D1695290

Ehmann/Selmayr
DS-GVO
Datenschutz-Grundverordnung

Beck'sche Kurz-Kommentare

DS-GVO

Datenschutz-Grundverordnung

Kommentar

Herausgegeben von

Dr. Eugen Ehmann, Würzburg
Prof. Dr. Martin Selmayr, Brüssel/Wien

Bearbeitet von den Herausgebern und von

Jan Philipp Albrecht, LL. M., Berlin; *Dr. Ulrich Baumgartner,* LL. M., Rechtsanwalt, München; *Nikolaus Bertermann,* Rechtsanwalt, Berlin; *Dr. Martin Braun,* Rechtsanwalt, Frankfurt a. M./ Brüssel; *Dr. Horst Heberlein,* Würzburg; *Prof. Dr. Dirk Heckmann,* München; *Dr. Jörg Hladjk,* LL. M., Rechtsanwalt, Brüssel; *Dr. iur. Anna Zsófia Horváth,* LL. M., Rechtsanwältin, Budapest; *Prof. Dr. Hans-Georg Kamann,* Rechtsanwalt, Frankfurt a. M./Brüssel; *Dipl.-Inf. Achim Klabunde,* Brüssel; *Dr. Rainer Knyrim,* Rechtsanwalt, Wien; *Peter Kraus,* Brüssel; *Prof. Dr. Bernard Łukańko,* LL. M., Warschau; *Paul Nemitz,* M. C. L., Brüssel; *Prof. Dr. Anne Paschke,* Braunschweig; *Dr. Stefan Peintinger,* LL. M., Rechtsanwalt, München; *Bertram Raum,* Rechtsanwalt, Bonn; *Prof. Dr. Stephanie Schiedermair,* Leipzig; *Dr. Alexander Schiff,* LL. M., Berlin; *Martin Schweinoch,* Rechtsanwalt, München; *Dr. Robert Selk,* LL. M., Rechtsanwalt, München; *Michael Will,* Ansbach; *Thomas Zerdick,* LL. M., Brüssel

3. Auflage 2024

C.H.BECK   LexisNexis®

beck.de

ISBN 978 3 406 79777 4 (C.H.Beck)
ISBN 978 3 7007 9976 4 (LexisNexis)

© 2024 Verlag C.H.Beck oHG
Wilhelmstraße 9, 80801 München
Satz und Umschlag: Druckerei C.H.Beck Nördlingen
Druck und Bindung: Beltz Grafische Betriebe GmbH,
Am Fliegerhorst 8, 99947 Bad Langensalza

myclimate
shape our future

chbeck.de/nachhaltig

Gedruckt auf säurefreiem, alterungsbeständigem Papier
(hergestellt aus chlorfrei gebleichtem Zellstoff)

Alle urheberrechtlichen Nutzungsrechte bleiben vorbehalten.
Der Verlag behält sich auch das Recht vor, Vervielfältigungen dieses Werkes
zum Zwecke des Text and Data Mining vorzunehmen.

Vorwort

Wenn diese Neuauflage unseres Kommentars erscheint, feiert die Datenschutz-Grundverordnung (DS-GVO) gerade den 6. Geburtstag des Beginns ihrer unmittelbaren Geltung in den 27 Mitgliedstaaten der Europäischen Union (EU). Seit der letzten Auflage 2018 hat sich viel im europäischen Datenschutzrecht getan. Gab es damals noch kein einziges Urteil des EuGH zur DS-GVO, fällt der EuGH heute 20–30 Grundsatzurteile pro Jahr zu den Kernfragen des Datenschutzrechts, ein gutes Drittel dabei auf Vorlage von deutschen und österreichischen Gerichten. Dachte man 2018 womöglich, eine sanktionsbewehrte, vom Marktortprinzip geprägte EU-Verordnung im Digitalbereich bliebe eine einmalige Ausnahmeerscheinung, erlässt der EU-Gesetzgeber derzeit ein international schlagkräftiges EU-Digitalgesetz nach dem anderen, vom Digital Services Act und Digital Markets Act über den Data Act und den Data Governance Act bis hin zum AI Act.

War 2018 die Vorstellung, das neue europäische Datenschutzrecht möge bald Nachahmer über die Grenzen der EU hinaus finden, eine rein politische Erwartung, hat sie sich mittlerweile realpolitisch und rechtlich verfestigt. Island, Liechtenstein und Norwegen wenden die DS-GVO als Mitgliedstaaten des Europäischen Wirtschaftsraums direkt an. Fünfzehn Drittstaaten (Andorra, Argentinien, Kanada, die Färöer Inseln, Guernsey, die Isle of Man, Israel, Japan, Jersey, Neuseeland, Südkorea, die Schweiz, das Vereinigte Königreich, die Vereinigten Staaten von Amerika und Uruguay) sind über Angemessenheitsbeschlüsse der Kommission unmittelbar auf die Standards der DS-GVO verpflichtet. Zudem erweitert die nach dem Vorbild der DS-GVO modernisierte Konvention 108+ die potenzielle Anwendbarkeit der europäischen Datenschutzstandards auf alle 46 Mitgliedstaaten des Europarats sowie neun weitere Partnerstaaten. Schließlich ist die DS-GVO ein Paradebeispiel für den sog. „Brüssel-Effekt" (Anu Bradford). Denn aus handels- oder geopolitischer Motivation heraus werden derzeit überall auf der Welt neue Datenschutzgesetze erlassen, die sich jedenfalls teilweise an der DS-GVO orientieren, von Brasilien über Indien bis hin zu einigen Ländern Afrikas. Auch haben bereits dreizehn der 50 US-Bundesstaaten eigene Datenschutzgesetze erlassen, die direkt oder indirekt von der DS-GVO inspiriert worden sind.

All das sind gute Gründe für die umfassende Aktualisierung und weitgehende Neubearbeitung unserer Kommentierungen der DS-GVO, die wir mit dieser 3. Auflage vorgenommen haben. Wir freuen uns, auch diesmal wieder viele ebenso erfahrene wie engagierte Praktiker und Wissenschaftler zu unseren Kommentatoren zählen zu können, die in den letzten Jahren an der Entstehung, Anwendung, Durchsetzung oder wissenschaftlichen Begleitung dieses nach wie vor jungen Gesetzgebungswerks maßgeblich mitgewirkt haben.

Treu geblieben sind wir unserem dezidiert europäischen Ansatz. Wir kommentieren weiterhin allein die DS-GVO, da nur sie heute das in den 27 EU-Mitgliedstaaten einheitlich geltende Datenschutzrecht enthält und damit die bestimmende Grundlage ist sowohl für einen wirksamen Grundrechtsschutz in gemeinsamen Europa als auch für den freien Verkehr personenbezogener Daten im europäischen Binnenmarkt. Die Rechtsprechung des EuGH zeigt überzeugend, dass die in den Mitgliedstaaten erlassenen oder beibehaltenen Modifikationen, Ergänzungen oder Abweichungen von der DS-GVO stets an den Zielen, Vorgaben und Begrenzungen des vorrangigen EU-Rechts zu messen sind und dabei regelmäßig diesen Test nicht bestehen, ob es sich nun um hessische Regelungen des Arbeitnehmerdatenschutzes an Schulen oder um das österreichische Medienprivileg handelt.

Wir stellen daher immer die Rechtsprechung des EuGH ins Zentrum unserer Kommentierungen, die ganz bewusst nicht an tradierten nationalen Vorstellungen des Datenschutzrechts haften, sondern sich an der vom EuGH verwendeten autonomen und primär teleologischen Auslegungsmethode orientieren. Dabei berücksichtigen unsere Kommentierungen regelmäßig die verschiedenen Sprachfassungen der DS-GVO, die alle einander rechtlich gleichwertig sind, ferner die Erwägungsgründe der DS-GVO, denen der EuGH immer wieder qualifizierte Hinweise zur Auslegung und Präzisierung des Rechtstexts entnimmt, sowie die Leitlinien, Stellungnahmen und Beschlüsse des unabhängigen Europäischen Datenschutzausschusses, der sich auf der Basis der praktischen Erfahrungen der nationalen Datenschutz-Aufsichtsbehörden zunehmend zu einem wichtigen Erstkommentator des europäischen Datenschutzrechts entwickelt. Auch die datenschutzrechtliche Literatur aus den übrigen EU-Mitgliedstaaten wird in unseren Kommen-

Vorwort

tierungen regelmäßig herangezogen. Denn nur wer den Blick offen und aufmerksam über die Grenzen des eigenen Landes wagt, wird die Bedeutung dieses originär europäischen Gesetzes wirklich verstehen können.

Auch die dritte Auflage unseres Kommentars lag im Hause C.H.Beck in ebenso kundigen wie geduldigen Händen. Hierfür danken wir besonders Herrn Verleger *Dr. Hans Dieter Beck* und Frau Rechtsanwältin *Ruth Schrödl*, die sich auch dieser Auflage wieder mit höchstem Einsatz angenommen hat.

Wir wünschen unseren Leserinnen und Lesern, dass diese Neuauflage Ihnen eine verlässliche Hilfestellung bei der Lösung der von Ihnen in Praxis und Wissenschaft angetroffenen datenschutzrechtlichen Fragestellungen bietet. Für Rückmeldungen, Kritik, Anregungen und Verbesserungsvorschläge sind wir stets dankbar. Bitte nutzen Sie dafür gerne die Mailadressen der Herausgeber (eugen.ehmann@t-online.de und martin.selmayr@cep-passau.de)

Würzburg und Brüssel/Passau/Wien *Eugen Ehmann, Martin Selmayr*

Bearbeiterverzeichnis

I. Nach Artikeln

Einleitung	Selmayr/Ehmann
Art. 1–3	Zerdick
Art. 4	Klabunde/Horváth
Art. 5, 6	Heberlein
Art. 7, 8	Heckmann/Paschke
Art. 9, 10	Schiff
Art. 11	Klabunde
Art. 12	Heckmann/Paschke
Art. 13, 14	Knyrim
Art. 15	Ehmann
Art. 16–21	Kamann/Braun
Art. 22	Hladjk
Art. 23, 24	Bertermann
Art. 25	Baumgartner
Art. 26, 27	Bertermann
Art. 28	Bertermann/Peintinger
Art. 29, 30	Bertermann
Art. 31	Raum
Art. 32–34	Hladjk
Art. 35, 36	Baumgartner
Art. 37–39	Heberlein
Vorb. Art. 40–43	Schweinoch/Will
Art. 40, 41	Schweinoch
Art. 42, 43	Will
Art. 44–50	Zerdick
Art. 51–59	Selmayr
Art. 60–66	Klabunde/Kraus
Art. 67	Klabunde
Art. 68–76	Albrecht
Art. 77–84	Nemitz
Art. 85	Schiedermair
Art. 86, 87	Ehmann
Art. 88	Selk
Art. 89	Raum
Art. 90	Ehmann
Art. 91	Łukańko
Art. 92–94	Ehmann
Art. 95	Klabunde/Selmayr
Art. 96	Zerdick
Art. 97	Ehmann
Art. 98	Zerdick
Art. 99	Ehmann

II. In alphabetischer Ordnung

Jan Philipp Albrecht, LL. M., Heinrich-Böll-Stiftung e. V., Berlin	Art. 68–76
Dr. Ulrich Baumgartner, LL. M., Rechtsanwalt, München	Art. 25, 35, 36
Nikolaus Bertermann, Rechtsanwalt, Berlin	Art. 23, 24, 26–30
Dr. Martin Braun, Rechtsanwalt, Frankfurt a. M./Brüssel	Art. 16–21
Dr. Eugen Ehmann, Regierungspräsident von Unterfranken, Würzburg	Einl., Art. 15, 86, 87, 90, 92–94, 97, 99

Bearbeiterverzeichnis

Dr. Horst Heberlein, ehem. Europäische Kommission, Würzburg	Art. 5, 6, 37–39
Prof. Dr. Dirk Heckmann, Technische Universität München	Art. 7, 8, 12
Dr. Jörg Hladjk, LL. M., Rechtsanwalt, Brüssel	Art. 22, 32–34
Dr. iur. Anna Zsófia Horváth, LL.M., Rechtsanwältin, Budapest	Art. 4
Prof. Dr. Hans-Georg Kamann, Rechtsanwalt, Frankfurt a. M./Brüssel	Art. 16–21
Dipl.-Inf. Achim Klabunde, Brüssel	Art. 4, 11, 60–67, 95
Dr. Rainer Knyrim, Rechtsanwalt, Wien	Art. 13, 14
Peter Kraus, Sekretariat des Europäischen Datenschutzausschusses, Brüssel	Art. 60–66
Prof. Dr. Bernard Łukańko, LL. M., Warschau	Art. 91
Paul Nemitz, M. C. L., Hauptberater in der Europäischen Kommission, Brüssel	Art. 77–84
Prof. Dr. Anne Paschke, Technische Universität Braunschweig	Art. 7, 8, 12
Dr. Stefan Peintinger, LL. M., Rechtsanwalt, München	Art. 28
Bertram Raum, Rechtsanwalt, Ministerialrat a. D., ehemaliger Referatsleiter beim Bundesbeauftragten für den Datenschutz und die Informationsfreiheit, Bonn	Art. 31, 89
Prof. Dr. Stephanie Schiedermair, Universität Leipzig	Art. 85
Dr. Alexander Schiff, LL. M., Bundesministerium der Justiz, Berlin	Art. 9, 10
Martin Schweinoch, Rechtsanwalt, München	Vorb. Art. 40–43, Art. 40, 41
Dr. Robert Selk, LL. M., Rechtsanwalt, München	Art. 88
Prof. Dr. Martin Selmayr, früherer Generalsekretär der Europäischen Kommission und Wissenschaftlicher Direktor des Centrums für Europarecht an der Universität Passau, Brüssel/Wien	Einl., Art. 51–59, 95
Michael Will, Präsident des Bayerischen Landesamts für Datenschutzaufsicht, Ansbach	Vorb. Art. 40–43, Art. 42, 43
Thomas Zerdick, LL. M., Europäischer Datenschutzbeauftragter, Brüssel	Art. 1–3, 44–50, 96, 98

Inhaltsverzeichnis

Vorwort	V
Bearbeiterverzeichnis	VII
Abkürzungsverzeichnis	XIII
Allgemeines Literaturverzeichnis	XXV

Verordnung (EU) 2016/679 des Europäischen Parlaments und des Rates vom 27. April 2016 zum Schutz natürlicher Personen bei der Verarbeitung personenbezogener Daten, zum freien Datenverkehr und zur Aufhebung der Richtlinie 95/46/EG (Datenschutz-Grundverordnung)

Gesetzestext	1
Einleitung	91

Kapitel I. Allgemeine Bestimmungen

Art. 1 Gegenstand und Ziele	203
Art. 2 Sachlicher Anwendungsbereich	211
Art. 3 Räumlicher Anwendungsbereich	222
Art. 4 Begriffsbestimmungen	233

Kapitel II. Grundsätze

Art. 5 Grundsätze für die Verarbeitung personenbezogener Daten	259
Art. 6 Rechtmäßigkeit der Verarbeitung	286
Art. 7 Bedingungen für die Einwilligung	337
Art. 8 Bedingungen für die Einwilligung eines Kindes in Bezug auf Dienste der Informationsgesellschaft	367
Art. 9 Verarbeitung besonderer Kategorien personenbezogener Daten	381
Art. 10 Verarbeitung von personenbezogenen Daten über strafrechtliche Verurteilungen und Straftaten	408
Art. 11 Verarbeitung, für die eine Identifizierung der betroffenen Person nicht erforderlich ist	412

Kapitel III. Rechte der betroffenen Person

Abschnitt 1. Transparenz und Modalitäten

Art. 12 Transparente Information, Kommunikation und Modalitäten für die Ausübung der Rechte der betroffenen Person	418

Abschnitt 2. Informationspflicht und Recht auf Auskunft zu personenbezogenen Daten

Art. 13 Informationspflicht bei Erhebung von personenbezogenen Daten bei der betroffenen Person	445
Art. 14 Informationspflicht, wenn die personenbezogenen Daten nicht bei der betroffenen Person erhoben wurden	472
Art. 15 Auskunftsrecht der betroffenen Person	482

Abschnitt 3. Berichtigung und Löschung

Art. 16 Recht auf Berichtigung	513
Art. 17 Recht auf Löschung („Recht auf Vergessenwerden")	526
Art. 18 Recht auf Einschränkung der Verarbeitung	556

Inhaltsverzeichnis

Art. 19 Mitteilungspflicht im Zusammenhang mit der Berichtigung oder Löschung personenbezogener Daten oder der Einschränkung der Verarbeitung 568
Art. 20 Recht auf Datenübertragbarkeit 577

Abschnitt 4. Widerspruchsrecht und automatisierte Entscheidungsfindung im Einzelfall

Art. 21 Widerspruchsrecht 593
Art. 22 Automatisierte Entscheidungen im Einzelfall einschließlich Profiling 610

Abschnitt 5. Beschränkungen

Art. 23 Beschränkungen 622

Kapitel IV. Verantwortlicher und Auftragsverarbeiter

Abschnitt 1. Allgemeine Pflichten

Art. 24 Verantwortung des für die Verarbeitung Verantwortlichen 630
Art. 25 Datenschutz durch Technikgestaltung und durch datenschutzfreundliche Voreinstellungen 636
Art. 26 Gemeinsam Verantwortliche 648
Art. 27 Vertreter von nicht in der Union niedergelassenen Verantwortlichen oder Auftragsverarbeitern 657
Art. 28 Auftragsverarbeiter 663
Art. 29 Verarbeitung unter der Aufsicht des Verantwortlichen oder des Auftragsverarbeiters 680
Art. 30 Verzeichnis von Verarbeitungstätigkeiten 683
Art. 31 Zusammenarbeit mit der Aufsichtsbehörde 690

Abschnitt 2. Sicherheit personenbezogener Daten

Art. 32 Sicherheit der Verarbeitung 694
Art. 33 Meldung von Verletzungen des Schutzes personenbezogener Daten an die Aufsichtsbehörde 706
Art. 34 Benachrichtigung der von einer Verletzung des Schutzes personenbezogener Daten betroffenen Person 719

Abschnitt 3. Datenschutz-Folgenabschätzung und vorherige Konsultation

Art. 35 Datenschutz-Folgenabschätzung 727
Art. 36 Vorherige Konsultation 755

Abschnitt 4. Datenschutzbeauftragter

Art. 37 Benennung eines Datenschutzbeauftragten 763
Art. 38 Stellung des Datenschutzbeauftragten 798
Art. 39 Aufgaben des Datenschutzbeauftragten 818

Abschnitt 5. Verhaltensregeln und Zertifizierung

Vorbemerkung 834
Art. 40 Verhaltensregeln 839
Art. 41 Überwachung der genehmigten Verhaltensregeln 860
Art. 42 Zertifizierung 871
Art. 43 Zertifizierungsstellen 882

Kapitel V. Übermittlungen personenbezogener Daten an Drittländer oder an internationale Organisationen

Art. 44 Allgemeine Grundsätze der Datenübermittlung 889
Art. 45 Datenübermittlung auf der Grundlage eines Angemessenheitsbeschlusses 898

Inhaltsverzeichnis

Art. 46 Datenübermittlung vorbehaltlich geeigneter Garantien 913
Art. 47 Verbindliche interne Datenschutzvorschriften 928
Art. 48 Nach dem Unionsrecht nicht zulässige Übermittlung oder Offenlegung 936
Art. 49 Ausnahmen für bestimmte Fälle 942
Art. 50 Internationale Zusammenarbeit zum Schutz personenbezogener Daten 952

Kapitel VI. Unabhängige Aufsichtsbehörden

Abschnitt 1. Unabhängigkeit

Art. 51 Aufsichtsbehörde 957
Art. 52 Unabhängigkeit 978
Art. 53 Allgemeine Bedingungen für die Mitglieder der Aufsichtsbehörde 1004
Art. 54 Errichtung der Aufsichtsbehörde 1018

Abschnitt 2. Zuständigkeit, Aufgaben und Befugnisse

Art. 55 Zuständigkeit 1029
Art. 56 Zuständigkeit der federführenden Aufsichtsbehörde 1047
Art. 57 Aufgaben 1064
Art. 58 Befugnisse 1081
Art. 59 Tätigkeitsbericht 1104

Kapitel VII. Zusammenarbeit und Kohärenz

Abschnitt 1. Zusammenarbeit

Art. 60 Zusammenarbeit zwischen der federführenden Aufsichtsbehörde und den anderen betroffenen Aufsichtsbehörden 1114
Art. 61 Gegenseitige Amtshilfe 1120
Art. 62 Gemeinsame Maßnahmen der Aufsichtsbehörden 1124

Abschnitt 2. Kohärenz

Art. 63 Kohärenzverfahren 1130
Art. 64 Stellungnahme des Ausschusses 1132
Art. 65 Streitbeilegung durch den Ausschuss 1137
Art. 66 Dringlichkeitsverfahren 1145
Art. 67 Informationsaustausch 1148

Abschnitt 3. Europäischer Datenschutzausschuss

Art. 68 Europäischer Datenschutzausschuss 1152
Art. 69 Unabhängigkeit 1155
Art. 70 Aufgaben des Ausschusses 1156
Art. 71 Berichterstattung 1160
Art. 72 Verfahrensweise 1161
Art. 73 Vorsitz 1162
Art. 74 Aufgaben des Vorsitzes 1162
Art. 75 Sekretariat 1163
Art. 76 Vertraulichkeit 1165

Kapitel VIII. Rechtsbehelfe, Haftung und Sanktionen

Art. 77 Recht auf Beschwerde bei einer Aufsichtsbehörde 1166
Art. 78 Recht auf wirksamen gerichtlichen Rechtsbehelf gegen eine Aufsichtsbehörde 1177
Art. 79 Recht auf wirksamen gerichtlichen Rechtsbehelf gegen Verantwortliche oder Auftragsverarbeiter 1183
Art. 80 Vertretung von betroffenen Personen 1189
Art. 81 Aussetzung des Verfahrens 1194
Art. 82 Haftung und Recht auf Schadenersatz 1197

Inhaltsverzeichnis

Art. 83 Allgemeine Bedingungen für die Verhängung von Geldbußen 1210
Art. 84 Sanktionen 1234

Kapitel IX. Vorschriften für besondere Verarbeitungssituationen

Art. 85 Verarbeitung und Freiheit der Meinungsäußerung und Informationsfreiheit ... 1238
Art. 86 Verarbeitung und Zugang der Öffentlichkeit zu amtlichen Dokumenten 1249
Art. 87 Verarbeitung der nationalen Kennziffer 1254
Art. 88 Datenverarbeitung im Beschäftigungskontext 1257
Art. 89 Garantien und Ausnahmen in Bezug auf die Verarbeitung zu im öffentlichen Interesse liegenden Archivzwecken, zu wissenschaftlichen oder historischen Forschungszwecken und zu statistischen Zwecken 1308
Art. 90 Geheimhaltungspflichten 1333
Art. 91 Bestehende Datenschutzvorschriften von Kirchen und religiösen Vereinigungen oder Gemeinschaften 1337

Kapitel X. Delegierte Rechtsakte und Durchführungsrechtsakte

Art. 92 Ausübung der Befugnisübertragung 1358
Art. 93 Ausschussverfahren 1360

Kapitel XI. Schlussbestimmungen

Art. 94 Aufhebung der Richtlinie 95/46/EG 1364
Art. 95 Verhältnis zur Richtlinie 2002/58/EG 1365
Art. 96 Verhältnis zu bereits geschlossenen Übereinkünften 1375
Art. 97 Berichte der Kommission 1377
Art. 98 Überprüfung anderer Rechtsakte der Union zum Datenschutz 1380
Art. 99 Inkrafttreten und Anwendung 1389

Anhang: Nationale Durchführungsgesetze

I. Deutschland: Bundesdatenschutzgesetz (BDSG) 1391

II. Österreich: Bundesgesetz zum Schutz natürlicher Personen bei der Verarbeitung personenbezogener Daten (Datenschutzgesetz – DSG) 1431

Stichwortverzeichnis 1463

Abkürzungsverzeichnis

a	anno/Jahr
aA	andere(r) Ansicht/Auffassung
AA	Auswärtiges Amt
aaO	am angegebenen Ort
Abb.	Abbildung
abgedr.	abgedruckt
Abh.	Abhandlung(en)
Abk.	Abkommen
ABl.	Amtsblatt
ABl. C	Amtsblatt der Europäischen Union, Teil C: Mitteilungen und Bekanntmachungen
ABl. L	Amtsblatt der Europäischen Union, Teil L: Rechtsvorschriften
abl.	ablehnend
Abs.	Absatz
Abschn.	Abschnitt
Abt.	Abteilung
abw.	abweichend
abwM	abweichende Meinung
AcP	Archiv für civilistische Praxis
AdR	Ausschuss der Regionen
ADV	Auftragsdatenverarbeitung
aE	am Ende
AEMR	Allgemeine Erklärung der Menschenrechte
ÄndG	Änderungsgesetz
ÄndV	Änderungsverordnung
AEUV	Vertrag über die Arbeitsweise der Europäischen Union
aF	alte Fassung
AfP	Archiv für Presserecht
AG	Aktiengesellschaft; Amtsgericht
AGB	Allgemeine Geschäftsbedingungen
AI Act	Artificial Intelligence Act
AkkStelleG	Akkreditierungsstellengesetz
allg.	allgemein
allgA	allgemeine Ansicht
allgM	allgemeine Meinung
Alt.	Alternative
aM	andere Meinung
amtl.	amtlich
Änd.	Änderung
ÄndG	Änderungsgesetz
ÄndVO	Änderungsverordnung
Anh.	Anhang
Anl.	Anlage
Anm.	Anmerkung(en)
AöR	Archiv des öffentlichen Rechts
ArbG	Arbeitsgericht
Arch.	Archiv
Arg.	Argumentation
Art.	Artikel
AT	Allgemeiner Teil
Auff.	Auffassung
aufgeh.	aufgehoben
Aufl.	Auflage
ausf.	ausführlich

XIII

Abkürzungsverzeichnis

ausschl.	ausschließlich
Az.	Aktenzeichen
BAG	Bundesarbeitsgericht
BAGE	Entscheidungssammlung des Bundesarbeitsgerichts
BAnz.	Bundesanzeiger
Bay.	Bayern
bay.	bayerisch
BayDSG	Bayerisches Datenschutzgesetz
BayGVBl.	Bayerisches Gesetz- und Verordnungsblatt
BayVBl.	Bayerische Verwaltungsblätter
BB	Betriebs-Berater
Bbg.	Brandenburg
bbg.	brandenburgisch
BbgDSG	Brandenburgisches Datenschutzgesetz
BCR	Binding Corporate Rules
Bd.	Band
Bde.	Bände
BDI	Bundesverband der Deutschen Industrie
BDSG	Bundesdatenschutzgesetz
BDSG–neu	Bundesdatenschutzgesetz 2018
Bearb.	Bearbeiter, Bearbeitung
bearb.	bearbeitet
Begr.	Begründung
begr.	begründet
Beil.	Beilage
bej.	bejahend
Bek.	Bekanntmachung
Bem.	Bemerkung
Ber.	Berichtigung
ber.	berichtigt
bes.	besonders
Beschl.	Beschluss
betr.	betrifft, betreffend
BetrVG	Betriebsverfassungsgesetz
BfDI	Bundesbeauftragte(r) für den Datenschutz und die Informationsfreiheit
BFH	Bundesfinanzhof
BGB	Bürgerliches Gesetzbuch
BGB-InfoV	Verordnung über Informationspflichten nach bürgerlichem Recht
BGBl. I (II, III)	Bundesgesetzblatt Teil I (II, III)
BGH	Bundesgerichtshof
BGHSt	Entscheidungssammlung des Bundesgerichtshofs in Stafsachen
BGHZ	Entscheidungssammlung des Bundesgerichtshofs in Zivilsachen
BKA	Bundeskriminalamt
Bl.	Blatt
Bln	Berlin
bln.	berlinerisch
BlnBfDI	Berliner Beauftragter für den Datenschutz und die Informationsfreiheit
BlnDSG	Berliner Datenschutzgesetz
BMAS	Bundesminister(ium) für Arbeit und Soziales
BMBF	Bundesminister(ium) für Bildung und Forschung
BMEL	Bundesminister(ium) für Ernährung und Landwirtschaft
BMF	Bundesminister(ium) der Finanzen
BMFSFJ	Bundesminister(ium) für Familie, Senioren, Frauen und Jugend
BMG	Bundesminister(ium) für Gesundheit; Bundesmeldegesetz
BMI	Bundesminister(ium) des Innern, für Bau und Heimat
BMJV	Bundesminister(ium) der Justiz und für Verbraucherschutz
BMUB	Bundesminister(ium) für Umwelt, Naturschutz und nukleare Sicherheit

Abkürzungsverzeichnis

BMVg	Bundesminister(ium) der Verteidigung
BMVI	Bundesminister(ium) für Verkehr und digitale Infrastruktur
BMWK	Bundesminister(ium) für Wirtschaft und Klimaschutz
BMZ	Bundesminister(ium) für wirtschaftliche Zusammenarbeit und Entwicklung
BND	Bundesnachrichtendienst
BNDG	Gesetz über den Bundesnachrichtendienst
BPolG	Bundespolizeigesetz
BR	Bundesrat
BRD	Bundesrepublik Deutschland
BR-Drs.	Bundesrats-Drucksache
Brem.	Bremen
brem.	bremisch
BremDSG	Bremisches Datenschutzgesetz
BremDSGVOAG	Bremisches Ausführungsgesetz zur EU-Datenschutz-Grundverordnung
BReg	Bundesregierung
BR-Prot.	Bundesrats-Protokoll
BSG	Bundessozialgericht
BSI	Bundesamt für Sicherheit in der Informationstechnik
BSIG	Gesetz über das Bundesamt für Sicherheit in der Informationstechnik
Bsp.	Beispiel
bspw.	beispielsweise
BStatG	Gesetz über die Statistik für Bundeszwecke
BT	Bundestag; Besonderer Teil
BT-Drs.	Bundestags-Drucksache
BT-Prot.	Bundestags-Protokoll
Buchst.	Buchstabe
Bull.	Bulletin
BVerfG	Bundesverfassungsgericht
BVerfGE	Entscheidungssammlung des Bundesverfassungsgerichts
BVerfSchG	Bundesverfassungsschutzgesetz
BVerwG	Bundesverwaltungsgericht
BVerwGE	Entscheidungssammlung des Bundesverwaltungsgerichts
BW	Baden-Württemberg
bw.	baden-württembergisch
bzgl.	bezüglich
bzw.	beziehungsweise
BYOD	Bring your own Device
BZRG	Bundeszentralregistergesetz
B2B	Business to Business
B2C	Business to Consumer
ca.	circa
CCZ	Corporate Compliance Zeitschrift
CEF	Coordinated Enforcement Framework
CEDPO	Confederation of European Data Protection Organisations
CETA	Comprehensive Economic and Trade Agreement (Handelsabkommen EU-Kanada)
CIPL	Centre for Information Policy Leadership
CNIL	Commission Nationale de l'Informatique et des Libertés
CR	Computer und Recht
CRi	Computer Law Review International
CRM	Costumer Relationship Management
DA	Data Act
Dako	Datenschutz konkret
Datenbank-RL	Richtlinie 96/9/EG des Europäischen Parlaments und des Rates vom 11.3.1996 über den rechtlichen Schutz von Datenbanken

Abkürzungsverzeichnis

dass.	dasselbe
DB	Der Betrieb
DDOW	Deutscher Datenschutzrat Online-Werbung
ders.	derselbe
DES	Data Encryption Standard
DFÜ	Datenfernübertragung
DGA	Data Governance Act
dgl.	dergleichen, desgleichen
dh	das heißt
dies.	dieselbe(n)
diesbzgl.	diesbezüglich
diff.	differenziert, differenzierend
Diss.	Dissertation
div.	diverse
DMA	Digital Markets Act
DMCA	Digital Millennium Copyright Act
Dok.	Dokument
DÖV	Die öffentliche Verwaltung
Drs.	Drucksache
DSA	Digital Services Act
DSAnpUG-EU	Datenschutz-Anpassungs- und -Umsetzungsgesetz EU
DSB	Datenschutzbeauftragter; Datenschutzberater (Zeitschrift)
DSG	Datenschutzgesetz
DSG-EKD	Kirchengesetz über den Datenschutz der Evangelischen Kirche in Deutschland
DSG MV	Datenschutzgesetz für das Land Mecklenburg-Vorpommern
DSG NRW	Datenschutzgesetz von Nordrhein-Westfalen
DSG RhPf	Datenschutzgesetz von Rheinland-Pfalz
DSG SH	Datenschutzgesetz von Schleswig-Holstein
DSG Sachsen	Datenschutzgesetz von Sachsen
DS-GVO	Verordnung (EU) 2016/679 des Europäischen Parlaments und des Rates vom 27.4.2016 zum Schutz natürlicher Personen bei der Verarbeitung personenbezogener Daten, zum freien Warenverkehr und zur Aufhebung der Richtlinie 95/46/EG (Datenschutz-Grundverordnung)
DSGVOVerfVO	Vorschlag für eine Verordnung des Europäischen Parlaments und des Rates zur Festsetzung zusätzlicher Verfahrensregeln für die Durchsetzung der Verordnung (EU) 2016/679, vom 4.7.2023, KOM(2023) 348 endg. 2023/0202 (COD)
DS-RL	Richtlinie 95/46/EG des Europäischen Parlaments und des Rates vom 24.10.1995 zum Schutz natürlicher Personen bei der Verarbeitung personenbezogener Daten und zum freien Datenverkehr
dt.	deutsch
DuD	Datenschutz und Datensicherung
DVBl.	Deutsches Verwaltungsblatt
DVO	Durchführungsverordnung
DVR	Datenverarbeitung im Recht
E	Entwurf; Entscheidungssammlung
EAGV	Vertrag zur Gründung der Europäischen Atomgemeinschaft (EURATOM)
ebd.	ebenda
E-Commerce	Electronic Commerce
E-Commerce-RL	Richtlinie 2003/31/EG des Europäischen Parlaments und des Rates vom 8.6.2000 über bestimmte rechtliche Aspekte der Dienste der Informationsgesellschaft, insbesondere des elektronischen Geschäftsverkehrs, im Binnenmarkt („Richtlinie über den elektronischen Geschäftsverkehr")

Abkürzungsverzeichnis

Ed.	Edition, Editor
Eds.	Editors
EDSA	Europäischer Datenschutzausschuss
EDSB	Europäischer Datenschutzbeauftragter
EDPL	European Data Protection Law Review
EFTA	European Free Trade Association
EG	Europäische Gemeinschaft(en)
EGKSV	Vertrag über die Gründung der Europäischen Gemeinschaft für Kohle und Stahl
EGMR	Europäischer Gerichtshof für Menschenrechte
EGV	Vertrag zur Gründung der Europäischen Gemeinschaft vom 25.3.1957
EG-Vertrag	Vertrag zur Gründung der Europäischen Gemeinschaft vom 25.3.1957
ehem.	ehemalig/e/er/es
Einf.	Einführung
einf.	einführend
Einl.	Einleitung
einschl.	einschließlich
EKEK	Richtlinie 2018/1972 des Europäischen Parlaments und des Rates vom 11. Dezember 2018 über den europäischen Kodex für die elektronische Kommunikation
EL	Ergänzungslieferung
Empf.	Empfehlung
EMRK	Konvention zum Schutze der Menschenrechte und Grundfreiheiten
endg.	endgültig
Enforcement-RL	Richtlinie 2004/48EG des Europäischen Parlaments und des Rates vom 29.4.2004 zur Durchsetzung der Rechte des geistigen Eigentums
engl.	englisch
Entsch.	Entscheidung
Entschl.	Entschluss
entspr.	entspricht, entsprechend
Entw.	Entwurf
EP	Europäisches Parlament
ePrivacy-RL	Richtlinie 2002/58/EG des europäischen Parlaments und des Rates vom 12.7.2002 über die Verarbeitung personenbezogener Daten und den Schutz der Privatsphäre in der elektronischen Kommunikation
ER	Europäischer Rat
Erg.	Ergebnis, Ergänzung
erg.	ergänzend
Ergbd.	Ergänzungsband
Erk.	Erkenntnis
Erkl.	Erklärung
Erl.	Erlass, Erläuterung
et al.	und andere
etc	et cetera (und so weiter)
EU	Europäische Union
EuR	Europarecht
EuG	Gericht erster Instanz der Europäischen Gemeinschaften
EuGH	Europäischer Gerichtshof
EuGRZ	Europäische Grundrechte-Zeitschrift
EuLR	European Law Review
EU-DS-VO	EU-Datenschutzverordnung, Verordnung (EU) 2018-1725
europ.	europäisch
EUV	Vertrag über die Europäische Union in der Fassung des Vertrages von Lissabon
EUV-Nizza	Vertrag über die Europäische Union in der Fassung bis 30.11.2009
EuZW	Europäische Zeitschrift für Wirtschaftsrecht
e. V.	eingetragener Verein
evtl.	eventuell

Abkürzungsverzeichnis

EWG	Europäische Wirtschaftsgemeinschaft
EWR	Europäischer Wirtschaftsraum
EWIV	Europäische wirtschaftliche Interessenvereinigung
EZB	Europäische Zentralbank
f.	folgende
FARLFDL	Richtlinie 2002/65/EG des Europäischen Parlaments und des Rates vom 23.9.2002 über den Fernabsatz von Finanzdienstleistungen an Verbraucher und zur Änderung der Richtlinie 90/619/EWG des Rates und der Richtlinien 97/7/EG und 98/27/EG
Fernabsatz-RL	Richtlinie 97/7/EG des Europäischen Parlaments und des Rates vom 20.5.1997 über den Verbraucherschutz bei Vertragsabschlüssen im Fernabsatz
ff.	fortfolgende
Fn.	Fußnote
franz.	französisch
FS	Festschrift
G.	Gesetz
GA	Generalanwalt/Generalanwältin
GBl.	Gesetzblatt
GbR	Gesellschaft bürgerlichen Rechts
GDPR	General Data Protection Regulation
geänd.	geändert
gem.	gemäß
ges.	gesetzlich
GG	Grundgesetz
ggf.	gegebenenfalls
ggü.	gegenüber
GmbH	Gesellschaft mit beschränkter Haftung
GMBl.	Gemeinsames Ministerialblatt
GmS-OBG	Gemeinsamer Senat der obersten Gerichtshöfe des Bundes
GRCh	Charta der Grundrechte der Europäischen Union
GRCh 2000	Charta der Grundrechte der Europäischen Union (2000)
grdl.	grundlegend
grds.	grundsätzlich
GRUR	Gewerblicher Rechtsschutz und Urheberrecht
GRUR-Int	Gewerblicher Rechtsschutz und Urheberrecht, Internationaler Teil
GRUR-RR	Gewerblicher Rechtsschutz und Urheberrecht, Rechtsprechungs-Report
GS	Gedenkschrift, Gedächtnisschrift
GVBl.	Gesetz- und Verordnungsblatt
GVO	Grundverordnung; Gruppenfreistellungsverordnung
GWB	Gesetz gegen Wettbewerbsbeschränkungen (Kartellgesetz)
hA	herrschende Ansicht/Auffassung
Halbbd.	Halbband
Haustürgeschäfte-RL	Richtlinie 85/577/EWG des Rates vom 20.12.1985 betreffend den Verbraucherschutz im Falle von außerhalb von Geschäftsräumen geschlossenen Verträgen
HdB	Handbuch
HDSIG	Hessisches Datenschutz- und Informationsfreiheitsgesetz
Herv.	Hervorhebung
Hess.	Hessen
hess.	hessisch
HessDSG	Hessisches Landesdatenschutzgesetz
hins.	hinsichtlich
HinSchG	(deutsches) Hinweisgeberschutzgesetz

Abkürzungsverzeichnis

HK	Handkommentar
hL	herrschende Lehre
hM	herrschende Meinung
Hmb.	Hamburg
hmb.	hamburgisch
HmbDSG	Landesdatenschutzgesetz Hamburg
Hrsg.	Herausgeber
hrsg.	herausgegeben
Hs.	Halbsatz
HSchG	(österreichisches) Hinweisgeberschutzgesetz
ibd.	ibidem
ic	in concreto/in casu
ID	Identifikationsnummer
idF	in der Fassung
IDMS	Identifikationsmanagementsystem
IDPL	International Data Privacy Law
idR	in der Regel
idS	in diesem Sinne
iE	im Einzelnen, im Erscheinen
iErg	im Ergebnis
ieS	im engeren Sinne
IFG	Informationsfreiheitsgesetz
IGH	Internationaler Gerichtshof
iHd	in Höhe des/der
iHv	in Höhe von
iJ	im Jahre
InfoSoc-RL	Richtlinie 2001/29/EG des Europäischen Parlaments und des Rates vom 22.5.2001 zur Harmonisierung bestimmter Aspekte des Urheberrechts und der verwandten Schutzrechte in der Informationsgesellschaft
insbes.	insbesondere
insges.	insgesamt
int.	international
IPR	Internationales Privatrecht
iRd	im Rahmen des/der
iS	im Sinne
iSd	im Sinne des/der
iSv	im Sinne von
IT	Informationstechnik
iÜ	im Übrigen
iVm	in Verbindung mit
iwS	im weiteren Sinne
jew.	jeweils
Jg.	Jahrgang
Jge.	Jahrgänge
Jh.	Jahrhundert
JI-RL	Richtlinie (EU) 2016/680 des Europäischen Parlaments und des Rates vom 27.4.2016 zum Schutz natürlicher Personen bei der Verarbeitung personenbezogener Daten durch die zuständigen Behörden zum Zwecke der Verhütung, Ermittlung, Aufdeckung oder Verfolgung von Straftaten oder der Strafvollstreckung sowie zum freien Datenverkehr und zur Aufhebung des Rahmenbeschlusses 2008/977/JI des Rates
JMBl.	Justizministerialblatt
jur.	juristisch
JZ	Juristenzeitung

Abkürzungsverzeichnis

Kap.	Kapitel
KDG	Gesetz über den Kirchlichen Datenschutz
Kfz	Kraftfahrzeug
KG	Kammergericht; Kommanditgesellschaft
KGaA	Kommanditgesellschaft auf Aktien
KI-VO	Verordnung über künstliche Intelligenz
KMU	kleine und mittelständische Unternehmen
Kom.	Kommission
Komitologie-VO	Verordnung (EG) Nr. 182/2011 des Europäischen Parlaments und des Rates vom 16.2.2011 zur Festlegung der allgemeinen Regeln und Grundsätze, nach denen die Mitgliedstaaten die Wahrnehmung der Durchführungsbefugnisse durch die Kommission kontrollieren
Komm.	Kommentar
krit.	kritisch
K&R	Kommunikation und Recht
LAG	Landesarbeitsgericht
LAN	Local Area Network
LDSG	Landesdatenschutzgesetz
lfd.	laufend
Lfg.	Lieferung
LG	Landgericht
li.	links, linke(r)
Lissabonner Vertrag	Vertrag von Lissabon zur Änderung des Vertrags über die Europäische Union und des Vertrags zur Gründung der europäischen Gemeinschaft
Lit.	Literatur
lit.	litera
Ls.	Leitsatz
LSA	Sachsen-Anhalt
LSG	Landessozialgericht
lt.	laut
Ltd.	Limited (englische Unternehmensform)
LT-Drs.	Landtags-Drucksache
LT-Prot.	Landtags-Protokoll
m.	mit
mAnm	mit Anmerkung
Mat.	Materialien
maW	mit anderen Worten
max.	maximal
MBl.	Ministerialblatt
mE	meines Erachtens
mind.	mindestens
Mio.	Million(en)
Mitt.	Mitteilung(en)
MMR	MultiMedia und Recht
mN	mit Nachweisen
Mot.	Motive
Mrd.	Milliarde(n)
mtl.	monatlich
MV	Mecklenburg-Vorpommern
mv.	mecklenburg-vorpommerisch
mwH	mit weiteren Hinweisen
mwN	mit weiteren Nachweisen
mWv	mit Wirkung vom
nachf.	nachfolgend
Nachw.	Nachweise

Abkürzungsverzeichnis

Nds.	Niedersachsen
nds.	niedersächsisch
NDSG	Niedersächsisches Datenschutzgesetz
nF	neue Fassung
NJW	Neue Juristische Wochenschrift
No.	Number
Nov.	Novelle
Nr.	Nummer
nrkr	nicht rechtskräftig
NRW	Nordrhein-Westfalen
nrw.	nordrhein-westfälisch
nv	nicht veröffentlicht
NVwZ	Neue Zeitschrift für Verwaltungsrecht
NVwZ-RR	Neue Zeitschrift für Verwaltungsrecht, Rechtsprechungs-Report
NZA	Neue Zeitschrift für Arbeitsrecht
NZS	Neue Zeitschrift für Sozialrecht
o.	oben
oÄ	oder Ähnliche/s
oa	oben angegeben(e/es/er)
ÖBVwG	Österreichisches Bundesverwaltungsgericht
o. g.	oben genannte(r, s)
OGH	Oberster Gerichtshof
OHG	Offene Handelsgesellschaft
oJ	ohne Jahrgang
OLG	Oberlandesgericht
OMC	s. WTO
ÖOGH	Österreichischer Oberster Gerichtshof
Öst.	Österreich
öst.	österreichisch
oV	ohne Verfasser
ÖVfGH	Österreichischer Verfassungsgerichtshof
OVG	Oberverwaltungsgericht
PDA	Personal Digital Assistant
PDPO	Personal Data Privacy Ordinance
PGP	Pretty Good Privacy (Verschlüsselungsprogramm)
PIN	Persönliche Identifikationsnummer
PinG	Privacy in Germany
PIPA	Personal Information Protection Act
PNR	Passenger Name Records (Passagierdaten)
Polizei-RL	Richtlinie (EU) 2016/680 des Europäischen Parlaments und des Rates vom 27.4.2016 zum Schutz natürlicher Personen bei der Verarbeitung personenbezogener Daten durch die zuständigen Behörden zum Zwecke der Verhütung, Ermittlung, Aufdeckung oder Verfolgung von Straftaten oder der Strafvollstreckung sowie zum freien Datenverkehr und zur Aufhebung des Rahmenbeschlusses 2008/977/JI des Rates
Prot.	Protokoll
PVLR	Privacy and Security Law Report
rd.	rund
RdErl.	Runderlass
RDi	Recht Digital
RdSchr.	Rundschreiben
RDV	Recht der Datenverarbeitung
re.	rechts, rechte(r)
RefE	Referentenentwurf
RegE	Regierungsentwurf

Abkürzungsverzeichnis

RFID	Radio Frequency Identification
RhPf.	Rheinland-Pfalz
rhpf.	rheinland-pfälzisch
rkr.	rechtskräftig
RL	Richtlinie
Rn.	Randnummer(n)
Rom I-VO	Verordnung (EG) Nr. 593/2008 des Europäischen Parlaments und des Rates vom 17.6.2008 über das auf vertragliche Schuldverhältnisse anzuwendende Recht
Rs.	Rechtssache
Rspr.	Rechtsprechung
RVO	Rechtsverordnung
S.	Seite(n), Satz
Saarl.	Saarland
saarl.	saarländisch
Sachs.	Sachsen
sächs.	sächsisch
sachsanh.	sachsen-anhaltisch
SCE-VO	Verordnung (EG) Nr. 1435/2003 des Rates vom 22.7.2003 über das Statut der Europäischen Genossenschaft
Schengener Grenzkodex	Verordnung (EG) Nr. 562/2006 des Europäischen Parlaments und des Rates vom 15.3.2006 über einen Gemeinschaftskodex für das Überschreiten der Grenzen durch Personen
SchlA	Schlussantrag
SchlH	Schleswig-Holstein
schlh.	schleswig-holsteinisch
SCHUFA	Schutzgemeinschaft für allgemeine Kreditsicherung
SDÜ	Schengen-Besitzstand – Übereinkommen zwischen den Regierungen der Staaten der Benelux-Wirtschaftsunion, der Bundesrepublik Deutschland und der Französischen Republik betreffend den schrittweisen Abbau der Kontrollen an den gemeinsamen Grenzen
SE	Europäische Aktiengesellschaft (Societas Europaea)
SE-VO	Verordnung (EG) Nr. 2157/2001 des Rates vom 8.10.2001 über das Statut der Europäischen Gesellschaft
Sen.	Senat
SigG	Signaturgesetz
SigV	Signaturverordnung
Slg.	Sammlung
Software-RL	Richtlinie 2009/24/EG des Europäischen Parlaments und des Rates vom 23.4.2009 über den Rechtsschutz von Computerprogrammen
Software-RL 1991	Richtlinie 91/250/EWG des Rates vom 14.5.1991 über den Rechtsschutz von Computerprogrammen
sog.	so genannt
Sp.	Spalte
SpuRt	Zeitschrift für Sport und Recht
st.	ständig
Stellungn.	Stellungnahme
StGB	Strafgesetzbuch
StPO	Strafprozessordnung
str.	streitig, strittig
stRspr	ständige Rechtsprechung
Subsidiaritäts-Protokoll	Protokoll über die Anwendung der Grundsätze der Subsidiarität und der Verhältnismäßigkeit
Suppl.	Supplement
SÜG	Sicherheitsüberprüfungsgesetz

Abkürzungsverzeichnis

TAN	Transaktionsnummer
TB	Tätigkeitsbericht
teilw.	teilweise
Thür.	Thüringen
thür.	thüringisch
TKG	Telekommunikationsgesetz
TKÜV	Telekommunikationsüberwachungsverordnung
TMG	Telemediengesetz
Transparenz-VO	Verordnung (EG) Nr. 1049/2001 des Europäischen Parlaments und des Rates vom 30.5.2001 über den Zugang der Öffentlichkeit zu Dokumenten des Europäischen Parlaments, des Rates und der Kommission
Tz.	Textziffer
u.	und, unter, unten
UA	Untersuchungsausschuss
u.a.	und andere, unter anderem
uÄ	und Ähnliches
UAbs.	Unterabsatz
UAbschn.	Unterabschnitt
überw.	überwiegend
Übk.	Übereinkommen
uE	unseres Erachtens
ULD	Unabhängiges Landeszentrum für Datenschutz
Umf.	Umfang
umfangr.	umfangreich
umstr.	umstritten
UN	United Nations
unstr.	unstreitig
unv.	unverändert, unveränderte Auflage
unveröff.	unveröffentlicht
unzutr.	unzutreffend
Urt.	Urteil
US	United States
USA	United States of America
usw.	und so weiter
uU	unter Umständen
v.	vom, von
va	vor allem
Var.	Variante
Verf.	Verfasser, Verfassung, Verfahren
VerfG	Verfassungsgericht
VerfGH	Verfassungsgerichtshof
Veröff.	Veröffentlichung
Vfg.	Verfügung
VfGH	Verfassungsgerichtshof Österreich
VG	Verwaltungsgericht
VGH	Verwaltungsgerichtshof
vgl.	vergleiche
vH	von Hundert
Visakodex	Verordnung (EG) Nr. 810/2009 des Europäischen Parlaments und des Rates vom 13.7.2009 über einen Visakodex der Gemeinschaft
VO	Verordnung
Vol., vol.	Volume (Band)
Voraufl.	Vorauflage
Vorb.	Vorbemerkung
vorl.	vorläufig

Abkürzungsverzeichnis

Vorratsdatenspeicherungs-RL	Richtlinie 2006/24/EG des Europäischen Parlaments und des Rates vom 15.3.2006 über die Vorratsspeicherung von Daten, die bei der Bereitstellung öffentlich zugänglicher elektronischer Kommunikationsdienste erzeugt oder verarbeitet werden, und zur Änderung der Richtlinie 2002/58/EG
vs.	versus
WAN	Wide Area Network
Werbe-RL	Richtlinie 2006/114/EG des Europäischen Parlaments und des Rates vom 12.12.2006 über irreführende und vergleichende Werbung
WLAN	Wireless Local Area Network
wN	weitere Nachweise
WTO	World Trade Organization
Württ.	Württemberg
württ.	württembergisch
WWW	World Wide Web
zahlr.	zahlreich
zB	zum Beispiel
ZD	Zeitschrift für Datenschutz
ZEuP	Zeitschrift für Europäisches Privatrecht
ZevKR	Zeitschrift für evangelisches Kirchenrecht
ZfPW	Zeitschrift für die gesamte Privatrechtswissenschaft
ZfVP	Zeitschrift für Vergleichende Politikwissenschaft
Ziff.	Ziffer
zit.	zitiert
zT	zum Teil
zugl.	zugleich
zust.	zustimmend
zutr.	zutreffend
zVb	zur Veröffentlichung bestimmt
ZVertriebsR	Zeitschrift für Vertriebsrecht
zzgl.	zuzüglich
zzt.	zurzeit

Allgemeines Literaturverzeichnis

Aufsätze

Abel, Einmeldung und Auskunfteitätigkeit nach DS-GVO und § 31BDSG, ZD 2018, 103
Abel, Lösch- und Sperrkonzepte nach der DSGVO, PinG 2017, 177
Abel, Europäische Datenschutz-Verordnung – ein „Super-BDSG" für den Kontinent?, DSB 2012, 8
Abel, Subsidiaritätsrügen gegen Entwurf der Datenschutz-Grundverordnung, DSB 2012, 103
Albrecht, Das neue EU-Datenschutzrecht – von der Richtlinie zur Verordnung, CR 2016, 88
Albrecht, The EU's New Data Protection Law – How A Directive Evolved Into A Regulation, CRi 2016, 33
Albrecht, Starker EU-Datenschutz wäre Standortvorteil. Notwendigkeit eines international einheitlichen Datenschutzstandards, DuD 2013, 10
Albrecht/Janson, Datenschutz und Meinungsfreiheit nach der Datenschutzgrundverordnung, CR 2016, 500
Albrecht/Wybitul, BDSG-neu: BMI-Entwurf für ein Datenschutz-Anpassungs- und -Umsetzungsgesetz EU, ZD 2017, 51
Amadeus, „Die überforderte Aufsichtsbehörde", PinG 2017, 109
Anderl/Tlapak, Vorbereitung auf die DSGVO europaweit in den Kinderschuhen, Dako 2017, 82
Andréewitch/Steiner, Das österreichische Datenschutzgesetz. Besonderheiten gegenüber der DSRL und Ausblick auf die DS-GVO, ZD 2012, 204
Antemir, General Data Protection Regulation: Comparison of the legal grounds for the processing of personal data, with a focus on eCommerce, PinG 2016, 65
Arens, Die Geltendmachung des datenschutzrechtlichen Auskunftsanspruchs durch Vertreter, NJW 2021, 3417
Asgari, Datenschutz im Arbeitsverhältnis. Offenbarungspflicht/Fragerecht, Mitarbeiter-Screening und Datenschutzgrundverordnung, DB 2017, 1325
Ashkar, Durchsetzung und Sanktionierung des Datenschutzrechts nach den Entwürfen der Datenschutzgrundverordnung, DuD 2015, 796
Bäcker/Hornung, EU-Richtlinie für die Datenverarbeitung bei Polizei und Justiz in Europa. Einfluss des Kommissionsentwurfs auf das nationale Strafprozess- und Polizeirecht, ZD 2012, 147
Bartels/Backer, Die Berücksichtigung des Stands der Technik in der DSGVO, DuD 2018, 214
Baumgartner/Gausling, Datenschutz durch Technikgestaltung und datenschutzfreundliche Voreinstellungen, ZD 2017, 308
Beardwood/Bowman, The Internet of Things and Privacy: An Analytic Framework, CRi 2016, 140
Bechtolf/Vogt, Datenschutz in der Blockchain – Eine Frage der Technik, ZD 2018, 66
Becker M., Zur Regulierung des vertragslosen Tauschs von Daten gegen Leistungen, CR 2021, 230
Becker M., Ein Recht auf datenerhebungsfreie Produkte, JZ 2017, 120
Becker T., EU-Datenschutz-Grundverordnung – Anforderungen an Unternehmen und Datenschutzbeauftragte, ITRB 2016, 107
Behling, Neues EGMR-Urteil zur Überwachung der elektronischen Kommunikation am Arbeitsplatz: Datenschutzrechtliche Implikationen für deutsche Arbeitgeber, BB 2018, 52
Bender/Jones/Young/Wulfert-Markert, Recent Developments and Future Changes to Internet Privacy Rules in the EU, the UK and the U.S., CRi 2017, 68
Bendiek/Berlich/Metzger, Die digitale Selbstbehauptung der EU, SWP-Aktuell 71, August 2015
Benecke/Wagner, Öffnungsklauseln in der Datenschutz-Grundverordnung und das deutsche BDSG – Grenzen und Gestaltungsspielräume für ein nationales Datenschutzrecht, DVBl. 2016, 600
Benedikt, Anforderungen an eine wirksame Einwilligung, PinG 2020, 220
Berg/Gaub, Leitfäden zur Anwendung und Umsetzung der DSGVO – Hinweise zur Erstellung am Beispiel des Best Practice Guides 1.0 für den Bereich des Forderungsmanagements, PinG 2017, 158
Bergt, Sanktionierung von Verstößen gegen die Datenschutz-Grundverordnung, DuD 2017, 555

Literaturverzeichnis

Bergt, Verhaltensregeln als Mittel zur Beseitigung der Rechtsunsicherheit in der Datenschutz-Grundverordnung, CR 2016, 670

Bieker, Die Risikoanalyse nach dem neuen EU-Datenschutzrecht und dem Standard-Datenschutzmodell, DuD 2018, 27

Bieker/Hansen, Datenschutz „by Design" und „by Default" nach der neuen europäischen Datenschutz-Grundverordnung, RDV 2017, 165

Bieker/Hansen/Friedewald, Die grundrechtskonforme Ausgestaltung der Datenschutz-Folgenabschätzung nach der neuen europäischen Datenschutz-Grundverordnung, RDV 2016, 188

Bieresborn, Sozialdatenschutz nach Inkrafttreten der EU-Datenschutzgrundverordnung, NZS 2017, 887

Bihlmayer/Ehmann/Lesch, Kommissionsvorschlag zu e-Privacy verhindert Vereinheitlichung des Datenschutzes in Europa, Eine kritische Bewertung, DuD 2018, 241

Bittner, Der Datenschutzbeauftragte gemäß EU-Datenschutz-Grundverordnungs-Entwurf, RDV 2014, 183

Boehm, Data processing and law enforcement access to information systems at EU level, DuD 2012, 339

Böhning, Datenschutz – Die Debatte muss geführt werden, ZD 2013, 421

Bornemann/Wetzel, Die EU-Datenschutz-Grundverordnung in der Umsetzung: Eine Diskussion über Chancen und Herausforderungen, RDV 2016, 253

Braun, Datenschutz im Smart Office, ZD 2018, 71

Bräutigam/Schmidt-Wudy, Das geplante Auskunfts- und Herausgaberecht des Betroffenen nach Art. 15 der EU-Datenschutzgrundverordnung, CR 2015, 56

Breinlinger/Scheuing, Der Vorschlag für eine EU-Datenschutzverordnung und die Folgen für Verarbeitung und Nutzung von Daten für werbliche Zwecke, RDV 2012, 64

Bronner/Wiedemann, Rechtmäßigkeit der Datenverarbeitung bei wissenschaftlicher Forschung an staatlichen Hochschulen, ZD 2023, 77

Buchner, Grundsätze und Rechtmäßigkeit der Datenverarbeitung unter der DS-GVO, DuD 2016, 155

Buchner/Kühling, Die Einwilligung in der Datenschutzordnung 2018, DuD 2017, 544

Bull, Den Datenschutz bitte nicht ad absurdum führen! Warum „informationelle Selbstbestimmung" oft als weltfremde bürokratische Übertreibung angesehen wird, PinG 2023, 159

Bull, Fehlentwicklungen im Datenschutz am Beispiel der Videoüberwachung, JZ 2017, 797

Byers/Wenzel, Videoüberwachung am Arbeitsplatz nach dem neuen Datenschutzrecht, BB 2017, 2036

Caspar, Das aufsichtsbehördliche Verfahren nach der EU-Datenschutz-Grundverordnung. Defizite und Alternativregelungen, ZD 2012, 555

Cebulla/Wojtowicz, Anonymisierung nach der DSGVO, PinG 2017, 186

Conrad, Datenschutz bei Zukunftsmodellen: Nur mit Einwilligung möglich?, DuD 2020, 611

Conrad, Künstliche Intelligenz – Die Risiken für den Datenschutz, DuD 2017, 740

Cornelius, Die „datenschutzrechtliche Einheit" als Grundlage des bußgeldrechtlichen Unternehmensbegriffs nach der EU-DSGVO, NZWiSt 2016, 421

Culik/Döpke, Zweckbindungsgrundsatz gegen unkontrollierten Einsatz von Big Data-Anwendungen, ZD 2017, 226

Dammann, Erfolge und Defizite der EU-Datenschutz-Grundverordnung, ZD 2016, 307

v. Danwitz, Die Grundrechte auf Achtung der Privatsphäre und auf Schutz personenbezogener Daten. Die jüngere Rechtsprechung des Gerichtshofes der Europäischen Union, DuD 2015, 581

Dehmel/Hullen, Auf dem Weg zu einem zukunftsfähigen Datenschutz in Europa? Konkrete Auswirkungen der DS-GVO auf Wirtschaft, Unternehmen und Verbraucher, ZD 2013, 147

Deuster, Automatisierte Entscheidungen nach der Datenschutz-Grundverordnung, PinG 2016, 75

Deutlmoser/Filip, Europäischer Datenschutz und US-amerikanische (e-)Discovery-Pflichten. Ein Praxisleitfaden für Unternehmen, ZD-Beilage 2012, 1

Diedrich, Vollharmonisierung des EU-Datenschutzrechts – bereits geltende Vorgaben für deutsche Datenschutzgesetze, CR 2013, 408

Dieterich, Rechtsdurchsetzungsmöglichkeiten der DS-GVO, ZD 2016, 260

Dix, Datenschutzaufsicht im Bundesstaat – ein Vorbild für Europa, DuD 2012, 318

Dochow, Notwendigkeit der Datenschutz-Folgenabschätzung, PinG 2018, 51

Literaturverzeichnis

Dovas, § 15 FAO Selbststudium. Die Pflicht zur Löschung von Daten: Änderungen durch die DSGVO und Umsetzung im Unternehmen, ITRB 2017, 186

Durmus, Praktische Umsetzung von Transparenzpflichten, RDV 2018, 297

Düwell/Brink, Die EU-Datenschutz-Grundverordnung und der Beschäftigtendatenschutz, NZA 2016, 665

Dzida/Grau, Beschäftigtendatenschutz nach der Datenschutzgrundverordnung und dem neuen BDSG, DB 2018, 189

Ebner, Die Novellierung der datenschutzrechtlichen Informationspflichten, ZfDR 2023, 299

Ebner, Information Overload 2.0?, ZD 2022, 364

Eckhardt, EU-DatenschutzVO – Ein Schreckgespenst oder Fortschritt?, CR 2012, 195

Eckhardt/Kramer, EU-DSGVO – Diskussionspunkte aus der Praxis, DuD 2013, 287

Eckhardt/Kramer/Mester, Auswirkungen der geplanten EU-DS-GVO auf den deutschen Datenschutz, DuD 2013, 623

Eckhardt/Menz, Bußgeldsanktionen der DS-GVO, DuD 2018, 139

Ehmann, Der weitere Weg zur Datenschutzgrundverordnung, ZD 2015, 6

Ehmann, Das „Datenschutz-Paket" der Europäischen Kommission – Beginn einer Zeitenwende im europäischen Datenschutz?, Juris Praxis Report 4/2012, 2

Ehmann, BDSG-neu: Gelungener Diskussionsentwurf oder erneuter untauglicher Versuch zur „Nachbesserung" der DS-DVO?, ZD-Aktuell 2016, 04216

Ehmann/Kranig, Fünf nach zwölf im Datenschutz. Sofortmaßnahmen zur Umsetzung der DS-GVO, ZD 2018, 199

Eichler, Zulässigkeit der Tätigkeit von Auskunfteien nach der DS-GVO, RDV 2017, 10

Eickelpasch, Die zweite Stufe der Anpassung des Datenschutzrechts des Bundes an die EU-Datenschutz-Grundverordnung, RDV 2017, 219

Eickelpasch, Die neue Datenschutzgrundverordnung, K&R 2016, Beilage 1 zu Heft 9/2016

Engel, Die EU-Datenschutz-Grundverordnung: Was sich ändert, was bleibt – Teil I, jusIT 2013, 139

Engel, Die EU-Datenschutz-Grundverordnung: Was sich ändert, was bleibt – Teil II, jusIT 2013, 178

Engeler, Das überschätzte Kopplungsverbot, ZD 2018, 55

Engeler, Der staatliche Twitter Auftritt, MMR 2017, 651

Engeler/Felber, Entwurf der ePrivacy-VO aus Perspektive der aufsichtsbehördlichen Praxis, ZD 2017, 251

Ernst, Die Einwilligung nach der Datenschutzgrundverordnung, ZD 2017, 110

Faust/Spittka/Wybitul, Milliardenbußgelder nach der DS-GVO?, ZD 2016, 120

Ferretti, Data Protection and the legitimate Interest of Data Controllers. Much ado about nothing or the winter of rights?, Common Market Law Review (CMLR) 51 (2014), 843

Fezer, Dateneigentum der Bürger, ZD 2017, 99

Fezer, Dateneigentum, MMR 2017, 3

Fiedler/Thiel, Christian/Thiel, Christoph, Umsetzung technischer Anforderungen der DSGVO mittels eIDAS-VO-konformer Vertrauensdienste, DuD 2018, 236

Forgó, Und täglich grüßt die Datenschutzgrundverordnung …, ZD2014, 57

Forst, Beschäftigtendatenschutz im Kommissionsvorschlag einer EU-Datenschutzverordnung, NZA 2012, 364

Franck, Nachträgliche Datenschutz-Folgenabschätzung, PinG 2018, 41

Franck, Altverhältnisse unter DS-GVO und neuem BDSG, ZD 2017, 509

Franck, Datensicherheit als datenschutzrechtliche Anforderung. Keine Abdingbarkeit technisch-organisatorischer Maßnahmen nach künftiger DSGVO?, CR 2016, 238

Franck, Das System der Betroffenenrechte nach der Datenschutz-Grundverordnung (DS-GVO), RDV 2016, 111

Franzen, Der Vorschlag für eine EU-Datenschutz-Grundverordnung und der Arbeitnehmerdatenschutz, DuD 2012, 322

Geminn, Risikoadäquate Regelungen für das Internet der Dienste und Dinge? Die Neuerung des Entwurfs für ein neues Bundesdatenschutzgesetz im Überblick, DuD 2017, 295

Geminn, Das Smart Home als Herausforderung für das Datenschutzrecht, DuD 2016, 575

Geminn/Francis/Herder, Die Informationspräsentation im Datenschutzrecht – Auf der Suche nach Lösungen, ZD-Aktuell 2021, 05335

Geppert, Überprüfung der Modelle zur Datenübermittlung in Drittländer, ZD 2018, 62

Literaturverzeichnis

Germelmann/Gundel, Die Entwicklung der EuGH-Rechtsprechung zum europäischen Verfassungs- und Verwaltungsrecht im Jahr 2015, BayVBl 2016, 725
Gerpott, Datenschutzerklärungen – Materiell fundierte Einwilligungen nach der DS-GVO, MMR 2020, 739
Gierschmann, Gestaltungsmöglichkeiten bei Verwendung von personenbezogenen Daten in der Werbung, MMR 2018, 7
Gierschmann, Was „bringt" deutschen Unternehmen die DS-GVO? Mehr Pflichten, aber die Rechtsunsicherheit bleibt, ZD 2016, 51
Giesen, Imperiale und totalitäre Züge des Kommissionsentwurfs für eine europäische Datenschutzverordnung, CR 2012, 550
Gilga/Knaak, Anpassungsgesetze Österreichs und Deutschlands an die DS-GVO im Vergleich, ZD-Aktuell 2017, 05708
Gola, Der „neue" Beschäftigtendatenschutz nach § 22 BDSG n. F., BB 2017, 1462
Gola, Neues Recht – neue Fragen: Einige aktuelle Interpretationsfragen zur DSGVO, K&R 2017, 145
Gola, Beschäftigtendatenschutz und EU-Datenschutz-Grundverordnung, EuZW 2012, 332
Gola, EU-Datenschutz-Grundverordnung und der Beschäftigtendatenschutz, RDV 2012, 60
Gola/Klug, Die Entwicklung des Datenschutzrechts im ersten Halbjahr 2016, NJW 2016, 2786
Gola/Klug, Die Entwicklung des Datenschutzrechts im zweiten Halbjahr 2015, NJW 2016, 691
Gola/Klug, Die Entwicklung des Datenschutzrechts im ersten Halbjahr 2015, NJW 2015, 2628
Gola/Klug, Die Entwicklung des Datenschutzrechts im zweiten Halbjahr 2014, NJW 2015, 674
Gola/Klug, Die Entwicklung des Datenschutzrechts im ersten Halbjahr 2014, NJW 2014, 2622
Gola/Klug, Die Entwicklung des Datenschutzrechts im zweiten Halbjahr 2013, NJW 2014, 667
Gola/Klug, Die Entwicklung des Datenschutzrechts im ersten Halbjahr 2013, NJW 2013, 2487
Gola/Klug, Die Entwicklung des Datenschutzrechts im zweiten Halbjahr 2012, NJW 2013, 834
Gola/Klug, Die Entwicklung des Datenschutzrechts in den Jahren 2011/2012, NJW 2012, 2489
Gola/Lepperhoff, Reichweite des Haushalts- und Familienprivilegs bei der Datenverarbeitung, ZD 2016, 9
Gola/Piltz, Die Datenschutz-Haftung nach geltendem und künftigem Recht. Ein vergleichender Ausblick auf Art. 77 DS-GVO, RDV 2015, 279
Gola/Pötters/Thüsing, Art. 82 DSGVO: Öffnungsklausel für nationale Regelungen zum Beschäftigtendatenschutz – Warum der deutsche Gesetzgeber jetzt handeln muss, RDV 2016, 57
Gola/Schulz, DS-GVO – Neue Vorgaben für den Datenschutz bei Kindern? Überlegungen zur einwilligungsbasierten Verarbeitung von personenbezogenen Daten Minderjähriger, ZD 2013, 475
Gola/Schulz, Der Entwurf für eine EU-Datenschutz-Grundverordnung – eine Zwischenbilanz, RDV 2013, 1
Gola/Wronka, Datenschutzrecht im Fluss, RDV 2015, 3
Golla, Säbelrasseln in der DS-GVO: Drohende Sanktionen bei Verstößen gegen die Vorgaben zum Werbedatenschutz, RDV 2017, 123
Golland, Das Kopplungsverbot in der Datenschutz-Grundverordnung, MMR 2018, 130
Golland, Reformation 2.0 – Umsetzung der Anforderungen der Datenschutz-Grundverordnung durch die evangelische und die katholische Kirche, RDV 2018, 8
Golland/Kriegesmann, Der Schutz virtueller Identitäten durch die DSGVO, PinG 2017, 45
Goricnik, Die Einwilligung des Arbeitnehmers als Rechtsgrundlage einer Datenverarbeitung nach der DSGVO, Dako 2017, 54
Gossen/Schramm, Das Verarbeitungsverzeichnis der DS-GVO, ZD 2017, 7
Grages/Plath, Black Box statt Big Brother: Datenschutzkonforme Videoüberwachung unter BDSG und DSGVO, CR 2017, 791
Greve, Das neue Bundesdatenschutzgesetz, NVwZ 2017, 737
Grünwald/Hackl, Das neue umsatzbezogene Sanktionsregime der DS-GVO, ZD 2017, 556
Gürtler, Baustelle Datenschutz – internationale Entwicklungen, RDV 2012, 126
Haidinger, Die Rechte auf Löschung, Berichtigung, Einschränkung und Datenübertragbarkeit nach der DSGVO (Teil XI), Dako 2017, 56
Haidinger, Widerspruch, automatisierte Einzelentscheidungen und die Informationspflichten nach der DSGVO (Teil XII), Dako 2017, 103
Hamann, Europäische Datenschutz-Grundverordnung – neue Organisationspflichten für Unternehmen, BB 2017, 1090
Hansen, Datenschutz-Folgenabschätzung – gerüstet für Datenschutzvorsorge?, DuD 2016, 587

Literaturverzeichnis

Hansen-Oest, Datenschutzrechtliche Dokumentationspflichten nach dem BDSG und der Datenschutz-Grundverordnung, PinG 2016, 79
Härting, Kundendaten beim Unternehmenskauf nach DSGVO, Die Notwendigkeit einer Einwilligung des Kunden bei Asset Deals, CR 2017, 724
Härting, Auftragsdatenverarbeitung nach der DSGVO, ITRB 2016, 137
Härting, Starke Behörden, schwaches Recht – der neue EU-Datenschutzentwurf, BB 2012, 459
Härting, Datenschutzrecht: Verbotsprinzip und Einwilligungsfetisch, AnwBl 2012, 716
Hartung/Büttgen, Die Auftragsverarbeitung nach der DS-GVO, DuD 2017, 549
Hartung/Steinweg, Vereinbarungen mit Dienstleistern nach dem neuen§ 203 StGB und der DSGVO, Abdeckung der gesetzlichen Anforderungen bei der Vertragsgestaltung, PinG 2018, 21
Haußmann/Brauneisen, Bestehende IT-Betriebsvereinbarungen – welchen Renovierungsbedarf bringt das neue Datenschutzrecht?, BB 2017, 3065
Helfrich, DSAnpUG-EU: Ist der sperrige Name hier schon Programm?, ZD2017, 97
Hennemann, Das Recht auf Löschung gemäß Art. 17 DS-GVO, PinG 2016, 176
Herbrich/Beyvers, Anwendbares Recht unter Bezug auf materielles Datenschutzrecht, RDV 2016, 3
Herfurth/Engel, Codes of Conduct im Konzern?, ZD 2017, 367
Herrmann, J., Anmerkung zur Reform des europäischen Datenschutzrechts. Harmonisierung unter Wahrung hoher datenschutzrechtlicher Standards, ZD 2014, 439
Herrmann, J., Modernisierung des Datenschutzrechts – ausschließlich eine europäische Aufgabe?, ZD 2012, 49
Herrmann, M., Datenportabilität, PinG 2017, 5
Herrmann, C./v. Lewinski, Vorrang des europäischen Datenschutzrechts gegenüber Verbraucherschutz- und AGB-Recht, Teil 1: Materielles Recht, PinG 2017, 165
Herrmann, C./v. Lewinski, Vorrang des europäischen Datenschutzrechts gegenüber Verbraucherschutz- und AGB-Recht, Teil 2: Aufsichtsbehörden, PinG 2017, 209
Hirsch, DS-GVO verhindert Missbrauch von Mautdaten – europaweit, ZD 2013, 585
Hladjk, What is the status of the proposed EU General Data Protection Regulation and when will it be adopted?, ZD 2015, 557
Hoeren, Big Data und Datenqualität – ein Blick auf die DS-GVO, ZD 2016, 459
Hoeren, Der betriebliche Datenschutzbeauftragte. Neuerungen durch die geplante DS-GVO, ZD 2012, 355
Hoeren/Giurgiu, Der Datenschutz in Europa nach der neuen Datenschutz-Grundverordnung, NWB 2012, 1599
Hoeren/Völkel, Informationsabfrage über Domainverantwortliche nach der DS-GVO, Zur datenschutzrechtlichen Zulässigkeit einer Abfrage von Informationen über Domainverantwortliche nach der DS-GVO, DuD 2018, 161
Hoffmann, Einwilligung der betroffenen Person als Legitimationsgrundlage eines datenverarbeitenden Vorgangs im Sozialrecht nach Inkrafttreten der DS-GVO, NZS 2017, 807
Hofmann/Johannes, DS-GVO: Anleitung zur autonomen Auslegung des Personenbezugs, ZD 2017, 221
v. Holleben/Knaut, Die Zukunft der Auftragsverarbeitung – Privilegierung, Haftung, Sanktionen und Datenübermittlung mit Auslandsbezug unter der DSGVO, CR 2017, 299
Hornung, Eine Datenschutz-Grundverordnung für Europa? Licht und Schatten im Kommissionsentwurf vom 25.1.2012, ZD 2012, 99
Hornung, Datenschutz durch Technik in Europa. Die Reform der Richtlinie als Chance für ein modernes Datenschutzrecht, ZD 2011, 51
Hornung/Städtler, Europas Wolken, CR 2012, 638
Hübelbauer, DSGVO: Das Recht auf Datenübertragbarkeit (Teil XIII), Dako 2017, 106
Illibauer, Information & Transparenz im Datenschutz (Teil I), Dako 2020/34
Illibauer, Information & Transparenz im Datenschutz (Teil II), Dako 2020/46
Imping, Neue Zeitrechnung im (Beschäftigten-)Datenschutz, Die Herausforderung des neuen Datenschutzrechts an die betriebliche Praxis, CR 2017, 378
Jacquemain, Haftung privater Stellen bei Datenschutzverstößen, RDV2017, 227
Jahnel, Gesetzgebungsmonitor Datenschutz: Datenschutz-Grundverordnung und neue EU-Datenschutzrichtlinien, jusIT 2016, 128
Jandt, Datenschutz durch Technik in der DS-GVO, Präventive und repressive Vorgaben zur Gewährleistung der Sicherheit der Verarbeitung, DuD 2017, 562

Literaturverzeichnis

Jandt, Smart Health. Wird die DSGVO den dynamischen Herausforderungen gerecht?, DuD 2016, 571

Jaspers, Die EU-Datenschutz-Grundverordnung – Auswirkungen der EU-Datenschutz-Grundverordnung auf die Datenschutzorganisation des Unternehmens, DuD 2012, 571

Jaspers/Reif, Der Datenschutzbeauftragte nach der Grundverordnung: Bestellpflicht, Rechtsstellung und Aufgaben, RDV 2016, 61

Jaspers/Reif, Der betriebliche Datenschutzbeauftragte nach der geplanten EU-Datenschutz-Grundverordnung – ein Vergleich mit dem BDSG, RDV 2012, 78

Joachim, Besonders schutzbedürftige Personengruppen, ZD 2017, 414

Johannes, Gegenüberstellung – Der Datenschutzbeauftragte nach DS-GVO, JI-Richtlinie und zukünftigem BDSG, ZD-Aktuell 2017, 05794

Jülicher/Röttgen/v. Schönfeld, Das Recht auf Datenübertragbarkeit. Ein datenschutzrechtliches Novum, ZD 2016, 358

Jung, Datenschutz-(Compliance)Management-Systeme – Nachweis- und Rechenschaftspflichten nach der DS-GVO, ZD 2018, 208

Kahler, Die Europarechtswidrigkeit der Kommissionsbefugnisse in der Grundverordnung, RDV 2013, 69

Kahlert/Licht, Die neue Rolle des Datenschutzbeauftragten nach der DSGVO – Was Unternehmen zu beachten haben, ITRB 2016, 178

Kaiser, M., Die Aufsichtsmechanismen der neuen europäischen Datenschutzgesetzgebung – nationaler Vollzug im Spannungsfeld supranationaler Zusammenarbeit und Entscheidungsfindung, RDV 2017, 273

Kaiser, I./Volkmer, Das Verzeichnis von Verarbeitungstätigkeiten und die Datenschutz-Folgenabschätzung in der Praxis, PinG 2017, 153

Kalabis/Selzer, Das Recht auf Vergessenwerden nach der geplanten EU-Verordnung, DuD 2012, 670

Karper, Datenschutzsiegel und Zertifizierung nach der Datenschutz-Grundverordnung, PinG 2016, 201

Kartheuser/Schmitt, Der Niederlassungsbegriff und seine praktischen Auswirkungen, ZD 2016, 155

Kastelitz, Die Datenschutz-Grundverordnung im Gesundheitsbereich – ein erster Überblick, JMG 2016, 71

Kaufmann, Meldepflichten und Datenschutz-Folgenabschätzung. Kodifizierung neuer Pflichten in der EU-Datenschutz-Grundverordnung, ZD 2012, 358

Kempter/Scheurer, „Alles ablehnen – alles ok? – Zur Erforderlichkeit einer Ablehnfunktion auf erster Ebene einer Consent Management Plattform, PinG 2023, 72

Keppeler, Was bleibt vom TMG-Datenschutz nach der DS-GVO? Lösung und Schaffung von Abgrenzungsproblemen im Multimedia-Datenschutz, MMR 2015, 779

Keppeler/Berning, Technische und rechtliche Probleme bei der Umsetzung der DS-GVO-Löschpflichten, ZD 2017, 314

Keßler, Intelligente Roboter – neue Technologien im Einsatz, MMR 2017, 589

Kilian, International Trade Agreements and European Data Protection Law, CRi 2016, 51

Kipker/Voskamp, Datenschutz in sozialen Netzwerken nach der Datenschutzgrundverordnung, DuD 2012, 737

Kirschner, Datenschutz-Grundverordnung – ein kritischer Ausblick unter besonderer Berücksichtigung des Kapitels IV der DSGrVO, ZIR 2015, 6

Klar, Die extraterritoriale Wirkung des neuen europäischen Datenschutzrechts, DuD 2017, 533

Klug, Der Datenschutzbeauftragte in der EU. Maßgaben der Datenschutzgrundverordnung, ZD 2016, 315

Klug, Die Position des EU-Parlaments zur zukünftigen Rolle von Datenschutzbeauftragten – ein kommentierter Überblick, RDV 2014, 90

Klug, EU-Datenschutz-Grundverordnung: Datenschutzbeauftragte obligatorisch oder optional?, RDV 2013, 143

Klug, Stand der EU-parlamentarischen Beratungen zur Rolle des Datenschutzbeauftragten – ein kommentierter Überblick, RDV 2013, 14

Knopp, Dürfen juristische Personen zum betrieblichen Datenschutzbeauftragten bestellt werden?, DuD 2015, 98

Knyrim, Die neuen Pflichten nach der EU-Datenschutz-Grundverordnung im Überblick (Teil V), Dako 2016, 11

Literaturverzeichnis

Knyrim, Die Datenschutz-Grundverordnung: Entwicklung und Anwendungsbereich (Teil I), Dako 2015, 32
Knyrim/Tretzmüller, Die praktisch wichtigsten Regelungen des DSG (neu), Dako 2017, 79
Knyrim/Tretzmüller, DSG neu – Durchführungsgesetz zur DSGVO im Entwurf veröffentlicht, Dako 2017, 32
Knyrim/Trieb, Das künftige EU-Datenschutzrecht – Neue Anforderungen an die unternehmerische Compliance, Compliance-Praxis 2/2014, 30
Kodde, Die „Pflicht zu Vergessen". „Recht auf Vergessenwerden" und Löschung in BDSG und DS-GVO, ZD 2013, 115
Kohrt, Arbeitnehmerdatenschutz gemäß der Datenschutz-Grundverordnung, DB 2016, 711
Koós, Das Vorhaben eines einheitlichen Datenschutzes in Europa, ZD 2014, 9
Korch/Chatard, Der Missbrauchseinwand gegen Betroffenenrechte, ZD 2022, 482
Korch/Chatard, Reichweite und Grenzen des Anspruchs auf Erhalt einer Kopie gem. Art. 15 Abs. 3 DSGVO, CR 2020, 438
Koreng/Feldmann, Das „Recht auf Vergessen", ZD 2012, 311
Kort, Der Beschäftigtendatenschutz gem. § 26 BDSG-neu, ZD 2017, 319
Kort, Was ändert sich für Datenschutzbeauftragte, Aufsichtsbehörden und Betriebsrat mit der DS-GVO?, ZD 2017, 3
Kort, Die Zukunft des deutschen Beschäftigtendatenschutzes, ZD 2016, 555
Kort, Datenschutzrecht in der Europäischen Union: de lege lata und de lege ferenda, DB 2012, 1020
Kramer, EU-DSGVO: Einwilligungserklärung im Übergang, DSB 2016, 206
Kramer, EU-Recht: Neues Verfahrensverzeichnis nach EU-DSGVO, DSB 2016, 103
Kramer, „Licht und Schatten" im künftigen EU-Datenschutzrecht, DSB 2012, 57
Kranig, Zuständigkeit der Datenschutzaufsichtsbehörden. Feststellung des Status quo mit Ausblick auf die DS-GVO, ZD 2013, 550
Kranig/Peintinger, Selbstregulierung im Datenschutzrecht. Rechtslage in Deutschland, Europa und den USA unter Berücksichtigung des Vorschlags zur DS-GVO, ZD 2014, 3
Kraska, Datenschutz-Zertifizierungen in der EU-Datenschutzgrundverordnung, ZD 2016, 153
Kreindl, Datenschutz-Grundverordnung ante portas: Vom Datenverarbeitungsregister zur Datenschutz-Folgenabschätzung, jusIT 2016, 153
Kremer, Das Auskunftsrecht der betroffenen Person in der DSGVO, CR 2018, 560
Kremer, DSAnpUG-EU: Umsetzungsgesetz zur Datenschutz-Grundverordnung mit neuem BDSG im Bundestag beschlossen, DB 2017, 1078
Kremer, Wer braucht das neue BDSG? Auseinandersetzung mit wesentlichen Inhalten des BDSG n. F., CR 2017, 367
Krohm, Die wirtschaftliche Einheit als Bußgeldadressat unter der Datenschutz-Grundverordnung?, RDV 2017, 221
Krohm, Abschied vom Schriftformgebot der Einwilligung. Lösungsvorschläge und künftige Anforderungen, ZD 2016, 368
Krohm/Müller-Peltzer, Auswirkungen des Kopplungsverbots auf die Praxistauglichkeit der Einwilligung, ZD 2017, 551
Krohm/Müller-Peltzer, Fehlende Privilegierung der Auftragsverarbeitung unter der Datenschutz-Grundverordnung?, RDV 2015, 312
Krönke, Datenpaternalismus. Staatliche Interventionen im Online-Datenverkehr zwischen Privaten, dargestellt am Beispiel der Datenschutz-Grundverordnung, Der Staat 55 (2016), 319
Krügel, Das personenbezogene Datum nach der DS-GVO, ZD 2017, 455
Krügel, Der Einsatz von Angriffserkennungssystemen im Unternehmen, MMR 2017, 795
Krüger, Datensouveränität und Digitalisierung, ZRP 2016, 190
Kuehne, Pseudonymisierung in der Datenschutz-Grundverordnung: Neue Definition schafft mehr Klarheit, DSB 2016, 210
Kugelmann, Datenfinanzierte Internetangebote. Regelungs- und Schutzmechanismen der DSGVO, DuD 2016, 566
Kugelmann, Datenschutz bei Polizei und Justiz, DuD 2012, 581
Kühling, Rückkehr des Rechts: Verpflichtung von „Google & Co." zu Datenschutz, EuZW 2014, 527
Kühling, Neues Bundesdatenschutzgesetz – Anpassungsbedarf bei Unternehmen, NJW 2017, 1986

Literaturverzeichnis

Kühling/Martini, Die Datenschutz-Grundverordnung: Revolution oder Evolution im europäischen und deutschen Datenschutzrecht?, EuZW 2016, 448
Kühling/Sauerborn, PIMS vs. Einwilligung vs. Browser-Einstellungen, ZD 2023, 596
Kühling/Sauerborn, „Cookie-Banner", „Cookie-Walls" und das „PUR"-Modell: Konformität der gängigen Telemedienpraxis mit dem Datenschutz?, ZfDR 2022, 339
Kuner, The European Commission's Proposed Data Protection Regulation: A Copernican Revolution in European Data Protection Law, BNA Bloomberg Privacy and Security Law Report 11 PVLR 06, 6.2.2012, 1
Kutzki, Die EU-Datenschutzgrundverordnung (DSGVO) und Auswirkungen auf den öffentlichen Dienst, öAT 2016, 115
Kuznik, Die Grenzen des Anspruchs auf Zugang zu personenbezogenen Daten, NVwZ 2023, 297
Lachenmann, Neue Anforderungen an die Videoüberwachung, ZD 2017, 407
Lachmayer, Zur Reform des europäischen Datenschutzes. Eine erste Analyse des Entwurfs der Datenschutz-Grundverordnung, ÖJZ 2012, 841
Lang, Reform des EU-Datenschutzrechts, K&R 2012, 145
Lantwin, Risikoberuf Datenschutzbeauftragter?, ZD 2017, 411
Lauber-Rönsberg/Hartlaub, Personenbildnisse im Spannungsfeld zwischen Äußerungs- und Datenschutzrecht, NJW 2017, 1057
Leissler/Wolfbauer, Das „One Stop Shop"-Prinzip (Teil VI), Dako 2016, 37
Lepperhoff, Dokumentationspflichten in der DS-GVO, RDV 2016, 197
Leschanz/Gölles, Verwaltung von Einwilligungserklärungen durch eine Datenbank, Dako 2017, 86
Leucker, Die 10 Märchen der Datenschutzreform, PinG 2015, 195
Leutheusser-Schnarrenberger, Zur Reform des europäischen Datenschutzrechts, MMR 2012, 709
v. Lewinski, Europäisierung des Datenschutzrechts, DuD 2012, 564
v. Lewinski/Pohl, Auskunfteien nach der europäischen Datenschutzreform, ZD 2018, 17
Lincke/Nourbakhsh, An Analysis of the GDPR's Effects on the Future of Cloud Outsourcing, CRi 2017, 179
Lorenz, Kinderrechte im Digitalzeitalter – Das Beispiel des Sharenting, K&R 2021, 322
Maas, EU-Datenschutz-Grundverordnung: Datensouveränität in der digitalen Gesellschaft, DuD 2015, 579
Maier/Schaller, ePrivacy-VO – alle Risiken der elektronischen Kommunikation gebannt?, ZD 2017, 373
Marnau, Anonymisierung, Pseudonymisierung und Transparenz für Big Data, DuD 2016, 428
Marschall, Datenpannen – „neue" Meldepflicht nach der europäischen DS-GVO?, DuD 2015, 183
Marschall/Müller, Der Datenschutzbeauftragte im Unternehmen zwischen BDSG und DS-GVO. Bestellung, Rolle, Aufgaben und Anforderungen im Fokus europäischer Veränderungen, ZD 2016, 415
Martini/Drews/Seeliger/Weinzierl, Dark Patterns, ZfDR 2021, 47
Martini/Wenzel, „Gelbe Karte" von der Aufsichtsbehörde: die Verwarnung als datenschutzrechtliches Sanktionshybrid, PinG 2017, 92
Masing, Herausforderungen des Datenschutzes, NJW 2012, 2305
Mester, EU-Datenschutzgrundverordnung. Die europaweite Regelung des Datenschutzes noch 2015?, DuD 2015, 822
Mester, EU-Verordnung. Verordnungen der Europäischen Union, DuD 2013, 250
Metz/Spittka, Datenweitergabe im transatlantischen Rechtsraum – Konflikt oder Konsistenz?, ZD 2017, 361
Meyer, Datenschutz-Grundverordnung: Fluch oder Segen?, K&R 2016, Editorial Heft 2/2016
Milker, Die „Pflicht zu Erinnern" als notwendiger Gegenpol eines „Rechts auf Vergessenwerden", K&R 2017, 23
Miller/Will, Rechtsänderungen zur Videoüberwachung im Bundes- und Landesrecht. Inhalt und Auswirkungen des Videoüberwachungsverbesserungsgesetzes und weiterer Neuregelungen, KommunalPraxis Bayern 2017, 355
Monreal, Die Geheimnisse der Auftragsverarbeitung, PinG 2017, 216
Monreal, Weiterverarbeitung nach einer Zweckänderung in der DS-GVO, ZD 2016, 507
Moos, Die Entwicklung des Datenschutzrechts im Jahr 2013, K&R 2014, 149
Moos, Die Entwicklung des Datenschutzrechts im Jahr 2012, K&R 2013, 150

Literaturverzeichnis

Moos, Die Entwicklung des Datenschutzrechts im Jahr 2011, K&R 2012, 151
Müller-Török, Handlungsleitfaden für Kommunen zur DSGVO, PinG 2017, 246
Münch, Lässt der Entwurf einer Europäischen Datenschutz-Grundverordnung eine Modernisierung des technisch-organisatorischen Datenschutzes erwarten?, RDV 2012, 72
Müthlein, ADV 5.0 – Neugestaltung der Auftragsdatenverarbeitung in Deutschland, RDV 2016, 74
Nebel/Dräger, Altersgrenzen für die Einwilligung von Kindern nach Art. 8 DS-GVO in den einzelnen Mitgliedstaaten, ZD-Aktuell 2019, 06645
Nebel/Richter, Datenschutz bei Internetdiensten nach der DS-GVO. Vergleich der deutschen Rechtslage mit dem Kommissionsentwurf, ZD 2012, 407
Nebeling/Lankes, Das neue BDSG und die Personalakte 2.0 – ein Recht auf Vergessen?, DB 2017, 2542
Nelles/Becker, Datenschutzprobleme beim Einsatz neuer Scantechnologien, ZD 2017, 419
Neun/Lubitzsch, EU-Datenschutz-Grundverordnung – Behördenvollzug und Sanktionen, BB 2017, 1538
Nguyen, Die zukünftige Datenschutzaufsicht in Europa. Anregungen für den Trilog zu Kap. VI bis VII der DS-GVO, ZD 2015, 265
Nguyen, Die Verhandlungen um die EU-Datenschutzgrundverordnung unterlitauischer Ratspräsidentschaft, RDV 2014, 26
Nguyen, Die Subsidiaritätsrüge des Deutschen Bundesrates gegen den Vorschlag der EU-Kommission für eine Datenschutz-Grundverordnung, ZEuS 2012, 277
Niklas/Faas, Der Datenschutzbeauftragte nach der Datenschutz-Grundverordnung, NZA 2017, 1091
Niklas/Thurn, Arbeitswelt 4.0 – Big Data im Betrieb, BB 2017, 1589
Nikol/Rost, „Pay or okay" – okay or not okay? Aktuelle Entwicklungen bei den sog. Pur-Modellen, DSB 2023, 167
Nolde, Sanktionen nach DSGVO und BDSG-neu: Wem droht was warum?, PinG 2017, 114
Oberbeck, Berichterstattung des EU-Parlaments zur Datenschutz-Grundverordnung, DSB 2013, 39
Oman/Reitmann/Gruber, Bezahlbare Compliance am Beispiel Datenschutz (Schwerpunkt DSGVO), Dako 2017, 31
Paal/Hennemann, Online-Archive im Lichte der Datenschutz-Grundverordnung, K&R 2017, 18
Pachinger, Auf dem schwierigen Weg zum „EU-Datenschutz", jusIT 2013, 181
Palzer, Und willst du kein braver Schuldner sein, dann meld' ich bei der SCHUFA dich ein! Ein lauterkeitsrechtlicher Blick auf ein ambivalentes Phänomen, WRP 2016, 427
Parker, Brexit and Data Protection Legislation – Back to the Drawing Board?, CRi 2017, 45
Pesch/Sillaber, Distributed Ledger, Joint Control? – Blockchains and the GDPR's Transparency Requirements, CRi 2017, 166
Petri, Auftragsdatenverarbeitung – heute und morgen. Reformüberlegungen zur Neuordnung des Europäischen Datenschutzrechts, ZD 2015, 305
Petrlic, Identitätsprüfung bei elektronischen Auskunftsersuchen nach Art. 15 DSGVO, DuD 2019, 71
Pfeifer, Auswirkungen der Datenschutz-Grundverordnung auf öffentliche Stellen, GewArchiv 2014, 142
Pilgermair, Datenschutz-Grundverordnung: Der neue Kinderschutz (Teil IX), Dako 2017, 7
Piltz, Datenübertragbarkeit im Beschäftigungsverhältnis – Arbeitgeberwechsel: Und die Daten kommen mit?, RDV 2018, 3
Piltz, Die Datenschutz-Grundverordnung, K&R 2017, 85
Piltz, Die Datenschutz-Grundverordnung. Teil 1: Anwendungsbereich, Definitionen und Grundlagen der Datenverarbeitung, K&R 2016, 557
Piltz, Die Datenschutz-Grundverordnung. Teil 2: Rechte der Betroffenen und korrespondierende Pflichten der Verantwortlichen, K&R 2016, 629
Piltz, Die Datenschutz-Grundverordnung. Teil 3: Rechte und Pflichten des Verantwortlichen und Auftragsverarbeiters, K&R 2016, 709
Piltz, Die Datenschutz-Grundverordnung, Teil 4: Anforderungen an Datenübermittlung in Drittländer und Regelungen zur Errichtung von Aufsichtsbehörden, K&R 2016, 777
Piltz, Der räumliche Anwendungsbereich europäischen Datenschutzrechts, K&R 2013, 292
Piltz/Pradel, Wie lange dauern 72 Stunden?, ZD 2019, 152

Literaturverzeichnis

Piltz/Reusch, Internet der Dinge: Datenschutzrechtliche Anforderungen bei der Produktbeobachtung, BB 2017, 841

Pohl, Durchsetzungsdefizite der DSGVO? Der schmale Grat zwischen Flexibilität und Unbestimmtheit, PinG 2017, 85

Pollirer, Die Datenschutz-Grundverordnung: Der Datenschutzbeauftragte (Teil II), Dako 2015, 65

Pollirer, Die Datenschutz-Grundverordnung: Die Datenschutz-Folgenabschätzung (Teil III), Dako 2015, 88

Pollirer, Checkliste Erfüllung der Informationspflichten gem. Art 13 und 14 DSGVO, Dako 2018/48

Pörschke/Wilhelm, Kampfansage an die Datenkraken, PinG 2018, 88

Pötters, Primärrechtliche Vorgaben für eine Reform des Datenschutzrechts, RDV 2015, 10

Pötters/Gola, Wer ist datenschutzrechtlich „Verantwortlicher" im Unternehmen? Betriebsrat und andere selbständige Einheiten als Adressaten des Datenschutzrechts, RDV 2017, 279

Priebe, EU-Kommission: Vorschlag eines neuen europäischen Datenschutzrahmens, EuZW 2012, 163

Quiel, Die Datenschutz-Folgenabschätzung und ihre Durchführung in der Praxis am Beispiel von Werbebildschirmen mit Gesichtserkennungssensorik, PinG 2018, 30

Raji, Auskunftsanspruch in der Praxis, ZD 2020, 279

Rath/Feuerherdt, Datenschutz-Folgenabschätzung als Standard im Konzern: Hinweise zur Anwendung des Kriteriums „hohes Risiko" einer Datenverarbeitung und Vorschläge zur Verknüpfung mit dem Standard-Datenschutzmodell sowie den ISO-Standards 29100 und 29134, CR 2017, 500

Rauda, Gemeinsamkeiten von US Children Online Privacy Protection Act(COPPA) und DS-GVO, MMR 2017, 15

Rauer/Ettig, Rechtskonformer Einsatz von Cookies, ZD 2018, 255

Knyrim (Hrsg.), Der DatKomm, Praxiskommentar zum Datenschutzrecht – DSGVO und DSG, Loseblatt, Stand: Jänner 2022

Reding, Sieben Grundbausteine der europäischen Datenschutzreform, ZD 2012, 195

Reding, Ein modernes, einheitliches Datenschutzrecht für Europas Bürger und Unternehmen, K&R 2012, Editorial Heft 10/2012

Reding, The European data protection framework for the twenty-first century, International Data Privacy Law 2012, Vol. 119, No. 3, 119

Reding, Herausforderungen an den Datenschutz bis 2020: Eine europäische Perspektive, ZD 2011, 1

Richter, Aus Sicht der Stiftung Datenschutz – Die Einwilligung, immer noch Zukunftsmodell?, PinG 2018, 6

Richter, Wie setzt man Art. 20 DSGVO am besten um?, PinG 2017, 231

Richter, Chancen für die Zertifizierung im Datenschutz, RDV 2017, 63

Richter, Aus Sicht der Stiftung Datenschutz – Was noch zu erledigen ist, PinG 2016, 60

Richter, Big Data, Statistik und die Datenschutz-Grundverordnung, DuD 2016, 581

Richter, Datenschutz zwecklos? Das Prinzip der Zweckbindung im Ratsentwurf der DSGVO, DuD 2015, 735

Richter, Datenschutz durch Technik und die Grundverordnung der EU-Kommission, DuD 2012, 576

Rogall-Grothe, Ein neues Datenschutzrecht für Europa, ZRP 2012, 193

Rolf/Siewert, Überlegungen zu den Rechtsgrundlagen des künftigen Beschäftigtendatenschutzes, RDV 2017, 236

Ronellenfitsch, Fortentwicklung des Datenschutzes, DuD 2012, 561

Roßnagel, Der Datenschutz von Kindern in der DS-GVO, ZD 2020, 88

Roßnagel, Datenschutzgesetzgebung für öffentliche Interessen und den Beschäftigungskontext, Chancen für risikoadäquate Datenschutzregelungen?, DuD 2017, 290

Roßnagel, Gesetzgebung im Rahmen der Datenschutz-Grundverordnung, Aufgaben und Spielräume des deutschen Gesetzgebers, DuD 2017, 277

Roßnagel, Wie zukunftsfähig ist die Datenschutz-Grundverordnung? Welche Antworten bietet sie für die neuen Herausforderungen des Datenschutzrechts?, DuD 2016, 561

Roßnagel, Was wird aus der Datenschutzgrundverordnung?, ZD 2014, 545

Roßnagel, Datenschutzgesetzgebung. Monopol oder Vielfalt?, DuD 2012, 553

Literaturverzeichnis

Roßnagel/Kroschwald, Was wird aus der Datenschutzgrundverordnung? Die Entschließung des Europäischen Parlaments über ein Verhandlungsdokument, ZD 2014, 495

Roßnagel/Nebel/Richter, Was bleibt vom Europäischen Datenschutzrecht? Überlegungen zum Ratsentwurf der DS-GVO, ZD 2015, 455

Rost, Bußgeld im digitalen Zeitalter – Was bringt die DS-GVO?, RDV 2017, 13

Röttgen, Die Entwicklung des Datenschutzrechts im Jahr 2016, ZD 2017, 170

Sander, Technische und organisatorische Maßnahmen im Rahmen der Auftragsverarbeitung gemäß Art. 28 DSGVO, PinG 2017, 250

Sander/Schumacher/Kühne, Weitergabe von Arbeitnehmerdaten in Unternehmenstransaktionen, ZD 2017, 105

Sattler, Urheber- und datenschutzrechtliche Konflikte im neuen Vertragsrecht für digitale Produkte, NJW 2020, 3623

Sattler, Personenbezogene Daten als Leistungsgegenstand. Die Einwilligung als Wegbereiter des Datenschuldrechts, JZ 2017, 1036

Schaar, DS-GVO: Geänderte Vorgaben für die Wissenschaft. Was sind die neuen Rahmenbedingungen und welche Fragen bleiben offen?, ZD 2016, 224

Schaar, Datenschutz-Grundverordnung: Arbeitsauftrag für den deutschen Gesetzgeber, PinG 2016, 62

Schaar, Die geplante EU-Datenschutz-Grundverordnung, CuA 2013, 24

Schallbruch, IT-Sicherheitsrecht – Schutz digitaler Dienste, Datenschutz und Datensicherheit, CR 2017, 798

Schantz, Die Datenschutz-Grundverordnung – Beginn einer neuen Zeitrechnung im Datenschutzrecht, NJW 2016, 1841

Schätzle, Zum Koppelungsverbot der Datenschutzgrundverordnung, PinG 2017, 203

Schätzle, Ein Recht auf die Fahrzeugdaten. Das Recht auf Datenportabilität aus der DS-GVO, PinG 2016, 71

Scheurer, Playing consent, PinG 2020, 13

Schild/Tinnefeld, Datenschutz in der Union – Gelungene odermissglückte Gesetzentwürfe?, DuD 2012, 312

Schleipfer, Datenschutzkonformes Webtracking nach Wegfall des TMG, ZD 2017, 460

Schmidl/Tannen, Das neue Bundesdatenschutzgesetz: die wichtigsten Regelungen für die Unternehmenspraxis, DB 2017, 1633

Schmidt/Freund, Perspektiven der Auftragsverarbeitung, ZD 2017, 14

Schmitz, Der Abschied vom Personenbezug, ZD 2018, 5

Schmitz/v. Dall'Armi, Datenschutz-Folgenabschätzung – verstehen und anwenden, ZD 2017, 57

Schmitz/v. Dall'Armi, Auftragsdatenverarbeitung in der DS-GVO – das Ende der Privilegierung? Wie Daten künftig von Dienstleistern verarbeitet werden müssen, ZD 2016, 427

Schnebbe, Minderjährigenschutz in der DS-GVO, DuD 2022, 367

Schneider, J., Schließt Art. 9 DS-GVO die Zulässigkeit der Verarbeitung bei Big Data aus?, ZD 2017, 303

Schneider, J., Hat die Privatsphäre noch eine Chance?, ZD 2015, 245

Schneider, J., Datenschutz-Grundverordnung. Überlegungen zu einer Neugestaltung des Datenschutzrechts, ITRB 2012, 180

Schneider, J./Härting, Wird der Datenschutz nun endlich internettauglich? Warum der Entwurf einer Datenschutz-Grundverordnung enttäuscht, ZD 2012, 199

Schneider, J.-P., Stand und Perspektiven des Europäischen Datenverkehrs- und Datenschutzrechts, Die Verwaltung 2011, 499

Schonhofen, Orientierungshilfe Telemedien 2022, ZD 2023, 326

Schreiber/Brinke, Der Auskunftsanspruch als discovery-Ersatz?, RDi 2023, 232

Schulte, Transparenz im Kontext der DSGVO, PinG 2017, 227

Schulz, S., Privacy by Design. Datenschutz durch Technikgestaltung im nationalen und europäischen Kontext, CR 2012, 204

Schulz, S. E., Dateneigentum in der deutschen Rechtsordnung, PinG 2018, 72

Schüßler/Zöll, EU-Datenschutz-Grundverordnung und Beschäftigtendatenschutz, DuD 2013, 639

Schütze/Spyra, DS-GVO – Was ändert sich im Gesundheitswesen?, RDV 2016, 285

Schwartmann, Ausgelagert und ausverkauft – Rechtsschutz nach der Datenschutz-Grundverordnung, RDV 2012, 55

Literaturverzeichnis

Schwartmann/Weiß, Ko-Regulierung vor einer neuen Blüte – Verhaltensregelungen und Zertifizierungsverfahren nach der Datenschutzgrundverordnung (Teil 1), RDV 2016, 68

Schwartmann/Weiß, Ko-Regulierung vor einer neuen Blüte – Impulse für datenschutzspezifische Zertifizierungsverfahren und Verhaltensregelungen (Teil 2), RDV 2016, 240

Schweiger, Löschen in Backups, Anforderungen und rechtliche Möglichkeiten nach der DSGVO (Teil XIV), Dako 2018, 10

Schweiger, Benötigt Ihr Unternehmen ab 25.5.2018 einen Datenschutzbeauftragten (Teil X), Dako 2017, 34

Schwichtenberg, „Doppeltes Netz" im Datenschutz? Die Rolle der Verbraucherverbände unter der DSGVO, PinG 2017, 104

Schwichtenberg, Die „kleine Schwester" der DSGVO: Die Richtlinie zur Datenverarbeitung bei Polizei und Justiz, DuD 2016, 605

Seifert, Neue Regeln für die Videoüberwachung? Visuelle Kontrolle im Entwurf der EU-Datenschutz-Grundverordnung, DuD 2013, 650

Seiler, Überblick zur Datenverarbeitung im medizinischen Bereich unter der DSGVO, PinG 2018, 43

Selk, Projekt: Datenschutz-Grundverordnung. Projektideen aus praktischer Sicht und ein 4-Säulen-Modell, PinG 2017, 38

Selmayr, Nach PRISM: Endet jetzt die Ambivalenz der deutschen Position zum EU-Datenschutz?, ZD 2013, 525

Selmayr, Europa wagt die digitale Selbstbehauptung, ZD 2018, 197

Selzer, Die Zukunft von Auftragsdatenverarbeitungskontrollen, Änderungen und Chancen durch die DSGVO, DuD 2017, 242

Somers, Vorbereitung auf die Datenschutz-Grundverordnung – Erfahrungen aus Belgien, PinG 2017, 124

Sörup/Marquardt, Auswirkungen der EU-Datenschutzgrundverordnung auf die Datenverarbeitung im Beschäftigtenkontext, ArbR Aktuell 2016, 103

Specht, Daten als Gegenleistung – Verlangt die Digitalisierung nach einem neuen Vertragstypus?, JZ 2017, 763

Spiecker gen. Döhmann/Eisenbarth, Kommt das „Volkszählungsurteil" nun durch den EuGH?, JZ 2011, 169

Spindler, Zukunft der Digitalisierung – Datenwirtschaft in der Unternehmenspraxis, DB 2018, 41

Spindler, Selbstregulierung und Zertifizierungsverfahren nach der DS-GVO. Reichweite und Rechtsfolgen der genehmigten Verhaltensregeln, ZD 2016, 407

Spitzbart/Geuer, Zielgerichtete Werbung für Kunden in sozialen Netzwerken, Dako 2017, 37

Spitz/Cornelius, Einwilligung und gesetzliche Forschungsklausel als Rechtsgrundlagen für die Sekundärnutzung klinischer Daten zu Forschungszwecken, MedR 2022, 191

Srocke, Allgemeines Persönlichkeitsrecht: kein Ende in Sicht, K&R 2017, 1

Steffen, Zivilrechtliche Haftung von Datenschutzbeauftragten für Bußgelder, Haftung für „durchgereichte" Bußgelder nach der DS-GVO, DuD 2018, 145

Stentzel, Der datenschutzrechtliche Präventionsstaat. Rechtsstaatliche Risiken der ordnungsrechtlichen Dogmatik des Datenschutzrechts im privaten Bereich, PinG 2016, 45

Stiemerling, Löschen: Mission Impossible?, PinG 2018, 93

Stoll/Rost, Technische Herausforderungen in der DS-GVO – Im Spannungsfeld zwischen Prüfungen und Sanktionen, RDV 2017, 53

Strassemeyer, Die Transparenzvorgaben der DSGVO für algorithmische Verarbeitungen, K&R 2020, 176

Streinz/Michl, Die Drittwirkung des europäischen Datenschutzgrundrechts (Art. 8 GRCh) im deutschen Privatrecht, EuZW 2011, 384

Strubel, Anwendungsbereich des Rechts auf Datenübertragbarkeit, ZD2017, 355

Suchan, „Der qualitative Exzess" nach Art. 15 DS-GVO, ZD 2021, 198

Sydow/Kring, Die Datenschutzgrundverordnung zwischen Technikneutralität und Technikbezug. Konkurrierende Leitbilder für den europäischen Rechtsrahmen, ZD 2014, 271

Taeger, Verbot des Profiling nach Art. 22 DS-GVO und die Regulierung des Scoring ab Mai 2018, RDV 2017, 3

Taeger, Einwilligung von Kindern gegenüber Diensten der Informationsgesellschaft, ZD 2021, 505

Taeger/Schweda, Die gemeinsam mit anderen Erklärungen erteilte Einwilligung, ZD 2020, 124

Literaturverzeichnis

Taupitz, Der Entwurf einer europäischen Datenschutz-Grundverordnung – Gefahren für die medizinische Forschung, MedR 2012, 423

Tavanti, Datenverarbeitung zu Werbezwecken nach der Datenschutz-Grundverordnung (Teil 1), RDV 2016, 231

Tavanti, Datenverarbeitung zu Werbezwecken nach der Datenschutz-Grundverordnung (Teil 2), RDV 2016, 295

Thode, Die neuen Compliance-Pflichten nach der Datenschutz-Grundverordnung, CR 2016, 714

Thome/Schönefeld, Auswirkungen der Datenschutz-Grundverordnung auf die Sanktionspraxis der Aufsichtsbehörden, PinG 2017, 126

Thüsing, Automatisierte Einzelentscheidung in der PKV – Zur Europarechtskonformität des neuen § 37 Abs. 1 Nr. 2 BDSG –, RDV 2018, 14

Thüsing/Schmidt, Videoüberwachung am Arbeitsplatz, DB 2017, 2608

Thüsing/Schmidt/Forst, Das Schriftformerfordernis der Einwilligungnach § 4a BDSG im Pendelblick zu Art. 7 DS-GVO, RDV 2017, 116

Tien/Held, Digitalisierung im Kinderzimmer: Rechtssicherer Umgang mit vernetztem Spielzeug und Internetspielen, Dako 2018, 7

Tinnefeld/Conrad, Die selbstbestimmte Einwilligung im europäischen Recht, ZD 2018, 391

Traung, The proposed New EU General Data Protection Regulation, CRi 2012, 33

Traut, Maßgeschneiderte Lösungen durch Kollektivvereinbarungen? Möglichkeiten und Risiken des Art. 88 Abs. 1 DS-GVO, RDV 2016, 312

Trautwein/Kurpierz, Datenschutz-Folgenabschätzung und die neu veröffentlichte ISO/IEC 29134:2017, PinG 2018, 26

Tretzmüller, Der globale Anwendungsbereich der DSGVO – warum die DSGVO auch in Drittländern umgesetzt werden sollte (muss), Dako 2018, 8

Tretzmüller, Schadenersatz bei Datenschutzverletzung nach der DSGVO (Teil II), Dako 2017, 85

Uecker, Die Einwilligung im Datenschutzrecht und ihre Alternativen, ZD 2019, 248

Veil, Einwilligung oder berechtigtes Interesse?, NJW 2018, 3337

Veil, Accountability – Wie weit reicht die Rechenschaftspflicht der DS-GVO?, ZD 2018, 9

Veil, DS-GVO: Risikobasierter Ansatz statt rigides Verbotsprinzip, ZD 2015, 347

Venzke-Caprarese, Haftungsrisiko Webtracking, Welche Rechtslage gilt ab dem 25. Mai 2018?, DuD 2018, 156

Voigt, Konzerninterner Datentransfer, Praxisanleitung zur Schaffung eines Konzernprivilegs, CR 2017, 428

Voigt, Gesichtserkennung zu Werbezwecken – Erfolgt ein User Tracking bald auch offline?, K&R 2016, 456

Voitel, Sind Hash-Werte personenbezogene Daten?, Auf Kollisionskurs mit der EU-DSGVO, DuD 2017, 686

Voßhoff/Hermerschmidt, Endlich! – Was bringt uns die Datenschutz-Grundverordnung?, PinG 2016, 56

Wagner, B., Die Datenschutz-Grundverordnung: die Betroffenenrechte(Teil IV), Dako 2015, 112

Wagner, E., Der Entwurf einer Datenschutz-Grundverordnung der Europäischen Kommission, DuD 2012, 676

Wandtke, Ökonomischer Wert von persönlichen Daten, MMR 2017, 6

Weber, Internationale Datenvereinbarung und systematisches Datenschutzmanagement mit der Datenschutz-Grundverordnung, DuD 2017, 282

Weichert, Eltern – gesetzliche Vertreter oder Dritte?, DANA 2018, 188

Weichert, „Sensitive Daten" revisited, DuD 2017, 538

Weichert, Internet – nationaler und europäischer Regelungsbedarf beim Datenschutz, RDV 2013, 8

Weidert/Klar, Datenschutz und Werbung – gegenwärtige Rechtslage und Änderungen durch die Datenschutz-Grundverordnung, BB 2017, 1858

Weigl, The EU General Data Protection Regulation's Impact on Website Operators and eCommerce, CRi 2016, 102

Weinhold, Kritische Überlegungen zur Einführung „verbesserter" Videoüberwachung, ZD-Aktuell 2017, 05555

Werkmeister/Brandt, Datenschutzrechtliche Herausforderungen für Big Data, CR 2016, 233

Literaturverzeichnis

Wichtermann, Einführung eines Datenschutz-Management-Systems im Unternehmen – Pflicht oder Kür? Kurzüberblick über die Erweiterungen durch die DS-GVO, ZD 2016, 421
Wieczorek, Der räumliche Anwendungsbereich der EU-Datenschutz-Grundverordnung, DuD 2013, 644
Will, Schlussrunde bei der Datenschutz-Grundverordnung?, ZD 2015, 345
Wolff, Verhaltensregeln nach Art. 40 DS-GVO auf dem Prüfstand, ZD 2017, 151
Wolff/Stemmer, Die Entscheidung der Kommission zur Angemessenheit des Datenschutzniveaus in den USA, BayVBl. 2016, 181
Wuermeling, Beschäftigtendatenschutz auf der europäischen Achterbahn, NZA 2012, 368
Wulf, Webseiten-Analyse und Datenschutz: Die dynamische IP-Adresse als personenbezogenes Datum, DB 2017, 111
Wurzberger, Anforderungen an Betriebsvereinbarungen nach der DS-GVO, ZD 2017, 258
Wybitul, DS-GVO veröffentlicht – Was sind die neuen Anforderungen an die Unternehmen?, ZD 2016, 253
Wybitul, Was ändert sich mit dem neuen EU-Datenschutzrecht für Arbeitgeber und Betriebsräte? Anpassungsbedarf bei Beschäftigtendatenschutz und Betriebsvereinbarungen, ZD 2016, 203
Wybitul, Die DS-GVO – ein Compliance-Thema?, ZD 2016, 105
Wybitul, EU-Datenschutz-Grundverordnung in der Praxis – Was ändert sich durch das neue Datenschutzrecht?, BB 2016, 1077
Wybitul/Baus, Wie weit geht das Recht auf Auskunft und Kopie nach Art. 15 DSGVO, CR 2019, 494
Wybitul/Fladung, EU-Datenschutz-Grundverordnung – Überblick und arbeitsrechtliche Betrachtung des Entwurfs, BB 2012, 509
Wybitul/v. Gierke, Checklisten zur DSGVO – Teil 2: Pflichten und Stellung des Datenschutzbeauftragten im Unternehmen, BB 2017, 181
Wybitul/Haß/Albrecht, Abwehr von Schadensersatzansprüchen nach der Datenschutz-Grundverordnung, NJW 2018, 113
Wybitul/Pötters, Der neue Datenschutz am Arbeitsplatz, RDV 2016, 10
Wybitul/Rauer, EU-Datenschutz-Grundverordnung und Beschäftigtendatenschutz, ZD 2012, 160
Wybitul/Sörup/Pötters, Betriebsvereinbarungen und § 32 BDSG: Wie geht es nach der DS-GVO weiter?, ZD 2015, 559
Wybitul/Ströbel/Ruess, Übermittlung personenbezogener Daten in Drittländer, ZD 2017, 503
Zahariev, The evolution of EU data protection law on automated data profiling, PinG 2017, 73
Ziebarth, Verbesserte Videoüberwachung, ZD 2017, 467
Ziegenhorn/Gaub, Die EU-Datenschutz-Grundverordnung – eine erste Analyse für den Bereich der Inkassodienstleistungen, PinG 2016, 89
Zikesch/Kramer, Die DS-GVO und das Berufsrecht der Rechtsanwälte, Steuerberater und Wirtschaftsprüfer. Datenschutz bei freien Berufen, ZD 2015, 565

Monografien/Kommentare
Albrecht/Jotzo, Das neue Datenschutzrecht der EU, 2016
Association française des correspondants à la protection des données à caractère personnel (AFCDP), Correspondant informatique et libertés: bien plus qu'un métier, 2015
Auer-Reinsdorff/Conrad, Handbuch IT- und Datenschutzrecht, 3. Aufl. 2019
Bayerisches Landesamt für Datenschutzaufsicht (Hrsg.), Erste Hilfe zur Datenschutz-Grundverordnung für Unternehmen und Vereine, 2017
Behling/Abel (Hrsg.), Praxishandbuch Datenschutz im Unternehmen, 2014
Bensoussan (Hrsg.), Règlement européen sur la protection des données. Textes, commentaires et orientations pratiques, 2. Aufl. 2018
Bergmann/Möhrle/Herb, Datenschutzrecht, Kommentar, Loseblatt, 64. EL 2023
Bieber/Epiney/Haag/Kotzur, Die Europäische Union. Europarecht und Politik, 15. Aufl. 2022
Büllesbach/Poullet/Prins (Hrsg.), Concise European IT Law, 2. Aufl. 2011
Calliess/Ruffert (Hrsg.), EUV/AEUV mit Europäischer Grundrechtecharta, Kommentar, 6. Aufl. 2022
Dammann/Simitis, EG-Datenschutzrichtlinie, Kommentar, 1997
Däubler, Gläserne Belegschaften, 9. Aufl. 2021
Däubler/Klebe/Wedde/Weichert, Bundesdatenschutzgesetz, Kompaktkommentar zum BDSG, 5. Aufl. 2016

Literaturverzeichnis

Däubler/Wedde/Weichert/Sommer, EU-DSGVO und BDSG, 2. Aufl.202020
Dohr/Pollirer/Weiss/Knyrim, DSG online – Kommentar zum Datenschutzrecht, 21. EL 2017
Ehlermann/Bieber/Haag, Handbuch des Europäischen Rechts, Loseblatt, Stand: 714. EL 2020
Ehmann/Helfrich, EG-Datenschutzrichtlinie, Kurzkommentar, 1999
Eßer/Kramer/v. Lewinski (Hrsg.), *Auernhammer,* DSGVO/BDSG – Datenschutz-Grundverordnung/Bundesdatenschutzgesetz und Nebengesetze, Kommentar, 7. Aufl. 2020
Feiler/Forgó, EU-DSGVO und DSG, 2. Aufl. 2022
Forgó/Helfrich/Schneider (Hrsg.), Betrieblicher Datenschutz, 3. Aufl. 2019
Freund/Schmidt/Heeb/Roschek (Hrsg.), DSGVO, 2023
Gantschacher/Jelinek/Schmidl/Spanberger, Datenschutz-Grundverordnung, 2017
Gierschmann/Thoma/Säugling (Hrsg.), Systematischer Praxiskommentar Datenschutzrecht, 2014
Gierschmann/Schlender/Stentzel/Veil (Hrsg.), Kommentar Datenschutz-Grundverordnung, 2017
Gola, Handbuch Beschäftigtendatenschutz, 8. Aufl. 2019
Gola/Heckmann (Hrsg.), Datenschutz-Grundverordnung, Bundesdatenschutzgesetz: DS-GVO/BDSG, 3. Aufl. 2022
Grabitz/Hilf/Nettesheim (Hrsg.), Das Recht der Europäischen Union: EUV/AEUV, Kommentar, Loseblatt, Stand: 79. EL 2023
von der Groeben/Schwarze/Hatje (Hrsg.), Europäisches Unionsrecht. EUV, AEUV und Grundrechtecharta der Europäischen Union, 7. Aufl. 2015
Gürtler-Bayer, Der behördliche Datenschutzbeauftragte. Eine Analyse rechtlicher Probleme in der Konzeption des behördlichen Datenschutzbeauftragten unter Berücksichtigung der EU-Datenschutz-Grundverordnung, 2014
Härting, Datenschutz-Grundverordnung, 2016
Härting, Internetrecht, 7. Aufl. 2023
Heckmann/Paschke (Hrsg.), juris Praxiskommentar Internetrecht, 7. Aufl. 2021
Helfrich, Datenschutzrecht: DatSchR, Einführung, Beck-Texte im dtv, 15. Aufl. 2023
Jahnel, DSGVO. Datenschutz-Grundverordnung, 2021
Kazemi, General Data Protection Regulation (GDPR), 2018
Knyrim, Praxishandbuch Datenschutzrecht, 4. Aufl. 2020
Knyrim (Hrsg.), Datenschutz-Grundverordnung: Das neue Datenschutzrecht in Österreich und der EU, Praxishandbuch, 2016
Koreng/Lachenmann (Hrsg.), Formularhandbuch Datenschutzrecht, 3. Aufl. 2021
Kranig/Sachs/Gierschmann, Datenschutz-Compliance nach der DS-GVO, 2. Aufl. 2019
Kühling/Buchner (Hrsg.), DS-GVO/BDSG, Kommentar, 3. Aufl. 2020
Kühling/Klar/Sackmann, Datenschutzrecht, 5. Aufl. 2021
Kühling/Martini/Heberlein/Kühl/Nink/Weinzierl/Wenzel, Die Datenschutz-Grundverordnung und das nationale Recht, 2016
Kuner/Bygrave/Docksey, The EU General Data Protection Regulation (GDPR). A Commentary, 2020
Laue/Kremer, Das neue Datenschutzrecht in der betrieblichen Praxis, 2. Aufl. 2019
Meyer/Hölscheidt (Hrsg.), Charta der Grundrechte der Europäischen Union, Kommentar, 5. Aufl. 2019
Müller-Graff/Schmahl/Skouris (Hrsg.), Europäisches Recht zwischen Bewährung und Wandel, Festschrift für Dieter H. Scheuing, 2011
Oppermann/Classen/Nettesheim, Europarecht, 9. Aufl. 2021
Paal/Pauly (Hrsg.), DS-GVO/BDSG, Kommentar, 3. Aufl. 2021
Paschke/Rücker (Hrsg.), Data Governance Act, Kommentar, 2024
Piltz, BDSG, 2017
Plath (Hrsg.), DSGVO/BDSG/TTDSG, Kommentar, 4. Aufl. 2023
Pollirer/Weiss/Knyrim/Haidinger, Datenschutzgesetz DSG, 4. Aufl. 2019
Pollirer/Weiss/Knyrim/Haidinger, Datenschutz-Grundverordnung DSGVO, 2. Aufl.2022
Redeker/Hoppen (Hrsg.), DGRI Jahrbuch 2011, 2012
Riesenhuber (Hrsg.), Europäische Methodenlehre, 4. Aufl. 2021
Roßnagel (Hrsg.), Europäische Datenschutz-Grundverordnung, 2017
Roßnagel (Hrsg.), Handbuch Datenschutzrecht, 2003
Rücker/Kugler (Hrsg.), New European General Data Protection Regulation, A Practitioner's Guide, 2018
Schaffland/Holthaus (Hrsg.), Bundesdatenschutzgesetz, Loseblatt, Stand: 2023
Schantz/Wolff, Das neue Datenschutzrecht, 2017

Literaturverzeichnis

Scheurer, Spielerisch selbstbestimmt, 2019
Schneider (Hrsg.), Handbuch EDV-Recht, 5. Aufl. 2017
Schweitzer/Dederer, Staatsrecht III, 12. Aufl. 2020
Simitis (Hrsg.), Bundesdatenschutzgesetz, Kommentar, 8. Aufl. 2014
Simitis/Hornung/Spiecker gen. Döhmann (Hrsg.), NomosKommentar Datenschutzrecht, 1. Aufl. 2019
Spiecker gen. Döhmann/Papakonstantinou/Hornung/De Hert, General Data Protection Regulation. Article-by-Article Commentary, 2023
Stern/Sodan/Möstl (Hrsg.), Das Staatsrecht der Bundesrepublik Deutschland, 2. Aufl. 2022, Band IV
Streinz (Hrsg.), EUV/AEUV, Kommentar, 3. Aufl. 2018
Sydow/Marsch (Hrsg.), DS-GVO BDSG, NomosKommentar, 3. Aufl. 2022
Taeger/Gabel (Hrsg.), DSGVO – BDSG – TTDSG, Kommentar, 4. Aufl. 2022
Wächter, Datenschutz im Unternehmen, 6. Aufl. 2021
Wagner, Der Datenschutz in der Europäischen Union, 2015
Wedde, EU-Datenschutz-Grundverordnung, Kurzkommentar mit Synopse, 2016
Wilde/Ehmann/Niese/Knoblauch, Datenschutz in Bayern. Bayerisches Datenschutzgesetz. Datenschutz-Grundverordnung, Loseblatt, 36. EL 2023
Wolff/Brink (Hrsg.), BeckOK Datenschutzrecht, 44. EL 2023
Wybitul (Hrsg.), EU-Datenschutz-Grundverordnung, 2017
Wybitul, EU-Datenschutz-Grundverordnung im Unternehmen, 2016

Verordnung (EU) 2016/679 des Europäischen Parlaments und des Rates vom 27. April 2016 zum Schutz natürlicher Personen bei der Verarbeitung personenbezogener Daten, zum freien Datenverkehr und zur Aufhebung der Richtlinie 95/46/EG (Datenschutz-Grundverordnung)

(ABl. 2016 Nr. L 119 S. 1, ber. ABl. 2016 Nr. L 314 S. 72 und ABl. 2018 Nr. L 127 S. 2)
Celex-Nr. 3 2016 R 0679

DAS EUROPÄISCHE PARLAMENT UND DER RAT DER EUROPÄISCHEN UNION –
gestützt auf den Vertrag über die Arbeitsweise der Europäischen Union, insbesondere auf Artikel 16,
auf Vorschlag der Europäischen Kommission,
nach Zuleitung des Entwurfs des Gesetzgebungsakts an die nationalen Parlamente,
nach Stellungnahme des Europäischen Wirtschafts- und Sozialausschusses,
nach Stellungnahme des Ausschusses der Regionen,
gemäß dem ordentlichen Gesetzgebungsverfahren,
in Erwägung nachstehender Gründe:

(1) Der Schutz natürlicher Personen bei der Verarbeitung personenbezogener Daten ist ein Grundrecht. Gemäß Artikel 8 Absatz 1 der Charta der Grundrechte der Europäischen Union (im Folgenden „Charta") sowie Artikel 16 Absatz 1 des Vertrags über die Arbeitsweise der Europäischen Union (AEUV) hat jede Person das Recht auf Schutz der sie betreffenden personenbezogenen Daten.

(2) Die Grundsätze und Vorschriften zum Schutz natürlicher Personen bei der Verarbeitung ihrer personenbezogenen Daten sollten gewährleisten, dass ihre Grundrechte und Grundfreiheiten und insbesondere ihr Recht auf Schutz personenbezogener Daten ungeachtet ihrer Staatsangehörigkeit oder ihres Aufenthaltsorts gewahrt bleiben. Diese Verordnung soll zur Vollendung eines Raums der Freiheit, der Sicherheit und des Rechts und einer Wirtschaftsunion, zum wirtschaftlichen und sozialen Fortschritt, zur Stärkung und zum Zusammenwachsen der Volkswirtschaften innerhalb des Binnenmarkts sowie zum Wohlergehen natürlicher Personen beitragen.

(3) Zweck der Richtlinie 95/46/EG des Europäischen Parlaments und des Rates ist die Harmonisierung der Vorschriften zum Schutz der Grundrechte und Grundfreiheiten natürlicher Personen bei der Datenverarbeitung sowie die Gewährleistung des freien Verkehrs personenbezogener Daten zwischen den Mitgliedstaaten.

(4) Die Verarbeitung personenbezogener Daten sollte im Dienste der Menschheit stehen. Das Recht auf Schutz der personenbezogenen Daten ist kein uneingeschränktes Recht; es muss im Hinblick auf seine gesellschaftliche Funktion gesehen und unter Wahrung des Verhältnismäßigkeitsprinzips gegen andere Grundrechte abgewogen werden. Diese Verordnung steht im Einklang mit allen Grundrechten und achtet alle Freiheiten und Grundsätze, die mit der Charta anerkannt wurden und in den Europäischen Verträgen verankert sind, insbesondere Achtung des Privat- und Familienlebens, der Wohnung und der Kommunikation, Schutz personenbezogener Daten, Gedanken-, Gewissens- und Religionsfreiheit, Freiheit der Meinungsäußerung und Informationsfreiheit, unternehmerische Freiheit, Recht auf einen wirksamen Rechtsbehelf und ein faires Verfahren und Vielfalt der Kulturen, Religionen und Sprachen.

(5) Die wirtschaftliche und soziale Integration als Folge eines funktionierenden Binnenmarkts hat zu einem deutlichen Anstieg des grenzüberschreitenden Verkehrs personenbezogener Daten geführt. Der unionsweite Austausch personenbezogener Daten zwischen öffentlichen und privaten Akteuren einschließlich natürlichen Personen, Vereinigungen und Unternehmen hat zugenommen. Das Unionsrecht verpflichtet die Verwaltungen der Mitgliedstaaten, zusammenzuarbeiten und personenbezogene Daten auszutauschen, damit sie ihren Pflichten nachkommen oder für eine Behörde eines anderen Mitgliedstaats Aufgaben durchführen können.

DS-GVO

(6) Rasche technologische Entwicklungen und die Globalisierung haben den Datenschutz vor neue Herausforderungen gestellt. Das Ausmaß der Erhebung und des Austauschs personenbezogener Daten hat eindrucksvoll zugenommen. Die Technik macht es möglich, dass private Unternehmen und Behörden im Rahmen ihrer Tätigkeiten in einem noch nie dagewesenen Umfang auf personenbezogene Daten zurückgreifen. Zunehmend machen auch natürliche Personen Informationen öffentlich weltweit zugänglich. Die Technik hat das wirtschaftliche und gesellschaftliche Leben verändert und dürfte den Verkehr personenbezogener Daten innerhalb der Union sowie die Datenübermittlung an Drittländer und internationale Organisationen noch weiter erleichtern, wobei ein hohes Datenschutzniveau zu gewährleisten ist.

(7) Diese Entwicklungen erfordern einen soliden, kohärenteren und klar durchsetzbaren Rechtsrahmen im Bereich des Datenschutzes in der Union, da es von großer Wichtigkeit ist, eine Vertrauensbasis zu schaffen, die die digitale Wirtschaft dringend benötigt, um im Binnenmarkt weiter wachsen zu können. Natürliche Personen sollten die Kontrolle über ihre eigenen Daten besitzen. Natürliche Personen, Wirtschaft und Staat sollten in rechtlicher und praktischer Hinsicht über mehr Sicherheit verfügen.

(8) Wenn in dieser Verordnung Präzisierungen oder Einschränkungen ihrer Vorschriften durch das Recht der Mitgliedstaaten vorgesehen sind, können die Mitgliedstaaten Teile dieser Verordnung in ihr nationales Recht aufnehmen, soweit dies erforderlich ist, um die Kohärenz zu wahren und die nationalen Rechtsvorschriften für die Personen, für die sie gelten, verständlicher zu machen.

(9) Die Ziele und Grundsätze der Richtlinie 95/46/EG besitzen nach wie vor Gültigkeit, doch hat die Richtlinie nicht verhindern können, dass der Datenschutz in der Union unterschiedlich gehandhabt wird, Rechtsunsicherheit besteht oder in der Öffentlichkeit die Meinung weit verbreitet ist, dass erhebliche Risiken für den Schutz natürlicher Personen bestehen, insbesondere im Zusammenhang mit der Benutzung des Internets. Unterschiede beim Schutzniveau für die Rechte und Freiheiten von natürlichen Personen im Zusammenhang mit der Verarbeitung personenbezogener Daten in den Mitgliedstaaten, vor allem beim Recht auf Schutz dieser Daten, können den unionsweiten freien Verkehr solcher Daten behindern. Diese Unterschiede im Schutzniveau können daher ein Hemmnis für die unionsweite Ausübung von Wirtschaftstätigkeiten darstellen, den Wettbewerb verzerren und die Behörden an der Erfüllung der ihnen nach dem Unionsrecht obliegenden Pflichten hindern. Sie erklären sich aus den Unterschieden bei der Umsetzung und Anwendung der Richtlinie 95/46/EG.

(10) Um ein gleichmäßiges und hohes Datenschutzniveau für natürliche Personen zu gewährleisten und die Hemmnisse für den Verkehr personenbezogener Daten in der Union zu beseitigen, sollte das Schutzniveau für die Rechte und Freiheiten von natürlichen Personen bei der Verarbeitung dieser Daten in allen Mitgliedstaaten gleichwertig sein. Die Vorschriften zum Schutz der Grundrechte und Grundfreiheiten von natürlichen Personen bei der Verarbeitung personenbezogener Daten sollten unionsweit gleichmäßig und einheitlich angewandt werden. Hinsichtlich der Verarbeitung personenbezogener Daten zur Erfüllung einer rechtlichen Verpflichtung oder zur Wahrnehmung einer Aufgabe, die im öffentlichen Interesse liegt oder in Ausübung öffentlicher Gewalt erfolgt, die dem Verantwortlichen übertragen wurde, sollten die Mitgliedstaaten die Möglichkeit haben, nationale Bestimmungen, mit denen die Anwendung der Vorschriften dieser Verordnung genauer festgelegt wird, beizubehalten oder einzuführen. In Verbindung mit den allgemeinen und horizontalen Rechtsvorschriften über den Datenschutz zur Umsetzung der Richtlinie 95/46/EG gibt es in den Mitgliedstaaten mehrere sektorspezifische Rechtsvorschriften in Bereichen, die spezifischere Bestimmungen erfordern. Diese Verordnung bietet den Mitgliedstaaten zudem einen Spielraum für die Spezifizierung ihrer Vorschriften, auch für die Verarbeitung besonderer Kategorien von personenbezogenen Daten (im Folgenden „sensible Daten"). Diesbezüglich schließt diese Verordnung nicht Rechtsvorschriften der Mitgliedstaaten aus, in denen die Umstände besonderer Verarbeitungssituationen festgelegt werden, einschließlich einer genaueren Bestimmung der Voraussetzungen, unter denen die Verarbeitung personenbezogener Daten rechtmäßig ist.

(11) Ein unionsweiter wirksamer Schutz personenbezogener Daten erfordert die Stärkung und präzise Festlegung der Rechte der betroffenen Personen sowie eine Verschärfung der Verpflichtungen für diejenigen, die personenbezogene Daten verarbeiten und darüber entscheiden, ebenso wie – in den Mitgliedstaaten – gleiche Befugnisse bei der Überwachung und Gewährleistung der

Einhaltung der Vorschriften zum Schutz personenbezogener Daten sowie gleiche Sanktionen im Falle ihrer Verletzung.

(12) Artikel 16 Absatz 2 AEUV ermächtigt das Europäische Parlament und den Rat, Vorschriften über den Schutz natürlicher Personen bei der Verarbeitung personenbezogener Daten und zum freien Verkehr solcher Daten zu erlassen.

(13) Damit in der Union ein gleichmäßiges Datenschutzniveau für natürliche Personen gewährleistet ist und Unterschiede, die den freien Verkehr personenbezogener Daten im Binnenmarkt behindern könnten, beseitigt werden, ist eine Verordnung erforderlich, die für die Wirtschaftsteilnehmer einschließlich Kleinstunternehmen sowie kleiner und mittlerer Unternehmen Rechtssicherheit und Transparenz schafft, natürliche Personen in allen Mitgliedstaaten mit demselben Niveau an durchsetzbaren Rechten ausstattet, dieselben Pflichten und Zuständigkeiten für die Verantwortlichen und Auftragsverarbeiter vorsieht und eine gleichmäßige Kontrolle der Verarbeitung personenbezogener Daten und gleichwertige Sanktionen in allen Mitgliedstaaten sowie eine wirksame Zusammenarbeit zwischen den Aufsichtsbehörden der einzelnen Mitgliedstaaten gewährleistet. Das reibungslose Funktionieren des Binnenmarkts erfordert, dass der freie Verkehr personenbezogener Daten in der Union nicht aus Gründen des Schutzes natürlicher Personen bei der Verarbeitung personenbezogener Daten eingeschränkt oder verboten wird. Um der besonderen Situation der Kleinstunternehmen sowie der kleinen und mittleren Unternehmen Rechnung zu tragen, enthält diese Verordnung eine abweichende Regelung hinsichtlich des Führens eines Verzeichnisses für Einrichtungen, die weniger als 250 Mitarbeiter beschäftigen. Außerdem werden die Organe und Einrichtungen der Union sowie die Mitgliedstaaten und deren Aufsichtsbehörden dazu angehalten, bei der Anwendung dieser Verordnung die besonderen Bedürfnisse von Kleinstunternehmen sowie von kleinen und mittleren Unternehmen zu berücksichtigen. Für die Definition des Begriffs „Kleinstunternehmen sowie kleine und mittlere Unternehmen" sollte Artikel 2 des Anhangs zur Empfehlung 2003/361/EG der Kommission maßgebend sein.

(14) Der durch diese Verordnung gewährte Schutz sollte für die Verarbeitung der personenbezogenen Daten natürlicher Personen ungeachtet ihrer Staatsangehörigkeit oder ihres Aufenthaltsorts gelten. Diese Verordnung gilt nicht für die Verarbeitung personenbezogener Daten juristischer Personen und insbesondere als juristische Person gegründeter Unternehmen, einschließlich Name, Rechtsform oder Kontaktdaten der juristischen Person.

(15) Um ein ernsthaftes Risiko einer Umgehung der Vorschriften zu vermeiden, sollte der Schutz natürlicher Personen technologieneutral sein und nicht von den verwendeten Techniken abhängen. Der Schutz natürlicher Personen sollte für die automatisierte Verarbeitung personenbezogener Daten ebenso gelten wie für die manuelle Verarbeitung von personenbezogenen Daten, wenn die personenbezogenen Daten in einem Dateisystem gespeichert sind oder gespeichert werden sollen. Akten oder Aktensammlungen sowie ihre Deckblätter, die nicht nach bestimmten Kriterien geordnet sind, sollten nicht in den Anwendungsbereich dieser Verordnung fallen.

(16) Diese Verordnung gilt nicht für Fragen des Schutzes von Grundrechten und Grundfreiheiten und des freien Verkehrs personenbezogener Daten im Zusammenhang mit Tätigkeiten, die nicht in den Anwendungsbereich des Unionsrechts fallen, wie etwa die nationale Sicherheit betreffende Tätigkeiten. Diese Verordnung gilt nicht für die von den Mitgliedstaaten im Rahmen der Gemeinsamen Außen- und Sicherheitspolitik der Union durchgeführte Verarbeitung personenbezogener Daten.

(17) Die Verordnung (EG) Nr. 45/2001 des Europäischen Parlaments und des Rates gilt für die Verarbeitung personenbezogener Daten durch die Organe, Einrichtungen, Ämter und Agenturen der Union. Die Verordnung (EG) Nr. 45/2001 und sonstige Rechtsakte der Union, die diese Verarbeitung personenbezogener Daten regeln, sollten an die Grundsätze und Vorschriften der vorliegenden Verordnung angepasst und im Lichte der vorliegenden Verordnung angewandt werden. Um einen soliden und kohärenten Rechtsrahmen im Bereich des Datenschutzes in der Union zu gewährleisten, sollten die erforderlichen Anpassungen der Verordnung (EG) Nr. 45/2001 im Anschluss an den Erlass der vorliegenden Verordnung vorgenommen werden, damit sie gleichzeitig mit der vorliegenden Verordnung angewandt werden können.

(18) Diese Verordnung gilt nicht für die Verarbeitung von personenbezogenen Daten, die von einer natürlichen Person zur Ausübung ausschließlich persönlicher oder familiärer Tätigkeiten und somit ohne Bezug zu einer beruflichen oder wirtschaftlichen Tätigkeit vorgenommen wird.

Als persönliche oder familiäre Tätigkeiten könnte auch das Führen eines Schriftverkehrs oder von Anschriftenverzeichnissen oder die Nutzung sozialer Netze und Online-Tätigkeiten im Rahmen solcher Tätigkeiten gelten. Diese Verordnung gilt jedoch für die Verantwortlichen oder Auftragsverarbeiter, die die Instrumente für die Verarbeitung personenbezogener Daten für solche persönlichen oder familiären Tätigkeiten bereitstellen.

(19) Der Schutz natürlicher Personen bei der Verarbeitung personenbezogener Daten durch die zuständigen Behörden zum Zwecke der Verhütung, Ermittlung, Aufdeckung oder Verfolgung von Straftaten oder der Strafvollstreckung, einschließlich des Schutzes vor und der Abwehr von Gefahren für die öffentliche Sicherheit, sowie der freie Verkehr dieser Daten sind in einem eigenen Unionsrechtsakt geregelt. Deshalb sollte diese Verordnung auf Verarbeitungstätigkeiten dieser Art keine Anwendung finden. Personenbezogene Daten, die von Behörden nach dieser Verordnung verarbeitet werden, sollten jedoch, wenn sie zu den vorstehenden Zwecken verwendet werden, einem spezifischeren Unionsrechtsakt, nämlich der Richtlinie (EU) 2016/680 des Europäischen Parlaments und des Rates unterliegen. Die Mitgliedstaaten können die zuständigen Behörden im Sinne der Richtlinie (EU) 2016/680 mit Aufgaben betrauen, die nicht zwangsläufig für die Zwecke der Verhütung, Ermittlung, Aufdeckung oder Verfolgung von Straftaten oder der Strafvollstreckung, einschließlich des Schutzes vor und der Abwehr von Gefahren für die öffentliche Sicherheit, ausgeführt werden, so dass die Verarbeitung von personenbezogenen Daten für diese anderen Zwecke insoweit in den Anwendungsbereich dieser Verordnung fällt, als sie in den Anwendungsbereich des Unionsrechts fällt. In Bezug auf die Verarbeitung personenbezogener Daten durch diese Behörden für Zwecke, die in den Anwendungsbereich dieser Verordnung fallen, sollten die Mitgliedstaaten spezifischere Bestimmungen beibehalten oder einführen können, um die Anwendung der Vorschriften dieser Verordnung anzupassen. In den betreffenden Bestimmungen können die Auflagen für die Verarbeitung personenbezogener Daten durch diese zuständigen Behörden für jene anderen Zwecke präziser festgelegt werden, wobei der verfassungsmäßigen, organisatorischen und administrativen Struktur des betreffenden Mitgliedstaats Rechnung zu tragen ist. Soweit diese Verordnung für die Verarbeitung personenbezogener Daten durch private Stellen gilt, sollte sie vorsehen, dass die Mitgliedstaaten einige Pflichten und Rechte unter bestimmten Voraussetzungen mittels Rechtsvorschriften beschränken können, wenn diese Beschränkung in einer demokratischen Gesellschaft eine notwendige und verhältnismäßige Maßnahme zum Schutz bestimmter wichtiger Interessen darstellt, wozu auch die öffentliche Sicherheit und die Verhütung, Ermittlung, Aufdeckung und Verfolgung von Straftaten oder die Strafvollstreckung zählen, einschließlich des Schutzes vor und der Abwehr von Gefahren für die öffentliche Sicherheit. Dies ist beispielsweise im Rahmen der Bekämpfung der Geldwäsche oder der Arbeit kriminaltechnischer Labors von Bedeutung.

(20) Diese Verordnung gilt zwar unter anderem für die Tätigkeiten der Gerichte und anderer Justizbehörden, doch könnte im Unionsrecht oder im Recht der Mitgliedstaaten festgelegt werden, wie die Verarbeitungsvorgänge und Verarbeitungsverfahren bei der Verarbeitung personenbezogener Daten durch Gerichte und andere Justizbehörden im Einzelnen auszusehen haben. Damit die Unabhängigkeit der Justiz bei der Ausübung ihrer gerichtlichen Aufgaben einschließlich ihrer Beschlussfassung unangetastet bleibt, sollten die Aufsichtsbehörden nicht für die Verarbeitung personenbezogener Daten durch Gerichte im Rahmen ihrer justiziellen Tätigkeit zuständig sein. Mit der Aufsicht über diese Datenverarbeitungsvorgänge sollten besondere Stellen im Justizsystem des Mitgliedstaats betraut werden können, die insbesondere die Einhaltung der Vorschriften dieser Verordnung sicherstellen, Richter und Staatsanwälte besser für ihre Pflichten aus dieser Verordnung sensibilisieren und Beschwerden in Bezug auf derartige Datenverarbeitungsvorgänge bearbeiten sollten.

(21) Die vorliegende Verordnung berührt nicht die Anwendung der Richtlinie 2000/31/EG des Europäischen Parlaments und des Rates und insbesondere die Vorschriften der Artikel 12 bis 15 jener Richtlinie zur Verantwortlichkeit von Anbietern reiner Vermittlungsdienste. Die genannte Richtlinie soll dazu beitragen, dass der Binnenmarkt einwandfrei funktioniert, indem sie den freien Verkehr von Diensten der Informationsgesellschaft zwischen den Mitgliedstaaten sicherstellt.

(22) Jede Verarbeitung personenbezogener Daten im Rahmen der Tätigkeiten einer Niederlassung eines Verantwortlichen oder eines Auftragsverarbeiters in der Union sollte gemäß dieser Verordnung erfolgen, gleich, ob die Verarbeitung in oder außerhalb der Union stattfindet. Eine Niederlassung setzt die effektive und tatsächliche Ausübung einer Tätigkeit durch eine feste

Einrichtung voraus. Die Rechtsform einer solchen Einrichtung, gleich, ob es sich um eine Zweigstelle oder eine Tochtergesellschaft mit eigener Rechtspersönlichkeit handelt, ist dabei nicht ausschlaggebend.

(23) Damit einer natürlichen Person der gemäß dieser Verordnung gewährleistete Schutz nicht vorenthalten wird, sollte die Verarbeitung personenbezogener Daten von betroffenen Personen, die sich in der Union befinden, durch einen nicht in der Union niedergelassenen Verantwortlichen oder Auftragsverarbeiter dieser Verordnung unterliegen, wenn die Verarbeitung dazu dient, diesen betroffenen Personen gegen Entgelt oder unentgeltlich Waren oder Dienstleistungen anzubieten. Um festzustellen, ob dieser Verantwortliche oder Auftragsverarbeiter betroffenen Personen, die sich in der Union befinden, Waren oder Dienstleistungen anbietet, sollte festgestellt werden, ob der Verantwortliche oder Auftragsverarbeiter offensichtlich beabsichtigt, betroffenen Personen in einem oder mehreren Mitgliedstaaten der Union Dienstleistungen anzubieten. Während die bloße Zugänglichkeit der Website des Verantwortlichen, des Auftragsverarbeiters oder eines Vermittlers in der Union, einer E-Mail-Adresse oder anderer Kontaktdaten oder die Verwendung einer Sprache, die in dem Drittland, in dem der Verantwortliche niedergelassen ist, allgemein gebräuchlich ist, hierfür kein ausreichender Anhaltspunkt ist, können andere Faktoren wie die Verwendung einer Sprache oder Währung, die in einem oder mehreren Mitgliedstaaten gebräuchlich ist, in Verbindung mit der Möglichkeit, Waren und Dienstleistungen in dieser anderen Sprache zu bestellen, oder die Erwähnung von Kunden oder Nutzern, die sich in der Union befinden, darauf hindeuten, dass der Verantwortliche beabsichtigt, den Personen in der Union Waren oder Dienstleistungen anzubieten.

(24) Die Verarbeitung personenbezogener Daten von betroffenen Personen, die sich in der Union befinden, durch einen nicht in der Union niedergelassenen Verantwortlichen oder Auftragsverarbeiter sollte auch dann dieser Verordnung unterliegen, wenn sie dazu dient, das Verhalten dieser betroffenen Personen zu beobachten, soweit ihr Verhalten in der Union erfolgt. Ob eine Verarbeitungstätigkeit der Beobachtung des Verhaltens von betroffenen Personen gilt, sollte daran festgemacht werden, ob ihre Internetaktivitäten nachvollzogen werden, einschließlich der möglichen nachfolgenden Verwendung von Techniken zur Verarbeitung personenbezogener Daten, durch die von einer natürlichen Person ein Profil erstellt wird, das insbesondere die Grundlage für sie betreffende Entscheidungen bildet oder anhand dessen ihre persönlichen Vorlieben, Verhaltensweisen oder Gepflogenheiten analysiert oder vorausgesagt werden sollen.

(25) Ist nach Völkerrecht das Recht eines Mitgliedstaats anwendbar, z. B. in einer diplomatischen oder konsularischen Vertretung eines Mitgliedstaats, so sollte die Verordnung auch auf einen nicht in der Union niedergelassenen Verantwortlichen Anwendung finden.

(26) Die Grundsätze des Datenschutzes sollten für alle Informationen gelten, die sich auf eine identifizierte oder identifizierbare natürliche Person beziehen. Einer Pseudonymisierung unterzogene personenbezogene Daten, die durch Heranziehung zusätzlicher Informationen einer natürlichen Person zugeordnet werden könnten, sollten als Informationen über eine identifizierbare natürliche Person betrachtet werden. Um festzustellen, ob eine natürliche Person identifizierbar ist, sollten alle Mittel berücksichtigt werden, die von dem Verantwortlichen oder einer anderen Person nach allgemeinem Ermessen wahrscheinlich genutzt werden, um die natürliche Person direkt oder indirekt zu identifizieren, wie beispielsweise das Aussondern. Bei der Feststellung, ob Mittel nach allgemeinem Ermessen wahrscheinlich zur Identifizierung der natürlichen Person genutzt werden, sollten alle objektiven Faktoren, wie die Kosten der Identifizierung und der dafür erforderliche Zeitaufwand, herangezogen werden, wobei die zum Zeitpunkt der Verarbeitung verfügbare Technologie und technologische Entwicklungen zu berücksichtigen sind. Die Grundsätze des Datenschutzes sollten daher nicht für anonyme Informationen gelten, d. h. für Informationen, die sich nicht auf eine identifizierte oder identifizierbare natürliche Person beziehen, oder personenbezogene Daten, die in einer Weise anonymisiert worden sind, dass die betroffene Person nicht oder nicht mehr identifiziert werden kann. Diese Verordnung betrifft somit nicht die Verarbeitung solcher anonymer Daten, auch für statistische oder für Forschungszwecke.

(27) Diese Verordnung gilt nicht für die personenbezogenen Daten Verstorbener. Die Mitgliedstaaten können Vorschriften für die Verarbeitung der personenbezogenen Daten Verstorbener vorsehen.

(28) Die Anwendung der Pseudonymisierung auf personenbezogene Daten kann die Risiken für die betroffenen Personen senken und die Verantwortlichen und die Auftragsverarbeiter bei

der Einhaltung ihrer Datenschutzpflichten unterstützen. Durch die ausdrückliche Einführung der „Pseudonymisierung" in dieser Verordnung ist nicht beabsichtigt, andere Datenschutzmaßnahmen auszuschließen.

(29) Um Anreize für die Anwendung der Pseudonymisierung bei der Verarbeitung personenbezogener Daten zu schaffen, sollten Pseudonymisierungsmaßnahmen, die jedoch eine allgemeine Analyse zulassen, bei demselben Verantwortlichen möglich sein, wenn dieser die erforderlichen technischen und organisatorischen Maßnahmen getroffen hat, um – für die jeweilige Verarbeitung – die Umsetzung dieser Verordnung zu gewährleisten, wobei sicherzustellen ist, dass zusätzliche Informationen, mit denen die personenbezogenen Daten einer speziellen betroffenen Person zugeordnet werden können, gesondert aufbewahrt werden. Der für die Verarbeitung der personenbezogenen Daten Verantwortliche, sollte die befugten Personen bei diesem Verantwortlichen angeben.

(30) Natürlichen Personen werden unter Umständen Online-Kennungen wie IP-Adressen und Cookie-Kennungen, die sein Gerät oder Software-Anwendungen und -Tools oder Protokolle liefern, oder sonstige Kennungen wie Funkfrequenzkennzeichnungen zugeordnet. Dies kann Spuren hinterlassen, die insbesondere in Kombination mit eindeutigen Kennungen und anderen beim Server eingehenden Informationen dazu benutzt werden können, um Profile der natürlichen Personen zu erstellen und sie zu identifizieren.

(31) Behörden, gegenüber denen personenbezogene Daten aufgrund einer rechtlichen Verpflichtung für die Ausübung ihres offiziellen Auftrags offengelegt werden, wie Steuer- und Zollbehörden, Finanzermittlungsstellen, unabhängige Verwaltungsbehörden oder Finanzmarktbehörden, die für die Regulierung und Aufsicht von Wertpapiermärkten zuständig sind, sollten nicht als Empfänger gelten, wenn sie personenbezogene Daten erhalten, die für die Durchführung – gemäß dem Unionsrecht oder dem Recht der Mitgliedstaaten – eines einzelnen Untersuchungsauftrags im Interesse der Allgemeinheit erforderlich sind. Anträge auf Offenlegung, die von Behörden ausgehen, sollten immer schriftlich erfolgen, mit Gründen versehen sein und gelegentlichen Charakter haben, und sie sollten nicht vollständige Dateisysteme betreffen oder zur Verknüpfung von Dateisystemen führen. Die Verarbeitung personenbezogener Daten durch die genannten Behörden sollte den für die Zwecke der Verarbeitung geltenden Datenschutzvorschriften entsprechen.

(32) Die Einwilligung sollte durch eine eindeutige bestätigende Handlung erfolgen, mit der freiwillig, für den konkreten Fall, in informierter Weise und unmissverständlich bekundet wird, dass die betroffene Person mit der Verarbeitung der sie betreffenden personenbezogenen Daten einverstanden ist, etwa in Form einer schriftlichen Erklärung, die auch elektronisch erfolgen kann, oder einer mündlichen Erklärung. Dies könnte etwa durch Anklicken eines Kästchens beim Besuch einer Internetseite, durch die Auswahl technischer Einstellungen für Dienste der Informationsgesellschaft oder durch eine andere Erklärung oder Verhaltensweise geschehen, mit der die betroffene Person in dem jeweiligen Kontext eindeutig ihr Einverständnis mit der beabsichtigten Verarbeitung ihrer personenbezogenen Daten signalisiert. Stillschweigen, bereits angekreuzte Kästchen oder Untätigkeit der betroffenen Person sollten daher keine Einwilligung darstellen. Die Einwilligung sollte sich auf alle zu demselben Zweck oder denselben Zwecken vorgenommenen Verarbeitungsvorgänge beziehen. Wenn die Verarbeitung mehreren Zwecken dient, sollte für alle diese Verarbeitungszwecke eine Einwilligung gegeben werden. Wird die betroffene Person auf elektronischem Weg zur Einwilligung aufgefordert, so muss die Aufforderung in klarer und knapper Form und ohne unnötige Unterbrechung des Dienstes, für den die Einwilligung gegeben wird, erfolgen.

(33) Oftmals kann der Zweck der Verarbeitung personenbezogener Daten für Zwecke der wissenschaftlichen Forschung zum Zeitpunkt der Erhebung der personenbezogenen Daten nicht vollständig angegeben werden. Daher sollte es betroffenen Personen erlaubt sein, ihre Einwilligung für bestimmte Bereiche wissenschaftlicher Forschung zu geben, wenn dies unter Einhaltung der anerkannten ethischen Standards der wissenschaftlichen Forschung geschieht. Die betroffenen Personen sollten Gelegenheit erhalten, ihre Einwilligung nur für bestimmte Forschungsbereiche oder Teile von Forschungsprojekten in dem vom verfolgten Zweck zugelassenen Maße zu erteilen.

(34) Genetische Daten sollten als personenbezogene Daten über die ererbten oder erworbenen genetischen Eigenschaften einer natürlichen Person definiert werden, die aus der Analyse einer biologischen Probe der betreffenden natürlichen Person, insbesondere durch eine Chromoso-

men, Desoxyribonukleinsäure (DNS)- oder Ribonukleinsäure (RNS)-Analyse oder der Analyse eines anderen Elements, durch die gleichwertige Informationen erlangt werden können, gewonnen werden.

(35) Zu den personenbezogenen Gesundheitsdaten sollten alle Daten zählen, die sich auf den Gesundheitszustand einer betroffenen Person beziehen und aus denen Informationen über den früheren, gegenwärtigen und künftigen körperlichen oder geistigen Gesundheitszustand der betroffenen Person hervorgehen. Dazu gehören auch Informationen über die natürliche Person, die im Zuge der Anmeldung für sowie der Erbringung von Gesundheitsdienstleistungen im Sinne der Richtlinie 2011/24/EU des Europäischen Parlaments und des Rates für die natürliche Person erhoben werden, Nummern, Symbole oder Kennzeichen, die einer natürlichen Person zugeteilt wurden, um diese natürliche Person für gesundheitliche Zwecke eindeutig zu identifizieren, Informationen, die von der Prüfung oder Untersuchung eines Körperteils oder einer körpereigenen Substanz, auch aus genetischen Daten und biologischen Proben, abgeleitet wurden, und Informationen etwa über Krankheiten, Behinderungen, Krankheitsrisiken, Vorerkrankungen, klinische Behandlungen oder den physiologischen oder biomedizinischen Zustand der betroffenen Person unabhängig von der Herkunft der Daten, ob sie nun von einem Arzt oder sonstigem Angehörigen eines Gesundheitsberufes, einem Krankenhaus, einem Medizinprodukt oder einem In-Vitro-Diagnostikum stammen.

(36) Die Hauptniederlassung des Verantwortlichen in der Union sollte der Ort seiner Hauptverwaltung in der Union sein, es sei denn, dass Entscheidungen über die Zwecke und Mittel der Verarbeitung personenbezogener Daten in einer anderen Niederlassung des Verantwortlichen in der Union getroffen werden; in diesem Fall sollte die letztgenannte als Hauptniederlassung gelten. Zur Bestimmung der Hauptniederlassung eines Verantwortlichen in der Union sollten objektive Kriterien herangezogen werden; ein Kriterium sollte dabei die effektive und tatsächliche Ausübung von Managementtätigkeiten durch eine feste Einrichtung sein, in deren Rahmen die Grundsatzentscheidungen zur Festlegung der Zwecke und Mittel der Verarbeitung getroffen werden. Dabei sollte nicht ausschlaggebend sein, ob die Verarbeitung der personenbezogenen Daten tatsächlich an diesem Ort ausgeführt wird. Das Vorhandensein und die Verwendung technischer Mittel und Verfahren zur Verarbeitung personenbezogener Daten oder Verarbeitungstätigkeiten begründen an sich noch keine Hauptniederlassung und sind daher kein ausschlaggebender Faktor für das Bestehen einer Hauptniederlassung. Die Hauptniederlassung des Auftragsverarbeiters sollte der Ort sein, an dem der Auftragsverarbeiter seine Hauptverwaltung in der Union hat, oder – wenn er keine Hauptverwaltung in der Union hat – der Ort, an dem die wesentlichen Verarbeitungstätigkeiten in der Union stattfinden. Sind sowohl der Verantwortliche als auch der Auftragsverarbeiter betroffen, so sollte die Aufsichtsbehörde des Mitgliedstaats, in dem der Verantwortliche seine Hauptniederlassung hat, die zuständige federführende Aufsichtsbehörde bleiben, doch sollte die Aufsichtsbehörde des Auftragsverarbeiters als betroffene Aufsichtsbehörde betrachtet werden und diese Aufsichtsbehörde sollte sich an dem in dieser Verordnung vorgesehenen Verfahren der Zusammenarbeit beteiligen. Auf jeden Fall sollten die Aufsichtsbehörden des Mitgliedstaats oder der Mitgliedstaaten, in dem bzw. denen der Auftragsverarbeiter eine oder mehrere Niederlassungen hat, nicht als betroffene Aufsichtsbehörden betrachtet werden, wenn sich der Beschlussentwurf nur auf den Verantwortlichen bezieht. Wird die Verarbeitung durch eine Unternehmensgruppe vorgenommen, so sollte die Hauptniederlassung des herrschenden Unternehmens als Hauptniederlassung der Unternehmensgruppe gelten, es sei denn, die Zwecke und Mittel der Verarbeitung werden von einem anderen Unternehmen festgelegt.

(37) Eine Unternehmensgruppe sollte aus einem herrschenden Unternehmen und den von diesem abhängigen Unternehmen bestehen, wobei das herrschende Unternehmen dasjenige sein sollte, das zum Beispiel aufgrund der Eigentumsverhältnisse, der finanziellen Beteiligung oder der für das Unternehmen geltenden Vorschriften oder der Befugnis, Datenschutzvorschriften umsetzen zu lassen, einen beherrschenden Einfluss auf die übrigen Unternehmen ausüben kann. Ein Unternehmen, das die Verarbeitung personenbezogener Daten in ihm angeschlossenen Unternehmen kontrolliert, sollte zusammen mit diesen als eine „Unternehmensgruppe" betrachtet werden.

(38) Kinder verdienen bei personenbezogenen Daten besonderen Schutz, da Kinder sich der betreffenden Risiken, Folgen und Garantien und ihrer Rechte bei der Verarbeitung personenbezogener Daten möglicherweise weniger bewusst sind. Ein solcher besonderer Schutz sollte insbesondere die Verwendung personenbezogener Daten von Kindern für Werbezwecke

oder für die Erstellung von Persönlichkeits- oder Nutzerprofilen und die Erhebung von personenbezogenen Daten von Kindern bei der Nutzung von Diensten, die Kindern direkt angeboten werden, betreffen. Die Einwilligung des Trägers der elterlichen Verantwortung sollte im Zusammenhang mit Präventions- oder Beratungsdiensten, die unmittelbar einem Kind angeboten werden, nicht erforderlich sein.

(39) Jede Verarbeitung personenbezogener Daten sollte rechtmäßig und nach Treu und Glauben erfolgen. Für natürliche Personen sollte Transparenz dahingehend bestehen, dass sie betreffende personenbezogene Daten erhoben, verwendet, eingesehen oder anderweitig verarbeitet werden und in welchem Umfang die personenbezogenen Daten verarbeitet werden und künftig noch verarbeitet werden. Der Grundsatz der Transparenz setzt voraus, dass alle Informationen und Mitteilungen zur Verarbeitung dieser personenbezogenen Daten leicht zugänglich und verständlich und in klarer und einfacher Sprache abgefasst sind. Dieser Grundsatz betrifft insbesondere die Informationen über die Identität des Verantwortlichen und die Zwecke der Verarbeitung und sonstige Informationen, die eine faire und transparente Verarbeitung im Hinblick auf die betroffenen natürlichen Personen gewährleisten, sowie deren Recht, eine Bestätigung und Auskunft darüber zu erhalten, welche sie betreffende personenbezogene Daten verarbeitet werden. Natürliche Personen sollten über die Risiken, Vorschriften, Garantien und Rechte im Zusammenhang mit der Verarbeitung personenbezogener Daten informiert und darüber aufgeklärt werden, wie sie ihre diesbezüglichen Rechte geltend machen können. Insbesondere sollten die bestimmten Zwecke, zu denen die personenbezogenen Daten verarbeitet werden, eindeutig und rechtmäßig sein und zum Zeitpunkt der Erhebung der personenbezogenen Daten feststehen. Die personenbezogenen Daten sollten für die Zwecke, zu denen sie verarbeitet werden, angemessen und erheblich sowie auf das für die Zwecke ihrer Verarbeitung notwendige Maß beschränkt sein. Dies erfordert insbesondere, dass die Speicherfrist für personenbezogene Daten auf das unbedingt erforderliche Mindestmaß beschränkt bleibt. Personenbezogene Daten sollten nur verarbeitet werden dürfen, wenn der Zweck der Verarbeitung nicht in zumutbarer Weise durch andere Mittel erreicht werden kann. Um sicherzustellen, dass die personenbezogenen Daten nicht länger als nötig gespeichert werden, sollte der Verantwortliche Fristen für ihre Löschung oder regelmäßige Überprüfung vorsehen. Es sollten alle vertretbaren Schritte unternommen werden, damit unrichtige personenbezogene Daten gelöscht oder berichtigt werden. Personenbezogene Daten sollten so verarbeitet werden, dass ihre Sicherheit und Vertraulichkeit hinreichend gewährleistet ist, wozu auch gehört, dass Unbefugte keinen Zugang zu den Daten haben und weder die Daten noch die Geräte, mit denen diese verarbeitet werden, benutzen können.

(40) Damit die Verarbeitung rechtmäßig ist, müssen personenbezogene Daten mit Einwilligung der betroffenen Person oder auf einer sonstigen zulässigen Rechtsgrundlage verarbeitet werden, die sich aus dieser Verordnung oder – wann immer in dieser Verordnung darauf Bezug genommen wird – aus dem sonstigen Unionsrecht oder dem Recht der Mitgliedstaaten ergibt, so unter anderem auf der Grundlage, dass sie zur Erfüllung der rechtlichen Verpflichtung, der der Verantwortliche unterliegt, oder zur Erfüllung eines Vertrags, dessen Vertragspartei die betroffene Person ist, oder für die Durchführung vorvertraglicher Maßnahmen, die auf Anfrage der betroffenen Person erfolgen, erforderlich ist.

(41) Wenn in dieser Verordnung auf eine Rechtsgrundlage oder eine Gesetzgebungsmaßnahme Bezug genommen wird, erfordert dies nicht notwendigerweise einen von einem Parlament angenommenen Gesetzgebungsakt; davon unberührt bleiben Anforderungen gemäß der Verfassungsordnung des betreffenden Mitgliedstaats. Die entsprechende Rechtsgrundlage oder Gesetzgebungsmaßnahme sollte jedoch klar und präzise sein und ihre Anwendung sollte für die Rechtsunterworfenen gemäß der Rechtsprechung des Gerichtshofs der Europäischen Union (im Folgenden „Gerichtshof") und des Europäischen Gerichtshofs für Menschenrechte vorhersehbar sein.

(42) Erfolgt die Verarbeitung mit Einwilligung der betroffenen Person, sollte der Verantwortliche nachweisen können, dass die betroffene Person ihre Einwilligung zu dem Verarbeitungsvorgang gegeben hat. Insbesondere bei Abgabe einer schriftlichen Erklärung in anderer Sache sollten Garantien sicherstellen, dass die betroffene Person weiß, dass und in welchem Umfang sie ihre Einwilligung erteilt. Gemäß der Richtlinie 93/13/EWG des Rates sollte eine vom Verantwortlichen vorformulierte Einwilligungserklärung in verständlicher und leicht zugänglicher Form in einer klaren und einfachen Sprache zur Verfügung gestellt werden, und sie sollte keine missbräuchlichen Klauseln beinhalten. Damit sie in Kenntnis der Sachlage ihre Einwilligung

geben kann, sollte die betroffene Person mindestens wissen, wer der Verantwortliche ist und für welche Zwecke ihre personenbezogenen Daten verarbeitet werden sollen. Es sollte nur dann davon ausgegangen werden, dass sie ihre Einwilligung freiwillig gegeben hat, wenn sie eine echte oder freie Wahl hat und somit in der Lage ist, die Einwilligung zu verweigern oder zurückzuziehen, ohne Nachteile zu erleiden.

(43) Um sicherzustellen, dass die Einwilligung freiwillig erfolgt ist, sollte diese in besonderen Fällen, wenn zwischen der betroffenen Person und dem Verantwortlichen ein klares Ungleichgewicht besteht, insbesondere wenn es sich bei dem Verantwortlichen um eine Behörde handelt, und es deshalb in Anbetracht aller Umstände in dem speziellen Fall unwahrscheinlich ist, dass die Einwilligung freiwillig gegeben wurde, keine gültige Rechtsgrundlage liefern. Die Einwilligung gilt nicht als freiwillig erteilt, wenn zu verschiedenen Verarbeitungsvorgängen von personenbezogenen Daten nicht gesondert eine Einwilligung erteilt werden kann, obwohl dies im Einzelfall angebracht ist, oder wenn die Erfüllung eines Vertrags, einschließlich der Erbringung einer Dienstleistung, von der Einwilligung abhängig ist, obwohl diese Einwilligung für die Erfüllung nicht erforderlich ist.

(44) Die Verarbeitung von Daten sollte als rechtmäßig gelten, wenn sie für die Erfüllung oder den geplanten Abschluss eines Vertrags erforderlich ist.

(45) Erfolgt die Verarbeitung durch den Verantwortlichen aufgrund einer ihm obliegenden rechtlichen Verpflichtung oder ist die Verarbeitung zur Wahrnehmung einer Aufgabe im öffentlichen Interesse oder in Ausübung öffentlicher Gewalt erforderlich, muss hierfür eine Grundlage im Unionsrecht oder im Recht eines Mitgliedstaats bestehen. Mit dieser Verordnung wird nicht für jede einzelne Verarbeitung ein spezifisches Gesetz verlangt. Ein Gesetz als Grundlage für mehrere Verarbeitungsvorgänge kann ausreichend sein, wenn die Verarbeitung aufgrund einer dem Verantwortlichen obliegenden rechtlichen Verpflichtung erfolgt oder wenn die Verarbeitung zur Wahrnehmung einer Aufgabe im öffentlichen Interesse oder in Ausübung öffentlicher Gewalt erforderlich ist. Desgleichen sollte im Unionsrecht oder im Recht der Mitgliedstaaten geregelt werden, für welche Zwecke die Daten verarbeitet werden dürfen. Ferner könnten in diesem Recht die allgemeinen Bedingungen dieser Verordnung zur Regelung der Rechtmäßigkeit der Verarbeitung personenbezogener Daten präzisiert und es könnte darin festgelegt werden, wie der Verantwortliche zu bestimmen ist, welche Art von personenbezogenen Daten verarbeitet werden, welche Personen betroffen sind, welchen Einrichtungen die personenbezogenen Daten offengelegt, für welche Zwecke und wie lange sie gespeichert werden dürfen und welche anderen Maßnahmen ergriffen werden, um zu gewährleisten, dass die Verarbeitung rechtmäßig und nach Treu und Glauben erfolgt. Desgleichen sollte im Unionsrecht oder im Recht der Mitgliedstaaten geregelt werden, ob es sich bei dem Verantwortlichen, der eine Aufgabe wahrnimmt, die im öffentlichen Interesse liegt oder in Ausübung öffentlicher Gewalt erfolgt, um eine Behörde oder um eine andere unter das öffentliche Recht fallende natürliche oder juristische Person oder, sofern dies durch das öffentliche Interesse einschließlich gesundheitlicher Zwecke, wie die öffentliche Gesundheit oder die soziale Sicherheit oder die Verwaltung von Leistungen der Gesundheitsfürsorge, gerechtfertigt ist, eine natürliche oder juristische Person des Privatrechts, wie beispielsweise eine Berufsvereinigung, handeln sollte.

(46) Die Verarbeitung personenbezogener Daten sollte ebenfalls als rechtmäßig angesehen werden, wenn sie erforderlich ist, um ein lebenswichtiges Interesse der betroffenen Person oder einer anderen natürlichen Person zu schützen. Personenbezogene Daten sollten grundsätzlich nur dann aufgrund eines lebenswichtigen Interesses einer anderen natürlichen Person verarbeitet werden, wenn die Verarbeitung offensichtlich nicht auf eine andere Rechtsgrundlage gestützt werden kann. Einige Arten der Verarbeitung können sowohl wichtigen Gründen des öffentlichen Interesses als auch lebenswichtigen Interessen der betroffenen Person dienen; so kann beispielsweise die Verarbeitung für humanitäre Zwecke einschließlich der Überwachung von Epidemien und deren Ausbreitung oder in humanitären Notfällen insbesondere bei Naturkatastrophen oder vom Menschen verursachten Katastrophen erforderlich sein.

(47) Die Rechtmäßigkeit der Verarbeitung kann durch die berechtigten Interessen eines Verantwortlichen, auch eines Verantwortlichen, dem die personenbezogenen Daten offengelegt werden dürfen, oder eines Dritten begründet sein, sofern die Interessen oder die Grundrechte und Grundfreiheiten der betroffenen Person nicht überwiegen; dabei sind die vernünftigen Erwartungen der betroffenen Personen, die auf ihrer Beziehung zu dem Verantwortlichen beruhen, zu berücksichtigen. Ein berechtigtes Interesse könnte beispielsweise vorliegen, wenn

eine maßgebliche und angemessene Beziehung zwischen der betroffenen Person und dem Verantwortlichen besteht, z. B. wenn die betroffene Person ein Kunde des Verantwortlichen ist oder in seinen Diensten steht. Auf jeden Fall wäre das Bestehen eines berechtigten Interesses besonders sorgfältig abzuwägen, wobei auch zu prüfen ist, ob eine betroffene Person zum Zeitpunkt der Erhebung der personenbezogenen Daten und angesichts der Umstände, unter denen sie erfolgt, vernünftigerweise absehen kann, dass möglicherweise eine Verarbeitung für diesen Zweck erfolgen wird. Insbesondere dann, wenn personenbezogene Daten in Situationen verarbeitet werden, in denen eine betroffene Person vernünftigerweise nicht mit einer weiteren Verarbeitung rechnen muss, könnten die Interessen und Grundrechte der betroffenen Person das Interesse des Verantwortlichen überwiegen. Da es dem Gesetzgeber obliegt, per Rechtsvorschrift die Rechtsgrundlage für die Verarbeitung personenbezogener Daten durch die Behörden zu schaffen, sollte diese Rechtsgrundlage nicht für Verarbeitungen durch Behörden gelten, die diese in Erfüllung ihrer Aufgaben vornehmen. Die Verarbeitung personenbezogener Daten im für die Verhinderung von Betrug unbedingt erforderlichen Umfang stellt ebenfalls ein berechtigtes Interesse des jeweiligen Verantwortlichen dar. Die Verarbeitung personenbezogener Daten zum Zwecke der Direktwerbung kann als eine einem berechtigten Interesse dienende Verarbeitung betrachtet werden.

(48) Verantwortliche, die Teil einer Unternehmensgruppe oder einer Gruppe von Einrichtungen sind, die einer zentralen Stelle zugeordnet sind können ein berechtigtes Interesse haben, personenbezogene Daten innerhalb der Unternehmensgruppe für interne Verwaltungszwecke, einschließlich der Verarbeitung personenbezogener Daten von Kunden und Beschäftigten, zu übermitteln. Die Grundprinzipien für die Übermittlung personenbezogener Daten innerhalb von Unternehmensgruppen an ein Unternehmen in einem Drittland bleiben unberührt.

(49) Die Verarbeitung von personenbezogenen Daten durch Behörden, Computer-Notdienste (Computer Emergency Response Teams – CERT, beziehungsweise Computer Security Incident Response Teams – CSIRT), Betreiber von elektronischen Kommunikationsnetzen und -diensten sowie durch Anbieter von Sicherheitstechnologien und -diensten stellt in dem Maße ein berechtigtes Interesse des jeweiligen Verantwortlichen dar, wie dies für die Gewährleistung der Netz- und Informationssicherheit unbedingt notwendig und verhältnismäßig ist, d. h. soweit dadurch die Fähigkeit eines Netzes oder Informationssystems gewährleistet wird, mit einem vorgegebenen Grad der Zuverlässigkeit Störungen oder widerrechtliche oder mutwillige Eingriffe abzuwehren, die die Verfügbarkeit, Authentizität, Vollständigkeit und Vertraulichkeit von gespeicherten oder übermittelten personenbezogenen Daten sowie die Sicherheit damit zusammenhängender Dienste, die über diese Netze oder Informationssysteme angeboten werden bzw. zugänglich sind, beeinträchtigen. Ein solches berechtigtes Interesse könnte beispielsweise darin bestehen, den Zugang Unbefugter zu elektronischen Kommunikationsnetzen und die Verbreitung schädlicher Programmcodes zu verhindern sowie Angriffe in Form der gezielten Überlastung von Servern („Denial of service"-Angriffe) und Schädigungen von Computer- und elektronischen Kommunikationssystemen abzuwehren.

(50) Die Verarbeitung personenbezogener Daten für andere Zwecke als die, für die die personenbezogenen Daten ursprünglich erhoben wurden, sollte nur zulässig sein, wenn die Verarbeitung mit den Zwecken, für die die personenbezogenen Daten ursprünglich erhoben wurden, vereinbar ist. In diesem Fall ist keine andere gesonderte Rechtsgrundlage erforderlich als diejenige für die Erhebung der personenbezogenen Daten. Ist die Verarbeitung für die Wahrnehmung einer Aufgabe erforderlich, die im öffentlichen Interesse liegt oder in Ausübung öffentlicher Gewalt erfolgt, die dem Verantwortlichen übertragen wurde, so können im Unionsrecht oder im Recht der Mitgliedstaaten die Aufgaben und Zwecke bestimmt und konkretisiert werden, für die eine Weiterverarbeitung als vereinbar und rechtmäßig erachtet wird. Die Weiterverarbeitung für im öffentlichen Interesse liegende Archivzwecke, für wissenschaftliche oder historische Forschungszwecke oder für statistische Zwecke sollte als vereinbarer und rechtmäßiger Verarbeitungsvorgang gelten. Die im Unionsrecht oder im Recht der Mitgliedstaaten vorgesehene Rechtsgrundlage für die Verarbeitung personenbezogener Daten kann auch als Rechtsgrundlage für eine Weiterverarbeitung dienen. Um festzustellen, ob ein Zweck der Weiterverarbeitung mit dem Zweck, für den die personenbezogenen Daten ursprünglich erhoben wurden, vereinbar ist, sollte der Verantwortliche nach Einhaltung aller Anforderungen für die Rechtmäßigkeit der ursprünglichen Verarbeitung unter anderem prüfen, ob ein Zusammenhang zwischen den Zwecken, für die die personenbezogenen Daten erhoben wurden, und den Zwecken der beabsichtigten Weiterverarbeitung besteht, in welchem Kontext die Daten erhoben

wurden, insbesondere die vernünftigen Erwartungen der betroffenen Personen, die auf ihrer Beziehung zu dem Verantwortlichen beruhen, in Bezug auf die weitere Verwendung dieser Daten, um welche Art von personenbezogenen Daten es sich handelt, welche Folgen die beabsichtigte Weiterverarbeitung für die betroffenen Personen hat und ob sowohl beim ursprünglichen als auch beim beabsichtigten Weiterverarbeitungsvorgang geeignete Garantien bestehen.

Hat die betroffene Person ihre Einwilligung erteilt oder beruht die Verarbeitung auf Unionsrecht oder dem Recht der Mitgliedstaaten, was in einer demokratischen Gesellschaft eine notwendige und verhältnismäßige Maßnahme zum Schutz insbesondere wichtiger Ziele des allgemeinen öffentlichen Interesses darstellt, so sollte der Verantwortliche die personenbezogenen Daten ungeachtet der Vereinbarkeit der Zwecke weiterverarbeiten dürfen. In jedem Fall sollte gewährleistet sein, dass die in dieser Verordnung niedergelegten Grundsätze angewandt werden und insbesondere die betroffene Person über diese anderen Zwecke und über ihre Rechte einschließlich des Widerspruchsrechts unterrichtet wird. Der Hinweis des Verantwortlichen auf mögliche Straftaten oder Bedrohungen der öffentlichen Sicherheit und die Übermittlung der maßgeblichen personenbezogenen Daten in Einzelfällen oder in mehreren Fällen, die im Zusammenhang mit derselben Straftat oder derselben Bedrohung der öffentlichen Sicherheit stehen, an eine zuständige Behörde sollten als berechtigtes Interesse des Verantwortlichen gelten. Eine derartige Übermittlung personenbezogener Daten im berechtigten Interesse des Verantwortlichen oder deren Weiterverarbeitung sollte jedoch unzulässig sein, wenn die Verarbeitung mit einer rechtlichen, beruflichen oder sonstigen verbindlichen Pflicht zur Geheimhaltung unvereinbar ist.

(51) Personenbezogene Daten, die ihrem Wesen nach hinsichtlich der Grundrechte und Grundfreiheiten besonders sensibel sind, verdienen einen besonderen Schutz, da im Zusammenhang mit ihrer Verarbeitung erhebliche Risiken für die Grundrechte und Grundfreiheiten auftreten können. Diese personenbezogenen Daten sollten personenbezogene Daten umfassen, aus denen die rassische oder ethnische Herkunft hervorgeht, wobei die Verwendung des Begriffs „rassische Herkunft" in dieser Verordnung nicht bedeutet, dass die Union Theorien, mit denen versucht wird, die Existenz verschiedener menschlicher Rassen zu belegen, gutheißt. Die Verarbeitung von Lichtbildern sollte nicht grundsätzlich als Verarbeitung besonderer Kategorien von personenbezogenen Daten angesehen werden, da Lichtbilder nur dann von der Definition des Begriffs „biometrische Daten" erfasst werden, wenn sie mit speziellen technischen Mitteln verarbeitet werden, die die eindeutige Identifizierung oder Authentifizierung einer natürlichen Person ermöglichen. Derartige personenbezogene Daten sollten nicht verarbeitet werden, es sei denn, die Verarbeitung ist in den in dieser Verordnung dargelegten besonderen Fällen zulässig, wobei zu berücksichtigen ist, dass im Recht der Mitgliedstaaten besondere Datenschutzbestimmungen festgelegt sein können, um die Anwendung der Bestimmungen dieser Verordnung anzupassen, damit die Einhaltung einer rechtlichen Verpflichtung oder die Wahrnehmung einer Aufgabe im öffentlichen Interesse oder die Ausübung öffentlicher Gewalt, die dem Verantwortlichen übertragen wurde, möglich ist. Zusätzlich zu den speziellen Anforderungen an eine derartige Verarbeitung sollten die allgemeinen Grundsätze und andere Bestimmungen dieser Verordnung, insbesondere hinsichtlich der Bedingungen für eine rechtmäßige Verarbeitung, gelten. Ausnahmen von dem allgemeinen Verbot der Verarbeitung dieser besonderen Kategorien personenbezogener Daten sollten ausdrücklich vorgesehen werden, unter anderem bei ausdrücklicher Einwilligung der betroffenen Person oder bei bestimmten Notwendigkeiten, insbesondere wenn die Verarbeitung im Rahmen rechtmäßiger Tätigkeiten bestimmter Vereinigungen oder Stiftungen vorgenommen wird, die sich für die Ausübung von Grundfreiheiten einsetzen.

(52) Ausnahmen vom Verbot der Verarbeitung besonderer Kategorien von personenbezogenen Daten sollten auch erlaubt sein, wenn sie im Unionsrecht oder dem Recht der Mitgliedstaaten vorgesehen sind, und – vorbehaltlich angemessener Garantien zum Schutz der personenbezogenen Daten und anderer Grundrechte – wenn dies durch das öffentliche Interesse gerechtfertigt ist, insbesondere für die Verarbeitung von personenbezogenen Daten auf dem Gebiet des Arbeitsrechts und des Rechts der sozialen Sicherheit einschließlich Renten und zwecks Sicherstellung und Überwachung der Gesundheit und Gesundheitswarnungen, Prävention oder Kontrolle ansteckender Krankheiten und anderer schwerwiegender Gesundheitsgefahren. Eine solche Ausnahme kann zu gesundheitlichen Zwecken gemacht werden, wie der Gewährleistung der öffentlichen Gesundheit und der Verwaltung von Leistungen der Gesundheitsversorgung, insbesondere wenn dadurch die Qualität und Wirtschaftlichkeit der Verfahren zur Abrechnung von

Leistungen in den sozialen Krankenversicherungssystemen sichergestellt werden soll, oder wenn die Verarbeitung im öffentlichen Interesse liegenden Archivzwecken, wissenschaftlichen oder historischen Forschungszwecken oder statistischen Zwecken dient. Die Verarbeitung solcher personenbezogener Daten sollte zudem ausnahmsweise erlaubt sein, wenn sie erforderlich ist, um rechtliche Ansprüche, sei es in einem Gerichtsverfahren oder in einem Verwaltungsverfahren oder einem außergerichtlichen Verfahren, geltend zu machen, auszuüben oder zu verteidigen.

(53) Besondere Kategorien personenbezogener Daten, die eines höheren Schutzes verdienen, sollten nur dann für gesundheitsbezogene Zwecke verarbeitet werden, wenn dies für das Erreichen dieser Zwecke im Interesse einzelner natürlicher Personen und der Gesellschaft insgesamt erforderlich ist, insbesondere im Zusammenhang mit der Verwaltung der Dienste und Systeme des Gesundheits- oder Sozialbereichs, einschließlich der Verarbeitung dieser Daten durch die Verwaltung und die zentralen nationalen Gesundheitsbehörden zwecks Qualitätskontrolle, Verwaltungsinformationen und der allgemeinen nationalen und lokalen Überwachung des Gesundheitssystems oder des Sozialsystems und zwecks Gewährleistung der Kontinuität der Gesundheits- und Sozialfürsorge und der grenzüberschreitenden Gesundheitsversorgung oder Sicherstellung und Überwachung der Gesundheit und Gesundheitswarnungen oder für im öffentlichen Interesse liegende Archivzwecke, zu wissenschaftlichen oder historischen Forschungszwecken oder statistischen Zwecken, die auf Rechtsvorschriften der Union oder der Mitgliedstaaten beruhen, die einem im öffentlichen Interesse liegenden Ziel dienen müssen, sowie für Studien, die im öffentlichen Interesse im Bereich der öffentlichen Gesundheit durchgeführt werden. Diese Verordnung sollte daher harmonisierte Bedingungen für die Verarbeitung besonderer Kategorien personenbezogener Gesundheitsdaten im Hinblick auf bestimmte Erfordernisse harmonisieren, insbesondere wenn die Verarbeitung dieser Daten für gesundheitsbezogene Zwecke von Personen durchgeführt wird, die gemäß einer rechtlichen Verpflichtung dem Berufsgeheimnis unterliegen. Im Recht der Union oder der Mitgliedstaaten sollten besondere und angemessene Maßnahmen zum Schutz der Grundrechte und der personenbezogenen Daten natürlicher Personen vorgesehen werden. Den Mitgliedstaaten sollte gestattet werden, weitere Bedingungen einschließlich Beschränkungen – in Bezug auf die Verarbeitung von genetischen Daten, biometrischen Daten oder Gesundheitsdaten beizubehalten oder einzuführen. Dies sollte jedoch den freien Verkehr personenbezogener Daten innerhalb der Union nicht beeinträchtigen, falls die betreffenden Bedingungen für die grenzüberschreitende Verarbeitung solcher Daten gelten.

(54) Aus Gründen des öffentlichen Interesses in Bereichen der öffentlichen Gesundheit kann es notwendig sein, besondere Kategorien personenbezogener Daten auch ohne Einwilligung der betroffenen Person zu verarbeiten. Diese Verarbeitung sollte angemessenen und besonderen Maßnahmen zum Schutz der Rechte und Freiheiten natürlicher Personen unterliegen. In diesem Zusammenhang sollte der Begriff „öffentliche Gesundheit" im Sinne der Verordnung (EG) Nr. 1338/2008 des Europäischen Parlaments und des Rates ausgelegt werden und alle Elemente im Zusammenhang mit der Gesundheit wie den Gesundheitszustand einschließlich Morbidität und Behinderung, die sich auf diesen Gesundheitszustand auswirkenden Determinanten, den Bedarf an Gesundheitsversorgung, die der Gesundheitsversorgung zugewiesenen Mittel, die Bereitstellung von Gesundheitsversorgungsleistungen und den allgemeinen Zugang zu diesen Leistungen sowie die entsprechenden Ausgaben und die Finanzierung und schließlich die Ursachen der Mortalität einschließen. Eine solche Verarbeitung von Gesundheitsdaten aus Gründen des öffentlichen Interesses darf nicht dazu führen, dass Dritte, unter anderem Arbeitgeber oder Versicherungs- und Finanzunternehmen, solche personenbezogene Daten zu anderen Zwecken verarbeiten.

(55) Auch die Verarbeitung personenbezogener Daten durch staatliche Stellen zu verfassungsrechtlich oder völkerrechtlich verankerten Zielen von staatlich anerkannten Religionsgemeinschaften erfolgt aus Gründen des öffentlichen Interesses.

(56) Wenn es in einem Mitgliedstaat das Funktionieren des demokratischen Systems erfordert, dass die politischen Parteien im Zusammenhang mit Wahlen personenbezogene Daten über die politische Einstellung von Personen sammeln, kann die Verarbeitung derartiger Daten aus Gründen des öffentlichen Interesses zugelassen werden, sofern geeignete Garantien vorgesehen werden.

(57) Kann der Verantwortliche anhand der von ihm verarbeiteten personenbezogenen Daten eine natürliche Person nicht identifizieren, so sollte er nicht verpflichtet sein, zur bloßen Einhaltung einer Vorschrift dieser Verordnung zusätzliche Daten einzuholen, um die betroffene

Datenschutz-Grundverordnung DS-GVO

Person zu identifizieren. Allerdings sollte er sich nicht weigern, zusätzliche Informationen entgegenzunehmen, die von der betroffenen Person beigebracht werden, um ihre Rechte geltend zu machen. Die Identifizierung sollte die digitale Identifizierung einer betroffenen Person beispielsweise durch Authentifizierungsverfahren etwa mit denselben Berechtigungsnachweisen, wie sie die betroffene Person verwendet, um sich bei dem von dem Verantwortlichen bereitgestellten Online-Dienst anzumelden – einschließen.

(58) Der Grundsatz der Transparenz setzt voraus, dass eine für die Öffentlichkeit oder die betroffene Person bestimmte Information präzise, leicht zugänglich und verständlich sowie in klarer und einfacher Sprache abgefasst ist und gegebenenfalls zusätzlich visuelle Elemente verwendet werden. Diese Information könnte in elektronischer Form bereitgestellt werden, beispielsweise auf einer Website, wenn sie für die Öffentlichkeit bestimmt ist. Dies gilt insbesondere für Situationen, wo die große Zahl der Beteiligten und die Komplexität der dazu benötigten Technik es der betroffenen Person schwer machen, zu erkennen und nachzuvollziehen, ob, von wem und zu welchem Zweck sie betreffende personenbezogene Daten erfasst werden, wie etwa bei der Werbung im Internet. Wenn sich die Verarbeitung an Kinder richtet, sollten aufgrund der besonderen Schutzwürdigkeit von Kindern Informationen und Hinweise in einer dergestalt klaren und einfachen Sprache erfolgen, dass ein Kind sie verstehen kann.

(59) Es sollten Modalitäten festgelegt werden, die einer betroffenen Person die Ausübung der Rechte, die ihr nach dieser Verordnung zustehen, erleichtern, darunter auch Mechanismen, die dafür sorgen, dass sie unentgeltlich insbesondere Zugang zu personenbezogenen Daten und deren Berichtigung oder Löschung beantragen und gegebenenfalls erhalten oder von ihrem Widerspruchsrecht Gebrauch machen kann. So sollte der Verantwortliche auch dafür sorgen, dass Anträge elektronisch gestellt werden können, insbesondere wenn die personenbezogenen Daten elektronisch verarbeitet werden. Der Verantwortliche sollte verpflichtet werden, den Antrag der betroffenen Person unverzüglich, spätestens aber innerhalb eines Monats zu beantworten und gegebenenfalls zu begründen, warum er den Antrag ablehnt.

(60) Die Grundsätze einer fairen und transparenten Verarbeitung machen es erforderlich, dass die betroffene Person über die Existenz des Verarbeitungsvorgangs und seine Zwecke unterrichtet wird. Der Verantwortliche sollte der betroffenen Person alle weiteren Informationen zur Verfügung stellen, die unter Berücksichtigung der besonderen Umstände und Rahmenbedingungen, unter denen die personenbezogenen Daten verarbeitet werden, notwendig sind, um eine faire und transparente Verarbeitung zu gewährleisten. Darüber hinaus sollte er die betroffene Person darauf hinweisen, dass Profiling stattfindet und welche Folgen dies hat. Werden die personenbezogenen Daten bei der betroffenen Person erhoben, so sollte dieser darüber hinaus mitgeteilt werden, ob sie verpflichtet ist, die personenbezogenen Daten bereitzustellen, und welche Folgen eine Zurückhaltung der Daten nach sich ziehen würde. Die betreffenden Informationen können in Kombination mit standardisierten Bildsymbolen bereitgestellt werden, um in leicht wahrnehmbarer, verständlicher und klar nachvollziehbarer Form einen aussagekräftigen Überblick über die beabsichtigte Verarbeitung zu vermitteln. Werden die Bildsymbole in elektronischer Form dargestellt, so sollten sie maschinenlesbar sein.

(61) Dass sie betreffende personenbezogene Daten verarbeitet werden, sollte der betroffenen Person zum Zeitpunkt der Erhebung mitgeteilt werden oder, falls die Daten nicht von ihr, sondern aus einer anderen Quelle erlangt werden, innerhalb einer angemessenen Frist, die sich nach dem konkreten Einzelfall richtet. Wenn die personenbezogenen Daten rechtmäßig einem anderen Empfänger offengelegt werden dürfen, sollte die betroffene Person bei der erstmaligen Offenlegung der personenbezogenen Daten für diesen Empfänger darüber aufgeklärt werden. Beabsichtigt der Verantwortliche, die personenbezogenen Daten für einen anderen Zweck zu verarbeiten als den, für den die Daten erhoben wurden, so sollte er der betroffenen Person vor dieser Weiterverarbeitung Informationen über diesen anderen Zweck und andere erforderliche Informationen zur Verfügung stellen. Konnte der betroffenen Person nicht mitgeteilt werden, woher die personenbezogenen Daten stammen, weil verschiedene Quellen benutzt wurden, so sollte die Unterrichtung allgemein gehalten werden.

(62) Die Pflicht, Informationen zur Verfügung zu stellen, erübrigt sich jedoch, wenn die betroffene Person die Information bereits hat, wenn die Speicherung oder Offenlegung der personenbezogenen Daten ausdrücklich durch Rechtsvorschriften geregelt ist oder wenn sich die Unterrichtung der betroffenen Person als unmöglich erweist oder mit unverhältnismäßig hohem Aufwand verbunden ist. Letzteres könnte insbesondere bei Verarbeitungen für im öffentlichen

Interesse liegende Archivzwecke, zu wissenschaftlichen oder historischen Forschungszwecken oder zu statistischen Zwecken der Fall sein. Als Anhaltspunkte sollten dabei die Zahl der betroffenen Personen, das Alter der Daten oder etwaige geeignete Garantien in Betracht gezogen werden.

(63) Eine betroffene Person sollte ein Auskunftsrecht hinsichtlich der sie betreffenden personenbezogenen Daten, die erhoben worden sind, besitzen und dieses Recht problemlos und in angemessenen Abständen wahrnehmen können, um sich der Verarbeitung bewusst zu sein und deren Rechtmäßigkeit überprüfen zu können. Dies schließt das Recht betroffene Personen auf Auskunft über ihre eigenen gesundheitsbezogenen Daten ein, etwa Daten in ihren Patientenakten, die Informationen wie beispielsweise Diagnosen, Untersuchungsergebnisse, Befunde der behandelnden Ärzte und Angaben zu Behandlungen oder Eingriffen enthalten. Jede betroffene Person sollte daher ein Anrecht darauf haben, zu wissen und zu erfahren, insbesondere zu welchen Zwecken die personenbezogenen Daten verarbeitet werden und, wenn möglich, wie lange sie gespeichert werden, wer die Empfänger der personenbezogenen Daten sind, nach welcher Logik die automatische Verarbeitung personenbezogener Daten erfolgt und welche Folgen eine solche Verarbeitung haben kann, zumindest in Fällen, in denen die Verarbeitung auf Profiling beruht. Nach Möglichkeit sollte der Verantwortliche den Fernzugang zu einem sicheren System bereitstellen können, der der betroffenen Person direkten Zugang zu ihren personenbezogenen Daten ermöglichen würde. Dieses Recht sollte die Rechte und Freiheiten anderer Personen, etwa Geschäftsgeheimnisse oder Rechte des geistigen Eigentums und insbesondere das Urheberrecht an Software, nicht beeinträchtigen. Dies darf jedoch nicht dazu führen, dass der betroffenen Person jegliche Auskunft verweigert wird. Verarbeitet der Verantwortliche eine große Menge von Informationen über die betroffene Person, so sollte er verlangen können, dass die betroffene Person präzisiert, auf welche Information oder welche Verarbeitungsvorgänge sich ihr Auskunftsersuchen bezieht, bevor er ihr Auskunft erteilt.

(64) Der Verantwortliche sollte alle vertretbaren Mittel nutzen, um die Identität einer Auskunft suchenden betroffenen Person zu überprüfen, insbesondere im Rahmen von Online-Diensten und im Fall von Online-Kennungen. Ein Verantwortlicher sollte personenbezogene Daten nicht allein zu dem Zweck speichern, auf mögliche Auskunftsersuchen reagieren zu können.

(65) Eine betroffene Person sollte ein Recht auf Berichtigung der sie betreffenden personenbezogenen Daten besitzen sowie ein „Recht auf Vergessenwerden", wenn die Speicherung ihrer Daten gegen diese Verordnung oder gegen das Unionsrecht oder das Recht der Mitgliedstaaten, dem der Verantwortliche unterliegt, verstößt. Insbesondere sollten betroffene Personen Anspruch darauf haben, dass ihre personenbezogenen Daten gelöscht und nicht mehr verarbeitet werden, wenn die personenbezogenen Daten hinsichtlich der Zwecke, für die sie erhoben bzw. anderweitig verarbeitet wurden, nicht mehr benötigt werden, wenn die betroffenen Personen ihre Einwilligung in die Verarbeitung widerrufen oder Widerspruch gegen die Verarbeitung der sie betreffenden personenbezogenen Daten eingelegt haben oder wenn die Verarbeitung ihrer personenbezogenen Daten aus anderen Gründen gegen diese Verordnung verstößt. Dieses Recht ist insbesondere wichtig in Fällen, in denen die betroffene Person ihre Einwilligung noch im Kindesalter gegeben hat und insofern die mit der Verarbeitung verbundenen Gefahren nicht in vollem Umfang absehen konnte und die personenbezogenen Daten – insbesondere die im Internet gespeicherten – später löschen möchte. Die betroffene Person sollte dieses Recht auch dann ausüben können, wenn sie kein Kind mehr ist. Die weitere Speicherung der personenbezogenen Daten sollte jedoch rechtmäßig sein, wenn dies für die Ausübung des Rechts auf freie Meinungsäußerung und Information, zur Erfüllung einer rechtlichen Verpflichtung, für die Wahrnehmung einer Aufgabe, die im öffentlichen Interesse liegt oder in Ausübung öffentlicher Gewalt erfolgt, die dem Verantwortlichen übertragen wurde, aus Gründen des öffentlichen Interesses im Bereich der öffentlichen Gesundheit, für im öffentlichen Interesse liegende Archivzwecke, zu wissenschaftlichen oder historischen Forschungszwecken oder zu statistischen Zwecken oder zur Geltendmachung, Ausübung oder Verteidigung von Rechtsansprüchen erforderlich ist.

(66) Um dem „Recht auf Vergessenwerden" im Netz mehr Geltung zu verschaffen, sollte das Recht auf Löschung ausgeweitet werden, indem ein Verantwortlicher, der die personenbezogenen Daten öffentlich gemacht hat, verpflichtet wird, den Verantwortlichen, die diese personenbezogenen Daten verarbeiten, mitzuteilen, alle Links zu diesen personenbezogenen Daten oder Kopien oder Replikationen der personenbezogenen Daten zu löschen. Dabei sollte der Ver-

antwortliche, unter Berücksichtigung der verfügbaren Technologien und der ihm zur Verfügung stehenden Mittel, angemessene Maßnahmen – auch technischer Art – treffen, um die Verantwortlichen, die diese personenbezogenen Daten verarbeiten, über den Antrag der betroffenen Person zu informieren.

(67) Methoden zur Beschränkung der Verarbeitung personenbezogener Daten könnten unter anderem darin bestehen, dass ausgewählte personenbezogenen Daten vorübergehend auf ein anderes Verarbeitungssystem übertragen werden, dass sie für Nutzer gesperrt werden oder dass veröffentliche Daten vorübergehend von einer Website entfernt werden. In automatisierten Dateisystemen sollte die Einschränkung der Verarbeitung grundsätzlich durch technische Mittel so erfolgen, dass die personenbezogenen Daten in keiner Weise weiterverarbeitet werden und nicht verändert werden können. Auf die Tatsache, dass die Verarbeitung der personenbezogenen Daten beschränkt wurde, sollte in dem System unmissverständlich hingewiesen werden.

(68) Um im Fall der Verarbeitung personenbezogener Daten mit automatischen Mitteln eine bessere Kontrolle über die eigenen Daten zu haben, sollte die betroffene Person außerdem berechtigt sein, die sie betreffenden personenbezogenen Daten, die sie einem Verantwortlichen bereitgestellt hat, in einem strukturierten, gängigen, maschinenlesbaren und interoperablen Format zu erhalten und sie einem anderen Verantwortlichen zu übermitteln. Die Verantwortlichen sollten dazu aufgefordert werden, interoperable Formate zu entwickeln, die die Datenübertragbarkeit ermöglichen. Dieses Recht sollte dann gelten, wenn die betroffene Person die personenbezogenen Daten mit ihrer Einwilligung zur Verfügung gestellt hat oder die Verarbeitung zur Erfüllung eines Vertrags erforderlich ist. Es sollte nicht gelten, wenn die Verarbeitung auf einer anderen Rechtsgrundlage als ihrer Einwilligung oder eines Vertrags erfolgt. Dieses Recht sollte naturgemäß nicht gegen Verantwortliche ausgeübt werden, die personenbezogenen Daten in Erfüllung ihrer öffentlichen Aufgaben verarbeiten. Es sollte daher nicht gelten, wenn die Verarbeitung der personenbezogenen Daten zur Erfüllung einer rechtlichen Verpflichtung, der der Verantwortliche unterliegt, oder für die Wahrnehmung einer ihm übertragenen Aufgabe, die im öffentlichen Interesse liegt oder in Ausübung einer ihm übertragenen öffentlichen Gewalt erfolgt, erforderlich ist. Das Recht der betroffenen Person, sie betreffende personenbezogene Daten zu übermitteln oder zu empfangen, sollte für den Verantwortlichen nicht die Pflicht begründen, technisch kompatible Datenverarbeitungssysteme zu übernehmen oder beizubehalten. Ist im Fall eines bestimmten Satzes personenbezogener Daten mehr als eine betroffene Person tangiert, so sollte das Recht auf Empfang der Daten die Grundrechte und Grundfreiheiten anderer betroffener Personen nach dieser Verordnung unberührt lassen. Dieses Recht sollte zudem das Recht der betroffenen Person auf Löschung ihrer personenbezogenen Daten und die Beschränkungen dieses Rechts gemäß dieser Verordnung nicht berühren und insbesondere nicht bedeuten, dass die Daten, die sich auf die betroffene Person beziehen und von ihr zur Erfüllung eines Vertrags zur Verfügung gestellt worden sind, gelöscht werden, soweit und solange diese personenbezogenen Daten für die Erfüllung des Vertrags notwendig sind. Soweit technisch machbar, sollte die betroffene Person das Recht haben, zu erwirken, dass die personenbezogenen Daten direkt von einem Verantwortlichen einem anderen Verantwortlichen übermittelt werden.

(69) Dürfen die personenbezogenen Daten möglicherweise rechtmäßig verarbeitet werden, weil die Verarbeitung für die Wahrnehmung einer Aufgabe, die im öffentlichen Interesse liegt oder in Ausübung öffentlicher Gewalt – die dem Verantwortlichen übertragen wurde, – oder aufgrund des berechtigten Interesses des Verantwortlichen oder eines Dritten erforderlich ist, sollte jede betroffene Person trotzdem das Recht haben, Widerspruch gegen die Verarbeitung der sich aus ihrer besonderen Situation ergebenden personenbezogenen Daten einzulegen. Der für die Verarbeitung Verantwortliche sollte darlegen müssen, dass seine zwingenden berechtigten Interessen Vorrang vor den Interessen oder Grundrechten und Grundfreiheiten der betroffenen Person haben.

(70) Werden personenbezogene Daten verarbeitet, um Direktwerbung zu betreiben, so sollte die betroffene Person jederzeit unentgeltlich insoweit Widerspruch gegen eine solche – ursprüngliche oder spätere – Verarbeitung einschließlich des Profilings einlegen können, als sie mit dieser Direktwerbung zusammenhängt. Die betroffene Person sollte ausdrücklich auf dieses Recht hingewiesen werden; dieser Hinweis sollte in einer verständlichen und von anderen Informationen getrennten Form erfolgen.

(71) Die betroffene Person sollte das Recht haben, keiner Entscheidung – was eine Maßnahme einschließen kann – zur Bewertung von sie betreffenden persönlichen Aspekten unterworfen zu

werden, die ausschließlich auf einer automatisierten Verarbeitung beruht und die rechtliche Wirkung für die betroffene Person entfaltet oder sie in ähnlicher Weise erheblich beeinträchtigt, wie die automatische Ablehnung eines Online-Kreditantrags oder Online-Einstellungsverfahren ohne jegliches menschliche Eingreifen. Zu einer derartigen Verarbeitung zählt auch das „Profiling", das in jeglicher Form automatisierter Verarbeitung personenbezogener Daten unter Bewertung der persönlichen Aspekte in Bezug auf eine natürliche Person besteht, insbesondere zur Analyse oder Prognose von Aspekten bezüglich Arbeitsleistung, wirtschaftliche Lage, Gesundheit, persönliche Vorlieben oder Interessen, Zuverlässigkeit oder Verhalten, Aufenthaltsort oder Ortswechsel der betroffenen Person, soweit dies rechtliche Wirkung für die betroffene Person entfaltet oder sie in ähnlicher Weise erheblich beeinträchtigt. Eine auf einer derartigen Verarbeitung, einschließlich des Profilings, beruhende Entscheidungsfindung sollte allerdings erlaubt sein, wenn dies nach dem Unionsrecht oder dem Recht der Mitgliedstaaten, dem der für die Verarbeitung Verantwortliche unterliegt, ausdrücklich zulässig ist, auch um im Einklang mit den Vorschriften, Standards und Empfehlungen der Institutionen der Union oder der nationalen Aufsichtsgremien Betrug und Steuerhinterziehung zu überwachen und zu verhindern und die Sicherheit und Zuverlässigkeit eines von dem Verantwortlichen bereitgestellten Dienstes zu gewährleisten, oder wenn dies für den Abschluss oder die Erfüllung eines Vertrags zwischen der betroffenen Person und einem Verantwortlichen erforderlich ist oder wenn die betroffene Person ihre ausdrückliche Einwilligung hierzu erteilt hat. In jedem Fall sollte eine solche Verarbeitung mit angemessenen Garantien verbunden sein, einschließlich der spezifischen Unterrichtung der betroffenen Person und des Anspruchs auf direktes Eingreifen einer Person, auf Darlegung des eigenen Standpunkts, auf Erläuterung der nach einer entsprechenden Bewertung getroffenen Entscheidung sowie des Rechts auf Anfechtung der Entscheidung. Diese Maßnahme sollte kein Kind betreffen.

Um unter Berücksichtigung der besonderen Umstände und Rahmenbedingungen, unter denen die personenbezogenen Daten verarbeitet werden, der betroffenen Person gegenüber eine faire und transparente Verarbeitung zu gewährleisten, sollte der für die Verarbeitung Verantwortliche geeignete mathematische oder statistische Verfahren für das Profiling verwenden, technische und organisatorische Maßnahmen treffen, mit denen in geeigneter Weise insbesondere sichergestellt wird, dass Faktoren, die zu unrichtigen personenbezogenen Daten führen, korrigiert werden und das Risiko von Fehlern minimiert wird, und personenbezogene Daten in einer Weise sichern, dass den potenziellen Bedrohungen für die Interessen und Rechte der betroffenen Person Rechnung getragen wird und unter anderem verhindern, dass es gegenüber natürlichen Personen aufgrund von Rasse, ethnischer Herkunft, politischer Meinung, Religion oder Weltanschauung, Gewerkschaftszugehörigkeit, genetischer Anlagen oder Gesundheitszustand sowie sexueller Orientierung zu diskriminierenden Wirkungen oder zu einer Verarbeitung kommt, die eine solche Wirkung haben. Automatisierte Entscheidungsfindung und Profiling auf der Grundlage besonderer Kategorien von personenbezogenen Daten sollten nur unter bestimmten Bedingungen erlaubt sein.

(72) Das Profiling unterliegt den Vorschriften dieser Verordnung für die Verarbeitung personenbezogener Daten, wie etwa die Rechtsgrundlage für die Verarbeitung oder die Datenschutzgrundsätze. Der durch diese Verordnung eingerichtete Europäische Datenschutzausschuss (im Folgenden „Ausschuss") sollte, diesbezüglich Leitlinien herausgeben können.

(73) Im Recht der Union oder der Mitgliedstaaten können Beschränkungen hinsichtlich bestimmter Grundsätze und hinsichtlich des Rechts auf Unterrichtung, Auskunft zu und Berichtigung oder Löschung personenbezogener Daten, des Rechts auf Datenübertragbarkeit und Widerspruch, Entscheidungen, die auf der Erstellung von Profilen beruhen, sowie Mitteilungen über eine Verletzung des Schutzes personenbezogener Daten an eine betroffene Person und bestimmten damit zusammenhängenden Pflichten der Verantwortlichen vorgesehen werden, soweit dies in einer demokratischen Gesellschaft notwendig und verhältnismäßig ist, um die öffentliche Sicherheit aufrechtzuerhalten, wozu unter anderem der Schutz von Menschenleben insbesondere bei Naturkatastrophen oder vom Menschen verursachten Katastrophen, die Verhütung, Aufdeckung und Verfolgung von Straftaten oder die Strafvollstreckung – was auch den Schutz vor und die Abwehr von Gefahren für die öffentliche Sicherheit einschließt – oder die Verhütung, Aufdeckung und Verfolgung von Verstößen gegen Berufsstandsregeln bei reglementierten Berufen, das Führen öffentlicher Register aus Gründen des allgemeinen öffentlichen Interesses sowie die Weiterverarbeitung von archivierten personenbezogenen Daten zur Bereitstellung spezifischer Informationen im Zusammenhang mit dem politischen Verhalten unter

ehemaligen totalitären Regimen gehört, und zum Schutz sonstiger wichtiger Ziele des allgemeinen öffentlichen Interesses der Union oder eines Mitgliedstaats, etwa wichtige wirtschaftliche oder finanzielle Interessen, oder die betroffene Person und die Rechte und Freiheiten anderer Personen, einschließlich in den Bereichen soziale Sicherheit, öffentliche Gesundheit und humanitäre Hilfe, zu schützen. Diese Beschränkungen sollten mit der Charta und mit der Europäischen Konvention zum Schutz der Menschenrechte und Grundfreiheiten im Einklang stehen.

(74) Die Verantwortung und Haftung des Verantwortlichen für jedwede Verarbeitung personenbezogener Daten, die durch ihn oder in seinem Namen erfolgt, sollte geregelt werden. Insbesondere sollte der Verantwortliche geeignete und wirksame Maßnahmen treffen müssen und nachweisen können, dass die Verarbeitungstätigkeiten im Einklang mit dieser Verordnung stehen und die Maßnahmen auch wirksam sind. Dabei sollte er die Art, den Umfang, die Umstände und die Zwecke der Verarbeitung und das Risiko für die Rechte und Freiheiten natürlicher Personen berücksichtigen.

(75) Die Risiken für die Rechte und Freiheiten natürlicher Personen – mit unterschiedlicher Eintrittswahrscheinlichkeit und Schwere – können aus einer Verarbeitung personenbezogener Daten hervorgehen, die zu einem physischen, materiellen oder immateriellen Schaden führen könnte, insbesondere wenn die Verarbeitung zu einer Diskriminierung, einem Identitätsdiebstahl oder -betrug, einem finanziellen Verlust, einer Rufschädigung, einem Verlust der Vertraulichkeit von dem Berufsgeheimnis unterliegenden personenbezogenen Daten, der unbefugten Aufhebung der Pseudonymisierung oder anderen erheblichen wirtschaftlichen oder gesellschaftlichen Nachteilen führen kann, wenn die betroffenen Personen um ihre Rechte und Freiheiten gebracht oder daran gehindert werden, die sie betreffenden personenbezogenen Daten zu kontrollieren, wenn personenbezogene Daten, aus denen die rassische oder ethnische Herkunft, politische Meinungen, religiöse oder weltanschauliche Überzeugungen oder die Zugehörigkeit zu einer Gewerkschaft hervorgehen, und genetische Daten, Gesundheitsdaten oder das Sexualleben oder strafrechtliche Verurteilungen und Straftaten oder damit zusammenhängende Sicherungsmaßregeln betreffende Daten verarbeitet werden, wenn persönliche Aspekte bewertet werden, insbesondere wenn Aspekte, die die Arbeitsleistung, wirtschaftliche Lage, Gesundheit, persönliche Vorlieben oder Interessen, die Zuverlässigkeit oder das Verhalten, den Aufenthaltsort oder Ortswechsel betreffen, analysiert oder prognostiziert werden, um persönliche Profile zu erstellen oder zu nutzen, wenn personenbezogene Daten schutzbedürftiger natürlicher Personen, insbesondere Daten von Kindern, verarbeitet werden oder wenn die Verarbeitung eine große Menge personenbezogener Daten und eine große Anzahl von betroffenen Personen betrifft.

(76) Eintrittswahrscheinlichkeit und Schwere des Risikos für die Rechte und Freiheiten der betroffenen Person sollten in Bezug auf die Art, den Umfang, die Umstände und die Zwecke der Verarbeitung bestimmt werden. Das Risiko sollte anhand einer objektiven Bewertung beurteilt werden, bei der festgestellt wird, ob die Datenverarbeitung ein Risiko oder ein hohes Risiko birgt.

(77) Anleitungen, wie der Verantwortliche oder Auftragsverarbeiter geeignete Maßnahmen durchzuführen hat und wie die Einhaltung der Anforderungen nachzuweisen ist, insbesondere was die Ermittlung des mit der Verarbeitung verbundenen Risikos, dessen Abschätzung in Bezug auf Ursache, Art, Eintrittswahrscheinlichkeit und Schwere und die Festlegung bewährter Verfahren für dessen Eindämmung betrifft, könnten insbesondere in Form von genehmigten Verhaltensregeln, genehmigten Zertifizierungsverfahren, Leitlinien des Ausschusses oder Hinweisen eines Datenschutzbeauftragten gegeben werden. Der Ausschuss kann ferner Leitlinien für Verarbeitungsvorgänge ausgeben, bei denen davon auszugehen ist, dass sie kein hohes Risiko für die Rechte und Freiheiten natürlicher Personen mit sich bringen, und angeben, welche Abhilfemaßnahmen in diesen Fällen ausreichend sein können.

(78) Zum Schutz der in Bezug auf die Verarbeitung personenbezogener Daten bestehenden Rechte und Freiheiten natürlicher Personen ist es erforderlich, dass geeignete technische und organisatorische Maßnahmen getroffen werden, damit die Anforderungen dieser Verordnung erfüllt werden. Um die Einhaltung dieser Verordnung nachweisen zu können, sollte der Verantwortliche interne Strategien festlegen und Maßnahmen ergreifen, die insbesondere den Grundsätzen des Datenschutzes durch Technik (data protection by design) und durch datenschutzfreundliche Voreinstellungen (data protection by default) Genüge tun. Solche Maßnahmen könnten unter anderem darin bestehen, dass die Verarbeitung personenbezogener Daten minimiert wird, personenbezogene Daten so schnell wie möglich pseudonymisiert werden, Trans-

parenz in Bezug auf die Funktionen und die Verarbeitung personenbezogener Daten hergestellt wird, der betroffenen Person ermöglicht wird, die Verarbeitung personenbezogener Daten zu überwachen, und der Verantwortliche in die Lage versetzt wird, Sicherheitsfunktionen zu schaffen und zu verbessern. In Bezug auf Entwicklung, Gestaltung, Auswahl und Nutzung von Anwendungen, Diensten und Produkten, die entweder auf der Verarbeitung von personenbezogenen Daten beruhen oder zur Erfüllung ihrer Aufgaben personenbezogene Daten verarbeiten, sollten die Hersteller der Produkte, Dienste und Anwendungen ermutigt werden, das Recht auf Datenschutz bei der Entwicklung und Gestaltung der Produkte, Dienste und Anwendungen zu berücksichtigen und unter gebührender Berücksichtigung des Stands der Technik sicherzustellen, dass die Verantwortlichen und die Verarbeiter in der Lage sind, ihren Datenschutzpflichten nachzukommen. Den Grundsätzen des Datenschutzes durch Technik und durch datenschutzfreundliche Voreinstellungen sollte auch bei öffentlichen Ausschreibungen Rechnung getragen werden.

(79) Zum Schutz der Rechte und Freiheiten der betroffenen Personen sowie bezüglich der Verantwortung und Haftung der Verantwortlichen und der Auftragsverarbeiter bedarf es – auch mit Blick auf die Überwachungs- und sonstigen Maßnahmen von Aufsichtsbehörden – einer klaren Zuteilung der Verantwortlichkeiten durch diese Verordnung, einschließlich der Fälle, in denen ein Verantwortlicher die Verarbeitungszwecke und -mittel gemeinsam mit anderen Verantwortlichen festlegt oder ein Verarbeitungsvorgang im Auftrag eines Verantwortlichen durchgeführt wird.

(80) Jeder Verantwortliche oder Auftragsverarbeiter ohne Niederlassung in der Union, dessen Verarbeitungstätigkeiten sich auf betroffene Personen beziehen, die sich in der Union aufhalten, und dazu dienen, diesen Personen in der Union Waren oder Dienstleistungen anzubieten – unabhängig davon, ob von der betroffenen Person eine Zahlung verlangt wird – oder deren Verhalten, soweit dieses innerhalb der Union erfolgt, zu beobachten, sollte einen Vertreter benennen müssen, es sei denn, die Verarbeitung erfolgt gelegentlich, schließt nicht die umfangreiche Verarbeitung besonderer Kategorien personenbezogener Daten oder die Verarbeitung von personenbezogenen Daten über strafrechtliche Verurteilungen und Straftaten ein und bringt unter Berücksichtigung ihrer Art, ihrer Umstände, ihres Umfangs und ihrer Zwecke wahrscheinlich kein Risiko für die Rechte und Freiheiten natürlicher Personen mit sich oder bei dem Verantwortlichen handelt es sich um eine Behörde oder öffentliche Stelle. Der Vertreter sollte im Namen des Verantwortlichen oder des Auftragsverarbeiters tätig werden und den Aufsichtsbehörden als Anlaufstelle dienen. Der Verantwortliche oder der Auftragsverarbeiter sollte den Vertreter ausdrücklich bestellen und schriftlich beauftragen, in Bezug auf die ihm nach dieser Verordnung obliegenden Verpflichtungen an seiner Stelle zu handeln. Die Benennung eines solchen Vertreters berührt nicht die Verantwortung oder Haftung des Verantwortlichen oder des Auftragsverarbeiters nach Maßgabe dieser Verordnung. Ein solcher Vertreter sollte seine Aufgaben entsprechend dem Mandat des Verantwortlichen oder Auftragsverarbeiters ausführen und insbesondere mit den zuständigen Aufsichtsbehörden in Bezug auf Maßnahmen, die die Einhaltung dieser Verordnung sicherstellen sollen, zusammenarbeiten. Bei Verstößen des Verantwortlichen oder Auftragsverarbeiters sollte der bestellte Vertreter Durchsetzungsverfahren unterworfen werden.

(81) Damit die Anforderungen dieser Verordnung in Bezug auf die vom Auftragsverarbeiter im Namen des Verantwortlichen vorzunehmende Verarbeitung eingehalten werden, sollte ein Verantwortlicher, der einen Auftragsverarbeiter mit Verarbeitungstätigkeiten betrauen will, nur Auftragsverarbeiter heranziehen, die – insbesondere im Hinblick auf Fachwissen, Zuverlässigkeit und Ressourcen – hinreichende Garantien dafür bieten, dass technische und organisatorische Maßnahmen – auch für die Sicherheit der Verarbeitung – getroffen werden, die den Anforderungen dieser Verordnung genügen. Die Einhaltung genehmigter Verhaltensregeln oder eines genehmigten Zertifizierungsverfahrens durch einen Auftragsverarbeiter kann als Faktor herangezogen werden, um die Erfüllung der Pflichten des Verantwortlichen nachzuweisen. Die Durchführung einer Verarbeitung durch einen Auftragsverarbeiter sollte auf Grundlage eines Vertrags oder eines anderen Rechtsinstruments nach dem Recht der Union oder der Mitgliedstaaten erfolgen, der bzw. das den Auftragsverarbeiter an den Verantwortlichen bindet und in dem Gegenstand und Dauer der Verarbeitung, Art und Zwecke der Verarbeitung, die Art der personenbezogenen Daten und die Kategorien von betroffenen Personen festgelegt sind, wobei die besonderen Aufgaben und Pflichten des Auftragsverarbeiters bei der geplanten Verarbeitung und das Risiko für die Rechte und Freiheiten der betroffenen Person zu berücksichtigen sind.

Der Verantwortliche und der Auftragsverarbeiter können entscheiden, ob sie einen individuellen Vertrag oder Standardvertragsklauseln verwenden, die entweder unmittelbar von der Kommission erlassen oder aber nach dem Kohärenzverfahren von einer Aufsichtsbehörde angenommen und dann von der Kommission erlassen wurden. Nach Beendigung der Verarbeitung im Namen des Verantwortlichen sollte der Auftragsverarbeiter die personenbezogenen Daten nach Wahl des Verantwortlichen entweder zurückgeben oder löschen, sofern nicht nach dem Recht der Union oder der Mitgliedstaaten, dem der Auftragsverarbeiter unterliegt, eine Verpflichtung zur Speicherung der personenbezogenen Daten besteht.

(82) Zum Nachweis der Einhaltung dieser Verordnung sollte der Verantwortliche oder der Auftragsverarbeiter ein Verzeichnis der Verarbeitungstätigkeiten, die seiner Zuständigkeit unterliegen, führen. Jeder Verantwortliche und jeder Auftragsverarbeiter sollte verpflichtet sein, mit der Aufsichtsbehörde zusammenzuarbeiten und dieser auf Anfrage das entsprechende Verzeichnis vorzulegen, damit die betreffenden Verarbeitungsvorgänge anhand dieser Verzeichnisse kontrolliert werden können.

(83) Zur Aufrechterhaltung der Sicherheit und zur Vorbeugung gegen eine gegen diese Verordnung verstoßende Verarbeitung sollte der Verantwortliche oder der Auftragsverarbeiter die mit der Verarbeitung verbundenen Risiken ermitteln und Maßnahmen zu ihrer Eindämmung, wie etwa eine Verschlüsselung, treffen. Diese Maßnahmen sollten unter Berücksichtigung des Stands der Technik und der Implementierungskosten ein Schutzniveau – auch hinsichtlich der Vertraulichkeit – gewährleisten, das den von der Verarbeitung ausgehenden Risiken und der Art der zu schützenden personenbezogenen Daten angemessen ist. Bei der Bewertung der Datensicherheitsrisiken sollten die mit der Verarbeitung personenbezogener Daten verbundenen Risiken berücksichtigt werden, wie etwa – ob unbeabsichtigt oder unrechtmäßig – Vernichtung, Verlust, Veränderung oder unbefugte Offenlegung von oder unbefugter Zugang zu personenbezogenen Daten, die übermittelt, gespeichert oder auf sonstige Weise verarbeitet wurden, insbesondere wenn dies zu einem physischen, materiellen oder immateriellen Schaden führen könnte.

(84) Damit diese Verordnung in Fällen, in denen die Verarbeitungsvorgänge wahrscheinlich ein hohes Risiko für die Rechte und Freiheiten natürlicher Personen mit sich bringen, besser eingehalten wird, sollte der Verantwortliche für die Durchführung einer Datenschutz-Folgenabschätzung, mit der insbesondere die Ursache, Art, Besonderheit und Schwere dieses Risikos evaluiert werden, verantwortlich sein. Die Ergebnisse der Abschätzung sollten berücksichtigt werden, wenn darüber entschieden wird, welche geeigneten Maßnahmen ergriffen werden müssen, um nachzuweisen, dass die Verarbeitung der personenbezogenen Daten mit dieser Verordnung in Einklang steht. Geht aus einer Datenschutz-Folgenabschätzung hervor, dass Verarbeitungsvorgänge ein hohes Risiko bergen, das der Verantwortliche nicht durch geeignete Maßnahmen in Bezug auf verfügbare Technik und Implementierungskosten eindämmen kann, so sollte die Aufsichtsbehörde vor der Verarbeitung konsultiert werden.

(85) Eine Verletzung des Schutzes personenbezogener Daten kann – wenn nicht rechtzeitig und angemessen reagiert wird – einen physischen, materiellen oder immateriellen Schaden für natürliche Personen nach sich ziehen, wie etwa Verlust der Kontrolle über ihre personenbezogenen Daten oder Einschränkung ihrer Rechte, Diskriminierung, Identitätsdiebstahl oder -betrug, finanzielle Verluste, unbefugte Aufhebung der Pseudonymisierung, Rufschädigung, Verlust der Vertraulichkeit von dem Berufsgeheimnis unterliegenden Daten oder andere erhebliche wirtschaftliche oder gesellschaftliche Nachteile für die betroffene natürliche Person. Deshalb sollte der Verantwortliche, sobald ihm eine Verletzung des Schutzes personenbezogener Daten bekannt wird, die Aufsichtsbehörde von der Verletzung des Schutzes personenbezogener Daten unverzüglich und, falls möglich, binnen höchstens 72 Stunden, nachdem ihm die Verletzung bekannt wurde, unterrichten, es sei denn, der Verantwortliche kann im Einklang mit dem Grundsatz der Rechenschaftspflicht nachweisen, dass die Verletzung des Schutzes personenbezogener Daten voraussichtlich nicht zu einem Risiko für die persönlichen Rechte und Freiheiten natürlicher Personen führt. Falls diese Benachrichtigung nicht binnen 72 Stunden erfolgen kann, sollten in ihr die Gründe für die Verzögerung angegeben werden müssen, und die Informationen können schrittweise ohne unangemessene weitere Verzögerung bereitgestellt werden.

(86) Der für die Verarbeitung Verantwortliche sollte die betroffene Person unverzüglich von der Verletzung des Schutzes personenbezogener Daten benachrichtigen, wenn diese Verletzung des Schutzes personenbezogener Daten voraussichtlich zu einem hohen Risiko für die persönli-

chen Rechte und Freiheiten natürlicher Personen führt, damit diese die erforderlichen Vorkehrungen treffen können. Die Benachrichtigung sollte eine Beschreibung der Art der Verletzung des Schutzes personenbezogener Daten sowie an die betroffene natürliche Person gerichtete Empfehlungen zur Minderung etwaiger nachteiliger Auswirkungen dieser Verletzung enthalten. Solche Benachrichtigungen der betroffenen Person sollten stets so rasch wie nach allgemeinem Ermessen möglich, in enger Absprache mit der Aufsichtsbehörde und nach Maßgabe der von dieser oder von anderen zuständigen Behörden wie beispielsweise Strafverfolgungsbehörden erteilten Weisungen erfolgen. Um beispielsweise das Risiko eines unmittelbaren Schadens mindern zu können, müssten betroffene Personen sofort benachrichtigt werden, wohingegen eine längere Benachrichtigungsfrist gerechtfertigt sein kann, wenn es darum geht, geeignete Maßnahmen gegen fortlaufende oder vergleichbare Verletzungen des Schutzes personenbezogener Daten zu treffen.

(87) Es sollte festgestellt werden, ob alle geeigneten technischen Schutz- sowie organisatorischen Maßnahmen getroffen wurden, um sofort feststellen zu können, ob eine Verletzung des Schutzes personenbezogener Daten aufgetreten ist, und um die Aufsichtsbehörde und die betroffene Person umgehend unterrichten zu können. Bei der Feststellung, ob die Meldung unverzüglich erfolgt ist, sollten die Art und Schwere der Verletzung des Schutzes personenbezogener Daten sowie deren Folgen und nachteilige Auswirkungen für die betroffene Person berücksichtigt werden. Die entsprechende Meldung kann zu einem Tätigwerden der Aufsichtsbehörde im Einklang mit ihren in dieser Verordnung festgelegten Aufgaben und Befugnissen führen.

(88) Bei der detaillierten Regelung des Formats und der Verfahren für die Meldung von Verletzungen des Schutzes personenbezogener Daten sollten die Umstände der Verletzung hinreichend berücksichtigt werden, beispielsweise ob personenbezogene Daten durch geeignete technische Sicherheitsvorkehrungen geschützt waren, die die Wahrscheinlichkeit eines Identitätsbetrugs oder anderer Formen des Datenmissbrauchs wirksam verringern. Überdies sollten solche Regeln und Verfahren den berechtigten Interessen der Strafverfolgungsbehörden in Fällen Rechnung tragen, in denen die Untersuchung der Umstände einer Verletzung des Schutzes personenbezogener Daten durch eine frühzeitige Offenlegung in unnötiger Weise behindert würde.

(89) Gemäß der Richtlinie 95/46/EG waren Verarbeitungen personenbezogener Daten bei den Aufsichtsbehörden generell meldepflichtig. Diese Meldepflicht ist mit einem bürokratischen und finanziellen Aufwand verbunden und hat dennoch nicht in allen Fällen zu einem besseren Schutz personenbezogener Daten geführt. Diese unterschiedslosen allgemeinen Meldepflichten sollten daher abgeschafft und durch wirksame Verfahren und Mechanismen ersetzt werden, die sich stattdessen vorrangig mit denjenigen Arten von Verarbeitungsvorgängen befassen, die aufgrund ihrer Art, ihres Umfangs, ihrer Umstände und ihrer Zwecke wahrscheinlich ein hohes Risiko für die Rechte und Freiheiten natürlicher Personen mit sich bringen. Zu solchen Arten von Verarbeitungsvorgängen gehören insbesondere solche, bei denen neue Technologien eingesetzt werden oder die neuartig sind und bei denen der Verantwortliche noch keine Datenschutz-Folgenabschätzung durchgeführt hat bzw. bei denen aufgrund der seit der ursprünglichen Verarbeitung vergangenen Zeit eine Datenschutz-Folgenabschätzung notwendig geworden ist.

(90) In derartigen Fällen sollte der Verantwortliche vor der Verarbeitung eine Datenschutz-Folgenabschätzung durchführen, mit der der spezifische Eintrittswahrscheinlichkeit und die Schwere dieses hohen Risikos unter Berücksichtigung der Art, des Umfangs, der Umstände und der Zwecke der Verarbeitung und der Ursachen des Risikos bewertet werden. Diese Folgenabschätzung sollte sich insbesondere mit den Maßnahmen, Garantien und Verfahren befassen, durch die dieses Risiko eingedämmt, der Schutz personenbezogener Daten sichergestellt und die Einhaltung der Bestimmungen dieser Verordnung nachgewiesen werden soll.

(91) Dies sollte insbesondere für umfangreiche Verarbeitungsvorgänge gelten, die dazu dienen, große Mengen personenbezogener Daten auf regionaler, nationaler oder supranationaler Ebene zu verarbeiten, eine große Zahl von Personen betreffen könnten und – beispielsweise aufgrund ihrer Sensibilität – wahrscheinlich ein hohes Risiko mit sich bringen und bei denen entsprechend dem jeweils aktuellen Stand der Technik in großem Umfang eine neue Technologie eingesetzt wird, sowie für andere Verarbeitungsvorgänge, die ein hohes Risiko für die Rechte und Freiheiten der betroffenen Personen mit sich bringen, insbesondere dann, wenn diese Verarbeitungsvorgänge den betroffenen Personen die Ausübung ihrer Rechte erschweren. Eine

Datenschutz-Folgenabschätzung sollte auch durchgeführt werden, wenn die personenbezogenen Daten für das Treffen von Entscheidungen in Bezug auf bestimmte natürliche Personen im Anschluss an eine systematische und eingehende Bewertung persönlicher Aspekte natürlicher Personen auf der Grundlage eines Profilings dieser Daten oder im Anschluss an die Verarbeitung besonderer Kategorien von personenbezogenen Daten, biometrischen Daten oder von Daten über strafrechtliche Verurteilungen und Straftaten sowie damit zusammenhängende Sicherungsmaßregeln verarbeitet werden. Gleichermaßen erforderlich ist eine Datenschutz-Folgenabschätzung für die weiträumige Überwachung öffentlich zugänglicher Bereiche, insbesondere mittels optoelektronischer Vorrichtungen, oder für alle anderen Vorgänge, bei denen nach Auffassung der zuständigen Aufsichtsbehörde die Verarbeitung wahrscheinlich ein hohes Risiko für die Rechte und Freiheiten der betroffenen Personen mit sich bringt, insbesondere weil sie die betroffenen Personen an der Ausübung eines Rechts oder der Nutzung einer Dienstleistung bzw. Durchführung eines Vertrags hindern oder weil sie systematisch in großem Umfang erfolgen. Die Verarbeitung personenbezogener Daten sollte nicht als umfangreich gelten, wenn die Verarbeitung personenbezogene Daten von Patienten oder von Mandanten betrifft und durch einen einzelnen Arzt, sonstigen Angehörigen eines Gesundheitsberufes oder Rechtsanwalt erfolgt. In diesen Fällen sollte eine Datenschutz-Folgenabschätzung nicht zwingend vorgeschrieben sein.

(92) Unter bestimmten Umständen kann es vernünftig und unter ökonomischen Gesichtspunkten zweckmäßig sein, eine Datenschutz-Folgenabschätzung nicht lediglich auf ein bestimmtes Projekt zu beziehen, sondern sie thematisch breiter anzulegen – beispielsweise wenn Behörden oder öffentliche Stellen eine gemeinsame Anwendung oder Verarbeitungsplattform schaffen möchten oder wenn mehrere Verantwortliche eine gemeinsame Anwendung oder Verarbeitungsumgebung für einen gesamten Wirtschaftssektor, für ein bestimmtes Marktsegment oder für eine weit verbreitete horizontale Tätigkeit einführen möchten.

(93) Anlässlich des Erlasses des Gesetzes des Mitgliedstaats, auf dessen Grundlage die Behörde oder öffentliche Stelle ihre Aufgaben wahrnimmt und das den fraglichen Verarbeitungsvorgang oder die fraglichen Arten von Verarbeitungsvorgängen regelt, können die Mitgliedstaaten es für erforderlich erachten, solche Folgeabschätzungen vor den Verarbeitungsvorgängen durchzuführen.

(94) Geht aus einer Datenschutz-Folgenabschätzung hervor, dass die Verarbeitung bei Fehlen von Garantien, Sicherheitsvorkehrungen und Mechanismen zur Minderung des Risikos ein hohes Risiko für die Rechte und Freiheiten natürlicher Personen mit sich bringen würde, und ist der Verantwortliche der Auffassung, dass das Risiko nicht durch in Bezug auf verfügbare Technologien und Implementierungskosten vertretbare Mittel eingedämmt werden kann, so sollte die Aufsichtsbehörde vor Beginn der Verarbeitungstätigkeiten konsultiert werden. Ein solches hohes Risiko ist wahrscheinlich mit bestimmten Arten der Verarbeitung und dem Umfang und der Häufigkeit der Verarbeitung verbunden, die für natürliche Personen auch eine Schädigung oder eine Beeinträchtigung der persönlichen Rechte und Freiheiten mit sich bringen können. Die Aufsichtsbehörde sollte das Beratungsersuchen innerhalb einer bestimmten Frist beantworten. Allerdings kann sie, auch wenn sie nicht innerhalb dieser Frist reagiert hat, entsprechend ihren in dieser Verordnung festgelegten Aufgaben und Befugnissen eingreifen, was die Befugnis einschließt, Verarbeitungsvorgänge zu untersagen. Im Rahmen dieses Konsultationsprozesses kann das Ergebnis einer im Hinblick auf die betreffende Verarbeitung personenbezogener Daten durchgeführten Datenschutz-Folgenabschätzung der Aufsichtsbehörde unterbreitet werden; dies gilt insbesondere für die zur Eindämmung des Risikos für die Rechte und Freiheiten natürlicher Personen geplanten Maßnahmen.

(95) Der Auftragsverarbeiter sollte erforderlichenfalls den Verantwortlichen auf Anfrage bei der Gewährleistung der Einhaltung der sich aus der Durchführung der Datenschutz-Folgenabschätzung und der vorherigen Konsultation der Aufsichtsbehörde ergebenden Auflagen unterstützen.

(96) Eine Konsultation der Aufsichtsbehörde sollte auch während der Ausarbeitung von Gesetzes- oder Regelungsvorschriften, in denen eine Verarbeitung personenbezogener Daten vorgesehen ist, erfolgen, um die Vereinbarkeit der geplanten Verarbeitung mit dieser Verordnung sicherzustellen und insbesondere das mit ihr für die betroffene Person verbundene Risiko einzudämmen.

(97) In Fällen, in denen die Verarbeitung durch eine Behörde – mit Ausnahmen von Gerichten oder unabhängigen Justizbehörden, die im Rahmen ihrer justiziellen Tätigkeit handeln –,

DS-GVO

Gesetzestext

im privaten Sektor durch einen Verantwortlichen erfolgt, dessen Kerntätigkeit in Verarbeitungsvorgängen besteht, die eine regelmäßige und systematische Überwachung der betroffenen Personen in großem Umfang erfordern, oder wenn die Kerntätigkeit des Verantwortlichen oder des Auftragsverarbeiters in der umfangreichen Verarbeitung besonderer Kategorien von personenbezogenen Daten oder von Daten über strafrechtliche Verurteilungen und Straftaten besteht, sollte der Verantwortliche oder der Auftragsverarbeiter bei der Überwachung der internen Einhaltung der Bestimmungen dieser Verordnung von einer weiteren Person, die über Fachwissen auf dem Gebiet des Datenschutzrechts und der Datenschutzverfahren verfügt, unterstützt werden. Im privaten Sektor bezieht sich die Kerntätigkeit eines Verantwortlichen auf seine Haupttätigkeiten und nicht auf die Verarbeitung personenbezogener Daten als Nebentätigkeit. Das erforderliche Niveau des Fachwissens sollte sich insbesondere nach den durchgeführten Datenverarbeitungsvorgängen und dem erforderlichen Schutz für die von dem Verantwortlichen oder dem Auftragsverarbeiter verarbeiteten personenbezogenen Daten richten. Derartige Datenschutzbeauftragte sollten unabhängig davon, ob es sich bei ihnen um Beschäftigte des Verantwortlichen handelt oder nicht, ihre Pflichten und Aufgaben in vollständiger Unabhängigkeit ausüben können.

(98) Verbände oder andere Vereinigungen, die bestimmte Kategorien von Verantwortlichen oder Auftragsverarbeitern vertreten, sollten ermutigt werden, in den Grenzen dieser Verordnung Verhaltensregeln auszuarbeiten, um eine wirksame Anwendung dieser Verordnung zu erleichtern, wobei den Besonderheiten der in bestimmten Sektoren erfolgenden Verarbeitungen und den besonderen Bedürfnissen der Kleinstunternehmen sowie der kleinen und mittleren Unternehmen Rechnung zu tragen ist. Insbesondere könnten in diesen Verhaltensregeln – unter Berücksichtigung des mit der Verarbeitung wahrscheinlich einhergehenden Risikos für die Rechte und Freiheiten natürlicher Personen – die Pflichten der Verantwortlichen und der Auftragsverarbeiter bestimmt werden.

(99) Bei der Ausarbeitung oder bei der Änderung oder Erweiterung solcher Verhaltensregeln sollten Verbände und/oder andere Vereinigungen, die bestimmte Kategorien von Verantwortlichen oder Auftragsverarbeitern vertreten, die maßgeblichen Interessenträger, möglichst auch die betroffenen Personen, konsultieren und die Eingaben und Stellungnahmen, die sie dabei erhalten, berücksichtigen.

(100) Um die Transparenz zu erhöhen und die Einhaltung dieser Verordnung zu verbessern, sollte angeregt werden, dass Zertifizierungsverfahren sowie Datenschutzsiegel und -prüfzeichen eingeführt werden, die den betroffenen Personen einen raschen Überblick über das Datenschutzniveau einschlägiger Produkte und Dienstleistungen ermöglichen.

(101) Der Fluss personenbezogener Daten aus Drittländern und internationalen Organisationen und in Drittländer und internationale Organisationen ist für die Ausweitung des internationalen Handels und der internationalen Zusammenarbeit notwendig. Durch die Zunahme dieser Datenströme sind neue Herausforderungen und Anforderungen in Bezug auf den Schutz personenbezogener Daten entstanden. Das durch diese Verordnung unionsweit gewährleistete Schutzniveau für natürliche Personen sollte jedoch bei der Übermittlung personenbezogener Daten aus der Union an Verantwortliche, Auftragsverarbeiter oder andere Empfänger in Drittländern oder an internationale Organisationen nicht untergraben werden, und zwar auch dann nicht, wenn aus einem Drittland oder von einer internationalen Organisation personenbezogene Daten an Verantwortliche oder Auftragsverarbeiter in demselben oder einem anderen Drittland oder an dieselbe oder eine andere internationale Organisation weiterübermittelt werden. In jedem Fall sind derartige Datenübermittlungen an Drittländer und internationale Organisationen nur unter strikter Einhaltung dieser Verordnung zulässig. Eine Datenübermittlung könnte nur stattfinden, wenn die in dieser Verordnung festgelegten Bedingungen zur Übermittlung personenbezogener Daten an Drittländer oder internationale Organisationen vorbehaltlich der übrigen Bestimmungen dieser Verordnung von dem Verantwortlichen oder dem Auftragsverarbeiter erfüllt werden.

(102) Internationale Abkommen zwischen der Union und Drittländern über die Übermittlung von personenbezogenen Daten einschließlich geeigneter Garantien für die betroffenen Personen werden von dieser Verordnung nicht berührt. Die Mitgliedstaaten können völkerrechtliche Übereinkünfte schließen, die die Übermittlung personenbezogener Daten an Drittländer oder internationale Organisationen beinhalten, sofern sich diese Übereinkünfte weder auf diese Verordnung noch auf andere Bestimmungen des Unionsrechts auswirken und ein angemessenes Schutzniveau für die Grundrechte der betroffenen Personen umfassen.

(103) Die Kommission darf mit Wirkung für die gesamte Union beschließen, dass ein bestimmtes Drittland, ein Gebiet oder ein bestimmter Sektor eines Drittlands oder eine internationale Organisation ein angemessenes Datenschutzniveau bietet, und auf diese Weise in Bezug auf das Drittland oder die internationale Organisation, das bzw. die für fähig gehalten wird, ein solches Schutzniveau zu bieten, in der gesamten Union Rechtssicherheit schaffen und eine einheitliche Rechtsanwendung sicherstellen. In derartigen Fällen dürfen personenbezogene Daten ohne weitere Genehmigung an dieses Land oder diese internationale Organisation übermittelt werden. Die Kommission kann, nach Abgabe einer ausführlichen Erklärung, in der dem Drittland oder der internationalen Organisation eine Begründung gegeben wird, auch entscheiden, eine solche Feststellung zu widerrufen.

(104) In Übereinstimmung mit den Grundwerten der Union, zu denen insbesondere der Schutz der Menschenrechte zählt, sollte die Kommission bei der Bewertung des Drittlands oder eines Gebiets oder eines bestimmten Sektors eines Drittlands berücksichtigen, inwieweit dort die Rechtsstaatlichkeit gewahrt ist, der Rechtsweg gewährleistet ist und die internationalen Menschenrechtsnormen und -Standards eingehalten werden und welche allgemeinen und sektorspezifischen Vorschriften, wozu auch die Vorschriften über die öffentliche Sicherheit, die Landesverteidigung und die nationale Sicherheit sowie die öffentliche Ordnung und das Strafrecht zählen, dort gelten. Die Annahme eines Angemessenheitsbeschlusses in Bezug auf ein Gebiet oder einen bestimmten Sektor eines Drittlands sollte unter Berücksichtigung eindeutiger und objektiver Kriterien wie bestimmter Verarbeitungsvorgänge und des Anwendungsbereichs anwendbarer Rechtsnormen und geltender Rechtsvorschriften in dem Drittland erfolgen. Das Drittland sollte Garantien für ein angemessenes Schutzniveau bieten, das dem innerhalb der Union gewährleisteten Schutzniveau der Sache nach gleichwertig ist, insbesondere in Fällen, in denen personenbezogene Daten in einem oder mehreren spezifischen Sektoren verarbeitet werden. Das Drittland sollte insbesondere eine wirksame unabhängige Überwachung des Datenschutzes gewährleisten und Mechanismen für eine Zusammenarbeit mit den Datenschutzbehörden der Mitgliedstaaten vorsehen, und den betroffenen Personen sollten wirksame und durchsetzbare Rechte sowie wirksame verwaltungsrechtliche und gerichtliche Rechtsbehelfe eingeräumt werden.

(105) Die Kommission sollte neben den internationalen Verpflichtungen, die das Drittland oder die internationale Organisation eingegangen ist, die Verpflichtungen, die sich aus der Teilnahme des Drittlands oder der internationalen Organisation an multilateralen oder regionalen Systemen insbesondere im Hinblick auf den Schutz personenbezogener Daten ergeben, sowie die Umsetzung dieser Verpflichtungen berücksichtigen. Insbesondere sollte der Beitritt des Drittlands zum Übereinkommen des Europarates vom 28. Januar 1981 zum Schutz des Menschen bei der automatischen Verarbeitung personenbezogener Daten und dem dazugehörigen Zusatzprotokoll berücksichtigt werden. Die Kommission sollte den Ausschuss konsultieren, wenn sie das Schutzniveau in Drittländern oder internationalen Organisationen bewertet.

(106) Die Kommission sollte die Wirkungsweise von Feststellungen zum Schutzniveau in einem Drittland, einem Gebiet oder einem bestimmten Sektor eines Drittlands oder einer internationalen Organisation überwachen; sie sollte auch die Wirkungsweise der Feststellungen, die auf der Grundlage des Artikels 25 Absatz 6 oder des Artikels 26 Absatz 4 der Richtlinie 95/46/EG erlassen werden, überwachen. In ihren Angemessenheitsbeschlüssen sollte die Kommission einen Mechanismus für die regelmäßige Überprüfung von deren Wirkungsweise vorsehen. Diese regelmäßige Überprüfung sollte in Konsultation mit dem betreffenden Drittland oder der betreffenden internationalen Organisation erfolgen und allen maßgeblichen Entwicklungen in dem Drittland oder der internationalen Organisation Rechnung tragen. Für die Zwecke der Überwachung und der Durchführung der regelmäßigen Überprüfungen sollte die Kommission die Standpunkte und Feststellungen des Europäischen Parlaments und des Rates sowie der anderen einschlägigen Stellen und Quellen berücksichtigen. Die Kommission sollte innerhalb einer angemessenen Frist die Wirkungsweise der letztgenannten Beschlüsse bewerten und dem durch diese Verordnung eingesetzten Ausschuss im Sinne der Verordnung (EU) Nr. 182/2011 des Europäischen Parlaments und des Rates sowie dem Europäischen Parlament und dem Rat über alle maßgeblichen Feststellungen Bericht erstatten.

(107) Die Kommission kann feststellen, dass ein Drittland, ein Gebiet oder ein bestimmter Sektor eines Drittlands oder eine internationale Organisation kein angemessenes Datenschutzniveau mehr bietet. Die Übermittlung personenbezogener Daten an dieses Drittland oder an diese internationale Organisation sollte daraufhin verboten werden, es sei denn, die Anforderun-

gen dieser Verordnung in Bezug auf die Datenübermittlung vorbehaltlich geeigneter Garantien, einschließlich verbindlicher interner Datenschutzvorschriften und auf Ausnahmen für bestimmte Fälle werden erfüllt. In diesem Falle sollten Konsultationen zwischen der Kommission und den betreffenden Drittländern oder internationalen Organisationen vorgesehen werden. Die Kommission sollte dem Drittland oder der internationalen Organisation frühzeitig die Gründe mitteilen und Konsultationen aufnehmen, um Abhilfe für die Situation zu schaffen.

(108) Bei Fehlen eines Angemessenheitsbeschlusses sollte der Verantwortliche oder der Auftragsverarbeiter als Ausgleich für den in einem Drittland bestehenden Mangel an Datenschutz geeignete Garantien für den Schutz der betroffenen Person vorsehen. Diese geeigneten Garantien können darin bestehen, dass auf verbindliche interne Datenschutzvorschriften, von der Kommission oder von einer Aufsichtsbehörde angenommene Standarddatenschutzklauseln oder von einer Aufsichtsbehörde genehmigte Vertragsklauseln zurückgegriffen wird. Diese Garantien sollten sicherstellen, dass die Datenschutzvorschriften und die Rechte der betroffenen Personen auf eine der Verarbeitung innerhalb der Union angemessene Art und Weise beachtet werden; dies gilt auch hinsichtlich der Verfügbarkeit von durchsetzbaren Rechten der betroffenen Person und von wirksamen Rechtsbehelfen einschließlich des Rechts auf wirksame verwaltungsrechtliche oder gerichtliche Rechtsbehelfe sowie des Rechts auf Geltendmachung von Schadenersatzansprüchen in der Union oder in einem Drittland. Sie sollten sich insbesondere auf die Einhaltung der allgemeinen Grundsätze für die Verarbeitung personenbezogener Daten, die Grundsätze des Datenschutzes durch Technik und durch datenschutzfreundliche Voreinstellungen beziehen. Datenübermittlungen dürfen auch von Behörden oder öffentlichen Stellen an Behörden oder öffentliche Stellen in Drittländern oder an internationale Organisationen mit entsprechenden Pflichten oder Aufgaben vorgenommen werden, auch auf der Grundlage von Bestimmungen, die in Verwaltungsvereinbarungen – wie beispielsweise einer gemeinsamen Absichtserklärung –, mit denen den betroffenen Personen durchsetzbare und wirksame Rechte eingeräumt werden, aufzunehmen sind. Die Genehmigung der zuständigen Aufsichtsbehörde sollte erlangt werden, wenn die Garantien in nicht rechtsverbindlichen Verwaltungsvereinbarungen vorgesehen sind.

(109) Die dem Verantwortlichen oder dem Auftragsverarbeiter offenstehende Möglichkeit, auf die von der Kommission oder einer Aufsichtsbehörde festgelegten Standard-Datenschutzklauseln zurückzugreifen, sollte den Verantwortlichen oder den Auftragsverarbeiter weder daran hindern, die Standard-Datenschutzklauseln auch in umfangreicheren Verträgen, wie zum Beispiel Verträgen zwischen dem Auftragsverarbeiter und einem anderen Auftragsverarbeiter, zu verwenden, noch ihn daran hindern, ihnen weitere Klauseln oder zusätzliche Garantien hinzuzufügen, solange diese weder mittelbar noch unmittelbar im Widerspruch zu den von der Kommission oder einer Aufsichtsbehörde erlassenen Standard-Datenschutzklauseln stehen oder die Grundrechte und Grundfreiheiten der betroffenen Personen beschneiden. Die Verantwortlichen und die Auftragsverarbeiter sollten ermutigt werden, mit vertraglichen Verpflichtungen, die die Standard-Schutzklauseln ergänzen, zusätzliche Garantien zu bieten.

(110) Jede Unternehmensgruppe oder jede Gruppe von Unternehmen, die eine gemeinsame Wirtschaftstätigkeit ausüben, sollte für ihre internationalen Datenübermittlungen aus der Union an Organisationen derselben Unternehmensgruppe oder derselben Gruppe von Unternehmen, die eine gemeinsame Wirtschaftstätigkeit ausüben, genehmigte verbindliche interne Datenschutzvorschriften anwenden dürfen, sofern diese sämtliche Grundprinzipien und durchsetzbaren Rechte enthalten, die geeignete Garantien für die Übermittlungen beziehungsweise Kategorien von Übermittlungen personenbezogener Daten bieten.

(111) Datenübermittlungen sollten unter bestimmten Voraussetzungen zulässig sein, nämlich wenn die betroffene Person ihre ausdrückliche Einwilligung erteilt hat, wenn die Übermittlung gelegentlich erfolgt und im Rahmen eines Vertrags oder zur Geltendmachung von Rechtsansprüchen, sei es vor Gericht oder auf dem Verwaltungswege oder in außergerichtlichen Verfahren, wozu auch Verfahren vor Regulierungsbehörden zählen, erforderlich ist. Die Übermittlung sollte zudem möglich sein, wenn sie zur Wahrung eines im Unionsrecht oder im Recht eines Mitgliedstaats festgelegten wichtigen öffentlichen Interesses erforderlich ist oder wenn sie aus einem durch Rechtsvorschriften vorgesehenen Register erfolgt, das von der Öffentlichkeit oder Personen mit berechtigtem Interesse eingesehen werden kann. In letzterem Fall sollte sich eine solche Übermittlung nicht auf die Gesamtheit oder ganze Kategorien der im Register enthaltenen personenbezogenen Daten erstrecken dürfen. Ist das betreffende Register zur Einsichtnahme durch Personen mit berechtigtem Interesse bestimmt, sollte die Übermittlung nur

auf Anfrage dieser Personen oder nur dann erfolgen, wenn diese Personen die Adressaten der Übermittlung sind, wobei den Interessen und Grundrechten der betroffenen Person in vollem Umfang Rechnung zu tragen ist.

(112) Diese Ausnahmen sollten insbesondere für Datenübermittlungen gelten, die aus wichtigen Gründen des öffentlichen Interesses erforderlich sind, beispielsweise für den internationalen Datenaustausch zwischen Wettbewerbs-, Steuer- oder Zollbehörden, zwischen Finanzaufsichtsbehörden oder zwischen für Angelegenheiten der sozialen Sicherheit oder für die öffentliche Gesundheit zuständigen Diensten, beispielsweise im Falle der Umgebungsuntersuchung bei ansteckenden Krankheiten oder zur Verringerung und/oder Beseitigung des Dopings im Sport. Die Übermittlung personenbezogener Daten sollte ebenfalls als rechtmäßig angesehen werden, wenn sie erforderlich ist, um ein Interesse, das für die lebenswichtigen Interessen – einschließlich der körperlichen Unversehrtheit oder des Lebens – der betroffenen Person oder einer anderen Person wesentlich ist, zu schützen und die betroffene Person außerstande ist, ihre Einwilligung zu geben. Liegt kein Angemessenheitsbeschluss vor, so können im Unionsrecht oder im Recht der Mitgliedstaaten aus wichtigen Gründen des öffentlichen Interesses ausdrücklich Beschränkungen der Übermittlung bestimmter Kategorien von Daten an Drittländer oder internationale Organisationen vorgesehen werden. Die Mitgliedstaaten sollten solche Bestimmungen der Kommission mitteilen. Jede Übermittlung personenbezogener Daten einer betroffenen Person, die aus physischen oder rechtlichen Gründen außerstande ist, ihre Einwilligung zu erteilen, an eine internationale humanitäre Organisation, die erfolgt, um eine nach den Genfer Konventionen obliegende Aufgabe auszuführen oder um dem in bewaffneten Konflikten anwendbaren humanitären Völkerrecht nachzukommen, könnte als aus einem wichtigen Grund im öffentlichen Interesse notwendig oder als im lebenswichtigen Interesse der betroffenen Person liegend erachtet werden.

(113) Übermittlungen, die als nicht wiederholt erfolgend gelten können und nur eine begrenzte Zahl von betroffenen Personen betreffen, könnten auch zur Wahrung der zwingenden berechtigten Interessen des Verantwortlichen möglich sein, sofern die Interessen oder Rechte und Freiheiten der betroffenen Person nicht überwiegen und der Verantwortliche sämtliche Umstände der Datenübermittlung geprüft hat. Der Verantwortliche sollte insbesondere die Art der personenbezogenen Daten, den Zweck und die Dauer der vorgesehenen Verarbeitung, die Situation im Herkunftsland, in dem betreffenden Drittland und im Endbestimmungsland berücksichtigen und angemessene Garantien zum Schutz der Grundrechte und Grundfreiheiten natürlicher Personen in Bezug auf die Verarbeitung ihrer personenbezogener Daten vorsehen. Diese Übermittlungen sollten nur in den verbleibenden Fällen möglich sein, in denen keiner der anderen Gründe für die Übermittlung anwendbar ist. Bei wissenschaftlichen oder historischen Forschungszwecken oder bei statistischen Zwecken sollten die legitimen gesellschaftlichen Erwartungen in Bezug auf einen Wissenszuwachs berücksichtigt werden. Der Verantwortliche sollte die Aufsichtsbehörde und die betroffene Person von der Übermittlung in Kenntnis setzen.

(114) In allen Fällen, in denen kein Kommissionsbeschluss zur Angemessenheit des in einem Drittland bestehenden Datenschutzniveaus vorliegt, sollte der Verantwortliche oder der Auftragsverarbeiter auf Lösungen zurückgreifen, mit denen den betroffenen Personen durchsetzbare und wirksame Rechte in Bezug auf die Verarbeitung ihrer personenbezogenen Daten in der Union nach der Übermittlung dieser Daten eingeräumt werden, damit sie weiterhin die Grundrechte und Garantien genießen können.

(115) Manche Drittländer erlassen Gesetze, Vorschriften und sonstige Rechtsakte, die vorgeben, die Verarbeitungstätigkeiten natürlicher und juristischer Personen, die der Rechtsprechung der Mitgliedstaaten unterliegen, unmittelbar zu regeln. Dies kann Urteile von Gerichten und Entscheidungen von Verwaltungsbehörden in Drittländern umfassen, mit denen von einem Verantwortlichen oder einem Auftragsverarbeiter die Übermittlung oder Offenlegung personenbezogener Daten verlangt wird und die nicht auf eine in Kraft befindliche internationale Übereinkunft wie etwa ein Rechtshilfeabkommen zwischen dem ersuchenden Drittland und der Union oder einem Mitgliedstaat gestützt sind. Die Anwendung dieser Gesetze, Verordnungen und sonstigen Rechtsakte außerhalb des Hoheitsgebiets der betreffenden Drittländer kann gegen internationales Recht verstoßen und dem durch diese Verordnung in der Union gewährleisteten Schutz natürlicher Personen zuwiderlaufen. Datenübermittlungen sollten daher nur zulässig sein, wenn die Bedingungen dieser Verordnung für Datenübermittlungen an Drittländer eingehalten werden. Dies kann unter anderem der Fall sein, wenn die Offenlegung aus einem wichtigen öffentlichen Interesse erforderlich ist, das im Unionsrecht oder im Recht des Mitgliedstaats, dem der Verantwortliche unterliegt, anerkannt ist.

DS-GVO

(116) Wenn personenbezogene Daten in ein anderes Land außerhalb der Union übermittelt werden, besteht eine erhöhte Gefahr, dass natürliche Personen ihre Datenschutzrechte nicht wahrnehmen können und sich insbesondere gegen die unrechtmäßige Nutzung oder Offenlegung dieser Informationen zu schützen. Ebenso kann es vorkommen, dass Aufsichtsbehörden Beschwerden nicht nachgehen oder Untersuchungen nicht durchführen können, die einen Bezug zu Tätigkeiten außerhalb der Grenzen ihres Mitgliedstaats haben. Ihre Bemühungen um grenzüberschreitende Zusammenarbeit können auch durch unzureichende Präventiv- und Abhilfebefugnisse, widersprüchliche Rechtsordnungen und praktische Hindernisse wie Ressourcenknappheit behindert werden. Die Zusammenarbeit zwischen den Datenschutzaufsichtsbehörden muss daher gefördert werden, damit sie Informationen austauschen und mit den Aufsichtsbehörden in anderen Ländern Untersuchungen durchführen können. Um Mechanismen der internationalen Zusammenarbeit zu entwickeln, die die internationale Amtshilfe bei der Durchsetzung von Rechtsvorschriften zum Schutz personenbezogener Daten erleichtern und sicherstellen, sollten die Kommission und die Aufsichtsbehörden Informationen austauschen und bei Tätigkeiten, die mit der Ausübung ihrer Befugnisse in Zusammenhang stehen, mit den zuständigen Behörden der Drittländer nach dem Grundsatz der Gegenseitigkeit und gemäß dieser Verordnung zusammenarbeiten.

(117) Die Errichtung von Aufsichtsbehörden in den Mitgliedstaaten, die befugt sind, ihre Aufgaben und Befugnisse völlig unabhängig wahrzunehmen, ist ein wesentlicher Bestandteil des Schutzes natürlicher Personen bei der Verarbeitung personenbezogener Daten. Die Mitgliedstaaten sollten mehr als eine Aufsichtsbehörde errichten können, wenn dies ihrer verfassungsmäßigen, organisatorischen und administrativen Struktur entspricht.

(118) Die Tatsache, dass die Aufsichtsbehörden unabhängig sind, sollte nicht bedeuten, dass sie hinsichtlich ihrer Ausgaben keinem Kontroll- oder Überwachungsmechanismus unterworfen werden bzw. sie keiner gerichtlichen Überprüfung unterzogen werden können.

(119) Errichtet ein Mitgliedstaat mehrere Aufsichtsbehörden, so sollte er mittels Rechtsvorschriften sicherstellen, dass diese Aufsichtsbehörden am Kohärenzverfahren wirksam beteiligt werden. Insbesondere sollte dieser Mitgliedstaat eine Aufsichtsbehörde bestimmen, die als zentrale Anlaufstelle für eine wirksame Beteiligung dieser Behörden an dem Verfahren fungiert und eine rasche und reibungslose Zusammenarbeit mit anderen Aufsichtsbehörden, dem Ausschuss und der Kommission gewährleistet.

(120) Jede Aufsichtsbehörde sollte mit Finanzmitteln, Personal, Räumlichkeiten und einer Infrastruktur ausgestattet werden, wie sie für die wirksame Wahrnehmung ihrer Aufgaben, einschließlich derer im Zusammenhang mit der Amtshilfe und Zusammenarbeit mit anderen Aufsichtsbehörden in der gesamten Union, notwendig sind. Jede Aufsichtsbehörde sollte über einen eigenen, öffentlichen, jährlichen Haushaltsplan verfügen, der Teil des gesamten Staatshaushalts oder nationalen Haushalts sein kann.

(121) Die allgemeinen Anforderungen an das Mitglied oder die Mitglieder der Aufsichtsbehörde sollten durch Rechtsvorschriften von jedem Mitgliedstaat geregelt werden und insbesondere vorsehen, dass diese Mitglieder im Wege eines transparenten Verfahrens entweder – auf Vorschlag der Regierung, eines Mitglieds der Regierung, des Parlaments oder einer Parlamentskammer – vom Parlament, der Regierung oder dem Staatsoberhaupt des Mitgliedstaats oder von einer unabhängigen Stelle ernannt werden, die nach dem Recht des Mitgliedstaats mit der Ernennung betraut wird. Um die Unabhängigkeit der Aufsichtsbehörde zu gewährleisten, sollten ihre Mitglieder ihr Amt integer ausüben, von allen mit den Aufgaben ihres Amts nicht zu vereinbarenden Handlungen absehen und während ihrer Amtszeit keine andere mit ihrem Amt nicht zu vereinbarende entgeltliche oder unentgeltliche Tätigkeit ausüben. Die Aufsichtsbehörde sollte über eigenes Personal verfügen, das sie selbst oder eine nach dem Recht des Mitgliedstaats eingerichtete unabhängige Stelle auswählt und das ausschließlich der Leitung des Mitglieds oder der Mitglieder der Aufsichtsbehörde unterstehen sollte.

(122) Jede Aufsichtsbehörde sollte dafür zuständig sein, im Hoheitsgebiet ihres Mitgliedstaats die Befugnisse auszuüben und die Aufgaben zu erfüllen, die ihr mit dieser Verordnung übertragen wurden. Dies sollte insbesondere für Folgendes gelten: die Verarbeitung im Rahmen der Tätigkeiten einer Niederlassung des Verantwortlichen oder Auftragsverarbeiters im Hoheitsgebiet ihres Mitgliedstaats, die Verarbeitung personenbezogener Daten durch Behörden oder private Stellen, die im öffentlichen Interesse handeln, Verarbeitungstätigkeiten, die Auswirkungen auf betroffene Personen in ihrem Hoheitsgebiet haben, oder Verarbeitungstätigkeiten eines

Verantwortlichen oder Auftragsverarbeiters ohne Niederlassung in der Union, sofern sie auf betroffene Personen mit Wohnsitz in ihrem Hoheitsgebiet ausgerichtet sind. Dies sollte auch die Bearbeitung von Beschwerden einer betroffenen Person, die Durchführung von Untersuchungen über die Anwendung dieser Verordnung sowie die Förderung der Information der Öffentlichkeit über Risiken, Vorschriften, Garantien und Rechte im Zusammenhang mit der Verarbeitung personenbezogener Daten einschließen.

(123) Die Aufsichtsbehörden sollten die Anwendung der Bestimmungen dieser Verordnung überwachen und zu ihrer einheitlichen Anwendung in der gesamten Union beitragen, um natürliche Personen im Hinblick auf die Verarbeitung ihrer Daten zu schützen und den freien Verkehr personenbezogener Daten im Binnenmarkt zu erleichtern. Zu diesem Zweck sollten die Aufsichtsbehörden untereinander und mit der Kommission zusammenarbeiten, ohne dass eine Vereinbarung zwischen den Mitgliedstaaten über die Leistung von Amtshilfe oder über eine derartige Zusammenarbeit erforderlich wäre.

(124) Findet die Verarbeitung personenbezogener Daten im Zusammenhang mit der Tätigkeit einer Niederlassung eines Verantwortlichen oder eines Auftragsverarbeiters in der Union statt und hat der Verantwortliche oder der Auftragsverarbeiter Niederlassungen in mehr als einem Mitgliedstaat oder hat die Verarbeitungstätigkeit im Zusammenhang mit der Tätigkeit einer einzigen Niederlassung eines Verantwortlichen oder Auftragsverarbeiters in der Union erhebliche Auswirkungen auf betroffene Personen in mehr als einem Mitgliedstaat bzw. wird sie voraussichtlich solche Auswirkungen haben, so sollte die Aufsichtsbehörde für die Hauptniederlassung des Verantwortlichen oder Auftragsverarbeiters oder für die einzige Niederlassung des Verantwortlichen oder Auftragsverarbeiters als federführende Behörde fungieren. Sie sollte mit den anderen Behörden zusammenarbeiten, die betroffen sind, weil der Verantwortliche oder Auftragsverarbeiter eine Niederlassung im Hoheitsgebiet ihres Mitgliedstaats hat, weil die Verarbeitung erhebliche Auswirkungen auf betroffene Personen mit Wohnsitz in ihrem Hoheitsgebiet hat oder weil bei ihnen eine Beschwerde eingelegt wurde. Auch wenn eine betroffene Person ohne Wohnsitz in dem betreffenden Mitgliedstaat eine Beschwerde eingelegt hat, sollte die Aufsichtsbehörde, bei der Beschwerde eingelegt wurde, auch eine betroffene Aufsichtsbehörde sein. Der Ausschuss sollte – im Rahmen seiner Aufgaben in Bezug auf die Herausgabe von Leitlinien zu allen Fragen im Zusammenhang mit der Anwendung dieser Verordnung – insbesondere Leitlinien zu den Kriterien ausgeben können, die bei der Feststellung zu berücksichtigen sind, ob die fragliche Verarbeitung erhebliche Auswirkungen auf betroffene Personen in mehr als einem Mitgliedstaat hat und was einen maßgeblichen und begründeten Einspruch darstellt.

(125) Die federführende Behörde sollte berechtigt sein, verbindliche Beschlüsse über Maßnahmen zu erlassen, mit denen die ihr gemäß dieser Verordnung übertragenen Befugnisse ausgeübt werden. In ihrer Eigenschaft als federführende Behörde sollte diese Aufsichtsbehörde für die enge Einbindung und Koordinierung der betroffenen Aufsichtsbehörden im Entscheidungsprozess sorgen. Wird beschlossen, die Beschwerde der betroffenen Person vollständig oder teilweise abzuweisen, so sollte dieser Beschluss von der Aufsichtsbehörde angenommen werden, bei der die Beschwerde eingelegt wurde.

(126) Der Beschluss sollte von der federführenden Aufsichtsbehörde und den betroffenen Aufsichtsbehörden gemeinsam vereinbart werden und an die Hauptniederlassung oder die einzige Niederlassung des Verantwortlichen oder Auftragsverarbeiters gerichtet sein und für den Verantwortlichen und den Auftragsverarbeiter verbindlich sein. Der Verantwortliche oder Auftragsverarbeiter sollte die erforderlichen Maßnahmen treffen, um die Einhaltung dieser Verordnung und die Umsetzung des Beschlusses zu gewährleisten, der der Hauptniederlassung des Verantwortlichen oder Auftragsverarbeiters im Hinblick auf die Verarbeitungstätigkeiten in der Union von der federführenden Aufsichtsbehörde mitgeteilt wurde.

(127) Jede Aufsichtsbehörde, die nicht als federführende Aufsichtsbehörde fungiert, sollte in örtlichen Fällen zuständig sein, wenn der Verantwortliche oder Auftragsverarbeiter Niederlassungen in mehr als einem Mitgliedstaat hat, der Gegenstand der spezifischen Verarbeitung aber nur die Verarbeitungstätigkeiten in einem einzigen Mitgliedstaat und nur betroffene Personen in diesem einen Mitgliedstaat betrifft, beispielsweise wenn es um die Verarbeitung von personenbezogenen Daten von Arbeitnehmern im spezifischen Beschäftigungskontext eines Mitgliedstaats geht. In solchen Fällen sollte die Aufsichtsbehörde unverzüglich die federführende Aufsichtsbehörde über diese Angelegenheit unterrichten. Nach ihrer Unterrichtung sollte die federfüh-

rende Aufsichtsbehörde entscheiden, ob sie den Fall nach den Bestimmungen zur Zusammenarbeit zwischen der federführenden Aufsichtsbehörde und anderen betroffenen Aufsichtsbehörden gemäß der Vorschrift zur Zusammenarbeit zwischen der federführenden Aufsichtsbehörde und anderen betroffenen Aufsichtsbehörden (im Folgenden „Verfahren der Zusammenarbeit und Kohärenz") regelt oder ob die Aufsichtsbehörde, die sie unterrichtet hat, den Fall auf örtlicher Ebene regeln sollte. Dabei sollte die federführende Aufsichtsbehörde berücksichtigen, ob der Verantwortliche oder der Auftragsverarbeiter in dem Mitgliedstaat, dessen Aufsichtsbehörde sie unterrichtet hat, eine Niederlassung hat, damit Beschlüsse gegenüber dem Verantwortlichen oder dem Auftragsverarbeiter wirksam durchgesetzt werden. Entscheidet die federführende Aufsichtsbehörde, den Fall selbst zu regeln, sollte die Aufsichtsbehörde, die sie unterrichtet hat, die Möglichkeit haben, einen Beschlussentwurf vorzulegen, dem die federführende Aufsichtsbehörde bei der Ausarbeitung ihres Beschlussentwurfs im Rahmen dieses Verfahrens der Zusammenarbeit und Kohärenz weitestgehend Rechnung tragen sollte.

(128) Die Vorschriften über die federführende Behörde und das Verfahren der Zusammenarbeit und Kohärenz sollten keine Anwendung finden, wenn die Verarbeitung durch Behörden oder private Stellen im öffentlichen Interesse erfolgt. In diesen Fällen sollte die Aufsichtsbehörde des Mitgliedstaats, in dem die Behörde oder private Einrichtung ihren Sitz hat, die einzige Aufsichtsbehörde sein, die dafür zuständig ist, die Befugnisse auszuüben, die ihr mit dieser Verordnung übertragen wurden.

(129) Um die einheitliche Überwachung und Durchsetzung dieser Verordnung in der gesamten Union sicherzustellen, sollten die Aufsichtsbehörden in jedem Mitgliedstaat dieselben Aufgaben und wirksamen Befugnisse haben, darunter, insbesondere im Fall von Beschwerden natürlicher Personen, Untersuchungsbefugnisse, Abhilfebefugnisse und Sanktionsbefugnisse und Genehmigungsbefugnisse und beratende Befugnisse, sowie – unbeschadet der Befugnisse der Strafverfolgungsbehörden nach dem Recht der Mitgliedstaaten – die Befugnis, Verstöße gegen diese Verordnung den Justizbehörden zur Kenntnis zu bringen und Gerichtsverfahren anzustrengen. Dazu sollte auch die Befugnis zählen, eine vorübergehende oder endgültige Beschränkung der Verarbeitung, einschließlich eines Verbots, zu verhängen. Die Mitgliedstaaten können andere Aufgaben im Zusammenhang mit dem Schutz personenbezogener Daten im Rahmen dieser Verordnung festlegen. Die Befugnisse der Aufsichtsbehörden sollten in Übereinstimmung mit den geeigneten Verfahrensgarantien nach dem Unionsrecht und dem Recht der Mitgliedstaaten unparteiisch, gerecht und innerhalb einer angemessenen Frist ausgeübt werden. Insbesondere sollte jede Maßnahme im Hinblick auf die Gewährleistung der Einhaltung dieser Verordnung geeignet, erforderlich und verhältnismäßig sein, wobei die Umstände des jeweiligen Einzelfalls zu berücksichtigen sind, das Recht einer jeden Person, gehört zu werden, bevor eine individuelle Maßnahme getroffen wird, die nachteilige Auswirkungen auf diese Person hätte, zu achten ist und überflüssige Kosten und übermäßige Unannehmlichkeiten für die Betroffenen zu vermeiden sind. Untersuchungsbefugnisse im Hinblick auf den Zugang zu Räumlichkeiten sollten im Einklang mit besonderen Anforderungen im Verfahrensrecht der Mitgliedstaaten ausgeübt werden, wie etwa dem Erfordernis einer vorherigen richterlichen Genehmigung. Jede rechtsverbindliche Maßnahme der Aufsichtsbehörde sollte schriftlich erlassen werden und sie sollte klar und eindeutig sein; die Aufsichtsbehörde, die die Maßnahme erlassen hat, und das Datum, an dem die Maßnahme erlassen wurde, sollten angegeben werden und die Maßnahme sollte vom Leiter oder von einem von ihm bevollmächtigen Mitglied der Aufsichtsbehörde unterschrieben sein und eine Begründung für die Maßnahme sowie einen Hinweis auf das Recht auf einen wirksamen Rechtsbehelf enthalten. Dies sollte zusätzliche Anforderungen nach dem Verfahrensrecht der Mitgliedstaaten nicht ausschließen. Der Erlass eines rechtsverbindlichen Beschlusses setzt voraus, dass er in dem Mitgliedstaat der Aufsichtsbehörde, die den Beschluss erlassen hat, gerichtlich überprüft werden kann.

(130) Ist die Aufsichtsbehörde, bei der die Beschwerde eingereicht wurde, nicht die federführende Aufsichtsbehörde, so sollte die federführende Aufsichtsbehörde gemäß den Bestimmungen dieser Verordnung über Zusammenarbeit und Kohärenz eng mit der Aufsichtsbehörde zusammenarbeiten, bei der die Beschwerde eingereicht wurde. In solchen Fällen sollte die federführende Aufsichtsbehörde bei Maßnahmen, die rechtliche Wirkungen entfalten sollen, unter anderem bei der Verhängung von Geldbußen, den Standpunkt der Aufsichtsbehörde, bei der die Beschwerde eingereicht wurde und die weiterhin befugt sein sollte, in Abstimmung mit der zuständigen Aufsichtsbehörde Untersuchungen im Hoheitsgebiet ihres eigenen Mitgliedstaats durchzuführen, weitestgehend berücksichtigen.

Datenschutz-Grundverordnung DS-GVO

(131) Wenn eine andere Aufsichtsbehörde als federführende Aufsichtsbehörde für die Verarbeitungstätigkeiten des Verantwortlichen oder des Auftragsverarbeiters fungieren sollte, der konkrete Gegenstand einer Beschwerde oder der mögliche Verstoß jedoch nur die Verarbeitungstätigkeiten des Verantwortlichen oder des Auftragsverarbeiters in dem Mitgliedstaat betrifft, in dem die Beschwerde eingereicht wurde oder der mögliche Verstoß aufgedeckt wurde, und die Angelegenheit keine erheblichen Auswirkungen auf betroffene Personen in anderen Mitgliedstaaten hat oder haben dürfte, sollte die Aufsichtsbehörde, bei der eine Beschwerde eingereicht wurde oder die Situationen, die mögliche Verstöße gegen diese Verordnung darstellen, aufgedeckt hat bzw. auf andere Weise darüber informiert wurde, versuchen, eine gütliche Einigung mit dem Verantwortlichen zu erzielen; falls sich dies als nicht erfolgreich erweist, sollte sie die gesamte Bandbreite ihrer Befugnisse wahrnehmen. Dies sollte auch Folgendes umfassen: die spezifische Verarbeitung im Hoheitsgebiet des Mitgliedstaats der Aufsichtsbehörde oder im Hinblick auf betroffene Personen im Hoheitsgebiet dieses Mitgliedstaats; die Verarbeitung im Rahmen eines Angebots von Waren oder Dienstleistungen, das speziell auf betroffene Personen im Hoheitsgebiet des Mitgliedstaats der Aufsichtsbehörde ausgerichtet ist; oder eine Verarbeitung, die unter Berücksichtigung der einschlägigen rechtlichen Verpflichtungen nach dem Recht der Mitgliedstaaten bewertet werden muss.

(132) Auf die Öffentlichkeit ausgerichtete Sensibilisierungsmaßnahmen der Aufsichtsbehörden sollten spezifische Maßnahmen einschließen, die sich an die Verantwortlichen und die Auftragsverarbeiter, einschließlich Kleinstunternehmen sowie kleiner und mittlerer Unternehmen, und an natürliche Personen, insbesondere im Bildungsbereich, richten.

(133) Die Aufsichtsbehörden sollten sich gegenseitig bei der Erfüllung ihrer Aufgaben unterstützen und Amtshilfe leisten, damit eine einheitliche Anwendung und Durchsetzung dieser Verordnung im Binnenmarkt gewährleistet ist. Eine Aufsichtsbehörde, die um Amtshilfe ersucht hat, kann eine einstweilige Maßnahme erlassen, wenn sie nicht binnen eines Monats nach Eingang des Amtshilfeersuchens bei der ersuchten Aufsichtsbehörde eine Antwort von dieser erhalten hat.

(134) Jede Aufsichtsbehörde sollte gegebenenfalls an gemeinsamen Maßnahmen von anderen Aufsichtsbehörden teilnehmen. Die ersuchte Aufsichtsbehörde sollte auf das Ersuchen binnen einer bestimmten Frist antworten müssen.

(135) Um die einheitliche Anwendung dieser Verordnung in der gesamten Union sicherzustellen, sollte ein Verfahren zur Gewährleistung einer einheitlichen Rechtsanwendung (Kohärenzverfahren) für die Zusammenarbeit zwischen den Aufsichtsbehörden eingeführt werden. Dieses Verfahren sollte insbesondere dann angewendet werden, wenn eine Aufsichtsbehörde beabsichtigt, eine Maßnahme zu erlassen, die rechtliche Wirkungen in Bezug auf Verarbeitungsvorgänge entfalten soll, die für eine bedeutende Zahl betroffener Personen in mehreren Mitgliedstaaten erhebliche Auswirkungen haben. Ferner sollte es zur Anwendung kommen, wenn eine betroffene Aufsichtsbehörde oder die Kommission beantragt, dass die Angelegenheit im Rahmen des Kohärenzverfahrens behandelt wird. Dieses Verfahren sollte andere Maßnahmen, die die Kommission möglicherweise in Ausübung ihrer Befugnisse nach den Verträgen trifft, unberührt lassen.

(136) Bei Anwendung des Kohärenzverfahrens sollte der Ausschuss, falls von der Mehrheit seiner Mitglieder so entschieden wird oder falls eine andere betroffene Aufsichtsbehörde oder die Kommission darum ersuchen, binnen einer festgelegten Frist eine Stellungnahme abgeben. Dem Ausschuss sollte auch die Befugnis übertragen werden, bei Streitigkeiten zwischen Aufsichtsbehörden rechtsverbindliche Beschlüsse zu erlassen. Zu diesem Zweck sollte er in klar bestimmten Fällen, in denen die Aufsichtsbehörden insbesondere im Rahmen des Verfahrens der Zusammenarbeit zwischen der federführenden Aufsichtsbehörde und den betroffenen Aufsichtsbehörden widersprüchliche Standpunkte zu dem Sachverhalt, vor allem in der Frage, ob ein Verstoß gegen diese Verordnung vorliegt, vertreten, grundsätzlich mit einer Mehrheit von zwei Dritteln seiner Mitglieder rechtsverbindliche Beschlüsse erlassen.

(137) Es kann dringender Handlungsbedarf zum Schutz der Rechte und Freiheiten von betroffenen Personen bestehen, insbesondere wenn eine erhebliche Behinderung der Durchsetzung des Rechts einer betroffenen Person droht. Eine Aufsichtsbehörde sollte daher hinreichend begründete einstweilige Maßnahmen in ihrem Hoheitsgebiet mit einer festgelegten Geltungsdauer von höchstens drei Monaten erlassen können.

(138) Die Anwendung dieses Verfahrens sollte in den Fällen, in denen sie verbindlich vorgeschrieben ist, eine Bedingung für die Rechtmäßigkeit einer Maßnahme einer Aufsichtsbehör-

de sein, die rechtliche Wirkungen entfalten soll. In anderen Fällen von grenzüberschreitender Relevanz sollte das Verfahren der Zusammenarbeit zwischen der federführenden Aufsichtsbehörde und den betroffenen Aufsichtsbehörden zur Anwendung gelangen, und die betroffenen Aufsichtsbehörden können auf bilateraler oder multilateraler Ebene Amtshilfe leisten und gemeinsame Maßnahmen durchführen, ohne auf das Kohärenzverfahren zurückzugreifen.

(139) Zur Förderung der einheitlichen Anwendung dieser Verordnung sollte der Ausschuss als unabhängige Einrichtung der Union eingesetzt werden. Damit der Ausschuss seine Ziele erreichen kann, sollte er Rechtspersönlichkeit besitzen. Der Ausschuss sollte von seinem Vorsitz vertreten werden. Er sollte die mit der Richtlinie 95/46/EG eingesetzte Arbeitsgruppe für den Schutz der Rechte von Personen bei der Verarbeitung personenbezogener Daten ersetzen. Er sollte aus dem Leiter einer Aufsichtsbehörde jedes Mitgliedstaats und dem Europäischen Datenschutzbeauftragten oder deren jeweiligen Vertretern gebildet werden. An den Beratungen des Ausschusses sollte die Kommission ohne Stimmrecht teilnehmen und der Europäische Datenschutzbeauftragte sollte spezifische Stimmrechte haben. Der Ausschuss sollte zur einheitlichen Anwendung der Verordnung in der gesamten Union beitragen, die Kommission insbesondere im Hinblick auf das Schutzniveau in Drittländern oder internationalen Organisationen beraten und die Zusammenarbeit der Aufsichtsbehörden in der Union fördern. Der Ausschuss sollte bei der Erfüllung seiner Aufgaben unabhängig handeln.

(140) Der Ausschuss sollte von einem Sekretariat unterstützt werden, das von dem Europäischen Datenschutzbeauftragten bereitgestellt wird. Das Personal des Europäischen Datenschutzbeauftragten, das an der Wahrnehmung der dem Ausschuss gemäß dieser Verordnung übertragenen Aufgaben beteiligt ist, sollte diese Aufgaben ausschließlich gemäß den Anweisungen des Vorsitzes des Ausschusses durchführen und diesem Bericht erstatten.

(141) Jede betroffene Person sollte das Recht haben, bei einer einzigen Aufsichtsbehörde insbesondere in dem Mitgliedstaat ihres gewöhnlichen Aufenthalts eine Beschwerde einzureichen und gemäß Artikel 47 der Charta einen wirksamen gerichtlichen Rechtsbehelf einzulegen, wenn sie sich in ihren Rechten gemäß dieser Verordnung verletzt sieht oder wenn die Aufsichtsbehörde auf eine Beschwerde hin nicht tätig wird, eine Beschwerde teilweise oder ganz abweist oder ablehnt oder nicht tätig wird, obwohl dies zum Schutz der Rechte der betroffenen Person notwendig ist. Die auf eine Beschwerde folgende Untersuchung sollte vorbehaltlich gerichtlicher Überprüfung so weit gehen, wie dies im Einzelfall angemessen ist. Die Aufsichtsbehörde sollte die betroffene Person innerhalb eines angemessenen Zeitraums über den Fortgang und die Ergebnisse der Beschwerde unterrichten. Sollten weitere Untersuchungen oder die Abstimmung mit einer anderen Aufsichtsbehörde erforderlich sein, sollte die betroffene Person über den Zwischenstand informiert werden. Jede Aufsichtsbehörde sollte Maßnahmen zur Erleichterung der Einreichung von Beschwerden treffen, wie etwa die Bereitstellung eines Beschwerdeformulars, das auch elektronisch ausgefüllt werden kann, ohne dass andere Kommunikationsmittel ausgeschlossen werden.

(142) Betroffene Personen, die sich in ihren Rechten gemäß dieser Verordnung verletzt sehen, sollten das Recht haben, nach dem Recht eines Mitgliedstaats gegründete Einrichtungen, Organisationen oder Verbände ohne Gewinnerzielungsabsicht, deren satzungsmäßige Ziele im öffentlichem Interesse liegen und die im Bereich des Schutzes personenbezogener Daten tätig sind, zu beauftragen, in ihrem Namen Beschwerde bei einer Aufsichtsbehörde oder einen gerichtlichen Rechtsbehelf einzulegen oder das Recht auf Schadensersatz in Anspruch zu nehmen, sofern dieses im Recht der Mitgliedstaaten vorgesehen ist. Die Mitgliedstaaten können vorsehen, dass diese Einrichtungen, Organisationen oder Verbände das Recht haben, unabhängig vom Auftrag einer betroffenen Person in dem betreffenden Mitgliedstaat eine eigene Beschwerde einzulegen, und das Recht auf einen wirksamen gerichtlichen Rechtsbehelf haben sollten, wenn sie Grund zu der Annahme haben, dass die Rechte der betroffenen Person infolge einer nicht im Einklang mit dieser Verordnung stehenden Verarbeitung verletzt worden sind. Diesen Einrichtungen, Organisationen oder Verbänden kann unabhängig vom Auftrag einer betroffenen Person nicht gestattet werden, im Namen einer betroffenen Person Schadensersatz zu verlangen.

(143) Jede natürliche oder juristische Person hat das Recht, unter den in Artikel 263 AEUV genannten Voraussetzungen beim Gerichtshof eine Klage auf Nichtigerklärung eines Beschlusses des Ausschusses zu erheben. Als Adressaten solcher Beschlüsse müssen die betroffenen Aufsichtsbehörden, die diese Beschlüsse anfechten möchten, binnen zwei Monaten nach deren Übermittlung gemäß Artikel 263 AEUV Klage erheben. Sofern Beschlüsse des Ausschusses einen Ver-

antwortlichen, einen Auftragsverarbeiter oder den Beschwerdeführer unmittelbar und individuell betreffen, so können diese Personen binnen zwei Monaten nach Veröffentlichung der betreffenden Beschlüsse auf der Website des Ausschusses im Einklang mit Artikel 263 AEUV eine Klage auf Nichtigerklärung erheben. Unbeschadet dieses Rechts nach Artikel 263 AEUV sollte jede natürliche oder juristische Person das Recht auf einen wirksamen gerichtlichen Rechtsbehelf bei dem zuständigen einzelstaatlichen Gericht gegen einen Beschluss einer Aufsichtsbehörde haben, der gegenüber dieser Person Rechtswirkungen entfaltet. Ein derartiger Beschluss betrifft insbesondere die Ausübung von Untersuchungs-, Abhilfe- und Genehmigungsbefugnissen durch die Aufsichtsbehörde oder die Ablehnung oder Abweisung von Beschwerden. Das Recht auf einen wirksamen gerichtlichen Rechtsbehelf umfasst jedoch nicht rechtlich nicht bindende Maßnahmen der Aufsichtsbehörden wie von ihr abgegebene Stellungnahmen oder Empfehlungen. Verfahren gegen eine Aufsichtsbehörde sollten bei den Gerichten des Mitgliedstaats angestrengt werden, in dem die Aufsichtsbehörde ihren Sitz hat, und sollten im Einklang mit dem Verfahrensrecht dieses Mitgliedstaats durchgeführt werden. Diese Gerichte sollten eine uneingeschränkte Zuständigkeit besitzen, was die Zuständigkeit, sämtliche für den bei ihnen anhängigen Rechtsstreit maßgebliche Sach- und Rechtsfragen zu prüfen, einschließt. Wurde eine Beschwerde von einer Aufsichtsbehörde abgelehnt oder abgewiesen, kann der Beschwerdeführer Klage bei den Gerichten desselben Mitgliedstaats erheben.

Im Zusammenhang mit gerichtlichen Rechtsbehelfen in Bezug auf die Anwendung dieser Verordnung können einzelstaatliche Gerichte, die eine Entscheidung über diese Frage für erforderlich halten, um ihr Urteil erlassen zu können, bzw. müssen einzelstaatliche Gerichte in den Fällen nach Artikel 267 AEUV den Gerichtshof um eine Vorabentscheidung zur Auslegung des Unionsrechts – das auch diese Verordnung einschließt – ersuchen. Wird darüber hinaus der Beschluss einer Aufsichtsbehörde zur Umsetzung eines Beschlusses des Ausschusses vor einem einzelstaatlichen Gericht angefochten und wird die Gültigkeit des Beschlusses des Ausschusses in Frage gestellt, so hat dieses einzelstaatliche Gericht nicht die Befugnis, den Beschluss des Ausschusses für nichtig zu erklären, sondern es muss im Einklang mit Artikel 267 AEUV in der Auslegung des Gerichtshofs den Gerichtshof mit der Frage der Gültigkeit befassen, wenn es den Beschluss für nichtig hält. Allerdings darf ein einzelstaatliches Gericht den Gerichtshof nicht auf Anfrage einer natürlichen oder juristischen Person mit Fragen der Gültigkeit des Beschlusses des Ausschusses befassen, wenn diese Person Gelegenheit hatte, eine Klage auf Nichtigerklärung dieses Beschlusses zu erheben – insbesondere wenn sie unmittelbar und individuell von dem Beschluss betroffen war –, diese Gelegenheit jedoch nicht innerhalb der Frist gemäß Artikel 263 AEUV genutzt hat.

(144) Hat ein mit einem Verfahren gegen die Entscheidung einer Aufsichtsbehörde befasstes Gericht Anlass zu der Vermutung, dass ein dieselbe Verarbeitung betreffendes Verfahren – etwa zu demselben Gegenstand in Bezug auf die Verarbeitung durch denselben Verantwortlichen oder Auftragsverarbeiter oder wegen desselben Anspruchs – vor einem zuständigen Gericht in einem anderen Mitgliedstaat anhängig ist, so sollte es mit diesem Gericht Kontakt aufnehmen, um sich zu vergewissern, dass ein solches verwandtes Verfahren existiert. Sind verwandte Verfahren vor einem Gericht in einem anderen Mitgliedstaat anhängig, so kann jedes später angerufene Gericht das Verfahren aussetzen oder sich auf Anfrage einer Partei auch zugunsten des zuerst angerufenen Gerichts für unzuständig erklären, wenn dieses später angerufene Gericht für die betreffenden Verfahren zuständig ist und die Verbindung von solchen verwandten Verfahren nach seinem Recht zulässig ist. Verfahren gelten als miteinander verwandt, wenn zwischen ihnen eine so enge Beziehung gegeben ist, dass eine gemeinsame Verhandlung und Entscheidung geboten erscheint, um zu vermeiden, dass in getrennten Verfahren einander widersprechende Entscheidungen ergehen.

(145) Bei Verfahren gegen Verantwortliche oder Auftragsverarbeiter sollte es dem Kläger überlassen bleiben, ob er die Gerichte des Mitgliedstaats anruft, in dem der Verantwortliche oder der Auftragsverarbeiter eine Niederlassung hat, oder des Mitgliedstaats, in dem die betroffene Person wohnt; dies gilt nicht, wenn es sich bei dem Verantwortlichen um eine Behörde eines Mitgliedstaats handelt, die in Ausübung ihrer hoheitlichen Befugnisse tätig geworden ist.

(146) Der Verantwortliche oder der Auftragsverarbeiter sollte Schäden, die einer Person aufgrund einer Verarbeitung entstehen, die mit dieser Verordnung nicht im Einklang steht, ersetzen. Der Verantwortliche oder der Auftragsverarbeiter sollte von seiner Haftung befreit werden, wenn er nachweist, dass er in keiner Weise für den Schaden verantwortlich ist. Der Begriff des Schadens sollte im Lichte der Rechtsprechung des Gerichtshofs weit auf eine Art und

Weise ausgelegt werden, die den Zielen dieser Verordnung in vollem Umfang entspricht. Dies gilt unbeschadet von Schadenersatzforderungen aufgrund von Verstößen gegen andere Vorschriften des Unionsrechts oder des Rechts der Mitgliedstaaten. Zu einer Verarbeitung, die mit der vorliegenden Verordnung nicht im Einklang steht, zählt auch eine Verarbeitung, die nicht mit den nach Maßgabe der vorliegenden Verordnung erlassenen delegierten Rechtsakten und Durchführungsrechtsakten und Rechtsvorschriften der Mitgliedstaaten zur Präzisierung von Bestimmungen der vorliegenden Verordnung im Einklang steht. Die betroffenen Personen sollten einen vollständigen und wirksamen Schadenersatz für den erlittenen Schaden erhalten. Sind Verantwortliche oder Auftragsverarbeiter an derselben Verarbeitung beteiligt, so sollte jeder Verantwortliche oder Auftragsverarbeiter für den gesamten Schaden haftbar gemacht werden. Werden sie jedoch nach Maßgabe des Rechts der Mitgliedstaaten zu demselben Verfahren hinzugezogen, so können sie im Verhältnis zu der Verantwortung anteilmäßig haftbar gemacht werden, die jeder Verantwortliche oder Auftragsverarbeiter für den durch die Verarbeitung entstandenen Schaden zu tragen hat, sofern sichergestellt ist, dass die betroffene Person einen vollständigen und wirksamen Schadenersatz für den erlittenen Schaden erhält. Jeder Verantwortliche oder Auftragsverarbeiter, der den vollen Schadenersatz geleistet hat, kann anschließend ein Rückgriffsverfahren gegen andere an derselben Verarbeitung beteiligte Verantwortliche oder Auftragsverarbeiter anstrengen.

(147) Soweit in dieser Verordnung spezifische Vorschriften über die Gerichtsbarkeit – insbesondere in Bezug auf Verfahren im Hinblick auf einen gerichtlichen Rechtsbehelf einschließlich Schadenersatz gegen einen Verantwortlichen oder Auftragsverarbeiter – enthalten sind, sollten die allgemeinen Vorschriften über die Gerichtsbarkeit, wie sie etwa in der Verordnung (EU) Nr. 1215/2012 des Europäischen Parlaments und des Rates enthalten sind, der Anwendung dieser spezifischen Vorschriften nicht entgegenstehen.

(148) Im Interesse einer konsequenteren Durchsetzung der Vorschriften dieser Verordnung sollten bei Verstößen gegen diese Verordnung zusätzlich zu den geeigneten Maßnahmen, die die Aufsichtsbehörde gemäß dieser Verordnung verhängt, oder an Stelle solcher Maßnahmen Sanktionen einschließlich Geldbußen verhängt werden. Im Falle eines geringfügigeren Verstoßes oder falls voraussichtlich zu verhängende Geldbuße eine unverhältnismäßige Belastung für eine natürliche Person bewirken würde, kann anstelle einer Geldbuße eine Verwarnung erteilt werden. Folgendem sollte jedoch gebührend Rechnung getragen werden: der Art, Schwere und Dauer des Verstoßes, dem vorsätzlichen Charakter des Verstoßes, den Maßnahmen zur Minderung des entstandenen Schadens, dem Grad der Verantwortlichkeit oder jeglichem früheren Verstoß, der Art und Weise, wie der Verstoß der Aufsichtsbehörde bekannt wurde, der Einhaltung der gegen den Verantwortlichen oder Auftragsverarbeiter angeordneten Maßnahmen, der Einhaltung von Verhaltensregeln und jedem anderen erschwerenden oder mildernden Umstand. Für die Verhängung von Sanktionen einschließlich Geldbußen sollte es angemessene Verfahrensgarantien geben, die den allgemeinen Grundsätzen des Unionsrechts und der Charta, einschließlich des Rechts auf wirksamen Rechtsschutz und ein faires Verfahren, entsprechen.

(149) Die Mitgliedstaaten sollten die strafrechtlichen Sanktionen für Verstöße gegen diese Verordnung, auch für Verstöße gegen auf der Grundlage und in den Grenzen dieser Verordnung erlassene nationale Vorschriften, festlegen können. Diese strafrechtlichen Sanktionen können auch die Einziehung der durch die Verstöße gegen diese Verordnung erzielten Gewinne ermöglichen. Die Verhängung von strafrechtlichen Sanktionen für Verstöße gegen solche nationalen Vorschriften und von verwaltungsrechtlichen Sanktionen sollte jedoch nicht zu einer Verletzung des Grundsatzes „ne bis in idem", wie er vom Gerichtshof ausgelegt worden ist, führen.

(150) Um die verwaltungsrechtlichen Sanktionen bei Verstößen gegen diese Verordnung zu vereinheitlichen und ihnen mehr Wirkung zu verleihen, sollte jede Aufsichtsbehörde befugt sein, Geldbußen zu verhängen. In dieser Verordnung sollten die Verstöße sowie die Obergrenze der entsprechenden Geldbußen und die Kriterien für ihre Festsetzung genannt werden, wobei diese Geldbußen von der zuständigen Aufsichtsbehörde in jedem Einzelfall unter Berücksichtigung aller besonderen Umstände und insbesondere der Art, Schwere und Dauer des Verstoßes und seiner Folgen sowie der Maßnahmen, die ergriffen worden sind, um die Einhaltung der aus dieser Verordnung erwachsenden Verpflichtungen zu gewährleisten und die Folgen des Verstoßes abzuwenden oder abzumildern, festzusetzen sind. Werden Geldbußen Unternehmen auferlegt, sollte zu diesem Zweck der Begriff „Unternehmen" im Sinne der Artikel 101 und 102 AEUV verstanden werden. Werden Geldbußen Personen auferlegt, bei denen es sich nicht um

Unternehmen handelt, so sollte die Aufsichtsbehörde bei der Erwägung des angemessenen Betrags für die Geldbuße dem allgemeinen Einkommensniveau in dem betreffenden Mitgliedstaat und der wirtschaftlichen Lage der Personen Rechnung tragen. Das Kohärenzverfahren kann auch genutzt werden, um eine kohärente Anwendung von Geldbußen zu fördern. Die Mitgliedstaaten sollten bestimmen können, ob und inwieweit gegen Behörden Geldbußen verhängt werden können. Auch wenn die Aufsichtsbehörden bereits Geldbußen verhängt oder eine Verwarnung erteilt haben, können sie ihre anderen Befugnisse ausüben oder andere Sanktionen nach Maßgabe dieser Verordnung verhängen.

(151) Nach den Rechtsordnungen Dänemarks und Estlands sind die in dieser Verordnung vorgesehenen Geldbußen nicht zulässig. Die Vorschriften über die Geldbußen können so angewandt werden, dass die Geldbuße in Dänemark durch die zuständigen nationalen Gerichte als Strafe und in Estland durch die Aufsichtsbehörde im Rahmen eines Verfahrens bei Vergehen verhängt wird, sofern eine solche Anwendung der Vorschriften in diesen Mitgliedstaaten die gleiche Wirkung wie die von den Aufsichtsbehörden verhängten Geldbußen hat. Daher sollten die zuständigen nationalen Gerichte die Empfehlung der Aufsichtsbehörde, die die Geldbuße in die Wege geleitet hat, berücksichtigen. In jeden Fall sollten die verhängten Geldbußen wirksam, verhältnismäßig und abschreckend sein.

(152) Soweit diese Verordnung verwaltungsrechtliche Sanktionen nicht harmonisiert oder wenn es in anderen Fällen – beispielsweise bei schweren Verstößen gegen diese Verordnung – erforderlich ist, sollten die Mitgliedstaaten eine Regelung anwenden, die wirksame, verhältnismäßige und abschreckende Sanktionen vorsieht. Es sollte im Recht der Mitgliedstaaten geregelt werden, ob diese Sanktionen strafrechtlicher oder verwaltungsrechtlicher Art sind.

(153) Im Recht der Mitgliedstaaten sollten die Vorschriften über die freie Meinungsäußerung und Informationsfreiheit, auch von Journalisten, Wissenschaftlern, Künstlern und/oder Schriftstellern, mit dem Recht auf Schutz der personenbezogenen Daten gemäß dieser Verordnung in Einklang gebracht werden. Für die Verarbeitung personenbezogener Daten ausschließlich zu journalistischen Zwecken oder zu wissenschaftlichen, künstlerischen oder literarischen Zwecken sollten Abweichungen und Ausnahmen von bestimmten Vorschriften dieser Verordnung gelten, wenn dies erforderlich ist, um das Recht auf Schutz der personenbezogenen Daten mit dem Recht auf Freiheit der Meinungsäußerung und Informationsfreiheit, wie es in Artikel 11 der Charta garantiert ist, in Einklang zu bringen. Dies sollte insbesondere für die Verarbeitung personenbezogener Daten im audiovisuellen Bereich sowie in Nachrichten- und Pressearchiven gelten. Die Mitgliedstaaten sollten daher Gesetzgebungsmaßnahmen zur Regelung der Abweichungen und Ausnahmen erlassen, die zum Zwecke der Abwägung zwischen diesen Grundrechten notwendig sind. Die Mitgliedstaaten sollten solche Abweichungen und Ausnahmen in Bezug auf die allgemeinen Grundsätze, die Rechte der betroffenen Person, den Verantwortlichen und den Auftragsverarbeiter, die Übermittlung von personenbezogenen Daten an Drittländer oder an internationale Organisationen, die unabhängigen Aufsichtsbehörden, die Zusammenarbeit und Kohärenz und besondere Datenverarbeitungssituationen erlassen. Sollten diese Abweichungen oder Ausnahmen von Mitgliedstaat zu Mitgliedstaat unterschiedlich sein, sollte das Recht des Mitgliedstaats angewendet werden, dem der Verantwortliche unterliegt. Um der Bedeutung des Rechts auf freie Meinungsäußerung in einer demokratischen Gesellschaft Rechnung zu tragen, müssen Begriffe wie Journalismus, die sich auf diese Freiheit beziehen, weit ausgelegt werden.

(154) Diese Verordnung ermöglicht es, dass bei ihrer Anwendung der Grundsatz des Zugangs der Öffentlichkeit zu amtlichen Dokumenten berücksichtigt wird. Der Zugang der Öffentlichkeit zu amtlichen Dokumenten kann als öffentliches Interesse betrachtet werden. Personenbezogene Daten in Dokumenten, die sich im Besitz einer Behörde oder einer öffentlichen Stelle befinden, sollten von dieser Behörde oder Stelle öffentlich offengelegt werden können, sofern dies im Unionsrecht oder im Recht der Mitgliedstaaten, denen sie unterliegt, vorgesehen ist. Diese Rechtsvorschriften sollten den Zugang der Öffentlichkeit zu amtlichen Dokumenten und die Weiterverwendung von Informationen des öffentlichen Sektors mit dem Recht auf Schutz personenbezogener Daten in Einklang bringen und können daher die notwendige Übereinstimmung mit dem Recht auf Schutz personenbezogener Daten gemäß dieser Verordnung regeln. Die Bezugnahme auf Behörden und öffentliche Stellen sollte in diesem Kontext sämtliche Behörden oder sonstigen Stellen beinhalten, die vom Recht des jeweiligen Mitgliedstaats über den Zugang der Öffentlichkeit zu Dokumenten erfasst werden. Die Richtlinie 2003/98/EG des Europäischen Parlaments und des Rates lässt das Schutzniveau für natürliche Personen in Bezug

auf die Verarbeitung personenbezogener Daten gemäß den Bestimmungen des Unionsrechts und des Rechts der Mitgliedstaaten unberührt und beeinträchtigt diesen in keiner Weise, und sie bewirkt insbesondere keine Änderung der in dieser Verordnung dargelegten Rechte und Pflichten. Insbesondere sollte die genannte Richtlinie nicht für Dokumente gelten, die nach den Zugangsregelungen der Mitgliedstaaten aus Gründen des Schutzes personenbezogener Daten nicht oder nur eingeschränkt zugänglich sind, oder für Teile von Dokumenten, die nach diesen Regelungen zugänglich sind, wenn sie personenbezogene Daten enthalten, bei denen Rechtsvorschriften vorsehen, dass ihre Weiterverwendung nicht mit dem Recht über den Schutz natürlicher Personen in Bezug auf die Verarbeitung personenbezogener Daten vereinbar ist.

(155) Im Recht der Mitgliedstaaten oder in Kollektivvereinbarungen (einschließlich „Betriebsvereinbarungen") können spezifische Vorschriften für die Verarbeitung personenbezogener Beschäftigtendaten im Beschäftigungskontext vorgesehen werden, und zwar insbesondere Vorschriften über die Bedingungen, unter denen personenbezogene Daten im Beschäftigungskontext auf der Grundlage der Einwilligung des Beschäftigten verarbeitet werden dürfen, über die Verarbeitung dieser Daten für Zwecke der Einstellung, der Erfüllung des Arbeitsvertrags einschließlich der Erfüllung von durch Rechtsvorschriften oder durch Kollektivvereinbarungen festgelegten Pflichten, des Managements, der Planung und der Organisation der Arbeit, der Gleichheit und Diversität am Arbeitsplatz, der Gesundheit und Sicherheit am Arbeitsplatz sowie für Zwecke der Inanspruchnahme der mit der Beschäftigung zusammenhängenden individuellen oder kollektiven Rechte und Leistungen und für Zwecke der Beendigung des Beschäftigungsverhältnisses.

(156) Die Verarbeitung personenbezogener Daten für im öffentlichen Interesse liegende Archivzwecke, zu wissenschaftlichen oder historischen Forschungszwecken oder zu statistischen Zwecken sollte geeigneten Garantien für die Rechte und Freiheiten der betroffenen Person gemäß dieser Verordnung unterliegen. Mit diesen Garantien sollte sichergestellt werden, dass technische und organisatorische Maßnahmen bestehen, mit denen insbesondere der Grundsatz der Datenminimierung gewährleistet wird. Die Weiterverarbeitung personenbezogener Daten zu im öffentlichen Interesse liegende Archivzwecken, zu wissenschaftlichen oder historischen Forschungszwecken oder zu statistischen Zwecken erfolgt erst dann, wenn der Verantwortliche geprüft hat, ob es möglich ist, diese Zwecke durch die Verarbeitung von personenbezogenen Daten, bei der die Identifizierung von betroffenen Personen nicht oder nicht mehr möglich ist, zu erfüllen, sofern geeignete Garantien bestehen (wie z. B. die Pseudonymisierung von personenbezogenen Daten). Die Mitgliedstaaten sollten geeignete Garantien in Bezug auf die Verarbeitung personenbezogener Daten für im öffentlichen Interesse liegende Archivzwecke, zu wissenschaftlichen oder historischen Forschungszwecken oder zu statistischen Zwecken vorsehen. Es sollte den Mitgliedstaaten erlaubt sein, unter bestimmten Bedingungen und vorbehaltlich geeigneter Garantien für die betroffenen Personen Präzisierungen und Ausnahmen in Bezug auf die Informationsanforderungen sowie der Rechte auf Berichtigung, Löschung, Vergessenwerden, zur Einschränkung der Verarbeitung, auf Datenübertragbarkeit sowie auf Widerspruch bei der Verarbeitung personenbezogener Daten zu im öffentlichen Interesse liegende Archivzwecken, zu wissenschaftlichen oder historischen Forschungszwecken oder zu statistischen Zwecken vorzusehen. Im Rahmen der betreffenden Bedingungen und Garantien können spezifische Verfahren für die Ausübung dieser Rechte durch die betroffenen Personen vorgesehen sein – sofern dies angesichts der mit der spezifischen Verarbeitung verfolgten Zwecke angemessen ist – sowie technische und organisatorische Maßnahmen zur Minimierung der Verarbeitung personenbezogener Daten im Hinblick auf die Grundsätze der Verhältnismäßigkeit und der Notwendigkeit. Die Verarbeitung personenbezogener Daten zu wissenschaftlichen Zwecken sollte auch anderen einschlägigen Rechtsvorschriften, beispielsweise für klinische Prüfungen, genügen.

(157) Durch die Verknüpfung von Informationen aus Registern können Forscher neue Erkenntnisse von großem Wert in Bezug auf weit verbreiteten Krankheiten wie Herz-Kreislauferkrankungen, Krebs und Depression erhalten. Durch die Verwendung von Registern können bessere Forschungsergebnisse erzielt werden, da sie auf einen größeren Bevölkerungsanteil gestützt sind. Im Bereich der Sozialwissenschaften ermöglicht die Forschung anhand von Registern es den Forschern, entscheidende Erkenntnisse über den langfristigen Zusammenhang einer Reihe sozialer Umstände zu erlangen, wie Arbeitslosigkeit und Bildung mit anderen Lebensumständen. Durch Register erhaltene Forschungsergebnisse bieten solide, hochwertige Erkenntnisse, die die Basis für die Erarbeitung und Umsetzung wissensgestützter politischer Maßnahmen darstellen, die Lebensqualität zahlreicher Menschen verbessern und die Effizienz

der Sozialdienste verbessern können. Zur Erleichterung der wissenschaftlichen Forschung können daher personenbezogene Daten zu wissenschaftlichen Forschungszwecken verarbeitet werden, wobei sie angemessenen Bedingungen und Garantien unterliegen, die im Unionsrecht oder im Recht der Mitgliedstaaten festgelegt sind.

(158) Diese Verordnung sollte auch für die Verarbeitung personenbezogener Daten zu Archivzwecken gelten, wobei darauf hinzuweisen ist, dass die Verordnung nicht für verstorbene Personen gelten sollte. Behörden oder öffentliche oder private Stellen, die Aufzeichnungen von öffentlichem Interesse führen, sollten gemäß dem Unionsrecht oder dem Recht der Mitgliedstaaten rechtlich verpflichtet sein, Aufzeichnungen von bleibendem Wert für das allgemeine öffentliche Interesse zu erwerben, zu erhalten, zu bewerten, aufzubereiten, zu beschreiben, mitzuteilen, zu fördern, zu verbreiten sowie Zugang dazu bereitzustellen. Es sollte den Mitgliedstaaten ferner erlaubt sein vorzusehen, dass personenbezogene Daten zu Archivzwecken weiterverarbeitet werden, beispielsweise im Hinblick auf die Bereitstellung spezifischer Informationen im Zusammenhang mit dem politischen Verhalten unter ehemaligen totalitären Regimen, Völkermord, Verbrechen gegen die Menschlichkeit, insbesondere dem Holocaust, und Kriegsverbrechen.

(159) Diese Verordnung sollte auch für die Verarbeitung personenbezogener Daten zu wissenschaftlichen Forschungszwecken gelten. Die Verarbeitung personenbezogener Daten zu wissenschaftlichen Forschungszwecken im Sinne dieser Verordnung sollte weit ausgelegt werden und die Verarbeitung für beispielsweise die technologische Entwicklung und die Demonstration, die Grundlagenforschung, die angewandte Forschung und die privat finanzierte Forschung einschließen. Darüber hinaus sollte sie dem in Artikel 179 Absatz 1 AEUV festgeschriebenen Ziel, einen europäischen Raum der Forschung zu schaffen, Rechnung tragen. Die wissenschaftlichen Forschungszwecke sollten auch Studien umfassen, die im öffentlichen Interesse im Bereich der öffentlichen Gesundheit durchgeführt werden. Um den Besonderheiten der Verarbeitung personenbezogener Daten zu wissenschaftlichen Forschungszwecken zu genügen, sollten spezifische Bedingungen insbesondere hinsichtlich der Veröffentlichung oder sonstigen Offenlegung personenbezogener Daten im Kontext wissenschaftlicher Zwecke gelten. Geben die Ergebnisse wissenschaftlicher Forschung insbesondere im Gesundheitsbereich Anlass zu weiteren Maßnahmen im Interesse der betroffenen Person, sollten die allgemeinen Vorschriften dieser Verordnung für diese Maßnahmen gelten.

(160) Diese Verordnung sollte auch für die Verarbeitung personenbezogener Daten zu historischen Forschungszwecken gelten. Dazu sollte auch historische Forschung und Forschung im Bereich der Genealogie zählen, wobei darauf hinzuweisen ist, dass diese Verordnung nicht für verstorbene Personen gelten sollte.

(161) Für die Zwecke der Einwilligung in die Teilnahme an wissenschaftlichen Forschungstätigkeiten im Rahmen klinischer Prüfungen sollten die einschlägigen Bestimmungen der Verordnung (EU) Nr. 536/2014 des Europäischen Parlaments und des Rates gelten.

(162) Diese Verordnung sollte auch für die Verarbeitung personenbezogener Daten zu statistischen Zwecken gelten. Das Unionsrecht oder das Recht der Mitgliedstaaten sollte in den Grenzen dieser Verordnung den statistischen Inhalt, die Zugangskontrolle, die Spezifikationen für die Verarbeitung personenbezogener Daten zu statistischen Zwecken und geeignete Maßnahmen zur Sicherung der Rechte und Freiheiten der betroffenen Personen und zur Sicherstellung der statistischen Geheimhaltung bestimmen. Unter dem Begriff „statistische Zwecke" ist jeder für die Durchführung statistischer Untersuchungen und die Erstellung statistischer Ergebnisse erforderliche Vorgang der Erhebung und Verarbeitung personenbezogener Daten zu verstehen. Diese statistischen Ergebnisse können für verschiedene Zwecke, so auch für wissenschaftliche Forschungszwecke, weiterverwendet werden. Im Zusammenhang mit den statistischen Zwecken wird vorausgesetzt, dass die Ergebnisse der Verarbeitung zu statistischen Zwecken keine personenbezogenen Daten, sondern aggregierte Daten sind und diese Ergebnisse oder personenbezogenen Daten nicht für Maßnahmen oder Entscheidungen gegenüber einzelnen natürlichen Personen verwendet werden.

(163) Die vertraulichen Informationen, die die statistischen Behörden der Union und der Mitgliedstaaten zur Erstellung der amtlichen europäischen und der amtlichen nationalen Statistiken erheben, sollten geschützt werden. Die europäischen Statistiken sollten im Einklang mit den in Artikel 338 Absatz 2 AEUV dargelegten statistischen Grundsätzen entwickelt, erstellt und verbreitet werden, wobei die nationalen Statistiken auch mit dem Recht der Mitgliedstaaten

übereinstimmen müssen. Die Verordnung (EG) Nr. 223/2009 des Europäischen Parlaments und des Rates enthält genauere Bestimmungen zur Vertraulichkeit europäischer Statistiken.

(164) Hinsichtlich der Befugnisse der Aufsichtsbehörden, von dem Verantwortlichen oder vom Auftragsverarbeiter Zugang zu personenbezogenen Daten oder zu seinen Räumlichkeiten zu erlangen, können die Mitgliedstaaten in den Grenzen dieser Verordnung den Schutz des Berufsgeheimnisses oder anderer gleichwertiger Geheimhaltungspflichten durch Rechtsvorschriften regeln, soweit dies notwendig ist, um das Recht auf Schutz der personenbezogenen Daten mit einer Pflicht zur Wahrung des Berufsgeheimnisses in Einklang zu bringen. Dies berührt nicht die bestehenden Verpflichtungen der Mitgliedstaaten zum Erlass von Vorschriften über das Berufsgeheimnis, wenn dies aufgrund des Unionsrechts erforderlich ist.

(165) Im Einklang mit Artikel 17 AEUV achtet diese Verordnung den Status, den Kirchen und religiöse Vereinigungen oder Gemeinschaften in den Mitgliedstaaten nach deren bestehenden verfassungsrechtlichen Vorschriften genießen, und beeinträchtigt ihn nicht.

(166) Um die Zielvorgaben dieser Verordnung zu erfüllen, d. h. die Grundrechte und Grundfreiheiten natürlicher Personen und insbesondere ihr Recht auf Schutz ihrer personenbezogenen Daten zu schützen und den freien Verkehr personenbezogener Daten innerhalb der Union zu gewährleisten, sollte der Kommission die Befugnis übertragen werden, gemäß Artikel 290 AEUV Rechtsakte zu erlassen. Delegierte Rechtsakte sollten insbesondere in Bezug auf die für Zertifizierungsverfahren geltenden Kriterien und Anforderungen, die durch standardisierte Bildsymbole darzustellenden Informationen und die Verfahren für die Bereitstellung dieser Bildsymbole erlassen werden. Es ist von besonderer Bedeutung, dass die Kommission im Zuge ihrer Vorbereitungsarbeit angemessene Konsultationen, auch auf der Ebene von Sachverständigen, durchführt. Bei der Vorbereitung und Ausarbeitung delegierter Rechtsakte sollte die Kommission gewährleisten, dass die einschlägigen Dokumente dem Europäischen Parlament und dem Rat gleichzeitig, rechtzeitig und auf angemessene Weise übermittelt werden.

(167) Zur Gewährleistung einheitlicher Bedingungen für die Durchführung dieser Verordnung sollten der Kommission Durchführungsbefugnisse übertragen werden, wenn dies in dieser Verordnung vorgesehen ist. Diese Befugnisse sollten nach Maßgabe der Verordnung (EU) Nr. 182/2011 des Europäischen Parlaments und des Rates ausgeübt werden. In diesem Zusammenhang sollte die Kommission besondere Maßnahmen für Kleinstunternehmen sowie kleine und mittlere Unternehmen erwägen.

(168) Für den Erlass von Durchführungsrechtsakten bezüglich Standardvertragsklauseln für Verträge zwischen Verantwortlichen und Auftragsverarbeitern sowie zwischen Auftragsverarbeitern; Verhaltensregeln; technische Standards und Verfahren für die Zertifizierung; Anforderungen an die Angemessenheit des Datenschutzniveaus in einem Drittland, einem Gebiet oder bestimmten Sektor dieses Drittlands oder in einer internationalen Organisation; Standardschutzklauseln; Formate und Verfahren für den Informationsaustausch zwischen Verantwortlichen, Auftragsverarbeitern und Aufsichtsbehörden im Hinblick auf verbindliche interne Datenschutzvorschriften; Amtshilfe; sowie Vorkehrungen für den elektronischen Informationsaustausch zwischen Aufsichtsbehörden und zwischen Aufsichtsbehörden und dem Ausschuss sollte das Prüfverfahren angewandt werden.

(169) Die Kommission sollte sofort geltende Durchführungsrechtsakte erlassen, wenn anhand vorliegender Beweise festgestellt wird, dass ein Drittland, ein Gebiet oder ein bestimmter Sektor in diesem Drittland oder eine internationale Organisation kein angemessenes Schutzniveau gewährleistet, und dies aus Gründen äußerster Dringlichkeit erforderlich ist.

(170) Da das Ziel dieser Verordnung, nämlich die Gewährleistung eines gleichwertigen Datenschutzniveaus für natürliche Personen und des freien Verkehrs personenbezogener Daten in der Union, von den Mitgliedstaaten nicht ausreichend verwirklicht werden kann, sondern vielmehr wegen des Umfangs oder der Wirkungen der Maßnahme auf Unionsebene besser zu verwirklichen ist, kann die Union im Einklang mit dem in Artikel 5 des Vertrags über die Europäische Union (EUV) verankerten Subsidiaritätsprinzip tätig werden. Entsprechend dem in demselben Artikel genannten Grundsatz der Verhältnismäßigkeit geht diese Verordnung nicht über das für die Verwirklichung dieses Ziels erforderliche Maß hinaus.

(171) Die Richtlinie 95/46/EG sollte durch diese Verordnung aufgehoben werden. Verarbeitungen, die zum Zeitpunkt der Anwendung dieser Verordnung bereits begonnen haben, sollten innerhalb von zwei Jahren nach dem Inkrafttreten dieser Verordnung mit ihr in Einklang gebracht werden. Beruhen die Verarbeitungen auf einer Einwilligung gemäß der Richtlinie 95/

46/EG, so ist es nicht erforderlich, dass die betroffene Person erneut ihre Einwilligung dazu erteilt, wenn die Art der bereits erteilten Einwilligung den Bedingungen dieser Verordnung entspricht, so dass der Verantwortliche die Verarbeitung nach dem Zeitpunkt der Anwendung der vorliegenden Verordnung fortsetzen kann. Auf der Richtlinie 95/46/EG beruhende Entscheidungen bzw. Beschlüsse der Kommission und Genehmigungen der Aufsichtsbehörden bleiben in Kraft, bis sie geändert, ersetzt oder aufgehoben werden.

(172) Der Europäische Datenschutzbeauftragte wurde gemäß Artikel 28 Absatz 2 der Verordnung (EG) Nr. 45/2001 konsultiert und hat am 7. März 2012 eine Stellungnahme abgegeben.

(173) Diese Verordnung sollte auf alle Fragen des Schutzes der Grundrechte und Grundfreiheiten bei der Verarbeitung personenbezogener Daten Anwendung finden, die nicht den in der Richtlinie 2002/58/EG des Europäischen Parlaments und des Rates bestimmte Pflichten, die dasselbe Ziel verfolgen, unterliegen, einschließlich der Pflichten des Verantwortlichen und der Rechte natürlicher Personen. Um das Verhältnis zwischen der vorliegenden Verordnung und der Richtlinie 2002/58/EG klarzustellen, sollte die Richtlinie entsprechend geändert werden. Sobald diese Verordnung angenommen ist, sollte die Richtlinie 2002/58/EG einer Überprüfung unterzogen werden, um insbesondere die Kohärenz mit dieser Verordnung zu gewährleisten –
HABEN FOLGENDE VERORDNUNG ERLASSEN:

Kapitel I. Allgemeine Bestimmungen

Art. 1 Gegenstand und Ziele

(1) Diese Verordnung enthält Vorschriften zum Schutz natürlicher Personen bei der Verarbeitung personenbezogener Daten und zum freien Verkehr solcher Daten.

(2) Diese Verordnung schützt die Grundrechte und Grundfreiheiten natürlicher Personen und insbesondere deren Recht auf Schutz personenbezogener Daten.

(3) Der freie Verkehr personenbezogener Daten in der Union darf aus Gründen des Schutzes natürlicher Personen bei der Verarbeitung personenbezogener Daten weder eingeschränkt noch verboten werden.

Art. 2 Sachlicher Anwendungsbereich

(1) Diese Verordnung gilt für die ganz oder teilweise automatisierte Verarbeitung personenbezogener Daten sowie für die nichtautomatisierte Verarbeitung personenbezogener Daten, die in einem Dateisystem gespeichert sind oder gespeichert werden sollen.

(2) Diese Verordnung findet keine Anwendung auf die Verarbeitung personenbezogener Daten
a) im Rahmen einer Tätigkeit, die nicht in den Anwendungsbereich des Unionsrechts fällt,
b) durch die Mitgliedstaaten im Rahmen von Tätigkeiten, die in den Anwendungsbereich von Titel V Kapitel 2 EUV fallen,
c) durch natürliche Personen zur Ausübung ausschließlich persönlicher oder familiärer Tätigkeiten,
d) durch die zuständigen Behörden zum Zwecke der Verhütung, Ermittlung, Aufdeckung oder Verfolgung von Straftaten oder der Strafvollstreckung, einschließlich des Schutzes vor und der Abwehr von Gefahren für die öffentliche Sicherheit.

(3) [1]Für die Verarbeitung personenbezogener Daten durch die Organe, Einrichtungen, Ämter und Agenturen der Union gilt die Verordnung (EG) Nr. 45/2001. [2]Die Verordnung (EG) Nr. 45/2001 und sonstige Rechtsakte der Union, die diese Verarbeitung personenbezogener Daten regeln, werden im Einklang mit Artikel 98 an die Grundsätze und Vorschriften der vorliegenden Verordnung angepasst.

(4) Die vorliegende Verordnung lässt die Anwendung der Richtlinie 2000/31/EG und speziell die Vorschriften der Artikel 12 bis 15 dieser Richtlinie zur Verantwortlichkeit der Vermittler unberührt.

Art. 3 Räumlicher Anwendungsbereich

(1) Diese Verordnung findet Anwendung auf die Verarbeitung personenbezogener Daten, soweit diese im Rahmen der Tätigkeiten einer Niederlassung eines Verantwortlichen oder eines

Auftragsverarbeiters in der Union erfolgt, unabhängig davon, ob die Verarbeitung in der Union stattfindet.

(2) Diese Verordnung findet Anwendung auf die Verarbeitung personenbezogener Daten von betroffenen Personen, die sich in der Union befinden, durch einen nicht in der Union niedergelassenen Verantwortlichen oder Auftragsverarbeiter, wenn die Datenverarbeitung im Zusammenhang damit steht

a) betroffenen Personen in der Union Waren oder Dienstleistungen anzubieten, unabhängig davon, ob von diesen betroffenen Personen eine Zahlung zu leisten ist;
b) das Verhalten betroffener Personen zu beobachten, soweit ihr Verhalten in der Union erfolgt.

(3) Diese Verordnung findet Anwendung auf die Verarbeitung personenbezogener Daten durch einen nicht in der Union niedergelassenen Verantwortlichen an einem Ort, der aufgrund Völkerrechts dem Recht eines Mitgliedstaats unterliegt.

Art. 4 Begriffsbestimmungen

Im Sinne dieser Verordnung bezeichnet der Ausdruck:

1. „personenbezogene Daten" alle Informationen, die sich auf eine identifizierte oder identifizierbare natürliche Person (im Folgenden „betroffene Person") beziehen; als identifizierbar wird eine natürliche Person angesehen, die direkt oder indirekt, insbesondere mittels Zuordnung zu einer Kennung wie einem Namen, zu einer Kennnummer, zu Standortdaten, zu einer Online-Kennung oder zu einem oder mehreren besonderen Merkmalen, die Ausdruck der physischen, physiologischen, genetischen, psychischen, wirtschaftlichen, kulturellen oder sozialen Identität dieser natürlichen Person sind, identifiziert werden kann;
2. „Verarbeitung" jeden mit oder ohne Hilfe automatisierter Verfahren ausgeführten Vorgang oder jede solche Vorgangsreihe im Zusammenhang mit personenbezogenen Daten wie das Erheben, das Erfassen, die Organisation, das Ordnen, die Speicherung, die Anpassung oder Veränderung, das Auslesen, das Abfragen, die Verwendung, die Offenlegung durch Übermittlung, Verbreitung oder eine andere Form der Bereitstellung, den Abgleich oder die Verknüpfung, die Einschränkung, das Löschen oder die Vernichtung;
3. „Einschränkung der Verarbeitung" die Markierung gespeicherter personenbezogener Daten mit dem Ziel, ihre künftige Verarbeitung einzuschränken;
4. „Profiling" jede Art der automatisierten Verarbeitung personenbezogener Daten, die darin besteht, dass diese personenbezogenen Daten verwendet werden, um bestimmte persönliche Aspekte, die sich auf eine natürliche Person beziehen, zu bewerten, insbesondere um Aspekte bezüglich Arbeitsleistung, wirtschaftliche Lage, Gesundheit, persönliche Vorlieben, Interessen, Zuverlässigkeit, Verhalten, Aufenthaltsort oder Ortswechsel dieser natürlichen Person zu analysieren oder vorherzusagen;
5. „Pseudonymisierung" die Verarbeitung personenbezogener Daten in einer Weise, dass die personenbezogenen Daten ohne Hinzuziehung zusätzlicher Informationen nicht mehr einer spezifischen betroffenen Person zugeordnet werden können, sofern diese zusätzlichen Informationen gesondert aufbewahrt werden und technischen und organisatorischen Maßnahmen unterliegen, die gewährleisten, dass die personenbezogenen Daten nicht einer identifizierten oder identifizierbaren natürlichen Person zugewiesen werden;
6. „Dateisystem" jede strukturierte Sammlung personenbezogener Daten, die nach bestimmten Kriterien zugänglich sind, unabhängig davon, ob diese Sammlung zentral, dezentral oder nach funktionalen oder geografischen Gesichtspunkten geordnet geführt wird;
7. „Verantwortlicher" die natürliche oder juristische Person, Behörde, Einrichtung oder andere Stelle, die allein oder gemeinsam mit anderen über die Zwecke und Mittel der Verarbeitung von personenbezogenen Daten entscheidet; sind die Zwecke und Mittel dieser Verarbeitung durch das Unionsrecht oder das Recht der Mitgliedstaaten vorgegeben, so kann der Verantwortliche beziehungsweise können die bestimmten Kriterien seiner Benennung nach dem Unionsrecht oder dem Recht der Mitgliedstaaten vorgesehen werden;
8. „Auftragsverarbeiter" eine natürliche oder juristische Person, Behörde, Einrichtung oder andere Stelle, die personenbezogene Daten im Auftrag des Verantwortlichen verarbeitet;
9. „Empfänger" eine natürliche oder juristische Person, Behörde, Einrichtung oder andere Stelle, der personenbezogene Daten offengelegt werden, unabhängig davon, ob es sich bei ihr um einen Dritten handelt oder nicht. Behörden, die im Rahmen eines bestimmten Untersuchungsauftrags nach dem Unionsrecht oder dem Recht der Mitgliedstaaten mögli-

cherweise personenbezogene Daten erhalten, gelten jedoch nicht als Empfänger; die Verarbeitung dieser Daten durch die genannten Behörden erfolgt im Einklang mit den geltenden Datenschutzvorschriften gemäß den Zwecken der Verarbeitung;

10. „Dritter" eine natürliche oder juristische Person, Behörde, Einrichtung oder andere Stelle, außer der betroffenen Person, dem Verantwortlichen, dem Auftragsverarbeiter und den Personen, die unter der unmittelbaren Verantwortung des Verantwortlichen oder des Auftragsverarbeiters befugt sind, die personenbezogenen Daten zu verarbeiten;

11. „Einwilligung" der betroffenen Person jede freiwillig für den bestimmten Fall, in informierter Weise und unmissverständlich abgegebene Willensbekundung in Form einer Erklärung oder einer sonstigen eindeutigen bestätigenden Handlung, mit der die betroffene Person zu verstehen gibt, dass sie mit der Verarbeitung der sie betreffenden personenbezogenen Daten einverstanden ist;

12. „Verletzung des Schutzes personenbezogener Daten" eine Verletzung der Sicherheit, die, ob unbeabsichtigt oder unrechtmäßig, zur Vernichtung, zum Verlust, zur Veränderung, oder zur unbefugten Offenlegung von beziehungsweise zum unbefugten Zugang zu personenbezogenen Daten führt, die übermittelt, gespeichert oder auf sonstige Weise verarbeitet wurden;

13. „genetische Daten" personenbezogene Daten zu den ererbten oder erworbenen genetischen Eigenschaften einer natürlichen Person, die eindeutige Informationen über die Physiologie oder die Gesundheit dieser natürlichen Person liefern und insbesondere aus der Analyse einer biologischen Probe der betreffenden natürlichen Person gewonnen wurden;

14. „biometrische Daten" mit speziellen technischen Verfahren gewonnene personenbezogene Daten zu den physischen, physiologischen oder verhaltenstypischen Merkmalen einer natürlichen Person, die die eindeutige Identifizierung dieser natürlichen Person ermöglichen oder bestätigen, wie Gesichtsbilder oder daktyloskopische Daten;

15. „Gesundheitsdaten" personenbezogene Daten, die sich auf die körperliche oder geistige Gesundheit einer natürlichen Person, einschließlich der Erbringung von Gesundheitsdienstleistungen, beziehen und aus denen Informationen über deren Gesundheitszustand hervorgehen;

16. „Hauptniederlassung"
    a) im Falle eines Verantwortlichen mit Niederlassungen in mehr als einem Mitgliedstaat den Ort seiner Hauptverwaltung in der Union, es sei denn, die Entscheidungen hinsichtlich der Zwecke und Mittel der Verarbeitung personenbezogener Daten werden in einer anderen Niederlassung des Verantwortlichen in der Union getroffen und diese Niederlassung ist befugt, diese Entscheidungen umsetzen zu lassen; in diesem Fall gilt die Niederlassung, die derartige Entscheidungen trifft, als Hauptniederlassung;
    b) im Falle eines Auftragsverarbeiters mit Niederlassungen in mehr als einem Mitgliedstaat den Ort seiner Hauptverwaltung in der Union oder, sofern der Auftragsverarbeiter keine Hauptverwaltung in der Union hat, die Niederlassung des Auftragsverarbeiters in der Union, in der die Verarbeitungstätigkeiten im Rahmen der Tätigkeiten einer Niederlassung eines Auftragsverarbeiters hauptsächlich stattfinden, soweit der Auftragsverarbeiter spezifischen Pflichten aus dieser Verordnung unterliegt;

17. „Vertreter" eine in der Union niedergelassene natürliche oder juristische Person, die von dem Verantwortlichen oder Auftragsverarbeiter schriftlich gemäß Artikel 27 bestellt wurde und den Verantwortlichen oder Auftragsverarbeiter in Bezug auf die ihnen jeweils nach dieser Verordnung obliegenden Pflichten vertritt;

18. „Unternehmen" eine natürliche oder juristische Person, die eine wirtschaftliche Tätigkeit ausübt, unabhängig von ihrer Rechtsform, einschließlich Personengesellschaften oder Vereinigungen, die regelmäßig einer wirtschaftlichen Tätigkeit nachgehen;

19. „Unternehmensgruppe" eine Gruppe, die aus einem herrschenden Unternehmen und den von diesem abhängigen Unternehmen besteht;

20. „verbindliche interne Datenschutzvorschriften" Maßnahmen zum Schutz personenbezogener Daten, zu deren Einhaltung sich ein im Hoheitsgebiet eines Mitgliedstaats niedergelassener Verantwortlicher oder Auftragsverarbeiter verpflichtet im Hinblick auf Datenübermittlungen oder eine Kategorie von Datenübermittlungen personenbezogener Daten an einen Verantwortlichen oder Auftragsverarbeiter derselben Unternehmensgruppe oder derselben Gruppe von Unternehmen, die eine gemeinsame Wirtschaftstätigkeit ausüben, in einem oder mehreren Drittländern;

DS-GVO

21. „Aufsichtsbehörde" eine von einem Mitgliedstaat gemäß Artikel 51 eingerichtete unabhängige staatliche Stelle;
22. „betroffene Aufsichtsbehörde" eine Aufsichtsbehörde, die von der Verarbeitung personenbezogener Daten betroffen ist, weil
    a) der Verantwortliche oder der Auftragsverarbeiter im Hoheitsgebiet des Mitgliedstaats dieser Aufsichtsbehörde niedergelassen ist,
    b) diese Verarbeitung erhebliche Auswirkungen auf betroffene Personen mit Wohnsitz im Mitgliedstaat dieser Aufsichtsbehörde hat oder haben kann oder
    c) eine Beschwerde bei dieser Aufsichtsbehörde eingereicht wurde;
23. „grenzüberschreitende Verarbeitung" entweder
    a) eine Verarbeitung personenbezogener Daten, die im Rahmen der Tätigkeiten von Niederlassungen eines Verantwortlichen oder eines Auftragsverarbeiters in der Union in mehr als einem Mitgliedstaat erfolgt, wenn der Verantwortliche oder Auftragsverarbeiter in mehr als einem Mitgliedstaat niedergelassen ist, oder
    b) eine Verarbeitung personenbezogener Daten, die im Rahmen der Tätigkeiten einer einzelnen Niederlassung eines Verantwortlichen oder eines Auftragsverarbeiters in der Union erfolgt, die jedoch erhebliche Auswirkungen auf betroffene Personen in mehr als einem Mitgliedstaat hat oder haben kann;
24. „maßgeblicher und begründeter Einspruch" einen Einspruch gegen einen Beschlussentwurf im Hinblick darauf, ob ein Verstoß gegen diese Verordnung vorliegt oder ob beabsichtigte Maßnahmen gegen den Verantwortlichen oder den Auftragsverarbeiter im Einklang mit dieser Verordnung steht, wobei aus diesem Einspruch die Tragweite der Risiken klar hervorgeht, die von dem Beschlussentwurf in Bezug auf die Grundrechte und Grundfreiheiten der betroffenen Personen und gegebenenfalls den freien Verkehr personenbezogener Daten in der Union ausgehen;
25. „Dienst der Informationsgesellschaft" eine Dienstleistung im Sinne des Artikels 1 Nummer 1 Buchstabe b der Richtlinie (EU) 2015/1535 des Europäischen Parlaments und des Rates;
26. „internationale Organisation" eine völkerrechtliche Organisation und ihre nachgeordneten Stellen oder jede sonstige Einrichtung, die durch eine zwischen zwei oder mehr Ländern geschlossene Übereinkunft oder auf der Grundlage einer solchen Übereinkunft geschaffen wurde.

Kapitel II. Grundsätze

Art. 5 Grundsätze für die Verarbeitung personenbezogener Daten

(1) Personenbezogene Daten müssen
a) auf rechtmäßige Weise, nach Treu und Glauben und in einer für die betroffene Person nachvollziehbaren Weise verarbeitet werden („Rechtmäßigkeit, Verarbeitung nach Treu und Glauben, Transparenz");
b) für festgelegte, eindeutige und legitime Zwecke erhoben werden und dürfen nicht in einer mit diesen Zwecken nicht zu vereinbarenden Weise weiterverarbeitet werden; eine Weiterverarbeitung für im öffentlichen Interesse liegende Archivzwecke, für wissenschaftliche oder historische Forschungszwecke oder für statistische Zwecke gilt gemäß Artikel 89 Absatz 1 nicht als unvereinbar mit den ursprünglichen Zwecken („Zweckbindung");
c) dem Zweck angemessen und erheblich sowie auf das für die Zwecke der Verarbeitung notwendige Maß beschränkt sein („Datenminimierung");
d) sachlich richtig und erforderlichenfalls auf dem neuesten Stand sein; es sind alle angemessenen Maßnahmen zu treffen, damit personenbezogene Daten, die im Hinblick auf die Zwecke ihrer Verarbeitung unrichtig sind, unverzüglich gelöscht oder berichtigt werden („Richtigkeit");
e) in einer Form gespeichert werden, die die Identifizierung der betroffenen Personen nur so lange ermöglicht, wie es für die Zwecke, für die sie verarbeitet werden, erforderlich ist; personenbezogene Daten dürfen länger gespeichert werden, soweit die personenbezogenen Daten vorbehaltlich der Durchführung geeigneter technischer und organisatorischer Maßnahmen, die von dieser Verordnung zum Schutz der Rechte und Freiheiten der betroffenen Person gefordert werden, ausschließlich für im öffentlichen Interesse liegende Archivzwecke oder für wissenschaftliche und historische Forschungszwecke oder für statistische Zwecke gemäß Artikel 89 Absatz 1 verarbeitet werden („Speicherbegrenzung");

f) in einer Weise verarbeitet werden, die eine angemessene Sicherheit der personenbezogenen Daten gewährleistet, einschließlich Schutz vor unbefugter oder unrechtmäßiger Verarbeitung und vor unbeabsichtigtem Verlust, unbeabsichtigter Zerstörung oder unbeabsichtigter Schädigung durch geeignete technische und organisatorische Maßnahmen („Integrität und Vertraulichkeit");

(2) Der Verantwortliche ist für die Einhaltung des Absatzes 1 verantwortlich und muss dessen Einhaltung nachweisen können („Rechenschaftspflicht").

Art. 6 Rechtmäßigkeit der Verarbeitung

(1) *[1]* Die Verarbeitung ist nur rechtmäßig, wenn mindestens eine der nachstehenden Bedingungen erfüllt ist:
a) Die betroffene Person hat ihre Einwilligung zu der Verarbeitung der sie betreffenden personenbezogenen Daten für einen oder mehrere bestimmte Zwecke gegeben;
b) die Verarbeitung ist für die Erfüllung eines Vertrags, dessen Vertragspartei die betroffene Person ist, oder zur Durchführung vorvertraglicher Maßnahmen erforderlich, die auf Anfrage der betroffenen Person erfolgen;
c) die Verarbeitung ist zur Erfüllung einer rechtlichen Verpflichtung erforderlich, der der Verantwortliche unterliegt;
d) die Verarbeitung ist erforderlich, um lebenswichtige Interessen der betroffenen Person oder einer anderen natürlichen Person zu schützen;
e) die Verarbeitung ist für die Wahrnehmung einer Aufgabe erforderlich, die im öffentlichen Interesse liegt oder in Ausübung öffentlicher Gewalt erfolgt, die dem Verantwortlichen übertragen wurde;
f) die Verarbeitung ist zur Wahrung der berechtigten Interessen des Verantwortlichen oder eines Dritten erforderlich, sofern nicht die Interessen oder Grundrechte und Grundfreiheiten der betroffenen Person, die den Schutz personenbezogener Daten erfordern, überwiegen, insbesondere dann, wenn es sich bei der betroffenen Person um ein Kind handelt.

[2] Unterabsatz 1 Buchstabe f gilt nicht für die von Behörden in Erfüllung ihrer Aufgaben vorgenommene Verarbeitung.

(2) Die Mitgliedstaaten können spezifischere Bestimmungen zur Anpassung der Anwendung der Vorschriften dieser Verordnung in Bezug auf die Verarbeitung zur Erfüllung von Absatz 1 Buchstaben c und e beibehalten oder einführen, indem sie spezifische Anforderungen für die Verarbeitung sowie sonstige Maßnahmen präziser bestimmen, um eine rechtmäßig und nach Treu und Glauben erfolgende Verarbeitung zu gewährleisten, einschließlich für andere besondere Verarbeitungssituationen gemäß Kapitel IX.

(3) ¹Die Rechtsgrundlage für die Verarbeitungen gemäß Absatz 1 Buchstaben c und e wird festgelegt durch
a) Unionsrecht oder
b) das Recht der Mitgliedstaaten, dem der Verantwortliche unterliegt.
²Der Zweck der Verarbeitung muss in dieser Rechtsgrundlage festgelegt oder hinsichtlich der Verarbeitung gemäß Absatz 1 Buchstabe e für die Erfüllung einer Aufgabe erforderlich sein, die im öffentlichen Interesse liegt oder in Ausübung öffentlicher Gewalt erfolgt, die dem Verantwortlichen übertragen wurde. ³Diese Rechtsgrundlage kann spezifische Bestimmungen zur Anpassung der Anwendung der Vorschriften dieser Verordnung enthalten, unter anderem Bestimmungen darüber, welche allgemeinen Bedingungen für die Regelung der Rechtmäßigkeit der Verarbeitung durch den Verantwortlichen gelten, welche Arten von Daten verarbeitet werden, welche Personen betroffen sind, an welche Einrichtungen und für welche Zwecke die personenbezogenen Daten offengelegt werden dürfen, welcher Zweckbindung sie unterliegen, wie lange sie gespeichert werden dürfen und welche Verarbeitungsvorgänge und -verfahren angewandt werden dürfen, einschließlich Maßnahmen zur Gewährleistung einer rechtmäßig und nach Treu und Glauben erfolgenden Verarbeitung, wie solche für sonstige besondere Verarbeitungssituationen gemäß Kapitel IX. ⁴Das Unionsrecht oder das Recht der Mitgliedstaaten müssen ein im öffentlichen Interesse liegendes Ziel verfolgen und in einem angemessenen Verhältnis zu dem verfolgten legitimen Zweck stehen.

(4) Beruht die Verarbeitung zu einem anderen Zweck als zu demjenigen, zu dem die personenbezogenen Daten erhoben wurden, nicht auf der Einwilligung der betroffenen Person

oder auf einer Rechtsvorschrift der Union oder der Mitgliedstaaten, die in einer demokratischen Gesellschaft eine notwendige und verhältnismäßige Maßnahme zum Schutz der in Artikel 23 Absatz 1 genannten Ziele darstellt, so berücksichtigt der Verantwortliche – um festzustellen, ob die Verarbeitung zu einem anderen Zweck mit demjenigen, zu dem die personenbezogenen Daten ursprünglich erhoben wurden, vereinbar ist – unter anderem

a) jede Verbindung zwischen den Zwecken, für die die personenbezogenen Daten erhoben wurden, und den Zwecken der beabsichtigten Weiterverarbeitung,
b) den Zusammenhang, in dem die personenbezogenen Daten erhoben wurden, insbesondere hinsichtlich des Verhältnisses zwischen den betroffenen Personen und dem Verantwortlichen,
c) die Art der personenbezogenen Daten, insbesondere ob besondere Kategorien personenbezogener Daten gemäß Artikel 9 verarbeitet werden oder ob personenbezogene Daten über strafrechtliche Verurteilungen und Straftaten gemäß Artikel 10 verarbeitet werden,
d) die möglichen Folgen der beabsichtigten Weiterverarbeitung für die betroffenen Personen,
e) das Vorhandensein geeigneter Garantien, wozu Verschlüsselung oder Pseudonymisierung gehören kann.

Art. 7 Bedingungen für die Einwilligung

(1) Beruht die Verarbeitung auf einer Einwilligung, muss der Verantwortliche nachweisen können, dass die betroffene Person in die Verarbeitung ihrer personenbezogenen Daten eingewilligt hat.

(2) [1]Erfolgt die Einwilligung der betroffenen Person durch eine schriftliche Erklärung, die noch andere Sachverhalte betrifft, so muss das Ersuchen um Einwilligung in verständlicher und leicht zugänglicher Form in einer klaren und einfachen Sprache so erfolgen, dass es von den anderen Sachverhalten klar zu unterscheiden ist. [2]Teile der Erklärung sind dann nicht verbindlich, wenn sie einen Verstoß gegen diese Verordnung darstellen.

(3) [1]Die betroffene Person hat das Recht, ihre Einwilligung jederzeit zu widerrufen. [2]Durch den Widerruf der Einwilligung wird die Rechtmäßigkeit der aufgrund der Einwilligung bis zum Widerruf erfolgten Verarbeitung nicht berührt. [3]Die betroffene Person wird vor Abgabe der Einwilligung hiervon in Kenntnis gesetzt. [4]Der Widerruf der Einwilligung muss so einfach wie die Erteilung der Einwilligung sein.

(4) Bei der Beurteilung, ob die Einwilligung freiwillig erteilt wurde, muss dem Umstand in größtmöglichem Umfang Rechnung getragen werden, ob unter anderem die Erfüllung eines Vertrags, einschließlich der Erbringung einer Dienstleistung, von der Einwilligung zu einer Verarbeitung von personenbezogenen Daten abhängig ist, die für die Erfüllung des Vertrags nicht erforderlich sind.

Art. 8 Bedingungen für die Einwilligung eines Kindes in Bezug auf Dienste der Informationsgesellschaft

(1) *[1]* [1]Gilt Artikel 6 Absatz 1 Buchstabe a bei einem Angebot von Diensten der Informationsgesellschaft, das einem Kind direkt gemacht wird, so ist die Verarbeitung der personenbezogenen Daten des Kindes rechtmäßig, wenn das Kind das sechzehnte Lebensjahr vollendet hat. [2]Hat das Kind noch nicht das sechzehnte Lebensjahr vollendet, so ist diese Verarbeitung nur rechtmäßig, sofern und soweit diese Einwilligung durch den Träger der elterlichen Verantwortung für das Kind oder mit dessen Zustimmung erteilt wird.
[2] Die Mitgliedstaaten können durch Rechtsvorschriften zu diesen Zwecken eine niedrigere Altersgrenze vorsehen, die jedoch nicht unter dem vollendeten dreizehnten Lebensjahr liegen darf.

(2) Der Verantwortliche unternimmt unter Berücksichtigung der verfügbaren Technik angemessene Anstrengungen, um sich in solchen Fällen zu vergewissern, dass die Einwilligung durch den Träger der elterlichen Verantwortung für das Kind oder mit dessen Zustimmung erteilt wurde.

(3) Absatz 1 lässt das allgemeine Vertragsrecht der Mitgliedstaaten, wie etwa die Vorschriften zur Gültigkeit, zum Zustandekommen oder zu den Rechtsfolgen eines Vertrags in Bezug auf ein Kind, unberührt.

Art. 9 Verarbeitung besonderer Kategorien personenbezogener Daten

(1) Die Verarbeitung personenbezogener Daten, aus denen die rassische und ethnische Herkunft, politische Meinungen, religiöse oder weltanschauliche Überzeugungen oder die Gewerkschaftszugehörigkeit hervorgehen, sowie die Verarbeitung von genetischen Daten, biometrischen Daten zur eindeutigen Identifizierung einer natürlichen Person, Gesundheitsdaten oder Daten zum Sexualleben oder der sexuellen Orientierung einer natürlichen Person ist untersagt.

(2) Absatz 1 gilt nicht in folgenden Fällen:

a) Die betroffene Person hat in die Verarbeitung der genannten personenbezogenen Daten für einen oder mehrere festgelegte Zwecke ausdrücklich eingewilligt, es sei denn, nach Unionsrecht oder dem Recht der Mitgliedstaaten kann das Verbot nach Absatz 1 durch die Einwilligung der betroffenen Person nicht aufgehoben werden,

b) die Verarbeitung ist erforderlich, damit der Verantwortliche oder die betroffene Person die ihm bzw. ihr aus dem Arbeitsrecht und dem Recht der sozialen Sicherheit und des Sozialschutzes erwachsenden Rechte ausüben und seinen bzw. ihren diesbezüglichen Pflichten nachkommen kann, soweit dies nach Unionsrecht oder dem Recht der Mitgliedstaaten oder einer Kollektivvereinbarung nach dem Recht der Mitgliedstaaten, das geeignete Garantien für die Grundrechte und die Interessen der betroffenen Person vorsieht, zulässig ist,

c) die Verarbeitung ist zum Schutz lebenswichtiger Interessen der betroffenen Person oder einer anderen natürlichen Person erforderlich und die betroffene Person ist aus körperlichen oder rechtlichen Gründen außerstande, ihre Einwilligung zu geben,

d) die Verarbeitung erfolgt auf der Grundlage geeigneter Garantien durch eine politisch, weltanschaulich, religiös oder gewerkschaftlich ausgerichtete Stiftung, Vereinigung oder sonstige Organisation ohne Gewinnerzielungsabsicht im Rahmen ihrer rechtmäßigen Tätigkeiten und unter der Voraussetzung, dass sich die Verarbeitung ausschließlich auf die Mitglieder oder ehemalige Mitglieder der Organisation oder auf Personen, die im Zusammenhang mit deren Tätigkeitszweck regelmäßige Kontakte mit ihr unterhalten, bezieht und die personenbezogenen Daten nicht ohne Einwilligung der betroffenen Personen nach außen offengelegt werden,

e) die Verarbeitung bezieht sich auf personenbezogene Daten, die die betroffene Person offensichtlich öffentlich gemacht hat,

f) die Verarbeitung ist zur Geltendmachung, Ausübung oder Verteidigung von Rechtsansprüchen oder bei Handlungen der Gerichte im Rahmen ihrer justiziellen Tätigkeit erforderlich,

g) die Verarbeitung ist auf der Grundlage des Unionsrechts oder des Rechts eines Mitgliedstaats, das in angemessenem Verhältnis zu dem verfolgten Ziel steht, den Wesensgehalt des Rechts auf Datenschutz wahrt und angemessene und spezifische Maßnahmen zur Wahrung der Grundrechte und Interessen der betroffenen Person vorsieht, aus Gründen eines erheblichen öffentlichen Interesses erforderlich,

h) die Verarbeitung ist für Zwecke der Gesundheitsvorsorge oder der Arbeitsmedizin, für die Beurteilung der Arbeitsfähigkeit des Beschäftigten, für die medizinische Diagnostik, die Versorgung oder Behandlung im Gesundheits- oder Sozialbereich oder für die Verwaltung von Systemen und Diensten im Gesundheits- oder Sozialbereich auf der Grundlage des Unionsrechts oder des Rechts eines Mitgliedstaats oder aufgrund eines Vertrags mit einem Angehörigen eines Gesundheitsberufs und vorbehaltlich der in Absatz 3 genannten Bedingungen und Garantien erforderlich,

i) die Verarbeitung ist aus Gründen des öffentlichen Interesses im Bereich der öffentlichen Gesundheit, wie dem Schutz vor schwerwiegenden grenzüberschreitenden Gesundheitsgefahren oder zur Gewährleistung hoher Qualitäts- und Sicherheitsstandards bei der Gesundheitsversorgung und bei Arzneimitteln und Medizinprodukten, auf der Grundlage des Unionsrechts oder des Rechts eines Mitgliedstaats, das angemessene und spezifische Maßnahmen zur Wahrung der Rechte und Freiheiten der betroffenen Person, insbesondere des Berufsgeheimnisses, vorsieht, erforderlich, oder

j) die Verarbeitung ist auf der Grundlage des Unionsrechts oder des Rechts eines Mitgliedstaats, das in angemessenem Verhältnis zu dem verfolgten Ziel steht, den Wesensgehalt des Rechts auf Datenschutz wahrt und angemessene und spezifische Maßnahmen zur Wahrung der Grundrechte und Interessen der betroffenen Person vorsieht, für im öffentlichen Interesse liegende Archivzwecke, für wissenschaftliche oder historische Forschungszwecke oder für statistische Zwecke gemäß Artikel 89 Absatz 1 erforderlich.

(3) Die in Absatz 1 genannten personenbezogenen Daten dürfen zu den in Absatz 2 Buchstabe h genannten Zwecken verarbeitet werden, wenn diese Daten von Fachpersonal oder unter dessen Verantwortung verarbeitet werden und dieses Fachpersonal nach dem Unionsrecht oder dem Recht eines Mitgliedstaats oder den Vorschriften nationaler zuständiger Stellen dem Berufsgeheimnis unterliegt, oder wenn die Verarbeitung durch eine andere Person erfolgt, die ebenfalls nach dem Unionsrecht oder dem Recht eines Mitgliedstaats oder den Vorschriften nationaler zuständiger Stellen einer Geheimhaltungspflicht unterliegt.

(4) Die Mitgliedstaaten können zusätzliche Bedingungen, einschließlich Beschränkungen, einführen oder aufrechterhalten, soweit die Verarbeitung von genetischen, biometrischen oder Gesundheitsdaten betroffen ist.

Art. 10 Verarbeitung von personenbezogenen Daten über strafrechtliche Verurteilungen und Straftaten

[1]Die Verarbeitung personenbezogener Daten über strafrechtliche Verurteilungen und Straftaten oder damit zusammenhängende Sicherungsmaßregeln aufgrund von Artikel 6 Absatz 1 darf nur unter behördlicher Aufsicht vorgenommen werden oder wenn dies nach dem Unionsrecht oder dem Recht der Mitgliedstaaten, das geeignete Garantien für die Rechte und Freiheiten der betroffenen Personen vorsieht, zulässig ist. [2]Ein umfassendes Register der strafrechtlichen Verurteilungen darf nur unter behördlicher Aufsicht geführt werden.

Art. 11 Verarbeitung, für die eine Identifizierung der betroffenen Person nicht erforderlich ist

(1) Ist für die Zwecke, für die ein Verantwortlicher personenbezogene Daten verarbeitet, die Identifizierung der betroffenen Person durch den Verantwortlichen nicht oder nicht mehr erforderlich, so ist dieser nicht verpflichtet, zur bloßen Einhaltung dieser Verordnung zusätzliche Informationen aufzubewahren, einzuholen oder zu verarbeiten, um die betroffene Person zu identifizieren.

(2) [1]Kann der Verantwortliche in Fällen gemäß Absatz 1 des vorliegenden Artikels nachweisen, dass er nicht in der Lage ist, die betroffene Person zu identifizieren, so unterrichtet er die betroffene Person hierüber, sofern möglich. [2]In diesen Fällen finden die Artikel 15 bis 20 keine Anwendung, es sei denn, die betroffene Person stellt zur Ausübung ihrer in diesen Artikeln niedergelegten Rechte zusätzliche Informationen bereit, die ihre Identifizierung ermöglichen.

Kapitel III. Rechte der betroffenen Person

Abschnitt 1. Transparenz und Modalitäten

Art. 12 Transparente Information, Kommunikation und Modalitäten für die Ausübung der Rechte der betroffenen Person

(1) [1]Der Verantwortliche trifft geeignete Maßnahmen, um der betroffenen Person alle Informationen gemäß den Artikeln 13 und 14 und alle Mitteilungen gemäß den Artikeln 15 bis 22 und Artikel 34, die sich auf die Verarbeitung beziehen, in präziser, transparenter, verständlicher und leicht zugänglicher Form in einer klaren und einfachen Sprache zu übermitteln; dies gilt insbesondere für Informationen, die sich speziell an Kinder richten. [2]Die Übermittlung der Informationen erfolgt schriftlich oder in anderer Form, gegebenenfalls auch elektronisch. [3]Falls von der betroffenen Person verlangt, kann die Information mündlich erteilt werden, sofern die Identität der betroffenen Person in anderer Form nachgewiesen wurde.

(2) [1]Der Verantwortliche erleichtert der betroffenen Person die Ausübung ihrer Rechte gemäß den Artikeln 15 bis 22. [2]In den in Artikel 11 Absatz 2 genannten Fällen darf sich der Verantwortliche nur dann weigern, aufgrund des Antrags der betroffenen Person auf Wahrnehmung ihrer Rechte gemäß den Artikeln 15 bis 22 tätig zu werden, wenn er glaubhaft macht, dass er nicht in der Lage ist, die betroffene Person zu identifizieren.

(3) [1]Der Verantwortliche stellt der betroffenen Person Informationen über die auf Antrag gemäß den Artikeln 15 bis 22 ergriffenen Maßnahmen unverzüglich, in jedem Fall aber innerhalb eines Monats nach Eingang des Antrags zur Verfügung. [2]Diese Frist kann um weitere zwei Monate verlängert werden, wenn dies unter Berücksichtigung der Komplexität und der Anzahl

von Anträgen erforderlich ist. ³Der Verantwortliche unterrichtet die betroffene Person innerhalb eines Monats nach Eingang des Antrags über eine Fristverlängerung, zusammen mit den Gründen für die Verzögerung. ⁴Stellt die betroffene Person den Antrag elektronisch, so ist sie nach Möglichkeit auf elektronischem Weg zu unterrichten, sofern sie nichts anderes angibt.

(4) Wird der Verantwortliche auf den Antrag der betroffenen Person hin nicht tätig, so unterrichtet er die betroffene Person ohne Verzögerung, spätestens aber innerhalb eines Monats nach Eingang des Antrags über die Gründe hierfür und über die Möglichkeit, bei einer Aufsichtsbehörde Beschwerde einzulegen oder einen gerichtlichen Rechtsbehelf einzulegen.

(5) ¹Informationen gemäß den Artikeln 13 und 14 sowie alle Mitteilungen und Maßnahmen gemäß den Artikeln 15 bis 22 und Artikel 34 werden unentgeltlich zur Verfügung gestellt. ²Bei offenkundig unbegründeten oder – insbesondere im Fall von häufiger Wiederholung – exzessiven Anträgen einer betroffenen Person kann der Verantwortliche entweder

a) ein angemessenes Entgelt verlangen, bei dem die Verwaltungskosten für die Unterrichtung oder die Mitteilung oder die Durchführung der beantragten Maßnahme berücksichtigt werden, oder

b) sich weigern, aufgrund des Antrags tätig zu werden.

³Der Verantwortliche hat den Nachweis für den offenkundig unbegründeten oder exzessiven Charakter des Antrags zu erbringen.

(6) Hat der Verantwortliche begründete Zweifel an der Identität der natürlichen Person, die den Antrag gemäß den Artikeln 15 bis 21 stellt, so kann er unbeschadet des Artikels 11 zusätzliche Informationen anfordern, die zur Bestätigung der Identität der betroffenen Person erforderlich sind.

(7) ¹Die Informationen, die den betroffenen Personen gemäß den Artikeln 13 und 14 bereitzustellen sind, können in Kombination mit standardisierten Bildsymbolen bereitgestellt werden, um in leicht wahrnehmbarer, verständlicher und klar nachvollziehbarer Form einen aussagekräftigen Überblick über die beabsichtigte Verarbeitung zu vermitteln. ²Werden die Bildsymbole in elektronischer Form dargestellt, müssen sie maschinenlesbar sein.

(8) Der Kommission wird die Befugnis übertragen, gemäß Artikel 92 delegierte Rechtsakte zur Bestimmung der Informationen, die durch Bildsymbole darzustellen sind, und der Verfahren für die Bereitstellung standardisierter Bildsymbole zu erlassen.

Abschnitt 2. Informationspflicht und Recht auf Auskunft zu personenbezogenen Daten

Art. 13 Informationspflicht bei Erhebung von personenbezogenen Daten bei der betroffenen Person

(1) Werden personenbezogene Daten bei der betroffenen Person erhoben, so teilt der Verantwortliche der betroffenen Person zum Zeitpunkt der Erhebung dieser Daten Folgendes mit:

a) den Namen und die Kontaktdaten des Verantwortlichen sowie gegebenenfalls seines Vertreters;
b) gegebenenfalls die Kontaktdaten des Datenschutzbeauftragten;
c) die Zwecke, für die die personenbezogenen Daten verarbeitet werden sollen, sowie die Rechtsgrundlage für die Verarbeitung;
d) wenn die Verarbeitung auf Artikel 6 Absatz 1 Buchstabe f beruht, die berechtigten Interessen, die von dem Verantwortlichen oder einem Dritten verfolgt werden;
e) gegebenenfalls die Empfänger oder Kategorien von Empfängern der personenbezogenen Daten und
f) gegebenenfalls die Absicht des Verantwortlichen, die personenbezogenen Daten an ein Drittland oder eine internationale Organisation zu übermitteln, sowie das Vorhandensein oder das Fehlen eines Angemessenheitsbeschlusses der Kommission oder im Falle von Übermittlungen gemäß Artikel 46 oder Artikel 47 oder Artikel 49 Absatz 1 Unterabsatz 2 einen Verweis auf die geeigneten oder angemessenen Garantien und die Möglichkeit, wie eine Kopie von ihnen zu erhalten ist, oder wo sie verfügbar sind.

(2) Zusätzlich zu den Informationen gemäß Absatz 1 stellt der Verantwortliche der betroffenen Person zum Zeitpunkt der Erhebung dieser Daten folgende weitere Informationen zur Verfügung, die notwendig sind, um eine faire und transparente Verarbeitung zu gewährleisten:

DS-GVO

a) die Dauer, für die die personenbezogenen Daten gespeichert werden oder, falls dies nicht möglich ist, die Kriterien für die Festlegung dieser Dauer;
b) das Bestehen eines Rechts auf Auskunft seitens des Verantwortlichen über die betreffenden personenbezogenen Daten sowie auf Berichtigung oder Löschung oder auf Einschränkung der Verarbeitung oder eines Widerspruchsrechts gegen die Verarbeitung sowie des Rechts auf Datenübertragbarkeit;
c) wenn die Verarbeitung auf Artikel 6 Absatz 1 Buchstabe a oder Artikel 9 Absatz 2 Buchstabe a beruht, das Bestehen eines Rechts, die Einwilligung jederzeit zu widerrufen, ohne dass die Rechtmäßigkeit der aufgrund der Einwilligung bis zum Widerruf erfolgten Verarbeitung berührt wird;
d) das Bestehen eines Beschwerderechts bei einer Aufsichtsbehörde;
e) ob die Bereitstellung der personenbezogenen Daten gesetzlich oder vertraglich vorgeschrieben oder für einen Vertragsabschluss erforderlich ist, ob die betroffene Person verpflichtet ist, die personenbezogenen Daten bereitzustellen, und welche mögliche Folgen die Nichtbereitstellung hätte und
f) das Bestehen einer automatisierten Entscheidungsfindung einschließlich Profiling gemäß Artikel 22 Absätze 1 und 4 und – zumindest in diesen Fällen – aussagekräftige Informationen über die involvierte Logik sowie die Tragweite und die angestrebten Auswirkungen einer derartigen Verarbeitung für die betroffene Person.

(3) Beabsichtigt der Verantwortliche, die personenbezogenen Daten für einen anderen Zweck weiterzuverarbeiten als den, für den die personenbezogenen Daten erhoben wurden, so stellt er der betroffenen Person vor dieser Weiterverarbeitung Informationen über diesen anderen Zweck und alle anderen maßgeblichen Informationen gemäß Absatz 2 zur Verfügung.

(4) Die Absätze 1, 2 und 3 finden keine Anwendung, wenn und soweit die betroffene Person bereits über die Informationen verfügt.

Art. 14 Informationspflicht, wenn die personenbezogenen Daten nicht bei der betroffenen Person erhoben wurden

(1) Werden personenbezogene Daten nicht bei der betroffenen Person erhoben, so teilt der Verantwortliche der betroffenen Person Folgendes mit:
a) den Namen und die Kontaktdaten des Verantwortlichen sowie gegebenenfalls seines Vertreters;
b) zusätzlich die Kontaktdaten des Datenschutzbeauftragten;
c) die Zwecke, für die die personenbezogenen Daten verarbeitet werden sollen, sowie die Rechtsgrundlage für die Verarbeitung;
d) die Kategorien personenbezogener Daten, die verarbeitet werden;
e) gegebenenfalls die Empfänger oder Kategorien von Empfängern der personenbezogenen Daten;
f) gegebenenfalls die Absicht des Verantwortlichen, die personenbezogenen Daten an einen Empfänger in einem Drittland oder einer internationalen Organisation zu übermitteln, sowie das Vorhandensein oder das Fehlen eines Angemessenheitsbeschlusses der Kommission oder im Falle von Übermittlungen gemäß Artikel 46 oder Artikel 47 oder Artikel 49 Absatz 1 Unterabsatz 2 einen Verweis auf die geeigneten oder angemessenen Garantien und die Möglichkeit, eine Kopie von ihnen zu erhalten, oder wo sie verfügbar sind.

(2) Zusätzlich zu den Informationen gemäß Absatz 1 stellt der Verantwortliche der betroffenen Person die folgenden Informationen zur Verfügung, die erforderlich sind, um der betroffenen Person gegenüber eine faire und transparente Verarbeitung zu gewährleisten:
a) die Dauer, für die die personenbezogenen Daten gespeichert werden oder, falls dies nicht möglich ist, die Kriterien für die Festlegung dieser Dauer;
b) wenn die Verarbeitung auf Artikel 6 Absatz 1 Buchstabe f beruht, die berechtigten Interessen, die von dem Verantwortlichen oder einem Dritten verfolgt werden;
c) das Bestehen eines Rechts auf Auskunft seitens des Verantwortlichen über die betreffenden personenbezogenen Daten sowie auf Berichtigung oder Löschung oder auf Einschränkung der Verarbeitung und eines Widerspruchsrechts gegen die Verarbeitung sowie des Rechts auf Datenübertragbarkeit;
d) wenn die Verarbeitung auf Artikel 6 Absatz 1 Buchstabe a oder Artikel 9 Absatz 2 Buchstabe a beruht, das Bestehen eines Rechts, die Einwilligung jederzeit zu widerrufen, ohne dass

die Rechtmäßigkeit der aufgrund der Einwilligung bis zum Widerruf erfolgten Verarbeitung berührt wird;
e) das Bestehen eines Beschwerderechts bei einer Aufsichtsbehörde;
f) aus welcher Quelle die personenbezogenen Daten stammen und gegebenenfalls ob sie aus öffentlich zugänglichen Quellen stammen;
g) das Bestehen einer automatisierten Entscheidungsfindung einschließlich Profiling gemäß Artikel 22 Absätze 1 und 4 und – zumindest in diesen Fällen – aussagekräftige Informationen über die involvierte Logik sowie die Tragweite und die angestrebten Auswirkungen einer derartigen Verarbeitung für die betroffene Person.

(3) Der Verantwortliche erteilt die Informationen gemäß den Absätzen 1 und 2
a) unter Berücksichtigung der spezifischen Umstände der Verarbeitung der personenbezogenen Daten innerhalb einer angemessenen Frist nach Erlangung der personenbezogenen Daten, längstens jedoch innerhalb eines Monats,
b) falls die personenbezogenen Daten zur Kommunikation mit der betroffenen Person verwendet werden sollen, spätestens zum Zeitpunkt der ersten Mitteilung an sie, oder,
c) falls die Offenlegung an einen anderen Empfänger beabsichtigt ist, spätestens zum Zeitpunkt der ersten Offenlegung.

(4) Beabsichtigt der Verantwortliche, die personenbezogenen Daten für einen anderen Zweck weiterzuverarbeiten als den, für den die personenbezogenen Daten erlangt wurden, so stellt er der betroffenen Person vor dieser Weiterverarbeitung Informationen über diesen anderen Zweck und alle anderen maßgeblichen Informationen gemäß Absatz 2 zur Verfügung.

(5) Die Absätze 1 bis 4 finden keine Anwendung, wenn und soweit
a) die betroffene Person bereits über die Informationen verfügt,
b) die Erteilung dieser Informationen sich als unmöglich erweist oder einen unverhältnismäßigen Aufwand erfordern würde; dies gilt insbesondere für die Verarbeitung für im öffentlichen Interesse liegende Archivzwecke, für wissenschaftliche oder historische Forschungszwecke oder für statistische Zwecke vorbehaltlich der in Artikel 89 Absatz 1 genannten Bedingungen und Garantien oder soweit die in Absatz 1 des vorliegenden Artikels genannte Pflicht voraussichtlich die Verwirklichung der Ziele dieser Verarbeitung unmöglich macht oder ernsthaft beeinträchtigt. In diesen Fällen ergreift der Verantwortliche geeignete Maßnahmen zum Schutz der Rechte und Freiheiten sowie der berechtigten Interessen der betroffenen Person, einschließlich der Bereitstellung dieser Informationen für die Öffentlichkeit,
c) die Erlangung oder Offenlegung durch Rechtsvorschriften der Union oder der Mitgliedstaaten, denen der Verantwortliche unterliegt und die geeignete Maßnahmen zum Schutz der berechtigten Interessen der betroffenen Person vorsehen, ausdrücklich geregelt ist oder
d) die personenbezogenen Daten gemäß dem Unionsrecht oder dem Recht der Mitgliedstaaten dem Berufsgeheimnis, einschließlich einer satzungsmäßigen Geheimhaltungspflicht, unterliegen und daher vertraulich behandelt werden müssen.

Art. 15 Auskunftsrecht der betroffenen Person

(1) Die betroffene Person hat das Recht, von dem Verantwortlichen eine Bestätigung darüber zu verlangen, ob sie betreffende personenbezogene Daten verarbeitet werden; ist dies der Fall, so hat sie ein Recht auf Auskunft über diese personenbezogenen Daten und auf folgende Informationen:
a) die Verarbeitungszwecke;
b) die Kategorien personenbezogener Daten, die verarbeitet werden;
c) die Empfänger oder Kategorien von Empfängern, gegenüber denen die personenbezogenen Daten offengelegt worden sind oder noch offengelegt werden, insbesondere bei Empfängern in Drittländern oder bei internationalen Organisationen;
d) falls möglich die geplante Dauer, für die die personenbezogenen Daten gespeichert werden, oder, falls dies nicht möglich ist, die Kriterien für die Festlegung dieser Dauer;
e) das Bestehen eines Rechts auf Berichtigung oder Löschung der sie betreffenden personenbezogenen Daten oder auf Einschränkung der Verarbeitung durch den Verantwortlichen oder eines Widerspruchsrechts gegen diese Verarbeitung;
f) das Bestehen eines Beschwerderechts bei einer Aufsichtsbehörde;
g) wenn die personenbezogenen Daten nicht bei der betroffenen Person erhoben werden, alle verfügbaren Informationen über die Herkunft der Daten;

h) das Bestehen einer automatisierten Entscheidungsfindung einschließlich Profiling gemäß Artikel 22 Absätze 1 und 4 und – zumindest in diesen Fällen – aussagekräftige Informationen über die involvierte Logik sowie die Tragweite und die angestrebten Auswirkungen einer derartigen Verarbeitung für die betroffene Person.

(2) Werden personenbezogene Daten an ein Drittland oder an eine internationale Organisation übermittelt, so hat die betroffene Person das Recht, über die geeigneten Garantien gemäß Artikel 46 im Zusammenhang mit der Übermittlung unterrichtet zu werden.

(3) [1]Der Verantwortliche stellt eine Kopie der personenbezogenen Daten, die Gegenstand der Verarbeitung sind, zur Verfügung. [2]Für alle weiteren Kopien, die die betroffene Person beantragt, kann der Verantwortliche ein angemessenes Entgelt auf der Grundlage der Verwaltungskosten verlangen. [3]Stellt die betroffene Person den Antrag elektronisch, so sind die Informationen in einem gängigen elektronischen Format zur Verfügung zu stellen, sofern sie nichts anderes angibt.

(4) Das Recht auf Erhalt einer Kopie gemäß Absatz 3 darf die Rechte und Freiheiten anderer Personen nicht beeinträchtigen.

Abschnitt 3. Berichtigung und Löschung

Art. 16 Recht auf Berichtigung

[1]Die betroffene Person hat das Recht, von dem Verantwortlichen unverzüglich die Berichtigung sie betreffender unrichtiger personenbezogener Daten zu verlangen. [2]Unter Berücksichtigung der Zwecke der Verarbeitung hat die betroffene Person das Recht, die Vervollständigung unvollständiger personenbezogener Daten – auch mittels einer ergänzenden Erklärung – zu verlangen.

Art. 17 Recht auf Löschung („Recht auf Vergessenwerden")

(1) Die betroffene Person hat das Recht, von dem Verantwortlichen zu verlangen, dass sie betreffende personenbezogene Daten unverzüglich gelöscht werden, und der Verantwortliche ist verpflichtet, personenbezogene Daten unverzüglich zu löschen, sofern einer der folgenden Gründe zutrifft:
a) Die personenbezogenen Daten sind für die Zwecke, für die sie erhoben oder auf sonstige Weise verarbeitet wurden, nicht mehr notwendig.
b) Die betroffene Person widerruft ihre Einwilligung, auf die sich die Verarbeitung gemäß Artikel 6 Absatz 1 Buchstabe a oder Artikel 9 Absatz 2 Buchstabe a stützte, und es fehlt an einer anderweitigen Rechtsgrundlage für die Verarbeitung.
c) Die betroffene Person legt gemäß Artikel 21 Absatz 1 Widerspruch gegen die Verarbeitung ein und es liegen keine vorrangigen berechtigten Gründe für die Verarbeitung vor, oder die betroffene Person legt gemäß Artikel 21 Absatz 2 Widerspruch gegen die Verarbeitung ein.
d) Die personenbezogenen Daten wurden unrechtmäßig verarbeitet.
e) Die Löschung der personenbezogenen Daten ist zur Erfüllung einer rechtlichen Verpflichtung nach dem Unionsrecht oder dem Recht der Mitgliedstaaten erforderlich, dem der Verantwortliche unterliegt.
f) Die personenbezogenen Daten wurden in Bezug auf angebotene Dienste der Informationsgesellschaft gemäß Artikel 8 Absatz 1 erhoben.

(2) Hat der Verantwortliche die personenbezogenen Daten öffentlich gemacht und ist er gemäß Absatz 1 zu deren Löschung verpflichtet, so trifft er unter Berücksichtigung der verfügbaren Technologie und der Implementierungskosten angemessene Maßnahmen, auch technischer Art, um für die Datenverarbeitung Verantwortliche, die die personenbezogenen Daten verarbeiten, darüber zu informieren, dass eine betroffene Person von ihnen die Löschung aller Links zu diesen personenbezogenen Daten oder von Kopien oder Replikationen dieser personenbezogenen Daten verlangt hat.

(3) Die Absätze 1 und 2 gelten nicht, soweit die Verarbeitung erforderlich ist
a) zur Ausübung des Rechts auf freie Meinungsäußerung und Information;
b) zur Erfüllung einer rechtlichen Verpflichtung, die die Verarbeitung nach dem Recht der Union oder der Mitgliedstaaten, dem der Verantwortliche unterliegt, erfordert, oder zur Wahrnehmung einer Aufgabe, die im öffentlichen Interesse liegt oder in Ausübung öffentlicher Gewalt erfolgt, die dem Verantwortlichen übertragen wurde;

c) aus Gründen des öffentlichen Interesses im Bereich der öffentlichen Gesundheit gemäß Artikel 9 Absatz 2 Buchstaben h und i sowie Artikel 9 Absatz 3;
d) für im öffentlichen Interesse liegende Archivzwecke, wissenschaftliche oder historische Forschungszwecke oder für statistische Zwecke gemäß Artikel 89 Absatz 1, soweit das in Absatz 1 genannte Recht voraussichtlich die Verwirklichung der Ziele dieser Verarbeitung unmöglich macht oder ernsthaft beeinträchtigt, oder
e) zur Geltendmachung, Ausübung oder Verteidigung von Rechtsansprüchen.

Art. 18 Recht auf Einschränkung der Verarbeitung

(1) Die betroffene Person hat das Recht, von dem Verantwortlichen die Einschränkung der Verarbeitung zu verlangen, wenn eine der folgenden Voraussetzungen gegeben ist:
a) die Richtigkeit der personenbezogenen Daten von der betroffenen Person bestritten wird, und zwar für eine Dauer, die es dem Verantwortlichen ermöglicht, die Richtigkeit der personenbezogenen Daten zu überprüfen,
b) die Verarbeitung unrechtmäßig ist und die betroffene Person die Löschung der personenbezogenen Daten ablehnt und stattdessen die Einschränkung der Nutzung der personenbezogenen Daten verlangt;
c) der Verantwortliche die personenbezogenen Daten für die Zwecke der Verarbeitung nicht länger benötigt, die betroffene Person sie jedoch zur Geltendmachung, Ausübung oder Verteidigung von Rechtsansprüchen benötigt, oder
d) die betroffene Person Widerspruch gegen die Verarbeitung gemäß Artikel 21 Absatz 1 eingelegt hat, solange noch nicht feststeht, ob die berechtigten Gründe des Verantwortlichen gegenüber denen der betroffenen Person überwiegen.

(2) Wurde die Verarbeitung gemäß Absatz 1 eingeschränkt, so dürfen diese personenbezogenen Daten – von ihrer Speicherung abgesehen – nur mit Einwilligung der betroffenen Person oder zur Geltendmachung, Ausübung oder Verteidigung von Rechtsansprüchen oder zum Schutz der Rechte einer anderen natürlichen oder juristischen Person oder aus Gründen eines wichtigen öffentlichen Interesses der Union oder eines Mitgliedstaats verarbeitet werden.

(3) Eine betroffene Person, die eine Einschränkung der Verarbeitung gemäß Absatz 1 erwirkt hat, wird von dem Verantwortlichen unterrichtet, bevor die Einschränkung aufgehoben wird.

Art. 19 Mitteilungspflicht im Zusammenhang mit der Berichtigung oder Löschung personenbezogener Daten oder der Einschränkung der Verarbeitung

[1] Der Verantwortliche teilt allen Empfängern, denen personenbezogenen Daten offengelegt wurden, jede Berichtigung oder Löschung der personenbezogenen Daten oder eine Einschränkung der Verarbeitung nach Artikel 16, Artikel 17 Absatz 1 und Artikel 18 mit, es sei denn, dies erweist sich als unmöglich oder ist mit einem unverhältnismäßigen Aufwand verbunden. [2] Der Verantwortliche unterrichtet die betroffene Person über diese Empfänger, wenn die betroffene Person dies verlangt.

Art. 20 Recht auf Datenübertragbarkeit

(1) Die betroffene Person hat das Recht, die sie betreffenden personenbezogenen Daten, die sie einem Verantwortlichen bereitgestellt hat, in einem strukturierten, gängigen und maschinenlesbaren Format zu erhalten, und sie hat das Recht, diese Daten einem anderen Verantwortlichen ohne Behinderung durch den Verantwortlichen, dem die personenbezogenen Daten bereitgestellt wurden, zu übermitteln, sofern
a) die Verarbeitung auf einer Einwilligung gemäß Artikel 6 Absatz 1 Buchstabe a oder Artikel 9 Absatz 2 Buchstabe a oder auf einem Vertrag gemäß Artikel 6 Absatz 1 Buchstabe b beruht und
b) die Verarbeitung mithilfe automatisierter Verfahren erfolgt.

(2) Bei der Ausübung ihres Rechts auf Datenübertragbarkeit gemäß Absatz 1 hat die betroffene Person das Recht, zu erwirken, dass die personenbezogenen Daten direkt von einem Verantwortlichen einem anderen Verantwortlichen übermittelt werden, soweit dies technisch machbar ist.

(3) [1] Die Ausübung des Rechts nach Absatz 1 des vorliegenden Artikels lässt Artikel 17 unberührt. [2] Dieses Recht gilt nicht für eine Verarbeitung, die für die Wahrnehmung einer Aufgabe

DS-GVO

erforderlich ist, die im öffentlichen Interesse liegt oder in Ausübung öffentlicher Gewalt erfolgt, die dem Verantwortlichen übertragen wurde.

(4) Das Recht gemäß Absatz 1 darf die Rechte und Freiheiten anderer Personen nicht beeinträchtigen.

Abschnitt 4. Widerspruchsrecht und automatisierte Entscheidungsfindung im Einzelfall

Art. 21 Widerspruchsrecht

(1) ¹Die betroffene Person hat das Recht, aus Gründen, die sich aus ihrer besonderen Situation ergeben, jederzeit gegen die Verarbeitung sie betreffender personenbezogener Daten, die aufgrund von Artikel 6 Absatz 1 Buchstaben e oder f erfolgt, Widerspruch einzulegen; dies gilt auch für ein auf diese Bestimmungen gestütztes Profiling. ²Der Verantwortliche verarbeitet die personenbezogenen Daten nicht mehr, es sei denn, er kann zwingende schutzwürdige Gründe für die Verarbeitung nachweisen, die die Interessen, Rechte und Freiheiten der betroffenen Person überwiegen, oder die Verarbeitung dient der Geltendmachung, Ausübung oder Verteidigung von Rechtsansprüchen.

(2) Werden personenbezogene Daten verarbeitet, um Direktwerbung zu betreiben, so hat die betroffene Person das Recht, jederzeit Widerspruch gegen die Verarbeitung sie betreffender personenbezogener Daten zum Zwecke derartiger Werbung einzulegen; dies gilt auch für das Profiling, soweit es mit solcher Direktwerbung in Verbindung steht.

(3) Widerspricht die betroffene Person der Verarbeitung für Zwecke der Direktwerbung, so werden die personenbezogenen Daten nicht mehr für diese Zwecke verarbeitet.

(4) Die betroffene Person muss spätestens zum Zeitpunkt der ersten Kommunikation mit ihr ausdrücklich auf das in den Absätzen 1 und 2 genannte Recht hingewiesen werden; dieser Hinweis hat in einer verständlichen und von anderen Informationen getrennten Form zu erfolgen.

(5) Im Zusammenhang mit der Nutzung von Diensten der Informationsgesellschaft kann die betroffene Person ungeachtet der Richtlinie 2002/58/EG ihr Widerspruchsrecht mittels automatisierter Verfahren ausüben, bei denen technische Spezifikationen verwendet werden.

(6) Die betroffene Person hat das Recht, aus Gründen, die sich aus ihrer besonderen Situation ergeben, gegen die sie betreffende Verarbeitung sie betreffender personenbezogener Daten, die zu wissenschaftlichen oder historischen Forschungszwecken oder zu statistischen Zwecken gemäß Artikel 89 Absatz 1 erfolgt, Widerspruch einzulegen, es sei denn, die Verarbeitung ist zur Erfüllung einer im öffentlichen Interesse liegenden Aufgabe erforderlich.

Art. 22 Automatisierte Entscheidungen im Einzelfall einschließlich Profiling

(1) Die betroffene Person hat das Recht, nicht einer ausschließlich auf einer automatisierten Verarbeitung – einschließlich Profiling – beruhenden Entscheidung unterworfen zu werden, die ihr gegenüber rechtliche Wirkung entfaltet oder sie in ähnlicher Weise erheblich beeinträchtigt.

(2) Absatz 1 gilt nicht, wenn die Entscheidung

a) für den Abschluss oder die Erfüllung eines Vertrags zwischen der betroffenen Person und dem Verantwortlichen erforderlich ist,

b) aufgrund von Rechtsvorschriften der Union oder der Mitgliedstaaten, denen der Verantwortliche unterliegt, zulässig ist und diese Rechtsvorschriften angemessene Maßnahmen zur Wahrung der Rechte und Freiheiten sowie der berechtigten Interessen der betroffenen Person enthalten oder

c) mit ausdrücklicher Einwilligung der betroffenen Person erfolgt.

(3) In den in Absatz 2 Buchstaben a und c genannten Fällen trifft der Verantwortliche angemessene Maßnahmen, um die Rechte und Freiheiten sowie die berechtigten Interessen der betroffenen Person zu wahren, wozu mindestens das Recht auf Erwirkung des Eingreifens einer Person seitens des Verantwortlichen, auf Darlegung des eigenen Standpunkts und auf Anfechtung der Entscheidung gehört.

(4) Entscheidungen nach Absatz 2 dürfen nicht auf besonderen Kategorien personenbezogener Daten nach Artikel 9 Absatz 1 beruhen, sofern nicht Artikel 9 Absatz 2 Buchstabe a oder g

gilt und angemessene Maßnahmen zum Schutz der Rechte und Freiheiten sowie der berechtigten Interessen der betroffenen Person getroffen wurden.

Abschnitt 5. Beschränkungen

Art. 23 Beschränkungen

(1) Durch Rechtsvorschriften der Union oder der Mitgliedstaaten, denen der Verantwortliche oder der Auftragsverarbeiter unterliegt, können die Pflichten und Rechte gemäß den Artikeln 12 bis 22 und Artikel 34 sowie Artikel 5, insofern dessen Bestimmungen den in den Artikeln 12 bis 22 vorgesehenen Rechten und Pflichten entsprechen, im Wege von Gesetzgebungsmaßnahmen beschränkt werden, sofern eine solche Beschränkung den Wesensgehalt der Grundrechte und Grundfreiheiten achtet und in einer demokratischen Gesellschaft eine notwendige und verhältnismäßige Maßnahme darstellt, die Folgendes sicherstellt:

a) die nationale Sicherheit;
b) die Landesverteidigung;
c) die öffentliche Sicherheit;
d) die Verhütung, Ermittlung, Aufdeckung oder Verfolgung von Straftaten oder die Strafvollstreckung, einschließlich des Schutzes vor und der Abwehr von Gefahren für die öffentliche Sicherheit;
e) den Schutz sonstiger wichtiger Ziele des allgemeinen öffentlichen Interesses der Union oder eines Mitgliedstaats, insbesondere eines wichtigen wirtschaftlichen oder finanziellen Interesses der Union oder eines Mitgliedstaats, etwa im Währungs-, Haushalts- und Steuerbereich sowie im Bereich der öffentlichen Gesundheit und der sozialen Sicherheit;
f) den Schutz der Unabhängigkeit der Justiz und den Schutz von Gerichtsverfahren;
g) die Verhütung, Aufdeckung, Ermittlung und Verfolgung von Verstößen gegen die berufsständischen Regeln reglementierter Berufe;
h) Kontroll-, Überwachungs- und Ordnungsfunktionen, die dauernd oder zeitweise mit der Ausübung öffentlicher Gewalt für die unter den Buchstaben a bis e und g genannten Zwecke verbunden sind;
i) den Schutz der betroffenen Person oder der Rechte und Freiheiten anderer Personen;
j) die Durchsetzung zivilrechtlicher Ansprüche.

(2) Jede Gesetzgebungsmaßnahme im Sinne des Absatzes 1 muss insbesondere gegebenenfalls spezifische Vorschriften enthalten zumindest in Bezug auf

a) die Zwecke der Verarbeitung oder die Verarbeitungskategorien,
b) die Kategorien personenbezogener Daten,
c) den Umfang der vorgenommenen Beschränkungen,
d) die Garantien gegen Missbrauch oder unrechtmäßigen Zugang oder unrechtmäßige Übermittlung;
e) die Angaben zu dem Verantwortlichen oder den Kategorien von Verantwortlichen,
f) die jeweiligen Speicherfristen sowie die geltenden Garantien unter Berücksichtigung von Art, Umfang und Zwecken der Verarbeitung oder der Verarbeitungskategorien,
g) die Risiken für die Rechte und Freiheiten der betroffenen Personen und
h) das Recht der betroffenen Personen auf Unterrichtung über die Beschränkung, sofern dies nicht dem Zweck der Beschränkung abträglich ist.

Kapitel IV. Verantwortlicher und Auftragsverarbeiter

Abschnitt 1. Allgemeine Pflichten

Art. 24 Verantwortung des für die Verarbeitung Verantwortlichen

(1) ¹Der Verantwortliche setzt unter Berücksichtigung der Art, des Umfangs, der Umstände und der Zwecke der Verarbeitung sowie der unterschiedlichen Eintrittswahrscheinlichkeit und Schwere der Risiken für die Rechte und Freiheiten natürlicher Personen geeignete technische und organisatorische Maßnahmen um, um sicherzustellen und den Nachweis dafür erbringen zu können, dass die Verarbeitung gemäß dieser Verordnung erfolgt. ²Diese Maßnahmen werden erforderlichenfalls überprüft und aktualisiert.

(2) Sofern dies in einem angemessenen Verhältnis zu den Verarbeitungstätigkeiten steht, müssen die Maßnahmen gemäß Absatz 1 die Anwendung geeigneter Datenschutzvorkehrungen durch den Verantwortlichen umfassen.

(3) Die Einhaltung der genehmigten Verhaltensregeln gemäß Artikel 40 oder eines genehmigten Zertifizierungsverfahrens gemäß Artikel 42 kann als Gesichtspunkt herangezogen werden, um die Erfüllung der Pflichten des Verantwortlichen nachzuweisen.

Art. 25 Datenschutz durch Technikgestaltung und durch datenschutzfreundliche Voreinstellungen

(1) Unter Berücksichtigung des Stands der Technik, der Implementierungskosten und der Art, des Umfangs, der Umstände und der Zwecke der Verarbeitung sowie der unterschiedlichen Eintrittswahrscheinlichkeit und Schwere der mit der Verarbeitung verbundenen Risiken für die Rechte und Freiheiten natürlicher Personen trifft der Verantwortliche sowohl zum Zeitpunkt der Festlegung der Mittel für die Verarbeitung als auch zum Zeitpunkt der eigentlichen Verarbeitung geeignete technische und organisatorische Maßnahmen – wie z. B. Pseudonymisierung –, die dafür ausgelegt sind, die Datenschutzgrundsätze wie etwa Datenminimierung wirksam umzusetzen und die notwendigen Garantien in die Verarbeitung aufzunehmen, um den Anforderungen dieser Verordnung zu genügen und die Rechte der betroffenen Personen zu schützen.

(2) [1]Der Verantwortliche trifft geeignete technische und organisatorische Maßnahmen, die sicherstellen, dass durch Voreinstellung nur personenbezogene Daten, deren Verarbeitung für den jeweiligen bestimmten Verarbeitungszweck erforderlich ist, verarbeitet werden. [2]Diese Verpflichtung gilt für die Menge der erhobenen personenbezogenen Daten, den Umfang ihrer Verarbeitung, ihre Speicherfrist und ihre Zugänglichkeit. [3]Solche Maßnahmen müssen insbesondere sicherstellen, dass personenbezogene Daten durch Voreinstellungen nicht ohne Eingreifen der Person einer unbestimmten Zahl von natürlichen Personen zugänglich gemacht werden.

(3) Ein genehmigtes Zertifizierungsverfahren gemäß Artikel 42 kann als Faktor herangezogen werden, um die Erfüllung der in den Absätzen 1 und 2 des vorliegenden Artikels genannten Anforderungen nachzuweisen.

Art. 26 Gemeinsam Verantwortliche

(1) [1]Legen zwei oder mehr Verantwortliche gemeinsam die Zwecke der und die Mittel zur Verarbeitung fest, so sind sie gemeinsam Verantwortliche. [2]Sie legen in einer Vereinbarung in transparenter Form fest, wer von ihnen welche Verpflichtung gemäß dieser Verordnung erfüllt, insbesondere was die Wahrnehmung der Rechte der betroffenen Person angeht, und wer welchen Informationspflichten gemäß den Artikeln 13 und 14 nachkommt, sofern und soweit die jeweiligen Aufgaben der Verantwortlichen nicht durch Rechtsvorschriften der Union oder der Mitgliedstaaten, denen die Verantwortlichen unterliegen, festgelegt sind. [3]In der Vereinbarung kann eine Anlaufstelle für die betroffenen Personen angegeben werden.

(2) [1]Die Vereinbarung gemäß Absatz 1 muss die jeweiligen tatsächlichen Funktionen und Beziehungen der gemeinsam Verantwortlichen gegenüber betroffenen Personen gebührend widerspiegeln. [2]Das wesentliche der Vereinbarung wird der betroffenen Person zur Verfügung gestellt.

(3) Ungeachtet der Einzelheiten der Vereinbarung gemäß Absatz 1 kann die betroffene Person ihre Rechte im Rahmen dieser Verordnung bei und gegenüber jedem einzelnen der Verantwortlichen geltend machen.

Art. 27 Vertreter von nicht in der Union niedergelassenen Verantwortlichen oder Auftragsverarbeitern

(1) In den Fällen gemäß Artikel 3 Absatz 2 benennt der Verantwortliche oder der Auftragsverarbeiter schriftlich einen Vertreter in der Union.

(2) Die Pflicht gemäß Absatz 1 des vorliegenden Artikels gilt nicht für

a) eine Verarbeitung, die gelegentlich erfolgt, nicht die umfangreiche Verarbeitung besonderer Datenkategorien im Sinne des Artikels 9 Absatz 1 oder die umfangreiche Verarbeitung von personenbezogenen Daten über strafrechtliche Verurteilungen und Straftaten im Sinne des Artikels 10 einschließt und unter Berücksichtigung der Art, der Umstände, des Umfangs und

der Zwecke der Verarbeitung voraussichtlich nicht zu einem Risiko für die Rechte und Freiheiten natürlicher Personen führt, oder
b) Behörden oder öffentliche Stellen.

(3) Der Vertreter muss in einem der Mitgliedstaaten niedergelassen sein, in denen die betroffenen Personen, deren personenbezogene Daten im Zusammenhang mit den ihnen angebotenen Waren oder Dienstleistungen verarbeitet werden oder deren Verhalten beobachtet wird, sich befinden.

(4) Der Vertreter wird durch den Verantwortlichen oder den Auftragsverarbeiter beauftragt, zusätzlich zu diesem oder an seiner Stelle insbesondere für Aufsichtsbehörden und betroffene Personen bei sämtlichen Fragen im Zusammenhang mit der Verarbeitung zur Gewährleistung der Einhaltung dieser Verordnung als Anlaufstelle zu dienen.

(5) Die Benennung eines Vertreters durch den Verantwortlichen oder den Auftragsverarbeiter erfolgt unbeschadet etwaiger rechtlicher Schritte gegen den Verantwortlichen oder den Auftragsverarbeiter selbst.

Art. 28 Auftragsverarbeiter

(1) Erfolgt eine Verarbeitung im Auftrag eines Verantwortlichen, so arbeitet dieser nur mit Auftragsverarbeitern, die hinreichend Garantien dafür bieten, dass geeignete technische und organisatorische Maßnahmen so durchgeführt werden, dass die Verarbeitung im Einklang mit den Anforderungen dieser Verordnung erfolgt und den Schutz der Rechte der betroffenen Person gewährleistet.

(2) [1]Der Auftragsverarbeiter nimmt keinen weiteren Auftragsverarbeiter ohne vorherige gesonderte oder allgemeine schriftliche Genehmigung des Verantwortlichen in Anspruch. [2]Im Fall einer allgemeinen schriftlichen Genehmigung informiert der Auftragsverarbeiter den Verantwortlichen immer über jede beabsichtigte Änderung in Bezug auf die Hinzuziehung oder die Ersetzung anderer Auftragsverarbeiter, wodurch der Verantwortliche die Möglichkeit erhält, gegen derartige Änderungen Einspruch zu erheben.

(3) [1] [1]Die Verarbeitung durch einen Auftragsverarbeiter erfolgt auf der Grundlage eines Vertrags oder eines anderen Rechtsinstruments nach dem Unionsrecht oder dem Recht der Mitgliedstaaten, der bzw. das den Auftragsverarbeiter in Bezug auf den Verantwortlichen bindet und in dem Gegenstand und Dauer der Verarbeitung, Art und Zweck der Verarbeitung, die Art der personenbezogenen Daten, die Kategorien betroffener Personen und die Pflichten und Rechte des Verantwortlichen festgelegt sind. [2]Dieser Vertrag bzw. dieses andere Rechtsinstrument sieht insbesondere vor, dass der Auftragsverarbeiter
a) die personenbezogenen Daten nur auf dokumentierte Weisung des Verantwortlichen – auch in Bezug auf die Übermittlung personenbezogener Daten an ein Drittland oder eine internationale Organisation – verarbeitet, sofern er nicht durch das Recht der Union oder der Mitgliedstaaten, dem der Auftragsverarbeiter unterliegt, hierzu verpflichtet ist; in einem solchen Fall teilt der Auftragsverarbeiter dem Verantwortlichen diese rechtlichen Anforderungen vor der Verarbeitung mit, sofern das betreffende Recht eine solche Mitteilung nicht wegen eines wichtigen öffentlichen Interesses verbietet;
b) gewährleistet, dass sich die zur Verarbeitung der personenbezogenen Daten befugten Personen zur Vertraulichkeit verpflichtet haben oder einer angemessenen gesetzlichen Verschwiegenheitspflicht unterliegen;
c) alle gemäß Artikel 32 erforderlichen Maßnahmen ergreift;
d) die in den Absätzen 2 und 4 genannten Bedingungen für die Inanspruchnahme der Dienste eines weiteren Auftragsverarbeiters einhält;
e) angesichts der Art der Verarbeitung den Verantwortlichen nach Möglichkeit mit geeigneten technischen und organisatorischen Maßnahmen dabei unterstützt, seiner Pflicht zur Beantwortung von Anträgen auf Wahrnehmung der in Kapitel III genannten Rechte der betroffenen Person nachzukommen;
f) unter Berücksichtigung der Art der Verarbeitung und der ihm zur Verfügung stehenden Informationen den Verantwortlichen bei der Einhaltung der in den Artikeln 32 bis 36 genannten Pflichten unterstützt;
g) nach Abschluss der Erbringung der Verarbeitungsleistungen alle personenbezogenen Daten nach Wahl des Verantwortlichen entweder löscht oder zurückgibt und die vorhandenen

DS-GVO

Kopien löscht, sofern nicht nach dem Unionsrecht oder dem Recht der Mitgliedstaaten eine Verpflichtung zur Speicherung der personenbezogenen Daten besteht;

h) dem Verantwortlichen alle erforderlichen Informationen zum Nachweis der Einhaltung der in diesem Artikel niedergelegten Pflichten zur Verfügung stellt und Überprüfungen – einschließlich Inspektionen –, die vom Verantwortlichen oder einem anderen von diesem beauftragten Prüfer durchgeführt werden, ermöglicht und dazu beiträgt.

[2] Mit Blick auf Unterabsatz 1 Buchstabe h informiert der Auftragsverarbeiter den Verantwortlichen unverzüglich, falls er der Auffassung ist, dass eine Weisung gegen diese Verordnung oder gegen andere Datenschutzbestimmungen der Union oder der Mitgliedstaaten verstößt.

(4) [1]Nimmt der Auftragsverarbeiter die Dienste eines weiteren Auftragsverarbeiters in Anspruch, um bestimmte Verarbeitungstätigkeiten im Namen des Verantwortlichen auszuführen, so werden diesem weiteren Auftragsverarbeiter im Wege eines Vertrags oder eines anderen Rechtsinstruments nach dem Unionsrecht oder dem Recht des betreffenden Mitgliedstaats dieselben Datenschutzpflichten auferlegt, die in dem Vertrag oder anderen Rechtsinstrument zwischen dem Verantwortlichen und dem Auftragsverarbeiter gemäß Absatz 3 festgelegt sind, wobei insbesondere hinreichende Garantien dafür geboten werden muss, dass die geeigneten technischen und organisatorischen Maßnahmen so durchgeführt werden, dass die Verarbeitung entsprechend den Anforderungen dieser Verordnung erfolgt. [2]Kommt der weitere Auftragsverarbeiter seinen Datenschutzpflichten nicht nach, so haftet der erste Auftragsverarbeiter gegenüber dem Verantwortlichen für die Einhaltung der Pflichten jenes anderen Auftragsverarbeiters.

(5) Die Einhaltung genehmigter Verhaltensregeln gemäß Artikel 40 oder eines genehmigten Zertifizierungsverfahrens gemäß Artikel 42 durch einen Auftragsverarbeiter kann als Faktor herangezogen werden, um hinreichende Garantien im Sinne der Absätze 1 und 4 des vorliegenden Artikels nachzuweisen.

(6) Unbeschadet eines individuellen Vertrags zwischen dem Verantwortlichen und dem Auftragsverarbeiter kann der Vertrag oder das andere Rechtsinstrument im Sinne der Absätze 3 und 4 des vorliegenden Artikels ganz oder teilweise auf den in den Absätzen 7 und 8 des vorliegenden Artikels genannten Standardvertragsklauseln beruhen, auch wenn diese Bestandteil einer dem Verantwortlichen oder dem Auftragsverarbeiter gemäß den Artikeln 42 und 43 erteilten Zertifizierung sind.

(7) Die Kommission kann im Einklang mit dem Prüfverfahren gemäß Artikel 93 Absatz 2 Standardvertragsklauseln zur Regelung der in den Absätzen 3 und 4 des vorliegenden Artikels genannten Fragen festlegen.

(8) Eine Aufsichtsbehörde kann im Einklang mit dem Kohärenzverfahren gemäß Artikel 63 Standardvertragsklauseln zur Regelung der in den Absätzen 3 und 4 des vorliegenden Artikels genannten Fragen festlegen.

(9) Der Vertrag oder das andere Rechtsinstrument im Sinne der Absätze 3 und 4 ist schriftlich abzufassen, was auch in einem elektronischen Format erfolgen kann.

(10) Unbeschadet der Artikel 82, 83 und 84 gilt ein Auftragsverarbeiter, der unter Verstoß gegen diese Verordnung die Zwecke und Mittel der Verarbeitung bestimmt, in Bezug auf diese Verarbeitung als Verantwortlicher.

Art. 29 Verarbeitung unter der Aufsicht des Verantwortlichen oder des Auftragsverarbeiters

Der Auftragsverarbeiter und jede dem Verantwortlichen oder dem Auftragsverarbeiter unterstellte Person, die Zugang zu personenbezogenen Daten hat, dürfen diese Daten ausschließlich auf Weisung des Verantwortlichen verarbeiten, es sei denn, dass sie nach dem Unionsrecht oder dem Recht der Mitgliedstaaten zur Verarbeitung verpflichtet sind.

Art. 30 Verzeichnis von Verarbeitungstätigkeiten

(1) [1]Jeder Verantwortliche und gegebenenfalls sein Vertreter führen ein Verzeichnis aller Verarbeitungstätigkeiten, die ihrer Zuständigkeit unterliegen. [2]Dieses Verzeichnis enthält sämtliche folgenden Angaben:

a) den Namen und die Kontaktdaten des Verantwortlichen und gegebenenfalls des gemeinsam mit ihm Verantwortlichen, des Vertreters des Verantwortlichen sowie eines etwaigen Datenschutzbeauftragten;

b) die Zwecke der Verarbeitung;
c) eine Beschreibung der Kategorien betroffener Personen und der Kategorien personenbezogener Daten;
d) die Kategorien von Empfängern, gegenüber denen die personenbezogenen Daten offengelegt worden sind oder noch offengelegt werden, einschließlich Empfänger in Drittländern oder internationalen Organisationen;
e) gegebenenfalls Übermittlungen von personenbezogenen Daten an ein Drittland oder an eine internationale Organisation, einschließlich der Angabe des betreffenden Drittlands oder der betreffenden internationalen Organisation, sowie bei den in Artikel 49 Absatz 1 Unterabsatz 2 genannten Datenübermittlungen die Dokumentierung geeigneter Garantien;
f) wenn möglich, die vorgesehenen Fristen für die Löschung der verschiedenen Datenkategorien;
g) wenn möglich, eine allgemeine Beschreibung der technischen und organisatorischen Maßnahmen gemäß Artikel 32 Absatz 1.

(2) Jeder Auftragsverarbeiter und gegebenenfalls sein Vertreter führen ein Verzeichnis zu allen Kategorien von im Auftrag eines Verantwortlichen durchgeführten Tätigkeiten der Verarbeitung, die Folgendes enthält:

a) den Namen und die Kontaktdaten des Auftragsverarbeiters oder der Auftragsverarbeiter und jedes Verantwortlichen, in dessen Auftrag der Auftragsverarbeiter tätig ist, sowie gegebenenfalls des Vertreters des Verantwortlichen oder des Auftragsverarbeiters und eines etwaigen Datenschutzbeauftragten;
b) die Kategorien von Verarbeitungen, die im Auftrag jedes Verantwortlichen durchgeführt werden;
c) gegebenenfalls Übermittlungen von personenbezogenen Daten an ein Drittland oder an eine internationale Organisation, einschließlich der Angabe des betreffenden Drittlands oder der betreffenden internationalen Organisation, sowie bei den in Artikel 49 Absatz 1 Unterabsatz 2 genannten Datenübermittlungen die Dokumentierung geeigneter Garantien;
d) wenn möglich, eine allgemeine Beschreibung der technischen und organisatorischen Maßnahmen gemäß Artikel 32 Absatz 1.

(3) Das in den Absätzen 1 und 2 genannte Verzeichnis ist schriftlich zu führen, was auch in einem elektronischen Format erfolgen kann.

(4) Der Verantwortliche oder der Auftragsverarbeiter sowie gegebenenfalls der Vertreter des Verantwortlichen oder des Auftragsverarbeiters stellen der Aufsichtsbehörde das Verzeichnis auf Anfrage zur Verfügung.

(5) Die in den Absätzen 1 und 2 genannten Pflichten gelten nicht für Unternehmen oder Einrichtungen, die weniger als 250 Mitarbeiter beschäftigen, es sei denn, die von ihnen vorgenommene Verarbeitung birgt ein Risiko für die Rechte und Freiheiten der betroffenen Personen, die Verarbeitung erfolgt nicht nur gelegentlich oder es erfolgt eine Verarbeitung besonderer Datenkategorien gemäß Artikel 9 Absatz 1 bzw. die Verarbeitung von personenbezogenen Daten über strafrechtliche Verurteilungen und Straftaten im Sinne des Artikels 10.

Art. 31 Zusammenarbeit mit der Aufsichtsbehörde

Der Verantwortliche und der Auftragsverarbeiter und gegebenenfalls deren Vertreter arbeiten auf Anfrage mit der Aufsichtsbehörde bei der Erfüllung ihrer Aufgaben zusammen.

Abschnitt 2. Sicherheit personenbezogener Daten

Art. 32 Sicherheit der Verarbeitung

(1) Unter Berücksichtigung des Stands der Technik, der Implementierungskosten und der Art, des Umfangs, der Umstände und der Zwecke der Verarbeitung sowie der unterschiedlichen Eintrittswahrscheinlichkeit und Schwere des Risikos für die Rechte und Freiheiten natürlicher Personen treffen der Verantwortliche und der Auftragsverarbeiter geeignete technische und organisatorische Maßnahmen, um ein dem Risiko angemessenes Schutzniveau zu gewährleisten; diese Maßnahmen schließen gegebenenfalls unter anderem Folgendes ein:

a) die Pseudonymisierung und Verschlüsselung personenbezogener Daten;
b) die Fähigkeit, die Vertraulichkeit, Integrität, Verfügbarkeit und Belastbarkeit der Systeme und Dienste im Zusammenhang mit der Verarbeitung auf Dauer sicherzustellen;

c) die Fähigkeit, die Verfügbarkeit der personenbezogenen Daten und den Zugang zu ihnen bei einem physischen oder technischen Zwischenfall rasch wiederherzustellen;
d) ein Verfahren zur regelmäßigen Überprüfung, Bewertung und Evaluierung der Wirksamkeit der technischen und organisatorischen Maßnahmen zur Gewährleistung der Sicherheit der Verarbeitung.

(2) Bei der Beurteilung des angemessenen Schutzniveaus sind insbesondere die Risiken zu berücksichtigen, die mit der Verarbeitung verbunden sind, insbesondere durch – ob unbeabsichtigt oder unrechtmäßig – Vernichtung, Verlust, Veränderung oder unbefugte Offenlegung von beziehungsweise unbefugten Zugang zu personenbezogenen Daten, die übermittelt, gespeichert oder auf andere Weise verarbeitet wurden.

(3) Die Einhaltung genehmigter Verhaltensregeln gemäß Artikel 40 oder eines genehmigten Zertifizierungsverfahrens gemäß Artikel 42 kann als Faktor herangezogen werden, um die Erfüllung der in Absatz 1 des vorliegenden Artikels genannten Anforderungen nachzuweisen.

(4) Der Verantwortliche und der Auftragsverarbeiter unternehmen Schritte, um sicherzustellen, dass ihnen unterstellte natürliche Personen, die Zugang zu personenbezogenen Daten haben, diese nur auf Anweisung des Verantwortlichen verarbeiten, es sei denn, sie sind nach dem Recht der Union oder der Mitgliedstaaten zur Verarbeitung verpflichtet.

Art. 33 Meldung von Verletzungen des Schutzes personenbezogener Daten an die Aufsichtsbehörde

(1) [1] Im Falle einer Verletzung des Schutzes personenbezogener Daten meldet der Verantwortliche unverzüglich und möglichst binnen 72 Stunden, nachdem ihm die Verletzung bekannt wurde, diese der gemäß Artikel 55 zuständigen Aufsichtsbehörde, es sei denn, dass die Verletzung des Schutzes personenbezogener Daten voraussichtlich nicht zu einem Risiko für die Rechte und Freiheiten natürlicher Personen führt. [2] Erfolgt die Meldung an die Aufsichtsbehörde nicht binnen 72 Stunden, so ist ihr eine Begründung für die Verzögerung beizufügen.

(2) Wenn dem Auftragsverarbeiter eine Verletzung des Schutzes personenbezogener Daten bekannt wird, meldet er diese dem Verantwortlichen unverzüglich.

(3) Die Meldung gemäß Absatz 1 enthält zumindest folgende Informationen:
a) eine Beschreibung der Art der Verletzung des Schutzes personenbezogener Daten, soweit möglich mit Angabe der Kategorien und der ungefähren Zahl der betroffenen Personen, der betroffenen Kategorien und der ungefähren Zahl der betroffenen personenbezogenen Datensätze;
b) den Namen und die Kontaktdaten des Datenschutzbeauftragten oder einer sonstigen Anlaufstelle für weitere Informationen;
c) eine Beschreibung der wahrscheinlichen Folgen der Verletzung des Schutzes personenbezogener Daten;
d) eine Beschreibung der von dem Verantwortlichen ergriffenen oder vorgeschlagenen Maßnahmen zur Behebung der Verletzung des Schutzes personenbezogener Daten und gegebenenfalls Maßnahmen zur Abmilderung ihrer möglichen nachteiligen Auswirkungen.

(4) Wenn und soweit die Informationen nicht zur gleichen Zeit bereitgestellt werden können, kann der Verantwortliche diese Informationen ohne unangemessene weitere Verzögerung schrittweise zur Verfügung stellen.

(5) [1] Der Verantwortliche dokumentiert Verletzungen des Schutzes personenbezogener Daten einschließlich aller im Zusammenhang mit der Verletzung des Schutzes personenbezogener Daten stehenden Fakten, von deren Auswirkungen und der ergriffenen Abhilfemaßnahmen. [2] Diese Dokumentation muss der Aufsichtsbehörde die Überprüfung der Einhaltung der Bestimmungen dieses Artikels ermöglichen.

Art. 34 Benachrichtigung der von einer Verletzung des Schutzes personenbezogener Daten betroffenen Person

(1) Hat die Verletzung des Schutzes personenbezogener Daten voraussichtlich ein hohes Risiko für die persönlichen Rechte und Freiheiten natürlicher Personen zur Folge, so benachrichtigt der Verantwortliche die betroffene Person unverzüglich von der Verletzung.

(2) Die in Absatz 1 genannte Benachrichtigung der betroffenen Person beschreibt in klarer und einfacher Sprache die Art der Verletzung des Schutzes personenbezogener Daten und

enthält zumindest die in Artikel 33 Absatz 3 Buchstaben b, c und d genannten Informationen und Maßnahmen.

(3) Die Benachrichtigung der betroffenen Person gemäß Absatz 1 ist nicht erforderlich, wenn eine der folgenden Bedingungen erfüllt ist:

a) der Verantwortliche geeignete technische und organisatorische Sicherheitsvorkehrungen getroffen hat und diese Vorkehrungen auf die von der Verletzung betroffenen personenbezogenen Daten angewandt wurden, insbesondere solche, durch die die personenbezogenen Daten für alle Personen, die nicht zum Zugang zu den personenbezogenen Daten befugt sind, unzugänglich gemacht werden, etwa durch Verschlüsselung;

b) der Verantwortliche durch nachfolgende Maßnahmen sichergestellt hat, dass das hohe Risiko für die Rechte und Freiheiten der betroffenen Personen gemäß Absatz 1 aller Wahrscheinlichkeit nach nicht mehr besteht;

c) dies mit einem unverhältnismäßigen Aufwand verbunden wäre. In diesem Fall hat stattdessen eine öffentliche Bekanntmachung oder eine ähnliche Maßnahme zu erfolgen, durch die die betroffenen Personen vergleichbar wirksam informiert werden.

(4) Wenn der Verantwortliche die betroffene Person nicht bereits über die Verletzung des Schutzes personenbezogener Daten benachrichtigt hat, kann die Aufsichtsbehörde unter Berücksichtigung der Wahrscheinlichkeit, mit der die Verletzung des Schutzes personenbezogener Daten zu einem hohen Risiko führt, von dem Verantwortlichen verlangen, dies nachzuholen, oder sie kann mit einem Beschluss feststellen, dass bestimmte der in Absatz 3 genannten Voraussetzungen erfüllt sind.

Abschnitt 3. Datenschutz-Folgenabschätzung und vorherige Konsultation
Art. 35 Datenschutz-Folgenabschätzung

(1) ¹Hat eine Form der Verarbeitung, insbesondere bei Verwendung neuer Technologien, aufgrund der Art, des Umfangs, der Umstände und der Zwecke der Verarbeitung voraussichtlich ein hohes Risiko für die Rechte und Freiheiten natürlicher Personen zur Folge, so führt der Verantwortliche vorab eine Abschätzung der Folgen der vorgesehenen Verarbeitungsvorgänge für den Schutz personenbezogener Daten durch. ²Für die Untersuchung mehrerer ähnlicher Verarbeitungsvorgänge mit ähnlich hohen Risiken kann eine einzige Abschätzung vorgenommen werden.

(2) Der Verantwortliche holt bei der Durchführung einer Datenschutz-Folgenabschätzung den Rat des Datenschutzbeauftragten, sofern ein solcher benannt wurde, ein.

(3) Eine Datenschutz-Folgenabschätzung gemäß Absatz 1 ist insbesondere in folgenden Fällen erforderlich:

a) systematische und umfassende Bewertung persönlicher Aspekte natürlicher Personen, die sich auf automatisierte Verarbeitung einschließlich Profiling gründet und die ihrerseits als Grundlage für Entscheidungen dient, die Rechtswirkung gegenüber natürlichen Personen entfalten oder diese in ähnlich erheblicher Weise beeinträchtigen;

b) umfangreiche Verarbeitung besonderer Kategorien von personenbezogenen Daten gemäß Artikel 9 Absatz 1 oder von personenbezogenen Daten über strafrechtliche Verurteilungen und Straftaten gemäß Artikel 10 oder

c) systematische umfangreiche Überwachung öffentlich zugänglicher Bereiche.

(4) ¹Die Aufsichtsbehörde erstellt eine Liste der Verarbeitungsvorgänge, für die gemäß Absatz 1 eine Datenschutz-Folgenabschätzung durchzuführen ist, und veröffentlicht diese. ²Die Aufsichtsbehörde übermittelt diese Listen dem in Artikel 68 genannten Ausschuss.

(5) ¹Die Aufsichtsbehörde kann des Weiteren eine Liste der Arten von Verarbeitungsvorgängen erstellen und veröffentlichen, für die keine Datenschutz-Folgenabschätzung erforderlich ist. ²Die Aufsichtsbehörde übermittelt diese Listen dem Ausschuss.

(6) Vor Festlegung der in den Absätzen 4 und 5 genannten Listen wendet die zuständige Aufsichtsbehörde das Kohärenzverfahren gemäß Artikel 63 an, wenn solche Listen Verarbeitungstätigkeiten umfassen, die mit dem Angebot von Waren oder Dienstleistungen für betroffene Personen oder der Beobachtung des Verhaltens dieser Personen in mehreren Mitgliedstaaten im Zusammenhang stehen oder die den freien Verkehr personenbezogener Daten innerhalb der Union erheblich beeinträchtigen könnten.

DS-GVO

(7) Die Folgenabschätzung enthält zumindest Folgendes:
a) eine systematische Beschreibung der geplanten Verarbeitungsvorgänge und der Zwecke der Verarbeitung, gegebenenfalls einschließlich der von dem Verantwortlichen verfolgten berechtigten Interessen;
b) eine Bewertung der Notwendigkeit und Verhältnismäßigkeit der Verarbeitungsvorgänge in Bezug auf den Zweck;
c) eine Bewertung der Risiken für die Rechte und Freiheiten der betroffenen Personen gemäß Absatz 1 und
d) die zur Bewältigung der Risiken geplanten Abhilfemaßnahmen, einschließlich Garantien, Sicherheitsvorkehrungen und Verfahren, durch die der Schutz personenbezogener Daten sichergestellt und der Nachweis dafür erbracht wird, dass diese Verordnung eingehalten wird, wobei den Rechten und berechtigten Interessen der betroffenen Personen und sonstiger Betroffener Rechnung getragen wird.

(8) Die Einhaltung genehmigter Verhaltensregeln gemäß Artikel 40 durch die zuständigen Verantwortlichen oder die zuständigen Auftragsverarbeiter ist bei der Beurteilung der Auswirkungen der von diesen durchgeführten Verarbeitungsvorgänge, insbesondere für die Zwecke einer Datenschutz-Folgenabschätzung, gebührend zu berücksichtigen.

(9) Der Verantwortliche holt gegebenenfalls den Standpunkt der betroffenen Personen oder ihrer Vertreter zu der beabsichtigten Verarbeitung unbeschadet des Schutzes gewerblicher oder öffentlicher Interessen oder der Sicherheit der Verarbeitungsvorgänge ein.

(10) Falls die Verarbeitung gemäß Artikel 6 Absatz 1 Buchstabe c oder e auf einer Rechtsgrundlage im Unionsrecht oder im Recht des Mitgliedstaats, dem der Verantwortliche unterliegt, beruht und falls diese Rechtsvorschriften den konkreten Verarbeitungsvorgang oder die konkreten Verarbeitungsvorgänge regeln und bereits im Rahmen der allgemeinen Folgenabschätzung im Zusammenhang mit dem Erlass dieser Rechtsgrundlage eine Datenschutz-Folgenabschatzung erfolgte, gelten die Absätze 1 bis 7 nur, wenn es nach dem Ermessen der Mitgliedstaaten erforderlich ist, vor den betreffenden Verarbeitungstätigkeiten eine solche Folgenabschätzung durchzuführen.

(11) Erforderlichenfalls führt der Verantwortliche eine Überprüfung durch, um zu bewerten, ob die Verarbeitung gemäß der Datenschutz-Folgenabschätzung durchgeführt wird; dies gilt zumindest, wenn hinsichtlich des mit den Verarbeitungsvorgängen verbundenen Risikos Änderungen eingetreten sind.

Art. 36 Vorherige Konsultation

(1) Der Verantwortliche konsultiert vor der Verarbeitung die Aufsichtsbehörde, wenn aus einer Datenschutz-Folgenabschätzung gemäß Artikel 35 hervorgeht, dass die Verarbeitung ein hohes Risiko zur Folge hätte, sofern der Verantwortliche keine Maßnahmen zur Eindämmung des Risikos trifft.

(2) [1]Falls die Aufsichtsbehörde der Auffassung ist, dass die geplante Verarbeitung gemäß Absatz 1 nicht im Einklang mit dieser Verordnung stünde, insbesondere weil der Verantwortliche das Risiko nicht ausreichend ermittelt oder nicht ausreichend eingedämmt hat, unterbreitet sie dem Verantwortlichen und gegebenenfalls dem Auftragsverarbeiter innerhalb eines Zeitraums von bis zu acht Wochen nach Erhalt des Ersuchens um Konsultation entsprechende schriftliche Empfehlungen und kann ihre in Artikel 58 genannten Befugnisse ausüben. [2]Diese Frist kann unter Berücksichtigung der Komplexität der geplanten Verarbeitung um sechs Wochen verlängert werden. [3]Die Aufsichtsbehörde unterrichtet den Verantwortlichen oder gegebenenfalls den Auftragsverarbeiter über eine solche Fristverlängerung innerhalb eines Monats nach Eingang des Antrags auf Konsultation zusammen mit den Gründen für die Verzögerung. [4]Diese Fristen können ausgesetzt werden, bis die Aufsichtsbehörde die für die Zwecke der Konsultation angeforderten Informationen erhalten hat.

(3) Der Verantwortliche stellt der Aufsichtsbehörde bei einer Konsultation gemäß Absatz 1 folgende Informationen zur Verfügung:
a) gegebenenfalls Angaben zu den jeweiligen Zuständigkeiten des Verantwortlichen, der gemeinsam Verantwortlichen und der an der Verarbeitung beteiligten Auftragsverarbeiter, insbesondere bei einer Verarbeitung innerhalb einer Gruppe von Unternehmen;
b) die Zwecke und die Mittel der beabsichtigten Verarbeitung;

c) die zum Schutz der Rechte und Freiheiten der betroffenen Personen gemäß dieser Verordnung vorgesehenen Maßnahmen und Garantien;
d) gegebenenfalls die Kontaktdaten des Datenschutzbeauftragten;
e) die Datenschutz-Folgenabschätzung gemäß Artikel 35 und
f) alle sonstigen von der Aufsichtsbehörde angeforderten Informationen.

(4) Die Mitgliedstaaten konsultieren die Aufsichtsbehörde bei der Ausarbeitung eines Vorschlags für von einem nationalen Parlament zu erlassende Gesetzgebungsmaßnahmen oder von auf solchen Gesetzgebungsmaßnahmen basierenden Regelungsmaßnahmen, die die Verarbeitung betreffen.

(5) Ungeachtet des Absatzes 1 können Verantwortliche durch das Recht der Mitgliedstaaten verpflichtet werden, bei der Verarbeitung zur Erfüllung einer im öffentlichen Interesse liegenden Aufgabe, einschließlich der Verarbeitung zu Zwecken der sozialen Sicherheit und der öffentlichen Gesundheit, die Aufsichtsbehörde zu konsultieren und deren vorherige Genehmigung einzuholen.

Abschnitt 4. Datenschutzbeauftragter

Art. 37 Benennung eines Datenschutzbeauftragten

(1) Der Verantwortliche und der Auftragsverarbeiter benennen auf jeden Fall einen Datenschutzbeauftragten, wenn
a) die Verarbeitung von einer Behörde oder öffentlichen Stelle durchgeführt wird, mit Ausnahme von Gerichten, soweit sie im Rahmen ihrer justiziellen Tätigkeit handeln,
b) die Kerntätigkeit des Verantwortlichen oder des Auftragsverarbeiters in der Durchführung von Verarbeitungsvorgängen besteht, welche aufgrund ihrer Art, ihres Umfangs und/oder ihrer Zwecke eine umfangreiche regelmäßige und systematische Überwachung von betroffenen Personen erforderlich machen, oder
c) die Kerntätigkeit des Verantwortlichen oder des Auftragsverarbeiters in der umfangreichen Verarbeitung besonderer Kategorien von Daten gemäß Artikel 9 oder von personenbezogenen Daten über strafrechtliche Verurteilungen und Straftaten gemäß Artikel 10 besteht.

(2) Eine Unternehmensgruppe darf einen gemeinsamen Datenschutzbeauftragten ernennen, sofern von jeder Niederlassung aus der Datenschutzbeauftragte leicht erreicht werden kann.

(3) Falls es sich bei dem Verantwortlichen oder dem Auftragsverarbeiter um eine Behörde oder öffentliche Stelle handelt, kann für mehrere solcher Behörden oder Stellen unter Berücksichtigung ihrer Organisationsstruktur und ihrer Größe ein gemeinsamer Datenschutzbeauftragter benannt werden.

(4) ^{1}In anderen als den in Absatz 1 genannten Fällen können der Verantwortliche oder der Auftragsverarbeiter oder Verbände und andere Vereinigungen, die Kategorien von Verantwortlichen oder Auftragsverarbeitern vertreten, einen Datenschutzbeauftragten benennen; falls dies nach dem Recht der Union oder der Mitgliedstaaten vorgeschrieben ist, müssen sie einen solchen benennen. ^{2}Der Datenschutzbeauftragte kann für derartige Verbände und andere Vereinigungen, die Verantwortliche oder Auftragsverarbeiter vertreten, handeln.

(5) Der Datenschutzbeauftragte wird auf der Grundlage seiner beruflichen Qualifikation und insbesondere des Fachwissens benannt, das er auf dem Gebiet des Datenschutzrechts und der Datenschutzpraxis besitzt, sowie auf der Grundlage seiner Fähigkeit zur Erfüllung der in Artikel 39 genannten Aufgaben.

(6) Der Datenschutzbeauftragte kann Beschäftigter des Verantwortlichen oder des Auftragsverarbeiters sein oder seine Aufgaben auf der Grundlage eines Dienstleistungsvertrags erfüllen.

(7) Der Verantwortliche oder der Auftragsverarbeiter veröffentlicht die Kontaktdaten des Datenschutzbeauftragten und teilt diese Daten der Aufsichtsbehörde mit.

Art. 38 Stellung des Datenschutzbeauftragten

(1) Der Verantwortliche und der Auftragsverarbeiter stellen sicher, dass der Datenschutzbeauftragte ordnungsgemäß und frühzeitig in alle mit dem Schutz personenbezogener Daten zusammenhängenden Fragen eingebunden wird.

(2) Der Verantwortliche und der Auftragsverarbeiter unterstützen den Datenschutzbeauftragten bei der Erfüllung seiner Aufgaben gemäß Artikel 39, indem sie die für die Erfüllung dieser Aufgaben erforderlichen Ressourcen und den Zugang zu personenbezogenen Daten und Ver-

arbeitungsvorgängen sowie die zur Erhaltung seines Fachwissens erforderlichen Ressourcen zur Verfügung stellen.

(3) [1]Der Verantwortliche und der Auftragsverarbeiter stellen sicher, dass der Datenschutzbeauftragte bei der Erfüllung seiner Aufgaben keine Anweisungen bezüglich der Ausübung dieser Aufgaben erhält. [2]Der Datenschutzbeauftragte darf von dem Verantwortlichen oder dem Auftragsverarbeiter wegen der Erfüllung seiner Aufgaben nicht abberufen oder benachteiligt werden. [3]Der Datenschutzbeauftragte berichtet unmittelbar der höchsten Managementebene des Verantwortlichen oder des Auftragsverarbeiters.

(4) Betroffene Personen können den Datenschutzbeauftragten zu allen mit der Verarbeitung ihrer personenbezogenen Daten und mit der Wahrnehmung ihrer Rechte gemäß dieser Verordnung im Zusammenhang stehenden Fragen zu Rate ziehen.

(5) Der Datenschutzbeauftragte ist nach dem Recht der Union oder der Mitgliedstaaten bei der Erfüllung seiner Aufgaben an die Wahrung der Geheimhaltung oder der Vertraulichkeit gebunden.

(6) [1]Der Datenschutzbeauftragte kann andere Aufgaben und Pflichten wahrnehmen. [2]Der Verantwortliche oder der Auftragsverarbeiter stellt sicher, dass derartige Aufgaben und Pflichten nicht zu einem Interessenkonflikt führen.

Art. 39 Aufgaben des Datenschutzbeauftragten

(1) Dem Datenschutzbeauftragten obliegen zumindest folgende Aufgaben:
a) Unterrichtung und Beratung des Verantwortlichen oder des Auftragsverarbeiters und der Beschäftigten, die Verarbeitungen durchführen, hinsichtlich ihrer Pflichten nach dieser Verordnung sowie nach sonstigen Datenschutzvorschriften der Union bzw. der Mitgliedstaaten;
b) Überwachung der Einhaltung dieser Verordnung, anderer Datenschutzvorschriften der Union bzw. der Mitgliedstaaten sowie der Strategien des Verantwortlichen oder des Auftragsverarbeiters für den Schutz personenbezogener Daten einschließlich der Zuweisung von Zuständigkeiten, der Sensibilisierung und Schulung der an den Verarbeitungsvorgängen beteiligten Mitarbeiter und der diesbezüglichen Überprüfungen;
c) Beratung – auf Anfrage – im Zusammenhang mit der Datenschutz-Folgenabschätzung und Überwachung ihrer Durchführung gemäß Artikel 35;
d) Zusammenarbeit mit der Aufsichtsbehörde;
e) Tätigkeit als Anlaufstelle für die Aufsichtsbehörde in mit der Verarbeitung zusammenhängenden Fragen, einschließlich der vorherigen Konsultation gemäß Artikel 36, und gegebenenfalls Beratung zu allen sonstigen Fragen.

(2) Der Datenschutzbeauftragte trägt bei der Erfüllung seiner Aufgaben dem mit den Verarbeitungsvorgängen verbundenen Risiko gebührend Rechnung, wobei er die Art, den Umfang, die Umstände und die Zwecke der Verarbeitung berücksichtigt.

Abschnitt 5. Verhaltensregeln und Zertifizierung

Art. 40 Verhaltensregeln

(1) Die Mitgliedstaaten, die Aufsichtsbehörden, der Ausschuss und die Kommission fördern die Ausarbeitung von Verhaltensregeln, die nach Maßgabe der Besonderheiten der einzelnen Verarbeitungsbereiche und der besonderen Bedürfnisse von Kleinstunternehmen sowie kleinen und mittleren Unternehmen zur ordnungsgemäßen Anwendung dieser Verordnung beitragen sollen.

(2) Verbände und andere Vereinigungen, die Kategorien von Verantwortlichen oder Auftragsverarbeitern vertreten, können Verhaltensregeln ausarbeiten oder ändern oder erweitern, mit denen die Anwendung dieser Verordnung beispielsweise zu dem Folgenden präzisiert wird:
a) faire und transparente Verarbeitung;
b) die berechtigten Interessen des Verantwortlichen in bestimmten Zusammenhängen;
c) Erhebung personenbezogener Daten;
d) Pseudonymisierung personenbezogener Daten;
e) Unterrichtung der Öffentlichkeit und der betroffenen Personen;
f) Ausübung der Rechte betroffener Personen;
g) Unterrichtung und Schutz von Kindern und Art und Weise, in der die Einwilligung des Trägers der elterlichen Verantwortung für das Kind einzuholen ist;

h) die Maßnahmen und Verfahren gemäß den Artikeln 24 und 25 und die Maßnahmen für die Sicherheit der Verarbeitung gemäß Artikel 32;
i) die Meldung von Verletzungen des Schutzes personenbezogener Daten an Aufsichtsbehörden und die Benachrichtigung der betroffenen Person von solchen Verletzungen des Schutzes personenbezogener Daten;
j) die Übermittlung personenbezogener Daten an Drittländer oder an internationale Organisationen oder
k) außergerichtliche Verfahren und sonstige Streitbeilegungsverfahren zur Beilegung von Streitigkeiten zwischen Verantwortlichen und betroffenen Personen im Zusammenhang mit der Verarbeitung, unbeschadet der Rechte betroffener Personen gemäß den Artikeln 77 und 79.

(3) ¹Zusätzlich zur Einhaltung durch die unter diese Verordnung fallenden Verantwortlichen oder Auftragsverarbeiter können Verhaltensregeln, die gemäß Absatz 5 des vorliegenden Artikels genehmigt wurden und gemäß Absatz 9 des vorliegenden Artikels allgemeine Gültigkeit besitzen, auch von Verantwortlichen oder Auftragsverarbeitern, die gemäß Artikel 3 nicht unter diese Verordnung fallen, eingehalten werden, um geeignete Garantien im Rahmen der Übermittlung personenbezogener Daten an Drittländer oder internationale Organisationen nach Maßgabe des Artikels 46 Absatz 2 Buchstabe e zu bieten. ²Diese Verantwortlichen oder Auftragsverarbeiter gehen mittels vertraglicher oder sonstiger rechtlich bindender Instrumente die verbindliche und durchsetzbare Verpflichtung ein, die geeigneten Garantien anzuwenden, auch im Hinblick auf die Rechte der betroffenen Personen.

(4) Die Verhaltensregeln gemäß Absatz 2 des vorliegenden Artikels müssen Verfahren vorsehen, die es der in Artikel 41 Absatz 1 genannten Stelle ermöglichen, die obligatorische Überwachung der Einhaltung ihrer Bestimmungen durch die Verantwortlichen oder die Auftragsverarbeiter, die sich zur Anwendung der Verhaltensregeln verpflichten, vorzunehmen, unbeschadet der Aufgaben und Befugnisse der Aufsichtsbehörde, die nach Artikel 55 oder 56 zuständig ist.

(5) ¹Verbände und andere Vereinigungen gemäß Absatz 2 des vorliegenden Artikels, die beabsichtigen, Verhaltensregeln auszuarbeiten oder bestehende Verhaltensregeln zu ändern oder zu erweitern, legen den Entwurf der Verhaltensregeln bzw. den Entwurf zu deren Änderung oder Erweiterung der Aufsichtsbehörde vor, die nach Artikel 55 zuständig ist. ²Die Aufsichtsbehörde gibt eine Stellungnahme darüber ab, ob der Entwurf der Verhaltensregeln bzw. der Entwurf zu deren Änderung oder Erweiterung mit dieser Verordnung vereinbar ist und genehmigt diesen Entwurf der Verhaltensregeln bzw. den Entwurf zu deren Änderung oder Erweiterung, wenn sie der Auffassung ist, dass er ausreichende geeignete Garantien bietet.

(6) Wird durch die Stellungnahme nach Absatz 5 der Entwurf der Verhaltensregeln bzw. der Entwurf zu deren Änderung oder Erweiterung genehmigt und beziehen sich die betreffenden Verhaltensregeln nicht auf Verarbeitungstätigkeiten in mehreren Mitgliedstaaten, so nimmt die Aufsichtsbehörde die Verhaltensregeln in ein Verzeichnis auf und veröffentlicht sie.

(7) Bezieht sich der Entwurf der Verhaltensregeln auf Verarbeitungstätigkeiten in mehreren Mitgliedstaaten, so legt die nach Artikel 55 zuständige Aufsichtsbehörde – bevor sie den Entwurf der Verhaltensregeln bzw. den Entwurf zu deren Änderung oder Erweiterung genehmigt – ihn nach dem Verfahren gemäß Artikel 63 dem Ausschuss vor, der zu der Frage Stellung nimmt, ob der Entwurf der Verhaltensregeln bzw. der Entwurf zu deren Änderung oder Erweiterung mit dieser Verordnung vereinbar ist oder – im Fall nach Absatz 3 dieses Artikels – geeignete Garantien vorsieht.

(8) Wird durch die Stellungnahme nach Absatz 7 bestätigt, dass der Entwurf der Verhaltensregeln bzw. der Entwurf zu deren Änderung oder Erweiterung mit dieser Verordnung vereinbar ist oder – im Fall nach Absatz 3 – geeignete Garantien vorsieht, so übermittelt der Ausschuss seine Stellungnahme der Kommission.

(9) ¹Die Kommission kann im Wege von Durchführungsrechtsakten beschließen, dass die ihr gemäß Absatz 8 übermittelten genehmigten Verhaltensregeln bzw. deren genehmigte Änderung oder Erweiterung allgemeine Gültigkeit in der Union besitzen. ²Diese Durchführungsrechtsakte werden gemäß dem Prüfverfahren nach Artikel 93 Absatz 2 erlassen.

(10) Die Kommission trägt dafür Sorge, dass die genehmigten Verhaltensregeln, denen gemäß Absatz 9 allgemeine Gültigkeit zuerkannt wurde, in geeigneter Weise veröffentlicht werden.

(11) Der Ausschuss nimmt alle genehmigten Verhaltensregeln bzw. deren genehmigte Änderungen oder Erweiterungen in ein Register auf und veröffentlicht sie in geeigneter Weise.

DS-GVO

Art. 41 Überwachung der genehmigten Verhaltensregeln

(1) Unbeschadet der Aufgaben und Befugnisse der zuständigen Aufsichtsbehörde gemäß den Artikeln 57 und 58 kann die Überwachung der Einhaltung von Verhaltensregeln gemäß Artikel 40 von einer Stelle durchgeführt werden, die über das geeignete Fachwissen hinsichtlich des Gegenstands der Verhaltensregeln verfügt und die von der zuständigen Aufsichtsbehörde zu diesem Zweck akkreditiert wurde.

(2) Eine Stelle gemäß Absatz 1 kann zum Zwecke der Überwachung der Einhaltung von Verhaltensregeln akkreditiert werden, wenn sie

a) ihre Unabhängigkeit und ihr Fachwissen hinsichtlich des Gegenstands der Verhaltensregeln zur Zufriedenheit der zuständigen Aufsichtsbehörde nachgewiesen hat;
b) Verfahren festgelegt hat, die es ihr ermöglichen, zu bewerten, ob Verantwortliche und Auftragsverarbeiter die Verhaltensregeln anwenden können, die Einhaltung der Verhaltensregeln durch die Verantwortlichen und Auftragsverarbeiter zu überwachen und die Anwendung der Verhaltensregeln regelmäßig zu überprüfen;
c) Verfahren und Strukturen festgelegt hat, mit denen sie Beschwerden über Verletzungen der Verhaltensregeln oder über die Art und Weise, in der die Verhaltensregeln von dem Verantwortlichen oder dem Auftragsverarbeiter angewendet werden oder wurden, nachgeht und diese Verfahren und Strukturen für betroffene Personen und die Öffentlichkeit transparent macht, und
d) zur Zufriedenheit der zuständigen Aufsichtsbehörde nachgewiesen hat, dass ihre Aufgaben und Pflichten nicht zu einem Interessenkonflikt führen.

(3) Die zuständige Aufsichtsbehörde übermittelt den Entwurf der Anforderungen an die Akkreditierung einer Stelle nach Absatz 1 gemäß dem Kohärenzverfahren nach Artikel 63 an den Ausschuss.

(4) [1]Unbeschadet der Aufgaben und Befugnisse der zuständigen Aufsichtsbehörde und der Bestimmungen des Kapitels VIII ergreift eine Stelle gemäß Absatz 1 vorbehaltlich geeigneter Garantien im Falle einer Verletzung der Verhaltensregeln durch einen Verantwortlichen oder einen Auftragsverarbeiter geeignete Maßnahmen, einschließlich eines vorläufigen oder endgültigen Ausschlusses des Verantwortlichen oder Auftragsverarbeiters von den Verhaltensregeln. [2]Sie unterrichtet die zuständige Aufsichtsbehörde über solche Maßnahmen und deren Begründung.

(5) Die zuständige Aufsichtsbehörde widerruft die Akkreditierung einer Stelle gemäß Absatz 1, wenn die Anforderungen an ihre Akkreditierung nicht oder nicht mehr erfüllt sind oder wenn die Stelle Maßnahmen ergreift, die nicht mit dieser Verordnung vereinbar sind.

(6) Dieser Artikel gilt nicht für die Verarbeitung durch Behörden oder öffentliche Stellen.

Art. 42 Zertifizierung

(1) [1]Die Mitgliedstaaten, die Aufsichtsbehörden, der Ausschuss und die Kommission fördern insbesondere auf Unionsebene die Einführung von datenschutzspezifischen Zertifizierungsverfahren sowie von Datenschutzsiegeln und -prüfzeichen, die dazu dienen, nachzuweisen, dass diese Verordnung bei Verarbeitungsvorgängen von Verantwortlichen oder Auftragsverarbeitern eingehalten wird. [2]Den besonderen Bedürfnissen von Kleinstunternehmen sowie kleinen und mittleren Unternehmen wird Rechnung getragen.

(2) [1]Zusätzlich zur Einhaltung durch die unter diese Verordnung fallenden Verantwortlichen oder Auftragsverarbeiter können auch datenschutzspezifische Zertifizierungsverfahren, Siegel oder Prüfzeichen, die gemäß Absatz 5 des vorliegenden Artikels genehmigt worden sind, vorgesehen werden, um nachzuweisen, dass die Verantwortlichen oder Auftragsverarbeiter, die gemäß Artikel 3 nicht unter diese Verordnung fallen, im Rahmen der Übermittlung personenbezogener Daten an Drittländer oder internationale Organisationen nach Maßgabe von Artikel 46 Absatz 2 Buchstabe f geeignete Garantien bieten. [2]Diese Verantwortlichen oder Auftragsverarbeiter gehen mittels vertraglicher oder sonstiger rechtlich bindender Instrumente die verbindliche und durchsetzbare Verpflichtung ein, diese geeigneten Garantien anzuwenden, auch im Hinblick auf die Rechte der betroffenen Personen.

(3) Die Zertifizierung muss freiwillig und über ein transparentes Verfahren zugänglich sein.

(4) Eine Zertifizierung gemäß diesem Artikel mindert nicht die Verantwortung des Verantwortlichen oder des Auftragsverarbeiters für die Einhaltung dieser Verordnung und berührt nicht

die Aufgaben und Befugnisse der Aufsichtsbehörden, die gemäß Artikel 55 oder 56 zuständig sind.

(5) ¹Eine Zertifizierung nach diesem Artikel wird durch die Zertifizierungsstellen nach Artikel 43 oder durch die zuständige Aufsichtsbehörde anhand der von dieser zuständigen Aufsichtsbehörde gemäß Artikel 58 Absatz 3 oder – gemäß Artikel 63 – durch den Ausschuss genehmigten Kriterien erteilt. ²Werden die Kriterien vom Ausschuss genehmigt, kann dies zu einer gemeinsamen Zertifizierung, dem Europäischen Datenschutzsiegel, führen.

(6) Der Verantwortliche oder der Auftragsverarbeiter, der die von ihm durchgeführte Verarbeitung dem Zertifizierungsverfahren unterwirft, stellt der Zertifizierungsstelle nach Artikel 43 oder gegebenenfalls der zuständigen Aufsichtsbehörde alle für die Durchführung des Zertifizierungsverfahrens erforderlichen Informationen zur Verfügung und gewährt ihr den in diesem Zusammenhang erforderlichen Zugang zu seinen Verarbeitungtätigkeiten.

(7) ¹Die Zertifizierung wird einem Verantwortlichen oder einem Auftragsverarbeiter für eine Höchstdauer von drei Jahren erteilt und kann unter denselben Bedingungen verlängert werden, sofern die einschlägigen Kriterien weiterhin erfüllt werden. ²Die Zertifizierung wird gegebenenfalls durch die Zertifizierungsstellen nach Artikel 43 oder durch die zuständige Aufsichtsbehörde widerrufen, wenn die Kriterien für die Zertifizierung nicht oder nicht mehr erfüllt werden.

(8) Der Ausschuss nimmt alle Zertifizierungsverfahren und Datenschutzsiegel und -prüfzeichen in ein Register auf und veröffentlicht sie in geeigneter Weise.

Art. 43 Zertifizierungsstellen

(1) ¹Unbeschadet der Aufgaben und Befugnisse der zuständigen Aufsichtsbehörde gemäß den Artikeln 57 und 58 erteilen oder verlängern Zertifizierungsstellen, die über das geeignete Fachwissen hinsichtlich des Datenschutzes verfügen, nach Unterrichtung der Aufsichtsbehörde – damit diese erforderlichenfalls von ihren Befugnissen gemäß Artikel 58 Absatz 2 Buchstabe h Gebrauch machen kann – die Zertifizierung. ²Die Mitgliedstaaten stellen sicher, dass diese Zertifizierungsstellen von einer oder beiden der folgenden Stellen akkreditiert werden:

a) der gemäß Artikel 55 oder 56 zuständigen Aufsichtsbehörde;
b) der nationalen Akkreditierungsstelle, die gemäß der Verordnung (EG) Nr. 765/2008 des Europäischen Parlaments und des Rates im Einklang mit EN-ISO/IEC 17065/2012 und mit den zusätzlichen von der gemäß Artikel 55 oder 56 zuständigen Aufsichtsbehörde festgelegten Anforderungen benannt wurde.

(2) Zertifizierungsstellen nach Absatz 1 dürfen nur dann gemäß dem genannten Absatz akkreditiert werden, wenn sie

a) ihre Unabhängigkeit und ihr Fachwissen hinsichtlich des Gegenstands der Zertifizierung zur Zufriedenheit der zuständigen Aufsichtsbehörde nachgewiesen haben;
b) sich verpflichtet haben, die Kriterien nach Artikel 42 Absatz 5, die von der gemäß Artikel 55 oder 56 zuständigen Aufsichtsbehörde oder – gemäß Artikel 63 – von dem Ausschuss genehmigt wurden, einzuhalten;
c) Verfahren für die Erteilung, die regelmäßige Überprüfung und den Widerruf der Datenschutzzertifizierung sowie der Datenschutzsiegel und -prüfzeichen festgelegt haben;
d) Verfahren und Strukturen festgelegt haben, mit denen sie Beschwerden über Verletzungen der Zertifizierung oder die Art und Weise, in der die Zertifizierung von dem Verantwortlichen oder dem Auftragsverarbeiter umgesetzt wird oder wurde, nachgehen und diese Verfahren und Strukturen für betroffene Personen und die Öffentlichkeit transparent machen, und
e) zur Zufriedenheit der zuständigen Aufsichtsbehörde nachgewiesen haben, dass ihre Aufgaben und Pflichten nicht zu einem Interessenkonflikt führen.

(3) ¹Die Akkreditierung von Zertifizierungsstellen nach den Absätzen 1 und 2 erfolgt anhand der Anforderungen, die von der gemäß Artikel 55 oder 56 zuständigen Aufsichtsbehörde oder – gemäß Artikel 63 – von dem Ausschuss genehmigt wurden. ²Im Fall einer Akkreditierung nach Absatz 1 Buchstabe b des vorliegenden Artikels ergänzen diese Anforderungen diejenigen, die in der Verordnung (EG) Nr. 765/2008 und in den technischen Vorschriften, in denen die Methoden und Verfahren der Zertifizierungsstellen beschrieben werden, vorgesehen sind.

(4) ¹Die Zertifizierungsstellen nach Absatz 1 sind unbeschadet der Verantwortung, die der Verantwortliche oder der Auftragsverarbeiter für die Einhaltung dieser Verordnung hat, für die

angemessene Bewertung, die der Zertifizierung oder dem Widerruf einer Zertifizierung zugrunde liegt, verantwortlich. ²Die Akkreditierung wird für eine Höchstdauer von fünf Jahren erteilt und kann unter denselben Bedingungen verlängert werden, sofern die Zertifizierungsstelle die Anforderungen dieses Artikels erfüllt.

(5) Die Zertifizierungsstellen nach Absatz 1 teilen den zuständigen Aufsichtsbehörden die Gründe für die Erteilung oder den Widerruf der beantragten Zertifizierung mit.

(6) ¹Die Anforderungen nach Absatz 3 des vorliegenden Artikels und die Kriterien nach Artikel 42 Absatz 5 werden von der Aufsichtsbehörde in leicht zugänglicher Form veröffentlicht. ²Die Aufsichtsbehörden übermitteln diese Anforderungen und Kriterien auch dem Ausschuss.

(7) Unbeschadet des Kapitels VIII widerruft die zuständige Aufsichtsbehörde oder die nationale Akkreditierungsstelle die Akkreditierung einer Zertifizierungsstelle nach Absatz 1, wenn die Voraussetzungen für die Akkreditierung nicht oder nicht mehr erfüllt sind oder wenn eine Zertifizierungsstelle Maßnahmen ergreift, die nicht mit dieser Verordnung vereinbar sind.

(8) Der Kommission wird die Befugnis übertragen, gemäß Artikel 92 delegierte Rechtsakte zu erlassen, um die Anforderungen festzulegen, die für die in Artikel 42 Absatz 1 genannten datenschutzspezifischen Zertifizierungsverfahren zu berücksichtigen sind.

(9) ¹Die Kommission kann Durchführungsrechtsakte erlassen, mit denen technische Standards für Zertifizierungsverfahren und Datenschutzsiegel und -prüfzeichen sowie Mechanismen zur Förderung und Anerkennung dieser Zertifizierungsverfahren und Datenschutzsiegel und -prüfzeichen festgelegt werden. ²Diese Durchführungsrechtsakte werden gemäß dem in Artikel 93 Absatz 2 genannten Prüfverfahren erlassen.

Kapitel V. Übermittlungen personenbezogener Daten an Drittländer oder an internationale Organisationen

Art. 44 Allgemeine Grundsätze der Datenübermittlung

¹Jedwede Übermittlung personenbezogener Daten, die bereits verarbeitet werden oder nach ihrer Übermittlung an ein Drittland oder eine internationale Organisation verarbeitet werden sollen, ist nur zulässig, wenn der Verantwortliche und der Auftragsverarbeiter die in diesem Kapitel niedergelegten Bedingungen einhalten und auch die sonstigen Bestimmungen dieser Verordnung eingehalten werden; dies gilt auch für die etwaige Weiterübermittlung personenbezogener Daten aus dem betreffenden Drittland oder der betreffenden internationalen Organisation an ein anderes Drittland oder eine andere internationale Organisation. ²Alle Bestimmungen dieses Kapitels sind anzuwenden, um sicherzustellen, dass das durch diese Verordnung gewährleistete Schutzniveau für natürliche Personen nicht untergraben wird.

Art. 45 Datenübermittlung auf der Grundlage eines Angemessenheitsbeschlusses

(1) ¹Eine Übermittlung personenbezogener Daten an ein Drittland oder eine internationale Organisation darf vorgenommen werden, wenn die Kommission beschlossen hat, dass das betreffende Drittland, ein Gebiet oder ein oder mehrere spezifische Sektoren in diesem Drittland oder die betreffende internationale Organisation ein angemessenes Schutzniveau bietet. ²Eine solche Datenübermittlung bedarf keiner besonderen Genehmigung.

(2) Bei der Prüfung der Angemessenheit des gebotenen Schutzniveaus berücksichtigt die Kommission insbesondere das Folgende:
a) die Rechtsstaatlichkeit, die Achtung der Menschenrechte und Grundfreiheiten, die in dem betreffenden Land bzw. bei der betreffenden internationalen Organisation geltenden einschlägigen Rechtsvorschriften sowohl allgemeiner als auch sektoraler Art – auch in Bezug auf öffentliche Sicherheit, Verteidigung, nationale Sicherheit und Strafrecht sowie Zugang der Behörden zu personenbezogenen Daten – sowie die Anwendung dieser Rechtsvorschriften, Datenschutzvorschriften, Berufsregeln und Sicherheitsvorschriften einschließlich der Vorschriften für die Weiterübermittlung personenbezogener Daten an ein anderes Drittland bzw. eine andere internationale Organisation, die Rechtsprechung sowie wirksame und durchsetzbare Rechte der betroffenen Person und wirksame verwaltungsrechtliche und gerichtliche Rechtsbehelfe für betroffene Personen, deren personenbezogene Daten übermittelt werden,

b) die Existenz und die wirksame Funktionsweise einer oder mehrerer unabhängiger Aufsichtsbehörden in dem betreffenden Drittland oder denen eine internationale Organisation untersteht und die für die Einhaltung und Durchsetzung der Datenschutzvorschriften, einschließlich angemessener Durchsetzungsbefugnisse, für die Unterstützung und Beratung der betroffenen Personen bei der Ausübung ihrer Rechte und für die Zusammenarbeit mit den Aufsichtsbehörden der Mitgliedstaaten zuständig sind, und

c) die von dem betreffenden Drittland bzw. der betreffenden internationalen Organisation eingegangenen internationalen Verpflichtungen oder andere Verpflichtungen, die sich aus rechtsverbindlichen Übereinkünften oder Instrumenten sowie aus der Teilnahme des Drittlands oder der internationalen Organisation an multilateralen oder regionalen Systemen insbesondere in Bezug auf den Schutz personenbezogener Daten ergeben.

(3) ^{1}Nach der Beurteilung der Angemessenheit des Schutzniveaus kann die Kommission im Wege eines Durchführungsrechtsaktes beschließen, dass ein Drittland, ein Gebiet oder ein oder mehrere spezifische Sektoren in einem Drittland oder eine internationale Organisation ein angemessenes Schutzniveau im Sinne des Absatzes 2 des vorliegenden Artikels bieten. ^{2}In dem Durchführungsrechtsakt ist ein Mechanismus für eine regelmäßige Überprüfung, die mindestens alle vier Jahre erfolgt, vorzusehen, bei der allen maßgeblichen Entwicklungen in dem Drittland oder bei der internationalen Organisation Rechnung getragen wird. ^{3}Im Durchführungsrechtsakt werden der territoriale und der sektorale Anwendungsbereich sowie gegebenenfalls die in Absatz 2 Buchstabe b des vorliegenden Artikels genannte Aufsichtsbehörde bzw. genannten Aufsichtsbehörden angegeben. ^{4}Der Durchführungsrechtsakt wird gemäß dem in Artikel 93 Absatz 2 genannten Prüfverfahren erlassen.

(4) Die Kommission überwacht fortlaufend die Entwicklungen in Drittländern und bei internationalen Organisationen, die die Wirkungsweise der nach Absatz 3 des vorliegenden Artikels erlassenen Beschlüsse und der nach Artikel 25 Absatz 6 der Richtlinie 95/46/EG erlassenen Feststellungen beeinträchtigen könnten.

(5) [1] ^{1}Die Kommission widerruft, ändert oder setzt die in Absatz 3 des vorliegenden Artikels genannten Beschlüsse im Wege von Durchführungsrechtsakten aus, soweit dies nötig ist und ohne rückwirkende Kraft, soweit entsprechende Informationen – insbesondere im Anschluss an die in Absatz 3 des vorliegenden Artikels genannte Überprüfung – dahingehend vorliegen, dass ein Drittland, ein Gebiet oder ein oder mehrere spezifischer Sektor in einem Drittland oder eine internationale Organisation kein angemessenes Schutzniveau im Sinne des Absatzes 2 des vorliegenden Artikels mehr gewährleistet. ^{2}Diese Durchführungsrechtsakte werden gemäß dem Prüfverfahren nach Artikel 93 Absatz 2 erlassen.

[2] In hinreichend begründeten Fällen äußerster Dringlichkeit erlässt die Kommission gemäß dem in Artikel 93 Absatz 3 genannten Verfahren sofort geltende Durchführungsrechtsakte.

(6) Die Kommission nimmt Beratungen mit dem betreffenden Drittland bzw. der betreffenden internationalen Organisation auf, um Abhilfe für die Situation zu schaffen, die zu dem gemäß Absatz 5 erlassenen Beschluss geführt hat.

(7) Übermittlungen personenbezogener Daten an das betreffende Drittland, das Gebiet oder einen oder mehrere spezifische Sektoren in diesem Drittland oder an die betreffende internationale Organisation gemäß den Artikeln 46 bis 49 werden durch einen Beschluss nach Absatz 5 des vorliegenden Artikels nicht berührt.

(8) Die Kommission veröffentlicht im *Amtsblatt der Europäischen Union* und auf ihrer Website eine Liste aller Drittländer beziehungsweise Gebiete und spezifischen Sektoren in einem Drittland und aller internationalen Organisationen, für die sie durch Beschluss festgestellt hat, dass sie ein angemessenes Schutzniveau gewährleisten bzw. nicht mehr gewährleisten.

(9) Von der Kommission auf der Grundlage von Artikel 25 Absatz 6 der Richtlinie 95/46/EG erlassene Feststellungen bleiben so lange in Kraft, bis sie durch einen nach dem Prüfverfahren gemäß den Absätzen 3 oder 5 des vorliegenden Artikels erlassenen Beschluss der Kommission geändert, ersetzt oder aufgehoben werden.

Art. 46 Datenübermittlung vorbehaltlich geeigneter Garantien

(1) Falls kein Beschluss nach Artikel 45 Absatz 3 vorliegt, darf ein Verantwortlicher oder ein Auftragsverarbeiter personenbezogene Daten an ein Drittland oder eine internationale Organisation nur übermitteln, sofern der Verantwortliche oder der Auftragsverarbeiter geeignete Garan-

tien vorgesehen hat und sofern den betroffenen Personen durchsetzbare Rechte und wirksame Rechtsbehelfe zur Verfügung stehen.

(2) Die in Absatz 1 genannten geeigneten Garantien können, ohne dass hierzu eine besondere Genehmigung einer Aufsichtsbehörde erforderlich wäre, bestehen in
a) einem rechtlich bindenden und durchsetzbaren Dokument zwischen den Behörden oder öffentlichen Stellen,
b) verbindlichen internen Datenschutzvorschriften gemäß Artikel 47,
c) Standarddatenschutzklauseln, die von der Kommission gemäß dem Prüfverfahren nach Artikel 93 Absatz 2 erlassen werden,
d) von einer Aufsichtsbehörde angenommenen Standarddatenschutzklauseln, die von der Kommission gemäß dem Prüfverfahren nach Artikel 93 Absatz 2 genehmigt wurden,
e) genehmigten Verhaltensregeln gemäß Artikel 40 zusammen mit rechtsverbindlichen und durchsetzbaren Verpflichtungen des Verantwortlichen oder des Auftragsverarbeiters in dem Drittland zur Anwendung der geeigneten Garantien, einschließlich in Bezug auf die Rechte der betroffenen Personen, oder
f) einem genehmigten Zertifizierungsmechanismus gemäß Artikel 42 zusammen mit rechtsverbindlichen und durchsetzbaren Verpflichtungen des Verantwortlichen oder des Auftragsverarbeiters in dem Drittland zur Anwendung der geeigneten Garantien, einschließlich in Bezug auf die Rechte der betroffenen Personen.

(3) Vorbehaltlich der Genehmigung durch die zuständige Aufsichtsbehörde können die geeigneten Garantien gemäß Absatz 1 auch insbesondere bestehen in
a) Vertragsklauseln, die zwischen dem Verantwortlichen oder dem Auftragsverarbeiter und dem Verantwortlichen, dem Auftragsverarbeiter oder dem Empfänger der personenbezogenen Daten im Drittland oder der internationalen Organisation vereinbart wurden, oder
b) Bestimmungen, die in Verwaltungsvereinbarungen zwischen Behörden oder öffentlichen Stellen aufzunehmen sind und durchsetzbare und wirksame Rechte für die betroffenen Personen einschließen.

(4) Die Aufsichtsbehörde wendet das Kohärenzverfahren nach Artikel 63 an, wenn ein Fall gemäß Absatz 3 des vorliegenden Artikels vorliegt.

(5) ¹Von einem Mitgliedstaat oder einer Aufsichtsbehörde auf der Grundlage von Artikel 26 Absatz 2 der Richtlinie 95/46/EG erteilte Genehmigungen bleiben so lange gültig, bis sie erforderlichenfalls von dieser Aufsichtsbehörde geändert, ersetzt oder aufgehoben werden. ²Von der Kommission auf der Grundlage von Artikel 26 Absatz 4 der Richtlinie 95/46/EG erlassene Feststellungen bleiben so lange in Kraft, bis sie erforderlichenfalls mit einem nach Absatz 2 des vorliegenden Artikels erlassenen Beschluss der Kommission geändert, ersetzt oder aufgehoben werden.

Art. 47 Verbindliche interne Datenschutzvorschriften

(1) Die zuständige Aufsichtsbehörde genehmigt gemäß dem Kohärenzverfahren nach Artikel 63 verbindliche interne Datenschutzvorschriften, sofern diese
a) rechtlich bindend sind, für alle betreffenden Mitglieder der Unternehmensgruppe oder einer Gruppe von Unternehmen, die eine gemeinsame Wirtschaftstätigkeit ausüben, gelten und von diesen Mitgliedern durchgesetzt werden, und dies auch für ihre Beschäftigten gilt,
b) den betroffenen Personen ausdrücklich durchsetzbare Rechte in Bezug auf die Verarbeitung ihrer personenbezogenen Daten übertragen und
c) die in Absatz 2 festgelegten Anforderungen erfüllen.

(2) Die verbindlichen internen Datenschutzvorschriften nach Absatz 1 enthalten mindestens folgende Angaben:
a) Struktur und Kontaktdaten der Unternehmensgruppe oder Gruppe von Unternehmen, die eine gemeinsame Wirtschaftstätigkeit ausüben, und jedes ihrer Mitglieder;
b) die betreffenden Datenübermittlungen oder Reihen von Datenübermittlungen einschließlich der betreffenden Arten personenbezogener Daten, Art und Zweck der Datenverarbeitung, Art der betroffenen Personen und das betreffende Drittland beziehungsweise die betreffenden Drittländer;
c) interne und externe Rechtsverbindlichkeit der betreffenden internen Datenschutzvorschriften;

d) die Anwendung der allgemeinen Datenschutzgrundsätze, insbesondere Zweckbindung, Datenminimierung, begrenzte Speicherfristen, Datenqualität, Datenschutz durch Technikgestaltung und durch datenschutzfreundliche Voreinstellungen, Rechtsgrundlage für die Verarbeitung, Verarbeitung besonderer Kategorien von personenbezogenen Daten, Maßnahmen zur Sicherstellung der Datensicherheit und Anforderungen für die Weiterübermittlung an nicht an diese internen Datenschutzvorschriften gebundene Stellen;
e) die Rechte der betroffenen Personen in Bezug auf die Verarbeitung und die diesen offenstehenden Mittel zur Wahrnehmung dieser Rechte einschließlich des Rechts, nicht einer ausschließlich auf einer automatisierten Verarbeitung – einschließlich Profiling – beruhenden Entscheidung nach Artikel 22 unterworfen zu werden sowie des in Artikel 79 niedergelegten Rechts auf Beschwerde bei der zuständigen Aufsichtsbehörde beziehungsweise auf Einlegung eines Rechtsbehelfs bei den zuständigen Gerichten der Mitgliedstaaten und im Falle einer Verletzung der verbindlichen internen Datenschutzvorschriften Wiedergutmachung und gegebenenfalls Schadenersatz zu erhalten;
f) die von dem in einem Mitgliedstaat niedergelassenen Verantwortlichen oder Auftragsverarbeiter übernommene Haftung für etwaige Verstöße eines nicht in der Union niedergelassenen betreffenden Mitglieds der Unternehmensgruppe gegen die verbindlichen internen Datenschutzvorschriften; der Verantwortliche oder der Auftragsverarbeiter ist nur dann teilweise oder vollständig von dieser Haftung befreit, wenn er nachweist, dass der Umstand, durch den der Schaden eingetreten ist, dem betreffenden Mitglied nicht zur Last gelegt werden kann;
g) die Art und Weise, wie die betroffenen Personen über die Bestimmungen der Artikel 13 und 14 hinaus über die verbindlichen internen Datenschutzvorschriften und insbesondere über die unter den Buchstaben d, e und f dieses Absatzes genannten Aspekte informiert werden;
h) die Aufgaben jedes gemäß Artikel 37 benannten Datenschutzbeauftragten oder jeder anderen Person oder Einrichtung, die mit der Überwachung der Einhaltung der verbindlichen internen Datenschutzvorschriften in der Unternehmensgruppe oder Gruppe von Unternehmen, die eine gemeinsame Wirtschaftstätigkeit ausüben, sowie mit der Überwachung der Schulungsmaßnahmen und dem Umgang mit Beschwerden befasst ist;
i) die Beschwerdeverfahren;
j) die innerhalb der Unternehmensgruppe oder Gruppe von Unternehmen, die eine gemeinsame Wirtschaftstätigkeit ausüben, bestehenden Verfahren zur Überprüfung der Einhaltung der verbindlichen internen Datenschutzvorschriften. ^{2}Derartige Verfahren beinhalten Datenschutzüberprüfungen und Verfahren zur Gewährleistung von Abhilfemaßnahmen zum Schutz der Rechte der betroffenen Person. ^{3}Die Ergebnisse derartiger Überprüfungen sollten der in Buchstabe h genannten Person oder Einrichtung sowie dem Verwaltungsrat des herrschenden Unternehmens einer Unternehmensgruppe oder der Gruppe von Unternehmen, die eine gemeinsame Wirtschaftstätigkeit ausüben, mitgeteilt werden und sollten der zuständigen Aufsichtsbehörde auf Anfrage zur Verfügung gestellt werden;
k) die Verfahren für die Meldung und Erfassung von Änderungen der Vorschriften und ihre Meldung an die Aufsichtsbehörde;
l) die Verfahren für die Zusammenarbeit mit der Aufsichtsbehörde, die die Befolgung der Vorschriften durch sämtliche Mitglieder der Unternehmensgruppe oder Gruppe von Unternehmen, die eine gemeinsame Wirtschaftstätigkeit ausüben, gewährleisten, insbesondere durch Offenlegung der Ergebnisse von Überprüfungen der unter Buchstabe j genannten Maßnahmen gegenüber der Aufsichtsbehörde;
m) die Meldeverfahren zur Unterrichtung der zuständigen Aufsichtsbehörde über jegliche für ein Mitglied der Unternehmensgruppe oder Gruppe von Unternehmen, die eine gemeinsame Wirtschaftstätigkeit ausüben, in einem Drittland geltenden rechtlichen Bestimmungen, die sich nachteilig auf die Garantien auswirken könnten, die die verbindlichen internen Datenschutzvorschriften bieten, und
n) geeignete Datenschutzschulungen für Personal mit ständigem oder regelmäßigem Zugang zu personenbezogenen Daten.

(3) ^{1}Die Kommission kann das Format und die Verfahren für den Informationsaustausch über verbindliche interne Datenschutzvorschriften im Sinne des vorliegenden Artikels zwischen Verantwortlichen, Auftragsverarbeitern und Aufsichtsbehörden festlegen. ^{2}Diese Durchführungsrechtsakte werden gemäß dem Prüfverfahren nach Artikel 93 Absatz 2 erlassen.

DS-GVO

Art. 48 Nach dem Unionsrecht nicht zulässige Übermittlung oder Offenlegung

Jegliches Urteil eines Gerichts eines Drittlands und jegliche Entscheidung einer Verwaltungsbehörde eines Drittlands, mit denen von einem Verantwortlichen oder einem Auftragsverarbeiter die Übermittlung oder Offenlegung personenbezogener Daten verlangt wird, dürfen unbeschadet anderer Gründe für die Übermittlung gemäß diesem Kapitel jedenfalls nur dann anerkannt oder vollstreckbar werden, wenn sie auf eine in Kraft befindliche internationale Übereinkunft wie etwa ein Rechtshilfeabkommen zwischen dem ersuchenden Drittland und der Union oder einem Mitgliedstaat gestützt sind.

Art. 49 Ausnahmen für bestimmte Fälle

(1) [1] Falls weder ein Angemessenheitsbeschluss nach Artikel 45 Absatz 3 vorliegt noch geeignete Garantien nach Artikel 46, einschließlich verbindlicher interner Datenschutzvorschriften, bestehen, ist eine Übermittlung oder eine Reihe von Übermittlungen personenbezogener Daten an ein Drittland oder an eine internationale Organisation nur unter einer der folgenden Bedingungen zulässig:

a) die betroffene Person hat in die vorgeschlagene Datenübermittlung ausdrücklich eingewilligt, nachdem sie über die für sie bestehenden möglichen Risiken derartiger Datenübermittlungen ohne Vorliegen eines Angemessenheitsbeschlusses und ohne geeignete Garantien unterrichtet wurde,
b) die Übermittlung ist für die Erfüllung eines Vertrags zwischen der betroffenen Person und dem Verantwortlichen oder zur Durchführung von vorvertraglichen Maßnahmen auf Antrag der betroffenen Person erforderlich,
c) die Übermittlung ist zum Abschluss oder zur Erfüllung eines im Interesse der betroffenen Person von dem Verantwortlichen mit einer anderen natürlichen oder juristischen Person geschlossenen Vertrags erforderlich,
d) die Übermittlung ist aus wichtigen Gründen des öffentlichen Interesses notwendig,
e) die Übermittlung ist zur Geltendmachung, Ausübung oder Verteidigung von Rechtsansprüchen erforderlich,
f) die Übermittlung ist zum Schutz lebenswichtiger Interessen der betroffenen Person oder anderer Personen erforderlich, sofern die betroffene Person aus physischen oder rechtlichen Gründen außerstande ist, ihre Einwilligung zu geben,
g) die Übermittlung erfolgt aus einem Register, das gemäß dem Recht der Union oder der Mitgliedstaaten zur Information der Öffentlichkeit bestimmt ist und entweder der gesamten Öffentlichkeit oder allen Personen, die ein berechtigtes Interesse nachweisen können, zur Einsichtnahme offensteht, aber nur soweit die im Recht der Union oder der Mitgliedstaaten festgelegten Voraussetzungen für die Einsichtnahme im Einzelfall gegeben sind.

[2] [1]Falls die Übermittlung nicht auf eine Bestimmung der Artikel 45 oder 46 – einschließlich der verbindlichen internen Datenschutzvorschriften – gestützt werden könnte und keine der Ausnahmen für einen bestimmten Fall gemäß dem ersten Unterabsatz anwendbar ist, darf eine Übermittlung an ein Drittland oder eine internationale Organisation nur dann erfolgen, wenn die Übermittlung nicht wiederholt erfolgt, nur eine begrenzte Zahl von betroffenen Personen betrifft, für die Wahrung der zwingenden berechtigten Interessen des Verantwortlichen erforderlich ist, sofern die Interessen oder die Rechte und Freiheiten der betroffenen Person nicht überwiegen, und der Verantwortliche alle Umstände der Datenübermittlung beurteilt und auf der Grundlage dieser Beurteilung geeignete Garantien in Bezug auf den Schutz personenbezogener Daten vorgesehen hat. [2]Der Verantwortliche setzt die Aufsichtsbehörde von der Übermittlung in Kenntnis. [3]Der Verantwortliche unterrichtet die betroffene Person über die Übermittlung und seine zwingenden berechtigten Interessen; dies erfolgt zusätzlich zu den der betroffenen Person nach den Artikeln 13 und 14 mitgeteilten Informationen.

(2) [1]Datenübermittlungen gemäß Absatz 1 Unterabsatz 1 Buchstabe g dürfen nicht die Gesamtheit oder ganze Kategorien der im Register enthaltenen personenbezogenen Daten umfassen. [2]Wenn das Register der Einsichtnahme durch Personen mit berechtigtem Interesse dient, darf die Übermittlung nur auf Anfrage dieser Personen oder nur dann erfolgen, wenn diese Personen die Adressaten der Übermittlung sind.

(3) Absatz 1 Unterabsatz 1 Buchstaben a, b und c und sowie Absatz 1 Unterabsatz 2 gelten nicht für Tätigkeiten, die Behörden in Ausübung ihrer hoheitlichen Befugnisse durchführen.

(4) Das öffentliche Interesse im Sinne des Absatzes 1 Unterabsatz 1 Buchstabe d muss im Unionsrecht oder im Recht des Mitgliedstaats, dem der Verantwortliche unterliegt, anerkannt sein.

(5) ¹Liegt kein Angemessenheitsbeschluss vor, so können im Unionsrecht oder im Recht der Mitgliedstaaten aus wichtigen Gründen des öffentlichen Interesses ausdrücklich Beschränkungen der Übermittlung bestimmter Kategorien von personenbezogenen Daten an Drittländer oder internationale Organisationen vorgesehen werden. ²Die Mitgliedstaaten teilen der Kommission derartige Bestimmungen mit.

(6) Der Verantwortliche oder der Auftragsverarbeiter erfasst die von ihm vorgenommene Beurteilung sowie die angemessenen Garantien im Sinne des Absatzes 1 Unterabsatz 2 des vorliegenden Artikels in der Dokumentation gemäß Artikel 30.

Art. 50 Internationale Zusammenarbeit zum Schutz personenbezogener Daten

In Bezug auf Drittländer und internationale Organisationen treffen die Kommission und die Aufsichtsbehörden geeignete Maßnahmen zur
a) Entwicklung von Mechanismen der internationalen Zusammenarbeit, durch die die wirksame Durchsetzung von Rechtsvorschriften zum Schutz personenbezogener Daten erleichtert wird,
b) gegenseitigen Leistung internationaler Amtshilfe bei der Durchsetzung von Rechtsvorschriften zum Schutz personenbezogener Daten, unter anderem durch Meldungen, Beschwerdeverweisungen, Amtshilfe bei Untersuchungen und Informationsaustausch, sofern geeignete Garantien für den Schutz personenbezogener Daten und anderer Grundrechte und Grundfreiheiten bestehen,
c) Einbindung maßgeblicher Interessenträger in Diskussionen und Tätigkeiten, die zum Ausbau der internationalen Zusammenarbeit bei der Durchsetzung von Rechtsvorschriften zum Schutz personenbezogener Daten dienen,
d) Förderung des Austauschs und der Dokumentation von Rechtsvorschriften und Praktiken zum Schutz personenbezogener Daten einschließlich Zuständigkeitskonflikten mit Drittländern.

Kapitel VI. Unabhängige Aufsichtsbehörden

Abschnitt 1. Unabhängigkeit

Art. 51 Aufsichtsbehörde

(1) Jeder Mitgliedstaat sieht vor, dass eine oder mehrere unabhängige Behörden für die Überwachung der Anwendung dieser Verordnung zuständig sind, damit die Grundrechte und Grundfreiheiten natürlicher Personen bei der Verarbeitung geschützt werden und der freie Verkehr personenbezogener Daten in der Union erleichtert wird (im Folgenden „Aufsichtsbehörde").

(2) ¹Jede Aufsichtsbehörde leistet einen Beitrag zur einheitlichen Anwendung dieser Verordnung in der gesamten Union. ²Zu diesem Zweck arbeiten die Aufsichtsbehörden untereinander sowie mit der Kommission gemäß Kapitel VII zusammen.

(3) Gibt es in einem Mitgliedstaat mehr als eine Aufsichtsbehörde, so bestimmt dieser Mitgliedstaat die Aufsichtsbehörde, die diese Behörden im Ausschuss vertritt, und führt ein Verfahren ein, mit dem sichergestellt wird, dass die anderen Behörden die Regeln für das Kohärenzverfahren nach Artikel 63 einhalten.

(4) Jeder Mitgliedstaat teilt der Kommission bis spätestens 25. Mai 2018 die Rechtsvorschriften, die er aufgrund dieses Kapitels erlässt, sowie unverzüglich alle folgenden Änderungen dieser Vorschriften mit.

Art. 52 Unabhängigkeit

(1) Jede Aufsichtsbehörde handelt bei der Erfüllung ihrer Aufgaben und bei der Ausübung ihrer Befugnisse gemäß dieser Verordnung völlig unabhängig.

(2) Das Mitglied oder die Mitglieder jeder Aufsichtsbehörde unterliegen bei der Erfüllung ihrer Aufgaben und der Ausübung ihrer Befugnisse gemäß dieser Verordnung weder direkter

noch indirekter Beeinflussung von außen und ersuchen weder um Weisung noch nehmen sie Weisungen entgegen.

(3) Das Mitglied oder die Mitglieder der Aufsichtsbehörde sehen von allen mit den Aufgaben ihres Amtes nicht zu vereinbarenden Handlungen ab und üben während ihrer Amtszeit keine andere mit ihrem Amt nicht zu vereinbarende entgeltliche oder unentgeltliche Tätigkeit aus.

(4) Jeder Mitgliedstaat stellt sicher, dass jede Aufsichtsbehörde mit den personellen, technischen und finanziellen Ressourcen, Räumlichkeiten und Infrastrukturen ausgestattet wird, die sie benötigt, um ihre Aufgaben und Befugnisse auch im Rahmen der Amtshilfe, Zusammenarbeit und Mitwirkung im Ausschuss effektiv wahrnehmen zu können.

(5) Jeder Mitgliedstaat stellt sicher, dass jede Aufsichtsbehörde ihr eigenes Personal auswählt und hat, das ausschließlich der Leitung des Mitglieds oder der Mitglieder der betreffenden Aufsichtsbehörde untersteht.

(6) Jeder Mitgliedstaat stellt sicher, dass jede Aufsichtsbehörde einer Finanzkontrolle unterliegt, die ihre Unabhängigkeit nicht beeinträchtigt und dass sie über eigene, öffentliche, jährliche Haushaltspläne verfügt, die Teil des gesamten Staatshaushalts oder nationalen Haushalts sein können.

Art. 53 Allgemeine Bedingungen für die Mitglieder der Aufsichtsbehörde

(1) Die Mitgliedstaaten sehen vor, dass jedes Mitglied ihrer Aufsichtsbehörden im Wege eines transparenten Verfahrens ernannt wird, und zwar
- vom Parlament,
- von der Regierung,
- vom Staatsoberhaupt oder
- von einer unabhängigen Stelle, die nach dem Recht des Mitgliedstaats mit der Ernennung betraut wird.

(2) Jedes Mitglied muss über die für die Erfüllung seiner Aufgaben und Ausübung seiner Befugnisse erforderliche Qualifikation, Erfahrung und Sachkunde insbesondere im Bereich des Schutzes personenbezogener Daten verfügen.

(3) Das Amt eines Mitglieds endet mit Ablauf der Amtszeit, mit seinem Rücktritt oder verpflichtender Versetzung in den Ruhestand gemäß dem Recht des betroffenen Mitgliedstaats.

(4) Ein Mitglied wird seines Amtes nur enthoben, wenn es eine schwere Verfehlung begangen hat oder die Voraussetzungen für die Wahrnehmung seiner Aufgaben nicht mehr erfüllt.

Art. 54 Errichtung der Aufsichtsbehörde

(1) Jeder Mitgliedstaat sieht durch Rechtsvorschriften Folgendes vor:
a) die Errichtung jeder Aufsichtsbehörde;
b) die erforderlichen Qualifikationen und sonstigen Voraussetzungen für die Ernennung zum Mitglied jeder Aufsichtsbehörde;
c) die Vorschriften und Verfahren für die Ernennung des Mitglieds oder der Mitglieder jeder Aufsichtsbehörde;
d) die Amtszeit des Mitglieds oder der Mitglieder jeder Aufsichtsbehörde von mindestens vier Jahren; dies gilt nicht für die erste Amtszeit nach 24. Mai 2016, die für einen Teil der Mitglieder kürzer sein kann, wenn eine zeitlich versetzte Ernennung zur Wahrung der Unabhängigkeit der Aufsichtsbehörde notwendig ist;
e) die Frage, ob und – wenn ja – wie oft das Mitglied oder die Mitglieder jeder Aufsichtsbehörde wiederernannt werden können;
f) die Bedingungen im Hinblick auf die Pflichten des Mitglieds oder der Mitglieder und der Bediensteten jeder Aufsichtsbehörde, die Verbote von Handlungen, beruflichen Tätigkeiten und Vergütungen während und nach der Amtszeit, die mit diesen Pflichten unvereinbar sind, und die Regeln für die Beendigung des Beschäftigungsverhältnisses.

(2) [1]Das Mitglied oder die Mitglieder und die Bediensteten jeder Aufsichtsbehörde sind gemäß dem Unionsrecht oder dem Recht der Mitgliedstaaten sowohl während ihrer Amts- beziehungsweise Dienstzeit als auch nach deren Beendigung verpflichtet, über alle vertraulichen Informationen, die ihnen bei der Wahrnehmung ihrer Aufgaben oder der Ausübung ihrer Befugnisse bekannt geworden sind, Verschwiegenheit zu wahren. [2]Während dieser Amts-

beziehungsweise Dienstzeit gilt diese Verschwiegenheitspflicht insbesondere für die von natürlichen Personen gemeldeten Verstößen gegen diese Verordnung.

Abschnitt 2. Zuständigkeit, Aufgaben und Befugnisse

Art. 55 Zuständigkeit

(1) Jede Aufsichtsbehörde ist für die Erfüllung der Aufgaben und die Ausübung der Befugnisse, die ihr mit dieser Verordnung übertragen wurden, im Hoheitsgebiet ihres eigenen Mitgliedstaats zuständig.

(2) ¹Erfolgt die Verarbeitung durch Behörden oder private Stellen auf der Grundlage von Artikel 6 Absatz 1 Buchstabe c oder e, so ist die Aufsichtsbehörde des betroffenen Mitgliedstaats zuständig. ²In diesem Fall findet Artikel 56 keine Anwendung.

(3) Die Aufsichtsbehörden sind nicht zuständig für die Aufsicht über die von Gerichten im Rahmen ihrer justiziellen Tätigkeit vorgenommenen Verarbeitungen.

Art. 56 Zuständigkeit der federführenden Aufsichtsbehörde

(1) Unbeschadet des Artikels 55 ist die Aufsichtsbehörde der Hauptniederlassung oder der einzigen Niederlassung des Verantwortlichen oder des Auftragsverarbeiters gemäß dem Verfahren nach Artikel 60 die zuständige federführende Aufsichtsbehörde für die von diesem Verantwortlichen oder diesem Auftragsverarbeiter durchgeführte grenzüberschreitende Verarbeitung.

(2) Abweichend von Absatz 1 ist jede Aufsichtsbehörde dafür zuständig, sich mit einer bei ihr eingereichten Beschwerde oder einem etwaigen Verstoß gegen diese Verordnung zu befassen, wenn der Gegenstand nur mit einer Niederlassung in ihrem Mitgliedstaat zusammenhängt oder betroffene Personen nur ihres Mitgliedstaats erheblich beeinträchtigt.

(3) ¹In den in Absatz 2 des vorliegenden Artikels genannten Fällen unterrichtet die Aufsichtsbehörde unverzüglich die federführende Aufsichtsbehörde über diese Angelegenheit. ²Innerhalb einer Frist von drei Wochen nach der Unterrichtung entscheidet die federführende Aufsichtsbehörde, ob sie sich mit dem Fall gemäß dem Verfahren nach Artikel 60 befasst oder nicht, wobei sie berücksichtigt, ob der Verantwortliche oder der Auftragsverarbeiter in dem Mitgliedstaat, dessen Aufsichtsbehörde sie unterrichtet hat, eine Niederlassung hat oder nicht.

(4) ¹Entscheidet die federführende Aufsichtsbehörde, sich mit dem Fall zu befassen, so findet das Verfahren nach Artikel 60 Anwendung. ²Die Aufsichtsbehörde, die die federführende Aufsichtsbehörde unterrichtet hat, kann dieser einen Beschlussentwurf vorlegen. ³Die federführende Aufsichtsbehörde trägt diesem Entwurf bei der Ausarbeitung des Beschlussentwurfs nach Artikel 60 Absatz 3 weitestgehend Rechnung.

(5) Entscheidet die federführende Aufsichtsbehörde, sich mit dem Fall nicht selbst zu befassen, so befasst die Aufsichtsbehörde, die die federführende Aufsichtsbehörde unterrichtet hat, sich mit dem Fall gemäß den Artikeln 61 und 62.

(6) Die federführende Aufsichtsbehörde ist der einzige Ansprechpartner der Verantwortlichen oder der Auftragsverarbeiter für Fragen der von diesem Verantwortlichen oder diesem Auftragsverarbeiter durchgeführten grenzüberschreitenden Verarbeitung.

Art. 57 Aufgaben

(1) Unbeschadet anderer in dieser Verordnung dargelegter Aufgaben muss jede Aufsichtsbehörde in ihrem Hoheitsgebiet
 a) die Anwendung dieser Verordnung überwachen und durchsetzen;
 b) die Öffentlichkeit für die Risiken, Vorschriften, Garantien und Rechte im Zusammenhang mit der Verarbeitung sensibilisieren und sie darüber aufklären. Besondere Beachtung finden dabei spezifische Maßnahmen für Kinder;
 c) im Einklang mit dem Recht des Mitgliedsstaats das nationale Parlament, die Regierung und andere Einrichtungen und Gremien über legislative und administrative Maßnahmen zum Schutz der Rechte und Freiheiten natürlicher Personen in Bezug auf die Verarbeitung beraten;
 d) die Verantwortlichen und die Auftragsverarbeiter für die ihnen aus dieser Verordnung entstehenden Pflichten sensibilisieren;

e) auf Anfrage jeder betroffenen Person Informationen über die Ausübung ihrer Rechte aufgrund dieser Verordnung zur Verfügung stellen und gegebenenfalls zu diesem Zweck mit den Aufsichtsbehörden in anderen Mitgliedstaaten zusammenarbeiten;
f) sich mit Beschwerden einer betroffenen Person oder Beschwerden einer Stelle, einer Organisation oder eines Verbandes gemäß Artikel 80 befassen, den Gegenstand der Beschwerde in angemessenem Umfang untersuchen und den Beschwerdeführer innerhalb einer angemessenen Frist über den Fortgang und das Ergebnis der Untersuchung unterrichten, insbesondere, wenn eine weitere Untersuchung oder Koordinierung mit einer anderen Aufsichtsbehörde notwendig ist;
g) mit anderen Aufsichtsbehörden zusammenarbeiten, auch durch Informationsaustausch, und ihnen Amtshilfe leisten, um die einheitliche Anwendung und Durchsetzung dieser Verordnung zu gewährleisten;
h) Untersuchungen über die Anwendung dieser Verordnung durchführen, auch auf der Grundlage von Informationen einer anderen Aufsichtsbehörde oder einer anderen Behörde;
i) maßgebliche Entwicklungen verfolgen, soweit sie sich auf den Schutz personenbezogener Daten auswirken, insbesondere die Entwicklung der Informations- und Kommunikationstechnologie und der Geschäftspraktiken;
j) Standardvertragsklauseln im Sinne des Artikels 28 Absatz 8 und des Artikels 46 Absatz 2 Buchstabe d festlegen;
k) eine Liste der Verarbeitungsarten erstellen und führen, für die gemäß Artikel 35 Absatz 4 eine Datenschutz-Folgenabschätzung durchzuführen ist;
l) Beratung in Bezug auf die in Artikel 36 Absatz 2 genannten Verarbeitungsvorgänge leisten;
m) die Ausarbeitung von Verhaltensregeln gemäß Artikel 40 Absatz 1 fördern und zu diesen Verhaltensregeln, die ausreichende Garantien im Sinne des Artikels 40 Absatz 5 bieten müssen, Stellungnahmen abgeben und sie billigen;
n) die Einführung von Datenschutzzertifizierungsmechanismen und von Datenschutzsiegeln und -prüfzeichen nach Artikel 42 Absatz 1 anregen und Zertifizierungskriterien nach Artikel 42 Absatz 5 billigen;
o) gegebenenfalls die nach Artikel 42 Absatz 7 erteilten Zertifizierungen regelmäßig überprüfen;
p) die Anforderungen an die Akkreditierung einer Stelle für die Überwachung der Einhaltung der Verhaltensregeln gemäß Artikel 41 und einer Zertifizierungsstelle gemäß Artikel 43 abfassen und veröffentlichen;
q) die Akkreditierung einer Stelle für die Überwachung der Einhaltung der Verhaltensregeln gemäß Artikel 41 und einer Zertifizierungsstelle gemäß Artikel 43 vornehmen;
r) Vertragsklauseln und Bestimmungen im Sinne des Artikels 46 Absatz 3 genehmigen;
s) verbindliche interne Vorschriften gemäß Artikel 47 genehmigen;
t) Beiträge zur Tätigkeit des Ausschusses leisten;
u) interne Verzeichnisse über Verstöße gegen diese Verordnung und gemäß Artikel 58 Absatz 2 ergriffene Maßnahmen und
v) jede sonstige Aufgabe im Zusammenhang mit dem Schutz personenbezogener Daten erfüllen.

(2) Jede Aufsichtsbehörde erleichtert das Einreichen von in Absatz 1 Buchstabe f genannten Beschwerden durch Maßnahmen wie etwa die Bereitstellung eines Beschwerdeformulars, das auch elektronisch ausgefüllt werden kann, ohne dass andere Kommunikationsmittel ausgeschlossen werden.

(3) Die Erfüllung der Aufgaben jeder Aufsichtsbehörde ist für die betroffene Person und gegebenenfalls für den Datenschutzbeauftragten unentgeltlich.

(4) [1] Bei offenkundig unbegründeten oder – insbesondere im Fall von häufiger Wiederholung – exzessiven Anfragen kann die Aufsichtsbehörde eine angemessene Gebühr auf der Grundlage der Verwaltungskosten verlangen oder sich weigern, aufgrund der Anfrage tätig zu werden. [2] In diesem Fall trägt die Aufsichtsbehörde die Beweislast für den offenkundig unbegründeten oder exzessiven Charakter der Anfrage.

Art. 58 Befugnisse

(1) Jede Aufsichtsbehörde verfügt über sämtliche folgenden Untersuchungsbefugnisse, die es ihr gestatten,

a) den Verantwortlichen, den Auftragsverarbeiter und gegebenenfalls den Vertreter des Verantwortlichen oder des Auftragsverarbeiters anzuweisen, alle Informationen bereitzustellen, die für die Erfüllung ihrer Aufgaben erforderlich sind,
b) Untersuchungen in Form von Datenschutzüberprüfungen durchzuführen,
c) eine Überprüfung der nach Artikel 42 Absatz 7 erteilten Zertifizierungen durchzuführen,
d) den Verantwortlichen oder den Auftragsverarbeiter auf einen vermeintlichen Verstoß gegen diese Verordnung hinzuweisen,
e) von dem Verantwortlichen und dem Auftragsverarbeiter Zugang zu allen personenbezogenen Daten und Informationen, die zur Erfüllung ihrer Aufgaben notwendig sind, zu erhalten,
f) gemäß dem Verfahrensrecht der Union oder dem Verfahrensrecht des Mitgliedstaats Zugang zu den Räumlichkeiten, einschließlich aller Datenverarbeitungsanlagen und -geräte, des Verantwortlichen und des Auftragsverarbeiters zu erhalten.

(2) Jede Aufsichtsbehörde verfügt über sämtliche folgenden Abhilfebefugnisse, die es ihr gestatten,

a) einen Verantwortlichen oder einen Auftragsverarbeiter zu warnen, dass beabsichtigte Verarbeitungsvorgänge voraussichtlich gegen diese Verordnung verstoßen,
b) einen Verantwortlichen oder einen Auftragsverarbeiter zu verwarnen, wenn er mit Verarbeitungsvorgängen gegen diese Verordnung verstoßen hat,
c) den Verantwortlichen oder den Auftragsverarbeiter anzuweisen, den Anträgen der betroffenen Person auf Ausübung der ihr nach dieser Verordnung zustehenden Rechte zu entsprechen,
d) den Verantwortlichen oder den Auftragsverarbeiter anzuweisen, Verarbeitungsvorgänge gegebenenfalls auf bestimmte Weise und innerhalb eines bestimmten Zeitraums in Einklang mit dieser Verordnung zu bringen,
e) den Verantwortlichen anzuweisen, die von einer Verletzung des Schutzes personenbezogener Daten betroffene Person entsprechend zu benachrichtigen,
f) eine vorübergehende oder endgültige Beschränkung der Verarbeitung, einschließlich eines Verbots, zu verhängen,
g) die Berichtigung oder Löschung von personenbezogenen Daten oder die Einschränkung der Verarbeitung gemäß den Artikeln 16, 17 und 18 und die Unterrichtung der Empfänger, an die diese personenbezogenen Daten gemäß Artikel 17 Absatz 2 und Artikel 19 offengelegt wurden, über solche Maßnahmen anzuordnen,
h) eine Zertifizierung zu widerrufen oder die Zertifizierungsstelle anzuweisen, eine gemäß den Artikel 42 und 43 erteilte Zertifizierung zu widerrufen, oder die Zertifizierungsstelle anzuweisen, keine Zertifizierung zu erteilen, wenn die Voraussetzungen für die Zertifizierung nicht oder nicht mehr erfüllt werden,
i) eine Geldbuße gemäß Artikel 83 zu verhängen, zusätzlich zu oder anstelle von in diesem Absatz genannten Maßnahmen, je nach den Umständen des Einzelfalls,
j) die Aussetzung der Übermittlung von Daten an einen Empfänger in einem Drittland oder an eine internationale Organisation anzuordnen.

(3) Jede Aufsichtsbehörde verfügt über sämtliche folgenden Genehmigungsbefugnisse und beratenden Befugnisse, die es ihr gestatten,

a) gemäß dem Verfahren der vorherigen Konsultation nach Artikel 36 den Verantwortlichen zu beraten,
b) zu allen Fragen, die im Zusammenhang mit dem Schutz personenbezogener Daten stehen, von sich aus oder auf Anfrage Stellungnahmen an das nationale Parlament, die Regierung des Mitgliedstaats oder im Einklang mit dem Recht des Mitgliedstaats an sonstige Einrichtungen und Stellen sowie an die Öffentlichkeit zu richten,
c) die Verarbeitung gemäß Artikel 36 Absatz 5 zu genehmigen, falls im Recht des Mitgliedstaats eine derartige vorherige Genehmigung verlangt wird,
d) eine Stellungnahme abzugeben und Entwürfe von Verhaltensregeln gemäß Artikel 40 Absatz 5 zu billigen,
e) Zertifizierungsstellen gemäß Artikel 43 zu akkreditieren,
f) im Einklang mit Artikel 42 Absatz 5 Zertifizierungen zu erteilen und Kriterien für die Zertifizierung zu billigen,
g) Standarddatenschutzklauseln nach Artikel 28 Absatz 8 und Artikel 46 Absatz 2 Buchstabe d festzulegen,
h) Vertragsklauseln gemäß Artikel 46 Absatz 3 Buchstabe a zu genehmigen,

i) Verwaltungsvereinbarungen gemäß Artikel 46 Absatz 3 Buchstabe b zu genehmigen
j) verbindliche interne Vorschriften gemäß Artikel 47 zu genehmigen.

(4) Die Ausübung der der Aufsichtsbehörde gemäß diesem Artikel übertragenen Befugnisse erfolgt vorbehaltlich geeigneter Garantien einschließlich wirksamer gerichtlicher Rechtsbehelfe und ordnungsgemäßer Verfahren gemäß dem Unionsrecht und dem Recht des Mitgliedstaats im Einklang mit der Charta.

(5) Jeder Mitgliedstaat sieht durch Rechtsvorschriften vor, dass seine Aufsichtsbehörde befugt ist, Verstöße gegen diese Verordnung den Justizbehörden zur Kenntnis zu bringen und gegebenenfalls die Einleitung eines gerichtlichen Verfahrens zu betreiben oder sich sonst daran zu beteiligen, um die Bestimmungen dieser Verordnung durchzusetzen.

(6) [1]Jeder Mitgliedstaat kann durch Rechtsvorschriften vorsehen, dass seine Aufsichtsbehörde neben den in den Absätzen 1, 2 und 3 aufgeführten Befugnissen über zusätzliche Befugnisse verfügt. [2]Die Ausübung dieser Befugnisse darf nicht die effektive Durchführung des Kapitels VII beeinträchtigen.

Art. 59 Tätigkeitsbericht

[1]Jede Aufsichtsbehörde erstellt einen Jahresbericht über ihre Tätigkeit, der eine Liste der Arten der gemeldeten Verstöße und der Arten der getroffenen Maßnahmen nach Artikel 58 Absatz 2 enthalten kann. [2]Diese Berichte werden dem nationalen Parlament, der Regierung und anderen nach dem Recht der Mitgliedstaaten bestimmten Behörden übermittelt. [3]Sie werden der Öffentlichkeit, der Kommission und dem Ausschuss zugänglich gemacht.

Kapitel VII. Zusammenarbeit und Kohärenz

Abschnitt 1. Zusammenarbeit

Art. 60 Zusammenarbeit zwischen der federführenden Aufsichtsbehörde und den anderen betroffenen Aufsichtsbehörden

(1) [1]Die federführende Aufsichtsbehörde arbeitet mit den anderen betroffenen Aufsichtsbehörden im Einklang mit diesem Artikel zusammen und bemüht sich dabei, einen Konsens zu erzielen. [2]Die federführende Aufsichtsbehörde und die betroffenen Aufsichtsbehörden tauschen untereinander alle zweckdienlichen Informationen aus.

(2) Die federführende Aufsichtsbehörde kann jederzeit andere betroffene Aufsichtsbehörden um Amtshilfe gemäß Artikel 61 ersuchen und gemeinsame Maßnahmen gemäß Artikel 62 durchführen, insbesondere zur Durchführung von Untersuchungen oder zur Überwachung der Umsetzung einer Maßnahme in Bezug auf einen Verantwortlichen oder einen Auftragsverarbeiter, der in einem anderen Mitgliedstaat niedergelassen ist.

(3) [1]Die federführende Aufsichtsbehörde übermittelt den anderen betroffenen Aufsichtsbehörden unverzüglich die zweckdienlichen Informationen zu der Angelegenheit. [2]Sie legt den anderen betroffenen Aufsichtsbehörden unverzüglich einen Beschlussentwurf zur Stellungnahme vor und trägt deren Standpunkten gebührend Rechnung.

(4) Legt eine der anderen betroffenen Aufsichtsbehörden innerhalb von vier Wochen, nachdem sie gemäß Absatz 3 des vorliegenden Artikels konsultiert wurde, gegen diesen Beschlussentwurf einen maßgeblichen und begründeten Einspruch ein und schließt sich die federführende Aufsichtsbehörde dem maßgeblichen und begründeten Einspruch nicht an oder ist der Ansicht, dass der Einspruch nicht maßgeblich oder nicht begründet ist, so leitet die federführende Aufsichtsbehörde das Kohärenzverfahren gemäß Artikel 63 für die Angelegenheit ein.

(5) [1]Beabsichtigt die federführende Aufsichtsbehörde, sich dem maßgeblichen und begründeten Einspruch anzuschließen, so legt sie den anderen betroffenen Aufsichtsbehörden einen überarbeiteten Beschlussentwurf zur Stellungnahme vor. [2]Der überarbeitete Beschlussentwurf wird innerhalb von zwei Wochen dem Verfahren nach Absatz 4 unterzogen.

(6) Legt keine der anderen betroffenen Aufsichtsbehörden Einspruch gegen den Beschlussentwurf ein, der von der federführenden Aufsichtsbehörde innerhalb der in den Absätzen 4 und 5 festgelegten Frist vorgelegt wurde, so gelten die federführende Aufsichtsbehörde und die betroffenen Aufsichtsbehörden als mit dem Beschlussentwurf einverstanden und sind an ihn gebunden.

(7) ¹Die federführende Aufsichtsbehörde erlässt den Beschluss und teilt ihn der Hauptniederlassung oder der einzigen Niederlassung des Verantwortlichen oder gegebenenfalls des Auftragsverarbeiters mit und setzt die anderen betroffenen Aufsichtsbehörden und den Ausschuss von dem betreffenden Beschluss einschließlich einer Zusammenfassung der maßgeblichen Fakten und Gründe in Kenntnis. ²Die Aufsichtsbehörde, bei der eine Beschwerde eingereicht worden ist, unterrichtet den Beschwerdeführer über den Beschluss.

(8) Wird eine Beschwerde abgelehnt oder abgewiesen, so erlässt die Aufsichtsbehörde, bei der die Beschwerde eingereicht wurde, abweichend von Absatz 7 den Beschluss, teilt ihn dem Beschwerdeführer mit und setzt den Verantwortlichen in Kenntnis.

(9) ¹Sind sich die federführende Aufsichtsbehörde und die betreffenden Aufsichtsbehörden darüber einig, Teile der Beschwerde abzulehnen oder abzuweisen und bezüglich anderer Teile dieser Beschwerde tätig zu werden, so wird in dieser Angelegenheit für jeden dieser Teile ein eigener Beschluss erlassen. ²Die federführende Aufsichtsbehörde erlässt den Beschluss für den Teil, der das Tätigwerden in Bezug auf den Verantwortlichen betrifft, teilt ihn der Hauptniederlassung oder einzigen Niederlassung des Verantwortlichen oder des Auftragsverarbeiters im Hoheitsgebiet ihres Mitgliedstaats mit und setzt den Beschwerdeführer hiervon in Kenntnis, während die für den Beschwerdeführer zuständige Aufsichtsbehörde den Beschluss für den Teil erlässt, der die Ablehnung oder Abweisung dieser Beschwerde betrifft, und ihn diesem Beschwerdeführer mitteilt und den Verantwortlichen oder den Auftragsverarbeiter hiervon in Kenntnis setzt.

(10) ¹Nach der Unterrichtung über den Beschluss der federführenden Aufsichtsbehörde gemäß den Absätzen 7 und 9 ergreift der Verantwortliche oder der Auftragsverarbeiter die erforderlichen Maßnahmen, um die Verarbeitungstätigkeiten all seiner Niederlassungen in der Union mit dem Beschluss in Einklang zu bringen. ²Der Verantwortliche oder der Auftragsverarbeiter teilt der federführenden Aufsichtsbehörde die Maßnahmen mit, die zur Einhaltung des Beschlusses ergriffen wurden; diese wiederum unterrichtet die anderen betroffenen Aufsichtsbehörden.

(11) Hat – in Ausnahmefällen – eine betroffene Aufsichtsbehörde Grund zu der Annahme, dass zum Schutz der Interessen betroffener Personen dringender Handlungsbedarf besteht, so kommt das Dringlichkeitsverfahren nach Artikel 66 zur Anwendung.

(12) Die federführende Aufsichtsbehörde und die anderen betroffenen Aufsichtsbehörden übermitteln einander die nach diesem Artikel geforderten Informationen auf elektronischem Wege unter Verwendung eines standardisierten Formats.

Art. 61 Gegenseitige Amtshilfe

(1) ¹Die Aufsichtsbehörden übermitteln einander maßgebliche Informationen und gewähren einander Amtshilfe, um diese Verordnung einheitlich durchzuführen und anzuwenden, und treffen Vorkehrungen für eine wirksame Zusammenarbeit. ²Die Amtshilfe bezieht sich insbesondere auf Auskunftsersuchen und aufsichtsbezogene Maßnahmen, beispielsweise Ersuchen um vorherige Genehmigungen und eine vorherige Konsultation, um Vornahme von Nachprüfungen und Untersuchungen.

(2) ¹Jede Aufsichtsbehörde ergreift alle geeigneten Maßnahmen, um einem Ersuchen einer anderen Aufsichtsbehörde unverzüglich und spätestens innerhalb eines Monats nach Eingang des Ersuchens nachzukommen. ²Dazu kann insbesondere auch die Übermittlung maßgeblicher Informationen über die Durchführung einer Untersuchung gehören.

(3) ¹Amtshilfeersuchen enthalten alle erforderlichen Informationen, einschließlich Zweck und Begründung des Ersuchens. ²Die übermittelten Informationen werden ausschließlich für den Zweck verwendet, für den sie angefordert wurden.

(4) Die ersuchte Aufsichtsbehörde lehnt das Ersuchen nur ab, wenn
a) sie für den Gegenstand des Ersuchens oder für die Maßnahmen, die sie durchführen soll, nicht zuständig ist oder
b) ein Eingehen auf das Ersuchen gegen diese Verordnung verstoßen würde oder gegen das Unionsrecht oder das Recht der Mitgliedstaaten, dem die Aufsichtsbehörde, bei der das Ersuchen eingeht, unterliegt.

(5) ¹Die ersuchte Aufsichtsbehörde informiert die ersuchende Aufsichtsbehörde über die Ergebnisse oder gegebenenfalls über den Fortgang der Maßnahmen, die getroffen wurden, um

dem Ersuchen nachzukommen. ²Die ersuchte Aufsichtsbehörde erläutert gemäß Absatz 4 die Gründe für die Ablehnung des Ersuchens.

(6) Die ersuchten Aufsichtsbehörden übermitteln die Informationen, um die von einer anderen Aufsichtsbehörde ersucht wurde, in der Regel auf elektronischem Wege unter Verwendung eines standardisierten Formats.

(7) ¹Ersuchte Aufsichtsbehörden verlangen für Maßnahmen, die sie aufgrund eines Amtshilfeersuchens getroffen haben, keine Gebühren. ²Die Aufsichtsbehörden können untereinander Regeln vereinbaren, um einander in Ausnahmefällen besondere aufgrund der Amtshilfe entstandene Ausgaben zu erstatten.

(8) ¹Erteilt eine ersuchte Aufsichtsbehörde nicht binnen eines Monats nach Eingang des Ersuchens einer anderen Aufsichtsbehörde die Informationen gemäß Absatz 5, so kann die ersuchende Aufsichtsbehörde eine einstweilige Maßnahme im Hoheitgebiet ihres Mitgliedstaats gemäß Artikel 55 Absatz 1 ergreifen. ²In diesem Fall wird von einem dringenden Handlungsbedarf gemäß Artikel 66 Absatz 1 ausgegangen, der einen im Dringlichkeitsverfahren angenommenen verbindlichen Beschluss des Ausschuss gemäß Artikel 66 Absatz 2 erforderlich macht.

(9) ¹Die Kommission kann im Wege von Durchführungsrechtsakten Form und Verfahren der Amtshilfe nach diesem Artikel und die Ausgestaltung des elektronischen Informationsaustauschs zwischen den Aufsichtsbehörden sowie zwischen den Aufsichtsbehörden und dem Ausschuss, insbesondere das in Absatz 6 des vorliegenden Artikels genannte standardisierte Format, festlegen. ²Diese Durchführungsrechtsakte werden gemäß dem in Artikel 93 Absatz 2 genannten Prüfverfahren erlassen.

Art. 62 Gemeinsame Maßnahmen der Aufsichtsbehörden

(1) Die Aufsichtsbehörden führen gegebenenfalls gemeinsame Maßnahmen einschließlich gemeinsamer Untersuchungen und gemeinsamer Durchsetzungsmaßnahmen durch, an denen Mitglieder oder Bedienstete der Aufsichtsbehörden anderer Mitgliedstaaten teilnehmen.

(2) ¹Verfügt der Verantwortliche oder der Auftragsverarbeiter über Niederlassungen in mehreren Mitgliedstaaten oder werden die Verarbeitungsvorgänge voraussichtlich auf eine bedeutende Zahl betroffener Personen in mehr als einem Mitgliedstaat erhebliche Auswirkungen haben, ist die Aufsichtsbehörde jedes dieser Mitgliedstaaten berechtigt, an den gemeinsamen Maßnahmen teilzunehmen. ²Die gemäß Artikel 56 Absatz 1 oder Absatz 4 zuständige Aufsichtsbehörde lädt die Aufsichtsbehörde jedes dieser Mitgliedstaaten zur Teilnahme an den gemeinsamen Maßnahmen ein und antwortet unverzüglich auf das Ersuchen einer Aufsichtsbehörde um Teilnahme.

(3) ¹Eine Aufsichtsbehörde kann gemäß dem Recht des Mitgliedstaats und mit Genehmigung der unterstützenden Aufsichtsbehörde den an den gemeinsamen Maßnahmen beteiligten Mitgliedern oder Bediensteten der unterstützenden Aufsichtsbehörde Befugnisse einschließlich Untersuchungsbefugnisse übertragen oder, soweit dies nach dem Recht des Mitgliedstaats der einladenden Aufsichtsbehörde zulässig ist, den Mitgliedern oder Bediensteten der unterstützenden Aufsichtsbehörde gestatten, ihre Untersuchungsbefugnisse nach dem Recht des Mitgliedstaats der unterstützenden Aufsichtsbehörde auszuüben. ²Diese Untersuchungsbefugnisse können nur unter der Leitung und in Gegenwart der Mitglieder oder Bediensteten der einladenden Aufsichtsbehörde ausgeübt werden. ³Die Mitglieder oder Bediensteten der unterstützenden Aufsichtsbehörde unterliegen dem Recht des Mitgliedstaats der einladenden Aufsichtsbehörde.

(4) Sind gemäß Absatz 1 Bedienstete einer unterstützenden Aufsichtsbehörde in einem anderen Mitgliedstaat im Einsatz, so übernimmt der Mitgliedstaat der einladenden Aufsichtsbehörde nach Maßgabe des Rechts des Mitgliedstaats, in dessen Hoheitsgebiet der Einsatz erfolgt, die Verantwortung für ihr Handeln, einschließlich der Haftung für alle von ihnen bei ihrem Einsatz verursachten Schäden.

(5) ¹Der Mitgliedstaat, in dessen Hoheitsgebiet der Schaden verursacht wurde, ersetzt diesen Schaden so, wie er ihn ersetzen müsste, wenn seine eigenen Bediensteten ihn verursacht hätten. ²Der Mitgliedstaat der unterstützenden Aufsichtsbehörde, deren Bedienstete im Hoheitsgebiet eines anderen Mitgliedstaats einer Person Schaden zugefügt haben, erstattet diesem anderen Mitgliedstaat den Gesamtbetrag des Schadenersatzes, den dieser an die Berechtigten geleistet hat.

(6) Unbeschadet der Ausübung seiner Rechte gegenüber Dritten und mit Ausnahme des Absatzes 5 verzichtet jeder Mitgliedstaat in dem Fall des Absatzes 1 darauf, den in Absatz 4 genannten Betrag des erlittenen Schadens anderen Mitgliedstaaten gegenüber geltend zu machen.

Datenschutz-Grundverordnung **DS-GVO**

(7) ¹Ist eine gemeinsame Maßnahme geplant und kommt eine Aufsichtsbehörde binnen eines Monats nicht der Verpflichtung nach Absatz 2 Satz 2 des vorliegenden Artikels nach, so können die anderen Aufsichtsbehörden eine einstweilige Maßnahme im Hoheitsgebiet ihres Mitgliedstaats gemäß Artikel 55 ergreifen. ²In diesem Fall wird von einem dringenden Handlungsbedarf gemäß Artikel 66 Absatz 1 ausgegangen, der eine im Dringlichkeitsverfahren angenommene Stellungnahme oder einen im Dringlichkeitsverfahren angenommenen verbindlichen Beschluss des Ausschusses gemäß Artikel 66 Absatz 2 erforderlich macht.

Abschnitt 2. Kohärenz

Art. 63 Kohärenzverfahren

Um zur einheitlichen Anwendung dieser Verordnung in der gesamten Union beizutragen, arbeiten die Aufsichtsbehörden im Rahmen des in diesem Abschnitt beschriebenen Kohärenzverfahrens untereinander und gegebenenfalls mit der Kommission zusammen.

Art. 64 Stellungnahme des Ausschusses

(1) ¹Der Ausschuss gibt eine Stellungnahme ab, wenn die zuständige Aufsichtsbehörde beabsichtigt, eine der nachstehenden Maßnahmen zu erlassen. ²Zu diesem Zweck übermittelt die zuständige Aufsichtsbehörde dem Ausschuss den Entwurf des Beschlusses, wenn dieser
a) der Annahme einer Liste der Verarbeitungsvorgänge dient, die der Anforderung einer Datenschutz-Folgenabschätzung gemäß Artikel 35 Absatz 4 unterliegen,
b) eine Angelegenheit gemäß Artikel 40 Absatz 7 und damit die Frage betrifft, ob ein Entwurf von Verhaltensregeln oder eine Änderung oder Ergänzung von Verhaltensregeln mit dieser Verordnung in Einklang steht,
c) der Billigung der Anforderungen an die Akkreditierung einer Stelle nach Artikel 41 Absatz 3, einer Zertifizierungsstelle nach Artikel 43 Absatz 3 oder der Kriterien für die Zertifizierung gemäß Artikel 42 Absatz 5 dient,
d) der Festlegung von Standard-Datenschutzklauseln gemäß Artikel 46 Absatz 2 Buchstabe d und Artikel 28 Absatz 8 dient,
e) der Genehmigung von Vertragsklauseln gemäß Artikels 46 Absatz 3 Buchstabe a dient, oder
f) der Annahme verbindlicher interner Vorschriften im Sinne von Artikel 47 dient.

(2) Jede Aufsichtsbehörde, der Vorsitz des Ausschuss oder die Kommission können beantragen, dass eine Angelegenheit mit allgemeiner Geltung oder mit Auswirkungen in mehr als einem Mitgliedstaat vom Ausschuss geprüft wird, um eine Stellungnahme zu erhalten, insbesondere wenn eine zuständige Aufsichtsbehörde den Verpflichtungen zur Amtshilfe gemäß Artikel 61 oder zu gemeinsamen Maßnahmen gemäß Artikel 62 nicht nachkommt.

(3) ¹In den in den Absätzen 1 und 2 genannten Fällen gibt der Ausschuss eine Stellungnahme zu der Angelegenheit ab, die ihm vorgelegt wurde, sofern er nicht bereits eine Stellungnahme zu derselben Angelegenheit abgegeben hat. ²Diese Stellungnahme wird binnen acht Wochen mit der einfachen Mehrheit der Mitglieder des Ausschusses angenommen. ³Diese Frist kann unter Berücksichtigung der Komplexität der Angelegenheit um weitere sechs Wochen verlängert werden. ⁴Was den in Absatz 1 genannten Beschlussentwurf angeht, der gemäß Absatz 5 den Mitgliedern des Ausschusses übermittelt wird, so wird angenommen, dass ein Mitglied, das innerhalb einer vom Vorsitz angegebenen angemessenen Frist keine Einwände erhoben hat, dem Beschlussentwurf zustimmt.

(4) Die Aufsichtsbehörden und die Kommission übermitteln unverzüglich dem Ausschuss auf elektronischem Wege unter Verwendung eines standardisierten Formats alle zweckdienlichen Informationen, einschließlich – je nach Fall – einer kurzen Darstellung des Sachverhalts, des Beschlussentwurfs, der Gründe, warum eine solche Maßnahme ergriffen werden muss, und der Standpunkte anderer betroffener Aufsichtsbehörden.

(5) Der Vorsitz des Ausschusses unterrichtet unverzüglich auf elektronischem Wege
a) unter Verwendung eines standardisierten Formats die Mitglieder des Ausschusses und die Kommission über alle zweckdienlichen Informationen, die ihm zugegangen sind. Soweit erforderlich stellt das Sekretariat des Ausschusses Übersetzungen der zweckdienlichen Informationen zur Verfügung und
b) je nach Fall die in den Absätzen 1 und 2 genannte Aufsichtsbehörde und die Kommission über die Stellungnahme und veröffentlicht sie.

(6) Die in Absatz 1 genannte zuständige Aufsichtsbehörde nimmt den in Absatz 1 genannten Beschlussentwurf nicht vor Ablauf der in Absatz 3 genannten Frist an.

(7) Die in Absatz 1 genannte zuständige Aufsichtsbehörde trägt der Stellungnahme des Ausschusses weitestgehend Rechnung und teilt dessen Vorsitz binnen zwei Wochen nach Eingang der Stellungnahme auf elektronischem Wege unter Verwendung eines standardisierten Formats mit, ob sie den Beschlussentwurf beibehalten oder ändern wird; gegebenenfalls übermittelt sie den geänderten Beschlussentwurf.

(8) Teilt die in Absatz 1 genannte zuständige Aufsichtsbehörde dem Vorsitz des Ausschusses innerhalb der Frist nach Absatz 7 des vorliegenden Artikels unter Angabe der maßgeblichen Gründe mit, dass sie beabsichtigt, der Stellungnahme des Ausschusses insgesamt oder teilweise nicht zu folgen, so gilt Artikel 65 Absatz 1.

Art. 65 Streitbeilegung durch den Ausschuss

(1) Um die ordnungsgemäße und einheitliche Anwendung dieser Verordnung in Einzelfällen sicherzustellen, erlässt der Ausschuss in den folgenden Fällen einen verbindlichen Beschluss:
a) wenn eine betroffene Aufsichtsbehörde in einem Fall nach Artikel 60 Absatz 4 einen maßgeblichen und begründeten Einspruch gegen einen Beschlussentwurf der federführenden Aufsichtsbehörde eingelegt hat und sich die federführende Aufsichtsbehörde dem Einspruch nicht angeschlossen hat oder den Einspruch als nicht maßgeblich oder nicht begründet abgelehnt hat. Der verbindliche Beschluss betrifft alle Angelegenheiten, die Gegenstand des maßgeblichen und begründeten Einspruchs sind, insbesondere die Frage, ob ein Verstoß gegen diese Verordnung vorliegt;
b) wenn es widersprüchliche Standpunkte dazu gibt, welche der betroffenen Aufsichtsbehörden für die Hauptniederlassung zuständig ist,
c) wenn eine zuständige Aufsichtsbehörde in den in Artikel 64 Absatz 1 genannten Fällen keine Stellungnahme des Ausschusses einholt oder der Stellungnahme des Ausschusses gemäß Artikel 64 nicht folgt. In diesem Fall kann jede betroffene Aufsichtsbehörde oder die Kommission die Angelegenheit dem Ausschuss vorlegen.

(2) [1]Der in Absatz 1 genannte Beschluss wird innerhalb eines Monats nach der Befassung mit der Angelegenheit mit einer Mehrheit von zwei Dritteln der Mitglieder des Ausschusses angenommen. [2]Diese Frist kann wegen der Komplexität der Angelegenheit um einen weiteren Monat verlängert werden. [3]Der in Absatz 1 genannte Beschluss wird begründet und an die federführende Aufsichtsbehörde und alle betroffenen Aufsichtsbehörden übermittelt und ist für diese verbindlich.

(3) [1]War der Ausschuss nicht in der Lage, innerhalb der in Absatz 2 genannten Fristen einen Beschluss anzunehmen, so nimmt er seinen Beschluss innerhalb von zwei Wochen nach Ablauf des in Absatz 2 genannten zweiten Monats mit einfacher Mehrheit der Mitglieder des Ausschusses an. [2]Bei Stimmengleichheit zwischen den Mitgliedern des Ausschusses gibt die Stimme des Vorsitzes den Ausschlag.

(4) Die betroffenen Aufsichtsbehörden nehmen vor Ablauf der in den Absätzen 2 und 3 genannten Fristen keinen Beschluss über die dem Ausschuss vorgelegte Angelegenheit an.

(5) [1]Der Vorsitz des Ausschusses unterrichtet die betroffenen Aufsichtsbehörden unverzüglich über den in Absatz 1 genannten Beschluss. [2]Er setzt die Kommission hiervon in Kenntnis. [3]Der Beschluss wird unverzüglich auf der Website des Ausschusses veröffentlicht, nachdem die Aufsichtsbehörde den in Absatz 6 genannten endgültigen Beschluss mitgeteilt hat.

(6) [1]Die federführende Aufsichtsbehörde oder gegebenenfalls die Aufsichtsbehörde, bei der die Beschwerde eingereicht wurde, trifft den endgültigen Beschluss auf der Grundlage des in Absatz 1 des vorliegenden Artikels genannten Beschlusses unverzüglich und spätestens einen Monat, nachdem der Europäische Datenschutzausschuss seinen Beschluss mitgeteilt hat. [2]Die federführende Aufsichtsbehörde oder gegebenenfalls die Aufsichtsbehörde, bei der die Beschwerde eingereicht wurde, setzt den Ausschuss von dem Zeitpunkt, zu dem ihr endgültiger Beschluss dem Verantwortlichen oder dem Auftragsverarbeiter bzw. der betroffenen Person mitgeteilt wird, in Kenntnis. [3]Der endgültige Beschluss der betroffenen Aufsichtsbehörden wird gemäß Artikel 60 Absätze 7, 8 und 9 angenommen. [4]Im endgültigen Beschluss wird auf den in Absatz 1 genannten Beschluss verwiesen und festgelegt, dass der in Absatz 1 des vorliegenden Artikels genannte Beschluss gemäß Absatz 5 auf der Website des Ausschusses veröffentlicht wird. [5]Dem

endgültigen Beschluss wird der in Absatz 1 des vorliegenden Artikels genannte Beschluss beigefügt.

Art. 66 Dringlichkeitsverfahren

(1) ¹Unter außergewöhnlichen Umständen kann eine betroffene Aufsichtsbehörde abweichend vom Kohärenzverfahren nach Artikel 63, 64 und 65 oder dem Verfahren nach Artikel 60 sofort einstweilige Maßnahmen mit festgelegter Geltungsdauer von höchstens drei Monaten treffen, die in ihrem Hoheitsgebiet rechtliche Wirkung entfalten sollen, wenn sie zu der Auffassung gelangt, dass dringender Handlungsbedarf besteht, um die Rechte und Freiheiten von betroffenen Personen zu schützen. ²Die Aufsichtsbehörde setzt die anderen betroffenen Aufsichtsbehörden, den Ausschuss und die Kommission unverzüglich von diesen Maßnahmen und den Gründen für deren Erlass in Kenntnis.

(2) Hat eine Aufsichtsbehörde eine Maßnahme nach Absatz 1 ergriffen und ist sie der Auffassung, dass dringend endgültige Maßnahmen erlassen werden müssen, kann sie unter Angabe von Gründen im Dringlichkeitsverfahren um eine Stellungnahme oder einen verbindlichen Beschluss des Ausschusses ersuchen.

(3) Jede Aufsichtsbehörde kann unter Angabe von Gründen, auch für den dringenden Handlungsbedarf, im Dringlichkeitsverfahren um eine Stellungnahme oder gegebenenfalls einen verbindlichen Beschluss des Ausschusses ersuchen, wenn eine zuständige Aufsichtsbehörde trotz dringenden Handlungsbedarfs keine geeignete Maßnahme getroffen hat, um die Rechte und Freiheiten von betroffenen Personen zu schützen.

(4) Abweichend von Artikel 64 Absatz 3 und Artikel 65 Absatz 2 wird eine Stellungnahme oder ein verbindlicher Beschluss im Dringlichkeitsverfahren nach den Absätzen 2 und 3 binnen zwei Wochen mit einfacher Mehrheit der Mitglieder des Ausschusses angenommen.

Art. 67 Informationsaustausch

[1] Die Kommission kann Durchführungsrechtsakte von allgemeiner Tragweite zur Festlegung der Ausgestaltung des elektronischen Informationsaustauschs zwischen den Aufsichtsbehörden sowie zwischen den Aufsichtsbehörden und dem Ausschuss, insbesondere des standardisierten Formats nach Artikel 64, erlassen.

[2] Diese Durchführungsrechtsakte werden gemäß dem Prüfverfahren nach Artikel 93 Absatz 2 erlassen.

Abschnitt 3. Europäischer Datenschutzausschuss

Art. 68 Europäischer Datenschutzausschuss

(1) Der Europäische Datenschutzausschuss (im Folgenden „Ausschuss") wird als Einrichtung der Union mit eigener Rechtspersönlichkeit eingerichtet.

(2) Der Ausschuss wird von seinem Vorsitz vertreten.

(3) Der Ausschuss besteht aus dem Leiter einer Aufsichtsbehörde jedes Mitgliedstaats und dem Europäischen Datenschutzbeauftragten oder ihren jeweiligen Vertretern.

(4) Ist in einem Mitgliedstaat mehr als eine Aufsichtsbehörde für die Überwachung der Anwendung der nach Maßgabe dieser Verordnung erlassenen Vorschriften zuständig, so wird im Einklang mit den Rechtsvorschriften dieses Mitgliedstaats ein gemeinsamer Vertreter benannt.

(5) ¹Die Kommission ist berechtigt, ohne Stimmrecht an den Tätigkeiten und Sitzungen des Ausschusses teilzunehmen. ²Die Kommission benennt einen Vertreter. ³Der Vorsitz des Ausschusses unterrichtet die Kommission über die Tätigkeiten des Ausschusses.

(6) In den in Artikel 65 genannten Fällen ist der Europäische Datenschutzbeauftragte nur bei Beschlüssen stimmberechtigt, die Grundsätze und Vorschriften betreffen, die für die Organe, Einrichtungen, Ämter und Agenturen der Union gelten und inhaltlich den Grundsätzen und Vorschriften dieser Verordnung entsprechen.

Art. 69 Unabhängigkeit

(1) Der Ausschuss handelt bei der Erfüllung seiner Aufgaben oder in Ausübung seiner Befugnisse gemäß den Artikeln 70 und 71 unabhängig.

DS-GVO

(2) Unbeschadet der Ersuchen der Kommission gemäß Artikel 70 Absätze 1 und 2 ersucht der Ausschuss bei der Erfüllung seiner Aufgaben oder in Ausübung seiner Befugnisse weder um Weisung noch nimmt er Weisungen entgegen.

Art. 70 Aufgaben des Ausschusses

(1) ^{1}Der Ausschuss stellt die einheitliche Anwendung dieser Verordnung sicher. ^{2}Hierzu nimmt der Ausschuss von sich aus oder gegebenenfalls auf Ersuchen der Kommission insbesondere folgende Tätigkeiten wahr:

a) Überwachung und Sicherstellung der ordnungsgemäßen Anwendung dieser Verordnung in den in den Artikeln 64 und 65 genannten Fällen unbeschadet der Aufgaben der nationalen Aufsichtsbehörden;

b) Beratung der Kommission in allen Fragen, die im Zusammenhang mit dem Schutz personenbezogener Daten in der Union stehen, einschließlich etwaiger Vorschläge zur Änderung dieser Verordnung;

c) Beratung der Kommission über das Format und die Verfahren für den Austausch von Informationen zwischen den Verantwortlichen, den Auftragsverarbeitern und den Aufsichtsbehörden in Bezug auf verbindliche interne Datenschutzvorschriften;

d) Bereitstellung von Leitlinien, Empfehlungen und bewährten Verfahren zu Verfahren für die Löschung gemäß Artikel 17 Absatz 2 von Links zu personenbezogenen Daten oder Kopien oder Replikationen dieser Daten aus öffentlich zugänglichen Kommunikationsdiensten;

e) Prüfung – von sich aus, auf Antrag eines seiner Mitglieder oder auf Ersuchen der Kommission – von die Anwendung dieser Verordnung betreffenden Fragen und Bereitstellung von Leitlinien, Empfehlungen und bewährten Verfahren zwecks Sicherstellung einer einheitlichen Anwendung dieser Verordnung;

f) Bereitstellung von Leitlinien, Empfehlungen und bewährten Verfahren gemäß Buchstabe e des vorliegenden Absatzes zur näheren Bestimmung der Kriterien und Bedingungen für die auf Profiling beruhenden Entscheidungen gemäß Artikel 22 Absatz 2;

g) Bereitstellung von Leitlinien, Empfehlungen und bewährten Verfahren gemäß Buchstabe e des vorliegenden Absatzes für die Feststellung von Verletzungen des Schutzes personenbezogener Daten und die Festlegung der Unverzüglichkeit im Sinne des Artikels 33 Absätze 1 und 2, und zu den spezifischen Umständen, unter denen der Verantwortliche oder der Auftragsverarbeiter die Verletzung des Schutzes personenbezogener Daten zu melden hat;

h) Bereitstellung von Leitlinien, Empfehlungen und bewährten Verfahren gemäß Buchstabe e des vorliegenden Absatzes zu den Umständen, unter denen eine Verletzung des Schutzes personenbezogener Daten voraussichtlich ein hohes Risiko für die Rechte und Freiheiten natürlicher Personen im Sinne des Artikels 34 Absatz 1 zur Folge hat;

i) Bereitstellung von Leitlinien, Empfehlungen und bewährten Verfahren gemäß Buchstabe e des vorliegenden Absatzes zur näheren Bestimmung der in Artikel 47 aufgeführten Kriterien und Anforderungen für die Übermittlungen personenbezogener Daten, die auf verbindlichen internen Datenschutzvorschriften von Verantwortlichen oder Auftragsverarbeitern beruhen, und der dort aufgeführten weiteren erforderlichen Anforderungen zum Schutz personenbezogener Daten der betroffenen Personen;

j) Bereitstellung von Leitlinien, Empfehlungen und bewährten Verfahren gemäß Buchstabe e des vorliegenden Absatzes zur näheren Bestimmung der Kriterien und Bedingungen für die Übermittlungen personenbezogener Daten gemäß Artikel 49 Absatz 1;

k) Ausarbeitung von Leitlinien für die Aufsichtsbehörden in Bezug auf die Anwendung von Maßnahmen nach Artikel 58 Absätze 1, 2 und 3 und die Festsetzung von Geldbußen gemäß Artikel 83;

l) Überprüfung der praktischen Anwendung der Leitlinien, Empfehlungen und bewährten Verfahren;

m) Bereitstellung von Leitlinien, Empfehlungen und bewährten Verfahren gemäß Buchstabe e des vorliegenden Absatzes zur Festlegung gemeinsamer Verfahren für die von natürlichen Personen vorgenommene Meldung von Verstößen gegen diese Verordnung gemäß Artikel 54 Absatz 2;

n) Förderung der Ausarbeitung von Verhaltensregeln und der Einrichtung von datenschutzspezifischen Zertifizierungsverfahren sowie Datenschutzsiegeln und -prüfzeichen gemäß den Artikeln 40 und 42;

o) Genehmigung der Zertifizierungskriterien gemäß Artikel 42 Absatz 5 und Führung eines öffentlichen Registers der Zertifizierungsverfahren sowie von Datenschutzsiegeln und -prüfzeichen gemäß Artikel 42 Absatz 8 und der in Drittländern niedergelassenen zertifizierten Verantwortlichen oder Auftragsverarbeiter gemäß Artikel 42 Absatz 7;
p) Genehmigung der in Artikel 43 Absatz 3 genannten Anforderungen im Hinblick auf die Akkreditierung von Zertifizierungsstellen gemäß Artikel 43;
q) Abgabe einer Stellungnahme für die Kommission zu den Zertifizierungsanforderungen gemäß Artikel 43 Absatz 8;
r) Abgabe einer Stellungnahme für die Kommission zu den Bildsymbolen gemäß Artikel 12 Absatz 7;
s) Abgabe einer Stellungnahme für die Kommission zur Beurteilung der Angemessenheit des in einem Drittland oder von einer internationalen Organisation gebotenen Schutzniveaus einschließlich zur Beurteilung der Frage, ob das Drittland, das Gebiet, ein oder mehrere spezifische Sektoren in diesem Drittland oder eine internationale Organisation kein angemessenes Schutzniveau mehr gewährleistet. Zu diesem Zweck gibt die Kommission dem Ausschuss alle erforderlichen Unterlagen, darunter den Schriftwechsel mit der Regierung des Drittlands, dem Gebiet oder spezifischen Sektor oder der internationalen Organisation;
t) Abgabe von Stellungnahmen im Kohärenzverfahren gemäß Artikel 64 Absatz 1 zu Beschlussentwürfen von Aufsichtsbehörden, zu Angelegenheiten, die nach Artikel 64 Absatz 2 vorgelegt wurden und um Erlass verbindlicher Beschlüsse gemäß Artikel 65, einschließlich der in Artikel 66 genannten Fälle;
u) Förderung der Zusammenarbeit und eines wirksamen bilateralen und multilateralen Austauschs von Informationen und bewährten Verfahren zwischen den Aufsichtsbehörden;
v) Förderung von Schulungsprogrammen und Erleichterung des Personalaustausches zwischen Aufsichtsbehörden sowie gegebenenfalls mit Aufsichtsbehörden von Drittländern oder mit internationalen Organisationen;
w) Förderung des Austausches von Fachwissen und von Dokumentationen über Datenschutzvorschriften und -praxis mit Datenschutzaufsichtsbehörden in aller Welt;
x) Abgabe von Stellungnahmen zu den auf Unionsebene erarbeiteten Verhaltensregeln gemäß Artikel 40 Absatz 9 und
y) Führung eines öffentlich zugänglichen elektronischen Registers der Beschlüsse der Aufsichtsbehörden und Gerichte in Bezug auf Fragen, die im Rahmen des Kohärenzverfahrens behandelt wurden.

(2) Die Kommission kann, wenn sie den Ausschuss um Rat ersucht, unter Berücksichtigung der Dringlichkeit des Sachverhalts eine Frist angeben.

(3) Der Ausschuss leitet seine Stellungnahmen, Leitlinien, Empfehlungen und bewährten Verfahren an die Kommission und an den in Artikel 93 genannten Ausschuss weiter und veröffentlicht sie.

(4) [1] Der Ausschuss konsultiert gegebenenfalls interessierte Kreise und gibt ihnen Gelegenheit, innerhalb einer angemessenen Frist Stellung zu nehmen. [2] Unbeschadet des Artikels 76 macht der Ausschuss die Ergebnisse der Konsultation der Öffentlichkeit zugänglich.

Art. 71 Berichterstattung

(1) [1] Der Ausschuss erstellt einen Jahresbericht über den Schutz natürlicher Personen bei der Verarbeitung in der Union und gegebenenfalls in Drittländern und internationalen Organisationen. [2] Der Bericht wird veröffentlicht und dem Europäischen Parlament, dem Rat und der Kommission übermittelt.

(2) Der Jahresbericht enthält eine Überprüfung der praktischen Anwendung der in Artikel 70 Absatz 1 Buchstabe 1 genannten Leitlinien, Empfehlungen und bewährten Verfahren sowie der in Artikel 65 genannten verbindlichen Beschlüsse.

Art. 72 Verfahrensweise

(1) Sofern in dieser Verordnung nichts anderes bestimmt ist, fasst der Ausschuss seine Beschlüsse mit einfacher Mehrheit seiner Mitglieder.

(2) Der Ausschuss gibt sich mit einer Mehrheit von zwei Dritteln seiner Mitglieder eine Geschäftsordnung und legt seine Arbeitsweise fest.

DS-GVO

Art. 73 Vorsitz

(1) Der Ausschuss wählt aus dem Kreis seiner Mitglieder mit einfacher Mehrheit einen Vorsitzenden und zwei stellvertretende Vorsitzende.

(2) Die Amtszeit des Vorsitzenden und seiner beiden Stellvertreter beträgt fünf Jahre; ihre einmalige Wiederwahl ist zulässig.

Art. 74 Aufgaben des Vorsitzes

(1) Der Vorsitz hat folgende Aufgaben:
a) Einberufung der Sitzungen des Ausschusses und Erstellung der Tagesordnungen,
b) Übermittlung der Beschlüsse des Ausschusses nach Artikel 65 an die federführende Aufsichtsbehörde und die betroffenen Aufsichtsbehörden,
c) Sicherstellung einer rechtzeitigen Ausführung der Aufgaben des Ausschusses, insbesondere der Aufgaben im Zusammenhang mit dem Kohärenzverfahren nach Artikel 63.

(2) Der Ausschuss legt die Aufteilung der Aufgaben zwischen dem Vorsitzenden und dessen Stellvertretern in seiner Geschäftsordnung fest.

Art. 75 Sekretariat

(1) Der Ausschuss wird von einem Sekretariat unterstützt, das von dem Europäischen Datenschutzbeauftragten bereitgestellt wird.

(2) Das Sekretariat führt seine Aufgaben ausschließlich auf Anweisung des Vorsitzes des Ausschusses aus.

(3) Das Personal des Europäischen Datenschutzbeauftragten, das an der Wahrnehmung der dem Ausschuss gemäß dieser Verordnung übertragenen Aufgaben beteiligt ist, unterliegt anderen Berichtspflichten als das Personal, das an der Wahrnehmung der dem Europäischen Datenschutzbeauftragten übertragenen Aufgaben beteiligt ist.

(4) Soweit angebracht, erstellen und veröffentlichen der Ausschuss und der Europäische Datenschutzbeauftragte eine Vereinbarung zur Anwendung des vorliegenden Artikels, in der die Bedingungen ihrer Zusammenarbeit festgelegt sind und die für das Personal des Europäischen Datenschutzbeauftragten gilt, das an der Wahrnehmung der dem Ausschuss gemäß dieser Verordnung übertragenen Aufgaben beteiligt ist.

(5) Das Sekretariat leistet dem Ausschuss analytische, administrative und logistische Unterstützung.

(6) Das Sekretariat ist insbesondere verantwortlich für
a) das Tagesgeschäft des Ausschusses,
b) die Kommunikation zwischen den Mitgliedern des Ausschusses, seinem Vorsitz und der Kommission,
c) die Kommunikation mit anderen Organen und mit der Öffentlichkeit,
d) den Rückgriff auf elektronische Mittel für die interne und die externe Kommunikation,
e) die Übersetzung sachdienlicher Informationen,
f) die Vor- und Nachbereitung der Sitzungen des Ausschusses,
g) die Vorbereitung, Abfassung und Veröffentlichung von Stellungnahmen, von Beschlüssen über die Beilegung von Streitigkeiten zwischen Aufsichtsbehörden und von sonstigen vom Ausschuss angenommenen Dokumenten.

Art. 76 Vertraulichkeit

(1) Die Beratungen des Ausschusses sind gemäß seiner Geschäftsordnung vertraulich, wenn der Ausschuss dies für erforderlich hält.

(2) Der Zugang zu Dokumenten, die Mitgliedern des Ausschusses, Sachverständigen und Vertretern von Dritten vorgelegt werden, wird durch die Verordnung (EG) Nr. 1049/2001 des Europäischen Parlaments und des Rates geregelt.

Kapitel VIII. Rechtsbehelfe, Haftung und Sanktionen

Art. 77 Recht auf Beschwerde bei einer Aufsichtsbehörde

(1) Jede betroffene Person hat unbeschadet eines anderweitigen verwaltungsrechtlichen oder gerichtlichen Rechtsbehelfs das Recht auf Beschwerde bei einer Aufsichtsbehörde, insbesondere in dem Mitgliedstaat ihres gewöhnlichen Aufenthaltsorts, ihres Arbeitsplatzes oder des Orts des mutmaßlichen Verstoßes, wenn die betroffene Person der Ansicht ist, dass die Verarbeitung der sie betreffenden personenbezogenen Daten gegen diese Verordnung verstößt.

(2) Die Aufsichtsbehörde, bei der die Beschwerde eingereicht wurde, unterrichtet den Beschwerdeführer über den Stand und die Ergebnisse der Beschwerde einschließlich der Möglichkeit eines gerichtlichen Rechtsbehelfs nach Artikel 78.

Art. 78 Recht auf wirksamen gerichtlichen Rechtsbehelf gegen eine Aufsichtsbehörde

(1) Jede natürliche oder juristische Person hat unbeschadet eines anderweitigen verwaltungsrechtlichen oder außergerichtlichen Rechtsbehelfs das Recht auf einen wirksamen gerichtlichen Rechtsbehelf gegen einen sie betreffenden rechtsverbindlichen Beschluss einer Aufsichtsbehörde.

(2) Jede betroffene Person hat unbeschadet eines anderweitigen verwaltungsrechtlichen oder außergerichtlichen Rechtbehelfs das Recht auf einen wirksamen gerichtlichen Rechtsbehelf, wenn die nach den Artikeln 55 und 56 zuständige Aufsichtsbehörde sich nicht mit einer Beschwerde befasst oder die betroffene Person nicht innerhalb von drei Monaten über den Stand oder das Ergebnis der gemäß Artikel 77 erhobenen Beschwerde in Kenntnis gesetzt hat.

(3) Für Verfahren gegen eine Aufsichtsbehörde sind die Gerichte des Mitgliedstaats zuständig, in dem die Aufsichtsbehörde ihren Sitz hat.

(4) Kommt es zu einem Verfahren gegen den Beschluss einer Aufsichtsbehörde, dem eine Stellungnahme oder ein Beschluss des Ausschusses im Rahmen des Kohärenzverfahrens vorangegangen ist, so leitet die Aufsichtsbehörde diese Stellungnahme oder diesen Beschluss dem Gericht zu.

Art. 79 Recht auf wirksamen gerichtlichen Rechtsbehelf gegen Verantwortliche oder Auftragsverarbeiter

(1) Jede betroffene Person hat unbeschadet eines verfügbaren verwaltungsrechtlichen oder außergerichtlichen Rechtsbehelfs einschließlich des Rechts auf Beschwerde bei einer Aufsichtsbehörde gemäß Artikel 77 das Recht auf einen wirksamen gerichtlichen Rechtsbehelf, wenn sie der Ansicht ist, dass die ihr aufgrund dieser Verordnung zustehenden Rechte infolge einer nicht im Einklang mit dieser Verordnung stehenden Verarbeitung ihrer personenbezogenen Daten verletzt wurden.

(2) [1] Für Klagen gegen einen Verantwortlichen oder gegen einen Auftragsverarbeiter sind die Gerichte des Mitgliedstaats zuständig, in dem der Verantwortliche oder der Auftragsverarbeiter eine Niederlassung hat. [2] Wahlweise können solche Klagen auch bei den Gerichten des Mitgliedstaats erhoben werden, in dem die betroffene Person ihren gewöhnlichen Aufenthaltsort hat, es sei denn, es handelt sich bei dem Verantwortlichen oder dem Auftragsverarbeiter um eine Behörde eines Mitgliedstaats, die in Ausübung ihrer hoheitlichen Befugnisse tätig geworden ist.

Art. 80 Vertretung von betroffenen Personen

(1) Die betroffene Person hat das Recht, eine Einrichtung, Organisationen oder Vereinigung ohne Gewinnerzielungsabsicht, die ordnungsgemäß nach dem Recht eines Mitgliedstaats gegründet ist, deren satzungsmäßige Ziele im öffentlichem Interesse liegen und die im Bereich des Schutzes der Rechte und Freiheiten von betroffenen Personen in Bezug auf den Schutz ihrer personenbezogenen Daten tätig ist, zu beauftragen, in ihrem Namen eine Beschwerde einzureichen, in ihrem Namen die in den Artikeln 77, 78 und 79 genannten Rechte wahrzunehmen und das Recht auf Schadensersatz gemäß Artikel 82 in Anspruch zu nehmen, sofern dieses im Recht der Mitgliedstaaten vorgesehen ist.

(2) Die Mitgliedstaaten können vorsehen, dass jede der in Absatz 1 des vorliegenden Artikels genannten Einrichtungen, Organisationen oder Vereinigungen unabhängig von einem Auftrag

DS-GVO

der betroffenen Person in diesem Mitgliedstaat das Recht hat, bei der gemäß Artikel 77 zuständigen Aufsichtsbehörde eine Beschwerde einzulegen und die in den Artikeln 78 und 79 aufgeführten Rechte in Anspruch zu nehmen, wenn ihres Erachtens die Rechte einer betroffenen Person gemäß dieser Verordnung infolge einer Verarbeitung verletzt worden sind.

Art. 81 Aussetzung des Verfahrens

(1) Erhält ein zuständiges Gericht in einem Mitgliedstaat Kenntnis von einem Verfahren zu demselben Gegenstand in Bezug auf die Verarbeitung durch denselben Verantwortlichen oder Auftragsverarbeiter, das vor einem Gericht in einem anderen Mitgliedstaat anhängig ist, so nimmt es mit diesem Gericht Kontakt auf, um sich zu vergewissern, dass ein solches Verfahren existiert.

(2) Ist ein Verfahren zu demselben Gegenstand in Bezug auf die Verarbeitung durch denselben Verantwortlichen oder Auftragsverarbeiter vor einem Gericht in einem anderen Mitgliedstaat anhängig, so kann jedes später angerufene zuständige Gericht das bei ihm anhängige Verfahren aussetzen.

(3) Sind diese Verfahren in erster Instanz anhängig, so kann sich jedes später angerufene Gericht auf Antrag einer Partei auch für unzuständig erklären, wenn das zuerst angerufene Gericht für die betreffenden Klagen zuständig ist und die Verbindung der Klagen nach seinem Recht zulässig ist.

Art. 82 Haftung und Recht auf Schadenersatz

(1) Jede Person, der wegen eines Verstoßes gegen diese Verordnung ein materieller oder immaterieller Schaden entstanden ist, hat Anspruch auf Schadenersatz gegen den Verantwortlichen oder gegen den Auftragsverarbeiter.

(2) [1]Jeder an einer Verarbeitung beteiligte Verantwortliche haftet für den Schaden, der durch eine nicht dieser Verordnung entsprechende Verarbeitung verursacht wurde. [2]Ein Auftragsverarbeiter haftet für den durch eine Verarbeitung verursachten Schaden nur dann, wenn er seinen speziell den Auftragsverarbeitern auferlegten Pflichten aus dieser Verordnung nicht nachgekommen ist oder unter Nichtbeachtung der rechtmäßig erteilten Anweisungen des für die Datenverarbeitung Verantwortlichen oder gegen diese Anweisungen gehandelt hat.

(3) Der Verantwortliche oder der Auftragsverarbeiter wird von der Haftung gemäß Absatz 2 befreit, wenn er nachweist, dass er in keinerlei Hinsicht für den Umstand, durch den der Schaden eingetreten ist, verantwortlich ist.

(4) Ist mehr als ein Verantwortlicher oder mehr als ein Auftragsverarbeiter bzw. sowohl ein Verantwortlicher als auch ein Auftragsverarbeiter an derselben Verarbeitung beteiligt und sind sie gemäß den Absätzen 2 und 3 für einen durch die Verarbeitung verursachten Schaden verantwortlich, so haftet jeder Verantwortliche oder jeder Auftragsverarbeiter für den gesamten Schaden, damit ein wirksamer Schadensersatz für die betroffene Person sichergestellt ist.

(5) Hat ein Verantwortlicher oder Auftragsverarbeiter gemäß Absatz 4 vollständigen Schadenersatz für den erlittenen Schaden gezahlt, so ist dieser Verantwortliche oder Auftragsverarbeiter berechtigt, von den übrigen an derselben Verarbeitung beteiligten für die Datenverarbeitung Verantwortlichen oder Auftragsverarbeitern den Teil des Schadenersatzes zurückzufordern, der unter den in Absatz 2 festgelegten Bedingungen ihrem Anteil an der Verantwortung für den Schaden entspricht.

(6) Mit Gerichtsverfahren zur Inanspruchnahme des Rechts auf Schadenersatz sind die Gerichte zu befassen, die nach den in Artikel 79 Absatz 2 genannten Rechtsvorschriften des Mitgliedstaats zuständig sind.

Art. 83 Allgemeine Bedingungen für die Verhängung von Geldbußen

(1) Jede Aufsichtsbehörde stellt sicher, dass die Verhängung von Geldbußen gemäß diesem Artikel für Verstöße gegen diese Verordnung gemäß den Absätzen 4, 5 und 6 in jedem Einzelfall wirksam, verhältnismäßig und abschreckend ist.

(2) [1]Geldbußen werden je nach den Umständen des Einzelfalls zusätzlich zu oder anstelle von Maßnahmen nach Artikel 58 Absatz 2 Buchstaben a bis h und j verhängt. [2]Bei der Entscheidung

über die Verhängung einer Geldbuße und über deren Betrag wird in jedem Einzelfall Folgendes gebührend berücksichtigt:

a) Art, Schwere und Dauer des Verstoßes unter Berücksichtigung der Art, des Umfangs oder des Zwecks der betreffenden Verarbeitung sowie der Zahl der von der Verarbeitung betroffenen Personen und des Ausmaßes des von ihnen erlittenen Schadens;
b) Vorsätzlichkeit oder Fahrlässigkeit des Verstoßes;
c) jegliche von dem Verantwortlichen oder dem Auftragsverarbeiter getroffenen Maßnahmen zur Minderung des den betroffenen Personen entstandenen Schadens;
d) Grad der Verantwortung des Verantwortlichen oder des Auftragsverarbeiters unter Berücksichtigung der von ihnen gemäß den Artikeln 25 und 32 getroffenen technischen und organisatorischen Maßnahmen;
e) etwaige einschlägige frühere Verstöße des Verantwortlichen oder des Auftragsverarbeiters;
f) Umfang der Zusammenarbeit mit der Aufsichtsbehörde, um dem Verstoß abzuhelfen und seine möglichen nachteiligen Auswirkungen zu mindern;
g) Kategorien personenbezogener Daten, die von dem Verstoß betroffen sind;
h) Art und Weise, wie der Verstoß der Aufsichtsbehörde bekannt wurde, insbesondere ob und gegebenenfalls in welchem Umfang der Verantwortliche oder der Auftragsverarbeiter den Verstoß mitgeteilt hat;
i) Einhaltung der nach Artikel 58 Absatz 2 früher gegen den für den betreffenden Verantwortlichen oder Auftragsverarbeiter in Bezug auf denselben Gegenstand angeordneten Maßnahmen, wenn solche Maßnahmen angeordnet wurden;
j) Einhaltung von genehmigten Verhaltensregeln nach Artikel 40 oder genehmigten Zertifizierungsverfahren nach Artikel 42 und
k) jegliche anderen erschwerenden oder mildernden Umstände im jeweiligen Fall, wie unmittelbar oder mittelbar durch den Verstoß erlangte finanzielle Vorteile oder vermiedene Verluste.

(3) Verstößt ein Verantwortlicher oder ein Auftragsverarbeiter bei gleichen oder miteinander verbundenen Verarbeitungsvorgängen vorsätzlich oder fahrlässig gegen mehrere Bestimmungen dieser Verordnung, so übersteigt der Gesamtbetrag der Geldbuße nicht den Betrag für den schwerwiegendsten Verstoß.

(4) Bei Verstößen gegen die folgenden Bestimmungen werden im Einklang mit Absatz 2 Geldbußen von bis zu 10 000 000 EUR oder im Fall eines Unternehmens von bis zu 2 % seines gesamten weltweit erzielten Jahresumsatzes des vorangegangenen Geschäftsjahrs verhängt, je nachdem, welcher der Beträge höher ist:

a) die Pflichten der Verantwortlichen und der Auftragsverarbeiter gemäß den Artikeln 8, 11, 25 bis 39, 42 und 43;
b) die Pflichten der Zertifizierungsstelle gemäß den Artikeln 42 und 43;
c) die Pflichten der Überwachungsstelle gemäß Artikel 41 Absatz 4.

(5) Bei Verstößen gegen die folgenden Bestimmungen werden im Einklang mit Absatz 2 Geldbußen von bis zu 20 000 000 EUR oder im Fall eines Unternehmens von bis zu 4 % seines gesamten weltweit erzielten Jahresumsatzes des vorangegangenen Geschäftsjahrs verhängt, je nachdem, welcher der Beträge höher ist:

a) die Grundsätze für die Verarbeitung, einschließlich der Bedingungen für die Einwilligung, gemäß den Artikeln 5, 6, 7 und 9;
b) die Rechte der betroffenen Person gemäß den Artikeln 12 bis 22;
c) die Übermittlung personenbezogener Daten an einen Empfänger in einem Drittland oder an eine internationale Organisation gemäß den Artikeln 44 bis 49;
d) alle Pflichten gemäß den Rechtsvorschriften der Mitgliedstaaten, die im Rahmen des Kapitels IX erlassen wurden;
e) Nichtbefolgung einer Anweisung oder einer vorübergehenden oder endgültigen Beschränkung oder Aussetzung der Datenübermittlung durch die Aufsichtsbehörde gemäß Artikel 58 Absatz 2 oder Nichtgewährung des Zugangs unter Verstoß gegen Artikel 58 Absatz 1.

(6) Bei Nichtbefolgung einer Anweisung der Aufsichtsbehörde gemäß Artikel 58 Absatz 2 werden im Einklang mit Absatz 2 des vorliegenden Artikels Geldbußen von bis zu 20 000 000 EUR oder im Fall eines Unternehmens von bis zu 4 % seines gesamten weltweit erzielten Jahresumsatzes des vorangegangenen Geschäftsjahrs verhängt, je nachdem, welcher der Beträge höher ist.

(7) Unbeschadet der Abhilfebefugnisse der Aufsichtsbehörden gemäß Artikel 58 Absatz 2 kann jeder Mitgliedstaat Vorschriften dafür festlegen, ob und in welchem Umfang gegen Behörden und öffentliche Stellen, die in dem betreffenden Mitgliedstaat niedergelassen sind, Geldbußen verhängt werden können.

(8) Die Ausübung der eigenen Befugnisse durch eine Aufsichtsbehörde gemäß diesem Artikel muss angemessenen Verfahrensgarantien gemäß dem Unionsrecht und dem Recht der Mitgliedstaaten, einschließlich wirksamer gerichtlicher Rechtsbehelfe und ordnungsgemäßer Verfahren, unterliegen.

(9) [1]Sieht die Rechtsordnung eines Mitgliedstaats keine Geldbußen vor, kann dieser Artikel so angewandt werden, dass die Geldbuße von der zuständigen Aufsichtsbehörde in die Wege geleitet und von den zuständigen nationalen Gerichten verhängt wird, wobei sicherzustellen ist, dass diese Rechtsbehelfe wirksam sind und die gleiche Wirkung wie die von Aufsichtsbehörden verhängten Geldbußen haben. [2]In jedem Fall müssen die verhängten Geldbußen wirksam, verhältnismäßig und abschreckend sein. [3]Die betreffenden Mitgliedstaaten teilen der Kommission bis zum 25. Mai 2018 die Rechtsvorschriften mit, die sie aufgrund dieses Absatzes erlassen, sowie unverzüglich alle späteren Änderungsgesetze oder Änderungen dieser Vorschriften.

Art. 84 Sanktionen

(1) [1]Die Mitgliedstaaten legen die Vorschriften über andere Sanktionen für Verstöße gegen diese Verordnung – insbesondere für Verstöße, die keiner Geldbuße gemäß Artikel 83 unterliegen – fest und treffen alle zu deren Anwendung erforderlichen Maßnahmen. [2]Diese Sanktionen müssen wirksam, verhältnismäßig und abschreckend sein.

(2) Jeder Mitgliedstaat teilt der Kommission bis zum 25. Mai 2018 die Rechtsvorschriften, die er aufgrund von Absatz 1 erlässt, sowie unverzüglich alle späteren Änderungen dieser Vorschriften mit.

Kapitel IX. Vorschriften für besondere Verarbeitungssituationen

Art. 85 Verarbeitung und Freiheit der Meinungsäußerung und Informationsfreiheit

(1) Die Mitgliedstaaten bringen durch Rechtsvorschriften das Recht auf den Schutz personenbezogener Daten gemäß dieser Verordnung mit dem Recht auf freie Meinungsäußerung und Informationsfreiheit, einschließlich der Verarbeitung zu journalistischen Zwecken und zu wissenschaftlichen, künstlerischen oder literarischen Zwecken, in Einklang.

(2) Für die Verarbeitung, die zu journalistischen Zwecken oder zu wissenschaftlichen, künstlerischen oder literarischen Zwecken erfolgt, sehen die Mitgliedstaaten Abweichungen oder Ausnahmen von Kapitel II (Grundsätze), Kapitel III (Rechte der betroffenen Person), Kapitel IV (Verantwortlicher und Auftragsverarbeiter), Kapitel V (Übermittlung personenbezogener Daten an Drittländer oder an internationale Organisationen), Kapitel VI (Unabhängige Aufsichtsbehörden), Kapitel VII (Zusammenarbeit und Kohärenz) und Kapitel IX (Vorschriften für besondere Verarbeitungssituationen) vor, wenn dies erforderlich ist, um das Recht auf Schutz der personenbezogenen Daten mit der Freiheit der Meinungsäußerung und der Informationsfreiheit in Einklang zu bringen.

(3) Jeder Mitgliedstaat teilt der Kommission die Rechtsvorschriften, die er aufgrund von Absatz 2 erlassen hat, sowie unverzüglich alle späteren Änderungsgesetze oder Änderungen dieser Vorschriften mit.

Art. 86 Verarbeitung und Zugang der Öffentlichkeit zu amtlichen Dokumenten

Personenbezogene Daten in amtlichen Dokumenten, die sich im Besitz einer Behörde oder einer öffentlichen Einrichtung oder einer privaten Einrichtung zur Erfüllung einer im öffentlichen Interesse liegenden Aufgabe befinden, können von der Behörde oder der Einrichtung gemäß dem Unionsrecht oder dem Recht des Mitgliedstaats, dem die Behörde oder Einrichtung unterliegt, offengelegt werden, um den Zugang der Öffentlichkeit zu amtlichen Dokumenten mit dem Recht auf Schutz personenbezogener Daten gemäß dieser Verordnung in Einklang zu bringen.

Art. 87 Verarbeitung der nationalen Kennziffer

¹ Die Mitgliedstaaten können näher bestimmen, unter welchen spezifischen Bedingungen eine nationale Kennziffer oder andere Kennzeichen von allgemeiner Bedeutung Gegenstand einer Verarbeitung sein dürfen. ² In diesem Fall darf die nationale Kennziffer oder das andere Kennzeichen von allgemeiner Bedeutung nur unter Wahrung geeigneter Garantien für die Rechte und Freiheiten der betroffenen Person gemäß dieser Verordnung verwendet werden.

Art. 88 Datenverarbeitung im Beschäftigungskontext

(1) Die Mitgliedstaaten können durch Rechtsvorschriften oder durch Kollektivvereinbarungen spezifischere Vorschriften zur Gewährleistung des Schutzes der Rechte und Freiheiten hinsichtlich der Verarbeitung personenbezogener Beschäftigtendaten im Beschäftigungskontext, insbesondere für Zwecke der Einstellung, der Erfüllung des Arbeitsvertrags einschließlich der Erfüllung von durch Rechtsvorschriften oder durch Kollektivvereinbarungen festgelegten Pflichten, des Managements, der Planung und der Organisation der Arbeit, der Gleichheit und Diversität am Arbeitsplatz, der Gesundheit und Sicherheit am Arbeitsplatz, des Schutzes des Eigentums der Arbeitgeber oder der Kunden sowie für Zwecke der Inanspruchnahme der mit der Beschäftigung zusammenhängenden individuellen oder kollektiven Rechte und Leistungen und für Zwecke der Beendigung des Beschäftigungsverhältnisses vorsehen.

(2) Diese Vorschriften umfassen geeignete und besondere Maßnahmen zur Wahrung der menschlichen Würde, der berechtigten Interessen und der Grundrechte der betroffenen Person, insbesondere im Hinblick auf die Transparenz der Verarbeitung, die Übermittlung personenbezogener Daten innerhalb einer Unternehmensgruppe oder einer Gruppe von Unternehmen, die eine gemeinsame Wirtschaftstätigkeit ausüben, und die Überwachungssysteme am Arbeitsplatz.

(3) Jeder Mitgliedstaat teilt der Kommission bis zum 25. Mai 2018 die Rechtsvorschriften, die er aufgrund von Absatz 1 erlässt, sowie unverzüglich alle späteren Änderungen dieser Vorschriften mit.

Art. 89 Garantien und Ausnahmen in Bezug auf die Verarbeitung zu im öffentlichen Interesse liegenden Archivzwecken, zu wissenschaftlichen oder historischen Forschungszwecken und zu statistischen Zwecken

(1) ¹ Die Verarbeitung zu im öffentlichen Interesse liegenden Archivzwecken, zu wissenschaftlichen oder historischen Forschungszwecken oder zu statistischen Zwecken unterliegt geeigneten Garantien für die Rechte und Freiheiten der betroffenen Person gemäß dieser Verordnung. ² Mit diesen Garantien wird sichergestellt, dass technische und organisatorische Maßnahmen bestehen, mit denen insbesondere die Achtung des Grundsatzes der Datenminimierung gewährleistet wird. ³ Zu diesen Maßnahmen kann die Pseudonymisierung gehören, sofern es möglich ist, diese Zwecke auf diese Weise zu erfüllen. ⁴ In allen Fällen, in denen diese Zwecke durch die Weiterverarbeitung, bei der die Identifizierung von betroffenen Personen nicht oder nicht mehr möglich ist, erfüllt werden können, werden diese Zwecke auf diese Weise erfüllt.

(2) Werden personenbezogene Daten zu wissenschaftlichen oder historischen Forschungszwecken oder zu statistischen Zwecken verarbeitet, können vorbehaltlich der Bedingungen und Garantien gemäß Absatz 1 des vorliegenden Artikels im Unionsrecht oder im Recht der Mitgliedstaaten insoweit Ausnahmen von den Rechten gemäß der Artikel 15, 16, 18 und 21 vorgesehen werden, als diese Rechte voraussichtlich die Verwirklichung der spezifischen Zwecke unmöglich machen oder ernsthaft beeinträchtigen und solche Ausnahmen für die Erfüllung dieser Zwecke notwendig sind.

(3) Werden personenbezogene Daten für im öffentlichen Interesse liegende Archivzwecke verarbeitet, können vorbehaltlich der Bedingungen und Garantien gemäß Absatz 1 des vorliegenden Artikels im Unionsrecht oder im Recht der Mitgliedstaaten insoweit Ausnahmen von den Rechten gemäß der Artikel 15, 16, 18, 19, 20 und 21 vorgesehen werden, als diese Rechte voraussichtlich die Verwirklichung der spezifischen Zwecke unmöglich machen oder ernsthaft beeinträchtigen und solche Ausnahmen für die Erfüllung dieser Zwecke notwendig sind.

(4) Dient die in den Absätzen 2 und 3 genannte Verarbeitung gleichzeitig einem anderen Zweck, gelten die Ausnahmen nur für die Verarbeitung zu den in diesen Absätzen genannten Zwecken.

Art. 90 Geheimhaltungspflichten

(1) ¹Die Mitgliedstaaten können die Befugnisse der Aufsichtsbehörden im Sinne des Artikels 58 Absatz 1 Buchstaben e und f gegenüber den Verantwortlichen oder den Auftragsverarbeitern, die nach Unionsrecht oder dem Recht der Mitgliedstaaten oder nach einer von den zuständigen nationalen Stellen erlassenen Verpflichtung dem Berufsgeheimnis oder einer gleichwertigen Geheimhaltungspflicht unterliegen, regeln, soweit dies notwendig und verhältnismäßig ist, um das Recht auf Schutz der personenbezogenen Daten mit der Pflicht zur Geheimhaltung in Einklang zu bringen. ²Diese Vorschriften gelten nur in Bezug auf personenbezogene Daten, die der Verantwortliche oder der Auftragsverarbeiter bei einer Tätigkeit erlangt oder erhoben hat, die einer solchen Geheimhaltungspflicht unterliegt.

(2) Jeder Mitgliedstaat teilt der Kommission bis zum 25. Mai 2018 die Vorschriften mit, die er aufgrund von Absatz 1 erlässt, und setzt sie unverzüglich von allen weiteren Änderungen dieser Vorschriften in Kenntnis.

Art. 91 Bestehende Datenschutzvorschriften von Kirchen und religiösen Vereinigungen oder Gemeinschaften

(1) Wendet eine Kirche oder eine religiöse Vereinigung oder Gemeinschaft in einem Mitgliedstaat zum Zeitpunkt des Inkrafttretens dieser Verordnung umfassende Regeln zum Schutz natürlicher Personen bei der Verarbeitung an, so dürfen diese Regeln weiter angewandt werden, sofern sie mit dieser Verordnung in Einklang gebracht werden.

(2) Kirchen und religiöse Vereinigungen oder Gemeinschaften, die gemäß Absatz 1 umfassende Datenschutzregeln anwenden, unterliegen der Aufsicht durch eine unabhängige Aufsichtsbehörde, die spezifischer Art sein kann, sofern sie die in Kapitel VI niedergelegten Bedingungen erfüllt.

Kapitel X. Delegierte Rechtsakte und Durchführungsrechtsakte

Art. 92 Ausübung der Befugnisübertragung

(1) Die Befugnis zum Erlass delegierter Rechtsakte wird der Kommission unter den in diesem Artikel festgelegten Bedingungen übertragen.

(2) Die Befugnis zum Erlass delegierter Rechtsakte gemäß Artikel 12 Absatz 8 und Artikel 43 Absatz 8 wird der Kommission auf unbestimmte Zeit ab dem 24. Mai 2016 übertragen.

(3) ¹Die Befugnisübertragung gemäß Artikel 12 Absatz 8 und Artikel 43 Absatz 8 kann vom Europäischen Parlament oder vom Rat jederzeit widerrufen werden. ²Der Beschluss über den Widerruf beendet die Übertragung der in diesem Beschluss angegebenen Befugnis. ³Er wird am Tag nach seiner Veröffentlichung im Amtsblatt der Europäischen Union oder zu einem im Beschluss über den Widerruf angegebenen späteren Zeitpunkt wirksam. ⁴Die Gültigkeit von delegierten Rechtsakten, die bereits in Kraft sind, wird von dem Beschluss über den Widerruf nicht berührt.

(4) Sobald die Kommission einen delegierten Rechtsakt erlässt, übermittelt sie ihn gleichzeitig dem Europäischen Parlament und dem Rat.

(5) ¹Ein delegierter Rechtsakt, der gemäß Artikel 12 Absatz 8 und Artikel 43 Absatz 8 erlassen wurde, tritt nur in Kraft, wenn weder das Europäische Parlament noch der Rat innerhalb einer Frist von drei Monaten nach Übermittlung dieses Rechtsakts an das Europäische Parlament und den Rat Einwände erhoben haben oder wenn vor Ablauf dieser Frist das Europäische Parlament und der Rat beide der Kommission mitgeteilt haben, dass sie keine Einwände erheben werden. ²Auf Veranlassung des Europäischen Parlaments oder des Rates wird diese Frist um drei Monate verlängert.

Art. 93 Ausschussverfahren

(1) ¹Die Kommission wird von einem Ausschuss unterstützt. ²Dieser Ausschuss ist ein Ausschuss im Sinne der Verordnung (EU) Nr. 182/2011.

(2) Wird auf diesen Absatz Bezug genommen, so gilt Artikel 5 der Verordnung (EU) Nr. 182/2011.

(3) Wird auf diesen Absatz Bezug genommen, so gilt Artikel 8 der Verordnung (EU) Nr. 182/2011 in Verbindung mit deren Artikel 5.

Kapitel XI. Schlussbestimmungen

Art. 94 Aufhebung der Richtlinie 95/46/EG

(1) Die Richtlinie 95/46/EG wird mit Wirkung vom 25. Mai 2018 aufgehoben.

(2) ¹Verweise auf die aufgehobene Richtlinie gelten als Verweise auf die vorliegende Verordnung. ²Verweise auf die durch Artikel 29 der Richtlinie 95/46/EG eingesetzte Gruppe für den Schutz von Personen bei der Verarbeitung personenbezogener Daten gelten als Verweise auf den kraft dieser Verordnung errichteten Europäischen Datenschutzausschuss.

Art. 95 Verhältnis zur Richtlinie 2002/58/EG

Diese Verordnung erlegt natürlichen oder juristischen Personen in Bezug auf die Verarbeitung in Verbindung mit der Bereitstellung öffentlich zugänglicher elektronischer Kommunikationsdienste in öffentlichen Kommunikationsnetzen in der Union keine zusätzlichen Pflichten auf, soweit sie besonderen in der Richtlinie 2002/58/EG festgelegten Pflichten unterliegen, die dasselbe Ziel verfolgen.

Art. 96 Verhältnis zu bereits geschlossenen Übereinkünften

Internationale Übereinkünfte, die die Übermittlung personenbezogener Daten an Drittländer oder internationale Organisationen mit sich bringen, die von den Mitgliedstaaten vor dem 24. Mai 2016 abgeschlossen wurden und die im Einklang mit dem vor diesem Tag geltenden Unionsrecht stehen, bleiben in Kraft, bis sie geändert, ersetzt oder gekündigt werden.

Art. 97 Berichte der Kommission

(1) ¹Bis zum 25. Mai 2020 und danach alle vier Jahre legt die Kommission dem Europäischen Parlament und dem Rat einen Bericht über die Bewertung und Überprüfung dieser Verordnung vor. ²Die Berichte werden öffentlich gemacht.

(2) Im Rahmen der Bewertungen und Überprüfungen nach Absatz 1 prüft die Kommission insbesondere die Anwendung und die Wirkungsweise

a) des Kapitels V über die Übermittlung personenbezogener Daten an Drittländer oder an internationale Organisationen insbesondere im Hinblick auf die gemäß Artikel 45 Absatz 3 der vorliegenden Verordnung erlassenen Beschlüsse sowie die gemäß Artikel 25 Absatz 6 der Richtlinie 95/46/EG erlassenen Feststellungen,

b) des Kapitels VII über Zusammenarbeit und Kohärenz.

(3) Für den in Absatz 1 genannten Zweck kann die Kommission Informationen von den Mitgliedstaaten und den Aufsichtsbehörden anfordern.

(4) Bei den in den Absätzen 1 und 2 genannten Bewertungen und Überprüfungen berücksichtigt die Kommission die Standpunkte und Feststellungen des Europäischen Parlaments, des Rates und anderer einschlägiger Stellen oder Quellen.

(5) Die Kommission legt erforderlichenfalls geeignete Vorschläge zur Änderung dieser Verordnung vor und berücksichtigt dabei insbesondere die Entwicklungen in der Informationstechnologie und die Fortschritte in der Informationsgesellschaft.

Art. 98 Überprüfung anderer Rechtsakte der Union zum Datenschutz

¹Die Kommission legt gegebenenfalls Gesetzgebungsvorschläge zur Änderung anderer Rechtsakte der Union zum Schutz personenbezogener Daten vor, damit ein einheitlicher und kohärenter Schutz natürlicher Personen bei der Verarbeitung sichergestellt wird. ²Dies betrifft insbeson-

DS-GVO

dere die Vorschriften zum Schutz natürlicher Personen bei der Verarbeitung solcher Daten durch die Organe, Einrichtungen, Ämter und Agenturen der Union und zum freien Verkehr solcher Daten.

Art. 99 Inkrafttreten und Anwendung

(1) Diese Verordnung tritt am zwanzigsten Tag nach ihrer Veröffentlichung im Amtsblatt der Europäischen Union in Kraft.

(2) Sie gilt ab dem 25. Mai 2018.

Diese Verordnung ist in allen ihren Teilen verbindlich und gilt unmittelbar in jedem Mitgliedstaat.

Einleitung

Literatur: *Abel,* Automatisierte Entscheidung im Einzelfall gem. Art. 22 DS-GVO, ZD 2018, 304; *Albrecht,* Starker EU-Datenschutz wäre Standortvorteil. Notwendigkeit eines international einheitlichen Datenschutzstandards, DuD 2013, 10; *Albrecht,* Das neue EU-Datenschutzrecht. Von der Richtlinie zur Verordnung, CR 2016, 8; *Albrecht/Wybitul,* Brauchen wir neben der DS-GVO noch ein neues BDSG?, ZD 2016, 457; *Albrecht/Wybitul,* BDSG-neu: BMI-Entwurf für ein Datenschutz-Anpassungs- und -Umsetzungsgesetz. Interview, ZD 2017, 51; *Ashkar,* Durchsetzung und Sanktionierung des Datenschutzrechts nach den Entwürfen der Datenschutz-Grundverordnung, DuD 2015, 12; *Ashkar,* Wesentliche Anforderungen der DS-GVO bei Einführung und Betrieb von KI-Anwendungen, ZD 2023, 523; *Assion,* Die Entwicklung des Datenschutzrechts, NJW 2023, 2619; *Baumgartner,* Die Umsetzung der DS-GVO in die Praxis – ein Werkstattbericht, ZD 2018, 405; *Bender-Paukens/Werry,* Datenschutz im Metaverse, ZD 2023, 127; *Bendiek/Berlich/Metzger,* Die digitale Selbstbehauptung der EU, SWP-Aktuell 71, 8/2015; *Bernard-Glanz,* Les arrêts Digital Rights Ireland et Google Spain ou le printemps européen de la protection des données, Cahiers de droit européen 2004, S. 685; *Bieber/Epiney/Haag/Kotzur,* Die Europäische Union. Europarecht und Politik, 14. Aufl. 2021; *Bleckmann,* Zu den Auslegungsmethoden des Europäischen Gerichtshofs, NJW 1982, 1177; *Boehme-Neßler,* Das Recht auf Vergessenwerden – Ein neues Internet-Grundrecht im Europäischen Recht, NVwZ 2014, 825; *Bothe/Kilian,* Rechtsfragen grenzüberschreitender Datenflüsse, 1992; *Bradford,* The Brussels Effect. How the European Union rules the world, 2020; *Bradford,* Digital Empires. The Global Battle to Regulate Technologies, 2023; *Brauneck,* Marktortprinzip der DSGVO: Weltgeltung für EU-Datenschutz?, EuZW 2019,494; *Brill,* Remarks to the Mentor Group, 16.4.2013, abrufbar unter www.ftc.gov/public-statements/2013/04/remarks-mentor-group-forum-eu-us-legal-economic-affairs-brussels-belgium; *Brink,* Gute europäische Rechtsprechung. Positive und negative Erfahrungen in Vorlageverfahren, NJW 2023, 2548; *Brown/Kennedy,* The Court of Justice of the European Communities, 4. Aufl. 1994; *Brühann/Zerdick,* Umsetzung der EG-Datenschutzrichtlinie, CR 1996, 429; *Buchner,* Grundsätze und Rechtmäßigkeit der Datenverarbeitung, DuD 2016, 155; *Buchner/Wessels,* Art. 82 DS-GVO – scharfes Schwert oder zahnloser Tiger?, ZD 2022, 251; *Bucholtz,* Grundrechte und Datenschutz im Dialog zwischen Karlsruhe und Luxemburg, DÖV 2017, 837; *Bühlmann/Metin,* Totalrevision des Schweizer Datenschutzgesetzes vor dem Hintergrund der DS-GVO, ZD 2018, 3; *Bull,* Netzpolitik: Freiheit und Rechtsschutz im Internet, 2013; *Burton/Kuner/Pateraki,* The Proposed EU Data Protection Regulation One Year Later: The Albrecht Report, Bloomberg BNA Privacy and Security Law Report, 12 PVLR 99, 21.1.2013; *Butarelli,* The General Data Protection Regulation: Making the world a better place?, Keynote speech at 'EU Data Protection 2015 Regulation Meets Innovation' event, 8.12.2015, abrufbar unter https://edps.europa.eu/sites/default/files/publication/15-12-08_truste_speech_en.pdf; *Cirani,* The economic impact of the European reform of data protection, Communications & Strategies 2015, No. 97, 41; *Christen/Meyer/Oberhofer/Hinz/Kamin/Wanner,* The Brussels Effect 2.0. How the EU Sets Global Standards with its Trade Policy, FIW Research Reports, Oktober 2022, No. 07, abrufbar unter https://fiw.ac.at/wp-content/uploads/2023/02/FIW_RR_07_2022_BrusselsEffect.pdf; *Dammann,* Erfolge und Defizite der EU-Datenschutzgrundverordnung, ZD 2016, 307; *von Danwitz,* Die Grundrechte auf Achtung der Privatsphäre und auf Schutz personenbezogener Daten. Die jüngere Rechtsprechung des Gerichtshofes der Europäischen Union, DuD 2015, 581; *Denga,* Unternehmenshaftung für KI – zur Konformitätsbewertung in Permanenz, CR 2023, 277; *De Gregorio/Dunn,* The European risk-based approaches: connecting constitutional dots in the digital age, Common Market Law Review 2022, 473; *De Hert/Papakonstantinou,* The Council of Europe Data Protection Convention reform: Analysis of the new text and critical comment on its global ambition, Computer Law & Security Review 2014, 633; *Dehmel,* Einmal Europa, Deutschland und zurück!, ZD 2017, 249; *Dehmel,* Rück- und Ausblick zur DS-GVO, ZD 2020, 62; *Dehnert/Weber,* EU-Kommissionsentwurf: Festlegung zusätzlicher Verfahrensregeln für die Durchsetzung der DS-GVO, ZD 2023, 648; *Dix,* Daten als Bezahlung – Zum Verhältnis zwischen Zivilrecht und Datenschutzrecht, ZEuP 2017, 1; *Draf,* Die Regelung der Übermittlung personenbezogener Daten in Drittländer nach Art. 25, 26 der EG-Datenschutzrichtlinie, 1999; *De Terwange,* Council of Europe convention 108+: A modernised international treaty for the protection of personal data, Computer Law & Security Review 2021, 105497; *Dieffal,* The Normative Potential of the European Rule on Automated Decisions: A New Reading for Art. 22 GDPR, ZaöRV 2020, 847; *Dressel,* Die gemeinschaftsrechtliche Harmonisierung des Europäischen Datenschutzrechts, 1995; *Druey,* Information als Gegenstand des Rechts. Entwurf einer Grundlegung, 1995; *Düwell/Brink,* Beschäftigungsdatenschutz nach der Umsetzung der Datenschutz-Grundverordnung: Viele Änderungen und wenig Neues, NZA 2017, 1081; *Dury/Leibold* „Home Office" und Datenschutz, ZD-Aktuell 2020, 04405; *Eckhardt,* EU-DatenschutzVO – Ein Schreckgespenst oder Fortschritt?, CR 2012, 195; *Eckhardt/Kramer,* EU-DSGVO – Diskussionspunkte aus der Praxis, DuD 2013, 287; *Eckhardt/Kramer/Mester,* Auswirkungen der geplanten EU-DS-GVO auf den deutschen Datenschutz, DuD 2013, 623; *Efroni/Metzger/Mischau/Schirmbeck,* Privacy Icons: A Risked-Based Approach to Visualisation of Data Processing, European Data Protection Law Review 2019, 352; *Ehmann,* Bußgelder, behördliche Anordnungen, Verbandsklagen – Wie lässt sich Datenschutz am besten durchsetzen?, ZD 2014, 493; *Ehmann,* Der weitere Weg zur Datenschutzgrundverordnung. Näher am Erfolg, als viele glauben?, ZD 2015, 6; *Ehmann/Kranig,* Fünf nach zwölf im Datenschutz. Sofortmaßnahmen zur Umsetzung der DS-GVO, ZD 2018, 199; *Ellger,* Der Datenschutz im grenzüberschreitenden Datenverkehr. Eine rechtsvergleichende und kollisionsrechtliche Untersuchung, 1990; *Ellger,* Konvergenz oder Konflikt bei der Harmonisierung des Datenschutzes in Europa? EU-Datenschutzrichtlinie – Datenschutzkonvention des Europarats, CR 1994,

Einleitung

558; *Engelbrecht,* Transparenz von Infektionszahlen, ZD 2020, 611; *Engeler,* Der Konflikt zwischen Datenmarkt und Datenschutz, NJW 2022, 3398; *Faust/Spittka/Wybitul,* Milliardenbußgelder nach der DS-GVO, ZD 2016, 120; *Fennelly,* Legal Interpretation at the European Court of Justice, Fordham International Law Journal 1996, 656; *Filip,* Von der Artikel-29-Gruppe zum Europäischen Datenschutzausschuss (EDSA) – Zukunft und Bedeutung der Working Papers, BvD-News 3/2017, 8; *Forgó/Müllenbach/Krügel,* Zur datenschutz- und persönlichkeitsrechtlichen Zulässigkeit von Google Street View, CR 2010, 616; *Franzen,* Datenschutz-Grundverordnung und Arbeitsrecht, EuZA 2017, 313; *Frenz,* Handbuch Europarecht, Bd. 4: Europäische Grundrechte, § 5: Datenschutz, 2009; *Friedrichsen/Rapp,* Aufsichtsrechtliche Maßnahmen gegenüber öffentlichen Stellen, ZD 2023, 535; *Fujiwara/Geminn,* Reform des japanischen Datenschutzrechts im öffentlichen Bereich, ZD 2016, 522; *Funk,* Das Prinzip der Nutzerzentriertheit des Data Act – ein gravierender Strukturfehler, CR 2023, 421; *Gal,* Ta pathetika prooimia tes Europes. Zu Sinn und Unsinn der Erwägungsgründe, myops 2019, 4; *Geminn,* Die Regulierung Künstlicher Intelligenz, ZD 2021, 354; *Germelmann/Gundel,* Die Entwicklung der EuGH-Rechtsprechung zum Europäischen Verfassungs- und Verwaltungsrecht im Jahr 2015, BayVBl 2016, 725; *Germelmann/Gundel,* Die Entwicklung der EuGH-Rechtsprechung zum Europäischen Verfassungs- und Verwaltungsrecht im Jahr 2022, Teil 1, BayVBl. 2023, 469; *Gierschmann,* Was „bringt" deutschen Unternehmen die DS-GVO?, ZD 2016, 51; *Gilga/Knaak,* Anpassungsgesetze Österreichs und Deutschlands an die DS-GVO im Vergleich, ZD-Aktuell 2017, 06708; *Gönann,* Das öffentlich-rechtliche Binnenkollisionsrecht der DS-GVO, 2021; *Gola,* Der „neue" Beschäftigungsdatenschutz nach § 26 BDSG n. F., BB 2017, 1462; *Gola/Klug,* Die Entwicklung des Datenschutzrechts im ersten Halbjahr 2016, NJW 2016, 2786; *Gola/Klug,* Die Entwicklung des Datenschutzrechts im zweiten Halbjahr 2016, NJW 2017, 604; *Gola/Klug,* Die Entwicklung des Datenschutzrechts im ersten Halbjahr 2017, NJW 2017, 2593; *Gola/Klug,* Die Entwicklung des Datenschutzrechts im zweiten Halbjahr 2017, NJW 2018, 674; *Gola/Klug,* Die Entwicklung des Datenschutzrechts im ersten Halbjahr 2018, NJW 2018, 2608; *Gola/Klug,* Die Entwicklung des Datenschutzrechts im zweiten Halbjahr 2018, NJW 2019, 639; *Gola/Klug,* Die Entwicklung des Datenschutzrechts im ersten Halbjahr 2019, NJW 2019, 2587; *Gola/Klug,* Die Entwicklung des Datenschutzrechts im zweiten Halbjahr 2019, NJW 2020, 660; *Gola/Klug,* Die Entwicklung des Datenschutzrechts, NJW 2020, 2774; *Gola/Klug,* Die Entwicklung des Datenschutzrechts, NJW 2021, 680; *Gola/Klug,* Die Entwicklung des Datenschutzrechts, NJW 2021, 2629; *Gola/Klug,* Die Entwicklung des Datenschutzrechts, NJW 2022, 662; *Gola/Klug,* Die Entwicklung des Datenschutzrechts, NJW 2022, 2597; *Gola/Klug,* Die Entwicklung des Datenschutzrechts, NJW 2023, 658; *v. Graevenitz,* Mitteilungen, Leitlinien, Stellungnahmen – Soft Law der EU mit Lenkungswirkung, EuZW 2013, 139; *Greenleaf,* The influence of European data privacy standards outside Europe: implications for globalization of Convention 108, International Data Privacy Law 2012, 68; *Greve,* Das neue Bundesdatenschutzgesetz, NVwZ 2017, 737; *Grewe/Stegemann,* EU-Verbandsklagerichtlinie, ZD 2021, 183; *Griesinger/Oberlin,* Der aktuelle Gesetzesentwurf zum neuen Schweizer Datenschutzrecht (VE-DSG-CH) unter vergleichender Berücksichtigung des neuen europäischen Datenschutzrechts (DS-GVO/GDPR), BvD-News 3/2017, 68; *Härting,* Starke Behörden, schwaches Recht – der neue EU-Datenschutzentwurf, BB 2012, 459; *Härting,* Datenschutz-Grundverordnung. Das neue Datenschutzrecht in der betrieblichen Praxis, 2016; *Heberlein,* Zwei Jahre Anwendung der DS-GVO, ZD 2020, 487; *Heberlein,* Bereichsausnahme für Parlamente?, ZD 2021, 85; *Heberlein,* Nationale Vielfalt bei der Ausgestaltung des Art. 85 Abs. 2 DS-GVO, ZD 2022, 546; *Heberlein,* Stellung und Aufgaben der Datenschutzbeauftragten auf dem Prüfstand, ZD 2023, 423; *Heinzke/Leibold,* Der EuGH und die DSGVO – ein Nadelöhr zur Rechtssicherheit, CR 2023, 90; *Helfrich,* Einführung, Datenschutzrecht (Beck-Texte), 15. Aufl. 2023; *Helfrich,* DSAnpUG: Ist der sperrige Name Programm?, ZD 2017, 97; *Hennemann,* Wettbewerb der Datenschutzrechtsordnungen. Zur Rezeption der Datenschutz-Grundverordnung, RabelsZ 2020, 864; *Hennemann/Boshe/von Meding,* Datenschutzrechtsordnungen in Afrika: Grundlagen, Rechtsentwicklung und Fortentwicklungspotenziale, ZfDR 2021, 193; *Hertz/Gruske,* Ein komplexes Zusammenspiel. Im Blickpunkt: Die Datenschutz-Grundverordnung und das neue Bundesdatenschutzgesetz, Deutscher AnwaltSpiegel, 24/2017, 3; *Hijmans,* The European Union as Guardian of Internet Privacy. The Story of Art 16 TFEU, 2016; *Hijmans,* The DPAs and their Cooperation: How Far are We in Making Enforcement of Data Protection Law More European?, European Data Protection Law Review 2016, 362; *Hijmans/Kranenborg* (Hrsg.), Data Protection Anno 2014: How to Restore Trust?, Contributions in honour of Peter Hustinx, European Data Protection Supervisor (2004–2014), 2014; *Hilgers,* Aktuelle Änderungen im BDSG, ZD 2020, 556; *Hoeren/Giurgiu,* Der Datenschutz in Europa nach der neuen Datenschutz-Grundverordnung, NWB 2012, 1599; *Hoeren/Pinelli,* Das neue brasilianische Datenschutzrecht, ZD 2020, 351; *Hoeren/Wada,* Datenschutz in Japan, ZD 2018, 3; *Hofmann,* Was bedeutet das „Strucksche Gesetz" für die Betroffenenrechte nach der Datenschutzreform?, ZD-Aktuell 2017, 05620; *Hofmann/Johannes,* DS-GVO: Anleitung zur autonomen Auslegung des Personenbezugs, ZD 2017, 221; *Hustinx,* EU Data Protection Law: the Review of Directive 95/46/EC and the Proposed General Data Protection Regulation, 15.9.2014, abrufbar unter https://secure.edps.europa.eu/EDPSWEB/webdav/site/mySite/shared/Documents/EDPS/Publications/Speeches/2014/14-09-15_Article_EUI_EN.pdf; *Jang/Newman,* Enforcing European privacy regulations from below: Transnational fire alarms and the general data protection regulation, Journal of Common Market Studies 2022, 283; *Jensen,* Kritik von Sachverständigen zum derzeitigen Entwurf des DSAnpUG-EU, ZD-Aktuell 2017, 05596; *Jestaedt/Häsemeyer,* Die Bindungswirkung von Gemeinschaftsrahmen und Leitlinien im EG-Beihilfenrecht, EuZW 1995, 787; *Johannes,* Der BDSG-Entwurf und das Mysterium der „23", ZD-Aktuell 2017, 05533; *Johannes,* Die Gegenüberstellung – Allgemeine Grundsätze der Datenverarbeitung nach neuem BDSG, DS-GVO und JI-Richtlinie, ZD-Aktuell 2017, 05757; *Jülicher/Röttgen/von Schönfeld,* Das Recht auf Datenübertragbarkeit,

Einleitung

ZD 2016, 358; *Jung*, Grundrechtsschutz auf europäischer Ebene – am Beispiel des personenbezogenen Datenschutzes, 2016; *Jungkind/Koch*, The risk-based approach in the GDPR, ZD 2022, 656; *Junker*, Erwägungsgründe: Unkraut auf dem Beet der europäischen Gesetzgebung?, EuZA 2020, 141; *Kaiser*, The enforcement structure of the new GDPR – National DPAs facing autonomy, hierarchy and cooperation, PinG 2017, 192; *Kelber*, „Alle meine Daten" – der Abschlussbericht der Datenethikkommission, ZD 2020, 73; *Kerber*, Datenrechtliche Aspekte des Digital Markets Act, ZD 2021, 544; *Kettemann/Schulz/Fertmann*, Anspruch und Wirklichkeit der Plattformregulierung. Kommissionsentwürfe der Rechtsakte zu digitalen Diensten und Märkten, ZRP 2021, 138; *Kibler*, Datenschutzaufsicht im europäischen Verbund, 2021; *Kienle/Wenzel*, Das Klagerecht der Aufsichtsbehörden, ZD 2019, 107; *Kipker*, Pläne für ein Datenschutzgesetz in Indien, ZD 2018, 253; *Knaak*, Österreich: Bundesrat verabschiedet DS-GVO-Anpassungsgesetz; *Kohn*, Der Schadensersatzanspruch nach Art. 82 DS-GVO, ZD 2019, 498; *Klösel/Mahnhold*, Die Zukunft der datenschutzrechtlichen Betriebsvereinbarung. Mindestanforderungen und betriebliche Ermessensspielräume nach DS-GVO und BDSG nF, NZA 2017, 1428; *Kokott/Sobotta*, The Distinction between Privacy and Data Protection in the Jurisprudence of the CJEU and the ECtHR, International Data Privacy Law 2013, 1; *Kopp*, Tendenzen der Harmonisierung des Datenschutzrechts in Europa, DuD 1995, 204; *Kort*, Der Beschäftigungsdatenschutz nach § 26 BDSG-neu, ZD 2017, 319; *Kramer*, Verbot mit Erlaubnisvorbehalt zeitgemäß?, DuD 2013, 380; *Kramer*, Artikel-29-Arbeitsgruppe, Datenschutzkonferenz, Düsseldorfer Kreis: Zusammensetzung der Gremien, DB 2017, 264; *Kraska*, Auswirkungen der EU-Datenschutzgrundverordnung, ZD-Aktuell 2016, 04173; *Kraul* (Hrsg.), Das neue Recht der digitalen Dienste. Digital Services Act (DSA), 2023; *Kremer*, Wer braucht warum das neue BDSG? Auseinandersetzung mit wesentlichen Inhalten des BDSG n. F., CR 2017, 367; *Krempelmeier*, Sind die datenschutzrechtlichen Privilegien des § 9 DSG unionsrechtswidrig?, jusIT 2018, 188; *Kroker*, Art. 22 DSGVO – ein Schuss in den Ofen?, PinG 2020, 255; *Kühling*, Rückkehr des Rechts: Verpflichtung von „Google & Co." zu Datenschutz, EuZW 2014, 527; *Kühling*, Neues Bundesdatenschutzgesetz – Anpassungsbedarf bei Unternehmen, NJW 2017, 1985; *Kühling*, Das „Recht auf Vergessenwerden" vor dem BVerfG – November-Revolution für die Grundrechtsarchitektur im Mehrebenensystem, NJW 2020, 275; *Kühling/Martini*, Die Datenschutz-Grundverordnung: Revolution oder Evolution im europäischen und deutschen Datenschutzrecht?, EuZW 2016, 448; *Kugelmann*, Kooperation und Betroffenheit im Netzwerk, ZD 2020, 76; *Kugelmann*, Datenschutz im digitalen Binnenmarkt, EuR 2023, 336; *Kuner*, European Data Protection Law. Corporate Compliance and Regulation, 2. Aufl. 2007; *Kuner*, The European Commission's Proposed Data Protection Regulation: A Copernican Revolution in European Data Protection Law, Bloomberg BNA Privacy and Security Law Report, 11 PVLR 215, 6.2.2012; *Kuner/Burton/Pateraki*, The Proposed EU Data Protection Regulation Two Years Later, Bloomberg BNA Privacy and Security Law Report, 13 PVLR 8, 6.1.2014; *Langhanke*, Datenschutz in der Schweiz, ZD 2014, 621; *Langhanke*, Daten als Leistung. Eine rechtsvergleichende Untersuchung zu Deutschland, Österreich und der Schweiz, 2018; *Laue*, Öffnungsklauseln in der DS-GVO – Öffnung wohin?, ZD 2016, 463; *Lejeune*, Datenschutz in den Vereinigten Staaten von Amerika, CR 2013, 755; *Lenaerts*, Interpretation and the Court of Justice: A Basis for Comparative Reflection, The International Lawyer 2007, 1011; *Lenaerts/Gutiérrez-Fons*, To Say What the Law of the EU Is: Methods of Interpretation and the European Court of Justice, EUI Working Paper AEL 2013/9; *Lenaerts/Gutiérrez-Fons*, Les méthodes d'interprétation de la Cour de Justice de l'Union européenne, 2020; *Leopold*, Absenkung des Datenschutzniveaus in der EU durch CETA? Das Freihandelsabkommen mit Kanada im Vergleich mit den europäischen Datenschutznormen, ZD 2016, 475; *Leucker*, Die zehn Märchen der Datenschutzreform, PinG 2015, 195; *Löber*, Digitales EU-COVID-Zertifikat und CovPass-App: Rückkehr zur Freiheit oder Überwachungsinstrument, ZD-Aktuell 2021, 05220; *Lynskey*, The Foundations of EU Data Protection Law, 2015; *Maisch/Seidl*, Ausblick auf das neue Bayerische Datenschutzgesetz, PinG 2018, 121; *Makulilo*, African accession to Council of Europe Privacy Convention 108, DuD 2017, 364; *Maamar*, Social Scoring. Eine europäische Perspektive auf Verbraucher-Scores zwischen Big Data und Big Brother, CR 2018, 820; *Marsch*, Das europäische Datenschutzgrundrecht. Grundlagen – Dimensionen – Verflechtungen, 2018; *Martens*, Methodenlehre des Unionsrechts, 2013; *Masing*, Ein Abschied von den Grundrechten, Süddeutsche Zeitung, 9.1.2012, 10; *Masing*, Herausforderungen des Datenschutzes, NJW 2012, 2305; *McCullagh/Tambou/Bourton*, National adaptations of the GDPR. Blogdroiteuropéen, 2019, abrufbar unter https://blogdroiteuropeen.files.wordpress.com/2019/02/national-adaptations-of-the-gdpr-final-version-27-february-1.pdf; *Mester*, EU-Verordnung. Verordnungen der Europäischen Union, DuD 2013, 250; *Mester*, EU-Datenschutzgrundverordnung. Die europaweite Regelung des Datenschutzes noch 2015?, DuD 2015, 822; *Meyer*, Landesrechtliche Legaldefinitionen der „Anonymisierung" im Anwendungsbereich der DS-GVO, ZD 2021, 669; *Miščenic/Hoffmann*, The Role of Opening Clauses in harmonization of EU law: Example of the EU's General Data Protection Regulation (GDPR), EU and Comparative Law Issues and Challenges Series 2020, 44; *Monreal*, Der europarechtliche Rahmen für das mitgliedstaatliche Beschäftigungsdatenschutzrecht, ZD 2022, 359; *Moos/Zeiter*, Vorabwiderspruch bei Geodatendiensten – Gesetz oder Geste?, ZD 2013, 178; *Mosing*, Änderungen in Österreich aufgrund der Datenschutz-Grundverordnung, Teil 2: Der Datenschutzbeauftragte kommt!, PinG 2016, 220; *Mosing*, Österreich: Entwurf des Datenschutz-Anpassungsgesetzes 2018 – zwischen Evolution durch die Union und Tradition, PinG 2017, 146; *Mosing*, Österreich: Datenschutz-Anpassungs-Gesetz 2018 und seine Sonderbestimmung zu Bildaufnahmen, PinG 2017, 240; *Müller-ter Jung*, Datenschutz im Internet der Dinge, DuD 2021, 114; *Nguyen*, Die Subsidiaritätsrüge des Deutschen Bundesrates gegen den Vorschlag der EU-Kommission für eine Datenschutz-Grundverordnung, ZeuS 2012, 277; *Nguyen*, Die zukünftige Datenschutzaufsicht in Europa, ZD 2015, 265; *Niedrist*, Datenschutz und Tür-zu-Tür-Verkündigungstätigkeit einer Religionsgemeinschaft, NLMR 2023, 261; *Paal/Aliprandi*, Immateriel-

Einleitung

ler Schadensersatz bei Datenschutzverstößen, ZD 2021, 241; *Paal/Götz,* Aktuelle Rechtsfragen zur Datenübertragbarkeit aus Art. 20 DS-GVO, ZD 2023, 67; *Paal/Hennemann,* Big Data im Recht. Wettbewerbs- und daten(schutz)rechtliche Herausforderungen, NJW 2017, 1697; *Pauly/Dieckhoff,* Dunkle Wolken über den transatlantischen Beziehungen, CCZ 2017, 270; *Pfeiffer/Helmke,* Die Digitalrechtsakte der EU (DGA, DSA, DMA, KI-VO und DA-E), Teil I, ZD-Aktuell 2023, 01125; Teil II, ZD-Aktuell 2023, 01162; Teil III, ZD-Aktuell 2023, 01175; Teil IV, ZD-Aktuell 2023, 01206; *Podszun/Bongartz/Kirk,* Digital Markets Act – Neue Regeln für Fairness in der Plattformökonomie, NJW 2022, 3249; *Priebe,* EU-Kommission: Vorschlag eines neuen europäischen Datenschutzrahmens, EuZW 2012, 163; *Prosser,* Privacy, California Law Review 1960, 383; *Raab,* Harmonisierung des einfachgesetzlichen Datenschutzes. Von der umsetzungsdefizitären Datenschutzrichtlinie 95/46/EG zur Datenschutz-Grundverordnung, 2015; *Raji,* Datenräume in der Europäischen Datenstrategie am Beispiel des European Health Data Space, ZD 2023, 3; *Redeker/Karpenstein,* Über Nutzen und Notwendigkeiten, Gesetze zu begründen, NJW 2001, 2825; *Reding,* Herausforderungen an den Datenschutz bis 2020: Eine europäische Perspektive, ZD 2011, 1; *Reding,* The upcoming data protection reform for the European Union, International Data Privacy Law 2011, 3; *Reding,* The European data protection framework for the twenty-first century, International Data Privacy Law 2012, 119; *Reding,* Sieben Grundbausteine der europäischen Datenschutzreform, ZD 2012, 195; *Reimer,* Europa und der Datenschutz, DuD 2017, 209; *Richter,* 3 Jahre DS-GVO-Anwendung – Gedanken zum Geburtstag, ZD 2021, 233; *Richter,* 2022: Ankunft im Post-Open-Data-Zeitalter, ZD 2022, 3; *Riegel,* Europäische Gemeinschaften und Datenschutz, ZRP 1990, 132; *Riegel,* Zum Verhältnis von Recht und Wirklichkeit am Beispiel des Datenschutzrechts in der Europäischen Gemeinschaft, DÖV 1991, 311; *Riesenhuber,* Europäische Methodenlehre/Handbuch für Ausbildung und Praxis, 3. Aufl. 2015; *Ronnellenfitsch,* Fortentwicklung des Datenschutzes. Die Pläne der Europäischen Kommission, DuD 2012, 561; *Roßnagel,* Datenschutzgesetzgebung. Monopol oder Vielfalt?, DuD 2012, 553; *Roßnagel,* Gesetzgebung im Rahmen der Datenschutz-Grundverordnung. Aufgaben und Spielräume des deutschen Gesetzgebers?, DuD 2017, 277; *Roßnagel,* Kein „Verbotsprinzip" und kein „Verbot mit Erlaubnisvorbehalt" im Datenschutzrecht, NJW 2019, 1; *Roßnagel,* Datenschutz im E-Learning, ZD 2020, 296; *Roßnagel,* Die Evaluation der Datenschutz-Grundverordnung, MMR 2020, 657; *Roßnagel/Geminn,* Vertrauen in Anonymisierung, ZD 2021, 487; *Roßnagel/Müller,* Ubiquitous Computing – neue Herausforderungen für den Datenschutz, CR 2004, 625; *Roßnagel/Rost,* Eine Geldbuße kommt selten allein, ZD 2023, 502; *Roßnagel/Nebel/Richter,* Besserer Internetdatenschutz für Europa, ZD 2013, 103; *Roßnagel/Nebel/Richter,* Was bleibt vom Europäische Datenschutzrecht?, ZD 2015, 455; *Ruschemeier,* Anforderungen an datenschutzrechtliche Einwilligungen in Krisenzeiten, ZD 2020, 618; *Schaar,* Datenschutz-Grundverordnung: Arbeitsauftrag für den deutschen Gesetzgeber, PinG 2016, 62; *Schemmel,* Brexit: Implikationen und Empfehlungen für die datenschutzrechtliche Praxis, DB 2017, 152; *v. Schenk/Mueller/Stöfen,* Die Datenschutz-Grundverordnung: Auswirkungen in der Praxis, GWR 2017, 171; *Schild,* Die EG-Datenschutz-Richtlinie, EuZW 1996, 549; *Schmidl,* Die Europäische Datenschutzgrundverordnung – ein Meilenstein europäischer Integration, ZVertriebsR 2017, 69; *Schmidt/Hübener* (Hrsg.), Das neue Recht der digitalen Märkte. Digital Markets Act (DMA), 2023; *Schmidt-Kessel/Grimm,* Unentgeltlich oder entgeltlich? – Der vertragliche Austausch von digitalen Inhalten gegen personenbezogene Daten, ZfPW 2017, 84; *Schmitz,* Digitale Gesetzes-Strategie – Agilität oder „Act"ionismus?, ZD 2022, 189; *Schneider,* Hat die Privatsphäre noch eine Chance?, ZD 2015, 245; *Schnider,* Änderungen in Österreich aufgrund der Datenschutz-Grundverordnung, Teil 1: Entfall der Meldepflicht, PinG 2016, 194; *Schnider,* Änderungen in Österreich aufgrund der Datenschutz-Grundverordnung, Teil 3: Keine „per se Privilegien" für „indirekt personenbezogene Daten", PinG 2017, 22; *Schnider,* Österreich – Newsflash: Das Datenschutz-Anpassungsgesetz 2018 ist beschlossen, PinG 2017, 184; *Schreiber/Pommerening/Schoel,* Das neue Recht der Daten-Governance. Data Governance Act (DGA), 2023; *Schroeder,* Die Auslegung des EU-Rechts, JuS 2004, 180; *Schröder,* Der risikobasierte Ansatz in der DS-GVO, ZD 2019, 503; *Schürmann,* Datenschutz-Folgenabschätzung beim Einsatz künstlicher Intelligenz, ZD 2022, 316; *Schulzki-Haddouti,* Föderaler Flickenteppich bei DSGVO-Umsetzung, PinG-Blog, 5.12.2017, abrufbar unter www.pingdigital.de/blog/2017/12/05/foederaler-flickenteppich-bei-dsgvo-umsetzung/1275; *Schweiger,* Zieht Österreich dem Datenschutz wirklich die Zähne? Die Änderungen durch das Datenschutz-DeregulierungsG 2018, PinG 2018, 171; *Selmayr,* Nach PRISM: Endet jetzt die Ambivalenz der deutschen Position zum EU-Datenschutz?, ZD 2013, 525; *Selmayr,* Interview zur Datenschutz-Grundverordnung, ZD 11/2016, V; *Selmayr,* Europa wagt die digitale Selbstbehauptung, ZD 2018, 197; *Selmayr/Knyrim/Ebner,* Interview zur DS-GVO-Verfahrensverordnung: Europa setzt Maßstäbe im KI-Recht, Datenschutz Konkret 2023, 74; *Siemen,* Datenschutz als Europäisches Grundrecht, 2006; *Simitis,* Die EU-Datenschutzrichtlinie – Stillstand oder Anreiz?, NJW 1997, 281; *Simitis,* Privacy – An Endless Debate?, California Law Review 2010, 1989; *Segger-Piening,* Extraterritorialitätsauswirkungen und fehlender Privatrechtsbezug im Internationalen Datenprivatrecht – Keine bessere Welt, in: Duden (Hrsg.), IPR für eine bessere Welt. Vision – Realität – Irrweg?, 2022, S. 107; *Somers,* Vorbereitung auf die Datenschutz-Grundverordnung – Erfahrungen aus Belgien, PinG 2017, 124; *Spiecker gen. Döhmann/Eisenbarth,* Kommt das „Volkszählungsurteil" nun durch den EuGH? – Der Europäische Datenschutz nach Inkrafttreten des Vertrags von Lissabon, JZ 2011, 169; *Spies,* USA: Internationale Durchsuchungen – Fall jetzt vor dem Supreme Court, ZD-Aktuell 2017, 05829; *Spies,* USA: Gesetzgeber billigt Datenzugriff außerhalb der USA (CLOUD Act), ZD-Aktuell 2018, 04291; *Spies,* Zahlreiche neue Datenschutzgesetze in den US-Bundesstaaten, MMR 2023, 69; *Spindler,* Die neue EU-Datenschutz-Grundverordnung, DB 2016, 937; *Spindler/Sein,* Die endgültige Richtlinie über Verträge über digitale Inhalte und Dienstleistungen, MMR 2019, 415; *Steege,* Definition von künstlicher Intelligenz in Art. 3 Nr. 1 KI-VO-E, MMR 2022, 926; *Steinrötter,* Datenaltruismus, ZD 2021, 61; *Steinrötter,* Verhältnis

Einleitung

von Data Act und DS-GVO, GRUR 2023, 216; *Stentzel,* Das Grundrecht auf ...? Auf der Suche nach dem Schutzgut des Datenschutzes in der Europäischen Union, PinG 2015, 185; *Strassemeyer,* Rechtsunklarheit kurz vor der Einschulung der DSGVO, DB 2023, 157; *Streinz/Michl,* Die Drittwirkung des europäischen Datenschutzgrundrechts (Art. 8 GRCH) im deutschen Privatrecht, EuZW 2011, 384; *Sury,* Revision Datenschutz in der Schweiz, Informatik-Spektrum 2017, 221; *Svantesson,* The Extraterritoriality of EU Data Privacy Law, Journal of International Law 2014, 71; *Tatsumi,* Reform des japanischen Datenschutzrechts in den Jahren 2020–2021, ZD 2023, 86; *Thiel,* Bedarf es einer Neuorganisation der Datenschutzaufsicht?, ZD 2021, 179; *Thiel,* Zusammenarbeit der Datenschutzaufsicht auf europäischer Ebene, ZD 2021, 467; *Thiel,* Ein Dateninstitut für Deutschland – Sicht einer Datenschutzbehörde, ZD 2023, 245; *Thiel/Wybitul,* Bußgelder wegen Datenschutzverstößen – aus Sicht von Aufsichtsbehörden und Unternehmen (ZD-Interview), ZD 2020, 3; *Thomas,* Die Bindungswirkung von Mitteilungen, Bekanntmachungen und Leitlinien der Kommission, EuR 2009, 423; *Thüsing/Schmidt/Gola,* Was wird aus dem Beschäftigtendatenschutz? Die DS-GVO, das DS-AnpUG und § 26 BDSG-neu, DuD 2017, 244; *Thüsing/Traut,* The Reform of European Data Protection Law: Harmonisation at Last?, Intereconomics 2013, 271; *Tolks,* Die finale Fassung des Data Governance Act, MMR 2022, 444; *Traung,* The Proposed New EU General Data Protection Regulation. Further Opportunities, CR 2012, 33; *Trute,* Der Schutz personenbezogener Informationen in der Informationsgesellschaft, JZ 1998, 822; *Tschohl,* Die „Stopp Corona"-App des Österreichischen Roten Kreuzes – Erfahrungen über ein DS-GVO-Leuchtturmprojekt, ZD 2020, 329; *Tzanou,* Data protection as a fundamental right next to privacy? 'Reconstructing' a not so new right, International Data Privacy Law 2013, 88; *Uecker,* Extraterritorialer Anwendungsbereich der DS-GVO, ZD 2019, 67; *Utz/Koloßa/Holz/Thielbörger,* Die DSGVO als internationales Vorbild? Erste Forschungsergebnisse zu Grundprinzipien der DSGVO und Gedanken zu ihrer Umsetzbarkeit, DuD 2019, 700; *Veil,* DS-GVO: Risikobasierter Ansatz statt rigides Verbotsprinzip, ZD 2015, 347; *Voßhoff/Hermerschmidt,* Endlich! – Was bringt uns die Datenschutz-Grundverordnung?, PinG 2016, 56; *Wagner,* Der Datenschutz in der Europäischen Union, 2015; *Wagner/Benecke,* National Legislation within the Framework of the GDPR. Limits and Opportunities of National Data Protection Law, European Data Protection Law Review 2016, 353; *Warren/Brandeis,* The Right to Privacy, Harvard Law Review 1890, 193; *Weber/Dehnert,* Das Kooperations- und Kohärenzverfahren vor dem EDSA, ZD 2021, 63; *Weber/Rotter,* Einheitliche Bußgeldfestsetzung im Europäischen Wirtschaftsraum, ZD 2022, 415; *Weber/Rotter/Wybitul,* Finale Version 2.0 der EDSA-Leitlinien 04/2022 zur DS-GVO-Bußgeldberechnung, ZD 2023, 511; *Weber/Thürer/Zäch,* Datenschutz im europäischen Umfeld, 1995; *Weichert,* Wider das Verbot mit Erlaubnisvorbehalt im Datenschutz?, DuD 2013, 246; *Weichert,* EU-US-Privacy-Shield – Ist der transatlantische Datenverkehr nun grundrechtskonform?, ZD 2016, 209; *Weiß,* Die Bußgeldpraxis der Aufsichtsbehörden in ausgewählten EU-Staaten – ein aktueller Überblick, PinG 2017, 97; *Whitman,* The Two Western Cultures of Privacy: Dignity Versus Liberty, Yale Law Journal 2004, 1151; *Will,* Schlussrunde bei der Datenschutz-Grundverordnung?, ZD 2015, 345; *Wisman,* Privacy, Data Protection and E-Commerce, in: Lodder/Murray (Hrsg.), EU Regulation of E-Commerce, 2017, S. 349; *Wybitul,* Die DS-GVO – ein Compliance-Thema?, ZD 2016, 105; *Wybitul,* Der neue Beschäftigtendatenschutz nach § 26 BDSG und Art. 88 DSGVO, NZA 2017, 413; *Wybitul/König,* EDSA-Leitlinien zur Berechnung von DS-GVO-Geldbußen, ZD 2022, 422; *Wybitul/Leibold,* Risiken für Unternehmen durch neue Rechtsprechung zum DS-GVO-Schadensersatz, ZD 2022, 207; *Wybitul/Will,* Die Corona-Warn-App – ein Allzweckwerkzeug? (ZD-Interview), ZD 2020, 381; *Zahariev,* The evolution of EU data protection law on automated data profiling, PinG 2017, 73; *Zerdick,* European Aspects of Data Protection: What Rights for Citizens?, Legal Issues of European Integration 1995, 59; *Zöchbauer,* Das „Medienprivileg" des § 9 Abs. 1 DSG idF Datenschutz-Deregulierungsgesetz 2018, MR 2018, 102; *Zuleeg,* Die Auslegung des Europäischen Gemeinschaftsrechts, EuR 1969, 97.

Rechtsprechung: EuGH Urt. v. 12.11.1969 – 29/69, ECLI:EU:C:1969:57 – Stauder/Stadt Ulm; EuGH Urt. v. 6.11.2003 – C-101/01, ECLI:EU:C:2003:596 = EuZW 2004, 245 – Lindqvist; EuGH Urt. v. 29.1.2008 – C-275/06, ECLI:EU:C:2008:54 – Promusicae; EuGH (Große Kammer) Urt. v. 9.3.2010 – C-518/07, ECLI:EU:C:2010:125 = EuZW 2010, 296 – Kommission/Deutschland; EuGH (Große Kammer) Urt. v. 29.6.2010 – C-28/08 P, ECLI:EU:C:2010:378 – Kommission/Bavarian Lager; EuGH (Große Kammer) Urt. v. 9.11.2010 – C-92/09 u. C-93/98, ECLI:EU:C:2010:662 = EuZW 2010, 939 – Volker und Markus Schecke und Eifert; EuGH Urt. v. 24.11.2011 – C-70/10, ECLI:EU:C:2011:771 = ZD 2012, 29 – Scarlet Extended; EuGH Urt. v. 24.11.2011 – C-468/10 u. C-469/10, ECLI:EU:C:2011:777 = ZD 2012, 33 – ASNEF u. FECEMD; EuGH (Große Kammer) Urt. v. 16.10.2012 – C-614/10, ECLI:EU:C:2012:631 = ZD 2012, 563 – Kommission/Österreich; EuGH Urt. v. 19.12.2012 – C-314/11 P, ECLI:EU:C:2012:823 – Planet AE/Kommission; EuGH (Große Kammer) Urt. v. 8.4.2014 – C-293/12 u. C-594/12, ECLI:EU:C:2014:238 = ZD 2014, 296 mAnm *Petri* – Digital Rights Ireland und Seitlinge u.a.; EuGH (Große Kammer) Urt. v. 8.4.2014 – C-288/12, ECLI:EU:C:2014:237 = ZD 2014, 301 – Kommission/Ungarn; EuGH (Große Kammer) Urt. v. 13.5.2014 – C-131/12, ECLI:EU:C:2014:317 = ZD 2014, 350 – Google Spain SL und Google Inc/Agencia Española de Protección de Datos (AEPD) und Mario Costeja González; EuGH Urt. v. 1.10.2015 – C-230/14, ECLI:EU:C:2015:639 = ZD 2015, 580 mAnm *Karg* – Weltimmo/Nemzeti Adatvédelmi és Információszabadság Hatóság; EuGH (Große Kammer) Urt. v. 6.10.2015 – C-362/14, ECLI:EU:C:2015:650 = ZD 2015, 549 mAnm *Spies* – Maximillian Schrems/Data Protection Commissioner („Schrems I"); EuGH Urt. v. 28.7.2016 – C-191/15, ECLI:EU:C:2016:612 – Verein für Konsumenteninformation/Amazon; EuGH Urt. v. 19.10.2016 – C-582/14, ECLI:EU:C:2016:779 = ZD 2017, 24 mAnm *Kühling/Klar* – Breyer/Deutschland; EuGH Urt. v. 21.12.2016 – C-203/15 und C-698/15, ECLI:EU:C:2016:970 = ZD 2017, 124

Einleitung

mAnm *Kipker/Schefferski/Stelter* – Tele2 Sverige und Watson u.a.; EuGH Urt. v. 9.3.2017 – C-398/15, ECLI: EU:C:2017:197 = ZD 2017, 325 – Manni; EuGH (Große Kammer) Gutachten v. 26.7.2017 – 1/15, ECLI: EU:C:2017:592 = ZD 2018, 23 – PNR-Abkommen EU-Kanada; EuGH Urt. v. 27.9.2017 – C-73/16, ECLI: EU:C:2017:725 = ZD 2018, 420 – Puškár; EuGH Urt. v. 20.12.2017 – C-434/16, ECLI:EU:C:2017:994 – Nowak; EuGH Urt. v. 25.1.2018 – C-498/16, ECLI:EU:C:2018:37 – Maximillian Schrems/Facebook Ireland Limited; EuGH (Große Kammer) Urt. v. 5.6.2018 – C-210/16, ECLI:EU:C:2018:388 = ZD 2018, 357 mAnm *Marosi/Matthé* und mAnm *Schulz* – Unabhängiges Landeszentrum für Datenschutz Schleswig-Holstein/Wirtschaftsakademie Schleswig-Holstein GmbH; EuGH (Große Kammer) Urt. v. 10.7.2018 – C-25/17, ECLI:EU:C:2018:551 = ZD 2018, 469 mAnm *Hoeren* – Tietosuojavaltuutettu („Zeugen Jehovas"); EuGH Urt. v. 16.1.2019 – C-496/17, ECLI:EU:C:2019:26 – Deutsche Post AG/Hauptzollamt Köln; EuGH Urt. v. 14.2.2019 – C-345/17, ECLI:EU:C:2019:122 = ZD 2019, 262 – Sergejs Buivids; EuGH Urt. v. 29.7.2019 – C-40/17, ECLI:EU:C:2019:629 = ZD 2019, 455 mAnm *Hanloser* – Fashion ID GmbH & Co. KG/Verbraucherzentrale NRW e.V.; EuGH (Große Kammer) Urt. v. 24.9.2019 – C-507/17, ECLI:EU:C:2019:772 = ZD 2020, 31 mAnm *Ukrow* – Google LLC/CNIL; EuGH (Große Kammer) Urt. v. 1.10.2019 – C- 673/17, ECLI:EU:C:2019:801 = ZD 2019, 556 mAnm *Hanloser* – Bundesverband der Verbraucherzentralen und Verbraucherverbände – Verbraucherzentrale Bundesverband e.V./Planet49; EuGH Urt. v. 24.9.2019 – C-136/17, ECLI:EU:C:2019:773 = ZD 2020, 36 mAnm *Ukrow* – Gc u.a.; EuGH Urt. v. 11.12.2019 – C-708/18, ECLI:EU:C:2019:1064 = ZD 2020, 148 mAnm *Lachenmann*; EuGH Urt. v. 9.7.2020 – C-272/19, ECLI:EU:C:2020:535 = ZD 2020, 577 mAnm *Engelbrecht* – VQ/Land Hessen; EuGH (Große Kammer) Urt. v. 16.7.2020 – C-311/18, ECLI:EU:C:2020:559 = ZD 2020, 511 mAnm *Moos/Rothkegel* – Data Protection Commissioner/Facebook Ireland Ltd, Maximillian Schrems („Schrems II"); EuGH Urt. v. 6.10.2020 – C-511/18, C-512/18, C-520/18, ECLI:EU:C:2020:6 = ZD 2021,520 – La Quadrature du Net; EuGH Urt. v. 11.11.2020 – C-61/19, ECLI:EU:C:2020:901 = ZD 2021, 89 – Orange România; EuGH Urt. v. 10.12.2020 – C-620/19, ECLI:EU:C:2020:1011 = ZD 2021, 319 – Land Nordrhein-Westfalen/D.-H. T; EuGH Urt. v. 2.3.2021 – C-746/18, ECLI:EU:C:2020:18 = ZD 2021, 517 – H.K.; EuGH (Große Kammer) Urt. v. 12.5.2021 – C-505/19, ECLI:EU:C:2021:376 = ZD 2021, 426 mAnm *Schild* – W.S./Bundesrepublik Deutschland; EuGH (Große Kammer) Urt. v. 15.6.2021 – C-645/19, ECLI:EU:C:2021:432 = ZD 2021, 570 mAnm *Blasek* – Facebook Ireland Ltd u.a./Gegevensbeschermingsautoriteit; EuGH Urt. v. 17.6.2021 – C-597/19, ECLI:EU:C:2021:492 – M. I. C.M.; EuGH Urt. v. 22.6.2021 – C-439/19, ECLI:EU:C:2021:504 = ZD 2021, 625 – Latvijas Republikas Saeima; EuGH Urt. v. 24.2.2022 – C-175/20, ECLI:EU:C:2022:124 = ZD 2022, 271 – Valsts ieņēmumu dienests; EuGH Urt. v. 24.3.2022 – C-245/20, ECLI:EU:C:2022:216 = ZD 2022, 490 mAnm *Benamor* – X, Z/Autoriteit Persoonsgegevens; EuGH Urt. v. 5.4.2022 – C-140/20, ECLI:EU: C:2022:258 = ZD 2022, 677; EuGH Urt. v. 28.4.2022 – C-319/20, ECLI:EU:C:2022:322 = ZD 2022, 384 mAnm *Hense* – Meta Platforms Ireland Ltd/Bundesverband der Verbraucherzentralen und Verbraucherverbände – Verbraucherzentrale Bundesverband e.V.; EuGH Urt. v. 21.6.2022 – C-817/19, ECLI:EU: C:2022:491 = ZD 2022, 553 mAnm *Schild*; EuGH Urt. v. 22.6.2022 – C-534/20, ECLI:EU:C:2022:495 = ZD 2022, 552 = NZA 2022, 1101 mAnm *Lang* – Leistritz AG/LH; EuGH (Große Kammer) Urt. v. 1.8.2022 – C-184/20, ECLI:EU:C:2022:601 = ZD 2022,611 = LTZ 2023, 50 mAnm *Kienle* – OT/Vyriausioji tarnybinės etikos komisija; EuGH Urt. v. 20.9.2022 – C-793/19 und C-794/19, ECLI:EU:C:2022:702 = ZD 2022, 666 – SpaceNet AG und Telekom Deutschland GmbH; EuGH Urt. v. 20.10.2022 – C-77/21, ECLI:EU: C:2022:805 = ZD 2023, 31 – Digi; EuGH Urt. v. 20.10.2022 – C-306/21, ECLI:EU:C:2022:813 – Koalitsia „Demokratichna Bulgaria – Obedinenie"; EuGH Urt. v. 27.10.2022 – C-129/21, ECLI:EU:C:2022:833 = ZD 2023, 28 – Proximus; EuGH Urt. v. 8.12.2022 – C-180/21, ECLI:EU:C:2022:967 = ZD 2023, 147 – VS/Inspektor v Inspektorata kam Visshia sadeben savet; EuGH (Große Kammer) Urt. v. 8.12.2022 – C-460/20, ECLI:EU:C:2022:962 = MMR 2023, 105 = EuZW 2023, 139 mAnm *Petri* – TU und RE/Google LLC; EuGH Urt. v. 12.1.2023 – C-132/21, ECLI:EU:C:2023:2 = ZD 2023, 209 mAnm *Schwamberger* – BE/Nemzeti Adatvédelmi és Információszabadság Hatósá; EuGH Urt. v. 12.1.2023 – C-154/21, ECLI:EU: C:2023:3 = ZD 2023, 271 – Österreichische Post AG; EuGH Urt. v. 26.1.2023 – C-205/21, ECLI:EU: C:2023:49 = ZD 2023, 266 – V.S.; EuGH Urt. v. 9.2.2023 – C-453/21, ECLI:EU:C:2023:79 = ZD 2023, mAnm *Moos/Dirkers* – X-FAB Dresden; EuGH Urt. v. 9.2.2023 – C-560/21, ECLI:EU:C:2023:81 – Zweckverband KISA; EuGH Urt. v. 2.3.2023 – C-268/21, ECLI:EU:C:2023:145= ZD 2023, 396 – Norra Stockholm Bygg; EuGH Urt. v. 30.3.2023 – C-34/21, ECLI:EU:C:2023:270 = ZD 2023, 391 mAnm *Schild* – Hauptpersonalrat der Lehrerinnen und Lehrer beim Hessischen Kultusministerium/Minister des Hessischen Kultusministeriums; EuGH Urt. v. 4.5.2023 – C-60/22, ECLI:EU:C:2023:373 – UZ/Deutschland; EuGH Urt. v. 4.5.2023 – C-300/21, ECLI:EU:C:2023:370 = ZD 2023, 446 mAnm *Mekat/Ligocki* – UI/Österreichische Post AG; EuGH Urt. v. 4.5.2023 – C-487/21, ECLI:EU:C:2023:369 – F.F./Österreichische Datenschutzbehörde; EuGH Urt. v. 22.6.2023 – C-579/21, ECLI:EU:C:2023:501 – Pankki; EuGH (Große Kammer) Urt. v. 4.7.2023 – C-252/21, ECLI:EU:C:2023:537 = MMR 202, 669 mAnm *Golland* – Meta Platforms Inc./Bundeskartellamt; EuGH Urt. v. 5.10.2023 – C-659/22, ECLI:EU:C:2023:745 – RK/Ministerstvo zdravotnictví; EuGH Urt. v. 26.10.2023 – C-307/22, ECLI:EU:C:2023:811 – FT/DW; EuGH Urt. v. 9.11.2023 – C-319/22, ECLI:EU:C:2023:837 – Gesamtverband Autoteile-Handel e. V./Scania CVAB; EuGH (Große Kammer) Urt. v. 5.12.2023 – C-683/21, ECLI:EU:C:2023–949 – Nacionalinis visuomenės sveikatos centras prie Sveikatos apsaugos ministerijos/Valstybinė duomenų apsaugos inspekcija; EuGH Urt. v. 5.12.2023 – C-807/21, ECLI:EU:C:2023:950 – Deutsche Wohnen SE/Staatsanwaltschaft Berlin; EuGH Urt. v. 16.1.2024 – C-33/22, ECLI:EU:C:2024:46 – Österreichische Datenschutzbehörde/WK; EuGH Urt. v. 7.12.2023 – C-634/21, ECLI:EU:C:2023:957 – OQ/Land Hessen; EuGH Urt. v. 7.12.2023 – C-26/22 u.

Einleitung

C-64/22, ECLI:EU:C:2023:958 – UF, AB/Land Hessen; EuGH Urt. v. 14.12.2023 – C-340/21, ECLI:EU:C:2023:986 – VB/Natsionalna agentsia za prihodite; EuGH Urt. v. 14.12.2023 – C-456/22, ECLI:EU:C:2023:988 – VX, AT/Gemeinde Ummendorf; EuGH Urt. v. 21.12.2023 – C-667/21, ECLI:EU:C:2023:1022 – ZQ/Medizinischer Dienst der Krankenversicherung Nordrhein; EuG Urt. v. 27.4.2022 – T-710/21, T-722/21 u. T-723/21, ECLI:EU:T:2022:262 – Roos u.a./Europäisches Parlament; EuG Beschl. v. 7.12.2022 – T-709/21, ECLI:EU:T:2022:783 – WhatsApp Ireland/Europäischer Datenschutzausschuss; EuG Urt. v. 26.4.2023 – T-557/20, ECLI:EU:T:2023:219 = ZD 2023, 399 mAnm *Baumgartner* – Einheitlicher Abwicklungsmechanismus (SRB)/Europäischer Datenschutzbeauftragter (EDPS); EGMR Urt. v. 4.5.2000 – App Nr. 27798/95, ECHR 2000-II – ÖJZ 2001, 74 – Amann v. Schweiz; EGMR Urt. v. 16.2.2000 – App Nr. 28341/95, ECHR 2000-V = ÖJZ 2001, 71 – Rotaru v. Rumänien [GC]; EGMR Urt. v. 5.9.2017 – App Nr. 61496/08, NZA 2017, 1443 – Bărbulescu/Rumänien; EGMR Urt. v. 28.11.2017 – App Nr. 70838/13, ECHR 365 (2017) – Antović and Mirković v. Montenegro; EGMR Urt. v. 17.10.2019 – App Nr. 1874/13, 8567/13 = NZA 2019, 1697 – López Ribalda u.a. v. Spanien; EGMR Urt. v. 30.1.2020 – App Nr. 50001/12 = NJW 2021, 999 – Breyer v. Deutschland; EGMR Urt. v. 13.12.2022, App Nr. 26968/1, NLMR 2022, 528 – Florindo de Almeida Vasconcelos Gramaxo v. Portugal; EGMR Urt. v. 9.5.2023 – App Nr. 31172/19 – Zeugen Jehovas v. Finnland; BVerfGE 65, 1 (Volkszählung) = NJW 1984, 419; BVerfG Beschl. v. 6.11.2019 – 1 BvR 16/13, ZD 2020, 100 mAnm *Petri* und *Gräbig* = MMR 2020, 99 mAnm *Hoeren* – Recht auf Vergessen I; BVerfG Beschl. v. 6.11.2019 – 1 BvR 276/17, MMR 2020, 106 mAnm *Hoeren* = ZD 2020, 109 mAnm *Gräbig* – Recht auf Vergessen II; BVerwG Urt. v. 27.9.2018 – 7 C 5.17, NVwZ 2019, 473; Öst. VfGH Urt. v. 14.12.2022 – G 287/2022-16, G 288/2022-14 = ZD 2023, 613.

Übersicht

	Rn.
A. Einleitende Bemerkungen	1
B. Hintergrund und Entstehung der DS-GVO	10
I. Die Konvention Nr. 108 des Europarats von 1981	11
II. Die Datenschutz-Richtlinie (DS-RL) 1995	14
III. Die Datenschutz-Grundverordnung (DS-GVO) 2016	19
1. Neue Gefährdungslage für persönliche Daten durch Digitalisierung und Vernetzung	20
2. Die Sorge um die digitale Selbstbehauptung Europas	23
3. Die Bekräftigung des Datenschutzgrundrechts im Vertrag von Lissabon	27
a) Der grundrechts- und datenschutzfreundliche Kontext von Lissabon	28
b) Die grundrechtsfreundliche Ausrichtung der Europäischen Kommission seit 2010	41
4. Faktoren, die zur erfolgreichen Verabschiedung der DS-GVO führten	47
5. Die DS-GVO: Evolution oder Revolution?	63
C. Vollharmonisierung durch eine unmittelbar geltende „Grundverordnung": Konsequenzen für nationale Spielräume	79
D. Auslegung der DS-GVO als Unionsrecht	99
E. Die weitere Entwicklung des EU-Datenschutzrechts auf Grundlage der DS-GVO	108
I. Die Anwendung der DS-GVO	109
1. Die eigenverantwortliche Anwendung der DS-GVO durch Verantwortliche und Auftragsverarbeiter	110
2. Die Überwachung der Anwendung der DS-GVO durch die nationalen Datenschutz-Aufsichtsbehörden	111
3. Rechtsschutz durch die nationalen Gerichte mit Vorabentscheidungsverfahren zum EuGH	112
4. Der Europäische Datenschutzausschuss und seine Leitlinien	114
5. Die Anwendung, Durchführung und regelmäßige Überprüfung der DS-GVO durch die Kommission	116
6. Die Covid-19-Pandemie als Stresstest für die DS-GVO	120
II. Die Ergänzung der DS-GVO	124
1. Die neue EU-Datenschutzverordnung 2018/1725	125
2. Die ePrivacy-Verordnung	129
3. Die DS-GVO-Verfahrensverordnung	131
4. Die neuen EU-Digitalisierungs-Gesetze	135
a) Das neue EU-Datennutzungsrecht	136
b) Das neue EU-Plattform- und Datenwettbewerbsrecht	138
c) Das europäische KI-Gesetz	140
d) Die DS-GVO als „Mutter" der neuen EU-Digitalisierungs-Gesetze	142
III. Die internationale Ausstrahlung der DS-GVO	145
1. Die Angemessenheitsbeschlüsse der Kommission	146
2. Die modernisierte Konvention 108+	150
F. Ausblick auf die Zukunft der DS-GVO	153

Einleitung 1

A. Einleitende Bemerkungen*

1 Am 25.5.2018 hat eine neue Zeitrechnung im Datenschutzrecht begonnen. In allen Mitgliedstaaten der Europäischen Union (EU) gilt seither die **Verordnung (EU) 2016/679 des Europäischen Parlaments und des Rates vom 27.4.2016 zum Schutz natürlicher Personen bei der Verarbeitung personenbezogener Daten, zum freien Datenverkehr und zur Aufhebung der Richtlinie 95/46/EG,**[1] die **Datenschutz-Grundverordnung (DS-GVO).**[2] Für die Verarbeitung personenbezogener Daten, ob im privaten oder öffentlichen Bereich, gilt seither überall in der EU grundsätzlich einheitlich und gleichzeitig dasselbe Recht, ohne dass es dafür eines nationalen Rechtsanwendungsbefehls oder Inkorporationsaktes bedarf. Den Rechtsanwendungsbefehl für die DS-GVO hat der EU-Gesetzgeber – das direkt gewählte Europäische Parlament und der Rat, in dem die Minister aller Mitgliedstaaten vertreten sind – selbst in Art. 99 Abs. 2 erteilt. Danach **„gilt" die DS-GVO „ab dem 25. Mai 2018"**. Hintergrund ist Art. 288 UAbs. 2 des Vertrags über die Arbeitsweise der Europäischen Union[3] (AEUV). Dieser sieht vor, dass eine Verordnung – als europäisches Gesetz[4] – „allgemeine

---

* Die Verfasser vertreten hier ihre persönliche Auffassung, die nicht notwendig der Auffassung der Europäischen Kommission bzw. des Freistaats Bayern entspricht.

[1] ABl. 2016 L 119, 1, ber. ABl. 2016 L 314, 72; ABl. 2018 L 127, 2; sowie ABl. 2021 L 74, 35. Die DS-GVO ist im ABl. ausdrücklich als „Text von Bedeutung für den EWR" ausgewiesen. Von Anfang an war beabsichtigt, dass die DS-GVO wegen ihrer Bedeutung für den Binnenmarkt auch in den mit der EU im Europäischen Wirtschaftsraum (EWR) eng verbundenen Staaten – Island, Liechtenstein und Norwegen – Geltung erlangen sollte. Die Kommission leitete dementsprechend am 2.5.2018 das Verfahren zur Einbeziehung der DS-GVO in das EWR-Abkommen (Anh. XI und Prot. 37, die bisher auf die DS-RL verwiesen) ein; vgl. COM(2018) 249; sowie Beschluss (EU) 2018/893 des Rates v. 18.6.2018, ABl. 2018 L 159, 31. Die Einbeziehung erfolgte mit Wirkung zum 20.7.2018; vgl. Beschl. des Gemeinsamen EWR-Ausschusses Nr. 154/2018 v. 6.7.2018 zur Änderung des Anh. XI (Elektronische Kommunikation, audiovisuelle Dienste und Informationsgesellschaft) und des Prot. 37 (mit der Liste gemäß Artikel 101) des EWR-Abkommens [2018/1022], ABl. 2018 L 183, 23, der in Art. 1 einige Modifikationen und Ergänzungen im institutionellen Bereich vorsieht. Bereits an den Beratungen zur DS-GVO hatten in den Expertengruppen des Rates neben Experten der EU-Mitgliedstaaten auch Experten aus Island, Liechtenstein und Norwegen teilgenommen. Vgl. heute auch § 1 Abs. 6 BDSG, der klarstellt, dass bei der Verarbeitung personenbezogener Daten nach der DS-GVO „die Vertragsstaaten des Abkommens über den Europäischen Wirtschaftsraum den Mitgliedstaaten der Europäischen Union gleichstehen."

[2] Der Begriff „Datenschutz-Grundverordnung" findet sich im offiziellen Text der DS-GVO als Klammerzusatz zur Überschrift. In der engl. Version heißt die DS-GVO „General Data Protection Regulation", in der frz. Version „règlement général sur la protection des données". Eine offizielle Abkürzung für den Rechtsakt gibt es nicht, im Deutschen ist DS-GVO oder DSGVO, im Englischen GDPR und im Französischen RGPD üblich.

[3] Konsolidierte Fassung idF des Vertrags von Lissabon v. 13.12.2007 zur Änderung des Vertrags über die Europäische Union und des Vertrags zur Gründung der Europäischen Gemeinschaft, ABl. 2007 C 306, 1; aktualisierte konsolidierte Fassung: ABl. 2016 C 202, 1. Eine vom Amt für Veröffentlichungen der EU erstellte, aktualisierte Fassung der konsolidierten Vertragstexte (Stand 2019) ist abrufbar unter https://op.europa.eu/de/publication-detail/-/publication/3f3af39e-e8ea-11e9-9c4e-01aa75ed71a1.

[4] Der von allen Mitgliedstaaten unterzeichnete, aber nur von 18 Mitgliedstaaten (darunter Deutschland und Österreich) ratifizierte und daher nie in Kraft getretene Vertrag für eine Verfassung für Europa (ABl. 2004 C 310, 1) sah in Art. I-33 Abs. 1 UAbs. 1 vor, dass der Begriff „Europäisches Gesetz" an die Stelle des Begriffs „Verordnung" treten sollte, um so zur besseren Verständlichkeit des EU-Rechts beizutragen. Ebenso sollte der bis dahin verwendete Begriff „Mitentscheidungsverfahren" durch den Begriff „ordentliches Gesetzgebungsverfahren" ersetzt und andere Verfahren, die zur Verabschiedung eines normativen Rechtsakts durch das Europäische Parlament unter Beteiligung des Rates bzw. durch den Rat mit Beteiligung des Europäischen Parlaments führen, als „besondere Gesetzgebungsverfahren" bezeichnet werden; vgl. Art. I-34, Abs. 1, 2, Art. III-396 Abs. 1, 2 des Vertrags über eine Verfassung für Europa. Diese Änderung wurde durch den Vertrag von Lissabon (ABl. 2007 C 306, 1; aktualisiert ABl. 2016 C 202, 1) in das Recht der Europäischen Union übernommen; vgl. Art. 289 Abs. 1, Art. 294 Abs. 1 AEUV. Übernommen wurde auch der Begriff „Gesetzgebungsakte", der alle Rechtsakte bezeichnet, die in einem (ordentlichen oder besonderen) Gesetzgebungsverfahren angenommen werden (Art. I-34 Abs. 3 des Vertrags über eine Verfassung für Europa bzw. Art. 289 Abs. 3 AEUV) und diese insbes. von delegierten und Durchführungsrechtsakten unterscheidet. Es ist daher im heutigen Unionsrecht rechtlich zulässig und zunehmend üblich, vom EU-Gesetzgeber verabschiedete Verordnungen als „Gesetzgebungsakte" oder auch „Gesetze" bzw. im Englischen als „Act" zu bezeichnen; vgl. zB die Verordnung (EU) 2022/2065 des Europäischen Parlaments und des Rates v. 19.10.2022 über einen Binnenmarkt für digitale Dienste und zur Änderung der Richtlinie 2000/31/EG, ABl. 2022 L 277, 1, ber. ABl. 2022 L 310, 17, die im Klammerzusatz vom EU-Gesetzgeber selbst als „Gesetz über digitale Dienste" bezeichnet wird.

2, 3 Einleitung

Geltung" hat; sie ist ferner „in allen ihren Teilen verbindlich und gilt unmittelbar in jedem Mitgliedstaat".

Das Datenschutzrecht in Europa ist bereits seit 1995 durch die **Richtlinie 95/46/EG des Europäischen Parlaments und des Rates vom 24.10.1995 zum Schutz natürlicher Personen bei der Verarbeitung personenbezogener Daten und zum freien Datenverkehr,**[5] die sog. **Datenschutz-Richtlinie (DS-RL),** maßgeblich EU-rechtlich geprägt. Als Richtlinie entfaltete die DS-RL jedoch ihre Rechtswirkungen in den EU-Mitgliedstaaten in aller Regel nur mittelbar, also über die jeweils zu ihrer Umsetzung erlassenen bzw. abgeänderten nationalen Rechtsvorschriften (vgl. Art. 288 UAbs. 3 AEUV). Vor Geltung der DS-GVO standen daher für die Rechtsanwendung diese nationalen Rechtsvorschriften im Vordergrund, so zB in Deutschland das frühere Bundesdatenschutzgesetz[6] (BDSG) und die Datenschutzgesetze der Länder,[7] in Österreich das frühere Datenschutzgesetz[8] (DSG). Auf die DS-RL selbst wurde in der Vergangenheit nur äußerst sporadisch zurückgegriffen, so bei spezifischen Fragen der Auslegung des nationalen Rechts, bei denen der Ursprungstext der DS-RL weiterhelfen konnte. Oft war Rechtsanwendern und Rechtsunterworfenen in der Praxis gar nicht bewusst, dass die Anwendung des nationalen Datenschutzrechts auch schon vor dem 25.5.2018 europäisch vermitteltes und europäisch überformtes Recht darstellte. 2

Heute hat das Datenschutzrecht mit der DS-GVO – welche die DS-RL mit Wirkung vom 25.5.2018 ablöste (Art. 94 Abs. 1) – ein für jeden deutlich erkennbares europäisches Gesicht. Die DS-GVO hat **unmittelbare Geltung;** sie ist somit seit dem 25.5.2018 **das primäre Datenschutzgesetz in allen EU-Mitgliedstaaten.**[9] Die Rechtsanwender haben die Vorschriften der DS-GVO unmittelbar anzuwenden; die Rechtsunterworfenen – Bürger wie Unternehmen und Behörden – können ihre Rechte und Pflichten direkt dem Text der DS-GVO entnehmen.[10] Der DS-GVO widersprechende oder deren Wirkungen behindernde nationale Regelungen, gleich welcher Rangstufe, müssen infolge des **Vorrangs des EU-Rechts**[11] 3

---

[5] ABl. 1995 L 281, 31, geänd. durch VO (EG) Nr. 1882/2003 des Europäischen Parlaments und des Rates v. 29.9.2003, ABl. 2003 L 284, 1. Die DS-RL galt auch im EWR, also auch für Island, Liechtenstein und Norwegen; vgl. Beschl. des Gemeinsamen EWR-Ausschusses Nr. 83/1999 v. 25.6.1999 zur Änderung des Prot. 37 und des Anh. IX (Telekommunikationsdienste) zum EWR-Abk., ABl. 2000 L 296, 41.

[6] IdF v. 14.1.2003, BGBl. 2003 I 66, vor Inkrafttreten der DS-GVO zuletzt geänd. durch Art. 1 Zweites ÄndG v. 25.2.2015, BGBl. 2015 I 162.

[7] ZB das Bayerische Datenschutzgesetz (BayDSG) oder das Hessische Datenschutzgesetz (HDSG), das wohl älteste Datenschutzgesetz der Welt.

[8] Öst. BGBl. 1999 I 165.

[9] Eingehend dazu Mitteilung der Kommission v. 24.1.2018, Besserer Schutz und neue Chancen – Leitfaden der Kommission zur unmittelbaren Anwendbarkeit der Datenschutz-Grundverordnung ab 25.5.2018, COM(2018) 43. Vgl. auch *Gola* BB 2017, 1462, für den die DS-GVO das „Grundgesetz des Datenschutzrechts in der EU" ist.

[10] Vgl. EuGH Urt. v. 9.3.1978 – C-106/77, ECLI:EU:C:1978:49 – Amministrazione delle finanze dello Stato/Simmenthal, Rn. 14/16: „Unmittelbare Geltung bedeutet unter diesem Blickwinkel, dass die Bestimmungen des Gemeinschaftsrechts ihre volle Wirkung einheitlich in sämtlichen Mitgliedstaaten vom Zeitpunkt ihres Inkrafttretens an und während der gesamten Dauer ihrer Gültigkeit entfalten müssen. Diese Bestimmungen sind somit unmittelbare Quelle von Rechten und Pflichten für alle diejenigen, die sie betreffen, einerlei, ob es sich um die Mitgliedstaaten oder um solche Einzelpersonen handelt, die an Rechtsverhältnissen beteiligt sind, welche dem Gemeinschaftsrecht unterliegen. Diese Wirkung erstreckt sich auch auf jedes Gericht, das, angerufen im Rahmen seiner Zuständigkeit, als Organ eines Mitgliedstaats die Aufgabe hat, die Rechte zu schützen, die das Gemeinschaftsrecht den einzelnen verleiht."

[11] Grdl. EuGH Urt. v. 15.7.1964 – C-6/64, ECLI:EU:C:1964:66 – Costa/E.N.E.L., S. 1270, wo der EuGH aus dem von den Mitgliedstaaten ratifizierten Gründungsvertrag der Europäischen Gemeinschaft folgert, „dass dem vom Vertrag geschaffenen, somit aus einer autonomen Rechtsquelle fließenden Recht wegen dieser seiner Eigenständigkeit keine wie immer gearteten innerstaatlichen Rechtsvorschriften vorgehen können, wenn ihm nicht sein Charakter als Gemeinschaftsrecht aberkannt und wenn nicht die Rechtsgrundlage der Gemeinschaft selbst in Frage gestellt werden soll. Die Staaten haben somit dadurch, dass sie nach Maßgabe der Bestimmungen des Vertrages Rechte und Pflichten, die bis dahin ihren inneren Rechtsordnungen unterworfen waren, der Regelung durch die Gemeinschaftsrechtsordnung vorbehalten haben, eine endgültige Beschränkung ihrer Hoheitsrechte bewirkt, die durch spätere einseitige, mit dem Gemeinschaftsbegriff unvereinbare Maßnahmen nicht rückgängig gemacht werden kann." Der EuGH begründet den Vorrang des Gemeinschaftsrechts (heute: Unionsrechts) u.a. mit der bereits im EWG-Vertrag vorgesehenen Verordnung: „Der Vorrang des Gemeinschaftsrechts wird auch durch Artikel 189 [heute Art. 288 AEUV] bestätigt; ihm zufolge ist die Verordnung ‚verbindlich' und ‚gilt unmittelbar in jedem Mitgliedstaat'. Diese Bestimmung, die durch nichts eingeschränkt wird, wäre ohne Bedeutung, wenn die Mitgliedstaaten sie durch Gesetzgebungsakte, die den gemeinschaftsrechtlichen Normen vorgingen, einseitig ihrer Wirksamkeit berauben könnten."

Einleitung 3

unangewendet¹² bleiben. Nationale Datenschutzgesetze sind am 25.5.2018 in ihrer bisherigen Funktion als Umsetzungsgesetze obsolet geworden. Sie können seither lediglich einige nationale (sowie in föderal strukturierten Staaten gegebenenfalls regionale) Ausführungs-, Durchführungs- und Spezialbestimmungen enthalten. Auch wenn die DS-GVO unmittelbare Geltung hat, sind und bleiben die EU-Mitgliedstaaten schon aus Gründen der Transparenz und Rechtssicherheit europarechtlich verpflichtet, ihre bisherigen Datenschutzgesetze an die neue europarechtliche Rechtslage anzupassen und deren Vorschriften entweder ersatzlos zu streichen oder, soweit europarechtlich erforderlich und zulässig, durch Bezugnahmen auf die DS-GVO und wenige relevante Durchführungsbestimmungen zu ersetzen.¹³ Nationale Durchführungsgesetze zur DS-GVO¹⁴

---

¹² Der Vorrang des Unionsrechts ist ein Anwendungsvorrang, kein Geltungsvorrang; unionsrechtswidrige nationale Rechtsvorschriften sind also nicht nichtig oder inexistent, sondern dürfen nur nicht angewandt werden. Dazu zunächst EuGH Urt. v. 9.3.1978 – C-106/77, ECLI:EU:C:1978:49 – Amministrazione delle Finanze dello Stato/Simmenthal, Rn. 17/18: „[N]ach dem Grundsatz des Vorrangs des Gemeinschaftsrechts [haben] die Vertragsbestimmungen und die unmittelbar geltenden Rechtsakte der Gemeinschaftsorgane in ihrem Verhältnis zum internen Recht der Mitgliedstaaten nicht nur zur Folge, dass allein durch ihr Inkrafttreten jede entgegenstehende Bestimmung des geltenden staatlichen Rechts ohne weiteres unanwendbar wird, sondern auch – da diese Bestimmungen und Rechtsakte vorrangiger Bestandteil der im Gebiet eines jeden Mitgliedstaats bestehenden Rechtsordnung sind –, dass ein wirksames Zustandekommen neuer staatlicher Gesetzgebungsakte insoweit verhindert wird, als diese mit Gemeinschaftsnormen unvereinbar wären. Würde nämlich staatlichen Gesetzgebungsakten, die auf den Bereich übergreifen, in dem sich die Rechtsetzungsgewalt der Gemeinschaft auswirkt, oder die sonst mit den Bestimmungen des Gemeinschaftsrechts unvereinbar sind, irgendeine rechtliche Wirksamkeit zuerkannt, so würde insoweit die Effektivität der Verpflichtungen, welche die Mitgliedstaaten nach dem Vertrag vorbehaltlos und unwiderruflich übernommen haben, verneint, und die Grundlagen der Gemeinschaft selbst würden auf diese Weise in Frage gestellt." Klarstellend dazu EuGH Urt. v. 22.10.1998 – C-10/97 u. C-22/97, ECLI:EU:C:1998:498 – Ministero delle Finanze/IN. CO. GEE.'90 u.a., Rn. 21: „[Es] kann deshalb aus dem Urteil Simmenthal nicht hergeleitet werden, dass die Unvereinbarkeit einer später ergangenen Vorschrift des innerstaatlichen Rechts mit dem Gemeinschaftsrecht dazu führt, dass diese Vorschrift inexistent ist. In dieser Situation ist das nationale Gericht vielmehr verpflichtet, diese Vorschrift unangewendet zu lassen, wobei diese Verpflichtung nicht die Befugnis der zuständigen nationalen Gerichte beschränkt, unter mehreren nach der innerstaatlichen Rechtsordnung in Betracht kommenden Wegen diejenigen zu wählen, die zum Schutz der durch das Gemeinschaftsrecht gewährten individuellen Rechte geeignet erscheinen […]." Vgl. auch EuGH Urt. v. 19.6.1990 – C-213/89, ECLI:EU:C:1990:257 – Factortame, Rn. 18; EuGH Urt. v. 4.2.2016 – C-336/14, ECLI:EU:C:2016:72 – Ince, Rn. 52; vgl. auch BVerfGE 123, 267 (398 ff.); BVerfGE 126, 286 (301 f.); BVerfGE 129, 78 (99); 140, 317 (335 ff.); sowie BVerfG Beschl. v. 6.11.2019 – 1 BvR 276/17, MMR 2020, 106 mAnm *Hoeren* = ZD 2020, 109 mAnm *Gräbig* – Recht auf Vergessen II, Rn. 47. In Anknüpfung an seine Rspr. zum Anwendungsvorrang hat der EuGH bei der Auslegung von Art. 88 DS-GVO auf die mögliche Unanwendbarkeit von § 23 Abs. 1 S. 1 HDSIG hingewiesen; vgl. EuGH Urt. v. 30.3.2023 – C34/21, ECLI:EU:C:2023:270 = ZD 2023, 391 mAnm *Schild* – Hauptpersonalrat der Lehrerinnen und Lehrer beim Hessischen Kultusministerium/Minister des Hessischen Kultusministeriums, Rn. 82: „Sollte das vorlegende Gericht zu der Feststellung gelangen, dass bei den im Ausgangsverfahren in Rede stehenden Bestimmungen die in Art. 88 DS-GVO vorgegebenen Voraussetzungen und Grenzen nicht beachtet werden, hätte es diese Bestimmungen grundsätzlich unangewendet zu lassen."; sowie ebd., Rn. 83: „Gemäß dem Grundsatz des Vorrangs des Unionsrecht bewirken nämlich die Bestimmungen der Verträge und die unmittelbar geltenden Rechtsakte der Organe in ihrem Verhältnis zum innerstaatlichen Recht der Mitgliedstaaten, dass allein durch ihr Inkrafttreten jede entgegenstehende Bestimmung des nationalen Rechts ohne Weiteres unanwendbar wird […]"; da § 23 Abs. 1 im Wesentlichen mit § 26 Abs. 1 BDSG sowie den Regelungen zum Beschäftigtendatenschutz aller übrigen Bundesländer – mit Ausnahme von Bayern und Sachsen, die keine eigenen Regelungen getroffen haben – übereinstimmt, sind auch diese wohl unanwendbar. Nationale Behörden sind europarechtlich verpflichtet, EU-rechtswidrige nationale Rechtsvorschriften von sich aus unangewendet zu lassen, ohne dass hierzu ein Gericht entscheiden muss; vgl. EuGH Urt. v. 22.6.1989 – C-103/88, ECLI:EU:C:1989:256 – Costanzo, Rn. 31; stRspr, vgl. zB EuGH Urt. v. 14.5.2020 – C-924/19 PPU, C-925/19 PPU, ECLI:EU:C:2020:367 – FMS, Rn. 183: „Die Pflicht, dem Unionsrecht entgegenstehende nationale Rechtsvorschriften, die im Widerspruch zu einer unmittelbar anwendbaren Bestimmung des Unionsrechts stehen, gegebenenfalls unangewendet zu lassen, obliegt nicht nur den nationalen Gerichten, sondern allen staatlichen Stellen einschließlich der Verwaltungsbehörden, die im Rahmen ihrer jeweiligen Zuständigkeiten das Unionsrecht anzuwenden haben."

¹³ Treffend *Helfrich* ZD 2017, 97 (98), demzufolge „nach besten Kräften danach gestrebt werden sollte, auf nationaler Ebene nur dort datenschutzrechtliche Regelungen (neu) zu schaffen, wo dies unabdingbar ist. […] Eigentlich scheint dies doch sehr einfach: Der Bundesgesetzgeber möge überall dort von seiner Regelungskompetenz Gebrauch machen, wo die Verordnung […] ihn dazu [auffordert]. In allen anderen Bereichen sollte der Paradigmenwechsel endlich erkannt und akzeptiert werden."

¹⁴ Eine hilfreiche Übersicht über die früheren und nun an die DS-GVO angepassten nationalen Datenschutzgesetze der EU-Mitgliedstaaten (mit weiterführenden Links zu den jeweiligen Gesetzen) hat das Centre for Intellectual Property and Information Law der Universität Cambridge erstellt, abrufbar unter www.cipil.law.cam.ac.uk/resources/european-data-protection-national-laws-contemporary-and-historic. Eine erste

3 Einleitung

erließen Deutschland und Österreich bereits 2017,[15] 2018 gefolgt von Belgien, der Slowakei, Schweden, Kroatien, Polen, den Niederlanden, Irland, Dänemark, Malta, Frankreich, Lettland, Litauen, Rumänien, Luxemburg, Zypern, Finnland, Spanien und Estland.[16] 2019 passten auch die Tschechische Republik, Portugal, Griechenland, Bulgarien und Italien ihre nationalen Datenschutzgesetze an die DS-GVO an.[17] Ungarn folgte erst am 1.1.2022.[18] Als letzter EU-Mitgliedstaat verabschiedete Slowenien mit reichlicher Verspätung am 15.12.2022 ein geändertes Datenschutzgesetz.[19] In **Deutschland** ist das bisherige BDSG durch Art. 1 des Datenschutz-Anpassungs- und -Umsetzungsgesetzes EU vom 30.6.2017[20] an die DS-GVO angepasst und mit Wirkung zum

---

Analyse der an die DS-GVO angepassten nationalen Datenschutzgesetze von zehn Mitgliedstaaten (Österreich, Dänemark, Frankreich, Deutschland, Irland, Italien, Niederlande, Spanien, Schweden und Vereinigtes Königreich, das damals noch EU-Mitglied war) sowie des Einflusses der DS-GVO auf die Datenschutzgesetze in der Schweiz und Japan findet sich bei *McCullagh/Tambou/Bourton*, National adaptations of the GDPR. Blogdroiteuropéen, 2019.

[15] Einen Vergleich des deutschen und des österreichischen Anpassungsgesetzes nehmen *Gilga/Knaak* ZD-Aktuell 2017, 05708 vor.

[16] Belgien: Loi du 3 décembre 2017 portant création de l'Autorité de protection des données (114 Vorschriften), Moniteur belge, 10.1.2018, S. 989; Slowakei: Gesetz v. 29.11.2017 betreffend den Schutz der persönlichen Daten sowie die Anpassung bestimmter Gesetze (112 Vorschriften), veröffentlicht im slowakischen Gesetzblatt am 30.1.2018; Schweden: Gesetz v. 19.4.2018 über ergänzende Bestimmungen zur EU-Datenschutzgrundverordnung (40 Vorschriften); Kroatien: Gesetz v. 27.4.2018 zur Durchführung der Datenschutz-Grundverordnung (57 Vorschriften); Polen: Gesetz v. 10.5.2018 zum Schutz personenbezogener Daten (176 Vorschriften); Niederlande: Gesetz v. 16.5.2018 zur Durchführung der Datenschutz-Grundverordnung (54 Vorschriften); Irland: Data Protection Bill v. 18.5.2018 (232 Vorschriften); Dänemark: Gesetz Nr. 502/2018 v. 23.5.2018 (sog. Datenschutzgesetz) mit ergänzenden Vorschriften zur Datenschutz-Grundverordnung (48 Vorschriften; außerdem ist der Text der DS-GVO im Anh. des Gesetzes zu Informationszwecken im Ganze wiedergegeben); Malta: Data Protection Act (Chapter 586) v. 28.5.2018 (34 Vorschriften); Frankreich: Loi nº 2018-493 v. 20.6.2018 relatif à la protection des données personnelles (ändert und modernisiert La loi Informatique et Libertés), Journal officiel nº 0141 v. 21.6.2018 (24 ausf. Vorschriften); Lettland: Gesetz v. 21.6.2018 zur Verarbeitung personenbezogener Daten (39 Vorschriften); Litauen: Gesetz Nr. XIII-1426 v. 30.6.2018 zum rechtlichen Schutz personenbezogener Daten (35 Vorschriften); Rumänien: Gesetz Nr. 190/2018 v. 26.7.2018 zur Durchführung der Datenschutz-Grundverordnung (16 Vorschriften; zur rumänischen Datenschutz-Aufsichtsbehörde gibt es das separate Gesetz Nr. 129/2018 v. 19.6.2018); Luxemburg: Gesetz v. 1.8.2018 betreffend die Organisation der nationalen Datenschutzkommission und die allgemeine Regelung zum Datenschutz (77 Vorschriften); Zypern: Gesetz Nr. 125 (I) v. 18.10.2018 (37 ausf. Vorschriften); Finnland: Datenschutzgesetz 1050/2018, in Kraft seit 1.1.2019 (38 Vorschriften); Spanien: Organgesetz 3/2018 v. 5.12.2018 zum Schutz von personenbezogenen Daten und zur Gewährleistung der digitalen Rechte (78 Vorschriften zum Datenschutz, weitere 19 betreffen digitale Rechte, 22 sind ergänzende Bestimmungen und 6 Übergangsbestimmungen); Estland: Gesetz v. 12.12.2018 zum Schutz personenbezogener Daten (76 Vorschriften).

[17] Tschechische Republik: Gesetz Nr. 110/2019 v. 12.3.2019 betreffend die Verarbeitung personenbezogener Daten (68 Vorschriften); Portugal: Gesetz Nr. 58/2019 v. 8.8.2019 zur Durchführung der DS-GVO (68 Vorschriften); Griechenland: Gesetz Nr. 4624 v. 29.8.2019 zur griechischen Datenschutzbehörde und zu Maßnahmen zur Durchführung der DS-GVO (87 Vorschriften); Bulgarien: Gesetz v. 26.11.2019 zur Änderung des Gesetzes über den Schutz personenbezogener Daten (87 Vorschriften); Italien: Gesetz Nr. 160 v. 27.12.2019 (107 Vorschriften).

[18] Das ungarische Gesetz CXII/2011 (in der ab 1.1.2022 geänderten Fassung, 77 Vorschriften) verweist in § 2 Abs. 2 darauf, dass die DS-GVO für die Verarbeitung von personenbezogenen Daten gilt, ergänzt durch einige explizit im Gesetz enthaltene Durchführungsbestimmungen. IÜ gilt das Gesetz gem. § 2 Abs. 3 nur für die Verarbeitung personenbezogener Daten für die Zwecke der Strafverfolgung, der nationalen Verteidigung und der nationalen Sicherheit.

[19] Das neu gefasste slowenische Datenschutzgesetz v. 15.12.2022 („ZVOP-2", 127 Vorschriften) trat am 26.1.2023 in Kraft. Die Kommission hatte zuvor ein Vertragsverletzungsverfahren – INF(2021)2269 – gegen Slowenien gem. Art. 258 AEUV eingeleitet (durch ein Mahnschreiben am 9.2.2022 und eine begründete Stellungnahme am 15.7.2022).

[20] Gesetz v. 30.6.2017 zur Anpassung des Datenschutzrechts an die Verordnung (EU) 2016/679 und zur Umsetzung der Richtlinie (EU) 2016/680 (Datenschutz-Anpassungs- und -Umsetzungsgesetz EU – DSAnpUG-EU), BGBl. 2017 I 2097; das dadurch neu gefasste BDSG (in Kraft seit 25.5.2018) wurde zuletzt geänd. durch Art. 10 des Gesetzes vom 23.6.2021 (BGBl. 2021 I 1858; BGBl. 2022 I 1045). Zu ersten Reaktionen auf das neue BDSG siehe *Dehmel* ZD 2017, 249; *Greve* NVwZ 2017, 737; *Hertz/Gruske* Deutscher Anwalt-Spiegel 24/2017, 3; *Hofmann* ZD-Aktuell 2017, 05620; *Kremer* CR 2017, 367; *Kühling* NJW 2017, 1985; sowie *Gilga/Knaak* ZD-Aktuell 2017, 05708, mit einem Vergleich zwischen dem neu gefassten BDSG und dem österreichischen DSG 2018. Eine Gegenüberstellung der allgemeinen Grundsätze der Datenverarbeitung nach dem neuen BDSG und der DS-GVO findet sich bei *Johannes* ZD-Aktuell 2017, 05757. Krit. zum vorausgehenden Gesetzesentwurf *Albrecht/Wybitul* ZD 2017, 51; *Helfrich* ZD 2017, 97; *Jensen* ZD-Aktuell 2017, 05596; *Johannes* ZD-Aktuell 2017, 05533; *Reimer* DuD 2017, 209.

Einleitung 4

25.5.2018[21] durch ein neu gefasstes BDSG ersetzt worden. Die europarechtlich gebotene Anpassung der Landesdatenschutzgesetze an die DS-GVO schloss sich an.[22] 2019 folgte schließlich die Anpassung des – gerade in Deutschland besonders detailreichen – bereichsspezifischen Datenschutzrechts des Bundes (154 Fachgesetze, darunter das SGB, die GewO und das Bundesbeamtengesetz) an die DS-GVO.[23] In **Österreich** wurde das DSG durch das Datenschutz-Anpassungsgesetz vom 31.7.2017[24] mit Wirkung zum 25.5.2018[25] umfassend novelliert.

4   Die wesentlichen Vorgaben und Grundsätze des heute in Europa geltenden Datenschutzrechts sind seit dem 25.5.2018 nicht mehr dem nationalen Recht, sondern direkt der vorrangig geltenden DS-GVO zu entnehmen. Rechtsvorschriften in nationalen Datenschutzgesetzen können die Wirkungsweise der DS-GVO allenfalls unterstützen und bekräftigen, ohne dabei aber

---

[21] Art. 8 Abs. 1 DSAnpUG-EU, BGBl. 2017 I 2097.
[22] Zur Anpassung der Landesdatenschutzgesetze an die DS-GVO *Schulzki-Haddouti* PinG-Blog, 5.12.2017. Vgl. das neue Bayerische Datenschutzgesetz (BayDSG) v. 15.5.2018 mit 40 Vorschriften, GVBl. 2018, 229 (dazu *Maisch/Seidl* PinG 2018, 121); das neue Baden-Württembergische Landesdatenschutzgesetz (LDSG BW) v. 12.6.2018, GBl. 2018, 173, zuletzt geänd. durch Art. 3 des Gesetzes v. 6.12.2022, GBl. 2022, 622, 631, mit 31 Vorschriften; das neue Berliner Datenschutzgesetz (BlnDSG) v. 13.6.2018, GVBl. 2018, 418, zuletzt geänd. am 27.9.2021, GVBl. 2021, 1121, mit 72 Vorschriften; das – europarechtlich sehr korrekt bezeichnete – Bremische Ausführungsgesetz zur EU-Datenschutz-Grundverordnung (BremDS-GVOAG) v. 8.5.2018, BremGBl. 2018, 131, mit 26 Vorschriften; das neue Brandenburgische Datenschutzgesetz (BbgDSG) v. 8.5.2018, GVBl. I/18, [Nr. 7], zuletzt geänd. durch Art. 7 des Gesetzes v. 19.6.2019 (GVBl. I/19, [Nr. 43], 38, mit 34 Vorschriften; das neue Hamburgische Datenschutzgesetz (HmbDSG) v. 18.5.2018, HmbGVBl. 2018, 145, zuletzt geänd. durch Gesetz v. 24.1.2023, HmbGVBl. 2023, 67, mit 27 Vorschriften; das neu gefasste Hessische Datenschutz- und Informationsfreiheitsgesetz (HessDSIG) v. 3.5.2018, GVBl. 2018, 82, zuletzt geänd. am 15.1.2021, GVBl. 2021, 718, 729, mit 91 Vorschriften; das neue Datenschutzgesetz für das Land Mecklenburg-Vorpommern (DSG MV) v. 25.4.2018, GVOBl. 2018, 193, 194, mit 24 Vorschriften; das neue Datenschutzgesetz Niedersachsens (NDSG) v. 16.5.2018, GVBl. 2018, 66, geänd. durch Art. 3 des Gesetzes v. 29.6.2022, GVBl. 2022, 400, mit 61 Vorschriften; das neue Datenschutzgesetz von Nordrhein-Westfalen (DSG NRW) v. 17.5.2018, GV. 2018, 244, 278, 404, mit 72 Vorschriften; das neue Landesdatenschutzgesetz von Rheinland-Pfalz (DSG RhPf) v. 8.5.2018, GVBl. 2018, 93 mit 74 Vorschriften; das neue Saarländische Datenschutzgesetz (SaarlDSG) v. 16.5.2018, ABl. 2018 I, 254, zuletzt geänd. durch Art. 85 des Gesetzes v. 8.12.2021, ABl. 2021 I, 2629, mit 28 Vorschriften; das – europarechtlich korrekt bezeichnete – Sächsische Datenschutzdurchführungsgesetz v. 26.4.2018, SächsGVBl. 2018, 198, 199, zuletzt geänd. durch Art. 8 Abs. 6 des Gesetzes v. 6.7.2023, SächsGVBl. 2023, 467, mit 24 Vorschriften; das neue Landesdatenschutzgesetz von Schleswig-Holstein (DSG SchlH) v. 2.5.2018, GVOBl. 2018, 162, mit 68 Vorschriften (hinzu kommt dort ein weiteres Gesetz zur Errichtung eines Unabhängigen Landeszentrums für Datenschutz, das sog. Errichtungsgesetz ULD, das in weiteren neun Vorschriften Errichtung, Ernennung und Rechtstellung des Landesdatenschutzbeauftragten von Schleswig-Holstein regelt; sowie das neue Thüringer Datenschutzgesetz (ThürDSG) v. 6.6.2018, GVBl. 2018, 229, mit 65 Vorschriften. Als letztes Bundesland erließ Sachsen-Anhalt mit erheblicher Verspätung ein an die DS-GVO angepasstes Landesdatenschutzgesetz, und zwar mit dem DSAG LSA v. 18.2.2020, GVBl. 2020, 25, zuletzt geänd. am 20.3.2020, GVBl. 2020, 64, das den europarechtlich angemessenen Gesetzestitel „Datenschutz-Grundverordnungs-Ausfüllungsgesetz Sachsen-Anhalt" trägt und 36 Vorschriften hat. Alle Landesdatenschutzgesetze sind in ihrer aktuellen Fassung und jeweils mit Gesetzesbegründung abrufbar über das Datenschutz-Wiki der Technischen Universität Ilmenau unter https://dswiki.tu-ilmenau.de/liste_der_landesdatenschutzgesetze.
[23] Zweites Gesetz v. 20.11.2019 zur Anpassung des Datenschutzrechts an die Verordnung (EU) 2016/679 und zur Umsetzung der Richtlinie (EU) 2016/680 (Zweites Datenschutz-Anpassungs- und Umsetzungsgesetz EU – 2. DSAnpUG-EU), BGBl. 2019 I, 1626; dazu *Hilgers* ZD 2020, 556.
[24] Bundesgesetz v. 31.7.2017, mit dem das Datenschutzgesetz 2000 (Öst. BGBl. I Nr. 165/1999) geändert wird (Datenschutz-Anpassungsgesetz 2018), Öst. BGBl. I Nr. 120/2017, zuletzt geänd. durch Erkenntnis des Verfassungsgerichtshofs v. 14.12.2022 (Aufhebung des Medienprivilegs in § 9 DSG mit Ablauf des 30.6.2024), Öst. BGBl. I Nr. 2/2023 I. Zu ersten Reaktionen auf das neue DSG siehe *Knaak* ZD-Aktuell 2017, 05758; *Mosing* PinG 2016, 220; *Mosing* PinG 2017, 146; *Mosing* PinG 2017, 240; *Schnider* PinG 2016, 194; *Schnider* PinG 2017, 22; *Schnider* PinG 2017, 184; sowie *Gilga/Knaak* ZD-Aktuell 2017, 05708, mit einem Vergleich zwischen dem novellierten DSG und dem neu gefassten BDSG. Bemerkenswert ist, dass am 20.4.2018 der österreichische Nationalrat das gerade neu gefasste DSG kurz vor Beginn der unmittelbaren Geltung der DS-GVO erneut durch das Datenschutz-Deregulierungs-Gesetz 2018 (Öst. BGBl. I Nr. 23/2018) änderte. Hintergrund war das neue politische Kräfteverhältnis nach der Nationalratswahl vom 15.10.2017 (Koalition aus ÖVP und FPÖ anstelle der vorherigen Koalition aus SPÖ und ÖVP). Wichtigste Änderung war der neue § 11 DSG, der den Grundsatz der Verhältnismäßigkeit bei der Ausübung der Abhilfebefugnisse der Datenschutzbehörde stärken sollte. „Insbesondere bei erstmaligen Verstößen" soll die Datenschutzbehörde danach „im Einklang mit Art. 58 DS-GVO" von ihren Abhilfebefugnissen „insbesondere durch Verwarnen" Gebrauch machen – eine europarechtlich nur schwer mit Art. 58 DS-GVO zu vereinbarende Norm → Art. 58 Rn. 20, 27, 40.
[25] § 70 Abs. 1 Datenschutz-Anpassungsgesetz, Öst. BGBl. I Nr. 120/2017.

etwas an der unmittelbaren Rechtsgeltung der DS-GVO und an den in ihr enthaltenen Rechten und Pflichten ändern zu dürfen.[26] Das neu gefasste BDSG ist sichtlich darum bemüht, seine lediglich subsidiäre Funktion gegenüber der DS-GVO transparent zu machen. Denn gemäß § 1 Abs. 5 BDSG finden die Vorschriften des neuen BDSG „keine Anwendung, soweit das Recht der Europäischen Union, im Besonderen die Verordnung (EU) 2016/679 in der jeweils geltenden Fassung, unmittelbar gilt." Hiermit will der deutsche Bundesgesetzgeber offenbar unterstreichen,[27] dass das von ihm geschaffene nationale Recht im Bereich des Datenschutzrechts heute hinter der vorrangig und unmittelbar geltenden DS-GVO zurückzutreten hat – auch wenn sich dies eigentlich bereits aus dem Unionsrecht selbst ergibt.[28] Was im Datenschutzrecht als personenbezogene Daten, als Unternehmen, als Niederlassung, als Auftragsverarbeitung, als völlige Unabhängigkeit der Aufsichtsbehörde oder als Verwarnung zu verstehen ist, das bestimmt sich seit dem 25.5.2018 ausschließlich nach Maßgabe der DS-GVO; nationale Rechtsvorschriften sind (soweit vorhanden) allenfalls ergänzend und spezifizierend hinzuzuziehen[29] und müssen auch dann stets auf ihre Vereinbarkeit mit den vorrangig zu beachtenden Vorgaben der DS-GVO selbst überprüft werden.

Neben der neuen normativen Qualität der DS-GVO im Vergleich zur früheren DS-RL sorgen heute die in der DS-GVO enthaltenen **neuen Regeln zur verbesserten Durchsetzung des europäischen Datenschutzrechts** für eine bessere und direktere Sichtbarkeit des europäischen Datenschutzrechts bei Bürgern, Behörden und Unternehmen. Trotz der über Jahrzehnte gewachsenen Bedeutung des Datenschutzrechts blieben Datenschutzverstöße vor Geltung der DS-GVO in der Praxis meist ohne erhebliche Folgen. Auch in EU-Mitgliedstaaten wie Deutschland und Österreich, die dem Datenschutz historisch ein besonderes Gewicht beimessen, stellte eine wirklich abschreckende Sanktionierung von Datenschutzverstößen in der Zeit vor der DS-GVO die seltene Ausnahme dar.[30] Mit der DS-GVO änderte sich dies grundlegend. Denn die in der DS-GVO im Zusammenhang mit dem Datenschutz vorgesehenen Rechte und Pflichten stehen nicht nur auf dem Papier, sondern sind in der DS-GVO selbst mit **Rechtsbehelfen und Sanktionen** versehen, die zuvor keine nationale Datenschutzrechtsordnung in dieser Form und Dimension kannte. Insbesondere können die zuständigen Aufsichtsbehörden unter direkter Berufung auf die DS-GVO Geldbußen für Datenschutzverstöße verhängen, die bis zu 20 Mio.

5

---

[26] Vgl. EuGH (Große Kammer) Urt. v. 5.12.2023 – C-807/21, ECLI:EU:C:2023:950 – Deutsche Wohnen SE/Staatsanwaltschaft Berlin, Rn. 52: „Nach Art. 288 Abs. 2 AEUV ist eine Unionsverordnung in allen ihren Teilen verbindlich und gilt unmittelbar in jedem Mitgliedstaat, so dass es, sofern nichts anderes bestimmt ist, ausgeschlossen ist, dass die Mitgliedstaaten innerstaatliche Vorschriften erlassen, die die Tragweite einer solchen Verordnung beeinträchtigen." Das Verbot, die Tragweite der DS-GVO zu beeinträchtigen, betont der EuGH gerade auch für die Fälle, in denen die DS-GVO den nationalen Gesetzgebern die Befugnis einräumt, spezifizierende Rechtsvorschriften zu erlassen. Die nationalen Gesetzgeber müssen demnach von einer solchen Befugnis „unter den Voraussetzungen und innerhalb der Grenzen der Bestimmungen dieser Verordnung Gebrauch machen" und dürfen lediglich Rechtsvorschriften erlassen, „die nicht gegen den Inhalt und die Ziele der DS-GVO verstoßen", so EuGH Urt. v. 30.3.2023 – C-34/21, ECLI:EU:C:2023:270 = ZD 2023, 391 mAnm *Schild* – Hauptpersonalrat der Lehrerinnen und Lehrer beim Hessischen Kultusministerium/Minister des Hessischen Kultusministeriums, Rn. 59; idS bereits EuGH Urt. v. 28.4.2022 – C-319/20, ECLI:EU:C:2022:322 = ZD 2022, 384 mAnm *Hense* – Meta Platforms Ireland, Rn. 60.

[27] Vgl. den Gesetzentw. der BReg BR-Drs. 110/17, 75 (Begr. zu § 1 Abs. 5 des Entw., der § 1 Abs. 3 BDSG entspricht): „Absatz 5 berücksichtigt, dass der Verordnung (EU) 2016/679 im Rahmen ihres Anwendungsbereichs unmittelbare Geltung im Sinne des Artikels 288 Absatz 2 AEUV zukommt. Insoweit in diesem Kapitel punktuelle Wiederholungen von sowie Verweise auf Bestimmungen aus der Verordnung (EU) 2016/679 erfolgen, so geschieht dies aus Gründen der Verständlichkeit und Kohärenz und lässt die unmittelbare Geltung der Verordnung (EU) 2016/679 unberührt. *Dies wird hiermit an herausgehobener Stelle klargestellt.*" (Hervorhebung durch die Verf.).

[28] So auch Piltz/*Piltz* BDSG § 1 Rn. 51; entspr. Gola/Heckmann/*Gola/Reif* BDSG § 1 Rn. 19: „Bestimmung […] rein deklaratorischer Natur".

[29] Zutreffend *Hertz/Gruske* Deutscher AnwaltSpiegel 24/2017, 3 (4): „Der Anwender fragt sich zu Recht, ob er gleich zum BDSG-neu greifen soll oder ob er dogmatisch konsequent zunächst die DS-GVO studieren und sodann einen Blick in das BDSG-neu werfen sollte." Für letzteres plädiert *Selmayr* ZD 2018, 197 (198); ebenso Kühling/Buchner/*Kühling/Raab*, 4. Aufl. 2024, DS-GVO Einf. Rn. 128; sowie *Kühling/Klar/Sackmann* DatenschutzR Rn. 220 (mit einer anschaulichen Prüfungsstruktur für datenschutzrechtliche Fragen).

[30] Nach *Wybitul* ZD 2016, 105 betrug die höchste Zahlung, die nach einer Verletzung des früheren BDSG von einem Unternehmen zu leisten war, 1,9 Mio. EUR (Bußgeld iHv 1,3 Mio. EUR sowie Stiftung von 600.000 EUR für einen Datenschutz-Lehrstuhl). Eine eingehende Analyse der vor Geltung der DS-GVO äußerst schwachen Sanktionspraxis in Deutschland findet sich bei NK-BDSG/*Ehmann*, 8. Aufl. 2014, § 43 Rn. 79 ff. Einen guten Vergleich der früher stark divergierenden Bußgeldpraxis der Datenschutz-Aufsichtsbehörden in Deutschland, Polen, Großbritannien, Irland, Spanien, Frankreich bietet *Weiß* PinG 2017, 97.

Einleitung

EUR oder im Fall eines Unternehmens bis zu 4 Prozent seines gesamten weltweit erzielten Jahresumsatzes des vorangegangenen Geschäftsjahres betragen können (vgl. Art. 83 Abs. 5, 6). Das europäische Datenschutzrecht gilt heute also nicht nur unmittelbar in allen EU-Mitgliedstaaten; es hat auch „Zähne", um seinen Geltungsanspruch durchzusetzen. Es ist daher gut verständlich, dass der DS-GVO von Anfang an nicht nur bei Datenschutzbehörden und Verbraucherschutzverbänden, sondern auch in den Chefetagen von Unternehmen größte Aufmerksamkeit geschenkt wurde.[31] Zwar wäre es eine verkürzte Betrachtungsweise, wenn man die Wirksamkeit eines neuen Gesetzes allein anhand der zu seiner Durchsetzung verhängten Sanktionen messen würde. Es ist allerdings durchaus bemerkenswert, dass bereits in den ersten 20 Monaten der Anwendung der DS-GVO die Höhe der von Aufsichtsbehörden in der EU wegen Datenschutzverstößen verhängten Geldbußen um 40 Prozent auf 272,5 Mio. EUR anstieg, wobei mehr als die Hälfte dieser Geldbußen auf Entscheidungen der Datenschutzbehörden in Italien und Deutschland zurückging.[32] In den ersten fünf Jahren, in denen die DS-GVO zur Anwendung kam, erreichte die Gesamtsumme der verhängten Geldbußen insgesamt rund 4 Mrd. EUR.[33] Darunter war auch eine Rekordbuße von 1,2 Mrd. EUR, welche die irische Datenschutzbehörde im Mai 2023 auf Grundlage der DS-GVO gegen die Internet-Plattform Meta verhängte, da diese personenbezogene Daten in die USA übermittelt hatte, ohne die dafür von der DS-GVO vorgeschriebenen Schutzvorkehrungen zu beachten.[34] Auch wenn sich einige eine noch stärkere, aktivere und einheitlichere Durchsetzung in der Praxis wünschen, ist der **Regimewechsel,** zu dem die DS-GVO auf der Ebene der Rechtsdurchsetzung bereits heute geführt hat, nicht zu übersehen.

6 Die DS-GVO ist auf EU-Ebene im Rahmen des sog. **ordentlichen Gesetzgebungsverfahrens** gemäß Art. 294 AEUV entstanden. Sie wurde im Januar 2012 von der – aus 27 vom Europäischen Parlament gewählten bzw. bestätigten Mitgliedern (vgl. Art. 17 Abs. 7 UAbs. 1, 3 EUV) bestehenden – Europäischen Kommission vorgeschlagen[35] und nach intensiven, mehr als vier Jahre andauernden Beratungen und Verhandlungen vom EU-Gesetzgeber (Europäisches Parlament und EU-Ministerrat) mit zahlreichen Änderungen angenommen. Gebilligt wurde die

---

[31] *Wybitul* ZD 2016, 105, erwartete, dass wegen der seit 2018 auf Grundlage der DS-GVO drohenden ausgesprochen hohen Bußgelder der Datenschutz zu einem ähnlich wichtigen Thema für Risikomanagement und Compliance-Abteilungen werden wird wie Verstöße gegen Kartell-, Korruptions- und Steuerrecht. Vgl. auch *Hustinx*, EU Data Protection Law: the Review of Directive 95/46/EC and the Proposed General Data Protection Regulation, S. 32: „This will drive 'data protection' much higher on the agenda of corporate boardrooms, which is very welcome." Vgl. auch Financial Times, Businesses get set for new EU privacy rules, 4.1.2018, S. 16: „The prospect of huge fines for breaches makes the EU's General Data Protection Regulation an issue that company boards are involved in." Eingehend zur sanktionierten Durchsetzung der DS-GVO *Ehmann* ZD 2014, 493.

[32] *DLA Piper* GDPR fines and data breach survey, Januar 2021, abrufbar unter www.dlapiper.com/en/insights/publications/2021/01/dla-piper-gdpr-fines-and-data-breach-survey-2021; vgl. auch *Venkataramakrishnan*, GDPR Fines jump as EU regulators raise pressure on business, Financial Times, 18.1.2021, abrufbar unter www.ft.com/content/00b9430e-9058-4d7f-b953-d5d178def3c5; vgl. auch Europäische Kommission, Erklärung v. 24.5.2023 zum 5. Jahrestag der Datenschutz-Grundverordnung, abrufbar unter https://ec.europa.eu/commission/presscorner/detail/de/statement_23_2884: „Seit dem Inkrafttreten der DS-GVO haben die nationalen Datenschutzbehörden für Verstöße gegen die DS-GVO Geldbußen in Höhe von über 2,5 Milliarden EUR verhängt." Dabei war die Geldbuße gegen Meta noch nicht berücksichtigt. Einen guten, meist aktuellen Überblick über verhängte Geldbußen gibt der „GDPR Enforcement Tracker" der internationalen Wirtschaftskanzlei CMS, abrufbar unter enforcementtracker.com.

[33] *Coi/Goujard/Cerulus*, Europe's privacy regime: 5 years in 5 charts, Politico, 25.5.2023, abrufbar unter www.politico.eu/article/meta-online-safety-europe-privacy-gdpr-big-tech-regime-5-years-in-5-charts/.

[34] *Murphy/Espinoza*, Meta handed record €1.2bn European fine over transatlantic data transfers, Financial Times, 23.5.2023, S. 1. Der Europäische Datenschutzausschuss hatte zuvor die Geldbuße deutlich heraufgesetzt und dazu eine verbindliche Entscheidung gem. Art. 65 Abs. 1 Buchst. a (→ Art. 65 Rn. 7 f.) ggü. der irischen Datenschutzbehörde getroffen; vgl. Europäischer Datenschutzausschuss, Binding Decision 1/2023 on the dispute submitted by the Irish SA on data transfers by Meta Platforms Ireland Limited for its Facebook service (Art. 65 GDPR), 13.4.2023, abrufbar unter https://edpb.europa.eu/our-work-tools/our-documents/binding-decision-board-art-65/binding-decision-12023-dispute-submitted_en. Von Relevanz ist bes. Rn. 274 dieser Entscheidung, wonach der Ausgangspunkt für die Berechnung der endgültigen Geldbuße angesichts der Umstände des Falles zwischen 20 und 100 Prozent des rechtlich möglichen Höchstbetrags betragen muss. Meta lässt die Geldbuße von 1,2 Mrd. EUR derzeit gerichtlich überprüfen.

[35] Vgl. KOM(2012) 11 (DS-GVO-Kommissionsvorschlag). Gem. Art. 17 Abs. 1, Abs. 2 EUV ist es grds. ausschließlich Aufgabe der Kommission, einen Vorschlag für neue EU-Gesetzgebungsakte vorzulegen (sog. Initiativrecht der Kommission), über den anschließend das Europäische Parlament und der Rat gleichberechtigt im Gesetzgebungsverfahren beraten.

7 Einleitung

DS-GVO im April 2016 von einer breiten Mehrheit der Abgeordneten im direkt gewählten Europäischen Parlament[36] sowie von einer qualifizierten Mehrheit von 27 der (vor dem „Brexit" damals noch) 28 im Rat vertretenen Justiz- bzw. Innenminister[37] der Mitgliedstaaten (alle außer Österreich).[38] Bei der DS-GVO handelt sich also nicht etwa um Vorgaben der „Brüsseler Bürokratie", wie einzelne Kritiker[39] behauptet haben, möglicherweise um das neue Recht von vornherein bei einem weniger kenntnisreichen Publikum in Misskredit zu bringen. Vielmehr ist die DS-GVO – trotz ihrer von selten im Europarecht tätigen Juristen vielleicht als etwas irreführend empfundenen Bezeichnung als Verordnung – ein in einem demokratischen Verfahren entstandener **Rechtsakt mit Gesetzescharakter** bzw. ein **Gesetzgebungsakt** iSv Art. 297 Abs. 1 AEUV und damit EU-rechtlich gesehen nicht nur ein materielles, sondern auch ein **formelles Gesetz**.[40]

Als vom Unionsgesetzgeber erlassenes Recht zählt die DS-GVO ebenso wie andere Verordnungen und Richtlinien zum **sekundären Unionsrecht**. Im Unionsrecht steht die DS-GVO also normenhierarchisch unter dem Primärrecht der Union (bzw. EU-Verfassungsrecht[41]), wie es seit Dezember 2009 im Vertrag von Lissabon,[42] in den durch diesen reformierten Verträgen über die Europäische Union (EUV) und die Arbeitsweise der Europäischen Union (AEUV) sowie in der Charta der Grundrechte der Europäischen Union (GRCh)[43] – die gemäß Art. 6 Abs. 1 UAbs. 1 EUV rechtlich gleichrangig mit den Verträgen ist – niedergelegt ist. Für die DS-GVO maßgeblich sind dabei vor allem **Art. 16 AEUV**, der heute die

---

[36] Im Plenum des Europäischen Parlaments wurde die DS-GVO am 12.3.2014 in erster Lesung mit 621 Ja-Stimmen gegen zehn Nein-Stimmen und 22 Enthaltungen angenommen. In zweiter Lesung nahm das Europäische Parlament den finalen – zuvor mit den Verhandlungsführern des Rats und der Kommission im sog. Trilog ausgehandelten und im Ausschuss für Bürgerrechte mit 48 Ja-Stimmen gegen vier Nein-Stimmen und vier Enthaltungen gebilligten – Text der DS-GVO am 14.4.2016 ohne Abstimmung an.

[37] In den meisten Mitgliedstaaten (so zB in Österreich) war der jeweilige Justizminister für die Verhandlungen zur DS-GVO zuständig; für Deutschland war dagegen der Bundesminister des Inneren federführend, auch wenn er sich mit dem Bundesjustizministerium und Vertretern der Länder abstimmen musste. Im Rat wurde die DS-GVO stets im Justizteil der Ratsformation „Justiz und Inneres" verhandelt.

[38] Der Rat hatte sich beim Justizministerrat in Luxemburg am 15./16.6.2015 mehrheitlich auf eine allg. Ausrichtung zur DS-GVO – also eine gemeinsame politische Position als Ausgangspunkt für die Verhandlungen mit dem Europäischen Parlament – verständigen können; für diese allg. Ausrichtung stimmten 26 der 28 Ratsmitglieder, während die Ratsmitglieder Sloweniens und Österreichs dagegen stimmten. Nach mehr als neunmonatigen informellen Verhandlungen mit den Verhandlungsführern des Europäischen Parlaments und der Kommission im sog. Trilog und insges. 20 Verhandlungsrunden stimmte der Rat schließlich am 8.4.2016 in erster Lesung mit großer Mehrheit für die DS-GVO; 27 der 28 Ratsmitglieder, die 98,31 Prozent der EU-Bevölkerung vertraten, stimmten dabei für die DS-GVO, nur das Ratsmitglied Österreichs stimmte gegen die DS-GVO, da es wegen einiger unklar gefasster Bestimmungen eine Unterschreitung des in Österreich bestehenden Datenschutzniveaus befürchtete; vgl. Dok. 7920/16 und die entspr. Erklärung Österreichs zum Prot. der Ratssitzung. Zur Darstellung des Verhandlungsverlaufs aus österreichischer Sicht siehe ausf. Knyrim DS-GVO/*Fercher/Riedl* S. 10–16; dort S. 16–31 auch eine Darstellung der aus österreichischer Sicht als unzureichend gelöst empfundenen Problemstellungen. Auch die Tschechische Republik, das (damals noch der EU angehörende) Vereinigte Königreich und Slowenien nannten in Protokollerklärungen einige aus ihrer Sicht zu kritisierende Elemente des Verhandlungsergebnisses, stimmten aber dennoch am Ende für die DS-GVO. Da das Europäische Parlament den im Trilog ausgehandelten und vom Rat in erster Lesung gebilligten Text ohne weitere Änderungen annahm, war im Rat eine zweite Lesung nicht mehr erforderlich.

[39] So zB *Roßnagel* DuD 2012, 553.

[40] Zutr. *Mester* DuD 2013, 250.

[41] Der EuGH bezeichnet die Verträge, auf denen die Union beruht (heute EUV und AEUV), in stRspr als „Verfassungsurkunde einer Rechtsgemeinschaft" bzw. „der Union"; vgl. EuGH Urt. v. 23.4.1986 – 294/83, ECLI:EU:C:1986:166 – Les Verts/Parlament, Rn. 23; EuGH Urt. v. 23.3.1993 – C-314/91, ECLI:EU:C:1993:109 – Weber/Parlament, Rn. 8; EuGH Urt. v. 10.7.2003 – C-15/00, ECLI:EU:C:2003:396 – Kommission/EIB, Rn. 75; EuGH Gutachten v. 14.12.1991 – 1/91, ECLI:EU:C:1991:490 – EWR I, Rn. 21; EuGH (Große Kammer) Urt. v. 3.9.2008 – C-402/05 P u. C-415/05 P, ECLI:EU:C:2008:461 – Kadi, Rn. 281; EuGH (Plenum) Gutachten v. 18.12.2014 – 2/13, ECLI:EU:C:2014:2454 – EMRK-Beitritt, Rn. 163; EuGH (Plenum) Urt. v. 10.12.2018 – C-621/18, ECLI:EU:C:2018:999 – Wightman u.a./Secretary of State for Exiting the European Union, Rn. 44. Vgl. auch BVerfGE 22, 293 (296), wonach bereits der Vertrag zur Gründung der Europäischen Wirtschaftsgemeinschaft „gewissermaßen die Verfassung der Gemeinschaft" darstelle.

[42] Vertrag von Lissabon v. 13.12.2007 zur Änderung des Vertrags über die Europäische Union und des Vertrags zur Gründung der Europäischen Gemeinschaft, ABl. 2007 C 306, 1; aktualisiert ABl. 2016 C 202, 1.

[43] Charta der Grundrechte der Europäischen Union idF des Vertrags von Lissabon v. 13.12.2007 zur Änderung des Vertrags über die Europäische Union und des Vertrags zur Gründung der Europäischen Gemeinschaft, ABl. 2007 C 306, 1; aktualisiert ABl. 2016 C 202, 389.

Einleitung 8

primärrechtliche Grundlage des europäischen Datenschutzrechts[44] ist, sowie **Art. 7 GRCh (Achtung des Privat- und Familienlebens)** und **Art. 8 GRCh (Schutz personenbezogener Daten).**[45] Von der EU abgeschlossene völkerrechtliche Verträge können zwar die Vorgaben der DS-GVO teilweise überlagern, da die EU-Organe und die EU-Mitgliedstaaten an solche Verträge gebunden sind (vgl. Art. 216 Abs. 2 AEUV, sog. „Mezzanin-Rang" von EU-Abkommen zwischen primärem und sekundärem Unionsrecht); diese Verträge müssen aber ihrerseits mit dem primären Unionsrecht vereinbar sein, wie sich aus Art. 218 Abs. 11 AEUV ergibt. Von der EU vereinbarte Freihandelsabkommen (zB der „CETA"[46] genannte Wirtschafts- und Handelsvertrag mit Kanada) oder zur polizeilichen und strafrechtlichen Zusammenarbeit (zB die Passagierdatenabkommen zwischen der EU und Kanada bzw. den USA) müssen daher die in Art. 16 AEUV sowie in Art. 7 und Art. 8 GRCh abgesicherten Grundrechte umfassend beachten, um rechtmäßig zu sein; sie können also das von den EU-Verträgen vorgegebene Datenschutzniveau nicht absenken. Andernfalls kann der Gerichtshof der Europäischen Union (EuGH) solche Verträge auf Antrag noch vor ihrem Inkrafttreten im Gutachtenverfahren gemäß Art. 218 Abs. 11 AEUV für unvereinbar mit den Unionsverträgen erklären;[47] oder nach ihrem Inkrafttreten ihre Rechtswirkungen innerhalb der EU auf eine Nichtigkeitsklage gemäß Art. 263, 264 AEUV annullieren.

8 Um es Bürgern, Unternehmen und öffentlichen Stellen zu ermöglichen, sich auf die unmittelbare und vorrangige Geltung der DS-GVO ab dem 25.5.2018 vorzubereiten, sah der EU-Gesetzgeber einen **Übergangszeitraum von zwei Jahren** ab ihrem Inkrafttreten (24.5.2016, vgl. Art. 99 Abs. 1) vor. Erwägungsgrund 171 der DS-GVO sieht explizit vor, dass „Verarbeitungen, die zum Zeitpunkt der Anwendung dieser Verordnung bereit begonnen haben, [...] innerhalb von zwei Jahren nach dem Inkrafttreten dieser Verordnung mit ihr in Einklang gebracht werden" sollen. Einige Vorschriften (so zB Art. 91 Abs. 1[48] und Art. 54 Abs. 1 Buchst. d Hs. 2) weisen sogar ausdrücklich auf das Inkrafttreten der DS-GVO bzw. auf den Stichtag des 24.5.2016 als Voraussetzung für das Eintreten bestimmter Rechtswirkungen hin. Während des zweijährigen Übergangszeitraums entfaltete die bereits in Kraft getretene, aber noch nicht unmittelbar geltende DS-GVO – die allerdings selbst in vielen Punkten Vorgaben des geltenden sekundären Unionsrechts (insbesondere der DS-RL) kodifiziert und im Lichte des

---

[44] Grdl. zu Art. 16 AEUV *Hijmans*, The European Union as Guardian of Internet Privacy. The Story of Art 16 TFEU, 2016.

[45] Zum komplexen Zusammenspiel dieser Vorschriften ausf. *Wagner* Datenschutz EU S. 107–154.

[46] Comprehensive Economic and Trade Agreement; vgl. Beschluss (EU) 2016/2118 des Rates v. 28.10.2016 über die Unterzeichnung – im Namen der Union – des Abkommens über eine strategische Partnerschaft zwischen der Europäischen Union und ihren Mitgliedstaaten einerseits und Kanada andererseits und über die vorläufige Anwendung dieses Abkommens, ABl. 2016 L 329, 43. Verfassungsbeschwerden gegen die vorläufige Anwendung des Abkommens scheiterten (BVerfG Beschl. v. 9.2.2022 – 2 BvR 1368/16 u.a.). Für ein Inkrafttreten bedarf das (gemischte) Abkommen der Ratifizierung durch alle nationalen Parlamente in der EU, durch das Europäische Parlament und durch das kanadische Parlament; bisher haben 18 EU-Mitgliedstaaten das Abkommen ratifiziert (Stand der Ratifizierung abrufbar unter www.consilium.europa.eu/de/documents-publications/treaties-agreements/agreement/?id=2016017). Zu den Datenschutzaspekten von CETA *Leopold* ZD 2016, 475. Zu beachten ist, dass ggü. Kanada ein noch auf der Grundlage der Datenschutz-Richtlinie getroffener Angemessenheitsbeschluss der Kommission existiert; vgl. Entscheidung 2002/2/EG der Kommission v. 20.12.2001 gemäß der Richtlinie 95/46/EG des Europäischen Parlaments und des Rates über die Angemessenheit des Datenschutzes, den der kanadische Personal Information Protection and Electronic Documents Act bietet, ABl. 2002 L 2, 13. Diese Entsch. gilt gem. Art. 45 Abs. 9 DS-GVO fort, bis die Kommission sie ändert, ersetzt oder aufhebt. Vgl. neuerdings den Bericht der Kommission v. 15.1.2024 an das Europäische Parlament und den Rat über die erste Überprüfung der Angemessenheitsfeststellungen gemäß Artikel 25 Absatz 6 der Richtlinie 95/46/EG, COM(2024) 7, Ziff. 4.3, wo die Kommission für Kanada weiterhin ein angemessenes Schutzniveau bestätigt.

[47] Vgl. zB EuGH (Große Kammer) Gutachten v. 26.7.2017 – 1/15, ECLI:EU:C:2017:592 = ZD 2018, 23 – PNR-Abkommen EU-Kanada; zu weiteren Einzelfragen im Zusammenhang mit PNR-Regeln und ihrer Vereinbarkeit mit primärem Unionsrecht vgl. EuGH Urt. v. 21.6.2022 – C-817/19, ECLI:EU:C:2022:491 = ZD 2022, 553 mAnm *Schild* – Ligue des droits humains.

[48] Art. 91 Abs. 1 ist eine Bestandsschutzregelung für umfassende (dh nicht auf die Ergänzung durch staatliche Regelungen angewiesene) Datenschutzvorschriften, die eine Kirche oder eine religiöse Vereinigung oder Gemeinschaft „zum Zeitpunkt des Inkrafttretens dieser Verordnung" anwandte, nicht aber für nach dem maßgeblichen Stichtag des 24.5.2016 erstmals geschaffene Datenschutzvorschriften; hierzu im Grundsatz zutr. VG Hannover Urt. v. 30.11.2022 – 10 A 1195/21, ZD 2023, 179 mAnm *Hoeren*, das die von der Selbständigen Evangelisch-Lutherischen Kirche erst am 24.5.2018 beschlossene umfassende Datenschutz-Richtlinie als nicht von der Bestandsschutzregelung des Art. 91 Abs. 1 DS-GVO erfasst ansah und dabei explizit auf die „Vorwirkung" der DS-GVO zwischen Inkrafttreten und Geltung hinwies.

geltenden Unionsprimärrechts (insbesondere des Art. 8 GRCh) weiter entwickelt – somit prägende **Vorwirkungen für Rechtsprechung, Behörden- und Unternehmenspraxis**.⁴⁹ Bereits vor dem 25.5.2018 wiesen deshalb der EuGH,⁵⁰ aber auch einige nationale Gerichte verstärkt auf die europäische Herkunft des geltenden nationalen Datenschutzrechts hin und antizipierten vereinzelt bereits Wertungen und Zielvorstellungen der DS-GVO.⁵¹ Die Europäische Kommission verabschiedete zudem am 24.1.2018 Hinweise zur Vorbereitung auf die unmittelbare Geltung der DS-GVO,⁵² und auch nationale Aufsichtsbehörden veröffentlichen Leitfäden und Checklisten.⁵³ Gut beratene Unternehmen nutzten die Übergangszeit, um ihre Produkte und Dienstleistungen frühzeitig auf die neue Rechtslage einzustellen. Denn mit Inkrafttreten der DS-GVO sollte das in der Vergangenheit noch oft in der Datenschutzpraxis

---

⁴⁹ Der EuGH hat bereits bei Richtlinien rechtliche Vorwirkungen ab dem Zeitpunkt ihres Inkrafttretens und vor Ende der festgelegten Umsetzungsfrist festgestellt; vgl. EuGH Urt. v. 18.12.1997 – C-129/96, ECLI:EU:C:1997:628 – Inter-Environnement Wallonie/Région Wallone, Rn. 41, 44 f. Danach sind nationale Stellen bereits während der Umsetzungsfrist aufgrund der allg., heute in Art. 4 Abs. 3 EUV festgeschriebenen Pflicht der Mitgliedstaaten zur loyalen Zusammenarbeit mit den EU-Organen, verpflichtet, „die erforderlichen Maßnahmen zu ergreifen, um sicherzustellen, dass das in der Richtlinie vorgeschriebene Ziel bei Ablauf dieser Frist erreicht wird" sowie „den Erlass von Vorschriften [zu] unterlassen […], die geeignet sind, das in dieser Richtlinie vorgeschriebene Ziel ernstlich in Frage zu stellen." Zu dieser Vorwirkung von Richtlinien Streinz/*Schroeder* AEUV Art. 288 Rn. 68 f. *A fortiori* gilt eine entspr. Vorwirkung, die von allen Trägern öffentlicher Gewalt in den Mitgliedstaaten, einschl. der nationalen Gerichte im Rahmen ihrer Zuständigkeiten, zu beachten ist, für eine Verordnung, die zwischen Inkrafttreten und ihrer Geltung eine Übergangsfrist vorsieht. In Österreich ordnete § 69 Abs. 4 und 5 DSG für alle bei der Datenschutzbehörde oder gerichtlich anhängigen Verfahren die Anwendung der DS-GVO explizit auch für Sachverhalte an, die vor dem Inkrafttreten der DS-GVO lagen; vgl. dazu Öst. VwGH Beschl. v. 5.6.2020 – VwGH RO 2018/04/0023.
⁵⁰ So zB EuGH Urt. v. 13.5.2014 – C-131/12, ECLI:EU:C:2014:317 = ZD 2014, 350 – Google Spain SL und Google Inc/Agencia Española de Protección de Datos (AEPD) und Mario Costeja González. Dieses Urt. erging noch während des laufenden Gesetzgebungsverfahrens zur DS-GVO, entwickelte allerdings bereits – in grundrechtskonformer Auslegung von Bestimmungen der DS-RL anhand der primärrechtlichen Vorgaben des Art. 8 GRCh – die Grundzüge des Marktortprinzips (Art. 3 Abs. 2 DS-GVO) und des Rechts auf Vergessenwerden (Art. 17 DS-GVO); vgl. Rn. 54, 58, wo der EuGH einen besonders weiten räumlichen Anwendungsbereich der DS-RL für geboten hält; sowie Rn. 80, 81, 84, 87, 88, wo der EuGH die Pflicht eines Suchmaschinenbetreibers zur Löschung von zuvor rechtmäßig im Internet veröffentlichten personenbezogenen Daten begründet. GA *Jääskinen* hatte demgegenüber in seinen Schlussanträgen v. 25.6.2013 – C-131/12, ECLI:EU:C:2013:424 – zwar auf die relevanten Vorschriften des Kommissionsvorschlags zur DS-GVO hingewiesen (vgl. Rn. 56, 110), diese aber nicht als Kodifizierung des geltenden Rechts angesehen; der Generalanwalt verneinte daher sowohl den räumlichen Anwendungsbereich der DS-RL als auch das Recht auf Vergessenwerden im streitigen Fall; der EuGH folgte dem nicht. Vgl. ferner EuGH Urt. v. 1.10.2015 – C-230/14, ECLI:EU:C:2015:639 = ZD 2015, 580 mAnm *Karg* – Weltimmo, wo der EuGH seine Rspr. zur weiten Auslegung des Begriffs der Niederlassung und des räumlichen Anwendungsbereichs der DS-RL bestätigte.
⁵¹ So gingen das FG Düsseldorf Beschl. v. 9.8.2017 – 4 K 1404/17 Z (mit Beschl. zur Vorlage an den EuGH; dieser klärte die Frage mangels Entscheidungserheblichkeit allerdings nicht; vgl. EuGH Urt. v. 16.1.2019 – C-496/17, ECLI:EU:C:2019:26 – Deutsche Post AG/Hauptzollamt Köln), und das VG Wiesbaden Beschl. v. 21.9.2017 – 6 L 3805/17.WI.A, davon aus, dass die DS-GVO bereits vor dem 25.5.2018 durch deutsche Behörden zu beachten war. Eine vergleichbare Vorwirkung von noch nicht geltendem Unionsrecht, die zu Verpflichtungen von Einzelpersonen oder privaten Unternehmen führen würde, ist allerdings von der EuGH-Rspr. nicht gedeckt. Zu Recht urteilte deshalb VG Karlsruhe Urt. v. 6.7.2017 – 10 K 7698/16, ZD 2017, 543 mAnm *Ehmann*, dass Art. 58 Abs. 2 lit. d vor dem 25.5.2018 noch nicht von einer Datenschutz-Aufsichtsbehörde als Ermächtigungsgrundlage für den Erlass eines (vorbeugenden) Verwaltungsaktes gegenüber einer Auskunftei herangezogen werden konnte. Das VG Karlsruhe ergänzte allerdings, dass „eine frühzeitige Anpassung ihrer Datenschutzkonzeption" an die DS-GVO „unzweifelhaft im Interesse" privater Datenverarbeiter liege, „da bei Verstößen gegen das europäische Datenschutzrecht erhebliche Sanktionen drohen."
⁵² Mitteilung der Kommission v. 24.1.2018, Besserer Schutz und neue Chancen – Leitfaden der Kommission zur unmittelbaren Anwendbarkeit der Datenschutz-Grundverordnung ab 25.5.2018, COM(2018) 43.
⁵³ Vgl. zB Bayerisches Landesamt für Datenschutzaufsicht/*Kranig/Ehmann*, Erste Hilfe zur Datenschutz-Grundverordnung für Unternehmen und Vereine, 2017; sowie der regelmäßig aktualisierte Leitfaden der öst. Datenschutzbehörde, abrufbar unter www.dsb.gv.at/recht-entscheidungen/gesetze-in-oesterreich.html. Vgl. neuerdings Europäischer Datenschutzausschuss, Datenschutzleitfaden für kleine Unternehmen v. 27.4.2023, abrufbar unter https://edpb.europa.eu/sme-data-protection-guide/home_en. Ziel des Leitfadens ist es, das Bewusstsein für die DS-GVO zu schärfen und kleineren und mittleren Unternehmen (KMU) in einem zugänglichen und leicht verständlichen Format praktische Informationen über die Einhaltung der DS-GVO bereitzustellen. Der Leitfaden enthält einen Überblick über die praktischen Materialien für KMU, die die nationalen Datenschutzbehörden u.a. im Rahmen von durch die Kommission kofinanzierten Maßnahmen ausgearbeitet haben.

Einleitung 9, 10

anzutreffendes Motto „Vorsprung durch Rechtsbruch" durch die neue Devise „Vorsprung durch Compliance" abgelöst worden sein.

9 Im Folgenden soll nachgezeichnet werden, wie es zu der mit der DS-GVO bewirkten nachdrücklichen **Verstärkung des Datenschutzrechts** in Europa gekommen ist (→ Rn. 10 ff.). Sodann soll auf die Folgen der unmittelbaren Geltung der DS-GVO und ihrer Eigenschaft als „Grundverordnung" für die noch verbleibenden Spielräume der Mitgliedstaaten bei der Durchführung des neuen Datenschutzrechts eingegangen werden (→ Rn. 79 ff.). Ferner wird erläutert, dass die DS-GVO als Unionsrecht besonderen unionsrechtlichen Auslegungsmethoden unterliegt, was für die Rechtspraxis von großer Bedeutung ist, da sich diese in vielen Punkten von den im nationalen Recht gewohnten Auslegungsmethoden unterscheiden (→ Rn. 99 ff.). Abschließend wird ein Überblick über die Anwendung, Ergänzung und Internationalisierung des europäischen Datenschutzrechts seit Inkrafttreten der DS-GVO gegeben (→ Rn. 108 ff.).

B. Hintergrund und Entstehung der DS-GVO

10 Die in den 1980er Jahren begonnene Entwicklung von europäischem Datenschutzrecht – also von grundsätzlich kontinentalweit geltenden einheitlichen Regeln zum Datenschutz – beruhte stets auf einer **doppelten Zielsetzung:** einer grundrechtlichen und einer wirtschaftlichen. Zum einen will europäisches Datenschutzrecht dem **Grundrecht des Einzelnen auf den Schutz seiner persönlichen Daten** – wie es in Europa auf nationaler Ebene teils als Bestandteil des Rechts auf Privatsphäre, teils als Emanation der Menschenwürde und des allgemeinen Persönlichkeitsrechts und somit als „Grundrecht auf informationelle Selbstbestimmung"[54] anerkannt ist[55] – auch auf europäischer Ebene zur Geltung zu verhelfen. Zum anderen soll europäisches Datenschutzrecht den **freien Verkehr personenbezogener Daten** gewährleisten, wie er zwischen sich wirtschaftlich integrierenden Staaten beim Austausch von Waren und Dienstleistungen vor allem im Zeitalter der Digitalisierung zunehmend notwendig ist. Durch unterschiedliche nationale Ausprägungen des Datenschutzrechts kann der freie Datenverkehr erheblich behindert werden. Mitgliedstaaten könnten versucht sein, den Datentransfer (zB von Kunden- oder Arbeitnehmerdaten) in andere europäische Länder zu untersagen oder zu beschränken, sofern dort der Schutz persönlicher Daten nicht in ähnlicher Weise gewährleistet ist wie innerstaatlich.[56] Um dies zu verhindern, wird seit Jahrzehnten daran gearbeitet, ein möglichst einheitliches, überall in Europa gleichermaßen wirksames Datenschutzrecht zu schaffen.[57]

---

[54] Grdl. hierzu das „Volkszählungs-Urteil", BVerfG Urt. v. 15.12.1983 – 1 BvR 209, 269, 362, 420, 440, 484/83, BVerfGE 65, 1 = NJW 1984, 419, in dem das BVerfG das Grundrecht des Einzelnen, grds. selbst über die Preisgabe und Verwendung seiner persönlichen Daten zu bestimmen, aus dem allg. Persönlichkeitsrecht des Art. 2 Abs. 1 GG iVm Art. 1 Abs. 1 GG ableitet. *Marsch* Datenschutzgrundrecht S. 209, gelangt zu dem Schluss, dass die vom EuGH aus Art. 7 GRCh iVm Art. 8 GRCh gebildete „Grundrechtskombination" einem Unionsrecht auf informationelle Selbstbestimmung nach deutschem Vorbild annähert.

[55] Zur US-amerikanischen Sicht, die das Recht auf „privacy" in den Freiheitsrechten der US-Verfassung und nicht in der Menschenwürde verankert sieht, vgl. *Whitman* Yale Law Journal 2004, 1151 (1161 ff.) sowie *Cohen* What Privacy is for, Harv Law Rev 126 (2013), 1904. Zur europäischen Sicht *Reding* ZD 2012, 195 (196): „Die historische europäische Erfahrung mit Diktaturen von rechts wie von links haben Europa offenbar mehr sensibilisiert als andere Kontinente [...]."

[56] Vgl. von der Groeben/Schwarze/Hatje/*Brühann* AEUV Art. 16 Rn. 8, der aus der Zeit vor der Entstehung der DS-RL berichtet, die frz. Datenschutzkontrollbehörde CNIL habe von der frz. Tochter des it. Automobilherstellers FIAT verlangt, dass sie erst dann Mitarbeiterdaten aus Frankreich an die it. Zentrale übermittle, nachdem das Mutterunternehmen in Turin eine Selbstverpflichtung abgegeben habe, wonach sie die frz. Datenschutzregeln bei der Weiterverarbeitung der übermittelten Daten in Italien beachten werde. Dies bezieht sich auf Délibération n° 89-78 v. 11.7.1989 der CNIL: siehe dazu auch die Meldung „Frankreich blockiert FIAT-Datenexport", CR 1990, 366 f. Auch *Kibler* Datenschutzaufsicht S. 43, berichtet, dass „Drohungen" nationaler Datenschutzkontrollstellen, die Datenflüsse im bis dahin durch fragmentarische nationale Datenschutzregeln zersplitterten Binnenmarkt zu blockieren, die Kommission zum Handeln bewegt hätten. *Ellger* Grenzüberschreitender Datenverkehr S. 537, resümierte nach damaligem Stand (1990), der Schwerpunkt des Interesses von Kommission und Rat habe auf der Entwicklung einer europäischen Datenverarbeitungsindustrie gelegen und sei somit industriepolitischer Natur gewesen. Datenschutzrechtliche Erwägungen hätten insoweit eine Rolle gespielt, als sie geeignet wären, die Akzeptanz der Bevölkerung für Informationstechnologien zu fördern.

[57] Guter Überblick zu den ersten Bestrebungen für ein einheitliches europäisches Datenschutzrecht und den damals bestehenden Defiziten bei *Zerdick* Legal Issues of European Integration 1995, S. 59; vgl. auch Weber/Thürer/Zöch/*Ellger*, Datenschutz im europäischen Umfeld, S. 1 ff.

I. Die Konvention Nr. 108 des Europarats von 1981

Die **grundrechtliche Motivation** des europäischen Datenschutzrechts zeigt sich bereits **11** daran, dass der erste überstaatliche Rechtstext zum Schutz persönlicher Daten 1981 nicht im Rahmen der damaligen Europäischen Wirtschaftsgemeinschaft (EWG) entstand, sondern unter der Ägide des Europarats. Der 1949 gegründete Europarat hatte die Entwicklung eines europäischen Systems des Schutzes der Menschenrechte in das Zentrum seiner Tätigkeit gestellt. Konstituierendes Dokument dieses Systems ist bis heute die Europäische Konvention zum Schutz der Menschenrechte und Grundfreiheiten (EMRK) vom 4.11.1950,[58] die am 3.9.1953 in Kraft trat und mittlerweile von allen (heute 46[59]) Mitgliedstaaten des Europarats (darunter allen 27 EU-Mitgliedstaaten) ratifiziert worden ist. Über die Einhaltung der EMRK wacht der Europäische Gerichtshof für Menschenrechte (EGMR), an den sich die Vertragsstaaten des Europarats mit Staatenbeschwerden wenden können (Art. 33 EMRK). Ferner steht jedem Einzelnen nach Erschöpfung des innerstaatlichen Rechtswegs die Möglichkeit einer Individualbeschwerde zum EGMR offen (Art. 34 EMRK). Der EGMR hat dabei nicht nur die Befugnis, einen Mitgliedstaat des Europarats wegen Verletzung der EMRK-Rechte zu verurteilen; er kann einem in seinen Grundrechten verletzten Individuum auch eine „gerechte Entschädigung" zusprechen (Art. 41 EMRK). Im Recht der Europäischen Union spielt die EMRK heute eine wichtige Rolle als Rechtserkenntnisquelle für die allgemeinen Grundsätze des Unionsrechts (vgl. Art. 6 Abs. 3 EUV) sowie als Mindeststandard für die Auslegung der in der Charta der Grundrechte der Europäischen Union verankerten EU-Grundrechte (vgl. Art. 52 Abs. 3 GRCh).

Zwar kennt der Text der EMRK nur ein **Recht auf Achtung des Privat- und Familien- 12 lebens (Art. 8 EMRK)** und noch kein modern formuliertes Datenschutzgrundrecht.[60] Doch in Ergänzung der EMRK wurde 1981 das **Übereinkommen zum Schutz der Menschen bei der automatischen Verarbeitung personenbezogener Daten**[61] (sog. **Konvention Nr. 108**) vereinbart. Dieses völkerrechtlich zwischen den Vertragsstaaten verbindliche Übereinkommen – das 2011 durch ein **Zusatzprotokoll** ergänzt[62] und 2018 mit der **Konvention**

---

[58] Die EMRK, die in engl. und frz. Sprache gleichermaßen verbindlich ist, ist in ihrer aktuellen Version abrufbar unter https://rm.coe.int/1680a2353d. Vgl. dazu das dt. Gesetz über die Konvention zum Schutze der Menschenrechte und Grundfreiheiten v. 7.8.1952, BGBl. 1952 II 685, heute idF BGBl. 2010 II 1198 sowie die österreichische Ratifikation in Öst. BGBl. 1958 Nr. 210, heute idF öBGBl. 2010 Nr. 47. In Deutschland hat die EMRK als völkerrechtlicher Vertrag gem. Art. 52 Abs. 1 GG Gesetzesrang, auch wenn das BVerfG ihr de facto einen Rang über dem einfachen Gesetz zubilligt und gesetzliche Bestimmungen iSd EMRK auslegt; vgl. BVerfGE 74, 358 (370). Österreich hat der EMRK Verfassungsrang eingeräumt; vgl. Öst. BGBl. 1964 Nr. 59.

[59] Als Konsequenz aus dem völkerrechtswidrigen Angriffskriegs Russlands gegen die Ukraine beschloss das Ministerkomitee des Europarats in seiner Sitzung vom 16.3.2022 gem. Art. 8 der Satzung des Europarates, dass Russland nach 26 Jahren Mitgliedschaft kein Mitglied des Europarats mehr ist; vgl. Europarat (Presseraum), Russische Föderation wird aus dem Europarat ausgeschlossen, 16.3.2022.

[60] Siehe *Wagner* Datenschutz EU S. 112 mwN.

[61] Sammlung der Europäischen Verträge (SEV) Nr. 108 v. 28.1.1981, abrufbar unter www.coe.int/de/web/conventions/full-list/-/conventions/treaty/108; BGBl. 1985 II 539. Die Konvention Nr. 108, die am 1.10.1985 nach Ratifizierung durch Deutschland, Schweden, Frankreich, Spanien und Norwegen in Kraft trat, ist heute von 55 Staaten ratifiziert; von allen 46 Staaten des Europarats (die Türkei, die die Konvention bereits 1981 unterzeichnet hatte, ratifizierte diese im Frühjahr 2016); sowie von mehreren Nicht-Mitgliedstaaten: Uruguay (2013), Mauritius (2016), Senegal (2016), Tunesien (2017), Kap Verde (2018), Mexiko (2018), Argentinien (2019) und Marokko (2019). Russland ratifizierte die Konvention Nr. 108 im Jahr 2013 und ist auch nach seinem Ausschluss aus dem Europarat 2022 weiterhin Konventionsstaat geblieben. Zur Konvention Nr. 108 vgl. *Burkert* CR 1988, 752; *Ellger*, Der Datenschutz im grenzüberschreitenden Datenverkehr, § 15; *Kühling/Klar/Sackmann* DatenschutzR Rn. 32 ff. sowie *Zerdick* Legal Issues of European Integration 1995, 59 (60 ff.). Vgl. auch *Riegel* ZRP 1990, 132 (133), für den die Konvention Nr. 108 „inhaltlich nicht mehr als der kleinste gemeinsame Nenner" ist. Zu den Beitritten afrikanischer Staaten zur Konvention Nr. 108 *Makulilo* DuD 2017, 364; sowie *Hennemann/Boshe/v. Meding* ZfDR 2021, 193.

[62] Zusatzprot. Nr. 181 v. 8.11.2011 bzgl. Kontrollstellen und grenzüberschreitendem Datenschutz, BGBl. 2002 II 1887. Dieses verpflichtet die Konventionsstaaten dazu, unabhängige Kontrollstellen zu schaffen, die darüber zu wachen haben, dass der Datenschutz eingehalten wird. Ferner erlaubt das Zusatzprot. den Datenverkehr mit Drittstaaten nur, wenn diese über ein entsprechendes Datenschutzniveau verfügen. Das Zusatzprot. ist bisher von 44 Vertragsstaaten der Konvention Nr. 108 ratifiziert worden. Es wurde bisher nicht ratifiziert von: Aserbaidschan, Belgien, Griechenland, Island, Italien, Malta, Norwegen, San Marino, Slowenien, Vereinigtes Königreich und Russische Föderation (Stand: Januar 2024).

Einleitung 13–17

108+[63] (→ Rn. 150 ff.) umfassend novelliert wurde – zielt in erster Linie darauf ab, das „Recht auf einen Persönlichkeitsbereich bei der automatischen Verarbeitung personenbezogener Daten" zu schützen (Art. 1 Konvention Nr. 108) und nennt in diesem Zusammenhang den Begriff „Datenschutz" („data protection", „protection des données") erstmals in einem europäischen Rechtstext.

13   Neben der überstaatlichen Absicherung des Grundrechts auf Datenschutz war es auch Ziel der Konvention Nr. 108, die zunehmende grenzüberschreitende Übermittlung personenbezogener Daten zwischen den Vertragsstaaten zu gewährleisten. Dazu heißt es in Art. 12 Abs. 2 Konvention Nr. 108: „Eine Vertragspartei darf allein zum Zweck des Schutzes des Persönlichkeitsbereichs den grenzüberschreitenden Verkehr personenbezogener Daten in das Hoheitsgebiet einer anderen Vertragspartei nicht verbieten oder von einer besonderen Genehmigung abhängig machen." Die europäische Vereinheitlichung von Datenschutzstandards zielte also bereits 1981 im Rahmen des Europarats darauf ab, nicht nur den Grundrechtsschutz sicherzustellen, sondern auch den freien Datenverkehr in Europa durch möglichst einheitliche Datenschutzstandards zu ermöglichen.[64]

II. Die Datenschutz-Richtlinie (DS-RL) 1995

14   Auch die DS-RL von 1995,[65] zu der die Europäische Kommission 1990 ihren ersten Vorschlag präsentierte,[66] beruhte sowohl auf einer grundrechtlichen als auch auf einer wirtschaftlichen Zielsetzung.

15   Zunächst war die DS-RL ohne Zweifel eine **Binnenmarktrichtlinie**. Gestützt auf die Rechtsgrundlage des damaligen Art. 100a EWGV (später Art. 95 EGV, heute Art. 114 AEUV) wollte die DS-RL den transeuropäischen personenbezogenen Datenverkehr fördern, als Teil des ehrgeizigen Kommissionsprogramms, wonach bis zum 31.12.1992 der Binnenmarkt, also der freie Verkehr von Waren, Personen, Dienstleistungen und Kapital vollendet werden sollte.

16   Zugleich zielte die DS-RL darauf ab, den Binnenmarkt im Interesse eines **„Europas der Bürger"** grundrechtlich abzusichern. Die DS-RL lehnte sich daher nicht nur inhaltlich eng an die Vorgaben der Konvention Nr. 108 (→ Rn. 11 ff.) an. Sie nahm in ihren ersten Erwägungsgründen auch ausdrücklich Bezug auf das Vertragsziel „einen immer engeren Zusammenschluss der europäischen Völker zu schaffen" und sich dazu „auf die in den Verfassungen und Gesetzen der Mitgliedstaaten sowie in der Europäischen Konvention zum Schutz der Menschenrechte und Grundfreiheiten anerkannten Grundrechte zu stützen" (Erwägungsgrund 1). Ferner betonte die DS-RL, dass Datenverarbeitungssysteme „im Dienste des Menschen" stehen und insbesondere „deren Privatsphäre zu achten" haben (Erwägungsgrund 2). Erst anschließend wurde erläutert, warum für „die Errichtung und das Funktionieren des Binnenmarktes" der grenzüberschreitende Datenverkehr ebenso erforderlich ist wie die Wahrung der Grundrechte (Erwägungsrund 3).

17   Im Einklang mit dieser **doppelten Zielsetzung**[67] formulierte Art. 1 DS-RL den bereits aus der Konvention Nr. 108 bekannten Gleichlauf zwischen der Verpflichtung der Mitgliedstaaten, „den Schutz der Privatsphäre natürlicher Personen bei der Verarbeitung personenbezogener Daten" zu gewährleisten (Art. 1 Abs. 1 DS-RL) und dem Verbot, „den freien Verkehr personenbezogener Daten zwischen Mitgliedstaaten aus Gründen des in Absatz 1 gewährleisteten Schutzes" zu beschränken oder zu untersagen (Art. 1 Abs. 2 DS-RL). Es ist daher nicht zutreffend und eine eher klischeehafte Darstellung, wenn gelegentlich behauptet wird, das europarechtliche Datenschutzrecht hätte früher eine einseitig wirtschaftliche Orientierung ge-

---

[63] Die Arbeiten an dem als „Konvention 108+" bezeichneten Änderungsprot. begannen 2010 und wurden im Mai 2018 abgeschlossen. Der konsolidierte Text der modernisierten, derzeit noch nicht in Kraft getretenen Konvention Nr. 108+ ist abrufbar unter www.coe.int/en/web/data-protection/convention108/modernised.

[64] Vgl. *Kühling/Klar/Sackmann* DatenschutzR Rn. 35, für die Art. 12 „gewissermaßen das Herzstück der Konvention" darstellt, „da sie den Konventionsstaaten als Gegenleistung für ihre Harmonisierungsbemühungen die Möglichkeit eines ungehinderten grenzüberschreitenden Datenaustauschs eröffnet."

[65] Zur DS-RL vgl. *Dammann/Simitis* EG-DatenschutzRL; *Ehmann/Helfrich* EG-DatenschutzRL; *Kühling/ Klar/Sackmann* Datenschutzrecht Rn. 130 ff.; *Schild* EuZW 1996, 549; *Simitis* NJW 1997, 281; *Zerdick* Legal Issues of European Integration 1995, 59 (65 ff.).

[66] KOM(90) 314 v. 27.7.1990. Die Kommission legte am 18.10.1992 einen geänderten Vorschlag (KOM [92] 422 v. 18.10.1992) vor, um das Gesetzgebungsverfahren voranzubringen.

[67] Vgl. *Ehmann/Helfrich* EG-DatenschutzRL Einl. Rn. 4: „Dualismus ihrer Zielsetzung". Krit. *Marsch* Datenschutzgrundrecht S. 316–320: In jedem Fall lägen die Ziele auf unterschiedlichen Ebenen und seien „mitnichten gegenläufig."

18 Einleitung

habt.⁶⁸ Grundrechtliche und wirtschaftliche Motivation gingen bei der DS-RL (ebenso wie zuvor bei der Konvention Nr. 108) Hand in Hand.⁶⁹ Der Gerichtshof der Europäischen Union (EuGH) hat 2010 bestätigt, dass europarechtliche Vorkehrungen zum Datenschutz die Aufgabe haben, den Schutz des Rechts auf Privatsphäre und den freien Verkehr personenbezogener Daten „ins Gleichgewicht zu bringen".⁷⁰

Für den Vorschlag zur DS-RL spielte schließlich eine Rolle, dass das damalige europäische **18** Datenschutzrecht, wie es in der Konvention Nr. 108 des Europarats enthalten war, nur äußerst unzureichend in nationales Recht umgesetzt war. Von den damals zwölf EWG-Mitgliedstaaten hatten 1990 nur sieben Mitgliedstaaten einzelstaatliche Gesetze zur Umsetzung der Konvention verabschiedet. Die DS-RL sollte diesen unbefriedigenden Zustand durch eine wirksamere Regelung im Rahmen der Europäischen Gemeinschaft überwinden helfen. Zudem sollte eine gemeinsame beratende Arbeitsgruppe von Vertretern der nationalen, für den Datenschutz zuständigen Aufsichtsbehörden (sog. **Artikel-29-Datenschutzgruppe**, im Englischen: „**Working Party 29**", im Französischen: „**Groupe de travail Article 29**")⁷¹ für bessere Zusammenarbeit und Koordinierung bei der Durchsetzung des europäischen Datenschutzrechts sorgen (vgl. Art. 29 DS-RL). Die Artikel-29-Datenschutzgruppe begleitete die Umsetzung der DS-RL und die Anwendung ihrer Vorschriften mehr als zwei Jahrzehnte lang mit Stellungnahmen und Arbeitspapieren sowie durch die Beratung der Europäischen Kommission. In enger Zusammenarbeit mit der Kommission hat sie schließlich die Rechtsanwender durch zahlreiche Leitlinien⁷² auf das Inkrafttreten der DS-GVO vorbereitet; diese Leitlinien spielen bis heute eine wesentliche Rolle für das einheitliche Verständnis und die kohärente Auslegung des geltenden europäischen Datenschutzrechts (zur rechtlichen Bedeutung der Leitlinien → Rn. 114 f.). Am 25.5.2018 ist die Artikel-29-Datenschutzgruppe von der DS-GVO zum Europäischen Datenschutzausschuss (EDSA) aufgewertet worden, der über deutlich weitergehende Aufgaben und Eingriffsmöglichkeiten verfügt (vgl. Art. 68 ff.).

---

⁶⁸ IdS die auf die Kommission der 1990er Jahre bezogene Darstellung bei *Dammann/Simitis* EG-DatenschutzRL Einl. S. 61 f.; ebenso *Spiecker gen. Döhmann/Eisenbarth* JZ 2011, 169 (170). Vgl. auch *Riegel* ZRP 1990, 132, der die damalige auf den Binnenmarkt konzentrierte Kompetenzsituation für die aus seiner Sicht damals einseitig an wirtschaftlichen Interessen ausgerichtete Entwicklung des Datenschutzrechts auf Gemeinschaftsebene verantwortlich macht. Ähnlich die Argumentation von *Ellger* Grenzüberschreitender Datenverkehr S. 532. Demggü. konstatiert *Kibler* Datenschutzaufsicht S. 42/43 zwar wohl eine „zögerliche Haltung" der Kommission, betont aber zugleich, dass die Kommission damals sehr wohl die Notwendigkeit eines effektiven Datenschutzes erkannt habe. Als Beleg dafür verweist sie auf Nr. II.2 der Empfehlung 81/679/EWG der Kommission v. 29.7.1981 betreffend ein Übereinkommen des Europarats zum Schutz des Menschen bei der automatischen Verarbeitung personenbezogener Daten, ABl. L 246, 31, wo es heißt: „Der Datenschutz ist notwendiger Bestandteil des Schutzes des Individuums. Er hat den Charakter eines Grundrechts."
⁶⁹ Hierzu von der Groeben/Schwarze/Hatje/*Brühann* AEUV Art. 16 Rn. 13.
⁷⁰ EuGH Urt. v. 9.3.2010 – C-518/07, ECLI:EU:C:2010:125 – Kommission/Deutschland, Rn. 30.
⁷¹ Der Europäische Datenschutzausschuss hat die Arbeit der Artikel-29-Datenschutzgruppe – ihre Stellungnahmen, Leitlinien, Arbeitspapiere und sonstigen Dokumente – auf einer „Vermächtnisseite" dokumentiert, siehe https://edpb.europa.eu/about-edpb/who-we-are/legacy-art-29-working-party_de.
⁷² In seiner ersten Sitzung am 25.5.2018 hat der Europäische Datenschutzausschuss folgende Leitlinien zur DS-GVO bestätigt und übernommen, die noch von der Art. 29-Datenschutzgruppe verabschiedet worden waren: Leitlinien zum Recht auf Datenübertragbarkeit – WP 242 rev.01; Anhang zum Arbeitspapier WP 242 – Häufig gestellte Fragen; Leitlinien in Bezug auf Datenschutzbeauftragte („DSB") – WP 243 rev.01; Leitlinien für die Bestimmung der federführenden Aufsichtsbehörde eines Verantwortlichen oder Auftragsverarbeiters – WP 244; Leitlinien zur Datenschutz-Folgenabschätzung (DSFA) und Beantwortung der Frage, ob eine Verarbeitung im Sinne der Verordnung (EU) 2016/679 „wahrscheinlich ein hohes Risiko mit sich bringt" – WP 248 Rev. 01; Leitlinien zu Datenschutzverletzungen – WP 250 rev.01; Leitlinien zu automatisierten Entscheidungen im Einzelfall einschließlich Profiling – WP 251 rev.01; Leitlinien für die Anwendung und Festsetzung von Geldbußen im Sinne der Verordnung (EU) 2016/679 – WP 253; Guidelines on consent under Regulation 2016/679 – WP259 rev.01; Leitlinien in Bezug auf die Einwilligung – 05/2020; Leitlinien für Transparenz – WP 260 rev.01. In der Zwischenzeit hat der Europäische Datenschutzausschuss einen Teil dieser Dokumente durch neue Fassungen ersetzt. Abrufbar sind alle Leitlinien, Empfehlungen und bewährten Verfahren des Europäischen Datenschutzausschusses unter https://edpb.europa.eu/our-work-tools/general-guidance/guidelines-recommendations-best-practices_de. Zur rechtlichen Bedeutung der Leitlinien, Empfehlungen und bewährten Verfahren des Europäischen Datenschutzausschusses → Rn. 114 f.

Einleitung 19–21

III. Die Datenschutz-Grundverordnung (DS-GVO) 2016

19   Auch bei der Entstehung der DS-GVO 20 Jahre später findet sich die grundrechtliche und wirtschaftliche **Doppelmotivation,** die bereits die Konvention Nr. 108 und die DS-RL geprägt hat. Im November 2010 bekräftigte die Kommission als Ausgangspunkt der von ihr angestoßenen Datenschutzreform, dass europäisches Datenschutzrecht „zwei der ältesten, gleichermaßen wichtigen Ziele des europäischen Integrationsprozesses" verfolgt, „einerseits den Schutz der Grundrechte und Grundfreiheiten des Einzelnen, insbesondere des Grundrechts auf Datenschutz, und andererseits die Vollendung des Binnenmarkts – in diesem Fall den freien Verkehr personenbezogener Daten."[73] Hinzu traten allerdings weitere Faktoren, die den EU-Gesetzgeber am Ende dazu veranlassten, das europäische Datenschutzrecht mit der DS-GVO insgesamt auf eine neue, deutlich stärkere Grundlage zu stellen.[74]

20   **1. Neue Gefährdungslage für persönliche Daten durch Digitalisierung und Vernetzung.** Seit Verabschiedung der DS-RL hat die technologische Entwicklung eine völlig neue Gefährdungssituation für das Datenschutzgrundrecht mit sich gebracht. Als die DS-RL 1995 in Kraft trat, steckte das Internet noch in den Kinderschuhen. Kaum jemand hatte ein Mobiltelefon, nur wenige einen internetfähigen Computer. Seither haben Digitalisierung, erheblich verstärkte Rechnerleistung, Miniaturisierung und die zunehmende Vernetzung von Computern dazu geführt, dass Datenverarbeitungen praktisch unser gesamtes Alltagsleben durchdringen.[75] Statt dezentraler „Personal Computer", die weitgehend isoliert voneinander Daten verarbeiten, besteht die moderne Informationsgesellschaft aus omnipräsenten Computersystemen, die miteinander über das Internet permanent vernetzt sind, oft mobil (zB als Smartphone oder als Smartwatch) im Alltag mit sich geführt werden und multimedial einsetzbar sind, also neben Textdaten auch Fotos, bewegte Bilder und Ton verarbeiten, ohne dass es dazu eines größeren Aufwands bedarf. Man spricht auch von der **Ära des allgegenwärtigen Rechnens („Ubiquitous Computing"),** in der jeder Einzelne ständig mit einer Vielzahl verschiedener Computer konfrontiert ist, oft ohne dass ihm dies sonderlich auffällt. Zunehmend erlaubt der durch digitale Vernetzung ermöglichte Zugang zu großen Datenmengen und die heute praktisch unbegrenzt vorhandene (vernetzte) Rechnerleistung außerdem den Einsatz von **Systemen „künstlicher Intelligenz"** (sog. KI-Systemen) in allen Lebensbereichen, also von Software oder Hardware, die – teilweise unter Einsatz von **Algorithmen** und maschinellem Lernen – ihre Umgebung durch die Erfassung von Daten wahrnimmt, die erhobenen Daten interpretiert, Schlussfolgerungen aus dem erlangten Wissen zieht oder die Informationen verarbeitet und über die zu treffenden Maßnahmen entscheidet, um das vorgegebene Ziel zu erreichen.[76] Menschen sehen sich meist nur noch mit dem Ergebnis dieser Rechnerleistung konfrontiert.

21   Dem Einzelnen eröffnet diese **digital-vernetzte Welt der omnipräsenten Computersysteme** zahlreiche wirtschaftliche und soziale Chancen, insbesondere interaktive Kommunikationsmöglichkeiten sowie einen verbesserten Zugang zu Informationen, Waren und Dienstleis-

---

[73] Mitteilung der Kommission v. 4.11.2010, Gesamtkonzept für den Datenschutz in der Europäischen Union, KOM(2010) 609, 1. Vgl. auch Plath/*Plath* DS-GVO Art. 1 Rn. 1, für den die DS-GVO zunächst auf „wirtschaftlichen Erwägungen", aber „vor allem auf grundrechtlichen Erwägungen" basiert.

[74] Zur Entstehungsgeschichte der DS-GVO vgl. Knyrim DS-GVO/*Fercher/Riedl* S. 7; aus Sicht der Kommission *Reding* ZD 2011, 1; *Reding* International Data Privacy Law 2011, 3; *Reding* International Data Privacy Law 2012, 119; *Reding* ZD 2012, 195; *Selmayr*, Diskussionsbeitrag, in: Verhandlungen des 69. Deutschen Juristentags, 2012, Band II/2, Sitzungsberichte, S. O 117 ff.; aus Sicht des Berichterstatters des Europäischen Parlaments *Albrecht* CR 2016, 88; aus Sicht des Eutopäischen Datenschutzbeauftragten *Hustinx*, EU Data Protecion Law: The Review of Directive 95/46/EC and the Proposed General Data Protection Regulation; aus Sicht von Wirtschaft und Rechtspraxis *Kuner*, Bloomberg BNA Privacy and Security Law Report, 11 PVLR 06, 6.2.2012. Der Entstehung der DS-GVO ist ferner der Dokumentarfilm „Democracy – Im Rausch der Daten" (Regisseur: *David Bernet*) gewidmet, dessen Handlung allerdings vor dem erfolgreichen Abschluss des Gesetzgebungsverfahrens endet.

[75] Zu dieser Entwicklung eingehend *Roßnagel/Müller* CR 2004, 625; sowie *Kühling/Klar/Sackmann* DatenschutzR Rn. 1 ff.

[76] Vgl. Independent High-Level Expert Group on Artificial Intelligence Set Up by the European Commission, A Definition of AI: Main Capabilities and Disciplines, 8.4.2019, abrufbar unter https://digital-strategy.ec.europa.eu/en/library/definition-artificial-intelligence-main-capabilities-and-scientific-disciplines. Vgl. auch die Definition von KI im Weißbuch der Kommission v. 19.2.2020 zur Künstlichen Intelligenz – ein europäisches Konzept für Exzellenz und Vertrauen v. 19.2.2020 – COM (2020) 65, S. 2: „Einfach ausgedrückt ist KI ein Bestand an Technologien, die Daten, Algorithmen und Rechenleistung kombinieren."

tungen. Zugleich droht er in dieser neuen Welt der ständigen Datenverarbeitung die Kontrolle über potenziell sensible Informationen zu seiner Person zu verlieren.[77] Insbesondere bei der Kommunikation über soziale Online-Netzwerke speichert jeder Nutzer mehrfach am Tag eigene oder fremde Daten und teilt diese über das soziale Netzwerk mit anderen Nutzern sowie mit dem Netzwerkunternehmen selbst. Ebenso fördern elektronische Fahrausweise, elektronische Straßengebührenerhebung, die Möglichkeit der digitalen Standortbestimmung oder das Mitführen von als „Wearables" bezeichneten Sportuhren mit Miniaturcomputern die Durchdringung aller Lebensbereiche mit datenverarbeitenden Prozessen. Bedenklich ist dabei besonders die **kumulative Wirkung,** die sich ergibt, wenn sich durch die Kombination dieser Daten ein besonders detailliertes Bild des Privatlebens der betroffenen Personen ergibt.[78] Das mithilfe von Radio Frequency Identification (RFID) Chips entstehende „Internet der Dinge",[79] in dem zB auch die Milchtüte mit dem Eisschrank und dieser mit dem Supermarkt elektronisch kommunizieren kann, um die angemessene Versorgung eines Familienhaushalts zuverlässig sicherzustellen, ist der vorläufige Höhepunkt dieser ebenso mit Chancen wie mit Risiken behafteten technologischen Entwicklung, der durch den zunehmenden Einsatz von „künstlicher Intelligenz" weiter beschleunigt wird.

Der **Anspruch des Datenschutzgrundrechts,** dem Einzelnen die Kontrolle über seine persönlichen Daten zu ermöglichen, ist unter den Bedingungen der modernen Informationsgesellschaft zweifellos nicht leicht zu erfüllen. Man kann deshalb (je nach Standpunkt resignierend oder triumphierend) das „Ende der Privatsphäre" (so Facebook-Gründer *Mark Zuckerberg* im Januar 2010) ausrufen und versucht sein, die Durchsetzung des Datenschutzrechts aufzugeben. Man kann auch kritisch darauf hinweisen, dass Innovationsfreude und Unternehmertum behindert werden könnten, wenn neue technologische Möglichkeiten immer gleich auf den Prüfstand des Datenschutzrechts gestellt werden, und deshalb für eine Rücknahme des Datenschutzrechts eintreten.[80] Oder man arbeitet – ausgehend von der zentralen Bedeutung des Datenschutzgrundrechts für Menschenwürde, persönliche Freiheit und Selbstbestimmung in

---

[77] Zur technologiebedingten erhöhten Gefährdungslage für den Schutz persönlicher Daten eingehend bereits EuGH Urt. v. 13.5.2014 – C-131/12, ECLI:EU:C:2014:317 insbes. Rn. 80 = ZD 2014, 350 – Google Spain SL und Google Inc/Agencia Española de Protección de Datos (AEPD) und Mario Costeja González; hier weist der EuGH darauf hin, dass Suchmaschinen es jedem Internetnutzer ermöglichen, Suchen anhand des persönlichen Namens einer natürlichen Person durchzuführen und mit der Ergebnisliste „einen strukturierten Überblick über die zu der betreffenden Person im Internet zu findenden Informationen zu erhalten, die potenziell zahlreiche Aspekte von deren Privatleben betreffen und ohne die betreffende Suchmaschine nicht oder nur sehr schwer miteinander verknüpft werden können, und somit ein mehr oder weniger detailliertes Profil der Person zu erstellen." Der EuGH unterstreicht ferner: „Zudem wird die Wirkung des Eingriffs in die genannten Rechte der betroffenen Person noch durch die bedeutende Rolle des Internets und der Suchmaschinen in der modernen Gesellschaft gesteigert, die den in einer Ergebnisliste enthaltenen Informationen Ubiquität verleihen [...]."
[78] Darauf weist EuGH Urt. v. 1.8.2022 – C-184/20, ECLI:EU:C:2022:601 = ZD 2022,611 = LTZ 2023, 50 mAnm *Kienle* – OT/Vyriausioji tarnybinės etikos komisija, Rn. 101, besonders hin und bezieht sich dabei darauf, dass dieser Gedanke schon von EuGH Gutachten v. 26.7.2017 – 1/15, ECLI:EU:C:2017:592 = ZD 2018,23 – PNR-Abkommen EU-Kanada, Rn. 128, geäußert worden ist.
[79] Guter Überblick zu den Datenschutzfragen beim Internet der Dinge *Müller-ter Jung* DuD 2021, 114; Darstellung zur US-Sicht in FTC Staff Report, Internet of Things. Privacy & Security in a Connected World, FTC Staff Report (January 2015). Speziell zu RFID: Empfehlung der Kommission v. 12.5.2009 zur Umsetzung der Grundsätze der Wahrung der Privatsphäre und des Datenschutzes in RFID-gestützten Anwendungen, ABl. 2009 L 122, 47, wo es im Erwägungsgrund 6 heißt: „Da die RFID-Technik potenziell sowohl allgegenwärtig als auch praktisch unsichtbar ist, muss bei ihrer Einführung den Fragen der Privatsphäre und des Datenschutzes besondere Beachtung geschenkt werden." Siehe ergänzend die RFID-Studie des BSI „Risiken und Chancen des Einsatzes von RFID-Systemen", die 2004 veröffentlicht wurde, aber vom BSI zum „Stand 2020" als „noch aktuell" bezeichnet wird. Nach wie vor relevant auch die Orientierungshilfe „Datenschutzgerechter Einsatz von RFID, herausgegeben vom Arbeitskreis „Technische und organisatorische Datenschutzfragen" der Konferenz der Datenschutzbeauftragten des Bundes und der Länder (Stand 14.12.2006).
[80] IdS GA *Jääskinen* in seinen Schlussanträgen v. 25.6.2013 zum Fall Google Spain; vgl. C-131/12, ECLI:EU:C:2013:424. Er verweist zunächst darauf (Rn. 27), dass der Gemeinschaftsgesetzgeber „[g]anz offensichtlich [...] die Entwicklung des Internets als umfassenden weltweiten Datenbestand, der überall zugänglich und durchsuchbar ist, nicht vorgesehen" habe. Der EuGH dürfe deshalb (Rn. 81) „keiner Auslegung folgen, die praktisch jede Person, die ein Smartphone, ein Tablet oder einen Laptop besitzt, zu einem für die Verarbeitung von im Internet veröffentlichten personenbezogenen Daten Verantwortlichen macht." Aus diesem Grund wollte der Generalanwalt die Internetsuchmaschine Google nicht als Verantwortlichen iSd europäischen Datenschutzrechts ansehen, demgegenüber ein Löschungsanspruch durchgesetzt werden konnte. Der EuGH ist dieser Auff. zu Recht nicht gefolgt; vgl. EuGH Urt. v. 13.5.2014 – C-131/12, ECLI:EU:

Europa – an einem **modernen Datenschutzrecht**, das die technologische Entwicklung berücksichtigt, Technik für und nicht gegen den Datenschutz einsetzt und die bestehenden Instrumente zur Durchsetzung des Datenschutzrechts an die technologische Entwicklung anpasst und verstärkt. Letzteres war und ist das Anliegen der DS-GVO.[81]

23 **2. Die Sorge um die digitale Selbstbehauptung Europas.** Für die Entstehung der DS-GVO spielte ferner die **internationale Wettbewerbssituation im Bereich von „Big Data"** – dem lukrativen Geschäft mit großen Datensammlungen – eine wichtige Rolle.[82] Unübersehbar wird dieses Geschäft weltweit und auch in Europa von **marktmächtigen US-amerikanischen Unternehmen** wie Google/Alphabet, Apple, Facebook/Meta, Twitter/X, OpenAI oder Amazon beherrscht.[83] Diesen sind aufgrund des relativ liberalen US-amerikanischen Rechts zum Schutz der Privatsphäre[84] fühlbar weniger Grenzen für die Verarbeitung personenbezogener Daten gesetzt als europäischen Unternehmen. Europäische Unternehmen, die auf demselben (Welt-)Markt aktiv sind (insbesondere europäische Telekommunikations-, Internet- und Verlagsunternehmen), müssen sich dagegen an die Vorgaben des europäischen Datenschutzrechts halten, wie es bereits in der DS-RL und ihren nationalen Umsetzungsgesetzen enthalten war.

24 Um jedenfalls auf dem europäischen Binnenmarkt insofern gleiche Wettbewerbsbedingungen (ein sog. „level playing-field") zu schaffen, war es von Anfang an Ziel der DS-GVO, das **Marktortprinzip** einzuführen. Danach gilt Europäisches Datenschutzrecht nicht nur (wie nach der DS-RL) für Unternehmen, die in der EU niedergelassen sind oder dort zB über einen Server Daten verarbeiten,[85] sondern auch für alle Unternehmen, die (unabhängig vom Ort ihrer Niederlassung) ihre Waren und Dienstleistungen auf dem europäischen Binnenmarkt anbieten (vgl.

C:2014:317 = ZD 2014, 350 – Google Spain SL und Google Inc/Agencia Española de Protección de Datos (AEPD) und Mario Costeja González.

[81] So Europäische Kommission, Erklärung v. 24.5.2023 zum 5. Jahrestag der Datenschutz-Grundverordnung, abrufbar unter https://ec.europa.eu/commission/presscorner/detail/de/statement_23_2884: „Die DS-GVO trägt maßgeblich zur Gestaltung des digitalen Wandels in der EU bei. Wir haben nicht nur globale Standards für die sichere Regulierung von Datenströmen festgelegt, sondern auch die Grundlage für einen auf den Menschen ausgerichteten Ansatz für den Einsatz von Technologien geschaffen."

[82] Gut brauchbar die Definition von Gola/Heckmann/*Schulz* DS-GVO Art. 6 Rn. 151: „Unter Big Data ist die Auswertung großer, aus einer Vielzahl unterschiedlicher Quellen stammender unstrukturierter Daten zum Zwecke der Erkennung von Gesetzmäßigkeiten, Korrelationen und Kausalitäten und der Generierung von neuen Informationen und Kontextwissen zu verstehen." Gola/Heckmann/*Schulz* DS-GVO Art. 6 Rn. 152–155 schildert die groben Kategorien solcher Anwendungen und die damit verbundenen Datenschutzfragen. Zu „Big Data" im Wettbewerbs- und Daten(schutz)recht umfassend *Paal/Hennemann* NJW 2017, 1697. Einen weit reichenden Problemaufriss enthält die Entschließung des Europäischen Parlaments v. 14.3.2017 zu den Folgen von Massendaten für die Grundrechte: Privatsphäre, Datenschutz, Nichtdiskriminierung, Sicherheit und Rechtsdurchsetzung (2016/2225[INI]), (2018/C 263/10).

[83] Vgl. *Cirani* Communications & Strategies 2015, No. 97, 41 (44).

[84] Ausf. *Schwartz/Reidenberg*, Data Privacy Law, 1996. Überblick zur Entwicklung seither bei *Lejeune* CR 2013, 775 und *Lejeune* CR 2013, 822. Die verschiedenen Bemühungen, in den USA ein Bundesgesetz für den Datenschutz (American Data Privacy Protection Act – ADPPA) zu schaffen, haben bisher wegen der schwierigen Mehrheitsverhältnisse im US-Kongress noch nicht zu einem Erfolg geführt. Einen kompakten Überblick dazu gibt Congressional Research Service (CRS), Overview of the American Data Privacy and Protection Act, H. R. 8152 (Updated August 31, 2022), abrufbar unter https://crsreports.congress.gov/product/pdf/LSB/LSB10776. Bemerkenswert ist die Schaffung erster allgemeiner Datenschutzgesetze auf der Ebene der Bundesstaaten. Nach dem Stand v. 1.7.2023 verfügten bereits zehn der insgesamt 50 US-Bundesstaaten über ein umfassendes Gesetz zum Datenschutz, nämlich California, Colorado, Connecticut, Indiana, Iowa, Montana, Tennessee, Texas, Utah, Virginia, siehe *Spies* ZD-Aktuell 2023, 01232. Hinzugekommen sind inzwischen auch Oregon (vgl. *Spies* ZD-Aktuell 2023, 01298) und Florida (vgl. *Spies* ZD-Aktuell 2023, 01326), so dass Ende 2023 zwölf der 50 US-Bundesstaaten ein Datenschutzgesetz hatten. Im Januar 2024 kam New Jersey als 13. US-Bundesstaat hinzu (vgl. *Spies* ZD-Aktuell 2024, 01488).

[85] Vgl. Art. 4 Abs. 1 lit. a, c DS-RL. Der EuGH hat diese Vorgaben im Fall Google Spain weit ausgelegt und die Internetsuchmaschine Google als in Spanien niedergelassen iSd Art. 4 Abs. 1 lit. a DS-RL angesehen, da über die spanische Google-Niederlassung zwar keine Daten verarbeitet wurden, aber die Geschäfte auf dem spanischen Werbemarkt organisiert wurden; vgl. EuGH Urt. v. 13.5.2014 – C-131/12, ECLI:EU:C:2014:317 = ZD 2014, 350 – Google Spain SL und Google Inc/Agencia Española de Protección de Datos (AEPD) und Mario Costeja González; bestätigt durch EuGH Urt. v. 5.6.2018 – C-210/16, ECLI:EU:C:2018:388 = ZD 2018, 357 mAnm *Marosi/Matthé* und mAnm *Schulz* – Wirtschaftsakademie Schleswig-Holstein, Rn. 57, wo der EuGH nochmals hervorhebt, es sei nicht notwendig, dass eine Verarbeitung „von" der betreffenden Niederlassung selbst ausgeführt wird, sondern lediglich, dass sie „im Rahmen der Tätigkeiten" der Niederlassung ausgeführt wird.

Art. 3 Abs. 2 lit. a) oder das Verhalten von Personen in der Union beobachten (vgl. Art. 3 Abs. 2 lit. b). Dahinter steht **keinesfalls ein protektionistisches Anliegen,** wie gelegentlich vor allem seitens US-amerikanischer Marktteilnehmer kritisiert wird. Denn schließlich bedeutet das Marktortprinzip keine Diskriminierung nichteuropäischer Unternehmen, sondern unterwirft diese nur denselben Regeln, die für ihre europäischen Wettbewerber auch gelten. Das Marktortprinzip verzerrt also nicht den Wettbewerb, sondern **schafft erst die Voraussetzung für fairen Wettbewerb** auf dem europäischen Binnenmarkt. Auch eine völkerrechtlich unzulässige extraterritoriale Wirkung, wie teilweise behauptet wird[86], geht vom Marktortprinzip nicht aus. Vielmehr knüpft es – orientiert am Vorbild des EU-Kartellrechts – an datenschutzrechtlich relevanten Wirkungen an, die unternehmerisches oder behördliches Handeln *innerhalb* des EU-Binnenmarktes zeitigen, beruht also auf einer echten Verbindung zum territorialen Geltungsbereich des EU-Rechts. Die DS-GVO ist somit in völkerrechtlich zulässiger Weise **intraterritorial, nicht extraterritorial.**

Ohne die Durchsetzung des Marktortprinzips hätte die EU sich damit abfinden müssen, dass die Einhaltung von europäischem Datenschutzrecht auf dem europäischen Markt immer einen Wettbewerbsnachteil für europäische Unternehmen darstellt. Angesichts der **Marktdominanz US-amerikanischer Unternehmen**[87] hätte dies früher oder später dazu geführt, dass die Daten europäischer Bürger weitgehend von Unternehmen verarbeitet worden wären, die nicht in Europa ansässig sind und sich nicht an das europäische Datenschutzrecht halten. Das europäische Datenschutzrecht wäre somit nach und nach faktisch irrelevant geworden. Die DS-GVO stellt daher den Versuch der EU dar, die globale Digitalisierung mitzugestalten und dabei die hohen europäischen Standards auch im internationalen Wettbewerb durchzusetzen. Sie ist zugleich Europas letzte Chance, das Datenschutzrecht im digitalen Zeitalter zu bewahren.

Die Sorge um die digitale Selbstbehauptung Europas[88] hatte wesentlichen Einfluss auf die Entscheidung der Europäischen Kommission, das neue europäische Datenschutzrecht in eine Verordnung und nicht erneut in eine Richtlinie zu fassen. Wer international gerade im digitalen Bereich Standards setzen will, der tut dies heute besser nicht mit 28 unterschiedlichen Rechtstexten (einer Richtlinie und 27 – diese umsetzenden – nationalen Regelwerken), sondern mit einem einzigen Gesetzestext, der von Anfang an für die gesamte EU unmittelbare Geltung beanspruchen kann und somit auch international wahr- und ernstgenommen wird.[89] Nur so kann verlässlich durchgesetzt werden, dass in Europa europäisches Datenschutzrecht wirklich gilt, das von allen auf dem europäischen Binnenmarkt tätigen Marktteilnehmern auch beachtet werden muss. Da die Europäische Union mit rund 450 Mio. Einwohnern zwar nicht die bevölkerungsreichste Region der Welt, aber als besonders wohlhabender Kontinent die kaufkräftigsten Verbraucher aufzuweisen hat, können es sich weltweit tätige Unternehmen, die ihre Waren und Dienstleistungen in Europa anbieten wollen, nicht erlauben, das europäische Datenschutzrecht zu ignorieren, im Gegenteil: Solche Unternehmen sehen sich regelmäßig veranlasst, die europäischen Standards in Vorwegnahme oder als Reaktion auf neue europäische Gesetze in ihre allgemeinen Vertragsbedingungen zu integrieren und diese damit auch in andere Regionen der Welt zu exportieren. Dieser Wirkungszusammenhang, der insbesondere anhand der DS-GVO festzustellen ist (→ Rn. 145 ff.), wird in der Fachliteratur **„Brüssel-Effekt" („Brussels Effect")**[90] genannt. Er bezieht sich auf die Fähigkeit der EU, durch ihre europaweit geltenden

---

[86] So insbes. *Svantesson* Journal of International Law 2014, 71 f.; *Brauneck* EuZW 2019, 494; *Uecker* ZD 2019, 67. *Gömann* Binnenkollisionsrecht, betont die Unterschiede zum Marktortprinzip im Kartell- und Markenrecht (S. 662/663), räumt aber ein, dass sie sich in der Mehrzahl der Fälle nicht auswirken, wobei dies aber gerade bei Extremkonstellationen anders sei (S. 664). Vgl. auch Auernhammer/*v. Lewinski* DS-GVO Art. 3 Rn. 24, welcher der EU sogar eine „imperiale Tendenz" unterstellen will. Aus Sicht des Internationalen Privatrechts Duden IPR für eine bessere Welt/*Segger-Piening* S. 107.

[87] Treffend *von Danwitz* DuD 2015, 581 (584), der sich den allg. Hinweis gestattet, „dass die Digitalisierung unter Marktbedingungen stattfindet, die keineswegs dem wettbewerbsrechtlichen Ideal entsprechen, sondern vielmehr von marktmächtigen Unternehmen geprägt werden." Für ihn „bildet die globale Marktmacht der wesentlichen Player einen Umstand, der für die Bewertung der grundrechtlichen Gefährdungslage, wie sie namentlich für die Privatsphäre besteht, von durchaus maßgeblicher Bedeutung ist."

[88] Vgl. Bendiek/Berlich/Metzger SWP-Aktuell 8/2015; sowie *Selmayr* ZD 2018, 197.

[89] Vgl. *Reding* ZD 2012, 195 (196); sowie *Selmayr* ZD 2013, 525.

[90] Grdl. *Bradford*, The Brussels Effect, 2020, insbes. S. 132 ff.: „The EU sets the tone globally for privacy and data protection regulation." Für den Digitalbereich ausf. *Bradford*, Digital Empires, 2023, insbes. S. 111 ff. Vgl. auch *Christen/Meyer/Oberhofer/Hinz/Kamin/Wanner* FIW Research Reports 2022, No. 07, S. 20 f. wo der „Brussels Effect" u.a. anhand der Wirkungen der DS-GVO in Drittstaaten analysiert und quantifiziert wird. Zur beabsichtigten Fortsetzung des „Brüssel-Effekt" im aktuellen EU-Digitalisierungsrecht und bei der

Einleitung 27–29

Gesetze den Weltmarkt mitzuregulieren.[91] Durch den „Brüssel-Effekt" wird Datenschutz für europäische Unternehmen **vom Wettbewerbsnachteil zum Standortvorteil.**[92]

27 **3. Die Bekräftigung des Datenschutzgrundrechts im Vertrag von Lissabon.** Der von der Europäischen Kommission unternommene Schritt von der DS-RL zur DS-GVO war durch die genannte technologische und wirtschaftliche Entwicklung sicherlich angezeigt. Er ließ sich allerdings nur realisieren, da der besondere historische, politische und rechtliche Kontext zu Beginn der Amtszeit der ab Februar 2010 tätigen Kommission einen äußerst fruchtbaren Boden für eine ehrgeizige Reform des europäischen Datenschutzrechts bereitete.

28 **a) Der grundrechts- und datenschutzfreundliche Kontext von Lissabon.** Die Europäische Kommission, die am 9.2.2010 vom Europäischen Parlament gewählt und am selben Tag vom Rat im Amt bestätigt wurde, war die erste Kommission, die auf der Grundlage des am 1.12.2009 in Kraft getretenen Vertrags von Lissabon ihre Arbeit aufnahm. Der Vertrag von Lissabon, den die Mitgliedstaaten der EU nach jahrelangen Verhandlungen[93] im Dezember 2007 unterzeichnet und anschließend ratifiziert hatten, weitete nicht nur die Zuständigkeiten und Rechtsetzungsbefugnisse der EU erheblich aus. Das neue Vertragswerk verfügte in **Art. 6 Abs. 1 EUV** auch, dass die **Charta der Grundrechte der Europäischen Union** – bis dahin ein unverbindliches Dokument – rechtlich den Verträgen gleichrangig sein, also künftig primäres Unionsrecht darstellen solle, an dem das Handeln der Organe der Union ebenso zu messen sei wie das Handeln der Mitgliedstaaten bei der Durchführung von Unionsrecht (Art. 51 Abs. 1 GRCh). In der Charta war zugleich festgelegt, dass der Grundrechtsstandard, der mit der EMRK in ihrer Auslegung durch den EGMR geschaffen worden war, für die Grundrechte der Union den Ausgangspunkt darstellte; das **EMRK-Niveau** dürfe durch die Charta-Grundrechte zwar überschritten, niemals aber unterschritten werden (vgl. Art. 52 Abs. 3 GRCh). Mit dem Vertrag von Lissabon wurde die Union also endgültig und ausdrücklich von einer Wirtschaftsunion zu einer **Werte- und Grundrechteunion.**[94]

29 Die Charta der Grundrechte war 1999/2000 von einem Konvent erarbeitet worden, den die Mitgliedstaaten einvernehmlich auf dem Europäischen Rat von Köln eingesetzt hatten.[95] Unter Vorsitz des früheren deutschen Bundespräsidenten und vormaligen Präsidenten des Bundesverfassungsgerichts (BVerfG) *Roman Herzog* hatte dieser **Grundrechtekonvent** – in dem Experten zusammentraten, die mehrheitlich von den nationalen Parlamenten und vom Europäischen Parlament berufen worden waren – in wertender Rechtsvergleichung der Grundrechtssysteme der Mitgliedstaaten, internationaler Menschenrechtsverträge wie der EMRK sowie der Rechtsprechung des EGMR und des EuGH einen modernen Grundrechtekatalog für die EU erarbei-

---

EU-Plattformregulierung vgl. *Kettemann/Schulz/Fertmann* ZRP 2021, 138 (141); sowie *Podszun/Bongartz/Kirk* NJW 2022, 3249 (3249).

[91] *Bradford,* The Brussels Effect, 2020, S. 1: „The term the ‚Brussels Effect' refers to the EU's unilateral ability to regulate the global market place." Sie unterscheidet den „de facto Brussels Effect" – der erklärt, wie global tätige Unternehmen ihre globalen Verhaltensweisen an EU-Gesetze anpassen – und den „de jure Brussels Effect" – der eintritt, wenn sich Regierungen in Drittstaaten dazu entschließen, von EU-Gesetzen inspirierte eigene Gesetze zu erlassen (S. 2).

[92] Vgl. *Albrecht* DuD 2013, 10. Nach fünf Jahren Erfahrungen mit der DS-GVO verweist darauf Europäische Kommission, Erklärung v. 24.5.2023 zum 5. Jahrestag der Datenschutz-Grundverordnung, abrufbar unter https://ec.europa.eu/commission/presscorner/detail/de/statement_23_2884: „Rückblickend ist es uns gelungen, eine moderne Datenschutzkultur in Europa zu schaffen, die auch in anderen Teilen der Welt als Inspirationsquelle dient. Unsere internationalen Partner – von Nord- und Südamerika bis hin zu Asien oder Afrika – zeigen immer größeres Interesse daran, die Datenschutzstandards weltweit anzuheben und auf diese Weise auch den freien und sicheren Datenverkehr zu erleichtern. Dies ist eine Win-win-Situation für die Bürgerinnen und Bürger, den internationalen Handel und die internationale Zusammenarbeit." Vgl. auch *Strassemeyer* DB 2023, 157, angesichts der US-amerikanischen Bemühungen um einzelstaatliches oder sogar föderales Datenschutzrecht: „[O]hne die DS-GVO gäbe es weltweit keine derart große Regulierungsbereitschaft im Bereich des Datenschutzes."

[93] Eingehend hierzu Möschel/Mestmäcker/Nettesheim Verfassung und Politik im Prozess der europäischen Integration/*Selmayr,* 2008, S. 47.

[94] Ähnlich *Spiecker gen. Döhmann/Eisenbarth* JZ 2011, 169 (1721): „Rechts- und Werteunion". Zur Bedeutung des „Wertefundaments" für die europäische Integration insges. Calliess/Ruffert/*Calliess* EUV Art. 2 Rn. 1–4 unter Hervorhebung des Begriffs der „Werteunion".

[95] Schlussfolgerungen des Vorsitzes, Europäischer Rat in Köln v. 3./4.6.1999, Anh. IV: Beschluss des Europäischen Rates zur Erarbeitung einer Charta der Grundrechte der Europäischen Union, abrufbar unter www.consilium.europa.eu/media/21062/57872.pdf.

tet. Die EU kam auf diese Weise einer Forderung nach, die das BVerfG bereits in seinem „Solange I"-Beschluss von 1974[96] erhoben hatte. Damals konstatierte das BVerfG, dass es erst dann von einem den grundrechtlichen Standards im Wesentlichen gleichwertigen Grundrechtsschutz auf Ebene der damaligen Europäischen Gemeinschaften ausgehen – und damit den Vorrang des Europäischen Gemeinschaftsrechts auch vor den Grundrechten des GG akzeptieren – könne, wenn der europäische Integrationsprozess „so weit fortgeschritten ist, dass das Gemeinschaftsrecht auch einen von einem Parlament beschlossenen und in Geltung stehenden formulierten Grundrechtskatalog enthält, der dem Grundrechtskatalog des Grundgesetzes adäquat ist".[97]

30 Der von den Parlamenten aller EU-Mitgliedstaaten ratifizierte Vertrag von Lissabon entsprach mit der Proklamation der Charta der Grundrechte als rechtsverbindlich allerdings nicht nur formell dieser aus Deutschland vorgetragenen Forderung. Auch inhaltlich zeigt die Charta an vielen Stellen die Handschrift deutscher Verfassungsrechtler. So beginnt die Charta in **Art. 1 GRCh** mit dem **Schutz der Menschenwürde,** stellt also an den Anfang des europäischen Grundrechtekatalogs ein ausgesprochen wertegeprägtes Grundrecht, das sich in dieser Ausprägung (aufgrund der historischen Erfahrung mit der menschenverachtenden Schreckensherrschaft des Nationalsozialismus) sonst nur in Deutschland in Art. 1 GG findet.[98] Dies ist datenschutzrechtlich insofern von Bedeutung, als der Schutz der Menschenwürde neben dem allgemeinen Persönlichkeitsrecht Ausgangspunkt für die Rechtsprechung des BVerfG war, welche das ungeschriebene Grundrecht auf informationelle Selbstbestimmung begründete, die Grundlage für die Entwicklung des deutschen Datenschutzrechts ist.[99] Datenschutz in diesem Sinne schützt den Einzelnen gerade davor, die Kontrolle über seine persönlichen Daten an andere zu verlieren und auf diese Weise vom selbstbestimmten Subjekt zum fremdbestimmten Objekt zu werden.[100] Das Grundrecht auf Datenschutz ist daher eine wichtige Konkretisierung des in der Präambel der Charta treffend beschriebenen zentralen Zwecks der Europäischen Union: nämlich den Menschen in den Mittelpunkt ihres Handelns zu stellen.[101]

31 Die Charta geht aber datenschutzrechtlich noch weiter. Sie bekräftigt nicht nur in **Art. 7 GRCh** das **Grundrecht auf Achtung des Privat- und Familienlebens,** das in Anlehnung an die weitgehend parallel formulierte Gewährleistung des Art. 8 EMRK (Recht auf Achtung des Privat- und Familienlebens) bereits – in Verbindung mit den Gewährleistungen der Konvention Nr. 108 (→ Rn. 11 ff.) – als Grundlage eines europäischen Datenschutzgrundrechts dienen könnte.[102] Vielmehr sieht **Art. 8 Abs. 1 GRCh** unter der Überschrift **„Schutz personenbezogener Daten"** vor: „Jede Person hat das Recht auf Schutz der sie betreffenden personenbezogenen Daten." Anders als im GG, wo das Grundrecht auf informationelle Selbstbestimmung

---

[96] BVerfGE 37, 271 – Solange I.
[97] BVerfGE 37, 271 (285). Heute geht das BVerfG davon aus, dass wegen der übergreifenden Verbundenheit des GG und der GRCh in einer gemeinsamen europäischen Grundrechtstradition beide Grundrechtssysteme im Wesentlichen gleichwertig sind, legt deshalb die Grundrechte des GG im Lichte der GRCh aus bzw. wendet die GRCh direkt auch ggü. Maßnahmen deutscher Stellen an, wenn diese Unionsrecht durchführen; vgl. BVerfG Beschl. v. 6.11.2019 – 1 BvR 16/13 = ZD 2020, 100 mAnm *Petri* und *Gräbig* = MMR 2020, 99 mAnm *Hoeren* – Recht auf Vergessen I, Rn. 55 ff., 59, 60, 69; sowie BVerfG Beschl. v. 6.11.2019 – 1 BvR 276/17 = MMR 2020, 106 mAnm *Hoeren* = ZD 2020, 109 mAnm *Gräbig* – Recht auf Vergessen II, Ls. 1 u. 2 sowie Rn. 42 ff.
[98] Vgl. Callies/Ruffert/*Callies* GrCh Art. 1 Rn. 33 mwN: Wortlaut, systematische Stellung und Entstehungsgeschichte belegen, dass Art. 1 GG „Vorbild und Modell für die konkrete Ausgestaltung des Art. 1 GRCh gewesen ist."
[99] BVerfGE 65, 1 – Volkszählung.
[100] Vgl. BVerfGE 65, 1 (43) – Volkszählung: „Wer nicht mit hinreichender Sicherheit überschauen kann, welche ihn betreffende Informationen in bestimmten Bereichen seiner sozialen Umwelt bekannt sind, und wer das Wissen möglicher Kommunikationspartner nicht einigermaßen abzuschätzen vermag, kann in seiner Freiheit wesentlich gehemmt werden, aus eigener Selbstbestimmung zu planen und zu entscheiden. Mit dem Recht auf informationelle Selbstbestimmung wäre eine Gesellschaftsordnung und eine diese ermöglichende Rechtsordnung nicht vereinbar, in der Bürger nicht mehr wissen können, wer was wann und bei welcher Gelegenheit über sie weiß."
[101] Erwägungsgrund 2 S. 3 GRCh.
[102] So hat der EGMR in seiner Rspr. aus Art. 8 EMRK sowie unter Hinweis auf die Konvention Nr. 108 Grundelemente eines Datenschutzgrundrechts hergeleitet; vgl. zB EGMR Urt. v. 4.5.2000 – 27798/95, ECHR 2000-II = ÖJZ 2001, 74 Rn. 65 – Amann/Schweiz; EGMR Urt. v. 16.2.2000 – 28341/95, ECHR 2000-V = ÖJZ 2001, 71 Rn. 43 – Rotaru/Rumänien [GC]. Zur Datenschutz-Rspr. des EGMR zusammenfassend *Marsch* Datenschutzgrundrecht S. 8–17.

Einleitung 32

bis heute nur verfassungsrechtliches Richterrecht darstellt,[103] und anders als in der EMRK und den Grundrechtssystemen der meisten EU-Mitgliedstaaten[104] normiert die Charta damit **ein explizites Datenschutzgrundrecht**[105] im Primärrecht der Union. Sie schützt also nicht nur die Privatsphäre des einzelnen, sondern grundsätzlich alle personenbezogenen Daten.

32   Art. 8 GRCh definiert zugleich die wesentlichen Grundsätze des heute im EU-Primärrecht verankerten europäischen Datenschutzrechts. Gemäß **Art. 8 Abs. 2 S. 1 GRCh** muss eine Verarbeitung personenbezogener Daten „nach Treu und Glauben" und „für festgelegte Zwecke" erfolgen. Sie darf ferner nur dann erfolgen, wenn entweder eine „Einwilligung der betroffenen Person" vorliegt oder gemäß „einer sonstigen gesetzlich geregelten legitimen Grundlage". Die Charta statuiert hier also ein **Verbot mit Erlaubnisvorbehalt für die Verarbeitung personenbezogener Daten**.[106] Ein solches Verbot war zwar bereits in Art. 7 DS-RL enthalten.[107] Durch die Charta wird es aber in den Rang des Unionsprimärrechts erhoben, kann also heute im Grundsatz nicht mehr vom EU-Gesetzgeber verändert werden, sondern nur noch bei einer Änderung der EU-Verträge insgesamt, die das Einvernehmen aller EU-Mitgliedstaaten sowie eine erfolgreiche innerstaatliche Ratifizierung in allen EU-Mitgliedstaaten erfordern würde.[108] Dass es dazu in naher Zukunft kommen könnte, ist wenig wahrscheinlich, sodass das in Art. 8 Abs. 2 S. 1 GRCh festgeschriebene Verbot mit Erlaubnisvorbehalt auf absehbare Zeit das europäische Datenschutzrecht prägen wird.[109]

---

[103] Forderungen nach Aufnahme eines geschriebenen Datenschutzgrundrechts in den Grundrechtekatalog des GG haben sich bislang nicht durchgesetzt; dafür plädierte zB *Künast* ZRP 2008, 201. Anders die Situation bei den Landesverfassungen, die häufig ein solches Grundrecht vorsehen, so Berlin (Art. 33 BlnVerf), Brandenburg (Art. 11 BbgVerf), Bremen (Art. 12 BremVerf), Mecklenburg-Vorpommern (Art. 6 Abs. 1 und 2 Verf MV), Nordrhein-Westfalen (Art. 4 Abs. 2 Verf NRW), Rheinland-Pfalz (Art. 4a RhPfVerf), Saarland (Art. 2 Abs. 2 SaarlVerf), Sachsen (Art. 33 SächsVerf), Sachsen-Anhalt (Art. 6 Abs. 1 Verf LSA) und Thüringen (Art. 6 ThürVerf).

[104] Ein geschriebenes Datenschutzgrundrecht kennen in der EU nur die Verfassungen von sechs Mitgliedstaaten: Finnland (Art. 10 Abs. 1 des Grundgesetzes Finnlands, erlassen am 11.6.1999, abrufbar unter https://finlex.fi/sv/laki/ajantasa/1999/19990731, Niederlande (Art. 10 der Verfassung des Königreichs der Niederlande, abrufbar unter www.government.nl/binaries/government/documents/reports/2019/02/28/the-constitution-of-the-kingdom-of-the-netherlands/WEB_119406_Grondwet_Koninkrijk_DUITS.pdf); Portugal (Art. 35 der Verfassung der Portugiesischen Republik v. 2.4.1976 idF des Verfassungsgesetzes v. 12.12.2001, abrufbar unter www.verfassungen.eu/p/); Schweden (Verfassung des Königreichs Schwedens v. 28.2.1974 idF der Bekanntmachung Nr. 2011:109, Kapitel 2 § 3 S. 2 und § 22 Nr. 2, abrufbar unter www.verfassungen.eu/sw/); Spanien (Verfassung des Königreichs Spanien v. 29.12.1978 idF des Gesetzes v. 27.8.1992, Art. 18 Abs. 4, abrufbar unter www.verfassungen.eu/es/verf78-index.htm); und Ungarn (Art. VI Abs. 2 des Grundrechtekatalogs des Grundgesetzes Ungarns v. 25.4.2011, abrufbar unter www.verfassungen.eu/hu/. In Österreich hat das Grundrecht auf Datenschutz gem. § 1 DSG (Öst. BGBl. I Nr. 165/1999, geänd. durch das Datenschutz-Anpassungsgesetz 2018, Öst- BGBl. I Nr. 120/2017, zuletzt geänd. durch Erkenntnis des Verfassungsgerichtshofs v. 14.12.2022 – Aufhebung des Medienprivilegs in § 9 DSG mit Ablauf des 30.6.2024, Öst. BGBl. I Nr. 2/2023 I) den Rang eines Verfassungsgesetzes.

[105] So auch mit ausf. Begr. *Wagner* Datenschutz S. 107 ff.; er belegt auf S. 119 Fn. 540 mwN, dass Generalanwälte in ihren Schlussanträgen mehrfach im Unklaren ließen, ob Art. 8 GRCh einen eigenständigen, über Art. 8 EMRK hinausgehenden Schutzgehalt besitzt. Erstmals hat sich GA *Saugmandsgaard Øe* konkret zum Verhältnis zwischen Art. 8 GRCh und Art. 8 EMRK geäußert; vgl. SchlA v. 19.7.2016 – C-203/15 u. 698/15, ECLI:EU:C:2016:572– Tele2 Sverige, Rn. 79, wo er hilfsweise ausführt, „dass Art. 8 der Charta, wie er vom Gerichtshof im DRI-Urteil [= EuGH Urt. v. 8.4.2014 – C-293/12 u. C-594/12, ECLI:EU:C:2014:238 – Digital Rights Ireland und Seitlinger u.a.], ausgelegt worden ist, ein Recht gewährt, das in keinem durch die EMRK garantierten Recht eine Entsprechung hat, nämlich das Recht auf Schutz der personenbezogenen Daten, was im Übrigen durch die Erläuterungen zu Art. 52 der Charta bestätigt wird." Der EuGH ist dieser Auff. (keine Identität zwischen Art. 8 GRCh und Art. 8 EMRK) gefolgt, vgl. EuGH Urt. v. 21.12.2016 – C-203/15 u. 698/15, ECLI:EU:C:2016:970 = ZD 2017, 124 – Tele2 Sverige, Rn. 129: „Zudem betrifft Art. 8 der Charta ein anderes als das in ihrem Art. 7 verankerte Grundrecht, für das es in der EMRK keine Entsprechung gibt."

[106] Ebenso Paal/Pauly/*Ernst* DS-GVO Art. 1 Rn. 5; Kühling/Buchner/*Buchner*, 4. Aufl. 2024, DS-GVO Art. 1 Rn. 11; Plath/*Plath* DS-GVO Art. 1 Rn. 6.

[107] Vgl. *Zerdick* Legal Issues of European Integration 1995, 59 (66).

[108] Hierzu *Selmayr* Diskussionsbeitrag, in: Verhandlungen des 69. Deutschen Juristentags, 2012, Band II/2, Sitzungsberichte, S. O 120: „Das Einwilligungserfordernis ist also nicht etwa disponibel, sondern europäisches Verfassungsrecht."

[109] Dementspr. ist das Verbot mit Erlaubnisvorbehalt jetzt in Art. 6 Abs. 1 DS-GVO festgelegt; vgl. Plath/*Plath/Struck* DS-GVO Art. 6 Rn. 2; Paal/Pauly/*Frenzel* DS-GVO Art. 6 Rn. 1; Gola/Heckmann/*Schulz* DS-GVO Art. 6 Rn. 2: „sog. Verbot mit Erlaubnisvorbehalt (besser: Verbotsprinzip)"; *Kühling/Klar/Sackmann* DatenschutzR Rn. 333: „Verbot mit Zulässigkeitstatbeständen". Der 2012 parallel zum Vorschlag zur

Art. 8 Abs. 2 S. 2 GRCh gibt jeder Person das Recht, Auskunft über die sie betreffenden 33
erhobenen Daten zu erhalten und gegebenenfalls die Berichtigung dieser Daten zu erwirken.
Auch diese datenschutzrechtlichen Individualrechte – das **Auskunftsrecht** und der **Berichtigungsanspruch**, der auch einen **Löschungsanspruch** im Fall unrichtiger oder rechtswidrig
erhobener Daten beinhaltet – waren bereits sekundärrechtlich in Art. 12 DS-RL enthalten. Mit
der Charta werden sie nun zu vom Unionsprimärrecht verbürgten Ansprüchen.

Schließlich regelt **Art. 8 Abs. 3 GRCh** die institutionelle Seite des Datenschutzgrundrechts: 34
die Überwachung seiner Einhaltung durch eine unabhängige Stelle. Auch die **Unabhängigkeit
der Datenschutz-Aufsichtsbehörden**, die bereits in Art. 28 Abs. 1 UAbs. 2 DS-RL („in
völliger Unabhängigkeit") vorgeschrieben war,[110] ist seit Inkrafttreten des Vertrags von Lissabon
somit primärrechtlich garantiert.[111], also mit Zustimmung aller Mitgliedstaaten und aller nationalen Parlamente im EU-Recht verankert.

Bemerkenswert ist, dass Art. 8 GRCh datenschutzrechtliche Gewährleistungen aus dem Se- 35
kundärrecht in das primäre Unionsrecht übernimmt. Dies ist offenbar ganz bewusst geschehen.
Dies zeigen die Erläuterungen, die ursprünglich das Präsidium des Grundrechtekonvents zur
Charta formuliert und das Präsidium des Verfassungskonvents später aktualisiert hat.[112] Diese
Erläuterungen, die gemäß Art. 6 Abs. 1 UAbs. 3 EUV bei der Auslegung der Charta zu berücksichtigen sind, verweisen bei Art. 8 GRCh darauf, dass sich dessen Inhalt auf die DS-RL (sowie
auf die Konvention Nr. 108 des Europarats) stützt.[113] Diese **„Hochzonung" von Rechtsgrundsätzen der DS-RL durch Art. 8 GRCh**[114] führt dazu, dass diese als Unionsprimärrecht
nicht mehr zur Disposition des EU-Gesetzgebers stehen, sondern nur noch durch eine Änderung
der EU-Verträge im Grundsatz verändert werden könnten. Die Kernelemente des europäischen
Datenschutzrechts werden durch Art. 8 GRCh somit zu quasi-bestandsfestem EU-Verfassungsrecht,[115] an dessen Vorgaben sowohl die EU-Organe als auch die Mitgliedstaaten bei Durchführung des Unionsrechts gebunden sind.

Für die Unionsorgane, aber auch für die 27 EU-Mitgliedstaaten, die ausnahmslos mit Unter- 36
zeichnung und Ratifizierung des Vertrags von Lissabon dieser Rechtsentwicklung zugestimmt
haben, ist der Datenschutz als Grundrecht damit heute eine besonders zu beachtende rechtliche
Realität.[116] Im Anwendungsbereich des Unionsrechts kann man sich nicht mehr in rechtlich
zulässiger Weise auf den Standpunkt stellen, die europäischen Vorstellungen des Datenschutzes
seien überholt und müssten durch moderne, weniger restriktive Konzepte ersetzt werden, wie sie

---

DS-GVO in Deutschland entbrannte Streit um die Frage, ob das Verbot mit Erlaubnisvorbehalt noch
zeitgemäß sei, ist damit auf absehbare Zeit entschieden; vgl. zur damaligen Diskussion *Buchner* DuD
2016, 155 (157 f.); *Bull* Netzpolitik S. 136; *Hornung* ZD 2012, 99 (101); *Kramer* DuD 2013, 380; *Schneider/
Härting* ZD 2012, 199 (202); *Weichert* DuD 2013, 246; *v. Lewinski* Matrix des Datenschutzes S. 46 f.; eingehend Kühling/Buchner/*Buchner/Petri*, 4. Aufl. 2024, DS-GVO Art. 6 Rn. 11 ff.

[110] Zur völligen Unabhängigkeit eingehend EuGH (Große Kammer) Urt. v. 9.3.2010 – C-518/07, ECLI:
EU:C:2010:125 – Kommission/Deutschland; EuGH Urt. v. 16.10.2012 – C-614/10, ECLI:EU:C:2012:631
= ZD 2012, 563 – Kommission/Österreich; EuGH Urt. v. 8.4.2014 – C-288/12, ECLI:EU:C:2014:237 =
ZD 2014, 301 – Kommission/Ungarn; ausf. → Art. 52 Rn. 7 ff.

[111] Ausf. *Kibler* Datenschutzaufsicht S. 52–63: „konstitutionalisierte Datenschutzaufsicht".

[112] ABl. 2007 C 303, 17.

[113] Erläuterungen (ABl. 2007 C 303, 17) zu Art. 8 GRCh: „Dieser Artikel stützte sich auf Artikel 286 des
Vertrags zur Gründung der Europäischen Gemeinschaft und auf die Richtlinie 95/46/EG des Europäischen
Parlaments und des Rates zum Schutz natürlicher Personen bei der Verarbeitung personenbezogener Daten
und zum freien Datenverkehr (ABl. L 281 vom 23.11.1995, S. 31) sowie auf Artikel 8 EMRK und das
Übereinkommen des Europarates vom 28. Januar 1981 zum Schutz des Menschen bei der automatischen
Verarbeitung personenbezogener Daten, das von allen Mitgliedstaaten ratifiziert wurde. Artikel 286 EGV
wird nunmehr durch Artikel 16 des Vertrags über die Arbeitsweise der Europäischen Union und Artikel 39
des Vertrags über die Europäische Union ersetzt. Es wird ferner auf die Verordnung (EG) Nr. 45/2001
des Europäischen Parlaments und des Rates zum Schutz natürlicher Personen bei der Verarbeitung personenbezogener Daten durch die Organe und Einrichtungen der Gemeinschaft und zum freien Datenverkehr
(ABl. L 8 vom 12.1.2001, S. 1) verwiesen. Die genannte Richtlinie und Verordnung enthalten Bedingungen
und Beschränkungen für die Wahrnehmung des Rechts auf den Schutz personenbezogener Daten."

[114] Vgl. *Siemen* Datenschutz als Europäisches Grundrecht S. 272, die das Recht auf den Schutz personenbezogener Daten als „ein durch die Datenschutzrichtlinie geprägtes Gemeinschaftsgrundrecht" bezeichnet.

[115] Für *Albrecht/Jotzo* DatenschutzR S. 30, ist Art. 8 GRCh „letztlich das Destillat der europäischen
Grundrechtsentwicklung". Als „ein erfreulich wirkmächtiges Datenschutzgrundrecht" bezeichnen Art. 8
GRCh Kühling/Buchner/*Kühling/Raab*, 4. Aufl. 2024, Einf. Rn. 36.

[116] Für von der Groeben/Schwarze/Hatje/*Augsberg* GRCh Art. 8 Rn. 1, setzt die Charta mit Art. 8 „ein
Zeichen" und trägt „der hohen und weiter steigenden Relevanz" des Datenschutzrechts Rechnung.

Einleitung 36

im US-amerikanischen **„Right to Privacy"**[117] – das im Wesentlichen ein Freiheitsrecht ist, das darin besteht, innerhalb seiner eigenen vier Wände und bei der privaten Kommunikation in Ruhe gelassen zu werden[118] – zum Ausdruck kommen. Vielmehr haben sich die EU und alle ihre Mitgliedstaaten mit dem Vertrag von Lissabon und der Charta der Grundrechte ausdrücklich zum aus der Menschenwürde und dem allgemeinen Persönlichkeitsrecht gewachsenen Grundrecht auf Datenschutz bekannt. In der EU sind wegen Art. 8 GRCh – der **eigenständig** neben dem in Art. 8 EMRK und Art. 7 GRCh gewährleisteten Recht auf Privatsphäre steht[119] – somit nicht nur Daten zu schützen, welche den Einzelnen besonders in seiner Privatsphäre gefährden können, sondern grundsätzlich alle Daten, die jedenfalls potentiell einer Person zugeordnet werden können.[120] Denn im digitalen Zeitalter gilt mehr denn je die vom BVerfG schon im Volkszählungsurteil formulierte Erkenntnis, dass es unter den Bedingungen moderner Datenverarbeitung kein an sich „belangloses" Datum mehr geben kann.[121] Heute kann **jedes Datum** (auch eine scheinbar neutrale IP-Adresse) durch die technisch stets mögliche Verknüpfung mit anderen Daten Personen zugeordnet werden und damit Auskunft über individuelle Verhaltensweisen geben. Aus diesem Grund ist der Anspruch des Vertrags von Lissabon und der Charta der Grundrechte, nicht nur die Privatsphäre, sondern darüber hinaus insbesondere die personenbezogenen Daten zu schützen,[122] im digitalen Zeitalter mehr denn je zum Schutz der Grundrechte des Einzelnen geboten.

---

[117] Dafür plädiert zB *Schneider* ZD 2015, 245 (246), der die Kompatibilität mit dem US-Recht im Auge hat und zu diesem Zweck sogar versucht, einen Vorrang von Art. 7 ggü. Art. 8 GRCh zu konstruieren; idS auch *Stentzel* PinG 2016, 185 (188). Die Rspr. sieht dies anders; vgl. EuGH Urt. v. 9.11.2010 – C-92/09 u. C-93/98, ECLI:EU:C:2010:662 – Volker und Markus Schecke und Eifert, Rn. 47, wonach das Grundrecht des Art. 8 GRCh „in engem Zusammenhang mit dem in Art. 7 der Charta verankerten Recht auf Achtung des Privatlebens" steht; daraufhin prüft der EuGH nur die Verletzung von Art. 8 GRCh; vgl. ferner EuGH Urt. v. 8.4.2014 – C-293/12 u. C-594/12, ECLI:EU:C:2014:238 = ZD 2014, 296 mAnm *Petri* – Digital Rights Ireland und Seitlinger u.a., Rn. 25, 29, 39 f., 69, wo der EuGH beide Grundrechte hintereinander und unter Berücksichtigung ihres unterschiedlichen Schutzbereichs prüft und ferner darauf hinweist (Rn. 53), „dass der Schutz personenbezogener Daten, zu dem Art. 8 Abs. 1 der Charta ausdrücklich verpflichtet, für das in ihrem Art. 7 verankerte Recht auf Achtung des Privatlebens von besonderer Bedeutung ist." In der Lit. wird meist davon ausgegangen, dass Art. 8 lex specialis zu Art. 7 GRCh ist; vgl. von der Groeben/Schwarze/Hatje/*Augsberg* GRCh Art. 8 Rn. 1; NK-EuGRCh/*Bernsdorf* Art. 8 Rn. 13; *Kühling/Klar/Sackmann* DatenschutzR Rn. 50. Calliess/Ruffert/*Kingreen* GRCh Art. 8 Rn. 2, neigt zwar ebenfalls der lex specialis-Auff. zu, verweist aber zugleich darauf, dass der EuGH „beide Grundrechte gemeinsam" prüft, sie also „in Idealkonkurrenz" stellt. Für Idealkonkurrenz zwischen Art. 7 und Art. 8 GRCh auch *Roßnagel* NJW 2019, 1 (2): „Bei personenbezogenen Daten mit Bezug zum Privatleben kommen beide Grundrechte nebeneinander zur Anwendung und verstärken sich gegenseitig. Der Schutz personenbezogener Daten kann als Instrument zum Schutz des Privatlebens angesehen werden. Bei Daten ohne Bezug zum Privatleben bietet Art. 8 GRCh allein Grundrechtsschutz." Diff. *Hustinx*, EU Data Protection Law: the Review of Directive 95/46/EC and the Proposed General Data Protection Regulation, S. 5: „This means that 'data protection' is *broader* than 'privacy protection' because it concerns other fundamental rights and freedoms, and all kinds of data *regardless* of their relationship with privacy, and at the same time *more limited* because it merely concerns the processing of personal information, with other aspects of privacy protection being disregarded." Eingehend zum Unterschied zwischen dem Recht auf Privatsphäre und dem Datenschutzgrundrecht *Kokott/Sobotta* International Data Privacy Law 2013, 1; *Tzanou* International Data Privacy Law 2013, 88 sowie *Lynskey*, The Foundations of EU Data Privacy Law, S. 89 ff. Neuerdings sieht der EuGH einen klaren Unterschied zwischen dem Grundrecht auf Privatsphäre und dem Datenschutzgrundrecht, vgl. EuGH Urt. v. 21.12.2016 – C-203/15 u. 698/15, ECLI:EU:C:2016:970 = ZD 2017, 124 – Tele2 Sverige, Rn. 129: „Zudem betrifft Art. 8 der Charta ein anderes als das in ihrem Art. 7 verankerte Grundrecht, für das es in der EMRK keine Entsprechung gibt."

[118] Grdl. *Warren/Brandeis* Harvard Law Review 1890, 193; *Prosser* California Law Review 1960, 383; zur US-Praxis im Datenschutzrecht instruktiv *Brill* Remarks to the Mentor Group, 16.4.2013; sowie *Simitis* California Law Review 2010, 1989. Vgl. auch *Whitman* Yale Law Journal 2004, 1151, der das US-amerikanische Verständnis des Rechts auf „privacy" an den Freiheitsrechten der US-Verfassung orientiert sieht, während in Europa ein stärkerer Bezug zur Menschenwürde besteht.

[119] Vgl. *De Hert/Papakonstantinou* Computer Law & Security Review 2014, 633 (640): „[T]he EU has by now moved ahead and emancipated the right to data protection from the right to privacy, awarding to the former an independent, standalone status in the text of its Treaty." Ebenso *Tzanou* International Data Privacy Law 2013, 88 (90): „[I]n the European constitutional context, at least, data protection is considered (or expected) to add something to privacy." Vgl. auch EuGH Urt. v. 21.12.2016 – C-203/15 u. 698/15, ECLI:EU:C:2016:970 = ZD 2017, 124 – Tele 2 Sverige, Rn. 129.

[120] Vgl. von der Groeben/Schwarze/Hatje/*Augsberg* GRCh Art. 8 Rn. 6.

[121] BVerfGE 65, 1 (45) – Volkszählung.

[122] Vgl. EuGH Urt. v. 8.4.2014 – C-293/12 u. C-594/12, ECLI:EU:C:2014:238 = ZD 2014, 296 mAnm *Petri* – Digital Rights Ireland und Seitlinger u.a., Rn. 27, wo der EuGH zu den bei einer Vorrats-

Für die EU-Organe löste das mit dem Vertrag von Lissabon explizit im Unionsrecht gewährleistete Datenschutzgrundrecht den Auftrag aus, angesichts der durch Digitalisierung und Vernetzung erhöhten Gefährdungslage den Schutz des Einzelnen bei der Verarbeitung seiner persönlichen Daten durch die Formulierung und Durchsetzung eines wirksamen europäischen Datenschutzrechts zu verstärken. Denn auch im System des EU-Grundrechtsschutzes haben Grundrechte nicht nur eine subjektive Dimension als Abwehrrechte, sondern entfalten zugleich **objektive Wirkung in Form eines Schutzauftrags**, der vom Gesetzgeber erforderlichenfalls durch entsprechende Rechtsetzung zu erfüllen ist, und zwar gegenüber sowohl staatlichen als auch privaten Eingriffen in das Datenschutzgrundrecht.[123] Zwar steht für viele in der Charta gewährleistete Grundrechte (zB für die Meinungs- oder Religionsfreiheit) auf EU-Ebene keine Rechtsetzungskompetenz zur Verfügung; insofern richtet sich der Schutzauftrag an die zuständigen nationalen Stellen, da die Charta nicht darauf abzielt, die Kompetenzen der Union zu erweitern (vgl. Art. 6 Abs. 1 UAbs. 2 EUV, Art. 51 Abs. 2 GRCh). Hinsichtlich des Datenschutzgrundrechts hat der Vertrag von Lissabon allerdings mit **Art. 16 AEUV** – platziert im „Allgemeinen Teil" des Vertrags[124] – eine **neue, grundsätzlich umfassende Rechtsetzungszuständigkeit der EU für das Datenschutzrecht** eingeführt.[125] Nach Art. 16 Abs. 2 UAbs. 1

---

datenspeicherung von Telekommunikationsanbietern zu speichernden Verkehrsdaten ausführt: „Aus der Gesamtheit dieser Daten können sehr genaue Schlüsse auf das Privatleben der Personen, deren Daten auf Vorrat gespeichert wurden, gezogen werden, etwa auf Gewohnheiten des täglichen Lebens, ständige oder vorübergehende Aufenthaltsorte, tägliche oder in anderem Rhythmus erfolgende Ortsveränderungen, ausgeübte Tätigkeiten, soziale Beziehungen zu anderen Personen und das soziale Umfeld, in dem sie verkehren." Ebenso EuGH Urt. v. 21.12.2016 – C-203/15 u. 698/15, ECLI:EU:C:2016:970 – Tele2 Sverige, Rn. 99, wo der EuGH ergänzt: „Diese Daten ermöglichen insbesondere – wie der Generalanwalt in den Nrn. 253, 254 und 257 bis 259 seiner Schlussanträge ausgeführt hat – die Erstellung des Profils der betroffenen Personen, das im Hinblick auf das Recht auf Achtung der Privatsphäre eine genauso sensible Information darstellt wie der Inhalt der Kommunikationen selbst." Ähnlich zu den über Suchmaschinen im Internet auffindbaren Daten EuGH Urt. v. 13.5.2014 – C-131/12, ECLI:EU:C:2014:317 = ZD 2014, 350 – Google Spain SL und Google Inc/Agencia Española de Protección de Datos (AEPD) und Mario Costeja González, Rn. 80. Zu IP-Adressen vgl. EuGH Urt. v. 24.11.2011 – C-70/10, ECLI:EU:C:2011:771 = ZD 2012, 29 – Scarlet Extended, Rn. 51 (Speicherung und Identifizierung von IP-Adressen durch die Internetzugangsanbieter; in diesem Fall handelt es sich bei den IP-Adressen „um geschützte personenbezogene Daten […], da sie die genaue Identifizierung der Nutzer ermöglichen") sowie EuGH Urt. v. 19.10.2016 – C-582/14, ECLI:EU:C:2016:779 = ZD 2017, 24 mAnm *Kühling/Klar* – Breyer, Rn. 49 (Speicherung und Identifizierung einer dynamischen IP-Adresse durch den Anbieter von Inhalten; in diesem Fall handelt es sich bei der dynamischen IP-Adresse für den Anbieter um „ein personenbezogenes Datum", „wenn er über rechtliche Mittel verfügt, die es ihm erlauben, die betreffende Person anhand der Zusatzinformationen, über der der Internetzugangsanbieter dieser Person verfügt, bestimmen zu lassen."). Auch die Überprüfung eines in einem digitalen Covid-Zertifikat der EU enthaltenen QR-Codes ohne Speicherung (vgl. EuGH Urt. v. 5.10.2023 – C-659/22, ECLI:EU:C:2023:745 – RK/Ministerstvo zdravotnictví, Rn. 29 f.) ist als Verarbeitung personenbezogener Daten anzusehen. Vgl. schließlich EuGH Urt. v. 24.3.2022 – C-245/20, ECLI:EU:C:2022:216 = ZD 2022, 490 mAnm *Benamor* – X, Z/Autoriteit Persoonsgegevens, Rn. 25 ff., wonach es eine Verarbeitung personenbezogener Daten darstellt, wenn einem Journalisten drei Verfahrensunterlagen aus einer Akte zur Verfügung gestellt werden, damit er den Vorgang, über den er berichten soll, besser verstehen kann; krit. zu dieser weiten, „eher expansionistischen" Auslegung GA *Bobek* SchlA v. 6.10.2021 – C-245/20, ECLI:EU:C:2021:822 – X, Z/Autoriteit Persoonsgegev, Rn. 55 ff. Zum europarechtlichen Verständnis des Personenbezugs in der DS-GVO eingehend *Hofmann/Johannes* ZD 2017, 221.

[123] Vgl. *Spiecker gen. Döhmann/Eisenbarth* JZ 2011, 169 (172), die aus dem durch den Vertrag von Lissabon im Primärrecht gestärkten Datenschutzgrundrecht „die Verpflichtung zum Erlass eines wirksamen Datenschutzkonzepts" ableiten; zust. von der Groeben/Schwarze/Hatje/*Augsberg* GRCh Art. 8 Rn. 8. Zur besonders in Deutschland viel diskutierten Frage einer Drittwirkung der europarechtlichen Datenschutzgrundrechts im Privatrecht vgl. *Streinz/Michl* EuZW 2011, 384. *Marsch* Datenschutzgrundrecht S. 247–255, erörtert umfassend die mittelbare wie die unmittelbare Drittwirkung und geht davon aus, dass der EuGH auch letztere bejahe.

[124] Im Ersten Teil des AEUV, überschrieben mit „Grundsätze", unter Titel II, „Allgemein geltende Bestimmungen".

[125] Eine „umfassende datenschutzrechtliche Kompetenznorm" sehen *Spiecker gen. Döhmann/Eisenbarth* JZ 2011, 169 (172) in Art. 16 Abs. 2 AEUV; ebenso *Wagner* Datenschutz EU S. 155, der von „umfassender Kompetenz" spricht. *Gömann* Binnenkollisionsrecht S. 323 attestiert Art. 16 Abs. 2 UAbs. 1 S. 1 AEUV eine „Finalität", die zur Vermeidung von Rechtszersplitterung auf ein ideales uniformes Einheitsdatenschutzrecht in der EU abziele; siehe auch Calliess/Ruffert/*Kingreen* AEUV Art. 16 Rn. 6 (Lösung der bisherigen Akzessorietät zwischen Binnenmarkt und Datenschutz durch Art. 16 AEUV). Umfassend zur Entstehung, systematischen Stellung und Bedeutung von Art. 16 für die DS-GVO *Hijmans*, The European Union as Guardian of Internet Privacy, 2016. Eigentümlich demggü. die Auff., Art. 16 Abs. 2 UAbs. 1 S. 1 AEUV

Einleitung

S. 1 AEUV erlassen das Europäische Parlament und der Rat gemäß dem ordentlichen Gesetzgebungsverfahren „Vorschriften über den Schutz natürlicher Personen bei der Verarbeitung personenbezogener Daten durch die Organe, Einrichtungen und sonstigen Stellen der Union sowie durch die Mitgliedstaaten im Rahmen der Ausübung von Tätigkeiten, die in den Anwendungsbereich des Unionsrechts fallen, und über den freien Datenverkehr." Musste europäisches Datenschutzrecht vor Inkrafttreten des Vertrags von Lissabon noch unter Rückgriff auf die allgemeine Binnenmarktkompetenz (heute Art. 114 AEUV) geregelt werden, kann dies seit Lissabon allein auf der Grundlage der in Art. 16 Abs. 2 UAbs. 1 S. 1 AEUV verankerten spezifischen EU-Kompetenz für das Datenschutzrecht[126] geschehen. Beim Datenschutzrecht handelt es sich somit um einen der eher seltenen Fälle im Unionsrecht, in denen auf EU-Ebene eine **Kongruenz zwischen der Grundrechtsgewährleistung und der Rechtsetzungskompetenz** besteht.[127] Der Verweis in Art. 16 Abs. 2 UAbs. 1 S. 1 AEUV auf das ordentliche Gesetzgebungsverfahren bedeutet gemäß Art. 294 Abs. 1 AEUV ferner, dass hier die sog. **Gemeinschaftsmethode** zur Anwendung kommt, also das Rechtsetzungsverfahren, in dem europäisches Sekundärrecht auf Vorschlag der Europäischen Kommission sowie durch gleichberechtigte Mitentscheidung zwischen dem Europäischen Parlament und dem Rat der Minister der Mitgliedstaaten entsteht, wobei im Rat mit qualifizierter Mehrheit abzustimmen ist, also einzelne Mitgliedstaaten ein Gesetzgebungsvorhaben nicht blockieren können.

38 Wenn soeben davon gesprochen wurde, dass die Rechtsetzungskompetenz des Art. 16 Abs. 2 UAbs. 1 S. 1 AEUV eine grundsätzlich umfassende Regelung des europäischen Datenschutzrechts ermögliche, so ist dies weiter zu präzisieren. Neu im Vertrag von Lissabon ist die Erstreckung der Rechtsetzungskompetenz auch auf den Bereich der früheren sog. „dritten Säule" der EU, also auf die **polizeiliche und justizielle Zusammenarbeit in Strafsachen,** für die bis zum Inkrafttreten des Vertrags von Lissabon weder die Kommission noch das Europäische Parlament noch der EuGH ihre ordentlichen Befugnisse ausüben konnten; die Zusammenarbeit in diesem Bereich war bis dahin vielmehr im Wesentlichen Regierungszusammenarbeit, die nur ein geringes Maß von Verbindlichkeit erzeugte und gegenüber der individuelle Rechtsschutzmöglichkeiten nur beschränkt vorgesehen waren. Die endgültige Beseitigung dieses „Sonderrechtsbereichs" durch den Vertrag von Lissabon[128] bedeutet, dass EU-Rechtsetzung nun auch

---

räume dem europäischen Gesetzgeber im Privatsektor eine Zuständigkeit nur insoweit ein, als es um den grenzüberschreitenden Datenverkehr gehe, iÜ jedoch nicht, die von BAG Beschl. v. 30.7.2020 – 2 AZR 225/20 (A), NZA 2020, 1468 – Vorlagebeschluss an den EuGH in Sachen Leistritz AG/LH, Rn. 30 – referiert wird, wenngleich mit dem Hinweis, dass das Gericht daraus abgeleitete Bedenken gegen die Gültigkeit der DS-GVO nicht teile. Zu Recht abl. ggü. dieser Auff. unter Berufung insbes. auf die Tatsache, dass zum Zeitpunkt der Schaffung der Regelung die DS-RL auch den privaten Bereich bereits miterfasst hatte und dass ein „Dahinter Zurück" nicht gewollt gewesen sein könne, *Gömann* Binnenkollisionsrecht S. 325 ff.; ebenso abl. *Wagner* Datenschutz EU S. 159 f.

[126] Die Grenzen der Regelungszuständigkeit nach Art. 16 Abs. 2 AEUV liegen dort, wo es bei zielorientierter Auslegung weder um den Schutz natürlicher Personen bei der Verarbeitung personenbezogener Daten geht noch um den freien Datenverkehr. Darauf hat der EuGH bzgl. eines besonderen Kündigungsschutzes nach nationalem Recht für Datenschutzbeauftragte hingewiesen (Ausschluss der ordentlichen Kündigung für Datenschutzbeauftragte nach § 38 Abs. 1 BDSG, § 38 Abs. 2 BDSG, jew. iVm § 6 Abs. 4 S. 2 BDSG auch für Konstellationen, in denen die Kündigung nicht mit der Erfüllung seiner Aufgaben zusammenhängt). Die Regelungszuständigkeit beruhe hier nicht auf Art. 16 Abs. 2 AEUV. Vielmehr gehe es um eine Frage der Sozialpolitik, bei der die Union und die Mitgliedstaaten gem. Art. 4 Abs. 2 lit. b AEUV eine geteilte Zuständigkeit iSv Art. 2 Abs. 2 AEUV hätten. Deshalb dürfe in Ermangelung einer EU-einheitlichen Regelung ein nationaler Gesetzgeber beim gegenwärtigen Stand des Unionsrechts als Maßnahme der Sozialpolitik strengere Vorschriften für die arbeitgeberseitige Kündigung eines Datenschutzbeauftragten vorsehen als unter der DS-GVO gefordert; vgl. EuGH Urt. v. 22.6.2022 – C-534/20, ECLI:EU:C:2022:495 = ZD 2022, 552 – Leistritz AG/LH, Rn. 29–35, insbes. Rn. 34. Nach *Germelmann/Gundel* BayVBl. 2023, 469 (472), verdeutlicht die Lösung des EuGH die Bedeutung der Rechtsgrundlage für die Auslegung eines Sekundärrechtsakts.

[127] Eine ähnliche Kongruenz besteht sonst nur zwischen dem grundrechtlichen Diskriminierungsverbot des Art. 21 GRCh und der Rechtsetzungskompetenz in Art. 19 Abs. 1 AEUV zum Erlass von europäischem Antidiskriminierungsrecht. Allerdings ist der grundrechtliche Gewährleistungsgehalt des Art. 21 GRCh (16 verbotene Diskriminierungsgründe) weiter als die Rechtsetzungskompetenz des Art. 19 Abs. 1 AEUV (sieben verbotene Diskriminierungsgründe). Außerdem kann von Art. 19 AEUV nur bei Einstimmigkeit im Rat Gebrauch gemacht werden; die Rolle des Europäischen Parlaments ist auf eine Zustimmung beschränkt, seine Mitentscheidung ist nicht vorgesehen.

[128] Gewisse Übergangsregelungen bis zum 1.12.2014 sah das dem EUV und dem AEUV beigefügte Prot. Nr. 36 über die Übergangsbestimmungen in seinem Art. 10 vor. *Wagner* Datenschutz EU S. 156 weist zutr. auf die Bedeutung des „Wegfalls der Säulenstruktur" hin.

für die polizeiliche und justizielle Zusammenarbeit in Strafsachen möglich ist, sodass diese auch von der neuen datenschutzrechtlichen Rechtsetzungsbefugnis des Art. 16 Abs. 2 UAbs. 1 S. 1 AEUV erfasst wird. Ferner ist der EuGH umfassend für die Auslegung des die frühere „dritte Säule" betreffenden Rechts zuständig. Aus Grundrechtssicht ist dies sehr zu begrüßen, da in der polizeilichen und justiziellen Zusammenarbeit in Strafsachen, in der Freiheits- und Sicherheitsinteressen direkt aufeinandertreffen, die Gefährdungslage für das Datenschutzgrundrecht besonders ausgeprägt ist (zB bei der Vorratsdatenspeicherung).

Erfasst wird von der neuen Rechtsetzungskompetenz des Art. 16 Abs. 2 UAbs. 1 S. 1 AEUV **39** darüber hinaus der **Schutz der personenbezogenen Daten bei der Tätigkeit der EU-Organe und -Einrichtungen,** für den es bis zum Vertrag von Lissabon eine spezielle Rechtsgrundlage (den früheren Art. 286 EGV) gab, auf deren Grundlage damals die **Verordnung (EG) Nr. 45/2001**[129] verabschiedet wurde. Inzwischen hat der EU-Gesetzgeber diese durch die **Verordnung (EU) 2018/1725**[130] (→ Rn. 125 ff.) ersetzt, die nun auf Art. 16 Abs. 2 UAbs. 1 S. 1 AEUV gestützt werden konnte. Ausgenommen von Art. 16 Abs. 2 UAbs. 1 S. 1 AEUV ist lediglich gemäß UAbs. 2 das Handeln der Mitgliedstaaten im Bereich der bis zum Vertrag von Lissabon als „zweite Säule" bezeichneten **Gemeinsamen Außen- und Sicherheitspolitik.** Dort können (und müssen) datenschutzrechtliche Vorschriften heute gemäß der speziellen Rechtsgrundlage des **Art. 39 EUV** durch Beschluss des Rates erlassen werden.[131]

Insgesamt kann man sagen, dass die EU-Mitgliedstaaten mit der Inkraftsetzung des Vertrags **40** von Lissabon und der Charta der Grundrechte einvernehmlich ein **starkes Momentum** für den europäischen Datenschutz begründet hatten. Es konnte daher keine große Überraschung sein, dass die EU-Organe den damit verbundenen Handlungsauftrag früher oder später in die Tat umsetzten.

b) Die grundrechtsfreundliche Ausrichtung der Europäischen Kommission seit 2010. 41
Der am 16.9.2009 – kurz vor dem Inkrafttreten des Vertrags von Lissabon – zum zweiten Mal durch das Europäische Parlament und den Rat ins Amt berufene Kommissionspräsident *José Manuel Barroso* war sich offenbar des besonderen **grundrechtlichen Auftrags des Vertrags von Lissabon** sehr bewusst. Denn er schuf in der von ihm ab Februar 2010 geführten Kommission erstmals ein eigenständiges Portfolio für Justiz, Grundrechte und Bürgerschaft, dem er auch die Verantwortung für den Datenschutz zuwies, die in der Kommission ursprünglich beim Binnenmarktressort und später beim Innenressort gelegen hatte. Ferner vertraute *Barroso* das neue Portfolio seiner Vizepräsidentin an, der bereits zum dritten Mal vom Europäischen Parlament als Kommissarin bestätigten und in der Europapolitik als äußerst versiert geltenden luxemburgischen Christdemokratin *Viviane Reding.*

Reding, die vor ihrer erstmaligen Ernennung als Kommissarin bereits zehn Jahre selbst direkt **42** gewählte Abgeordnete des Europäischen Parlaments gewesen war, hatte sich in der Vorgängerkommission als Kommissarin für Telekommunikations- und Medienpolitik u.a. dadurch einen Namen gemacht, dass sie **ehrgeizige bürgerfreundliche Gesetzesvorhaben** wie die drastische Absenkung der Roaming-Gebühren initiiert und durchgesetzt hatte. Sie erreichte dies durch zwei EU-Verordnungen, die sie in enger Allianz mit dem Europäischen Parlament und gegen den anfänglichen Widerstand vieler Mitgliedstaaten im Gesetzgebungsverfahren erfolgreich zu verhandeln verstand, oft unter geschickter Nutzung der Medienöffentlichkeit. Sie war *Barroso* zudem als Gegnerin der umstrittenen Richtlinie zur Vorratsdatenspeicherung[132] aufgefallen und

---

[129] Verordnung (EG) Nr. 45/2001 des Europäischen Parlaments und des Rates v. 18.12.2000 zum Schutz natürlicher Personen bei der Verarbeitung personenbezogener Daten durch die Organe und Einrichtungen der Gemeinschaft und zum freien Datenverkehr, ABl. 2001 L 8, 1.
[130] Verordnung (EU) 2018/1725 des Europäischen Parlaments und des Rates v. 23.10.2018 zum Schutz natürlicher Personen bei der Verarbeitung personenbezogener Daten durch die Organe, Einrichtungen und sonstigen Stellen der Union, zum freien Datenverkehr und zur Aufhebung der Verordnung (EG) Nr. 45/2001 und des Beschlusses Nr. 1247/2002/EG, ABl. 2018 L 295, 35. Die Novellierung dieser Verordnung erfolgte gem. dem Gesetzgebungsauftrag in Art. 2 Abs. 3, Art. 98 DS-GVO, um nach Inkrafttreten der DS-GVO die Kohärenz zwischen dem Datenschutz auf EU- und auf nationaler Ebene zu wahren.
[131] Bisher konnte sich der Rat noch nicht auf einen Beschl. gem. Art. 39 EUV verständigen.
[132] Richtlinie 2006/24/EG des Europäischen Parlaments und des Rates v. 15.3.2006 über die Vorratsspeicherung von Daten, die bei der Bereitstellung öffentlich zugänglicher elektronischer Kommunikationsdienste oder öffentlicher Kommunikationsnetze erzeugt oder verarbeitet werden, und zur Änderung der Richtlinie 2002/58/EG, ABl. 2006 L 105, 54; für nichtig erklärt durch EuGH Urt. v. 8.4.2014 – C-293/12 u. C-594/12, ECLI:EU:C:2014:238 = ZD 2014, 296 mAnm *Petri* – Digital Rights Ireland und Seitlinger u.a.

Einleitung 43–45

erschien ihm damit als erste EU-Justizkommissarin und Kämpferin für hohe Grundrechtsstandards geradezu prädestiniert.

43 Noch als designierte Kommissarin nahm *Reding* bereits in ihrer Anhörung durch den Bürgerrechtsausschuss des Europäischen Parlaments am 11.1.2010 direkt Bezug auf die neue Rechtslage von Lissabon, auf die Rechtsverbindlichkeit der Charta der Grundrechte und den damit verbundenen Auftrag.[133] Als Priorität für ihre Amtszeit nannte sie die substantielle Stärkung der EU-Position in Fragen des Datenschutzes.[134] Nachdem *Reding* im Februar 2010 als Kommissarin vom Europäischen Parlament und vom Rat bestätigt worden war, schuf sie in der Kommission innerhalb weniger Monate eine **neue Generaldirektion für Justiz**, die aus der bis dahin bestehenden Generaldirektion für Justiz, Freiheit und Sicherheit herausgelöst und mit anderen Fachreferaten aus den Bereichen Verbraucherschutz und Soziales verbunden wurde. Eine neu geschaffene Direktion für Grundrechte mit einem eigenständigen Datenschutzreferat erhielt von *Reding* noch im Frühjahr 2010 den Auftrag, die Novellierung der DS-RL im Wege einer EU-Verordnung auf der Grundlage von Art. 16 AEUV vorzubereiten. Parallel dazu sollte der Datenschutz im Bereich der polizeilichen und justiziellen Zusammenarbeit in Strafsachen, der bis dahin lediglich durch einen (als Rechtsakt der früheren „dritten Säule" rechtlich nicht durchsetzbaren) Rahmenbeschluss[135] rudimentär geregelt war, in eine ergänzende, ebenfalls auf Art. 16 AEUV zu stützende Richtlinie (die sog. Polizei-RL) überführt werden.

44 *Reding* präsentierte ihre – innerhalb der Kommission zunächst nicht unumstrittene – Zielsetzung einer ebenso ehrgeizigen wie umfassenden Datenschutzreform erstmals am 4.11.2010 in dem auf ihren Vorschlag von der Kommission verabschiedeten „**Gesamtkonzept für den Datenschutz in der Europäischen Union**".[136] Darin erläuterte sie die wesentlichen Gründe für die Reform des europäischen Datenschutzrechts – die erhöhte Gefährdungslage für das Datenschutzgrundrecht im digitalen Zeitalter sowie die nach wie vor unzureichende Harmonisierung der nationalen Datenschutzgesetze – und stellte sie in den Kontext der Anforderungen des Vertrags von Lissabon und der Charta der Grundrechte. Als Schlussfolgerung kündigte sie an, dass die Kommission „2011 nach Durchführung einer Folgenabschätzung und unter Berücksichtigung der EU-Grundrechtecharta Rechtsvorschriften vorschlagen" werde, „um die Datenschutzvorschriften im Sinne des Anliegens der EU zu ändern, dass der Schutz personenbezogener Daten in allen Politikbereichen, auch bei der Strafverfolgung und der Kriminalitätsprävention, deren Besonderheiten zu berücksichtigen sind, gewährleistet wird."[137] Das Europäische Parlament stellte sich im **Voss-Bericht vom 6.7.2011**[138] nachdrücklich hinter die ehrgeizigen Reformpläne der Kommission.

45 Auf dieser Grundlage erarbeitete die Kommission in den folgenden Monaten ihre Reformvorschläge, zu denen sie in allen Mitgliedstaaten ausführliche Konsultationen durchführte und insbesondere die Expertise der Artikel-29-Datenschutzgruppe, der nationalen Datenschutz-Aufsichtsbehörden sowie des Europäischen Datenschutzbeauftragten – der als unabhängige Kontrollstelle die Einhaltung des Datenschutzrechts bei der Arbeit der EU-Organe überwacht und diese bei datenschutzrechtlichen Gesetzgebungsvorhaben berät[139] – einholte. In einer

---

[133] Vgl. *Reding* Opening remarks at the European Parliament Hearing in the Committee on Civil Liberties, Justice and Home Affairs (LIBE), 1, 11.1.2010.

[134] Vgl. *Reding* Opening Remarks at the European Parliament Hearing in the Committee on Civil Liberties, Justice and Home Affairs (LIBE), 1, 11.1.2010, S. 2: „I would like to single out three priority areas where I believe we need to show strongly that Europe's policy is changing with the Lisbon Treaty. First of all, we need to strengthen substantially the EU's stance in protecting the privacy of our citizens in the context of all EU policies. And this also when it comes to law enforcement and crime prevention. And this also when it comes to our international relations with partners such as the United States […]."

[135] Rahmenbeschl. 2008/977/JI des Rates v. 27.11.2008 über den Schutz personenbezogener Daten, die im Rahmen der polizeilichen und justiziellen Zusammenarbeit verarbeitet werden, ABl. 2008 L 350, 60.

[136] Mitteilung der Kommission v. 4.11.2010, Gesamtkonzept für den Datenschutz in der Europäischen Union, KOM(2010) 609.

[137] Mitteilung der Kommission v. 4.11.2010, Gesamtkonzept für den Datenschutz in der Europäischen Union, KOM(2010) 609, S. 21.

[138] Entschließung des Europäischen Parlaments v. 6.7.2011 zum Gesamtkonzept für den Datenschutz in der Europäischen Union (2011/2025[INI]), vorbereitet durch einen Bericht des deutschen Christdemokraten *Axel Voss*.

[139] Vgl. heute Art. 57 Abs. 1 lit. u und g VO (EU) 2018/1725 des Europäischen Parlaments und des Rates v. 23.10.2018 zum Schutz natürlicher Personen bei der Verarbeitung personenbezogener Daten durch die Organe, Einrichtungen und sonstigen Stellen der Union, zum freien Datenverkehr und zur Aufhebung der Verordnung (EG) Nr. 45/2001 und des Beschlusses Nr. 1247/2002/EG, ABl. 2018 L 295, 35.

ausführlichen Folgenabschätzung setzte sich die Kommission zudem mit den wirtschaftlichen und sozialen Konsequenzen ihrer Reformvorschläge auseinander.[140] Darin identifizierte die Kommission vor allem eine nach wie vor **unzureichende Harmonisierung** der verschiedenen Datenschutzvorschriften der Mitgliedstaaten. Die Mitgliedstaaten hätten die DS-RL sehr unterschiedlich umgesetzt, sodass der Rechtsrahmen zersplittert sei.[141] Die dadurch entstandene Rechtsunsicherheit führe dazu, dass die Rechte des Einzelnen uneinheitlich geschützt würden, während die Wirtschaft unnötigen Kosten und übertriebenem Verwaltungsaufwand ausgesetzt sei. Eine einheitlich in allen EU-Mitgliedstaaten geltende DS-GVO[142] würde der Wirtschaft pro Jahr 2,3 Mrd. EUR an Kosten allein durch die Überwindung der aktuellen datenschutzrechtlichen Fragmentierung sparen. Zudem seien in der gegenwärtigen Lage die für den Datenschutz zuständigen nationalen Aufsichtsbehörden mit unterschiedlichen Befugnissen und Ressourcen ausgestattet, sodass sie manchmal nicht in der Lage seien, ihrem Durchsetzungsauftrag nachzukommen, was im Binnenmarkt zu Wettbewerbsverzerrungen und regulatorischer Arbitrage führe. Auch die Zusammenarbeit zwischen den Datenschutzbehörden sah die Kommission als oft unzureichend an; sie gewährleiste nicht immer, dass die Bestimmungen des europäischen Datenschutzrechts einheitlich angewandt würden. Als Beispiel verwies die Kommission in diesem Zusammenhang auf die uneinheitliche Vorgehensweise der nationalen Aufsichtsbehörden, als Google seinen neuen Dienst „Google StreetView" in mehreren Mitgliedstaaten aufnahm und dazu flächendeckend Straßenzüge und Häuser in Europa digital aufnehmen ließ; einige Aufsichtsbehörden genehmigten den neuen Dienst ohne Weiteres, andere untersagten ihn, während eine dritte Gruppe unterschiedliche Auflagen formulierte.[143]

Am 25.1.2012 beschloss die Kommission schließlich auf Vorschlag *Redings* (am Ende mit Zustimmung aller übrigen 26 Mitglieder der Kommission) ihren **endgültigen Vorschlag für die DS-GVO**,[144] ergänzt durch einen **Vorschlag für eine spezielle Richtlinie für den Bereich der polizeilichen und justiziellen Zusammenarbeit in Strafsachen** (sog. Polizei-RL)[145] sowie begleitet von der erläuternden Mitteilung „Der Schutz der Privatsphäre in einer vernetzten Welt. Ein europäischer Datenschutzrahmen für das 21. Jahrhundert".[146] Vorausgegangen waren einige Wochen intensiver kommissionsinterner Diskussionen über Einzelaspekte der von EU-Justizkommissarin *Reding* erarbeiteten Reformvorschläge.[147] *Reding* präsentierte die Vorschläge als den datenschutzrechtlichen Rechtsrahmen für das 21. Jahrhundert und äußerte die taktisch-fordernde Erwartung, dass das Europäische Parlament und der Rat die Reform bis 2013 verabschieden könnten.[148] Erste Stellungnahmen des Europäischen Datenschutzbeauftragten[149]

46

---

[140] Vgl. Kommission, Impact Assessment, SEC(2012) 72 v. 25.1.2012.
[141] Zust. *Albrecht/Jotzo* DatenschutzR S. 32: „In der Realität bildeten die Regeln der Mitgliedstaaten einen Flickenteppich." Vgl. auch *Gömann* Binnenkollisionsrecht S. 18 f., 48 f.
[142] Vgl. *Kühling/Buchner/Kühling/Raab*, 4. Aufl. 2024, Einf. Rn. 73, für die der Rechtsformwechsel von der DS-RL hin zu einer Verordnung „sehr nachvollvollziehbar" ist, „berücksichtigt man die erheblichen Umsetzungsdefizite, die von der mangelnden Beachtung der Vollharmonisierungswirkung der Richtlinie ausgingen."
[143] Vgl. *Reding* Die neue EU-Datenschutzverordnung – Eine Chance für effektiven Datenschutz in Europa, Rede v. 21.3.2012 auf der 83. Datenschutzkonferenz der Datenschutzbeauftragten des Bundes und der Länder (SPEECH 12/306). Zur rechtlichen Behandlung von „Google Street View" eingehend *Forgó/Müllenbach/Krügel* CR 2010, 616; *Moos/Zeiter* ZD 2013, 178.
[144] KOM(2012) 11 v. 25.1.2012 (DS-GVO-Kommissionsvorschlag). Vorausgegangen war der von Kommissarin *Reding* in die Diensteabstimmung („interservice consultation") der Kommission gegebene erste Entw. der DS-GVO v. 29.11.2011 (sog. Version 56 oder „*Reding*-Entwurf", abrufbar unter www.statewatch.org/news/2011/dec/eu-com-draft-dp-reg-inter-service-consultation.pdf), der erst nach einigen Änderungen von der gesamten Kommission übernommen wurde.
[145] KOM(2012) 10 v. 25.1.2012; zu diesem Vorschlag der sog. Polizei-Richtlinie vgl. *Kugelmann* DuD 2012, 581.
[146] Mitteilung der Kommission v. 25.1.2012, Der Schutz der Privatsphäre in einer vernetzten Welt. Ein europäischer Datenschutzrahmen für das 21. Jahrhundert, KOM(2012) 9.
[147] Wie *Traung* CR 2012, 33 (49 Fn. 105) berichtet, versuchte dabei auch die US-Regierung, welche die internationale Bedeutung eines einheitlichen europäischen Datenschutzrechts früh erkannt hatte, mehrfach, den Vorbereitungsprozess in der Kommission durch schriftliche Eingaben in ihrem Sinn zu beeinflussen oder zu verzögern. *Reding* und ihre engsten Mitarbeiter ließen sich davon aber wenig beeindrucken. Dazu *Reding* ZD 2012, 195 (196).
[148] *Reding* International Data Privacy Law 2012, 119 (129).
[149] Europäischer Datenschutzbeauftragter, Zusammenfassung der Stellungnahme v. 7.3.2012 zum Datenschutzreformpaket, ABl. 2012 C 192, 7.

Einleitung 47–50

und der Artikel-29-Datenschutzgruppe[150] fielen grundsätzlich positiv aus. Die DS-GVO selbst begrüßten Datenschützer als „einen gewaltigen Schritt vorwärts für den Datenschutz in Europa".[151] Kritischer bewerteten Datenschützer jedoch anfangs die Entscheidung der Kommission, den Bereich der polizeilichen und justiziellen Zusammenarbeit in Strafsachen nicht ebenfalls in der DS-GVO zu regeln, sondern dafür eine separate Richtlinie vorzuschlagen.[152] Die Kommission konnte sich allerdings darauf berufen, dass für den Bereich der polizeilichen und justiziellen Zusammenarbeit in Strafsachen der Schritt von dem bislang geltenden, rechtlich nicht durchsetzbaren Rahmenbeschluss des Rates aus dem Jahr 2008 zu einer rechtlich verbindlichen Richtlinie, die gemeinsam vom Europäischen Parlament und dem Rat zu beschließen war, eine ganz erhebliche Verbesserung darstellte, zumal der Rahmenbeschluss nur bei grenzüberschreitender Datenverarbeitung anwendbar war, während der Kommissionsvorschlag zur Polizei-RL auch die rein innerstaatliche Datenverarbeitung durch Polizei und Justiz erfasste. Der weitere Gang des Gesetzgebungsverfahrens sollte der Kommission Recht geben.

47   **4. Faktoren, die zur erfolgreichen Verabschiedung der DS-GVO führten.** Das **Gesetzgebungsverfahren zur DS-GVO** dauerte am Ende erheblich länger als von EU-Justizkommissarin *Reding* vorhergesagt. Vier Jahre und drei Monate vergingen zwischen dem Kommissionsvorschlag zur DS-GVO am 25.1.2012 und der Annahme des finalen Verordnungstextes durch das Europäische Parlament und den Rat am 27.4.2016. Bei der DS-RL hatte es allerdings sogar mehr als fünf Jahre gedauert, bis aus dem Kommissionsvorschlag vom 27.7.1990 am 24.10.1995 ein für das Europäische Parlament und den Rat akzeptabler Richtlinientext geworden war. Lange Gesetzgebungsverfahren können im europäischen Datenschutzrecht somit als durchaus üblich angesehen werden.

48   Die relativ lange Dauer des Gesetzgebungsverfahrens hatte bei der DS-GVO mehrere Gründe. Zunächst löst ein Verordnungsvorschlag naturgemäß **größeren Diskussionsbedarf** und **stärkeres Lobbying** interessierter Kreise (von Wirtschaftsvertretern ebenso wie von Bürgerrechtsorganisationen) aus als eine Richtlinie. Denn während bei einer Richtlinie Jahre vergehen, bis aus einem EU-Rechtstext ein für die Wirtschaftsteilnehmer direkt zu beachtender nationaler Gesetzestext wird – auf den man im Gesetzgebungsverfahren auf nationaler Ebene nochmals Einfluss nehmen kann –, tritt eine Verordnung sofort nach ihrer Verabschiedung durch das Europäische Parlament und den Rat in Kraft. Interessierte Kreise haben also nur im Rahmen des europäischen Gesetzgebungsverfahrens die Möglichkeit, ihre Interessen und Bedenken zur Sprache zu bringen; danach ist es bei einer Verordnung zu spät. Dies erklärt zB, warum bei der ersten Lesung der DS-GVO im Europäischen Parlament insgesamt 3.133 Änderungsanträge[153] von Abgeordneten zu bearbeiten waren.

49   Besonders **US-Unternehmen** bemühten sich intensiv, auf das Gesetzgebungsverfahren zur DS-GVO Einfluss zu nehmen. Erstmals mussten sie sich damit auseinandersetzen, dass ihre Geschäftstätigkeit im Bereich der Datenverarbeitung künftig auf Grundlage des Marktortprinzips direkt europäisch reguliert wird. Sowohl US-Unternehmen als auch die US-Regierung intervenierten deshalb massiv bei den Abgeordneten des Europäischen Parlaments und bei den Vertretern der Mitgliedstaaten im Rat. In seiner Intensität war das US-amerikanische Lobbying allerdings oft kontraproduktiv.[154] Öffentliche Eingaben aus den USA, welche zB Urteile des EuGH direkt angriffen, machten selbst datenschutzrechtlich skeptische Abgeordnete rasch zu Patrioten des europäischen Datenschutzrechts.

50   Überraschend für viele war die **anfängliche Skepsis gegenüber der DS-GVO in Deutschland**. Manche hatten erwartet, dass Deutschland – gewissermaßen das „Mutterland des Daten-

---

[150] Stellungnahme 1/2012 zu den Reformvorschlägen im Bereich des Datenschutzes, 23.3.2012.

[151] So Europäischer Datenschutzbeauftragter, Zusammenfassung der Stellungnahme v. 7.3.2012 zum Datenschutzreformpaket, ABl. 2012 C 192, 7.

[152] So zeigte sich die Artikel-29-Datenschutzgruppe insofern „von dem mangelnden Ehrgeiz der Kommission enttäuscht", da „ihre Ansichten zu einem umfassenden Rechtsrahmen nicht zur Vorlage eines einheitlichen Rechtsinstruments geführt haben." Der Europäische Datenschutzbeauftragte zeigte sich davon sogar „ernsthaft enttäuscht" und „bedauert, dass die Kommission sich dafür entschieden hat, diese Thematik in einem eigenständigen Rechtsinstrument zu regeln."

[153] Zahl nach Knyrim DS-GVO/*Fercher/Riedl* S. 7, 14; vgl. ferner *Albrecht/Jotzo* DatenschutzR S. 35, die sogar 3.999 Änderungsanträge zählen.

[154] Hierauf verweisen *Burton/Kuner/Pateraki* Bloomberg BNA, Privacy and Security Law Report, 12 PVLR 99, 21.1.2013, 7: „There is a sensitivity in Brussels about lobbying by U.S. organizations (including by the U.S. government). The 'full court press' lobbying style that may be appropriate in Washington can be counterproductive in Brussels."

schutzrechts" – das ehrgeizige Vorhaben eines einheitlichen europäischen Datenschutzrechts auf hohem Niveau nachdrücklich unterstützen würde. Aus Deutschland plädierte aber nur die Wirtschaft für die DS-GVO, da man in dieser die Chance erblickte, die in Deutschland gewohnten hohen Datenschutzstandards auf alle anderen EU-Mitgliedstaaten auszuweiten und auf diese Weise gleiche Wettbewerbsbedingungen im EU-Binnenmarkt herbeizuführen. Öffentliche deutsche Stellen, angeführt vom für den Datenschutz federführend zuständigen Bundesministerium des Inneren,[155] zeigten sich dagegen lange gegenüber der DS-GVO skeptisch-ablehnend[156] oder bemühten sich jedenfalls darum, das europäische Gesetzgebungsverfahren zu verzögern.[157] Dies hatte vor allem vier Gründe:

– Erstens hatte das Bundesinnenministerium damals gerade erst als Antwort auf mehrere Datenschutzskandale in Deutschland die Initiative ergriffen, um das deutsche Datenschutzrecht im BDSG in mehreren Punkten zu reformieren und zu verschärfen.[158] Nach dieser Reform nun sofort eine weitere, jetzt europäisch veranlasste Reform in Angriff zu nehmen, schien einigen des Guten zu viel zu sein.

– Zweitens gab es in Deutschland im **öffentlichen Sektor** neben dem BDSG einen regelrechten Wildwuchs an sektoriellen Datenschutzbestimmungen, ob im Sozial-, Steuer-, Gesundheits-, Melde-, Ausländer- oder Schulrecht.[159] Diese Sondervorschriften hatten unter der DS-RL überlebt – als Richtlinie erlaubte diese ja nationale Umsetzungsgesetze und überließ den Mitgliedstaaten die Wahl der Form und Mittel der Umsetzung –, wurden aber nun durch die DS-GVO – wegen deren Anspruchs auf unmittelbare, nicht vom nationalen Recht vermittelte Geltung in allen Mitgliedstaaten – in Frage gestellt. Führende deutsche Politiker plädierten daher wiederholt für eine Beschränkung der DS-GVO auf den Privatsektor. Dabei ist eine Unterscheidung zwischen öffentlichem und privatem Sektor dem europäischen Datenschutzrecht fremd; sie findet sich weder in der Konvention Nr. 108[160] des Europarats noch in der DS-RL.[161] Eine Ausklammerung des Datenschutzes im öffentlichen Bereich aus der DS-GVO oder seine Sonderregelung, wie sie in Deutschland immer wieder gefordert wurde, hätte zu dem seltsamen Ergebnis geführt, dass auf EU-Ebene das Datenschutzrecht, obwohl ursprünglich primär zum Schutz der personenbezogenen Daten gegenüber der staatlichen Datenverarbeitung geschaffen, nur noch gegenüber Privaten gegolten hätte; dies hätte den Sinn des Datenschutzrechts gewissermaßen auf den Kopf gestellt. Eine Unterscheidung zwischen privatem und öffentlichem Datenschutzrecht hätte sich zudem in der Praxis in einem europa-

---

[155] Diese ggü. dem Datenschutzgrundrecht allg. skeptische Haltung zeigt sich zB bei *Stentzel* PinG 2016, 185; sowie am ursprünglichen (im Gesetzgebungsverfahren später nachgebesserten) Entw. des Bundesinnenministeriums zur Durchführung der DS-GVO; dazu treffend *Reimer* DuD 2017, 209: „Ein europäischer Geist durchzieht diese Texte nicht. Vielmehr überwiegt der Eindruck, dass hier formulierten deutsche Interessen den Nutzen und die Wirksamkeit der Europäischen Verordnungen in Gefahr bringen könnten."

[156] Vgl. zB Der Spiegel Nr. 3/2012, 16.1.2012, 16 (Innenminister *Friedrich* kritisiert Datenschutzpläne der EU), wonach der damalige Bundesinnenminister *Friedrich* den Verordnungsentwurf der Kommission bereits vor dessen formeller Annahme kritisierte und stattdessen mehr Selbstregulierung im Datenschutzrecht einforderte. Vgl. auch Gola/Heckmann/*Gola/Heckmann* Einl. Rn. 24 f., die von anfänglichen Forderungen in Deutschland „nach einer grundlegenden Modernisierung, insbes. das Verbot mit Erlaubnisvorbehalt aufhebender Liberalisierung des Datenschutzrechts" sowie „der Reduzierung des Verbotsprinzips auf Teilverbote für besonders riskante Informationsvorgänge" berichten, für welche die deutsche Regierung „große Sympathien" hatte, auch wenn sie sich damit am Ende nicht durchsetzen konnte.

[157] Vgl. *Selmayr* ZD 2013, 525.

[158] Hierzu *Kühling* JZ 2010, 600.

[159] Dieser Wildwuchs lässt sich wohl nur historisch mit der ausgeprägten Differenzierung der dt. Verwaltungsstruktur erklären; jedenfalls teilw. stellte er auch eine (Über-)Reaktion auf das Volkszählungs-Urt. des BVerfG (BVerfGE 65, 1) dar. Eingehend dazu *Roßnagel/Pfitzmann/Garstka* Modernisierung des Datenschutzrechts, 2001, abrufbar unter https://docplayer.org/3429219-Bundesministerium-des-innern-modernisierung-des-datenschutzrechts-gutachten-im-auftrag-des-bundesministeriums-des-innern.html. Dort heißt es u.a. (S. 13), das deutsche Datenschutzrecht sei „in seinen Formulierungen häufig widersprüchlich und durch seine Normierung in hunderten von speziellen Gesetzen unübersichtlich und schwer zu handhaben."

[160] Vgl. Art. 3 Abs. 1 Konvention Nr. 108: „Die Vertragsparteien verpflichten sich, dieses Übereinkommen auf automatisierte Dateien/Datensammlungen und automatische Verarbeitungen von personenbezogenen Daten im öffentlichen und privaten Bereich anzuwenden."

[161] Die Kommission hatte 1990 ursprünglich vorgeschlagen, in der DS-RL zwischen Verpflichtungen des öffentlichen und des privaten Bereichs zu unterscheiden – vgl. KOM(90) 31 v. 27.7.1990, insbes. Kap. II (öffentlicher Bereich) und Kap. III (privater Bereich) –, konnte sich damit aber im Gesetzgebungsverfahren nicht durchsetzen. Vgl. den daraufhin geänderten Vorschlag KOM(92) 422 v. 16.10.1992, der die Unterscheidung aufgibt.

Einleitung 53

rechtlichen Rechtstext nicht durchführen lassen; schließlich hat jeder Mitgliedstaat andere Kriterien dafür, ob er Aufgaben dem öffentlichen oder dem privaten Sektor zuweist, sodass das Ergebnis eine noch stärkere Rechtszersplitterung im Datenschutzrecht gewesen wäre.[162] Im Zeitalter des „Cloud Computing", in dem auch öffentliche Stellen Daten zunehmend in den Datenwolken privater Diensteanbieter speichern, ist der Übergang vom öffentlichen zum privaten Bereich im Datenschutzrecht ohnehin oft fließend. Deutschland fand aus diesen Gründen in Europa nur wenig Verbündete für sein Anliegen einer Sonderbehandlung des öffentlichen Sektors. In die DS-GVO wurden zwar insofern einige Spezifizierungsklauseln (→ Rn. 91 ff.) aufgenommen, um den deutschen Bedenken teilweise Rechnung zu tragen; die DS-GVO ist aber insgesamt sowohl für den privaten als auch den öffentlichen Sektor uneingeschränkt anwendbar.[163]

53 – Der dritte Grund für den deutschen Widerstand gegen die DS-GVO und die darin vorgesehene Einbeziehung des öffentlichen Sektors fand sich im föderalen System der Bundesrepublik. Denn alle 16 Länder hatten eigenständige Datenschutzgesetze, die teilweise sogar älter waren als die Konvention Nr. 108. Die Ablösung dieser Landesgesetze durch eine einheitlich geltende europäische DS-GVO empfanden viele Vertreter der Länder als Verletzung des Subsidiaritätsprinzips. Eine entsprechende **Subsidiaritätsrüge des Deutschen Bundesrates**[164] fand allerdings kein relevantes Echo in den nationalen Parlamenten der übrigen Mitgliedstaaten.[165] Sie war auch mehr innenpolitischen Erwägungen geschuldet als rechtlich begründet.[166] Recht-

---

[162] Sehr krit. zu Überlegungen, die datenschutzrechtlichen Regeln für den privaten und den öffentlichen Sektor zu trennen, *Hustinx,* EU Data Protection Law: the Review of Directive 95/46/EC and the Proposed General Data Protection Regulation, S. 30: „[S]uch a change would work differently for different Member States, and thus easily lead to new discrepancies and undermine the internal market in cross-border situations." Gegen eine Ausklammerung des öffentlichen Bereichs deutlich auch *Reding* ZD 2012, 195 (197). Zu dieser Frage, die bereits im Gesetzgebungsverfahren zur DS-RL str. war, vgl. *Schild* EuZW 1996, 549 (550); sowie *Marsch* Datenschutzgrundrecht S. 340, 341.

[163] Dies bekräftigt EuGH Urt. v. 24.3.2022 – C-245/20, ECLI:EU:C:2022:216 = ZD 2022, 490 mAnm *Benamor* – X, Z/Autoriteit Persoonsgegevens Rn. 25: „Zur Beantwortung der Frage des vorlegenden Gerichts [...] ist zunächst darauf hinzuweisen, dass die Verordnung 2016/679 nach ihrem Art. 2 Abs. 1 ‚für die ganz oder teilweise automatisierte Verarbeitung personenbezogener Daten sowie für die nichtautomatisierte Verarbeitung personenbezogener Daten, die in einem Dateisystem gespeichert sind oder gespeichert werden sollen', gilt, ohne anhand des Urhebers der betreffenden Verarbeitung zu unterscheiden. Daraus folgt, dass die Verordnung 2016/679 vorbehaltlich der in ihrem Art. 2 Abs. 2 und 3 genannten Fälle [Gemeinsame Außen- und Sicherheitspolitik, Verarbeitungen betreffend die öffentliche Sicherheit, die Landesverteidigung, die Sicherheit des Staates, die Tätigkeiten des Staates im strafrechtlichen Bereich] sowohl für Verarbeitungsvorgänge gilt, die von Privatpersonen vorgenommen werden, als auch für Verarbeitungsvorgänge, die durch Behörden erfolgen, einschließlich – wie aus dem 20. Erwägungsgrund hervorgeht – Justizbehörden wie Gerichten." Zur begrenzten Zuständigkeit der Datenschutzbehörden für die Justiz → Art. 55 Rn. 13 ff. Vgl. auch EuGH Urt. v. 9.7.2020 – C-272/19, ECLI:EU:C:2020:535 = ZD 2020, 577 mAnm *Engelbrecht* – VQ/Land Hessen, Rn. 70 ff.; Rn. 74, wonach auch der Petitionsausschuss des Gliedstaates eines Mitgliedstaats, der allein oder gemeinsam mit anderen über die Zwecke und Mittel der Verarbeitung personenbezogener Daten entscheidet, insofern als „Verantwortlicher" iSd DS-GVO einzustufen ist; vgl. dazu eingehend *Heberlein* ZD 2021, 85, sowie → Art. 55 Rn. 18. Vgl. ferner *Kühling/Klar/Sackmann* DatenschutzR Rn. 321 f., die erläutern, dass es in der DS-GVO „grundsätzlich zu keiner Unterscheidung zwischen öffentlichen und privaten Stellen" kommt, auch wenn sich im Verordnungstext „vereinzelt [...] Differenzierungen hinsichtlich der Adressierung der materiellen Regelungen an öffentliche der private Stellen" finden.

[164] BR-Drs. 51/12 (zum Richtlinienvorschlag für den Datenschutz im Bereich der polizeilichen und justiziellen Zusammenarbeit in Strafsachen) und BR-Drs. 52/12 (zur DS-GVO), beide v. 30.3.2012.

[165] Nur vier weiteren Mitgliedstaaten (Schweden, Italien, Frankreich, Belgien) gab es jew. eine Subsidiaritätsrüge. Die Schwelle einer sog. „gelben Karte", für die damals (vor dem EU-Beitritt Kroatiens und vor dem EU-Austritt des Vereinigten Königreichs) Subsidiaritätsrügen von 18 nationalen Parlamentskammern erforderlich waren, wurde also bei weitem nicht erreicht, sodass die Kommission ihren Vorschlag nicht überprüfen musste; vgl. Art. 7 Abs. 2 Prot. Nr. 2 zum EUV/AEUV. Es ist daher eine sehr einseitig deutsche Sicht, wenn *Marsch* Datenschutzgrundrecht, diese Rüge als Beleg für massive Kritik aus „den Mitgliedstaaten" werten will. BAG Beschl. v. 30.7.2020 – 2 AZR 225/20 (A), NZA 2020, 1468, Vorlagebeschl. an den EuGH in der Sache Leistritz AG, Rn. 33, referiert die Subsidiaritätsrüge noch unreflektierter. Der EuGH musste auf diesen Aspekt der dritten Vorlagefrage nicht eingehen, da sie nicht entscheidungsrelevant war; vgl. EuGH Urt. v. 22.6.2022 – C-534/20, ECLI:EU:C:2022:495 = ZD 2022, 552 – Leistritz AG/LH, Rn. 37.

[166] Überzeugend die Analyse von *Nguyen* ZEuS 2012, 277. Vgl. auch *Reding* ZD 2012, 195 (196); sowie *Albrecht/Jotzo* DatenschutzR S. 39.

lich ist der Datenschutz wegen des zunehmenden Erfordernisses des EU-weiten Verkehrs von personenbezogenen Daten zwischen privaten wie öffentlichen Stellen geradezu ein Paradebeispiel für einen Bereich, in dem eine EU-rechtliche Regelung angezeigt und notwendig ist, zumal das Unionsprimärrecht in Art. 16 AEUV und Art. 8 GRCh insofern unmissverständliche Kompetenz- und Schutznormen enthält. Dies war wohl auch den Ländervertretern mehrheitlich bewusst, weshalb der Bundesrat auch nicht versuchte, die Länderposition durch eine Subsidiaritätsklage vor dem EuGH[167] durchzusetzen.

– Der vierte Grund wurde am 9.1.2012 – zwei Wochen vor der Vorstellung des Kommissionsvorschlags zur DS-GVO – von *Johannes Masing*, Richter am BVerfG in einem aufsehenerregenden Zeitungsbeitrag im Feuilleton der Süddeutschen Zeitung formuliert.[168] *Masing* befürchtete von der DS-GVO nicht mehr und nicht weniger als einen **„Abschied von den Grundrechten"**. Denn mit der DS-GVO ändere sich die Zuständigkeit für das Datenschutzgrundrecht in Deutschland. Künftig wache über dessen Schutz nicht mehr das BVerfG, sondern der EuGH, was laut *Masing* für den Einzelnen eine Verschlechterung seiner Grundrechtsposition zur Folge habe. Es war ungewöhnlich und wurde von vielen als befremdlich empfunden,[169] dass sich ein unabhängiger Verfassungsrichter noch vor Annahme des maßgeblichen Gesetzesentwurfs zu einer solch apodiktischen Aussage hinreißen ließ. Auch wenn zuzugeben ist, dass 2012 die Rechtsprechung des EuGH zum Datenschutzrecht noch wenig entwickelt war[170] – inzwischen hat sich dies nicht zuletzt unter dem Eindruck des Entstehens der DS-GVO nachdrücklich geändert[171] –, so zeugte *Masings* Kritik in der Sache vor allem von einer gewissen Unkenntnis des EU-Rechts.[172] Denn bereits bei der DS-RL war **letztentscheidendes Gericht** über die Auslegung des europäischen Datenschutzrechts **der EuGH**. Nationale Gerichte, die Auslegungsfragen zum Datenschutzrecht hatten, deren Ursprung in der DS-RL lagen, waren bereits seit 1995 gehalten, diese dem EuGH zur Vorabentscheidung vorzulegen (vgl. Art. 267 AEUV). Die DS-GVO ändert daran nichts; sie lässt nur den bisherigen europarechtlichen Hintergrund des Datenschutzrechts deutlich in den Vordergrund treten. Datenschutzrechtlicher Rechtsschutz ist allerdings auch unter der DS-GVO weiterhin zunächst dezentral bei den nationalen Gerichten (einschließlich des BVerfG) zu suchen (→ Rn. 112 f.), wobei diese wie bisher bei Auslegungsfragen in letzter Instanz den EuGH über das Verfahren gemäß Art. 267 UAbs. 3 AEUV anzurufen haben.[173] Will man dem EuGH nicht abstreiten, in Datenschutzfragen einen mindestens vergleichbaren Grundrechtsschutz wie das BVerfG gewähren zu können, geht *Masings* Kritik somit ins Leere. *Masing,* der sich im

---

[167] Möglich nach Art. 8 UAbs. 1 Prot. Nr. 2 zum EUV/AEUV über die Anwendung der Grundsätze der Subsidiarität und Verhältnismäßigkeit.
[168] *Masing* Süddeutsche Zeitung, 9.1.2012, S. 10; zust. (ohne Erwähnung der Fachdiskussion) *Marsch* Datenschutzgrundrecht S. 280/281 und S. 326.
[169] Von einer „misguided debate" spricht Hijmans/Kranenborg Data Protection Anno 2014/*Albrecht* S. 119, 124 f.
[170] Erstmals entschied der EuGH bereits 1969 iSd Datenschutzes; vgl. EuGH Urt. v. 12.11.1969 – 29/69, ECLI:EU:C:1969:57 – Stauder/Stadt Ulm. Der EuGH hatte damals über Auslegung und Gültigkeit einer Kommissionsentscheidung zu befinden, deren dt. Textfassung die Abgabe verbilligter Butter an Sozialhilfeempfänger an eine Offenbarung des Namens des Empfängers gegenüber dem Verkäufer knüpfte. Der EuGH entschied, dass sich die maßgebliche Vorschrift bei Anwendung der am wenigsten belastenden Auslegung so verstehen ließ, dass eine grundrechtskonforme Individualisierungsmethode (zB fortlaufende Nummerierung der Bezugsscheine) gewählt werden konnte; er kam damit zu dem Erg. (Rn. 7): „Bei dieser Auslegung enthält die streitige Vorschrift nichts, was die in den allgemeinen Grundsätzen der Gemeinschaftsrechtsordnung, deren Wahrung der Gerichtshof zu sichern hat, enthaltenen Grundrechte der Person in Frage stellen könnte." Grundrechtsdogmatisch deutlich weiter entwickelt – und vor dem Vorschlag zur DS-GVO ergangen – EuGH Urt. v. 29.1.2008 – C-275/06, ECLI:EU:C:2008:54 – Promusicae, Rn. 63 ff., wo – noch vor dem Inkrafttreten der Charta der Grundrechte – das Datenschutzgrundrecht ausdrücklich anerkannt wird. Siehe dann wenig später EuGH Urt. v. 9.11.2010 – C-92/09 u. C-93/09, ECLI:EU:C:2010:662 – Volker und Markus Schecke und Eifert, Rn. 47 ff., wo der EuGH nun auf Art. 8 GRCh Bezug nahm.
[171] Vgl. *Bernard-Glanz* Cahiers de droit européen 2014, 685, der anhand des Urt. Google Spain des EuGH sogar von einem „printemps européen" (europäischer Frühling) des Datenschutz-Grundrechts spricht. Eingehend zur Rspr. des EuGH zum Datenschutz *v. Danwitz* DuD 2015, 581 sowie *Heinzke/Leibold* CR 2023, 90, welche die zahlreichen Vorabentscheidungsersuchen aus Deutschland erörtern, die Anfang 2023 zur Entscheidung anstanden.
[172] Vgl. *Selmayr* ZD 2013, 525.
[173] Hierzu bereits *Selmayr,* Diskussionsbeitrag, in: Verhandlungen des 69. Deutschen Juristentags, 2012, Band II/2, Sitzungsberichte, S. O 119 f.

Einleitung 55–57

Anschluss an seinen Zeitungsbeitrag mehrfach der europarechtlichen Fachdiskussion stellte, wiederholte seine Kritik in dieser Form nicht mehr.[174]

55   Dennoch wirkte Deutschland im Rat durch den Bundesminister des Inneren jedenfalls im ersten Jahr des Gesetzgebungsverfahrens zur DS-GVO eher skeptisch-bremsend als konstruktiv-beschleunigend.[175] Zwar hatten auch andere Mitgliedstaaten zahlreiche Fragen und Verbesserungsvorschläge. Insbesondere die österreichische Position folgte in vielen Punkten der skeptischen deutschen Haltung. Die **deutsche Position** war allerdings von zentraler Bedeutung für den Fortgang des Gesetzgebungsverfahrens im Rat. Solange sich Deutschland in der Sache nicht bewegte, gingen die Beratungen nur im Schneckentempo voran. „Wenn schon Deutschland als Mutterland des Datenschutzes diesen starken Datenschutz nicht will, warum sollen wir uns dann darauf verpflichten?", so konnte man es von Verhandlungsteilnehmern aus anderen Ländern immer wieder hören.[176]

56   Warum kam es am Ende doch zu einer breiten Mehrheit von 27 der 28 Mitgliedstaaten (alle außer Österreich) für die DS-GVO? Hierfür lassen sich vier maßgebliche Erfolgsfaktoren ausmachen:

57   Zunächst war da der **Reding-Faktor.** Es machte sich während des Gesetzgebungsverfahrens immer wieder bemerkbar, dass die Kommission nicht einfach einen Gesetzgebungsvorschlag gemacht hatte und anschließend das Verfahren dem Europäischen Parlament und dem Rat überließ, sondern sich (wie in Art. 293 AEUV vorgesehen) als gestaltende Teilnehmerin des

---

[174] Darauf verweist Hijmans/Kranenborg Data Protection Anno 2014/*Albrecht* S. 119, 125. Es ist in diesem Zusammenhang bemerkenswert, dass *Masing* 2019 an den beiden wichtigen Beschlüssen des Ersten Senats zum Recht auf Vergessen mitwirkte. In BVerfG Beschl. v. 6.11.2019 – 1 BvR 16/13, ZD 2020, 100 mAnm *Gräbig/Petri* = MMR 2020, 99 mAnm *Hoeren* – Recht auf Vergessen I, stellt sich das BVerfG dabei auf den (aus EU-rechtlicher Sicht zunächst problematischen) Standpunkt (Ls. 1 lit. a und Rn. 45 ff.), dass „unionsrechtlich nicht vollständig determiniertes innerstaatliches Recht" auch dann „primär am Maßstab der Grundrechte des Grundgesetzes" zu prüfen ist, „wenn das innerstaatliche Recht der Durchführung des Unionsrechts dient", weshalb das BVerfG Maßnahmen zur Durchführung des Medienprivilegs in Art. 85 DS-GVO zunächst am Maßstab der deutschen Grundrechte messen will. Das BVerfG begründet dies (Rn. 53) mit dem Subsidiaritätsgrundsatz, der in der EU „regelmäßig Grundrechtsvielfalt" zulasse, vor allem, wenn das Fachrecht der Union den Mitgliedstaaten „Gestaltungsspielräume" eröffne. Art. 51 Abs. 1 S. 1 GrCh hätte hier eine andere Vorgehensweise nahegelegt. Das BVerfG mildert aber die praktischen Folgen seines Ansatzes erheblich dadurch ab, dass es zugleich die Vermutung ausspricht (Rn. 55 ff.), dass wegen der „übergreifenden Verbundenheit des Grundgesetzes und der Charta in einer gemeinsamen europäischen Grundrechtstradition" „eine Prüfung am Maßstab der Grundrechte des Grundgesetzes das Schutzniveau der Charta, wie sie vom Europäischen Gerichtshof ausgelegt wird, in der Regel mitgewährleistet ist." Wegen der „Einbettung des Grundgesetzes wie auch der Charta in gemeinsame europäische Grundrechtsüberlieferungen" sind, so das BVerfG (Rn. 60), „die Grundrechte des Grundgesetzes im Lichte der Charta auszulegen", also erforderlichenfalls eine Charta-konforme Auslegung des GG vorzunehmen. Schließlich ist die „Vermutung der Mitgewährleistung" der Grundrechte der GrCh durch das GG widerlegbar (Rn. 69) und „greift dann nicht mehr, wenn und soweit sich das im Einzelfall maßgebliche Schutzniveau aus Rechten aus der Charta herleitet, die keine Entsprechung im Grundgesetz in seiner Auslegung durch die Rechtsprechung haben." In diesem Fall, so das BVerfG (Rn. 59), „kann und muss dem im Einzelfall durch die unmittelbare Anwendung der Charta Rechnung getragen werden", was bedeutet, dass das BVerfG im Rahmen von Verfassungsbeschwerden direkt die Grundrechte der GRCh anwendet. Diese etwas kompliziertere Vorgehensweise, die auch bei nicht vollständig vereinheitlichtem Unionsrecht am Ende zur Anwendung der Grundrechte der GRCh führt, wird bei vollständig vereinheitlichtem Unionsrecht deutlich abgekürzt; vgl. dazu BVerfG Beschl. v. 6.11.2019 – 1 BvR 276/17, MMR 2020, 106 mAnm *Hoeren* = ZD 2020, 109 mAnm *Gräbig* – Recht auf Vergessen II. Das BVerfG entschied hier (Ls. 1 u. 2 sowie Rn. 42 ff.), dass bei vollständig vereinheitlichtem Unionsrecht der Anwendungsvorrang des Unionsrechts – im Fall die Vorschriften der DS-RL und der DS-GVO zu den materiellen Anforderungen an einen Suchmaschinenbetreiber bei der Verarbeitung personenbezogener Daten – die Grundrechte des GG verdrängt, weshalb das BVerfG dessen Anwendung durch deutsche Stellen „am Maßstab der Unionsgrundrechte" prüft. Das BVerfG begründet dies damit (Rn. 44), dass im Bereich des vollständig vereinheitlichten Unionsrechts von einer Mitgewährleistung des von der GrCh geforderten Grundrechtsschutzes durch nationale Grundrechte nicht ausgegangen werden kann: „Hier verlangt das Unionsrecht gerade Einheitlichkeit der Rechtsanwendung." In der Lit. wird diese weitreichende Anerkennung des Vorrangs der Grundrechte der GRCh und ihre direkte Anwendung durch das BVerfG zu Recht auch als „November(r)evolution" bezeichnet; vgl. *Kühling* NJW 2020, 275.

[175] Vgl. *Selmayr* ZD 2013, 525.

[176] Vgl. *Albrecht* CR 2016, 88 (89): „Es war über die ganzen vier Jahre des Gesetzgebungsprozesses eine für alle Beteiligten groteske Situation, dass die Vertreter des Datenschutz-Mutterlands häufig weniger gute Worte für einen hohen, einheitlichen europäischen Datenschutzstandard übrig hatten als selbst einige Interessenvertreter von Internetunternehmen aus Silicon Valley." Nach wie vor skeptisch zum Datenschutzrecht insges. *Stentzel* PinG 2016, 185, der das Schutzgut für unklar hält.

Gesetzgebungsverfahrens verstand. Dementsprechend trieb die ebenso engagierte wie streitbare EU-Justizkommissarin das Verfahren regelmäßig höchstpersönlich voran, verbündete sich mit den jeweils die Präsidentschaft im Rat innehabenden Ministern – insbesondere die irische und luxemburgische Ratspräsidentschaft brachten wesentliche Fortschritte in den Verhandlungen – und begleitete jeden Verhandlungsschritt mit Reden, Pressekonferenzen und Interviews, in denen sie für ein hohes Datenschutzniveau plädierte.[177] Als zB im Sommer 2012 in Deutschland bekannt wurde, dass private Unternehmen personenbezogene Daten von Meldeämtern erhalten und diese nach damaliger Rechtslage[178] problemlos für Zwecke der Werbung und des Adresshandels verwenden konnten und auch verwendet hatten, nutzte *Reding* dies umgehend dazu, um öffentlich die Unhaltbarkeit der deutschen Position zu demonstrieren, derzufolge ausgerechnet der öffentliche Sektor von der DS-GVO auszunehmen wäre.[179]

58 In zwei zentralen Punkten der Datenschutzreform erwies sich zudem das taktische Vorgehen von *Reding* als sehr erfolgreich. Der erste Punkt betraf die sog. **delegierten Rechtsakte** (vgl. Art. 290 AEUV). Der Vorschlag zur DS-GVO sah an mehreren Stellen Ermächtigungen des EU-Gesetzgebers vor, auf deren Grundlage weitere Einzelheiten von der Kommission in delegierten Rechtsakten festgelegt werden sollten. Dies führte bei einigen Verhandlungsteilnehmern zu erheblicher Kritik.[180] Offenbar wolle sich die Kommission hier selbst die Macht im Datenschutzrecht zuschanzen, hieß es – in Unkenntnis dessen, dass der wahre Hintergrund bedeutend banaler ist als von den Kritikern angenommen. Im EU-Gesetzgebungsverfahren ist es nämlich durchaus üblich, den Gesetzestext in der Entwurfsfassung knapp zu halten und im Übrigen zunächst auf delegierte Rechtsakte zu verweisen. Dies eröffnet für die Verhandlungen mit dem Europäischen Parlament und den Mitgliedstaaten zahlreiche Spielräume, um die Positionen dadurch einander anzunähern, dass die für die delegierten Rechtsakte vorgesehenen Materien gestrichen oder direkt in den Gesetzestext aufgenommen werden. Diese Rechnung ging in weiten Teilen auf: Von den ursprünglich geplanten 26 delegierten Rechtsakten wurden inhaltlich fast alle in den Rechtstext selbst integriert; nur zwei delegierte Rechtsakte blieben am Ende übrig (vgl. Art. 12 Abs. 8, Art. 43 Abs. 8 iVm Art. 92, → Rn. 117).[181]

59 Ein weiterer taktisch motivierter Aspekt des Kommissionsvorschlags zur DS-GVO wurde von den nationalen Datenschutz-Aufsichtsbehörden vehement kritisiert: das darin vorgesehene **Recht der Kommission, bei einer Meinungsverschiedenheit zwischen mehreren nationalen Aufsichtsbehörden am Ende eine verbindliche Entscheidung zu treffen.** Dies wurde von vielen Datenschutzaufsehern als erheblicher Eingriff in ihre Unabhängigkeit angesehen.[182] Der Kommission ging es hierbei allerdings weniger um eigene Machtbefugnisse als um das Prinzip, dass bei Meinungsverschiedenheiten zwischen nationalen Aufsichtsbehörden über die Auslegung der DS-GVO in einem zügigen Verfahren eine verbindliche Entscheidung getroffen werden musste; denn nur so ließ sich eine für den gesamten Binnenmarkt einheitliche Anwendung der DS-GVO erreichen. Die einzige Alternative zu einer abschließenden Entscheidung der Kommission war die **Einrichtung einer neuen unabhängigen Agentur für das Datenschutzrecht.** Allerdings wehrten sich traditionell viele Abgeordnete im Europäischen Parlament als auch die meisten Mitgliedstaaten gegen die Einrichtung (meist kostspieliger) neuer Agenturen. Außerdem hatten Vorgespräche mit Vertretern der nationalen Aufsichtsbehörden gezeigt, dass diese zunächst nicht bereit waren, im Fall von Meinungsverschiedenheiten Mehr-

---

[177] Vgl. *Hustinx*, EU Data Protection Law: the Review of Directive 95/46/EC and the Proposed General Data Protection Regulation, S. 25, der „the appointment of a new Commission with a stronger human rights agenda" und die Arbeit der zuständigen Justizkommissarin als wesentlichen Erfolgsfaktor für die DS-GVO wertete.

[178] Siehe jetzt § 44 Abs. 3 Nr. 2 Bundesmeldegesetz, wonach die Verwendung von Daten aus Melderegisterauskünften für Zwecke der Werbung und des Adresshandels nicht mehr zulässig ist, auch nicht mehr mit Einwilligung der betroffenen Person. Die Regelung ist eine gesetzgeberische Reaktion auf die damalige datenschutzpolitische Diskussion.

[179] „Ich bin überrascht, dass einige deutsche Politiker die Profitinteressen von hiesigen Werbeunternehmen vor das Grundrecht der Bürger auf Datenschutz stellen. Wie will der Staat glaubhaft von Unternehmen wie Facebook und Google verlangen, dass sie sich an strenge Datenschutzauflagen halten, während er selbst einen Ausverkauf des Datenschutzes an die Privatwirtschaft betreibt?" (zit. nach Süddeutsche Zeitung, 10.7.2012, www.sueddeutsche.de/politik/weitergabe-von-buergerdaten-eu-justizkommissarin-reding-kritisiert-meldegesetz-1.1407634).

[180] Hierzu *Kahler* RDV 2013, 69 sowie *Kranig* RDV 2013, 217; siehe auch *Gömann* Binnenkollisionsrecht S. 52 mwN.

[181] Vgl. *Albrecht/Jotzo* DatenschutzR S. 131.

[182] Eingehend zu den damit verbundenen Rechtsfragen → Art. 52 Rn. 14.

Einleitung 60, 61

heitsentscheidungen ihrer Kollegen als rechtsverbindlich zu akzeptieren. Dadurch, dass die Kommission in ihrem Vorschlag zur DS-GVO vorsah, dass sie selbst die Rolle des verbindlichen Streitschlichters übernehmen würde, erreichte sie zweierlei: Zunächst brachte sie alle nationalen Datenschutzbehörden gegen diesen Aspekt des Vorschlags auf. Ferner zwang sie diese dazu, eine ebenso wirksame Alternative zu finden wie eine Letztentscheidung durch die Kommission. Das insbesondere im Europäischen Parlament[183] nachdrücklich unterstützte Ergebnis – ein neuer, an die Stelle der bislang nur beratend tätigen Artikel-29-Datenschutzgruppe tretender **Europäischer Datenschutzausschuss mit Rechtspersönlichkeit** (Art. 68 DS-GVO), der das Recht hat, bei Meinungsverschiedenheiten zwischen nationalen Aufsichtsbehörden am Ende durch einen verbindlichen Beschluss innerhalb kurzer Fristen zu entscheiden (so jetzt das in Art. 65 Abs. 1–3 vorgesehene Streitbeilegungsverfahren) – lag auf der Linie dessen, was die Kommission verhandlungstaktisch im Interesse einer effizienten und kohärenten Rechtsanwendung im gesamten EU-Binnenmarkt angestrebt hatte, auch wenn sich die Kommission die Befugnisse des Europäischen Datenschutzausschusses durchaus noch etwas stärker vorgestellt hätte.

60 Ein zweiter wichtiger Erfolgsfaktor für die DS-GVO war die **strategische Allianz zwischen der Kommission und dem Europäischen Parlament zugunsten einer ehrgeizigen Datenschutzreform.**[184] Von Beginn an harmonierten – für manchen Beobachter überraschend – insbesondere die christdemokratische EU-Justizkommissarin *Reding* und *Jan Philipp Albrecht*, der deutsche Abgeordnete der Grünen, den das Parlament zum Berichterstatter für die DS-GVO ernannt hatte. *Reding* und *Albrecht* teilten das Ziel einer ehrgeizigen DS-GVO, die in ganz Europa an die Stelle der nationalen Datenschutzgesetze treten sollte, sowie den Grundsatz, dass die parallel vorgeschlagene Richtlinie für den Datenschutz im Bereich der polizeilichen und justiziellen Zusammenarbeit in Strafsachen (sog. Polizei-RL) „im Paket", also gleichzeitig mit der DS-GVO zu verabschieden sei. Beide Politiker waren allerdings auch immer wieder bereit, pragmatische Kompromisse mit Vertretern der übrigen Fraktionen zu schließen, um Mehrheiten zu gewinnen und so die Datenschutzreform voranzubringen. Dabei erwies sich *Albrecht* als ein geschickter parlamentarischer Verhandlungsführer, der bei der DS-GVO einen Mittelweg zwischen den Erwartungen der eher wirtschaftsfreundlichen Abgeordneten und den Verfechtern eines starken Grundrechtsschutzes einschlug und dabei die Interessen der ihm gut vertrauten „Netzgemeinde" stets im Blick behielt. Während das Gesetzgebungsverfahren im Rat zu Anfang meist nur schleppende Fortschritte machte, ging das Europäische Parlament – maßgeblich unter dem Einfluss von *Albrecht* – mit großen Schritten voran und setzte mit dem Entwurf des *Albrecht*-Berichts am 10.1.2013 eigene Standards, die teilweise noch über die ambitionierten Kommissionspläne hinausgingen.[185] Dies zwang den Rat, sich zu bewegen und selbst zu einer Position zu finden.

61 Wohl kaum denkbar gewesen wäre der erfolgreiche Abschluss der Verhandlungen zur DS-GVO ohne den **Snowden-Faktor.** Am 7.6.2013 enthüllte die britische Zeitung The Guardian, dass der US-Geheimdienst, die National Security Agency (NSA), über ein spezielles Programm mit dem Namen PRISM Zugang zu den Betriebssystemen von Google, Apple, Facebook und anderen US-Internetunternehmen hatte.[186] Auf der Basis von Angaben, die der frühere NSA-Mitarbeiter *Edward Snowden* gemacht hatte, wurde schrittweise bekannt, dass der US-Geheimdienst praktisch alle Kommunikationsdaten auf der Welt mitlesen, abhören, überwachen und speichern konnte. Vor allem in Europa löste dies ein politisches Erdbeben aus, das ganz besonders in Deutschland zu spüren war. Denn nach ersten Diskussionen wurde dort schnell klar, dass der u.a. von der damaligen Bundeskanzlerin *Angela Merkel* zunächst postulierte Satz „In Deutschland gilt deutsches Recht" beim Datenschutz gegenüber US-Internetunternehmen nicht immer zutreffend war. Zwar konnte die DS-GVO und das in ihr vorgesehene Marktortprinzip (→ Rn. 24, 73) – demzufolge die DS-GVO auch für bei der Datenverarbeitung durch nicht in der Union niedergelassene Verantwortliche oder Auftragsverarbeiter gilt, wenn dadurch Personen betroffen sind, die sich in der Union befinden – zum Teil eine Antwort auf die durch das

---

[183] Vgl. Hijmans/Kranenborg Data Protection Anno 2014/*Albrecht* S. 119, 127 f.

[184] Zutr. *Albrecht* CR 2016, 88 (89): „Ohne den massiven Druck des Europäischen Parlaments und auch der Öffentlichkeit auf die Mitgliedstaaten, den Weg für eine EU-weite Verordnung zum Datenschutz freizumachen, wäre es zu dieser wohl nie gekommen."

[185] Zum Entw. des *Albrecht*-Berichts v. 10.1.2013 *Albrecht* DuD 2013, 655; *Burton/Kuner/Pateraki* Bloomberg BNA Privacy and Security Law Report, 12 PVLR 99, 21.1.2013.

[186] The Guardian v. 7.6.2013, NSA Prism program taps in to user data of Apple, Google and others, abrufbar unter www.theguardian.com/world/2013/jun/06/us-tech-giants-nsa-data.

PRISM-Programm aufgeworfenen Fragen geben; dazu musste sich aber die deutsche Blockadehaltung im Rat in eine konstruktive Positionierung zur DS-GVO verwandeln.[187] Dies geschah in der Folge. Seit Juli 2013 verwiesen deutsche Regierungsvertreter (die damals einen Bundestagswahlkampf zu bestreiten hatten) im Zusammenhang mit den *Snowden*-Enthüllungen regelmäßig auf die DS-GVO und die Notwendigkeit ihrer raschen Verabschiedung.[188] Auch in anderen EU-Mitgliedstaaten beförderte der *Snowden*-Effekt eine positivere Haltung zur DS-GVO. Im Oktober 2013 forderte auch der Europäische Rat – also die Staats- und Regierungschefs aller EU-Mitgliedstaaten gemeinsam mit dem Präsidenten der Europäischen Kommission und dem Präsidenten des Europäischen Rates (vgl. Art. 15 Abs. 2 S. 1 EUV) – vor allem auf Drängen der deutschen Bundeskanzlerin eine „rasche Verabschiedung" der Datenschutzreform, um das Vertrauen der Bürger und Unternehmen in die digitale Gesellschaft zu fördern.[189] *Snowdens* Enthüllungen hatten offensichtlich gemacht, dass das mit der DS-GVO verfolgte Anliegen der digitalen Selbstbehauptung Europas kein theoretisches war, sondern für den Schutz der persönlichen Daten von Millionen von EU-Bürgern eine sehr praktische Rolle spielte.[190]

Trotz vieler Fortschritte gelang es nicht, zwischen dem Europäischen Parlament und dem Rat noch vor den Europawahlen im Mai 2014 eine abschließende Einigung über die Datenschutzreform zu erzielen. Kritiker der DS-GVO erhofften sich deshalb vom **Beginn einer neuen Legislaturperiode** eine neue Prioritätensetzung und eine weniger grundrechtsbewusste Europäische Kommission, zumal angesichts eines Regierungswechsels in Luxemburg im Herbst 2013 von den Christdemokraten zu einer liberal-sozialistisch-grünen-Koalition feststand, dass EU-Justizkommissarin *Reding* der neuen Kommission nicht mehr angehören würde. Vielleicht würde die neue Kommission das Vorhaben der DS-GVO zurückziehen oder wesentlich abändern? Diese teils gehegten politischen Erwartungen erfüllten sich jedoch nicht, im Gegenteil: Die Wahl des Luxemburger Christdemokraten *Jean-Claude Juncker* zum neuen Kommissionspräsidenten im Juli 2014 führte dazu, dass die Kommission ihren bisherigen datenschutzfreundlichen Kurs nicht nur uneingeschränkt fortsetzte, sondern sogar bekräftigte. *Juncker,* der sich als Spitzenkandidat der europäischen Christdemokraten vor seiner Wahl in einer europaweiten Wahlkampagne als Kommissionspräsident beworben hatte, trat bereits im Wahlkampf ausdrücklich für die DS-GVO ein.[191] In seinen Politischen Leitlinien (einer Art Regierungsprogramm des Kommissionspräsidenten) findet „der rasche Abschluss der Verhandlungen über gemeinsame europäische Datenschutzbestimmungen" an hervorgehobener Stelle Erwähnung.[192] Nachdem ihn das Europäische Parlament am 15.7.2014 zum Kommissionspräsidenten gewählt hatte, betraute er sowohl seinen Ersten Vizepräsidenten *Frans Timmermans,* zuständig u.a. für die Charta der Grundrechte, als auch seinen Vizepräsidenten *Andrus Ansip,* zuständig für die Verwirklichung des Digitalen Binnenmarkts, mit der raschen Verabschiedung der DS-GVO. Gemeinsam mit der neuen Justizkommissarin *Věra Jourová* gelang es den beiden Vizepräsidenten *Junckers* schließlich, im April 2016 die Verhandlungen mit dem Europäischen Parlament und dem Rat sowohl zur DS-GVO als auch zur ergänzenden Richtlinie für den Datenschutz im Bereich der polizeilichen und justiziellen Zu-

---

[187] Hierzu *Selmayr* ZD 2013, 525.
[188] Vgl. zB Financial Times, 15.7.2013, 1: „Merkel calls for EU-wide Internet privacy law" sowie die Regierungserklärung von Bundeskanzlerin Merkel v. 29.1.2014: „Wir arbeiten an einer europäischen Datenschutzgrundverordnung mit Hochdruck."
[189] Schlussfolgerungen des Europäischen Rats v. 24./25.10.2013, Ziff. 8.
[190] Hierzu auch *Albrecht/Jotzo* DatenschutzR S. 35.
[191] Vgl. *Juncker* Rede in Berlin v. 8.5.2014, Europa braucht eine neue digitale Gründerzeit: „Wir müssen [...] die EU-Datenschutzverordnung rasch verabschieden, sodass alle Unternehmen, die in Europa ihre digitalen Dienste anbieten, sich an strenge EU-Datenschutzstandards halten müssen; sonst haben europäische Unternehmen einen Wettbewerbsnachteil gegenüber datenhungrigen US-Unternehmen wie Google und Facebook."
[192] *Juncker,* Politische Leitlinien v. 15.7.2014, abrufbar in dt. Fassung unter https://commission.europa.eu/publications/president-junckers-political-guidelines_en, S. 5 f., unter Digitaler Binnenmarkt. Ferner heißt es dort (S. 10, unter Raum des Rechts und der Grundrechte): „Dem Grundrecht auf Datenschutz kommt im digitalen Zeitalter besondere Bedeutung zu. Neben dem zügigen Abschluss der Gesetzgebungsarbeiten an gemeinsamen Datenschutzregeln innerhalb der Europäischen Union müssen wir auch in unseren Außenbeziehungen auf dieses Recht pochen. Angesichts der jüngst offenbarten Massenüberwachung müssen uns enge Partner wie die Vereinigten Staaten erst wieder davon überzeugen, dass die aktuelle Safe-Harbor-Vereinbarung wirklich sicher ist, wenn sie weiter Bestand haben soll. Die Vereinigten Staaten müssen auch garantieren, dass alle EU-Bürgerinnen und -Bürger das Recht haben, ihre Datenschutzrechte bei US-Gerichten einzuklagen, und zwar unabhängig davon, ob sie auf amerikanischem Boden wohnen. Dies ist unerlässlich, damit in den transatlantischen Beziehungen wieder Vertrauen entstehen kann."

Einleitung 63

sammenarbeit in Strafsachen (sog. Polizei-RL)[193] erfolgreich abzuschließen. Beide Rechtsakte des reformierten europäischen Datenschutzrechts wurden am 27.4.2016 verabschiedet und am 4.5.2016 im EU-Amtsblatt veröffentlicht. In seiner Rede zur Lage der Union am 14.9.2016 nannte Kommissionspräsident *Juncker* die Verabschiedung der DS-GVO ausdrücklich unter den Errungenschaften einer Union,[194] die sich nach dem Weckruf des „Brexit"-Votums vom 23.6.2016 – das schließlich am 31.1.2020 zum Ausscheiden des Vereinigten Königreichs aus der EU gemäß dem in Art. 50 EUV geregelten Verfahren führte – verstärkt dem Schutz der Bürgerinnen und Bürger und ihrer Interessen angesichts der Herausforderungen der Globalisierung zuwenden müsse.[195] Man kann somit insgesamt sagen, dass der vierte und vielleicht entscheidende Erfolgsfaktor für die Durchsetzung der DS-GVO der ***Juncker*-Faktor** war. Die Unterstützung auf oberster politischer Ebene der Europäischen Kommission für die DS-GVO blieb dabei über die Amtszeit *Jean-Claude Junckers* (2014–2019) hinaus bestehen. Auch seine Nachfolgerin *Ursula von der Leyen* nannte in ihren Politischen Leitlinien, die sie vor ihrer Wahl zur Kommissionspräsidentin am 16.7.2019 dem Europäischen Parlamente vorlegte, ausdrücklich die DS-GVO als Erfolgsmodell für weitere Vorhaben im Bereich der EU-Digitalgesetzgebung (→ Rn. 135 ff.).[196]

63 **5. Die DS-GVO: Evolution oder Revolution?** Wenn man die DS-GVO (99 Artikel, 173 Erwägungsgründe) mit der DS-RL (34 Artikel, 72 Erwägungsgründe) vergleicht, lassen sich mehrere inhaltliche Neuerungen feststellen. Die DS-GVO stellt jedoch **materiell rechtlich keine Revolution** dar, sondern konzentriert sich bewusst auf eine Weiterentwicklung und Modernisierung des europäischen Datenschutzrechts.[197] Im Erwägungsgrund 9 der DS-GVO heißt es ausdrücklich: „Die Ziele und Grundsätze der Richtlinie 95/46/EG besitzen nach wie vor Gültigkeit, doch hat die Richtlinie nicht verhindern können, dass der Datenschutz in der Union unterschiedlich gehandhabt wird, Rechtsunsicherheit besteht oder in der Öffentlichkeit die Meinung weit verbreitet ist, dass erhebliche Risiken für den Schutz natürlicher Personen bestehen, insbesondere im Zusammenhang mit der Nutzung des Internets." Der Schwerpunkt der mit der DS-GVO bewirkten Reform liegt daher weniger im materiellen Recht als vielmehr

---

[193] Richtlinie (EU) 2016/680 des Europäischen Parlaments und des Rates v. 27.4.2016 zum Schutz natürlicher Personen bei der Verarbeitung personenbezogener Daten durch die zuständigen Behörden zum Zwecke der Verhütung, Ermittlung, Aufdeckung oder Verfolgung von Straftaten oder der Strafvollstreckung sowie zum freien Datenverkehr und zur Aufhebung des Rahmenbeschl. 2008/977/JI des Rates, ABl. 2016 L 119, 89, ber. ABl. 2018 L 127, 9, ber. ABl. 2021 L 74, 36.

[194] Vgl. auch *Albrecht* CR 2016, 88 (98), der die Einigung auf die DS-GVO als „eine Wegmarke der europäischen Integration" bewertet, die auch angesichts anderer politischer Herausforderungen zeige: „Eine Einigung auf starke EU-Standards – auch in sensiblen Grundrechtsbereichen – ist möglich."

[195] Vgl. *Juncker* Rede zur Lage der Union 2016: Hin zu einem besseren Europa – einem Europa, das schützt, stärkt und verteidigt, 14.9.2016, SPEECH/16/3043, abrufbar unter https://data.europa.eu/doi/10.2775/968989: „Europäer sein heißt, ein Anrecht darauf zu haben, dass die eigenen personenbezogenen Daten durch strenge europäische Gesetze geschützt werden. Denn Europäer möchten keine Drohnen, die über ihren Köpfen kreisen und ihre Bewegungen aufzeichnen. Europäer möchten auch keine Unternehmen, die alle ihre Mausklicks speichern. Deshalb haben Parlament, Rat und Kommission im Mai dieses Jahres eine gemeinsame europäische Datenschutzgrundverordnung verabschiedet: ein strenges europäisches Gesetz, das für alle Unternehmen gilt – wo immer sie ihren Sitz haben und wann immer Daten verarbeitet werden. Denn in Europa spielt der Schutz der Privatsphäre eine Rolle. Das ist eine Frage der Menschenwürde."

[196] *von der Leyen* Eine Union, die mehr erreichen will, abrufbar unter https://commission.europa.eu/system/files/2020-04/political-guidelines-next-commission_de.pdf: „Daten und KI ermöglichen Innovationen, die uns dazu befähigen, Lösungen für gesellschaftliche Herausforderungen in Bereichen wie Gesundheit oder Landwirtschaft, Sicherheit oder industrielle Fertigung zu entwickeln. Um dieses Potenzial freizusetzen, müssen wir unseren eigenen, europäischen Weg finden, indem wir den Austausch und die breite Nutzung von Daten kanalisieren und gleichzeitig hohe ethische, Datenschutz- und Sicherheitsstandards wahren. Mit der Datenschutz-Grundverordnung ist uns dies bereits gelungen, und viele Länder folgen unserem Beispiel."

[197] Ebenso die Bewertung von Hijmans/Kranenborg Data Protection Anno 2014/*Albrecht* S. 119, 124: „It is completely clear that the proposed reform is not a Revolution". Vgl. ferner *Hustinx*, EU Data Protection Law: The Review of Directive 95/46/EC and the Proposed General Data Protection Regulation, S. 28: „there is also a lot of continuity". Vgl. auch EuGH (Große Kammer) Urt. v. 1.8.2022 – C-184/20, ECLI:EU:C:2022:601 = ZD 2022, 611 = LTZ 2023, 50 mAnm *Kienle* – OT/Vyriausioji tarnybinės etikos komisija, Rn. 58, wo der EuGH (in einem Fall, in dem nicht ganz sicher war, ob noch die DS-RL oder schon die DS-GVO anwendbar war) ausführt, für die Zwecke seines Urt. brauche „nicht zwischen den Bestimmungen der Richtlinie 95/46 und den in den beiden Vorlagefragen in ihrer umformulierten Fassung genannten Bestimmungen der DS-GVO unterschieden zu werden, da diese Bestimmungen einen ähnlichen Regelungsgehalt haben […]."

in der stärkeren Harmonisierung und der verstärkten Durchsetzung des nun weitgehend einheitlichen europäischen Datenschutzrechts.[198]

Materiellrechtlich bekräftigt die DS-GVO die wesentlichen Grundsätze des europäischen Datenschutzrechts, wie sie **bereits in der DS-RL verankert** waren, von der Zweckbindung und der Rechtmäßigkeit der Verarbeitung über den Grundsatz der Datenminimierung, der Integrität und der Vertraulichkeit der Verarbeitung und die individuellen Auskunfts- und Berichtigungsrechte bis hin zur Überwachung der Einhaltung des europäischen Datenschutzrechts durch unabhängige nationale Aufsichtsbehörden. Dass die DS-GVO bei diesen Grundsätzen keine wesentlichen Veränderungen vornimmt, kann nicht überraschen. Denn diese sind im Kern unionsprimärrechtlich verankert in Art. 16 AEUV und Art. 8 GRCh verankert und stehen daher nicht zur Disposition des Unionsgesetzgebers (→ Rn. 35). Im Einklang mit der heutigen Rechtslage nach Unionsprimärrecht orientiert sich die DS-GVO nicht mehr, wie noch die DS-RL, am Recht auf Privatsphäre (vgl. Art. 1 Abs. 1 DS-RL), sondern ergänzt und ersetzt Bezugnahmen auf dieses durch **Bezugnahmen auf das modernere und umfassendere Grundrecht auf den Schutz personenbezogener Daten** (Art. 1 Abs. 1, Abs. 2 DS-GVO).[199] **64**

Sechs Neuerungen in der DS-GVO verdienen es, als **evolutive Weiterentwicklung des europäischen Datenschutzrechts** hervorgehoben zu werden: **65**

– An erster Stelle ist das **Recht auf Vergessenwerden (Art. 17)** zu nennen. Dabei handelt es sich um eine Bekräftigung und Erweiterung des bereits zuvor in Art. 12 DS-RL enthaltenen Löschungsanspruchs.[200] Nach Art. 17 kann der Betroffene vom für die Datenverarbeitung Verantwortlichen eine Löschung der ihn betreffenden persönlichen Daten verlangen, zB wenn eine Speicherung der Daten nicht mehr notwendig ist (Art. 17 Abs. 1 lit. a) oder er seine Einwilligung zur Verarbeitung wirksam widerrufen hat (Art. 17 Abs. 1 lit. b). Darüber hinaus kann der Betroffene gemäß Art. 17 Abs. 2 verlangen, dass der Verantwortliche, der personenbezogene Daten veröffentlicht hat, ein Löschungsverlangen – sofern dies technisch machbar ist – an andere Stellen weiterleitet, die auf die Veröffentlichung verweisen. Schließlich gibt es einen weit reichenden Löschungsanspruch von Daten, zu deren Online-Verarbeitung Kinder **66**

---

[198] Vgl. bereits *Reding* ZD 2012, 195 (196 f.); ähnlich *Kühling/Martini* EuZW 2016, 448. Für grds. richtig halten das Festhalten an den Grundprinzipien des Datenschutzrechts *Eckhardt/Kramer* DuD 2013, 287 (289); als „aus datenschutzrechtlicher Sicht ebenso erfreulich wie inhaltlich konsequent" bewerten dies auch *Voßhoff/Hermerschmidt* PinG 2016, 56 (57); krit. dagegen *Härting* BB 2012, 489, der die Datenschutzreform unter der Überschrift „Starke Behörden, schwaches Recht" kritisiert.

[199] Darauf verweist zutr. *Lynskey* The Foundations of EU Data Protection Law S. 10: „The draft GDPR [= General Data Protection Regulation] removes most references to the right to privacy and instead refers primarily to the right to data protection." Vgl. auch *Baumgartner/Gausling* ZD 2017, 308 (309): „Insoweit unterscheidet sich die DS-GVO auch von der Datenschutzrichtlinie (DS-RL) und orientiert sich nicht wie diese am Recht auf Privatsphäre (vgl. Art. 1 Abs. 1 DS-RL), sondern stellt vielmehr das Grundrecht auf den Schutz personenbezogener Daten in den Mittelpunkt (Art. 1 Abs. 2 DG-GVO)." Ebenso *Stentzel* PinG 2016, 185 (188), der allerdings das Datenschutzgrundrecht grds. wegen seines angeblich unklaren Schutzgutes kritisiert. Zur Unterscheidung des Datenschutzgrundrechts vom Recht auf Privatsphäre → Rn. 31 und 36 sowie Paal/Pauly/*Ernst* DS-GVO Art. 1 Rn. 5; Kühling/Buchner/*Buchner*, 4. Aufl. 2024, DS-GVO Art. 1 Rn. 11; Plath/*Plath* DS-GVO Art. 1 Rn. 6; grdl. *Warren/Brandeis* Harvard Law Review 1890, 193; *Prosser* California Law Review 1960, 383; zur US-Praxis im Datenschutzrecht instruktiv *Brill* Remarks to the Mentor Group, 16.4.2013; sowie *Simitis* California Law Review 2010, 1989; vgl. auch *Whitman* Yale Law Journal 2004, 1151, der das US-amerikanische Verständnis des Rechts auf „privacy" an den Freiheitsrechten der US-Verfassung orientiert sieht, während in Europa ein stärkerer Bezug zur Menschenwürde besteht.

[200] Vgl. Erwägungsgrund 66: „Um dem ‚Recht auf Vergessenwerden' im Netz mehr Geltung zu verschaffen, sollte das Recht auf Löschung ausgeweitet werden […]." Vgl. ferner *Hustinx*, EU Data Protection Law: the Review of Directive 95/46/EC and the Proposed General Data Protection Regulation, S. 31: „There has been much discussion about the ‚right to be forgotten', but on a closer analysis, it is basically a greater emphasis on deletion of data when there is ‚not a good reason to keep them', together with a duty to make reasonable efforts to contact third parties so as to undo the effects of publication of data on the Internet." Die fundamentale Bedeutung des Rechts auf Vergessen fasst BVerfG Beschl. v. 6.11.2019 – 1 BvR 16/13, ZD 2020, 100 mAnm *Petri* und *Gräbig*, = MMR 2020, 99 mAnm *Hoeren*, – Recht auf Vergessen I Rn. 105 so zusammen: „Die Rechtsordnung muss deshalb davor schützen, dass sich eine Person früherer Positionen, Äußerungen und Handlungen unbegrenzt vor der Öffentlichkeit vorhalten lassen muss. Erst die Ermöglichung eines Zurücktretens vergangener Sachverhalte eröffnet dem Einzelnen die Chance darauf, dass Vergangenes gesellschaftlich in Vergessenheit gerät, und damit die Chance zum Neubeginn in Freiheit. Die Möglichkeit des Vergessens gehört zur Zeitlichkeit der Freiheit." Vor dem Hintergrund der Möglichkeiten des Internets kommt dem besonderes Gewicht zu, siehe am Bsp. der Auslistung bei Suchmaschinen EuGH Urt. v. 8.12.2022 – C-460/20, ECLI:EU:C:2022:962 = MMR 2023, 105 = EuZW 2023, 139 mAnm *Petri* – TU und RE/Google LLC.

Einleitung 67, 68

eingewilligt haben. Da **Kinder** die Folgen einer Verarbeitung ihrer Daten im Netz oft nicht absehen können, erlaubt der EU-Gesetzgeber in Art. 17 Abs. 1 lit. f iVm Art. 8 Abs. 1 die Geltendmachung dieses Löschungsanspruchs sowohl durch das betroffene Kind als auch durch dessen Eltern, und zwar auch dann, wenn die ursprüngliche Einwilligung rechtswirksam war. Auch Erwachsene können diesen Löschungsanspruch hinsichtlich derjenigen Daten geltend machen, die sie als Kinder freiwillig ins Netz gestellt haben.

67 – Neu im europäischen Datenschutzrecht ist das **Recht auf Datenübertragbarkeit bzw. Datenportabilität (Art. 20).** Danach kann der Grundrechtsträger vom Verantwortlichen verlangen, dass dieser ihm jederzeit alle Daten über ihn in einem strukturierten, gängigen, maschinenlesbaren und interoperablen Format bereitstellt.[201] Aus Sicht des Datenschutzgrundrechts soll so eine bessere **Kontrolle über die eigenen Daten** im digitalen Raum ermöglicht werden (vgl. Erwägungsgrund 68). Zugleich fördert das neue Recht auf Datenportabilität den **Wettbewerb zwischen Anbietern**,[202] vor allem im Bereich der sozialen Netzwerke, und erleichtert es neuen Anbietern, auf den Markt zu kommen. Denn Art. 20 ermöglicht dem Verbraucher, jederzeit sein Profil mit all seinen persönlichen Daten zu einem konkurrierenden Anbieter zu übertragen. Es ist insofern dem Recht auf Mitnahme der Rufnummer nachgebildet, wie es im europäischen Telekommunikationsrecht im Zusammenhang mit der Öffnung der nationalen Telekommunikationsmärkte eingeführt wurde.[203] Über die wirksame Absicherung des Datenschutzrechts hinaus hat das Recht auf Datenportabilität großes Potenzial für die Erschließung neuartiger Datenströme und die Förderung des Wettbewerbs.[204]

68 – Gestärkt werden die Rechte des Einzelnen auch durch das sog. **Koppelungsverbot (Art. 7 Abs. 4).** Es bekräftigt den Grundsatz, dass die Einwilligung in die Verarbeitung personenbezogener Daten nur dann wirksam ist, wenn sie freiwillig erteilt worden ist (vgl. Art. 4 Ziff. 11). Deshalb schreibt Art. 7 Abs. 4 vor, dass bei der Beurteilung der Freiwilligkeit der Einwilligung „in größtmöglichem Umfang" dem Umstand Rechnung getragen werden muss, ob die Erfüllung eines Vertrages von der Einwilligung zur Verarbeitung personenbezogener Daten abhängig gemacht wird, obwohl diese personenbezogenen Daten für die Erfüllung des Vertrages nicht erforderlich sind. Eine sachwidrige Koppelung („Zugang zu dieser Internetdienstleistung nur für Deine Daten") wird damit ausgeschlossen. Denn verlangt ein Anbieter, dass sein Vertragspartner in sachfremde Verarbeitungsprozesse einwilligt, so ist eine solche Einwilligung als nicht freiwillig erteilt anzusehen und damit unwirksam.[205] Die Ausgestaltung und

---

[201] *Jülicher/Röttgen/v. Schönfeld* ZD 2016, 358, sehen in der Einführung des Rechts auf Datenportabiliät eine „rechtsdogmatische Weichenstellung für den Handel mit Daten" und zugleich eine „Weiterentwicklung des Rechts auf informationelle Selbstbestimmung, denn erstmals erhält der Betroffene ein gestaltendes Instrument, mit dem er auch nach der Einwilligung noch über die Zuordnung ‚seiner' Daten entscheiden kann."

[202] Dass Art. 20 außer datenschutzrechtlichen Zielen auch wettbewerbsrechtliche Ziele verfolgt, betont *Paal/Götz* ZD 2023, 67.

[203] Vgl. Art. 30 („Erleichterung des Anbieterwechsels") RL 2002/22/EG des Europäischen Parlaments und des Rates v. 7.3.2002 über den Universaldienst und Nutzerrechte bei elektronischen Kommunikationsnetzen und -diensten (Universaldienstrichtlinie), ABl. 2002 L 108, 51, heute ersetzt durch Art. 106 RL (EU) 2018/1972 des Europäischen Parlaments und des Rates v. 11.12.2018 über den europäischen Kodex für die elektronische Kommunikation (Neufassung), ABl. 2018 L 321, 36, ber. ABl. 2019 L 334, 164. Insofern zeigt sich am Recht auf Datenportabilität bes. deutlich die Handschrift von EU-Kommissarin *Reding*, die vor ihrer Amtszeit als EU-Justizkommissarin als EU-Kommissarin für Telekommunikation ein verstärktes Recht auf Mitnahme der Rufnummer durchgesetzt hatte.

[204] Auf dieses Potential verweist neuerdings die Mitteilung der Kommission v. 19.2.2020 an das Europäische Parlament, den Rat, den Europäischen Wirtschafts- und Sozialausschuss und den Ausschuss der Regionen: Eine europäische Datenstrategie, COM(2020) 66, S. 12.

[205] Vgl. *Dammann* ZD 2016, 307 (311) sowie *Albrecht/Jotzo* DatenschutzR S. 64. Eingehend zum Verhältnis zwischen Datenschutzrecht und Zivilrecht beim Thema „Daten als Bezahlung" *Schmidt-Kessel/Grimm* ZfPW 2017, 84 sowie *Dix* ZEuP 2017, 1. Über das Datenschutzrecht hinaus regelt diese Frage neuerdings die sog. „Digitale Inhalte-Richtlinie" – Richtlinie (EU) 2019/770 des Europäischen Parlaments und des Rates v. 20.5.2019 über bestimmte vertragsrechtliche Aspekte der Bereitstellung digitaler Inhalte und digitaler Dienstleistungen, ABl. 2019 L 136/1, ber. ABl. 2019, L 305, 62; in Deutschland umgesetzt durch das Gesetz zur Umsetzung der Richtlinie über bestimmte vertragsrechtliche Aspekte der Bereitstellung digitaler Inhalte und digitaler Dienstleistungen, BGBl. 2021 I 2023, in Österreich durch das Bundesgesetz über die Gewährleistung bei Verbraucherverträgen über Waren oder digitale Leistungen (Verbrauchergewährleistungsgesetz – VGG), Öst. BGBl. I Nr. 175/2021. Ein zentrales Novum stellt dabei die Einbeziehung von Verträgen mit personenbezogenen Daten als Gegenleistung dar, siehe *Spindler/Sein* MMR 2019, 415 (418).

– Anwendung des Koppelungsverbots entscheidet wesentlich über den Konflikt zwischen Datenmarkt und Datenschutz,[206] also darüber, unter welchen Voraussetzungen Daten ohne gesonderte Einwilligung der betroffenen Person von anderen wirtschaftlich genutzt werden dürfen.
– Was Unternehmen und Behörden angeht, die personenbezogene Daten verarbeiten, so befreit die DS-GVO diese von bürokratischen Melde- und Vorabkontrollpflichten, wie sie noch in Art. 20 DS-RL vorgesehen waren, und stärkt im Gegenzug den **Grundsatz der Eigenverantwortung (Art. 5 Abs. 2, Art. 24).**[207] Die für die Datenverarbeitung Verantwortlichen sollen frühzeitig datenschutzrechtliche Risiken erkennen – zB durch eine Datenschutz-Folgenabschätzung (Art. 35) oder bei der Übermittlung von Daten in einen Drittstaat auf der Grundlage von Standardvertragsklauseln (Art. 46 Abs. 2 lit. c).[208] Die Verantwortlichen sollen ferner solche datenschutzrechtlichen Risiken bereits im Stadium der Entwicklung neuer Produkte und Dienste durch geeignete technische und organisatorische Maßnahmen begrenzen, insbesondere durch Technikgestaltung („Data Protection by Design", Art. 25 Abs. 1 sowie Erwägungsgrund 78 S. 2) und entsprechende Voreinstellung („Data Protection by Default", Art. 25 Abs. 2, sowie Erwägungsgrund 78 S. 2). Der für die Verarbeitung Verantwortliche hat dabei nach dem **Grundsatz der Rechenschaftspflicht („Accountability", Art. 5 Abs. 2)** die Rechtmäßigkeit der Datenverarbeitung nachzuweisen. Rechenschaftspflicht und Eigenverantwortung sind zwei Seiten derselben Medaille. Nur ihre Kombination rechtfertigt es, von Vorabkontrollpflichten durch externe Stellen abzusehen.
– Im Einklang mit dem Grundsatz der Eigenverantwortung sieht **Art. 37** eine **Pflicht zur Benennung eines Datenschutzbeauftragten** vor. Der betriebliche und behördliche Datenschutzbeauftragte ist eine deutsche Erfindung, die vor Inkrafttreten der DS-GVO nur in wenigen EU-Mitgliedstaaten Nachahmung gefunden hatte. Dabei kann die Bestellung eines ebenso unabhängigen wie sachkundigen Datenschutzexperten für ein Unternehmen wie für eine Behörde ein wichtiges Instrument sein, um die gesamte Unternehmens- bzw. Behördentätigkeit von vornherein datenschutzfreundlich zu gestalten. Die DS-GVO übernimmt deshalb in ihren Art. 37–39 weitgehend das deutsche Modell des Datenschutzbeauftragten und macht ihn europaweit zur Pflicht.[209] Sowohl die Weisungsfreiheit und das Verbot von Interessenkollisionen als auch die direkte Berichtslinie an den Vorstand bzw. die Behördenleitung kopiert

---

[206] So der Titel des Aufsatzes von *Engeler* NJW 2022, 3398; er will in der Regelung des Art. 7 Abs. 4 allerdings gerade kein Koppelungsverbot sehen, sondern „lediglich eine besondere Prüfpflicht bei der Freiwilligkeit" der Einwilligung.

[207] Vgl. *Hustinx*, EU Data Protection Law: the Review of Directive 95/46/EC and the Proposed General Data Protection Regulation, S. 32: „Responsibility is not a concept that only comes *at the end*, when something has gone wrong. Instead, it comes as a proactive obligation to develop adequate *data management* in practice. […] This is one of the major shifts in data protection law." (Hervorhebungen im Original).

[208] Dazu EuGH Urt. v. 16.7.2020 – C-311/18, ECLI:EU:C:2020:559 = ZD 2020, 511 mAnm *Moos/Rothkegel* – Data Protection Commissioner/Facebook Ireland Ltd, Maximillian Schrems („Schrems II"), Rn. 134 f.: „Wie der Generalanwalt hierzu in Nr. 126 meiner Schlussanträge ausgeführt hat, beruhen die in Art. 46 Abs. 2 Buchst. c der DS-GVO vorgesehene vertragliche Mechanismen auf der Eigenverantwortlichkeit des in der Union ansässigen Verantwortlichen bzw. seines dort ansässigen Auftragsverarbeiters und, in zweiter Linie, der zuständigen Aufsichtsbehörde. Folglich obliegt es vor allem diesem Verantwortlichen bzw. seinem Auftragsverarbeiter, in jedem Einzelfall – gegebenenfalls in Zusammenarbeit mit dem Empfänger der Übermittlung – zu prüfen, ob das Recht des Bestimmungsdrittlands nach Maßgabe des Unionsrechts einen angemessenen Schutz der auf der Grundlage von Standarddatenschutzklauseln übermittelten personenbezogenen Daten gewährleistet, und erforderlichenfalls mehr Garantien als die durch diese Klauseln gebotenen zu gewähren. Kann der in der Union ansässige Verantwortliche bzw. sein dort ansässiger Auftragsverarbeiter keine hinreichenden zusätzlichen Maßnahmen ergreifen, um einen solchen Schutz zu gewährleisten, ist er – bzw. in zweiter Linie die zuständige Aufsichtsbehörde – verpflichtet, die Übermittlung personenbezogener Daten in das betreffende Drittland auszusetzen oder zu beenden. Dies ist insbesondere dann der Fall, wenn das Recht dieses Drittlands dem Empfänger aus der Union übermittelter personenbezogener Daten Verpflichtungen auferlegt, die den genannten Klauseln widersprechen und daher geeignet sind, die vertragliche Garantie eines angemessenen Schutzniveaus hinsichtlich des Zugangs der Behörden dieses Drittlands zu diesen Daten zu untergraben."

[209] Zu Einzelheiten zur Stellung und Aufgabe von Datenschutzbeauftragten vgl. Art. 29-Datenschutzgruppe, Leitlinien in Bezug auf Datenschutzbeauftragte v. 13.12.2016, zuletzt überarbeitet am 5.4.2017, WP243 rev.01, abrufbar unter https://ec.europa.eu/newsroom/article29/items/612048. Der Europäische Datenschutzausschuss hat diese Leitlinien bei seiner konstituierenden Sitzung am 25.5.2018 übernommen. Im März 2023 eröffnete der Europäische Datenschutzausschuss eine koordinierte Prüfaktion der Datenschutz-Aufsichtsbehörden zu Stellung und Aufgaben der Datenschutzbeauftragten, an der sich Aufsichtsbehörden aus 26 Mitgliedstaaten (in Deutschland das BayLDA) beteiligen; dazu *Heberlein* ZD 2023, 425.

die DS-GVO weitgehend aus dem deutschen Datenschutzrecht.[210] Die neue europarechtliche Pflicht zur Benennung eines Datenschutzbeauftragten hat allerdings gemäß der DS-GVO ihre Grenzen. Sie gilt nur für öffentliche Stellen und für solche Unternehmen, deren Kerntätigkeit in der umfangreichen Verarbeitung besonders sensibler Daten besteht oder eine umfangreiche und systematische Beobachtung erforderlich macht, wie dies zB für Kreditauskunfteien, Big Data-Analysten, aber auch für Google/Alphabet oder Facebook/Meta anzunehmen ist. Art. 37 Abs. 4 sieht allerdings vor, dass in anderen Fällen die Bestellung eines Datenschutzbeauftragten vom Unionsrecht oder dem Recht der Mitgliedstaaten vorgeschrieben werden kann – eine Möglichkeit, von der zB Deutschland Gebrauch gemacht hat, um einen Datenschutzbeauftragten gemäß § 5 BDSG für alle öffentlichen Stellen in Deutschland sowie gemäß § 38 Abs. 1 BDSG für Unternehmen, die in der Regel mindestens 20 Mitarbeiter ständig mit der automatisierten Verarbeitung personenbezogener Daten beschäftigen. Schätzungen nach werden infolge der DS-GVO in Europa ungefähr 28.000 und alleine in Deutschland mehr als 4.500 zusätzliche Datenschutzbeauftragte benötigt.[211]

71 – Eine Neuerung im europäischen Datenschutzrecht stellt schließlich der sog. **risikobasierte Ansatz**[212] dar, der in der DS-GVO an mehreren Stellen zum Ausdruck kommt (vgl. **Erwägungsgrund 75–77, Art. 24, Art. 32, Art. 33, Art. 34, Art. 35, Art. 36**) und für den sich in den Verhandlungen vor allem der Rat und in besonderem Maße die deutsche Bundesregierung eingesetzt hatten. Unter risikobasiertem Ansatz ist zu verstehen, dass für die Verarbeitung personenbezogener Daten Verantwortliche die Eintrittswahrscheinlichkeit und die Schwere der Risiken für die Rechte und Freiheiten natürlicher Personen berücksichtigen und ihre gemäß Art. 32 Abs. 1 zu treffenden technischen und organisatorischen Maßnahmen zur Sicherstellung von Datenschutz auf diese Risiken abstimmen müssen. Ein wichtiges Instrument ist in diesem Zusammenhang die **Datenschutz-Folgenabschätzung gemäß Art. 35**, die vorzunehmen ist, wenn eine Datenverarbeitung „ein hohes Risiko für die Rechte und Freiheiten natürlicher Personen" zur Folge hat. Auch der besondere Schutz, den **Art. 9** für die Verarbeitung von besonders sensiblen personenbezogenen Daten (zB Daten, aus denen politische Meinungen oder religiöse oder weltanschauliche Überzeugungen hervorgehen, oder Gesundheitsdaten) vorschreibt, ist Ausdruck des risikobasierten Ansatzes.[213] Insgesamt lässt sich der risikobasierte Ansatz auf das Verhältnismäßigkeitsprinzip zurückführen: Je höher das Risiko der Datenverarbeitung für die Rechte und Freiheiten natürlicher Personen, um so stärkere Datenschutzmaßnahmen muss ein Verantwortlicher treffen, während ein geringeres Risiko weniger weit reichende Maßnahmen ausreichen lassen kann. Allerdings bleiben die für die Verarbeitung personenbezogener Daten Verantwortlichen stets zu einem wirksamen Schutz des Datenschutz-Grundrechts verpflichtet. Sie müssen ferner beachten, dass es keine Verarbeitung personenbezogener Daten ohne Risiko gibt. Der risikobasierte Ansatz, wie er in der DS-GVO verankert worden ist, ermöglicht also die Skalierung innerbetrieblicher Maßnahmen, nicht aber den Wegfall jeglicher Maßnahmen zur Herstellung von Datenschutz-Compliance.[214]

72 Die wichtigsten Neuerungen bringt die DS-GVO aber nicht im materiellen Datenschutzrecht, sondern bei der wirksamen und einheitlichen **Rechtsdurchsetzung**,[215] und zwar in fünffacher Hinsicht:

---

[210] Ein wichtiger Unterschied zwischen dem Datenschutzbeauftragten nach deutschem Recht und nach der DS-GVO ist, dass ersterer einen erhöhten arbeitsrechtlichen Kündigungsschutz genießt (vgl. § 6 Abs. 4 BDSG iVm § 626 BGB) und nur aus wichtigem Grund gekündigt werden kann, während letzterer nur „wegen der Erfüllung seiner Aufgaben nicht abberufen oder benachteiligt" werden darf. Dieser weiter gehende Schutz des Datenschutzbeauftragten im deutschen Recht ist europarechtlich zulässig, da Deutschland insofern auf der Grundlage seiner Zuständigkeit für den Arbeitnehmerschutz und das arbeitsvertragliche Kündigungsrecht tätig wird, während die EU in der Sozialpolitik insofern nur unterstützende und ergänzende Zuständigkeiten (vgl. Art. 153 Abs. 1 lit. d AEUV) hat bzw. nur durch Richtlinien Mindestvorschriften erlassen kann (vgl. Art. 153 Abs. 2 lit. b AEUV). Dazu EuGH Urt. v. 22.6.2022 – C-534/20, ECLI:EU:C:2022:495 = ZD 2022, 552 – Leistritz AG/LH, Rn. 32 ff.

[211] Vgl. *Baumgartner* ZD 2017, 405 (406). Allein in Bayern gibt es allerdings mehr als 36.000 Datenschutzbeauftragte, worauf *Heberlein* ZD 2023, 425 (426) hinweist.

[212] Zum risikobasierten Ansatz in der DS-GVO eingehend *Schröder* ZD 2019, 503; *Jungkind/Koch* ZD 2022, 656; sowie Gola/Heckmann/*Piltz* DS-GVO Art. 24 Rn. 2, 4, 23 ff.

[213] Ebenso *Veil* ZD 2015, 347 (349); → Art. 9 Rn. 1 ff.

[214] So zutr. *Schröder* ZD 2019, 503 (503) mwN zu der insoweit herrschenden Auff. in der Lit.

[215] Vgl. Kühling/Buchner/*Kühling/Raab*, 4. Aufl. 2024, Einf. Rn. 86, welche zu Recht „die verbesserte Rechtsdurchsetzung im Mehrebenensystem" als eines der Hauptziele der DS-GVO bezeichnen. Treffend auch GA *Bobek* SchlA v. 13.1.2021 – C-645/19, ECLI:EU:C:2021:5 – Facebook Ireland Ltd u.a./Gegevens-

– Erstens stellt das neue **Marktortprinzip (Art. 3 Abs. 2** → Rn. 24) sicher, dass die DS-GVO 73
auf die Verarbeitung personenbezogener Daten aller Personen, die sich in der Union befinden,
räumlich anwendbar ist, unabhängig davon, wo die verarbeitende Stelle ihre Niederlassung hat,
von der aus sie ihre Waren oder Dienstleistungen im Binnenmarkt der EU anbietet oder von
wo aus sie das Verhalten von Personen in der Union beobachtet.
– Zweitens stärkt die DS-GVO die **Unabhängigkeit der nationalen Datenschutz-Auf-** 74
sichtsbehörden, die für die Anwendung und Durchsetzung der DS-GVO in erster Linie
zuständig sind. Weitaus detaillierter als der bisherige Art. 28 DS-RL harmonisieren die
Art. 51 ff. die völlig unabhängige Stellung, Organisation, Ausstattung, Aufgaben und Befugnisse der nationalen Aufsichtsbehörden. Insbesondere schreibt Art. 52 Abs. 4 vor, dass jeder
Mitgliedstaat sicherzustellen hat, dass jede Datenschutz-Aufsichtsbehörde mit den personellen,
technischen und finanziellen Ressourcen, Räumlichkeiten und Infrastrukturen ausgestattet
wird, die sie für die effektive Wahrnehmung ihrer in der DS-GVO vorgesehenen Aufgaben
und Befugnisse benötigt (→ Art. 52 Rn. 22 ff.).
– Drittens verpflichtet die DS-GVO die nationalen Aufsichtsbehörden und die Kommission zum 75
Zusammenwirken im sog. **Verfahren der Zusammenarbeit und Kohärenz** (vgl. Erwägungsgrund 177), das bei **grenzüberschreitenden Sachverhalten** zur Anwendung kommt
und dabei alle Aufsichtsbehörden zur einheitlichen Anwendung der DS-GVO anhält (Art. 51
Abs. 2, 60 ff., 63 ff.).[216] Nach dem **„One-Stop-Shop-Prinzip"** ist dabei eine Aufsichtsbehörde bei grenzüberschreitenden Sachverhalten **federführend** zuständig ist (Art. 56 Abs. 1,
6). Auf diese Weise sollen sich widersprechende Entscheidungen von Aufsichtsbehörden und
somit regulatorische Arbitrage vermieden werden.
– Viertens schaffen die Art. 68 ff. einen unabhängigen **Europäischen Datenschutzausschuss,** 76
der am 25.5.2018 an die Stelle der bisherigen Artikel-29-Datenschutzgruppe (→ Rn. 18)
getreten ist. Der Europäische Datenschutzausschuss ist eine Einrichtung der Union mit eigener
Rechtspersönlichkeit, die insbes. dazu befugt ist, bei Meinungsverschiedenheiten zwischen
nationalen Aufsichtsbehörden diesen gegenüber durch Entscheidung mit Zwei-Drittel-Mehrheit innerhalb kurzer Fristen verbindliche Beschlüsse zur Streitbeilegung zu treffen, um die
ordnungsgemäße und einheitliche Anwendung der DS-GVO in Einzelfällen sicherzustellen
(vgl. Art. 65 Abs. 1–3).[217] Das Sekretariat des Europäischen Datenschutzausschusses wird gemäß
Art. 75 Abs. 1 vom Europäischen Datenschutzbeauftragten – der für den Schutz personenbezogener Daten gegenüber den EU-Organen und -Einrichtungen zuständig ist[218] – bereitgestellt,
was eine sinnvolle organisatorische Zusammenfassung bewirkt. Heute hat der Datenschutz in
Europa damit eine einzige Telefonnummer: die des Europäischen Datenschutzausschusses.[219]
– Fünftens sieht die DS-GVO **neue Verfahren und Sanktionen zur Durchsetzung des** 77
einheitlichen europäischen Datenschutzrechts vor. Besondere Aufmerksamkeit finden
dabei naturgemäß die bereits genannten **Geldbußen,** die bis zu 20 Mio. EUR oder bei
Unternehmen bis zu 4 Prozent des gesamten weltweit erzielten Jahresumsatzes betragen
können (vgl. Art. 83 Abs. 5, 6 → Rn. 5) und von der zuständigen nationalen Aufsichtsbehörde zu verhängen sind,[220] wobei der Europäische Datenschutzausschuss im Interesse

---

beschermingsautoriteit, Rn. 76: „Die Notwendigkeit, Kohärenz zu gewährleisten, wurde [...] zum Motto
des Rechtsinstruments, das die Richtlinie 95/46 ersetzen sollte."
[216] Zu ersten praktischen Erfahrungen mit dem Verfahren der Zusammenarbeit und Kohärenz instruktiv
Thiel ZD 2021, 467; *Weber/Dehnert* ZD 2021, 63.
[217] Zum ersten Streitbeilegungsverfahren in Sachen Twitter *Weber/Dehnert* ZD 2021, 63. Bisher (Stand
Januar 2024) hat der Europäische Datenschutzausschuss zehnmal einen verbindlichen Beschl. ggü. den
nationalen Datenschutzbehörden (neunmal durch Streitbeilegungsbeschluss gem. Art. 65 Abs. 1, zweimal
durch Dringlichkeitsbeschluss gem. Art. 66) treffen müssen. Alle verbindlichen Beschlüsse sind abrufbar unter
https://edpb.europa.eu/our-work-tools/consistency-findings/binding-decisions_en.
[218] Vgl. Art. 52 Abs. 3 VO (EU) 2018/1725 des Europäischen Parlaments und des Rates v. 23.10.2018
zum Schutz natürlicher Personen bei der Verarbeitung personenbezogener Daten durch die Organe, Einrichtungen und sonstigen Stellen der Union, zum freien Datenverkehr und zur Aufhebung der Verordnung (EG)
Nr. 45/2001 und des Beschlusses Nr. 1247/2002/EG, ABl. 2018 L 295, 35.
[219] IdS *Butarelli,* The General Data Protection Regulation: Making the world a better place?, S. 3: „You, as
companies, should only need one phone number to talk to the regulator in the EU. The European Data
Protection Board will have its own legal personality and have binding powers. It will be up to us, as
independent data protection authorities, to coordinate our positions on questions which affect more than one
country in the EU."
[220] Vgl. dazu die damalige Landesbeauftragte für den Datenschutz in Niedersachsen *Thiel* im ZD-Interview,
Thiel/Wybitul ZD 2020, 3: „Es ist ja auch ein deutlich formuliertes Ziel der EU-Kommission gewesen, mit

Einleitung 77

der Kohärenz in Leitlinien gemeinsame Kriterien für die Bußgeldpraxis vorgibt.[221] Einzelne Grundrechtsträger, denen durch Verstoß gegen die DS-GVO ein Schaden entsteht, können außerdem gemäß **Art. 82** einen **europarechtlichen Anspruch auf Schadensersatz** gegen den Verantwortlichen oder den Auftragsverarbeiter geltend machen.[222] Dieser Schadensersatzanspruch gilt dabei sowohl für materielle als auch immaterielle Schäden, die durch Verstöße gegen die DS-GVO entstanden sind.[223] Für private Kläger besteht zwar nicht die Möglichkeit zu einer „class action" nach US-amerikanischem Vorbild, also zu einer „Sammelklage" im Namen einer unbegrenzten Zahl potenziell geschädigter Verbraucher.[224] Doch ermöglicht Art. 80 immerhin eine **datenschutzrechtliche Verbandsklage** zur Durchsetzung kollektiver Verbraucherinteressen, wie sie im EU-Verbraucherschutzrecht zunehmend üblich wird.[225]

---

der DS-GVO die Durchsetzung des Datenschutzrechts zu verbessern. Bußgelder sind dafür ein zentrales Mittel." Der EuGH sieht Geldbußen wegen ihrer abschreckenden Wirkung als „ein Schlüsselelement" für die Durchsetzung der DS-GVO an; vgl. EuGH (Große Kammer) Urt. v. 5.12.2023 – C-683/21, ECLI:EU:C:2023:949 – Nacionalinis visuomenės sveikatos centras prie Sveikatos apsaugos ministerijos/Valstybinė duomenų apsaugos inspekcija, Rn. 78; ebenso EuGH (Große Kammer) Urt. v. 5.12.2023 – C-807/21, ECLI:EU:C:2023:950 – Deutsche Wohnen SE/Staatsanwaltschaft Berlin, Rn. 73.

[221] Europäischer Datenschutzausschuss, Guidelines 04/2022 on the calculation of administrative fines under the GDPR v. 24.5.2023, Version 2.1. v. 29.6.2023, abrufbar unter https://edpb.europa.eu/system/files/2023-06/edpb_guidelines_042022_calculationofadministrativefines_en.pdf. Diese Leitlinien ergänzen die noch von der Art. 29-Arbeitsgruppe erlassenen und vom Europäischen Datenschutzausschuss übernommenen Leitlinien für die Anwendung und Festsetzung von Geldbußen im Sinne der Verordnung (EU) 2016/679 (WP253) v. 3.10.2017, abrufbar unter https://ec.europa.eu/newsroom/article29/items/611237; vgl. dazu *Weber/Rotter* ZD 2022, 415; *Wybitul/König* ZD 2022, 422; *Roßnagel/Rost* ZD 2023, 502; sowie *Weber/Rotter/Wybitul* ZD 2023, 511.

[222] Zum Schadensersatzanspruch nach Art. 82 zB *Kohn* ZD 2019, 498; *Buchner/Wessels* ZD 2022, 251; sowie *Wybitul/Leibold* ZD 2022, 207 mwN zur Rspr.; treffend *Paal/Aliprandi* ZD 2021, 241 (242): „Die DS-GVO normiert [mit Art. 82] einen eigenständigen, unmittelbar anwendbaren unionsrechtlichen Schadensersatzanspruch, der das mitgliedstaatliche Haftungsrecht überlagert und deutlich über §§ 7, 8 BDSG a. F. hinausgeht." Zur ergänzenden und verstärkenden Funktion des Schadensersatzanspruchs gegenüber den Geldbußen für die DS-GVO EuGH Urt. v. 4.5.2023 – C-300/21, ECLI:EU:C:2023:370 = ZD 2023, 446 mAnm *Mekat/Ligocki* – UI/Österreichische Post AG, Rn. 40, wo der EuGH ausführt, dass die Verhängung von Geldbußen und anderen Sanktionen gem. Art. 83 und 84 „im Wesentlichen einen Strafzweck haben", während der Schadensersatzanspruch nach Art. 82 vom Vorliegen eines individuellen Schadens abhänge. Der EuGH hält allerdings fest, dass trotz dieses Unterschieds die Verhängung von Geldbußen und der Schadensersatzanspruch „einander aber als Anreiz zur Einhaltung der DS-GVO auch ergänzen, wobei das Recht jeder Person, den Ersatz eines Schadens zu verlangen, die Durchsetzungskraft der in dieser Verordnung vorgesehenen Schutzvorschriften erhöht und geeignet ist von der Wiederholung rechtswidriger Verhaltensweisen abzuschrecken."

[223] Grdl. sowohl zum (unionsrechtlich autonom und einheitlich definierten) Begriff des Schadens gem. Art. 82, zu den Voraussetzungen des Schadensersatzes und zum immateriellen Schaden (den es nach unionsrechtlichem Verständnis keine wie auch immer geartete Erheblichkeitsschwelle gibt) EuGH Urt. v. 4.5.2023 – C-300/21, ECLI:EU:C:2023:370 = ZD 2023, 446 mAnm *Mekat/Ligocki* – UI/Österreichische Post AG, Rn. 30, 32, 36, 44 ff.

[224] „Sammelklagen" nach Vorbild der US-amerikanischen „class actions" werden gegenwärtig auf EU-Ebene nicht umfassend gesetzlich geregelt, sondern sind Gegenstand der Empfehlung der Kommission v. 11.6.2013: Gemeinsame Grundsätze für kollektive Unterlassungs- und Schadensersatzverfahren in den Mitgliedstaaten bei Verletzung von durch Unionsrecht garantierten Rechten, ABl. 2013 L 201, 60. Zum (nicht von Erfolg gekrönten) Versuch einer grenzüberschreitenden datenschutzrechtlichen „Sammelklage" durch Forderungsabtretungen von Klägern aus mehreren Mitgliedstaaten EuGH Urt. v. 25.1.2018 – C-498/16, ECLI:EU:C:2018:37 – Maximillian Schrems/Facebook Ireland Limited, Rn. 42 ff. Eingehend zur rechtspolitischen Diskussion um „Sammelklagen" GA *Bobek* SchlA v. 14.11.2017 in der Rs. C-498/16, ECLI:EU:C:2017:863 – Maximillian Schrems/Facebook Ireland Limited, Rn. 119–123.

[225] Art. 80 Abs. 1 erlaubt datenschutzrechtliche Klagen von einem in einem EU-Mitgliedstaat nach dessen Recht gegründeten Verband, dessen satzungsmäßigen Ziele im öffentlichen Interesse liegen und die von einem Datenschutzsubjekt beauftragt werden, in dessen Namen eine Beschwerde einzulegen oder Klage zu erheben. Darüber hinaus können die Mitgliedstaaten gem. Art. 80 Abs. 2 vorsehen, dass solche Verbände zur Beschwerdeeinlegung bzw. Klageerhebung auch unabhängig von einem Auftrag der betroffenen Person befugt sind. Die Voraussetzungen für solche auftragsunabhängigen Verbandsklagen werden neuerdings teilharmonisiert durch die Richtlinie 2020/1828 des Europäischen Parlaments und des Rates v. 25.11.2020 über Verbandsklagen zum Schutz der Kollektivinteressen der Verbraucher und zur Aufhebung der Richtlinie 2009/22/EG, ABl. 2020 L 409, 1. Diese Richtlinie, die von den Mitgliedstaaten bis zum 25.12.2022 umzusetzen war und seit dem 25.6.2023 zugunsten von Rechtsunterworfenen anwendbar sein muss (Deutschland und Österreich haben

Insgesamt ist die DS-GVO materiell rechtlich als Evolution und nicht als Revolution anzusehen,[226] auch wenn der Übergang von der DS-RL zu einer mit empfindlichen Geldbußen und Schadensersatzansprüchen bewehrten Verordnung das europäische Datenschutzrecht für die Praxis erheblich sichtbarer und in seinen Konsequenzen spürbarer macht. Die Stärkung der wirksamen und einheitlichen Durchsetzung der DS-GVO stellt dabei die eigentliche Neuerung im Datenschutzrecht dar.[227] Sie ist es, die es als gerechtfertigt erscheinen lässt, die DS-GVO als **„Meilenstein"**[228] zu bezeichnen.

C. Vollharmonisierung durch eine unmittelbar geltende „Grundverordnung": Konsequenzen für nationale Spielräume

Wenn der EU-Gesetzgeber sich für die Rechtsform der Verordnung – also für das stärkste im Unionsrecht zur Verfügung stehende Rechtsinstrument – entscheidet, dann tut er dies, damit die von ihm erlassenen Vorschriften ihre volle Wirkung einheitlich in sämtlichen Mitgliedstaaten vom Zeitpunkt ihres Inkrafttretens an und während der gesamten Dauer ihrer Gültigkeit entfalten.[229] Rechtsanwender wie Rechtsunterworfene sollen ihre Rechte und Pflichten unmittelbar dem Unionsrecht entnehmen können. Vermittelnde nationale Rechtsvorschriften, die den Willen des EU-Gesetzgebers unvollständig wiedergeben, verschleiern oder sogar konterkarieren könnten, sollen dagegen nicht zum Einsatz kommen. Mit einer Verordnung bezweckt der EU-Gesetzgeber also die **Vollharmonisierung des geregelten Rechtsgebiets,** und zwar sowohl auf Ebene der **Normsetzung** als auch auf der Ebene der **Normanwendung.**

Die Bedeutung des Rechtsformwechsels von der Richtlinie zur Verordnung[230] für das europäische Datenschutzrecht lässt sich nur dann vollständig erfassen, wenn man sich vergegenwärtigt, dass der EU-Gesetzgeber auch durch eine Richtlinie, die den Mitgliedstaaten ihrer Zielsetzung nach und infolge sehr detaillierter Vorschriften keine wesentlichen inhaltlichen Spielräume belässt, eine Vollharmonisierung auf der Ebene der Normsetzung erreichen kann.

---

beide Fristen versäumt, weshalb die Kommission Vertragsverletzungsverfahren eingeleitet hat), ermöglicht Verbandsklagen durch von den Mitgliedstaaten benannte qualifizierte Einrichtungen gegen Unternehmen, die gegen bestimmte, im Anh. I genannte Vorschriften des Unionsrechts verstoßen. Die DS-GVO ist in Anh. I in Ziff. 56 ausdrücklich aufgeführt. Zur datenschutzrechtlichen Verbandsklage nach der EU-Verbandsklage-richtlinie eingehend *Grewe/Stegemann* ZD 2021, 183; vgl. auch EuGH Urt. v. 28.4.2022 – C-319/20, ECLI:EU:C:2022:322 = ZD 2022, 384 mAnm *Hense* – Meta Platforms Ireland Ltd/Bundesverband der Verbraucherzentralen und Verbraucherverbände – Verbraucherzentrale Bundesverband e.V, Rn. 72, wonach es für die Verbandsklagebefugnis nach Art. 80 Abs. 2 ausreicht, wenn eine solche Einrichtung geltend macht, dass die betreffende Datenverarbeitung die Rechte identifizierter oder identifizierbarer natürlicher Personen aus der DS-GVO beeinträchtigen könne, „ohne dass ein der betreffenden Person in einer bestimmten Situation durch die Verletzung ihrer Rechte tatsächlich entstandener Schaden nachgewiesen werden müsste."

[226] Ebenso Kühling/Buchner/*Kühling/Raab*, 4. Aufl. 2024, Einf. Rn. 99: „eine evolutionäre Entwicklung"; ebenso *Kühling/Martini* EuZW 2016, 448. Vgl. auch Gola/Heckmann/*Gola/Heckmann* Einl. Rn. 24, die positiv vermerken, „dass die Verordnung an den Grundprinzipien des Datenschutzrechts festhält […]".

[227] Vgl. Kühling/Buchner/*Kühling/Raab*, 4. Aufl. 2024, Einf. Rn. 99, die insofern „[g]ravierende Änderungen […] sowohl im *institutionellen* als auch im *prozeduralen Bereich*" feststellen.

[228] So die damalige deutsche Bundesdatenschutzbeauftragte *Andrea Voßhoff*, zit. nach heise online, 21.4.2016, abrufbar unter www.heise.de/newsticker/meldung/Datenschuetzer-bewerten-EU-Grundverordnung-als-Meilenstein-3179872.html; ebenso *Albrecht* CR 2016, 88 (97) sowie *Schmidl* ZVertriebsR 2017, 69. Nach fünf Jahren DS-GVO *Strassemeyer* DB 2023, 157, für den die DS-GVO trotz einiger Kritik zu einem „bleibenden Meilenstein" geworden ist.

[229] Vgl. EuGH Urt. v. 9.3.1978 – 106/77, ECLI:EU:C:1978:49– Amministrazione delle Finanze dello Stato/Simmenthal, Rn. 14/16 l.

[230] Aussagekräftig dazu GA *Bobek* SchlA v. 19.12.2018 – C-40/17, ECLI:EU:C:2018:1039 – Fashion ID GmbH & Co. KG/Verbraucherzentrale NRW e.V., Rn. 45: „Es ist darauf hinzuweisen, dass sich mit der DS-GVO, die die Richtlinie 95/46 ersetzt, die Natur des Rechtsakts, in dem die Regelungen zu finden sind, von einer Richtlinie zu einer Verordnung gewandelt hat. Dieser Wandel bedeutet auch, dass im Gegensatz zu einer Richtlinie, bei der die Mitgliedstaaten die freie Wahl der Mittel haben, wie sie dieses Mittel dieses Rechtsakts umsetzen, nationale Vorschriften zur Durchführung einer Verordnung grundsätzlich nur dann erlassen werden dürfen, wenn hierfür eine ausdrückliche Ermächtigung vorliegt." Vgl. ferner Streinz/*Schroeder* AEUV Art. 288 Rn. 38, der zutr. darauf verweist, dass Verordnungen eine Rechtsvereinheitlichung ermöglichen, während Richtlinien lediglich zu einer Rechtsangleichung führen. Zu den Konsequenzen der mit der DS-GVO gewählten Rechtsform der Verordnung für das nationale Datenschutzrecht bereits *Eckhardt/Kramer/Mester* DuD 2013, 623 (625 f.).

Einleitung 81, 82

Zwar zielen Richtlinien oft nur auf eine Mindestharmonisierung oder eine schrittweise Harmonisierung, so dass die Mitgliedstaaten diese durch weiter reichende nationale Vorschriften ergänzen können. Mit fortschreitender Integration des Binnenmarktes entscheidet sich der EU-Gesetzgeber allerdings zunehmend für vollharmonisierende Richtlinien. Die DS-RL von 1995 war ein Beispiel dafür. Der EuGH hat – entgegen anderen Auffassungen in der Literatur[231] – in mehreren Urteilen festgestellt, dass die durch die DS-RL bewirkte Harmonisierung der nationalen Rechtsvorschriften „nicht auf eine Mindestharmonisierung beschränkt ist, sondern zu einer **grundsätzlich umfassenden Harmonisierung** (im Englischen: „[a] harmonisation which is generally complete", im Französischen: „une harmonisation qui est, en principe, complète") führt",[232] was nichts anderes bedeutet, als dass er in der DS-RL eine Vollharmonisierung sah, von der die Mitgliedstaaten grundsätzlich weder nach oben noch nach unten abweichen konnten.

81 Der EuGH begründete die grundsätzlich umfassende Harmonisierungswirkung der DS-RL mit deren Zielsetzung, den **freien Verkehr personenbezogener Daten** im Binnenmarkt sicherzustellen (Erwägungsgrund 3, Art. 1 Abs. 2 DS-RL). Da die in den nationalen Regeln über die Verarbeitung personenbezogener Daten bestehenden Unterschiede diesen freien Verkehr in schwerwiegender Weise beeinträchtigen konnten (Erwägungsgrund 7 DS-RL), bezweckte die DS-RL, in allen Mitgliedstaaten **ein gleichwertiges Schutzniveau** (Erwägungsgrund 8 DS-RL; im Englischen: „equivalent protection"; im Französischen: „protection équivalente") hinsichtlich der Rechte und Freiheiten von Personen bei der Verarbeitung personenbezogener Daten herzustellen, wobei die Union durch die Angleichung der nationalen Rechtsvorschriften den bisher garantierten Schutz nicht verringern, sondern **ein hohes Schutzniveau** sicherstellen wollte (Erwägungsgrund 10 DS-RL). Wenn aber die DS-RL ein gleichwertiges Schutzniveau sicherstellen sollte, dann mussten die datenschutzrechtlichen Regelungen der DS-RL **grundsätzlich erschöpfenden und abschließenden Charakter** haben.[233] Der EuGH folgerte daraus für den Fall der in Art. 7 DS-RL aufgeführten Grundsätze in Bezug auf die Zulässigkeit der Datenverarbeitung: „Folglich dürfen die Mitgliedstaaten weder neue Grundsätze in Bezug auf die Zulässigkeit der Verarbeitung personenbezogener Daten neben Art. 7 der Richtlinie 95/46 einführen, noch zusätzliche Bedingungen stellen, die die Tragweite eines der sechs in diesem Artikel vorgegebenen Grundsätze verändern würden."[234]

82 Der **vollharmonisierende Charakter einer Richtlinie** schließt nicht aus, dass diese einzelne Vorschriften enthält, die den Mitgliedstaaten ein Ermessen einräumen oder die es ihnen überlassen, die Einzelheiten zu regeln bzw. zwischen Optionen zu wählen.[235] Es ist gemäß Art. 288 UAbs. 3 AEUV gerade Wesensmerkmal einer Richtlinie, dass sie nur hinsichtlich des zu erreichenden Ziels für die Mitgliedstaaten verbindlich ist, den innerstaatlichen Stellen aber die Wahl

---

[231] Vgl. zB *Zerdick* Legal Issues of European Integration 1995, 59 (66): „The Directive has not chosen a full harmonization of privacy laws […]." Anders bereits *Ehmann/Helfrich* EG-DatenschutzRL Art. 13 Rn. 2, wonach die Richtlinie gerade das Ziel verfolge, im Wege der Harmonisierung der europäischen Rechtsvorschriften ein einheitliches datenschutzrechtliches Schutzniveau zu gewährleisten.

[232] EuGH Urt. v. 6.11.2003 – C-101/01, ECLI:EU:C:2003:596 – Lindqvist, Rn. 96; EuGH Urt. v. 24.11.2011 – C-468/10 u. C-469/10, ECLI:EU:C:2011:777 = ZD 2012, 33 – ASNEF u. FECEMD, Rn. 29. Vgl. auch *Marsch* Datenschutzgrundrecht S. 326, 328, der bzgl. der DS-RL konstatiert, „dass diese vom Gesetzgeber unzweifelhaft als Maßnahme der Vollharmonisierung konzipiert wurde", was in der deutschen Datenschutzlit. allerdings über lange Zeit und weitgehend übersehen worden sei und er selbst für kompetenzrechtlich problematisch hält. Eher rechtspolitisch die Kritik von *Gömann* Binnenkollisionsrecht S. 47, für den sich das Vorgehen des europäischen Gesetzgebers im Fall der DS-GVO in die allgemeine unionsrechtliche Tendenz einfügt, die klassische Unterscheidung zwischen mindestharmonisierenden Richtlinien und vollharmonisierenden Verordnungen zunehmend zu verwischen. Für diese angebliche Unterscheidung findet sich aber weder im EU-Primärrecht noch in der Rspr. des EuGH eine Grundlage. Das BVerfG hat sich inzwischen der stRspr des EuGH zur unionsrechtlich vollständig vereinheitlichenden Natur der DS-RL angeschlossen, jedenfalls was die in der DS-RL enthaltenen materiellrechtlichen Anforderungen an die Datenverarbeitung angeht; vgl. BVerfG Beschl. v. 6.11.2019 – 1 BvR 276/17, MMR 2020, 106 mAnm *Hoeren* = ZD 2020, 109 mAnm *Gräbig* – Recht auf Vergessen II, Rn. 37 ff.

[233] EuGH Urt. v. 24.11.2011 – C-468/10 u. C-469/10, ECLI:EU:C:2011:777 = ZD 2012, 33 – ASNEF u. FECEMD, Rn. 30, 31.

[234] EuGH Urt. v. 24.11.2011 – C-468/10 u. C-469/10, ECLI:EU:C:2011:777 = ZD 2012, 33 – ASNEF u. FECEMD, Rn. 32.

[235] EuGH Urt. v. 6.11.2003 – C-101/01, ECLI:EU:C:2003:596 = EuZW 2004, 245 – Lindqvist, Rn. 83; EuGH Urt. v. 24.11.2011 – C-468/10 u. C-469/10, ECLI:EU:C:2011:777 = ZD 2012, 33 – ASNEF u. FECEMD, Rn. 35.

der Form und Mittel überlässt. Eine **„gewisse Flexibilität"**[236] ist also für die Vorschriften einer Richtlinie geradezu typisch; bei der DS-RL kam hinzu, dass viele ihrer Vorschriften notwendig allgemein gehalten waren, da sie auf viele ganz unterschiedliche Situationen Anwendung finden sollten.[237] Handelt es sich aber – wie bei der DS-RL – der Zielsetzung nach um eine grundsätzlich umfassend harmonisierende Richtlinie, so sind der Handhabung dieser Flexibilität durch die Mitgliedstaaten deutliche Grenzen gesetzt. Ein von einer solchen Richtlinie eingeräumtes Ermessen darf nur in der durch die Richtlinie vorgesehenen Art und Weise und im Einklang mit ihren Zielen ausgeübt werden; bei der DS-RL mussten die Mitgliedstaaten bei der Ermessensausübung daher stets das Gleichgewicht zwischen dem freien Verkehr personenbezogener Daten und dem Schutz der Privatsphäre wahren.[238] Ferner dürfen nationale Maßnahmen die in der vollharmonisierenden Richtlinie enthaltene Grundsätze nur näher bestimmen,[239] diese also **spezifizieren, präzisieren und konkretisieren**.[240] Verboten sind dagegen nationale Maßnahmen, mit denen die Tragweite eines der in der Richtlinie enthaltenen Grundsätze **verändert** wird.[241]

Trotz ihrer weit reichenden Harmonisierungswirkung blieb die DS-RL als Richtlinie in allen **83** Mitgliedstaaten auf die Vermittlung ihrer Rechtswirkungen durch nationale Umsetzungsgesetze angewiesen. Dies barg auf der Ebene der Normsetzung die Gefahr, dass ihre harmonisierende Wirkung nicht von allen nationalen Gesetzgebern im gleichen Maße und zum selben Zeitpunkt nachvollzogen wurde. Noch größer war die Gefahr der Uneinheitlichkeit auf der Ebene der Normanwendung. Denn nationale Rechtsanwender und nationale Rechtsunterworfene mussten ihre Rechte und Pflichten in der Regel dem jeweiligen nationalen Umsetzungsgesetz entnehmen, dem nicht ohne Weiteres anzusehen war, dass es (im Fall der richtigen Umsetzung) „eins zu eins" die Vorgaben einer vollharmonisierenden EU-Richtlinie übernahm. Wie weitreichend der Harmonisierungsgrad einer Richtlinie auch ist, so bleibt doch stets eine **erhebliche Gefahr der uneinheitlichen Umsetzung und/oder Anwendung.**

Durch die Wahl der Rechtsform der Verordnung will der EU-Gesetzgeber mit der DS-GVO **84** diese Gefahr der Uneinheitlichkeit sowohl auf Ebene der Normsetzung als auch auf Ebene der Normanwendung ausräumen. Die DS-GVO bekräftigt deshalb nicht nur das bereits zuvor mit der DS-RL verfolgte **Ziel, den unionsweiten freien Verkehr personenbezogener Daten sicherzustellen** (Erwägungsgrund 9 und Art. 1 Abs. 3 DS-GVO) und zu diesem Zweck für **ein gleichwertiges, hohes Schutzniveau** zu sorgen (Erwägungsgrund 10 DS-GVO). Ausdrücklich thematisiert die DS-GVO in ihrem Erwägungsgrund 9 die auch nach Erlass der DS-RL weiterhin bestehende unterschiedliche Handhabung des Datenschutzes in der Union und die dadurch ausgelöste Rechtsunsicherheit: **„Unterschiede bei der Umsetzung und Anwendung der Richtlinie 95/46/EG"** hätten **„Unterschiede im Schutzniveau"** bewirkt, welche „ein Hemmnis für die unionsweite Ausübung der Wirtschaftstätigkeit darstellen, den Wettbewerb verzerren und die Behörden an der Erfüllung der ihnen nach dem Unionsrecht obliegenden Pflichten hindern" könnten. Sowohl im privatwirtschaftlichen als auch im öffentlich-behördlichen Bereich identifiziert die DS-GVO hier also eine für das Grundrecht auf Datenschutz und für den freien Verkehr personenbezogener Daten hinderliche Fragmentierung.

Die DS-GVO will demgegenüber laut ihrem Erwägungsgrund 10 „**ein gleichmäßiges und** **85** **hohes Datenschutzniveau** […] gewährleisten" sowie „die Hemmnisse für den Verkehr personenbezogener Daten in der Union […] beseitigen"; „Die Vorschriften zum Schutz der Grundrechte und Grundfreiheiten von natürlichen Personen bei der Verarbeitung personenbezogener Daten sollten unionsweit **gleichmäßig und einheitlich angewandt** werden." Auch Erwägungs-

---

[236] EuGH Urt. v. 6.11.2003 – C-101/01, ECLI:EU:C:2003:596 = EuZW 2004, 245 – Lindqvist, Rn. 83; EuGH Urt. v. 24.11.2011 – C-468/10 u. C-469/10, ECLI:EU:C:2011:777 = ZD 2012, 33 – ASNEF u. FECEMD, Rn. 35.
[237] EuGH Urt. v. 6.11.2003 – C-101/01, ECLI:EU:C:2003:596 = EuZW 2004, 245 – Lindqvist, Rn. 83.
[238] EuGH Urt. v. 6.11.2003 – C-101/01, ECLI:EU:C:2003:596 = EuZW 2004, 245 – Lindqvist, Rn. 97; EuGH Urt. v. 24.11.2011 – C-468/10 u. C-469/10, ECLI:EU:C:2011:777 = ZD 2012, 33 – ASNEF u. FECEMD, Rn. 34.
[239] EuGH Urt. v. 24.11.2011 – C-468/10 u. C-469/10, ECLI:EU:C:2011:777 = ZD 2012, 33 – ASNEF u. FECEMD, Rn. 35.
[240] Vgl. auch Erwägungsgrund 9 DS-RL, wonach die Mitgliedstaaten „in ihrem einzelstaatlichen Recht allgemeine Bedingungen für die Rechtmäßigkeit der Verarbeitung *festlegen*" können; im Englischen: „Member States will therefore be able to *specify* in their national law the general conditions governing the lawfulness of data processing"; im Französischen: „ils pourront donc *préciser*, dans leur législation nationale, les conditions générales de licéité du traitement des données" (Hervorhebungen durch die Verf.).
[241] EuGH Urt. v. 24.11.2011 – C-468/10 u. C-469/10, ECLI:EU:C:2011:777 = ZD 2012, 33 – ASNEF u. FECEMD, Rn. 35.

Einleitung 86

grund 13 bekräftigt das Ziel, mit der DS-GVO „**ein gleichmäßiges Datenschutzniveau** für natürliche Personen" in der Union zu gewährleisten. Es fällt auf, dass die Erwägungsgründe der DS-GVO im Unterschied zur DS-RL die **Gleichmäßigkeit des Datenschutzniveaus** (im Englischen: „a consistent […] level of protection", im Französischen: „un niveau cohérent […] de protection") als Ziel der Harmonisierung nennen, also explizit über die noch von der DS-RL angestrebte Gleichwertigkeit hinausgehen. Hieran zeigt sich, dass die DS-GVO die mit der DS-RL noch nicht erreichte unionsweite Einheitlichkeit bei der datenschutzrechtlichen Normsetzung und Normanwendung nun endgültig verwirklichen möchte. Bewusst qualifiziert Erwägungsgrund 2 die DS-GVO nicht als weitere Stufe im Prozess einer schrittweisen Vereinheitlichung des europäischen Datenschutzrechts, sondern als einen Beitrag „zur **Vollendung eines Raums der Freiheit, der Sicherheit und des Rechts und einer Wirtschaftsunion**". Die DS-GVO möchte demnach erreichen, dass die Grundrechte und Grundfreiheiten natürlicher Personen und insbesondere ihr Grundrecht auf Schutz personenbezogener Daten „**ungeachtet ihrer Staatsangehörigkeit oder ihres Aufenthaltsorts**" gewahrt bleiben. Führte bereits die DS-RL aus Sicht des EuGH zu „einer grundsätzlich umfassenden Harmonisierung",[242] so ist nach Auffassung des EuGH – die auch vom BVerfG geteilt wird[243] – heute Ziel und vom EU-Gesetzgeber beabsichtigte Wirkung der DS-GVO „**eine grundsätzlich vollständige Harmonisierung**" des europäischen Datenschutzrechts (im Englischen: „[a] harmonisation […] which is, in principle, full"; im Französischen: „une harmonisation […] qui est, en principe, complète"),[244] und zwar sowohl auf der Ebene der Normsetzung als auch auf der Ebene der Normanwendung.

86   Wichtigster Unterschied zwischen einer Verordnung und einer Richtlinie ist, dass erstere zur Vermittlung ihrer Rechtswirkungen in den Mitgliedstaaten nicht auf innerstaatliche Rechtsakte angewiesen ist, sondern in allen Mitgliedstaaten gleichzeitig unmittelbare Geltung entfaltet. Damit kein Zweifel an der Unmittelbarkeit der Geltung von Verordnungen besteht, hat der EuGH in seiner Rechtsprechung für Verordnungen ein **Umsetzungs- und Normwiederholungsverbot** aufgestellt.[245] So hat der EuGH bereits in den 1970er Jahren die damalige italienische Praxis, Bestimmungen gemeinschaftlicher Verordnungen in nationale Verordnungen zu übernehmen und dort textlich wiederzugeben, als rechtswidrig angesehen: „Durch dieses Vorgehen", so der EuGH, „hat die italienische Regierung Unsicherheit sowohl über die Rechtsnatur der anwend-

---

[242] EuGH Urt. v. 6.11.2003 – C-101/01, ECLI:EU:C:2003:596 = EuZW 2004, 245 – Lindqvist, Rn. 96; EuGH Urt. v. 24.11.2011 – C-468/10 u. C-469/10, ECLI:EU:C:2011:777 = ZD 2012, 33 – ASNEF u. FECEMD, Rn. 29.

[243] Vgl. BVerfG Beschl. v. 6.11.2019 – 1 BvR 276/17, MMR 2020, 106 mAnm *Hoeren* = ZD 2020, 109 mAnm *Gräbig* – Recht auf Vergessen II, Rn. 41: „Von einer vollständigen Vereinheitlichung ist erst recht für die aktuelle Rechtslage unter Geltung der Datenschutz-Grundverordnung auszugehen […]. Mit ihr hat die Europäische Union in der Rechtsform der Verordnung in allen Mitgliedstaaten unmittelbar anwendbares Recht geschaffen, um so der verbliebenen unterschiedlichen Handhabung des Datenschutzrechts in den Mitgliedstaaten wirksamer entgegenzutreten und dem Anspruch eines unionsweit gleichwertigen Datenschutzes größeren Nachdruck zu verleihen (vgl. Erwägungsgründe 9, 10 DS-GVO)." Die Qualifizierung der DS-GVO als vollständig vereinheitlichtes Unionsrecht durch das BVerfG bedeutet nach diesem Urt., dass Maßnahmen deutscher Behörden zur Durchführung der DS-GVO vom BVerfG grundrechtlich direkt und allein an den Grundrechten der GrCh zu messen sind; vgl. Rn. 42 ff.

[244] So explizit EuGH Urt. v. 28.4.2022 – C-319/20, ECLI:EU:C:2022:322 = ZD 2022, 384 mAnm *Hense* – Meta Platforms Ireland Ltd/Bundesverband der Verbraucherzentralen und Verbraucherverbände – Verbraucherzentrale Bundesverband e.V., Rn. 57, unter Hinweis auf Art. 1 Abs. 1 und die Erwägungsgründe 9, 10 und 13. Es fällt auf, dass der EuGH in der deutschen Verfahrenssprache (ebenso wie im Englischen) mit den Begriffen „grundsätzlich vollständige Harmonisierung" und „harmonisation which is, in principle, full" für die Harmonisierungswirkung stärkere Adjektive verwendet als noch in seiner Rspr. zur DS-RL, wo von „grundsätzlich umfassender Harmonisierung" bzw. „harmonisation which is, in principle, complete" die Rede war. Ebenso EuGH Urt. v. 30.3.2023 – C-34/21, ECLI:EU:C:2023:270 = ZD 2023, 391 mAnm *Schild* – Hauptpersonalrat der Lehrerinnen und Lehrer beim hessischen Kultusministerium/Minister des Hessischen Kultusministeriums, Rn. 51, 72, wo der Formulierungswechsel allerdings nur in der deutschen Verfahrenssprache festzustellen ist.

[245] Zum Wiederholungsverbot *Schweitzer/Dederer* StaatsR III Rn. 660, sowie Streinz/*Schroeder* AEUV Art. 288 Rn. 43: „Normwiederholungsverbot" zur Vermeidung einer Täuschung des Normadressaten über den Unionsrechtscharakter der einschlägigen Regelung. Vgl. auch Gola/Heckmann/*Gola/Heckmann* Einl. Rn. 23: „ein ‚Umsetzungsverbot', das auch Modifikationen der vorgegebenen Regelungen durch die einzelnen Mitgliedstaaten grundsätzlich untersagt." Die zentrale Rolle des Wiederholungsverbots betont auch *Gömann* Binnenkollisionsrecht S. 49. Vgl. auch Bundesministerium der Justiz, Handbuch der Rechtsförmlichkeit, 3. Aufl. 2008 (abrufbar unter https://hdr.bmj.de/vorwort.html; das Handbuch wird derzeit nicht mehr aktualisiert), Rn. 289: „In innerstaatlichen Rechtsvorschriften ist die Wiedergabe der unmittelbar geltenden Bestimmungen der Verordnungen unzulässig. Anderenfalls könnten Unklarheiten über Urheberschaft und Geltungsrang entstehen."

baren Vorschriften als auch über den Zeitpunkt ihres Inkrafttretens hervorgerufen. Nach Art. 189 und 191 des Vertrages [heute: Art. 288 und Art. 297 AEUV] gelten die Verordnungen nämlich *als solche* unmittelbar in jedem Mitgliedstaat und treten *allein* aufgrund ihrer Veröffentlichung im Amtsblatt der Europäischen Gemeinschaften zu dem in ihnen oder andernfalls in dem im Vertrage bestimmten Zeitpunkt in Kraft. Deshalb sind Vollzugsmodalitäten, die zur Folge haben können, dass der unmittelbaren Geltung der Gemeinschaftsverordnungen Hindernisse im Wege stehen, wodurch deren gleichzeitige und einheitliche Anwendung in der gesamten Gemeinschaft aufs Spiel gesetzt wird, mit dem Vertrag nicht vereinbar."[246] Noch deutlicher äußerte sich der EuGH zur italienischen Praxis der „Verordnungsumsetzung" im **Fall Variola**: „Die unmittelbare Geltung setzt voraus, dass die Verordnung in Kraft tritt und zugunsten oder zu Lasten der Rechtssubjekte Anwendung findet, ohne dass es irgendwelcher Maßnahmen zur Umwandlung in nationales Recht bedarf. Die Mitgliedstaaten dürfen aufgrund der ihnen aus dem Vertrag obliegenden Verpflichtungen, die sie mit dessen Ratifizierung eingegangen sind, nicht die unmittelbare Geltung vereiteln, die Verordnungen und sonstige Vorschriften des Gemeinschaftsrechts äußern. Die gewissenhafte Beachtung dieser Pflicht ist eine unerlässliche Voraussetzung für die gleichzeitige und einheitliche Anwendung der Gemeinschaftsverordnungen in der gesamten Gemeinschaft."[247] Der EuGH folgert daraus: „Insbesondere dürfen die Mitgliedstaaten keine Maßnahmen ergreifen, die geeignet sind, die Zuständigkeit des Gerichtshofes zur Entscheidung über Fragen der Auslegung des Gemeinschaftsrechts oder der Gültigkeit der von den Organen der Gemeinschaft vorgenommenen Handlungen zu beschneiden. Infolgedessen sind Praktiken unzulässig, durch die die Normadressaten über den Gemeinschaftscharakter einer Rechtsnorm im Unklaren gelassen werden. Die Zuständigkeit des Gerichtshofes, namentlich aufgrund von Artikel 177 [heute: Art. 267 AEUV], bleibt ungeschmälert, unbeschadet aller Versuche, Normen des Gemeinschaftsrechts durch nationale Gesetze in innerstaatliches Recht zu transformieren."[248] In einem anderen Fall unterstreicht der EuGH: „Die Mitgliedstaaten dürfen deshalb keine Handlung vornehmen oder deren Vornahme durch eine mit Rechtsetzungsbefugnissen ausgestattete nationale Körperschaft erlauben, durch die die Normadressaten über den Gemeinschaftscharakter einer Rechtsnorm und die sich daraus ergebenden Folgen im unklaren gelassen werden."[249]

Für die DS-GVO bedeutet diese Rechtsprechung, dass es den Mitgliedstaaten untersagt ist, deren Vorschriften zur Gänze oder in wesentlichen Teilen in ein neues nationales Datenschutzgesetz zu übernehmen; dies ist wegen der unmittelbaren Geltung der DS-GVO nicht nur unnötig, sondern würde die Rechtssicherheit und Rechtsklarheit des einheitlichen europäischen Datenschutzrechts erheblich beeinträchtigen.[250] Denn jede innerstaatliche Rechtsetzung, die als Transformation der DS-GVO missverstanden werden kann, birgt in sich die Gefahr, dass die Rechtssubjekte nicht genau wissen, ob sich ihre Rechte und Pflichten nun ganz, ergänzend oder gar abweichend nach nationalem Recht richten. Der EU-Gesetzgeber hat dementsprechend in Erwägungsgrund 13 DS-GVO die Wahl einer Verordnung u.a. damit begründet, dass diese **Rechtssicherheit und Transparenz** schaffe. Der Erlass nationaler Datenschutzgesetze, welche die Vorschriften der DS-GVO ganz oder teilweise übernehmen würden, wäre somit grundsätzlich unionsrechtswidrig;[251] derartige Vorschriften dürften von nationalen Behörden und Gerichten nicht angewendet werden.[252]

---

[246] EuGH Urt. v. 7.2.1973 – 39/72, ECLI:EU:C:1973:13 – Kommission/Italien, Rn. 17.
[247] EuGH Urt. v. 10.10.1973 – 34/73, ECLI:EU:C:1973:101 – Fratelli Variola Spa/Amministrazione delle Finanze dello Stato, Rn. 10.
[248] EuGH Urt. v. 10.10.1973 – 34/73, ECLI:EU:C:1973:101 – Fratelli Variola Spa/Amministrazione delle Finanze dello Stato, Rn. 11.
[249] EuGH Urt. v. 2.2.1977 – 50/76, ECLI:EU:C:1977:13 – Amsterdam Bulb BV/Produktschap voor Siergewassen, Rn. 4/7.
[250] Vgl. Calliess/Ruffert/*Ruffert* AEUV Art. 288 Rn. 21: „Mitgliedstaatliche Ausführungsakte oder (verbindliche) Auslegungsregeln sind unnötig und dann unzulässig, wenn sie die unmittelbare Geltung der Verordnung verbergen könnten."
[251] So deutlich die Mitteilung der Kommission v. 24.1.2018, Besserer Schutz und neue Chancen – Leitfaden der Kommission zur unmittelbaren Anwendbarkeit der Datenschutz-Grundverordnung ab 25.5.2018, COM (2018) 43, S. 10: „Die Wiederholung des Verordnungswortlauts in innerstaatlichen Rechtsvorschriften (z. B. Wiederholung der Begriffsbestimmungen oder der Rechte der Einzelnen) ist ebenfalls verboten, es sei denn, solche Wiederholungen sind aus Gründen der Kohärenz und der Verständlichkeit für die Betroffenen unbedingt erforderlich. Die Wiedergabe des Verordnungswortlauts in einzelstaatlichen Präzisierungsvorschriften sollte nur in Ausnahmefällen vorkommen und gerechtfertigt sein; sie darf nicht dazu verwendet werden, um zusätzliche Bedingungen oder Auslegungen zu ergänzen." Vgl. Erwägungsgrund 8 DS-GVO.
[252] Zum Wiederholungsverbot im Zusammenhang mit der DS-GVO erstmals EuGH Urt. v. 30.3.2023 – C-34/21, ECLI:EU:C:2023:270 = ZD 2023, 391 mAnm *Schild* – Hauptpersonalrat der Lehrerinnen und

Einleitung 88

88 Das heißt aber nicht, dass den Mitgliedstaaten jede innerstaatliche Rechtsetzung zur DS-GVO untersagt wäre. Die Mitgliedstaaten sind auch bei einer unmittelbar geltenden EU-Verordnung dazu verpflichtet, deren innerstaatliche Rechtswirkungen zu fördern und zu unterstützen. Dabei ist eine EU-Verordnung für die Mitgliedstaaten nicht fremdes Recht, sondern integraler und vorrangiger Bestandteil der innerstaatlichen Rechtsordnung. Dementsprechend sind die Mitgliedstaaten gemäß ihrer in **Art. 4 Abs. 3 EUV** verankerten allgemeinen **Pflicht zur loyalen Zusammenarbeit mit den EU-Organen** sowie gemäß **Art. 291 Abs. 1 AEUV** ausdrücklich dazu angehalten, die zur täglichen Anwendung einer EU-Verordnung erforderlichen **Durchführungsbestimmungen** nach innerstaatlichem Recht zu erlassen. Denn nach der vertraglichen Aufgabenverteilung zwischen Union und Mitgliedstaaten sind grundsätzlich die Mitgliedstaaten und ihre Behörden für den innerstaatlichen Vollzug von Unionsrecht zuständig; eine Ausnahme davon gilt nur dann, wenn das Unionsrecht in besonderen Bestimmungen explizit die Unionsorgane zum Erlass von Durchführungsrechtsakten ermächtigt.[253] Auch bei unmittelbar geltenden EU-Verordnungen ist es daher in aller Regel erforderlich, dass die Mitgliedstaaten zB die zuständigen innerstaatlichen Behörden bestimmen und die innerstaatlichen Verfahren und Modalitäten für die Durchsetzung und Anwendung der Verordnungsbestimmungen regeln.[254] In der

---

Lehrer beim Hessischen Kultusministerium/Minister des Hessischen Kultusministeriums, Rn. 71, wo der EuGH zunächst feststellt, dass es sich bei nationalen Vorschriften, die ausnahmsweise zur Durchführung der DS-GVO erlassen werden dürfen, „nicht lediglich um eine Wiederholung der in Art. 6 DS-GVO genannten Bedingungen für die Rechtmäßigkeit der Verarbeitung personenbezogener Daten und der in Art. 5 DS-GVO angeführten Grundsätze für diese Verarbeitung oder um einen Verweis auf diese Bedingungen und Grundsätze handeln" darf. Aus Sicht des EuGH handelte es sich bei den streitgegenständlichen Vorschriften des hessischen Landesrechts zur Verarbeitung personenbezogener Beschäftigungsdaten offenbar nicht um (nach Art. 88 Abs. 1 ausnahmsweise zulässige) nationale Spezifizierungen, sondern wohl um unzulässige Wiederholungen (Rn. 81): „Solche Bestimmungen scheinen nämlich keinen in der geregelten Bereich passenden Regelungsgehalt, der sich von den allgemeinen Regeln der DS-GVO unterscheidet, zu haben." Der EuGH folgert daraus (Rn. 82f.): „Sollte das vorlegende Gericht zu der Feststellung gelangen, dass bei den im Ausgangsverfahren in Rede stehenden Bestimmungen die in Art. 88 DS-GVO vorgesehenen Grenzen nicht beachtet sind, hätte es diese Bestimmungen grundsätzlich unangewendet zu lassen. Gemäß dem Grundsatz des Vorrangs des Unionsrechts bewirken nämlich die Bestimmungen der Verträge und die unmittelbar geltenden Rechtsakte der Organe in ihrem Verhältnis zum innerstaatlichen Recht der Mitgliedstaaten, dass allein durch ihr Inkrafttreten jede entgegenstehende Bestimmung des nationalen Rechts ohne Weiteres unanwendbar wird [mwN zur stRspr]." Vgl. auch EuGH (Große Kammer) Urt. v. 5.12.2023 – C-807/21, ECLI:EU:C:2023:950 – Deutsche Wohnen SE/Staatsanwaltschaft Berlin, Rn. 52: „Nach Art. 288 Abs. 2 AEUV ist eine Unionsverordnung in allen ihren Teilen verbindlich und gilt unmittelbar in jedem Mitgliedstaat, so dass es, sofern nichts anderes bestimmt ist, ausgeschlossen ist, dass die Mitgliedstaaten innerstaatliche Vorschriften erlassen, die die Tragweite einer solchen Verordnung beeinträchtigen. Außerdem dürfen die Mitgliedstaaten aufgrund der ihnen aus dem AEU-Vertrag obliegenden Verpflichtungen die unmittelbare Geltung, die den Verordnungen innewohnt, nicht vereiteln. Insbesondere dürfen sie keine Handlung vornehmen, durch die die unionsrechtliche Natur einer Rechtsvorschrift und die sich daraus ergebenden Wirkungen den Einzelnen verborgen werden würden [mwN zur stRspr]."

[253] Vgl. Art. 291 Abs. 2–4 AEUV. Die DS-GVO ermächtigt die Kommission in sieben Fällen zum Erlass von Durchführungsbestimmungen gemäß dem in Art. 93 geregelten Verfahren: um Standardvertragsklauseln für Verträge zwischen Verantwortlichen und Auftragsverarbeitern sowie zwischen Auftragsverarbeitern zu erlassen (Art. 28 Abs. 7); um Verhaltensregeln („Codes of Conduct") für allg. gültig zu erklären (Art. 40 Abs. 9); um technische Standards für Zertifizierungen festzulegen (Art. 43 Abs. 9); um die Angemessenheit des Schutzniveaus in Drittländern festzustellen (Art. 45 Abs. 3 und 5); zur Festlegung von Formaten und Verfahren für den Informationsaustausch im Hinblick auf verbindliche unternehmensinterne Datenschutzvorschriften (Art. 46 Abs. 2 lit. c und d); zur Festlegung verbindlicher interner Datenschutzvorschriften (Art. 47 Abs. 3); sowie um Verfahren für die Amtshilfe und den Informationsaustausch zwischen den nationalen Aufsichtsbehörden und dem Europäischen Datenschutzausschuss zu regeln (Art. 61 Abs. 9 und Art. 67).

[254] Vgl. EuGH Urt. v. 27.9.1979 – 230/78, ECLI:EU:C:1979:216 – Eridania, Rn. 34: „Die unmittelbare Geltung einer Verordnung ist kein Hindernis dafür, dass im Text dieser Verordnung ein Gemeinschaftsorgan oder ein Mitgliedstaat zum Erlass von Durchführungsmaßnahmen ermächtigt wird. Im letztgenannten Fall bestimmen sich die Modalitäten der Ausübung dieser Befugnis nach dem öffentlichen Recht des betreffenden Mitgliedstaats." Ähnlich EuGH Urt. v. 11.1.2001 – C-403/98, ECLI:EU:C:2001:6 – Monte Arcosu, Rn. 26: „Hierzu ist festzustellen, dass aufgrund der Rechtsnatur der Verordnung und ihrer Funktion im System der gemeinschaftlichen Rechtsquellen deren Bestimmungen im Allgemeinen zwar unmittelbare Wirkung in den nationalen Rechtsordnungen entfalten, ohne dass die nationalen Behörden Durchführungsmaßnahmen ergreifen müssten. Dennoch kann es vorkommen, dass manche Bestimmungen einer Verordnung zu ihrer Durchführung des Erlasses von Durchführungsmaßnahmen durch die Mitgliedstaaten bedürfen."

DS-GVO ist dementsprechend der Erlass von Durchführungsbestimmungen durch die Mitgliedstaaten an mehreren Stellen vorgesehen. Die Mitgliedstaaten müssen zB gemäß Art. 51 und 54 regeln, wie viele und welche Aufsichtsbehörden innerstaatlich für die Anwendung der DS-GVO zuständig sind, wie diese im Einzelnen personell und finanziell auszustatten sind und wie die Mitglieder dieser Aufsichtsbehörden unter Beachtung der in der Charta der Grundrechte vorgeschriebenen Unabhängigkeit zu ernennen sind. Auch beim Erlass solcher Durchführungsbestimmungen sind die Mitgliedstaaten nicht völlig frei. Insbesondere sind die Mitgliedstaaten unionsrechtlich gemäß Art. 4 Abs. 3 EUV verpflichtet, EU-Verordnungen beim Verwaltungsvollzug ebenso zu behandeln wie vergleichbares nationales Recht **(Äquivalenzgrundsatz)** und dabei die wirksame Durchsetzung der Verordnungsbestimmungen im Einklang mit den vom EU-Gesetzgeber verfolgten Zielen zu gewährleisten **(Effizienzgrundsatz)**.[255] Da die Rechtsgrundlage der nationalen Durchführungsbestimmungen die DS-GVO ist, können solche Durchführungsbestimmungen gerichtlich auf ihre Übereinstimmung mit Zielen und Inhalt der DS-GVO überprüft werden.[256]

Gewisse Spielräume für weitere europäische und nationale Rechtsetzung auf Durchführungsebene eröffnet die DS-GVO dadurch, dass sie bewusst als **„Grundverordnung"** (im Englischen: „General Data Protection Regulation", im Französischen: „règlement général sur la protection des données") formuliert ist. Zwar ist die DS-GVO mit ihren insgesamt 99 Artikeln deutlich detaillierter als die gerade einmal 34 Vorschriften umfassende DS-RL.[257] Wie bereits die DS-RL[258] will aber auch die DS-GVO ganz bewusst nicht jeden Einzelfall regeln, sondern formuliert – als allgemein geltendes Gesetz (Art. 288 UAbs. 2 S. 1 AEUV) – allgemeine datenschutzrechtliche Grundsätze, Regeln und Verfahren, die im Einklang mit der technologischen Entwicklung von Datenschutz-Aufsichtsbehörden und Gerichten anzuwenden sind.[259] Die DS-

89

---

[255] Eingehend zum in der Rspr. des EuGH entwickelten Äquivalenz- und Effektivitätsgrundsatz *Schweitzer/Dederer* StaatsR III Rn. 1005 ff. In Bezug auf die DS-GVO hat der EuGH beide Grundsätze erstmals 2023 angewendet; vgl. EuGH Urt. v. 4.5.2023 – C-300/21, 2023 – C-300/21, ECLI:EU:C:2023:370 = ZD 2023, 446 mAnm *Mekat/Ligocki* – UI/Österreichische Post AG, Rn. 53: „Insoweit ist darauf hinzuweisen, dass es nach ständiger Rechtsprechung mangels einschlägiger Unionsregeln nach dem Grundsatz der Verfahrensautonomie Sache der innerstaatlichen Rechtsordnung jedes Mitgliedstaats ist, die verfahrensrechtlichen Modalitäten der Rechtsbehelfe, die zum Schutz der Rechte der Bürger bestimmt sind, festzulegen, vorausgesetzt allerdings, dass diese Modalitäten bei unter das Unionsrecht fallenden Sachverhalten nicht ungünstiger sind als diejenigen, die gleichartige Sachverhalte regeln, die dem innerstaatlichen Recht unterliegen (Äquivalenzgrundsatz), und dass sie die Ausübung der durch das Unionsrecht verliehenen Rechte nicht praktisch unmöglich machen oder übermäßig erschweren (Effektivitätsgrundsatz) […]." Vgl. ebenso EuGH Urt. v. 14.12.2023 – C-340/21, ECLI:EU:C:2023:986 – VB/Natsionalna agentsia za prihodite, Rn. 59. Zum Äquivalenz- und Effektivitätsgrundsatz beim Vollzug des EU-Visakodex EuGH Urt. v. 13.12.2017 – C-403/16, ECLI:EU:C:2017:960 – El Hassani/Minister Spraw Zagranicznych, Rn. 26; beim Vollzug des Europäischen Mahnverfahrens EuGH Urt. v. 15.9.2022 – C-18/21, ECLI:EU:C:2022:682 – Uniqa Versicherungen AG/VU, Rn. 36; sowie bei der Durchführung des Übereinkommens von Aarhus EuGH Urt. v. 15.6.2023 – C-721/21, ECLI:EU:C:2023:477 – Eco Advocacy CLG gegen An Bord Pleanála, Rn. 23.

[256] EuGH Urt. v. 22.9.1979 – 230/78, ECLI:EU:C:1979:216 – Eridania, Rn. 34; sowie speziell für die DS-GVO EuGH Urt. v. 30.3.2023 – C-34/21, ECLI:EU:C:2023:270 = ZD 2023, 391 mAnm *Schild* – Hauptpersonalrat der Lehrerinnen und Lehrer beim Hessischen Kultusministerium/Minister des Hessischen Kultusministeriums, Rn. 81 f.

[257] Hinzu kommt, dass die Vorschriften der DS-GVO sehr viel ausführlicher formuliert sind als die der DS-RL. Die DS-GVO füllt deshalb 88 Seiten im EU-Amtsblatt, während die DS-RL gerade einmal auf 20 Seiten kam.

[258] EuGH Urt. v. 6.11.2003 – C-101/01, ECLI:EU:C:2003:596 = EuZW 2004, 245 – Lindqvist, Rn. 83.

[259] Vgl. *Reding* ZD 2012, 195 (198): „Die EU-Datenschutzrichtlinie von 1995 war 17 Jahre lang eine solide Basis für die Rechtsentwicklung […], da sie offen und technologieneutral formuliert ist. Der EU-Gesetzgeber hat 1995 der Versuchung widerstanden, jede Einzelheit der seinerzeit aktuellen Erfahrungen im Gesetzestext detailliert regeln zu wollen. Diese richtige Grundentscheidung wurde in die vorgeschlagene DS-GVO übernommen. Die Rechtsinstrumente konzentrieren sich auf Grundprinzipien und allgemeine Vorgaben des Datenschutzes. In einigen Teilen ist die DS-GVO daher wie ein Rahmengesetz formuliert. Die Anwendung der Grundsätze der Datenschutzverordnung auf einzelne Dienste und Anwendungen muss den nationalen Datenschutzbehörden und den Gerichten überlassen bleiben. Falls erforderlich, können der Europäische Datenschutzausschuss […] oder die Europäische Kommission zur Überwindung von Auslegungsdivergenzen Hilfestellung geben. Es sollte aber nicht versucht werden, jede Frage, die den Datenschutz in den nächsten 20 Jahren beschäftigen wird, bereits heute im Detail regeln zu wollen."

Einleitung 90, 91

GVO ist also nicht etwa „unterkomplex",[260] sondern in der Allgemeinheit und Grundsätzlichkeit ihrer Formulierungen sowohl **Ausdruck der Technologieneutralität und Entwicklungsoffenheit des modernen europäischen Datenschutzrechts** als auch der europäischen Grundsätze der besseren Rechtsetzung. Dabei ermächtigt die DS-GVO in fünf Konstellationen zum Erlass weiterer Durchführungsregeln auf EU- oder nationaler Ebene, welche die Grundprinzipien der DS-GVO **spezifizieren, präzisieren und konkretisieren** können:

90 – Erstens ermächtigt die DS-GVO an zwei Stellen die Kommission dazu, unter Aufsicht des Europäischen Parlaments und des Rates sog. **delegierte Rechtsakte** (also Rechtsakte ohne Gesetzescharakter, vgl. **Art. 290 AEUV, Art. 92**) zu erlassen, um bestimmte ergänzende Bestimmungen zur DS-GVO zu erlassen, ohne dabei – wie Art. 290 Abs. 1 UAbs. 2 S. 2 AEUV klarstellt – die wesentlichen Aspekte des in der DS-GVO selbst geregelten Bereichs ändern zu können. Durch delegierte Rechtsakte kann die Kommission standardisierte Bildsymbole (sog. „Privacy Icons")[261] zur Erfüllung der Informationspflichten regeln (Art. 12 Abs. 8) und Anforderungen für Zertifizierungsverfahren bestimmen (Art. 43 Abs. 8). Es handelt sich in beiden Fällen um Befugnisübertragungen des EU-Gesetzgebers an die Kommission, von denen sie Gebrauch machen kann, aber nicht muss. Erwägungsgrund 166 gibt der Kommission dabei allgemeine Kriterien für die Ausübung der Befugnisübertragung vor. Die Kommission soll die vorgesehenen delegierten Rechtsakte dann erlassen, wenn dies erforderlich ist, um die doppelte Zielsetzung (→ Rn. 10, 13, 14, 17, 19) der DS-GVO zu erfüllen, „dh die Grundrechte und Grundfreiheiten natürlicher Personen und insbesondere ihr Recht auf Schutz ihrer personenbezogenen Daten zu schützen und den freien Verkehr personenbezogener Daten innerhalb der Union zu gewährleisten […]." Der Europäische Datenschutzausschuss kann zudem eine Stellungnahme für die Kommission abgeben, bevor diese den jeweiligen delegierten Rechtsakt erlässt (Art. 70 Abs. 1 lit. q und r).[262]

91 – Zweitens enthält die DS-GVO mehrere sog. **fakultative Spezifizierungsklauseln,** die es dem nationalen Gesetzgeber erlauben, die Anwendung bestimmter Vorgaben der DS-GVO für bestimmte Fallkonstellationen innerhalb des nationalen Rechts- und Verwaltungssystems „genauer festzulegen"[263] (im Englischen: „to further specify", im Französischen: „à préciser davantage"), ohne dabei von den Grundsätzen der DS-GVO abzuweichen.[264] Dies gilt ins-

---

[260] So aber die Kritik von *Roßnagel* DS-GVO-HdB § 1 Rn. 29: „Das Hauptproblem der Verordnung liegt vor allem in der hohen Diskrepanz zwischen der enormen Komplexität des Regelungsbedarfs einerseits und der Abstraktheit und damit *Unterkomplexität* ihrer Vorschriften andererseits." (Hervorhebung im Original). Siehe bereits früher *Roßnagel/Nebel/Richter* ZD 2015, 455 (460). Auch *Gömann* Binnenkollisionsrecht S. 98, 99 vermerkt krit., die DS-GVO weise in den materiell-rechtlichen Bestimmungen ein „hohes Abstraktionsniveau" auf. *Kibler* Datenschutzaufsicht S. 201 spricht von „teils sehr abstrakten Regelungen der DS-GVO" sowie „vielen unbestimmten Rechtsbegriffen". Für einen Rechtsakt mit Gesetzescharakter ist dieses allerdings durchaus üblich und im Sinne der Gewaltenteilung angemessen.

[261] Das Europäische Parlament hatte mit seinen Änderungsanträgen zur DS-GVO einen Annex verabschiedet, der Mustersymbole für bestimmte Verarbeitungssituationen (zB „Es werden keine personenbezogenen Daten an gewerbliche Dritte weitergegeben") enthielt, die sich am Vorbild von Verkehrsschildern orientierten, im weiteren Gesetzgebungsverfahren allerdings keine mehrheitliche Zustimmung fanden; vgl. die Abbildung der Mustersymbole bei Gola/Heckmann/*Frank* DS-GVO Art. 12 Rn. 48. Aus diesem Grund legte der EU-Gesetzgeber die Konkretisierung dieser Frage in die Hände der Kommission. Gewisse inhaltliche Vorgaben enthält Art. 12 Abs. 7 (ebenso Erwägungsgrund 60), insbes. die Vorgabe, dass standardisierte Bildsymbole dazu beitragen sollen, „in leicht wahrnehmbarer, verständlicher und klar nachvollziehbarer Form einen aussagekräftigen Überblick über die beabsichtigte Verarbeitung zu vermitteln." Werden die Bildsymbole in elektronischer Form dargestellt, sollten sie zudem „maschinenlesbar" sein. Maßgeblich für die weitere Vorgehensweise bei diesen sog. „Privacy Icons" ist, dass man sich EU-weit auf ebenso einheitliche wie aussagekräftige und verständliche Bildsymbole verständigt, was wohl weitere technische, psychologische und soziokulturelle Analysen erfordert; zur Thematik eingehend *Efroni/Metzger/Mischau/Schirmbeck* European Data Protection Law Review 2019, 352; sowie die von der österreichischen Tageszeitung Standard auf Initiative u.a. von *Nicolaus Forgó* veranstaltete Expertendiskussion unter der Überschrift „Privacy Goes Iconic: Können Icons die DS-GVO mit Leben füllen?" über neue Vorschläge von Privacy Icons, die Forscher an der Universität Wien, der Technischen Universität Wien und der Universität für angewandte Kunst Wien erarbeitet haben, abrufbar unter www.derstandard.at/story/2000115528870/privacy-goes-iconic-koennen-icons-die-dsgvo-mit-leben-fuellen.

[262] Bisher (Stand Januar 2024) hat die Kommission noch keine delegierten Rechtsakte auf Grundlage der DS-GVO erlassen.

[263] Vgl. Erwägungsgrund 10 DS-GVO.

[264] Vgl. Mitteilung der Kommission v. 24.6.2020 an das Europäische Parlament und den Rat, Datenschutz als Grundpfeiler der Teilhabe der Bürgerinnen und Bürger und des Ansatzes der EU für den digitalen Wandel

besondere für die **Verarbeitung personenbezogener Daten in der öffentlichen Verwaltung,** für welche **Art. 6 Abs.** 2 die zentrale fakultative Spezifizierungsklausel enthält.[265] Art. 6 Abs. 2 ermächtigt die Mitgliedstaaten, spezifischere Bestimmungen beizubehalten oder einzuführen, um die Anwendung der Vorschriften der DS-GVO in Bezug auf solche Verarbeitungen personenbezogener Daten anzupassen, die für die Wahrnehmung einer Aufgabe erforderlich sind, die im öffentlichen Interesse liegt oder in Ausübung öffentlicher Gewalt erfolgt, die dem Verantwortlichen übertragen wurde. Hintergrund ist die Überlegung, dass die öffentliche Verwaltung je nach gesetzlichem Aufgabenbereich unterschiedliche öffentliche Interessen mit den Vorgaben des Datenschutzes abzuwägen hat.[266] Den Mitgliedstaaten ist es deshalb ausnahmsweise erlaubt, in nationalen Rechtsvorschriften die Anwendung der Grundsätze der DS-GVO für die Datenverarbeitung zB in der Sozialverwaltung oder im Meldewesen sektorspezifisch auszubuchstabieren. Ein weiterer Beispielsfall für eine fakultative Spezifizierungsklausel ist **Art. 9 Abs. 2 lit. i,** der den Mitgliedstaaten die grundsätzlich verbotene **Verarbeitung von Gesundheitsdaten** dann ausnahmsweise erlaubt, wenn dies aus Gründen des öffentlichen Interesses im Bereich der öffentlichen Gesundheit (zB dem Schutz vor einer Pandemie, → Rn. 120 ff., oder zur Gewährleistung hoher Qualitäts- und Sicherheitsstandards bei der Gesundheitsversorgung) erforderlich ist, wobei die Mitgliedstaaten im nationalen Recht „angemessene und spezifische Maßnahmen zur Wahrung der Rechte und Freiheiten der betroffenen Person, insbesondere des Berufsgeheimnisses" – sowie gegebenenfalls zusätzliche Bedingungen (Abs. 4) – vorsehen können.[267] Eine fakultative Spezifizierungsklausel enthält auch **Art. 88** für den **Beschäftigtendatenschutz,**[268] für den die Mitgliedstaaten durch Rechtsvorschriften oder durch Kollektivvereinbarungen „spezifischere Vorschriften" erlassen können, deren möglicher Gegenstand und Pflichtinhalt in Art. 88 Abs. 1 und 2 umrissen wird.[269]

– zwei Jahre Anwendung der Datenschutz-Grundverordnung, COM(2020) 264, S. 8, 18; im zugehörigen Arbeitsdokument SWD(2020)115 der Kommissionsdienststellen, S. 17 ff., ist explizit von „facultative specification clauses" and „their limits" die Rede. Von „fakultativen Regeln", die „den Mitgliedstaaten eingeräumte Optionen" darstellen, spricht GA *De la Tour* SchlA v. 2.12.2021 – C-319/20, ECLI:EU:C:2021:979 – Facebook Ireland Limited/Bundesverband der Verbraucherzentralen und Verbraucherverbände – Verbraucherzentrale Bundesverband e.V., Rn. 53, 54 u. 55.

[265] Unter den „Clauses for facultative specification by national legislation" wird Art. 6 Abs. 2 auch aufgeführt im Arbeitsdokument SWD(2020)115 der Kommissionsdienststellen v. 24.6.2020, Anh. I, S. 50 f. Vgl. dagegen Paal/Pauly/*Frenzel* DS-GVO Art. 6 Rn. 32, der insofern von einer „Öffnungsklausel" spricht.

[266] Diesen Gedanken greift EuGH (Große Kammer) Urt. v. 1.8.2022 – C-184/20, ECLI:EU:C:2022:601 = ZD 2022,611 = LTZ 2023, 50 mAnm *Kienle* – OT/Vyriausioji tarnybinės etikos komisija, Rn. 110, auch für Abwägungen im Rahmen von Art. 6 Abs. 1 UAbs. 1 lit. c auf und betont, dass bei nationalen Vorschriften, die eine rechtliche Verpflichtung im Sinne dieser Regelung begründen, „die Abwägung […] nicht unbedingt in allen Mitgliedstaaten gleich ist." Das soll es ermöglichen, unterschiedliche Verhältnisse in den Mitgliedstaaten (im konkreten Fall ein unterschiedliches Ausmaß an Korruption im öffentlichen Dienst der Mitgliedstaaten und unterschiedliche Erscheinungsformen der Korruption je nach Mitgliedstaat) zu berücksichtigen.

[267] Vgl. Erwägungsgrund 10, der auf diesen Spezifizierungsspielraum bei der Verarbeitung sensibler Daten ausdrücklich hinweist und ergänzt: „Diesbezüglich schließt diese Verordnung nicht Rechtsvorschriften der Mitgliedstaaten aus, in denen die Umstände besonderer Verarbeitungssituationen festgelegt werden, einschließlich einer genaueren Bestimmung der Voraussetzungen, unter denen die Verarbeitung personenbezogener Daten rechtmäßig ist."

[268] Unter den „Clauses for facultative specification by national legislation" wird Art. 88 auch aufgeführt im Arbeitsdokument SWD(2020) 115 der Kommissionsdienststellen v. 24.6.2020, Anh. I, S. 50 f. Wie EuGH Urt. v. 30.3.2023 – C-34/21, ECLI:EU:C:2023:270 = ZD 2023, 391 mAnm *Schild* – Hauptpersonalrat der Lehrerinnen und Lehrer beim Hessischen Kultusministerium/Minister des Hessischen Kultusministeriums, Rn. 58, betont, „sind die Mitgliedstaaten befugt und nicht verpflichtet, solche Vorschriften zu erlassen." Rn. 59: Sollten die Mitgliedstaaten von ihrer Regelungsbefugnis Gebrauch machen, müssen sie „Rechtsvorschriften erlassen, die nicht gegen den Inhalt und die Ziele der DS-GVO verstoßen." Rn. 84: „In Ermangelung spezifischerer Vorschriften […] wird […] die Verarbeitung personenbezogener Daten im Beschäftigungskontext sowohl im privaten als auch im öffentlichen Sektor unmittelbar durch die Bestimmungen der DS-GVO geregelt."

[269] Sehr klar EuGH Urt. v. 30.3.2023 – C-34/21, ECLI:EU:C:2023:270 = ZD 2023, 391 mAnm *Schild* – Hauptpersonalrat der Lehrerinnen und Lehrer beim Hessischen Kultusministerium/Minister des Hessischen Kultusministeriums, Rn. 73, wonach die Vorgaben von Art. 88 Abs. 2 die Grenzen der mit dieser Verordnung in Kauf genommenen Differenzierung durch spezifische nationale Rechtsvorschriften widerspiegeln. Der mit einer solchen Differenzierung unvermeidlich einhergehende „Bruch in der Harmonisierung" sei nur bei Beachtung dieser Grenzen hinzunehmen. Vgl. bereits *Monreal* ZD 2022, 359 (362 ff.), der

Einleitung 92, 93

92 – Drittens enthält die DS-GVO einige sog. **obligatorische Spezifizierungsklauseln.**[270] Diese verpflichten alle EU-Mitgliedstaaten zur nationalen Spezifizierung derjenigen Vorgaben der DS-GVO, die einen besonders engen Zusammenhang zur nationalen Organisationshoheit oder zum nationalen Rechtssystem aufweisen. Wichtigstes Beispiel für eine solche obligatorische Spezifizierungsklausel ist **Art. 85 Abs. 1.**[271] Danach sind die Mitgliedstaaten verpflichtet, Rechtsvorschriften zu erlassen, um das Recht auf Datenschutz im Bereich des Presse-, Medien- und Wissenschaftsrechts mit dem Grundrecht auf Meinungs-, Presse-, Informations-, Wissenschafts- und Kunstfreiheit in Einklang zu bringen. Hierbei gestattet Art. 85 Abs. 2 den Mitgliedstaaten ausdrücklich, bei der Datenverarbeitung zu journalistischen, wissenschaftlichen, künstlerischen oder literarischen Zwecken Abweichungen oder Ausnahmen von Grundprinzipien der DS-GVO vorzusehen, wenn dies erforderlich ist, um die dabei widerstreitenden Grundrechte – zB hier der Datenschutz, dort die Meinungsfreiheit, die beide bei Grundrechtskollisionen keine absolute Geltung beanspruchen können – miteinander in Einklang zu bringen. Die obligatorische Spezifizierungsklausel des Art. 85 erklärt sich dadurch, dass anders als im Datenschutzrecht, wo es seit dem Vertrag von Lissabon eine Kongruenz zwischen EU-rechtlichem Grundrechtsschutz und EU-rechtlicher Rechtsetzungskompetenz gibt (→ Rn. 37), die Grundrechte der Meinungs-, Presse-, Informations-, Wissenschafts- und Kunstfreiheit nach wie vor im Wesentlichen auf nationaler Ebene zu schützen sind; daher müssen spezifizierende Vorschriften auch vom nationalen Gesetzgeber erlassen werden, die allerdings die Tragweite des EU-primärrechtlich gewährleisteten Datenschutzgrundrechts nicht verändern dürfen.[272] Weitere obligatorische Spezifizierungsklauseln enthält zB **Art. 54 Abs. 1,**[273] der alle Mitgliedstaaten dazu verpflichtet, nationale Durchführungsbestimmungen zur Errichtung und Unabhängigkeit der nationalen Datenschutz-Aufsichtsbehörden unter Beachtung der detaillierten Vorgaben der Art. 51–53 zu erlassen.

93 – Viertens enthält die DS-GVO an einigen wenigen Stellen sog. **Verstärkungsklauseln,** die es ermöglichen, punktuell über die Vorgaben des europäischen Datenschutzrechts hinauszugehen. So können gemäß **Art. 37 Abs. 4**[274] die EU oder die Mitgliedstaaten in Rechtsvorschrif-

---

überzeugend darlegt, warum es sich bei Art. 88 DS-GVO keineswegs um eine „Öffnungsklausel", sondern um eine „Spezifizierungsklausel" handelt, weshalb aus seiner Sicht § 26 Abs. 1, Abs. 4 BDSG europarechtswidrig ist. Die EuGH-Rspr. bestätigt diesen Befund. Vgl. auch Paal/Pauly/*Pauly* DS-GVO Art. 88 Rn. 3: „Bei ‚spezifischeren' Vorschriften muss es sich um Regelungen handeln, die den Beschäftigungskontext kennzeichnen, prägen oder konkretisieren." Für ihn ist nach der DS-GVO insbes. (Rn. 4) „der Erlass von Regelungen, die eine Absenkung des Datenschutzniveaus der DS-GVO zur Folge haben, ausgeschlossen."

[270] Vgl. GA *De la Tour* SchlA v. 2.12.2021 – C-319/20, ECLI:EU:C:2021:979 – Facebook Ireland Limited/Bundesverband der Verbraucherzentralen und Verbraucherverbände – Verbraucherzentrale Bundesverband e.V., Rn. 55, der „[d]ie in solchen Klauseln enthaltenen Verweise auf das nationale Recht" als „bindend" bezeichnet.

[271] Paal/Pauly/*Pauly* DS-GVO Art. 85 Rn. 4, sieht in der Vorschrift einen „Auftrag an die Mitgliedstaaten". Zur Rechtsetzungspraxis in den EU-Mitgliedstaaten eingehend *Heberlein* ZD 2022, 546.

[272] *Marsch* Datenschutzgrundrecht S. 344, weist in diesem Kontext darauf hin, der Ausgleich von Datenschutz und Persönlichkeitsrechten auf der einen und Meinungs- bzw. Pressefreiheit auf der anderen Seite erfolge „auf einer zutiefst rechtskulturell geprägten Grundlage, deren Vereinheitlichung zu Recht auf Widerstand in den Mitgliedstaaten treffen würde." Er hebt jedoch gleichzeitig hervor, dass Art. 85 nur Abweichungen zulässt, die für den Ausgleich der gegenläufigen Grundrechte auch tatsächlich erforderlich sind, sodass der Regelungsspielraum der Mitgliedstaaten begrenzt sei. In diesem Sinne auch Öst. VfGH Erkenntnis v. 14.12.2022 – G 287/2022-16, G-288/2022-14, ZD 2023, 613, wonach die in § 9 Abs. 1 DSG vorgesehene Ausnahme journalistischer Datenverarbeitungen durch Medieninhaber, Herausgeber sowie Mitarbeiter eines Medienunternehmens oder Mediendienstes von der DS-GVO (sog. Medienprivileg) als verfassungswidrig angesehen wurde, wobei dem Gesetzgeber bis Ende Juni 2024 Zeit gegeben wurde, eine entsprechende differenzierte Regelung zu treffen. Auf die offensichtliche Unionsrechtswidrigkeit, die zur Unanwendbarkeit des Medienprivilegs geführt hätte, ging der Öst. VfGH nicht ausführlich ein, da das antragstellende Öst. BVG davon ausging, dass § 9 Abs. 1 DSG von Art. 85 Abs. 2 DS-GVO gedeckt sein könnte, was nicht zutreffend ist; vgl. zur Unionsrechtswidrigkeit des österreichischen Medienprivilegs *Krempelmeier* jusIT 2018, 188 (189 ff.); *Zöchbauer* MR 2018, 102 (108).

[273] Einen „zwingenden Regelungsauftrag an die Mitgliedstaaten" sieht darin Paal/Pauly/*Körffer* DS-GVO Art. 54 Rn. 1.

[274] Für Paal/Pauly/*Pauly* DS-GVO Art. 37 Rn. 12a, handelt es sich hierbei um eine „fakultative Öffnungsklausel", die sich allerdings nur auf solche nationalen Tatbestände bezieht, die zu einer Bestellpflicht führen; er führt zu Recht aus, dass auch bei einer auf Grundlage nationalen Rechts erweiterten Bestellpflicht die Aufgaben und die Rechtsstellung des Datenschutzbeauftragten nicht abw. von Art. 37 geregelt werden dürfen.

ten vorschreiben, dass ein Datenschutzbeauftragter auch dann ernannt werden muss, wenn dies nicht bereits gemäß Art. 37 Abs. 1 obligatorisch ist. Somit kann zB die Bestellung eines betrieblichen Datenschutzbeauftragten auch solchen Unternehmen zur Pflicht gemacht werden, deren Kerntätigkeit nicht in der Verarbeitung besonders umfangreicher oder sensibler Daten besteht. Ein weiteres Beispiel für eine Verstärkungsklausel ist **Art. 54 Abs. 1 lit. d**. Danach sind die Mitglieder der für den Datenschutz zuständigen Aufsichtsbehörden für eine Amtszeit von mindestens vier Jahren zu ernennen; die Mitgliedstaaten können aber jeweils für ihre Aufsichtsbehörden eine längere Amtszeit (zB von sechs Jahren) vorsehen und somit die personelle Unabhängigkeit der Mitglieder der Aufsichtsbehörden weiter stärken.

– Fünftens sieht die DS-GVO an einer einzigen Stelle für die Mitgliedstaaten die Möglichkeit vor, datenschutzrechtliche Vorgaben in begrenztem Umfang abzuschwächen (sog. **Abschwächungsklausel**[275]). So ist gemäß Art. 8 Abs. 1 UAbs. 1 die Einwilligung eines Kindes in die Verarbeitung seiner personenbezogenen Daten durch den Anbieter eines Dienstes der Informationsgesellschaft (zB eines sozialen Netzwerks) nur dann wirksam, wenn das Kind das 16. Lebensjahr vollendet hat. **Art. 8 Abs. 1 UAbs. 2** erlaubt es den Mitgliedstaaten aber, durch nationale Rechtsvorschriften eine niedrigere Altersgrenze vorzusehen, die jedoch nicht unter dem vollendeten 13. Lebensjahr liegen darf.[276] Der den Mitgliedstaaten verbliebene Spielraum ist hier durch die obere und untere Altersgrenze eng begrenzt.

94

Die Tatsache, dass die DS-GVO die genannten **Spezifizierungs-, Verstärkungs- und Abschwächungsklauseln** enthält, ändert nichts an ihrem Normcharakter als unmittelbar geltende Verordnung, die eine Vollharmonisierung des europäischen Datenschutzrechts sowohl auf der Ebene der Normsetzung als auch auf der Ebene der Normanwendung bewirkt.[277] Die DS-GVO ist nicht etwa, wie in Teilen der Literatur behauptet wird, eine „Richtlinie im Verordnungsgewand",[278] sondern ein als solches in allen Teilen unmittelbar geltendes und grundsätzlich

95

---

[275] Als „Öffnungsklausel" wird die Vorschrift bezeichnet von Paal/Pauly/*Frenzel* DS-GVO Art. 8 Rn. 12.
[276] Von Art. 8 Abs. 1 UAbs. 2 haben 8 Mitgliedstaaten Gebrauch gemacht, um das Mindestalter für die Wirksamkeit der datenschutzrechtlichen Einwilligung auf 13 Jahre abzusenken: Belgien, Dänemark, Estland, Finnland, Lettland, Malta, Portugal und Schweden. 6 Mitgliedstaaten haben das Mindestalter auf 14 Jahre abgesenkt: Österreich, Bulgarien, Zypern, Spanien, Italien und Litauen. 3 Mitgliedstaaten haben das Mindestalter auf 15 Jahre festgelegt: die Tschechische Republik, Griechenland und Frankreich. 9 Mitgliedstaaten haben das datenschutzrechtliche Mindestalter auf 16 Jahre festgesetzt: Deutschland, Ungarn, Kroatien, Irland, Luxemburg, die Niederlande, Polen, Rumänien und die Slowakei. Slowenien hat bislang keine Regelung getroffen, so dass es dort beim Mindestalter von 16 Jahren gem. Art. 8 Abs. 1 bleibt. Zum Ganzen Arbeitsdokument SWD(2020) 115 der Kommissionsdienststellen v. 24.6.2020, S. 17, insbes. Fn. 60.
[277] Deutlich dazu EuGH Urt. v. 28.4.2022 – C-319/20, ECLI:EU:C:2022:322 = ZD 2022, 384 mAnm *Hense* – Meta Platforms Ireland Ltd/Bundesverband der Verbraucherzentralen und Verbraucherverbände – Verbraucherzentrale Bundesverband e.V., Rn. 58: „Nach gefestigter Rechtsprechung des Gerichtshofs haben nämlich Verordnungen nach Art. 288 AEUV sowie aufgrund ihrer Rechtsnatur und ihrer Funktion im Rechtsquellensystem des Unionsrechts im Allgemeinen unmittelbare Wirkung in den nationalen Rechtsordnungen, ohne dass nationale Durchführungsmaßnahmen erforderlich wären. Allerdings kann es vorkommen, dass manche Bestimmungen einer Verordnung zu ihrer Durchführung des Erlasses von Durchführungsmaßnahmen durch die Mitgliedstaaten bedürfen [...]." Ebenso BVerfG Beschl. v. 6.11.2019 – 1 BvR 276/17, MMR 2020, 106 mAnm *Hoeren* = ZD 2020, 109 mAnm *Gräbig* – Recht auf Vergessen II, Rn. 41: „Dass solche Öffnungen [...] den Anspruch der Verordnung als Gewährleistung eines materiell vereinheitlichten Datenschutzniveaus durchbrechen, ist jedoch nicht ersichtlich." Rn. 79: „Von einer vollständig vereinheitlichten Regelung ist aber grundsätzlich auszugehen, wenn eine Verordnung einen bestimmten Sachverhalt abschließend regelt. Dabei werden deren Regelungen nicht schon dadurch insgesamt gestaltungsoffen, dass sie für eng eingegrenzte Sonderkonstellationen die Möglichkeit abweichender Regelungen schaffen."
[278] So aber *Kühling/Martini* DS-GVO S. 1, welche in diesem Gutachten im Auftrag des Bundesministeriums des Innern die DS-GVO auch als „Hybrid zwischen Richtlinie und Verordnung" bezeichnen, offenbar um den Fortbestand weiter Teile des BDSG auch nach dem 25.5.2018 zu rechtfertigen; ebenso *Buchholtz* DÖV 2017, 837 (838) sowie *Kühling/Martini* EuZW 2016, 448 (448f.), die von einer „Richtlinie im Verordnungsgewand" sprechen; zust. Paal/Pauly/*Paal/Pauly* Einl. Rn. 2. Vgl. auch Kühling/Buchner/*Kühling/Raab*, 4. Aufl. 2024, Einf. Rn. 98–98c, wo von einem „Handlungsformen-Hybrid" die Rede ist. Die Kommentatoren schließen zu Unrecht aus dem Streichen vieler Vorschriften, welche die Kommission zum Erlass delegierter Rechtsakte ermächtigen sollten, auf entspr. Ersatzzuständigkeiten der Mitgliedstaaten, was mit der Systematik von Art. 290, 291 AEUV unvereinbar ist. Ähnlich *Kraska* ZD 2016, 04173: „Rechtskonstrukt zwischen Richtlinie und Verordnung". Vgl. auch *Voßhoff/Hermerschmidt* PinG 2016, 56 (59), für die die DS-GVO zahlreiche „Öffnungsklauseln" enthält und deshalb „vielfach mehr wie eine Richtlinie als eine Verordnung" wirke. Piltz/*Piltz* Einl. Rn. 1 meint, die DS-GVO ähnele „in Teilen [...] eher einer europäischen Richtlinie, deren Regelungen nicht unmittelbar anwendbar sind, sondern erst nationalstaatlich

Einleitung 95

vollständig harmonisierendes EU-Gesetz, das seine Rechtswirkungen seit dem 25.5.2018 sofort und ohne weiteres Zutun des EU-Gesetzgebers oder der nationalen Gesetzgeber für alle Träger von datenschutzrechtlichen Rechten und Pflichten entfaltet. Dass die EU-Organe und die Mitgliedstaaten gewisse Spielräume zur Spezifizierung der in der DS-GVO verankerten Grundsätze haben, rechtfertigt allenfalls ihre Bezeichnung als sog. **„hinkende" Verordnung;**[279] denn ihre umfassende Anwendung im Einzelfall kann an einigen Stellen – insbesondere beim Fall der obligatorischen Spezifizierungsklauseln – von einer Vervollständigung durch den EU- oder nationalen Gesetzgeber abhängen. Dieser teilweise bestehende Vervollständigungsbedarf ändert aber nichts am Charakter der DS-GVO als Verordnung oder an der unmittelbaren Geltung sämtlicher in ihr enthaltenen Vorschriften.[280] Er steht auch ihrer unmittelbaren Anwendbarkeit meist nicht im Wege. Denn machen die Mitgliedstaaten nicht von der Möglichkeit der Spezifizierung zB im Bereich der öffentlichen Verwaltung oder beim Beschäftigtendatenschutz Ge-

---

umgesetzt werden müssen"; die europarechtliche Unterscheidung zwischen unmittelbarer Geltung und unmittelbarer Anwendbarkeit wird hier offenkundig übersehen. Sogar von einer „Ko-Regulierung des Datenschutzes durch Union und Mitgliedstaaten" spricht *Roßnagel* DuD 2017, 277 (278), was die europarechtliche Kompetenzsituation offenkundig missachtet. Wie hier dagegen *Albrecht/Wybitul* ZD 2016, 457; vgl. auch *Selmayr* ZD 11/2016, V. *Gömann* Binnenkollisionsrecht S. 51, weist zutr. darauf hin, dass es sich „ungeachtet der zahlreichen, in ihr angelegten, für eine Verordnung untypischen Regelungsspielräume der Mitgliedstaaten" dennoch „um eine reguläre Verordnung i. S. d. Art. 288 Abs. 2 AEUV" handelt. Einen Mittelweg in der Begrifflichkeit versucht GA *De la Tour* SchlA v. 2.12.2021 – C-319/20, ECLI:EU:C:2021:979 – Facebook Ireland Limited/Bundesverband der Verbraucherzentralen und Verbraucherverbände – Verbraucherzentrale Bundesverband e.V., Rn. 53; er bekräftigt dort zunächst unter Hinweis auf die stRspr des EuGH die unmittelbare Wirkung von Verordnungen in den nationalen Rechtsordnungen „ohne dass nationale Durchführungsmaßnahmen erforderlich wären", weist zugleich aber darauf hin: „Der Rückgriff auf eine Verordnung impliziert nicht zwangsläufig, dass den Rechtssubjekten durch die Bestimmungen der Verordnung keinerlei Handlungsspielraum eingeräumt wird. Zudem steht die Rechtsverbindlichkeit und unmittelbare Geltung einer Verordnung nicht dem entgegen, dass der Rechtsakt fakultative Regeln beinhalten kann." Er sieht (Rn. 54) eine „fakultative Bestimmung" wie Art. 80 Abs. 2 als Beispiel für eine der zahlreichen „Öffnungsklauseln" (ein von ihm durchweg in Anführungszeichen gesetzter Begriff) in der DS-GVO, die, so der GA in Rn. 55, „ihr im Vergleich zu einer klassischen Verordnung ihren besonderen Charakter verleihen und sie in die Nähe einer Richtlinie rücken." Er verweist aber darauf, dass diese zahlreichen Verweise auf nationale Rechtsvorschriften „das Risiko einer erneuten Zersplitterung der Regelungen zum Schutz personenbezogener Daten in der Union darstellten, das dem Willen des Unionsgesetzgebers, eine stärkere Vereinheitlichung dieser Regelungen zu erreichen, zuwiderlaufe und sich negativ auf die Wirksamkeit dieses Schutzes sowie auf die Verständlichkeit der Pflichten der Verantwortlichen und der Auftragsverarbeiter auswirke." Der GA (und ihm folgend der EuGH) begrenzt deshalb die mögliche rechtszersplitternde Wirkung von „Öffnungsklauseln", indem er prüft, ob sich die in Rede stehenden nationalen Rechtsvorschriften in den Rahmen des jedem Mitgliedstaats in diesen Klauseln eingeräumten Ermessensspielraum einfügen, wobei er die betreffende Klausel unter Berücksichtigung ihres Wortlauts sowie der Systematik und Ziele der DS-GVO auslegt. Deshalb erlaubt zB Art. 80 Abs. 2 eine nationale Regelung, die Verbandsklagen von Verbraucherschutzverbänden zur Wahrung der durch die DS-GVO verliehenen Rechte ermöglicht; vgl. EuGH Urt. v. 28.4.2022 – C-319/20, ECLI:EU:C:2022:322 = ZD 2022, 384 mAnm *Hense* – Meta Platforms Ireland Ltd/Bundesverband der Verbraucherzentralen und Verbraucherverbände – Verbraucherzentrale Bundesverband e.V., Rn. 62 ff., 77 ff. Ebenso erlauben Art. 37 Abs. 4 und Art. 38 Abs. 3 S. 2 strengere nationale Kündigungsregeln für betriebliche und behördliche Datenschutzbeauftragte; vgl. EuGH Urt. v. 22.6.2022 – C-534/20, ECLI:EU:C:2022:495 = ZD 2022, 552 – Leistritz AG/LH, Rn. 18 ff., 32 ff.

[279] Der Begriff „hinkende" Verordnung stammt von *Constantinesco* EG-Recht I S. 562. Vgl. auch Streinz/Schroeder AEUV Art. 288 Rn. 46: „Es gibt unvollständige ('hinkende') Verordnungen", die durch Durchführungsmaßnahmen des Unions- oder des nationalen Gesetzgebers aufgrund ausdrücklicher oder impliziter Ermächtigung bzw. Verpflichtung vervollständigt werden müssen." Vgl. ferner Calliess/Ruffert/*Ruffert* AEUV Art. 288 Rn. 22: „Eine Verordnung kann ausdrücklich die Verpflichtung zum Erlass von Durchführungsmaßnahmen enthalten (sog. hinkende Verordnung), die dann von den nationalen Gerichten am Maßstab der Verordnung zu messen sind, und die Mitgliedstaaten sind grundsätzlich zum Erlass aller zur Gewährleistung der uneingeschränkten Anwendbarkeit einer Verordnung notwendigen Maßnahmen verpflichtet." Als „hinkende Verordnung" wurde die DS-GVO u.a. von *Andrea Jelinek,* damals Leiterin der österreichischen Datenschutzbehörde, bezeichnet; vgl. das Interview mit ihr bei *Knyrim* DS-GVO S. 1, 3; ebenso *Mosing* PinG 2017, 240; sowie Gola/Heckmann/*Nguyen* DS-GVO Art. 51 Rn. 3.

[280] So explizit BVerwG Urt. v. 27.9.2018 – 7 C 5.17, NVwZ 2019, 473, Rn. 25: „Die Datenschutz-Grundverordnung gilt gemäß Art. 288 Abs. 2 AEUV unmittelbar. Sie ist grundsätzlich weder auf eine Umsetzung angewiesen, noch ist dies überhaupt zulässig; selbst eine Normwiederholung im nationalen Recht ist dem Grunde nach ausgeschlossen. Nur im Rahmen ausdrücklicher Ermächtigungen können ihre Regelungen vom nationalen Gesetzgeber spezifiziert, präzisiert und konkretisiert werden […]."

brauch, bleibt es insofern bei der Anwendung der allgemeinen Grundsätze der DS-GVO.[281] Selbst im Fall der obligatorischen Spezifizierung des Datenschutzgrundrechts für den Bereich des Presse-, Medien- und Wissenschaftsrechts (→ Rn. 92) hängt die unmittelbare Anwendbarkeit der DS-GVO nicht notwendig davon ab, dass alle Mitgliedstaaten dem Auftrag des Art. 85 folgend spezifische nationale Rechtsvorschriften erlassen. Vielmehr gibt die Vorschrift selbst gemeinsam mit Erwägungsgrund 153 den nationalen Behörden und Gerichten hinreichend Kriterien an die Hand, um zu erwartende Grundrechtskonflikte in diesem Bereich im Einklang mit den Vorgaben der Grundrechte-Charta einer angemessenen, unionsrechtmäßigen Lösung zuzuführen.[282]

Bereits die Rechtsvorschriften der DS-GVO selbst beschränken die Spielräume der Mitgliedstaaten zur Spezifizierung, Präzisierung und Konkretisierung deutlich, da sie diese jeweils auf bestimmte Fälle begrenzen und stets recht weitgehende Vorgaben für die Ausfüllung dieser Spielräume machen. Zwei weitere Faktoren sorgen dafür, dass die Mitgliedstaaten darüber hinaus keine nennenswerte Möglichkeit haben, um von den in der DS-GVO vorgesehenen Grundsätzen abzuweichen. Zum einen ist dies das hinter der DS-GVO stehende, in Art. 8 GRCh verankerte Datenschutzgrundrecht, das, wie bereits gezeigt, als grundrechtliche „Hochzonung" des wesentlichen Gegenstands der DS-RL (→ Rn. 35) anzusehen ist und in der die DS-RL weiter entwickelnden DS-GVO eine inhaltliche Bestätigung und Bekräftigung findet. Der Versuch einer Absenkung des Schutzniveaus der DS-GVO durch nationale Spezifizierungen ist daher nicht mit Art. 8 GRCh vereinbar, sofern eine solche Absenkung nicht – wie in der Abschwächungsklausel des Art. 8 Abs. 1 UAbs. 2 ausnahmsweise geschehen – ausdrücklich von der DS-GVO zugelassen und grundrechtskonform vollzogen wird; man kann insofern von einer **„Grundrechtsblockade" gegenüber dem Versuch von Absenkungen des datenschutzrechtlichen Schutzniveaus** sprechen. Zum anderen steht das in der DS-GVO ebenfalls verankerte Ziel des unionsweit freien Verkehrs personenbezogener Daten (Erwägungsgrund 9 und Art. 1 Abs. 3 DS-GVO) möglichen Bestrebungen der Mitgliedstaaten entgegen, durch spezifizierende nationale Rechtsvorschriften über das in der DS-GVO vorgesehene Schutzniveau hinauszugehen. Denn derartige „nach oben abweichende" nationale Rechtsvorschriften könnten stets nur für die Rechtssubjekte im Inland Geltung entfalten, dürften aber wegen der EU-rechtlichen Pflicht zur Achtung des freien Verkehrs personenbezogener Daten auf Grundlage der

---

[281] Vgl. EuGH Urt. v. 30.3.2023 – C-34/21, ECLI:EU:C:2023:270 = ZD 2023, 391 mAnm *Schild* – Hauptpersonalrat der Lehrerinnen und Lehrer beim Hessischen Kultusministerium/Minister des Hessischen Kultusministeriums, Rn. 84: „In Ermangelung spezifischer Vorschriften […] wird […] die Verarbeitung personenbezogener Daten im Beschäftigungskontext sowohl im privaten als auch im öffentlichen Sektor unmittelbar durch die Bestimmungen der DS-GVO geregelt."

[282] IdS entschied der EuGH bereits zur obligatorischen Spezifizierungsklausel in Art. 58 Abs. 5; diese Vorschrift ermöglicht den nationalen Datenschutz-Aufsichtsbehörden im Interesse eines effektiven Rechtsschutzes (Art. 47 GRCh) die Einleitung eines gerichtlichen Verfahrens, und zwar unabhängig davon, ob die Mitgliedstaaten ihrer Pflicht nachgekommen sind, diese Rechtsschutzmöglichkeit eigens in nationalen Rechtsvorschriften vorzusehen, oder nicht; Art. 58 Abs. 5 ist insoweit unmittelbar anwendbar, wie der EuGH ausdrücklich klargestellt hat; vgl. EuGH Urt. v. 15.6.2021 – C-645/19, ECLI:EU:C:2021:432 = ZD 2021, 570 mAnm *Blasek* – Facebook Ireland Ltd u.a./Gegevensbeschermingsautoriteit, Rn. 113, wonach „Art. 58 Abs. 5 der Verordnung (EU) 2016/679 dahin auszulegen ist, dass die Vorschrift unmittelbare Wirkung hat, so dass eine nationale Aufsichtsbehörde sich auf sie berufen kann, um gegen Private eine Klage zu erheben oder ein entsprechendes Verfahren fortzuführen, auch wenn die Vorschrift in der Rechtsordnung des betreffenden Mitgliedstaats nicht speziell umgesetzt worden ist." (→ Art. 58 Rn. 2, 34). Anders war die Rechtslage im (nicht die DS-GVO betreffenden) Fall EuGH Urt. v. 11.1.2001 – C-403/98, ECLI:EU:C:2001:6 – Azienda Agricola Monte Arcosu Srl., Rn. 26d. Dort hatte der nationale Gesetzgeber es unterlassen, den für die Rechtsanwendung zentralen Begriff des „hauptberuflich tätigen Inhabers" eines landwirtschaftlichen Betriebes für andere als natürliche Personen" zu definieren, obwohl in der maßgeblichen Verordnung ein entspr. Regelungsauftrag enthalten war. Dazu hält der EuGH zunächst fest: „Hierzu ist festzustellen, dass aufgrund der Rechtsnatur der Verordnung und ihrer Funktion im System der gemeinschaftlichen Rechtsquellen deren Bestimmungen im Allgemeinen zwar unmittelbare Wirkung in den nationalen Rechtsordnungen entfalten, ohne dass die nationalen Behörden Durchführungsmaßnahmen ergreifen müssten. Dennoch kann es vorkommen, dass manche Bestimmungen einer Verordnung zu ihrer Durchführung des Erlasses von Durchführungsmaßnahmen durch die Mitgliedstaaten bedürfen." Da die einschlägige Verordnungsregelung den Mitgliedstaaten einen sehr weiten Ermessensspielraum ließ, der durch die Verordnung selbst nicht vorgeprägt war, hatte das Regelungsversäumnis des nationalen Gesetzgebers zur Folge, dass die ausfüllungsbedürftige Regelung der Verordnung in der Praxis nicht unmittelbar anwendbar war. Bei Art. 85 ist es wegen dessen umfassender Grundrechtsprägung eher eine Auslegung naheliegender, die erforderlichenfalls (wie bei Art. 58 Abs. 4) eine umittelbare Anwendbarkeit der Vorschrift ermöglicht.

Einleitung 97

Vorgaben der DS-GVO für Rechtssubjekte aus dem EU-Ausland keine Anwendung finden; wer in den wenigen Fällen, in denen die DS-GVO eine Verstärkungsklausel vorsieht, davon Gebrauch macht (zB durch Ausweitung der Pflicht zur Bestellung eines betrieblichen Datenschutzbeauftragten), erhöht so die Rechtspflichten und die damit verbundenen Kosten von Inländern im Vergleich zu EU-Ausländern (sog. **„Inländerdiskriminierung"**) und benachteiligt diese im Wettbewerb auf dem europäischen Binnenmarkt. Die Kommission hat die Mitgliedstaaten am 24.6.2020 nochmals aufgefordert, nach Möglichkeit die Verwendung von Spezifizierungsklauseln einzuschränken, die zu Fragmentierung führen und den freien Datenverkehr innerhalb der EU gefährden könnten.[283]

97 Es ist davon auszugehen, dass die DS-GVO nicht nur eine theoretische Vollharmonisierung des Datenschutzrechts bewirkt, sondern rechtlich wie faktisch immer mehr **zugleich Unter- und Obergrenze des Datenschutzniveaus in allen EU-Mitgliedstaaten** bestimmt.[284] Aus diesem Grund ist die in der Literatur oft anzutreffende Bezeichnung der genannten Spezifizierungs-, Verstärkungs- und Abschwächungsklauseln als **„Öffnungsklauseln"**[285] aus europarechtlichen Gründen abzulehnen.[286] Mit diesem ursprünglich aus dem Tarifrecht stammenden Begriff soll offenbar suggeriert werden, dass es möglich sei, vom gleichmäßigen Schutzniveau der DS-GVO in umfangreicher Weise flexibel nach oben (oder sogar nach unten) abzuweichen; dies ist jedoch, wie gezeigt, nicht der Fall bzw. nur in dem von der DS-GVO selbst genau abgesteckten Rahmen. Nicht ohne Grund findet sich der Begriff „Öffnungsklausel" denn auch nur in der Literatur; die DS-GVO selbst kennt ihn nicht, und er ist auch sonst kein europarechtlicher Terminus. Dass der Begriff „Öffnungsklausel" inzwischen vereinzelt in EuGH-Entscheidungen auftaucht, ist lediglich darauf zurückzuführen, dass er von einer der Parteien des Rechtsstreits (die in diesen Fällen regelmäßig aus Deutschland stammt) bzw. vom vorlegenden Gericht in

---

[283] Mitteilung der Kommission v. 24.6.2020 an das Europäische Parlament und den Rat, Datenschutz als Grundpfeiler der Teilhabe der Bürgerinnen und Bürger und des Ansatzes der EU für den digitalen Wandel – zwei Jahre Anwendung der Datenschutz-Grundverordnung (COM[2020] 264 final), S. 18. Zu diesem Evaluierungsbericht ausf. *Heberlein* ZD 2020, 487.

[284] So offensichtlich das Verständnis des EuGH; siehe als Belege EuGH Urt. v. 22.6.2022 – C-534/20, ECLI:EU:C:2022:495 = ZD 2022, 552 – Leistritz AG/LH, Rn. 35; sowie EuGH Urt. v. 9.2.2023 – C-560/21, ECLI:EU:C:2023:81 – Zweckverband KISA, Rn. 27, Rn. 29. In beiden Fällen ging es um die Frage, ob es mit Art. 38 Abs. 3 S. 2 zu vereinbaren ist, wenn das nationale Recht für Datenschutzbeauftragte einen stärkeren Abberufungsschutz vorsieht als diese Regelung. Dazu betonte der EuGH in beiden Fällen, dass ein solcher strengerer Schutz zwar grundsätzlich möglich ist, aber die Verwirklichung der Ziele der DS-GVO nicht beeinträchtigen darf. Dies wäre dann der Fall, wenn der stärkere Schutz der Abberufung eines Datenschutzbeauftragten verhindern würde, der nicht mehr die für die Erfüllung seiner Aufgaben erforderliche berufliche Qualifikation besitzt oder der seine Aufgaben nicht im Einklang mit der DS-GVO erfüllt. Ein stärkerer Schutz durch nationale Regelungen ist also kein Wert an sich, sondern kann gerade mit den Zielen der DS-GVO kollidieren.

[285] Von „Öffnungsklauseln" sprechen zB *Kühling/Martini* DS-GVO S. 1; Kühling/Buchner/*Kühling/Raab*, 4. Aufl. 2024, Einf. Rn. 98; *Buchner* DuD 2016, 155 (160); *Laue* ZD 2016, 463; von „Flexibilisierungsklauseln" Knyrim DS-GVO/*Fercher/Riedl* S. 7, 21. Auch das BVerfG spricht von „Öffnungsklauseln" und qualifiziert diese jew. als „gestaltungsoffenes Unionsrecht", bei dessen Durchführung in Deutschland weiterhin primär die Grundrechte des GG zur Anwendung kommen sollen; vgl. BVerfG Beschl. v. 6.11.2019 – 1 BvR 276/17, MMR 2020, 106 mAnm *Hoeren* = ZD 2020, 109 mAnm *Gräbig* – Recht auf Vergessen II, Rn. 81: „Die Unterscheidung zwischen vollvereinheitlichtem und gestaltungsoffenem Unionsrecht ist erforderlich, um zu entscheiden, ob die Grundrechte des Grundgesetzes oder diejenigen der Charta anwendbar sind." Insbes. die Anwendung des Medienprivilegs des Art. 85 will das BVerfG primär an den Grundrechten des GG messen, auch wenn es sie im Lichte der Grundrechte der GRCh auslegen und diese erforderlichenfalls in Einzelfällen direkt anwenden will, wenn die Grundrechte der GRCh über die Gewährleistungen der Grundrechte des GG hinausgehen; vgl. BVerfG Beschl. v. 6.11.2019 – 1 BvR 16/13, ZD 2020, 100 mAnm *Petri* und *Gräbig* = MMR 2020, 99 mAnm *Hoeren* – Recht auf Vergessen I, Rn. 55 ff., 59, 60, 69. Auch wenn die Vorgehensweise des BVerfG europarechtlich problematisch und nicht mit Art. 51 Abs. 1 S. 1 GRCh vereinbar erscheint, sollte sie jedoch in der Sache kaum zu einem anderen Erg. führen als die sofortige Anwendung der GrCh auch bei Inanspruchnahme von sog. „Öffnungsklauseln". IdS wohl BVerfG Beschl. v. 6.11.2019 – 1 BvR 276/17, MMR 2020, 106 mAnm *Hoeren* = ZD 2020, 109 mAnm *Gräbig* – Recht auf Vergessen II, Rn. 81: „Soweit im Einzelfall festgestellt wird, dass die Anwendung verschiedener Grundrechte im konkreten Kontext nicht zu unterschiedlichen Ergebnissen führt, sind die Fachgerichte – entsprechend dem allgemeinen Prozessrecht – nicht gehindert, schwierige Abgrenzungsfragen nach der Reichweite der Vereinheitlichung dahinstehen zu lassen."

[286] IdS Arbeitsdok. SWD(2020) 115 der Kommissionsdienststellen v. 24.6.2020, S. 17, Fn. 58: „The widely used term of ‚opening clauses' to mean specification clauses is misleading since it might give the impression that Member States have margins of manoeuvre beyond the provisions of the Regulation."

seiner Argumentation verwendet wird. Der EuGH zeigt seine Distanz, in dem er den Begriff „Öffnungsklausel" jedenfalls bei erstmaliger Verwendung in Anführungszeichen setzt.[287] Die Bezeichnung „Spezifizierungsklausel", die sich in der europarechtlich informierten Literatur weitgehend durchgesetzt hat[288], kann sich dagegen an den Wortlaut von Erwägungsgrund 10 anlehnen, wo davon die Rede ist, dass die Mitgliedstaaten die Möglichkeit haben sollten, „nationale Bestimmungen, mit denen die Anwendung der Vorschriften dieser Verordnung *genauer festgelegt* wird, beizubehalten oder einzuführen."[289] Erwägungsgrund 10 verweist dabei auf in den Mitgliedstaaten bestehende, in Verbindung mit den allgemeinen und horizontalen datenschutzrechtlichen Rechtsvorschriften zur Umsetzung der DS-RL von 1995 stehende „*sektorspezifische* Rechtsvorschriften in Bereichen, die *spezifischere* Bestimmungen erfordern"[290] – ein deutlicher Hinweis auf die Möglichkeit von bereichsspezifischem Datenschutzrecht, wie es zB in Deutschland im öffentlichen Sektor fortbesteht. Erwägungsgrund 10 verweist ferner darauf, dass die DS-GVO den Mitgliedstaaten außerdem einen Spielraum für die *Spezifizierung* ihrer Vorschriften auch für die Verarbeitung sensibler Daten bietet. Die Europäische Kommission verwendet ausschließlich den Begriff **„Spezifizierungsklausel"**.[291]

Es stellt sich schließlich die Frage, in welcher Form der nationale Gesetzgeber die genannten Spezifizierungs-, Verstärkungs- und Abschwächungsklauseln in der innerstaatlichen Rechtsordnung ausfüllen kann. Sicherlich kann der nationale Gesetzgeber alle ihm sinnvoll bzw. geboten erscheinenden Spezifizierungen, Präzisierungen und Konkretisierungen in ein nationales Gesetz zur Durchführung der DS-GVO aufnehmen. Erlaubt ist dabei auch im Interesse der besseren Lesbarkeit und Verständlichkeit der Hinweis darauf, dass die entsprechenden Normen in den Kontext der Rechtsvorschriften der DS-GVO gehören, auf die textlich punktuell durchaus Bezug genommen werden kann.[292] Zu beachten ist aber weiterhin das **Normwiederholungs-**

---

[287] So das auf Vorabentscheidungsersuchen des Bundesgerichtshofs (Deutschland) ergangene EuGH-Urt. zur fakultativen „Öffnungsklausel" des Art. 80 Abs. 2: EuGH Urt. v. 28.4.2022 – C-319/20, ECLI:EU:C:2022:322 = ZD 2022, 384 mAnm *Hense* – Meta Platforms Ireland Ltd/Bundesverband der Verbraucherzentralen und Verbraucherverbände – Verbraucherzentrale Bundesverband e.V., Rn. 57; sowie das auf Vorabentscheidungsersuchen des Verwaltungsgerichts Wiesbaden (Deutschland) ergangene EuGH-Urt. zur fakultativen Öffnungsklausel des Art. 88 Abs. 1, EuGH Urt. v. 30.3.2023 – C-34/21, ECLI:EU:C:2023:270 = ZD 2023, 391 mAnm *Schild* – Hauptpersonalrat der Lehrerinnen und Lehrer beim Hessischen Kultusministerium/Minister des Hessischen Kultusministeriums, Rn. 51. Auch GA *De La Tour* setzt den Begriff „Öffnungsklausel" in Anführungsstriche; vgl. dessen SchlA v. 2.12.2021 – C-319/20, ECLI:EU:C:2021:979 – Facebook Ireland Limited/Bundesverband der Verbraucherzentralen und Verbraucherverbände – Verbraucherzentrale Bundesverband e.V., Rn. 55.
[288] Vgl. zB *Heberlein* ZD 2020, 487 (489); *Monreal* ZD 2022, 359 (362 f.); *Heberlein* ZD 2022, 546 (546). Vgl. auch Mitteilung der Kommission v. 24.6.2020 an das Europäische Parlament und den Rat, Datenschutz als Grundpfeiler der Teilhabe der Bürgerinnen und Bürger und des Ansatzes der EU für den digitalen Wandel – zwei Jahre Anwendung der Datenschutz-Grundverordnung, COM(2020) 264, S. 8, 18; im zugehörigen Arbeitsdokument der Kommissionsdienststellen SWD(2020) 115, S. 17 ff. ist explizit von „facultative specification clauses" and their limits" die Rede; eine Liste dieser Spezifizierungsklauseln enthält Anhang I des Arbeitsdokuments, S. 50 f.
[289] Hervorhebungen durch die Verfasser.
[290] Hervorhebungen durch die Verfasser.
[291] So (in der Variante „Spezifikationsklausel") die Mitteilung der Kommission v. 24.1.2018, Besserer Schutz und neue Chancen – Leitfaden der Kommission zur unmittelbaren Anwendbarkeit der Datenschutz-Grundverordnung ab 25.5.2018, COM(2018) 43, S. 294; ebenso Mitteilung der Kommission v. 24.6.2020 an das Europäische Parlament und den Rat, Datenschutz als Grundpfeiler der Teilhabe der Bürgerinnen und Bürger und des Ansatzes der EU für den digitalen Wandel – zwei Jahre Anwendung der Datenschutz-Grundverordnung, COM(2020) 264, S. 8, 18; sowie das Arbeitsdokument SWD(2020) 115 der Kommissionsdienststellen v. 24.6.2020, S. 17 ff.; vgl. auch *Selmayr* ZD 2018, 197; sowie *Heberlein* ZD 2020, 487 (489); *Heberlein* ZD 2022, 546 (546); zum Diskussionsstand vgl. ferner *Kipker* ZD-Aktuell 2017, 04247.
[292] Hierzu ausdrücklich Erwägungsgrund 8: „Wenn in dieser Verordnung Präzisierungen oder Einschränkungen ihrer Vorschriften durch das Recht der Mitgliedstaaten vorgesehen sind, können die Mitgliedstaaten Teile dieser Verordnung in ihr nationales Recht aufnehmen, soweit dies erforderlich ist, um die Kohärenz zu wahren und die nationalen Rechtsvorschriften für die Personen, für die sie gelten, verständlich zu machen." Vgl. auch EuGH Urt. v. 28.3.1985 – 272/83, ECLI:EU:C:1985:147 – Kommission/Italien, Rn. 27: „In Italien kann das System der Erzeugergemeinschaften nicht allein durch die Gemeinschaftsverordnungen ins Werk gesetzt werden; erforderlich ist vielmehr, wie auch die Kommission eingeräumt hat, das Zusammentreffen einer ganzen Reihe gemeinschaftsrechtlicher, einzelstaatlicher und regionaler Vorschriften. *In einem solchen besonderen Fall* kann es nicht als Verstoß gegen das Gemeinschaftsrecht angesehen werden, dass Regionalgesetze im Interesse ihres inneren Zusammenhangs und ihrer Verständlichkeit für die Adressaten bestimmte Punkte der Gemeinschaftsverordnungen wiederholen." (Hervorhebung durch die Verf.). Hier-

verbot (→ Rn. 86 f.), das der EuGH im Interesse der Rechtsklarheit und Rechtssicherheit aufgestellt hat. Ein nationales Durchführungs- und Spezifizierungsgesetz, welches textlich den Eindruck erweckt, weiterhin das „Allgemeine Datenschutzgesetz" im Inland zu sein, wäre mit der unmittelbaren Geltung der DS-GVO nicht vereinbar.[293] Angemessen sind dagegen knapp gehaltene **nationale Ausführungsgesetze zur DS-GVO,** die auf das unionsrechtlich einheitliche Datenschutzrecht ausdrücklich Bezug nehmen,[294] die für geboten erscheinenden Spezifizierungsbestimmungen enthalten und im Übrigen alle bisher im nationalen Datenschutzrecht enthaltenen Vorschriften, die eine inhaltliche Entsprechung zu den Vorgaben der DS-GVO enthalten, mit Wirkung vom 25.5.2018 ersatzlos streichen. Nur durch eine solche Vorgehensweise können die Mitgliedstaaten die unionsrechtlich geforderte Rechtsklarheit herstellen und Verwirrung über die unionsrechtliche Quelle aller datenschutzrechtlichen Vorgaben von vornherein vermeiden. Die Kommission und die Unionsgerichte werden in den kommenden Jahren immer wieder zu prüfen haben, ob die Durchführung der DS-GVO in allen Mitgliedstaaten stets mit der gebotenen Klarheit und Transparenz erfolgt.[295]

D. Auslegung der DS-GVO als Unionsrecht

99 Die DS-GVO ist Bestandteil des Unionsrechts, über dessen Auslegung nach dem einvernehmlichen Willen aller EU-Mitgliedstaaten letztverbindlich allein der EuGH entscheidet (vgl. Art. 19 Abs. 1 UAbs. 1 S. 2 EUV, Art. 267, 344 AEUV). Dabei ist zu beachten, dass der EuGH bei der Auslegung des Unionsrechts nicht die in bestimmten nationalen Rechtsordnungen oder im Völkerrecht übliche Methodik verwendet, sondern wegen der strukturellen Besonderheiten des Unionsrechts eine **autonome Auslegungsmethode** entwickelt hat.[296]

---

bei handelt es sich allerdings um eine Ausnahmesituation, die keinesfalls eine generelle Durchbrechung des Normwiederholungsverbots zulässt; ebenso Streinz/*Schroeder* AEUV Art. 288 Rn. 50; Calliess/Ruffert/*Ruffert* AEUV Art. 288 Rn. 21, spricht für diesen Fall von der ausnahmsweisen Zulässigkeit einer punktuellen Wiederholung.

[293] Vgl. *Albrecht/Wybitul* ZD 2016, 457 sowie *Selmayr* ZD 11/2016, V. Deutlich Kommission, Arbeitsdokument SWD(2020)115 v. 24.6.2020, S. 17: „The margins for Member State law are subject to the conditions and limits set by the GDPR and do not allow for a parallel national data protection regime."

[294] Regelungstechnisch recht gut gelungen ist dies in Bayern im neuen BayDSG v. 15.5.2018, GVBl. 2018, 229: In den Art. 3–26 wird nach der Artikelüberschrift jeweils der Ausgangsartikel der DS-GVO in einem Klammerzusatz explizit genannt, was die europarechtliche Herkunft der Vorschriften transparent macht. Europarechtlich treffend bereits die Gesetzesbezeichnungen der dementspr. kurz gehaltenen und weitgehend auf Durchführungsbestimmungen beschränkten Landesdatenschutzgesetze in Bremen, Sachsen und Sachsen-Anhalt: vgl. das Bremische Ausführungsgesetz zur EU-Datenschutz-Grundverordnung (BremDS-GVOAG) v. 8.5.2018, BremGBl. 2018, 131; das Sächsische Datenschutzdurchführungsgesetz v. 26.4.2018, SächsGVBl. 2018, 198, 199, zuletzt geänd. durch Art. 8 Abs. 6 des Gesetzes v. 6.7.2023; sowie das Datenschutz-Grundverordnungs-Ausfüllungsgesetz Sachsen-Anhalt, DSAG LSA v. 18.2.2020, GVBl. 2020, 25, zuletzt geänd. am 20.3.2020, GVBl. 2020, 64.

[295] Mahnende Hinweise finden sich bereits in der Mitteilung der Kommission v. 24.1.2018, Besserer Schutz und neue Chancen – Leitfaden der Kommission zur unmittelbaren Anwendbarkeit der Datenschutz-Grundverordnung ab 25.5.2018, COM(2018) 43, Ziff. 3.1: „Sollten Mitgliedstaaten nicht die gemäß der Verordnung erforderlichen Maßnahmen treffen, diese zu spät treffen oder von den in der Verordnung vorgesehenen Spezifizierungsklauseln in einer Weise Gebrauch machen, die der Verordnung widersprechen, wird die Kommission alle Instrumente nutzen, die ihr zur Verfügung stehen, einschließlich des Rückgriffs auf das Vertragsverletzungsverfahren." Vgl. auch Mitteilung der Kommission v. 24.6.2020 an das Europäische Parlament und den Rat, Datenschutz als Grundpfeiler der Teilhabe der Bürgerinnen und Bürger und des Ansatzes der EU für den digitalen Wandel – zwei Jahre Anwendung der Datenschutz-Grundverordnung, COM(2020) 264, S. 17: „Die Kommission wird ihren bilateralen Austausch mit den Mitgliedstaaten über die Umsetzung der DS-GVO fortsetzen und im Bedarfsfall weiterhin alle ihr zur Verfügung stehenden Instrumente nutzen, um die Einhaltung der Verpflichtungen aus der DS-GVO durch die Mitgliedstaaten zu unterstützen." Die Mitgliedstaaten sollten außerdem (S. 18) „prüfen ob die nationalen Rechtsvorschriften zur Umsetzung der DS-GVO unter allen Umständen innerhalb des für die Rechtsvorschriften der Mitgliedstaaten vorgesehenen Spielraums liegen."

[296] Eingehend hierzu *Bleckmann* NJW 1982, 1177; *Brown/Kennedy,* The Court of Justice of the European Communities, 1994, S. 299 ff.; *Fennelly* Fordham International Law Journal 1997, 656; *Lenaerts* The International Lawyer 2007, 1011; *Lenaerts/Gutiérrez-Fons* EUI Working Paper AEL 2013/9; *Lenaerts/Gutiérrez-Fons,* Les méthodes d'interprétation de la Cour de Justice de l'Union européenne, 2020; *Martens,* Methodenlehre des Unionsrechts, 2013; *Schroeder* JuS 2004, 180; *Zuleeg* EuR 1969, 97. Vgl. auch *Selmayr,* Das Recht der Wirtschafts- und Währungsunion, Bd. 1, S. 116 ff.

Zwar orientiert sich auch der EuGH am klassischen Methodenkanon, unterscheidet also zwischen Wortlautauslegung, systematischer Auslegung und teleologischer Auslegung.[297] Autonom zeigt sich der EuGH aber bei der Gewichtung der Auslegungsmethoden. Diese stehen im Unionsrecht nicht gleichberechtigt nebeneinander. Vielmehr gilt – auch wenn der Wortlaut einer Vorschrift stets Ausgangspunkt der Interpretation ist – der **Primat der teleologischen Auslegung**.[298]

Den Vorrang der teleologischen Auslegung hat der EuGH im Fall CILFIT mit drei Eigenheiten und besonderen Schwierigkeiten begründet, mit denen sich die Auslegung des Gemeinschaftsrechts bzw. heute des Unionsrechts typischerweise konfrontiert sieht:[299] **100**

Dies ist an erster Stelle die **Mehrsprachigkeit des Unionsrechts**:[300] „Zunächst", so erläutert der EuGH im Fall CILFIT, „ist einem Umstand Rechnung zu tragen, dass die Vorschriften des Gemeinschaftsrechts [heute: des Unionsrechts] in mehreren Sprachen abgefasst sind und dass die verschiedenen sprachlichen Fassungen gleichermaßen verbindlich sind; die Auslegung einer gemeinschaftsrechtlichen [heute: unionsrechtlichen] Vorschrift erfordert somit einen Vergleich ihrer sprachlichen Fassungen."[301] Die Auslegung beginnt also auch im Unionsrecht stets mit dem Wortlaut einer Vorschrift, muss dabei aber diesen Wortlaut in allen rechtlich verbindlichen Versionen berücksichtigen. Dies erfordert vom Rechtsanwender im Unionsrecht aufwändiges multilinguales Arbeiten.[302] Zu beachten ist dabei, dass das **primäre Unionsrecht** – zB Art. 16 AEUV oder Art. 8 GRCh – seit dem EU-Beitritt Kroatiens 2013 gemäß Art. 55 EUV und Art. 358 AEUV in **24 Sprachfassungen** gleichermaßen verbindlich ist, was Ausdruck der von Art. 4 Abs. 2 S. 1 EUV verlangten Gleichheit der Mitgliedstaaten vor dem Unionsrecht ist. Deshalb kommt es rechtlich nicht darauf an, ob eine der **24 Vertragssprachen** von mehr oder weniger Menschen in der EU gesprochen wird oder ob es sich um die Sprache eines Gründungsmitgliedstaats oder eines später beigetretenen Mitgliedstaates handelt. Rechtlich sind alle 24 Vertragssprachen gleich zu behandeln. Auch das Englische ist trotz des Austritts des Vereinigten Königreichs aus der EU („Brexit") zum 31.1.2020 weiterhin EU-Vertragssprache. Denn Art. 55 EUV und Art. 358 AEUV wurden bislang nicht geändert, und auch für die Zukunft ist eine Änderung (die Einstimmigkeit unter den 27 EU-Mitgliedstaaten sowie 27 nationale Ratifizierungen erfordern würde) nicht zu erwarten, da Englisch in Irland neben **101**

---

[297] Hierzu hat der EuGH die folgende Standardformulierung entwickelt, die er mit kleinen Variationen regelmäßig verwendet, wenn er mit der Auslegung einer Vorschrift des Unionsrechts beginnt: „Nach ständiger Rechtsprechung sind bei der Auslegung von Gemeinschaftsvorschriften nicht nur ihr Wortlaut, sondern auch ihr Zusammenhang und die Ziele zu berücksichtigen, die mit der Regelung, zu der sie gehören, verfolgt werden […]."; so EuGH Urt. v. 24.6.2010 – C-375/08, ECLI:EU:C:2010:365 – Strafverfahren gegen Pontini u.a., Rn. 58. Ähnlich EuGH Urt. v. 3.9.2014 – C-201/13, EU:C:2014:2132 – Deckmyn und Vrijheidsfonds, Rn. 19: „Da der Begriff der Parodie in der Richtlinie 2001/29 nicht definiert ist, ist die Bedeutung und Tragweite dieses Begriffs nach ständiger Rechtsprechung des Gerichtshofs entsprechend seinem Sinn nach dem gewöhnlichen Sprachgebrauch zu bestimmen, wobei zu berücksichtigen ist, in welchem Zusammenhang er verwendet wird und welche Ziele mit der Regelung verfolgt werden, zu der er gehört […]." Speziell zur Auslegung der DS-GVO vgl EuGH Urt. v. 4.5.2023 – C-60/22, ECLI:EU:C:2023:373 – ZU/Bundesrepublik Deutschland, Rn. 49: „Nach ständiger Rechtsprechung des Gerichtshofs sind bei der Auslegung einer unionsrechtlichen Vorschrift nicht nur ihr Wortlaut, sondern auch ihr Kontext und die Ziele zu berücksichtigen, die mit der Regelung, zu der sie gehört, verfolgt werden […]."; sowie EuGH Urt. v. 9.2.2023 – C-560/21, ECLI:EU:C:2023:81 – ZS/Zweckverband „Kommunale Informationsverarbeitung Sachsen" KISA, Körperschaft des öffentlichen Rechts, Rn. 14: „Nach ständiger Rechtsprechung sind bei der Auslegung von Unionsvorschriften nicht nur ihr Wortlaut entsprechend ihrem Sinn nach dem gewöhnlichen Sprachgebrauch, sondern auch ihr Zusammenhang und die Ziele zu berücksichtigen, die mit der Regelung, zu der sie gehören, verfolgt werden […]."

[298] Vgl. Calliess/Ruffert/*Wegener* EUV Art. 19 Rn. 28; ebenso Bieber/Epiney/Haag/Kotzur EU/*Epiney* S. 268, denenzufolge der teleologischen Auslegung „eine hervorragende Bedeutung" zukommt. Treffend der frühere EuGH-Richter *Schockweiler* Revue du Marché Commun 1991, 882 (883), demzufolge der EuGH „s'est toujours référée davantage à l'économie générale et à sa finalité qu'au texte et à l'intention de ses auteurs pour dégager des solutions allant au-delà, et parfois même à l'encontre, de la lettre du texte." Vgl. auch *Selmayr* Das Recht der Wirtschafts- und Währungsunion, Bd. 1, S. 117.

[299] EuGH Urt. v. 6.10.1982 – 283/81, ECLI:EU:C:1982:335 – CILFIT/Ministerio della Sanità, Rn. 17–20.

[300] Ausf. dazu *Derlén* ELR 2014, 295; *Schilling* ELJ 2010, 47; *Mayer* Der Staat Bd. 44 (2005), 367; *Schübler-Pfister*, Sprache und Gemeinschaftsrecht, 2004; *Weiler* ZEuP 2010, 861.

[301] EuGH Urt. v. 6.10.1982 – 283/81, ECLI:EU:C:1982:335 – CILFIT/Ministerio della Sanità, Rn. 18.

[302] Die Datenbank des EU-Rechts eur-lex gibt für das notwendige multilinguale Arbeiten eine wichtige Hilfestellung dadurch, dass sie es ermöglicht, Rechtstexte mehrsprachig anzuzeigen und dabei die verschiedenen Sprachfassungen einander tabellarisch gegenüberzustellen.

Einleitung 101

Irisch/Gälisch und auf Malta neben Maltesisch jeweils von Verfassung wegen Amtssprache[303] ist.[304] Auch das **sekundäre Unionsrecht** (insbesondere Verordnungen, Richtlinien, Beschlüsse und Entscheidungen) ist gemäß der auf Grundlage von Art. 342 AEUV vom Rat einstimmig erlassenen Verordnung Nr. 1 zur Regelung der Sprachenfrage[305] heute in 24[306] Sprachfassungen – die somit alle **EU-Amtssprachen** sind – **gleichermaßen verbindlich.** Gleichermaßen verbindlich bedeutet, dass sowohl beim primären als auch beim sekundären Unionsrecht keiner einzelnen Sprachfassung der Vorrang zukommt und für alle Sprachversionen die Vermutung der Richtigkeit gilt. Eine isolierte Betrachtung einzelner Sprachfassungen verbietet sich daher. Sie wäre mit dem **Erfordernis einer einheitlichen Anwendung des Unionsrechts** nicht vereinbar.[307] Es ist somit fast unvermeidlich, dass bei der Wortlautauslegung im Unionsrecht **Sprachdivergenzen** auftreten.[308] Der EuGH geht dabei weder von der Richtigkeit der Mehr-

---

[303] Vgl. Art. 5 Abs. 2 der Verfassung Maltas v. 21.9.1964, in der aktuell geltenden Fassung abrufbar unter https://legislation.mt/eli/const/eng; sowie Art. 8 Abs. 2 der Verfassung von Irland v. 1.7.1937, in der aktuell geltenden Fassung abrufbar unter www.irishstatutebook.ie/eli/cons/en/html.

[304] Dies übersieht *Lohse* EuZW 2021, 667 (670), der offenbar vor allem aus politischen und kulturellen Gründen Englisch nach dem „Brexit" nicht mehr als Vertragssprache ansehen will und sich für eine Streichung des Englischen als Amtssprache aus der Verordnung Nr. 1 ausspricht, auch wenn er einräumt, dass die Forderung nach einer Entfernung von Englisch als Arbeitssprache „realitätsfremd" ist. Festzuhalten ist, dass nur eine Vertragsänderung sowie eine formelle Änderung der Sprachen-VO Nr. 1 (die jeweils Einstimmigkeit unter den 27 EU-Mitgliedstaaten voraussetzen) den aktuellen rechtlichen Status des Englischen als gleichberechtigte Vertrags- und Amtssprache ändern könnte.

[305] Verordnung (EWG) Nr. 1 des Rates v. 15.4.1958 zur Regelung der Sprachenfrage, ABl. 1958, 17, 385, zuletzt anlässlich des Beitritts Kroatiens geänd. durch die dafür maßgebliche Beitrittsakte ABl. 2013 L 158, 1.

[306] Für das Maltesische und für das Irisch/Gälische gab es wegen des anfänglichen Mangels an geeigneten Übersetzern jew. Übergangsfristen: für das Maltesische bis zum 31.12.2008, für das Irisch/Gälische (das erst durch Antrag Irlands aus dem Jahr 2005, mehr als 30 Jahre nach dessen EU-Beitritt, EU-Amtssprache wurde, nachdem Irland anfänglich darauf verzichtet hatte) zunächst bis 31.12.2011, dann aufgrund einer Verlängerung der Übergangsfrist bis 31.12.2016 und schließlich letztmals bis 31.12.2021. Seit dem 1.1.2009 ist das Maltesische und seit dem 1.1.2022 auch Irisch/Gälisch jew. eine in jeder Hinsicht gleichberechtigte EU-Amtssprache. Verordnungen, die gemeinsam vom Europäischen Parlament und dem Rat erlassen werden, waren von der Übergangsfrist für das Irisch/Gälische von Anfang an ausgenommen; vgl. Art. 2 Abs. 2 Verordnung (EG) Nr. 920/2005 des Rates v. 13.6.2005 zur Änderung der Verordnung Nr. 1 v. 15.4.1958 zur Regelung der Sprachenfrage für die Europäische Wirtschaftsgemeinschaft und der Verordnung Nr. 1 des Rates v. 15.4.1958 zur Regelung der Sprachenfrage für die Europäische Atomgemeinschaft sowie zur Einführung befristeter Ausnahmeregelungen zu diesen Verordnungen, ABl. 2005 L 156, 3. Deshalb wurde die gemeinsam vom Europäischen Parlament und dem Rat erlassene DS-GVO von vornherein auch in Irisch/Gälisch veröffentlicht und war von Anfang an in dieser Version ebenso rechtsverbindlich wie in den übrigen 23 Sprachfassungen.

[307] StRspr, vgl. zB EuGH Urt. v. 5.12.1967 – 19/67, ECLI:EU:C:1967:49 – Bestuur der Sociale Verzekeringsbank/Van der Hecht, S. 461: „Die Notwendigkeit einheitlicher Auslegung der Gemeinschaftsverordnungen schließt jedoch eine isolierte Betrachtung der erwähnten Textfassung aus und gebietet, sie bei Zweifeln im Lichte der Fassungen in den [damals] drei anderen Sprachen auszulegen und anzuwenden."; sowie EuGH Urt. v. 19.9.2013 – C-140/12, ECLI:EU:C:2013:565 – Pensionsversicherungsanstalt/Brey, Rn. 74: „Nach ständiger Rechtsprechung kann jedoch die in einer der Sprachfassungen einer unionsrechtlichen Vorschrift verwendete Formulierung nicht als alleinige Grundlage für die Auslegung dieser Vorschrift herangezogen werden oder insoweit Vorrang vor den anderen sprachlichen Fassungen beanspruchen. Eine solche Vorgehensweise wäre mit dem Erfordernis einer einheitlichen Anwendung des Unionsrechts unvereinbar. Wenn die sprachlichen Fassungen voneinander abweichen, muss die betreffende Vorschrift nach dem allgemeinen Aufbau und dem Zweck der Regelung ausgelegt werden, zu der sie gehört […]." Vgl. auch – zu einer Regelung des Milchmarktes, die geschaffen wurde, um der besonderen Lage im Vereinigten Königreich Rechnung zu tragen – EuGH Urt. v. 27.3.1990 – C-372/88, ECLI:EU:C:1990:140 – Milk Marketing Board of England and Wales/Cricket St. Thomas Estate, Rn. 18: „Jedenfalls kann die englische Fassung des Artikels 25 Absatz 1 Buchstabe a der Verordnung Nr. 804/68 nicht als alleinige Grundlage für die Auslegung dieser Bestimmung herangezogen werden oder insoweit Vorrang vor den anderen sprachlichen Fassungen beanspruchen. Eine solche Vorgehensweise wäre mit dem Erfordernis einer einheitlichen Anwendung des Gemeinschaftsrechts unvereinbar."

[308] Exemplarisch EuGH Urt. 7.12.1995 – C-449/93, ECLI:EU:C:1995:420 – Rockfon/Specialarbejderforbundet i Danmark, Rn. 26–28. In diesem Fall ging es um die Frage, ob die arbeitsrechtlichen Schutzbestimmungen der Richtlinie gegen Massenentlassungen, die erst ab einer bestimmten Mitarbeiterzahl eingriffen, innerhalb eines Konzerns gegenüber jedem einzelnen darin verbundenen Unternehmen oder gegenüber dem gesamten Konzern anzuwenden waren. Dafür war der Begriff „Betrieb" in der Richtlinie auszulegen, der allerdings in den verschiedenen Sprachfassungen sehr unterschiedliche Inhalte hatte und – je nach Sprachversion – Betrieb, Niederlassung, Unternehmen, Arbeitsmittelpunkt, räumliche Einheit oder

101 Einleitung

zahl der Texte aus[309] noch entscheidet er sich grundsätzlich für die vermeintlich klarere Fassung.[310] Unklarheiten, Mehrdeutigkeiten und Widersprüche im mehrsprachigen Wortlaut des Unionsrechts lassen sich vielmehr nur dadurch überwinden, dass die verschiedenen Sprachversionen trotz ihrer Abweichungen einheitlich ausgelegt werden, wobei regelmäßig auf den Kontext und den Zweck der Regelung zurückgegriffen werden muss.[311] Auch bei der Auslegung der DS-GVO sind also im Zweifelsfall alle 24 Sprachfassungen[312] miteinander zu ver-

---

Arbeitsort bedeuten konnte. Der EuGH stellte deshalb bei der Auslegung auf den aus der Rechtsgrundlage und den Erwägungsgründen erkennbaren Zweck der Richtlinie ab (Rn. 29), nämlich dass sie „gerade zur Verstärkung des Schutzes der Arbeitnehmer bei Massenentlassungen" diene. Er legte deshalb den Begriff „Betrieb" dahin aus (Rn. 32), „dass er nach Maßgabe der Umstände die Einheit bezeichnet, der die von der Entlassung betroffenen Arbeitnehmer zur Erfüllung ihrer Aufgabe angehören. Ob die fragliche Einheit eine Leitung hat, die selbständig Massenentlassungen vornehmen kann, ist für die Definition des Begriffs ‚Betrieb' nicht entscheidend." Besonders drastisch EuGH Urt. v. 17.10.1996 – C-64/95, ECLI:EU:C:1996:388 – Konservenfabrik Lubella Friedrich Büker GmbH & Co. KG/Hauptzollamt Cottbus, Rn. 18: „Im vorliegenden Fall beziehen sich sämtliche Sprachfassungen der streitigen Verordnung mit Ausnahme der deutschen Fassung nur auf Sauerkirschen. Wie die Kommission und die spanische Regierung ausgeführt haben, enthielt die deutsche Fassung ursprünglich aufgrund eines später berichtigten Schreibfehlers das Wort ‚Süsskirschen' statt des Wortes ‚Sauerkirschen'. Da in dieser Fassung jedoch die KN-Codes für Sauerkirschen angegeben waren, hätte dieser Widerspruch leicht durch Heranziehen der anderen Sprachfassungen der Verordnung gelöst werden können." Eine Sprachendivergenz führte auch zum ersten vom EuGH entschiedenen „Datenschutzrechts-Fall"; vgl. EuGH Urt. v. 12.11.1969 – 29/69, ECLI:EU:C:1969:57 – Stauder/Stadt Ulm. Damals sah eine an alle Mitgliedstaaten gerichtete Entsch. des Rates vor, dass zur Förderung des Absatzes überschüssiger Buttermengen bestimmten Sozialhilfeempfängern Butter zu einem verbilligten Preis zur Verfügung gestellt werden konnte. Um eine Zweckentfremdung zu verhindern, sollten die Mitgliedstaaten die verbilligte Butter an die Berechtigten nur gegen einen ‚auf ihren Namen ausgestellten Gutschein' (so die deutsche und die niederländische Fassung) bzw. nur auf Vorlage eines ‚individualisierten Gutscheins' (so die französische und italienische Fassung) abgeben. Offenbar unter dem Eindruck des (damals noch nicht auf europäischer Ebene, sehr wohl aber in einigen Mitgliedstaaten anerkannten) Datenschutzgrundrechts gab der EuGH (Rn. 4) „der am wenigsten belastenden Auslegung" den Vorzug. Das Gebot der einheitlichen Auslegung des Unionsrechts ist ganz besonders dann zu beachten, wenn bei der Umsetzung einer Richtlinie unterschiedliche Begriffe im nationalen Umsetzungsgesetz als in der Richtlinie verwendet werden; vgl. dazu EuGH Urt. v. 1.10.2015 – C-230/14, ECLI:EU:C:2015:63 = ZD 2015, 580 mAnm Karg – Weltimmo/Nemzeti Adatvédelmi és Információszabadság Hatóság, Rn. 61–65, wo der EuGH eine Sprachendivergenz im Ungarischen dadurch überwindet, dass er die beiden ungarischen Begriffe als identisch auslegt.

[309] Vgl. EuGH Urt. v. 27.10.1977 – 30/77, ECLI:EU:C:1977:172 – Regina/Bouchereau, Rn. 13/14: „Ein Vergleich der verschiedenen sprachlichen Fassungen der genannten Bestimmungen zeigt, dass die anderen Fassungen mit Ausnahme der italienischen in den beiden Artikeln verschiedene Ausdrücke verwenden, so dass man aus der verwendeten Terminologie keine rechtlichen Folgerungen ziehen kann."

[310] So zutr. Streinz/Kokott EUV Art. 55 Rn. 4.

[311] Vgl. EuGH Urt. v. 27.10.1977 – 30/77, ECLI:EU:C:1977:172 – Regina/Bouchereau, Rn. 13/14: „Die verschiedenen sprachlichen Fassungen einer Gemeinschaftsvorschrift müssen einheitlich ausgelegt werden; falls diese Fassungen voneinander abweichen, muss die Vorschrift daher nach dem allgemeinen Aufbau und dem Zweck der Regelung ausgelegt werden, zu der sie gehört."; sowie EuGH Urt. v. 19.9.2013 – C-140/12, ECLI:EU:C:2013:565 – Brey, Rn. 74: „Wenn die sprachlichen Fassungen voneinander abweichen, muss die betreffende Vorschrift nach dem allgemeinen Aufbau und dem Zweck der Regelung ausgelegt werden."

[312] Da die DS-GVO Teil des EWR-Abkommens ist (ABl. 2016 L 119, 1, ber. ABl. 2016 L 314, 72; ABl. 2018 L 127, 2; sowie ABl. 2021 L 74, 35. Die DS-GVO ist im ABl. ausdrücklich als „Text von Bedeutung für den EWR" ausgewiesen. Von Anfang an war beabsichtigt, dass DS-GVO wegen ihrer Bedeutung für den Binnenmarkt auch in den mit der EU im Europäischen Wirtschaftsraum (EWR) eng verbundenen Staaten – Island, Liechtenstein und Norwegen – Geltung erlangen sollte. Die Kommission leitete dementsprechend am 2.5.2018 das Verfahren zur Einbeziehung der DS-GVO in das EWR-Abkommen (Anh. XI und Prot. 37, die bisher auf die DS-RL verwiesen) ein; vgl. COM(2018) 249; sowie Beschluss (EU) 2018/893 des Rates v. 18.6.2018, ABl. 2018 L 159, 31. Die Einbeziehung erfolgte mit Wirkung zum 20.7.2018; vgl. Beschl. des Gemeinsamen EWR-Ausschusses Nr. 154/2018 v. 6.7.2018 zur Änderung des Anh. XI (Elektronische Kommunikation, audiovisuelle Dienste und Informationsgesellschaft) und des Prot. 37 (mit der Liste gemäß Artikel 101) des EWR-Abkommens [2018/1022], ABl. 2018 L 183, 23, der in Art. 1 einige Modifikationen und Ergänzungen im institutionellen Bereich vorsieht. Bereits an den Beratungen zur DS-GVO hatten in den Expertengruppen des Rates neben Experten der EU-Mitgliedstaaten auch Experten aus Island, Liechtenstein und Norwegen teilgenommen. Vgl. heute auch § 1 Abs. 6 BDSG, der klarstellt, dass bei der Verarbeitung personenbezogener Daten nach der DS-GVO „die Vertragsstaaten des Abkommens über den Europäischen Wirtschaftsraum den Mitgliedstaaten der Europäischen Union gleichstehen."), gibt es außerdem eine rechtsverbindliche norwegische und isländische Sprachfassung; vgl. Art. 129 Abs. 1 UAbs. 3 EWR-Abkommen sowie Art. 3 des Beschl. des Gemeinsamen EWR-Ausschusses Nr. 154/2018 v. 6.7.2018 zur Änderung des Anhangs XI (Elektronische Kommunikation, audiovisuelle Dienste und

Einleitung 102

gleichen und im Lichte des Regelungszusammenhangs und der Zielsetzung der Regelung zu interpretieren. Dass die Verhandlungen zur DS-GVO praktisch durchweg in Englisch stattfanden oder dass viele maßgebliche Verhandlungsteilnehmer deutsche Muttersprachler waren, spielt dabei rechtlich keine Rolle.[313]

102 Eine zweite Besonderheit bei der Auslegung des Unionsrechts ist die gelegentlich vom nationalen Sprachgebrauch abweichende **spezifische unionsrechtliche Terminologie**: „Sodann", so erläutert dies der EuGH im Fall CILFIT, „ist auch bei genauer Übereinstimmung der sprachlichen Fassungen zu beachten, dass das Gemeinschaftsrecht [heute: Unionsrecht] eine eigene, besondere Terminologie verwendet. Im Übrigen ist hervorzuheben, dass Rechtsbegriffe im Gemeinschaftsrecht [heute: Unionsrecht] und in den verschiedenen nationalen Rechten nicht unbedingt den gleichen Gehalt haben müssen."[314] In der spezifisch unionsrechtlichen Terminologie kommt die **Eigenständigkeit des Unionsrechts** zum Ausdruck, das eben nicht von den Mitgliedstaaten abgeleitetes Recht darstellt, sondern als supranationale Rechtsordnung einen eigenen Regelungsanspruch entfaltet[315] und auf den **Gleichheitsgrundsatz** gegenüber den Rechtsunterworfenen in der Union verpflichtet ist.[316] Alle Begriffe des Unionsrechts müssen deshalb in der gesamten Union grundsätzlich **eine autonome und einheitliche Auslegung** erhalten, unabhängig davon, ob sie im Text des Unionsrechts legaldefiniert sind oder es sich um unbestimmte Rechtsbegriffe handelt.[317] Dabei sind Strukturvergleiche oder Analogien zu Rechtsfiguren in einer bestimmten nationalen Rechtsordnung in aller Regel für

---

Informationsgesellschaft) und des Protokolls 37 (mit der Liste gemäß Artikel 101) des EWR-Abkommens [2018/1022], ABl. 2018 L 183, 23), gibt es außerdem eine authentifizierte norwegische und isländische Sprachfassung der DS-GVO; vgl. Art. 129 Abs. 1 UAbs. 3 EWR-Abkommen sowie Art. 3 des Beschl. des Gemeinsamen EWR-Ausschusses Nr. 154/2018 v. 6.7.2018, ABl. 2018 L 163, 23.

[313] Ebenso *Albrecht/Jotzo* DatenschutzR S. 42 Fn. 109.

[314] EuGH Urt. v. 6.10.1982 – 283/81, ECLI:EU:C:1982:335 – CILFIT/Ministerio della Sanità, Rn. 19.

[315] Grdl. zur Autonomie der Gemeinschaftsrechtsordnung EuGH Urt. v. 5.2.1963 – 26/62, ECLI:EU:C:1963:1 – Gend & Loos gegen Niederländische Finanzverwaltung, S. 25: „Aus alledem ist zu schließen, dass die Gemeinschaft eine neue Rechtsordnung des Völkerrechts darstellt, zu deren Gunsten die Staaten, wenn auch in begrenztem Rahmen, ihre Souveränitätsrechte eingeschränkt haben, und eine Rechtsordnung, deren Rechtssubjekte nicht nur die Mitgliedstaaten, sondern auch die einzelnen sind. Das von der Gesetzgebung der Mitgliedstaaten unabhängige Gemeinschaftsrecht soll daher den einzelnen, ebenso wie es ihnen Pflichten auferlegt, auch Rechte verleihen." Vgl. neuerdings (bemerkenswerter Weise in einem den „Brexit" betreffenden Fall) EuGH Urt. v. 10.12.2018 – C-621/18, ECLI:EU:C:2018:999 – Wightman u.a./Secretary of State for Exiting the European Union, Rn. 45: „Nach ständiger Rechtsprechung des Gerichtshofs wird diese Autonomie des Unionsrechts sowohl gegenüber dem Recht der Mitgliedstaaten als auch gegenüber dem Völkerrecht durch die wesentlichen Merkmale der Union und ihres Rechts gerechtfertigt, die insbesondere die Verfassungsstruktur der Union sowie das Wesen dieses Rechts selbst betreffen. Das Unionsrecht ist nämlich dadurch gekennzeichnet, dass es einer autonomen Quelle, den Verträgen, entspringt und Vorrang vor dem Recht der Mitgliedstaaten hat, sowie durch die unmittelbare Wirkung einer ganzen Reihe für ihre Staatsangehörigen und für sie selbst geltender Bestimmungen."

[316] Auf den Gleichheitsgrundsatz verweist zur Begründung der autonomen und einheitlichen Auslegung des Unionsrechts zB EuGH Urt. v. 18.1.1984 – 327/82, ECLI:EU:C:1984:11 – Erko/Produktschap voor Vee en Vlees, Rn. 1; EuGH Urt. v. 19.9.2000 – C-287/98, ECLI:EU:C:2000:468 – Luxemburg/Linster, Rn. 43; EuGH (Große Kammer) Urt. v. 18.10.2011 – C-34/10, ECI:EU:C:2011:669 – Brüstle/Greenpeace, Rn. 25; EuGH (Große Kammer) Urt. v. 21.12.2011 – C-424/10 u. C-425/10, ECLI:EU:C:2011:866 – Ziolkowski, Szeja u.a./Land Berlin, Rn. 32; EuGH (Große Kammer) Urt. v. 26.3.2019 – C-129/18, ECLI:EU:C:2019:248 – SM [unter algerische Kafala gestelltes Kind], Rn. 50; EuGH Urt. v. 11.4.2019 – C-483/17, ECLI:EU:C:2019:309 – Tarola/Minister for Social Protection, Rn. 36; EuGH Urt. v. 1.10.2019 – C-673/17, ECLI:EU:C:2019:801 = ZD 2019, 556 mAnm *Hanloser* – Bundesverband der Verbraucherzentralen und Verbraucherverbände – Verbraucherzentrale Bundesverband e.V./Planet69, Rn. 47.

[317] So EuGH Urt. v. 19.3.1964 – 75/63, ECLI:EU:C:1964:19 – Unger/Bestuur der Bedrijfsvereniging voor Detailhandel en Ambachten à Utrecht, S. 396, zum Begriff des „ein Arbeitnehmer oder ihm Gleichgestellter" iSd Verordnung über die soziale Sicherheit der Wanderarbeitnehmer; EuGH Urt. v. 4.5.2006 – C-169/04, ECLI:EU:C:2006:289 – Anney National plc u. Inscape Investment Fund, Rn. 43: zum Begriff „Verwaltung" von Sondervermögen iSd Sechsten Mehrwertsteuerrichtlinie; EuGH Urt. v. 26.3.2019 – C-129/18, ECLI:EU:C:2019:248 – SM [unter algerische Kafala gestelltes Kind], Rn. 50: zum Begriff „Verwandter in gerader absteigender Linie" iSd Richtlinie 2004/38; EuGH Urt. v. 11.4.2019 – C-483/17, ECLI:EU:C:2019:309 – Tarola/Minister for Social Protection, Rn. 36: zur Auslegung von Erwerbstätigeneigenschaft iSd Richtlinie 2004/38; sowie EuGH (Große Kammer) Urt. v. 26.1.2021 – C-422/19 u. C-423/19, ECLI:EU:C:2021:63 – Dietrich, Häring/Hessischer Rundfunk, Rn. 45: zum Begriff „gesetzliches Zahlungsmittel" in Art. 128 Abs. 1 S. 3 AEUV.

die unionsrechtliche Auslegung keine maßgeblichen Kriterien.[318] Eine Ausnahme gilt nur für Vorschriften, die ausnahmsweise ausdrücklich auf das Recht der Mitgliedstaaten verweisen, was sehr selten vorkommt.[319] Die Notwendigkeit einer autonomen und einheitlichen Auslegung gilt auch und gerade für rechtliche Kernbegriffe, die für die Struktur des Rechts insgesamt von zentraler Bedeutung sind. So ist zB der Begriff Arbeitnehmer, wie er in Art. 45 AEUV verwendet wird, nicht immer gleichbedeutend mit dem **Begriff des Arbeitnehmers** im nationalen Arbeitsrecht, sondern kann nach der Rechtsprechung des EuGH in bestimmten Fällen **auch Beamte** umfassen.[320] Ebenso kann deshalb im Rahmen der DS-GVO ein „Arbeitsvertrag" in Art. 88 Abs. 1 auch die Beschäftigung von Beamten einschließen.[321] Der im europäischen Datenschutzrecht zentrale Begriff der **„Einwilligung"** erfordert aus Sicht des Unionsrechts ebenso eine autonome und einheitliche Auslegung[322] wie die Begriffe **„materieller und immaterieller Schaden"** und **„Schadensersatz"**, die Art. 82 Abs. 1 verwendet.[323] Wegen des Einheitlichkeits-Erfordernisses muss auch für die Frage, ob eine **„Straftat"** oder eine **„strafrechtliche Verurteilung"** im Sinne von Art. 10 vorliegt, die Sichtweise der Rechtsordnung einzelner Mitgliedstaaten außer Betracht bleiben; eine „Straftat" kann deshalb auch Verhaltensweisen erfassen, die in einem Mitgliedstaat als Ordnungswidrigkeit eingestuft werden.[324] Autonom und einheitlich musss schließlich auch die **„Anonymisierung"** von ursprünglich personenbezogenen Daten verstanden werden – ein unbestimmter Rechtsbegriff, der in Erwägungsgrund 26 der DS-GVO sowie in Art. 89 Abs. 1 S. 4 erwähnt oder in Bezug genommen, aber in der DS-GVO nicht näher definiert wird. Im Einklang mit der Rechtsprechung des EuGH darf dieser Begriff von den Mitgliedstaaten nicht unilateral auf nationaler

---

[318] Vgl. EuGH Urt. v. 9.8.1994 – C-359/92, ECLI:EU:C:1994:306, – Deutschland/Rat, Rn. 38; hier hatte die BReg im Verfahren argumentiert (Rn. 17), die Durchführungsbefugnisse, die der Kommission in einer Richtlinie verliehen worden waren, gingen über diejenigen hinaus, die in einem Bundesstaat wie der Bundesrepublik Deutschland dem Bund gegenüber den Ländern zustünden. Der EuGH stellte hierzu fest (Rn. 38): „Zu dem Vorbringen, die der Kommission damit eingeräumte Befugnis gehe über die Befugnisse hinaus, die in einem Bundesstaat wie der Bundesrepublik Deutschland dem Bund gegenüber den Ländern zustünden, ist darauf hinzuweisen, dass die Vorschriften, die die Beziehungen zwischen der Gemeinschaft und ihren Mitgliedstaaten betreffen, nicht die gleichen sind wie diejenigen, die den Bund und die Länder miteinander verbinden." Explizit gegen eine Auslegung der DS-RL unter Rückgriff auf nationale Rechtsinstitute und -begriffe *Simitis* NJW 1997, 281 (283): „Eine, sei es auch nur tendenziell nationalisierte Interpretation renationalisiert im Ergebnis die supranationale Regelung und bringt sie so um ihren Zweck: gemeinsame, von gemeinsamen Vorstellungen und Zielen gesteuerte Vorschriften durchzusetzen. Wenn deshalb eine wirklich einheitliche rechtliche Grundlage für die Verarbeitung personenbezogener Daten geschaffen werden soll, dann muss sich auch die Interpretation der Richtlinie nach einheitlichen Maßstäben vollziehen."
[319] Zu einem solchen seltenen Ausnahmefall EuGH Urt. v. 28.3.1996 – C-468/93, ECLI:EU:C:1996:139 – Gemeente Emmen/Belastingdienst Grote Ondernemingen, wo ein expliziter Verweis auf das Recht der Mitgliedstaaten in Art. 4 Abs. 3 lit. b der Sechsten Mehrwertsteuerrichtlinie erfolgt war, wo es heißt: „Als Baugrundstücke gelten erschlossene oder unerschlossene Grundstücke entsprechend den Begriffsbestimmungen der Mitgliedstaaten." Dazu der EuGH (Rn. 25): „Schließlich stellen die in Artikel 13 der Sechsten Richtlinie vorgesehenen Befreiungen nach ständiger Rechtsprechung zwar eigenständige Begriffe des Gemeinschaftsrechts dar [...], so dass die Mitgliedstaaten – insbesondere bei der Festlegung der Bedingungen für ihre Anwendung – ihren Inhalt nicht verändern können; dies kann jedoch dann nicht gelten, wenn der Rat die Mitgliedstaaten gerade mit der Bestimmung einiger Begriffe einer Befreiungsvorschrift betraut hat, wobei sie allerdings das mit Artikel 13 Teil B Buchstabe h der Sechsten Richtlinie verfolgte Ziel beachten müssen, nur die Lieferungen solcher unbebauter Grundstücke von der Steuer zu befreien, auf denen kein Gebäude errichtet werden soll." Vgl. auch EuGH Urt. v. 4.5.2006 – C-169/04, ECLI:EU:C:289 – Anney National plc u. Inscape Investment Fund, Rn. 41: zum Begriff „Sondervermögen" iSd Sechsten Mehrwertsteuerrichtlinie.
[320] EuGH Urt. v. 3.7.1986 – 66/85, ECLI:EU:C:1986:284 – Lawrie-Blum/Land Baden-Württemberg, Rn. 16 ff.
[321] EuGH Urt. v. 30.3.2023 – C-34/21, ECLI:EU:C:2023:270 = ZD 2023, 391 mAnm *Schild* – Hauptpersonalrat der Lehrerinnen und Lehrer beim Hessischen Kultusministerium/Minister des Hessischen Kultusministeriums, Rn. 43–48.
[322] EuGH Urt. v. 1.10.2019 – C-673/17, ECLI:EU:C:2019:801 = ZD 2019, 556 mAnm *Hanloser* – Bundesverband der Verbraucherzentralen und Verbraucherverbände – Verbraucherzentrale Bundesverband e.V./Planet69, Rn. 57, 65.
[323] EuGH Urt. v. 4.5.2023 – C-300/21, ECLI:EU:C:2023:370 – UI/Österreichische Post AG, Rn. 30.
[324] EuGH Urt. v. 22.6.2021 – C-439/19, ECLI:EU:C:2021:504 = ZD 2021, 625 – Latvijas Republikas Saeima [Strafpunkte], Rn. 77–85. Der Umstand, dass bestimmte Verkehrsverstöße in Lettland als Ordnungswidrigkeiten eingestuft werden, hinderte den EuGH deshalb nicht daran, sie als „Straftaten" iSv Art. 10 anzusehen.

Einleitung 103, 104

oder gar regionaler[325] Ebene definiert werden. Denn ob Daten anonymisiert sind oder nicht, ist entscheidend dafür, ob der Anwendungsbereich der DS-GVO eröffnet ist oder nicht. Darüber kann nur einheitlich auf Unionsebene entschieden werden, entweder durch den EU-Gesetzgeber oder durch letztverbindliche Auslegung durch den EuGH.

103 Dritte Besonderheit der unionsrechtlichen Auslegung ist es, dass die Vorschriften des Unionsrechts stets in ihrem **besonderen systematischen Kontext** zu sehen und zu interpretieren sind: „Schließlich", so der EuGH im Fall CILFIT, „ist jede Vorschrift des Gemeinschaftsrechts [heute: Unionsrechts] in ihrem Zusammenhang zu sehen und im Lichte des gesamten Gemeinschaftsrechts [heute: Unionsrechts], seiner Ziele und seines Entwicklungsstands zur Zeit der Anwendung der betreffenden Vorschrift auszulegen."[326] Der Begriff „Unternehmen", wie er zB in Art. 83 Abs. 4, 5, 6 verwendet wird, ist somit sowohl unter Berücksichtigung der Begriffsdefinition in Art. 4 Ziff. 18 als auch unter Beachtung des weiter gefassten wirtschaftlichen Unternehmensbegriffs, wie er im Unionsrecht in den Kartellrechtsvorschriften in Art. 101, 102 AEUV verwendet wird, auszulegen; auf letztere nimmt Erwägungsgrund 150 DS-GVO ausdrücklich Bezug.[327] Für die Vorschriften der DS-GVO sind dabei das Grundrecht auf Schutz der personenbezogenen Daten gemäß Art. 8 GRCh, die umfassende Rechtsgrundlage des Art. 16 Abs. 1 AEUV und schließlich die primärrechtlichen Vorschriften über den Binnenmarkt, die den freien Datenverkehr garantieren (insbesondere Art. 34, 35, 56, 114 AEUV), von besonderer Bedeutung bei der systematischen Auslegung.

104 Bei der vor allem wegen der Mehrsprachigkeit des Unionsrechts vorrangig anzuwendenden **teleologischen Auslegungsmethode** ist zu beachten, dass der EuGH hierbei stets den **objektiven Telos** einer Vorschrift zu ermitteln sucht. Dies liegt daran, dass ein subjektiver Telos anhand des ursprünglichen oder historischen Willens des Gesetzgebers im komplexen und oft mehrere Jahre dauernden Gesetzgebungsverfahren auf Unionsebene kaum ermittelt werden kann und jedenfalls für die ersten Jahrzehnte des Unionsrechts nur wenig Dokumentation allgemein zugänglich ist; auf eine rein **historische Auslegung** wird daher vom EuGH grundsätzlich nicht zurückgegriffen.[328] Zwar zeigt der EuGH neuerdings eine gewisse Offenheit dafür, der **Entstehungsgeschichte** einer Vorschrift des Unionsrechts jedenfalls „relevante Anhaltspunkte" für die Auslegung zu entnehmen.[329] Dies liegt wohl daran, dass angesichts des im Unionsrecht heute

---

[325] In Deutschland haben die Landesgesetzgeber in Brandenburg, Hamburg, Hessen, Nordrhein-Westfalen, Schleswig-Holstein und Thüringen eine Legaldefinition des Begriffs „Anonymisierung" versucht. Nicht krit. genug zu dieser evident gegen die DS-GVO verstoßenden sowie kompetenzwidrigen Vorgehensweise *Meyer* ZD 2021, 669. In der Praxis müssen diese landesrechtlichen Regelungen unangewendet bleiben und so schnell wie möglich schon aus Gründen der Rechtsklarheit und Rechtssicherheit aufgehoben werden.

[326] EuGH Urt. v. 6.10.1982 – 283/81, ECLI:EU:C:1982:335 – CILFIT/Ministerio della Sanità, Rn. 20.

[327] IdS die SchlA von GA *Campos Sánchez-Bordona* v. 27.4.2023 – C-807/21, ECLI:EU:C:2023:360 – Deutsche Wohnen SE/Staatsanwaltschaft Berlin, Rn. 44–50. Vgl. auch EuGH (Große Kammer) Urt. v. 5.12.2023 – C-807/21, ECLI:EU:C:2023:950 – Deutsche Wohnen SE/Staatsanwaltschaft Berlin, Rn. 55 ff.

[328] Aus diesem Grund scheiterte zB der Versuch des Rechtsvertreters der Bundesrepublik Deutschland, im Rechtsstreit um die völlige Unabhängigkeit der nationalen, für den Datenschutz zuständigen Kontrollstellen mit der Entstehungsgeschichte des Art. 28 Abs. 1 UAbs. 2 DS-RL zu argumentieren; vgl. EuGH Urt. v. 9.3.2010 – C-518/07, ECLI:EU:C:2010:125 – Kommission/Deutschland, Rn. 29: „Ausgehend vom Wortlaut von Art. 28 Abs. 1 Uabs. 2 der Richtlinie 95/46 sowie von den Zielen und der Systematik dieser Richtlinie ist eine klare Auslegung der genannten Bestimmung möglich. Folglich ist es nicht erforderlich, die Entstehungsgeschichte dieser Richtlinie heranzuziehen oder auf die einander widersprechenden Ausführungen der Kommission und der Bundesrepublik Deutschland dazu einzugehen."

[329] So zur Auslegung von Art. 50 EUV (sog. Austrittsklausel) EuGH Urt. v. 10.12.2018 – C-621/18, ECLI:EU:C:2018:999 – Wightman u.a./Secretary of State for Exiting the European Union, Rn. 47: „Auch die Entstehungsgeschichte einer Vorschrift des Unionsrechts kann relevante Anhaltspunkte für deren Auslegung liefern.", Rn. 68. Ebenso zur Auslegung von Art. 125 AEUV (sog. „no bail-out-Klausel") EuGH (Plenum) Urt. v. 27.11.2012 – C-370/12, ECLI:EU:C:2012:756 – Pringle, Rn. 135; zur Auslegung von Art. 263 Abs. 4 AEUV EuGH (Große Kammer) Urt. v. 3.10.2013 – C-583/11 P, ECLI:EU:C:2013:625 – Inuit Tapiriit Kanatami u.a./Parlament u. Rat, Rn. 50, 59; sowie zur Auslegung von Art. 290 AEUV EuGH Urt. v. 17.3.2016 – C-286/14, ECLI:EU:C:2016:183 – Parlament/Kommission, Rn. 43, 44. Diese Fälle haben gemein, dass es jew. um Vorschriften des Unionsprimärrechts ging, in dem von allen Mitgliedstaaten gemeinsam erarbeitete Entwurfstexte bzw. der von allen Mitgliedstaaten unterzeichnete Vertrag über eine Verfassung für Europa für die Auslegung herangezogen werden konnte. Vgl. ferner EuGH Urt. v. 1.10.2019 – C-673/17, ECLI:EU:C:2019:801 = ZD 2019, 556 mAnm *Hanloser* – Bundesverband der Verbraucherzentralen und Verbraucherverbände – Verbraucherzentrale Bundesverband e.V./Planet49, Rn. 48, 56 wo der EuGH – soweit ersichtlich erstmals bei Sekundärrecht, hier: der e-Privacy-Richtlinie – auf die Entstehungsgeschichte als mögliche Quelle relevanter Anhaltspunkte für die Auslegung des Begriffs „Einwilligung" im Zusammenhang mit der Speicherung von Cookies hinwies.

gemäß Art. 15 Abs. 3 AEUV[330] und Art. 42 GRCh gewährleisteten und von den Unionsgerichten in ihrer Rechtsprechung stark unterstützten Zugangs der Öffentlichkeit zum Handeln der Unionsorgane[331] zahlreiche Materialien zum Gesetzgebungsprozess auf Unionsebene für die Auslegung zur Verfügung stehen. Die dadurch zugängliche Fülle an Informationen ändert allerdings nichts an den praktischen Schwierigkeiten, den subjektiven Willen des Unionsgesetzgebers verlässlich zu ermitteln. Gerade bei der DS-GVO unterschieden sich die Zielvorstellungen der initiierenden Kommissarin und ihrer Generaldirektion, der übrigen Mitglieder des Kollegialorgans Kommission, des parlamentarischen Berichterstatters, der Schattenberichterstatter, der Mehrheit im federführenden Ausschuss und im Plenum des Europäischen Parlaments sowie der einzelnen Verhandlungsführer der (damals) 28 Mitgliedstaaten im Rat meist deutlich. Begrenzt hilfreich für das Textverständnis sein können allenfalls Synopsen zur Entwicklung der Entwürfe zur DS-GVO in den Verhandlungen,[332] sofern sie in objektiver, korrekter und vollständiger Weise die jeweiligen Stufen des Meinungsbildungsprozesses im Europäischen Parlament, im Ministerrat und in der Kommission transparent machen. Zu beachten ist ferner, dass der EuGH bei der Auslegung von Unionsrecht **grundsätzlich keine Dokumente außerhalb eines Rechtsakts** berücksichtigt, insbesondere nicht Erklärungen, welche einzelne Mitgliedstaaten,[333] die Kommission[334] oder sogar der Rat in seiner Gesamtheit[335] zum Protokoll einer Ratssitzung abgeben. Eine Ausnahme hiervon macht der EuGH nur dann, wenn solche Erklärungen in einer konkreten Bestimmung des maßgeblichen Rechtsakts selbst zum Ausdruck kommen,[336] wenn sie

---

[330] Vgl. dazu die Verordnung (EG) Nr. 1049/2001 des Europäischen Parlaments und des Rates v. 30.5.2001 über den Zugang der Öffentlichkeit zu Dokumenten des Europäischen Parlaments, des Rates und der Kommission, ABl. 2001 L 145, 43.

[331] Vgl. insbes. EuG Urt. v. 22.3.2018 – T-540/15, ECLI:EU:T:2018:167 – De Capitani/Europäisches Parlament, wo im Zusammenhang mit dem Gesetzgebungsverfahren zur Europol-Verordnung der Klage gegen die Verweigerung auf Zugang zu den für die Zwecke der informellen Trilog-Verhandlungen erstellten vierspaltigen Tabellen – mit den jeweiligen textlichen Verhandlungspositionen von Parlament, Rat und Kommission im Vergleich zum ursprünglichen Kommissionsvorschlag sowie den jeweiligen Kompromissvorschlägen bzw. der vorläufigen Position des Ratsvorsitzes – im Grundsatz stattgegeben wurde. Der EuGH hat außerdem in Rechtsmittelverfahren entschieden, dass die Kommission grds. den Zugang zu den im Vorfeld ihrer Gesetzgebungsvorschläge intern erarbeiteten Folgenabschätzungen („Impact Assessments") und zur Stellungnahme des kommissionsinternen Ausschusses für Folgenabschätzungen (heute das sog. „Regulatory Scrutiny Board") nicht verweigern darf; vgl. EuGH (Große Kammer) Urt. v. 4.12.2018 – C-57/16 P, ECLI:EU:C:2018:660 – Client Earth/Kommission. Auch die bisherige strikte Vertraulichkeit des Abstimmungsverhaltens der Vertreter der Mitgliedstaaten in sog. Komitologie-Ausschüssen scheint unionsrechtlich nicht mehr aufrechtzuerhalten sein; vgl. EuG Urt. v. 14.6.2023 – T-201/21, ECLI:EU:T:2023:33 – Covington & Burling, Van Voore/Kommission (ein Rechtsmittel zum EuGH ist anhängig).

[332] Eine hilfreiche Synopse findet sich bei *Albrecht/Jotzo* DatenschutzR S. 137 ff.

[333] EuGH Urt. v. 30.1.1985 – 143/83, ECLI:EU:C:1985:34 – Kommission/Dänemark, Rn. 13: „Nach ständiger Rechtsprechung des Gerichtshofes können nämlich derartige einseitige Erklärungen nicht für die Auslegung eines Rechtsakts der Gemeinschaft herangezogen werden, da die allgemeine Geltung der von den Gemeinschaftsorganen erlassenen Normen nicht durch Vorbehalte oder Einwendungen der Mitgliedstaaten bei ihrer Ausarbeitung relativiert werden kann." Bei der DS-GVO bleiben daher die Protokollerklärungen der Tschechischen Republik, des (damals noch der EU angehörenden) Vereinigten Königreichs und Sloweniens sowie Österreichs ohne rechtlichen Einfluss auf die Auslegung.

[334] EuGH Urt. v. 15.4.1986 – 237/84, ECLI:EU:C:1986:149 – Kommission/Belgien, Rn. 17: „Nach ständiger Rechtsprechung des Gerichtshofes kann sich die objektive Bedeutung der Bestimmungen des Gemeinschaftsrechts nur aus diesen Bestimmungen selbst, unter Berücksichtigung ihres Zusammenhangs ergeben. Sie kann also durch eine solche Erklärung nicht berührt werden."

[335] EuGH Urt. v. 23.2.1988 – 429/85, ECLI:EU:C:1988:83 – Kommission/Italien, Rn. 9: „Hierzu ist festzustellen, dass eine Auslegung, die aus einer Erklärung abgeleitet wird, nicht zu einer anderen Auslegung führen darf, die sich aus dem Wortlaut des Artikels 8 Absatz 1 vierter Gedankenstrich der Richtlinie selbst ergibt." Ebenso EuGH Urt. v. 26.2.1991 – C-292/89, ECLI:EU:C:1991:80 – The Queen/Immigration Appeal Tribunal, ex parte Antonissen, Rn. 18: „Eine solche Erklärung kann jedoch nicht zur Auslegung abgeleiteten Rechts herangezogen werden, wenn der Inhalt der Erklärung wie im vorliegenden Fall in der fraglichen Bestimmung keinen Ausdruck gefunden und somit keine rechtliche Bedeutung hat."

[336] EuGH Urt. v. 7.2.1979 – 136/78, ECLI:EU:C:1979:34 – Ministère public/Auer, Rn. 24 f.: „Diese Auffassung steht, insbesondere soweit sie die Auswirkungen der gegenseitigen Anerkennung der Diplome, Prüfungszeugnisse und sonstigen Befähigungsnachweise betrifft, im Einklang mit der allgemeinen Regel des Artikels 7 des Vertrages [jetzt Art. 18 AEUV], wonach in dessen Anwendungsbereich jede Diskriminierung aus Gründen der Staatsangehörigkeit verboten ist. Sie ist im Übrigen hinsichtlich der Ausübung des Tierarztberufes durch eine Erklärung betreffend die Definition der durch die Richtlinien Begünstigten im Protokoll über die Tagung des Rates, auf der die Richtlinien für die gegenseitige Anerkennung der Diplome und zur

Einleitung 105

also ein im Wege der Auslegung vorgefundenes Ergebnis im Wesentlichen bestätigen und bekräftigen.

105 Eine zentrale Rolle bei der Ermittlung des objektiven Telos einer Vorschrift des Unionsrechts spielen die – oft missverstandenen und in ihrer rechtlichen Bedeutung unterschätzten[337] – **Erwägungsgründe** eines unionsrechtlichen Rechtstexts. Dabei handelt es sich um die EU-Rechtsakten stets vorangestellten und mit den Worten „in Erwägung nachstehender Gründe" eingeleiteten Ausführungen des EU-Gesetzgebers zur Begründung und Erläuterung der nachstehenden Vorschriften. Zwar gehören die Erwägungsgründe nicht zum verfügenden Teil des Rechtsakts, sondern sind in dessen Präambel zu finden. Sie sind damit **als solche nicht rechtsverbindlich**.[338] Allerdings geben die Erwägungsgründe – deren Formulierung oft auf Kompromisse während des Gesetzgebungsverfahrens zurückzuführen ist – die Ziele der einzelnen Vorschriften des Rechtsakts nach am Ende übereinstimmender Sicht des EU-Gesetzgebers (Europäisches Parlament und Rat) wieder. Gemäß Art. 296 UAbs. 2 AEUV ist der EU-Gesetzgeber zu einer entsprechenden Begründung der von ihm erlassenen Rechtsakte verpflichtet,[339] und die Missachtung dieser Begründungspflicht kann die Ungültigkeit des Rechtsakts wegen Verletzung wesentlicher Formvorschriften (Art. 263 UAbs. 2 AEUV) zur Folge haben.[340] Die Rechtssachverständigen der Kommission, des Europäischen Parlaments und des Rates achten deshalb während des gesamten Gesetzgebungsverfahrens sorgfältig darauf, dass sich die Erwägungsgründe eines Rechtsakts jeweils einem bestimmten Artikel oder Artikelteil im verfügenden Teil desselben Rechtsakts zuordnen lassen und mit diesem inhaltlich in engem Bezug stehen, soweit dies in den oft komplexen Verhandlungssituationen möglich ist.[341] Obschon selbst nicht

---

Koordinierung der Rechts- und Verwaltungsvorschriften für die Tätigkeiten des Tierarztes erlassen wurden, in vollem Umfang bestätigt worden."

[337] Vgl. zB *Junker* EuZA 2020, 141 (142), für den die immer ausführlicher werdenden Erwägungsgründe im Unionsrecht „mehr Unkraut als Nutzpflanze auf dem Feld der europäischen Normsetzung" darstellen. Sehr krit. auch *Gal* myops 2019, 4, der offenbar meint, dass Erwägungsgründe allein oder maßgeblich von der Kommission geschrieben würden, obwohl sie stets mit dem Rechtsakt selbst dem Gesetzgebungsverfahren unterliegen und dort regelmäßig sowohl vom Europäischen Parlament als auch vom Rat bearbeitet, abgeändert, ergänzt oder neuformuliert werden. Demggü. würden sich *Redeker/Karpenstein* NJW 2001, 2825, wünschen, dass der deutsche Gesetzgeber die ihn leitenden Erwägungen ebenso offenlegt wie dies bereits bei der Gesetzgebung auf EU-Ebene stattfindet.

[338] EuGH Urt. v. 19.11.1998 – C-162/97, ECLI:EU:C:1998:554 – Nilsson u.a., Rn. 54: „Die Begründungserwägungen eines Rechtsaktes der Gemeinschaften sind rechtlich nicht verbindlich und können nicht zur Rechtfertigung einer Abweichung von den Bestimmungen des betreffenden Rechtsaktes angeführt werden". Ebenso EuGH Urt. v. 24.11.2005 – C-136/04, ECLI:EU:C:2005:716 – Deutsches Milch-Kontor/Hauptzollamt Hamburg-Jonas, Rn. 32: „Was die zehnte Begründungserwägung der Verordnung Nr. 1706/89 betrifft, so genügt die Feststellung, dass die Begründungserwägungen eines Gemeinschaftsrechtsakts rechtlich nicht verbindlich sind und weder herangezogen werden können, um von den Bestimmungen des betreffenden Rechtsakts abzuweichen, noch, um diese Bestimmungen in einem Sinne auszulegen, der ihrem Wortlaut offensichtlich widerspricht […]." Vgl. auch EuGH Urt. v. 19.6.2014 – C-345/13, ECLI:EU:C:2014:2013 – Karen Millen Fashions, Rn. 31; EuGH Urt. v. 13.9.2018 – C-287/17, ECLI:EU:C:2018:707 – Ceska pojistovna a.s./WCZ, Rn. 33; sowie EuGH Urt. v. 26.10.2023 – C-307/22, ECLI:EU:C:2023:811 – FT/DW, Rn. 43 f.

[339] Vgl. EuGH Urt. v. 7.7.1981 – 158/80, ECLI:EU:C:1981:163 – Rewe-Handelsgesellschaft/Hauptzollamt Kiel, Rn. 25, wo der EuGH verlangt, dass in Rechtsakten „die Gründe, die das Gemeinschaftsorgan zu seinem Erlass veranlasst haben, so dargelegt werden, dass dem Gerichtshof die Ausübung seiner Rechtskontrolle und den Mitgliedstaaten sowie deren etwa beteiligten Staatsangehörigen die Unterrichtung darüber ermöglicht wird, in welcher Weise die Gemeinschaftsorgane den Vertrag angewandt haben." Vgl. auch *Redeker/Karpenstein* NJW 2001, 2825 (2830): „Da sie der Gesetzgeber selbst verabschiedet, haben die Erwägungsgründe den Vorzug, dass hier nicht die Zufälligkeit greifbarer Unterlagen entscheidet, etwa die Äußerung irgendeines Abgeordneten positiv, das Schweigen anderer Abgeordneten negativ bewertet wird. Vielmehr muss der Gesetzgeber sich selbst darüber Rechenschaft ablegen, was aus seiner Sicht Inhalt des Gesetzes sein soll."

[340] Vgl. EuGH Urt. v. 7.7.1981 – 158/80, ECLI:EU:C:1981:163 – Rewe-Handelsgesellschaft/Hauptzollamt Kiel, Rn. 27.

[341] Es ist unzutr., wenn teilw. behauptet wird, Erwägungsgründe würden erst am Ende des Gesetzgebungsverfahrens „von Rechtsexperten der Kommission mit heißer Nadel in den Rechtsakt eingestrickt"; so aber *Gal* myops 2019, 4 (10). Die Formulierung von Erwägungsgründen ist vielmehr regelmäßig Gegenstand von intensiven Verhandlungen zwischen den Verhandlungsführern des Europäischen Parlaments, des Rats und der Kommission sowie den Rechtsexperten aller drei EU-Organe, auch wenn die Kommission dabei aufgrund ihrer Expertise zweifellos eine wichtige Rolle spielt. Als Bsp. vgl. nur die vom Europäischen Parlament am 14.6.2023 in erster Lesung vorgenommenen umfangreichen Änderungen am Text der Erwägungsgründe

105 Einleitung

rechtsverbindlich, können und sollen die Erwägungsgründe somit **qualifizierte Hinweise zur Auslegung eines EU-Rechtsakts** geben und **den Inhalt einer Rechtsvorschrift präzisieren**, da sie autoritativ Aufschluss über den Willen und die Begründung des Unionsgesetzgebers geben, welche die jeweilige Rechtsvorschrift tragen.[342] Die rechtliche Bedeutung von Erwägungsgründen ist dabei jedenfalls mit Empfehlungen der Unionsorgane vergleichbar. Diese sind zwar gemäß Art. 288 UAbs. 5 AEUV als solche nicht rechtsverbindlich, nach der Rspr. des EuGH allerdings bei der Auslegung der von ihnen thematisierten oder ergänzten verbindlichen Rechtsvorschriften zu berücksichtigen.[343] Bei Erwägungsgründen ist eine solche Berücksichtigungspflicht bei der Auslegung erst recht angezeigt, da sie dem betreffenden Rechtsakt direkt textlich vorangestellt sind und auf die einzelnen Rechtsvorschriften inhaltlich Bezug nehmen. Der EuGH greift daher bei der von ihm vorrangig angewendeten teleologischen Auslegung des Unionsrechts – auch bei der DS-GVO, der 173 Erwägungsgründe vorangestellt sind – regelmäßig auf die Erwägungsgründe eines Rechtsakts zurück.[344] Sicherlich können Erwägungs-

---

zum AI Act; vgl. Europäisches Parlament, P9_TA(2023)0236, abrufbar unter www.europarl.europa.eu/doceo/document/TA-9-2023-0236_DE.html. Zur gemeinsamen Rechtspraxis der EU-Organe betr. die Erwägungsgründe vgl. den Gemeinsamen Leitfaden von Kommission, Rat und Parlament für die Abfassung von Rechtstexten der Europäischen Union, 2. Aufl. 2015 (abrufbar unter https://op.europa.eu/en/publication-detail/-/publication/3879747d-7a3c-411b-a3a0-55c14e2ba732/language-de/format-PDF,   Ziff. 10: „Zweck der Erwägungsgründe ist es, die wichtigsten Bestimmungen des verfügenden Teils in knapper Form zu begründen, ohne deren Wortlaut wiederzugeben oder zu paraphrasieren. Sie dürfen keine Bestimmungen mit normativem Gehalt und auch keine politischen Willensbekundungen enthalten." Zu einem Ausnahmefall, bei dem infolge eines Kodifikationsfehlers ein Erwägungsgrund zu keiner Bestimmung der Verordnung passte, EuGH Urt. v. 25.11.1998 – C-308/97, ECLI:EU:C:1998:566 – Manfredi/Regione Puglia, Rn. 30: „Die genannte Begründungserwägung kann also nicht geltend gemacht werden, um Artikel 6 Absatz 1 der Verordnung […] in einem Sinn auszulegen, der seinem Wortlaut offensichtlich zuwiderliefe."

[342] Vgl. EuGH (Große Kammer) Urt. v. 26.1.2021 – C-422/19 u. C-423/19, ECLI:EU:C:2021:63 – Dietrich, Häring/Hessischer Rundfunk, Rn. 64: „Insoweit ist darauf hinzuweisen, dass die Erwägungsgründe eines Unionsrechtsakts zwar rechtlich nicht verbindlich sind und weder herangezogen werden können, um von den Bestimmungen des betreffenden Rechtsakts abzuweichen, noch, um diese Bestimmungen in einem Sinne auszulegen, der ihrem Wortlaut offensichtlich widerspricht, gleichwohl aber deren Inhalt präzisieren können, da sie ein wichtiges Auslegungselement sind, das den Willen des Gesetzgebers erhellen kann […]." Vgl. auch GA *Pitruzzella* in seinen SchlA v. 29.9.2020 – C-422/19 u. C-423/19, ECLI:EU:C:2020:756 – Dietrich, Häring/Hessischer Rundfunk, Rn. 112 ff., zum Wert, der einem Erwägungsgrund eines Unionsrechtsetzungsakts beizumessen ist; Rn. 113: „Insofern ergibt sich aus der Rechtsprechung des Gerichtshofs, dass die Erwägungsgründe eines Unionsrechtsakts dessen Inhalt präzisieren können und ein wichtiges Auslegungselement sind, das den Willen des Gesetzgebers erhellen kann." In Rn. 115 entnimmt der GA daraufhin dem Erwägungsgrund einer Verordnung „einen qualifizierten Auslegungshinweis." IdS auch EuGH Urt. v. 19.12.2019 – C-418/18 P, ECLI:EU:C:2019:1113 – Puppinck u.a./Kommission, Rn. 75: „Die Erwägungsgründe eines Unionsrechtsakts können dessen Inhalt präzisieren […]. Wie der Generalanwalt in Nr. 93 seiner Schlussanträge festgestellt hat, sind die Erwägungsgründe eines Unionsrechtsakts nämlich ein wichtiges Auslegungselement, das den Willen des Gesetzgebers erhellen kann." Vgl. ferner EuGH Urt. v. 11.6.2015 – C-554/13, ECLI:EU:C:2015:377 – Zh. U. O., Rn. 42 aE; sowie EuGH Urt. v. 22.9.2011 – C-482/09, ECLI:EU:2011:605 – Budějovický Budvar/Anheuser-Busch Inc., Rn. 40 ff. Vgl. auch Paal/Pauly/*Paal*/*Pauly* DS-GVO/BDSG Einl. Rn. 10: „grundsätzlich geeignete und wichtige Orientierungshilfen zur Auslegung".

[343] EuGH Urt. v. 13.12.1989 – C-322/88, ECLI:EU:C:1989:646 – Grimaldi/Fonds des maladies professionnelles, Rn. 18: „Um jedoch die Frage des vorlegenden Gerichts vollständig zu beantworten, ist darauf hinzuweisen, dass die fraglichen Maßnahmen nicht als rechtlich völlig wirkungslos angesehen werden können. Die innerstaatlichen Gerichte sind nämlich verpflichtet, bei der Entscheidung der bei ihnen anhängigen Rechtsstreitigkeiten die Empfehlungen zu berücksichtigen, insbesondere dann, wenn diese Aufschluss über die Auslegung zu ihrer Durchführung erlassener innerstaatlicher Rechtsvorschriften geben oder wenn sie verbindliche gemeinschaftliche Rechtsvorschriften ergänzen sollen." Vgl. ferner EuGH (Große Kammer) Urt. v. 26.1.2021 – C-422/19 u. C-423/19, ECLI:EU:C:2021:63 – Dietrich, Häring/Hessischer Rundfunk, Rn. 48: „Gemäß Art. 288 Abs. 5 AEUV sind Empfehlungen zwar nicht dazu bestimmt, Bindungswirkung zu entfalten, und vermögen keine Rechte zu begründen, auf die sich Einzelpersonen vor einem nationalen Gericht berufen könnten. Gleichwohl zählen sie zu den Rechtsakten der Union, so dass der Gerichtshof sie berücksichtigen kann, wenn sie für die Auslegung der maßgeblichen Bestimmungen des Unionsrechts nützliche Hinweise liefern."

[344] Vgl. zB EuGH Urt. v. 13.5.2014 – C-131/12, ECLI:EU:C:2014:317 = ZD 2014, 350 – Google Spain SL und Google Inc/Agencia Española de Protección de Datos (AEPD) und Mario Costeja González, Rn. 54: „Insoweit ergibt sich insbesondere aus den Erwägungsgründen 18 bis 20 und Art. 4 der Richtlinie 95/46, dass der Unionsgesetzgeber vermeiden wollte, dass der gemäß der Richtlinie gewährleistete Schutz einer Person vorenthalten und umgangen wird, und deshalb einen besonders weiten räumlichen Anwendungsbereich

Einleitung 106

gründe offensichtliche Abweichungen vom Wortlaut der Bestimmung eines Rechtsakts nicht rechtfertigen.[345] Da der Wortlaut im Unionsrecht aber anhand aller 24 Sprachfassungen zu ermitteln ist (→ Rn. 101), sind es oft erst die Erwägungsgründe, die durch Nennung von Zielen und Kontext klären helfen, wie ein Text wirklich zu verstehen und vom EU-Gesetzgeber gemeint ist. Dies erklärt die hohe praktische Relevanz der Erwägungsgründe für die teleologische Auslegung von Unionsrechtsakten.

106 Für die DS-GVO besonders relevant ist, dass der EuGH Rechtsakte des sekundären Unionsrechts grundsätzlich so auslegt, dass sie die Grundrechte der betroffenen Einzelnen so wenig wie möglich belasten,[346] sondern so wirksam und umfassend wie möglich schützen.[347] Die **grundrechtskonforme Auslegung** lässt sich dabei als Unterfall der systematischen und teleologischen Auslegung ansehen. Denn zum einen sind Rechtsakte des Sekundärrechts stets im Kontext der sie bestimmenden Grundrechte zu sehen, wie sie in der Charta der Grundrechte zum Ausdruck kommen. Zum anderen ist bei der Ermittlung des objektiven Telos eines Rechtsakts davon auszugehen, dass der EU-Gesetzgeber mit diesem die in der Charta (also im EU-Primärrecht) verankerten Grundrechte beachten wollte; hierauf verweisen regelmäßig die Erwägungsgründe von Rechtsakten des sekundären Unionsrechts; die DS-GVO tut dies in ihren Erwägungsgründen 1 und 4.[348] Für die DS-GVO bedeutet die Pflicht zur grundrechtkonformen Auslegung,

---

vorgesehen hat." Vgl. ferner EuGH Urt. v. 4.5.2023 – C-300/21, ECLI:EU:C:2023:370 – UI/Österreichische Post AG, Rn. 46: „Nach dem dritten Satz des 146. Erwägungsgrundes der DS-GVO sollte, [d]er Begriff des Schadens ... im Lichte der Rechtsprechung des Gerichtshofs weit auf eine Art und Weise ausgelegt werden, die den Zielen dieser Verordnung in vollem Umfang entspricht'. Es stünde jedoch zu dem vom Unionsgesetzgeber gewählten weiten Verständnis des Begriffs ‚Schaden' im Widerspruch, wenn dieser Begriff auf Schäden mit einer gewissen Erheblichkeit beschränkt wäre."

[345] Vgl. EuGH Urt. v. 10.1.2006 – C-344/04, ECLI:EU:C:2006:10 – The Queen/Department for Transport, Rn. 76: „Hierzu ist jedoch festzustellen, dass die Begründungserwägungen eines Gemeinschaftsrechtsakts zwar dessen Inhalt präzisieren können […], dass sie es aber nicht erlauben, von den Regelungen des Rechtsakts abzuweichen […]." Vgl. ferner EuGH Urt. v. 2.4.2009 – C-134/08, ECLI:EU:C:2009:229 – Tyson/Parkethandel, Rn. 16: „Insoweit ist zunächst daran zu erinnern, dass die Erwägungsgründe eines Gemeinschaftsrechtsakts rechtlich nicht verbindlich sind und weder herangezogen werden können, um von den Bestimmungen des betreffenden Rechtsakts abzuweichen, noch, um diese Bestimmungen in einem Sinne auszulegen, der ihrem Wortlaut offensichtlich widerspricht." Ebenso EuGH Urt. v. 19.12.2019 – C–418/18 P, ECLI:EU:C:2019:1113 – Puppinck u.a./Kommission, Rn. 76.

[346] Vgl. zB EuGH Urt. v. 12.11.1969 – 29/69, ECLI:EU:C:1969:57 – Stauder/Stadt Ulm, Rn. 4: „In einem Fall wie dem vorliegenden ist der am wenigsten belastenden Auslegung der Vorzug zu geben, wenn sie genügt, um die Ziele zu erreichen, denen die umstrittene Entscheidung dienen soll."

[347] Noch zur DS-RL zB EuGH Urt. v. 13.5.2014 – C-131/12, ECLI:EU:C:2014:317 = ZD 2014, 350 – Google Spain SL und Google Inc/Agencia Española de Protección de Datos (AEPD) und Mario Costeja González, Rn. 58: „Daher kann es nicht angehen, dass die Verarbeitung personenbezogener Daten, die zum Betrieb der Suchmaschine ausgeführt wird, den in der Richtlinie 95/46 vorgesehenen Verpflichtungen und Garantien entzogen wird, was die praktische Wirksamkeit der Richtlinie und den wirksamen und umfassenden Schutz der Grundrechte und Grundfreiheiten natürlicher Personen, die mit ihr gewährleistet werden sollen, einschränken würde […], insbesondere des Rechts auf Schutz der Privatsphäre bei der Verarbeitung personenbezogener Daten, dem die Richtlinie eine besondere Bedeutung beimisst, wie u.a. aus ihrem Art. 1 Abs. 1 und ihren Erwägungsgründen 2 und 10 hervorgeht […]". Vgl. ferner EuGH (Große Kammer) Urt. v. 6.10.2015 – C-362/14, ECLI:EU:C:2015:650 = ZD 2015, 549 mAnm *Spies* – Maximillian Schrems/Data Protection Commissioner („Schrems I"), Rn. 38: „Zunächst ist darauf hinzuweisen, dass die Bestimmungen der Richtlinie 95/46, soweit die Verarbeitung personenbezogener Daten regeln, die zu Beeinträchtigungen der Grundfreiheiten und insbesondere des Rechts auf Achtung der Privatsphäre führen kann, notwendigerweise im Licht der durch die Charta garantierten Grundrechte auszulegen sind […]." Zur DS-GVO vgl. GA *Pitruzzella*, SchlA v. 15.12.2022 – C-487/21, ECLI:EU:C:2022:1000 – F.F./Österreichische Datenschutzbehörde, Rn. 26: „Ferner ist festzustellen, dass die Bestimmungen der DS-GVO, da sie die Verarbeitung personenbezogener Daten regeln, die zu Beeinträchtigungen der Grundfreiheiten und insbesondere des Rechts auf Achtung des Privatlebens führen kann, notwendigerweise im Lichte der durch die Charta garantierten Grundrechte auszulegen sind." Rn. 47: „Dieser Artikel [= Art. 15] konkretisiert und spezifiziert in der DS-GVO das in Art. 8 Abs. 2 Satz 2 der Charta der Grundrechte verankerte Recht einer jeden Person, Auskunft über die sie betreffenden Daten zu erhalten."

[348] Vgl. Kommission, 21.3.2001, SEK(2001) 380/3; damals beschloss die Kommission, dass alle vom Kollegium anzunehmenden Vorschläge für Rechtsetzungsakte und alle von diesem zu erlassenden Rechtsvorschriften während ihrer Ausarbeitung im Rahmen der üblichen Verfahren vorab einer Prüfung im Hinblick darauf zu unterziehen sind, ob sie mit der Charta der Grundrechte der Europäischen Union vereinbar sind. Ferner legte sie fest, dass in Vorschläge für Rechtsetzungsakte und Rechtsvorschriften, die einen besonderen Bezug zu den Grundrechten aufweisen, eine förmliche Erklärung über ihre Vereinbarkeit mit der Charta der Grundrechte in Form eines Erwägungsgrundes aufzunehmen ist. Ein solcher Erwägungs-

dass ihre Vorschriften insbesondere im Lichte des Grundrechts auf Datenschutz gemäß Art. 8 GRCh sowie des Ziels der DS-GVO, sowohl ein hohes Datenschutzniveau als auch den freien Verkehr personenbezogener Daten sicherzustellen, auszulegen sind. Die materiellen und verfahrensrechtlichen Rechtegewährleistungen, welche dem Schutz des Datenschutzgrundrechts und des freien Verkehrs personenbezogener Daten dienen, sind dementsprechend regelmäßig weit,[349] Ausnahmen davon dagegen regelmäßig eng auszulegen.[350]

Für das Verständnis und die Auslegung des Unionsrechts ist schließlich zu beachten, dass trotz seiner grundsätzlichen Mehrsprachigkeit eine **Sonderregelung für die Sprache in Verfahren vor den Unionsgerichten (EuGH und EuG)** gilt. Zwar sind gemäß den Verfahrensordnungen des EuGH[351] und des EuG[352] alle 24 EU-Amtssprachen potentielle Verfahrenssprachen.[353] Auch werden Urteile der Unionsgerichte stets in alle 24 EU-Amtssprachen übersetzt.[354] Für jedes einzelne Gerichtsverfahren wird aber **eine einzige Verfahrenssprache** bestimmt, auch wenn die gerichtsinternen Beratungen in der Praxis stets auf Französisch stattfinden. In Direktklageverfahren wählt grundsätzlich der Kläger die Verfahrenssprache[355] und ist dabei in seiner Wahl weder durch seine eigene Staatsangehörigkeit noch durch die seines Rechtsanwalts beschränkt. Bei Vertragsverletzungsverfahren gegen einen Mitgliedstaat ist automatisch dessen Amtssprache oder eine seiner Amtssprachen Verfahrenssprache.[356] In **Vorabentscheidungsver-**

107

---

grund wird nunmehr systematisch von der Legislative eingefügt. Zur Grundrechtsprüfung vor Annahme eines Vorschlags für einen Rechtsakt vgl. Mitteilung der Kommission v. 27.4.2005, Berücksichtigung der Charta der Grundrechte in den Rechtsetzungsvorschlägen der Kommission – Methodisches Vorgehen im Interesse einer systematischen und gründlichen Kontrolle, KOM(2005) 172 endgültig.

[349] Vgl. zB EuGH (Große Kammer) Urt. v. 1.8.2022 – C-184/20, ECLI:EU:C:2022:601 = ZD 2022, 611 = LTZ 2023, 50 mAnm *Kienle* – OT/Vyriausioji tarnybinės etikos komisija, Rn. 125: „Für eine weite Auslegung des Begriffs ‚besondere Kategorien personenbezogener Daten' spricht auch das in Rn. 61 des vorliegenden Urt. genannte Ziel der Richtlinie 95/46 und der DS-GVO, das darin besteht, ein hohes Niveau des Schutzes der Grundrechte und Grundfreiheiten natürlicher Personen – insbesondere ihres Privatlebens – bei der Verarbeitung der sie betreffenden personenbezogenen Daten zu gewährleisten [...]." Vgl. ferner EuGH Urt. v. 4.5.2023 – C-487/21, ECLI:EU:C:2023:369 – F.F./Österreichische Datenschutzbehörde, Rn. 26, 27 und 39, wonach in der DS-GVO die Begriffe „personenbezogene Daten" „Verarbeitung" und „Kopie" weit zu verstehen sind. Zur Begründung führt der EuGH aus (Rn. 40): „Diese Auslegung entspricht nämlich dem Ziel dieser Verordnung, die, wie sich aus ihrem zehnten Erwägungsgrund ergibt, namentlich darauf abzielt, innerhalb der Union ein hohes Datenschutzniveau für natürliche Personen zu gewährleisten und zu diesem Zweck für eine unionsweit gleichmäßige und einheitliche Anwendung der Vorschriften zum Schutz der Grundrechte und Grundfreiheiten dieser Personen bei der Verarbeitung personenbezogener Daten zu sorgen [...]." Vgl. ferner EuGH Urt. v. 5.10.2023 – C-659/22, ECLI:EU:C:2023:745 – RK/Ministerstvo zdravotnictví, Rn. 28: „Diese weite Auslegung der Begriffe ‚personenbezogene Daten' und ‚Verarbeitung' steht im Einklang mit dem im ersten Erwägungsgrund der DS-GVO genannten Ziel, die Wirksamkeit des Grundrechts auf Schutz natürlicher Personen bei der Verarbeitung personenbezogener Daten zu gewährleisten, das der Anwendung dieser Verordnung zugrunde liegt."

[350] Vgl. zB EuGH Urt. v. 9.7.2020 – C-272/19, ECLI:EU:C:2020:535 = ZD 2020, 577 mAnm *Engelbrecht* – VQ/Land Hessen, Rn. 68: „Drittens ist Art. 2 Abs. 2 Buchst. a dieser Verordnung, da er eine Ausnahme von der in Art. 2 Abs. 1 der Verordnung enthaltenen sehr weiten Definition ihres Anwendungsbereichs darstellt, eng auszulegen." Vgl. ferner EuGH Urt. v. 30.3.2023 – C-34/21, ECLI:EU:C:2023:270 = ZD 2023, 391 mAnm *Schild* – Hauptpersonalrat der Lehrerinnen und Lehrer beim Hessischen Kultusministerium/Minister des Hessischen Kultusministeriums, Rn. 33: „Hieraus ergibt sich aus der Rechtsprechung des Gerichtshofs, dass die Definition des sachlichen Anwendungsbereichs der DS-GVO, wie sie in Art. 2 Abs. 1 enthalten ist, sehr weit ist und dass die in Art. 2 Abs. 2 DS-GVO vorgesehenen Ausnahmen von ihrem Anwendungsbereich eng auszulegen sind [...]."

[351] Verfahrensordnung des Gerichtshofs (EuGH-Verfahrensordnung) v. 25.9.2012, ABl. 2012 L 265, 1, idF der Änderungen v. 18.6.2013, ABl. 2013 L 173, 65; v. 19.7.2016, ABl. 2016 L 217, 69; v. 9.4.2019, ABl. 2019 L 111, 73; und v. 26.11.2019, ABl. 2019 L 316, 103.

[352] Verfahrensordnung des Gerichts (EuG-Verfahrensordnung) v. 15.3.2015, ABl. 2015 L 105, 1 idF der Änderungen v. 13.7.2016, ABl. 2016 L 207, 71–73; v. 31.7.2018, ABl. 2018 L 240, 67; v. 11.7.2018, ABl. 2018 L 240, 68; und v. 30.11.2022, ABl. 2022 L 44, 8.

[353] Art. 36 EuGH-Verfahrensordnung; Art. 44 EuG-Verfahrensordnung.

[354] Art. 40 EuGH-Verfahrensordnung; Art. 48 EuG-Verfahrensordnung.

[355] Art. 37 Abs. 1 EuGH-Verfahrensordnung; Art. 45 Abs. 1 EuG-Verfahrensordnung.

[356] Art. 37 Abs. 1 lit. a EuGH-Verfahrensordnung; Art. 45 Abs 1 lit. a EuG-Verfahrensordnung. Aus diesem Grund war Deutsch die Verfahrenssprache bei den Urteilen des EuGH in den Vertragsverletzungsverfahren gegen Deutschland und Österreich wegen Missachtung der von der DS-RL vorgegebenen Unabhängigkeit der nationalen Datenschutz-Aufsichtsbehörden; vgl. EuGH (Große Kammer) Urt. v. 9.3.2010 –

Einleitung

fahren ist schließlich stets die Sprache des nationalen Gerichts, das sich an den EuGH wendet, Verfahrenssprache[357] – was wegen der relativen „Vorlagefreudigkeit" deutscher[358] und österreichischer Gerichte zu die DS-GVO betreffenden Rechtsfragen dazu führt, dass **viele der datenschutzrechtlich maßgeblichen EuGH-Entscheidungen auf Deutsch verfasst** sind.[359] Die einmal festgelegte Verfahrenssprache wird während des gesamten Verfahrens, sowohl in den Schriftsätzen als auch in der mündlichen Verhandlung, verwendet.[360] Ihr kommt am Ende des Verfahrens besondere Bedeutung zu, da **Urteile des EuGH und des EuG nur in der Verfahrenssprache verbindlich** sind.[361] Für das Verständnis der Urteile der Unionsgerichte kann es daher durchaus von Bedeutung sein, ob man ein Urteil in der verbindlichen Verfahrenssprache oder aber in einer unverbindlichen Übersetzung heranzieht.[362]

E. Die weitere Entwicklung des EU-Datenschutzrechts auf Grundlage der DS-GVO

108 Die unmittelbare Geltung der DS-GVO in allen EU-Mitgliedstaaten ist ohne Zweifel der **bisherige Höhepunkt** in der Entwicklung des europäischen Datenschutzrechts. Diese endete aber keineswegs am 25.5.2018. Vielmehr hat seither auf Grundlage der DS-GVO eine neue Phase begonnen, die nach dem Willen des EU-Gesetzgebers von verstärkter Einheitlichkeit der Rechtsgeltung und der wirksamen Rechtsdurchsetzung geprägt sein soll. Ob auf nationaler oder auf EU-Ebene: Zu beobachten sind seit dem 25.5.2018 intensive Arbeiten an der Anwendung (→ Rn. 109 ff.), der Ergänzung (→ Rn. 124 ff.) und der Förderung der internationalen Ausstrahlung (→ Rn. 145 ff.) der DS-GVO.

C-518/07, ECLI:EU:C:2010:125 = EuZW 2010, 296 – Kommission/Deutschland; EuGH (Große Kammer) Urt. v. 16.10.2012 – C-614/10, ECLI:EU:C:2012:631 = ZD 2012, 563 – Kommission/Österreich.

[357] Art. 37 Abs. 3 S. 1 EuGH-Verfahrensordnung.

[358] Fast zwei Drittel der Vorabentscheidungsersuchen stammen aus Deutschland; vgl. *Heintzel/Leibold* CR 2023, 90 (90).

[359] Deutsch war zB Verfahrenssprache bei folgenden Urteilen, die auf Vorabentscheidungsverfahren deutscher bzw. österreichischer Gerichte ergingen: EuGH Urt. v. 12.11.1969 – 29/69, ECLI:EU:C:1969:57 – Stauder/Stadt Ulm; EuGH Urt. v. 10.10.2016 – C-582/14, ECLI:EU:C:2016:779 = ZD 2017, 24 mAnm *Kühling/Klar* – Breyer/Deutschland; EuGH (Große Kammer) Urt. v. 5.6.2018 – C-210/16, ECLI:EU:C:2018:388 = ZD 2018, 357 mAnm *Marosi/Matthé* und mAnm *Schulz* – Unabhängiges Landeszentrum für Datenschutz Schleswig-Holstein/Wirtschaftsakademie Schleswig-Holstein GmbH; EuGH Urt. v. 16.1.2019 – C-496/17, ECLI:EU:C:2019:26 – Deutsche Post AG/Hauptzollamt Köln; EuGH Urt. v. 29.7.2019 – C-40/17, ECLI:EU:C:2019:629 = ZD 2019, 455 mAnm *Hanloser* – Fashion ID GmbH & Co. KG/Verbraucherzentrale NRW e.V.; EuGH Urt. v. 1.10.2019 – C-673/17, ECLI:EU:C:2019:801 = ZD 2019, 556 mAnm *Hanloser* – Bundesverband der Verbraucherzentralen und Verbraucherverbände – Verbraucherzentrale Bundesverband e.V./Planet69; EuGH Urt. v. 9.7.2020 – C-272/19, ECLI:EU:C:2020:535 = ZD 2020, 577 mAnm *Engelbrecht* – VQ/Land Hessen; EuGH Urt. v. 28.4.2022 – C-319/20, ECLI:EU:C:2022:322 = ZD 2022, 384 mAnm *Hense* – Meta Platforms Ireland Ltd/Bundesverband der Verbraucherzentralen und Verbraucherverbände – Verbraucherzentrale Bundesverband e.V.; EuGH Urt. v. 22.6.2022 – C-534/20, ECLI:EU:C:2022:495 = ZD 2022, 552 – Leistritz AG/LH; EuGH (Große Kammer) Urt. v. 8.12.2022 – C-460/20, ECLI:EU:C:2022:962 = MMR 2023, 105 = EuZW 2023, 139 mAnm *Petri* – TU und RE/Google LLC; EuGH Urt. v. 30.3.2023 – C-34/21, ECLI:EU:C:2023:270 = ZD 2023, 391 mAnm *Schild* – Hauptpersonalrat der Lehrerinnen und Lehrer beim Hessischen Kultusministerium/Minister des Hessischen Kultusministeriums; EuGH Urt. v. 4.5.2023 – C-300/21, ECLI:EU:C:2023:370 = ZD 2023, 446 mAnm *Mekat/Ligocki* – UI/Österreichische Post AG; EuGH Urt. v. 4.5.2023 – C-487/21, ECLI:EU:C:2023:369 – F.F./Österreichische Datenschutzbehörde; EuGH (Große Kammer) Urt. v. 4.7.2023 – C-252/21, ECLI:EU:C:2023:537 = MMR 202, 669 mAnm *Golland* – Meta Platforms Inc./Bundeskartellamt; EuGH (Große Kammer) Urt. v. 5.12.2023 – C-807/21, ECLI:EU:C:2023:950 – Deutsche Wohnen SE/Staatsanwaltschaft Berlin; EuGH Urt. v. 16.1.2024 – C-33/22, ECLI:EU:C:2024:46 – Österreichische Datenschutzbehörde/WK.

[360] Art. 38 EuGH-Verfahrensordnung; Art. 46 EuG-Verfahrensordnung.

[361] Art. 41 EuGH-Verfahrensordnung; Art. 49 EuG-Verfahrensordnung.

[362] Dies erklärt, warum nach EuGH Urt. v. 10.10.2016 – C-582/14, ECLI:EU:C:2016:779 = ZD 2017, 24 mAnm *Kühling/Klar* – Breyer/Deutschland, der Kläger eine Berichtigung der in der verbindlichen deutschen Version mit Schreibfehlern versehenen zentralen Rn. 47 durch den EuGH gem. Art. 103 Abs. 1 EuGH-Verfahrensordnung erwirkte; vgl. EuGH Beschl. v. 6.12.2016 – C-582/14 REC, ECLI:EU:C:2016:930 – Breyer; vgl. dazu www.heise.de/news/EuGH-korrigiert-Urteil-zum-Datenschutz-von-IP-Adressen-3595077.html.

I. Die Anwendung der DS-GVO

Zwar ist die DS-GVO in allen ihren Teilen verbindlich und gilt seit dem 25.5.2018 unmittelbar in jedem Mitgliedstaat (Art. 288 UAbs. 2 S. 2 AEUV). Ihre gegenüber nationalem Recht vorrangigen Vorgaben gewährleisten jedoch allein noch nicht, dass die DS-GVO tatsächlich „gelebt" wird und in der täglichen Datenschutzpraxis effektiv ihre Wirkungen entfalten kann. Um dies sicherzustellen, bedarf es vielmehr einer Reihe von Anwendungs- und Durchsetzungsmaßnahmen. **109**

1. Die eigenverantwortliche Anwendung der DS-GVO durch Verantwortliche und Auftragsverarbeiter. An erster Stelle gefragt und gefordert sind bei der Anwendung der DS-GVO die für die Verarbeitung personenbezogener Daten Verantwortlichen und ihre Auftragsverarbeiter, ob im privaten oder im öffentlichen Sektor. Dies entspricht dem die DS-GVO prägenden **Grundsatz der Eigenverantwortung** (Art. 5 Abs. 2, Art. 24, → Rn. 69). Es sind nach der DS-GVO somit vor allem **Unternehmen und Behörden**, welche ihre Datenverarbeitungsprozesse regelmäßig am Maßstab des europäischen Datenschutzrechts zu prüfen sowie geeignete technische und organisatorische Maßnahmen zu treffen haben, um je nach der Eintrittswahrscheinlichkeit und der Schwere des Risikos für die Rechte und Freiheiten natürlicher Personen ein dem jeweiligen Risiko angemessenes Schutzniveau zu gewährleisten. Zu den von allen Unternehmen und Behörden, die der DS-GVO unterliegen, eigenverantwortlich zu ergreifenden Maßnahmen gehören das Führen eines Verzeichnisses aller in ihrem Zuständigkeitsbereich liegenden Verarbeitungstätigkeiten (Art. 30), die Erstellung einer Datenschutz-Folgeabschätzung für Verarbeitungen mit voraussichtlich hohem Risiko (Art. 35), die Benennung eines Datenschutzbeauftragten (Art. 37) und die Mitwirkung an der Ausarbeitung von Verhaltensregeln für bestimmte Verarbeitungssituationen (Art. 40). Auf Anfragen haben Verantwortliche und Auftragsverarbeiter außerdem mit der zuständigen Datenschutz-Aufsichtsbehörde zusammenzuarbeiten (Art. 31). Wie bei allen neuen Regelungswerken liegt somit auch bei der DS-GVO die Hauptverantwortung für die Anwendung und Durchsetzung im Alltag bei den Rechtsanwendern, von denen rechtskonformes Verhalten bei der Erfüllung ihrer privaten oder öffentlichen Aufgaben zu erwarten ist. Dass die DS-GVO dabei **zahlreiche unbestimmte Rechtsbegriffe** enthält, hat sie mit anderen nationalen wie europäischen Gesetzen gemein. Bewusst als „Grundverordnung" formuliert (→ Rn. 89), lässt die DS-GVO jedenfalls dem datenschutzbewussten und -willigen Rechtsanwender auf diese Weise **viel Raum für technologische Innovation und praxisgerechte Datenschutzeinstellungen**. **110**

2. Die Überwachung der Anwendung der DS-GVO durch die nationalen Datenschutz-Aufsichtsbehörden. Überwacht wird die **Einhaltung der DS-GVO** seitens der Verantwortlichen und Auftragsverarbeiter stets durch **die unabhängigen nationalen Datenschutz-Aufsichtsbehörden** (Art. 51 Abs. 1, Art. 55). Denn die DS-GVO hat sich ganz bewusst für ein **dezentrales System der Rechtsdurchsetzung** (→ Art. 51 Rn. 4 ff.) entschieden. Ob ein Verantwortlicher oder Auftragsverarbeiter sich an die Vorgaben der DS-GVO hält und wie er bei einem Verstoß gegen die DS-GVO gegebenenfalls zu sanktionieren ist, wird also nicht in Brüssel entschieden, sondern stets durch die zuständige nationale Datenschutz-Aufsichtsbehörde.[363] Während für Unternehmen im Binnenmarkt nach den vom EU-Gesetzgeber in der DS-GVO verankerten **Grundsatz des „One Stop Shop"** (→ Art. 55 Rn. 3) regelmäßig die Datenschutz-Aufsichtsbehörde der Hauptniederlassung oder der einzigen Niederlassung die zuständige federführende Datenschutz-Aufsichtsbehörde ist (Art. 56 Abs. 1), können sich betroffene Bürger, die einen Verstoß gegen die DS-GVO durch Beschwerde geltend machen wollen, nach dem **Grundsatz der Nähe („proximité"** → Art. 55 Rn. 4) stets an die Datenschutz-Aufsichtsbehörde in dem Mitgliedstaat wenden, in dem sie ihren gewöhnlichen Aufenthalt **111**

---

[363] So ausdrücklich die Mitteilung der Kommission v. 24.1.2018, Besserer Schutz und neue Chancen – Leitfaden der Kommission zur unmittelbaren Anwendbarkeit der Datenschutz-Grundverordnung ab 25. Mai 2018, COM (2018) 43, 7 f.: „Als Durchsetzungsstellen und direkte Ansprechpartner für die Betroffenen sind die nationalen Datenschutzbehörden am besten in der Lage, zusätzliche Rechtssicherheit in Bezug auf die Auslegung der Verordnung zu schaffen." Vgl. ferner Kommission, Erklärung v. 24.5.2023 zum 5. Jahrestag der Datenschutz-Grundverordnung, abrufbar unter https://ec.europa.eu/commission/presscorner/detail/de/statement_23_2884: „Die Durchsetzung der DS-GVO wurde den unabhängigen nationalen Datenschutzbehörden übertragen, und ihre konsequente Anwendung hat für uns nach wie vor oberste Priorität."

haben, in dem sie arbeiten oder wo der mutmaßliche Datenschutz-Verstoß stattgefunden hat (Art. 77 Abs. 1). Zwar arbeiten die Datenschutz-Aufsichtsbehörden in der EU (und gegebenenfalls im EWR[364]) bei **grenzüberschreitenden Sachverhalten** im **Verfahren der Zusammenarbeit und Kohärenz** (Art. 60 ff.) mit anderen Datenschutz-Aufsichtsbehörden und mit der Europäischen Kommission zusammen, um so einen Beitrag zur einheitlichen Anwendung der DS-GVO in der gesamten EU (und gegebenenfalls im gesamten EWR) zu leisten (Art. 51 Abs. 2). Auch kann bei Meinungsverschiedenheiten erforderlichenfalls der **Europäische Datenschutzausschuss** mit Zwei-Drittel-Mehrheit einen verbindlichen Streitbeilegungsbeschluss erlassen, um die ordnungsgemäße und einheitliche Anwendung der DS-GVO in Einzelfällen sicherzustellen (Art. 65). Dem jeweiligen Verantwortlichen und Auftragsverarbeiter tritt aber auch in solch grenzüberschreitenden Fällen rechtlich stets nur die zuständige federführende Datenschutz-Aufsichtsbehörde gegenüber (Art. 65 Abs. 6),[365] während gegenüber dem beschwerdeführenden Bürger stets die Datenschutz-Aufsichtsbehörde handelt und Auskunft gibt, bei der er die Beschwerde eingereicht hat (Art. 77 Abs. 2). Gegenüber den 450 Mio. Menschen in der Union und den auf dem Europäischen Binnenmarkt tätigen Unternehmen und Behörden handelt also bei der Vollziehung des EU-Datenschutzrechts – anders als zB im EU-Kartellrecht – niemals eine EU-Behörde, sondern stets die jeweils nach der DS-GVO zuständige nationale Datenschutz-Aufsichtsbehörde. Die nationalen Datenschutz-Aufsichtsbehörden erfüllen damit die Funktion von **dezentralen Unionsbehörden,** welche in völliger Unabhängigkeit in ihrem Zuständigkeitsbereich die Einheitlichkeit und Wirksamkeit der DS-GVO zu gewährleisten haben (→ Art. 51 Rn. 6).

112 **3. Rechtsschutz durch die nationalen Gerichte mit Vorabentscheidungsverfahren zum EuGH.** Auch der **Rechtsschutz bei der DS-GVO** ist **dezentral organisiert.** Will sich ein Verantwortlicher, ein Auftragsverarbeiter oder ein in seinem Datenschutzgrundrecht betroffener Bürger gegen eine Maßnahme oder Untätigkeit einer nationalen Datenschutz-Aufsichtsbehörde rechtlich zur Wehr setzen, ist dafür der Rechtsweg zu den nationalen Gerichten eröffnet (Art. 78 Abs. 1, 2), und zwar jeweils in dem Mitgliedstaat, in dem die Datenschutz-Aufsichtsbehörde ihren Sitz hat (Art. 78 Abs. 3). Es sind also stets die nationalen Gerichte, die in erster Linie zur Auslegung und Anwendung der DS-GVO im Alltag und zur richterlichen Erfassung und Aufarbeitung des jeweiligen datenschutzrechtlich relevanten Sachverhalts berufen sind. Zwar können unterinstanzliche Gerichte den EuGH in Luxemburg im Rahmen des **Vorabentscheidungsverfahrens** mit Fragen zur Auslegung der DS-GVO befassen (Art. 267 UAbs. 2 AEUV);[366] letztinstanzlich entscheidende Gerichte sind zu einer entsprechenden Vorlage an den EuGH sogar kraft Unionsrechts – und in Deutschland und Österreich auch kraft Verfassungsrechts[367] – verpflichtet (Art. 267 UAbs. 3 AEUV). Den jeweiligen Rechtsstreit selbst entscheidet aber niemals Luxemburg, sondern stets das zuständige nationale Gericht, auch wenn dieses bei seiner Entscheidung die rechtlich letztverbindliche Antwort des EuGH auf das Vorabentscheidungsersuchen zur Auslegung der DS-GVO zugrunde zu legen hat. Wie auch bei den meisten anderen Sachgebieten, in denen EU-Recht zur Anwendung kommt, gelangen also auch die DS-GVO betreffende Rechtsstreitigkeiten aus den EU-Mitgliedstaaten nie direkt zum EuGH, sondern immer nur über die Befassung des zuständigen nationalen Gerichts und das von diesen eingeleitete Vorabentscheidungsverfahren.[368] Die **wahren Unionsgerichte im Datenschutzrecht** sind also (wie auch sonst meist im EU-Recht) **die nationalen Gerichte,** während der **EuGH** als „**oberstes**

---

[364] Die DS-GVO ist auch Teil des Abkommens über den Europäischen Wirtschaftsraum (EWR) und gilt deshalb auch für Island, Liechtenstein und Norwegen.
[365] Deshalb ist in solchen Fällen eine Nichtigkeitsklage direkt gegen den Streitbeilegungsausschuss des Europäischen Datenschutzausschusses in aller Regel unzulässig; vgl. EuG Beschl. v. 7.12.2022 – T-709/21, ECLI:EU:T:2022:783 – WhatsApp Ireland/Europäischer Datenschutzausschuss. Hierzu sowie zu einer möglichen Ausnahme → Art. 51 Rn. 8.
[366] Zu positiven und negativen Erfahrungen in Vorlageverfahren zur DS-GVO *Brink* NJW 2023, 2548.
[367] In Deutschland stellt die Missachtung der Pflicht zur Vorlage an den EuGH nach stRspr des BVerfG eine Verletzung des grundrechtsgleichen Rechts auf den gesetzlichen Richter aus Art. 101 Abs. 1 S. 2 GG dar; vgl. BVerfGE 73, 339 (366 ff.); BVerfGE 75, 223 (234 ff.); BVerfGE 82, 159 (192 ff.). Zur entspr. Entscheidungspraxis des öst. Verfassungsgerichtshofs, wonach der EuGH als gesetzlicher Richter iSv Art. 83 Abs. 2 Bundesverfassungsgesetz anzusehen ist vgl. Öst. VfGH Entsch. v. 11.12.1995 – VfSlg. 14390/1995 = EuGRZ 1996, 529.
[368] Von 806 beim EuGH neu anhängig gemachten Rechtssachen (davon 206 im Rechtsmittelverfahren gegen Entscheidungen des Gerichts) waren 2022 546 Vorabentscheidungsersuchen nationaler Gerichte, also 67,74 Prozent; vgl. EuGH, Jahresbericht 2022, S. 27.

Auslegungsgericht" in der EU (Art. 19 Abs. 1 UAbs. 1 S. 2 EUV, Art. 267, Art. 344 AEUV) durch seine Vorabentscheidungen die Einheitlichkeit der Auslegung und Anwendung der DS-GVO in der gesamten Union (und gegebenenfalls im EWR) sicherzustellen hat.

Pro Jahr wenden sich die nationalen Gerichte heute mit etwa 20 bis 30 Vorabentscheidungsersuchen zur DS-GVO an den EuGH, wobei die deutschen und österreichischen Gerichte hier sogar noch „vorlagefreudiger" sind als sonst im EU-Recht[369] und auf diese Weise bereits durch ihre Vorlagefragen die Entwicklung des europäischen Datenschutzrechts maßgeblich mitprägen.[370] Dabei dauern Verfahren vor dem EuGH im Durchschnitt 16,4 Monate,[371] was mit der üblichen Verfahrensdauer vor nationalen Höchstgerichten durchaus vergleichbar ist,[372] auch wenn die nationale Verfahrensdauer jeweils hinzukommt. Dafür führen EuGH-Urteile mit ihrer letztverbindlichen Auslegung zu Rechtsklarheit für den ganzen Kontinent, müssen von allen Gerichten in der Union beachtet werden und helfen so, zahlreiche neue Rechtsstreitigkeiten zu vermeiden. Der EuGH ist somit für die praktische Anwendung der DS-GVO keineswegs ein „Nadelöhr",[373] sondern leistet gerade in den Anfangsjahren der DS-GVO den nationalen Gerichten bei deren Fragen **wichtige Auslegungs- und Anwendungshilfe.**

4. Der Europäische Datenschutzausschuss und seine Leitlinien. Auch der unabhängige **Europäische Datenschutzausschuss** spielt eine bedeutende Rolle im Bestreben nach ebenso einheitlicher wie wirksamer Anwendung der DS-GVO in der gesamten EU (und gegebenenfalls im EWR). Im Interesse von Kohärenz entscheidet der Europäische Datenschutzausschuss dabei nicht nur durch verbindlichen Beschluss bei Meinungsverschiedenheiten zwischen nationalen Datenschutz-Aufsichtsbehörden – was seit Geltung der DS-GVO bisher (Stand Januar 2024) zwölf Mal geschehen ist[374] –, sondern erlässt außerdem von sich aus oder auf Anfrage der Kommission **Leitlinien, Empfehlungen und bewährte Verfahren**[375] zu für die praktische Anwendung der DS-GVO relevanten Fragen (Art. 70 Abs. 1 S. 2, insbesondere lit. d, e, f, g, h, i, j, k, m) und überprüft anschließend deren praktische Anwendung durch die nationalen Datenschutz-Aufsichtsbehörden (Art. 70 Abs. 1 S. 2 lit. l). Zwar handelt es sich bei diesen für die Datenschutzpraxis äußerst relevanten Leitlinien, Empfehlungen und bewährten Verfahren – wie bei Empfehlungen gemäß Art. 288 UAbs. 5 AEUV allgemein – formal gesehen zunächst um **rechtlich unverbindliche Texte.** Doch es ist nicht zu übersehen, dass der Europäische Datenschutzausschuss als **„Einrichtung der Union mit Rechtspersönlichkeit"** (Art. 68 Abs. 1), die mit Unabhängigkeit ausgestattet ist (Art. 69 Abs. 1), sich aus den unabhängigen Datenschutz-Aufsichtsbehörden der 27 EU-Mitgliedstaaten und dem Europäischen Datenschutzbeauftragten zusammensetzt (Art. 68 Abs. 3) und vom EU-Gesetzgeber explizit mit dem Mandat ausgestattet worden ist, „die einheitliche Anwendung dieser Verordnung" sicherzustellen (Art. 70 Abs. 1 S. 1), eine **erhebliche Autorität und Expertise** hat, um **maßgebliche Hinweise zur Anwendung der DS-GVO** durch die nationalen Datenschutz-Aufsichtsbehörden zu geben und erforderlichenfalls deren Inhalt zu **präzisieren.**[376] Da der Europäische Daten-

---

[369] Von insges. 546 Vorabentscheidungsersuchen wurden 2022 98 (also knapp 20 Prozent) von deutschen Gerichten gestellt. 63 kamen aus Italien, 43 aus Bulgarien, 41 aus Spanien, 39 aus Polen, 34 aus Österreich, 28 aus Portugal und den Niederlanden sowie 23 aus Frankreich; vgl. EuGH Jahresbericht 2022, S. 27. Von den Vorabentscheidungsersuchen zur DS-GVO stammen fast zwei Drittel aus Deutschland; vgl. *Heintzel/Leibold* CR 2023, 90 (90).

[370] *Heintzel/Leibold* CR 2023, 90 (90, 98) begrüßen deshalb die Vorlagebereitschaft der nationalen und insbes. der deutschen Gerichte.

[371] EuGH Jahresbericht 2022 S. 21.

[372] So betrug zB die Dauer für Revisionsverfahren beim Bundesverwaltungsgericht, die durch Urt. entschieden wurden, 2022 fast 15 Monate, so Pressemitteilung Nr. 18/2023 des BVerwG v. 9.3.2023, abrufbar unter www.bverwg.de/de/pm/2023/18.

[373] So aber *Heintzel/Leibold* CR 2023, 90 (90).

[374] Zehnmal durch Streitbeilegungsbeschluss gem. Art. 65 Abs. 1, zweimal durch Dringlichkeitsbeschluss gem. Art. 66. Alle verbindlichen Beschlüsse des Europäischen Datenschutzausschusses sind abrufbar unter https://edpb.europa.eu/our-work-tools/consistency-findings/binding-decisions_en. Zum ersten Streitbeilegungsverfahren in Sachen Twitter *Weber/Dehnert* ZD 2021, 63.

[375] Abrufbar sind alle Leitlinien, Empfehlungen und bewährten Verfahren des Europäischen Datenschutzausschusses unter: https://edpb.europa.eu/our-work-tools/general-guidance/guidelines-recommendations-best-practices_de.

[376] So zu Empfehlungen der Kommission EuGH Urt. v. 13.12.1989 – C-322/88, ECLI:EU:C:1989:646 – Grimaldi/Fonds des maladies professionnelles, Rn. 18; sowie EuGH (Große Kammer) Urt. v. 26.1.2021 – C-422/19 u. C-423/19, ECLI:EU:C:2021:63 – Dietrich, Häring/Hessischer Rundfunk, Rn. 48.

schutzausschuss über die Annahme der Leitlinien, Empfehlungen und bewährten Verfahren gemäß Art. 72 Abs. 1 mit einfacher **Mehrheit** entscheiden kann, ist zudem sichergestellt, dass die Inhalte der von ihm angenommenen Texte nicht lediglich den kleinsten gemeinsamen Nenner zwischen den nationalen Datenschutz-Aufsichtsbehörden darstellen, sondern dem Anspruch des EU-Gesetzgebers, der die DS-GVO selbst mit Mehrheit im Europäischen Parlament und qualifizierter Mehrheit im Rat beschlossen hat, gerecht werden kann, wenn es um die Sicherstellung eines hohen Datenschutzniveaus und des freien Verkehrs personenbezogener Daten in der Union geht.

115 Die Leitlinien, Empfehlungen und bewährten Verfahren, die der Europäische Datenschutzausschuss beschließt, veröffentlicht und der Kommission sowie den Vertretern der Mitgliedstaaten zuleitet (Art. 70 Abs. 3), binden dabei zunächst diesen selbst nach dem **rechtstaatlichen Grundsatz der Selbstbindung der Verwaltung.** Dies bedeutet, dass der Europäische Datenschutzausschuss von diesen Normen in seiner Beschlusspraxis im Kohärenzverfahren nicht abweichen kann, ohne dies besonders zu begründen. Die Leitlinien, Empfehlungen und bewährten Verfahren sind ferner **von den nationalen Datenschutz-Aufsichtsbehörden grundsätzlich zu beachten,** da sie diese erstens selbst im Europäischen Datenschutzausschuss mitbeschlossen haben; zweitens gemäß Art. 51 Abs. 2 S. 1 „zur einheitlichen Anwendung dieser Verordnung in der gesamten Union" und zu diesen Zweck gemäß Art. 51 Abs. 2 S. 2 (als besondere Ausprägung der **Pflicht zur loyalen Zusammenarbeit** gemäß Art. 4 Abs. 3 EUV → Art. 51 Rn. 15 f.) zur Zusammenarbeit mit den übrigen Datenschutz-Aufsichtsbehörden verpflichtet sind; und drittens damit zu rechnen haben, dass bei einem Abweichen von den Vorgaben des Europäischen Datenschutzausschusses ein Kohärenzverfahren eingeleitet wird, an dessen Abschluss ein verbindlicher Streitbeilegungsbeschluss des Europäischen Datenschutzausschusses stehen kann, der dabei grundsätzlich die von ihm beschlossenen Normen beachten wird. Ganz in diesem Sinne hat der Europäische Datenschutzausschuss am 16.12.2021 eine Stellungnahme zu den von ihm erarbeiteten Leitlinien und Empfehlungen beschlossen, in der er ausdrücklich auf die Pflicht zur loyalen Zusammenarbeit Bezug nimmt, im Einklang mit der die nationalen Datenschutz-Aufsichtsbehörden bei der kohärenten Anwendung der Leitlinien und Empfehlungen zu handeln haben;[377] sehr viel deutlicher kann man kaum zeigen, dass die nationalen Datenschutz-Aufsichtsbehörden sich als Mitglieder des Europäischen Datenschutzausschusses verpflichtet ansehen, die gemeinsam beschlossenen Normen zu beachten. Schließlich haben auch Verantwortliche und Auftragsverarbeiter ebenso wie in ihren Grundrechten betroffene einzelne einen **Anspruch auf Gleichbehandlung und Vertrauensschutz** darauf, dass sich die nationalen Datenschutz-Aufsichtsbehörden grundsätzlich an die vom Europäischen Datenschutzausschuss unter ihrer Mitwirkung beschlossenen und veröffentlichten Leitlinien, Empfehlungen und bewährten Verfahren halten werden.[378] Die Rechtsprechung des EuGH zu den von der Kommission im Rahmen des Kartell- und Beihilfenrechts beschlossenen Mitteilungen, Leitlinien, Rahmen und Bekanntmachungen[379] kann insofern auf die Leitlinien, Empfehlungen und

---

[377] IdS Europäischer Datenschutzausschuss, Statement v. 16.12.2021: EDPB [= European Data Protection Board] Cooperation on the elaboration of guidelines, abrufbar unter https://edpb.europa.eu/news/news/2021/edpb-statement-edpb-cooperation-elaboration-guidelines_en: „[A]lthough not binding in themselves, Guidelines and Recommendations of the EDP reflect the common position and understanding which the authorities apply in a consistent manner. The EDPB Members, in their contributions to the work of the EDPB, act in compliance with the duty of sincere cooperation in the interest of the effective functioning of the EDPB."

[378] Vgl. Mitteilung der Kommission v. 24.1.2018, Besserer Schutz und neue Chancen – Leitfaden der Kommission zur unmittelbaren Anwendbarkeit der Datenschutz-Grundverordnung ab 25. Mai 2018, COM (2018) 43, 8, wonach „kohärente und einheitliche Leitlinien für die Wirtschaftstätigen unerlässlich" sind.

[379] Vgl. EuGH Urt. v. 28.6.2005 – C-189/02 P, C-202/02 P, C-205/02 P bis C-208/02 P u. C-213/02 P, ECLI:EU:C:2005:408 – Dansk Rørindustri u.a./Kommission, Rn. 211, wo der EuGH zu Leitlinien der Kommission zur Festlegung kartellrechtlicher Geldbußen über eine Selbstbindung der Kommission auch eine rechtliche Außenwirkung ggü. Wirtschaftsteilnehmern feststellt: „Das fragliche Organ hat dadurch, dass es derartige Verhaltensnormen erlassen und durch ihre Veröffentlichung angekündigt hat, dass es sie von nun an auf die von diesen Normen erfassten Fälle anwenden werde, die Ausübung seines Ermessens beschränkt und kann nicht von diesen Normen abweichen, ohne dass dies gegebenenfalls wegen eines Verstoßes gegen allgemeine Rechtsgrundsätze wie die der Gleichbehandlung oder des Vertrauensschutzes geahndet würde. Daher ist nicht auszuschließen, dass derartige Verhaltensnormen mit allgemeiner Geltung unter bestimmten Voraussetzungen und je nach ihrem Inhalt Rechtswirkungen entfalten können." Ebenso zu einem Kommissions-Rahmen im Beihilfenrecht EuGH Urt. v. 1.9.2008 – C-75/05 P und C-80/05 P, ECLI:EU:C:2008:482 – Deutschland u.a./Kronofrance, Rn. 60. Vgl. auch EuG Urt. v. 10.7.2012 – T-304/08, ECLI:EU:T:2012:351 = EuZW 2012, 666 mAnm Soltesz – Smurfit Kappa Group/Kommission, Rn. 84. Zur

bewährte Verfahren des Europäischen Datenschutzausschusses übertragen werden.[380] Im Ergebnis sind damit die Leitlinien, Empfehlungen und bewährten Verfahren des Europäischen Datenschutzausschusses keinesfalls nur unverbindliche oder gar wirkungslose Dokumente, sondern können **maßgebliche Hinweise für die kohärente Auslegung und Anwendung der DS-GVO** enthalten und sollten deshalb von den Rechtsanwendern regelmäßig herangezogen werden. Der EuGH wird sich in seiner Rechtsprechung zwar nicht direkt an die Vorgaben des Europäischen Datenschutzausschusses gebunden fühlen, ihnen aber ohne Zweifel gebührende Beachtung schenken und – in Verbindung mit den Grundsätzen der Gleichbehandlung und des Vertrauensschutzes – erforderlichenfalls auch **Rechtswirkungen** beimessen, auf die sich ein Verantwortlicher, Auftragsverarbeiter oder in seinen Grundrechten betroffener einzelner berufen kann, wenn eine nationale Datenschutz-Aufsichtsbehörde ohne gute Begründung von ihnen abweicht.

5. Die Anwendung, Durchführung und regelmäßige Überprüfung der DS-GVO durch die Kommission. Zur einheitlichen und wirksamen Anwendung der DS-GVO kann schließlich auch die **Kommission** beitragen. Die Kommission ist als unabhängige „**Hüterin der Verträge**" (Art. 17 Abs. 1 S. 2 EUV) in besonderem Maße dazu berufen, sowohl wirksamen Grundrechtsschutz im Anwendungsbereich der Verträge als auch das reibungslose Funktionieren des Binnenmarkts zu gewährleisten. Die DS-GVO sieht drei Möglichkeiten vor, wie die Kommission die einheitliche und wirksame Anwendung der DS-GVO fördern und unterstützen kann:

– Erstens kann die Kommission die von der DS-GVO vorgesehenen **delegierten Rechtsakte** (→ Rn. 90) nach dem Verfahren des Art. 92 erlassen und auf diese Weise durch **ergänzende Normen** den Inhalt bestimmter Vorschriften der DS-GVO im Detail für die gesamte Union einheitlich festlegen. Der EU-Gesetzgeber ermächtigt die Kommission an zwei Stellen zum Erlass solcher delegierten Rechtsakte: Zum einen in Art. 12 Abs. 8, um festzulegen, welche Informationen zur Verarbeitung personenbezogener Daten, die der Verantwortliche gemäß Art. 12 Abs. 1 dem betroffenen Grundrechtsträger „in präziser, transparenter, verständlicher und leicht zugänglicher Form in einer klaren und einfachen Sprache" zu übermitteln hat, durch Bildsymbole (sog. „Privacy Icons") darzustellen sind. Außerdem kann die Kommission danach das Verfahren regeln, in welchem standardisierte Bildsymbole bereitzustellen sind. Zum anderen kann die Kommission gemäß Art. 43 Abs. 8 die für Zertifizierungsverfahren geltenden Kriterien näher festlegen. Die Kommission hat schon früh angekündigt, von ihrer Befugnis zum Erlass dieser delegierten Rechtsakte erst dann Gebrauch zu machen, wenn dafür ein eindeutiger Mehrwert nachgewiesen werden kann.[381]

– Zweitens kann die Kommission die von der DS-GVO an sieben Stellen vorgesehenen **Durchführungsrechtsakte** nach dem Verfahren des Art. 93 erlassen und so die einheitliche Durchführung der DS-GVO unterstützen. Das betrifft den Erlass von Standardvertragsklauseln für Verträge zwischen Verantwortlichen und Auftragsverarbeitern sowie zwischen Auftragsverarbeitern (Art. 28 Abs. 7); die Allgemeingültigkeitserklärung von Verhaltensregeln („Codes of Conduct") (Art. 40 Abs. 9); die Festlegung technischer Standards für Zertifizierungen und Mechanismen zu ihrer Förderung und Anerkennung (Art. 43 Abs. 9); die Feststellung der Angemessenheit des Schutzniveaus in Drittländern (Art. 45 Abs. 3 und 5); die Festlegung von Formaten und Verfahren für den Informationsaustausch im Hinblick auf verbindliche unternehmensinterne Datenschutzvorschriften (Art. 46 Abs. 2 lit. c und d); die Festlegung verbindlicher interner Datenschutzvorschriften (Art. 47 Abs. 3); sowie die Regelung von Verfahren für die Amtshilfe und den Informationsaustausch zwischen den nationalen Aufsichtsbehörden und dem Europäischen Datenschutzausschuss (Art. 61 Abs. 9 und Art. 67). Die Kommission hat

---

Rechtsnatur solcher Mitteilungen, Leitlinien, Rahmen und Bekanntmachungen eingehend *v. Graevenitz* EuZW 2012, 169; *Jestaedt/Häsemeyer* EuZW 1995, 787; sowie *Thomas* EuR 2009, 423.

[380] Für die Leitlinien der Artikel-29-Datenschutzgruppe wäre dies wohl nicht der Fall gewesen, da diese weder eine Einrichtung der Union mit Rechtspersönlichkeit war noch konkrete Entscheidungsbefugnisse ggü. den nationalen Datenschutz-Aufsichtsbehörden hatte. Deshalb ist wichtig, dass der Europäische Datenschutzausschuss bei seiner konstituierenden Sitzung am 25.5.2018 die relevanten Leitlinien der Artikel-29-Datenschutzgruppe übernahm (→ Rn. 18 m. Fn. 72); diese sind rechtlich also heute als Leitlinien des Europäischen Datenschutzausschusses anzusehen.

[381] Vgl. Mitteilung der Kommission v. 24.1.2018, Besserer Schutz und neue Chancen – Leitfaden der Kommission zur unmittelbaren Anwendbarkeit der Datenschutz-Grundverordnung ab 25. Mai 2018, COM (2018) 43, 16, unter 4. d).

Einleitung 119

aufgrund dieser Befugnisse bisher (Stand Januar 2024) **vier bedeutende Angemessenheitsbeschlüsse** – am 23.1.2019 gegenüber Japan,[382] am 28.6.2021 gegenüber dem Vereinigten Königreich,[383] am 17.12.2021 gegenüber Südkorea[384] und einen am 10.7.2023 gegenüber den Vereinigten Staaten von Amerika[385] – erlassen, und somit den wirtschaftlich wie politisch äußerst wichtigen Datenverkehr in diesen Ländern jedenfalls fürs erste[386] auf eine stabile Rechtsgrundlage gestellt. Die Kommission hat außerdem einen **Durchführungsbeschluss über Standardvertragsklauseln zu den Beziehungen zwischen Verantwortlichen und Auftragsverarbeitern**[387] und einen **Durchführungsbeschluss über Standardvertragsklauseln für die Übermittlung personenbezogener Daten an Drittländer**[388] erlassen. Weitere Durchführungsrechtsakte wird die Kommission dann erlassen, wenn sie dafür einen Bedarf feststellt.[389]

119 – Schließlich hat die Kommission die Pflicht, die Anwendung der DS-GVO durch die Mitgliedstaaten alle vier Jahre zu prüfen, darüber dem Europäischen Parlament und dem Rat zu berichten (Art. 97 Abs. 1) und erforderlichenfalls Vertragsverletzungsverfahren gemäß Art. 258 AEUV einzuleiten, sofern Mitgliedstaaten die DS-GVO nicht ordnungsgemäß durchführen oder Maßnahmen unter Verletzung der DS-GVO erlassen. Den Ersten Bericht über die Bewertung und Überprüfung der DS-GVO[390] verabschiedete die Kommission am 24.6.2020 zusammen mit einem umfangreichen Arbeitsdokument der Kommissionsdienststellen,[391] das die bisherige An-

---

[382] Durchführungsbeschluss (EU) 2019/419 der Kommission v. 23.1.2019 nach der Verordnung (EU) 2016/679 des Europäischen Parlaments und des Rates über die Angemessenheit des Datenschutzniveaus in Japan im Rahmen des Gesetzes über den Schutz personenbezogener Informationen, ABl. 2019 L 76, 1.
[383] Durchführungsbeschluss (EU) 2021/1772 der Kommission v. 28.6.2021 gemäß der Verordnung (EU) 2016/679 des Europäischen Parlaments und des Rates zur Angemessenheit des Schutzes personenbezogener Daten durch das Vereinigte Königreich, ABl. 2021 L 360, 1. Ggü. dem Vereinigten Königreich hat die Kommission außerdem einen Angemessenheitsbeschluss gem. der Polizei-RL erlassen, um zu vermeiden, dass infolge des „Brexits" der europäisch-britische Datenaustausch zum Zwecke der polizeilichen und justiziellen Zusammenarbeit erheblich erschwert wird; vgl. Durchführungsbeschluss (EU) 2021/1773 der Kommission v. 28.6.2021 gemäß der Richtlinie (EU) 2016/680 des Europäischen Parlaments und des Rates zur Angemessenheit des Schutzes personenbezogener Daten durch das Vereinigte Königreich, ABl. 2021 L 360, 69. Im Unterschied zu anderen Angemessenheitsbeschlüssen ist die Gültigkeit dieser beiden Beschlüsse befristet und endet am 27.6.2025 (vgl. jew. Art. 4), sofern sie nicht zuvor verlängert werden. Dies wird davon abhängen, wie sich das Verhältnis zwischen der EU und dem Vereinigten Königreich in anderen zentralen Fragen entwickelt.
[384] Durchführungsbeschluss (EU) 2022/254 der Kommission v. 17.12.2021 gemäß der Verordnung (EU) 2016/679 des Europäischen Parlaments und des Rates über die Angemessenheit des Schutzes personenbezogener Daten durch die Republik Korea im Rahmen des koreanischen Gesetzes über den Schutz personenbezogener Daten, ABl. 2022 L 44, 1.
[385] Durchführungsbeschluss (EU) 2023/1795 der Kommission v. 10.7.2023 gemäß der Verordnung (EU) 2016/679 des Europäischen Parlaments und des Rates über die Angemessenheit des Schutzniveaus für personenbezogene Daten nach dem Datenschutzrahmen EU-USA, ABl. 2023 L 231, 118.
[386] Bereits zweimal hat der EuGH auf Initiative des österreichischen Datenschützers Max Schrems einen Angemessenheitsbeschluss ggü. den USA – 2015 den sog. „Safe Harbor"-Beschluss und 2020 den sog. „EU-US-Privacy-Shield" – für rechtswidrig erklärt; vgl. EuGH (Große Kammer) Urt. v. 6.10.2015 – C-362/14, ECLI:EU:C:2015:650 = ZD 2015, 549 mAnm *Spies* – Maximilian Schrems/Data Protection Commissioner („Schrems I"); sowie EuGH (Große Kammer) Urt. v. 16.7.2020 – C-311/18, ECLI:EU:C:2020:559 = ZD 2020, 511 mAnm *Moos/Rothkegel* – Data Protection Commissioner/Facebook Ireland Ltd, Maximillian Schrems („Schrems II"). Gegen den 2023 vereinbarten Datenschutzrahmen EU-USA hat der französische Abgeordnete *Philippe Latombe* Nichtigkeitsklage erhoben, vgl. Klage v. 6.9.2023, T-553/23, ABl. C, C/2023/348. Einstweiligen Rechtsschutz in dieser Rechtssache hat das EuG abgelehnt; vgl. Beschl. des Präsidenten des EuG v. 12.10.2023 – T-553/23 R, ECLI:EU:T:2023:621 – Latombe/Kommission.
[387] Durchführungsbeschluss (EU) 2021/915 der Kommission v. 4.6.2021 über Standardvertragsklauseln zwischen Verantwortlichen und Auftragsverarbeitern gemäß Artikel 28 Absatz 7 der Verordnung (EU) 2016/679 des Europäischen Parlaments und des Rates und Artikel 29 Absatz 7 der Verordnung (EU) 2018/1725 des Europäischen Parlaments und des Rates, ABl. 2021 L 199, 18.
[388] Durchführungsbeschluss (EU) 2021/914 der Kommission v. 4.6.2021 über Standardvertragsklauseln für die Übermittlung personenbezogener Daten an Drittländer gemäß der Verordnung (EU) 2016/679 des Europäischen Parlaments und des Rates, ABl. 2021 L 199, 31.
[389] Vgl. Mitteilung der Kommission v. 24.1.2018, Besserer Schutz und neue Chancen – Leitfaden der Kommission zur unmittelbaren Anwendbarkeit der Datenschutz-Grundverordnung ab 25. Mai 2018, COM (2018) 43, 16, unter 4. d).
[390] Mitteilung der Kommission v. 24.6.2020 an das Europäische Parlament und den Rat, Datenschutz als Grundpfeiler der Teilhabe der Bürgerinnen und Bürger und des Ansatzes der EU für den digitalen Wandel – zwei Jahre Anwendung der Datenschutz-Grundverordnung, COM(2020) 264; vgl. *Heberlein* ZD 2020, 487.
[391] Arbeitsdokument SWD(2020) 115 der Kommissionsdienststellen v. 24.6.2020, S. 17 ff.; vgl. *Heberlein* ZD 2020, 487.

wendung der DS-GVO im Einzelnen nachzeichnet. Die zentrale Schlussfolgerung der Kommission lautete, dass die DS-GVO in den ersten zwei Jahren ihrer Anwendung ihre Ziele, dh „die Stärkung des Rechts des Einzelnen auf Schutz personenbezogener Daten und die Gewährleistung des freien Verkehrs personenbezogener Daten innerhalb der EU" erreicht habe.[392] Zugleich zeigte die Kommission Bereiche auf, in denen „weitere Verbesserungen" erforderlich seien.[393] So sei „[d]ie Entwicklung einer wirklich gemeinsamen europäischen Datenschutzkultur zwischen den Datenschutzbehörden [...] noch im Gange",[394] und es gebe zudem „noch eine gewisse Fragmentierung, die insbesondere aufgrund der umfangreichen Anwendung fakultativer Spezifikationsklauseln zustande kommt."[395] Die Kommission kündigte insofern an, die Bewertung der relevanten nationalen Rechtsvorschriften fortzusetzen.[396] Jene Interessenvertreter, die sich von dem Bericht ein Signal für eine künftige Änderung der DS-GVO erhofft hatten[397] – wie sie die Kommission gemäß Art. 97 Abs. 5 als Ergebnis ihrer Analyse vorschlagen könnte – enttäuschte die Kommission. Insgesamt sei es „in diesem Stadium verfrüht [...], endgültige Schlussfolgerungen in Bezug auf die Anwendung der DS-GVO zu ziehen."[398] Die Kommission setzt vielmehr darauf, dass die kommenden Jahre mehr Erfahrungswerte bringen werden. Sie legt deshalb zu Recht zunächst ihre Aufmerksamkeit darauf, das volle Potential des neuen Verwaltungssystems zwischen nationalen Datenschutz-Aufsichtsbehörden und Europäischem Datenschutzausschuss auszuschöpfen und bei den Rechtsanwendern das Bewusstsein für das neue europäische Datenschutzrecht durch Sensibilisierungsmaßnahmen zu verstärken.

6. Die Covid-19-Pandemie als Stresstest für die DS-GVO. Ein Stresstest für die Anwendung der DS-GVO war die **Covid-19-Pandemie**, der weltweite Ausbruch einer neuartigen schweren akuten Infektionskrankheit der Atemwege, an der nach Schätzungen der Weltgesundheitsorganisation zwischen dem 30.1.2020 und dem 5.5.2023 weltweit mindestens 20 Mio. Menschen starben.[399] Auch in Europa führte die Pandemie durch zahlreiche Erkrankungen und Todesfälle – in der EU wurden insgesamt mehr als 2,7 Mio. Todesfälle verzeichnet[400] – zu schwerwiegenden Belastungen der nationalen Gesundheitssysteme, zur Schließung öffentlicher Einrichtungen, zur weitgehenden Stilllegung des wirtschaftlichen und sozialen Lebens durch landesweite oder regionale Quarantänemaßnahmen (sog. „lockdowns") sowie zur Unterbrechung oder jedenfalls Beschränkung des grenzüberschreitenden Reiseverkehrs. Der Austausch von Daten (zB Infektionszahlen,[401] Verbreitungsgeschwindigkeit, Anzahl der auf das Covid-19-Virus getesteten Personen, Sterblichkeitsrate) und insbesondere von den gemäß Art. 9 Abs. 1 als besonders sensibel eingestuften Gesundheitsdaten war dabei zur Erforschung der Ursachen und Wirkungen der Infektionskrankheit, für das Nachverfolgen von Infektionen (sog. „contact tracing"[402]), als Entscheidungsgrundlage für die erforderlichen epidemiologischen Maßnahmen, sowie zur raschen Entwicklung eines wirksamen Impfstoffs von entscheidender Bedeutung.

---

[392] Mitteilung der Kommission v. 24.6.2020, S. 5.
[393] Mitteilung der Kommission v. 24.6.2020, S. 5.
[394] Mitteilung der Kommission v. 24.6.2020, S. 6.
[395] Mitteilung der Kommission v. 24.6.2020, S. 8.
[396] Mitteilung der Kommission v. 24.6.2020, S. 8.
[397] Vgl. dagegen *Roßnagel* MMR 2020, 657 (658), der die zahlreichen Wünsche von Verbänden usw nach Änderungen des Verordnungstexts betont.
[398] Mitteilung der Kommission v. 24.6.2020, S. 5.
[399] Vgl. WHO Director General's opening remarks at the media briefing, 5.5.2023, abrufbar unter www.who.int/news-room/speeches/item/who-director-general-s-opening-remarks-at-the-media-briefing--5-may-2023.
[400] Vgl. https://ourworldindata.org/covid-deaths.
[401] Vgl. dazu BayVGH Beschl. v. 19.8.2020 – 7 CE 20.1822 = ZD 2020, 650 Rn. 28 ff., wonach gemeindegenau aufsummierte Infektionszahlen seit Beginn der Covid-19-Pandemie keine personenbezogene Daten iSv Art. 4 Nr. 1 Hs. 1 darstellen, da sie sich nicht auf konkrete, namentlich benannte Personen, sondern lediglich auf die abstrakte Gesamtzahl der Infektionen in den einzelnen Landkreisgemeinden über einen mehrmonatigen Zeitraum beziehen, so dass eine nachträgliche individuelle Zuordnung der abstrakten Zahlen zu einzelnen Personen (Deanonymisierung) nicht mit hinreichender Wahrscheinlichkeit zu erwarten ist. Zur Transparenz von Infektionszahlen eingehend *Engelbrecht* ZD 2020, 611.
[402] Vgl. hierzu die Leitlinien 04/2020 des Europäischen Datenschutzausschusses v. 21.5.2020 idF v. 5.5.2020 für die Verwendung von Standortdaten und Tools zur Kontaktnachverfolgung im Zusammenhang mit dem Ausbruch von COVID-19, abrufbar unter https://edpb.europa.eu/sites/default/files/files/file1/edpb_guidelines_20200420_contact_tracing_covid_with_annex_de_0.pdf. In diesem Zusammenhang interessant war die DS-GVO-konforme „Stopp-Corona"-App des Österreichischen Roten Kreuz (entwickelt nach Datenschutz-Folgeabschätzung iSv Art. 35 und in Verbindung mit dem Grundsatz „Datenschutz durch

Einleitung 121, 122

121 Die DS-GVO zeigte sich für diese extreme Sondersituation vorbereitet. Denn der EU-Gesetzgeber hatte auf Vorschlag der Kommission in bemerkenswerter Weitsicht eigens die **„Pandemieklausel"** des Art. 9 Abs. 2 lit. i in die DS-GVO aufgenommen, die als Rechtsgrundlage ausnahmsweise die Verarbeitung von Gesundheitsdaten erlaubt, wenn und soweit dies erforderlich ist, um aus Gründen des öffentlichen Interesses im Bereich der öffentlichen Gesundheit – wozu ausdrücklich „der Schutz vor schwerwiegenden grenzüberschreitenden Gesundheitsgefahren" zählt – auf der Grundlage des Unionsrechts oder des Rechts der Mitgliedstaaten die angemessenen und spezifischen Maßnahmen zur Wahrung der Rechte und Freiheiten der betroffenen Personen zu treffen.[403] Für die Europäische Union kam als besondere Herausforderung hinzu, dass aufgrund der politischen, wirtschaftlichen und sozialen Bedeutung des gemeinsamen Binnenmarkts ein großes Interesse an einer raschen Wiederöffnung der zu Beginn der Pandemie zu einer weiteren Ausbreitung der Krankheit zeitweise geschlossenen Grenzen zwischen den Mitgliedstaaten bestand. Die Covid-19-Pandemie hatte insofern gewissermaßen das Herz des europäischen Projekts getroffen. Um den grenzüberschreitenden Personenverkehr unter den Bedingungen der Pandemie wieder zuzulassen, musste allerdings der Test-, Impf- bzw. Genesungs-Status der reisenden Personen verlässlich kontrolliert werden können. Um dafür eine ebenso einheitliche wie DS-GVO-konforme Vorgehensweise in der gesamten EU zu erreichen,[404] schlug die Kommission im März 2021 das **digitale Covid-Zertifikat der EU** (sog. „grüner Pass") vor, einen EU-gesetzlichen Rahmen für die europaweite Ausstellung, Überprüfung und Anerkennung interoperabler Zertifikate zur Bescheinigung von Covid-19-Impfungen und -Tests sowie der Genesung, den der EU-Gesetzgeber im Juni 2020 verabschiedete.[405] Zahlreiche Nachbar- und Partnerstaaten der EU schlossen sich dem digitalen Covid-Zertifikat der EU an.[406] Die Verordnung über das digitale Covid-Zertifikat der EU galt zwischen dem 1.7.2021 und dem 30.6.2023, führte zur Ausstellung von mehr als 2,3 Mrd. digitalen Covid-19-Zertifikaten auf Grundlage einer von der Kommission geschaffenen digitalen Infrastruktur und erlaubte es so Millionen von Menschen, innerhalb der EU wieder grenzüberschreitend zu arbeiten, zu reisen oder in Urlaub zu fahren. Gestützt war die Einführung des digitalen Covid-Zertifikats auf Art. 21 Abs. 2 AEUV, der die Personenfreizügigkeit in der EU gewährleistet.

122 Im Verhältnis zur DS-GVO war die Verordnung über das digitale Covid-Zertifikat der EU eine **Rechtsgrundlage iSv Art. 6 Abs. 1 lit. c sowie im Sinne der „Pandemieklausel" des Art. 9 Abs. 2 lit. i,** welche die für die Ausstellung und Überprüfung solcher Zertifikate erforderliche Verarbeitung personenbezogener Daten möglich machte.[407] Zur Erleichterung des Rechts auf Freizügigkeit unter Pandemiebedingungen erlaubte die Verordnung ausdrücklich den Abruf und die Überprüfung der im digitalen Covid-19-Zertifikat enthaltenen Gesundheits-

---

Techikgestaltung" gem. Art. 25), welche auf Basis einer dezentralen IT-Infrastruktur eine anonymisierte Verständigung zur raschen Unterbrechung der Infektionskette ermöglichte, ohne dass dabei Standortdaten verarbeitet wurden; dazu *Tschohl* ZD 2020, 329, der allerdings darauf hinweist, dass die App nur eine geringe Verbreitung fand.

[403] Vgl. die Erklärung des Europäischen Datenschutzausschusses v. 19.3.2020 zur Verarbeitung personenbezogener Daten im Zusammenhang mit COVID-19, abrufbar unter https://edpb.europa.eu/sites/default/files/files/file1/edpb_statement_art_23gdpr_20200602_de_1.pdf: „Die DS-GVO ist ein umfassender Rechtsakt und enthält Vorschriften, die auch für die Verarbeitung personenbezogener Daten in Fällen wie der COVID-19-Krise gelten."

[404] Dafür plädierte insbes. die Erklärung des Europäischen Datenschutzausschusses v. 16.6.2020 zur Verarbeitung personenbezogener Daten im Zusammenhang mit der Wiederöffnung der Grenzen nach dem COVID-19-Ausbruch, abrufbar unter https://edpb.europa.eu/sites/default/files/files/file1/edpb_statementreopeningbordersanddataprotection_de_0.pdf.

[405] Verordnung (EU) 2021/953 des Europäischen Parlaments und des Rates v. 14.6.2021 über einen Rahmen für die Ausstellung, Überprüfung und Anerkennung interoperabler Zertifikate zur Bescheinigung von COVID-19-Impfungen und -Tests sowie der Genesung von einer COVID-19-Infektion (digitales COVID-Zertifikat der EU) mit der Zielsetzung der Erleichterung der Freizügigkeit während der COVID-19-Pandemie, ABl. 2021 L 211, 1, zuletzt geänd. durch Verordnung (EU) 2022/1034 des Europäischen Parlaments und des Rates v. 29.6.2022 (Zulassung von laborgestützten Antigentests und Verlängerung bis 30.6.2023), ABl. 2022 L 173, 37. Vgl. dazu *Löber* ZD-Aktuell 2021, 05220.

[406] Insges. schlossen sich 51 Länder auf vier Kontinenten dem Covid-19-Zertifikat der EU an; vgl. Kommission, Digitales Covid-Zertifikat der EU, abrufbar unter https://commission.europa.eu/strategy-and-policy/coronavirus-response/safe-covid-19-vaccines-europeans/eu-digital-covid-certificate_de.

[407] So ausdrücklich Art. 1 UAbs. 2 Verordnung (EU) 2021/953 des Europäischen Parlaments und des Rates v. 14.6.2021 sowie deren Erwägungsgrund 48. Darauf verweist auch EuGH Urt. v. 5.10.2023 – C-659/22, ECLI:EU:C:2023:745 – RK/Ministerstvo zdravotnictví, Rn. 31.

122 Einleitung

daten (Impfstatus, Testergebnis oder Genesungsstatus des Inhabers) durch die zuständigen Behörden des Bestimmungs- oder Transitlandes oder von grenzüberschreitend tätigen Personenverkehrsdienstleistern.[408] Da die Verarbeitung der sonst nach Art. 9 Abs. 1 streng geschützten Gesundheitsdaten gemäß Art. 9 Abs. 2 lit. i nur ausnahmsweise zur Abwehr schwerwiegender grenzüberschreitender Gesundheitsgefahren gerechtfertigt werden kann, galten für sie mehrere Einschränkungen zur Wahrung der Verhältnismäßigkeit. So wurden die vom digitalen Zertifikat erfassten personenbezogenen Daten „auf das absolut Notwendige" beschränkt[409] und eine Speicherung der Daten, auf die bei der Prüfung des Covid-19-Zertifikats der EU zugegriffen wurde, ausdrücklich ausgeschlossen.[410] Außerdem war die Geltung der Verordnung über das digitale Covid-Zertifikat der EU zunächst bis 30.6.2022 befristet, wurde vom EU-Gesetzgeber einmal wegen der andauernden Pandemie bis 30.6.2023[411] verlängert und lief anschließend aus. Seither darf beim grenzüberschreitenden Reisen in der EU also nicht mehr kontrolliert werden, ob der Reisende geimpft, getestet oder genesen ist.[412] Insgesamt kann das digitale Covid-Zertifikat der EU als Beispiel für eine erfolgreiche und inzwischen weltweit vorbildliche[413] Regelung der Verarbeitung personenbezogener Daten unter Pandemiebedingungen angesehen werden. Da sich in der Covid-19-Pandemie zudem gezeigt hat, dass das Gesundheitswesen in den meisten EU-Mitgliedstaaten unzureichend digitalisiert ist, weist das digitale Covid-Zertifikat zugleich den Weg für neue grenzüberschreitende digitale Anwendungen, die den zeitnahen elektronischen Zugriff von Patienten wie Ärzten auf personenbezogene Gesundheitsdaten zu Zwecken der Diagnose und Behandlung erheblich erleichtern könnten.[414]

---

[408] Art. 10 Abs. 2 S. 1, Abs. 3 S. 1 Verordnung (EU) 2021/953 des Europäischen Parlaments und des Rates v. 14.6.2021. Die Verordnung war damit keine Rechtsgrundlage für andere Verwendungen des digitalen Covid-Zertifikats der EU während der Pandemie, wie sie einige Mitgliedstaaten durch spezielle nationale, unter Nutzung der „Pandemieklausel" erlassene Regeln zB für den Besuch von Veranstaltungen oder in der Gastronomie zuließen; ebenso *Löber* ZD-Aktuell 2021, 05220. Hierfür mussten idR spezifische nationale Rechtsgrundlagen gem. Art. 6 Abs. 1 lit. c bzw. Art. 9 Abs. 2 lit. i geschaffen werden (vgl. auch Erwägungsgrund 48 Verordnung [EU] 2021/953), da in vielen Fällen eine Einwilligung des betroffenen Grundrechtsträgers in asymmetrischen Rechtsbeziehungen (insbes. ggü. staatlichen Behörden, ggü. Unternehmen mit Monopolstellung bei der Nutzung des ÖPNV oder ggü. dem Arbeitgeber) nicht als freiwillig iSv Art. 7 Abs. 4 angesehen werden konnte. Zu dieser Problematik am Beispiel der vom Robert-Koch-Institut angebotenen und von der deutschen Politik stark befürworteten, allerdings nicht durch eine Rechtsgrundlage unterstützten Corona-Warn-App eingehend *Ruschemeier* ZD 2020, 618, für welche die Einwilligung als Grundlage für diese App „auf rechtlich wackligen Beinen" steht; für eine klare und ausgewogene gesetzliche Regelung auch *Will* im ZD-Interview *Wybitul/Will* ZD 2020, 381 (382). Zur in der Tschechischen Republik durch eine Verordnung des Gesundheitsministers („außerordentliche Maßnahme") während der Pandemie rechtlich vorgeschriebenen mobilen App „čTečka" zur Kontrolle der Voraussetzungen für den „Infektionsfreiheit", insbes. des digitalen Covid-Zertifikats der EU, EuGH Urt. v. 5.10.2023 – C-659/22, ECLI:EU:C:2023:745 – RK/Ministerstvo zdravotnictví, Rn. 29 f., wo entschieden wurde, dass das Prüfen des digitalen Covid-Zertifikats der EU mit dieser App eine Verarbeitung personenbezogener Daten ist; zugleich (Rn. 31 f.) verweist der EuGH aber darauf, dass die Mitgliedstaaten bei Maßnahmen zur Durchführung der Verordnung (EU) 2021/953 die DS-GVO zu beachten haben, insbes. Art. 5 und 6, damit die jeweilige Verarbeitung rechtmäßig ist, was vom vorlegenden Gericht noch geprüft werden müsse. Zu einer umfassenden Prüfung einer zur Durchführung der Verordnung (EU) 2021/953 geschaffenen Rechtsgrundlage anhand der DS-GVO vgl. EuG Urt. v. 27.4.2022 – T-710/21, T-722/21 u. T-723/21, ECLI:EU:T:2022:262 – Roos u.a./Europäisches Parlament, in dem sich Abgeordnete des Europäischen Parlaments erfolglos gegen eine vom Parlament erlassene Regelung wandten, welche die Vorlage eines gültigen Covid-Zertifikats der EU für das Betreten des Parlamentsgebäudes verlangte.
[409] Art. 10 Abs. 3 S. 2 Verordnung (EU) 2021/953 des Europäischen Parlaments und des Rates v. 14.6.2021. Vgl. auch den Anh. der Verordnung, der die in den Zertifikaten enthaltenen Datensätze abschließend auflistet.
[410] Art. 10 Abs. 2 S. 3 Verordnung (EU) 2021/953 des Europäischen Parlaments und des Rates v. 14.6.2021.
[411] Art. 17 UAbs. 2 Verordnung (EU) 2021/953 des Europäischen Parlaments und des Rates v. 14.6.2021.
[412] Art. 10 Abs. 2 S. 2 Verordnung (EU) 2021/953 des Europäischen Parlaments und des Rates v. 14.6.2021.
[413] Am 1.7.2023 übernahm die Weltgesundheitsorganisation (WHO) das digitale COVID-19-Zertifizierungssystem der EU, um daraus ein globales System zum weltweiten Schutz der Bürgerinnen und Bürger vor aktuellen und künftigen Gesundheitsbedrohungen zu schaffen; vgl. die WHO-Pressemitteilung „The European Commission and WHO launch landmark digital health initiative to strengthen global health security", 5.6.2023, abrufbar unter www.who.int/news/item/05–06-2023-the-european-commission-and-who-launch-landmark-digital-health-initiative-to-strengthen-global-health-security.
[414] Vgl. insbes. den Vorschlag der Kommission v. 3.5.2022 für eine Verordnung des Europäischen Parlaments und des Rates über einen europäischen Raum für Gesundheitsdaten, COM(2022) 197, der in

Einleitung 123

123 Größere praktische Schwierigkeiten bei der datenschutzrechtlichen Bewältigung der Pandemie traten im **Bildungswesen** auf, wo es galt, den Unterricht an Schulen und Universitäten auf digitale Formen (sog. **„Home Schooling"**) umzustellen; sowie in der Arbeitswelt, wo viele Arbeitnehmer wegen der Pandemie auf Wunsch des Arbeitgebers oder auf eigenen Wunsch begannen, von zuhause (sog. **„Home Office"**) zu arbeiten. Dies war bereits technisch, aber auch rechtlich oftmals eine große Herausforderung. Zu klärende Rechtsfragen betrafen dabei u.a. den Einsatz der datenschutzrechtlich zulässigen Software für den Einsatz von Videokonferenzen[415] sowie den notwendigen Ausgleich zwischen den betroffenen Pflichten und Rechten, beim „Home Schooling" also zwischen dem staatlichen Bildungsauftrag und dem Grundrecht des Lehrpersonals sowie der Schüler bzw. Studierenden auf Schutz ihrer personenbezogenen Daten bei einem Unterricht per Videokonferenz[416] und beim „Home Office" zwischen den arbeitsvertraglichen Pflichten des Arbeitnehmers und des Arbeitgebers sowie dem Recht des Arbeitnehmers auf den Schutz seiner personenbezogenen Daten.[417] Da die Zuständigkeit für die Gesundheitspolitik und für das Bildungswesen weitgehend auf Ebene der Mitgliedstaaten (und in Deutschland auf Ebene der Länder) liegt (vgl. Art. 6 lit. a und e AEUV sowie Art. 165, Art. 166 und Art. 168 AEUV), konnten und mussten die gesundheitspolitisch erforderlichen Vorschriften zur Regelung der Verarbeitung personenbezogener Daten im Bildungsbereich und im Arbeitsverhältnis während der Pandemie auf nationaler (bzw. Länder-) Ebene unter Beachtung der Vorgaben der DS-GVO getroffen werden. Dies gelang nicht immer. So musste der EuGH in einem Vorabentscheidungsverfahren aus Deutschland feststellen, dass die in Hessen angewandte Regelung[418] für das „Home Schooling" nicht den Voraussetzungen der nach der DS-GVO dafür erforderlichen Rechtsgrundlage entsprach, da sie in keiner Weise im Hinblick auf die besondere Verarbeitungssituation spezifiziert war.[419] Auch unter den extremen Bedingungen einer Pandemie stellt die DS-GVO zwar Ausnahmevorschriften zur Verfügung, welche die Verarbeitung

---

Erwägungsgrund 2 und 3 ausdrücklich auf die Erfahrungen mit der Covid-19-Pandemie verweist und u.a. einen einheitlichen Rechtsrahmen für die Entwicklung, Vermarktung und Verwendung von Systemen für elektronische Patientenakten vorschlägt. Der Rat hat hierzu am 26.5.2023 einen Fortschrittsbericht vorgelegt; vgl. das Dokument ST 9368 2023 INIT, abrufbar unter https://data.consilium.europa.eu/doc/document/ST-9368-2023-INIT/DE/pdf und am 6.12.2023 seine Änderungen beschlossen. Am 13.12.2023 hat das Europäische Parlament seine Änderungen beschlossen; vgl. das Dokument TA/2023/0362. Eine Verständigung auf den finalen Verordnungstext ist im Laufe des Jahres 2024 möglich.

[415] Umstritten war im Gefolge von EuGH (Große Kammer) Urt. v. 16.7.2020 – C-311/18, ECLI:EU:C:2020:559 = ZD 2020, 511 mAnm *Moos/Rothkegel* – Data Protection Commissioner/Facebook Ireland Ltd, Maximillian Schrems („Schrems II"), insbes. der Einsatz des Videokonferenzsystems Zoom, ggü. dessen On-demand-Variante zB der Hamburgische Beauftragte für Datenschutz und Informationsfreiheit im August 2021 wegen der Datenübermittlung in Drittstaaten datenschutzrechtliche Bedenken erhob und dazu eine formelle Warnung iSv Art. 58 Abs. 2 lit. a ggü. der Senatskanzlei der Freien und Hansestadt Hamburg aussprach (vgl. ZD-Aktuell 2021, 05320), welche er erst im September 2023 zurückzog (vgl. ZD-Aktuell 2023, 01348). Demggü. hielt zB der Hessische Beauftragte für Datenschutz und Informationsfreiheit den Einsatz von Zoom an Hochschulen für zulässig, sofern die Hochschulen geeignete Maßnahmen ergriffen, um den Abfluss personenbezogener Daten an Stellen in den USA zu begrenzen und einen Zugriff auf Inhalts- und Metadaten durch US-Behörden zu vermeiden (sog. „Hessisches Modell", vgl. ZD-Aktuell 2022, 01229). Inzwischen hat die Kommission durch ihren neuen Angemessenheitsbeschluss jedenfalls vorerst wieder Rechtssicherheit hergestellt; vgl. Durchführungsbeschluss (EU) 2023/1795 v. 10.7.2023 gemäß der Verordnung (EU) 2016/679 des Europäischen Parlaments und des Rates über die Angemessenheit des Schutzniveaus für personenbezogene Daten nach dem Datenschutzrahmen EU-USA, ABl. 2023 L 231, 118.

[416] Ausf. zu den datenschutzrechtlichen Fragestellungen beim „E-Learning" an Hochschulen *Roßnagel* ZD 2020, 296.

[417] Zu den datenschutzrechtlichen Fragen, die sich im „Home Office" stellen, instruktiv *Dury/Leibold* ZD-Aktuell 2020, 04405.

[418] § 23 Abs. 1 S. 1 des Hessischen Datenschutz- und Informationsfreiheitsgesetzes (HDSIG) v. 3.5.2018, GVBl. 2018, 82, zuletzt geänd. am 15.1.2021, GVBl. 2021, 718, 729. Die Vorschrift ist weitgehend wortgleich mit § 26 Abs. 1 BDSG. Auch die übrigen Bundesländer (ausgenommen Bayern und Sachsen) haben ähnliche Regelungen zum Beschäftigtendatenschutz.

[419] EuGH Urt. v. 30.3.2023 – C-34/21, ECLI:EU:C:2023:270 = ZD 2023, 391 mAnm *Schild* – Hauptpersonalrat der Lehrerinnen und Lehrer beim Hessischen Kultusministerium/Minister des Hessischen Kultusministeriums, insbes. Rn. 59; danach „müssen die Mitgliedstaaten, wenn sie von der ihnen durch eine Öffnungsklausel der DS-GVO eingeräumten Befugnis [im Fall: Art. 88 Abs. 2] Gebrauch machen, von ihrem Ermessen unter den Voraussetzungen und innerhalb der Grenzen der Bestimmungen dieser Verordnung Gebrauch machen und müssen daher Rechtsvorschriften erlassen, die nicht gegen den Inhalt und die Ziele der DS-GVO verstoßen […]."

personenbezogener Daten zulassen.[420] Diese müssen allerdings vom jeweils zuständigen Gesetzgeber auf Basis der Vorgaben der DS-GVO durch die Schaffung verhältnismäßiger Rechtsgrundlagen auch genutzt und angewandt werden.

II. Die Ergänzung der DS-GVO

Mit der Verabschiedung der DS-GVO beauftragte der EU-Gesetzgeber die Kommission in Art. 98 S. 1 damit, über die DS-GVO hinaus dafür zu sorgen, dass „ein einheitlicher und kohärenter Schutz natürlicher Personen bei der Verarbeitung [personenbezogener Daten] sichergestellt wird." Unter der Überschrift **„Einheitlichkeit und Kohärenz"** hatte die Kommission deshalb zu prüfen, ob und inwieweit andere Rechtsakte der Union, die den Schutz personenbezogener Daten jedenfalls mitbetreffen,[421] mit den Vorgaben der DS-GVO in Übereinstimmung gebracht werden mussten; und „gegebenenfalls" entsprechende Gesetzgebungsvorschläge zu unterbreiten.[422] In Art. 98 S. 1 kommt damit zum Ausdruck, dass der EU-Gesetzgeber die in der DS-GVO vereinbarten Wertungen und Regelungsvorgaben offenbar zunächst einmal als letztes Wort im europäischen Datenschutzrecht ansieht. Andere EU-Rechtsakte, die mit der DS-GVO nicht übereinstimmen, müssen deshalb an diese angepasst werden. Auch insofern erweist sich die DS-GVO als **„Grundverordnung"**. Obwohl auch im EU-Recht der Grundsatz „lex posterior derogat legi priori" gilt, weshalb die DS-GVO jederzeit durch zeitlich nachfolgende EU-Rechtsakte geändert werden könnte, geht der EU-Gesetzgeber offenbar davon aus, dass die DS-GVO als aktuellste und modernste Kodifizierung des Rechts zum Schutz personenbezogener Daten für viele Jahre Bestand haben wird. Sie soll in den kommenden Jahren nicht geändert, sondern vielmehr **Ausgangspunkt und Grundlage für die weitere Entwicklung und Ausgestaltung des europäischen Datenschutzrechts** sein. 124

1. Die neue EU-Datenschutzverordnung 2018/1725. Ein erster, konkreter Auftrag zur Prüfung und Anpassung von sekundärem EU-Recht an die Vorgaben der DS-GVO findet sich in Art. 2 Abs. 3 S. 2 und Art. 98 S. 2. Danach soll die Kommission „insbesondere" für Einheitlichkeit und Kohärenz sorgen, was die Vorschriften zum Schutz personenbezogener Daten bei deren Verarbeitung durch die Organe, Einrichtungen, Ämter und Agenturen der Union und zum freien Verkehr dieser Daten angeht. Gemeint war damit vor allem die Anpassung der Verordnung (EG) Nr. 45/2001,[423] die ausgehend von der DS-RL spezielle Vorschriften für die Verarbeitung personenbezogener Daten durch die EU-Organe sowie durch die meisten EU-Agenturen enthielt (→ Rn. 39). Da bei der **Verarbeitung personenbezogener Daten auf EU-Ebene** (also zB der personenbezogenen Daten von EU-Bediensteten, von Verfahrensbeteiligten in einem EU-Kartellverfahren, im Rahmen einer auf EU-Ebene beschlossenen Bankenabwicklung oder bei der Bearbeitung von Anträgen auf EU-Förderungen) den besonders ausgestalteten öffentlichen Interessen der Union und den besonderen Aufgaben der einzelnen EU-Organe und -Einrichtungen Rechnung getragen werden muss, ist sie nach dem Willen des EU-Gesetzgebers vom Anwendungsbereich der DS-GVO ausgenommen und weiterhin in einer eigenen Verordnung – der auf Art. 16 AEUV gestützten **Verordnung (EU) 2018/1725**,[424] in der Praxis der EU-Institutionen auch **Datenschutzverordnung für die** 125

---

[420] Der EuGH wies im Fall des hessischen „Home Schooling" darauf hin, dass an Stelle der von den hessischen Behörden angewandten und nach Maßstab der Art. 88 Abs. 1, 2 wohl unionsrechtswidrigen Regelung des § 23 Abs. 1 HDSIG die Rechtsgrundlage des Art. 6 Abs. 1 UAbs. 1 lit. c und e Anwendung hätte finden können; EuGH Urt. v. 30.3.2023 – C-34/21, ECLI:EU:C:2023:270 = ZD 2023, 391 mAnm Schild – Hauptpersonalrat der Lehrerinnen und Lehrer beim Hessischen Kultusministerium/Minister des Hessischen Kultusministeriums, Rn. 84 ff.
[421] Der Auftrag des Art. 98 S. 1 erfasst nach seinem Wortlaut nicht nur „reine" Datenschutzrechtsakte, sondern ist weit zu verstehen, zumal die Kommission ohnehin gem. Art. 17 Abs. 2 S. 1 EUV ein grds. umfassendes Initiativrecht für Gesetzgebungsakte hat. Vgl. auch Paal/Pauly/*Pauly* DS-GVO Art. 98 Rn. 3; sowie Gola/Heckmann/*Piltz* DS-GVO Art. 98 Rn. 8.
[422] Da die Kommission gem. Art. 17 Abs. 2 S. 1 EUV grds. das alleinige Initiativrecht für EU-Gesetzgebungsakte hat, ist Art. 98 S. 1 als Einladung an die Kommission und nicht als Pflicht zur Vorlage eines Gesetzgebungsvorschlags anzusehen. IdS auch Paal/Pauly/*Pauly* DS-GVO Art. 98 Rn. 3; sowie Gola/Heckmann/*Piltz* DS-GVO Art. 98 Rn. 5.
[423] Verordnung (EG) Nr. 45/2001 des Europäischen Parlaments und des Rates v. 18.12.2000 zum Schutz natürlicher Personen bei der Verarbeitung personenbezogener Daten durch die Organe und Einrichtungen der Gemeinschaft und zum freien Datenverkehr, ABl. 2001 L 8, 1 (inzwischen aufgeh.).
[424] Verordnung (EU) 2018/1725 des Europäischen Parlaments und des Rates v. 23.10.2018 zum Schutz natürlicher Personen bei der Verarbeitung personenbezogener Daten durch die Organe, Einrichtungen und

Einleitung 126, 127

Organe, Einrichtungen und sonstigen Stellen der EU („**EU-DS-VO**")[425] genannt – geregelt, die auf die besondere Interessenlage auf EU-Ebene zugeschnitten ist. So sind zB für die Verarbeitung personenbezogener Daten auf EU-Ebene nicht nationale Datenschutz-Aufsichtsbehörden, sondern auch weiterhin der **Europäische Datenschutzbeauftragte** als einzige supranationale unabhängige Datenschutz-Aufsichtsbehörde in der EU zuständig,[426] dem dafür erheblich erweiterte Aufgaben und Befugnisse gegenüber den Organen,[427] Einrichtungen und sonstigen Stellen der Union eingeräumt wurden[428] und der zudem stimmberechtigtes Mitglied im Europäischen Datenschutzausschuss ist (Art. 68 Abs. 3), dessen Sekretariat bereitstellt (Art. 75 Abs. 1) und eng in das Verfahren der Zusammenarbeit und Kohärenz eingebunden ist (Art. 61, 62).

126 Inhaltlich hat der EU-Gesetzgeber die Vorgaben der VO (EU) 2018/1725 umfassend aktualisiert und an die Vorgaben der DS-GVO angepasst. Auch bei der Verarbeitung personenbezogener Daten auf EU-Ebene gilt also zB ein Recht auf Vergessenwerden[429] (→ Rn. 66), ein Recht auf Datenübertragbarkeit[430] (→ Rn. 67) und eine Pflicht zur Erstellung einer Datenschutz-Folgenabschätzung bei Datenverarbeitungen mit voraussichtlich hohem Risiko[431] (→ Rn. 71). Alle EU-Institutionen und -Agenturen haben ferner Datenschutzbeauftragte ernannt. Da die VO (EU) 2018/1725 ausschließlich die EU-Institutionen als öffentliche Einrichtungen anspricht, enthält sie naturgemäß keine Vorschriften, die nur für den privaten Sektor relevant sind, also zB nicht die Möglichkeit, sich bei der Verarbeitung personenbezogener Daten auf die Rechtsgrundlage der „berechtigten Interessen" des Verantwortlichen zu stützen.

127 Gemäß Erwägungsgrund 17 sollten die erforderlichen Anpassungen der VO (EG) Nr. 45/2001 im Anschluss an den Erlass der DS-GVO vorgenommen werden, „damit sie gleichzeitig mit der vorliegenden Verordnung angewandt werden können". Dies gelang bemerkenswerter Weise mit nur geringfügiger Verzögerung. Die Kommission machte einen entsprechenden Vorschlag am 10.1.2017,[432] und der EU-Gesetzgeber verabschiedete die EU-DS-VO am 23.10.2018, so dass sie am 11.12.2018 in Kraft treten konnte. Umstritten im Gesetzgebungsverfahren war vor allem, ob und inwieweit die EU-DS-VO auch für die Ämter und Agenturen im Bereich der polizeilichen und justiziellen Zusammenarbeit in Strafsachen (dh der früheren sog. „dritten Säule") gelten sollte, insbesondere für Europol, Eurojust und die neue Europäische Staatsanwaltschaft, was der EU-Gesetzgeber am Ende im Einklang mit der neuen Systematik des Grundrechtsschutz nach dem Vertrag von Lissabon grundsätzlich, wenn auch mit Modifikationen, bejahte;[433] hier stellten sich schwierige Fragen, welche die Kommission bereits 2012 ver-

---

sonstigen Stellen der Union, zum freien Datenverkehr und zur Aufhebung der Verordnung (EG) Nr. 45/2001 und des Beschlusses Nr. 1247/2002/EG, ABl. 2018 L 295, 35.

[425] So Mitteilung der Kommission an das Europäische Parlament und den Rat v. 14.10.2022, Erster Bericht über die Anwendung der Datenschutz-Grundverordnung durch die Organe, Einrichtungen und sonstigen Stellen der Europäischen Union (Verordnung [EU] 2018/1725), COM(2022) 530, 2.

[426] Art. 52 ff. Verordnung (EU) 2018/1725 des Europäischen Parlaments und des Rates v. 23.10.2018.

[427] Ausgenommen von der Aufsicht durch den Europäischen Datenschutzbeauftragten ist gem. Art. 57 Abs. 1 lit. a der Gerichtshof der Europäischen Union, sofern er personenbezogene Daten „im Rahmen seiner justiziellen Tätigkeit" verarbeitet; diese Regelung zum Schutz der Unabhängigkeit der Justiz entspricht insoweit Art. 55 Abs. 3. Zur eigenen und unabhängigen Datenschutz-Aufsicht im Gerichtshof vgl. Beschluss des Gerichtshofs v. 1.10.2019 zur Einführung eines internen Kontrollmechanismus in Bezug auf die Verarbeitung personenbezogener Daten im Rahmen der justiziellen Tätigkeit des Gerichtshofs, ABl. 2019 C 383, 2.

[428] Art. 57, 58 Verordnung (EU) 2018/1725 des Europäischen Parlaments und des Rates v. 23.10.2018.

[429] Art. 19 Verordnung (EU) 2018/1725 des Europäischen Parlaments und des Rates v. 23.10.2018.

[430] Art. 22 Verordnung (EU) 2018/1725 des Europäischen Parlaments und des Rates v. 23.10.2018.

[431] Art. 39 Verordnung (EU) 2018/1725 des Europäischen Parlaments und des Rates v. 23.10.2018.

[432] Vorschlag der Kommission zur Modernisierung der Verordnung (EG) Nr. 45/2001 v. 10.1.2017, COM(2017) 8.

[433] Art. 1 Abs. 1 Verordnung (EU) 2018/1725 des Europäischen Parlaments und des Rates v. 23.10.2018. Vgl. allerdings die Übergangsregelung in Art. 2 Abs. 2 für Europol und die Europäische Staatsanwaltschaft (deren Gründungsrechtsakte zum Zeitpunkt der Annahme der EU-DSVO gesonderte Datenschutzrahmen umfassten) sowie in Art. 101 Abs. 2 für Eurojust. Zu den Einzelheiten vgl. Mitteilung der Kommission an das Europäische Parlament und den Rat v. 14.10.2022, Erster Bericht über die Anwendung der Datenschutz-Grundverordnung durch die Organe, Einrichtungen und sonstigen Stellen der Europäischen Union (Verordnung [EU] 2018/1725), COM(2022) 530, 17 ff., wo die Kommission eine Änderung der EU-DS-VO zur Klärung der Anwendbarkeit einiger ihrer Bestimmungen auf die Verarbeitung operativer Daten und zur Zuständigkeit des Europäischen Datenschutzbeauftragten insbes. für die Europäische Staatsanwaltschaft und für Frontex für notwendig ansieht.

anlasst hatten, den Datenschutz bei der polizeilichen und justiziellen Zusammenarbeit nicht in der DS-GVO, sondern in einer separaten Richtlinie[434] zu regeln (→ Rn. 46). Kontrovers diskutiert wurde auch, ob und inwieweit der Europäische Datenschutzbeauftragte die Befugnis haben sollte, gegenüber den Organen, Einrichtungen und sonstigen Stellen der EU erforderlichenfalls auch Geldbußen zur Ahndung von Datenschutzverletzungen zu verhängen. Auf nationaler Ebene hatten sich einige Mitgliedstaaten bei Durchführung der DS-GVO für die Möglichkeit von Geldbußen auch gegenüber Behörden und öffentlichen Stellen entschieden, während andere Mitgliedstaaten (so auch Deutschland) dies aus grundsätzlichen Erwägungen heraus ablehnten.[435] Auf EU-Ebene wurde diese Frage in der EU-DS-VO am Ende positiv entschieden.[436] Wenn also die Europäische Kommission, das Europäische Parlament, der Rat oder eine EU-Agentur gegen europäisches Datenschutzrecht verstößt, ist eine Geldbuße an den EU-Haushalt abzuführen, die bis zu 50.000 EUR pro Verstoß sowie bis zu insgesamt 500.000 EUR im Jahr betragen kann.

Schließlich ist zur EU-DS-VO festzuhalten, dass die Einheitlichkeit und Kohärenz, die Art. 98 S. 1 von der EU-Gesetzgebung verlangt, sich auch auf der Ebene der Rechtsanwendung fortsetzen muss. Da die VO (EU) 2018/1725 ausdrücklich zum Ziel hatte, die auf EU-Ebene geltenden Datenschutzregeln an die DS-GVO anzupassen, kann man im Einklang mit der Rechtsprechung des EuGH zur DS-RL und zur VO (EG) Nr. 45/2001 heute in besonderem Maße davon ausgehen, dass die Vorschriften der DS-GVO und der VO (EU) 2018/1725 homogen auszulegen sind (sog. **Gebot der homogenen Auslegung**[437]); Erwägungsgrund 5 S. 2 der VO (EU) 2018/1725 unterstreicht die entsprechende Intention des EU-Gesetzgebers.[438] Urteilen der Unionsgerichte zur Anwendung der VO (EU) 2018/1725 können daher regelmäßig wertvolle Hinweise auch für die Auslegung der DS-GVO entnommen werden.[439] Eine erste Evaluierung der EU-DS-VO ist 2022 erfolgt;[440] die Kommission regt darin für die Zukunft eine Änderung der EU-DS-VO an, um das Verhältnis des Kapitels über die Strafverfolgung zu den sonstigen Bestimmungen der Verordnung zu klären und auf diese Weise die Europäische Staatsanwaltschaft, Europol, Eurojust und Frontex und die von diesen verarbeiteten operativen Daten besser und einheitlicher zu erfassen.[441] **128**

2. Die ePrivacy-Verordnung. Einen weiteren (und nach wie vor unerfüllten) Arbeitsauftrag **129** für den EU-Gesetzgeber enthält die DS-GVO in ihrem Erwägungsgrund 173. Danach sollte

---

[434] Richtlinie (EU) 2016/680 des Europäischen Parlaments und des Rates v. 27.4.2016 zum Schutz natürlicher Personen bei der Verarbeitung personenbezogener Daten durch die zuständigen Behörden zum Zwecke der Verhütung, Ermittlung, Aufdeckung oder Verfolgung von Straftaten oder der Strafvollstreckung sowie zum freien Datenverkehr und zur Aufhebung des Rahmenbeschl. 2008/977/JI des Rates, ABl. 2016 L 119, 89, ber. ABl. 2018 L 127, 9, ber. ABl. 2021 L 74, 36.

[435] Vgl. dazu die fakultative Spezifizierungsklausel in Art. 83 Abs. 7, von der zB Deutschland Gebrauch gemacht hat, vgl. § 43 Abs. 3 BDSG, wonach Bundesbehörden nur dann mit Geldbußen sanktioniert werden können, wenn sie am Wettbewerb teilnehmen.

[436] Art. 66 Verordnung (EU) 2018/1725 des Europäischen Parlaments und des Rates v. 23.10.2018.

[437] Vgl. EuGH (Große Kammer) Urt. v. 9.3.2010 – C-518/07, ECLI:EU:C:2010:125 = EuZW 2010, 296 – Kommission/Deutschland, Rn. 28; EuGH (Große Kammer) Urt. v. 8.4.2014 – C-288/12, ECLI:EU:C:2014: 237 = ZD 2014, 301 – Kommission/Ungarn, Rn. 56; vgl. auch EuGH Beschl. v. 14.10.2008 – C-518/07, ECLI:EU:C:2008:563 – Kommission/Deutschland, Rn. 18 f.

[438] Vgl. Erwägungsgrund 5 S. 2 Verordnung (EU) 2018/1725 des Europäischen Parlaments und des Rates v. 23.10.2018: „Soweit die Bestimmungen der vorliegenden Verordnung auf denselben Grundsätzen beruhen wie die der Verordnung (EU) 2016/679, sollten diese Bestimmungen der beiden Verordnungen unter Beachtung der Rechtsprechung des Gerichtshofs der Europäischen Union [...] einheitlich ausgelegt werden, insbesondere da der Rahmen der vorliegenden Verordnung als dem Rahmen der Verordnung (EU) 2016/679 gleichwertig verstanden werden sollte."

[439] Vgl. zB EuG Urt. v. 27.4.2022 – T-710/21, T-722/21 u. T-723/21, ECLI:EU:T:2022:262 – Roos u.a./Europäisches Parlament (zur Rechtmäßigkeit, die Vorlage eines gültigen Covid-Zertifikats der EU bei Betreten des Europäischen Parlaments durch Abgeordnete zu verlangen); sowie EuG Urt. v. 26.4.2023 – T-557/20, ECLI:EU:T:2023:219 = ZD 2023, 399 mAnm *Baumgartner* – Einheitlicher Abwicklungsmechanismus (SRB)/Europäischer Datenschutzbeauftragter (EDPS): zum Begriff des personenbezogenen Datums.

[440] Mitteilung der Kommission an das Europäische Parlament und den Rat v. 14.10.2022, Erster Bericht über die Anwendung der Datenschutz-Grundverordnung durch die Organe, Einrichtungen und sonstigen Stellen der Europäischen Union (Verordnung [EU] 2018/1725), COM(2022) 530.

[441] Mitteilung der Kommission an das Europäische Parlament und den Rat v. 14.10.2022, Erster Bericht über die Anwendung der Datenschutz-Grundverordnung durch die Organe, Einrichtungen und sonstigen Stellen der Europäischen Union (Verordnung [EU] 2018/1725), COM(2022) 530, 17 ff.

Einleitung 130

nach Annahme der DS-GVO auch die Richtlinie 2002/58/EG über die Verarbeitung personenbezogener Daten und den Schutz der Privatsphäre in der elektronischen Kommunikation (sog. **ePrivacy-RL**[442]) geändert werden. Die ePrivacy-RL ist Teil des mit der Öffnung der Telekommunikationsmärkte in den 1990er Jahren geschaffenen und seither mehrfach reformierten EU-Rechtsrahmens für die Telekommunikationsmärkte[443] und gilt für die Datenverarbeitung, die über öffentliche elektronische Kommunikationsdienste und -netzwerke erfolgt. Sie ist somit **sektorspezifisches Datenschutzrecht für den Telekommunikationsbereich** und enthält insbesondere spezielle Regeln für die Verwendung von Verkehrsdaten, Standortdaten, Rufnummern und Teilnehmerverzeichnissen. Die ePrivacy-RL war *lex specialis* zur DS-RL;[444] ihre Bestimmungen waren gemäß Art. 1 Abs. 2 ePrivacy-RL eine Detaillierung und Ergänzung der DS-RL, was zum Teil schwierige Auslegungsfragen aufwarf. Für das Verhältnis der ePrivacy-RL zur DS-GVO gilt nach dem Willen des EU-Gesetzgebers derzeit zweierlei: Erstens wird durch Art. 95 klargestellt, dass die DS-GVO den Betreibern öffentlich zugänglicher elektronischer Kommunikationsdienste keine zusätzlichen Pflichten im Vergleich zu den speziellen datenschutzrechtlichen Pflichten der ePrivacy-RL auferlegt. Wenn etwa Art. 33 Abs. 1 S. 1 ein Unternehmen dazu verpflichtet, einen „data breach" „unverzüglich und möglichst binnen 72 Stunden" der zuständigen Aufsichtsbehörde zu melden, dann ist ein Telekommunikationsunternehmen, das bereits nach Art. 4 Abs. 3 ePrivacy-RL zu einer unverzüglichen Meldung[445] solcher Datenschutzverletzungen verpflichtet ist, nicht zu einer weiteren, schnelleren oder umfassenderen Meldung verpflichtet. Zweitens verlangt Erwägungsgrund 173 eine **Überprüfung der ePrivacy-RL**, „um insbesondere die Kohärenz mit dieser Verordnung zu gewährleisten."

130 Die Europäische Kommission hat – im Einklang auch mit ihrem Auftrag aus Art. 98 S. 1 – am 10.1.2017 einen auf Art. 16 und Art. 114 AEUV gestützten **Vorschlag für eine ePrivacy-Verordnung**[446] vorgelegt, welche die ePrivacy-RL ablösen soll (→ Art. 95 Rn. 23). Dass die Kommission auch hierfür eine Verordnung vorschlägt,[447] erscheint vor allem aus dem Blickwinkel des Ziels eines digitalen Binnenmarkts sachgerecht, da die ePrivacy-RL bisher jedenfalls teilweise noch keine Vollharmonisierung bewirkt[448] und somit eine unterschiedliche Umsetzung in nationales Recht zugelassen hat (vgl. Art. 15 Abs. 1 ePrivacy-RL). Wegen erheblicher Auffassungsunterschiede zwischen dem Europäischen Parlament und dem Ministerrat sowie zwischen den Mitgliedstaaten – was wohl an der erheblichen Bedeutung der ePrivacy-Regeln für Werbe- und Trackingdienste[449] liegt – verzögerte sich das Gesetzgebungsverfahren allerdings mehrfach erheblich. Das Europäische Parlament beschloss seine Position zum ePrivacy-VO-Vorschlag im Oktober 2017.[450] Doch obwohl der Europäische Datenschutzausschuss im Mai 2018 die EU-Institutionen ersucht hatte, gemeinsam an einer raschen Verabschiedung der

---

[442] Richtlinie 2002/58/EG des Europäischen Parlaments und des Rates v. 12.7.2002 über die Verarbeitung personenbezogener Daten und den Schutz der Privatsphäre in der elektronischen Kommunikation (Datenschutzrichtlinie für elektronische Kommunikation), ABl. 2002 L 201, 37.

[443] Heute gilt insofern die Richtlinie (EU) 2018/1972 des Europäischen Parlaments und des Rates v. 11.12.2018 über den europäischen Kodex für die elektronische Kommunikation (Neufassung), ABl. 2018 L 321, 36, ber. ABl. 2019 L 334, 164.

[444] Vgl. Erwägungsgrund 10 ePrivacy-RL: „Im Bereich der elektronischen Kommunikation gilt die Richtlinie 95/46/EG vor allem für alle Fragen des Schutzes der Grundrechte und Grundfreiheiten, die von der vorliegenden Richtlinie nicht spezifisch erfasst werden, einschließlich der Pflichten des für die Verarbeitung Verantwortlichen und der Rechte des Einzelnen. Die Richtlinie 95/46/EG gilt für nicht öffentliche Kommunikationsdienste."

[445] Diesen unbestimmten Rechtsbegriff hat die Kommission durch eine Verordnung konkretisiert; vgl. Verordnung (EU) Nr. 611/2013 der Kommission v. 24.6.2013 über die Maßnahmen für die Benachrichtigung von Verletzungen des Schutzes personenbezogener Daten gemäß der Richtlinie 2002/58/EG des Europäischen Parlaments und des Rates (Datenschutzrichtlinie für elektronische Kommunikation), ABl. 2013 L 173, 2. Nach Art. 2 Abs. 2 UAbs. 1 dieser Verordnung hat eine Benachrichtigung der zuständigen Behörde „binnen 24 Stunden nach Feststellung der Verletzung, soweit dies möglich ist" zu erfolgen.

[446] Vorschlag der Kommission v. 10.1.2017 für eine Verordnung des Europäischen Parlaments und des Rates über die Achtung des Privatlebens und den Schutz personenbezogener Daten in der elektronischen Kommunikation und zur Aufhebung der Richtlinie 2002/58/EG (Verordnung über Privatsphäre und elektronische Kommunikation), COM(2017) 10, ePrivacy-VO-Vorschlag.

[447] Zust. *Schaar* PinG 2016, 62 (63).

[448] Vgl. Paal/Pauly/*Pauly* DS-GVO Art. 95 Rn. 3.

[449] Dazu *Schleipfer* ZD 2017, 460.

[450] *Lauristin*-Bericht v. 20.10.2017, A8-0324/2017, abrufbar unter www.europarl.europa.eu/doceo/document/A-8-2017-0324_DE.html.

ePrivacy-VO zu arbeiten,⁴⁵¹ gelangt es dem Ministerrat erst im Februar 2021, eine gemeinsame Position für die Verhandlungen mit dem Europäischen Parlament festzulegen.⁴⁵² Seither gibt es kaum Bewegung, und eine Einigung in der 2024 endenden Legislaturperiode ist wenig wahrscheinlich. Möglicherweise muss die 2024 neu zu wählende Europäische Kommission bei der ePrivacy-VO einen jedenfalls politischen Neuanfang machen, um das Gesetzgebungsverfahren 2026/2027 erfolgreich abschließen zu können. Mittelfristig wäre ohnehin eine Inkorporierung der Bestimmungen der ePrivacy-RL in den allgemeinen Rahmen der DS-GVO – und damit der Abschied von einem sektorspezifischen Datenschutz für die elektronische Kommunikation – sowohl dogmatisch als auch gesetzestechnisch sinnvoll. In die für die EU-Organe und -Einrichtung geltende VO (EU) 2018/1725 (EU-DS-VO → Rn. 125 ff.) hat der EU-Gesetzgeber dementsprechend bereits an die ePrivacy-RL angelehnte Vorschriften zum Schutz der Vertraulichkeit der elektronischen Kommunikation in die allgemeinen Datenschutzregeln integriert.⁴⁵³ Eine solche integrierende Vorgehensweise könnte auch bei den ePrivacy-Regeln zur Einheitlichkeit und Kohärenz des europäischen Datenschutzrechts beitragen.

3. Die DS-GVO-Verfahrensverordnung. Zur Ergänzung der DS-GVO und zur Verstärkung ihrer einheitlichen und wirksamen Anwendung hat die Kommission am 4.7.2023 einen weiteren Vorschlag vorgelegt: den **Vorschlag für eine Verordnung zur Festlegung zusätzlicher Verfahrensregeln für die Durchsetzung der Verordnung (EU) 2016/679.**⁴⁵⁴ Mit dieser auf Art. 16 AEUV gestützten **DS-GVO-Verfahrensverordnung** will die Kommission eine wesentliche Verbesserung und Beschleunigung der grenzüberschreitenden Zusammenarbeit zwischen den nationalen Datenschutz-Aufsichtsbehörden erreichen. **131**

Zwar wird das dezentrale, auf unabhängigen nationalen Datenschutz-Aufsichtsbehörden beruhende System der Durchsetzung der DS-GVO (→ Rn. 111) nach wie vor für weitgehend angemessen und zentralen Modellen der Rechtsdurchsetzung als überlegen angesehen. Doch die in den ersten fünf Jahren der Anwendung der DS-GVO in mehr als 2000 grenzüberschreitenden Verfahren gemachten praktischen Erfahrungen sind nicht durchweg positiv.⁴⁵⁵ Grenzüberschreitende Verfahren dauern oft sehr lange, und gelegentlich drängt sich der Eindruck auf, dass einzelne Datenschutz-Aufsichtsbehörden weniger ehrgeizig bei der Durchsetzung der DS-GVO sind als andere, so dass es zu **„Aufsichtsarbitrage" im europäischen Binnenmarkt** kommt.⁴⁵⁶ Die **132**

---

⁴⁵¹ Europäischer Datenschutzausschuss, Erklärung v. 25.5.2018 zur Überarbeitung der ePrivacy-Verordnung und zu den Auswirkungen auf den Schutz der Privatsphäre von Personen im Hinblick auf die Geheimhaltung und die Vertraulichkeit ihrer Kommunikation, abrufbar unter https://edpb.europa.eu/sites/default/files/files/file1/edpb_statement_on_eprivacy_de.pdf.

⁴⁵² Vgl. Ratsdokument ST 6087 2021 INIT v. 10.2.2021, abrufbar unter https://eur-lex.europa.eu/legal-content/EN/TXT/PDF/?uri=CONSIL:ST_6087_2021_INIT. Krit. dazu *Gierschmann/Baumgartner* TTDSG § 10 Rn. 74, wonach sich die inhaltlichen Regelungen im Bereich der Telekommunikationsdienste nur darauf beschränken würden, die Regeln der ePrivacy-RL fortzuschreiben: „Dies wird dem Charakter als unmittelbar geltende Verordnung und der Komplexität der netzübergreifenden Abrechnung mit einheitlicher Rechnungsstellung nicht gerecht."

⁴⁵³ Art. 36–38 Verordnung (EU) 2018/1725 des Europäischen Parlaments und des Rates v. 23.10.2018.

⁴⁵⁴ Vorschlag der Kommission v. 4.7.2023 für eine Verordnung des Europäischen Parlaments und des Rates zur Festlegung zusätzlicher Verfahrensregeln für die Durchsetzung der Verordnung (EU) 2016/679, COM (2023) 348, im Folgenden: DS-GVO-VerfahrensVO-Vorschlag. Vgl. dazu *Dehnert/Weber* ZD 2023, 648; sowie *Selmayr/Knyrim/Ebner* Dako 2023, 74.

⁴⁵⁵ Als „eher ernüchternd" werden die ersten Erfahrungen mit dem Kohärenzverfahren wegen seiner vielfach starken zeitlichen Verzögerungen von *Kühling/Klar/Sackmann* DatenschutzR Rn. 740, beschrieben. Zum ersten Streitbeilegungsverfahren im Fall Twitter eingehend *Weber/Dehnert* ZD 2021, 63, die iErg feststellen, dass der Europäische Datenschutzausschuss im Streitbeilegungsverfahren nicht nachträglich alle Defizite des Verfahrens der Zusammenarbeit zwischen den betroffenen Aufsichtsbehörden kompensieren könne, was den Grundrechtsschutz der betroffenen Personen erheblich schwäche. Positiver *Thiel* ZD 2021, 467 (470), die zwar erheblichen Verbesserungsbedarf bei der Ausgestaltung, Flexibilität und Dauer der Verfahren sowie in der proaktiven Kommunikation der federführenden Aufsichtsbehörde mit den betroffenen Behörden anmahnt, insges. aber die Auff. vertritt, dass das Kooperationsverfahren dennoch „gut funktioniert": „In der überwiegenden Zahl der Fälle wird in diesen Verfahren ein wirksamer Schutz der Bürger*innen bei der Verarbeitung ihrer personenbezogenen Daten erreicht. Gleichwohl wird weiter daran zu arbeiten sein, die Verfahren effizienter und zügiger zu betreuen." Vgl. auch das Netzpolitik-Interview mit *Dieter Kugelmann*, dem Landesbeauftragten für den Datenschutz und die Informationsfreiheit Rheinland-Pfalz v. 22.5.2021, abrufbar unter https://netzpolitik.org/2021/dsgvo-kugelmann-datenschutzwueste-irland-so-langsam-muessen-die-mal-in-die-poette-kommen/.

⁴⁵⁶ Drastisch formuliert bei Tageszeitung v. 4.7.2023, „EU will Datenschutz besser durchsetzen: Mehr Harmonie, weniger Warten", abrufbar unter https://taz.de/EU-will-Datenschutz-besser-durchsetzen/!

Einleitung 132

Kommission äußerte sich bereits 2020 in ihrem ersten Prüfbericht kritisch zum Funktionieren des Verfahrens der Zusammenarbeit und Kohärenz: „Bisweilen endete die Suche nach einem gemeinsamen Ansatz mit einer Einigung auf den kleinsten gemeinsamen Nenner, sodass Chancen zur Förderung einer stärkeren Harmonisierung vertan wurden."[457] Der EuGH sah sich bereits mehrfach veranlasst, die nationalen Datenschutz-Aufsichtsbehörden nachdrücklich an ihre Verpflichtung gemäß Art. 51 Abs. 3 zu erinnern, einen Beitrag zur einheitlichen Anwendung der DS-GVO in der gesamten Union zu leisten und zu diesem Zweck untereinander sowie mit der Kommission loyal und wirksam zusammenzuarbeiten (→ Art. 51 Rn. 15 ff.).[458] Generalanwalt *Michal Bobek* schilderte 2021 – in seinen Schlussanträgen zu einer Auseinandersetzung zwischen der belgischen und irischen Aufsichtsbehörde in einem Facebook betreffenden Fall – in ungewöhnlich deutlichen Worten die Gefahr, dass sich das Verfahren der Zusammenarbeit und Kohärenz als „Papiertiger" erweise, „ein regulatorischer Wettbewerb in Form eines Absenkungswettlaufs" stattfinde und am Ende „kollektive Verantwortung zu kollektiver Verantwortungslosigkeit und daraus folgender Untätigkeit" führe, weshalb sich eine **„Lücke" im Schutz des Grundrechts auf den Schutz personenbezogener Daten in der EU und ihrer wirksamen Durchsetzung durch die nationalen Aufsichtsbehörden** auftun könnte, vor welcher der EuGH nicht auf Dauer die Augen verschließen würde.[459]

5941903/: „Datenkraken wie Google oder Amazon nutzen dies, um sich in Ländern wie Irland oder Luxemburg anzusiedeln, wo sie auf laxe Durchsetzung der EU-Regeln hoffen." Vgl. auch Europäisches Parlament, Entschließung v. 20.5.2021 zu dem Urt. des EuGH v. 16.7.2020 – Data Protection Commissioner gegen Facebook Ireland Limited und Maximilian Schrems („Schrems II") – Rechtssache C-311/18; P9-TA (2021) 0256; ABl. 2022 C 15, 176, Ziff. 4: „äußert sich zutiefst besorgt darüber, dass mehrere Beschwerden wegen Verstößen gegen die DS-GVO, die am 25. Mai 2018, dem Tag, ab dem die DS-GVO zur Anwendung kam, eingereicht wurden, und andere Beschwerden von Datenschutzorganisationen und Verbraucherverbänden vom irischen Datenschutzbeauftragten, der für diese Fälle federführend zuständig ist, noch immer nicht abschließend bearbeitet wurden; bringt seine Besorgnis darüber zum Ausdruck, dass der irische Datenschutzbeauftragte ‚unverzüglich' nach Artikel 60 Absatz 3 DS-GVO entgegen der Absicht des Gesetzgebers als ‚mehrere Monate' auslegt […]".

[457] Mitteilung der Kommission v. 24.6.2020 an das Europäische Parlament und den Rat, Datenschutz als Grundpfeiler der Teilhabe der Bürgerinnen und Bürger und des Ansatzes der EU für den digitalen Wandel – zwei Jahre Anwendung der Datenschutz-Grundverordnung, COM(2020) 264, 6.

[458] Vgl. EuGH (Große Kammer) Urt. v. 15.6.2021 – C-645/19, ECLI:EU:C:2021:432 = ZD 2021, 570 mAnm *Blasek* – Facebook Ireland/Gegevensbeschermingsautoriteit, Rn. 53: „Das Verfahren der Zusammenarbeit und Kohärenz verlangt […] eine loyale und wirksame Zusammenarbeit zwischen der federführenden und den anderen betroffenen Aufsichtsbehörden, was auch der 13. Erwägungsgrund der Verordnung 2016/679 bestätigt." Rn. 63: „Wie bereits ausgeführt (siehe oben, Rn. 53), muss die federführende Aufsichtsbehörde bei der Wahrnehmung ihrer Zuständigkeiten insbesondere den gebotenen Dialog führen und loyal und wirksam mit den anderen betroffenen Aufsichtsbehörden zusammenarbeiten." Rn. 72: „Die Aufteilung der Zuständigkeiten und Verpflichtungen zwischen den Aufsichtsbehörden beruht […] notwendigerweise auf der Prämisse einer loyalen und wirksamen Zusammenarbeit untereinander sowie mit der Kommission, um die korrekte und kohärente Anwendung der Verordnung 2016/679 zu gewährleisten, wie deren Art. 51 Abs. 2 bestätigt." Vgl. auch EuGH (Große Kammer) Urt. v. 24.9.2019 – C-507/17, ECLI:EU:C:2019:772 = ZD 2020, 31 mAnm *Ukrow* – Google LLC/CNIL, Rn. 68, wo der EuGH den verpflichtenden Charakter des Verfahrens der Zusammenarbeit und Kohärenz hervorhebt.

[459] Vgl. GA *Bobek* SchlA v. 13.1.2021 – C-645/19, ECLI:EU:C:2021:5 – Facebook Ireland Ltd. u.a./ Gegevensbeschermingsautoriteit, Rn. 107: „Die praktische Erfahrung könnte eines Tages echte Probleme in Bezug auf die dem neuen System eigene Qualität oder sogar das ihm eigene Niveau des Rechtsschutzes aufdecken." Rn. 122: „Auch wenn […] die genannten Vorschriften auf dem Papier geeignet erscheinen, diese Probleme zu vermeiden, wird erst die künftige Anwendung dieser Bestimmungen zeigen, ob sie sich in der Praxis als ‚Papiertiger' erweisen." Rn. 123: „Zugegebenermaßen wäre jedenfalls meines Erachtens dann, wenn die von der Datenschutzbehörde und einigen anderen Beteiligten angedeuteten Gefahren einer mangelnden Durchsetzung der DS-GVO sich verwirklichen würden, das gesamte System reif für eine weitreichende Überarbeitung." Rn. 124: „Systematisch betrachtet, könnte dies tatsächlich der Fall sein, wenn die neue Systematik für bestimmte Wirtschaftsteilnehmer zu regulatorischen ‚Nestern' führen sollte und sie, nachdem sie durch die entsprechende Ansiedlung ihrer Hauptniederlassung in der Union eine nationale Regulierungsbehörde letztlich selbst gewählt haben, nicht mehr kontrolliert, sondern vielmehr durch die bestimmte federführende Aufsichtsbehörde von den sonstigen Regulierungsbehörden abgeschirmt würden. Es dürfte von kaum jemandem in Abrede gestellt werden, dass ein regulatorischer Wettbewerb in Form eines Absenkungswettlaufs zwischen den Mitgliedstaaten ebenso ungesund und gefährlich wäre wie regulatorische Inkohärenz […]. Netzwerkartige Regulierungssysteme mögen Inkohärenz und Divergenz durch Förderung von Konsens und Zusammenarbeit vermeiden können. Der Preis für den Konsens scheint indessen zu sein, dass die aktiven Behörden behindert werden, insbesondere in einem System, in dem ein erhöhtes Maß an Abstimmung notwendig ist, um zu einer Entscheidung zu gelangen. Innerhalb solcher Systeme kann

133, 134 Einleitung

Angesichts solch schwerwiegender Kritik räumten auch die nationalen Datenschutz-Aufsichtsbehörden Defizite bei ihrer Zusammenarbeit ein. Nachdem sie durch die Verabschiedung wichtiger Leitlinien des Europäischen Datenschutzausschusses (→ Rn. 114 f.) einen eigenen Beitrag zu einer besseren und einheitlicheren Anwendung der DS-GVO geleistet hatten[460] und damit ihren Handlungsspielraum ausgeschöpft sahen, verabschiedeten sie nach intensiven Beratungen die **Wiener Erklärung des Europäischen Datenschutzausschusses vom 28.4.2022 zur Zusammenarbeit bei der Durchsetzung von Datenschutzvorschriften**[461] und übermittelten im Herbst 2022 eine einvernehmlich erarbeitete **„Wunschliste"** mit weiteren durch EU-Gesetzgebung zu erreichenden Harmonisierungsschritten an die Kommission.[462] Die damalige Vorsitzende des Europäischen Datenschutzausschusses, *Andrea Jelinek*, fasste die Auffassung des Europäischen Datenschutzausschusses wie folgt zusammen: „Das bestehende Flickwerk aus unterschiedlichen nationalen Verfahren und Praktiken beeinträchtigt die Zusammenarbeit zwischen den Datenschutzbehörden."[463] 133

Die Kommission, die um den wirksamen Schutz des Datenschutzgrundrechts und die weitere Entwicklung des digitalen Binnenmarkts besorgt war, griff einen wesentlichen Teil der „Wunschliste" der unabhängigen nationalen Datenschutz-Aufsichtsbehörden auf, als sie ihren Vorschlag für eine DS-GVO-Verfahrensverordnung unterbreitete. Die DS-GVO-Verfahrensverordnung soll die von den einzelnen Datenschutz-Aufsichtsbehörden anzuwendenden Verfahren, die Behandlung von Beschwerden sowie die Verfahrensrechte der von Untersuchungen betroffenen Unternehmen weiter harmonisieren. Sie will außerdem die grenzüberschreitende Zusammenarbeit zwischen den Datenschutz-Aufsichtsbehörden durch einen **verbesserten Informationsaustausch** und das **Festlegen von Verfahrensfristen für das Streitbeilegungsverfahren** beschleunigen. Auch wenn im Gesetzgebungsverfahren noch zu diskutieren sein wird, ob der Kommissionsvorschlag für die DS-GVO-Verfahrensverordnung ehrgeizig genug formuliert ist,[464] kann erwartet werden, dass es noch vor Abschluss der 2024 endenden Legislaturperiode zu einer politischen Einigung zwischen dem Europäischen Parlament, dem Rat und der Kommission auf diesen für die einheitliche und wirksame Durchsetzung der DS-GVO äußerst wichtigen Gesetzestext kommen wird. Die DS-GVO-Verfahrensverordnung könnte in diesem Fall bereits 2025 in Kraft treten. Der Harmonisierungsgrad, der in der finalen Fassung der DS-GVO-Verfahrensordnung sowie bei ihrer Anwendung durch die nationalen Datenschutz- 134

---

kollektive Verantwortung zu kollektiver Verantwortungslosigkeit und daraus folgender Untätigkeit führen." Rn. 125: „Was die Gefahren angeht, steckt der durch die DS-GVO aufgestellte rechtliche Rahmen jedoch noch in den Kinderschuhen." Rn. 128: „Wenn sich jedoch herausstellen sollte, dass die Entwicklung des Kindes schlecht verläuft und dies auch durch Tatsachen und belastbare Argumente belegt würde, dann würde der Gerichtshof meines Erachtens vor einer Lücke, die sich hierdurch im Schutz der durch die Charta garantierten Grundrechte und ihrer wirksamen Durchsetzung durch die zuständigen Regulierungsbehörden auftäte, nicht die Augen verschließen. Ob dies dann noch eine Frage der chartakonformen Auslegung sekundärrechtlicher Vorschriften oder eine Frage der Gültigkeit der einschlägigen Bestimmungen oder auch von Teilen eines sekundärrechtlichen Rechtsakts wäre, ist eine Frage, die einer anderen Rechtssache vorbehalten wäre."

[460] Vgl. insbes. Europäischer Datenschutzausschuss, Leitlinien 02/2022 zur Anwendung des Artikels 60 DS-GVO v. 14.3.2022, Version 1.1 v. 1.7.2022, abrufbar unter https://edpb.europa.eu/our-work-tools/our-documents/guidelines/guidelines-022022-application-article-60-gdpr_de; vgl. außerdem Guidelines 03/2021 on the application of Article 65(1)(a) GDPR, 13.4.2021, Version 2.0 v. 24.5.2023, abrufbar unter https://edpb.europa.eu/system/files/2023-06/edpb_guidelines_202103_article65-1-a_v2_en.pdf.

[461] Statement on enforcement cooperation, abrufbar unter https://edpb.europa.eu/system/files/2022-04/edpb_statement_20220428_on_enforcement_cooperation_en.pdf.

[462] Europäischer Datenschutzausschuss, Pressemitteilung v. 12.10.2022, EDSA nimmt „Wunschliste" verfahrensrechtlicher Aspekte, das erste EU-Datenschutzsiegel und eine Erklärung zum digitalen Euro an, abrufbar unter https://edpb.europa.eu/news/news/2022/edpb-adopts-wish-list-procedural-aspects-first-eu-data-protection-seal-and-statement_de. Vgl auch Europäischer Datenschutzausschuss, Letter to the EU Commission on procedural aspects that could be harmonised at EU level, 10.10.2022, mit einem umfangreichen Anhang von Vorschlägen, abrufbar unter https://edpb.europa.eu/our-work-tools/our-documents/letters/edpb-letter-eu-commission-procedural-aspects-could-be_en.

[463] Europäischer Datenschutzausschuss, Pressemitteilung v. 12.10.2022.

[464] Deutlich ehrgeizigere Vorstellungen formuliert die Organisation NOYB („None of Your Business") des österreichischen Datenschutz-Aktivisten *Max Schrems*, die am 4.7.2023 einen alternativen Verordnungsvorschlag im Internet veröffentlicht hat, abrufbar unter https://noyb.eu/de/gdpr-procedures-regulation-stripping-citizens-procedural-rights und https://gdpr-procedure.eu. Krit. insbes. zu den Vorschlägen, welche die federführende Aufsichtsbehörde im Verfahren der Zusammenarbeit stärken und das Einspruchsrecht der betroffenen Aufsichtsbehörde beschränken *Dehnert/Weber* ZD 2023, 648 (652).

Einleitung 135

Aufsichtsbehörden in der Praxis erreicht werden kann, wird entscheidend dafür sein, ob das bestehende dezentrale System der Durchsetzung der DS-GVO in Zukunft erhalten bleiben kann oder durch weitere zentrale Elemente, insbesondere durch eine wichtigere Rolle des Europäischen Datenschutzausschusses und der Kommission, verstärkt werden muss.

135 **4. Die neuen EU-Digitalisierungs-Gesetze.** Angesichts der vielfältigen und grundsätzlich positiven Erfahrungen, welche bisher mit der DS-GVO gemacht wurden, hat der EU-Gesetzgeber auf Vorschlag der Kommission seit 2018 eine ganze Reihe neuer EU-Digitalisierungs-Gesetze[465] verabschiedet, welche die DS-GVO auf Grundlage einer **ambitionierten europäischen Digitalstrategie**[466] in den breiteren **Kontext eines geregelten Europäischen Raums für Daten, Menschen und Unternehmen** einbetten. Insbesondere strebt die Kommission dabei die Schaffung eines **„einheitlichen europäischen Datenraums"** an, innerhalb dessen Daten personenbezogener wie nicht personenbezogener Art für vielfältige Nutzungen zur Verfügung stehen sollen.[467] Sie erhofft sich davon erhebliche datengetriebene Innovationen in zahlreichen Lebensbereichen, vom Verkehr über die Medizin bis hin zur Statistik.[468] Wirtschaftlich nutzen und zugleich grundrechtlich bändigen möchte die Kommission auch die sog. Künstliche Intelligenz, wie sie 2020 in einem **Weißbuch zur Künstlichen Intelligenz**[469] erstmals ausführlich erläuterte. Ausgehend von diesen strategischen Vorgaben ergänzen die neuen EU-Digitalisierungs-Gesetze, die der EU-Gesetzgeber sämtlich als Verordnungen erlassen und fast durchweg amtlich als „Gesetz"[470] (bzw. „Act" im Englischen) bezeichnet hat, mittlerweile das europäische Datenschutzrecht der DS-GVO um ein umfassendes **EU-Datennutzungsrecht,** ein bemerkenswert schlagkräftiges **EU-Plattform- und Datenwettbewerbsrecht** sowie

---

[465] Zu den neuen EU-Digitalisierungs-Gesetzen überblicksartig Pfeiffer/Helmke ZD-Aktuell 2023, 01125; ZD-Aktuell 2023, 01162; ZD-Aktuell 2023, 01175; sowie ZD-Aktuell 2023, 01206; vgl. auch Schmitz ZD 2022, 189.

[466] Mitteilung der Kommission v. 19.2.2020 an das Europäische Parlament, den Rat, den Europäischen Wirtschafts- und Sozialausschuss und den Ausschuss der Regionen: Gestaltung der digitalen Zukunft Europas, COM(2020) 67.

[467] Mitteilung der Kommission v. 19.2.2020 an das Europäische Parlament, den Rat, den Europäischen Wirtschafts- und Sozialausschuss und den Ausschuss der Regionen: Eine europäische Datenstrategie, COM (2020) 66, 5. Dabei ist zu bedenken, dass das in erster Linie rein gedankliche Konstrukt des „einheitlichen europäischen Datenraums" aus zahlreichen einzelnen Datenräumen bestehen soll, die sich jew. auf bestimmte Sektoren, Branchen oder Bereiche beziehen; vgl. dazu die beispielhafte Liste von zehn Datenräumen im Anhang der Mitteilung v. 19.2.2020 sowie die Einzelheiten im Arbeitsdokument der Kommissionsdienststellen v. 23.2.2022, SWD(2022) 45, 1. Datenschutzrechtliche Ansätze, die in einer Art von Datenräumen problemlos gelingen können (etwa die frühzeitige Anonymisierung von personenbezogenen Daten in einem Statistik-Datenraum), können in einer anderen Art von Datenraum (etwa einem Gesundheits-Datenraum, der Behandlungszwecken dient) untauglich sein. Dies wird dazu führen, dass für jeden Datenraum eine eigene Datenschutzfolgenabschätzung gem. Art. 35 durchzuführen ist; so zu Recht Raji ZD 2023, 3 (5). Erst auf deren Basis kann beurteilt werden, welche rechtlichen und praktischen Schritte ergriffen werden müssen, um die Beachtung der DS-GVO im jeweiligen Datenraum zu gewährleisten. Vgl. aktuelle Einzelheiten im Arbeitsdokument der Kommissionsdienststellen v. 24.1.2024, SWD(2024) 21.

[468] Arbeitsdokument der Kommissionsdienststellen v. 23.2.2022, SWD(2022) 45, 1; sowie Arbeitsdokument der Kommissionsdienststellen v. 24.1.2024, SWD(2024) 21.

[469] Weißbuch zur Künstlichen Intelligenz – ein europäisches Konzept für Exzellenz und Vertrauen v. 19.2.2020 – COM (2020) 65; auf S. 26 ist ausgeführt, dass auch KI-Systeme personenbezogene Daten nur auf der Basis einer der in der DS-GVO enthaltenen Rechtsgrundlagen verarbeiten dürfen. Vorausgegangen war die Mitteilung der Kommission v. 25.4.2018 an das Europäische Parlament, den Europäischen Rat, den Rat, den Europäischen Wirtschafts- und Sozialausschuss und den Ausschuss der Regionen: Künstliche Intelligenz für Europa, COM (2018) 237; die DS-GVO ist auf S. 17 kurz genannt. Auf das Weissbuch folgte die Mitteilung der Kommission v. 7.12.2020 an das Europäische Parlament, den Europäischen Rat, den Rat, den Europäischen Wirtschafts- und Sozialausschuss und den Ausschuss der Regionen: Koordinierter Plan für künstliche Intelligenz, COM(2018) 795; die DS-GVO ist auf S. 7 im Zusammenhang mit der Schaffung des europäischen Datenraums kurz erwähnt. Vgl. ferner die Mitteilung der Kommission v. 21.4.2021 an das Europäische Parlament, den Rat, den Europäischen Wirtschafts- und Sozialausschuss und den Ausschuss der Regionen: Förderung eines europäischen Konzepts für künstliche Intelligenz, COM(2021) 205; die DS-GVO ist auf S. 50 im Zusammenhang mit Gesundheitsdaten erwähnt.

[470] Vgl. Art. 289 Abs. 3 AEUV, wonach der Begriff „Gesetzgebungsakte" alle Rechtsakte bezeichnet, die in einem (ordentlichen oder besonderen) Gesetzgebungsverfahren angenommen werden und sie damit insbes. von untergesetzlichen delegierten Rechtsakten (Art. 290 AEUV) und Durchführungsrechtsakten (Art. 291 AEUV) unterscheidet. Es ist daher im heutigen Unionsrecht rechtlich zulässig und zunehmend üblich, vom EU-Gesetzgeber verabschiedete Verordnungen als „Gesetzgebungsakte" oder auch „Gesetze" bzw. im Englischen als „Act" zu bezeichnen

um ein **EU-Gesetz zur sog. „künstlichen Intelligenz"**. All diese neuen Gesetze zeigen an zahlreichen Stellen Bezüge zur DS-GVO und werfen Kohärenz- und Abgrenzungsfragen auf.

a) Das neue EU-Datennutzungsrecht. Das neue, die DS-GVO ergänzende EU-Datennutzungsrecht besteht aus der bereits 2018 in Kraft getretenen **Verordnung über den freien Verkehr nichtpersonenbezogener Daten („Free Flow of Data"-Verordnung)**,[471] der **Public-Sector-Information-Richtlinie (PSI-Richtlinie)**[472] aus dem Jahr 2019, dem **Daten-Governance-Rechtsakt (Data Governance Act)**[473] aus dem Jahr 2022, dem **Datengesetz („Data Act")**[474] aus dem Jahr 2023 und der **Verordnung über einen europäischen Raum für Gesundheitsdaten („European Health Data Space", EHDS)**,[475] die nach Abschluss des Gesetzgebungsverfahrens voraussichtlich 2024/2025 in Kraft treten wird. Diese durchweg auf die Binnenmarktklausel des Art. 114 AEUV gestützten EU-Gesetze – die EHDS-VO hat zusätzlich Art. 16 AEUV als Rechtsgrundlage – wollen die Grundlage für die europaweite Datennutzung und eine europäische Datenwirtschaft legen. Ermöglicht und erleichtert werden soll die wirtschaftliche Nutzung von Daten des öffentlichen Sektors (zB von digital erfassten Karten oder Archiven) sowie von Daten, die bei der Nutzung von Produkten (zB einer Smartwatch, eines intelligenten Kühlschranks oder eines intelligenten Pkw) oder von Diensten (zB einer Wander-App, eines Lieferdiensts oder der Wasser-, Gas-, Wärme und Stromversorgung) generiert werden. Der Zugang zu Daten soll über anerkannte **Datenvermittlungsdienste**[476] breitflächig ermöglicht, Datenportabilität und Interoperabilität zum Standard und Datensilos soweit wie möglich beseitigt werden. Patienten sollen einfachen und sicheren elektronischen Zugang zu ihren Gesundheitsdaten haben und diese digital bei ihren jeweiligen Ärzten überall in der EU zu Behandlungszwecken, gegebenenfalls auch über **ein europäisches System elektronischer Patientenakten,** nutzen können. Ermöglicht und erleichtert werden soll ferner der **freie Verkehr von nichtpersonenbezogenen Daten im Europäischen Binnenmarkt,** also zB von anonymisierten Daten zu Forschungszwecken oder zur Verbesserung der Qualität von Waren und Dienstleistungen, ohne dass dem ungerechtfertigte nationale Datenlokalisierungsauflagen oder vergleichbare Beschränkungen entgegenstehen.[477] Gefördert werden sollen schließlich neue Datennutzungsmodelle, wie zB der sog. **Datenaltruismus.**[478]

---

[471] Verordnung (EU) 2018/1807 des Europäischen Parlaments und des Rates v. 14.11.2018 über einen Rahmen für den freien Verkehr nicht-personenbezogener Daten in der Europäischen Union, ABl. 2018 L 303, 59, im Folgenden: Free Flow of Data-Verordnung.

[472] Richtlinie (EU) 2019/1024 des Europäischen Parlaments und des Rates v. 20.6.2019 über offene Daten und die Weiterverwendung von Informationen des öffentlichen Sektors (Neufassung), ABl. 2019 L 172, 56, auch: PSI-Richtlinie.

[473] Verordnung (EU) 2022/868 des Europäischen Parlaments und des Rates v. 30.5.2022 über europäische Daten-Governance und zur Änderung der Verordnung (EU) 2018/1724 (Daten-Governance-Rechtsakt), ABl. 2022 L 152, 1, in der engl. Sprachfassung sowie im Folgenden: Data Governance Act; dazu *Tolks* MMR 2022, 444; *Richter* ZD 2022, 3; sowie eingehend *Schreiber/Pommerening/Schoel* Der neue DGA.

[474] Verordnung (EU) 2023/2854 des Europäischen Parlaments und des Rates v. 13.12.2023 über harmonisierte Vorschriften für einen fairen Datenzugang und eine faire Datennutzung sowie zur Änderung der Verordnung (EU) 2017/2394 und der Richtlinie (EU) 2020/1828 (Datenverordnung) ABl. 2023/2854, in der engl. Sprachfassung als „Data Act" bezeichnet (im Folgenden: Data Act). Krit. zur Grundkonzeption der Datenverordnung, da diese eine zu starke Rechtsstellung des Nutzers von vernetzten Produkten vorsehe, *Funk* CR 2023, 421.

[475] Vorschlag der Kommission v. 3.5.2022 für eine Verordnung des Europäischen Parlaments und des Rates über einen europäischen Raum für Gesundheitsdaten, COM(2022) 197. Der Rat hat hierzu am 26.5.2023 einen Fortschrittsbericht vorgelegt; vgl. das Dok. ST 9368 2023 INIT, abrufbar unter https://data.consilium.europa.eu/doc/document/ST-9368-2023-INIT/DE/pdf, und am 6.12.2023 seine Änderungen beschlossen. Am 13.12.2023 hat das Europäische Parlament seine Änderungen beschlossen; vgl. das Dokument TA/2023/0462.

[476] Vgl. Art. 10 ff. Data Governance Act.

[477] Art. 4 Abs. 1 Free Flow of Data-Verordnung verbietet grds. Datenlokalisierungsauflagen für den freien Datenverkehr zwischen EU-Mitgliedstaaten.

[478] Art. 2 Nr. 16 Data Governance Act definiert „Datenaltruismus" (geregelt in Art. 16ff. Data Governance Act) wie folgt: „die freiwillige gemeinsame Nutzung von Daten auf der Grundlage der Einwilligung betroffener Personen zur Verarbeitung der sie betreffenden personenbezogenen Daten oder einer Erlaubnis anderer Dateninhaber zur Nutzung ihrer nicht personenbezogenen Daten, ohne hierfür ein Entgelt zu fordern oder zu erhalten, das über eine Entschädigung für die ihnen durch die Bereitstellung ihrer Daten entstandenen Kosten hinausgeht, für Ziele von allgemeinem Interesse gemäß dem nationalen Recht, wie die Gesundheitsversorgung, die Bekämpfung des Klimawandels, die Verbesserung der Mobilität, die einfachere Entwicklung, Erstellung und Verbreitung amtlicher Statistiken, die Verbesserung der Erbringung öffentlicher

Einleitung 137, 138

137 Der von Art. 16 AEUV und Art. 8 GRCh sowie der DS-GVO gewährleistete Schutz personenbezogener Daten soll durch das neue Datennutzungsrecht weder angetastet noch beschränkt werden. Während dies bei der „Free Flow of Data"-Verordnung bereits aus ihrem Anwendungsbereich hervorgeht, der auf nichtpersonenbezogene Daten begrenzt ist,[479] heißt es im personenbezogene und nichtpersonenbezogene Daten gleichermaßen erfassenden Data Governance Act (DGA) ausdrücklich in Art. 1 Abs. 3 S. 1: „Das Unionsrecht und das nationale Recht über den Schutz personenbezogener Daten gelten für alle personenbezogenen Daten, die im Zusammenhang mit der vorliegenden Verordnung verarbeitet werden." Festgehalten wird ferner in Art. 1 Abs. 3 S. 2 DGA, dass der DGA **„unbeschadet"** der DS-GVO gilt, „einschließlich im Hinblick auf die Befugnisse der Aufsichtsbehörden." Außerdem ordnet Art. 1 Abs. 3 S. 3 DGA den **Vorrang der DS-GVO** an, sollte es zu einem Konflikt zwischen DS-GVO und DGA kommen. Schließlich stellt Art. 1 Abs. 3 S. 4 DGA klar, dass er **keine Rechtsgrundlage für die Verarbeitung personenbezogener Daten** schafft und auch die Rechte und Pflichten, die in der DS-GVO festgelegt sind, **nicht berührt.** Der Data Act sieht weitgehend identische Bestimmungen vor, enthält aber auch Vorschriften, die das Auskunftsrecht betroffener Personen (Art. 15 DS-GVO) und das Recht auf Datenübertragbarkeit (Art. 20 DS-GVO) ergänzen.[480] Auch die Verordnung über den europäischen Gesundheitsdatenraum lässt die DS-GVO **„unberührt".**[481] Es ist damit grundsätzlich sichergestellt, dass sich auch bei der vom EU-Gesetzgeber gewünschten deutlichen Ausweitung der Nutzung, Verarbeitung und wirtschaftlichen Verwendung von Daten im EU-Binnenmarkt der Schutz personenbezogener Daten weiterhin stets nach der DS-GVO richtet.

138 **b) Das neue EU-Plattform- und Datenwettbewerbsrecht.** Ergänzt wird die DS-GVO auch durch ein völlig neues EU-Plattform- und Datenwettbewerbsrecht, das viele praktische Erfahrungen der Europäischen Kommission aus Wettbewerbsverfahren im Digitalbereich nun in Gesetzesform gießt. Mit dem **Gesetz über digitale Dienste („Digital Services Act", DSA)**[482] und dem **Gesetz über digitale Märkte („Digital Markets Act", DMA)**,[483] die beide 2022 verabschiedet wurden, will der EU-Gesetzgeber **digitale Plattformen** wie Facebook, Google, Amazon, Apple, Twitter/X oder TikTok entsprechend ihrer Marktmacht regulieren und so öffentliche Interessen wie Verbraucherschutz, fairen Wettbewerb, Meinungsvielfalt und den Schutz vor rechtswidrigen oder zu Hass und Rassismus aufstachelnden Inhalten gewährleisten. Während der DSA nach Marktmacht und Nutzerzahl abgestufte Rechtspflichten und Verantwortlichkeiten regelt, die **alle Online-Vermittlungsdienste**[484] erfassen und für **sehr große Online-Plattformen**[485] und **sehr große Online-Suchmaschinen**[486] besonders

---

Dienstleistungen, die staatliche Entscheidungsfindung oder die wissenschaftliche Forschung im allgemeinen Interesse." Ein Bsp. für Datenaltruismus ist die Datenspende-App des Robert Koch-Instituts, über die Personen ihre Daten aus Fitness-Trackern und Smart-Watches freiwillig mit den dort tätigen Wissenschaftlern zur Pandemiebekämpfung teilen konnten. Zum Datenaltruismus *Steinrötter* ZD 2021, 61.

[479] Art. 2 Abs. 1 und 2 sowie Art. 3 Ziff. 1 Verordnung (EU) 2018/1807 des Europäischen Parlaments und des Rates v. 14.11.2018.

[480] Erwägungsgrund 7 und Art. 1 Abs. 5 Data Act. Zum Verhältnis von Data Act und DS-GVO *Steinrötter* GRUR 2023, 216 (216), der dazu (noch anhand des Kommissionsvorschlags) festhält: „Beide Rechtsakte stehen […] wie Altarbilder, die unterschiedliche Geschichten erzählen, nebeneinander."

[481] So explizit Art. 1 Abs. 4 Vorschlag der Kommission v. 3.5.2022 für eine Verordnung des Europäischen Parlaments und des Rates über einen europäischen Raum für Gesundheitsdaten.

[482] Verordnung (EU) 2022/2065 des Europäischen Parlaments und des Rates v. 19.10.2022 über einen Binnenmarkt für digitale Dienste und zur Änderung der Richtlinie 2000/31/EG (Gesetz über digitale Dienste), im Folgenden: DSA, ABl. 2022 L 277, 1, ber. ABl. 2022 L 310, 17; eingehend zum DSA *Kraul* Der neue DSA.

[483] Verordnung (EU) 2022/1925 des Europäischen Parlaments und des Rates v. 14.9.2022 über bestreitbare und faire Märkte im digitalen Sektor und zur Änderung der Richtlinien (EU) 2019/1937 und (EU) 2020/1828 (Gesetz über digitale Märkte), im Folgenden: DMA, ABl. 2022 L 265, 1, ber. ABl. 2023 L 116, 30; eingehend zum DMA *Schmidt/Hübener* Der neue DMA; sowie zu den datenrechtlichen Aspekten (noch anhand des Kommissionsvorschlags) *Kerber* ZD 2021, 544.

[484] Als „Vermittlungsdienst" gelten nach Art. 3 lit. g DSA die reine Durchleitung von Informationen, eine Caching-Leistung sowie das Hosting von Informationen.

[485] Eine „Online-Plattform" ist gem. Art. 3 lit. i DSA ein Hostingdienst, der im Auftrag eines Nutzers Informationen speichert und öffentlich verbreitet.

[486] Eine „Online-Suchmaschine" ist gem. Art. 3 lit. j DSA ein Vermittlungsdienst, der es Nutzern ermöglicht, in Form eines Stichworts, einer Spracheingabe, einer Wortgruppe oder einer anderen Eingabe Anfragen einzugeben, um prinzipiell auf allen Websites oder auf allen Websites einer bestimmten Sprache eine

ausgeprägt sind, regelt der DMA sog. **„Torwächter"**, welche durch ihre gefestigte und dauerhafte Position auf den digitalen Märkten den Zugang zu diesen kontrollieren und deshalb allein wegen dieser Position besonderen Pflichten und Verantwortlichkeiten unterworfen werden müssen, um weiterhin fairen Wettbewerb auf den betroffenen digitalen Märkten möglich zu machen. Dabei legt die Kommission anhand der im DSA und dem DMA vorgegebenen Kriterien fest, welche Unternehmen als sehr große Online-Plattformen und sehr große Online-Suchmaschinen im Sinne des DSA[487] bzw. als Torwächter im Sinne des DMA anzusehen sind[488] und damit besonderen Rechtspflichten unterliegen. Rechtsgrundlage sowohl des DSA als auch des DMA ist die Binnenmarktklausel des Art. 114 AEUV. Bemerkenswert sind die Sanktionen, welche die Kommission nach den beiden neuen EU-Gesetzen gegenüber Plattformen verhängen kann, die ihre Verpflichtungen gemäß dem DSA bzw. dem DMA verletzen: Bei Verstößen gegen den DSA kann die Kommission gegen den betreffenden Anbieter einer sehr großen Online-Plattform oder einer sehr großen Online-Suchmaschine **Geldbußen bis zu einem Höchstbetrag von 6 Prozent** seines im vorausgegangenen Geschäftsjahr weltweit erzielten Gesamtjahresumsatzes verhängen.[489] Bei Verstößen gegen den DMA müssen Torwächter sogar mit **Geldbußen bis zu einem Höchstbetrag von 10 Prozent** ihres im vorausgegangenen Geschäftsjahr weltweit erzielten Gesamtjahresumsatzes rechnen,[490] wobei im Wiederholungsfall die Geldbuße sogar auf **bis zu 20 Prozent** ansteigen kann.[491]

Eine derart intensive Regulierung von marktmächtigen Plattformen dient dabei auch einem Umfeld, in dem **eine wirksame Absicherung des Datenschutzgrundrechts** möglich ist, weshalb sowohl der DSA als auch der DMA auch für Verhaltensweisen von Plattformen gelten, welche personenbezogene Daten betreffen.[492] Der DMA enthält sogar spezifische Verpflichtungen für Torwächter im Zusammenhang mit der Verarbeitung personenbezogener Daten. Denn es gehört gerade zum Geschäftsmodell digitaler Plattformen, dass sie ihre Marktmacht durch die Ansammlung und Nutzung personenbezogener Daten stetig erweitern und bekräftigen. In Ergänzung der DS-GVO[493] verbietet deshalb Art. 5 Abs. 2 DMA Torwächtern die Kombination personenbezogener Daten in bestimmten Konstellationen, so zB die Nutzung personenbezogener Daten aus einem Dienst des Torwächters für das Angebot eines anderen Dienstes des Torwächters (Art. 5 Abs. 2 UAbs. 1 lit. c DMA). Ferner dürfen Torwächter personenbezogene Daten nur zusammenführen, wenn dem Endnutzer dabei eine spezifische Wahl gegeben wird und er seine Einwilligung dazu gegeben hat (Art. 5 Abs. 2 UAbs. 2 S. 1 aE DMA). Für den Fall

---

Suche zu einem beliebigen Thema vorzunehmen und Ergebnisse in einem beliebigen Format, in dem Informationen im Zusammenhang mit dem angeforderten Inhalt zu finden sind, angezeigt zu bekommen.

[487] Erstmals benannte die Kommission am 23.4.2023 durch Beschl. gem. Art. 33 Abs. 4 DSA 17 Unternehmen (AliExpress, Amazon Store, App Store, Booking.com, Facebook, Google Maps, Google Play, Google Shopping, Instagram, LinkedIn, Pinterest, Snapchat, TikTok, Twitter [jetzt X], YouTube, Wikipedia und Zalando) als sehr große Online-Plattformen und 2 Unternehmen (Bing und Google Search) als sehr große Online-Suchmaschinen; vgl. die Bekanntmachung „Sehr große Online-Plattformen und sehr große Suchmaschinen, die gemäß Artikel 33 Absatz 4 der Verordnung (EU) 2022/2065 des Europäischen Parlaments und des Rates vom 19. Oktober 2022 über einen Binnenmarkt für digitale Dienste und zur Änderung der Richtlinie 2000/31/EG (Gesetz über digitale Dienste) benannt wurden", ABl. 2023 C 249, 2. Am 20.12.2023 benannte die Kommission außerdem Pornhub, Stripchat und XVideos als sehr große Online-Plattformen.

[488] Erstmals benannte die Kommission am 5.9.2023 durch Beschlüsse gem. Art. 3 DMA sechs Unternehmen als Torwächter in Bezug auf 22 von ihnen bereitgestellte zentrale Plattformdienste: Alphabet, Amazon, Apple, ByteDance, Meta und Microsoft; vgl. Kommission, Pressemitteilung v. 6.9.2023, Gesetz über digitale Märkte: Kommission benennt sechs Torwächter, abrufbar unter https://ec.europa.eu/commission/presscorner/detail/de/ip_23_4328. Zusammenfassungen der einzelnen Beschlüsse sind im ABl. veröffentlicht; vgl. zB die Zusammenfassung des Beschlusses betreffend Alphabet, ABl. 2023 C 549, 27.10.2023.

[489] Art. 74 Abs. 1 DSA.
[490] Art. 30 Abs. 1 DMA.
[491] Art. 30 Abs. 2 DMA.
[492] Der DSA gilt für Vermittlungsdienste, die „Dienste der Informationsgesellschaft" anbieten und „Informationen" bereitstellen, weitergeben oder öffentlich zugänglich machen, vgl. Art. 3 lit. a u. g DSA, der DMA für zentrale Plattformdienste, bei denen es sich um besonders marktmächtige Vermittlungsdienste handelt. „Dienste der Informationsgesellschaft" und „Informationen" sind dabei weite Begriffe, die auch die Verarbeitung personenbezogener Daten einschließen können.
[493] Vgl. die Gesetzesbegründung zum DMA in COM(2020) 842 v. 15.12.2020, S. 4: „Der Vorschlag ergänzt das Datenschutzrecht. Die Verpflichtung zu Transparenz beim Erstellen umfangreicher Verbraucherprofile hilft bei der Durchsetzung der Datenschutz-Grundverordnung (,DS-GVO'), während die Verpflichtung zur Einräumung der Möglichkeit, die Verknüpfung von Daten unterschiedlicher zentraler Plattformdienste abzulehnen, das durch die DS-GVO geschaffene Schutzniveau ergänzt."

Einleitung 140

der Verweigerung der Einwilligung oder ihres Widerrufs darf der Torwächter den Endnutzer nur ein weiteres Mal innerhalb eines Jahres erneut um eine Einwilligung ersuchen (Art. 5 Abs. 2 UAbs. 1 S. 2 DMA). Außerdem hat ein Torwächter es einem Endnutzer zu ermöglichen, nicht nur die von ihm bereitgestellten, sondern auch die bei der Nutzung der betreffenden zentralen Plattform generierten Daten kostenlos weiter zu übertragen (Art. 6 Abs. 9 DMA), was eine Verstärkung und Erweiterung des von der DS-GVO in Art. 20 gewährleisteten Rechts auf Datenübertragbarkeit (→ Rn. 67) darstellt. Schließlich hat ein Torwächter gemäß Art. 15 DMA gegenüber der Kommission alle von ihm verwendeten Techniken zum Verbraucher-Profiling offenzulegen, woraufhin die Kommission diese Information an den Europäischen Datenschutzausschuss weiterleitet und es somit der zuständigen Datenschutz-Aufsichtsbehörde ermöglicht, erforderlichenfalls Maßnahmen auf Basis der DS-GVO einzuleiten. Für Begriffe wie „personenbezogene Daten", „Profiling" und „Einwilligung" greift dabei der DMA auf die Definitionen der DS-GVO zurück.[494] Um allerdings insgesamt klarzustellen, dass DSA und DMA die Vorgaben der DS-GVO nur ergänzen und nicht ersetzen, hat der EU-Gesetzgeber in beiden Verordnungen Vorschriften aufgenommen, wonach sie die DS-GVO **„unberührt"** lassen – so der DSA[495] – bzw. **„unbeschadet"** der Vorschriften der DS-GVO gelten – so der DMA.[496] Für Plattformen treten also die Verpflichtungen aus dem DSA und dem DMA **zusätzlich** zu denen aus der DS-GVO hinzu.

140 **c) Das europäische KI-Gesetz.** An der Schnittstelle zwischen Datenschutzrecht, Datennutzungsrecht sowie Plattform- und Datenwettbewerbsrecht steht schließlich das **Gesetz über künstliche Intelligenz (KI-Gesetz, „AI Act"),**[497] das derzeit noch das finale Stadium des Gesetzgebungsverfahrens durchläuft[498] und weltweit der erste umfassende Gesetzgebungsakt zu diesem wichtigen Thema werden dürfte.[499] Der AI Act, der sich auf Art. 114 AEUV und zugleich auf Art. 16 AEUV[500] stützt, enthält erstmals eine gesetzliche Definition von künstlicher Intelligenz für den gesamten EU-Binnenmarkt. Als „System der künstlichen Intelligenz" (KI-System)" gilt danach (so der finale englischsprachige Kompromisstext vom Dezember 2023) „a machine-based system designed to operate with varying levels of autonomy and that may exhibit adaptiveness after deployment and that, for explicit or implicit objectives, infers, from the input it receives, how to generate outputs such as predictions, content, recommendations, or decisions

---

[494] Art. 2 Nr. 25 („personenbezogene Daten", Nr. 31 („Profiling") u. Nr. 32 („Einwilligung") DMA, jeweils mit Hinweis auf die Begriffsdefinitionen in der DS-GVO, Art. 4 Nr. 1, 4 u. 11.
[495] Art. 2 Abs. 4 lit. g DSA; vgl. auch Erwägungsgrund 10 UAbs. 2 („unberührt") u. 3 („Der Schutz von Einzelpersonen bei der Verarbeitung personenbezogener Daten wird einzig durch die Vorschriften des Unionsrechts in diesem Bereich geregelt, insbesondere durch die Vorschriften der Verordnung (EU) 2016/679 […]").
[496] Erwägungsgrund 12 DMA.
[497] Vorschlag der Kommission v. 21.4.2021 für eine Verordnung des Europäischen Parlaments und des Rates zur Festlegung harmonisierter Vorschriften für künstliche Intelligenz (Gesetz über künstliche Intelligenz) und zur Änderung bestimmter Rechtsakte der Union, COM(2021) 206, im Folgenden: KI-Gesetz-Kommissionsvorschlag. Der Rat beschloss dazu am 6.12.2022 eine allgemeine Ausrichtung; vgl. Dokument ST 15698 2022 INIT, abrufbar unter https://data.consilium.europa.eu/doc/document/ST-15698-2022-INIT/DE/pdf, im Folgenden: KI-Gesetz-Rat. Das Europäische Parlament beschloss am 14.6.2023 in erster Lesung umfangreiche Änderungen und legte damit seine Verhandlungsposition fest; vgl. Europäisches Parlament, P9_TA(2023)0236, abrufbar unter www.europarl.europa.eu/doceo/document/TA-9-2023-0236_DE.html, im Folgenden: KI-Gesetz-Parlament. Am 9.12.2023 verständigten sich die Verhandlungsführer des Europäischen Parlamentes, des Rats und der Kommission auf einen gemeinsamen Text zum AI Act, der seit Januar 2024 in engl. Sprache und in nicht offizieller Version abrufbar ist unter https://iapp.org/news/a/eu-ai-act-draft-consolidated-text-leaked-online/ (im Folgenden: AI Act final). Einen – teils kritischen – Überblick zum KI-Gesetz (noch auf Basis des Kommissionsvorschlags) bietet *Gemini* ZD 2021, 354.
[498] Mit einem politischen Abschluss des Gesetzgebungsverfahrens ist noch während der 2024 Legislaturperiode zu rechnen. Für den Geltungsbeginn des KI-Gesetzes ist eine Übergangsfrist geplant, die gem. Art. 85 Abs. 2 KI-Gesetz-Kommissionsvorschlag zwei Jahre, gem. Art. 85 Abs. 2 KI-Gesetz-Rat sogar drei Jahre dauern soll. Es ist daher wohl erst ab 2027 mit einer Geltung des KI-Gesetzes zu rechnen.
[499] IdS *Steege* MMR 2022, 926, (926): „Es ist sowohl in der Europäischen Union als auch weltweit der erste umfassende, harmonisierte Rechtsrahmen für KI."
[500] Vgl. dazu die Begründung in KI-Gesetz-Kommissionsvorschlag, S. 4: „Da dieser Vorschlag konkrete Vorschriften zum Schutz von Privatpersonen im Hinblick auf die Verarbeitung personenbezogener Daten enthält, mit denen vor allem die Verwendung von KI-Systemen zur biometrischen Fernidentifizierung in Echtzeit in öffentlich zugänglichen Räumen für die Zwecke der Strafverfolgung eingeschränkt wird, sollte sich diese Verordnung in Bezug auf diese konkreten Vorschriften auch auf Artikel 16 AEUV stützen." Ebenso Erwägungsgrund 2 KI-Gesetz-Kommissionsvorschlag.

that can influence physical or virtual environments" (inoffizielle deutsche Übersetzung: „ein maschinengestütztes System, das so konzipiert ist, dass es mit unterschiedlichem Grad an Autonomie arbeitet und das nach der Bereitstellung anpassungsfähig sein kann und das für explizite oder implizite Ziele aus den empfangenen Eingaben ableitet, wie Ausgaben wie Vorhersagen, Inhalte, Empfehlungen oder Entscheidungen generiert werden, die physische oder virtuelle Umgebungen beeinflussen können.").[501] Diese recht weite Definition erfasst einen Schachcomputer oder einen Roboter ebenso wie ein Gesichtserkennungssystem oder einen Lügendetektor.[502] Mit dem KI-Gesetz sollen EU-weit einheitliche Regelungen für den Einsatz solcher KI-Systeme geschaffen werden. Zu diesem Zweck enthält das KI-Gesetz **harmonisierte Vorschriften für das Inverkehrbringen, die Inbetriebnahme und die Verwendung von KI-Systemen**[503] **auf dem gesamten EU-Binnenmarkt,**[504] harmonisierte Transparenzanforderungen für bestimmte KI-Systeme (zB für Emotionserkennungssysteme und für „Deepfakes")[505] **sowie Maßnahmen zur Innovationsförderung** wie die Einrichtung von KI-Reallaboren durch die zuständigen nationalen Behörden.[506] Außerdem formuliert das KI--Gesetz – entsprechend dem aus der DS-GVO bekannten **risikobasierten Ansatz** (→ Rn. 71)[507] – für **sog. Hochrisiko-KI-Systeme**[508] besondere Anforderungen[509] sowie Verpflichtungen für Anbieter, Produkthersteller, Nutzer,[510] Händler und andere Akteure in Bezug auf solche Systeme.[511] Hochrisiko-KI-Systeme sind solche Systeme, die erhebliche Risiken für die Gesundheit und Sicherheit oder die Grundrechte von Personen bergen, zB KI-Systeme, die im Personalmanagement eines Unternehmens zur Einstellung, Auswahl, Beförderung und Kündigung

---

[501] Vgl. Art. 3 Nr. 1 AI Act final. Die Definition im Kommissionsvorschlag war wesentlich kürzer gewesen, da die Kommission darin auf einen Anhang verwiesen hatte, der durch delegierte Rechtsakte hätte angepasst werden können; vgl. Art. 3 Nr. 1 KI-Gesetz-Kommissionsvorschlag: „eine Software, die mit einer oder mehreren der in Anhang I aufgeführten Techniken und Konzepte entwickelt worden ist und im Hinblick auf eine Reihe von Zielen, die vom Menschen festgelegt werden, Ergebnisse wie Inhalte, Vorhersagen, Empfehlungen oder Entscheidungen hervorbringen kann, die das Umfeld beeinflussen, mit dem sie interagieren." Die vom Europäische Parlament in erster Lesung beschlossene Definition in Art. 3 Ziff. 1 KI-Gesetz-Parlament lautete: „System der künstlichen Intelligenz" (KI-System) ein maschinengestütztes System, das so konzipiert ist, dass es mit unterschiedlichem Grad an Autonomie operieren kann und das für explizite oder implizite Ziele Ergebnisse wie Vorhersagen, Empfehlungen oder Entscheidungen hervorbringen kann, die das physische oder virtuelle Umfeld beeinflussen." Zu den Herausforderungen, eine angemessene Definition von KI zu finden, eingehend *Steege* MMR 2022, 926.
[502] Intelligente Fahrzeuge sind im AI Act final weitgehend ausgenommen; vgl. Art. 2 Abs. 2 iVm Anh. II Abschn. B AI Act final.
[503] Ausgenommen vom AI Act final sind insbes. KI-Systeme und deren Ergebnisse, die eigens für den alleinigen Zweck der wissenschaftlichen Forschung und Entwicklung entwickelt und in Betrieb genommen werden sowie Forschungs- und Entwicklungsaktivitäten zu KI-Systemen; vgl. Art. 2 Abs. 5d AI Act final.
[504] Vgl. die Vorschriften für KI-Systeme mit allgemeinem Verwendungszweck in Art. 4a ff. AI Act final.
[505] Vgl. Art. 52 AI Act final. Dabei verlangt Art. 52 Abs. 1, dass Anbieter sicherstellen, „dass KI-Systeme, die für die direkte Interaktion mit natürlichen Personen bestimmt sind, so konzipiert und entwickelt werden, dass betroffenen natürlichen Personen mitgeteilt wird, dass sie es mit einem KI-System zu tun haben, es sei denn, dies ist aus Sicht einer normal informierten, angemessen aufmerksamen, verständigen natürlichen Person aufgrund der Umstände und des Kontexts der Nutzung offensichtlich." Gem. Art. 52 Abs. 2 müssen Nutzer eines Systems der biometrischen Kategorisierung oder eines Emotionserkennungssystems die davon betroffenen natürlichen Personen über den Betrieb des Systems informieren und dabei u.a. die DS-GVO einhalten. Schließlich müssen gem. Art. 52 Abs. 3 Nutzer eines KI-Systems, das Bild-, Ton- oder Videoinhalte erzeugt oder manipuliert, die wirklichen Personen, Gegenständen, Orten oder anderen Einrichtungen oder Ereignissen merklich ähneln und einer Person fälschlicherweise als echt oder wahrhaftig erscheinen würden („Deepfake"), offenlegen, dass die Inhalte künstlich erzeugt oder manipuliert wurden. All diese Transparenzanforderungen gelten nicht für gesetzlich zur Aufdeckung, Verhütung, Ermittlung und Verfolgung von Straftaten zugelassene KI-Systeme.
[506] Vgl. Art. 53 ff. AI Act final. In KI-Reallaboren sollen unter direkter Aufsicht, Anleitung und Unterstützung der zuständigen nationalen Behörden innovative KI-Systeme entwickelt, trainiert, getestet und validiert werden, bevor diese in Verkehr gebracht oder in Betrieb genommen werden.
[507] Auf diese Parallele zwischen AI Act und DS-GVO verweist auch *Steege* MMR 2022, 926 (929).
[508] Gesetzlich definiert werden Hochrisiko-KI-Systeme in Art. 6 Abs. 1, Abs. 2 iVm Anh. III AI Act final.
[509] Vgl. Art. 8 ff. AI Act final; zB die Einrichtung, Anwendung, Dokumentation und Aufrechterhaltung eines Risikomanagementsystems gem. Art. 9 AI Act final.
[510] Für Nutzer, die natürliche Personen sind und KI-Systeme im Rahmen einer ausschließlichen persönlichen und nicht beruflichen Tätigkeit verwenden, gilt der AI Act nicht; vgl. Art. 2 Abs. 5c AI Act final, der teilweise an die „Haushaltsausnahme" in Art. 2 Abs. 2 lit. c DS-GVO erinnert.
[511] Vgl. Art. 16 ff. AI Act final.

Einleitung 141

eingesetzt werden; ebenso KI-Systeme, die in den Bereichen Migration, Asyl und Grenzkontrolle zum Einsatz kommen; sowie KI-Systeme, die als Sicherheitskomponenten für das Management und den Betrieb kritischer digitaler Infrastruktur, des Straßenverkehrs sowie für die Wasser-, Gas-, Wärme- und Stromversorgung verwendet werden.[512] Hochrisiko-KI-Systeme müssen insbesondere so konzipiert und entwickelt werden, dass sie bei ihrer Verwendung stets von einer natürlichen Person wirksam beaufsichtigt werden können **(Pflicht zur menschlichen Aufsicht).**[513] Schließlich verbietet das KI-Gesetz von vornherein bestimmte Praktiken im Bereich der KI **(verbotene Praktiken im Bereich der KI)**, die angesichts der Werte- und Grundrechtsordnung der EU inakzeptabel sind.[514] Insbesondere enthält das KI-Gesetz **ein Verbot eines sog. „Social Scoring"**[515] **durch Behörden oder in deren Auftrag**, wenn dieses negative Folgen für die betroffene Person hat. Gemeint sind damit KI-Systeme zur Bewertung oder Klassifizierung der Vertrauenswürdigkeit natürlicher Personen über einen bestimmten Zeitraum auf der Grundlage ihres sozialen Verhaltens oder bekannter oder vorhergesagter persönlicher Eigenschaften oder Persönlichkeitsmerkmale.[516] Während ein solches „Social Scoring" in anderen Teilen der Welt bereits praktiziert wird,[517] wäre es mit den Grundwerten der EU unvereinbar und wird deshalb durch das KI-Gesetz zu Recht verboten. Wie bei anderen EU-Digitalgesetzen ist auch der AI Act mit **erheblichen Sanktionen** bewehrt. So kann die Verletzung der Pflichten betreffend Hochrisiko-KI-Systeme von den zuständigen nationalen Behörden mit Geldbußen von bis zu 15 Mio. EUR oder – im Fall von Unternehmen – von bis zu 3 Prozent des gesamten weltweiten Jahresumsatzes des vorangegangenen Geschäftsjahres geahndet werden.[518] Eine Missachtung des Verbots einer KI-Praktik durch den AI Act kann sogar zu Geldbußen von bis zu 35 Mio. EUR oder – im Fall von Unternehmen – von bis zu 7 Prozent des gesamten weltweiten Jahresumsatzes des vorausgegangenen Geschäftsjahrs führen.[519]

141 Ebenso wie andere EU-Digitalisierungsgesetze will auch der AI Act die DS-GVO **„unberührt"** lassen.[520] Doch da KI-Systeme sehr häufig[521] personenbezogene Daten verarbeiten,

---

[512] Vgl. Art. 6 Abs. 2 iVm Anh. III AI Act final, der die wichtigsten vom AI Act erfassten Hochrisiko-KI-Systeme aufführt und definiert.
[513] Vgl. Art. 14 Abs. 1 AI Act final.
[514] Vgl. Art. 5 Abs. 1 AI Act final.
[515] So bezeichnet in der Begr. zum KI-Gesetz-Kommissionsvorschlag auf S. 15: „Bewertung des sozialen Verhaltens für allgemeine Zwecke mithilfe von KI durch öffentliche Behörden (‚Social Scoring')." Vgl. auch Erwägungsgrund 17 AI Act final.
[516] Art. 5 Abs. 1 lit. c AI Act final.
[517] Zum staatlichen „Social Credit System" in China vgl. *Maamar* CR 820, 821 (822); vgl. auch *Steenbreker* ZD 2022, 13 (14), der zutr. betont, dieses System diene „insbesondere als ein Mittel zur weiteren Konsolidierung der Herrschaft der Kommunistischen Partei Chinas."
[518] Vgl. Art. 71 Abs. 4 AI Act final.
[519] Vgl. Art. 71 Abs. 3 AI Act final.
[520] Darüber waren sich Kommission, Rat und Parlament einig, auch wenn sie den Vorrang der DS-GVO in unterschiedlichen Formulierungen zum Ausdruck bringen wollten. Die Kommission erwähnt diesen zum einen in der Gesetzesbegründung zum KI-Gesetz-Kommissionsvorschlag, S. 4: „Die Datenschutz-Grundverordnung (Verordnung [EU] 2016/679) und die Strafverfolgungsrichtlinie (Richtlinie [EU] 2016/680) bleiben von dem Vorschlag unberührt und werden durch harmonisierte Vorschriften für Entwurf, Entwicklung und Verwendung bestimmter Hochrisiko-KI-Systeme sowie durch Beschränkungen für bestimmte Anwendungen biometrischer Fernidentifizierungssysteme ergänzt." Zum anderen heißt es in Erwägungsgrund 41 S. 3 KI-Gesetz-Kommissionsvorschlag: „Diese Verordnung sollte nicht so verstanden werden, dass sie eine Rechtsgrundlage für die Verarbeitung personenbezogener Daten bildet, auch nicht für besondere Kategorien personenbezogener Daten." Der Rat übernimmt diesen Erwägungsgrund mit Einschränkungen; vgl. Erwägungsgrund 41 S. 3: „Diese Verordnung sollte nicht so verstanden werden, dass sie eine Rechtsgrundlage für die Verarbeitung personenbezogener Daten bildet, auch nicht für besondere Kategorien personenbezogener Daten, vorbehaltlich gegenteiliger Bestimmungen dieser Verordnung." Das Europäische Parlament sieht demgegenüber eine eigene Vorschrift in Art. 2 Abs. 5a KI-Gesetz-Parlament vor: „Das Unionsrecht zum Schutz personenbezogener Daten, der Privatsphäre und der Vertraulichkeit der Kommunikation gilt für die Verarbeitung personenbezogener Daten im Zusammenhang mit den in dieser Verordnung festgelegten Rechten und Pflichten. Diese Verordnung berührt nicht die Verordnungen (EU) 2016/679 […], unbeschadet der in Artikel 10 Absatz 5 und Artikel 54 der vorliegenden Verordnung vorgesehenen Regelungen." In der finalen Kompromissversion regelt jetzt Art. 2 Abs. 5a AI Act final das Verhältnis von AI Act und DS-GVO wie folgt: Das EU-Recht zum Schutz personenbezogener Daten gilt für die Verarbeitung personenbezogener Daten im Zusammenhang mit den Rechten und Pflichten aus dem AI Act. Der AI Act berührt nicht die DS-GVO, unbeschadet von Art. 10 Abs. 5 und Art. 54 AI Act. Vgl. auch Erwägungsgrund 72a AI Act final.
[521] Welche personenbezogenen Daten Systeme der KI wie verarbeiten, ist oft weitgehend unklar; zu dieser Frage bei ChatGPT *Woerlein* ZD-Aktuell 2023, 01205.

insbesondere wenn sie menschliches Verhalten analysieren, bewerten oder zu steuern versuchen, enthält das KI-Gesetz zahlreiche Vorgaben und Rechtspflichten, die beim Einsatz bestimmter KI-Systeme **zusätzlich zur DS-GVO**[522] beachtet werden müssen, also **die DS-GVO ergänzen**.[523] Die DS-GVO selbst verwendet den Begriff „künstliche Intelligenz" als solchen nicht,[524] enthält aber dennoch eine wichtige Grundregel in Art. 22, welche beim Einsatz von KI höchst relevant werden kann, nämlich das **grundsätzliche Verbot von Entscheidungen (einschließlich Profiling), die ausschließlich auf einer automatisierten Verarbeitung beruhen** und eine nachteilige Rechtsfolge für die betroffene Person haben oder sie in ähnlicher Weise erheblich beeinträchtigen.[525] Ausnahmen davon können nur in Vorschriften auf nationaler oder EU-Ebene zugelassen werden, die geeignete Garantien für die Rechte und Freiheiten der betroffenen Person bieten und zumindest das Recht auf persönliches Eingreifen des Verantwortlichen vorsehen. In Ergänzung von Art. 22 regelt der AI Act zB den Einsatz von KI-Systemen zum Zweck des **„Credit Scoring"**, also zur „Kreditpunktebewertung" oder zur „Bewertung der Kreditwürdigkeit natürlicher Personen".[526] Da derart eingesetzte KI-Systeme zur Diskriminierung von Personen oder Gruppen führen und historische Diskriminierungsmuster, beispielsweise aufgrund der rassischen oder ethnischen Herkunft, einer Behinderung, des Alters oder der sexuellen Ausrichtung, fortschreiben können,[527] stuft das KI-Gesetz sie als **Hochrisiko-KI-Systeme** ein,[528] die damit zwar nicht generell verboten sind, aber besonders strengen rechtlichen Vorgaben unterliegen, insbesondere gesteigerten Transparenzpflichten und der Pflicht zur menschlichen Aufsicht.[529] Das KI-Gesetz enthält ferner ein **grundsätzliches Verbot der Verwendung von KI-Systemen zur biometrischen Echtzeit-Fernidentifizierung natürlicher Personen in öffentlich zugänglichen Räumen zu Strafverfolgungszwecken**,[530] wobei die genaue Reichweite dieses Verbotes im Gesetzgebungsverfahren kontrovers diskutiert wurde.[531] An mehreren Stellen greift der AI Act auf Definitionen der DS-GVO zurück, so für

---

[522] Zu den heutigen Anforderungen der DS-GVO bei Einführung und Betrieb von KI-Anwendungen eingehend *Askar* ZD 2023, 523.
[523] Laut der Begr. des KI-Gesetzes-Kommissionsvorschlag, S. 4, wird die DS-GVO, die durch das KI-Gesetz „unberührt" bleibt, durch „harmonisierte Vorschriften für Entwurf, Entwicklung und Verwendung bestimmter Hochrisiko-KI-Systeme sowie durch Beschränkungen für bestimmte Anwendungen biometrischer Fernidentifizierungssysteme ergänzt."
[524] Darauf verweist zutr. *Schürmann* ZD 2022, 316 (317), die allerdings der Auff. ist, dass schon *de lege lata* beim Einsatz von KI-Systemen durchweg eine Datenschutzfolgeabschätzung gem. Art. 35 erforderlich ist.
[525] Zum Verbot automatisierter Entscheidungen im Einzelfall gem. Art. 22 eingehend *Abel* ZD 2018, 304; *Dieffal* ZaöRV 2020, 847; sowie *Zahariev* PinG 2017, 73; krit. *Kroker* PinG 2020, 255.
[526] So die Begrifflichkeit von Anh. III Nr. 5b AI Act final. Zum „Credit Scoring", wie es u.a. von der Schufa eingesetzt wird, *Denga* CR 2023, 277 (278 Rn. 4–8).
[527] Erwägungsgrund 37 AI Act final.
[528] Vgl. Art. 6 Abs. 3 iVm Anh. III Nr. 5b AI Act final.
[529] Vgl. Art. 14 Abs. 1 AI Act final.
[530] Art. 5 Abs. 1 lit. d AI Act final. Das auf den Bereich der Strafverfolgung begrenzte Verbot ist, wie in Erwägungsgrund 23 AI Act final unterstrichen, *lex specialis* zu Art. 10 Richtlinie (EU) 2016/680 des Europäischen Parlaments und des Rates v. 27.4.2016 zum Schutz natürlicher Personen bei der Verarbeitung personenbezogener Daten durch die zuständigen Behörden zum Zwecke der Verhütung, Ermittlung, Aufdeckung oder Verfolgung von Straftaten oder der Strafvollstreckung sowie zum freien Datenverkehr und zur Aufhebung des Rahmenbeschl. 2008/977/JI des Rates, ABl. 2016 L 119, 89, ber. ABl. 2018 L 127, 9, ber. ABl. 2021 L 74, 36.
[531] Während Art. 5 Abs. 1 lit. d KI-Gesetz-Rat mehrere Ausnahmen vom Verbot vorsah, zB die gezielte Suche nach bestimmten potentiellen Opfern von Straftaten, zur Verhinderung eines Terroranschlags oder zum Aufspüren und Identifizieren eines schweren Straftäters, enthielt Art. 5 Abs. 1 lit. d KI-Gesetz-Parlament keine Ausnahmen vom Verbot. Zur Verwendung von KI-Systemen zur biometrischen Echtzeit-Fernidentifizierung natürlicher Personen in öffentlichen Räumen zu Zwecken außerhalb der Strafverfolgung, vgl. Erwägungsgrund 24 KI-Gesetz-Kommissionsvorschlag: „Jede Verarbeitung biometrischer Daten und anderer personenbezogener Daten im Zusammenhang mit der Verwendung von KI-Systemen für die biometrische Identifizierung, ausgenommen im Zusammenhang mit der Verwendung biometrischer Echtzeit-Fernidentifizierungssysteme in öffentlich zugänglichen Räumen zu Strafverfolgungszwecken im Sinne dieser Verordnung, einschließlich der Fälle, in denen diese Systeme von den zuständigen Behörden in öffentlich zugänglichen Räumen zu anderen Zwecken als der Strafverfolgung genutzt werden, sollte weiterhin allen Anforderungen genügen, die sich gegebenenfalls aus Artikel 9 Absatz 1 der Verordnung (EU) 2016/679, Artikel 10 Absatz 1 der Verordnung (EU) 2018/1725 und Artikel 10 der Richtlinie (EU) 2016/680 ergeben." In der finalen Kompromissversion sind mehrere, allerdings strikt eingegrenzte Ausnahmen vom Verbot der Verwendung von KI-Systemen zur biometrischen Echtzeit-Fernidentifizierung natürlicher Personen in öffentlichen Räumen zu Strafverfolgungszwecken vorgesehen; vgl. Art. 5 Abs. 1 lit. d AI Act final, wo die gezielte Suche nach

Einleitung 142

die Definition der Begriffe „personenbezogene Daten"[532] und „biometrische Daten."[533] An einigen Stellen enthält das KI-Gesetz eine **Rechtsgrundlage für die Verarbeitung personenbezogener Daten,** so zB für die Weiterverarbeitung personenbezogener Daten zur Entwicklung bestimmter KI-Systeme in sog. KI-Reallaboren, wenn dies im öffentlichen Interesse (zB zum Schutz der öffentlichen Sicherheit und öffentlichen Gesundheit) stattfindet.[534] Nicht berührt durch den AI Act werden schließlich die Zuständigkeit, Aufgaben und Befugnisse der unabhängigen Datenschutz-Aufsichtsbehörden, im Gegenteil: sie erhalten bei Bedarf Zugang zur gesamten im Rahmen des AI Act erstellten Dokumentation[535] und können über den Europäischen Datenschutzbeauftragten die Arbeiten im neuen Europäischen Ausschuss für Künstliche Intelligenz („European Artificial Intelligence Board") mitverfolgen, an denen dieser als Beobachter teilnimmt.[536] Insgesamt hat der AI Act wegen der denkbar umfassenden Einsatzmöglichkeiten von KI-Systemen im Zusammenhang mit personenbezogenen Daten ohne Zweifel zahlreiche Berührungspunkte zur DS-GVO, sieht aber speziell auf KI-Risiken zugeschnittene Anforderungen, Verpflichtungen und Verbote vor und ist daher als ebenso sinnvolle wie zeitgemäße Ergänzung der DS-GVO anzusehen, die selbst auf die Verarbeitung personenbezogener Daten auch im Bereich der KI weiterhin uneingeschränkt Anwendung findet.

142 **d) Die DS-GVO als „Mutter" der neuen EU-Digitalisierungs-Gesetze.** Die neuen EU-Digitalisierungs-Gesetze sind in vielfacher Weise von der DS-GVO inspiriert worden. Dies beginnt bereits bei der Rechtsform. Seit der DS-GVO ist es zur Regel geworden, dass der EU-Gesetzgeber gerade für Vorschriften zum Digitalbereich auf **Verordnungen („Gesetze")** zurückgreift, da diese das wirkungsvollste Rechtsinstrument sind, um schnell vollharmonisiertes Unionsrecht für den gesamten EU-Binnenmarkt zu erreichen und so mit der technologischen Entwicklung nicht nur Schritt zu halten, sondern diese maßgeblich zu prägen. Mit der DS-GVO üblich geworden ist es auch, die Rechtspflichten und Verbote im Digitalbereich mit **hohen Geldbußen** zu bewehren, wobei der DSA und der AI Act mit Geldbußen von bis zu 7 Prozent des weltweiten Jahresumsatzes und der DMA mit Geldbußen von bis zu 10 Prozent des weltweiten Jahresumsatzes die von der DS-GVO vorgesehenen Geldbußen von bis zu 4 Prozent des weltweiten Jahresumsatzes noch übersteigen. Auch das **System der Rechtsdurchsetzung** orientiert sich bei den neuen EU-Digitalisierungs-Gesetzen an dem der DS-GVO, auch wenn es für bestimmte Fälle zentraler ausgestaltet ist. Während wie bei der DS-GVO auch der Data Governance Act, der Data Act, der AI Act und zunächst auch der Digital Services Act bei Aufsicht und Durchsetzung auf nationale Behörden[537] setzen, die in mehr oder weniger stark

---

bestimmten potentiellen Opfern von bestimmten Straftaten (Entführung, Menschenhandel, sexueller Ausbeutung), die Verhinderung eines tatsächlichen oder vorhersehbaren Terroranschlags oder das Aufspüren und Identifizieren eines schweren Straftäters ausdrücklich genannt werden.
[532] Vgl. Art. 3 Nr. 44a AI Act final unter Verweis auf Art. 4 Nr. 1 DS-GVO.
[533] Vgl. Art. 3 Nr. 33 AI Act final, der eine identische Definition wie Art. 4 Nr. 14 DS-GVO enthält und gem. Erwägungsgrund 7 AI Act final ebenso ausgelegt werden soll.
[534] Vgl. Art. 54 Abs. 1 AI Act final sowie den dazugehörenden Erwägungsgrund 72a (in inoffizieller deutscher Übersetzung): „Die vorliegende Verordnung sollte nur unter bestimmten Bedingungen im Einklang mit Artikel 6 Absatz 4 und Artikel 9 Absatz 2 Buchstabe g der Verordnung (EU) 2016/679 und den Artikeln 5, 6 und 10 der Verordnung (EU) 2018/1725 sowie unbeschadet des Artikels 4 Absatz 2 und des Artikels 10 der Richtlinie (EU) 2016/680 die Rechtsgrundlage für die Verwendung personenbezogener Daten, die für andere Zwecke erhoben werden, zur Entwicklung bestimmter KI-Systeme im öffentlichen Interesse innerhalb der KI-Reallabore durch die Beteiligten des KI-Reallabors bilden. Alle anderen Pflichten der Verantwortlichen und Rechte betroffener Personen im Rahmen der Verordnung (EU) 2016/679, Verordnung (EU) 2018/1725 und Richtlinie (EU) 2016/680 gelten weiterhin. Insbesondere sollte diese Verordnung keine Rechtsgrundlage im Sinne von Artikel 22 Absatz 2 Buchstabe b der Verordnung (EU) 2016/679 und Artikel 24 Absatz 2 Buchstabe b der Verordnung (EU) 2018/1725 bilden. Die am Reallabor Beteiligten und künftige Beteiligte sollten angemessene Schutzvorkehrungen treffen und mit den zuständigen Behörden zusammenarbeiten, unter anderem indem sie deren Anweisungen befolgen und zügig und nach Treu und Glauben handeln, um etwaige identifizierte hohe Risiken für die Sicherheit, Gesundheit und die Grundrechte, die bei der Entwicklung, Erprobung und Experimentierung im Reallabor auftreten können, zu mindern."
[535] Vgl. Art. 64 Abs. 3 AI Act final sowie den dazugehörigen Erwägungsgrund 79a.
[536] Vgl. Art. 56 Abs. 2 UAbs. 1 S. 2 AI Act final.
[537] Vgl. Art. 26 Data Governance Act: für Datenvermittlungsdienste zuständige Behörden und für die Registrierung von datenaltruistischen Organisationen zuständige Behörden; Art. 31 Data Act: unabhängige Datenkoordinatoren; Art. 59 AI Act final: notifizierende Behörde und Marktüberwachungsbehörde als zuständige nationale Behörde; Art. 49 ff. DSA: Koordinatoren für digitale Dienste.

ausgestalteten **Mechanismen der Zusammenarbeit und Kohärenz**[538] miteinander kooperieren und durch ein mehr oder weniger starkes **europäisches Gremium** – hier der Europäische Datenschutzausschuss, dort der Europäische Dateninnovationsrat,[539] der Europäische Ausschuss für Künstliche Intelligenz[540] und das Europäische Gremium für digitale Dienste[541] – koordiniert werden, sind beim DSA nationale Aufsichtsbehörden nur für die normalen Online-Vermittlungsdienste zuständig, während sehr große Online-Plattformen und sehr große Suchmaschinen von der Kommission direkt reguliert werden.[542] Der DMA sieht für die Torwächter ausnahmslos die Aufsicht durch die Kommission vor.[543] Man kann vor allem anhand des DSA und des DMA erkennen, dass der EU-Gesetzgeber aus den Erfahrungen mit der DS-GVO gelernt und sich für besonders marktmächtige Unternehmen von vornherein aus Effizienzgründen für eine zentrale Rechtsdurchsetzung entschieden hat.

Materiellrechtlich fällt auf, dass die Regelungen der neuen EU-Digitalisierungs-Gesetze ebenso **143** von ethischen und grundrechtlichen Erwägungen getragen sind wie vom Bestreben, einen ebenso einheitlichen wie wettbewerbsfähigen digitalen Binnenmarkt zu schaffen. Immer dann, wenn es um natürliche Personen geht, stellt der EU-Gesetzgeber in der Digitalgesetzgebung den Menschen in den Mittelpunkt (**"humanzentrischer Ansatz"**), wie sich u.a. an der insgesamt an der Menschenwürde und dem Datenschutzgrundrecht orientierten DS-GVO oder der Pflicht zur menschlichen Aufsicht bei Hochrisiko-KI-Systemen[544] zeigt. Wie ein roter Faden ziehen sich ferner der **Grundsatz der Eigenverantwortung**, der **risikobasierte Ansatz** und die **Offenheit für technologische Entwicklung und Innovation** durch die EU-Digitalgesetzgebung. Ausgehend von der DS-GVO entsteht so Schritt für Schritt ein zunehmend vollständiges, aufeinander abgestimmtes und sich gegenseitig ergänzendes vollharmonisiertes EU-Digitalisierungsrecht. Passend dazu haben das Europäische Parlament, der Rat und die Kommission 2022 gemeinsam eine **"Europäische Erklärung zu den digitalen Rechten und Grundsätzen für die digitale Dekade"**[545] verabschiedet, welche zwar rechtlich unverbindlich ist, sich jedoch wie eine gut strukturierte Zusammenfassung der wichtigsten heute die EU-Digitalgesetzgebung prägenden Prinzipien lesen und somit bei der Auslegung des EU-Digitalisierungsrechts, einschließlich der DS-GVO, sinnvoll nutzen lässt.

Gemeinsam ist schließlich allen seit der DS-GVO vom EU-Gesetzgeber verabschiedeten EU- **144** Digitalisierungs-Gesetzen, dass sie es von Anfang an auch auf eine internationale Wirkung angelegt haben. Das aus der DS-GVO bekannte **Marktortprinzip** (→ Rn. 24, 73) findet sich so auch im Data Act,[546] im DSA,[547] im DMA[548] und im AI Act.[549] Bei der neuen KI-Gesetzgebung hat der Europäische Rat selbst (dh die Staats- und Regierungschefs der 27 EU-Mitgliedstaaten, die Kommissionspräsidentin und der Präsident des Europäischen Rates) den Anspruch formuliert, dass die Europäische Union „bei der Entwicklung einer sicheren, vertrauenswürdigen und ethisch vertretbaren künstlichen Intelligenz weltweit eine Führungsrolle einnehmen" muss.[550] Der erfolgreiche **"Brüssel-Effekt"** (→ Rn. 26), der die DS-GVO zu einer Art „internationalem Goldstandard" im Datenschutzrecht gemacht hat, soll nach dem Willen der EU-Mitgliedstaaten also auch den neuen EU-Digitalisierungs-Gesetzen zugute kommen.[551]

---

[538] Vgl. Art. 26 Abs. 6 Data Governance Act; gegenseitige Information; Art. 37 Data Act: enge Zusammenarbeit und gegenseitige Amtshilfe; Art. 59 Abs. 6 AI Act final: von der Kommission geförderter Erfahrungsaustausch; Art. 56 ff DSA: Kohärenzmechanismus; Art. 1 Abs. 7 S. 1, 2 DMA: Zusammenarbeit mit Vorrang der Rechtsdurchsetzung durch die Kommission.
[539] Vgl. Art. 29 f. Data Governance Act und Art. 42 Data Act.
[540] Vgl. Art. 56 f. AI Act final.
[541] Vgl. Art. 61 ff. DSA.
[542] Vgl. Art. 56 Abs. 2, 3, Art. 64 ff. DSA.
[543] Vgl. Art. 1 Abs. 7 S. 1, Art. 3, Art. 4, Art. 20 ff. DMA.
[544] Vgl. Art. 14 Abs. 1 AI Act final.
[545] Europäische Erklärung zu den digitalen Rechten und Grundsätzen für die digitale Dekade, ABl. 2023 C 23, 1.
[546] Art. 1 Abs. 3 a–d, f Data Act.
[547] Art. 2 Abs. 1 DSA.
[548] Art. 1 Abs. 2 DMA.
[549] Art. 2 Abs. 1 lit. a und c AI Act final.
[550] Europäischer Rat, Außerordentliche Tagung des Europäischen Rates v. 1./2.10.2020, Schlussfolgerungen EUCO 13/20, abrufbar unter www.consilium.europa.eu/media/45919/021020-euco-final-conclusions-de.pdf, Rn. 13.
[551] Zum beabsichtigten „Brussels Effect" bei den neuen EU-Digital-Gesetzen *Bradford* Digital Empires. The Global Battle to Regulate Technologies, 2023, insbes. S. 111 ff.; *Kettemann/Schulz/Fertmann* ZRP 2021, 138 (141); sowie *Podszun/Bongartz/Kirk* NJW 2022, 3249 (3249).

Einleitung 145, 146

III. Die internationale Ausstrahlung der DS-GVO

145 Gute handwerkliche Qualität und zukunftsoffene Formulierungen sind sicherlich die besten Argumente, wenn die EU erreichen will, dass ihre Gesetze in anderen Teilen der Welt nachgeahmt oder gar übernommen werden. Die Marktmacht der EU mit rund 450 Mio. kaufkräftigen Verbrauchern, ihre weitverzweigten Handelsbeziehungen und die konsequente Anwendung des Marktortprinzips in der EU-Gesetzgebung tun das übrige, um zu erreichen, dass in langen, oft mühsamen Verhandlungen ausgehandelte EU-Rechtsakte internationale Standards setzen (→ Rn. 24, 73). Von Brasilien[552] über Indien[553] bis in einige Länder Afrikas[554] sowie einzelne US-Bundesstaaten[555] bis in die EWR-Staaten Island, Liechtenstein und Norwegen[556] ist heute dieser von der DS-GVO ausgelöste „Brüssel-Effekt" (→ Rn. 26) mal stärker, mal schwächer, stets aber deutlich zu spüren.[557] Die internationale Ausstrahlung der DS-GVO wird außerdem durch zwei Rechtsinstrumente in besonderem Maße befördert: durch die Vereinbarung von Angemessenheitsbeschlüssen mit den wichtigsten Partnern der EU; und durch die neue Konvention 108+ des Europarats, die in vielen Punkten die Modernisierungen und Aktualisierungen der DS-GVO übernommen hat.

146 **1. Die Angemessenheitsbeschlüsse der Kommission.** Ein zentrales Instrument für den formalisierten Export der Datenschutzstandards der DS-GVO sind die **Angemessenheitsbeschlüsse,** welche die Kommission gemäß Art. 45 in Gestalt von Durchführungsrechtsakten (→ Rn. 118) treffen kann. Auf diese Weise kann die Kommission einem Drittland ein angemessenes Schutzniveau nach DS-GVO-Standard bescheinigen und es damit für die Übermittlung personenbezogener Daten aus der EU freigeben. Ein solches angemessenes Schutzniveau darf die Kommission allerdings nur bescheinigen, wenn die Grundsätze des europäischen Datenschutzrechts im jeweiligen Drittland beachtet werden (vgl. Art. 45 Abs. 2). Dies erfordert nach der Rechtsprechung des EuGH ein Datenschutzniveau, dass zwar nicht identisch wie das in der EU, aber doch **„der Sache nach gleichwertig"** ist (vgl. Erwägungsgrund 104),[558] was regelmäßig aufwändige Abstimmungen oder gar Verhandlungen mit dem jeweiligen Drittstaat[559] sowie

---

[552] Zum neuen brasilianischen Datenschutzrecht im Vergleich zur DS-GVO vgl. *Hoeren/Pinelli* ZD 2020, 351.

[553] Zu den Entwicklungen im indischen Datenschutzrecht nach dem Urt. des indischen Supreme Court im Fall *Puttaswamy* v. *Union of India* zum umstrittenen Aadhaar-Projekt *Kipker* 2018, 253.

[554] Zum aktuellen Stand der Datenschutzrechte in Afrika eingehend *Hennemann/Boshe/v. Meding* ZfDR 2021, 193.

[555] Nach dem Stand Januar 2024 verfügen 13 der insgesamt 50 US-Bundesstaaten über ein umfassendes Gesetz zum Datenschutz, nämlich California, Colorado, Connecticut, Florida, Indiana, Iowa, Montana, New Jersey, Oregon, Tennessee, Texas, Utah, Virginia, siehe *Spies* ZD-Aktuell 2023, 01232. Hinzugekommen sind inzwischen auch Oregon (vgl. *Spies* ZD-Aktuell 2023, 01298) und Florida (vgl. *Spies* ZD-Aktuell 2023, 01326), so dass Ende 2023 zwölf der 50 US-Bundesstaaten ein Datenschutzgesetz hatten. Im Januar 2024 kam New Jersey als 13. US-Bundesstaat hinzu (vgl. *Spies* ZD-Aktuell 2024, 01488). Eine Inhaltsanalyse des California Privacy Rights Act (CPRA), der bereits am 3.11.2020 durch Volksabstimmung angenommen wurde, aber erst am 1.1.2023 in Kraft getreten ist, bietet *Lejeune* ITRB 1/2021, 23. Zu einem Inhaltsvergleich für Kalifornien (CPRA und CCPA), Colorado, Utah und Virginia siehe *Spies* MMR 2023, 69.

[556] Die Einbeziehung der DS-GVO in das EWR-Abkommen erfolgte mit Wirkung zum 20.7.2018 durch Beschl. des Gemeinsamen EWR-Ausschusses Nr. 154/2018 v. 6.7.2018 zur Änderung des Anh. XI (Elektronische Kommunikation, audiovisuelle Dienste und Informationsgesellschaft) und des Prot. 37 (mit der Liste gemäß Artikel 101) des EWR-Abkommens [2018/1022], ABl. 2018 L 183, 23.

[557] Dazu eingehend *Utz/Koloßa/Holz/Thielbörger* DuD 2019, 700.

[558] Vgl. EuGH (Große Kammer) Urt. v. 6.10.2015 – C-362/14, ECLI:EU:C:2015:650 = ZD 2015, 549 mAnm *Spies* – Maximilian Schrems/Data Protection Commissioner („Schrems I"), Rn. 73 f.: „Zwar impliziert das Wort ‚angemessen' in Art. 25 Abs. 6 der Richtlinie 95/46, dass nicht verlangt werden kann, dass ein Drittland ein dem in der Unionsrechtsordnung garantierten identisches Schutzniveau gewährleistet. [...] Auch wenn sich die Mittel, auf die das Drittland insoweit zurückgreift, um ein solches Schutzniveau zu gewährleisten, von denen unterscheiden können, die in der Union herangezogen werden, um die Wahrung der Anforderungen, die sich aus der Richtlinie im Licht der Charta ergeben, zu gewährleisten, müssen sich diese Mittel gleichwohl in der Praxis als wirksam erweisen, um einen Schutz zu gewährleisten, der dem in der Union garantierten der Sache nach gleichwertig ist."

[559] Zwar ist kein Drittstaat verpflichtet, am Prüfverfahren der Kommission aktiv mitzuwirken. Wegen der mit einem Angemessenheitsbeschluss verbundenen Vorteile beim grenzüberschreitenden Datenverkehr ist eine solche Mitwirkung jedoch der Regelfall. So machen Drittstaaten zB Auslegungszusagen zum nationalen Recht – so zB beim Angemessenheitsbeschluss Argentiniens – oder geben Erklärungen und Zusicherungen zur Handhabung des nationalen Rechts ab – so zB beim Angemessenheitsbeschluss Japans.

innerhalb der EU die Berücksichtigung der Stellungnahme des Europäischen Datenschutzausschusses sowie die Einbeziehung der Vertreter der Mitgliedstaaten im Ausschussverfahren gemäß Art. 93 Abs. 2 verlangt. Ausgangspunkt muss dabei eine umfassende Analyse der Rechtsordnung des Drittlands sein, und zwar sowohl in Bezug auf die für die Datenimporteure geltenden Vorschriften als auch auf die Beschränkungen und Garantien für den Zugang der Behörden zu personenbezogenen Daten. Prüfkriterien für die Kommission sind dabei gemäß Art. 45 Abs. 2 u.a. die Rechtsstaatlichkeit, die Achtung der Menschenrechte und Grundfreiheiten, wirksame verwaltungsrechtliche und gerichtliche Rechtsbehelfe für die betroffenen Personen sowie die Existenz und die wirksame Funktionsweise von unabhängigen Aufsichtsbehörden, einschließlich angemessener Durchsetzungsbefugnisse. Der EuGH stellt hohe Anforderungen an solche Angemessenheitsbeschlüsse und zieht dabei auch die nationalen Vorschriften und die Praxis der Sicherheits- und Strafverfolgungsbehörden bezüglich des Zugriffs auf personenbezogene Daten aus Gründen der öffentlichen Sicherheit in Betracht. Bereits zweimal hat der EuGH einen Angemessenheitsbeschluss der Kommission gegenüber den USA wegen Verletzung des EU-rechtlich vorgeschriebenen Datenschutzniveaus für rechtswidrig erklärt,[560] was jeweils Neuverhandlungen und (begrenzte) Rechtsänderungen in den USA zur Folge hatte.

Angemessenheitsbeschlüsse hat die Kommission bislang – zum Teil noch auf Grundlage von Art. 25 Abs. 6 DS-RL (vgl. Art. 45 Abs. 9, der deren Wirkung fortschreibt) – für folgende Drittstaaten getroffen:[561] **Andorra**[562], **Argentinien**[563], **Kanada (kommerzielle Organisationen)**[564], **Faröer Inseln**[565], **Guernsey**[566], **Isle of Man**[567], **Israel**[568], **Japan**[569], **Jersey**[570], **Neu-**

---

[560] Bereits zweimal hat der EuGH auf Initiative des österreichischen Datenschützers Max Schrems einen Angemessenheitsbeschluss ggü. den USA – 2015 den sog. „Safe Harbor"-Beschluss und 2020 den sog. „EU-US-Privacy-Shield" – für rechtswidrig erklärt; vgl. EuGH (Große Kammer) Urt. v. 6.10.2015 – C-362/14, ECLI:EU:C:2015:650 = ZD 2015, 549 mAnm *Spies* – Maximillian Schrems/Data Protection Commissioner („Schrems I"); sowie EuGH (Große Kammer) Urt. v. 16.7.2020 – C-311/18, ECLI:EU:C:2020:559 = ZD 2020, 511 mAnm *Moos/Rothkegel* – Data Protection Commissioner/Facebook Ireland Ltd, Maximillian Schrems („Schrems II").

[561] Vgl. dazu die Website „Adequacy decisions" der Kommission, abrufbar unter https://commission.europa.eu/law/law-topic/data-protection/international-dimension-data-protection/adequacy-decisions_en.

[562] Beschluss 2010/625/EU der Kommission v. 19.10.2010 gemäß der Richtlinie 95/46/EG des Europäischen Parlaments und des Rates über die Angemessenheit des Datenschutzniveaus in Andorra, ABl. 2010 L 277, 27, geänd. durch Durchführungsbeschluss (EU) 2016/2295 der Kommission vom 16.12.2016, ABl. 2016 L 344, 83.

[563] Entscheidung 2003/490/EG der Kommission v. 30.6.2003 gemäß der Richtlinie 95/46/EG des Europäischen Parlaments und des Rates über die Angemessenheit des Datenschutzniveaus in Argentinien, ABl. 2003 L 168, 19, geänd. durch Durchführungsbeschluss (EU) 2016/2295 der Kommission vom 16.12.2016, ABl. 2016 L 344, 83.

[564] Entscheidung 2002/2/EG der Kommission v. 20.12.2001 gemäß der Richtlinie 95/46/EG des Europäischen Parlaments und des Rates über die Angemessenheit des Datenschutzes, den das kanadische Personal Information Protection and Electronic Documents Act bietet, ABl. 2002 L 2, 13, geänd. durch Durchführungsbeschluss (EU) 2016/2295 der Kommission vom 16.12.2016, ABl. 2016 L 344, 83.

[565] Beschluss 2010/146/EU der Kommission v. 5.3.2010 gemäß der Richtlinie 95/46/EG des Europäischen Parlaments und des Rates über die Angemessenheit des Schutzniveaus, den das färöische Gesetz über die Verarbeitung personenbezogener Daten bietet, ABl. 2010 L 58, 17, geänd. durch Durchführungsbeschluss (EU) 2016/2295 der Kommission vom 16.12.2016, ABl. 2016 L 344, 83.

[566] Entscheidung 2003/821/EG der Kommission v. 21.11.2003 über die Angemessenheit des Schutzes personenbezogener Daten in Guernsey, ABl. 2003 L 308, 27, geänd. durch Durchführungsbeschluss (EU) 2016/2295 der Kommission vom 16.12.2016, ABl. 2016 L 344, 83.

[567] Entscheidung 2004/411/EG der Kommission v. 28.4.2004 über die Angemessenheit des Schutzes personenbezogener Daten auf der Insel Man, ABl. 2004 L 151, 51, geänd. durch Durchführungsbeschluss (EU) 2016/2295 der Kommission vom 16.12.2016, ABl. 2016 L 344, 83.

[568] Beschluss 2011/61/EU der Kommission v. 31.1.2011 gemäß der Richtlinie 95/46/EG des Europäischen Parlaments und des Rates über die Angemessenheit des Datenschutzniveaus im Staat Israel im Hinblick auf die automatisierte Verarbeitung personenbezogener Daten, ABl. 2011 L 27, 39, geänd. durch Durchführungsbeschluss (EU) 2016/2295 der Kommission vom 16.12.2016, ABl. 2016 L 344, 83.

[569] Durchführungsbeschluss (EU) 2019/419 der Kommission v. 23.1.2019 nach der Verordnung (EU) 2016/679 des Europäischen Parlaments und des Rates über die Angemessenheit des Datenschutzniveaus in Japan im Rahmen des Gesetzes über den Schutz personenbezogener Informationen, ABl. 2019 L 76, 1. Das japanische Datenschutzrecht hat sich über Jahre hinweg nachhaltig den europäischen Standards angenähert; vgl. *Fujiwara/Geminn* ZD 2016, 522; *Hoeren/Wada* ZD 2018, 3; sowie *Tatsumi* ZD 2023, 86.

[570] Entscheidung 2008/393/EG der Kommission v. 8.5.2008 gemäß der Richtlinie 95/46/EG des Europäischen Parlaments und des Rates über die Angemessenheit des Datenschutzniveaus in Jersey, ABl. 2008 L 138, 21, geänd. durch Durchführungsbeschluss (EU) 2016/2295 der Kommission vom 16.12.2016, ABl. 2016 L 344, 83.

Einleitung 148

seeland[571], Südkorea[572], Schweiz[573], Vereinigtes Königreich[574], Vereinigte Staaten von Amerika (kommerzielle Organisationen, die am „EU-US-Privacy Framework" teilnehmen)[575] sowie Uruguay.[576] Dabei verpflichten Art. 45 Abs. 4 und 5 die Kommission zur fortlaufenden Überwachung des Schutzniveaus in den betreffenden Drittländern. Gibt es Hinweise darauf, dass ein Drittstaat kein angemessenes Schutzniveau mehr gewährleistet, muss die Kommission. einen bereits getroffenen Angemessenheitsbeschluss widerrufen, ändern oder suspendieren. Am 15.1.2024 hat die Kommission in einem Bericht (COM[2024] 7) die noch gemäß der DS-RL getroffenen Angemessenheitsbeschlüsse nach eingehender Prüfung auf Grundlage der DS-GVO bestätigt.

148 Um das Instrument der Angemessenheitsbeschlüsse strategischer zu nutzen, verabschiedete die Kommission bereits am 10.1.2017 eine **Mitteilung zum Austausch und Schutz personenbezogener Daten in einer globalisierten Welt**.[577] Danach verfolgt die Kommission das Ziel

---

[571] Durchführungsbeschluss 2013/65/EU der Kommission v. 19.12.2012 gemäß der Richtlinie 95/46/EG des Europäischen Parlaments und des Rates über die Angemessenheit des Datenschutzniveaus in Neuseeland, ABl. 2013 L 28, 12, geänd. durch Durchführungsbeschluss (EU) 2016/2295 der Kommission vom 16.12.2016, ABl. 2016 L 344, 83.

[572] Durchführungsbeschluss (EU) 2022/254 der Kommission v. 17.12.2021 gemäß der Verordnung (EU) 2016/679 des Europäischen Parlaments und des Rates über die Angemessenheit des Schutzes personenbezogener Daten durch die Republik Korea im Rahmen des koreanischen Gesetzes über den Schutz personenbezogener Daten, ABl. 2022 L 44, 1.

[573] Entscheidung 2000/518/EG der Kommission v. 26.7.2000 gemäß der Richtlinie 95/46/EG des Europäischen Parlaments und des Rates über die Angemessenheit des Schutzes personenbezogener Daten in der Schweiz, ABl. 2000 L 215, 1, geänd. durch Durchführungsbeschluss (EU) 2016/2295 der Kommission vom 16.12.2016, ABl. 2016 L 344, 83. Zur Ausstrahlungswirkung der DS-GVO auf die Schweiz vgl. *Langhanke* ZD 2014, 621; *Sury* Informatik-Spektrum 2017, 221; *Giesinger/Oberlin* BvD-News 3/2017, 68; sowie *Bühlmann/Metin* ZD 2019, 356.

[574] Durchführungsbeschluss (EU) 2021/1772 der Kommission v. 28.6.2021 gemäß der Verordnung (EU) 2016/679 des Europäischen Parlaments und des Rates zur Angemessenheit des Schutzes personenbezogener Daten durch das Vereinigte Königreich, ABl. 2021 L 360, 1. Gegenüber dem Vereinigten Königreich hat die Kommission außerdem einen Angemessenheitsbeschluss gem. der Polizei-RL erlassen, um zu vermeiden, dass infolge des „Brexits" der europäisch-britische Datenaustausch zum Zwecke der polizeilichen und justiziellen Zusammenarbeit erheblich erschwert wird; vgl. Durchführungsbeschluss (EU) 2021/1773 der Kommission v. 28.6.2021 gemäß der Richtlinie (EU) 2016/680 des Europäischen Parlaments und des Rates zur Angemessenheit des Schutzes personenbezogener Daten durch das Vereinigte Königreich, ABl. 2021 L 360, 69.

[575] Durchführungsbeschluss (EU) 2023/1795 der Kommission v. 10.7.2023 gemäß der Verordnung (EU) 2016/679 des Europäischen Parlaments und des Rates über die Angemessenheit des Schutzniveaus für personenbezogene Daten nach dem Datenschutzrahmen EU-USA, ABl. 2023 L 231, 118.

[576] Durchführungsbeschluss 2012/484/EU der Kommission vom 21.8.2012 gemäß der Richtlinie 95/46/EG des Europäischen Parlaments und des Rates über die Angemessenheit des Datenschutzniveaus in der Republik Östlich des Uruguay im Hinblick auf die automatisierte Verarbeitung personenbezogener Daten, ABl. 2012 L 227, 11, geänd. durch Durchführungsbeschluss (EU) 2016/2295 der Kommission vom 16.12.2016, ABl. 2016 L 344, 83.

[577] Mitteilung der Kommission v. 10.1.2017 an das Europäische Parlament und den Rat, Austausch und Schutz personenbezogener Daten in einer globalisierten Welt, COM(2017) 7. Die Kommission beschloss ferner auf ihrer Sitzung v. 31.1.2018 folgende Grundsatzposition zu Datenverkehr und Datenschutz in EU-Handelsabkommen: „The Commission has today endorsed horizontal provisions for cross-border data flows and personal data protection in trade negotiations. As the protection of personal data is a fundamental right in the EU, it cannot be subject to negotiations in the context of EU trade agreements. Data flows between the EU and third countries can be ensured using the mechanisms provided under the EU data protection legislation. As already underlined in the Commission's Communication of 10 January 2017, 'Exchanging and Protecting Personal Data in a Globalised World', the preferred avenue for the EU are 'adequacy decisions'. Dialogues on data protection and trade negotiations with third countries can complement each other, but must follow separate tracks – like currently with Japan and South Korea. The Commission has looked into how best to advance the EU's interests in this area – especially in cases where an 'adequacy decision' (recognising an equivalent level of data protection of a third country) cannot be realistically reached in parallel to ongoing trade negotiations. This work was carried out by a project team lead by First Vice-President Timmermans. The draft text would allow the EU to tackle protectionist practices in third countries, while ensuring that such trade agreements cannot be used to challenge the strong EU rules on the protection of personal data. The Commission is now informing the other European institutions, as well as the European Data Protection Supervisor and the Article 29 Working Group of data protection authorities on its position in accordance with the usual procedures. The Commission's position today will determine its approach to data flows and data protection in trade agreements until the end of the mandate."; abrufbar unter http://europa.eu/rapid/press-release_MEX-18-546_en.htm. Eine neue Grundsatzposition wurde seither, soweit ersichtlich, nicht verabschiedet.

des freien Verkehrs personenbezogener Daten mit Handelspartnern der EU primär auf dem Weg von Angemessenheitsbeschlüssen, also durch die Anpassung der Rechtslage des betreffenden Drittstaats an die Standards der DS-GVO; der EU sollte es so auch beim Abschluss von Handelsabkommen stets möglich sein, die eigenen datenschutzrechtlichen Standards zu bewahren. Erst wenn in dem betreffenden Drittstaat ein angemessenes Datenschutzniveau nach DS-GVO-Standard erreicht ist, ist die Kommission bereit, den freien Datenverkehr auch in die Handelsbeziehungen zu integrieren. Mit **Japan,** zu dem seit 2019 ein Angemessenheitsbeschluss besteht, hat die EU im Oktober 2023 erstmals ein entsprechendes Abkommen über den freien Datenverkehr abgeschlossen, das noch ratifiziert werden muss.[578] Das offensive Werben gegenüber Drittstaaten für Angemessenheitsbeschlüsse als Wegbereiter für freien Datenverkehr rechnet die Kommission heute zur **„Digitaldiplomatie".**[579]

Oft ergänzen sich stabile Handelsbeziehungen zwischen der EU und ihren Partnern, insbesondere im digitalen Bereich, und gemeinsamer Ehrgeiz im Datenschutz.[580] Politische Unstimmigkeiten im Handelsbereich können dagegen auch die Verständigung auf die Voraussetzungen von Angemessenheitsbeschlüssen erschweren. So ist der Angemessenheitsbeschluss gegenüber dem **Vereinigten Königreich** der einzige solche Beschluss, der aktuell nur befristet (bis zum 27.6.2025[581]) gilt, da seit dem „Brexit" vom 31.1.2020[582] noch keine abschließende

---

[578] Am 28.10.2023 verständigten sich die EU und Japan darauf, den Austausch von Daten in die zwischen ihnen bestehende Handels- und Wirtschaftspartnerschaft einzubeziehen; vgl. Kommission, Pressemitteilung v. 28.10.2023, Hochrangiger Wirtschaftsdialog zwischen der EU und Japan: wegweisendes Abkommen über grenzüberschreitende Datenströme, abrufbar unter https://ec.europa.eu/commission/presscorner/detail/de/ip_23_5378.

[579] Vgl. Mitteilung der Kommission v. 19.2.2020 an das Europäische Parlament, den Rat, den Europäischen Wirtschafts- und Sozialausschuss und den Ausschuss der Regionen: Eine europäische Datenstrategie, COM(2020) 66, 4. „Auch auf dem Gebiet der Digitaldiplomatie ist die Kommission tätig geworden und hat 13 Länder als Partner anerkannt, die ein angemessenes Niveau des Schutzes personenbezogener Daten bieten." Vgl. auch den Bericht der Kommission v. 15.1.2024 an das Europäische Parlament und den Rat über die erste Überprüfung der Wirkungsweise der Angemessenheitsfeststellungen gemäß Artikel 25 Absatz 6 der Richtlinie 95/46/EG, COM(2024) 7, S. 3, wo die Angemessenheitsbeschlüsse nicht als „Ergebnis, sondern vielmehr [als] die Grundlage einer engeren Zusammenarbeit und einer weiteren regulatorischen Konvergenz zwischen der EU und gleichgesinnten Partnern" qualifiziert werden. Die Kommission weist dort auch auf den „Netzwerkeffekt" der Angemessenheitsbeschlüsse hin.

[580] Der Weg für den 2019 von der Kommission erlassenen datenschutzrechtlichen Angemessenheitsbeschluss konnte deshalb iRd von der EU und Japan 2017 vereinbarten Handels- und Wirtschaftspartnerschaft bereitet werden; vgl. die Gemeinsame Erklärung von *Shinzo Abe,* damals Premierminister Japans, und *Jean-Claude Juncker,* damals Präsident der Europäischen Kommission, v. 6.7.2017, STATEMENT/17/1917, abrufbar unter http://europa.eu/rapid/press-release_STATEMENT-17-1917_de.htm: „Wir betonen die Bedeutung eines hohen Maßes an Privatsphäre und Schutz personenbezogener Daten als eines Grundrechts und eines zentralen Faktors für das Vertrauen der Verbraucher in die digitale Wirtschaft. Dies erleichtert unter anderem den Fluss von Daten in beide Richtungen noch zusätzlich und trägt so zur schnelleren Entwicklung der digitalen Wirtschaft bei. Mit den jüngsten Reformen ihrer jeweiligen Rechtsvorschriften zum Schutz der Privatsphäre – dem Inkrafttreten der Datenschutz-Grundverordnung (DS-GVO) der EU am 24.5.2016 (mit Geltung ab 25.5.2018) und dem japanischen Gesetz über den Schutz personenbezogener Daten am 30.5.2017 – haben die EU und Japan ihre jeweiligen Systeme noch stärker aneinander angenähert. Diese beruhen vor allem auf einem übergeordneten Recht zum Schutz der Privatsphäre, einem Kernbestand an Persönlichkeitsrechten und der Durchsetzung der Rechtsvorschriften durch unabhängige Aufsichtsbehörden. Nun bieten sich neue Möglichkeiten zur Erleichterung des Datenaustauschs, auch indem gleichzeitig durch beide Seiten ein angemessenes Schutzniveau gefunden wird. In diesem Zusammenhang bekräftigen wir unsere Entschlossenheit, unsere Anstrengungen weiter zu verstärken, damit dieses Ziel bis Anfang 2018 erreicht wird." Mit dem Angemessenheitsbeschluss 2019 konnte dieses politische Ziel mit einjähriger Verspätung erreicht werden.

[581] Vgl. jew. Art. 4 Durchführungsbeschluss (EU) 2021/1772 der Kommission v. 28.6.2021 und Durchführungsbeschluss (EU) 2021/1773 der Kommission v. 28.6.2021.

[582] Bereits ab dem Tag des Inkrafttretens des Austrittsabkommens am 1.2.2020 0 Uhr war Großbritannien gem. Art. 50 Abs. 3 EUV kein EU-Mitglied mehr, sondern Drittstaat; so sehr klar EuGH Urt. v. 9.6.2022 – C-673/20, ECLI:EU:C:2022:449 – EP/Préfet du Gers, Rn. 55, 62. Jedoch galt bis 31.12.2020 eine Übergangsphase aufgrund des Abkommens über den Austritt des Vereinigten Königreichs Großbritannien und Nordirland aus der Europäischen Union und der Europäischen Atomgemeinschaft, ABl. 2020 L 29, 7; konsolidierter Text siehe Dok. 02020W/TXT-20230325, abrufbar in Eur-Lex. Dessen aus den Art. 70–74 bestehender Titel VII („Vor dem Ablauf des Übergangszeitraums oder aufgrund dieses Abkommens verarbeitete oder erhobene Daten und Informationen") enthält Regelungen zum Datenschutz. Ergänzend zu beachten ist Art. 67 Abs. 1 lit. b des Abkommens, der Bestimmungen zur Fortgeltung von Zuständigkeitsregelungen der DS-GVO enthält. Das 2020 geschlossene Handels- und Kooperationsabkommen zwischen der Europäischen Union und der Europäischen Atomgemeinschaft einerseits und dem Vereinigten König-

Einleitung 150

Klarheit darüber erzielt werden konnte, wie das Vereinigte Königreich seine künftigen Beziehungen mit der EU gestalten will. Ob der Angemessenheitsbeschluss am Ende verlängert werden kann, wird maßgeblich davon abhängen, ob das Vereinigte Königreich seine Datenschutzgesetzgebung auf dem erreichten DS-GVO-Niveau belässt oder es unter das Niveau der DS-GVO absenkt. Vergleichsweise positiv scheinen sich demgegenüber die datenschutzrechtlichen Beziehungen mit der **Schweiz** zu entwickeln, die zwar Drittstaat,[583] jedoch allein schon wegen ihrer geographischen Lage wirtschaftlich ganz besonders eng mit der EU verflochten ist. Da eine intensivere rechtliche Verbindung mit der EU aus politisch-institutionellen Gründen auf absehbare Zeit nicht möglich erscheint, besteht aus Schweizer Sicht die Notwendigkeit, den Maßstäben der DS-GVO materiell auch dort gerecht zu werden, wo eine rechtliche Verpflichtung nicht besteht, um Nachteile für Schweizer Unternehmen zu vermeiden.[584] Dies erklärt den Wunsch, dauerhaft von den Vorteilen des seit 2000 bestehenden Angemessenheitsbeschlusses zu profitieren.[585] Die Schweiz hat deshalb nach langer Vorbereitung eine **Totalrevision des Schweizer Datenschutzgesetzes** vorgenommen, die am 1.9.2023 vollständig in Kraft getreten ist.[586] Zwar hat die Schweiz die Inhalte der DS-GVO nicht eins zu eins übernommen. Doch finden sich alle wesentlichen Elemente im neu gefassten Schweizerischen Datenschutzgesetz wieder.[587] Insgesamt ist der DS-GVO eine ganz erhebliche Vorbildwirkung für die in der Schweiz getroffenen legislativen Maßnahmen zu attestieren.

150 **2. Die modernisierte Konvention 108+.** Die Konvention 108 des Europarats von 1981 (→ Rn. 11 ff.) hatte als erste europäische Regelung des Datenschutzrechts die DS-RL maßgeblich geprägt und einen datenschutzrechtlichen Grundkonsens zwischen den **heute 46** Mitgliedstaaten des Europarats und **neun** weiteren Partnerstaaten (Uruguay, Mauritius, Senegal, Tunesien, Kap Verde, Mexiko, Argentinien und Marokko sowie Russland[588]) geschaffen. Mit der DS-

---

reich Großbritannien und Nordirland andererseits, ABl. 2020 L 444, 14 enthält keine relevanten Regelungen. Die DS-GVO ist im Vereinigten Königreich iErg nach wie vor geltendes Recht (wenn auch nicht mehr als EU-Recht, sondern kraft Inkorporation in das nationale UK-Recht) über Chapter 3 („Incorporation of direct EU legislation") des European Union (Withdrawal) Act 2018 (abrufbar unter www.legislation.gov.uk). Gute Erläuterungsseite der UK-Datenschutzaufsichtsbehörde ICO dazu https://ico.org.uk/for-organisations/data-protection-and-the-eu/data-protection-and-the-eu-in-detail/the-uk-gdpr/.

[583] Eine gewisse Ausnahme hiervon bildet das Gebiet der Schengen-Zusammenarbeit. Hier ist die Schweiz aufgrund ihrer Eigenschaft als Schengen-Staat verpflichtet, die Richtlinie (EU) 2016/680 als Teil des Schengen-Acquis umzusetzen; vgl. Schweizerisches Bundesamt für Justiz, Erläuternder Bericht zum Vorentwurf für das Bundesgesetz über die Totalrevision des Datenschutzgesetzes und die Änderung weiterer Erlasse zum Datenschutz v. 21.12.2016, S. 14: „Für die Schweiz ist die Richtlinie (EU) 2016/680 Bestandteil des Schengen-Acquis. Aufgrund des Abkommens vom 26. Oktober 2004 zwischen der Schweizerischen Eidgenossenschaft, der Europäischen Union und der Europäischen Gemeinschaft über die Assoziierung dieses Staates bei der Umsetzung, Anwendung und Entwicklung des Schengen-Besitzstands (nachfolgend Schengen-Assoziierungsabkommen) muss sie die Richtlinie daher umsetzen. Hingegen ist die Schweiz nicht verpflichtet, die Verordnung (EU) 2016/679 zu übernehmen, da es sich gemäß der Europäischen Union dabei nicht um eine Weiterentwicklung des Schengen-Acquis handelt."

[584] Dazu *Bühlmann/Metin* ZD 2019, 356 (357).

[585] Vgl. Schweizerisches Bundesamt für Justiz, Erläuternder Bericht zum Vorentwurf für das Bundesgesetz über die Totalrevision des Datenschutzgesetzes und die Änderung weiterer Erlasse zum Datenschutz v. 21.12.2016, S. 5: „Schließlich soll die Vorlage der schweizerischen Datenschutzgesetzgebung insgesamt den Anforderungen der Verordnung (EU) 2016/679 annähern. Diese Annäherung bildet zusammen mit der Ratifizierung des revidierten Übereinkommens SEV 108 die zentrale Voraussetzung dafür, dass die Europäische Kommission der Schweiz in einem Angemessenheitsbeschluss weiterhin bestätigt, dass die schweizerische Gesetzgebung einem angemessenen Datenschutzniveau entspricht."

[586] Umfassende Dokumentation dazu durch das Bundesamt für Justiz, abrufbar unter www.bj.admin.ch/bj/de/home/staat/gesetzgebung/datenschutzstaerkung.html. Text des Gesetzes: Bundesgesetz über den Datenschutz (Datenschutzgesetz, DSG) v. 25.9.2020, Amtliche Sammlung (AS) 2022, 491.

[587] Siehe die Erläuterung bei Schweizerisches Bundesamt für Justiz, Erläuternder Bericht zum Vorentwurf für das Bundesgesetz über die Totalrevision des Datenschutzgesetzes und die Änderung weiterer Erlasse zum Datenschutz v. 21.12.2016, Gliederungspunkt 1.4 „Darstellung des revidierten Datenschutzgesetzes". Vgl. auch den Bericht der Kommission v. 15.1.2024 an das Europäische Parlament und den Rat über die erste Überprüfung der Wirkungsweise der Angemessenheitsfeststellungen gemäß Artikel 25 Absatz 6 der Richtlinie 95/46/EG, COM(2024) 7, Ziff. 4.10, wo die Kommission der Schweiz in Anbetracht insbesondere des aktualisierten Bundesdatenschutzgesetzes weiterhin ein angemessenes Schutzniveau bescheinigt.

[588] Russland ratifizierte die Konvention 108 im Jahr 2013. Zwar ist Russland wegen seines völkerrechtswidrigen Angriffskriegs gegen die Ukraine am 24.2.2022 nicht mehr Mitglied des Europarats. Russland ist allerdings weiterhin Vertragsstaat der Konvention 108.

GVO sollte dieser Grundkonsens keinesfalls aufgegeben werden. Deshalb wurde bereits parallel zu den Verhandlungen zur DS-GVO an der Novellierung der Konvention Nr. 108 gearbeitet. Die Verhandlungsführung für die (damals) 28 EU-Mitgliedstaaten oblag dabei – im Einklang mit den Kompetenzregeln über die Außenvertretung der EU (vgl. Art. 17 Abs. 1 S. 6 EUV, Art. 218 Abs. 3 AEUV) – der Kommission,[589] die dafür sorgte, dass die sich entwickelnden Vorgaben der DS-GVO in der novellierten Konvention Nr. 108 umfassend Berücksichtigung fanden. Die EU konnte dies gegenüber den übrigen Konventionsstaaten auch damit begründen, dass es andernfalls zu einem Auseinanderfallen der datenschutzrechtlichen Rechte und Pflichten zwischen den (heute) 27 EU-Mitgliedstaaten einerseits und den übrigen Konventionsstaaten und damit zu Störungen im freien Datenverkehr zwischen den Konventionsstaaten kommen würde.[590]

Der Text der novellierten Konvention Nr. 108 wurde im Mai 2018 vom Ministerkomitee des Europarats in Elsinore (Dänemark) in Form eines Änderungsprotokolls verabschiedet.[591] Seit Oktober 2018 liegt das Änderungsprotokoll – das auch **Konvention Nr. 108+**[592] genannt wird – zur Zeichnung und Ratifizierung durch die Konventionsstaaten auf. Bisher (Stand 9.1.2024) ist die Konvention 108+ von 28 Mitgliedstaaten des Europarats sowie von Uruguay, Mauritius und Argentinien ratifiziert.[593] Um in Kraft zu treten, ist die Ratifikation durch alle 55 Vertragsstaaten der ursprünglichen Konvention Nr. 108 oder, seit dem 11.10.2023, jedenfalls durch 38 Konventionsstaaten erforderlich. Ein Inkrafttreten ist daher für 2024 oder 2025 zu erwarten.

Die Modernisierung der Konvention Nr. 108 stellt sicher, dass die in der DS-GVO niedergelegten Grundsätze und Regeln ihre Wirkungen weit über den räumlichen Anwendungsbereich der DS-GVO hinaus entfalten können. War die ursprüngliche Konvention Nr. 108 noch Ausgangspunkt und Grundlage des europäischen Datenschutzrechts, wirkt ihre Neufassung nun als **Exporteur des einheitlichen europäischen Datenschutzrechts,** wie es heute in der DS-GVO niedergelegt ist, in die übrigen Konventionsstaaten, und setzt damit globale Standards.[594] Dazu trägt auch die DS-GVO selbst bei. Denn gemäß **Art. 45 Abs. 2 lit. c** hat die Kommission vor Erlass eines Angemessenheitsbeschlusses auch „die von dem betreffenden Drittland [...] eingegangenen internationalen Verpflichtungen oder andere Verpflichtungen, die sich aus rechtsverbindlichen Übereinkünften [...] insbesondere in Bezug auf den Schutz personenbezo-

---

[589] Die damalige EU-Justizkommissarin *Reding* empfahl dem Rat das Verhandlungsmandat für die Modernisierung der Konvention Nr. 108 am 19.11.2012 mit folgenden Worten (vgl. MEMO/12/877): „I am very pleased to see the Commission representing the EU at the negotiating table in the Council of Europe. [...] We are setting new and higher standards for data protection in the EU. But in this brave new digital age, data knows no national borders – these negotiations are an opportunity to build a new gold standard of data protection across the globe."

[590] Vgl. dazu die Darstellung von *Luisella Pavan-Woolfe*, Leiterin der EU-Delegation beim Europarat: „She also pointed to the convergence of views between the Council of Europe and European Union and the need to guarantee a high level of data protection and not to impose inconsistent obligations on member states of the European Union which would be incompatible with their commitments under European legislation. In this context, it was crucial to take account of the way in which Convention 108, which was binding on the 27 European Union member States, dovetailed with the European Union's procedure for ensuring compliance with harmonised standards." Wiedergegeben in Report of the 28th plenary meeting, Strasbourg, 19–22.6.2012, Consultative Committee of the Convention for the protection of individuals with regard to automatic procession of personal data [ETS No. 108], T-PD(2012)RAP28, Rn. 20. Zu den wesentlichen inhaltlichen Reformen der Konvention Nr. 108 eingehend *De Hert/Papakonstantinou* Computer Law & Security Review 2014, 633, die dabei feststellen (640): „The draft amended Convention is in itself a fairly detailed text that more or less follows the EU data protection model (and, indeed, at times certain GDPR [= General Data Protection Regulation] ideas currently under processing in the EU)." Die Position der Vertreter der EU-Mitgliedstaaten im Prozess der Modernisierung der Konvention Nr. 108 beschreiben sie wie folgt (641): „[U]nder current circumstances these Member States apparently take interest in the drafting process only in order to ensure that the Convention provisions do not contradict these of the GDPR also under negotiation."

[591] Zur Neufassung der Konvention Nr. 108 vgl. die Website „Modernisation of Convention 108", abrufbar unter www.coe.int/en/web/data-protection/convention108/modernisation. Der Text der modernisierten, noch nicht ratifizierten Konvention Nr. 108 ist abrufbar unter www.coe.int/en/web/data-protection/convention108/modernised.

[592] Der konsolidierte Text der modernisierten, derzeit noch nicht in Kraft getretenen Konvention Nr. 108+ ist abrufbar unter www.coe.int/en/web/data-protection/convention108/modernised. Zur Konvention 108+ ausf. *De Terwange* Computer Law & Security Review 2021, 105497.

[593] Stand der Ratifizierung abrufbar unter www.coe.int/en/web/conventions/full-list?module=signatures-by-treaty&treatynum=223.

[594] Vgl. *Greenleaf* International Data Privacy Law 2012, 68.

Einleitung 153, 154

gener Daten ergeben", zu berücksichtigen. In diesem Zusammenhang sagt **Erwägungsgrund 105 S. 2** ausdrücklich: „Insbesondere sollte der Beitritt des Drittlands zum Übereinkommen des Europarats vom 28. Januar 1981 zum Schutz des Menschen bei der automatischen Verarbeitung personenbezogener Daten und dem dazugehörigen Zusatzprotokoll berücksichtigt werden." Wer Konventionsstaat der Konvention 108+ ist, hat also bereits einen wesentlichen Teil des Weges zu einem verbindlichen Angemessenheitsbeschluss der Kommission und damit zum freien Datenverkehr mit der EU zurückgelegt.[595] Dies macht die Unterzeichnung der Konvention 108+ für weitere nichteuropäische Staaten besonders attraktiv.

F. Ausblick auf die Zukunft der DS-GVO

153 *„Die DS-GVO ist auf die Zukunft ausgerichtet. Sie bildet die Grundlage des EU-Arsenals an digitalen Gesetzen, die den Rahmen der Datenwirtschaft der EU bilden, etwa das Datengesetz und das Daten-Governance-Gesetz. Die COVID-19-Pandemie hat uns gezeigt, dass wir dank der DS-GVO die sichere Entwicklung neuer Technologien lenken konnten und dies auch weiterhin können. Die DS-GVO ist und bleibt ein wichtiges Instrument für die EU: Mit ihr können wir uns den aktuellen Herausforderungen stellen und einen Goldstandard für den Datenschutz sowohl innerhalb als auch außerhalb der EU festlegen."*[596]

154 Mit diesen feierlichen Worten zum fünften Jahrestag der DS-GVO am 24.5.2023 machten *Věra Jourová*, Vizepräsidentin der Kommission für Werte und Transparenz, und EU-Justizkommissar *Didier Reynders*, gemeinsam deutlich, dass die Kommission auf absehbare Zeit nicht die Absicht hat, die DS-GVO selbst wesentlich zu verändern,[597] wie dies gemäß Art. 97 Abs. 5 „erforderlichenfalls" geschehen könnte. Die DS-GVO ist heute der Dreh- und Angelpunkt des neuen EU-Digitalisierungsrechts, das sie in vielfältiger Weise ergänzt, bestätigt und bekräftigt. Man kann daher erwarten, dass das Hauptaugenmerk der Kommission in den kommenden Jahren darauf liegen wird, für die wirksame und einheitliche Anwendung des europäischen Datenschutzrechts in allen 27 EU-Mitgliedstaaten zu sorgen, weshalb die zügige Verabschiedung und Inkraftsetzung der DS-GVO-Verfahrensverordnung besondere Priorität hat. Es ist außerdem zu erwarten, dass sich die Kommission im Gefolge der Rechtsprechung des EuGH verstärkt mit der zum Teil überschießenden oder unzureichend konkreten Nutzung der Spezifizierungsklauseln der DS-GVO in den Mitgliedstaaten auseinandersetzen wird. In diesem Bereich kann offenkundig noch viel für die Wirksamkeit und Einheitlichkeit des Grundrechtsschutzes in der EU geleistet werden. Vor allem aber wird die Kommission darum bemüht sein, nach dem regelrechten „Gesetzesfeuerwerk" im EU-Digitalisierungsrecht nun wieder etwas Ruhe einkehren zu lassen. Neue Gesetze brauchen Zeit, um verstanden, im Zusammenspiel der Normen richtig angewandt und durch Unternehmens- und Behördenpraxis ebenso konkretisiert zu werden wie durch kritische Literatur und klärende Rechtsprechung. Wenn man so will, dann ist die DS-GVO im Jahr 2023 gerade eingeschult worden.[598] Bis zum Erwachsenwerden braucht sie nun Zeit, Geduld und fürsorgliche Begleitung durch Wissenschaft und Praxis.

---

[595] Hierauf bezieht sich zB Schweizerisches Bundesamt für Justiz, Erläuternder Bericht zum Vorentwurf für das Bundesgesetz über die Totalrevision des Datenschutzgesetzes und die Änderung weiterer Erlasse zum Datenschutz vom 21.12.2016, S. 18, wonach die Unterzeichnung der revidierten Datenschutzkonvention für die Schweiz im Hinblick auf den Angemessenheitsbeschluss der Kommission für die Schweiz von großer Bedeutung sei. Vgl. auch den Bericht der Kommission v. 15.1.2024 an das Europäische Parlament und den Rat über die erste Überprüfung der Wirkungsweise der Angemessenheitsfeststellungen gemäß Artikel 25 Absatz 6 der Richtlinie 95/46/EG, COM(2024) 7, wo insbes. bei der Schweiz (Ziff. 4.10), bei Argentinien (Ziff. 4.2) und bei Uruguay (Ziff. 4.11) auf die Ratifizierung der Konvention 108+ hingewiesen wird, um zu begründen, warum diesen Staaten weiterhin ein angemessenes Schutzniveau iSd DS-GVO bescheinigt wird.

[596] Kommission, Erklärung v. 24.5.2023 zum 5. Jahrestag der Datenschutz-Grundverordnung, abrufbar unter https://ec.europa.eu/commission/presscorner/detail/de/statement_23_2884.

[597] Ganz idS *Strassemeyer* DB 2023, 157 (157): „Der Gesetzestext der DS-GVO wird im Großen und Ganzen so bleiben, wie er ist."

[598] Vgl. GA *Bobek* SchlA v. 13.1.2021 – C-645/19, ECLI:EU:C:2021:5 – Facebook Ireland Ltd. u.a./ Gegevensbeschermingsautoriteit, Rn. 125, für den „der durch die DS-GVO aufgestellte rechtliche Rahmen […] noch in den Kinderschuhen steckt." Vgl. auch *Strassemeyer* DB 2023, 157 (157), der die DS-GVO im Mai 2023 „kurz vor der Einschulung" sah.

Kapitel I. Allgemeine Bestimmungen

Art. 1 Gegenstand und Ziele

(1) Diese Verordnung enthält Vorschriften zum Schutz natürlicher Personen bei der Verarbeitung personenbezogener Daten und zum freien Verkehr solcher Daten.

(2) Diese Verordnung schützt die Grundrechte und Grundfreiheiten natürlicher Personen und insbesondere deren Recht auf Schutz personenbezogener Daten.

(3) Der freie Verkehr personenbezogener Daten in der Union darf aus Gründen des Schutzes natürlicher Personen bei der Verarbeitung personenbezogener Daten weder eingeschränkt noch verboten werden.

Literatur: *Brühann*, Mindeststandards oder Vollharmonisierung des Datenschutzes in der EG – Zugleich ein Beitrag zur Systematik von Richtlinien zur Rechtsangleichung im Binnenmarkt in der Rechtsprechung des Europäischen Gerichtshofs, EuZW 2009, 639; *Ebers/Hoch/Rosenkranz/Ruschemeier/Steinrötter*, Der Entwurf für eine EU-KI-Verordnung: Richtige Richtung mit Optimierungsbedarf, RDi 2021, 528; *Ebert/Spiecker gen. Döhmann*, Der Kommissionsentwurf für eine KI-Verordnung der EU, NVwZ 2021, 1188; *Filusch*, Sozialdatenschutz verstorbener Personen, ZD 2022, 153; *González Fuster*, Fighting For Your Right to What Exactly? The Convoluted Case Law of the EU Court of Justice on Privacy and/or Personal Data Protection, Birkbeck Law Review 2014, 263; *Kraul/Schmidt*, Plattformregulierung 2.0 – Digital Services Act und Digital Markets Act als Herausforderung für die Compliance-Organisation, CCZ 2023, 177; *Marx*, Verhaltenspflichten für Anbieter von Datenvermittlungsdiensten, ZD 2023, 430; *Pfeiffer/Helmke*, Die Digitalrechtsakte der EU (DGA, DSA, DMA, KI-VO-E und DA-E) – Teil II, ZD-Aktuell 2023, 01162; *Raji*, Datenräume in der Europäischen Datenstrategie am Beispiel des European Health Data Space, ZD 2023, 3; *Schildbach*, Zugang zu Daten der öffentlichen Hand und Datenaltruismus nach dem Entwurf des Daten-Governance-Gesetzes, ZD 2022, 148; *Specht-Riemenschneider*, Der Entwurf des Data Act, MMR 2022, 809; *Zerdick*, European Aspects of Data Protection: What Rights for the Citizen?, Legal Issues of European Integration 1995, 59.

Rechtsprechung: EuGH Urt. v. 6.11.2003 – C-101/01, ECLI:EU:C:2003:596 – Lindqvist; EuGH Urt. v. 9.3.2010 – C-518/07, ECLI:EU:C:2010:125 – Kommission/Deutschland; EuGH Urt. v. 24.11.2011 – C-468/10 u. C-469/10, ECLI:EU:C:2011:777 = ZD 2012, 33 – ASNEF u. FECEMD; EuGH Urt. v. 6.10.2015 – C-362/14, ECLI:EU:C:2015:650 = ZD 2015, 549 mAnm *Spies* – Schrems; EuGH Urt. v. 21.12.2016 – C-203/15 u. C-698/15, ECLI:EU:C:2016:970 = ZD 2017, 124 mAnm *Kipker* – Tele2 Sverige; EuGH Urt. v. 10.12.2020 – C-620/19, ECLI:EU:C:2020:1011 – J & S Service.

Übersicht

	Rn.
A. Allgemeines	1
I. Zweck und Bedeutung der Vorschrift	1
II. Systematik, Verhältnis zu anderen Vorschriften	5
1. Aufsichtsbehörden als Hüter der Grundrechte und Grundfreiheiten und des freien Datenverkehrs in der Union	5
2. Datenschutzübereinkommen des Europarats	6
3. Freiverkehr nicht-personenbezogener Daten	7
4. DS-GVO als Fundament zum Aufbau eines europäischen Datenraums	8
B. Einzelerläuterungen	16
I. Gegenstand der DS-GVO	16
II. Grundrechtsschutz natürlicher Personen	17
III. Freier Datenverkehr in der Union	19
C. Nationale Durchführung	24
I. Deutschland	24
II. Österreich	26

A. Allgemeines[*]

I. Zweck und Bedeutung der Vorschrift

1 Art. 1 bestimmt den **Gegenstand** der DS-GVO (Abs. 1) und führt ihre beiden gleichrangigen Zielsetzungen auf: den Schutz der Grundrechte und Grundfreiheiten natürlicher Personen und insbesondere deren Recht auf Schutz personenbezogener Daten (Abs. 2) sowie die Gewährleistung eines freien Verkehrs personenbezogener Daten in der Union (Abs. 3).

2 Die Vorschrift entspricht dabei im Wesentlichen dem Art. 1 DS-RL. Die DS-GVO verfolgt damit **zwei der ältesten, gleichermaßen wichtigen Ziele** des europäischen Integrationsprozesses: einerseits den Schutz der Grundrechte und Grundfreiheiten des Einzelnen, insbesondere des Grundrechts auf Datenschutz, und andererseits die Vollendung des Binnenmarkts durch den freien Verkehr personenbezogener Daten. Bereits der Gesetzgeber der DS-RL hatte erkannt, dass beide Zielsetzungen einander bedingen und daher eine Rechtsangleichung der mitgliedstaatlichen Datenschutzvorschriften auf hohem Niveau herbeigeführt (→ Einl. Rn. 14 ff.).

3 Trotz der daraus resultierenden **Vollharmonisierung**[1] hat die DS-RL nicht verhindern können, dass es zu Unterschieden in den Mitgliedstaaten bei der Umsetzung und Anwendung kam, mit Folgen für die Betroffenen und Unternehmen.[2] Als Folge dessen entschloss sich der Gesetzgeber, das Rechtsinstrument der Verordnung gemäß Art. 288 AEUV zu wählen, um durch eine unionsweit gleichmäßige und einheitliche Anwendung der datenschutzrechtlichen Vorschriften erneutes Vertrauen bei den Bürgern in den digitalen Binnenmarkt herzustellen und für Unternehmen und Behörden Hemmnisse für den freien Datenverkehr im Binnenmarkt abzubauen.[3] Zu den sich aus einer unmittelbar geltenden Grundverordnung ergebenden Konsequenzen, auch für nationale Spielräume → Einl. Rn. 79 ff.

4 Nach Auffassung von Kommission,[4] Europäischem Parlament,[5] Rat[6] und Europäischem Datenschutzausschuss[7] hat die DS-GVO bereits **nach zwei Jahren ihrer Anwendung** die Ziele der Stärkung des Rechts des Einzelnen auf Schutz personenbezogener Daten und der Gewährleistung des freien Verkehrs personenbezogener Daten innerhalb der EU erreicht.[8]

II. Systematik, Verhältnis zu anderen Vorschriften

5 **1. Aufsichtsbehörden als Hüter der Grundrechte und Grundfreiheiten und des freien Datenverkehrs in der Union.** Zum Schutz sowohl der Grundrechte und Grundfreiheiten als auch des freien Datenverkehrs in der Union und zu dessen Erleichterung sind insbesondere die **Datenschutzaufsichtsbehörden** berufen: Art. 51 bestimmt ausdrücklich, dass die unabhängigen Aufsichtsbehörden sowohl die Grundrechte und Grundfreiheiten natürlicher Personen bei der Verarbeitung zu schützen als auch den freien Verkehr personenbezogener Daten in der Union zu erleichtern haben. Diese Vorschrift greift die diesbezügliche ständige Rechtsprechung des EuGH auf, in der festgestellt wurde, dass der freie Verkehr personenbezogener Daten das Recht auf Privatsphäre beeinträchtigen kann und daher die Aufsichtsbehörden als „Hüter der

---

[*] Der Verfasser vertritt hier seine persönliche Auffassung, die nicht notwendig der Auffassung des Europäischen Datenschutzbeauftragten entspricht.

[1] Der EuGH spricht von einer „grundsätzlich umfassenden Harmonisierung" der DS-RL, EuGH Urt. v. 6.11.2003 – C-101/01, ECLI:EU:C:2003:596 = EuZW 2004, 245 Rn. 96 – Lindqvist; vgl. auch EuGH Urt. v. 24.11.2011 – C-468/10 u. C-469/10, ECLI:EU:C:2011:777 = ZD 2012, 33 Rn. 29 – ASNEF u. FECEMD; siehe bereits überzeugend *Brühann* EuZW 2009, 639.

[2] Vgl. im Einzelnen Mitteilung der Kommission v. 4.11.2010, Gesamtkonzept für den Datenschutz in der Europäischen Union, KOM(2010) 609 endgültig, 11.

[3] Zum historischen, politischen und rechtlichen Kontext der EU-Datenschutzreform → Einl. Rn. 19 ff.

[4] Mitteilung der Kommission v. 24.6.2020, Datenschutz als Grundpfeiler der Teilhabe der Bürgerinnen und Bürger und des Ansatzes der EU für den digitalen Wandel – zwei Jahre Anwendung der Datenschutz-Grundverordnung, COM(2020)264 final, 1.

[5] Europäisches Parlament, Entschließung v. 25.3.2021 zu dem Bewertungsbericht der Kommission über die Durchführung der Datenschutz-Grundverordnung zwei Jahre nach Beginn ihrer Anwendung (2020/2717 (RSP)).

[6] Rat, Standpunkt und Feststellungen des Rates zur Anwendung der Datenschutz-Grundverordnung (DS-GVO), Ratsdok. v. 15.1.2020, 14994/2/19-REV2.

[7] Europäischer Datenschutzausschuss, Beitrag des Ausschusses zur Bewertung der DS-GVO nach Artikel 97 v. 18.2.2020.

[8] Zur Zukunft der DS-GVO → Einl. Rn. 153.

Grundrechte und Grundfreiheiten", insbesondere bei der Verarbeitung personenbezogener Daten, zum einen die Achtung des Grundrechts auf Privatsphäre und zum anderen die Interessen, die den freien Verkehr personenbezogener Daten verlangen, miteinander ins Gleichgewicht zu bringen haben.[9] Zu diesem Zweck haben die Aufsichtsbehörden untereinander und mit der Kommission zusammenzuarbeiten,[10] insbesondere im Wege des Kohärenzverfahrens (Art. 63 ff.) und im Europäischen Datenschutzausschuss (Art. 68 ff.).

2. Datenschutzübereinkommen des Europarats. Auch das **Datenschutzübereinkommen Nr. 108 des Europarats** (sog. Konvention Nr. 108) hat neben dem Grundrechtsschutz die grenzüberschreitende Übermittlung personenbezogener Daten zwischen den Vertragsstaaten grundsätzlich zu gewährleisten.[11] Gleiches gilt grundsätzlich für das modernisierte Abkommen „108+".[12]

3. Freiverkehr nicht-personenbezogener Daten. Ergänzend zur DS-GVO regelt die VO (EU) 2018/1807 den **freien Verkehr nicht-personenbezogener Daten innerhalb der EU**.[13] Dieser Rechtsakt statuiert insbesondere denselben Grundsatz des freien Verkehrs innerhalb der Union für nicht-personenbezogene Daten, außer wenn eine Einschränkung oder ein Verbot aus Gründen der öffentlichen Sicherheit gerechtfertigt ist. Darüber hinaus verbietet sie Datenlokalisierungsauflagen innerhalb der EU, regelt die Verfügbarkeit von Daten für zuständige Behörden und stellt Förderungsmaßnahmen für die Übertragung von nicht-personenbezogenen Daten für berufliche Nutzer in Aussicht. Bei einem Datensatz, der aus personenbezogenen und nicht-personenbezogenen Daten besteht, gilt VO (EU) 2018/1807 nur für die nicht-personenbezogenen Daten des Datensatzes. Sind personenbezogene und nicht-personenbezogene Daten in einem Datensatz untrennbar miteinander verbunden, gilt ausschließlich die DS-GVO, und zwar auch dann, wenn die personenbezogenen Daten nur einen kleinen Teil des Datensatzes ausmachen.[14]

4. DS-GVO als Fundament zum Aufbau eines europäischen Datenraums. Die DS-GVO bestand in der **COVID-19-Pandemie** ihre erste Bewährungsprobe: der einheitliche Datenschutz-Rechtsrahmen ermöglichte die Entwicklung praktischer Lösungen (zB bei Nachverfolgungs-Apps), ein gemeinsames Vorgehen der europäischen Datenschutzbehörden und stellte gleichzeitig ein hohes Schutzniveau für personenbezogene Daten sicher.[15]

Mit der Verabschiedung der DS-GVO und dem durch sie garantierten Schutz personenbezogener Daten wurde darüber hinaus das Fundament gelegt für weitere EU-Politiken, die auf der Verarbeitung und Verfügbarkeit von auch personenbezogenen Daten beruhen. In der **Datenstrategie**[16] skizzierte die Europäische Kommission grundlegend die Schaffung eines einheitlichen europäischen Datenraums, eines echten Binnenmarkts für Daten und kündigte die Schaf-

---

[9] Seit EuGH Urt. v. 9.3.2010 – C-518/07, ECLI:EU:C:2010:125 = EuZW 2010, 296 Rn. 24 – Kommission/Deutschland; bekräftigt in EuGH Urt. v. 6.10.2015 – C-362/14, ECLI:EU:C:2015:650 = ZD 2015, 549 mAnm *Spies* Rn. 42 – Schrems.
[10] Erwägungsgrund 123.
[11] Vgl. zum Europaratsübereinkommen Nr. 108 → Einl. Rn. 11 ff., sowie *Zerdick*, Legal Issues of European Integration, 1995, 59 (60 ff.).
[12] Neuer Art. 14 Protokoll zur Änderung des Übereinkommens zum Schutz des Menschen bei der automatischen Verarbeitung personenbezogener Daten des Europarates (Sammlung der Europaratsverträge 223), Wortlaut unter rm.coe.int/168098b1be; → Einl. Rn. 150 ff.
[13] Verordnung (EU) 2018/1807 des Europäischen Parlaments und des Rates vom 14.11.2018 über einen Rahmen für den freien Verkehr nicht-personenbezogener Daten in der Europäischen Union, ABl. 2018 L 303, 59.
[14] Vgl. im Einzelnen Mitteilung der Kommission v. 29.5.2019, Leitlinien zur Verordnung über einen Rahmen für den freien Verkehr nicht- personenbezogener Daten in der Europäischen Union, COM(2019) 250 final, 9.
[15] Vgl. etwa: Europäischer Datenschutzausschuss, Leitlinien 04/2020 für die Verwendung von Standortdaten und Tools zur Kontaktnachverfolgung im Zusammenhang mit dem Ausbruch von COVID-19 v. 21.4.2020; Europäischer Datenschutzbeauftragter, Orientierungspunkte des EDSB zu Körpertemperaturmessungen durch EU- Institutionen im Kontext der Covid-19-Krise; Mitteilung der Kommission v. 17.4.2020, Leitlinien zum Datenschutz bei Mobil-Apps zur Unterstützung der Bekämpfung der COVID-19- Pandemie, ABl. 2020 C 141, 1. Dazu auch → Einl. Rn. 120 ff.
[16] Mitteilung der Kommission v. 19.2.2020, Eine europäische Datenstrategie, COM(2020) 66 final. Siehe auch die nachfolgenden Mitteilungen der Kommission v. 19.2.2020, Gestaltung der digitalen Zukunft Europas, COM (2020) 67 final, sowie v. 9.3.2021, Digitaler Kompass 2030: der europäische Weg in die digitale Dekade, COM(2021) 118 final.

fung von zehn sektorspezifischen gemeinsamen europäischen Datenräumen an. Infolgedessen erfolgte die Verabschiedung von verschiedenen EU-Initiativen- und Rechtsakten, die die **DS-GVO zwar grundsätzlich unberührt lassen, sie jedoch teilweise ergänzen.**[17]

10   Kerninhalt des **Daten-Governance-Rechtsakts**[18] (engl.: Data Governance Act, DGA) ist eine Verordnung, die die Bereitstellung von Daten des öffentlichen Bereichs zur Weiterverwendung in Fällen, in denen diese Daten den Rechten anderer unterliegen, die gemeinsame Datennutzung durch Unternehmen gegen Entgelt in jedweder Form, sowie die Ermöglichung der Nutzung personenbezogener Daten mithilfe eines Datenvermittlungsdienstes", der u.a. Einzelpersonen bei der Ausübung ihrer Rechte gemäß der DS-GVO unterstützen soll. Darüber hinaus ermöglicht der DGA die Nutzung von Daten aus altruistischen Gründen.[19] Gemäß Art. 1 Abs. 3 DGA bleibt die DS-GVO im Verhältnis zum DGA unberührt und hat im Konfliktfall ausdrücklich Vorrang.[20]

11   Das **Gesetz über digitale Dienste** (engl.: Digital Services Act, DSA)[21] ist am 16.11.2022 als Verordnung in Kraft getreten. Die Verordnung schafft unter anderem Haftungs- und Sicherheitsvorschriften für digitale Plattformen, Dienste und Produkte im Binnenmarkt und baut auf der RL zum elektronischen Geschäftsverkehr auf, ersetzt jedoch deren in Art. 12–15 enthaltenen Haftungsprivilegierungen (→ Art. 2 Rn. 20).[22] Der DSA schafft einen europaweit einheitlichen Rechtsrahmen für digitale Dienste wie Onlineplattformen und Suchmaschinen. Er nimmt die Anbieter insbesondere in die Pflicht, Vorkehrungen gegen rechtswidrige Inhalte zu treffen.[23] Der DSA lässt zwar gemäß Art. 2 Abs. 4 Buchst. g die DS-GVO unberührt, führt aber einige **zusätzliche datenschutzrechtlich relevante Verpflichtungen** ein: So ist es beispielsweise Anbieter von Online-Plattformen verboten, Werbung anzeigen, die auf Profiling gemäß Art. 4 Nr. 4 DS-GVO unter Verwendung besonderer Kategorien personenbezogener Daten gemäß Art. 9 Abs. 1 DS-GVO beruht.[24] Zum Schutz von Minderjährigen gilt ein vollständiges Verbot personalisierter Werbung für Minderjährige: Anbieter von Online-Plattformen dürfen keine Werbung auf der Grundlage von Profiling gemäß Art. 4 Abs. 4 unter Verwendung personenbezogener Daten des Nutzers darstellen, wenn sie hinreichende Gewissheit haben, dass der betreffende Nutzer minderjährig ist.[25]

12   Das **Gesetz über digitale Märkte** (engl.: Digital Markets Act, DMA)[26] ist eine Verordnung, trat am 1.11.2022 in Kraft und gilt seit dem 2.5.2023. Mit der Begründung, dass sog. „Torwächter" personenbezogene Daten von deutlich mehr Dritten verarbeiteten als andere Unternehmen, legt der DMA zusätzliche einheitliche Regeln für zentrale digitale Plattformdienste im Binnenmarkt fest, in Ergänzung der bestehenden Wettbewerbsvorschriften der EU (und der Mitgliedstaaten).[27] Der DMA findet zwar gemäß Erwägungsgrund 12 DMA unbeschadet der DS-GVO Anwendung, führt aber einige **zusätzliche datenschutzrechtlich relevante Verpflichtungen** ein, darunter etwa das Verbot einer Anmeldung von sog. Endnutzern in anderen

---

[17] Siehe zu den grundsätzlichen Warnungen vor zu vermeidenden Überschneidungen mit der DS-GVO und den Aufsichtsstrukturen EDSA Erklärung zum Paket zu digitalen Diensten und zur Datenstrategie v. 18.11.2021. Dazu auch → Einl. Rn. 135 ff.

[18] Verordnung (EU) 2022/868 des Europäischen Parlaments und des Rates v. 30.5.2022 über europäische Daten-Governance und zur Änderung der Verordnung (EU) 2018/1724 (Daten-Governance-Rechtsakt), ABl. 2022 L 152, 1.

[19] Siehe zum Entwurf *Schildbach* ZD 2022, 148; Europäischer Datenschutzausschuss und Europäischer Datenschutzbeauftragter, Gemeinsame Stellungnahme 03/2021 des EDSA und des EDSB zum Vorschlag für eine Verordnung des Europäischen Parlaments und des Rates über europäische Daten-Governance (Daten-Governance-Gesetz), Version 1.1, v. 9.3.2021.

[20] Siehe dazu *Marx* ZD 2023, 430; instruktiv auch die Übersicht von *Pfeiffer/Helmke* ZD-Aktuell 2023, 01162.

[21] Verordnung (EU) 2022/2065 des Europäischen Parlaments und des Rates vom 19.10.2022 über einen Binnenmarkt für digitale Dienste und zur Änderung der Richtlinie 2000/31/EG (Gesetz über digitale Dienste), ABl. 2022 L 277, 1, berichtigt ABl. 2022 L 310, 17 (DSA).

[22] Vgl. Art. 89 Abs. 1 DA.

[23] Zu weiteren Einzelheiten des DSA *Kraul/Schmidt* CCZ 2023, 177; instruktiv auch die Übersicht von *Pfeiffer/Helmke* ZD-Aktuell 2023, 01162.

[24] Art. 26 Abs. 3 DSA.

[25] Art. 28 Abs. 2 DSA.

[26] Verordnung (EU) 2022/1925 des Europäischen Parlaments und des Rates v. 14.9.2022 über bestreitbare und faire Märkte im digitalen Sektor und zur Änderung der Richtlinien (EU) 2019/1937 und (EU) 2020/1828 (Gesetz über digitale Märkte), ABl. 2022 L 265, 1, berichtigt ABl. L 2023 116, 30 (DMA).

[27] Zu weiteren Einzelheiten des GdM *Kraul/Schmidt* CCZ 2023, 177; instruktiv auch die Übersicht von *Pfeiffer/Helmke* ZD-Aktuell 2023, 01162.

Diensten des Torwächters, um personenbezogene Daten zusammenzuführen, es sei denn es liegt eine Einwilligung des Betroffenen nach Art. 4 Nr. 11 DS-GVO vor.[28]

Mit dem Vorschlag der Kommission für ein **Gesetz über künstliche Intelligenz** (KI-VO; engl.: Artificial Intelligence Act, AI Act)[29] sollen die weltweit ersten harmonisierten Vorschriften für die Entwicklung, das Inverkehrbringen und die Verwendung von KI-Systemen in der Union geschaffen werden. Der Vorschlag sieht dazu Verbote bestimmter Praktiken im Bereich der künstlichen Intelligenz, und besondere Anforderungen an Hochrisiko-KI-Systeme und Verpflichtungen für Betreiber solcher Systeme vor. Darüber hinaus vorgeschlagen werden harmonisierte Transparenzvorschriften für KI-Systeme, die mit natürlichen Personen interagieren sollen, für KI-Systeme zu Zwecken der Gefühlserkennung und zur biometrischen Kategorisierung sowie für KI-Systeme, die zum Erzeugen oder Manipulieren von Bild-, Ton- oder Videoinhalten verwendet werden. Ergänzt wird dies durch Vorschriften für die Marktbeobachtung und Marktüberwachung in der EU mit Blick auf KI-Systeme. Der KI-VO-Entwurf ist nicht nur auf die für die Binnenmarktangleichungsrechtsgrundlage des Art. 114 AEUV gestützt, sondern auch auf die Rechtsgrundlage zum Erlass von Datenschutzvorschriften des Art. 16 AEUV: Dies erklärt sich aus dem Umstand, dass die **KI-VO die DS-GVO ausdrücklich ergänzen** soll: so sieht etwa Art. 10 Abs. 5 KI-VO-E eine Erweiterung bestehender Möglichkeiten zur Verarbeitung besonderer Kategorien personenbezogener Daten gemäß Art. 9 Abs. 1 DS-GVO vor und Art. 54 KI-VO-E die Möglichkeit einer Aushebelung des Zweckbindungsgrundsatzes gemäß Art. 5 Abs. 1 Buchst. b DS-GVO, indem personenbezogene Daten, die zu anderen Zwecken erhoben wurden, im KI-Reallabor weiterverarbeitet werden dürfen.[30] Der Vorschlag befindet sich noch im Gesetzgebungsverfahren, die formale Verabschiedung wird jedoch 2024 erfolgen.[31]

Mit der **Datenverordnung** (engl.: Data Act, DA)[32] soll eine gerechte Verteilung der Wertschöpfung aus Daten auf die Akteure der Datenwirtschaft gewährleistet werden sowie der Datenzugang und die Datennutzung gefördert werden.[33] Kerninhalte sind die **Erleichterung des Zugangs zu Daten und deren Nutzung** – auch zwischen Unternehmen untereinander und zwischen Unternehmen und Behörden – sowie die Überarbeitung der bestehenden Vorschriften über den rechtlichen Schutz von Datenbanken. Darüber hinaus soll der DA das in Art. 20 DS-GVO statuierte Recht auf Datenübertragbarkeit ergänzen: Es gewährt Nutzern das Recht auf Zugang und darauf, einem Dritten alle Daten bereitzustellen, die bei der Nutzung eines Produkts und verbundenen Dienstes erzeugt werden, unabhängig davon, ob es sich um personenbezogene Daten handelt, von der Unterscheidung zwischen aktiv bereitgestellten oder passiv aufgezeichneten Daten und von der Rechtsgrundlage für die Verarbeitung. Gleichzeitig soll der Schutz nichtpersonenbezogener Daten international, insbesondere in der Wolke durch Einführung von Schutzvorkehrungen gegen die unrechtmäßige Datenübermittlung ohne Meldung von Cloud-Diensteanbieter sichergestellt werden, vergleichbar mit Art. 48 DS-GVO. Die Vorschriften der DS-GVO bleiben ausdrücklich gemäß Art. 1 Abs. 5 DA unberührt und genießen im Falle eines Widerspruchs mit der DA Vorrang.[34]

---

[28] Art. 5 Abs. 2 Buchst. d DMA.

[29] Vorschlag für eine Verordnung des Europäischen Parlaments und des Rates zur Festlegung harmonisierter Vorschriften für Künstliche Intelligenz (Gesetz über Künstliche Intelligenz) und zur Änderung bestimmter Rechtsakte der Union, COM(2021) 206 final (KI-VO).

[30] Zu weiteren Einzelheiten des Entwurfs *Ebert/Spiecker gen. Döhmann* NVwZ 2021, 1188; krit. zum Entwurf Europäischer Datenschutzausschuss und Europäischer Datenschutzbeauftragter, Gemeinsame Stellungnahme 5/2021 zum Vorschlag für eine Verordnung des Europäischen Parlaments und des Rates zur Festlegung harmonisierter Vorschriften für Künstliche Intelligenz (Gesetz über Künstliche Intelligenz) und zur Änderung bestimmter Rechtsakte der Union v. 18.6.2021 sowie *Ebers/Hoch/Rosenkranz/Ruschemeier/Steinrötter* RDi 2021, 528; instruktiv auch die Übersicht von *Pfeiffer/Helmke* ZD-Aktuell 2023, 01160.

[31] Der Rat nahm seine Allgemeine Ausrichtung bereits an am 6.12.2022, Ratsdok. 15698/22; das Europäische Parlament verabschiedete seine Verhandlungsposition am 14.6.2023, P9_TA(2023)0236. Am 9.12.2023 haben die EU-Rat und das Europäische Parlament eine vorläufige Einigung erzielt, die noch förmlich anzunehmen ist, siehe Presseerklärung des Rats www.consilium.europa.eu/de/press/press-releases/2023/12/09/artificial-intelligence-act-council-and-parliament-strike-a-deal-on-the-first-worldwide-rules-for-ai/.

[32] Verordnung (EU) 2023/2854 des Europäischen Parlaments und des Rates vom 13. Dezember 2023 über harmonisierte Vorschriften für einen fairen Datenzugang und eine faire Datennutzung sowie zur Änderung der Verordnung (EU) 2017/2394 und der Richtlinie (EU) 2020/1828 (Datenverordnung) ABl. 2023 L 2854.

[33] So die Kommission im Vorschlag für eine Verordnung des Europäischen Parlaments und des Rates über harmonisierte Vorschriften für einen fairen Datenzugang und eine faire Datennutzung (Datengesetz), COM (2022) 68 final, 3.

[34] Zu den weiteren Einzelheiten *Specht-Riemenschneider* MMR 2022, 809 sowie Europäischer Datenschutzausschuss und Europäischer Datenschutzbeauftragter, Gemeinsame Stellungnahme 2/2022 zum Vorschlag für

15 Daneben verabschiedete die EU-Kommission eine Verordnung zur Schaffung eines **europäischen Raums für Gesundheitsdaten** (engl.: European Health Data Space, EHDS).[35] Dieser Raum soll europaweit einen Rahmen für den Zugriff und den Austausch von Gesundheitsdaten bieten, wodurch die Versorgung, Forschung und Infrastruktur der verschiedenen Gesundheitssysteme optimiert werden sollen. Auch der EHDS ist nicht nur auf die für die Binnenmarktangleichungsrechtgrundlage des Art. 114 AEUV gestützt, sondern auch auf die Rechtgrundlage zum Erlass von Datenschutzvorschriften des Art. 16 AEUV: Dies erklärt sich aus dem Umstand dass der EHDS die DS-GVO gemäß Art. 1 Abs. 4 unberührt lässt, aber **die DS-GVO bewusst ergänzen** soll, insbesondere um Vorschriften, die den Zugang und die Weiterverarbeitung von Gesundheitsdaten für Forschungszwecke, für die öffentliche Gesundheit und bessere gesundheitspolitische Entscheidungen erleichtern soll (sog. **Sekundärnutzung von Gesundheitsdaten**). Insbesondere diese Sekundärnutzung steht im Widerspruch zu den grundlegenden Datenschutzprinzipien der Datenminimierung und Zweckbindung. Im sensiblen Kontext der Gesundheitsdaten betrachten sowohl der Europäische Datenschutzausschuss als auch der Europäische Datenschutzbeauftragte dies mit erheblicher Skepsis. Aus diesem Grund haben sie eine umfassende Überarbeitung des Entwurfs zur EHDS-Verordnung gefordert.[36]

B. Einzelerläuterungen

I. Gegenstand der DS-GVO

16 Gemäß Art. 1 Abs. 1 enthält die DS-GVO Vorschriften zum Schutz natürlicher Personen bei der Verarbeitung personenbezogener Daten und zum freien Verkehr solcher Daten. Zu den Einzelheiten wird auf die Kommentierung der insgesamt 99 Artikel der DS-GVO verwiesen.

II. Grundrechtsschutz natürlicher Personen

17 Geschützt werden durch die DS-GVO die **Grundrechte und Grundfreiheiten** natürlicher Personen und „insbesondere" deren Recht auf Schutz personenbezogener Daten. Mit dieser Formulierung trägt Art. 1 Abs. 2 dem Umstand Rechnung, dass zwar Art. 8 GRCh und Art. 16 AEUV den Schutz personenbezogener Daten zum Gegenstand haben, darüber hinaus jedoch noch andere Rechte und Freiheiten bestehen, die mit dem Schutz der personenbezogenen Daten in einem engen Zusammenhang stehen, insbesondere der Schutz des Privat- und Familienlebens, der Wohnung sowie der Kommunikation gemäß Art. 7 GRCh. Die DS-GVO ist daher nicht ausschließlich begrenzt auf den Schutz personenbezogener Daten, sondern verlangt beispielsweise vom Verantwortlichen gemäß Art. 25 Abs. 1 eine Einschätzung der „Risiken für die Rechte und Freiheiten natürlicher Personen" oder von der Kommission gemäß Art. 45 Abs. 2 eine Prüfung der „Achtung der Menschenrechte und Grundfreiheiten" in einem Drittland.[37]

18 Das Grundrecht auf Datenschutz gemäß Art. 8 GRCh und Art. 16 AEUV ist begrenzt auf den Schutz natürlicher Personen und erfasst nicht juristische Personen.[38] Infolgedessen erstreckt sich der Schutz der DS-GVO ausdrücklich nur auf **natürliche Personen,** was bereits im Titel und Art. 1 Abs. 1 sowie Abs. 2 deutlich gemacht wird. Wie auch der Grundrechtsschutz in Art. 8 GRCh, steht dieses Menschenrecht ausdrücklich **jeder** natürlichen Person zu, unabhängig

---

eine Verordnung des Europäischen Parlaments und des Rates über harmonisierte Vorschriften für einen fairen Datenzugang und eine faire Datennutzung (Datengesetz) v. 4.5.2022, die jedoch zusätzliche Schutzvorkehrungen für erforderlich halten, um zu verhindern, dass der Grundrechtsschutz, was den Schutz der Privatsphäre und den Schutz personenbezogener Daten angeht, in der Praxis verringert wird.

[35] Vorschlag für eine Verordnung des Europäischen Parlaments und des Rates über den europäischen Raum für Gesundheitsdaten, COM(2022) 197 final.

[36] Europäischer Datenschutzausschuss und Europäischer Datenschutzbeauftragter, Gemeinsame Stellungnahme 3/2022 zum Vorschlag für eine Verordnung des Europäischen Parlaments und des Rates über harmonisierte Vorschriften für einen fairen Datenzugang und eine faire Datennutzung (Datengesetz) v. 12.7.2022; weitergehend *Raji* ZD 2023, 3 (6), der „eklatante Unstimmigkeiten" im Verhältnis zur DS-GVO sieht.

[37] Zur diesbezüglichen EuGH-Rspr. vgl. *González Fuster* Birkbeck Law Review 2014, 263 sowie → Einl. Rn. 35.

[38] Vgl. EuGH Urt. v. 10.12.2020 – C-620/19, ECLI:EU:C:2020:1011 Rn. 46 – J & S Service; von der Groeben/Schwarze/*Brühann* AEUV Art. 16 Rn. 47; allerdings kann es trotzdem sein, dass Angaben, die formal auf eine juristische Person bezogen sind, dennoch als personenbezogene Daten einer natürlichen Person anzusehen sind → Art. 4 Rn. 14.

von Wohnsitz oder Staatsbürgerschaft, und gilt daher auch für Drittstaatsangehörige. Den Mitgliedstaaten steht es jedoch frei, Rechtsvorschriften zu erlassen zum Schutz juristischer Personen bei der Verarbeitung von Informationen, die sich auf sie beziehen.[39] Solche Regelungen dürfen jedoch nicht den durch die DS-GVO garantierten Schutz des Einzelnen unter Verweis auf die angeblich grundsätzlich gleich schutzwürdigen Rechte juristischer Personen in Frage stellen und somit der DS-GVO ihrer praktischen Wirksamkeit berauben. Die DS-GVO gilt nur für **lebende** natürliche Personen, und nicht für die personenbezogenen Daten Verstorbener. Die Mitgliedstaaten können jedoch Vorschriften für die Verarbeitung der personenbezogenen Daten Verstorbener vorsehen.[40]

III. Freier Datenverkehr in der Union

Gemäß Art. 1 Abs. 3 darf der freie Verkehr personenbezogener Daten in der Union aus Gründen des Schutzes natürlicher Personen bei der Verarbeitung personenbezogener Daten weder eingeschränkt noch verboten werden (**„Grundsatz des freien Verkehrs von personenbezogenen Daten"**). 19

Dieser Grundsatz des freien Verkehrs von personenbezogenen Daten erstreckt sich auf das **Gebiet der Union,** bezieht sich also auf den Verkehr in andere EU-Mitgliedstaaten bzw. in andere Staaten des Europäischen Wirtschaftsraums (EWR), seitdem die DS-GVO auch von den EWR-Mitgliedstaaten in das EWR-Abkommen und das innerstaatliche Recht der EWR-Vertragsparteien übernommen wurde (→ Art. 3 Rn. 28). Der Grundsatz des freien Verkehrs von personenbezogenen Daten gilt auch für die Union selbst sowie ihrer Organe, Einrichtungen, Ämter und Agenturen als Datenempfänger bzw. -übermittler, aufgrund der für diese bestehenden und an die DS-GVO angepassten Datenschutzvorschriften.[41] Die Übermittlung personenbezogener Daten aus einem Mitgliedstaat in einen Drittstaat oder an eine internationale Organisation ist dagegen ausdrücklich besonderen Bestimmungen unterworfen, die sicherstellen sollen, dass das durch die DS-GVO gewährleistete Schutzniveau für natürliche Personen nicht untergraben wird (Art. 44 ff.). 20

Der freie Datenfluss zwischen den Mitgliedstaaten darf daher **weder eingeschränkt noch verboten** werden: Wie bereits unter der DS-RL,[42] verwehrt die DS-GVO es den Mitgliedstaaten zum einen, die Einfuhr von personenbezogenen Daten zu behindern, auch wenn die in einem anderen Mitgliedstaat vorgenommene Verarbeitung nicht den innerstaatlichen Rechtsanforderungen entspricht. Zum anderen darf die Ausfuhr personenbezogener Daten nicht behindert werden mit dem Hinweis darauf, dass in dem anderen Mitgliedstaat kein gleichwertiger allgemeiner Datenschutz oder detaillierter Sonderschutz, etwa für Beschäftigte, bestehe. Auch ein gesetzliches Verbot, personenbezogene Daten in einem anderen Mitgliedstaat zu speichern unter Hinweis auf Erfordernisse des Datenschutzes und der Datensicherheit wäre unvereinbar mit diesem Grundsatz.[43] Von Bedeutung ist diese Garantie des freien Verkehrs personenbezogener Daten vor allem bei solchen grenzüberschreitenden Verarbeitungen, die gemäß nationaler Rechtsvorschriften der Mitgliedstaaten erfolgen, und die die Anwendung der DS-GVO für bestimmte Datenverarbeitungen im Einklang mit dieser spezifizieren oder präzisieren (→ Einl. Rn. 89 ff.). Das bedeutet beispielsweise, dass der Umstand, dass ein Mitgliedstaat von der in Art. 9 Abs. 4 ausdrücklich enthaltenen Spezifizierungsklausel in Bezug auf genetische, biometrische oder Gesundheitsdaten durch den Erlass von diesbezüglichen Rechtsvorschriften Gebrauch gemacht hat, dies dessen ungeachtet den freien Verkehr personenbezogener Daten 21

---

[39] EuGH Urt. v. 10.12.2020 – C-620/19, ECLI:EU:C:2020:1011 Rn. 41 – J & S Service; siehe dazu die österreichische Regelung → Rn. 26.
[40] Siehe Erwägungsgrund 27 und → Art. 4 Rn. 13; siehe dazu in Deutschland → Rn. 24.
[41] Verordnung (EU) 2018/1725 des Europäischen Parlaments und des Rates vom 23.10.2018 zum Schutz natürlicher Personen bei der Verarbeitung personenbezogener Daten durch die Organe, Einrichtungen und sonstigen Stellen der Union, zum freien Datenverkehr und zur Aufhebung der Verordnung (EG) Nr. 45/2001 und des Beschlusses Nr. 1247/2002/EG, ABl. 2018 L 295, 39.
[42] Grabitz/Hilf/*Brühann*, Das Recht der Europäischen Union, 40. Aufl. 2009, A 30; Richtlinie 95/46/EG zum Schutz natürlicher Personen bei der Verarbeitung personenbezogener Daten und zum freien Datenverkehr, Art. 1 Rn. 12.
[43] AA anscheinend GA *Saugmandsgaard Øe* Schlussantrag v. 19.7.2016 – C-203/15 u. C-698/15, ECLI:EU:C:2016:572 = BeckRS 2016, 81559 Rn. 241 – Tele2 Sverige. Der EuGH ist in diesem Punkt dem GA unverkennbar nicht gefolgt, und verlangt im Gegenteil bei auf Vorrat gespeicherten Daten ausdrücklich eine Speicherung im Gebiet der Union, siehe EuGH Urt. v. 21.12.2016 – C-203/15 u. C-698/15, ECLI:EU:C:2016:970 = ZD 2017, 124 mAnm *Kipker* Rn. 122, 125 – Tele2 Sverige.

innerhalb der Union nicht beeinträchtigen darf.[44] Gleiches gilt grundsätzlich für den Datenfluss aus EU- und EWR-Mitgliedstaaten an Unionsorgane, Einrichtungen, Ämter und Agenturen bzw. von diesen an Empfänger in EU- und EWR-Mitgliedstaaten.[45]

22 Der Grundsatz des freien Verkehrs personenbezogener Daten in der Union gilt uneingeschränkt: Die DS-GVO sieht **weder Ausnahmen noch Beschränkungsmöglichkeiten** aus Gründen des Schutzes natürlicher Personen bei der Verarbeitung personenbezogener Daten vor (Art. 1 Abs. 3). Die Mitgliedstaaten können sich daher nicht auf die Vorschrift des Art. 23 berufen, um Beschränkungen des freien Datenverkehrs herbeizuführen. Dies ist natürliche Folge der bereits durch die DS-RL abgebauten Unterschiede im einzelstaatlichen Datenschutzrecht durch die Vollharmonisierung (→ Rn. 3) und durch die DS-GVO herbeigeführten gleichmäßigen Datenschutzniveaus für natürliche Personen in der Union, unter Beseitigung der Unterschiede, die den freien Verkehr personenbezogener Daten im Binnenmarkt behindern könnten.

23 Eine **Beschränkung aus anderweitigen Gründen,** also aus nicht-datenschutzrechtlich iSd Art. 7 und Art. 8 GRCh motivierten Gründen ist dagegen (auch de facto) möglich, ist jedoch gegebenenfalls an anderen Maßstäben der EU-Verträge zu messen. Beispielsweise kann in manchen Fällen ein Verbraucher auf einer Webseite in einem anderen Mitgliedstaat keine Waren oder Dienstleistungen kaufen, da der Zugang zu dieser Webseite durch Geoblocking gesperrt wurde.[46] Damit wird der potenzielle Datenfluss der personenbezogenen Daten des Verbrauchers an den dortigen Händler zur möglichen Durchführung eines Vertragsverhältnisses unterbunden. Eine solche Beschränkung der Dienstleistungsfreiheit iSv Art. 56 AEUV lässt sich nur unter den engen Voraussetzungen des Art. 62 iVm Art. 52 AEUV rechtfertigen, etwa wenn sie notwendig ist, um zwingenden Gründen des Allgemeininteresses (der öffentlichen Ordnung, Sicherheit oder Gesundheit) gerecht zu werden.[47] Solche Beschränkungen können sich erheblich auf die Freizügigkeit innerhalb des digitalen Binnenmarktes der EU auswirken, ohne dabei jedoch aus Datenschutzgründen zu erfolgen.

C. Nationale Durchführung

I. Deutschland

24 Der deutsche Gesetzgeber hat von der in Erwägungsgrund 27 angesprochenen Möglichkeit Gebrauch gemacht, Vorschriften für die Verarbeitung der personenbezogenen Daten Verstorbener vorzusehen (→ Rn. 18): In § 35 Abs. 5 SGB I ist ausdrücklich geregelt, dass die DS-GVO auch für den Sozialdatenschutz **Verstorbener** gelten soll.[48] Ebenso regelt § 2a Abs. 5 Nr. 1 AO dass die DS-GVO, die AO sowie die deutschen Steuergesetze **entsprechend** gelten für Informationen, die sich beziehen auf identifizierte oder identifizierbare verstorbene natürliche Personen. Außerdem gelten aufgrund des Verweises in § 2a Abs. 5 Nr. 2 AO die Bestimmungen der DS-GVO hinsichtlich der Verarbeitung personenbezogener Daten natürlicher Personen für **juristische Personen entsprechend**.

25 Letztere Entscheidung des nationalen, deutschen Gesetzgebers führt jedoch zu einer Zweiteilung der Auslegung: Auch wenn der EuGH wiederholt seine Zuständigkeit für die Entscheidung über Vorabentscheidungsersuchen bejaht, die Unionsvorschriften in Fällen betreffen, in denen der jeweilige Sachverhalt des Ausgangsverfahrens nicht unter das Unionsrecht und daher allein in die Zuständigkeit der Mitgliedstaaten fiel, aber die betreffenden Unionsvorschriften durch einen Verweis im nationalen Recht auf ihren Inhalt für anwendbar erklärt worden

---

[44] Erwägungsgrund 53 aE; siehe auch Mitteilung der Kommission v. 24.7.2019, Datenschutzvorschriften als Voraussetzung für Vertrauen in die EU und darüber hinaus – eine Bilanz, COM(2019) 374 final, 3.
[45] Vgl. bereits Art. 1 Abs. 1 Verordnung (EG) Nr. 45/2001 des Europäischen Parlaments und des Rates v. 18.12.2000 zum Schutz natürlicher Personen bei der Verarbeitung personenbezogener Daten durch die Organe und Einrichtungen der Gemeinschaft und zum freien Datenverkehr, ABl. 2001 L 8, 1.
[46] Meist unter Verarbeitung von bestimmten personenbezogenen Daten des Verbrauchers, wie etwa dessen IP-Adresse und nur soweit im Einklang mit Verordnung (EU) 2018/302 des Europäischen Parlaments und des Rates vom 28.2.2018 über Maßnahmen gegen ungerechtfertigtes Geoblocking und andere Formen der Diskriminierung aufgrund der Staatsangehörigkeit, des Wohnsitzes oder des Ortes der Niederlassung des Kunden innerhalb des Binnenmarkts und zur Änderung der Verordnungen (EG) Nr. 2006/2004 und (EU) 2017/2394 sowie der Richtlinie 2009/22/EG, ABl. 2018 L 601, 1.
[47] Vgl. im Einzelnen Schwarze/Becker/Hatje/Schoo/*Holoubek* AEUV Art. 52 Rn. 69–77.
[48] Vgl. näher *Filusch* ZD 2022, 153.

waren, gilt dies nicht im Falle einer Anwendung von Art. 23 Abs. 1 Buchst. e DS-GVO (→ Art. 23 Rn. 8) zum Schutz eines wichtigen finanziellen Interesses eines Mitgliedstaats im Steuerbereich zur Beschränkung des Auskunftsrechts einer juristischen Person nach Art. 15 DS-GVO iVm § 2a Abs. 5 Nr. 2 AO zur Abwehr von zivilrechtlichen Insolvenzanfechtungsansprüchen gegen die Finanzbehörde: zur Auslegung ist aufgrund der unterschiedlichen Schutzzwecke von DS-GVO und AO nicht der EuGH, sondern sind ausschließlich die deutschen Gerichte zuständig.[49]

II. Österreich

Anders als die DS-GVO, jedoch im Einklang mit der EuGH-Rechtsprechung (→ Rn. 18) können sich in Österreich nach § 1 DSG juristische Personen auf ein (nationales) Grundrecht auf Datenschutz berufen.[50]   **26**

Art. 2 Sachlicher Anwendungsbereich

(1) Diese Verordnung gilt für die ganz oder teilweise automatisierte Verarbeitung personenbezogener Daten sowie für die nichtautomatisierte Verarbeitung personenbezogener Daten, die in einem Dateisystem gespeichert sind oder gespeichert werden sollen.

(2) Diese Verordnung findet keine Anwendung auf die Verarbeitung personenbezogener Daten
a) im Rahmen einer Tätigkeit, die nicht in den Anwendungsbereich des Unionsrechts fällt,
b) durch die Mitgliedstaaten im Rahmen von Tätigkeiten, die in den Anwendungsbereich von Titel V Kapitel 2 EUV fallen,
c) durch natürliche Personen zur Ausübung ausschließlich persönlicher oder familiärer Tätigkeiten,
d) durch die zuständigen Behörden zum Zwecke der Verhütung, Ermittlung, Aufdeckung oder Verfolgung von Straftaten oder der Strafvollstreckung, einschließlich des Schutzes vor und der Abwehr von Gefahren für die öffentliche Sicherheit.

(3) [1]Für die Verarbeitung personenbezogener Daten durch die Organe, Einrichtungen, Ämter und Agenturen der Union gilt die Verordnung (EG) Nr. 45/2001. [2]Die Verordnung (EG) Nr. 45/2001 und sonstige Rechtsakte der Union, die diese Verarbeitung personenbezogener Daten regeln, werden im Einklang mit Artikel 98 an die Grundsätze und Vorschriften der vorliegenden Verordnung angepasst.

(4) Die vorliegende Verordnung lässt die Anwendung der Richtlinie 2000/31/EG und speziell die Vorschriften der Artikel 12 bis 15 dieser Richtlinie zur Verantwortlichkeit der Vermittler unberührt.

Literatur: *Boehm*, Datenschutz in der Europäischen Union, JA 2009, 435; *Eckhardt/Kramer/Mester*, Auswirkungen der geplanten EU-DS-GVO auf den deutschen Datenschutz, DuD 2013, 623; *Heberlein*, Bereichsausnahme für Parlamente?, ZD 2021, 85; *Roßnagel/Nebel/Richter*, Was bleibt vom Europäischen Datenschutzrecht?, ZD 2015, 455; *Sartor*, Providers' liabilities in the new EU Data Protection Regulation: A threat to Internet freedoms?, International Data Privacy Law, 2013, 3; *Schmahl*, Effektiver Rechtsschutz gegen Überwachungsmaßnahmen ausländischer Geheimdienste?, JZ 2014, 220; *Schwichtenberg*, Die „kleine Schwester" der DSGVO: Die Richtlinie zur Datenverarbeitung bei Polizei und Justiz, DuD 2016, 605; *Tuchtfeld*, „Vielen Dank, Ihre Post ist unbedenklich": Wie die Europäische Kommission das digitale Briefgeheimnis abschaffen möchte, VerfBlog, 2022/5/25, verfassungsblog.de/vielen-dank-ihre-post-ist-unbedenklich/, DOI: 10.17176/20220525-182426-0; *Weichert*, Die EU-Richtlinie für den Datenschutz bei Polizei und Justiz, abrufbar unter www.netzwerk-datenschutzexpertise.de/dokument/eu-datenschutzrichtlinie-für-polizei-und-justiz; *Zurawski*, EU-Kommission: Vorschlag „Chatkontrolle" – Verhältnisse der Überwachung, ZD-Aktuell 2022, 01240.

Rechtsprechung: EuGH Urt. v. 20.5.2003 – C-465/00, C-138/01 und C-139/01, EU:C:2003:294 – Österreichischer Rundfunk u.a.; EuGH Urt. v. 6.11.2003 – C-101/01, ECLI:EU:C:2003:596 – Lindqvist;

---

[49] EuGH Urt. v. 10.12.2020 – C-620/19, ECLI:EU:C:2020:1011 Rn. 46 – J & S Service.
[50] Siehe die diesbezügliche rechtskräftige, bejahende Entscheidung der österreichischen Datenschutzbehörde, DSB 25.5.2020, 2020-0.191.240, www.ris.bka.gv.at/Dokumente/Dsk/DSBT_20200525_2020_0_191_240_00/DSBT_20200525_2020_0_191_240_00.html. Zum Hintergrund haerting.de/wissen/oesterreich-grundrecht-auf-datenschutz-fuer-juristische-personen/.

Art. 2 1, 2

EuGH Urt. v. 29.1.2008 – C-275/06, ECLI:EU:C:2008:54 – Promusicae; EuGH Urt. v. 26.2.2013 – C-617/10, ECLI:EU:C:2013:105 – Åkerberg Fransson; EuGH Urt. v. 4.6.2013 – C-300/11, ECLI:EU:C:2013:363 – ZZ/Secretary of State for the Home Department; EuGH Urt. v. 11.12.2014 – C-212/13, ECLI:EU:C:2014:2428 = ZD 2015, 77 – Ryneš; EuGH Urt. v. 21.12.2016 – C-203/15 u. C-698/15, ECLI:EU:C:2016:970 = ZD 2017, 124 mAnm Kipker – Tele2 Sverige; EuGH Gutachten 1/15 v. 26.7.2017, ECLI:EU:C:2017:592 = BeckEuRS 2017, 513522 – PNR-Abkommen EU-Kanada; EuGH Urt. v. 10.7.2018 – C-25/17, ECLI:EU:C:2018:551 – Jehovan todistajat; EuGH Urt. v. 9.7.2020 – C-272/19, ECLI:EU:C:2020:535 = ZD 2020, 577 – VQ/Land Hessen; EuGH Urt. v. 16.7.2020 – C-311/18, ECLI:EU:C:2020:559 = ZD 2020, 511 mAnm Moos/Rothkegel – Schrems II; EuGH Urt. v. 6.10.2020 – C-511/18, C-512/18, C-520/18, ECLI:EU:C:2020:791 = ZD 2021, 520 – La Quadrature du Net u.a.; EuGH Urt. v. 12.5.2021 – C-505/19, ECLI:EU:C:2021:376 = ZD 2021, 426 – Interpol-Ausschreibung; EuGH Urt. v. 22.6.2021 – C-439/19, ECLI:EU:C:2021:504 – Latvijas Republikas Saeima („Strafpunkte"); EuGH Urt. v. 24.2.2022 – C-175/20, ECLI:EU:C:2022:124 = EuZW 2022, 527 mAnm Zerdick – Valsts ieņēmumu dienests; EuGH Urt. v. 24.3.2022 – C-245/20, ECLI:EU:C:2022:216 – Autoriteit Persoonsgegevens; EuGH Urt. v. 20.10.2022 – C-306/21, ECLI:EU:C:2022:813 = BeckRS 2022, 28062 – Koalitsia „Demokratichna Bulgaria – Obedinenie"; EuGH Urt. v. 30.3.2023 – C-34/21, ECLI:EU:C:2023:270 = ZD 2023, 391 mAnm Schild – Hauptpersonalrat der Lehrerinnen und Lehrer; EuGH Urt. v. 16.1.2024 – C-33/22 ECLI:EU:C:2024:46 – Österreichische Datenschutzbehörde.

BVerfG Urt. v. 24.4.2013 – 1 BvR 1215/07, BVerfGE 133, 277 – 377, ECLI:DE:BVerfG:2013:rs20130424.1bvr121507 = ZD 2013, 328, Rn. 90 – Antiterrordatei.

Übersicht

	Rn.
A. Allgemeines	1
I. Zweck und Bedeutung der Vorschrift	1
II. Systematik, Verhältnis zu anderen Vorschriften	2
B. Einzelerläuterungen	3
I. Erfasste Verarbeitungen	3
II. Ausnahmen vom Anwendungsbereich der DS-GVO	4
1. Anwendungsbereich des Unionsrechts	5
2. Gemeinsame Außen- und Sicherheitspolitik	10
3. Persönliche und familiäre Tätigkeiten	11
4. Behördentätigkeiten im Strafrechtsbereich	13
5. Datenschutzvorschriften bei Organen, Einrichtungen, Ämtern und Agenturen der Union	17
III. Anwendung der RL zum elektronischen Geschäftsverkehr	19
IV. Anwendung der DS-RL zur elektronischen Kommunikation	21
C. Nationale Durchführung	25
I. Deutschland	25
II. Österreich	27

A. Allgemeines*

I. Zweck und Bedeutung der Vorschrift

1 Art. 2 bestimmt den **sachlichen Anwendungsbereich** der DS-GVO. Abs. 1 legt den Umfang der erfassten Verarbeitungen fest. Abs. 2 und 3 stellen klar, auf welche Verarbeitungsbereiche die DS-GVO keine Anwendung findet. Abs. 4 enthält eine Klarstellung im Verhältnis zur E-Commerce-RL.[1]

II. Systematik, Verhältnis zu anderen Vorschriften

2 Art. 2 **basiert auf Art. 3 DS-RL**, trägt jedoch der Abschaffung der sog. „Säulenstruktur" durch den Vertrag von Lissabon Rechnung.

---

* Der Verfasser vertritt hier seine persönliche Auffassung, die nicht notwendig der Auffassung des Europäischen Datenschutzbeauftragten entspricht.

[1] Richtlinie 2000/31/EG des Europäischen Parlaments und des Rates v. 8.6.2000 über bestimmte rechtliche Aspekte der Dienste der Informationsgesellschaft, insbes. des elektronischen Geschäftsverkehrs, im Binnenmarkt („Richtlinie über den elektronischen Geschäftsverkehr"), ABl. 2000 L 178, 1.

B. Einzelerläuterungen

I. Erfasste Verarbeitungen

Inhaltlich identisch mit Art. 3 DS-RL erfasst Art. 2 Abs. 1 unabhängig vom Tätigkeitsbereich (öffentlich oder privat)[2] alle automatisierten **Verarbeitungen** iSv Art. 4 Nr. 2 (→ Art. 4 Rn. 22) **personenbezogener Daten** iSv Art. 4 Nr. 1 (→ Art. 4 Rn. 7) sowie bestimmte manuelle Verarbeitungen. **Automatisierte Verarbeitungen** sind solche, die automatisierte Mittel verwenden. Unter diesem weiten Begriff dürften sämtliche heute gebräuchlichen rechnergestützten Verarbeitungen personenbezogener Daten zu verstehen sein. **Nichtautomatisierte (manuelle) Verarbeitungen** werden wie bisher nur dann erfasst, wenn die personenbezogenen Daten in einem Dateisystem gespeichert sind oder gespeichert werden sollen. Die Begriffsbestimmung des „**Dateisystems**" in Art. 4 Nr. 6 (→ Art. 4 Rn. 36) entspricht dabei inhaltlich vollumfänglich der Definition einer „Datei mit personenbezogenen Daten" des Art. 2 Buchst. c DS-RL, wie sich aus dem Vergleich mit der englischen Sprachfassung zeigt („filing system"). Ein solches Dateisystem besteht immer einer strukturierten Sammlung personenbezogener Daten, die nach bestimmten Kriterien zugänglich sind, unabhängig davon, ob diese Sammlung zentral, dezentral oder nach funktionalen oder geografischen Gesichtspunkten geordnet geführt wird.[3] Nur Akten oder Aktensammlungen sowie ihre Deckblätter, die nicht nach bestimmten Kriterien geordnet sind, fallen daher nicht in den Anwendungsbereich der DS-GVO.[4]

3

II. Ausnahmen vom Anwendungsbereich der DS-GVO

Die DS-GVO sieht, wie auch bereits Art. 3 Abs. 2 DS-RL, bestimmte Ausnahmen von ihrem Anwendungsbereich vor. Die in Art. 2 Abs. 2 DS-GVO definierten Ausnahmen zum sachlichen Anwendungsbereich basieren auf bestimmten Kategorien von Akteuren (Mitgliedstaaten, natürliche Personen, Strafverfolgungsbehörden) und deren spezifischen Tätigkeiten. Die Nichtanwendung der DS-GVO beschränkt sich dabei nicht auf die aufgeführten Akteure an sich, sondern lediglich auf bestimmte ihrer **Tätigkeiten**.[5] Diese Ausnahmen sind nach ständiger Rechtsprechung des EuGH eng auszulegen.[6] Sie sind auch abschließend, da die DS-GVO keine weitere Einschränkung ihres Anwendungsbereichs vorsieht.[7] Allerdings prüft der EuGH neben den in Art. 2 Abs. 2 Buchst. a, b und d genannten **ausdrücklichen Ausnahmen** auch Tätigkeiten, die **derselben Kategorie** zugeordnet werden können (lat. ejusdem generis).[8]

4

1. Anwendungsbereich des Unionsrechts. Die DS-GVO sieht ausdrücklich vor, dass sich der Anwendungsbereich der DS-GVO nicht weiter erstrecken kann als der Anwendungsbereich des Unionsrechts. Eine Verarbeitung personenbezogener Daten im Rahmen einer Tätigkeit, die nicht in den Anwendungsbereich des Unionsrechts fällt, wird daher gemäß Art. 2 Abs. 2 Buchst. a nicht von der DS-GVO erfasst. Der Ausdruck „Anwendungsbereich des Unionsrechts" schließt nur solche Tätigkeiten aus, die nicht in die Zuständigkeit der

5

---

[2] Dh die DS-GVO gilt sowohl für Verarbeitungen, die von Privatpersonen vorgenommen werden, als auch für Verarbeitungen, die durch Behörden erfolgen, so EuGH Urt. v. 24.3.2022 – C-245/20, ECLI:EU:C:2022:216 Rn. 25 – Autoriteit Persoonsgegevens; EuGH Urt. v. 16.1.2024 – C-33/22, ECLI:EU:C:2024:64 Rn. 36 – Österreichische Datenschutzbehörde.
[3] Vgl. bereits im Einzelnen Dammann/Simitis/*Dammann* EG-Datenschutzrichtlinie Art. 3 Rn. 5.
[4] Erwägungsgrund 15.
[5] Vgl. GA *Szpunar* SchlA v. 11.5.2023 – C-33/22, ECLI:EU:C:2023:397 Rn. 84 – Österreichische Datenschutzbehörde.
[6] Vgl. etwa EuGH Urt. v. 24.2.2022 – C-175/20, ECLI:EU:C:2022:124 Rn. 40 – Valsts ieņēmumu dienests, unter Verweis auf EuGH Urt. v. 16.7.2020 – C-311/18, ECLI:EU:C:2020:559 Rn. 84 = ZD 2020, 511 mAnm *Moos/Rothkegel* – Schrems II; GA *Bobek* spricht von einem „äußerst restriktiven Anwendungsbereich" des Art. 2 Abs. 2 DS-GVO, SchlA v. 6.10.2021 – C-245/20, ECLI:EU:C:2021:822 Rn. 54 – Autoriteit Persoonsgegevens.
[7] Bereits zur DS-RL EuGH Urt. v. 16.12.2008 – C-73/07, ECLI: EU:C:2008:727 Rn. 46 – Satakunnan Markkinapörssi und Satamedia.
[8] EuGH Urt. v. 22.6.2021 – C-439/19, ECLI:EU:C:2021:504 Rn. 66 – Latvijas Republikas Saeima („Strafpunkte") unter Verweis auf EuGH Urt. v. 9.7.2020 – C-272/19, ECLI:EU:C:2020:535 Rn. 69, 70 = ZD 2020, 577 – VQ/Land Hessen; siehe bereits zur DS-RL EuGH Urt. v. 6.11.2003 – C-101/01, ECLI:EU:C:2003:596 Rn. 43 und 44 – Lindqvist.

Union fallen, so wie bereits die DS-RL gemäß Art. 3 Abs. 2 erster Gedankenstrich keine Anwendung fand auf die Verarbeitung personenbezogener Daten, die für die Ausübung von Tätigkeiten erfolgte, die nicht in den „Anwendungsbereich des Gemeinschaftsrechts" fiel. Der Wortlaut von Art. 2 Abs. 2 Buchst. a stimmt diesbezüglich überein mit Art. 16 UAbs. 2 S. 1 AEUV, wonach die Rechtsetzungskompetenz der Union besteht hinsichtlich Vorschriften über den Schutz natürlicher Personen bei der Verarbeitung personenbezogener Daten, nicht nur durch die Organe, Einrichtungen und sonstigen Stellen der Union, sondern auch durch die Mitgliedstaaten „im Rahmen der Ausübung von Tätigkeiten, die in den Anwendungsbereich des Unionsrechts fallen, und über den freien Datenverkehr". Es war der erklärte Zweck des Art. 16 UAbs. 2 S. 1 AEUV, nach der Abschaffung der Säulenstruktur durch den Vertrag von Lissabon die Schaffung einer allgemeinen Regelung zum Schutz personenbezogener Daten zu ermöglichen und daher als die einzige Rechtsgrundlage für den Schutz personenbezogener Daten zu fungieren, und zwar für den Schutz dieser Daten seitens der EU-Organe wie auch seitens der Mitgliedstaaten, wenn diese in einem Bereich tätig werden, der in den Anwendungsbereich des Rechts der Union fällt.[9] Erfasst werden **sämtliche Tätigkeiten der Mitgliedstaaten** (im Anwendungsbereich des Unionsrechts), unabhängig davon, ob sie der Durchführung des Rechts der Union dienen oder nicht: Art. 16 Abs. 2 AEUV enthält nicht die Einschränkung des Art. 51 Abs. 1 GRCh, wonach die GRCh für die Mitgliedstaaten nur „bei der Durchführung des Rechts der Union" gilt.[10] Der Anwendungsbereich des Unionsrechts ergibt sich daher aus den Verträgen zur Europäischen Union, insbesondere aus Art. 5 EUV, der die Zuständigkeitsabgrenzung zwischen dem Tätigkeitwerden der Union nach dem Grundsatz der begrenzten Einzelermächtigung festlegt.[11] Die Anwendbarkeit des Unionsrechts umfasst dabei die Anwendbarkeit der durch die GRCh garantierten Grundrechte.[12] Ebenso wenig setzt die Anwendung der DS-GVO einen Zusammenhang mit der Ausübung der durch die Unionsverträge garantierten Grundfreiheiten voraus oder eine Einzelfallprüfung, ob die betreffende konkrete Tätigkeit den freien Verkehr zwischen den Mitgliedstaaten unmittelbar beeinträchtigt.[13]

6 Insbesondere umfasst wird die Tätigkeit der Union in der früheren sog. „dritten Säule" der EU, also die **justizielle Zusammenarbeit in Strafsachen und die polizeiliche Zusammenarbeit** in Kapitel 4 und Kapitel 5 von Titel V im Dritten Teil AEUV (siehe den diesbezüglichen speziellen EU-Datenschutz-Rechtsakt → Rn. 13).[14] Auch die Verarbeitung personenbezogener Daten im Rahmen von Tätigkeiten, die aufgrund der Vorgaben der **Europäischen Atomgemeinschaft (Euratom)**[15] geschehen, fällt in den Anwendungsbereich der auf der Grundlage des Art. 16 AEUV erlassenen DS-GVO, da der Euratom-Vertrag weder eigenständige Datenschutzbestimmungen enthält noch eine diesbezügliche besondere Rechtsetzungsbefugnis verleiht.

7 Für der Verarbeitung personenbezogener Daten im unionsrechtlichen Bereich der **Gemeinsamen Außen- und Sicherheitspolitik** gelten besondere Bestimmungen (→ Rn. 10).

---

[9] Siehe dazu Europäischer Konvent, Dok. CONV 650/03, v. 2.4.2003, S. 11.
[10] AA von der Groeben/Schwarze/Hatje/*Brühann* AEUV Art. 16 Rn. 48; unschlüssig noch GA *Szpunar*, SchlA v. 17.12.2020 – C-439/19, ECLI:EU:C:2020:1054 Fn. 24 – Latvijas Republikas Saeima („Strafpunkte"), jetzt ausdrücklich wie hier GA *Szpunar*, SchlA v. 11.5.2023 – C-33/22, ECLI:EU:C:2023:397 Rn. 62 – Österreichische Datenschutzbehörde. Auf diesen Unterschied zwischen Art. 16 AUEV und Art. 51 Abs. 1 GRCh geht das BVerfG nicht ein bei Verneinung der Anwendbarkeit des europäischen Datenschutz- und Grundrechtsschutzes in seiner Entscheidung zur Antiterrordatei, BVerfG Urt. v. 24.4.2013 – 1 BvR 1215/07, BVerfGE 133, 277–377 Rn. 90 = ECLI:DE:BVerfG:2013:rs20130424.1bvr121507 = ZD 2013, 328 – Antiterrordatei.
[11] Siehe näher Lenz/Borchardt/*Langguth* EUV Art. 5.
[12] EuGH Urt. v. 26.2.2013 – C-617/10, ECLI:EU:C:2013:105 = EuZW 2013, 32 Rn. 21 – Åkerberg Fransson.
[13] So ständige EuGH-Rspr. bereits zur DS-RL, siehe EuGH Urt. v. 20.5.2003 – C-465/00, C-138/01 und C-139/01, EU:C:2003:294, Rn. 42 – Österreichischer Rundfunk u.a. und nunmehr ausdrücklich für die DS-GVO EuGH Urt. v. 9.7.2020 – C-272/19, ECLI:EU:C:2020:535 = ZD 2020, 577 Rn. 67 – VQ/Land Hessen; dies verkennt Simitis/Hornung/Spiecker gen. Döhmann/*Roßnagel* DS-GVO Art. 2 Rn. 21, der die DS-GVO nicht für anwendbar erklärt auf rein innerstaatliche Sachverhalte, die keinen grenzüberschreitenden Datenaustausch betreffen.
[14] Zu Art. 16 AEUV als geeigneter Rechtsgrundlage, siehe EuGH Gutachten 1/15 v. 26.7.2017, ECLI:EU:C:2017:592 = BeckEuRS 2017, 513522 Rn. 96 – PNR-Abkommen EU-Kanada.
[15] Siehe Vertrag zur Gründung der Europäischen Atomgemeinschaft (konsolidierte Fassung), ABl. 2012 C 327, 1.

Nicht in den Anwendungsbereich des Unionsrechts fällt dagegen der **Schutz der nationa-** 8
len Sicherheit der Mitgliedstaaten. Dies ergibt sich aus der ausdrücklichen Erwähnung der
nationalen Sicherheit in Erwägungsgrund 16[16] sowie der diesbezüglichen „alleinigen" Verantwortung der Mitgliedstaaten in Art. 4 Abs. 2 EUV sowie in Art. 73 AEUV.[17] Der Begriff der
nationalen Sicherheit findet sich auch in Art. 10 Abs. 2 EMRK und bezieht sich nach Auffassung des EuGH auf die „Sicherheit des Staates".[18] Die auf die Wahrung der nationalen
Sicherheit abzielenden Tätigkeiten umfassen insbesondere solche, die den Schutz der „wesentlichen Funktionen des Staates" und der „grundlegenden Interessen der Gesellschaft" bezwecken.[19] Dies umfasst „die Verhütung und Repression von Tätigkeiten, die geeignet sind, die
tragenden Strukturen eines Landes im Bereich der Verfassung, Politik oder Wirtschaft oder im
sozialen Bereich in schwerwiegender Weise zu destabilisieren und insbesondere die Gesellschaft, die Bevölkerung oder den Staat als solchen unmittelbar zu bedrohen, wie etwa
terroristische Aktivitäten".[20] Neben Tätigkeiten der Inlands- und Auslandsgeheimdienste kann
dies auch den Verteidigungsbereich umfassen. Damit sind bezüglich dieser Verarbeitungen
bereichsspezifische Sondernormen in den Mitgliedstaaten zum Schutz personenbezogener Daten zulässig.[21] Zu beachten ist, dass diese Ausnahme als Bestimmung des Europarechts nach
unionsrechtlichen und nicht nach innerstaatlichen Maßstäben auszulegen ist.[22] Darüber hinaus
ist es zwar Sache der Mitgliedstaaten, die geeigneten Maßnahmen zur Gewährleistung ihrer
inneren und äußeren Sicherheit zu ergreifen, doch kann der Umstand, dass eine Entscheidung
die Sicherheit des Staates betrifft, für sich allein genommen nicht zur Unanwendbarkeit des
Rechts der Union führen.[23] Die Tätigkeiten eines von einem Parlament eines Mitgliedstaats in
Ausübung seines Rechts zur Kontrolle der Exekutive eingesetzten **Untersuchungsausschusses,** dessen Untersuchungsgegenstand Tätigkeiten einer polizeilichen Staatsschutzbehörde und
somit der Schutz der nationalen Sicherheit betreffende Tätigkeiten iSd Erwägungsgrundes 16
DS-GVO sind, fallen daher nicht unter diese Ausnahme.[24] Datenverarbeitungen in der EU mit
dem Ziel, die **nationale Sicherheit eines Drittstaats** zu schützen, unterfallen dagegen der
DS-GVO.[25]

Keine Ausnahme sieht die DS-GVO dagegen vor im Hinblick auf die Verarbeitung per- 9
sonenbezogener Daten im Zusammenhang mit der **Tätigkeit nationaler Parlamente,**[26] bei
der Durchführung von **Wahlen**[27] oder beim **öffentlichen Schulunterricht**[28]. Auch Religi-

---

[16] Vgl. auch den entsprechenden Erwägungsgrund 14 Richtlinie (EU) 2016/680 des Europäischen Parlaments und des Rates vom 27.4.2016 zum Schutz natürlicher Personen bei der Verarbeitung personenbezogener Daten durch die zuständigen Behörden zum Zwecke der Verhütung, Ermittlung, Aufdeckung oder
Verfolgung von Straftaten oder der Strafvollstreckung sowie zum freien Datenverkehr und zur Aufhebung des
Rahmenbeschlusses 2008/977/JI des Rates, ABl. 2016 L 119, 89.
[17] Vgl. diesbzgl. auch Erklärung 20 zum Vertrag von Lissabon: „Erklärung zu Artikel 16 des Vertrags über
die Arbeitsweise der Europäischen Union: Die Konferenz erklärt, dass immer dann, wenn Bestimmungen
über den Schutz personenbezogener Daten, die auf der Grundlage von Artikel 16 zu erlassen sind, direkte
Auswirkungen auf die nationale Sicherheit haben könnten, dieser Umstand gebührend zu berücksichtigen ist.
Sie weist darauf hin, dass die derzeit geltenden Rechtsvorschriften (siehe insbesondere Richtlinie 95/46/EG)
besondere Ausnahmeregelungen hierzu enthalten.", ABl. 2016 C 202, 345.
[18] EuGH Urt. v. 29.1.2008 – C-275/06, ECLI:EU:C:2008:54 = EuZW 2008, 113 Rn. 49 – Promusicae.
[19] EuGH Urt. v. 6.10.2020 – C-511/18, C-512/18, C-520/18, ECLI:EU:C:2020:791 = ZD 2021, 520
Rn. 135 – La Quadrature du Net u.a.
[20] EuGH Urt. v. 6.10.2020 – C-511/18, C-512/18, C-520/18, ECLI:EU:C:2020:791 = ZD 2021, 520
Rn. 135 – La Quadrature du Net u.a.
[21] *Eckhardt/Kramer/Mester* DuD 2013, 623 (630); vgl. jetzt auch § 85 BDSG.
[22] *Schmahl* JZ 2014, 220 (224).
[23] EuGH Urt. v. 4.6.2013 – C-300/11, ECLI:EU:C:2013:363 = NVwZ 2013, 1139 Rn. 38 – ZZ/
Secretary of State for the Home Department.
[24] Vgl. bereits GA *Szpunar* SchlA v. 11.5.2023 – C-33/22, ECLI:EU:C:2023:397 Rn. 126 – Österreichische Datenschutzbehörde; bestätigt durch EuGH Urt. v. 16.1.2024 – C-33/22, ECLI:EU:C:2024:64 –
Österreichische Datenschutzbehörde.
[25] EuGH Urt. v. 16.7.2020 – C-311/18, ECLI:EU:C:2020:559 = ZD 2020, 511 mAnm. *Moos/Rothkegel*
Rn. 81, 86 ff. – Schrems II.
[26] Ausdrücklich bejahend für den Petitionsausschuss des Hessischen Landtags EuGH Urt. v. 9.7.2020 – C-272/19, ECLI:EU:C:2020:535 = ZD 2020, 577 – VQ/Land Hessen; zum Meinungsstand und ebenso wie
hier *Heberlein* ZD 2021, 85.
[27] EuGH Urt. v. 20.10.2022 – C-306/21, ECLI:EU:C:2022:813 = BeckRS 2022, 28062 Rn. 42 –
Koalitsia „Demokratichna Bulgaria – Obedinenie".
[28] EuGH Urt. v. 30.3.2023 – C-34/21, ECLI:EU:C:2023:270 = ZD 2023, 391 mAnm *Schild* Rn. 37 –
Hauptpersonalrat der Lehrerinnen und Lehrer.

onsgemeinschaften[29] (Art. 91), **Steuerbehörden**[30] und **Straßenverkehrsicherheitsbehörden**[31] sind nicht von der Anwendung der DS-GVO ausgenommen. Auf **Gerichte** findet die DS-GVO ebenso umfänglich Anwendung, auch wenn sich die Zuständigkeit der Aufsichtsbehörden nicht auf die von Gerichten „im Rahmen ihrer justiziellen Tätigkeit" vorgenommen Verarbeitungen erstreckt (Art. 55).[32]

10 **2. Gemeinsame Außen- und Sicherheitspolitik.** Art. 2 Abs. 2 Buchst. b bestimmt, dass die DS-GVO keine Anwendung findet auf Verarbeitungen personenbezogener Daten durch die **EU-Mitgliedstaaten** im Rahmen einer Tätigkeit im Bereich der Gemeinsamen Außen- und Sicherheitspolitik. Damit trägt die DS-GVO dem Umstand Rechnung, dass neben Art. 16 AEUV neu durch den Vertrag von Lissabon mit Art. 39 EUV eine spezielle Beschlussvorschrift zum Erlass datenschutzrechtlicher Vorschriften für den Bereich der Gemeinsamen Außen- und Sicherheitspolitik eingeführt wurde, beschränkt auf die Verarbeitung personenbezogener Daten durch die Mitgliedstaaten im Rahmen der Ausübung von Tätigkeiten, die ausschließlich in den Anwendungsbereich von Titel V Kapitel 2 des EUV fallen, und über die damit unmittelbar zusammenhängenden Datenverarbeitungen in und zwischen den Mitgliedstaaten.[33] Gemäß Art. 16 Abs. 2 UAbs. 2 AEUV findet im Bereich der Gemeinsamen Außen- und Sicherheitspolitik Art. 39 EUV Anwendung. Danach erlässt abweichend von Art. 16 UAbs. 2 AEUV allein der Rat einen Beschluss zur Festlegung von Vorschriften über den Schutz natürlicher Personen bei der Verarbeitung personenbezogener Daten durch die Mitgliedstaaten im Rahmen der Ausübung von Tätigkeiten, die in den Anwendungsbereich der Gemeinsamen Außen- und Sicherheitspolitik fallen, und über den freien Datenverkehr. Die Einhaltung dieser Vorschriften ist von unabhängigen Behörden zu überwachen.[34] Gemäß Art. 31 EUV ist ein solcher Beschluss im Rat einstimmig zu fassen, was bislang noch nicht geschehen ist. Der Schutz personenbezogener Daten in diesen Verarbeitungsbereichen ist daher unmittelbar durch die Anwendung von Art. 7 und 8 GRCh zu gewährleisten.

11 **3. Persönliche und familiäre Tätigkeiten.** Nicht in den Anwendungsbereich der DS-GVO fällt nach der sog. **„Haushaltsausnahme"** des Art. 2 Abs. 2 Buchst. c weiterhin die Datenverarbeitung durch Privatpersonen ausschließlich für persönliche oder familiäre Tätigkeiten. Diese „Bagatellklausel" ist inhaltlich identisch mit Art. 3 Abs. 2, zweiter Gedankenstrich DS-RL und soll sicherstellen, dass datenschutzrechtliche Vorschriften keinen unnötigen Aufwand für den Einzelnen mit sich bringen.[35] Trotz der im Vergleich zum Jahr 1995 der Verabschiedung der DS-RL heutzutage ungleich größeren Missbrauchsgefahr durch Privatpersonen durch die Verarbeitung personenbezogener Daten auch anderer Personen, hat sich der Gesetzgeber bewusst nicht zu einer – zumindest teilweisen – Ausweitung der Datenschutzregelungen auch auf persönliche und familiären Datenverarbeitungen entschließen können[36] und gibt damit Datenschutzaufsichtsbehörden und Gerichten Raum zur Rechtsfortbildung. Als eng auszulegende Ausnahmevorschrift werden jedoch nur solche Verarbeitungen des Privat- oder Familienleben von Einzelpersonen erfasst, die objektiv betrachtet „ausschließlich" persönlicher oder familiärer Art sind.[37] Erfasst werden beispielsweise das Führen eines Schriftverkehrs, auch elektronisch oder von Anschriftenverzeichnissen oder die Nutzung sozialer Netze und Online-Tätigkeiten im Rahmen solcher Tätigkeiten.[38]

---

[29] EuGH Urt. v. 10.7.2018 – C-25/17, ECLI: EU:C:2018:551 Rn. 38 – Jehovan todistajat.
[30] EuGH Urt. v. 24.2.2022 – C-175/20, ECLI:EU:C:2022:124 = EuZW 2022, 527 mAnm *Zerdick* Rn. 44 – Valsts ieņēmumu dienests.
[31] EuGH Urt. v. 22.6.2021 – C-439/19, ECLI:EU:C:2021:504 Rn. 71 – Latvijas Republikas Saeima („Strafpunkte").
[32] Vgl. dazu EuGH Urt. v. 24.3.2022 – C-245/20, ECLI:EU:C:2022:216 – Autoriteit Persoonsgegevens.
[33] Vgl. *Boehm* JA 2009, 435 (439); Lenz/Borchardt/*Zerdick* EUV Art. 39.
[34] Jedoch gilt Art. 16 Abs. 1 AEUV, anders als die Gesetzgebungskompetenz nach Abs. 2, auch für das Handeln der Mitgliedstaaten im Bereich der Gemeinsamen Außen- und Sicherheitspolitik; siehe von der Groeben/Schwarze/Hatje/*Brühann* AEUV Art. 16 Rn. 48.
[35] Vgl. krit. zur Begrifflichkeit BeckOK DatenschutzR/*Bäcker*, 44. Edition, Stand: 1.11.2021, DS-GVO Art. 2 Rn. 12.
[36] Wie gefordert u.a. von *Roßnagel/Nebel/Richter* ZD 2015, 455 (456); vgl. auch die diesbezügliche Erklärung Österreichs in Ratsdok. 7920/16.
[37] EuGH Urt. v. 11.12.2014 – C-212/13, ECLI:EU:C:2014:2428 = ZD 2015, 77 Rn. 30 – Ryneš.
[38] Zu der Frage, was als persönlich oder familiär einerseits oder als beruflich, geschäftlich oder sonst weitergehend andererseits anzusehen ist, vgl. mit weiteren Beispielen Paal/Pauly/*Ernst* DS-GVO Art. 2 Rn. 16 ff. sowie Gierschmann/Schlender/Stentzel/Veil/*Grafenstein* DS-GVO Art. 2 Rn. 33 ff.

Sobald dagegen ein Bezug zu einer **beruflichen oder wirtschaftlichen Tätigkeit** vor- 12 genommen wird, findet die DS-GVO vollumfänglich Anwendung.[39] Klargestellt wird im Vergleich zur DS-RL nunmehr außerdem, dass bei einer Nutzung sozialer Netzwerke und Online-Tätigkeiten durch Privatpersonen die Verantwortlichen oder Auftragsverarbeiter, die Dienste für solche persönlichen oder familiären Tätigkeiten bereitstellen, den Verpflichtungen der DS-GVO nachzukommen haben. Ein Anbieter eines sozialen Netzwerks oder eines Datenspeicherdienstes „in der Wolke" kann sich daher nicht auf die Ausnahme des Art. 2 Abs. 2 Buchst. c berufen. Gleichermaßen kann sich nicht auf die Ausnahme berufen, wer personenbezogen Daten im Internet veröffentlicht, so dass diese Daten einer unbegrenzten Zahl von Personen zugänglich gemacht werden.[40] Auch der Betrieb einer Überwachungskamera an einem Privatgrundstück, die dabei auch den öffentlichen Raum erfasst, ist keine Betätigung, die ausschließlich zu persönlichen oder familiären Tätigkeiten vorgenommen wird.[41]

4. Behördentätigkeiten im Strafrechtsbereich. Nach Art. 2 Abs. 1 Buchst. d findet die 13 DS-GVO keine Anwendung auf die Verarbeitung personenbezogener Daten durch die zuständigen Behörden zum Zwecke der Verhütung, Ermittlung, Aufdeckung oder Verfolgung von Straftaten oder der Strafvollstreckung, einschließlich des Schutzes vor und der Abwehr von Gefahren für die öffentliche Sicherheit; diese behördlichen Verarbeitungstätigkeiten fallen in den Anwendungsbereich des zweiten Rechtsakts im Datenschutzreformpaket, der sog. **„Polizei-RL", RL (EU) 2016/680**.[42] Beide Rechtsakte sind eng aufeinander abgestimmt und ergänzen sich daher.[43] Die Ausnahme umfasst sowohl die Datenverarbeitung zu **präventiven** als auch zu **repressiven Zwecken.** Eine **Straftat** im Sinne dieser Ausnahme und hinsichtlich der Anwendung der Polizei-RL ist dabei als ein eigenständiger Begriff des Unionsrechts zu verstehen, der nicht einseitig durch die Mitgliedstaaten festgelegt werden kann.[44] Die Verhütung, Ermittlung, Aufdeckung oder Verfolgung von reinen Ordnungswidrigkeiten dürfte nicht darunterfallen, da der eigenständige Charakter des Begriffs der „Straftat" gemäß Erwägungsgrund 13 der Polizei-RL unter anderem bedeutet, dass eine Zuwiderhandlung im Recht der Mitgliedstaaten nicht einzig und allein zum Zwecke der Anwendung der Polizei-RL als Straftat iSd Erwägungsgrunds 13 festgelegt werden kann.[45]

Erfasst werden dagegen solche polizeiliche Tätigkeiten in Fällen, in denen **nicht von vorn-** 14 **herein bekannt ist, ob es sich um Straftaten handelt** oder nicht, sowie die Ausübung hoheitlicher Gewalt durch Ergreifung von Zwangsmitteln, wie polizeiliche Tätigkeiten bei Demonstrationen, großen Sportveranstaltungen und Ausschreitungen. Sie umfassen auch die Aufrechterhaltung der öffentlichen Ordnung als Aufgabe, die der Polizei oder anderen Strafverfolgungsbehörden (nicht jedoch reinen Ordnungsbehörden) übertragen wurde, soweit dies zum Zweck des Schutzes vor und der Abwehr von Bedrohungen der öffentlichen Sicherheit und Bedrohungen für durch Rechtsvorschriften geschützte grundlegende Interessen der Gesellschaft, die zu einer Straftat führen können, erforderlich ist.[46]

---

[39] Vgl. Erwägungsgrund 18.
[40] EuGH Urt. v. 6.11.2003 – C-101/01, ECLI:EU:C:2003:596 = EuZW 2004, 245 – Lindqvist.
[41] EuGH Urt. v. 11.12.2014 – C-212/13, ECLI:EU:C:2014:2428 = ZD 2015, 77 – Ryneš.
[42] Richtlinie (EU) 2016/680 des Europäischen Parlaments und des Rates vom 27.4.2016 zum Schutz natürlicher Personen bei der Verarbeitung personenbezogener Daten durch die zuständigen Behörden zum Zwecke der Verhütung, Ermittlung, Aufdeckung oder Verfolgung von Straftaten oder der Strafvollstreckung sowie zum freien Datenverkehr und zur Aufhebung des Rahmenbeschlusses 2008/977/JI des Rates, ABl. 2016 L 119, 89; vgl. dazu → Einl. Rn. 44; *Weichert,* Die EU-Richtlinie für den Datenschutz bei Polizei und Justiz ab abrufbar unter www.netzwerk-datenschutzexpertise.de/dokument/eu-datenschutzrichtlinie-für-polizei-und-justiz (Stand: 1.1.2018); *Schwichtenberg* DuD 2016, 605.
[43] Vgl. Erwägungsgrund 19 DS-GVO sowie Erwägungsgrund 11 Richtlinie (EU) 2016/680; aufgegriffen von EuGH Urt. v. 22.6.2021 – C-439/19, ECLI:EU:C:2021:504 Rn. 69 – Latvijas Republikas Saeima („Strafpunkte").
[44] Erwägungsgrund 13 Richtlinie (EU) 2016/680 und bestätigt durch EuGH Urt. v. 22.6.2021 – C-439/19, ECLI:EU:C:2021:504 Rn. 84 – Latvijas Republikas Saeima („Strafpunkte") sowie EuGH Urt. v. 24.2.2022 – C-175/20, ECLI:EU:C:2022:124 = EuZW 2022, 527 mAnm *Zerdick* Rn. 42 – Valsts ieņēmumu dienests.
[45] Ebenso Mitteilung der Kommission v. 25.7.2022, Erster Bericht über die Anwendung und Wirkungsweise der Richtlinie (EU) 2016/680 (Richtlinie zum Datenschutz bei der Strafverfolgung), COM(2022) 364 final S. 13; aA Taeger/Gabel/*Schmidt* DS-GVO Art. 2 Rn. 27.
[46] Vgl. Erwägungsgrund 12 Richtlinie (EU) 2016/680 sowie Gierschmann/Schlender/Stentzel/Veil/*Grafenstein* DS-GVO Art. 2 Rn. 56.

15 Anders als noch Art. 3 Abs. 2 erster Gedankenstrich DS-RL, der eine Bereichsausnahme u.a. für sämtliche Verarbeitungen im Bereich der polizeilichen und justiziellen Zusammenarbeit im Strafrechtsbereich und generell bei Tätigkeiten des Staats im strafrechtlichen Bereich vornahm, stellt Art. 2 Abs. 1 Buchst. d eine – in Art. 2 Abs. 1 Polizei-RL gespiegelte – nun eine zusätzliche Bedingung für die Anwendung dieser Ausnahme auf: Die Verarbeitungstätigkeit muss nicht nur für die beschriebenen strafrechtlichen Zwecke erfolgen, sondern ausdrücklich von einer „**zuständigen Behörde**" durchgeführt werden. Damit wird erreicht, dass die Verarbeitung personenbezogener Daten durch Verantwortliche im nichtöffentlichen Bereich für strafrechtlich relevante Zwecke – etwa zur Erfüllung einer rechtlichen Verpflichtung gemäß Art. 6 Abs. 1 Buchst. c – in den Anwendungsbereich der DS-GVO fallen[47] und damit eine vor dem Hintergrund des nach Art. 8 GRCh geforderten Schutzes nicht hinnehmbare Lücke geschlossen wird: So hatte der EuGH noch die Übermittlung durch europäische Fluggesellschaften von zu gewerblichen Zwecken erhobenen Fluggastdaten an US-amerikanische Sicherheitsbehörden als der öffentlichen Sicherheit dienend beurteilt und damit gemäß Art. 3 Abs. 2 erster Gedankenstrich DS-RL deren Anwendung ausgeschlossen.[48] „Zuständige Behörde" ist gemäß der Begriffsbestimmung des Art. 3 Abs. 7 Buchst. a Polizei-RL, die auf Art. 2 Abs. 2 DS-GVO entsprechend anzuwenden ist,[49] zunächst jede staatliche Stelle, die für die Verhütung, Ermittlung, Aufdeckung oder Verfolgung von Straftaten oder die Strafvollstreckung, einschließlich des Schutzes vor und der Abwehr von Gefahren für die öffentliche Sicherheit, zuständig ist. Darüber hinaus gestattet Art. 3 Abs. 7 Buchst. b Polizei-RL es jedoch den Mitgliedstaaten, anderen (private) Stellen oder Einrichtungen, per Gesetz die Ausübung öffentlicher Gewalt und hoheitlicher Befugnisse für die Zwecke der Polizei-RL im Wege der **Beleihung** zu übertragen; in solchen Fällen sind diese Stellen gleichfalls „zuständige Behörde" in Übereinstimmung mit Art. 3 Abs. 7 Buchst. b Polizei-RL. Wenn solche Stellen oder Einrichtungen jedoch personenbezogene Daten zu anderen Zwecken als denen der Polizei-RL verarbeiten, gilt wieder die DS-GVO.

16 Der Ausnahmetatbestand gemäß Abs. 2 Buchst. d findet keine Anwendung auf die Datenverarbeitung, die von **Kriminalbehörden aus Drittstaaten oder überstaatlichen Organisationen** durchgeführt oder vorbereitet wird.[50]

17 **5. Datenschutzvorschriften bei Organen, Einrichtungen, Ämtern und Agenturen der Union.** Die DS-GVO findet **keine Anwendung auf die Verarbeitung personenbezogener Daten durch die Organe, Einrichtungen, Ämter und Agenturen der Union.** Dies wird durch Art. 2 Abs. 3 S. 1 unter Verweis der Geltung von VO (EG) Nr. 45/2001[51] ausdrücklich hervorgehoben. Gleichzeitig sollen gemäß Art. 2 Abs. 3 S. 2 diese Verarbeitungen künftig aber denselben Regeln unterliegen, die gemäß der DS-GVO in allen EU-Mitgliedstaaten gelten; erklärtes Ziel ist gemäß Art. 98 S. 1 „ein einheitlicher und kohärenter Schutz" natürlicher Personen bei der Verarbeitung ihrer Daten. Gestützt auf ex-Art. 286 Abs. 2 EG als Rechtsgrundlage regelte seit dem Jahr 2001 VO (EG) Nr. 45/2001 den Schutz natürlicher Personen bei der Verarbeitung personenbezogener Daten durch die Organe und Einrichtungen der EU und deren freien Datenverkehr. VO (EG) Nr. 45/2001 wurde mit Wirkung zum 11.12.2018 aufgehoben und durch VO (EU) 2018/1725[52] ersetzt (→ Art. 98 Rn. 13). Mit Aufhebung der VO

---

[47] Vgl. auch Erwägungsgrund 11 RL (EU) 2016/680.
[48] EuGH Urt. v. 30.5.2006 – C-317/04 u. C-318/04, ECLI:EU:C:2006:346 = EuZW 2006, 403 – Parlament/Rat. Anders dagegen der EuGH jetzt bzgl. des Geltungsbereichs der DS-RL zur elektronischen Kommunikation (ePrivacy-RL) hinsichtlich einzelstaatlicher Rechtsvorschriften in Anwendung von Art. 15 Abs. 1 ePrivacy-RL, EuGH Urt. v. 21.12.2016 – C-203/15 u. C-698/15, ECLI:EU:C:2016:970 = ZD 2017, 124 Rn. 65–81 mAnm *Kipker* – Tele2 Sverige.
[49] EuGH Urt. v. 22.6.2021 – C-439/19, ECLI:EU:C:2021:504 Rn. 69 – Latvijas Republikas Saeima („Strafpunkte").
[50] EuGH Urt. v. 16.7.2020 – C-311/18, ECLI:EU:C:2020:559 = ZD 2020, 511 mAnm *Moos/Rothkegel* Rn. 89 – Schrems II; vgl. zur fehlenden Eigenschaft der Internationalen Kriminalpolizeilichen Organisation Interpol als zuständige Behörde EuGH Urt. v. 12.5.2021 – C-505/19, ECLI:EU:C:2021:376 = ZD 2021, 426 Rn. 117 – Interpol-Ausschreibung.
[51] VO (EG) Nr. 45/2001 des Europäischen Parlaments und des Rates v. 18.12.2000 zum Schutz natürlicher Personen bei der Verarbeitung personenbezogener Daten durch die Organe und Einrichtungen der Gemeinschaft und zum freien Datenverkehr, ABl. 2001 L 8, 1.
[52] Verordnung (EU) 2018/1725 des Europäischen Parlaments und des Rates vom 23. Oktober 2018 zum Schutz natürlicher Personen bei der Verarbeitung personenbezogener Daten durch die Organe, Einrichtun-

(EG) Nr. 45/2001 ist der Verweis des Art. 2 Abs. 3 S. 1 nunmehr als **Bezugnahme auf VO (EU) 2018/1725** zu verstehen.[53]

Inhaltlich entspricht **VO (EU) 2018/1725** weitestgehend der DS-GVO, weist jedoch auch gewisse Unterschiede auf, beispielsweise Sondervorschriften zu Übermittlungen personenbezogener Daten an in der Union niedergelassene Empfänger, die nicht Organe oder Einrichtungen der Union sind.[54] Die VO (EU) 2018/1725 übernimmt darüber hinaus auch einzelne Vorschriften der ePrivacy-RL und spiegelt in einem eigenen Kapitel XI größtenteils die Vorschriften der Polizei-RL wider, was praktische Relevanz für die Europäischen Agentur für die Zusammenarbeit auf dem Gebiet der Strafverfolgung (Europol), die Agentur der Europäischen Union für justizielle Zusammenarbeit in Strafsachen (Eurojust) sowie die Europäische Staatsanwaltschaft (EUStA) hat (→ Art. 98 Rn. 14 ff.). VO (EU) 2018/1725 gilt dagegen nicht für die Verarbeitung personenbezogener Daten durch Missionen gemäß Art. 42 Abs. 1 sowie Art. 43 und 44 EUV zur Umsetzung der gemeinsamen Sicherheits- und Verteidigungspolitik. Die Regelungen zum **Europäischen Datenschutzbeauftragten** mit Dienstsitz in Brüssel enthalten nunmehr umfassende Vorschriften zu Berufung, Unabhängigkeit und Aufgaben und Befugnisse, darunter zur Zusammenarbeit mit nationalen Aufsichtsbehörden und zur Möglichkeit, Geldbußen in Höhe von bis zu 50.000 EUR pro Verstoß und bis zu insgesamt 500.000 EUR pro Jahr zu verhängen.[55] Die Stelle eines Stellvertretenden Europäischen Datenschutzbeauftragten wurde abgeschafft.

III. Anwendung der RL zum elektronischen Geschäftsverkehr

Art. 2 Abs. 4 hat rein klarstellende Funktion und schafft **keine Ausnahme vom sachlichen Anwendungsbereich der DS-GVO**. Die Vorschrift stellt lediglich deklaratorisch klar, dass die DS-GVO die Anwendung der RL zum elektronischen Geschäftsverkehr (E-Commerce-RL)[56] unberührt lässt, und insbesondere keine Änderungen der ehemaligen Vorschriften in Art. 12–15 (jetzt: Art. 4, 5, 6 und 8 DSA → Rn. 20) zur Verantwortlichkeit von Anbietern reiner Vermittlungsdienste bezweckt. Die E-Commerce-RL soll – ergänzt durch den DSA – dazu beitragen, dass der Binnenmarkt einwandfrei funktioniert, indem sie den freien Verkehr von Diensten der Informationsgesellschaft zwischen den Mitgliedstaaten sicherstellt. Zu diesem Zwecke stellte sie Anbietern von Diensten der Informationsgesellschaft bei bestimmten Tätigkeiten (Durchleiten von Informationen, Zwischenspeichern (Caching), Informationsspeicherung (Hosting), Überwachungspflichten) von Haftung frei. In den Geltungsbereich der E-Commerce-RL fallen unter anderem Online-Informationsdienste (beispielsweise Online-Zeitungen), der Online-Verkauf von Waren und Dienstleistungen (Bücher, Finanzdienstleistungen, Reisen), Online-Werbung, freiberufliche Online-Dienste (Anwälte, Ärzte, Immobilienmakler), Unterhaltung und grundlegende Vermittlerdienste (Internetzugang sowie Übermittlung und Bereitstellung von Informationen), und zwar auch dann, wenn sie für die Empfänger kostenlos sind und beispielsweise durch Werbung oder Sponsoring finanziert werden. Beide Unionsrechtsakte gelten nebeneinander und sind jeweils gesondert zu prüfen: Bereits nach dem Wortlaut des Art. 1 Abs. 5 Buchst. b E-Commerce-RL und Erwägungsgrunds 14 findet diese ausdrücklich nicht Anwendung auf datenschutzrechtliche Fragen betreffend die Dienste der Informationsgesellschaft, die *ausschließlich* von der DS-RL und der (jetzigen) Datenschutzrichtlinie für elektronische Kommunikation (→ Rn. 18) erfasst werden.[57] Dies ist inzwischen auch höchstrichterlich durch den EuGH

---

gen und sonstigen Stellen der Union, zum freien Datenverkehr und zur Aufhebung der VO (EG) Nr. 45/2001 und des Beschlusses Nr. 1247/2002/EG, ABl. 2018 L 295, 39.

[53] Art. 9 VO (EU) 2018/1725.
[54] Art. 99 VO (EU) 2018/1725.
[55] Zur Verhängung von (höheren) Geldbußen durch die nationalen Aufsichtsbehörden siehe Art. 83.
[56] RL 2000/31/EG des Europäischen Parlaments und des Rates v. 8.6.2000 über bestimmte rechtliche Aspekte der Dienste der Informationsgesellschaft, insbesondere des elektronischen Geschäftsverkehrs, im Binnenmarkt („Richtlinie über den elektronischen Geschäftsverkehr"), ABl. 2000, L 178, 1.
[57] Erwägungsgrund 14 der RL zum elektronischen Geschäftsverkehr bestimmt: „Der Schutz natürlicher Personen bei der Verarbeitung personenbezogener Daten ist ausschließlich Gegenstand der Richtlinie 95/46/EG des Europäischen Parlaments und des Rates vom 24. Oktober 1995 zum Schutz natürlicher Personen bei der Verarbeitung personenbezogener Daten und zum freien Datenverkehr und der Richtlinie 97/66/EG des Europäischen Parlaments und des Rates vom 15. Dezember 1997 über die Verarbeitung personenbezogener Daten und den Schutz der Privatsphäre im Bereich der Telekommunikation, beide Richtlinien sind uneingeschränkt auf die Dienste der Informationsgesellschaft anwendbar. Jene Richtlinien begründen bereits einen gemeinschaftsrechtlichen Rahmen für den Bereich personenbezogener Daten, so dass diese Frage in der

bestätigt: Die RL über den elektronischen Geschäftsverkehr ist im Bereich des Schutzes der Vertraulichkeit der Kommunikation sowie des Schutzes natürlicher Personen bei der Verarbeitung personenbezogener Daten im Rahmen der Dienste der Informationsgesellschaft **nicht anwendbar;** dieser Schutz ist entweder durch die RL 2002/58 in der durch die RL 2009/136 geänderten Fassung oder durch die DS-GVO geregelt.[58] Die DS-RL ablösende DS-GVO ist daher uneingeschränkt auf die Dienste der Informationsgesellschaft anwendbar[59] und bei der Umsetzung und Anwendung der E-Commerce-RL uneingeschränkt zu beachten.[60] Bereits die DS-RL machte deutlich, dass beim Versenden elektronischer Post in der Regel die Person, von der die Nachricht stammt, und nicht die Person, die den Übermittlungsdienst anbietet, als Verantwortlicher für die Verarbeitung der in der Nachricht enthaltenen personenbezogenen Daten anzusehen ist. Jedoch gelten die Personen, die diese Dienste anbieten, in der Regel als Verantwortliche für die Verarbeitung der personenbezogenen Daten, die zusätzlich für den Betrieb des Dienstes erforderlich sind.[61]

20 Das **Gesetz über digitale Dienste** (engl. Digital Services Act, DSA)[62] streicht in Anwendung von Art. 89 Abs. 1 DSA die Art. 12 bis 15 E-Commerce-RL; die Bezugnahmen auf diese in Art. 2 Abs. 4 DS-GVO gelten nunmehr als **Bezugnahmen auf jeweils Art. 4, 5, 6 und 8 DSA.** Dies ändert jedoch nichts an der Anwendung der DS-GVO (→ Art. 1 Rn. 11).

IV. Anwendung der DS-RL zur elektronischen Kommunikation

21 Der **Schutz der Vertraulichkeit und Privatsphäre im Bereich elektronischer Kommunikation** richtet sich weiterhin nach der DS-RL zur elektronischen Kommunikation[63] (ePrivacy-RL), im Einklang mit Art. 95.[64] Gemäß Art. 94 Abs. 2 gelten nunmehr sämtliche Verweise auf die DS-RL in der ePrivacy-RL als Verweise auf die DS-GVO (Art. 94).

22 Die DS-RL zur elektronischen Kommunikation ist laut Erwägungsgrund 173 im Lichte der DS-GVO zu überarbeiten, um Kohärenz mit der DS-GVO zu gewährleisten (Art. 98). Die Kommission legte einen diesbezüglichen Vorschlag für eine **„Verordnung über Privatsphäre und elektronische Kommunikation"**[65] bereits im Januar 2017 vor, der sich allerdings noch immer im Gesetzgebungsprozess befindet (→ Art. 95 Rn. 23).

23 Der im Jahre 2018 neugefasste **Kodex für die elektronische Kommunikation**[66] (EKEK) sieht eine Anwendbarkeit auf Dienste vor, die elektronischen Kommunikationsdiensten in der Funktionsweise gleichwertig sind, insbesondere solche Dienste, die über das Internet angeboten werden und die keine Rufnummern verwenden, wie zum Beispiel Signal oder WhatsApp. Die für den Anwendungsbereich der ePrivacy-RL wichtigen Begriffsbestimmungen „elektronischer

---

vorliegenden Richtlinie nicht geregelt werden muss, um das reibungslose Funktionieren des Binnenmarkts und insbesondere den freien Fluss personenbezogener Daten zwischen den Mitgliedstaaten zu gewährleisten. Die Grundsätze des Schutzes personenbezogener Daten sind bei der Umsetzung und Anwendung dieser Richtlinie uneingeschränkt zu beachten, insbesondere in Bezug auf nicht angeforderte kommerzielle Kommunikation und die Verantwortlichkeit von Vermittlern. Die anonyme Nutzung offener Netze wie des Internets kann diese Richtlinie nicht unterbinden."

[58] EuGH Urt. v. 6.10.2020 – C-511/18, C-512/18, C-520/18, ECLI:EU:C:2020:791 = ZD 2021, 520 Rn. 212 – La Quadrature du Net u.a.

[59] Ebenso BeckOK DatenschutzR/*Bäcker*, 44. Edition, Stand: 1.11.2021, DS-GVO Art. 2 Rn. 34; noch aA Gola/Heckmann/*Gola* DS-GVO Art. 2 Rn. 31; Kühling/Buchner/Kühling/*Raab*, 3. Aufl. 2020, DS-GVO Art. 2 Rn. 32; Sydow/Marsch/Ennöckl DS-GVO Art. 2 Rn. 17; *Sartor* International Data Privacy Law 2013, 3; Gierschmann/Schlender/Stentzel/Veil/*Grafenstein* DS-GVO Art. 2 Rn. 61.

[60] Vgl. Erwägungsgrund 14 E-Commerce-RL.

[61] Erwägungsgrund 47 DS-RL.

[62] Verordnung (EU) 2022/2065 des Europäischen Parlaments und des Rates vom 19.10.2022 über einen Binnenmarkt für digitale Dienste und zur Änderung der Richtlinie 2000/31/EG (Gesetz über digitale Dienste), ABl. 2022 L 277, 1, berichtigt ABl. 2022 L 310, 17.

[63] RL 2002/58/EG des Europäischen Parlaments und des Rates v. 12.7.2002 über die Verarbeitung personenbezogener Daten und den Schutz der Privatsphäre in der elektronischen Kommunikation (Datenschutzrichtlinie für elektronische Kommunikation), ABl. 2002 L 201, 37.

[64] Zu Einzelheiten insbes. zum Verhältnis der ePrivacy-RL zur DS-GVO → Art. 95 Rn. 5 ff.

[65] Vorschlag für eine Verordnung des Europäischen Parlaments und des Rates über die Achtung des Privatlebens und den Schutz personenbezogener Daten in der elektronischen Kommunikation und zur Aufhebung der Richtlinie 2002/58/EG (Verordnung über Privatsphäre und elektronische Kommunikation), COM(2017) 10 final.

[66] Richtlinie (EU) 2018/1972 des Europäischen Parlaments und des Rates v. 11.12.2018 über den europäischen Kodex für die elektronische Kommunikation, ABl. 2018 L 321, 36.

Kommunikationsdienst" und „elektronisches Kommunikationsnetz" werden daher seit dem 21.12.2020 durch Art. 2 Abs. 4 bzw. Art. 2 Abs. 1 EKEK definiert.

Durch die **Ausnahme-VO zur ePrivacy-RL**[67] wird seit dem 2.8.2021 bis zum 3.8.2024[68] unter Abweichung von Art. 5 Abs. 1 und Art. 6 Abs. 1 ePrivacy-RL und unbeschadet der DS-GVO den Anbietern bestimmter nummernunabhängiger interpersoneller Kommunikationsdienste gestattet, spezielle Technologien zu verwenden, um auf freiwilliger Basis sexuellen Missbrauch von Kindern im Internet bei ihren Diensten aufzudecken und zu melden und Online-Material über sexuellen Missbrauch von Kindern aus ihren Diensten zu entfernen.[69] Inzwischen hat die Kommission einen sehr viel weitergehenden **Verordnungsvorschlag zur Prävention und Bekämpfung des sexuellen Missbrauchs von Kindern** vorgestellt.[70] Der Entwurf soll die Ausnahme-VO ablösen und sieht unter anderem vor, dass Kommunikations- und Hostinganbieter per Anordnung dazu verpflichtet werden können, auch (gegebenenfalls verschlüsselte) private Inhalte zu durchsuchen (sog. „Chatkontrolle"). Dadurch sollen sie Hinweise auf bekannte und bisher unbekannte Darstellungen von sexualisierter Gewalt gegen Minderjährige aufspüren, ebenso wie Anhaltspunkte für Zwecke der Verbreitung von Material über sexuellen Kindesmissbrauch oder der Kontaktaufnahme zu Kindern. Nicht nur der Europäische Datenschutzausschuss und der Europäische Datenschutzbeauftragte haben jedoch „ernste Bedenken", ob die vorgeschlagenen Regeln grundrechtskonform seien.[71] Insbesondere bei der sog. „Chatkontrolle" würde der Vorschlag dazu führen, dass die Einschränkung der Vertraulichkeit der Kommunikation eher die Regel als die Ausnahme sein wird.[72] Der Vorschlag befindet sich noch im Gesetzgebungsverfahren.[73]

C. Nationale Durchführung

I. Deutschland

Das BDSG definiert in § 1 Abs. 1 den Geltungsbereich genauer und unterscheidet weiterhin zwischen öffentlichem und nicht-öffentlichem Bereich: Das BDSG findet Anwendung auf alle

---

[67] Verordnung (EU) 2021/1232 des Europäischen Parlaments und des Rates v. 14.7.2021 über eine vorübergehende Ausnahme von bestimmten Vorschriften der Richtlinie 2002/58/EG hinsichtlich der Verwendung von Technologien durch Anbieter nummernunabhängiger interpersoneller Kommunikationsdienste zur Verarbeitung personenbezogener und anderer Daten zwecks Bekämpfung des sexuellen Missbrauchs von Kindern im Internet, ABl. 2021 L 274, 41.

[68] Verlängerung bis zum 3.8.2026 vorgeschlagen durch Vorschlag der Kommission v. 30.11.2023 für eine Verordnung des Europäischen Parlaments und des Rates zur Änderung der Verordnung (EU) 2021/1232 des Europäischen Parlaments und des Rates über eine vorübergehende Ausnahme von bestimmten Vorschriften der Richtlinie 2002/58/EG zwecks Bekämpfung des sexuellen Missbrauchs von Kindern im Internet, COM (2023) 777 final; der Rat sieht eine zusätzliche Verlängerung bis 3.8.2027 als notwendig an, Ratsdok. 16950/23. Zur Umsetzung der Ausnahme-VO siehe Kommissionsbericht v. 19.12.2023, COM (2023) 797 final.

[69] Siehe krit. Europäischer Datenschutzbeauftragter, Stellungnahme zum Vorschlag über eine vorübergehende Ausnahme von der Richtlinie 2002/58/EG zwecks Bekämpfung des sexuellen Missbrauchs von Kindern im Internet, edps.europa.eu/data-protection/our-work/publications/stellungnahmen-des-edsb/opinion-proposal-temporary_de.

[70] Vorschlag für eine Verordnung des Europäischen Parlaments und des Rates zur Festlegung von Vorschriften zur Prävention und Bekämpfung des sexuellen Missbrauchs von Kindern, COM(2022) 209 final.

[71] Siehe Europäischer Datenschutzausschuss und Europäischer Datenschutzbeauftragter, Gemeinsame Stellungnahme 4/2022 zu dem Vorschlag für eine Verordnung des Europäischen Parlaments und des Rates zur Festlegung von Vorschriften zur Prävention und Bekämpfung des sexuellen Missbrauchs von Kindern, v. 28.7.2022; zu Einzelheiten des Vorschlags und Kritik bspw. *Tuchtfeld* VerfBlog, 2022/5/25; *Zurawski* ZD-Aktuell 2022, 01240. Auch der Juristische Dienst des Rats geht von der Unverhältnismäßigkeit speziell der Aufdeckungsanordnungen aus, Ratsdok. 8787/23 v. 26.4.2023, abrufbar unter www.statewatch.org/media/3901/eu-council-cls-opinion-csam-proposal-8787-23.pdf.

[72] *Tuchtfeld* VerfBlog, 2022/5/25 ordnet das „evident grundrechtswidrige Vorhaben" als „das größte staatliche Überwachungsvorhaben in Europa seit dem Ende des Kalten Krieges" ein.

[73] Am 14.11.2023 hat der Ausschuss für bürgerliche Freiheiten, Justiz und Inneres (LIBE) im Europäischen Parlament sein Verhandlungsmandat angenommen. Das Europäische Parlament fordert darin, anstatt einer verdachtslosen Massenüberwachung privater Kommunikation nur eine gezielte Überwachung von Einzelpersonen und Gruppen bei konkretem Verdacht zu erlauben. Eine Durchsuchung verschlüsselter Kommunikation wird dabei ausdrücklich ausgeschlossen. Stattdessen sollen Internetdienste verpflichtet werden, ihre Angebote sicherer zu gestalten, um die sexuelle Ausbeutung von Kindern im Netz von vornherein zu verhindern. Siehe Europäisches Parlament, Bericht A9-0364/2023, abrufbar unter www.europarl.europa.eu/doceo/document/A-9-2023-0364_EN.html.

öffentlichen Stellen des Bundes,[74] nur mit Einschränkungen auf öffentliche Stellen der Länder[75] sowie auf alle nicht-öffentlichen Stellen. Nur für letztere gelten die (aufgrund des Normwiederholungsverbots überflüssigen, → Einl. Rn. 86) Präzisierungen der Anwendung auf ganz oder teilweise automatisierte Verarbeitungen bzw. nicht automatisierte Verarbeitungen die in einem Dateisystem gespeichert sind oder gespeichert werden sollen, es sei denn, die Verarbeitung durch natürliche Personen unterfällt der Haushaltsausnahme (→ Rn. 11). Das BDSG findet daher auch auf die rein **manuelle Datenverarbeitung** öffentlicher Stellen Anwendung und geht diesbezüglich damit über den Anwendungsbereich der DS-GVO hinaus.[76] Eine weitere Ausweitung für den nicht-öffentlichen Bereich wird im Bereich der Datenverarbeitung für Zwecke des **Beschäftigungsverhältnisses** über § 26 Abs. 7 BDSG vorgenommen, wonach die Regelungen auch dann anzuwenden sind, wenn personenbezogene Daten, einschließlich besonderer Kategorien personenbezogener Daten, von Beschäftigten verarbeitet werden, ohne dass sie in einem Dateisystem gespeichert sind oder gespeichert werden sollen. Diese Regelung dürfte von der fakultativen Spezifizierungsklausel des Art. 88 DS-GVO gedeckt sein (→ Einl. Rn. 91 sowie → Art. 88 Rn. 38 und 222). Der selbstverständliche **Anwendungsvorrang des Unionsrechts** (→ Einl. Rn. 75, 80), insbesondere der DS-GVO wird ausdrücklich in § 1 Abs. 5 BDSG festgeschrieben.

26 Soweit die Verarbeitung personenbezogener Daten im Rahmen von Tätigkeiten öffentlicher Stellen des Bundes erfolgt, die weder vom Anwendungsbereich der DS-GVO (→ Rn. 4 ff.) noch von der RL (EU) 680/2016 (→ Rn. 13) erfasst sind, richtet sich das anzuwendende Datenschutzrecht allein nach nationalen Regelungen: § 1 Abs. 8 BDSG bestimmt, dass für diese Verarbeitungen die DS-GVO sowie Teil 1 und Teil 2 des BDSG **entsprechend** Anwendung finden.[77] Dies betrifft die Datenverarbeitung im Bereich der **nationalen Sicherheit,** speziell durch das Bundesamt für Verfassungsschutz, den Bundesnachrichtendienst, den Militärischen Abschirmdienst sowie den Bereich des Sicherheitsüberprüfungsgesetzes. Soweit in bereichsspezifischen Gesetzen abweichende Regelungen getroffen werden, gehen sie allerdings gemäß § 1 Abs. 2 BDSG den Vorschriften des BDSG vor.

II. Österreich

27 § 4 Abs. 1 des österreichischen Datenschutzgesetzes (DSG) regelt näheres zum Anwendungsbereich: danach gelten die DS-GVO und das DSG, soweit nicht die spezifischeren Bestimmungen des 3. Hauptstücks DSG vorgehen. Die Bestimmungen des 3. Hauptstücks DSG gelten für die Verarbeitung personenbezogener Daten durch zuständige Behörden zum Zweck der Verhütung, Ermittlung, Aufdeckung oder Verfolgung von Straftaten oder der Strafvollstreckung, einschließlich des Schutzes vor und der Abwehr von Gefahren für die öffentliche Sicherheit, und setzen insoweit die RL (EU) 2016/680 um (→ Rn. 13). Darüber hinaus gilt das 3. Hauptstück DSG auch für die Datenverarbeitung zum Zweck der **nationalen Sicherheit,** des österreichischen Nachrichtendienstes und der militärischen Eigensicherung.

Art. 3 Räumlicher Anwendungsbereich

(1) **Diese Verordnung findet Anwendung auf die Verarbeitung personenbezogener Daten, soweit diese im Rahmen der Tätigkeiten einer Niederlassung eines Verantwortlichen oder eines Auftragsverarbeiters in der Union erfolgt, unabhängig davon, ob die Verarbeitung in der Union stattfindet.**

(2) **Diese Verordnung findet Anwendung auf die Verarbeitung personenbezogener Daten von betroffenen Personen, die sich in der Union befinden, durch einen nicht in**

---

[74] Der Begriff der „öffentlichen Stellen des Bundes" wird definiert in § 2 Abs. 1 S. 1 BDSG und umfasst Behörden, Organe der Rechtspflege sowie die öffentlich-rechtlich organisierten Einrichtungen des Bundes, der bundesunmittelbaren Körperschaften, Anstalten und Stiftungen des öffentlichen Rechts sowie deren Vereinigungen ungeachtet ihrer Rechtsform.
[75] Nur dann, soweit der Datenschutz nicht durch Landesgesetz geregelt ist und soweit sie entweder Bundesrecht ausführen oder als Organe der Rechtspflege tätig werden und es sich nicht um Verwaltungsangelegenheiten handelt; vgl. im Einzelnen Sydow/Marsch/*Böken* BDSG § 1 Rn. 9–11.
[76] So auch Sydow/Marsch/*Böken* BDSG § 1 Rn. 8; Paal/Pauly/*Ernst* BDSG § 1 Rn. 5.
[77] Siehe auch Teil 4 BDSG mit besonderen Bestimmungen für Verarbeitungen im Rahmen von nicht in die Anwendungsbereiche der DS-GVO und der Richtlinie (EU) 2016/680 fallenden Tätigkeiten.

der Union niedergelassenen Verantwortlichen oder Auftragsverarbeiter, wenn die Datenverarbeitung im Zusammenhang damit steht
a) betroffenen Personen in der Union Waren oder Dienstleistungen anzubieten, unabhängig davon, ob von diesen betroffenen Personen eine Zahlung zu leisten ist;
b) das Verhalten betroffener Personen zu beobachten, soweit ihr Verhalten in der Union erfolgt.

(3) Diese Verordnung findet Anwendung auf die Verarbeitung personenbezogener Daten durch einen nicht in der Union niedergelassenen Verantwortlichen an einem Ort, der aufgrund Völkerrechts dem Recht eines Mitgliedstaats unterliegt.

Literatur: *Aust*, Das neue Datenschutzgesetz der Schweiz aus dem Blickwinkel der DS-GVO, ZD-Aktuell 2022, 01305; *Bradford*, The Brussels Effect: How the European Union Rules the World, 2020; *Brauneck*, Marktortprinzip der DSGVO: Weltgeltung für EU-Datenschutz?, EuZW 2019, 494; *Hornung*, Eine Datenschutz-Grundverordnung für Europa? Licht und Schatten im Kommissionsentwurf vom 25.1.2012, ZD 2012, 99; *Hustinx*, Ein klares Signal für stärkeren EU-Datenschutz, ZD 2013, 301; *Jervis*, The curious case of Article 3(3) of the GDPR and its application to diplomatic missions, International Data Privacy Law, 2020, Vol. 10, Issue 1, 107; *Klar*, Räumliche Anwendbarkeit des (europäischen) Datenschutzrechts – Ein Vergleich am Beispiel von Satelliten-, Luft- und Panoramastraßenaufnahmen, ZD 2013, 109; *Kugelmann*, Datenfinanzierte Internetangebote, DuD 2016, 566; *Kuner*, Data Protection Law and International Jurisdiction on the Internet (Part 2), International Journal of Law and Information Technology 2010, 227; *Schantz*, Die Datenschutz-Grundverordnung – Beginn einer neuen Zeitrechnung im Datenschutzrecht, NJW 2016, 1841; *Segger-Piening*, Extraterritorialitätsauswirkungen und fehlender Privatrechtsbezug im Internationalen Datenprivatrecht – Keine bessere Welt, in: IPR für eine bessere Welt, 2022; *Yakovleva/Irion*, Pitching trade against privacy: reconciling EU governance of personal data flows with external trade, International Data Privacy Law, 2020 Vol. 10, Issue 3, 201; *Zuboff*, Das Zeitalter des Überwachungskapitalismus, 2018.

Rechtsprechung: EuGH Urt. v. 26.4.1988 – C-352/85, ECLI:EU:C:1988:196 – Bond van Adverteerders/Niederländischer Staat; EuGH Urt. v. 7.12.2010 – C-585/08 u. C-144/09, ECLI:EU:C:2010:740 – Pammer und Alpenhof; EuGH Urt. v. 21.12.2011 – C-366/10, ECLI:EU:C:2011:864 – Air Transport Association of America u.a.; EuGH Urt. v. 13.5.2014 – C-131/12, ECLI:EU:C:2014:317 = ZD 2014, 350 – Google Spain und Google; EuGH Urt. v. 1.10.2015 – C-230/14, ECLI:EU:C:2015:639 = ZD 2015, 580 mAnm *Karg* – Weltimmo; EuGH Urt. v. 28.7.2016 – C-191/15, ECLI:EU:C:2016:612 – Verein für Konsumenteninformation; EuG Urt. v. 25.3.1999 – T-102/96, ECLI:EU:T:1999:65 – Gencor.

Übersicht

	Rn.
A. Allgemeines	1
I. Zweck und Bedeutung der Vorschrift	1
II. Systematik, Verhältnis zu anderen Vorschriften	5
B. Einzelerläuterungen	11
I. Niederlassung in der Union	11
II. Anwendung der DS-GVO auf außerhalb der Union Niedergelassene	16
1. Marktortprinzip	17
2. Anwendungsvoraussetzungen des Marktortsprinzips	18
a) Verarbeitung von personenbezogenen Daten von betroffenen Personen die sich in der Union befinden	19
b) Angebot von Waren oder Dienstleistungen	22
c) Verhaltensbeobachtung	25
3. Anwendung der DS-GVO aufgrund Völkerrechts	27
III. Geltung der DS-GVO in anderen Staaten	28
1. Europäischer Wirtschaftsraum	28
2. Schweiz	29
3. EU-Bewerberländer und (potenzielle) EU-Beitrittskandidaten	30
C. Nationale Durchführung	31
I. Deutschland	31
II. Österreich	32

Art. 3 1, 2

A. Allgemeines*
I. Zweck und Bedeutung der Vorschrift

1   Art. 3 bestimmt den **räumlichen Anwendungsbereich** der DS-GVO und klärt, ob die Vorschriften der DS-GVO überhaupt auf die betreffende Datenverarbeitung anwendbar sind. Art. 3 tritt aufgrund des Wechsels von einer Richtlinie zu einer Verordnung anstelle des bisherigen Art. 4 DS-RL zum anwendbaren (einzelstaatlichen) Recht. Damit entfallen auch die damaligen Schwierigkeiten der DS-RL zur Bestimmung, welches der 28 (EU) bzw. 31 (EWR) einzelstaatlichen Datenschutzgesetze – gerade bei Unternehmen, die ihre Leistungen ausschließlich über das Internet anbieten – Anwendung findet.[1] Bereits die DS-RL legte großen Wert auf die Feststellung, dass „die Niederlassung des für die Verarbeitung Verantwortlichen in einem Drittland (…) dem Schutz der Personen gemäß dieser Richtlinie nicht entgegenstehen" dürfe.[2] Auf internationaler Ebene ist anerkannt, dass Staaten einen derartigen Schutz gewähren dürfen: Art. XIV des Allgemeinen Abkommens über den Handel mit Dienstleistungen (GATS)[3] erlaubt Ausnahmen von den Freihandelsvorschriften zum Schutz der Persönlichkeit bei der Verarbeitung und Weitergabe personenbezogener Daten, zum Schutz der Vertraulichkeit und zum Zwecke der Durchsetzung dieser Rechtsvorschriften.[4] Auch das noch während des laufenden Gesetzgebungsverfahrens zur DS-GVO ergangene Urteil des EuGH im Fall *Google Spain und Google*[5] trug wesentlich dazu bei, die Wichtigkeit des **Grundrechtsschutzes im Internetzeitalter**[6] und der dazu notwendigen Regeln zur Bestimmung der Anwendung des europäischen Datenschutzrechts zu unterstreichen.

2   Diesen **Schutzanspruch des EU-Datenschutzrechts** bekräftigt die DS-GVO mit der Begründung, dass einer natürlichen Person der gemäß der DS-GVO gewährleistete Schutz durch einen nicht in der Union niedergelassenen Verantwortlichen oder Auftragsverarbeiter nicht vorenthalten werden dürfe.[7] Als Folge daraus führt die DS-GVO erstmalig hinsichtlich Verarbeitungsaktivitäten von außerhalb der Union Niedergelassenen das sog. **Marktortprinzip** ein: Danach gilt die DS-GVO auch für Unternehmen mit Sitz in einem Drittland, wenn diese Waren und Dienstleistungen in der EU anbieten oder das Verhalten von Privatpersonen in der EU verfolgen. Solche Unternehmen mit Sitz außerhalb der EU haben dieselben Regeln anzuwenden wie Unternehmen mit Sitz in der EU. Damit wird der juristischen Argumentation von (vor allem US-amerikanischen) Unternehmen, mangels Sitzes in der EU gelte das europäische Datenschutzrecht nicht, die Grundlage entzogen. Damit wird der umfassende Schutz der Rechte von Bürgern in der Union sichergestellt. Außerdem werden auf diese Weise gleiche Wettbewerbsbedingungen für EU-Unternehmen und Nicht-EU-Unternehmen geschaffen und Wettbewerbsverzerrungen zwischen EU- und Drittstaatsunternehmen, die in der EU tätig sind oder deren Zielgruppe die Verbraucher in der EU ist, vermieden.[8]

---

* Der Verfasser vertritt hier seine persönliche Auffassung, die nicht notwendig der Auffassung des Europäischen Datenschutzbeauftragten entspricht.

[1] Vgl. bspw. die diesbzgl. aufgeworfenen Fragen in der Rspr. EuGH Urt. v. 13.5.2014 – C-131/12, ECLI:EU:C:2014:317 = ZD 2014, 350 – Google Spain und Google; EuGH Urt. v. 1.10.2015 – C-230/14, ECLI:EU:C:2015:639 = ZD 2015, 580 mAnm *Karg* – Weltimmo; EuGH Urt. v. 28.7.2016 – C-191/15, ECLI:EU:C:2016:612 = EuZW 2016, 754 – Verein für Konsumenteninformation; sowie die umfassenden Stellungnahme der Artikel-29-Datenschutzgruppe, Stellungnahme 8/2010 zum anwendbaren Recht, WP 179 v. 16.12.2010, ergänzt im Lichte des Google Spain-Urteils am 16.12.2015 (WP 179 update).

[2] Erwägungsgrund 20 DS-RL.

[3] Deutscher Wortlaut abgedruckt in: „Die multilaterale Verhandlungen der Uruguay-Runde (1986– 1994) – Anhang 1 – Anhang 1B – Allgemeines Übereinkommen über den Handel mit Dienstleistungen (WTO)", ABl. 1994 L 336, 191.

[4] Dazu ausf. *Yakovleva/Irion* IDPL 2020, 201 (210).

[5] EuGH Urt. v. 13.5.2014 – C-131/12, ECLI:EU:C:2014:317 = ZD 2014, 350 Rn. 54, 58 – Google Spain und Google, wo der EuGH einen besonders weiten räumlichen Anwendungsbereich der DS-RL für geboten hält.

[6] Vgl. allg. auch *Zuboff*, Das Zeitalter des Überwachungskapitalismus. Zu instruktiven Beispielen wie Anbieter sozialer Medien versuchen, Nutzer zu unbeabsichtigten, ungewollten und potenziell schädlichen Entscheidungen zu bewegen, Europäischer Datenschutzausschuss, Leitlinien 03/2022 zu irreführenden Designmustern in Social-Media-Plattform-Schnittstellen: Wie man sie erkennt und vermeidet, Version 2.0 v. 20.2.2023.

[7] Erwägungsgrund 23.

[8] Europäischer Datenschutzausschuss, Leitlinien 3/2018 zum räumlichen Anwendungsbereich der DS-GVO (Artikel 3), Version 2.0 v. 12.11.2019, 4; dazu auch → Einl. Rn. 23, 73.

Dies ist ein Element dafür, dass die DS-GVO eine viel größere Wirkung nicht nur in der EU 3
selbst, sondern auch anderswo haben hatte und weiterhin hat:[9] Die DS-GVO könnte insbesondere durch die Ausdehnung ihres Anwendungsbereichs einen **globalen Standard für den Schutz personenbezogener Daten** bei Datenverarbeitungen im Internet setzen, da es sich für viele Unternehmen nicht lohnen wird, ihre Geschäftsmodelle an unterschiedlichen Datenschutzregimen auszurichten:[10] Laut Europäischer Kommission haben bereits eine wachsende Zahl von Unternehmen reagiert, insbesondere indem sie freiwillig einige der in der DS-GVO vorgesehenen Rechte und Garantien auf ihre nicht in der EU ansässigen Kunden ausgeweitet haben.[11]

Mit der Einführung des Marktortprinzips entfällt ersatzlos das bislang in Art. 4 Abs. 1 4
Buchst. c DS-RL aufgeführte Anwendungsmerkmal der Verwendung **„eines im Hoheitsgebiets eines Mitgliedstaats belegenen Mittels"**. Der Wortlaut der Vorschrift stand seit Verabschiedung der DS-RL in der Kritik[12] und ist spätestens mit der globalen Verbreitung des Internets und der vermehrten Datenverarbeitung in der Wolke („Cloud Computing") technisch nicht mehr zeitgemäß und nicht mehr durchsetzbar, da *alleine* das Setzen von Datenkrümeln (sog. „Cookies"), von JavaScript, Werbebannern und anderen ähnlichen Anwendungen auf einem Rechner in einem EU-Mitgliedstaat durch Verantwortliche oder Auftragsverarbeiter außerhalb der EU nach Auffassung der Artikel-29-Datenschutzgruppe die Anwendung der DS-RL gemäß Art. 4 Abs. 1 Buchst. c auslöste.[13]

II. Systematik, Verhältnis zu anderen Vorschriften

Bei Anwendung der DS-GVO gemäß Art. 3 Abs. 1 gelten die jeweiligen Vorschriften für 5
Verantwortliche bzw. Auftragsverarbeiter.[14]

Sobald die DS-GVO gemäß Art. 3 Abs. 2 auf nicht in der Union niedergelassene Verantwort- 6
liche oder Auftragsverarbeiter Anwendung findet, haben auch diese die Vorschriften der DS-GVO **insgesamt** anzuwenden. Besonders haben diese in Übereinstimmung mit Art. 27 einen **Vertreter** iSd Art. 4 Nr. 17 in der Union zu benennen.[15] Letzteres ist eine Fortführung der Regelung des Art. 4 Abs. 2 DS-RL.

Auch wenn die DS-GVO gemäß Art. 3 Abs. 2 auf bestimmte nicht in der Union nieder- 7
gelassene Verantwortliche oder Auftragsverarbeiter Anwendung findet, bedeutet dies nicht, dass diese so zu behandeln sind, als wären sie faktisch in der Union niedergelassen. Das Gegenteil ist der Fall: So kommen mit Bezug auf nicht in der Union niedergelassene Verantwortliche oder Auftragsverarbeiter **gerade mangels einer Niederlassung in der Union nicht die Vorschriften zur Zusammenarbeit** (Art. 60 ff.) **und Kohärenz** (Art. 63 ff.) insbesondere

---

[9] Vgl. bereits *Hustinx* ZD 2013, 301. Die Mitteilung der Kommission v. 24.6.2020, Datenschutz als Grundpfeiler der Teilhabe der Bürgerinnen und Bürger und des Ansatzes der EU für den digitalen Wandel – zwei Jahre Anwendung der Datenschutz- Grundverordnung, COM(2020) 264 final, 3 verweist auf Chile, Südkorea, Brasilien, Japan, Kenia, Indien, Kalifornien und Indonesien.

[10] So *Schantz* NJW 2016, 1841 (1842). Die Vorreiterrolle der EU im Bereich des Datenschutzes zeigt, dass sie für die Regulierung der digitalen Wirtschaft (→ Art. 1 Rn. 9 ff.) weltweit Maßstäbe setzen kann; zu diesem „Brussels effect" der DS-GVO *Bradford* The Brussels Effect: How the European Union Rules the World, S. 131–170. Zum umgekehrten „Brussels effect" der DS-GVO durch Ausschluss von EU-basierten Nutzern durch internationale Webseiten *Segger-Pienin* S. 107 (111).

[11] Mitteilung der Kommission v. 24.6.2020, Datenschutz als Grundpfeiler der Teilhabe der Bürgerinnen und Bürger und des Ansatzes der EU für den digitalen Wandel – zwei Jahre Anwendung der Datenschutz-Grundverordnung, COM(2020) 264 final, 3.

[12] Siehe bspw. *Kuner* International Journal of Law and Information Technology 2010, 227.

[13] Siehe bereits Artikel-29-Datenschutzgruppe, Arbeitsdokument: Privatsphäre im Internet – Ein integrierter EU-Ansatz zum Online-Datenschutz, WP 37 v. 21.11.2000, 25; Artikel-29-Datenschutzgruppe, Arbeitspapier über die Frage der internationalen Anwendbarkeit des EU-Datenschutzrechts bei der Verarbeitung personenbezogener Daten im Internet durch Websites außerhalb der EU, WP 56 v. 30.5.2002, 10.

[14] Siehe weiter differenzierend zwischen einer Verarbeitung durch einen in der EU niedergelassenen Verantwortlichen, der einem nicht in der Union niedergelassenen Auftragsverarbeiter Weisungen erteilt und zwischen einer Verarbeitung im Rahmen der Tätigkeiten einer Niederlassung eines Auftragsverarbeiters in der Union: Europäischer Datenschutzausschuss, Leitlinien 3/2018 zum räumlichen Anwendungsbereich der DS-GVO (Artikel 3), Version 2.0 v. 12.11.2019, 11–15.

[15] Zu den Anforderungen an einen solchen Vertreter, siehe näher Europäischer Datenschutzausschuss, Leitlinien 3/2018 zum räumlichen Anwendungsbereich der DS-GVO (Artikel 3), Version 2.0 v. 12.11.2019, 27–33.

zur einzigen Anlaufstelle bei Datenschutzaufsichtsbehörden („One-Stop-Shop") zur Anwendung[16], auch dann nicht, wenn ein Vertreter iSd Art. 4 Nr. 17 bestellt wurde.[17]

8   Auch die Vorschriften der DS-GVO in **Kapitel V zu Übermittlungen in Drittstaaten** finden vollumfänglich Anwendung (Art. 44).[18] Der Europäische Datenschutzausschuss hat zum Verhältnis zwischen der Anwendung von Art. 3 und den Bestimmungen über internationale Übermittlungen gemäß Kapitel V zweckmäßige Leitlinien herausgegeben.[19]

9   Art. 3 gilt ausschließlich für die Bestimmung des räumlichen Anwendungsbereichs der DS-GVO, insbesondere im Verhältnis zu nicht in der Union niedergelassenen Verantwortlichen oder Auftragsverarbeitern. Art. 3 enthält dagegen **keine Regelungen zur Bestimmung des anwendbaren Rechts im Rahmen von nationalen Spezifizierungsklauseln** (→ Einl. Rn. 89 ff.): Die DS-GVO als EU-weit einheitlich unmittelbar anwendbares Rechtsinstrument löst ja gerade die bisherigen einzelstaatlichen Datenschutzgesetze sowohl im Innenverhältnis der Mitgliedstaaten in der Union (→ Einl. Rn. 3 ff.) als auch im Außenverhältnis der Union zu Drittstaaten (→ Rn. 1) ab; eine EU-interne Kollisionsregelung zur Bestimmung des anwendbaren Rechts im Rahmen von nationalen Spezifizierungsklauseln ist in der DS-GVO nicht vorgesehen. Sofern ein Mitgliedstaat eine durch eine Spezifizierungsklausel in der DS-GVO zugelassene gesetzliche Regelung erlassen hat,[20] gilt diese Regelung daher in Anwendung des **Territorialprinzips** ausschließlich für in seinem Hoheitsgebiet niedergelassene Verantwortliche oder Auftragsverarbeiter, ohne Unterscheidung etwa nach Staatsangehörigkeit, Wohnsitz der oder Angebot an die betroffenen Person.[21]

10 Art. 3 enthält auch **keine Regelungen zur (territorialen und materiellen) Zuständigkeit der Datenschutzaufsichtsbehörden;** diese sind erschöpfend geregelt in Art. 55 ff.

B. Einzelerläuterungen

I. Niederlassung in der Union

11 Die DS-GVO findet gemäß Art. 3 Abs. 1 dann Anwendung, wenn die Verarbeitung personenbezogener Daten kumulativ „im Rahmen der Tätigkeiten" einer „Niederlassung eines Verantwortlichen oder eines Auftragsverarbeiters in der Union" erfolgt, „unabhängig vom Verarbeitungsort".

12 Art. 3 Abs. 1 erwähnt nicht nur eine Niederlassung eines Verantwortlichen, sondern auch eine Niederlassung eines Auftragsverarbeiters. Eine **Niederlassung** in der Union setzt die effektive und tatsächliche Ausübung einer Tätigkeit durch eine feste Einrichtung voraus.[22] Die Rechtsform einer solchen Einrichtung, gleich, ob es sich um eine Zweigstelle oder eine Tochtergesellschaft mit eigener Rechtspersönlichkeit handelt, ist dabei nicht ausschlaggebend. Der EuGH stellte bereits zur DS-RL fest, dass zur Feststellung, ob eine Gesellschaft mit Sitz außerhalb der Union über eine Niederlassung in einem Mitgliedstaat verfügt, sowohl der Grad an Beständigkeit der Einrichtung als auch die effektive Ausübung von Tätigkeiten in diesem Mit-

---

[16] Europäischer Datenschutzausschuss, Leitlinien 3/2018 zum räumlichen Anwendungsbereich der DS-GVO (Artikel 3), Version 2.0 v. 12.11.2019, 15.

[17] Europäischer Datenschutzausschuss, Leitlinien 3/2018 zum räumlichen Anwendungsbereich der DS-GVO (Artikel 3), Version 2.0 v. 12.11.2019, 27.

[18] Insofern missverständlich der Vorschriften der Art. 40 Abs. 3 und Art. 42 Abs. 2, wonach nur die Verantwortlichen oder Auftragsverarbeiter, die „gemäß Artikel 3 nicht unter diese Verordnung fallen" Verhaltensregeln einhalten oder Zertifizierungen in Anspruch nehmen können; diese Möglichkeiten stehen *sämtlichen* nicht in der Union niedergelassenen Verantwortlichen oder Auftragsverarbeitern zur Verfügung.

[19] Europäischer Datenschutzausschuss, Leitlinien 05/2021 zum Zusammenspiel zwischen der Anwendung von Artikel 3 und den Bestimmungen über internationale Übermittlungen gemäß Kapitel V der Datenschutz-Grundverordnung, Version 2.0 v. 14.2.2023. Die Leitlinien enthalten darüber hinaus weitere praktische Beispiele sowie Schaubilder.

[20] Bspw. ein Übermittlungsverbot gemäß Art. 49 Abs. 5, → Art. 49 Rn. 19 ff.

[21] Unter Rückgriff auf die bisherige Regelung des Art. 4 Abs. 1 Buchst. a DS-RL. Mögliche Zweifelsfragen diesbezüglich können im Wege des Kohärenzverfahrens durch eine Stellungnahme des Europäischen Datenschutzausschusses gemäß Art. 64 Abs. 2 ausgeräumt werden (Art. 64) oder durch Leitlinien des Europäischen Datenschutzausschusses gemäß Art. 70 Abs. 1 Buchst. e (Art. 70). AA Simitis/Hornung/Spiecker gen. Döhmann/*Hornung* DS-GVO Art. 3 Rn. 12, der das Fehlen einer europäischen Regelung als problematisch und als klares Versäumnis des Gesetzgebers, das zu erheblicher Rechtsunsicherheit führt, bemängelt.

[22] Erwägungsgrund 22.

gliedstaat unter Beachtung des besonderen Charakters der wirtschaftlichen Tätigkeiten und der in Rede stehenden Dienstleistungen auszulegen sei, insbesondere für Unternehmen, die Leistungen ausschließlich über das Internet anböten.[23] Ein nur mit einer Person besetztes Büro würde von der Definition erfasst, solange es sich nicht bloß um die Vertretung eines für die Verarbeitung Verantwortlichen handelt, der an einem anderen Ort niedergelassen ist, und das Büro aktiv in Tätigkeiten einbezogen ist, in deren Rahmen personenbezogene Daten verarbeitet werden. Die Tätigkeit kann auch nur geringfügig sein,[24] beispielsweise durch die Einrichtung eines Bankkontos oder eines Postfachs im Hoheitsgebiet eines Mitgliedstaats. Ein Server oder Computer dürfte dagegen kaum als Niederlassung in Frage kommen, da es sich lediglich um eine technische Einrichtung oder ein Instrument für die Verarbeitung von Informationen handelt.[25] Der Auftragsverarbeiter ist nicht als Niederlassung des Verantwortlichen anzusehen.[26] Die Anwesenheit eines Vertreters gemäß Art. 27[27] oder die Möglichkeit allein eines Zugriffs aus der Union auf die Webseite eines Unternehmens begründet keine Niederlassung iSd Art. 3 Abs. 1.[28]

Der Ausdruck **„im Rahmen der Tätigkeiten einer Niederlassung"** ist im Hinblick auf das Ziel der DS-GVO, nämlich bei der Verarbeitung personenbezogener Daten einen wirksamen und umfassenden Schutz der Grundfreiheiten und Grundrechte natürlicher Personen, insbesondere des Rechts auf Privatleben, zu gewährleisten, nicht eng auszulegen.[29] Die in Rede stehende Verarbeitung personenbezogener Daten ist dabei nicht notwendigerweise „von" der betreffenden Niederlassung selbst auszuführen, sondern verlangt wird lediglich, dass sie „im Rahmen der Tätigkeiten" der Niederlassung ausgeführt wird.[30] Nach dem Europäischen Datenschutzausschuss ist anhand einer **konkreten Analyse im Einzelfall** festzustellen, ob die Verarbeitung im Rahmen einer Niederlassung des Verantwortlichen oder des Auftragsverarbeiters in der Union für die Zwecke von Art. 3 Abs. 1 erfolgt, auch um auszuschließen, dass eine bloße Präsenz in der EU, mit nur minimalen Bezügen zu den Datenverarbeitungsaktivitäten eines Unternehmens außerhalb der EU, bereits als Grundlage dient, von einer Niederlassung im Sinne des Art. 3. Abs. 1 auszugehen. Als Indikatoren für eine Niederlassung kommen dabei eine Untrennbarkeit einer Verarbeitung personenbezogener Daten durch einen nicht in der EU ansässigen Verantwortlichen oder Auftragsverarbeiter mit den Tätigkeiten einer Niederlassung in der EU[31] oder das Erzielen von Einnahmen in der EU in Betracht.[32]

So wird die Verarbeitung personenbezogener Daten, die für den Dienst einer **Internet-Suchmaschine** erfolgt, die von einem Unternehmen betrieben wird, das seinen Sitz in einem Drittstaat hat, jedoch in einem Mitgliedstaat über eine Niederlassung verfügt, „im Rahmen der Tätigkeiten"

---

[23] EuGH Urt. v. 1.10.2015 – C-230/14, ECLI:EU:C:2015:639 = ZD 2015, 580 mAnm *Karg* Rn. 29 – Weltimmo; Europäischer Datenschutzausschuss, Leitlinien 3/2018 zum räumlichen Anwendungsbereich der DS-GVO (Artikel 3), Version 2.0 v. 12.11.2019, 7 mwBsp.
[24] EuGH Urt. v. 1.10.2015 – C-230/14, ECLI:EU:C:2015:639 = ZD 2015, 580 mAnm *Karg* Rn. 31 – Weltimmo.
[25] So bereits die Artikel-29-Datenschutzgruppe, Stellungnahme 8/2010 zum anwendbaren Recht, WP 179 v. 16.12.2010, 15, ergänzt im Lichte des Google Spain-Urteils am 16.12.2015 (WP 179 update).
[26] Europäischer Datenschutzausschuss, Leitlinien 3/2018 zum räumlichen Anwendungsbereich der DS-GVO (Artikel 3), Version 2.0 v. 12.11.2019, 13.
[27] Europäischer Datenschutzausschuss, Leitlinien 3/2018 zum räumlichen Anwendungsbereich der DS-GVO (Artikel 3), Version 2.0 v. 12.11.2019, 27.
[28] EuGH Urt. v. 28.7.2016 – C-191/15, ECLI:EU:C:2016:612 Rn. 76 – Verein für Konsumenteninformation. Europäischer Datenschutzausschuss, Leitlinien 3/2018 zum räumlichen Anwendungsbereich der DS-GVO (Artikel 3), Version 2.0 v. 12.11.2019, 7.
[29] Bezugnahme auf EuGH Urt. v. 13.5.2014 – C-131/12, ECLI:EU:C:2014:317 = ZD 2014, 350 Rn. 53 – Google Spain und Google durch EuGH Urt. v. 1.10.2015 – C-230/14, ECLI:EU:C:2015:639 = ZD 2015, 580 mAnm *Karg* Rn. 25 – Weltimmo. Ausdrücklich ebenso Europäischer Datenschutzausschuss, Leitlinien 3/2018 zum räumlichen Anwendungsbereich der DS-GVO (Artikel 3), Version 2.0 v. 12.11.2019, 8.
[30] EuGH Urt. v. 13.5.2014 – C-131/12, ECLI:EU:C:2014:317 = ZD 2014, 350 Rn. 52 – Google Spain und Google.
[31] EuGH Urt. v. 13.5.2014 – C-131/12, ECLI:EU:C:2014:317 = ZD 2014, 350 Rn. 56 – Google Spain und Google; EuGH Urt. v. 28.7.2016 – C-191/15, ECLI:EU:C:2016:612 = EuZW 2016, 754 Rn. 50 – Verein für Konsumenteninformation. Ausdrücklich ebenso Europäischer Datenschutzausschuss, Leitlinien 3/2018 zum räumlichen Anwendungsbereich der DS-GVO (Artikel 3), Version 2.0 v. 12.11.2019, 8.
[32] Europäischer Datenschutzausschuss, Leitlinien 3/2018 zum räumlichen Anwendungsbereich der DS-GVO (Artikel 3), Version 2.0 v. 12.11.2019, 8 ff.; siehe auch Simitis/Hornung/Spiecker gen. Döhmann/*Hornung* DS-GVO Art. 3 Rn. 30, der zur besseren Unterscheidung zwischen Art. 3 Abs. 1 und Abs. 2 für eine verengte Auslegung des Niederlassungsbegriffs der DS-GVO ggü. der Auslegung des EuGH zur DS-RL plädiert.

dieser Niederlassung ausgeführt, wenn diese die Aufgabe hat, in dem Mitgliedstaat für die Förderung des Verkaufs der angebotenen Werbeflächen der Suchmaschine, mit denen die Dienstleistung der Suchmaschine rentabel gemacht werden soll, und diesen Verkauf selbst zu sorgen.[33]

15   Art. 3 Abs. 1 stellt klar, dass die Anwendung der DS-GVO bei Vorliegen einer Niederlassung in der Union **unabhängig** davon ist, ob die *Verarbeitung als solche* tatsächlich in der Union stattfindet oder außerhalb der Union. Es wird also weder abgestellt auf den Ort der Verarbeitung noch auf den Ort der personenbezogenen Daten. Auch auf die Staatsangehörigkeit oder den Aufenthaltsort der betroffenen Person in der Union kommt es nicht an.[34] Allein das Vorhandensein einer Niederlassung in der EU, in deren Rahmen die Verarbeitung erfolgt, ist ausschlaggebend, die Anwendung der DS-GVO herbeizuführen.[35] Dies verhindert zum einen eine andernfalls mögliche Umgehung der DS-GVO durch ein in der Union niedergelassenes Unternehmen, welches die konkrete Verarbeitung einfach außerhalb der EU vornimmt. Zum anderen schafft die Regelung durch die einzige Anknüpfung an eine Niederlassung in der EU Rechtssicherheit gerade in den Fällen, wo die genaue Verortung der Verarbeitung personenbezogener Daten Schwierigkeiten bereitet, beispielsweise bei Verarbeitungen in der Wolke („cloud computing").

II. Anwendung der DS-GVO auf außerhalb der Union Niedergelassene

16   Der räumliche Anwendungsbereich der DS-GVO ist in **zwei weiteren Fällen** eröffnet:
– Erstens, wenn ein nicht in der EU Niedergelassener (Verantwortlicher oder Auftragsverarbeiter) personenbezogene Daten von in der EU befindlichen betroffenen Personen verarbeitet, um diesen Personen entweder Waren oder Dienstleistungen anzubieten (sog. **„Marktortprinzip";** Art. 3 Abs. 2 Buchst. a) oder deren Verhalten zu beobachten (Art. 3 Abs. 2 Buchst. b; → Rn. 17 ff.).
– Zweitens, wenn ein nicht in der EU Niedergelassener personenbezogene Daten an einem Ort verarbeitet, der nach **Völkerrecht** dem Recht eines EU-Mitgliedstaates unterliegt (Art. 3 Abs. 3; → Rn. 27).

17   **1. Marktortprinzip.** Die Befugnisse der Union sind unter Beachtung des Völkerrechts auszuüben.[36] Daher haben die Gesetzgeber der DS-GVO sichergestellt, dass die modernisierte Beschreibung des Anwendungsbereichs der DS-GVO völkerrechtlich gerechtfertigt ist und insbesondere nicht gegen das Verbot der extraterritorialen Wirkung verstößt (→ Einl. Rn. 24; vgl. auch Art. 48). Das **neu eingeführte Marktortprinzip** (auch: Kriterium der Zielgerichtetheit)[37] beruht nicht *allein* auf einer Verarbeitung von personenbezogenen Daten durch nicht in der Union Niedergelassene. Hinzu tritt eine Einschränkung auf nur solche Verarbeitungen, die in der EU befindlichen Personen betreffen und eine zusätzliche Konkretisierung auf zwei datenschutzrechtlich relevante Situationen, in denen eine bestimmte Verarbeitung eine „unmittelbare und wesentliche Auswirkung" in der Union hat: entweder dem Anbieten von Waren oder Dienstleistungen an von in der EU befindlichen betroffenen Personen, oder der Verhaltensbeobachtung von in der EU befindlichen betroffenen Personen. Dadurch wird eine unmittelbare Verbindung zum territorialen Geltungsbereich des EU-Rechts hergestellt. Dies knüpft an Vorbilder aus EU-Regelungen u.a. im Kartellrecht[38] und zur Luftfahrt[39] an.[40] Die Norm greift auch

---

[33] EuGH Urt. v. 13.5.2014 – C-131/12, ECLI:EU:C:2014:317 = ZD 2014, 350 Rn. 55 – Google Spain und Google. Dagegen zur räumlichen Begrenzung nur auf alle EU-Mitgliedstaaten einer Auslistung aus Ergebnissen einer Suchmaschine EuGH Urt. v. 24.9.2019 – C-507/17, ECLI:EU:C:2019:772 = ZD 2020, 31 mAnm *Ukrow* – Google LLC/CNIL.
[34] Vgl. Erwägungsgrund 14 sowie Europäischer Datenschutzausschuss, Leitlinien 3/2018 zum räumlichen Anwendungsbereich der DS-GVO (Artikel 3), Version 2.0 v. 12.11.2019, 11.
[35] Ebenso Paal/Pauly/*Ernst* DS-GVO Art. 3 Rn. 11.
[36] EuGH Urt. v. 21.12.2011 – C-366/10, ECLI:EU:C:2011:864 Rn. 123 – Air Transport Association of America u.a.
[37] So jedenfalls der Europäischer Datenschutzausschuss, Leitlinien 3/2018 zum räumlichen Anwendungsbereich der DS-GVO (Artikel 3), Version 2.0 v. 12.11.2019, 16 ff.
[38] Vgl. etwa EuG Urt. v. 25.3.1999 – T-102/96, ECLI:EU:T:1999:65 Rn. 90 – Gencor.
[39] Art. 1 VO (EG) Nr. 80/2009 des Europäischen Parlaments und des Rates vom 14.1.2009 über einen Verhaltenskodex in Bezug auf Computerreservierungssysteme und zur Aufhebung der Verordnung (EWG) Nr. 2299/89 des Rates, ABl. 2009 L 35, 47, gilt „für alle in der Gemeinschaft *angebotenen* oder *genutzten*" Computerreservierungssysteme (CRS) für Luftverkehrsprodukte.
[40] Vgl. mit weiteren Beispielen bereits Artikel-29-Datenschutzgruppe, Arbeitspapier über die Frage der internationalen Anwendbarkeit des EU-Datenschutzrechts bei der Verarbeitung personenbezogener Daten im Internet durch Websites außerhalb der EU, WP 56 v. 30.5.2002.

Ansätze aus dem internationalen Privatrecht hinsichtlich Verbraucherverträge[41] und sich daran orientierender Vorschläge der Artikel-29-Datenschutzgruppe zu einem „dienstleistungsorientieren Ansatz" im Datenschutzrecht auf.[42] Eine vergleichbare Regelung findet sich in Art 2. Abs. 1 **Digital Services Act** (DSA) (→ Art. 1 Rn. 11), der ausdrücklich gilt für Vermittlungsdienste, die für Nutzer mit Niederlassungsort oder Sitz in der Union angeboten werden, ungeachtet des Niederlassungsortes des Anbieters dieser Vermittlungsdienste.[43]

2. Anwendungsvoraussetzungen des Marktortsprinzips. Wenn weder Verantwortlicher noch Auftragsverarbeiter über eine Unionsniederlassung verfügen, ist für die Anwendung des Marktortsprinzips gemäß einem **Doppelansatz** in einem ersten Schritt zu bestimmen, ob die Verarbeitung im Zusammenhang mit personenbezogenen Daten von betroffenen Personen steht, die sich in der Union befinden (→ Rn. 19 ff.), und dann in einem zweiten Schritt zu klären, ob sich die Verarbeitung auf das Anbieten von Waren oder Dienstleistungen oder die Beobachtung des Verhaltens betroffener Personen in der Union bezieht (→ Rn. 22 ff.).

a) Verarbeitung von personenbezogenen Daten von betroffenen Personen die sich in der Union befinden. Die DS-GVO findet gemäß Art. 3 Abs. 2 dann auf einen nicht in der Union niedergelassenen Verarbeiter oder Auftragsverarbeiter Anwendung, wenn zuerst eine **Verarbeitung von personenbezogenen Daten von betroffenen Personen die sich in der Union befinden** vorliegt.

Bezüglich des **Verarbeitungsbegriffs** kann auf die Ausführungen zu Art. 4 Abs. 2 verwiesen werden.

Die Verarbeitung hat sich weiter zu beziehen auf personenbezogene Daten von Personen, die sich **in der Union** befinden. Ein Wohnsitz innerhalb der Union ist dabei nicht Voraussetzung: Es genügt, dass sich die Person, dessen Daten verarbeitet werden, innerhalb der Union bzw. im Hoheitsgebiet eines Mitgliedstaates (auch nur vorübergehend) aufhält. Daher gilt der diesbezügliche Schutz der DS-GVO in Anwendung von Art. 8 Abs. 1 GRCh und unter Heranziehung von Erwägungsgrund 14 gleichermaßen für Unionsbürger als auch für Bürger aus Drittstaaten, beispielsweise Touristen, Flüchtlinge oder Staatenlose.[44] Die Anforderung, dass sich die betroffene Person in der Union befindet, muss zu dem Zeitpunkt geprüft werden, an dem die auslösende Tätigkeit stattfindet, also dann, wenn Waren oder Dienstleistungen angeboten werden oder das Verhalten beobachtet wird, unabhängig von der Dauer des Angebots oder der durchgeführten Beobachtung (→ Rn. 22).[45]

b) Angebot von Waren oder Dienstleistungen. Weiterhin ist gemäß Art. 3 Abs. 2 Buchst. a **zusätzlich** notwendig, dass die Datenverarbeitung im Zusammenhang damit steht, dass dieser Verarbeiter oder Auftragsverarbeiter diesen betroffenen Personen in der EU **Waren oder Dienstleistungen anbietet**. Die DS-GVO selbst definiert nicht, was unter einer Ware oder einer Dienstleistung zu verstehen ist; auszugehen ist daher von einem umfassenden Waren- oder Dienstleistungsbegriff, einschließlich des Anbietens von Dienstleistungen der Informationsgesellschaft.[46] Durch die Klarstellung, dass dieses Angebot von Waren oder Dienstleistungen unabhängig davon gilt, ob von diesen betroffenen Personen eine **Zahlung** zu leisten ist oder nicht, soll allerdings einer engen, ausschließlich am Verständnis des Begriffs der Dienstleistung als

---

[41] So besteht eine besondere Gerichtszuständigkeit bei Verbrauchersachen in den Fällen, in denen ein Vertragspartner eine berufliche oder gewerbliche Tätigkeit *ausrichtet* auf den Mitgliedstaat, in dessen Hoheitsgebiet der Verbraucher seinen Wohnsitz hat, gemäß Art. 17 Abs. 1 Buchst. c VO (EU) Nr. 1215/2012 des Europäischen Parlamentes und des Rates v. 12.12.2012 über die gerichtliche Zuständigkeit und die Anerkennung und Vollstreckung von Entscheidungen in Zivil- und Handelssachen (Neufassung), ABl. 2012 L 351, 1.
[42] Vgl. Artikel-29-Datenschutzgruppe, Stellungnahme 8/2010 zum anwendbaren Recht, WP 179 v. 16.12.2010, 39, inzwischen ergänzt im Lichte des Google Spain-Urteils am 16.12.2015 (WP 179 update).
[43] Siehe auch Erwägungsgrund 9 DSA sowie die Begriffsbestimmungen der Art. 3 Buchst. d DSA („in der Union Dienstleistungen anbieten") und Art. 3 Buchst. e DSA („wesentliche Verbindung zur Union").
[44] Für eine Nichtanwendung der DS-GVO auf Verarbeitungen, die nur unabsichtlich oder rein zufällig auf in der Union befindliche Personen zielen, Europäischer Datenschutzausschuss, Leitlinien 3/2018 zum räumlichen Anwendungsbereich der DS-GVO (Artikel 3), Version 2.0 v. 12.11.2019, 17.
[45] Europäischer Datenschutzausschuss, Leitlinien 3/2018 zum räumlichen Anwendungsbereich der DS-GVO (Artikel 3), Version 2.0 v. 12.11.2019, 17.
[46] Definiert in Art. 1 Abs. 1 Buchst. b Richtlinie (EU) 2015/1535 des Europäischen Parlaments und des Rates vom 9.9.2015 über ein Informationsverfahren auf dem Gebiet der technischen Vorschriften und der Vorschriften für die Dienste der Informationsgesellschaft, ABl. 2015 L 241, 1 als „jede in der Regel gegen Entgelt elektronisch im Fernabsatz und auf individuellen Abruf eines Empfängers erbrachte Dienstleistung".

„Leistung, die in der Regeln gegen Entgelt erbracht wird" iSd Art. 57 AEUV orientierten Auslegung begegnet werden.[47] Darüber hinaus wird dem Umstand Rechnung getragen, dass in vielen Fällen solche Waren oder Dienstleistungen tatsächlich mit den personenbezogenen Daten der betroffenen Person „bezahlt" werden: Der Nutzer stellt seine Daten dem Wirtschaftsunternehmen zur Verfügung, um dessen Leistungsangebot nutzen zu können. Das Unternehmen selbst nutzt diese Daten dann beispielsweise zu Werbezwecken.[48] Damit werden die vielen geldfreien Internetdienstleistungen umfasst, beispielsweise bei sozialen Netzwerken und Anbietern elektronischer Postdienste.

23 Zur Art und Weise des notwendigen Angebots und zur Bestimmung, ob ein solches Angebot tatsächlich vorliegen kann, macht die DS-GVO offensichtlich die **Rechtsprechung des EuGH** zur Anwendbarkeit der VO (EG) Nr. 44/2001 („Brüssel I-Verordnung")[49] auch für das Datenschutzrecht fruchtbar, indem in der Sache bestimmte vom EuGH aufgestellten Anhaltspunkte in dem Urteil *Pammer und Alpenhof*[50] in einem Erwägungsgrund[51] Aufnahme finden. Zu beachten ist dabei jedoch, dass eine unmittelbare Anwendung dieser EuGH-Rechtsprechung schon aufgrund des unterschiedlichen Wortlauts beider Vorschriften und des grundrechtlich begründeten Schutzanspruchs der DS-GVO nicht in Betracht kommen kann.

24 Abzustellen ist danach zunächst, ob der Verantwortliche oder Auftragsverarbeiter **offensichtlich beabsichtigt,** betroffenen Personen in einem oder mehreren Mitgliedstaaten der Union Dienstleistungen anzubieten;[52] es ist daher darauf abzustellen, ob Verantwortlicher oder Auftragsverarbeiter im Drittstaat einen Willen zum Ausdruck gebracht hat, Geschäfts- oder anderweitige Beziehungen zu der von der Verarbeitung betroffenen und in der Union befindlichen Person herzustellen. So ist die **bloße Zugänglichkeit** in der Union der Webseite des Verantwortlichen, des Auftragsverarbeiters oder eines Vermittlers, einer E-Mail-Adresse oder anderer Kontaktdaten oder die Verwendung einer Sprache, die in dem Drittland, in dem der Verantwortliche niedergelassen ist, allgemein gebräuchlich ist, hierfür kein ausreichender Anhaltspunkt.[53] Dagegen können andere Faktoren wie die Verwendung einer Sprache oder Währung, die in einem oder mehreren Mitgliedstaaten gebräuchlich ist, in Verbindung mit der Möglichkeit, Waren und Dienstleistungen in dieser anderen Sprache zu bestellen, oder die Erwähnung von Kunden oder Nutzern, die sich in der Union befinden, darauf hindeuten, dass der Verantwortliche beabsichtigt, den Personen in der Union Waren oder Dienstleistungen anzubieten.[54] Weitere Anhaltspunkte können in Heranziehung des EuGH-Urteils in *Pammer und Alpenhof* sein: der internationale Charakter der Tätigkeit, die Verwendung einer anderen Sprache oder Währung als der in dem Staat der Niederlassung des Verantwortlicher oder Auftragsverarbeiter im Drittstaat üblicherweise verwendeten Sprache oder Währung mit der Möglichkeit der Buchung und Buchungsbestätigung in dieser anderen Sprache, die Angabe von Telefonnummern mit internationaler Vorwahl, die Tätigung von Ausgaben für einen Internetreferenzierungsdienst, um in der Union wohnhaften Betroffenen den Zugang zur Webseite des Verantwortlichen oder Auftragsverarbeiters im Drittstaat zu erleichtern, die Verwendung eines anderen Domänennamens oberster Stufe als desjenigen des Staats der Niederlassung des Verantwortlichen oder Auftragsverarbeiters im Drittstaat.[55]

---

[47] Die Entgeltszahlung muss nicht notwendigerweise zwischen dem Dienstleistungserbringer und dem Dienstleistungsempfänger fließen: EuGH Urt. v. 26.4.1988 – C-352/85, ECLI:EU:C:1988:196 Rn. 16 – Bond van Adverteerders/Niederländischer Staat.
[48] Vgl. weiterführend *Kugelmann* DuD 2016, 566.
[49] Vgl. insbesondere den ehem. Art. 15 Abs. 1 Buchst. c VO (EG) Nr. 44/2001 des Rates vom 22.12.2000 über die gerichtliche Zuständigkeit und die Anerkennung und Vollstreckung von Entscheidungen in Zivil- und Handelssachen, ABl. 2001 L 12, 1 (sog. „Brüssel-I-VO"); in der Neufassung jetzt Art. 17 Abs. 1 Buchst. c VO (EU) Nr. 1215/2012 des Europäischen Parlamentes und des Rates vom 12.12.2012 über die gerichtliche Zuständigkeit und die Anerkennung und Vollstreckung von Entscheidungen in Zivil- und Handelssachen, ABl. 2012 L 351, 1.
[50] EuGH Urt. v. 7.12.2010 – C-585/08 u. C-144/09, ECLI:EU:C:2010:740 = EuZW 2011, 98 – Pammer und Alpenhof.
[51] Erwägungsgrund 23.
[52] Erwägungsgrund 23 S. 2.
[53] Erwägungsgrund 23 S. 3; vgl. dazu EuGH Urt. v. 7.12.2010 – C-585/08 u. C-144/09, ECLI:EU:C:2010:740 = EuZW 2011, 98 Rn. 94 – Pammer und Alpenhof.
[54] Erwägungsgrund 23; vgl. dazu EuGH Urt. v. 7.12.2010 – C-585/08 u. C-144/09, ECLI:EU:C:2010:740 = EuZW 2011, 98 Rn. 93 – Pammer und Alpenhof.
[55] EuGH Urt. v. 7.12.2010 – C-585/08 u. C-144/09, ECLI:EU:C:2010:740 = EuZW 2011, 98 Rn. 93 – Pammer und Alpenhof; siehe auch Europäischer Datenschutzausschuss, Leitlinien 3/2018 zum räumlichen Anwendungsbereich der DS-GVO (Artikel 3), Version 2.0 v. 12.11.2019, 20 ff. mwBsp.

c) **Verhaltensbeobachtung.** Alternativ unterliegt gemäß Art. 3 Abs. 2 Buchst. b die Ver- 25 arbeitung personenbezogener Daten von betroffenen Personen, die sich in der Union befinden, durch einen nicht in der Union niedergelassenen Verantwortlichen oder Auftragsverarbeiter auch dann der DS-GVO, wenn die Datenverarbeitung im Zusammenhang damit steht, das Verhalten dieser betroffenen Personen zu beobachten. Eine ausdrückliche Begriffsbestimmung einer solchen „**Verhaltensbeobachtung**" wird zwar in der DS-GVO nicht aufgeführt. So sollen von Art. 3 Abs. 2 Buchst. b jedoch vor allem solche Tätigkeiten erfasst werden, bei denen die **Internetaktivitäten** der betroffenen Personen nachvollzogen werden, einschließlich der möglichen nachfolgenden Verwendung von Techniken zur Verarbeitung personenbezogener Daten, durch die von einer natürlichen Person ein Profil erstellt wird, das insbesondere die Grundlage für sie betreffende Entscheidungen bildet oder anhand dessen ihre persönlichen Vorlieben, Verhaltensweisen oder Gepflogenheiten analysiert oder vorausgesagt werden sollen.[56] Daraus wird deutlich, dass unter einem „Beobachten" nicht bloß punktuelle Maßnahmen zu verstehen sind, sondern die Verarbeitungstätigkeit ihrer Intensität nach vielmehr einer (aktiven) „**Überwachung**" der Betroffenen gleichkommen muss.[57] Ausdrücklich gilt Art. 3 Abs. 2 jedoch nur für solche Verhaltensbeobachtungen betroffener Personen, „soweit ihr Verhalten in der Union erfolgt" (Art. 3 Abs. 2 Buchst. b aE). Damit soll, ebenso wie bei der Beschränkung auf die in der Union befindlichen Personen, ausdrücklich ausgeschlossen werden, dass eine Beobachtung eines **außerhalb der Union stattfindenden Verhaltens** die Anwendung der DS-GVO auslöst.

Jede solche **Verhaltensbeobachtung** unterfällt dem Anwendungsbereich der DS-GVO, 26 ungeachtet dessen, ob sie speziell auf Personen in der Union ausgerichtet ist oder nicht.[58] Die diesbezügliche Kritik verkennt dabei, dass Anknüpfungspunkt eben nicht die bloße Aufrufbarkeit einer Webseite ist, sondern die durch in Erwägungsgrund 24 angesprochenen bewussten Verarbeitungstätigkeiten seitens des Verantwortlichen oder des Auftragsverarbeiters, einschließlich der möglichen nachfolgenden Verwendung von Techniken zur Verarbeitung personenbezogener Daten, der Profilbildung oder der Analyse anhand von persönlicher Vorlieben, Verhaltensweisen oder Gepflogenheiten von Nutzern (in der Union). Außerdem ist es für die Schutzbedürftigkeit des Einzelnen unerheblich, ob ein Drittstaatsanbieter alle Webseitenbesucher weltweit oder (auch) nur Personen in der EU ausspäht: auch eine Verarbeitung durch eine nicht auf die EU-ausgerichtete Webseite dient der Verhaltensbeobachtung. Die DS-GVO soll ja gerade den Grundrechtsschutz im Internetzeitalter angesichts eines immer fortschreitenden „Überwachungskapitalismus" sicherstellen (→ Rn. 1) und durch die Anwendung der DS-GVO auf nicht in der Union niedergelassene Verantwortliche oder Auftragsverarbeiter diesen legitimen Schutz von in der Union befindlichen Personen bewirken. Somit erfasst die DS-GVO jede Form der Verfolgung im Internet oder mittels Internet („Webtracking"), zB durch Setzen von Datenkrümel („Cookies") oder Verwendung von sozialen Erweiterungen („Social Plug-ins"), wie etwa sog. „Gefällt mir"-Schaltflächen[59] oder sonstiger Verhaltensbeobachtung (auch offline), zB durch Drohnen aus einem Drittstaat oder eine Fernanalyse der auf einem Staubsaugerroboter lokal gespeicherten Daten.[60] Der Europäische Datenschutzausschuss führt beispielhaft darüber hinaus an: verhaltensbezogene Werbung, Geolokalisierungsaktivitäten, insbesondere zu Marketingzwecken; personalisierte Ernährungs- und Gesundheitsanalyse-Dienste im Internet; Videoüberwachung; Marktstudien und andere Verhaltensstudien auf der Grundlage individuelle Profile, und Überwachung oder regelmäßige Meldungen über den Gesundheitszustand einer Person.[61]

3. Anwendung der DS-GVO aufgrund Völkerrechts. Daneben findet in Übereinstim- 27 mung mit Art. 3 Abs. 3 die DS-GVO Anwendung auf die Verarbeitung personenbezogener

---

[56] Erwägungsgrund 24.
[57] *Klar* ZD 2013, 109 (113).
[58] Ebenso *Brauneck* EuZW 2019, 494 (487); Kühling/Buchner/*Klar*, 3. Aufl. 2020, DS-GVO Art. 3 Rn. 23; *Segger-Piening* 107 (115); aA wohl Taeger/Gabel/*Schmidt* DS-GVO Art. 3 Rn. 26. Unklar diesbezüglich leider Europäischer Datenschutzausschuss, Leitlinien 3/2018 zum räumlichen Anwendungsbereich der DS-GVO (Artikel 3), Version 2.0 v. 12.11.2019, 23.
[59] So *Schantz* NJW 2016, 1841 (1842), unter Bezugnahme auf *Hornung* ZD 2012, 99 (102). Paal/Pauly/*Ernst* DS-GVO Art. 3 Rn. 20 unterstreicht, dass es auf den Zweck der Verhaltensbeobachtung nicht ankommt.
[60] So die Beispiele bei *Segger-Piening* 107 (115); ebenso Taeger/Gabel/*Schmidt* DS-GVO Art. 3 Rn. 28.
[61] Europäischer Datenschutzausschuss, Leitlinien 3/2018 zum räumlichen Anwendungsbereich der DS-GVO (Artikel 3), Version 2.0 v. 12.11.2019, 23.

Daten durch einen nicht in der Union niedergelassenen Verantwortlichen an einem Ort, der aufgrund **Völkerrechts** dem Recht eines Mitgliedstaats unterliegt. Dies entspricht im Wesentlichen der Regelung des Art. 4 Abs. 1 Buchst. b DS-RL. So gilt nach den Grundsätzen des Völkerrechts in bestimmten Fällen einzelstaatliches Recht ausnahmsweise auch außerhalb des eigenen Hoheitsgebiets, zB in einer diplomatischen oder konsularischen Vertretung eines Mitgliedstaats in einem Drittstaat, die nicht dem Recht des Gastlandes unterstellt sind. Dort ist nunmehr die DS-GVO anzuwenden.[62]

III. Geltung der DS-GVO in anderen Staaten

28 **1. Europäischer Wirtschaftsraum.** Die DS-GVO gilt seit dem 20.7.2018 auch in den EWR-Staaten **Norwegen, Liechtenstein** und **Island**.[63] Die DS-GVO ist gemäß Art. 7 EWR-Abkommen als solche in das innerstaatliche Recht der Vertragsparteien zu übernehmen und gestattet daher – genauso wie in der Union – grundsätzlich keine Umsetzungsmaßnahmen (→ Einl. Rn. 86). Diese Staaten sind daher im Anwendungsbereich der DS-GVO unterschiedslos von den und daher wie EU-Mitgliedstaaten zu behandeln. Insbesondere gilt damit der freie Verkehr personenbezogener Daten innerhalb der Union (Art. 1 Abs. 3) auch im Verhältnis zum EWR.[64] Die Aufsichtsbehörden der EFTA-Staaten nehmen an den Tätigkeiten des Europäischen Datenschutzausschusses (Art. 68 ff.) teil.[65]

29 **2. Schweiz.** Die **Schweiz** ist kein EWR-Mitgliedstaat, wandte jedoch (neben dem Rahmenbeschluss 2008/977/JI[66]) den Inhalt der DS-RL an als assoziiertes Mitglied der Schengen- und Dublin-Zusammenarbeit.[67] Dies gilt nicht mehr für die DS-GVO, da deren sog. „Schengen-Relevanz" im Zuge der Datenschutzreformverhandlungen vom Gesetzgeber verneint wurde.[68] Daher ist im Anwendungsbereich der DS-GVO die Schweiz ein „Drittland" iSd Art. 44 ff., auf das die Regelungen der DS-GVO zu Drittlandsübermittlungen Anwendung finden.[69] Da die Eidgenossenschaft jedoch aufgrund eines weiterhin bestehenden **Angemessenheitsbeschlusses der Kommission** gemäß Art. 25 Abs. 6 DS-RL iVm Art. 45 Abs. 9 ein angemessenes Schutzniveau aufweist,[70] können Übermittlungen personenbezogener Daten in die Schweiz von einem

---

[62] Erwägungsgrund 25; siehe auch Europäischer Datenschutzausschuss, Leitlinien 3/2018 zum räumlichen Anwendungsbereich der DS-GVO (Artikel 3), Version 2.0 v. 12.11.2019, 26; krit. zur Regelung *Jervis* IDPL 2020, 107.

[63] Beschluss des Gemeinsamen EWR-Ausschusses Nr. 154/2018 v. 6.7.2018 zur Änderung des Anhangs XI (Elektronische Kommunikation, audiovisuelle Dienste und Informationsgesellschaft) und des Protokolls 37 (mit der Liste gemäß Artikel 101) des EWR- Abkommens, ABl. 2018 L 183, 23. Bereits die DS-RL galt auch im EWR, gemäß des Beschlusses des Gemeinsamen EWR-Ausschusses Nr. 83/1999 v. 25.6.1999 zur Änderung des Prot. 37 und des Anh. IX (Telekommunikationsdienste) zum EWR-Abkommen, ABl. 2000 L 296, 41.

[64] Vgl. Mitteilung der Kommission v. 24.1.2018, Besserer Schutz und neue Chancen – Leitfaden der Kommission zur unmittelbaren Anwendbarkeit der Datenschutz-Grundverordnung ab 25.5.2018, COM (2018) 43 final, 16.

[65] Zu diesem Zweck haben die Vertreter der EFTA-Staaten mit Ausnahme des Stimmrechts und der Wählbarkeit für den Vorsitz oder den stellvertretenden Vorsitz des Ausschusses im Europäischen Datenschutzausschuss grundsätzlich die gleichen Rechte und Pflichten wie die Aufsichtsbehörden der EU-Mitgliedstaaten.

[66] Rahmenbeschluss 2008/977/JI des Rates vom 27.11.2008 über den Schutz personenbezogener Daten, die im Rahmen der polizeilichen und justiziellen Zusammenarbeit in Strafsachen verarbeitet werden, ABl. 2008 L 350, 60.

[67] Siehe Anhang B, Art. 2 Abs. 2 Abkommen zwischen der Schweizerischen Eidgenossenschaft, der EU und der EG über die Assoziierung dieses Staates bei der Umsetzung, Anwendung und Entwicklung des Schengen-Besitzstands, ABl. 2008 L 53, 52; Abkommen zwischen der Europäischen Gemeinschaft und der Schweizerischen Eidgenossenschaft über die Kriterien und Verfahren zur Bestimmung des zuständigen Staates für die Prüfung eines in einem Mitgliedstaat oder in der Schweiz gestellten Asylantrags, ABl. 2008 L 53, 5.

[68] AA die Kommission, nach deren Auffassung die DS-GVO für die vier bei der Umsetzung, Anwendung und Weiterentwicklung des Schengen-Besitzstands assoziierten Staaten (Island, Liechtenstein, Norwegen, Schweiz) insbes. in Bezug auf Visa, Grenzkontrollen und Rückführung eine Weiterentwicklung dieses Besitzstands darstellt, vgl. Erklärung der Kommission in Ratsdok. 7920/16.

[69] Anders im Bereich der Richtlinie (EU) 2016/680, in dem bei Umsetzung, Anwendung und Entwicklung des Schengen-Besitzstandes assoziierten Staaten den EU-Staaten gleichstehen. Dies ist bei der Schweiz der Fall; vgl. auch § 1 Abs. 7 BDSG.

[70] Entscheidung der Kommission 2002/518/EG, ABl. 2002 L 215, 1; näher → Art. 45 Rn. 26, 27.

Begriffsbestimmungen **Art. 4**

Verantwortlichen oder Auftragsverarbeiter im EWR ohne weitere Genehmigung vorgenommen werden.[71]

3. EU-Bewerberländer und (potenzielle) EU-Beitrittskandidaten. Die DS-GVO als in 30 Anwendung der Europäischen Verträge erlassene Rechtsvorschrift (Sekundärrecht) gehört zum **Besitzstand der Union**.[72] Die Bewerberländer auf Mitgliedschaft in der Union müssen den Besitzstand übernehmen, um der EU beitreten und das Unionsrecht anwenden bzw. in nationales Recht umsetzen zu können. Die Übernahme und Umsetzung des Besitzstandes bilden die Grundlage der Beitrittsverhandlungen. Zu den (potenziellen) Bewerberländern und Beitrittskandidaten zählen derzeit Albanien, Bosnien und Herzegowina, Georgien, Kosovo, Moldau, Montenegro, Nordmazedonien, Serbien, die Ukraine und die Türkei.[73]

C. Nationale Durchführung

I. Deutschland

Das deutsche **Bundesdatenschutzgesetz (BDSG)**[74] regelt in § 1 Abs. 4 BDSG den **räum-** 31 **lichen Anwendungsbereich:** Dieser gilt für alle öffentliche Stellen (S. 1). Für nichtöffentliche Stellen sieht Abs. 4 S. 2 drei verschiedene Fälle vor, in denen das BDSG räumlich anwendbar ist. Das BDSG ist danach auf nichtöffentliche Stellen anwendbar, sofern ein Verantwortlicher oder Auftragsverarbeiter personenbezogene Daten „im Inland verarbeitet" (§ 1 Abs. 4 S. 2 Nr. 1 BDSG), die Verarbeitung „im Rahmen der Tätigkeit einer inländischen Niederlassung" des Verantwortlichen oder Auftragsverarbeiters erfolgt (§ 1 Abs. 4 S. 2 Nr. 2 BDSG) oder dieser keine Niederlassung in der Union oder dem EWR hat, „er aber in den Anwendungsbereich der DS-GVO" fällt (§ 1 Abs. 4 S. 2 Nr. 3 BDSG). Dieser Ansatz des deutschen Gesetzgebers ist kritikwürdig: Zum einen ist die gewählte Lösung nicht nur zu pauschal, da etwa nicht nach den einzelnen Spezifizierungsklauseln differenziert wird, sondern daher zumindest teilweise europarechtswidrig: entgegen § 1 Abs. 4 S. 2 Nr. 1 BDSG kommt es gemäß Art. 3 Abs. 1 DS-GVO gerade nicht auf den Ort der Verarbeitung an; zum anderen soll auch das BDSG immer dann nach § 1 Abs. 4 S. 2 Nr. 3 BDSG für alle Verantwortliche oder Auftragsverarbeiter Anwendung finden, wenn die Voraussetzungen des Art. 3 Abs. 2 DS-GVO einschlägig sind, ohne jedoch einen einzelstaatlichen Anknüpfungspunkt zu Deutschland zu normieren.[75]

II. Österreich

Das österreichische Bundesgesetz zum Schutz natürlicher Personen bei der Verarbeitung 32 personenbezogener Daten (Datenschutzgesetz, DSG) stellt seit der Datenschutzgesetz-Novelle 2019 keine Regelungen zum räumlichen Anwendungsbereich mehr auf.[76]

Art. 4 Begriffsbestimmungen

Im Sinne dieser Verordnung bezeichnet der Ausdruck:
1. „personenbezogene Daten" alle Informationen, die sich auf eine identifizierte oder identifizierbare natürliche Person (im Folgenden „betroffene Person") beziehen; als identifizierbar wird eine natürliche Person angesehen, die direkt oder indirekt, insbesondere mittels Zuordnung zu einer Kennung wie einem Namen, zu einer Kennnummer, zu Standortdaten, zu einer Online-Kennung oder zu einem

---

[71] Auch das neue Schweizer Bundesgesetz über den Datenschutz (SchweizDSG) orientiert sich deutlich an der DS-GVO, siehe dazu näher *Aust* ZD-Aktuell 2022, 01305.
[72] Der Besitzstand ist das gemeinsame Fundament aus Rechten und Pflichten, die für alle EU-Mitgliedstaaten verbindlich sind.
[73] Siehe die Übersicht des Rates unter: www.consilium.europa.eu/de/policies/enlargement/.
[74] Bundesdatenschutzgesetz vom 30.6.2017 (BGBl. I 2097), das zuletzt durch Artikel 10 des Gesetzes vom 23.6.2021 (BGBl. I 1858; 2022 I 1045) geändert worden ist.
[75] Vgl. näher Simitis/Hornung/Spiecker gen. Döhmann/*Hornung* DS-GVO Art. 3 Rn. 16; BeckOK DatenschutzR/*Hanloser*, 44. Edition Stand 1.11.2021, Rn. 9; Gola/Heckmann/*Piltz* DS-GVO Art. 3 Rn. 49–53.
[76] Zur Rechtslage bis 31.12.2019 *Messner/Mosing/Schnider* geistwert.at/wp-content/uploads/2019/08/Datenschutzrecht_News_GEISTWERT_2019_8.pdf.

Art. 4

oder mehreren besonderen Merkmalen, die Ausdruck der physischen, physiologischen, genetischen, psychischen, wirtschaftlichen, kulturellen oder sozialen Identität dieser natürlichen Person sind, identifiziert werden kann;
2. „Verarbeitung" jeden mit oder ohne Hilfe automatisierter Verfahren ausgeführten Vorgang oder jede solche Vorgangsreihe im Zusammenhang mit personenbezogenen Daten wie das Erheben, das Erfassen, die Organisation, das Ordnen, die Speicherung, die Anpassung oder Veränderung, das Auslesen, das Abfragen, die Verwendung, die Offenlegung durch Übermittlung, Verbreitung oder eine andere Form der Bereitstellung, den Abgleich oder die Verknüpfung, die Einschränkung, das Löschen oder die Vernichtung;
3. „Einschränkung der Verarbeitung" die Markierung gespeicherter personenbezogener Daten mit dem Ziel, ihre künftige Verarbeitung einzuschränken;
4. „Profiling" jede Art der automatisierten Verarbeitung personenbezogener Daten, die darin besteht, dass diese personenbezogenen Daten verwendet werden, um bestimmte persönliche Aspekte, die sich auf eine natürliche Person beziehen, zu bewerten, insbesondere um Aspekte bezüglich Arbeitsleistung, wirtschaftliche Lage, Gesundheit, persönliche Vorlieben, Interessen, Zuverlässigkeit, Verhalten, Aufenthaltsort oder Ortswechsel dieser natürlichen Person zu analysieren oder vorherzusagen;
5. „Pseudonymisierung" die Verarbeitung personenbezogener Daten in einer Weise, dass die personenbezogenen Daten ohne Hinzuziehung zusätzlicher Informationen nicht mehr einer spezifischen betroffenen Person zugeordnet werden können, sofern diese zusätzlichen Informationen gesondert aufbewahrt werden und technischen und organisatorischen Maßnahmen unterliegen, die gewährleisten, dass die personenbezogenen Daten nicht einer identifizierten oder identifizierbaren natürlichen Person zugewiesen werden;
6. „Dateisystem" jede strukturierte Sammlung personenbezogener Daten, die nach bestimmten Kriterien zugänglich sind, unabhängig davon, ob diese Sammlung zentral, dezentral oder nach funktionalen oder geografischen Gesichtspunkten geordnet geführt wird;
7. „Verantwortlicher" die natürliche oder juristische Person, Behörde, Einrichtung oder andere Stelle, die allein oder gemeinsam mit anderen über die Zwecke und Mittel der Verarbeitung von personenbezogenen Daten entscheidet; sind die Zwecke und Mittel dieser Verarbeitung durch das Unionsrecht oder das Recht der Mitgliedstaaten vorgegeben, so kann der Verantwortliche beziehungsweise können die bestimmten Kriterien seiner Benennung nach dem Unionsrecht oder dem Recht der Mitgliedstaaten vorgesehen werden;
8. „Auftragsverarbeiter" eine natürliche oder juristische Person, Behörde, Einrichtung oder andere Stelle, die personenbezogene Daten im Auftrag des Verantwortlichen verarbeitet;
9. „Empfänger" eine natürliche oder juristische Person, Behörde, Einrichtung oder andere Stelle, der personenbezogene Daten offengelegt werden, unabhängig davon, ob es sich bei ihr um einen Dritten handelt oder nicht. Behörden, die im Rahmen eines bestimmten Untersuchungsauftrags nach dem Unionsrecht oder dem Recht der Mitgliedstaaten möglicherweise personenbezogene Daten erhalten, gelten jedoch nicht als Empfänger; die Verarbeitung dieser Daten durch die genannten Behörden erfolgt im Einklang mit den geltenden Datenschutzvorschriften gemäß den Zwecken der Verarbeitung;
10. „Dritter" eine natürliche oder juristische Person, Behörde, Einrichtung oder andere Stelle, außer der betroffenen Person, dem Verantwortlichen, dem Auftragsverarbeiter und den Personen, die unter der unmittelbaren Verantwortung des Verantwortlichen oder des Auftragsverarbeiters befugt sind, die personenbezogenen Daten zu verarbeiten;
11. „Einwilligung" der betroffenen Person jede freiwillig für den bestimmten Fall, in informierter Weise und unmissverständlich abgegebene Willensbekundung in Form einer Erklärung oder einer sonstigen eindeutigen bestätigenden Handlung, mit der die betroffene Person zu verstehen gibt, dass sie mit der Verarbeitung der sie betreffenden personenbezogenen Daten einverstanden ist;

Begriffsbestimmungen — Art. 4

12. „Verletzung des Schutzes personenbezogener Daten" eine Verletzung der Sicherheit, die, ob unbeabsichtigt oder unrechtmäßig, zur Vernichtung, zum Verlust, zur Veränderung, oder zur unbefugten Offenlegung von beziehungsweise zum unbefugten Zugang zu personenbezogenen Daten führt, die übermittelt, gespeichert oder auf sonstige Weise verarbeitet wurden;
13. „genetische Daten" personenbezogene Daten zu den ererbten oder erworbenen genetischen Eigenschaften einer natürlichen Person, die eindeutige Informationen über die Physiologie oder die Gesundheit dieser natürlichen Person liefern und insbesondere aus der Analyse einer biologischen Probe der betreffenden natürlichen Person gewonnen wurden;
14. „biometrische Daten" mit speziellen technischen Verfahren gewonnene personenbezogene Daten zu den physischen, physiologischen oder verhaltenstypischen Merkmalen einer natürlichen Person, die die eindeutige Identifizierung dieser natürlichen Person ermöglichen oder bestätigen, wie Gesichtsbilder oder daktyloskopische Daten;
15. „Gesundheitsdaten" personenbezogene Daten, die sich auf die körperliche oder geistige Gesundheit einer natürlichen Person, einschließlich der Erbringung von Gesundheitsdienstleistungen, beziehen und aus denen Informationen über deren Gesundheitszustand hervorgehen;
16. „Hauptniederlassung"
    a) im Falle eines Verantwortlichen mit Niederlassungen in mehr als einem Mitgliedstaat den Ort seiner Hauptverwaltung in der Union, es sei denn, die Entscheidungen hinsichtlich der Zwecke und Mittel der Verarbeitung personenbezogener Daten werden in einer anderen Niederlassung des Verantwortlichen in der Union getroffen und diese Niederlassung ist befugt, diese Entscheidungen umsetzen zu lassen; in diesem Fall gilt die Niederlassung, die derartige Entscheidungen trifft, als Hauptniederlassung;
    b) im Falle eines Auftragsverarbeiters mit Niederlassungen in mehr als einem Mitgliedstaat den Ort seiner Hauptverwaltung in der Union oder, sofern der Auftragsverarbeiter keine Hauptverwaltung in der Union hat, die Niederlassung des Auftragsverarbeiters in der Union, in der die Verarbeitungstätigkeiten im Rahmen der Tätigkeiten einer Niederlassung eines Auftragsverarbeiters hauptsächlich stattfinden, soweit der Auftragsverarbeiter spezifischen Pflichten aus dieser Verordnung unterliegt;
17. „Vertreter" eine in der Union niedergelassene natürliche oder juristische Person, die von dem Verantwortlichen oder Auftragsverarbeiter schriftlich gemäß Artikel 27 bestellt wurde und den Verantwortlichen oder Auftragsverarbeiter in Bezug auf die ihnen jeweils nach dieser Verordnung obliegenden Pflichten vertritt;
18. „Unternehmen" eine natürliche oder juristische Person, die eine wirtschaftliche Tätigkeit ausübt, unabhängig von ihrer Rechtsform, einschließlich Personengesellschaften oder Vereinigungen, die regelmäßig einer wirtschaftlichen Tätigkeit nachgehen;
19. „Unternehmensgruppe" eine Gruppe, die aus einem herrschenden Unternehmen und den von diesem abhängigen Unternehmen besteht;
20. „verbindliche interne Datenschutzvorschriften" Maßnahmen zum Schutz personenbezogener Daten, zu deren Einhaltung sich ein im Hoheitsgebiet eines Mitgliedstaats niedergelassener Verantwortlicher oder Auftragsverarbeiter verpflichtet im Hinblick auf Datenübermittlungen oder eine Kategorie von Datenübermittlungen personenbezogener Daten an einen Verantwortlichen oder Auftragsverarbeiter derselben Unternehmensgruppe oder derselben Gruppe von Unternehmen, die eine gemeinsame Wirtschaftstätigkeit ausüben, in einem oder mehreren Drittländern;
21. „Aufsichtsbehörde" eine von einem Mitgliedstaat gemäß Artikel 51 eingerichtete unabhängige staatliche Stelle;
22. „betroffene Aufsichtsbehörde" eine Aufsichtsbehörde, die von der Verarbeitung personenbezogener Daten betroffen ist, weil
    a) der Verantwortliche oder der Auftragsverarbeiter im Hoheitsgebiet des Mitgliedstaats dieser Aufsichtsbehörde niedergelassen ist,

b) diese Verarbeitung erhebliche Auswirkungen auf betroffene Personen mit Wohnsitz im Mitgliedstaat dieser Aufsichtsbehörde hat oder haben kann oder
c) eine Beschwerde bei dieser Aufsichtsbehörde eingereicht wurde;
23. „grenzüberschreitende Verarbeitung" entweder
    a) eine Verarbeitung personenbezogener Daten, die im Rahmen der Tätigkeiten von Niederlassungen eines Verantwortlichen oder eines Auftragsverarbeiters in der Union in mehr als einem Mitgliedstaat erfolgt, wenn der Verantwortliche oder Auftragsverarbeiter in mehr als einem Mitgliedstaat niedergelassen ist, oder
    b) eine Verarbeitung personenbezogener Daten, die im Rahmen der Tätigkeiten einer einzelnen Niederlassung eines Verantwortlichen oder eines Auftragsverarbeiters in der Union erfolgt, die jedoch erhebliche Auswirkungen auf betroffene Personen in mehr als einem Mitgliedstaat hat oder haben kann;
24. „maßgeblicher und begründeter Einspruch" einen Einspruch gegen einen Beschlussentwurf im Hinblick darauf, ob ein Verstoß gegen diese Verordnung vorliegt oder ob beabsichtigte Maßnahmen gegen den Verantwortlichen oder den Auftragsverarbeiter im Einklang mit dieser Verordnung steht, wobei aus diesem Einspruch die Tragweite der Risiken klar hervorgeht, die von dem Beschlussentwurf in Bezug auf die Grundrechte und Grundfreiheiten der betroffenen Personen und gegebenenfalls den freien Verkehr personenbezogener Daten in der Union ausgehen;
25. „Dienst der Informationsgesellschaft" eine Dienstleistung im Sinne des Artikels 1 Nummer 1 Buchstabe b der Richtlinie (EU) 2015/1535 des Europäischen Parlaments und des Rates;
26. „internationale Organisation" eine völkerrechtliche Organisation und ihre nachgeordneten Stellen oder jede sonstige Einrichtung, die durch eine zwischen zwei oder mehr Ländern geschlossene Übereinkunft oder auf der Grundlage einer solchen Übereinkunft geschaffen wurde.

Literatur: *Anderl/Kruesz*, Überspannte Anforderungen an anonyme Daten?, MMR 2023, 255; *Artikel-29-Datenschutzgruppe*, WP 136 Stellungnahme 4/2007 zum Begriff „personenbezogene Daten"; *Artikel-29-Datenschutzgruppe*, WP 216 Stellungnahme 5/2014 zu Anonymisierungstechniken; *Artikel-29-Datenschutzgruppe*, WP 242 rev.01, Leitlinien zum Recht auf Datenübertragbarkeit (überarbeitet) v. 5.4.2017; *Artikel-29-Datenschutzgruppe*, WP 250, Leitlinien zu Verletzungen des Schutzes personenbezogener Daten v. 3.10.2017; *Artikel-29-Datenschutzgruppe*, WP 251, Leitlinien zu automatisierten Entscheidungen im Einzelfall und Profiling v. 3.10.2017; *Artikel-29-Datenschutzgruppe*, WP 260 rev.01., Leitlinien zur Transparenz v. 11.4.2018; *Baumann/Alexiou*, Cookie-Walls und die Freiwilligkeit von Nutzereinwilligungen, ZD 2021, 349; *Europäische Datenschutzausschuss (EDSA)*, Leitlinien 2/2019 für die Verarbeitung personenbezogener Daten gemäß Artikel 6 Absatz 1 Buchstabe b DSGVO im Zusammenhang mit der Erbringung von Online-Diensten für betroffene Personen v. 8.10.2019; *EDSA*, Leitlinien 3/2019 zur Verarbeitung personenbezogener Daten durch Videogeräte v. 29.1.2020; *EDSA*, Leitlinien 4/2019 zu Artikel 25 Datenschutz durch Technikgestaltung und durch datenschutzfreundliche Voreinstellungen v. 20.10.2020; *EDSA*, Leitlinien 1/2020 zur Verarbeitung personenbezogener Daten im Zusammenhang mit vernetzten Fahrzeugen und mobilitätsbezogenen Anwendungen v. 9.3.2021; *EDSA*, Leitlinien 4/2020 für die Verwendung von Standortdaten und Tools zur Kontaktnachverfolgung im Zusammenhang mit dem Ausbruch von COVID-19 v. 21.4.2020; *EDSA*, Leitlinien 5/2020 zur Einwilligung gemäß Verordnung 2016/679 v. 4.5.2020; *EDSA*, Leitlinien 7/2020 zu den Begriffen des für die Verarbeitung Verantwortlichen und des Auftragsverarbeiters in der DSGVO v. 7.7.2021; *EDSA*, Leitlinien 2/2021 zu virtuellen Sprachassistenten v. 7.7.2021; *EDSA*, Leitlinien 8/2020 über die gezielte Ansprache von Nutzer:innen sozialer Medien v. 13.4.2021; *EDSA*, Leitlinien 09/2020 zum maßgeblichen und begründeten Einspruch im Sinne der Verordnung (EU) 2016/679 v. 9.3.2021; *EDSA*, Leitlinien 1/2021 über Beispiele für die Benachrichtigung im Falle einer Verletzung des Schutzes personenbezogener Daten v. 14.12.2021; *EDSA*, Leitlinien 8/2022 für die Bestimmung der federführenden Aufsichtsbehörde eines Verantwortlichen oder Auftragsverarbeiters v. 10.10.2022; *EDSB*, Stellungnahme des Europäischen Datenschutzbeauftragten v. 16.11.2012 zur Mitteilung der Kommission „Freisetzung des Cloud-Computing-Potenzials in Europa"; *Fischer-Hübner*, Zur Anonymität und Reidentifizierbarkeit statistischer Daten, Mitt. FB Informatik 143, Universität Hamburg, 1986; *Jung/Hansch*, Die Verantwortlichkeit in der DS-GVO und ihre praktischen Auswirkungen, ZD 2019, 143; *Klabunde*, Datenschutz bei der Erfassung und Nutzung von Standortdaten, DANA 2014, 98; *Laudati*, Summaries of EU Court Decisions relating to data protection 2000–2015, OLAF, 2016, abrufbar unter https://ec.europa.eu/anti-fraud/sites/antifraud/files/caselaw_2001_2015_en.pdf; *de Montjoye/Hidalgo/Verleysen/Blondel*, Unique in the Crowd: The privacy bounds of human mobility, Scientific Reports 3 1376, 2013; *Ohm*, Broken Promises of Privacy, UCLA Law Review 2010, 1701; *Putrova*, The Law of Everything, Innovation and Technology, 2018; *Roßnagel*, Pseudonymisierung personenbezogener Daten, ZD 2018,

Begriffsbestimmungen **Art. 4**

243; *Roßnagel/Gemmin,* Vertrauen in Anonymisierung, ZD 2021, 487; *Winter/Battis/Halvani,* Herausforderungen für die Anonymisierung von Daten, ZD 2019, 489; *Zelger,* Der Begriff des „Unternehmens" im europäischen Datenschutzrecht – Vorbild europäisches Kartellrecht?, EuR 2021, 478.

Rechtsprechung: EuGH Urt. v. 26.4.1988 – 352/85, ECLI:EU:C:1988:196 – Bond von Adverteerders/Niederländischer Staat; EuGH Urt. v. 6.11.2003 – C-101/01, ECLI:EU:C:2003:596 = EuZW 2004, 245 – Lindqvist; EuGH Urt. v. 16.12.2008 – C-73/07, ECLI:EU:C:2008:727 – Satakunnan Markinapörssi und Satamedia; EuGH Urt. v. 29.6.2010 – C-28/08, ECLI:EU:C:2010:378 – Kommission/Bavarian Lager; EuGH Urt. v. 9.11.2010 – C-92/09, ECLI:EU:C:2010:662 – Volker und Markus Schecke und Eifert; EuGH Urt. v. 24.11.2011 – C-70/10, ECLI:EU:C:2011:771 = ZD 2012, 29 – Scarlet Extended; EuGH Urt. v. 19.4.2012 – C-461/10, ECLI:EU:C:2012:219 – Bonnier Audio u.a.; EuGH Urt. v. 30.5.2013 – C-342/12, ECLI:EU:C:2013:355 = ZD 2013, 437 – Worten; EuGH Urt. v. 7.11.2013 – C-473/12, ECLI:EU:C:2013:715 = ZD 2014, 137 – IPI; EuGH Urt. v. 13.5.2014 – C-131/12, ECLI:EU:C:2014:317 = ZD 2014, 350 – Google Spain und Google; EuGH Urt. v. 17.7.2014 – C-141/12 u. C-372/12, ECLI:EU:C:2014:2081 = ZD 2014, 515 – YS u.a.; EuGH Urt. v. 11.9.2014 – C-291/13, ECLI:EU:C:2014:2209 – Papasavvas; EuGH Urt. v. 17.10.2014 – C-291/12, ECLI:EU:C:2013:670 – Schwarz; EuGH Urt. v. 11.12.2014 – C-212/13, ECLI:EU:C:2014:2428 = ZD 2015, 77 – Ryneš; EuGH Urt. v. 16.7.2015 – C-615/13 P, ECLI:EU:C:2015:489 = ZD 2015, 470 – ClientEarth und PAN Europe/EFSA; EuGH Urt. v. 1.10.2015 – C-201/14, ECLI:EU:C:2015:638 = ZD 2015, 577 mAnm *Petri* – Bara u.a.; EuGH Urt. v. 1.10.2015 – C-230/14, ECLI:EU:C:2015:639 = ZD 2015, 580 mAnm *Karg* – Weltimmo; EuGH Urt. v. 15.9.2016 – C-484/14, ECLI:EU:C:2016:689 = ZD 2016, 578 mAnm *Weisser/Färber* – McFadden; EuGH Urt. v. 19.10.2016 – C-582/14, ECLI:EU:C:2016:779 = ZD 2017, 24 mAnm *Kühling/Klar* – Breyer; EuGH Urt. v. 20.12.2017 – C-434/16, ECLI:EU:C:2017:994 – Nowak; EuGH Urt. v. 5.6.2018 – C- 210/16, ECLI:EU:C:2018:388 = EuZW 2018, 534 mAnm *Petri* – Wirtschaftsakademie; EuGH Urt. v. 10.7.2019 – C-25/17, ECLI:EU:C:2018:551 = ZD 2018, 469 mAnm *Hoeren* – Jehovan todistajat; EuGH Urt. v. 14.2.2019 – C-345/17, ECLI:EU:C:2019:122 = GRUR 2019, 760 – Buivids; EuGH Urt. v. 29.7.2019 – C-40/17, ECLI:EU:C:2019:629 = MMR 2019, 579 mAnm *Moos/Rothkegel* – Fashion ID; EuGH Urt. v. 24.9.2019 – C-136/17, ECLI:EU:C:2019:773 = EuZW 2019, 906 – GC; EuGH Urt. v. 1.10.2019 – C-673/17, ECLI:EU:C:2019:801 = MMR 2019, 732 mAnm *Moos/Rothkegel* – Planet49; EuGH Urt. v. 19.12.2019 – C-390/18, ECLI:EU:C:2019:1112 = MMR 2020, 171– Airbnb Ireland; EuGH Urt. v. 9.7.2020 – C–272/19, ECLI:EU:C:2020:535 = NVwZ 2020, 1497 – Land Hessen; EuGH Urt. v. 11.11.2020 – C-61/19, ECLI:EU:C:2020:901 = ZD 2021, 89 – Orange Romania; EuGH Urt. v. 3.12.2020 – C-62/19, ECLI:EU:C:2020:980 = MMR 2021, 309 – Star Taxi App; EuGH Urt. v. 15.6.2021 – C- 645/19, ECLI:EU:C:2021:483 = NJW 2021, 2495 mAnm *Piltz* – Facebook Ireland; EuGH Urt. v. 7.12.2023 – C-634/21, ECLI:EU:C:2023:957 = GRUR-RS 2023, 34905 – SCHUFA; EGMR Urt. v. 24.4.2018 – No. 62357/14 – Benedikt v. Slovenia; EuG Urt. v. 26.4.2023 – T-557/20, ECLI:EU:T:2023:219 = ZD 2023, 399 – Einheitliche Abwicklungsausschuss; VG Ansbach Urt. v. 2.11.2020 – AN 14 K 22.468, NJW 2023, 1596.

Übersicht

	Rn.
A. Allgemeines	1
I. Zweck und Bedeutung der Vorschrift	1
II. Systematik, Verhältnis zu anderen Vorschriften	3
B. Einzelerläuterungen	7
I. Personenbezogene Daten	7
II. Verarbeitung	22
III. Einschränkung der Verarbeitung	27
IV. Profiling	29
V. Pseudonymisierung	33
VI. Dateisystem	36
VII. Verantwortlicher	37
VIII. Auftragsverarbeiter	43
IX. Empfänger	47
X. Dritter	48
XI. Einwilligung	50
XII. Verletzung des Schutzes personenbezogener Daten	60
XIII. Genetische Daten	64
XIV. Biometrische Daten	65
XV. Gesundheitsdaten	66
XVI. Hauptniederlassung	67
XVII. Vertreter	76
XVIII. Unternehmen	82
XIX. Unternehmensgruppe	84
XX. Verbindliche interne Datenschutzrichtlinie	88

XXI. Aufsichtsbehörde 89
XXII. Betroffene Aufsichtsbehörde 90
XXIII. Grenzüberschreitende Verarbeitung 92
XXIV. Maßgeblicher und begründeter Einspruch 95
XXV. Dienst der Informationsgesellschaft 98
XXVI. Internationale Organisation 102

A. Allgemeines*

I. Zweck und Bedeutung der Vorschrift

1   Die Begriffsbestimmungen betreffen die allgemeinen Grundbegriffe des Datenschutzes, dh personenbezogene Daten, betroffene Person, Verarbeitung, Verantwortlicher, Auftragsverarbeiter, Einwilligung, sowie besondere Kategorien von Daten. Weitere Begriffsgruppen betreffen Unternehmensstrukturen, die für die Anwendbarkeit nationalen Rechts und für Sanktionen eine Rolle spielen, die internationale Übertragung von Daten und das Funktionieren der Mechanismen der Zusammenarbeit und Kohärenz auf EU-Ebene.

2   Die Definitionen der Kernbegriffe dienen auch dazu, das in Art. 8 GRCh der Europäischen Union gesetzte Grundrecht auf Datenschutz materiell auszugestalten.

II. Systematik, Verhältnis zu anderen Vorschriften

3   Die Begriffsbestimmungen der DS-GVO ersetzen diejenigen der bisherigen DS-RL, so dass im Prinzip jeder Bezug auf die Definitionen der DS-RL in einem anderen Rechtsinstrument als Bezug auf den entsprechenden Begriff der DS-GVO gelesen werden sollte.[1] Es ist allerdings zu beachten, dass die Richtlinie in nationales Recht umgesetzt wurde und dass damit bis zum Beginn der vollen Anwendbarkeit der DS-GVO weiterhin die national festgelegten Bestimmungen galten, inklusive etwaiger zulässiger Abweichungen oder Ergänzungen bezüglich der DS-RL. Mit der vollen Anwendbarkeit der DS-GVO verloren solche nationalen Definitionen ihre Gültigkeit für den Geltungsbereich der DS-GVO. Für die von Art. 4 abgedeckten Begriffe finden die nationalen Begriffsbestimmungen keine Anwendung mehr, selbst wenn diese gleichlautend mit den neuen Begriffsbestimmungen sind. Die unmittelbare Geltung der DS-GVO als Verordnung schließt grundsätzlich Ausführungsgesetze der Mitgliedstaaten und damit auch eine Wiederholung von Begriffsbestimmungen des Verordnungstextes aus. Für die Begriffsbestimmungen sieht die DS-GVO keine Gestaltungsmöglichkeit vor. Lediglich für die besonderen Verarbeitungssituationen, für die eine Spezifizierungsklausel der DS-GVO, etwa gemäß Art. 6 Abs. 2, den Mitgliedstaaten diese Möglichkeit einräumt, können die Mitgliedstaaten zusätzliche Begriffsbestimmungen für die Anwendung oder Präzisierung von Vorschriften einführen. Solche zusätzlichen Begriffsbestimmungen dürfen sich aber nicht mit denen des Art. 4 überschneiden.[2]

4   Die parallel zur DS-GVO verabschiedete RL 2016/680 für den Polizei- und Justizbereich verwendet ihre eigenen Begriffsbestimmungen und verweist dazu nicht auf die DS-GVO. Auch die VO (EU) 2018/1725, die die Verarbeitung personenbezogener Daten für EU-Institutionen und Einrichtungen regelt, enthält eigene Begriffsbestimmungen.[3] Die RL 2002/58/EG bezieht sich hingegen ausdrücklich auf die Begriffsbestimmungen der DS-RL. Gemäß Art. 94 Abs. 2 ersetzen vom Zeitpunkt der vollen Anwendbarkeit der DS-GVO an auch in diesem Bereich deren Begriffsbestimmungen diejenigen der DS-RL und damit auch gegebenenfalls in Gesetzen der Mitgliedstaaten festgelegte Begriffsbestimmungen.

5   Der deutsche Gesetzgeber hat dieser Rechtslage Rechnung getragen, indem das durch das DSAnpUG-EU[4] neu gefasste BDSG in seinem auf die DS-GVO bezogenen Teil lediglich

---

* Der Verfasser vertritt hier seine persönliche Auffassung, die nicht notwendig der Auffassung des Europäischen Datenschutzbeauftragten entspricht.
[1] Vgl. Art. 94 Abs. 2.
[2] Vgl. *Kühling/Martini* DS-GVO S. 308–311.
[3] Verordnung (EU) 2018/1725 des Europäischen Parlaments und des Rates vom 23. Oktober 2018 zum Schutz natürlicher Personen bei der Verarbeitung personenbezogener Daten durch die Organe, Einrichtungen und sonstigen Stellen der Union, zum freien Datenverkehr und zur Aufhebung der Verordnung (EG) Nr. 45/2001 und des Beschlusses Nr. 1247/2002/EG, ABl. 2018 L 295, 39.
[4] Gesetz zur Anpassung des Datenschutzrechts an die Verordnung (EU) 2016/679 und zur Umsetzung der Richtlinie (EU) 2016/680 (Datenschutz-Anpassungs- und -Umsetzungsgesetz EU – DSAnpUG-EU) v. 30.6.2017, BGBl. 2017 I 2097.

Begriffsbestimmungen enthält, die im Rahmen der föderalen Struktur notwendig sind, zB zur Zuordnung der Verantwortlichkeiten der Aufsichtsbehörden des Bundes und der Länder. Demgegenüber enthält Teil 3 des BDSG-neu, der die Umsetzung der RL 2016/680 für den Polizei- und Justizbereich betrifft, entsprechende Regelungen für die Begriffsbestimmungen dieser RL.

Das österreichische Datenschutzanpassungsgesetz 2018[5] enthält keine Begriffsbestimmungen in seinem ersten Hauptstück, das der Durchführung der DS-GVO dient, führt aber in seinem dritten Hauptstück, das der Umsetzung der RL 2016/680 dient, die entsprechenden Begriffsbestimmungen auf.

B. Einzelerläuterungen

I. Personenbezogene Daten

Der Zweck der DS-GVO ist der Schutz der Grundrechte natürlicher Personen bei der Verarbeitung der ihnen zugeordneten Daten, nicht ein wie auch immer gearteter Schutz der Daten selbst oder wirtschaftlicher oder anderer Interessen der datenverarbeitenden Organisationen. Die Begriffsbestimmungen und andere Regelungen der DS-GVO sind daher immer vor dem Hintergrund des möglichen Effekts der Verarbeitung von personenbezogenen Daten auf die betroffenen Personen zu verstehen. Die Neufassung unterstreicht, dass der Gesetzgeber auf eine breite Auslegung des Begriffes abzielt.[6] Dies entspricht der wiederholt vom EuGH in seinen Urteilen bekräftigten Auffassung, wie auch in seinem ersten Urteil, das die DS-GVO zitiert, in der Sache C-434/16 (Nowak).[7]

Für den auch bisher zentralen Begriff der personenbezogenen Daten wurden die wesentlichen Elemente aus der DS-RL weiterhin beibehalten. Darüber hinaus ist die Definition gegenüber der DS-RL erweitert und klargestellt worden. Die Begriffsbestimmung baut weiterhin auf den vier zentralen Elementen **Information, Personenbezug, natürliche Person** und **Identifizierung oder Identifizierbarkeit** auf. Die Artikel-29-Datenschutzgruppe hat jedes dieser Elemente in einer Stellungnahme zum Begriff der personenbezogenen Daten analysiert.[8]

Der Begriff der **Information**[9] umfasst Informationen jeglicher Art, sei es objektiver oder subjektiver Natur, dh nicht nur Aussagen zu überprüfbaren Eigenschaften oder sachlichen Verhältnissen über sie ("X ist in O geboren."), sondern auch Einschätzungen und Urteile über sie ("X ist ein zuverlässiger Mitarbeiter.").[10] **Der Wahrheitsgehalt der Informationen ist für die Betrachtung unerheblich.** Die DS-GVO enthält ausdrückliche Bestimmungen für die Behandlung von unrichtigen Informationen. Auch Negativaussagen können personenbezogene Daten sein, wenn sie als solche festgehalten werden ("Keine Eintragungen im Bundeszentralregister für X."). Datenart, Format und Speichermedium spielen ebenfalls keine Rolle für die Beurteilung der Informationen, sie können alphabetischer, numerischer, grafischer, fotografischer, akustischer oder in sonstiger Form vorliegende Informationen sein, zB auch Videoaufzeichnungen, wenn sie die Identifikation der betroffenen Person erlauben.[11]

Der Personenbezug der Daten kann sich als Inhaltselement, Zweckelement oder Ergebniselement darstellen.[12] Inhaltlich können sich Daten direkt oder indirekt auf eine Person beziehen. Einen direkten Bezug haben alle Aussagen über eine Person an sich ("X ist bei der Firma F beschäftigt."). Wenn sich Aussagen formal auf eine Sache oder ein anderes Verhältnis beziehen, können sie dennoch indirekt einen Personenbezug haben. So ist etwa eine Aussage über den Wert einer Immobilie formal auf das Objekt bezogen, bezieht sich aber zugleich auf die Eigentümer des Objekts. Ein durch den **Zweck** der Verarbeitung gegebener Personenbezug ist häufig bei der Bildung von Profilen gegeben, wenn die verschiedensten Informationen kombiniert werden, um aufgrund von so gefundenen Mustern die Interaktion mit den Betroffenen

---

[5] (Öst.) Bundesgesetz, mit dem das Datenschutzgesetz 2000 geändert wird (Datenschutz-Anpassungsgesetz 2018) v. 31.7.2017, NR: GP XXV RV 1664 AB 1761 S. 190. BR: 9824 AB 9856 S. 871.
[6] So auch *Albrecht/Jotzo* DatenschutzR Teil 3, A. Rn. 3.
[7] EuGH Urt. v. 20.12.2017 – C-434/16, ECLI:EU:C:2017:994 Rn. 33 – Nowak.
[8] Artikel-29-Datenschutzgruppe, 2007.
[9] Artikel-29-Datenschutzgruppe, 2007, S. 7.
[10] EuGH Urt. v. 20.12.2017 – C-434/16, ECLI:EU:C:2017:994 Rn. 46. – Nowak; EuG Urt. v. 26.4.2023 – T-557/20, ECLI:EU:T:2023:219 Rn. 68 = ZD 2023, 399 – Einheitlicher Abwicklungsausschuss.
[11] Vgl. EuGH Urt. v. 11.12.2014 – C-212/13, ECLI:EU:C:2014:2428 Rn. 22 = ZD 2015, 77 – Ryneš; EuGH Urt. v. 14.2.2019 – C-345/17, ECLI:EU:C:2019:122 Rn. 34 – GRUR 2019, 760 – Buivids.
[12] Artikel-29-Datenschutzgruppe, 2007, S. 10.

im Sinne des Verantwortlichen zu optimieren.[13] Ein Personenbezug durch das **Ergebnis** der Verarbeitung ist gegeben, wenn eine Person durch Auswirkungen betroffen ist, auch wenn diese nicht der Zweck der Verarbeitung waren und diese Person dadurch anders behandelt wird, als es anderenfalls geschehen wäre.

11   In seinem Urteil im Fall C-434/16 (Nowak)[14] hat der EuGH die drei Dimensionen analysiert, um die Frage zu beantworten, inwieweit die Antworten eines Kandidaten in einer schriftlichen Prüfung und die Kommentare des Prüfers zu diesen Antworten personenbezogene Daten darstellen und damit u.a. der Auskunftspflicht unterliegen. Der EuGH stellt fest, dass in diesem Fall **alle drei Kriterien erfüllt** sind. Die Antworten des Kandidaten geben Auskunft über seinen Kenntnisstand im geprüften Fachgebiet **(Inhalt)**, sie dienen der Beurteilung desselben durch das prüfende Institut **(Zweck)**, und haben im **Ergebnis** eine Auswirkung auf die zukünftigen beruflichen Möglichkeiten des Kandidaten. Die Anmerkungen des Prüfers zu den Antworten des Kandidaten erfüllen die gleichen Kriterien. (Dabei ist es unerheblich für die Beurteilung, dass die Anmerkungen des Prüfers zugleich auch personenbezogene Daten des Prüfers darstellen.) Während der EuGH im vorliegenden Fall alle drei Kriterien für den Bezug auf eine Person als erfüllt ansieht, soweit es den Kandidaten betrifft, **genügt es für das Vorliegen des Personenbezugs bereits, wenn nur eines der drei Kriterien erfüllt ist.**[15] Damit gelten auch die Rechte der Betroffenen für diese Daten.[16]

12   **Die natürliche Person, auf die sich personenbezogene Daten beziehen, wird in der DS-GVO als betroffene Person bezeichnet.** Die Bedeutung dieses Begriffs ergibt sich implizit aus der vorliegenden Begriffsbestimmung für personenbezogene Daten. Eine gesonderte Begriffsbestimmung existiert nicht.

13   Gemäß Erwägungsgrund 27 begründet der Bezug von Daten zu identifizierten oder identifizierbaren **verstorbenen Personen** selbst nicht die Einordnung als personenbezogene Daten. Den Mitgliedstaaten steht es frei, Regelungen zu erlassen, um auch die Daten Verstorbener zu schützen. Unabhängig von solchen nationalen Regeln kann der Verantwortliche aber nicht davon ausgehen, dass auf Verstorbene bezogene Daten nicht als personenbezogen anzusehen sind, da diese Daten häufig auch Bezug zu lebenden Personen haben, etwa zu Erben oder Familienangehörigen von Verstorbenen. Gerade genetische Daten und Gesundheitsdaten, die nach Art. 9 besonderen Vorschriften unterliegen, haben oft einen Bezug zu Nachkommen der ursprünglich Betroffenen, zB wenn Krankheiten und Todesursachen der Eltern in Anamnesen erfasst werden.

14   **Juristische Personen genießen als solche keinen Schutz durch die DS-GVO,** auch nicht Zusammenschlüsse von Personen oder andere Organisationen. Allerdings kann es trotzdem sein, dass Angaben, die formal auf eine juristische Person bezogen sind, dennoch als personenbezogene Daten einer natürlichen Person anzusehen sind. Dies ist etwa bei Kapitalgesellschaften mit nur einem einzigen Gesellschafter der Fall, da sich die Angaben zu der Gesellschaft indirekt auch auf diese Person beziehen.[17]

15   Der im Vergleich zwischen DS-RL und DS-GVO am stärksten bearbeiteten Teil der Begriffsbestimmung der personenbezogenen Daten betrifft die Bestimmung bzw. Identifizierung der betroffenen Person. Die DS-GVO ersetzt den in der DS-RL verwendeten Terminus der „**bestimmten oder bestimmbaren**" Person durch den der „**identifizierten oder identifizierbaren**" Person und bringt damit einen präziseren Begriff, der die deutsche Fassung auch sprachlich näher an andere Sprachfassungen bringt, die bereits mit der DS-RL den entsprechenden aus dem Lateinischen abgeleiteten Terminus verwenden. Inhaltlich wird der Begriff der Identifizierbarkeit in der DS-GVO ausführlicher und genauer gefasst als in der DS-RL. Die DS-GVO führt dazu den neuen Oberbegriff der „**Kennung**" ein, mit einer nicht abschließenden Liste von Elementen, die als **Kennung** betrachtet werden. Diese Liste umfasst die bereits in der DS-RL

---

[13] Mozilla kündigte an, den Akku-Ladezustand der Mobilgeräte ihrer Nutzer nicht mehr an Webseitenbetreiber zu übermitteln, da diese bei der Preisfindung von Angeboten benutzt wurden, aufgrund der Erfahrung, dass Benutzer bei schwacher Batterie auch höhere Preise akzeptieren, abrufbar unter www.soerenhentzschel.at/firefox/privatsphaere-mozilla-entfernt-battery-api/.
[14] EuGH Urt. v. 20.12.2017 – C-434/16, ECLI:EU:C:2017:994 – Nowak.
[15] EuGH Urt. v. 20.12.2017 – C-434/16, ECLI:EU:C:2017:994 Rn. 35 – Nowak.
[16] Der EuGH zitiert in diesem Urteil bereits den Text der DS-GVO, auch wenn sich der betrachtete Fall lange vor deren Inkrafttreten ereignet hat. Dabei zieht er den Art. 23 heran, um zu beurteilen, ob den Mitgliedstaaten die Möglichkeit gegeben ist, das Auskunftsrecht der Betroffenen einzuschränken.
[17] Vgl. EuGH Urt. v. 9.11.2010 – C-92/09, ECLI:EU:C:2010:662 Rn. 53 – Volker und Markus Schecke und Eifert.

enthaltene Identifikationsnummer, aber auch bisher nicht erwähnte Elemente, wie den Namen, Standortdaten und Online-Kennungen, die bei der Identifizierbarkeit einer natürlichen Person zu berücksichtigen sind. Der Name wurde auch früher selbstverständlich als Identifikationsmerkmal angesehen, ist jedoch nicht immer nötig, um eine Person zu identifizieren. Online-Kennungen dienen ihrem Zweck nach der Unterscheidung und Identifizierung von Individuen. Die DS-GVO geht auf den Begriff von Online-Kennungen nicht näher ein, jedoch ist es der Rechtsprechung des EuGH (Planet49) zu entnehmen, dass nicht nur Daten wie Benutzername und Passwörter, sondern auch vom Betroffenen während Webbrowsing erfasste Daten, zB sog. Cookies aufgrund Verknüpfung vom Begriff erfasst sind.[18] Die DS-GVO trägt mit der ausdrücklichen Erwähnung von Standortdaten als Kennung in besonderer Weise der Entwicklung der Informations- und Kommunikationstechnologie und der Datenanalyse Rechnung.[19] Außer durch eine Kennung kann eine Person auch durch besondere Merkmale zur **physischen, physiologischen, psychischen, wirtschaftlichen, kulturellen oder sozialen Identität** identifizierbar sein. Dieser Liste wurde neu das Element der genetischen Identität hinzugefügt, um dem immensen Fortschritt in der gentechnischen Identifizierung von Personen Rechnung zu tragen.[20]

Der Begriff der Standortdaten wird in der DS-GVO nicht definiert, er ist aber sinnvollerweise analog zu Art. 2 Buchst. c und Art. 9 der RL 2002/58/EG zu verstehen, dh als eine Abfolge von Feststellungen von geographischem Ort und Zeitpunkt eines Gerätes bzw. einer Person. Eine solche Folge von Koordinaten ist bereits bei relativ grober Auflösung eindeutig und kann damit zur Identifizierung eines Individuums dienen.[21] Außer solchen dynamischen Standortdaten können aber auch eher statische Angaben, wie etwa Wohn- oder Büroadressen, oder andere geografische Angaben, dazu beitragen, die betroffene Person zu identifizieren.[22] Selbst statistische Angaben mit der Genauigkeit von Häuserblöcken können unter Umständen so ausgewertet werden, dass Angaben einzelnen Personen zugeordnet werden können.[23]

Gemäß Erwägungsgrund 26 ist es für die Qualifikation eines Datenbestandes als personenbezogene Daten nicht notwendig, dass der Verantwortliche selbst die Identifizierung durchführen kann, sondern **es genügt, dass irgendein Dritter nach allgemeinem Ermessen diese wahrscheinlich durchführen kann,** wobei Kosten und zeitlicher Aufwand ebenso zu berücksichtigen sind wie die jeweils verfügbare Technologie und die technologische Entwicklung. Durch den ausdrücklichen Bezug auf die technologische Entwicklung dynamisiert die DS-GVO den Begriff der Identifizierbarkeit und verpflichtet Verantwortliche, Aufsichtsbehörden und Gerichte, in Zukunft dieser Entwicklung zu folgen und gegebenenfalls die Identifizierbarkeit von Datenbeständen neu zu bewerten. Um den Zweck des Schutzes der betroffenen Personen vor Beeinträchtigung ihrer Grundrechte durch die Verarbeitung von Daten zu erreichen, müssen die tatsächlich verfügbaren und nicht nur die rechtlich zulässigen Möglichkeiten berücksichtigt werden. Die auf diese Weise zu bewertenden Mittel, wie Kosten, Zeit- und Arbeitsaufwand, sind anhand eines objektiven Maßstabs zu berücksichtigen, dh, es ist zu erwägen, ob die Identifizierung unter Verwendung der verfügbaren Ressourcen möglich ist, wobei es irrelevant ist, ob der Datenverarbeiter oder eine Drittpartei anderweitig dazu motiviert ist. Diese Auffassung wird vom EDSA mit dem Argument vertreten, diese Möglichkeit bestehe gegebenenfalls unabhängig davon, ob eine solche technische Fähigkeit mit der Motivation verbunden sei, einen betroffenen Person erneut zu identifizieren oder herauszugreifen.[24] Wenn für entsprechend motivierte Dritte Datenbestände aus Datenschutzverletzungen und Cybercrime einfach und günstig zu erlangen sind, auch außerhalb des Geltungsbereiches der DS-GVO, und „Big Data" in kurzer Zeit und mit geringen Kosten die Zusammenführung und Analyse mit anderen legal oder illegal erlangten Daten ermöglicht, ist es zum Schutz des Grundrechts geboten, die Schutzmaßnahmen des Datenschutzrechts auch auf solche Datenbestände anzuwenden, die der Verantwortliche selbst

---

[18] EuGH Urt. v. 1.10.2019 – C-673/17, ECLI:EU:C:2019:801 Rn. 45 = MMR 2019, 732 mAnm *Moos/Rothkegel* – Planet49.
[19] Vgl. *Klabunde* DANA 2014, 98 (101).
[20] *37th International Privacy Conference of Data Protection and Privacy Commissioners,* Communiqué on Genetic and Health Data, Challenges for Tomorrow, 2015.
[21] Vgl. *de Montjoye* et al., S. 2.; siehe auch EDSA, Leitlinien 1/2020 zur Verarbeitung personenbezogener Daten im Zusammenhang mit vernetzten Fahrzeugen und mobilitätsbezogenen Anwendungen, Rn. 45.
[22] *Fischer-Hübner* Anonymität; BeckOK DatenschutzR/*Schild* DS-GVO Art. 4 Rn. 22–27.
[23] *Fischer-Hübner* Anonymität.
[24] EDSA, Verbindliche Entscheidung 1/2021 zum Streitigkeit nach Art. 65 Abs. 1 lit a DS-GVO über den Beschlussentwurf der irischen Aufsichtsbehörde bzgl. WhatsApp Ireland, v. 28.7.2021; vgl. krit. dazu *Anderl/Kruesz* MMR 2023, 255 (258 ff.).

(noch) nicht identifizieren kann.²⁵ Die fortgeschrittenen Möglichkeiten von Sicherheitsbehörden zur Analyse und Zuordnung von Kommunikationsdaten sind ausführlich in der Öffentlichkeit diskutiert worden. Auf die Auswertung und Identifizierung von Daten spezialisierte Unternehmen verfügen ebenfalls über hoch entwickelte technische Verfahren, die die Identifizierung der betroffenen Personen, deren Transaktionen in solchen Datenbeständen enthalten sind, auf wirtschaftlich effiziente Weise ermöglichen. Datensätze, die aus IP-Adressen und Zeitangaben bestehen, werden regelmäßig verwendet, um mögliche Urheberrechtsverletzungen zu verfolgen und die Akteure zu identifizieren.²⁶

18   Insbesondere bei Online-Kennungen, wie etwa IP-Adressen oder technischen Kennungen von Kommunikationsgeräten, wird in der geschäftlichen Praxis regelmäßig angenommen, dass eine Reihe von protokollierten Aktionen im Internet mit derselben Online-Kennung von derselben Person durchgeführt wurde. Auch wenn damit noch keine vollständige Identifizierung der betroffenen Person vorliegt, ist diese Person ausgesondert und die entsprechenden Daten sind als personenbezogen zu betrachten, ohne dass dem Verantwortlichen die volle Identität der betroffenen Personen bekannt ist. Wenn der Verantwortliche die betroffene Person selbst nicht identifizieren kann, gelten einige besondere Regelungen bezüglich der Rechte der betroffenen Personen nach Art. 11.

19   Erwägungsgrund 26 stellt klar, dass Pseudonymisierung (Abs. 5) keine Wirkung auf den Personenbezug der Daten hat, da es sich letztendlich lediglich um eine andere Form der Speicherung handelt, dem Verantwortlichen aber weiterhin der vollständige Informationsgehalt der Daten zur Verfügung steht und der individuelle Bezug jedes Informationselements ohne großen Aufwand hergestellt werden kann. Selbstverständlich beeinflusst auch eine Verschlüsselung von Daten deren Personenbezug in keiner Weise. Verschlüsselte Speicherung oder Übertragung ist eine Sicherheitsmaßnahme, die insbesondere unbefugte Kenntnisnahme der Daten erschwert, aber berechtigten Personen weiterhin Zugang und Verarbeitungsmöglichkeit bietet.

20   Im Gegensatz dazu ergibt sich eine **echte Anonymisierung** von personenbezogenen Daten aus der Veränderung der Daten in einer solchen Weise, dass die Identifizierbarkeit der betroffenen Personen nicht mehr gegeben ist. Die DS-GVO gibt keine Verfahren zur Anonymisierung oder spezifische Prüfungsansätze vor; der Verantwortliche muss vielmehr die in der Begriffsbestimmung für personenbezogene Daten niedergelegten Kriterien überprüfen, wenn er Daten als nicht oder nicht mehr personenbezogen behandeln möchte.²⁷ **Selbstverständlich kann ein Datensatz nur dann als anonymisiert gelten, wenn auch keine Kopien des Originaldatenbestandes mit Personenbezug erhalten bleiben.** Die Artikel-29-Datenschutzgruppe hat in ihrer Stellungnahme²⁸ zu Anonymisierungstechniken festgestellt, dass der Verantwortliche verpflichtet ist, im Einzelfall zu prüfen, ob die angewandten Techniken tatsächlich dazu führen, dass die betroffenen Daten nicht mehr als personenbezogen zu betrachten sind, und sich nicht auf eine schematische Vorgehensweise verlassen kann²⁹. Er darf nicht nach dem Prinzip „Freigeben und Vergessen" handeln, sondern muss kontinuierlich sicherstellen, dass seine Verfahren noch ausreichend sind, um die verbleibenden Risiken angemessen zu begrenzen und seine Maßnahmen notwendigenfalls anpassen. Der Zweck eines solchen iterativen Überprüfungsprozesses liegt in der Erkenntnis, dass Anonymität keine feste Eigenschaft von Daten ist, sondern sich je nach den Umständen ihrer (Wieder-)Verwendung ändern kann. Man könnte auch der

---

²⁵ So auch Paal/Pauly/*Paal/Pauly* DS-GVO Art. 4 Rn. 12–13.

²⁶ In EuGH Urt. v. 19.10.2016 – C-582/14 – Breyer hat der EuGH ausdrücklich festgestellt, dass IP-Adressen als personenbezogene Daten gelten, wenn der Verantwortliche die rechtliche Möglichkeit hat, weitere zur Identifizierung notwendige Daten zu erlangen. Auch wenn der EuGH in diesem Fall insbes. die Identifizierung zum Zwecke von Sicherheitsmaßnahmen oder Strafverfolgung berücksichtigt hat, gilt diese Schlussfolgerung natürlich auch in Fällen, in denen der Verantwortliche die zur Identifizierung notwendigen Daten durch rechtliche Mittel von den Diensteanbietern erhalten kann, um zivilrechtliche Schritte zu ergreifen. Der EGMR teilt diese Ansicht in Bezug auf den Personenbezug von dynamischen IP-Adressen in EGMR Urt. v. 24.4.2018. – No. 62357/14, Rn. 95 ff. – Benedikt v. Slovenia.

²⁷ Vgl. *Winter/Battis/Halvani* ZD 2019, 489 (490); In seinen Leitlinien 4/2020 zum Einsatz von Standortdaten und Instrumenten zur Kontaktnachverfolgung im Kontext des COVID-19-Ausbruchs vom 21.4.2020 betont der EDSA, dass die Daten an sich nicht anonymisiert werden können, sondern lediglich die gesamten Datensätze. Selbst in diesem Fall ist die Anonymisierung mit Vorsicht zu betrachten, da bestimmte Daten, wie bspw. Standortdaten aufgrund ihrer Beschaffenheit, nicht zweifelsfrei anonymisiert werden können.

²⁸ Artikel-29-Datenschutzgruppe, WP 216 Stellungnahme 5/2014 zu Anonymisierungstechniken.

²⁹ Artikel-29-Datenschutzgruppe, WP 216 Stellungnahme 5/2014 zu Anonymisierungstechniken, Abs. 5.2.

Definition von personenbezogenen Daten entnehmen, Anonymität sei eine Eigenschaft von Daten und damit indirekt von Informationen. Informationen können zu verschiedenen Zeiten oder unter verschiedenen Umständen anonym sein, sie können aber auch in bestimmten Fällen die Erstellung des Personenbezugs erlauben, zum Beispiel durch Rekombination oder den Einsatz veralteter Anonymisierungstechniken. Diese Beurteilung der Datenschutzbehörden ergab sich bereits aus der DS-RL. Die Einführung des Prinzips der Rechenschaftspflicht durch die DS-GVO verstärkt die fortbestehende Verantwortung. Insbesondere die sich aus Erwägungsgrund 26 ergebende Verpflichtung, den Stand der Technik und die technologische Entwicklung zu berücksichtigen, unterstreicht die Notwendigkeit einer fortwährenden Bewertung der Risiken.[30] Ein schematischer Ansatz zur „De-Identifikation" von Gesundheitsdaten durch die Entfernung von festgelegten Attributen aus einem Datenbestand, wie er in den USA unter HIPAA zulässig ist,[31] kann dementsprechend im Allgemeinen nicht als ausreichend angesehen werden.

Die Verarbeitung von personenbezogenen Daten ist eine notwendige, aber nicht hinreichende Bedingung für die Anwendung der DS-GVO. Es müssen alle Voraussetzungen des Art. 2 erfüllt sein. 21

II. Verarbeitung

Die Begriffsbestimmung zur Verarbeitung entspricht mit Ausnahme geringfügiger sprachlicher Anpassungen jener der DS-RL. 22

Jeder Vorgang, der personenbezogene Daten verwendet, ist als Verarbeitung zu verstehen, unabhängig davon, ob er mit oder ohne automatisierte Verfahren durchgeführt wird. Bereits das Erheben und Erfassen von Daten ist als Verarbeitung zu verstehen. Hierzu ist auch die bloße Erfassung von Transaktionsdaten durch Einschalten der automatischen Protokollierungsfunktionen, etwa eines Web-Servers zu rechnen, unabhängig davon, ob regelmäßig eine weitere Auswertung oder andere Nutzung dieser Daten vorgesehen ist. Angesichts der breiten Auslegung der beiden Kernbegriffe „personenbezogene Daten" und „Verarbeitung" sind solche Protokollierungen nur zulässig, wenn die Grundsätze des Art. 5 eingehalten werden und die Voraussetzungen für die Rechtmäßigkeit der Verarbeitung nach Art. 6 gegeben sind. 23

Auch das Löschen oder Vernichten von personenbezogenen Daten gilt als Verarbeitung iSd DS-GVO. Solche Verarbeitungsschritte sind insbesondere für solche personenbezogenen Daten von Bedeutung, für deren weitere Verarbeitung und Speicherung gemäß dem Prinzip der Speicherbegrenzung gemäß Art. 5 Abs. 1 lit. e die weitere Verarbeitung und Speicherung in identifizierbarer Form nicht mehr zulässig ist. Außer der Löschung oder Vernichtung kann auch die irreversible und vollständige De-Identifikation die abschließende Verarbeitungsoperation für einen bestimmten Datensatz sein. Allerdings können Daten nur dann als vernichtet, gelöscht oder de-identifiziert betrachtet werden, wenn der Verantwortliche sichergestellt hat, dass auch keine Datensicherungen oder anderen Kopien der betreffenden Datenbestände in seinem Verantwortungsbereich mehr existieren. 24

Aus dem Vorherigen ergibt sich, dass **die Datenverarbeitung an sich keine einheitliche und homogene Tätigkeit darstellt, sondern vielmehr als eine Verarbeitungskette betrachtet werden sollte**, die aus verschiedenen miteinander verbundenen Teilschritten besteht.[32] Die Verarbeitung für einen bestimmten Verarbeitungszweck kann somit in einzeln identifizierbare Verarbeitungsvorgänge unterteilt werden. Bei dieser Auslegung können die Zwecke und Mittel der einzelnen Verarbeitungsvorgängen gesondert definiert werden. Dieses Verständnis gewinnt insbesondere vor dem Hintergrund des Urteils des EuGH im Fall Fashion-ID an Bedeutung. In diesem Urteil wurde festgelegt, dass jeder Verantwortliche für die Datenverarbeitung hinsichtlich bestimmter einzelner Verarbeitungen personenbezogener Daten als gemeinsam Verantwortlicher mit anderen angesehen werden kann, jedoch nicht im Hinblick auf die Gesamtverarbeitung.[33] 25

Verantwortliche müssen sich auch solche Verarbeitungsoperationen zurechnen lassen, die sie nicht selber vollständig kontrollieren, die sie aber ausdrücklich oder stillschweigend zulassen. Dazu gehören insbesondere solche Fälle, in denen Mitarbeiter eines Verantwortlichen eigene Ressourcen für die Verarbeitung personenbezogener Daten im Rahmen ihrer Tätigkeit für den Verantwortlichen nutzen. Viele Organisationen erlauben etwa die Nutzung privater Mobilgeräte 26

---

[30] Dies gilt besonders, wenn regelmäßig Daten anonymisiert werden sollen, etwa bei Forschungsdaten.
[31] *Ohm* UCLA Law Review 2010, 1735.
[32] EuGH Urt. v. 29.7.2019 – C-40/17, ECLI:EU:C:2019:629 Rn. 72 – Fashion ID.
[33] EuGH Urt. v. 29.7.2019 – C-40/17, ECLI:EU:C:2019:629 Rn. 74 – Fashion ID.

für berufliche Zwecke, wie etwa Empfangen und Senden von E-Mails. Sofern ein Verantwortlicher solche Verarbeitungen zulässt, etwa im Rahmen von BYOD-Konzepten (Bring Your Own Device), ist er auch für die Ordnungsmäßigkeit dieser Verarbeitung verantwortlich.

III. Einschränkung der Verarbeitung

27 Die Einschränkung der Verarbeitung ist selbst eine Form der Verarbeitung und entspricht inhaltlich dem bisher gebräuchlichen Begriff des „Sperrens" von Daten. Die Einschränkung kann insbesondere auf Verlangen der betroffenen Person erfolgen, etwa in den Fällen nach Art. 18, oder auf Anweisung der Aufsichtsbehörde gemäß Art. 58. Diese Begriffsbestimmung wurde in der DS-GVO erstmals eingefügt.

28 Für Österreich legt das neugefasste DSG 2018 fest,[34] dass das Mittel der Einschränkung der Verarbeitung insbesondere dann anzuwenden ist, wenn Daten eigentlich gelöscht oder geändert werden müssen, dies aber nicht unverzüglich umgesetzt werden kann. In solchen Fällen dient die Einschränkung der Verarbeitung also nur als Interimslösung, bis eine wirkungsvollere Maßnahme umgesetzt werden kann.

IV. Profiling

29 Die Begriffsbestimmung des Profiling wurde in der DS-GVO neu aufgenommen. Die zugrunde liegende Art der Verarbeitung, dh das Sammeln von Daten mit Bezug zu einer bestimmten natürlichen Person aus verschiedenen Quellen und über bestimmte Zeiträume, um aufgrund dieser Daten Interaktionen mit dieser Person zu steuern, hat in der Praxis große Bedeutung gewonnen und ist die Grundlage der Geschäftsmodelle einiger bedeutender Internetunternehmen. Dabei können die Daten zum wirtschaftlichen Vorteil genutzt werden, ohne notwendigerweise die volle Zividentität der betroffenen Person zu kennen.

30 Sofern der Verantwortliche Daten für mehrere Zwecke nutzt, um umfassendere Kenntnis über die betroffenen Personen zu erlangen und insbesondere, wenn dies zur Vorbereitung von Entscheidungen bezüglich der betroffenen Personen dient, ist diese Verarbeitung als „Profiling" anzusehen. Beim Profiling kann die Auswertung von Daten aus der Vergangenheit der Person zu aktuellen Entscheidungen oder zu Vorhersagen genutzt werden, typischerweise in den Bereichen der Beschäftigung und des Finanzwesens, aber auch im Zusammenhang mit gezielter Werbung.[35] Wenn der Verantwortliche verschiedene Datenquellen kombiniert und korreliert, um umfassendere Auswertungen über betroffene Personen durchzuführen, können die Vorschriften der Art. 21 und 22 Anwendung finden. Gerade in der Zeit von Big Data ist von besonderer Bedeutung, dass Profilerstellung durch Kombinierung verschiedener Datenquellen sensitive Daten durch Rückschlüsse aus Daten schaffen kann, die für sich genommen keine besondere Datenkategorie darstellen, aber zu einer solchen werden, wenn sie mit anderen Daten zusammengeführt werden.[36]

31 Die Artikel-29-Datenschutzgruppe hat Leitlinien zu automatisierten Entscheidungen im Einzelfall und Profiling veröffentlicht, die vom Europäischen Datenschutzausschuss bestätigt wurden.[37] Charakteristika des Profiling sind die automatisierte Verarbeitung personenbezogener Daten, **mit dem Zweck, bestimmte** persönliche Aspekte der Betroffenen zu bewerten. Diese Bewertung kann dazu dienen, **Analysen oder Vorhersagen bezüglich des Verhaltens der Betroffenen zu machen, dies ist aber keine notwendige Voraussetzung.** Damit umfasst das Profiling im Sinne der DS-GVO auch das bloße Klassifizieren von Personen aufgrund der gesammelten Daten, auch wenn keine komplexen Auswertungen oder Schlussfolgerungen stattfinden.[38] Damit gilt etwa das Geschäft eines Datenhändlers, der personenbezo-

---

[34] Datenschutz-Anpassungsgesetz 2018, Öst. BGBl. I, Nr. 120 v. 31.7.2017, § 4 Abs. 2.
[35] Siehe auch Erwägungsgrund 71. Der EDSA hat Profiling in bereichsspezifischen Leitlinien näher untersucht, siehe zum Thema Profiling im Finanzwesen Leitlinien 6/2020 zum Zusammenspiel zwischen der zweiten Zahlungsdiensterichtlinie und der DS-GVO v. 15.12.2020; zum Thema gezielter Werbung und Profiling zu Werbezwecken im Online-Bereich siehe Leitlinien 8/2020 über die gezielte Ansprache von Nutzer:innen sozialer Medien v. 13.4.2021.
[36] Artikel-29-Datenschutzgruppe, WP 251 rev.01, Leitlinien zu automatisierten Entscheidungen im Einzelfall und Profiling v. 6.2.2018. S. 15.
[37] Artikel-29-Datenschutzgruppe, WP 251 rev.01, Leitlinien zu automatisierten Entscheidungen im Einzelfall und Profiling v. 6.2.2018.
[38] Insofern unterscheidet sich der Profiling-Begriff der DS-GVO von dem der Europaratsempfehlung zum gleichen Begriff, bei dem eine Auswertung oder Schlussfolgerungen verlangt sind.

gene Daten von Individuen sammelt und seinen Kunden diese Daten nach verschiedenen Kategorien geordnet zur Nutzung anbietet, als Profiling. Selbstverständlich umfasst der Begriff in jedem Fall solche Fälle, in denen durch Auswertungsfunktionen aus relativ einfachen Daten komplexe Schlussfolgerungen gezogen werden (wie etwa die Bestimmung von politischen Haltungen aufgrund von Interaktionen in sozialen Netzwerkdiensten oder von Online-Einkäufen).

Auch wenn die DS-GVO Profiling zusammen mit automatischen Entscheidungen in Art. 22 behandelt, sind die beiden Konzepte unabhängig voneinander möglich. Die Bedingungen des Profiling können bereits erfüllt sein, wenn relativ einfache Klassifizierungs- und Gruppierungsoperationen mit den personenbezogenen Daten durchgeführt werden, auch ohne dass die Bedingungen für das Vorliegen automatisierter Entscheidungen vollständig erfüllt sind. Der EuGH hat sich in diesem Rahmen mit der Frage befasst, ob und inwieweit Profiling in Form der automatisierten Erstellung eines Wahrscheinlichkeitswertes von der Entscheidung aufgrund dieses Profils zu trennen ist. Bei der Untersuchung des Verhältnisses zwischen dem Konzept der Profilerstellung und Art. 22 in Bezug auf die Verwendung der von Dritten automatisiert erstellten Nutzerprofile durch einen für die Datenverarbeitung Verantwortlichen zum Zweck der Feststellung der Kreditwürdigkeit entschied der EuGH, dass die Profilerstellung in Art. 4 Nr. 4 an sich eine automatisierte Entscheidungsfindung iSv Art. 22 Abs. 1 darstellt, wenn die Entscheidung über die Kreditwürdigkeit (dh die auf das Profil gestützte Entscheidung) im Wesentlichen auf dem Profil beruht. In einem derartigen Fall stellt das erstellte Profil eine unmittelbare Rechtfertigung für die getroffene Entscheidung dar. Somit fungiert die Profilerstellung nicht lediglich als Vorbereitung für die Entscheidung, sondern sie bildet den einzelnen Bestandteil der Entscheidung selbst.[39] Umgekehrt kann es automatisierte Entscheidungen geben, die kein Profiling im Sinne der hier vorliegenden Begriffsbestimmung beinhalten.

V. Pseudonymisierung

Durch das Pseudonymisieren verändert sich der Personenbezug der Daten nicht, da es weiterhin möglich ist, die betroffenen Personen zu identifizieren (Erwägungsgrund 26), wenn auch mit vergrößertem technischen Aufwand.[40] Pseudonymisierung ist als eine von mehreren Maßnahmen zur Minimierung von mit der Verarbeitung personenbezogener Daten einhergehenden Risiken, etwa Missbrauch durch Mitarbeiter, zu sehen. Pseudonymisierung formt mithin ein Kernelement des von DS-GVO eingeführten Prinzips Datenschutz durch Technikgestaltung.[41] Die Pseudonymisierung ist eine geeignete Maßnahme zur Durchsetzung des Grundsatzes der Datenminimierung gemäß Art. 5 in Fällen, wenn die der Pseudonymisierung zugrundeliegenden Daten für die Verarbeitung zwar nicht erforderlich ist, aber für andere Verarbeitungstätigkeiten notwendig wird.[42] Die Pseudonymisierung kann nicht als rein technische Maßnahme am Datenbestand umgesetzt werden, sondern muss gleichzeitig durch entsprechende organisatorische Maßnahmen gesichert werden.

Pseudonymisierung darf nicht mit Anonymisierung oder De-Identifikation verwechselt werden. Bei pseudonymisierten Daten ist es immer möglich, die betroffene Person wieder zu identifizieren, auch wenn gegebenenfalls zusätzliche Verarbeitungsmaßnahmen notwendig sind. Bei anonymisierten Daten soll eine solche Re-Identifikation gerade verhindert werden.

Auch Verschlüsselung von Daten führt weder zur Pseudonymisierung noch zur Anonymisierung von personenbezogenen Daten. Ein verschlüsselter Datenbestand enthält weiterhin alle Attribute und Datensätze. Er ist lediglich besser vor unbefugter Nutzung geschützt, da Kenntnis oder Zugang zum genutzten kryptografischen Schlüssel erforderlich ist.

VI. Dateisystem

Dieser Begriff ersetzt den in der DS-RL verwendeten Begriff „Datei mit personenbezogenen Daten". Unabhängig von den technischen Mitteln wird jede Sammlung von personenbezogenen Daten, die in irgendeiner Weise strukturiert ist und nach bestimmten Kriterien zugänglich ist, als

---

[39] EuGH Urt. v. 7.12.2023 – C-634/21, ECLI:EU:C:2023:957 Rn. 47, 75 – SCHUFA.
[40] EDSA, Dokument zur Antwort auf das Ersuchen der Europäischen Kommission um Klärung der einheitlichen Anwendung der DS-GVO mit Schwerpunkt auf der Gesundheitsforschung v. 2.2.2021, Rn. 44.
[41] So auch *Roßnagel* ZD 2018, 243 (245 ff.).
[42] EDSA, Leitlinien 4/2019 zu Artikel 25 Datenschutz durch Technikgestaltung und durch datenschutzfreundliche Voreinstellungen v. 20.10.2020, Rn. 75 ff.

„Dateisystem" betrachtet.⁴³ Die im Dateisystem angegebene Kriterien sollen sich auf Einzelpersonen beziehen, da der Zweck der Kriterien darin besteht, das Heraussuchen von Personen oder von einem bestimmten Personenkreis im Dateisystem zu erleichtern.⁴⁴ Die DS-GVO gilt nur für in Dateisystemen gespeicherte Daten. Beim gegenwärtigen Stand der Technik ist davon auszugehen, dass jede Form der für automatisierte Verarbeitung geeigneten Speicherung die Bedingungen erfüllt, um als Dateisystem angesehen zu werden. Mit modernen Datenanalysetechniken können auch wenig oder nicht strukturierte Datenbestände leicht so aufbereitet werden, dass Informationen nach verschiedensten Kriterien durchsucht werden können. Grundsätzlich sollen die Regeln des Datenschutzes technologieneutral sein. Lediglich nicht elektronisch erfasste Akten, Aktensammlungen und ihre Deckblätter, die nicht nach bestimmten Kriterien geordnet sind, sollen aus dem Anwendungsbereich herausfallen.

VII. Verantwortlicher

37   Die Definition des Verantwortlichen ist aus vier Aspekten zusammengesetzt: i) Form des Verantwortlichen, ii) Entscheidungskompetenz, iii) Festlegung von Zweck und Mittel der Verarbeitung, und iv) eigenständige oder gemeinsame Entscheidungsfindung. Sofern nicht alle Entscheidungen von derselben Person oder Organisation getroffen werden, können auch mehrere Verantwortliche für einen Verarbeitungsvorgang existieren, die untereinander ihre Verantwortlichkeiten vereinbaren (Art. 26). Sind mehrere Akteure gemeinsam für dieselbe Verarbeitung verantwortlich, ist es nicht erforderlich, dass jeder für die Verarbeitung Verantwortliche Zugang zu den betreffenden personenbezogenen Daten hat.⁴⁵ In jedem Fall muss den betroffenen Personen gegenüber die Verantwortlichkeit transparent sein.

38   Verantwortliche können natürliche oder juristische Personen oder öffentliche Einrichtungen usw sein. Die Rolle als für die Verarbeitung Verantwortlicher ist von der Rechtsform des Verantwortlichen oder seiner Einstufung als öffentlich-rechtliches oder privatrechtliches Organ unabhängig.⁴⁶ Sofern die Zwecke und Mittel der Verarbeitung durch nationale oder EU-Rechtsinstrumente festgelegt sind, können diese Instrumente auch die Verantwortlichen bestimmen, oder Kriterien für ihre Bestimmung festlegen.

39   Entscheidendes Kriterium für die Feststellung des Verantwortlichen für die Verarbeitung personenbezogener Daten bleibt die Entscheidungsgewalt über Zweck und Mittel der Verarbeitung. Diese kann auch ausgeübt werden, ohne dass der Verantwortliche selbst an der Durchführung der Verarbeitung beteiligt ist. Die Bestimmung des Verantwortlichen soll mit Einbeziehung aller Umstände, die die Kontrolle begründen, anhand einer faktischen Bewertung erfolgen.⁴⁷ Der EuGH unterstreicht auch die Bedeutung des tatsächlichen Einflusses, indem er betont, dass derjenige, der aus Eigeninteresse auf die Verarbeitung personenbezogener Daten Einfluss nimmt und damit an der Entscheidung über die Zwecke und Mittel der Verarbeitung mitwirkt, als für die Verarbeitung Verantwortlicher angesehen werden soll.⁴⁸

40   Bei einer bestimmten Verarbeitung ist der für die Verarbeitung Verantwortliche der Akteur, der die **wesentlichen Aspekte der Verarbeitung** bestimmt, warum die Verarbeitung stattfindet (dh „zu welchem Zweck") und wie dieser Zweck erreicht werden soll. Dies sind die sog. nicht übertragbaren Kernfragen, die das Wesen der Datenverarbeitung betreffen. Darüber hinaus können bestimmte Entscheidungen über die technischen Einzelheiten der Verarbeitung an den Auftragsverarbeiter delegiert werden, wie zB Maßnahmen zur Datensicherheit oder die Wahl der für die Verarbeitung verwendeten Software oder Hardware.

41   Verantwortliche unterliegen der Rechenschaftspflicht nach Art. 5 Abs. 2 und müssen damit in der Lage sein, die Einhaltung der Grundsätze für die Verarbeitung personenbezogener Daten

---

[43] Siehe auch EuGH Urt. v. 10.7.2019 – C-25/17, ECLI:EU:C:2018:551 Rn. 56 – Jehovan todistajat.
[44] EuGH Urt. v. 10.7.2019 – C-25/17, ECLI:EU:C:2018:551 Rn. 57, 76 – Jehovan todistajat.
[45] EuGH Urt. v. 5.6.2018 – C- 210/16, ECLI:EU:C:2018:388 Rn. 38 – Wirtschaftsakademie.
[46] EuGH Urt. v. 9.7.2020 – C-272/19, ECLI:EU:C:2020:535 Rn. 65 – Land Hessen; vgl. Europäischer Datenschutzausschuss, Leitlinien 7/2020 zu den Begriffen des für die Verarbeitung Verantwortlichen und des Auftragsverarbeiters in der DS-GVO v. 7.7.2021, Rn. 13, die den Begriff des für die Verarbeitung Verantwortlichen als einen „autonomen Ansatz" betrachten, der nach den Bestimmungen des Datenschutzrechts zu definieren ist – nicht nach anderen, sich überschneidenden Rechtsgebieten wie dem Wettbewerbsrecht oder dem Recht des geistigen Eigentums.
[47] Europäischer Datenschutzausschuss, Leitlinien 7/2020 v. 7.7.2021, Rn. 21.
[48] EuGH Urt. v. 10.7.2019 – C-25/17, ECLI:EU:C:2018:551 Rn. 68 – Jehovan todistajat; EuGH Urt. v. 29.7.2019 – C-40/17, ECLI:EU:C:2019:629 Rn. 68.

nachzuweisen.[49] Aus dieser Verpflichtung lässt sich erkennen, welches Ausmaß an Entscheidungsgewalt der Verantwortliche oder die gemeinsam Verantwortlichen über Zweck und Mittel der Datenverarbeitung haben müssen. Es kann keinesfalls immer davon ausgegangen werden, dass diejenige Organisation, die direkten Kontakt mit den betroffenen Personen hat und etwa die Erfassung oder Erhebung der Daten durchführt, als Verantwortlicher betrachtet werden kann. Gerade in komplexen Unternehmensstrukturen mit vielfältigen Verarbeitungsvorgängen kann die Verantwortlichkeit an einer anderen, leitenden Stelle liegen oder auch über mehrere Legaleinheiten verteilt sein.

Insbesondere für die Aufsichtsbehörden, aber auch in zivilrechtlichen Fragen, ist die Bestimmung der tatsächlich Verantwortlichen für die Verarbeitung von entscheidender Bedeutung und bedarf einer sorgfältigen Analyse der Entscheidungsstrukturen. 42

VIII. Auftragsverarbeiter

Auftragsverarbeiter führen die Verarbeitung im Auftrag des Verantwortlichen durch und sind 43 an dessen Anweisungen gebunden. Laut Art. 28 ist ein Vertrag oder eine andere Vereinbarung als Grundlage der Auftragsverarbeitung zu schließen. Auftragsverarbeiter haben keine Entscheidungsfreiheit bezüglich der Zwecke der Verarbeitung.

Die andere Grundvoraussetzung für einen Auftragsverarbeiter ist, dass es sich um eine vom 44 Verantwortlichen getrennte juristische Person handelt. In einer Unternehmensgruppe kann die Muttergesellschaft als Verantwortliche handeln, während die Tochtergesellschaft als Auftragsverarbeiter fungiert, solange beide Unternehmen getrennte Einheiten sind. Eine Abteilung kann, selbst wenn sie ein gewisses Maß an Autonomie besitzt, nicht als Auftragsverarbeiter angesehen werden.[50]

Sofern die mit der Durchführung Beauftragten die überlassenen Daten über den Auftrag 45 hinaus für eigene Zwecke verwenden können oder den Zweck selbst modifizieren können, oder wenn sie erhebliche Gestaltungs- oder Wahlmöglichkeiten bezüglich der Mittel der Verarbeitung haben, sind sie gemeinsam mit dem Auftraggeber als Verantwortliche zu betrachten und haben entsprechend weitergehende Verpflichtungen. Bei bestimmten Modellen des Cloud-Computing, bei denen der Dienstanbieter sich weitreichende Gestaltungsmöglichkeiten vorbehält, kann eine solche Situation eintreten.[51]

Bereits die DS-RL legt dem Auftragsverarbeiter direkt die Verpflichtung auf, geeignete tech- 46 nische und organisatorische Maßnahmen zu treffen, um die Sicherheit der Verarbeitung zu gewährleisten, zusätzlich zu der gleichen Verpflichtung des Verantwortlichen. Diese Verpflichtung besteht unter der DS-GVO weiter. Allerdings werden dem Auftragsverarbeiter weitere Verpflichtungen auferlegt. Er ist ausdrücklich verpflichtet, den Verantwortlichen bei der Erfüllung seiner Verpflichtungen gegenüber den Betroffenen zu unterstützen; er muss Datenschutzverletzungen, die ihm bekannt werden, an den Verantwortlichen melden. Auftragsverarbeiter können auch die Möglichkeiten der Verhaltensregeln und der Zertifizierung nutzen. Auch Auftragsverarbeiter können verpflichtet sein, Datenschutzbeauftragte zu benennen.

IX. Empfänger

Wenn der Verantwortliche personenbezogene Daten an andere Personen oder Organisationen 47 weiterleitet, kann er gegenüber den betroffenen Personen grundsätzlich nicht im selben Maße Ordnungsmäßigkeit und Transparenz der Verarbeitung gewährleisten wie für seine eigene Verarbeitung. Daher sind für diese Weitergabe besondere Transparenz- und Verfahrensregeln (Art. 13, 14, 19) zu beachten. Empfänger ist jede Person oder Stelle, die personenbezogene Daten erhält. Ausgenommen sind lediglich Behörden, die Untersuchungen durchführen und im Rahmen dieser Untersuchung im Einzelfall auf Anforderung personenbezogene Daten erhalten, etwa bei Steuer-, Zoll- oder Finanzaufsichtsermittlungen, oder auch Aufsichtsbehörden im Datenschutz oder anderen Rechtsgebieten. Diese Ausnahme gilt nicht für regelmäßige und massenhafte Übermittlung von Daten an solche Behörden ohne Anforderung im Einzelfall.

---

[49] So auch der Europäische Datenschutzausschuss, wonach die Rechenschaftspflicht aus zwei Aspekten besteht, die Verantwortung für die Einhaltung der DS-GVO und die Fähigkeit, diese Einhaltung nachzuweisen, siehe Europäischer Datenschutzausschuss, Leitlinien 7/2020 v. 7.7.2021, Rn. 6.
[50] Europäischer Datenschutzausschuss, Leitlinien 7/2020 v. 7.7.2021, Rn. 76 f.
[51] ESB, 2012, Rn. 49 ff.

X. Dritter

48 Alle Personen oder Stellen, die nicht Verantwortlicher oder Auftragsverarbeiter sind oder unter deren Verantwortung die Datenverarbeitung durchführen und nicht die betroffenen Personen sind, gelten als „Dritte". Unter bestimmten Umständen können die berechtigten Interessen von Dritten bei der Verarbeitung von personenbezogenen Daten berücksichtigt werden, sofern auch hierzu die Transparenz gewährleistet ist (Art. 6 f., 13, 14).

49 Der EDSA definiert Dritter als einen relativen Begriff in dem Sinne, dass er eine dynamische Beziehung zum Verantwortlichen oder zum Auftragsverarbeiter beschreibt.[52] Sofern personenbezogene Daten an Dritte übermittelt werden, führen diese auch selbst deren Verarbeitung durch, und sind somit dann auch Verantwortliche im Sinne der DS-GVO.

XI. Einwilligung

50 Die Einwilligung der betroffenen Person ist einer der **Rechtsgründe für die Rechtmäßigkeit** der Verarbeitung personenbezogener Daten (Art. 6 Abs. 1 UAbs. 1 Buchst. a).

51 Um gültig zu sein, muss gemäß Erwägungsgrund 32 die Einwilligung als **Willensbekundung** der betroffenen Person in **informierter** Weise erfolgen, **freiwillig** gegeben werden, und **unmissverständlich** in Form einer Erklärung oder eindeutig bestätigenden Handlung geschehen. Dies kann schriftlich oder elektronisch, auch durch Ankreuzen von Feldern oder Einstellungen bei der Nutzung von Diensten geschehen. Stillschweigen oder Inaktivität der betroffenen Person oder bereits angekreuzte Felder reichen nicht aus, um die Einwilligung auszudrücken.

52 Grundsätzlich gilt die Einwilligung nur für die Zwecke, die der betroffenen Person bei ihrer Erteilung bekannt sind. Es ist allerdings möglich, bereits bei der Erfassung die Einwilligung für Zwecke zu erlangen, über deren Einsatz erst später entschieden wird. Die bei der Einwilligung gegebene Beschreibung der möglichen Zwecke setzt dann die Grenzen für spätere Verarbeitungen. **Sofern die Einwilligung für mehrere Zwecke erfragt wird, müssen alle Zwecke klar dargelegt werden und es muss den betroffenen Personen die Möglichkeit gegeben werden, eine Auswahl der Zwecke zu treffen,** zu denen sie einwilligen. Der Verantwortliche sollte dokumentieren, dass er die Einwilligung erlangt hat und auch die genauen Informationen über die Verarbeitungszwecke, auf die sie sich bezieht.

53 Als **freiwillig** wird die Einwilligung nur betrachtet, wenn die betroffene Person tatsächlich eine Wahlmöglichkeit hat, also **ohne Nachteile** auf die Erteilung der Einwilligung verzichten kann. Sie muss auch die Möglichkeit haben, ihre Einwilligung zurückzuziehen, was zum Wegfall der Rechtsgrundlage für die Verarbeitung führen kann (Art. 7 Abs. 3) und entsprechend durch den Verantwortlichen umzusetzen ist.

54 Insofern sich die betroffene Person in einer Situation befindet, bei der zwischen ihr und dem Verantwortlichen ein klares Ungleichgewicht besteht, wird die freiwillige Einwilligung als unwahrscheinlich angesehen. Insbesondere im Falle von Behörden ist die Einwilligung als alleinige Rechtsgrundlage für die Verarbeitung häufig nicht ausreichend. Hier ist in jedem Falle eine gesonderte Einwilligung für jeden Verarbeitungsvorgang erforderlich, und die Erbringung von Dienstleistungen kann nicht von der Einwilligung zu Verarbeitungen abhängig gemacht werden, die für diesen Vorgang nicht erforderlich sind. Auch im privatrechtlichen Bereich ist die Freiwilligkeit und Gültigkeit dann nicht gegeben, wenn die Einwilligung in einem Vertrag als Voraussetzung für die Leistung festgelegt wird, obwohl dies für die Leistungserbringung nicht erforderlich ist.

55 Der EDSA betont in seinen Leitlinien zur Einwilligung, dass gemäß Erwägungsgrund 44 die Freiwilligkeit der Einwilligung und deren Bestimmtheit verlangen, dass die Verarbeitungsformen hinreichend detailliert und klar dargestellt sind, und dass der Betroffene auch tatsächlich die Möglichkeit hat, nur einzelnen Verarbeitungsformen zuzustimmen, wenn mehrere Verfahren vom Verantwortlichen beabsichtigt sind. So sollten etwa für die Verarbeitung für Marketingzwecke durch den Verantwortlichen selbst erteilt werden können, ohne gleichzeitig der Weitergabe an Dritte für deren Zwecke zustimmen zu müssen. Auf keinen Fall kann eine Zustimmung zu einem Vertrag mit der Einwilligung zur Verarbeitung von personenbezogenen Daten gekoppelt werden, wenn diese Verarbeitung nicht zur Erfüllung des Vertrages erforderlich ist.[53] Dabei ist der Begriff der Notwendigkeit eng auszulegen, indem es eine direkte und objektive

---

[52] EDSA, Leitlinien 7/2020 v. 7.7.2021, Rn. 88, 89.
[53] Im Kontext von Sozialen Medien siehe Europäischer Datenschutzausschuss, Leitlinien 8/2020 Rn. 57.

Verbindung zwischen der Verarbeitung und dem Zweck der Vertragserfüllung gibt. Im Kontext von rechtmäßiger Einwilligung zur Nutzung von Cookies auf einer Webseite weist der Europäische Datenschutzausschuss darauf hin, dass der Zugang zu Diensten und Funktionen nicht von der Zustimmung des Nutzers zur Speicherung von Informationen auf seinem Gerät oder zum Zugriff auf dort bereits gespeicherte Informationen iSv Art. 5 Abs. 3 e-Privacy-RL 2002/58/EG abhängig gemacht werden darf.[54]

Gemäß Erwägungsgrund 43 muss der **Verantwortliche nachweisen können, dass die betroffene Person ihre Einwilligung gegeben hat,** sofern die Einwilligung die Rechtsgrundlage der Verarbeitung darstellt. Dieser Nachweis sollte auch zeigen, dass die betroffene Person bei Erteilung der Einwilligung wusste, wozu sie einwilligte und dass sie auch über die Möglichkeit informiert war, ihre Einwilligung zurückzuziehen. Dabei darf weder das Verweigern der Zustimmung zur Verarbeitung noch der spätere Widerruf einer solchen früher erteilten Einwilligung Nachteile für die betroffene Person zur Folge haben. Der Verantwortliche muss nachweisen können, dass die betroffene Person im Falle der Nichteinwilligung oder des Widerrufs weder zusätzliche Kosten noch reduzierte Dienstqualität zu erwarten hat. Selbstverständlich würde jede Form von Täuschung, Einschüchterung oder Zwang der Freiwilligkeit der Einwilligung entgegenstehen und diese damit ungültig machen. **Die Beweislast für die ordnungsgemäße Einwilligung liegt beim Verantwortlichen.** 56

Die DS-GVO verlangt, dass die Einwilligung durch eine Erklärung oder eine eindeutig bestätigende Handlung erfolgt, damit sie die für ihre Gültigkeit notwendige Bedingung der Unmissverständlichkeit erfüllt. Dabei muss die **Willenserklärung oder Handlung dazu geeignet sein, die Zustimmung der betroffenen Person auszudrücken.** Es genügt nicht, sich auf die Abwesenheit einer Erklärung oder Handlung zu berufen, die als Ausdruck der Verweigerung gedacht ist. Damit kann sich der Verantwortliche nicht darauf berufen, das die betroffene Person etwa in einem elektronischen Formular die Markierung aus vom Anbieter bereits angekreuzten Feldern nicht entfernt hat, oder dass Einwilligungsklauseln in einem langen Text, der auch andere Bedingungen der Nutzung eines Dienstes betrifft, enthalten sind, dem die betroffene Person nicht widersprochen hat.[55] Der EDSA stellte diesbezüglich in seinen Leitlinien zur Einwilligung[56] fest, dass das fortgesetzte Browsing auf einer Website ohne eine eindeutige Handlung zur Erteilung der Einwilligung nicht als konkludente Einwilligung angesehen werden kann.[57] In seinem Urteil im Fall C-673/17 (Planet49)[58] nahm der EuGH eine wörtliche Auslegung des Begriffs „Einwilligung geben" iSv Art. 6 Abs. 1 UAbs. 1 Buchst. a und bestätigte, dass die für eine gültige Einwilligung erforderliche bestätigende Handlung ein aktives Verhalten seitens der betroffenen Person erfordert.[59] Der Europäische Datenschutzausschuss betont ausdrücklich, dass elektronische Mittel zur Erteilung der Einwilligung genutzt werden können, empfiehlt aber, sich nicht auf Handlungen zu verlassen, die die betroffenen Personen ohnehin ausführen müssen, um einen Dienst zu nutzen, sondern **besondere Handlungen zu definieren, die speziell zum Ausdruck der Einwilligung dienen.**[60] 57

Während die Einwilligung immer **unmissverständlich** sein muss, ist eine **ausdrückliche Einwilligung** nur in bestimmten Situationen verlangt. Dies gilt insbesondere für die Verarbeitung **besonderer Kategorien** personenbezogener Daten gemäß Art. 9 Abs. 2 lit. a[61], für **automatisierte Entscheidungen** im Einzelfall gemäß Art. 22 Abs. 2 lit. c, sowie gemäß Art. 49 Abs. 1 lit. a für die **Übermittlung von personenbezogenen Daten in Drittstaaten,** für die weder eine Angemessenheitsentscheidung gemäß Art. 45 noch eine geeignete Garantie gemäß Art. 46 vorliegt. 58

Besondere Bedingungen gelten gemäß Art. 8 für die **Einwilligung von Kindern** im Rahmen von Diensten der Informationsgesellschaft. Hier ist bis zum Alter von 16 Jahren (oder einem vom Mitgliedstaat festgelegten niedrigeren Alter) die Einwilligung nur gültig, wenn sie durch die Träger der elterlichen Gewalt oder mit deren Zustimmung erteilt wird. Es obliegt dem Verantwortlichen, sich der Erfüllung dieser Bedingungen in geeigneter Weise zu vergewissern. 59

---

[54] EDSA, Leitlinien 5/2020 Bsp. 6a.
[55] Vgl. EuGH Urt. v. 11.11.2020 – C-61/19, ECLI:EU:C:2020:901 Rn. 46 – Orange Romania.
[56] EDSA, Leitlinien 5/2020 zur Einwilligung gemäß Verordnung 2016/679 v. 4.5.2020.
[57] EDSA, Leitlinien 5/2020 Rn. 84 ff.
[58] EuGH Urt. v. 1.10.2019 – C-673/17, ECLI:EU:C:2019:801 – Planet49.
[59] EuGH Urt. v. 1.10.2019 – C-673/17, ECLI:EU:C:2019:801 Rn. 52, 62 – Planet49; EuGH Urt. v. 11.11.2020 – C-61/19, ECLI:EU:C:2020:901 Rn. 37 – Orange Romania.
[60] Europäischer Datenschutzausschuss, Leitlinien 5/2020, Rn. 82, 94.
[61] EuGH Urt. v. 24.9.2019 – C-136/17, ECLI:EU:C:2019:773 Rn. 62 – GC.

XII. Verletzung des Schutzes personenbezogener Daten

60 Eine Verletzung des Datenschutzes löst die Verpflichtung des Verantwortlichen zur Mitteilung an die Aufsichtsbehörden und an die betroffenen Personen aus (Art. 33, 34), sowie die Unterstützungspflichten des Auftragsverarbeiters, soweit vorhanden. Ausgangspunkt ist hier immer ein Versagen der von Verantwortlichen und Auftragsverarbeitern eingesetzten technischen und organisatorischen Sicherheitsmaßnahmen gemäß Art. 32, und daraus resultierend ein unabsichtlicher oder unrechtmäßiger Verarbeitungsvorgang, insbesondere Zugang oder Offenlegung, Veränderung oder Vernichtung von personenbezogenen Daten.

61 Während also jede Verletzung des Datenschutzes durch einen Sicherheitsvorfall ausgelöst wird, führt umgekehrt nicht jeder Sicherheitsvorfall auch zu einer Datenschutzverletzung. Entscheidend ist dabei, dass von dem Sicherheitsvorfall personenbezogene Daten betroffen sind. In ihren Leitlinien[62] zu Verletzungen des Schutzes personenbezogener Daten erläutert die Gruppe, dass die Verletzung eines jeden der drei Sicherheitsziele Vertraulichkeit, Verfügbarkeit und Integrität als Verletzung des Datenschutzes zu bewerten ist, wenn personenbezogene Daten betroffen sind, und dass dabei auch in allen Fällen Nachteile für die betroffenen Personen entstehen können: Verletzungen der Vertraulichkeit beinhalten den Zugang zu den Daten durch unbefugte Personen, die sie zum Schaden der Betroffenen verwenden können; Verletzungen der Integrität führen dazu, dass die Verarbeitung von Daten zu den betroffenen Personen möglicherweise auf falschen Voraussetzungen beruht und damit Entscheidungen auf einer falschen Grundlage getroffen werden; selbst vorübergehende Unterbrechungen der Verfügbarkeit können die Möglichkeiten der betroffenen Personen einschränken, wenn etwa aufgrund der Fehlens von Informationen wichtige Maßnahmen nicht durchgeführt werden können, oder auch nur bestimmte Rechte vorübergehend nicht ausgeübt werden können.

62 In den die WP250-Leitlinien ergänzenden Leitlinien 01/2021[63] hat der EDSA eine Liste der häufigsten Datenschutzverletzungen veröffentlicht, mit mildernden und qualifizierenden Umständen und zukünftigen Maßnahmen zur Risikominderung. Die aufgelisteten Datenschutzverletzungen gliedern sich grundsätzlich in zwei Kategorien; zu dem ersten Fall gehören die Datenschutzverletzungen verursacht unmittelbar durch einen in der Regel arglistigen Angreifer (aber nicht ausschließlich, zB ethisches Hacking), wie Ransomware, Social-Engineering-Angriffe oder Datenexfiltration. In den anderen Fällen ist die unmittelbare Ursache menschliches Versagen, wie ein verlorener Datenträger, oder das Senden einer E-Mail an die falsche E-Mail-Adresse.

63 Der Begriff umfasst nicht sämtliche Verstöße gegen Datenschutzrecht, sondern **nur solche, die entgegen den Vorgaben des Verantwortlichen erfolgen,** etwa durch Fehler der Mitarbeiter oder gezielte Angriffe von Dritten. Unzulässige Verarbeitungen, die der Verantwortliche gezielt durchführt, etwa durch Missachtung von Zweckbestimmungs- oder Transparenzregeln, gelten nicht als Verletzungen im Sinne dieser Begriffsbestimmung. In solchen Fällen muss der Verantwortliche auf andere Weise die Ordnungsmäßigkeit der Verarbeitung herstellen und mit der Aufsichtsbehörde kommunizieren. Nicht jede Verletzung des Schutzes personenbezogener Daten löst automatisch die Verpflichtung zur Meldung an die Aufsichtsbehörde gemäß Art. 33 und an die betroffenen Personen gemäß Art. 34 aus. Zur Entscheidung über die Notwendigkeit einer solchen Meldung ist eine Einschätzung der möglichen Auswirkungen der Verletzung erforderlich. In Anbetracht der grundsätzlich möglichen Auswirkungen auf betroffene Personen sollten Verantwortliche diese Beurteilung sehr sorgfältig durchführen, auch im Hinblick auf die erheblichen Haftungs- und Sanktionsrisiken. In den Leitlinien 1/2021 deutet der Europäische Datenschutzausschuss darauf hin, die Verletzung des Schutzes personenbezogener Daten sei eine Folge eines schwachen Datensicherheitssystems, und das primäre Ziel einer internen Untersuchung des Verantwortlichen nach einer Datenschutzverletzung daher in der Vorbeugung bestehe, indem die Grundursachen des Vorfalls aufgedeckt werden.[64]

---

[62] Artikel-29-Datenschutzgruppe, WP 250 rev.01, Leitlinien zu Verletzungen des Schutzes personenbezogener Daten v. 13.2.2018.

[63] Europäischer Datenschutzausschuss, Leitlinien 1/2021 über Beispiele für die Benachrichtigung im Falle einer Verletzung des Schutzes personenbezogener Daten v. 14.12.2021.

[64] EDSA, Leitlinien 1/2021 Rn. 8.

XIII. Genetische Daten

Als eine der besonderen Kategorien von personenbezogenen Daten, deren Verarbeitung den 64
Regeln des Art. 9 unterworfen ist, gelten Daten über die genetischen Eigenschaften einer natürlichen Person nur dann, wenn sie eindeutige Informationen über die Physiologie oder die Gesundheit einer natürlichen Person liefern. Sie können gleichzeitig auch unter den breiteren Begriff der Gesundheitsdaten nach Abs. 15 fallen. Die Begriffsbestimmung beschränkt sich auf den Bezug zu der natürlichen Person, aus deren Probe die Daten gewonnen wurden. Der Verantwortliche sollte aber ebenfalls die allgemeinen Grundsätze des Datenschutzes beachten bezüglich anderer Personen, für die diese Daten ebenfalls relevant sein können, wie etwa Nachkommen oder Vorfahren der betroffenen Person. Bestimmte genetische Daten können eine besondere Kategorie personenbezogener Daten (Art. 9) bilden, aber nicht alle genetischen Daten gehören zu diesen speziellen Kategorien.

XIV. Biometrische Daten

Als biometrische Daten werden Daten betrachtet, die aus der Physis, Physiologie oder dem 65
Verhalten der betroffenen Person abgeleitet sind und zu ihrer eindeutigen Identifizierung beitragen können. Als Beispiele werden Daten zur Gesichtserkennung und zu Fingerabdrücken genannt, die Auflistung der Ursprünge macht aber klar, dass auch andere biometrische Verfahren erfasst werden sollen (zB dynamische Verfahren wie Sprechererkennung, Gangerkennung oder Nutzeridentifikation anhand von Sprachdaten,[65] andere Charakteristika wie Iris- oder Handvenenmuster) und grundsätzlich jedes zur Identifizierung nutzbare Biometrieverfahren berücksichtigt werden sollte. Bestimmte biometrische Daten können eine besondere Kategorie personenbezogener Daten (Art. 9) bilden, aber nicht alle biometrischen Daten gehören zu diesen speziellen Kategorien. Das entscheidende Kriterium für die Zuordnung biometrischer Daten zu den besonderen Kategorien personenbezogener Daten nach Art. 9 ist nicht die Art der Daten, vielmehr der Zweck der Verarbeitung. Vor diesem Hintergrund können dieselben biometrischen Daten je nach Verarbeitung als „allgemeine" personenbezogene Daten oder als personenbezogene Daten, die einen verstärkten Schutz gemäß Art. 9 erfordern, eingestuft werden.[66]

XV. Gesundheitsdaten

Die besondere Kategorie der Gesundheitsdaten sollte im weitestmöglichen Sinne verstanden 66
werden. Alle Informationen über den früheren, gegenwärtigen und zukünftigen Gesundheitszustand der betroffenen Person sind darunter zu fassen, ebenso wie alle Informationen, die im Rahmen der Administration des Gesundheitswesens erfasst oder verarbeitet werden (Versicherungsnummern usw), ebenso wie alle Ergebnisse aus Laboruntersuchungen zu der betroffenen Person, inklusive genetischer Daten. Alle Daten, die sich auf die Gesundheit der betroffenen Person beziehen, werden unabhängig von ihrer Herkunft den besonderen Bedingungen des Art. 9 unterworfen.[67] In seinen Leitlinien 3/2020[68] listet der EDSA Quelldaten zu Gesundheitsdaten, u.a. von Gesundheitsdienstleistern erfassten Daten, oder Daten, die durch Verknüpfung mit anderen Daten Rückschlüsse auf den Gesundheitszustand erlauben.

XVI. Hauptniederlassung

Die Festlegung der Hauptniederlassung eines Verantwortlichen ist für die Bestimmung der 67
federführenden Aufsichtsbehörde in Fällen grenzüberschreitender Verarbeitung nach Abs. 23 von personenbezogenen Daten erforderlich (Art. 56). In solchen Angelegenheiten können Aufsichtsbehörden in mehreren Mitgliedstaaten als betroffene Aufsichtsbehörden (Abs. 22) für die Angelegenheit zuständig sein.

Als Niederlassung gilt gemäß Erwägungsgrund 22 eine feste Einrichtung, an der die effektive 68
und tatsächliche Ausübung einer Tätigkeit stattfindet, unabhängig von ihrer Rechtsform als

---

[65] EDSA, Leitlinien 2/2021 zu virtuellen Sprachassistenten v. 7.7.2021 Rn. 31, 81.
[66] Vgl. EDSA, Leitlinien 3/2019 zur Verarbeitung personenbezogener Daten durch Videogeräte v. 29.1.2020 Rn. 74; EDSA, Leitlinien 1/2020 v. 9.3.2021 Rn. 66.
[67] Vgl. EuGH Urt. v. 6.11.2003 – C-101/01, ECLI:EU:C:2003:596 Rn. 50 – Lindqvist.
[68] Leitlinien 3/2020 für die Verarbeitung von Gesundheitsdaten für wissenschaftliche Forschungszwecke im Zusammenhang mit dem COVID-19-Ausbruch v. 21.4.2020, Rn. 8.

Art. 4 69–73   Kapitel I. Allgemeine Bestimmungen

Tochtergesellschaft mit eigener Rechtspersönlichkeit oder als Zweigstelle ohne Rechtspersönlichkeit.

69   Hat der Verantwortliche nur eine Niederlassung in der Union, stellt sich die Frage nach der Hauptniederlassung nicht. Gibt es mehrere Niederlassungen in der Union, so gilt grundsätzlich der Sitz der Hauptverwaltung als Hauptniederlassung, allerdings kann die tatsächliche Organisation des Verantwortlichen zu einer anderen Zuordnung der Hauptniederlassung führen. Für Unternehmensgruppen wird zunächst als Hauptniederlassung die Hauptverwaltung des beherrschenden Unternehmens angenommen, sofern durch die Organisation keine andere Zuordnung begründet wird.

70   Gemäß Erwägungsgrund 36 ist bei Verantwortlichen als Hauptniederlassung diejenige Niederlassung anzusehen, an der tatsächlich die Entscheidungen über Zweck und Mittel der Verarbeitung getroffen werden, sofern diese Entscheidungen für den Verantwortlichen insgesamt wirksam sind und auch durchgesetzt werden können. Für Verantwortliche spielt nur diese Entscheidungsmacht eine Rolle bei der Bestimmung der Hauptniederlassung. Der Ort der tatsächlichen Durchführung der Verarbeitung ist für diese Fragestellung vollkommen unerheblich.[69] Kommt es zu einer gemeinsamen Verantwortung iSv Art. 26, ist zu beachten, dass die Hauptniederlassung eines Verantwortlichen nicht als Hauptniederlassung der gemeinsamen Verantwortlichen für die unter deren gemeinsamer Kontrolle durchgeführte Verarbeitung angesehen werden kann, dh, gemeinsam Verantwortliche können nicht eine gemeinsame Hauptniederlassung bestimmen.[70]

71   In ihren Leitlinien zur Ermittlung der federführenden Aufsichtsbehörde[71] schließt die Artikel-29-Datenschutzgruppe nicht aus, dass für ein grenzüberschreitend tätiges Unternehmen oder eine entsprechende Unternehmensgruppe für die Zwecke der DS-GVO mehr als eine Hauptniederlassung festgestellt werden kann, nämlich dann, wenn die Entscheidungsgewalt für Zwecke und Mittel der Verarbeitung für verschiedene Formen der Verarbeitung verschiedenen Niederlassungen zugeordnet wird. Dazu wird das Beispiel eines Unternehmens des Finanzbereichs aufgeführt, bei dem eine Niederlassung für das Bankgeschäft und eine andere für das Versicherungsgeschäft zuständig ist. Jede dieser Niederlassungen würde für das jeweils von ihr kontrollierte Geschäftsfeld als Hauptniederlassung angesehen, und damit würde die Federführung von aufsichtsrechtlichen Maßnahmen entsprechend der für die jeweilige Hauptniederlassung zuständigen Aufsichtsbehörde zugeordnet.

72   Die Artikel-29-Datenschutzgruppe weist auch darauf hin, dass die Feststellung, welche Niederlassung die Entscheidung über die Verarbeitung der personenbezogenen Daten betrifft, wesentlich von Informationen abhängt, die vom Verantwortlichen bereitgestellt werden. Damit könnte das Risiko entstehen, dass Verantwortliche versuchen könnten, durch entsprechende Darstellungen einen ihnen günstig erscheinenden Standort zu wählen und damit ihren Gerichtsstand für Datenschutzzwecke zu bestimmen („Forum Shopping"). Allerdings haben die Aufsichtsbehörden im Rahmen ihrer Befugnisse auch die Möglichkeit, solche Aussagen der Verantwortlichen zu überprüfen und die notwendigen Informationen auch vor Ort im Rahmen von Aufsichtsmaßnahmen zu erheben. Dabei können auch die Instrumente der Amtshilfe nach Art. 61 und der gemeinsamen Maßnahmen gemäß Art. 62 zur Überprüfung der Sachlage nutzen. Zu den von Aufsichtsbehörden geprüften Kriterien gehören beispielsweise wo i) die endgültige Entscheidungen über Zwecke und Mittel der Verarbeitung, und ii) die Entscheidungen über Geschäftstätigkeiten, die eine Datenverarbeitung beinhalten, getroffen werden, oder wo die Person mit der Gesamtverantwortung für die grenzüberschreitende Verarbeitung sitzt.[72]

73   Sofern mehrere Organisationen gemäß Art. 26 gemeinsam für eine Verarbeitung verantwortlich sind, können sie in der notwendigen Vereinbarung, die die jeweilige spezifische Verantwortung jeder beteiligten Organisation bestimmt, auch die für die Bestimmung der Hauptniederlassung bestimmende Entscheidungsgewalt einer Organisation oder einer Niederlassung

---

[69] Laut Artikel-29-Datenschutzgruppe können für unterschiedliche Verarbeitungsvorgänge auch unterschiedliche Niederlassungen eines internationalen Unternehmens als Hauptniederlassung betrachtet werden, wenn dessen Organisation tatsächlich diesen Niederlassungen die Entscheidungsgewalt für bestimmte Verarbeitungsvorgänge überträgt, vgl. Artikel-29-Datenschutzgruppe, 2016, S. 5.
[70] EDSA, Leitlinien 8/2022 für die Bestimmung der federführenden Aufsichtsbehörde eines Verantwortlichen oder Auftragsverarbeiters, v. 10.10.2022, Abs. 2.1.3.
[71] EDSA, Leitlinien 8/2022 für die Bestimmung der federführenden Aufsichtsbehörde eines Verantwortlichen oder Auftragsverarbeiters, v. 10.10.2022, Abs. 2.1.
[72] EDSA, Leitlinien 8/2022 für die Bestimmung der federführenden Aufsichtsbehörde eines Verantwortlichen oder Auftragsverarbeiters, v. 10.10.2022, Abs. 2.1.1

derselben zuordnen, allerdings natürlich nur, wenn eine solche Zuordnung tatsächlich gegeben ist. Nicht in allen Fällen gemeinsamer Verantwortlichkeit kann es eine solche Festlegung einer gemeinsamen Hauptniederlassung geben, etwa wenn jeder Beteiligte sich wesentliche Entscheidungsbefugnisse vorbehält.

Hat ein Auftragsverarbeiter seine Hauptverwaltung in der Union, so gilt diese immer als Hauptniederlassung. Sofern der Auftragsverarbeiter keine Hauptverwaltung in der Union hat, ist hingegen die tatsächliche Durchführung der Verarbeitung das entscheidende Kriterium für die Auswahl der Hauptniederlassung. Soweit mehrere Niederlassungen existieren, ist diejenige in der die Verarbeitungstätigkeiten hauptsächlich stattfinden, als Hauptniederlassung anzusehen. 74

Im Zusammenarbeitsverfahren gemäß Art. 60 finden Kontakte zwischen Aufsichtsbehörden und Verantwortlichem bzw. Auftragsverarbeiter ausschließlich zwischen dessen Hauptniederlassung und der federführenden Aufsichtsbehörde statt, welche wiederum die anderen betroffenen Aufsichtsbehörden unterrichtet und in die Entscheidungsprozesse einbezieht. Der für die Hauptniederlassung des Verantwortlichen (oder Auftragsverarbeiters, falls die Angelegenheit spezifische Verpflichtungen eines Auftragsverarbeiters betrifft) zuständigen federführenden Aufsichtsbehörde obliegt die Durchführung des Zusammenarbeitsverfahrens gemäß Art. 60 einschließlich der Fassung aller Beschlüsse, die an den Verantwortlichen bzw. Auftragsverarbeiter gerichtet sind. 75

XVII. Vertreter

Auch wenn die DS-RL keine Begriffsbestimmung zu diesem Begriff umfasste, wurde die Verpflichtung zur Benennung eines Vertreters durch nicht in der Union niedergelassene Verantwortliche, die dem Datenschutzrecht der EU unterliegen, bereits durch Art. 4 Abs. 2 DS-RL begründet. Während die DS-RL als Entscheidungskriterium für die Anwendbarkeit des Rechts eines Mitgliedstaates die Nutzung von Mitteln zur Verarbeitung setzte, „die im Hoheitsgebiet des betreffenden Mitgliedstaats belegen sind" (Art. 4 Abs. 1 lit. b DS-RL), gilt nach Art. 3 Abs. 2 DS-GVO das Marktortprinzip, dh der Aufenthalt der von bestimmten Verarbeitungsweisen betroffenen Personen in der Union begründet die Anwendbarkeit der DS-GVO auf den Verantwortlichen. 76

Da die DS-GVO unter den in Art. 3 Abs. 2 bestimmten Umständen auch auf Auftragsverarbeiter ohne Niederlassung in der Union anwendbar ist, gilt für diese die Verpflichtung zur Bestellung eines Vertreters. 77

Die Bestellung des Vertreters muss schriftlich erfolgen und soll das Mandat des Vertreters bestimmen, anstelle des Verantwortlichen oder Auftragsverarbeiters zu handeln. Behörden und öffentliche Stellen sind von der Verpflichtung zur Bestellung eines Vertreters ausgenommen. 78

Gemäß Art. 27 kann als Vertreter eine natürliche oder juristische Person benannt werden, die in einem Mitgliedstaat der Union niedergelassen sein muss, in dem sich von der Verarbeitung betroffene Personen befinden. Der Vertreter dient den Aufsichtsbehörden als Anlaufstelle. Während der Vertreter selbst gemäß Erwägungsgrund 80 bei Verstößen des Verantwortlichen oder Auftragsverarbeiters Durchsetzungsverfahren unterworfen werden kann, beschränkt dies nicht die Möglichkeit der Aufsichtsbehörden, sich direkt an den Verantwortlichen oder Auftragsverarbeiter zu wenden und berührt nicht die Verantwortung oder Haftung des Verantwortlichen oder des Auftragsverarbeiters. 79

Vertreter von Verantwortlichen sind gemäß Art. 13 und Art. 14 auch den betroffenen Personen bekannt zu geben und dienen diesen ebenfalls als Ansprechpartner. 80

Für Verantwortliche oder Auftragsverarbeiter ohne Niederlassung in der Union kann keine federführende Aufsichtsbehörde gemäß Art. 56 festgestellt werden. Für diese entfällt daher auch im Falle von grenzüberschreitender Verarbeitung und darauf bezogenen Verfahren der Aufsichtsbehörden nach Art. 60–67, von denen mehrere Aufsichtsbehörden betroffen sind, die Möglichkeit (Erwägungsgrund 127) „Verfahrens der Zusammenarbeit und Kohärenz" (englisch „One-Stop-Shop mechanism"),[73] dh der zentrale Kontakt mit einer einzigen Aufsichtsbehörde gemäß Art. 56 Abs. 6. 81

XVIII. Unternehmen

Diese neu eingeführte Begriffsbestimmung betrifft Organisationen oder Einzelpersonen, die regelmäßig einer wirtschaftlichen Tätigkeit nachgehen. Der Begriff umfasst natürliche Personen, 82

---

[73] Vgl. Artikel-29-Datenschutzgruppe, 2016, S. 9.

soweit sie etwa als Einzelkaufmann selbst wirtschaftlich tätig sind. Für Organisationen bezieht sich die Begriffsbestimmung zwar auf juristische Personen, schließt aber ausdrücklich Personengesellschaften ein. Da letztere nicht in allen Mitgliedstaaten volle Rechtspersönlichkeit haben, muss der Begriff der juristischen Person hier in dem Sinne verstanden werden, dass als Unternehmen diejenigen Organisationen zu verstehen sind, die am Rechtsverkehr teilnehmen können und auch in gerichtlichen Verfahren Partei sein können, und an die demgemäß Entscheidungen der Aufsichtsbehörden nach ihrem jeweiligen zugrunde liegenden Gesellschaftsrecht gerichtet sein können.

83   Gemäß Erwägungsgrund 150 ist bei der Ahndung von Verstößen der Unternehmensbegriff der Art. 101 und 102 AEUV zu verwenden, der die tatsächliche wirtschaftliche Einheit der Tätigkeit in den Vordergrund stellt und nicht die formale rechtliche Konstruktion der organisatorischen Einheiten. Diese Interpretation wird auch dadurch gestützt, dass zumindest im Zusammenhang des Art. 83 die Berechnung der relevanten Kennzahlen sich auf die wirtschaftliche Tätigkeit beziehen muss, zu der die Verarbeitung personenbezogener Daten beiträgt.

XIX. Unternehmensgruppe

84   Der mit der DS-GVO neu eingeführte Begriff der Unternehmensgruppe entspricht der auch in anderen Rechtsgebieten üblichen Struktur. Dh, er umfasst eine Gruppe von Unternehmen, von denen eines als Mutterunternehmen und die übrigen als Tochterunternehmen gelten, wobei das Mutterunternehmen zB durch alleiniges oder Mehrheitseigentum an den Tochterunternehmen oder durch andere Formen der Kontrolle die Tochterunternehmen direkt oder indirekt beherrscht. Die Tochterunternehmen können dabei gemäß Erwägungsgrund 22 auch als Niederlassungen des Mutterunternehmens gelten.

85   Zu unterscheiden ist die Unternehmensgruppe von einer Gruppe von Unternehmen, für die keine besondere Begriffsbestimmung vorliegt, die aber als eine Ansammlung von Unternehmen zu einem gemeinsamen wirtschaftlichen Zweck im Rahmen der Verarbeitung personenbezogener Daten zu verstehen ist, ohne dass Anforderungen an die Struktur der Gruppe gestellt sind.

86   Unternehmensgruppen können einen gemeinsamen Datenschutzbeauftragten ernennen und haben grundsätzlich ein berechtigtes Interesse am Austausch personenbezogener Daten untereinander.

87   Sowohl Unternehmensgruppen als auch Gruppen von Unternehmen, die eine gemeinsame Wirtschaftstätigkeit ausüben, können durch verbindliche interne Datenschutzrichtlinien gemäß Art. 20 die Übermittlung an zugehörige Unternehmen in Drittländern regeln.

XX. Verbindliche interne Datenschutzrichtlinie

88   Mit der DS-GVO wird der Begriff der verbindlichen internen Datenschutzrichtlinie (BCR: Binding Corporate Rules) erstmals in die Gesetzgebung eingeführt. Das zugehörige Instrument existiert in der Praxis bereits länger. Unter der DS-RL wurde es als praktisches Mittel eingeführt, um zwischen Aufsichtsbehörden und internationalen Unternehmensgruppen einen vereinfachten Weg zu finden, die Angemessenheit des Datenschutzes bei Empfängerunternehmen in Drittländern sicherzustellen und gegenüber der Aufsichtsbehörde zu dokumentieren. Verbindliche interne Datenschutzregeln können mit voller Anwendbarkeit der DS-GVO gemäß Art. 47 von Unternehmensgruppen oder Gruppen von Unternehmen mit gemeinsamer wirtschaftlicher Tätigkeit von den Aufsichtsbehörden im Kohärenzverfahren nach Art. 63 genehmigt werden, um den Datentransfer an Unternehmen der Unternehmensgruppe oder Gruppe von Unternehmen in Drittstaaten zu ermöglichen.

XXI. Aufsichtsbehörde

89   Die Überwachung der Verarbeitung durch eine unabhängige Stelle ist bereits in Art. 8 GRCh der Europäischen Union verankert und auch in Art. 16 AEUV vorgesehen. Die Einrichtung der Aufsichtsbehörden wird durch Art. 51 geregelt, der ausdrücklich die Errichtung von mehreren Behörden in einem Mitgliedstaat als Möglichkeit vorsieht. Die Einrichtung von Aufsichtsbehörden war auch bereits unter der DS-RL vorgeschrieben, auch wenn es dazu keine Begriffsbestimmung gab.

XXII. Betroffene Aufsichtsbehörde

Der neue Begriff der betroffenen Aufsichtsbehörde wurde im Zusammenhang mit dem Verfahren zur Zusammenarbeit nach Art. 60 eingeführt. Im Falle einer grenzüberschreitenden Verarbeitung nach § 23 BDSG sind alle Aufsichtsbehörden betroffen, in deren Zuständigkeitsgebiet beteiligte Verantwortliche oder Auftragsverarbeiter eine Niederlassung haben, oder in deren Zuständigkeitsgebiet betroffene Personen ihren Wohnsitz haben, auf die die Verarbeitung erhebliche Auswirkungen hat. Zusätzlich sind alle Aufsichtsbehörden betroffen, bei denen zu der Verarbeitung eine Beschwerde gemäß Art. 77 eingereicht wurde. Betroffene Personen können grundsätzlich wählen, bei welcher Aufsichtsbehörde sie eine Beschwerde einreichen. Es ist allerdings hervorzuheben, dass die Feststellung, ob eine Aufsichtsbehörde betroffen ist oder nicht, immer von der relevanten Verarbeitung abhängt. 90

Alle betroffenen Aufsichtsbehörden können sich an dem Verfahren nach Art. 60 beteiligen, wobei eine Behörde federführend ist. Dies ist normalerweise diejenige, in deren Zuständigkeitsgebiet die Hauptniederlassung gemäß § 16 BDSG ihren Sitz hat. 91

XXIII. Grenzüberschreitende Verarbeitung

Eine grenzüberschreitende Verarbeitung liegt vor, wenn die Verarbeitung im Rahmen von Niederlassungen des Verantwortlichen oder Auftragsverarbeiters in mehr als einem Mitgliedstaat stattfindet, oder auch wenn die Verarbeitung zwar nur im Rahmen einer einzelnen Niederlassung stattfindet, aber erhebliche Auswirkungen auf betroffene Personen in mehr als einem Mitgliedstaat hat.[74] Betrifft ein Verfahren der Aufsichtsbehörden grenzüberschreitende Verarbeitung, so ist grundsätzlich die Voraussetzung für die Zusammenarbeit der Aufsichtsbehörden nach Art. 60 gegeben. 92

Sofern bei gemeinsamer Verantwortlichkeit iSd Art. 26 die Verarbeitung im Rahmen von Niederlassungen in mehreren Mitgliedstaaten stattfindet, kann es sinnvoll sein, auch dann von grenzüberschreitender Verarbeitung auszugehen, wenn diese Niederlassungen zu verschiedenen Verantwortlichen gehören. Die Aufsichtsbehörden werden die Situation aufgrund der zwischen den gemeinsam Verantwortlichen geschlossenen Vereinbarung beurteilen, aus der auch die jeweiligen Entscheidungsbefugnisse der beteiligten Niederlassungen hervorgehen sollten.[75] 93

Die Artikel-29-Datenschutzgruppe hat in ihren Leitlinien zur Bestimmung der federführenden Aufsichtsbehörde[76] auch den Begriff der grenzüberschreitenden Verarbeitung betrachtet. Dabei geht sie von einer eher restriktiven Interpretation für den Fall aus, dass eine Verarbeitung zwar nur in einem Mitgliedstaat stattfindet, aber erhebliche Auswirkungen auf betroffene Personen in mehreren Mitgliedstaaten hat. Nicht jede Verarbeitung iSv Abs. 2, die mehr als einen Mitgliedstaat betrifft, aber nicht in mehreren Niederlassungen durchgeführt wird, kann daher als grenzüberschreitende Verarbeitung iSd Abs. 23 betrachtet werden. Die DS-GVO definiert nicht, was unter „erhebliche Auswirkung" zu verstehen ist. Allerdings lasst es sich dem Wortlaut entnehmen, dass sie aufgrund des Zwecks oder der Art der Verarbeitungstätigkeit wesentliche Konsequenzen auf die Person erfordert. In diesem Sinne ist der Schwellenwert mit der in Art. 22 Abs. 1 erwähnten „erheblichen Auswirkung" vergleichbar. Allerdings genügt eine große Anzahl von Betroffenen nicht, da es sich hierbei vielmehr um einen Qualitätsaspekt als um eine quantitative Bewertung handelt.[77] Die Aufsichtsbehörden haben die Absicht, das Vorliegen von 94

---

[74] Die Artikel-29-Datenschutzgruppe legt eine Reihe von Kriterien dar, die Indikatoren für „erhebliche Auswirkungen" eines Verarbeitungsvorgangs sein können. Dazu gehören u.a. materielle und finanzielle Schäden oder Verluste, gesundheitliche oder psychische Beeinträchtigung, Diskriminierung, unfaire Behandlung oder die Beeinträchtigung der Rechte einer betroffenen Person, ihres Rufs oder andere gesellschaftliche Beeinträchtigungen. Erhebliche Auswirkungen seien auch anzunehmen, wenn die Verarbeitung bedeutende Verhaltensänderungen der betroffenen Personen hervorruft oder unerwartete und unerwünschte Effekte hat. Auch wenn die Verarbeitung besonders sensitive Daten betrifft oder sehr umfangreich ist, können erhebliche Auswirkungen angenommen werden. Die Wahrscheinlichkeit des Eintretens dieser Auswirkungen sollte hinreichend hoch sein, dh das Eintreten des Effektes sollte wahrscheinlicher sein als sein Ausbleiben, vgl. Artikel-29-Datenschutzgruppe, 2016, S. 4.

[75] EDSA, Leitlinien 8/2022 für die Bestimmung der federführenden Aufsichtsbehörde eines Verantwortlichen oder Auftragsverarbeiters, v. 10.10.2022, Abs. 2.1.3.

[76] EDSA, Leitlinien 8/2022 für die Bestimmung der federführenden Aufsichtsbehörde eines Verantwortlichen oder Auftragsverarbeiters, v. 10.10.2022, Abs. 1.1.

[77] EDSA, Leitlinien 8/2022 für die Bestimmung der federführenden Aufsichtsbehörde eines Verantwortlichen oder Auftragsverarbeiters, v. 10.10.2022, Abs. 1.1.1.

tatsächlichen oder wahrscheinlichen erheblichen Auswirkungen der Verarbeitung in jedem Einzelfall zu prüfen. Dabei soll unter anderem berücksichtigt werden, ob besonders sensible personenbezogene Daten oder ein besonders breites Spektrum personenbezogener Daten verarbeitet werden, oder ob negative Effekte auf die betroffenen Personen in Form von Diskriminierung, Schäden oder Notlagen, Beeinträchtigungen der Gesundheit, der Rechte oder der Reputation eingetreten oder zu erwarten sind. Die Aufsichtsbehörden sehen die Notwendigkeit, die Anwendung insbesondere des Kohärenzverfahrens auf solche Fälle zu beschränken, in denen (gemäß Erwägungsgrund 135) „eine Aufsichtsbehörde beabsichtigt, eine Maßnahme zu erlassen, die rechtliche Wirkungen in Bezug auf Verarbeitungsvorgänge entfalten soll, die für eine bedeutende Zahl betroffener Personen in mehreren Mitgliedstaaten erhebliche Auswirkungen haben".

XXIV. Maßgeblicher und begründeter Einspruch

95 Im Zusammenarbeitsverfahren nach Art. 60 kann eine betroffene Aufsichtsbehörde gegen den Beschlussentwurf der federführenden Aufsichtsbehörde einen maßgeblichen und begründeten Einspruch einlegen. Sofern es daraufhin nicht zu einer Einigung der beteiligten Behörden kommt, wird das Kohärenzverfahren nach Art. 63 eingeleitet, zum Zwecke der Streitbeilegung nach Art. 65. Die DS-GVO führt das Erheben von Einsprüchen als eine Ultima-ratio-Lösung ein.

96 Der Einspruch muss rechtliche oder tatsächliche Gründe darlegen, warum der Beschlussentwurf der federführenden Behörde nicht mit der DS-GVO im Einklang steht. Mit dem Einspruch soll dargelegt werden, wie und warum die betroffene Aufsichtsbehörde der Auffassung ist, dass der Beschlussentwurf den Fall eines Verstoßes gegen die DS-GVO nicht angemessen behandelt bzw. keine geeignete Maßnahme für den Verantwortlichen oder den Auftragsverarbeiter vorsieht. In dem von der betroffenen Aufsichtsbehörde eingereichten Einspruch muss unter Bezugnahme auf bestimmte Artikel oder durch andere eindeutige Verweise jeder Teil des Beschlussentwurfs genannt werden, der als unvollständig oder unrichtig angesehen wird oder wo bestimmte notwendige Elemente fehlen, und es muss angegeben werden, warum diese Punkte als relevant betrachtet werden sollen. Grundvoraussetzung dafür, dass die betroffene Aufsichtsbehörde die Relevanz ordnungsgemäß beurteilen kann, ist ein angemessener Informationsfluss zwischen der federführenden Aufsichtsbehörde und den betroffenen Aufsichtsbehörden, der es der betroffenen Aufsichtsbehörde ermöglicht, sich auf der Grundlage aller verfügbaren Informationen eine Beurteilung zu bilden.

97 Relevanz und Maßgeblichkeit sind kumulative Kriterien des Einspruchs. Ein Einspruch ist relevant, wenn ein **direkter Zusammenhang zwischen dem Einspruch und dem Inhalt** des angefochtenen Beschlussentwurfs besteht und sich aus deren Argumentation eine neue Schlussfolgerung ziehen lässt. Abstrakte Kommentare und allgemeine Kritik oder das Vorbringen von Bedenken in diesem Zusammenhang werden nicht als relevant angesehen. Der Einspruch ist begründet, wenn er die **behaupteten oder tatsächlichen sachlichen und rechtlichen Fehler** im Beschlussentwurf der federführenden Aufsichtsbehörde beschreibt und die Bedeutung der von dem Beschlussentwurf ausgehenden Risiken deutlich aufzeigt.[78] Der EDSA hat diese Anforderungen bereits streng ausgelegt, und Beispiele für mögliche Gegenstände (Inhalt) eines relevanten und begründeten Einspruchs, wie das Vorliegen zusätzlicher oder alternativer Verstöße gegen die DS-GVO, Lücken im Entscheidungsentwurf, die eine weitere Untersuchung rechtfertigen, unzureichende Sachangaben oder Begründungen oder verfahrenstechnische Aspekte genannt.[79]

XXV. Dienst der Informationsgesellschaft

98 Dienste der Informationsgesellschaft spielen bei der Verarbeitung personenbezogener Daten eine besondere Rolle, da ihre Nutzung eine wesentliche Quelle für das Erfassen von Daten ist. Viele solcher Dienste werden dem Verbraucher ohne finanzielle Gegenleistung angeboten, nutzen aber die personenbezogenen Daten ihrer Nutzer, um wirtschaftlichen Profit für den

---

[78] EDSA, Leitlinien 09/2020 zum maßgeblichen und begründeten Einspruch im Sinne der Verordnung (EU) 2016/679 v. 9.3.2021.
[79] EDSA, Leitlinien 03/2021 zur Anwendung von Artikel 65 Absatz 1 Buchstabe a DS-GVO, v. 24.5.2023, Rn. 70.

Anbieter zu generieren. Die Entwicklung der Informationsgesellschaft ist der wesentliche Treiber für die Weiterentwicklung des Datenschutzrechts.

Besondere Berücksichtigung finden die Dienste der Informationsgesellschaft in der DS-GVO bei der Erteilung der Zustimmung zur Verarbeitung, insbesondere solcher Dienste für Kinder gemäß Art. 8, beim Recht auf Löschung bzw. Vergessenwerden nach Art. 17. **99**

Dienste der Informationsgesellschaft sind im zitierten Art. 1 Nr. 1 Buchst. b RL (EU) 2015/ 1535 als „in der Regel gegen Entgelt elektronisch im Fernabsatz und auf individuellen Abruf eines Empfängers erbrachte Dienstleistung" definiert. Die finanzielle Gegenleistung ist ein typisches, aber nicht notwendiges Merkmal, da die Definition auch Dienstleistungen umfasst, für die die Nutzer nicht direkt bezahlen, wie zB werbefinanzierte Onlinedienste.[80] Die Erbringung der Dienstleistung im Fernabsatz (ohne Anwesenheit von Kunde und Dienstleister am selben Ort), elektronisch (ohne Übergabe materieller Güter, online und nicht bloß durch telefonische oder Fax-Kommunikation) und auf individuellen Abruf (im Gegensatz zu allgemeiner Ausstrahlung von Hörfunk, Fernsehen oder Teletextprogrammen) ist wesentlich für die Abgrenzung von anderen Diensten, die nicht unter die Begriffsbestimmung fallen.[81] **100**

Der Begriff der Dienstleistung bezieht sich auf Art. 56 AEUV (ex-Art. 50 EGV). Die umfangreiche Rechtsprechung des EuGH zu diesem Begriff stellt unter anderem klar, dass die Bedingung des Erbringens der Dienstleistung in der Regel gegen Entgelt nicht verlangt, dass im konkreten Fall der Nutzer der Dienstleistung eine finanzielle Gegenleistung erbringt.[82] **101**

XXVI. Internationale Organisation

Die Übermittlung von personenbezogenen Daten an Verantwortliche, die nicht dem Datenschutzrecht der Union unterliegen, bedarf besonderer Maßnahmen, die in den Art. 44–50 festgelegt sind. Internationale Organisationen unterliegen grundsätzlich nicht dem Recht einzelner Staaten. Daher sind bei Datenübermittlungen an diese Organisationen ähnliche Regeln anzuwenden wie bei der Datenübermittlung an Verantwortliche in Drittstaaten. Darüber hinaus können internationale Organisationen zu Maßnahmen zur weltweiten Verbesserung des Schutzes der Rechte von natürlichen Personen bezüglich der Verarbeitung personenbezogener Daten beitragen. **102**

Der Begriff ist in diesem speziellen Zusammenhang zu verstehen und umfasst nicht die in anderen Kontexten manchmal gebräuchliche sehr weite Auslegung. Er umfasst insbesondere die durch völkerrechtliche Vereinbarungen geschaffenen zwischenstaatlichen internationalen Organisationen, etwa diejenigen des Europarats, der Vereinten Nationen, der NATO, der OECD usw. Dies gilt auch für die im Europäischen Wirtschaftsraum wichtigen Organisationen der Europäischen Freihandelszone EFTA. Darüber hinaus sind alle zwischenstaatlichen Organisationen erfasst, die durch eine Vereinbarung von mindestens zwei Staaten begründet sind. **103**

Des Weiteren werden Organisationen erfasst, die nicht unmittelbar durch eine zwischenstaatliche Übereinkunft geschaffen wurden, wenn sie aufgrund einer solchen Übereinkunft bestehen. Hervorragendes Beispiel für diese Kategorie ist das Internationale Komitee vom Roten Kreuz (IKRK), das zwar durch die Genfer Konventionen eine völkerrechtliche Grundlage hat, selbst aber eine nichtstaatliche Organisation nach schweizerischem Zivilrecht ist. Nichtstaatliche Organisationen werden nur berücksichtigt, wenn sie ein völkerrechtliches Mandat haben. **104**

---

[80] EDSA, Leitlinien 2/2019 für die Verarbeitung personenbezogener Daten gemäß Artikel 6 Absatz 1 Buchstabe b DS-GVO im Zusammenhang mit der Erbringung von Online-Diensten für betroffene Personen v. 8.10.2019, Rn. 3.
[81] Der EuGH befand in EuGH Urt. v. 19.12.2019 – C-390/18, ECLI:EU:C:2019:1112 Rn. 39 ff. – Airbnb Ireland, eine Dienstleistung, die darin bestehe, über eine elektronische Plattform gegen Entgelt eine Geschäftsbeziehung zwischen potenziellen Mietern und gewerblichen oder nichtgewerblichen Vermietern, die kurzfristige Beherbergungsleistungen anbieten, anzubahnen, und gleichzeitig auch einige andere Leistungen zur Verfügung zu stellen, sei als Dienst der Informationsgesellschaft iSv Art. 2 Buchst. a RL 2000/31 einzustufen. Im Gegensatz dazu können Vermittlungsdienste, die Bestandteil anderer Gesamtdienste sind, die an sich genommen keine Dienste der Informationsgesellschaft sind, nicht als Dienste der Informationsgesellschaft angesehen werden, vgl. EuGH Urt. v. 3.12.2020 – C-62/19, ECLI:EU:C:2020:980 Rn. 50 – Star Taxi App.
[82] Vgl. EuGH Urt. v. 15.9.2016 – C-352/85, ECLI:EU:C:1988:196 Rn. 16 – Bond van Adverteerders/ Niederländischer Staat; vgl. EuGH Urt. v. 11.9.2014 – C-291/13, ECLI:EU:C:2014:2209 – Papasavvas; EuGH Urt. v. 15.9.2016 – C-484/14, ECLI:EU:C:2016:689 Rn. 42 = ZD 2016, 578 mAnm *Weisser/Färber* – McFadden.

Art. 4 105

105 Privatrechtliche Organisationen mit internationaler Mitgliedschaft, etwa humanitäre oder politische Nichtregierungsorganisationen ohne völkerrechtliches Mandat, fallen nicht unter diese Begriffsbestimmung, ebenso wenig wie internationale Unternehmen. Diese Organisationen unterliegen auch für den Datenschutz dem nationalen Recht ihres Sitzlandes.

Kapitel II. Grundsätze

Art. 5 Grundsätze für die Verarbeitung personenbezogener Daten

(1) Personenbezogene Daten müssen
a) auf rechtmäßige Weise, nach Treu und Glauben und in einer für die betroffene Person nachvollziehbaren Weise verarbeitet werden („Rechtmäßigkeit, Verarbeitung nach Treu und Glauben, Transparenz");
b) für festgelegte, eindeutige und legitime Zwecke erhoben werden und dürfen nicht in einer mit diesen Zwecken nicht zu vereinbarenden Weise weiterverarbeitet werden; eine Weiterverarbeitung für im öffentlichen Interesse liegende Archivzwecke, für wissenschaftliche oder historische Forschungszwecke oder für statistische Zwecke gilt gemäß Artikel 89 Absatz 1 nicht als unvereinbar mit den ursprünglichen Zwecken („Zweckbindung");
c) dem Zweck angemessen und erheblich sowie auf das für die Zwecke der Verarbeitung notwendige Maß beschränkt sein („Datenminimierung");
d) sachlich richtig und erforderlichenfalls auf dem neuesten Stand sein; es sind alle angemessenen Maßnahmen zu treffen, damit personenbezogene Daten, die im Hinblick auf die Zwecke ihrer Verarbeitung unrichtig sind, unverzüglich gelöscht oder berichtigt werden („Richtigkeit");
e) in einer Form gespeichert werden, die die Identifizierung der betroffenen Personen nur so lange ermöglicht, wie es für die Zwecke, für die sie verarbeitet werden, erforderlich ist; personenbezogene Daten dürfen länger gespeichert werden, soweit die personenbezogenen Daten vorbehaltlich der Durchführung geeigneter technischer und organisatorischer Maßnahmen, die von dieser Verordnung zum Schutz der Rechte und Freiheiten der betroffenen Person gefordert werden, ausschließlich für im öffentlichen Interesse liegende Archivzwecke oder für wissenschaftliche und historische Forschungszwecke oder für statistische Zwecke gemäß Artikel 89 Absatz 1 verarbeitet werden („Speicherbegrenzung");
f) in einer Weise verarbeitet werden, die eine angemessene Sicherheit der personenbezogenen Daten gewährleistet, einschließlich Schutz vor unbefugter oder unrechtmäßiger Verarbeitung und vor unbeabsichtigtem Verlust, unbeabsichtigter Zerstörung oder unbeabsichtigter Schädigung durch geeignete technische und organisatorische Maßnahmen („Integrität und Vertraulichkeit").

(2) Der Verantwortliche ist für die Einhaltung des Absatzes 1 verantwortlich und muss dessen Einhaltung nachweisen können („Rechenschaftspflicht").

Literatur: *Albrecht*, Das neue Datenschutzrecht – von der Richtlinie zur Verordnung, CR 2016, 88; *Albrecht/Jotzo*, Das neue Datenschutzrecht der EU, 2016; *Artikel-29-Datenschutzgruppe*, Leitlinien für Transparenz gemäß der Verordnung 2016/679 idF v. 11.4.2018 (WP 260 rev.01); *Artikel-29-Datenschutzgruppe*, Statement on the role of a risk-based approach in data protection legal frameworks v. 30.5.2014 (WP 218); *Artikel-29-Datenschutzgruppe*, Opinion 3/2013 on purpose limitation v. 2.4.2013 (WP 203); *Artikel-29-Datenschutzgruppe*, Stellungnahme 3/2010 zum Grundsatz der Rechenschaftspflicht v. 13.7.2010 (WP 173); *Benecke/Spiecker gen. Döhmann*, Europäisches Datenschutzverwaltungsrecht, in Terhechte (Hrsg.), Verwaltungsrecht der Europäischen Union, 2. Aufl. 2022, § 23 S. 977; *Berning*, Erfüllung der Nachweispflichten und Beweislast in Unternehmen, ZD 2018, 348; *Buchner*, Grundsätze und Rechtmäßigkeit der Datenverarbeitung unter der DS-GVO, DuD 2016, 155; *Conrad*, Künstliche Intelligenz – Die Risiken für den Datenschutz, DuD 2017, 740; *Culik/Döpke*, Zweckbindungsgrundsatz gegen unterschiedslosen Einsatz von Big Data-Anwendungen, ZD 2017, 226; *Dittrich/Ippach*, Die Beweislast und Darlegungslast bei Ansprüchen nach Art. 82 Abs. 1 DS-GVO, RDV 2021, 77; *Etteldorf*, Finnland: Minimierungsgrundsatz bei Daten von Minderjährigen, ZD-Aktuell 2023, 01274; *Europäischer Datenschutzausschuss*, Guidelines 03/2022 on deceptive design patterns in social media platform interfaces: how to recognise and avoid them, Version 2.0 v. 14.2.2023; *Europäischer Datenschutzausschuss*, Leitlinien 5/2020 zur Einwilligung gemäß Verordnung 2016/679, Version 1.1 v. 4.5.2020; *Europäischer Datenschutzausschuss*, Leitlinien 1/2020 zur Verarbeitung personenbezogener Daten im Zusammenhang mit vernetzten Fahrzeugen und mobilitätsbezogenen Anwendungen, Version 2.0 v. 9.3.2021; *Europäischer Datenschutzausschuss*, Leitlinien 4/2019 zu Artikel 25 Datenschutz durch Technikgestaltung und durch datenschutzfreundliche Voreinstellungen, Version 2.0 v. 20.10.2020; *Europäischer Datenschutzausschuss*, Leitlinien 2/2019 für die Verarbeitung personenbezogener Daten gemäß Artikel 6

Art. 5

Kapitel II. Grundsätze

Abs. 1 Buchstabe b DSGVO im Zusammenhang mit der Erbringung von Online-Diensten für betroffene Personen, Version 2.0 v. 8.10.2019; *Europäischer Datenschutzausschuss/Europäischer Datenschutzbeauftragter* Gemeinsame Stellungnahme 5/2021 zum Vorschlag für eine Verordnung des Europäischen Parlaments und des Rates zur Festlegung harmonisierter Vorschriften für künstliche Intelligenz (Gesetz über künstliche Intelligenz) und zur Änderung bestimmter Rechtsakte der Union v. 18.6.2021; *Europäischer Datenschutzbeauftragter*, Stellungnahme zum Datenschutzreformpaket v. 7.3.2012; *Fercher/Riedl*, DSGVO: Entstehungsgeschichte und Problemstellungen aus österreichischer Sicht, in Knyrim (Hrsg.), Datenschutz-Grundverordnung. Das neue Datenschutzrecht in Österreich und Europa, 2016, S. 7; *Geminn*, Fairness und Transparenz im Datenschutzrecht, ZD-Aktuell 2021, 05557; *Hamann*, Europäische Datenschutz-Grundverordnung – neue Organisationspflichten für Unternehmen, BB 2017, 1090; *Härting*, Datenschutz-Grundverordnung. Das neue Datenschutzrecht in der betrieblichen Praxis, 2016; *Heberlein*, Datenschutz und Meinungsfreiheit. Der Regelungsauftrag der Datenschutz-Grundverordnung für den nationalen Gesetzgeber, EuR 2021, 672; *Hense*, Beweislast bei Default, ZD 2022, 413; *Hilgendorf/Roth-Isigkeit* (Hrsg.), Die neue Verordnung der EU zur Künstlichen Intelligenz, 2023; *Jung*, Datenschutz-(Compliance-)Management-Systeme. Nachweis- und Rechenschaftspflichten nach der DS-GVO, ZD 2018, 208; *Kastelitz*, Grundsätze und Rechtmäßigkeit der Verarbeitung personenbezogener Daten (Art. 5–11 DSGVO), in Knyrim (Hrsg.), Datenschutz-Grundverordnung. Das neue Datenschutzrecht in Österreich und Europa, 2016, S. 99; *Kranig/Sachs/Gierschmann*, Datenschutz-Compliance nach der DS-GVO, 2017; *Kühling/Martini*, Die Datenschutz-Grundverordnung: Revolution oder Evolution im europäischen und deutschen Datenschutzrecht?, EuZW 2016, 448; *Lepperhoff*, Dokumentationspflichten in der DS-GVO, RDV 2016, 197; *Monreal*, Weiterverarbeitung nach einer Zweckänderung in der DS-GVO, ZD 2016, 507; *Multi-Stakeholder Expert Group*, Bericht zur Evaluierung der DS-GVO v. 17.6.2020; *Reding*, The European data protection framework for the twenty-first century, International Data Privacy Law 2012, Vol. 119, No. 3, 119; *Richter*, Big Data, Statistik und die Datenschutz-Grundverordnung, DuD 2016, 581; *Roßnagel*, Datenschutzgrundsätze – unverbindliches Programm oder verbindliches Recht?, ZD 2018, 339; *Roßnagel*, Wie zukunftsfähig ist die Datenschutz-Grundverordnung?, DuD 2016, 561; *Roßnagel/Geminn*, Datenschutz-Grundverordnung verbessern, 2020; *Schantz*, Die Datenschutz-Grundverordnung – Beginn einer neuen Zeitrechnung im Datenschutzrecht, NJW 2016, 1841; *Spies*, Zweckfestlegung der Datenverarbeitung durch den Verantwortlichen, ZD 2022, 75; *Stief*, Anmerkung zu EuGH C-60/22, ZD 2023, 609; *Thüsing/Zhou*, Ersatz immaterieller Schäden wegen Datenschutzverstößen nach Art. 82 DS-GVO, ZD 2024, 3; *Veil*, Einwilligung oder berechtigtes Interesse? – Datenverarbeitung zwischen Skylla und Charybdis, NJW 2018, 3337; *Veil*, Accountability – Wie weit reicht die Rechenschaftspflicht der DS-GVO?, ZD 2018, 9; *Veil*, DS-GVO: Risikobasierter Ansatz statt rigides Verbotsprinzip, ZD 2015, 347; *Weichert*, Die Forschungsprivilegierung in der DS-GVO, ZD 2020, 18; *Wichtermann*, Einführung eines Datenschutz-Managements-Systems im Unternehmen – Pflicht oder Kür? ZD 2016, 421; *Wybitul/Leibold*, Risiken für Unternehmen durch neue Rechtsprechung zum DS-GVO-Schadensersatz, ZD 2022, 207; *Wybitul/Celik*, Die Nachweispflicht nach Art. 5 Abs. 2 und Art. 24 Abs. 1 DS-GVO ist keine Beweislast, ZD 2019, 529; *Zerdick*, Anmerkung zu EuGH C-175/20, EuZW 2022, 532.

Rechtsprechung: EuGH Urt. v. 14.12.2023 – C-340/21, ECLI:EU:C:2023:986 – Natsionalna agentsia; EuGH Urt. v. 7.12.2023 – C-26/22 und C-64/22, ECLI:EU:C:2023:958 – SCHUFA Holding; EuGH Urt. v. 4.7.2023 – C-252/21, ECLI:EU:C:2023:537 = ZD 2023, 664 mAnm *Moos/Rothkegel* ZD 2023, 675 – Meta Platforms; EuGH Urt. v. 4.5.2023 – C-60/22, ECLI:EU:C:2023:373 = ZD 2023, 606 mAnm *Stief* ZD 2023, 609 – UZ/Deutschland; EuGH Urt. v. 4.5.2023 – C-300/21, ECLI:EU:C:2023:370 = ZD 2023, 446 mAnm *Mekat/Ligocki* ZD 2023, 448 – UI/Österreichische Post; EuGH Urt. v. 30.3.2023 – C-34/21, ECLI:EU:C:2023:270 = ZD 2023, 691 mAnm *Schild* ZD 2023, 394 – Hauptpersonalrat; EuGH Urt. v. 22.11.2022 – C-37/20 und C-601/20, ECLI:EU:C:2022:912 = BeckRS 2022, 32382 – Sovim SA; EuGH Urt. v. 27.10.2022 – C-129/21, ECLI:EU:C:2022:833 = ZD 2023, 28 – Proximus; EuGH Urt. v. 20.10.2022 – C-77/21, ECLI:EU:C:2022:805 = BeckRS 2022, 28068 – Digi; EuGH Urt. v. 24.2.2022 – C-175/20, ECLI:EU:C:2022:164 = EuZW 2022, 527 mAnm *Zerdick* EuZW 2022, 532 – Valsts ieņēmumu dienests; EuGH Urt. v. 22.6.2021 – C-439/19, ECLI:EU:C:2021:504 = BeckRS 2021, 15289 – Latvijas Republikas Saeima; EuGH Urt. v. 11.11.2020 – C-61/19, ECLI:EU:C:2020:901 = ZD 2021, 89 – Orange România; EuGH Urt. v. 6.10.2020 – C-511/18, C-512/18 u. C-520/18, ECLI:EU:C:2020:791 = ZD 2021, 520 – La Quadrature du Net; EuGH Urt. v. 29.7.2019 – C-40/17, ECLI:EU:C:2019:629 = ZD 2019, 455 – Fashion ID; EuGH Urt. v. 16.1.2019 – C-496/17, ECLI:EU:C:2019:26 – Deutsche Post; EuGH Urt. v. 10.7.2018 – C-25/17, ECLI:EU:C:2018:551 = ZD 2018, 469 mAnm *Hoeren* ZD 2018, 472 – Zeugen Jehovas; EuGH Urt. v. 5.6.2018 – C-210/16, ECLI:EU:C:2018:388 = ZD 2018, 357 mAnm *Marosi/Matthé* ZD 2018, 361, und *Schulz* ZD 2018, 363 – Wirtschaftsakademie Schleswig-Holstein; EuGH Urt. v. 20.12.2017 – C-434/16, ECLI:EU:C:2017:994 – Nowak; EuGH Gutachten 1/15 v. 26.7.2017 – ECLI:EU:C:2017:592 – Fluggastdaten Kanada; EuGH Urt. v. 9.3.2017 – C-398/15, ECLI:EU:C:2017:197 = ZD 2017, 325 – Manni; EuGH Urt. v. 1.10.2015 – C-201/14, ECLI:EU:C:2015:461 = NVwZ 2016, 375 = ZD 2015, 577 mAnm *Petri* ZD 2015, 579 – Bara; EuGH Urt. v. 13.5.2014 – C-131/12, ECLI:EU:C:2014:317 = ZD 2014, 35 – Google Spain und Google; EuGH Urt. v. 9.11.2010 – C-92/09 u. C-93/09, ECLI:EU:C:2010:662 – Schecke und Eifert; EuGH Urt. v. 20.5.2003 – C-465/00, C-138/01 u. C-139/01, ECLI:EU:C:2003:294 = EuR 2004, 276 – Österreichischer Rundfunk; EGMR Urt. v. 4.12.2008 – Marper v. UK, App. Nr. 30562/02 u. 30556/04 = DÖV 2009, 209; EGMR Urt. v. 6.9.1978 – Klass v. Deutschland, App. Nr. 5029/71 = NJW 1979, 1755.

– **Deutschland:** BVerwG Urt. v. 2.3.2022 – 6 C 7.20, ZD 2022, 522; OLG Hamm Urt. v. 15.8.2023 – 7 U 19/23, ZD 2024, 36; OLG Brandenburg Beschl. v. 11.8.2021 – 1 U 69/20, ZD 2021, 693; OLG Stuttgart Urt. v. 18.5.2021 – 12 U 296/20, ZD 2022, 105; VG Hannover Urt. v. 9.11.2021 – 10 A 502/19, ZD 2022, 182; VG Wiesbaden Beschl. v. 21.12.220 – 23 K 1 1360/20.WI.PV, ZD 2021, 393.
– **Österreich:** ÖBVwG Erk. v. 14.5.2021 – W214 2234011-1; ÖBVwG Erk. v. 21.10.2020 – W211 2227660-1/9E.
– **Finnland:** Oberstes Verwaltungsgericht Urt. v. 5.6.2023 – 2562/2022, KHO:2023:56, zit. nach *Etteldorf* ZD-Aktuell 2023, 01274.
– **Italien:** Oberster Gerichtshof Corte di Cassazione Urt. v. 25.5.2021 – 14381/2021, ZD-Aktuell 2021, 05250.

Übersicht

	Rn.
A. Allgemeines	1
I. Zweck und Bedeutung der Vorschrift	1
II. Systematik, Verhältnis zu anderen Vorschriften	5
B. Einzelerläuterungen	11
I. Rechtmäßigkeit, Verarbeitung nach Treu und Glauben, Transparenz (Abs. 1 Buchst. a)	11
1. Rechtmäßigkeit	11
2. Verarbeitung nach Treu und Glauben	13
3. Transparenz	17
II. Zweckbindung (Abs. 1 Buchst. b)	20
1. Grundsatz der Zweckbindung	20
2. Weiterverarbeitung für einen nicht unvereinbaren Zweck	23
3. Rechtmäßigkeit und Transparenz der Weiterverarbeitung	26
III. Datenminimierung (Abs. 1 Buchst. c)	29
IV. Richtigkeit (Abs. 1 Buchst. d)	32
V. Speicherbegrenzung (Abs. 1 Buchst. e)	34
VI. Integrität und Vertraulichkeit (Abs. 1 Buchst. f)	37
VII. Rechenschaftspflicht (Abs. 2)	39
1. Accountability und risikobasierter Ansatz	39
2. Datenschutzmanagement	42
3. Nachweispflicht und Beweislastumkehr	43
4. Reichweite der Verantwortung, Sanktionen	45
C. Rechtsschutz	49
D. Nationale Durchführung	51
E. Ausblick	53

A. Allgemeines*

I. Zweck und Bedeutung der Vorschrift

Die in Art. 5 festgelegten allgemeinen Grundsätze für die Verarbeitung personenbezogener Daten sind **Grundbedingungen jeder Datenverarbeitung.** Mit der systematischen Stellung der Vorschrift in Kapitel II folgt die DS-GVO der **Systematik der DS-RL,** die in Art. 6 weitgehend inhaltsgleiche Grundsätze normiert hatte. Damit ist klargestellt, dass auch unter der DS-GVO jede Verarbeitung personenbezogener Daten diesen zentralen Grundsätzen des Datenschutzrechts genügen muss, unabhängig davon, ob die Datenverarbeitung durch Unternehmen und sonstige private Stellen oder durch Behörden und öffentliche Einrichtungen erfolgt.[1] Diese **unmittelbar als Rechtssätze geltenden Grundsätze** sind als zwingende rechtliche Vorgaben für die Verarbeitung personenbezogener Daten – wie sich aus dem umfassenden, in Art. 4 Nr. 2 definierten Begriff der „Verarbeitung" ergibt – bei jedem Umgang und in jeder Phase im Zusammenhang mit personenbezogenen Daten zu befolgen, im gesamten Zyklus der Datenver- 1

---

* Der Verfasser vertritt hier seine persönliche Auffassung, die nicht notwendig der Auffassung der Europäischen Kommission entspricht.
[1] EuGH Urt. v. 24.2.2022 – C-175/20, ECLI:EU:C:2022:164 = EuZW 2022, 527 Rn. 50 mAnm *Zerdick*, EuZW 2022, 532 – Valsts ieņēmumu dienests; EuGH Urt. v. 22.6.2021 – C-439/19, ECLI:EU:C:2021:504 = BeckRS 2021, 15289 Rn. 96 – Latvijas Republikas Saeima; EuGH Urt. v. 16.1.2019 – C-496/17, ECLI:EU:C:2019:26 Rn. 57 – Deutsche Post; EuGH Urt. v. 20.5.2003 – C-465/00, C-138/01 u. C-139/01, ECLI:EU:C:2003:294 = EuR 2004, 276 Rn. 65 – Österreichischer Rundfunk.

arbeitung vom Erheben und Speicherung über die Verwendung und Übermittlung bis zum Löschen oder der Vernichtung der Daten, nach welcher Methodik, in welchem Verfahren und mit welcher Technologe auch immer die Daten verarbeitet werden.

2 Die sich aus diesen Grundsätzen ergebenden Anforderungen an jede Datenverarbeitung sind nicht auf den Anwendungsbereich der DS-GVO beschränkt. Sie bauen auf einen internationalen Standard auf, der in den Grundsätzen über die Datenqualität des Übereinkommens 108 des Europarats zum Schutz des Menschen bei der automatischen Verarbeitung personenbezogener Daten (→ Einl. Rn. 11 f.) zum Ausdruck kommt,[2] die bereits Vorbild für Art. 6 DS-RL waren, sowie in den Grundprinzipen der Datenschutz-Leitlinien der OECD.[3] Die **Charta der Grundrechte der Europäischen Union** (GRCh) verpflichtet in Art. 8 Abs. 2 S. 1 neben den Mitgliedstaaten auch die Organe, Einrichtungen und sonstigen Stellen der Union (Art. 51 Abs. 1 GRCh) auf wesentliche dieser Grundprinzipien, nämlich die Verarbeitung nach Treu und Glauben, die Zweckbindung und die Rechtmäßigkeit der Verarbeitung, die als Strukturprinzipien des europäischen Datenschutzrechts[4] zum Wesensgehalt des Rechts auf den Schutz personenbezogener Daten gehören. Mit dieser grundrechtlichen Einbettung stellen die allgemeinen Grundsätze den **Nukleus des europäischen Datenschutzes** dar, der durch die Bestimmungen der DS-GVO im Einzelnen aufgefächert und konkretisiert wird und auch in den anderen Rechtsinstrumenten der Datenschutzreform der EU seinen Niederschlag findet (→ Rn. 10).

3 Der **Kommissionsvorschlag**[5] baute mit dieser Vorschrift auf die bereits in Art. 6 Abs. 1 DS-RL festgelegten Grundsätze auf, ergänzte diese um das Transparenzprinzip und ersetzte den Grundsatz der Adäquanz und Erheblichkeit der Datenerhebung durch den Grundsatz der Datenminimierung. Zudem griff die Europäische Kommission die Forderung nach der Einbeziehung des Konzepts der „Accountability"[6] mit einem Grundsatz der Gesamtverantwortung und Haftung des Verantwortlichen auf, einschließlich der Nachweispflicht für die Einhaltung der Datenschutz-Vorschriften. Hinsichtlich der Zulässigkeit einer mit dem ursprünglichen Zweck nicht unvereinbaren Weiterverarbeitung der Daten behielt der Vorschlag den Ansatz der DS-RL bei, sah aber für die Bedingungen der Datenverarbeitung zu historischen oder statistischen Zwecken und wissenschaftlichen Forschungszwecken mit Art. 83 eine gesonderte Vorschrift vor.

4 Das **Europäische Parlament** folgte diesem Ansatz, ergänzte aber in seinem in erster Lesung beschlossenen Standpunkt[7] der Vorschrift um einen Grundsatz der Wirksamkeit, der erfordert, dass die Daten in einer Weise verarbeitet werden, die es den betroffenen Personen erlaubt, wirksam ihre Rechte wahrzunehmen, sowie um einen Grundsatz der Integrität, der zu technischen und organisatorischen Maßnahmen zum Schutz vor unbefugter oder unrechtmäßiger Verarbeitung und vor zufälligem Verlust, zufälliger Zerstörung oder Schädigung verpflichtet. Ferner fügte das Europäische Parlament jedem der Grundsätze in einem Klammerzusatz eine Kurzbezeichnung an. Der **Rat** hielt in seiner Allgemeinen Ausrichtung[8] an dem Ansatz der DS-RL für die Privilegierung der Weiterverarbeitung für wissenschaftliche, statistische oder historische Zwecke fest, ergänzt um im öffentlichen Interesse liegende Archivzwecke. Anstelle eines Grundsatzes der Datenminimierung beschränkte er sich auf das Verhältnismäßigkeitsprinzip und führte den Grundsatz der Gesamtverantwortung auf eine Formulierung zurück, die dem Art. 6 Abs. 2 DS-RL entsprach. Zusätzlich forderte der Rat einen neuen Grundsatz der Datensicherheit. Als Ergebnis des **Trilogs** einigten sich die Gesetzgeber mit dem politischen Kompromiss vom Dezember 2015 auf den Text des Art. 5, der die bisher geltenden Grundsätze um die Prinzipien der Transparenz und der Datensicherheit ergänzt, ausdrücklich auf die Datenminimierung abstellt, in Abs. 2 die Rechenschaftspflicht des Verantwortlichen normiert und die Kennzeichnung jeden Grundsatzes durch eine Kurzbezeichnung vorsieht.

---

[2] Art. 5 des Übereinkommens zum Schutz des Menschen bei der automatischen Verarbeitung personenbezogener Daten vom 28.1.1981, SEV Nr. 108.

[3] OECD Recommendation of the Council concerning Guidelines governing the Protection of Privacy and Transborder Flows of Personal Data idF v. 11.7.2013 C(2013)79, Annex, Nr. 7–11 und Nr. 14.

[4] Simitis/Hornung/Spiecker gen. Döhmann/Roßnagel DS-GVO Art. 5 Rn. 24; Gola/Heckmann/Pötters DS-GVO Art. 5 Rn. 4.

[5] Vorschlag für eine Verordnung des Europäischen Parlaments und des Rates zum Schutz natürlicher Personen bei der Verarbeitung personenbezogener Daten und zum freien Datenverkehr (Datenschutz-Grundverordnung), KOM(2012) 11 endgültig.

[6] Artikel-29-Datenschutzgruppe, Stellungnahme 3/2010 zum Grundsatz der Rechenschaftspflicht (WP 173), S. 9 f.; Europäischer Datenschutzbeauftragter, Stellungnahme zum Datenschutzreformpaket, Rn. 114.

[7] Standpunkt des Europäischen Parlaments, festgelegt in erster Lesung am 12.3.2014, P7_TC1-COD (2012)0011.

[8] Allg. Ausrichtung des Rates v. 15.6.2015, Rats-Dok. 9565/15, 82.

II. Systematik, Verhältnis zu anderen Vorschriften

Die Vorschrift normiert in Abs. 1 die Grundsätze der Rechtmäßigkeit, Verarbeitung nach 5 Treu und Glauben, Transparenz, Zweckbindung, Datenminimierung, Richtigkeit, Speicherbegrenzung sowie den Grundsatz der Integrität und Vertraulichkeit. Privilegiert werden in Bezug auf die Weiterverarbeitung und die Speicherfrist im öffentlichen Interesse liegende Archivzwecke, wissenschaftliche und historische Forschungszwecke sowie für statistische Zwecke. Jede Datenverarbeitung muss **kumulativ den Anforderungen von jedem dieser Grundsätze** entsprechen.[9] Es genügt also nicht, wenn beispielsweise der Grundsatz der Rechtmäßigkeit beachtet wird, aber die Grundsätze der Transparenz oder der Begrenzung der Speicherfrist vernachlässigt sind. Die Grundsätze begründen **unmittelbar Pflichten des Verantwortlichen,** der für die Einhaltung der Grundsätze auf Grund seiner Rechenschaftspflicht nach Abs. 2 **verantwortlich und nachweispflichtig** ist. Als unmittelbar geltendes Recht ist die Einhaltung der Grundsätze durch die Aufsichtsbehörden und Gerichte durchsetzbar.[10] Verstöße gegen die Grundsätze kann die Aufsichtsbehörde gemäß Art. 83 Abs. 5 Buchst. a mit einer Geldbuße ahnden. An die Grundsätze und die Rechenschaftspflicht sind auch Verantwortliche gebunden, die nicht in der Union niedergelassen sind und eine Datenverarbeitung in den in Art. 3 Abs. 2 festgelegten Fällen durchführen.

Die in Art. 5 Abs. 1 niedergelegten **Grundsätze werden in Einzelvorschriften der DS-** 6 **GVO konkretisiert.**[11] Das sich aus dem Grundsatz der Rechtmäßigkeit ergebende Erfordernis einer Rechtsgrundlage für die Datenverarbeitung ist vor allem in den Vorschriften über die Rechtmäßigkeit der Datenverarbeitung ausgestaltet (Art. 6 bis 10). Der Grundsatz der Transparenz ist Grundlage für die Anforderungen an die Art und Weise und den Inhalt der Information und Benachrichtigung der betroffenen Personen vor allem in Art. 7 Abs. 2, Art. 12 bis 15 und Art. 34 Abs. 1. Der Zweckbindungsgrundsatz kommt in den Rechtsgrundlagen für die Datenverarbeitung zum Ausdruck (Art. 6 Abs. 1) sowie in den Kriterien für die Prüfung der Vereinbarkeit einer Weiterverarbeitung für einen anderen als den ursprünglichen Zweck (Art. 6 Abs. 4). Der Grundsatz der Datenminimierung ist insbesondere in den Vorschriften des Datenschutzes durch Technikgestaltung und datenschutzfreundliche Voreinstellungen (Art. 25) und über die Vermeidung unerheblicher Identifizierungsdaten (Art. 11 Abs. 1) ausgeprägt, der Grundsatz der Integrität und Vertraulichkeit in den Anforderungen an die Datensicherheit (Art. 32). Die Rechenschaftspflicht ist näher ausgeführt in den Anforderungen an die Verantwortung und Nachweispflicht (Art. 24 Abs. 1) mit der Pflicht des Verantwortlichen, geeignete technische und organisatorische Maßnahmen zu ergreifen, um **Verstößen gegen die Vorschriften der DS-GVO vorzubeugen,** die die Grundsätze konkretisieren.[12] Die Verarbeitung für im öffentlichen Interesse liegende Archivzwecke, für wissenschaftliche oder historische Forschungszwecke oder für statistische Zwecke ist mit den Garantien und Ausnahmen des Art. 89 verknüpft, die Bedingung für die Privilegierung der Verarbeitung für diese Zwecke in Bezug auf die Grundsätze der Zweckbindung und Speicherfrist sind. Neben den unmittelbaren Verpflichtungen des Verantwortlichen ergibt sich aus Art. 8 Abs. 1 und 2 GRCh und dem in Art. 1 Abs. 2 festgelegten Schutzzweck der DS-GVO eine **subjektive Rechtsposition** der betroffenen Person gegenüber dem Verantwortlichen.[13] Dem hat der Unionsgesetzgeber durch die Konkretisierung der Rechte der betroffenen Person und den Vorgaben für den darauf bezogenen Rechtsschutz Rechnung getragen (→ Rn. 49).

Die Grundsätze binden auch den **nationalen Gesetzgeber.** Die Anwendung des Art. 5 kann 7 durch Rechtsvorschriften der Mitgliedstaaten nur unter den Bedingungen des Art. 23 oder des Art. 85 beschränkt werden. Darüber hinaus lässt die Rechtsnatur der DS-GVO als unmittelbar geltende Verordnung (Art. 288 Abs. 2 AEUV) keine Modifikation, Einschränkung oder Ergänzung der Grundsätze zu. Deshalb ist auch eine Wiederholung dieser Grundsätze oder die Über-

---

[9] EuGH Urt. v. 20.10.2022 – C-77/21, ECLI:EU:C:2022:805 = BeckRS 2022, 28068 Rn. 47 – Digi; EuGH Urt. v. 22.6.2021 – C-439/19, ECLI:EU:C:2021:504 = BeckRS 2021, 15289 Rn. 96 – Latvijas Republikas Saeima.
[10] Simitis/Hornung/Spiecker gen. Döhmann/*Roßnagel* DS-GVO Art. 5 Rn. 23; Paal/Pauly/*Frenzel* DS-GVO Art. 5 Rn. 2.
[11] EuGH Urt. v. 14.12.2023 – C-340/21, ECLI:EU:C:2023:986 Rn. 57 – Natsionalna agentsia; EuGH Urt. v. 4.5.2023 – C-60/22, ECLI:EU:C:2023:373 = ZD 2023, 606 Rn. 58 mAnm *Stief* ZD 2023, 609; *Albrecht* CR 2016, 88 (91).
[12] EuGH Urt. v. 27.10.2022 – C-129/21, ECLI:EU:C:2022:833 = ZD 2023, 28 Rn. 81 – Proximus.
[13] Calliess/Ruffert/*Kingreen* GRCh Art. 8 Rn. 12; *Jarass* GRCh Art. 8 Rn. 2.

nahme in das nationale Recht im Wege einer Verweisung oder „simulierten Transformation", die die unmittelbare Geltung des Art. 5 in Frage stellen würde, nicht zulässig.[14] Eine Beschränkung der Grundsätze des Art. 5 nach **Art. 23 Abs. 1** ist nur insoweit zulässig, als die Beschränkung durch ein Gesetz erfolgt, das den Anforderungen des Art. 23 Abs. 1 und 2 genügt, und sich die Beschränkung der Grundsätze durch ein solches qualifiziertes Gesetz auf in Art. 12 bis 22 vorgesehene Rechte und Pflichten bezieht. Die in Art. 5 festgelegten Grundsätze können deshalb nur dann und nur insoweit beschränkt werden, wenn die Beschränkung durch eine klare und präzise Rechtsgrundlage erfolgt und Rechte der betroffenen Person erfasst, die einen oder mehrere der Grundsätze des Art. 5 konkretisieren, und nicht über das absolut notwendige Maß hinausgeht.[15] So kann eine Einschränkung der Informationspflichten und Auskunftsrechte (Art. 13, 14 oder 15) den Transparenzgrundsatz betreffen, eine Beschränkung des Berichtigungsrechts (Art. 16) den Grundsatz der Richtigkeit oder eine Beschränkung des Rechts auf Löschung (Art. 17) den Grundsatz der Speicherbegrenzung.[16] Soweit aber keine Überschneidung mit einer zulässigen Einschränkung dieser Rechte und Pflichten vorliegt, ist eine Beschränkung des Art. 5 nicht zulässig.[17]

8   Nach **Art. 85 Abs. 1 und Abs. 2** können durch nationales Recht Abweichungen oder Ausnahmen von den Grundsätzen des Art. 5 nur dann erfolgen, wenn sie erforderlich sind, um das Recht auf den Schutz der personenbezogenen Daten mit dem Recht auf Meinungsäußerungs- und Informationsfreiheit in Einklang zu bringen. Dieser Rechtssetzungsauftrag bezieht sich damit auf die Lösung eines Konflikts zwischen diesen Grundrechten bei der Anwendung von Vorschriften der DS-GVO.[18] Da der Ausgleich nach dem **Prinzip der praktischen Konkordanz** eine Einschränkung beider Grundrechte bedingt, muss der nationale Gesetzgeber auch hier den Anforderungen des Art. 52 Abs. 1 GRCh genügen insbesondere den Wesensgehalt beider Grundrechte achten und den Grundsatz der Verhältnismäßigkeit wahren. Dabei haben die Mitgliedstaaten der Bedeutung der Meinungsäußerungs- und Informationsfreiheit (Art. 11 Abs. 1 GRCh) in einer Weise Rechnung zu tragen, dass Datenschutzvorschriften die Ausübung dieses Rechts nicht beeinträchtigen und insbesondere keine abschreckende Wirkung entfalten. Gleichzeitig haben sie den Wesensgehalt des Rechts auf den Schutz personenbezogener Daten zu achten, zu dem insbesondere die durch Art. 8 Abs. 2 GRCh gewährleisteten Grundsätze der Rechtmäßigkeit und der Zweckbindung gehören, die deshalb auch in diesem Zusammenhang den nationalen Gesetzgeber bei der Wahrnehmung seines Rechtssetzungsauftrags binden und eine Freistellung des Verantwortlichen von diesen Grundsätzen nicht zulassen.[19] Die Regelungskompetenz der Mitgliedstaaten erfasst jedoch nicht Ausnahmen und Abweichungen von Grundsätzen und Vorschriften, bei deren Anwendung – wie dem Grundsatz der Integrität und Vertraulichkeit hinsichtlich der Datensicherheit – nichts für einen Grundrechtskonflikt ersichtlich ist.[20]

9   Die Technik-Neutralität der DS-GVO gewährleistet, dass die Grundsätze des Art. 5 unabhängig von den für die Verarbeitung personenbezogener Daten eingesetzten Technologien gelten und auch für künftige technologische Entwicklungen offen sind.[21] Das betrifft insbesondere die Verarbeitung personenbezogener Daten bei der Anwendung von Technologien **künstlicher Intelligenz.**[22] Die Regulierung künstlicher Intelligenz durch das KI-Gesetz (AI Act)[23] ergänzt

---

[14] Paal/Pauly/*Frenzel* DS-GVO Art. 5 Rn. 54; EuGH Urt. v. 30.3.2023 – C-34/21, ECLI:EU:C:2023:270 Rn. 71 – Hauptpersonalrat.
[15] Vgl. EuGH Urt. v. 6.10.2020 – C-511/18, C-512/18 u. C-520/18, ECLI:EU:C:2020:791 = ZD 2021, 520 Rn. 210 – La Quadrature du Net.
[16] Vgl. Simitis/Hornung/Spiecker gen. Döhmann/*Dix* DS-GVO Art. 23 Rn. 10.
[17] Kühling/Buchner/*Bäcker* DS-GVO Art. 23 Rn. 9; Paal/Pauly/*Paal* DS-GVO Art. 23 Rn. 3; Knyrim DS-GVO/*Fercher/Riedl*, S. 7 (25).
[18] Vgl. Erwägungsgrund 153 S. 2; Paal/Pauly/*Pauly* DS-GVO Art. 85 Rn. 12; Simitis/Hornung/Spiecker gen. Döhmann/*Dix* DS-GVO Art. 85 Rn. 27.
[19] Dazu *Heberlein* EuR 2021, 672 (679 ff.).
[20] Simitis/Hornung/Spiecker gen. Döhmann/*Dix* DS-GVO Art. 85 Rn. 27.
[21] Mitteilung der Kommission vom 24.6.2020 COM(2020) 264 final, 13; Arbeitsunterlage der Kommissionsdienststellen v. 24.6.2020 SWD(2020) 115 final, 32.
[22] Mitteilung der Kommission vom 24.6.2020 COM(2020) 264 final, 13; OECD Empfehlungen zu künstlicher Intelligenz v. 22.5.2019 C(2019)34, Nr. 1.2.- 1.5; Hambacher Erklärung der DSK zur künstlichen Intelligenz v. 3.4.2019, DuD 2019, 375; *Conrad* DuD 2017, 740 (743).
[23] Vorschlag für eine Verordnung des Europäischen Parlaments und des Rates zur Festlegung harmonisierter Vorschriften für Künstliche Intelligenz (Gesetz über Künstliche Intelligenz) und zur Änderung bestimmter Rechtsakte der Union, COM(2021) 206 final.

die DS-GVO durch Vorgaben und Rechtspflichten, die zusätzlich zu deren Bestimmungen beachtet werden müssen (→ Einl. Rn. 140 f.), lässt aber die Geltung der DS-GVO und ihrer Grundsätze unberührt und bezweckt nicht, die Prüfung der Einhaltung der Anforderungen der DS-GVO zu ersetzen.[24] Da es deshalb nicht um das „ob", sondern das „wie" der Geltung der Grundsätze im Zusammenhang mit Systemen künstlicher Intelligenz und anderen technologischen Entwicklungen geht, bestehen die datenschutzrechtlichen Herausforderungen in der Anwendung und Konkretisierung der Anforderungen der DS-GVO für spezifische Verarbeitungen sowie ihrer Überwachung und Durchsetzung.[25] Damit durch die technologischen Entwicklungen die Grundsätze nicht „unterlaufen werden",[26] bedarf es rechtliche Regelungen und Leitlinien, die Unklarheiten und Konflikte mit den datenschutzrechtlichen Vorschriften vermeiden, die sich aus der Anwendung der neuen Technologien für die Geltung der Grundsätze ergeben können.[27] Besondere Bedeutung kommt dabei der Konkretisierung der Rechenschaftspflicht zu (→ Rn. 46).

Entsprechend dem Charakter der DS-GVO als Grundverordnung sind die in Art. 5 niedergelegten grundsätzlichen Anforderungen an jede Datenverarbeitung auch Bestandteil der anderen Rechtsinstrumente der EU-Datenschutzreform. Die gleichzeitig mit der DS-GVO verabschiedete **Richtlinie (EU) 2016/680** für den Datenschutz im Bereich der Polizei und Strafjustiz[28] legt in Art. 4 Abs. 1 Buchst. a bis f im Wesentlichen spiegelbildlich zu Art. 5 Abs. 1 ebenfalls die allgemeinen Grundsätze fest, allerdings ohne ausdrückliche Nennung des Grundsatzes der Transparenz. Art. 4 der **Verordnung (EU) 2018/1725** für den Datenschutz bei der Verarbeitung personenbezogener Daten durch die Organe und Einrichtungen der EU,[29] die die Verordnung (EG) Nr. 45/2001[30] ersetzt hat, entspricht wortgleich den Grundsätzen des Art. 5. Über den Bereich des Unionsrechts hinaus sind die Grundsätze der Rechtmäßigkeit, Treu und Glauben, Transparenz, Zweckbindung, Richtigkeit und Speicherbegrenzung in der parallel zu dem Gesetzgebungsverfahren der DS-GVO und unter Berücksichtigung von deren Regelungen erarbeiteten **modernisierten Fassung des Übereinkommen 108 des Europarats** bekräftigt worden (→ Einl. Rn. 150 ff.).

B. Einzelerläuterungen

I. Rechtmäßigkeit, Verarbeitung nach Treu und Glauben, Transparenz (Abs. 1 Buchst. a)

1. Rechtmäßigkeit. Die Bedeutung der **Rechtmäßigkeit der Verarbeitung** wird durch die Festlegung als erster der allgemeinen Grundsätze hervorgehoben. Die revidierte Fassung des Übereinkommens 108 des Europarats betont diesen Grundsatz ebenfalls besonders, indem sie ihn durch einen eigenen Absatz von den weiteren, in Art. 5 Abs. 4 des Übereinkommens gelisteten Grundsätzen abhebt.[31] Demgegenüber hatten Art. 6 Abs. 1 Buchst. a DS-RL und Art. 5 Buchst. a der ursprünglichen Fassung des Übereinkommens Nr. 108 diesen Grundsatz erst an

---

[24] Hilgendorf/Roth-Isigkeit KI-VO/*Kumkar* § 6 Rn. 32; Begr. Nr. 1.2 des Vorschlags für ein KI-Gesetz, COM(2021) 206 final.
[25] Arbeitsunterlage der Kommissionsdienststellen v. 24.6.2020 SWD(2020) 115 final, 33 f.
[26] Krit. *Roßnagel* ZD 2018, 339 (343).
[27] Vgl. Europäischer Datenschutzausschuss/Europäischer Datenschutzbeauftragter, Gemeinsame Stellungnahme 5/2021, Rn. 57.
[28] Richtlinie (EU) 2016/680 des Europäischen Parlaments und des Rates vom 27.4.2016 zum Schutz natürlicher Personen bei der Verarbeitung personenbezogener Daten durch die zuständigen Behörden zum Zwecke der Verhütung, Ermittlung, Aufdeckung oder Verfolgung von Straftaten oder der Strafvollstreckung sowie zum freien Datenverkehr und zur Aufhebung des Rahmenbeschlusses 2008/977/JI des Rates (ABl. 2016 L 119, 89).
[29] Verordnung (EU) 2018/1725 des Europäischen Parlaments und des Rates vom zum Schutz natürlicher Personen bei der Verarbeitung personenbezogener Daten durch die Organe, Einrichtungen und sonstigen Stellen der Union, zum freien Datenverkehr und zur Aufhebung der Verordnung (EG) Nr. 45/2001 und des Beschlusses Nr. 1247/2002/EG (ABl. 2018 L 295, 39).
[30] Verordnung (EG) Nr. 45/2001 des Europäischen Parlaments und des Rates vom 18. Dezember 2000 zum Schutz natürlicher Personen bei der Verarbeitung personenbezogener Daten durch die Organe, und Einrichtungen der Gemeinschaft und zum freien Datenverkehr (ABl. 2001 L 8, 1).
[31] Art. 5 Abs. 3 des Übereinkommens 108 idF Art. 7 des Protokolls vom 10.10.2018 zur Änderung des Übereinkommens vom 28.1.1981 zum Schutz des Menschen bei der automatischen Verarbeitung personenbezogener Daten, SEV Nr. 223.

zweiter Stelle, nach dem Grundsatz von Treu und Glauben genannt. Der Grundsatz der Rechtmäßigkeit ist Ausfluss des Rechtsstaatsprinzips, einem grundlegenden Prinzip einer demokratischen Gesellschaft.[32] Aus Art. 8 Abs. 2 S. 1 GRCh ergibt sich unmittelbar als eine Ausprägung des Rechtmäßigkeitsgrundsatzes, dass die Datenverarbeitung nur dann rechtmäßig ist, wenn sie auf die Einwilligung der betroffenen Person oder einer sonstigen gesetzlich geregelten legitimen Grundlage gestützt ist. Dabei muss die Rechtsgrundlage klar und präzise und ihrer Anwendung vorhersehbar sein.[33] Diese Anforderungen des Rechtmäßigkeitsgrundsatzes sind insbesondere durch Art. 6 Abs. 1 konkretisiert, wonach die Rechtmäßigkeit jeder Verarbeitung mindestens einem der in Buchst. a bis f dieser Vorschrift abschließend festgelegten Rechtsgründe genügen muss.

12 Der Grundsatz bezieht sich nicht nur auf die Erhebung der Daten, sondern – kumulativ zu den anderen in Art. 5 Abs. 1 geregelten Grundsätzen – auf alle Verarbeitungsvorgänge im gesamten Verarbeitungszyklus.[34] Deshalb bedarf es auch einer Rechtsgrundlage für die Weiterverarbeitung für einen anderen als den ursprünglichen Zweck, für den die Daten erhoben worden sind (→ Rn. 26). Der Grundsatz erschöpft sich allerdings nicht in dem Erfordernis einer Rechtsgrundlage,[35] sondern erfasst mit der Formulierung, dass personenbezogene Daten auf „rechtmäßige Weise" verarbeitet werden müssen, auch Anforderungen an die Rechtmäßigkeit der **Art und Weise der Datenverarbeitung.** Zwar begründet nicht bereits jedweder Verstoß gegen eine Vorschrift der DS-GVO auch einen Verstoß gegen diesen Grundsatz und die darauf bezogene Rechenschaftspflicht.[36] Erfasst sind jedoch die weiteren spezifischen Bedingungen für die Rechtmäßigkeit der Einwilligung (Art. 7 und 8) und der Verarbeitung besonders sensibler Daten (Art. 9 und 10).[37] Als Ausfluss des Rechtsstaatsprinzips und Konkretisierung des Grundrechtsschutzes umfasst der Grundsatz zudem die Gewährleistung der Rechte der betroffenen Personen.[38]

13 **2. Verarbeitung nach Treu und Glauben.** Die Verarbeitung nach Treu und Glauben betrifft die Art und Weise der Rechtsausübung im Verhältnis zwischen dem Verantwortlichen und der betroffenen Person. Der bereits in Art. 6 Abs. 1 Buchst. a DS-RL erfolgte und durch Art. 8 Abs. 2 S. 1 GRCh bestätigte Rückgriff auf die Formulierung von „Treu und Glauben" in der deutschen Sprachfassung erlaubt jedoch nicht den Rückschluss, dass damit auch die in der deutschen Rechtstradition entwickelten Ausprägungen dieses Grundsatzes zum unionsweiten Standard für die Zulässigkeit der Verarbeitung werden. Vielmehr ist der Grundsatz als Rechtsbegriff des Unionsrechts losgelöst vom nationalen Rechtsverständnis autonom auszulegen.[39] Danach geht es bei diesem Grundsatz – wie die englische Sprachfassung („fairly") verdeutlicht – um die **Gewährleistung einer „fairen" Verarbeitung.**[40] Der Überlegung, zur Unterscheidung von dem deutschen Rechtsverständnis und zur Verdeutlichung des im Unionsrecht autonom auszulegenden Begriffs in der deutschen Sprachfassung „Treu und Glauben" durch den Begriff der „Fairness" bzw. einer „fairen" Verarbeitung zu ersetzen,[41] steht entgegen, dass die

---

[32] EGMR Urt. v. 6.9.1978 – Klass v. Deutschland, App. Nr. 5029/71 = NJW 1979, 1755 Rn. 55.
[33] EuGH Urt. v. 20.5.2003 – C-465/00, C-138/01 u. C-139/01, ECLI:EU:C:2003:294 = EuR 2004, 276 Rn. 77 – Österreichischer Rundfunk; EGMR Urt. v. 4.12.2008 – Marper v. UK, App. Nr. 30562/02 u. 30556/04 = DÖV 2009, 209 Rn. 95.
[34] Vgl. Europäischer Datenschutzausschuss, Leitlinien 4/2019 zum Datenschutz durch Technikgestaltung, Rn. 67.
[35] So jedoch Kühling/Buchner/*Herbst* DS-GVO Art. 5 Rn. 10 f.; Gierschmann/Schlender/Stentzel/Veil/ *Buchholtz/Stentzel* DS-GVO Art. 5 Rn. 24; *Härting* DS-GVO Rn. 87.
[36] Vgl. EuGH Urt. v. 4.5.2023 – C-60/22, ECLI:EU:C:2023:373 = ZD 2023, 606 Rn. 61 ff. mAnm *Stief* ZD 2023, 609 – UZ/Deutschland.
[37] EuGH Urt. v. 4.5.2023 – C-60/22, ECLI:EU:C:2023:373 = ZD 2023, 606 Rn. 58 mAnm *Stief* ZD 2023, 609 – UZ/Deutschland.
[38] Simitis/Hornung/Spiecker gen. Döhmann/*Roßnagel* DS-GVO Art. 5 Rn. 38; Paal/Pauly/*Frenzel* DS-GVO Art. 5 Rn. 17.
[39] Kühling/Buchner/*Herbst* DS-GVO Art. 5 Rn. 13; Simitis/Hornung/Spiecker gen. Döhmann/*Roßnagel* DS-GVO Art. 5 Rn. 46; Auernhammer/*Kramer* DS-GVO Art. 5 Rn. 14.
[40] Ebenso Paal/Pauly/*Frenzel* DS-GVO Art. 5 Rn. 18; Kühling/Buchner/*Herbst* DS-GVO Art. 5 Rn. 14; Simitis/Hornung/Spiecker gen. Döhmann/*Roßnagel* DS-GVO Art. 5 Rn. 47; vgl. auch die Bezugnahme auf das Erfordernis einer „fairen Verarbeitung" in Art. 13 Abs. 2, Art. 14 Abs. 2 und Art. 40 Abs. 2 Buchst. a sowie in Erwägungsgrund 39 S. 4 und Erwägungsgrund 60 S. 1.
[41] Simitis/Hornung/Spiecker gen. Döhmann/*Roßnagel* DS-GVO Art. 5 Rn. 47; Roßnagel/*Geminn* DS-GVO verbessern S. 46 f. und 116.

DS-GVO die primärrechtlich vorgegebene Begrifflichkeit der GRCh aufgreift und aufgreifen muss, um diese grundrechtliche Anforderung zu reflektieren.

Dieser Grundsatz ist Orientierungsmaßstab für die Berücksichtigung des in Art. 1 Abs. 2 festgelegten Schutzzwecks der DS-GVO bei der Anwendung ihrer Vorschriften und verbietet insbesondere eine unzulässige Rechtsausübung durch den Verantwortlichen oder den Auftragsverarbeiter zum Nachteil der betroffenen Person. Personenbezogene Daten dürfen nicht in einer Weise verarbeitet werden, die „für die betroffene Person in nicht gerechtfertigter Weise schädlich, widerrechtlich diskriminierend, unerwartet oder irreführend ist."[42] Dazu ist bei der Rechtsanwendung in bestimmten Verarbeitungssituationen auf die **„vernünftigen Erwartungen"** der betroffenen Personen abzustellen.[43] Dies gilt vor allem für die Berücksichtigung der Grundrechte und Interessen der betroffenen Person bei der Abwägung mit den berechtigten Interessen des Verantwortlichen bei einer auf Art. 6 Abs. 1 Buchst. f gestützten Verarbeitung (→ Art. 6 Rn. 46). Ebenso erfordert der Schutz der Erwartungen der betroffenen Person bei der Kompatibilitätsprüfung nach Art. 6 Abs. 4, dass desto eher von einer Unvereinbarkeit der Weiterverarbeitung für einen anderen Zweck auszugehen ist, je unerwarteter oder überraschender diese Zweckänderung im Hinblick auf die in diesem Zusammenhang allgemein üblichen Praxis in dem konkreten Umfeld ist.[44] Der Grundsatz ist auch relevant bei der **Bestimmung der Rechtsgrundlage** für die Verarbeitung.[45] Die betroffene Person kann bei einer Verarbeitung, für die ihre Einwilligung eingeholt worden ist, darauf vertrauen, dass die Verarbeitung auf der Grundlage der Einwilligung und unter den Bedingungen erfolgt, unter denen die Einwilligung erteilt worden ist.[46] Deshalb widerspricht es dem Grundsatz von Treu und Glauben, wenn der Verantwortliche bei Verweigerung der Einwilligung oder deren Widerruf auf einen anderen Rechtsgrund zurückgreift und die Verarbeitung fortsetzt (→ Art. 6 Rn. 23).[47]

Die Gewährleistung einer **nach Treu und Glauben erfolgenden Verarbeitung** ist nach Art. 6 Abs. 2 und Abs. 3 S. 3 ausdrücklich ein Kriterium für die Befugnis der Mitgliedstaaten, durch nationales Recht die Anwendung von Vorschriften der DS-GVO zur Erfüllung von rechtlichen Verpflichtungen oder öffentlichen Aufgaben zu spezifizieren. Das sich aus diesem Grundsatz ergebende Erfordernis einer fairen Verarbeitung ist ebenfalls ausdrücklich hervorgehoben im Zusammenhang der Präzisierung der Anwendung von Vorschriften der DS-GVO durch Verhaltensregeln (Art. 40 Abs. 2 Buchst. a) und kommt im Koppelungsverbot des Art. 7 Abs. 4 zum Ausdruck. Der Grundsatz findet ebenfalls bei der Beurteilung der Freiwilligkeit einer Einwilligung Anwendung, wenn zwischen der betroffenen Person und dem Verantwortlichen ein klares Ungleichgewicht besteht.[48] Die Verarbeitung nach Treu und Glauben erfordert auch, dass der Verantwortliche die Bedürfnisse und die Schutzbedürftigkeit betroffener Personen nicht ausnutzt, Verbraucher nicht in unlauterer Weise an sich „bindet", Risiken nicht auf betroffene Personen abwälzt und ethischen Anforderungen genügt, die die Würde der betroffenen Personen berücksichtigen und die betroffene Person nicht zum Gegenstand automatischer Entscheidungsfindung ohne die Möglichkeit menschliche Intervention macht.[49] Letztlich handelt es sich auch bei der Forderung nach einer Inhaltskontrolle von Einwilligungen darum, dem Vertrauensverlust in einer digitalen Gesellschaft zu begegnen.[50]

Das Gebot einer fairen Verarbeitung gilt insbesondere – insoweit überschneidet sich dieser Grundsatz mit dem Transparenzprinzip – für die Bestimmung der Informationen für die betrof-

---

[42] Europäischer Datenschutzausschuss, Leitlinien 4/2019 zum Datenschutz durch Technikgestaltung, Rn. 69; Europäischer Datenschutzausschuss, Guidelines 03/2022 on deceptive design patterns in social media platform interfaces, Rn. 9.
[43] Erwägungsgrund 47 S. 1 und Erwägungsgrund 50 S. 6; EuGH Urt. v. 7.12.2023 – C-26/22 und C-64/22, ECLI:EU:C:2023:958 Rn. 87 – SCHUFA Holding; EuGH Urt. v. 4.7.2023 – C-252/21, ECLI:EU:C:2023:675 = ZD 2023, 664 Rn. 116 mAnm *Moos/Rothkegel* ZD 2023, 675 – Meta Platforms.
[44] Artikel-29-Datenschutzgruppe, Opinion 3/2013 on purpose limitation (WP 203), S. 24.
[45] Europäischer Datenschutzausschuss, Leitlinien 2/2019 zu Online-Diensten, Rn. 18.
[46] Kühling/Buchner/*Buchner/Petri* DS-GVO Art. 6 Rn. 23 weisen zutreffend darauf hin, dass „der betroffenen Person durch das Abstellen auf deren Einwilligung nicht eine Entscheidungsmacht suggeriert werden darf, die so tatsächlich gar nicht besteht."
[47] Europäischer Datenschutzausschuss, Leitlinien 5/2020 zur Einwilligung, Rn. 123; *Roßnagel/Geminn* DS-GVO verbessern S. 49 f.; aA Laue/Kremer Neues DatenschutzR/*Kremer* § 2 Rn. 4 und § 4 Rn. 43; *Veil* NJW 2018, 3337 (3342).
[48] Erwägungsgrund 43 S. 1.
[49] Vgl. Europäischer Datenschutzausschuss, Leitlinien 4/2019 zum Datenschutz durch Technikgestaltung, Rn. 70.
[50] Bericht der Datenethikkommission der Bundesregierung v. 23.10.2019, S. 96.

fene Person, die notwendig ist, um eine **faire und transparente Verarbeitung** zu gewährleisten (Art. 13 Abs. 2, Art. 14 Abs. 2).[51] Sowohl dem Grundsatz der Transparenz als auch dem Grundsatz von Treu und Glauben widerspricht es deshalb, wenn die Verarbeitung ohne oder mit einer nur unzureichenden Kenntnis der betroffenen Person erfolgt oder ihrer Art oder ihrem Umfang nach mit dessen durch den Verantwortlichen geweckten Erwartungen nicht im Einklang steht. Zu den sich daraus ergebenden grundlegenden Anforderungen gehört, dass Informationen nicht irreführend oder manipulativ sind.[52] Zum andern ergibt sich daraus ein Verbot der „heimlichen" Datenverarbeitung wie zum Beispiel durch eine nicht erkennbare Video-Überwachung[53] und die grundsätzliche Verpflichtung zur Unterrichtung der betroffenen Personen von einer Datenerhebung und anschließender Verarbeitung durch eine Behörde[54] einschließlich der Weiterleitung an eine andere Verwaltungsbehörde.[55] Als übergreifender Grundsatz für die Verarbeitung personenbezogener Daten lässt sich der Grundsatz von Treu und Glauben weder auf die damit verbundenen Transparenzanforderungen reduzieren[56] noch ist er als bloße „Auffangklausel"[57] zu verstehen.

17 **3. Transparenz.** Als weiteren Grundsatz legt die Vorschrift fest, dass für die betroffene Person die Verarbeitung ihrer personenbezogenen Daten nachvollziehbar sein muss. Der im Klammerzusatz verwandte Begriff der „Transparenz" ist allerdings im datenschutzrechtlichen Zusammenhang ambivalent und **von dem Zugang einer Öffentlichkeit zu personenbezogenen Daten zu unterscheiden.** Eine solche Transparenz im Sinne eines Öffentlichkeitsgrundsatzes ist auf die Bürgerbeteiligung und die Kontrolle des Verwaltungshandelns in einem demokratischen System gerichtet.[58] Dieses Ziel muss, wie die DS-GVO für die Ausübung des Informationsfreiheit (Art. 85 Abs. 1 und 2) und dem Zugang zu amtlichen Dokumenten (Art. 86) ausdrücklich festlegt, im Einklang mit dem Schutz personenbezogener Daten gebracht werden.[59] Demgegenüber geht es bei dem datenschutzrechtlichen Grundsatz um die **Transparenz der Verarbeitung für die betroffene Person.** Die betroffene Person muss die Verarbeitung der sie betreffenden personenbezogenen Daten nachvollziehen können, um ihre Rechte gegenüber dem Verantwortlichen wahrzunehmen und eine faire, ihren vernünftigen Erwartungen entsprechende Verarbeitung einzufordern. Art. 5 Abs. 1 Buchst. a hebt diese damit bereits im Grundsatz von Treu und Glauben begründete Verpflichtung, dass personenbezogene Daten in einer für die betroffene Person nachvollziehbaren Weise verarbeitet werden müssen, mit einem eigenständigen Grundsatz für die Verarbeitung personenbezogener Daten als einer grundlegenden Bedingung für die Kontrolle über die Verwendung der eigenen personenbezogenen Daten und Voraussetzung für den effektiven Schutz dieser Daten hervor.[60]

18 Die **inhaltlichen Anforderungen** an die Nachvollziehbarkeit der Datenverarbeitung richten sich auf die Information der betroffenen Person darüber, welche und für welchen Zweck und Umfang sie betreffende personenbezogenen Daten verarbeitet werden, welche Risiken mit dieser Verarbeitung verbunden sind, welche diesbezüglichen Garantien und Rechte bestehen und wie

---

[51] Erwägungsgrund 60 S. 1.
[52] Vgl. Europäischer Datenschutzausschuss, Leitlinien 4/2019 zum Datenschutz durch Technikgestaltung, Rn. 70.
[53] Gola/Heckmann/*Pötters* DS-GVO Art. 5 Rn. 10; Kühling/Buchner/*Herbst* DS-GVO Art. 5 Rn. 15.
[54] EuGH Urt. v. 16.1.2019 – C-496/17, ECLI:EU:C:2019:26 Rn. 59 – Deutsche Post.
[55] EuGH Urt. v. 1.10.2015 – C-201/14, ECLI:EU:C:2015:461 = ZD 2015, 577 Rn. 34 mAnm *Petri* – Bara.
[56] Europäischer Datenschutzausschuss, Leitlinien 4/2019 zum Datenschutz durch Technikgestaltung, Rn. 69; aA *Geminn* ZD-Aktuell 2021, 05557, der in dem Grundsatz „vor allem die Rolle einer Untermauerung bestehender Transparenzpflichten" sieht.
[57] So jedoch Paal/Pauly/*Frenzel* DS-GVO Art. 5 Rn. 20.
[58] Vgl. Art. 1 Abs. 2 und Art. 10 EUV; Art. 15 AEUV; Erwägungsgrund 2 der Verordnung (EG) Nr. 1049/2001 des Europäischen Parlaments und des Rates vom 30. Mai 2001 über den Zugang der Öffentlichkeit zu Dokumenten des Europäischen Parlaments, des Rates und der Kommission (ABl. 2001 L 145, 43); EuGH Urt. v. 22.11.2022 – C-37/20 und C-601/20, ECLI:EU:C:2022:912 = BeckRS 2022, 32382 Rn. 60 – Sovim SA; EuGH Urt. v. 9.11.2010 – C-92/09 u. C-93/09, ECLI:EU:C:2010:662 Rn. 68 – Schecke und Eifert.
[59] Vgl. Erwägungsgrund 153 und 154; EuGH Urt. v. 9.11.2010 – C-92/09 u. C-93/09, ECLI:EU:C:2010:662 Rn. 85 – Schecke und Eifert; EuGH Urt. v. 22.6.2021 – C-439/19, ECLI:EU:C:2021:504 = BeckRS 2021, 15289 Rn. 120 – Latvijas Republikas Saeima.
[60] Vgl. die Folgenabschätzung zur DS-GVO Commission Staff Working Paper SEC(2012)72 final, Annex 2 Abschn. 2.4; Gola/Heckmann/*Pötters* DS-GVO Art. 5 Rn. 12; Kühling/Buchner/*Herbst* DS-GVO Art. 5 Rn. 18.

sie diese Rechte geltend machen kann.[61] Damit bildet dieser Grundsatz die Grundlage für die Informations- und Auskunftspflichten des Verantwortlichen, die die DS-GVO erheblich erweitert hat. Dies betrifft vor allem die Information über die Verarbeitung und deren Umstände (Art. 13 und 14)[62] und das Auskunftsrecht (Art. 15), das die betroffene Person erst in die Lage versetzt, von ihren Rechten und Rechtsschutzmöglichkeiten überhaupt Gebrauch machen zu können (→ Art. 15 Rn. 1). Die Verarbeitungsvorgänge und das Zustandekommen von Entscheidungen müssen auch bei der Verarbeitung personenbezogener Daten bei Anwendung **künstlicher Intelligenz** nachvollziehbar sein.[63] Insbesondere erfordert der Transparenzgrundsatz die Information über die Funktionsweise einer auf Algorithmen basierten Verarbeitung[64] und die Befähigung der betroffenen Personen, „das jeweilige Ergebnis auf der Grundlage von klaren und leicht verständlichen Informationen über die einzelnen Faktoren und die der jeweiligen Vorhersage, Empfehlung oder Entscheidung zugrunde liegende Logik zu hinterfragen."[65] Dazu gehört neben der Erkennbarkeit des algorithmischen Entscheidungsprozesses jedenfalls die Nachvollziehbarkeit des Ergebnisses.[66] Weitere Ausprägungen des Transparenzgrundsatzes sind die Verpflichtung zur Benachrichtigung des Betroffenen von Datenschutzverstößen (Art. 34) und zur Veröffentlichung der Kontaktdaten des Datenschutzbeauftragten (Art. 37 Abs. 7). Durch die Bestimmung in Art. 4 Nr. 11, dass die Einwilligung in „informierter Weise" abgegeben werden muss, wird die Konkretisierung des Transparenzgrundsatzes zur Bedingung für die Wirksamkeit der Einwilligung (→ Art. 6 Rn. 16 f.). Für den Beschäftigungskontext bestimmt Art. 88 Abs. 2 ausdrücklich, dass die Transparenz der Verarbeitung bei Rechtsvorschriften auf der Grundlage des Art. 88 Abs. 1 zu gewährleisten ist.[67] In Bezug auf die **Art und Weise der Information** setzt dieser Grundsatz voraus, dass alle Informationen sowie alle Mitteilungen an die betroffene Person, die sich auf die Verarbeitung beziehen, präzise, leicht zugänglich und verständlich sowie in klarer und einfacher Sprache abgefasst sind.[68] Die sich daraus ergebenden Anforderungen sind in Art. 12 Abs. 1 präzisiert, der auch die Art der Kommunikation („schriftlich oder in anderer Form, gegebenenfalls auch elektronisch") festlegt, wobei die Öffentlichkeit zum Beispiel über eine Website informiert werden kann.[69]

Im Unterschied zu Art. 5 Abs. 1 Buchst. a DS-GVO verpflichtet Art. 4 Abs. 1 Buchst. a der **Richtlinie (EU) 2016/680** die Mitgliedstaaten zur Verarbeitung auf rechtmäßige Weise und nach Treu und Glauben, ohne die Nachvollziehbarkeit der Verarbeitung für die betroffene Person als eigenen Grundsatz hervorzuheben. Dies entspricht dem Anliegen, dass der Grundsatz der Transparenz nicht als Argument gegen die Durchführung spezifischer Maßnahmen im Anwendungsbereich der Richtlinie wie verdeckten Ermittlungen oder Video-Überwachung durch Strafverfolgungsbehörden dienen soll.[70] Die Hervorhebung des Transparenzgrundsatzes durch die DS-GVO lässt demgegenüber aber nicht den Schluss zu, dass dadurch dem Grundsatz von Treu und Glauben eine neue Bedeutung gegeben werden sollte, die nicht mehr in vollem Umfang das grundsätzliche Verbot heimlicher Verarbeitung abdeckt.[71] Vielmehr überschneiden sich beide Grundsätze auch insoweit, da sich bereits aus dem Grundsatz von Treu und Glauben grundlegende Transparenzanforderungen ergeben (→ Rn. 16). Dementsprechend verweist auch Erwägungsgrund 26 der RL (EU) 2016/680 auf die grundsätzliche Informationspflicht der nach dieser Richtlinie zuständigen Behörden über Risiken, Vorschriften, Garantien und Rechte im

---

[61] Erwägungsgrund 39 S. 2 bis 4; EuGH Urt. v. 4.7.2023 – C-252/212, ECLI:EU:C:2023:537 = ZD 2023, 664 Rn. 95 mAnm *Moos/Rothkegel* ZD 2023, 675 – Meta Platforms.
[62] Dazu Artikel-29-Datenschutzgruppe, Leitlinien für Transparenz (WP 260rev.01), Rn. 23 ff.
[63] Europäischer Datenschutzausschuss/Europäischer Datenschutzbeauftragter, Gemeinsame Stellungnahme 5/2021, Rn. 60, fordern zur Information der betroffenen Personen u.a. eine allgemeine Erklärung der Logik des Verfahrens und des Anwendungsbereichs des KI-System und ein Recht auf Erklärung.
[64] Oberster Gerichtshof Italien, Corte di Cassazione Urt. v. 25.5.2021 – 14381/2021, ZD-Aktuell 2021, 05250.
[65] OECD Empfehlungen zu künstlicher Intelligenz v. 22.5.2019, C(2019)34, Nr. 1.3; vgl. auch die Forderung von Erklärungspflichten in bestimmten Bereichen komplexer algorithmischer System, Bericht der Datenethikkommission der Bundesregierung v. 23.10.2019, S. 187.
[66] Hilgendorf/Roth-Isigkeit KI-VO/*Kumkar* § 6 Rn. 34.
[67] Dazu Kühling/Buchner/*Maschmann* DS-GVO Art. 88 Rn. 46 f.
[68] Erwägungsgrund 58 S. 1 und Erwägungsgrund 39 S. 3.
[69] Erwägungsgrund 58 S. 2 und 3; dazu Artikel-29-Datenschutzgruppe, Leitlinien für Transparenz (WP 260 rev.01), Rn. 7 ff.; Europäischer Datenschutzausschuss, Guidelines 03/2022 on deceptive design patterns in social media platform interfaces, Rn. 15 f.
[70] Erwägungsgrund 26 S. 2 RL 2016/680.
[71] Kühling/Buchner/*Herbst* DS-GVO Art. 5 Rn. 16.

II. Zweckbindung (Abs. 1 Buchst. b)

20 **1. Grundsatz der Zweckbindung.** Das Erfordernis, dass die Daten **nur für festgelegte Zwecke erhoben** werden dürfen, ergibt sich unmittelbar aus dem Wortlaut des Art. 8 Abs. 2 S. 1 GRCh und war bereits in Art. 6 Abs. 1 Buchst. b DS-RL normiert. Die Verwendung des Plurals stellt klar, dass die Datenerhebung nicht notwendig nur auf einen einzigen Zweck gerichtet sein muss, sondern auch für mehrere Zwecke erfolgen kann, von denen jedoch jeder eindeutig bestimmt sein muss. Die Zwecke der Verarbeitung müssen bereits zum Zeitpunkt der Erhebung der Daten festgelegt sein und dürfen deshalb nicht erst nach der Datenerhebung nachgeschoben werden.[73] Aus der Festlegung der Zwecke ergibt sich auch das notwendige Maß der Datenverarbeitung, auf die die Erhebung nach dem Grundsatz der Datenminimierung zu beschränken ist. Der Verantwortliche darf also nicht auf Vorrat Daten für mögliche künftige Zwecke erheben, die im Zeitpunkt der Erhebung noch nicht bestimmt und damit auch für die betroffene Person nicht vorhersehbar sind, und erst im Nachhinein bestimmten, sich in der Zukunft ergebenden Zwecken zugeordnet werden. Deshalb müssen die Zwecke der Verarbeitung spätestens **zum Zeitpunkt der Erhebung** der personenbezogenen Daten feststehen.[74] Der Verantwortliche ist aber nicht nur bei der Erhebung der Daten, sondern bei der Verarbeitung in dem gesamten Lebenszyklus der personenbezogenen Daten an die vor der Erhebung festgelegten Zwecke gebunden, weshalb eine Verarbeitung zu einem anderen Zweck nur in engen Grenzen zulässig ist (→ Rn. 23–25).

21 Die **Festlegung der Verarbeitungszwecke muss eindeutig sein.** Der Begriff „explicit" in der englischen Sprachfassung verdeutlicht, dass die Verarbeitungszwecke ausdrücklich und zweifelsfrei festgelegt sein müssen, so dass die für die betroffene Person erkennbar ist, warum und für was ihre personenbezogenen Daten benötigt oder gewünscht werden, und für welche konkreten Zwecke ihre Daten verarbeitet werden. Das Erfordernis einer eindeutigen Festlegung wird durch eine unscharfe Bezugnahme auf allgemeine Zwecke wie „geschäftsmäßige Verarbeitung" oder „Marketing-Zwecke" nicht erfüllt.[75] Vielmehr muss festgelegt sein, ob sich die „geschäftsmäßige Verarbeitung" auf die für die Durchführung eines Vertrags mit dem Betroffenen notwendige Verarbeitung bezieht oder auch die Verknüpfung mit anderen Kundendaten beinhaltet, bzw. ob die Verarbeitung für „Marketing-Zwecke" die Werbung für Produkte des Vertragspartners meint oder das Ziel ist, Kundendaten im Unternehmensverbund weiterzugeben oder gar an andere Unternehmen zu veräußern. Ebenso ergibt sich aus pauschalen Verweisungen etwa auf den Zweck der „Bekämpfung der COVID-19-Pandemie" oder den „Infektionsschutz" keine eindeutige Festlegung der Verarbeitungszwecke. Erforderlich sind detaillierte Angaben über den konkreten Zweck der Verarbeitung, wie zum Beispiel für das digitale COVID-Zertifikat mit der Festlegung, dass die Verarbeitung der personenbezogenen Daten ausschließlich der Überprüfung und Bestätigung des Impf-, Test- oder Genesungsstatus dient, um die Ausübung des Rechts auf Freizügigkeit innerhalb der Union während der COVID-19-Pandemie zu erleichtern.[76] Auch wenn der Zweck der Verarbeitung in einer Rechtsvorschrift bestimmt ist, entbindet dies den Verantwortlichen nicht von der Vergewisserung und Umsetzung des festgelegten Zwecks in dem konkreten Verarbeitungsvorgang. Art. 13 Abs. 1 Buchst. c und Art. 14 Abs. 1 Buchst. c verpflichten den Verantwortlichen zur Information über die Zwecke der beabsichtigen Verarbeitung, der diese auch bei einem Auskunftsverlangen mitteilen muss (Art. 15 Abs. 1 Buchst. a). Eine vage Umschreibung der Zwecke der beabsichtigten Datenverarbeitung ohne

---

[72] Erwägungsgrund 26 S. 5 RL 2016/680. Diese Verpflichtungen dürfen nur unter den ausdrücklich geregelten gesetzlichen Voraussetzungen von Art. 13 Abs. 3 und Art. 15 RL (EU) 2016/680 beschränkt werden.
[73] Erwägungsgrund 39 S. 6; EuGH Urt. v. 24.2.2022 – C-175/20, ECLI:EU:C:2022:164 = EuZW 2022, 527 Rn. 64 mAnm *Zerdick*, EuZW 2022, 532 – Valsts ieņēmumu dienests.
[74] EuGH Urt. v. 20.10.2022 – C-77/21, ECLI:EU:C:2022:805 = BeckRS 2022, 28068 Rn. 27 – Digi.
[75] Europäischer Datenschutzausschuss, Leitlinien 2/2019 zu Online-Diensten, Rn. 16; Artikel-29-Datenschutzgruppe, Opinion 3/2013 on purpose limitation (WP 203), S. 15 f.
[76] Art. 10 Abs. 2 und 3 sowie Erwägungsgrund 48 der Verordnung (EU) 2021/953 des Europäischen Parlaments und des Rates vom 14.6.2021 über einen Rahmen für die Ausstellung, Überprüfung und Anerkennung interoperabler Zertifikate zur Bescheinigung von COVID-19-Impfungen und -Tests sowie der Genesung von einer COVID-19-Infektion (digitales COVID-Zertifikat der EU) mit der Zielsetzung der Erleichterung der Freizügigkeit während der COVID-19-Pandemie (ABl. 2021 L 211, 1).

detaillierte Beschreibung des mit der Verarbeitung verfolgten konkreten Zwecks widerspricht deshalb nicht nur dem Zweckbindungsgrundsatz, sondern gleichzeitig dem Transparenzgebot und den sich daraus ergebenden Informationspflichten.[77] Die eindeutige Festlegung der Zwecke ist auch Voraussetzung dafür, dass der Verantwortliche seine Nachweispflicht erfüllen kann (→ Rn. 43).

Die festgelegten eindeutigen **Zwecke müssen legitim sein.** Während Art. 6 Abs. 1 Buchst. b DS-RL bestimmte, dass personenbezogene Daten nur für „festgelegte eindeutige und rechtmäßige Zwecke" erhoben werden dürfen, ergibt sich im deutschen Wortlaut nun eine Abweichung insofern, als anstelle „rechtmäßiger" Zwecke auf „legitime" Zwecke abgestellt wird. In der englischen Sprachfassung wird sowohl in der DS-RL wie auch in dieser Vorschrift auf „legitimate purposes" abgestellt, im Unterschied zu „lawfully" in Bezug auf den Rechtmäßigkeitsgrundsatz. Diese begriffliche Unterscheidung, der nun auch die deutsche Sprachfassung der DS-GVO folgt, korrespondiert dem Erfordernis einer „legitimen Rechtsgrundlage" in Art. 8 Abs. 2 S. 1 GRCh und entspricht damit den Vorgabe der Charta, dass die Verarbeitung über das Erfordernis eines Rechtsgrundes im Sinne von Art. 6 Abs. 1 hinaus insgesamt im Einklang mit der Rechtsordnung stehen muss.[78] Deshalb ergibt sich bereits unmittelbar aus der DS-GVO, dass der Zweck der Verarbeitung nur dann legitim ist, wenn er allgemeinen Rechtsprinzipien und sonstigem einschlägigem Recht auch außerhalb des Datenschutzes entspricht. Dazu gehören alle relevanten Vorschriften des Unionsrechts und nationalen Rechts, insbesondere das Diskriminierungsverbot und Anforderungen des Arbeitsrechts, Vertragsrechts und Verbraucherschutzrechts sowie die Grundrechte und deren Konkretisierungen.[79] Der Grundrechtsansatz des Art. 1 Abs. 2, über das Recht auf den Schutz personenbezogener Daten hinaus auch andere Grundrechte und Grundfreiheiten natürlicher Personen zu schützen, erfordert, in der Anwendung der DS-GVO die Grundrechte wirksam werden zu lassen und dort miteinander zum Ausgleich zu bringen, wo sie wie die Meinungsäußerungs- und Informationsfreiheit, die unternehmerische Freiheit und das Eigentumsrecht oder Maßnahmen zur Gewährleistung des Rechts auf Leben und körperliche Unversehrtheit, mit dem Recht auf den Schutz personenbezogener Daten kollidieren können.[80]

2. Weiterverarbeitung für einen nicht unvereinbaren Zweck. Der Zweckbindungsgrundsatz erfordert, dass **grundsätzlich jeder Verarbeitungsvorgang den bei der Erhebung der Daten festgelegten Zwecken entsprechen** muss. Aus der Begriffsbestimmung der „Verarbeitung" in Art. 4 Nr. 2 ergibt sich, dass eine „Weiterverarbeitung" nicht nur die Verarbeitung der erhobenen Daten für andere Zwecke umfasst, sondern auch jeden Verarbeitungsvorgang, der sich an die Erhebung der Daten einschließlich von deren Verwendung anschließt. Eine Weiterverarbeitung für Zwecke, die nicht mit dem Zweck übereinstimmen, für den die Daten ursprünglich erhoben worden sind, lässt die Vorschrift unter der Bedingung zu, dass die Daten „nicht in einer mit diesen Zwecken nicht zu vereinbarenden Weise" weiterverarbeitet werden. Diese doppelte Verneinung erfordert nach ihrem Wortlaut keine positive Feststellung der Kompatibilität, sondern begnügt sich mit der negativen Feststellung, dass keine Inkompatibilität mit dem Zweck der Datenerhebung besteht. Dieser Wortlaut, der dem des Art. 6 Buchst. b DS-RL entspricht und den die DS-GVO insoweit beibehalten hat, wird im Sinne einer gewissen Flexibilität im Hinblick auf die spätere Datennutzung interpretiert.[81] Demgegenüber geht Art. 6 Abs. 4 sowie der Erwägungsgrund 50 von dem Erfordernis einer positiven Kompatibilitätsprüfung aus, indem dort hervorgehoben ist, dass die Verarbeitung mit den Zwecken, für die die personenbezogenen Daten ursprünglich erhoben wurden, „vereinbar" sein muss.[82] Um eine Schutzlücke zu vermeiden, ist die Zulässigkeit einer Abweichung von dem ursprünglichen Zweck unter dem Aspekt der Rechtsklarheit und der Begrenzung von Eingriffen in das Grundrecht auf Schutz personenbezogener Daten eng zu interpretieren. In jedem Fall setzt eine Zweckänderung voraus, dass die ursprüngliche Datenerhebung für eindeutig bestimmte Zwecke

---

[77] Ebenso *Spies* ZD 2022, 75 (76); *Schantz* NJW 2016, 1841 (1843 f.); *Buchner* DuD 2016, 155 (157).
[78] Knyrim DS-GVO/*Kastelitz* S. 99 (101 Fn. 17), und Paal/Pauly/*Frenzel* DS-GVO Art. 5 Rn. 28 sehen hingegen keinen sachlichen Unterschied zu dem Begriff „rechtmäßig".
[79] Artikel-29-Datenschutzgruppe, Opinion 3/2013 on purpose limitation (WP 203), S. 19 f.; *Monreal* ZD 2016, 507 (509); Kühling/Buchner/*Herbst* DS-GVO Art. 5 Rn. 37; Simitis/Hornung/Spiecker gen. Döhmann/*Roßnagel* DS-GVO Art. 5 Rn. 91.
[80] Vgl. Erwägungsgrund 4.
[81] Artikel-29-Datenschutzgruppe, Opinion 3/2013 on purpose limitation (WP 203), S. 21.
[82] Erwägungsgrund 50 S. 6.

erfolgt ist. Ist die Weiterverarbeitung nicht mit diesen Zwecken vereinbar, verbietet der Zweckbindungsgrundsatz diese weitere Verarbeitung.[83] Daraus ergibt sich auch die Nachweispflicht für die Vereinbarkeit der neuen Verarbeitung mit den ursprünglichen Zwecken, mit der der Verantwortliche, sofern er sich nicht auf eine Einwilligung oder eine qualifizierte Rechtsvorschrift berufen kann, auf der Grundlage der Kompatibilitätsprüfung (Art. 6 Abs. 4) seiner Rechenschaftspflicht genügen können muss.[84] Dies schließt aus, im Zweifel von der Zulässigkeit der Weiterverarbeitung auszugehen.[85]

24 Eine Weiterverarbeitung für im öffentlichen Interesse liegende **Archivzwecke, für wissenschaftliche oder historische Forschungszwecke oder für statistische Zwecke** gilt nicht als unvereinbar mit den ursprünglichen Zwecken, allerdings unter der Voraussetzung, dass diese Weiterverarbeitung gemäß Art. 89 Abs. 1 erfolgt. Die DS-GVO behält damit den Ansatz der DS-RL einer Privilegierung der Verarbeitung für historische, statistische und wissenschaftliche Zwecke bei und ergänzt diese um Archivzwecke im öffentlichen Interesse. Als Modifizierung des Zweckbindungsgrundsatzes ist diese Privilegierung allerdings eng auszulegen.[86] Art. 89 Abs. 1 erfordert eine Eingrenzung dieser Zwecke durch geeignete Garantien für die Rechte und Freiheiten der betroffenen Personen.[87] In jedem Fall muss auch die Verarbeitung zu diesen Zwecken den anderen Grundsätzen des Art. 5 Abs. 1 genügen und in einem Rechtsgrund des Art. 6 Abs. 1 ihre Rechtsgrundlage finden.[88] Maßgeblich für die Privilegierung ist der Zweck, nicht aber die Methode, mit der personenbezogene Daten verarbeitet werden. Da deshalb Verarbeitungsmethoden, die anderen Zwecken dienen, nicht von dieser Ausnahmevorschrift gedeckt sind, ergibt sich aus dieser Vorschrift kein „Einfallstor" für Profiling- oder Scoring-Verfahren sowie „Big Data"-Analysen.[89] Die Hervorhebung der ausdrücklich genannten Zwecke bedeutet allerdings keine Privilegierung in dem Sinne, dass bereits eine solche Zweckbestimmung allein die Weiterverarbeitung mit dem ursprünglichen Zweck vereinbar macht.[90] Vielmehr ist die Verweisung auf Art. 89 Abs. 1 ihrem Sinn und Zweck nach als Bedingung zu verstehen, deren Nichterfüllung die Privilegierung entfallen lässt. Danach ist durch technische und organisatorische Maßnahmen sicherzustellen, dass die Weiterverarbeitung geeigneten Garantien für die Rechte und Freiheiten der betroffenen Person unterliegt. Dafür liegt die Darlegungs- und Beweislast bei dem Verantwortlichen.[91] Dieser unterliegt insoweit dem Kompatibilitätstest nach Art. 6 Abs. 4 Buchst. e, als er das Vorliegen der gemäß Art. 89 Abs. 1 erforderlichen Garantien nachzuweisen hat, um seiner aus der Rechenschaftspflicht ergebenden Nachweispflicht zu genügen (→ Art. 6 Rn. 81).

25 In anderen Fällen einer **Zweckänderung,** wenn also die Weiterverarbeitung zu anderen als den in der Vorschrift genannten Zwecken erfolgt, muss der Verantwortliche grundsätzlich in jedem Einzelfall prüfen, ob die Verarbeitung für diese anderen Zwecke mit den bei der Datenerhebung festgelegten Zwecken zu vereinbaren ist. Die Kriterien für diese Kompatibilitätsprüfung sind in Art. 6 Abs. 4 Hs. 2 geregelt. Auf die Feststellung der Vereinbarkeit mit dem ursprünglichen Zweck kommt es für die Weiterverarbeitung für andere Zwecke jedoch dann nicht an, wenn die betroffene Person zu der Weiterverarbeitung ihre Einwilligung gegeben hat oder die Zweckänderung auf einer Rechtsvorschrift der Union oder der Mitgliedstaaten beruht, die die Rechtsgründe des Art. 6 Abs. 1 Buchst. c und e spezifiziert und den in Art. 6 Abs. 4 iVm Art. 23 Abs. 1 festgelegten Anforderungen genügt (→ Art. 6 Rn. 68 ff.).

---

[83] Artikel-29-Datenschutzgruppe, Opinion 3/2013 on purpose limitation (WP 203), S. 36; *Albrecht/Jotzo* DatenschutzR Teil 2 Rn. 5; krit. *Roßnagel* DuD 2016, 561 (564); Terhechte Verwaltungsrecht der EU/ *Benecke/Spiecker gen. Döhmann* § 23 Rn. 41, die die Zweckbindung durch Art. 6 Abs. 4 „aufgeweicht" sehen.
[84] Im Gegensatz dazu geht Paal/Pauly/*Frenzel* DS-GVO Art. 6 Rn. 30, von einer umgekehrten Darlegungslast aus.
[85] So jedoch HK-DS-GVO/*Reimer* Art. 5 Rn. 26.
[86] Simitis/Hornung/Spiecker gen. Döhmann/*Roßnagel* DS-GVO Art. 5 Rn. 27; *Weichert* ZD 2020, 18 (21); Paal/Pauly/*Frenzel* DS-GVO Art. 5 Rn. 10; BeckOK DatenschutzR/*Schantz* DS-GVO Art. 5 Rn. 22.
[87] Vgl. insbes. Erwägungsgründe 156 und 162.
[88] *Albrecht/Jotzo* DatenschutzR Teil 3 Rn. 7.
[89] Knyrim DS-GVO/*Kastelitz* S. 99 (101); *Buchner* DuD 2016, 155 (157); *Richter* DuD 2016, 581 (585); Culik/Döpke ZD 2017, 226 (230); aA Gierschmann/Schlender/Stentzel/Veil/*Buchholtz/Stentzel* DS-GVO Art. 5 Rn. 35.
[90] So jedoch HK-DS-GVO/*Reimer* Art. 5 Rn. 27.
[91] *Weichert* ZD 2020, 18 (21 f.); aA Paal/Pauly/*Frenzel* DS-GVO Art. 5 Rn. 32; Simitis/Hornung/Spiecker gen. Döhmann/*Roßnagel* DS-GVO Art. 5 Rn. 110, die umgekehrt von einer Beweislast dafür ausgehen, dass die Privilegierung nicht greift.

3. Rechtmäßigkeit und Transparenz der Weiterverarbeitung. Wie für jede Verarbeitung müssen auch für eine Weiterverarbeitung sowohl die Anforderungen aller Grundsätze des Art. 5 für die Verarbeitung personenbezogener Daten als auch das Erfordernis einer Rechtsgrundlage für die Datenverarbeitung (Art. 6 Abs. 1) für jede Verarbeitung gemeinsam erfüllt sein.[92] Da, wie Erwägungsgrund 50 S. 8 hervorhebt, „in jedem Fall" die Anwendung der in der DS-GVO niedergelegten Grundsätze zu gewährleisten ist, gelten diese Bedingungen auch dann, wenn die Zweckänderung mit dem ursprünglichen Zweck vereinbar ist. Deshalb muss auch bei der Weiterverarbeitung für einen anderen Zweck dem Rechtmäßigkeitsgrundsatz zur Wirksamkeit verholfen werden. Dies gilt umso mehr, als Art. 8 Abs. 2 S. 1 GRCh ausdrücklich eine „legitime Grundlage" für jede Verarbeitung personenbezogener Daten erfordert. Das kommt auch dadurch zum Ausdruck, dass Abs. 4 systematisch auf die Bedingungen des Art. 6 Abs. 1 bis 3 für die Rechtmäßigkeit der Verarbeitung aufbaut und deshalb auch für eine Verarbeitung zu anderen Zwecken erforderlich ist, dass die Verarbeitung auf einen der in Art. 6 Abs. 1 Buchst. a bis f abschließend geregelten Rechtsgründe gestützt sein muss und dieses Erfordernis nicht durch eine isolierte Betrachtung des Abs. 4 ersetzt werden darf.[93] Deshalb setzt die Zulässigkeit einer Weiterverarbeitung für einen anderen Zweck voraus, dass diese sowohl **mit dem ursprünglichen Zweck vereinbar** ist als auch auf einer **rechtlichen Grundlage im Sinne des Art. 6 Abs. 1** beruht. Beide Erfordernisse sind also kumulative und nicht alternative Bedingungen.[94] Daraus ergibt sich zum einen, dass eine Zweckänderung nicht schon dadurch mit dem ursprünglichen Zweck vereinbar wird, wenn die Weiterverarbeitung auf denselben oder einen anderen der Rechtsgründe des Art. 6 Abs. 1 gestützt wird.[95] Zum anderen ersetzt der Umstand, dass der spätere Zweck mit dem ursprünglichen Zweck vereinbar ist, nicht das Vorliegen eines Rechtsgrunds für die Weiterverarbeitung nach der Zweckänderung. Da der Katalog der Rechtsgründe in Art. 6 Abs. 1 abschließend ist, können auch durch eine Rechtsvorschrift im Sinne des Art. 6 Abs. 4 Hs. 1 keine weiteren Erlaubnistatbestände hinzugefügt werden. Vielmehr folgt sowohl aus dem systematischen Kontext dieser Vorschriften als auch der grundrechtskonformen Auslegung, dass auch eine mit dem ursprünglichen Zweck kompatible Weiterverarbeitung in jedem Fall selbst durch einen Rechtsgrund nach Art. 6 Abs. 1 Buchst. a bis f gedeckt sein muss.[96]

Ein anderes Ergebnis lässt sich auch nicht mit der Bezugnahme auf Erwägungsgrund 50 S. 2 rechtfertigen. Dessen Formulierung, wonach bei einer kompatiblen Zweckänderung „keine andere gesonderte Rechtsgrundlage erforderlich" ist „als diejenige für die Erhebung der personenbezogenen Daten", ist nicht dahin zu verstehen, dass bei einer Feststellung der Vereinbarkeit mit dem ursprünglichen Zweck die Rechtsgrundlage für die Datenerhebung ausreichend ist und deshalb per se die Feststellung einer Rechtsgrundlage für die Weiterverarbeitung selbst entbehrlich macht.[97] Vielmehr ist der Rückgriff auf eine „andere gesonderte Rechtsgrundlage" nur insoweit nicht erforderlich, als es sich bei der Weiterverarbeitung um die Ausführung einer begonnenen Verarbeitung handelt und die für den ursprünglichen Zweck erhobenen Daten für den neuen kompatiblen Zweck genutzt werden, so dass die Weiterarbeitung die Voraussetzungen des Rechtsgrunds für die ursprüngliche Verarbeitung erfüllt. Davon ist die **Rechtsgrundlage für die anschließende Verarbeitung für den anderen Zweck** zu unterscheiden.[98] Zwar kann beispielsweise im Rahmen von Vertragsbeziehungen eine weitere, mit dem ursprünglichen Zweck der Datenerhebung kompatible Verarbeitung für die Erfüllung des Vertrags erforderlich werden. Jedoch kann für die Weiterverarbeitung nach der Zweckänderung durchaus auch ein

---

[92] EuGH Urt. v. 30.3.2023 – C-34/21, ECLI:EU:C:2023:270 = ZD 2023, 391 Rn. 69 mAnm *Schild*; EuGH Urt. v. 22.6.2021 – C-439/19, ECLI:EU:C:2021:504 = BeckRS 2021, 15289 Rn. 96 – Latvijas Republikas Saeima; EuGH Urt. v. 13.5.2014 – C-131/12, ECLI:EU:C:2014:317 = ZD 2014, 35 Rn. 71 – Google Spain and Google; EuGH Urt. v. 20.5.2003 – C-465/00, C-138/01 u. C-139/01, ECLI:EU: C:2003:294 = EuR 2004, 276 Rn. 65 – Österreichischer Rundfunk.
[93] Ebenso Kühling/Buchner/*Buchner/Petri* DS-GVO Art. 6 Rn. 200.
[94] Artikel-29-Datenschutzgruppe, Opinion 3/2013 on purpose limitation (WP 203), S. 33; Europäischer Datenschutzbeauftragter, Stellungnahme zum Datenschutzreformpaket, Rn. 123; Kühling/Buchner/*Herbst* DS-GVO Art. 5 Rn. 28 f.; *Albrecht/Jotzo* DatenschutzR Teil 3 Rn. 53 f.; *Schantz* NJW 2016, 1841 (1844).
[95] Artikel-29-Datenschutzgruppe, Opinion 3/2013 on purpose limitation (WP 203), S. 36.
[96] Simitis/Hornung/Spiecker gen. Döhmann/*Albrecht* DS-GVO Einf. Art. 6 Rn. 2, 13; *Albrecht/Jotzo* DatenschutzR Teil 3 Rn. 54; *Schantz* NJW 2016, 1841 (1844); Kühling/Buchner/*Herbst* DS-GVO Art. 5 Rn. 42 und 49 f.
[97] IdS jedoch Gola/Heckmann/*Schulz* DS-GVO Art. 6 Rn. 142; *Härting* DS-GVO Rn. 515 f.; Kühling/*Martini* EuZW 2016, 448 (451); *Richter* DuD 2016, 581 (584); Paal/Pauly/*Frenzel* DS-GVO Art. 5 Rn. 31; Gierschmann/Schlender/Stentzel/Veil/*Assion/Nolte/Veil* DS-GVO Art. 6 Rn. 212 f.
[98] *Monreal* ZD 2016, 507 (510).

anderer Rechtsgrund einschlägig sein. So kann zum Beispiel, wenn die ursprüngliche Verarbeitung auf einen Vertrag gestützt ist, die Weiterverarbeitung wissenschaftlichen Forschungszwecken dienen, die nicht vom Vertragszweck umfasst sind. Ebenso deckt die Verarbeitung für einen konkreten Vertragszweck nicht die Weiterverarbeitung der dafür erhobenen Daten für Marketingzwecke oder für die Übermittlung an ein Inkassobüro zur Durchsetzung einer vertraglichen Zahlungsverpflichtung. Mit dem sich aus Art. 8 Abs. 2 S. 1 GRCh und dem Grundsatz der Rechtmäßigkeit ergebenden Erfordernis einer Rechtsgrundlage für jede Datenverarbeitung ist ein entgegenstehendes isoliertes Verständnis eines Erwägungsgrundes nicht vereinbar. Ohne dass es dazu eines Rückgriffs auf die Argumentationsfigur eines „Redaktionsversehen" bedarf,[99] ergibt sich damit bereits aus dem systematischen Zusammenhang des Rechtstextes, dass die Erläuterung des Erwägungsgrundes deshalb die Situation beschreibt, in der die Weiterverarbeitung für den kompatiblen Zweck in der Fortführung der Verarbeitung mit den für die ursprüngliche Verarbeitungszwecke erhobenen Daten besteht und deshalb eine nochmalige Erhebung der Daten unter Rückgriff auf einen anderen Rechtsgrund nicht erforderlich ist.[100]

28 Die Feststellung der Vereinbarkeit einer Weiterverarbeitung für einen anderen Zweck macht die **Information über die Zweckänderung nicht entbehrlich.** Die Grundsätze von Treu und Glauben und der Transparenz erfordern ebenfalls, dass die betroffene Person weiß, was mit ihren Daten über die ursprünglichen Zwecke hinaus geschieht und für welche weiteren Zwecke ihre Daten weiterverwendet werden, um sich gegebenenfalls auch gegen diese Weiterverwendung zu wenden. Erwägungsgrund 50 S. 8 stellt klar, dass in jedem Fall die betroffene Person deshalb über die anderen Zwecke, für die die Daten weiterverarbeitet werden, und über ihre Rechte einschließlich des Widerspruchsrechts zu unterrichten ist. Dementsprechend bestimmen Art. 13 Abs. 3 und Art. 14 Abs. 4 ausdrücklich, dass der Verantwortliche der betroffenen Person vorab die beabsichtigte Weiterverarbeitung für einen anderen Zweck mit den dafür maßgeblichen Informationen mitzuteilen hat.

III. Datenminimierung (Abs. 1 Buchst. c)

29 Mit der Formulierung, dass personenbezogene Daten dem Zweck **angemessen und erheblich** sowie auf das für die Zwecke der Verarbeitung **notwendige Maß beschränkt** sein müssen, ist die Formulierung dieses Grundsatzes strikter als die des Art. 6 Abs. 1 Buchst. c DS-RL. Diese Vorschrift bestimmte, dass personenbezogene Daten den Zwecken, für die sie erhoben und/oder weiterverarbeitet werden, entsprechen und dafür erheblich sein müssen und nicht darüber hinausgehen dürfen. Der Unterschied zu der Formulierung der DS-RL wird noch deutlicher in der englischen Sprachfassung, die das unbestimmte „not excessive" durch „limited to what is necessary" ersetzt. Nach diesem Grundsatz dürfen personenbezogene Daten nur verarbeitet werden, wenn der Zweck der Verarbeitung nicht in zumutbarer Weise durch andere Mittel erreicht werden kann.[101] Daraus ergibt sich, dass auf personenbezogene Daten nur dann zurückgegriffen werden darf, wenn keine alternative Methode zur Verfügung steht, um den mit der Verarbeitung angestrebten Zweck zu erreichen.[102] Mit diesen strengeren Anforderungen beschränkt sich der Grundsatz der Datenminimierung nicht auf den Grundsatz der Verhältnismäßigkeit und das Verbot eines „Erhebungsexzesses", wie dies Art. 6 Abs. 1 Buchst. c DS-RL zugrunde gelegen hat,[103] sondern umfasst die **Grundsätze der Datenvermeidung und Datensparsamkeit.** Zwar hat der Unionsgesetzgeber die zusätzliche Formulierung des Kommissionsvorschlags nicht aufgegriffen, wonach personenbezogene Daten nur verarbeitet werden dürfen, „wenn und solange die Zwecke durch die Verarbeitung von anderen als personenbezogen Daten erreicht werden können".[104] Jedoch wird diese Bedingung implizit durch den Rechtstext umfasst, weil die Verarbeitung personenbezogener Daten dem Zweck nur dann angemessen und auf das notwendige Maß beschränkt ist, wenn und soweit die

---

[99] *Schantz* NJW 2016, 1841 (1844), geht bei S. 2 des Erwägungsgrunds 50 von einem „redaktionellen Fehler" als „Überrest" früherer Verhandlungspositionen aus; ebenso Kühling/Buchner/*Herbst* DS-GVO Art. 5 Rn. 48 f. – Gegen den Rekurs auf ein Redaktionsversehen *Monreal* ZD 2016, 507 (510); Gola/Heckmann/*Schulz* DS-GVO Art. 6 Rn. 142; Gierschmann/Schlender/Stenzel/Veil/*Assion*/Nolte/*Veil* DS-GVO Art. 6 Rn. 215.
[100] Simitis/Hornung/Spiecker gen. Döhmann/*Albrecht* DS-GVO Einf. Art. 6 Rn. 13; *Monreal* ZD 2016, 507 (510); *Albrecht/Jotzo* DatenschutzR Teil 3 Rn. 54; iErg auch *Schantz* NJW 2016, 1841 (1844).
[101] Erwägungsgrund 39 S. 9.
[102] *Härting* DS-GVO Rn. 98.
[103] *Ehmann/Helfrich* DS-RL Art. 6 Rn. 22.
[104] Art. 5 Buchst. c des Kommissionsvorschlags KOM(2012) 11 endgültig.

Zwecke der Verarbeitung nicht durch den Rückgriff auf anonyme oder anonymisierte Daten und damit unter Vermeidung der Verarbeitung personenbezogener Daten erreicht werden können.[105]

Aus dem Erfordernis, dass die personenbezogenen Daten für den Zweck der Verarbeitung **30** erheblich sein müssen, folgt, dass auch keine Daten länger verarbeitet werden dürfen, die nicht mehr geeignet sind, zur Erreichung der mit der Verarbeitung verfolgten Zwecke beizutragen.[106] Der Grundsatz der Datenminimierung verbietet damit nicht nur die Erhebung von Daten, die keinen **Bezug zu dem Verarbeitungszweck** haben oder nicht geeignet sind, zur Erreichung des Zwecks beizutragen, sondern auch die Erhebung personenbezogener Daten, die für die in diesem Zeitpunkt festgelegten Zwecke objektiv nicht erforderlich sind und in keinem Zusammenhang mit diesen Zwecken stehen. Daraus folgt, dass die **Bedingung der Erforderlichkeit** in Art. 6 Abs. 1 Buchst. b bis f gemeinsam mit dem Grundsatz der Datenminimierung zu prüfen ist.[107] Der Eingriff in das Recht auf den Schutz personenbezogener Daten muss sich deshalb auf das absolut Notwendige beschränken.[108] Das ist dann nicht der Fall, wenn das verfolgte Ziel in zumutbarer Weise ebenso wirksam mit anderen Mittel erreicht werden kann, die weniger stark in die Grundrechte und Grundfreiheiten der betroffenen Personen eingreifen.[109] Deshalb ist von der Verwendung personenbezogener Daten Abstand zu nehmen, soweit für diese Zwecke anonymisierte Daten ausreichend sind. Das gilt auch für die Anwendung im Kontext künstlicher Intelligenz einschließlich für Trainingszwecke.[110] Die Zwecke der Verarbeitung müssen bereits zum Zeitpunkt der Erhebung der Daten festgelegt sein und dürfen deshalb nicht erst nach der Datenerhebung nachgeschoben werden.[111] Aus der Festlegung der Zwecke ergibt sich auch das notwendige Maß, auf die die Erhebung nach dem Grundsatz der Datenminimierung zu beschränken ist. Der Verantwortliche darf also nicht auf Vorrat Daten für mögliche künftige Zwecke erheben, die im Zeitpunkt der Erhebung noch nicht bestimmt und damit auch für die betroffene Person nicht vorhersehbar sind, und erst im Nachhinein bestimmten, sich in der Zukunft ergebenden Zwecken zugeordnet werden. Die Beschränkung auf **das notwendige Maß** gilt nicht nur für die verarbeiteten Daten selbst, sondern auch für die Anzahl der betroffenen Personen, die auf den für den Verarbeitungszweck erforderlichen Kreis einzuschränken ist.[112] Ebenso dürfen Geschäftsmodelle insbesondere für Dienstleistungen nicht mit Anreizen verbunden sein, mehr personenbezogene Daten zur Verfügung zu stellen, als im Interesse der betroffenen Personen liegt.[113] Auch dann, wenn im Einzelfall die betreffenden personenbezogenen Daten erheblich für den Verarbeitungszweck sind, erfasst das Gebot der Beschränkung auf das notwendige Maß die Verbreitung der personenbezogenen Daten, wenn der Verarbeitungszweck durch eine Beschränkung der Adressaten erreicht werden kann. Dem risikobasierten Ansatz entsprechend erfordert der effektive Schutz personenbezogener Daten auch die Vermeidung zusätzlicher Risiken aus einer unnötigen Multiplikation der Datenverarbeitung. Als Verstoß gegen den Grundsatz der Datenminimierung ist deshalb die unbefugte Weitergabe einer E-Mail-Adresse zu werten, wenn die Bekanntgabe der Postanschrift für den Verarbeitungszweck genügt hätte.[114] Gleiches gilt für die Abfrage eines Geburtsdatums, wenn dieses für die Vertragserfüllung nicht erforderlich oder für die Überprüfung der Geschäftsfähigkeit die Abfrage der Volljährigkeit

---

[105] Terhechte Verwaltungsrecht der EU/*Benecke/Spiecker gen. Döhmann* § 23 Rn. 45, sehen hingegen in dem Wegfall des von der Kommission vorgeschlagenen Zusatzes ein fehlendes Element; idS auch Simitis/Hornung/Spiecker gen. Döhmann/*Roßnagel* DS-GVO Art. 5 Rn. 123.
[106] EuGH Urt. v. 24.2.2022 – C-175/20, ECLI:EU:C:2022:164 = EuZW 2022, 527 Rn. 79 f. mAnm *Zerdick* – Valsts ieņēmumu dienests.
[107] EuGH Urt. v. 7.12.2023 – C-26/22 und C-64/22, ECLI:EU:C:2023:958 Rn. 78 – SCHUFA Holding; EuGH Urt. v. 4.7.2023 – C-252/212, ECLI:EU:C:2023:537 = ZD 2023, 664 Rn. 109 mAnm *Moos/Rothkegel* ZD 2023, 675 – Meta Platforms.
[108] EuGH Urt. v. 22.6.2021 – C-439/19, ECLI:EU:C:2021:504 = BeckRS 2021, 15289 Rn. 105 – Latvijas Republikas Saeima; EuGH Urt. v. 11.12.2019 – C-708/18, ECLI:EU:C:2019:1064 Rn. 46 – Scara.
[109] EuGH Urt. v. 4.7.2023 – C-252/212, ECLI:EU:C:2023:537 = ZD 2023, 664 Rn. 108 mAnm *Moos/Rothkegel* ZD 2023, 675 – Meta Platforms; Erwägungsgrund 39 S. 9.
[110] Vgl. Hambacher Erklärung der DSK zur Künstlichen Intelligenz, DuD 2019, 375 (376).
[111] Erwägungsgrund 39 S. 6; EuGH Urt. v. 24.2.2022 – C-175/20, ECLI:EU:C:2022:164 = EuZW 2022, 527 Rn. 64 mAnm *Zerdick* – Valsts ieņēmumu dienests.
[112] Gola/Heckmann/*Pötters* DS-GVO Art. 5 Rn. 23.
[113] Vgl. Erwägungsgrund 30 S. 4 der Verordnung (EU) 2022/868 des Europäischen Parlaments und des Rates über europäische Daten-Governance und zur Änderung der Verordnung (EU) 2018/1724 (Daten-Governance-Rechtsakt) vom 30.5.2022 (ABl. L 152, 1).
[114] ÖBVwG Erk. v. 21.10.2020 – W211 2227660-1/9E, Nr. 2.2.3.

ausreichend ist.[115] Auch Standortdaten dürfen nur erhoben werden, wenn dies für den Zweck der Verarbeitung unbedingt erforderlich ist.[116] Entsprechendes gilt für die Erhebung einer persönlichen Identifizierungsnummer, wenn diese für den konkreten Verarbeitungszweck nicht erforderlich ist.[117] Eine für den Verarbeitungszweck nicht notwendige Multiplikation der Datenverarbeitung ist, selbst wenn die Daten für sich genommen erheblich sind, ebenfalls mit dem Grundsatz der Datenminimierung nicht vereinbar.[118] So ist nicht erforderlich, dass eine Privatperson, die von einer Ordnungswidrigkeit selbst nicht individuell betroffen ist, über die für eine Anzeige notwendigen Angaben hinaus Video- oder Fotoaufnahmen fertigt, um diese insbesondere mittels Internetportalen den zuständigen Behörden zu übermitteln (→ Art. 6 Rn. 45). Hingegen ergibt sich aus dem Grundsatz der Datenminimierung kein allgemeines Verbot der Übermittlung personenbezogener Daten, sofern die Übermittlung aufgrund einer rechtlichen Verpflichtung oder für die Wahrnehmung einer Aufgabe im öffentlichen Interesse oder die Ausübung öffentlicher Gewalt, die dem Verantwortlichen übertragen ist, gemäß Art. 6 Abs. 1 Buchst. c und e erforderlich ist.[119]

31 Neben der Bedingung der Erforderlichkeit der Datenverarbeitung in Art. 6 Abs. 1 Buchst. b bis f steht der Grundsatz der Datenminimierung im Zusammenhang mit dem Grundsatz der Speicherbegrenzung (Buchst. e) und wird vor allem durch die Vorschriften über die **Datenschutz durch Technikgestaltung und datenschutzfreundliche Voreinstellungen** („data protection by design and by default") konkretisiert.[120] Art. 25 Abs. 1 fordert die wirksame Umsetzung der Datenschutzgrundsätze und ausdrücklich der Datenminimierung durch geeignete technische und organisatorische Maßnahmen und verweist dabei beispielhaft auf die Pseudonymisierung. Durch Voreinstellungen ist sicherzustellen, dass grundsätzlich nur die für den jeweiligen Verarbeitungszweck erforderlichen Daten verarbeitet werden, und zwar sowohl in Bezug auf die Datenmenge und den Umfang der Verarbeitung als auch in Bezug auf die Speicherfrist und die Zugänglichkeit zu den Daten (Art. 25 Abs. 2 S. 1 und 2). Dazu gehört gemäß Art. 25 Abs. 2 S. 3 die ausdrückliche Verpflichtung zu Voreinstellungen, die verhindern dass die Daten ohne weiteres, also ohne bewusste persönliche Änderung der Voreinstellung, der Öffentlichkeit oder sonst einem unbestimmten Adressatenkreis zugänglich gemacht werden. Art. 89 Abs. 1 S. 2 stellt klar, dass die Achtung des Grundsatzes der Datenminimierung eine der Bedingungen für die Privilegierung der Verarbeitung zu im öffentlichen Archivzwecken, zu wissenschaftlichen oder historischen Forschungszwecken oder zu statistischen Zwecken ist. Der Grundsatz der Datenminimierung kommt auch in Art. 11 Abs. 1 zum Ausdruck, wonach die Datenschutzrechte den Verantwortlichen nicht zur Erhebung und Speicherung personenbezogener Daten verpflichten, wenn dies für die Zwecke der Verarbeitung personenbezogene Daten überhaupt nicht oder nicht mehr erforderlich ist.[121]

IV. Richtigkeit (Abs. 1 Buchst. d)

32 Der Grundsatz der Richtigkeit erfordert, dass personenbezogene Daten sachlich richtig und erforderlichenfalls auf dem neuesten Stand sein müssen. Um die Richtigkeit der Daten zu gewährleisten, ist der Verantwortliche verpflichtet, die Daten zu überprüfen und unabhängig von einem darauf gerichteten Verlangen der betroffenen Person alle vertretbaren Schritte zu unternehmen, damit unrichtige Daten unverzüglich gelöscht oder berichtigt werden.[122] Ob personenbezogene Daten „sachlich richtig" sind, bestimmt sich nach einem **objektiven Beurteilungsmaßstab**, der sich als solcher nur auf objektiv nachprüfbare Tatsachen beziehen kann, nicht aber auch auf Werturteile und sonstige Meinungsäußerungen, die auf einer subjektiven Einschätzung beruhen.[123] Andernfalls würde ein Zwang zur „Berichtigung" von Werturteilen in die Mei-

---

[115] VG Hannover Urt. v. 9.11.2021 – 10 A 502/19, ZD 2022, 182 Rn. 36 f.
[116] Europäischer Datenschutzausschuss Leitlinien 1/2020 zu vernetzten Fahrzeugen, Rn. 70.
[117] Oberstes Verwaltungsgericht Finnlands Urt. v. 5.6.2023 – 2562/2022, KHO:2023:56, zit. nach *Etteldorf* ZD-Aktuell 2023, 01274.
[118] Kühling/Buchner/*Herbst* DS-GVO Art. 5 Rn. 57.
[119] EuGH Urt. v. 22.6.2021 – C-439/19, ECLI:EU:C:2021:504 = BeckRS 2021, 15289 Rn. 104 – Latvijas Republikas Saeima; ÖBVwG Erk. v. 14.5.2021 – W214 2234011-1 Abschn. 3.3.2.
[120] Europäischer Datenschutzausschuss Leitlinien 4/2019 zum Datenschutz durch Technikgestaltung, Rn. 73; *Reding* IDPL 2012, 119 (126); Knyrim/*Kastelitz* DS-GVO S. 99 (104).
[121] Simitis/Hornung/Spiecker gen. Döhmann/*Hansen* DS-GVO Art. 11 Rn. 4.
[122] Erwägungsgrund 39 S. 11.
[123] Kühling/Buchner/*Herbst* DS-GVO Art. 5 Rn. 60; Simitis/Hornung/Spiecker gen. Döhmann/*Roßnagel* DS-GVO Art. 5 Rn. 140.

nungsäußerungsfreiheit eingreifen[124] und könnte dazu instrumentalisiert werden, um unliebsame Journalisten und Kritiker einzuschüchtern und durch extensive Nutzung gerichtlicher Möglichkeiten abzuschrecken.[125] Problematisch ist auch die Abgrenzung der Tatsachen von Falschmeldungen zur Meinungsmanipulation.[126] Der Grundsatz zielt jedoch nicht auf eine Richtigkeit im Sinne einer „absoluten Wahrheit", sondern hebt auf den **Kontext der Verarbeitung** ab. Das stellt die Vorschrift mit der Hervorhebung klar, dass für die Richtigkeit die Zwecke der Verarbeitung maßgeblich sind und sich damit auf die Daten bezieht, die für die betreffenden Zwecke von Belang sind.[127]

Bei der **Verpflichtung zur Aktualität** ist zu berücksichtigen, dass sich auch diese nach den Zwecken der Verarbeitung und – wie sich aus der Einschränkung „erforderlichenfalls" ergibt – den damit verbundenen konkreten Umständen beurteilt und deshalb nicht ausgeschlossen ist, dass veraltete Daten etwa zu dem Zweck der Nachvollziehbarkeit, Beweissicherung oder für Archiv- oder Forschungszwecke weiter aktuell bleiben. Dies gilt auch für Tatsachenangaben, die für Einschätzungen, Beurteilungen und Wahrscheinlichkeitsannahmen im maßgeblichen Zeitpunkt relevant waren, auch wenn sich zu einem späteren Zeitpunkt herausstellt, dass sie unzutreffend sind.[128] Aus dem Grundsatz der Richtigkeit lässt sich deshalb kein Anspruch ableiten, Antworten im Prüfungsverfahren nachträglich zu „berichtigen".[129] Ebenso besteht kein Anspruch auf Berichtigung eines Geburtsdatums im Melderegister, wenn sich die Richtigkeit des nachträglich angegebenen Datums nicht feststellen lässt.[130] Konkretisiert wird die Verpflichtung zur sachlichen Richtigkeit durch den **Berichtigungsanspruch** der betroffenen Person (Art. 16). Die Berichtigung kann auch die Ergänzung von im Hinblick auf die Verarbeitungszwecke unvollständigen personenbezogenen Daten erfordern, die nicht notwendig in der völligen Erneuerung eines Datensatz bestehen muss, sondern – wie sich aus Art. 16 S. 2 ergibt – auch durch eine gesondert beigefügte ergänzende Erklärung erfolgen kann. Daneben besteht gemäß Art. 17 Abs. 1 Buchst. d ein Löschungsanspruch der betroffenen Person, wenn die Unrichtigkeit sich auf die Rechtmäßigkeit der Verarbeitung auswirkt. Bestreitet die betroffene Person die Richtigkeit der personenbezogenen Daten, hat sie gemäß Art. 18 Abs. 1 Buchst. a zur vorläufigen Absicherung des Berichtigungsanspruchs das Recht, von dem Verantwortlichen die Einschränkung der Verarbeitung zu verlangen, bis es diesem möglich ist, die Richtigkeit der Daten zu klären (→ Art. 16 Rn. 8).

V. Speicherbegrenzung (Abs. 1 Buchst. e)

Der Grundsatz der Speicherbegrenzung verbietet, personenbezogene Daten länger zu speichern, als dies für die Zwecke ihrer Verarbeitung notwendig ist. Der Verantwortliche muss deshalb eine **Speicherfrist** festlegen, die auf das für die Erreichung der Verarbeitungszwecke **unbedingt erforderliche Mindestmaß** beschränkt bleibt,[131] und Fristen für ihre Löschung oder für eine regelmäßige Überprüfung vorsehen.[132] Die Festlegung der Speicherdauer muss objektiven Kriterien genügen, aus denen sich ein Zusammenhang zwischen den Daten und dem mit der Verarbeitung verfolgten Zweck ergibt.[133] Die Vorhaltung eines Vorrats an personenbezogenen Daten, um diesen für sich erst in der Zukunft ergebende Zwecke zu nutzen, ist deshalb nicht nur nach den Grundsätzen der Zweckbindung und der Datenminimierung, sondern nach diesem Grundsatz unzulässig.[134] Gemäß Art. 13 Abs. 2 Buchst. a, Art. 14 Abs. 2 Buchst. a und Art. 15 Abs. 1 Buchst. d hat der Verantwortliche der betroffenen Person die Dauer der Speicherung ihrer personenbezogenen Daten mitzuteilen oder, falls dies nicht möglich ist, die Kriterien für die Festlegung dieser Dauer. Daraus ergibt sich, dass die Speicherfrist nicht in einer

---

[124] Gierschmann/Schlender/Stentzel/Veil/*Veil* DS-GVO Art. 16 Rn. 74.
[125] Vgl. zu den sog. Strategischen Klagen gegen die Beteiligung der Öffentlichkeit (Strategic Lawsuits against Public Participation, SLAPP) die Mitteilung der Kommission v. 3.12.2020 COM(2020) 790 final, S. 17f.
[126] Vgl. Simitis/Hornung/Spiecker gen. Döhmann/*Roßnagel* DS-GVO Art. 5 Rn. 140.
[127] Kühling/Buchner/*Herbst* DS-GVO Art. 5 Rn. 62.
[128] Simitis/Hornung/Spiecker gen. Döhmann/*Roßnagel* DS-GVO Art. 5 Rn. 141.
[129] EuGH Urt. v. 20.12.2017 – C-434/16, ECLI:EU:C:2017:994 Rn. 52 – Nowak.
[130] BVerwG Urt. v. 2.3.2022 – 6 C 7.20, ZD 2022, 522 Rn. 52.
[131] Erwägungsgrund 39 S. 8.
[132] Erwägungsgrund 39 S. 10.
[133] EuGH Gutachten 1/15 v. 26.7.2017 – ECLI:EU:C:2017:592 Rn. 191 – Fluggastdaten Kanada.
[134] Ebenso Schwartmann/Jaspers/Thüsing/Kugelmann/*Jaspers/Schwartmann/Hermann* DS-GVO Art. 5 Rn. 54.

absoluten kalendermäßigen Festsetzung bestehen muss, sondern auch durch die Bestimmung einer Maximalfrist erfolgen oder von einem selbst datumsmäßig noch nicht feststehenden Ereignis oder einer Bedingung abhängig gemacht werden kann. Das kann zum Beispiel durch die Festlegung einer Speicherfrist für einen bestimmten Zeitraum nach Ablauf eines Vertrages zwischen dem Betroffenen und dem Verantwortlichen erfolgen, wenn dies für nachvertragliche oder steuerliche Zwecke erforderlich ist, oder durch die Bestimmung eines noch offenen Zeitraums, der von der Erreichung eines bestimmten Zwecks abhängig ist.[135] Der Festlegung einer Speicherfrist bedarf es dann nicht, wenn die Daten in einer Form gespeichert sind, die die **Identifizierung der betroffenen Person** nicht mehr ermöglicht. Ob dass der Fall ist, ist nach objektiven Faktoren festzustellen, wie dem dafür erforderlichen Kosten- und Zeitaufwand unter Berücksichtigung aller von dem Verantwortlichen oder einer anderen Person zur Verfügung stehenden Mittel und Technologie.[136] Insbesondere hat der Verantwortliche sicherzustellen, dass anonymisierte Daten nicht wieder auf eine identifizierbare Form zurückgeführt und gelöschte Daten nicht wiederhergestellt werden können.[137]

35   Eine **Ausnahme von der Verpflichtung** zur Festlegung einer Speicherfrist besteht für die Verarbeitung personenbezogener Daten für ausschließlich im öffentlichen Interesse liegende **Archivzwecke oder für wissenschaftliche oder historische Forschungszwecke oder für statistische Zwecke.** Ebenso wie für die Ausnahme von dem Zweckbindungsgrundsatz in Buchst. b wird auch hier auf das Erfordernis geeigneter Garantien gemäß Art. 89 Abs. 1 verwiesen (→ Rn. 24). In dieser Vorschrift wird die Bedingung, dass die die Befreiung von der Festlegung einer Speicherfrist vorbehaltlich der Durchführung geeigneter technischer und organisatorischer Maßnahmen zum Schutz der Rechte und Freiheiten nach der DS-GVO verarbeitet werden, weiter ausgeführt.

36   Konkretisiert und für die betroffene Person durchsetzbar wird der Anspruch auf die Begrenzung der Speicherdauer durch das **Recht auf Löschung.**[138] Nach Art. 17 Abs. 1 hat der Betroffene das Recht, dann die Löschung der Daten zu verlangen, wenn sie für die Zwecke, für die sie erhoben oder auf sonstige Weise verarbeitet wurden, nicht mehr notwendig sind, oder wenn einer der in Buchst. b bis f dieser Vorschrift festgelegten Löschungsgründe vorliegt. Aber auch wenn ein solches Verlangen nicht gestellt wird, verpflichtet diese Vorschrift den Verantwortlichen zur unverzüglichen Löschung der dafür nicht mehr notwendigen Daten, sofern keiner der Ausnahmetatbestände des Art. 17 Abs. 3 Buchst. a bis e einschlägig ist.

VI. Integrität und Vertraulichkeit (Abs. 1 Buchst. f)

37   Der Grundsatz der Integrität und Vertraulichkeit ist als neuer Grundsatz den bereits in der DS-RL festgelegten Grundsätzen hinzugefügt worden. Danach müssen personenbezogene Daten in einer Weise verarbeitet werden, die eine **angemessene Sicherheit der personenbezogenen Daten** gewährleistet. Dies erfordert insbesondere geeignete technische und organisatorische Maßnahmen zum Schutz vor unbefugter und unrechtmäßiger Verarbeitung und vor unbeabsichtigter Zerstörung oder unbeabsichtigter Schädigung. Dieser Grundsatz lehnt sich an die Begriffsbestimmung der „Verletzung des Schutzes personenbezogener Daten" in Art. 4 Nr. 12 an und kombiniert den Ansatz des Europäischen Parlaments für einen Grundsatz der Integrität mit dem Ansatz des Rats für einen Grundsatz der Datensicherheit.[139] Dem Verantwortlichen wird damit eine Schutzpflicht zugewiesen, um Gefahren für die Daten vorzubeugen und die Unversehrtheit und

---

[135] Vgl. zB Art. 10 Abs. 4 und 5 der Verordnung (EU) 2021/953 des Europäischen Parlaments und des Rates vom 14.6.2021 über einen Rahmen für die Ausstellung, Überprüfung und Anerkennung interoperabler Zertifikate zur Bescheinigung von COVID-19-Impfungen und -Tests sowie der Genesung von einer COVID-19-Infektion. (digitales COVID-Zertifikat der EU) mit der Zielsetzung der Erleichterung der Freizügigkeit während der COVID-19-Pandemie (ABl. 2021 L 211, 1); vgl. auch Nr. 3.7 der Leitlinien der Kommission zum Datenschutz bei Mobil-Apps zur Unterstützung der COVID-19-Pandemie (ABl. 2020 C 124, 1), wonach die Daten grundsätzlich nach höchstens einem Monat („Inkubationszeit plus Marge") zu löschen sind oder nach einem Test mit negativem Ergebnis.

[136] Erwägungsgrund 26 S. 3 und 4.

[137] Vgl. Europäischer Datenschutzausschuss, Leitlinien 4/2019 zum Datenschutz durch Technikgestaltung, Rn. 82.

[138] Vgl. EuGH Urt. v. 9.3.2017 – C-398/15, ECLI:EU:C:2017:197 = ZD 2017, 325 Rn. 46 – Manni.

[139] Vgl. die Übersicht des BayLDA, Synopse der Fassungen des Vorschlags der Europäischen Kommission vom 25.1.2012, des Beschlusses des Europäischen Parlaments vom 12.3.2015 und des Rats der Europäischen Union vom 15.6.2015, 156, abrufbar unter www.lda.bayern.de/media/baylda_synopse.pdf.

Vertraulichkeit der Daten zu gewährleisten.[140] Ausgestaltet wird dieser Grundsatz vor allem durch die Anforderungen des Art. 25 an den Datenschutz durch Technikgestaltung und datenschutzfreundliche Voreinstellungen sowie die technischen und organisatorischen Anforderungen an die Sicherheit der Verarbeitung in Art. 32. Dazu gehört ein Managementsystem für die Informationssicherheit einschließlich der Risikobewertung, die sichere Speicherung und Überwachung auch von Backups und Logdateien, die Gewährleistung sicherer Datenübertragungen und der Betriebskontinuität sowie Maßnahmen zum Erkennen und der Abhilfe bei Sicherheitsvorfällen.[141]

38 Der Grundsatz erfordert auch, dass **Unbefugte keinen Zugang zu Daten** haben und weder die Daten noch die Geräte, mit denen diese verarbeitet werden, benutzen können.[142] Dies schließt die Differenzierung von Zugangsrechten ein und die Begrenzung der Zugangsberechtigung auf die Personen, die den Zugang für die Erfüllung ihrer Aufgaben benötigen. Auch in inhaltlicher Hinsicht kommt eine Beschränkung des Zugangs auf die Daten in Betracht, die für den Aufgabenbereich des betreffenden Beschäftigten relevant sind. Logdateien und Daten, deren Kenntnis oder Nutzung mit spezifischen Risiken verbunden sind, sind in besonderer Weise vor einem unbefugten Zugang zu schützen und möglichst von anderen personenbezogenen Daten getrennt aufzubewahren.[143] Die technischen und organisatorischen Anforderungen an die Sicherheit der Verarbeitung sind in Art. 32 Abs. 1 Buchst. a bis d im Einzelnen festgelegt. Art. 32 Abs. 2 und 4 sowie Art. 28 Abs. 3 S. 2 Buchst. b und Art. 29 konkretisieren den Grundsatz der Vertraulichkeit insbesondere durch die Verpflichtung, die unbefugte Offenlegung, den unbefugten Zugang und die unbefugte Verarbeitung personenbezogener Daten zu verhindern.

VII. Rechenschaftspflicht (Abs. 2)

39 **1. Accountability und risikobasierter Ansatz.** Der Grundsatz der Rechenschaftspflicht ist Ausdruck der durch die DS-GVO gestärkten **Eigenverantwortung des Verantwortlichen,** der über die die Mittel und Zwecke der Verarbeitung von personenbezogenen Daten entscheidet (Art. 4 Nr. 7). Abs. 2 nimmt den Verantwortlichen für die Einhaltung der in Abs. 1 festgelegten Grundsätze in die Pflicht und macht ihn über die bisherige Regelung des Art. 6 Abs. 2 DS-RL hinaus auch für den Nachweis von deren Einhaltung verantwortlich. Die Vorschrift greift damit die Forderung nach der Einbeziehung des **Konzepts der „Accountability"** auf, um die Gesamtverantwortung für die Datenverarbeitung zu verdeutlichen.[144] Dieses im angelsächsischen Sprachraum entwickelte und verbreitete Konzept, das in der deutschen Sprachfassung der Vorschrift mit „Rechenschaftspflicht" und in der französischen Sprachfassung mit „responsabilité" übersetzt ist, umfasst zum einen die Umsetzung der Grundsätze des Datenschutzes und zum anderen den Nachweis der darauf bezogenen Maßnahmen.[145] Der Kommissionsvorschlag sah dementsprechend als neuen Datenschutzgrundsatz vor, dass personenbezogene Daten „unter der Gesamtverantwortung des für die Verarbeitung Verantwortlichen verarbeitet werden" müssen, „der dafür haftet, dass bei jedem Verarbeitungsvorgang die Vorschriften dieser Verordnung eingehalten werden, und der den Nachweis hierfür erbringen muss".[146] Die im Gesetzgebungsverfahren als Art. 5 Abs. 2 beschlossene Formulierung stellt zwar nicht mehr ausdrücklich auf den Begriff der „Gesamtverantwortung" ab, erfasst der Sache nach aber beide Elemente der des Konzepts der „Accountability". Der Umfang der Verantwortlichkeit wird durch Art. 24 näher konkretisiert. Diese Vorschrift stellt klar, dass der Verantwortliche verpflichtet ist, geeignete technische und organisatorische Maßnahmen umzusetzen, um **sicherzustellen und den Nachweis** dafür erbringen zu können, dass die Verarbeitung gemäß der DS-GVO erfolgt (Art. 24 Abs. 1 S. 1). Diese Verpflichtung schließt ausdrücklich die Anwendung geeigneter Datenschutzvorkehrungen (Art. 24 Abs. 2) und die erforderliche Überprüfung und Aktualisierung der Maß-

---

[140] Vgl. Paal/Pauly/*Frenzel* DS-GVO Art. 5 Rn. 47.
[141] Europäischer Datenschutzausschuss, Leitlinien 4/2019 zum Datenschutz durch Technikgestaltung, Rn. 85.
[142] Erwägungsgrund 39 S. 12.
[143] Europäischer Datenschutzausschuss, Leitlinien 4/2019 zum Datenschutz durch Technikgestaltung, Rn. 85.
[144] Dazu Artikel-29-Datenschutzgruppe, Stellungnahme 3/2010 zum Grundsatz der Rechenschaftspflicht (WP 173), S. 9 f.; Europäischer Datenschutzbeauftragter, Stellungnahme zum Datenschutzreformpaket, Rn. 114.
[145] Artikel-29-Datenschutzgruppe, Stellungnahme 3/2010 zum Grundsatz der Rechenschaftspflicht (WP 173), S. 9 f., mit dem Vorschlag eines Artikels über die „Umsetzung der Grundsätze des Datenschutzes", der diese beiden Elemente aufgreift.
[146] Art. 5 Buchst. f des Kommissionsvorschlags KOM(2012) 11 endgültig.

nahmen ein (Art. 24 Abs. 1 S. 2). Art. 5 Abs. 2 und Art. 24 verpflichten damit den Verantwortlichen dazu, geeignete Maßnahmen zu ergreifen, um Verstößen gegen die Grundsätze und die sie konkretisierenden Vorschriften (→ Rn. 6) vorzubeugen.[147] Die Rechenschaftspflicht ist damit im Sinne einer **proaktiven und nachweisbaren** organisatorischen Verantwortung für die Umsetzung der Grundsätze zum Schutz der personenbezogenen Daten zu verstehen, mit denen der Verantwortliche umgeht.

40 Besondere Bedeutung für die Wahrnehmung der Rechenschaftspflicht kommt dem **risikobasierten Ansatz** zu, der durch Art. 24 Abs. 1 als Kernelement des Konzepts der Accountability in der Verordnung verankert worden ist. Bereits die DS-RL hatte in den Vorschriften über die Datensicherheit, die Vorabkontrolle oder den besonderen Schutz sensibler Daten auf das mit bestimmten Verarbeitungen verbundene besondere Risiko abgestellt.[148] Dieser Ansatz ist in den Verhandlungen über die DS-GVO vor allem von der irischen Ratspräsidentschaft akzentuiert und mit der Nachweispflicht verknüpft worden.[149] Der risikobasierte Ansatz prägt die Pflichten des Verantwortlichen und Auftragsverarbeiters und wird konkretisiert insbesondere durch die Anforderungen des Datenschutzes durch Technikgestaltung und datenschutzfreundliche Voreinstellungen, die Sicherheit der Verarbeitung, die Verpflichtung zur Durchführung einer Datenschutz-Folgenabschätzung gemäß Art. 35 und zur vorherigen Konsultation gemäß Art. 36 sowie die Einrichtung des Datenschutzbeauftragten und dessen obligatorische Benennung durch die in Art. 37 Abs. 1 festgelegten risikobehafteten Verarbeitungssituationen. Der risikobasierte Ansatz bezieht sich auf die Art und Intensität der erforderlichen Maßnahmen zum Schutz der Rechte und Freiheiten der betroffenen Personen, ohne aber deren Rechte und Freiheiten selbst bei der Feststellung eines geringen Risikos in irgendeiner Weise einzuschränken.[150]

41 Art. 24 Abs. 1 S. 1 konkretisiert die Rechenschaftspflicht zur Verpflichtung des Verantwortlichen zur Feststellung der Risiken für die Rechte und Freiheiten natürlicher Personen und zur Berücksichtigung der **Eintrittswahrscheinlichkeit und Schwere dieser Risiken,** und zwar in Bezug auf die Art, den Umfang, die Umstände und die Zwecke der Verarbeitung. Dies hat anhand einer objektiven Bewertung der konkreten Datenverarbeitung im Hinblick darauf zu erfolgen, ob diese Datenverarbeitung ein Risiko oder hohes Risiko birgt.[151] Dabei kommt der Größe eines Unternehmens oder seiner Beschäftigtenzahl für sich noch keine maßgebliche Bedeutung zu, da allein solche quantitativen Maßstäbe keine Aussage über die mit der Verarbeitung verbundenen Risiken zulassen.[152] Vielmehr ist auf die spezifische Datenverarbeitung abzustellen, die auch bei einer kleinen Zahl von Beschäftigten mit einem hohen Risiko für die betroffenen Personen verbunden sein kann. Dabei sind alle Risiken für die Rechte und Freiheiten natürlicher Personen zu berücksichtigen, also nicht nur solche, die zu einem Schadensersatz für materielle Beeinträchtigungen führen können, sondern – wie Erwägungsgrund 75 mit einer ausführlichen, nicht abschließenden Aufzählung („insbesondere") klarstellt – sämtliche Risiken, die zu einem physischen, materiellen oder immateriellen Schaden führen können.

42 **2. Datenschutzmanagement.** Die Rechenschaftspflicht kann damit ein **Datenschutzmanagement** erfordern, das auf die konkrete Verarbeitung durch den Verantwortlichen einschließlich der in seinem Auftrag durchgeführten Verarbeitung und die damit verbundenen Risiken bezogen ist. Die dazu vorgeschlagenen und entwickelten Datenschutz-Managementsysteme orientieren sich an bereits in der Praxis vorhandene Compliance-Managementsysteme.[153] Das Datenschutzmanagement muss gewährleisten, dass der Verantwortliche der Rechenschaftspflicht in allen Phasen der Datenverarbeitung nachkommt und die Anforderungen der DS-GVO in Bezug auf die konkrete Verarbeitung erfüllt.[154] Art. 5 Abs. 2 und Art. 24 werden

---

[147] EuGH Urt. v. 27.10.2022 – C-129/21, ECLI:EU:C:2022:833 = ZD 2023, 28 Rn. 81 – Proximus.

[148] Artikel-29-Datenschutzgruppe, Statement on the role of a risk-based approach (WP 218), S. 2; Paal/Pauly/*Martini* DS-GVO Art. 24 Rn. 17.

[149] Rats-Dok. 6607/01/13 REV1 v. 1.3.2013; vgl. zu den Verhandlungen im Rat und im Europäischen Parlament *Veil* ZD 2015, 347 (348 ff.).

[150] Artikel-29-Datenschutzgruppe, Statement on the role of a risk-based approach (WP 218), S. 2 und 3.

[151] Erwägungsgrund 76.

[152] Vgl. Europäische Kommission, Mitteilung vom 24.6.2020 COM(2020) 264 final, 12.

[153] Dazu ausf. *Kranig/Sachs/Gierschmann* Datenschutz-Compliance 162 ff.; ferner *Hamann* BB 2017, 1090 (1092); *Wichtermann* ZD 2016, 421 f.; *Jung* ZD 2018, 208 (210 ff.); Taeger/Gabel/*Voigt* DS-GVO Art. 5 Rn. 47.

[154] Vgl. zu den erforderlichen Maßnahmen Artikel-29-Datenschutzgruppe, Stellungnahme 3/2010 zum Grundsatz der Rechenschaftspflicht (WP 173), S. 12 f.; aA, für eine restriktive Interpretation der Rechenschaftspflicht Gierschmann/Schlender/Stentzel/Veil/*Buchholtz/Stentzel* DS-GVO Art. 5 Rn. 42 ff.

ergänzt und konkretisiert, insbesondere durch die Anforderungen an die Technikgestaltung (Art. 25) und die Sicherheit der Verarbeitung (Art. 32), die Verpflichtung zur Zusammenarbeit mit der Aufsichtsbehörde (Art. 31), die Vorschriften über die Meldung und Benachrichtigung in Bezug auf Datenschutzverletzungen (Art. 33 und 34), die Durchführung einer Datenschutz-Folgenabschätzung (Art. 35), den betrieblichen und behördlichen Datenschutzbeauftragten (Art. 37 bis 39) und die vorherige Konsultation der Aufsichtsbehörde (Art. 36) sowie die darauf bezogenen Nachweispflichten einschließlich dem Verzeichnis der Verarbeitungstätigkeiten (Art. 30) und der Dokumentation von Datenschutzverletzungen (Art. 33 Abs. 5).[155] Das Datenschutzmanagement muss insbesondere gewährleisten, „dass die Maßnahmen nicht nur auf dem Papier bestehen, sondern in der Praxis angewandt werden und funktionieren."[156]

3. Nachweispflicht und Beweislastumkehr. Die in Art. 5 Abs. 2 und Art. 24 Abs. 1 S. 1 ausdrücklich festgelegte Pflicht des Verantwortlichen, die Einhaltung der Grundsätze des Abs. 1 und der diese Grundsätze konkretisierenden Vorschriften der DS-GVO nachweisen zu können, begründet die **Darlegungs- und Beweislast** des Verantwortlichen.[157] Dies führt damit zu einer Beweislastumkehr in dem Sinne, dass nicht die betroffene Person oder die Aufsichtsbehörde nachweisen müssen, dass der Verantwortliche nicht rechtmäßig gehandelt und nicht die für die Umsetzung der Grundsätze geeigneten technischen und organisatorischen Maßnahmen getroffen hat, sondern dass umgekehrt der Verantwortliche nachweisen muss, dass die Verarbeitung der DS-GVO diesen Grundsätzen entspricht.[158] Damit der Verantwortliche die entsprechenden Nachweise erbringen kann, ist eine ausreichende Dokumentation der umgesetzten technischen und organisatorischen Maßnahmen erforderlich.[159] Gemäß Art. 24 Abs. 3 kann für den Nachweis, dass der Verantwortliche seine Pflichten aus der DS-GVO erfüllt hat, die Einhaltung genehmigter Verhaltensregeln oder eines genehmigten Zertifizierungsverfahrens herangezogen werden. Die Nachweispflicht des Verantwortlichen für die Einhaltung des Grundsatzes der Rechtmäßigkeit umfasst auch den Nachweis, dass die von ihm durchgeführte Datenverarbeitung auf einem der Rechtsgründe des Art. 6 Abs. 1 beruht.[160] Der Verantwortliche muss deshalb in der Lage sein, die Voraussetzungen für die von ihm angewandte Rechtsgrundlage darzulegen. Diese Beweislast wird durch Art. 7 Abs. 1 für die Einwilligung ausdrücklich hervorgehoben, wonach der Verantwortliche nachweisen können muss, dass die betroffene Person in die Verarbeitung ihrer personenbezogenen Daten eingewilligt hat.[161]

Da die Verantwortung für die Rechtmäßigkeit der Datenverarbeitung nicht auf das Verhältnis zwischen dem Verantwortlichen und der Aufsichtsbehörde beschränkt ist, gilt die Nachweispflicht für die Datenverarbeitung **auch gegenüber der betroffenen Person.** Der EuGH[162]

---

[155] EuGH Urt. v. 14.12.2023 – C-340/21, ECLI:EU:C:2023:986 Rn. 50 ff. – Natsionalna agentsia; EuGH Urt. v. 4.5.2023 – C-60/22, ECLI:EU:C:2023:373 = ZD 2023, 606 Rn. 57 f. UZ/Deutschland; Stief ZD 2023, 609 (610) weist dazu zutreffend darauf hin, dass sich Rn. 60 ff. hinsichtlich Art. 26 und 30 allein auf den Rechtmäßigkeitsgrundsatz beziehen.
[156] Artikel-29-Datenschutzgruppe, Stellungnahme zum Grundsatz der Rechenschaftspflicht (WP 173), S. 13.
[157] EuGH Urt. v. 14.12.2023 – C-340/21, ECLI:EU:C:2023:986 Rn. 57 – Natsionalna agentsia; EuGH Urt. v. 4.5.2023 – C-60/22, ECLI:EU:C:2023:373 = ZD 2023, 606 Rn. 53 mAnm Stief ZD 2023, 609 – UZ/Deutschland; EuGH Urt. v. 4.7.2023 – C-252/21, ECLI:EU:C:2023:537 = ZD 2023, 664 Rn. 95 mAnm Moos/Rothkegel ZD 2023, 675 – Meta Platforms.
[158] EuGH Urt. v. 24.2.2022 – C-175/20, ECLI:EU:C:2022:164 = EuZW 2022, 527 Rn. 77 mAnm Zerdick – Valsts ieņēmumu dienests; BVerwG Urt. v. 2.3.2022 – 6 C 7.20, ZD 2022, 522 Rn. 50; Simitis/Hornung/Spiecker gen. Döhmann/Roßnagel DS-GVO Art. 5 Rn. 186; Gola/Heckmann/Pötters DS-GVO Art. 5 Rn. 35; Kühling/Buchner/Herbst DS-GVO Art. 5 Rn. 79; Albrecht/Jotzo DatenschutzR Teil 2 Rn. 18; Auernhammer/Kramer DS-GVO Art. 5 Rn. 66; Hense ZD 2022, 413 (414); BeckOK DatenschutzR/Schantz DS-GVO Art. 5 Rn. 39; aA Veil ZD 2018, 9 (12); Wybitul/Celik ZD 2019, 529 (529 f.); Dittrich/Ippach RDV 2021, 77 (79); Berning ZD 2018, 348 (349 ff.).
[159] Vgl. zu diesen Dokumentationspflichten Lepperhoff RDV 2016, 197 (198 ff.); Forgó/Helfrich/Schneider Betr. Datenschutz-HdB/Haag II.1. Rn. 2 und 3; Auernhammer/Kramer DS-GVO Art. 5 Rn. 64.
[160] EuGH Urt. v. 4.5.2023 – C-60/22, ECLI:EU:C:2023:373 = ZD 2023, 606 Rn. 54 ff. mAnm Stief ZD 2023, 609 – UZ/Deutschland.
[161] EuGH Urt. v. 4.7.2023 – C-252/21, ECLI:EU:C:2023:537 = ZD 2023, 664 Rn. 152 mAnm Moos/Rothkegel ZD 2023, 675 – Meta Platforms; EuGH Urt. v. 11.11.2020 – C-61/19, ECLI:EU:C:2020:901 = ZD 2021, 89 Rn. 42 – Orange România.
[162] EuGH Urt. v. 24.2.2022 – C-175/20, ECLI:EU:C:2022:164 = EuZW 2022, 527 Rn. 77, 81 mAnm Zerdick – Valsts ieņēmumu dienests.

und dem folgend das BVerwG[163] haben der Auffassung, dass die Rechenschaftspflicht nur im Verhältnis zur Aufsichtsbehörde relevant sei[164], „eine klare Absage" erteilt.[165] Für die **Geltendmachung von Schadensersatzansprüchen** nach Art. 82 bedeutet dies, dass die betroffene Person zwar nachweisen muss, dass durch die Datenverarbeitung ein Schaden entstanden ist,[166] dass aber die Beweislast für die Einhaltung der Grundsätze bei der Datenverarbeitung beim Verantwortlichen liegt.[167] Kann der Verantwortliche diesen Nachweis für die rechtskonforme Umsetzung der Anforderungen der DS-GVO durch geeignete technische und organisatorische Maßnahmen im Einzelfall nicht führen, geht dies zu seinen Lasten. In einem solchen Fall dürfte auch der Exkulpationsnachweis (Art. 82 Abs. 3) schwerlich zu erbringen sein.[168]

45 **4. Reichweite der Verantwortung, Sanktionen.** Unterliegt die Verarbeitung mehreren Verantwortlichen, umfasst die Rechenschaftspflicht auch die Festlegung und Verteilung der Verpflichtungen gemäß Art. 26 Abs. 1 S. 2 und Abs. 2 zwischen diesen **gemeinsam Verantwortlichen**.[169] Die Zuteilung der Verantwortlichkeiten im Innenverhältnis berührt jedoch nicht die Stellung (Art. 26 Abs. 3) und Haftung (Art. 82 Abs. 4) gegenüber der betroffenen Person und damit auch nicht die Rechenschaftspflicht jedes einzelnen der Verantwortlichen. Bei der Zurechnung von Verstößen gegen die Grundsätze des Art. 5 Abs. 1 ist jedoch zu beachten, dass sich daraus nicht zwangsläufig eine gleichwertige Verantwortlichkeit für dieselbe Verarbeitung ergibt, sondern der Grad der Verantwortlichkeit eines jeden von ihnen unter Berücksichtigung der maßgeblichen Umstände des Einzelfalls zu beurteilen ist.[170] Diesen Grad der Verantwortlichkeit und die sich daraus ergebenden Anforderungen an die Rechenschaftspflicht jedes einzelnen dieser Verantwortlichen hat die Aufsichtsbehörde im Rahmen ihres Auswahlermessen zu berücksichtigen, ob sie bei einem Verstoß gegen datenschutzrechtliche Vorschriften alle oder nur einen der gemeinsam Verantwortlichen in Anspruch nimmt.[171]

46 Die Anforderungen an die Rechenschaftspflicht sind entsprechend den für die Verarbeitung personenbezogener Daten eingesetzten Technologien zu konkretisieren. Dies gilt zum Beispiel für den Nachweis der Einhaltung der Grundsätze im Bereich der sozialen Netzwerke über das Design des Nutzer Interfaces.[172] Bei der Verarbeitung personenbezogener Daten in Systemen **künstlicher Intelligenz** erfordert die Rechenschaftspflicht von den (gemeinsam) Verantwortlichen, dass sie auch in diesem Zusammenhang die Einhaltung der Grundsätze durch geeignete technische und organisatorische Maßnahmen gewährleisten.[173] Entsprechend den Rollen der Akteure in dem jeweiligen Kontext sind deshalb auch insoweit „Rechenschaftsstrukturen zu etablieren", die die Verantwortlichkeit und Haftung mit der Verfügung über algorithmische Systeme verknüpfen.[174] Dementsprechend sind Hochrisiko-KI-Systeme so zu konzipieren und zu entwickeln, dass sie von natürlichen Personen wirksam beaufsichtigt und beherrscht werden können, um Risiken für die Gesundheit, die Sicherheit oder die Grundrechte zu verhindern

---

[163] BVerwG Urt. v. 2.3.2022 – 6 C 7.20, ZD 2022, 522 Rn. 50.
[164] *Thüsing/Zhou* ZD 2024, 3 (5); *Wybitul/Leibold* ZD 2022, 207 (209); *Wybitul/Celik* ZD 2019, 529 (530).
[165] *Zerdick* EuZW 2022, 532 (533); ebenso *Hense* ZD 2022, 413 (414).
[166] EuGH Urt. v. 4.5.2023 – C-300/21, ECLI:EU:C:2023:370 = ZD 2023, 446 Rn. 32 f. mAnm *Mekat/Ligocki* – UI/Österreichische Post.
[167] EuGH Urt. v. 14.12.2023 – C-340/21, ECLI:EU:C:2023:986 Rn. 50 ff. – Natsionalna agentsia; OLG Hamm Urt. v. 15.8.2023 – 7 U 19/23 = ZD 2024, 36 Rn. 76 ff.; OLG Stuttgart Urt. v. 18.5.2021 – 12 U 296/20, ZD 2022, 105 Rn. 26; Gola/Heckmann/*Pötters* DS-GVO Art. 5 Rn. 35.
[168] Kühling/Buckner/*Herbst* DS-GVO Art. 5 Rn. 79; Simitis/Hornung/Spiecker gen. Döhmann/*Boehm* DS-GVO Art. 82 Rn. 31.
[169] Simitis/Hornung/Spiecker gen. Döhmann/*Petri* DS-GVO Art. 26 Rn. 30.
[170] EuGH Urt. v. 29.7.2019 – C-40/17, ECLI:EU:C:2019:629 = ZD 2019, 455 Rn. 70 – Fashion ID; EuGH Urt. v. 10.7.2018 – C-25/17, ECLI:EU:C:2018:551 = ZD 2018, 469 Rn. 66 mAnm *Hoeren* – Zeugen Jehovas; EuGH Urt. v. 5.6.2018 – C-210/16, ECLI:EU:C:2018:388 = ZD 2018, 357 Rn. 43 mAnm *Marosi/Matthé* ZD 2018, 361, und *Schulz* ZD 2018, 363 – Wirtschaftsakademie Schleswig-Holstein.
[171] Vgl. Paal/Pauly/*Martini* DS-GVO Art. 26 Rn. 37c.
[172] Europäischer Datenschutzausschuss, Guidelines 03/2022 on deceptive design patterns in social media platform interfaces, Rn. 13.
[173] Vgl. Arbeitsunterlage der Kommissionsdienststellen v. 24.6.2020 SWD(2020) 115 final, 32; Europäischer Datenschutzausschuss/Europäischer Datenschutzbeauftragter, Gemeinsame Stellungnahme 5/2021, Rn. 60; Hambacher Erklärung der DSK zur Künstlichen Intelligenz v. 3.4.2019, DuD 2019, 375 (376); *Conrad* DuD 2017, 740 (743).
[174] Vgl. Gutachten der Datenethikkommission der Bundesregierung vom Oktober 2019, S. 171; OECD Empfehlungen zu künstlicher Intelligenz v. 22.5.2019 C(2019)34, Nr. 1.2 Buchst. b u. Nr. 1.5.

oder zu minimieren.[175] Dazu gehört auch die Befugnis der „Personen, denen die menschliche Aufsicht übertragen" worden ist, zu beschließen, das System nicht zu verwenden oder dessen Ergebnis außer Acht zu lassen, außer Kraft zu setzen oder rückgängig zu machen und mit einer „Stopptaste" den Systembetrieb zu unterbrechen.[176]

Die Verantwortung und Nachweispflicht des Verantwortlichen umfasst auch die die Verarbeitung durch den **Auftragsverarbeiter,** der die Verarbeitung in seinem Auftrag durchführt.[177] Zwar enthält die DS-GVO eigenständige Pflichten des Auftragsverarbeiters. Insbesondere ist der Auftragsverarbeiter durch Art. 32 Abs. 1 ebenfalls unmittelbar verpflichtet, geeignete technische und organisatorische Maßnahmen zu treffen, um dem mit der Datenverarbeitung verbundenem Risiko Rechnung zu tragen. Als Auftragnehmer des Verantwortlichen untersteht er jedoch dessen Kontrolle und Verantwortung. Erwägungsgrund 74 stellt klar, dass die Verantwortung und Haftung des Verantwortlichen für jede Verarbeitung personenbezogener Daten auch dann gilt, wenn sie nicht durch ihn selbst, sondern in seinem Namen erfolgt.[178] Diese Verantwortung zeigt sich insbesondere in der Verpflichtung des Verantwortlichen nur mit einem Auftragsverarbeiter zusammenzuarbeiten, der die Einhaltung der Anforderungen der DS-GVO und dem Schutz der Rechte der betroffenen Personen gewährleistet (Art. 28 Abs. 1).[179] Nach Art. 29 dürfen die Daten von dem Auftragsverarbeiter und seinen Beschäftigten grundsätzlich nur auf Weisung des Verantwortlichen verarbeitet werden. Der Auftragsverarbeiter wiederum muss gemäß Art. 28 Abs. 3 Buchst. h dem Verantwortlichen alle erforderlichen Informationen geben, damit dieser seine Rechenschaftspflicht wahrnehmen kann.[180]

47

Von seiner Verantwortung kann sich der Verantwortliche deshalb nicht durch die Beauftragung eines Auftragsverarbeiters befreien. Entsprechendes gilt für die Benennung eines betrieblichen oder behördlichen Datenschutzbeauftragten, der den Verantwortlichen bei der Erfüllung der Pflichten nach der DS-GVO unterstützt, aber nicht an dessen Stelle tritt (→ Art. 37 Rn. 15). Auch in diesen Fällen bleibt es deshalb bei der **Verantwortung und Haftung des Verantwortlichen** für „jedwede Verarbeitung personenbezogener Daten, die durch ihn oder in seinem Namen erfolgt".[181] Zur Durchsetzung der sich daraus ergebenden Pflichten kann die Aufsichtsbehörde bei Verstößen gegen die Grundsätze des Art. 5 gegen den Verantwortlichen neben oder anstelle der Wahrnehmung ihrer anderen Befugnisse aus Art. 58 Abs. 2 eine Geldbuße von bis zu 20 Mio. EUR oder im Falle eines Unternehmens von bis zu 4 Prozent seines gesamten weltweit erzielten Jahresumsatzes des vorangegangenen Geschäftsjahres verhängen (Art. 83 Abs. 5 Buchst. a).[182] Eine Geldbuße mit gleichem Sanktionsrahmen droht gemäß Art. 83 Abs. 6 bei Nichtbefolgung einer Anweisung, mit der die Aufsichtsbehörde Anforderungen der Grundsätze für die konkrete Datenverarbeitung spezifiziert hat.[183]

48

C. Rechtsschutz

Neben dem Recht auf Beschwerde bei der Aufsichtsbehörde (Art. 77) gewährleistet Art. 79 Abs. 1 der betroffenen Person den **gerichtlichen Rechtsschutz gegen den Verantwortlichen,** wenn sie der Ansicht ist, dass die ihr nach der DS-GVO zustehenden Rechte durch die Verarbeitung ihrer personenbezogenen Daten verletzt wurden. Für den Rechtsschutz bei einer Verarbeitung, die nicht im Einklang mit den Grundsätzen des Art. 5 erfolgt ist, kommt es deshalb auf die Rechte der betroffenen Person an, die auf diesen Grundsätzen beruhen. Diese gerichtlich durchsetzbaren Rechte sind vor allem die Vorschriften des Kapitels III, die die

49

---

[175] Vgl. Art. 14 des Vorschlags für ein KI-Gesetz, COM(2021) 206 final; Hilgendorf/Roth-Isigkeit KI-Verordnung/*Kumkar* § 6 Rn. 23 ff.
[176] Art. 14 Abs. 4 Buchst. d und e des Vorschlags für ein KI-Gesetz, COM(2021) 206 final.
[177] Ebenso Simitis/Hornung/Spiecker gen. Döhmann/*Petri* DS-GVO Art. 24 Rn. 9; Schwartmann/Jaspers/Thüsing/Kugelmann/*Jaspers/Schwartmann/Hermann* DS-GVO Art. 5 Rn. 82; Taeger/Gabel/*Voigt* DS-GVO Art. 5 Rn. 46; aA Kühling/Buchner/*Herbst* DS-GVO Art. 5 Rn. 1; Gierschmann/Schlender/Stentzel/Veil/*Buchholtz/Stentzel* DS-GVO Art. 5 Rn. 6.
[178] Erwägungsgrund 74 S. 1.
[179] Vgl. Europäischer Datenschutzausschutz, Leitlinien 7/2020 zu „Verantwortlicher" und „Auftragsverarbeiter", Rn. 8.
[180] *Albrecht/Jotzo* DatenschutzR Teil 2 Rn. 19.
[181] Erwägungsgrund 74 S. 1.
[182] Krit. zur Bußgeldbewehrung der Datenschutzgrundsätze Paal/Pauly/*Frenzel* DS-GVO Art. 5 Rn. 2, Art. 83 Rn. 24; Gierschmann/Schlender/Stentzel/Veil/*Buchholtz/Stentzel* DS-GVO Art. 5 Rn. 54.
[183] *Roßnagel* ZD 2018, 339 (344).

Grundsätze konkretisieren. So kann sich die betroffene Person in Bezug auf das Transparenzprinzip auf die Verpflichtung zur transparenten Information (Art. 12) und die Informationspflichten (Art. 13 und 14) berufen sowie auf das Auskunftsrecht (Art. 15), das bereits ausdrücklich durch Art. 8 Abs. 2 S. 2 der Charta gewährleistet ist. Das ebenfalls durch dieses Grundrecht gewährleistete Berichtigungsrecht (Art. 16) beruht auf dem Grundsatz der Richtigkeit. Bei einer unrechtmäßigen Verarbeitung der personenbezogenen Daten greift insbesondere das Löschungsrecht (Art. 17 Abs. 1 Buchst. d). In Bezug auf den Rechtmäßigkeitsgrundsatz und den Zweckbindungsgrundsatz ergibt sich bei einer Verletzung der Anforderungen an die Rechtmäßigkeit der Datenverarbeitung (Art. 6 Abs. 1) eine subjektive Rechtsposition bereits unmittelbar aus Art. 8 Abs. 1 iVm Abs. 2 der Charta, die ausdrücklich eine Einwilligung oder eine gesetzlich festgelegte legitime Grundlage als Rechtsgrundlage für die Datenverarbeitung erfordert.[184] Die Darlegungs- und Beweislast dafür, dass die Verarbeitung der DS-GVO entspricht, liegt beim Verantwortlichen (→ Rn. 43 f.). Für Klagen wegen einer Verletzung dieser Rechte sind die Gerichte des Mitgliedstaates zuständig, in dem der Verantwortliche seine Niederlassung hat (Art. 79 Abs. 2 S. 1). Befindet sich die Niederlassung in einem anderen Mitgliedstaat, kann die betroffene Person gemäß Art. 79 Abs. 2 S. 2 die Klage auch vor den Gerichten in ihrem eigenen Mitgliedstaat erheben, sofern der Beklagte nicht eine Behörde in einem anderen Mitgliedstaat ist, die in hoheitlicher Funktion die Daten verarbeitet. In Deutschland kann die Klage bei dem Gericht des Ortes erhoben werden, an dem sich die Niederlassung befindet oder an dem die betroffene Person ihren gewöhnlichen Aufenthaltsort hat.[185] Für Klagen gegen eine Behörde, die in Ausübung ihrer hoheitlichen Befugnisse tätig geworden ist, gelten die gerichtlichen Zuständigkeitszuweisungen des Mitgliedstaates dieser Behörde.

50 Ergreift die Aufsichtsbehörde Maßnahmen gegen den Verantwortlichen zur Durchsetzung der Datenschutzgrundsätze und der Rechenschaftspflicht, ist dieser nach Art. 78 Abs. 1 als Adressat einer ihn betreffenden rechtsverbindlichen Maßnahme befugt, **Klage gegen die Aufsichtsbehörde** erheben. Auch hier gilt, dass der Verantwortliche auf Grund seiner Rechenschaftspflicht nachweisen muss, dass er die nach erforderlichen technischen und organisatorischen Maßnahmen umgesetzt hat, damit die Verarbeitung der DS-GVO entspricht. Für diese Klagen sind gemäß Art. 78 Abs. 3 die Gerichte des Mitgliedstaates zuständig, in dem die Aufsichtsbehörde ihren Sitz hat. In Deutschland ist für eine Klage gegen die Verwaltungsakte der Aufsichtsbehörde das Verwaltungsgericht zuständig, in dessen Gerichtsbezirk sich die Behörde befindet.[186] In Österreich ist für Klagen gegen Maßnahmen der Aufsichtsbehörde das Bundesverwaltungsgericht zuständig.[187]

D. Nationale Durchführung

51 Da die Grundsätze des Art. 5 unmittelbar in allen Mitgliedstaaten gelten, lassen sie **weder eine Umsetzung noch eine Modifikation oder Verweisung im nationalen Recht** zu. Beschränkungen einzelner Grundsätze durch nationales Recht sind nur in den engen Grenzen und den Bedingungen des Art. 23 und Art. 85 zulässig (→ Rn. 7 und 8). Mit dem Rechtsetzungsspielraum nach Art. 85 Abs. 1 und 2 ist aber der (nahezu) vollständige Ausschluss der Anwendung des Art. 5 zu journalistischen, künstlerischen oder literarischen Zwecken in **Deutschland** in Landes-Datenschutzgesetzen und Medien-Staatsverträgen[188] nicht vereinbar. Konkretisierungen einzelner Grundsätze sind auf der Grundlage von Art. 6 Abs. 3 S. 3 oder Art. 88 Abs. 2 zulässig, jedoch ist eine Wiederholung der Grundsätze oder eine Verweisung auf Art. 5, wie sie für den Beschäftigungskontext § 26 Abs. 5 BDSG oder § 23 Abs. 5 HessDSIG normiert, auch

---

[184] Calliess/Ruffert/*Kingreen* GRCh Art. 8 Rn. 12; *Jarass* GRCh Art. 8 Rn. 2; Taeger/Gabel/*Taeger* DS-GVO Art. 6 Rn. 185.
[185] § 44 Abs. 1 und 2 BDSG.
[186] § 20 Abs. 1 bis 3 BDSG; zur Zuständigkeit der Amtsgerichte und Landgerichte für Bußgeldverfahren vgl. § 68 OWiG und § 41 Abs. 1 S. 3 BDSG.
[187] § 27 Abs. 1 DSG 2018.
[188] So erklären zB die Datenschutzgesetze von Bayern, Berlin, Brandenburg, Mecklenburg-Vorpommern, Nordrhein-Westfalen, Sachsen-Anhalt und Thüringen (Art. 38 Abs. 1 BayDSG, § 19 Abs. 1 S. 2 BlnDSG, 29 Abs. 1 S. 1 BbgDSG, § 12 Abs. 1 S. 1 DSG MV, § 19 Abs. 1 S. 1 DSG NRW, § 25 Abs. 1 S. 2 DSAG LSA, § 25 Abs. 1 S. 1 ThürDSG) und § 12 Abs. 1 S. 1 des Medienstaatsvertrag lediglich den Grundsatz der Integrität und Vertraulichkeit für anwendbar; § 19 LDSG BW verweist zusätzlich auf Art. 5 Abs. 2 DS-GVO. Lediglich § 12 Abs. 1 HmbDSG erklärt für die Datenverarbeitung zu künstlerischen Zwecken neben Art. 5 Abs. 1 Buchst. f auch Buchst. b für anwendbar.

aus Gründen der Kohärenz oder der Verständlichkeit nicht gerechtfertigt.[189] Eine solche Bezugnahme könnte möglicherweise sogar „zu der irrigen Vermutung" führen, dass „in allen anderen Fällen des Umgangs mit personenbezogenen Daten Art. 5 DS-GVO nicht anzuwenden wäre".[190]

In **Österreich** besteht in Bezug auf die Umsetzung des Art. 85 eine entsprechende Problematik. § 9 Abs. 2 S. 1 DSG 2018 erklärt für die Verarbeitung zu wissenschaftlichen, künstlerischen oder literarischen Zwecken u.a. das Kapitel II der DS-GVO zwar ausdrücklich „mit Ausnahme des Art. 5" nicht für anwendbar. Für die Verarbeitung von personenbezogenen Daten durch Medieninhaber, Herausgeber, Medienmitarbeiter und Arbeitnehmer eines Medienunternehmens oder Mediendienstes im Sinne des Mediengesetzes, zu journalistischen Zwecken des Medienunternehmens oder Mediendienstes schließt jedoch § 9 Abs. 1 S. 1 DSG 2018 die Anwendung des Kapitels II der DS-GVO und damit auch des Art. 5 vollständig aus, ohne dass dies durch den Rechtsetzungsauftrag des Art. 85 gerechtfertigt ist.[191] **52**

E. Ausblick

Die in Art. 5 niedergelegten Grundsätze mit ihrer grundrechtlichen Verankerung in Art. 8 Abs. 2 GRCh bauen auf **Strukturprinzipien des Datenschutzes** auf, die sich schon in der Übereinkommen 108 des Europarats von 1981 finden und sich seither in den verschiedenen technischen, wirtschaftlichen und sozialen Zusammenhängen bewährt haben.[192] Gegenüber der Kritik an einer Unvollständigkeit dieser Grundsätze[193] ist darauf hinzuweisen, dass diese Vorgaben für die Datenverarbeitung keine abschließenden und isolierten Elemente darstellen, sondern im Zusammenhang mit weiteren Grundsätzen wie dem des Datenschutzes durch Technikgestaltung und dem risikobasierten Ansatz stehen und den Bindungen der Charta unterliegen. Die „wertungsbedürftigen und ausfüllungsbedürftigen Begriffen" dieser Vorschrift schwächen auch nicht die Bedeutung dieser Vorgaben für die Rechtsanwendung.[194] Abgesehen davon, dass die DS-GVO selbst in nachfolgenden Vorschriften diese Grundsätze weiter auffächert und ergänzt, sind die in Art. 5 festgelegten Grundsätze vielmehr **wesensmäßig auf eine Konkretisierung angelegt,** um die notwendige Offenheit für die konkreten Verarbeitungssituationen und Technologien zu gewährleisten. Rückmeldungen aus der Praxis im Rahmen der ersten Evaluierung der DS-GVO bestätigen, dass kein grundsätzliches Spannungsverhältnis zwischen den bewährten Grundsätzen und neuen Technologien besteht, sondern sich die Erwartungen vielmehr an die **Orientierung für die Anwendung der Grundsätze** auf spezifische Verarbeitungssituationen und neue technologische Herausforderungen richten.[195] Für die Präzisierung des rechtlichen Rahmens für die Datenverarbeitung und den Schutz der betroffenen Personen sind Leitlinien des Europäische Datenschutzausschusses und die Judikatur des EuGH und der nationalen Gerichte, die bereits in dem bisherigen Zeitraum der Geltung der DS-GVO erheblich zur Konkretisierung und Rechtssicherheit bei der Anwendung und Auslegung der Grundsätze beigetragen haben, zunehmend von Bedeutung, ohne dass dazu legislative Änderungen des Art. 5 erforderlich sind.[196] Die von diesen Grundsätzen gesetzten Grundbedingungen für die Verarbeitung personenbezogener Daten sind auch **relevant für neue technologische Entwicklungen** mit einer datenintensiven Verarbeitung und der Nutzung künstlicher Intelligenz.[197] Die Herausforderung besteht dabei darin, einer dominierenden „Prägung der normativen Standards durch technologiebasierte Vorgaben"[198] mit dem grundrechts- und risikobasierte Ansatz des europäischen Datenschutzrechts und einer klaren Zuweisung der Verantwortlichkeit **53**

---

[189] EuGH Urt. v. 30.3.2023 – C-34/21, ECLI:EU:C:2023:270 Rn. 71 – Hauptpersonalrat; Paal/Pauly/*Frenzel* Art. 5 Rn. 54; Auernhammer/*Meder* BDSG § 26 Rn. 80.
[190] VG Wiesbaden Beschl. v. 21.12.2020 – 23 K 1 1360/20.WI.PV, ZD 2021, 393 Rn. 31.
[191] Vgl. Bresich/Dopplinger/Dörnhöfer/Kunnert/*Kunnert* DSG § 9 Rn. 5, 10, 12.
[192] Kuner/Bygrave/Docksey/*de Terwangne* GDPR Art. 5 Abschn. A.
[193] Vgl. Simitis/Hornung/Spiecker gen. Döhmann/*Roßnagel* DS-GVO Art. 5 Rn. 190.
[194] So jedoch Simitis/Hornung/Spiecker gen. Döhmann/*Roßnagel* DS-GVO Art. 5 Rn. 191.
[195] Vgl. Multi-Stakeholder Expert Group, Bericht v. 17.6.2020, S. 29 ff.
[196] Änderungsvorschläge zB von *Roßnagel/Geminn* DS-GVO verbessern S. 46 f., 116, beschränken sich auf Einzelpunkte wie die Ergänzung um einen ausdrücklichen Grundsatz der Datensparsamkeit und der sprachlichen Unterscheidung von dem deutschen Rechtsverständnis des Grundsatzes von Treu und Glauben.
[197] Vgl. Europäische Kommission, Mitteilung v. 24.6.2020, COM(2020) 264 final, 13, und die begleitende Arbeitsunterlage der Kommissionsdienststellen v. 24.6.2020, SWD(2020) 115 final, 32.
[198] Terhechte Verwaltungsrecht der EU/*Benecke/Spiecker gen. Döhmann* § 23 Rn. 96.

zu begegnen. Unabhängig davon, welche Datenverarbeitungsvorgänge und Techniken angewandt werden, sind die in Art. 5 niedergelegten Grundsätze „eine solide Grundlage für den Schutz personenbezogener Daten".[199]

Art. 6 Rechtmäßigkeit der Verarbeitung

(1) *[1] Die Verarbeitung ist nur rechtmäßig, wenn mindestens eine der nachstehenden Bedingungen erfüllt ist:*
a) **Die betroffene Person hat ihre Einwilligung zu der Verarbeitung der sie betreffenden personenbezogenen Daten für einen oder mehrere bestimmte Zwecke gegeben;**
b) **die Verarbeitung ist für die Erfüllung eines Vertrags, dessen Vertragspartei die betroffene Person ist, oder zur Durchführung vorvertraglicher Maßnahmen erforderlich, die auf Anfrage der betroffenen Person erfolgen;**
c) **die Verarbeitung ist zur Erfüllung einer rechtlichen Verpflichtung erforderlich, der der Verantwortliche unterliegt;**
d) **die Verarbeitung ist erforderlich, um lebenswichtige Interessen der betroffenen Person oder einer anderen natürlichen Person zu schützen;**
e) **die Verarbeitung ist für die Wahrnehmung einer Aufgabe erforderlich, die im öffentlichen Interesse liegt oder in Ausübung öffentlicher Gewalt erfolgt, die dem Verantwortlichen übertragen wurde;**
f) **die Verarbeitung ist zur Wahrung der berechtigten Interessen des Verantwortlichen oder eines Dritten erforderlich, sofern nicht die Interessen oder Grundrechte und Grundfreiheiten der betroffenen Person, die den Schutz personenbezogener Daten erfordern, überwiegen, insbesondere dann, wenn es sich bei der betroffenen Person um ein Kind handelt.**
[2] Unterabsatz 1 Buchstabe f gilt nicht für die von Behörden in Erfüllung ihrer Aufgaben vorgenommene Verarbeitung.

(2) Die Mitgliedstaaten können spezifischere Bestimmungen zur Anpassung der Anwendung der Vorschriften dieser Verordnung in Bezug auf die Verarbeitung zur Erfüllung von Absatz 1 Buchstaben c und e beibehalten oder einführen, indem sie spezifische Anforderungen für die Verarbeitung sowie sonstige Maßnahmen präziser bestimmen, um eine rechtmäßig und nach Treu und Glauben erfolgende Verarbeitung zu gewährleisten, einschließlich für andere besondere Verarbeitungssituationen gemäß Kapitel IX.

(3) ¹Die Rechtsgrundlage für die Verarbeitungen gemäß Absatz 1 Buchstaben c und e wird festgelegt durch

a) Unionsrecht oder
b) das Recht der Mitgliedstaaten, dem der Verantwortliche unterliegt.

²Der Zweck der Verarbeitung muss in dieser Rechtsgrundlage festgelegt oder hinsichtlich der Verarbeitung gemäß Absatz 1 Buchstabe e für die Erfüllung einer Aufgabe erforderlich sein, die im öffentlichen Interesse liegt oder in Ausübung öffentlicher Gewalt erfolgt, die dem Verantwortlichen übertragen wurde. ³Diese Rechtsgrundlage kann spezifische Bestimmungen zur Anpassung der Anwendung der Vorschriften dieser Verordnung enthalten, unter anderem Bestimmungen darüber, welche allgemeinen Bedingungen für die Regelung der Rechtmäßigkeit der Verarbeitung durch den Verantwortlichen gelten, welche Arten von Daten verarbeitet werden, welche Personen betroffen sind, an welche Einrichtungen und für welche Zwecke die personenbezogenen Daten offengelegt werden dürfen, welcher Zweckbindung sie unterliegen, wie lange sie gespeichert werden dürfen und welche Verarbeitungsvorgänge und -verfahren angewandt werden dürfen, einschließlich Maßnahmen zur Gewährleistung einer rechtmäßig und nach Treu und Glauben erfolgenden Verarbeitung, wie solche für sonstige besondere Verarbeitungssituationen gemäß Kapitel IX. ⁴Das Unionsrecht oder das Recht der Mitgliedstaaten müssen ein im öffentlichen Interesse

---

[199] Vgl. die Schlussfolgerung der Kommission im Rahmen der ersten Evaluierung der DS-GVO, Arbeitsunterlage der Kommissionsdienststellen SWD(2020) 115 final, 32.

liegendes Ziel verfolgen und in einem angemessenen Verhältnis zu dem verfolgten legitimen Zweck stehen.

(4) Beruht die Verarbeitung zu einem anderen Zweck als zu demjenigen, zu dem die personenbezogenen Daten erhoben wurden, nicht auf der Einwilligung der betroffenen Person oder auf einer Rechtsvorschrift der Union oder der Mitgliedstaaten, die in einer demokratischen Gesellschaft eine notwendige und verhältnismäßige Maßnahme zum Schutz der in Artikel 23 Absatz 1 genannten Ziele darstellt, so berücksichtigt der Verantwortliche – um festzustellen, ob die Verarbeitung zu einem anderen Zweck mit demjenigen, zu dem die personenbezogenen Daten ursprünglich erhoben wurden, vereinbar ist – unter anderem

a) jede Verbindung zwischen den Zwecken, für die die personenbezogenen Daten erhoben wurden, und den Zwecken der beabsichtigten Weiterverarbeitung,

b) den Zusammenhang, in dem die personenbezogenen Daten erhoben wurden, insbesondere hinsichtlich des Verhältnisses zwischen den betroffenen Personen und dem Verantwortlichen,

c) die Art der personenbezogenen Daten, insbesondere ob besondere Kategorien personenbezogener Daten gemäß Artikel 9 verarbeitet werden oder ob personenbezogene Daten über strafrechtliche Verurteilungen und Straftaten gemäß Artikel 10 verarbeitet werden,

d) die möglichen Folgen der beabsichtigten Weiterverarbeitung für die betroffenen Personen,

e) das Vorhandensein geeigneter Garantien, wozu Verschlüsselung oder Pseudonymisierung gehören kann.

Literatur: *Albrecht*, Das neue EU-Datenschutzrecht – von der Richtlinie zur Verordnung, CR 2016, 88; *Albrecht/Jotzo*, Das neue Datenschutzrecht der EU, 2016; *Albrecht/Wybitul*, BDSG-neu: BMI-Entwurf für ein Datenschutz-Anpassungs- und -Umsetzungsgesetz EU, ZD 2017, 51; *Artikel-29-Datenschutzgruppe*, Leitlinien für Transparenz gemäß der Verordnung 2016/679 (WP 260rev.01) idF v. 11.4.2018; *Artikel-29-Datenschutzgruppe*, Leitlinien zu automatisierten Entscheidungen im Einzelfall einschließlich Profiling für die Zwecke der Verordnung 2016/679 (WP 251rev.01) idF v. 6.2.2018; *Artikel-29-Datenschutzgruppe*, Stellungnahme 6/2014 zum Begriff des berechtigten Interesses des für die Verarbeitung Verantwortlichen gemäß Artikel 7 der Richtlinie 95/46/EG v. 9.4.2014 (WP 217); *Artikel-29-Datenschutzgruppe*, Opinion 3/2013 on purpose limitation v. 2.4.2013 (WP 203); *Artikel-29-Datenschutzgruppe*, Stellungnahme 15/2011 zur Definition von Einwilligung v. 13.7.2011 (WP 187); *Benecke/Spiecker gen. Döhmann*, Europäisches Datenschutzverwaltungsrecht, in Terhechte (Hrsg.) Verwaltungsrecht der Europäischen Union, 2. Aufl. 2022, § 23 S. 977; *Benecke/Wagner*, Öffnungsklauseln in der Datenschutz-Grundverordnung und das deutsche BDSG – Grenzen und Gestaltungsspielräume für ein nationales Datenschutzrecht, DVBl. 2016, 600; *Bieresborn*, Sozialdatenschutz nach Inkrafttreten der EU-Datenschutzgrundverordnung – Anpassungen des nationalen Sozialdatenschutzes an das europäische Recht, NZS 2017, 887; *Buchner*, Grundsätze und Rechtmäßigkeit der Datenverarbeitung unter der DS-GVO, DuD 2016, 155; *Buchner/Kühling*, Die Einwilligung in der Datenschutzgrundverordnung 2018, DuD 2017, 544; *Bundesministerium des Innern, für Bau und Heimat (BMI)*, Evaluierung des Gesetzes zur Anpassung des Datenschutzrechts an die Verordnung (EU) 2016/679 und zur Umsetzung der Richtlinie (EU) 2016/680, Oktober 2021; *Cherkeh/Heyn*, Veröffentlichung von Doping-Schiedssprüchen mittel der Datenbank NADAjus – aus insbesondere datenschutzrechtlicher Sicht, SpuRt 2020, 290; *Conrad*, Künstliche Intelligenz – Die Risiken für den Datenschutz, DuD 2017, 740; *Culik/Döpke*, Zweckbindungsgrundsatz gegen unterschiedslosen Einsatz von Big Data-Anwendungen, ZD 2017, 226; *Dammann*, Erfolge und Defizite der EU-Datenschutzgrundverordnung. Erwarteter Fortschritt, Schwächen und überraschende Innovationen, ZD 2016, 307; *Dehmel/Hullen*, Auf dem Weg zu einem zukunftsfähigen Datenschutz in Europa? Konkrete Auswirkungen der DS-GVO auf Wirtschaft, Unternehmen und Verbraucher, ZD 2013, 147; *Ehmann*, BDSG-neu: Gelungener Diskussionsentwurf oder erneuter untauglicher Versuch zur „Nachbesserung" der DS-DVO?, ZD-Aktuell 2016, 04216; *Ernst*, Die Einwilligung nach der Datenschutzgrundverordnung, ZD 2017, 110; *Eickelpasch*, Die zweite Stufe der Anpassung des Datenschutzrechts des Bundes an die EU-Datenschutz-Grundverordnung, RDV 2017, 219; *Etteldorf*, Niederlande: Keine gerichtliche Klärung der strengen Auslegung „berechtigter Interessen" durch Datenschutzaufsicht; ZD-Aktuell 2022, 01329; *Europäischer Datenschutzausschuss*, Guidelines 03/2022 on deceptive design patterns in social media platform interfaces: how to recognise and avoid them, Version 2.0 v. 14.2.2023; *Europäischer Datenschutzausschuss*, Leitlinien 7/2020 zu den Begriffen „Verantwortlicher" und „Auftragsverarbeiter" in der DSGVO, Version 2.0 v. 7.7.2021; *Europäischer Datenschutzausschuss*, Leitlinien 5/2020 zur Einwilligung gemäß Verordnung 2016/679, Version 1.1 v. 4.5.2020; *Europäischer Datenschutzausschuss*, Leitlinien 4/2020 für die Verwendung von Standortdaten und Tools zur Kontaktnachverfolgung im Zusammenhang mit dem Ausbruch von COVID-19 v. 21.4.2020; *Europäischer Datenschutzausschuss*, Leitlinien 3/2019 zur Verarbeitung personenbezogener Daten durch Videogeräte, Version 2.0 v. 29.1.2020; *Europäischer Datenschutzausschuss*, Leitlinien 2/2019 für die Verarbeitung personenbezogener Daten gemäß Art. 6 Abs. 1 Buchst. b DS-GVO im Zusammenhang mit der Erbringung von Online-Diensten für betroffene Personen, Version 2.0 v. 8.10.2019; *Europäischer Datenschutzausschuss/ Europäischer Datenschutzbeauftragter* Gemeinsame Stellungnahme 5/2021 zum Vorschlag für eine Verordnung des Europäischen Parlaments und des Rates zur Festlegung harmonisierter Vorschriften für künstliche Intelligenz (Gesetz über künstliche Intelligenz) und zur Änderung bestimmter Rechtsakte der Union v. 18.6.2021; *Fercher/Riedl*, DSGVO: Entstehungsgeschichte und Problemstellungen aus österreichischer Sicht, in Knyrim (Hrsg.), Datenschutz-Grundverordnung. Das neue Datenschutzrecht in Österreich und Europa, 2016, S. 7; *Ferretti*, Data Protection and the legitimate Interest of Data Controllers: Much ado about nothing or the winter of rights? Common Market Law Review (CMLR) 51 (2014), 843; *Gilga/Knaak*, Anpassungsgesetze Österreichs und Deutschlands an die DS-GVO im Vergleich, ZD-Aktuell 2017, 05708; *Greve*, Das neue Bundesdatenschutzgesetz, NVwZ 2017, 737; *Härting*, Datenschutz-Grundverordnung. Das neue Datenschutzrecht in der betrieblichen Praxis, 2016; *Heberlein*, Fotodokumentation von Parkverstößen – ein Recht für jedermann? BayVBl. 2023, 217; *Heberlein*, Datenschutz und Meinungsfreiheit, EuR 2021, 672; *Herrmann*, Anmerkungen zur Reform des europäischen Datenschutzrechts, ZD 2014, 439; *Hilgendorf/Roth-Isigkeit*, Die neue Verordnung der EU zur Künstlichen Intelligenz, 2023; *Kastelitz*, Grundsätze und Rechtmäßigkeit der Verarbeitung personenbezogener Daten (Art. 5–11 DSGVO), in Knyrim (Hrsg.), Datenschutz-Grundverordnung. Das neue Datenschutzrecht in Österreich und Europa, 2016, S. 99; *Krämer*, Die Verarbeitung personenbezogener Daten durch Inkassounternehmen und Auskunfteien nach der DS-GVO, NJW 2018, 347; *Krohm*, Abschied vom Schriftformerfordernis der Einwilligung, ZD 2016, 368; *Krusche*, Kumulation von Rechtsgrundlagen zur Datenverarbeitung, ZD 2020, 232; *Kühling/Sackmann*, Datenschutzordnung 2018 – nach der Reform ist vor der Reform?!, NVwZ 2018, 681; *Kühling*, Neues Bundesdatenschutzgesetz – Anpassungsbedarf bei Unternehmen, NJW 2017, 1985; *Kühling/Martini*, Die Datenschutz-Grundverordnung: Revolution oder Evolution im europäischen und deutschen Datenschutzrecht?, EuZW 2016, 448; *Kühling/ Martini* et al., Die Datenschutz-Grundverordnung und das nationale Recht, 2016; *Lachenmann*, Anmerkung zu BVerwG 6 C 2.18, ZD 2019, 374; *Lachenmann*, Neue Anforderungen an die Videoüberwachung, ZD 2017, 407; *Lehr/Becker*, Falschparkeranzeigen mit Fotobeweis – datenschutzrechtlich zulässig? ZD 2022, 370; *Loy/Baumgartner*, Consent-Banner und Nudging, ZD 2021, 404; *Mesch/Folkert*, Aufnahme von Bewerbern in einen „Talentpool", ZD 2021, 252; *Monreal*, Der europarechtliche Rahmen für das mitgliedstaatliche Beschäftigtendatenschutzrecht, ZD 2022, 359; *Multi-Stakeholder Expert Group*, Bericht zur Evaluierung der DS-GVO v. 17.6.2020; *Reding*, The European data protection framework for the twenty-first century, International Data Privacy Law 2012, Vol. 119, No. 3, 119; *Reding*, Sieben Grundbausteine der europäischen Datenschutzreform, ZD 2012, 195; *Rogall-Grothe*, Ein neues Datenschutzrecht für Europa, ZRP 2012, 193; *Roßnagel/Geminn*, Datenschutz-Grundverordnung verbessern, 2020; *Roßnagel*, Kein „Verbotsprinzip" und kein „Verbot mit Erlaubnisvorbehalt" im Datenschutzrecht, NJW 2019, 1; *Ruschemeier*, Anforderungen an datenschutzrechtliche Einwilligungen in Krisenzeiten, ZD 2020, 618; *Schildbach*, Zugang zu Daten der öffentlichen Hand und Datenalturims nach dem Entwurf des Daten-Governance-Gesetzes, ZD 2022, 148; *Schneider/Härting*, Wird der Datenschutz nun endlich internettauglich? ZD 2012, 199; *Schröder*, Datenschutz beim Kameraeinsatz im Automobil, ZD 2021, 302; *Schwartmann/Jacquemain*, Die DS-GVO und ihre Auswirkung auf die Bundesländer, RDV 2018, 65; *Spies*, Zweckfestlegung der Datenverarbeitung durch den Verantwortlichen, ZD 2022, 75; *Uecker*, Die Einwilligung im Datenschutzrecht und ihre Alternativen, ZD 2019, 248; *Veil*, Einwilligung oder berechtigtes Interesse? – Datenverarbeitung zwischen Skylla und Charybdis, NJW 2018, 3337; *Veil*, Die Datenschutz-Grundverordnung: des Kaisers neue Kleider, NVwZ 2018, 686; *Voigt*, Konzerninterne Datentransfers, CR 2017, 428; *Wanser*, Anlassloses Fotografieren von Kfz-Kennzeichen vor Falschparkern durch Private ist datenschutzwidrig, ZD-Aktuell 2021, 05574; *Will*, Anmerkung zu BVerwG 7 C 5.17, ZD 2019, 233; *Zavadil/Rohner*, Berechtige Interessen als Rettung für eine ungültige Einwilligungserklärung? ZD 2022, 312; *Ziebarth*, Verbesserte Videoüberwachung? Auswirkungen des Videoüberwachungsverbesserungsgesetzes vor und nach Wirksamwerden der DS-GVO, ZD 2017, 467.

Rechtsprechung: EuGH Urt. v. 21.12.2023 – C-667/21, ECLI:EU:C:2023:433 – Krankenversicherung Nordrhein; EuGH Urt. v. 7.12.2023 – C-26/22 und C-64/22, ECLI:EU:C:2023:958 – SCHUFA Holding; EuGH Urt. v. 4.7.2023 – C-252/21, ECLI:EU:C:2023:537 = ZD 2023, 664 mAnm *Moos/Rothkegel* ZD 2023, 675 – Meta Platforms; EuGH Urt. v. 30.3.2023 – C-34/21, ECLI:EU:C:2023:270 = ZD 2023, 391 mAnm *Schild* ZD 2023, 394 = BeckRS 2023, 5635 – Hauptpersonalrat; EuGH Urt. v. 2.3.2023 – C-268/21, ECLI:EU:C:2023:145 = ZD 2023, 397 = BeckRS 2023, 2998 – Norra Stockholm Bygg AB; EuGH Urt. v. 8.12.2022 – C-180/21, ECLI:EU:C:2022:967 = ZD 2023, 147 – VS/Inspektorata; EuGH Urt. v. 20.10.2022 – C-306/21, ECLI:EU:C:2022:813 = ZD 2023, 610 – Demokratichna Bulgaria; EuGH Urt. v. 20.10.2022 – C-77/21, ECLI:EU:C:2022:805 = ZD 2023, 31 – Digi; EuGH Urt. v. 1.8.2022 – C-184/20, ECLI:EU:C:2022:601 = ZD 2022, 611 – Oberste Ethikkommission Litauen; EuGH Urt. v. 24.2.2022 – C-175/20, ECLI:EU:C:2022:164 = EuZW 2022, 527 mAnm *Zerdick* – Valsts ieņēmumu dienests; EuGH Urt. v. 22.6.2021 – C-439/19, ECLI:EU:C:2021:504 = BeckRS 2021, 15289 – Latvijas Republikas Saeima; EuGH Urt. v. 17.6.2021 – C-597/19, ECLI:EU:C:2021:492 – Mircom International; EuGH Urt. v. 15.6.2021 – C-645/19, ECLI:EU:C:2021:483 = ZD 2021, 570 mAnm *Blasek* – Facebook Belgium; EuGH Urt. v. 11.11.2020 – C-61/19, ECLI:EU:C:2020:901 = ZD 2021, 89 – Orange România; EuGH Urt. v. 11.12.2019 – C-708/18, ECLI:EU:C:2019:1064 – Scara; EuGH Urt. v. 14.2.2019 – C-345/17, ECLI:EU:C:2019:122 = ZD 2019, 262 – Buivids; EuGH Urt. v. 16.1.2019 – C-496/17, ECLI:EU:C:2019:26 – Deutsche Post; EuGH Urt. v. 1.10.2019 – C-673/17, ECLI:EU:C:2019:801 = ZD 2019, 556 mAnm *Hanloser* – Planet 49; EuGH Urt. v. 29.7.2019 – C-40/17, ECLI:EU:C:2019:629 – Fashion ID; EuGH Urt. v. 4.5.2017 – C-13/16, ECLI:EU:C:2017:336 = ZD 2017, 324 – Rigas satiksme; EuGH Urt. v. 15.3.2017 – C-528/15, ECLI:

Rechtmäßigkeit der Verarbeitung **Art. 6**

EU:C:2017:213 – Al Chodor; EuGH Urt. v. 9.3.2017 – C-398/15, ECLI:EU:C:2017:197 = ZD 2017, 325 – Manni; EuGH Urt. v. 19.10.2016 – C-582/14, ECLI:EU:C:2016:779 – Breyer; EuGH Urt. v. 13.5.2014 – C-131/12, ECLI:EU:C:2014:317 = ZD 2014, 35 – Google Spain und Google; EuGH Urt. v. 8.4.2014 – C-293/12, ECLI:EU:C:2014:238 = EuZW 2014, 459 = ZD 2014, 296 mAnm *Petri* ZD 2014, 296 – Digital Rights Ireland und Seitlinger; EuGH Urt. v. 24.11.2011 – C-468/10 u. C-469/10, ECLI:EU:C:2011:777 = EuZW 2012, 37 = ZD 2012, 33 – ASNEF und FECEMD; EuGH Urt. v. 9.11.2010 – C-92/09 u. C-93/09, ECLI:EU:C:2010:662 = EuZW 2010, 939 – Volker und Markus Schecke und Eifert; EuGH Urt. v. 16.12.2008 – C-73/07, EU:C:2008:727 – Satakunnan Markkinapörssi und Satamedia; EuGH Urt. v. 20.5.2003 – C-465/00, C-138/01 u. C-139/01, ECLI:EU:C:2003:294 = EuR 2004, 276 – Österreichischer Rundfunk; EuGH Urt. v. 28.3.1985 – 272/83, ECLI:EU:C:1985:174 – Kommission/Italien; EGMR Urt. v. 4.12.2015 – Zakharov Russland, App. Nr. 47143/06; EGMR Urt. v. 4.12.2008, Marper v. UK, App. Nr. 30562/02 u. Nr. 30566/04 = DÖV 2009, 209; EGMR Urt. v. 16.2.2000 – Amann v. Schweiz, App. Nr. 27798/95, ECHR 2000-II = ÖJZ 2001, 74; EGMR Urt. v. 4.5.2000 – Rotaru v. Rumänien, App. Nr. 28341/95, ECHR 2000-V = ÖJZ 2001, 71.

– **Deutschland:** BVerwG Urt. v. 27.3.2019 – 6 C 2.18, BeckRS 2019, 9874 = ZD 2019, 372 mAnm *Lachenmann*; BVerwG Urt. v. 27.9.2018 – 7 C 5.17, ZD 2019, 231 mAnm *Will*; BGH Urt. v. 22.2.2022 – VI ZR 1175/20; BGH Beschl. v. 18.8.2021 – 5 StR 217/21, ZD 2021, 637 mAnm *Zeyher*; BGH Beschl. v. 24.9.2019 – VI ZB 39/18; BGH Urt. v. 15.5.2018 – VI ZR 233/17; BSG Urt. v. 20.1.2021 – B 1 KR 7/70 R, ZD 2021, 697; BAG Urt. v. 29.6.2023 – 2 AZR 296/22, ZD 2023, 693; BAG Beschl. v. 7.5.2019 – 1 ABR 536/17, BAGE 166, 309; OLG Naumburg Urt. v. 10.3.2021 – 5 U 182/20, ZD 2021, 432; OLG Oldenburg Urt. v. 23.11.2021 – 13 U 63/21, ZD 2022, 103; OLG Stuttgart Urt. v. 18.5.2021 – 12 U 296/20, ZD 2022, 105; LAG Hamm Urt. v. 14.12.2021 – 17 Sa 1185/20, ZD 2022, 295; LAG Nds Urt. v. 6.7.2022 – 8 Sa 1151/20, ZD 2023, 114; VG Ansbach Urt. v. 2.11.2022 – AN 14 K 21.01431, BayVBl. 2023, 241; VG Ansbach Urt. v. 23.2.2022 – AN 14 K 20.83, ZD 2022, 405; VG Hannover Urt. v. 9.11.2021 – 10 A 502/19, ZD 2022, 182; LG Flensburg Beschl. v. 10.1.2022 – I QS 29/21, ZD 2022, 339; LG Frankfurt a. M. Urt. v. 28.6.2019 – 2–03 O 315/17, ZD 2019, 410.

– **Österreich:** ÖVfGH Erk. v. 14.12.2022 – G 287/2022-16 u. G 288/2022-14, ZD 2023, 613; ÖOGH Beschl. v. 6.4.2022 – 6Ob36/22w; ÖOGH Beschl. v. 22.12.2021 – 6Ob214/21w; ÖOGH Beschl. v. 23.6.2021 – 6 Ob 56/21k, ZD 2021, 627; ÖOGH Beschl. v. 23.1.2020 – 6 Ob 236/19b; ÖBVwG Erk. v. 25.5.2023 – W 211 2267125-1/10E, ZD 2023, 739; ÖBVwG Erk v. 16.5.2023 – W 245 2263873-1/15E, ZD 2023, 681 mAnm *Geuer* ZD 2023, 682; ÖBVwG Erk. v. 28.7.2020 – W211 2225136-1/5E; ÖBVwG Beschl. v. 20.11.2019 – W256 2214855-1/6E; OLG Wien Beschl. v. 24.11.2022 – 2 R 48/20y, ZD 2023, 405 Rn. 34 f.

– **Italien:** Oberster Gerichtshof Corte di Cassazione Urt. v. 25.5.2021 – 14381/2021, ZD-Aktuell 2021, 05250.

– **Niederlande:** Distriktgericht Midden-Nederland Urt. v. 23.11.2020 – UTR 20/2315.

Übersicht

	Rn.
A. Allgemeines	1
I. Zweck und Bedeutung der Vorschrift	1
II. Systematik, Verhältnis zu anderen Vorschriften	5
B. Einzelerläuterungen	12
I. Bestimmung der Rechtsgrundlage (Abs. 1)	12
II. Einwilligung (Buchst. a)	13
1. Freiwilligkeit	13
2. Transparenz	16
3. Zweckbindung	18
4. Eindeutigkeit der Einwilligung	19
5. Bindung an die Einwilligung	23
III. Vertrag (Buchst. b)	24
1. Erforderlichkeit für die Vertragszwecke	24
2. Vorvertragliche Maßnahmen	27
IV. Rechtliche Verpflichtung (Buchst. c)	29
V. Lebenswichtige Interessen (Buchst. d)	32
VI. Öffentliche Aufgaben (Buchst. e)	34
VII. Berechtigte Interessen (Buchst. f)	38
1. Anwendungsbereich	38
2. Berechtigtes Interesse	40
a) Berechtigte Interessen des Verantwortlichen	40
b) Berechtigtes Interesse eines Dritten und Allgemeininteresse	42
c) Abgrenzung zum Allgemeininteresse	43
3. Erforderlichkeit	45
4. Interessenabwägung	46
a) Überwiegende Interessen und Rechte	46

  b) Schutzbedürfnis der betroffenen Person 49
  c) Vergewisserungspflicht bei Datenübermittlung 51
 5. Leitlinien für die Abwägung 52
 6. Transparenz und Widerspruchsrecht 54
VIII. Spezifizierung durch Unionsrecht und nationales Recht (Abs. 2 und 3) 55
 1. Präzisierungsmöglichkeit für die Mitgliedstaaten (Abs. 2) 55
 2. Vorgaben für Unionsrecht und nationales Recht (Abs. 3) 60
  a) Unionsrecht und Recht der Mitgliedstaaten (Abs. 3 S. 1) 60
  b) Inhaltliche Anforderungen (Abs. 3 S. 2 und 4) 63
  c) Fakultative Elemente (Abs. 3 S. 3) 65
 3. Wiederholung von Verordnungstext im nationalen Recht 66
IX. Zweckänderung (Abs. 4) 68
 1. Anwendungsbereich und Systematik 68
 2. Weiterverarbeitung auf Grundlage einer Einwilligung 72
 3. Weiterverarbeitung auf Grundlage einer Rechtsvorschrift 73
 4. Weiterverarbeitung für privilegierte Zwecke 74
 5. Kriterien für die Vereinbarkeitsprüfung 75
  a) Verbindung zwischen den Zwecken (Buchst. a) 75
  b) Zusammenhang der Datenerhebung (Buchst. b) 76
  c) Art der personenbezogenen Daten (Buchst. c) 78
  d) Folgen der Weiterverarbeitung (Buchst. d) 79
  e) Geeignete Garantien (Buchst. e) 80
 6. Transparenz der Weiterverarbeitung 82
C. Rechtsschutz 83
D. Nationale Durchführung 86
 I. Nationale Vorschriften in Deutschland 86
  1. Der Regelungsansatz des BDSG 86
  2. Spezifizierungen der Rechtsgründe 87
  3. Verarbeitung zu anderen Zwecken 90
  4. Bereichsspezifische Vorschriften und landesrechtliche Regelungen 93
 II. Nationale Vorschriften in Österreich 96
  1. Der Regelungsansatz des DSG 96
  2. Spezifizierungen der Rechtsgründe 97
  3. Verarbeitung zu anderen Zwecken 99
  4. Bereichsspezifische Vorschriften 100
E. Ausblick 101

A. Allgemeines[*]

I. Zweck und Bedeutung der Vorschrift

1 Art. 6 legt als eine Ausprägung des in Art. 5 Abs. 1 Buchst. a festgelegten Rechtmäßigkeitsgrundsatzes grundlegende Voraussetzungen für die Zulässigkeit der Verarbeitung personenbezogener Daten fest und bestimmt Prüfungskriterien für die Zulässigkeit einer Zweckänderung. Der Katalog der Rechtsgründe für die Zulässigkeit einer Datenverarbeitung in Abs. 1 konkretisiert die in Art. 8 Abs. 2 S. 1 der Charta der Grundrechte der Europäischen Union (GRCh) geforderten „gesetzlich geregelten legitimen Grundlagen" für die Verarbeitung personenbezogener Daten. Die Vorschrift folgt damit dem Ansatz des **Verbots mit Erlaubnisvorbehalt,** der bereits Art. 7 DS-RL zu Grunde lag.[1] Danach ist eine Datenverarbeitung nur dann – also „vorbehaltlich" – zulässig, wenn sich der Verantwortliche auf die Einwilligung oder einen sonstigen gesetzlich geregelten Rechtsgrund stützen kann, weshalb andernfalls die Verarbeitung als unzulässiger Eingriff in das Grundrecht auf den Schutz personenbezogener Daten nicht erlaubt und damit „verboten" ist. Insofern unterscheidet sich dieser Ansatz im Ergebnis nicht von dem – die Begrifflichkeit des „Verbotsprinzips" kritisierenden – Verständnis der Rechtsgründe als Erlaubnistatbestände.[2] Auch nach der Systematik der DS-GVO muss jede Verarbei-

---
[*] Der Verfasser vertritt hier seine persönliche Auffassung, die nicht notwendig der Auffassung der Europäischen Kommission entspricht.
[1] Kühling/Buchner/*Buchner/Petri* DS-GVO Art. 6 Rn. 11 f.; Paal/Pauly/*Ernst* DS-GVO Art. 1 Rn. 5; Gierschmann/Schlender/Stentzel/Veil/*Assion/Nolte/Veil* DS-GVO Art. 6 Rn. 41; Schwartmann/Jaspers/Thüsing/Kugelmann/*Schwartmann/Jacquemain* DS-GVO Art. 6 Rn. 6; Bergmann/Möhrle/Herb DS-GVO Art. 6 Rn. 1; HdB-EUVerwR/*Benecke/Spiecker gen. Döhmann* § 23 Rn. 30.
[2] *Roßnagel* NJW 2019, 1 (4 f.); Simitis/Hornung/Spiecker gen. Döhmann/*Albrecht* DS-GVO Einf. Art. 6 Rn. 1 Fn. 1. – Von der Kritik an der Bezeichnung als „Verbotsprinzip" ist die grundsätzliche Kritik an dieser

tung sowohl den in Art. 5 aufgestellten Grundsätzen für die Datenverarbeitung als auch mindestens einem der Rechtsgründe des Art. 6 Abs. 1 genügen, unabhängig davon, ob die Datenverarbeitung durch Privatpersonen, Unternehmen und sonstige private Stellen oder durch Behörden und öffentliche Einrichtungen erfolgt.[3]

Abs. 2 gibt den Mitgliedstaaten die **Möglichkeit zur Spezifizierung der Anwendung von Vorschriften der DS-GVO,** indem sie „spezifischere Bestimmungen" für die Verarbeitung auf Grund einer rechtlichen Verpflichtung oder für öffentliche Aufgaben beibehalten oder einführen können. Diese Regelung ist Ausdruck des Kompromisses mit den Mitgliedstaaten, die für den öffentlichen Bereich eine Richtlinie anstelle der Verordnung gefordert haben. Hintergrund war die Befürchtung, dass bereichsspezifische Regelungen im öffentlichen Datenschutzrecht der Mitgliedstaaten nicht mehr zulässig wären.[4] Die Aufnahme dieser Bestimmung war damit dem Bestreben geschuldet, sicherzustellen, dass der Anwendungsbereich der DS-GVO in vollem Umfang auch den öffentlichen Bereich umfasst. Eine Abspaltung dieses Bereichs hätte den Ansatz der Verordnung insgesamt in Frage gestellt, einheitliche Standards für den Datenschutz sowohl im nicht-öffentlichen Bereich, dem sog. „privaten Sektor", wie im öffentlichen Bereich zu gewährleisten, wie dies bereits in der DS-RL angelegt war. Weder Art. 8 GRCh noch Art. 16 AEUV unterscheidet für den Grundrechtsschutz danach, ob Behörden oder privatwirtschaftliche und sonstige Akteure des privaten Sektors personenbezogene Daten verarbeiten. Vor allem aber gibt es **keine unionsweit einheitliche Konzeption des „öffentlichen Bereichs"**, so dass sich je nach der Rechtsordnung des betreffenden Mitgliedstaats Abgrenzungsprobleme zwischen dem öffentlichen und dem nicht-öffentlichen Bereich ergeben hätten. Während in einigen Mitgliedstaaten zum Beispiel das Bildungswesen, das Gesundheitswesen oder die Energieversorgung zuvörderst als Aufgaben des öffentlichen Bereichs angesehen werden, sind diese Bereiche in anderen Mitgliedstaaten weitgehend Bestandteil des privaten Sektors.[5] Eine darauf aufbauende Fragmentierung wäre daher der in Erwägungsgrund 10 S. 1 und 2 hervorgehobenen Zielsetzung eines unionsweit gleichmäßigen und hohen Datenschutzniveaus konträr zuwidergelaufen (→ Einl. Rn. 52).

Abs. 3 bestimmt, dass die Rechtsgrundlage für die Verarbeitungen, die für die Erfüllung einer rechtlichen Verpflichtung oder einer Aufgabe im öffentlichen Interesse oder in Ausübung öffentlicher Gewalt durch **Unionsrecht oder das Recht der Mitgliedstaaten** festzulegen ist. Diese Vorschrift enthält zudem sowohl verpflichtende als auch fakultative Vorgaben für die entsprechende unionsrechtliche oder nationale Rechtsgrundlage. Abs. 4 normiert Kriterien für die **Prüfung der Vereinbarkeit einer Zweckänderung** mit den Zwecken, für die die Daten ursprünglich erhoben worden sind, sofern sich die Verarbeitung zu einem anderen Zweck nicht auf eine darauf bezogene Einwilligung oder qualifizierte Rechtsvorschrift stützen kann. Diese Vorschrift, die sich an dem Vorbild des früheren niederländischen Datenschutzgesetzes orientiert,[6] baut auf den in Art. 5 Abs. 1 Buchst. b beibehaltenen Ansatz auf, wonach eine Weiterverarbeitung von Daten für andere Zwecke zulässig ist, wenn diese Zwecke mit dem ursprünglichen Zweck nicht unvereinbar sind. Aus der systematischen Einordnung dieser Vorschrift in Art. 6 folgt, dass auch bei einer zulässigen Zweckänderung die Bedingungen der Abs. 1, 2 und 3 für die Rechtmäßigkeit der Verarbeitung erfüllt sein müssen.

Unterschiede zu Art. 7 DS-RL bestehen in der Gesamtstruktur des Art. 6 – abgesehen von seiner Rechtsnatur als unmittelbar bindendes Recht – dadurch, dass er sich nicht auf den Katalog der Rechtsgründe für die Datenverarbeitung beschränkt, sondern darüber hinaus den Rahmen

---

Konzeption zu unterscheiden wie zB von *Veil* NVwZ 2018, 686 (688 f.), die u.a. die Vorgabe des Art. 8 Abs. 2 S. 1 GRCh verkennt, vgl. dazu Kühling/Buchner/*Buchner/Petri* DS-GVO Art. 6 Rn. 14; *Buchner* DuD 2016, 155 (157 f.).

[3] EuGH Urt. v. 30.3.2023 – C-34/21, ECLI:EU:C:2023:270 = ZD 2023, 391 Rn. 69 mAnm Schild – Hauptpersonalrat; EuGH Urt. v. 22.6.2021 – C-439/19, ECLI:EU:C:2021:504 = BeckRS 2021, 15289 Rn. 96 – Latvijas Republikas Saeima; EuGH Urt. v. 16.1.2019 – C-496/17, ECLI:EU:C:2019:26 Rn. 57 – Deutsche Post; EuGH Urt. v. 20.5.2003 – C-465/00, C-138/01 u. C-139/01, ECLI:EU:C:2003:294 = EuR 2004, 276 Rn. 65 – Österreichischer Rundfunk.

[4] Bundesrat Beschl. v. 30.3.2012, BR-Drs. 52/12, Nr. 2–6; Stellungnahme v. 28.11.2014, BR-Drs. 550/14, Nr. 4; Beschl. v. 10.7.2015, BR-Drs. 290/15, Nr. 2; *Herrmann* ZD 2014, 439 (440); *Rogall-Grothe* ZRP 2012, 193 (193 f.).

[5] Demgegenüber stellt der Anwendungsbereich der RL 2016/280/EU für den Datenschutz im Bereich der Polizei und Strafjustiz einen spezifischen und relativ geschlossenen Bereich des öffentlichen Sektors dar.

[6] Art. 9 Abs. 2 des bis zum 25.5.2018 geltenden niederländischen Datenschutzgesetzes (Wet bescherming persoonsgegevens) v. 6.7.2000.

setzt für eine Spezifizierung von Vorschriften der Verordnung durch die Mitgliedstaaten und für die Zulässigkeit einer Änderung des Zwecks der Datenverarbeitung. Im Vergleich des Katalogs der Rechtsgründe in Abs. 1 findet sich eine Unterscheidung bei der Erweiterung des Rechtsgrunds der lebenswichtigen Interessen auf „eine andere natürliche Person", bei der Beschränkung der Übertragung einer öffentlichen Aufgabe auf den Verantwortlichen (und nicht auch auf einen Dritten) und bei der Formulierung des Rechtsgrunds der Wahrung der berechtigten Interessen durch die Hervorhebung des besonderen Schutzbedürfnisses von Kindern und den Ausschluss der Anwendbarkeit auf Behörden in Erfüllung ihrer Aufgaben sowie durch den Bezug auf die Interessen Dritter ohne den Einschub „denen die Daten übermittelt werden". Dies entspricht, ebenso wie der Inhalt des Abs. 3 S. 1 und 4, im Wesentlichen dem **Vorschlag der Kommission.**[7] Erst bei der redaktionellen Schlussfassung des Abs. 1 ist der Ausschluss der Anwendbarkeit auf Behörden aus Buchst. f herausgenommen und als eigener S. 2 formuliert worden.[8] In den Verhandlungen ist in Art. 6 als Abs. 2 die im Kommissionsentwurf nicht vorgesehene und vom Rat ursprünglich als Art. 1 Abs. 2a vorgeschlagene[9] Spezifizierungsklausel eingefügt worden, ebenso wie Abs. 3 S. 2 und S. 3. Die von der Kommission vorgeschlagene Regelung zur Weiterverarbeitung für einen anderen Zweck ist in den Verhandlungen grundlegend geändert worden.[10] Die ebenfalls im Kommissionsvorschlag vorgesehene Ermächtigung für einen delegierten Rechtsakt zur Anwendung des Art. 6 Abs. 1 Buchst. f ist ersatzlos entfallen, ebenso die Verweisung auf die Bedingungen und Garantien für die Rechtmäßigkeit der Verarbeitung zu historischen oder statistischen Zwecken oder wissenschaftlichen Forschungszwecken.[11]

II. Systematik, Verhältnis zu anderen Vorschriften

5 Das durch die **Charta bestätigte Verbot mit Erlaubnisvorbehalt** wird – wie bereits in Art. 7 DS-RL – durch die in Abs. 1 Buchst. a bis f genannten Rechtsgründe **erschöpfend und abschließend** geregelt.[12] Dies wird im Wortlaut der Vorschrift, wonach die Verarbeitung nur rechtmäßig ist, wenn sie auf mindestens einen der dort genannten Rechtsgründe gestützt ist, eindeutig zum Ausdruck gebracht.[13] Ohne Einwilligung ist die Verarbeitung personenbezogener Daten **nur dann rechtmäßig,** wenn sie erforderlich ist für die Erfüllung eines Vertrags oder die Durchführung vorvertraglicher Maßnahmen, für die Erfüllung einer rechtlichen Verpflichtung, zum Schutz lebenswichtiger Interessen, zur Wahrnehmung einer dem Verantwortlichen übertragenen Aufgabe im öffentlichen Interesse bzw. zur Ausübung öffentlicher Gewalt oder zur Wahrung berechtigter Interessen. Bei diesen Rechtsgründen handelt es sich um die von Art. 8 Abs. 2 S. 1 GRCh neben der Einwilligung geforderten „sonstigen gesetzlich geregelten legitimen" Grundlagen als notwendige Voraussetzung jeder Datenverarbeitung. Die Rechtsgründe der rechtlichen Verpflichtung und der öffentlichen Aufgaben (Abs. 1 Buchst. c und e) sind durch Unionsrecht oder das Recht der Mitgliedstaaten zu präzisieren (Abs. 3 S. 1), jedoch ist es dem nationalen Gesetzgeber verwehrt, zusätzlich zu den in Abs. 1 festgelegten Rechtsgrundlagen weitere Rechtsgründe für die Verarbeitung zu normieren (→ Rn. 8).

6 Die **Einwilligung** wird in Art. 8 Abs. 2 S. 1 GRCh ausdrücklich hervorgehoben und in der Literatur als „vornehmster Ausdruck der informationellen Selbstbestimmung" charakterisiert.[14] Sie ist aber in Abs. 1 Buchst. a nur als einer der Rechtsgründe neben den weiteren in Abs. 1

---

[7] Art. 6 Abs. 1 und 3 des Kommissionsvorschlags KOM(2012)11 endgültig.
[8] Im Kommissionsvorschlag KOM(2012) 11 endgültig und noch bei der politischen Einigung im Trilog, Rats-Dokument 5455/16 v. 28.1.2016, Anl. S. 87, ist dies Teil des Art. 6 Abs. 1 Buchst. f und kein eigener Satz der Abs. 1. Die Kommentierung folgt der Zitierweise der DS-GVO, die auf die Rechtsgründe des Art. 6 Abs. 1 Buchst. a bis f ohne den Einschub „Unterabsatz" verweist, vgl. Art. 6 Abs. 2 und 3, Art. 8 Abs. 1, Art. 13 Abs. 1 Buchst. d, Art. 14 Abs. 2 Buchst. b, Art. 20 Abs. 1 Buchst. a, Art. 21 Abs. 1.
[9] Rats-Dokument 9565/15 v. 11.6.2015, Anl. S. 75.
[10] Art. 6 Abs. 4 des Kommissionsvorschlags KOM(2012)11 endgültig
[11] Vgl. Art. 6 Abs. 2 und 5 des Kommissionsvorschlags KOM(2012)11 endgültig.
[12] EuGH v. 7.12.2023, ECLI:EU:C:2023:958 Rn. 73 – SCHUFA Holding; EuGH Urt. v. 4.7.2023 – C-252/21, ECLI:EU:C:2023:537 = ZD 2023, 664 Rn. 90 mAnm *Moos/Rothkegel* ZD 2023, 675 – Meta Platforms; EuGH Urt. v. 30.3.2023 – C-34/21, ECLI:EU:C:2023:270 = ZD 2023, 391 Rn. 70 mAnm *Schild* – Hauptpersonalrat; EuGH Urt. v. 22.6.2021 – C-439/19, ECLI:EU:C:2021:504 = BeckRS 2021, 15289 Rn. 99 – Latvijas Republikas Saeima.
[13] Vgl. auch Erwägungsgrund 40.
[14] Grabitz/Hilf/Nettesheim/*Brühann* DS-RL Art. 7 Rn. 13.

Buchst. b bis f mit ihr gleichrangigen weiteren Rechtsgründen festgelegt.[15] Die Reihenfolge in der Auflistung der Rechtsgründe in Abs. 1 und auch der Nennung der Einwilligung an erster Stelle begründet deshalb **keine Hierarchie der Rechtsgründe**. Die Einwilligung ist in Art. 4 Nr. 11 definiert und ihre Wirksamkeit an die Bedingungen der Art. 7 und 8 gebunden sowie für bestimmte Verarbeitungssituationen an die Qualifizierung als „ausdrückliche Einwilligung" (Art. 9 Abs. 2 Buchst. a, Art. 22 Abs. 2 Buchst. c und Art. 49 Abs. 1 Buchst. a).

Die anderen Rechtsgründe setzen gemäß Abs. 1 Buchst. b bis f voraus, dass die Verarbeitung für die dort genannten Zwecke als Eingriff in das Grundrecht auf den Schutz personenbezogener Daten für jede Phase der Datenverarbeitung erforderlich ist und damit der Zielsetzung des Art. 1 Abs. 2 entspricht, den Schutz der Grundfreiheiten und Grundrechte natürlicher Personen zu gewährleisten.[16] Diese Rechtsgründe sind eng auszulegen, da sie die Rechtmäßigkeit der Datenverarbeitung trotz fehlender Einwilligung der betroffenen Person begründen können.[17] Die **Bedingung der Erforderlichkeit** der Verarbeitung gründet in Art. 52 Abs. 1 GRCh, der verlangt, dass Einschränkungen von Grundrechten unter Wahrung des Verhältnismäßigkeitsgrundsatzes erforderlich sind und dem Gemeinwohl oder dem Schutz der Rechte und Freiheiten anderer dienen.[18] Die Erforderlichkeit setzt eine eindeutige Zweckbestimmung der Verarbeitung mit diesen Zielsetzungen voraus und beschränkt den Umfang der Verarbeitung auf das für diese Zweckbestimmung notwendige Maß.[19] Der Eingriff in das Recht auf den Schutz personenbezogener Daten muss sich deshalb auf das absolut Notwendige beschränken.[20] Das ist dann nicht der Fall, wenn das verfolgte Ziel in zumutbarer Weise ebenso wirksam mit anderen Mittel erreicht werden kann, die weniger stark in die Grundrechte und Grundfreiheiten der betroffenen Personen eingreifen.[21] Damit ist die Bedingung der Erforderlichkeit sowohl durch den Grundsatz der Verhältnismäßigkeit als auch durch die Grundsätze der Zweckbindung und der Datenminimierung (Art. 5 Abs. 1 Buchst. b und c) geprägt. Eine Abwägung zwischen den berechtigten Interessen des Verantwortlichen und den Interessen und Grundrechten der betroffenen Person erfordert der Rechtsgrund der berechtigten Interessen (Buchst. f), während eine solche **Interessenabwägung** den anderen Rechtsgründen fremd ist, die sich entweder auf die Einwilligung oder den Vertragsbeitritt der betroffenen Person selbst stützen oder auf die vom Gesetzgeber selbst getroffene Abwägung.[22] Gegen eine Verarbeitung zur Wahrnehmung einer öffentlichen Aufgabe oder zur Wahrung berechtigter Interessen (Abs. 1 Buchst. e und f) haben betroffene Personen ein Widerspruchsrecht nach Maßgabe des Art. 21.

Aus der abschließenden Festlegung der Rechtsgründe in Abs. 1 folgt, dass Rechtsvorschriften der Mitgliedstaaten oder Verhaltensregeln iSd Art. 40 **keine weiteren Rechtsgründe für die Verarbeitung** einführen oder zusätzliche Bedingungen stellen dürfen, die die Tragweite dieser Rechtsgründe verändern würden.[23] Eine Befugnis der Mitgliedstaaten, die in Art. 6 Abs. 1 Buchst. a bis f festgelegten Rechtsgründe im nationalen Recht durch eine weitere eigenständige Rechtsgrundlage zu ergänzen, wird auch nicht durch Art. 88 begründet. Die Vorgaben dieser Vorschrift treten ergänzend zu den Voraussetzungen des jeweiligen Rechtsgrunds hinzu, setzen aber auch bei spezifischeren Vorschriften iSd Art. 88 Abs. 1 und 2 voraus, dass die Verarbeitung auf einen oder mehreren der in Abs. 1 abschließend festgelegten Rechtsgründe beruhen muss.[24]

---

[15] Gola/Heckmann/*Schulz* DS-GVO Art. 6 Rn. 10; Kuner/Bygrave/Docksey/*Kotschy* GDPR Art. 6 Abschn. C.1.1; Paal/Pauly/*Frenzel* DS-GVO Art. 6 Rn. 7; *Kruse* ZD 2020, 232 (233); Taeger/Gabel/*Taeger* DS-GVO Art. 6 Rn. 24; aA HdB-EUVerwR/*Benecke/Spiecker gen. Döhmann* § 23 Rn. 32a, die von einem Vorrang der Einwilligung gegenüber den anderen Rechtsgründen ausgehen.

[16] Ebenso Gola/Heckmann/*Schulz* DS-GVO Art. 6 Rn. 18; Schantz/Wolff Neues DatenschutzR/*Wolff* Rn. 651.

[17] EuGH Urt. v. 4.7.2023 – C-252/21, ECLI:EU:C:2023:537 = ZD 2023, 664 Rn. 93 mAnm *Moos/Rothkegel* ZD 2023, 675 – Meta Platforms.

[18] Kuner/Bygrave/Docksey/*Kotschy* GDPR Art. 6 Abschn. C.1.3.

[19] Schantz/Wolff Neues DatenschutzR/*Wolff* Rn. 429.

[20] EuGH Urt. v. 22.6.2021 – C-439/19, ECLI:EU:C:2021:504 = BeckRS 2021, 15289 Rn. 105 – Latvijas Republikas Saeima; EuGH Urt. v. 11.12.2019 – C-708/18, ECLI:EU:C:2019:1064 Rn. 46 – Scara.

[21] EuGH Urt. v. 4.7.2023 – C-252/21, ECLI:EU:C:2023:537 = ZD 2023, 664 Rn. 108 mAnm *Moos/Rothkegel* ZD 2023, 675 – Meta Platforms; Erwägungsgrund 39 S. 9.

[22] OGH Beschl. v. 22.12.2021 – 6Ob214/21w, Rn. 33 f.

[23] EuGH Urt. v. 7.12.2023 – C-26/22 und C-64/22, ECLI:EU:C:2023:958 Rn. 73 und 104 – SCHUFA Holding; EuGH Urt. v. 11.12.2019 – C-708/18, ECLI:EU:C:2019:1064 Rn. 37 – Scara; EuGH Urt. v. 29.7.2019 – C-40/17, ECLI:EU:C:2019:629 Rn. 55 – Fashion ID.

[24] EuGH Urt. v. 30.3.2023 – C-34/21, ECLI:EU:C:2023:270 = ZD 2023, 391 Rn. 70 ff. mAnm *Schild* – Hauptpersonalrat; Auernhammer/*Meder* DS-GVO Art. 88 Rn. 7 f.

Art. 89 Abs. 1 begründet ebenfalls keinen Rechtsgrund für die Datenverarbeitung, sondern regelt zusätzliche Bedingungen für die dort genannten Verarbeitungszwecke.[25] Dies belegt auch die Streichung des ursprünglichen Art. 6 Abs. 2 des Kommissionsvorschlags[26], der als eigene Rechtsgrundlage für die Verarbeitung zu wissenschaftlichen, historischen und statistischen Zwecken gedeutet worden ist.[27] Art. 6 Abs. 4 setzt ebenfalls für die Verarbeitung für einen anderen als den ursprünglichen Zweck einen Rechtsgrund nach Art. 6 Abs. 1 voraus und normiert deshalb weder einen zusätzlichen eigenständigen Rechtsgrund noch die Befugnis für die Einführung eines solchen Rechtsgrunds durch die Mitgliedstaaten (→ Rn. 73). Der Rechtssetzungsauftrag des Art. 85 Abs. 2 schließt zwar ausdrücklich die Rechtsetzungsbefugnis für Abweichungen und Ausnahmen auch von Bestimmungen des Kapitels II ein, wenn dies erforderlich ist, um das Recht auf den Schutz personenbezogener Daten mit dem Recht auf freie Meinungsäußerung und Informationsfreiheit in Einklang zu bringen. Dies kann in diesem Zusammenhang Modifikationen des Art. 6 erforderlich machen,[28] rechtfertigt aber nicht einen pauschalen Ausschlusses von dessen Anwendung.[29] Vielmehr ist der Abwägungsmechanismus zur Wahrung berechtigter Interessen grundsätzlich auch für den in diesem Kontext im Einzelfall notwendigen Ausgleich zwischen beiden Grundrechten relevant (→ Rn. 48).

9 Von den Rechtsgründen des Abs. 1 sind weitere **Bedingungen** für die Rechtmäßigkeit der Datenverarbeitung zu unterscheiden, die **zusätzlich zu den Rechtsgründen** des Art. 6 Abs. 1 Buchst. a bis f erfüllt sein müssen, diese jedoch nicht ersetzen oder verdrängen oder um weitere Zulässigkeitstatbestände ergänzen. Solche weiteren Anforderungen an die Rechtmäßigkeit der Verarbeitung legen Art. 7, 8, 9 und 10 fest sowie die Vorschriften des Kapitels V für die internationalen Datentransfer, wo Art. 44 S. 1 ausdrücklich klarstellt, dass „auch die sonstigen Bestimmungen" der DS-GVO einzuhalten sind, oder die des Kapitels IX über besondere Verarbeitungssituationen. Je nachdem, welcher der Rechtsgründe nach Abs. 1 Buchst. a bis f der Verarbeitung zugrunde liegt, bestehen unterschiedliche Anforderungen und rechtliche Konsequenzen. Diese ergeben sich für die Einwilligung vor allem aus Art. 4 Nr. 11, Art. 7 und 8 oder für die Erfüllung einer rechtlichen Verpflichtung und die Wahrnehmung einer öffentlichen Aufgabe neben den Anforderungen der Abs. 2 und 3 aus den spezifischen Rechtsgrundlagen des Unionsrechts oder des nationalen Rechts. Mit der Wahl der Rechtsgrundlage sind spezifische Informationspflichten verbunden, so neben den Anforderungen an die informierte Einwilligung (→ Rn. 16) die Angaben nach Art. 13 Abs. 2 Buchst. c, Art. 14 Abs. 2 Buchst. d, bei einer Verarbeitung zur Erfüllung einer rechtlichen oder vertraglichen Verpflichtung nach Art. 13 Abs. 2 Buchst. c, und für den Rechtsgrund der Wahrung der berechtigten Interessen nach Art. 13 Abs. 1 Buchst. d und Art. 14 Abs. 2 Buchst. b.[30] Das Recht auf Datenübertragbarkeit findet nur dann Anwendung, wenn die Verarbeitung auf einer Einwilligung oder einem Vertrag beruht (Art. 20 Abs. 1 Buchst. a). Das Widerspruchsrecht bei einer Verarbeitung auf zur Wahrnehmung einer öffentlichen Aufgabe oder zur Wahrung berechtigter Interessen kann, das – anders als der Widerruf der Einwilligung (Art. 7 Abs. 3) – durch überwiegende schutzwürdige Gründe des Verantwortlichen überlagert werden (Art. 21 Abs. 1), sofern nicht die Daten für die Direktwerbung verarbeitet werden und deshalb der Verantwortliche von vornherein an den Widerspruch gebunden ist (Art. 21 Abs. 2 und 3).

10 Eine **Spezifizierung der Rechtsgründe des Art. 6 Abs. 1 Buchst. c und e** kann durch Unionsrecht oder nationales Recht erfolgen, allerdings nur in dem durch Abs. 2 und 3 vorgegebenen Rahmen. Der in der Literatur weithin auch für diese Bestimmungen verwandte **Begriff der „Öffnungsklausel" ist missverständlich,** weil damit sämtliche Vorschriften angesprochen werden, in denen die DS-GVO gewisse Spielräume für die Rechtsetzung durch die Mitgliedstaaten vorsieht,[31] ohne jedoch deutlich zu machen, dass es sich dabei nicht um

---

[25] Kühling/Buchner/*Buchner/Tinnefeld* DS-GVO Art. 89 Rn. 1.
[26] Art. 6 Abs. 2 des Kommissionsvorschlags KOM(2012) 11 endgültig lautet: „Die Rechtmäßigkeit der Verarbeitung personenbezogener Daten zu historischen oder statistischen Zwecken oder für wissenschaftliche Forschungszwecke unterliegt den Bedingungen und Garantien des Artikels 83."
[27] *Albrecht* CR 2016, 88 (92).
[28] *Will* ZD 2019, 233 (234).
[29] EuGH Urt. v. 20.10.2022 – C-306/21, ECLI:EU:C:2022:813 = ZD 2023, 610 Rn. 60 – Demokratichna Bulgaria. Der BGH Urt. v. 22.2.2022 – VI ZR 1175/20, Rn. 18 mwN ging von der Zulässigkeit einer vollständigen Ausnahme von Art. 6 aus, ohne einen Anlass zur Vorlage an den EuGH zu sehen.
[30] Vgl. *Veil* NJW 2018, 3337 (3338 f.).
[31] Dazu ausf. *Kühling/Martini* DS-GVO; ferner *Benecke/Wagner* DVBl 2016, 600 ff.; *Reding* IDPL 2012, 119 (121 f.); *Albrecht* CR 2016, 88 (97).

eine Ermächtigung für eigenständige Regelungen außerhalb der DS-GVO, sondern für Spezifizierungen im Rahmen der Verordnung handelt, die abschließend den Regelungsspielraum der Mitgliedstaaten festlegen (→ Einl. Rn. 95 ff.). Zudem wird bei der Verwendung dieses Begriffs nicht zwischen den unterschiedlichen Situationen differenziert, in denen die Verordnung für die Anwendung einzelner ihrer Vorschriften Präzisierungen durch nationale Rechtsvorschriften erlaubt oder sogar fordert. Regelungsaufträge für die Mitgliedstaaten betreffen insbesondere die Einrichtung der Aufsichtsbehörden (Art. 51 und 54) oder die Gewährleistung der Konkordanz mit der Meinungsäußerungs- und Informationsfreiheit (Art. 85 Abs. 1 und 2). Andere Vorschriften räumen den Mitgliedstaaten Regelungsoptionen ein, wobei auch hier wiederum zu unterscheiden ist zwischen fakultativen Spezifizierungsklauseln wie für die Präzisierung von Erlaubnistatbeständen für die Verarbeitung besonderer Kategorien personenbezogener Daten (Art. 9 Abs. 2 bis 4), Beschränkungen von Datenschutzrechten (Art. 23) oder spezifischeren Vorschriften für den Beschäftigtendatenschutz (Art. 88 Abs. 1 und 2), und Klauseln, mit denen einzelne Vorgaben der DS-GVO verstärkt werden können, wie die Verpflichtung zur Benennung eines Datenschutzbeauftragten über die in der Verordnung festgelegten Fallgruppen hinaus (Art. 37 Abs. 4), oder eine niedrigere Altersgrenze festgesetzt werden kann (Art. 8 Abs. 1 S. 3).

Art. 6 Abs. 2 und 3 enthalten **sowohl einen Regelungsauftrag als auch Regelungsoptionen.** Abs. 3 S. 1 und S. 2 verpflichten die Mitgliedstaaten bzw. die Union, die Rechtsgrundlagen für die Verarbeitung zur Erfüllung einer rechtlichen Verpflichtung oder öffentlichen Aufgabe festzulegen, während Abs. 2 und Abs. 3 S. 3 die Beibehaltung oder Einführung bereichsspezifischer Vorschriften im nationalen Recht ermöglichen und damit die Präzisierung der Anwendung von Vorschriften der DS-GVO in dem dort festgelegten Rahmen zulassen. In Deutschland enthält das **Bundesdatenschutzgesetz (BDSG)** in der Fassung des Datenschutz-Anpassungs- und -Umsetzungsgesetzes (DSAnpUG-EU)[32] insbesondere Vorschriften für die Datenverarbeitung im Beschäftigungskontext, die Verarbeitung durch öffentliche Stellen, für die Video-Überwachung öffentlich zugänglicher Räume und Bestimmungen für die Verarbeitung zu anderen Zwecken (→ Rn. 86 ff.). Für Österreich enthält das **Datenschutzgesetz (DSG)**[33] Spezifizierungen der Rechtsgründe insbesondere für die Verarbeitung im Katastrophenfall und für Bildaufnahmen sowie für die Übermittlung von Adressdaten (→ Rn. 96 ff.). Zudem hat in beiden Ländern mit einer hohen Dichte bereichsspezifischer Regelungen die Anpassung an die DS-GVO zu umfangreichen Änderungen von Datenschutzvorschriften in Fachgesetzen und Landesgesetzen geführt.

B. Einzelerläuterungen

I. Bestimmung der Rechtsgrundlage (Abs. 1)

Aus der Festlegung in Abs. 1, dass „**mindestens eine**" der in Buchst. a bis f aufgeführten Bedingungen erfüllt sein muss, folgt, dass in jedem Fall die Anforderungen eines dieser Rechtsgründe erfüllt sein müssen, die Verarbeitung aber auch auf mehreren dieser Rechtsgründe gestützt werden kann. So kann eine Verarbeitung auf einem Vertrag beruhen, bei dem einzelne Elemente durch eine rechtliche Verpflichtung bedingt sind, zum Beispiel bei einem Arbeitsvertrag sozialversicherungsrechtliche Pflichten auf Seiten des Arbeitgebers oder bei einem Vertragsverhältnis mit einem Bankkunden Mitteilungspflichten der Bank zur Bekämpfung von Geldwäsche, so dass bei beiden Beispielen die Voraussetzungen der Rechtsgründe nach Buchst. b und c erfüllt sind. Im öffentlichen Bereich kann die Wahrnehmung einer öffentlichen Aufgabe gleichzeitig durch eine rechtliche Verpflichtung geboten sein.[34] Bezieht sich die beabsichtigte Verarbeitung auf sensible Daten iSd Art. 9 Abs. 1, ist für die Bestimmung der Rechtsgrundlage für die Verarbeitung dieser Datensätze nicht nur zu prüfen, ob dafür einer der Ausnahmetatbestände des Art. 9 Abs. 2 greift, sondern auch, ob die Voraussetzungen für einen

---

[32] BDSG idF des Art. 1 des Gesetzes zur Anpassung des Datenschutzrechts an die Verordnung (EU) Nr. 679/2016 und zur Umsetzung der Richtlinie 2016/680/EU (Datenschutz-Anpassungs- und -Umsetzungsgesetz EU – DSAnpUG-EU) vom 30.6.2017 (BGBl. 2018 I 2097), zuletzt geänd. durch Gesetz v. 22.12.2023 (BGBl. 2023 I Nr. 414).
[33] Art. 2 des Bundesgesetzes zum Schutz natürlicher Personen bei der Verarbeitung personenbezogener Daten (Datenschutzgesetz – DSG) vom 29.6.2017 (ÖBGBl. I Nr. 120/2017) idF des Datenschutz-Deregulierungsgesetzes vom 15.5.2018 (ÖBGBl. I Nr. 24/2018).
[34] EuGH Urt. v. 9.3.2017 – C-398/15, ECLI:EU:C:2017:197 = ZD 2017, 325 Rn. 42 – Manni.

Rechtsgrund nach Art. 6 Abs. 1 erfüllt sind.[35] Liegen die Voraussetzungen für mehrere Rechtsgründe vor, hat der Verantwortliche **grundsätzlich die Wahl,** welchen dieser Rechtsgründe er für die Verarbeitung heranzieht.[36] Der Verantwortliche ist jedoch verpflichtet, **vor Erhebung der Daten** zu entscheiden, auf welche dieser Rechtsgrundlagen er die Verarbeitung stützt.[37] Hat der Verantwortliche diese Entscheidung getroffen, muss er insbesondere den Grundsätzen von Treu und Glauben und der Transparenz genügen und aufgrund seiner Rechenschaftspflicht (Art. 5 Abs. 2) in der Lage sein, die Voraussetzungen für die von ihm angewandte Rechtsgrundlage darzulegen.[38] Damit ist die – auch vom Europäischen Parlament gerügte – Praxis nicht vereinbar, dass in einer Datenschutzerklärung ohne weitere Erklärung und ohne Spezifizierung für einzelne Verarbeitungsvorgänge alle Rechtsgründe des Abs. 1 pauschal aufgelistet werden.[39] Fällt die Verarbeitung unter einen der in Buchst. b bis f vorgesehenen Rechtsgründe, bedarf es keiner Prüfung, ob die Verarbeitung auch von einem anderen dieser Rechtsgründe gedeckt ist.[40] Bei der **Heranziehung der Einwilligung** als Rechtsgrundlage für die Verarbeitung bindet der Grundsatz von Treu und Glauben den Verantwortlichen insbesondere in der Weise, dass dann der Rückgriff auf eine andere Rechtsgrundlage grundsätzlich nicht zulässig ist (→ Rn. 23).

II. Einwilligung (Buchst. a)

13   **1. Freiwilligkeit.** Der Rechtsgrund der Einwilligung der betroffenen Person für die Verarbeitung ihrer personenbezogenen Daten setzt voraus, dass eine wirksame Einwilligung im Sinne des Art. 4 Nr. 11 vorliegt, nämlich eine „freiwillig für den bestimmten Fall, in informierter Weise und unmissverständlich abgegebene Willensbekundung in Form einer Erklärung oder einer sonstigen eindeutigen bestätigenden Handlung, mit der die betroffene Person zu verstehen gibt, dass sie mit der Verarbeitung der sie betreffenden personenbezogenen Daten einverstanden ist". Vor allem die Freiwilligkeit ist „prägende Voraussetzung" für die Wirksamkeit der Einwilligung.[41] Freiwillig ist die Willensbekundung, wenn die betroffene **Person eine echte oder freie Wahl** hat und somit in der Lage ist, die Einwilligung ohne Nachteile zu verweigern oder zurückzuziehen.[42] Das setzt die Einsichtsfähigkeit der betroffenen Person für die Tragweite ihrer Einwilligung voraus (→ Art. 7 Rn. 34 f.). Besteht eine Rechtspflicht zur Verarbeitung oder hat sich die betroffene Person durch vertragliche oder vorvertragliche Pflichten gebunden, kommt die Einwilligung als Rechtsgrundlage nicht in Betracht, weil dann kein Spielraum mehr für eine freie Entscheidung besteht.[43] Wesentlich für die Freiwilligkeit ist gemäß Art. 7 Abs. 3 auch das Recht auf den Widerruf einer einmal erteilten Einwilligung, der nicht mit einem Nachteil für die betroffene Person verbunden sein darf. Die Gewährleistung der Freiwilligkeit wird durch das Koppelungsverbot des Art. 7 Abs. 4 verstärkt (→ Art. 7 Rn. 99 ff.). Umfasst die Verarbeitung verschiedene Vorgänge oder Zwecke, ist die Einwilligung nicht freiwillig, wenn der Verantwortliche der betroffenen Person nicht ermöglicht, nur für einzelne dieser Verarbeitungsvorgänge oder für bestimmte Zwecke eine Einwilligung zu erteilen.[44] So müssen zB die Nutzer eines sozialen Online-Netzwerks die Möglichkeit haben, gegebenenfalls gegen Entgelt das Netzwerk zu nutzen, wenn sie für bestimmte Verarbeitungsvorgänge, die für die Nutzung nicht erforderlich sind, die Einwilligung verweigern.[45]

14   Wie Erwägungsgrund 43 klarstellt, ist Indiz gegen die Freiwilligkeit der Einwilligung, wenn zwischen der betroffenen Person und dem Verantwortlichen **ein Ungleichgewicht** besteht. Maßgeblich ist dabei, ob „in Anbetracht aller Umstände in dem speziellen Fall unwahrscheinlich

---

[35] EuGH Urt. v. 21.12.2023 – C-667/21, ECLI:EU:C:2023:433 Rn. 73 ff. – Krankenversicherung Nordrhein; EuGH Urt. v. 4.7.2023 – C-252/21, ECLI:EU:C:2023:537 = ZD 2023, 664 Rn. 89 ff. mAnm *Moos/Rothkegel* ZD 2023, 675 – Meta Platforms.
[36] Kühling/Buchner/*Buchner/Kühling* DS-GVO Art. 7 Rn. 16; *Veil* NJW 2018, 3337 (3337 f.).
[37] Europäischer Datenschutzausschuss, Leitlinien 5/2020 zur Einwilligung, Rn. 123.
[38] Kuner/Bygrave/Docksey/*Kotschy* GDPR Art. 6 Abschn. C.1.1.
[39] Entschließung des Europäischen Parlaments v. 25.3.2021, P_19TA(2021)0111, Rn. 5
[40] EuGH Urt. v. 4.7.2023 – C-252/21, ECLI:EU:C:2023:537 = ZD 2023, 664 Rn. 94 mAnm *Moos/Rothkegel* ZD 2023, 675 – Meta Platforms; ÖOGH Erk. v. 6.4.2022 – 6Ob36/22w, Rn. 21.
[41] *Krohm* ZD 2016, 368 (369).
[42] Erwägungsgrund 42 S. 5.
[43] Kühling/Buchner/*Buchner/Petri* DS-GVO Art. 6 Rn. 24.
[44] Erwägungsgründe 43 S. 2 und 32 S. 4; Europäischer Datenschutzausschuss, Leitlinien 5/2020 zur Einwilligung, Rn. 43 f.
[45] EuGH Urt. v. 4.7.2023 – C-252/21, ECLI:EU:C:2023:537 = ZD 2023, 664 Rn. 150 mAnm *Moos/Rothkegel* ZD 2023, 675 – Meta Platforms.

ist, dass die Einwilligung freiwillig gegeben wurde".[46] Dies ist gegenüber einer beherrschenden wirtschaftlichen Stellung und in besonderer Weise im Beschäftigungskontext relevant sowie dann, wenn Behörden eine Datenverarbeitung auf den Rechtsgrund der Einwilligung stützen oder eine Datenverarbeitung auf dieser Grundlage anbieten. Zwar findet eine Datenverarbeitung durch Behörden regelmäßig ihre Rechtsgrundlage in dem Rechtsgrund der Erfüllung einer rechtlichen Verpflichtung nach Buchst. c oder der Wahrnehmung einer öffentlichen Aufgabe nach Buchst. e. Jedoch enthält die DS-GVO – anders als für den Rechtsgrund des berechtigten Interesses – keinen ausdrücklichen Ausschluss der Einwilligung als Rechtsgrund für Verarbeitungen durch Behörden.[47] Die Einwilligung eignet sich aber nur dann als Grundlage für eine behördliche Datenverarbeitung, wenn die Zustimmung der betroffenen Person nicht nur verfahrensrechtliche Bedingung für die Wahrnehmung einer öffentlichen Aufgabe ist (→ Rn. 22), sondern die Datenverarbeitung tatsächlich von der freiwilligen Mitwirkung der betroffenen Person abhängig ist.[48]

Auf die Einwilligung gründet sich auch der **„Datenaltruismus"** für die Verarbeitung personenbezogener Daten zu Zwecken von allgemeinem Interesse[49] einschließlich der Gesundheitsvorsorge, der Bekämpfung des Klimawandels und der Verbesserung von Mobilität und der Unterstützung wissenschaftlicher Forschung.[50] **Gesellschaftliche Erwartungshaltungen** und Öffentlichkeitskampagnen sowie Zugangsbedingungen zu Veranstaltungen oder Leistungen können unter Umständen einen sozialen Druck aufbauen, der möglicherweise faktisch die Freiwilligkeit in Frage stellen kann.[51] Die Freiwilligkeit einer Einwilligung ist auch dann fraglich, wenn insbesondere im Zusammenhang mit dem Angebot digitaler Dienste der Einzelne durch die Komplexität der ihm abverlangten Entscheidungen und die Unübersichtlichkeit der Auswirkungen seiner Einwilligung überfordert ist.[52] Im sportlichen Bereich lässt sich eine Verarbeitung personenbezogener Daten eines Athleten unter den **Anti-Doping-Regeln** ebenfalls nicht auf den Rechtsgrund der Einwilligung stützen, da der Ausschluss von der Teilnahme am Wettkampfsport im Falle einer Weigerung eine Zwangslage begründet, die die Freiwilligkeit der Einwilligung ausschließt.[53] 15

2. Transparenz. Das weitere Erfordernis des Art. 4 Nr. 11, dass eine wirksame Einwilligung „in informierter Weise" gegeben werden muss, konkretisiert den in Art. 5 Abs. 1 Buchst. a niedergelegten Transparenzgrundsatz (→ Art. 5 Rn. 18). Die Wahlfreiheit der betroffenen Person, ob sie eine Einwilligung für die Verarbeitung ihrer personenbezogenen Daten gibt oder nicht, setzt voraus, dass die beabsichtigte Verarbeitung für sie nachvollziehbar ist und sie dadurch in die Lage versetzt wird, in voller Kenntnis der Sachlage die Konsequenzen der Einwilligung zu bestimmen.[54] Die Bedingung einer **informierten Einwilligung** einer Einwilligung erfordert deshalb, dass die betroffene Person unbeschadet der weiteren Anforderungen der Art. 13 und 14 (→ Art. 12 Rn. 6) vor Abgabe ihrer Einwilligung jedenfalls darüber informiert worden ist, welche Daten zu welchem Zweck und von wem verarbeitet werden.[55] Anders als sonst bei einem Verstoß gegen die weiteren Informationspflichten nach Art. 13 und 14 ist diese Information der betroffenen Person vor Abgabe der Einwilligung als ein in Art. 4 Nr. 11 festgelegtes Wesensmerkmal **konstitutiv für die Einwilligung**. Ohne die rechtzeitige Information der betroffenen Person ist die Einwilligung unwirksam und kann deshalb keine Rechtsgrundlage für die beabsichtigte Verarbeitung bieten.[56] Die Beweislast des Verantwortlichen, dass die betroffene 16

---

[46] Erwägungsgrund 43 S. 1.
[47] Europäischer Datenschutzausschuss, Leitlinien 5/2020 zur Einwilligung, Rn. 17.
[48] Paal/Pauly/*Frenzel* DS-GVO Art. 7 Rn. 19; *Ruschemeier* ZD 2020, 618 (621); HdB-EUVerwR/*Benecke/Spiecker gen. Döhmann* § 23 Rn. 35.
[49] Art. 2 Nr. 16, Art. 25 Abs. 3 und Erwägungsgrund 50 S. 4 der Verordnung (EU) Nr. 868/2022 des Europäischen Parlaments und des Rates über europäische Daten-Governance und zur Änderung der Verordnung (EU) Nr. 1724/2018 (Daten-Governance-Rechtsakt) vom 30.5.2022 (ABl. L 152, 1); vgl. *Schildbach* ZD 2022, 148 (151).
[50] Erwägungsgrund 45 der Verordnung (EU) Nr. 868/2022 (Daten-Governance-Rechtsakt).
[51] Dazu *Ruschemeier* ZD 2020, 618 (620 f.); Taeger/Gabel/*Taeger* DS-GVO Art. 6 Rn. 33 f.
[52] Vgl. Gutachten der Datenethikkommission der Bundesregierung v. 22.10.2019, 96.
[53] *Cherkeh/Heyn* SpuRt 2020, 290 (291 f.).
[54] EuGH Urt. v. 11.11.2020 – C-61/19, ECLI:EU:C:2020:901 = ZD 2021, 89 Rn. 40 – Orange România; EuGH Urt. v. 1.10.2019 – C-673/17, ECLI:EU:C:2019:801 = ZD 2019, 556 Rn. 74 mAnm *Hanloser* – Planet 49.
[55] Erwägungsgrund 42 S. 4.
[56] Europäischer Datenschutzausschuss, Leitlinien 5/2020 zur Einwilligung, Rn. 63; Europäischer Datenschutzausschuss, Guidelines 03/2022 on deceptive design patterns in social media platform interfaces, Rn. 27.

Person in die Verarbeitung ihrer personenbezogenen Daten eingewilligt hat (Art. 7 Abs. 1), umfasst gemäß Art. 5 Abs. 2 auch den Nachweis, dass die betroffene Person die Einwilligung in voller Kenntnis der Sachlage erteilt hat.[57]

17 Der EuGH nennt als **Anforderungen an diese vorherige Information** insbesondere die Art der zu verarbeitenden Daten, die Identität des Verantwortlichen, die Dauer und Modalitäten der Verarbeitung sowie die Zwecke, die damit verfolgt werden.[58] Art. 7 Abs. 3 S. 3 erfordert zudem die vorherige Information der betroffenen Person über das Recht auf Widerruf der Einwilligung. Der Europäische Datenschutzausschuss rechnet zu den Mindestanforderungen auch Angaben zu möglichen Risiken bei Datenübermittlungen bei einem internationalen Datentransfer, der nicht auf einen Angemessenheitsbeschlusses (Art. 45) oder geeigneten Garantien iSd Art. 46 gestützt ist, und im Falle des Art. 22 Abs. 2 Buchst. c Informationen über die Verwendung der Daten für eine automatisierte Entscheidungsfindung.[59] Das kann auch eine Darstellung der Funktionsweise der auf Algorithmen gestützten Verarbeitung erforderlich machen.[60] Betrifft die Einwilligung die Weitergabe personenbezogener Daten, setzt die Wirksamkeit der Einwilligung auch die Bezeichnung des konkreten Empfängers und den Zweck der Übermittlung voraus, so dass Angaben wie „Anbieter der oben genannten Dienstleistungen" oder „andere Unternehmen" innerhalb einer Unternehmensgruppe nicht genügen.[61] Für ein Ersuchen um die Abgabe einer schriftlichen Einwilligung durch eine Erklärung, die noch andere Sachverhalte betrifft, legt Art. 7 Abs. 2 ausdrücklich fest, dass dieses in einer verständlichen und leicht zugänglichen Form in einer klaren und einfachen Sprache so erfolgen muss, dass die für die Einwilligung erforderlichen Informationen klar von anderen Textbestandteilen zu unterscheiden sind und deshalb auch nicht in allgemeinen Geschäftsbedingungen „versteckt" werden dürfen.[62] Problematisch ist auch eine Verhaltenssteuerung insbesondere durch die grafische Gestaltung von Online-Schaltflächen und umständliche Ablehnungsmöglichkeiten, die zudem die Freiwilligkeit einer Einwilligung in Frage stellen.[63]

18 **3. Zweckbindung.** Die betroffene Person muss ihre Einwilligung zu der Verarbeitung der sie betreffenden personenbezogenen Daten für einen oder mehrere bestimmte Zwecke mit Bezug auf eine konkrete Verarbeitung gegeben haben. Damit ist, anders als in Art. 7 Buchst. a DS-RL, ausdrücklich die **Zweckbindung der Einwilligung** hervorgehoben und damit der Zweckbindungsgrundsatz (Art. 5 Abs. 1 Buchst. b) auch in dieser Vorschrift manifestiert. Daraus folgt, dass im Zeitpunkt der Einholung der Einwilligung der Zweck – bzw. bei mehreren Zwecken jeder dieser Zwecke – festgelegt und bestimmt sein muss. Eine pauschale Einwilligung, die nicht auf die konkreten Zwecke der Verarbeitung bezogen ist, ist deshalb unwirksam. Dies gilt auch für Big-Data-Anwendungen, bei denen nicht vorhersehbar ist, zu welchen weiteren Zwecken die für bestimmte Zwecke erhobenen Anwendungen weiterverwendet werden.[64] Bei der Verarbeitung für Zwecke der wissenschaftlichen Forschung ist zu berücksichtigen, dass eine pauschale Bezugnahme auf Forschungszwecke nicht den Anforderungen an eine eindeutige Zweckbestimmung genügt, sondern eine Konkretisierung für bestimmte Forschungszwecke erforderlich ist. Deshalb ist der betroffenen Person Gelegenheit zu geben, die Einwilligung auf bestimmte Forschungsbereiche oder Teile von Forschungsprojekten zu beschränken.[65] Ist eine solche Beschränkung im Rahmen des Forschungszwecks nicht möglich, muss der betroffenen Person deutlich gemacht werden, dass es ihre freie Entscheidung ist, die Verarbeitung ihrer Daten für die betreffende Forschung vollständig abzulehnen. Die für einen bestimmten Zweck eingeholte Einwilligung deckt die Verarbeitung für andere Zwecke auch dann nicht ab, wenn diese mit der ursprünglichen Verarbeitung kompatibel sind (→ Rn. 72).

---

[57] EuGH Urt. 11.11.2020 – C-61/19, ECLI:EU:C:2020:901 = ZD 2021, 89 Rn. 40 und 42 – Orange România; Europäischer Datenschutzausschuss, Leitlinien 5/2020 zur Einwilligung, Rn. 68.
[58] EuGH Urt. 11.11.2020 – C-61/19, ECLI:EU:C:2020:901 = ZD 2021, 89 Rn. 40 – Orange România.
[59] Europäischer Datenschutzausschuss, Leitlinien 5/2020 zur Einwilligung, Rn. 64.
[60] Ital. Oberster Gerichtshof Corte di Cassazione Urt. v. 25.5.2021 – 14381/2021, ZD-Aktuell 2021, 05250.
[61] OLG Wien Beschl. v. 24.11.2022 – 2 R 48/20y, ZD 2023, 405 Rn. 34 f.; *Ernst* ZD 2017, 110 (113).
[62] Erwägungsgrund 42 S. 3; Europäischer Datenschutzausschuss, Leitlinien 5/2020 zur Einwilligung, Rn. 167.
[63] Dazu *Loy/Baumgartner* ZD 2021, 404 (405 f.).
[64] *Culik/Döpke* ZD 2017, 226 (228).
[65] Erwägungsgrund 33.

4. Eindeutigkeit der Einwilligung. Anders als Art. 7 Buchst. a DS-RL enthält der Wortlaut 19
der Vorschrift nicht den Zusatz, dass die betroffene Person „ohne jeden Zweifel" (im englischen
Text „unambiguously") ihre Einwilligung gegeben hat. Damit hatte die DS-RL zum Ausdruck
gebracht, dass die Willensbekundung des Betroffenen nicht mehrdeutig sein und keinen Zweifel
an seiner Absicht zulassen darf.[66] In der Umsetzung durch die Mitgliedstaaten hatten sich
allerdings erhebliche Unterschiede herausgebildet, die von dem Erfordernis einer schriftlichen
Einwilligung bis zur Annahme einer durch das Unterlassen eines Widerspruchs implizierten
Einwilligung reichten.[67] Um die Position der betroffenen Person zu stärken und Rechtssicherheit
über die Wirksamkeit einer Einwilligung zu erreichen, verfolgte der Kommissionsvorschlag den
Ansatz, anstelle des Wortlauts „ohne jeden Zweifel" in die Begriffsbestimmung der Einwilligung
das Erfordernis aufzunehmen, dass eine Einwilligung neben den weiteren Erfordernissen eine
„explizite Willensbekundung" in Form einer Erklärung oder einer sonstigen eindeutigen
Handlung" voraussetzt.[68]

Dieses Konzept, das das Europäische Parlament im Gesetzgebungsverfahren übernommen 20
hatte,[69] wurde jedoch vom Rat nicht akzeptiert, der stattdessen an dem Ansatz der DS-RL
festhielt.[70] In dieser im Trilog bis zuletzt umstrittenen Frage wurde schließlich die Einigung in der
Kombination mit der Formulierung in der Begriffsbestimmung erzielt, wonach die Wirksamkeit
der Einwilligung eine **„unmissverständlich abgegebene Willensbekundung"** in Form einer
Erklärung oder einer sonstigen **eindeutigen bestätigenden Handlung"** voraussetzt (Art. 4
Nr. 11). Damit verlangt die DS-GVO ausdrücklich eine aktive Einwilligung, die sich auf die
konkrete Datenverarbeitung beziehen muss.[71] Eine bestimmte Form für die Abgabe dieser
Erklärung wird nicht vorgeschrieben. Jedoch muss klar erkennbar sein, dass die betroffene Person
in diese bestimmte Verarbeitung eingewilligt hat. Erwägungsgrund 32 hebt hervor, dass diese
Handlung insbesondere in einer schriftlichen, auch elektronischen oder mündlichen Erklärung,
durch Anklicken eines Kästchens auf einer Internetseite bestehen kann.[72] Allerdings darf das
Design der entsprechenden Schaltflächen nicht missverständlich sein.[73] Konkludente Handlungen
wie zum Beispiel die Übergabe einer Visitenkarte oder der Nennung von Kontaktdaten können
ebenfalls eine Einwilligung für dem Zweck entsprechende weitere Kontakte zum Ausdruck
bringen. Stillschweigen, bereits angekreuzte Kästchen oder Untätigkeit des Betroffenen stellen
jedoch keine Einwilligung dar.[74] Deshalb ist auch das einfache Fortfahren mit einer Dienstleistung, die Fortsetzung der Nutzung einer Website oder das Scrollen durch eine Website nicht
ausreichend für die Annahme einer eindeutigen bestätigenden Handlung.[75] Erst recht kann über
einseitige Vertragsklauseln keine Einwilligung begründet werden. Die Kritik an diesen Erfordernissen[76] übersieht, dass die notwendige Klarheit über die Wirksamkeit einer Einwilligung der
Rechtssicherheit und der Transparenz der Datenverarbeitung für die betroffene Person dient und
dadurch die Kontrolle des Einzelnen über die Verwendung seiner Daten und das Vertrauen in die
Dienste insbesondere der Internetwirtschaft stärkt.[77] Bei einer Vielzahl betroffener Personen, wie
sie von einer systematischen Video-Überwachung erfasst werden, scheidet die Einwilligung als
Rechtsgrund aus, wenn – wie regelmäßig in einer solchen Situation – nicht nachweisbar ist, dass
sie ihre Einwilligung für die Verarbeitung ihrer personenbezogenen Daten gegeben haben.[78]

---

[66] Artikel-29-Datenschutzgruppe, Stellungnahme 15/2011 zur Definition von Einwilligung (WP 187), S. 25.
[67] Vgl. die Folgenabschätzung zur DS-GVO: Commission Staff Working Paper SEC(2012)72 final, Annex 2 Abschn. 2.1.3.
[68] Art. 4 Nr. 8 des Kommissionsvorschlags KOM(2012) 11 endgültig; dazu *Reding* IDPL 2012, 119 (124).
[69] Standpunkt des Europäischen Parlaments festgelegt in erster Lesung am 12.3.2014, P7_TC1-COD (2012).
[70] Allg. Ausrichtung des Rates v. 15.6.2015, Rats-Dok. 9565/15.
[71] EuGH Urt. 11.11.2020 – C-61/19, ECLI:EU:C:2020:901 = ZD 2021, 89 Rn. 36, 38 – Orange România.
[72] Erwägungsgrund 32 S. 1 u. 2.
[73] Dazu *Loy/Baumgartner* ZD 2021, 404 (407).
[74] Erwägungsgrund 32 S. 1–3; EuGH Urt. 11.11.2020 – C-61/19, ECLI:EU:C:2020:901 = ZD 2021, 89 Rn. 37 – Orange România; EuGH Urt. v. 1.10.2019 – C-673/17 – ECLI:EU:C:2019:801 = ZD 2019, 556 Rn. 52, 57, 62 f. mAnm *Hanloser* – Planet 49; *Albrecht* CR 2016, 88 (91); *Krohm* ZD 2016, 368; *Ernst* ZD 2017, 110 (113 f.).
[75] Europäischer Datenschutzausschuss, Leitlinien 5/2020 zur Einwilligung, Rn. 84 ff.
[76] *Schneider/Härting* ZD 2012, 199 (201 f.); *Dehmel/Hullen* ZD 2013, 147 (149 f.).
[77] *Reding* ZD 2012, 195 (197).
[78] Europäischer Datenschutzausschuss, Leitlinien 3/2019 zur Verarbeitung durch Videogeräte, Rn. 44.

21 Eine **„ausdrückliche Einwilligung"** ist erforderlich für die Zulässigkeit der Verarbeitung besonderer Kategorien (Art. 9 Abs. 1 Buchst. a), für die Zulässigkeit automatisierter Entscheidungen (Art. 22 Abs. 2 Buchst. c) und für bestimmte Fälle von internationalen Datenübermittlungen (Art. 49 Abs. 1 Buchst. a). Weitere Bedingungen für die Wirksamkeit der **Einwilligung eines Kindes** in Bezug auf Dienste der Informationsgesellschaft, ergeben sich aus Art. 8. Dem Grundsatz der Rechenschaftspflicht (Art. 5 Abs. 2) entspricht es, dass der Verantwortliche die **Beweislast** dafür trägt, dass die betroffene Person in die Verarbeitung ihrer personenbezogenen Daten eingewilligt hat (Art. 7 Abs. 1).[79] Das lässt erwarten, dass trotz der Formfreiheit der Einwilligung in der Praxis die Einholung einer schriftlichen oder elektronisch dokumentierten Einwilligung weiter dominieren wird.[80] Gerade weil vor allem im digitalen Kontext die Häufigkeit von Aufforderungen dazu führt, dass Einwilligungserklärungen häufig nicht mehr gelesen werden und die Einwilligung dann zu einem formalisierten Akt wird,[81] steht der Verantwortlichen in der Pflicht, die Einwilligungsverfahren so transparent und eindeutig zu gestalten, dass deren Sinn nicht entleert wird, sondern die Warnfunktion gewährleistet bleibt.[82]

22 Zu unterscheiden ist zwischen der Einwilligung als Rechtsgrundlage für die Datenverarbeitung gemäß Buchst. a und einer Verarbeitung, die ihre Rechtsgrundlage in einem der Rechtsgründe nach Abs. 1 Buchst. b, c oder e hat, aber **zusätzlich eine Zustimmung** als verfahrensrechtliche Bedingung oder tatbestandliche Voraussetzung erfordert.[83] Das ist insbesondere im Bereich der **wissenschaftlichen Forschung** von Relevanz. Dienen klinische Prüfungen der Wahrnehmung einer öffentlichen Aufgabe im Sinne des Buchst. e oder in Teilbereichen der Erfüllung einer rechtlichen Verpflichtung des Betreibers der Forschung nach Buchst. c, ist der Verweis auf das Erfordernis einer Einwilligung keine Festlegung des Rechtsgrunds der Verarbeitung, sondern eine zusätzliche Garantie, die der Betreiber als Verfahrensvoraussetzung zu beachten hat.[84] Eine zusätzliche Bedingung bei einer auf einer gesetzlichen Grundlage beruhenden Verarbeitung und nicht als Rechtsgrund ist auch die in Erwägungsgrund 35 der RL 2016/680 Bezug genommene Zustimmung zu der Verarbeitung beispielsweise von DNA-Tests in strafrechtlichen Ermittlungen oder zur Überwachung durch eine elektronische Fußfessel. Ebenso ersetzt bei der Entwicklung von Systemen künstlicher Intelligenz die Bereitschaft zur Teilnahme an Tests im KI-Reallabor nicht die Einwilligung der Testteilnehmer in die Verarbeitung ihrer personenbezogenen Daten,[85] soweit nicht die Voraussetzungen für eine Weiterverarbeitung für diese Zwecke vorliegen (→ Rn. 73).

23 **5. Bindung an die Einwilligung. Die betroffene Person** kann die Einwilligung gemäß Art. 7 Abs. 3 S. 1 jederzeit widerrufen. Dadurch entfällt die Rechtsgrundlage für Verarbeitung der personenbezogenen Daten jedoch nur für die Zukunft, während die bis zum Zeitpunkt des Widerrufs auf der Grundlage der Einwilligung durchgeführte Verarbeitung davon nicht berührt wird (Art. 7 Abs. 3 S. 2), also Rechtsgrundlage für die bis dahin erfolgten Verarbeitungsschritte bleibt. Stützt **der Verantwortliche** die Verarbeitung auf den Rechtsgrund der Einwilligung, begründet dies nach dem Grundsatz von Treu und Glauben (Art. 5 Abs. 1 Buchst. a) die **„vernünftigen Erwartungen"** der betroffenen Personen (→ Art. 5 Rn. 14), dass die Verarbeitung auf der Grundlage der Einwilligung und unter den Bedingungen erfolgt, unter denen die Einwilligung erteilt worden ist, die Verarbeitung ihrer Daten nur ihrem mit der Einwilligung bekundeten Willen entsprechend erfolgt und nach einem Widerruf der Einwilligung (Art. 7 Abs. 3 S. 1) die Verarbeitung nicht fortgesetzt wird.[86] Mit dem Grundsatz von Treu und Glauben ist es daher nicht vereinbar, dass bei einem Widerruf der Einwilligung die bisher auf der Grundlage der Einwilligung erfolgte Verarbeitung entgegen dem Willen der betroffenen Person

---

[79] Erwägungsgrund 42 S. 1; EuGH Urt. v. 11.11.2020 – C-61/19, ECLI:EU:C:2020:901 = ZD 2021, 89 Rn. 51 – Orange România.
[80] *Buchner/Kühling* DuD 2017, 544 (546).
[81] *Veil* NJW 2018, 3337 (3344); Kühling/Buchner/*Buchner/Kühling* DS-GVO Art. 7 Rn. 10.
[82] Europäischer Datenschutzausschuss, Leitlinien 5/2020 zur Einwilligung, Rn. 88.
[83] Kühling/Buchner/*Buchner/Petri* DS-GVO Art. 6 Rn. 22.
[84] Europäischer Datenschutzausschuss, Leitlinien 5/2020 zur Einwilligung, Rn. 153.
[85] Vgl. Hilgendorf/Roth-Isigkeit KI-VO/*Voß* § 9 Rn. 29.
[86] Zutr. weisen Kühling/Buchner/*Buchner/Petri* DS-GVO Art. 6 Rn. 23 darauf hin, dass „der betroffenen Person durch das Abstellen auf deren Einwilligung nicht eine Entscheidungsmacht suggeriert werden darf, die so tatsächlich gar nicht besteht."

fortgeführt oder rückwirkend auf einen anderen Rechtsgrund gestützt wird.[87] Ein anderes Ergebnis lässt sich auch nicht mit dem Rekurs auf Art. 17 Abs. 1 Buchst. b begründen, wonach bei einem Widerruf der Einwilligung die Daten nicht zu löschen sind, wenn eine anderweitige Rechtsgrundlage die Weiterführung der Verarbeitung zulässt.[88] Während sich diese Vorschrift insoweit auf eine Kumulierung mehrerer Rechtsgrundlagen bezieht (→ Rn. 12) und es um die Löschung der bis dahin verarbeiteten personenbezogenen Daten geht, richtet sich der Widerruf auf die weitere Verarbeitung der Daten in der Zukunft, ohne die Rechtmäßigkeit der bis zum Widerruf erfolgten Bearbeitung zu berühren (Art. 7 Abs. 3 S. 2). Den vernünftigen Erwartungen widerspricht grundsätzlich auch die Einholung einer **vorsorglichen Einwilligung** zur Absicherung einer primär auf einen anderen Rechtsgrund gestützten Verarbeitung.[89] Eine solche parallele Einwilligung ist mit dem Grundsatz von Treu und Glauben allenfalls dann vereinbar, wenn die Anwendbarkeit der anderen Rechtsgrundlage zweifelhaft ist und die betroffene Person ausdrücklich über diesen Umstand sowie darüber informiert wird, dass die Verarbeitung auch im Falle eines Widerrufs gegebenenfalls auf der Grundlage des anderen Rechtsgrunds weitergeführt werden kann.[90]

III. Vertrag (Buchst. b)

1. Erforderlichkeit für die Vertragszwecke. Der Rechtsgrund setzt wie Art. 7 Buchst. b DS-RL voraus, dass die Verarbeitung erforderlich ist für die Erfüllung eines Vertrags mit der betroffenen Person oder zur Durchführung vorvertraglicher Maßnahmen, die auf Anfrage der betroffenen Person erfolgen. Dieser Rechtsgrund erfasst die Datenverarbeitung, die **in Zusammenhang mit einem Vertrag erforderlich** ist. Der Begriff der „Erfüllung" ist weit auszulegen und umfasst über die Anbahnung und Durchführung des Vertragszwecks auch die Abwicklung des Vertragsverhältnisses.[91] Bei einem auf Dauer angelegten Beschäftigungs- oder Mietverhältnis bedarf es regelmäßig die Verarbeitung von mehr personenbezogenen Daten und deren längere Speicherdauer als für die Bestellung, Lieferung und Bezahlung einer Ware.[92] Für die Vertragserfüllung unterscheidet die Vorschrift nicht nach Haupt- und Nebenpflichten, erfordert jedoch, dass die betroffene Person als Vertragspartei an der Begründung eines rechtsgeschäftlichen Verhältnisses beteiligt ist. Damit scheiden Verträge zu Gunsten oder zu Lasten Dritter, bei denen die betroffene Person nicht Vertragspartei ist, aus dem Anwendungsbereich dieses Rechtsgrunds aus.[93] Als Rechtsgrundlage für die Verarbeitung muss der Vertrag wirksam sein und darf jedenfalls nicht an rechtlichen Mängeln leiden, die zu seiner Nichtigkeit führen.[94] Ob das der Fall ist, ist nach dem nationalen Vertrags- und Verbraucherschutzrecht des Mitgliedstaates zu beurteilen, dessen Rechtsordnung der Vertrag unterliegt.[95]

Für die Erfüllung eines Vertrags ist eine Verarbeitung nur dann erforderlich, wenn sie **für die Erfüllung der konkreten Vertragszwecke notwendig** und nicht nur nützlich ist.[96] Das setzt voraus, dass ohne die betreffenden Verarbeitungsvorgänge die zwischen den Vertragsparteien vereinbarten Vertragszwecke nicht erreicht werden können und deshalb diese Verarbeitungsvorgänge für die Erfüllung der Vertragszwecke objektiv unerlässlich sind.[97] Dafür kommt es auf

---

[87] Europäischer Datenschutzausschuss, Leitlinien 5/2020 zur Einwilligung, Rn. 122 f.; Roßnagel/Geminn DS-GVO verbessern S. 49 f.; Kühling/Buchner/*Buchner/Petri* DS-GVO Art. 6 Rn. 23; *Uecker* ZD 2019, 248 (249); *Ruschemeier* ZD 2020, 618 f.; *Zavadil/Rohner* ZD 2022, 312 (314).
[88] So jedoch u.a. Laue/Kremer Neues DatenschutzR/*Kremer* § 2 Rn. 4 u. § 4 Rn. 43; Simitis/Hornung gen. Spiecker/*Döhmann/Klement* DS-GVO Art. 7 Rn. 34; *Krusche* ZD 2020, 232 (235); *Veil* NJW 2018, 3337 (3342); Taeger/Gabel/*Taeger* DS-GVO Art. 6 Rn. 50; Auernhammer/*Kramer* DS-GVO Art. 6 Rn. 23.
[89] Vgl. Europäischer Datenschutzausschuss, Leitlinien 5/2020 zur Einwilligung, Rn. 123.
[90] Gola/Heckmann/*Schulz* DS-GVO Art. 6 Rn. 12; HdB-EUVerwR *Benecke/Spiecker* gen. *Döhmann* § 23 Rn. 37; aA *Krusche* ZD 2020, 232 (234), der von der generellen Zulässigkeit einer parallelen Einwilligung ausgeht; BeckOK DatenschutzR/*Albers/Veit* DS-GVO Art. 6 Rn. 25 und Auernhammer/*Kramer* DS-GVO Art. 6 Rn. 23 f. lassen die Information der betroffenen Person ausreichen.
[91] Vgl. Gola/Heckmann/*Schulz* DS-GVO Art. 6 Rn. 30; Kühling/Buchner/*Buchner/Petri* DS-GVO Art. 6 Rn. 33; Schwartmann/Jaspers/Thüsing/Kugelmann/*Schwartmann/Klein* DS-GVO Art. 6 Rn. 45.
[92] Paal/Pauly/*Frenzel* DS-GVO Art. 6 Rn. 14.
[93] Ebenso Simitis/Hornung/Spiecker gen. Döhmann/*Schantz* DS-GVO Art. 6 Abs. 1 Rn. 20.
[94] Kühling/Buchner/*Buchner/Petri* DS-GVO Art. 6 Rn. 31.
[95] Simitis/Hornung/Spiecker gen. Döhmann/*Schantz* DS-GVO Art. 6 Abs. 1 Rn. 21.
[96] Kühling/Buchner/*Buchner/Petri* DS-GVO Art. 6 Rn. 42; Gola/Heckmann/*Schulz* DS-GVO Art. 6 Rn. 38; Europäischer Datenschutzausschuss, Leitlinien 2/2019 zu Online-Diensten, Rn. 25.
[97] EuGH Urt. v. 4.7.2023 – C-252/21, ECLI:EU:C:2023:537 = ZD 2023, 664 Rn. 98 mAnm *Moos/Rothkegel* ZD 2023, 675 – Meta Platforms.

die charakteristischen Merkmale der Vertragsleistung an, die Zielsetzung und den grundlegenden Gegenstand des Vertrags, seine wesentlichen Elemente und die gegenseitigen Perspektiven und Erwartungen der Vertragsparteien.[98] Der Verweis auf den Wortlaut des Vertrags ist dafür nicht ausreichend. Die vom Anbieter formulierten Vertragsklauseln oder sonst die Erwähnung einer Verarbeitung im Vertrag begründen ebenso wenig wie die Nützlichkeit für die Vertragserfüllung für sich noch nicht die Erforderlichkeit der Datenverarbeitung.[99] Vielmehr muss der Verantwortliche nachweisen können, inwiefern der Hauptgegenstand des Vertrags ohne diese Verarbeitung nicht erfüllt werden könnte.[100] Von den für den Vertrag charakteristischen Elementen sind Datenverarbeitungen zu unterscheiden, die Vertragsbeziehung nutzen, um Daten zur Förderung eines davon getrennten eigenen Geschäftsmodells oder für andere zusätzliche Zwecke zu erheben.[101] Maßgeblich ist daher ein unmittelbarer sachlicher Zusammenhang zwischen der beabsichtigten Datenverarbeitung und dem konkreten Vertragszweck.[102] Geht die Verarbeitung über das für die Erfüllung des Vertrags objektiv erforderliche Maß hinaus, wird dies nicht mehr durch diesen Rechtsgrund gedeckt, möglicherweise aber durch eine darauf bezogene Einwilligung oder die Wahrung berechtigter Interessen.[103] Ist aber die konkrete Datenverarbeitung für die Erfüllung des Vertrags erforderlich, ist die Einwilligung nicht die geeignete Rechtsgrundlage, weil die Vertragsbindung die Freiwilligkeit in Frage stellt und ein Widerruf der Einwilligung die Rechtsgrundlage für die Weiterführung des Vertrags beseitigt.[104] Umgekehrt dürfen die Voraussetzungen für eine wirksame Einwilligung und damit der höhere Schutz für die betroffene Person nicht dadurch umgangen werden, dass die Willenserklärung zur Verarbeitung unter den Rechtsgrund des Art. 6 Abs. 1 Buchst. b „verschoben" wird.[105] An der Nahtstelle von Vertrag und Einwilligung insbesondere bei Geschäftsmodellen der Internetwirtschaft kommt dem Kopplungsverbot des Art. 7 Abs. 4 besondere Bedeutung zu.[106]

26 Bei einem Vertrag, der mehrere Leistungen oder mehrere eigenständige Elemente einer Leistung zum Gegenstand hat, ist die Anwendbarkeit dieses Rechtsgrunds für jede dieser Leistungen gesondert zu beurteilen.[107] **Objektiv erforderlich für die Erfüllung des Vertrags** ist zum Beispiel die Mitteilung von Kreditkartendetails zur Abwicklung der Zahlung eines Online-Kaufs, die Anschrift des Kunden für die vertraglich bedingte Korrespondenz oder Lieferung oder die Angabe der Bankverbindung für die Gehaltsüberweisung. Nicht für die Erfüllung des Vertrags erforderlich ist dagegen die Speicherung von Kundenpräferenzen für Marketingzwecke oder Kundenbindungssysteme,[108] sowie die Abfrage des Geburtsdatums, wenn dies nicht zur Verifizierung der Geschäftsfähigkeit des Vertragspartners notwendig ist oder eine Abfrage der Volljährigkeit ausreicht.[109] Andererseits schließt die Abwicklung des Vertrages die Erfüllung von Gewährleistungspflichten oder sekundäre Leistungspflichten ein.[110] Das gilt auch für mit der Geltendmachung der Gegenleistung verbundene Maßnahmen wie Mahnungen.[111] Die Weiterleitung personenbezogener Daten an einen Anwalt oder ein **Inkassobüro** zur Durchsetzung vertraglicher Forderungen dient jedoch nicht mehr der Erfüllung des Vertrags, sondern der Durchsetzung berechtigter Interessen des Forderungsgläubigers.[112] Ebenso kann die Über-

---

[98] Europäischer Datenschutzausschuss, Leitlinien 2/2019 zu Online-Diensten, Rn. 33; Simitis/Hornung/Spiecker gen. Döhmann/*Schantz* DS-GVO Art. 6 Abs. 1 Rn. 32.
[99] EuGH Urt. v. 4.7.2023 – C-252/21, ECLI:EU:C:2023:537 = ZD 2023, 664 Rn. 99 mAnm *Moos/Rothkegel* ZD 2023, 675 – Meta Platforms.
[100] EuGH Urt. v. 4.7.2023 – C-252/21, ECLI:EU:C:2023:537 = ZD 2023, 664 Rn. 98 mAnm *Moos/Rothkegel* ZD 2023, 675 – Meta Platforms.
[101] Vgl. Kühling/Buchner/*Buchner*/*Petri* DS-GVO Art. 6 Rn. 40.
[102] ÖOGH Beschl. v. 23.6.2021 – 6 Ob 56/21k, ZD 2021, 627 Rn. 60; BeckOK DatenschutzR/*Albers*/*Veit* DS-GVO Art. 6 Rn. 44.
[103] Europäischer Datenschutzausschuss, Leitlinien 2/2019 zu Online-Diensten, Rn. 34.
[104] Europäischer Datenschutzausschuss, Leitlinien 2/2019 zu Online-Diensten, Rn. 19.
[105] ÖOGH Beschl. v. 23.6.2021 – 6 Ob 56/21k, ZD 2021, 627 Rn. 54.
[106] Dazu *Albrecht*/*Jotzo* DatenschutzR Teil 3 Rn. 44.
[107] EuGH Urt. v. 4.7.2023 – C-252/21, ECLI:EU:C:2023:537 = ZD 2023, 664 Rn. 100 mAnm *Moos/Rothkegel* ZD 2023, 675 – Meta Platforms.
[108] Simitis/Hornung/Spiecker gen. Döhmann/*Schantz* DS-GVO Art. 6 Abs. 1 Rn. 31; Kühling/Buchner/*Buchner*/*Petri* DS-GVO Art. 6 Rn. 39 f., 52 f.
[109] VG Hannover Urt. v. 9.11.2021 – 10 A 502/19, ZD 2022, 182 Rn. 41 f.
[110] Plath/*Plath* DS-GVO Art. 6 Rn. 11.
[111] Europäischer Datenschutzausschuss, Leitlinien 2/2019 zu Online-Diensten, Rn. 38.
[112] Simitis/Hornung/Spiecker gen. Döhmann/*Schantz* DS-GVO Art. 6 Abs. 1 Rn. 30; aA OLG Naumburg Urt. v. 10.3.2021 – 5 U 182/20, ZD 2021, 432 Rn. 22.

wachung von Kundenverhalten nicht dem Vertragszweck zugeordnet werden.[113] Für die Dienste eines Online-Netzwerks ist eine Personalisierung der Inhalte nicht erforderlich, um den Nutzern die Dienste des Netzwerks anzubieten.[114] Im **Beschäftigtenkontext** ist zu unterscheiden, in welchem Umfang eine Verarbeitung für die Erfüllung des Arbeitsvertrags notwendig ist und welche Nebenabreden nicht den eigentlichen Vertragszweck betreffen. So sind Regelungen über den privaten E-Mail-Verkehr des Beschäftigten oder die Video-Überwachung des Arbeitsplatzes für die Durchführung des Arbeitsverhältnisses nicht erforderlich und deshalb nur dann rechtmäßig, wenn sie auf eine andere Rechtsgrundlage gestützt werden können, wie auf die Einwilligung für die Überwachung der Einhaltung des erlaubten Rahmens einer private Internet- oder Telefonnutzung. Für die Verarbeitung besonderer Kategorien personenbezogener Daten kommt dieser Rechtsgrund in Verbindung mit Art. 9 Abs. 2 Buchst. b und h in Betracht für eine Datenverarbeitung zur Erfüllung des Arbeitsvertrags oder eines medizinischen Behandlungsvertrags.[115]

2. Vorvertragliche Maßnahmen. Die Rechtsgrundlage deckt dann eine Verarbeitung ab, die für die Durchführung **vorvertraglicher Maßnahmen** erforderlich ist, wenn diese auf Anfrage der betroffenen Person erfolgen. Die Verwendung des Begriffs der „Anfrage" anstelle des Begriffs „Antrag" in Art. 7 Buchst. b DS-RL macht deutlich, dass es keines förmlichen Antrags bedarf, ohne dass damit eine sachliche Änderung verbunden ist.[116] Entscheidend ist, dass die vorvertraglichen Maßnahmen auf Initiative des Betroffenen erfolgen, also nicht etwa auf Veranlassung eines Anbieters und potentiellen Vertragspartners. Dies gilt auch dann, wenn zum Beispiel **Bonitätsauskünfte** wesentliche Grundlage für eine Risikoabschätzung im Hinblick auf den Abschluss eines Vertrages sind. Deshalb umfasst diese Rechtsgrundlage nicht vorvertragliche Überprüfungen wie die Einholung von Auskünften vor einer Darlehensgewährung oder dem Abschluss eines Mietvertrags, wenn diese Überprüfung auf Initiative der Bank bzw. des Vermieters erfolgt.[117] Als Rechtsgrundlage für die Verarbeitung solcher Auskünfte kommt im vorvertraglichen Stadium vielmehr die Einwilligung oder die Wahrung berechtigter Interessen in Betracht. Für die Mitteilung ärztlicher Befunde vor Abschluss eines Versicherungsvertrages scheidet dieser Rechtsgrund ebenfalls aus, weil die Anforderung ebenfalls nicht auf die Initiative der betroffenen Person zurück geht und die Verarbeitung von Gesundheitsdaten in diesem Stadium gemäß Art. 9 Abs. 2 Buchst. a einer ausdrücklichen Einwilligung bedarf.

Hingegen dient die Verarbeitung der dafür erforderlichen personenbezogenen Daten der Durchführung einer vorvertraglichen Maßnahme auf Anfrage der betroffenen Person, wenn diese um Zusendung eines Angebots oder Kostenvoranschlags bittet. Die Speicherung dieser Daten ist dann aber nur zulässig für eine begrenzte Zeit, bis das Angebot abgelehnt oder ausgelaufen ist, oder eben ein Vertrag zustande gekommen ist, der dann die Rechtsgrundlage für die Verarbeitung der für dessen Erfüllung erforderlichen Daten ist. Entsprechendes gilt für die von einem Bewerber **im Zusammenhang mit einer Bewerbung** von sich aus übermittelten personenbezogenen Daten, weil er von sich aus mit seiner Bewerbung die Initiative ergreift.[118] Hingegen erfolgt die Einholung von Auskünften zur Überprüfung eines Bewerbers nicht mehr auf Initiative des Bewerbers, sondern des potentiellen Arbeitgebers. Führt die Bewerbung nicht zum Erfolg, sind die den Bewerber betreffenden Daten gemäß Art. 17 Abs. 1 Buchst. a grundsätzlich unverzüglich zu löschen. Eine Weiterverarbeitung dieser Daten etwa im Hinblick auf künftige Stellenbesetzungen setzt die darauf bezogene Einwilligung der betroffenen Person voraus[119] oder die Wahrung berechtigter Interessen des Verantwortlichen, wie zum Beispiel für die mögliche Verteidigung gegen eine Konkurrentenklage.

---

[113] Europäischer Datenschutzausschuss, Leitlinien 2/2019 zu Online-Diensten, Rn. 50.
[114] EuGH Urt. v. 4.7.2023 – C-252/21, ECLI:EU:C:2023:537 = ZD 2023, 664 Rn. 102 ff. mAnm *Moos/Rothkegel* ZD 2023, 675 – Meta Platforms.
[115] Kuner/Bygrave/Docksey/*Kotschy* GDPR Art. 6 Abschn. C.1.2.2.
[116] Vgl. Paal/Pauly/*Frenzel* DS-GVO Art. 6 Rn. 15 mit dem Hinweis auf einen insoweit mit der DS-RL identischen Wortlaut in den englischen und französischen Sprachfassungen.
[117] Simitis/Hornung/Spiecker gen. Döhmann/*Schantz* DS-GVO Art. 6 Abs. 1 Rn. 42; Artikel-29-Datenschutzgruppe, Stellungnahme 6/2014 zum Begriff des berechtigten Interesses (WP 217), S. 23 f.; aA Kühling/Buchner/*Buchner/Petri* DS-GVO Art. 6 Rn. 47 und 57; Gierschmann/Schlender/Stentzel/Veil/*Assion/Nolte/Veil* DS-GVO Art. 6 Rn. 89.
[118] Simitis/Hornung/Spiecker gen. Döhmann/*Schantz* DS-GVO Art. 6 Abs. 1 Rn. 41.
[119] *Mesch/Folkert* ZD 2021, 252 (254).

IV. Rechtliche Verpflichtung (Buchst. c)

29 Der Rechtsgrund, der wortgleich ist mit Art. 7 Buchst. c DS-RL, betrifft die Verarbeitung, die zur Erfüllung einer rechtlichen Verpflichtung des Verantwortlichen erforderlich ist. Abs. 3 S. 1 bestimmt, dass die rechtliche Verpflichtung **durch das Unionsrecht oder das Recht des Mitgliedstaates** festgelegt wird, dem der Verantwortliche unterliegt. Dabei muss es sich weder um ein Parlamentsgesetz noch um ein spezifisches Gesetz für jede einzelne Verarbeitung handeln. Die entsprechende Rechtsgrundlage, die rechtliche Verpflichtungen für den Verantwortlichen festlegt, muss jedoch hinreichend klar, präzise und vorhersehbar sein.[120] Das Unionsrecht oder das Recht des Mitgliedstaates, das diesen Rechtsgrund ausfüllt, muss auch den inhaltlichen Vorgaben des Abs. 3 S. 2 und 4 genügen. Die unionsrechtliche oder mitgliedstaatliche Rechtsgrundlage muss deshalb die Zwecke der dazu erforderlichen Verarbeitung festlegen, ein im **öffentlichen Interesse** liegendes Ziel verfolgen und in einem angemessenen Verhältnis zu dem verfolgten legitimen Zweck stehen (→ Rn. 60). Da die Vorschrift nicht zwischen öffentlichem und nicht-öffentlichem Bereich unterscheidet, fällt auch eine Verarbeitung durch Behörden und öffentliche Einrichtungen auf Grund einer rechtlichen Verpflichtung unter diesen Rechtsgrund, während die Verarbeitung für öffentliche Aufgaben auf der Grundlage einer Generalklausel oder sonst von Befugnissen mit einen Ermessens- oder Beurteilungsspielraum eine Aufgabenübertragung nach Buchst. e erfordert.[121] Auf beide Rechtsgründe kann eine Datenverarbeitung durch öffentliche Stellen gestützt werden, die für die Erfüllung einer durch Unionsrecht oder nationales Recht begründeten rechtlichen Verpflichtung erforderlich ist. Wird die Verarbeitung auf den Rechtsgrund der rechtlichen Verpflichtung gestützt, besteht allerdings kein Widerspruchsrecht, wie dies Art. 21 Abs. 1 gegen eine Verarbeitung zur Wahrnehmung einer öffentlichen Aufgabe nach Buchst. e gewährleistet. Beispiele für die Verarbeitung zur Erfüllung einer rechtlichen Verpflichtung sind im Rahmen der **Bekämpfung der COVID-19-Pandemie** Verpflichtungen zur Feststellung und Weitergabe von Kontaktdaten an die Gesundheitsbehörden[122] sowie, in Verbindung mit der Verordnung (EU) 2021/953, die Verarbeitung für das digitale COVID-Zertifikat.[123] Ein Beispiel für die Anwendung beider Rechtsgründe ist die Verarbeitung personenbezogener Daten im Zusammenhang mit der elektronischen Gesundheitskarte.[124] Eine rechtliche Verpflichtung liegt auch dann vor, wenn die sich aus einer Rechtsvorschrift ergebende Verpflichtung durch die **Anordnung einer Behörde** für den betreffenden Einzelfall konkretisiert wird.[125]

30 Hingegen ist eine rechtliche Verpflichtung, die nicht durch eine Rechtsvorschrift, sondern **durch ein Rechtsgeschäft begründet worden ist, für diesen Rechtsgrund nicht maßgebend.** Vielmehr ist dann, wenn die Verarbeitung auf einer vertraglichen Verpflichtung beruht, der Rechtsgrund des Buchst. b einschlägig. Die Beschränkung auf eine durch eine Rechtsvorschrift begründete rechtliche Verpflichtung ergibt sich bereits aus Abs. 3 S. 1 und 4, wonach die Rechtsgrundlage für Verarbeitung nach Buchst. c durch Unionsrecht oder nationales Recht festgelegt wird und ein im öffentlichen Interesse liegendes Ziel verfolgen muss. Damit wird eine Datenverarbeitung zur Erfüllung einer vertraglichen Verpflichtung im Individualinteresse nicht erfasst. Dies kommt auch im Wortlaut der Vorschrift zum Ausdruck, wonach der Verantwortliche einer rechtlichen Verpflichtung „unterliegt", also nicht aus eigenem Willen Vertragspartner ist. Dementsprechend unterscheidet die englische Sprachfassung zwischen „performance of a contract" und „compliance with a legal obligation to which the controller is subject" bzw. die französische Sprachfassung zwischen „exécution d'un contract" und „au respect d'une obligation

---

[120] Erwägungsgrund 41.
[121] Kuner/Bygrave/Docksey/*Kotscha* GDPR Art. 6 Abschn. C.1.2.3.
[122] Europäische Kommission, Leitlinien zum Datenschutz bei Mobil-Apps zur Unterstützung der Bekämpfung der COVID-19-Pandemie (ABl. 2020 C 124 I, 1), Nr. 3.3; Kühling/Buchner/*Buchner*/*Petri* DS-GVO Art. 6 Rn. 219 f. – Der Europäische Datenschutzausschuss, Leitlinien 4/2020 zur Kontaktnachverfolgung, Rn. 29 f., stellt auf Abs. 1 Buchst. e als „relevanteste Rechtsgrundlage" ab.
[123] Erwägungsgrund 48 S. 2 der Verordnung (EU) 2021/953 des Europäischen Parlaments und des Rates vom 14. Juni 2021 über einen Rahmen für die Ausstellung, Überprüfung und Anerkennung interoperabler Zertifikate zur Bescheinigung von COVID-19-Impfungen und -Tests sowie der Genesung von einer COVID-19-Infektion (digitales COVID-Zertifikat der EU) mit der Zielsetzung der Erleichterung der Freizügigkeit während der COVID-19-Pandemie (ABl. 2021 L 211, 1).
[124] BSG Urt. v. 20.1.2021 – B 1 KR 7/70 R, ZD 2021, 697 Rn. 41 f.
[125] Dazu Kühling/Buchner/*Buchner*/*Petri* DS-GVO Art. 6 Rn. 78.

légale à laquelle le responsable du traitement est soumis".[126] Beispiele für rechtliche Verpflichtungen auf Grund von Rechtsvorschriften gemäß Buchst. c sind außerhalb des öffentlichen Bereichs die Verpflichtung des Arbeitgebers zur Mitteilung personenbezogener Daten der Beschäftigten an Sozialversicherungsträger und Finanzbehörden, die Verpflichtung von Banken zur Information über Geldwäscheaktivitäten, gewerberechtliche oder steuerrechtliche Aufzeichnungs- und Aufbewahrungspflichten oder die Offenbarungspflicht von Zeugen.[127]

31 Aus der **Bedingung der Erforderlichkeit** folgt, dass der Verantwortliche sich auf das von ihm durch die rechtliche Verpflichtung geforderte notwendige Maß beschränken muss und die Daten nicht über den geforderten Zweck und Umfang hinaus verarbeiten darf.[128] Dies kann neben der eindeutigen inhaltlichen Begrenzung der Verarbeitung auch eine zeitliche Beschränkung erfordern. Lässt die rechtliche Verpflichtung dem Verantwortlichen die Möglichkeit, die Rechtspflicht ohne den Rückgriff auf personenbezogene Daten und deren Weitergabe zu erfüllen und auf anonyme Daten zurückzugreifen, entspricht es dem Grundsatz der Datenminimierung (Art. 5 Abs. 1 Buchst. c), insoweit von der Verarbeitung personenbezogener Daten Abstand zu nehmen. Eine „freiwillige" Übermittlung von (zusätzlichen) Daten durch den Verarbeiter, ohne dass dazu eine rechtliche Verpflichtung besteht, lässt dieser Rechtsgrund in keinem Fall zu. Besteht ein berechtigtes Interesses des Verantwortlichen an der Datenübermittlung und ist diese zur Wahrung dieses Interesses erforderlich, kommt vielmehr der Rechtsgrund nach Buchst. f in Betracht.

V. Lebenswichtige Interessen (Buchst. d)

32 Im Vergleich zu Art. 7 Buchst. d DS-RL erweitert diese Vorschrift diesen Rechtsgrund dahin, dass er nicht nur für den Schutz der betroffenen Personen gilt, sondern auch für den Schutz einer anderen Person, wenn die Verarbeitung für den Schutz lebenswichtiger Interessen erforderlich ist. Insoweit ist diese Vorschrift dem entsprechenden Erlaubnistatbestand des Art. 9 Abs. 2 Buchst. c angeglichen. Bei den lebenswichtigen Interessen handelt es sich in erster Linie – wie sich aus Erwägungsgrund 112 S. 2 ergibt – um den **Schutz des Lebens und der körperlichen Unversehrtheit.** Die Einschränkung auf eine Situation, in der die Person, um deren Schutz es geht, aus körperlichen und rechtlichen Gründen außerstande ist, die erforderliche Einwilligung zu geben, findet sich, anders als in Art. 9 Abs. 2 Buchst. c, nicht in dieser Vorschrift. Handelt es sich um Gesundheitsdaten oder anderen personenbezogener Daten im Sinne von Art. 9 Abs. 1, ergibt sich jedoch aus Art. 9 Abs. 2 Buchst. c, dass dann, wenn die betroffene Person dazu in der Lage ist, die Einwilligung unter dem Aspekt der informationellen Selbstbestimmung Vorrang hat, sofern keine andere Rechtsgrundlage einschlägig ist.[129] Diese Vorschrift greift zum Beispiel ein, wenn für die Behandlung eines bewusstlosen Unfallopfers die Übermittlung seiner Blutwerte notwendig ist oder die Gesundheitsdaten eines Kindes in Abwesenheit seiner Eltern weitergeben müssen, oder wenn ein Unfallopfer in einem Schockzustand der Weitergabe seiner Daten widerspricht.[130] Bei der dementsprechend gebotenen engen Auslegung des Begriffs des „lebenswichtigen Interessen" scheidet die Heranziehung dieses Rechtsgrunds durch Betreiber eines kommerziell ausgerichteten sozialen Online-Netzwerks zur Verarbeitung personenbezogener Daten seiner Nutzer oder anderer Personen von vornherein aus.[131]

33 Den **Nachrang dieses Rechtsgrunds** bringt Erwägungsgrund 46 insoweit zum Ausdruck, als personenbezogene Daten grundsätzlich nur dann auf Grund eines lebenswichtigen Interesses einer anderen natürlichen Person verarbeitet werden sollen, wenn die Verarbeitung offensichtlich

---

[126] Kühling/Buchner/*Buchner*/*Petri* DS-GVO Art. 6 Rn. 77.
[127] Paal/Pauly/*Frenzel* DS-GVO Art. 6 Rn. 17; Kühling/Buchner/*Buchner*/*Petri* DS-GVO Art. 6 Rn. 97 ff.; Gola/Heckmann/*Schulz* DS-GVO Art. 6 Rn. 46; Gierschmann/Schlender/Stentzel/Veil/*Assion*/ *Nolte*/*Veil* DS-GVO Art. 6 Rn. 92 mwBsp.
[128] EuGH Urt. v. 22.6.2021 – C-439/19, ECLI:EU:C:2021:504 = BeckRS 2021, 15289 Rn. 105 u. 110 – Latvijas Republikas Saeima; EuGH Urt. v. 8.4.2014 – C-293/12, ECLI:EU:C:2014:238 = EuZW 2014, 459 = ZD 2014, 296 Rn. 52 mAnm *Petri* – Digital Rights Ireland und Seitlinger; EuGH Urt. v. 9.11.2010 – C-92/09 u. C-93/09, ECLI:EU:C:2010:662 = EuZW 2010, 939 Rn. 72 u. 77 – Volker und Markus Schecke und Eifert.
[129] Artikel-29-Datenschutzgruppe, Stellungnahme 6/2014 zum Begriff des berechtigten Interesses (WP 217), S. 26; Paal/Pauly/*Frenzel* DS-GVO Art. 6 Rn. 21; weitergehend, ohne Beschränkung auf die besonderen Datenkategorien Gola/Heckmann/*Schulz* DS-GVO Art. 6 Rn. 49.
[130] Paal/Pauly/*Frenzel* DS-GVO Art. 6 Rn. 20; Gola/Heckmann/*Schulz* DS-GVO Art. 6 Rn. 50.
[131] EuGH Urt. v. 4.7.2023 – C-252/212, ECLI:EU:C:2023:537 = ZD 2023, 664 Rn. 137 mAnm *Moos*/ *Rothkegel* ZD 2023, 675 – Meta Platforms.

nicht auf eine andere Rechtsgrundlage gestützt werden kann. Außer in den Fällen, in denen eine wirksame Einwilligung eingeholt werden kann, gilt dies insbesondere in Situationen, in denen die Verarbeitung sowohl der Wahrnehmung einer öffentlichen Aufgabe oder der Erfüllung einer rechtlichen Verpflichtung als auch lebenswichtigen Interessen des Betroffenen dient. Beispiele für Situationen, in denen vorrangig die Rechtsgründe nach Buchst. c und e eingreifen, sind die Überwachung und Bekämpfung von Epidemien oder – wie im Fall von COVID-19 – Pandemien und von deren Ausbreitung oder humanitäre Notfälle insbesondere bei Naturkatastrophen oder von Menschen verursachten Katastrophen.[132]

VI. Öffentliche Aufgaben (Buchst. e)

34 Der Rechtsgrund setzt voraus, dass die Verarbeitung für eine Aufgabe erforderlich ist, die dem **Verantwortlichen übertragen** worden ist und dass diese Aufgabe entweder (1) im öffentlichen Interesse liegt oder (2) in Ausübung öffentlicher Gewalt erfolgt. Nach Abs. 3 S. 1 muss die Rechtsgrundlage für die Verarbeitung durch Unionsrecht oder das Recht des Mitgliedstaates festgelegt werden, dem der Verantwortliche unterliegt. Eine Datenverarbeitung kann sich deshalb nur dann auf diesen Rechtsgrund stützen, wenn diese Voraussetzungen durch eine spezifische Rechtsvorschrift konkretisiert sind.[133] Die Vorschrift erfordert damit die Festlegung der öffentlichen Aufgabe und deren Übertragung auf den Verantwortlichen durch nationales Recht, sofern keine Aufgabenzuweisung durch Unionsrecht vorliegt. Bei der **nationalen Rechtsgrundlage** muss es sich weder um ein Parlamentsgesetz noch um ein spezifisches Gesetz für jede einzelne Verarbeitung handeln, so dass die Aufgabe, deren Wahrnehmung und Spezifizierungen hinsichtlich der Verarbeitung auch durch andere Rechtsformen festgelegt und übertragen werden kann. Verwaltungsvorschriften oder Leitlinien, die selbst keinen Rechtsnormcharakter haben, sind jedoch nicht ausreichend.[134] Gemäß Abs. 3 S. 2 muss für die Anwendung dieses Rechtsgrunds der Zweck der Verarbeitung selbst nicht notwendig in der Rechtsgrundlage festgelegt sein, sofern die Datenverarbeitung für die Erfüllung einer durch Rechtsvorschrift festgelegten und übertragenen Aufgabe im öffentlichen Interesse oder Ausübung öffentlicher Gewalt erforderlich ist. Deshalb fällt – anders als bei der Erfüllung einer rechtlichen Verpflichtung nach Buchst. c – unter diesen Rechtsgrund auch die Verarbeitung für die Wahrnehmung einer öffentlichen Aufgabe auf der Grundlage einer Generalklausel unter dem Aufgabenträger eröffneten Ermessens- oder Beurteilungsspielraums. Die entsprechende Rechtsgrundlage muss jedoch hinreichend **klar, präzise und vorhersehbar** sein.[135] Das Unionsrecht bzw. das Recht der Mitgliedstaaten, das diesen Rechtsgrund ausfüllt, muss auch den inhaltlichen Vorgaben des Abs. 3 S. 2 und 4 genügen. Die unionsrechtliche oder mitgliedstaatliche Rechtsgrundlage muss deshalb die Zwecke der dazu erforderlichen Verarbeitung festlegen, ein im **öffentlichen Interesse** liegendes Ziel verfolgen und in einem angemessenen Verhältnis zu dem verfolgten legitimen Zweck stehen (→ Rn. 60 ff.).

35 Das öffentliche Interesse erstreckt sich auch auf die Verarbeitung personenbezogener Daten, die für die Verwaltung und das Funktionieren von Behörden und öffentlichen Stellen erforderlich ist[136] oder durch staatliche Stellen zu verfassungsrechtlich oder völkerrechtlich verankerten Zielen von staatlich anerkannten Religionsgemeinschaften erfolgt.[137] Von dem Rechtsgrund wird nicht nur die Verarbeitung durch Behörden und andere öffentliche Stellen erfasst, sondern – wie sich aus Erwägungsgrund 45 S. 6 ergibt – auch die **Aufgabenwahrnehmung im öffentlichen Interesse** durch eine natürliche oder juristische Person des Privatrechts. Jedoch wird der Einzelne dadurch noch nicht befugt, als Sachwalter öffentlichen Interesses personenbezogene Daten zu verarbeiten, wenn ihm nicht durch eine Rechtsvorschrift die Wahrnehmung der entsprechenden Aufgabe übertragen worden ist.[138] Die **Übertragung der öffentlichen Auf-**

---

[132] Vgl. Erwägungsgrund 46 S. 2 und 3.
[133] EuGH Urt. v. 30.3.2023 – C-34/21, ECLI:EU:C:2023:270 = ZD 2023, 391 Rn. 87 mAnm *Schild* – Hauptpersonalrat.
[134] EuGH Urt. v. 20.10.2022 – C-306/21, ECLI:EU:C:2022:813 = ZD 2023, 610 Rn. 52 f. – Demokratichna Bulgaria.
[135] Erwägungsgrund 41.
[136] Vgl. Erwägungsgrund 22 S. 2 der Verordnung (EU) 2018/1725 des Europäischen Parlaments und des Rats vom 23. Oktober 2018 zum Schutz natürlicher Personen bei der Verarbeitung personenbezogener Daten durch die Organe, Einrichtungen und sonstigen Stellen der Union, zum freien Datenverkehr und zur Aufhebung der Verordnung (EG) 45/2001 und des Beschlusses Nr. 1247/2002/EG (ABl. 2018 L 295, 39).
[137] Erwägungsgrund 55.
[138] BVerwG Urt. v. 27.3.2019 – 6 C 2.18, BeckRS 2019, 9874 Rn. 46.

gabe erfordert, dass die Rechtsgrundlage neben der Festlegung der öffentlichen Aufgabe auch die Stelle bestimmt, die diese Aufgabe wahrzunehmen hat. Deshalb muss auch die Aufgabenübertragung an eine Privatperson oder eine andere nicht-öffentliche Stelle durch eine Rechtsvorschrift oder auf der Grundlage einer Rechtsvorschrift festgelegt sein, damit sich diese als Verantwortliche auf diesen Rechtsgrund berufen kann und in Wahrnehmung dieser ihr übertragenen Aufgabe eine eigenverantwortliche Datenverarbeitung vornimmt, wie im Bereich der öffentlichen Gesundheit, sozialen Sicherheit oder der Leistungsverwaltung für die Gesundheitsfürsorge.[139] Weitere Beispiele für die Wahrnehmung einer Aufgabe im öffentlichen Interesse sind die Durchführung von Disziplinarmaßnahmen durch eine Anwalts- oder Ärztekammer gegen eines ihrer Mitglieder, der Betrieb einer öffentlichen Bibliothek, einer Schule oder eines Schwimmbads und Forschungsarbeiten für eine Verkehrsplanung oder den Gesundheitsbereich und andere Aufgaben der Daseinsvorsorge.[140] Die durch eine Rechtsvorschrift festgelegte öffentliche Aufgabe kann durch eine **Anordnung einer Behörde** auf der Grundlage dieser Rechtsvorschrift für den Einzelfall konkretisiert werden, sofern dem Adressaten dieser Anordnung durch Rechtsvorschrift die Wahrnehmung dieser Aufgabe übertragen worden ist. Hingegen fehlt es an einer solchen Übertragung zum Beispiel bei Steuerberatern und Wirtschaftsprüfern, wie sich auch sonst bei der Eigenschaft als Berufsgeheimnisträger für sich noch nicht die Übertragung einer öffentlichen Aufgabe ergibt.[141] Die anwaltliche Tätigkeit ist ebenfalls keine öffentliche Aufgabe im Sinne der Vorschrift, da es hierfür ebenfalls an einer Aufgabenübertragung durch eine Rechtsvorschrift fehlt.[142] Dies gilt erst recht für den Anspruch eines privaten Wirtschaftsteilnehmers, mit der Datenverarbeitung Forschung zum Wohle der Gesellschaft zu betreiben oder Schutz, Integrität und Sicherheit zu fördern, wenn diesem Verantwortlichen eine solche Aufgabe nicht durch eine Rechtsvorschrift übertragen ist.[143]

Die **Ausübung öffentlicher Gewalt** betrifft die Wahrnehmung hoheitlicher Aufgaben auf der Grundlage rechtlich festgelegter Aufgaben und Befugnisse. Dabei handelt es sich um „klassische Staatsaufgaben", die auch – wie sich der Bezug auf eine „unter das öffentliche Recht fallende natürliche Person" in Erwägungsgrund 45 S. 6 belegt – auch auf „Beliehene" übertragen werden können. Rein privatwirtschaftliche Tätigkeiten, die nicht auf hoheitlichem Sonderrecht beruhen, werden von dieser Vorschrift jedoch nicht gedeckt.[144] Im Gegensatz zu Art. 7 Buchst. e DS-RL bezieht sich die Vorschrift nicht auch auf den Fall der Datenübermittlung an einem Dritten, dem die Ausübung öffentlicher Gewalt übertragen worden ist. Dadurch stellt die DS-GVO klar, dass der Verantwortliche nur Daten erheben und weiterverarbeiten darf, die für seine eigenen Aufgaben erforderlich sind. Die **Datenübermittlung durch den Verantwortlichen** ist deshalb nur dann zulässig, wenn die Datenübermittlung sowohl für die Wahrnehmung der eigenen ihm übertragenen öffentlichen Aufgaben erforderlich als auch, dass die Datenverarbeitung durch den Empfänger durch einen Rechtsgrund gedeckt ist. Verwendet eine Behörde die Daten, die von einer anderen Behörde erhoben worden sind, für ihre hoheitlichen Aufgaben, entscheidet sie über die Zwecke und Mittel der Verarbeitung und wird dadurch selbst für diese Verarbeitung zum Verantwortlichen.[145] Dem Grundsatz von Treu und Glauben (Art. 5 Abs. 1 Buchst. a) entspricht es, dass bei einer Datenübermittlung an eine andere Behörde die betroffene Person grundsätzlich über die Übermittlung und Verarbeitung und insbesondere gemäß Art. 13 Abs. 1 Buchst. e und Art. 14 Abs. 1 Buchst. e auch über den Empfänger der Daten zu informieren ist.[146]

Die **Bedingung der Erforderlichkeit** verlangt entsprechend dem Schutzzweck des Art. 1 Abs. 2, die Verarbeitung personenbezogener Daten auf das absolut Notwendige zu beschränken. Die Verarbeitung muss deshalb sowohl für die Aufgabenwahrnehmung im öffentlichen Interesse als auch in Ausübung öffentlicher Gewalt erforderlich sein, damit der Verantwortliche die ihm

---

[139] Erwägungsgrund 45 S. 6.
[140] Artikel-29-Datenschutzgruppe, Stellungnahme 6/2014 zum Begriff des berechtigten Interesses (WP 217), S. 27.
[141] Kühling/Buchner/*Buchner/Petri* DS-GVO Art. 6 Rn. 126, 135, 140.
[142] Kühling/Buchner/*Buchner/Petri* DS-GVO Art. 6 Rn. 124; vgl. auch Albrecht/Jotzo DatenschutzR Teil 3 Rn. 47, Fn. 94.
[143] EuGH Urt. v. 4.7.2023 – C-252/21, ECLI:EU:C:2023:537 = ZD 2023, 664 Rn. 133 mAnm *Moos/Rothkegel* ZD 2023, 675 – Meta Platforms.
[144] *Albrecht/Jotzo* DatenschutzR Teil 3 Rn. 47.
[145] Europäischer Datenschutzausschutz, Leitlinien 7/2020 zu „Verantwortlicher" und „Auftragsverarbeiter", Rn. 92.
[146] Vgl. EuGH Urt. v. 16.1.2019 – C-496/17, ECLI:EU:C:2019:26 Rn. 59 – Deutsche Post.

Art. 6 38, 39 Kapitel II. Grundsätze

übertragene Aufgabe effizient erfüllen kann. Dies ist nach objektiven Kriterien zu beurteilen, aus denen sich ein Zusammenhang zwischen den Daten und dem mit der Verarbeitung verfolgten Zweck ergibt.[147] Ist die Verarbeitung erforderlich für die Erfüllung einer sich aus der öffentlichen Aufgabe ergebenden rechtlichen Verpflichtung ist der Rechtsgrund nach Buchst. c Grundlage für die Verarbeitung durch die Behörde oder öffentliche Stelle. In diesem Fall braucht nicht geprüft zu werden, ob die entsprechende Verarbeitung zudem unter den Rechtsgrund nach Buchst. e fällt.[148] Gegen die Verarbeitung auf der Grundlage des Rechtsgrunds nach Buchst. e gewährleistet Art. 21 Abs. 1 **Widerspruchsrecht,** das allerdings dann, wenn die Verarbeitung auf den Rechtsgrund der rechtlichen Verpflichtung gestützt wird, nicht besteht. Kann der Verantwortliche zwingende schutzwürdige Gründe für die Verarbeitung zur Wahrnehmung einer Aufgabe im öffentlichen Interesse oder die Ausübung öffentlicher Gewalt nachweisen, darf er auch im Falle eines Widerspruchs die personenbezogenen Daten weiter verarbeiten. Auf dieses Widerspruchsrecht ist die betroffene Person gemäß Art. 13 Abs. 2 Buchst. b und Art. 14 Abs. 2 Buchst. c hinzuweisen.

VII. Berechtigte Interessen (Buchst. f)

38 **1. Anwendungsbereich.** Der Rechtsgrund der Wahrung berechtigter Interessen findet gemäß Abs. 1 S. 2 **keine Anwendung auf Behörden** in Erfüllung ihrer Aufgaben. Daraus ergibt sich, dass eine Behörde weder als Verantwortlicher noch als Dritter berechtigte Interessen geltend machen kann, um eine Verarbeitung zu rechtfertigen, die der Erfüllung ihrer Aufgaben dient.[149] Diese Begrenzung des Anwendungsbereichs beruht darauf, dass es dem Gesetzgeber obliegt, per Rechtsvorschrift die Rechtsgrundlage für die Verarbeitung personenbezogener Daten durch die Behörden für die Wahrnehmung ihrer Aufgaben zu schaffen.[150] Die einschlägigen Rechtsgründe für die Datenverarbeitung im öffentlichen Bereich ergeben sich daher neben dem Rechtsgrund der Erfüllung einer rechtlichen Verpflichtung (Buchst. c) vor allem aus dem Rechtsgrund der Wahrnehmung einer Aufgabe im öffentlichen Interesse oder der Ausübung öffentlicher Gewalt (Buchst. e) iVm den einschlägigen Rechtsvorschriften nach Abs. 3 S. 1, die die Aufgaben und deren Übertragung auf die Behörde regeln. Daraus folgt, dass eine Behörde eine Verarbeitung personenbezogener Daten in Erfüllung ihrer Aufgaben nicht auf den Rechtsgrund des berechtigten Interesses nach Abs. 1 Buchst. f stützen kann.[151] Dem entspricht Art. 8 Abs. 1 RL 2016/680, der für die Datenverarbeitung im Bereich der Polizei und Strafjustiz voraussetzt, dass die Verarbeitung der Erfüllung einer auf der Grundlage des Unionsrechts oder des Rechts der Mitgliedstaaten festgelegte Aufgabe erforderlich ist. Da Art. 5 VO (EU) 2018/1725 ebenfalls keine dem Buchst. f entsprechende Rechtsgrundlage vorsieht, kann sich auch die Datenverarbeitung durch die Organe und Einrichtungen der EU nicht auf die Wahrung berechtigter Interessen stützen.

39 Der **Begriff der Behörde** ist eng auszulegen und erfasst nicht auch andere öffentliche Stellen, wie sich aus dem Vergleich mit Art. 37 Abs. 1 Buchst. a ergibt. Der Behördenbegriff ist – anders als in Art. 3 Nr. 7 RL (EU) 2016/680 – nicht in der DS-GVO definiert. Für die unionsrechtlich gebotene autonome Auslegung dieses Begriffs ist maßgeblich, dass sich um eine Einrichtung zur Erfüllung öffentlicher Aufgaben auf der Grundlage eines Sonderrechts handelt, das sich von denen im Verhältnis zwischen Privatpersonen geltenden Regeln unterscheidet und der Einrichtung hoheitliche Befugnisse zur Durchsetzung verleiht.[152] Die Festlegung der spezifischen Rechtsgrundlage zur Wahrnehmung der konkreten öffentlichen Aufgaben und Befugnisse und der Einrichtung, die diese Aufgaben zu erfüllen hat, ist nach der Rechtsordnung des jeweiligen Mitgliedstaates zu bestimmen. Andere öffentliche Stellen, die keine Behörden sind, werden – von der Ausschlussklausel nicht betroffen.[153] Der Rechtsgrund findet aber für Behörden nur dann keine Anwendung, wenn sie in **Erfüllung ihrer Aufgaben** handeln, ihre Datenverarbeitung also zur Erfüllung einer öffentlich-rechtlichen Verpflichtung oder ihnen im öffentlichen

---

[147] EuGH Urt. v. 22.6.2021 – C-439/19, ECLI:EU:C:2021:504 = BeckRS 2021, 15289 Rn. 105 – Latvijas Republikas Saeima.
[148] EuGH Urt. v. 1.8.2022 – C-184/20, ECLI:EU:C:2022:601 = ZD 2022, 611 Rn. 71 – Oberste Ethikkommission Litauen.
[149] Ebenso Paal/Pauly/*Frenzel* DS-GVO Art. 6 Rn. 26.
[150] Erwägungsgrund 47 S. 5.
[151] EuGH Urt. v. 8.12.2022 – C-180/21, ECLI:EU:C:2022:967 = ZD 2023, 147 Rn. 85 – VS/Inspektorata.
[152] Vgl. EuGH Urt. v. 19.12.2013 – C-279/12, ECLI:EU:C:2013:853 = BeckRS 2013, 81642 Rn. 48, 56 – Fish Legal u. Shirley.
[153] Gierschmann/Schlender/Stentzel/Veil/*Assion/Nolte/Veil* DS-GVO Art. 6 Rn. 126.

Interesse oder zur Ausübung öffentlicher Gewalt übertragenen Sonderrechts erfolgt. Dazu gehören neben der Eingriffsverwaltung auch Aufgaben der Leistungsverwaltung sowie die Öffentlichkeitsarbeit der Behörde.[154] Hingegen kann sich eine Behörde bei einer Datenverarbeitung für privat-rechtliche Hilfsgeschäfte auf diesen Rechtsgrund stützen, soweit dies nach der betreffenden nationalen Rechtsordnung zulässig ist und die Behörde in gleicher Weise wie private Akteure am Privatrechtsverkehr teilnimmt.[155]

2. Berechtigtes Interesse. a) Berechtigte Interessen des Verantwortlichen. Ebenso wie Art. 7 Buchst. f DS-RL legt diese Vorschrift die Mechanismen fest, die einen angemessenen Ausgleich zwischen den verschiedenen berührten Rechten ermöglichen.[156] Danach ist die Verarbeitung personenbezogener Daten unter den drei kumulativen Voraussetzungen erlaubt, dass (1) ein berechtigtes Interesse von dem für die Verarbeitung Verantwortlichen oder von einem Dritten wahrgenommen wird, (2) die Verarbeitung zur Verwirklichung des berechtigten Interesses erforderlich ist, und (3) die Interessen oder Grundrechte und Grundfreiheiten der betroffenen Person, die den Schutz personenbezogener Daten erfordern, diese berechtigten Interessen nicht überwiegen.[157] Deshalb ergibt sich aus dem Vorliegen eines berechtigten Interesses noch nicht die Berechtigung zur Datenverarbeitung. Vielmehr erfordert diese Vorschrift nach der Feststellung eines berechtigten Interesses die weitere Prüfung, ob dieses berechtigte Interesse mit anderen Mitteln oder einer Beschränkung der personenbezogenen Daten auf das notwendige Maß erreicht werden kann, und dann – in einem weiteren Schritt – auf dieser Grundlage die Abwägung zwischen den berechtigten Interessen des Verantwortlichen oder eines Dritten auf der einen Seite und den Interessen oder Grundrechten und Grundfreiheiten der betroffenen Person auf der anderen Seite. Das **Interesse des Verantwortlichen oder des Dritten** braucht nicht notwendig ein rechtliches Interesse sein, vielmehr genügt auch ein tatsächliches, wirtschaftliches, politisches, religiöses, journalistisches oder ideelles Interesse.[158] Jedoch reicht es nicht allein aus, dass der Verantwortliche oder Dritte ein Interesse daran hat, Nutzen aus der Verarbeitung zu ziehen. Vielmehr muss das Interesse an der Verarbeitung **ein berechtigtes Interesse** sein. Im Gegensatz zu der deutschen Sprachfassung knüpft die englische Sprachfassung mit „legitimate interest" an den Begriff des „legitimen Zwecke" („legitimate purposes") des Zweckbindungsgrundsatzes in Art. 5 Abs. 1 Buchst. b und den Begriff der „legitimen Rechtsgrundlage" („legitime basis") in Art. 8 Abs. 2 S. 1 GRCh an. Daraus folgt, dass die Verarbeitung nicht im Widerspruch zu allgemeinen Rechtsprinzipien und sonstigem Recht auch außerhalb des Datenschutzes erfolgen darf (→ Art. 5 Rn. 22). Das Interesse des Verantwortlichen oder eines Dritten ist deshalb legitim und damit berechtigt, wenn die vom Verantwortlichen oder einem Dritten mit der Verarbeitung verfolgten Ziele **im Einklang mit der Rechtsordnung** des jeweiligen Mitgliedstaats und dem Unionsrecht stehen.[159] Rechtswidrige und insbesondere strafbare oder diskriminierende Ziele können deshalb kein berechtigtes Interesse begründen, ebenso wenig wie Ziele, die nicht im Einklang stehen mit den Grundprinzipien des Datenschutzes. Maßgeblicher Zeitpunkt für die Feststellung des berechtigten Interesses ist der Zeitpunkt der Verarbeitung.[160] Dabei bedarf es in jedem Einzelfall der Prüfung, ob tatsächlich ein berechtigtes Interesse für jeden der beabsichtigten Verarbeitungsschritte und den Umfang der damit verbundenen Datenverarbeitung vorliegt, bevor dies in die Abwägung mit den Interessen und Grundrechten der betroffenen Person eingestellt werden kann.

---

[154] BVerwG Urt. v. 27.9.2018 – 7 C 5.17, ZD 2019, 231 Rn. 26 mAnm *Will.*
[155] Gola/Heckmann/*Schulz* DS-GVO Art. 6 Rn. 60.
[156] Vgl. EuGH Urt. v. 17.6.2021 – C-597/19, ECLI:EU:C:2021:492 Rn. 112 – Mircom International.
[157] EuGH Urt. v. 7.12.2023 – C-26/22 und C-64/22, ECLI:EU:C:2023:958 Rn. 75 – SCHUFA Holding; EuGH Urt. v. 17.6.2021 – C-597/19, ECLI:EU:C:2021:492 Rn. 106 – Mircom International.
[158] EuGH Urt. v. 7.12.2023 – C-26/22 und C-64/22, ECLI:EU:C:2023:958 Rn. 76 – SCHUFA Holding; Simitis/Hornung/Spiecker gen. Döhmann/*Schantz* DS-GVO Art. 6 Abs. 1 Rn. 98; Paal/Pauly/*Frenzel* DS-GVO Art. 6 Rn. 28; Kühling/Buchner/*Buchner/Petri* DS-GVO Art. 6 Rn. 146a; Taeger/Gabel/*Taeger* DS-GVO Art. 6 Rn. 128; Gola/Heckmann/*Schulz* DS-GVO Art. 6 Rn. 61; Distriktgericht Midden-Nederland Urt. v. 23.11.2020 – UTR 20/2315, Rn. 15; demgegenüber plädiert *Ferreti* CMLR 51 2014, 843 (859 ff.) für eine Beschränkung des berechtigten Interesses auf eine ausdrückliche Rechtsposition; auch die niederländische Datenschutzbehörde sieht ein rein kommerzielles Interesse nicht als ausreichend an, vgl. *Etteldorf* ZD-Aktuell 2022, 01329.
[159] Artikel-29-Datenschutzgruppe, Stellungnahme 6/2014 zum Begriff des berechtigten Interesses (WP 217), S. 32; Simitis/Hornung/Spiecker gen. Döhmann/*Schantz* DS-GVO Art. 6 Abs. 1 Rn. 98; Distriktgericht Midden-Nederland Urt. v. 23.11.2020 – UTR 20/2315, Rn. 16.
[160] EuGH Urt. v. 11.12.2019 – C-708/18, ECLI:EU:C:2019:1064 Rn. 44 – Scara.

41 Das berechtigte Interesse muss **hinreichend konkretisiert** sein, damit es mit den Interessen, Grundrechten und Grundfreiheiten der betroffenen Person abgewogen werden kann.[161] Es darf daher nicht lediglich hypothetisch sein, sondern muss zum maßgeblichen Zeitpunkt der Verarbeitung tatsächlich vorhanden sein.[162] Ergeben sich berechtigte Interessen aus der **Ausübung von Grundrechten** des Verantwortlichen, können diese in der Abwägung auch mit entgegenstehenden Grundrechten und Grundfreiheiten der betroffenen Person den berechtigten Interessen besonderes Gewicht geben. Das gilt insbesondere für die Meinungsäußerungs- und Informationsfreiheit (Art. 11 GRCh), die unternehmerische Freiheit (Art. 16 GRCh) oder das Eigentumsrecht (Art. 17 GRCh), um zum Beispiel zur Erhebung einer Schadensersatzklage Informationen über die Identität des Schädigers zu erhalten.[163] Bei einer **Video-Überwachung** privater Grundstücke und Räumlichkeiten kommt als berechtigtes Interesse neben dem Recht auf den Schutz des Eigentums einschließlich der Wahrnehmung des Hausrechts und dem wirtschaftlichen Interesse an einer Parkraumüberwachung auch das Recht auf den Schutz der Gesundheit (Art. 3 GRCh) und des Lebens (Art. 2 GRCh) in Betracht, insbesondere wenn die Überwachung der Verhinderung von Straftaten und dem Schutz von Personen und Sachen dient.[164] Jedoch genügt auch hier nicht eine abstrakte Befürchtung. Vielmehr sind objektive Hinweise auf eine Gefährdungslage erforderlich, die sich etwa aus der Lage des Grundstücks in einem Gebiet mit erhöhtem Gefährdungspotential ergeben können.[165] Umgekehrt wird ein berechtigtes Interesse für die Aufnahme und Veröffentlichung von Straßenansichten mit an den öffentlichen Straßenraum angrenzenden Häuserfassaden und privaten Grundstücksbereichen im Rahmen von Street View oder ähnlichen Diensten bejaht.[166] Dient die Verarbeitung hingegen der Überwachung öffentlicher Plätze, Grundstücke und Einrichtungen in Erfüllung einer dem Verantwortlichen übertragenen rechtlichen Verpflichtung oder öffentlichen Aufgabe, unterfällt sie den Rechtsgründen der Buchst. c und e.[167] Weitere Beispiele, die ein berechtigtes Interesse begründen können, sind die Betrugsprävention;[168] die Direktwerbung;[169] die Übermittlung von Kunden- und Beschäftigtendaten innerhalb einer Unternehmensgruppe;[170] die Gewährleistung der Netz- und Informationssicherheit;[171] die Feststellung der Identität eines Schadensverursachers;[172] die Durchsetzung von Rechtsansprüchen und der Beitreibung von Forderungen[173] einschließlich der Übertragung vertraglicher Forderungen an ein Inkassobüro;[174] die Abschätzung eines Kreditrisikos durch Einholung von Auskünften[175] oder die Marktforschung.[176] Eine Bonitätsprüfung vor Abschluss eines Kreditvertrags oder Mietvertrags kann ebenfalls im berechtigten Interesse des Kreditgebers oder Vermieters sein, ebenso die Einholung von Auskünften über einen Stellenbewerber, wohingegen mangels

---

[161] Artikel-29-Datenschutzgruppe, Stellungnahme 6/2014 zum Begriff des berechtigten Interesses (WP 217), S. 31.
[162] EuGH Urt. v. 11.12.2019 – C-708/18, ECLI:EU:C:2019:1064 Rn. 44 – Scara; Wolff/Brink/*Albers/Veit* DS-GVO Art. 6 Rn. 68.
[163] EuGH Urt. v. 17.6.2021 – C-597/19, ECLI:EU:C:2021:492 Rn. 108 – Mircom International; EuGH Urt. v. 4.5.2017 – C-13/16, ECLI:EU:C:2017:336 = ZD 2017, 324 Rn. 29 – Rigas satiksme.
[164] EuGH Urt. v. 11.12.2019 – C-708/18, ECLI:EU:C:2019:1064 Rn. 42 – Scara; *Lachenmann* ZD 2017, 407 (409).
[165] Europäischer Datenschutzausschuss, Leitlinien 3/2019 zur Verarbeitung durch Videogeräte, Rn. 19 ff.; BVerwG Urt. v. 27.3.2019 – 6 C 2.18, ZD 2019, 372 Rn. 26 ff.; dazu krit. *Lachenmann* ZD 2019, 374 (374 f.).
[166] DSK-Beschl. v. 12.5.2020 zu Vorabwidersprüchen bei Street View und vergleichbaren Diensten.
[167] BVerwG Urt. v. 27.3.2019 – 6 C 2.18, ZD 2019, 372 Rn. 45 mAnm *Lachenmann;* Kühling/Buchner/*Buchner/Petri* DS-GVO Art. 6 Rn. 172.
[168] Erwägungsgrund 47 S. 6.
[169] Erwägungsgrund 47 S. 7; Gola/Heckmann/*Schulz* DS-GVO Art. 6 Rn. 70; *Uecker* ZD 2019, 248 (250); Simitis/Hornung/Spiecker gen. Döhmann/*Ehmann* DS-GVO Art. 6 Anh. 3 Rn. 18 ff.
[170] Erwägungsgrund 48; dazu *Voigt* CR 2017, 428 (429 f.).
[171] Erwägungsgrund 49; dazu Kühling/Buchner/*Buchner/Petri* DS-GVO Art. 6 Rn. 167.
[172] EuGH Urt. v. 4.5.2017 – C-13/16, ECLI:EU:C:2017:336 = ZD 2017, 324 Rn. 29 – Rigas satiksme.
[173] EuGH Urt. v. 17.6.2021 – C-597/19, ECLI:EU:C:2021:492 Rn. 109 – Mircom International.
[174] Artikel-29-Datenschutzgruppe, Stellungnahme 6/2014 zum Begriff des berechtigten Interesses (WP 217), S. 23.
[175] EuGH Urt. v. 7.12.2023 – C-26/22 und C-64/22, ECLI:EU:C:2023:958 Rn. 83 ff. – SCHUFA Holding; ÖBVwG Erk. v. 28.7.2020 – W211 2225136-1/5E, Ziff. 2.3; OLG Oldenburg Urt. v. 23.11.2021, – 13 U 63/21, ZD 2022, 103 Rn. 14.
[176] Dazu Simitis/Hornung/Spiecker gen. Döhmann/*Ehmann* DS-GVO Art. 6 Anh. 4 Rn. 13 ff.

Anfrage der betroffenen Person für diese vorvertraglichen Maßnahmen der Rechtsgrund des Buchst. b ausscheidet (→ Rn. 27).

b) Berechtigtes Interesse eines Dritten und Allgemeininteresse. Mit der Erstreckung auf 42 die **berechtigten Interessen eines Dritten** folgt die Vorschrift dem Ansatz des Art. 7 Buchst. f DS-RL, allerdings ohne den Zusatz, dass diesem Dritten die Daten übermittelt werden. Eine sachliche Änderung ergibt sich daraus nicht, soweit die Verfügung des Dritten über die Daten von der Übermittlung durch den Verantwortlichen abhängt, der die Daten erhoben hat. Die Begriffsbestimmung in Art. 4 Abs. 10 grenzt zwar den „Dritten" von dem Verantwortlichen ab. Jedoch wird auch der „Dritte" im Zusammenhang mit diesem Rechtsgrund selbst zu einem Verantwortlichen im Sinne von Art. 4 Nr. 7, der die Daten für eigene Zwecke verarbeitet und damit über die Zwecke und Mittel der Verarbeitung der von dem ursprünglichen Verantwortlichen übermittelten personenbezogenen Daten entscheidet.[177] Deshalb ist auch der „Dritte", der als Betreiber einer Suchmaschine die Daten von dem ursprünglichen Verantwortlichen übernommen hat, Verantwortlicher für die Verarbeitung der Suchmaschine.[178] Entsprechendes gilt für Speicherung von Daten über die Kreditwürdigkeit durch eine Wirtschaftsauskunftei.[179] Die Beibehaltung der Erstreckung auf die berechtigten Interessen eines weiteren Verantwortlichen entspricht, obwohl der Begriff des „Dritten" dort vermieden wird, auch der Intention des Kommissionsvorschlags, der, wie die englische Sprachfassung belegt („the legitimate interests pursued by a controller"), auf die berechtigten Interessen „eines" Verantwortlichen abgestellt hat und nicht nur, wie in der deutschen Sprachfassung abweichend wiedergegeben, auf die „des Verantwortlichen", der die Daten erhoben hat. Bei gemeinsam Verantwortlichen kommt es darauf an, dass sich nicht nur einer, sondern jeder dieser Verantwortlichen auf ein berechtigtes Interesse berufen kann.[180]

c) Abgrenzung zum Allgemeininteresse. Da der Rechtsgrund das Vorliegen berechtigter 43 Interessen des Verantwortlichen oder eines Dritten voraussetzt, kann ein öffentliches Interesse ohne **Bezug zu eigenen subjektiven Interessen** des Verantwortlichen oder Dritten dieses Erfordernis nicht erfüllen. Ebenso wenig wie der Rechtsgrund der Wahrnehmung einer öffentlichen Aufgabe den Einzelnen befugt, als Sachwalter öffentlichen Interesses personenbezogene Daten zu verarbeiten, wenn er nicht durch eine Rechtsvorschrift mit der Wahrnehmung der Aufgabe betraut worden ist (→ Rn. 35), begründen bloße **Allgemeininteressen** grundsätzlich kein berechtigtes Interesse des Verantwortlichen oder Dritten, sofern diese keinen Bezug zu dessen eigenen schutzwürdigen Interessen haben.[181] Deshalb begründet bei fehlender eigener Betroffenheit auch das Ziel der Information von Strafverfolgungs- und Strafvollstreckungsbehörden über **Straftaten** grundsätzlich kein berechtigtes Interesse von Privatpersonen oder privaten Wirtschaftsteilnehmern.[182] Bei einer dahingehenden Verpflichtung des Verantwortlichen durch eine Rechtsvorschrift ist vielmehr der Rechtsgrund der rechtlichen Verpflichtung nach Buchst. c einschlägig. Anders ist dies, wenn ein Allgemeininteresse mit subjektiven Interessen des Verantwortlichen korrespondiert, die auch in der Abwehr einer Gefährdung für eigene Rechtsgüter bestehen und damit schutzwürdige Interessen des Verantwortlichen begründen können, wie zB die Verhinderung von Betrug[183] oder die Information der zuständigen Behörden über mögliche Straftaten oder einer Bedrohung der öffentlichen Sicherheit, wenn sich aus der eigenen Verarbeitung von Daten durch den Verantwortlichen entsprechende Anhaltspunkte ergeben.[184] Bloße Ordnungswidrigkeiten, die nicht unmittelbar die Sphäre des Verantwortlichen oder eines konkreten Dritten betreffen, scheiden jedoch für die Begründung eines berechtigten Interesses regelmäßig aus. Der Begriff der „Straftaten", der im unionsrechtlichen Zusammenhang autonom auszulegen ist, kann nach der Art der Zuwiderhandlung und dem Schweregrad der drohenden

---

[177] Europäischer Datenschutzausschutz, Guidelines 7/2020 on controller and processor, Rn. 92.
[178] Vgl. EuGH Urt. v. 13.5.2014 – C-131/12, ECLI:EU:C:2014:317 = NVwZ 2014, 857 = ZD 2014, 350 Rn. 33 – Google Spain und Google.
[179] EuGH Urt. v. 7.12.2023 – C-26/22 und C-64/22, ECLI:EU:C:2023:958 Rn. 83 ff. – SCHUFA Holding; OLG Oldenburg Urt. v. 23.11.2021 – 13 U 63/21, ZD 2022, 103 Rn. 15 f.
[180] EuGH Urt. v. 29.7.2019 – C-40/17, ECLI:EU:C:2019:629 Rn. 97 – Fashion ID.
[181] Kühling/Buchner/*Buchner*/*Petri* DS-GVO Art. 6 Rn. 146a; Simitis/Hornung/Spiecker gen. Döhmann/*Schantz* DS-GVO Art. 6 Abs. 1 Rn. 99.
[182] EuGH Urt. v. 4.7.2023 – C-252/21, ECLI:EU:C:2023:537 = ZD 2023, 664 Rn. 124 mAnm *Moos/Rothkegel* – Meta Platforms.
[183] Erwägungsgrund 47 S. 6.
[184] Erwägungsgrund 50 S. 9.

Sanktion zwar auch Rechtsverstöße umfassen, die im innerstaatlichen Recht nicht als „strafrechtlich" eingestuft werden.[185] Ordnungswidrigkeiten sind jedoch nicht generell Straftaten im unionsrechtlichen Kontext, sondern nur dann, wenn sie zu „Sanktionen von bestimmter Schwere" führen können, wie zB bei verkehrsrechtlichen Verstößen zu der Verpflichtung, eine Prüfung abzulegen, oder zu einem Fahrverbot.[186] Wird eine Privatperson Zeuge einer Straftat, greift neben dem berechtigten Interesse der von der Straftat betroffenen dritten Person der Rechtsgrund der rechtlichen Verpflichtung für die damit verbundenen Offenbarungspflichten. Beruft sich der Verantwortliche auf die Ausübung der Freiheit der Meinungsäußerung und Information (→ Rn. 48), ist zu prüfen, ob es sich um einen **Beitrag zu einer Debatte von öffentlichem Interesse** handelt oder um einen nicht von einer journalistischen Zielsetzung gedeckten Eingriff in die Privatsphäre.[187]

44 Kann sich der Verantwortliche nicht auf eigene berechtigte Interessen oder eine rechtliche Verpflichtung berufen, lässt sich die Verarbeitung personenbezogener Daten und deren Mitteilung durch Private an eine Behörde auch dann nicht als Wahrung berechtigter Interesse der empfangenden Behörde rechtfertigen, wenn sie Aufgaben dieser Behörde betreffen. Die **Aufgaben einer Behörde** dienen dem Allgemeininteresse und lassen sich schon deshalb **nicht als berechtigtes Interesse eines Dritten** verstehen, weil Abs. 1 S. 2 die Anwendung dieses Rechtsgrunds auf Behörden in Erfüllung ihrer Aufgaben ausschließt und für deren Aufgabenerfüllung die Rechtsgründe nach Buchst. c und e einschlägig sind (→ Rn. 38).

45 **3. Erforderlichkeit.** Die Bedingung der Erforderlichkeit der Verarbeitung zur Verwirklichung der berechtigten Interessen des Verantwortlichen oder des Dritten ist als Einschränkung des Schutzes der personenbezogenen Daten eng auszulegen und muss sich auf das absolut Notwendige beschränken.[188] Personenbezogene Daten dürfen deshalb nur verarbeitet werden, wenn der Zweck der Verarbeitung **nicht in zumutbarer Weise durch andere Mittel** erreicht werden kann, die weniger stark in die Grundrechte und Grundfreiheiten der betroffenen Person eingreifen.[189] Die in Art. 5 Abs. 1 Buchst. b und c festgelegten Grundsätze der Zweckbindung und **Datenminimierung** verpflichten den Verantwortlichen, die Verarbeitung auf die für den Verarbeitungszweck erheblichen Daten und den für diesen Zweck notwendige Maß zu beschränken (→ Art. 5 Rn. 20 und 30). Die Zweckdienlichkeit einer Verarbeitung oder wirtschaftliche Erwägungen reichen deshalb für sich nicht aus, um die Erforderlichkeit der Verarbeitung zu begründen, wenn für die Zweckerreichung ein gleich effektives milderes Mittel zur Verfügung steht.[190] Das ist dann der Fall, wenn für den Verarbeitungszweck eine pseudonymisierte Übermittlung von Daten ausreicht[191] oder wenn mit anderen Mitteln die Identifizierung einer Person nicht möglich ist.[192] Ebenso ist im Einzelfall zu prüfen, ob die Gewährleistung der Netzsicherheit oder der Produktverbesserung in zumutbarer Weise ebenso wirksam mit anderen Mitteln erreicht werden kann.[193] Auch eine Video-Überwachung ist nicht im berechtigten Interesse des Eigentümers eines Gebäudes oder Grundstück erforderlich, wenn eine zumutbare Alternative zu den Bildaufnahmen besteht.[194] Als solche zumutbaren Alternativen kommen je nach der konkreten

---

[185] EuGH Urt. v. 22.6.2021 – C-439/19, ECLI:EU:C:2021:504 = BeckRS 2021, 15289 Rn. 88 – Latvijas Republikas Saeima.
[186] EuGH Urt. v. 22.6.2021 – C-439/19, ECLI:EU:C:2021:504 = BeckRS 2021, 15289 Rn. 90 – Latvijas Republikas Saeima.
[187] EuGH Urt. v. 14.2.2019 – C-345/17, ECLI:EU:C:2019:122 = ZD 2019, 262 Rn. 66ff. – Buivids; ÖOGH Beschl. v. 23.1.2020 – 6 Ob 236/19b.
[188] EuGH Urt. v. 4.5.2017 – C-13/16, ECLI:EU:C:2017:336 = ZD 2017, 324 Rn. 30 – Rigas satiksme; EuGH Urt. v. 9.11.2010 – C-92/09 u. C-93/09, ECLI:EU:C:2010:662 = EuZW 2010, 939 Rn. 86 – Volker und Markus Schecke und Eifert.
[189] EuGH Urt. v. 7.12.2023 – C-26/22 und C-64/22, ECLI:EU:C:2023:958 Rn. 77 – SCHUFA Holding; EuGH Urt. v. 4.7.2023 – C-252/21, ECLI:EU:C:2023:537 = ZD 2023, 664 Rn. 108 mAnm *Moos/Rothkegel* ZD 2023, 675 – Meta Platforms; Kuner/Bygrave/Docksey/*Kotsch* GDPR Art. 6 Abschn. C.1.2.6.
[190] Kühling/Buchner/*Buchner/Petri* DS-GVO Art. 6 Rn. 147a; Simitis/Hornung/Spiecker gen. Döhmann/*Schantz* DS-GVO Art. 6 Abs. 1 Rn. 100.
[191] LAG Hamm Urt. v. 14.12.2021 – 17 Sa 1185/20, ZD 2022, 295 Rn. 87ff.
[192] EuGH Urt. v. 17.6.2021 – C-597/19, ECLI:EU:C:2021:492 Rn. 110 – Mircom International.
[193] EuGH Urt. v. 4.7.2023 – C-252/21, ECLI:EU:C:2023:537 = ZD 2023, 664 Rn. 119ff. mAnm *Moos/Rothkegel* ZD 2023, 675 – Meta Platforms.
[194] Vgl. BVerwG Urt. v. 27.3.2019 – 6 C 2.18, ZD 2019, 372 Rn. 26 mAnm *Lachenmann;* ÖBVwG Erk. v. 25.5.2023 – W211 2267125-1/10E, ZD 2023, 739 Rn. 36; OLG Stuttgart Urt. v. 18.5.2021 – 12 U 296/20, ZD 2022, 105 Rn. 12.

Rechtmäßigkeit der Verarbeitung **46 Art. 6**

Situation etwa eine ausreichende Beleuchtung, die Sicherung von Zugängen sowie Schließ- und Gegensprechanlagen in Betracht.[195] Die Erforderlichkeit bezieht sich auch auf den räumlichen Umgriff der Überwachung und beschränkt diese bei Privaten grundsätzlich auf das eigene Grundstück, so dass regelmäßig weder der öffentliche Straßenraum noch Nachbargrundstücke erfasst werden dürfen.[196] Besteht umgekehrt ein berechtigtes Interesse auf die Aufnahme von Straßenansichten, sind strenge Anforderungen an die für den jeweiligen Zweck zwingend erforderlichen Elemente zu stellen und insbesondere Personen, Kfz-Kennzeichen und andere Merkmale, die die Identifizierung einer Person ermöglichen, unkenntlich zu machen.[197] Im Beschäftigungsverhältnis kommen für die Kontrolle geleisteter Arbeitszeiten ebenfalls andere Mittel als eine Video-Überwachung in Betracht, wie zB eine technische Arbeitszeiterfassung.[198] Die Nutzung von Dash-Cams ist auf einen kurzen Zeitraum und durch Sensoren gesteuerte besondere Ereignisse zu Beweiszwecken zu beschränken.[199] Der Grundsatz der Datenminimierung gebietet auch die Vermeidung zusätzlicher Risiken aus einer unnötigen Multiplikation der Datenverarbeitung, selbst wenn die Daten für sich genommen erheblich sind.[200] So ist nicht erforderlich, dass eine Privatperson, die von einer Ordnungswidrigkeit selbst nicht individuell betroffen ist, über die für eine Anzeige notwendigen Angaben hinaus Video- oder Fotoaufnahmen fertigt, um diese insbesondere mittels Internet-Portalen den zuständigen Behörden zu übermitteln. Dies gilt auch für das Fotografieren von Kennzeichen von Falschparkern durch Privatpersonen, und zwar nicht erst, wenn Aufnahmen auch Personen oder Kennzeichen unbeteiligter Fahrzeuge erkennen lassen, sondern bereits dann, wenn dieses Bildmaterial für den Anzeigezweck nicht notwendig ist.[201]

4. Interessenabwägung. a) Überwiegende Interessen und Rechte. Die Rechtmäßigkeit **46** einer für die Wahrung berechtigter Interessen erforderlichen Verarbeitung setzt weiter voraus, dass der Verarbeitung **keine überwiegenden Interessen, Grundrechte oder Grundfreiheiten der betroffenen Person** entgegenstehen, die den Schutz der personenbezogenen Daten erfordern. Aus der Rechenschaftspflicht (Art. 5 Abs. 2) folgt, dass der Verantwortliche bereits vor Beginn der Verarbeitung diese Abwägung auf der Grundlage der konkreten Umstände des Einzelfalls vorzunehmen hat und dafür beweispflichtig ist.[202] Bei der Abwägung der einander gegenüberstehenden Rechte und Interessen ist auf die konkreten Umstände des Einzelfalls abzustellen, nicht jedoch auf ähnliche Fälle oder typisierende Fallkonstellationen, die für einen Regelfall gelten mögen, aber keinen Raum für die Abwägung im Einzelfall lassen.[203] Aus dem Erfordernis des „Überwiegens" der Belange der betroffenen Person ergibt sich aber, dass eine Gleichgewichtigkeit der Rechte und Interessen nicht ausreicht, sondern die den berechtigten Interessen entgegengehaltenen Rechte und Interessen schwerer wiegen müssen, um die beabsichtigte Datenverarbeitung zu hindern. Die Abwägung muss entsprechend dem Grundsatz von Treu und Glauben insbesondere die **vernünftigen Erwartungen der betroffenen Personen** sowie den Umfang der Verarbeitung und deren Auswirkungen auf die betroffene Person berücksichtigen.[204] Während Erwägungsgrund 47 in der deutschsprachigen Fassung der DS-GVO vom 27.4.2016 noch auf „die betroffene Person" im Singular abstellte, geht die berichtigte Fassung dieses Erwägungsgrundes nun – der englischen und französischen Sprachfassung folgend – von

---

[195] Simitis/Hornung/Spiecker gen. Döhmann/*Scholz* DS-GVO Art. 6 Anh. 1 Rn. 86.
[196] ÖBVwG Erk. v. 16.5.2023 – W245 2263873-1/15E = ZD 2023, 681 Rn. 90 ff. mAnm *Geuer* ZD 2023, 682: Europäischer Datenschutzausschuss, Leitlinien 3/2019 zur Verarbeitung durch Videogeräte, Rn. 27; Simitis/Hornung/Spiecker gen. Döhmann/*Scholz* DS-GVO Art. 6 Anh. 1 Rn. 96.
[197] DSK-Beschl. v. 12.5.2020 zu Vorabwidersprüchen bei Street View und vergleichbaren Diensten.
[198] LAG Nds Urt. v. 6.7.2022 – 8 Sa 1151/20, ZD 2023, 114 Rn. 65.
[199] *Schröder* ZD 2021, 302 (306); Simitis/Hornung/Spiecker gen. Döhmann/*Scholz* DS-GVO Art. 6 Anh. 1 Rn. 109.
[200] Kühling/Buchner/*Herbst* DS-GVO Art. 5 Rn. 57.
[201] Dazu *Heberlein* BayVBl. 2023, 217 (220); *Wanser* ZD-Aktuell 2021, 05574; aA VG Ansbach Urt. v. 2.11.2022 – AN 14 K 21.01431, BayVBl. 2023, 241 Rn. 79 ff.; *Lehr/Becker* ZD 2022, 370 (373).
[202] Artikel-29-Datenschutzgruppe, Stellungnahme 6/2014 zum Begriff des berechtigten Interesses (WP 217), S. 55; Simitis/Hornung/Spiecker gen. Döhmann/*Schantz* DS-GVO Art. 6 Abs. 1 Rn. 104; Kuner/Bygrave/Docksey/*Kotschy* GDPR Art. 6 Abschn. C.1.2.6; Kühling/Buchner/*Buchner/Petri* DS-GVO Art. 6 Rn. 149.
[203] Europäischer Datenschutzausschuss, Leitlinien 3/2019 zur Verarbeitung durch Videogeräte, Rn. 32.
[204] EuGH Urt. v. 7.12.2023 – C-26/22 und C-64/22, ECLI:EU:C:2023:958 Rn. 87 – SCHUFA Holding; EuGH Urt. v. 4.7.2023 – C-252/21, ECLI:EU:C:2023:537 = ZD 2023, 664 Rn. 116 mAnm *Moos/Rothkegel* – Meta Platforms.

den vernünftigen Erwartungen „der betroffenen Personen" aus.[205] Durch das Abstellen auf eine Personenmehrheit wird damit die Auslegung bestätigt, dass es nicht ausschließlich auf die tatsächlichen subjektiven Erwartungen der betroffenen Person ankommt, als vielmehr darauf, was in einer entsprechenden Fallgestaltung der objektiven Perspektive betroffener Personen entspricht.[206] Dabei ist insbesondere maßgeblich, in welcher Beziehung die betroffene Person und der Verantwortliche zueinander stehen, ob die betroffene Person Kunde oder Beschäftigter in einer Vertragsbeziehung mit dem Verantwortlichen ist, bzw. Patient oder Mandant in einem besonderen Vertrauensverhältnis mit einem Arzt oder Anwalt, oder ob die Verarbeitung im Zusammenhang mit einer eigenen gewerblichen Tätigkeit der betroffenen Person erfolgt.[207]

47 Bei den in die Abwägung einzustellenden **Grundrechten und Grundfreiheiten der betroffenen Person** sind nicht nur die Grundrechte aus Art. 7 und 8 GRCh zu berücksichtigen, sondern – ebenso wie auf Seiten des Verantwortlichen – sämtliche durch die Charta anerkannten Grundrechte und Freiheiten, entsprechend dem Grundrechtsansatz der DS-GVO, umfassend die Grundrechte und Grundfreiheiten natürlicher Personen zu schützen.[208] Dazu gehören insbesondere Schutz vor Diskriminierung (Art. 21 GRCh), der Schutz des Eigentums (Art. 17 GRCh) und die unternehmerische Freiheit (Art. 16 GRCh). Besondere Bedeutung kommt dabei dem Schutz besonderer Kategorien personenbezogener Daten im Sinne von Art. 9 Abs. 1 zu, die auch bei einer Video-Überwachung erkennbar sein können.[209] Bei der Abwägung ist zu berücksichtigen, dass die **Grundrechte der betroffenen Person durch die Datenverarbeitung unterschiedlich stark beeinträchtigt** sein können, je nachdem ob die betreffenden Daten bereits öffentlich zugänglich sind oder nicht.[210] Einzubeziehen in die Abwägung sind auch die Auswirkungen auf die betroffene Person sowie gegebenenfalls Garantien, die gewährleisten, dass die Verarbeitung dem Grundsatz von Treu und Glauben entsprechend fair, nicht-diskriminierend und sachlich richtig durchgeführt wird.[211] Bei Abwägungssituationen, in denen zB durch eine Veröffentlichung in Suchmaschinen eine besonders schwerwiegende Gefahr für die Achtung des Privatlebens und den Schutz der personenbezogenen Daten der betroffenen Person besteht, ist von einer Beeinträchtigung der Grundrechte des Betroffenen aus Art. 7 und 8 GRCh auszugehen, sofern nicht die Abwägung unter Berücksichtigung der Art der Information und ihrer Vertraulichkeit für das Privatleben der betroffenen Person sowie das Interesse der Öffentlichkeit an der Information im Einzelfall zu einem anderen Ergebnis führt.[212] Bei der Aufnahme von Straßenansichten ist das Verlangen betroffener Personen zu berücksichtigen, die Abbildung von Häuserfassaden und privaten Grundstücksbereichen unkenntlich zu machen.[213] Ebenso überwiegen die Interessen und Grundrechte des Nutzers eines sozialen Netzwerks regelmäßig das Interesse des Betreibers des Netzwerks an einer Personalisierung der Werbung, mit der er seine Tätigkeit finanziert.[214] Bei einer Video-Überwachung sind ebenfalls in besonderer Weise die Eingriffe in die Privat- und Intimsphäre zu berücksichtigen. Dient die Überwachung der Diebstahlprävention, wird bei der Abwägung eher die Zulässigkeit der Aufnahmen in einem Ladengeschäft zu bejahen sein, während Aufnahmen in **Umkleidekabinen, Duschen und Toiletten** keinesfalls zulässig sind.[215] Auch in einem Fitnessstudio stehen die überwiegenden Interessen der Besucher den Interessen des Betreibers an einer Video-Überwachung entgegen.[216]

---

[205] Erwägungsgrund 47 S. 1 idF der Berichtigung v. 23.5.2018 (ABl. 2018 L 127, 3).
[206] Europäischer Datenschutzausschuss, Leitlinien 3/2019 zur Verarbeitung durch Videogeräte, Rn. 36.
[207] Artikel-29-Datenschutzgruppe, Stellungnahme 6/2014 zum Begriff des berechtigten Interesses (WP 217) S. 51 f.; Kühling/Buchner/*Buchner/Petri* DS-GVO Art. 6 Rn. 150.
[208] Art. 1 Abs. 2; Erwägungsgrund 4.
[209] Dazu Simitis/Hornung/Spiecker gen. Döhmann/*Scholz* DS-GVO Art. 6 Anh. 1 Rn. 100 ff.
[210] EuGH Urt. v. 7.12.2023 – C-26/22 und C-64/22, ECLI:EU:C:2023:958 Rn. 97 ff. – SCHUFA Holding; EuGH Urt. v. 11.12.2019 – C-708/18, ECLI:EU:C:2019:1064 Rn. 54 f. – Scara; EuGH Urt. v. 4.5.2017 – C-13/16, ECLI:EU:C:2017:336 = ZD 2017, 324 Rn. 32 – Rigas satiksme; EuGH Urt. v. 24.11.2011 – C-468/10 u. C-469/10, ECLI:EU:C:2011:777 = EuZW 2012, 37 = ZD 2012, 33 Rn. 44 – ASNEF und FECEMD.
[211] Artikel-29-Datenschutzgruppe, Leitlinien zu automatisierten Entscheidungen (WP 251rev.01), S. 15 f.
[212] EuGH Urt. v. 13.5.2014 – C-131/12, ECLI:EU:C:2014:317 = NVwZ 2014, 857 = ZD 2014, 350 Rn. 81, 97 – Google Spain und Google.
[213] DSK-Beschl. v. 12.5.2020 zu Vorabwidersprüchen bei Street View und vergleichbaren Diensten.
[214] EuGH Urt. v. 4.7.2023 – C-252/21, ECLI:EU:C:2023:537 = ZD 2023, 664 Rn. 117 mAnm *Moos/Rothkegel* – Meta Platforms.
[215] Kühling/Buchner/*Buchner/Petri* DS-GVO Art. 6 Rn. 172a; Simitis/Hornung/Spiecker gen. Döhmann/*Scholz* DS-GVO Art. 6 Anh. 1 Rn. 97.
[216] VG Ansbach Urt. v. 23.2.2022 – AN 14 K 20.83, ZD 2022, 405 Rn. 35 ff.

Bei einer Video-Überwachung für die Zwecke einer privaten Parkraumbewirtschaftung ist die Datenverarbeitung auf die Erfassung der Kfz-Kennzeichen der Fahrzeuge zu beschränken, die tatsächlich einen Parkplatz in Anspruch nehmen. Diese Daten sind zu löschen, wenn der Parkplatz nach dem Bezahlvorgang mit dem Fahrzeug verlassen wird bzw. nach Entrichtung des geforderten Geldbetrags, soweit nicht Rechtsvorschriften eine längere Speicherung der Daten erfordern.[217]

Bei der Ausübung des Rechts auf **freie Meinungsäußerung und Informationsfreiheit** (Art. 11 Abs. 1 GRCh) besteht die Besonderheit, dass Art. 85 Abs. 1 die Mitgliedstaaten verpflichtet, durch Rechtsvorschriften dieses Recht mit dem Recht auf den Schutz personenbezogener Daten, wie es durch die Vorschriften der DS-GVO konkretisiert ist, in Einklang zu bringen. Erfasst werden nicht nur – weit auszulegende – journalistische Aktivitäten,[218] sondern alle Äußerungen von Meinungen einschließlich von Werturteilen ebenso wie die Weitergabe und der Empfang von Information und Ideen und damit jede Art von Kommunikationsinhalten.[219] Wenn es für den Ausgleich der beiden Grundrechte erforderlich ist, haben die Mitgliedstaaten gemäß Art. 85 Abs. 2 für die Verarbeitung zu journalistischen Zwecken oder zu wissenschaftlichen, künstlerischen oder literarischen Zwecken Abweichungen oder Ausnahmen auch von Vorschriften des Kapitels II und damit auch des Art. 6 vorzusehen. Diese Abweichungen oder Ausnahmen sind jedoch auf das zu beschränken, was zur Herstellung der Konkordanz zwischen den beiden Grundrechten erforderlich ist.[220] Eine vollständige Ausnahme von Art. 6 ist jedenfalls auch in diesem Zusammenhang nicht erforderlich, wie bereits Art. 6 Abs. 1 Buchst. f die Abwägung zwischen den verschiedenen berührten Rechten im Einzelfall ermöglicht und deshalb auch für den Ausgleich zwischen den beiden in Kollision stehenden Grundrechtspositionen relevant ist.[221] Dabei ist auf der Grundlage der einschlägigen Rechtsprechung des EuGH und des EGMR (→ Art. 85 Rn. 5 ff.) zu entscheiden, ob im Einzelfall die Grundrechte und Interessen der betroffenen Person die berechtigten Interessen an der Ausübung des Rechts auf freie Meinungsäußerung und Informationsfreiheit überwiegen. Die dafür maßgeblichen Kriterien betreffen insbesondere den Beitrag zu einer Debatte von öffentlichem Interesse, den Bekanntheitsgrad und das vorangegangene Verhalten der betroffenen Person, den Gegenstand der Berichterstattung, Inhalt, Form und Auswirkungen der Veröffentlichung, die Art und Weise sowie die Umstände, unter denen die Informationen erlangt worden sind.[222]

b) Schutzbedürfnis der betroffenen Person. In die Abwägung sind neben den Grundrechten und Grundfreiheiten alle Interessen der betroffenen Person einzustellen, ohne dass es dafür – anders als auf Seiten des Verantwortlichen – erforderlich ist, dass es sich dabei um deren „berechtigte" Interessen handelt. Allerdings müssen auch diese Interessen den **Schutz der personenbezogenen Daten erfordern.** Daraus folgt, dass die Interessen der betroffenen Person nicht notwendig auf einem Verhalten beruhen müssen, das in Einklang mit der Rechtsordnung steht, wenn die Bekanntgabe darauf bezogener personenbezogener Daten sie unverhältnismäßigen Eingriffen in ihre Rechte aussetzt.[223] Als Interessen der betroffenen Person sind auch die mit der Verarbeitung verbundenen Risiken wie zum Beispiel Diskriminierung, finanzielle Verluste und Rufschädigung zu berücksichtigen.[224] Diese Risiken können sich insbesondere als Konsequenz der Veröffentlichung von strafrechtlichen Verurteilungen, der Kreditwürdigkeit und früheren Insolvenzen manifestieren und auch ein Resozialisierungsinteresse beeinträchtigen.[225]

---

[217] BayLDA Tätigkeitsbericht 2021 S. 57 f.
[218] Erwägungsgrund 153 S. 7; EuGH Urt. v. 14.2.2019 – C-345/17, ECLI:EU:C:2019:122 Rn. 51 – Buivids; EuGH Urt. v. 16.12.2008 – C-73/07, EU:C:2008:727 Rn. 56 – Satakunnan Markkinapörssi und Satamedia.
[219] *Jarass* GRCh Art. 11 Rn. 10.
[220] EuGH Urt. v. 20.10.2022 – C-306/21, ECLI:EU:C:2022:813 = ZD 2023, 610 Rn. 60 – Demokratichna Bulgaria; vgl. auch ÖVfGH Erk. v. 14.12.2022 – G 287/2022-16 u. G 288/2022-14 = ZD 2023, 613 Rn. 61 ff.
[221] Dazu *Heberlein* EuR 2021, 672 (685 ff.).
[222] EuGH Urt. v. 14.2.2019 – C-345/17, ECLI:EU:C:2019:122 = ZD 2019, 262 Rn. 66 – Buivids.
[223] Artikel-29-Datenschutzgruppe, Stellungnahme 6/2014 zum Begriff des berechtigten Interesses (WP 217), S. 38.
[224] Vgl. Erwägungsgrund 75; *Härting* DS-GVO Rn. 133 f., verweist auf die Bedeutung dieses „zentralen Abwägungskatalogs" auch für die Abwägung nach Art. 6 Abs. 1 Buchst. f.
[225] EuGH Urt. v. 7.12.2023 – C-26/22 und C-64/22, ECLI:EU:C:2023:958 Rn. 94 ff. – SCHUFA Holding; Kühling/Buchner/*Buchner/Petri* DS-GVO Art. 6 Rn. 148a; LG Frankfurt a. M. Urt. v. 28.6.2019 – 2–03 O 315/17, ZD 2019, 410 Rn. 49.

Ebenso ist bei der Weiterleitung personenbezogener Daten an einen Anwalt oder ein Inkassobüro zur Durchsetzung vertraglicher Forderungen zu berücksichtigen, dass die Weitergabe der Daten weitreichende Konsequenzen für die Privatsphäre und die wirtschaftliche Betätigung haben kann. Andererseits darf der Schutz der betroffenen Person nicht die Geltendmachung und Durchsetzung berechtigter Ansprüche oder die Rechtsverteidigung verhindern. Bestehen konkrete Anhaltspunkte für die Befürchtung eines Zahlungsausfalls, kann deshalb das Risiko der betroffenen Person, wirtschaftliche Nachteile zu erleiden, nicht dem Interesse des Geschäftspartners an Informationen über die Kreditwürdigkeit entgegengehalten werden.[226] Bei der Abwägung ist jedoch darauf zu achten, ob die den berechtigten Interessen entgegengehaltenen Belange tatsächlich dem Schutzzweck dienen und nicht dazu instrumentalisiert werden, um zum Beispiel unliebsame Kritiker zum Schweigen zu bringen und einen abschreckenden Effekt auf Meinungsäußerungen von Journalisten und anderer Akteure der Zivilgesellschaft zu bewirken.[227] Problematisch ist auch die Reichweite des Schutzes der betroffenen Person gegenüber der Verwertung der Ergebnisse einer rechtswidrigen Datenverarbeitung als **Beweismittel in gerichtlichen Verfahren**.[228] Die Aufgabe der Herstellung der Konkordanz der Grundrechte aus Art. 7 und 8 GRCh mit dem Interesse an der Beweisführung zur Durchsetzung des staatlichen Strafverfolgungsinteresses und zivilrechtlicher Positionen stellt sich insbesondere in Bezug auf die Verwertbarkeit datenschutzrechtlich unzulässiger Video-Aufnahmen sowohl im Strafverfahren[229] wie im Zivilverfahren[230] und im arbeitsgerichtlichen Verfahren.[231]

50 Wie die ausdrückliche Hervorhebung in der Vorschrift unterstreicht, kommt bei der Abwägung dem **Schutz eines Kindes** besondere Bedeutung zu. Kinder sind sich weniger bewusst, welche Risiken und Konsequenzen sich aus der Verarbeitung ihrer Daten insbesondere für Werbezwecke oder für die Erstellung von Persönlichkeits- oder Nutzerprofilen und unmittelbar dem Kind angebotenen Diensten ergeben.[232] Der Begriff des „Kindes" ist nicht beschränkt durch die Altersgrenze des Art. 8 Abs. 1, die sich ausschließlich auf Angebote von Diensten der Informationsgesellschaft bezieht. Die DS-GVO enthält keine ausdrückliche allgemeine Definition des Begriffs „Kindes", wie ihn der Kommissionsvorschlag in Anlehnung an die UN-Konvention über die Rechte des Kindes[233] bis zur Vollendung des 18. Lebensjahres vorgesehen hatte.[234]

51 **c) Vergewisserungspflicht bei Datenübermittlung.** Die berechtigten Interessen eines Dritten sind in gleicher Weise mit den Interessen oder Grundrechten und Grundfreiheiten der betroffenen Person abzuwägen. Dies gilt auch für die **Datenübermittlung an einen Dritten** zur Wahrung von dessen berechtigten Interessen. Zwar ist der Verantwortliche, der die Daten erhoben hat, nicht grundsätzlich gehindert, die Daten an den Dritten zur Wahrung von dessen berechtigten Interessen zu übermitteln.[235] Jedoch muss der Verantwortliche nicht nur das Vorliegen der berechtigten Interessen des Dritten an dem Empfang und Verarbeitung der Daten feststellen, sondern auch für diesen Verarbeitungsschritt die Abwägung vornehmen, ob der

---

[226] ÖBVwG Erk. v. 28.7.2020 – W211 2225136-1/5E Ziff. 2.3; *Krämer* NJW 2018, 347 (348).
[227] Darauf zielen insbesondere „Strategische Klagen gegen die Beteiligung der Öffentlichkeit (Strategic Lawsuits Against Public Participation, SLAPP)"; vgl. dazu Europäischer Aktionsplan für Demokratie, Mitteilung der Kommission v. 3.12.2020 COM(2020) 790 final, 17 f., den Vorschlag für eine Richtlinie des Europäischen Parlaments und des Rates zum Schutz von Personen, die sich öffentlich beteiligen, vor offenkundig unbegründeten oder missbräuchlichen Gerichtsverfahren („Strategische Klagen gegen öffentliche Beteiligung") COM(2022) 177 final, S. 2, 5, 28, und die Empfehlung (EU) 2022/758 der Kommission (ABl. L 138, 30).
[228] Dazu BeckOK DatenschutzR/*Schild* System E Rn. 37 ff.; Simitis/Hornung/Spiecker gen. Döhmann/*Scholz* DS-GVO Art. 6 Anh. 1 Rn. 149 ff.
[229] BGH Beschl. v. 18.8.2021 – 5 StR 217/21, ZD 2021, 637 Rn. 5 mit Anm *Zeyher;* LG Flensburg Beschl. v. 10.1.2022 – I QS 29/21, ZD 2022, 339 Rn. 4 f.; *Schröder* ZD 2021, 302 (306) sieht darin einen „unbefriedigenden, aber systemkonformen Fehlanreiz".
[230] BGH Urt. v. 15.5.2018 – VI ZR 233/17, Rn. 39 ff.
[231] BAG Urt. v. 29.6.2023 – 2 AZR 296/22, ZD 2023, 693 Rn. 29 ff. für eine Verwertung entgegen LAG Nds Urt. v. 6.7.2022 – 8 Sa 1151/20, ZD 2023, 114 Rn. 68 in der Vorinstanz; Auernhammer/*Meder* BDSG § 26 Rn. 128 f.
[232] Erwägungsgrund 38; EuGH Urt. v. 4.7.2023 – C-252/21, ECLI:EU:C:2023:537 = ZD 2023, 664 Rn. 111 mAnm *Moos/Rothkegel* ZD 2023, 675 – Meta Platforms; ÖBVwG Erk. v. 25.5.2023 – W211 2267125-1/10E, ZD 2023, 739 Rn. 38.
[233] Erwägungsgrund 29 des Kommissionsvorschlags KOM(2012) 11 endgültig.
[234] Art. 4 Nr. 18 des Kommissionsvorschlags KOM(2012) 11 endgültig.
[235] Vgl. EuGH Urt. v. 17.6.2021 – C-597/19, ECLI:EU:C:2021:492 Rn. 132 – Mircom International.

beabsichtigten Übermittlung überwiegende Interessen oder Grundrechte und Grundfreiheiten der betroffenen Person entgegenstehen. Dies setzt voraus, dass der Verantwortliche nicht auf ein bloßes Verlangen eines Dritten hin diesem Daten übermitteln darf, sondern sich von dem Vorliegen eines berechtigten Interesses an der Übermittlung der Daten vergewissern und in der Lage sein muss, dies auf Grund seiner Rechenschaftspflicht auch nachweisen zu können. Die Vorschrift begründet für sich noch keine Verpflichtung eines Dritten zur Übermittlung der Daten an Privatpersonen.[236] Andererseits kann die Datenübermittlung an einen Dritten im berechtigten Interesse des Verantwortlichen selbst liegen. Dies kommt insbesondere bei der Weiterleitung personenbezogener Daten an ein Inkassobüro oder eine Anwaltskanzlei zur Durchsetzung einer zivilrechtlichen Forderung in Betracht. Besteht eine rechtliche Verpflichtung des Verantwortlichen zur Information einer Behörde oder anderen Stelle und ist die Verarbeitung zur Erfüllung dieser Rechtspflicht erforderlich, ist hingegen Buchst. c der zutreffende Rechtsgrund für die Übermittlung.

5. Leitlinien für die Abwägung. Angesichts der besonderen Herausforderungen dieses 52 Rechtsgrunds insbesondere im Hinblick auf die Gewichtung der beiderseitigen Interessen wird kritisiert, dass die Abwägung allein dem Verantwortlichen überlassen bleibt.[237] Der durch den Grundsatz der Rechenschaftspflicht (Art. 5 Abs. 2) gestärkten **Eigenverantwortung des Verantwortlichen** entspricht es jedoch gerade, dass dieser die erforderliche Abwägung eigenständig vornimmt. Das damit verbundene Maß an Flexibilität ermöglicht und erfordert eine fallbezogene Entscheidung gerade in Fällen, die nicht durch Rechtsvorschriften oder Vertrag reglementiert sind und nicht die Einwilligung der betroffenen Person erfordern.[238] Jede Art von Leitlinien darf deshalb die Abwägung durch den Verantwortlichen nicht ersetzen, sondern nur als **Orientierungshilfe** für bestimmte üblicherweise auftretende Verarbeitungssituationen unterstützen.

Nach Art. 5 DS-RL oblag es den Mitgliedstaaten, die Voraussetzungen für die Rechtmäßig- 53 keit der Verarbeitung näher zu präzisieren. Das schloss ein, durch nationales Recht Vorgaben für die Abwägung der berechtigten Interessen mit den Interessen, Grundrechten und Freiheiten der betroffenen Person aufzustellen, ohne dass diese allerdings ein abweichendes Abwägungsergebnis im Einzelfall ausschließen durften.[239] **Die DS-GVO lässt Vorgaben für die Interessenabwägung durch die Mitgliedstaaten nicht mehr zu.** Art. 6 Abs. 2 und 3 betreffen ausschließlich die Rechtsgründe der rechtlichen Verpflichtung und der öffentlichen Aufgabe (Buchst. c und e), und erlauben damit keine Präzisierung des Rechtsgrunds der berechtigten Interessen durch den nationalen Gesetzgeber (→ Rn. 57). Der Kommissionsvorschlag sah vor, die Anwendung dieses Rechtsgrunds für spezifische Verarbeitungssituationen durch delegierte Rechtsakte näher zu regeln.[240] Trotz der Forderung, diesen Rechtsgrund für bestimmte Anwendungssituationen zu präzisieren, wurde dies jedoch nicht in die DS-GVO übernommen, ebenso wenig der Vorschlag des Berichterstatters im Europäischen Parlament, Regelbeispiele im Rechtstext selbst vorzusehen.[241] Die Abwägung ist Gegenstand der Überwachung durch die Aufsichtsbehörden und der Überprüfung durch die Rechtsprechung. Zur Orientierung der Verantwortlichen, der betroffenen Personen und der Aufsichtsbehörden kann der **Europäische Datenschutzausschuss** gemäß Art. 70 Abs. 1 Buchst. e sowohl aus eigener Initiative wie auf Ersuchen der Europäischen Kommission **Leitlinien und Empfehlungen** für eine einheitliche Anwendung der DS-GVO geben, die auch Beispiele für die Anwendung dieses Rechtsgrunds einschließen können.

6. Transparenz und Widerspruchsrecht. Die Informationspflicht des Verantwortlichen 54 erfordert neben den anderen nach Art. 13 und 14 mitzuteilenden Informationen gemäß Art. 13 Abs. 1 Buchst. d und Art. 14 Abs. 2 Buchst. b ausdrücklich die Mitteilung der berechtigten Interessen des Verantwortlichen oder des Dritten an die betroffene Person. Gegebenenfalls ist auch die Öffentlichkeit vor Beginn der Verarbeitung in geeigneter und insbesondere den

---

[236] Vgl. EuGH Urt. v. 17.6.2021 – C-597/19, ECLI:EU:C:2021:492 Rn. 126 – Mircom International.
[237] *Ferretti* CMLR 51 (2014), 843 (861); *Buchner* DuD 2016, 155 (159); Knyrim/*Kastelitz* DS-GVO S. 99 (106 ff.).
[238] Dazu krit. *Ferretti* CMLR 51 (2014), 843 (845, 861).
[239] EuGH Urt. v. 19.10.2016 – C-582/14, ECLI:EU:C:2016:779 Rn. 62 – Breyer; EuGH Urt. v. 24.11.2011 – C-468/10 u. C-469/10, ECLI:EU:C:2011:777 = EuZW 2012, 37 = ZD 2012, 33 Rn. 47 und 48 – ASNEF und FECEMD.
[240] Art. 6 Abs. 5 des Kommissionsvorschlags KOM(2012) 11 endgültig.
[241] Dazu *Albrecht* CR 2016, 88 (92); Terhechte Verwaltungsrecht der EU/*Benecke*/*Spiecker gen. Döhmann* § 23 Rn. 38.

Anforderungen des Art. 12 Abs. 1 entsprechender Form zu informieren, um betroffenen Personen die Möglichkeit zu geben, ihre Interessen dem Verantwortlichen vorab mitzuteilen.[242] Die Kenntnis von den für die Verarbeitung ihrer Daten zu Grunde gelegten berechtigten Interessen ist Voraussetzung dafür, dass die betroffene Person überhaupt in die Lage versetzt wird, von ihren Rechten und insbesondere ihrem **Widerspruchsrecht** gegen die Verarbeitung sie betreffender personenbezogener Daten Gebrauch zu machen. Während ein Widerspruch gegen Direktwerbung gemäß Art. 21 Abs. 2 und 3 nicht an die Darlegung von Gründen durch die betroffene Person gebunden und nicht widerlegbar ist, erfordert Art. 21 Abs. 1 S. 1, dass die betroffene Person die relevanten Gründe vorbringt, die sich aus ihrer besonderen Situation ergeben. Anders als bei der Abwägung nach Art. 6 Abs. 1 Buchst. f kommt es bei der Abwägung nach Art. 21 Abs. 1 S. 2 nicht darauf an, ob die Interessen oder Rechte der betroffenen Person die berechtigten Interessen des Verantwortlichen überwiegen, sondern umgekehrt, ob der Verantwortliche zwingende schutzwürdige Gründe nachweisen kann, die die Gründe der betroffenen Person überwiegen oder der Geltendmachung, Ausübung oder Verteidigung von Rechtsansprüchen dienen (→ Art. 21 Rn. 22 ff.).

VIII. Spezifizierung durch Unionsrecht und nationales Recht (Abs. 2 und 3)

55 **1. Präzisierungsmöglichkeit für die Mitgliedstaaten (Abs. 2).** Die Rechtsetzungsbefugnis des Abs. 2 stellt eine Ausnahme von dem Grundsatz dar, dass die unmittelbare Geltung der DS-GVO als Verordnung gemäß Art. 288 Abs. 2 AEUV Ausführungsgesetze der Mitgliedstaaten weder erfordert noch zulässt.[243] Aus der unmittelbaren Geltung der Verordnung nach Art. 288 Abs. 2 AEUV ergibt sich ein **grundsätzliches Umsetzungs- und Normwiederholungsverbot** für den nationalen Gesetzgeber. Unzulässig sind deshalb grundsätzlich Wiederholungen des Verordnungstextes (→ Rn. 66) ebenso wie Verweisungen oder verbindliche Auslegungsregeln im nationalen Recht, die die direkte Anwendbarkeit der Verordnung nicht deutlich werden lassen. Dies schließt jedoch nicht aus, dass eine Verordnung selbst den Mitgliedstaaten einen Regelungsauftrag für bestimmte Rechtsetzungsmaßnahmen zuweist oder nationale Vorschriften zur Detaillierung der Anwendung einzelner ihrer Regelungen zulässt oder erfordert.[244] Eine solche **„hinkende Verordnung"**[245] muss jedoch den Rechtssetzungsauftrag und Rechtssetzungsspielraum der Mitgliedstaaten ausdrücklich und konkret bestimmen, darf nicht über die Präzisierung einzelner Regelungen der Verordnung hinausgehen und muss die Ziele der Verordnung wahren. Dementsprechend beschränkt sich der Spielraum der Mitgliedstaaten im Rahmen der DS-GVO auf die in den jeweiligen Vorschriften ausdrücklich eingeräumten oder zugewiesenen Präzisierungsmöglichkeiten oder Regelungsaufträge unter den dort festgelegten Bedingungen und Voraussetzungen (→ Einl. Rn. 95 f.). Die Mitgliedstaaten müssen deshalb, wenn sie von einer solchen ausdrücklichen Befugnis Gebrauch machen, die Voraussetzungen und Grenzen der entsprechenden Bestimmung der DS-GVO einhalten und dürfen keine Rechtsvorschriften erlassen, die gegen Inhalt und Ziele der DS-GVO verstoßen.[246] Keinesfalls kann auch aus dem Umstand, dass Europäisches Parlament und Rat die von der Europäischen Kommission vorgeschlagenen Ermächtigungen für delegierte Rechtsakte und Durchführungsrechtsakte erheblich reduziert haben,[247] gefolgert werden, dass an die Stelle von den entsprechenden nicht vom Gesetzgeber übernommenen Ermächtigungsvorschlägen nunmehr implizit oder stillschweigend eine Regelungsbefugnis der Mitgliedstaaten tritt.

56 Abs. 2 erlaubt den Mitgliedstaaten **in dem durch diese Vorschrift gesetzten Rahmen** spezifischere Datenschutzvorschriften für die Verarbeitung zur Erfüllung einer rechtlichen Verpflichtung oder öffentlicher Aufgaben aufrecht zu erhalten oder neu zu erlassen. Dabei sind die nationalen Gesetze darauf beschränkt, „spezifischere Bestimmungen zur Anpassung der Anwendung der Vorschriften" der DS-GVO festzulegen, und zwar indem sie allein in Bezug auf die Rechtsgründe des Abs. 1 Buchst. c und e „spezifische Anforderungen für die Verarbeitung sowie

---

[242] Vgl. DSK-Beschl. v. 12.5.2020 zu Vorabwidersprüchen bei Street View und vergleichbaren Diensten.
[243] EuGH Urt. v. 15.6.2021 – C-645/19, ECLI:EU:C:2021:483 = ZD 2021, 570 Rn. 109 mAnm *Blasek*, ZD 2021, 577 – Facebook Belgium.
[244] EuGH Urt. v. 15.6.2021 – C-645/19, ECLI:EU:C:2021:483 = ZD 2021, 570 Rn. 110 mAnm *Blasek*, ZD 2021, 577 – Facebook Belgium; EuGH Urt. v. 15.3.2017 – C-528/15, ECLI:EU:C:2017:213 Rn. 27 – Al Chodor.
[245] Dieser Begriff ist geprägt von *Constantinesco* EG-Recht I S. 562.
[246] EuGH Urt. v. 30.3.2023 – C-34/21, ECLI:EU:C:2023:270 = BeckRS 2023, 5635 Rn. 59 – Hauptpersonalrat.
[247] Dazu *Albrecht* CR 2016, 88 (97).

Rechtmäßigkeit der Verarbeitung 57 **Art. 6**

sonstige Maßnahmen präziser bestimmen, um eine rechtmäßig und nach Treu und Glauben erfolgende Verarbeitung zu gewährleisten." Die komplexe Formulierung des Abs. 2 ist Ausdruck des Kompromisscharakters dieser Vorschrift, die im Gesetzgebungsverfahren auf Grund der Forderung des Rats eingeführt worden ist, der diese Bestimmung in der allgemeinen Ausrichtung als neuen Abs. 2a sogar in dem Eingangsartikel der DS-GVO verankert wissen wollte.[248] Dies beruhte auf dem Bestreben, bereichsspezifische Regelungen im öffentlichen Datenschutzrecht der Mitgliedstaaten weiter beizubehalten (→ Rn. 2). Die DS-GVO trägt mit dieser Vorschrift dem Umstand Rechnung, dass in den Mitgliedstaaten neben allgemeinen und horizontalen Rechtsvorschriften zur Umsetzung der DS-RL bereichsspezifische Vorschriften vor allem im öffentlichen Bereich bestehen.[249] Für die Verarbeitung zur Erfüllung einer rechtlichen Verpflichtung oder zur Wahrnehmung einer Aufgabe im öffentlichen Interesse oder in Ausübung öffentlicher Gewalt haben deshalb die Mitgliedstaaten die Möglichkeit, nationale Bestimmungen, mit denen die Anwendung der Vorschriften der DS-GVO genauer festgelegt wird, beizubehalten oder einzuführen.[250] In Mitgliedstaaten mit einer großen Dichte bereichsspezifischer Datenschutzvorschriften wie in Deutschland und Österreich ergibt sich ein besonders hoher Anpassungsbedarf an die DS-GVO. Der Befürchtung einer unionsweiten Zersplitterung bereichsbezogener Spezifizierungen wird begegnet, wenn sich die Mitgliedstaaten strikt an den von den Spezifizierungsklauseln der DS-GVO gesetzten Rahmen halten, fachspezifische Regelungen auf das erforderliche Maß beschränken und bei ihrer Spezifizierung auch inhaltliche Übereinstimmungen mit entsprechenden Regelungen anderer Mitgliedstaaten anstreben.[251]

Die **Beschränkung des Anwendungsbereichs** der Vorschrift auf die Rechtsgründe der 57 Buchst. c und e des Abs. 1 erfasst nur Verarbeitungen, die zur Erfüllung einer rechtlichen Verpflichtung, der Wahrnehmung einer dem Verantwortlichen übertragenen Aufgabe im öffentlichen Interesse oder in Ausübung öffentlicher Gewalt erforderlich sind. Dies schließt die Anwendung auf andere Rechtsgründe aus[252] und lässt damit insbesondere auch keine Vorgaben für eine Präzisierung des berechtigten Interesses im Sinne des Abs. 1 Buchst. f durch nationales Recht zu (→ Rn. 53). Die Bestrebungen einiger Mitgliedstaaten, den Anwendungsbereich der Vorschrift auch auf andere Verarbeitungen im privaten Bereich auszudehnen, konnten sich im Gesetzgebungsverfahren nicht durchsetzen.[253] Der Verweis auf „andere besondere Verarbeitungssituationen gemäß Kapitel IX" in Abs. 2 und in Abs. 3 S. 3 erweitert nicht diesen Anwendungsbereich. Wie sich aus dem Wortlaut („einschließlich") ergibt, handelt es sich vielmehr um eine Verweisung auf die spezifischen Bestimmungen in diesem Kapitel, die Präzisierung der Vorschriften an Anpassung der Anwendung für öffentliche Aufgaben bzw. für die Erfüllung einer rechtlichen Verpflichtung zulassen. Dies betrifft den Zugang zu öffentlichen Dokumenten (Art. 86), die Verarbeitung der nationalen Kennziffer (Art. 87) sowie die Befugnisse der Aufsichtsbehörden in Bezug auf Geheimhaltungspflichten (Art. 90).[254] Zulässig sind danach auch Spezifizierungen des Art. 89, sofern die Verarbeitung zu im öffentlichen Interesse liegenden Archivzwecken, zu wissenschaftlichen oder historischen Forschungszwecken oder zu statistischen Zwecken auf einer rechtlichen Verpflichtung oder öffentlichen Aufgabe beruht. Entsprechendes gilt für die Spezifizierung derjenigen Ausnahmetatbestände des Art. 9 Abs. 2, Abs. 3 und 4, die die Rechtsgründe des Abs. 1 Buchst. c und e für besondere Kategorien personenbezogener Daten konkretisieren.[255] Davon unterscheidet sich die von Kapitel IX ebenfalls erfasste Verarbeitungssituation des Art. 85, weil diese Vorschrift in Abs. 1 und 2 die Mitgliedstaaten zur Rechtsetzung verpflichtet, wenn Abweichungen oder Ausnahmen von einzelnen Vorschriften der DS-GVO erforderlich sind, um das Recht auf Schutz personenbezogener Daten in Einklang mit dem Recht auf freie Meinungsäußerung und Informationsfreiheit zu bringen. Die Spezifizierungsklausel des Art. 88 Abs. 1 beschränkt sich – wie insbesondere der Verweis auf die Einwilligung in Erwägungsgrund 155 belegt – nicht auf Verarbeitungen auf der Grundlage der Rechts-

---

[248] Art. 1 Abs. 2a in der Allgemeinen Ausrichtung des Rats v. 15.6.2015, Rats-Dok. 9565/15; vgl. dazu Knyrim/*Fercher*/*Riedl* DS-GVO S. 7 (21).
[249] Erwägungsgrund 10 S. 4.
[250] Erwägungsgrund 10 S. 3.
[251] Europäische Kommission Mitteilung v. 24.6.2020, COM(2020) 264 final, 8; *Eickelpasch* RDV 2017, 219 (221).
[252] BVerwG Urt. v. 27.9.2018 – 7 C 5.17, ZD 2019, 231 Rn. 26 mAnm *Will;* ÖBVwG Beschl. v. 20.11.2019 – W256 2214855-1/6E.
[253] Knyrim/*Fercher*/*Riedl* DS-GVO S. 7, 22.
[254] Dazu Kühling/Martini DS-GVO/*Kühling*/*Martini* S. 285 ff.; *Benecke*/*Wagner* DVBl. 2016, 600 (602 ff.).
[255] Vgl. Erwägungsgrund 10 S. 5.

gründe von Abs. 1 Buchst. c und e und geht damit ebenfalls über die Befugnis nach Art. 6 Abs. 2 hinaus.

58 Innerhalb dieses Anwendungsbereichs lässt die DS-GVO **„spezifischere Bestimmungen"** („more specific provisions" in der englischen bzw. „dispositions plus spécifiques" in der französischen Sprachfassung) zu, die sich jedoch beschränken müssen auf die **Anpassung der Anwendung** von Vorschriften der DS-GVO. Regelungen der Mitgliedstaaten können daher nur die Anwendung von Vorschriften der DS-GVO spezifizieren, dürfen diese also weder ergänzen noch ihren Anwendungsbereich erweitern. Es geht daher **nicht um ein „Nebeneinander"** von **Unionsrecht und nationalem Recht**,[256] sondern um die Konkretisierung der Anwendung einer unionsrechtlichen Vorschrift für bestimmte Verarbeitungssituationen innerhalb der durch die DS-GVO gesetzten Rahmens. Die Mitgliedstaaten sind dadurch befugt, spezifische Anforderungen für die Verarbeitung sowie sonstige Maßnahmen präziser („more precisely" bzw. „plus précisément") bestimmen können, um eine rechtmäßige und nach Treu und Glauben erfolgende Verarbeitung zu gewährleisten.

59 Weitere **inhaltliche Vorgaben für spezifische nationale Bestimmungen** ergeben sich aus den Bedingungen und Voraussetzungen, unter denen die betreffenden Vorschriften die Präzisierung durch das Recht der Mitgliedstaaten zulassen, vor allem aus den Vorgaben des Abs. 3. Wie Abs. 2 bezieht sich auch Abs. 3 ausschließlich auf die Rechtsgründe nach Abs. 1 Buchst. c und e. Der Adressatenkreis beider Vorschriften ist allerdings nicht identisch. Während sich Abs. 2 ausschließlich an die Mitgliedstaaten richtet, wendet sich Abs. 3 zudem an den Unionsgesetzgeber. Diese Vorschrift nennt lediglich in S. 3 **fakultative Elemente** für die Spezifizierung durch die Rechtsetzung, in den S. 1, 2 und 4 jedoch **verpflichtende Vorgaben** für die Mitgliedstaaten bzw. das Unionsrecht. Daraus ergibt sich, dass die Beibehaltung oder Einführung von spezifischeren Bestimmungen im Rahmen des Abs. 2 auch diese inhaltlichen Vorgaben des Abs. 3 beachten muss. Dies gilt sowohl für solche spezifizierenden Bestimmungen, die die Mitgliedstaaten unter der DS-GVO einführen, als auch für Bestimmungen, die aufrechterhalten werden sollen. Soweit die Mitgliedstaaten bereichsspezifische Vorschriften beibehalten, sind sie in jedem Fall gehalten, ihre bisherige Gesetzgebung in Einklang mit der Verordnung zu bringen. Nationale Rechtsvorschriften, die mit der DS-GVO nicht vereinbar sind, dürfen auf Grund des Vorrangs des Unionsrechts nicht mehr angewandt werden (→ Einl. Rn. 3). Wegen der Eingrenzung ihres Anwendungsbereichs und der inhaltlichen Vorgaben der DS-GVO ist die Bezeichnung dieser Vorschrift als „allgemeine Öffnungsklausel"[257] (→ Einl. Rn. 97) in besonderer Weise missverständlich.[258]

60 **2. Vorgaben für Unionsrecht und nationales Recht (Abs. 3). a) Unionsrecht und Recht der Mitgliedstaaten (Abs. 3 S. 1).** Abs. 3 S. 1 bestimmt, dass die Rechtsgrundlage für die Verarbeitungen gemäß Abs. 1 Buchst. c und e durch Unionsrecht oder nationales Recht festgelegt wird. Damit ergibt sich aus dieser Vorschrift der **Regelungsauftrag** für die Festlegung der Rechtsgrundlage für die Verarbeitungen zur Erfüllung einer rechtlichen Verpflichtung oder einer öffentlichen Aufgabe. Erwägungsgrund 41 stellt klar, dass dazu **nicht notwendigerweise ein Parlamentsgesetz** erforderlich ist, so dass auch andere Rechtsformen gemäß der Rechtsordnung des betreffenden Mitgliedstaates als Rechtsgrundlage für eine Aufgabenzuweisung oder rechtliche Verpflichtung ausreichen.[259] Das ist jedoch bei Verwaltungsvorschriften oder Leitlinien, die selbst keinen Rechtsnormcharakter haben, nicht der Fall.[260] Die Rechtsgrundlage muss, worauf der Erwägungsgrund ausdrücklich hinweist, klar und präzise und ihrer Anwendung entsprechend der Rechtsprechung des EuGH[261] und des EGMR[262] vorhersehbar sein. Dabei ist

---

[256] So jedoch *Greve* NVwZ 2017, 737 (743).
[257] Kühling/Martini DS-GVO/*Kühling/Martini* S. 28.
[258] Vgl. *Albrecht/Jotzo* DatenschutzR Teil 3 Rn. 46.
[259] EuGH Urt. v. 24.2.2022 – C-175/20, ECLI:EU:C:2022:164 = EuZW 2022, 527 Rn. 52 mAnm *Zerdick* – Valsts ieņēmumu dienests; Simitis/Hornung/Spiecker gen. Döhmann/*Roßnagel* DS-GVO Art. 6 Abs. 3 Rn. 21; Kühling/Buchner/*Buchner*/Petri DS-GVO Art. 6 Rn. 84.
[260] EuGH Urt. v. 20.10.2022 – C-306/21, ECLI:EU:C:2022:813 = ZD 2023, 610 Rn. 52 f. – Demokratichna Bulgaria.
[261] EuGH Urt. v. 20.5.2003 – C-465/00, C-138/01 u. C-139/01, ECLI:EU:C:2003:294 = EuR 2004, 276 Rn. 77 – Österreichischer Rundfunk.
[262] EGMR Urt. v. 4.12.2015 – App. Nr. 47143/06 Nr. 228 – Zakharov v. Russland; EGMR Urt. v. 4.12.2008 – App. Nr. 30562/02 u. 30556/03, DÖV 2009, 209 Nr. 95 – Marper v. UK; EGMR Urt. v. 16.2.2000 – App. Nr. 27798/95, ECHR-2000 II = ÖJZ 2001, 74 Nr. 56 – Amann v. Schweiz; EGMR Urt. v. 4.5.2000 – App. Nr. 28341/95, ECHR 2000-V Rn. 55 = ÖJZ 2001, 71 Rn. 55 – Rotaru v. Rumänien.

es unerheblich, ob die Verarbeitung auf einer materiell-rechtlichen oder verfahrensrechtlichen Bestimmung des nationalen Rechts beruht.[263] Der Vorrang des Unionsrechts erfordert jedoch, dass die nationale Rechtsgrundlage nicht im Konflikt mit einem Rechtsakt des Unionsrechts steht und dessen Anwendungsvorrang wahrt. Die DS-GVO lässt zur Ausfüllung dieses Regelungsauftrags sowohl spezifische Gesetze und Bestimmungen für bestimmte Datenverarbeitung zu, die detailliert auf die bereichsspezifischen Besonderheiten der Datenverarbeitung zugeschnitten sind, als auch Generalklauseln, die mehrere Verarbeitungssituationen rechtlicher Verpflichtungen oder öffentlicher Aufgaben abdecken.[264]

Aus dem Verweis auf das Unionsrecht und das Recht der Mitgliedstaaten ergibt sich, dass eine rechtliche Verpflichtung und ein öffentliches Interesse als Grundlage für die Verarbeitung **nicht von einem Drittland oder einer internationalen Organisation** festgelegt werden kann. Das öffentliche Interesse eines Drittlandes oder einer internationalen Organisation ist in diesem Zusammenhang nur von Belang, wenn es durch Unionsrecht oder dem Recht des betreffenden Mitgliedstaates als eigenes öffentliches Interesse anerkannt ist. Das gilt auch für Datenübermittlungen an Drittländer und internationale Organisationen gemäß Art. 49 Abs. 1 Buchst. d (→ Art. 49 Rn. 14). Eine Ausprägung dieser Konzeption ist Art. 48, der bestimmt, dass Gerichtsurteile und Behördenentscheidungen, mit denen ein Drittland die Übermittlung oder Offenlegung personenbezogener Daten verlangt, nur dann anerkannt oder vollstreckbar werden, wenn sie auf ein Rechtshilfeabkommen oder eine andere internationale Übereinkunft zwischen dem Drittland und der Union oder einem Mitgliedstaat gestützt sind. 61

Bei dem Recht des Mitgliedstaates muss es sich um das des Mitgliedstaats handeln, dem der Verantwortliche unterliegt. Wie sich aus dem Vergleich mit anderen Sprachfassungen ergibt („Member State law" bzw. „le droit de l'État membre"), ist die Verwendung des Plurals („das Recht der Mitgliedstaaten") in der deutschen Sprachfassung irreführend. Die Festlegung der für den rechtlichen Verpflichtung und der Übertragung der Aufgabe im öffentlichen Interesse oder zur Ausübung öffentlicher Gewalt und damit der Rechtsgrundlage für eine Verarbeitung gemäß Art. 6 Abs. 1 Buchst. c und e erfolgt damit, soweit keine unionsrechtliche Festlegung erfolgt ist, ausschließlich durch das **Recht des Mitgliedstaates, dem der Verantwortliche unterliegt.** Aus der Verweisung auf das Recht dieses Mitgliedstaates ergibt sich, dass das öffentliche Interesse oder eine rechtliche Verpflichtung in einem anderen Mitgliedstaat, dem er nicht unterliegt, keine Rechtsgrundlage für die Verarbeitung personenbezogener Daten bietet und daher den Verantwortlichen insbesondere nicht zur Übermittlung oder sonst zur Verarbeitung personenbezogener Daten verpflichten kann. Damit gilt für eine auf Art. 6 Abs. 1 Buchst. c und e gestützte Verarbeitung das nationale Recht des Mitgliedstaats, in dem der Verantwortliche der rechtlichen Verpflichtung unterliegt oder die ihm übertragene die öffentliche Aufgabe wahrnimmt. Dem **Territorialgrundsatz** entspricht es, dass für die Verarbeitung auf der Grundlage dieser Rechtsgründe dann auch ausschließlich die Aufsichtsbehörde des betreffenden Mitgliedstaats zuständig ist und deshalb das Konzept der federführenden Aufsichtsbehörde und der Zusammenarbeit und Kohärenz insoweit keine Anwendung findet (Art. 55 Abs. 2). 62

b) Inhaltliche Anforderungen (Abs. 3 S. 2 und 4). Abs. 3 S. 2 bestimmt, dass in der Rechtsgrundlage für Verarbeitungen gemäß Abs. 1 Buchst. c und e für die Erfüllung einer rechtlichen Verpflichtung oder die Wahrnehmung einer öffentlichen Aufgabe oder der Ausübung öffentlicher Gewalt der Zweck der Verarbeitung festgelegt sein muss. Diese Anforderung konkretisiert den **Zweckbindungsgrundsatz** (Art. 5 Abs. 1 Buchst. b). Alternativ legt die Vorschrift für eine Verarbeitung nach Buchst. e fest, dass der Verarbeitungszweck für die Erfüllung einer Aufgabe im öffentlichen Interesse oder die Ausübung öffentlicher Gewalt erforderlich sein muss, die dem Verantwortlichen übertragen worden ist. Die Formulierung, wonach „der Zweck der Verarbeitung" für die Erfüllung einer Aufgabe erforderlich sein muss, „die im öffentlichen Interesse liegt oder in Ausübung öffentlicher Gewalt erfolgt, die dem Verantwortlichen übertragen wurde", mutet zunächst zwar etwas tautologisch an, da die Erforderlichkeit der Verarbeitung für diese Zwecke in Abs. 1 Buchst. e bereits ausdrücklich vorausgesetzt ist. Für eine Verarbeitung nach Buchst. e ergibt sich aber aus dieser Vorschrift, dass die Rechtsgrundlage dann nicht ausdrücklich die Zwecke der Verarbeitung festlegen muss, wenn die Rechtsgrundlage die **Aufgabenübertragung auf die betreffende öffentliche Stelle** bestimmt und die Verarbeitung für die Erfüllung dieser Aufgabe oder in Ausübung öffentlicher 63

---

[263] EuGH Urt. v. 2.3.2023 – C-268/21, ECLI:EU:C:2023:145 = BeckRS 2023, 2998 Rn. 40 – Norra Stockholm Bygg AB.
[264] Erwägungsgrund 45 S. 2 und 3.

Gewalt erforderlich ist. Die Festlegung des Zwecks der Verarbeitung oder der Zuweisung einer öffentlichen Aufgabe in der Rechtsvorschrift entbindet den Verantwortlichen jedoch nicht von der Vergewisserung und damit der Festlegung des Zwecks des konkreten Verarbeitungsvorgangs im Rahmen der rechtlichen Vorgaben. Insbesondere bei Aufgabenzuweisungen in Generalklauseln und Ermessensvorschriften ist der Anwender zu einer Prüfung der Erforderlichkeit der Datenverarbeitung für die dort geregelten Aufgaben verpflichtet. Dabei ist zu beachten, dass der in Art. 1 Abs. 2 festgelegte Schutzzweck der DS-GVO und der Zweckbindungsgrundsatz eine umso präzisere Festlegung der Verarbeitungszwecke und der spezifischer Bestimmungen im Sinne des Abs. 3 S. 3 erfordern, je größer die Eingriffsintensität der Verarbeitung hinsichtlich der Grundrechte und Grundfreiheiten der betroffenen Personen ist.[265] Umgekehrt erstreckt sich eine allgemeine Aufgabenzuweisung an eine Behörde oder öffentliche Stelle auch auf die Verarbeitung personenbezogener Daten, die für die Verwaltung und das Funktionieren von Behörden und öffentlichen Stellen erforderlich ist, ohne dass die Datenverarbeitung für diese (Annex-)Aufgaben eine spezifische Rechtsgrundlage voraussetzt.[266]

64 Abs. 3 S. 4 bindet den Gesetzgeber dahin, dass die unionsrechtliche oder mitgliedstaatliche Rechtsgrundlage ein im **öffentlichen Interesse** liegendes Ziel verfolgen und in einem angemessenen Verhältnis zu dem verfolgten legitimen Zweck stehen muss. Damit reflektiert diese Vorschrift die Anforderungen einer dem Gemeinwohl dienenden Zielsetzung und der Wahrung des **Verhältnismäßigkeitsgrundsatzes,** die in Art. 52 Abs. 1 S. 2 GRCh festgelegt sind.[267] Die dem öffentlichen Interesse dienende Zielsetzung ist schon begrifflich in Abs. 1 Buchst. e vorausgesetzt, wird aber auch für die Festlegung einer rechtlichen Verpflichtung nach Abs. 1 Buchst. c klargestellt. Dies schließt die Rechtfertigung der Datenverarbeitung durch eine Rechtsvorschrift aus, die eine rechtliche Verpflichtung allein im Individualinteresse begründet.

65 c) **Fakultative Elemente (Abs. 3 S. 3).** Abs. 3 S. 3 enthält einen **nicht abschließenden Katalog von fakultativen Elementen,** die der Unionsgesetzgeber oder der Mitgliedstaat in die Rechtsgrundlage außerdem aufnehmen kann, aber dazu nicht verpflichtet ist. Die Vorschrift nennt als Beispiele („unter anderem") allgemeine Bestimmungen für die Rechtmäßigkeit der Verarbeitung durch den Verantwortlichen und Regelungen darüber, welche Daten der Verarbeitung unterliegen, welche Personen betroffen sind, an welche Einrichtungen und für welche Zwecke die Daten offengelegt werden dürfen, welcher Zweckbindung sie unterliegen, wie lange sie gespeichert werden dürfen und welche Verarbeitungsvorgänge und Verarbeitungsverfahren angewandt werden dürfen. Ausdrücklich umfasst sind auch Maßnahmen zur Gewährleistung einer rechtmäßig und nach Treu und Glauben erfolgenden Verarbeitung. Erwägungsgrund 45 nennt als weiteres Element die Bestimmung des Verantwortlichen und stellt klar, dass das Unionsrecht oder das Recht der Mitgliedstaaten festlegen sollte, ob diese Funktion von einer Behörde oder anderen öffentlichen Stellen oder – insbesondere im Bereich des öffentlichen Gesundheitswesens und des sozialen Schutzes – von einer natürlichen oder juristischen Person des Privatrechts wie zB einer berufsständischen Vereinigung wahrgenommen werden soll.[268] Dies entspricht Art. 4 Nr. 7, wonach Unionsrecht oder nationales Recht den Verantwortlichen bzw. die Kriterien seiner Benennung festlegen kann. Wenn auch die Aufnahme dieser Elemente in die unionsrechtliche oder mitgliedstaatliche Rechtsgrundlage von der DS-GVO selbst nicht zwingend gefordert wird, so wird es doch aus Gründen der Rechtsklarheit wie nach den Grundsätzen der Transparenz und Datenminimierung (Art. 5 Abs. 1 Buchst. a und c) vor allem bei Datenverarbeitungen mit nicht geringer Eingriffsintensität geboten sein, solche Elemente in der Rechtsgrundlage festzulegen. Das gilt insbesondere für die Bestimmung, wer Verantwortlicher für die Verarbeitung ist und welche Daten von welchen Personen und für welchen Zweck erhoben werden. Der Grundsatz der Speicherbegrenzung erfordert auch die Festlegung einer Speicherfrist für diese Daten (Art. 5 Abs. 1 Buchst. e).

66 **3. Wiederholung von Verordnungstext im nationalen Recht.** Für die Ausgestaltung mitgliedstaatlicher Regelungen im Rahmen des Abs. 2 und 3 ist erheblich, inwieweit der nationale Gesetzgeber dabei den Wortlaut von Regelungen der Vorschriften der DS-GVO wiederholen darf, um deren Anwendung zu präzisieren. Aus der unmittelbaren Geltung der

---

[265] Dazu *Spies* ZD 2022, 75 (77 f.).
[266] Vgl. Erwägungsgrund 22 S. 2 VO (EU) 2018/1725.
[267] EuGH Urt. v. 1.8.2022 – ECLI:EU:C:2022, 601 = ZD 2022, 611 Rn. 69 – Oberste Ethikkommission Litauen.
[268] Erwägungsgrund 45 S. 6.

Verordnung nach Art. 288 Abs. 2 AEUV ergibt sich insbesondere ein Verbot für Vorschriften im nationalen Recht, die die direkte Anwendbarkeit der Verordnung nicht deutlich werden lassen (→ Einl. Rn. 86 f.). Eine **Wiederholung einzelner Verordnungselemente** im nationalen Recht kann deshalb nur dann nicht als Verstoß gegen Unionsrecht angesehen werden, wenn nationale Vorschriften bei einem Zusammentreffen von unionsrechtlichen und nationalen Vorschriften im Interesse ihres inneren Zusammenhangs und ihrer Verständlichkeit für die Adressaten „bestimmte Punkte" der Verordnung wiederholen.[269] Auf diese Rechtslage gründet sich Erwägungsgrund 8, der klarstellt, dass die von der Rechtsprechung vorausgesetzte Fallgestaltung des Zusammentreffens unionsrechtlicher und nationaler Regelungen auch für die DS-GVO nur in den Fällen anzunehmen ist, in denen diese ausdrücklich Präzisierungen oder Einschränkungen ihrer Vorschriften vorsieht, und dass auch dann die Aufnahme von Elementen des Verordnungstexts nur erfolgen darf, soweit dies in einem solchen Fall erforderlich ist, um die Kohärenz zu wahren und die nationalen Rechtsvorschriften für die Personen, für die sie gelten, verständlicher zu machen. Die deutsche Sprachfassung des Erwägungsgrunds verweist zwar auf „Teile" der Verordnung, während die Rechtsprechung auf „bestimmte Punkte" abstellt. Jedoch ergibt sich aus dem Vergleich mit den englischen und französischen Sprachfassungen, dass diese ebenso wie der EuGH die Wiederholung auf „elements" bzw. „éléments" begrenzen. Damit ist mit diesem Erwägungsgrund keine Ausweitung des bereits vorher durch diese Rechtsprechung bestimmten Rahmens verbunden.

Damit gilt auch für die DS-GVO, dass die Wiederholung bestimmter Punkte aus dem Verordnungstext **nur zulässig ist, wenn und soweit dies für die Kohärenz** der mitgliedstaatlichen Regelungen mit der DS-GVO und – als kumulative Voraussetzung – für die **Verständlichkeit** der nationalen Rechtsvorschriften erforderlich ist.[270] Da ein Zusammentreffen mit nationalen Vorschriften aber nur dort in Betracht kommt, wo die DS-GVO Präzisierungen oder Einschränkungen ihrer Vorschriften durch das Recht der Mitgliedstaaten vorsieht,[271] scheidet die Wiederholung auch nur von Punkten des Verordnungstexts dort aus, wo die DS-GVO keine Präzisierung durch nationale Vorschriften zulässt, oder wo selbst bei einem von der Verordnung ausdrücklich zugelassenen Zusammentreffen dieser Vorschriften die nationale Vorschrift auch ohne Wiederholung einzelner Punkte des Verordnungstexts verständlich ist. Erst recht gilt dies, wenn weder der innere Zusammenhang mit der DS-GVO noch die Verständlichkeit einer von der Verordnung zugelassenen nationalen Vorschrift eine solche Wiederholung erfordern. Ebenfalls nicht zulässig ist eine Übernahme einer unionsrechtlichen Vorschrift in das nationale Recht im Wege einer Verweisung oder „simulierten Transformation", die die unmittelbare Geltung des Art. 6 in Frage stellen würde.[272] Umgekehrt gilt, dass sich die Mitgliedstaaten, wenn sie von einer ihnen durch die Verordnung eingeräumten Befugnis für „spezifischere Vorschriften" Gebrauch machen wollen, nicht auf die Wiederholung oder Verweisung auf Bestimmungen der DS-GVO beschränken dürfen.[273]

IX. Zweckänderung (Abs. 4)

1. Anwendungsbereich und Systematik. Abs. 4 legt Kriterien fest für die Zulässigkeit einer Zweckänderung, wenn die **Verarbeitung zu anderen Zwecken** als dem ursprünglichen Zweck erfolgt, für den die Daten erhoben worden sind, und knüpft damit an den in Art. 5 Abs. 1 Buchst. b festgelegten Zweckbindungsgrundsatz an (→ Art. 5 Rn. 23). Die Vorschrift findet keine Anwendung, wenn die Verarbeitung nicht neuen Zwecken dient, sondern sich auf Zwecke bezieht, die bereits von der Zweckbestimmung der ursprünglichen Verarbeitung abgedeckt sind. Soll die Verarbeitung einem neuen, nicht von der ursprünglichen Zweckbestimmung umfassten anderen Zweck dienen, greift die Vereinbarkeitsprüfung in Abs. 4 Hs. 2 dann ein, wenn die Verarbeitung für diesen neuen Zweck auf einen anderen Rechtsgrund als die Einwilligung oder eine qualifizierte Rechtsvorschrift der Union oder der Mitgliedstaaten, die den Anforderungen des Abs. 4 Hs. 1 entspricht, gestützt wird. Die Prüfung anhand der in Buchst. a bis e festgelegten Kriterien folgt dabei dem Ansatz der Artikel-29-Datenschutz-

---

[269] EuGH Urt. v. 28.3.1985 – 272/83, ECLI:EU:C:1985:174 Rn. 27 – Kommission/Italien.
[270] Dazu *Benecke/Wagner* DVBl 2016, 600 (604 ff.); Kühling/Martini DS-GVO/*Kühling/Martini* S. 6 ff.
[271] Vgl. auch BVerwG Urt. v. 27.9.2018 – 7 C 5.17, ZD 2019, 231 Rn. 25 mAnm *Will*.
[272] Paal/Pauly/*Frenzel* DS-GVO Art. 5 Rn. 54.
[273] EuGH Urt. v. 30.3.2023 – C-34/21, ECLI:EU:C:2023:270 = ZD 2023, 391 Rn. 65 mAnm *Schild* ZD 2023, 394 – Hauptpersonalrat.

gruppe,[274] der wiederum inspiriert ist von dem früheren niederländischen Datenschutzgesetz.[275] Die durch diese Kriterien zum Ausdruck kommende „Notwendigkeit einer konkreten, kohärenten und ausreichend engen Verbindung zwischen dem Zweck der Datenerhebung und der Weiterverarbeitung der Daten" sollen gewährleisten, dass die Weiterverarbeitung nicht von den legitimen Erwartungen der betroffenen Personen über die weitere Verwendung ihrer Daten abweicht und ein Gleichgewicht zwischen der Vorhersehbarkeit und Rechtssicherheit besteht.[276]

69 Die Vorschrift stellt keine isolierte Sondervorschrift dar, sondern setzt – wie Erwägungsgrund 50 S. 8 klarstellt – voraus, dass auch bei einer Verarbeitung zu einem anderen Zweck „in jedem Fall" die in der DS-GVO niedergelegten Grundsätze Anwendung finden.[277] Wie für jede Verarbeitung müssen deshalb auch für eine Weiterverarbeitung der für den ursprünglichen Zweck erhobenen Daten für einen anderen Zweck die Anforderungen aller Grundsätze für die Verarbeitung personenbezogener Daten als auch das Erfordernis einer Rechtsgrundlage für die Datenverarbeitung für jede Verarbeitung gemeinsam erfüllt sein.[278] Aus der **systematischen Stellung in Art. 6** ergibt sich, dass Abs. 4 auf die Vorschriften in den vorhergehenden Absätzen aufbaut, also für die Verarbeitung der für den ursprünglichen Zweck das Vorliegen eines Rechtsgrunds nach Abs. 1 Buchst. a bis f voraussetzt und die Anforderungen des Abs. 2 und 3 für die Spezifizierung durch Rechtsvorschriften genügen muss. Da der Katalog der Rechtsgründe in Art. 6 Abs. 1 erschöpfend und abschließend ist (→ Rn. 5), begründet Abs. 4 keinen eigenen Erlaubnistatbestand für die Verarbeitung zu einem anderen Zweck. Die Zulässigkeit der Weiterverarbeitung für einen neuen Zweck setzt deshalb auch bei der Kompatibilität mit der ursprünglichen Verarbeitung einen dafür einschlägigen **Rechtsgrund nach Abs. 1 Buchst. a bis f auch für den anderen Zweck voraus.**[279] Der Verantwortliche muss deshalb in eigener Verantwortung prüfen, ob die Verarbeitung für den neuen Zweck mit dem ursprünglichen Zweck kompatibel ist und, wenn dies der Fall ist, die zutreffende Rechtsgrundlage für die Verarbeitung zu diesem neuen Zweck feststellen. Zwar ist nach Erwägungsgrunds 50 S. 2 bei einer kompatiblen Zweckänderung „keine andere gesonderte Rechtsgrundlage erforderlich als diejenige für die Erhebung der personenbezogenen Daten". Jedoch ist diese Erläuterung nicht dahin zu verstehen, dass bei einer Feststellung der Vereinbarkeit mit dem ursprünglichen Zweck die ursprüngliche Rechtsgrundlage für die Erhebung der Daten ausreichend ist (→ Art. 5 Rn. 26 f.) und deshalb per se die Feststellung der Rechtsgrundlage für die Weiterverarbeitung selbst entbehrlich macht. Vielmehr beschreibt der Erwägungsgrund die Situation, dass die Weiterverarbeitung zu dem kompatiblen Zweck in der Fortführung der Verarbeitung mit den für die ursprüngliche Verarbeitungszwecke erhobenen Daten besteht und deshalb eine nochmalige Erhebung der Daten unter Rückgriff auf einen anderen Rechtsgrund nicht erforderlich ist.[280]

70 Deshalb kommt es darauf an, welcher der **abschließenden Rechtsgründe des Abs. 1** bei der Fortführung der Verarbeitung mit den für die ursprünglichen Verarbeitungszwecke erhobenen Daten einschlägig ist und ob dessen Voraussetzungen erfüllt sind. Anders als im Kommissionsvorschlag vorgesehen, der die Weiterverarbeitung auf die Rechtsgründe des Abs. 1 Buchst. a bis e beschränkt hat,[281] kann für die Weiterverarbeitung durchaus auch der Rechtsgrund der Wahrung der berechtigten Interessen (Abs. 1 Buchst. f) einschlägig sein. So kann die Übermittlung personenbezogenen Daten an ein Inkassobüro zur Durchsetzung einer vertraglichen Zahlungsverpflichtung vereinbar sein mit dem ursprünglichen Zweck der Verarbeitung zur

---

[274] Artikel-29-Datenschutzgruppe Opinion 3/2013 on purpose limitation (WP 203), S. 20 ff.
[275] Art. 9 Abs. 2 des bis 25.5.2018 geltenden niederländischen Datenschutzgesetzes (Wet beschermig persoonsgegevens).
[276] EuGH Urt. v. 20.10.2022 – C-77/21, ECLI:EU:C:2022:805 = ZD 2023, 31 Rn. 36 f. – Digi.
[277] Vgl. Kühling/Buchner/*Buchner/Petri* DS-GVO Art. 6 Rn. 184.
[278] EuGH Urt. v. 22.6.2021 – C-439/19, ECLI:EU:C:2021:504 = BeckRS 2021, 15289 Rn. 96 – Latvijas Republikas Saeima; EuGH Urt. v. 16.1.2019 – C-496/17, ECLI:EU:C:2019:26 Rn. 57 – Deutsche Post.
[279] Simitis/Hornung/Spiecker gen. Döhmann/*Albrecht* DS-GVO Einf. Art. 6 Rn. 2, 13; *Monreal* ZD 2016, 507 (510); *Albrecht/Jotzo* DatenschutzR Teil 3, Rn. 54; *Schantz* NJW 2016, 1841 (1844); Kühling/Buchner/*Buchner/Petri* DS-GVO Art. 6 Rn. 183, 200; Kühling/Buchner/*Herbst* DS-GVO Art. 5 Rn. 49; Schwartmann/Jaspers/Thüsing/Kugelmann/*Schwartmann/Pieper/Mühlenbeck* DS-GVO Art. 6 Rn. 235; LAG Hamm Urt. v. 14.12.2021 – 17 Sa 1185/20, ZD 2022, 295 Rn. 102; aA Gola/Heckmann/*Schulz* DS-GVO Art. 6 Rn. 142; *Härting* DS-GVO Rn. 515 f.; *Kühling/Martini* EuZW 2016, 448 (451); Paal/Pauly/*Frenzel* DS-GVO Art. 5 Rn. 31; Gierschmann/Schlender/Stentzel/Veil/*Assion/Nolte/Veil* DS-GVO Art. 6 Rn. 212 f.; Auernhammer/*Kramer* DS-GVO Art. 6 Rn. 99.
[280] Simitis/Hornung/Spiecker gen. Döhmann/*Albrecht* DS-GVO Einf. Art. 6 Rn. 13; *Monreal* ZD 2016, 507 (510).
[281] Art. 6 Abs. 4 des Kommissionsvorschlags KOM(2012) 11 endgültig.

Erfüllung des Vertrags (Abs. 1 Buchst. b), jedoch müssen dann auch die Voraussetzungen des Abs. 1 Buchst. f erfüllt sein, damit diese Übermittlung rechtmäßig ist. Entsprechendes gilt bei einer Weiterverarbeitung der für den konkreten Vertragszweck erhobenen Daten für Marketingzwecke. Beruht aber eine ursprüngliche Verarbeitung ebenfalls auf dem Rechtsgrund der Wahrung berechtigten Interesses, bedarf es bei einer Zweckänderung einer umfassenden neuen Interessenabwägung, die bei der neuen Gewichtung auch die in die ursprüngliche Abwägung eingestellten Interessen einbeziehen muss.

Die Kompatibilitätsprüfung nach Hs. 2 kommt dann nicht zur Anwendung, wenn die Verarbeitung zu einem anderen Zweck auf die auf diesen Zweck bezogene Einwilligung gestützt wird oder wenn die Verarbeitung für den neuen Zweck auf der Grundlage einer qualifizierten Rechtsvorschrift im Sinne des Abs. 4 Hs. 1 erfolgt, die der Erfüllung einer rechtlichen Verpflichtung dient bzw. der Wahrnehmung einer Aufgabe im öffentlichen Interesse oder der Ausübung öffentlicher Gewalt (Abs. 1 Buchst. c und e). In allen anderen Fällen hat der Verantwortliche die Vereinbarkeit der neuen Verarbeitung mit der Verarbeitung für den ursprünglichen Zweck insbesondere anhand der in Buchst. a bis e festgelegten Kriterien vor der von ihm beabsichtigten weiteren Verarbeitung durchzuführen. Diese Kriterien geben ausdrücklich „unter anderem" Maßstäbe für den „**Kompatibilitätstest**"[282] und lassen daher Raum für weitere Erwägungen und für die Berücksichtigung zusätzlicher Aspekte, die für die konkrete Datenverarbeitung relevant sind. Umgekehrt handelt es sich bei den Kriterien nicht um Bedingungen, die kumulativ erfüllt sein müssen, damit eine Verarbeitung mit dem Zweck der ursprünglichen Verarbeitung vereinbar ist. Vielmehr handelt es sich um eine „Checkliste" für die erforderliche Evaluierung durch den Verantwortlichen, der dabei die Relevanz der einzelnen Kriterien festzustellen und zu gewichten hat.[283] Das bedeutet aber nicht, dass der Verantwortliche damit einen freien Beurteilungsspielraum hat, ob und inwieweit er eine Prüfung nach diesen Kriterien vornimmt. Auch insoweit muss der Verantwortliche entsprechend seiner Rechenschaftspflicht (Art. 5 Abs. 2, Art. 24 Abs. 1 S. 1) sicherstellen und den Nachweis dafür erbringen, dass er insbesondere die Kriterien des Abs. 4 bei der Abwägung berücksichtigt und nach ihrer Relevanz gewichtet hat.[284] Die Grundsätze der Datenminimierung und Speicherbegrenzung (Art. 5 Abs. 1 Buchst. c und e) erfordern, dass sich auch die Weiterverarbeitung auf die für den kompatiblen Zweck angemessenen und erheblichen Daten und die erforderliche Dauer beschränkt.

2. Weiterverarbeitung auf Grundlage einer Einwilligung. Beruht die beabsichtigte Verarbeitung der Daten für einen anderen Zweck auf der **Einwilligung** der betroffenen Person (Abs. 1 Buchst. a), bedarf es keiner Vereinbarkeitsprüfung. Weil die Wirksamkeit einer Einwilligung voraussetzt, dass die betroffene Person mit der Verarbeitung ihrer Daten für einen oder mehrere bestimmte Zwecke einverstanden ist, ist allerdings erforderlich, dass sich ihr Einverständnis mit der Verarbeitung ihrer Daten unmissverständlich auf diese anderen Zwecke bezieht. Eine Einwilligung in die Verarbeitung für die ursprünglichen Zwecke kann nicht in eine Einwilligung für die Verarbeitung für andere Zwecke umgedeutet oder durch eine mutmaßliche Einwilligung ersetzt werden. Soll die Verarbeitung für den neuen Zweck ebenfalls auf eine Einwilligung gestützt werden, muss deshalb für eine Zweckänderung erneut ihre Einwilligung eingeholt werden, sofern die ursprüngliche Einwilligung nicht bereits unmissverständlich auch diese anderen Zwecke umfasst.[285] Ist kein anderer Rechtsgrund einschlägig, kann auch ein positiver Kompatibilitätstest die erforderliche Einwilligung zur Verarbeitung für den neuen Zweck nicht ersetzen.

3. Weiterverarbeitung auf Grundlage einer Rechtsvorschrift. Erfolgt die Verarbeitung für einen anderen Zweck auf der Grundlage einer Rechtsvorschrift der Union oder der Mitgliedstaaten, muss diese Rechtsvorschrift eine in einer demokratischen Gesellschaft notwendige und verhältnismäßige Maßnahme zum Schutz der **in Art. 23 Abs. 1 genannten Ziele** darstellen. Da der Katalog der Rechtsgründe des Abs. 1 abschließend ist, begründet Abs. 4 weder einen zusätzlichen Rechtsgrund, der zu den Erlaubnistatbeständen des Abs. 1 hinzutreten würde, noch können durch den nationalen Gesetzgeber auch für die Weiterverarbeitung weitere Erlaubnistatbestände hinzugefügt werden. Vielmehr folgt aus der **systematischen Einordnung dieser**

---

[282] *Albrecht* CR 2016, 88 (92).
[283] Artikel-29-Datenschutzgruppe, Opinion 3/2013 on purpose limitation (WP 203), S. 27; Gola/Heckmann/*Schulz* DS-GVO Art. 6 Rn. 136.
[284] Vgl. *Dammann* ZD 2016, 307 (312).
[285] Kühling/Buchner/*Buchner/Petri* DS-GVO Art. 6 Rn. 179.

Vorschrift in Art. 6, dass Unionsgesetzgeber und nationale Gesetzgeber an den Anwendungsbereich für zulässige Spezifizierungen an den Rahmen des Abs. 2 und 3 gebunden sind.[286] Die dort geregelte Rechtsetzungsbefugnis basiert jedoch auf den Rechtsgründen des Abs. 1 Buchst. c und e, erstreckt sich also nicht auf die Rechtsgründe des Abs. 1 Buchst. a, b, d und f.[287] Die Bedingungen des Abs. 4 Hs. 1 für die Qualität der Rechtsvorschriften, die die Weiterverarbeitung der Daten für einen anderen Zweck rechtfertigen, ersetzen deshalb nicht die Vorgaben an die nationalen Rechtsvorschriften, sondern treten ergänzend hinzu. Mit dieser systematischen Einordnung ist die gegenteilige Auffassung nicht vereinbar, wonach sich aus Abs. 4 eine nicht auf die beiden Rechtsgründe beschränkte eigene Rechtsetzungsbefugnis ergebe.[288] Zudem setzen die in Art. 23 Abs. 1 genannten Ziele, auf die Abs. 4 Hs. 1 verweist, ebenso wie Abs. 2 S. 4 einen Gemeinwohlbezug voraus, während Individualinteressen bei der Kompatibilitätsprüfung zu berücksichtigen sind.[289] Deshalb kann eine Rechtsvorschrift nur dann die Rechtsgrundlage für die Verarbeitung für einen anderen Zweck bilden, wenn die neue Verarbeitung erforderlich ist zur Erfüllung einer rechtlichen Verpflichtung, der Wahrnehmung von Aufgaben im öffentlichen Interesse oder der Ausübung öffentlicher Gewalt und die Rechtsvorschrift der Union oder der Mitgliedstaaten eine in einer demokratischen Gesellschaft notwendige und verhältnismäßige Maßnahme zum Schutz der in Art. 23 Abs. 1 genannten Ziele darstellt. Die Bedingung der Verhältnismäßigkeit erfordert auch in diesem Zusammenhang die Beachtung des Grundsatzes der Datenminimierung nach Art. 5 Abs. 1 Buchst. c, wonach die personenbezogenen Daten dem Zweck angemessen und erheblich sowie auf für die Zwecke der Verarbeitung notwendige Maß beschränkt sein müssen.[290] Dementsprechend bestimmt die Regelung im KI-Gesetz (→ Einl. Rn. 140) für die Weiterverarbeitung personenbezogener Daten zur Entwicklung von Systemen **künstlicher Intelligenz,**[291] dass rechtmäßig für andere Zwecke erhobene personenbezogene Daten für die Zwecke der Entwicklung und der Erprobung bestimmter innovativer KI-Systeme im Reallabor nur zur Wahrung eines erheblichen öffentlichen Interesses für die dort genannten Zwecke verarbeitet werden dürfen.[292]

74   **4. Weiterverarbeitung für privilegierte Zwecke.** Für die in Art. 5 Abs. 1 Buchst. b genannten **privilegierten Zwecke** stellt die DS-GVO auf die Vermutung ab, dass eine Weitervereinbarung für im öffentlichen Interesse liegende Archivzwecke, für wissenschaftliche oder historische Forschungszwecke oder für statistische Zwecke nach Maßgabe des Art. 89 Abs. 1 nicht als unvereinbar mit den ursprünglichen Zwecken gilt. Ungeachtet der negativen Formulierung „nicht als unvereinbar", geht Erwägungsgrund 50 davon aus, dass sich aus dieser Vermutung auch positiv die Vereinbarkeit mit den ursprünglichen Zwecken ergeben kann.[293] Für die Zulässigkeit der Verarbeitung kommt es nicht nur darauf an, dass diese für einen der privilegierten Zwecke erfolgt und die Datenerhebung auf einen der Rechtsgründe des Art. 6 Abs. 1 gestützt ist, sondern dass auch die Garantien des Art. 89 Abs. 1 eingehalten sind. Da die Verweisung in Art. 5 Abs. 1 Buchst. b auf Art. 89 Abs. 1 als Bedingung zu verstehen ist, deren Nichterfüllung die Privilegierung entfallen lässt, bedarf es auch bei einer Weiterverarbeitung für diese Zwecke insoweit eines Rückgriffs auf dieses Kriterium des Kompatibilitätstests, um gemäß Art. 6 Abs. 4 Buchst. e das Vorliegen der nach Art. 89 Abs. 1 erforderlichen Garantien festzustellen (→ Rn. 81).

---

[286] BVerwG Urt. v. 27.9.2018 – 7 C 5.17, ZD 2019, 231 Rn. 27 mAnm *Will*; Simitis/Hornung/Spiecker gen. Döhmann/*Albrecht* Art. 6 Einf. Rn. 2; Kühling/Buchner/*Buchner/Petri* DS-GVO Art. 6 Rn. 183, 200; HK-DS-GVO/*Reimer* Art. 6 Rn. 47.

[287] Ebenso BVerwG Urt. v. 27.9.2018 – 7 C 5.17, ZD 2019, 231 Rn. 26 mAnm *Will*; aA Simitis/Hornung/Spiecker gen. Döhmann/*Roßnagel* DS-GVO Art. 6 Abs. 4 Rn. 19; *Culik/Döpke* ZD 2017, 226 (229).

[288] So jedoch BGH Beschl. v. 24.9.2019 – VI ZB 39/18, Rn. 35 ff.; dazu krit. Kühling/Buchner/*Buchner/Petri* DS-GVO Art. 6 Rn. 200.

[289] Kühling/Buchner/*Buchner/Petri* DS-GVO Art. 6 Rn. 200.

[290] EuGH Urt. v. 2.3.2023 – C-268/21, ECLI:EU:C:2023:145 = ZD 2023, 397 Rn. 54 = BeckRS 2023, 2998 – Norra Stockholm Bygg AB.

[291] Art. 54 Abs. 1 Buchst. a des Vorschlags für eine Verordnung des Europäischen Parlaments und des Rates zur Festlegung harmonisierter Vorschriften für künstliche Intelligenz (Gesetz über künstliche Intelligenz) und zur Änderung bestimmter Rechtsakte der Union, COM(2021) 206 final.

[292] Dazu Hilgendorf/Roth-Isigkeit KI-VO/*Voß* § 9 Rn. 28; krit. Europäischer Datenschutzausschuss/ Europäischer Datenschutzbeauftragter, Gemeinsame Stellungnahme 5/2021, Rn. 64.

[293] Erwägungsgrund 50 S. 4.

5. Kriterien für die Vereinbarkeitsprüfung. a) Verbindung zwischen den Zwecken **75**
(Buchst. a). Für das Kriterium der Verbindung zwischen den Zwecken, für die Daten erhoben wurden und zu den **Zwecken der beabsichtigten Weiterverarbeitung** kommt es maßgeblich auf den tatsächlichen Zusammenhang zwischen diesen Zwecken an. Regelmäßig ist davon auszugehen, dass mit der Distanz des neuen Zwecks von den Zwecken der ursprünglichen Verarbeitung auch die Problematik der Feststellung der Kompatibilität wächst.[294] Wenn die Weiterverarbeitung ein logischer nächster Schritt in Bezug auf den ursprünglichen Zweck ist, spricht dies eher für eine Vereinbarkeit als in den Fällen, in denen nur eine lose Verbindung zwischen diesen Zwecken besteht, wie beispielsweise bei der Nutzung einer Video-Überwachung, die für Sicherheitszwecke eingerichtet ist, zur Überwachung des Arbeitsverhaltens von Beschäftigten.[295] An einem solchen engen Zusammenhang fehlt es auch bei der Ausnutzung des wirtschaftlichen Werts von personenbezogenen Daten, die für andere Zwecke gesammelt wurden, wie für die Erstellung von Profilen aus einer Internetsuche oder der Nutzung eines sozialen Netzwerks.[296] Der für die Vereinbarkeit erforderliche Zusammenhang fehlt auch zwischen der Verarbeitung für einen Vertragzweck und dem Hinweis des Verantwortlichen auf etwaige Straftaten des Vertragspartners oder eine von diesem möglicherweise ausgehende Bedrohung der öffentlichen Sicherheit an die zuständigen Behörden. In einem solchen Fall handelt es sich nicht um eine kompatible Weiterverarbeitung, sondern um eine eigenständige Datenverarbeitung für diesen anderen Zweck, die ihre Rechtsgrundlage in einer rechtlichen Verpflichtung oder – worauf Erwägungsgrund 50 S. 9 abstellt – im berechtigten Interesse des Verantwortlichen findet.[297]

b) Zusammenhang der Datenerhebung (Buchst. b). Für die Prüfung des Zusammen- **76**
hangs, in dem die Daten erhoben wurden, ist insbesondere das Verhältnis zwischen den betroffenen Personen und dem Verantwortlichen maßgeblich. Dem **Grundsatz von Treu und Glauben** (Art. 5 Abs. 1 Buchst. a) entspricht es, dass desto eher von einer Unvereinbarkeit der Weiterverarbeitung auszugehen ist, je unerwarteter oder überraschender diese gemessen an der in diesem Zusammenhang allgemein üblichen Praxis im konkreten Umfeld ist.[298] Dementsprechend ist vor allem auf die **vernünftigen Erwartungen** („reasonable expectations") der betroffenen Personen abzustellen, die sich hinsichtlich der weiteren Verwendung ihrer Daten aus der Beziehung zu dem Verantwortlichen ergeben.[299] Dabei kommt es zunächst auf den Zusammenhang an, in dem personenbezogenen Daten für den ursprünglichen Zweck erlangt worden sind. Wurden die personenbezogenen Daten ursprünglich zur Erfüllung einer rechtlichen Verpflichtung erhoben, spricht dies gegen eine Erwartung, dass diese Daten für einen anderen Zweck weiter verarbeitet werden. Maßgeblich ist auch der konkrete Zusammenhang der Beziehung und das Maß an Abhängigkeit der betroffenen Person zu dem Verantwortlichen, etwa im Verhältnis zwischen Kunden und Verkäufer oder zwischen Arbeitgeber und Beschäftigten. Beispiele für einen fehlenden Zusammenhang sind die Nutzung einer Sicherheitsüberwachung für die Kontrolle der Beschäftigten bei ihrer Tätigkeit am Arbeitsplatz, die Erstellung von Kundenprofilen auf Grund des Einkaufsverhaltens oder die Nutzung privater Fotos in einem sozialen Netzwerk für Werbezwecke.[300] Umgekehrt liegt es bei dem erforderlichen objektiven Beurteilungsmaßstab nicht außerhalb der vernünftigen Erwartungen der betroffenen Personen, wenn deren zur Erfüllung eines Vertrags erhobenen personenbezogenen Daten zur Durchsetzung der Interessen des Forderungsgläubigers an einen Anwalt oder ein Inkassobüro übermittelt werden.[301] Mit den Erwartungen der betroffenen Personen kann auch die Einrichtung einer parallelen Datenbank in Einklang stehen, um zum Beispiel Fehler in Bezug auf eine Dienstleistung zu beheben.[302]

Besonders schutzwürdig sind die vernünftigen Erwartungen der betroffenen Person, wenn **77**
der Verantwortliche insbesondere als Arzt oder Rechtsanwalt einer beruflichen Geheimhaltungspflicht in Bezug auf die personenbezogenen Daten seines Patienten oder Mandanten unter-

---

[294] Artikel-29-Datenschutzgruppe, Opinion 3/2013 on purpose limitation (WP 203), S. 24.
[295] Artikel-29-Datenschutzgruppe, Opinion 3/2013 on purpose limitation (WP 203), S. 23 f. und 56.
[296] Simitis/Hornung/Spiecker gen. Döhmann/Roßnagel DS-GVO Art. 6 Abs. 4 Rn. 38.
[297] Kühling/Martini DS-GVO S. 41 f.
[298] Artikel-29-Datenschutzgruppe, Opinion 3/2013 on purpose limitation (WP 203), S. 24 f.
[299] Erwägungsgrund 50 S. 6.
[300] Artikel-29-Datenschutzgruppe, Opinion 3/2013 on purpose limitation (WP 203), S. 56, 60 f.
[301] Gierschmann/Schlender/Stentzel/Veil/Assion/Nolte/Veil DS-GVO Art. 6 Rn. 238.
[302] EuGH Urt. v. 20.10.2022 – C-77/21, ECLI:EU:C:2022:805 = ZD 2023, 31 Rn. 44 – Digi.

liegt.³⁰³ Einer besonders sorgfältigen Prüfung bedarf es auch, wenn die Weiterverarbeitung nicht durch denselben Verantwortlichen, sondern durch einen anderen Verantwortlichen wahrgenommen wird, an den die Daten weitergegeben werden. Im Regelfall wird eine Weiterverarbeitung durch eine andere Person nicht von den vernünftigen Erwartungen der betroffenen Person umfasst und deshalb auch nicht mit den ursprünglichen Zwecken der Verarbeitung vereinbar sein. Mit dem Bestreben, für die Vereinbarkeit ausdrücklich die Weiterverarbeitung durch denselben Verantwortlichen vorauszusetzen, hatte sich Österreich in den Verhandlungen über die DS-GVO im Rat allerdings nicht durchsetzen können.³⁰⁴

78 **c) Art der personenbezogenen Daten (Buchst. c).** Besondere Berücksichtigung muss bei der Vereinbarkeitsprüfung auch die Schutzwürdigkeit der betreffenden Daten finden. Dies schließt diese zwar nicht von vornherein die Verarbeitung **besonderer Kategorien personenbezogener Daten** (Art. 9 Abs. 1) und personenbezogene Daten über strafrechtliche Verurteilungen und Straftaten (Art. 10) für andere Zwecke aus. Jedoch bedarf es dann für die Annahme der Vereinbarkeit mit dem neuen Zweck einer besonders sorgfältigen Prüfung des Zusammenhangs mit dem ursprünglichen Zweck und den vernünftigen Erwartungen der betroffenen Personen sowie den erforderlichen Schutzgarantien, die der besonderen Sensibilität dieser Daten Rechnung tragen. Zu den in der DS-GVO niedergelegten Grundsätzen, die auch für die Weiterverarbeitung in jedem Fall Anwendung finden,³⁰⁵ gehören auch die besonderen Anforderungen an den Schutz solcher sensibler Daten. Dies gilt insbesondere für das Erfordernis, dass auch für eine kompatible Weiterverarbeitung einer der Ausnahmetatbestände des Art. 9 Abs. 2 vorliegen muss, sofern nicht ohnehin eine ausdrückliche Einwilligung oder Rechtsvorschrift erforderlich ist.

79 **d) Folgen der Weiterverarbeitung (Buchst. d).** Entsprechend dem **risikobasierten Ansatz** hat der Verantwortliche bei der Abschätzung der Folgen der beabsichtigten Verarbeitung für die betroffene Person insbesondere zu berücksichtigen, welche Risiken mit der beabsichtigten Verarbeitung für den anderen Zweck verbunden sind, sowie deren Eintrittswahrscheinlichkeit und Schwere für die Rechte und Freiheiten der betroffenen Person (Art. 24 Abs. 1 S. 1). Zu diesen Risiken gehören insbesondere Identitätsdiebstahl, finanzieller Verlust und andere erhebliche wirtschaftliche oder gesellschaftliche Nachteile. Dies gilt vor allem, wenn die Daten einem größeren Personenkreis zugänglich gemacht oder veröffentlicht werden, sensible Daten beinhalten oder einer Profilbildung dienen, insbesondere wenn dies für die betroffenen Personen bei der Datenerhebung nicht vorhersehbar war und deren Beobachtung und möglicherweise auch Diskriminierung und Rufschädigung zur Folge haben kann.³⁰⁶ Aber auch dann, wenn die möglichen Folgen der beabsichtigten Weiterverarbeitung für die betroffenen Personen nicht notwendig negativer Art sind, ist die Vereinbarkeit mit dem ursprünglichen Zweck zu prüfen. So ist die Weitergabe von personenbezogenen Daten von Schülern und deren Eltern durch eine Schule an eine Organisation, die Aufklärungskampagnen zum sicheren Umgang mit dem Internet durchführt, nicht mit dem Zweck der Erhebung dieser Daten für den Schulbesuch vereinbar und bedarf deshalb einer Einwilligung.³⁰⁷ Da bei der Anwendung neuer Technologien wie künstlicher Intelligenz die Weiterverarbeitung der für die ursprünglichen Zwecke erhobenen Daten von der betroffenen Person kaum gesteuert werden kann,³⁰⁸ ist umso mehr eine strikte Bindung an die bei der Entwicklung festgelegten Zwecke notwendig.³⁰⁹ Andererseits erscheint die Schutzwürdigkeit der betroffenen Personen gering, wenn sich aus dem Zusammenhang der Datenerhebung hinreichende Hinweise auf Straftaten oder Bedrohungen der öffentlichen Sicherheit ergeben und dem keine Geheimhaltungspflichten entgegenstehen.³¹⁰

80 **e) Geeignete Garantien (Buchst. e).** Geeignete Garantien dienen als Schutzmaßnahmen dazu, die Zweckänderung mit den Interessen und dem Schutz der betroffenen Person in Einklang bringen. Dies erfordert, dass der Verantwortliche dem mit der Verarbeitung verbundenen Risiko angemessene organisatorische und technische Maßnahmen trifft, die in der konkreten

---

³⁰³ Vgl. Erwägungsgrund 50 S. 10.
³⁰⁴ Dazu Knyrim/*Kastelitz* DS-GVO S. 99, 103.
³⁰⁵ Erwägungsgrund 50 S. 8.
³⁰⁶ Erwägungsgrund 75.
³⁰⁷ Artikel-29-Datenschutzgruppe, Opinion 3/2013 on purpose limitation (WP 203), S. 59.
³⁰⁸ Simitis/Hornung/Spiecker gen. Döhmann/*Roßnagel* DS-GVO Art. 6 Abs. 4 Rn. 58.
³⁰⁹ Dazu *Conrad* DuD 2017, 740 (743).
³¹⁰ Erwägungsgrund 50 S. 9 und 10.

Verarbeitungssituation den effektiven Schutz der betroffenen Person gewährleisten (Art. 24 Abs. 1 S. 1). Die Vorschrift hebt als solche Maßnahmen insbesondere die **Verschlüsselung und Pseudonymisierung** hervor. Auch bei der Anwendung solcher Verarbeitungstechniken handelt es sich weiter um die Verarbeitung personenbezogener Daten[311] mit der Folge, dass auch für die mit diesen Schutzmaßnahmen durchgeführte Verarbeitung in jedem Fall die Grundsätze der DS-GVO gelten[312] Die Schutzmaßnahmen müssen geeignet sein, insbesondere die Grundsätze der Datenminimierung Speicherminimierung und Integrität und Vertraulichkeit (Art. 5 Abs. 1 Buchst. c, e und f), zur Wirksamkeit zu verhelfen und den Anforderungen des Datenschutzes durch Technikgestaltung und datenschutzfreundliche Voreinstellungen (Art. 25) sowie der Datensicherheit (Art. 32) genügen. Dazu können auch solche Maßnahmen gehören wie im Gerichtsverfahren die Beschränkung des Zugangs der Öffentlichkeit zu Akten oder eine Anordnung an die Parteien, die ihnen zugänglich gemachten Daten ausschließlich zur Beweisführung in dem entsprechenden Gerichtsverfahren zu verwenden.[313] Zu beachten ist auch, ob Geheimhaltungspflichten eingreifen, die die Weiterverarbeitung unzulässig machen.[314] Die Rechenschaftspflicht (Art. 5 Abs. 2) erfordert von dem Verantwortlichen, dass er die Schutzwirkung der von ihm getroffenen technischen und organisatorischen Maßnahmen beurteilt und in der Lage ist, diese nachzuweisen.[315]

Hinsichtlich der Weiterverarbeitung für im öffentlichen Interesse liegenden Archivzwecke sowie für wissenschaftliche oder historische Forschungszwecke oder statistische Zwecke ist zu beachten, dass die Vermutung für eine Vereinbarkeit dieser Zwecke mit den ursprünglichen Zwecken von dem Vorliegen geeigneter **Garantien im Sinne des Art. 89 Abs. 1** abhängig ist, wie sich aus dem Verweis auf diese Vorschrift in Art. 5 Abs. 1 Buchst. b und e ergibt (→ Art. 5 Rn. 24 und 35). Diese Garantien müssen sicherstellen, dass technische und organisatorische Maßnahmen bestehen, die insbesondere dem Grundsatz der Datenminimierung Rechnung tragen. Welche Maßnahmen im Einzelnen geeignet sind, hängt vor allem davon ab, in welcher Weise die Daten welchem Personenkreis zugänglich sind.[316]

6. Transparenz der Weiterverarbeitung. Erwägungsgrund 50 S. 8 hebt hervor, dass zu den in der DS-GVO niedergelegten Grundsätzen, die auch bei einer Verarbeitung personenbezogener Daten für andere Zwecke in jedem Fall anzuwenden sind, insbesondere die **Unterrichtung der betroffenen Person** über diese anderen Zwecke und ihre Rechte einschließlich des Widerspruchsrechts gehört. Diesen Anforderungen des Transparenzgrundsatzes (Art. 5 Abs. 1 Buchst. a) entspricht die Verpflichtung des Verantwortlichen, über die weiteren in Art. 13 Abs. 1 und 2 und Art. 14 Abs. 1 und 2 festgelegten Informationspflichten hinaus die betroffene Person vor der von ihm beabsichtigten Weiterverarbeitung für einen anderen Zweck auch über diesen anderen Zweck zu informieren und ihr alle anderen maßgeblichen Informationen zu geben, die für die Gewährleistung einer fairen und transparenten Verarbeitung notwendig sind (Art. 13 Abs. 3 und Art. 14 Abs. 4). Wird die Verarbeitung für den neuen Zweck auf eine andere Rechtsgrundlage als die Einwilligung oder eine Rechtsvorschrift gestützt, sollte dies auch eine Erläuterung beinhalten, warum die Vereinbarkeit für den anderen Zweck mit den ursprünglichen Zwecken, für die Daten erhoben worden sind, vereinbar ist.[317]

C. Rechtsschutz

Für den gerichtlichen **Rechtsschutz der betroffenen Personen** ergibt sich bei einer Verletzung der Anforderungen an die Rechtmäßigkeit der Datenverarbeitung eine subjektive Rechtsposition unmittelbar aus Art. 8 Abs. 1 iVm Abs. 2 GRCh, die ausdrücklich eine Einwilligung oder eine sonstige gesetzlich festgelegte legitime Grundlage als Rechtsgrundlage für die Datenverarbeitung erfordert.[318] Gegen eine ihrer Auffassung nach nicht durch einen der Rechts-

---

[311] Vgl. die Begriffsbestimmung von Pseudonymisierung in Art. 4 Nr. 5.
[312] Erwägungsgrund 50 S. 8.
[313] EuGH Urt. v. 2.3.2023 – C-268/21, ECLI:EU:C:2023:145 = ZD 2023, 397 Rn. 56 – Norra Stockholm Bygg AB.
[314] Erwägungsgrund 50 S. 10.
[315] Vgl. *Dammann* ZD 2016, 307 (314).
[316] Dazu Artikel-29-Datenschutzgruppe, Opinion 3/2013 on purpose limitation (WP 20), S. 28 ff.
[317] Artikel-29-Datenschutzgruppe, Leitlinien für Transparenz (WP 260rev.01) Rn. 47.
[318] Calliess/Ruffert/*Kingreen* GRCh Art. 8 Rn. 12; *Jarass* GRCh Art. 8 Rn. 2; Taeger/Gabel/*Taeger* DS-GVO Art. 6 Rn. 185.

gründe des Art. 6 Abs. 1 gedeckte unrechtmäßige Verarbeitung ihrer personenbezogenen Daten kann die betroffene Person einen Anspruch auf Löschung ihrer Daten gemäß Art. 17 Abs. 1 Buchst. d und gegebenenfalls auch auf Schadensersatz gegen den Verantwortlichen oder Auftragsverarbeiter (Art. 82) vor dem zuständigen Gericht des Mitgliedstaats geltend machen, in dem der Verantwortliche oder Auftragsverarbeiter seine Niederlassung hat (Art. 79 Abs. 2 S. 1). Befindet sich die Niederlassung in einem anderen Mitgliedstaat, kann die betroffene Person gemäß Art. 79 Abs. 2 S. 2 die Klage auch vor den Gerichten in ihrem eigenen Mitgliedstaat erheben, sofern der Beklagte nicht eine Behörde in einem anderen Mitgliedstaat ist, die in hoheitlicher Funktion die Daten verarbeitet. In Deutschland kann dementsprechend die Klage bei dem Gericht des Ortes erhoben werden, an dem sich eine Niederlassung befindet oder an dem die betroffene Person ihren gewöhnlichen Aufenthaltsort hat, sofern keine Behörde hoheitlich tätig geworden ist.[319]

84 Ergreift die Aufsichtsbehörde Maßnahmen nach Art. 58 gegen den Verantwortlichen wegen Verletzung von Anforderungen des Art. 6, ist dieser nach Art. 78 Abs. 1 als Adressat der Maßnahme befugt, **Klage gegen die Aufsichtsbehörde** erheben. Für diese Klagen sind gemäß Art. 78 Abs. 3 die Gerichte des Mitgliedstaates zuständig, in dem die Aufsichtsbehörde ihren Sitz hat. In Deutschland ist für eine Klage gegen die Verwaltungsakte der Aufsichtsbehörde das Verwaltungsgericht zuständig, in dessen Gerichtsbezirk sich die Behörde befindet.[320] In Österreich ist für Klagen gegen Maßnahmen der Aufsichtsbehörde das Bundesverwaltungsgericht zuständig.[321] Bei Rechtsstreitigkeiten in Bezug auf die Anwendung von präzisierenden Vorschriften im nationalen Recht haben die nationalen Gerichte am Maßstab der DS-GVO zu prüfen, ob sich diese Vorschriften in dem durch Abs. 2 und 3 festgelegten Rahmen halten. Der gerichtliche Rechtsschutz erfasst auch Rechtsbehelfe gegen die Verhängung einer Geldbuße wegen eines Verstoßes gegen Art. 6, deren Höhe gemäß Art. 83 Abs. 5 Buchst. a bis zu 20 Mio. EUR bzw. im Falle eines Unternehmens von bis zu 4 Prozent seines gesamten weltweit erzielten Jahresumsatzes des vorangegangenen Geschäftsjahres betragen kann.[322]

85 Überschreiten die Mitgliedstaaten den ihnen durch Art. 6 Abs. 2 und 3 eingeräumten Rechtsetzungsspielraum oder steht die nationale Rechtsetzung nicht im Einklang mit den Anforderungen dieser Vorschriften, kann die Kommission – worauf sie auch im Rahmen ihrer ersten Evaluierung der DS-GVO hingewiesen hat – ein **Vertragsverletzungsverfahren** gemäß Art. 258 AEUV gegen den betreffenden Mitgliedstaat einleiten.[323]

D. Nationale Durchführung

I. Nationale Vorschriften in Deutschland

86 **1. Der Regelungsansatz des BDSG.** Das seit 25.5.2018 geltende **Bundesdatenschutzgesetz** (BDSG) in der Fassung des Art. 1 des Datenschutz-Anpassungs- und -Umsetzungsgesetzes (DSAnpUG-EU)[324] beschränkt sich nicht auf die Ausfüllung der Spezifizierungsklauseln der DS-GVO, sondern enthält neben Durchführungsbestimmungen für Verarbeitungen unter der DS-GVO (Teil 2) Bestimmungen für Verarbeitungen unter der Richtlinie (EU) 2016/680 (Teil 3) und besondere Bestimmungen für Verarbeitungen, die nicht in den Anwendungsbereich dieser beiden Rechtsinstrumente fallen (Teil 4). Teil 1 des Gesetzes regelt Gemeinsame Bestimmungen, die für den gesamten Anwendungsbereich des BDSG gelten, also sowohl für die Spezifizierung der Anwendung von Vorschriften der DS-GVO wie auch für nationale Regeln zur Umsetzung der Richtlinie oder außerhalb des Unionsrechts.[325] Diese Vermengung der Spezifizierung von Regeln der DS-GVO und der Umsetzung der Richtlinie (EU) 2016/680 sowie der Geltung außerhalb des Anwendungsbereichs der beiden Rechtsinstrumente führt

---

[319] § 44 Abs. 1 und 2 BDSG.
[320] § 20 Abs. 1 bis 3 BDSG.
[321] § 27 Abs. 1 DSG.
[322] Zur Gerichtszuständigkeit in Deutschland § 68 OWiG sowie § 41 Abs. 1 S. 3 BDSG.
[323] COM(2021) 264 final, 19; ebenso Mitteilung v. 24.1.2018 COM(2018) 43 final, 10 f.
[324] Art. 1 des Gesetzes zur Anpassung des Datenschutzrechts an die Verordnung (EU) 2016/679 und zur Umsetzung der Richtlinie (EU) 2016/680 (Datenschutz-Anpassungs- und -Umsetzungsgesetz EU – DS AnpUG-EU) v. 30.6.2017 (BGBl. 2017 I 2097), zuletzt geändert durch Gesetz v. 22.12.2023 (BGBl. 2023 I Nr. 414).
[325] Vgl. zum Aufbau des Gesetzes *Kühling* NJW 2017, 1985 (1986 f.); krit. *Ehmann* ZD-Aktuell 2016, 04216.

teilweise zu **Unklarheiten über den unionsrechtlichen Geltungsgrund** und zu inhaltsgleichen und wörtlichen Wiederholungen des Verordnungstextes, die weder zur Kohärenz der Vorschriften beitragen noch sich auf eine punktuelle Wiederholung beschränken (→ Rn. 67). Die Gesetzesbegründung verweist darauf, dass dies dem „komplexen Mehrebenensystem geschuldet" sei, das sich aus dem Zusammenspiel zwischen der DS-GVO, der Richtlinie (EU) 2016/680 sowie dem nationalen Recht ergebe.[326] Zu dieser Komplexität trägt jedoch der grundsätzliche Aufbau des nationalen Gesetzes selbst wesentlich bei.[327] Dies führt dazu, dass die unmittelbare Geltung der DS-GVO und ihr Anwendungsvorrang nicht eindeutig zum Ausdruck kommen. Auch in § 1 Abs. 5 BDSG, wonach die nationalen Vorschriften nur dann keine Anwendung finden, „soweit das Recht der Europäischen Union, im Besonderen die Verordnung (EU) 2016/679 in der jeweils geltenden Fassung, unmittelbar gilt", kommt der Anwendungsvorrang nur verklausuliert zum Ausdruck.

2. Spezifizierungen der Rechtsgründe. § 26 BDSG über die Datenverarbeitung **für Zwecke des Beschäftigungsverhältnisses,** der nach der Intention des Gesetzgebers die Umsetzung der fakultativen Spezifizierungsklausel des Art. 88 Abs. 1 für spezifischere Vorschriften im Beschäftigungskontext bezwecken sollte,[328] ist in mehrfacher Hinsicht unionsrechtlich problematisch. Die Formulierung des § 26 Abs. 1 BDSG erweckt den Eindruck eines eigenständigen Rechtsgrunds für die Datenverarbeitung für die Zwecke der Begründung, Durchführung oder Beendigung des Beschäftigungsverhältnisses sowie für die Ausübung oder Erfüllung der Rechte und Pflichten der Interessenvertretung der Beschäftigten. Die abschließende Regelung der Rechtsgründe für die Rechtmäßigkeit Datenverarbeitung in Art. 6 Abs. 1 lässt jedoch **nicht die Schaffung eines zusätzlichen Rechtsgrunds** für die Datenverarbeitung zu (→ Rn. 5), sondern verlangt, dass eine Verarbeitung personenbezogener Daten unter einen der Rechtsgründe des Art. 6 Abs. 1 subsumierbar ist.[329] Vor allem aber entspricht die nationale Vorschrift nicht den Anforderungen des Art. 88 Abs. 2 DS-GVO, der dem Ermessen der Mitgliedstaaten einen Rahmen für den Erlass „spezifischerer Vorschriften" nach Art. 88 Abs. 1 DS-GVO setzt. § 26 Abs. 1 BDSG wiederholt lediglich den Wortlaut des Verordnungstextes, **ohne „geeignete und besonderen Maßnahmen"** iSd Art. 88 Abs. 2 DS-GVO hinzuzufügen und sich dadurch von den allgemeinen Regeln der DS-GVO zu unterscheiden.[330] Die Wiederholung lediglich der in Art. 6 genannten Bedingungen und – in § 26 Abs. 5 BDSG – der Verweis auf die Grundsätze des Art. 5 erfüllen nicht die Voraussetzung „spezifischerer Vorschriften"[331]. Zwar sind Spezifizierungen von Elementen der Einwilligung, die – wie Erwägungsgrund 155 belegt – nach Art. 88 DS-GVO zulässig, jedoch enthält § 26 Abs. 2 BDSG neben der Erweiterung des ursprünglich normierten grundsätzlichen Schriftformerfordernisses um die elektronische Abgabe[332] Vorgaben, die sich bereits aus dem Tatbestandsmerkmal der Freiwilligkeit der Einwilligung (→ Rn. 14) und den Informationspflichten des Verantwortlichen ergeben.[333]

Nach **§ 3 BDSG** ist die Verarbeitung personenbezogener Daten durch eine öffentliche Stelle zulässig, wenn sie erforderlich ist zur Erfüllung der in der Zuständigkeit des Verantwortlichen liegenden Aufgabe oder in Ausübung öffentlicher Gewalt, die dem Verantwortlichen übertragen wurde. Damit legt diese Vorschrift selbst noch nicht die Aufgaben der öffentlichen Stelle fest, zu deren Erfüllung die Verarbeitung erforderlich ist, sondern wiederholt inhaltlich lediglich Art. 6 Abs. 1 Buchst. e, ohne eine Aufgabe der betraut öffentliche Stelle festzulegen. Entgegen der Gesetzesbegründung bedarf es als Rechtsgrundlage für die Verarbeitung durch die öffentliche Stelle deshalb noch einer Rechtsgrundlage im nationalen Recht gemäß Art. 6 Abs. 3 S. 1, die die **Aufgaben der jeweiligen öffentlichen Stellen** festlegt.[334] Dabei muss eine spezi-

---

[326] BT-Drs. 18/11325, 80.
[327] Dazu Kühling/Buchner/*Kühling/Raab* DS-GVO Einf. Rn. 124.
[328] BT-Drs. 18/11325, 96.
[329] EuGH Urt. v. 30.3.2023 – C-34/21, ECLI:EU:C:2023:270 = ZD 2023, 391 Rn. 70 mAnm *Schild* – Hauptpersonalrat.
[330] EuGH Urt. v. 30.3.2023 – C-34/21, ECLI:EU:C:2023:270 = BeckRS 2023, 5635 Rn. 81 – Hauptpersonalrat, zu dem mit § 26 Abs. 1 BDSG gleichlautenden § 23 Abs. 1 HessDSIG.
[331] EuGH Urt. v. 30.3.2023 – C-34/21, ECLI:EU:C:2023:270 = ZD 2023, 391 Rn. 71 mAnm *Schild* – Hauptpersonalrat; Auernhammer/*Meder* BDSG § 26 Rn. 77 ff.
[332] § 26 Abs. 2 S. 3 BDSG idF v. Art. 10 des Gesetzes v. 23.6.2021 (BGBl. 2021 I 1858; 2022 I 1054).
[333] Dazu Kühling/Buchner/*Maschmann* BDSG § 26 Rn. 63 f.; Paal/Pauly/*Gräber/Nolden* BDSG § 26 Rn. 26 ff.
[334] Die Gesetzesbegründung geht demgegenüber unzutreffend davon aus, dass bereits § 3 BDSG dem Regelungsauftrag des Art. 6 Abs. 3 S. 1 DS-GVO nachkomme (BT-Drs. 18/11325, 81).

fische Rechtsgrundlage umso präziser die Regelungen nach Art. 6 Abs. 3 S. 2 und 3 festlegen, „je grundrechtsintensiver eine Datenverarbeitung ist".[335] Da wegen der fehlenden inhaltlichen Präzisierung das Erfordernis einer gesonderten Rechtsgrundlage „nicht durch einen umfassenden Auffangtatbestand überspielt werden" kann,[336] ist § 3 BDSG auch für Verarbeitungen öffentlicher Stellen mit „geringer Eingriffsintensität" keine ausreichende Rechtsgrundlage.[337] Andererseits bedarf es aus unionsrechtlicher Sicht neben der Aufgabenzuweisung an die öffentliche Stelle auch keiner Befugnisnorm, die sich ausdrücklich auf die Verarbeitung personenbezogener Daten erstreckt, die für die Verwaltung und das Funktionieren von Behörden und öffentlichen Stellen erforderlich ist (→ Rn. 63), wie die die Wahrnehmung des Hausrechts und die Führung von Besucherlisten.[338]

89 **§ 4 BDSG,** der § 6b der bis zum 25.5.2018 geltenden Fassung des BDSG entspricht,[339] erklärt in Abs. 1 S. 1 die **Video-Überwachung öffentlich zugänglicher Räume** unter den Voraussetzungen der Nr. 1 bis 3 für zulässig. Nr. 1 verweist auf die „Aufgabenerfüllung öffentlicher Stellen", ohne selbst diesen Aufgaben zu präzisieren und erfordert damit gemäß Art. 6 Abs. 1 Buchst. e iVm Abs. 3 S. 1 als Rechtsgrundlage für die Verarbeitung der durch die Video-Überwachung erhobenen Daten eine fachgesetzliche Aufgabenzuweisung an die betreffenden öffentlichen Stellen.[340] § 4 Abs. 1 S. 1 Nr. 2 und 3 BDSG erklärt die Video-Überwachung für die Wahrnehmung des Hausrechts bzw. für die Wahrung berechtigter Interessen für zulässig, ohne sich dabei auf den Zusammenhang mit einer öffentlichen Aufgabe oder auf öffentliche Stellen zu beschränken.[341] Da die Verarbeitung für private Zwecke von der Spezifizierungsbefugnis des Art. 6 Abs. 2 und Abs. 3 DS-GVO nicht gedeckt wird[342], ist für die Video-Überwachung für private Zwecke der Rechtsgrund der **Wahrung berechtigter Interessen** in Art. 6 Abs. 1 Buchst. f einschlägig (→ Rn. 41). Da dieser Rechtsgrund keine Präzisierung durch den nationalen Gesetzgeber zulässt, können sich nicht-öffentliche Stellen nicht auf § 4 BDSG stützen.[343] Die Anwendung des § 4 Abs. 1 S. 1 Nr. 3 BDSG auf eine von Behörden in Erfüllung ihrer Aufgaben vorgenommene Video-Überwachung scheidet schon wegen Art. 6 Abs. 1 S. 2 DS-GVO aus.

90 **3. Verarbeitung zu anderen Zwecken.** §§ 23, 24 und 25 BDSG bezwecken die Normierung von Rechtsvorschriften im Sinne des Art. 6 Abs. 4 DS-GVO.[344] Jedoch wird die von Art. 6 Abs. 3 S. 1 Buchst. b vorausgesetzte Rechtsgrundlage auch durch diese Vorschriften nicht geschaffen. **§ 23 Abs. 1 BDSG** erklärt für die dort genannten sechs Tatbestände die **Verarbeitung zu anderen Zwecken** durch öffentliche Stellen im Rahmen ihrer Aufgabenerfüllung für zulässig und knüpft damit an den Rechtsgrund des Art. 6 Abs. 1 Buchst. e DS-GVO an. Die in § 23 Abs. 1 Nr. 3 bis 6 BDSG genannten Voraussetzungen für eine zweckändernde Verarbeitung orientieren sich zwar teilweise an in Art. 23 Abs. 1 genannten Zielen, ohne diese allerdings zu spezifizieren und näher zu bestimmen oder deutlich zu machen, dass die darauf gestützte Verarbeitung dem Grundsatz der Verhältnismäßigkeit in Bezug auf diese Zielsetzungen genügen muss.[345] § 23 Abs. 1 Nr. 1 BDSG ist schon mit dem Rekurs auf eine **mutmaßliche Einwilligung** der betroffenen Person unvereinbar mit dem Erfordernis einer unmissverständlich

---

[335] *Eickelpasch* RDV 2017, 219.
[336] BVerwG Urt. v. 27.9.2018 – 7 C 5.17, ZD 2019, 231 Rn. 26 mAnm *Will*.
[337] Paal/Pauly/*Frenzel* BDSG § 3 Rn. 2, 4, 10; BeckOK DatenschutzR/*Wolff* BDSG § 3 Rn. 6 und 6.1; aA *Greve* NVwZ 2017, 737 (738); Kühling/Buchner/*Petri* BDSG § 3 Rn. 9.
[338] Hingegen geht das BMI bei der Evaluierung des DSAnpUG-EU, S. 20, davon aus, dass das Notieren von Name, Adresse und Geburtsdatum beim Einlass von Besuchern ein praktischer Anwendungsfall des § 3 BDSG sei.
[339] Dazu *Ziebarth* ZD 2017, 467 (467 ff.).
[340] *Kühling* NJW 2017, 1985 (1987); *Ziebarth* ZD 2017, 467 (469).
[341] Kühling/Buchner/*Buchner* BDSG § 4 Rn. 3.
[342] *Lachenmann* ZD 2017, 407 (410); *Kühling* NJW 2017, 1985 (1987); aA Schantz/Wolff/*Wolff* Neues DatenschutzR Rn. 683.
[343] BVerwG Urt. v. 27.3.2019 – 6 C 2.18, ZD 2019, 372 Rn. 44 ff. mAnm *Lachenmann* ZD 2019, 374; Kühling/Buchner/*Buchner* BDSG § 4 Rn. 3 f., 11 f.; Paal/Pauly/*Frenzel* BDSG § 4 Rn. 5; Auernhammer/*Kramer* BDSG § 4 Rn. 6. Auch das BMI, Evaluierung des DSAnpUG-EU, S. 20, hält es für erforderlich, die rechtlichen Grundlagen der Video-Überwachung durch nicht-öffentliche Stellen im BDSG zu prüfen und ggf. anzupassen.
[344] BT-Drs. 18/11325, 95 f.
[345] Gierschmann/Schlender/Stentzel/Veil/*Assion/Nolte/Veil* DS-GVO Art. 6 Rn. 257; Paal/Pauly/*Frenzel* BDSG § 23 Rn. 2.

Rechtmäßigkeit der Verarbeitung   91–93 **Art. 6**

gegebenen, auf die neuen Zwecke bezogenen Willensbekundung, das durch den nationalen Gesetzgeber nicht umgangen werden darf.[346] § 23 Abs. 1 Nr. 2 BDSG betrifft mit der Überprüfung der Angaben der betroffenen Person eine Annexkompetenz ohne irgendeinen Bezug zu spezifischen Rechtsvorschriften oder Zielen des Art. 23 Abs. 1 DS-GVO.[347] Davon abgesehen ist der Mehrwert dieser Bestimmung schon deshalb fraglich, weil sie – ähnlich wie § 3 BDSG – lediglich eine legislative Zwischenebene zwischen DS-GVO und bereichsspezifischen Regelungen einzieht.[348]

§ 24 BDSG über die **Verarbeitung zu anderen Zwecken durch nicht-öffentliche Stellen** erklärt in Abs. 1 die Weiterverarbeitung durch diese Stellen für zulässig, wenn sie zur Abwehr von Gefahren für die staatliche oder öffentliche Sicherheit oder zur Verfolgung von Straftaten (Nr. 1) oder zur Geltendmachung, Ausübung oder Verteidigung zivilrechtlicher Ansprüche erforderlich ist (Nr. 2). § 24 Abs. 1 Nr. 1 BDSG korrespondiert zwar mit Zielen des Art. 23 Abs. 1 Buchst. a, c und d DS-GVO, stellt aber weder auf den Verhältnismäßigkeitsgrundsatz noch auf eine rechtliche Verpflichtung oder die Übertragung von Befugnissen auf die nicht-öffentliche Stelle ab, wie sie für einen Bezug zu Art. 6 Abs. 1 Buchst. e und damit auch für den von Art. 6 Abs. 4 vorausgesetzten Regelungsspielraum aus Art. 6 Abs. 2 und 3 erforderlich ist (→ Rn. 73). Mit der **Ausdehnung auf den privaten Bereich** wird mit dieser Vorschrift, die die Kompatibilitätsprüfung durch den Verantwortlichen im Einzelfall entbehrlich machen soll, die nationale Rechtsetzungsbefugnis ebenfalls überdehnt.[349]

§ 25 BDSG setzt für die **Datenübermittlung durch öffentliche Stellen** an andere öffentliche Stellen in Abs. 1 S. 1 voraus, dass die Übermittlung nur alternativ für die Aufgabenerfüllung der übermittelnden Stelle oder der Daten empfangenden Stelle und nicht für die der beiden Stellen erforderlich ist. Für die Übermittlung an nicht-öffentliche Stellen bezieht sich § 25 Abs. 2 S. 1 Nr. 1 BDSG ebenfalls nur auf die Aufgaben der übermittelnden Stelle. Die Rechtmäßigkeit der Datenverarbeitung setzt jedoch voraus, dass die Verarbeitung sowohl die übermittelnde Stelle, die die Daten erhoben hat, als auch kumulativ für die Weiterverarbeitung durch die empfangende Stelle auf jeweils einen der Rechtsgründe des Art. 6 Abs. 1 gestützt ist.[350] Umgekehrt stellt § 25 Abs. 2 S. 1 Nr. 2 BDSG alleine auf das berechtigte Interesse des Privaten ab. Abgesehen davon, dass auch insoweit keine Rechtsgrundlage der öffentlichen Stelle für die Datenübermittlung vorausgesetzt wird, schließt Art. 6 Abs. 1 S. 2 DS-GVO die berechtigten Interesses eines Dritten als Rechtsgrundlage für eine Datenübermittlung durch Behörden in Erfüllung ihrer Aufgaben aus.[351] § 25 Abs. 2 S. 1 Nr. 3 BDSG geht mit der Erstreckung auf die Geltendmachung, Ausübung oder Verteidigung rechtlicher Ansprüche über die Beschränkung des Art. 23 Abs. 1 Buchst. j DS-GVO auf die Durchsetzung zivilrechtlicher Ansprüche hinaus. Im Hinblick auf die Problemstellungen, die sich in unionsrechtlicher Sicht aus §§ 23 bis 25 BDSG ergeben und teilweise auf deren Orientierung an dem früher in Deutschland geltenden Recht beruhen,[352] dürfte in der Tat „ein besonderes Augenmerk" des EuGH gerade auf diese nationalen Vorschriften fallen.[353]

4. Bereichsspezifische Vorschriften und landesrechtliche Regelungen. Bereichsspezifische Vorschriften und grundsätzlich auch öffentliche Stellen der Länder werden vom Anwendungsbereich des BDSG nicht erfasst. Das BDSG ist gegenüber bereichsspezifischen Vorschriften des Bundes subsidiär (§ 1 Abs. 2 BDSG) und auf öffentliche Stellen der Länder nur in den Fällen des § 1 Abs. 1 S. 1 Nr. 2 BDSG anwendbar. Die Datenschutzbestimmungen des Bundes und der Länder, die sich praktisch in allen Gebieten des Verwaltungsrechts finden, können ebenfalls nicht über eine Spezifizierung der Anwendung von Vorschriften der DS-GVO in dem durch Art. 6

---

[346] Vgl. Paal/Pauly/*Frenzel* BDSG § 23 Rn. 6 f.
[347] Paal/Pauly/*Frenzel* BDSG § 23 Rn. 8; Kühling/Buchner/*Herbst* BDSG § 23 Rn. 16; aA BMI, Evaluierung des DSAnpUG-EU, S. 23.
[348] Ebenso Paal/Pauly/*Frenzel* BDSG § 23 Rn. 13.
[349] Ebenso Kühling/Buchner/*Herbst* BDSG § 24 Rn. 2, 13; aA Schantz/Wolff/ *Wolff* Neues DatenschutzR Rn. 692 f. mit einem offenbar auf ein isoliertes, nicht auf Art. 6 Abs. 2 und 3 bezogenes Verständnis des Abs. 4.
[350] Paal/Pauly/*Frenzel* BDSG § 25 Rn. 6; Schantz/Wolff/ *Wolff* Neues DatenschutzR Rn. 688 ff.
[351] BVerwG Urt. v. 27.9.2018 – 7 C 5.17, ZD 2019, 231 Rn. 27 mAnm *Will*, zu dem § 25 Abs. 2 Nr. 2 BDSG entsprechenden Art. 5 Abs. 1 Nr. 2 BayDSG.
[352] Vgl. Paal/Pauly/*Frenzel* BDSG § 25 Rn. 18; BMI, Evaluierung des DSAnpUG-EU, S. 22, verweist für §§ 23 und 24 BDSG pauschal auf die Orientierung „an den Regeln im BDSG aF" bzw. darauf, dass § 25 BDSG „den Vorschriften im BDSG aF" entspreche.
[353] *Greve* NVwZ 2017, 737 (743).

Abs. 2 und 3 festgelegten Rahmen hinausgehen und keinesfalls zur Übertragung des Subsidiarität des BDSG und der Landesdatenschutzgesetze gegenüber fachspezifischen Regelungen auf das Verhältnis zur DS-GVO führen. Vielmehr bedarf es der Anpassung sämtlicher den Datenschutz betreffenden bereichsspezifischen Regelungen des Bundes und der Länder an die DS-GVO.[354] Soweit die geltenden Vorschriften nicht im Einklang mit der DS-GVO stehen oder dahingehend ausgelegt werden können, dürfen auch diese Regelungen auf Grund des Anwendungsvorrangs des Unionsrechts nicht mehr angewandt werden (→ Einl. Rn. 3).

94 Bereichsspezifische **Anpassungen im Bundesrecht** sind zunächst für den Sozialdatenschutz erfolgt[355] und dann für die datenschutzrechtlichen Bestimmungen in zahlreichen weiteren bereichsspezifischen Vorschriften vor allem durch das Zweite Datenschutz-Anpassungs- und -Umsetzungsgesetz EU (2. DSAnpUG-EU).[356] Dieses Artikel-Gesetz vom 20.11.2019 regelt Änderungen von 155 Gesetzen, die neben der Anpassung an die DS-GVO auch der Umsetzung der RL 2016/680 dienen.[357] Dazu gehört auch die Ergänzung oder Änderung von Vorschriften des BDSG.[358] Das Gesetz zur Umsetzung der RL 2016/680 im Strafverfahren vom 20.11.2019[359] erfasst zB durch die Einschränkung von Betroffenenrechten im Grundbuch und Register teilweise auch den Anwendungsbereich der DS-GVO.[360] Als Reaktion auf den polizeilichen Zugriff auf Kontakt- und Gästelisten im Rahmen der Bekämpfung der **COVID-19-Pandemie** hat der Bundesgesetzgeber diesen ausdrücklich auf die Zwecke der Kontaktnachverfolgung begrenzt und damit auch eine landesrechtliche Zweckänderung für Zwecke der Strafverfolgung ausgeschlossen.[361]

95 Zur **Anpassung der Landesrechts** sind in allen Bundesländern neue Landes-Datenschutzgesetze erlassen worden, und zwar – mit Ausnahme von Thüringen und Sachsen-Anhalt – noch vor dem Geltungsbeginn der DS-GVO am 25.5.2018.[362] Das Bayerische Datenschutzgesetz (BayDSG) macht durch die Klammerhinweise auf die DS-GVO unter der jeweiligen Artikelüberschrift deutlich, welche Vorschrift der DS-GVO durch die entsprechende landesrechtliche Vorschrift spezifiziert wird, so dass der unionsrechtliche Geltungsgrund eindeutig erkennbar ist. Soweit Landesdatenschutzgesetze zur Spezifizierung parallele Vorschriften zu § 3 BDSG[363] und §§ 23 bis 26 BDSG[364] enthalten, gelten auch insoweit die vorstehenden Ausführungen zu diesen Bestimmungen des BDSG, so für den mit § 26 Abs. 1 BDSG gleichlautenden § 23 Abs. 1 HessDSIG[365] und für den § 25 Abs. 2 Nr. 2 BDSG entsprechenden Art. 5 Abs. 1 Nr. 2 BayDSG.[366] Beispiele für Anpassungen im bereichsspezifischen Landesrecht sind Änderungen im Kommunalrecht, Melde- und Personenstandsrecht, Rettungswesen und Schulrecht.[367]

II. Nationale Vorschriften in Österreich

96 **1. Der Regelungsansatz des DSG.** Im Gegensatz zu dem Ansatz des deutschen Gesetzes, das erkennbar davon geprägt ist, bisheriges nationales Datenschutzrecht auch unter der Geltung der DS-GVO zu bewahren,[368] liegt dem österreichische **Datenschutzgesetz** (DSG)[369] das Ziel

---

[354] *Kremer* CR 2017, 367 (370 f.); *Kühling* NJW 2017, 1985 (1990).
[355] Gesetz zur Änderung des Bundesversorgungsgesetzes und anderer Vorschriften (BVGÄndG) v. 17.7.2017 (BGBl. 2017 I 2541); dazu Kühling/Buchner/*Buchner*/*Petri* DS-GVO Art. 6 Rn. 204; *Biersborn* NZS 2017, 887 (889 ff.).
[356] BGBl 2019 I 1626.
[357] BT-Dr. 19/4674, S. 1; *Eickelpasch* RDV 2017, 219.
[358] Art. 12 des 2. DSAnpUG-EU betrifft u.a. Regelungen der Datenschutzaufsicht (§§ 9, 16, 19 BDSG) und die Verarbeitung besonderer Kategorien personenbezogener Daten in § 22 BDSG; vgl. Kühling/Buchner/*Buchner*/*Petri* DS-GVO Art. 6 Rn. 208 ff.
[359] BGBl. 2019 I 1724.
[360] Kühling/Buchner/*Buchner*/*Petri* DS-GVO Art. 6 Rn. 207.
[361] BayLfD, 30. Tätigkeitsbericht vom 23.5.2021, Nr. 1.1.2.
[362] Vgl. den Text der Landesdatenschutzgesetze bei Bergmann/Möhrle/Herb Teil V.
[363] § 4 LDSG BW, Art. 4 Abs. 1 BayDSG, § 5 Abs. 1 BbgDSG.
[364] § 6 LDSG BW; Art. 5 Abs. 1, Art. 6 Abs. 1 und 2 BayDSG; § 6 Abs. 1 BbgDSG.
[365] EuGH Urt. v. 30.3.2023 – C-34/21, ECLI:EU:C:2023:270 = BeckRS 2023, 5635 Rn. 81 – Hauptpersonalrat.
[366] BVerwG Urt. v. 27.9.2018 – 7 C 5.17, ZD 2019, 231 Rn. 25 ff. mAnm *Will.*
[367] Dazu *Schwartmann/Jacquemain* RDV 2018, 65 ff.
[368] *Kühling* NJW 2017, 1985 (1986).
[369] Art. 2 des Bundesgesetzes zum Schutz natürlicher Personen bei der Verarbeitung personenbezogener Daten (Datenschutzgesetz – DSG) v. 29.6.2017 (ÖBGBl. I Nr. 120/2017) idF des Datenschutz-Deregulierungsgesetzes vom 15.5.2018 (ÖBGBl. I Nr. 24/2018).

zugrunde, grundsätzlich nur die **unter der DS-GVO erforderlichen Regelungen** zu normieren.[370] Das DSG trennt zwischen Vorschriften zur Durchführung der DS-GVO und von Vorschriften zur Umsetzung der Richtlinie (EU) 2016/680 und vermeidet durch die Verweisung auf die Bestimmungen der DS-GVO weitgehend Wiederholungen des Texts der Verordnung, wodurch der unionsrechtlichen Geltungsgrund deutlicher zum Ausdruck kommt.

2. Spezifizierungen der Rechtsgründe. Die Regelung des § 10 DSG über die Verarbeitung personenbezogener Daten **im Katastrophenfall** ermächtigt Verantwortliche des öffentlichen Bereichs und Hilfsorganisationen im Katastrophenfall zusammen zu arbeiten, soweit dies zur Hilfeleistung für die von der Katastrophe unmittelbar betroffenen Personen, zur Auffindung und Identifizierung von Abgängigen und Verstorbenen und zur Information von Angehörigen notwendig ist. Aus der Bezugnahme auf den Katastrophenfall folgt, dass Einzelfälle wie die Erkrankung einer Person im Ausland nicht in den Anwendungsbereich dieser Regelung fallen.[371] Die Vorschrift betrifft öffentliche Aufgaben, die dem Verantwortlichen übertragen worden sind und spezifiziert damit die Anwendung Art. 6 Abs. 1 Buchst. e für den Katastrophenfall auf der Grundlage des Art. 6 Abs. 2 und 3 sowie, für die Datenübermittlung ins Ausland, des Art. 49 Abs. 1 Buchst. d und Abs. 4.

§ 12 DSG über die **Zulässigkeit von Bildaufnahmen**, die auch Video-Aufzeichnungen einschließen, bezieht sich auf private Zwecke (Abs. 1 S. 1). Die Zulässigkeitstatbestände des Abs. 2 Nr. 1 und 2 rekurrieren auf das lebenswichtige Interesse der betroffenen Person und die Einwilligung, die jedoch bereits abschließend durch die Rechtsgründe des Art. 6 Abs. 1 Buchst. a und d abgedeckt sind. Der Zulässigkeitstatbestand in Nr. 3 erklärt die Bildaufnahme nicht nur für zulässig, wenn sie durch eine gesetzliche Bestimmung angeordnet ist, sondern auch dann, wenn sie durch besondere gesetzliche Bestimmungen lediglich „erlaubt" ist. Das Gesetz geht damit auch über die Spezifizierungsbefugnis des Art. 6 Abs. 1 Buchst. c hinaus, der die Verarbeitung nur dann als rechtmäßig qualifiziert, wenn sie zur Erfüllung einer rechtlichen Verpflichtung erforderlich ist. Aus unionsrechtlicher Sicht ist zudem § 12 Abs. 2 Nr. 4 DSG bedenklich, der Bildaufnahmen für zulässig erklärt, wenn im Einzelfall überwiegende **berechtigte Interessen** des Verantwortlichen oder eines Dritten bestehen und die Verhältnismäßigkeit gegeben ist, sowie die Regelbeispiele in § 12 Abs. 3 DSG. Diese Vorschriften nehmen damit eine Spezifizierung des Art. 6 Abs. 1 Buchst. f vor, obwohl solche Vorgaben des nationalen Gesetzgebers für die nach erforderliche Interessenabwägung nicht durch Art. 6 Abs. 2 und 3 gedeckt sind (→ Rn. 53) und Österreich sich in den Verhandlungen mit einer Erweiterung des Anwendungsbereichs des Art. 6 Abs. 2 für Regelungen im privaten Bereich nicht durchsetzen konnte.[372] Für die Video-Überwachung im privaten Bereich ist vielmehr Art. 6 Abs. 1 Buchst. f einschlägig und deshalb § 12 DSG nicht anwendbar.[373]

3. Verarbeitung zu anderen Zwecken. § 8 DSG über die **Übermittlung von Adressdaten** betrifft eine Verarbeitung für einen anderen Zweck als demjenigen, für den die Adressdaten erhoben worden sind. Abs. 1 erfordert grundsätzlich die Einwilligung der betroffenen Person, es sei denn, dass eine Beeinträchtigung von Geheimhaltungsinteressen unwahrscheinlich ist oder die Einholung der Einwilligung einen unverhältnismäßigen Aufwand erfordern würde und in diesem Fall eine Genehmigung der Datenschutzbehörde vorliegt (§ 8 Abs. 2 bis 4 DSG). Soweit öffentliche Stellen, die Adressdaten führen, zur Übermittlung befugt werden, ohne dass eine Einwilligung vorliegt, ist die Spezifizierungsbefugnis für den Rechtsgrund des Art. 6 Abs. 1 Buchst. e einschlägig. Mit Art. 21 Abs. 1 DS-GVO wäre zwar damit dann auch der Verweis auf einen Widerspruch in § 8 Abs. 2 Buchst. b DSG kompatibel. Jedoch bedarf es für die Rechtmäßigkeit der Übermittlung einer qualifizierten Rechtsvorschrift im Sinne des Art. 6 Abs. 4 Hs. 1 DS-GVO. § 8 DSG lässt sich jedoch nicht entnehmen, dass die Übermittlung der Adressdaten für den anderen Zweck dem Schutz von in Art. 23 Abs. 1 genannten Zielen dient, zumal § 8 Abs. 2 Nr. 2 Buchst. a und § 8 Abs. 3 Nr. 2 DSG ohne nähere Spezifizierung lediglich auf ein „öffentliches Interesse" bzw. auf ein „wichtiges öffentlichen Benachrichtigungs- oder Befragungsinteresse" verweisen.[374]

---

[370] Zu den unterschiedlichen Regelungsansätzen beider Gesetze *Gilga/Knaak* ZD-Aktuell 2017, 05708.
[371] Bresich/Dopplinger/Dörnhöfer/Kunnert/Riedl/*Kunnert* DSG § 10 Rn. 2.
[372] Knyrim/*Fercher/Riedl* DS-GVO S. 7, 22.
[373] ÖBVwG Erk. v. 16.5.2023 – W245 2263873-1/15E = ZD 2023, 681 Rn. 74, 88 mAnm *Geuer*; Kühling/Buchner/*Buchner/Petri* DS-GVO Art. 6 Rn. 172.
[374] Bresich/Doppling/Dörnhöfer/Kunnert/Riedl/*Kunnert* DSG § 8 Rn. 3 sieht dennoch § 8 DSG „am ehesten" durch Art. 23 Abs. 1 Buchst. e und i gedeckt.

100 **4. Bereichsspezifische Vorschriften.** Bereichsspezifische Datenschutzregelungen werden in den sog. **Materiengesetzen** festgelegt. Auch für diese Gesetze gilt, dass soweit die geltenden Vorschriften nicht im Einklang mit der DS-GVO stehen oder dahingehend ausgelegt werden können, diese nationalen Regelungen auf Grund des Anwendungsvorrangs des Unionsrechts nicht mehr angewandt werden dürfen. Diese Anpassung ist vor allem mit dem im April 2018 vom Nationalrat beschlossenen 1. Materien-Datenschutz-Anpassungsgesetz 2018 in Angriff genommen worden, das allein 127 bereichsspezifische Vorschriften betrifft.[375] Das 2. Materien-Datenschutz-Anpassungsgesetz 2018 umfasst die Anpassung der Datenschutzvorschriften in weiteren 103 bereichsspezifischen Gesetzen[376] und das Datenschutz-Anpassungsgesetz Wirtschaft und Forschung die Anpassung in diesen Bereichen.[377]

E. Ausblick

101 Die DS-GVO hat in Art. 6 das **Konzept des Verbots mit Erlaubnisvorbehalt** der DS-RL übernommen und dabei vor allem die Bedingungen für die Einwilligung gestärkt sowie den Rechtsetzungsspielraum der Mitgliedstaat in Bezug auf die Verarbeitung zur Erfüllung einer rechtlichen Verpflichtung und der Wahrnehmung einer öffentlichen Aufgabe konkretisiert. Die Kritik an der Beibehaltung dieser Konzeption verkennt die primärrechtliche Vorgabe durch Art. 8 Abs. 2 S. 1 GRCh, wonach die Zulässigkeit einer Datenverarbeitung einen ausdrücklich festgelegten Rechtsgrund voraussetzt, ohne dass sich daraus ein Gegensatz zu dem – ebenfalls in der DS-GVO konkretisierten – risikobasierten Ansatz ergibt. Die Konturierung der Einwilligung hat zur Folge, dass die Praxis zunehmend auf die Rechtsgründe der Vertragserfüllung und der berechtigten Interessen zurück greift. Festzustellen ist allerdings, dass Datenschutzerklärungen ohne nähere Erläuterung pauschal auf sämtliche Rechtsgründe verweisen und Anwendungsprobleme bei der **Einwilligung** vor allem hinsichtlich der Information und Eindeutigkeit der Willensäußerung bestehen,[378] wie auch die Freiwilligkeit durch wirtschaftlichen Druck wie die Gegenleistung für Preisnachlässe oder als Voraussetzung für den Zugang von Dienstleistungen gefährdet ist.[379] Bei der Anwendung des Rechtsgrunds der berechtigten Interessen bestehen Defizite vor allem bei der Durchführung der Interessenabwägung.[380] Während diese Feststellungen die effektive Durchsetzung der DS-GVO betreffen, beschränken sich Vorschläge für Änderungen des Art. 6 im Wesentlichen auf die Klarstellung einzelner, in der Anwendungspraxis wenig problematischer Aspekte.[381] Ebenso wie der Rat[382] und die Kommission[383] sah auch das Europäische Parlament bei der ersten Evaluierung der DS-GVO in Bezug auf diese Vorschrift keinen legislativen Reformbedarf, sondern forderte für die Beurteilung der Rechtmäßigkeit der Verarbeitung in der Anwendungspraxis Vorgaben der Aufsichtsbehörden für die die eindeutige Festlegung und Umsetzung der maßgeblichen Rechtsgrundlage.[384]

102 In Bezug auf den **Regelungsspielraum der Mitgliedstaaten** wird Kritik vor allem an der Anzahl der Spezifizierungsbefugnisse für die Mitgliedstaaten geübt, die die von der DS-GVO angestrebte Harmonisierung beeinträchtigten und zu einer unnötigen Steigerung der Komplexität führten.[385] Eine Begrenzung dieser Rechtsetzungsspielräume durch eine Änderung der DS-GVO erscheint jedoch im Hinblick auf den nach schwierigen Verhandlungen mit den Mitgliedstaaten erzielten Kompromiss wenig realistisch. Umso mehr gilt es zu gewährleisten, dass die Ausgestaltung dieser Spielräume durch den nationalen Gesetzgeber den durch das Unionsrecht gesetzten Rahmen einhält und nicht das Ziel eines unionsweit gleichmäßigen und hohen Datenschutzniveaus gefährdet.[386] Das betrifft insbesondere zusätzliche **Anforderungen außerhalb der Regelungsbefugnisse** der Mitgliedstaaten wie für die Video-Überwachung im nichtöffentlichen Bereich oder die Normierung weiterer Bedingungen für die Verarbeitung auf der

---

[375] ÖBGBl. 2018 I Nr. 32.
[376] ÖBGBl. 2018 I Nr. 37.
[377] ÖBGBl. 2018 I Nr. 24.
[378] Multi-Stakeholder Expert Group, Bericht v. 17.6.2020, S. 5 ff.
[379] Entschließung des Europäischen Parlaments v. 25.3.2021, P_19TA(2021)0111, Rn. 6.
[380] Entschließung des Europäischen Parlaments v. 25.3.2021, P_19TA(2021)0111, Rn. 7.
[381] Roßnagel/*Geminn* DS-GVO verbessern S. 116 f.
[382] Vgl. Rats-Dok. 14994/2/19, Anlage, Nr. 38.
[383] Mitteilung v. 24.6.2020 COM(2020)115 final, 5.
[384] Entschließung des Europäischen Parlaments v. 25.3.2021, P_19TA(2021)0111, Rn. 5.
[385] Kühling/Buchner/*Kühling/Raab* Einf. Rn. 138; Taeger/Gabel/*Taeger* DS-GVO Art. 6 Rn. 3.
[386] Erwägungsgrund 10 S. 1.

Grundlage berechtigter Interessen.[387] Aber auch dort, wo die Mitgliedstaaten im Rahmen der Spezifizierungsbefugnisse handeln, fordern Europäisches Parlament[388] und Kommission[389], aber auch der Rat selbst[390] Zurückhaltung bei dem Gebrauch dieser Spielräume, damit durch Fragmentierung und Erhöhung der Komplexität die Harmonisierung des Datenschutzes in der EU und die Beseitigung unterschiedlicher Marktbedingungen nicht beeinträchtigt werden und ein gleichmäßiges hohes Datenschutzniveau in allen Mitgliedstaaten gewährleistet wird.

Art. 7 Bedingungen für die Einwilligung

(1) Beruht die Verarbeitung auf einer Einwilligung, muss der Verantwortliche nachweisen können, dass die betroffene Person in die Verarbeitung ihrer personenbezogenen Daten eingewilligt hat.

(2) ¹Erfolgt die Einwilligung der betroffenen Person durch eine schriftliche Erklärung, die noch andere Sachverhalte betrifft, so muss das Ersuchen um Einwilligung in verständlicher und leicht zugänglicher Form in einer klaren und einfachen Sprache so erfolgen, dass es von den anderen Sachverhalten klar zu unterscheiden ist. ²Teile der Erklärung sind dann nicht verbindlich, wenn sie einen Verstoß gegen diese Verordnung darstellen.

(3) ¹Die betroffene Person hat das Recht, ihre Einwilligung jederzeit zu widerrufen. ²Durch den Widerruf der Einwilligung wird die Rechtmäßigkeit der aufgrund der Einwilligung bis zum Widerruf erfolgten Verarbeitung nicht berührt. ³Die betroffene Person wird vor Abgabe der Einwilligung hiervon in Kenntnis gesetzt. ⁴Der Widerruf der Einwilligung muss so einfach wie die Erteilung der Einwilligung sein.

(4) Bei der Beurteilung, ob die Einwilligung freiwillig erteilt wurde, muss dem Umstand in größtmöglichem Umfang Rechnung getragen werden, ob unter anderem die Erfüllung eines Vertrags, einschließlich der Erbringung einer Dienstleistung, von der Einwilligung zu einer Verarbeitung von personenbezogenen Daten abhängig ist, die für die Erfüllung des Vertrags nicht erforderlich sind.

Literatur: *Albrecht,* Das neue EU-Datenschutzrecht – von der Richtlinie zur Verordnung – Überblick und Hintergründe zum finalen Text für die Datenschutzgrundverordnung der EU nach der Einigung im Trilog, CR 2016, 88; *Article 29 Data Protection Working Party,* Guidelines on Consent under Regulation 2016/679, 17/EN WP 259; *Becker,* Zur Regulierung des vertragslosen Tauschs von Daten gegen Leistungen, CR 2021, 230; *Benedikt,* Anforderungen an eine wirksame Einwilligung, PinG 2020, 220; *Bronner/Wiedemann,* Rechtmäßigkeit der Datenverarbeitung bei wissenschaftlicher Forschung an staatlichen Hochschulen, ZD 2023, 77; *Buchmüller/Roos,* Die Kündigung des Unternehmers nach § 327q Abs. 2 BGB, ZD 2022, 8; *Buchner,* Grundsätze und Rechtmäßigkeit der Datenverarbeitung unter der DS-GVO, DuD 2016, 155; *Buchner/Kühling,* Die Einwilligung in der Datenschutzordnung 2018, DuD 2017, 544; *Bull,* Den Datenschutz bitte nicht ad absurdum führen! – Warum „informationelle Selbstbestimmung" oft als weltfremde bürokratische Übertreibung angesehen wird, PinG 2023, 159; *Conrad,* Datenschutz bei Zukunftsmodellen: Nur mit Einwilligung möglich?, DuD 2020, 611; *Dammann,* Erfolge und Defizite der EU-Datenschutzgrundverordnung, ZD 2016, 307; *Datenschutzkonferenz (DSK),* Orientierungshilfe Telemedien 2021 (Stand: Dezember 2022); *Ehlen/Blum,* Das Spannungsverhältnis zwischen §§ 327 ff. BGB und Art. 6 DSGVO/§ 25 TTDSG – Praktische Lösungsansätze zur Umsetzung datenfinanzierter Geschäftsmodelle, CR 2023, 392; *Ehlen/Möllnitz-Dimick,* Datenfinanzierte digitale Produkte – Herausforderungen des „Zahlens" mit Daten nach dem neuen Verbraucherschutzregime in der Praxis: Ein – nicht abschließender – Überblick über offene Fragen und Risiken und wie mit ihnen in der Beratung umgegangen werden kann, CR 2023, 455; *Ernst,* Die Einwilligung nach der Datenschutzgrundverordnung, ZD 2017, 110; *Europäischer Datenschutzausschuss (EDSA),* Leitlinien 05/2020 zur Einwilligung gemäß Verordnung 2016/679; *Faust/Spittka/Wybitul,* Milliardenbußgelder nach der DS-GVO?, ZD 2016, 120; *Funke,* Dogmatik und Voraussetzungen der datenschutzrechtlichen Einwilligung im Zivilrecht, 2017; *Gersdorf/Paal* (Hrsg.), Informations- und Medienrecht, 2014; *Golland,* Das Kopplungsverbot in der Datenschutz-Grundverordnung, MMR 2018, 130; *Härting,* Datenschutz-Grundverordnung, ITRB 2016, 36; *Härting,* Kopplungsverbot nach der DSGVO. Eine erste Sichtung der Literatur, ITRB 2017, 42; *Heckmann/Paschke,* jurisPK Internetrecht, 7. Aufl. 2021, Kap. 9; *Hermstrüwe,* Informationelle Selbstgefährdung, 2016; *Hoffmann,* Einwilligung der betroffenen Personen als Legitimationsgrundlage eines datenarbeitenden Vorgangs im Sozialrecht nach dem Inkrafttreten der DS-GVO, NZS 2017, 807; *Kempter/Scheurer,*

---

[387] Arbeitsunterlage der Kommissionsdienststellen SWD(2020) 115 final, 18.
[388] Entschließung des Europäischen Parlaments v. 25.3.2021, P_19TA(2021)0111, Rn. 23.
[389] Mitteilung der Kommission v. 24.6.2020, COM(2020) 264 final, 8, und die Arbeitsunterlage der Kommissionsdienststellen SWD(2020) 115 final, 20.
[390] Rats-Dok. 14994/2/19, Anlage, Nr. 42.

Art. 7

Alles ablehnen – alles ok? Zur Erforderlichkeit einer Ablehnfunktion auf erster Ebene einer Consent Management Plattform, PinG 2023, 72; *Kraska,* Auswirkungen der EU-Datenschutzverordnung, ZD-Aktuell 2016, 04173; *Krohm,* Abschied vom Schriftformgebot der Einwilligung, ZD 2016, 368; *Kugelmann,* Datenfinanzierte Internetangebote, DuD 2016, 566; *Kühling/Martini,* Die Datenschutz-Grundverordnung: Revolution oder Evolution im europäischen und deutschen Datenschutzrecht, EuZW 2016, 448; *Kühling/Sauerborn,* PIMS vs. Einwilligung vs. Browser-Einstellungen, ZD 2022, 596; *Kühling/Sauerborn,* „Cookie-Banner", „Cookie-Walls" und das „PUR"-Modell: Konformität der gängigen Telemedienpraxis mit dem Datenschutz?; *Martini/Drews/Seeliger/Weinzierl,* Dark Patterns, ZfDR 2021, 47; *Nikol/Rost,* „Pay or okay" – okay or not okay? Aktuelle Entwicklungen bei den sog. Pur-Modellen, DSB 2023, 167; *Otto/Rüdlin,* Standardisierung von Patienteneinwilligungen im Krankenhaus, ZD 2017, 519; *Piltz,* Die Datenschutz-Grundverordnung, K&R 2016, 557; *Pech,* Widerrufsrecht bei kostenloser Bereitstellung digitaler Inhalte, MMR 2022, 516; *Pollmann/Kipker,* Informierte Einwilligung in der Online-Welt, DuD 2016, 378; *Radlanski,* Das Konzept der Einwilligung in der datenschutzrechtlichen Realität, 2016; *Sattler,* Urheber- und datenschutzrechtliche Konflikte im neuen Vertragsrecht für digitale Produkte, NJW 2020, 3623; *Schaar,* Anpassung von Einwilligungserklärungen für wissenschaftliche Forschungsprojekte, ZD 2017, 213; *Schantz,* Die Datenschutz-Grundverordnung – Beginn einer neuer Zeitrechnung im Datenschutzrecht, NJW 2016, 184; *Schätzle,* Zum Kopplungsverbot der Datenschutz-Grundverordnung, PinG 2017, 203; *Scheurer,* Spielerisch Selbstbestimmt, 2019; *Schmidt-Kessel/Grimm,* Unentgeltlich oder entgeltlich? – Der vertragliche Austausch von digitalen Inhalten gegen personenbezogene Daten, ZfPW 2017, 84; *Schneider,* Das Rückgriffsverbot im Datenschutz – kein „best of both worlds"?, CR 2017, 568; *Schonhofen,* Orientierungshilfe Telemedien 2022: Kernprobleme beim Einsatz von Cookies, ZD 2023, 326; *Specht,* Daten als Gegenleistung – Verlangt die Digitalisierung nach einem neuen Vertragstypus?, JZ 2017, 763; *Spitz/Cornelius,* Einwilligung und gesetzliche Forschungsklausel als Rechtsgrundlagen für die Sekundärnutzung klinischer Daten zu Forschungszwecken, MedR 2022, 191; *Taeger/Schweda,* Die gemeinsam mit anderen Erklärungen erteilte Einwilligung, ZD 2020, 124; *Thüsing/Schmidt/Forst,* Das Schriftformerfordernis der Einwilligung nach § 4a BDSG im Pendelblick zu Art. 7 DS-GVO, RDV 2017, 116; *Tinnefeld/Conrad,* Die selbstbestimmte Einwilligung im europäischen Recht, ZD 2018, 391; *Uecker,* Die Einwilligung im Datenschutzrecht und ihre Alternativen, ZD 2019, 248; *Veil,* Einwilligung oder berechtigtes Interesse?, NJW 2018, 3337; *Weidert/Klar,* Datenschutz und Werbung – gegenwärtige Rechtslage und Änderungen durch die Datenschutz-Grundverordnung, BB 2017, 1858; *Wendehorst/Graf von Westphalen,* Das Verhältnis zwischen Datenschutz-Grundverordnung und AGB-Recht, NJW 2016, 3745; *Wybitul,* EU-Datenschutz-Grundverordnung in der Praxis – Was ändert sich durch das neue Datenschutzrecht?, BB 2016, 1077; *Wybitul,* Was ändert sich mit dem neuen EU-Datenschutzrecht für Arbeitgeber und Betriebsräte?, ZD 2016, 203.

Rechtsprechung: EuGH Urt. v. 1.10.2019 – C-673/17, ECLI:EU:C:2019:801 – Planet49; EuGH Urt. v. 11.11.2020 – C-61/19, ECLI:EU:C:2020:901 = ZD 2021, 89 – Orange România/ANSPDCP; EuGH Urt. v. 27.10.2022 – C-129/21, ECLI:EU:C:2022:833 – Proximus; BGH Urt. v. 28.5.2020 – I ZR 7/16, NJW 2020, 2540 – Cookie Einwilligung II; OLG Frankfurt a. M. Urt. v. 27.6.2019 – 6 U 6/19, ZD 2019, 507; LG München I Urt. v. 29.11.2022 – 33 O 14776/19, ZD 2023, 223; LG Köln Urt. v. 23.3.2023 – 33 O 376/22, GRUR-RS 2023, 9811.

Übersicht

	Rn.
A. Allgemeines	1
I. Zweck und Bedeutung der Vorschrift	1
1. Regelungsinhalt	1
2. Historie	4
3. Überblick über Einwilligungsregelungen der DS-GVO	10
II. Systematik, Verhältnis zu anderen Vorschriften	16
1. Allgemeines	16
2. Systematischer Zusammenhang	18
3. Die Einwilligung im Lichte des EU-Primärrechts	22
4. Verhältnis zu anderen Einwilligungsregelungen des EU-Sekundärrechts	23
5. Datenschutzrechtliche Einwilligungsregelungen und nationales Zivilrecht	31
III. Wirksamkeitsvoraussetzungen der Einwilligung	33
1. Formelle Wirksamkeitsvoraussetzungen	34
a) Einwilligungsfähigkeit	34
b) Einwilligungserklärung	38
c) Verfahren der Einwilligungseinholung	44
2. Materielle Wirksamkeitsvoraussetzungen	51
a) Das Freiwilligkeitsprinzip	52
b) Der Bestimmtheitsgrundsatz	68
c) Der Zweckbindungsgrundsatz	70
d) Der Grundsatz der freien Widerrufbarkeit	71

B. Einzelerläuterungen 72
　I. Nachweispflicht (Abs. 1) 73
　　1. Allgemeines 73
　　2. Formale Anforderungen – Nachweispflicht 74
　II. Trennungs- und Transparenzgebot bei schriftlichen Einwilligungserklärungen
　　　(Abs. 2) 80
　　1. Allgemeines 80
　　2. Gestaltung des Einwilligungstextes (Abs. 2 S. 1) 81
　　3. Unwirksamkeitsgebot (Abs. 2 S. 2) 88
　III. Widerrufsrecht (Abs. 3) 91
　　1. Allgemeines 91
　　2. Belehrung über das Widerrufsrecht 93
　　3. Voraussetzungen des Widerrufs 95
　　4. Folgen des Widerrufs 97
　IV. Koppelungsverbot (Abs. 4) 99
　V. Fortgeltung von Einwilligungen nach altem Recht 107
　VI. Rechtsfolgen unzulässiger Einwilligungen 108
　VII. Nationale Einwilligungsregelungen 110
C. Rechtsschutz 118

A. Allgemeines

I. Zweck und Bedeutung der Vorschrift

1. Regelungsinhalt. Art. 7 regelt die „**Bedingungen für die Einwilligung**" und ist damit, 1 wie sich bereits aus Art. 8 Abs. 2 GRCh ableiten lässt, von zentraler Bedeutung für die Legitimation der Verarbeitung personenbezogener Daten. Datenschutz ist in erster Linie Persönlichkeitsschutz[1] oder in anderer Diktion Schutz informationeller Selbstbestimmung,[2] vgl. Art. 7, 8 GRCh.[3] Aufgrund der nur unvollständigen Vorgaben, die der Gesetzgeber in Art. 7 getroffen hat, ist bei der Auslegung der sekundärrechtlichen DS-GVO daher auch die GRCh zu beachten, der sich bereits die Grundprinzipien einer wirksamen Einwilligung entnehmen lassen.

Im Rückgriff auf die GRCh geht das datenschutzrechtliche Einwilligungskonzept von den 2 folgenden Grundprinzipien aus: Das **Freiwilligkeitsprinzip** (vgl. Art. 7 Abs. 1, 4), der **Zweckbindungsgrundsatz** (vgl. Art. 6 Abs. 1 lit. a) und der **Grundsatz der freien Widerrufbarkeit**, der die permanente Datenhoheit jedes Betroffenen sichert (vgl. Art. 7 Abs. 3). Das Freiwilligkeitsprinzip gliedert sich wiederum in die Unterprinzipien „Informiertheit" (vgl. Art. 4 Nr. 11) und „Freiheit von Zwang" (vgl. Art. 7 Abs. 4). Nur wenn die Einwilligung auf der Kenntnis aller hierfür erforderlichen Umstände beruht, ist diese wirksam. Diese Umstände müssen verständlich aufgearbeitet werden, so dass eine Willensbildung durch den Betroffenen überhaupt möglich ist.

Art. 7 selbst regelt jedoch nur folgende **(Wirksamkeits-)Voraussetzungen** im Kontext 3 datenschutzrechtlicher Einwilligungen: die Beweislastregelung in Art. 7 Abs. 1 (→ Rn. 73 ff.), das Trennungs- und Transparenzgebot bei schriftlichen Einwilligungserklärungen (→ Rn. 80 ff.), das Widerrufsrecht (→ Rn. 91 ff.) sowie eine Präzisierung des Freiwilligkeitsprinzips (→ Rn. 99 ff.).

2. Historie. Die Vorgabe der informierten Einwilligung des Betroffenen im Bereich des 4 Datenschutzrechts wurde nicht erst durch die DS-GVO eingeführt, sondern war bereits in der Vergangenheit fester Bestandteil des Datenschutzrechts. Das bisher zur Anwendung gekommene nationale Datenschutzrecht beruhte auf der **Richtlinie zum Datenschutz 95/46/EG** vom 24.10.1995. Art. 7 trat demnach in Deutschland an die Stelle des zuvor geltenden § 4a BDSG, der einerseits die in Art. 2 Abs. 2 iVm Art. 1 Abs. 1 GG normierte informationelle Selbstbestimmung konturierte und andererseits die europäischen Vorgaben aus Art. 7 lit. a DS-RL ausfüllte. Aufgrund der gesteigerten Verarbeitung personenbezogener Daten steigt auch das Risiko der Betroffenen, durch übermäßigen und unzulässigen Datenumgang benachteiligt zu werden. Den neuen Entwicklungen soll die DS-GVO Rechnung tragen.

---
[1] Vgl. *Jarass* GRCh Art. 8 Rn. 2, 7.
[2] Vgl. grdl. BVerfG Urt. v. 15.12.1983 – 1 BvR 209/83 u.a., BVerfGE 65, 1 = NJW 1984, 419.
[3] Bei der Auslegung dieser Regelungen sind aufgrund der Vorgabe des Art. 52 Abs. 2, 3 GRCh auch Art. 16 AEUV sowie Art. 8 EMRK zu beachten.

5   Allerdings waren die Vorschriften zur Einwilligung im Rahmen der RL 95/46/EG sehr rudimentär. So gab es noch keinen eigenständigen Artikel, der die Voraussetzungen der Einwilligung näher vorschrieb.[4] Vielmehr ergaben sich die **Grundprinzipien einer Einwilligung** bereits aus deren Legaldefinition im Rahmen der Richtlinie, den Gesetzgebungsmaterialien oder wurden aufgrund entsprechender Auslegung angenommen.

6   Obwohl die DS-GVO die DS-RL (RL 95/46/EG) ersetzt (vgl. Art. 94 Abs. 1), wirkt diese weiterhin über die Auslegung der GRCh nach. Die **GRCh** erlangte erst mit dem Vertrag von Lissabon am 1.12.2009 Rechtskraft, vgl. Art. 6 Abs. 1 EUV. Bereits vor diesem Zeitpunkt war sich der europäische Richtliniengeber der weitreichenden Tragweite des Datenschutzes bewusst und brachte die Datenschutz-Richtlinie[5] auf den Weg. In Art. 1 Abs. 1 RL 95/46/EG forderte er: „Die Mitgliedstaaten gewährleisten nach den Bestimmungen dieser Richtlinie den Schutz der Grundrechte und Grundfreiheiten und insbesondere den Schutz der Privatsphäre natürlicher Personen bei der Verarbeitung personenbezogener Daten." Daher verwundert es nicht, dass der Grundrechtekonvent gemäß den Erläuterungen[6] zu Art. 8 GRCh den Regelungsgehalt dieser Norm und ihre Beschränkungen, und damit auch den Erlaubnistatbestand der Einwilligung, im Lichte der RL 95/46/EG verstanden wissen will. Einwilligung iSv Art. 8 GRCh bedeutet daher auch hier „informierte Einwilligung", also eine Zustimmung zur Datenverarbeitung ohne Zwang in Kenntnis der Sachlage (vgl. Art. 2 lit. h RL 95/46/EG).[7] Dieselbe Definition findet sich in Art. 2 lit. h VO (EG) Nr. 45/2001,[8] auf die in den Erläuterungen zu Art. 8 GRCh parallel verwiesen wird.

7   Die nunmehrige Harmonisierung des Datenschutzrechts in Europa geht vielfach mit einer **Verschärfung der rechtlichen Voraussetzungen der Einwilligung** gegenüber der bislang eher formal agierenden Datenschutzpraxis einher, bei der die Einwilligung oftmals mehr fingiert wird, als dass sie wirklich als erteilt angesehen werden kann. Formulierungen wie „in verständlicher und leicht zugänglicher Form", „in einer klaren und einfachen Sprache", „muss so einfach wie" oder „muss dem Umstand in größtmöglichem Umfang Rechnung getragen werden" zeigen dies deutlich. Auch die in Art. 7 Abs. 2 S. 2 geregelte Nichtigkeitsfolge bei Verstoß der Einwilligungserklärung gegen Vorgaben der DS-GVO unterstreicht diesen Normzweck. Insbesondere aufgrund der Einschränkung durch das weitreichende Koppelungsverbot aus Art. 7 Abs. 4 wird von einer „Schwächung" der Einwilligung in der Praxis ausgegangen, der entgegengetreten werden soll.[9]

8   Darüber hinausgehende Regelungsvorschläge, welche die Kommission bzw. das Parlament als Anreicherung für das System der DS-GVO implementieren wollten, sind nicht übernommen worden.[10] Die Kommission hatte insbesondere vorgeschlagen, dass die **Einwilligung bei signifikantem Ungleichgewicht** zwischen dem Betroffenen und dem Datenverarbeiter unwirksam sein soll.[11] Dies hätte praktisch zur Unwirksamkeit sowohl der Beschäftigten- als auch der Verbrauchereinwilligung in zahlreichen Fällen geführt.[12] Damit ist der Aspekt eines Ungleichgewichts aber nicht obsolet.[13] Art. 7 bezweckt einen weitreichenden Schutz des Einzelnen in seiner Selbstbestimmung hinsichtlich des Umgangs mit seinen personenbezogenen Daten.[14] Die Freiwilligkeit einer Einwilligung kann daher, wie bereits in Erwägungsgrund 43 angeführt, zumindest angezweifelt werden, wenn zwischen dem Einwilligenden und dem Verantwortlichen ein klares Ungleichgewicht besteht.[15] Dies wird beispielsweise vermutet, wenn es sich bei Letzterem

---

[4] Kühling/Buchner/*Buchner/Kühling* DS-GVO Art. 7 Rn. 3.
[5] RL 95/46/EG des europäischen Parlaments und des Rates vom 24. Oktober 1995 zum Schutz natürlicher Personen bei der Verarbeitung personenbezogener Daten und zum freien Datenverkehr, ABl. 1995 L 281, 31.
[6] Erläuterungen zur Charta der Grundrechte (2007/C 3003/02).
[7] NK-EuGRCh/*Bernsdorff* Art. 8 Rn. 28.
[8] Verordnung (EG) Nr. 45/2001 des Europäischen Parlaments und des Rates vom 18. Dezember 2000 zum Schutz natürlicher Personen bei der Verarbeitung personenbezogener Daten durch die Organe und Einrichtungen der Gemeinschaft und zum freien Datenverkehr, ABl. 2001 L 008, 1.
[9] *Piltz* K&R 2016, 557 (562).
[10] *Kühling/Martini* EuZW 2016, 448 (451).
[11] Art. 7 Ziff. 4 EU-DS-GVO-E v. 25.1.2012, KOM(12) 11 endgültig.
[12] Auer-Reinsdorff/Conrad IT- und DatenschutzR-HdB/*Conrad/Treeger* § 34 Rn. 467.
[13] Vgl. zu den Auslegungsmethoden der DS-GVO → Einl. Rn. 99 ff.
[14] Von der Einwilligung als „maßgeblichem Ausfluss der Selbstbestimmung" spricht Stern/Sodan/Möstl StaatsR/*Heckmann* Bd. 4 § 102 Rn. 151.
[15] Die Erwägungsgründe als solche sind zwar nicht rechtsverbindlich, dennoch sind diese für die Auslegung der einzelnen Vorschriften der DS-GVO heranzuziehen: Sie können jedoch nicht über den eindeutigen

um eine Behörde handelt und in Anbetracht aller Umstände des Einzelfalls nicht anzunehmen ist, dass die Einwilligung von dem Betroffenen freiwillig gegeben würde. In einem solchen Fall stellt die Einwilligung keine gültige Rechtsgrundlage für die Datenverarbeitung dar.[16]

Im Gesetzgebungsverfahren wurde das zentrale Konzept der Einwilligung im Datenschutzrecht kontrovers diskutiert.[17] Hierbei wurde partiell (vor allem unter unternehmensnahen Anwälten) auch die Auffassung vertreten, das Konzept einer auf einer Einwilligung des Einzelnen basierenden Datenschutzgesetzgebung sei angesichts von Bedeutung und Umfang der Verarbeitung personenbezogener Daten nicht mehr zeitgemäß.[18] In einer auf Selbstbestimmung basierenden Gesellschaft ist aber gerade im digitalisierten Lebensalltag eine Entscheidungsmacht des Einzelnen über das Ausmaß der Offenbarung personenbezogener Informationen elementar.[19] Die Lösung auf eine Frage nach dem Erlaubten kann in diesem grundrechtsrelevanten Bereich nicht entlang eines Mehrheitsgefühls für den Einzelnen getroffen werden.[20] Diese Grundvoraussetzung der Wahrung der Privatsphäre spiegelt sich im Sinne der höchstrichterlichen Weiterentwicklung des Datenschutzgrundrechts auch in der Formulierung von Art. 8 GRCh wider, der eine Verarbeitung von personenbezogenen Daten „nur für festgelegte Zwecke und mit Einwilligung der betroffenen Person oder auf einer sonstigen gesetzlich geregelten legitimen Grundlage" zulässt. Die **Einwilligung** bleibt trotz der nunmehrigen Einschränkungen daher ein **entscheidender Grundpfeiler des Datenschutzes,** der allerdings auch weiterhin **durch Rechtfertigungsalternativen ergänzt** wird.[21] Damit die Verarbeitung (personenbezogener Daten) rechtmäßig ist, müssen daher personenbezogene Daten mit Einwilligung der betroffenen Person oder auf einer sonstigen zulässigen Rechtsgrundlage verarbeitet werden, die sich aus dieser Verordnung oder – wann immer in dieser Verordnung darauf Bezug genommen wird – aus dem sonstigen Unionsrecht oder dem Recht der Mitgliedstaaten ergibt.[22]

3. Überblick über Einwilligungsregelungen der DS-GVO. Mit der Schaffung der DS-GVO wollte der europäische Verordnungsgeber nicht die **grundlegenden Prinzipien der Einwilligung** antasten, sondern diese nur partiell neu konturieren.[23] Mithin ist nicht von einer unterschiedlichen Begrifflichkeit zwischen DS-GVO und GRCh auszugehen.

Auch Art. 4 Nr. 11 und Art. 7 sollten nicht die Grundprinzipien des Datenschutzrechts neu konzipieren. Dies wird auch durch den Erwägungsgrund 171 deutlich, der die Fortgeltung von Einwilligungen auf der Grundlage der RL 95/46/EG aufführt und somit eine bestehende **Kontinuität im Datenschutzrecht** andeutet.

Nach der **Legaldefinition des Art. 4 Nr. 11** ist die „Einwilligung" iSd DS-GVO jede freiwillig für den bestimmten Fall in informierter Weise und unmissverständlich abgegebene Willensbekundung in Form einer Erklärung oder einer sonstigen eindeutigen bestätigenden Handlung, mit der die betroffene Person zu verstehen gibt, dass sie mit der Verarbeitung der sie betreffenden personenbezogenen Daten einverstanden ist.[24]

Das Konzept der Einwilligung und des Zweckbindungsgrundsatzes wird in Art. 6 Abs. 1 lit. a eingeführt. Hiernach ist die „Verarbeitung" personenbezogener Daten (siehe Art. 4 Nr. 2) rechtmäßig, wenn die „betroffene Person ... ihre Einwilligung zu der Verarbeitung der sie betreffenden personenbezogenen Daten für einen oder mehrere bestimmte Zwecke gegeben" hat. An diese Vorgabe knüpft Art. 7 unmittelbar an und regelt allgemeine „Bedingungen der Einwilligung". Aufgrund der „patchworkartigen" Regelungen zur Einwilligung sind die **Bedingungen aus Art. 7 jedoch nicht abschließend zu verstehen.** Viele der Regelungen besitzen stattdessen eher deklaratorischen Charakter, da sich die genannten Bedingungen bereits aus dem Wesen der Einwilligung ergeben.

Vor diesem Hintergrund muss die datenschutzrechtliche Einwilligung nach dem Maßstab der oben genannten Grundprinzipien betrachtet werden. Danach ist zu prüfen, unter welchen

---

Wortlaut einer Vorschrift hinweghelfen: EuGH Urt. v. 24.11.2005 – C-136/04, ECLI:EU:C:2005:716 Rn. 32 – Deutsches Milch-Kontor.
[16] Vgl. Erwägungsgrund 43 S. 1.
[17] Albrecht CR 2016, 88 (91).
[18] Siehe *Schneider/Härting* ZD 2011, 63 (64); *Babaei-Beigi/Katko* MMR 2014, 360.
[19] Vgl. Mock/Demuro/*Donati* S. 53.
[20] Siehe *Hornung* ZD 2012, 99 (101).
[21] Albrecht CR 2016, 88 (91).
[22] Erwägungsgrund 40.
[23] So auch jurisPK-InternetR/*Heckmann/Scheurer* Kap. 9 Rn. 306.
[24] Zur Definition der Einwilligung auch → Art. 4 Rn. 50 ff.

Bedingungen eine Einwilligungserklärung abgegeben wurde und welche Umstände den Betroffenen dazu bewogen haben, über seine Daten zu disponieren. Letztlich obliegt es der Rechtsprechung, die Einwilligungsvoraussetzungen stärker zu konturieren.[25] Schließlich sind auch im Kontext der Einwilligung die **allgemeinen Datenschutzgrundsätze** aus Art. 5 zu beachten.[26]

15 Die Kohärenz von GRCh zum Katalog der Grund- und Menschenrechte der EMRK (Art. 52 Abs. 3 GRCh) hat im Ergebnis vergleichsweise geringe Auswirkungen auf den Einwilligungsbegriff des Datenschutzrechts. Schließlich spricht Art. 8 EMRK nicht ausdrücklich den Erlaubnistatbestand der Einwilligung an. Die in Art. 8 Abs. 2 EMRK angesprochenen Erlaubnistatbestände entsprachen im Wesentlichen den vorgenannten Kategorien und bestätigen das oben gefundene Ergebnis. Wichtig ist insofern vor allem noch einmal die Betonung des Verhältnismäßigkeitsgrundsatzes („notwendige") für die **Grenzen der Einwilligungsfreiheit**.

II. Systematik, Verhältnis zu anderen Vorschriften

16 **1. Allgemeines.** Die Einwilligung als Erlaubnis der Verarbeitung personenbezogener Daten ergibt sich bereits aus Art. 8 GRCh. Dieser schützt die **Herrschaft des Einzelnen über die eigenen Daten,** wozu auch die Entscheidung gehört, darüber bestimmen zu können, wer wie lange und zu welchem Zweck die eigenen personenbezogenen Daten verarbeiten darf.[27] Die dogmatische Einordnung der Einwilligung im sekundärrechtlichen Datenschutzrecht ist innerhalb der unterschiedlichen Rechtsinstitute in der europäischen Union derzeit noch nicht geklärt und auch in Bezug auf Art. 8 GRCh nicht unumstritten.[28]

17 Unabhängig von der rechtlichen Einordnung wurde und wird die grundrechtlich gebotene Einwilligung in ihrer **praktischen Umsetzung** teilweise auch **kritisch** gesehen.[29] Vielfach trifft der Betroffene nämlich keine bewusste, freie und informierte Entscheidung, sondern akzeptiert die gegebenen Bedingungen blind, um einen (kurzfristigen) Vorteil in Anspruch zu nehmen, während die (Langzeit-)Risiken ausgeblendet wurden. Gleichsam schwindet das Bewusstsein über den Wert und bestehende Risiken bei der unreflektierten Weitergabe personenbezogener Daten in der Bevölkerung. Eine Ursache hierfür kann darin zu sehen sein, dass digitalen Produkten, die personenbezogene Daten verwenden, in den meisten Fällen auch kein datensparsames bzw. datenarmes Angebot gegenübersteht, so dass die Wahlmöglichkeiten der Betroffenen eingeschränkt sind. Es bleibt abzuwarten, ob die Sanktionsmöglichkeiten der DS-GVO genügen, dieser Entwicklung Einhalt zu gebieten. Gleichsam wird die Einwilligungsfähigkeit Betroffener in bestimmten Situationen in Frage gestellt, da es für die Betroffenen vielfach kaum absehbar ist, welche Fernwirkung ihre datenschutzrechtliche Einwilligung in bestimmten Situationen haben kann. Dem soll durch Transparenzanforderungen, namentlich Informationspflichten, entgegengetreten werden, wie sie Art. 12 nun stärker als zuvor vorschreibt.

18 **2. Systematischer Zusammenhang.** Das Erfordernis einer Einwilligungsmöglichkeit des Einzelnen im Datenschutzrecht lässt sich bereits aus dem primärrechtlichen **„Grundrecht auf Datenschutz"** in Art. 8 Abs. 2 GRCh ableiten. Es soll auch auf europäischer Ebene kein Schutz personenbezogener Daten gegen den Willen der Betroffenen erfolgen.[30] Die zahlreichen Einschränkungen des Einwilligungsrechts aus Art. 7, 8 und 4 Nr. 11 sowie den Erwägungsgründen 43 S. 1 und 2 sowie 42 S. 5 stärken grundsätzlich die Rechte der Betroffenen.[31]

19 Obwohl Art. 6 Abs. 1 lit. a die Einwilligung als ersten Erlaubnistatbestand für die Datenverarbeitung nennt, ist ihr keine Vorzugsstellung gegenüber anderen Rechtsgrundlagen für die Verarbeitung personenbezogener Daten einzuräumen.[32] Die verschiedenen Erlaubnistatbestände sind vielmehr als gleichgewichtig einzuordnen. Hierfür spricht der Umstand, dass auch Art. 8 Abs. 2 GRCh der **Einwilligung keine hervorgehobene Stellung** zuweist.[33]

---

[25] *Schantz* NJW 2016, 1841 (1844).
[26] EDSA, Leitlinien 05/2020 v. 4.5.2020, S. 6 Rn. 5.
[27] Calliess/Ruffert/*Kingreen* GRCh Art. 8 Rn. 10.
[28] BeckOK DatenschutzR/*Stemmer* DS-GVO Art. 7 Rn. 27 ff. mwN; BeckOK InfoMedienR/*Gersdorf* GRCh Art. 8 Rn. 27; Calliess/Ruffert/*Kingreen* GRCh Art. 8 Rn. 14; siehe zu den allg. Anforderungen der Einwilligung im Verfassungskontext auch Stern/Sodan/Möstl StaatsR/*Heckmann/Paschke* Bd. 4 § 103 Rn. 51.
[29] BeckOK DatenschutzR/*Stemmer* DS-GVO Art. 7 Rn. 5.
[30] Vgl. ausf. *Sandfuchs* Privatheit.
[31] *Härting* DS-GVO Rn. 351.
[32] *Möhrke-Sobolewski/Klas* K&R 2016, 373 (376); *Piltz* K&R 2016, 557 (562).
[33] *Möhrke-Sobolewski/Klas* K&R 2016, 373 (376); *Piltz* K&R 2016, 557 (562).

Trotz bestehender Ermächtigungsgrundlagen kann es für Datenverarbeiter teilweise sinnvoll 20 sein, durch die Einholung einer Einwilligung für eine geplante Datenverarbeitung für Rechtssicherheit zu sorgen.[34] Wurde dem Betroffenen gegenüber durch den Datenverarbeiter allerdings suggeriert, es käme auf seine Einwilligung an, darf sich **nach einer Verweigerung der Einwilligung** jener anschließend nicht mehr auf eine gesetzliche Ermächtigungsgrundlage für die Datenverarbeitung berufen, es sei denn, der Betroffene wurde zuvor auf das Bestehen dieser gesetzlichen Erlaubnis hingewiesen.[35]

Im Rahmen der **Vorgaben, die die Einwilligung näher konkretisieren**, stellt Art. 6 die 21 Generalnorm der Datenverarbeitung dar, die durch Art. 7 (Bedingungen für die Einwilligung) und Art. 8 (Bedingungen für die Einwilligung eines Kindes in Bezug auf Dienste der Informationsgesellschaft) weiter konturiert wird. Sollen besondere Kategorien von personenbezogenen Daten verarbeitet (Art. 9), automatisierte Entscheidungen gefällt (Art. 22) oder Daten an Drittländer übermittelt werden (Art. 49), wird zudem jeweils eine ausdrückliche Einwilligung gefordert.

3. Die Einwilligung im Lichte des EU-Primärrechts. Die „**Bedingungen für die** 22 **Einwilligung**" sind konzeptionell bereits aus Art. 8 Abs. 2 GRCh ableitbar. Auch in diesem Kontext ist die Einwilligung für die Frage, ob eine Grundrechtsverletzung des Betroffenen angenommen werden kann oder nicht, von zentraler Bedeutung. Datenschutz ist in erster Linie Persönlichkeitsschutz[36] oder in anderer Diktion Schutz informationeller Selbstbestimmung,[37] vgl. Art. 7, 8 GRCh.[38] Bei der Auslegung der sekundärrechtlichen DS-GVO muss daher auch die GRCh beachtet werden, der sich bereits die Grundprinzipien einer wirksamen Einwilligung entnehmen lassen.

4. Verhältnis zu anderen Einwilligungsregelungen des EU-Sekundärrechts. Die DS- 23 GVO ersetzt die DS-RL (RL 95/46/EG) (vgl. Art. 94 Abs. 1). Die Richtlinie wirkt jedoch weiterhin über die Auslegung der GRCh. Hierdurch wird deutlich, dass der europäische Verordnungsgeber weder terminologisch noch konzeptionell die **grundlegenden Prinzipien der Einwilligung** antasten wollte, sondern diese nur partiell neu konturiert hat.

Neben der DS-GVO soll bald auch die **ePrivacy-VO** Geltung erlangen.[39] Diese Verordnung 24 regelt den Schutz personenbezogener Daten in der elektronischen Kommunikation und ergänzt bzw. präzisiert die DS-GVO diesbezüglich. DS-GVO und ePrivacy-VO sollen im Kontext der elektronischen Kommunikation zusammen ein „einheitliches europäisches Datenschutzniveau" garantieren.[40] Der Anwendungsbereich der ePrivacy-VO soll neben den klassischen Telekommunikationsdiensten die bisher nicht reglementierten, funktional gleichwertigen digitalen Kommunikationsangebote erfassen. Hierunter fallen Messenger-Dienste sowie soziale Medien, aber auch vernetzte Geräte, die untereinander kommunizieren (Internet der Dinge).[41] Die ePrivacy-VO wird die RL 2002/58/EG aufheben.[42] Die ePrivacy-VO soll nach dem Verordnungsentwurf des Rates der EU ebenfalls Vorgaben zur Einwilligung in die Datenverarbeitung innerhalb dieses Anwendungsbereichs umfassen.[43] Hinsichtlich der Abgrenzung der beiden Verordnungen ist die Regelung des Art. 95 DS-GVO zu beachten. Danach erlegt die GVO den „natürlichen oder juristischen Personen in Bezug auf die Verarbeitung in Verbindung mit der Bereitstellung öffentlich zugänglicher elektronischer Kommunikationsdienste in öffentlichen Kommunikationsnetzen in der Union keine zusätzlichen Pflichten auf, soweit sie besonderen in der Richtlinie 2002/58/EG festgelegten Pflichten unterliegen, die dasselbe Ziel verfolgen." Mit anderen Worten: Die

---

[34] Kühling/Buchner/*Buchner/Kühling* DS-GVO Art. 7 Rn. 17; aA Artikel-29-Datenschutzgruppe, 17/EN WP 259, S. 22 f., 30.
[35] Kühling/Buchner/*Buchner/Kühling* DS-GVO Art. 7 Rn. 18, 21; so auch *Uecker* ZD 2019, 248 (249) und DSK, Kurzpapier Nr. 20 – Einwilligung nach der DS-GVO, Stand 22.2.2019; aA *Veil* NJW 2018, 3337 (3342); *Conrad* DuD 2020, 611 (616).
[36] Vgl. *Jarass* GRCh Art. 8 Rn. 2, 7.
[37] Vgl. grdl. BVerfG Urt. v. 15.12.1983 – 1 BvR 209/83 u.a., BVerfGE 65, 1 = NJW 1984, 419.
[38] Bei der Auslegung dieser Regelungen sind aufgrund der Vorgabe des Art. 52 Abs. 2, 3 GRCh auch Art. 16 AEUV sowie Art. 8 EMRK zu beachten.
[39] Aufgrund des Anwendungsvorrangs der europäischen Regelung werden die entspr. nationalen Regelungen hierdurch verdrängt.
[40] jurisPK-InternetR/*Heckmann/Scheurer* Kap. 9 Rn. 712.
[41] Zum allg. Verhältnis zwischen DS-GVO und ePrivacy-VO → Art. 95 Rn. 23.
[42] Auf deren Grundlage das TKG in Deutschland und das TKG 2003 in Österreich erlassen wurden.
[43] Verordnungsentwurf des Rates der EU v. 16.10.2017 – 13217/17.

Diensteanbieter elektronischer Kommunikationsdienste werden im Anwendungsbereich der ePrivacy-Richtlinie gegenüber sonstigen verantwortlichen Stellen in Bezug auf die Datenverarbeitung privilegiert. Dies wird sich mit Inkrafttreten der ePrivacy-VO im Ergebnis nicht ändern. Zwar kann man den Wortlaut des Art. 95 DS-GVO nicht ignorieren und die Richtlinie einfach durch die Verordnung ersetzen – dies schon deshalb nicht, weil der Verordnungsgeber der DS-GVO den Text der ePrivacy-VO noch nicht kannte;[44] sobald aber die ePrivacy-VO in Kraft tritt und für sich betrachtet zumindest partiell ein anderes Datenschutzniveau regelt, besteht eine Normenkollision von Normen gleichen Rangs. Um diese Kollision aufzulösen, darf wiederum die Wertung des Art. 95 DS-GVO zugrunde gelegt werden. Es verbleibt damit bei einer Privilegierung der entsprechenden Kommunikationsdienste. Die ePrivacy-VO befindet sich aktuell (Stand Dezember 2023) noch immer im europäischen Gesetzgebungsverfahren, ein Inkrafttreten ist augenblicklich nicht absehbar.[45] Daher gelten die RL 2002/58/EG in ihrer geänderten Fassung der RL 2009/136/EG über die Regelung des Art. 95 DS-GVO weiterhin parallel. Dies gilt vor allem für die in Art. 5 Abs. 3 der RL 2002/58/EG vorausgesetzte Einwilligung.[46]

25 Soweit das **Einwilligungserfordernis der ePrivacy-VO** jedoch nicht primär datenschutzrechtlicher Natur ist, sondern es sich um eine lauterkeitsrechtliche Vorschrift handelt (vgl. Art. 16 ePrivacy-VO-E[47]), ist eine kumulative Anwendung der Einwilligungsvorschriften zu bejahen. Eine datenschutzrechtliche Einwilligung nach der DS-GVO ist jedoch nicht erforderlich, soweit eine gesetzliche Ermächtigung die Datenverarbeitung gestattet. Besteht keine entsprechende Ermächtigungsnorm, hat dies zur Folge, dass es aufgrund des unterschiedlichen Schutzzwecks der Regelungen grundsätzlich einer datenschutzrechtlichen Einwilligung nach DS-GVO und einer lauterkeitsrechtlichen Einwilligung des Kontaktierten im Bereich des Direktmarketings nach der ePrivacy-VO bedarf.

26 Da die ePrivacy-VO weiter auf sich warten lässt,[48] hat der deutsche Gesetzgeber zur Kodifizierung des Datenschutzes im Bereich des Telemedien- und Telekommunikationsrechts am 23.6.2021 das **Telekommunikations-Telemedien-Datenschutz-Gesetz (TTDSG)** erlassen,[49] das am 1.12.2021 in Kraft getreten ist. Das Gesetz soll vor allem der Rechtssicherheit und „Rechtsklarheit" dienen sowie „einen wirksamen Datenschutz und Schutz der Privatsphäre der Endnutzer gewährleisten".[50] Nach § 25 TTDSG, der sich an Art. 5 Abs. 3 der RL 2002/58/EG anlehnt,[51] sollen sich die Anforderungen an die Einwilligung im Kontext von **Cookies** (ausf. → Rn. 40 f.) nun ausdrücklich nach den Vorgaben der DS-GVO richten, § 25 Abs. 1 TTDSG.[52] § 26 TTDSG enthält zudem Neuregelungen hinsichtlich sog. Personal Information Management Systems **(PIMS)**.

27 Für datenschutzrechtliche Einwilligungen zum Zwecke der Verhütung, Ermittlung, Aufdeckung oder Verfolgung von Straftaten oder der Strafvollstreckung ist die **Richtlinie (EU) 2016/680** zum Schutz natürlicher Personen bei der Verarbeitung personenbezogener Daten durch die zuständigen Behörden zum Zwecke der Verhütung, Ermittlung, Aufdeckung oder Verfolgung von Straftaten oder der Strafvollstreckung lex specialis, vgl. Art. 2 Abs. 2 lit. d DS-GVO. Die Einwilligung sollte nach Erwägungsgrund 35 der RL in entsprechenden Konstellationen jedoch grundsätzlich keine Grundlage der Datenverarbeitung darstellen. Der europäische Gesetzgeber geht nämlich davon aus, dass die betroffene Person mangels echter Wahlfreiheit hierbei nicht freiwillig agiert. Allerdings sieht Erwägungsgrund 35 der RL vor, dass die Mitgliedstaaten Rechtsvorschriften erlassen können, die es dem Betroffenen ermöglichen, in die Verarbeitung seiner personenbezogenen Daten für konkret benannte Zwecke, wie beispielsweise DNA-Tests oder Überwachungsmaßnahmen mittels elektronischer Fußfessel, einwilligen

---

[44] Vgl. Erwägungsgrund 173.
[45] So und ausf. zum Stand des Gesetzgebungsverfahrens im April 2023 auch jurisPK-InternetR/*Heckmann/Scheurer* Kap. 9 Rn. 709 ff.
[46] Zum Verhältnis von DS-GVO und RL 2002/58/EG bei Einwilligungen im Kontext von sog. „Targeted Advertising" siehe auch *Becker* CR 2021, 87 (87 ff.).
[47] Art. 16 ePrivacy-VO soll die bisherige Regelung des § 7 UWG ablösen.
[48] Vgl. so auch jurisPK-InternetR/*Heckmann/Scheurer* Kap. 9 Rn. 89.
[49] BGBl 2021 I 1982 ff.
[50] Gesetzesentwurf der Bundesregierung vom 9.3.2021, Entwurf eines Gesetzes zur Regelung des Datenschutzes und des Schutzes der Privatsphäre in der Telekommunikation und bei Telemedien, S. 1.
[51] Vgl. so auch jurisPK-InternetR/*Heckmann/Scheurer* Kap. 9 Rn. 92, 93.8.
[52] Zur Einwilligung nach dem TTDSG → Rn. 115 sowie *Schwartmann/Benedikt/Reif* MMR 2021, 99 (99 ff.).

zu können.[53] Ein solches Vorgehen wird in der Praxis aufgrund der freien Widerrufbarkeit von Einwilligungen in den meisten Fällen nicht umsetzbar sein, so dass die nationalen Gesetzgeber Ermächtigungsnormen für die entsprechenden Datenverarbeitungen schaffen werden. Auch bei sensiblen personenbezogenen Daten sollte die Einwilligung des Betroffenen alleine keine rechtliche Grundlage für die Datenverarbeitung bieten.[54] Lediglich bei kurzen Datenverarbeitungswegen wird die gesetzlich gestattete Einwilligung des Betroffenen weiterhin in der Praxis Verwendung finden. Entsprechende Maßnahmen nach der StPO in Deutschland[55] wie molekulargenetische Untersuchungen (§§ 81e, 81f Abs. 1 StPO), DNA-Identitätsfeststellungen (§ 81g StPO) und DNA-Reihenuntersuchungen (§ 81h StPO), die bereits heute auf der (schriftlichen) Einwilligung der Betroffenen beruhen (können), werden auch zukünftig von Bedeutung sein.[56]

In Deutschland wird die Einwilligung in diesem Kontext durch § 46 Nr. 17 BDSG wie folgt **28** legaldefiniert:,Einwilligung' [ist] jede freiwillig für den bestimmten Fall, in informierter Weise und unmissverständlich abgegebene Willensbekundung in Form einer Erklärung oder einer sonstigen eindeutigen bestätigenden Handlung, mit der die betroffene Person zu verstehen gibt, dass sie mit der Verarbeitung der sie betreffenden personenbezogenen Daten einverstanden ist." Die nationale Regelung **§ 51 BDSG** dient der Umsetzung der Richtlinie (EU) 2016/680. Wird in deren Anwendungsbereich, dh im Kontext der Verhütung, Verfolgung und Vollstreckung von Straftaten, die Einwilligung eines Betroffenen eingeholt, sind die in § 51 BDSG genannten Voraussetzungen zu achten.

Für Einwilligungen in die Teilnahme an wissenschaftlicher Forschungstätigkeit im Rahmen **29** klinischer Studien sind die Regelungen der **VO (EU) Nr. 536/2014** vorrangig.[57] Die dortigen umfassenden Vorgaben zur Form und dem Verfahren der Einholung einer Einwilligung Betroffener in diesem Zusammenhang sind strenger als die Vorgaben der DS-GVO.

Seit dem 24.9.2023 gilt innerhalb der Europäischen Union die Verordnung (EU) 2022/868 **30** des Europäischen Parlaments und des Rates vom 30. Mai 2022 über europäische Daten-Governance und zur Änderung der Verordnung (EU) 2018/1724 (**Data Governance Act, DGA**).[58] Mit dem gesetzlichen Rahmenwerk für Instrumente wie Datenvermittlungsdienste und Datenaltruismus verfolgt der DGA das Ziel, den Datenaustausch innerhalb der Union zu erleichtern. Werden im Geltungsbereich des DGA personenbezogene Daten verarbeitet, geht die DS-GVO ausweislich Art. 1 Abs. 3 DGA diesem vor. Dennoch verbleiben im „Spannungsverhältnis" von Datenschutz und Datennutzung trotz der gesetzlichen Neuregelung einige Unstimmigkeiten.[59] Es wird daher die Aufgabe der Rechtspraxis werden, diese Unstimmigkeiten aufzulösen.[60] Ausweislich der Legaldefinition in Art. 2 Nr. 16 DGA basiert das Konzept des gesetzlich verankerten **Datenaltruismus** künftig insbesondere auf der datenschutzrechtlichen Einwilligung nach der DS-GVO. Die damit zusammenhängenden Pflichten dataltruistischer Organisationen wie z. B. die Einrichtung von Werkzeugen zur Einwilligung und zum Widerruf (Art. 21 Abs. 3 DGA) übersteigen vereinzelt diejenigen der DS-GVO.[61] Die angestrebte Harmonisierung des Einwilligungsvorgangs mittels eines europäischen Einwilligungsformulars (Art. 25 DGA) ist ebenso beachtlich und mit Spannung zu erwarten.[62]

5. Datenschutzrechtliche Einwilligungsregelungen und nationales Zivilrecht. Die **31** **Rechtsnatur der datenschutzrechtlichen Einwilligung** wird häufig in Ermangelung eines umfassenden gemeineuropäischen Zivilrechts nach national anerkannten Rechtsformen kategorisiert.[63] In der Folge wird die Anwendung zivilrechtlicher nationaler Gestaltungsrechte wie die

---

[53] Hierzu *Schwichtenberg* DuD 2016, 605 (606 f.).
[54] Erwägungsgrund 37 der RL 2016/680/EU.
[55] Die entspr. Regelungen der österreichischen StPO sehen keine Einwilligung des Betroffenen vor, sondern ausschl. gerichtliche Bewilligungen (vgl. § 124 iVm § 117 Z 5 StPO).
[56] Vgl. *Schwichtenberg* DuD 2016, 605 (607).
[57] Erwägungsgrund 161.
[58] Verordnung (EU) 2022/868 des Europäischen Parlaments und des Rates vom 30. Mai 2022 über europäische Daten-Governance und zur Änderung der Verordnung (EU) 2018/1724, ABl. 2022 L 152, 1.
[59] Paschke/Rücker/*Heckmann* DGA Art. 16 Rn. 10 ff.
[60] Schreiber/Pommerening/Schoel Der neue DGA § 4 Rn. 78; Paschke/Rücker/*Rachut* DGA Art. 22 Rn. 19.
[61] Paschke/Rücker/*Rachut* DGA Art. 22 Rn. 18.
[62] Vgl. hierzu ausf. Paschke/Rücker/*Rachut* DGA Art. 25 Rn. 61 ff.
[63] Vgl. Gola/Heckmann/*Schulz* DS-GVO Art. 7 Rn. 9; BeckOK DatenschutzR/*Stemmer* DS-GVO Art. 7 Rn. 30 ff.

Anfechtung bejaht.[64] Diese Auffassung verkennt jedoch den grundsätzlichen (Anwendungs-)Vorrang des europäischen Datenschutzrechts gegenüber nationalen Regelungen.[65] Lediglich dort, wo das Datenschutzrecht selbst einen Rücktritt gegenüber anderen Rechtsgebieten vorgibt, gelten die entsprechenden nationalen Regelungen, vgl. Art. 8 Abs. 3. Die Auslegung des Datenschutzrechts muss daher autonom erfolgen.[66] Hierfür spricht auch der Harmonisierungsgedanke der Datenschutz-Grundverordnung. Anderenfalls besteht nämlich das Risiko eines divergierenden Datenschutzverständnisses in den einzelnen Mitgliedstaaten. Ein Rückgriff auf die nationalstaatlichen Zivilregelungen ist zumeist nicht erforderlich, da das Datenschutzrecht insbesondere im Hinblick auf Belange der Einwilligung diese abschließend regelt.

32 Allerdings substituiert das Datenschutzrecht nicht vollständig die nationalen zivilrechtlichen Regelungen im Kontext des „Datenhandels" und Daten als Gegenleistung und Wirtschaftsgut.[67] Vielmehr stehen die unterschiedlichen Regelungsmaterien partiell konzeptionell nebeneinander und bedürfen in ihrem Anwendungsbereich (zB zivilrechtliche Regelungen für den Vertragsschluss und gegebenenfalls gewerblicher Rechtsschutz im Hinblick auf das Marktverhalten) der jeweilig eigenständigen Beachtung. Das Nebeneinander verschiedener Regelungsvorgaben macht die Ökonomisierung von Daten umso diffiziler.[68] Sofern datenschutzrechtliche Regelungen entsprechende Rechtsgeschäfte unterbinden, sind entsprechende zivilrechtliche Verträge in Deutschland als nichtig zu werten, § 134 BGB. In Umsetzung der **Digitale-Inhalte-Richtlinie (EU) Nr. 2019/770** durch das Gesetz zur Neuregelung von Verbraucherverträgen über digitale Produkte[69] kann die Bereitstellung personenbezogener Daten nun ausweislich der neuen § 312 Abs. 1a und § 327 BGB eine vertragliche (Gegen-)Leistung darstellen, wenn ein Verbraucher diese Daten einem Anbieter bereitstellt und dieser die Daten nicht zur Leistungserbringung benötigt.[70]

III. Wirksamkeitsvoraussetzungen der Einwilligung

33 Die **Voraussetzungen einer wirksamen Einwilligung** ergeben sich aus einer Gesamtschau der Regelungen von Art. 4 Nr. 11, 6 Abs. 1 lit. a, 7 sowie 8 und den allgemeinen Prinzipien des Datenschutzrechts. Hierbei ist zwischen formellen und materiellen Voraussetzungen zu unterscheiden.

34 **1. Formelle Wirksamkeitsvoraussetzungen. a) Einwilligungsfähigkeit.** Die betroffene Person muss für die Bejahung ihrer Einwilligungsfähigkeit grundsätzlich dazu in der Lage sein, die Konsequenzen ihrer Handlung abschätzen zu können. Die Geschäftsfähigkeit des Erklärenden bzw. Betroffenen kann für die Einwilligung nicht gefordert werden. Das ergibt sich bereits aus der Regelung des Art. 8 Abs. 1, der eine Einwilligung bei Kindern ab dem 16. Lebensjahr zulässt. Daraus kann jedoch nicht der Umkehrschluss gezogen werden, dass jede Person ab diesem Alter unwiderlegbar einwilligungsfähig ist. Statt auf den Status der Geschäftsfähigkeit ist vorliegend auf die **Einsichtsfähigkeit des Einzelnen** hinsichtlich der Tragweite seiner Einwilligung abzustellen.[71] Hierfür spricht auch die dem Datenschutzrecht zugrunde liegende Vorgabe aus Art. 7, 8 GRCh, die jedermann ein Recht auf Privatsphäre und Datenschutz zuerkennt. Aus Gründen der Praktikabilität kommt einer datenschutzrechtlichen Einwilligung im Rechtsverkehr jedoch die widerlegbare Vermutung der Einwilligungsfähigkeit des Betroffenen zu, es sei denn,

---

[64] Vgl. BeckOK DatenschutzR/*Stemmer* DS-GVO Art. 7 Rn. 31; aA HK-DS-GVO/*Ingold* DS-GVO Art. 7 Rn. 49.
[65] *v. Lewinski/Herrmann* PinG 2017, 165 (167); so auch HK-DS-GVO/*Ingold* DS-GVO Art. 7 Rn. 13.
[66] So auch HK-DS-GVO/*Ingold* DS-GVO Art. 7 Rn. 13.
[67] Hierzu *Specht* JZ 2017, 763 ff.; *Schmidt-Kessel/Grimm* ZfPW 2017, 84 ff.; *Bräutigam* MMR 2012, 635 ff.; aA Artikel-29-Datenschutzgruppe, 17/EN WP 259, S. 9, wonach eine datenschutzrechtliche Einwilligung und ein zivilrechtlicher Vertrag nicht zusammengeführt und vermischt werden dürfen.
[68] *Bräutigam* MMR 2012, 635 (636 f.). Wird die datenschutzrechtliche Einwilligung als Teil der synallagmatischen Gegenleistung gewertet, stellt sich im Folgenden beispielsweise die Frage, inwieweit zivilrechtliche Vereinbarungen zu Modalitäten des Widerrufs der datenschutzrechtlichen Ermächtigung vorgenommen werden können und wie datenschutzrechtliche Gewährleistungen und zivilrechtliche Verpflichtungen kombiniert werden können, *Specht* JZ 2017, 763 (764 ff.).
[69] BGBl 2021 I 2123 ff.
[70] Im Hinblick auf Art. 7 Abs. 4 DS-GVO sieht der EDSA eine Verarbeitung personenbezogener Daten aufgrund einer Einwilligung als (Gegen-)Leistung aber kritisch, vgl. EDSA, Leitlinien 05/2020 v. 4.5.2020, S. 11 Rn. 26.
[71] So auch Kühling/Buchner/*Buchner/Kühling* DS-GVO Art. 7 Rn. 67 und *Tinnefeld/Conrad* ZD 2018, 391 (393).

dem stehen gewichtige Gründe entgegen. Dies kann insbesondere im Rahmen von Diensten der Fall sein, die sich speziell an Kinder richten. Für die Einwilligung bei Kindern sind die Vorgaben des Art. 8 zu beachten.

Neben der Einwilligungsfähigkeit bedarf es des Vorliegens des **Erklärungsbewusstseins** des 35 Betroffenen.[72] Wusste er nicht, dass er durch eine Handlung die Rechtsfolge der Einwilligung auslöst, gilt die Einwilligung als nicht wirksam erteilt, vgl. auch Erwägungsgrund 32.

Die Einwilligung ist ein **höchstpersönliches Recht**.[73] Allerdings kann sich der Betroffene 36 für die Einwilligungserklärung auch einer anderen Person bedienen. Jedoch muss hierfür die andere Person derart instruiert sein, dass für den Betroffenen der Grundsatz der Freiwilligkeit und Informiertheit gewahrt ist.[74] Es handelt sich somit um eine botenähnliche Überbringung der Einwilligungserklärung.[75] Nur hierdurch wird die persönliche Autonomie des Betroffenen gewahrt. Die Informiertheit des für den Betroffenen Agierenden alleine reicht daher nicht aus.

Die Maßgeblichkeit der individuellen Einsichtsfähigkeit und der Grundsatz der Höchstper- 37 sönlichkeit der Einwilligung werfen schließlich die Frage auf, wie auch Menschen mit eingeschränkter Einsichtsfähigkeit wirksam in die Verarbeitung personenbezogener Daten einwilligen können. Vor allem **Menschen mit Beeinträchtigungen oder Behinderungen** erkennen oftmals die Tragweite ihrer Einwilligung nicht. Verneint man die Höchstpersönlichkeit der Einwilligung,[76] können dabei zumindest in einem rechtlichen Betreuungsverhältnis die Betreuer wirksam in Verarbeitungen einwilligen, wenn ein Einwilligungsvorbehalt nach § 1825 BGB angeordnet wurde.[77] Andernfalls ist wiederum auf die im Einzelfall häufig schwierig zu bestimmende individuelle Einsichtsfähigkeit abzustellen und eine rechtswirksame Einwilligung häufig nicht realisierbar. Um die informationelle Selbstbestimmung von Menschen mit Beeinträchtigungen und Behinderungen zu stärken, kann grundsätzlich auch der Einsatz von **Gamification**[78] zur Bereitstellung von Informationen hilfreich sein (hierzu auch → Rn. 45 und → Art. 12 Rn. 20).

b) Einwilligungserklärung. aa) Form. Die Einwilligung kann nach der DS-GVO grund- 38 sätzlich formfrei erfolgen. Während die Datenschutz-Richtlinie ebenfalls keine anderslautenden Vorgaben enthielt, forderten manche Nationalstaaten die Schriftlichkeit von Einwilligungen (§ 4a Abs. 1 S. 3 BDSG-alt). Die **Abkehr von der Schriftform** überzeugt in Zeiten allumfassender Digitalisierung, die neue, besser verständliche Modelle der Schaffung von Informiertheit bereithält als die althergebrachten schriftlichen Erklärungen.[79] Zumal die Schriftform bzw. elektronische Form nichts darüber aussagt, ob die Einwilligung tatsächlich informiert erfolgt und sich der Betroffene aufgrund dessen der Tragweite seines Handelns bewusst wird.[80] Aufgrund der Regelung des Art. 7 Abs. 1, die die **Beweislast** des Vorliegens einer Einwilligung den Datenverarbeitern auferlegt, wird aber zukünftig auch eine entsprechende Dokumentation einer Einwilligung vorgenommen werden müssen. Dies kann u.a. schriftlich, aber auch elektronisch erfolgen.[81]

bb) Art und Weise. Die nunmehr auf anderem Wege zu erfüllende **Warnfunktion der** 39 **Einwilligung** und der damit einhergehenden Bewusstseinsbildung bei den Betroffenen wurde in den Verhandlungen zur DS-GVO kontrovers diskutiert. Der Forderung von EU-Kommission und Europäischem Parlament, mit Blick auf die Einwilligung klarzustellen, dass diese in jedem Falle (und nicht nur wie bisher bei den sensiblen Daten) „explizit" erfolgen müsse, hatten sich die Mitgliedstaaten im Gesetzgebungsverfahren jedoch nicht angeschlossen.[82] Auch der im Trilog gefundene Kompromisstext sieht nun zwar vor, dass weiterhin die Anforderung einer Explizität

---

[72] Kühling/Buchner/*Buchner/Kühling* DS-GVO Art. 7 Rn. 56 sprechen von Einwilligungsbewusstsein.
[73] So auch *Ernst* ZD 2017, 110 (111) und Gola/Heckmann/*Schulz* DS-GVO Art. 7 Rn. 8.
[74] Vgl. Kühling/Buchner/*Buchner/Kühling* DS-GVO Art. 7 Rn. 31, die daher eine Generalvollmacht als unzulässig ansehen.
[75] *Ernst* ZD 2017, 110 (111); Gola/Heckmann/*Schulz* DS-GVO Art. 7 Rn. 9.
[76] Vgl. allg. zum Meinungsstand BeckOK DatenschutzR/*Stemmer* DS-GVO Art. 7 Rn. 33.
[77] Vgl. dazu auch Kipker/Voskamp SozDatenschutz-HdB/*Reinhardt/von Hardenberg/Marburger* Kap. 5 Rn. 30 sowie Datenschutzleitfaden Ärztliche Praxis/*Dochow* Kap. 4.5.4. S. 72.
[78] Vgl. zu Gamification im Einwilligungskontext allg. *Scheurer*, Spielerisch selbstbestimmt, 2019, S. 282 ff.
[79] *Krohm* ZD 2016, 368 (371); vgl. auch *Pollmann/Kipker* DuD 2016, 378; hierzu auch → Art. 12 Rn. 22.
[80] *Krohm* ZD 2016, 368 (371).
[81] → Rn. 49 f.
[82] *Albrecht* CR 2016, 88 (91).

Art. 7 40, 41

der Einwilligung nur in besonderen Fällen der Einwilligung besteht, allerdings konnten sich EU-Kommission und Europäisches Parlament insofern durchsetzen, dass bei jeder Einwilligung immer eine **„eindeutig positiv bejahende Handlung" erforderlich** sein wird und ein Schweigen oder vorangekreuzte Kästchen keinerlei Einwilligung konstituieren können (Art. 4 Nr. 11).[83] So gibt es keinen Gegensatz mehr zwischen einer „expliziten" Einwilligung und einer Einwilligung „ohne jeden Zweifel". Stattdessen gilt Letzteres nun als eine generelle Anforderung für alle Einwilligungssituationen.[84]

40 Damit verabschiedet sich die DS-GVO von diesem Unterscheidungskriterium und stellt nunmehr, anders als die Richtlinie von 1995, unmissverständlich klar, dass jede Einwilligung nur durch eine eindeutig positiv bejahende Handlung wirksam erteilt werden kann.[85] Mithin genügt das bloße Schweigen oder die Untätigkeit des Betroffenen nicht.[86] Dies hat auch der EuGH mit Blick auf Erwägungsgrund 32 bestätigt.[87] Ferner ist das Konzept einer mutmaßlichen Einwilligung abzulehnen.[88] Bei hinreichender Eindeutigkeit des Betroffenenwillens ist jedoch auch eine **konkludente Einwilligung** in die Datenverarbeitung möglich.[89] Im Internet kann die **Einwilligung durch die „Auswahl technischer Einstellungen"** erfolgen.[90] Dies ist besonders für die Verwendung von Cookies relevant, da Art. 5 Abs. 3 S. 1 ePrivacy-RL wie auch § 25 Abs. 1 TTDSG auf die datenschutzrechtliche Einwilligung nach der DS-GVO verweisen.[91] Dennoch muss dabei differenziert werden zwischen der Einwilligung für das Setzen, Speichern und Auslesen von Cookies auf Endgeräten, für das § 25 TTDSG gilt und darauffolgenden Verarbeitungen, für die die Einwilligung nach der DS-GVO maßgeblich ist.[92] Sind im Einzelfall beide Einwilligungen für Verarbeitungsvorgänge erforderlich, sollen diese – sofern für den Betroffenen in ihrer Tragweite erkennbar – in einer einzigen Einwilligungshandlung vereint werden können.[93] Für eine hinreichend informierte Einwilligung in diesen Fällen muss aber für betroffene Personen klar erkennbar sein, dass sie mit einer Einwilligungshandlung in zwei verschiedene Verarbeitungsvorgänge einwilligen. Dies ist bei der Gestaltung von CMP **(Consent-Management-Plattformen)** unbedingt zu berücksichtigen.[94] Möglich dürfte es sein, durch die Einstellungen des Browsers einzuwilligen.[95] Allerdings ist ein eindeutiges Einverständnis fraglich, wenn schon die Werkseinstellungen des Browsers das Setzen von Cookies oder die Verarbeitung personenbezogener Daten erlauben, da sich aus dem oben Genannten strenge Transparenzvorgaben bei der Abgabe der Einwilligung ergeben.[96] Es bleibt abzuwarten, ob und wie die ePrivacy-VO diese Frage regeln wird.[97]

41 Die Anwendung sog. **Opt-out-Verfahren,** also die Einwilligung in vorformulierte Erklärungen mittels bloßem Entfernen eines vorausgefüllten Kästchens, reichen nicht für eine wirksame Einwilligungserklärung aus. Diese Praxis ist unter Geltung der DS-GVO unzulässig[98] und wurde auch durch den EuGH am 1.10.2019 in seiner **„Planet49"**-Entscheidung[99] im Kontext der **Cookie-Einwilligung** bestätigt. Der Entscheidung ging ein Vorabentscheidungsersuchen des

---

[83] Siehe auch Erwägungsgrund 32 S. 3.
[84] *Albrecht* CR 2016, 88 (91).
[85] *Albrecht* CR 2016, 88 (91).
[86] Erwägungsgrund 32 S. 3, „unmissverständlich abgegebene Willensbekundung in Form einer Erklärung oder einer sonstigen eindeutigen bestätigenden Handlung"; Artikel-29-Datenschutzgruppe, 17/EN WP 259, S. 16.
[87] EuGH Urt. v. 1.10.2019 – C-673/17, ECLI:EU:C:2019:801 Rn. 62 – Planet49; EuGH Urt. v. 11.11.2020 – C-61/19, ECLI:EU:C:2020:901 Rn. 37 – Orange România/ANSPDCP.
[88] BeckOK DatenschutzR/*Stemmer* DS-GVO Art. 7 Rn. 87.
[89] *Krohm* ZD 2016, 368 (371).
[90] Erwägungsgrund 32 S. 2.
[91] Vgl. zum Verhältnis der RL 2002/58/EG und der DS-GVO → Art. 95 Rn. 5 ff.
[92] DSK, OH Telemedien 2021 (Stand: 12/2022), S. 6; vgl. hierzu *Schonhofen* ZD 2023, 326 (326).
[93] DSK, OH Telemedien 2021 (Stand: 12/2022), S. 10; vgl. hierzu *Schonhofen* ZD 2023, 326 (326).
[94] *Schonhofen* ZD 2023, 326 (327) weist zurecht darauf hin, dass sich Einwilligungen über Cookie-CMP für Betroffene häufig als ein einziger Lebenssachverhalt darstellen.
[95] *Schantz* NJW 2016, 1841 (1845); so nun auch Artikel-29-Datenschutzgruppe, 17/EN WP 259, S. 17.
[96] So auch *Schantz* NJW 2016, 1841 (1845); HK-DS-GVO/*Ingold* DS-GVO Art. 7 Rn. 44.
[97] Vgl. zur Ausgestaltung der Einwilligung in der ePrivacy-VO auch *Kühling* CR 2020, 199 (205 ff.).
[98] Vgl. EDSA, Leitlinien 05/2020 v. 4.5.2020, S. 22, 23 Rn. 81; *Benedikt* PinG 2020, 220 (223); so auch Kühling/Buchner/*Buchner/Kühling* DS-GVO Art. 7 Rn. 58; BeckOK DatenschutzR/*Stemmer* DS-GVO Art. 7 Rn. 86.
[99] EuGH Urt. v. 1.10.2019 – C-673/17, ECLI:EU:C:2019:801 = K&R 2019, 705 mAnm *Lang* = K&R 2019, 698 = ZD 2019, 556 mAnm *Hanloser* = MMR 2019, 732 mAnm *Moos/Rothkegel* = DB 2019, 2344 m. Besprechungsaufsatz *Spittka* DB 2019, 2850; siehe dazu auch *Steinrötter* GPR 2020, 106 (106 ff.).

BGH voraus.[100] Bereits nach Erwägungsgrund 32 können vorangekreuzte Kästchen danach keine wirksame Einwilligungserklärung darstellen.[101] Außerdem sei es nach Auffassung des Gerichts praktisch unmöglich zu klären, ob dem Nichtabwählen eines vorangekreuzten Kästchens tatsächlich eine Einwilligungshandlung zugrunde liegt.[102] In jedem Fall bleibe aber unklar, ob die Einwilligung „in Kenntnis der Sachlage" gewährt wurde oder ob der Einwilligende das Kästchen überhaupt gesehen hat.[103] Danach ist eine aktive Einwilligung notwendig, die auch nicht dadurch umgangen werden darf, dass vorausgefüllte Kästchen durch einen separaten Button bestätigt werden.[104] Diese Maßgaben setzte der BGH in seiner „Cookie-Einwilligung II"-Entscheidung um.[105] Danach liege bei einem „aufwendigen Verfahren zur Abwahl" schon keine hinreichend informierte Einwilligung vor.[106] In der Praxis haben sich bei vielen Diensten CMP etabliert, bei denen erst auf einer zweiten Schaltfläche feingranulare Cookie-Einstellungen – insbesondere eine Ablehnung bestimmter Cookies – vorgenommen werden können, während eine „Einwilligung" von Nutzern bereits auf der ersten Schaltfläche möglich ist. Unter Verweis auf den hiermit verbundenen Mehraufwand für betroffene Personen lehnt die DSK in solchen Fällen, bei denen eine Ablehnung von Cookies nicht bereits auf der ersten Schaltfläche möglich ist, unter Berücksichtigung des Erwägungsgrundes 32 S. 6 eine wirksam mögliche Einwilligung ab.[107] Das Erfordernis eines „Ablehn-Buttons" auf der ersten Ebene als Voraussetzung für eine wirksame Einwilligung ist aber nicht unumstritten, vielmehr konterkariere die Annahme eines Erfordernisses sogar den gesetzgeberischen Willen.[108] Auch bei einem oder wenigen weiteren notwendigen Klicks soll eine wirksame Einwilligung nach den Vorgaben der Art. 4 Nr. 11 und Art. 7 möglich sein.[109] Ohne drohende nachteilige Konsequenzen können Nutzer nämlich auf die Nutzung der jeweiligen Dienstes in freier Entscheidung verzichten.[110]

Allerdings ist zu beachten, dass die Möglichkeit der konkludenten Einwilligung (vgl. Art. 4 Abs. 11[111]) in besonders **gefahrträchtigen Bereichen** für die informationelle Selbstbestimmung durch die Datenschutz-Grundverordnung suspendiert wurde. Hinsichtlich der in Art. 9 Abs. 1 besonders sensitiven enumerativ aufgezählten personenbezogenen Daten fordert Art. 9 Abs. 2 lit. a[112] daher die „ausdrückliche" Einwilligung. Gleiches gilt nach Art. 22 Abs. 2 lit. c bei automatisierten Entscheidungen im Einzelfall einschließlich Profiling sowie bei einer Datenübermittlung in ein Drittland nach Art. 49 Abs. 1 lit. a.[113]

Zudem ist die Einwilligungserklärung **hinreichend bestimmt** zu gestalten, damit der Betroffene die Reichweite seiner Einwilligung hieraus ableiten kann.

c) Verfahren der Einwilligungseinholung. aa) Informatives Element. Damit der Betroffene die Konsequenzen seines Handelns absehen kann, muss die Einwilligung **informiert** erfolgen, Art. 4 Abs. 11. Daraus folgt, dass der Datenverarbeiter den Einwilligenden vor der Einwilligung umfassend über die Einwilligung und dessen Auswirkungen aufzuklären hat. Der Inhalt der Informierung muss sich am Einzelfall orientieren und dem Nutzer alle für ihn diesbezüglich relevanten Informationen offenbaren. Inhaltlich kann sich der Datenverarbeiter allgemein an den in Art. 12 ff. genannten Vorgaben der Informationspflichten orientieren. Insbesondere die Informationsvorgaben aus Art. 13, 14 sind für eine hinreichend transparente Informierung für den Betroffenen bereitzuhalten.[114] Alle weiteren darüberhinausgehenden Informationen, zB im Kontext besonders sensibler Daten oder einer geplanten Datenübermittlung in ein Drittland, sind zusätzlich verständlich zu erläutern.

---

[100] BGH Urt. v. 5.10.2017 – I ZR 7/16, GRUR 2018, 96.
[101] EuGH Urt. v. 1.10.2019 – C-673/17, ECLI:EU:C:2019:801 Rn. 61 ff. – Planet49.
[102] EuGH Urt. v. 1.10.2019 – C-673/17, ECLI:EU:C:2019:801 Rn. 55 – Planet49.
[103] EuGH Urt. v. 1.10.2019 – C-673/17, ECLI:EU:C:2019:801 Rn. 55 – Planet49.
[104] So zB Kühling/Buchner/*Buchner/Kühling* DS-GVO Art. 7 Rn. 58a; ähnlich auch LG Rostock Urt. v. 15.9.2020 – 3 O 762/19 (nicht rechtskräftig), ZD 2021, 166.
[105] BGH Urt. v. 28.5.2020 – I ZR 7/16, NJW 2020, 2540; vgl. auch *Rauer/Bibi* ZUM 2020, 887 (887 ff.).
[106] BGH Urt. v. 28.5.2020 – I ZR 7/16, NJW 2020, 2540 (2544), Rn. 32.
[107] Auswertungsbericht zur OH Telemedien S. 41; so auch das LG München I Urt. v. 29.11.2022 – 33 O 14776/19, Rn. 112 (nicht rechtskräftig), ZD 2023, 223 (227) mAnm *Nikol*.
[108] *Schonhofen* ZD 2023, 326 (329) mit Verweis auf Arbeitsgemeinschaft für wirtschaftliche Verwaltung, Stellungnahme zur OH Telemedien 2021, S. 4.
[109] *Kühling/Sauerborn* ZfDR 2022, 339 (347); *Kempter/Scheurer* PinG 2023, 72 (74).
[110] *Kempter/Scheurer* PinG 2023, 72 (74).
[111] Vgl. Erwägungsgrund 32.
[112] Vgl. Erwägungsgrund 51.
[113] Vgl. Erwägungsgrund 111; BeckOK DatenschutzR/*Stemmer* DS-GVO Art. 7 Rn. 85.
[114] Artikel-29-Datenschutzgruppe, 17/EN WP 259, S. 30.

45 Die Informierung des Einwilligenden bedarf nicht der Schriftform. Um zu verhindern, dass Betroffene beispielsweise den Informierungstext ausblenden und folglich faktisch uninformiert einwilligen, kann der Einsatz von **Gamification** zur Informationsgewähr hilfreich sein, um dem Betroffenen die Konsequenzen seines Handelns zu vermitteln (insgesamt zu den formalen Anforderungen der Gestaltung von Informationen → Art. 12 Rn. 12 ff.).[115]

46 Der **konkrete Einwilligungstext** hingegen ist so verständlich und präzise wie möglich zu fassen. Im Rahmen zusammengesetzter schriftlicher Erklärungen bedarf es zudem der Hervorhebung des Einwilligungstextes (→ Rn. 81 ff.). Diese Hervorhebung ist einerseits gestalterisch und andererseits auch inhaltlich vorzunehmen.

47 **bb) Zeitliches Element.** Die Einwilligung ist als **vorherige Zustimmung** bei einer Datenverarbeitung einzuholen. Die Einwilligung kann jedoch gleichsam erst nach der Informierung wirksam vorgenommen werden. Eine einmal wirksame Einwilligung, welche nicht zeitlich befristet ist, ist grundsätzlich auf unbestimmte Zeit wirksam. Allerdings muss in diesem Zusammenhang der Grundsatz der Zweckbindung und der Datensparsamkeit Beachtung finden. Werden die Daten nicht mehr benötigt, ist ein Löschen des Datums erforderlich, vgl. Art. 17 Abs. 1 lit. a. Gleiches gilt für den Fall des Widerrufs der Einwilligung, Art. 17 Abs. 1 lit. b. Um Transparenz hinsichtlich der **Wirksamkeitsdauer** einer Einwilligung dem Betroffenen zu gewähren, sollen Unternehmen in der Informierung gegenüber dem Betroffenen angeben, wie lange ein entsprechendes Datum für eine Verarbeitung erforderlich ist, soweit der Zeitraum der Datenverarbeitung in einem bestimmten Kontext absehbar ist. Ist eine Verarbeitung nicht zeitgebunden, stellt sich die Frage, ob eine Einwilligung ihre Wirksamkeit alleine aufgrund Zeitablaufs verlieren kann. Das Verwirken einer Einwilligungserklärung, beispielsweise weil hiervon über einen langen Zeitraum durch den Verantwortlichen kein Gebrauch gemacht wurde, wäre denkbar, würde aber Rechtsunwirksamkeit bewirken.[116] Verändert sich der der Einwilligung zugrundeliegende Sachverhalt, kann allerdings von einem Geltungsverlust der Einwilligungswirkung ausgegangen werden.[117] Der EDSA empfiehlt deshalb die „Auffrischung" der Einwilligungserklärung in angemessenen Zeitabständen.[118] Daher kommt es maßgeblich auf den Verarbeitungszweck und das Erfordernis der Datenverarbeitung für die Erreichung dieses Ziels an. Betroffenen muss das Recht zugebilligt werden, lebenslang wirksame Einwilligungen zu erteilen.[119] Für die Praxis bietet es sich dennoch an, die Dauer bzw. das Ende der Einwilligungswirkung so präzise wie möglich zu bezeichnen, und sei es auch nur mit dem Hinweis auf den Widerruf.[120] Die Artikel-29-Datenschutzgruppe empfiehlt zudem als best practice die Erneuerung entsprechender Einwilligungen in angemessenen zeitlichen Abständen.[121]

48 Ohne rechtzeitige wirksame Einwilligung ist die vorherige Datenverarbeitung als rechtswidrig zu werten. Eine **nachträgliche Einwilligung** kann keine heilende Wirkung für die rechtswidrige Datenverarbeitung in der Vergangenheit besitzen.[122] Insbesondere besteht keine Dispositionsfähigkeit der Parteien im Hinblick auf datenschutzrechtliche Sanktionen, vgl. Art. 83 Abs. 5. Allerdings kann eine nachträgliche Einwilligung für die Zukunft Wirksamkeit entfalten. Gleichsam kann hierin auch ein Verzicht auf die Geltendmachung entsprechender Betroffenenrechte wie das Löschungsrecht durch den Betroffenen zu werten sein,[123] so dass der Verantwortliche der Datenverarbeitung die unrechtmäßig erhobenen Daten gegebenenfalls nicht löschen und anschließend neu erheben muss, sondern auf Basis des bestehenden Datensatzes eine nunmehr rechtmäßige Datenverarbeitung vornehmen darf.

49 **cc) Formales Element.** Wird die Einwilligung auf elektronischem Wege eingeholt, so ist nach Erwägungsgrund 32 erforderlich, dass dies **ohne unnötige Unterbrechung des Dienstes** erfolgt, für den die Einwilligung abgegeben wird. Diese Vorgabe spricht gegen den

---

[115] Vgl. zu Gamification im Einwilligungskontext allg. *Scheurer,* Spielerisch selbstbestimmt, 2019, S. 282 ff.
[116] Gola/Heckmann/*Schulz* DS-GVO Art. 7 Rn. 61 verneint daher die Möglichkeit des Verwirkens, ebenso Taeger/Gabel/*Taeger* DS-GVO Art. 7 Rn. 76.
[117] Schantz/Wolff/*Wolff* Neues DatenschutzR Rn. 530.
[118] Vgl. EDSA, Leitlinien 05/2020 v. 4.5.2020, S. 26 Rn. 111.
[119] Die Artikel-29-Datenschutzgruppe, 17/EN WP 259, S. 20 fordern eine Einzelfallbetrachtung, mangels Vorliegens eines spezifischen Wirksamkeitszeitraum von Einwilligungen.
[120] Gola/Heckmann/*Schulz* DS-GVO Art. 7 Rn. 61.
[121] Artikel-29-Datenschutzgruppe, 17/EN WP 259, S. 20.
[122] So auch Schaffland/Wiltfang/*Schaffland/Holthaus* DS-GVO, EL 8/23, Art. 7 Rn. 12.
[123] So auch Schaffland/Wiltfang/*Schaffland/Holthaus* DS-GVO, EL 8/23, Art. 7 Rn. 12.

Bedingungen für die Einwilligung   50–55 **Art. 7**

„übermäßigen Gebrauch von Pop-up-Fenstern zum Zwecke der Einholung von Einwilligungen".[124]

Für öffentliche Stellen sind ergänzend die Anforderungen der **Richtlinie (EU) 2016/2102** 50 vom 26.10.2016 über den barrierefreien Zugang zu den Websites und mobilen Anwendungen öffentlicher Stellen bzw. deren nationale Umsetzungen zu beachten. Barrierefreiheit kann viele Gestaltungen besitzen; insbesondere ist jedoch darauf zu achten, dass Textdokumente von Vorleseprogrammen erkannt werden können und damit für Menschen mit Sehbehinderung wahrnehmbar sind.[125] Die barrierefreie Darstellung von Webseiten mitsamt den datenschutzrechtlich relevanten Informationen ist jedoch auch im Rahmen der Privatwirtschaft wünschenswert.

2. Materielle Wirksamkeitsvoraussetzungen. Im Rückgriff auf die Art. 8 GRCh geht das 51 datenschutzrechtliche Einwilligungskonzept von den folgenden Grundprinzipien aus: Das **Freiwilligkeitsprinzip** (vgl. Art. 7 Abs. 1, 4), der **Zweckbindungsgrundsatz** (vgl. Art. 6 Abs. 1 lit. a)[126] und der **Grundsatz der freien Widerrufbarkeit,** der die permanente Datenhoheit jedes Betroffenen sichert (vgl. Art. 7 Abs. 3).

a) Das Freiwilligkeitsprinzip. Kernelement der Einwilligung im Datenschutzrecht ist das 52 **Freiwilligkeitsprinzip,** welches sich bereits aus Art. 8 GRCh ableiten lässt und sich in Art. 7 wiederfindet. Ist eine Einwilligung nicht freiwillig ergangen, ist diese unwirksam. Anderenfalls würde das Recht auf Datenschutz konterkariert. Das **Freiwilligkeitsprinzip** gliedert sich wiederum in die Unterprinzipien „Freiheit von Zwang" (vgl. Art. 7 Abs. 4) und „Informiertheit" (vgl. Art. 4 Nr. 11).

aa) Freiheit von Zwang und Wahlfreiheit. Die DS-GVO selbst enthält keine **Legaldefinition** zum Terminus der Freiwilligkeit. Auch in der Rechtsprechung findet sich noch keine 53 abschließende Auslegung des Freiwilligkeitsbegriffs.[127] In den Erwägungsgründen 42 und 43 der DS-GVO sowie Art. 7 Abs. 4 finden sich diesbezüglich nur negative Abgrenzungsmerkmale.

Aus den Erwägungsgründen der Verordnung wird deutlich, was sich der Verordnungsgeber 54 unter einer freiwilligen Einwilligung iSd Art. 7 vorstellt. So heißt es in Erwägungsgrund 42: „Es sollte nur dann davon ausgegangen werden, dass sie [die betroffene Person, Anm.] ihre Einwilligung freiwillig gegeben hat, wenn sie eine echte oder freie Wahl hat und somit in der Lage ist, die Einwilligung zu verweigern oder zurückzuziehen, ohne Nachteile zu erleiden." Damit ist zunächst klargestellt, dass eine Einwilligung **nicht durch Zwang herbeigeführt** werden darf und eine **Wahlfreiheit des Betroffenen** bestehen muss. Abzustellen ist immer auf den bestimmten Einzelfall.[128] Zwang wird unzweifelhaft im Kontext strafrechtlich relevanten Verhaltens des Vertragspartners bzw. einer dritten Person angenommen werden können. In solchen Fällen wird das Fehlen einer (echten) Wahlfreiheit des Betroffenen unterstellt.

Aber auch rechtlich nicht sanktionierte Verhaltensweisen können die Freiwilligkeit des Be-55 troffenenverhaltens in Frage stellen, da sie bei ihm einen abstrakten inneren **Zwang** auslösen können.[129] Gänzlich frei von jedwedem äußeren Druck ist kaum eine Entscheidung.[130] Jede Form von inadäquatem Druck oder Beeinflussung des Betroffenen führt mangels Freiwilligkeit aber zur Unwirksamkeit der Einwilligung.[131] Nach Maßgabe des Erwägungsgrundes 43 wird eine Einwilligung auch nicht als freiwillig angesehen, wenn ein klares Ungleichgewicht zwischen betroffener Person und dem Verantwortlichen der Datenverarbeitung besteht. Ob eine Freiwilligkeit in diesen Konstellationen besteht, kann anhand einer Zweistufenprüfung festgestellt werden. In einer ersten Stufe muss die Machtasymmetrie identifiziert werden. In der zweiten

---

[124] Gola/Heckmann/*Schulz* DS-GVO Art. 7 Rn. 48; *Härting* DS-GVO Rn. 363; *Weigl* CRi 2016, 102 (107). Schantz/Wolff/*Wolff* Neues DatenschutzR Rn. 499 vertritt hingegen die Auffassung, dass Pop-Up-Fenster generell die Nutzung einer Webseite kaum stärker beeinträchtigen, als ein eingebetteter Button, über den eine Einwilligung erklärt wird.
[125] PDF-Dateien sind vielfach nicht barrierefrei. Zur Gestaltung barrierefreier PDF-Dokumente siehe www.einfach-fuer-alle.de/artikel/pdf-barrierefrei-umsetzen/.
[126] Zum Freiwilligkeitsprinzip und zum Zweckbindungsgrundsatz → Art. 6 Rn. 13 ff., → Art. 5 Rn. 20 ff.
[127] EuGH Urt. v. 1.10.2019 – C-673/17, ECLI:EU:C:2019:801 Rn. 64 – Planet49.
[128] jurisPK-InternetR/*Heckmann/Scheurer* Kap. 9 Rn. 346.
[129] HK-DS-GVO/*Ingold* Art. 7 Rn. 27.
[130] *Bull* PinG 2023, 159 (160).
[131] jurisPK-InternetR/*Heckmann/Scheurer* Kap. 9 Rn. 346; vgl. zum Aspekt des „sozialen" bzw. „politischen" Drucks im Kontext der Einwilligung in die Nutzung der Corona-Warn-App auch *Ruschemeier* ZD 2020, 618 (620).

Stufe ist zu prüfen, ob der Betroffene eine echte und freie Wahl bezüglich der Einwilligung besitzt.

56 Ein klares **Machtungleichgewicht** wird beispielsweise vermutet, wenn es sich bei dem Verantwortlichen der Datenverarbeitung um eine Behörde handelt. Ein Ungleichgewicht kann auch zwischen Verbrauchern und Unternehmern gegeben sein, insbesondere, wenn letzterer über eine Monopolstellung am Markt verfügt.[132] Gleiches kann bei „kartellähnlichen Angebotslagen" angenommen werden.[133] Darüber hinaus kann vielfach in Wohnraummietverhältnissen, Versicherungsbeziehungen, im Bereich von Finanzdienstleistern und der Gesundheitsversorgung oder bei (Energie- und Wasser-)Versorgungsunternehmen eine Asymmetrie der Machtverhältnisse angenommen werden.[134] Grundsätzlich muss überall dort, wo eine faktische oder rechtliche Abhängigkeit besteht, die Freiwilligkeit einer Einwilligung infrage gestellt werden.[135] In Privatrechtsverhältnissen ist die Feststellung eines Ungleichgewichts dabei diffizil und nicht bereits bei der einseitigen Stellung Allgemeiner Geschäftsbedingungen zu bejahen.[136] Vielmehr wird bei „beträchtlichen nachteiligen Folgen" der Einwilligung wie zB erheblichen Zusatzkosten auch zwischen Privaten von einem Ungleichgewicht zu sprechen sein.[137]

57 In einer zweiten Stufe ist das Bestehen einer **Wahlfreiheit** zu prüfen.[138] Die Wahlmöglichkeit des Betroffenen ist zu verneinen, wenn in Anbetracht aller Umstände des Einzelfalls nicht anzunehmen ist, dass die Einwilligung freiwillig gegeben würde. Besaß der Betroffene keine echte Wahl, da er anderenfalls Nachteile zu befürchten hatte, stellt die Einwilligung keine gültige Grundlage für die Datenverarbeitung dar.[139] Eine Wahlfreiheit ist beispielsweise nicht anzunehmen, wenn zu verschiedenen Verarbeitungsvorgängen nur die Möglichkeit einer pauschalen Einwilligungserteilung und nicht die Möglichkeit gesonderter Einwilligungen besteht, obwohl dies im Einzelfall angebracht wäre.[140] Eine Wahlfreiheit ist ebenso zu verneinen, wenn neben einer Einwilligung in alle Cookies auf der ersten Schaltfläche einer Website (hierzu → Rn. 40 f.) sich die Möglichkeit der Einwilligung in nur notwendige Cookies weder farblich noch in ihrer Größe und Art vom weiteren Fließtext abhebt.[141] Insgesamt ist daher auch im Rahmen des Bestehens eines strukturellen Ungleichgewichts eine Einzelfallbetrachtung geboten. Ein Ungleichgewicht der Parteien führt nämlich nicht zwingend zu einem Entfallen der Freiwilligkeit, da dies der informationellen Selbstbestimmung zuwiderlaufen würde.[142] Bei Einwilligungen gegenüber Behörden kann beispielsweise der Umstand, dass diese der Leistungs-[143] oder Eingriffsverwaltung[144] zugeordnet sind, von Relevanz sein.[145] Wenn bei einer Verweigerung der Einwilligung die Behörde aufgrund einer entsprechenden Anordnung das gleiche Ziel erreichen kann, so dass die Datenerhebung von Seiten des Betroffenen unausweichlich ist, ist das Bestehen

---

[132] BeckOK DatenschutzR/*Stemmer* DS-GVO Art. 7 Rn. 51. Zum Dilemma der Netzwerk- und Lock-In-Effekte hinsichtlich des Freiwilligkeitsprinzips Schantz/Wolff/*Wolff* Neues DatenschutzR Rn. 508.
[133] *Ernst* ZD 2017, 110 (112).
[134] HK-DS-GVO/*Ingold* Art. 7 Rn. 27 mwN.
[135] Gola/Heckmann/*Schulz* DS-GVO Art. 7 Rn. 20; ähnlich *Golland* MMR 2018, 130 (132); zur Abhängigkeit im Beschäftigungsverhältnis vgl. EDSA, Leitlinien 05/2020 v. 4.5.2020, S. 10 Rn. 21.
[136] Gola/Heckmann/*Schulz* DS-GVO Art. 7 Rn. 21.
[137] Vgl. EDSA, Leitlinien 05/2020 v. 4.5.2020, S. 10, 11 Rn. 24.
[138] Vgl. Erwägungsgrund 42 S. 4.
[139] Vgl. Erwägungsgrund 43 S. 1 und klarstellend auch EDSA, Leitlinien 05/2020 v. 4.5.2020, S. 8 Rn. 13.
[140] Erwägungsgrund 43 S. 2.
[141] Vgl. so zuletzt LG Köln Urt. v. 23.3.2023 – 33 O 376/22, GRUR-RS 2023, 9811 Rn. 66.
[142] Das Konsulargesetz sieht vor, dass zur Krisenvorsorge und zur Ermöglichung von Hilfe eine Liste von Deutschen im jeweiligen Ausland zu erstellen ist. Hierfür können sich Betroffene mit ihrem Aufenthaltsort über die Webseite https://elefand.diplo.de beim Auswärtigen Amt registrieren. In dieser Konstellation ergeben sich für den Betroffenen trotz Machtdisparität nur Vorteile, zumal auch ein Auslandsaufenthalt ohne entsprechende Registrierung und Dateneingabe möglich ist, vgl. auch Erwägungsgrund 42. Daher ist in entsprechenden Konstellationen nicht von einem Entfallen der Freiwilligkeit auszugehen.
[143] Die Artikel-29-Datenschutzgruppe führt u.a. als Beispiele zulässiger Einwilligungen gegenüber Behörden die Registrierung eines Bürgers für eine freiwillige E-Mail-Liste an, um über den Fortschritt von Straßenbauarbeiten direkt informiert zu werden und nicht mehr auf die Webseite der Behörde nachschauen zu müssen oder die freiwillige Einwilligung eines Schülers Fotos in einer Schülerzeitung abdrucken zu lassen, 17/EN WP 259, S. 7.
[144] Gola/Heckmann/*Schulz* DS-GVO Art. 7 Rn. 5 negiert Freiwilligkeit im Rahmen des Subordinationsverhältnisses der Eingriffsverwaltung.
[145] BeckOK DatenschutzR/*Stemmer* DS-GVO Art. 7 Rn. 54.

der Wahlfreiheit des Betroffenen abzulehnen. In solchen Fällen kann mangels echter Wahlmöglichkeit von keiner Freiwilligkeit ausgegangen werden.

Die Frage, ob ein freiwilligkeitsausschließendes Ungleichgewicht auch im Rahmen von **Arbeitsverhältnissen** pauschal anzunehmen ist, ist mit Blick auf Erwägungsgrund 155 abzulehnen.[146] Dieser stellt das Recht der Mitgliedstaaten dar, spezifische Vorschriften für die Verarbeitung personenbezogener Beschäftigtendaten im Beschäftigungskontext zu erlassen. Hierunter fallen besonders Vorschriften über die Bedingungen, unter denen personenbezogene Daten im Beschäftigungsverhältnis auf der Grundlage der Einwilligung des Beschäftigten verarbeitet werden dürfen.[147] Stünde die Regelung des Art. 7 Abs. 4 dem entgegen, würde eine Erlaubnis der Mitgliedstaaten, hierüber eigene Regelungen zu treffen, sinnlos. Vielmehr ist davon auszugehen, dass die Gesetzgeber der Mitgliedstaaten selbst konkretisieren können, wann eine Datenverarbeitung im Kontext eines Beschäftigungsverhältnisses auf eine Einwilligung gestützt werden darf und in welchen Fällen eine solche Einwilligung mangels Wahlfreiheit des Arbeitnehmers aufgrund des evident vorhandenen Ungleichgewichts zwischen Arbeitgeber und Arbeitnehmer unwirksam wäre. Der deutsche Gesetzgeber hat mit § 26 BDSG die Datenverarbeitung für Zwecke des Beschäftigungsverhältnisses weiter konturiert (→ Rn. 115). Nach *Folkerts* können Arbeitnehmer unter gewissen Voraussetzungen auch wirksam in Verarbeitungen einwilligen, die rein im Arbeitgeberinteresse stehen.[148]

Auch **außerhalb von ungleichen Machtverhältnissen** ist das Kriterium der freien Wahlmöglichkeit des Betroffenen zu prüfen.[149] Eine echte Wahlmöglichkeit kann abgelehnt werden, wenn dem Verantwortlichen der Datenverarbeitung bereits die Datenverarbeitung aufgrund gesetzlicher Ermächtigungsgrundlage gestattet ist. Allerdings besteht teilweise noch Rechtsunsicherheit, welche personenbezogene Daten aufgrund welcher Ermächtigungsnorm im Einzelnen erhoben und verarbeitet werden dürfen. Daher ziehen viele Unternehmen in Zweifelsfällen auch die Einwilligung in Betracht. Diese Rechtsunsicherheit darf nicht eine Datenverarbeitung gänzlich beeinträchtigen. Vielmehr ist dem Betroffenen im Rahmen der Informierung dieser Umstand verständlich darzustellen.[150] Soweit aber Rechtssicherheit dahingehend besteht, dass bestimmte personenbezogene Daten über eine bestimmte Ermächtigungsgrundlage erhoben werden dürfen, ist eine echte Wahlmöglichkeit für den Betroffenen zu verneinen, so dass die Freiwilligkeit der Einwilligung abgelehnt werden kann.[151] Die Schaffung bloßer Anreize in und außerhalb der zuvor genannten Asymmetrieverhältnisse durch Gewinnspiele oder Vergünstigungen stellt vielleicht ein geschicktes Ausnutzen der Gier des Betroffenen dar, schränkt jedoch die Wahlmöglichkeit des Betroffenen nicht ein und lässt damit die Freiwilligkeit einer Einwilligung nicht entfallen.[152] Die Einwilligung in den künftigen Erhalt von Werbemails zum Zwecke der Gewinnspielteilnahme ist danach wirksam und scheitert nicht am Kriterium der Freiwilligkeit.[153]

Generell keinen Zwang oder einen Eingriff in die Wahlfreiheit stellt die grundsätzlich zulässige Steuerung menschlichen Verhaltens (sog. **Nudging**) dar, da hierbei vermutete individuelle oder zumindest kollektive Gesellschaftsziele gefördert werden sollen[154] Eine täuschende oder manipulative Beeinflussung die sich in ihrer verhaltensökonomischen Lenkung über Einzelinteressen von Menschen hinwegsetzt (**Dark Patterns**), führt hingegen zur Unfreiwilligkeit darauf basie-

---

[146] Die Artikel-29-Datenschutzgruppe 17/EN WP 259, S. 8 nennt als Beispiel einer zulässigen Einwilligung in der Arbeitgeber-Arbeitnehmer-Beziehung, die Einwilligung eines Mitarbeiters bei Dreharbeiten im Unternehmen mitzuwirken, wenn bei einer Ablehnung der Gestattung der Mitarbeiter keine Nachteile befürchten müsste.
[147] Vgl. Erwägungsgrund 155 S. 1; dazu auch → Art. 88 Rn. 200 ff.
[148] *Folkerts* DuD 2022, 77 (80).
[149] Vgl. Erwägungsgrund 42 S. 4.
[150] Kühling/Buchner/*Buchner*/*Kühling* DS-GVO Art. 7 Rn. 18, 21, konstatiert, dass anderenfalls dem Betroffenen eine Entscheidungsmacht suggeriert werde, die in Wirklichkeit nicht bestehen würde. Pauschale Disclaimer sind aufgrund Intransparenz jedoch abzulehnen, vgl. *Schneider* CR 2017, 568 (571).
[151] HK-DS-GVO/*Ingold* Art. 7 Rn. 29; *Schneider* CR 2017, 568 (571).
[152] Vgl. HK-DS-GVO/*Ingold* Art. 7 Rn. 27 f.; aA *Ernst* ZD 2017, 110 (112), der bei Überrumpelungslagen auch die Freiwilligkeit verneint.
[153] So auch OLG Frankfurt a. M. Urt. v. 27.6.2019 – 6 U 6/19, ZD 2019, 507 Rn. 12. Im zugrundeliegenden Fall hatte das Gericht keine Bedenken an der Freiwilligkeit, da sich die Einwilligung auf nicht mehr als acht konkret bezeichnete Unternehmen bezog und auch der Geschäftsbereich des werbenden Unternehmens klar erkennbar war.
[154] Zum Nudging auch Gola/Heckmann/*Schulz* DS-GVO Art. 7 Rn. 19.

render Einwilligungen.[155] Eine weitere Grenze der Freiwilligkeit könnte die zunehmende Komplexität sowie gleichzeitig steigende Anzahl datenschutzrechtlicher Einwilligungen darstellen, mit denen sich Verbraucher immer mehr konfrontiert sehen.[156] Unter Freiwilligkeitsaspekten unproblematisch sollen sog. **Pur-Abo-Modelle** sein, mit denen das Verhalten von Websitenutzern auf Basis einer datenschutzrechtlichen Einwilligung nachverfolgt wird, wenn eine kostenpflichtige Alternative ohne Tracking zur Verfügung steht.[157] Ob eine kostenpflichtige Alternative tatsächlich Wahlfreiheit und damit Freiwilligkeit bedeutet wird allerdings völlig zurecht angezweifelt.[158]

61 Art. 7 Abs. 4 beschreibt exemplarisch darüber hinaus das sog. **Koppelungsverbot.** Eine Koppelung der Einwilligung an einen anderen Sachverhalt hindert gleichsam die Freiwilligkeit (→ Rn. 99 ff.). Insbesondere kann in einem Verstoß gegen das **Kopplungsverbot** als Aufbau unzulässigen Druck auf den Betroffenen zu sehen sein (→ Rn. 104).

62 **bb) Informiertheit.** Neben der Abwesenheit von Zwang muss der Betroffene alle Umstände im Kontext seiner Einwilligung kennen, um überhaupt in der Lage zu sein, einen freien Willen zu bilden und in der Folge die Entscheidung über die Einwilligung zu treffen.[159] Insbesondere **Umfang und auch Tragweite** seiner Einwilligung müssen dem Einzelnen bewusst sein.[160] Daher verhindert auch eine Täuschung über den Inhalt oder Umfang der Einwilligung eine freiwillige und damit wirksame Einwilligung. Zur Ermöglichung des Verständnisses des Betroffenen muss die Informierung über die Einwilligungsfolgen in derjenigen Sprache erfolgen, in der das Angebot besteht.[161]

63 Die erforderliche **Informiertheit** ist gegeben, wenn die Einwilligung auf der Kenntnis aller hierfür erforderlichen Umstände beruht. Dies ist der Fall, wenn der Betroffene über die Identität des Verantwortlichen der Datenverarbeitung informiert wurde und ihm verständlich gemacht worden ist, welche seiner personenbezogenen Daten zu welchem Zweck verarbeitet werden. Ferner ist der Betroffene über sein datenschutzrechtliches Widerrufsrecht zu informieren (→ Rn. 93). Darüber hinaus muss ihm erläutert werden, wofür seine Daten im Rahmen automatischer Entscheidungen (insbesondere Profiling) genau angewendet werden und welche Folgen und mögliche Risiken die Datenverarbeitung bzw. die Datenübermittlung in Drittländer gemäß Art. 49 Abs. 1 lit. a für ihn besitzt.[162] Diese Umstände müssen jeweils verständlich aufgearbeitet werden, so dass eine Willensbildung durch den Betroffenen überhaupt möglich ist. Werden die Daten von verschiedenen Verantwortlichen verarbeitet, sind diese alle dem Betroffenen gegenüber zu benennen,[163] vgl. auch Art. 26. Hierbei müssen jedoch nicht alle potentiell möglichen Folgen aufgezeigt werden, vielmehr genügen solche, die mit hinreichender Wahrscheinlichkeit eintreten. Es könnte überlegt werden, ob der einwilligungsvorbereitende Belehrungstext ähnlich einer Packungsbeilage für Humanarzneimittel[164] entsprechende „datenverarbeitungsbezogene Nebenwirkungen" und „Warnhinweise" enthalten soll. Die Rechtsprechung wird in den nächsten Jahren weiter präzisieren müssen, welche Informationen in diesem Kontext wie feingranular erfolgen müssen und ob das Fehlen einzelner Inhalte bereits die Uninformiertheit des Betroffenen zur Folge hat.

64 Die DS-GVO stellt keine Formvorgaben für die Informierung des Betroffenen auf.[165] Aufgrund der Nachweispflicht des Verantwortlichen der Datenverarbeitung bietet sich jedoch eine **nachweisbare Informierung** an. Der Informierungsgrad hat sich primär am Empfängerkreis

---

[155] Vgl. hierzu ausf. *Martini/Drews/Seeliger/Weinzierl* ZfDR 2021, 47 (55); zum Verhältnis von Dark Patterns und der DS-GVO auch *Kühling/Sauerborn* CR 2022, 220 (220).

[156] *Kollmar/El-Auwad* K&R 2021, 73 (75 f.); ähnlich auch Datenethikkommission, Gutachten vom 23.10.2019, S. 96, abrufbar unter www.bmi.bund.de/SharedDocs/downloads/DE/publikationen/themen/it-digitalpolitik/gutachten-datenethikkommission.html.

[157] *Kühling/Sauerborn* ZfDR 2022, 339 (364); DSK, Bewertung von Pur-Abo-Modellen auf Websites Beschl. v. 22.3.2023.

[158] *Nikol/Rost* DSB 2023, 167 (167).

[159] Vgl. *Krohm* ZD 2016, 368 (373).

[160] *Jarass* GRCh Art. 8 Rn. 10; BeckOK InfoMedienR/*Gersdorf*, 40. Ed. 1.5.2021, GRCh Art. 8 Rn. 27; *Wybitul* ZD 2016, 203 (204); *Krohm* ZD 2016, 368 (373), Erwägungsgrund 42 spricht hierbei von dem Erfordernis der Angabe des Verantwortlichen und dem Zweck der Datenverarbeitung; ausf. zum Transparenzprinzip → Art. 5 Rn. 17 ff.; hins. der Gestaltung der Einwilligungserklärung → Art. 12 Rn. 12 ff.

[161] Vgl. *Ernst* ZD 2017, 110 (113).

[162] Artikel-29-Datenschutzgruppe, 17/EN WP 259, S. 13.

[163] Artikel-29-Datenschutzgruppe, 17/EN WP 259, S. 14.

[164] Vgl. Art. 59 RL 2001/83/EG.

[165] Artikel-29-Datenschutzgruppe, 17/EN WP 259, S. 14.

der Informierung zu orientieren.¹⁶⁶ Richtet sich die Information an Dritte ist dies grundsätzlich nicht ausreichend um dem Informiertheitserfordernis zu genügen.¹⁶⁷ Die Artikel-29-Datenschutzgruppe stellt allgemein bei der Informierung auf das Sprach- und Verständnisniveau eines Durchschnittsbürgers ab.¹⁶⁸ Hierbei ist jedoch zu beachten, dass diesem Idealtypus häufig in der Praxis nicht Rechnung getragen wird, so dass ein Abstellen auf den Durchschnittsbürger viele Betroffene unbeachtet lässt, was zur Folge hat, dass deren Einwilligungen mangels adäquater Informierung unwirksam wären.

Verlangt wird eine konkrete, informierte Einwilligung, so dass **pauschale, vorsorgliche oder** 65 **globale Einwilligungen** für den Umgang mit personenbezogenen Daten **unwirksam** sind.¹⁶⁹ Zur Herstellung eines europaweit einheitlichen Umgangs mit datenschutzrechtlichen Einwilligungen ist bei Vorliegen eines Irrtums des Betroffenen eine Unwirksamkeitslösung über die DS-GVO u.a. über das Freiwilligkeitsprinzip zu wählen. Der Rückgriff auf nationale zivilrechtliche Gestaltungsrechte verbietet sich somit.¹⁷⁰

Die **Rechtsfolge einer unfreiwilligen Einwilligung** ist die **Unwirksamkeit**. Diese ist 66 Art. 8 GRCh geschuldet. Das ergibt sich mittelbar auch aus der Begriffsbestimmung des Art. 4 Nr. 11. Ist die Einwilligung nicht freiwillig, liegt begrifflich bereits keine Einwilligung im normativen Sinne vor.

Liegen die genannten Voraussetzungen der Informiertheit und Freiheit von Zwang im weiteren 67 Sinne bei Erklärung der Einwilligung durch den Betroffenen hingegen vor, ist die **Rechtsfolge** die **Fiktion der Freiwilligkeit**. Das tatsächliche Vorliegen von Freiwilligkeit ist in der Praxis zumeist nicht nachweisbar. Diese gesetzliche Vermutung dient dem Schutz des Anbieters, der, wenn er alles Erforderliche getan hat und eine Einwilligung erhält, von deren Freiwilligkeit ausgehen darf.

b) Der Bestimmtheitsgrundsatz. Neben der Informiertheit ist der **Bestimmtheitsgrund-** 68 **satz** ein wichtiges Element der Einwilligung, vgl. Art. 4 Abs. 11. Insbesondere die Einwilligungserklärung muss dem Bestimmtheitsgrundsatz genügen. Dies ist erforderlich, damit der Betroffene die Reichweite der Datenverarbeitung, in die er eingewilligt hat, absehen kann.¹⁷¹ Neben der Nennung des Verarbeitungszwecks (vgl. Art. 6 Abs. 1 lit. a) und dem Verantwortlichen der Verarbeitung sind die zu verarbeitenden personenbezogenen Daten und die Art der Datenverarbeitung zu konkretisieren.¹⁷² Eine Datenverarbeitung kann gleichzeitig mehrere Zwecke erfüllen.¹⁷³ Diese sind im Rahmen der Informierung umfassend darzustellen und in der Einwilligungserklärung zu benennen.

Weiterhin gilt die Einwilligung gemäß Erwägungsgrund 43 S. 2 als nicht freiwillig erteilt, 69 wenn zu verschiedenen Verarbeitungsvorgängen von personenbezogenen Daten nicht gesondert eine Einwilligung erteilt werden kann, obwohl dies im Einzelfall angebracht wäre, oder wenn die Erfüllung eines Vertrages, einschließlich der Erbringung einer Dienstleistung, von der Einwilligung abhängig ist, obwohl diese Einwilligung für die Erfüllung nicht erforderlich ist.¹⁷⁴ Dies besagt, dass die Einwilligung derart feingranular sein muss, dass der Betroffene in jede Verarbeitungsart eigenständig einwilligen können muss.¹⁷⁵ Dieses Konzept der **„differenzierten Einwilligung"**¹⁷⁶ vermutet das Fehlen der Freiwilligkeit der Einwilligung, wenn in verschiedene Datenverarbeitungsvorgänge nicht getrennt eingewilligt werden kann, obwohl dies möglich wäre. Dies dürfte der Praxis der **„Globaleinwilligungen"**, die der Betroffene nur als Ganzes akzeptieren kann, einen Riegel vorschieben.¹⁷⁷ Ein feingranulares Einwilligungsmanagement gerät jedoch bei solchen Verarbeitungen an seine Grenzen, die typischerweise durch unbestimmte Zwecke geprägt sind, wie etwa **Big-Data-Analysen**.¹⁷⁸ Um dem Bestimmtheitserfor-

---

¹⁶⁶ Artikel-29-Datenschutzgruppe, 17/EN WP 259, S. 14.
¹⁶⁷ So auch jurisPK-InternetR/*Heckmann*/*Scheurer* Kap. 9 Rn. 311.
¹⁶⁸ Artikel-29-Datenschutzgruppe, 17/EN WP 259, S. 14.
¹⁶⁹ Paal/Pauly/*Frenzel* DS-GVO Art. 7 Rn. 8; *Piltz* K&R 2016, 557 (562).
¹⁷⁰ AA BeckOK DatenschutzR/*Stemmer* DS-GVO Art. 7 Rn. 30.
¹⁷¹ BeckOK DatenschutzR/*Stemmer* DS-GVO Art. 7 Rn. 77.
¹⁷² Erwägungsgrund 42; BeckOK DatenschutzR/*Stemmer* DS-GVO Art. 7 Rn. 78.
¹⁷³ Erwägungsgrund 32; BeckOK DatenschutzR/*Stemmer* DS-GVO Art. 7 Rn. 80.
¹⁷⁴ Vgl. Erwägungsgrund 43 S. 2.
¹⁷⁵ Artikel-29-Datenschutzgruppe, 17/EN WP 259, S. 11 fordert sogar, dass für jeden einzelnen Zweck der Dateninhaber eine Einwilligungswahl haben sollte.
¹⁷⁶ *Schantz* NJW 2016, 1841 (1845).
¹⁷⁷ *Schantz* NJW 2016, 1841 (1845).
¹⁷⁸ Vgl. auch Gola/Heckmann/*Schulz* DS-GVO Art. 7 Rn. 36; vgl. hierzu auch Stern/Sodan/Möstl/ *Heckmann* StaatsR Bd. 4 § 102 Rn. 151.

dernis zu genügen wird hier ein nach Verarbeitungszwecken **gestuftes Einwilligungsmanagement** vorgeschlagen,[179] das in der praktischen Umsetzung aber weitere Fragestellungen aufwerfen wird. Einer sukzessiven Ausweitung des ursprünglichen Verarbeitungszwecks ist aber immer entgegenzuwirken.[180]

70 c) **Der Zweckbindungsgrundsatz.** Der Zweck bzw. die Zwecke für die Datenverarbeitung müssen bei der Einwilligung festgelegt, eindeutig und legitim sein. Die in der Einwilligungserklärung genannten Zwecke der Datenverarbeitung sind für den Verantwortlichen bindend. Aufgrund des **Zweckbindungsgrundsatzes** ist es dem Verantwortlichen nicht gestattet, die Daten für beliebige neue Zwecke zu verarbeiten, wenn er diese im Rahmen der Einwilligungseinholung nicht angegeben hat, vgl. Art. 5 Abs. 1 lit. b (→ Art. 5 Rn. 20 ff.). Erwägungsgrund 33 sieht eine Erleichterung dieses Erfordernisses im Zusammenhang mit wissenschaftlichen Forschungsvorhaben vor, da der konkrete Zweck zum Zeitpunkt der Datenerhebung hierbei vielfach noch nicht bekannt ist.[181] Dies entbindet jedoch nicht von einer hinreichend bestimmten Informierung des Betroffenen im Zuge der Einwilligungseinholung über die weiteren Inhalte. Eine dezidiertere Information des betroffenen Personen soll die dabei entstehenden Defizite im Hinblick auf das Tatbestandsmerkmal der Bestimmtheit ausgleichen.[182] Zudem soll Betroffenen die Möglichkeit offenbart werden, ihre Einwilligung auf bestimmte Forschungsbereiche zu beschränken.[183] Diese aus Erwägungsgrund 33 abgeleitete Einwilligung im Hinblick auf bestimmte Forschungsbereiche oder Forschungsprojekte wird als „breite Einwilligung" **(broad consent)** bezeichnet.[184] Ein Beispiel für eine von der DSK anerkannte[185] Musterlösung eines Formulars zur breiten Einwilligung hat die vom BMBF geförderte Medizininformatik-Initiative erarbeitet.[186] Im Forschungskontext haben sich über die breite Einwilligung hinaus weitere Einwilligungskonzepte etabliert. Bei einer „dynamischen Einwilligung" **(dynamic consent)** etwa sollen betroffene Personen bei Zweckänderungen bezogen auf die Verarbeitung ihrer personenbezogenen Daten fortlaufend informiert werden.[187] Dies hingegen kann wiederum die Gefahr eines sog. **„information overload"** bergen.

71 d) **Der Grundsatz der freien Widerrufbarkeit.** Datenschutzrechtliche Einwilligungen dürfen, um der informationellen Selbstbestimmung jedes Einzelnen gerecht zu werden, durch den Betroffenen jederzeit widerrufen werden, Art. 7 Abs. 3 (→ Rn. 91 ff.).

B. Einzelerläuterungen

72 Auf Grundlage der oben genannten Prinzipien des Datenschutzrechts hat der europäische Verordnungsgeber in der DS-GVO einige Teilaspekte, insbesondere hinsichtlich der Form (Art. 7 Abs. 2) und Beweislastverteilung (Art. 7 Abs. 1) oder die Vorgaben für Einwilligungen von und für Kinder (Art. 8), die beachtet werden müssen, normiert. Die darin erkennbare Systematik ist lückenhaft und wenig stringent. Auch das Aufgreifen der Grundprinzipien in der Begriffsbestimmung in Art. 4 Nr. 11 anstelle im Rahmen der Regelung der Bedingungen für die Einwilligung in Art. 7 trägt nicht zum Verständnis des Regelungskonzepts bei.

I. Nachweispflicht (Abs. 1)

73 1. **Allgemeines.** Als erste „Bedingung für die Einwilligung" nennt der Verordnungsgeber in Art. 7 Abs. 1 die Pflicht einer Nachweiserbringung, die dem Datenverarbeiter die **Beweislast**

---

[179] So auch Gola/Heckmann/*Schulz* DS-GVO Art. 7 Rn. 36. Bei der Verarbeitung zu Forschungszwecken schlägt etwa der EDSA eine gestufte Einwilligung vor, bei der die Einwilligung auf der späteren Stufe von den Forschungsergebnissen der vorherigen Stufe abhängig sein soll, siehe EDSA, Leitlinien 05/2020 v. 4.5.2020, S. 37 Rn. 158; hierzu auch → Rn. 70.
[180] Vgl. zu diesem „function creep" auch jurisPK-InternetR/*Heckmann/Scheurer* Kap. 9 Rn. 332.
[181] Zu den Informationspflichten laut Ethikrichtlinien für die wissenschaftliche Forschung vgl. *Schaar* ZD 2017, 213 (217 ff.).
[182] *Bronner/Wiedemann* ZD 2023, 77 (80).
[183] Erwägungsgrund 33 S. 3.
[184] Vgl. hierzu *Spitz/Cornelius* MedR 2022, 191 (193); *Bronner/Wiedemann* ZD 2023, 77 (80).
[185] DSK, Datenschutzbehörden des Bundes und der Länder akzeptieren die Einwilligungsdokumente der Medizininformatik-Initiative, PM v. 24.4.2020.
[186] AG Consent des Nationalen Steuerungsgremiums der MI-I, Mustertext Patienteneinwilligung, 16.4.2020.
[187] *Bronner/Wiedemann* ZD 2023, 77 (80).

für das **Vorliegen einer Einwilligung** auferlegt. Neben der Einwilligung selbst erstreckt sich der Umfang der Nachweispflicht auch darauf, dass der Betroffene zuvor in leichter und verständlicher Sprache informiert wurde.[188] Bei einem angekreuzten Kästchen genügt der Umstand, dass das Kästchen angekreuzt ist, noch nicht zum Genügen der Nachweispflicht.[189] Da die Vorschrift zwar die Pflicht eines Nachweises aufstellt, allerdings an einen möglichen Verstoß keine unmittelbare Rechtsfolge anknüpft, stellt diese Regelung keine Bedingung dar, sondern ist vielmehr eine **Risikoverteilungsregelung.** Wird etwa im Rahmen einer datenschutzrechtlichen Streitigkeit das Vorliegen einer wirksamen Einwilligung bestritten und kann der Verantwortliche keinen Nachweis darüber erbringen, ist im Zweifel davon auszugehen, dass keine Einwilligung vorliegt.

2. Formale Anforderungen – Nachweispflicht. Nach Art. 7 Abs. 1 trägt der für die Datenverarbeitung Verantwortliche die Beweislast für das Vorliegen einer (wirksamen) Einwilligungserklärung. Diese Vorgabe lässt einen Spielraum für verschiedene Einwilligungsformen, erfordert aber auch einen Einwilligungsmodus, welcher einen solchen Nachweis ermöglicht. So kann die Einwilligung durch eine **eindeutige, bestätigende Handlung** in Form einer schriftlichen, elektronischen oder mündlichen Erklärung erfolgen.[190] Je strenger die vorgesehene Einwilligungsform ist, umso leichter mag der Nachweis gelingen. Erforderlich ist eine „eindeutige, bestätigende Handlung", wobei „bereits angekreuzte Kästchen oder Untätigkeit" des Betroffenen nicht ausreichen.[191] Opt-out-Lösungen, bei denen die Einwilligung dadurch erfolgt, dass der Betroffene von einer vorkonfigurierten Möglichkeit (etwa per Häkchen in einem Kästchen) keinen Gebrauch macht, sind damit nicht mehr zulässig.[192] Dies bekräftigte auch der EuGH (ausf. → Rn. 41).[193] Stattdessen fordern die expliziten Erfordernisse der **Unmissverständlichkeit und Eindeutigkeit der Einwilligungserklärung** gemäß Art. 4 Nr. 11 die Nutzung einer **Opt-in-Lösung.**

In der Praxis bietet sich im elektronischen Rechtsverkehr die Wahl des sog. **Double-Opt-in-Verfahrens** an, bei dem nach Eingabe der Daten zur Datenverarbeitung dem Betroffenen eine E-Mail an die angegebene Adresse zur Bestätigung des Verarbeitungswunsches übermittelt wird.[194] Auf diesem Wege kann sich der Datenverarbeiter vor nachfolgenden Behauptungen des Betroffenen schützen, dass beispielsweise seine E-Mail-Adresse durch Dritte widerrechtlich in diesem Kontext angegeben wurde. Europarechtlich ist die Verarbeitung der angegebenen Daten für die Übersendung der Bestätigungs-E-Mail nicht als widerrechtliche Datenverarbeitung zu werten.[195]

Hinsichtlich der konkreten **Form** der Erbringung dieses **Nachweises** ist der Datenverarbeiter frei. Das Einwilligungskonzept der DS-GVO verzichtet nämlich auf eine Festlegung von Formerfordernissen und fordert somit weder eine Schriftform (wie der in Deutschland § 4a Abs. 1 S. 3 BDSG-alt) noch deren Ersetzung durch die elektronische Form.[196] Das fehlende Schriftformerfordernis ergibt sich insbesondere aus einem Umkehrschluss aus Art. 7 Abs. 2 sowie Erwägungsgrund 32 S. 1 (→ Rn. 80 ff.).

Zweifel hinsichtlich der Kundgabe des Willens des Betroffenen **gehen zu Lasten des Verantwortlichen** der Datenverarbeitung. Dennoch soll die Nachweispflicht des Verantwortlichen nicht zu einer unnötigen Speicherung weiterer Daten des Betroffenen führen, sondern lediglich eine angemessene Dokumentation in den Unternehmen einführen.[197] Aufgrund der sich ergebenden Nachweisproblematik bei konkludenten Einwilligungen wird diese Möglichkeit daher

---

[188] EuGH Urt. v. 11.11.2020 – C-61/19, ECLI:EU:C:2020:901 Rn. 46, 52 – Orange România/ANSPDCP = ZD 2021, 89 (91).
[189] EuGH Urt. v. 11.11.2020 – C-61/19, ECLI:EU:C:2020:901 Rn. 46 – Orange România/ANSPDCP.
[190] Erwägungsgrund 32 S. 1.
[191] Erwägungsgrund 32 S. 3.
[192] Erwägungsgrund 32 S. 3.
[193] EuGH Urt. v. 1.10.2019 – C-673/17, ECLI:EU:C:2019:801 = K&R 2019, 705 mAnm *Lang* = K&R 2019, 698 = ZD 2019, 556 mAnm *Hanloser* = MMR 2019, 732 mAnm *Moos/Rothkegel* = DB 2019, 2344 m. Besprechungsaufsatz *Spittka* DB 2019, 2850 – Planet49; siehe dazu auch *Steinrötter* GPR 2020, 106 (106 ff.).
[194] Vgl. Artikel-29-Datenschutzgruppe, 17/EN WP 259, S. 19; die Österreichische Datenschutzbehörde (ÖDSB) wertet das Unterlassen eines Double-Opt-in als Verstoß gegen Art. 32 DS-GVO, siehe ÖDSB Beschl. v. 9.10.2019 – DSB-D130, 073/0008-DSB/2019.
[195] AA OLG München Urt. v. 27.9.2012 – 29 U 1682/12, VuR 2013, 99 ff. zur Einwilligung im Rahmen des deutschen Wettbewerbsrechts.
[196] Ausf. *Krohm* ZD 2016, 368 (371); *Piltz* K&R 2016, 557 (562); *Schantz* NJW 2016, 1841 (1844).
[197] Artikel-29-Datenschutzgruppe, 17/EN WP 259, S. 20.

in der Praxis von untergeordneter Bedeutung sein. Die entsprechenden Daten sind nur so lange wie nötig zu speichern, dh nach einem Widerruf der Einwilligung sind diese durch den Verantwortlichen zu löschen, vgl. Art. 17.

78 Neben dem Vorliegen einer Einwilligungserklärung des Betroffenen muss der Verantwortliche der Verarbeitung auch die **Einhaltung der inhaltlichen Voraussetzungen** jeder Einwilligung, insbesondere den Informierungsinhalt, das (zulässige) Verfahren der Einwilligungseinholung und die Einhaltung der Datenverarbeitung im Kontext der Einwilligung nachweisen und somit protokollieren.[198]

79 Vor Gericht wird der Nachweis mit den in den einzelnen Mitgliedstaaten jeweils **zulässigen Beweismitteln** erbracht werden können. Neben dem Urkundsbeweis kann in Deutschland oder Österreich auch ein Zeuge oder der richterliche Augenschein hierbei zur Geltung kommen. In der Praxis können sich aufgrund divergierender Prozessordnungen der einzelnen Mitgliedstaaten die Anforderungen an den Nachweis der Einwilligung unterscheiden. Vor dem Hintergrund der Nachweispflicht, die im Falle eines Gerichtsprozesses den Anforderungen der Prozessordnungen genügen muss, wird die schriftliche bzw. schriftformersetzende Form der Einwilligung weiterhin von Relevanz sein.

II. Trennungs- und Transparenzgebot bei schriftlichen Einwilligungserklärungen (Abs. 2)

80 **1. Allgemeines.** Art. 7 Abs. 2 enthält spezielle Vorgaben für die Nutzung **schriftlicher Einwilligungserklärungen,** die noch andere Sachverhalte betreffen. Diese Vorschrift dient dem Grundsatz der transparenten Gestaltung von Erklärungen im Datenschutzrecht (vgl. auch Art. 12) und soll verhindern, dass eine Einwilligung versehentlich abgegeben wird. Eine entsprechende Hervorhebungspflicht des Einwilligungstextes ergab sich in Deutschland bereits aus § 4a Abs. 1 S. 3 BDSG. Die Regelung der DS-GVO geht jedoch weiter. Nunmehr ist die Erklärung nicht mehr nur hervorzuheben, sondern auch bewusst in einer klaren und einfachen Sprache zu formulieren. Es handelt sich mithin um eine **Hervorhebung durch Eindeutigkeit und Verständlichkeit,** damit sie von anderen Sachverhalten klar zu unterscheiden ist.

81 **2. Gestaltung des Einwilligungstextes (Abs. 2 S. 1).** Die Anforderungen des Art. 7 Abs. 2 gelten nach dem Wortlaut nur für Fälle einer **schriftlichen Einwilligungserklärung, die noch andere Sachverhalte betreffen.** Aufgrund des eindeutigen Wortlautes und eines Umkehrschlusses aus Art. 12 Abs. 1 findet die Vorschrift auf andere Formen der Einwilligungserklärung hingegen keine Anwendung.

82 Die in Art. 7 Abs. 2 S. 1 nach dem deutschen Wortlaut der Vorschrift verlangte Schriftform entspricht nicht der Schriftform des § 126 BGB. Vielmehr ist das **Schriftformerfordernis** im europäischen Kontext weit auszulegen. Mithin ist die im deutschen Recht vorgesehene schriftformersetzende elektronische Form (vgl. § 126a BGB)[199] zumindest auch von dieser Vorschrift abgedeckt. Da das Datenschutzrecht insbesondere im digitalen Kontext von Bedeutung ist und ein umfassender Schutz der Betroffenen durch den Verordnungsgeber bezweckt war, ist die Vorschrift auch im digitalen Rechtsverkehr anwendbar.[200] Demnach umfasst der Schriftformbegriff in Art. 7 Abs. 2 S. 1 nach deutschem Verständnis auch die Textform iSd § 126b BGB.

83 Weil Art. 7 Abs. 2 ausschließlich für jene Einwilligungen gilt, die im Kontext mit weiteren Sachverhalten schriftlich ergehen, findet diese besondere Transparenzvorschrift auf reine Einwilligungserklärungen keine Anwendung. Ein Dokument verfügt über einen **anderen Sachverhalt,** wenn dieser Darstellungen enthält, die über den reinen Einwilligungstext hinausgehen und hierdurch dazu geeignet sind, die Einwilligung in den Hintergrund zu drängen. Hierdurch besteht das Risiko, dass der Betroffene die Einwilligung in eine Verarbeitung seiner Daten nicht aktiv wahrnimmt. Dies ist insbesondere bei der zusätzlichen Angabe von Allgemeinen Geschäftsbedingungen der Fall. Auch die Angabe von anderen datenschutzrechtlichen Sachverhalten kann hiervon erfasst werden, wenn diese keine Notwendigkeit für die Einwilligungserklärung besitzen. Art. 7 Abs. 2 regelt speziell die Eindeutigkeit einer Einwilligungserklärung bei komplexen bzw. mehrdeutigen Sachverhalten. Bietet beispielsweise eine Applikation oder ein Internetportal mehrere Services oder Funktionen (mit entsprechenden Datenverarbeitungsprozessen) an, so darf der Einwilligungsmodus nicht unklar gestaltet sein. Die Erfüllung der Transparenzanforderungen

---
[198] Artikel-29-Datenschutzgruppe, 17/EN WP 259, S. 20.
[199] *Gierschmann* ZD 2016, 51 (52).
[200] Plath/*Plath* DS-GVO Art. 7 Rn. 11.

dient hier dem (alleinigen) Zweck der konkreten Inbezugnahme und Unterscheidbarkeit. Dies bezweckt, dem Betroffenen die Datenverarbeitung, in die dieser einwilligt, deutlich vor Augen zu führen und damit den Informationsinfarkt, den derzeitige Datenschutzerklärungen beim Betroffenen auslösen, zu beseitigen.[201] Bereits aus dem Freiwilligkeitsprinzip, welches als Grundsatz der Einwilligung immanent ist, ergibt sich, dass eine Einwilligung einer aktiven Handlung des Betroffenen bedarf.[202] Die unbewusste Einwilligung ist mithin unwirksam. Hat der Betroffene dennoch den Einwilligungstext trotz Verstoßes gegen Art. 7 Abs. 2 wahrgenommen und damit aktiv eingewilligt, wird diese Einwilligung als unwirksam fingiert, um die Verarbeiter von Daten zu disziplinieren. Jede darauf basierende Datenverarbeitung wird als rechtswidrig angesehen und kann mithin Schadensersatzansprüche des Einzelnen oder Bußgelder nach sich ziehen.

84 Die besondere Abtrennung des Einwilligungstextes im Rahmen von schriftlichen Erklärungen dient der **Übersichtlichkeit.** Der Wortlaut von Art. 7 Abs. 2 verlangt dafür, dass „das Ersuchen um Einwilligung in verständlicher und leicht zugänglicher Form in einer klaren und einfachen Sprache" erfolgt. Hierdurch soll sichergestellt werden, dass der Betroffene die Einwilligungserklärung bewusst abgibt und diese nicht im Rahmen des Bestätigens der Allgemeinen Geschäftsbedingungen etc untergeht. Die verständliche und leicht zugängliche Form zeigt auf, dass der Einwilligungstext nach seinem äußeren Erscheinungsbild derart zu formatieren ist, dass dieser deutlich lesbar und erkennbar ist und von dem restlichen Text der Erklärung abgesetzt ist. Zudem darf dieser Text nicht an einer unvermuteten Stelle der schriftlichen Erklärung abgedruckt sein. Der Verarbeiter hat hinsichtlich der genauen Umsetzung jedoch Gestaltungsfreiheit.

85 Der Verarbeiter muss sich in diesem Zusammenhang einer **klaren und einfachen Sprache** bedienen. Dies bedeutet, dass selbst Nutzer mit einer **niedrigen Lesefähigkeit** aufgrund eines geringen Bildungsniveaus oder fehlender Sprachkenntnisse den Text verstehen und auf dieser Grundlage **eine Einwilligungsfolgenabschätzung** vornehmen können.[203] Insbesondere juristische Termini, aber auch Fremdwörter sind vor diesem Hintergrund zu vermeiden.[204] Das Konzept der einfachen Sprache ist jedoch nicht mit der leichten Sprache, die sich an Menschen mit kognitiven Einschränkungen richtet, zu verwechseln.[205] Aufgrund des eindeutigen Wortlauts von Art. 7 Abs. 2 ist im Rahmen einer schriftlichen Erklärung auch das Ersuchen um Einwilligung zumindest sprachlich abzufassen, dh es besteht kein Raum für eine rein piktografische Darstellung.

86 Inhaltlich muss in diesem Kontext beachtet werden, dass eine Einwilligung in **Kenntnis der Sachlage** abgegeben werden muss.[206] Somit bedarf es als Mindestvoraussetzung, dass dem Betroffenen mitgeteilt wird, wer der Verantwortliche ist und für welchen Zweck die personenbezogenen Daten verarbeitet werden sollen.[207] Diese Erklärung hat transparent zu erfolgen und muss sich an den Adressatenkreis anpassen. Dies bedeutet, dass eine an die Allgemeinheit gerichtete schriftliche Datenschutzerklärung ebenfalls grundsätzlich in einfacher Sprache zu verfassen ist.

87 Lange und komplizierte Einwilligungserklärungen unterscheiden sich aus der Sicht eines Betroffenen nicht von **Allgemeinen Geschäftsbedingungen.** Aus diesem Grund hat der BGH[208] §§ 305 ff. BGB in der Vergangenheit entsprechend auf vorformulierte Einwilligungserklärungen angewandt. Der Rückgriff auf das nationale AGB-Recht ist jedoch nicht mehr erforderlich, da auch die DS-GVO als „Verbraucherschutzrecht" eine informierte freiwillige Einwilligung fordert und hinreichend absichert. Insoweit ist die Anwendung der §§ 305 ff. BGB grundsätzlich suspendiert.[209] Im Kontext einer vorformulierten Einwilligungserklärung in telefo-

---

[201] Vgl. so auch *Taeger/Schweda* ZD 2020, 124 (126) mwN.
[202] Vgl. auch Erwägungsgrund 32 S. 1, 3.
[203] Artikel-29-Datenschutzgruppe, 17/EN WP 259, S. 14 stellt auf den Durchschnittsbürger ab. Allerdings hat dies zur Folge, dass alle Betroffenen, die ein (leicht) unterdurchschnittliches Verständnis besitzen, vor diesem Hintergrund wohl keine informierte Einwilligung abgeben, was zur Folge hat, dass deren Einwilligungen alle als unwirksam gelten. Wird der Ansatz eines unterdurchschnittlichen Bildungsniveaus gewählt, wird man zumindest die informierte Einwilligung eines Durchschnittsbürgers bejahen können und damit den Großteil der Bevölkerung erreichen.
[204] Auernhammer/*Kramer* DS-GVO Art. 7 Rn. 23 spricht von Alltagssprache.
[205] www.research.uni-leipzig.de/leisa/de/; www.leichtesprache.org/.
[206] Erwägungsgrund 42 S. 3.
[207] Vgl. Erwägungsgrund 42 S. 3.
[208] BGH Urt. v. 16.7.2008 – VIII ZR 348/06, BGHZ 177, 253 = NJW 2008, 3055 Rn. 18; so auch in seiner „Cookie-Einwilligung II"-Entscheidung, BGH Urt. v. 28.5.2020 – I ZR 7/16, NJW 2020, 2540.
[209] So auch *v. Lewinski/Herrmann* PinG 2017, 165 (169); aA Gola/Heckmann/*Schulz* DS-GVO Art. 7 Rn. 46; es überzeugt aber, dann die nationalen AGB-Regelungen heranzuziehen, wenn das Datenschutzrecht keine spezielleren Vorgaben enthält, vgl. jurisPK-InternetR/*Heckmann/Scheurer* Kap. 9 Rn. 323.

nische Werbung nach § 7 Abs. 2 Nr. 2 Fall 1 UWG soll aber ein Verstoß gegen Datenschutzrecht eine unangemessene Benachteiligung iSd § 307 Abs. 1 BGB darstellen und die Einwilligung unwirksam machen.[210] Einwilligungserklärungen müssen heute nicht nur in „verständlicher und leicht zugänglicher Form in einer klaren und einfachen Sprache" verfasst und klar unterscheidbar von anderen Erklärungen präsentiert werden (vgl. Art. 7 Abs. 2 S. 1). Vom Verantwortlichen vorformulierte Einwilligungserklärungen dürften zudem entsprechend der Regelung **nach der Klausel-Richtlinie 93/13/EWG keine missbräuchlichen Klauseln enthalten.**[211] Der BGH[212] hatte bisher nur die gesetzlichen Voraussetzungen einer Einwilligung gemäß §§ 4, 4a BDSG geprüft. Die DS-GVO verlangt demgegenüber eine inhaltliche Prüfung der Angemessenheit der Einwilligung für den konkreten Verarbeitungskontext, vgl. Art. 3 Abs. 1, 4 RL 93/13/EWG.[213] Mit den genannten Anforderungen an die Aufklärung und den Merkmalen „unmissverständlich" und „eindeutig" für die Erklärung der Einwilligung gibt die Regelung den Aufsichtsbehörden und den Gerichten effektive Maßstäbe an die Hand, um zu verhindern, dass Betroffene sprachlich überfordert oder durch wohlklingende, aber an der Sache vorbeigehende Formulierungen verführt werden oder dass vage Äußerungen oder unterschiedlich interpretierbare Handlungen der Betroffenen zu ihren Lasten als Einwilligung interpretiert werden.[214]

88 **3. Unwirksamkeitsgebot (Abs. 2 S. 2).** Die aufgrund der oben genannten Formvorgaben erlassene datenschutzrechtliche Einwilligung ist nach Art. 7 Abs. 2 S. 2 nur wirksam, wenn sie mit der DS-GVO in Einklang steht. Enthält die schriftliche Einwilligung iSd S. 1 (vgl. engl. Fassung: „in such a declaration"; frz. Fassung: „de cette déclaration"; it. Fassung: „di una tale dichiarazione") einen **Verstoß gegen die Verordnung** und insbesondere gegen die oben genannten Voraussetzungen, ist **dieser Teil als nicht verbindlich anzusehen,** was zur Folge hat, dass Daten, die aufgrund der unwirksamen Einwilligung erhoben wurden, unverzüglich zu löschen sind. Aus dem Wortlaut der anderssprachigen Fassungen wird ersichtlich, dass Art. 7 Abs. 2 S. 2 lediglich einen Bezug zu Art. 7 Abs. 2 S. 1 darstellen soll und keine darüberhinausgehende Bedeutung hat. Insbesondere kann die Regelung daher nicht als Grundlage dafür herhalten, dass jedweder Verstoß gegen die DS-GVO (wie etwa gegen Art. 7 Abs. 1) zu einer Unwirksamkeit der Einwilligung führt. Der Umstand, dass die deutsche Fassung der Norm („Teile der Erklärung", besser wäre hierbei „Teile dieser Erklärung" gewesen) aufgrund der unpräzisen Übersetzung zwar ein weiteres Geltungsfeld der Norm andeutet, ist vor dem Hintergrund des Gebots der europaweit einheitlichen Auslegung unbeachtlich. Auch die Systematik spricht dafür, Art. 7 Abs. 2 S. 2 lediglich im Kontext von Art. 7 Abs. 2 zu betrachten.

89 Die Vorschrift soll insbesondere die Verwendung von intransparenten Einwilligungstexten, aber auch Opt-out-Lösungen sanktionieren (zu Opt-out-Anwendungen → Rn. 41).[215] Vor dem Hintergrund, dass ein aktives Handeln in Kenntnis des Einwilligungsumfangs durch den Betroffenen bei jeder Einwilligung vorausgesetzt ist (vgl. Erwägungsgrund 32), kann Art. 7 Abs. 2 S. 2 als **deklaratorisch** angesehen werden. Allerdings zeigt die Vorschrift auf, dass eine datenschutzrechtliche Einwilligung auch teilbar sein kann. Inwieweit Teile der Einwilligung ohne den unverbindlichen Teil bestehen bleiben können, wird von Art. 7 Abs. 2 S. 2 hingegen nicht geregelt. Vielmehr bedarf es für die Annahme der Verbindlichkeit eines Teils dieser Erklärung der Gesamtschau des Einwilligungstextes. Nur wenn diese in sich schlüssig ist, kann dieser Teilbereich bestehen bleiben.

90 Auf die in dem schriftlichen Dokument weiterhin dargestellten **„anderen Sachverhalte"** hat Art. 7 Abs. 2 S. 2 keine Wirkung. Deren Wirksamkeit richtet sich nach den jeweils geltenden europäischen bzw. nationalen Vorgaben.

---

[210] BGH Urt. v. 28.5.2020 – I ZR 7/16, NJW 2020, 2540 (2543); siehe hierzu auch jurisPK-InternetR/ *Heckmann/Scheurer* Kap. 9 Rn. 324 ff.
[211] Vgl. Erwägungsgrund 42 S. 2.
[212] BGH Urt. v. 16.7.2008 – VIII ZR 348/06, BGHZ 177, 253 = NJW 2008, 3055 Rn. 15; BGH Urt. v. 11.11.2009 – VIII ZR 12/08, NJW 2010, 864 Rn. 18.
[213] *Schantz* NJW 2016, 1841 (1845).
[214] *Dammann* ZD 2016, 307 (307).
[215] Paal/Pauly/*Frenzel* DS-GVO Art. 7 Rn. 15.

III. Widerrufsrecht (Abs. 3)

1. Allgemeines. Einwilligungen können nach Art. 7 Abs. 3 S. 1 jederzeit ohne Angabe von 91 Gründen und zumindest auch auf gleichem Wege wie die Erteilung widerrufen werden. Der Betroffene kann mithin auch nach der Abgabe einer Einwilligung noch über deren Wirkungszeitraum bestimmen. Das **Widerrufsrecht** garantiert somit dem Betroffenen, der einem Dritten die Erlaubnis erteilt, seine Daten zu verarbeiten, eine ständige Hoheit über seine personenbezogenen Daten. Das Widerrufsrecht dient der effektiven Gewährleistung des in Art. 8 Abs. 1 GRCh garantierten Schutzes personenbezogener Daten.

Gegeninteressen der datenverarbeitenden Stellen sind insofern gewahrt, als der Widerruf seine 92 Wirkung gemäß Art. 7 Abs. 3 S. 2 **ex nunc** entfaltet, die Rechtmäßigkeit der bis zum Widerruf erfolgten Verarbeitungen also unberührt bleibt. Über dieses Widerrufsrecht ist die betroffene Person gemäß Art. 7 Abs. 3 S. 3 in Kenntnis zu setzen.

2. Belehrung über das Widerrufsrecht. Art. 7 Abs. 3 S. 3 verpflichtet den Verarbeiter von 93 Daten bereits vor Abgabe der Einwilligungserklärung durch den Betroffenen, Letzteren über das Widerrufsrecht in Kenntnis zu setzen. Damit der Betroffene seine Rechte geltend machen kann, muss diese Belehrung nicht nur über das Bestehen des Widerrufsrechts, sondern auch über die **Voraussetzungen der Ausübung** informieren.

Die **Rechtsfolge einer fehlenden Belehrung** ist nicht normiert. Aus der Überschrift der 94 Norm, die von „Bedingungen" der Einwilligung spricht, leitet *Plath* ab, dass ein Verstoß gegen die Belehrungspflicht die Unwirksamkeit der Einwilligung zur Folge haben könnte.[216] Dem ist entgegenzuhalten, dass Art. 7 in Abs. 2 ausdrücklich die Unwirksamkeitsfolge normiert.[217] Ein solches Vorgehen wäre nicht erforderlich gewesen, wenn der Verordnungsgeber jeweils die Unwirksamkeit der Einwilligung bei einem Verstoß gegen diese Vorschrift gewollt hätte.[218]

3. Voraussetzungen des Widerrufs. Adressat des Widerrufs ist, wie für die Einwil- 95 ligungserklärung, die datenverarbeitende Stelle. Da der Widerruf der Einwilligung nach Art. 7 Abs. 3 S. 4 so einfach wie deren Erteilung möglich sein muss, dürfen hinsichtlich der Kontaktperson beim Verantwortlichen für den Widerruf keine anderen Bedingungen gelten als bei der Erteilung.[219]

Der Widerruf der Einwilligung ist nach Art. 7 Abs. 3 S. 1 an **keine inhaltlichen oder** 96 **temporären Voraussetzungen** geknüpft. Eine im Rahmen vertraglicher Beziehungen abgegebene Einwilligung kann daher auch dann widerrufen werden, wenn die Daten zur Durchführung des Vertrages erforderlich sind.[220] Für **Verträge über digitale Inhalte** ergibt sich das ausdrücklich aus Art. 3 Abs. 8 RL (EU) 2019/770 sowie nunmehr § 327q BGB.[221] Auch wenn nach § 327q Abs. 1 BGB auf die zivilrechtliche Vertragsverhältnis gerichtete Willenserklärungen grundsätzlich unabhängig neben datenschutzrechtlichen Erklärungen stehen, kann sich ein Widerruf nach Art. 7 Abs. 3 unter den Voraussetzungen von § 327q Abs. 2 BGB auf das Vertragsverhältnis auswirken.[222] Ob umgekehrt der zivilrechtliche Widerruf zum datenschutzrechtlichen Widerruf führt, ist umstritten.[223] Art. 7 Abs. 3 S. 4 stellt jedoch hinsichtlich des Adressaten und der Form klar, dass der Widerruf der Einwilligung so einfach sein muss wie die Erteilung der Einwilligung.[224] Das läuft letztlich auf ein **reziprokes Widerrufsrecht** hinaus. So muss bei elektronischer Erklärung (etwa durch Online-Formulare oder einem Online-Dialog in einem Webportal) umgekehrt auch ein formularmäßiger oder portalbasierter Widerruf ermöglicht werden. Die Widerrufserklärung per E-Mail ist damit nicht ausgeschlossen, darf aber in solchen Fällen nicht die einzige Option sein. Eine technische Herausforderung könnte dabei die Gestaltung der passenden Widerrufsumgebung sein, wenn der Betroffene nicht zugleich ein Benutzerkonto hat, über das er zum Widerruf geleitet werden kann. Sinnvoll könnte es hier sein,

---

[216] Plath/*Plath* DS-GVO Art. 7 Rn. 18; so auch Auernhammer/*Kramer* DS-GVO Art. 7 Rn. 38.
[217] So auch *Ernst* ZD 2020, 383 (383).
[218] Plath/*Plath* DS-GVO Art. 7 Rn. 16.
[219] BeckOK DatenschutzR/*Stemmer* DS-GVO Art. 7 Rn. 95.
[220] BeckOK DatenschutzR/*Stemmer* DS-GVO Art. 7 Rn. 93.
[221] BT-Drs. 19/27653, 75 ff.; dem Unternehmer könnte danach aber ein außerordentliches Kündigungsrecht zustehen, siehe auch *Klink-Straub* NJW 2021, 3217 (3220 f.).
[222] *Buchmüller/Roos* ZD 2022, 8 (10).
[223] Vgl. hierzu *Ehlen/Möllnitz-Dimick* CR 2023, 455 (460) mit Verweis auf *Pech* MMR 2022, 516 (520).
[224] Artikel-29-Datenschutzgruppe, 17/EN WP 259, S. 21.

eine Checkbox auf der Datenschutzerklärung neben die Stelle zu setzen, wo man eingewilligt hat, und dies mit einem einfachen Authentifizierungsmodus zu versehen. Art. 7 Abs. 3 S. 4 stellt dabei jedoch einen Mindestgrundsatz auf, dh der Verarbeiter kann daher auch immer einen einfacheren Weg für den Widerruf anbieten.[225] Im Zusammenhang mit **PIMS** (→ Rn. 26) soll für die Ausübung des Widerrufs aus objektiver Sicht wohl nicht ausreichen, eine der ursprünglich erteilten Einwilligung nachträglich widersprechende Einstellung vorzunehmen.[226] Das für einen selbstbestimmten Widerruf erforderliche Abrücken von der vorherigen Einwilligung kann aber dann angenommen werden, wenn Betroffene durch das System ausdrücklich nach einem Festhalten an der vorherigen Einwilligung gefragt werden, sobald sie widersprechende Konfigurationen vornehmen wollen.[227] Ist die ursprüngliche Einwilligung schriftlich erfolgt, kann der Verarbeiter immer auch einen mündlichen Widerruf entgegennehmen. Aufgrund der Kopplung der Widerrufserklärung an die Einwilligungserklärung in Art. 7 Abs. 3 S. 4 ist jedoch zu beachten, dass ein Widerrufsrecht nicht unbedingt formlos erfolgen kann. Die Reichweite des Widerrufs bemisst sich nach seiner Erklärung. Daher ist auch ein nur partieller Widerruf möglich.[228] Die Reichweite des Widerrufs ist durch Auslegung des Betroffenenwillens zu ermitteln. Bei Zweifeln ist jedoch von einem vollumfänglichen Widerruf auszugehen.

97 **4. Folgen des Widerrufs.** Die Nachweispflicht des Art. 7 Abs. 1 findet keine Anwendung auf die Widerrufserklärung. Allerdings können daraus auch höhere formale Anforderungen für die Widerrufserklärung resultieren. Will der Betroffene aufgrund der Weiterverarbeitung seiner Daten durch den Verantwortlichen trotz seines Einwilligungswiderrufs vorgehen, muss Ersterer die Erklärung des Widerrufs beweisen. Der Widerruf hat sofortige Wirkung und entzieht jedweder Datenverarbeitung, die sich auf die Einwilligung stützt, die rechtliche Grundlage. War die Datenverarbeitung in der Vergangenheit aufgrund der Einwilligung rechtmäßig, so ändert sich hieran durch den Widerruf nichts, vgl. Art. 7 Abs. 3 S. 2.[229] Der **Widerruf wirkt ex nunc** für zukünftige Datenverarbeitungen. Will der Betroffene eine Löschung der Daten bewirken, hat er dies vom Verantwortlichen zu verlangen, Art. 17 Abs. 1 lit. b (→ Art. 17 Rn. 70 ff.). Gleichzeitig hat der Verantwortliche, dem gegenüber ein Widerruf iSd Art. 7 Abs. 3 durch die betroffene Person zugegangen ist, sämtlichen Personen und Stellen, von denen er die personenbezogenen Daten bekommen und an die er diese weitergegeben hat, über den Widerruf des Betroffenen in Kenntnis zu setzen.[230]

98 Wurde die Einwilligung im Rahmen eines synallagmatischen Vertrages als Gegenleistung erteilt, ist deren freie Widerrufbarkeit nicht gehemmt,[231] da die zivilrechtlichen und die datenschutzrechtlichen Regelungen nebeneinander bestehen.[232] Ein wirksamer datenschutzrechtlicher Verzicht auf das Widerrufsrecht ist nicht möglich.[233] Ein Widerruf berechtigt den Verantwortlichen in diesen Fällen auch zivilrechtlich, den Vertrag zu beenden und seine Leistung zu verweigern.[234] Aufgrund der Regelung des Art. 7 Abs. 3 S. 1 werden vertragliche Schadensersatzansprüche sowie Vertragsstrafen als unzulässig angesehen.[235]

IV. Koppelungsverbot (Abs. 4)

99 Ein wichtiges Element des Freiwilligkeitsprinzips ist das sog. Koppelungsverbot, welches der Verordnungsgeber in Art. 7 Abs. 4 beispielhaft nennt. Eine Koppelung im Datenschutzrecht liegt vor, wenn ein Vertragsabschluss oder die Erbringung einer Leistung davon abhängig

---

[225] So auch HK-DS-GVO/*Ingold* Art. 7 Rn. 47.
[226] *Kühling/Sauerborn* ZD 2022, 596 (597).
[227] *Kühling/Sauerborn* ZD 2022, 596 (597).
[228] Kühling/Buchner/*Kühling/Buchner* DS-GVO Art. 7 Rn. 35.
[229] *Härting* DS-GVO Rn. 407.
[230] So der EuGH Urt. v. 27.10.2022 – C-129/21, ECLI:EU:C:2022:833 Rn. 85 = ZD 2023, 28 (30) – Proximus in Bezug auf Anbieter von öffentlich zugänglichen Teilnehmerverzeichnissen und Telefonauskunftsdiensten gegenüber Telefondienstanbietern und weiteren Anbietern von öffentlich zugänglichen Teilnehmerverzeichnissen und Telefonauskunftsdiensten.
[231] So auch Schantz/Wolff/*Wolff* Neues DatenschutzR Rn. 532.
[232] BeckOK DatenschutzR/*Stemmer* DS-GVO Art. 7 Rn. 93; *Weichert*, Die Europäische Datenschutz-Grundverordnung, 2016, S. 12; aA Kühling/Buchner/*Kühling/Buchner* DS-GVO Art. 7 Rn. 38 f.; Gola/Heckmann/*Schulz* DS-GVO Art. 7 Rn. 60.
[233] HK-DS-GVO/*Ingold* Art. 7 Rn. 46.
[234] Schantz/Wolff/*Wolff* Neues DatenschutzR Rn. 532.
[235] Schantz/Wolff/*Wolff* Neues DatenschutzR Rn. 532.

gemacht wird, dass der Betroffene in eine weitergehende Erhebung oder Verarbeitung seiner personenbezogenen Daten einwilligt, welche nicht zur Abwicklung des Geschäfts erforderlich ist.[236] Ein solches Verlangen dient typischerweise der Generierung von zu werblicher Nutzung geeigneten Datenbeständen. Das Koppelungsverbot soll die freie und eigenständige Willensbetätigung des Nutzers bei der Einwilligung schützen und dadurch verhindern, dass ein faktischer Zwang zur Einwilligung in die Datenverwendung entsteht.[237] Das Instrument des Koppelungsverbotes wurde auch vor Geltung der DS-GVO im deutschen Datenschutzrecht verwendet, vgl. § 28 Abs. 3b BDSG.[238]

Dem Wortlaut von Art. 7 Abs. 4 ist ausdrücklich **kein „absolutes" Koppelungsverbot** zu entnehmen, das bei jeder Art der Koppelung einer datenschutzrechtlichen Einwilligung mit anderen Sachverhalten bzw. einem Vertragsschluss zwangsläufig zur Unfreiwilligkeit der Einwilligung führt.[239] Ein absolutes Koppelungsverbot, welches die (informationelle) Privatautonomie des Einzelnen einschränkt und dessen personenbezogene Daten sogar gegen den ausdrücklichen Willen des Betroffenen u.a. vor Innovationen schützt, wäre mit Blick auf die GRCh und der dort verankerten Hoheit des Einzelnen über seine Daten sowie das Recht auf freiwillige Offenbarung der eigenen personenbezogenen Daten[240] kaum vertretbar.[241] Darüber hinaus hat die EU am 20.5.2019 die **Digitale-Inhalte-Richtlinie (EU) Nr. 2019/770** erlassen, die bestimmte vertragsrechtliche Aspekte der Bereitstellung digitaler Inhalte regelt und Daten als zivilrechtliches Währungssubstitut anerkennt.[242] In Deutschland wurde die Richtlinie durch das **Gesetz zur Neuregelung von Verbraucherverträgen über digitale Produkte** mit beachtlichen Änderungen des BGB umgesetzt, nach § 312 Abs. 1a und § 327 Abs. 3 BGB können Daten nun ausdrücklich eine vertragliche (Gegen-)Leistung darstellen.[243] Faktisch hätte diese Richtlinie keinen Anwendungsbereich mehr, wenn jegliche Koppelung von nicht vertragsbezogenen Daten absolut verboten wäre.[244]

Vor dieser rechtspolitischen Wertung sind (zivilrechtliche) Verträge,[245] die als **Gegenleistung bestimmte Daten** erheben, nicht durch das Kopplungsverbot generell untersagt.[246] In diesem Kontext bestehen allerdings hohe Transparenzanforderungen zum Schutze der Betroffenen, damit diese nachvollziehen können, wie und zu welchen Zwecken ihre Daten verarbeitet werden. *Ingold* lehnt in diesen Fällen die Anwendbarkeit des Kopplungsverbotes ab, wenn der Betroffene die gleichwertige Leistung auch ohne seine datenschutzrechtliche Einwilligung durch eine andere Form der Gegenleistung erwerben kann.[247] Diese Auffassung überzeugt grundsätzlich, da hierdurch dem Autonomieschutz des Betroffenen Rechnung getragen wird und gleichsam Unternehmen neue Handlungsmöglichkeiten eröffnet werden. Allerdings dürfen die verlangten Kosten keine erheblichen negativen Konsequenzen mit sich bringen; dies ist der Fall, wenn ein entgeltliches Modell unverhältnismäßig teuer ist.[248] In der Praxis haben sich entgeltliche datensparsame Angebote als Alternative zu Geschäftsmodellen, bei denen Daten als Gegenleistung verarbeitet werden, allerdings noch nicht etabliert. Nach *Schulz* spielt bei der Konstellation „Daten als Gegenleistung" hingegen die Sachnähe der Daten eine Rolle, da Art. 7 Abs. 4

---

[236] *Dammann* ZD 2016, 307 (311). Nach BeckOK DatenschutzR/*Stemmer* DS-GVO Art. 7 Rn. 42 und *Becker* CR 2021, 230 (236) soll das Koppelungsverbot auch über Verträge und Dienstleistungen hinaus Anwendung finden, aA *Baumann/Alexiou* ZD 2021, 349 (350 f.).
[237] Vgl. Gola/Heckmann/*Schulz* DS-GVO Art. 7 Rn. 27; Spindler/Schmitz/Geis/*Schmitz* TDG § 3 Rn. 34; Taeger/Gabel/*Taeger* DS-GVO Art. 7 Rn. 94; BT-Drs. 13/7385, 22.
[238] BT-Drs. 16/13657, 22.
[239] Plath/*Plath* DS-GVO Art. 7 Rn. 22; so auch Artikel-29-Datenschutzgruppe, 17/EN WP 259, S. 10; *Schätzle* PinG 2017, 203 (203).
[240] BeckOK InfoMedienR/*Gersdorf*, 40. Ed. 1.5.2021, GRCh Art. 8 Rn. 20.
[241] Vgl. *Schantz* NJW 2016, 1841 (1845).
[242] ABl. 2019 L 136/1.
[243] BGBl. 2021 I 2123 ff.
[244] So auch *Schmidt-Kessel/Grimm* ZfPW 2017, 84 (89 ff.), die personenbezogene Daten als tauglichen Leistungsgegenstand ansehen. aA Paal/Pauly/*Frenzel* DS-GVO Art. 7 Rn. 21, der bei Verträgen, bei denen ausschließlich Daten als Tauschmittel Verwendung finden, keinen Widerspruch des Koppelungsverbotes gegen diese Geschäftsmodelle erkennt, sondern in einem solchen Fall vielmehr eine Unfreiwilligkeit aufgrund Ungleichgewicht der Vertragspartner annimmt, wenn einer über eine marktbeherrschende Stellung verfügt.
[245] Zur zivilrechtlichen Perspektive des Datenhandels, vgl. *Specht* Konsequenzen S. 82 ff., 124 ff.
[246] BeckOK DatenschutzR/*Stemmer* DS-GVO Art. 7 Rn. 49.1; aA Artikel-29-Datenschutzgruppe, 17/EN WP 259, S. 9.
[247] HK-DS-GVO/*Ingold* Art. 7 Rn. 33; aA Artikel-29-Datenschutzgruppe, 17/EN WP 259, S. 10.
[248] Vgl. allgemein Artikel-29-Datenschutzgruppe, 17/EN WP 259, S. 8.

nach dieser Auffassung nur „sachfremde" Koppelungen untersagt.[249] Hiernach kann der Verantwortliche nicht willkürlich bestimmen, welche Daten für die Durchführung seines Dienstes erforderlich sind, da anderenfalls der Schutzbereich des Art. 7 Abs. 4 umgangen werden könnte.[250] Vielmehr bedürfte es einer objektiven Betrachtung des Erforderlichkeitskriteriums.[251] Die Artikel-29-Datenschutzgruppe beruft sich hingegen auf einen sehr engen Wortlaut des Notwendigkeitserfordernisses von Daten im Vertragskontext.[252]

102 Die Umsetzung der Digitale-Inhalte-Richtlinie (EU) Nr. 2019/770 kodifiziert nicht nur die „Leistung gegen Daten", sondern bietet gerade im Hinblick auf das in Art. 7 Abs. 4 normierte Koppelungsverbot erhebliches **Konfliktpotenzial**.[253] Steht dem Unternehmer nun nach § 327q Abs. 2 BGB ein außerordentliches Kündigungsrecht zu, sobald der Verbraucher seine Einwilligung in die Verarbeitung personenbezogener Daten widerruft, stellt sich bereits die Frage nach der Freiwilligkeit der Einwilligung in die Verarbeitung von nicht zur Leistungserbringung erforderlichen Daten als vertraglicher Gegenleistung.[254] Erbringt der Verbraucher die Einwilligung als vertragliche Gegenleistung ist nicht per se von einem Verstoß gegen Art. 7 Abs. 4 und damit Unfreiwilligkeit auszugehen, vielmehr ist eine Einzelfallbetrachtung (→ Rn. 103) geboten.[255]

103 Art. 7 Abs. 4 zeigt vielmehr das Erfordernis auf, dass eine **Abwägung hinsichtlich „der Beurteilung, ob die Einwilligung freiwillig erteilt wurde"**, erforderlich ist. Ob eine datenschutzrechtliche Einwilligung freiwillig ergangen ist, bedarf hierbei der Einzelfallbetrachtung, auf deren Umstände die Abwägung basiert. In diesem Zusammenhang können verschiedene Umstände die Freiwilligkeit der Einwilligung ausschließen.[256] So können auch sog. Cookie-Walls im Einzelfall zulässig sein, wenn sie nur ausreichend transparent sind.[257] Geschäftsmodelle, bei denen ein Grundprodukt kostenlos angeboten, weitere Ergänzungen aber nur kostenpflichtig bereitgestellt werden, können nach Ansicht des BayLDA ebenfalls zulässig sein, wenn die kostenpflichtigen Leistungen auf derselben Plattform und ohne Pflicht zum Abonnieren eines Newsletters angeboten werden.[258]

104 Der Verordnungsgeber hat als ein Element eines solchen Abwägungsprozesses die Koppelung der Einwilligung von vertragsunabhängigen Daten für die Vertragserfüllung beispielhaft angeführt („unter anderem"). Vor dem Hintergrund, dass in vielen europäischen Ländern das Trennungs- und Abstraktionsprinzip nicht gilt, ist unter Erfüllung des Vertrages in diesem Zusammenhang auch der Vertragsschluss zu verstehen.[259] Diese **Koppelung** kann ein **starkes Indiz für die Unfreiwilligkeit** der Einwilligung sein („in größtmöglichem Umfang", engl. Fassung „utmost account shall be taken"), muss dies aber nicht.[260] Insbesondere die Frage, inwieweit der Betroffene auf den in Art. 7 Abs. 4 genannten Vertrag angewiesen ist, kann mithin bei der Abwägung weiterhin von Relevanz sein.[261] Auch das Kriterium einer **Monopolstellung eines Datenverarbeiters** ist hierbei von Bedeutung.[262] Wenn allerdings gewisse Umstände vorliegen, die ausschließen, dass die Entschließungsfreiheit des Betroffenen beeinträchtigt ist, ist die Freiwilligkeit der Einwilligung zu bejahen.[263]

---

[249] Gola/Heckmann/*Schulz* DS-GVO Art. 7 Rn. 28.
[250] So auch BeckOK DatenschutzR/*Stemmer* DS-GVO Art. 7 Rn. 44.
[251] AA Kühling/Buchner/*Buchner*/*Kühling* DS-GVO Art. 7 Rn. 49 f., 51, die das Erforderlichkeitskriterium der „Dispositionsbefugnis" der Parteien unterstellt und somit Daten, die Gegenstand einer Hauptleistungspflicht eines zivilrechtlichen Vertrages sind, vom Anwendungsbereich des Kopplungsverbots ausnimmt.
[252] Artikel-29-Datenschutzgruppe, 17/EN WP 259, S. 9.
[253] *Ehlen*/*Blum* CR 2023, 392 (394); *Kumkar* ZfPW 2020, 306 (328); *Sattler* NJW 2020, 3623 (3627 ff.); *Buchmüller*/*Roos* ZD 2022, 8 (12).
[254] *Kumkar* ZfPW 2020, 306 (328); *Sattler* NJW 2020, 3623 (3628); *Buchmüller*/*Roos* ZD 2022, 8 (12).
[255] Vgl. auch *Kumkar* ZfPW 2020, 306 (328 ff.).
[256] Dazu auch → Rn. 54 ff.
[257] Vgl. Gola/Heckmann/*Schulz* DS-GVO Art. 7 Rn. 31 bezugnehmend auf CNIL, Délibération no. 2020-091 du 17 septembre 2020, Ziff. 17 und 18; aA EDSA, Leitlinien 05/2020 v. 4.5.2020, S. 13 Rn. 39.
[258] BayLDA, 10. Tätigkeitsbericht 2020, S. 40.
[259] So iErg auch HK-DS-GVO/*Ingold* Art. 7 Rn. 31.
[260] AA *Dammann* ZD 2016, 307 (311), der die Formulierung „in größtmöglichem Umfang" unter Beachtung des Erwägungsgrunds 43 dergestalt auslegt, dass sich hieraus ein striktes Koppelungsverbot ableiten lassen soll; *Albrecht* CR 2016, 88 (91); *Gierschmann* ZD 2016, 51 (54).
[261] Plath/*Plath* DS-GVO Art. 7 Rn. 23.
[262] Plath/*Plath* DS-GVO Art. 7 Rn. 23; *Gierschmann* ZD 2016, 51 (54). Gola/Heckmann/*Schulz* DS-GVO Art. 7 Rn. 28 benennt das Kriterium der Sachnähe der Daten zu dem Vertrag; ausführlich zum Kriterium siehe auch *Golland* MMR 2018, 130 (132).
[263] BeckOK DatenschutzR/*Stemmer* DS-GVO Art. 7 Rn. 45; *Albrecht* CR 2016, 88 (91).

Da die Formulierung des Art. 7 Abs. 4 sehr unpräzise ist, wird vielfach auch für die Auslegung **105** der Regelung **Erwägungsgrund 43** herangezogen, der besagt, dass „die Einwilligung [...] nicht als freiwillig erteilt [gilt], wenn [...] die Erfüllung eines Vertrags, einschließlich der Erbringung einer Dienstleistung, von der Einwilligung abhängig ist, obwohl diese Einwilligung für die Erfüllung nicht erforderlich ist."[264] Hätte der Verordnungsgeber jedoch diesen Wortlaut gewollt, dann hätte er sich diesem auch im Rahmen des verbindlichen Normtextes bedienen müssen. Darüber hinaus wäre ein derartig absolut wirkendes Koppelungsverbot in Hinblick auf das Recht des Einzelnen aus Art. 8 Abs. 1, 2 GRCh, frei über seine personenbezogenen Daten disponieren zu können, unvereinbar.

Sollte eine **Abwägung** hinsichtlich der Freiwilligkeit bei einer Koppelung einer Einwilligung **106** mit einem Vertrag negativ ausfallen, besteht für die Unternehmen immer noch die Möglichkeit, die Datenverarbeitung auf Art. 6 Abs. 1 lit. f (Wahrung berechtigter Interessen) zu stützen.[265] Die Anforderungen hieran sind insbesondere im Werbekontext in Anbetracht des Erwägungsgrundes 47 als moderat anzusehen.[266] In einem solchen Fall sollte jedoch der Betroffene im Rahmen der Einwilligungseinholung darüber informiert werden, dass eine Datenverarbeitung partiell auch durch diesen Erlaubnistatbestand gedeckt ist.[267] Die erteilte datenschutzrechtliche Einwilligung besitzt nämlich keine Sperrwirkung, wie dies Erwägungsgrund 32 vermuten lassen könnte; hierfür spricht der ausdrückliche Wortlaut von Art. 17 Abs. 1 lit. b.[268]

V. Fortgeltung von Einwilligungen nach altem Recht

Die DS-GVO enthält keine ausdrückliche Normierung zum Umgang mit **Einwilligungen,** **107** die **vor ihrer Geltungserlangung** einer Datenverarbeitung zugrunde liegen. Erwägungsgrund 171 enthält hierzu jedoch die Vorgabe, dass „Verarbeitungen, die zum Zeitpunkt der Anwendung dieser Verordnung bereits begonnen haben, [...] innerhalb von zwei Jahren nach dem Inkrafttreten dieser Verordnung mit ihr in Einklang gebracht werden [sollten]. Beruhen die Verarbeitungen auf einer Einwilligung gemäß der Richtlinie 95/46/EG, so ist es nicht erforderlich, dass die betroffene Person erneut ihre Einwilligung dazu erteilt, wenn die Art der bereits erteilten Einwilligung den Bedingungen dieser Verordnung entspricht, sodass der Verantwortliche die Verarbeitung nach dem Zeitpunkt der Anwendung der vorliegenden Verordnung fortsetzen kann.[269] Mithin ist der Verarbeiter nur zum Handeln gezwungen, wenn seine Datenverarbeitung auf einer Einwilligung basiert, die nicht den Anforderungen der DS-GVO entspricht.[270] Auch diese Vorgabe macht deutlich, dass der Verordnungsgeber die Einwilligung zugrunde liegenden datenschutzrechtlichen Grundprinzipien nicht antasten wollte. Da die Erwägungsgründe keinen Regelungscharakter besitzen und damit nicht verbindlich sind, ist jedoch davon auszugehen, dass datenschutzrechtliche Einwilligungen für ihre Wirksamkeit neben der Erfüllung der Grundprinzipien der Einwilligung nur die Voraussetzungen erfüllen müssen, die eine Wirksamkeitsbedingung nach der DS-GVO für die Einwilligung darstellen. Dies ist beispielsweise bei der Nachweispflicht aus Art. 7 Abs. 1 grundsätzlich nicht der Fall.

VI. Rechtsfolgen unzulässiger Einwilligungen

Ist die Einwilligung nicht wirksam (bzw. für den Verantwortlichen nicht nachweisbar) und hat **108** dennoch eine Datenverarbeitung stattgefunden, droht dem Verantwortlichen ein den Einzelfall berücksichtigendes **Bußgeld** durch die Aufsichtsbehörde, vgl. Art. 83 Abs. 5 lit. a. Die europäischen Datenschutzbehörden haben bislang einige Bußgelder wegen Verstoßes gegen Art. 7 verhängt.[271] Das höchste Bußgeld im Zusammenhang mit Transparenzverstößen bei der Einwilligung betrug 50 Mio. EUR und wurde von der französischen Datenschutzbehörde CNIL gegen

---

[264] *Dammann* ZD 2016, 307 (311); *Härting*, www.cr-online.de/blog/2016/10/11/kopplungsverbot-der-einwilligungskiller-nach-der-dsgvo/.
[265] Vgl. Schantz/Wolff/*Wolff* Neues DatenschutzR Rn. 533; zu den Anforderungen → Art. 6 Rn. 38 ff.
[266] *Härting*, www.cr-online.de/blog/2016/10/11/kopplungsverbot-der-einwilligungskiller-nach-der-dsgvo/.
[267] Kühling/Buchner/*Buchner/Kühling* DS-GVO Art. 7 Rn. 18, 21, konstatiert, dass anderenfalls dem Betroffenen eine Entscheidungsmacht suggeriert werde, die in Wirklichkeit nicht bestehen würde. So auch *Schneider* CR 2017, 568 (572).
[268] Wohl aA Artikel-29-Datenschutzgruppe, 17/EN WP 259, S. 22 f.
[269] Vgl. EDSA, Leitlinien 05/2020 v. 4.5.2020, S. 39 Rn. 165 ff. mwN.
[270] Artikel-29-Datenschutzgruppe, 17/EN WP 259, S. 29 f.
[271] www.enforcementtracker.com.

Google angeordnet.[272] Zudem normiert Art. 17 mangels Erlaubnis der Verarbeitung eine Löschpflicht bezüglich der entsprechenden Daten, sofern die Daten nicht aufgrund einer Ermächtigungsgrundlage gespeichert werden dürfen.

109 Darüber hinaus besitzt der Betroffene, dem wegen eines Verstoßes gegen diese Verordnung ein **materieller oder immaterieller Schaden** entstanden ist, einen Anspruch auf Schadensersatz gegen den Verantwortlichen der Datenverarbeitung bzw. gegen den Auftragsverarbeiter, Art. 82.[273] Die Höhe eines solchen immateriellen Schadensersatzes wird die Rechtsprechung für den Einzelfall festlegen. Ein Anspruch aus Art. 82 besteht dann nicht, wenn bei Datenverarbeitungen zu journalistischen Zwecken von der Öffnungsklausel des Art. 85 Gebrauch gemacht und Art. 7 durch nationale Regelungen ausgenommen wurde.[274]

VII. Nationale Einwilligungsregelungen

110 Das BDSG enthält **keine präzisierenden Regelungen zu Art. 7.**

111 Nach Art. 9 Abs. 2 Nr. 1 ist die ansonsten grundsätzlich untersagte Verarbeitung **besonderer Kategorien personenbezogener Daten** gestattet, wenn der Betroffene in die Verarbeitung der genannten personenbezogenen Daten ausdrücklich eingewilligt hat. Diese Regelung unterstreicht die Selbstverantwortung, die die DS-GVO den Betroffenen im Hinblick auf ihre personenbezogenen Daten zugesteht. Ausnahmsweise können jedoch im Rahmen des Unionsrechts oder des Rechts der Mitgliedstaaten Verbote der Verarbeitung der besonderen Kategorien entsprechender Daten erlassen werden, die einer wirksamen Einwilligung der betroffenen Person entgegenstehen.[275]

112 Im Bereich des **Gesundheitswesens** kann vielfach von einem klaren Ungleichgewicht der Parteien ausgegangen werden, so dass bei einer Einwilligung des Betroffenen teilweise die Freiwilligkeit zu verneinen sein wird. Es kann daher bestimmte Konstellationen geben, in denen zum Schutze von Versicherten bzw. Patienten ein Einwilligungsverbot durch den nationalen Gesetzgeber erforderlich ist, um Rechtssicherheit für alle Beteiligte zu schaffen. Hierbei bedarf es jedoch einer vorherigen Abwägung der bestehenden Grundrechtspositionen.

113 Aufgrund des klaren Wortlauts des Art. 9 Abs. 2 lit. a kann zudem die insbesondere im deutschen **Sozialdatenschutzrecht** bisher bestehende rechtsprechungsgeprägte Auffassung,[276] dass eine Einwilligung nur wirksam ist, wenn eine gesetzliche Ermächtigung die Einwilligung in die Verarbeitung besonderer Kategorien personenbezogener Daten gestattet, nicht weiter fortbestehen. Vielmehr hat der nationale Gesetzgeber durch die DS-GVO den Auftrag erhalten, selbstständig – soweit er hierfür ein Erfordernis sieht – spezielle Einwilligungsverbote im Bereich der besonderen Kategorien personenbezogener Daten zu normieren. Darüber hinaus hätte der Gesetzgeber auch ein pauschales Einwilligungsverbot bezüglich Gesundheitsdaten normieren können, welches in den Fällen durchbrochen wird, in denen er die Einwilligung ausdrücklich erlaubt. Da der deutsche Gesetzgeber eine entsprechende ausdrückliche Klarstellung im Bereich des Sozialdatenschutzrechts bezüglich der DS-GVO versäumt hat, sind insbesondere die die Einwilligung der Versicherten im Gesundheitswesen beschränkenden datenschutzrechtlichen Regelungen im SGB V ab dem 25.5.2018 nicht mehr anwendbar.

114 Eine entsprechende Neuregelung des nationalen Gesetzgebers müsste allerdings beachten, dass eine Einwilligungsbeschränkung im Gesundheitswesen nur in Bezug auf besondere Kategorien personenbezogener Daten, wie den **Gesundheitsdaten,** erfolgen darf.[277] Die in § 67 Abs. 2 S. 1 SGB X nF legaldefinierten **Sozialdaten** fallen nicht vollständig hierunter. Mithin bedarf es einer hinreichend differenzierenden Regelung.

115 Art. 88 Abs. 1 gestattet zudem den Mitgliedstaaten, die **Datenverarbeitung im Beschäftigungskontext** national zu regeln. Der deutsche Gesetzgeber hat mit § 26 BDSG eine entsprechende Vorschrift erlassen. In § 26 Abs. 2 BDSG hat der Gesetzgeber hinsichtlich einer Datenverarbeitung, die aufgrund einer Einwilligung erfolgt, geregelt, dass bei der Beurteilung der Freiwilligkeit der Einwilligung insbesondere die im Beschäftigungsverhältnis bestehende Abhängigkeit der beschäftigten Person sowie die Umstände, unter denen die Einwilligung erteilt

---

[272] Dies wurde auch vom französischen Staatsrat bestätigt, vgl. Conceil d'Etat, Entscheidung no. 430810 v. 19.6.2020.
[273] Hierzu ausf. → Art. 82 Rn. 9 ff.
[274] Vgl. BGH Beschl. v. 16.2.2021 – VI ZA 6/20, GRUR-RS 2021, 3377.
[275] Hierzu ausf. → Art. 9 Rn. 65.
[276] Vgl. BSG Urt. v. 10.12.2008 – B 6 KA 37/07 R.
[277] Zur Begriffsbestimmung der Gesundheitsdaten → Art. 4 Rn. 66.

worden ist, zu berücksichtigen ist. Freiwilligkeit kann danach insbesondere vorliegen, wenn für die beschäftigte Person ein rechtlicher oder wirtschaftlicher Vorteil erreicht wird oder Arbeitgeber und beschäftigte Person gleichgelagerte Interessen verfolgen. Die Einwilligung im Beschäftigungskontext bedarf der Schriftform, soweit nicht wegen besonderer Umstände eine andere Form angemessen ist. Der Arbeitgeber hat die beschäftigte Person über den Zweck der Datenverarbeitung und über ihr Widerrufsrecht nach Art. 7 Abs. 3 in Textform aufzuklären. Diese Regelung aus § 26 Abs. 2 BDSG gilt nach § 26 Abs. 3 S. 2 BDSG auch für die Einwilligung in die Verarbeitung besonderer Kategorien personenbezogener Daten. Der EuGH hat nationale Generalklauseln im Beschäftigtendatenschutz, die keine „spezifische Vorschrift" im Sinne des Art. 88 darstellen, mit Urteil vom 30.3.2023 für unanwendbar erklärt.[278]

Art. 95 normiert, dass soweit RL 2002/58/EG datenschutzrechtliche Pflichten aufstellt, keine weiteren Pflichten durch die DS-GVO hinzukommen. Daher sind die Anforderungen an die Einwilligung nach den §§ 25 ff. **TTDSG** (→ Rn. 26) zu beachten. Gemäß Art. 25 Abs. 1 S. 2 TTDSG richten sich die Anforderungen an die Einwilligung nach der DS-GVO. Eine Einwilligung soll dann nicht erforderlich sein, wenn die Speicherung oder der Zugriff der Übertragung einer Nachricht über ein öffentliches Telekommunikationsnetz dient (§ 25 Abs. 2 Nr. 1 TTDSG) oder erforderlich ist, um den vom Nutzer ausdrücklich gewünschten Telekommunikationsdienst bereitzustellen (§ 25 Abs. 2 Nr. 2 TTDSG).[279] Die Anforderungen an den Widerruf nach Art. 7 Abs. 3 gelten ebenso für das TTDSG.[280] Das TTDSG kommt insbesondere im Kontext von Telemedien und dabei vor allem dem Einsatz von Cookies **neben** der DS-GVO zum Einsatz.[281] Eine datenschutzrechtliche Einwilligung kann neben der Einwilligung nach TTDSG durch eine einzige Handlung erteilt werden.[282]

116

Nicht abschließend ist die Rolle der Einwilligungsvorschriften der §§ 22, 23 **KUG** neben der DS-GVO geklärt, soweit sie nicht journalistische Zwecke[283] betreffen.[284] Die entwickelten Maßstäbe zum KUG sind zur Auslegung der DS-GVO-Vorschriften heranzuziehen.[285]

117

C. Rechtsschutz

Verstößt der Verantwortliche oder Auftragsverarbeiter gegen die Vorgaben, die im Zusammenhang mit der Einwilligung nach Art. 7 zu beachten sind, hat der Betroffene zudem gemäß Art. 77 Abs. 1 ein Recht auf **Beschwerde** bei einer Aufsichtsbehörde, insbesondere im Mitgliedstaat des gewöhnlichen Aufenthaltsortes, des Arbeitsplatzes oder des mutmaßlichen Verstoßes. Daneben hat die betroffene Person das Recht auf einen **wirksamen gerichtlichen Rechtsbehelf**, Art. 79. Daneben sind Verstöße gegen Art. 7 nach Art. 83 Abs. 5 lit. a bußgeldbewehrt (→ Rn. 108) und Betroffene können nach Art. 82 Schadensersatzansprüche geltend machen (→ Rn. 109).

118

Art. 8 Bedingungen für die Einwilligung eines Kindes in Bezug auf Dienste der Informationsgesellschaft

(1) [1] ¹Gilt Artikel 6 Absatz 1 Buchstabe a bei einem Angebot von Diensten der Informationsgesellschaft, das einem Kind direkt gemacht wird, so ist die Verarbeitung der personenbezogenen Daten des Kindes rechtmäßig, wenn das Kind das sechzehnte Lebensjahr vollendet hat. ²Hat das Kind noch nicht das sechzehnte Lebensjahr vollendet, so ist diese Verarbeitung nur rechtmäßig, sofern und soweit diese Einwilligung durch den Träger der elterlichen Verantwortung für das Kind oder mit dessen Zustimmung erteilt wird.

---

[278] EuGH Urt. v. 30.3.2023 – C-34/21, ECLI:EU:C:2023:270 – Hauptpersonalrat der Lehrerinnen und Lehrer. Auch wenn es in diesem Urteil um die Regelung aus dem Hessischen Datenschutzgesetz ging, ist es auf den fast identisch formulierten § 26 BDSG übertragbar.

[279] Neben einer technischen Notwendigkeit wird das Tatbestandsmerkmal auch bei einer rechtlichen oder wirtschaftlichen Notwendigkeit erfüllt, vgl. auch *Hanloser* ZD 2021, 399 (400).

[280] *Kühling/Sauerborn* ZD 2023, 596 (597).

[281] DSK, Orientierungshilfe für Anbieter von Telemedien, S. 5.

[282] DSK, Orientierungshilfe für Anbieter von Telemedien, S. 9.

[283] Vgl. hierzu OLG Köln Beschl. v. 18.6.2018 – 15 W 27/18, ZD 2018, 434 (435).

[284] So auch jurisPK-InternetR/*Heckmann/Scheurer* Kap. 9 Rn. 848; aA BayLDA, 8. Tätigkeitsbericht 2017/2018, S. 56, der keinen Raum für das KUG neben der DS-GVO sieht.

[285] *Faulhaber/Scheurer* jM 2019, 2 (3).

Art. 8

[2] Die Mitgliedstaaten können durch Rechtsvorschriften zu diesen Zwecken eine niedrigere Altersgrenze vorsehen, die jedoch nicht unter dem vollendeten dreizehnten Lebensjahr liegen darf.

(2) Der Verantwortliche unternimmt unter Berücksichtigung der verfügbaren Technik angemessene Anstrengungen, um sich in solchen Fällen zu vergewissern, dass die Einwilligung durch den Träger der elterlichen Verantwortung für das Kind oder mit dessen Zustimmung erteilt wurde.

(3) Absatz 1 lässt das allgemeine Vertragsrecht der Mitgliedstaaten, wie etwa die Vorschriften zur Gültigkeit, zum Zustandekommen oder zu den Rechtsfolgen eines Vertrags in Bezug auf ein Kind, unberührt.

Literatur: *Albrecht*, Das neue EU-Datenschutzrecht – von der Richtlinie zur Verordnung, CR 2016, 88; *Albrecht/Jotzo*, Das neue Datenschutzrecht der EU, 2017; *Article 29 Data Protection Working Party*, Guidelines on Consent under Regulation 2016/679, 17/EN WP 259; *Bauer*, Die Einwilligung bei Kindern und Jugendlichen, Datenschutz Praxis 12/2017, 16; *Bayerisches Landesamt für Datenschutzaufsicht*, XV Bedingungen für die Einwilligungen eines Kindes, Art. 8 DS-GVO, abrufbar unter www.lda.bayern.de/media/baylda_dsgvo_15_childs_consent.pdf (Stand 20.1.2018); *Bräutigam*, Das Nutzungsverhältnis bei sozialen Netzwerken, MMR 2012, 635; *Buchner/Kühling*, Die Einwilligung in der Datenschutzordnung 2018, DuD 2017, 544; *Ernst*, Die Einwilligung des Minderjährigen in der DS-GVO, DANA 2017, 14; *Europäischer Datenschutzausschuss (EDSA)*, Leitlinien 05/2020 zur Einwilligung gemäß Verordnung 2016/679; *Funke*, Dogmatik und Voraussetzungen der datenschutzrechtlichen Einwilligung im Zivilrecht, 2017 (zit. *Funke* Dogmatik); *Gola/Schulz*, DS-GVO – Neue Vorgaben für den Datenschutz bei Kindern?, ZD 2013, 475; *Heckmann*, Persönlichkeitsschutz im Internet, NJW 2012, 2631; *Heckmann/Paschke*, jurisPK Internetrecht, 7. Aufl. 2021, Kap. 9; *Höltge*, Minderjährigendatenschutz in digitalen Informationsdiensten, ITRB, 2016, 167; *Jandt/Roßnagel*, Besteht ein ausreichender Datenschutz?, MMR 2011, 637; *Joachim*, Besonders schutzbedürftige Personengruppen, ZD 2017, 414; *Kress/Nagel*, The GDPR and Its Magic Spells Protecting Little Princes and Princesses, CRi 2017, 6; *Kühling/Martini*, Die Datenschutz-Grundverordnung: Revolution oder Evolution im europäischen und deutschen Datenschutzrecht?, EuZW 2016, 448; *Lorenz*, Kinderrechte im Digitalzeitalter – Das Beispiel des Sharenting, K&R 2021, 322; *Meyer*, Gratisspiele im Internet und ihre minderjährigen Nutzer, NJW 2015, 3686; *Möhrke-Sobolewski/Klas*, Zur Gestaltung des Minderjährigendatenschutzes in digitalen Informationsdiensten, K&R 2016, 373; *Nebel/Dräger*, Altersgrenzen für die Einwilligung von Kindern nach Art. 8 DS-GVO in den einzelnen Mitgliedstaaten, ZD-Aktuell 2019, 06645; *Nebel/Richter*, Datenschutz bei Internetdiensten nach der DS-GVO, ZD 2012, 407; *Radlanski*, Das Konzept der Einwilligung, 2016; *Rauda*, Gemeinsamkeiten von US Children Online Privacy Protection Act (COPPA) und DS-GVO, MMR 2017, 15; *Roßnagel*, Das neue Datenschutzrecht, 2018; *Roßnagel*, Der Datenschutz von Kindern in der DS-GVO, ZD 2020, 88; *Schnebbe*, Minderjährigenschutz in der DS-GVO, DuD 2022, 367; *Taeger*, Einwilligung von Kindern gegenüber Diensten der Informationsgesellschaft, ZD 2021, 505; *Tinnefeld/Conrad*, Die selbstbestimmte Einwilligung im europäischen Recht, ZD 2018, 391; *Walter*, Datenschutz Minderjähriger im Internet, DSB 2013, 140; *Weichert*, Eltern – gesetzliche Vertreter oder Dritte?, DANA 2018, 188; *Weller*, Die datenschutzrechtliche Einwilligung Minderjähriger gemäß Art. 8 DS-GVO, AZO-ITR 03/2017 Anm. 3.

Rechtsprechung: BGH Urt. v. 18.10.2007 – I ZR 102/05, NJW 2008, 1882 – ueber18.de; OLG Düsseldorf Beschl. v. 20.7.2021 – 1 UF 74/21, ZD 2021, 650; AG Menden Urt. v. 3.2.2010 – 4 C 526/09, NJW 2010, 1614.

Übersicht

	Rn.
A. Allgemeines	1
I. Zweck und Bedeutung der Vorschrift	1
II. Systematik, Verhältnis zu anderen Vorschriften	3
1. Systematik des Art. 8	3
2. Kontext der DS-GVO	8
B. Einzelerläuterungen	15
I. Altersgrenze bei Einwilligung eines Kindes (Abs. 1)	15
1. Allgemeines	15
2. Anwendungsbereich	16
3. Verantwortungsteilung bei Beteiligung von Minderjährigen	26
4. Einwilligung für das Kind	28
5. Einwilligung durch das Kind mit Zustimmung der Eltern	31
6. Rechtsfolgen	33
7. Abweichungsbefugnis der Mitgliedstaaten (Abs. 1 UAbs. 2)	35
II. Kontroll- und Nachweisobliegenheiten des Verantwortlichen (Abs. 2)	36

III. Fortgeltung des allgemeinen Vertragsrechts der Mitgliedstaaten zum Minderjährigenrecht (Abs. 3) 39
    1. Nationale Bestimmungen zur Geschäftsfähigkeit von Kindern 39
    2. Konsequenzen aus der Zweiteilung von datenschutzrechtlicher Einwilligung und sonstiger Geschäftsfähigkeit 40
IV. Verarbeitung personenbezogener Daten von Kindern und Jugendlichen außerhalb des Anwendungsbereichs von Art. 8 41
V. Nationale Umsetzung 42
C. Rechtsschutz 43

A. Allgemeines

I. Zweck und Bedeutung der Vorschrift

Die Wirtschaft hat **Kinder** aufgrund ihrer leichten Beeinflussbarkeit und ihrer IT-Affinität als **1** eine lukrative Zielgruppe des Digital Commerce entdeckt.[1] Insbesondere im Bereich der App-Stores, Online-Spiele oder sozialen Netzwerke sind Kinder eine zentrale und letztlich auch kaufkräftige Zielgruppe.[2] Obwohl Kinder heutzutage als „digital natives" umfassend vernetzt aufwachsen,[3] ist ihnen der Umgang mit den Risiken des Internets häufig aufgrund fehlender Vermittlung von Medienkompetenz nicht vertraut.[4] Aus diesem Grund benötigen sie insbesondere auch im Datenschutzrecht einen weitreichenden Schutz, da ihnen vielfach noch das Verständnis fehlt, dass auch Gefahren von dem Umgang insbesondere mit sensiblen personenbezogenen Daten ausgehen können.[5] Dies ergibt sich zudem auch aus grundrechtlicher Perspektive, da der Schutzbereich des Art. 8 GRCh als natürlichen Personen und damit selbstredend auch Kinder gleichermaßen auch und umfassend einbeziert.[6] Art. 8 regelt daher Besonderheiten, die bei datenschutzrechtlichen Einwilligungen für und von Kindern gelten und schützt diese hierdurch vor einer **kindlich unreflektierten Datenpreisgabe.** Somit stellt die innovative Norm eine spezielle Ausprägung des Minderjährigenschutzes und damit einen echten Mehrwert im neuen Datenschutzrecht dar.[7] Der Anwendungsbereich dieser Vorschrift ist jedoch begrenzt. Art. 8 ist nur einschlägig für Angebote von Diensten der Informationsgesellschaft, die einem Kind direkt gemacht werden. Dennoch ist die Bedeutung der Norm nicht zu unterschätzen, da diese insbesondere im Bereich der gesellschaftlich immer mehr an Relevanz gewinnenden sozialen Medien zu erhöhten Anforderungen an die Einwilligung führen kann.[8] Darüber hinaus ist es durchaus denkbar, dass die Vorschrift in ihrem Regelungsgehalt auf Sachverhalte ausstrahlen kann, welche nicht unmittelbar von der Norm erfasst werden.[9]

Zudem besteht eine **altersbedingte Abstufung des Minderjährigenschutzes.** Fällt die **2** Einwilligung eines Kindes in den oben genannten Anwendungsbereich, ist diese erst wirksam, wenn das Kind das 16. Lebensjahr vollendet hat (Art. 8 Abs. 1 UAbs. 1 S. 1). Ist das Kind jünger, muss die Einwilligung durch die Träger der elterlichen Verantwortung für das Kind ergangen sein oder es bedarf der Zustimmung der Eltern zu der Einwilligung des Kindes (Art. 8 Abs. 1 UAbs. 1 S. 2). Die Mitgliedstaaten können eine niedrigere Altersgrenze vorsehen, die jedoch nicht unter dem vollendeten 13. Lebensjahr liegen darf (Art. 8 Abs. 1 UAbs. 2).

II. Systematik, Verhältnis zu anderen Vorschriften

1. Systematik des Art. 8. Aufgrund des eingeschränkten Anwendungsbereiches gilt die Vor- **3** schrift nur **im elektronischen Rechtsverkehr,** mit der Folge, dass kein allumfassender Schutz eines Kindes vor den Risiken einer Internetnutzung durch Art. 8 gewährt wird.

---

[1] *Gola/Schulz* ZD 2013, 475 (475).
[2] *Rauda* MMR 2017, 15 (16); *Joachim* ZD 2017, 414 (418).
[3] Auernhammer/*Greve* DS-GVO Art. 8 Rn. 1.
[4] So auch *Joachim* ZD 2017, 414 (417 ff.).
[5] *Taeger* ZD 2021, 505 (506); *Möhrke-Sobolewski/Klas* K&R 2016, 373 (375).
[6] Calliess/Ruffert/*Kingreen* GRCh Art. 8 Rn. 12; NK-EuGRCh/*Bernsdorff* Art. 8 Rn. 25; Gola/Heckmann/*Schulz* DS-GVO Art. 8 Rn. 2; Kühling/Buchner/*Buchner*/*Kühling* DS-GVO Art. 8 Rn. 10.
[7] Vgl. dazu Albrecht/*Jotzo* DatenschutzR S. 80 Rn. 69; *Roßnagel* DuD 2016, 561 (562); Kühling/Buchner/*Buchner*/*Kühling* DS-GVO Art. 8 Rn. 1; Gola/Heckmann/*Schulz* DS-GVO Art. 8 Rn. 1.
[8] Kühling/Buchner/*Buchner*/*Kühling* DS-GVO Art. 8 Rn. 1.
[9] BeckOK DatenschutzR/*Karg* DS-GVO Art. 8 Rn. 42.

Art. 8 4–8   Kapitel II. Grundsätze

4   Bei der datenschutzrechtlichen Einwilligung wird nicht auf Geschäftsfähigkeit, sondern auf die **Einsichtsfähigkeit** eines Menschen abgestellt.[10] Letztere fingiert Art. 8 Abs. 1 UAbs. 1 S. 1 bei der Vollendung des 16. Lebensjahres.[11] Dabei ist aber festzuhalten, dass den Bestimmungen des Art. 8 Abs. 1 UAbs. 1 S. 1 keine allgemeinen Vorgaben zur Einsichtsfähigkeit Minderjähriger entnommen werden können.[12] Gleichsam erlaubt die Norm den Mitgliedstaaten, die **Altersgrenze** zu senken und damit die Fiktion der Einsichtsfähigkeit eigenen politischen Vorstellungen anzupassen.[13] Diese Gestattung kann dem eigentlichen Ziel der DS-GVO, einen europaweit einheitlichen Rechtsrahmen im Datenschutzrecht zu schaffen, abträglich sein und dadurch zu Rechtsunsicherheit führen. Dies auch deshalb, weil Online-Angebote oftmals grenzüberschreitend Kinder direkt ansprechen. In diesem Zusammenhang stellen sich insbesondere in Fällen, in denen die Altersgrenzen in dem Sitzland des digitalen Angebots und dem einwilligenden Kindes variieren, verschiedene Rechtsfragen. Für die Verantwortlichen hat das zur Konsequenz, dass diese regelmäßig neben den Bestimmungen des Mitgliedstaates, in welchem sie ihre Hauptniederlassung unterhalten, zudem die Vorgaben der Mitgliedstaaten beachten müssen, in welchen sie ihre Dienstleistung erbringen möchten.[14]

5   Hat das Kind die genannte Altersgrenze noch nicht erreicht, erlaubt Art. 8 Abs. 1 UAbs. 1 S. 2 den Trägern der elterlichen Verantwortung die Einwilligung für das Kind. Diese Regelung ist im Hinblick auf die Höchstpersönlichkeit des in Art. 7, 8 GRCh garantierten Schutzes der Privatsphäre und seiner personenbezogenen Daten kritisch zu werten.[15] Bei genauer Betrachtung würden hiervon auch Einwilligungen der Eltern gedeckt, die erkennbar nicht im Interesse des Kindes liegen. Dies wäre mit dem von Art. 8 intendierten Schutz des Kindes nicht vereinbar.[16] Statt einer **Einwilligung für das Kind** ist vielmehr von einer elterlichen **Einwilligung in Zusammenwirken mit dem Kind** auszugehen. Gleichsam erlaubt Art. 8 Abs. 1 UAbs. 1 S. 2 eine Einwilligung durch das Kind, sofern die Träger der elterlichen Verantwortung zuvor ihre Zustimmung erteilt haben.

6   Zur Absicherung der Einhaltung des von Art. 8 Abs. 1 vorgesehenen **Minderjährigenschutzes** muss die datenverarbeitende Stelle sich vergewissern, dass durch einen Berechtigten die Einwilligung für das Kind ergangen ist. In Zusammenschau mit Art. 7 Abs. 1 ergibt sich darüber hinaus die Pflicht des Verantwortlichen nachzuweisen, dass die betroffene Person in die Datenverarbeitung eingewilligt hat.

7   Art. 8 Abs. 3 stellt abschließend fest, dass die Vorgaben zur datenschutzrechtlichen Einwilligung die nationalen Regelungen zum **Vertragsrecht nicht berühren**.

8   **2. Kontext der DS-GVO.** Art. 8 stellt eine Spezialregelung von datenschutzrechtlichen Einwilligungen für und durch Kinder dar. Die Prinzipien des durch Art. 8 GRCh und durch die Legaldefinition in Art. 4 Nr. 11, Art. 6 Abs. 1 S. 1 lit. a und Art. 7 weiter konturierten Einwilligungskonzepts im Datenschutzrecht gelten auch im Anwendungsbereich des Art. 8. Mithin ist Art. 8 **nicht als alleinstehende Rechtsgrundlage** für die Verarbeitung personenbezogener Daten von Kindern zu verstehen, vielmehr sind dessen Vorgaben ergänzend neben den weiteren Anforderungen an die rechtswirksame Einwilligungserklärung zu berücksichtigen, sofern dessen Anwendungsbereich eröffnet ist.[17] Betrifft die Einwilligung daher nicht die Bereitstellung von

---

[10] BeckOK DatenschutzR/*Karg* DS-GVO Art. 8 Rn. 36 ff.; Paal/Pauly/*Frenzel* DS-GVO Art. 8 Rn. 2; Kühling/Buchner/*Buchner*/*Kühling* DS-GVO Art. 8 Rn. 3a, 13; HK-DS-GVO/*Kampert* Art. 8 Rn. 2.
[11] So auch Kühling/Buchner/*Buchner*/*Kühling* DS-GVO Art. 8 Rn. 19, welche allerdings zu weitgehend von einer unwiderleglichen Fiktion der Einsichtsfähigkeit ausgehen.
[12] Vgl. *Funke* Dogmatik S. 219.
[13] Eine Übersicht über die einzelnen mitgliedstaatlichen Altersgrenzen bieten *Nebel/Träger* ZD-Aktuell 2019, 06645.
[14] Article 29 Data Protection Working Party, Guidelines on Consent under Regulation 2016/679, 17/EN WP 259, S. 25.
[15] Vgl. Artikel-29-Datenschutzgruppe, Stellungnahme 2/2009 zum Schutz personenbezogener Daten von Kindern, 398/09/DE, S. 5.
[16] So auch *Möhrke-Sobolewski/Klas* K&R 2016, 373 (375); *Bauer* Datenschutz Praxis 12/2017, 16 (17); Gola/Heckmann/*Schulz* DS-GVO Art. 8 Rn. 18; Kühling/Buchner/*Buchner*/*Kühling* DS-GVO Art. 8 Rn. 21; aA HK-DS-GVO/*Kampert* Art. 8 Rn. 7, welcher davon ausgeht, dass die Träger der elterlichen Verantwortung auf Grundlage ihres Erziehungsrechts auch zur Abgabe der Einwilligung gegen den Willen des Kindes berechtigt sind, wobei zudem der Verkehrsschutz sowie das Fehlen dezidiert gegenteiliger Regelungen zu berücksichtigen sei.
[17] Zu den allg. Einwilligungsvoraussetzungen → Art. 7 Rn. 33 ff. sowie EDSA, Leitlinien 05/2020 v. 4.5.2020. Vgl. dazu auch Artikel-29-Datenschutzgruppe, 17/EN WP 259, S. 23; *Joachim* ZD 2017, 414 (415);

Diensten der Informationsgesellschaft (zum Begriff → Rn. 18 f.) sind allein die Maßgaben des Art. 7 zu beachten.[18] Danach ist die Einwilligungsfähigkeit des Kindes im Einzelfall zu beurteilen.[19]

Da es im Rahmen der Einwilligungsfähigkeit der von der Datenverarbeitung betroffenen 9 Kinder richtigerweise auf die Einsichtsfähigkeit ankommt, kann die Geschäftsfähigkeit keine Wirksamkeitsvoraussetzung im Rahmen des Art. 8 sein.[20] Vielmehr ist auf die **Einsichtsfähigkeit** des Einzelnen hinsichtlich der **Tragweite seiner Einwilligung abzustellen.** In diesem Kontext gibt Art. 8 vor, dass spätestens bei Vollendung des 16. Lebensjahres grundsätzlich von der für die Einwilligung erforderlichen Einsichtsfähigkeit auszugehen ist.[21]

Art. 8 suspendiert trotz des diesbezüglich unklaren Wortlauts in Gesamtschau mit Art. 8 10 GRCh auch nicht die **Höchstpersönlichkeit der datenschutzrechtlichen Einwilligung.** Vielmehr stellt die Norm das **Zusatzerfordernis der elterlichen Zustimmung** auf.

Wenngleich Art. 8 ein zentraler Eckpunkt des datenschutzrechtlichen Schutzes der Kinder ist, 11 finden sich in den Vorgaben der DS-GVO weitere spezifische Bestimmungen, die der Schutzwürdigkeit der von einer Datenverarbeitung betroffenen Kinder Rechnung tragen sollen.[22] Neben Art. 8 enthält Art. 12 weitere Vorgaben für den Umgang mit Minderjährigen im Datenschutzrecht. Damit der (minderjährige) Betroffene selbst mit Zustimmung seiner Eltern informiert über die Preisgabe seiner Daten bestimmen kann, ist er in einer **kindgerechten Form** über die Auswirkungen seiner Einwilligung sowie über seine Rechte zu informieren, Art. 12 Abs. 1 S. 1 aE.[23] Darüber hinaus sind die Grundrechtspositionen der Kinder im Rahmen der Rechtsgrundlage der Interessenabwägung gemäß Art. 6 Abs. 1 S. 1 lit. f gesondert zu würdigen.

Zur **notwendigen Information von Kindern** über die Tragweite der Internetnutzung 12 tragen zudem auch aufsichtsbehördliche Maßnahmen zur Aufklärung bei, die nach Art. 57 Abs. 1 lit. b spezifische Maßnahmen für Kinder beinhalten sollen. Insbesondere sind diese für die Risiken, Vorschriften, Garantien und Rechte im Zusammenhang mit der Verarbeitung personenbezogener Daten zu informieren und für diese zu sensibilisieren.

Gleichsam werden nach Art. 40 Abs. 2 lit. g Verbände und andere Vereinigungen, die 13 Kategorien von Verantwortlichen oder Auftragsverarbeitern vertreten, ermächtigt, **Verhaltensweisen auszuarbeiten,** die unter anderem Aspekte der Unterrichtung und des Schutzes von Kindern berücksichtigen. Zudem kann hierbei die Art und Weise präzisiert werden, in der die Einwilligung des Trägers der elterlichen Verantwortung für das Kind einzuholen ist.

Zur Umsetzung eines effektiven Schutzes von Minderjährigen findet das sog. **„Recht auf** 14 **Vergessenwerden"** aus Art. 17 insbesondere Anwendung auf personenbezogene Daten, die vom Betroffenen im Kindesalter öffentlich gemacht wurden.[24] Dementsprechend findet sich in Art. 17 Abs. 1 lit. f ein spezieller Löschanspruch für die Fälle, in denen die personenbezogenen Daten in Bezug auf angebotene Dienste der Informationsgesellschaft gemäß Art. 8 Abs. 1 erhoben wurden.

B. Einzelerläuterungen

I. Altersgrenze bei Einwilligung eines Kindes (Abs. 1)

1. Allgemeines. Da Kinder sich insbesondere im Datenschutzrecht der Risiken und Folgen 15 ihres Handelns häufig nicht bewusst sind und auch ihre Rechte weder kennen noch wissen, wie

---

Kress/Nagel CRi 2017, 6 (7); BeckOK DatenschutzR/*Karg* DS-GVO Art. 8 Rn. 11; Kühling/Buchner/ *Buchner/Kühling* DS-GVO Art. 8 Rn. 1; Gola/Heckmann/*Schulz* DS-GVO Art. 8 Rn. 1.
[18] *Tinnefeld/Conrad* ZD 2018, 391 (393); *Weichert* DANA 2019, 188 (190); Taeger/Gabel/*Taeger* DS-GVO Art. 8 Rn. 10.
[19] Simitis/Hornung/Spiecker gen. Döhmann/*Klement* DS-GVO Art. 8 Rn. 10.
[20] So auch *Ernst* DANA 2017, 14 (14).
[21] AA *Joachim* ZD 2017, 414 (415) welche auch nach Vollendung des 16. Lebensjahrs des Betroffenen davon ausgeht, dass dessen Einsichtsfähigkeit im Einzelfall zu prüfen ist.
[22] Vgl. ausf. auch Roßnagel ZD 2020, 88 (89 f.); BeckOK DatenschutzR/*Karg* DS-GVO Art. 8 Rn. 12 spricht insofern von einem „datenschutzrechtlichen Schutzsystem Minderjähriger durch die DS-GVO"; Kühling/Buchner/*Buchner/Kühling* DS-GVO Art. 8 Rn. 2 erblicken in den weiteren Vorgaben hingegen „sehr rudimentäre Regelungen".
[23] Erwägungsgrund 58; vgl. ausf. auch *Roßnagel* ZD 2020, 88 (89 f.).
[24] Erwägungsgrund 65; dazu auch → Art. 17 Rn. 30 f.

sie diese durchsetzen könnten, benötigen sie einen besonderen Schutz.[25] Aus diesem Grund normiert Art. 8 Abs. 1, dass ein Minderjähriger erst im Alter von 16 Jahren bzw. bei abweichenden nationalen Regelungen 13 Jahren wirksam in die Verarbeitung seiner personenbezogenen Daten durch Dienste der Informationsgesellschaft einwilligen kann.[26] Zuvor benötigt er hierfür die **Zustimmung seiner Erziehungsberechtigten**.

16   **2. Anwendungsbereich.** Art. 8 Abs. 1 regelt erstmalig zumindest partiell die **Einwilligungsfähigkeit** und die Möglichkeit, wie Kinder mit Zustimmung der Erziehungsberechtigten in die Verarbeitung ihrer Daten einwilligen können. Weder in der DS-GVO noch in den Erwägungsgründen findet sich jedoch eine Legaldefinition zum Begriff des Kindes. Insofern unterscheidet sich die verabschiedete Fassung der DS-GVO vom ursprünglichen Kommissionsentwurf. Nach diesem Entwurf war Kind jede natürliche Person unter 18 Jahren (Art. 1 Abs. 18 DS-GVO-Entwurf). Heute findet sich eine starre **Altersgrenze von 16 Jahren** allerdings nur noch für die Fallgruppe „Dienste der Informationsgesellschaft" in Art. 8 Abs. 1. Es ist dennoch davon auszugehen, dass der Begriff des Kindes mit dem des Minderjährigen übereinstimmt.[27] Innerhalb der Mitgliedstaaten der Europäischen Union wird einheitlich[28] von einer Volljährigkeit mit Vollendung des 18. Lebensjahres ausgegangen.[29] Da bereits verschiedene Länder die geistige Entwicklung ihrer minderjährigen Bürger so einordnen, dass sie diesen die Wahlberechtigung zuerkennen, ist die zum 16. Lebensjahr geschaffene „Netz-Mündigkeit",[30] frei über die Verwendung der eigenen personenbezogenen Daten entscheiden zu dürfen, begrüßenswert.[31] Eine weitergehende Definition des Kindes ist aber jedenfalls im Kontext des Art. 8 nicht erforderlich, da es allein auf die dort festgelegten Altersgrenzen ankommt.[32]

17   Der Anwendungsbereich der Norm beschränkt sich auf sog. **„Dienste der Informationsgesellschaft"**. Diese sind nach Art. 4 Nr. 25 solche iSv Art. 1 Nr. 1 lit. b RL 2015/1535/EU (sog. Informationsverfahrensrichtlinie).[33] Damit ergibt sich der sachliche Anwendungsbereich der (unmittelbar geltenden) DS-GVO insoweit aus der Auslegung und Anwendung einer Richtlinie, die ihrerseits keine unmittelbare Geltung besitzt. Das wird teils kritisch gesehen.[34] Dabei wird vertreten, dass es in der Praxis dazu kommen könnte, dass je nach Umsetzung der Informationsverfahrensrichtlinie in den einzelnen Mitgliedstaaten zu unterschiedlichen sachlichen Anwendungsbereichen des Art. 8 kommen könnte. Es bleibt abzuwarten, ob es angesichts der mit der DS-GVO intendierten Harmonisierung zu einer Anpassung der Anwendungsbereiche kommen wird.[35] Dies könnte auch durch den EuGH geschehen.

18   Ein Dienst der Informationsgesellschaft ist eine in der Regel **gegen Entgelt elektronisch im Fernabsatz** und **auf individuellen Abruf eines Empfängers erbrachte Dienstleistung**. Im Einzelnen setzt dies kumulativ voraus,[36] dass die Dienstleistung ohne gleichzeitige physische

---

[25] Erwägungsgrund 38 S. 1.
[26] Eine Übersicht über die einzelnen mitgliedstaatlichen Altersgrenzen bieten *Nebel/Träger* ZD-Aktuell 2019, 06645.
[27] Vgl. auch Art. 1 des Übereinkommens der Vereinten Nationen über die Rechte des Kindes v. 20.11.1989, wonach ein Kind eine Person unter 18 Jahren ist, sofern sie das gesetzliche Erwachsenenalter nicht bereits vor diesem Alter erreicht hat. Zur Bestimmung des Begriffs des Kindes bezieht sich auch die Artikel-29-Datenschutzgruppe auf die Vorgaben der UN-Kinderrechtskonvention, vgl. Artikel-29-Datenschutzgruppe, 17/EN WP 259, S. 24.
[28] Eine Ausnahme hiervon ergibt sich lediglich im schottischen Recht. Dort liegt das Volljährigkeitsalter bei 16 Jahren, Age of Legal Capacity (Scotland) Act 1991.
[29] Vgl. auch Art. 2 des Kinderschutzübereinkommens (KSÜ).
[30] *Dammann* ZD 2016, 307 (311).
[31] Ab dem 16. Lebensjahr besteht unter bestimmten Voraussetzungen zudem die Möglichkeit der Eheschließung für Minderjährige innerhalb der Mitgliedstaaten der EU mit der Folge, dass diese nicht mehr unter der elterliche Sorge fallen, Art. 2 Nr. 8 EheGVO, MüKoFamFG/*Gottwald*, 2. Aufl. 2013, VO (EWG) Nr. 2201/2003 Art. 1 Rn. 14.
[32] *Kress/Nagel* CRi 2017, 6 (7); Gola/Heckmann/*Schulz* DS-GVO Art. 8 Rn. 8; *Funke* Dogmatik S. 187; HK-DS-GVO/*Kampert* Art. 8 Rn. 5.
[33] RL 2015/1535/EU des Europäischen Parlaments und des Rates v. 9.9.2015 über ein Informationsverfahren auf dem Gebiet der technischen Vorschriften und der Vorschriften für die Dienste der Informationsgesellschaft.
[34] *Weller* AZO-ITR 03/2017 Anm. 3; Paal/Pauly/*Frenzel* DS-GVO Art. 8 Rn. 6.
[35] Dies verneinen Kühling/Buchner/*Buchner/Kühling* DS-GVO Art. 8 Rn. 12 mit Verweis darauf, dass den Mitgliedstaaten jedenfalls bei Bestimmungen, welche den Anwendungsbereich der RL definieren, kein Umsetzungsspielraum zusteht.
[36] Kühling/Buchner/*Buchner/Kühling* DS-GVO Art. 8 Rn. 12.

Anwesenheit der Vertragsparteien erbracht wird („im Fernabsatz erbrachte Dienstleistung"), mittels Geräten für die elektronische Verarbeitung und Speicherung von Daten am Ausgangspunkt gesendet und am Endpunkt empfangen wird und vollständig über Draht oder über Funk, auf optischem oder anderem elektromagnetischem Wege gesendet, weitergeleitet und empfangen wird („elektronisch erbrachte Dienstleistung"). Außerdem ist erforderlich, dass sie durch die Übertragung von Daten auf individuelle Anforderung erbracht wird („auf individuellen Abruf eines Empfängers erbrachte Dienstleistung"). Mit Blick auf das Kriterium der erforderlichen Entgeltlichkeit des Dienstes ist es regelmäßig ausreichend, dass die Hingabe personenbezogener Daten zur Nutzung des Dienstes abverlangt wird.[37] Mangels Entgeltlichkeit schied auch die Anwendbarkeit des Art. 8 auf **Contact-Tracing-Apps** im Zusammenhang mit der Covid19-Pandemie aus.[38] Dabei ist schließlich zu beachten, dass durch die **Digitale-Inhalte-Richtlinie (EU) 2019 Nr. 2019/770** und deren nationale Umsetzung[39] insbesondere in § 312 Abs. 1a und § 327 Abs. 3 BGB nun auch Daten als Währungssubstrat anerkannt sind. (→ Art. 7 Rn. 100).

Betroffen sind regelmäßig solche Dienste, welche **online** erbracht werden.[40] Soziale Netzwerke sind daher vom Anwendungsbereich des Art. 8 erfasst. Hierzu gehört beispielsweise auch die Mailanwendung GMail von Google.[41] Auch weitere **OTT-Dienste** wie WhatsApp fallen unter den Anwendungsbereich der Dienste der Informationsgesellschaft.[42] Dabei sichert die Auslegungsfähigkeit des Begriffs des Dienstes der Informationsgesellschaft, dass auch Veränderungen und Innovationen innerhalb dieses schnelllebigen Kontexts adäquat erfasst werden können.[43] Die Erbringung von Offline-Diensten ist hingegen grundsätzlich nicht von dem Begriff der Dienste der Informationsgesellschaft erfasst.[44] Welche Dienste zwar elektronisch erfolgen, aber dennoch nicht als Dienste der Informationsgesellschaft klassifiziert werden können, folgt maßgeblich aus Anhang I der Informationsverfahrensrichtlinie. Von besonderer Relevanz sind hierbei insbesondere folgende Negativ-Beispiele: Dienste, welche nicht über elektronische Verarbeitungs- und Speicherungssysteme erbracht werden (etwa Sprachtelefonie, Telefaxdienste usw), ferner Dienste ohne individuellen Datenabruf für eine unbegrenzte Zahl von Empfängern (insbesondere Fernsehdienste). Eine Besonderheit ergibt sich für den Fall, dass der entsprechende Dienst sowohl aus Online- als auch aus Offlinekomponenten besteht. Als Dienst der Informationsgesellschaft ist ein solcher Dienst regelmäßig dann zu beurteilen, wenn beide Komponenten eine wirtschaftliche Einheit bilden, wobei der Schwerpunkt des Dienstes in diesem Fall im Online-Bereich liegen muss.[45]

Darüber hinaus muss der Dienst ein **direktes Angebot für das Kind** darstellen. Dieses Tatbestandsmerkmal wird mangels entsprechender näherer Präzisierung durch Rechtsprechung und Rechtspraxis weiter konkretisiert werden müssen. Der EDSA stellt in diesem Rahmen darauf ab, ob ein Anbieter gegenüber Nutzern deutlich macht, seinen Dienst nur Volljährigen gegenüber anzubieten und auch nichts Gegenteiliges nachgewiesen wird.[46] Jedenfalls aber wird durch das Merkmal des direkten Angebots klargestellt, dass nicht alle Dienste der Informationsgesellschaft zwingend dem Anwendungsbereich des Art. 8 unterfallen.[47] Der tatsächliche Mehr-

---

[37] *Ernst* DANA 1/2017, 14 (15).
[38] Vgl. hierzu *Kessemeier* DSRTIB 2020, 111 (123).
[39] In Deutschland wurde die RL durch das Gesetz zur Neuregelung von Verbraucherverträgen über digitale Produkte umgesetzt, vgl. BGBl. 2021 I 2123 ff.
[40] Vgl. dazu Artikel-29-Datenschutzgruppe, 17/EN WP 259, S. 24; *Kress/Nagel* CRi 2017, 6 (8); *Ernst* DANA 1/2017, 14 (15); *Joachim* ZD 2017, 414 (416); Gola/Heckmann/*Schulz* DS-GVO Art. 8 Rn. 13; BeckOK DatenschutzR/*Karg* DS-GVO Art. 8 Rn. 47; Schaffland/Wiltfang/*Schaffland*/Holthaus DS-GVO Art. 8 Rn. 2.
[41] Der EuGH hat entschieden, dass es sich bei Gmail um einen „elektronischen Kommunikationsdienst" iSd RL 2002/21/EG handelt, EuGH Urt. v. 13.6.2019 – C-193/18, ECLI:EU:C:2019:498 = K&R 2019, 487 – Gmail; vgl. hierzu auch *Schumacher* K&R 2019, 490 (490).
[42] Taeger/Gabel/*Taeger* DS-GVO Art. 8 Rn. 14.
[43] Auernhammer/*Greve* DS-GVO Art. 8 Rn. 7.
[44] So auch Roßnagel Neues DatenschutzR/*Nebel* § 3 III Rn. 96; Gola/Heckmann/*Schulz* DS-GVO Art. 8 Rn. 14.
[45] So die Artikel-29-Datenschutzgruppe unter Verweis auf die Ausführungen des GA in der Sache C-434/15 – Asociación Profesional Elite Taxi v. Uber Systems SpainSL, vgl. Artikel-29-Datenschutzgruppe, 17/EN WP 259, S. 24.
[46] EDSA, Leitlinien 05/2020 v. 4.5.2020, S. 32 Rn. 130.
[47] So Article 29 Data Protection Working Party, Guidelines on Consent under Regulation 2016/679, 17/EN WP 259, S. 24.

wert des Tatbestandsmerkmals wird allerdings auf Grund des unklaren Wortlauts in Frage gestellt.[48] Streng genommen kann als direktes Angebot für Kinder jedes für diese **unmittelbar zugängliche Medium im Internet** gelten. Dies hätte jedoch zur Folge, dass jede Webseite, die eine Datenverarbeitung beinhaltet (zB Newsletteranmeldung), auch zumindest über eine Altersverifikation (zB mittels eID-Funktion des neuen Personalausweises oder „attributbasierter Berechtigungsnachweise"[49]) verfügen müsste. Dies wiederum wäre mit dem Grundsatz der Datenminimierung aus Art. 5 Abs. 1 lit. c kaum vereinbar. Zudem würde man durch eine solche Auslegung das datenschutzrechtlich verbürgte Recht auf grundsätzlich anonyme Nutzung von Internetdiensten[50] unterlaufen.

21 Die rein am Wortlaut basierte Gegenposition sieht nur **Angebote, die unmittelbar an Kinder adressiert sind,** von dieser Vorschrift erfasst.[51] Dies würde allerdings praktisch zur Bedeutungslosigkeit von Art. 8 führen, da sich die meisten Angebote im Internet sowohl an Kinder als auch an Erwachsene richten **(„Dual Use")**.[52] Die von dieser Auffassung vorgenommene Beschränkung ist zudem mit dem Sinn und Zweck der Norm nicht vereinbar. Weil gerade zugleich an Erwachsene gerichtete Angebote das Kindeswohl gefährden können, dürfte Art. 8 Abs. 1 auch in solchen Fällen zur Anwendung kommen.[53]

22 Teleologisch spricht vieles für eine **vermittelnde Auslegung** der Norm. Hiernach ist jeder Dienst im Internet danach zu prüfen, an welche Zielgruppe er sich primär richtet. Die **Zielgruppeneinordnung** bestimmt sich vor allem nach dem Inhalt des Internetdienstes. Soll ein Dienst insbesondere das kindliche Interesse wecken oder animiert Kinder zum Chatten oder Austausch von Dateien, kann von einem entsprechenden direkten Angebot für Kinder ausgegangen werden.[54] Weitere Indizien für das Vorliegen eines entsprechenden kinderbezogenen Dienstes sind insbesondere die direkte Ansprache von Kindern und die Verwendung einer kindgerechten Sprache sowie eine entsprechende grafische Darstellung.[55] Die entscheidungsrelevanten inhaltlichen und gestalterischen Elemente des Dienstes sind dabei im Einzelfall aus objektiver (kindlicher) Empfängerperspektive zu bewerten.[56] Im Umkehrschluss sind jedenfalls aber solche Dienste, welche ausschließlich einen volljährigen Adressatenkreis ansprechen, vom Anwendungsbereich des Art. 8 ausgeschlossen (siehe zu den hierfür aufgestellten Parametern des EDSA auch → Rn. 20).[57] Dabei hat der Verantwortliche allerdings sicherzustellen, dass die Zielgruppenbegrenzung nicht im Widerspruch mit dem Inhalt beziehungsweise der Aufmachung des Dienstes steht.[58] Lässt sich keine eindeutige Zielgruppe feststellen (zB bei Diensten wie Facebook, Twitter, Gmail etc), findet die Vorschrift aus Kinderschutzgesichtspunkten ebenfalls Anwendung, soweit nicht besondere Schutzinteressen von Kindern aufgrund der Art des Dienstes (etwa bei einem wissenschaftlichen Informationsangebot) entfallen.[59] Aufgrund des unklaren Wortlautes und der inhaltsbezogenen Zielgruppenermittlung werden sich in der Praxis viele Abgrenzungsprobleme stellen. Um den **„Dual Use"** von elektronischen Diensten auszuschließen, bietet sich eine hinreichende Altersverifikation an, welche sich allerdings nicht darin erschöpfen darf, dass sich der Verantwortliche das Alter des Betroffenen mittels einer **Checkbox** bestätigen lässt.[60] Im Ergebnis kann es daher nicht ausreichend sein, dass der Verantwortliche

---

[48] *Funke* Dogmatik S. 205; Kühling/Buchner/*Buchner*/*Kühling* DS-GVO Art. 8 Rn. 18.
[49] Vgl. Projekt ABC4Trust, Attribute-based Credentials for Trust, abrufbar unter www.abc4trust.eu/ (abgerufen am 12.9.2023).
[50] Hierzu *Heckmann* NJW 2012, 2631 (2632).
[51] *Joachim* ZD 2017, 414 (416); Paal/Pauly/*Frenzel* DS-GVO Art. 8 Rn. 7.
[52] Vgl. dazu Paal/Pauly/*Frenzel* DS-GVO Art. 8 Rn. 7.
[53] *Taeger* ZD 2021, 505 (507); Paal/Pauly/*Frenzel* DS-GVO Art. 8 Rn. 7.
[54] *Gola*/*Schulz* ZD 2013, 475 (478); *Buchner*/*Kühling* DuD 2017, 544 (547); Auernhammer/*Greve* DS-GVO Art. 8 Rn. 8.
[55] *Gola*/*Schulz* ZD 2013, 475 (478); HK-DS-GVO/*Kampert* Art. 8 Rn. 6.
[56] *Buchner*/*Kühling* DuD 2017, 544 (547); *Funke* Dogmatik S. 212; Auernhammer/*Greve* DS-GVO Art. 8 Rn. 8.
[57] Artikel-29-Datenschutzgruppe, 17/EN WP 259, S. 24; *Funke* Dogmatik S. 212; Schaffland/Wiltfang/*Schaffland*/*Holthaus* DS-GVO Art. 8 Rn. 3; aA *Buchner*/*Kühling* DuD 2017, 544 (547).
[58] Artikel-29-Datenschutzgruppe, 17/EN WP 259, S. 24.
[59] So auch u.a. *Kress*/*Nagel* CRi 2017, 6 (8); Bayerisches Landesamt für Datenschutzaufsicht, XV Bedingungen für die Einwilligung eines Kindes, S. 2; Auernhammer/*Greve* DS-GVO Art. 8 Rn. 8; BeckOK DatenschutzR/*Karg* DS-GVO Art. 8 Rn. 50; HK-DS-GVO/*Kampert* Art. 8 Rn. 6; Kühling/Buchner/*Buchner*/*Kühling* DS-GVO Art. 8 Rn. 16.
[60] *Buchner*/*Kühling* DuD 2017, 544 (547); vgl. zur Altersverifikation im Internet BGH Urt. v. 18.10.2007 – I ZR 102/05, NJW 2008, 1882 – ueber18.de.

lediglich darauf hinweist, dass der Dienst ausschließlich für Volljährige konzipiert ist und sich dies entsprechend durch den Betroffenen bestätigen lässt.[61] Erst recht nicht ausreichend ist es, den Ausschluss bestimmter Altersgruppen innerhalb der AGB oder der Datenschutzbestimmungen vorzunehmen.[62]

Hingegen werden regelmäßig solche Dienste, welche zwar Produkte für Kinder anbieten, diese aber nicht unmittelbar beispielsweise als Käufer adressieren, nicht vom Anwendungsbereich der Norm erfasst.[63] Insbesondere im Bereich des **elektronisch abgewickelten Warenverkehrs** sind daher Konstellationen denkbar, in denen Dienste der Informationsgesellschaft nicht die gesteigerten Anforderungen des Art. 8 berücksichtigen müssen.[64] 23

Für die letztgenannte Auffassung spricht auch der Erwägungsgrund 38, wonach ersichtlich ist, welche Fallgruppen der Verordnungsgeber bei der Erstellung der Norm vor Augen hatte, namentlich die **Werbung** und die **Erstellung von Persönlichkeits- oder Nutzerprofilen.** Erstellt sich also ein 15 Jahre altes Kind im Anwendungsbereich der Verordnung einen Nutzer-Account bei einem Social Media-Anbieter (zB bei Facebook oder Instagram), ist diese Erklärung unwirksam, sofern und soweit seine gesetzlichen Vertreter nicht ihre Zustimmung geben. Im Kontext von tracking-basierter und personalisierter Werbung sind nun außerdem die Vorgaben des § 25 TTDSG zu beachten.[65] 24

Inwieweit elektronische Medien nach der DS-GVO zudem noch in für Kinder „wertvoll" und weniger wertvoll kategorisiert werden können, bleibt weiter abzuwarten. So nennt der Erwägungsgrund 38 auch Beispiele, bei denen Art. 8 Abs. 1 keine Anwendung finden soll. Hierbei bezieht sich dieser insbesondere auf **Präventions- oder Beratungsdienste.** Wenngleich diese Bereichsausnahme lediglich in dem Erwägungsgrund aufgenommen wurde und damit keine unmittelbare Rechtswirkung entfaltet, ist diese jedenfalls bei der Ermittlung des Sinns und Zwecks der Norm maßgeblich zu berücksichtigen.[66] Dem Zweck der Norm Kinder zu schützen, würde es insofern zuwiderlaufen, wenn diese gezwungen wären, in jedem Fall die Träger der elterlichen Verantwortung miteinzubeziehen.[67] Insbesondere für den Fall, dass das Kind in einer Konfliktsituation mittels Online-Dienste Rat oder gegebenenfalls Hilfe ersucht, soll dies nicht von der Einwilligung der Träger elterlicher Verantwortung abhängig gemacht werden.[68] Soweit der entsprechende Dienst allerdings telefonisch oder, wie regelmäßig der Fall, unentgeltlich erbracht wird, kommt es auf die Vorgaben des Art. 8 nicht an, da dessen Anwendungsbereich bereits nicht eröffnet ist.[69] 25

3. Verantwortungsteilung bei Beteiligung von Minderjährigen. Sofern das Kind die von Art. 8 Abs. 1 statuierte Altersgrenze nicht erreicht, hat der „Träger der elterlichen Verantwortung" entweder für das Kind die Einwilligung abzugeben oder muss einer Einwilligung durch das Kind zustimmen. **Träger elterlicher Verantwortung** ist der gesetzliche Vertreter des Kindes, der anhand der nationalen Bestimmungen ermittelt wird.[70] Grundsätzlich werden daher die Eltern als Träger der elterlichen Verantwortung auftreten, wobei auch weitere Fälle der gesetzlichen Vertretung des Kindes, beispielsweise im Rahmen einer Vormundschaft, Pflegschaft oder Betreuung denkbar sind.[71] Inwieweit es dem deutschen Recht entsprechend im europäischen Datenschutzrecht einer gemeinschaftlichen Vertretung des Kindes durch die Eltern bedarf 26

---

[61] Kühling/Buchner/*Buchner/Kühling* DS-GVO Art. 8 Rn. 17.
[62] Vgl. dazu *Funke* Dogmatik S. 211.
[63] *Bauer* Datenschutz Praxis 12/2017, 16 (17); *Taeger* ZD 2021, 505 (507); Gola/Heckmann/*Schulz* DS-GVO Art. 8 Rn. 16.
[64] *Möhrke-Sobolewski/Klas* K&R 2016, 373 (375); *Bauer* Datenschutz Praxis 12/2017, 16 (17); *Funke* Dogmatik S. 205; Gola/Heckmann/*Schulz* DS-GVO Art. 8 Rn. 16 spricht insofern von einer „[sinnstiftenden] Einschränkung".
[65] So auch Gola/Heckmann/*Schulz* DS-GVO Art. 8 Rn. 16.
[66] Vgl. zur Auslegung anhand der Erwägungsgründe *Gola* K&R 2017, 145 (145).
[67] Gola/Heckmann/*Schulz* DS-GVO Art. 8 Rn. 18; Auernhammer/*Greve* DS-GVO Art. 8 Rn. 12.
[68] Artikel-29-Datenschutzgruppe, 17/EN WP 259, S. 27.
[69] Vgl. hierzu Kühling/Buchner/*Buchner/Kühling* DS-GVO Art. 8 Rn. 14, welche darüber hinaus Erwägungsgrund 38 S. 3 dergestalt verstehen, dass es auch bei Eröffnung des Anwendungsbereichs in Fällen der Prävention oder Beratung nicht auf die Einwilligung des Kindes ankommt, da die entspr. Datenverarbeitung bereits anhand gesetzlicher Erlaubnistatbestände gerechtfertigt werden kann.
[70] *Joachim* ZD 2017, 414 (416); HK-DS-GVO/*Kampert* Art. 8 Rn. 7 Fn. 21; Kühling/Buchner/*Buchner/Kühling* DS-GVO Art. 8 Rn. 20.
[71] Vgl. dazu *Joachim* ZD 2017, 414 (416); Kühling/Buchner/*Buchner/Kühling* DS-GVO Art. 8 Rn. 20.

(vgl. § 1629 Abs. 1 BGB), bleibt abzuwarten.[72] Beim sog. **"Sharenting"**, also der Verbreitung von Kinderfotos in sozialen Medien durch die Eltern nach § 22 KUG, soll die Zustimmung beider Elternteile erforderlich sein.[73]

27 Diese sollen – wie auch bei rechtsgeschäftlichen Willenserklärungen im Zivilrecht deutlich wird (vgl. § 107 BGB) – ihre Kinder vor nicht lediglich rechtlich vorteilhaften Verfügungen schützen. Auch bei **vermeintlich kostenfreien Angeboten im Internet,** bei denen der Nutzer mit seinen Daten „bezahlt", sind Kinder schutzwürdig. Dem Diensteanbieter legt Art. 8 Abs. 2 daher die Verantwortung auf, sich zu vergewissern, dass tatsächlich die Sorgeberechtigten für das Kind eingewilligt haben.[74] Bei der Beurteilung, welche Maßnahmen der Verantwortliche zu ergreifen hat, sind insbesondere die der Datenverarbeitung innewohnenden Risiken sowie der Stand der Technik zu berücksichtigen.[75] So kann es bei Datenverarbeitungen, welche nur ein geringes Risiko für das Datenschutzgrundrecht des Kindes darstellen, ausreichend sein, die Überprüfung der elterlichen Verantwortung mittels einfacher E-Mail durchzuführen.[76] Diese Vorgabe dient letztlich auch dazu, die Eltern zu entlasten, die in der Praxis das digitale Handeln ihrer Kinder nicht kontrollieren können. Wer mithin einen entsprechenden Dienst anbietet, muss sich der Gefahren für Kinder bewusstwerden und sich die entsprechende Zustimmung der Eltern besorgen.

28 **4. Einwilligung für das Kind.** Dementsprechend ist Art. 8 anders, als dies gegebenenfalls der Wortlaut deutlich machen würde, so auszulegen, dass die Eltern **keine freie Verfügungsbefugnis über die personenbezogenen Daten des Kindes** besitzen, da diese ein höchstpersönliches Rechtsgut des Kindes darstellen, vgl. Art. 8 GRCh.[77] Vielmehr erlaubt Art. 8 Abs. 1 UAbs. 1 S. 2, dass die Träger der elterlichen Sorge die Einwilligung nur für das Kind (also ausschließlich in dessen Interesse) abgeben dürfen.[78] Hierbei muss sich der Diensteanbieter aufgrund der Höchstpersönlichkeit des Datenschutzrechts aus Art. 8 GRCh vergewissern, dass die durch die gesetzlichen Vertreter erfolgte Einwilligung tatsächlich im Interesse des Kindes erfolgt.

29 Es obliegt dem Verantwortlichen zu entscheiden, welche Maßnahmen im Einzelfall zu ergreifen sind.[79] Grundsätzlich kann aber festgehalten werden, dass Verifikationsmethoden, welche wiederum selbst zu einer umfassenden Datenverarbeitung führen würden, zu vermeiden sind.[80] Dabei kann beispielsweise an ein **Double-Opt-in-Verfahren** gedacht werden, bei dem das Kind, nachdem die Träger der elterlichen Verantwortung für dieses eingewilligt haben, eine E-Mail erhält und die Einwilligung bestätigen kann.[81] Die Eltern hätten also die E-Mail-Adresse ihres Kindes anzugeben. Hierbei ist jedoch problematisch, wie die Identität des Kindes nachzuweisen ist. Nach § 18 Abs. 1 S. 1 PAuswG kann nur ein Personalausweisinhaber, der mindestens sechzehn Jahre alt ist, seine Identität elektronisch nachweisen. Das im Gesetzeswortlaut in Art. 8 zum Ausdruck kommende Prinzip der Verantwortungsteilung zwingt zu neuen tech-

---

[72] Es ist jedoch davon auszugehen, dass sich zur Problematik der Bilderveröffentlichung nicht sorgeberechtigter Elternteile keine Änderungen durch die DS-GVO ergeben haben, vgl. AG Menden Urt. v. 3.2.2010 – 4 C 526/09, NJW 2010, 1614.

[73] So OLG Düsseldorf Beschl. v. 20.7.2021 – 1 UF 74/21, ZD 2021, 650; als datenschutzrechtlich generell unzulässig wird dies von *Bucher/Schnebbe* ZD-Aktuell 2021, 05171 eingeordnet; allg. zum Sharenting siehe *Lorenz* K&R 2021, 322 (322 ff.).

[74] Krit. hierzu *Joachim* ZD 2017, 414 (416) welche eine entspr. Prüfpflicht des Verantwortlichen für faktisch nicht durchsetzbar hält.

[75] Artikel-29-Datenschutzgruppe, 17/EN WP 259, S. 26.

[76] Artikel-29-Datenschutzgruppe, 17/EN WP 259, S. 26.

[77] Eine Einwilligung über personenbezogene Daten des Kindes ohne dessen Zustimmung ist hingegen weiterhin nicht gestattet und kann zivilrechtliche Unterlassungsansprüche des Kindes gegen die Eltern auslösen, vgl. AG Menden Urt. v. 3.2.2010 – 4 C 526/09, NJW 2010, 1614.

[78] So auch *Möhrke-Sobolewski/Klas* K&R 2016, 373 (375); Gola/Heckmann/*Schulz* DS-GVO Art. 8 Rn. 18; Kühling/Buchner/*Buchner/Kühling* DS-GVO Art. 8 Rn. 21; aA HK-DS-GVO/*Kampert* Art. 8 Rn. 7, welcher davon ausgeht, dass die Träger der elterlichen Verantwortung auf Grundlage ihres Erziehungsrechts auch zur Abgabe der Einwilligung gegen den Willen des Kindes berechtigt sind, wobei zudem der Verkehrsschutz sowie das Fehlen dezidiert gegenteiliger Regelungen zu berücksichtigen sei.

[79] Artikel-29-Datenschutzgruppe, 17/EN WP 259, S. 26; siehe zu verschiedenen Möglichkeiten auch EDSA, Leitlinien 05/2020 v. 4.5.2020, S. 32 Rn. 132 ff.

[80] Artikel-29-Datenschutzgruppe, 17/EN WP 259, S. 26.

[81] So u.a. auch *Buchner/Kühling* DuD 2017, 544 (547); *Kress/Nagel* CRi 2017, 6 (9); *Möhrke-Sobolewski/Klas* K&R 2016, 373 (377); Gola/Heckmann/*Schulz* DS-GVO Art. 8 Rn. 22; Auernhammer/*Greve* DS-GVO Art. 8 Rn. 19.

nisch-organisatorischen Lösungen eines sinnvollen Identitätsnachweises von Minderjährigen, welches gleichzeitig den Grundsätzen der Datenminimierung sowie des Datenschutzes durch Technikgestaltung und durch datenschutzfreundliche Voreinstellungen (vgl. Art. 25) gerecht wird.[82] Aus diesem Grund sind „attributbasierte Berechtigungsnachweise", bei denen lediglich bestimmte Eigenschaften abgefragt werden (zB Volljährigkeit statt genaue Altersangabe) als begrüßenswerte Lösung anzusehen.[83]

Zu den formellen Anforderungen an die Einwilligung durch die Träger der elterlichen Verantwortung finden sich keine Anhaltspunkte in den Vorgaben des Art. 8.[84] Jedenfalls aber haben die Träger der elterlichen Verantwortung bei der Abgabe der Einwilligung für das Kind die generellen Voraussetzungen, die an die Wirksamkeit einer solchen Erklärung gestellt werden, zu beachten.[85] Von besonderer Bedeutung ist dabei, dass die Einwilligungserklärung der Träger der elterlichen Verantwortung für das Kind **zeitlich vor Beginn der Datenverarbeitung** erfolgen muss.[86] Darüber hinaus ist die Wirkung der Einwilligungserklärung der Träger der elterlichen Verantwortung zeitlich begrenzt. Sobald das betroffene Kind seine **„Datenmündigkeit"** erreicht, verliert die zunächst abgegebene Einwilligungserklärung des gesetzlichen Vertreters ihre rechtfertigende Wirkung.[87] In der Folge ist nach Vollendung des 16. Lebensjahres unmittelbar von dem Betroffenen selbst eine erneute Einwilligungserklärung durch den Verantwortlichen einzuholen.[88] 30

5. Einwilligung durch das Kind mit Zustimmung der Eltern. Darüber hinaus erlaubt Art. 8 Abs. 1 UAbs. 1 S. 2 die Einwilligung des Kindes mit Zustimmung der Eltern.[89] Hierbei ist darauf zu achten, dass sich der datenschutzrechtliche Einwilligungsbegriff nicht mit dem des deutschen Zivilrechts deckt, sondern daneben auch die nachträgliche Genehmigung der kindlichen Einwilligung umfasst.[90] Jedenfalls aber darf die Datenverarbeitung durch den Verantwortlichen noch nicht vor Erhalt der Gestattung durch die Eltern erfolgen.[91] Auch hierbei muss sich der Diensteanbieter unter Beachtung von Art. 8 Abs. 2 vergewissern, dass die Zustimmung der Eltern vorgelegen hat. Hierbei kann wiederum das sog. **Double-Opt-in-Verfahren** zur Anwendung kommen, bei dem nach Einwilligung durch das Kind der Träger der elterlichen Verantwortung eine E-Mail durch den Datenverarbeiter erhält, in dem dieser zur Abgabe seiner Zustimmung aufgefordert wird.[92] Die Kinder müssen in diesem Zusammenhang die E-Mail-Adresse ihrer Erziehungsberechtigten eingeben, um dieses Erfordernis zu erfüllen. Die Rechtmäßigkeit der Verarbeitung dieses personenbezogenen Datums ergibt sich aus Art. 8 Abs. 2.[93] Der Nachweis der Identität des Elternteils kann sich aus einer qualifizierten elektronischen Signatur ergeben. Die Bestätigung mittels einfacher E-Mail ist ebenfalls in Erwägung zu ziehen, hierbei sind jedoch verschiedene Missbrauchskonstellationen denkbar.[94] 31

In diesem Zusammenhang stellt sich die Frage, inwieweit einem Kind durch die Eltern eine **allgemeine Zustimmung zur Datenpreisgabe** (ähnlich der Regelung des § 110 BGB) erteilt werden kann. Da personenbezogene Daten eine unterschiedliche Sensibilität aufweisen, ist dies kritisch zu werten. Zudem variieren die Verwendungszwecke bei der Verarbeitung von personenbezogenen Daten erheblich. Jede Einwilligung muss informiert erfolgen, dh der Betroffene und nach Art. 8 auch der Träger der elterlichen Verantwortung muss sich einen Überblick über die Art der verarbeiteten Daten sowie den Zweck der Datenverarbeitung vorab verschaffen können. Mithin ist eine allgemeine Zustimmung der Eltern in jede Form der Datenpreisgabe 32

---

[82] So iErg auch die Empf. der Artikel-29-Datenschutzgruppe, 17/EN WP 259, S. 25.
[83] Vgl. www.abc4trust.eu/ (abgerufen am 12.9.2023).
[84] Vgl. Artikel-29-Datenschutzgruppe, 17/EN WP 259, S. 26.
[85] Kühling/Buchner/*Buchner/Kühling* DS-GVO Art. 8 Rn. 21.
[86] *Kress/Nagel* CRi 2017, 6 (8); Kühling/Buchner/*Buchner/Kühling* DS-GVO Art. 8 Rn. 21.
[87] Artikel-29-Datenschutzgruppe, 17/EN WP 259, S. 26.
[88] Artikel-29-Datenschutzgruppe, 17/EN WP 259, S. 26.
[89] *Taeger* ZD 2021, 505 (508) konkretisiert die Zustimmung als „Einverständnis mit der Einwilligung der minderjährigen Person".
[90] So iErg auch BeckOK DatenschutzR/*Karg* DS-GVO Art. 8 Rn. 52; aA *Möhrke-Sobolewski/Klas* K&R 2016, 373 (375); *Kress/Nagel* CRi 2017, 6 (8); Gola/Heckmann/*Schulz* DS-GVO Art. 8 Rn. 17; Schaffland/Wiltfang/*Schaffland/Holthaus* DS-GVO Art. 8 Rn. 5 lehnen eine nachträgliche Genehmigung ab.
[91] So iErg auch Kühling/Buchner/*Buchner/Kühling* DS-GVO Art. 8 Rn. 21.
[92] Vgl. *Walter* DSB 2013, 140 (142).
[93] Paal/Pauly/*Frenzel* DS-GVO Art. 8 Rn. 14.
[94] Vgl. dazu *Möhrke-Sobolewski/Klas* K&R 2016, 373 (378); *Ernst* DANA 2017, 14 (15); *Buchner/Kühling* DuD 2017, 544 (547).

durch ihre Kinder als unwirksam anzusehen. Ein solches Vorgehen widerspricht den Interessen des Kindes und bietet gleichzeitig einen großen Raum für Missbrauch, zumal eine entsprechende allgemeine Zustimmung schwerlich nachweisbar ist.

33 **6. Rechtsfolgen.** Erfolgt eine Einwilligung durch ein Kind, welches die Altersgrenze nicht erreicht, ist die Einwilligung unwirksam, mit der Folge, dass die Datenverarbeitung rechtswidrig ist. Die Daten sind bei einer entsprechenden Information des Betroffenen **umgehend zu löschen**, ohne dass weitere Handlungen des Betroffenen erforderlich sind.[95] Auch die Einwilligung der Eltern ohne Zustimmung des Kindes löst, da es sich hierbei um eine Anforderung an die Rechtmäßigkeit der Datenverarbeitung handelt, diese Rechtsfolge aus.

34 Bei einem Verstoß gegen Art. 8 droht zudem ein **Bußgeld** nach Art. 83 Abs. 1, Abs. 4 lit. a in Höhe von bis zu 10.000.000 EUR oder im Fall eines Unternehmens von bis zu 2 Prozent seines gesamten weltweit erzielten Jahresumsatzes des vorangegangenen Geschäftsjahrs, je nachdem, welcher der Beträge höher ist. Weiterhin drohen bei einem Verstoß Schadensersatzansprüche gemäß Art. 82 Abs. 1, welche grundsätzlich sowohl durch das Kind als auch durch den Träger der elterlichen Verantwortung geltend gemacht werden können.[96] Eine Sanktionierung der auslegungsbedürftigen Anforderungen des Abs. 2 und dem damit einhergehenden Ermessensspielraum der Aufsichtsbehörden wird mit Blick auf das jeweils national normierte Bestimmtheitsgebot allerdings kritisch gesehen.[97]

35 **7. Abweichungsbefugnis der Mitgliedstaaten (Abs. 1 UAbs. 2).** Nach Art. 8 Abs. 1 UAbs. 2 können die Mitgliedstaaten eine **niedrigere Altersgrenze** vorsehen, die jedoch nicht unter einem Mindestalter von 13 Jahren liegen darf.[98] Diese Altersgrenze ist an US-amerikanische Vorschriften angelehnt[99] und basiert auf einem Kompromiss der einzelnen Mitgliedstaaten.[100] Diese konnten sich nämlich im Entstehungsprozess der DS-GVO nicht letztverbindlich auf ein einheitliches Alter für die Einwilligungsmündigkeit einigen.[101] Die durch diese Regelung entstehende Uneinheitlichkeit der Altersgrenzen in den verschiedenen Mitgliedstaaten wird in Zukunft insbesondere bei grenzüberschreitenden Sachverhalten für Rechtsunsicherheit sorgen. Dementsprechend wird für eine einheitliche Regulierung der Altersgrenze durch die Mitgliedstaaten plädiert.[102] In ihrem Evaluationsbericht zur DS-GVO kündigt die EU-Kommission an, gezielte Änderungen auf dem Weg zu einer Harmonisierung des Mindestalters iSv Art. 8 zu prüfen.[103]

II. Kontroll- und Nachweisobliegenheiten des Verantwortlichen (Abs. 2)

36 Art. 8 Abs. 2 normiert die **Obliegenheit für den Verantwortlichen** der Datenverarbeitung, sich zu vergewissern, dass die Einwilligung durch den Träger der elterlichen Verantwortung für das Kind oder mit dessen Zustimmung erteilt wurde. Hierfür soll der Datenverarbeiter unter Berücksichtigung der verfügbaren Technik angemessene Anstrengungen vornehmen. Die Vergewisserung hinsichtlich der Einwilligungsmitwirkung durch die Träger der elterlichen Verantwortung ist **keine für die Einwilligung erforderliche Rechtmäßigkeits- oder Wirksamkeitsvoraussetzung,** sondern dient einzig dem Schutz des Verarbeiters, seiner Nachweispflicht hinsichtlich einer wirksamen Einwilligung nach Art. 7 Abs. 1 nachzukommen.[104] Die Umset-

---

[95] Kühling/Buchner/*Buchner/Kühling* DS-GVO Art. 8 Rn. 27.
[96] Gola/Heckmann/*Schulz* DS-GVO Art. 8 Rn. 25.
[97] Vgl. dazu BeckOK DatenschutzR/*Karg* DS-GVO Art. 8 Rn. 32; Simitis/Hornung/Spiecker gen. Döhmann/*Klement* DS-GVO Art. 8 Rn. 20.
[98] Vgl. zur Kategorisierung der verschiedenen Spezifizierungsklauseln *Kühling/Martini* EuZW 2016, 448 (449); eine Übersicht über die einzelnen mitgliedstaatlichen Altersgrenzen bieten *Nebel/Träger* ZD-Aktuell 2019, 06645.
[99] Vgl. Children's Online Privacy Protection Act of 1998 (COPPA), 15 U.S. Code § 6501 f.
[100] *Schantz* NJW 2016, 1841 (1845).
[101] *Albrecht* CR 2016, 88 (97).
[102] Artikel-29-Datenschutzgruppe, 17/EN WP 259, S. 25; *Taeger* ZD 2021, 505 (505); *Roßnagel* MMR 2020, 657 (660); *Schnebbe* DuD 2022, 367 (370); Auernhammer/*Greve* DS-GVO Art. 8 Rn. 23; krit. zu einer starren Altersgrenze im Hinblick auf das Konzept der „envolving capacities" *Andresen/Dreyer* DuD 2022, 361 (366).
[103] KOM(2020)264 endgültig, S. 19; siehe hierzu auch *Roßnagel* MMR 2020, 657 (661) und *Heberlein* ZD 2020, 487 (489).
[104] → Art. 7 Rn. 73 ff.

zung der durch Art. 8 Abs. 2 aufgestellten Anforderungen ist angesichts der Auslegungsbedürftigkeit derselben mit erheblichen praktischen Schwierigkeiten verbunden;[105] die drohende Sanktionierung bei entsprechenden Verstößen wird daher bereits unter Bezugnahme auf den Bestimmtheitsgrundsatz kritisch gesehen.[106]

Hinsichtlich des Umfangs der Obliegenheiten nach den Vorgaben des Art. 8 Abs. 2 muss der Verantwortliche **angemessene Anstrengungen** unternehmen. Da die Vorschrift keinerlei konkretisierende Angaben über das anzuwendende Verfahren aufweist, liegt es letztlich im Ermessen des Verantwortlichen, im Einzelfall angemessene Maßnahmen zu ergreifen.[107] Dabei hat dieser insbesondere die vorhandenen technischen Gegebenheiten sowie das Risiko der zu verarbeitenden personenbezogenen Daten zu berücksichtigen.[108] Weiterhin von Relevanz sind sowohl finanzielle als auch organisatorische Aspekte im Zusammenhang mit der konkreten Maßnahme.[109] Für die Angemessenheit sind zudem die Berufsfreiheit (Art. 15 GRCh), die Unternehmerische Freiheit (Art. 16 GRCh) und das Eigentumsrecht (Art. 17 GRCh) des Verantwortlichen zu beachten. Danach dürfen die auferlegten Anstrengungen nicht eine diese Freiheiten unverhältnismäßig einschränkende Wirkung besitzen.[110] Mithin sind die zu ergreifenden Maßnahmen stets in Relation zu der Art der Datenverarbeitung und den damit einhergehenden Risiken für die betroffenen Personen zu setzen.[111] Darüber hinaus ist bei allen zu ergreifenden Maßnahmen der Grundsatz der Datenminimierung zu beachten.[112] Allerdings werden einfachste Schutzmaßnahmen – wie beispielsweise eine Checkbox, bei der das Kind ankreuzt, dass es bereits über sechzehn Jahre alt ist oder mit Zustimmung der Eltern handelt – nicht ausreichen, da dies dem Kinderschutz anderenfalls nicht hinreichend Rechnung tragen würde.[113] Auch die bloße Ergänzung der Allgemeinen Geschäftsbedingungen, wonach nur Personen über sechzehn Jahren einwilligen dürfen, genügt nicht.[114] Die Bestätigung des Erreichens einer bestimmten Altersgrenze in AGB verstößt gegen § 309 Nr. 12 BGB und erfüllt auch nicht die Vorgaben des Art. 8 Abs. 1.[115] Vielmehr ist im Rahmen des Einwilligungsprozesses eine Rückmeldung des Trägers der elterlichen Verantwortung erforderlich.[116] Hinsichtlich der technischen Umsetzung ist der Verantwortliche frei. Hierbei bietet sich ein Double-Opt-in-Verfahren an, bei welchem sowohl die Eltern als auch die Kinder zu beteiligen sind.[117] Weiterhin ist grundsätzlich an geeignete Altersüberprüfungs- sowie Identifizierungsmechanismen zu denken.[118]

Nach Wortlaut und Systematik der Vorschrift darf lediglich der Erziehungsberechtigte für das Kind einwilligen, mit der Folge, dass nur **die Einwilligung des Erziehungsberechtigten** legitimierende Kraft für die Datenverarbeitung besitzt. Wie ein solcher **Nachweis in der Praxis** gelingen kann, offenbaren jedoch weder der Wortlaut noch die Erwägungsgründe. Ein entsprechender Nachweis kann kaum mit technischen Mitteln erbracht werden, da familienrechtliche Beziehungen schwer zu dokumentieren und bisher nicht verlässlich digital zugänglich sind. Dies gilt es allerdings bei der Prüfung, ob der Verantwortliche angemessene Anstrengungen unternommen hat, hinreichend zu berücksichtigen.[119]

---

[105] Bayerisches Landesamt für Datenschutzaufsicht, XV Bedingungen für die Einwilligung eines Kindes, S. 2; *Buchner/Kühling* DuD 2017, 544 (547); BeckOK DatenschutzR/*Karg* DS-GVO Art. 8 Rn. 55 f.
[106] *Kress/Nagel* CRi 2017, 6 (8); Gola/Heckmann/*Schulz* DS-GVO Art. 8 Rn. 19; BeckOK DatenschutzR/*Karg* DS-GVO Art. 8 Rn. 32.
[107] Artikel-29-Datenschutzgruppe, 17/EN WP 259, S. 26; Gola/Heckmann/*Schulz* DS-GVO Art. 8 Rn. 19.
[108] Kühling/Buchner/*Buchner/Kühling* DS-GVO Art. 8 Rn. 24.
[109] HK-DS-GVO/*Kampert* Art. 8 Rn. 12.
[110] So auch Auernhammer/*Greve* DS-GVO Art. 8 Rn. 19.
[111] Artikel-29-Datenschutzgruppe, 17/EN WP 259, S. 25.
[112] Artikel-29-Datenschutzgruppe, 17/EN WP 259, S. 26; Auernhammer/*Greve* DS-GVO Art. 8 Rn. 19; Kühling/Buchner/*Buchner/Kühling* DS-GVO Art. 8 Rn. 24.
[113] *Buchner/Kühling* DuD 2017, 544 (547); jurisPK-InternetR/*Heckmann/Scheurer* Kap. 9 Rn. 313; Paal/Pauly/*Frenzel* DS-GVO Art. 8 Rn. 13; aA Plath/*Plath* DS-GVO Art. 8 Rn. 14, der mit Verweis auf die Datenminimierung die Preisgabe von Ausweisdaten durch die Eltern als unverhältnismäßigen Aufwand ansieht.
[114] *Möhrke-Sobolewski/Klas* K&R 2016, 373 (377); zur Rechtswidrigkeit entspr. Klauseln nach dt. AGB-Recht vgl. *Meyer* NJW 2015, 3686 (3688).
[115] Vgl. Gola/Heckmann/*Schulz* DS-GVO Art. 8 Rn. 19.
[116] Vgl. auch Paal/Pauly/*Frenzel* DS-GVO Art. 8 Rn. 14; *Möhrke-Sobolewski/Klas* K&R 2016, 373 (377 f.).
[117] → Rn. 29.
[118] Auernhammer/*Greve* DS-GVO Art. 8 Rn. 18.
[119] Vgl. dazu Artikel-29-Datenschutzgruppe, 17/EN WP 259, S. 26.

III. Fortgeltung des allgemeinen Vertragsrechts der Mitgliedstaaten zum Minderjährigenrecht (Abs. 3)

39 **1. Nationale Bestimmungen zur Geschäftsfähigkeit von Kindern.** Art. 8 Abs. 3 regelt, dass die gesetzlichen Vorgaben durch Art. 8 Abs. 1 das **allgemeine Vertragsrecht der Mitgliedstaaten,** wie etwa die Vorschriften zur Gültigkeit, zum Zustandekommen oder zu den Rechtsfolgen eines Vertrags in Bezug auf ein Kind, nicht berühren. Daher sind Fälle denkbar, in denen sowohl das mitgliedstaatliche Vertragsrecht als auch datenschutzrechtliche Bestimmung zugleich zu berücksichtigen sind, da anhand der Vorgaben der DS-GVO ausschließlich das Datenschutzrecht vereinheitlicht werden sollte.[120] Deshalb werden die zivilrechtlichen nationalen Bestimmungen zur Geschäftsfähigkeit von Kindern bzw. Jugendlichen aus §§ 104 ff. BGB nicht berührt. Somit findet Art. 8 Abs. 1 neben den mitgliedstaatlichen Vorschriften zum Minderjährigenschutz auch keine Anwendung, wenn es um die Umsetzung der Digitale-Inhalte-Richtlinie (EU) 2019/770 in § 312 Abs. 1a und § 327 Abs. 3 BGB und Daten als Währungssubstrat geht.

40 **2. Konsequenzen aus der Zweiteilung von datenschutzrechtlicher Einwilligung und sonstiger Geschäftsfähigkeit.** Durch diese Differenzierung zwischen datenschutzrechtlicher Einwilligung und der im Zivilrecht ebenfalls erforderlichen Einwilligung bei nicht lediglich rechtlich vorteilhaften Geschäften für das Kind, kann trotz datenschutzrechtlicher elterlicher Zustimmung das **zivilrechtliche Rechtsgeschäft** mangels Gestattung des entsprechenden Vertrags schwebend unwirksam sein.[121] Liegt jedoch die zivilrechtliche Gestattung vor, sodass der zugrundeliegende Vertrag wirksam ist, wird hierdurch die datenschutzrechtliche Einwilligung nicht obsolet.[122] Insbesondere macht in einem solchen Fall eine Bezugnahme auf Art. 6 Abs. 1 UAbs. 1 lit. b, der die Datenverarbeitung für vertraglich vorgesehene Zwecke gestattet, das Erfordernis einer datenschutzrechtlichen Einwilligung nicht entbehrlich.[123]

IV. Verarbeitung personenbezogener Daten von Kindern und Jugendlichen außerhalb des Anwendungsbereichs von Art. 8

41 Werden personenbezogene Daten von Kindern **außerhalb des durch Art. 8 Abs. 1 UAbs. 1 S. 1 eng umgrenzten Anwendungsbereichs** erhoben, bedarf es aufgrund des klaren Wortlautes der Norm grundsätzlich nicht der Mitwirkung des Trägers elterlicher Verantwortung. Hierbei ist jedoch darauf zu achten, dass die Einwilligung des Kindes freiwillig erfolgt,[124] so dass ebenfalls wieder auf die Einsichtsfähigkeit und die Informiertheit des Kindes im Einzelfall abzustellen ist.

V. Nationale Umsetzung

42 Deutschland hat von der **Möglichkeit der Herabsetzung** des Alters von Kindern im Rahmen der datenschutzrechtlichen Einwilligung keinen Gebrauch gemacht. Österreich hingegen hat in § 4 Abs. 4 DSG die Einwilligungsfähigkeit auf die Vollendung des 14. Lebensjahrs herabgesetzt. Damit bestehen bereits im deutschsprachigen Raum Divergenzen, denen Anbieter in diesem Bereich u.a. mittels Geolokalisation ihrer Nutzer begegnen müssen, um sich rechtskonform verhalten zu können.

C. Rechtsschutz

43 Bei Verstößen gegen Art. 8 können Verantwortlichen nach Art. 83 Abs. 4 lit. a erhebliche **Geldbußen** (→ Rn. 34) drohen, die in der maximal möglichen Höhe allerdings hinter denjenigen zurückbleiben, die bei einem Verstoß gegen Art. 7 (Abs. 5 lit. a) drohen (→ Art. 7

---

[120] Artikel-29-Datenschutzgruppe, 17/EN WP 259, S. 27.
[121] Auernhammer/*Greve* DS-GVO Art. 8 Rn. 22; Paal/Pauly/*Frenzel* DS-GVO Art. 8 Rn. 15; Kühling/Buchner/*Buchner*/*Kühling* DS-GVO Art. 8 Rn. 29 sprechen insofern von einem in Art. 8 Abs. 3 normierten Trennungsprinzip zwischen dem Datenschutz- und dem Vertragsrecht.
[122] Ausf. zum Erfordernis der Einwilligung der gesetzlichen Vertreter beim Abschluss des Nutzungsvertrages bei der Nutzung sozialer Netzwerke durch Minderjährige *Bräutigam* MMR 2012, 635 (637 f.).
[123] Paal/Pauly/*Frenzel* DS-GVO Art. 8 Rn. 16; *Nebel/Richter* ZD 2012, 407 (411).
[124] → Art. 4 Rn. 50 ff.; → Art. 7 Rn. 52 ff.

Rn. 108). Außerdem haben Betroffene einen **Schadensersatzanspruch nach Art. 82**, den sowohl die Minderjährigen als auch die Eltern geltend machen können (→ Rn. 34). Bisher waren keine gerichtlichen Verfahren zu aufsichtsrechtlichen Bußgeldern wegen Verstößen gegen Art. 8 anhängig.[125]

Art. 9 Verarbeitung besonderer Kategorien personenbezogener Daten

(1) Die Verarbeitung personenbezogener Daten, aus denen die rassische und ethnische Herkunft, politische Meinungen, religiöse oder weltanschauliche Überzeugungen oder die Gewerkschaftszugehörigkeit hervorgehen, sowie die Verarbeitung von genetischen Daten, biometrischen Daten zur eindeutigen Identifizierung einer natürlichen Person, Gesundheitsdaten oder Daten zum Sexualleben oder der sexuellen Orientierung einer natürlichen Person ist untersagt.

(2) Absatz 1 gilt nicht in folgenden Fällen:
a) Die betroffene Person hat in die Verarbeitung der genannten personenbezogenen Daten für einen oder mehrere festgelegte Zwecke ausdrücklich eingewilligt, es sei denn, nach Unionsrecht oder dem Recht der Mitgliedstaaten kann das Verbot nach Absatz 1 durch die Einwilligung der betroffenen Person nicht aufgehoben werden,
b) die Verarbeitung ist erforderlich, damit der Verantwortliche oder die betroffene Person die ihm bzw. ihr aus dem Arbeitsrecht und dem Recht der sozialen Sicherheit und des Sozialschutzes erwachsenden Rechte ausüben und seinen bzw. ihren diesbezüglichen Pflichten nachkommen kann, soweit dies nach Unionsrecht oder dem Recht der Mitgliedstaaten oder einer Kollektivvereinbarung nach dem Recht der Mitgliedstaaten, das geeignete Garantien für die Grundrechte und die Interessen der betroffenen Person vorsieht, zulässig ist,
c) die Verarbeitung ist zum Schutz lebenswichtiger Interessen der betroffenen Person oder einer anderen natürlichen Person erforderlich und die betroffene Person ist aus körperlichen oder rechtlichen Gründen außerstande, ihre Einwilligung zu geben,
d) die Verarbeitung erfolgt auf der Grundlage geeigneter Garantien durch eine politisch, weltanschaulich, religiös oder gewerkschaftlich ausgerichtete Stiftung, Vereinigung oder sonstige Organisation ohne Gewinnerzielungsabsicht im Rahmen ihrer rechtmäßigen Tätigkeiten und unter der Voraussetzung, dass sich die Verarbeitung ausschließlich auf die Mitglieder oder ehemalige Mitglieder der Organisation oder auf Personen, die im Zusammenhang mit deren Tätigkeitszweck regelmäßige Kontakte mit ihr unterhalten, bezieht und die personenbezogenen Daten nicht ohne Einwilligung der betroffenen Personen nach außen offengelegt werden,
e) die Verarbeitung bezieht sich auf personenbezogene Daten, die die betroffene Person offensichtlich öffentlich gemacht hat,
f) die Verarbeitung ist zur Geltendmachung, Ausübung oder Verteidigung von Rechtsansprüchen oder bei Handlungen der Gerichte im Rahmen ihrer justiziellen Tätigkeit erforderlich,
g) die Verarbeitung ist auf der Grundlage des Unionsrechts oder des Rechts eines Mitgliedstaats, das in angemessenem Verhältnis zu dem verfolgten Ziel steht, den Wesensgehalt des Rechts auf Datenschutz wahrt und angemessene und spezifische Maßnahmen zur Wahrung der Grundrechte und Interessen der betroffenen Person vorsieht, aus Gründen eines erheblichen öffentlichen Interesses erforderlich,
h) die Verarbeitung ist für Zwecke der Gesundheitsvorsorge oder der Arbeitsmedizin, für die Beurteilung der Arbeitsfähigkeit des Beschäftigten, für die medizinische Diagnostik, die Versorgung oder Behandlung im Gesundheits- oder Sozialbereich oder für die Verwaltung von Systemen und Diensten im Gesundheits- oder Sozialbereich auf der Grundlage des Unionsrechts oder des Rechts eines Mitgliedstaats oder aufgrund eines Vertrags mit einem Angehörigen eines Gesundheitsberufs und vorbehaltlich der in Absatz 3 genannten Bedingungen und Garantien erforderlich,
i) die Verarbeitung ist aus Gründen des öffentlichen Interesses im Bereich der öffentlichen Gesundheit, wie dem Schutz vor schwerwiegenden grenzüberschreitenden Gesundheitsgefahren oder zur Gewährleistung hoher Qualitäts- und Sicherheitsstandards bei der Gesundheitsversorgung und bei Arzneimitteln und Medizinpro-

---

[125] Vgl. hierzu auch BeckOK DatenschutzR/*Karg* DS-GVO Art. 8 Rn. 33.

dukten, auf der Grundlage des Unionsrechts oder des Rechts eines Mitgliedstaats, das angemessene und spezifische Maßnahmen zur Wahrung der Rechte und Freiheiten der betroffenen Person, insbesondere des Berufsgeheimnisses, vorsieht, erforderlich, oder

j) die Verarbeitung ist auf der Grundlage des Unionsrechts oder des Rechts eines Mitgliedstaats, das in angemessenem Verhältnis zu dem verfolgten Ziel steht, den Wesensgehalt des Rechts auf Datenschutz wahrt und angemessene und spezifische Maßnahmen zur Wahrung der Grundrechte und Interessen der betroffenen Person vorsieht, für im öffentlichen Interesse liegende Archivzwecke, für wissenschaftliche oder historische Forschungszwecke oder für statistische Zwecke gemäß Artikel 89 Absatz 1 erforderlich.

(3) Die in Absatz 1 genannten personenbezogenen Daten dürfen zu den in Absatz 2 Buchstabe h genannten Zwecken verarbeitet werden, wenn diese Daten von Fachpersonal oder unter dessen Verantwortung verarbeitet werden und dieses Fachpersonal nach dem Unionsrecht oder dem Recht eines Mitgliedstaats oder den Vorschriften nationaler zuständiger Stellen dem Berufsgeheimnis unterliegt, oder wenn die Verarbeitung durch eine andere Person erfolgt, die ebenfalls nach dem Unionsrecht oder dem Recht eines Mitgliedstaats oder den Vorschriften nationaler zuständiger Stellen einer Geheimhaltungspflicht unterliegt.

(4) Die Mitgliedstaaten können zusätzliche Bedingungen, einschließlich Beschränkungen, einführen oder aufrechterhalten, soweit die Verarbeitung von genetischen, biometrischen oder Gesundheitsdaten betroffen ist.

Literatur: *Britz/Indenhuck/Langerhans,* Die Verarbeitung „zufällig" sensibler Daten, ZD 2021, 559; *v. Hardenberg,* Genetische Gesundheitsdaten in der Individualisierten Medizin, ZD 2014, 115; *Jandt,* Smart Health, DuD 2016, 571; *Krohm,* Abschied vom Schriftformgebot der Einwilligung, ZD 2016, 368; *Nguyen,* Videoüberwachung in sensitiven Bereichen, DuD 2011, 715; *Reuter,* Umgang mit sensiblen Daten bei allgemeiner Videoüberwachung, ZD 2018, 564; *Schaar,* DS-GVO: Geänderte Vorgaben für die Wissenschaft, ZD 2016, 224; *Schneider,* Schließt Art. 9 DS-GVO die Zulässigkeit der Verarbeitung bei Big Data aus?, ZD 2017, 303; *Simitis,* FS Pedrazzini, 1990, S. 469 ff.; *Weichert,* „Sensitive Daten" revisited, DuD 2017, 538.

Rechtsprechung: EuGH Urt. v. 6.11.2003 – C-101/01, ECLI:EU:C:2003:596 = EuZW 2004, 245 – Lindqvist; OLG Frankfurt a. M. Urt. v. 6.9.2018 – 16 U 193/17, ECLI:DE:OLGHE:2018:0906.16U193.17.00 = GRUR 2018, 1283 Rn. 56; EuGH Urt. v. 24.9.2019 – C-136/17, ECLI:EU:C:2019:773 = ZD 2020, 36 – Auslistung; BAG Beschl. v. 26.8.2021 – 8 AZR 253/20, ECLI:DE:BAG:2021:260821.B.8AZR253.20A.0 = ZD 2022, 56; EuGH Urt v. 1.8.2022 – C-184/20, ECLI:EU:C:2022:601 = ZD 2022, 611; EuGH Urt. v. 4.7.2023 – C-252/19, ECLI:EU:C:2023:537 = ZD 2023, 664 – Meta Platforms u.a.; EuGH Urt v. 21.12.2023 – C-667/21, ECLI:EU:C:2023:1022 = GRUR-RS 2023, 36822.

Übersicht

	Rn.
A. Allgemeines	1
I. Zweck und Bedeutung der Vorschrift	1
1. Grundlegung	1
2. Aktuelle Herausforderungen	4
II. Systematik, Verhältnis zu anderen Vorschriften	8
1. Überblick	8
2. Verhältnis zwischen Art. 9 und Art. 6 Abs. 4: Zweckänderung und Zweckbindung bei sensiblen Daten	11
3. Internationaler Schutz sensibler Daten	13
B. Einzelerläuterungen	14
I. Die Merkmale des Abs. 1 im Einzelnen	14
1. Allgemeines	14
2. Rassische bzw. ethnische Herkunft	16
3. Politische Meinungen	20
4. Religiöse oder weltanschauliche Überzeugung	24
5. Gewerkschaftszugehörigkeit	27
6. Genetische und biometrische Daten	28
7. Gesundheitsdaten	30
8. Sexualleben und sexuelle Orientierung	31

II. Ausnahmen nach Abs. 2	33
1. Allgemeines	33
2. Ausdrückliche Einwilligung (Buchst. a)	34
3. Arbeitsrecht, Recht der sozialen Sicherheit, Sozialschutz (Buchst. b)	39
4. Schutz lebenswichtiger Interessen (Buchst. c)	42
5. Tendenzbetriebe (Buchst. d)	44
6. Offensichtlich öffentlich gemachte sensible Daten (Buchst. e)	46
7. Durchsetzung und Verteidigung von Rechtsansprüchen, Verarbeitung durch Gerichte (Buchst. f)	48
8. Verarbeitung aufgrund eines erheblichen öffentlichen Interesses (Buchst. g)	52
a) Erhebliches öffentliches Interesse	53
b) Wahrung des Wesensgehalts des Datenschutzes	56
c) Verhältnismäßigkeit	57
d) Maßnahmen zur Wahrung der Grundrechte und Interessen	59
9. Verarbeitung im Gesundheits- und Sozialbereich (Buchst. h)	60
10. Öffentliche Interessen im Bereich der öffentlichen Gesundheit (Buchst. i)	63
11. Archiv-, Forschungs- und Statistikzwecke (Buchst. j)	64
III. Fakultative Verstärkungsklausel für genetische, biometrische oder Gesundheitsdaten (Abs. 4)	65
IV. Art. 9 und „Big Data"	66
C. Rechtsschutz	70
D. Nationale Durchführung	71
I. Deutschland	73
1. Grundnorm zu sensiblen Daten (§ 22 BDSG)	74
a) Ausnahmeregeln für öffentliche und nichtöffentliche Stellen (§ 22 Abs. 1 Nr. 1 BDSG)	74
b) Ausnahmeregeln für öffentliche Stellen (§ 22 Abs. 1 Nr. 2 BDSG)	76
c) Maßnahmen zur Wahrung der Interessen der betroffenen Person (§ 22 Abs. 2 BDSG)	79
2. Datenverarbeitung im Beschäftigungsverhältnis (§ 26 Abs. 3 BDSG)	80
3. Archiv-, Forschungs- und Statistikzwecke (§§ 27–28 BDSG)	81
II. Österreich	82

A. Allgemeines

I. Zweck und Bedeutung der Vorschrift

1. Grundlegung. Die Bestimmung setzt die Konzeption der DS-RL fort, besondere Kategorien personenbezogener Daten (im Folgenden: sensible Daten[1]) einem besonderen Regelungsregime zu unterstellen. Danach sind bestimmte personenbezogene Daten aufgrund ihres engen Bezugs zu den **Grundrechten und Grundfreiheiten**[2] schon *per se* besonders schutzwürdig, ihre Verarbeitung daher grundsätzlich verboten.[3] Die Verarbeitung sensibler Daten birgt insbesondere das Risiko einer diskriminierenden und auf Vorurteilen basierenden Verwendung.[4] Generell spiegelt die fortgesetzte Kategorisierung in „nicht-sensible" und sensible Daten den **risikobasierten Ansatz der DS-GVO**[5] wider.[6] Praktische Bedeutung erlangt die Bestimmung durch ihre Aufnahme als besonderes Kriterium nach Art. 83 Abs. 2 und in den Katalog des Art. 83 Abs. 5, der eine **qualifizierte Geldbuße** für einen Verstoß gegen Art. 9 vorsieht. Der hierin liegende Abschreckungszweck stärkt den Schutz sensibler Daten und erhöht den Anreiz, den Verbotsgrundsatz ernst zu nehmen und die Ausnahmevorschriften im Zweifel eng auszulegen.

---

[1] Der Europäische Datenschutzausschuss, Empfehlung 01/2019 v. 10.7.2019, Rn. 14, geht zutr. davon aus, dass der Begriff „sensible Daten" ausschließlich jene in den Art. 9, 10 erwähnten Datenkategorien erfasst.
[2] Siehe Erwägungsgrund 51 S. 1.
[3] *Paal/Pauly/Frenzel* DS-GVO Art. 9 Rn. 6 stellt neben der höchstpersönlichen Natur der sensiblen Daten va auf ihren identitätsstiftenden Charakter ab.
[4] *Dammann/Simitis* EG-DatenschutzRL Art. 8 Rn. 6; siehe ferner Erwägungsgrund 75. Kühling/Buchner/*Weichert* DS-GVO Art. 9 Rn. 17 hebt das besonders hohe Schadenspotential beim Missbrauch sensibler Daten hervor.
[5] Allg. dazu *Veil* ZD 2015, 347.
[6] Siehe insbes. Art. 35 Abs. 1 und Abs. 3 Buchst. b.

2 Bereits gegen **Art. 8 DS-RL** und andere vergleichbare Regelungen wurden verschiedene **Bedenken** vorgetragen.[7] Neben der willkürlich anmutenden Auswahl der einzelnen Kategorien[8] ist ein zentraler und vielfach genannter Kritikpunkt die Kategorisierung verschieden „schutzwürdiger" Daten und die hierin zutage tretende Ignoranz gegenüber dem jeweiligen **Verarbeitungszusammenhang**.[9] Die Anknüpfung an den Inhalt der Daten bilde die „soziale Realität eindimensional ab" und lasse „wesentliche ökonomische, psychologische und soziale Merkmale" außer Acht.[10] Besonders sensible Daten könnten sich trotz Erfassung durch die Verbotsnorm als harmlos erweisen, ebenso wie der umgekehrte Fall denkbar sei. Dies zeige sich letztlich auch daran, dass die zahlreichen Ausnahmetatbestände[11] die Grundaussage des Abs. 1 leerlaufen ließen und auf vielfache Weise eine Verarbeitung dennoch erlauben. Ferner sei der Mehrwert einer solchen Regelung gering, da die vermeintliche Sondervorschrift ebenso wie die übrigen Vorschriften vom Verbotsprinzip ausgehe.[12]

3 Die hier dargestellten Bedenken behalten auch unter der **DS-GVO** grundsätzlich ihre Relevanz, da auch Art. 9 nur an den Inhalt bestimmter Datenkategorien anknüpft. Den kritischen Stimmen ist zuzugeben, dass die fehlende Kontextualisierung dem Ziel, in besonders „sensiblen Situationen" für einen erhöhten Schutz zu sorgen, nicht durchweg gerecht wird und dies auch nicht kann. Sie müssen sich jedoch entgegenhalten lassen, dass eine normative Abstrahierung zahlenmäßig nicht zu überblickender Datenverarbeitungskontexte kaum möglich ist.[13] Außerdem ist auch das durch die Ausnahmeklauseln des Abs. 2 gewährte Schutzniveau im Einzelnen höher, als es die allgemeinen Verarbeitungsregeln der DS-GVO vorsehen.[14] Gerade im Vergleich zu Art. 8 DS-RL wurden die materiellen **Anforderungen an Ausnahmen** vom Verarbeitungsverbot **„hochgezont"**, indem die noch am ehesten einer Generalklausel gleichkommende Bestimmung des Art. 8 Abs. 4 DS-RL[15] durch Art. 9 Abs. 2 Buchst. g ersetzt wurde, der im Vergleich zu der Vorgängerbestimmung ein höheres Schutzniveau bietet. Nicht zu unterschätzen ist schließlich die symbolische Funktion des Art. 9. Eingebettet in ein strenges Haftungs- und Sanktionsregime ist davon auszugehen, dass der Rechtfertigungsdruck bei der Verarbeitung sensibler Daten in Streitfällen höher als sonst sein und die Bestimmung damit generell normative Wirkung zeitigen wird. Von einem gleichwertigen oder gar geringeren Schutzniveau im Vergleich zu sonstigen personenbezogenen Daten kann demnach keine Rede sein. Soweit die divergierenden Verständnisse der Bedeutung besonders sensibler Daten hinsichtlich der DS-RL die einheitliche Anwendung der Norm noch erschwerte,[16] hat sich diese Kritik durch die Überführung des europäischen Datenschutzregimes in eine Verordnung erledigt.

4 **2. Aktuelle Herausforderungen.** Mit der fortschreitenden Durchdringung sämtlicher Lebensbereiche durch datensammelnde Geräte und Anwendungen ergeben sich neue Herausforderungen für den Schutz sensibler Daten. Die zunehmende Akkumulierung personenbezogener Daten lässt in Verbindung mit immer besseren Analyse- und (Re-)Kombinationsmethoden (zum Themenkomplex „Big Data" → Rn. 66) immer größere Lebensbereiche als „sensibel" iSv Art. 9 erscheinen.[17] Allein **Standortdaten** vermögen oftmals schon Aufschluss darüber zu geben, ob eine betroffene Person bspw. gerade eine bestimmte Veranstaltung aufsucht (Politische Meinung? Gewerkschaftszugehörigkeit? Religiöse/weltanschauliche Überzeugung?) oder wo sie sich im

---

[7] Grundlegende, lesenswerte und in Teilen immer noch gültige Kritik bei *Simitis* FS Pedrazzini, 1990, S. 469 ff.; konzilianter demgegenüber *Weichert* DuD 2017, 538 (538 ff.).
[8] Rechtsvergleichend *Simitis* FS Pedrazzini, 1990, S. 469 (470 ff.).
[9] Siehe nur Simitis/*Simitis* BDSG § 3 Rn. 251 mwN. Bedenkenswert *Ehmann/Helfrich* EG-Datenschutzrichtlinie Art. 8 Rn. 3 mwN: Unvereinbarkeit der Differenzierung zwischen wichtigen und weniger wichtigen Daten mit der bundesverfassungsgerichtlichen Dogmatik zum informationellen Selbstbestimmungsrecht seit BVerfG Urt. v. 15.12.1983 – 1 BvR 209/83 u.a., BVerfGE 65, 1 (45) – Volkszählung: „[es] gibt [...] unter den Bedingungen der automatischen Datenverarbeitung kein, belangloses' Datum mehr".
[10] *Dammann/Simitis* EG-DatenschutzRL Art. 8 Rn. 3.
[11] Simitis/*Simitis* BDSG § 3 Rn. 258, bezeichnet diese als „willkürlich, antiquiert und unvollständig".
[12] *Ehmann/Helfrich* EG-Datenschutzrichtlinie Art. 8 Rn. 3.
[13] Ähnlich konziliant jetzt auch Wolff/Brink/*Albers/Veit* DS-GVO Art. 9 Rn. 21 ff.
[14] Vgl. die Feststellung der Artikel-29-Datenschutzgruppe zum Bedürfnis hierzu, Advice paper on special categories of data („sensitive data"), Ref. Ares(2011)444105 - 20/04/2011, S. 11.
[15] Krit. hierzu noch *Dammann/Simitis* EG-DatenschutzRL Einl. Rn. 45.
[16] Simitis/*Simitis* BDSG Einl. Rn. 160.
[17] Vgl. auch *Britz/Indenhuck/Langerhans* ZD 2021, 559 (561).

Übrigen für gewöhnlich aufhält (Sexualleben? Ethnische Herkunft?).[18] Auf der scheinbaren Allgegenwärtigkeit sensibler Daten gegründet wird teilweise argumentiert, den Tatbestand des Art. 9 teleologisch zu reduzieren. Insbesondere ist in diesem Zusammenhang von einer erforderlichen **„Auswertungs-** bzw. **Verarbeitungsabsicht"** die Rede, ohne die eine Anwendung von Art. 9 nicht möglich sei.[19] Speziell für die datenschutzrechtliche Bewertung von Videoüberwachungsmaßnahmen wird eine solche eingeschränkte Anwendbarkeit des Art. 9 diskutiert.[20] Richtigerweise **kann** ein solches subjektives Kriterium Anhaltspunkt für eine Anwendbarkeit sein.[21] Von einer Notwendigkeit zu sprechen und damit das datenschutzrechtliche Regelungsregime praktisch dem geäußerten Willen des Verarbeiters zu unterwerfen, liefe allerdings grundlegenden Wertungen der DS-GVO zuwider und ginge in Anbetracht der möglichen missbräuchlichen Verneinung einer solchen Absicht durch den Verarbeiter zu weit.[22] Der **EuGH** scheint – jedenfalls insoweit – der Verarbeitungsabsicht jedwede Relevanz abzusprechen und alle objektiv Art. 9 zuordenbare Daten auch dessen Rechtsfolgen zu unterwerfen.[23] Ob sich diese Lesart ausnahmslos wird durchhalten lassen, bleibt abzuwarten.[24]

Für solche Kategorien sensibler Daten, bei denen das „weiche" Erfordernis des **Hervor-** **gehens** besteht (allg. dazu → Rn. 13), bedeutet die genannte Ubiquität von verfügbaren Daten, dass immer mehr Informationen potentiell dem Verbot des Abs. 1 unterfallen. Hier besteht eine zentrale Herausforderung schon auf faktischer Ebene darin, die Bedeutung von Informationen stets mit den Möglichkeiten der immer besser werdenden Verarbeitungsmethoden abgleichen zu müssen, um den Bezug zu Art. 9 herzustellen. Sensibilität für sensible Daten erfordert daher zwingend, die Entwicklungen im technischen Bereich mitzuverfolgen. Auf rechtlicher Ebene bedeutet dies gleichzeitig ein erhebliches Unsicherheitspotential – bereits auf Tatbestandsebene – darüber, wann das Erfordernis des Hervorgehens als erfüllt anzusehen ist. Gerade aus dieser Unsicherheit ergeben sich jedoch Folgerungen für die Handhabung dieses Schlüsselbegriffs.

Anders gelagert sind die Herausforderungen bei den übrigen Merkmalen des Abs. 1, die unabhängig vom Hervorgehen stets dem Verbotsgrundsatz unterfallen. Ein völlig neues Anwendungsfeld und enormes Entwicklungspotential für **Gesundheitsdaten**[25] ergibt sich aus der algorithmenbasierten bzw. auf künstlicher Intelligenz beruhenden Verarbeitung von Gesundheitsdaten sowie genetischen und biometrischen Daten:[26] mobile Geräte (auch sog. Wearables) und elektronische Patientenakten triefen voller Gesundheitsdaten, die zunehmend in den Blick von App-Entwicklern, Unternehmen sowie Investoren geraten und ein enormes Verbesserungspotential in der medizinischen Betreuung versprechen. Dieses reicht – um Beispiele zu nennen[27] – von der Überwachung und Prognose des weiblichen Zyklus, den Augendruck überwachenden Kontaktlinsen oder aus dem Magen Signale sendende Tabletten über die digitale Kommunikati-

---

[18] Vgl. Europäischer Datenschutzausschuss, Leitlinien 01/2020 v. 9.3.2021, Rn. 62 f., mit Blick auf vernetzte Fahrzeuge und mobilitätsbezogene Anwendungen.
[19] So VG Mainz ZD 2021, 336 Rn. 29; Gola/Heckmann/*Schulz* DS-GVO Art. 9 Rn. 13; *Matejek/Mäusezahl* ZD 2019, 551 (553); *Schindler/Wentland* ZD-Aktuell 2018, 06057; zwischen den beiden von Abs. 1 erfassten Kategorien differenzierend OLG Frankfurt a. M. Urt. v. 6.9.2018 – 16 U 193/17, ECLI:DE:OLGHE:0906.16U193.17.00 = GRUR 2018, 1283 Rn. 56.
[20] Vgl. *Britz/Indenhuck/Langerhans* ZD 2021, 559; *Schneider/Schindler* ZD 2018, 463 ff.; *Reuter* ZD 2018, 564 ff.; die Aussage des Europäischen Datenschutzausschusses, Leitlinien 3/2019 v. 29.1.2020, Rn. 64, liefert materiell wenig substanzreiche Ausführungen jenseits des Petitums, Art. 9 jedenfalls nicht pauschal auf Videoaufnahmen anzuwenden.
[21] So wohl Kühling/Buchner/*Weichert* DS-GVO Art. 9 Rn. 22; im Ergebnis wohl auch *Britz/Indenhuck/Langerhans* ZD 2021, 559 (562 f.).
[22] Wie hier auch *Reuter* ZD 2018, 564 (565 f.).
[23] EuGH Urt. v. 4.7.2023 – C-252/19, ECLI:EU:C:2023:537 = ZD 2023, 664 Rn. 69 f. – Meta Platforms u.a.
[24] Zumindest fraglich, ob der EuGH sich in einer anderen Entscheidung nicht selbst in einen Widerspruch begibt: EuGH Urt v. 21.12.2023 – C-667/21, ECLI:EU:C:2023:1022 = GRUR-RS 2023, 36822 Rn. 46 („von entscheidender Bedeutung […], zu welchem Zweck diese Daten verarbeitet werden.").
[25] Eine Inkonsistenz bzgl. der Binnendifferenzierung sehen *Britz/Indenhuck/Langerhans* ZD 2021, 559 (562), da auch Art. 4 Nr. 15 DS-GVO bei der Definition von Gesundheitsdaten das Kriterium des „Hervorgehens" zum Maßstab nehme. Systematisch überzeugt dies nicht, da die Auslegung dieser Begriffsbestimmung nicht unmittelbar dem Schutzzweck des Art. 9 unterfällt und damit nicht zwingend den gleichen Wertungen unterliegen muss.
[26] Überblick über die Entwicklung bei *Jasserand* European Data Protection Law Review 2 (2016), 297.
[27] Vgl. www.wired.com/story/health-care-is-hemorrhaging-data-ai-is-here-to-help; www.t3n.de/news/gesuender-dank-daten-medizin-906621.

on mit Ärzten sowie **digitale Gesundheitsanwendungen**[28] (jetzt insbesondere in § 33a SGB V geregelt) bis hin zu virtueller Pflege und gar Früherkennung von psychischen Problemen durch Internetnutzung[29] und deren „Behandlung" durch künstliche Intelligenz („Chatbots").[30] Hier wird die Herausforderung primär rechtlicher Natur auf Rechtsfolgenseite liegen, nämlich insbesondere hinsichtlich der Maßstabbildung für eine taugliche Einwilligungserklärung sowie hinsichtlich der insgesamt siebenfachen Einschränkung von Ausnahmevorschriften anhand des Erforderlichkeitsmaßstabs.

7   Die **Corona-Pandemie** hat die Bedeutung der Regelungen zur Verarbeitung sensibler Daten aktualisiert und der Modernisierung und **Nutzung gesundheitsbezogener Datenbestände** weltweit, aber nicht zuletzt in der EU enormen Auftrieb verschafft und zugleich praktische Schutzlücken der DS-GVO in diesem Zusammenhang offengelegt, die die Kommission mit ihrem Vorschlag für eine Verordnung über den „Europäischen Gesundheitsdatenraum" angehen will.[31] Im Umgang mit dem Pandemiegeschehen selbst bestimmten die Erfassung von Gesundheitsdaten durch Art. 9 und die Reichweite der diesbezüglichen Ausnahmebestimmungen auf Ebene des Unionsrechts maßgeblich die (datenschutz-)rechtliche Bewertung des der Pandemiebekämpfung. Dies galt insbesondere mit Blick auf die Verarbeitung des Status über eine akute oder zurückliegende Infektion mit dem Sars-CoV-2-Virus sowie über eine erfolgte Schutzimpfung.[32]

II. Systematik, Verhältnis zu anderen Vorschriften

8   **1. Überblick.** Art. 9 setzt unter anderem die Vorgaben von Art. 6 der sog. Datenschutzkonvention des Europarates um[33] und dient der Verwirklichung der Art. 7, 8 GRCh. In Anbetracht ihrer gegen Diskriminierungen gerichteten Zielsetzung und der teilweisen Überschneidung ihrer inhaltlichen Anknüpfungspunkte steht die Vorschrift auch in Zusammenhang mit den Art. 21 GRCh,[34] Art. 14 EMRK und Art. 3 Abs. 3 GG, auch wenn hinsichtlich der Maßstäbe für Verletzungen bzw. Einschränkungen ihres Schutzgehalts Unterschiede bestehen. Das Verbot der Verarbeitung sensibler Daten beugt jedoch Diskriminierungen im herkömmlichen Sinne vor, der Schutz sensibler Daten erfolgt und wirkt damit gewissermaßen im Vorfeld des Diskriminierungsverbots.

9   Abs. 1 verbietet als Grundnorm pauschal die Verarbeitung der hier aufgezählten Daten. Abs. 2 enthält im Sinne einer Ausnahmeregelung bestimmte Voraussetzungen, die alternativ vorliegen müssen, um eine Verarbeitung der sensiblen Daten zu rechtfertigen. Abs. 3 regelt für näher bestimmte Kategorien solcher sensiblen Daten die Modalitäten der Datenverarbeitung. Schließlich erlaubt Abs. 4 den Mitgliedstaaten, für bestimmte Datenkategorien weitere Bedingungen oder Beschränkungen zu erlassen.

10 Besondere Bedeutung hat Art. 9 für die Vorschrift des Art. 22. Nach dessen Abs. 4[35] dürfen nämlich **automatisierte Entscheidungen** einschließlich Profiling nicht auf sensiblen Daten beruhen, sofern nicht dessen Ausnahmetatbestand greift. Ferner ist in Fällen der Verarbeitung sensibler Daten nach Art. 35 Abs. 3 Buchst. b eine **Datenschutz-Folgenabschätzung zwingend** erforderlich. Außerdem besteht dann auch eine **Pflicht zur Benennung eines Datenschutzbeauftragten** nach Art. 37.[36] Die Art. 85 und Art. 88 ergänzen schließlich Teile des

---

[28] Vgl. dazu *Jorzig/Kellermeier* MedR 2021, 976 ff.
[29] Vgl. www.techcrunch.com/2017/11/27/facebook-ai-suicide-prevention.
[30] Vgl. www.spiegel.de/netzwelt/web/woebot-facebook-chatbot-gegen-depressionen-a-1173977.html.
[31] Nach Auffassung der KOM hätten natürliche Personen oftmals Schwierigkeiten, trotz der durch die DS-GVO eingeräumten Rechtspositionen ihre Rechte und Interessen mit Blick auf Gesundheitsdaten wirksam auszuüben, vgl. KOM, „Proposal for a Regulation [...] on the European Health Data Space", COM(2022) 197 final, S. 1. Insbesondere die Umsetzung der Interoperabilität sowie die Harmonisierung von materiellen und technischen Standards sieht die KOM in diesem Zusammenhang kritisch (S. 6); vgl. dazu auch www.politico.eu/article/5-things-to-know-about-the-eus-health-data-space/.
[32] Vgl. etwa Huster/Kingreen InfektionsschutzR-HdB/*Kühling/Schildbach*, 2. Aufl. 2022, Kap. 6 Rn. 63 ff.
[33] Übereinkommen zum Schutz des Menschen bei der automatischen Verarbeitung personenbezogener Daten, SEV Nr. 108 v. 28.1.1981.
[34] Hinsichtlich des Verhältnisses von Art. 7, 8 sowie 21 GRCh dogmatisch diffus, insoweit praktisch jedoch ohne Bedeutung EuGH Gutachten v. 26.7.2017 – Gutachten 1/15, ECLI:EU:C:2017:592 Rn. 164 ff. = ZD 2018, 23 – PNR-Abkommen: „Art. 7 und 8 der Charta in Verbindung mit deren Art. 21".
[35] Vgl. ferner Erwägungsgrund 71.
[36] Hierzu *Klug* ZD 2016, 315 (317).

Abs. 1, indem sie für spezifische Verarbeitungssituationen gesonderte Spezifizierungsklauseln zugunsten der Mitgliedstaaten vorsehen. Schließlich sieht Art. 91 für Kirchen oder sonstige religiöse Vereinigungen oder Gemeinschaften vor, dass diese ihre Regeln zum Schutz personenbezogener Daten anzupassen haben. Die Erwägungsgründe 51–54 ergänzen und erläutern die Regelung des Art. 9. Sensible Daten sind außerdem ebenfalls in Art. 10 der Verordnung (EG) Nr. 45/2001 sowie in Art. 10 der sog. Polizei-Richtlinie (EU) 2016/680[37] besonders geschützt.

2. Verhältnis zwischen Art. 9 und Art. 6 Abs. 4: Zweckänderung und Zweckbindung bei sensiblen Daten. Besondere Beachtung verdient die Frage, in welchem Verhältnis die Bestimmung des Art. 9 zu den übrigen Vorschriften der DS-GVO über die Verarbeitung personenbezogener Daten steht. Namentlich stellt sich die Frage, inwiefern Art. 6 neben Art. 9 Anwendung finden kann, soweit dies zu einer Absenkung des in Art. 9 vorgesehenen Schutzniveaus führen würde. Dies ist insbesondere deswegen von Bedeutung, weil erst Art. 6 Abs. 4 die **Zweckänderung** unter bestimmten Voraussetzungen erlaubt, während die Grundsatznorm des Art. 5 Abs. 1 Buchst. b diese im Grundansatz als unzulässig erscheinen lässt.[38] Geht man von einer abschließenden Regelung der Verarbeitung sensibler Daten durch Art. 9 aus, wäre eine Zweckänderung nur nach Maßgabe dieser Bestimmung erlaubt und könnte daher nicht auf eine andere Rechtsvorschrift gestützt werden, die zwar die materiellen Anforderungen des Art. 6 Abs. 4, nicht aber des Art. 9 Abs. 2 erfüllt.[39]

Teilweise wird postuliert, die nach Art. 6 Abs. 4 vorgesehene Zweckänderung sei auch bei sensiblen Daten zulässig.[40] Dafür spreche schon die Erwähnung von Art. 9 in Art. 6 Abs. 5 Buchst. c;[41] außerdem sehe Erwägungsgrund 51 S. 5 die Anwendung der übrigen allgemeinen Grundsätze doch vor. Beide Argumente sind unzutreffend. Aus der Erwähnung der sensiblen Daten in Art. 6 Abs. 4 lässt sich richtigerweise keine Antwort auf die hiesige Frage ableiten: sie mag ebenso dafür sprechen, dass bei der Vereinbarkeitsprüfung das Vorliegen eines sensiblen Datums ohne weiteres zur Unzulässigkeit der Zweckänderung führen soll. Ferner geht die Gesamtkonzeption von Erwägungsgrund 51 (wie auch der Normtext der DS-GVO selbst) darauf aus, sensible Daten einem höheren Schutz als nicht-sensible Daten zu unterstellen. Die Weiterverarbeitung von sensiblen Daten nach einer Vereinbarkeitsprüfung ohne eigenständige Rechtsgrundlage für zulässig zu erachten, beruht nicht nur auf einem unzutreffenden Verständnis von Art. 6 Abs. 4 per se,[42] sondern schwächt den Schutz sensibler Daten erheblich ab. Für die **restriktive Auslegung,** gegen die Anwendbarkeit von Art. 6 Abs. 4, spricht zunächst, dass Erwägungsgrund 51 S. 4 ausdrücklich die Verarbeitung sensibler Daten nur unter dem abschließenden Katalog des Art. 9 Abs. 2 für zulässig erklärt.[43] Außerdem liefe eine Absenkung der materiellen Anforderungen an die Verarbeitung sensibler Daten dem Schutzzweck des Art. 9 zuwider, zumal dessen Abs. 2 der Union und den Mitgliedstaaten genug Spielraum belässt, die Verarbeitung sensibler Daten zu regeln.[44] Schließlich wäre es für den Unionsgesetzgeber ein leichtes gewesen, eine Verweisung auf Art. 6 aufzunehmen. Damit bleibt festzuhalten, dass Art. 6 Abs. 4 neben Art. 9 nicht zur Anwendung kommt. Beabsichtigt der Verantwortliche oder Auftragsverarbeiter eine Weiterverwendung sensibler Daten, so müssen diese erneut mit einem festgelegten, eindeutigen und legitimen Zweck (Art. 5) erhoben werden. Dies gilt auch dann, wenn „nicht-sensible" Daten durch neue Verarbeitungsmethoden zu sensiblen Daten rekombiniert werden. Genau in diesem (Un-)Praktikabilitätsaspekt spiegelt sich die unterschiedliche Behandlung sensibler und nicht-sensibler Daten.

3. Internationaler Schutz sensibler Daten. Veranlasst durch das Internet im Allgemeinen, die Vernetzung in sozialen Medien im Besonderen sowie durch die Benutzung von Software und Betriebssystemen nicht in der EU ansässiger Unternehmen und internationale Bemühungen

---

[37] Zum Verhältnis der DS-GVO zur Polizei-RL → Art. 2 Rn. 13.
[38] Missverstanden von Wolff/Brink/*Albers/Veit* DS-GVO Art. 9 Rn. 12.
[39] So auch *Weichert* DuD 2017, 538 (540); ohne Positionierung *Kühling/Martini* DS-GVO S. 54 f.
[40] Gola/Heckmann/*Schulz* DS-GVO Art. 9 Rn. 6.
[41] So „unmissverständlich" wie Simitis/Hornung/Spiecker gen. Döhmann/*Petri* DS-GVO Art. 9 Rn. 3, dies bezeichnet, kann dies aber in Anbetracht der Meinungsverschiedenheiten in der Lit. kaum sein.
[42] In diesem Sinne nämlich Gola/Heckmann/*Schulz* DS-GVO Art. 6 Rn. 185; richtig demgegenüber → Art. 6 Rn. 69; überzeugend auch Kühling/Buchner/*Buchner/Petri* DS-GVO Art. 6 Rn. 181 ff.
[43] Ferner → Rn. 33.
[44] Der Hinweis von *Kühling/Martini* DS-GVO S. 55 auf andere „gewichtige gegenläufige Interessen" führt insoweit nicht weiter.

der Abwehr terroristischer Gefahren gerät die internationale Perspektive des europäischen Datenschutzrechts per se, speziell aber auch der Schutz sensibler Daten zunehmend in den Blick. Diskriminierungen aufgrund sensibler Daten sind damit auch in zunehmendem Maße durch international agierende Akteure möglich.[45] Durch das in Art. 3 verbürgte Marktortprinzip (→ Art. 3 Rn. 13 ff.) sind Verantwortliche und Auftragsverarbeiter an die DS-GVO gebunden, soweit sie eine Niederlassung in der Union haben. Daneben setzt die Union aber auch in Abkommen mit Drittstaaten,[46] sog. **Angemessenheitsentscheidungen der Kommission** (Art. 45),[47] in Zukunft aber auch verstärkt mittels der in Art. 46 genannten geeigneten Garantien Standards für den Umgang mit sensiblen Daten, insbesondere hinsichtlich der Zulässigkeit des Datentransfers in solche Drittstaaten. Insbesondere die auf Grundlage von Art. 46 Abs. 2 Buchst. c durch die Kommission erlassenen **Standardvertragsklauseln**[48] sehen einen gesonderten Schutz für sensible Daten vor.[49]

B. Einzelerläuterungen

I. Die Merkmale des Abs. 1 im Einzelnen

14 1. Allgemeines. Art. 9 Abs. 1 unterstellt bestimmte personenbezogene Daten nur insoweit einem besonderen Schutz, als aus ihnen bestimmte Eigenschaften **„hervorgehen"**, während andere Daten pauschal dem Schutz des Verbotsprinzips unterfallen.[50] Soweit der Wortlaut darauf abstellt, dass aus personenbezogenen Daten bestimmte Eigenschaften „hervorgehen", bedeutet dies nicht, dass sich die Eigenschaft unmittelbar aus dem Datum selbst ergeben muss. Sowohl begrifflich als auch teleologisch genügt vielmehr, dass der Inhalt des Datums die in Abs. 1 genannte Eigenschaft für einen durchschnittlichen, objektiven Dritten zumindest mittelbar erkennen lässt, dass also die Eigenschaft aus dem Datum bzw. den Daten produziert werden kann.[51] Die Voraussetzung des Hervorgehens ist im Zweifel großzügig auszulegen, um der Gefahr von Abgrenzungsproblemen vorzubeugen und ein einheitlich hohes Schutzniveau zu gewährleisten.[52] Abgrenzungsprobleme werden auch vermieden, indem ein **Gesamtdatenbestand** dem Grundsatz des Art. 9 zugeordnet wird, der sowohl mindestens ein sensibles Datum und darüber hinaus (auch) nicht sensible Daten enthält.[53] Zum **abschließenden Charakter** der

---

[45] Überblick über die den sensiblen Daten unterfallenden Informationen im internationalen Vergleich bei Solove, Privacy + Security Blog v. 31.7.2014, abrufbar unter: www.teachprivacy.com/sensitive-data-different-definitions-privacy-law.

[46] Vgl. zB Art. 6 des Abkommens zwischen den USA und der EU zu Fluggastdaten, ABl. 2012 L 215, 5; zur Unvereinbarkeit des PNR-Abkommens mit Kanada mit der GRCh hinsichtlich der Übermittlung sensibler Daten, EuGH Gutachten v. 26.7.2017 – Gutachten 1/15, ECLI:EU:C:2017:592 Rn. 165 = BeckRS 2017, 123252 – PNR-Abkommen, zur Unvereinbarkeit der anlasslosen Übermittlung von sensiblen Fluggastdaten an Drittstaaten mit den Art. 7, 8, 21 GRCh.

[47] So sah etwa der „EU-US Privacy Shield" eigenständige Regelungen für sensible Daten vor, vgl. Durchführungsbeschluss (EU) 2016/1250 der KOM v. 12.7.2016, Erwägungsgründe 22, 28; Anhang II Abschnitte II.2., III.1. Die infolge der Ungültigkeitserklärung des EuGH Urt. v. 16.7.2020 – C-311/18, ECLI:EU:C:2020:559 = ZD 2020, 511 – Schrems II, erforderlich gewordene Neuregelung wird ebenfalls Regelungen zum Schutz sensibler Daten zu beinhalten haben.

[48] Durchführungsbeschluss (EU) 2021/914 der KOM v. 4.6.2021, ABl. L 199, 31.

[49] Durchführungsbeschluss (EU) 2021/914 der KOM v. 4.6.2021, ABl. L 199, 31, Anhang Klausel 8 Modul Eins Ziff. 8.6 bzw. Modul Zwei Ziff. 8.7 bzw. Modul Drei Ziff. 8.7.

[50] Dass es sich hierbei nicht bloß um sprachliche Variationen ohne materiellen Unterschied handelt, ergibt sich aus der Kontextabhängigkeit mancher, jedoch gerade nicht aller Kategorien des Abs. 1, wie Paal/Pauly/Frenzel DS-GVO Art. 9 Rn. 8 zutr. herausstellt. Auch die englische Fassung der DS-GVO unterteilt die erfassten Merkmale in deutlicher Weise und steht damit Ansätzen einer Gleichbehandlung aller Merkmale (vgl. etwa Simitis/Hornung/Spiecker gen. Döhmann/Petri DS-GVO Art. 9 Rn. 2; Schneider/Schindler ZD 2018, 463 [467]) entgegen. Wenig überzeugend EuGH Urt v. 1.8.2022 – C-184/20, ECLI:EU:C:2022:601 = ZD 2022, 611 Rn. 123 ff.

[51] Vgl. Kühling/Buchner/Weichert DS-GVO Art. 9 Rn. 22; Dammann/Simitis EG-DatenschutzRL Art. 8 Rn. 7; siehe auch Paal/Pauly/Frenzel DS-GVO Art. 9 Rn. 8: Schutz solcher Daten, „die bestimmte Folgerungen zulassen"; anders Britz/Indenhuck/Langerhans ZD 2021, 559 (562): „zufällig" sensible Daten nicht abgrenzbar.

[52] AA Simitis/Simitis BDSG § 3 Rn. 265. Allerdings kannte § 3 Abs. 9 BDSG-alt das – tatbestandserweiternde – Kriterium des „Hervorgehens" richtlinienwidrigerweise nicht, siehe Art. 8 Abs. 1 DS-RL.

[53] EuGH Urt. v. 4.7.2023 – C-252/19, ECLI:EU:C:2023:537 = ZD 2023, 664 Rn. 89 – Meta Platforms u.a.

Aufzählung der genannten Merkmale[54] verhält sich diese Feststellung jedoch nicht; nur soweit ein in Abs. 1 genanntes Merkmal vorliegt, lässt sich überhaupt danach fragen, ob aus dem im konkreten Fall relevanten personenbezogenen Datum diese Eigenschaft „hervorgeht".

Nicht erforderlich ist es, dass die Ableitung eines Merkmals iSv Abs. 1 **tatsächlich richtig** 15 ist.[55] Dies ergibt sich aus der im Wortlaut von Abs. 1 angelegten, lediglich potentiellen Verknüpfung von Inhalt und Bedeutung eines Datums. Andererseits genügt aber – jedenfalls bei generischen Eigenschaften und Verhaltensweisen – auch nicht die abstrakte Möglichkeit, auf ein Merkmal iSv Abs. 1 schließen zu können.[56] Es muss vielmehr eine **hinreichende Wahrscheinlichkeit** für die inhaltliche Richtigkeit bestehen, denn der Zweck des Art. 9 liegt im Schutz der betroffenen Person vor der Möglichkeit tatsächlich datenbasierter Diskriminierungen, nicht jedoch in der Erfassung jedweden Datums in allen potentiell sensiblen Zusammenhängen. Zu Detailfragen siehe jeweils die Ausführungen zu den einzelnen Merkmalen.

2. Rassische bzw. ethnische Herkunft. Die Aufnahme des Begriffs der „**rassischen Her-** 16 **kunft**" dient dem Ziel, gerade aufgrund der mit ihm verbundenen historischen negativen Erfahrungen eine wie auch immer geartete Kategorisierung von Menschen in Rassen und der hiermit verbundenen **Abwertung von Personengruppen entgegenzuwirken.** So will sich die Union mit dem Begriff „rassischer Herkunft" ausweislich des Erwägungsgrundes 51 S. 2 denn auch keine Theorien zu Eigen machen, die eine Zuordnung von Menschen zu bestimmten Rassen propagieren. Eine wissenschaftliche oder juristische Anerkennung der Kategorisierung von Menschen in Rassen findet mit der Aufnahme dieses „irrationalen Begriffs"[57] in die DS-GVO daher gerade nicht statt.

Vor diesem Hintergrund bezieht sich der Begriff der „rassischen Herkunft" auf **bestimmte** 17 **Eigenschaften, die tatsächlich oder vermeintlich vererbbar** sind.[58] Unzulässig ist daher die Verarbeitung von Daten, aus denen körperliche oder charakterliche Eigenschaften, wie etwa die Gesichts- oder Augenform, tatsächlich oder vermeintlich herleiten lassen. Soweit auch die Bestimmung einer Religionszugehörigkeit mittels vererbbarer Eigenschaften propagiert wird, ist eine diesbezügliche Datenverarbeitung sowohl in Bezug auf das Merkmal der „rassischen Herkunft" als auch der Religionszugehörigkeit unzulässig.

Der Begriff „**ethnische Herkunft**" ist mit der „Rasse" nicht deckungsgleich.[59] Unter einer 18 Ethnie ist allgemein eine Menschengruppe mit einheitlicher Kultur zu verstehen.[60] Hierunter fallen insbesondere, aber nicht ausschließlich, eine gemeinsame Sprache, Geschichte oder Kultur. Der EuGH versteht unter der ethnischen Herkunft die Kennzeichnung gesellschaftlicher Gruppen „insbesondere durch die Gemeinsamkeit der Staatsangehörigkeit, Religion, Sprache, kulturelle und traditionelle Herkunft und Lebensumgebung",[61] fordert dabei aber grundsätzlich ein Bündel von Indizien, „von denen einige objektiv und andere subjektiv sind".[62] Typisches Anwendungsbeispiel hierfür sind Angehörige einer nationalen Minderheit.[63]

Abgrenzungsschwierigkeiten können sich insoweit bei allgemeinen Daten ergeben, die 19 lediglich eine gewisse Wahrscheinlichkeit in sich bergen, dass die betroffene Person Angehöriger einer „Rasse" oder Ethnie in dem hiesigen Sinne ist. So können etwa typische Namen oder der Geburts- oder Wohnort ein Indiz für die ethnische Herkunft darstellen.[64] Andererseits ist die Namensgebung ebenso wie der Wohnort eine gewillkürte Entscheidung, die unabhängig von der Zugehörigkeit zu einer besonderen Ethnie oder „Rasse" getroffen wird.[65] Richtigerweise wird die Bewertung, ob ein **Hervorgehen iSd Abs. 1** vorliegt, stets unter Berücksichtigung aller Umstände im Einzelfall zu treffen sein.[66] Hierbei kann etwa der vom Verantwortlichen oder

---

[54] Zutr. Kühling/Buchner/*Weichert* DS-GVO Art. 9 Rn. 19.
[55] *Schneider* ZD 2017, 303 (305).
[56] So aber *Schneider* ZD 2017, 303 (305).
[57] Treffend Dürig/Herzog/Scholz/*Langenfeld* GG Art. 3 Abs. 3 Rn. 45.
[58] Vgl. Dreier/*Heun* GG Art. 3 Rn. 128 mwN.
[59] Schwarze/*Holoubek* AEUV Art. 19 Rn. 15.
[60] Siehe www.duden.de/rechtschreibung/Ethnie.
[61] EuGH Urt. v. 16.7.2015 – C-83/14, ECLI:EU:C:2015:480 = BeckRS 2015, 80950 Rn. 46.
[62] EuGH Urt. v. 6.4.2017 – C-668/15, ECLI:EU:C:2017:278 = NJW 2017, 3139 Rn. 19 – Jyske Finans A/S / Huskic; krit. Pechstein/Nowak/Häde/*Michl* AEUV Art. 19 Rn. 25.
[63] Vgl. Pechstein/Nowak/Häde/*Michl* AEUV Art. 19 Rn. 25.
[64] Vgl. Dammann/*Simitis* EG-DatenschutzRL Art. 8 Rn. 7; *Schneider* ZD 2017, 303 (305).
[65] Kühling/Buchner/*Weichert* DS-GVO Art. 9 Rn. 26, lässt den Namen nur im Ausnahmefall für Art. 9 genügen.
[66] Grds. ebenso Kühling/Buchner/*Weichert* DS-GVO Art. 9 Rn. 22; aA *Schneider* ZD 2017, 303 (305).

Auftragsverarbeiter verfolgte Zweck von Bedeutung sein.[67] Ferner kann ein „Hervorgehen" im Sinne der Norm umso eher anzunehmen sein, je mehr Kriterien der Verantwortliche oder Auftragsverarbeiter kombiniert, die in ihrer Gesamtschau auf eine „Selektion" nach der „rassischen" oder ethnischen Herkunft hindeuten. Je deutlicher bereits objektiv ein solcher Fall vorzuliegen scheint, desto eher rückt die Prüfung des subjektiven Verwendungszwecks indes in den Hintergrund.

20 **3. Politische Meinungen.** Eine nähere Definition des Begriffs **„politische Meinung"** liefert die DS-GVO nicht. Ein erster Anhaltspunkt ergibt sich dem Schutzzweck des Art. 9. Da der Schutz sensibler Daten um ihres Bezugs zu Grundrechten willen erfolgt, liegt es nahe, die Grundrechte auch als Kriterium für die Bestimmung der einzelnen Kategorien sensibler Daten heranzuziehen. „Meinung" iSd Art. 11 GRCh, Art. 10 EMRK ist grundsätzlich weit zu verstehen. Erfasst sind Werturteile, Stellungnahmen, Ansichten und Überzeugungen.[68] Zur begrifflichen Bestimmung nur auf den grundrechtlichen Schutzbereich abzustellen, griffe jedoch zu kurz. Denn dies ließe außer Acht, dass nur politische Meinungen sensible Daten begründen können. Eine abstrakte, positive Definition der **politischen Natur** einer Meinungsäußerung ist hingegen schwer zu treffen. Eine solche Definition wäre auch kaum leistungsfähig, da sie nicht ohne eine Kontextualisierung der Äußerung auskäme, die allerdings einem abstrakten Verständnis von politischen im Gegensatz zu unpolitischen Ansichten gerade entgegensteht. **Negativ ausgrenzbar** sind jedenfalls solche Meinungen, die sich auf rein kommerzielle Sachverhalte ohne Bezug zur demokratischen und pluralistischen Gesellschaft[69] bzw. zu einem Belang öffentlichen Interesses richten oder in einer wertenden Betrachtungsweise als **ausschließlich privatnützig** zu betrachten sind. In Zweifelsfällen ist ein **weites Verständnis** des Begriffs „politische Meinung" angezeigt, um die Grundlagen der politischen Meinungsbildung nicht zu gefährden.[70] Die hierin liegende Unschärfe liegt im Wortlaut des Art. 9 begründet und bedarf daher selbstredend der Konkretisierung durch die Praxis unter Beachtung des Schutzzwecks der Norm.

21 Gerade aufgrund der begrifflichen Unschärfe sind denkbar viele **Bereiche** von dem Verarbeitungsverbot im Hinblick auf politische Meinungen erfasst. Sie reichen bspw. von Abonnentenlisten von parteipolitischen Zeitschriften[71] über Teilnehmerlisten bei politischen Veranstaltungen oder Demonstrationen bis hin zu Interesse- oder Zustimmungsbekundungen für politische Gruppen in sozialen Netzwerken, etwa das „Like" bei Facebook,[72] sofern es einen sicheren Rückschluss auf eine politische Meinung zulässt (dazu sogleich). Erfasst werden nicht nur die Meinungen an sich, sondern auch die Tätigkeit der betroffenen Person im Hinblick auf diese.[73] Bezüglich des Sammelns von Daten über politische Einstellungen durch politische Parteien selbst verdient Erwägungsgrund 56 besondere Beachtung.[74]

22 Hinsichtlich des **Hervorgehens** iSd Abs. 1 können sich auch insoweit Abgrenzungsprobleme ergeben. Zu weitgehend wäre es, das zweifelsfreie Hervorgehen einer konkreten Meinung aus dem Datum zu verlangen. So bestehen zwischen vielen politischen Parteien, Strömungen und Sichtweisen zu viele Überschneidungen, als dass eine exklusive Zuordnung jemals möglich wäre.

---

[67] So auch Paal/Pauly/*Frenzel* DS-GVO Art. 9 Rn. 9. So wird etwa die Abfrage von Daten bei einer Meldebehörde unter der Angabe bestimmter „typischer" Vor- oder Nachnamen oder des Geburts- oder Wohnortes als Kriterium abhängig von dem verfolgten Zweck zu beurteilen sein, ob also der Verantwortliche/Auftragsverarbeiter eine Auswahl anhand der verbotenen Eigenschaften treffen wollte, bzw. ob dies sich aus den Umständen zwingend ergibt. Ohne jegliche Anhaltspunkte dürfte idR Abs. 1 nicht in Betracht kommen.

[68] Meyer/*Bernsdorff* GRCh Art. 11 Rn. 12 mwN.

[69] Vgl. dazu etwa EuGH Urt. v. 12.6.2003 – C-112/00, ECLI:EU:C:2003:333 Rn. 79 = EuZW 2003, 592 – Schmidberger.

[70] Im Ansatz wohl aA Paal/Pauly/*Frenzel* DS-GVO Art. 9 Rn. 12: nur die politische Meinung „als Datum" oder die Ermittlung dieser aufgrund einer Verarbeitung sei erfasst, wobei unklar bleibt, was hiermit genau gemeint sein soll.

[71] Grabitz/Hilf/*Brühann*, 40. EL, DS-RL Art. 8 Rn. 9.

[72] Dem steht nicht entgegen, dass Seiten oder Gruppen bspw. auch aus Neugierde oder beruflichem Interesse „geliked" werden, ohne dass eine inhaltliche Zustimmung zu deren Inhalten erfolgt. Denn das „Like" ist gerade aufgrund der regelmäßig hierin zutage tretenden Interessen und deren wirtschaftlichen Wert für Facebook besonders anfällig für eine Kommerzialisierung oder Missbrauch entgegen dem Willen des Nutzers und stellt damit ein Risiko für Diskriminierungen unabhängig von der inhaltlichen Korrektheit der Zuordnung dar.

[73] Vgl. Ehmann/*Helfrich* EG-Datenschutzrichtlinie Art. 8 Rn. 8.

[74] → Rn. 45.

Ebenso sind Meinungsäußerungen sowie Tätigkeiten im Hinblick auf diese in der Regel vielfältig interpretierbar, sodass nie Gewissheit herrschen kann, ob eine bestimmte Äußerung einer bestimmten politischen Richtung zuordenbar ist. Ein Hervorgehen liegt daher bereits dann vor, wenn in Ansehung des betroffenen Datums die politische Meinung mit hinreichender Wahrscheinlichkeit abgeleitet werden kann. Dabei braucht diese Meinung auch nicht abschließend einer bestimmten „Schule" zugeordnet werden. Nur eine solch großzügige Interpretation schützt die betroffene Person hinreichend vor der diskriminierenden Verwendung personenbezogener Daten.

Nicht trivial ist die Prüfung, ob eine (bestimmte) politische Meinung aus einem Datum mit **hinreichender Wahrscheinlichkeit** hervorgeht. So dürfte das Abonnement einer Parteizeitschrift in jedem Falle genügen; aus dem Abonnement eines gewöhnlichen Pressemediums geht aber nicht ohne weiteres eine politische Meinung hervor. Das „Like" einer politischen Partei/Gruppierung bei Facebook, Twitter oÄ oder das Weiterverbreiten eines Beitrags allein unterscheidet sich hiervon insofern, als hier – stets in Ansehung der Umstände des Einzelfalls – eine Zuordnung möglich, aber eben auch nicht zwingend ist. Entscheidend kommt es damit auf die hinreichende Wahrscheinlichkeit einer richtigen Zuordnung im Rahmen einer kontext-sensitiven Betrachtung an.[75]

4. Religiöse oder weltanschauliche Überzeugung. Religiöse Überzeugungen beziehen sich – in Anlehnung an den grundrechtlichen Begriff der Religionsfreiheit – auf die Glaubens- und die Religionsausübungsfreiheit.[76] Insoweit fallen damit unter Abs. 1 Verarbeitungen personenbezogener Daten, aus deren Inhalt innere religiöse Einstellungen oder die äußere Betätigung des freien Glaubens bzw. Bekenntnisses hervorgehen. Jedoch fällt nicht jede Auffassung, die als religiös begründet wird, unter das Verbot des Abs. 1. In Übereinstimmung mit Art. 9 EMRK ist hier ein Mindestmaß an „Ernsthaftigkeit, Kohärenz und Bedeutung"[77] zu fordern. „**Weltanschauliche Überzeugungen**" kommen ohne transzendentalen Bezug aus, beruhen jedoch ebenfalls auf einer „Gesamtsicht der Welt und die Stellung des einzelnen darin".[78] Die Ersetzung des Merkmals „philosophische Überzeugungen" durch „weltanschauliche Überzeugungen" ist insofern begrüßenswert, als damit klar gestellt wird, dass nicht jedwede Überzeugung zum sensiblen Datum erklärt werden kann, sondern diese sich auf die dargelegten Kategorien zu beschränken hat.[79] Ebenso wie wir hinsichtlich politischer Meinungen werden auch insoweit nicht nur die Überzeugungen an sich, sondern auch entsprechende Tätigkeiten der betroffenen Person diesbezüglich erfasst. Die Abgrenzung zwischen weltanschaulichen Überzeugungen und politischen Meinungen mag nicht immer möglich sein; letztlich ist dies jedoch für die Anwendung von Art. 9 ohne Bedeutung.[80]

Das Verbot der Verarbeitung von Daten mit Bezug zu religiösen oder weltanschaulichen Überzeugungen greift bspw. für die Mitgliedschaft in religiösen Vereinigungen und Kirchen, den Bezug von Zeitungen oÄ mit eindeutigem religiösem bzw. weltanschaulichem Bezug oder die Teilnahme bei entsprechenden Veranstaltungen. Die **steuerrechtliche Erhebung von Daten** in diesem Zusammenhang, also insbesondere die Mitteilung der Mitgliedschaft in einer Kirche, wird von Art. 9 jedoch nicht erfasst, zumindest soweit eine Behörde diese erhebt. Denn insoweit verweist Erwägungsgrund 31 S. 2 auf die spezielleren Datenschutzvorschriften des Steuerrechts.[81] Ob grundlegende weltanschauliche Zuordnungen wie Kommunismus, Pazifismus oder Faschismus unter das Verbot des Abs. 1 unterfallen, lässt sich abstrakt nicht abschließend beurteilen; entscheidend ist, wie konkret die Information Aufschluss über eine spezifische Weltanschauung und hieraus abgeleitete Handlungsmaximen bietet.

---

[75] Die Aggregation eines großen Datenbestandes versetzt allerdings Unternehmen wie Facebook durchaus in die Lage, aus einer einzelnen Nutzerhandlung sichere Rückschlüsse ziehen zu können. Die kommerzielle Ausbeutung dieser Daten ohne eine – an Abs. 2 Buchst. a zu messende – Einwilligungserklärung verstößt damit zweifellos gegen Art. 9.
[76] Vgl. Calliess/Ruffert/*Waldhoff* GRCh Art. 10 Rn. 12.
[77] Meyer-Ladewig/Nettesheim/von Raumer/*Meyer-Ladewig/Schuster* EMRK Art. 9 Rn. 3.
[78] Calliess/Ruffert/*Waldhoff* GRCh Art. 10 Rn. 13.
[79] Die Artikel-29-Datenschutzgruppe hatte in ihrem Advice paper on special categories of data („sensitive data"), Ref. Ares(2011)444105 – 20/04/2011, S. 8, insoweit Bedenken geäußert, als etwa im Vereinigten Königreich der „Glaube" an den Klimawandel in der Rechtsprechung als philosophische Überzeugung eingeordnet wurde, gleichwohl in Bezug auf eine andere Rechtsmaterie.
[80] Sydow/*Kampert* DS-GVO Art. 9 Rn. 9.
[81] In Deutschland gelten insbes. die besonderen Regelungen der AO.

26 Ob aus den relevanten Daten die religiöse oder weltanschauliche Überzeugung „**hervorgeht**", bedarf stets der sorgfältigen Prüfung im Einzelfall. Auch insoweit sollten die Anforderungen jedoch nicht allzu hoch angelegt werden. So ist etwa die zweifelsfreie Identifizierung einer bestimmten Religion oder Überzeugung nicht notwendig, um das „Hervorgehen" zu bejahen. Es genügt vielmehr, dass sich aus dem Datum ein konkreter Hinweis hierauf ergibt. Bei objektiv religionsunabhängigen Daten wie etwa dem Namen oder dem Wohnort – gegebenenfalls kann sich aus diesen Informationen ebenfalls die Religionszugehörigkeit ergeben – kommt es auf den Einzelfall, insbesondere den mit der Verarbeitung verfolgten Zweck an, ob gerade die Religionszugehörigkeit festgestellt werden soll.

27 **5. Gewerkschaftszugehörigkeit.** Art. 9 Abs. 1 verbietet die Verarbeitung personenbezogener Daten, aus der die Gewerkschaftszugehörigkeit hervorgeht. Davon erfasst sind demnach die Mitgliedschaft in einer Gewerkschaft als solche, der Besuch von Veranstaltungen von Gewerkschaften sowie sonstiges Engagement in diesem Zusammenhang.

28 **6. Genetische und biometrische Daten.** Zur Definition der Begriffe „genetische Daten"[82] und „biometrische Daten" → Art. 4 Rn. 59 f. Die Verarbeitung von **Lichtbildern** fällt gemäß Erwägungsgrund 51 S. 3 nur dann unter den Begriff der „biometrischen Daten" und damit unter das Verbot des Abs. 1, wenn sie „mit speziellen technischen Mitteln verarbeitet werden, die die eindeutige Identifizierung oder Authentifizierung einer natürlichen Person ermöglichen". Angesichts der sich stetig wandelnden technischen Möglichkeiten wird die Frage, welche Verarbeitungsmethoden heutzutage hierunter fallen, gegebenenfalls anders zu beantworten sein als in einigen Jahren. Jedenfalls werden bereits heute sämtliche Verarbeitungsvorgänge mittels **Gesichtserkennungsprogrammen** erfasst.[83] Soweit diese nicht durch eine Vorschrift nach Abs. 2 erlaubt werden, sind solche Verarbeitungen verboten. Hierunter fallen insbesondere Anwendungen („Apps"), die für jedermann die Identifizierung von (gegebenenfalls sogar heimlich) fotografierten Personen versprechen oder ermöglichen.[84] Der normative Mehrwert dieser Feststellung liegt in der fehlenden Anwendbarkeit des Art. 6 Abs. 1, insbesondere der von Buchst. f vorgesehenen Interessenabwägung, begründet. Auch im **medizinischen Bereich** besteht oftmals ein Bedürfnis zur Verarbeitung genetischer Daten, etwa um die Erfolgsaussichten einer bestimmten Therapie anhand genetischer Prädispositionen einschätzen zu können.[85] Solche Verarbeitungen sind nur nach Maßgabe des Abs. 2 ausnahmsweise erlaubt.

29 Verboten ist nach Art. 9 Abs. 1 die Verarbeitung solcher Daten „zur **eindeutigen Identifizierung** einer natürlichen Person". Der Maßstab der Eindeutigkeit in diesem Sinne bemisst sich einerseits nach der Verarbeitungsmethode und dem jeweiligen Stand der Technik, andererseits nach den Umständen des Einzelfalles, insbesondere der Art der verarbeiteten Daten. Während die Identifizierbarkeit bei Genomsequenzen[86] oder Fingerabdrücken in der Regel ohne Weiteres gegeben ist, hängt dies bei der Verarbeitung von Lichtbildern etwa davon ab, welche Auflösung diese ermöglichen und ob ein Bilderkennungsprogramm mit diesen Bildern umzugehen vermag.

30 **7. Gesundheitsdaten.** Zur Definition des Begriffs → Art. 4 Rn. 66. Gesundheitsdaten beziehen sich generell auch auf Angaben zur psychischen Gesundheit.[87] Ein Gesundheitsdatum ist auch der Umstand einer partiellen oder vollständigen Krankschreibung.[88] Neben dem Gesundheitssektor wird das Verbot insbesondere bei der Messung von Gesundheitsdaten in Fitnessstudios,[89] über Smartphones und andere elektronische Geräte durch sog. Gesundheits-Apps und deren Verarbeitung, zB im Rahmen von Bonusprogrammen von Krankenkassen, besondere

---

[82] Zu den Risiken der Nutzung genetischer Daten siehe *v. Hardenberg* ZD 2014, 115.
[83] Vgl. dazu bereits Opinion 2/2012 v. 22.3.2012 der Artikel-29-Datenschutzgruppe, S. 4.
[84] Insbes. liegt in diesem Fall Abs. 2 Buchst. e fern, → Rn. 46; zur Bewertung unter Abs. 2 Buchst. g → Rn. 54.
[85] *Schaar* ZD 2016, 224 (225).
[86] Genetische Daten lassen sich generell kaum anonymisieren, siehe *v. Hardenberg* ZD 2014, 115 (117) mwN.
[87] EuGH Urt. v. 6.11.2003 – C-101/01, ECLI:EU:C:2003:596 Rn. 50 = EuZW 2004, 245 – Lindqvist.
[88] EuGH Urt. v. 6.11.2003 – C-101/01, ECLI:EU:C:2003:596 Rn. 51 = EuZW 2004, 245 – Lindqvist.
[89] Siehe *Härting* DS-GVO Rn. 538 f.

Relevanz erlangen.[90] Auch bei den Schlagwörtern „eHealth"[91] bzw. „Smart Health"[92] und „Mobile-Health-Diensten"[93] geht es in der Sache um die Verarbeitung von Gesundheitsdaten. In diesen Zusammenhängen wird es vor allem auf die Ausnahmetatbestände in Abs. 2 Buchst. h (iVm Abs. 3) und i ankommen (→ Rn. 59 ff.). Gesundheitsdaten können ferner im Beschäftigungskontext Bedeutung erlangen,[94] etwa bei der Beurteilung der Arbeitsfähigkeit aus medizinischer Sicht.[95] Mit Blick auf Art. 9 Abs. 1 ist das Kriterium des „Hervorgehens" insoweit nicht anwendbar, da bei allen Gesundheitsdaten von der direkten Identifizierung der betroffenen Person auszugehen ist.[96]

8. Sexualleben und sexuelle Orientierung. Die Verarbeitung von Daten zum Sexualleben oder zur sexuellen Orientierung ist grundsätzlich verboten. Zum **Sexualleben** gehören vor allem die Wahl der Sexualpartner sowie die sexuellen Präferenzen und ausgeübten Praktiken bei diesen, gleich ob diese bestimmten gesellschaftlichen Normen bzw. Erwartungen entsprechen oder nicht. Generell ist jede Ausdrucksform der Sexualität erfasst. Die **sexuelle Orientierung** stellt nach wie vor oftmals einen Diskriminierungsgrund dar und ist daher ebenfalls vom Verbotsgrundsatz des Abs. 1 erfasst. Hierzu gehören nicht nur tradierte Zuordnungen wie Homo- oder Heterosexualität, sondern auch andere Konzeptionen sexueller Orientierung. Demzufolge sind auch anderweitige Informationen (zB Angaben im Hinblick auf Geschlechtsumwandlungen,[97] sog. „drittes Geschlecht"[98]) sensible Daten. Nicht trennscharf dem einen oder dem anderen Begriff zuordenbar, aber dennoch von beiden insgesamt erfasst sind Fragen der sexuellen Identität.[99] Nicht per se, jedenfalls nicht ohne Berücksichtigung des Kontexts gehören dieser Kategorie auch Nacktaufnahmen betroffener Personen an.[100] 31

Verboten sind sämtliche Verarbeitungen, die die erläuterten Bereiche zum Inhalt haben. Dazu zählen unter anderem die heimliche Überwachung anderer Personen bei sexuellen Handlungen oder bei finaler Ausrichtung der Überwachungsmaßnahme auf Treffpunkte für Anhänger bestimmter sexueller Praktiken,[101] die Befragung über die sexuelle Orientierung, aber etwa auch die Verarbeitung von Daten durch Internet-Service-Provider, aus denen der Besuch von Websites mit pornographischen Inhalten hervorgeht.[102] Bei insoweit neutralen Informationen wie etwa der Angabe über den Familienstand, der – jedenfalls in der ganz überwiegenden Zahl der Fälle – ebenfalls den unmittelbaren Schluss auf die sexuelle Orientierung ermöglicht, lässt der Wortlaut des Abs. 1 trotz der empirischen Bedeutungsträchtigkeit wenig Spielraum. Für die Rechtslage in Deutschland hat sich dieser Befund durch die Neufassung von § 1353 Abs. 1 S. 1 BGB (sog. „Ehe für alle") insoweit geändert: der Angabe im Familienstand als „verheiratet" lässt sich die sexuelle Orientierung nun gerade nicht mehr entnehmen, weil diese nunmehr sowohl verschiedengeschlechtliche als auch gleichgeschlechtliche Paare meinen kann. In Deutschland ist die Angabe „verheiratet" daher für sich genommen kein sensibles Datum mehr. In Österreich gilt dasselbe ab dem 1.1.2019.[103] 32

---

[90] Vgl. zu den Risiken die Entschließung der 91. Konferenz der Datenschutzbehörden von Bund und Ländern v. 6./7.4.2016, abrufbar unter: www.datenschutz-mv.de/datenschutz/themen/beschlue/91_DSK/Entschl-Wearables.pdf.
[91] Vgl. monographisch *Bauer/Eickmeier/Eckard*, E-Health: Datenschutz und Datensicherheit, 2018.
[92] Einen Überblick zu diesen Konzepten liefert *Jandt* DuD 2016, 571.
[93] Vgl. dazu etwa http://ec.europa.eu/digital-single-market/en/mhealth.
[94] Paradigmatisch BAG Urt. v. 12.9.2006 – 9 AZR 271/06, NJW 2007, 794 – Personalakte.
[95] Vgl. LAG Düsseldorf Urt. v. 11.3.2020 – 12 Sa 186/19, NZA-RR 2020, 348 Rn. 70.
[96] Wie hier *Jorzig/Kellermaier* MedR 2021, 976 (981).
[97] *Kühling/Buchner/Weichert* DS-GVO Art. 9 Rn. 42.
[98] In Deutschland wird die gesetzgeberische Entscheidung zur personenstandsrechtlichen Geschlechtsangabe infolge von BVerfG Urt. v. 10.10.2017 – 1 BvR 2019/16, ECLI:DE:BVerfG:2017:rs20171010.1bvr201916 = NJW 2017, 3643 – Geschlechtliche Identität, auch zu einem sensiblen Datum führen. Dies wird jedoch keine Auswirkung auf die tradierten Geschlechtsangaben „männlich/weiblich" haben, die für sich genommen keine sensiblen Daten begründen.
[99] Vgl. HK-EMRK/*Meyer-Ladewig/Nettesheim* EMRK Art. 8 Rn. 24 ff.
[100] *Ehmann* ZD 2020, 65 (68).
[101] Siehe *Nguyen* DuD 2011, 715, der allerdings zu Recht den rein zufälligen Bezug zu sensitiven Daten außer Betracht lässt.
[102] AA ohne Begr. Gola/Heckmann/*Schulz* DS-GVO Art. 9 Rn. 14. Davon unbeschadet bleiben anderweitige rechtliche Verpflichtungen zur Sammlung oder Übermittlung solcher Daten, insbes. bei strafbaren Handlungen oder Inhalten, die aber den Anforderungen des Abs. 2 standhalten müssen.
[103] Vgl. VfGH Urt. v. 4.12.2017 – G 258–259/2017-9, abrufbar unter www.vfgh.gv.at/downloads/VfGH_Entscheidung_G_258-2017_ua_Ehe_gleichgeschlechtl_Paare.pdf. Ohne Tätigwerden des Gesetz-

II. Ausnahmen nach Abs. 2

33 **1. Allgemeines.** Art. 9 Abs. 2 sieht für viele Verarbeitungskontexte Ausnahmen vom Verbotsgrundsatz des Abs. 1 vor. Teilweise ergeben sich diese unmittelbar aus Abs. 2, teilweise können sowohl die Mitgliedstaaten als auch die Union selbst vorsehen, wann und inwiefern das Verarbeitungsverbot nicht oder nur eingeschränkt Anwendung findet. Von dem Katalog des Abs. 2 unberührt bleiben die allgemeinen Vorschriften der DS-GVO, die – neben den einzelnen Anforderungen nach Abs. 2 – stets beachtet werden müssen.[104] Hierzu gehören insbesondere die Art. 5, 6,[105] 7 und 8, insoweit diese weitergehende Anforderungen an die Datenverarbeitung stellen (also nicht das von Art. 9 vorgesehene Schutzniveau absenken). Art. 9 Abs. 2 erläutert die **vorgesehenen Ausnahmen abschließend,** weitere Ausnahmen dürfen weder die Union noch die Mitgliedstaaten vorsehen.[106] Dem steht auch nicht Erwägungsgrund 51 S. 4 entgegen. Denn erstens betont dessen Hs. 2, dass die Verarbeitung nur in den „in dieser Verordnung dargelegten besonderen Fällen zulässig" sei. Zweitens sollen die dort angesprochenen mitgliedstaatlichen Regelungen lediglich dem Ziel dienen, eine kohärente, sich in das Recht des jeweiligen Mitgliedstaats systematisch einfügende Anwendung der DS-GVO sicherzustellen. Eine Spezifizierungsklausel[107] zur Regelung weiterer Ausnahmen vom Verbotsgrundsatz kann in diesem Erwägungsgrund daher nicht erblickt werden. Einzig im Anwendungsbereich des Abs. 4 in Bezug auf genetische, biometrische oder Gesundheitsdaten können die Mitgliedstaaten weitergehende Bedingungen oder Beschränkungen regeln.[108] Daraus folgt ein **„Modifikationsverbot"** für die Anforderungen, die Abs. 2 an die anderen Kategorien sensibler Daten stellt.[109] Im Hinblick auf die Schutzrichtung von Art. 9 ist eine im Grundsatz **restriktive Auslegung** der Ausnahmetatbestände geboten.[110]

34 **2. Ausdrückliche Einwilligung (Buchst. a).** Das Verbot des Abs. 1 gilt zunächst nicht, wenn die betroffene Person in die Verarbeitung „ausdrücklich einwilligt". Diese Einwilligung muss sich auf einen konkreten Verarbeitungsvorgang beziehen.[111] Angesichts der klaren terminologischen Differenzierung zu Art. 6 Abs. 1 Buchst. a[112] ist eine **konkludente Einwilligung** wie auch bereits unter der DS-RL **nicht ausreichend.**[113] Vielmehr ergibt sich aus den Erwägungsgründen 32 S. 2 („[...] andere [...] Verhaltensweise") und 42 S. 2 („[...] Erklärung in anderer Sache"), dass die allgemeine Einwilligung nach Art. 6 Abs. 1 Buchst. a auch konkludent erfolgen kann.[114] Demgegenüber genügt für Art. 9 Abs. 2 Buchst. a nur eine ausdrückliche Einwilligung.[115] Dies erfordert es, der betroffenen Person die beabsichtigte Verarbeitung und deren Zweck **unzweideutig** mitzuteilen und die Einwilligung derart zu gestalten, dass über deren Erteilung kein Zweifel bestehen kann.

---

gebers steht verschiedengeschlechtlichen Paaren dann auch die eingetragene Partnerschaft offen, sodass diesbezügliche Angaben ebenfalls kein sensibles Datum mehr darstellen.

[104] So ausdrücklich Erwägungsgrund 51 S. 5.
[105] Dazu aber → Rn. 11 f.
[106] Vgl. Standpunkt des Rates in erster Lesung v. 8.4.2016, Interinstitutionelles Dossier 2012/0011 (COD), S. 12.
[107] → Einl. Rn. 91 f.
[108] → Rn. 65.
[109] Ferner → Rn. 37.
[110] Kühling/Buchner/*Weichert* DS-GVO Art. 9 Rn. 46 mwN; Paal/Pauly/*Frenzel* DS-GVO Art. 9 Rn. 18.
[111] Vgl. EuGH Urt. v. 24.9.2019 – C-136/17, ECLI:EU:C:2019:773 = ZD 2020, 36 Rn. 62 – Auslistung; im dort relevanten Kontext der Suchmaschinentätigkeit bedeutet diese Kautel, dass die Einwilligung sich auch auf die Tatsache beziehen muss, „dass die Verarbeitung es Dritten ermöglicht, mittels einer Suche des Namens der betroffenen Person eine Ergebnisliste mit Links zu Websites zu erhalten, auf denen sich diese Person betreffende sensible Daten befinden."
[112] → Art. 6 Rn. 19 ff.
[113] Vgl. *Rogosch*, Die Einwilligung im Datenschutzrecht, S. 63 f.
[114] So auch *Rogosch*, Die Einwilligung im Datenschutzrecht, S. 65 f.; *Krohm* ZD 2016, 368 (371 f.).
[115] Kühling/Buchner/*Weichert* DS-GVO Art. 9 Rn. 47; *Krohm* ZD 2016, 368 (371); Sydow/*Kampert* DS-GVO Art. 9 Rn. 14; Plath/*Plath* DS-GVO Art. 9 Rn. 13; EuG Urt. v. 3.12.2015 – T-343/13, ECLI:EU:T:2015:926 Rn. 62 – CN/Parlament, zu Art. 10 VO (EG) Nr. 45/2001.

Die Einwilligung muss „**freiwillig**, frei von Nötigung, Zwang, Einschüchterung oder Täuschung" abgegeben worden sein.[116] Das Merkmal der „Freiwilligkeit" bedarf wegen Erwägungsgrund 43 insbesondere bei **Abhängigkeitsverhältnissen,** zB bei der Nutzung von Dienstleistungen gegen Erteilung der Einwilligung oder im Arbeitsrecht besondere Beachtung (sofern nicht Buchst. b greift). Die Vorgaben dieses Erwägungsgrundes sind als Normkonkretisierung zu beachten und unter Würdigung aller Umstände des Einzelfalles zur Anwendung zu bringen. Freiwilligkeit setzt ferner denknotwendig voraus, dass die betroffene Person im Zeitpunkt der Erklärung vollumfänglich über die Bedeutung und Reichweite der Einwilligung sowie den Zweck der Verarbeitung **informiert** ist.[117] Eine Einwilligung „im Kleingedruckten", durch bloße Nutzung eines Dienstes oder durch eine technische Gestaltung, die ein Überlesen oder Übersehen ermöglicht, ist demnach unzulässig. Eine Abweichung hiervon ergibt sich für die Einwilligung in die Verarbeitung für **wissenschaftliche Zwecke,** die oftmals auch sensible Daten zum Gegenstand hat. Insoweit kommt Erwägungsgrund 33 zur Anwendung. Danach kann zu Zwecken wissenschaftlicher Forschung die Einwilligung ausnahmsweise auch ohne konkrete Zweckbindung, sondern auf einen „bestimmten Bereich" wissenschaftlicher Forschung bezogen erteilt werden. Dies befreit den Verantwortlichen bzw. Auftragsverarbeiter jedoch nicht von einer möglichst umfassenden Aufklärung, wie sich aus Erwägungsgrund 33 S. 3 ergibt.

Ob die Einwilligung zur Verarbeitung sensibler Daten die **Schriftform** wahren muss, ist nach dem Wortlaut der DS-GVO ebenso wie schon unter der DS-RL[118] unklar. Art. 9 selbst gebietet insoweit keine Differenzierung zu Art. 7 und dem diese Norm konkretisierenden Erwägungsgrund 32 S. 1. Dort genügt auch eine elektronische oder mündliche Erklärung. Der Schutzzweck des Art. 9 spricht jedoch dafür, zwar eine elektronische, nicht aber eine mündliche Erklärung ausreichen zu lassen. Denn bei einer Erklärung allein in mündlicher Form kann ex post nicht sichergestellt werden, dass eine informierte, „ausdrückliche" Einwilligung tatsächlich erfolgt ist. Eine schriftliche Fixierung der Erteilung der Einwilligung dürfte nur dort genügen, wo ein transparentes, ex post für Dritte nachvollziehbares Verfahren vorgesehen ist, das eine rechtssichere Kontrolle ermöglicht.[119] In jedem Falle gilt die aus Art. 7 Abs. 1 und Erwägungsgrund 42 S. 1 folgende **Beweislastumkehr**[120] auch für die Einwilligung nach Art. 9 Abs. 2 Buchst. a.

Nach Abs. 2 Buchst. a können die Union und die Mitgliedstaaten **abweichend** bestimmen, dass auch durch eine diesen Maßstäben gerecht werdende Einwilligung das Verbot nach Abs. 1 nicht aufgehoben werden kann.[121] Eine solche Regelung hat jedoch auch das informationelle Selbstbestimmungsrecht der betroffenen Person zu achten. Bei Vorliegen besonderer Gefährdungslagen für einzelne betroffene Personen ist demnach eine Abwägung durch den Gesetzgeber erforderlich.[122] Eine mitgliedstaatliche **Modifikation der Anforderungen** an die Einwilligung ist nach dem Wortlaut und der Systematik **ausgeschlossen.** Der Wortlaut des Abs. 2 Buchst. a spricht lediglich von einer mitgliedstaatlichen Regelung, die eine Verarbeitung aufgrund einer Einwilligung verhindert. Es wäre für den Gesetzgeber ein leichtes gewesen, die Befugnis zur Modifikation der Anforderungen an die Einwilligung zu regeln. Stattdessen hat er vielmehr einen etwaigen Bedarf für Modifikationen der Ausnahmen erkannt, diesen jedoch in Abs. 4 nur für genetische, biometrische und Gesundheitsdaten umgesetzt.[123] Eine Argumentation *a maiore ad minus* geht insoweit fehl, da sie die Harmonisierungsbestrebung des Unionsgesetzgebers,[124] unterliefe, indem sie vor allem bei grenzüberschreitenden Verarbeitungsvorgängen ein verbindliches einheitliches Regime zur Verarbeitung sensibler Daten unmöglich machen würde.[125] In

---

[116] EuG Urt. v. 3.12.2015 – T-343/13, ECLI:EU:T:2015:926 Rn. 60 – CN/Parlament, zu Art. 10 VO (EG) Nr. 45/2001 (Hervorh. v. Verf.).
[117] Kühling/Buchner/*Weichert* DS-GVO Art. 9 Rn. 47.
[118] Dazu *Krohm* ZD 2016, 368 (369 ff.).
[119] In diese Richtung auch Gola/Heckmann/*Schulz* DS-GVO Art. 9 Rn. 17, der allerdings nicht überzeugend Erklärungen innerhalb telefonischer Meinungsumfragen genügen lassen will; eine handschriftliche Erklärung des Anrufers genügt hier den Anforderungen an Rechtssicherheit nicht.
[120] → Art. 7 Rn. 74.
[121] Zu den international-privatrechtlichen Aspekten dieser Spezifizierungsklausel *Laue* ZD 2016, 463 (465 ff.).
[122] Vgl. Paal/Pauly/*Frenzel* DS-GVO Art. 9 Rn. 23.
[123] → Rn. 65.
[124] Ausf. dazu → Einl. Rn. 79 ff., insbes. 84.
[125] AA Gola/Heckmann/*Schulz* DS-GVO Art. 9 Rn. 19; Kühling/Buchner/*Weichert* DS-GVO Art. 9 Rn. 48; mit Blick auf § 8 Abs. 1 GenDG bedarf es dieser Auslegung gerade wegen Art. 9 Abs. 4 auch gar nicht.

diesem Zusammenhang hat sich auch die u.a. vom BSG vertretene Auffassung erübrigt, wonach für die Verarbeitung von Gesundheitsdaten im Anwendungsbereich des SGB X nur eine bereichsspezifische Rechtsgrundlage ebendort tauglich sei.[126]

38 Systematisch hat die Einwilligung als Ausnahmetatbestand für den Verbotsgrundsatz des Abs. 1 Bedeutung für weitere Vorschriften der DS-GVO. So bestehen besondere Informationspflichten (Art. 13, 14), eine spezifische Rechtsgrundlage für das „Recht auf Vergessenwerden" (Art. 17 Abs. 1 Buchst. b[127]), ein Recht auf Datenübertragbarkeit (Art. 20 Abs. 1 Buchst. a) und eine ausnahmsweise Zulässigkeit automatisierter Entscheidungen (Art. 22 Abs. 4).

39 **3. Arbeitsrecht, Recht der sozialen Sicherheit, Sozialschutz (Buchst. b).** Nach Abs. 2 Buchst. b gilt das Verbot des Abs. 1 weiterhin nicht, soweit eine Verarbeitung im Bereich des **Arbeitsrechts,** des **Rechts der sozialen Sicherheit** oder des **Sozialschutzes erforderlich** und dies gesetzlich oder kollektivvertraglich – dazu gehören auch Betriebsvereinbarungen[128] – vorgesehen ist. Die Verarbeitung von Daten, die nicht gesetzlich oder kollektivrechtlich vorgesehen ist, kann daher auch nicht durch Abs. 2 Buchst. b selbst legitimiert werden.[129] Darin gleicht die Regelungswirkung dem Art. 88.[130] Der Unterschied liegt in den verschärften Anforderungen an eine solche ausgestaltende Regelung, sofern sie sensible Daten betrifft.

40 Entsprechend diesen verschärften Anforderungen ist die – neben dem ohnehin anwendbaren Art. 5 – entscheidende materielle Hürde für die Verarbeitung sensibler Daten das **Erforderlichkeitskriterium.** Dieses ermöglicht in jedem Einzelfall die gerichtliche Kontrolle der maßgeblichen Vorschriften, die unter Abs. 2 Buchst. b fallen und dementsprechend durch die Gerichte der Mitgliedstaaten oder den EuGH nach den allgemeinen Regeln aufgehoben bzw. für unanwendbar erklärt werden können. Für Buchst. b insbesondere von Bedeutung sind Gesundheitsdaten, genetische und biometrische Daten.[131] Mit Skepsis wird der Verwendung von biometrischen Daten wie Fingerabdrücken oder Iris-Scans zur Identifikation an der Arbeitsstätte begegnet;[132] diese kann nur im Ausnahmefall als noch erforderlich betrachtet werden,[133] etwa bei erhöhten Sicherheitsanforderungen des Betriebs. Ferner müssen „**geeignete Garantien** für die Grundrechte und die Interessen der betroffenen Person" eingerichtet werden. Dies betrifft insbesondere Widerspruchs-, Berichtigungs- und Löschungsrechte, die die betroffenen Personen geltend machen können dürfen.[134] Außerdem können neben den Rechtsbehelfen nach der DS-GVO weitere Rechtsbehelfe vorgesehen werden.

41 Von dieser Bestimmung können bspw. Daten betreffend den gesundheitlichen Zustand und Erkrankungen von Arbeitnehmern (insbesondere in Personalakten[135]) auf herkömmlichen Wegen, aber auch im Rahmen neuer technischer Lösungen (zB „Wearables"[136]), der Erfassung der Mitgliedschaft in einer Gewerkschaft zur tariflichen Einstufung, der Integration von Minderheiten oder der gesetzlichen Verpflichtung zum Einbehalt und zur Abführung von Steuern und Sozialbeiträgen erfasst werden.[137] Auch gewerkschaftliche Einsichtsrechte betreffend Personalakten fallen unter diese Regelung. Stets bedarf es aber der Einhaltung oben genannter Standards.

---

[126] BSG Urt. v. 10.12.2008 – B 6 KA 37/07 R, NJOZ 2009, 2959 Rn. 35 – Weitergabe von Patientendaten; vgl. auch → Art. 7 Rn. 107; *Bieresborn* NZS 2017, 926 (930).

[127] Insbesondere die Geltendmachung eines Auslistungsbegehrens kommt einem Widerruf einer ggf. erteilten Einwilligung gleich, vgl. EuGH Urt. v. 24.9.2019 – C-136/17, ECLI:EU:C:2019:773 = ZD 2020, 36 Rn. 62 – Auslistung.

[128] Erwägungsgrund 155.

[129] Die rechtliche Zulässigkeit von bestimmten Fragen durch den Arbeitgeber, etwa bei Bewerbungsgesprächen, bleibt damit ein genuin arbeitsrechtliches Problem, vgl. *Ehmann/Helfrich* EG-DatenschutzRL Art. 8 Rn. 25.

[130] → Art. 88 Rn. 7.

[131] Vgl. ausf. *Däubler,* Gläserne Belegschaften, 6. Aufl., Rn. 269 ff., der allerdings – ohne weitere Begr. – nur die Buchst. f und h für maßgeblich hält; demgegenüber Kühling/Buchner/*Weichert* DS-GVO Art. 9 Rn. 55 ff.

[132] Kühling/Buchner/*Weichert* DS-GVO Art. 9 Rn. 57.

[133] So auch LAG Berlin-Brandenburg Urt. v. 4.6.2020 – 10 Sa 2130/19, ECLI:DE:LAG-BEBB:2020:0604.10SA2130.19.00 = NZA-RR 2020, 457 Rn. 52 ff.

[134] Insoweit greifen *Kühling/Martini* et al., Die Datenschutz-Grundverordnung und das rationale Recht, S. 51, zu kurz, die hierin lediglich einen Hinweis auf die GRCh bzw. das nationale Verfassungsrecht erblicken wollen.

[135] In diesen dürfen sensible Daten nur besonders geschützt aufbewahrt werden, sodass eine zufällige Kenntnisnahme ausgeschlossen ist, soweit der Grund der Einsichtnahme dies nicht erfordert: BAG Urt. v. 12.9.2006 – 9 AZR 271/06 = NJW 2007, 794 Rn. 22 ff. – Personalakte.

[136] Vgl. *Weichert* NZA 2017, 565.

[137] Vgl. *Dammann/Simitis* EG-DatenschutzRL Art. 8 Rn. 10.

Diese können auch nicht durch das arbeitsrechtliche Direktionsrecht ausgehebelt werden.[138] Im Bereich der Arbeitsmedizin überschneiden sich die Anwendungsbereiche von Buchst. b und h, wobei nach zutr. Auffassung des BAG Buchst. b der Arbeitgeberin **kein Recht** gewährt, im Fall einer ärztlich attestierten Arbeitsunfähigkeit der Arbeitnehmerin **mehr zu erfahren** als die **Tatsache der Arbeitsunfähigkeit** und deren voraussichtliche Dauer;[139] hier kommt allenfalls Buchst. h in Betracht.

4. Schutz lebenswichtiger Interessen (Buchst. c). Ist die betroffene Person aus körperlichen oder rechtlichen Gründen nicht in der Lage, die Einwilligung nach Buchst. a selbst zu erteilen, kann eine Verarbeitung entgegen Abs. 1 dennoch erfolgen, wenn dies zum „**Schutz lebenswichtiger Interessen**" der betroffenen Person oder einer anderen natürlichen Person erforderlich" ist. Das **körperliche** Unvermögen bezieht sich dabei auf Fälle mangelnder physischer oder geistiger Fähigkeit, Erklärungen abzugeben, sei es aufgrund eines Unfalls oder einer Erkrankung, oder aufgrund einer anderen dauerhaften Beeinträchtigung. Auch die physische Abwesenheit soll für ein körperliches Unvermögen genügen;[140] dies kann allerdings nur in Ausnahmefällen richtig sein, wenn etwa wiederholte Kontaktversuche scheitern. Das **rechtliche** Unvermögen meint die nach dem Recht der Mitgliedstaaten fehlende Erklärungs- oder Geschäftsfähigkeit,[141] nicht aber Fälle rechtlicher Geheimhaltungspflichten[142]. 42

Das Erfordernis „lebenswichtiger Interessen" ist, soweit es um solche der betroffenen Person selbst geht, nicht weiter problematisch, da jeder Person unterstellt werden kann, im Falle ihrer Einwilligungsunfähigkeit solche Maßnahmen durchzuführen, die ihr Leben schützen und erhalten können.[143] Soweit es um lebenswichtige **Interessen Dritter** geht, führt die Bestimmung die grundrechtlich geschützten Interessen der betroffenen, aber nicht mitteilungsfähigen Person dem Grunde nach einer Abwägung mit Interessen Dritter zu. Dies ist insofern nicht unbedenklich, als die betroffene Person bei gegebener Einwilligungsfähigkeit nicht bzw. nur auf gesetzlicher Grundlage nach einer anderen Ausnahmevorschrift des Abs. 2 gezwungen werden könnte, die Verarbeitung zu dulden. Um die Vereinbarkeit mit Art. 7, 8 GRCh, Art. 8 EMRK[144] und Art. 2 Abs. 1, 1 Abs. 1 GG zu gewährleisten, bedarf es insoweit einer **engen Auslegung** der Vorschrift. Eine solche Auslegung kann nach dem mutmaßlichen Willen der betroffenen Person fragen,[145] sie kann die gebotene Abwägung aber auch nach dem Grad des Eingriffs in deren Rechte strukturieren. In jedem Falle muss die Verarbeitung aber bei einem strengen Maßstab „erforderlich" sein. Lassen sich die lebenswichtigen Interessen der dritten Person anderweitig ebenso effektiv schützen, ist die Verarbeitung der sensiblen Daten unzulässig. 43

5. Tendenzbetriebe (Buchst. d). Abs. 2 Buchst. d erlaubt es Organisationen **ohne Gewinnerzielungsabsicht,** die in bestimmten in Abs. 1 genannten Bereichen tätig sind, „im Rahmen ihrer rechtmäßigen Tätigkeit" sensible Daten zu verarbeiten (sog. Tendenzbetriebe). Erfasste Organisationen können Parteien, deren Jugendorganisationen, parteinahe Stiftungen, gewerkschaftliche Vereinigungen (darunter auch Berufsverbände), kirchliche Verbände und soziale Vereine sein. Hierbei darf die Verarbeitung sich jedoch ausschließlich auf **aktuelle** oder **ehemalige Mitglieder** dieser Organisationen oder auf solche Personen beziehen, die im Zusammenhang mit deren Tätigkeit in **regelmäßigem Kontakt** mit dieser Organisation stehen. Unter letztere Kategorie fallen insbesondere Spender, Mitglieder von Organen oder an der Mitgliedschaft interessierte Personen. Ferner dürfen die entsprechenden Daten nicht ohne Einwilligung der betroffenen Person, die richtigerweise den Anforderungen des Abs. 2 Buchst. a zu genügen hat,[146] Dritten zugänglich gemacht werden. Der Begriff der „**rechtmäßigen Tätigkeit**" bezieht sich auf die jeweilige spezifische Ausrichtung der Organisation, sodass Verarbei- 44

---

[138] Insoweit unklar *Weichert* NZA 2017, 565 (566 f.).
[139] Vgl. BAG Beschl. v. 26.8.2021 – 8 AZR 253/20, ECLI:DE:BAG:2021:260821.B.8AZR253.20A.0 = ZD 2022, 56 Rn. 21 mAnm *Leibold;* zust. *Benkert* NJW-Spezial 2022, 20.
[140] Paal/Pauly/*Frenzel* DS-GVO Art. 9 Rn. 30.
[141] In Deutschland finden die §§ 104 ff. BGB entspr. Anwendung.
[142] Sydow/*Kampert* DS-GVO Art. 9 Rn. 19.
[143] Selbstredend gilt dies nicht, soweit der Sachverhalt der Sterbehilfeproblematik zuzuordnen ist.
[144] Vgl. insoweit EGMR Urt. v. 25.2.1997 – 22009/93, ECLI:CE:ECHR:1997:0225JUD002200993 Rn. 96 – Z/Finnland.
[145] Siehe *Dammann/Simitis* EG-DatenschutzRL Art. 8 Rn. 11, zur Vorgängervorschrift in der DS-RL; krit. insoweit auch Paal/Pauly/*Frenzel* DS-GVO Art. 9 Rn. 29.
[146] Paal/Pauly/*Frenzel* DS-GVO Art. 9 Rn. 34; iE wohl auch Plath/*Plath* DS-GVO Art. 9 Rn. 18.

tungen, die mit dieser Ausrichtung nicht in Verbindung stehen, unzulässig sind.[147] Schließlich müssen **„geeignete Garantien"** vorsehen, dass die betroffenen Personen über den Verwendungszweck aufgeklärt werden und die Anonymisierung ihrer Daten oder deren Löschung von den Organisationen verlangen dürfen.

45 Ausweislich Erwägungsgrund 56 können auch Sammlungen von Daten über politische Einstellungen durch **politische Parteien** aus Gründen des öffentlichen Interesses erlaubt werden, sofern „das Funktionieren des demokratischen Systems [dies] erfordert" und „geeignete Garantien" vorgesehen werden. Das „Erfordernis" ist dabei jedoch nicht so zu verstehen, dass ohne diese Sammlungen das demokratische System zusammenbräche. Denn so verstanden könnte wohl kaum eine einzige Datensammlung dem Erwägungsgrund 56 standhalten. Vielmehr ist es hinreichend, aber auch notwendig, dass die Datenerhebung zur ordnungsgemäßen Funktionsweise von politischen Parteien beitragen, indem deren innere Meinungsbildung durch solche Erhebungen unterstützt wird.

46 **6. Offensichtlich öffentlich gemachte sensible Daten (Buchst. e).** Nach Abs. 2 Buchst. e ist die Verarbeitung sensibler Daten ferner erlaubt, wenn die betroffene Person diese „offensichtlich öffentlich gemacht hat". Unter **Öffentlichkeit** in diesem Sinne ist die Allgemeinheit, also ein individuell nicht bestimmbarer Personenkreis zu verstehen.[148] Danach fallen solche sensiblen Daten nicht unter diesen Ausnahmetatbestand, die die betroffene Person einer anderen Person oder einem individuell bestimmbaren Personenkreis, etwa im familiären Bereich oder im Wege des kommunikativen Austauschs zwischen bestimmten Personen mitgeteilt hat. Erst wenn tatsächlich ein individuell nicht bestimmbarer Personenkreis die Gelegenheit hat, von dem sensiblen Datum Kenntnis zu nehmen, greift Abs. 2 Buchst. e. Bei Angaben in sozialen Netzwerken oder anderen, jedermann zugänglichen Anwendungen im Internet kann dies davon abhängen, welche Privatsphäre-Einstellungen die betroffene Person hinsichtlich der betreffenden Information gewählt hat.[149] Außerdem muss die betroffene Person die sensiblen Daten **„offensichtlich"** öffentlich gemacht haben. Dies setzt einen unzweideutigen, bewussten Willensakt voraus, der final auf die Entäußerung des Datums in die Öffentlichkeit in dem erläuterten Sinne gerichtet ist. Dies ist etwa bei der Veröffentlichung des Lebenslaufs der Fall, der bspw. Informationen über politische Meinungen oder die sexuelle Orientierung enthält. Anders verhält es sich im Grundsatz bei dem Aufruf von digitalen Angeboten, die Bezug zu den Kriterien des Abs. 1 haben (bspw. Partnerbörsen, politische Parteien, gesundheitsbezogene Angebote); von einem finalen Willensakt der betroffenen Person kann hier keine Rede sein.[150] Für die Beurteilung der Frage, ob die Anforderungen des Buchst. e vorliegen, soll es auf die Sicht eines objektiven Dritten ankommen.[151] Dies wird dem hohen Schutzniveau des Art. 9 nur gerecht, wenn Zweifel zu Lasten des Verantwortlichen bzw. Auftragsverarbeiters gehen.[152]

47 Das **bloße „Dasein" im öffentlichen Raum** fällt nicht unter den Begriff der Veröffentlichung in diesem Sinne. Denn der entäußernde Charakter eines Willensaktes, bestimmte Daten einem unbestimmten Personenkreis zugänglich zu machen, kann nicht mit dem Bewegen im öffentlichen Raum gleichgesetzt werden. Damit ist insbesondere ausgeschlossen, dass auf Grundlage des Art. 9 Abs. 2 Buchst. e Bildaufnahmen von Personen im öffentlichen Raum getätigt werden, um diese mittels eines Gesichtserkennungsprogramms zu verarbeiten oder um Personen auf politischen Veranstaltungen im öffentlichen Raum zu registrieren.

48 **7. Durchsetzung und Verteidigung von Rechtsansprüchen, Verarbeitung durch Gerichte (Buchst. f).** Die Verarbeitung sensibler Daten ist gemäß Abs. 2 Buchst. f und Erwägungsgrund 52 S. 3 ferner erlaubt, wenn sie erforderlich ist, um **Ansprüche** vor Gericht, außergerichtlich oder in einem Verwaltungsverfahren wahrzunehmen bzw. durchzusetzen oder

---

[147] Siehe Paal/Pauly/*Frenzel* DS-GVO Art. 9 Rn. 34; Gola/Heckmann/*Schulz* DS-GVO Art. 9 Rn. 22.

[148] Die Analogie zur allg. zugänglichen Quelle iSd Art. 5 Abs. 1 S. 2 GG liegt nahe, da nur bei einem vergleichbaren Grad an Öffentlichkeit die Verarbeitung ohne Einwilligung der betroffenen Person zu rechtfertigen ist.

[149] Vgl. Europäischer Datenschutzausschuss, Leitlinien 8/2020 v. 13.4.2021, Rn. 127, mit fiktiven Fallbeispielen und mit zutr. Hinweis, dass nur eine Einzelfallprüfung zu angemessenen Ergebnissen führt; ferner EuGH Urt. v. 4.7.2023 – C-252/19, ECLI:EU:C:2023:537 = ZD 2023, 664 Rn. 81 f. – Meta Platforms u.a.

[150] EuGH Urt. v. 4.7.2023 – C-252/19, ECLI:EU:C:2023:537 = ZD 2023, 664 Rn. 78 f. – Meta Platforms u.a.

[151] Sydow/*Kampert* DS-GVO Art. 9 Rn. 33; Paal/Pauly/*Frenzel* DS-GVO Art. 9 Rn. 36.

[152] Kühling/Buchner/*Weichert* DS-GVO Art. 9 Rn. 80.

sich gegen die Inanspruchnahme durch Dritte zu verteidigen.[153] Dieser Erlaubnistatbestand stellt damit für sensible Daten einen Sonderfall des allgemeinen Erlaubnistatbestands des berechtigten Interesses dar (dazu → Art. 6 Rn. 24 ff.).[154] Abs. 2 Buchst. f. kann daher auch für nicht-sensible Daten herangezogen werden.[155] Der Umkehrschluss ist jedoch unzulässig; die Berufung auf ein berechtigtes Interesse zur Verarbeitung sensibler Daten ist auf Abs. 2 Buchst. f beschränkt.

Durch diese Variante wird dem Recht des Einzelnen auf die effektive Rechtsdurchsetzung **49** Vorrang vor den Interessen betroffener Personen am Schutz ihrer Daten eingeräumt. Diese Interessenabwägung ist unbedenklich, da anderenfalls der Einzelne an der Durchsetzung seiner Rechte und die Justiz an der Wahrnehmung ihrer Aufgaben gehindert wären.[156] Der Begriff „Rechtsanspruch" ist weit zu verstehen. Erfasst sind Ansprüche sowohl des öffentlichen als auch des Privatrechts. Bedeutsam ist Buchst. f insbesondere bei Arzthaftungssachen, Abstammungsfragen, Schmerzensgeldforderungen und sozial- oder auch arbeitsrechtlichen Streitigkeiten.[157] Allerdings lässt nur ein **rechtlicher Konflikt** Buchst. f zur Anwendung kommen.[158] Diesen Ausnahmetatbestand bei der Verarbeitung von sensiblen Daten zur Erfüllung von Vertragsbeziehungen heranzuziehen[159] erscheint kaum vertretbar, denn die DS-GVO differenziert begrifflich klar zwischen der Abwicklung eines Vertragsverhältnisses (Art. 6 Abs. 1 S. 1 Buchst. b,[160] Art. 7 Abs. 4) und der Durchsetzung von Ansprüchen (Art. 9 Abs. 2 Buchst. f). Die Erfassung der außergerichtlichen Streitbeilegung in Erwägungsgrund 52 S. 3 bestärkt in Anbetracht der dortigen Formulierung das Erfordernis eines rechtlichen Konflikts. Sollen sensible Daten Vertragsgegenstand werden, bedarf es demnach eines eigenständigen Ausnahmetatbestands; dies kann insbesondere eine Einwilligung gemäß Buchst. a sein.

Die Grenze der **„Erforderlichkeit"** bei dieser Ausnahme vom Verbotsgrundsatz ist aufgrund **50** ihrer Bedeutung für die rechtsstaatliche Durchsetzung von Ansprüchen nicht allzu streng zu handhaben. Nicht jeder Tatsachenvortrag, der sensible Daten einer betroffenen Person beinhaltet, verstößt allein deswegen gegen Art. 9, weil dieser Vortrag vom Gericht als unerheblich bewertet wird. Erst bei einer willkürlichen, bewussten Offenlegung von sensiblen Daten, die mit dem Streitstoff in keinerlei Verbindung mehr stehen, ist der Tatbestand der Ausnahmeklausel nicht mehr gegeben. Zu weit geht es allerdings, präventiv sensible Daten zur Abwehr möglicherweise in Zukunft geltend gemachter Ansprüche zu speichern.[161]

Die Verarbeitung sensibler Daten ist außerdem zulässig, soweit sie „bei **Handlungen der** **51** **Gerichte** im Rahmen ihrer justiziellen Tätigkeit erforderlich" ist. Dies erlaubt es den Gerichten, solche sensiblen Daten insoweit zu verarbeiten, als es im Rahmen der Urteilsfindung zwingend notwendig ist. Dies können etwa Gesundheitsdaten zur Berechnung von Schadensersatzansprüchen oder zur Feststellung von sozialrechtlichen Ansprüchen sein. Generell sind alle Kategorien sensibler Daten potentiell von dieser Regelung betroffen, soweit das Recht Rechtsfolgen an bestimmte Tatsachen in Zusammenhang mit diesen Daten knüpft.

8. Verarbeitung aufgrund eines erheblichen öffentlichen Interesses (Buchst. g). Die **52** Bestimmung des Abs. 2 Buchst. g stellt tatbestandlich die mit Abstand **weiteste Ausnahmeregelung** zum Verbot des Abs. 1 dar. Insbesondere weil sie nicht auf eine bestimmte Materie beschränkt ist, ist ihre Bedeutung im gesamten Regelungskomplex[162] zur Verarbeitung sensibler Daten nicht zu unterschätzen. Es steht zu vermuten, dass sie vor allem im Recht der öffentlichen Sicherheit bzw. Gefahrenabwehr zum Tragen kommen wird. Entgegen des Wortlauts scheint der der **EuGH** offenbar davon auszugehen, dass eine **gesetzliche Regelung** zur Ausgestaltung **nicht zwingend erforderlich** ist, sondern jedenfalls für den Bereich des Unionsrechts auch Buchst. g an sich herangezogen werden kann, um eine Ausnahme von Abs. 1 zu rechtfertigen.[163]

---

[153] Allg. zum Verhältnis von Datenschutz und Beweisführung (im Zivilprozess) *Pötters/Wybitul* NJW 2014, 2074.
[154] Vgl. OGH Urt. v. 24.7.2019 – 6Ob45/19i, ECLI:AT:OGH0002:2019:RS0132790.
[155] Vgl. EuGH Urt. v. 4.5.2017 – C-13/16, ECLI:EU:C:2017:336 = BeckRS 2017, 108615 Rn. 29.
[156] Vgl. *Ehmann/Helfrich* EG-DatenschutzRL Art. 8 Rn. 36.
[157] Vgl. Sydow/*Kampert* DS-GVO Art. 9 Rn. 34; zu einem arbeitsrechtlichen Anwendungsfall vgl. LAG Berlin-Brandenburg Urt. v. 19.7.2021 – 21 Sa 1291/29, MMR 2022, 319 Rn. 55 ff.
[158] Kühling/Buchner/*Weichert* DS-GVO Art. 9 Rn. 84.
[159] Gola/Heckmann/*Schulz* DS-GVO Art. 9 Rn. 28.
[160] Vgl. zu dessen Unanwendbarkeit bei sensiblen Daten Kühling/Buchner/*Buchner/Petri* DS-GVO Art. 6 Rn. 55.
[161] So aber *Däubler*, Gläserne Belegschaften, 7. Aufl., Rn. 270.
[162] Insoweit zurecht krit. Paal/Pauly/*Frenzel* DS-GVO Art. 9 Rn. 40.
[163] Vgl. EuGH Urt. v. 24.9.2019 – C-136/17, ECLI:EU:C:2019:773 = ZD 2020, 36 Rn. 66– Auslistung.

Aus begrifflicher wie auch rechtsstaatlicher Perspektive überzeugt dies nicht.[164] Gerade mit Blick auf ihre tatbestandliche Weite bedarf die Regelung einer präzisen, rechtsstaatlichen und zurückhaltenden Handhabung, um dem Schutzzweck des Verbotsgrundsatzes trotz mancher Versuchungen und Herausforderungen stets Geltung zu verschaffen. Dafür spricht auch die Systematik der Ausnahmeregelungen des Art. 9: Gerade weil eine Vielzahl anderer Ausnahmetatbestände existiert, können deren Spezifika und die hiermit verbundenen erhöhten Anforderungen an die Datenverarbeitung nicht durch eine uferlose Anwendung des Buchst. g unterlaufen werden. Überdies dürfen die Union und die Mitgliedstaaten auch nicht die Voraussetzungen und Rechtsfolgen anderer Ausnahmeregelungen in Abs. 2 abändern.[165] Buchst. g ist im Wortlaut an Art. 52 GRCh angelehnt, sodass in Detailfragen der Vergleich zu dieser Bestimmung durchaus lohnt.

53 **a) Erhebliches öffentliches Interesse.** Zunächst muss die gesetzliche Ausnahme vom Verbot der Verarbeitung sensibler Daten „aus Gründen eines **erheblichen öffentlichen Interesses**" erfolgen.[166] Eine Parallele zur Rechtsprechung des EuGH die „zwingenden Erfordernisse im Allgemeininteresse" seit der „Cassis-Entscheidung" betreffend liegt insoweit nahe.[167] Jedoch darf nicht übersehen werden, dass es bei dieser Rechtsprechung um Beeinträchtigungen von Grundfreiheiten geht, wohingegen der Grundrechtsschutz als solcher normativ eine andere, gewichtigere Bedeutung hat. Demnach muss ein Gesetz nach Abs. 2 Buchst. g zum einen dem öffentlichen Interesse, also **der Allgemeinheit** als solcher und gerade nicht einzelnen Partikular- bzw. Privatinteressen dienen. Zum anderen muss dieses Interesse „erheblich", also besonders qualifiziert sein. Damit sollen solche Maßnahmen ausgesondert werden, die zwar der Allgemeinheit dienen, die für diese jedoch nicht so erheblich sind, dass die Allgemeinheit ohne die in Rede stehende Maßnahme ernsthaft beeinträchtigt wäre.

54 Das erhebliche öffentliche Interesse muss bei jeder einzelnen legislativen Maßnahme bereits **aus dem Gesetz selbst erkennbar** hervorgehen. Eine generalklauselartige Spezifizierung dergestalt, dass die Verarbeitung aus Gründen eines erheblichen Interesses *per se* erlaubt sein soll, ist mit der DS-GVO ebenso unvereinbar wie das Vorsehen der Verarbeitung sensibler Daten zur Abwehr von Nachteilen für das Allgemeinwohl oder für dessen Wahrung. Denn damit genügt der Gesetzgeber in keiner Weise dem Bestimmtheitsgrundsatz sowie dem Gebot, für besonders sensible Daten spezifische Garantien vorzusehen.[168] Der Bestimmtheitsgrundsatz setzt ferner voraus, dass der Adressatenkreis der potentiell betroffenen Personen aus dem Gesetz erkennbar hervorgeht.

55 Im **Gefahrenabwehrrecht** liegt die Eingriffshürde nicht bereits bei einer Gefahr für ein beliebiges Rechtsgut vor, sondern erst bei **Gefahren für hochrangige, besonders schützenswerte Rechtsgüter,** die durch den Gesetzgeber hinreichend konkret benannt werden müssen. Einer besonderen Rechtfertigung bedarf dem EuGH zufolge zudem eine anlasslose, vom Verhalten der betroffenen Person unabhängige Verarbeitung sensibler Daten.[169] Stets zu beachten sind die weiteren Anforderungen des Abs. 2 Buchst. g, insbesondere die angemessenen und spezifischen Maßnahmen zur Wahrung der Grundrechte der betroffenen Person, die kumulativ vorliegen müssen. Auch im Rahmen der **Strafverfolgung** bestehen vielfach Bedürfnisse zur Verarbeitung sensibler Daten. Dabei ist die effektive Ahndung von Straftaten bereits für sich genommen als erhebliches öffentliches Interesse einzuordnen,[170] wobei die Verarbeitung jedoch auch im Einzelfall verhältnismäßig sein muss, sodass Bagatellkriminalität oder Delikte von untergeordneter Bedeutung von vornherein nicht in Betracht kommen.

56 **b) Wahrung des Wesensgehalts des Datenschutzes.** Die Verarbeitung muss den „**Wesensgehalt** des Rechts auf Datenschutz" wahren. Die hierin statuierte Wesensgehaltgarantie ent-

---

[164] Als sog. Öffnungsklausel verstehen die Regelung etwa Paal/Pauly/*Frenzel* DS-GVO Art. 9 Rn. 38; Wolff/Brink/*Albers/Veit* DS-GVO Art. 9 Rn. 85.
[165] Zutr. Sydow/*Kampert* DS-GVO Art. 9 Rn. 41.
[166] Allg. zum Begriff des öffentlichen Interesses im Unionsrecht *Uerpmann,* Das öffentliche Interesse, 1999, S. 245 ff.
[167] Vgl. *Uerpmann,* Das öffentliche Interesse, 1999, S. 251 ff.
[168] EuGH Urt. v. 17.10.2013 – C-291/12, ECLI:EU:C:2013:670 Rn. 55 = NVwZ 2014, 435 – Schwarz; EGMR Urt. v. 4.12.2008 – 30562/04 u.a., ECLI:CE:ECHR:2008:1204JUD003056204 Rn. 103 = NJOZ 2010, 696 – S. u. Marper/Vereinigtes Königreich.
[169] EuGH Gutachten v. 26.7.2017 – Gutachten 1/15, ECLI:EU:C:2017:592 Rn. 165 = BeckRS 2017, 123252 – PNR-Abkommen, zur Unvereinbarkeit der anlasslosen Übermittlung von sensiblen Fluggastdaten an Drittstaaten mit den Art. 7, 8, 21 GRCh.
[170] Siehe Art. 8 Abs. 2 EMRK.

springt der Rechtsprechung des EuGH.[171] Sie ist begrifflich wie auch normativ vage und bietet – trotz nunmehriger Anerkennung als Verfassungsprinzip mit eigenständigem Gehalt gegenüber dem Verhältnismäßigkeitsgrundsatz[172] – in Bezug auf den Datenschutz kaum materiellen Mehrwert.[173] Soweit der EuGH die Wesensgehaltgarantie als eigenständige Eingriffsschranke versteht und anwendet,[174] kann für das Recht auf Datenschutz hieraus nur wenig abgeleitet werden.[175] Denn kaum eine Erlaubnis der Verarbeitung sensibler Daten wird das Recht auf Datenschutz „als solches" je beseitigen. Aus der Wesensgehaltgarantie ist in diesem Zusammenhang nicht viel mehr abzuleiten als das Verbot, durch Einführung weitreichender Verarbeitungsbefugnisse das Datenschutzrecht zur „leeren Hülle" verkommen zu lassen. Dies ist freilich nicht absolut, sondern in kategorialer Hinsicht zu verstehen. Der Wesensgehalt des Datenschutzes wäre nach der hier vertretenen Ansicht bereits verletzt, wenn bspw. ein Gesetz pauschal die Verarbeitung sämtlicher Gesundheitsdaten erlauben würde. Denn die betroffenen Personen hätten dann hinsichtlich dieser Kategorie jedes Recht auf Schutz ihrer Daten verloren. Aus diesem Beispiel wird auch der mitunter betonte Zusammenhang von Wesensgehaltsgarantie und Menschenwürde in der GRCh offenkundig.[176]

c) Verhältnismäßigkeit. Die Verarbeitung sensibler Daten aufgrund eines erheblichen öffentlichen Interesses muss in jedem Einzelfall **verhältnismäßig** sein. Die Maßnahme muss also ein erhebliches öffentliches Interesse in dem soeben erläuterten Verständnis zum Ziel haben, zu dessen Erreichung muss sie geeignet und erforderlich sein und die verursachten Nachteile müssen in einem angemessenen Verhältnis zum Ziel stehen.[177] Insgesamt ist, insbesondere aufgrund der Bedeutung sensibler Daten für die Grundrechtsgarantien der Art. 7, 8 GRCh, ein strenger Maßstab anzulegen.[178] Gerade bei Aspekten der Gesundheit,[179] bei genetischen und biometrischen Merkmalen, sowie beim Sexualleben und der sexuellen Identität[180] ist die besonders schutzwürdige Intimsphäre regelmäßig betroffen. Die Prüfung der Verhältnismäßigkeit muss sich ferner in die Auslegung des Art. 8 Abs. 2 EMRK einfügen.[181] 57

Während der EuGH bei der Frage der **Eignung** einer grundrechtsbeschränkenden Maßnahme keine allzu strengen Maßstäbe anlegt,[182] ist die Prüfung der **Erforderlichkeit** mittlerweile zum „Herzstück" der Verhältnismäßigkeitsprüfung avanciert.[183] Gerade hier erfolgt oftmals eine vertiefte Auseinandersetzung mit der Tatsachengrundlage des Falles, die das Ergebnis der Prüfung entscheidend vorprägt.[184] Im Rahmen eines **Auslistungsbegehrens gegen Suchmaschinenbetreiber** haben diese insoweit zu prüfen, ob die angegriffenen Suchergebnisse erforderlich sind, „um das durch Art. 11 GRCh geschützte Recht auf freie Information auszuüben", wobei nach der (nicht ohne Kritik gebliebenen) Entscheidung „Google Spain und Google" die Interessen der betroffenen Person aus Art. 7, 8 GRCh in der Regel das Allgemeininteresse überwiegen;[185] mit Blick auf Art. 9 kann der Eingriff in die Rechtsposition der betroffenen Person ggf. besonders schwerwiegend sein.[186] Im Rahmen der Erforderlichkeitsprüfung bei Maßnahmen im 58

---

[171] Vgl. EuGH Urt. v. 15.6.2006 – C-28/05, ECLI:EU:C:2006:408 Rn. 75 mwN – Dokter u.a.
[172] *Jarass* GRCh Art. 52 Rn. 28; Meyer/Hölscheidt/*Schwerdtfeger* GRCh Art. 52 Rn. 34.
[173] Hinsichtlich Art. 7 GRCh soll zwar jedenfalls ein „genereller" Zugriff auf Kommunikationsinhalte dessen Wesensgehalt, gleichzeitig aber auch das Verhältnismäßigkeitsprinzip verletzen, EuGH Urt. v. 6.10.2015 – C-362/14, ECLI:EU:C:2015:650 Rn. 94 mwN = NJW 2015, 3151 = ZD 2015, 549 – Schrems mAnm *Spies* ZD 2015, 555.
[174] Vgl. bspw. EuGH Urt. v. 22.1.2013 – C-283/11, ECLI:EU:C:2013:28 Rn. 49 = EuZW 2013, 347 – Sky Österreich.
[175] Ähnlich wie hier Sydow/*Kampert* DS-GVO Art. 9 Rn. 40.
[176] Vgl. Meyer/Hölscheidt/*Schwerdtfeger* GRCh Art. 52 Rn. 34.
[177] Ausf. zum Ganzen *Jarass* GRCh Art. 52 Rn. 34 ff.
[178] Vgl. EuGH Urt. v. 8.4.2014 – C-293/12, ECLI:EU:C:2014:238 Rn. 48 = EuZW 2014, 459 = ZD 2014, 296 – Digital Rights Ireland und Seitlinger u.a. mAnm *Petri* ZD 2014, 300.
[179] Calliess/Ruffert/*Kingreen* GRCh Art. 7 Rn. 5.
[180] Calliess/Ruffert/*Kingreen* GRCh Art. 7 Rn. 4.
[181] Vgl. *Jarass* GRCh Art. 7 Rn. 36.
[182] Vgl. EuGH Urt. v. 17.10.2013 – C-291/12, ECLI:EU:C:2013:670 Rn. 43 = NVwZ 2014, 435 – Schwarz, zur Speicherung biometrischer Daten in Reisepässen.
[183] Calliess/Ruffert/*Kingreen* GRCh Art. 52 Rn. 69.
[184] Siehe für die fehlende Erforderlichkeit der Verarbeitung sensibler Daten zum Zwecke der Terrorismusbekämpfung bei der Übermittlung von Fluggastdaten die Schlussanträge des GA *Mengozzi* zum Gutachtenantrag 1/15 v. 8.9.2016 – ECLI:EU:C:2016:656 Rn. 221 ff.; zum Gutachten des EuGH Fn. 141.
[185] EuGH Urt. v. 24.9.2019 – C-136/17, ECLI:EU:C:2019:773 = ZD 2020, 36 Rn. 66 – Auslistung.
[186] Vgl. EuGH Urt. v. 24.9.2019 – C-136/17, ECLI:EU:C:2019:773 = ZD 2020, 36 Rn. 67 – Auslistung.

Bereich des Sicherheits- bzw. Polizeirechts sind der Vorrang der **unmittelbaren vor der mittelbaren** sowie der Vorrang der **offenen vor der verdeckten** Datenerhebung zu berücksichtigen.[187] Insbesondere der letztere Grundsatz ist bei der Verarbeitung von sensiblen Daten aufgrund deren besonders schutzwürdigen Charakters von besonderer Bedeutung.

59 **d) Maßnahmen zur Wahrung der Grundrechte und Interessen.** Die Verarbeitung auf Grundlage von Abs. 2 Buchst. g steht ferner unter der Voraussetzung, dass „**angemessene und spezifische Maßnahmen** zur Wahrung der Grundrechte und Interessen der betroffenen Person" **im Gesetz** vorgesehen sind. Während die Angemessenheit von Maßnahmen sich nicht wesentlich von „geeigneten Garantien" unterscheidet, folgt aus dem Erfordernis „spezifischer Maßnahmen" ein erhöhter Regelungsaufwand. Dies setzt zunächst voraus, dass die betroffene Person über die Verarbeitung sowie deren Anlass und Zweck **aufgeklärt** werden muss, um eigenständig und informiert zu entscheiden, ob und inwiefern sie gegen die Verarbeitung vorgehen will oder nicht. Außerdem müssen **Instrumente** eingerichtet werden, mittels derer die betroffene Person eine Verarbeitung beim Verantwortlichen rügen kann. In jedem Falle gehören die Instrumente der DS-GVO, insbesondere das Beschwerderecht nach Art. 77 und der gerichtliche Rechtsbehelf nach Art. 79 hierzu. Ferner sind im Einzelnen auch **Pflichten zur Überprüfung** der Notwendigkeit einzelner Verarbeitungsvorgänge durch Verantwortliche bzw. Auftragsverarbeiter selbst **ohne Veranlassung** durch die betroffene Person sowie gegebenenfalls **Löschpflichten** vorzusehen, um dem Verhältnismäßigkeitsgrundsatz im Einzelfall Rechnung zu tragen. Im Übrigen greifen die allgemeinen Rechtsschutzinstrumente, wie sie – vorgeprägt durch die EMRK, die GRCh und das nationale Verfassungsrecht – im Recht der Mitgliedstaaten vorgesehen sind.

60 **9. Verarbeitung im Gesundheits- und Sozialbereich (Buchst. h).** Die Regelungsgehalte von Abs. 2 Buchst. h und i sind nicht ganz einfach auseinanderzuhalten, vor allem weil beide die Gesundheitsversorgung ansprechen. Die genaue Abgrenzung dieser Bestimmungen ergibt sich erst aus einer Zusammenschau mit den Erwägungsgründen 53 und 54. Danach betrifft Abs. 2 Buchst. h primär die **infrastrukturelle bzw. systemische Seite des Gesundheitswesens.** Erfasst ist zunächst primär die **medizinische Versorgung,** dh die Behandlung von Individuen selbst. Diese wiederum lässt sich unterteilen in **Gesundheitsprävention,** medizinische **Diagnostik** und die **Behandlung,** sowie die organisatorische Abwicklung der Versorgung.[188] Im Zusammenhang mit der „Verwaltung der Dienste und Systeme des Gesundheits- und Sozialbereichs", so Erwägungsgrund 53 S. 1, soll die Verarbeitung sensibler Daten ausnahmsweise erlaubt sein. Dies schließt die Verarbeitung durch die **öffentliche Gesundheitsverwaltung**[189] und nationale **Gesundheitsbehörden** ein. Letztlich ist die Bestimmung damit auch für das **Sozialsystem** an sich verwendbar.[190] Auch für Zwecke der **Arbeitsmedizin,** wozu unter anderem die Beurteilung der Arbeitsfähigkeit der Beschäftigten gehört, ist gemäß dieser Bestimmung die Verarbeitung erlaubt;[191] gehört die Arbeitgeberin selbst zum Bereich der öffentlichen Gesundheitsverwaltung, gewährt Buchst. h nach Auffassung des BAG kein Recht, Gesundheitsdaten ihrer Arbeitnehmer zu verarbeiten.[192] Vielmehr bleibt dies „neutralen Stellen" vorbehalten.[193] Der **EuGH** hebt indes den **Zweck der beabsichtigten Datenverarbeitung** hervor und lehnt das einschränkende, nicht auf den Gesetzeswortlaut zurückführbare Kriterium zurück, wonach nur ein „neutraler Dritter" unter dieser Bestimmung sensible Daten verarbeiten dürfe.[194] Schließlich wird auch die Gesundheitsversorgung im Sozialbereich erfasst, der unter dem Ziel eines menschenwürdigen Daseins Sozialleistungen durch öffentliche Leistungsträger abdeckt.

---

[187] Calliess/Ruffert/*Kingreen* GRCh Art. 8 Rn. 17.
[188] Vgl. Kühling/Buchner/*Weichert* DS-GVO Art. 9 Rn. 98 ff.; BSG Urt. v. 20.1.2021 – B 1 KR 7/20 R, ECLI:DE:BSG:2021:200121UB1KR720R0 = BeckRS 2021, 13901 Rn. 70.
[189] Näher Kühling/Buchner/*Weichert* DS-GVO Art. 9 Rn. 105 ff.
[190] Vgl. BSG Urt. v. 20.1.2021 – B 1 KR 7/20 R, ECLI:DE:BSG:2021:200121UB1KR720R0 = BeckRS 2021, 13901 Rn. 69; dort auch zu ausgestaltenden Regelungen in den verschiedenen SGB.
[191] Dazu aber auch → Rn. 39.
[192] Vgl. BAG Beschl. v. 26.8.2021 – 8 AZR 253/20, ECLI:DE:BAG:2021:260821.B.8AZR253.20A.0 = ZD 2022, 56 mAnm *Leibold* Rn. 22.
[193] Vgl. BAG Beschl. v. 26.8.2021 – 8 AZR 253/20, ECLI:DE:BAG:2021:260821.B.8AZR253.20A.0 = ZD 2022, 56 mAnm *Leibold* Rn. 22.
[194] EuGH Urt v. 21.12.2023 – C-667/21, ECLI:EU:C:2023:1022 = GRUR-RS 2023, 36822 Rn. 46, 51.

Die Verarbeitung sensibler Daten, in diesem Zusammenhang wird es sich in der Regel um 61 Gesundheitsdaten handeln, ist jedoch an mehrere Voraussetzungen geknüpft. Erforderlich ist zunächst die **gesetzliche Anordnung bzw. Erlaubnis** einer solchen Verarbeitung im Unionsrecht oder im Recht der Mitgliedstaaten **oder** ein **Vertrag** „mit einem Angehörigen eines Gesundheitsberufs". Unter letztere Alternative fallen vor allem Ärzte sowie das bei Ärzten bzw. in Krankenhäusern beschäftigte Personal. Die Verarbeitung muss ferner zu den in Abs. 2 Buchst. h genannten Zwecken **erforderlich** sein, und zwar „im Interesse einzelner natürlicher Personen und der Gesellschaft insgesamt", wie Erwägungsgrund 53 S. 1 klarstellt. Daraus ist zu folgern, dass jede Verarbeitung sensibler Daten primär nur dann erfolgen darf, wenn sie im Sinne der betroffenen (natürlichen) Person stattfindet und damit dem Allgemeininteresse an einer hinreichenden Gesundheitsversorgung gerecht wird. Welche Zwecke im Interesse einzelner natürlicher Personen liegen, lässt sich nicht abschließend definieren. Hierunter fallen jedenfalls vorrangig die Vornahme und Abwicklung von gesundheitsbezogenen Leistungen sowie der Arbeitsschutz und die sozialen Rechte.

Schließlich müssen auch die **Anforderungen des Abs. 3** erfüllt sein. Danach ist die Ver- 62 arbeitung nur zulässig, wenn sie „von Fachpersonal oder unter dessen Verantwortung" vorgenommen wird und dieses Fachpersonal gesetzlich einem Berufsgeheimnis unterliegt[195] oder die verarbeitende Person anderweitig einer Geheimhaltungspflicht durch Unionsrecht, das Recht der Mitgliedstaaten oder den Vorschriften einer nationalen zuständigen Stelle unterliegt. Dies betrifft in Deutschland beispielsweise die Leistungserbringer und Krankenkassen.[196]

10. Öffentliche Interessen im Bereich der öffentlichen Gesundheit (Buchst. i). Wäh- 63 rend Abs. 2 Buchst. h die infrastrukturellen bzw. systemischen Aspekte des Gesundheitswesens betrifft, nimmt Buchst. i primär dessen **gefahren-, sicherheits- und produktrechtliche Komponente** in den Blick. Die Verarbeitung sensibler Daten ist ausnahmsweise erlaubt, wenn sie im Bereich der öffentlichen Gesundheit stattfindet, wozu insbesondere „schwerwiegende grenzüberschreitende Gesundheitsgefahren" sowie die „Gewährleistung hoher Qualitäts- und Sicherheitsstandards bei der Gesundheitsversorgung und bei Arzneimitteln und Medizinprodukten" gehören. Richtigerweise kann die Bestimmung daher auch bei Verarbeitungen durch privatrechtliche Akteure grundsätzlich zur Anwendung kommen, weshalb die Bestimmung des § 36 Abs. 3 S. 1 IfSG mit der DS-GVO in Einklang steht.[197] Die Verarbeitung muss erforderlich und (ausweislich Erwägungsgrund 54 S. 2) angemessen sein sowie „besondere Maßnahmen zum Schutz der Rechte und Freiheiten natürlicher Personen" vorsehen. Gemäß Erwägungsgrund 54 S. 4 besteht in diesen Fällen jedoch eine strenge Zweckbindung, die Dritten verbietet, die Gesundheitsdaten zu anderen Zwecken zu verarbeiten. Ausweislich Erwägungsgrund 54 S. 3 ist der Begriff **„öffentliche Gesundheit"** wie in der VO (EG) Nr. 1338/2008 des Parlaments und des Rates auszulegen.

11. Archiv-, Forschungs- und Statistikzwecke (Buchst. j). Nach dieser Bestimmung ist 64 die Verarbeitung sensibler Daten zu Archivzwecken, für wissenschaftliche oder historische Forschungszwecke oder für statistische Zwecke zulässig, soweit durch Unionsrecht oder Recht der Mitgliedstaaten vorgesehen. Das einschränkende Erfordernis des öffentlichen Interesses[198] bezieht sich nach seinem Sinngehalt, dem eine grammatikalische Auslegung auch nicht entgegensteht, auf all diese Alternativen.[199] Rein kommerzielle Forschungsvorhaben (etwa Markt- und Meinungsforschung) fallen nicht hierunter.[200] Zu den genannten Zwecken siehe Art. 89 Abs. 1, auf den die Regelung verweist.

III. Fakultative Verstärkungsklausel für genetische, biometrische oder Gesundheitsdaten (Abs. 4)

Gemäß Abs. 4 und Erwägungsgrund 53 S. 4 können die Mitgliedstaaten „zusätzliche Bedin- 65 gungen, einschließlich Beschränkungen, einführen oder aufrechterhalten", **soweit genetische,**

---

[195] Vgl. insoweit in Deutschland § 203 Abs. 1 Nr. 1, 2, 5, 6, Abs. 2 Nr. 1, 2 StGB.
[196] Vgl. BSG Urt. v. 20.1.2021 – B 1 KR 7/20 R, ECLI:DE:BSG:2021:200121UB1KR720R0 = BeckRS 2021, 13901 Rn. 75.
[197] Vgl. *Graef* NZA 2021, 1361 (1364); aA Kühling/Buchner/*Weichert* DS-GVO Art. 9 Rn. 116.
[198] Dazu → Rn. 53 f.
[199] So auch Kühling/Buchner/*Weichert* DS-GVO Art. 9 Rn. 122.
[200] AA *Hornung/Hofmann* ZD-Beil. 2017, 1 (4 f.).

biometrische oder Gesundheitsdaten betroffen sind. Die Regelung, die nach Einschätzung der Kommission zu einem fragmentierten Rechtsrahmen für Gesundheitsdaten in der EU geführt hat,[201] ist jedoch **nicht** in dem Sinne zu verstehen, dass es den Mitgliedstaaten freistünde, **weitere Ausnahmen** zum Verbotsgrundsatz des Abs. 1 zu schaffen. Vielmehr meint „Bedingungen, einschließlich Beschränkungen […] für die Verarbeitung", dass für die genannten Datenkategorien zusätzliche Voraussetzungen der Verarbeitung geschaffen werden oder die Verarbeitung in spezifizierten Konstellationen, die über das hinausgehen, was Art. 9 selbst verbietet, auch unzulässig sein soll. Demnach bedeutet Abs. 4, dass für die hier genannten Datenkategorien die **Anforderungen des Ausnahmekatalogs** in Abs. 2 noch einmal **verschärft**[202] werden können.[203] Dafür spricht der klare Wortlaut der Regelung, in der gerade nicht von weiteren „Ausnahmen" die Rede ist. Es ist außerdem bereits dargelegt worden, dass die möglichen Ausnahmen vom Verbotsgrundsatz abschließend im Katalog des Abs. 2 aufgeführt sind.[204] Abs. 4 bietet den Mitgliedstaaten damit nur die Möglichkeit, das Schutzniveau bei der Verarbeitung sensibler Daten, die von diesem Absatz genannt werden, zu erhöhen, nicht jedoch abzusenken. Außerdem ist Erwägungsgrund 53 S. 5 zu beachten. Danach dürfen solche weitergehenden Bedingungen und Beschränkungen den „freien Verkehr […] innerhalb der Union nicht beeinträchtigen". Die Mitgliedstaaten, die eine Regelung nach Abs. 4 verabschieden wollen oder eine solche bereits eingeführt haben, sind daher gehalten, deren Vereinbarkeit mit dem freien Datenverkehr zu prüfen und gegebenenfalls eine Interessenabwägung vorzunehmen.[205]

IV. Art. 9 und „Big Data"

66 In Anbetracht der grenzenlos erscheinenden Möglichkeiten der schnellen und effektiven algorithmen- bzw. KI-basierten Analyse immer größer werdender Datenbestände (**„Big Data"**[206]), die – beschleunigt durch das „Internet der Dinge"[207] sowie die anderweitige Nutzung nicht gerade datensparsamer Anwendungen – immer mehr Bereiche des Lebens erfassen, stellt sich zunehmend die Frage, welche Antworten Art. 9 für diesen Themenkomplex bereit hält. Konkret ist fraglich, ob Meta- oder Ausgangsdaten oder andere Informationen, die für den durchschnittlichen Betrachter per se noch keinen Schluss auf die in Abs. 1 genannten Merkmale zulassen, dennoch von der Norm erfasst sind und ein Erlaubnistatbestand in Abs. 2 findet, der „Big Data"-Anwendungen erlaubt. Im Hinblick auf die besondere Fähigkeit von „Big Data"-Anwendungen, bereits erhobene Daten zu rekombinieren und hierdurch sensible Daten zu schaffen,[208] stellt sich das Problem der Zweckbindung.

67 Die Frage des **Personenbezugs,** die bei der Prüfung von Erlaubnis- und Verbotstatbeständen nach der DS-GVO stets mit zu bedenken ist, braucht hier nicht vertieft werden.[209] Es genügt insoweit der Hinweis, dass bei „Big Data"-Anwendungen der Personenbezug gegebenenfalls besonders sorgfältig zu prüfen sein kann. Der einfache Verweis darauf, dass bei anonymisierten Daten über Musterbildungen den Personenbezug wiederhergestellt werden kann,[210] ist zu pauschal. Freilich gilt allerdings in Bezug auf Standortdaten eine Anonymisierung mittlerweile als praktisch unmöglich,[211] sodass insbesondere bei der Inklusion von Standorten in „Big Data"-Anwendungen Art. 9 besondere Bedeutung erlangt.[212]

---

[201] Vgl. KOM, „Proposal for a Regulation […] on the European Health Data Space", COM(2022) 197 final, S. 8.
[202] Zum Begriff der Verstärkungsklausel → Einl. Rn. 93.
[203] So auch Gola/Heckmann/*Schulz* DS-GVO Art. 9 Rn. 48; *Spranger* MedR 2017, 864 (865); wohl auch Sydow/*Kampert* DS-GVO Art. 9 Rn. 58 ff.; Plath/*Plath* DS-GVO Art. 9 Rn. 30; aA Kühling/Buchner/*Weichert* DS-GVO Art. 9 Rn. 150, 154.
[204] → Rn. 33.
[205] Hinsichtlich der Unterminierung des Ziels eines einheitlichen digitalen Binnenmarkts treffend Sydow/*Kampert* DS-GVO Art. 9 Rn. 60 f.
[206] Überblick über die rechtlichen Aspekte bei *Paal/Hennemann* NJW 2017, 1697.
[207] Vgl. zu rechtlichen Herausforderungen *Mäkinen* Information & Communications Technology Law 24 (2015), 262.
[208] Vgl. *Spindler* MedR 2016, 691.
[209] Dazu → Art. 4 Rn. 10 f.
[210] *Schneider* ZD 2017, 303 (306).
[211] Vgl. *de Montjoye* et al., Nature Scientific Reports Nr., 1376, 2013, abrufbar unter www.nature.com/articles/srep01376.
[212] → Art. 4 Rn. 16.

Soweit **Abs. 1** auf solche Daten abstellt, aus denen die genannten Merkmale „hervorgehen", 68 können die Ausgangs- bzw. Metadaten erfasst sein,[213] zwingend ist dies jedoch nicht. Zwar ergibt sich durchaus aus dem Sinngehalt des Wortes „Hervorgehen", dass bereits im Vorfeld der Verarbeitung der merkmalsbezogenen Daten selbst angesetzt werden soll. Die Möglichkeit der Generierung von Daten iSd Art. 9 Abs. 1 aus den Rohdaten ist damit theoretisch gegeben. Nichtsdestotrotz verbietet sich jede schematische Betrachtungsweise. Es bedarf vielmehr einer **einzelfallabhängigen Betrachtung**,[214] ob und mittels welcher Daten sowie mittels welcher Kombinations-/Rechenschritte die Zuordnung eines bestimmten Datensets Merkmale iSv Abs. 1 ergeben.[215] Die Behauptung, mittels „Spuren" beim „Internet der Dinge" in Kombination mit Daten aus Bewegungen (durch vernetzte Transportmittel jedweder Art) entstünden generell sensible Daten, trifft so pauschal nicht zu.[216] Es kommt stets darauf an, in wessen Hand welche Rohdaten liegen, wer die Kombinationsmöglichkeit durch welchen Datenübertragungsweg erhält und, gegebenenfalls, mit welcher Zielsetzung dies erfolgt. Zu beachten ist ferner, wie bereits dargelegt wurde, dass es einer hinreichenden Wahrscheinlichkeit bedarf, dass die Information inhaltlich tatsächlich richtig ist.[217]

Kommt man nach alldem zu dem Schluss, dass sensible Daten vorliegen, ist danach zu fragen, 69 ob **Abs. 2** Tatbestände bereithält, die für „Big Data"-Anwendungen fruchtbar gemacht werden können. Hier geben die rechtlichen Parameter in der Tat einen nur sehr engen Spielraum vor. Denn in Betracht kommt – mit Ausnahme des Gesundheitssektors, der sich hier durchaus auf Buchst. h berufen kann (vgl. Erwägungsgrund 54) – in erster Linie nur die **Einwilligung** nach Buchst. a.[218] Zwar trifft es zu, dass ein „*informed consent*" hier in der Regel selten zu erreichen sein wird.[219] Nichtsdestotrotz bedarf es einer einzelfallabhängigen Betrachtung, für welche Zwecke (den Anforderungen von Abs. 2 Buchst. a gerecht werdende) Einwilligungserklärungen erteilt wurden. Zwar bedarf es bei Vertragsverhältnissen mit einem Ungleichgewicht zwischen den Vertragsparteien einer besonders strengen Prüfung, wie sich aus Erwägungsgrund 43 und Art. 7 Abs. 4 ergibt. Erwägungsgrund 43 S. 2 schließt in diesen Fällen eine freiwillige Einwilligung jedoch nicht per se aus, sondern sieht eine Erforderlichkeitsprüfung vor, für die die Beweislastumkehr (→ Rn. 35) gilt.[220] Berücksichtigt man, dass der Vorteil von „Big Data"-Anwendungen gerade darin liegt, dass für andere Zwecke erhobene Daten mit neuen Methoden rekombiniert und verarbeitet werden können, ergibt sich daraus insbesondere das Problem der Zweckbindung bzw. -änderung.[221] Aus den oben erläuterten Gründen (→ Rn. 12) führt insoweit kein Weg an einer neuen Erhebung der Daten vorbei.

C. Rechtsschutz

Verletzt ein Verantwortlicher oder Auftragsverarbeiter das Verbot des Abs. 1, stehen der 70 betroffenen Person die Rechte aus den **Art. 77 ff.** zu, bei denen die §§ 20, 44 BDSG in Deutschland sowie die §§ 24 ff. DSG 2018 in Österreich zu berücksichtigen sind. Gerade in diesen Fällen liegen vor allem **immaterielle Schadensersatzansprüche** nach Art. 82 wegen der Erheblichkeit der Beeinträchtigung und ihrer (potentiell) weitreichenden und diskriminierenden Wirkung nahe.

---

[213] *Schneider* ZD 2017, 303 (304 f.).
[214] So auch Kühling/Buchner/*Weichert* DS-GVO Art. 9 Rn. 22 ff.
[215] AA ohne Begr. *Schneider* ZD 2017, 303 (305), der allerdings zutr. ein Abstellen auf einen Empfängerhorizont ablehnt. Die einzelfallabhängige Betrachtung hat jedoch per se nichts mit dem „Empfängerhorizont" zu tun, sondern skaliert nur die Perspektive einer objektiv-rechtlichen Betrachtung *ex post*. In diese können selbstredend auch die verfolgten Zwecke des Verantwortlichen/Auftragsverarbeiters einzustellen sein.
[216] So aber der Sache nach *Schneider* ZD 2017, 303 (306).
[217] → Rn. 14.
[218] Die übrigen Erlaubnistatbestände mögen bei sektorspezifischen Regelungen zum Tragen kommen, in vielen „Big Data"-Anwendungsfällen spielen sie jedoch kaum eine Rolle; vgl. *Schneider* ZD 2017, 303 (307).
[219] *Spindler* MedR 2016, 691 (697).
[220] Zu pauschal, deshalb *Schneider* ZD 2017, 303 (305).
[221] Allg. zum Zweckbindungsgrundsatz bei „Big Data" *Culik/Döpke* ZD 2017, 226.

D. Nationale Durchführung

71 Soweit die Mitgliedstaaten Regelungen erlassen, die als Ausnahmen zum Verbotsprinzip des Abs. 1 gelten, müssen diese Regelungen ihrerseits die allgemeinen Grundsätze und sonstigen einschlägigen Bestimmungen der DS-GVO beachten, die Gerichte der Mitgliedstaaten müssen die mitgliedstaatlichen Regelungen am Maßstab der DS-GVO überprüfen.[222] Damit haben solche Regelungen letztlich auch stets den Vorgaben des EuGH Rechnung zu tragen und sind von diesem sowie von den Gerichten der Mitgliedstaaten **nach den allgemeinen Grundsätzen** des Unionsrechts **überprüfbar**.

72 Art. 9 hat durch die §§ 22–28 BDSG-neu in Deutschland sowie durch vereinzelte Regelungen im österreichischen DSG eine Spezifizierung erfahren.[223] Während in Österreich nur punktuell Vorgaben zu sensiblen Daten erfolgen und es im Übrigen bei der Geltung der DS-GVO bleibt, gerät § 22 BDSG-neu vor allem wegen der Trennung zwischen öffentlichem und nichtöffentlichem Bereich sowie der vielfachen wortwörtlichen Übernahme des Wortlauts von Art. 9 sehr unübersichtlich und unterminiert so den Anspruch an ein klares und hinreichend bestimmtes Datenschutzrecht.[224] Im Folgenden wird auf nationale Durchführungsmaßnahmen (sowie etwaige bereichsspezifische Regelungen) nur insoweit eingegangen, als dies vor dem Hintergrund der unionsrechtlichen Vorgaben von Bedeutung erscheint.

I. Deutschland

73 Zentrale Norm im Regelungsgefüge des BDSG ist dessen § 22. Die §§ 23–25 BDSG behandeln nur punktuell sensible Daten. § 26 BDSG regelt die Verarbeitung für Zwecke des Beschäftigungsverhältnisses. Die §§ 27–28 BDSG beziehen sich auf die Datenverarbeitung zu Forschungs-, Archiv- und Statistikzwecken.

74 **1. Grundnorm zu sensiblen Daten (§ 22 BDSG). a) Ausnahmeregeln für öffentliche und nichtöffentliche Stellen (§ 22 Abs. 1 Nr. 1 BDSG).** Die Regelungen in § 22 Abs. 1 Nr. 1 BDSG machen von Art. 9 Abs. 2 Gebrauch und beziehen sich sowohl auf öffentliche wie auch nichtöffentliche Stellen. Sie erschöpfen sich im Wesentlichen in der Wiederholung der Vorgaben von Art. 9 Abs. 2 Buchst. b, h, i und Abs. 3.[225] Mit dem unionsrechtlichen Normwiederholungsverbot[226] erscheint dies mit Blick dessen eng begrenzte Ausnahmekonstellationen[227] kaum vereinbar.[228] Durch das Zweite Datenschutz-Anpassungs- und Umsetzungsgesetz EU[229] hinzugekommen ist der Art. 9 Abs. 1 Buchst. g ebenfalls wiederholende § 22 Abs. 1 Nr. 1 lit. d BDSG, der nunmehr auch nichtöffentlichen Stellen eine Berufung auf erhebliche **öffentliche Interessen** (Art. 9 Abs. 2 Buchst. g) erlaubt. Diese hätten indes einer Spezifizierung durch den Gesetzgeber bedurft,[230] um eine taugliche Ausgestaltung der unionsrechtlichen Vorgaben darzustellen. Denn bereits aus einer sprachlichen Analyse von Art. 9 Abs. 2 Buchst. g wird deutlich, dass eine pauschale Verarbeitungsbefugnis gerade nicht gewollt ist, sondern eine materiell beschränkende Konkretisierung („auf der Grundlage") durch gesetzliche Regelungen der Union oder ihrer Mitgliedstaaten.[231] Ein Verweis auf § 1 Abs. 5 BDSG hilft nicht weiter, da Art. 9 Abs. 2 Buchst. g hier gerade keine materiell abschließende Regelung trifft,[232] sodass nach

---

[222] EuGH Urt. v. 27.9.1979 – 230/78, ECLI:EU:C:1979:216 Rn. 34 = BeckRS 2004, 72468 – Eridania/Minister für Landwirtschaft und Forsten.
[223] Zum Spielraum der Mitgliedstaaten bei der Präzisierung, Spezifizierung bzw. Konkretisierung der DS-GVO allg. → Einl. Rn. 75 ff., insbes. 82 ff.
[224] Krit. auch *Weichert* DuD 2017, 538 (542 f.).
[225] Krit. dazu sogleich sowie Kühling/Buchner/*Weichert* BDSG § 22 Rn. 8.
[226] Dazu → Einl. Rn. 86.
[227] Zu diesen siehe Erwägungsgrund 8, → Einl. Rn. 98.
[228] Ähnlich krit. Paal/Pauly/*Frenzel* BDSG § 22 Rn. 2.
[229] BGBl. 2019 I S. 1626, Art. 12.
[230] Vgl. aber jetzt EuGH Urt. v. 24.9.2019 – C-136/17, ECLI:EU:C:2019:773 = ZD 2020, 36 Rn. 66 – Auslistung, wo Buchst. g ohne weiteres herangezogen wird; dazu auch → Rn. 52.
[231] Paal/Pauly/*Frenzel* DS-GVO Art. 9 Rn. 40, weist zurecht darauf hin, dass der Sache nach Buchst. g einen Grundtatbestand darstelle, der von den übrigen Varianten konkretisiert werde, wie sich nicht zuletzt aus Erwägungsgrund 52 ergebe.
[232] Nur so kann die Anwendungsregel des § 1 Abs. 5 BDSG richtig verstanden werden, siehe auch *Kühling* NJW 2017, 1985 (1986); Wolff/Brink/*Gusy/Eichenhofer* BDSG § 1 Rn. 32 f.

der anwendungsrechtlichen Konzeption das BDSG einschlägig bleibt. Die gesetzgeberische Annahme, unter das erhebliche öffentliche Interesse falle auch die Verarbeitung biometrischer Daten zur eindeutigen Identifikation von betroffenen Personen, verstärkt diese Bedenken. Die Verarbeitung dieser Daten unterfällt nach deutschem Verfassungsrecht dem Gesetzesvorbehalt, einschließlich den beim informationellen Selbstbestimmungsrecht stets streng gehandhabten Grundsätzen der **Normenklarheit und Zweckbindung**.[233] Diesen Grundsätzen wird diese Regelung, will sie eine materiell-rechtliche Ermächtigungsgrundlage zur Ausfüllung eines Regelungsspielraums und nicht bloß eine Klarstellung im Hinblick auf fortbestehende spezialgesetzliche Regelungen sein (dann bedürfte es ihrer aber erst recht nicht, da mit Art. 9 alles gesagt wäre), nicht ansatzweise gerecht. So gerät die wortwörtliche Kopie der unionsrechtlichen Regelung insoweit auch zur verfassungswidrigen „Spezifizierung".

Tatbestandlich **ausgeschlossen** ist eine Heranziehung von § 22 Abs. 1 Nr. 1 Buchst. d BDSG für **gewerbliche Zwecke**; als Anwendungsbeispiel kommen vielmehr die Pandemiebekämpfung, der Katastrophenschutz oder ähnliche Konstellationen in Betracht.[234] Folgerichtig gilt das Abwägungserfordernis nunmehr für § 22 Abs. 1 insgesamt. Irreführend erscheint die Tatsache, dass der Hinweis in § 22 Abs. 1 Nr. 1 lit. c Hs. 2 BDSG sich nicht auch auf lit. b bezieht. Selbstredend gelten die berufs- und strafrechtlichen Regeln zum Berufsgeheimnis auch hier.

b) Ausnahmeregeln für öffentliche Stellen (§ 22 Abs. 1 Nr. 2 BDSG). Diese Ziffer gilt nur für die Verarbeitung durch öffentliche Stellen. Sie begegnet **unions- und verfassungsrechtlichen Bedenken**. Die tatbestandlich in Bezug genommene „öffentliche Sicherheit" (Buchst. a) ermöglicht es bei jedem denkbaren Verstoß gegen die Rechtsordnung die Verarbeitung sensibler Daten. Zwar ist die Durchsetzung der Rechtsordnung, die hier auch ihren Schutz durch Abwehr von Gefahren mit einbezieht, ein legitimes öffentliches, dh der Allgemeinheit dienendes Interesse. Eine präzise, den Grundsätzen der **Normenklarheit und Zweckbindung**[235] Rechnung tragende Umsetzung von Art. 9 Abs. 1 Buchst. g kann hier auf Ebene des Gesetzeswortlauts nicht erblickt werden. Es erfolgt hier keinerlei legislative Ausfüllung von dessen Vorgaben, der Vorschrift fehlt damit jeglicher normativer Eigenwert.[236] Aufgefangen können diese Bedenken nur durch eine besonders zurückhaltende, **restriktive Anwendung**.[237]

Auch das Zusammenspiel von § 22 Abs. 1 Nr. 2 lit. a–b BDSG verbleibt diffus: Wenn das Schutzgut der öffentlichen Sicherheit – interpretiert nach dem tradierten polizeirechtlichen Verständnis als Gesamtbestand der Rechtsordnung, der subjektiven Rechtsgüter sowie des Bestands des Staates und seiner Einrichtungen[238] – bereits bei jeder Rechtsverletzung Anlass zur Verarbeitung sensibler Daten geben soll, kann insbesondere für Buchst. b kein sinnvoller Anwendungsspielraum verbleiben. Die Einbindung von Kollektivrechtsgütern, wie es diese Regelung offenbar bezweckt, bedürfte wenigstens der legislativen Spezifizierung, um einen akzeptablen Bestimmtheitsgrad zu erreichen.

Auch die in § 22 Abs. 1 letzter Hs. BDSG vorgesehene Interessenabwägung verhilft nicht über den Makel der Unbestimmtheit hinweg, knüpft sie selbst doch an Interessen an, deren Definition unklar bleibt. Hier hätte ebenfalls eine legislative Präzisierung der Abwägungsparameter erfolgen müssen. Ohne eine solche kann auch hier nur eine restriktive Anwendung durch die Rechtspraxis einschließlich einer Vermutung zugunsten betroffener Personen für einen entsprechenden Ausgleich sorgen.

c) Maßnahmen zur Wahrung der Interessen der betroffenen Person (§ 22 Abs. 2 BDSG). Nur geringfügig positiver fällt das Urteil über § 22 Abs. 2 BDSG aus, der technische und rechtliche Maßnahmen zur Wahrung der Interessen der betroffenen Person fordert. Zwar stellt die Aufzählung dieser Maßnahmen eine Hilfestellung für Verantwortliche und Auftragsverarbeiter dar, um ihre allgemeinen Organisationsabläufe entsprechend den dort genannten Vorgaben zu strukturieren und die konkreten Verarbeitungsvorgänge an diesen auszurichten. Die in § 22 Abs. 2 BDSG aufgeführten Maßnahmen wiederholen allerdings ebenfalls ganz überwiegend

---

[233] Vgl. BVerfG Urt. v. 20.4.2016 – 1 BvR 966/09 u.a., ECLI:DE:BVerfG:2016:rs20160420.1bvr096609 = NJW 2016, 1781 – BKA-Gesetz, allg. → Rn. 95, sowie speziell → Rn. 104 ff.
[234] Vgl. BT-Drs. 19/4674, S. 211.
[235] → Rn. 74.
[236] Paal/Pauly/*Frenzel* BDSG § 22 Rn. 2.
[237] Gola/Heckmann/*Heckmann/Scheurer* BDSG § 22 Rn. 42; Kühling/Buchner/*Weichert* BDSG § 22 Rn. 24.
[238] Lisken/Denninger/*Graulich*, Handbuch des Polizeirechts, 7. Aufl., Kap. E Rn. 259.

Art. 10
Kapitel II. Grundsätze

solche Vorgaben, die die DS-GVO an verschiedenen Stellen bereits selbst trifft.[239] Dass die **bloße Wiederholung** bzw. der Hinweis auf bereits bestehende Pflichten keinerlei eigenständige gesetzgeberische Entscheidung für (im Hinblick auf sensible Daten) spezifische Garantien darstellen kann, bedarf keiner Erläuterung. Ebenso wenig nachvollziehbar ist die sprachliche Ausgestaltung der einzelnen Maßnahmen als alternativ („oder"); in Anbetracht der Bedeutung sensibler Daten für die Grundrechte der betroffenen Person wird eine einzelne Maßnahme aus dem Katalog jedenfalls nicht genügen können, um den Anforderungen aus Art. 9 Abs. 2 Buchst. g sowie § 22 Abs. 2 S. 1 BDSG gerecht zu werden.

80   **2. Datenverarbeitung im Beschäftigungsverhältnis (§ 26 Abs. 3 BDSG).** Mit § 26 Abs. 3 BDSG setzt der Gesetzgeber Art. 9 Abs. 2 Buchst. a um. § 26 Abs. 3 S. 1 BDSG begegnet keinen Bedenken.[240] § 26 Abs. 3 S. 2 BDSG verstößt jedoch gegen die Vorgaben des Art. 9 Abs. 2 Buchst. a in dem oben erläuterten Sinne, soweit ein Schriftformerfordernis aufgestellt wird. Die Rechtsprechung des BAG,[241] nach der eine Einwilligung das Schriftformgebot einzuhalten hat, bedarf jedenfalls nach der Überführung des Datenschutzrechts in die Verordnungsform insoweit einer unionsrechtlichen Korrektur.[242]

81   **3. Archiv-, Forschungs- und Statistikzwecke (§§ 27–28 BDSG).** Nicht vollkommen unbedenklich erscheint vor dem Hintergrund der Anforderungen des Art. 9 Abs. 2 Buchst. j die Regelung in § 27 Abs. 1 BDSG, die insoweit über den Schutzgehalt von Art. 9 hinausgeht, als nur ein „erhebliches Überwiegen" der Interessen an der Verarbeitung diese rechtfertigt.[243] Teilweise wird hierin eine grundrechtlich zweifelhafte sowie dem Zweck der DS-GVO, Forschungsvorhaben zu ermöglichen, zuwiderlaufende Ausgestaltung gesehen.[244] Vergegenwärtigt man sich indes die weitergehende Verarbeitungsmöglichkeit im Falle einer Anonymisierung, erscheint die hier vorgenommene gesetzgeberische Wertung im Falle personenbezogener Daten mit Blick auf das Verhältnismäßigkeitsprinzip im Ergebnis angemessen. Auch § 28 BDSG begegnet keinen Bedenken.

II. Österreich

82   In Österreich erfolgen im DSG 2018, soweit es sich auf die DS-GVO bezieht,[245] nur punktuelle Regelungen im Hinblick auf sensible Daten, da im Übrigen die DS-GVO ohne weiteres greift (§ 4 Abs. 1 DSG 2018). Gemäß § 10 Abs. 4 S. 2 DSG 2018 soll eine Weitergabe von sensiblen Daten im Katastrophenfall nur bei Nachweis der Identität und Angehörigeneigenschaft sowie bei Erforderlichkeit erfolgen; dies bezieht sich augenscheinlich auf Art. 9 Abs. 2 Buchst. c. § 7 Abs. 3 S. 2 DSG 2018 sichert in überzeugender Weise den besonderen Schutz sensibler Daten durch umfangreiche Anforderungen an die Genehmigung der Datenschutzbehörde bei der Verarbeitung zu Archiv-, Forschungs- oder Statistikzwecken. Die Regelung in § 39 DSG, die die Verarbeitung sensibler Daten in Zusammenhang mit der Gefahrenabwehr oder Strafverfolgung (§ 36) nur unter besonderen Voraussetzungen ermöglichen will, stipuliert die entsprechenden Anforderungen („Verarbeitung unbedingt erforderlich") indes in recht pauschaler und unspezifischer Weise.

Art. 10 Verarbeitung von personenbezogenen Daten über strafrechtliche Verurteilungen und Straftaten

¹**Die Verarbeitung personenbezogener Daten über strafrechtliche Verurteilungen und Straftaten oder damit zusammenhängende Sicherungsmaßregeln aufgrund von Artikel 6 Absatz 1 darf nur unter behördlicher Aufsicht vorgenommen werden oder**

---

[239] Übersicht bei *Weichert* DuD 2017, 538 (542).
[240] So auch BAG Beschl. v. 9.4.2019 – 1 ABR 51/17, ECLI:DE:BAG:2019:090419.B.1ABR51.17.0 = NZA 2019, 1055 Rn. 28.
[241] BAG Urt. v. 11.12.2014 – 8 AZR 1010/13 = ZD 2015, 330 Rn. 24 ff. – Einwilligung in Videoaufnahme.
[242] Vgl. Kühling/Buchner/*Maschmann* DS-GVO Art. 88 Rn. 49; siehe auch *Krohm* ZD 2016, 368 (369 ff.).
[243] Im Hinblick auf das Modifikationsverbot (→ Rn. 33) dürfte dies betreffend den in Abs. 4 genannten Datenkategorien noch zulässig sein.
[244] Vgl. *Spitz/Jungkunz/Schickhardt/Cornelius* MedR 2021, 499 (502 f.); *Weichert* ZD 2020, 18 (22).
[245] Zur Umsetzung der Polizei-RL im DSG 2018 siehe dessen § 39.

Verarbeitung von personenbezogenen Daten über Verurteilungen 1–3 **Art. 10**

wenn dies nach dem Unionsrecht oder dem Recht der Mitgliedstaaten, das geeignete Garantien für die Rechte und Freiheiten der betroffenen Personen vorsieht, zulässig ist. ²Ein umfassendes Register der strafrechtlichen Verurteilungen darf nur unter behördlicher Aufsicht geführt werden.

Rechtsprechung: EuGH Urt. v. 24.9.2019 – C-136/17, ECLI:EU:C:2019:773 = ZD 2020, 36 – Auslistung; EuGH Urt. v. 22.6.2021 – C-439/19, ECLI:EU:C:2021:504 = ZGI 2021, 16.

Übersicht

	Rn.
A. Allgemeines	1
I. Zweck und Bedeutung der Vorschrift	1
II. Systematik, Verhältnis zu anderen Vorschriften	2
B. Einzelerläuterungen	4
I. Tatbestandsvoraussetzungen	4
II. Behördliche Aufsicht (Art. 10 S. 1 Hs. 1)	7
III. Abweichungsbefugnis (Art. 10 S. 1 Hs. 2)	8
IV. Verurteilungsregister (Art. 10 S. 2)	9
C. Rechtsschutz	10
D. Nationale Durchführung	11
I. Deutschland	11
II. Österreich	12

A. Allgemeines

I. Zweck und Bedeutung der Vorschrift

Art. 10 unterstellt die Verarbeitung von Daten über strafrechtliche Verurteilungen und Strafta- **1** ten oder damit zusammenhängende Sicherungsmaßregeln lediglich in **formaler** Hinsicht einem eigenen Regelungsregime, indem festgelegt wird, wer die Verarbeitung solcher Daten vornehmen darf. Solche Daten sind in der Regel mit einem erheblichen Unwerturteil über die betroffene Person verbunden, das Risiko einer diskriminierenden Verwendung ist bei ihrer Verarbeitung besonders hoch. In diesem Sinne handelt es sich – ähnlich wie bei Art. 9 DS-GVO – ebenfalls um **„sensible Daten"**.[1] Die Norm will sicherstellen, dass mit solchen Daten verantwortungsvoll umgegangen wird. Die DS-GVO geht zu Recht davon aus, dass primär staatliche Institutionen in der Lage sind, ohne dass damit private Unternehmen wie etwa Suchmaschinendienste aus dem sachlichen Anwendungsbereich herausfielen.[2] **Materiell** statuiert die Bestimmung **kein Verarbeitungsverbot**. Vielmehr richtet sich die Zulässigkeit der Verarbeitung dieser Daten ausweislich des Wortlauts von Art. 10 grundsätzlich nach **Art. 6 Abs. 1**.[3]

II. Systematik, Verhältnis zu anderen Vorschriften

Art. 10 geht aus **Art. 8 Abs. 5 DS-RL** hervor und modifiziert diese Regelung in Teilen. So **2** wurde Art. 8 Abs. 5 S. 1 letzter Hs. DS-RL nicht übernommen, der Ausnahmen von dem Grundsatz der behördlichen Aufsicht auch durch behördliche Entscheidungen ermöglichte. Ebenso wie Art. 9 verpflichtet die Verarbeitung von Daten über strafrechtliche Verurteilungen und Straftaten zu einer **Datenschutz-Folgenabschätzung** gemäß Art. 35 und zur **Benennung eines Datenschutzbeauftragten** nach Art. 37.

Art. 10 ist in Zusammenhang mit der sog. Polizei-Richtlinie (EU) 2016/680 zu lesen. Gemäß **3** Art. 2 Abs. 2 Buchst. d findet die DS-GVO nämlich keine Anwendung auf die Verarbeitung personenbezogener Daten „durch die zuständigen Behörden zum Zwecke der Verhütung, Ermittlung, Aufdeckung oder Verfolgung von Straftaten". Die Existenz der Regelung in Art. 10 ergibt sich demnach aus dem Umstand, dass die Bereichsausnahme nur für Datenverarbeitungen

---

[1] Vgl. EuGH Urt. v. 22.6.2021 – C-439/19, ECLI:EU:C:2021:504 = ZGI 2021, 16 Rn. 74; EuGH Urt. v. 24.9.2019 – C-136/17, ECLI:EU:C:2019:773 = ZD 2020, 36 Rn. 44 – Auslistung; Europäischer Datenschutzausschuss, Empfehlung 01/2019 v. 10.7.2019, Rn. 14.
[2] Explizit wiederum EuGH Urt. v. 24.9.2019 – C-136/17, ECLI:EU:C:2019:773 = ZD 2020, 36 Rn. 48 – Auslistung.
[3] So auch Sydow/*Kampert* DS-GVO Art. 10 Rn. 5; Wolff/Brink/*Bäcker* DS-GVO Art. 10 Rn. 8.

durch eine (zuständige) Strafverfolgungs- bzw. Polizeibehörde gilt. Für die Verarbeitung straftatbezogener Daten durch Private gilt demnach allein Art. 10. Auch soweit öffentliche Stellen, die entweder keine Behörde oder nicht zuständig iSv Art. 2 Abs. 2 Buchst. d sind, solche Daten verarbeiten, gilt nur die DS-GVO und damit auch Art. 10.[4]

B. Einzelerläuterungen

I. Tatbestandsvoraussetzungen

4 Welche Daten unter die Begriffe „strafrechtliche Verurteilung", „Straftat" und „damit zusammenhängende Sicherungsmaßregeln" fallen, ist nach ausdrücklicher Feststellung des EuGH **primär unionsautonom** zu bestimmen.[5] Man mag hierin zwar einen Widerspruch zu derjenigen Rechtsprechungslinie des EuGH erkennen, die den Mitgliedstaaten einen gewissen Spielraum bei der Beurteilung des strafrechtlichen Charakters einer Sanktion gewährt.[6] Der auf eine Vereinheitlichung gerichtete Ansatz rechtfertigt sich indes mit dem durch die DS-GVO verfolgten Anliegen, einen unionsweit einheitlichen Schutzstandard zu erreichen. „Einem solchen Zweck liefe es zuwider, wenn der in [Art. 10] vorgesehene verstärkte Schutz nur in einigen Mitgliedstaaten für die Verarbeitung personenbezogener Daten [...] gilt, nicht aber in anderen, nur weil diese Verstöße in den letztgenannten Mitgliedstaaten nicht als Straftaten eingestuft werden."[7]

5 Der **Straftatbegriff** im unionsrechtlichen Sinne hat drei Voraussetzungen: „erstens die rechtliche Einordnung der Zuwiderhandlung im innerstaatlichen Recht, zweitens die Art der Zuwiderhandlung und drittens der Schweregrad der dem Betroffenen drohenden Sanktion."[8] Indes kann trotz fehlender innerstaatlicher Einordnung als Straftat ggf. dennoch eine „Straftat" im unionalen Sinne vorliegen, nämlich wenn die „Art der Zuwiderhandlung" und der „Schweregrad der dem Betroffenen drohenden Sanktion" dies rechtfertigen.[9] Art. 10 **erfasst nicht** verwaltungsrechtliche Sanktionen wie zB **Ordnungswidrigkeiten**.[10] Dafür spricht sowohl die in der Regel geringere Sensibilität der hiervon betroffenen Daten als auch der Umstand, dass sich das Europäische Parlament in seiner Bestrebung, diese ausdrücklich der Regelung zu unterstellen,[11] nicht durchsetzen konnte. Die Regelung betrifft nur die Verarbeitung von **Daten über den Täter,** nicht jedoch der Opfer von Straftaten.[12] Bei letzteren handelt es sich in der Regel nicht um besonders risikoanfällige Daten.[13] Dabei muss die Täterschaft keineswegs rechtsverbindlich festgestellt sein, um die Rechtsfolge des Art. 10 auszulösen. Vielmehr birgt auch die Verarbeitung von Daten, bei denen die betroffene Person lediglich der Tat **verdächtig** ist, ein hohes Risiko der diskriminierenden Verwendung. Auch die begriffliche Erfassung von „Verurteilungen *und* Straftaten" spricht für die Erfassung einer Verdachtslage, die allerdings hinreichend konkret sein muss. Daher greift auch in diesen Fällen Art. 10.[14] Der Einwand, wonach der Verordnungsgeber an anderen Stellen explizit Vorfeldmaßnahmen erwähnt und diese hier gerade nicht erfasst sein sollen,[15] verfängt nicht. Es bleibt vielmehr Aufgabe der Union und der Mit-

---

[4] Näher → Art. 2 Rn. 13.
[5] Vgl. EuGH Urt. v. 22.6.2021 – C-439/19, ECLI:EU:C:2021:504 = ZGI 2021, 16 Rn. 81. Der Sache nach gilt daher insoweit auch Erwägungsgrund 13 der sog. Polizei-Richtlinie (EU) 2016/680 entspr.
[6] Vgl. EuGH Urt. v. 26.2.2013 – C-617/10, ECLI:EU:C:2013:105 Rn. 46 = EuZW 2013, 302 – Åkerberg Fransson; wohl auf die Einschätzungsprärogative der Mitgliedstaaten abstellend Paal/Pauly/*Frenzel* DS-GVO Art. 10 Rn. 4.
[7] EuGH Urt. v. 22.6.2021 – C-439/19, ECLI:EU:C:2021:504 = ZGI 2021, 16 Rn. 83.
[8] EuGH Urt. v. 22.6.2021 – C-439/19, ECLI:EU:C:2021:504 = ZGI 2021, 16 Rn. 87.
[9] EuGH Urt. v. 22.6.2021 – C-439/19, ECLI:EU:C:2021:504 = ZGI 2021, 16 Rn. 88 mwN; dass der EuGH dies bei Verkehrsverstößen bejaht, die zu verwaltungsrechtlichen „Strafpunkten" führen können (Rn. 90 f), erscheint jedoch sehr zweifelhaft, zumal eine entsprechende Auslegung von Art. 6 DS-GVO ohnehin zum selben Ergebnis führt (Rn. 95 ff.).
[10] EuGH Urt. v. 22.6.2021 – C-439/19, ECLI:EU:C:2021:504 = ZGI 2021, 16 Rn. 78; Sydow/*Kampert* DS-GVO Art. 10 Rn. 4; aA Wolff/Brink/*Bäcker* DS-GVO Art. 10 Rn. 1.
[11] Vgl. Standpunkt des EP v. 12.3.2014, EP-PE_TC1-COD(2012)0011, S. 115 (dort noch Art. 9 Abs. 1).
[12] Kühling/Buchner/*Weichert* DS-GVO Art. 10 Rn. 6.
[13] Vgl. *Dammann/Simitis* EG-DatenschutzRL Art. 8 Rn. 23.
[14] So auch Sydow/*Kampert* DS-GVO Art. 10 Rn. 4; Wolff/Brink/*Bäcker* DS-GVO Art. 10 Rn. 3; nunmehr auch Kühling/Buchner/*Weichert* DS-GVO Art. 10 Rn. 8a; aA OLG Karlsruhe Urt. v. 23.2.2021 – 14 U 3/19, ECLI:DE:OLGKARL:2021:0223.14U3.19.0A = ZD 2021, 376 Rn. 20.
[15] Plath/*Plath* DS-GVO Art. 10 Rn. 5.

gliedstaaten, die von Art. 10 S. 1 eingeräumte Regelungsbefugnis zu nutzen (→ Rn. 8). Dieser Auffassung hat sich der deutsche Gesetzgeber in der Regelung des § 26 Abs. 1 S. 2 BDSG-neu angeschlossen.[16]

Art. 10 erfasst **nicht** Daten über das Verhalten von betroffenen Personen, das einen Straftat- 6 bestand verwirklicht; **Überwachungsmaßnahmen** durch Private fallen also nicht hierunter, sondern sind allenfalls von den allgemeinen Bestimmungen der DS-GVO erfasst.[17] Dies gilt jedenfalls in den Fällen, in denen nicht von vornherein die Begehung einer Straftat im Raum steht; Art. 10 darf insoweit nicht umgangen werden.

II. Behördliche Aufsicht (Art. 10 S. 1 Hs. 1)

Die Verarbeitung von Daten nach Art. 10 S. 1 Hs. 1 hat grundsätzlich unter „behördlicher 7 Aufsicht" zu erfolgen. Dies ist der Fall, wenn ein öffentlicher Hoheitsträger „**ganz oder zu wesentlichen Teilen** für die einwandfreie Verarbeitung verantwortlich ist."[18] Dies setzt voraus, dass der Hoheitsträger **maßgeblichen Einfluss** auf die Verarbeitung hat und diese auch im **Einzelfall** beeinflussen kann. Es müssen daher die institutionellen und personellen Voraussetzungen gegeben sein, um diesen bestimmenden Einfluss ausüben zu können. Dem genügt insbesondere eine Gewerbeaufsicht über datenverarbeitende Unternehmen nicht, da diese nicht im Einzelfall die Bedingungen einzelner Verarbeitungsvorgänge bestimmen könnte und hierzu auch faktisch kaum in der Lage wäre.[19] Aus alldem folgt jedoch weder ein Behördenvorbehalt,[20] noch ist eine weitgehende Weitergabe von Daten an Private zulässig.[21] Vielmehr kommt es maßgeblich bei der Ausgestaltung des Verhältnisses von Behörde und (dritten) Rechtsträger im konkreten Fall an; ermöglicht dieses eine Steuerung der Datenverarbeitung im Einzelfall im erläuterten Sinne, genügt dies den Anforderungen des Art. 10 S. 1 Hs. 1.[22] Ansonsten kommt nur noch ein Fall des Hs. 2 in Betracht.

III. Abweichungsbefugnis (Art. 10 S. 1 Hs. 2)

Laut Art. 10 S. 1 Hs. 2 haben die Union und die Mitgliedstaaten die Befugnis, abweichend 8 vom Grundsatz der behördlichen Aufsicht die Verarbeitung von Daten über strafrechtliche Verurteilungen und Straftaten oder damit zusammenhängende Sicherungsmaßregeln auch durch **andere Stellen** zuzulassen, solange diese Vorschriften „geeignete Garantien für die Rechte und Freiheiten der betroffenen Person" vorsehen. Neben den Betroffenenrechten, die nach den allgemeinen Regeln Anwendung finden, sind hier besonders **materielle Schutzstandards** vorzusehen. Insbesondere sind die Voraussetzungen und die zulässigen Zwecke der Verarbeitung hinreichend bestimmt zu regeln. Die Schutzstandards sind für jeden Einzelfall und je nach Art und Schwere der Straftat zu bestimmen. Zu berücksichtigen sind der Verhältnismäßigkeitsgrundsatz und das Resozialisierungsinteresse der betroffenen Person.[23] Andererseits sind unter anderem ein gegebenenfalls vorhandenes qualifiziertes Allgemeininteresse an der Verarbeitung solcher Daten, beispielsweise durch Unternehmen im Rahmen von Compliance-Untersuchungen, Versicherungen oder Sicherheitsdienste, soweit deren Tätigkeit in einem engen Zusammenhang zum Allgemeininteresse steht, sowie im Einzelfall mögliche Regressansprüche wegen der Begehung von Straftaten zu berücksichtigen.[24] Warndateien oä, die von Auskunfteien, Unternehmen im Sicherheitsgewerbe oder in der Versicherungsbranche uä geführt werden, bedürfen einer gesetzlichen Grundlage, die entsprechende Garantien vorzusehen hat.[25]

---

[16] Siehe der explizite Verweis auf Art. 10 in der Gesetzesbegr., BT-Drs. 18/11325, 97.
[17] Zutr. Wolff/Brink/*Bäcker* DS-GVO Art. 10 Rn. 4 f.; OLG Karlsruhe Urt. v. 23.2.2021 – 14 U 3/19, ECLI:DE:OLGKARL:2021:0223.14U3.19.0A = ZD 2021, 376 Rn. 20; anders aber offenbar der Europäische Datenschutzausschuss, Leitlinien 01/2020 v. 9.3.2021, Rn. 68, wo für eine Anwendung von Art. 10 auf Daten aus vernetzten Fahrzeugen plädiert wird, ohne dass diese darauf hinweisen, dass beim Fahren eine Straftat begangen wurde.
[18] *Dammann/Simitis* EG-DatenschutzRL Art. 8 Rn. 25 (Hervorh. v. Verf.).
[19] Vgl. *Dammann/Simitis* EG-DatenschutzRL Art. 8 Rn. 25.
[20] So aber Wolff/Brink/*Bäcker* DS-GVO Art. 10 Rn. 7.
[21] In diese Richtung wohl Paal/Pauly/*Frenzel* DS-GVO Art. 10 Rn. 6: unter Beachtung der „allgemeinen Vorschriften".
[22] Ähnlich wohl Sydow/*Kampert* DS-GVO Art. 10 Rn. 5.
[23] Kühling/Buchner/*Weichert* DS-GVO Art. 10 Rn. 11 ff.
[24] Vgl. *Dammann/Simitis* EG-DatenschutzRL Art. 8 Rn. 25.
[25] Vgl. Kühling/Buchner/*Weichert* DS-GVO Art. 10 Rn. 20.

IV. Verurteilungsregister (Art. 10 S. 2)

9   Für **umfassende Register** über strafrechtliche Verurteilungen gilt die Abweichungsbefugnis gemäß Art. 10 S. 2 nicht. Solche Register dürfen also ausschließlich unter behördlicher Aufsicht geführt werden. „Umfassend" ist ein solches Register nicht erst bei Aufführung aller in einem Mitgliedstaat (oder einer Region bzw. Bundesland) erfolgten strafrechtlichen Verurteilungen (in Deutschland zB das BZRG); es genügt die bereichsspezifisch beschränkte Registrierung, soweit sie innerhalb ihrer Beschränkung auf größtmögliche Vollständigkeit abzielt.[26]

C. Rechtsschutz

10   Für den Rechtsschutz gegen die Verarbeitung von Daten nach Art. 10 ergeben sich im Vergleich zur Verarbeitung sonstiger personenbezogener Daten keine Besonderheiten.

D. Nationale Durchführung

I. Deutschland

11   In Deutschland ist insbesondere in § 26 Abs. 1 S. 2, Abs. 5 BDSG die Abweichungsbefugnis spezifiziert worden. Diese Regelung begegnet insoweit Bedenken, als sie **keinerlei spezifische Garantien** für die Rechte der betroffenen Person im oben erläuterten Sinne vorsieht.[27] Ein strafrechtliches Register ist nach dem BZRG vorgesehen.[28] Es gelten ferner die jeweils einschlägigen Straf- und Maßregelvollzugsgesetze sowie weitere gesetzliche Regelungen, die das Führen eines Registers im oben beschriebenen Sinne erlauben. Diese müssen die Vorgaben der DS-GVO im erläuterten Sinne einhalten.

II. Österreich

12   In Österreich ist eine Spezifizierung mit § 4 Abs. 3 DSG erfolgt. Diese erscheint weitgehend unbedenklich, insoweit sie auf bereichsspezifische Regelungen weiterverweist (Nr. 1) oder die Verarbeitung einschlägiger Daten an hinreichend bestimmte bzw. bestimmbare Voraussetzungen knüpft. Zu weitgehend im Hinblick auf die besondere Sensibilität dieser Daten ist die Ermächtigung zur Verarbeitung aufgrund „gesetzlicher Sorgfaltspflichten".

Art. 11 Verarbeitung, für die eine Identifizierung der betroffenen Person nicht erforderlich ist

(1) Ist für die Zwecke, für die ein Verantwortlicher personenbezogene Daten verarbeitet, die Identifizierung der betroffenen Person durch den Verantwortlichen nicht oder nicht mehr erforderlich, so ist dieser nicht verpflichtet, zur bloßen Einhaltung dieser Verordnung zusätzliche Informationen aufzubewahren, einzuholen oder zu verarbeiten, um die betroffene Person zu identifizieren.

(2) ¹Kann der Verantwortliche in Fällen gemäß Absatz 1 des vorliegenden Artikels nachweisen, dass er nicht in der Lage ist, die betroffene Person zu identifizieren, so unterrichtet er die betroffene Person hierüber, sofern möglich. ²In diesen Fällen finden die Artikel 15 bis 20 keine Anwendung, es sei denn, die betroffene Person stellt zur Ausübung ihrer in diesen Artikeln niedergelegten Rechte zusätzliche Informationen bereit, die ihre Identifizierung ermöglichen.

Literatur: *Artikel 29 Datenschutzgruppe*, Leitlinien zum Recht auf Datenübertragbarkeit, WP 242 rev.01; *EDSA*, Guidelines 01/2022 on data subject rights – Right of access Version 2.0; *Kühling/Buchner*, DS-GVO BDSG, 3. Aufl. 2020; *Sydow/Marsch*, DS-GVO-BDSG, 3. Aufl. 2022; *Kuner/Bygrave/Docksey*, The EU General Data Protection Directive (GDPR), 2020; *Paal/Pauly*, DS-GVO BDSG, 3. Aufl. 2021; *Simitis/Hornung/Spiecker gen. Döhmann*, Datenschutzrecht, 2019.

---

[26] So auch Wolff/Brink/*Bäcker* DS-GVO Art. 10 Rn. 13 ff.
[27] Ähnlich krit. Wolff/Brink/*Bäcker* DS-GVO Art. 10 Rn. 12.1.
[28] Vgl. dazu Kühling/Buchner/*Weichert* DS-GVO Art. 10 Rn. 18.

Verarbeitung ohne Identifizierung der betroffenen Person 1–7 **Art. 11**

Rechtsprechung: EuGH Urt. v. 4.5.2023 – C–60/22, ECLI:EU:C:2023:373–Bundesrepublik Deutschland.

Übersicht

	Rn.
A. Allgemeines	1
I. Zweck und Bedeutung der Vorschrift	1
II. Systematik, Verhältnis zu anderen Vorschriften	5
B. Einzelerläuterungen	8
I. Ausgangssituation	8
II. Berührte Rechte	14
III. Möglichkeiten der betroffenen Personen	16
IV. Pflichten des Verantwortlichen	18
V. Praktische Anwendung	22
C. Rechtsschutz	29

A. Allgemeines*

I. Zweck und Bedeutung der Vorschrift

Wie bereits in der DS-RL schließt auch in der DS-GVO die Definition der personenbezogenen Daten die Möglichkeit ein, dass sich **die verarbeiteten Informationen zwar auf eine identifizierbare natürliche Person beziehen, dass aber der Verantwortliche selbst nicht in der Lage ist, die betroffene Person zu identifizieren,** jedenfalls nicht aus eigenen Mitteln. In solchen Fällen bestand für betroffene Personen und Verantwortliche eine rechtliche Unsicherheit, wie die Rechte der betroffenen Personen zu Auskunft über sie betreffende Daten usw in der Praxis anzuwenden sind. 1

Art. 11 bietet für diese Situationen Klarstellungen der **Verpflichtungen des Verantwortlichen und der Möglichkeiten für die betroffenen Personen,** ihre Rechte auszuüben. Der Verantwortliche ist weder verpflichtet noch berechtigt, für den Zweck der Verarbeitung nicht notwendige Daten zu verarbeiten, um bei einer Anfrage gemäß Art. 15–20 den Antragsteller identifizieren zu können. Ebenso ist er weder berechtigt noch verpflichtet, personenbezogene Daten in einer Weise vorzuhalten, die die Identifizierung der Betroffenen ermöglicht, wenn dies für den Zweck der Verarbeitung nicht mehr erforderlich ist. 2

Den Betroffenen bleibt die Möglichkeit, durch die **Übermittlung zusätzlicher Daten** den Verantwortlichen in die Lage zu versetzen, sie zu identifizieren, sofern dies bei den in Frage stehenden Daten überhaupt möglich ist, und damit ihre Rechte nach den Art. 15–20 ausüben zu können. 3

Aus der im Art. 11 betrachteten Situation wird klar, dass der Gesetzgeber auch dann eine Identifizierbarkeit der Daten als gegebenen ansieht, wenn der Verantwortliche keine Möglichkeit hat, die Identifizierung durchzuführen. **Die Daten werden aber als personenbezogen betrachtet, weil die Identifizierbarkeit objektiv gegeben ist,** und der Verantwortliche unterliegt den sich aus der Verarbeitung personenbezogener Daten ergebenden Verpflichtungen. 4

II. Systematik, Verhältnis zu anderen Vorschriften

Der Artikel bezieht sich auf Datenbestände, die gemäß Art. 2 Abs. 1 als personenbezogene Daten gelten, bei denen die **betroffenen Personen aber nicht identifiziert sind.** Es handelt sich damit also um Fälle, in denen die betroffenen Personen identifizierbar sind, bei denen aber der Verantwortliche die Identifizierung nicht oder nicht mehr aus eigenen Mitteln durchführen kann. 5

Art. 11 Abs. 1 stellt klar, dass das Erlangen der Fähigkeit, im Falle von Anträgen der betroffenen Personen aufgrund der Art. 15–20 diese identifizieren zu können, **keine Rechtfertigung für die Verarbeitung zusätzlicher Daten iSd Art. 6** ist und damit alleine nicht die Rechtmäßigkeit der Verarbeitung weiterer Daten rechtfertigt. 6

Im Gegenzug stellt Art. 11 Abs. 2 klar, dass der Verantwortliche auch nicht verpflichtet ist, den Anträgen gemäß Art. 15–20 zu entsprechen, **wenn er nachweisen kann, dass ihm die Identifizierung der betroffenen Person nicht möglich ist.** Die betroffenen Personen haben 7

---

* Der Verfasser vertritt hier seine persönliche Auffassung, die nicht notwendig der Auffassung des Europäischen Datenschutzbeauftragten entspricht.

aber das Recht, durch Bereitstellung weiterer Daten an den Verantwortlichen ihre Identifizierbarkeit herzustellen und den Verantwortlichen so in die Lage zu versetzen, ihren Anträgen zu entsprechen.

B. Einzelerläuterungen

I. Ausgangssituation

8 Angesichts der gewaltigen Zunahme des automatisierten Sammelns von Daten, insbesondere durch das Protokollieren aller möglichen Nutzungsdaten von Online- und Kommunikationsdiensten, entstehen **sehr große Dateisysteme mit personenbezogenen Daten,** die unter anderem zum Profiling und zur **Bewertung der Individuen für Werbungs- und Verkaufszwecke** verwendet werden. Diese Datenerfassung wird zunehmend auch durch vernetzte Systeme im alltäglichen Umfeld erweitert, wie etwa durch Videoüberwachung und Monitoring der Bewegungen mithilfe von elektronischen Sensoren. Das sogenannte „Internet der Dinge" („Internet of Things", IoT) bringt weitere Datensammlungen hervor. Die auf diesen Datensammlungen aufbauenden Verarbeitungsvorgänge können erhebliche Auswirkungen auf die Betroffenen haben und auch die Ausübung ihrer Grundrechte beeinflussen.

9 **Rechtlich beruht die Ausgangssituation auf der Möglichkeit, dass sich personenbezogene Daten auf identifizierbare, aber nicht identifizierte Personen beziehen.** Dabei geht der Gesetzgeber von einer strikten Anwendung der Prinzipien der Datenminimierung gemäß Art. 5 Abs. 1 Buchst. c und der Speicherbegrenzung Art. 5 Abs. 1 Buchst. e durch den Verantwortlichen aus. Der Verantwortliche hat Daten, die für seinen legitimen Verarbeitungszweck nicht notwendig sind, gar nicht erst erhoben, oder aber er speichert die Daten nicht mehr in identifizierbarer Form, nachdem dies für seine legitimen Zwecke nicht mehr erforderlich ist.

10 Solche Datenbestände können zB im **Rahmen des Profilings** aufgebaut werden, wo sie zur Steuerung von Online-Interaktionen mit den Nutzern von Diensten verwendet werde, oder auch im Zusammenhang mit **gezielter Werbung.** Die Verarbeitung solcher Daten kann im Rahmen von **automatisierten Entscheidungen** stattfinden, die Auswirkungen auf den Betroffenen haben, auch wenn er nicht identifiziert ist. Dies kann zB durch die Festlegung von Preisen von bestimmtem Diensten oder Produkten erfolgen, oder dadurch, dass manche Angebote Nutzern mit bestimmten Profilen gar nicht vorgelegt werden.

11 Die betroffenen Nutzer werden in der Regel „**vereinzelt"** in dem Sinne sein, dass alle ihnen zuzurechnenden Interaktionen mit dem Verantwortlichen von diesem als zu ein und derselben Person gehörig erkannt werden. Lediglich die Zuordnung von Kennungen iSd Art. 4 Abs. 1 fehlt zur vollständigen Identifizierbarkeit.

12 Diese Situation ist **nicht mit einer Pseudonymisierung zu verwechseln,** bei der dem Verantwortlichen die Identifizierung der betroffenen Personen möglich ist, er aber die Speicherung und Verarbeitung so organisiert hat, dass in der Regel bei der Verarbeitung die Identifizierung nicht genutzt wird und gegebenenfalls an der Verarbeitung der Daten beteiligte Mitarbeiter die Identität der betroffenen Personen nicht erkennen können. Der Verantwortliche ist aber in der Lage, die Identifizierung durchzuführen.

13 Auch in denjenigen Fällen, in denen der Verantwortliche nach Ablauf der Zeit, in der für seine Zwecke die Identifizierung der betroffenen Personen notwendig war, die Daten in einer nicht mehr identifizierbaren Form speichert, ist **der Datenbestand weder als pseudonymisiert noch als anonymisiert zu betrachten.** Die Anonymisierung würde dazu führen, dass die Daten auch nicht mehr identifiziert werden könnten und damit effektiv nicht mehr als personenbezogen gälten. Das ist aber in den Situationen, die Art. 11 betrifft, gerade nicht der Fall.

II. Berührte Rechte

14 Die Art. 15–20, auf die sich Art. 11 Abs. 2 bezieht, betreffen die Rechte, die betroffene Personen gegenüber den Verantwortlichen ausüben können. Dazu gehören das **Recht auf Auskunft** über die Verarbeitung von Daten zu einer Person gemäß Art. 15, das **Recht auf Berichtigung** gemäß Art. 16, das **Recht auf Löschung** („Vergessenwerden") gemäß Art. 17, das **Recht auf Einschränkung der Verarbeitung** gemäß Art. 18, die **Mitteilungspflicht** gemäß Art. 19 des Verantwortlichen, Berichtigung, Löschung oder Einschränkung von Daten aufgrund der Art. 16, 17 oder Art. 18 an diejenigen weiter zu melden, denen er diese Daten übermittelt hat, und das **Recht auf Datenübertragbarkeit** gemäß Art. 20.

Der Verlust dieser Rechte durch die vom Verantwortlichen für sich selbst angenommene 15
Unmöglichkeit der Identifizierung seiner Datenbestände würde also eine erhebliche Verschlechterung der Situation der betroffenen Personen bedeuten. Aus diesem Grund legt auch Art. 11 zum einen Möglichkeiten für die betroffenen Personen fest, ihre Rechte dennoch ausüben zu können; zum anderen werden auch die Möglichkeiten des Verantwortlichen, sich auf die für ihn gegebene Unmöglichkeit der Identifizierung zu berufen, beschränkt, da er hierzu einen **Nachweis antreten muss, der dann durch die Aufsichtsbehörden oder im Rechtsweg überprüft werden kann.**

III. Möglichkeiten der betroffenen Personen

Den betroffenen Personen stellt sich die Anwendung des Art. 11 durch den Verantwortlichen 16
zunächst als Ablehnung ihres Antrags nach einem der Art. 15–20 dar. Es steht ihnen zunächst die Möglichkeit offen, sich über den **Nachweis der Unmöglichkeit** der Identifizierung durch den Verantwortlichen unterrichten zu lassen, und diesen Nachweis bei Zweifeln an seiner Richtigkeit und entsprechender Bedeutung der zugrundeliegenden Angelegenheit **von einer Aufsichtsbehörde oder im Rechtsweg überprüfen zu lassen.** Je nach Umstand der Angelegenheit mag auch die bloße Feststellung, dass dem Verarbeiter die Identifizierung nicht möglich ist, bereits hinreichend zur Klärung der Angelegenheit sein.

Der betroffenen Person steht weiterhin die Möglichkeit zu, dem Verantwortlichen durch 17
Übermittlung weiterer Daten an ihn die Möglichkeit zu geben, sie zu identifizieren und den Bezug zu den sie betreffenden Daten mit ihrer Identität herzustellen. Dadurch wird der Verantwortliche in die Lage versetzt, ihrem Antrag zu entsprechen und unterliegt voll den sich aus den Art. 15–20 ergebenden Verpflichtungen. Der Verantwortliche kann die Entgegennahme und Verarbeitung dieser Daten nicht ablehnen.

IV. Pflichten des Verantwortlichen

Der Verantwortliche ist weder berechtigt noch verpflichtet, zum alleinigen Zweck der 18
Bearbeitung von Anträgen von betroffenen Personen nach den Art. 15–20 personenbezogene Daten zu erheben oder über den Zeitraum ihrer Notwendigkeit für den Zweck der Verarbeitung hinaus zu speichern. Er kann auch nicht von sich aus bei Empfang solcher Anträge die betroffenen Personen auffordern, ihm weitere Daten zur Verfügung zu stellen, um ihm eine solche Identifizierung zu ermöglichen. Er sollte aber die Antragsteller darauf hinweisen, dass sie das Recht haben, weitere Daten zu übermitteln, wenn sie ihn in die Lage versetzen wollen, die Identifizierung durchzuführen und ihre Anträge zu beantworten.

Die früher von einigen Verantwortlichen angewandte Praxis, bei Auskunftsanfragen 19
betroffener Personen zunächst mithilfe von Fragebogen in erheblichem Umfang weitere Daten zu verlangen, ist jedenfalls ausgeschlossen. Ebenso ist eine Ausdehnung von Speicherfristen für potentielle Anfragen von Betroffenen nicht gerechtfertigt. Den betroffenen Personen steht es aber frei, solche Daten zur Verfügung zu stellen, um den Verantwortlichen in die Lage zu versetzen, ihren Anforderungen gemäß den Bestimmungen der DS-GVO vollständig nachzukommen.

Ist der Verantwortliche nicht in der Lage, die von den von ihm verarbeiteten Daten betroffe- 20
nen Personen soweit zu identifizieren, dass ihre Identität mit denjenigen festgestellt werden kann, die Anfragen gemäß den Art. 15–20 stellen, so ist er nicht verpflichtet, diese Artikel anzuwenden. **Allerdings ist hierzu eine einfache Behauptung des Verantwortlichen nicht ausreichend, er muss vielmehr in der Lage sein zu demonstrieren, dass er zu hinreichender Identifizierung nicht in der Lage ist.** Damit ist eine Nachprüfung durch die Aufsichtsbehörde, die betroffene Person oder von ihr beauftragte Rechtsvertreter oder Experten grundsätzlich möglich. Insbesondere für Dienste der Informationsgesellschaft kann der Verantwortliche zur Identifizierung nicht grundsätzlich mehr oder genauere Informationen verlangen, als für die Nutzung des Dienstes erforderlich sind, dh wenn zB zur Nutzung eines Dienstes Online-Kennung und Passwort ausreichend sind, sollte mit den gleichen Identifikationsmerkmalen auch Auskunft über die gespeicherten personenbezogenen Daten möglich sein, wie Erwägungsgrund 57 klarstellt.[1] Dabei unterliegt aber der Verantwortliche der Verpflichtung, die

---

[1] So auch die Artikel-29-Datenschutzgruppe in ihren Leitlinien zum Recht auf Datenübertragbarkeit, WP 242 rev.01 v. 5.4.2017, Fn. 25; ebenso der EDSA in den Guidelines 01/2022 on data subject rights – Right of access Version 2.0.

21 Der Verantwortliche ist gemäß Art. 12 Abs. 6 nicht verpflichtet, auf Anforderungen zu reagieren, wenn er zwar durch die von ihm verarbeiteten Daten die betroffenen Personen in geeigneter Weise identifizieren kann, er aber **begründete Zweifel** daran hat, dass die vom Antragsteller angegebene Identität authentisch ist. In diesem Fall kann er auch zusätzliche Informationen anfordern, um die Identität des Antragstellers zu überprüfen. Diese zusätzlichen Informationen dienen aber nicht dazu, den Datenbestand des Verantwortlichen zum Zwecke der Identifizierbarkeit der betroffenen Personen zu ergänzen, sondern um die vom Antragsteller behauptete Identität zu überprüfen.

V. Praktische Anwendung

22 Art. 11 bestimmt, wie Verantwortliche mit personenbezogenen Daten zu identifizierbaren, aber nicht identifizierten Betroffenen zu verfahren haben. Damit beantwortet er eine praktische Frage, die sich aus der umfassenden Definition des Art. 4 Abs. 1 ergibt.[2] Da die Bestimmungen des Art. 11 als Klarstellung der Bedingungen für eine rechtmäßige Verarbeitung zu verstehen sind,[3] können sie auch als zusätzlicher Anreiz zur datensparsamen Verarbeitung verstanden werden.[4]

23 Einige Beispielfälle für personenbezogene Daten, die der Verantwortliche nicht identifizieren kann, werden in der Literatur betrachtet. So werden von einigen Organisationen die Rufnummern der aus ihrem internen Netz gewählten Anschlüsse vollständig oder in verkürzter Form gespeichert,[5] etwa um den Anrufenden die Möglichkeit zu geben, bei monatlicher Abrechnung aus privaten Gründen geführte Anrufe zu kennzeichnen, so dass deren Kosten den Anrufenden in Rechnung gestellt werden können. Insofern als die angerufenen Anschlüsse natürlichen Personen zugeordnet werden können, handelt es sich um personenbezogene Daten dieser Personen, die damit die Rechte der Betroffenen gegenüber dem Verantwortlichen wahrnehmen könnten. Beantragen solcherart von der Verarbeitung des Verantwortlichen Betroffene die Ausübung ihrer Rechte nach Art. 15 bis 20 und geben dabei etwa Namen, Geburtsdatum und Meldeadresse an, so kann der Verantwortliche nicht erkennen, welche Einträge der Telefonlisten den Antragstellern zuzuordnen sind. Er ist auch nicht berechtigt, nur zur Erfüllung des Antrages eigene Maßnahmen zur Erlangung von weiteren Daten der Betroffenen zu ergreifen, um die zugehörigen Einträge zu identifizieren. Sofern die Betroffenen aber angeben, welche der möglicherweise gelisteten Telefonnummern ihnen zuzuordnen sind, muss der Verantwortliche diese Angabe annehmen und zB eine Auskunft über gespeicherte Daten geben. Dies ist allerdings nur möglich, wenn die Rufnummern vollständig vorliegen. Bei verkürzt gespeicherten Rufnummern entfällt diese Verpflichtung, da der Eintrag der Telefonliste nicht eindeutig einem Anschluss und damit einer Person zugeordnet werden kann. Auch wenn der Telefonlisteneintrag eindeutig einer Person zugeordnet werden kann, ist der Verantwortliche weiterhin verpflichtet, sicherzustellen, dass der Antragsteller auch tatsächlich berechtigt ist (Art. 12), und auch die Rechte Dritter, etwa des Anrufenden, nicht beeinträchtigt werden.

24 Video- oder Fotoaufnahmen von Personen oder Fahrzeugen[6] werden vielfach angelegt, ohne dass die sichtbaren oder als Fahrzeughalter zugeordneten Personen jemals tatsächlich identifiziert werden, bevor die Aufnahmen wieder gelöscht werden. Solche Aufnahmen können zB angelegt werden, um gegebenenfalls zivilrechtliche Ansprüche geltend zu machen (Tankdiebstahl, unerlaubte Parkplatznutzung) oder behördliche Ermittlungen zu veranlassen. Sofern diese besonderen Zwecke nicht vorliegen, sind die Daten zwar personenbezogen, da die im Video oder Foto erfassten Betroffenen etwa durch biometrische Merkmale identifiziert werden können oder die Fahrzeughalter anhand der Kennzeichen festgestellt werden können, aber für eine Durchführung der technisch möglichen Identifizierung gibt es keine rechtliche Grundlage. Auch wenn Betroffene den Verantwortlichen zusätzliche Angaben bereitstellen, kann die Identifizierung nicht möglich sein.[7]

---

[2] Kuner/Bygrave/Docksey/*Georgieva* GDPR Art. 11 S. 395.
[3] EuGH Urt. v. 4.5.2023 – C‑60/22, ECLI:EU:C:2023:373 Rn. 58–60 – Bundesrepublik Deutschland.
[4] Simitis/Hornung/Spiecker gen. Döhmann/*Hansen* DS-GVO Art. 11 Rn. 5; Kühling/Buchner/*Weichert* DS-GVO Art. 11 Rn. 5.
[5] Gola/Heckmann/*Gola* DS-GVO Art. 11 Rn. 8.
[6] Taeger/Gabel/*Lee-Wunderlich* DS-GVO Art. 11 Rn. 15.
[7] EDSA, Guidelines 01/2022, Rn. 61, Example 10.

Insbesondere im Austausch über das Internet, vor allem bei der Nutzung von Web-Seiten, werden Informationen zum Verhalten der nutzenden Personen von vielen Servern erfasst und mit den im Internet genutzten Identifikationsmerkmalen (Benutzer-Kennungen, IP-Adressen, Cookie-Identifier etc) verknüpft. Solche Datenbestände werden regelmäßig, etwa durch Daten-Broker, aus verschiedenen Quellen zusammengeführt und zur Erstellung von Interessenprofilen genutzt. Diese Profile dienen dann dazu den Nutzern zB bei werbefinanzierten Internetdiensten im Rahmen der verhaltensgesteuerten Werbung („Behavioral Advertising") vermeintlich besonders attraktive Angebote anzuzeigen. Solche Merkmalsammlungen können auch zur Gestaltung von Diensten oder Produkten genutzt werden, indem etwa aufgrund der inferierten Bonität unterschiedliche Preise oder Tarife angeboten werden. Solche Datenbestände, die sehr viele Identifikationsmöglichkeiten beinhalten, werden von den Bedingungen des Art. 11 nicht erfasst. Dies gilt auch wenn solche Datenbestände pseudonymisiert erfasst werden.[8]

Dem Verantwortlichen obliegt es, Betroffene zu unterrichten, wenn ihm die Identifizierung der ihnen zuzuordnenden Daten nicht möglich ist. Sofern die Zuordnung durch die Übermittlung zusätzlicher Daten durch die Betroffenen ermöglicht werden kann, soll der Verantwortliche auch auf diesen Umstand hinweisen und angeben, welche zusätzlichen Daten die Identifizierung ermöglichen könnten.[9] Dabei dürfen in keinem Fall über das zur Identifizierung unmittelbar erforderliche Maß hinaus Daten abgefragt werden.

Die Aufsichtsbehörden raten den Verantwortlichen, nach Möglichkeit automatisierte Abfragemöglichkeiten für Betroffene zu schaffen, wenn Daten online gesammelt und mit entsprechenden Merkmalen versehen gespeichert werden. Durch solche Schnittstellen können die Betroffenen dann mit der Stellung des Antrags nach Art. 15 bis 20 gleich die zur Identifizierung notwendigen zusätzlichen Daten übermitteln.[10] Durch geeignete technische und organisatorische Maßnahmen können Verantwortliche ihre Datenverarbeitung insgesamt so gestalten, dass sie die Identifizierbarkeit der verarbeiteten Daten weitmöglichst vermeiden.

Im Gegensatz zu den in Art. 15–20 festgelegten Rechten der Betroffenen, die sich auf in der Regel bereits vom Verantwortlichen verarbeitete Daten beziehen, ist die Wahrnehmung des Widerspruchsrechts der Betroffenen nach Art. 21 auch dann sinnvoll, wenn überhaupt keine personenbezogenen Daten der Widersprechenden bearbeitet werden. Die Betroffenen haben damit die Möglichkeit, von vornherein zu verhindern, dass ihre personenbezogenen Daten erfasst und verarbeitet werden. Dieser Widerspruch kann auch ohne Identifizierung der Betroffenen berücksichtigt werden. Ein Beispiel ist die Vorgehensweise mancher Konferenzveranstalter, die Teilnehmern verschiedenfarbige Namensschilder oder Bänder zur Verfügung stellen, um anzuzeigen, wer Foto- oder Videoaufnahmen zugestimmt hat oder widersprochen hat. Insofern leuchtet ein, dass Art. 21 nicht von der Ausnahme des Art. 11 erfasst wird. Auch in Fällen des Art. 22 können Betroffene ihr Recht vorsorglich ausüben, ohne dass eine Identifizierung notwendig ist.

C. Rechtsschutz

Beruft sich ein Verantwortlicher bei der Ablehnung eines Antrags zu den Rechten der betroffenen Personen auf Art. 11 und die Unmöglichkeit, aufgrund der von ihm verarbeiteten Daten eine Identifizierung vorzunehmen, steht betroffen Personen sowohl die Möglichkeit der Beschwerde bei einer Aufsichtsbehörde gemäß Art. 77 als auch der Rechtsweg vor den zuständigen nationalen Gerichten gemäß Art. 79 offen.

Im Falle einer Entscheidung der Aufsichtsbehörde steht allen Betroffenen der Rechtsweg gemäß Art. 78 offen.

---

[8] EDSA, Guidelines 01/2022, Rn. 45 und 61, Example 11.
[9] EDSA, Guidelines 01/2022, Rn. 67, 68.
[10] EDSA, Guidelines 01/2022, Rn. 69.

Kapitel III. Rechte der betroffenen Person

Abschnitt 1. Transparenz und Modalitäten

Art. 12 Transparente Information, Kommunikation und Modalitäten für die Ausübung der Rechte der betroffenen Person

(1) ¹Der Verantwortliche trifft geeignete Maßnahmen, um der betroffenen Person alle Informationen gemäß den Artikeln 13 und 14 und alle Mitteilungen gemäß den Artikeln 15 bis 22 und Artikel 34, die sich auf die Verarbeitung beziehen, in präziser, transparenter, verständlicher und leicht zugänglicher Form in einer klaren und einfachen Sprache zu übermitteln; dies gilt insbesondere für Informationen, die sich speziell an Kinder richten. ²Die Übermittlung der Informationen erfolgt schriftlich oder in anderer Form, gegebenenfalls auch elektronisch. ³Falls von der betroffenen Person verlangt, kann die Information mündlich erteilt werden, sofern die Identität der betroffenen Person in anderer Form nachgewiesen wurde.

(2) ¹Der Verantwortliche erleichtert der betroffenen Person die Ausübung ihrer Rechte gemäß den Artikeln 15 bis 22. ²In den in Artikel 11 Absatz 2 genannten Fällen darf sich der Verantwortliche nur dann weigern, aufgrund des Antrags der betroffenen Person auf Wahrnehmung ihrer Rechte gemäß den Artikeln 15 bis 22 tätig zu werden, wenn er glaubhaft macht, dass er nicht in der Lage ist, die betroffene Person zu identifizieren.

(3) ¹Der Verantwortliche stellt der betroffenen Person Informationen über die auf Antrag gemäß den Artikeln 15 bis 22 ergriffenen Maßnahmen unverzüglich, in jedem Fall aber innerhalb eines Monats nach Eingang des Antrags zur Verfügung. ²Diese Frist kann um weitere zwei Monate verlängert werden, wenn dies unter Berücksichtigung der Komplexität und der Anzahl von Anträgen erforderlich ist. ³Der Verantwortliche unterrichtet die betroffene Person innerhalb eines Monats nach Eingang des Antrags über eine Fristverlängerung, zusammen mit den Gründen für die Verzögerung. ⁴Stellt die betroffene Person den Antrag elektronisch, so ist sie nach Möglichkeit auf elektronischem Weg zu unterrichten, sofern sie nichts anderes angibt.

(4) Wird der Verantwortliche auf den Antrag der betroffenen Person hin nicht tätig, so unterrichtet er die betroffene Person ohne Verzögerung, spätestens aber innerhalb eines Monats nach Eingang des Antrags über die Gründe hierfür und über die Möglichkeit, bei einer Aufsichtsbehörde Beschwerde einzulegen oder einen gerichtlichen Rechtsbehelf einzulegen.

(5) ¹Informationen gemäß den Artikeln 13 und 14 sowie alle Mitteilungen und Maßnahmen gemäß den Artikeln 15 bis 22 und Artikel 34 werden unentgeltlich zur Verfügung gestellt. ²Bei offenkundig unbegründeten oder – insbesondere im Fall von häufiger Wiederholung – exzessiven Anträgen einer betroffenen Person kann der Verantwortliche entweder

a) ein angemessenes Entgelt verlangen, bei dem die Verwaltungskosten für die Unterrichtung oder die Mitteilung oder die Durchführung der beantragten Maßnahme berücksichtigt werden, oder
b) sich weigern, aufgrund des Antrags tätig zu werden.

³Der Verantwortliche hat den Nachweis für den offenkundig unbegründeten oder exzessiven Charakter des Antrags zu erbringen.

(6) Hat der Verantwortliche begründete Zweifel an der Identität der natürlichen Person, die den Antrag gemäß den Artikeln 15 bis 21 stellt, so kann er unbeschadet des Artikels 11 zusätzliche Informationen anfordern, die zur Bestätigung der Identität der betroffenen Person erforderlich sind.

(7) ¹Die Informationen, die den betroffenen Personen gemäß den Artikeln 13 und 14 bereitzustellen sind, können in Kombination mit standardisierten Bildsymbolen be-

reitgestellt werden, um in leicht wahrnehmbarer, verständlicher und klar nachvollziehbarer Form einen aussagekräftigen Überblick über die beabsichtigte Verarbeitung zu vermitteln. ²Werden die Bildsymbole in elektronischer Form dargestellt, müssen sie maschinenlesbar sein.

(8) Der Kommission wird die Befugnis übertragen, gemäß Artikel 92 delegierte Rechtsakte zur Bestimmung der Informationen, die durch Bildsymbole darzustellen sind, und der Verfahren für die Bereitstellung standardisierter Bildsymbole zu erlassen.

Literatur: *Albrecht,* Das neue EU-Datenschutzrecht – von der Richtlinie zur Verordnung – Überblick und Hintergründe zum finalen Text für die Datenschutzgrundverordnung der EU nach der Einigung im Trilog, CR 2016, 88; *Arens,* Die Geltendmachung des datenschutzrechtlichen Auskunftsanspruchs durch Vertreter, NJW 2021, 3417; *Article 29 Data Protection Party,* Guidelines on transparency under Regulation 2016/679, 17/EN WP 260; *Auer-Reinsdorff,* Transparente Datenschutzhinweise – den inhärenten Widerspruch auflösen!, ZD 2017, 149; *Dammann,* Erfolge und Defizite der EU-Datenschutzgrundverordnung – Erwarteter Fortschritt, Schwächen und überraschende Innovationen, ZD 2016, 307; *Durmus,* Praktische Umsetzung von Transparenzpflichten, RDV 2018, 297; *Ebner,* Die Novellierung der datenschutzrechtlichen Informationspflichten, ZfDR 2023, 299; *Ebner,* Information Overload 2.0?, ZD 2022, 364; *Faust/Spittka/Wybitul,* Milliardenbußgelder nach der DS-GVO, ZD 2016, 120; *Franzen,* Datenschutz-Grundverordnung und Arbeitsrecht, EuZA 2017, 313; *Geminn/Francis/Herder,* Die Informationspräsentation im Datenschutzrecht – Auf der Suche nach Lösungen, ZD-Aktuell 2021, 05335; *Gerpott,* Datenschutzerklärungen – Materiell fundierte Einwilligungen nach der DS-GVO, MMR 2020, 739; *Gesellschaft für Datenschutz und Datensicherheit e. V.,* GDD-Praxishilfe DS-GVO VII – Transparenzpflichten bei der Datenverarbeitung, abrufbar unter www.gdd.de/downloads/praxishilfen/GDD-Praxishilfe_DS-GVO_7.pdf (Stand 19.2.2018); *Heckmann/Paschke,* jurisPK Internetrecht, 7. Aufl. 2021, Kap. 9; *Hermstrüwer,* Informationelle Selbstgefährdung, 2016; *Kamps/Bonanni,* Der datenschutzrechtliche Beipackzettel zum Arbeitsvertrag, ArbRB 2017, 199; *Kamps/Schneider,* Transparenz als Herausforderung: Die Informations- und Meldepflichten der DSGVO aus Unternehmenssicht, K&R-Beil. 1 zu Heft 7/8/2017, 24; *Korch/Chatard,* Der Missbrauchseinwand gegen Betroffenenrechte, ZD 2022, 482; *Korch/Chatard,* Reichweite und Grenzen des Anspruchs auf Erhalt einer Kopie gem. Art. 15 Abs. 3 DSGVO, CR 2020, 438; *Kremer,* Das Auskunftsrecht der betroffenen Person in der DSGVO, CR 2018, 560; *Krüger,* Datensouveränität und Digitalisierung, ZRP 2016, 190; *Kugelmann,* Datenfinanzierte Internetangebote, DuD 2016, 566; *Kühling/Martini,* Die Datenschutz Grundverordnung: Revolution oder Evolution im europäischen und deutschen Datenschutzrecht?, EuZW 2016, 448; *Kuznik,* Die Grenzen des Anspruchs auf Zugang zu personenbezogenen Daten, NVwZ 2023, 297; *Petrlic,* Identitätsprüfung bei elektronischen Auskunftsersuchen nach Art. 15 DSGVO, DuD 2019, 71; *Piltz/Pradel,* Wie lange dauern 72 Stunden?, ZD 2019, 152; *Pollmann/Kipker,* Informierte Einwilligung in der Online-Welt, DuD 2016, 378; *Raji,* Auskunftsanspruch in der Praxis, ZD 2020, 279; *Richter,* Aus Sicht der Stiftung Datenschutz – Simplifizierung als Lösung für die „Daten-AGB"?, PinG 2017, 65; *Roßnagel,* Das neue Datenschutzrecht, 2018; *Roßnagel/Geminn/Jandt/Richter,* Datenschutzrecht 2016 – „Smart" genug für die Zukunft?, 2016; *Rücker/Kugler,* New European General Data Protection Regulation, 2018; *Schantz,* Die Datenschutz-Grundverordnung – Beginn einer neuer Zeitrechnung im Datenschutzrecht, NJW 2016, 184; *Schantz/Wolff,* Das neue Datenschutzrecht – Datenschutz-Grundverordnung und Bundesdatenschutzgesetz in der Praxis, 2017; *Scheurer,* Spielerisch Selbstbestimmt, 2019; *Scheurer,* Playing consent, PinG 2020, 13; *Schreiber/Brinke,* Der Auskunftsanspruch als discovery-Ersatz?, RDi 2023, 232; *Strassemeyer,* Die Transparenzvorgaben der DSGVO für algorithmische Verarbeitungen, K&R 2020, 176; *Suchan,* „Der qualitative Exzess" nach Art. 15 DS-GVO, ZD 2021, 198; *Walter,* Die datenschutzrechtlichen Transparenzpflichten nach der Europäischen Datenschutz-Grundverordnung, DSRITB 2016, 367; *Wybitul,* Was ändert sich mit dem neuen EU-Datenschutzrecht für Arbeitgeber und Betriebsräte?, ZD 2016, 203; *Wybitul,* EU-Datenschutz-Grundverordnung in der Praxis – Was ändert sich durch das neue Datenschutzrecht?, BB 2016, 1077; *Wybitul/Baus,* Wie weit geht das Recht auf Auskunft und Kopie nach Art. 15 DSGVO, CR 2019, 494.

Rechtsprechung: EuGH Urt. v. 26.10.2023 – C-307/22, ECLI:EU:C:2023:811; EuGH Urt. v. 4.5.2023 – C-487/21, ECLI:EU:C:2023:369 – Österreichische Datenschutzbehörde; EuGH Urt. v. 12.1.2023 – C-154/21, ECLI:EU:C:2023:3 – Österreichische Post; EuGH Urt. v. 28.7.2016 – C-191/15, ECLI:EU:C:2016:612 Rn. 67 – Verein für Konsumenteninformation; EuGH Urt. v. 23.4.2015 – C-96/14, ECLI:EU:C:2015:262 – Van Hove; EuGH Urt. v. 26.2.2015 – C-143/13, ECLI:EU:C:2015:127 Rn. 76 – Matei; BGH Beschl. v. 29.3.2022 – VI ZR 1352/20; BVerwG Urt. v. 30.11.2022 – 6 C 10.21; OLG Dresden Urt. v. 29.3.2022 – 4 U 1905/21; OLG Nürnberg Urt. v. 14.3.2022 – 8 U 2907/21; OLG Hamm Beschl. v. 15.11.2021 – 20 U 269/21; OLG Stuttgart Urt. v. 31.3.2021 – 9 U 34/21 = BeckRS 2021, 6282; LG Heidelberg Urt. v. 21.2.2020 – 4 O 6/19, ZD 2020, 313; LG Frankenthal (Pfalz) Urt. v. 12.1.2021 – 1 HK O 4/19; LG Köln Urt. v. 11.11.2020 – 23 O 172/19; LG Bonn Urt. v. 11.11.2020 – 29 OWi 1/20, MMR 2021, 173; ArbG Düsseldorf Urt. v. 5.3.2020 – 9 Ca 6557/18, ZD 2020, 649; AG Seligenstadt Urt. v. 23.6.2020 – 1 C 7/19, ZD 2021, 48; AG Mitte Urt. v. 29.7.2019 – 7 C 185/18, ZD 2020, 647.

Art. 12

Kapitel III. Rechte der betroffenen Person

Übersicht

	Rn.
A. Allgemeines	1
I. Zweck und Bedeutung der Vorschrift	1
II. Systematik, Verhältnis zu anderen Vorschriften	4
B. Einzelerläuterungen	8
I. Pflicht zu transparenter Information (Abs. 1)	8
1. Allgemeines	8
2. Anwendungsbereich	9
a) Informationen gemäß Art. 13 und 14	10
b) Mitteilungen gemäß Art. 15–22 und 34	11
3. Art und Weise der Bereitstellung von Informationen (Abs. 1 S. 1)	12
a) Formale Anforderungen	12
b) Sprachliche Anforderungen	17
c) Grafische und mediendidaktische Darstellungsmöglichkeiten	20
4. Besonderheiten bei Kindern (Abs. 1 S. 1 Hs. 2)	21
5. Formale Vorgaben für die Übermittlung der Information (Abs. 1 S. 2 und 3)	22
II. Erleichterung der Rechtewahrnehmung (Abs. 2)	23
1. Anwendungsbereich: Ausübung der Betroffenenrechte nach Art. 15–22	23
2. Möglichkeiten und Maßstäbe einer Erleichterung (Abs. 2 S. 1)	24
3. Besonderheiten bei Nichtidentifizierbarkeit des Betroffenen (Abs. 2 S. 2)	25
III. Frist zur Informationserteilung (Abs. 3)	31
1. Anwendungsbereich: Maßnahmen zu Art. 15–22	31
2. Regelfall: unverzüglich (Abs. 3 S. 1)	32
3. Erforderlichkeit einer Fristverlängerung (Abs. 3 S. 2)	33
4. Unterrichtungspflicht zur Fristverlängerung (Abs. 3 S. 3)	34
5. Besonderheiten bei elektronischer Antragstellung (Abs. 3 S. 4)	35
IV. Untätigbleiben des Verantwortlichen (Abs. 4)	36
1. Anwendungsbereich: Antrag zu Betroffenenrechten nach Art. 15–22	36
2. Gründe für ein Untätigbleiben	37
3. Frist für Unterrichtung des Betroffenen	39
4. Rechtsbehelfsbelehrung	40
V. Grundsatz der Unentgeltlichkeit (Abs. 5)	42
1. Regelfall der Unentgeltlichkeit (Abs. 5 S. 1)	42
2. Missbrauchsklausel (Abs. 5 S. 2)	43
3. Reaktionsmöglichkeiten bei Missbrauch	44
4. Beweislast	49
VI. Identitätsfeststellung (Abs. 6)	50
1. Anwendungsbereich: Anträge nach Art. 15–21	50
2. Zweifel an der Identität des Antragstellers	51
3. Verarbeitung der zusätzlichen Informationen	52
VII. Information durch standardisierte Bildsymbole (Abs. 7)	53
1. Anwendungsbereich: Informationen nach Art. 13 und 14	53
2. Grafische Information (Abs. 7 S. 1)	54
3. Maschinenlesbarkeit elektronisch dargestellter Bildsymbole (Abs. 7 S. 2)	55
VIII. Delegierte Rechtsakte (Abs. 8)	56
1. Anwendungsbereich: Darstellung durch Bildsymbole	56
2. Reichweite der Befugnis zu delegierten Rechtsakten	57
IX. Beschränkungen (Art. 23)	58
X. Bußgeldbestimmung (Art. 83 Abs. 5 lit. b)	59
C. Rechtsschutz	60

A. Allgemeines

I. Zweck und Bedeutung der Vorschrift

1 Art. 12 regelt die **Form der Unterrichtung des Betroffenen** über die in Art. 13 und 14 normierten Informationspflichten bei der Datenerhebung, um dem Betroffenen einen effektiven Rechtsschutz zu ermöglichen (Art. 12 Abs. 1, Abs. 7, Abs. 8). Die aussichtsreiche Wahrnehmung etwaiger Rechte sowohl gegenüber Privaten als auch gegenüber öffentlichen Stellen bedingt vorab, dass der Betroffene hinreichend über die Verarbeitung seiner Daten informiert

wird.[1] Grundlage dafür ist die Gewährleistung einer möglichst transparenten und informierten Datenverarbeitung, welche es dem Betroffenen tatsächlich ermöglicht die Kontrolle („Souveränität") über seine Daten zu behalten.[2] Im Lichte dessen kam es mit der Etablierung der Vorgaben des Art. 12 zu einer deutlichen Verschärfung und Ausweitung teils bereits existenter Informationspflichten.[3]

Darüber hinaus normiert Art. 12 in den Abs. 2–6 den **Umgang des Verantwortlichen mit Anfragen von Betroffenen** sowie die **Modalitäten für die Ausübung der Rechte der Betroffenen**. Die Vorschrift knüpft damit an den Prozess der Datenerhebung an und soll diesen unter Beachtung des allgemeinen Transparenzgrundsatzes nach Art. 5 Abs. 1 lit. a für den Betroffenen so transparent wie möglich gestalten. Nach Maßgabe der Grundsätze der fairen und transparenten Verarbeitung personenbezogener Daten muss der Betroffene über die Existenz des Verarbeitungsvorgangs und seine Zwecke unterrichtet werden.[4] Der Verantwortliche stellt der betroffenen Person alle Informationen zur Verfügung, die unter Berücksichtigung der besonderen Umstände und Rahmenbedingungen, unter denen die personenbezogenen Daten verarbeitet werden, notwendig sind.[5] Gleichzeitig soll die hierdurch geschaffene Transparenz das Vertrauen der Betroffenen in die digitale Umgebung stärken.[6] Während Art. 12 primär die Modalitäten dieser Informationen vorgibt, finden sich die inhaltlichen Vorgaben in Art. 13 und 14.

Daneben regelt Art. 12 Abs. 2–6, wie der Verantwortliche die Ausübung von Betroffenenrechten gestalten soll und wie er mit Anfragen von Betroffenen umzugehen hat. Allgemein muss der Verantwortliche die Ausübung der in Art. 15–22 normierten Rechte für Betroffene erleichtern (Art. 12 Abs. 2 S. 1). Da im Zusammenhang wenige konkrete Vorgaben durch Art. 12 gemacht werden, ist die **Stärkung der Betroffenenrechte** auf diesem Wege mit den Rechten des Verantwortlichen (vgl. Art. 15, 16, 17 GRCh) vereinbar und angemessen. Konkrete Vorgaben gibt es lediglich hinsichtlich des temporären Umgangs sowie einiger inhaltlicher Anforderungen an die Kommunikation mit Betroffenen nach einer erfolgten Anfrage. 2

Art. 12 normiert, dass alle relevanten Informationen in präziser, transparenter, verständlicher und leicht zugänglicher Form in einer klaren und einfachen Sprache an den Betroffenen zu richten sind. Darüber hinaus ergibt sich aus Art. 12 Abs. 5 S. 1, dass diese dem Verantwortlichen auferlegte Pflicht **für den Betroffenen weitestgehend kostenfrei** sein muss. Durch dieses in temporärer sowie förmlicher Hinsicht vorgegebene Vorgehen der Verantwortlichen wird eine bisher nicht bestehende **europaweite Stärkung der Verbraucherrechte** veranlasst, die Rechtssicherheit schafft.[7] Durch die transparent gestalteten Informationen und Mitteilungen wird dem Betroffenen erst die Kontrolle über die Datenverarbeitung ermöglicht. Die expliziten Anforderungen an eine Vereinfachung der Nutzerinformationen tragen auch dem Umstand Rechnung, dass auf Internetdienste bezogene Einwilligungen und Dispositionen von Betroffenen bislang weitgehend ins Leere zielen, weil die komplexen Datenverarbeitungsvorgänge von Nutzern kaum verstanden werden.[8] 3

II. Systematik, Verhältnis zu anderen Vorschriften

Art. 12 präzisiert den **Grundsatz der Transparenz** aus Art. 5 Abs. 1 lit. a. Danach müssen personenbezogene Daten auf rechtmäßige Weise, nach Treu und Glauben und in einer für die betroffene Person nachvollziehbaren Weise verarbeitet werden. Dieses Grundprinzip ist auch für die Auslegung von Art. 12 ff. von elementarer Bedeutung.[9] Als erste Regelung der „Rechte der betroffenen Personen" (Kapitel III), quasi als vorangestellter „Allgemeiner Teil",[10] normiert 4

---

[1] *Kugelmann* DuD 2016, 566 (567).
[2] Vgl. *Krüger* ZRP 2016, 190 (190); HK-DS-GVO/*Greve* Art. 12 Rn. 1.
[3] *Kamps/Schneider* K&R-Beil. 1 zu Heft 7/8/2017, 24 (25); *Kugelmann* DuD 2016, 566 (567); Gola/Heckmann/*Franck* DS-GVO Art. 12 Rn. 4; Kühling/Buchner/*Bäcker* DS-GVO Art. 12 Rn. 2; HK-DS-GVO/*Greve* Art. 12 Rn. 7.
[4] Erwägungsgrund 60.
[5] Erwägungsgrund 60.
[6] Vgl. Vorschlag der Europäischen Kommission v. 25.1.2012, KOM(2012) 11 endgültig, 2012/0011 (COD), S. 118.
[7] *Albrecht* CR 2016, 88 (92 f.).
[8] Zum Problem der Plug-and-Play Falle *Heckmann* NJW 2012, 2631 (2633).
[9] *Weichert*, Die Europäische Datenschutz-Grundverordnung – ein Überblick, Stand 28.4.2016, S. 10.
[10] *Weichert*, Die Europäische Datenschutz-Grundverordnung – ein Überblick, Stand 28.4.2016, S. 13; *Kamps/Schneider* Beil. 1 zu Heft 7/8/2017, 24 (25) sprechen insofern von der „Generalklausel" der Informierung Betroffener.

Art. 12 Vorgaben für die Form und die Sprache bezüglich der dem Betroffenen nach Art. 13 und Art. 14 mitzuteilenden Informationen sowie hinsichtlich der Betroffenenmitteilungen nach Art. 15–22 und 34.[11] Wenn dem Einzelnen die Datenerhebung sowie seine Rechte aus der DS-GVO verständlich kommuniziert werden, dann werden auf diese Weise auch die Betroffenenrechte gestärkt. Gleichzeitig schafft ein europaweit einheitliches Vorgehen von Unternehmen bei der Information und der Kommunikation mit Betroffenen Rechtssicherheit.

5   Während im Rahmen der Einwilligung ebenfalls das Erfordernis der Informiertheit (vgl. Art. 4 Nr. 11, Art. 6 Abs. 1 lit. a, Art. 7) besteht und daher eine der Einwilligung vorgelagerte transparente Belehrung des Betroffenen erforderlich ist, knüpft Art. 12 an einen späteren Zeitpunkt an. Dies ergibt sich zum einen aus der systematischen Stellung des Art. 12, aber auch aus dem Wortlaut von Art. 13 und 14 („Werden personenbezogene Daten (…) erhoben, so teilt der Verantwortliche (…) mit"). Die **Informationspflichten** aus Art. 13 und 14 ergeben sich nämlich erst **zum Zeitpunkt der Datenerhebung**. Werden all diese Informationen mitgeteilt, gilt die Belehrung des Betroffenen als inhaltlich hinreichend. Daraus kann jedoch nicht abgeleitet werden, dass alle in Art. 13 beinhalteten Vorgaben auch erforderlich sind, um von einer „informierten Einwilligung" zu sprechen. Vielmehr sind die Vorabinformationen bei der Einwilligung einerseits und die im Rahmen der Datenerhebung mitzuteilenden Informationen andererseits getrennt voneinander zu betrachten.

6   Darüber hinaus wäre die **Regelung in Art. 7 Abs. 2,** der für das Ersuchen der Einwilligung auf schriftlichem Wege entsprechende formale Vorgaben bereitstellt, widersinnig, wenn bereits die Vorgaben aus Art. 12 in diesem Fall gelten würden.[12] Mithin stehen die mit der Einwilligung verbundenen Informationspflichten neben den Informationspflichten aus Art. 13 und 14 und den damit verbundenen formellen Vorgaben. Hierfür sprechen zudem die unterschiedliche Zielsetzung der Belehrungen und deren zeitliche Verortung. Aufgrund der Regelung des Art. 12 Abs. 1 iVm Art. 13 muss der Verantwortliche nämlich trotz transparenter Belehrung vor Abgabe der Einwilligung den Betroffenen zum Zeitpunkt der Datenerhebung nach der informierten Einwilligung wiederholt informieren, vgl. Art. 13 Abs. 2 lit. c. Hierdurch ergeben sich auch nur partielle Überschneidungen, da neben der Einwilligung die gesetzlich erlaubte Datenverarbeitung (vgl. Art. 6 Abs. 1 S. 1 lit. b–f) den weitaus häufigeren Fall der Datenverarbeitung darstellen wird. In diesen Fällen wurde der Betroffene bisher jedoch noch nicht über seine Rechte sowie den Verarbeitungsprozess belehrt.

7   Art. 12 normiert zudem die einheitlichen formalen Anforderungen für die Information der betroffenen Personen sowie die Kommunikation mit den Betroffenen. Im Rahmen der Vorschrift hat der Verordnungsgeber ausführliche **Vorgaben hinsichtlich der Gestaltung sowie dem temporären Vorgehen** bei der Informierung des Betroffenen gemacht. Die jeweiligen inhaltlichen Anforderungen ergeben sich aus den einzelnen Informationspflichten in der DS-GVO. Diese finden sich u.a. in Art. 12 Abs. 3, Abs. 4, 13, 14, 15, 21 Abs. 4.[13] Auch wenn Art. 12 Abs. 1 sich lediglich auf die Informationspflichten aus Art. 13 und Art. 14 bezieht, ist die Informationspflicht aus Art. 12 Abs. 3 und Abs. 4 in Zusammenhang mit den Mitteilungen aus Art. 15 ff. zu sehen, so dass auch hierfür der Transparenzmaßstab aus Art. 12 Abs. 1 Anwendung findet. Soweit man dieser Auffassung nicht folgen sollte, gilt diesbezüglich zumindest das allgemeine Transparenzgebot aus Art. 5 Abs. 1 lit. a, welches für alle Informationspflichten bezüglich der Datenverarbeitung die Vorgabe macht, diese präzise und verständlich zu gestalten. Informationspflichten zur Herstellung von Transparenz bei Vorgängen der Datenverarbeitung waren bereits in der DS-RL (95/46/EG) vorgesehen.[14] Da anderenfalls kein wirksamer Schutz personenbezogener Daten möglich ist, lässt sich die Pflicht zu transparenter Information des Betroffenen bereits aus Art. 8 GRCh herleiten.[15] Mithin kann in den Vorgaben des Art. 12 ein verfahrensrechtlicher Grundrechtsschutz erblickt werden.[16]

---

[11] Nach Kühling/Buchner/*Bäcker* DS-GVO Art. 12 Rn. 1 enthält die Norm „Rahmenregelungen".
[12] Zu den inhaltlichen Anforderungen an die Vorgabe des Art. 7 Abs. 2 siehe EDSA, Leitlinien 05/2020 v. 4.5.2020, S. 18 Rn. 66 ff.
[13] *Möhrke-Sobolewski/Klas* K&R 2016, 373 (376).
[14] Vgl. Art. 6 DS-RL und Erwägungsgrund 38 der DS-RL 95/46/EG.
[15] Vgl. auch Gola/Heckmann/*Franck* DS-GVO Art. 12 Rn. 8.
[16] Kühling/Buchner/*Bäcker* DS-GVO Art. 12 Rn. 4.

B. Einzelerläuterungen

I. Pflicht zu transparenter Information (Abs. 1)

1. Allgemeines. Art. 12 Abs. 1 S. 1 begründet die Pflicht, dass sowohl allgemeine Informationen (Art. 13, 14) als auch betroffenenspezifische Mitteilungen (Art. 15 ff., 34), die sich auf die Datenverarbeitung beziehen, in präziser, transparenter, verständlicher und leicht zugänglicher Form in einer klaren und einfachen Sprache zu übermitteln sind. Nur durch die **verständliche Darstellung** der Datenverarbeitung, etwaiger Risiken, Garantien und Betroffenenrechte sowie der Aufklärung des Betroffenen, wie er bestehende Rechte geltend machen kann, kann dem Grundsatz der allzeit bestehenden Datenhoheit des Einzelnen aus Art. 8 GRCh Rechnung getragen werden.[17] Die Vorgaben des Art. 12 Abs. 1 S. 1 sollen allen voran im zunehmend komplexeren Bereich des Internets Abhilfe schaffen, da die dort oftmals anzutreffenden Informationserteilungen für den Betroffenen kaum nachvollziehbar sind.[18] Darüber hinaus stellt Art. 12 eine Formvorschrift hinsichtlich der Übermittlung der genannten Daten durch den Verantwortlichen dar (Art. 12 Abs. 1 S. 2 und S. 3).

2. Anwendungsbereich. Lediglich die **Kommunikation des Verantwortlichen mit dem Betroffenen,** die sich auf die Datenverarbeitung bezieht, ist durch den Grundsatz der Transparenz geprägt. Demnach soll jede andere (nicht verordnungsrelevante) Kommunikation zwischen Verantwortlichen und Betroffenen ausgeklammert werden, da diese nicht den Anforderungen von Art. 12 Abs. 1 unterliegen soll.[19] Insbesondere unterfällt weder das Recht auf eine Datenkopie iSd Art. 15 Abs. 3 noch das Recht auf Datenübertragbarkeit gemäß Art. 20 dem Anwendungsbereich des Art. 12 Abs. 1 S. 1, da der Anspruch des Betroffenen in diesen Fällen darauf beschränkt ist, seine Daten dergestalt zu erhalten, wie sie der Verantwortliche bereithält.[20]

a) Informationen gemäß Art. 13 und 14. Die in Art. 12 enthaltenen formellen Vorgaben gelten für die allgemeinen Informationspflichten aus Art. 13 und 14. Art. 13 benennt die Informationen, die dem Betroffenen bei der Erhebung seiner personenbezogenen Daten zu erteilen sind. Art. 14 normiert eine Informationspflicht für den Fall, dass die personenbezogenen Daten nicht bei der betroffenen Person selbst erhoben werden. Der Katalog der Informationen, welche nach Art. 13 und Art. 14 gegenüber dem Betroffenen erfolgen müssen, ist gegenüber den nationalen Regelungen deutlich erweitert worden.[21] Die betroffene Person ist nunmehr ausführlich über die Existenz des Verarbeitungsvorgangs, seine Zwecke und alle weiteren notwendigen Informationen zu unterrichten, um eine faire und transparente Datenverarbeitung sicherzustellen.[22] Je nach Risiko, Art und Umfang der konkreten Verarbeitung wird auch eine zweistufige Umsetzung der Informationspflicht für zulässig erachtet.[23] Während auf der ersten Stufe immer die Identität des Verantwortlichen und der konkrete Verarbeitungszweck zu nennen sind, müssen auf der zweiten Stufe die Informationen nach Art. 13 und 14 zur Verfügung gestellt werden.[24] Art. 12 findet hingegen **keine Anwendung auf die Belehrung vor Abgabe der Einwilligung,** damit diese informiert erfolgt. Die Informationspflichten aus Art. 13 und 14 ergeben sich nämlich erst zum Zeitpunkt der Datenerhebung bzw. bei Art. 14 innerhalb einer nachfolgenden angemessenen, einzelfallbezogenen Frist.[25] Der Wortlaut von Art. 13 gestattet auch keinen Umkehrschluss, wonach für eine informierte Einwilligung alle in dieser Vorschrift genannten Informationen erteilt werden müssten.[26]

b) Mitteilungen gemäß Art. 15–22 und 34. Neben den allgemeinen Informationen enthält Art. 12 Abs. 1 auch Vorgaben für alle (einzelfallbezogenen) **Mitteilungen aufgrund der Vor-**

---

[17] Vgl. Erwägungsgrund 39 S. 5; allg. zur Transparenzgestaltung vgl. *Strassemeyer* K&R 2020, 176 ff.
[18] HK-DS-GVO/*Greve* Art. 12 Rn. 6.
[19] Paal/Pauly/*Paal/Hennemann* DS-GVO Art. 12 Rn. 20.
[20] Kühling/Buchner/*Bäcker* DS-GVO Art. 12 Rn. 10.
[21] *Schantz* NJW 2016, 1841 (1845).
[22] Erwägungsgrund 60 S. 1, 2.
[23] BayLDA, 8. Tätigkeitsbericht 2017/2018, S. 43 Ziff. 7.1.1.; vgl. auch jurisPK-InternetR/*Heckmann/Scheurer* Kap. 9 Rn. 416.
[24] BayLDA, 8. Tätigkeitsbericht 2017/2018, S. 43 Ziff. 7.1.1.; vgl. auch jurisPK-InternetR/*Heckmann/Scheurer* Kap. 9 Rn. 416.
[25] Erwägungsgrund 61 S. 1.
[26] Zur systematischen Auslegung der Vorschrift auch → Rn. 4 ff.

Art. 12 12

schriften nach Art. 15–22 und 34. Für die Beantwortung entsprechender Anfragen ist das gleiche Maß an Verständlichkeit und Transparenz zu beachten, welches auch für die oben genannten Informationen gilt. Insbesondere bei der Auskunftserteilung nach Art. 15 wird die Vorschrift in der Praxis von Bedeutung sein. Bei der Geltendmachung anderer Betroffenenrechte wird sich die Mitteilung zumeist darauf beschränken, dass der Verantwortliche dem Antragsteller mitteilt, dass der Antrag bei ihm eingegangen ist und wie der Verantwortliche mit dem Antrag umgeht bzw. ob er diesem entspricht, vgl. Art. 12 Abs. 3. Bei einer Geltendmachung des Rechts auf Datenübertragung sollte dem Betroffenen beispielsweise ein Hinweis zu dem gängigen, maschinenlesbaren und interoperablen Format, in dem die Daten gespeichert werden, gegeben werden. Kommt der Verantwortliche einer Anfrage nicht nach, hat er dies nach Art. 12 Abs. 4 dem Betroffenen ohne Verzögerung mitzuteilen. Diese Information ist jeweils nach Maßgabe des Art. 12 Abs. 1 transparent und verständlich zu gestalten. Für Mitteilungen im Zusammenhang mit der Berichtigung oder Löschung personenbezogener Daten oder der Einschränkung der Verarbeitung enthält Art. 19 eine eigene Mitteilungspflicht, die jedoch die formalen Voraussetzungen nach Art. 12 Abs. 1 ebenfalls erfüllen muss. Nach Art. 34 Abs. 2 muss der Betroffene im Falle eines Datenschutzverstoßes in klarer und einfacher Sprache über die Art der Rechtsverletzung informiert werden. Diese Benachrichtigung muss die in Art. 33 Abs. 3 lit. b, c und d genannten Informationen und Maßnahmen enthalten.

12 **3. Art und Weise der Bereitstellung von Informationen (Abs. 1 S. 1). a) Formale Anforderungen.** Nach Art. 12 Abs. 1 S. 1 trifft der Verantwortliche geeignete Maßnahmen, um der betroffenen Person alle Informationen gemäß den Art. 13 und 14 und alle Mitteilungen gemäß den Art. 15–22 und 34, die sich auf die Verarbeitung beziehen, in präziser, transparenter, verständlicher und leicht zugänglicher Form in einer klaren und einfachen Sprache zu übermitteln. Die in diesem Zusammenhang genannten Adjektive wirken auf den ersten Blick redundant, da diese sich inhaltlich im deutschen Wortlaut zumindest teilweise überschneiden.[27] Bei genauerer Betrachtung wird jedoch die Notwendigkeit aller Begriffe offensichtlich. **Transparenz** wird vor allem im europäischen Kontext als Synonym für Öffentlichkeit bzw. öffentliche Zugänglichkeit verwandt.[28] Bezogen auf den Inhalt der Erklärung sind verschleiernde Informationserteilungen zu vermeiden, da diese den tatsächlichen Informationsgehalt der Mitteilung nicht erkennen lassen und somit nicht dem Gebot der Transparenz entsprechen.[29] Es bedarf unter Berücksichtigung des Art. 5 Abs. 1 lit. a einer nachvollziehbaren und vollständigen Informationserteilung.[30] Hierfür sind die Informationen gelegentlich gezielt und unmittelbar an den Betroffenen zu richten.[31] Darüber hinaus sind entsprechende Mitteilungen eindeutig von anderen nicht-datenschutzrechtlich relevanten Informationen abzugrenzen.[32] Insbesondere im Bereich des Internets bietet es sich dafür an, entsprechend bereitgehaltene Informationen in Sektionen zu unterteilen.[33] Für die Betroffenen hat dies den Vorteil, dass gewünschte Informationen anhand eines Klicks abgerufen werden können, so dass die Suche relevanter Passagen innerhalb einer langen Erklärung entfällt.[34] Dabei sollte die erste Seite der Erklärung einen Überblick über die Verarbeitungsprozesse liefern und sodann über klar strukturierte Links weiterführende Informationen bereithalten.[35] Zu umfangreiche Datenschutzerklärungen führen nachweislich zu einem „Wegklicken", ohne dass der Betroffene die Erklärung hinreichend

---

[27] Plath/*Kamlah* DS-GVO Art. 12 Rn. 2.
[28] Vgl. Art. 15 Abs. 3 AEUV; Verordnung (EG) Nr. 1049/2001 des Europäischen Parlaments und des Rates vom 30. Mai 2001 über den Zugang der Öffentlichkeit zu Dokumenten des Europäischen Parlaments, des Rates und der Kommission (sog. Transparenzverordnung) ABl. 2001 L 145, 43 ff.; *Gröschner* VVDStRL Bd. 63 (2004), 344 (346, 356 f.); *Gusy* DVBl 2013, 941 (941).
[29] BeckOK DatenschutzR/*Quaas* DS-GVO Art. 12 Rn. 14.
[30] Gola/Heckmann/*Franck* DS-GVO Art. 12 Rn. 19; Auernhammer/*Eßer* DS-GVO Art. 12 Rn. 7 folgert daraus, dass dem Merkmal der Transparenz iSd Art. 12 Abs. 1 keine eigenständige Bedeutung zukommt, sondern dass vielmehr lediglich der allg. Transparenzgrundsatz des Art. 5 Abs. 1 lit. a wiederholt wird.
[31] HK-DS-GVO/*Greve* Art. 12 Rn. 19.
[32] Article 29 Data Protection Working Party, Guidelines on transparency under Regulation 2016/679, 17/EN WP 260, S. 7.
[33] Article 29 Data Protection Working Party, Guidelines on transparency under Regulation 2016/679, 17/EN WP 260, S. 7.
[34] Article 29 Data Protection Working Party, Guidelines on transparency under Regulation 2016/679, 17/EN WP 260, S. 7.
[35] Article 29 Data Protection Working Party, Guidelines on transparency under Regulation 2016/679, 17/EN WP 260, S. 17.

gelesen hat.³⁶ Die Ursache für die immer noch weitläufig zu langen und zu komplexen Datenschutzerklärungen sieht *Ebner* gerade in der Ausgestaltung der Art. 12 ff. und sieht deshalb gesetzgeberischen Handlungsbedarf.³⁷ Unter anderem schlägt er daher vor, die Transparenzanforderungen des Art. 12 Abs. 1 um die Voraussetzung der „übersichtlichen Form" zu ergänzen und die Informationen „wenn möglich, stichpunktartig und mithilfe von Schlagworten" bereitzustellen.³⁸

Eine **präzise Erklärung** bezeichnet hingegen die vollständige, aber dennoch auf den Kern reduzierte Darstellung einzelner Informationen.³⁹ Dabei sind die wesentlichen Aspekte der Verarbeitung prägnant darzustellen.⁴⁰ Hierdurch soll verhindert werden, dass durch zu viele detaillierte Mitteilung eine Mitteilung im Ergebnis weniger verständlich ist, da die Betroffenen grundsätzlich nur eine begrenzte Aufnahmefähigkeit haben (sog. „information overload").⁴¹ Der Hinweis auf einen Anhang, va wenn dieser mehrere hundert Seiten umfasst, soll in diesem Kontext nicht ausreichen.⁴² Als hinreichend transparent anerkannt wurde aber die Aufspaltung der Information in einen allgemeinen Teil (Erklärung der Verarbeitung personenbezogener Daten in einem Frage-Antwort-System) und einen Teil, in dem der betroffenen Person Aufschluss über ihre spezifischen personenbezogenen Daten vermittelt wurden.⁴³ Zudem birgt die Informationsüberfrachtung das Risiko der „Abstumpfung", insbesondere da expansive Erklärungen regelmäßig ungelesen bestätigt werden.⁴⁴ Andererseits merkt *Paal* zu Recht an, dass eine präzise, knappe Darstellung dem Erfordernis der einfachen Sprache zuwiderlaufen kann.⁴⁵ Im Übrigen wird sich die Darstellung hochkomplexer Datenverarbeitungsvorgänge oftmals weder hinsichtlich des sprachlichen noch des technischen Niveaus hinreichend reduzieren lassen.⁴⁶ Darüber hinaus muss Präzision nicht immer mit Verständlichkeit korrelieren. *Bäcker* folgert aus diesem Zielkonflikt, dass dem Verantwortlichen bei der Informationserteilung ein erheblicher Gestaltungsspielraum zugebilligt werden müsse, sodass eine Verletzung der Vorgaben des Art. 12 Abs. 1 S. 1 erst bei evident unbrauchbaren Maßnahmen anzunehmen sei.⁴⁷

Verständlich ist eine Erklärung, wenn diese von einem Dritten alleine aufgrund der Ausführungen nachvollzogen werden kann. Hinsichtlich der Verständlichkeit ist auf die jeweilige Benutzergruppe abzustellen. Es darf jedoch nicht auf den Durchschnittsnutzer ankommen, weil das Datenschutzrecht für jede Person gilt, Art. 8 Abs. 1 GRCh. Um jedem Menschen insoweit gerecht zu werden, muss hinsichtlich der Verständlichkeit zumeist ein weit unterdurchschnittlicher Maßstab angelegt werden.⁴⁸ Abseits grundrechtlicher Aspekte würde aber auch die Auffassung, dass auf den durchschnittlich verständigen Nutzer abzustellen ist,⁴⁹ regelmäßig kaum praktische Auswirkungen mit sich bringen. Mithin werden sich die Anforderungen an die Informationspflichten auch unter Zugrundelegung des vorliegend vertretenen Maßstabs nicht signifikant erhöhen. Dabei gilt es zu berücksichtigen, dass im Kontext komplexer digitaler Datenverarbeitungen davon ausgegangen werden kann, dass die Betroffenen allgemein geringe Vorkenntnisse respektive (Medien-/IT-)Kompetenzen aufweisen. Ob daraus die Pflicht resul-

---

³⁶ *Gerpott* MMR 2020, 739 (741), der auf den empirischen Forschungsstand hierzu Bezug nimmt.
³⁷ *Ebner* ZD 2022, 364 (366); *Ebner* ZfDR 2023, 299 (299 ff.).
³⁸ *Ebner* ZfDR 2022, 299 (311).
³⁹ *Härting* DS-GVO S. 26, stellt daher fest, dass ausschweifende Formulierungen durch den Verantwortlichen zu vermeiden sind.
⁴⁰ HK-DS-GVO/*Greve* Art. 12 Rn. 14.
⁴¹ *Hermstrüwer*, Informationelle Selbstgefährdung, 2016, S. 83. Der Begriff „präzise" (in der engl. Fassung: „concise") ist im Vorschlag der Kommission noch nicht enthalten. Er ist erst durch den Änderungsantrag 106 des Europäischen Parlaments (Bericht des Europäischen Parlaments v. 21.11.2013 [A7-0402/2013], S. 90, dort noch übersetzt mit „prägnant") aufgenommen worden.
⁴² ArbG Düsseldorf Urt. v. 5.3.2020 – 9 Ca 6557/18, ZD 2020, 649.
⁴³ So das AG Seligenstadt Urt. v. 23.6.2020 – 1 C 7/19, ZD 2021, 48.
⁴⁴ So Schantz/Wolff Neues DatenschutzR/*Schantz* Rn. 1155; vgl. hierzu auch *Gerpott* MMR 2020, 739 (741), der auf den empirischen Forschungsstand hierzu Bezug nimmt.
⁴⁵ Paal/Pauly/*Paal/Hennemann* DS-GVO Art. 12 Rn. 28, 34.
⁴⁶ Kamps/Schneider K&R-Beil. 1 zu Heft 7/8/2017, 24 (25).
⁴⁷ Vgl. Kühling/Buchner/*Bäcker* DS-GVO Art. 12 Rn. 1; dem folgend *Kamps/Schneider* K&R-Beil. 1 zu Heft 7/8/2017, 24 (25); so auch Auernhammer/*Eßer* DS-GVO Art. 12 Rn. 16.
⁴⁸ So iErg auch Rücker/Kugler Data Protection Regulation/*Schrey* S. 128: „[...] generally comprehensive form for every data subject regardless of its level of education or expertise in the specific field."
⁴⁹ So u.a. HK-DS-GVO/*Greve* Art. 12 Rn. 12; BeckOK DatenschutzR/*Quaas* DS-GVO Art. 12 Rn. 12; Kühling/Buchner/*Bäcker* DS-GVO Art. 12 Rn. 11; Paal/Pauly/*Paal/Hennemann* DS-GVO Art. 12 Rn. 26; Schaffland/Wiltfang/*Schaffland/Holthaus* DS-GVO Art. 12 Rn. 2; Auernhammer/*Eßer* DS-GVO Art. 12 Rn. 8.

tiert, mehrere unterschiedliche Mitteilungen bereitzuhalten[50] oder ob nicht vielmehr eine möglichst einfach gehaltene Erklärung („one size fits all") zu bevorzugen ist, kann letztlich dahinstehen. Jedenfalls sind die Verantwortlichen gehalten, ihre Erklärungen regelmäßig auf die Verständlichkeit mit Blick auf ihre Zielgruppe hin zu überprüfen und gegebenenfalls anzupassen.[51] Dabei können beispielsweise auch Nutzerbefragungen vorgenommen werden.[52] Um dem Kriterium der Verständlichkeit zu entsprechen, kann auch darüber nachgedacht werden, die zentralen Aspekte der Datenverarbeitung in einem gesonderten Dokument in einer einfachen Sprache darzulegen.[53] Dabei sollten nicht nur die der jeweiligen Anwendung zugrundeliegenden Verarbeitungsprozesse dargestellt werden, sondern zudem welche möglichen Auswirkungen diese Verarbeitung auf die Grundrechtspositionen der Betroffenen haben können.[54] Insbesondere bei Angeboten, die sich direkt an Kinder richten, werden diesbezüglich allerdings hohe Anforderungen zu stellen sein.[55]

14 **Leicht zugänglich** ist die Darstellung, wenn diese einerseits leicht auffindbar, dh nicht auf einer Webseite versteckt platziert ist, und gleichzeitig die Form in einer digitalen Umgebung auch maschinenlesbar und damit barrierefrei ist.[56] Aus diesem Grund sind auf der Webseite platzierte Informationen auch aussagekräftig zu benennen.[57] Hierfür eignet sich u.a. die **Bezeichnung** „Informationen zum Datenschutz" oder auch „Datenschutz". Befindet sich die Darstellung allerdings hinter einer Bezahlschranke (Paywall) oder Pop-ups reicht dies gerade nicht aus.[58] Es wird sich zeigen, ob die derzeit vielfach verwandte Beschriftung mit „Datenschutzerklärung" weitergeführt werden kann. Streng genommen handelt es sich nämlich um eine gesetzlich vorgegebene Informationspflicht und nicht um eine beliebige (unverbindliche) Erklärung eines Unternehmens. Aufgrund dessen kann der Begriff „Datenschutzerklärung" als unpräzise, sprachlich unklar und damit auch als unverständlich angesehen werden. Auch der Verweis auf die allgemeinen Geschäftsbedingungen des Verantwortlichen wird regelmäßig nicht ausreichend sein.[59] Außerhalb einer digitalen Umgebung müssen die Informationen dem Betroffenen physisch zugänglich sein.[60] Dabei wird allerdings vertreten, dass es ausreichend sei, den Betroffenen auf die Datenverarbeitung sowie die Möglichkeit weitere Informationen online abzurufen, hinzuweisen.[61] Bei dem Verweis auf Internetquellen sollten sodann QR-Codes respektive Kurz-URLs verwendet werden, welche einen schnellen und einfachen Zugriff ermöglichen.[62] Im mobilen Bereich sollten entsprechende Erklärungen vor der Installation der jeweiligen App angezeigt werden und daran anschließend stets anhand „zweier Klicks", beispielsweise über das Hauptmenü erreichbar sein.[63]

15 Inwieweit die oben genannten Voraussetzungen auch inhaltlicher oder nur formeller Natur sind, ist aufgrund der Struktur des Satzes nicht abschließend zu bestimmen.[64] Aus Datenschutzgesichtspunkten können sich die Vorgaben sowohl auf die Modalität als auch auf den Inhalt beziehen.[65] Der Gesetzgeber hat nämlich durch die Vielzahl der aufgegriffenen Anforderungen

---

[50] So Paal/Pauly/*Paal/Hennemann* DS-GVO Art. 12 Rn. 26; dem folgend Kühling/Buchner/*Bäcker* DS-GVO Art. 12 Rn. 11; BeckOK DatenschutzR/*Quaas* DS-GVO Art. 12 Rn. 12.
[51] Article 29 Data Protection Working Party, Guidelines on transparency under Regulation 2016/679, 17/EN WP 260, S. 8.
[52] Article 29 Data Protection Working Party, Guidelines on transparency under Regulation 2016/679, 17/EN WP 260, S. 8.
[53] Article 29 Data Protection Working Party, Guidelines on transparency under Regulation 2016/679, 17/EN WP 260, S. 8.
[54] Article 29 Data Protection Working Party, Guidelines on transparency under Regulation 2016/679, 17/EN WP 260, S. 8.
[55] Hierzu ausf. → Rn. 21.
[56] *Walter* DSRITB 2016, 368 (368 f.) geht hingegen davon aus, dass sich das Kriterium der leichten Zugänglichkeit auf die Verständlichkeit im Sinne einer gedanklich leicht zugänglichen Erklärung bezieht.
[57] Vgl. auch jurisPK-InternetR/*Heckmann/Scheurer* Kap. 9 Rn. 414.
[58] So auch Gola/Heckmann/*Franck* DS-GVO Art. 12 Rn. 21.
[59] HK-DS-GVO/*Greve* Art. 12 Rn. 19.
[60] Paal/Pauly/*Paal/Hennemann* DS-GVO Art. 12 Rn. 32.
[61] So Schantz/Wolff Neues DatenschutzR/*Schantz* Rn. 1157.
[62] Gola/Heckmann/*Franck* DS-GVO Art. 12 Rn. 21.
[63] Article 29 Data Protection Working Party, Guidelines on transparency under Regulation 2016/679, 17/EN WP 260, S. 8.
[64] Vgl. Plath/*Kamlah* DS-GVO Art. 12 Rn. 2.
[65] Vgl. EuGH Urt. v. 28.7.2016 – C-191/15, ECLI:EU:C:2016:612 Rn. 67 = NJW 2016, 2727 – Verein für Konsumenteninformation; EuGH Urt. v. 23.4.2015 – C-96/14, ECLI:EU:C:2015:262 Rn. 40 mwN = VuR 2016, 25 mAnm *Schwintowski* – Van Hove.

sicherstellen wollen, dass der Transparenzgrundsatz hinreichend gewahrt wird, um den Vorgaben durch **Art. 8 GRCh** gerecht zu werden.[66]

Eine ähnliche Formulierung für die transparente Gestaltung von verbraucherschützenden Erklärungen nutzt der europäische Gesetzgeber zudem in **Art. 5 RL 93/13/EWG** bezüglich missbräuchlicher Klauseln in Verbraucherverträgen („klar und verständlich").[67] In Erwägungsgrund 42 S. 3 der DS-GVO verweist der Verordnungsgeber hinsichtlich der datenschutzrechtlichen Einwilligung direkt auf diese Klauselrichtlinie. Aufgrund des gleichlautenden Wortlautes dürfte sich auch die EuGH-Rechtsprechung zu Art. 5 RL 93/13/EWG auf die von Art. 12 Abs. 1 S. 1 vorgegebene klare und verständliche Sprache bzw. Form übertragen lassen. Hiernach muss bei der Erteilung der Information und den Mitteilungen nach Art. 15 ff. berücksichtigt werden, dass der Nutzer gegenüber dem Verantwortlichen einen geringeren Informationsstand besitzt. Aus diesem Grund ist **das Erfordernis der klaren und verständlichen Abfassung der oben genannten Informationen weit auszulegen.**[68] Mithin gilt das Erfordernis nicht nur in formeller und grammatikalischer Hinsicht, sondern ist umfassend auch inhaltlich zu verstehen.[69]

b) Sprachliche Anforderungen. In sprachlicher Hinsicht ist auf eine **einfache Sprache,** dh einen für jedermann verständlichen Duktus, zu achten, die ebenfalls klar ist, dh **eindeutig, und ohne interpretationsoffene Formulierungen** auskommt. Dies bedeutet, dass selbst Nutzer mit einer niedrigen Lesefähigkeit aufgrund eines geringen Bildungsniveaus, des Alters oder fehlender Sprachkenntnisse den Text verstehen und auf dieser Grundlage eine Einwilligungsfolgenabschätzung vornehmen können.[70] Mithin kommt es nicht mehr auf den Durchschnittsnutzer an, sondern auch auf das Sprachverständnis von Menschen mit einem deutlich niedrigeren Bildungsniveau. Insbesondere juristische Termini, aber auch Fremdwörter, sind vor diesem Hintergrund zu vermeiden. Werden dennoch entsprechende Begriffe verwandt, müssen diese an anderer Stelle näher erläutert werden. Darüber hinaus muss auch der Satzbau einfach strukturiert sein, wobei insbesondere lange, verschachtelte Sätze zu vermeiden sind.[71] In diesem Sinne empfiehlt *Härting* die Verwendung einer „Alltagssprache".[72] Eine grundlegende Orientierungshilfe bietet dabei der Leitfaden der Europäischen Kommission zur klaren und deutlichen Schreibweise.[73] Unbestimmte Sätze wie beispielsweise „Wir verarbeiten Ihre personenbezogenen Daten für wissenschaftliche Zwecke" oder aber unbestimmte Begriffe wie „möglicherweise, oftmals, unter Umständen" sind zu vermeiden.[74] Das Konzept der einfachen Sprache ist von der leichten Sprache, die sich an Menschen mit kognitiven Einschränkungen richtet, abzugrenzen.[75]

Die sprachlichen Anforderungen nach Art. 12 Abs. 1 S. 1 sind losgelöst von Zielgruppen, da ein Bezug auf den Adressaten bzw. einer Adressatengruppe zumeist relativ ist, was in der Folge zu Rechtsunsicherheit führt. Aus diesem Grund hat sich der Verordnungsgeber im Entstehungsprozess der DS-GVO auch gegen eine entsprechende Aufnahme einer solchen Vorgabe in

---

[66] Vgl. EuGH Urt. v. 28.7.2016 – C-191/15, ECLI:EU:C:2016:612 Rn. 67 = NJW 2016, 2727 – Verein für Konsumenteninformation; EuGH Urt. v. 23.4.2015 – C-96/14, ECLI:EU:C:2015:262 Rn. 40 mwN = VuR 2016, 25 – Van Hove; EuGH Urt. v. 26.2.2015 – C-143/13, ECLI:EU:C:2015:127 Rn. 76 = GRUR-Int 2015, 471 – Matei.
[67] Richtlinie 93/13/EWG des Rates vom 5.4.1993 über missbräuchliche Klauseln in Verbraucherverträgen (ABl. 1993 L 95, 29).
[68] EuGH Urt. v. 28.7.2016 – C-191/15, ECLI:EU:C:2016:612 Rn. 67 = NJW 2016, 2727 – Verein für Konsumenteninformation; EuGH Urt. v. 23.4.2015 – C-96/14, ECLI:EU:C:2015:262 Rn. 40 mwN = VuR 2016, 25 – Van Hove; EuGH Urt. v. 26.2.2015 – C-143/13, ECLI:EU:C:2015:127 Rn. 76 = GRUR-Int 2015, 471 – Matei.
[69] Vgl. EuGH Urt. v. 23.4.2015 – C-96/14, ECLI:EU:C:2015:262 Rn. 40 mwN = VuR 2016, 25 – Van Hove.
[70] So auch Gola/Heckmann/*Franck* DS-GVO Art. 12 Rn. 22.
[71] Gola/Heckmann/*Franck* DS-GVO Art. 12 Rn. 22.
[72] *Härting* DS-GVO S. 20; HK-DS-GVO/*Greve* Art. 12 Rn. 13 hingegen empfiehlt grds. die Verwendung einer allgemeinverständlichen Sprache, die auch als Alltagssprache darstellen kann.
[73] Europäische Kommission, KLAR und DEUTLICH schreiben, abrufbar unter publications.europa.eu/en/publication-detail/-/publication/c2dab20c-0414-408d-87b5-dd3c6e5dd9a5/language-de; Article 29 Data Protection Working Party, Guidelines on transparency under Regulation 2016/679, 17/EN WP 260, S. 9.
[74] Article 29 Data Protection Working Party, Guidelines on transparency under Regulation 2016/679, 17/EN WP 260, S. 9.
[75] Schaffland/Wiltfang/*Schaffland/Holthaus* DS-GVO Art. 12 Rn. 8; Gola/Heckmann/*Franck* DS-GVO Art. 12 Rn. 22; research.uni-leipzig.de/leisa/de/; www.leichtesprache.org/.

Art. 12 ausgesprochen.[76] Stattdessen wird das **Niveau der Verständlichkeit** der Informationen und Mitteilungen durch den Verantwortlichen **auf ein absolutes Mindestmaß gesenkt**. Einzige Ausnahme einer adressatengerechten Sprache besteht hinsichtlich der Ansprache von Kindern, Art. 12 Abs. 1 S. 1 Hs. 2.[77]

19 Hinsichtlich der zu verwendenden Sprache gilt, dass die Betroffenen jedenfalls auch in der Landessprache des jeweiligen Marktortes zu informieren sind.[78] Inwieweit die Informationen oder Mitteilungen auch in eine **andere Sprache übersetzt** bzw. in einer anderen Sprache bereitgehalten werden müssen, lässt Art. 12 Abs. 1 S. 1 offen.[79] Bietet der Verantwortliche jedoch seine Leistung in unterschiedlichen EU-Mitgliedstaaten an, ist die jeweilige Sprache auch hinsichtlich der Informationen und Mitteilungen nach Art. 13 ff. anzubieten.[80] Mithin ist der Verantwortliche, insbesondere bei grenzüberschreitenden online-gestützten Tätigkeiten in der Pflicht, die Informationen in verschiedenen Sprachfassungen zeitgleich bereitzuhalten.[81]

20 **c) Grafische und mediendidaktische Darstellungsmöglichkeiten.** Grafisch ist bei einer textlichen Gestaltung darauf zu achten, dass Farben genutzt werden, die sich für eine **barrierefreie Verwendung** eignen. Insbesondere aufgrund einer weitverbreiteten Rot-Grün-Sehschwäche ist auf eine entsprechende optische Gestaltung zu verzichten. Darüber hinaus ist auf eine hinreichend kontrastreiche Darstellung des Textes zum Hintergrund zu achten. Zudem sollte eine ausreichende Schriftgröße gewählt werden.[82] Gegebenenfalls können zusätzlich visuelle Elemente verwendet werden.[83] Neben der textuellen Darstellung bietet sich in bestimmten, hierfür geeigneten Fällen darüber hinaus insbesondere für die Bereitstellung der Informationen nach Art. 13 und 14 auch die Nutzung spielerischer Mittel an. So könnten komplexe Datenflüsse bei bestimmten Apps zB auch dadurch erklärt werden, dass ein in die App integrierter Spielmodus die Hintergründe der vorgesehenen Datenverarbeitung erklärt und auf diese adressatengerechte Weise für ein besseres Verständnis sorgt. Insbesondere junge Menschen könnten durch einen solchen Spielmodus (gegebenenfalls auch mit Anreizen wie einem Highscore) besser informiert werden als alleine durch reine Rechtstexte. Die Entwicklung solcher Spielmodi ist bislang kaum erforscht, wird aber zunehmend zum Gegenstand der Computerspiel- und auch der Rechtswissenschaft.[84] Diese befassen sich bereits allgemein mit Gamification. Unter **Gamification** wird die Verwendung spielerischer Elemente außerhalb eines Spielkontextes bezeichnet.[85] Durch die „Gamifizierung" sollen die Betroffenen dazu angehalten werden, sich intensiver mit dem zugrundeliegenden Kontext zu beschäftigen.[86] Dabei wird der dem Menschen regelmäßig innewohnende Spieltrieb angesprochen.[87] In der Konsequenz kann oftmals eine erhöhte Bereitschaft, sich mit anderenfalls etwa als langweilig stigmatisierten Themenfeldern zu beschäftigen, festgestellt werden.[88] Dies lässt sich auch für transparente Einwilligungsprozesse zu Datenschutzzwecken nutzen. Die Anforderungen des Art. 12 geben Anlass, auch solche kreativen Wege zu ergründen. Die Anreicherung datenschutzrechtlicher Erklärungen um spielerischer Elemente darf allerdings nicht zu letztlich datenschutzwidrigen Zwecken missbraucht werden. Außerdem darf die gamifizierte Erklärung den Betroffenen nicht zur unbedachten Preisgabe (weiterer) personenbezogenen Daten bewegen.[89] Neben der Integration spielerischer Elemente

---

[76] Vgl. Bericht des Europäischen Parlaments v. 21.11.2013 (A7–0402/2013), S. 532.
[77] So auch HK-DS-GVO/*Greve* Art. 12 Rn. 17.
[78] Article 29 Data Protection Working Party, Guidelines on transparency under Regulation 2016/679, 17/ EN WP 260, S. 9; HK-DS-GVO/*Greve* Art. 12 Rn. 15.
[79] Paal/Pauly/*Paal/Hennemann* DS-GVO Art. 12 Rn. 35.
[80] Paal/Pauly/*Paal/Hennemann* DS-GVO Art. 12 Rn. 35; BeckOK DatenschutzR/*Quaas* DS-GVO Art. 12 Rn. 20–21; Schaffland/Wiltfang/*Schaffland/Holthaus* DS-GVO Art. 12 Rn. 2a.
[81] HK-DS-GVO/*Greve* Art. 12 Rn. 15.
[82] Gola/Heckmann/*Franck* DS-GVO Art. 12 Rn. 21.
[83] Erwägungsgrund 58.
[84] Vgl. dazu im Allgemeinen etwa *Kopp/Sokoll* NZA 2015, 1352 (1356); *Zander-Hayat/Reisch/Steffen* VuR 2016, 403 (409); *Wächter* Datenschutz Teil B Rn. 288.; Auer-Reinsdorff/Conrad IT- und DatenschutzR-HdB/*Picot* § 29 Rn. 1.
[85] Instruktiv hierzu *Zichermann/Cunningham*, Gamification by Design, 2011; www.gamification-research.org/wp-content/uploads/2011/04/02-Deterding-Khaled-Nacke-Dixon.pdf; zu Gamification vgl. auch *Scheurer*, Spielerisch selbstbestimmt, 2019, S. 282 ff.; *Scheurer* PinG 2020 13 (13 ff.); *Strassemeyer*, K&R 2020, 176 (176 ff.).
[86] *Ernst/Seichter* WRP 2013, 1437 (1437).
[87] *Ernst/Seichter* WRP 2013, 1437 (1437).
[88] *Ernst/Seichter* WRP 2013, 1437 (1437).
[89] *Weichert* NZA 2017, 565 (567).

kann zudem daran gedacht werden, die Mitteilungen durch Comics, Schaubilder oder Ablaufdiagramme zu illustrieren.[90]

4. Besonderheiten bei Kindern (Abs. 1 S. 1 Hs. 2). Die DS-GVO enthält nunmehr erstmalig besondere Anforderungen hinsichtlich der Verarbeitung personenbezogener Daten von Kindern.[91] Werden diese Daten bei Kindern erhoben, müssen die genannten Informationen in einer **für Kinder verständlichen Sprache dargestellt** werden.[92] Dabei ist darauf zu achten, dass sowohl das verwendete Vokabular als auch der Stil der Sprache kindgerecht ist und die Zielgruppe entsprechend anspricht.[93] Ein Beispiel kindgerechter Ausgestaltung komplexer Texte findet sich in der Unicef-Konvention über die Rechte des Kindes für Kinder erklärt.[94] Dies gilt selbst dann, wenn und soweit Kindern die datenschutzrechtliche Einwilligungsmündigkeit fehlen mag. Obwohl Kinder für die Einwilligung in eine Datenverarbeitung regelmäßig die Zustimmung ihrer Erziehungsberechtigten benötigen, müssen diese die Betroffenenrechte selbständig geltend machen können und hierfür hinreichend informiert sein.[95] Erst durch die kindgerechte Information wird deren Recht auf „informationelle Selbstbestimmung" aus Art. 8 GRCh hinreichend Rechnung getragen.[96] Die Darstellung in kindgerechter Sprache ist nicht generell vorzuhalten, sondern nur bei Angeboten, die sich speziell an Kinder richten, zu beachten. Dies bestimmt sich nach dem Inhalt und der Gestaltung eines Angebotes und ist einzelfallbezogen zu ermitteln.[97] Insbesondere mit Blick auf die Gefährdungssituation Minderjähriger im Kontext des Internets unterliegen dort bereitgehaltene Informationsmaterialien erhöhten Anforderungen.[98] Zugleich bieten digitalisierte Angebote die Chance, kindgerecht zu informieren, beispielsweise mittels Video-Tutorials.[99] Ist für ein Angebot die Einwilligung eines Erziehungsberechtigten erforderlich, besteht jedoch zwingend auch das Erfordernis einer kindgerechten Ansprache, damit dieses sich seiner Rechte bewusst wird und diese bei Bedarf einfordern kann.

5. Formale Vorgaben für die Übermittlung der Information (Abs. 1 S. 2 und 3). Nach Art. 12 Abs. 1 S. 2 soll die Übermittlung der Daten schriftlich oder in anderer Form, gegebenenfalls elektronisch erfolgen.[100] Mit Blick auf die Anforderungen an die jeweilige Form (Schriftform, Textform, elektronische Form) bietet sich, bei entsprechender europarechtlicher Regelungslücke, ein Rückgriff auf die Vorgaben des mitgliedstaatlichen Zivilrechts an.[101] Bei der Wahl der Form gilt es zu berücksichtigen, dass die Betroffenen tatsächlich Kenntnis nehmen können.[102] Entsprechend können die nach Art. 13 und 14 notwendigen Informationen auch **auf einer Webseite bereitgehalten** werden, wenn diese für die Öffentlichkeit bestimmt ist.[103] In der Praxis hat sich in diesem Zusammenhang die Zugänglichmachung einer Datenschutzerklärung auf einer Webseite etabliert. Aufgrund der Anforderungen des Art. 12 ist allerdings davon auszugehen, dass solche Datenschutzerklärungen im Umfang erheblich erweitert werden müssen, wobei insbesondere eine Beschreibung bzw. Zusammenfassung der Betroffenenrechte integriert werden sollte.[104] Eine erhobene Analyse der Datenschutzerklärungen großer Internethändler kam zu dem Ergebnis, dass die Erklärungen aufgrund zu langer und umständlicher Sätze sowie

---

[90] Article 29 Data Protection Working Party, Guidelines on transparency under Regulation 2016/679, 17/EN WP 260, S. 11.
[91] Hierzu ausf. → Art. 8 Rn. 15 ff.
[92] Erwägungsgrund 58 S. 4.
[93] Article 29 Data Protection Working Party, Guidelines on transparency under Regulation 2016/679, 17/EN WP 260, S. 10.
[94] Unicef, Konventionen über die Rechte des Kindes für Kinder erklärt, abrufbar unter www.unicef.org/rightsite/files/krkfurkindererklartdt.pdf; Article 29 Data Protection Working Party, Guidelines on transparency under Regulation 2016/679, 17/EN WP 260, S. 10.
[95] → Art. 8 Rn. 26.
[96] Vgl. Erwägungsgrund 58 S. 4.
[97] → Art. 8 Rn. 21 f.
[98] HK-DS-GVO/*Greve* Art. 12 Rn. 17.
[99] *Auer-Reinsdorff* ZD 2017, 149 (150).
[100] Von „grundsätzlich" schriftlich spricht das AG Wertheim Beschl. v. 12.12.2019 – 1 C 66/19, BeckRS 2019, 33192.
[101] Gola/Heckmann/*Franck* DS-GVO Art. 12 Rn. 24 verweist idS auf die §§ 126 ff. BGB; zur Anwendbarkeit des mitgliedstaatlichen Zivilrechts im Kontext der DS-GVO *v. Lewinski/Hermann* PinG 2017, 165 (169).
[102] Kühling/Buchner/*Bäcker* DS-GVO Art. 12 Rn. 16.
[103] Erwägungsgrund 58.
[104] *Kamps/Schneider* K&R-Beil. 1 zu Heft 7/8/2017, 24 (26); HK-DS-GVO/*Greve* Art. 12 Rn. 14.

vielsilbiger Worte oft schwer zu verstehen sind.[105] Damit zusammenhängend empfiehlt die Artikel-29-Datenschutzgruppe auf die Verwendung einer zusammenhängenden Erklärung zu verzichten, sondern vielmehr einzeln ansteuerbare Elemente in die Datenschutzerklärung zu integrieren.[106] Hinsichtlich der jeweiligen Mitteilungen nach Art. 15–22 und 34 richtet sich die Form grundsätzlich nach den Umständen des Einzelfalls, sodass nach Art. 12 Abs. 1 S. 3 auf ausdrückliches Verlangen des Betroffenen sogar die mündliche Form gestattet ist. In letzterem Fall muss jedoch eine Identifizierung des Betroffenen in einer anderen Form erfolgen.[107] Der Verantwortliche sollte dabei sowohl die Anfrage, die Methode zur Identifikation des Betroffenen als auch die erteilten Informationen dokumentieren.[108] Eine Identifikation ist entgegen des Wortlauts jedoch nicht erforderlich, wenn der Betroffene sich (fern-)mündlich über die Informationen nach Art. 13 oder Art. 14 erkundigt.[109] Diese Informationen sind zumeist losgelöst vom Personenbezug der erhobenen Daten, sodass hierüber der Verantwortliche auch ohne Wissen über die Identität des Betroffenen Auskunft erteilen muss, vgl. Art. 13. Die mündliche Informationserteilung beschränkt sich dabei nicht auf die unmittelbare Kommunikation zwischen den Beteiligten, vielmehr sind auch Fälle denkbar, in denen Mitteilungen, beispielsweise bei Menschen mit eingeschränkter Sehfähigkeit, vorgelesen werden.[110] Für den Fall, dass die Informationserteilung beispielsweise über eine solche Aufnahme erfolgt, ist deren uneingeschränkte und erneute Abspielbarkeit durch den Betroffenen zu gewährleisten.[111] Art. 12 Abs. 1 S. 2 und 3 ist aufgrund dieser Vorgaben zu entnehmen, dass die Übermittlung der Informationen grundsätzlich formfrei möglich ist.[112] Dem Verantwortlichen ist bei der Wahl der Form grundsätzlich ein einzelfallbezogenes Ermessen einzuräumen.[113] Der Verantwortliche muss sich jedoch bei Mitteilungen und Maßnahmen nach Art. 15 ff. hinreichend über die Identität des Betroffenen versichern. Seine Grenzen findet das Ermessen allerdings regelmäßig im Kontext besonderer Kategorien personenbezogener Daten iSd Art. 9.[114] Jedenfalls bei der Übermittlung besonderer Kategorien personenbezogener Daten, wie beispielsweise Gesundheitsdaten iSd Art. 4 Nr. 15, sollte auf eine ungesicherte elektronische Übertragung verzichtet werden.[115] Darüber hinaus kann es auch im Kontext digitaler Geräte erforderlich sein, die Informationen zusätzlich analog bereitzuhalten, wenn diese beispielsweise kein entsprechendes Display zur Anzeige der Mitteilung beinhalten.[116]

II. Erleichterung der Rechtewahrnehmung (Abs. 2)

1. Anwendungsbereich: Ausübung der Betroffenenrechte nach Art. 15–22. Nach Art. 12 Abs. 2 S. 1 hat der Verantwortliche der betroffenen Person die **Ausübung ihrer Rechte nach Art. 15–22** (Auskunft, Berichtigung, Löschung, Einschränkung, Datenübertragbarkeit und Widerspruch) zu erleichtern. Da der Zugang zu den in Art. 13 und 14 genannten Informationen sowie die Mitteilungen nach Art. 15 ff. bereits nach Art. 12 Abs. 1 in einer leicht zugänglichen, verständlichen Form erfolgen müssen, ist der Anwendungsbereich dieses Absatzes als gering anzusehen.

---

[105] Vgl. hierzu auch *Gerpott* MMR 2020, 739 (740).
[106] Article 29 Data Protection Working Party, Guidelines on transparency under Regulation 2016/679, 17/EN WP 260, S. 10.
[107] Zur Identifikation → Rn. 27 ff.; → Rn. 51 ff.
[108] Article 29 Data Protection Working Party, Guidelines on transparency under Regulation 2016/679, 17/EN WP 260, S. 12.
[109] Vgl. Article 29 Data Protection Working Party, Guidelines on transparency under Regulation 2016/679, 17/EN WP 260, S. 11.
[110] Article 29 Data Protection Working Party, Guidelines on transparency under Regulation 2016/679, 17/EN WP 260, S. 11.
[111] Article 29 Data Protection Working Party, Guidelines on transparency under Regulation 2016/679, 17/EN WP 260, S. 12.
[112] So auch *Walter* DSRITB 2016, 367 (373); Schantz/Wolff Neues DatenschutzR/*Schantz* Rn. 1157; Schaffland/Wiltfang/*Schaffland/Holthaus* DS-GVO Art. 12 Rn. 9.
[113] *Kamps/Bonanni* ArbRB 2017, 119 (120); HK-DS-GVO/*Greve* Art. 12 Rn. 18; Auernhammer/*Eßer* DS-GVO Art. 12 Rn. 16.
[114] HK-DS-GVO/*Greve* Art. 12 Rn. 18.
[115] HK-DS-GVO/*Greve* Art. 12 Rn. 18; vgl. auch Gola/Heckmann/*Franck* DS-GVO Art. 12 Rn. 24.
[116] Article 29 Data Protection Working Party, Guidelines on transparency under Regulation 2016/679, 17/EN WP 260, S. 10.

2. Möglichkeiten und Maßstäbe einer Erleichterung (Abs. 2 S. 1).

Art. 12 nennt keine 24 konkreten Schritte für die Erleichterung der Ausübung der Betroffenenrechte. Der Vorschrift kann insoweit lediglich ein „Appellcharakter" entnommen werden.[117] Erwägungsgrund 59 S. 1 stellt jedoch klar, dass der Verantwortliche entsprechende Modalitäten festlegen soll. Hierzu gehören „auch Mechanismen, die dafür sorgen, dass [die betroffene Person] unentgeltlich insbesondere Zugang zu personenbezogenen Daten und deren Berichtigung oder Löschung beantragen und gegebenenfalls erhalten oder von ihrem Widerspruchsrecht Gebrauch machen kann."[118] Als Verantwortlicher ist dafür zu sorgen, „dass Anträge elektronisch gestellt werden können, insbesondere wenn die personenbezogenen Daten elektronisch verarbeitet werden".[119] Hierfür bietet sich beispielsweise auf einer Webseite unter der Rubrik Datenschutz eine Funktion an, die eine Geltendmachung der Rechte durch den Betroffenen dergestalt ermöglicht, dass dieser sich nur noch identifizieren muss und mittels einfachem Mausklick seine Rechte wahrnehmen kann. Insbesondere dürfen nach dieser Vorgabe **keine inhaltlichen oder formalen Hürden bei der Geltendmachung von Betroffenenrechten** errichtet werden. Regelmäßig wird daher ein Verstoß gegen das Gebot des Abs. 2 S. 1 anzunehmen sein, wenn der Zugang zu den Informationen ohne Angabe von sachlichen Gründen erheblich erschwert wird oder aber die Information nur unter Hinnahme eines Medienbruchs erlangt werden kann.[120] Letzteres wäre beispielsweise der Fall, wenn bei digitalen Diensten die Ausübung der Rechte von einem schriftlichen Antrag abhängig gemacht werden würde.[121] Dennoch bleibt der Betroffene für die Geltendmachung seiner Rechte eigenständig verantwortlich. Mithin muss der Verantwortliche lediglich dafür Sorge tragen, dass es dem Betroffenen möglich ist, auf diese Informationen ohne weiteres zuzugreifen.[122] Aus diesem Grund sieht *Kamlah* in dieser Vorschrift auch lediglich das Verbot für den Verantwortlichen, die Ausübung der Rechte durch den Betroffenen zu behindern.[123] Jedenfalls aber sind klare Ansprechpartner zu definieren, wobei die Kontaktdaten des Verantwortlichen sowie gegebenenfalls die des Datenschutzbeauftragten leicht einsehbar angegeben werden sollten.[124] Die aus Art. 12 Abs. 2 S. 1 normierte Pflicht besteht in dem Umfang, in dem das jeweilige Recht des Betroffenen überhaupt besteht.[125] Aufgrund des Wortlauts in Abs. 1 S. 1 soll der Erfüllungsort dieser Pflicht der Wohnort des Anspruchstellers sein, sodass eine Schickschuld des Verantwortlichen vorliegt.[126]

3. Besonderheiten bei Nichtidentifizierbarkeit des Betroffenen (Abs. 2 S. 2).

Der 25 Verantwortliche darf sich nur weigern, aufgrund des anschließenden Antrags des Betroffenen auf Wahrnehmung seiner Rechte aus Art. 15–22 tätig zu werden, wenn er die betroffene Person nicht identifizieren kann (Art. 11 Abs. 2)[127] und dies hinreichend glaubhaft macht. Bei **Zweifeln an der Identität** des Antragstellers hat der Verantwortliche zusätzliche Informationen bei diesem anzufordern,[128] um die Geltendmachung der Betroffenenrechte zu ermöglichen.[129] Hierfür spricht auch der Rechtsgedanke aus Art. 12 Abs. 2 S. 1.[130]

---

[117] So BeckOK DatenschutzR/*Quaas* DS-GVO Art. 12 Rn. 32.
[118] Erwägungsgrund 59 S. 1.
[119] Erwägungsgrund 59 S. 2.
[120] Kühling/Buchner/*Bäcker* DS-GVO Art. 12 Rn. 26; dem folgend BeckOK DatenschutzR/*Quaas* DS-GVO Art. 12 Rn. 32.
[121] Kühling/Buchner/*Bäcker* DS-GVO Art. 12 Rn. 26; BeckOK DatenschutzR/*Quaas* DS-GVO Art. 12 Rn. 32.
[122] Auernhammer/*Eßer* DS-GVO Art. 12 Rn. 20.
[123] Plath/*Kamlah* DS-GVO Art. 12 Rn. 11; dem folgend Wybitul/*Pötters*/Bausewein DS-GVO Art. 12–15 Rn. 14; Auernhammer/*Eßer* DS-GVO Art. 12 Rn. 20; aA wohl HK-DS-GVO/*Greve* DS-GVO Art. 12 Rn. 22, welcher der Vorschrift durchaus die Pflicht des Verantwortlichen entnimmt, die effektive Rechtsausübung des Betroffenen zu gewährleisten; auch BeckOK DatenschutzR/*Quaas* DS-GVO Art. 12 Rn. 32 fordert eine aktive Unterstützungshandlung des Verantwortlichen.
[124] Gola/Heckmann/*Franck* DS-GVO Art. 12 Rn. 13; dabei bietet sich die interne Festlegung einer Person im Organisationsapparat an, siehe LfDI Mecklenburg-Vorpommern, 15. Tätigkeitsbericht 2019, S. 67.
[125] Plath/*Kamlah* DS-GVO Art. 12 Rn. 11.
[126] VG Gelsenkirchen Urt. v. 27.4.2020 – 20 K 6392/18, Rn. 81, ZD 2020, 544, darauf bezugnehmend auch Taeger/Gabel/*Pohle*/Splittka DS-GVO Art. 12 Rn. 14.
[127] Zur Informationspflicht nach Art. 11 Abs. 2 → Art. 11 Rn. 20.
[128] Erwägungsgrund 57 ist insoweit unklar formuliert, steht dieser Auslegung jedoch nicht entgegen.
[129] Knyrim DS-GVO/*Illibauer* S. 118.
[130] Vgl. auch Erwägungsgrund 64 S. 1.

26   Art. 11 Abs. 1 normiert, dass der Verantwortliche nicht verpflichtet ist, die Daten des Betroffenen derart aufzubewahren, einzuholen oder zu verarbeiten, um eine spätere Identifikation zu ermöglichen.[131] Dies ergibt sich zudem auch aus dem Gebot der Datenminimierung, vgl. Art. 5 Abs. 1 lit. c. In einem solchen Fall ist eine Rückbeziehung von Daten zu einer Person nicht mehr möglich, sodass ebenfalls eine Geltendmachung der Betroffenenrechte ausscheidet, vgl. Art. 11 Abs. 2.[132] Art. 12 Abs. 2 S. 2 stellt für solche Konstellationen eine **Beweislastregelung zulasten des Verantwortlichen** auf. Hiernach trägt der Verantwortliche die Beweislast dafür, dass eine Weigerung, dem Antrag des Betroffenen zu entsprechen, rechtmäßig war, weil er den Betroffenen mangels Rückbezugs der verarbeiteten Daten nicht mehr identifizieren kann. Mit Blick auf das Beweismaß wird, gestützt auf den Wortlaut des Art. 12 Abs. 2 S. 2 („wenn er glaubhaft macht"), vertreten, dass der Verantwortliche lediglich die überwiegende Wahrscheinlichkeit der Nichtidentifizierungsmöglichkeit vorbringen muss.[133] Warum aber die Anforderungen des Art. 12 Abs. 2 S. 2 von denen des Art. 11 Abs. 2 S. 1 (Nachweispflicht) divergieren sollten, ist insbesondere im Abgleich mit weiteren Sprachfassungen der Verordnung, welche ein einheitliches Beweismaß in beiden Normen anordnen, nicht ersichtlich.[134] Daraus ergibt sich, dass der Verantwortliche alle vertretbaren Mittel zur Identifizierung nutzen muss.[135]

27   Die Frage, wann eine Person als identifiziert gilt, dh welche Informationen erforderlich sind bzw. welche Maßnahmen zur **Identifizierung** zu treffen sind, wird in der Praxis für die Verantwortlichen von großer Relevanz sein.[136] Verweigert ein Verantwortlicher nämlich die Auskunft, weil er darüber irrt, dass begründete Zweifel an einer Identität bestehen, verstößt er gegen seine Auskunftspflicht, was gemäß Art. 83 Abs. 5 lit. b mit einer Geldbuße geahndet werden kann. Geht er jedoch fälschlicherweise davon aus, dass keine begründeten Zweifel bestehen und erteilt die Auskunft an eine Person, der sie nicht zusteht, gibt er die Daten unzulässig heraus, wofür ebenfalls Sanktionen drohen können.[137] Aus diesem Grund wird die Frage, welcher Maßstab für die Identifizierung des Betroffenen heranzuziehen ist, in der Zukunft durch die Rechtsprechung konturiert werden müssen. Dem Verantwortlichen muss daher ein Ermessensspielraum hinsichtlich des Vorliegens begründeter Zweifel zugebilligt werden.[138]

28   Unter Berücksichtigung des Erwägungsgrundes 57 ist der **Verantwortliche grundsätzlich nicht verpflichtet, sich zusätzliche Daten zur Identifizierung des Betroffenen zu beschaffen;** bringt die betroffene Person allerdings zusätzliche Daten herbei, darf sich der Verantwortliche nicht weigern, diese entgegenzunehmen und dem Betroffenen damit faktisch seine Rechte verwehren. Fordert der Verantwortliche allerdings selbst weitere Informationen, liegt darin wegen der Mitwirkungspflicht der betroffenen Person für die Geltendmachung seiner Rechte wohl keine unzulässige Erhebung personenbezogener Daten.[139]

29   Zweifel hinsichtlich der Identifizierung können bei mündlichen Anfragen ohne Ausweisung vorliegen (vgl. Art. 12 Abs. 1 S. 3) oder auch bei Nutzung einer dem Verantwortlichen bislang unbekannten E-Mail-Adresse, die keinen Klarnamen verwendet.[140] Wird das Auskunftsverlangen dagegen von einer Unternehmens-E-Mail-Adresse versendet, können die Zweifel dadurch ausgeräumt werden, dass der Verantwortliche zusätzlich die Webseite des Unternehmens heranzieht und die Adressen vergleicht.[141] Weitere **Möglichkeiten, Zweifel an der Identität zu beseitigen,** ist die Nutzung von digitalen Authentifizierungsverfahren, insbesondere, wenn dieselben Berechtigungsnachweise für den vom Verantwortlichen bereitgestellten Online-Dienst genutzt werden.[142] Darüber hinaus kommt die Vereinbarung einer entsprechenden Sicherheitsabfrage sowie der telefonische Abgleich bereits vorhandener Kundendaten in Betracht.[143]

---

[131] Vgl. Erwägungsgrund 57.
[132] Knyrim DS-GVO/*Illibauer* S. 117 f.
[133] Gola/Heckmann/*Franck* DS-GVO Art. 12 Rn. 32; Schaffland/Wiltfang/*Schaffland*/*Holthaus* DS-GVO Art. 12 Rn. 11 verlangen insoweit die Darlegung in logisch nachvollziehbarer Weise; HK-DS-GVO/*Greve* Art. 12 Rn. 23; BeckOK DatenschutzR/*Quaas* DS-GVO Art. 12 Rn. 33.
[134] So richtigerweise Kühling/Buchner/*Bäcker* DS-GVO Art. 12 Rn. 29.
[135] Erwägungsgrund 64.
[136] → Rn. 50 ff.
[137] Knyrim DS-GVO/*Illibauer* S. 118; Plath/*Kamlah* DS-GVO Art. 12 Rn. 24.
[138] Plath/*Kamlah* DS-GVO Art. 12 Rn. 24.
[139] Plath/*Kamlah* DS-GVO Art. 12 Rn. 24.
[140] Knyrim DS-GVO/*Illibauer* S. 118; vgl. auch Rücker/Kugler Data Protection Regulation/*Schrey* S. 129; Kühling/Buchner/*Bäcker* DS-GVO Art. 12 Rn. 30.
[141] Knyrim DS-GVO/*Haidinger* S. 126.
[142] Erwägungsgrund 57.
[143] Vgl. Gola/Heckmann/*Franck* DS-GVO Art. 12 Rn. 43.

Das **Anfordern einer Ausweiskopie**[144] ist in Deutschland aufgrund der Vorgaben durch das 30
Personalausweisgesetz (PAuswG) nur in gesetzlich geregelten Ausnahmefällen gestattet, wenn
eine entsprechende Erlaubnis besteht, § 14 iVm § 20 PAuswG.[145] Dies ist im regulären Online-
Handel zumeist nicht der Fall, so dass es einer gesonderten Prüfung im Einzelfall bedarf.[146]
Darüber hinaus bestehen bei der Anforderung einer Ausweiskopie aber auch originär datenschutzrechtliche Bedenken, da durch die Kopie regelmäßig mehr personenbezogene Daten
übermittelt werden, als zur Identifikation erforderlich sind.[147] Vorzugswürdig ist es daher, auf
den elektronischen Identitätsnachweis abzustellen, § 18 PAuswG.

III. Frist zur Informationserteilung (Abs. 3)

1. Anwendungsbereich: Maßnahmen zu Art. 15–22. Der Verantwortliche stellt nach 31
Art. 12 Abs. 3 dem Betroffenen die Informationen über die auf Antrag gemäß Art. 15–22
ergriffenen Maßnahmen zur Verfügung. Die Vorschrift bezieht sich dabei auf die auf Antrag
ergriffenen Maßnahmen und nicht auf die jeweilige konkrete Anspruchserfüllung.[148] Die Informationen nach Art. 13 und 14 hat der Verantwortliche bereits zum Zeitpunkt der Datenerhebung dem Betroffenen mitzuteilen. Insbesondere in der Zusammenschau mit den Vorgaben des
Abs. 4 ergibt sich eine Reaktionspflicht des Verantwortlichen bezüglich eines jeden Antrags.[149]
An die **Mitteilung der Maßnahmen** zur Entsprechung der Betroffenenrechte sind allerdings
keine zu hohen Anforderungen zu stellen, da für kleine Unternehmen der durch das Datenschutzrecht entstehende Bürokratieaufwand in einem angemessenen Verhältnis stehen muss,
um keine geschäftsbedrohende Wirkung zu entfalten und damit den grundrechtlich garantierten
Rechten des Verantwortlichen aus Art. 15 GRCh (Berufsfreiheit), Art. 16 GRCh (Unternehmerische Freiheit) und Art. 17 GRCh (Eigentumsrecht) entgegenzustehen. Dabei ist gerade im
Kontext digitaler Anwendungen die automatisierte Bearbeitung entsprechender Anträge denkbar.[150]

2. Regelfall: unverzüglich (Abs. 3 S. 1). Dieser Mitteilungspflicht hat der Verantwort- 32
liche unverzüglich (Abs. 3 S. 1 Alt. 1), spätestens jedoch innerhalb eines Monats nach Eingang
des Antrags (Abs. 3 S. 1 Alt. 2) zu entsprechen. Durch die ausdrücklichen Fristen des Abs. 3
soll es den Betroffenen ermöglicht werden, die für die Rechtsausübung erforderlichen Informationen zeitnah zu erhalten.[151] **Unverzüglich** (in der englischen Fassung: without undue delay,
in der französischen Fassung: prises à la suite) bedeutet, dass die Mitteilung ohne unbillige sch-
uldhafte Verzögerung erfolgen muss.[152] Wie lange dieser Zeitraum zu bemessen ist, richtet
sich nach dem jeweiligen Einzelfall. Es bedarf eines beschleunigten Tätigwerdens des Verantwortlichen, nicht aber einer sofortigen Handlung in jedem Fall.[153] In jedem Fall aber muss die
Mitteilung innerhalb eines Monats nach Eingang des Antrags ergehen. Das Ausreizen der
Höchstfrist sollte nicht zur Regel werden und komplizierter gelagerten Fällen vorbehalten
bleiben.[154] Es bleibt bei dem Grundsatz der Unverzüglichkeit.[155] **Fristauslösendes Moment**
ist der Antragseingang.[156] Der Eingang hat stattgefunden, sobald die Anfrage des Betroffenen

---

[144] Vgl. für Österreich Knyrim DS-GVO/*Haidinger* S. 126.
[145] *Taeger/Seiler* DSRITB 2014, 685 (685 ff.); aA Auernhammer/*Eßer* DS-GVO Art. 12 Rn. 38, der die Ausweiskopie als probates Mittel heranziehen möchte.
[146] So Gola/Heckmann/*Franck* DS-GVO Art. 12 Rn. 44.
[147] Rücker/Kugler Data Protection Regulation/*Schrey* S. 129.
[148] So OLG Stuttgart Urt. v. 31.3.2021 – 9 U 34/21, BeckRS 2021, 6282 Rn. 29; vgl. auch Gola/ Heckmann/*Franck* DS-GVO Art. 12 Rn. 28; aA und eine Erledigungsfrist für den zugrundeliegenden Anspruch annehmend Kühling/Buchner/*Bäcker* DS-GVO Art. 12 Rn. 32; so auch BayLDA, 10. Tätigkeitsbericht 2020, S. 5.
[149] Kühling/Buchner/*Bäcker* DS-GVO Art. 12 Rn. 32; HK-DS-GVO/*Greve* Art. 12 Rn. 24 spricht insofern von einer „Handlungspflicht des Verantwortlichen".
[150] Vgl. HK-DS-GVO/*Greve* Art. 12 Rn. 24.
[151] Gola/Heckmann/*Franck* DS-GVO Art. 12 Rn. 25.
[152] So auch teils unter Verweis auf § 121 BGB BeckOK DatenschutzR/*Quaas* DS-GVO Art. 12 Rn. 35; Gola/Heckmann/*Franck* DS-GVO Art. 12 Rn. 25; HK-DS-GVO/*Greve* Art. 12 Rn. 24.
[153] Gola/Heckmann/*Franck* DS-GVO Art. 12 Rn. 25.
[154] Kühling/Buchner/*Bäcker* DS-GVO Art. 12 Rn. 33; aA wohl Auernhammer/*Eßer* DS-GVO Art. 12 Rn. 18, der in der Monatsfrist die „Regelfrist" erblickt.
[155] Schaffland/Wiltfang/*Schaffland/Holthaus* DS-GVO Art. 12 Rn. 12 mit Verweis auf Gola/Heckmann/ *Franck* DS-GVO Art. 12 Rn. 25.
[156] So auch Gola/Heckmann/*Franck* DS-GVO Art. 12 Rn. 26.

derart in den Machtbereich des Verantwortlichen gelangt ist, dass dieser hiervon Kenntnis nehmen konnte. Es reicht das Abspeichern einer digitalen Anfrage bei dem Provider des Betroffenen oder der Einwurf dessen im Briefkasten des Verantwortlichen. Eine tatsächliche Kenntnisnahme der Anfrage ist nicht erforderlich. Fristauslösend kann auch die Feststellung der Identität nach Abs. 6 sein, wofür die Vorlage einer Rechtsanwaltsvollmacht als ausreichend erachtet wird.[157] Die **Fristberechnung** richtet nach der VO (EWG, Euratom) Nr. 1182/71 des Rates v. 3.6.1971 zur Festlegung der Regeln für Fristen, Daten und Termine (sog. Fristenverordnung).[158] Der Verantwortliche sollte, da er die Beweislast für die rechtzeitige Antwort trägt, den Ausgang sowie den Inhalt seiner Rückmeldung an den Betroffenen hinreichend dokumentieren. Erforderlich, aber auch ausreichend, ist dabei die Dokumentation des Eingangstages bei elektronischen Anträgen respektive der Eingangsstempel bei schriftlichen Anträgen.[159] Im Hinblick auf den Entwurf zu einem künftig europaweit geltenden Datengesetz (sog. **Data Act**)[160], das auf den erleichterten Zugang und die effizientere Nutzung von IoT-Daten abzielt, könnten künftig fristenbezogene Unsicherheiten für die Rechtspraxis entstehen. Die Art. 4 Abs. 1 DA-E bzw. Art. 5 Abs. 1 DA-E – die ausweislich Art. 1 Abs. 3 DA-E die DS-GVO unberührt lassen sollen – sehen einen Datenzugang „unverzüglich, (…) und gegebenenfalls in Echtzeit" vor und sind damit enger als Abs. 3 S. 1. „Unverzüglich" dürfte nach dem Sinn und Zweck der Vorschriften des Data Acts (Nutzung des Innovationspotenzials von Echtzeitdaten) nur wenige Augenblicke erfassen.[161] Müssen für einen Zugangs- oder Übertragungsvorgang beide Fristen durch Anspruchsberechtigte zu berücksichtigen sein, kann dies nach deren maßgeblichem Anspruchsverlangen zu Problemen bei der Differenzierung führen.[162]

33 **3. Erforderlichkeit einer Fristverlängerung (Abs. 3 S. 2).** Nach Art. 12 Abs. 3 S. 2 kann die Monatsfrist aus Art. 12 Abs. 3 S. 1 um weitere zwei Monate verlängert werden, wenn dies unter **Berücksichtigung der Komplexität** und der **Anzahl der Anträge** erforderlich ist. Der Wortlaut der Norm legt ein **kumulatives Vorliegen** dieser beiden Voraussetzungen nahe.[163] Hierdurch will der Verordnungsgeber die reine Arbeitsüberlastung aufgrund einer Vielzahl von Anträgen nicht als Fristverlängerungsgrund anerkennen. Dieses Organisationsverschulden soll stattdessen zu Lasten des Verantwortlichen gehen. In Hinblick auf weltweit agierende Großunternehmen mag dies gerechtfertigt sein. Für kleinere Unternehmen ist der durch das Datenschutzrecht neu geschaffene bürokratische Aufwand in Hinblick auf deren grundrechtlich garantierte Rechte aus der Berufsfreiheit (Art. 15 GRCh), der Unternehmerischen Freiheit (Art. 16 GRCh) und dem Eigentumsrecht (Art. 17 GRCh), kritisch zu sehen. Wann ein Fall über eine hinreichende Komplexität verfügt, dass eine Fristverlängerung gerechtfertigt ist, wird von der Rechtsprechung noch weiter konturiert werden müssen. Regelmäßig erfordert die Bejahung des Kriteriums der Komplexität aber einen erhöhten Beantwortungs- bzw. Nachforschungsaufwand.[164] Die einfache Geltendmachung des Betroffenen nach Art. 15 wird wohl nicht eine solche Komplexität aufweisen, da diese Informationen vielfach bereits nach Art. 13 und 14 dem Betroffenen zur Verfügung zu stellen sind. Auch die genaue Anzahl der Anträge, bei der eine Fristverlängerung billig erscheint, wurde nicht durch den Gesetzgeber normiert. Es ist daher auf den Einzelfall abzustellen. Hierbei ist auf den jeweiligen Geschäftsanfall abzustellen. Dies bedeutet: je mehr Anträge ein Unternehmen in diesem Zeitraum erreichen, desto eher ist eine Fristverlängerung gerechtfertigt.[165] Denkbar ist dabei beispielsweise der Fall, dass es aufgrund

---

[157] AG Mitte Urt. v. 29.7.2019 – 7 C 185/18, ZD 2020, 647; iErg auch *Arens* NJW 2021, 3417 (3421).
[158] Vgl. Gola/Heckmann/*Franck* DS-GVO Art. 12 Rn. 27; so auch *Lembke* NJW 2020, 1841 (1842, Fn. 7) und *Piltz/Pradel* ZD 2019, 152 (152).
[159] Schaffland/Wiltfang/*Schaffland/Holthaus* DS-GVO Art. 12 Rn. 12.
[160] Vorschlag für eine Verordnung des Europäischen Parlaments und des Rates über harmonisierte Vorschriften für einen fairen Datenzugang und eine faire Datennutzung (Datengesetz) v. 23.2.2022, COM(2022) 68 final.
[161] So auch Hartmann/*McGuire*/Schulte-Nölke RDi 2023, 49 (53).
[162] Vgl. auch *Richter* MMR 2023, 163 (166).
[163] So auch Kühling/Buchner/*Bäcker* DS-GVO Art. 12 Rn. 34; HK-DS-GVO/*Greve* Art. 12 Rn. 25; Auernhammer/*Eßer* DS-GVO Art. 12 Rn. 28; wohl aA BeckOK DatenschutzR/*Quaas* DS-GVO Art. 12 Rn. 36, welcher die Möglichkeit zur Verlängerung von der Komplexität der Fälle und/oder der Antragszahl abhängig machen will.
[164] Auernhammer/*Eßer* DS-GVO Art. 12 Rn. 28.
[165] Plath/*Kamlah* DS-GVO Art. 12 Rn. 15.

einer Sicherheitslücke zu erheblichen und für den Betroffenen schwerwiegenden Datenverlusten bei zahlreichen Betroffenen kam.[166]

4. Unterrichtungspflicht zur Fristverlängerung (Abs. 3 S. 3). Der Verantwortliche hat die betroffene Person nach Art. 12 Abs. 3 S. 3 innerhalb eines Monats nach Eingang des Antrags über eine Fristverlängerung zu unterrichten. Hierbei hat er auch die **Gründe für die Verzögerung mitzuteilen.**[167] Läuft mithin die durch Art. 12 Abs. 3 S. 1 gesetzte Frist aus, hat der Verantwortliche den Betroffenen jedenfalls über die Fristverlängerung zu unterrichten. Die nach Art. 12 Abs. 4 vorgegebene Mitteilung wird nicht ausdrücklich von Art. 12 Abs. 1 erfasst. Die sich hieraus ergebende Mitteilung ist jedoch in Zusammenhang mit den Mitteilungen aus Art. 15 ff. zu sehen, sodass auch hierfür der entsprechende Transparenzmaßstab aus Art. 12 Abs. 1 Anwendung findet. Soweit man dieser Auffassung nicht folgen sollte, gilt bezüglich der Mitteilung zumindest das allgemeine Transparenzgebot aus Art. 5 Abs. 1 lit. a, welches für alle Informationspflichten bezüglich der Datenverarbeitung die Vorgabe macht, diese transparent und verständlich zu gestalten.[168] Somit genügt eine unverständliche und floskelhafte Darstellung vorliegend nicht. Mithin muss der Verantwortliche die Gründe für die sowie die geschätzte Dauer der Verzögerung angeben.[169] Um weitere Verzögerungen zu vermeiden und den bürokratischen Aufwand in einem angemessenen Maß für den Verantwortlichen zu halten, sind jedoch die Anforderungen, die an diese Mitteilung zu richten sind, gering.

5. Besonderheiten bei elektronischer Antragstellung (Abs. 3 S. 4). Stellt die betroffene Person den Antrag elektronisch, so ist sie nach Art. 12 Abs. 3 S. 4 **soweit möglich auf elektronischem Weg zu unterrichten,** sofern sie nichts anderes angibt.[170] Die Vorschrift gilt sowohl für die Maßnahmenmitteilungen nach Art. 12 Abs. 3 S. 1 als auch für die Fristverlängerungsbegründung nach Art. 12 Abs. 3 S. 3. Aus dieser Regelung lässt sich der Grundsatz ableiten, dass der Verantwortliche den Betroffenen **grundsätzlich auf demselben Kommunikationsweg zu kontaktieren** hat, wie die Anfrage erfolgt ist, es sei denn der Betroffene wünscht eine andere verhältnismäßige Kommunikationsform (zB elektronisch oder schriftlich).[171] Auch diese Vorgabe ist dem Transparenzprinzip geschuldet. Ein Betroffener muss danach nicht davon ausgehen, dass er auf einem anderen Kommunikationsweg eine entsprechende datenschutzrechtliche Mitteilung erhält. Bei einer Anfrage auf elektronischem Weg durch den Betroffenen ist zudem auch von einer elektronischen Zugangseröffnung durch diesen auszugehen. Problematisch ist jedoch, dass eine einfache E-Mail offen über das Internet versendet wird, sodass eine Mitteilung auf diesem Wege auch von Dritten gelesen werden kann. Daher entspricht eine diesbezügliche Mitteilung grundsätzlich nicht den Vorgaben des Datenschutzrechts. Die weiteren inhaltlichen Anforderungen an die Unterrichtung ergeben sich auch in diesem Fall aus den Vorgaben des Abs. 1.[172]

IV. Untätigbleiben des Verantwortlichen (Abs. 4)

1. Anwendungsbereich: Antrag zu Betroffenenrechten nach Art. 15–22. Wenn der Verantwortliche aufgrund eines Antrags des Betroffenen nach Art. 15–22 nicht tätig wird, muss er diesen nach Art. 12 Abs. 4 hierüber in Kenntnis setzen und die Gründe für die Nichtentsprechung kundtun. Dem ist eine Rechtsbehelfsbelehrung beizufügen. Art. 12 Abs. 4 gilt nur für ein Tätigwerden hinsichtlich der in Art. 15–22 geregelten Betroffenenrechte (systematische Auslegung, Bezugnahme auf den „Antrag einer Person"). Daraus kann im Umkehrschluss entnommen werden, dass ein Unterbleiben der Informationspflicht aus Art. 13 und 14 in keinem Fall zu rechtfertigen ist. Die Vorschrift dient dazu, dass der Verantwortliche keine Anfrage zur Geltendmachung von Betroffenenrechten ignorieren darf, sondern legt diesem eine Handlungspflicht selbst für den Fall auf, dass dieser nicht tätig werden will. Diese **Vorschrift dient primär**

---

[166] HK-DS-GVO/*Greve* Art. 12 Rn. 25.
[167] Schaffland/Wiltfang/*Schaffland*/*Holthaus* DS-GVO Art. 12 Rn. 13 spricht insofern von einem „begründetem Zwischenbescheid".
[168] Ähnlich Paal/Pauly/*Paal*/*Hennemann* DS-GVO Art. 12 Rn. 24.
[169] HK-DS-GVO/*Greve* Art. 12 Rn. 25.
[170] Dies hat der EuGH zuletzt im Hinblick auf Art. 15 bestätigt, vgl. EuGH Urt. v. 4.5.2023 – C-487/21, ECLI:EU:C:2023:369 Rn. 52 = EuZW 2023, 575 (578) – Österreichische Datenschutzbehörde.
[171] HK-DS-GVO/*Greve* Art. 12 Rn. 25 spricht insofern von der „Vermutung der spiegelbildlichen Übermittlungsart".
[172] BeckOK DatenschutzR/*Quaas* DS-GVO Art. 12 Rn. 38.

dazu die **Verantwortlichen zu disziplinieren,** damit zukünftig Betroffenenrechte nur noch in begründeten Ausnahmefällen verwehrt werden.

37 **2. Gründe für ein Untätigbleiben.** In der Unterrichtung des Betroffenen ist dieser über die Gründe des Untätigbleibens zu informieren.[173] Auch die Unterrichtung aus Art. 12 Abs. 4 ist entsprechend der Forderung des Art. 12 Abs. 1 in präziser, transparenter, verständlicher und leicht zugänglicher Form in einer klaren und einfachen Sprache abzufassen. Zwar verweist Art. 12 Abs. 1 nicht ausdrücklich auf die Unterrichtung aus Art. 12 Abs. 4. Die sich hieraus ergebende Mitteilung ist jedoch in Zusammenhang mit den Mitteilungen aus Art. 15 ff. zu sehen, sodass auch hierfür der entsprechende Transparenzmaßstab aus Art. 12 Abs. 1 Anwendung findet. Soweit man dieser Auffassung nicht folgen sollte, gilt bezüglich der Mitteilung zumindest das allgemeine Transparenzgebot aus Art. 5 Abs. 1 lit. a, welches für alle Informationspflichten bezüglich der Datenverarbeitung die Vorgabe macht, diese präzise und verständlich zu gestalten. Somit reicht eine floskelhafte Darstellung der Gründe durch den Verantwortlichen nicht aus. Um den bürokratischen Aufwand des Verantwortlichen aber in einem angemessenen Umfang zu halten, genügt bei **berechtigten Gründen einer Ablehnung des Antrages** ein Verweis auf die entsprechende Norm mit einer kurzen Darstellung des Inhalts der Regelung, die das Vorgehen des Verantwortlichen rechtfertigt. Eine ausführlichere, auf den Einzelfall bezogene Darstellung der Gründe ist nicht erforderlich.[174] Deshalb können sämtliche Erwägungen des Verantwortlichen als Grund im Sinne der Norm verstanden werden, die diesen zu der Überzeugung gebracht haben, dem Ersuchen nicht nachkommen zu müssen.[175] Dies gilt insbesondere im nicht-öffentlichen Sektor, da der Verantwortliche gerade in diesem Bereich mit Blick auf den Beibringungsgrundsatz nicht zur Selbstbelastung verpflichtet werden kann.[176]

38 **Berechtigte Gründe für das Nichtentsprechen eines Antrags** können beispielsweise das Nichtvorliegen von personenbezogenen Daten beim Verantwortlichen sein, während der Betroffene seine Rechte ihm gegenüber geltend machen möchte. Zudem muss dem Recht auf Löschung des Betroffenen durch den Verantwortlichen in den in Art. 17 Abs. 3 genannten Ausnahmefällen nicht entsprochen werden. Dies ist beispielsweise der Fall, wenn **gesetzliche Aufbewahrungspflichten** oder die Grundsätze der ordnungsgemäßen Buchführung des Verantwortlichen entgegenstehen, vgl. u.a. §§ 239 Abs. 2 und Abs. 3, 257 Abs. 1 und Abs. 4 HGB und §§ 146 Abs. 1, Abs. 4, 147 Abs. 1, Abs. 4 AO sowie § 14b Abs. 1 UStG.

39 **3. Frist für Unterrichtung des Betroffenen.** Der Verantwortliche hat den Betroffenen **ohne (jegliche) Verzögerung** zu unterrichten. Aus der englischen („without delay") oder französischen Fassung („sans tarder") der DS-GVO und aufgrund der unterschiedlichen Wortwahl zwischen Art. 12 Abs. 3 und Abs. 4 wird deutlich, dass sich die Unterrichtungsfristen aus Art. 12 Abs. 3 und Abs. 4 sich unterscheiden.[177] Während Art. 12 Abs. 3 **keine unbillige Verzögerung** gestattet, die aufgrund der unterschiedlichen Maßnahmen nach Art. 15 ff. temporär variieren kann, untersagt Art. 12 Abs. 4 jegliche Verzögerung. Insoweit ist aber auch zu berücksichtigen, dass der Verantwortliche zunächst prüfen muss, ob er dem Antrag des Betroffenen überhaupt entsprechen darf. Sofern dies zutrifft, ist der Betroffene mit der Entscheidung ohne Verzögerung zu unterrichten.[178] Die Belehrung muss spätestens innerhalb eines Monats nach Eingang des Antrags erfolgen. Der Eingang hat stattgefunden, sobald die Anfrage des Betroffenen derart in den Machtbereich des Verantwortlichen gelangt ist, dass dieser hiervon Kenntnis nehmen konnte. Es reicht mithin das Abspeichern einer digitalen Anfrage bei dem Provider des Betroffenen (entsprechend einem Einwurf im Briefkasten des Verantwortlichen). Eine tatsächliche Kenntnisnahme der Anfrage ist nicht erforderlich. Da Art. 12 Abs. 4 im

---

[173] Kühling/Buchner/*Bäcker* DS-GVO Art. 12 Rn. 32 bezeichnet die Mitteilung des Abs. 4 als „Negativantwort" in Abgrenzung zu der (jedenfalls) teilweise stattgebenden Mitteilung iSd Abs. 3.
[174] So auch HK-DS-GVO/*Greve* Art. 12 Rn. 26; aA Kühling/Buchner/*Bäcker* DS-GVO Art. 12 Rn. 32, der eine detaillierte Angabe der Gründe im Einzelfall verlangt, da es anderenfalls dem Betroffenen nicht möglich sei, ein etwaiges Vorgehen gegen die Ablehnung zu prüfen; diff. Schaffland/Wiltfang/*Schaffland/ Holthaus* DS-GVO Art. 12 Rn. 23, welche die Begr. der Verweigerung jedenfalls so ausgestalten möchten, dass der Betroffene entscheiden kann, ob die zuständige Aufsichtsbehörde angerufen werden soll.
[175] Auernhammer/*Eßer* DS-GVO Art. 12 Rn. 30.
[176] So HK-DS-GVO/*Greve* Art. 12 Rn. 26.
[177] AA Schaffland/Wiltfang/*Schaffland/Holthaus* DS-GVO Art. 12 Rn. 15, welche die Begriffe „ohne Verzögerung" iSd Abs. 4 sowie „unverzüglich" iSd Abs. 3 als Synonym verstehen; so auch Kühling/Buchner/ *Bäcker* DS-GVO Art. 12 Rn. 33.
[178] BeckOK DatenschutzR/*Quaas* DS-GVO Art. 12 Rn. 40.

Gegensatz zu Art. 12 Abs. 3 keine Fristverlängerung vorsieht, besteht hier diese Möglichkeit nicht.[179]

4. Rechtsbehelfsbelehrung. Art. 12 Abs. 4 gibt dem Verantwortlichen bei Untätigkeit die Pflicht auf, dem Betroffenen eine Rechtsbehelfsbelehrung zu übermitteln. In dieser hat er den Betroffenen über die Möglichkeit zu informieren, **bei einer Aufsichtsbehörde Beschwerde (Art. 77) oder einen gerichtlichen Rechtsbehelf einzulegen (Art. 79).** Dadurch kommt es zu einer zusätzlichen verfahrensrechtlichen Absicherung der Betroffenenrechte.[180] Aus Transparenzgründen ist dem Betroffenen im Rahmen dieser Mitteilung auch die zuständige Aufsichtsbehörde sowie das zuständige Gericht für ein etwaiges weiteres Vorgehen anzugeben.[181] Dem Betroffenen soll die Unterrichtung auf gleichem Wege übermittelt werden, auf dem die Anfrage erfolgt ist. Weitere Formvorgaben lassen sich den Vorgaben des Abs. 4 nicht entnehmen, mit Blick auf Sinn und Zweck der Vorschrift sind die Vorgaben des Abs. 1 zu beachten.[182]

Die Rechtsbehelfsbelehrung durch den Verarbeitenden dient einerseits seiner **Disziplinierung,** schafft gleichzeitig jedoch auch einen enormen bürokratischen Aufwand. Dieses Rechtsinstitut im nicht-öffentlichen Bereich wird zudem als systemwidrig angesehen.[183] Die Vorschrift legt nämlich privaten Unternehmen die Pflicht auf, den Betroffenen in einem ersten Schritt zu unterstützen, gegen sie vorzugehen. Vor dem Hintergrund des Einflusses weltweit agierender Großkonzerne kann diese Informationspflicht allerdings gerechtfertigt sein, um die Rechte der Betroffenen zu stärken.

V. Grundsatz der Unentgeltlichkeit (Abs. 5)

1. Regelfall der Unentgeltlichkeit (Abs. 5 S. 1). Sowohl die Informationen aus Art. 13 und 14 als auch die Mitteilungen und Maßnahmen nach Art. 15–22 sowie Art. 34 (Benachrichtigung der von einer Verletzung des Schutzes personenbezogener Daten betroffenen Person) sind nach Art. 12 Abs. 5 S. 1 **kostenfrei.**[184] In diesem Sinne darf die Übermittlung der Informationen weder unmittelbar von der Zahlung eines bestimmten Betrages noch mittelbar vom Kauf bestimmter Waren oder Dienstleistungen abhängig gemacht werden.[185] Hierdurch zeigt der Verordnungsgeber auf, dass den Informationspflichten sowie der Geltendmachung der Betroffenenrechte kein monetäres Hindernis von Seiten des Verantwortlichen entgegenstehen soll. Neben Ansprüchen auf Auskunft nach Art. 15 zeigt sich die Frage der Entgeltlichkeit insbesondere im Zusammenhang mit Kopien von Krankenakten als praxisrelevant.[186] Der EuGH hatte in diesem Zusammenhang über die Unentgeltlichkeit zu entscheiden, wenn der Betroffene außerhalb des Datenschutzrechts liegende, legitime Gründe mit dem Anspruch verfolgt.[187] Er hat die Bereitstellungspflicht des Verantwortlichen zu einer unentgeltlichen Kopie bejaht, auch wenn der Antrag mit anderen als in Erwägungsgrund 63 genannten Gründen belegt wird.[188] **Eigene Aufwendungen,** die den Betroffenen bei der Geltendmachung seiner Rechte treffen (zB durch die Beauftragung eines Rechtsanwaltes), muss dieser allerdings eigenständig tragen.[189] Diese

---

[179] So iErg auch Kühling/Buchner/*Bäcker* DS-GVO Art. 12 Rn. 34; Paal/Pauly/*Paal/Hennemann* DS-GVO Art. 12 Rn. 56a; Taeger/Gabel/*Pohle/Spittka* DS-GVO Art. 12 Rn. 27; aA *Härting* DS-GVO S. 163; BeckOK DatenschutzR/*Quaas* DS-GVO Art. 12 Rn. 40.
[180] HK-DS-GVO/*Greve* Art. 12 Rn. 26.
[181] So auch Kühling/Buchner/*Bäcker* DS-GVO Art. 12 Rn. 32; aA unter Verweis auf den Wortlaut des Abs. 4, welcher nicht zwingend die konkrete Benennung fordert Paal/Pauly/*Paal/Hennemann* DS-GVO Art. 12 Rn. 60.
[182] BeckOK DatenschutzR/*Quaas* DS-GVO Art. 12 Rn. 41; Auernhammer/*Eßer* DS-GVO Art. 12 Rn. 31.
[183] Plath/*Kamlah* DS-GVO Art. 12 Rn. 18.
[184] Vgl. hins. des Anspruchs auf eine unentgeltliche Kopie einer juristischen Examensklausur sowie des Prüfergutachtens BVerwG Urt. v. 30.11.2022 – 6 C 10.21, Rn. 22 ff., NJW 2023, 1079 (1080 ff.).
[185] Article 29 Data Protection Working Party, Guidelines on transparency under Regulation 2016/679, 17/ EN WP 260, S. 12.
[186] Vgl. BeckOK DatenschutzR/*Quaas* DS-GVO Art. 12 Rn. 43a; nach dem ÖOGH Beschl. v. 17.12.2020 – 6 Ob 138/20t, Rn. 52, ZD 2021, 366 (367) verdrängt Art. 12 Abs. 5 die Kostentragungsregel des § 630g BGB; allg. zur Reichweite und Grenzen des Anspruchs auf Erhalt einer Kopie *Korch/Chatard* CR 2020, 438 (438 ff.).
[187] So der Vorlagebeschluss des BGH Beschl. v. 29.3.2022 – VI ZR 1352/20.
[188] EuGH Urt. v. 26.10.2023 – C-307/22, ECLI:EU:C:2023:811; Gegenstand war ein Antrag auf Erhalt der Kopie einer elektronischen Patientenakte.
[189] Plath/*Kamlah* DS-GVO Art. 12 Rn. 19; Auernhammer/*Eßer* DS-GVO Art. 12 Rn. 23.

Regelung entspricht weitgehend bereits der Vorgabe durch die Datenschutzrichtlinie (95/46/EG).[190]

43 **2. Missbrauchsklausel (Abs. 5 S. 2).** Der Unentgeltlichkeitsgrundsatz gilt hingegen nicht bei Missbrauchsfällen. Diese werden von Art. 12 Abs. 5 S. 2 näher bestimmt. Hiernach stellen offenkundig unbegründete sowie exzessive Anträge eines Betroffenen Missbrauchsfälle dar. Missbrauchsfälle sind primär bei der Geltendmachung aller Betroffenenrechte nach Art. 15–22 denkbar.[191] Ein **offenkundig unbegründeter Antrag** liegt vor, wenn die Voraussetzungen des Antrages offensichtlich nicht erfüllt sind. Mithin muss das Fehlen der Antragsvoraussetzungen „auf der Hand liegen",[192] wobei auf die objektiven Umstände des Einzelfalls abzustellen ist.[193] Dies ist beispielsweise der Fall, wenn eine unberechtigte Person, dh nicht der Betroffene oder sein Vertreter, die Betroffenenrechte geltend machen will. Auch ein Löschungsverlangen gegenüber einem Verantwortlichen, der keine Daten des Betroffenen gespeichert hat und den Antragsteller darüber in Kenntnis gesetzt hat, kann als offenkundig unbegründeter Antrag eingestuft werden. Dies hängt allerdings von den Umständen des Einzelfalls ab. So ist nicht jeder Antrag auf Auskunft bei einem Unternehmen, das keine Daten über die anfragende Person gespeichert hat, per se „offenkundig" unbegründet. Aufgrund des Transparenzprinzips und des Datenminimierungsgrundsatzes aus Art. 5 Abs. 1 S. 1 lit. a, c und um dem Gebot eines effektiven Datenschutzes (Art. 8 Abs. 1 GRCh) gerecht zu werden, muss die Geltendmachung von Betroffenenrechten auch ohne förmliche Begründung möglich sein. Aus diesem Grund schafft Art. 12 Abs. 5 S. 2 auch keine dem Wortlaut unter Umständen zu entnehmende Begründungspflicht von Anträgen zur Geltendmachung von Betroffenenrechten.[194] Darüber hinaus sind **exzessive Anträge** einer betroffenen Person missbräuchlich.[195] Die Schwelle zur Geltendmachung des Missbrauchseinwands aufgrund einer exzessiven Antragstellung ist sehr hoch.[196] Art. 12 Abs. 5 S. 2 führt die häufige Antragswiederholung als Beispiel für ein exzessives Stellen von Anträgen auf. Diese wird aber nur dann als exzessiv im Sinne der Norm anzusehen sein, wenn sie ohne berechtigten Grund erfolgt.[197] Die Fallgruppe kommt u.a. dann in Betracht, wenn der Antragsteller trotz rechtmäßiger Informationserteilung bzw. Ablehnung durch den Verantwortlichen weitere (nahezu) identische Anträge stellt.[198] Durch die Verwendung des Wortes „insbesondere" zeigt der Verordnungsgeber zudem auf, dass er auch andere Formen von exzessiven Anträgen erfasst wissen möchte. Denkbar sind beispielsweise rechtsmissbräuchliche Anträge, allein etwa mit dem Ziel den Verantwortlichen zu schikanieren.[199] Übersteigt ein Antrag den Sinn und Zweck eines datenschutzrechtlichen Betroffenenrechts, soll dieser als exzessiv iSd Abs. 5 S. 2 einzustufen sein.[200] Das Übersteigen meint va den äußerst relevanten Fall, bei dem mit einem Auskunftsersuchen nach Art. 15 keinerlei oder nicht überwiegend datenschutzrechtliche, sondern **außerhalb des Datenschutzrechts liegende Zwecke** verfolgt werden. Das Vorliegen eines in diesem Sinne exzessiven Antrags wurde in der Rechtsprechung für eine unzulässige „pre-trial discovery" bereits ebenso bejaht[201] wie im Hinblick auf Anpassungen von Versicherungsprämien.[202] Stützt ein Betroffener seinen Antrag auf außerhalb des Datenschutzrechts liegende Motive wie den Antrag

---

[190] Vgl. Knyrim DS-GVO/*Illibauer* S. 117.
[191] *Korch/Chatard* ZD 2022, 482 (483) mwN.
[192] So BeckOK DatenschutzR/*Quaas* DS-GVO Art. 12 Rn. 44.
[193] HK-DS-GVO/*Greve* Art. 12 Rn. 28.
[194] So auch Auernhammer/*Eßer* DS-GVO Art. 12 Rn. 26, der daraus folgert, dass der Fallgruppe des offenkundig unbegründeten Antrags kaum Praxisrelevanz beigemessen werden kann.
[195] Vgl. zur Herleitung und Fallgruppen des „exzessiven Antrags" ausf. *Kuznik* NVwZ 2023, 297 (300 ff.).
[196] *Korch/Chatard* CR 2020, 438 (442) mwN.
[197] BeckOK DatenschutzR/*Quaas* DS-GVO Art. 12 Rn. 44; Gola/Heckmann/*Franck* DS-GVO Art. 12 Rn. 39.
[198] HK-DS-GVO/*Greve* Art. 12 Rn. 28.
[199] Kühling/Buchner/*Bäcker* DS-GVO Art. 12 Rn. 37.
[200] So Auernhammer/*Stollhoff* DS-GVO Art. 15 Rn. 40; Taeger/Gabel/*Pohle/Splittka* DS-GVO Art. 12 Rn. 23; aA wohl LG Köln Urt. v. 11.11.2020 – 23 O 172/19; AG Bonn Urt. v. 30.7.2020 – 118 C 315/19; LAG Bln-Bbg Urt. v. 30.3.2023 – 5 Sa 1046/22 (nicht rkr.), Rn. 40, NZA-RR 2023, 454 (457).
[201] Vgl. hierzu LG Frankenthal (Pfalz) Urt. v. 12.1.2021 – 1 HK O 4/19; vgl. zur Beschränkung eines „qualitativen Exzess" durch Art. 12 Abs. 5 S. 2 bei pre-trial discoveries auch *Suchan* ZD 2021, 198 (202) und *Schreiber/Brinke* RDi 2023, 232 (235 f.).
[202] Vgl. u.a. OLG Dresden Urt. v. 29.3.2022 – 4 U 1905/21, ZD 2022, 462; OLG Nürnberg Urt. v. 14.3.2022 – 8 U 2907/21, ZD 2022, 463; OLG Hamm Beschl. v. 15.11.2021 – 20 U 269/21, ZD 2022, 237; vgl. zu den jew. Urteilen auch *Korch/Chatard* 2022, 482 (482 ff.).

auf unentgeltliche Kopie einer elektronischen Patientenakte, soll allein daraus kein exzessiver (und auch kein offensichtlich unbegründeter) Antrag iSd Abs. 5 S. 2 folgen.[203] Auch, wenn der Betroffene mit dem Auskunftsverlangen lediglich eine inhaltliche Überprüfung der konkret verarbeiteten personenbezogenen Daten anstrebt, ist dieses nach Abs. 5 offensichtlich unbegründet.[204] Ein exzessiver Antrag soll schließlich auch dann vorliegen, wenn der Verantwortliche zur Erfüllung eines Anspruches einen **unverhältnismäßigen Aufwand** betreiben müsste,[205] ein lediglich über dem Durchschnitt liegender Aufwand soll nicht ausreichen.[206] Ein unverhältnismäßiger Aufwand besteht auch, wenn der Betroffene im Lichte des Erwägungsgrundes 63 S. 7 seinen Anspruch nicht hinreichend konkretisiert obwohl es ihm möglich wäre[207] oder wenn die Kosten des Verantwortlichen zur Erfüllung des Anspruchs nicht im Verhältnis zum Auskunftsverlangen des Betroffenen stehen.[208] Dabei kommt es bei der Frage des unverhältnismäßigen Aufwands weniger auf die Quantität der angeforderten Daten an als vielmehr auf die konkret aus dem Antrag für den Verantwortlichen resultierende Arbeitsbelastung für die damit zusammenhängende Prüfung.[209] In jedem Fall soll das Kriterium der exzessiven Antragstellung von einer einzelfallbezogenen Abwägung der Verantwortlichen- und Betroffeneninteressen abhängen, bei der auf Seite von Betroffenen u.a. die Verarbeitung von sensiblen Daten iSd Art. 9 und das überschaubare Ausmaß der Datenverarbeitung für deren Schutzwürdigkeit sprechen können.[210]

3. Reaktionsmöglichkeiten bei Missbrauch. Der Verantwortliche hat im Falle eines missbräuchlichen Umgangs mit den Betroffenenrechten die Möglichkeit, ein **angemessenes Entgelt** zu verlangen, bei dem die Verwaltungskosten für die Unterrichtung oder die Mitteilung oder die Durchführung der beantragten Maßnahme berücksichtigt werden (Art. 12 Abs. 5 S. 2 lit. a), oder sich zu weigern, aufgrund des Antrags tätig zu werden (Art. 12 Abs. 5 S. 2 lit. b). Diese Vorschrift dient den grundrechtlich geschützten Interessen der Verantwortlichen in Abwägung mit legitimen datenschutzrechtlichen Betroffenenrechten. Nach Art. 12 Abs. 5 S. 2 lit. a (Var. 1) kann der Verantwortliche ein angemessenes Entgelt verlangen. Dieses bemisst sich anhand der Verwaltungskosten, die für die Unterrichtung oder die Mitteilung oder die Durchführung der beantragten Maßnahme anfallen. Somit bestimmt sich das Entgelt für jeden konkreten Einzelfall. Welche Kosten der Verantwortliche als **Verwaltungskosten** deklarieren und dem Antragsteller auferlegen kann, lässt die DS-GVO offen. Neben den Übermittlungskosten (zB Porto oder Telefongebühren) sind grundsätzlich auch die Vorbereitungskosten der Mitteilung hiervon umfasst.[211] Insbesondere können die anteiligen Lohn- bzw. Gehaltskosten, welche im konkreten Zusammenhang mit der Auskunftserteilung entstanden sind (Recherchearbeit und Vergleichbares) berücksichtigt werden.[212] Allgemeine Kostenfaktoren welche lediglich mittelbar mit dem Auskunftsersuchen in Verbindung stehen, wie beispielsweise die Anschaffung neuer IT-Infrastrukturen zur Bearbeitung der Anfragen, können hingegen nicht anteilig auf den Antragsteller abgewälzt werden.[213] Da die Ermittlung der tatsächlich angefallenen Kosten im Einzelfall die Praxis vor gewisse Herausforderungen stellt, wird bereits vertreten, dass in bestimmten Fällen die pauschale Abgeltung zumindest möglich sein könnte.[214] Denkbar ist dabei beispielsweise eine

---

[203] Insoweit hat sich der EuGH Urt. v. 26.10.2023 – C-307/22, ECLI:EU:C:2023:811 der Vorlage des BGH Beschl. v. 29.3.2022 – VI ZR 1352/20, ZD 2022, 497 (498) Rn. 19 angeschlossen.
[204] LG Heidelberg Urt. v. 21.2.2020 – 4 O 6/19, ZD 2020, 313 (315).
[205] LG Heidelberg Urt. v. 21.2.2020 – 4 O 6/19, ZD 2020, 313 (315).
[206] *Korch/Chatard* CR 2020, 438 (442) mwN.
[207] LG Heidelberg Urt. v. 21.2.2020 – 4 O 6/19, ZD 2020, 313 (315); nach *Wybitul/Baus* CR 2019, 494 (499) kann der Verantwortliche den Betroffenen zu einer Konkretisierung des Antrages auffordern, bevor es über die Unbegründetheit eines Ersuchens entscheidet.
[208] So das LG Heidelberg Urt. v. 21.2.2020 – 4 O 6/19, ZD 2020, 313 (315), das einen unverhältnismäßigen Aufwand angenommen hat für den Fall, dass der Betroffene sein Verlangen nicht auf eine bestimmte Datenkategorie begrenzt und für den Verantwortlichen eine Sichtung und Schwärzung mehrerer tausend E-Mails sowie Kosten bis zu 4.000 EUR angefallen wären.
[209] *Korch/Chatard* CR 2020, 438 (444).
[210] *Korch/Chatard* CR 2020, 438 (444); *Korch/Chatard* ZD 2022, 482 (483).
[211] Plath/*Kamlah* DS-GVO Art. 12 Rn. 21.
[212] Schaffland/Wiltfang/*Schaffland/Holthaus* DS-GVO Art. 12 Rn. 26.
[213] Gola/Heckmann/*Franck* DS-GVO Art. 12 Rn. 40; Schaffland/Wiltfang/*Schaffland/Holthaus* DS-GVO Art. 12 Rn. 27.
[214] *Durmus* RDV 2018, 297 (299); BeckOK DatenschutzR/*Quaas* DS-GVO Art. 12 Rn. 46; Kühling/Buchner/*Bäcker* DS-GVO Art. 12 Rn. 38; Gola/Heckmann/*Franck* DS-GVO Art. 12 Rn. 40; Schaffland/Wiltfang/*Schaffland/Holthaus* DS-GVO Art. 12 Rn. 29.

Kostenpauschale, abhängig vom jeweils geltend gemachten Betroffenenrecht.[215] Mit Blick auf die Realisierung des Entgelts wird empfohlen, die Informationsauskunft von der vorherigen Zahlung abhängig zu machen oder per Nachnahmeverfahren zu handeln, da die Eintreibung geringerer Summen anhand einer anschließenden Rechnung oftmals keinen Erfolg verspricht.[216] Insgesamt ist ein angemessener Ausgleich zwischen den Interessen des Verantwortlichen und jenen des Betroffenen herzustellen. Ob das Merkmal des angemessenen Entgelts im Lichte dieser Ausgleichsfunktion dergestalt ausgelegt werden kann, dass der Verantwortliche mehr als die tatsächlich angefallenen Kosten verlangen kann, ist zumindest fraglich.[217]

45 Daneben besteht die Möglichkeit **der Weigerung, aufgrund des Antrags tätig zu werden**, Art. 12 Abs. 5 S. 2 lit. b (Var. 2). In einem solchen Fall besteht aus Transparenzgründen auch eine Mitteilungspflicht gegenüber dem Antragsteller. In diesem Fall ist der Betroffene nach Maßgabe von Art. 12 Abs. 4 durch den Verantwortlichen über die Gründe zu informieren, warum er dem Antrag nicht entspricht, und über die Möglichkeit, bei einer Aufsichtsbehörde Beschwerde oder einen gerichtlichen Rechtsbehelf einzulegen. Da diese Variante eine einschneidendere Wirkung besitzt, ist Variante 1 in vielen Konstellationen vorzugswürdig, um dem Datenschutzrecht entsprechend der Maßgabe von Art. 8 GRCh weitestmöglich Geltung zu verschaffen.[218]

46 Der Wortlaut von Art. 12 Abs. 5 S. 2 deutet eine freie Wahlmöglichkeit des Verantwortlichen zwischen den aufgeführten Handlungsalternativen an, welche in dieser Form nicht besteht.[219] Liegt ein offenkundig unbegründeter Antrag durch einen Unberechtigten vor, darf der Verantwortliche die personenbezogenen Daten des Betroffenen in keinem Fall zum Verwaltungskostenpreis (Var. 1) an Dritte weitergeben. Er muss sich also weigern, dem Antrag zu entsprechen (Var. 2), andernfalls drohen ihm Sanktionen. Auch der Antrag auf Löschung eines personenbezogenen Datums, das nach Kenntnis des Betroffenen nicht durch den Verantwortlichen gespeichert wurde, ist rein faktisch nicht möglich, sodass Variante 2 auch hier das Mittel der Wahl darstellt. In einem solchen Fall kann jedoch das Unternehmen kostenpflichtig den Betroffenen hierüber informieren (vgl. Art. 12 Abs. 5 S. 2 lit. a). Darüber hinaus kann die Weigerung im Sinne der Variante 2 treuwidrig sein, wenn sich der Betroffene zur Zahlung eines angemessenen Entgelts bereit erklärt.[220] Die **Wahl der Handlungsalternativen** muss sich demnach **nach dem konkreten Einzelfall** richten.

47 Zudem muss eine Auskunftsverweigerung (Var. 2) bei häufig wiederholter Antragstellung eines Betroffenen, der letztlich nur um seine personenbezogenen Daten besorgt ist, mit dessen Grundrecht auf Datenschutz aus Art. 8 GRCh in Einklang gebracht werden. Danach hat der Einzelne das Recht, jederzeit zu wissen, wer seine Daten verarbeitet. So besagt Erwägungsgrund 63 S. 1, dass eine betroffene Person ein Auskunftsrecht hinsichtlich der sie betreffenden erhobenen personenbezogenen Daten problemlos und **in angemessenen Abständen wahrnehmen können muss,** um sich der Verarbeitung bewusst zu sein und deren Rechtmäßigkeit überprüfen zu können. In einem solchen Fall müsste mithin Variante 1 gewählt werden, um dem Transparenzprinzip aus Art. 5 Abs. 1 S. 1 lit. a sowie Art. 8 GRCh gerecht zu werden. Für die Interessenabwägung kommt es dabei auch darauf an, ob die Auskunftsersuchen auch in ihrer Häufigkeit legitim erscheinen, also gerade nicht querulatorisch sind.

48 Es gibt schließlich Fälle, in denen beide Varianten bei der Behandlung einer exzessiven Antragstellung durch den Betroffenen durch den Verantwortlichen in Betracht gezogen werden können. In solchen Konstellationen ist zumeist die Schaffung von **kostenpflichtiger Transparenz** nach Art. 12 Abs. 5 S. 2 lit. a als das datenschutzrechtlich mildere Mittel zu werten und daher der Weigerung, aufgrund des Antrags tätig zu werden, nach Art. 12 Abs. 5 S. 2 lit. b vorzuziehen.

---

[215] *Durmus* RDV 2018, 297 (299); Kühling/Buchner/*Bäcker* DS-GVO Art. 12 Rn. 38.
[216] Schaffland/Wiltfang/*Schaffland*/*Holthaus* DS-GVO Art. 12 Rn. 32.
[217] Für die Kostendeckelung anhand der tatsächlich angefallenen Kosten *Walter* DSRITB 2016, 367 (369); Gola/Heckmann/*Franck* DS-GVO Art. 12 Rn. 40; Schaffland/Wiltfang/*Schaffland*/*Holthaus* DS-GVO Art. 12 Rn. 27; aA BeckOK DatenschutzR/*Quaas* DS-GVO Art. 12 Rn. 46; Kühling/Buchner/*Bäcker* DS-GVO Art. 12 Rn. 38.
[218] So iErg auch Auernhammer/*Eßer* DS-GVO Art. 12 Rn. 36, allerdings mit Verweis auf das drohende Bußgeld bei zu Unrecht verweigerter Auskunft.
[219] AA wohl Kühling/Buchner/*Bäcker* DS-GVO Art. 12 Rn. 39, der von einem grds. Wahlrecht des Verantwortlichen ausgeht.
[220] Kühling/Buchner/*Bäcker* DS-GVO Art. 12 Rn. 39.

4. Beweislast. Der Verantwortliche trägt nach Art. 12 Abs. 5 S. 3 die **Beweislast,** ob ein offenkundig unbegründeter oder exzessiver Antrag gestellt wurde.[221] Der Nachweis muss gerichtsfest erfolgen. Es empfiehlt sich daher eine entsprechende Dokumentation der zugrundeliegenden Tatsachen.[222] Dabei sollten insbesondere die Projektverantwortlichen mit den Bereichen IT und Datenschutz eng zusammenarbeiten.[223] Zweifel bezüglich des Vorliegens der Tatbestandsvoraussetzungen gehen zu Lasten des Verantwortlichen.

VI. Identitätsfeststellung (Abs. 6)

1. Anwendungsbereich: Anträge nach Art. 15–21. Art. 12 Abs. 6 gestattet dem Verantwortlichen, der einen Antrag nach Art. 15–21 erhalten hat, **bei Zweifeln über die Identität des Antragstellers** zusätzliche Informationen von ihm zur Identifizierung anzufordern. Gleichzeitig besteht für den Betroffenen eine **Mitwirkungsobliegenheit,** um den Verantwortlichen bei der Geltendmachung seiner Rechte zu unterstützen.[224] Diese Identitätsprüfung dient einerseits dem Interesse des Betroffenen. Nur so kann sichergestellt werden, dass Unberechtigte weder Auskünfte über personenbezogene Daten erhalten, noch dass personenbezogene Daten des Betroffenen von anderen Personen gelöscht werden können. Andererseits besteht auch ein Interesse des Verantwortlichen, Sanktionen wegen eines datenschutzwidrigen Vorgehens zu vermeiden.[225] Der Verantwortliche hat seine Pflichten aus den Art. 15 ff. schließlich nach Art. 11 Abs. 2 nicht zu erfüllen, wenn er glaubhaft machen kann, trotz Prüfung die Identität des Betroffenen nicht zu kennen.[226]

2. Zweifel an der Identität des Antragstellers. Sofern der Verantwortliche begründete **Zweifel an der Identität des Antragstellers** hat, ist dieser berechtigt, weitere Informationen über die natürliche Person anzufordern, soweit diese zur Bestätigung der Identität des Betroffenen erforderlich sind. Wie schon bei Art. 12 Abs. 2 stellt sich auch hier die Frage, wann von einer hinreichenden Identifikation auszugehen ist, zumal im Datenschutzrecht grundsätzlich das Prinzip der Datenminimierung zu beachten ist, Art. 5 Abs. 1 S. 1 lit. c.[227] Zur Lösung dieses Dilemmas dürfen nicht zu hohe Anforderungen an die Identifikation gestellt werden. So muss für den Verantwortlichen für den jeweiligen Einzelfall ein Ermessensspielraum bestehen, auch weil personenbezogene Daten unterschiedlichen Gefährdungen ausgesetzt sind.[228]

3. Verarbeitung der zusätzlichen Informationen. Bestehen begründete Zweifel an der Identität, stellt Art. 12 Abs. 6 eine gesetzliche Ermächtigungsgrundlage für den Verantwortlichen dar, die angeforderten identitätsstiftenden Daten des Betroffenen zu verarbeiten. Der Umfang ist auf **Identitätsmerkmale** beschränkt, wobei der Verantwortliche die Anschrift oder Mailadresse des Betroffenen verlangen kann, wenn sie ihm nicht bekannt ist oder mit einem vorhandenen Datensatz nicht übereinstimmt.[229] Aber auch die Vorlage einer Rechtsanwaltsvollmacht des Antragstellers wurde als ausreichend erachtet.[230] Ob hingegen eine **Kopie des Personalausweises** erforderlich ist, ist anhand des Einzelfalles sowie der konkreten Art der Zweifel zu prüfen (dazu grundsätzlich auch → Rn. 30).[231] Identitätsstiftend kann auch eine **Sicherheitsabfrage** oder eine telefonische Abfrage von Kundendaten sein.[232] Dabei ist aber eine ausreichende Verschlüsselung zu gewährleisten, eine Authentifizierung nur durch telefonische Abfrage von Name und Geburtsdatum reicht dabei nicht aus.[233] Unzulässig dürfte es hingegen

---

[221] So zuletzt auch EuGH Urt. v. 12.1.2023 – C-154/21, ECLI:EU:C:2023:3 = ZD 2023, 973 (975, Rn. 49) mAnm Petri – Österreichische Post.
[222] Auernhammer/*Eßer* DS-GVO Art. 12 Rn. 37; HK-DS-GVO/*Greve* Art. 12 Rn. 29.
[223] *Wybitul* BB 2016, 1077 (1078).
[224] Vgl. Plath/*Kamlah* DS-GVO Art. 12 Rn. 24.
[225] Plath/*Kamlah* DS-GVO Art. 12 Rn. 24.
[226] Gola/Heckmann/*Franck* DS-GVO Art. 12 Rn. 45.
[227] → Rn. 27 ff.
[228] Vgl. Plath/*Kamlah* DS-GVO Art. 12 Rn. 24.
[229] Vgl. *Petrlic* DuD 2019, 71 (71 ff.); zu konkreten Handlungsempfehlungen auch *Kremer* CR 2018, 560 (560 ff.).
[230] AG Mitte Urt. v. 29.7.2019 – 7 C 185/18, ZD 2020, 647.
[231] *Raji* ZD 2020, 279 (281 f.); Gola/Heckmann/*Schulz* DS-GVO Art. 12 Rn. 44.
[232] *Petrlic* DuD 2019, 71 (73); Gola/Heckmann/*Schulz* DS-GVO Art. 12 Rn. 43.
[233] So das LG Bonn Urt. v. 11.11.2020 – 29 OWi 1/20, Rn. 48 ff., MMR 2021, 173 (175).

sein, die dadurch erhaltenen Daten für zukünftige Identitätsabgleiche zu speichern.[234] Auch der (standardisierte bzw. routinemäßige) Abgleich bereits bestehender Datensätze kann nicht auf Grundlage der Norm bewerkstelligt werden.[235]

VII. Information durch standardisierte Bildsymbole (Abs. 7)

53 **1. Anwendungsbereich: Informationen nach Art. 13 und 14.** Art. 12 Abs. 7 S. 1 besagt, dass die Darstellung der Informationen, die den betroffenen Personen gemäß den Art. 13 und 14 bereitzustellen sind, auch durch eine Kombination der **textlichen Belehrung mit standardisierten Bildsymbolen (sog. Icons oder auch Piktogramme)** möglich ist, um in leicht wahrnehmbarer, verständlicher und klar nachvollziehbarer Form einen aussagekräftigen Überblick über die beabsichtigte Verarbeitung zu vermitteln. Diese Vorschrift ist eine Neuerung im Datenschutzrecht und stellt eine Anpassung der Darstellung von Informationen an die Wahrnehmungsgewohnheiten der Nutzer dar.[236] Die Nutzung entsprechender Symbole soll der Absicherung der datenschutzrechtlichen Selbstbestimmung des Betroffenen dienen.[237] Darüber hinaus soll der Transparenzgedanke des novellierten Datenschutzrechts gestärkt sowie der Umfang an zu lesender Information begrenzt werden.[238] Diese Änderung ist auch in anderen Verbraucherschutzbereichen denkbar.[239] Insbesondere im Bereich der Lebensmittelindustrie als auch in der Finanzbranche wird über vergleichbare Konzepte nachgedacht.[240] Die in der Vergangenheit häufig unverständlichen und langen Datenschutzerklärungen sind aufgrund ihrer Komplexität zumeist nicht durch die Betroffenen gelesen worden. Regelmäßig rechnen die Verantwortlichen sogar damit, dass diese nicht gelesen werden. Vielmehr liegt oftmals der Verdacht nahe, dass anhand entsprechender Erklärungen lediglich Rechtskonformität gegenüber Mitwerbern und Aufsichtsbehörden demonstriert werden soll.[241] Durch die Verwendung entsprechender Icons könnte aber nicht nur das Verständnisdilemma begrenzt werden, die Datenschutzsymbolik bietet sich zudem auch aus zeitlichen und damit letztlich finanziellen Aspekten an.[242] Der Anwendungsbereich der Norm ist auf Informationen nach Art. 13 und 14 beschränkt und danach deutlich enger als der von Art. 12 Abs. 1. Darüber hinaus ist die Vorschrift nur eine **Kann-Regelung,** sodass die Verwendung dieser Bildsymbole nicht verpflichtend ist. Dabei ist allerdings insbesondere bei hochkomplexen Verarbeitungsvorgängen eine Ermessensreduktion sowohl im öffentlichen als auch im nicht-öffentlichen Bereich denkbar, da anderenfalls den Anforderungen des Abs. 1 möglicherweise nicht entsprochen werden kann.[243] Mit dem Ziel, eine effizientere Informationsvermittlung für Betroffene zu gewährleisten, schlägt *Ebner* vor, die Nutzung von Bildsymbolen in Abs. 7 zu einer gesetzlichen Soll-Vorschrift zu novellieren, bei der die Nichtnutzung von Bildsymbolen durch Verantwortliche begründet und publik gemacht werden muss.[244]

54 **2. Grafische Information (Abs. 7 S. 1).** Durch die grafischen Informationen soll der Betroffene bereits auf einen Blick nachvollziehen können, was mit seinen personenbezogenen Daten geschieht und einen aussagekräftigen **Überblick über die Datenverarbeitung** vermittelt bekommen.[245] Im digitalen Zeitalter fallen in fast jedem Lebensbereich personenbezogene Daten an bzw. werden solche verarbeitet. Die Betroffenen haben jedoch selber keinen Einblick in die digital erfolgenden Datenverarbeitungsprozesse und darüber hinaus haben diese kaum die Zeit, die ausführlichen Informationen aus Art. 13 und 14 in ihrer Ausführlichkeit zu lesen. Durch

---

[234] HK-DS-GVO/*Greve* Art. 12 Rn. 30.
[235] BeckOK DatenschutzR/*Quaas* DS-GVO Art. 12 Rn. 50; Kühling/Buchner/*Bäcker* DS-GVO Art. 12 Rn. 30.
[236] *Albrecht* CR 2016, 88 (93); einen Überblick über die verschiedenen Gestaltungsmöglichkeiten bieten Geminn/Francis/*Herder* ZD-Aktuell 2021, 05335.
[237] *Pollmann/Kipker* DuD 2016, 378 (379).
[238] Article 29 Data Protection Working Party, Guidelines on transparency under Regulation 2016/679, 17/EN WP 260, S. 22; so auch *Strassemeyer* K&R 2020, 176 (181 f.).
[239] Auch zur Verdeutlichung von AGB wird die Verwendung von EU-weit standardisierten Icons bereits diskutiert, vgl. Gola/*Klug* NJW 2016, 690 (692).
[240] *Pollmann/Kipker* DuD 2016, 378 (379).
[241] So *Richter* PinG 2017, 65 (65).
[242] Vgl. *Richter* PinG 2017, 65 (65).
[243] So Kühling/Buchner/*Bäcker* DS-GVO Art. 12 Rn. 23.
[244] *Ebner* ZfDR 2023, 299 (311).
[245] Erwägungsgrund 60 S. 4.

einheitliche Bildsymbole wird dem Nutzer die Datenverarbeitung in einer prägnanten Deutlichkeit vor Augen geführt.[246] Insbesondere bei einer Information, die sich an Kinder richtet, kann die Bildsprache hilfreich sein.[247] Da diese Symbole zudem nur in Kombination mit den sprachlichen Ausführungen dem Betroffenen bereitgestellt werden dürfen, kommt es vorliegend auch nicht zu einer Verkürzung der Betroffenenrechte.[248] Vielmehr wird diesem ein Mehr an Transparenz geboten. Sinn und Zweck des Einsatzes entsprechender Symbole ist folglich nicht eine umfassende Erläuterung der Datenverarbeitung sondern die prägnante (ergänzende) Darstellung der wesentlichen Verarbeitungsschritte.[249] Wichtig ist in diesem Zusammenhang jedoch eine standardisierte grafische Gestaltung der Bildsymbole. Durch die Etablierung eines einheitlichen Symbolkanons wird auf Betroffenenseiten ein Lernprozess angeregt, welcher dazu führt, dass dieser in absehbarer Zeit mit einem Blick erkennen kann, welche maßgeblichen Verarbeitungsvorgänge durch die jeweilige Anwendung initiiert werden.[250] Dies soll durch die Kommission sichergestellt werden, vgl. Art. 12 Abs. 8. Dabei ist allerdings nicht von der Hand zu weisen, dass die Verwendung entsprechender Symbole nicht in jedem Fall geeignet ist. Insbesondere darf es dadurch nicht zu einer sinnentstellenden Komplexitätsreduktion der zugrundeliegenden Verarbeitungsvorgänge kommen.[251]

3. Maschinenlesbarkeit elektronisch dargestellter Bildsymbole (Abs. 7 S. 2). Nach Art. 12 Abs. 7 S. 2 müssen die verwendeten Bildsymbole, die in elektronischer Form dargestellt werden, maschinenlesbar sein. Das bedeutet, dass entsprechende Symbole über die bloße elektronische Wiedergabe hinaus auch von der entsprechenden Maschine automatisch erkannt und interpretiert werden können müssen.[252] Dies kann einerseits dazu genutzt werden, den Browser so einzustellen, dass dieser Seiten meidet, deren Icons eine unerwünschte Datenverarbeitung ausweisen. Entscheidend in diesem Kontext ist aber auch, dass ein einheitlicher Symbolstandard entwickelt wird, der von den meisten unterschiedlichen Anwendungen gleichermaßen verwendet werden kann.[253] Gleichzeitig wird auf diesem Wege **Barrierefreiheit** geschaffen, da Menschen mit Beeinträchtigung der Sehkraft die Wahrnehmung dieser Symbole über die Sprachausgabe ermöglicht wird.

VIII. Delegierte Rechtsakte (Abs. 8)

1. Anwendungsbereich: Darstellung durch Bildsymbole. Art. 12 Abs. 8 überträgt der Kommission die Befugnis gemäß Art. 92, delegierte Rechtsakte zur Bestimmung der Informationen, die durch **Bildsymbole** darzustellen sind, und der Verfahren für die Bereitstellung standardisierter Bildsymbole zu erlassen.[254] Der Kommission kann nach Art. 290 Abs. 1 AEUV innerhalb eines Gesetzgebungsaktes die Befugnis übertragen werden, Rechtsakte ohne Gesetzescharakter mit allgemeiner Geltung zur Ergänzung oder Änderung bestimmter nicht wesentlicher Vorschriften des betreffenden Gesetzgebungsaktes zu erlassen. Hierfür müssen jedoch in der DS-GVO die Ziele, der Inhalt, der Geltungsbereich und die Dauer der Befugnisübertragung ausdrücklich festgelegt werden. Der wesentliche Aspekt, dass Bildsymbole zulässig sind, ergibt sich bereits aus Art. 12 Abs. 7, vgl. Art. 290 Abs. 1 UAbs. 2 S. 2 AEUV. Die Ausübung der Befugnisübertragung wird durch Art. 92 näher konkretisiert.

2. Reichweite der Befugnis zu delegierten Rechtsakten. Die Kommission wird durch Art. 12 Abs. 8 ermächtigt, entsprechend den Anforderungen von Art. 92 **delegierte Rechts-**

---

[246] Vgl. bzgl. eines früheren Entw. der Bildsymbole aus dem Gesetzgebungsverfahren der DS-GVO den Bericht des Europäischen Parlaments v. 21.11.2013 (A7–0402/2013) S. 229, abrufbar unter www.europarl.europa.eu/doceo/document/A-7-2013-0402_DE.html.
[247] Knyrim DS-GVO/*Illibauer* S. 117.
[248] Kühling/Buchner/*Bäcker* DS-GVO Art. 12 Rn. 21 gibt in diesem Kontext allerdings zu bedenken, dass daraus eine weitere „Fehlerquelle" resultieren kann, wenn es zum Widerspruch zwischen Bild- und Textinformation kommen kann.
[249] Gola/Heckmann/*Franck* DS-GVO Art. 12 Rn. 46; Rücker/Kugler Data Protection Regulation/*Schrey* S. 128.
[250] *Auer-Reinsdorff* ZD 2017, 149 (150).
[251] Vgl. *Richter* PinG 2017, 65 (66).
[252] Gola/Heckmann/*Franck* DS-GVO Art. 12 Rn. 51; einen Überblick über die verschiedenen Gestaltungsmöglichkeiten bieten *Geminn/Francis/Herder* ZD-Aktuell 2021, 05335.
[253] Kühling/Buchner/*Bäcker* DS-GVO Art. 12 Rn. 22.
[254] Hierzu auch → Art. 13 Rn. 20.

akte zu den nach Art. 12 Abs. 7 gestatteten standardisierten Bildsymbolen zu bestimmen, welche Informationen durch Bildsymbole darzustellen sind und ein Verfahren zur Bereitstellung standardisierter Bildsymbole zu erstellen. Die Kommission hat bei der Ausgestaltung des Verfahrens dafür Sorge zu tragen, dass sowohl Qualität als auch Akzeptanz der Symbole gewahrt werden.[255] Es ist sinnvoll, die Gestaltung der Symbole nicht innerhalb der DS-GVO zu klären, da auf diesem Wege eine flexiblere Handhabung möglich ist. Zudem kann eine Kompromisslösung der sinnvollen Gestaltung der Symbole entgegenstehen. Dennoch soll die Kommission im Zuge ihrer Vorbereitungsarbeit angemessene Konsultationen, auch auf der Ebene von Sachverständigen, durchführen.[256] Dabei wird auch der Europäische Datenschutzausschuss von Bedeutung sein, der im Rahmen seiner Tätigkeit gemäß Art. 70 Abs. 1 S. 2 lit. r zur Abgabe einer Stellungnahme zu den Bildsymbolen gemäß Art. 12 Abs. 7 verpflichtet ist. Darüber hinaus sollten zudem Vertreter der Wirtschaft als auch der Öffentlichkeit miteinbezogen werden.[257]

IX. Beschränkungen (Art. 23)

58 Nach Maßgabe des **Art. 23 Abs. 1** besteht die Möglichkeit der **Beschränkung** von Art. 12–22 und Art. 34 durch Rechtsvorschrift der Union oder der Mitgliedstaaten, sofern eine solche Beschränkung den Wesensgehalt der Grundrechte und Grundfreiheiten achtet und in einer demokratischen Gesellschaft eine notwendige und verhältnismäßige Maßnahme darstellt.[258] Mit Blick auf die allgemeinen und unmittelbar geltenden Vorgaben des Art. 12 sind allerdings keine wesentlichen Abweichungen zu erwarten.[259] Mithin kann weder von den materiellen Grundbedingungen des Art. 12 noch von den wesentlichen formellen Anordnungen abgewichen werden.[260] Das BDSG in seiner ab dem 25.5.2018 geltenden Fassung greift die durch Art. 12 ff. normierten Informationspflichten insbesondere im Kapitel „Rechte der betroffenen Person" auf.[261] Bezüglich der Vorgaben zur Transparenz und zur Ausübung der Betroffenenrechte finden sich keine Spezifizierungen innerhalb des reformierten BDSG.[262] Stattdessen finden sich in den Vorgaben der §§ 32 sowie 33 BDSG partielle Beschränkungen der Betroffenenrechte.[263] Ob diese mit den Vorgaben der DS-GVO in Einklang gebracht werden können, wird bezweifelt.[264]

X. Bußgeldbestimmung (Art. 83 Abs. 5 lit. b)

59 Bei Verstößen gegen die Rechte der Betroffenen gemäß Art. 12–22 werden nach Art. 83 Abs. 5 lit. b **Geldbußen** von bis zu 20.000.000 EUR oder im Fall eines Unternehmens von bis zu 4 Prozent seines gesamten weltweit erzielten Jahresumsatzes des vorangegangenen Geschäftsjahres verhängt, je nachdem, welcher Betrag höher ist. Dabei stellt die zuständige Aufsichtsbehörde gemäß Art. 83 Abs. 1 sicher, dass die Verhängung von Geldbußen in jedem Einzelfall wirksam, verhältnismäßig und abschreckend ist. In Deutschland wurde wegen einer Verletzung von Art. 12 erst eine Geldbuße durch eine Aufsichtsbehörde verhängt.[265] Bei der Bestimmung des Bußgeldes kommt es insbesondere auf die ausdifferenzierten Kriterien des Art. 83 Abs. 2 S. 2 an, welche maßgeblich zur Konkretisierung der Vorgaben des Abs. 1 beitragen.[266] Die Verhängung etwaiger Geldbußen am oberen Ende des Bußgeldrahmens wird tatsächlich nur dann in Betracht kommen, wenn die dort genannten Voraussetzungen nahezu allesamt erfüllt sind.[267] Im Falle eines geringfügigen Verstoßes oder falls die voraussichtlich zu verhängende Geldbuße eine

---

[255] Kühling/Buchner/*Bäcker* DS-GVO Art. 12 Rn. 24; aA *Pollmann/Kipker* DuD 2016, 378 (381); *Kamps/Schneider* Beil. 1 zu Heft 7/8/2017, 25 (26), welche darüber hinaus die Kommission in der Pflicht sehen, die einzelnen Bildsymbole bereitzustellen.
[256] Erwägungsgrund 166.
[257] Article 29 Data Protection Working Party, Guidelines on transparency under Regulation 2016/679, 17/EN WP 260, S. 23.
[258] Ausf. hierzu → Art. 23 Rn. 3 ff.
[259] Kühling/Buchner/*Bäcker* DS-GVO Art. 12 Rn. 40, 42.
[260] Kühling/Buchner/*Bäcker* DS-GVO Art. 12 Rn. 40.
[261] Wächter Datenschutz/*Wächter* Kap. C Rn. 540.
[262] Roßnagel Neues DatenschutzR/*Hohmann/Miedzianowski* S. 131 Rn. 23.
[263] Roßnagel Neues DatenschutzR/*Hohmann/Miedzianowski* S. 131 Rn. 23.
[264] BeckOK DatenschutzR/*Schmidt-Wudy* BDSG § 32 Rn. 7; Roßnagel Neues DatenschutzR/*Hohmann/Miedzianowski* S. 131 Rn. 56 ff.
[265] www.heise.de/news/DSGVO-Vattenfall-muss-900-000-Euro-nach-Bonushopper-Auslese-zahlen-6200668.html.
[266] HK-DS-GVO/*Greve* Art. 12 Rn. 34.
[267] HK-DS-GVO/*Greve* Art. 12 Rn. 34.

unverhältnismäßige Belastung für die natürliche Person bewirken würde, kann anstelle einer Geldbuße eine Verwarnung erteilt werden.[268]

C. Rechtsschutz

Bei einem Verstoß gegen die Transparenzpflichten aus Art. 12 kann der Betroffene nach Art. 77 Abs. 1 **Beschwerde** bei einer Aufsichtsbehörde, insbesondere im Mitgliedstaat des gewöhnlichen Aufenthaltsortes, des Arbeitsplatzes oder des mutmaßlichen Verstoßes einlegen. Die betroffene Person hat nach Art. 79 Abs. 1 das Recht auf einen **wirksamen gerichtlichen Rechtsbehelf**, der nach Art. 79 Abs. 2 beim zuständigen Gericht im Mitgliedstaat einzulegen ist.[269] Außerdem sind Verstöße gegen Art. 12 nach Art. 83 Abs. 5 lit. b DS-GVO bis zu einer Höhe von 20 Mio. EUR (oder 4 Prozent des gesamten weltweiten Jahresumsatzes bei Unternehmen) bußgeldbewehrt (→ Rn. 59). Innerhalb der Europäischen Union wurden bereits einige Bußgelder aufgrund eines Verstoßes gegen Art. 12 verhängt.[270] Die betroffene Person kann bei Verstößen auch einen Anspruch auf (im-)materiellen Schadensersatz nach Art. 82 geltend machen.[271]

60

Abschnitt 2. Informationspflicht und Recht auf Auskunft zu personenbezogenen Daten

Art. 13 Informationspflicht bei Erhebung von personenbezogenen Daten bei der betroffenen Person

(1) Werden personenbezogene Daten bei der betroffenen Person erhoben, so teilt der Verantwortliche der betroffenen Person zum Zeitpunkt der Erhebung dieser Daten Folgendes mit:
a) den Namen und die Kontaktdaten des Verantwortlichen sowie gegebenenfalls seines Vertreters;
b) gegebenenfalls die Kontaktdaten des Datenschutzbeauftragten;
c) die Zwecke, für die die personenbezogenen Daten verarbeitet werden sollen, sowie die Rechtsgrundlage für die Verarbeitung;
d) wenn die Verarbeitung auf Artikel 6 Absatz 1 Buchstabe f beruht, die berechtigten Interessen, die von dem Verantwortlichen oder einem Dritten verfolgt werden;
e) gegebenenfalls die Empfänger oder Kategorien von Empfängern der personenbezogenen Daten und
f) gegebenenfalls die Absicht des Verantwortlichen, die personenbezogenen Daten an ein Drittland oder eine internationale Organisation zu übermitteln, sowie das Vorhandensein oder das Fehlen eines Angemessenheitsbeschlusses der Kommission oder im Falle von Übermittlungen gemäß Artikel 46 oder Artikel 47 oder Artikel 49 Absatz 1 Unterabsatz 2 einen Verweis auf die geeigneten oder angemessenen Garantien und die Möglichkeit, wie eine Kopie von ihnen zu erhalten ist, oder wo sie verfügbar sind.

(2) Zusätzlich zu den Informationen gemäß Absatz 1 stellt der Verantwortliche der betroffenen Person zum Zeitpunkt der Erhebung dieser Daten folgende weitere Informationen zur Verfügung, die notwendig sind, um eine faire und transparente Verarbeitung zu gewährleisten:
a) die Dauer, für die die personenbezogenen Daten gespeichert werden oder, falls dies nicht möglich ist, die Kriterien für die Festlegung dieser Dauer;
b) das Bestehen eines Rechts auf Auskunft seitens des Verantwortlichen über die betreffenden personenbezogenen Daten sowie auf Berichtigung oder Löschung

---

[268] Erwägungsgrund 148 S. 2.
[269] Örtliche und sachliche Zuständigkeit richten sich zudem nach allgemeinem Prozessrecht, so Gola/Heckmann/*Franck* DS-GVO Art. 12 Rn. 59.
[270] Vgl. hierzu ausf. auch www.enforcementtracker.com/.
[271] So zB das ArbG Düsseldorf Urt. v. 5.3.2020 – 9 Ca 6557/18, NZA-RR 2020, 409; vgl. insges. zu Schadensersatz nach der DS-GVO *Splittka* IPRB 2021, 24 (24 ff.).

oder auf Einschränkung der Verarbeitung oder eines Widerspruchsrechts gegen die Verarbeitung sowie des Rechts auf Datenübertragbarkeit;
c) wenn die Verarbeitung auf Artikel 6 Absatz 1 Buchstabe a oder Artikel 9 Absatz 2 Buchstabe a beruht, das Bestehen eines Rechts, die Einwilligung jederzeit zu widerrufen, ohne dass die Rechtmäßigkeit der aufgrund der Einwilligung bis zum Widerruf erfolgten Verarbeitung berührt wird;
d) das Bestehen eines Beschwerderechts bei einer Aufsichtsbehörde;
e) ob die Bereitstellung der personenbezogenen Daten gesetzlich oder vertraglich vorgeschrieben oder für einen Vertragsabschluss erforderlich ist, ob die betroffene Person verpflichtet ist, die personenbezogenen Daten bereitzustellen, und welche mögliche Folgen die Nichtbereitstellung hätte und
f) das Bestehen einer automatisierten Entscheidungsfindung einschließlich Profiling gemäß Artikel 22 Absätze 1 und 4 und – zumindest in diesen Fällen – aussagekräftige Informationen über die involvierte Logik sowie die Tragweite und die angestrebten Auswirkungen einer derartigen Verarbeitung für die betroffene Person.

(3) Beabsichtigt der Verantwortliche, die personenbezogenen Daten für einen anderen Zweck weiterzuverarbeiten als den, für den die personenbezogenen Daten erhoben wurden, so stellt er der betroffenen Person vor dieser Weiterverarbeitung Informationen über diesen anderen Zweck und alle anderen maßgeblichen Informationen gemäß Absatz 2 zur Verfügung.

(4) Die Absätze 1, 2 und 3 finden keine Anwendung, wenn und soweit die betroffene Person bereits über die Informationen verfügt.

Literatur: *Gantschacher/Jelinek/Schmidt/Spanberger,* DS-GVO 2017; *Greve,* Das neue Bundesdatenschutzgesetz, NVwZ 2017, 737; *Härting,* Datenschutz-Grundverordnung – Das neue Datenschutzrecht in der betrieblichen Praxis, 2016; *Illibauer,* Information & Transparenz im Datenschutz (Teil I), Dako 2020/34; *Illibauer,* Information & Transparenz im Datenschutz (Teil II), Dako 2020/46; *Illibauer,* in Knyrim, Der DatKomm Art 14 (Stand 1.12.2021); *Kazemi,* Die EU-Datenschutz-Grundverordnung in der anwaltlichen Beratungspraxis, 2017; *Knyrim* (Hrsg.), Datenschutz-Grundverordnung, 2016; *Knyrim,* Datenschutzrecht, 4. Aufl. 2020; *Knyrim,* Die neuen Pflichten nach der EU-Datenschutz-Grundverordnung im Überblick, Dako 2016/6; *Knyrim,* DSGVO-Anforderungen an Einwilligung, Datenschutzinformation, Datenschutz-Folgenabschätzung und Bestellung von Datenschutzbeauftragten, ecolex 2019/241; *Meyer,* Prüfungsmaßstab für Datenschutzerklärungen und Sanktionierung bei Unwirksamkeit, DSRITB 2012, S. 643; *Nadler,* Informationspflichten des Arbeitgebers bei der Personenauswahl, RdW 2023, 656; *Pollirer,* Checkliste Erfüllung der Informationspflichten gem. Art 13 und 14 DSGVO, Dako 2023, 53; *Pollirer/Weiss/Knyrim/Haidinger,* Datenschutz-Grundverordnung, 2017, Sonderergänzungslieferung 20a zu *Dohr/Pollirer/Weiss/Knyrim,* Kommentar zum Datenschutzrecht; *Rauer/Ettig,* Rechtskonformer Einsatz von Cookies, ZD 2018, 255; *Reiser,* Mitteilung von Datenschutzinformationen unter Wahrung des Grundsatzes von Treu und Glauben, DSB 2023, 226; *Strassemeyer,* Begräbt der EuGH die Kategorien von Empfängern oder doch nicht ganz?, DSB 2023, 33; *Stück,* Arbeitgeber können E-Mails der Arbeitnehmer bei Verbot der Privatnutzung überwachen, CCZ 2016, 285; *Veil,* DS-GVO: Risikobasierter Ansatz statt rigides Verbotsprinzip – Eine erste Bestandsaufnahme, ZD 2015, 347; *Wagner,* Die Datenschutz-Grundverordnung: die Betroffenenrechte (Teil IV), Dako 2015/59.

Rechtsprechung: EuGH Urt. v. 1.10.2015 – C-201/14, ECLI:EU:C:2015:638 = ZD 2015, 577 mAnm *Petri* – Bara u.a.

Übersicht

	Rn.
A. Allgemeines	1
I. Zweck und Bedeutung der Vorschrift	1
II. Systematik, Verhältnis zu anderen Vorschriften	9
B. Einzelerläuterungen	10
I. Zeitpunkt der Information	10
II. Form der Information	15
1. Ausgestaltung der Informationen; Bildsymbole	15
2. Art der Zurverfügungstellung	25
3. Identitätsnachweis	36
4. Unentgeltlichkeit	37
III. Inhalt der Information	38
1. Unterschied zwischen den Informationen nach Abs. 1 und Abs. 2	38

2. Informationen nach Abs. 1 42
     a) Name und Kontaktdaten des Verantwortlichen sowie gegebenenfalls
        seines Vertreters 43
     b) Kontaktdaten des Datenschutzbeauftragten 46
     c) Verarbeitungszwecke sowie Rechtsgrundlage 47
     d) Berechtigte Interessen 49
     e) Empfänger 50
     f) Übermittlung in Drittland 58
  3. Informationen nach Abs. 2 61
     a) Speicherdauer 62
     b) Bestehen der Betroffenenrechte 65
     c) Widerrufsrecht 67
     d) Beschwerderecht bei Aufsichtsbehörde 69
     e) Freiwilligkeit der Bereitstellung 72
     f) Automatisierte Entscheidungsfindung inklusive Profiling 73
  4. Information über Zweckänderung nach Abs. 3 75
IV. Ausnahme von der Informationspflicht 78
V. Entscheidungen des EuGH und des EGMR 80
  1. Entscheidung des EuGH Bara u.a. 80
  2. Entscheidung des EGMR Barbulescu 86
VI. Sanktion bei Nichteinhaltung 89

A. Allgemeines*

I. Zweck und Bedeutung der Vorschrift

Basis für die Ausübung der Betroffenenrechte des Kapitel III der DS-GVO, insbesondere der **1** Art. 15 ff.[1] ist, dass der Betroffene zunächst überhaupt erfährt, dass Daten von einem bestimmten Verantwortlichen über ihn verarbeitet werden. Art. 13 und ebenso Art. 14 haben somit eine zentrale Bedeutung für die Ausübung der Betroffenenrechte. Oder, wie es Erwägungsgrund 60 formuliert: Die Grundsätze einer fairen und transparenten Verarbeitung machen es erforderlich, dass die betroffene Person über die Existenz des Verarbeitungsvorgangs und seine Zwecke unterrichtet wird.[2] Hauptaufgabe der Bestimmung ist es somit, zur Transparenz der Datenverarbeitung beizutragen.[3]

Die DS-GVO behält die selbe Struktur wie die DS-RL bei den Informationspflichten bei, **2** indem sie in **Art. 13** – wie in Art. 10 DS-RL[4] – den Fall regelt, dass die **Daten direkt bei der betroffenen Person erhoben** werden,[5] in **Art. 14** hingegen – wie in Art. 11 DS-RL – den Fall, dass die **Daten nicht bei der betroffenen Person erhoben** werden.[6] Art. 13 basiert auf **Art. 10 DS-RL,** erweitert diesen aber um einige weitere Informationen, die an Betroffene zu geben sind, wenn Daten bei diesen erhoben werden.[7]

Zur praktischen Bedeutung ist festzuhalten, dass die Bestimmungen des Art. 10 und 11 DS- **3** RL sowohl in Deutschland als auch in Österreich umgesetzt waren, die Informationspflicht an

---

* Mein Dank gebührt Philip Ermacora, Paul Matauschek und Paul Reisinger für die wertvolle Unterstützung bei der Überarbeitung und Literaturrecherche zur 3. Aufl. dieses Kommentars.
[1] Zur Auftrennung der Betroffenenrechte in die Abschnitte 2 (Art. 15 – Auskunftsrecht) und 3 (Art. 16 ff. – übrige Betroffenenrechte) in Kapitel III im Gegensatz zum BDSG-alt, wo diese in einem Block zusammengefasst waren, siehe Art. 15.
[2] Simitis/Hornung/Spiecker gen. Döhmann/*Dix* DS-GVO Art. 13 Rn. 1 spricht von einer „Bringschuld" des Verantwortlichen, um eine faire und transparente Verarbeitung durch Erteilung der Informationen zu ermöglichen.
[3] So auch Kühling/Buchner/*Bäcker*, 3. Aufl. 2020, DS-GVO Art. 13 Rn. 7 f.
  Gola/*Franck*, 2. Aufl. 2018, DS-GVO Art. 13 Rn. 2 f. spricht von „aktiver Transparenz" im Gegensatz zum Auskunftsanspruch, der nur mittelbar der Transparenz dient.
[4] Siehe zu den Informationspflichten nach der DS-RL auch die Stellungnahme der Artikel-29-Datenschutzgruppe 10/2004 zu einheitlicheren Bestimmungen über Informationspflichten, WP 100 v. 25.11.2004.
[5] Für eine genauere Auseinandersetzung mit dem Begriff „Erheben" siehe Jahnel/*Jahnel*, Kommentar zur Datenschutz-Grundverordnung, 1. Aufl. 2021, Art. 13 Rn. 2.
[6] Zur unterschiedlichen Abgrenzungssystematik zwischen Art. 13 und 14 im Vergleich zu §§ 19 und 19a BDSG insbes. hins. einer geheimen Erhebung siehe Kühling/*Martini* DS-GVO S. 406 ff.
[7] Auch nach dem Recht des Europarates gibt es eine Informationspflicht, siehe Übereinkommen Nr. 108, Art. 8 lit. a.

Art. 13 4–7 Kapitel III. Rechte der betroffenen Person

sich also keine Neuigkeit ist.[8] In Deutschland fand sich die Umsetzung im Wesentlichen in §§ 4 Abs. 3[9] und 33 BDSG-alt sowie § 13 Abs. 1 TMG, im Detail aber, verglichen mit den Bestimmungen der DS-GVO in den §§ 4 Abs. 1 und 3, 6 Abs. 2, 6c Abs. 1, 28 Abs. 4, 28a Abs. 2, 33 Abs. 1, 34 Abs. 2 und 4 sowie §§ 6 Abs. 1, 13 Abs. 1 und 3 und 15 Abs. 3 TMG.[10] Festzuhalten ist, dass die DS-GVO entgegen der bestehenden Rechtslage in § 4 Abs. 2 BDSG-alt **nicht mehr den Grundsatz der Direkterhebung**[11] der Daten beim Betroffenen enthält. Hieß es in § 4 Abs. 2 BDSG-alt, dass personenbezogene Daten *beim Betroffenen zu erheben sind,* so heißt es in Art. 13 und 14 jeweils „Wertungsneutral" „werden personenbezogene Daten ... erhoben".

4   Im **BDSG** werden verschiedene **zusätzliche Ausnahmen von den Informationspflichten geregelt,** nämlich in § 29 Abs. 1 hinsichtlich Art. 14 Abs. 1–4 DS-GVO, in § 29 Abs. 2 hinsichtlich Art. 13 Abs. 3 DS-GVO, in § 32 hinsichtlich Art. 13 Abs. 3, in § 33 hinsichtlich Art. 14 Abs. 1, 2 und 4 DS-GVO. Dazu → Rn. 79 ff.

5   § 4 BDSG zur Videoüberwachung enthält in Abs. 4 einen Verweis auf Art. 13 und 14 DS-GVO und § 32 BDSG-neu.

6   Für die Verarbeitung personenbezogener Daten durch die für die Verhütung, Ermittlung, Aufdeckung, Verfolgung oder Ahndung von Straftaten oder Ordnungswidrigkeiten zuständigen **öffentlichen Stellen,** soweit sie Daten zum Zweck der Erfüllung dieser Aufgaben verarbeiten,[12] finden sich in § 55 BDSG **Regelungen über allgemeine Informationen zu Datenverarbeitungen,** in § 56 BDSG **Regelungen über die Benachrichtigung betroffener Personen** und in § 59 BDSG **Regelungen über Verfahren für die Ausübung der Rechte der betroffenen Person.**

7   Die österreichische Umsetzung war im Gegensatz zur deutschen Umsetzung in § 24 Abs. 1 DSG 2000[13] bislang sehr knapp und eher vage formuliert.[14] Verpflichtend war in Österreich nur die Angabe von Name, Adresse des Auftraggebers und Zweck der Datenanwendung. Darüber hinausgehende Informationen waren „in geeigneter Weise zu geben, wenn dies für eine Verarbeitung nach Treu und Glauben erforderlich" war, wobei einige Beispielfälle aufgezählt waren, bei denen eine zusätzliche Information gegeben werden sollte. Aufgrund der in Österreich unter dem DSG 2000 herrschenden niedrigen Strafrahmen[15] und fehlender Sanktionierungspraxis führte die Informationspflicht vor der DS-GVO in Österreich ein Schattendasein oder war österreichischen Auftraggebern gänzlich unbekannt.[16] Mit Ingeltungtreten der DS-GVO und dem höheren Strafrahmen sahen sich viele Unternehmen und öffentliche Stellen erstmalig verpflichtet, die Informationspflichten gegenüber Betroffenen zu erfüllen. Die erhebliche Erweiterung[17] der Informationspflichten durch Art. 13 bedeutet sowohl in Deutschland als auch in Österreich einen erhöhten Aufwand, der den innerbetrieblichen Ablauf der Verantwortlichen erschwert,[18] den Betroffenen aber dadurch von Anfang an erhöhte Transparenz über die Verarbeitung ihrer Daten bringt.

---

[8] Siehe dazu Knyrim/*Illibauer* DatKomm Art. 13 Rn. 7.
[9] Siehe dazu BeckOK DatenschutzR/*Bäcker,* 28. Ed., BDSG aF § 4 Rn. 55–84.
[10] Siehe dazu die tabellarische Gegenüberstellung in *Laue/Nink/Kremer* DatenschutzR § 3 Rn. 6 und 11.
[11] Siehe zum Grundsatz der Direkterhebung *Gola/Schomerus,* 12. Aufl., BDSG aF § 4 Rn. 19 ff.
[12] § 45 BDSG.
[13] Siehe dazu *Dohr/Pollirer/Weiss/Knyrim* DSG § 24 Rn. 1 ff., sowie Knyrim/*Illibauer* DatKomm Art. 13 Rn. 10 ff.
[14] Für eine genauere Darstellung der Vorgängerbestimmungen im österreichischen Recht siehe Knyrim/*Illibauer* DatKomm Art. 13 Rn. 7 ff.
[15] Max. 25.000 EUR Verwaltungsstrafe.
[16] Es war aber nicht so, dass deswegen Betroffene und auch die allg. Öffentlichkeit uninformiert über die Datenanwendungen eines spezifischen Verantwortlichen waren, denn in Österreich gab es im Unterschied zu Deutschland ein kostenlos für jedermann im Internet zugängliches, von der Datenschutzbehörde geführtes Register der Datenanwendungen der Verantwortlichen (abrufbar unter https://dvr.dsb.gv.at), das (mit Ausnahmen für Standardanwendungen) von Verantwortlichen vor Beginn einer Datenanwendung aufgrund von §§ 17 ff. DSG 2000 verpflichtend zu befüllen war, wobei die Einmeldungen zT einer behördlichen Vorabkontrolle unterlagen. Dieses Register beinhaltete – bis auf die Offenlegung von Auftragsverarbeitern – alle Informationen des Art. 13 Abs. 1 und zusätzlich alle Datenkategorien einer Datenanwendung. Siehe dazu *Knyrim* DatenschutzR-HdB S. 47 ff.
[17] So auch *Laue/Nink/Kremer* DatenschutzR § 3 Rn. 3; *Kühling/Martini* DS-GVO S. 401, sprechen von „wesentlichen, weiter gefassten Informationspflichten"; *Härting* DS-GVO S. 15 von einem Vervielfachen. Siehe auch *Knyrim* Dako 2016/6, 11.
[18] Knyrim/*Illibauer* DS-GVO S. 124.

Das neue österreichische Datenschutzgesetz (DSG 2018), das am 25.5.2018 in Kraft trat, **8** enthält keine allgemeinen Regelungen zur Informationspflicht. Lediglich zur Bilddatenverarbeitung (Foto- und Videoaufnahmen) gibt es Spezialregelungen zur Information über diese in § 13 Abs. 5–7 DSG, wobei diese Bestimmungen, die die etwa nur die Angabe des Verantwortlichen auf den Hinweisschildern zur Videoüberwachung vorsehen, nicht in die DS-GVO einschränkender Weise angewandt werden dürfen.[19]

II. Systematik, Verhältnis zu anderen Vorschriften

Art. 13 steht in engem Zusammenhang mit Art. 12, der den Abschnitt 1 – Transparenz und **9** Modalitäten – des Kapitel III Betroffenenrechte beinhaltet und die Grundregeln für die Umsetzung der Betroffenenrechte der Art. 13 und 14 sowie 15–22 und 34 aufstellt, während Art. 13 und 14 die Details der Informationspflichten regelt.[20] Insbesondere Art. 12 Abs. 1, 2 und 5 beziehen sich explizit auf Art. 13, Art. 12 Abs. 7 und 8 sogar ausschließlich auf diese. Zur hinsichtlich Art. 13 bestehenden Öffnungsklausel siehe Art. 23.[21]

B. Einzelerläuterungen

I. Zeitpunkt der Information

Im Gegensatz zu Art. 10 DS-RL bestimmt Art. 13 Abs. 1 den Zeitpunkt, in dem die **10** Information an die betroffenen Personen gegeben werden muss, nämlich **zum Zeitpunkt der Erhebung der Daten**.[22] Dies ist konsequent, denn Erhebung ist laut der Definition von „Verarbeitung" in Art. 4 Ziff. 2 die erste aufgezählte Form einer Datenverarbeitung, also deren Beginn.[23] Zeitpunkt der Erhebung kann etwa sein, wenn der Betroffene selbst wissentlich Daten an den Verantwortlichen gibt (zB beim Ausfüllen eines Online-Formulars), oder wenn der Verantwortliche vom Betroffenen Daten durch Überwachung erhält (zB durch Kameras, Netzwerkgeräte, WLAN-Tracking, RFID oder andere Sensoren).[24]

Ab dem Moment, ab dem eine Verarbeitung vorliegt, stehen auch die Betroffenenrechte zu, **11** etwa Art. 12 Abs. 1, der Verantwortliche verpflichtet, Maßnahmen zu treffen, um der betroffenen Person alle Informationen, die sich „auf die Verarbeitung beziehen", zu übermitteln, oder Art. 15 Abs. 1, der dem Betroffenen das Recht gibt, vom Verantwortlichen eine Bestätigung darüber zu verlangen, „ob sie betreffende personenbezogene Daten verarbeitet werden." Da ab dem Zeitpunkt der Erhebung vom Betroffenen somit die Auskunft verlangt werden kann, ob die erhobenen Daten gespeichert wurden bzw. was weiter mit diesen geschehen ist, muss er dem entsprechend **vor oder spätestens gleichzeitig mit der Erhebung der Daten**[25] die notwendigen Informationen erhalten, um dann seine Betroffenenrechte auszuüben.[26] Ist dies nicht

---

[19] Siehe dazu *Pollirer/Weiss/Knyrim/Haidinger* DSG § 13 Anm. 5–7.
[20] Für eine genauere Auseinandersetzung mit der Systematik der Art. 12–14 siehe Knyrim/*Illibauer* DatKomm Art. 12 Rn. 1 ff.
[21] Siehe dazu auch *Kühling/Martini* DS-GVO S. 407.
[22] Gantschacher/Jelinek/Schmidl/Spanberger/*Leiter* DS-GVO S. 168 f., befasst sich mit der Frage, ob bei der Videoüberwachung die Daten der betroffenen Person aus einer „anderen Quelle" iSd Erwägungsgrunds 61 stammen, gelangt aber zum Ergebnis, dass von einer „Erhebung bei der betroffenen Person" auszugehen ist und dieser somit gleichzeitig mit der Erhebung die relevanten Informationen nach Art. 13 zuteil gemacht werden können.
[23] Dem zustimmend Knyrim/*Illibauer* DatKomm Art. 13 Rn. 59 f.
[24] Artikel-29-Datenschutzgruppe, Leitlinien für Transparenz gemäß der Verordnung 2016/679, WP 260 rev. 01 v. 11.4.2018, S. 17 f., abrufbar unter https://ec.europa.eu/newsroom/article29/redirection/document/54194.
[25] Jahnel/*Jahnel* DS-GVO Art. 13 Rn. 20 verlangt, dass die Informationen vor dem tatsächlichen Einsetzen des Datenflusses erteilt sind. Kühling/Buchner/*Bäcker* DS-GVO Art. 13 Rn. 56 fordert, dass die Informationen jedenfalls vor Beginn der Datenerhebung erfüllt werden müssen, weil die betroffene Person sonst keine Möglichkeit hat darüber zu entscheiden, ob sie in die Datenverarbeitung einwilligen will beziehungsweise sonstige Einwände erheben möchte.
[26] *Sörup/Marquardt* ArbR Aktuell 2016, 103, meinen, dass es sich im Arbeitsverhältnis anbiete, bereits im Vertragsschluss im Rahmen eines Anhangs zum Arbeitsvertrag die Information zu geben. Dabei ist allerdings zu beachten, dass typischer Weise bereits vor Vertragsschluss Daten über den künftigen Arbeitnehmer gesammelt werden, beginnend meist im Bewerbungsprozess und daher allenfalls schon vorher (zB im Rahmen eines Online-Bewerbungsformulars) diesbzgl. Informationen zu geben sind.

möglich,²⁷ etwa weil eine Initiativbewerbung mit personenbezogenen Daten an ein Unternehmen gesendet wird, so hat die Mitteilung der Informationen umgehend zu erfolgen.²⁸

12 Bei einer **künftigen Änderung der Datenanwendung** sind die Betroffenen nach erfolgter Erstinformation über solche Änderungen zu informieren. Laut Artikel-29-Datenschutzgruppe sollte die Information und Format daher immer in der passenden Art und Format versendet werden. Die Artikel-29-Datenschutzgruppe hält dem entsprechend Ausführungen in der Datenschutzinformation dergestalt, dass der **Betroffene** die Datenschutzinformation regelmäßig **selbst auf Änderungen oder Neuerungen überprüfen soll, für unzureichend** und überdies als Verstoß gegen die Vorgabe eines Vorgehens „nach Treu und Glauben" im Kontext des Art. 5 Abs. 1 Buchst. a DS-GVO.²⁹ Mit einer einmaligen Erstinformation damals im Mai 2018 kann Art. 13 auf Dauer nicht genüge getan werden, da sich Art und Umfang der Verarbeitung immer wieder ändern, worüber zu informieren ist. Die Artikel-29-Datenschutzgruppe betont, dass die DS-GVO zwar zum **Zeitpunkt der Information über Änderungen an der Datenanwendung** schweigt, diese aber **vor der Änderung stattzufinden hat**, und zwar so rechtzeitig vor dieser, dass der Betroffene die Möglichkeit hat, die Art und die Auswirkung der Änderung zu berücksichtigen und seine Rechte nach der DS-GVO auszuüben (zB Widerruf der Zustimmung oder Widerspruch gegen die Verarbeitung).³⁰

13 Die Artikel-29-Datenschutzgruppe weist auch darauf hin, dass selbst dann, wenn sich die **Information** nach Art. 13 oder 14 **nicht wesentlich ändert**, die Datenverarbeitung aber fortlaufend ist und Betroffene einen Service schon einen erheblich langen Zeitraum genutzt haben, sie sich an die Information nicht mehr erinnern werden können. **Daher sollten die Verantwortlichen überlegen, ob und wann die Betroffenen an die Informationen erinnert werden.**³¹

14 Aus dem vorigen Absatz lässt sich auch ableiten, dass **Betroffene**, deren **Daten vor Inkrafttreten der DS-GVO,** also vor dem 25.5.2018 **erhoben wurden,** und die seit dem in einer **fortlaufenden Datenerhebung verarbeitet wurden,** nach dem 25.5.2018 rasch ebenfalls die Informationen nach Art. 13 und 14 DS-GVO **erhalten mussten.**³² Dies betraf insbesondere **eigene Mitarbeiter** der Verantwortlichen, von denen typischer Weise laufend neue Daten erhoben werden (zB im Rahmen der Zeiterfassung, Zutrittskontrolle, Videoüberwachung, Fortbildungsmaßnahmen, elektronische Mitarbeitergespräche), ebenso aber auch **bestehende Kunden** (zB laufende oder periodische Erhebung von abrechnungsrelevanten Daten bei fortlaufenden Dienstleistungen; Tracking von User-Verhalten im Online- oder E-Mail-Marketing; Kundenzufriedenheitsumfragen) **und bestehende Lieferanten** (zB Einholung neuer Angebote, Lieferantenbewertung). Die Praxis zeigt, dass auch Jahre nach in Geltung treten der DS-GVO die Informationspflicht insbesondere gegenüber den eigenen Mitarbeitern oder Lieferanten oft noch „übersehen" wird.

II. Form der Information

15 **1. Ausgestaltung der Informationen; Bildsymbole.** Die Form der Information wird in Art. 12 Abs. 1 zentral für die darauffolgenden Artikel geregelt, siehe daher grundsätzlich die Kommentierung zu Art. 12. Hervorzuheben zur Form der Information sind die **Ausführungen der Artikel-29-Datenschutzgruppe in deren Leitlinien zur Transparenz:**³³ So weist die Artikel-29-Datenschutzgruppe mehrfach darauf hin, dass die Information der Art. 13 und 14 in Form einer **Mehrebenen- („layered") Datenschutzerklärung gegeben werden** soll, die es Betroffenen ermöglicht, zu dem bestimmten Abschnitt der Datenschutzerklärung zu navigieren,

---

²⁷ Zur Vereinbarkeit des in § 32 Abs. 3 BDSG vorgesehenen Ausnahmetatbestands, wonach die Information der betroffenen Person auch noch zu einem späteren Zeitpunkt nachgeholt werden kann, mit den Bestimmungen der DS-GVO siehe Simitis/Hornung/Spiecker gen. Döhmann/*Dix* DS-GVO Art. 13 Rn. 7.
²⁸ Gola/Heckmann/*Franck* DS-GVO Art. 13 Rn. 36.
²⁹ Artikel-29-Datenschutzgruppe, WP 260, S. 20 f.
³⁰ Artikel-29-Datenschutzgruppe, WP 260, S. 21.
³¹ Artikel-29-Datenschutzgruppe, WP 260, S. 22, abl. Gola/Heckmann/*Franck* DS-GVO Art. 13 Rn. 38, der eine turnusmäßige Auffrischung der Transparenzinformation, ohne Zweckänderung oder Änderung essentieller Informationen verneint.
³² Gola/Heckmann/*Franck* DS-GVO Art. 13 Rn. 37 vertritt hingegen, einmalige Information sämtlicher betroffener Personen nach den neuen Regeln, von der DS-GVO nicht gefordert ist, da bereits die Datenerhebung nach der DS-RL unter Geltung eines angemessenen Transparenzregimes geschehen ist.
³³ Artikel-29-Datenschutzgruppe, WP 260.

auf den sie sofort zugreifen möchten, anstatt große Textmengen durchsuchen zu müssen.[34] Die erste Ebene sollte dabei immer die relevantesten Informationen enthalten. Dazu zählen die Verarbeitungszwecke, die Identität des Verantwortlichen, die Betroffenenrechte sowie Informationen über die Auswirkungen der Datenverarbeitung mit denen die betroffene Person nicht rechnet.[35] Beim Verfassen der Datenschutzinformation obliegt es dem Verantwortlichen, darauf zu achten, dass das Spannungsverhältnis zwischen einer möglichst präzisen Formulierung der Datenschutzinformation, die ausreichend umfassend ist, und einer leichten und verständlichen Darstellung aufgelöst wird. Es soll weder zu einer Informationsermüdung kommen, noch soll der Betroffene lediglich oberflächlich informiert werden.[36]

Generell ist die Artikel-29-Datenschutzgruppe der Ansicht, dass jede Organisation die eine **Webseite** betreibt, eine **Datenschutzinformation auf dieser Webseite publizieren sollte**, wobei ein Link auf diese auf jeder Seite unter einem Begriff wie „Datenschutz", „Datenschutzrichtlinie" oder „Datenschutzhinweis" klar ersichtlich sein sollte.[37] Für **Apps** sollten laut Artikel-29-Datenschutzgruppe die notwendigen Informationen **vor dem Download** auch in einem Online-Shop zur Verfügung gestellt werden. Sobald die App installiert ist, sollten die **Informationen nie mehr als „zweimal Fingertippen" entfernt sein.**[38] Sofern die App so programmierbar ist, dass die Datenschutzinformation eingeblendet werden kann, bevor Daten durch die App verarbeitet werden, kann die Datenschutzinformation auch erst in der App eingeblendet werden. Die Information muss dann nicht schon im App-Store enthalten sein. Schwierig gestaltet sich die Zurverfügungstellung von Datenschutzinformationen manchmal bei Social Media Anwendungen, da diese aufgrund ihrer intendierten Nutzung im Privatbereich – und damit im DS-GVO-freien Raum der Haushaltsausnahme des Art. 2 Abs 2 lit. c – die Möglichkeit einer Datenschutzinformation teilweise nicht vorsehen. In solchen Fällen muss die Datenschutzinformation über Umwege – zum Beispiel in einem Bildbeitrag in Form eines Textes oder Links mit Text darunter – transportiert werden.

Um die am besten geeignete Methode für die Bereitstellung der Information zu finden, könnten die Verantwortlichen laut Artikel-29-Datenschutzgruppe vor deren Verwendung verschiedene Modalitäten durch Benutzertests ausprobieren (zB „Hall-Tests"), um ein Feedback darüber zu erhalten, wie zugänglich, verständlich und einfach die vorgeschlagene Maßnahme für die Nutzer zu verwenden ist.[39]

Besonders hingewiesen sei auch auf Art. 12 Abs. 7 und 8, die sich ausschließlich auf Art. 13 und 14 beziehen. Laut Art. 12 Abs. 7 können die Informationen der Art. 13 und 14 **in Kombination mit standardisierten Bildsymbolen** bereitgestellt werden, um in leicht wahrnehmbarer, verständlicher und klar nachvollziehbarer Form einen aussagekräftigen Überblick über die beabsichtigte Verarbeitung zu vermitteln.[40] Diese Bestimmung scheint Ausfluss des – in der DS-GVO dann so nicht übernommenen – Vorschlages des Europäischen Parlaments in dessen ersten Lesung[41] zu sein, die Information mittels Bildsymbolen zu liefern, damit diese für den betroffenen rasch und klar erfassbar ist. Dies sollte der Tendenz entgegensteuern, die insbesondere im Social Media-Bereich zu beobachten ist, dass die Betroffenen regelrecht mit Informationen und langen Erklärungstexten überflutet werden, mit dem (gewünschten?) Effekt, dass sie die Information gar nicht mehr zu erfassen versuchen – oder schlicht daran scheitern – und letztlich dann auch die zugehörige Zustimmungserklärung zur Datenverarbeitung ungelesen akzeptieren.

Der Vorschlag des Europäischen Parlaments für – verpflichtende – standardisierte Bildsymbole sah folgende Piktogramme im Stile von Verkehrszeichen vor:

---

[34] Artikel-29-Datenschutzgruppe, WP 260, u.a. S. 23.
[35] *Illibauer* Dako 2020/34, 59.
[36] Mehr hierzu in Knyrim/*Illibauer* DatKomm Art. 12 Rn. 30 ff.
[37] Artikel-29-Datenschutzgruppe, WP 260, S. 9.
[38] Artikel-29-Datenschutzgruppe, WP 260, S. 9.
[39] Artikel-29-Datenschutzgruppe, WP 260, S. 17.
[40] So auch Erwägungsgrund 60; siehe dazu auch *Wagner* Dako 2015/59, 112.
[41] Siehe Anhang I im Report on the proposal for a regulation of the European Parliament and of the Council on the protection of individuals with regard to the processing of personal data and on the free movement of such data (General Data Protection Regulation, (COM(2012)0011 – C7–0025/2012 – 2012/0011(COD)), Committee on Civil Liberties, Justice and Home Affairs, Rapporteur: *Jan Philipp Albrecht*, Dokument A7–0402/2013 des Europäischen Parlaments v. 21.11.2013.

Art. 13　19

SYMBOL	WESENTLICHE INFORMATIONEN	ERFÜLLT
	Es werden nicht mehr personenbezogene Daten **erhoben,** als für die spezifischen Zwecke der Verarbeitung erforderlich sind.	
	Es werden nicht mehr personenbezogene Daten **gespeichert,** als für die spezifischen Zwecke der Verarbeitung erforderlich sind.	
	Personenbezogene Daten werden nicht zu anderen als den Zwecken **verarbeitet,** für die sie erhoben werden.	
	Es werden keine personenbezogenen Daten an gewerbliche Dritte **weitergegeben.**	
	Es werden keine personenbezogenen Daten **verkauft oder verpachtet.**	

SYMBOL	WESENTLICHE INFORMATIONEN	ERFÜLLT
🔓	Es werden keine personenbezogenen Daten **unverschlüsselt** aufbewahrt.	

In dieser Tabelle sollte in der dritten Spalte jeweils ein großes, grün gefärbtes Häkchen oder ein großes, rot gefärbtes „x" eingesetzt werden, damit Betroffene auf einen Blick deutlich sähen, wie ihre Daten insbesondere im Verhältnis zu den Grundprinzipien des Art. 5 verarbeitet werden:

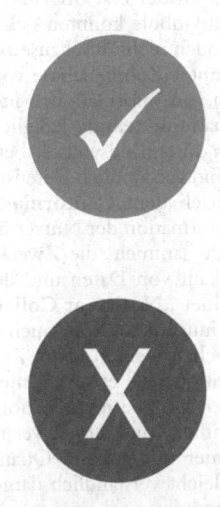

✓

✗

Dieser Vorschlag des Europäischen Parlaments wurde in der DS-GVO zwar nicht übernommen, geblieben ist jedoch eine Befugnisübertragung an die Kommission in Art. 12 Abs. 8, gemäß Art. 92 delegierte Rechtsakte zur Bestimmung der Informationen, die durch Bildsymbole darzustellen sind, und der Verfahren für die Bereitstellung standardisierter Bildsymbole zu erlassen. Solche Bildsymbole sind in einer gut sichtbaren, leicht verständlichen Form zu verwenden.[42] Art. 12 Abs. 7 hält über dies fest, dass dann, wenn die Bildsymbole in elektronischer Form dargestellt werden, diese maschinenlesbar sein müssen. Es bleibt abzuwarten, ob, wann und in welcher Form die Kommission von der ihr übertragenen Befugnis Gebrauch macht und Bildsymbole standardisiert.[43] Die Artikel-29-Datenschutzgruppe weist in ihren Leitlinien darauf hin, dass der Europäische Datenschutzausschuss nach Art. 70 Abs. 1 lit. r eine Stellungnahme zu Bildsymbolen abgeben kann und hält fest, dass vor einer Standardisierung von Bildsymbolen umfangreiche Forschung gemeinsam mit der Industrie und der Öffentlichkeit hinsichtlich der Wirksamkeit solcher Bildsymbole notwendig sein wird.[44]

Da auch bislang keine standardisierten Bildsymbole durch die Europäische Kommission erlassen wurden, hat sich in Österreich die Initiative **„Privacy goes Iconic"** unter der Leitung

---

[42] *Härting* DS-GVO S. 20, der auch darauf hinweist, dass, wenn es um personenbezogene Daten geht, die sich auf Kinder beziehen, eine kindgerechte Sprache zu verwenden ist.

[43] Siehe auch die in *Kazemi* S. 214 abgedruckten Bildsymbole aus dem Leitfaden der GD Justiz zur RL 20111/83/EU als weiteres Beispiel für mögliche Bildsymbole.

[44] Artikel-29-Datenschutzgruppe, WP 260, S. 32.

von *Univ.-Prof. Dr. Nikolaus Forgó*, Vorstand des Instituts für Innovation und Digitalisierung im Recht an der Universität Wien formiert. Im Rahmen dieses Projekts wurde gemeinsam mit Studenten und Mitarbeitern der Universität Wien, der Universität für angewandte Kunst Wien und der Technischen Universität Wien versucht, Bildsymbole zu entwickeln, die den Vorgaben der DS-GVO entsprechen.[45] Ziel war es, den Inhalt von Datenschutzinformationen besser und schneller greifbar zu machen als durch juristische Texte. Von vier möglichen Icon-Sets, die in der Tageszeitung Der Standard zur Abstimmung veröffentlicht wurden, gewann Folgendes:

Das erste Icon soll hierbei die Verarbeitung von sensiblen Daten darstellen, das zweite einen Datentransfer außerhalb der EU, das Dritte Tracking und das letzte die Entschlüsselung von Daten.[46] Auch diese oder andere Bildsymbole konnten sich jedoch bislang in der Praxis für die Erteilung der notwendigen Informationen nicht durchzusetzen.

22 Wird ein Teil der Informationen unter Zuhilfenahme von Bildsymbolen erteilt, so ist darauf zu achten, dass diese das Bereitstellen von Informationen in verbaler Form **nicht vollumfänglich ersetzen**. Man darf die Informationserteilung lediglich als Ergänzung, nicht aber als ein Ersetzen der schriftlichen Information durch Bildsymbole betrachten.[47]

23 Beispiele, wie eine übersichtliche und verständlich Datenschutzinformation aussehen kann, hat das kalifornische Datenschutzrecht nach dem **California Consumer Privacy Act** of 2018 (CCPA) geliefert. Dieser sieht eine Information der Nutzer über die Kategorien der personenbezogenen Daten, die das Unternehmen sammelt, die Zwecke für welche die Daten verwendet werden, den Umgang mit dem Verkauf von Daten und den Ort, wo die „**Privacy Policy**" aufgefunden werden kann in Form einer „**Notice at Collection**" vor. Werden personenbezogene Daten der Kunden verkauft, so muss diese Notiz auch einen Link enthalten, über welchen dem Verkauf dieser Daten widersprochen werden kann. Zudem muss es eine „Privacy Policy" mit weiteren, detaillierteren Informationen – etwa welche Rechte einem Nutzer nach dem CCPA zustehen – geben, auf die in der „Notice at Collection" verlinkt wird. In der Praxis bringt dieser Gesetzgebungsakt sehr übersichtliche und schnell verständliche Datenschutzinformationen hervor und zeigt, dass es nicht immer nur auf die Quantität der Informationen ankommt, sondern kurze, gut aufbereitete und leicht verständlich dargestellte Informationen den Nutzern mehr über die Verwendung und Sammlung seiner personenbezogenen Daten vermitteln, als überlange und detaillierte Datenschutzinformationen, da diese als eine Belastung angesehen und oftmals von den Adressaten gar nicht gelesen werden.[48]

24 Auch das kalifornische Datenschutzrecht kann auf europäische Unternehmen anwendbar sein, sofern diese einen weltweiten Bruttoumsatz von mehr als 25.000.000 Dollar haben, Daten von mindestens 50.000 kalifornischen Verbrauchern, Haushalten oder Geräten verarbeitet werden und das Unternehmen mindestens 50 Prozent der Einnahmen aus dem Verkauf von personenbezogenen Daten erwirtschaftet. In diesem Fall sind Unternehmen verpflichtet, eine „Notice at Collection" und „Privacy Policy" nach dem CCPA zur Verfügung zu stellen.[49]

25 **2. Art der Zurverfügungstellung.** Zur Art der Zurverfügungstellung spricht Art. 13 Abs. 1 und Art. 14 Abs. 1 von „mitteilen", Art. 13 Abs. 2 und Art. 14 Abs. 2 hingegen von „zur Verfügung stellen". Art. 12 Abs. 1 spricht von „übermitteln". Man könnte also den Eindruck erlangen, dass hier jeweils etwas anderes gemeint ist. Die englische Version spricht jedoch in allen

---

[45] www.derstandard.at/story/2000115528870/privacy-goes-iconic-koennen-icons-die-dsgvo-mit-leben-fuellen.
[46] www.derstandard.at/story/2000113898110/privacy-goes-iconicwelche-icons-fuellen-die-dsgvo-am-besten-mit.
[47] Knyrim/*Illibauer* DatKomm Art. 12 Rn. 31.
[48] Ausführlicher zum CCPA siehe https://oag.ca.gov/privacy/ccpa und https://leginfo.legislature.ca.gov/faces/codes_displayText.xhtml?division=3.&part=4.&lawCode=CIV&title=1.81.5.
[49] California Consumer Privacy Act of 2018 § 1798.140.

Fällen immer von „provide", was jeweils mit liefern, erbringen, aber auch bereitstellen übersetzt werden kann. Die französische Version spricht in allen Fällen von „fournir", was „liefern", „erbringen" oder „beistellen" bedeuten kann. Die deutsche Übersetzung ist hier sichtlich um literarische Qualität bemüht, weniger um juristische Präzision. Der Sprachenvergleich ergibt, dass hier jedenfalls ein **aktives Handeln**[50] **des Verantwortlichen gemeint ist.**[51]

Fraglich ist, ob dieses aktive Handeln so zu verstehen ist, dass der Verantwortliche verpflichtet ist, dem Betroffenen die Information in die Hand zu geben, also zB bei der Erhebung in Papierform auszugeben, oder ob es genügt, diese zum Abruf bereitzuhalten, etwa auf einer Webseite. Erwägungsgrund 58 erläutert dazu, dass **Informationen in elektronischer Form** bereitgestellt werden können, beispielsweise **auf einer Webseite**,[52] wenn sie für die Öffentlichkeit bestimmt ist. Dies gilt laut Erwägungsgrund 58 insbesondere für Situationen, wo die große Zahl der Beteiligten und die Komplexität der dazu benötigten Technik es der betroffenen Person schwer machen, zu erkennen und nachzuvollziehen, ob, von wem und zu welchem Zweck sie betreffende personenbezogene Daten erfasst werden, wie etwa bei der Werbung im Internet. Laut Erwägungsgrund 58 ist somit die **Bereithaltung zum Abruf auf einer öffentlich zugänglichen Webseite ausreichend,** allerdings ist dies im Kontext eines Beispiels einer Internetapplikation, also dem **Online-Bereich** selbst genannt und im Hinblick auf besondere Situationen wie großer Personenanzahl oder komplexere Anwendungen. Selbst dann, wenn die Erhebung der Daten im Online-Bereich erfolgt, sollte dafür gesorgt sein, dass die Information jederzeit leicht zugänglich ist (zB jeweils am unteren Bildrand im Rahmen einer dort verlinkten „**Datenschutzerklärung**"[53] oder „**Privacy Policy**").[54] Diese Datenschutzerklärung muss immer zugänglich sein und darf nicht etwa durch Cookie-Banner überdeckt oder gesperrt sein. Es ist zu empfehlen, dass dort, wo Daten vom Betroffenen selbst online eingegeben werden und keine explizite Zustimmung zur Datenanwendung erforderlich ist, sondern eine bloße Information ausreicht (zB weil die Datenerhebung ausschließlich zur Vertragserfüllung oder aufgrund einer gesetzlichen Verpflichtung erfolgt), entweder die Informationen nach Art. 13 direkt angeführt werden, oder auf die Datenschutzerklärung der Webseite **hingewiesen und verlinkt wird,**[55] in der sich diese Informationen befinden, denn dann kann es keine Diskussion darüber geben, ob im Zeitpunkt der Datenerhebung die Information mitgeteilt wurde. Eine elegante Möglichkeit, die Datenschutzinformation zu den verschiedenen Betroffenengruppen wie Kunden, Lieferanten oder Bewerbern übersichtlich zu verwalten und zur Verfügung zu stellen, ist, diese auf der Website des Unternehmens – thematisch gruppiert – auf einer Seite zur Verfügung zu stellen und darauf dann (zum Beispiel aus E-Mail-Korrespondenzen, Webseiten oder Social-Media-Anwendungen) zu verlinken. Unabhängig davon, welche Art der Zurverfügungstellung der Informationen man auswählt, sollte stets auf eine schnelle und rasche Auffindbarkeit der Informationen nach Art. 13 geachtet werden. So sollte man etwa bei Verlinkungen nicht eine Vielzahl an Klicks benötigen, um zur Datenschutzinformation zu gelangen.[56]

Die Artikel-29-Datenschutzgruppe führt aus, dass die Information standardmäßig schriftlich zu erfolgen hat und empfiehlt auf Webseiten die Verwendung von mehrschichtigen („layered") Datenschutzinformationen. Sie führt allerdings aus, dass auch andere Methoden verwendet werden können, wie etwa „just-in-time" kontextbezogene Pop-up-Benachrichtigungen, 3D-Berührungs- oder Hoverover-Benachrichtigungen und Datenschutz-Dashboards. Zusätzlich zu

---

[50] Vergleiche *Illibauer* Dako 2020/46, 84, die zwischen „Push" und „Pull" Informationen unterscheidet und die Informationserteilung nach Art. 13 sowie Art. 14 DS-GVO unter „Push" kategorisiert, dh vom Verantwortlichen aktiv mitgeteilt oder zur Verfügung gestellt werden müssen.
[51] So auch Artikel-29-Datenschutzgruppe, WP 260, S. 22. Ebenso Paal/Pauly/*Paal/Hennemann* DS-GVO Art. 13 Rn. 5 sowie Taeger/Gabel/*Mester* DS-GVO Art. 13 Rn. 37.
[52] Dies wurde mitunter durch die österreichische Datenschutzbehörde bestätigt: DSB 22.8.2019, DSB-D130.206/0006-DSB/2019, *Haidinger/Löffler* Dako 2020/38.
[53] Siehe dazu *Meyer*, Prüfungsmaßstab für Datenschutzerklärungen und Sanktionierung bei Unwirksamkeit, DSRITB 2012, 643; so auch Artikel-29-Datenschutzgruppe, Entw. WP 260, S. 9.
[54] Siehe dazu Knyrim/*Illibauer* DS-GVO S. 116, die ebenfalls empfiehlt, eine eigene datenschutzrechtliche Informationsrubrik zB unter einem Buttton „Datenschutz" zu implementieren und meint, dass es fraglich ist, ob die Aufnahme im verpflichtenden Impressum der Webseite reicht. Laut *Härting* DS-GVO S. 21 lässt sich die Informationspflicht bei Daten, der der Nutzer – bspw. über ein Formular – online mitteilte, durch einen Link auf eine Datenschutzerklärung erfüllen. Laut ihm sind sämtliche Datenschutzerklärungen bis zum Inkrafttreten der DS-GVO im Hinblick auf die deutlich erweiterten Informationspflichten zu überarbeiten.
[55] Artikel-29-Datenschutzgruppe, WP 260, S. 23.
[56] Knyrim/*Haidinger/Illibauer* DatenschutzR-HdB S. 206.

einer mehrschichtigen Datenschutzerklärung können nicht schriftliche elektronische Mittel zur Verfügung gestellt werden, wie etwa Videos, Smartphone oder Internet of Things-Sprachwarnungen oder andere Methoden wie Cartoons, Infografiken oder Ablaufschemata.[57] Bei **Offline-Geschäften**, etwa wenn ein **Vertrag schriftlich im Postweg abgeschlossen wird,** schlägt die Artikel-29-Datenschutzgruppe als Methode der Information schriftliche Erklärungen, Folder, aber auch **Information in der Vertragsdokumentation** vor.[58] Denkbar wäre auch, auf diesen Blättern auf einen Aushang mit den geeigneten Informationen zu verweisen, wenn die Datenerhebung in einem Geschäftslokal stattfindet.[59] Bei **Geräten ohne Bildschirm** (zB IoT-Geräte) sollten laut Artikel-29-Datenschutzgruppe andere Methoden verwendet werden, wie etwa der Abdruck der Information oder eines Links zur Information in der gedruckten Bedienungsanleitung oder auf der Verpackung oder die Vermittlung mittels eines auf dem Gerät abgedruckten QR-Codes.[60] Laut Artikel-29-Datenschutzgruppe kann die Information auch **mündlich** gegeben werden, etwa auch durch **automatisierte Sprachnachrichten,** wobei der Betroffene letztere wiederholt abspielen können sollte.[61] Bei **persönlichem Kontakt** kann die Information auch mündlich erklärt werden oder in schriftlicher Form ausgehändigt werden (in Papier oder auf Datenträger).[62] Werden Informationen mündlich erteilt, so sollte darauf geachtet werden, dies zu dokumentieren, um das Erfüllen der Informationspflichten gegebenenfalls nachweisen zu können.[63]

28 Eine **aktive Zustimmung zur Information ist hingegen nicht gefordert.** Davon ausgenommen sind Bereiche, die unter die ePrivacy-RL fallen, also etwa die Datenerhebung für Werbezwecke durch Cookies, für die die Regeln des **Art. 5 Abs. 3 ePrivacy-RL** bzw. deren nationale Umsetzung gelten, wobei Einwilligung und Information auch hier nicht vermischt, beziehungsweise eine Einwilligung nicht in der Information „versteckt" werden darf.[64]

29 Im **Offline-Bereich**, also zB bei einer Datenerhebung bei Umfragen oder Vertragsabschlüssen „auf der Straße" oder bei Korrespondenz im Papierweg wäre es hingegen nicht ausreichend, die Information lediglich zum Abruf auf einer Webseite bereit zu halten, denn dann hätte der Betroffene die Information nicht zum Zeitpunkt der Erhebung gehabt. In diesen Fällen ist die Information mitzugeben, sei es **in Papierform**[65] überreicht oder mitgesandt oder **auf Wunsch mündlich.** Siehe dazu auch bei Art. 12 Abs. 1.[66] Bei Telefonaten wird man einen mehrschichtigen Ansatz verfolgen, bei dem zunächst über das Telefon die wichtigsten Informationen im Gespräch selbst offengelegt werden und die restlichen Informationen durch eine E-Mail oder eine Datenschutzinformation einer Website erteilt werden.[67]

30 Auch im Falle der Verarbeitung von personenbezogenem Daten durch eine **Videoüberwachung** ist es notwendig, die Informationspflichten des Art. 13 zu erfüllen. Der Europäische Datenschutzausschuss empfiehlt dazu einen **Mehrebenen-Ansatz.** In einer ersten Ebene sollen die Informationen durch ein Hinweisschild erteilt werden. Dieses muss so angebracht sein, dass betroffenen Personen den Umstand der Überwachung leicht erkennen können, bevor sie den überwachten Bereich betreten. Das Hinweisschild muss bereits die wichtigsten Informationen über die Verarbeitung enthalten, wie etwa die Zwecke der Verarbeitung, die Identität des Verantwortlichen und die Rechte der betroffenen Person, sowie weitere Informationen mit hoher Bedeutung. Das Warnschild muss auch bereits darauf hinweisen, wo die Informationen

---

[57] Artikel-29-Datenschutzgruppe, WP 260, S. 14.
[58] Artikel-29-Datenschutzgruppe, WP 260, S. 26.
[59] Jahnel/*Jahnel* DS-GVO Art. 13 Rn. 14.
[60] Artikel-29-Datenschutzgruppe, WP 260, S. 26.
[61] Artikel-29-Datenschutzgruppe, WP 260, S. 15.
[62] Artikel-29-Datenschutzgruppe, WP 260, S. 26.
[63] Knyrim/*Illibauer* DatKomm Art. 12 Rn. 62.
[64] Zur Umsetzung in Deutschland siehe das neue TTDSG und Orientierungshilfe der Aufsichtsbehörden für Anbieter:innen von Telemedien ab dem 1. Dezember 2021.
[65] Zur alten Rechtslage siehe BeckOK DatenschutzR/*Bäcker*, 28. Ed., BDSG aF § 4 Rn. 76, dass die Datenschutzinformationen klar von Allgemeinen Geschäftsbedingungen und Einwilligungserklärungen abgegrenzt sein müssen.
[66] Siehe die Kritik zur Fokussierung auf den Offline-Bereich und die mangelnde „Internettauglichkeit" des ersten Entwurf der DS-GVO bei *Schneider/Härting* ZD 2012, 199; siehe Gola/Heckmann/*Gola* DS-GVO Art. 13 Rn. 40 zur Problematik der telefonischen Datenerhebung und zur Frage des Medienbruchs innerhalb derselben Unterrichtung.
[67] *Feiler/Horn,* Umsetzung der DS-GVO in der Praxis, S. 84. Auch Jahnel/*Jahnel* DS-GVO Art. 13 Rn. 15.

zweiter Ebene verfügbar sind. Der Europäische Datenschutzausschuss schlägt als Hinweisschild folgendes Beispiel vor:[68]

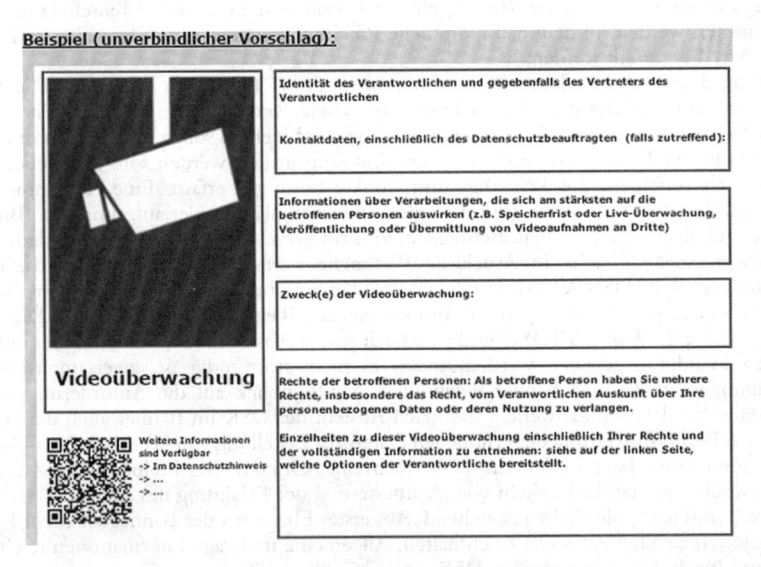

Beispiel (unverbindlicher Vorschlag):

Videoüberwachung	Identität des Verantwortlichen und gegebenenfalls des Vertreters des Verantwortlichen
	Kontaktdaten, einschließlich des Datenschutzbeauftragten (falls zutreffend):
	Informationen über Verarbeitungen, die sich am stärksten auf die betroffenen Personen auswirken (z.B. Speicherfrist oder Live-Überwachung, Veröffentlichung oder Übermittlung von Videoaufnahmen an Dritte)
	Zweck(e) der Videoüberwachung:
	Rechte der betroffenen Personen: Als betroffene Person haben Sie mehrere Rechte, insbesondere das Recht, vom Verantwortlichen Auskunft über Ihre personenbezogenen Daten oder deren Nutzung zu verlangen.
Weitere Informationen sind verfügbar -> Im Datenschutzhinweis -> ... -> ...	Einzelheiten zu dieser Videoüberwachung einschließlich Ihrer Rechte und der vollständigen Information zu entnehmen: siehe auf der linken Seite, welche Optionen der Verantwortliche bereitstellt.

31 Die Informationen auf zweiter Ebene müssen sodann alle Informationen enthalten, die von Art. 13 gefordert werden. Ein Zugriff auf diese Informationen muss möglich sein, ohne den überwachten Bereich zu betreten. Dass die Informationserteilung bei einer Datenverarbeitung im Wege der Videoüberwachung zwingend notwendig ist und durch ein Hinweisschild mit ausreichend Informationen erfüllt werden kann, wurde mittlerweile auch durch die Judikatur bestätigt.[69]

32 Besonderer Beachtung bedarf auch die Informationserteilung bei er Verwendung von **Cookies.** Nach der Artikel-29-Datenschutzgruppe hat man sich bei den Informationen, die erteilt werden müssen, um die Informiertheit einer Einwilligung in die Verarbeitung personenbezogener Daten mittels Cookies zu garantieren, an Art. 13 und Art. 14 zu orientieren. Es ist jedoch nicht davon auszugehen, dass die Informiertheit der Einwilligung stets das Erteilen aller in Art. 13 und Art. 14 genannten Informationen voraussetzt. Ebenso wenig führt jede Verletzung der Informationspflichten zur Unwirksamkeit der Einwilligung mangels Informiertheit. Das Mindestmaß an Informationen für eine gültige Einwilligung sieht die Artikel-29-Datenschutzgruppe in der Informierung über die Identität des Verantwortlichen, den Zweck jedes Verarbeitungsvorgangs, für den die Einwilligung eingeholt wird, die Daten, die erhoben und verwendet werden, das Vorliegen des Rechts, die Einwilligung zu widerrufen, Informationen über die Verwendung der Daten für eine automatisierte Entscheidungsfindung gemäß Art. 22 und schlussendlich Angaben zu möglichen Risiken von Datenübermittlungen ohne Vorliegen eines Angemessenheitsbeschlusses und ohne geeignete Garantien.[70]

33 Besonders der letzte Punkt hatte bis zur Schaffung des EU-U.S. Data Privacy Frameworks eine große Bedeutung, da mehrere europäische Datenschutzbehörden dem Vorbild der österreichischen DSB[71] folgten und die Verwendung von Google Analytics auf Webseiten aufgrund eines unzulässigen Drittlandstransfers untersagten.

34 Selbstverständlich müssen alle Informationen des Art. 13, auch jene, die nicht notwendig sind, um eine Informiertheit der Einwilligung zu gewährleisten, ebenso zur Verfügung gestellt werden.[72] Auch bei diesen ist, wie in allen anderen Sachverhalten, darauf zu achten, dass die

---

[68] Europäischer Datenschutzausschuss, Leitlinien 3/2019 zur Verarbeitung personenbezogener Daten durch Videogeräte.
[69] Etwa BVwG W211 2210458-1, wo das BVwG die Datenverarbeitung im Wege der Videoüberwachung ohne geeignete Information der betroffenen Personen als unzulässig erachtet.
[70] Artikel-29-Datenschutzgruppe WP 259, S. 15.
[71] DSB, 22.12.2021, DSB2021-0.586.257.
[72] *Rauer/Ettig* ZD 2018, 255 (258).

Informationen noch vor der ersten Verarbeitung personenbezogener Daten verfügbar sind, also bevor das Cookie gesetzt wird. Hier sollte neben den Informationen, die zur Informiertheit der Einwilligung direkt im Cookie-Banner enthalten sind, ein Link zur Datenschutzinformation aufgenommen werden, in dem dann sämtliche Pflichtinformationen des Art. 13 – und gegebenenfalls Art. 14 – erteilt werden.

35 In Deutschland sind zudem die Bestimmungen des **TTDSG** zu beachten. Die zentrale Bestimmung für Cookies stellt § 25 TTDSG dar. Dieser verlangt zwingend eine Einwilligung, wenn Informationen in einer Endeinrichtung gespeichert werden sollen oder auf Informationen, die bereits in der Endeinrichtung vorhanden sind, zugegriffen werden soll. Zweifelsohne sind hiervon auch verschiedenste Tracking- und Cookie-Lösungen erfasst. Eine Ausnahme besteht nur für die Verarbeitung solcher Informationen, die zwangsläufig oder aufgrund von (Browser-)Einstellungen übermittelt werden. Beispiele hierfür sind etwa die IP-Adresse der Endeinrichtung oder die eingestellte Sprache. Im Aspekt des Personenbezuges der Informationen ist das TTDSG sogar strenger als die DS-GVO, da auf diesen überhaupt nicht abgestellt wird, sondern sämtliche, daher auch nicht personenbezogene, Informationen der Regelung unterstellt sind. Die Einwilligung gemäß § 25 Abs. 1 TTDSG und jene nach Art. 6 Abs. 1 lit. a können hierbei in ein und derselben Handlung gegeben werden, sodass es nicht notwendig ist, zwei unterschiedliche Einwilligungen im Cookie-Banner einzuholen. Mit Hinblick auf die Anforderungen an die Einwilligung ist darauf hinzuweisen, dass nach Ansicht der DSK im Banner auch die Folgeverarbeitung (zB die Auswertung der erhobenen Daten zur Erstellung von Werbeprofilen) angesprochen werden muss. Hier fordert die DSK auch eine konkrete Beschreibung der Zwecke der Folgeverarbeitung. Standardfloskeln wie „Verbesserung der Erfahrung des Nutzers" oder „Werbezwecke" sind jedenfalls nicht ausreichend. Auf erster Ebene hat der Banner vielmehr konkrete Informationen zu allen Zwecken zu enthalten. Allgemeine und vage Informationen reichen hier nicht aus. Nach Einschätzung der DSK ist jedenfalls darüber zu informieren, wer auf die jeweilige Endeinrichtung zugreift, in welcher Form der Zugriff erfolgt, zu welchem Zweck dieser erfolgt und welche Funktionsdauer die Cookies haben.[73]

36 **3. Identitätsnachweis.** Die betroffene Person ist vor Erteilung der Information nicht zu identifizieren, da die Information im Gegensatz zur Auskunft keine personenbezogenen Daten enthält. Siehe zur Identifizierung auch Art. 11 sowie Art. 12 Abs. 2.[74]

37 **4. Unentgeltlichkeit.** Die Information ist grundsätzlich unentgeltlich zu geben, dazu näher bei Art. 12 Abs. 5.[75]

III. Inhalt der Information

38 **1. Unterschied zwischen den Informationen nach Abs. 1 und Abs. 2.** Abs. 1 enthält **sechs verschiedene Kategorien von Informationen,** die der Verantwortliche der betroffenen Person in jedem Fall mitteilen muss. Abs. 2 enthält **sechs weitere Kategorien von Informationen** (die der Verantwortliche der betroffenen Person zur Verfügung stellt, „die notwendig sind, um eine faire und transparente Verarbeitung zu gewährleisten").

39 War es bei Ingelttungtreten der **DS-GVO noch strittig,** ob die Informationen in **Abs. 1 immer,**[76] jene des **Abs. 2 hingegen nur situationsabhängig** zu geben sind, so wird in der Literatur mittlerweile die Meinung vertreten, dass auch die **Informationen nach Abs. 2 immer zu geben sind.**[77] Manche Autoren verstanden die Formulierung des Abs. 2 zumindest so, dass die zusätzlichen Information nur zu geben seien, *wenn* diese notwendig sind, um eine faire und transparente Verarbeitung zu gewährleisten, Abs. 2 somit eine Bedingung enthält.[78] Dafür sprach auch Erwägungsgrund 60, laut dem der Verantwortliche der betroffenen Person alle weiteren Informationen zur Verfügung stellen *sollte,* die *unter Berücksichtigung der besonderen Umstände und Rahmenbedingungen,* unter denen die personenbezogenen Daten verarbeitet wer-

---

[73] DSK, Orientierungshilfe der Aufsichtsbehörden für Anbieter:innen von Telemedien, S. 2 ff.
[74] Siehe dazu auch Knyrim/Illibauer DS-GVO S. 117 f.
[75] Siehe dazu Knyrim/Illibauer DS-GVO S. 117.
[76] *Schantz* NJW 2016, 1841 spricht diesbezüglich von „Pflichtinformationen".
[77] Siehe zu dieser Kontroverse auch Knyrim/Illibauer DatKomm Art. 13 Rn. 40.
[78] So etwa auch Gola/*Franck* DS-GVO, 1. Aufl. 2017, Art. 13 Rn. 5, der aber in 2. Aufl. 2018 seine Meinung geändert hat und nun von einem rein augenscheinlich fakultativen Element spricht. Ähnlich *Veil* ZD 2015, 347 (350). Nach wie vor Jahnel/*Jahnel* DS-GVO Art. 13 Rn. 29 f., der die Informationserteilung nur fordert, wenn dies zur Gewährleistung einer fairen und transparenten Verarbeitung notwendig ist.

den, *notwendig sind, um*⁷⁹ eine faire und transparente Verarbeitung zu gewährleisten. Hieraus ließe sich eine Bedingtheit der Informationen des Abs. 2 durch die Umstände und Rahmenbedingungen der Verarbeitung ableiten. Die Beurteilung, wann eine Situation diese erfordert, um eine „faire und transparente" Verarbeitung zu gewährleisten, würde dann dem Auftraggeber obliegen und daher ein entsprechendes Risiko (zu den Sanktionen → Rn. 89) beinhalten.

Andere Autoren,⁸⁰ insbesondere aber auch **die Datenschutzbehörden im Rahmen der Artikel-29-Datenschutzgruppe waren von Anfang an der Ansicht, dass es hinsichtlich des Abs. 2 kein „Wahlrecht" gibt, sondern die Informationen in Abs. 2 immer zu geben sind.** So enthalten die „Guidelines on transparency under Regulation 2016/679" die ausdrückliche Klarstellung, dass die Artikel-29-Datenschutzgruppe der Ansicht ist, dass es **keinen Unterschied zwischen dem Status der Informationen zwischen Abs. 1 und 2 gibt, sondern alle Informationen in diesen beiden Absätzen gleich wichtig sind und den Betroffenen mitgeteilt werden müssen.**⁸¹ Die Übernahme dieser Guidlines durch den EDSA bestätigt diese Rechtsansicht erneut.⁸² Siehe die nähere Analyse in → Rn. 62 ff., die zeigt, dass bei einigen Informationen tatsächlich fraglich ist, wann Situationen vorliegen, in denen diese nicht gegeben werden müssten. Schon aufgrund des im vorigen Absatz angesprochenen Risikos empfiehlt es sich, in der Praxis im Zweifel mehr Informationen zu erteilen als zu wenig.⁸³ 40

Mit „fairer und transparenter Verarbeitung" ist die in Art. 5 Abs. 1 angesprochene Verarbeitung „nach Treu und Glauben und in einer für die betroffene Person nachvollziehbaren Weise" gemeint. Dies lässt sich auch hier wieder nur durch einen Vergleich mit der englischen Version präzise ermitteln, die in beiden Fällen von „fair and transparent" spricht. Auch hier zeigt sich einmal mehr die literarische Qualität, aber juristische Unpräzison der deutschen Übersetzung der DS-GVO. 41

2. Informationen nach Abs. 1. Folgende Informationen müssen nach Abs. 1 gegeben werden: 42

a) Name und Kontaktdaten des Verantwortlichen sowie gegebenenfalls seines Vertreters. Zum **Name** des Verantwortlichen, der laut Abs. 1 lit. a genannt werden muss, ergibt sich aus der Definition in Art. 4 Ziff. 7, dass hier der Name der natürlichen oder juristischen Person, Behörde, Einrichtung oder sonstigen Stelle gemeint ist, also der Name der natürlichen Person⁸⁴ oder der Firmenname des Unternehmens, der Name der Behörde oder des Vereins etc. In der Praxis herrscht bei größeren Konzernen immer wieder Intransparenz, wenn nur der Konzernname genannt ist, aber unklar bleibt, welche konkrete Konzerngesellschaft für eine bestimmte Verarbeitung Verantwortlicher ist. 43

---

⁷⁹ Engl. Fassung der Textpassage in Erwägungsgrund 60: „The controller *should* provide the data subject with *any further information necessary to* ensure fair and transparent processing *taking into account the specific circumstances and context* in which the personal data are processed".

⁸⁰ Insbes. Gantschacher/Jelinek/Schmidl/Spanberger/*Leiter* S. 171 f., dem in der Formulierung in Abs. 2 eine konditionale Satzverbindung (etwa durch ein „wenn", ein „falls" oder ein „insoweit") fehlt und der auch in der oben zitierten Formulierung des Erwägungsgrund 60 keine konditionale Satzverbindung erkennen will und auf den Unterschied in der Formulierung zum bisherigen Art. 11 DS-RL 95/46/EU hinweist, der „sofern sie (...) notwendig sind ..." als Bedingung enthielt. Ebenso Kühling/Buchner/*Bäcker* DS-GVO Art. 13 Rn. 20 mit Verweis auf Paal/*Pauly* DS-GVO Art. 13 Rn. 22 f.

⁸¹ Artikel-29-Datenschutzgruppe, WP 260, S. 14. *Kazemi* S. 217, hingegen sieht den Unterschied zwischen Abs. 1 und 2 in der Form der Informationsvermittlung und ist der Ansicht, dass die Informationen nach Abs. 1 zwingend schriftlich oder elektronisch in dem Informationsschreiben dargestellt werden müssen, während hinsichtlich der weitergehenden Informationen nach Abs. 2 lediglich die Möglichkeit für den Betroffenen geschaffen werden muss, diese zur Kenntnis zu nehmen. *Kazemi* leitet dies aus der unterschiedlichen Formulierung in Abs. 1 („teilt mit") und Abs. 2 („stellt zur Verfügung") ab, diese Interpretation ist durch den engl. Text der DS-GVO nicht gedeckt, da es dort in beiden Absätzen gleich „provide" heißt.

⁸² Endorsement of GDPR WP29 guidelines by the EDPB, abrufbar unter https://edpb.europa.eu/sites/default/files/files/news/endorsement_of_wp29_documents_en_0.pdf.

⁸³ In diesem Sinne auch Paal/Pauly/*Paal/Hennemann* DS-GVO Art. 13 Rn. 21 ff.

⁸⁴ Gola/Heckmann/*Gola* DS-GVO Art. 13 Rn. 8 ist der Ansicht, dass eine Pflicht zur Angabe des Vornamens aus dem Gesetz nicht zu entnehmen ist, sich jedoch aus einer möglichen Namensgleichheit ergeben kann. Paal/*Pauly* DS-GVO Art. 13 Rn. 14 ist hingegen der Ansicht, dass der Name bei natürlichen Personen sowohl Vor- als auch Nachnamen umfasst. *Kazemi* S. 219 fordert Vor- und Nachname.

44 Zu den **Kontaktdaten** lässt die DS-GVO offen, ob damit nur die **postalische Anschrift**, oder auch elektronische Kontaktdaten gemeint sind.[85] Zumindest die postalische Anschrift muss als Minimum wohl in jedem Fall genannt werden, wenn die Informationen online zur Verfügung gestellt werden, dann sollte auch eine Online-Kontaktmöglichkeit (**E-Mail-Adresse**[86] **oder Online-Kontaktformular**) zur Verfügung gestellt werden, soweit dies nicht ohnehin nach anderen Rechtsvorschriften für den Online-Auftritt verpflichtend ist. Eine Telefonnummer scheint hingegen nicht erforderlich zu sein, da diese sonst in der DS-GVO explizit erwähnt hätte werden können.[87]

45 Mit **Vertreter** ist der Vertreter laut Art. 4 Ziff. 17 gemeint, als die vom Verantwortlichen schriftlich gemäß Art. 27 bestellte, in der EU niedergelassene natürliche oder juristische Person, wobei bei diesem wieder Name und Kontaktdaten zu nennen sind.

46 **b) Kontaktdaten des Datenschutzbeauftragten.** Die Benennung der **Kontaktdaten** des Datenschutzbeauftragten laut Abs. 1 lit. b ist ein Novum gegenüber der bisherigen Regelung in Art. 10 DS-RL. Diese sind **verpflichtend** zu benennen, wenn ein solcher aufgrund von Art. 37 bestellt wurde. Da Abs. 1 lit. b ausdrücklich nur von den Kontaktdaten spricht, aber nicht von dessen Namen, reicht es, dessen **Anschrift** (postalische oder brieflich, dazu lit. a) zur Verfügung zu stellen, ohne ihn selbst zu benennen, also etwa „Datenschutzbeauftragter, c/o …" oder elektronisch etwa Datenschutzbeauftragter@unternehmen.de.[88] Wenn kein Datenschutzbeauftragter bestellt ist, darf auch keiner genannt werden.[89]

47 **c) Verarbeitungszwecke sowie Rechtsgrundlage.** Die in Abs. 1 lit. c geforderte Information über die **Verarbeitungszwecke** war schon nach Art. 10 DS-RL erforderlich. In Hinblick auf das in Art. 5 Abs. 1 lit. a normierte Zweckbindungsprinzip, das vorschreibt, dass personenbezogene Daten nur für **festgelegte, eindeutige** und legitime Zwecke erhoben werden dürfen und nicht in einer mit diesen Zwecken nicht zu vereinbarenden Weise weiterverarbeitet werden dürfen, muss die Information über die Zwecke eindeutig, dh klar darlegen, für welche Zwecke die Verarbeitung erfolgt. Unklare, generalisierende, allgemeine und oberflächliche Zweckangaben sind dem entsprechend nicht zulässig.[90] Ein pauschalierter Hinweis auf Art. 6 und die Zulässigkeit der Verarbeitung ist somit nicht ausreichend, um den Informationspflichten hinsichtlich der Angabe der Rechtsgrundlagen zu genügen.[91]

48 Die Information über die **Rechtsgrundlage** war hingegen in Art. 10 DS-RL noch nicht gefordert. Die Rechtmäßigkeit der Verarbeitung wird in Art. 6 ff. geregelt, die verschiedene Rechtsgrundlagen für die Verarbeitung aufzählen, etwa die Einwilligung, Vertragserfüllung, lebenswichtige Interessen. Die Information muss daher jene Rechtsgrundlage(n) aus Art. 6 ff. benennen,[92] die Grundlage für die Verarbeitung ist oder sind. Eine nähere Darlegung der von

---

[85] Siehe Sydow/*Ingold* DS-GVO Art. 13 Rn. 16, der der Ansicht ist, dass die Angabe einer zustellungsfähigen Anschrift ausreichend ist, die Angabe von Telefonnummern oder E-Mail-Adressen hingegen weiterhin nicht zwingend sein dürfte. Die Artikel-29-Datenschutzgruppe, Entw. WP 260, S. 31 nennt als Kontaktdaten beispielhaft Telefonnummer, E-Mail-Adresse und Postanschrift.
[86] *Kazemi* S. 219, ist der Ansicht, dass eine E-Mail-Adresse nicht angegeben werden muss, rät aber dennoch sicherheitshalber, diese anzugeben.
[87] Siehe dazu auch *Laue/Nink/Kremer* DatenschutzR § 3 Rn. 7; *Paal/Pauly* DS-GVO Art. 13 Rn. 14 fordern neben einer (ladungsfähigen) Anschrift auch die elektronische und/oder telefonische Erreichbarkeit des Verantwortlichen.
[88] Ebenso Gola/Heckmann/*Gola* DS-GVO Art. 13 Rn. 10, der ebenfalls ein Funktionspostfach ohne den konkreten Namen des Datenschutzbeauftragten gelten lässt. *Paal/Pauly* DS-GVO Art. 13 Rn. 15 fordern neben einer (ladungsfähigen) Anschrift auch die elektronische und/oder telefonische Erreichbarkeit des Datenschutzbeauftragten, wobei die Angabe des Namens jedoch ebenfalls nicht als erforderlich an. In den Leitlinien der Artikel-29-Datenschutzgruppe in Bezug auf Datenschutzbeauftragte (WP 243 rev. 01 v. 5.4.2017), Punkt 2.6. wird explizit ausgeführt, dass Art. 37 Abs. 1 nicht vorschreibe, dass in den veröffentlichten Kontaktdaten auch der Name des DSB aufzuführen ist.
[89] So hat etwa die österreichische Datenschutzbehörde in der Sache DSB-D213.692/0001-DSB/2018 entschieden, dass ein in der Datenschutzinformation als Datenschutzbeauftragter genannter, tatsächlich als solcher aber gar nicht bestellter Datenschutzkoordinator einen Verstoß gegen die Informationspflichten des Art. 13 DS-GVO bedeutet.
[90] Einige Beispiele für Formulierungen der Zweckangabe liefert *Pollirer* Dako 2018/48, 89 in einer praxisrelevanten Checkliste für die Erfüllung der Informationspflichten nach Art. 13 DS-GVO.
[91] Knyrim/*Illibauer* DatKomm Art. 13 Rn. 28.
[92] Im Sinne einer Beschreibung in Worten, fakultativ auch unter Beifügung des entsprechenden Normenzitates aus der DS-GVO oder Nennung einer entsprechenden nationalen Norm; eine alleinige Anführung der Norm scheint für die Verständlichkeit durch Laien nicht hilfreich zu sein. *Härting* DS-GVO S. 17

Verantwortlichen intern getätigten Interessenabwägung und Prüfung der Rechtsgrundlage scheint hingegen nicht erforderlich, da Abs. 1 lit. c nur von der „Information über" die Zwecke und Rechtsgrundlage spricht, nicht aber von einer näheren Darlegung der intern getätigten Interessenabwägung.[93] Dies im Unterschied zu Abs. 1 lit. d, wo die verfolgten berechtigten Interessen anzugeben sind, siehe dazu den nächsten Unterpunkt. Siehe zur Information über Rechtsgrundlagen auch bei Abs. 2 lit. e.

d) Berechtigte Interessen. Abs. 1 lit. d ist eigentlich eine Erweiterung von lit. c, die direkt auf Art. 6 Abs. 1 lit. f verweist, der die Rechtsgrundlage der überwiegenden berechtigten Interessen des Verantwortlichen oder eines Dritten beinhaltet. Erhebt der Verantwortliche Daten der Betroffenen aufgrund solcher überwiegenden Interessen, dann ist er verpflichtet, diese **berechtigten Interessen,** die von ihm verfolgt werden, **zu benennen,** widrigenfalls der Verantwortliche gegen seine Informationspflichten verstößt.[94] Auch dies muss wieder so präzise erfolgen, dass dem Betroffenen es zB ermöglicht wird, auf Basis der Information in der Folge sein Recht auf Löschung nach Art. 17 Abs. 1 lit. b wegen unrechtmäßiger Verarbeitung oder sein Recht auf Einschränkung der Verarbeitung nach Art. 18 Abs. 1. lit. b, ebenfalls wegen Unrechtmäßigkeit der Verarbeitung, geltend zu machen. Die bislang im Rahmen der internen Vorprüfung erfolgte **Abwägung und Begründung der berechtigten Interessen** ist dem Betroffenen künftig somit transparent zu machen.[95] Nicht anzuführen ist aber das Interesse der betroffenen Person beziehungsweise deren Grundrechte und Grundfreiheiten, gegen die abgewogen wird.[96]

e) Empfänger. Abs. 1 lit. e forderte eine Information über die **Empfänger** oder **Kategorien der Empfänger** der personenbezogenen Daten.[97] Die Nennung von Kategorien ist jedoch nur dann möglich, wenn die konkreten Empfänger im Zeitpunkt der Datenerhebung noch nicht bekannt sind. Wenn nur Kategorien und keine Namen genannt werden, muss der Verantwortliche demonstrieren können, warum es einer Verarbeitung nach Treu und Glauben entspricht, dass er diesen Ansatz gewählt hat. Lediglich in Fällen der Unmöglichkeit oder bei unverhältnismäßigem Aufwand kann auf die Nennung konkreter Empfänger verzichtet werden,[98] wie auch die österreichische Datenschutzbehörde judiziert.[99] So hat auch der EuGH zum Auskunftsrecht gemäß Art. 15 geurteilt, dass grundsätzlich konkrete Empfänger zu beauskunften sind, es sei denn, es ist nicht möglich die Empfänger zu identifizieren oder es handelt sich um einen offenkundig unbegründeten oder exzessiven Antrag gemäß Art. 12 Abs 5.[100] Fraglich ist, ob die Rechtsansicht des EuGH in dieser Form auf die Informationsverpflichtungen übertragen werden

---

scheint Letzteres aber als Regelungsinhalt zu sehen und meint, dass der Datenverarbeiter sich in der Datenschutzerklärung festlegen müsse, auf welche der Erlaubnisse gem. Art. 6 er die Datenverarbeitung stützen möchte. Zu möglichen Rechtsgrundlagen bei Bewertungen siehe *Nadler* RdW 2023, 656.

[93] Siehe dazu auch *Laue/Nink/Kremer* DatenschutzR § 3 Rn. 9 hingegen Kühling/Buchner/*Bäcker* DS-GVO Art. 13 Rn. 26, laut denen es zumindest dann, wenn es wegen der Komplexität der Rechtslage und aufgrund der erkennbaren Eigenschaften und Kenntnisse der betroffenen Person geboten ist, die Rechtslage einzelfallbezogen und vollständig darzulegen. Der EuGH betonte im Urt. v. 4.7.2023 – C-252/21 – Meta Platforms in Rn. 95, dass es dem Verantwortlichen obliege, wenn personenbezogene Daten bei der betroffenen Person erhoben werden, diese Person über die Zwecke und die Rechtsgrundlage zu informieren, ohne diese Pflicht noch näher zu erörtern.
[94] So etwa DSB-D213.692/0001-DSB/2018, mehr dazu in *Knyrim* ecolex 2019/241. Der EuGH wies im Urt. v. 4.7.2023 – C-252/11 Rn. 107 – Meta Platforms darauf hin, dass, was die Voraussetzung der Wahrnehmung eines berechtigten Interesses betrifft, es dem Verantwortlichen obliegt, einer betroffenen Person zu dem Zeitpunkt, zu dem personenbezogene Daten bei ihr erhoben werden, die verfolgten berechtigten Interessen mitzuteilen, wenn die Verarbeitung auf Art. 6 UAbs. 1 lit. f beruht.
[95] So auch *Laue/Nink/Kremer* DatenschutzR § 3 Rn. 9; siehe auch Artikel-29-Datenschutzgruppe, Entw. WP 260, S. 31. Zustimmend auch Kühling/Buchner/*Bäcker* DS-GVO Art. 13 Rn. 27 und Taeger/Gabel/*Mester* DS-GVO Art. 13 Rn. 13.
[96] Paal/Pauly/*Paal/Hennemann* DS-GVO Art. 13 Rn. 17.
[97] Erwägungsgrund 61 betont, dass die Offenlegung an andere Empfänger rechtmäßig sein muss.
[98] So Artikel-29-Datenschutzgruppe, Entw. WP 260, S. 32, sowie Knyrim/*Illibauer* DatKomm Art. 13 Rn. 33 mwN und Kühling/Buchner/*Bäcker* DS-GVO Art. 13 Rn. 30; aA sind Paal/Pauly/*Paal/Hennemann* DS-GVO Art. 13, die von einem Wahlrecht des Verantwortlichen ausgehen.
[99] DSB Beschl. v. 22.8.2019 – DSB-D130.206/0006-DSB/2019.
[100] EuGH Urt. v. 12.1.2023 – C-154/21 – Österreichische Post. In Rn. 36 spricht der EuGH in diesem Zusammenhang von einem Gegensatz zwischen Art. 13, 14 und Art. 15.

kann, oder ob genau darin der Unterschied zwischen den ex ante zu erfüllenden Informationspflichten und den nachträglich entstehenden Auskunftspflichten liegt.[101] Zur Granularität dessen, was als Kategorie von Empfängern zu verstehen ist, schweigt die DS-GVO. Gewisse Anhaltspunkte ergeben sich jedoch aus der alten Rechtslage und den allgemeinen Branchenbezeichnungen des Wirtschaftslebens.[102]

51 Fraglich ist, was mit dem **Begriff „Empfänger"** gemeint ist.[103] Im Hinblick auf Abs. 1 lit. f sind in lit. e offensichtlich nur **Empfänger innerhalb der Europäischen Union** gemeint. Laut Definition in Art. 4 Ziff. 9 ist Empfänger eine natürliche oder juristische Person, Behörde, Einrichtung oder andere Stelle, der personenbezogene Daten **offengelegt** werden, unabhängig davon, ob es sich bei ihr um einen Dritten handelt oder nicht. „**Dritter**" wird in Art. 4 Ziff. 10 definiert und ist eine natürliche oder juristische Person, Behörde, Einrichtung oder andere Stelle, *außer*

– der betroffenen Person
– dem Verantwortlichen
– dem Auftragsverarbeiter
– und den Personen, die unter der unmittelbaren Verantwortung des Verantwortlichen oder des Auftragsverarbeiters befugt sind, die personenbezogenen Daten zu verarbeiten.

Da Art. 4 Ziff. 9 so formuliert ist, dass ein Empfänger „alles" ist, *unabhängig* ob es sich um einen Dritten handelt oder nicht, bedeutet dies im Umkehrschluss, dass **die Information auch die betroffene Person selbst, den Verantwortlichen, den Auftragsverarbeiter und befugte Personen betreffen würde**.

52 Hinsichtlich der **betroffenen Person selbst** scheint dies keinen Sinn zu machen, denn diese erhält ja die Information.

53 Hinsichtlich des informierenden **Verantwortlichen** bedeutet dies, dass bei **mehreren Verantwortlichen** iSd Art. 4 Ziff. 7 alle Verantwortlichen zu benennen sind, sofern dies nicht schon nach Abs. 1 lit. a erfolgt ist. Fraglich ist, ob auch über **interne Übermittlungen** innerhalb des Verantwortlichen zu informieren ist. Denkbar wäre, dass dann über eine interne Übermittlung zu informieren ist, wenn eine Zweckänderung vorliegt. Ein solcher Fall einer Zweckänderung ist in Art. 6 Abs. 4 geregelt. Auf diesen nimmt Art. 13 aber nicht in Abs. 1 oder 2 Bezug, sondern in einem eigenen Abs. 3. Dieser Abs. 3 bestimmt – siehe dazu noch weiter unten –, dass im Falle einer beabsichtigten Zweckänderung der Verantwortliche Informationen über diesen anderen Zweck und alle anderen maßgeblichen Informationen gemäß Abs. 2 zur Verfügung stellen muss. Daraus kann im Umkehrschluss gefolgert werden, dass über **interne Übermittlungen** aufgrund von Abs. 3 informiert werden muss, wenn diese eine **Zweckänderung** bedeuten, aber nicht über interne Übermittlungen, die *keine* Zweckänderung bewirken.[104]

54 Fraglich ist, ob über Übermittlungen an **Auftragsverarbeiter** zu informieren ist. Diese Frage stellt sich insbesondere im Hinblick auf die früheren, umfassenden Privilegierungen, die bei Datenüberlassungen an Dienstleister nach dem österreichischen DSG[105] von Datenübermittlungen an andere Auftraggeber unterschieden wurden. Der Begriff „Offenlegung", der in der Definition des „Empfängers" in Art. 4 Ziff. 9 verwendet wird, könnte ein Hinweis auf eine

---

[101] Siehe hierzu *Strassemeyer* DSB 2023, 33.
[102] *Härting* DS-GVO S. 17 stellt auf Branchenbezeichnungen ab und nennt als Beispiele für solche Angaben etwa „Weitergabe an Werbepartner", „Weitergabe an Versandunternehmen." Siehe auch Knyrim/*Illibauer* DatKomm Art. 13 Rn. 35 die eine Anlehnung an die alte Rechtslage des österreichischen DSG 2000 und die Empfängerkreise der zugehörigen „Standard- und Muster-Verordnung 2004" als sinnvoll empfindet (Banken, Gerichte, Inkassounternehmen, Kunden uÄ). Sydow/Marsch/*Ingold* DS-GVO Art. 13 Rn. 19 hält eine Benennung der konkreten Empfänger für verpflichtend, außer für den Fall der konkreten Unbestimmtheit, in der Kategorien genannt werden können.
[103] Siehe dazu die Kritik bei *Schneider/Härting* ZD 2012, 199 zum Begriff Empfänger und der Frage, wie man bei Daten, die im Internet veröffentlicht werden, die Verpflichtung verstehen solle, die Betroffenen über die „Empfänger" der Daten zu unterrichten.
[104] Siehe aber BeckOK DatenschutzR/*Bäcker*, 28. Ed., BDSG aF § 4 Rn. 60, dass nach BDSG bzw. nach Art. 10 lit. c DS-RL auch über Datenflüsse innerhalb der verantwortlichen Stelle unterrichtet werden muss. Der Begriff des Empfängers ist daher im Sinne der Legaldefinition in § 3 Abs. 8 BDSG weit zu verstehen (mit Verweis auf *Gola* RDV 2003, 177 (179); DKWW Rn. 13). Aus Art. 10 lit. c DS-RL ist dies aber so nicht eindeutig herauszulesen.
[105] Siehe insbes. die Definition eines eigenen Begriffes des „Überlassens" von Daten an einen Dienstleister in § 4 Ziff. 11 DSG 2000 im Gegensatz zum „Übermitteln" an einen anderen Auftraggeber in § 4 Ziff. 12 DSG 2000 und die Beschränkung der Notwendigkeit von Rechtsgrundlagen auf das Übermitteln unter Ausschluss der Überlassung in § 7 Abs. 2 DSG 2000. Näheres dazu in *Knyrim* DatenschutzR-HdB S. 203 ff.

solche Privilegierung sein. Dieser Begriff wird in Art. 4 Ziff. 2 bei der Definition von „Verarbeitung" verwendet, wo von „Offenlegung durch Übermittlung, Verbreitung oder eine andere Form der Bereitstellung" gesprochen wird. Zwar könnte man daraus eine Unterscheidung zwischen Übermitteln (an andere Auftraggeber) und eine Bereitstellung an Dienstleister herauslesen, allerdings findet sich sonst in der DS-GVO keine Differenzierung dieser Begriffe, insbesondere nicht in der Definition des „Empfängers" selbst.[106] Hinzuweisen ist auch auf den ersten Entwurf der Europäischen Kommission zur DS-GVO.[107] In diesem wurde ausgeführt, dass die Informationspflichten der DS-RL „auf alle Empfänger, dh auch auf die gemeinsam für die Verarbeitung Verantwortlichen und die Auftragsverarbeiter" ausgedehnt werden sollen. Intention war somit von Anfang an, möglichst Transparent zu sein und bei der Information daher **auch die Auftragsverarbeiter offenzulegen**.[108] Offen bleibt nach wie vor, ob der Verantwortliche in der Datenschutzinformation auch über Subauftragsverarbeiter zu informieren hat, oder ob diese nicht unter den Begriff des Empfängers zu subsumieren sind, da sie die Daten nur mittelbar erhalten.

Hinsichtlich **Personen,** die unter der **unmittelbaren Verantwortung des Verantwortlichen** oder des Auftragsverarbeiters befugt sind, die personenbezogenen Daten zu verarbeiten, wird eine Information nur dann erforderlich und sinnvoll sein, wenn es sich nicht um eigene Arbeitnehmer des Verantwortlichen handelt.

Behörden, die im Rahmen eines bestimmten Untersuchungsauftrags nach dem Unionsrecht oder dem Recht der Mitgliedstaaten möglicherweise personenbezogene Daten erhalten, gelten laut der Definition des Empfängers in Art. 4 Ziff. 9 S. 2 ausdrücklich nicht als Empfänger und über diese Übermittlungen ist daher nicht zu informieren.

Zwar war auch schon in Art. 10 DS-RL die Information über Empfänger gefordert, dort allerdings nicht in jedem Fall, sondern situationsbedingt, „sofern sie unter Berücksichtigung der spezifischen Umstände, unter denen die Daten erhoben werden, notwendig sind, um gegenüber der betroffenen Person eine Verarbeitung nach Treu und Glauben zu gewährleisten." Somit entsprach die bisherige Regelung der DS-RL einer situationsabhängigen Information iSd Abs. 2.

f) Übermittlung in Drittland. Neu ist gegenüber Art. 10 DS-RL die in Abs. 1 lit. f geforderte Information zu einem geplanten **internationalen Datenverkehr.** Der Verantwortliche muss unter diesem Punkt gleich mehrere Informationen liefen:

– Er muss grundsätzlich darüber **informieren,** wenn er **plant,** personenbezogene Daten an ein **Drittland**[109] oder eine internationale Organisation zu übermitteln.
 Wenn er das plant, dann muss er
– über das **Vorhandensein oder Fehlen eines Angemessenheitsbeschlusses** der Kommission informieren (Art. 45)
– oder, wenn die Übermittlung aufgrund von geeigneten Garantien wie etwa Standarddatenschutzklauseln (Art. 46) oder verbindlicher interner Datenschutzvorschriften (Art. 47) oder aufgrund zwingender berechtigten Interessen und geeigneter Garantien im Einzelfall (Art. 49 Abs. 1 UAbs. 2) erfolgt,[110] einen **Verweis auf die geeigneten oder angemessenen Garantien geben** und die Möglichkeit, wie eine **Kopie von ihnen zu erhalten ist, oder wo sie verfügbar sind.**[111]

Die DS-GVO fordert also bewusst **Transparenz hinsichtlich Datentransfers in Drittländer** ein. Wie im vorigen Unterpunkt festgestellt, betrifft diese Transparenz auch **Auftragsverarbeiter.** Somit ist auch über das Einschalten von Auftragsverarbeitern in Drittländern zu informieren. Die Artikel-29-Datenschutzgruppe ist der Ansicht, dass der Grundsatz von Treu und Glauben es erfordere, dass **alle Drittländer,** in die Daten übermittelt werden, **genannt**

---

[106] Siehe dazu Knyrim/*Illibauer* DS-GVO S. 121.
[107] Vorschlag für Verordnung des Europäischen Parlaments und des Rates zum Schutz natürlicher Personen bei der Verarbeitung personenbezogener Daten und zum freien Datenverkehr (Datenschutz-Grundverordnung), KOM(2012) 11 endgültig – 2012/0011 (COD).
[108] So auch Knyrim/*Illibauer* DatKomm Art. 13 Rn. 32 sowie Gola/Heckmann/*Gola* DS-GVO Art. 13 Rn. 16 and der Artikel-29-Datenschutzgruppe in Entw. WP 260, S. 32.
[109] Siehe dazu die Kritik bei *Schneider/Härting* ZD 2012, 199 zur Frage, wie man bei einer Online-Publikation die Verpflichtung verstehen soll, die Betroffenen über die „Übermittlung" von Daten „an ein Drittland" zu verständigen.
[110] Siehe zu diesen Fällen eines Datentransfers näher bei Knyrim/*Knyrim* DS-GVO S. 253 ff.
[111] Laut Gola/Heckmann/*Gola* DS-GVO Art. 13 Rn. 18 müssen die Garantien in Kopie nicht notwendiger Weise beim Verantwortlichen selbst eingesehen werden können.

werden.[112] Zu beachten ist, dass in der Praxis Drittlandstransfers oft erst beim Subauftragsverarbeiter stattfinden, die im Sinne der Forderung der Artikel-29-Datenschutzgruppe ebenfalls offengelegt werden müssen.

60 Ein internationaler Datentransfer löst somit insbesondere dann, wenn dieser aufgrund von Standarddatenschutzklauseln oder Binding Corporate Rules (verbindlichen internen Datenschutzvorschriften) erfolgt, einen zusätzlichen, **komplexeren Informationsaufwand** aus, da nicht nur über dieses Faktum zu informieren ist, sondern auch Möglichkeiten angeboten werden müssen, die entsprechenden Unterlagen zu erhalten, sei es als Kopie in Papier oder in elektronischer Form zugesandt, oder zum Lesen oder Download auf einer Webseite. Vor Aussendung der Information muss somit sichergestellt sein, dass die entsprechend **angebotene Methode** zum Erhalt **technisch** (Text oder Download-Funktion ist auf Webseite implementiert) und **organisatorisch** (Organisation ist instruiert, eine Kopie auf Abruf per Post oder E-Mail zu versenden) **funktioniert**.

61 **3. Informationen nach Abs. 2.** Wie unter → Rn. 38 ff. bereits ausgeführt, enthält Abs. 2 **sechs weitere Kategorien von Informationen,** die notwendig sind, um eine „faire und transparente Verarbeitung zu gewährleisten", über die der Verantwortliche informieren muss. Wie oben erwähnt, war strittig, ob die Information immer oder nur **situationsabhängig zu geben ist,** wobei die Beurteilung, wann eine Situation diese erfordert, um eine „faire und transparente" Verarbeitung zu gewährleisten, dem Auftraggeber obliege. Der Großteil der Autoren hat sich mittlerweile jedoch der Meinung der Artikel-29-Datenschutzgruppe angeschlossen, die der Ansicht ist, dass die Informationen des Abs. 2 verpflichtend zu geben sind und diesbezüglich kein „Wahlrecht" besteht, → Rn. 40.

62 **a) Speicherdauer.** Dass über die **Speicherdauer** nach Abs. 2 lit. a zu informieren ist, bedeutet ein Novum gegenüber Art. 10 DS-RL[113] und ist Ausfluss des in Art. 5 Abs. 1 lit. e betonten **Prinzips der „Speicherbegrenzung".** Diese Bestimmung zwingt Verantwortliche dazu, bereits bei der ersten Erhebung zu überlegen, wie lange die erhobenen Daten gespeichert werden sollen und zumindest die **Kriterien für die Festlegung dieser Dauer** zu überlegen und dem Betroffenen mitzuteilen.[114]

63 Die Praxis zeigt, dass gerade Unternehmen sich bisher oft nicht ausreichend oder gar nicht mit dem Prinzip der „Speicherbegrenzung" befasst haben und im Zweifel Daten lieber „ewig" aufheben als diese (strukturiert) zu löschen. Durch die Betonung des Prinzips der „Speicherbegrenzung" in den Betroffenenrechten, zunächst schon in der Information und in der Folge beim Auskunftsrecht und beim Recht auf Vergessenwerden sollte dem durch die DS-GVO ein Riegel vorgeschoben werden. Beachte dazu auch den unter → Rn. 18 ff. zitierten Vorschlag des Europäischen Parlaments zur Schaffung standardisierter Piktogramme, wobei das Zweite dieser Piktogramme klar aufzeigen sollte, ob Daten über die erforderliche Dauer hinaus gespeichert werden.

64 Die Artikel-29-Datenschutzgruppe fordert, dass über die Speicherdauer immer informiert wird und ebenso darüber, dass die Speicherdauer durch Faktoren wie gesetzliche Anforderungen oder nationale Richtlinien bestimmt sein kann.[115] Die Information soll dabei so formuliert sein, dass den Betroffenen ermöglicht wird, auf der Grundlage ihrer eigenen Situation zu beurteilen, wie lange die Aufbewahrungsdauer ist. Entgegen in der Praxis regelmäßig anzutreffenden Formulierungen ist es laut Artikel-29-Datenschutzgruppe **unzureichend, den Betroffenen zu erklären, dass ihre Daten so lange wie notwendig für die berechtigten Zwecke gespeichert werden.** Soweit relevant, sollten die verschiedenen Speicherdauern für verschiedene Datenkategorien und/oder verschiedene Verarbeitungszwecke genannt werden, inklusive Archivfristen, soweit solche zur Anwendung kommen.[116] Diese Speicherdauern sind dabei in einer möglichst präzisen Weise offenzulegen, sodass die betroffene Person mit keinen weiteren Re-

---

[112] Artikel-29-Datenschutzgruppe, WP 260, S. 47 f.
[113] Über die Speicherdauer war in Deutschland allerdings aufgrund von § 4g Abs. 2 S. 2 iVm § 4e Nr. 7 BDSG aF schon bisher im öffentlichen Verfahrensverzeichnis zu informieren, in Österreich früher bei der Meldung an die Datenschutzbehörde hingegen nur im Rahmen der Vorabgenehmigung einer Videoüberwachung.
[114] Knyrim/*Illibauer* DatKomm Art. 13 Rn. 44.
[115] Für praxisrelevante Fragen die sich der Verantwortliche bei der Festlegung und Information über die Speicherdauer stellen muss siehe *Pollirer* Dako 2018/48, 89.
[116] Artikel-29-Datenschutzgruppe, WP 260, S. 48.

cherchen konfrontiert ist, um die Speicherdauer der eigenen personenbezogenen Daten zu ermitteln.[117]

b) Bestehen der Betroffenenrechte. Die in Abs. 2 lit. b – und auch schon in Art. 10 DS-RL – geforderte Information über das Bestehen der Betroffenenrechte ist eigentlich eine Information über die Rechtslage,[118] denn diese Rechte stehen ohnehin aufgrund der DS-GVO zu und sind in dieser in Art. 15 ff. nachzulesen.[119] Konkret muss über das Bestehen eines 65

– Rechts auf Auskunft (Art. 15)
– Rechts auf Berichtigung (Art. 16)
– Rechts auf Löschung (Art. 17)
– Rechts auf Einschränkung der Verarbeitung (Art. 18)
– Widerspruchsrechts gegen die Verarbeitung (Art. 21)
– Rechts auf Datenübertragbarkeit (Art. 20)

informiert werden.

Die Artikel-29-Datenschutzgruppe fordert dazu, dass die Information eine Zusammenfassung dessen enthalten solle, was das Recht beinhaltet und wie die betroffene Person Schritte unternehmen kann, um dieses auszuüben. Insbesondere muss das **Widerspruchsrecht** der betroffenen Person spätestens bei der ersten Kommunikation ausdrücklich zur Kenntnis gebracht werden und muss **klar und getrennt von anderen Informationen gegeben werden.**[120]

Um Diskussionen darüber hintanzuhalten, ob die Information gegeben hätte werden müssen 66 oder nicht, sollten Auftraggeber sich schlicht eine Standardformulierung zurechtlegen, die immer in der Information enthalten ist, denn auch die Artikel-29-Datenschutzgruppe fordert, dass die Informationen des Abs. 2 immer zu geben sind.[121]

c) Widerrufsrecht. Abs. 2 lit. c fordert, dass, wenn die Verarbeitung auf Art. 6 Abs. 1 lit. a 67 oder Art. 9 Abs. 2 beruht, also auf einer **Zustimmung,** darüber zu informieren ist, dass die **Einwilligung jederzeit widerrufen** werden kann, ohne dass dies die Rechtmäßigkeit der aufgrund der Einwilligung bis zum Widerruf erfolgten Verarbeitung berührt.[122] Auch dabei handelt es sich letztlich wieder um eine Information über die Rechtslage, da das Widerrufsrecht in Art. 7 Abs. 3 normiert ist. Mit der Information über die Möglichkeit des Widerrufs der Einwilligung ist gleichzeitig darüber zu informieren, dass hierdurch eine bis zum Widerruf erfolgte Verarbeitung unberührt bleibt.[123]

Die Information über das Widerrufsrecht war nach Art. 10 DS-RL nicht erforderlich, wurde 68 in Deutschland aber im Sinne des Transparenzgebotes von der Judikatur gefordert. Auch in Österreich fordert der Oberste Gerichtshof seit einer Entscheidung im Jahr 2002[124] in ständiger Judikatur im Rahmen der Einholung einer datenschutzrechtlichen Zustimmung die Information über das Widerrufsrecht, da sonst keine Datenverarbeitung „nach Treu und Glauben" vorliege. Insofern brachte Abs. 2 lit. c **faktisch keine Neuerung zur bestehenden Praxis** in Deutschland[125] und Österreich, im Zeitpunkt der Einholung einer Zustimmung auf das Widerrufsrecht hinzuweisen. Die Information ist sowohl bei **elektronischer Zustimmung**, als auch im Offline-Bereich bei **schriftlicher oder mündlicher Zustimmung** zu geben, da Abs. 2 lit. e nicht zwischen online und offline differenziert. Laut Artikel-29-Datenschutzgruppe ist bei der

---

[117] Knyrim/*Illibauer* DatKomm Art. 13 Rn. 4.
[118] Gola/Heckmann/*Franck* DS-GVO Art. 13 Rn. 21 spricht von einem „Charakter einer Rechtsbehelfsbelehrung". Auch nach Sydow/*Ingold* DS-GVO Art. 13 Rn. 22 ist ausgeschlossen, dass die Information über „das Bestehen" dieser Rechte einen konkreten Datenverarbeitungsbezug aufweisen muss, sondern es genügt vielmehr der Hinweis auf die unmittelbar im Verordnungstext normierten abstrakten Rechte.
[119] Schon nach bisheriger Rechtslage in Deutschland gab es allerdings verschiedene Informationspflichten zu einzelnen Betroffenenrechten, etwa nach § 28 Abs. 4 S. 2 BDSG aF oder § 15 Abs. 3 S. 2 TMG.
[120] Artikel-29-Datenschutzgruppe, WP 260, S. 49 f.
[121] Artikel-29-Datenschutzgruppe, WP 260, S. 16.
[122] Art. 13 Abs. 2 lit. c befasst sich ausschließlich mit dem Widerruf der Zustimmung und nicht, wie *Laue/Nink/Kremer* DatenschutzR § 3 Rn. 12 aus nicht nachvollziehbaren Gründen suggerieren, mit dem Widerspruchsrecht des Art. 21, welches nämlich auf Art. 6 Abs. 1 lit. e oder f verweist.
[123] Knyrim/*Illibauer* DatKomm Art. 13 Rn. 50.
[124] OGH Entsch. v. 19.11.2002 – 4 Ob 179/02f, ÖBA 2003, 41; siehe dazu *Knyrim* DatenschutzR-HdB S. 179 f. mwN und Kritik.
[125] Gesetzlich war ein Hinweis auf die Widerrufspflicht hingegen in Deutschland bislang nur bei elektronischen Einwilligungen aufgrund von § 13 Abs. 3 S. 1 TMG vorgesehen.

Information über die Widerrufsmöglichkeit zu beachten, dass der Widerruf genauso leicht gemacht werden können muss, wie die Zustimmung gegeben wurde.[126]

69 **d) Beschwerderecht bei Aufsichtsbehörde.** Erstaunlich ist die von Abs. 2 lit. d geforderte und der DS-RL unbekannte Information über das **Bestehen eines Beschwerderechtes** bei der Aufsichtsbehörde. Die DS-GVO fordert hier vom Verantwortlichen eine Art **„Rechtsbehelfsbelehrung"** wie diese bei Setzung eines Verwaltungsaktes von einer Verwaltungsbehörde oder nach Ausspruch einer gerichtlich anfechtbaren Entscheidung durch ein Gericht zu tätigen ist. Aus Konsumentensicht ist Transparenz und Aufklärung grundsätzlich zu begrüßen und eine solche Informationspflicht bei Verantwortlichen aus dem öffentlichen Bereich nachvollziehbar. Fraglich ist aber, ob dadurch, dass auch privatwirtschaftliche Unternehmen in Art. 13 Abs. 2 verpflichtet werden, umfangreiche Belehrungen über die Rechtslage und Rechtsbehelfe abzugeben und ihnen dadurch ein „hoheitlicher" Anstrich gegeben wird, das Vertrauen in diese erhöht wird. Insbesondere der in lit. d geforderte Hinweis auf ein Beschwerderecht könnte von Anfang an den Eindruck beim Betroffenen erwecken, dass das verantwortliche Unternehmen grundsätzlich potentiell rechtswidrig oder inkorrekt handelt – wieso sollte er sonst von sich aus gleich beim Erstkontakt auf das Beschwerderecht hinweisen?

70 Auch hinsichtlich des Beschwerderechts empfiehlt sich eine Standardformulierung,[127] die immer in der Information enthalten ist, denn auch die Artikel-29-Datenschutzgruppe fordert, wie bereits ausgeführt, dass die Informationen des Abs. 2 immer zu geben sind.[128]

71 Da lit. d ausschließlich das in Art. 77 normierte Beschwerderecht bei der Aufsichtsbehörde anspricht, nicht jedoch die anderen Rechtsbehelfe des Kapitel VIII der DS-GVO (insbesondere nicht das Recht auf wirksamen gerichtlichen Rechtsbehelf gegen Verantwortliche oder Auftragsverarbeiter des Art. 79) oder die gerade für Konsumenten sehr interessante Möglichkeit der Vertretung durch Einrichtungen, Organisationen oder Vereinigungen laut Art. 80 und ebenso wenig das Recht auf Schadensersatz in Art. 82, ist auch **nur über das Beschwerderecht** des Art. 77 zu informieren.

72 **e) Freiwilligkeit der Bereitstellung.** Die Verpflichtung des Art. 13 Abs. 2 lit. e, darüber zu informieren, ob die **Bereitstellung der personenbezogenen Daten**

– gesetzlich oder vertraglich **vorgeschrieben**[129]
– oder für einen Vertragsabschluss **erforderlich** ist,
– ob die betroffene Person **verpflichtet** ist, die personenbezogenen Daten bereitzustellen,
– und welche möglichen Folgen die **Nichtbereitstellung** hätte

ist nachvollziehbar, da es hier um die individuelle Situation der Datenverarbeitung durch den Verantwortlichen geht. Allerdings sind die ersten drei oben aufgeführten Informationen solche, die sich auf die Rechtmäßigkeit der Verarbeitung in Art. 6 Abs. 1 beziehen. Über die Rechtsgrundlage muss aber bereits nach Abs. 1 lit. c aufgeklärt werden, sodass die Aufzählung in Abs. 2 lit. e streng genommen eine Wiederholung ist. Einzige zusätzliche Information ist jene des letzten Punktes über **mögliche Folgen der Nichtbereitstellung**.[130] Diese Informationsverpflichtung war – in kürzerer Formulierung – bereits in Art. 10 DS-RL enthalten. Die Artikel-29-Datenschutzgruppe fordert, dass diese Information immer gegeben wird.[131]

73 **f) Automatisierte Entscheidungsfindung inklusive Profiling.** Auch die Verpflichtung des Abs. 2 lit. f, über das **Bestehen einer automatisierten Entscheidungsfindung** einschließlich **Profiling** gemäß Art. 22 Abs. 1 und 4 zu informieren, ist nachvollziehbar: Dem Betroffenen wird im Normalfall gar nicht bewusst sein, dass er einer automatisierten Entscheidungsfindung oder einem Profiling unterzogen wird und erst die Information darüber, dass dieses stattfindet, ermöglicht die Ausübung der weiteren Betroffenenrechte der DS-GVO.

---

[126] Artikel-29-Datenschutzgruppe, WP 260, S. 50 f.
[127] Laut Artikel-29-Datenschutzgruppe, WP 260, S. 51 sollte die Information erklären, dass der Betroffene iVm Art. 77 das Recht hat, eine Beschwerde bei einer Aufsichtsbehörde einzubringen, und zwar insbes. in dem Mitgliedstaat, in dem er seinen gewöhnlichen Aufenthalt hat, seinen Arbeitsplatz hat oder in dem die DS-GVO vermutlich verletzt wurde.
[128] Artikel-29-Datenschutzgruppe, WP 260, S. 16.
[129] Siehe Beispiele dazu bei *Kazemi* S. 225 f.
[130] Laut Artikel-29-Datenschutzgruppe, WP 260, S. 51 sollte bei Online-Formularen immer klar angegeben sein, welche Felder Pflichtfelder sind und welche nicht und welche Konsequenzen es gibt, wenn die Pflichtfelder nicht befüllt werden.
[131] Artikel-29-Datenschutzgruppe, WP 260, S. 16.

Lit. f verpflichtet den Auftraggeber, dass er – zumindest bei Profiling – nicht nur darüber **74** informiert, dass dieses stattfindet, sondern dem Betroffenen auch **aussagekräftige Informationen** über die involvierte **Logik** sowie die **Tragweite und die angestrebten Auswirkungen** einer derartigen Verarbeitung für die betroffene Person gibt. Da insbesondere die Offenlegung der Logik in der Vergangenheit für Diskussion und Judikatur gesorgt hat, bleibt abzuwarten, wie weitreichend sich diese neue, explizite Informationspflicht auf diese auswirkt.[132] Im Jahr 2022 ist ein Vorlagebeschluss des Verwaltungsgerichts Wien ergangen, der mit seinen Fragen an den EuGH darauf abzielt, zu klären, wie ausführlich die Informationen über die involvierte Logik zu erteilen sind und wie das Spannungsverhältnis zwischen dieser Offenlegungspflicht und Geschäftsgeheimnissen im Sinne der Know-How-Richtlinie aufzulösen ist.[133]

4. Information über Zweckänderung nach Abs. 3.
Bereits zu Abs. 1 lit. e wurde oben **75** festgestellt, dass über interne Übermittlungen zu informieren ist, wenn eine Zweckänderung vorliegt. Wie dort ausgeführt wurde, ist der Fall einer solchen Zweckänderung im – politisch in der Verhandlung der DS-GVO sehr umstrittenen – Art. 6 Abs. 4 geregelt. Vielleicht ist dies der Grund, warum dieser Thematik daher ein eigener Abs. 3 in Art. 13 gewidmet wurde, und die diesbezügliche Informationspflicht nicht in Abs. 2 aufgenommen wurde. Grund könnte aber auch sein, dass diese Information, wie nachstehend gezeigt wird, zeitlich von der übrigen Information getrennt sein kann.

Abs. 3 bestimmt, dass dann, wenn der Verantwortliche beabsichtigt, die personenbezogenen **76** Daten **für einen anderen Zweck** weiterzuverarbeiten als für den, für den die personenbezogenen Daten erhoben wurden, er den Betroffenen darüber informieren muss.[134] Der Verantwortliche muss **vor** dieser Weiterverarbeitung **über diesen anderen Zweck informieren und alle anderen maßgeblichen Informationen gemäß Abs. 2 zur Verfügung stellen.** Daraus lässt sich ableiten, dass es bei einer Weiterverarbeitung zu einem **zeitlichen Auseinanderfallen** der Information nach Abs. 1 und 2 bei der ersten Erhebung und der Information über die Weiterverarbeitung nach Abs. 3 kommen kann und nicht schon bei der ersten Erhebung über die spätere Weiterverarbeitung informiert werden muss. Die Artikel-29-Datenschutzgruppe vertritt die Auffassung, dass zwischen der Meldung und der Verarbeitung eine angemessene Frist liegen sollte und der Beginn der Verarbeitung nicht unmittelbar nach Erhalt der Meldung durch den Betroffenen eintreten sollte. Der Grundsatz von Treu und Glauben fordere dabei, dass die Frist umso länger sein sollte, je eingriffsintensiver oder je weniger erwartet die weitere Verarbeitung ist.[135] Als maßgeblich sind all jene Informationen zu betrachten, über die man bereits bei der Datenerhebung informieren hätte müssen, wenn der Verarbeitungszweck bereits zu diesem Zeitpunkt gegeben gewesen wäre.[136]

Ob die Information „über diesen anderen Zweck" auch die **Abwägungskriterien** für die **77** Zulässigkeit dieser Zweckänderung, die in Art. 6 Abs. 4 lit. a–e nicht abschließend angeführt sind, im Detail enthalten muss, ist unklar. Zwar verpflichtet Art. 13 Abs. 3 ausdrücklich, „alle anderen maßgeblichen Informationen"[137] gemäß Abs. 2 zur Verfügung zu stellen und verweist gleichzeitig aber nicht auch explizit auf Art. 6 Abs. 4 lit. a–e und Art. 13. Abs. 3 erwähnt im Gegensatz zu Abs. 2 nicht explizit eine „faire und transparente" Verarbeitung, allerdings fordert Art. 12 Abs. 1 für alle Betroffenenrechte grundsätzlich eine präzise und transparente Information. Abhängig von der konkreten **Datenverarbeitungssituation** könnte es daher in diesem Sinne erforderlich sein, **auch auf die Abwägungskriterien in der Information an den Betroffenen näher einzugehen,** um diesem die Möglichkeit zu geben, die Rechtmäßigkeit

---

[132] Zur BGH-Judikatur, die eine Offenlegung der Berechnungsmethoden von Scorewerten verneinte, siehe *Laue/Nink/Kremer* DatenschutzR § 3 Rn. 14.

[133] Siehe VGW Beschl. v. 11.2.2022 – VGW-101/042/791/2020-44 bzw. EuGH Rs. C-203/22 – Dun & Bradstreet Austria, noch nicht entschieden. Der EuGH hat in Urt. v. 7.12.2023 – C-634/21 – SCHUFA Holding AG in Rn. 56 die zusätzlichen Informationspflichten nach Art. 13 Abs. 2 lit. f und Art. 14 Abs. 2 lit. g betont.

[134] *Schantz/Wolff* Neues DatenschutzR sind der Ansicht, dass es daher iErg zu einer Stärkung der Zweckbindung durch höhere Transparenz komme, wobei dies nur verwirklicht werden könne, wenn gegenüber dem Betroffenen ein deutlicher Hinweis erfolgt. Die bloße Änderung der Datenschutzerklärung auf einer Website dürfte daher laut den Autoren nicht ausreichen.

[135] Artikel-29-Datenschutzgruppe, WP 260, S. 30.
[136] Knyrim/*Illibauer* DatKomm Art. 13 Rn. 57.
[137] Laut Artikel-29-Datenschutzgruppe, WP 260, S. 29 gibt es keinen Spielraum hinsichtlich der Informationen des Abs. 2, es sind alle in Abs. 2 aufgezählten Informationen zu geben, außer eine der dort genannten Kategorien der Information existiert nicht oder ist nicht anwendbar.

der Zweckänderung zu prüfen und diese Zweckänderung allenfalls auch zu bekämpfen. Die Artikel-29-Datenschutzgruppe fordert dies jedenfalls in ihren Leitlinien, damit die Betroffenen die Vereinbarkeit der Weiterverarbeitung und der vorgesehenen Schutzmaßnahmen prüfen können und entscheiden können, ob sie ihre Rechte ausüben wollen, zB das Recht auf Einschränkung der Verarbeitung oder das Widerspruchsrecht.[138]

IV. Ausnahme von der Informationspflicht

78 Art. 13 Abs. 4 bestimmt sehr knapp, dass wenn und soweit die betroffene Person bereits über die Informationen nach den Abs. 1–3 verfügt, diese keine Anwendung finden. Schon Art. 10 DS-RL sah ein Entfallen der Informationspflicht vor, „sofern diese ihr noch nicht vorliegen". Auch in der nationalen Umsetzung in Österreich[139] und Deutschland war diese Ausnahme daher bereits umgesetzt.[140] „Soweit" impliziert, dass die Informationen der Abs. 1–3 sowohl **insgesamt**, als auch **teilweise entfallen** können, je nachdem wie weit sie dem Betroffenen schon zur Verfügung stehen.[141] Das Prinzip der Verantwortlichkeit verpflichtet den Verantwortlichen laut Artikel-29-Datenschutzgruppe, belegen zu können (und dokumentieren), welche Informationen die betroffene Person bereits hat, wie sie diese erhalten hat und dass seitdem keine Änderungen an den Informationen stattgefunden haben. Die Artikel-29-Datenschutzgruppe liest die Formulierung, „soweit" die betroffene Person bereits über die Informationen verfügt, derart, dass, auch wenn die betroffene Person bereits früher einige Informationen aus dem Katalog des Art. 13 erhalten hat, ihr nun alle Informationen gegeben werden müssen. Sie untermauert dies mit einem Beispiel, in dem eine Person zunächst bei Abschluss eines Online-E-Mail-Services alle erforderlichen Informationen nach Art. 13.1 und 13.2 erhält und sechs Monate später einen Messenger-Dienst aktiviert, für den sie ihre Telefonnummer zur Verfügung stellt und dazu ergänzende Informationen erhält, wie diese verwendet wird. Laut Artikel-29-Datenschutzgruppe sollte es „best practice" sein, in diesem Fall der betroffenen Person nochmals die gesamte Information zur Verfügung stellen.[142] Mit dieser Interpretation des Art. 13 Abs. 4 zieht die Artikel-29-Datenschutzgruppe einmal mehr in ihren Leitlinien zur Informationspflicht die strengstmögliche „Lesart" heran und hebelt dadurch Art. 13 Abs. 4 mehr oder weniger aus. Im geschilderten Online-Beispiel mag dies in der Praxis keine allzu großen Probleme bzw. Mehraufwand bedeuten, denn „Online ist geduldig" und Texte können dort leicht verlinkt werden. Problematisch ist diese Auslegung aber im Offline-Bereich, denn sowohl in Papier als auch in Sprache ist in der Praxis oft jeder Absatz teuer, weil er erneut Zeit (zB Audioansagen, persönliche Erklärungen) oder Geld (zB Postversand, zusätzliche Druckseiten) kostet. Diese Interpretation des Art. 13 Abs. 4 widerspricht auch der in den Leitlinien selbst mehrfach geäußerten Gefahr einer „information fatigue", also Informationsüberflutung der Betroffenen, die hier durch wiederholtes Informieren gerade gefördert wird. Zu beachten sind als Ausnahme von der Informationspflicht auch **bereichsspezifische Ausnahmen im Rahmen der Spezifizierungsklauseln** der Art. 23, Art. 85 Abs. 2 und Art. 90 DS-GVO. Zudem werden in Erwägungsgrund 62 drei weitere Fälle genannt, bei deren Vorliegen die Informationserteilung entfallen kann. Dies ist der Fall, wenn die Speicherung oder Offenlegung der personenbezogenen Daten ausdrücklich durch eine Rechtsvorschrift geregelt ist, wenn das Informieren der Person unmöglich ist oder aber wenn das Erteilen der Informationen dem Betroffenen gegenüber mit unverhältnismäßig hohem Aufwand verbunden ist.[143] Während in § 8 Abs 9 öHSchG ein ausdrücklicher Entfall der Informationsverpflichtungen gemäß Art. 13 und 14 angeordnet wird, so lange und insoweit dies zum Schutz der Hinweisgeber oder der Erreichung des Zwecks des Hinweisgebersystems notwendig ist, findet sich in der deutschen Umsetzung der EU-Whistleblowing-RL, dem HinSchG, keine ausdrückliche Ausnahme von den Informationsverpflichtungen. Allerdings findet sich in § 29 Abs. 1 BDSG eine Bestimmung, die das Nichterteilen von Informationen gestattet, soweit

---

[138] Artikel-29-Datenschutzgruppe, WP 260, S. 29 f.
[139] Siehe dazu *Dohr/Pollirer/Weiss/Knyrim* DSG § 24 Rn. 1 ff.
[140] Siehe dazu *Laue/Nink/Kremer* DatenschutzR § 3 Rn. 18.
[141] *Sydow/Ingold* DS-GVO Art. 13 Rn. 10 ist der Ansicht, dass die Ausnahmebestimmung des Abs. 4 vor allem diejenigen Datenerhebungen erfasst, welche auf Basis einer Einwilligung gem. Art. 6 Abs. 1 lit. a erfolgen, da in diesem Fall die Rechtmäßigkeitsvoraussetzung hinreichender Informiertheit bereits zuvor die in Art. 13 vorgesehenen Informationen antizipiert. Entsprechendes gelte für den Fall einer Verarbeitung zur Vertragserfüllung gem. Art. 6 Abs. 1 lit. b, wobei maßgeblich stets die Reichweite des konkreten Kenntnisstandes der jeweiligen betroffenen Personen sei.
[142] Artikel-29-Datenschutzgruppe, WP 260, S. 34.
[143] Für mehr Details hierzu siehe Knyrim/*Illibauer* DatKomm Art. 13 Rn. 63 ff.

Informationspflicht bei Erhebung von personenbezogenen Daten **Art. 13**

die Erfüllung der Informationspflichten zur Offenbarung von Informationen führt, die insbesondere aufgrund überwiegender Interessen Dritter geheim gehalten werden müssen. Auf ebendiese Bestimmungen verweisen auch die Materialien zum HinSchG.[144]

Der Ausnahmenkatalog sowohl in Art. 13 als auch Art. 14 DS-GVO ist deutlich kürzer als jener in § 33 Abs. 2 BDSG aF.[145] Daher hat der Bundesgesetzgeber im BDSG nF mehrere Ausnahmen von den Informationspflichten formuliert: **79**

– In § 29 Abs. 2 BDSG nF eine Ausnahme von den Informationspflichten im Fall der Weiterverarbeitung nach Art. 13 Abs. 3 DS-GVO, wenn Daten Dritter im Zuge der Aufnahme oder im Rahmen eines **Mandatsverhältnisses** an einen Berufsgeheimnisträger übermittelt werden. In diesem Fall darf aber das Interesse der betroffenen Person an der Informationserteilung nicht überwiegen. Diese Ausnahmeregelung basiert auf der Öffnungsklausel in Art. 90 DS-GVO.[146]
– In § 32 Abs. 1 Nr. 1 BDSG eine Ausnahme von der Informationspflicht bei **Weiterverarbeitung „analog gespeicherter Daten"**. Diese Ausnahme greift nur, wenn Daten analog gespeichert sind,[147] bei der sich der Verantwortliche durch die Weiterverarbeitung unmittelbar an die betroffene Person wendet, der Zweck mit dem ursprünglichen Erhebungszweck vereinbar ist, die Kommunikation mit der betroffenen Person nicht in digitaler Form erfolgt und das Interesse der betroffenen Person an der Informationserteilung nach den Umständen des Einzelfalls, insbesondere mit Blick auf den Zusammenhang, in dem die Daten erhoben wurden, als gering anzusehen ist.[148]
– In § 32 Abs. 1 Nr. 2 BDSG eine Ausnahme von der Informationspflicht im Fall, dass einer **öffentlichen Stelle** die ordnungsgemäße Erfüllung der in der Zuständigkeit des Verantwortlichen liegenden Aufgaben iSd Art. 23 Abs. 1 Buchst. a–e DS-GVO gefährden würde und die Interessen des Verantwortlichen an der Nichtteilung der Information die Interessen der betroffenen Person überwiegen.
– In § 32 Abs. 1 Nr. 3 BDSG eine Ausnahme von der Informationspflicht wegen der **Gefährdung der öffentlichen Sicherheit oder Ordnung**[149] oder wenn eine Information sonst dem Wohl des Bundes oder eines Landes Nachteile bereiten würde. Bedingung ist, dass die Interessen des Verantwortlichen an der Nichtteilung der Information die Interessen der betroffenen Person überwiegen.
– In § 32 Abs. 1 Nr. 4 BDSG eine Ausnahme von der Informationspflicht, wenn die Information die **Geltendmachung, Ausübung oder Verteidigung rechtlicher Ansprüche** beeinträchtigen würde und die Interessen des Verantwortlichen an der Nichtteilung der Information die Interessen der betroffenen Person überwiegen. Mit rechtlichen Ansprüchen sind solche auf Tun oder Unterlassen (§ 194 BGB) sowie außergerichtliche Ansprüche gemeint.[150]

In § 32 Abs. 1 Nr. 5 BDSG eine Ausnahme von der Informationspflicht, wenn die Information eine **vertrauliche Übermittlung von Daten an öffentliche Stellen** gefährden würde.[151] Wenn die Information der betroffenen Person nach § 32 Abs. 1 BDSG unterbleibt, muss der Verantwortliche nach § 32 Abs. 2 BDSG **geeignete Maßnahmen zum Schutz der berechtigten Interessen der betroffenen Person ergreifen,** einschließlich der Bereitstellung der in Art. 13 Abs. 1 und 2 DS-GVO genannten Informationen **für die Öffentlichkeit** in **präziser, transparenter, verständlicher und leicht zugänglicher Form** in einer klaren und einfachen Sprache. Der Verantwortliche muss in diesen Fällen weiter **schriftlich festhalten,**[152] aus welchen Gründen er von einer Information abgesehen hat. Die S. 1 und 2 finden in den Fällen des Abs. 1 Nr. 4 und 5 keine Anwendung.

---

[144] BT-Drs. 20/344 Entwurf eines Gesetzes für einen besseren Schutz hinweisgebender Personen sowie zur Umsetzung der Richtlinie zum Schutz von Personen, die Verstöße gegen das Unionsrecht melden, 74 abrufbar unter https://dserver.bundestag.de/btd/20/034/2003442.pdf. Das HinSchG vom 31.5.2023 wurde am 2.6.2023 verkündet, BGBl. 2023 I Nr. 140.
[145] Zu § 33 Abs. 2 BDSG aF siehe BeckOK DatenschutzR/*Forgó*, 28. Ed., BDSG aF § 33 Rn. 36 ff. und *Gola/Schomerus*, 12. Aufl., BDSG aF § 33 Rn. 27 ff.
[146] *Greve* NVwZ 2017, 737 (739) mwN.
[147] Denkbar ist laut *Schantz/Wolff* Neues DatenschutzR Art. 14 Rn. 1165 ein Karteikasten mit einer Kundenkartei.
[148] Der Anwendungsbereich dieses Ausnahmetatbestandes dürfte in der Praxis relativ beschränkt sein, siehe das Praxisbeispiel von *Kazemi* S. 232.
[149] Siehe die Erklärung dieser Begriffe bei *Kazemi* S. 234.
[150] *Kazemi* S. 234 f.
[151] Diese Bestimmung dient u.a. auch dem Whistleblower-Schutz, *Greve* NVwZ 2017, 737 (740).
[152] Nach *Kazemi* S. 236, ist das Gebot der schriftlichen Fixierung als „weiteres" Tatbestandsmerkmal der Ausnahmevorschriften in § 32 Abs. 1 BDSG nF zu begreifen.

– Wenn die Benachrichtigung in den Fällen des § 32 Abs. 1 BDSG wegen eines **vorübergehenden Hinderungsgrundes** unterbleibt, muss der Verantwortliche nach § 32 Abs. 3 BDSG der Informationspflicht unter Berücksichtigung der spezifischen Umstände der Verarbeitung innerhalb einer angemessenen Frist nach Fortfall des Hinderungsgrundes, **spätestens jedoch innerhalb von zwei Wochen, nachkommen.**

V. Entscheidungen des EuGH und des EGMR

80 **1. Entscheidung des EuGH Bara u.a.** Im Jahr 2015 hat sich der EuGH[153] mit der Frage befasst, ob die **Übermittlung** von personenbezogenen Daten **zwischen zwei Verwaltungsbehörden** eine Informationspflicht gegenüber diesem Betroffenen aufgrund Art. 10 und 11 DS-RL auslöst. Frau Bara, rumänische Staatsbürgerin, und andere Kläger erzielten ein Einkommen aus selbständiger Tätigkeit. Die nationale Krankenversicherungskasse übermittelte die Daten über die von diesen erklärten Einkünfte an die Nationale Agentur der Steuerverwaltung. Auf der Grundlage dieser Daten verlangte die Steuerverwaltung die Zahlung rückständiger Krankenversicherungsbeiträge. Die Kläger klagten wegen Verstoßes gegen die DS-RL. Sie trugen vor, dass diese personenbezogenen Daten auf der Grundlage eines bloßen internen Protokolls zu anderen Zwecken als denen, zu denen sie ursprünglich der Krankenversicherungskasse mitgeteilt worden seien, ohne ihre ausdrückliche Einwilligung und ohne ihre vorherige Unterrichtung übermittelt und verwendet worden seien.

81 Der EuGH wies in seiner Entscheidung, wie der Generalanwalt in seinen Schlussanträgen, darauf hin, dass das Erfordernis der Unterrichtung der von der Verarbeitung ihrer personenbezogenen Daten betroffenen Personen umso wichtiger sei, als es die **Voraussetzung** dafür schafft, dass sie ihr in Art. 12 DS-RL festgelegtes Auskunfts- und Berichtigungsrecht in Bezug auf die verarbeiteten Daten und ihr in Art. 14 DS-RL geregeltes Recht, der Verarbeitung der Daten zu widersprechen, ausüben können.

82 Den Einwand der rumänischen Regierung, dass die Übermittlung gesetzlich durch ein **nationales Gesetz** gedeckt sei, ließ er nicht gelten, weil das angeführte Gesetz nicht die Übermittlung von Einkünften beinhaltete. Weiter prüfte der EuGH, ob ein Protokoll, das zwischen den beiden Behörden vorher geschlossen worden war, und die Modalitäten der Datenübermittlung regelte, aber nicht amtlich veröffentlicht wurde, eine nationale Einschränkung des Informationsrechts iSd Art. 13 Abs. 1 lit. e und lit. f DS-RL sei, und verneinte dies. Derartige Beschränkungen müssten durch Rechtsvorschriften vorgenommen werden, das Protokoll der Behörden wurde vom EuGH aber nicht als Rechtsvorschrift angesehen.

83 Der EuGH hielt ferner fest, dass Voraussetzung für die Verarbeitung der übermittelten Daten durch die Steuerverwaltung war, dass die Betroffenen über die Zweckbestimmung der Verarbeitung sowie über die Datenkategorien, die verarbeitet werden, entsprechend Art. 11 Abs. 1 lit. b und lit. c DS-RL unterrichtet werden, da die Steuerverwaltung die Daten nicht direkt beim Betroffenen erhoben hatte.

84 Dementsprechend sah der EuGH **nationale Maßnahmen,** die die Übermittlung personenbezogener Daten durch eine Verwaltungsbehörde eines Mitgliedstaats an eine andere Verwaltungsbehörde und ihre anschließende Verarbeitung erlauben, ohne dass die betroffenen Personen von der Übermittlung und der Verarbeitung unterrichtet wurden, als unzulässig an.

85 Diese Entscheidung ist auch für die DS-GVO von großer künftiger Bedeutung, denn, wie dargelegt, behält die DS-GVO nicht nur das Prinzip der vorherigen Information der Betroffenen bei, sondern erweitert es sogar noch. **Verwaltungsbehörden** müssen daher danach trachten, entweder umfassend entsprechend der DS-GVO zu informieren oder eine gesetzliche Ausnahme von dieser Pflicht nachweisen zu können. Ein bloßes „**Protokoll**" zwischen zwei Behörden, um sich einen Datenverkehr „untereinander ausmachen", ist nach dem EuGH nicht ausreichend.

86 **2. Entscheidung des EGMR Barbulescu.** Im Fall Barbulescu gegen Rumänien[154] musste sich der EGMR mit der Frage auseinandersetzen, ob die Auflösung des Arbeitsverhältnisses von Herrn Barbulescu durch seinen Arbeitgeber von den rumänischen Gerichten zu Recht als zulässig beurteilt wurde. Herr Barbulescu hatte trotz Verbot der Privatnutzung von Computern in einer Richtlinie seines Arbeitgebers einen Instant-Messenger-Dienst installiert und mit diesem

---

[153] EuGH Urt. v. 1.10.2015 – C-201/14, ECLI:EU:C:2015:638 = ZD 2015, 577 = ZIIR 2016/2, 178 – Bara u.a. mAnm *Petri* ZD 2015, 579.
[154] EGMR Urt. v. 12.1.2016 – 61496/08, BeckRS 2016, 80693.

privat gechattet. Dies hatte der Arbeitgeber in einem 45-seitigen Chatprotokoll dokumentiert, die Inhalte des Gesundheits-, Beziehungs- und Geschlechtslebens und weitere Korrespondenz mit seinem Bruder und seiner Verlobten zum Gegenstand hatten.[155] Der EGMR stellte einen Verstoß gegen Art. 8 EMRK fest und befasste sich in der Entscheidung u.a. auch mit der **Frage der Information, die ein Arbeitgeber seinen Arbeitnehmern zu einer Überwachungsmaßnahme geben muss.**

In Rn. 121 (1) hielt der EGMR fest, dass die Arbeitnehmer in der Praxis je nach den besonderen Umständen des jeweiligen Falles auf verschiedene Art und Weise informiert werden können, Nach Auffassung des Gerichtshofs sind im Normalfall Maßnahmen, die als mit den Anforderungen des Art. 8 EMRK vereinbar angesehen werden können, so zu gestalten, dass bei diesen **klar über die Überwachung informiert wird** und diese Information **im Voraus gegeben wird.** In Rn. 133 hielt der EGMR nochmals fest, dass er der Ansicht sei, dass die Vorwarnung des Arbeitgebers **vor der Einleitung der Überwachungstätigkeit erteilt werden muss,** insbesondere wenn sie auch den Zugang zu den Inhalten der Kommunikation der Arbeitnehmer erfordert und verwies auf internationale und europäische Normen, die in diese Richtung weisen. 87

Ein jederzeitiger Zugriff auf die Kommunikationsdaten des Arbeitnehmers durch den Arbeitgeber im Zuge des Disziplinarverfahrens verstoße laut EGMR gegen das **Transparenzprinzip.**[156] Der EGMR kritisierte die nationalen rumänischen Gerichte, weil sie weder festgestellt hatten, wann Herr Barbulescu die Information von seinem Arbeitgeber erhalten hatte, noch, dass sie beachtet hatten, dass er nicht über die Art und den Umfang der Überwachung informiert wurde, oder über den Grad des Eindringens in sein Privatleben und seine Korrespondenz.[157] Dies war in der Entscheidung mit ein Grund, warum eine Verletzung des Art. 8 EMRK festgestellt wurde. 88

VI. Sanktion bei Nichteinhaltung

Verstöße gegen die Informationsrechte der Betroffenen sind nach Art. 83 Abs. 5 lit. b mit Geldbußen von bis zu **20 Millionen EUR** oder im Fall eines Unternehmens von bis zu 4 Prozent seines gesamten weltweit erzielten Jahresumsatzes des vorangegangenen Geschäftsjahrs zu sanktionieren, je nachdem, welcher der Beträge höher ist.[158] Ein Verstoß gegen die Informationspflichten kann unter Umständen, aber nicht jedenfalls, die Unzulässigkeit der Datenverarbeitung an sich zur Folge haben,[159] etwa wenn durch fehlerhafte oder mangelhafte Information eine rechtswirksame Einwilligung mangels Informiertheit nicht angenommen werden kann und keine andere Rechtsgrundlage geeignet ist, die Verarbeitung zu rechtfertigen.[160] 89

Dass diese Strafdrohungen auch in die Realität umgesetzt werden, zeigt etwa die gegen WhatsApp Ireland verhängte Strafe des EDSA nach einem Verfahren der DPC Irleand in Höhe von 225 Millionen EUR. Grund für diese Entscheidung war zunächst der Verstoß gegen Art. 12 Abs. 1, weil WhatsApp die Informationen nicht leicht zugänglich erteilt hatte, sondern in verschiedene, miteinander verlinkte Texte aufgeteilt hatte, die sich inhaltlich auch noch überschnitten hatten. Weitere Gründe für die Strafe waren der zu geringe und zu wenig detaillierte Umfang der Datenschutzinformationen nach Art. 13 und Art. 14, wobei ein großer Kritikpunkt war, dass man zwar einen sehr langen Text verfasst hatte, dieser selbst jedoch sehr wenige Informationen über die gesetzlich geforderten Punkte lieferte.[161] Ob diese Strafe auch wirklich rechtskräftig wird, stand im Jahr 2023 noch nicht fest, da WhatsApp Ireland mit einem Rechtsmittel gegen die Entscheidung vorging. Hauptkritikpunkt der Klage war, dass man die Transparenzpflichten gemäß Art. 13 übermäßig ausgelegt und angewandt hätte und WhatsApp auch zur Erteilung nicht erforderlicher Informationen aufgefordert hätte.[162] 90

---

[155] *Stück* CCZ 2016, 285.
[156] EGMR Urt. v. 12.1.2016 – 61496/08 Rn. 133.
[157] EGMR Urt. v. 12.1.2016 – 61496/08 Rn. 140.
[158] Laut BeckOK DatenschutzR/ *Schmidt-Wudy* DS-GVO Art. 13 Rn. 22 und 23 kann der Verstoß gegen die Informationspflicht vom Betroffenen so wie ein Verstoß gegen Art. 15 verfolgt werden. Die durch den Verstoß ggf. ausgelöste Rechtswidrigkeit der Datenerhebung wirkt sich für die betroffene Person wie eine Verletzung von Art. 6 aus.
[159] Knyrim/ *Illibauer* DatKomm Art. 13 Rn. 6/1.
[160] So etwa DSB-D213.692/0001-DSB/2018, mehr dazu in *Knyrim* ecolex 2019/241.
[161] Binding decision 1/2021 on the dispute arisen on the draft decision of the Irish Supervisory Authority regarding WhatsApp Ireland under Article 65(1)(a) GDPR.
[162] Siehe hierzu EuGH – C-97/23 P – WhatsApp Ireland/EDSA.

Art. 14   Kapitel III. Rechte der betroffenen Person

91   Seit dem der EuGH die Verbandsklagebefugnis in Bezug auf Datenschutzverstöße auch ohne Auftrag von Personen, die von der Datenschutzverletzung betroffen sind, bejaht hat,[163] kommt es zunehmend zur Anfechtung von unzulässigen Bestimmungen in Datenschutzinformationen oder auch unzulässigen datenschutzrechtlichen Bestimmungen in Allgemeinen Geschäftsbedingungen. So hat der österreichische Oberste Gerichtshof unlängst entschieden,[164] dass durch ein Kästchen, mittels dem der Datenschutzhinweis „zur Kenntnis genommen" wird, dazu führt, dass es sich bei den erteilten Informationen nicht bloß um Informationsdokumente handelt, sondern dass die Bestätigung der Kenntnisnahme eine Zustimmung zum Inhalt der Datenschutzinformation mit Vertragserklärungscharakter hat. Gleichzeitig betont der OGH jedoch auch, dass es darauf ankommt, ob inhaltlich Vereinbarungscharakter besteht oder nicht, sodass eine Klauselkontrolle von Bestimmungen in Datenschutzinformationen selbst dann in Frage kommt, wenn der betroffenen Person die Informationen nur faktisch zur Verfügung gestellt werden, ohne dass diese eine Kenntnisnahme oder dergleichen bestätigen müsste. Bedeutung hat dies u.a. in Zusammenhang mit den Transparenzverpflichtungen für AGB, diese in klarer und verständlicher Sprache abzufassen (§ 6 Abs. 3 öKSchG bzw § 307 Abs. 1 S. 2 BGB) aber auch mit unangemessen nachteiligen Bestimmungen (§ 879 bzw. § 864a öABGB bzw. § 307 BGB) und den sonstigen für AGB geltenden Regelungen. Verbandsklageprozesse sind stets mit einem erheblichen Kostenrisiko als auch der Gefahr der öffentlichen Denunzierung des Unternehmens verbunden, sodass beim Abfassen von Datenschutzinformationen für Konsumenten auch die für AGB geltenden Bestimmungen beachtet werden sollten.

92   Der öVwGH hielt fest, dass die lückenlose Einhaltung der Informationspflicht nach Art. 13 Abs. 1 und 2 nicht zu den in Art. 6 Abs. 1 genannten Gründen für die Rechtmäßigkeit der Verarbeitung gehört. Weil eine unterlassene Information die Willensbildung der betroffenen Person beeinträchtigen kann, sind aber sowohl die Datenerhebung als auch die anschließende Verarbeitung ohne Information als unrechtmäßig anzusehen, wenn die Datenerhebung vom Willen der betroffenen Person anhängt, wie etwa aufgrund einer informierten Einwilligung.[165]

Art. 14 Informationspflicht, wenn die personenbezogenen Daten nicht bei der betroffenen Person erhoben wurden

(1) Werden personenbezogene Daten nicht bei der betroffenen Person erhoben, so teilt der Verantwortliche der betroffenen Person Folgendes mit:

a) den Namen und die Kontaktdaten des Verantwortlichen sowie gegebenenfalls seines Vertreters;
b) zusätzlich die Kontaktdaten des Datenschutzbeauftragten;
c) die Zwecke, für die die personenbezogenen Daten verarbeitet werden sollen, sowie die Rechtsgrundlage für die Verarbeitung;
d) die Kategorien personenbezogener Daten, die verarbeitet werden;
e) gegebenenfalls die Empfänger oder Kategorien von Empfängern der personenbezogenen Daten;
f) gegebenenfalls die Absicht des Verantwortlichen, die personenbezogenen Daten an einen Empfänger in einem Drittland oder einer internationalen Organisation zu übermitteln, sowie das Vorhandensein oder das Fehlen eines Angemessenheitsbeschlusses der Kommission oder im Falle von Übermittlungen gemäß Artikel 46 oder Artikel 47 oder Artikel 49 Absatz 1 Unterabsatz 2 einen Verweis auf die geeigneten oder angemessenen Garantien und die Möglichkeit, eine Kopie von ihnen zu erhalten, oder wo sie verfügbar sind.

(2) Zusätzlich zu den Informationen gemäß Absatz 1 stellt der Verantwortliche der betroffenen Person die folgenden Informationen zur Verfügung, die erforderlich sind, um der betroffenen Person gegenüber eine faire und transparente Verarbeitung zu gewährleisten:

---

[163] EuGH Urt. v. 28.4.2022 – C-319/20 – Meta Platform Ireland.
[164] ÖOGH Urt. v. 23.11.2022 – 7 Ob 112/22d. Weitere Entscheidungen in dieselbe Richtung aufgrund von Verbandsklageverfahren sind zB ÖOGH Urt. v. 21.2.2023 – 2 Ob 11/23s und ÖOGH Urt. v. 28.6.2023 – 6 Ob 215/22v. Siehe auch *Reiser* DSB 2023, 226.
[165] ÖVwGH Urt. v. 9.5.2023 – Ro 2020/04/0037-8.

a) die Dauer, für die die personenbezogenen Daten gespeichert werden oder, falls dies nicht möglich ist, die Kriterien für die Festlegung dieser Dauer;
b) wenn die Verarbeitung auf Artikel 6 Absatz 1 Buchstabe f beruht, die berechtigten Interessen, die von dem Verantwortlichen oder einem Dritten verfolgt werden;
c) das Bestehen eines Rechts auf Auskunft seitens des Verantwortlichen über die betreffenden personenbezogenen Daten sowie auf Berichtigung oder Löschung oder auf Einschränkung der Verarbeitung und eines Widerspruchsrechts gegen die Verarbeitung sowie des Rechts auf Datenübertragbarkeit;
d) wenn die Verarbeitung auf Artikel 6 Absatz 1 Buchstabe a oder Artikel 9 Absatz 2 Buchstabe a beruht, das Bestehen eines Rechts, die Einwilligung jederzeit zu widerrufen, ohne dass die Rechtmäßigkeit der aufgrund der Einwilligung bis zum Widerruf erfolgten Verarbeitung berührt wird;
e) das Bestehen eines Beschwerderechts bei einer Aufsichtsbehörde;
f) aus welcher Quelle die personenbezogenen Daten stammen und gegebenenfalls ob sie aus öffentlich zugänglichen Quellen stammen;
g) das Bestehen einer automatisierten Entscheidungsfindung einschließlich Profiling gemäß Artikel 22 Absätze 1 und 4 und – zumindest in diesen Fällen – aussagekräftige Informationen über die involvierte Logik sowie die Tragweite und die angestrebten Auswirkungen einer derartigen Verarbeitung für die betroffene Person.

(3) Der Verantwortliche erteilt die Informationen gemäß den Absätzen 1 und 2
a) unter Berücksichtigung der spezifischen Umstände der Verarbeitung der personenbezogenen Daten innerhalb einer angemessenen Frist nach Erlangung der personenbezogenen Daten, längstens jedoch innerhalb eines Monats,
b) falls die personenbezogenen Daten zur Kommunikation mit der betroffenen Person verwendet werden sollen, spätestens zum Zeitpunkt der ersten Mitteilung an sie, oder,
c) falls die Offenlegung an einen anderen Empfänger beabsichtigt ist, spätestens zum Zeitpunkt der ersten Offenlegung.

(4) Beabsichtigt der Verantwortliche, die personenbezogenen Daten für einen anderen Zweck weiterzuverarbeiten als den, für den die personenbezogenen Daten erlangt wurden, so stellt er der betroffenen Person vor dieser Weiterverarbeitung Informationen über diesen anderen Zweck und alle anderen maßgeblichen Informationen gemäß Absatz 2 zur Verfügung.

(5) Die Absätze 1 bis 4 finden keine Anwendung, wenn und soweit
a) die betroffene Person bereits über die Informationen verfügt,
b) die Erteilung dieser Informationen sich als unmöglich erweist oder einen unverhältnismäßigen Aufwand erfordern würde; dies gilt insbesondere für die Verarbeitung für im öffentlichen Interesse liegende Archivzwecke, für wissenschaftliche oder historische Forschungszwecke oder für statistische Zwecke vorbehaltlich der in Artikel 89 Absatz 1 genannten Bedingungen und Garantien oder soweit die in Absatz 1 des vorliegenden Artikels genannte Pflicht voraussichtlich die Verwirklichung der Ziele dieser Verarbeitung unmöglich macht oder ernsthaft beeinträchtigt. In diesen Fällen ergreift der Verantwortliche geeignete Maßnahmen zum Schutz der Rechte und Freiheiten sowie der berechtigten Interessen der betroffenen Person, einschließlich der Bereitstellung dieser Informationen für die Öffentlichkeit,
c) die Erlangung oder Offenlegung durch Rechtsvorschriften der Union oder der Mitgliedstaaten, denen der Verantwortliche unterliegt und die geeignete Maßnahmen zum Schutz der berechtigten Interessen der betroffenen Person vorsehen, ausdrücklich geregelt ist oder
d) die personenbezogenen Daten gemäß dem Unionsrecht oder dem Recht der Mitgliedstaaten dem Berufsgeheimnis, einschließlich einer satzungsmäßigen Geheimhaltungspflicht, unterliegen und daher vertraulich behandelt werden müssen.

Literatur: *Greve*, Das neue Bundesdatenschutzgesetz, NVwZ 2017, 737; *Illibauer*, Information & Transparenz im Datenschutz (Teil II), Dako 2020/46; *Illibauer* in Knyrim, Der DatKomm Art 14 (Stand Jänner 2018); *Kazemi*, Die EU-Datenschutz-Grundverordnung in der anwaltlichen Beratungspraxis, 2018; *Knyrim* (Hrsg.), Datenschutz-Grundverordnung, 2016; *Knyrim*, Datenschutzrecht, 4. Aufl. 2020; *Kühling/Martini* et al., Die

Datenschutz-Grundverordnung und das nationale Recht, 2016; *Laue/Kremer*, Das neue Datenschutzrecht in der betrieblichen Praxis, 2019; *Pauly/Nabulsi*, Informationspflichten und Drittstaatenübermittlung in der Due Diligence, ZD 2023, 587; *Pollirer*, Checkliste Erfüllung der Informationspflichten gem Art 13 und 14 DSGVO, Dako 2023, 53; *Schantz,* Die Datenschutz-Grundverordnung – Beginn einer neuen Zeitrechnung im Datenschutzrecht, NJW 2016, 1841; *Schantz/Wolff,* Das neue Datenschutzrecht, 2017.

Rechtsprechung: EuGH Urt. v. 1.10.2015 – C-201/14, ECLI:EU:C:2015:638 = ZD 2015, 577 mAnm *Petri* – Bara u.a.; EuGH Urt. v. 7.11.2013 – C-473/12, ECLI:EU:C:2013:715 = ZD 2014, 137 – IPI.

Übersicht

	Rn.
A. Allgemeines	1
I. Zweck und Bedeutung der Vorschrift	1
II. Systematik, Verhältnis zu anderen Vorschriften	6
B. Einzelerläuterungen	7
I. Zeitpunkt der Information	7
II. Form der Information	12
1. Ausgestaltung der Informationen; Bildsymbole	12
2. Art der Zurverfügungstellung	13
3. Identitätsnachweis	18
4. Unentgeltlichkeit	19
III. Inhalt der Information	20
1. Unterschied zwischen den Informationen nach Abs. 1 und Abs. 2	20
2. Informationen nach Abs. 1	23
a) Name und Kontaktdaten des Verantwortlichen sowie gegebenenfalls seines Vertreters	24
b) Kontaktdaten des Datenschutzbeauftragten	25
c) Verarbeitungszwecke sowie Rechtsgrundlage	26
d) Kategorien der verarbeiteten Daten	27
e) Empfänger	30
f) Übermittlung in Drittland	31
3. Informationen nach Abs. 2	32
a) Speicherdauer	33
b) Berechtigte Interessen	34
c) Bestehen der Betroffenenrechte	35
d) Widerrufsrecht	36
e) Beschwerderecht bei Aufsichtsbehörde	37
f) Quelle der Daten	38
g) Automatisierte Entscheidungsfindung inklusive Profiling	40
4. Information über Zweckänderung nach Abs. 4	41
IV. Ausnahme von der Informationspflicht	42
V. Entscheidung des EuGH Bara u.a.	49
VI. Sanktion bei Nichteinhaltung	50

A. Allgemeines[*]

I. Zweck und Bedeutung der Vorschrift

1   Wie bei Art. 13 ausgeführt, ist Basis für die Ausübung der Betroffenenrechte des Kapitel III der DS-GVO, insbesondere der Art. 15 ff., dass der Betroffene zunächst überhaupt erfährt, dass Daten von einem bestimmten Auftraggeber über ihn verarbeitet werden. Art. 13 und 14 haben somit eine zentrale Bedeutung für die Ausübung der Betroffenenrechte.

2   Während in **Art. 13** der Fall geregelt ist, dass die **Daten direkt bei der betroffenen Person erhoben** werden, ist in **Art. 14** hingegen der Fall geregelt, dass die **Daten nicht bei der betroffenen Person erhoben** werden.[1] Art. 14 regelt somit Fälle, in denen der Verantwortliche Daten etwa **von dritten Verantwortlichen,** oder aus **allgemein** (öffentlich) **zugänglichen Quellen,** oder von **Datenvermittlern** (Datenhändlern) oder **von sonstigen** (anderen) **Betrof-**

---

[*] Mein Dank gebührt Philip Ermacora, Paul Matauschek und Paul Reisinger für die wertvolle Unterstützung bei der Überarbeitung und Literaturrecherche zur 3. Aufl. dieses Kommentars.

[1] Zur unterschiedlichen Abgrenzungssystematik zwischen Art. 13 und 14 im Vergleich zu §§ 19 und 19a BDSG-alt, insbes. hinsichtlich einer geheimen Erhebung, siehe *Kühling/Martini* DS-GVO S. 406 ff.

fenen erhält.² Dieser Fall ist einer der sensibelsten Bereiche der Datenerhebung, da er außerhalb des Einfluss- und Kenntnisbereiches des Betroffenen stattfindet und zu den fehlerträchtigsten Erhebungsverfahren zählt.³ Art. 14 basiert auf **Art. 11 DS-RL,** erweitert diesen aber um einige weitere Informationen, die an Betroffene zu geben sind, wenn Daten bei diesen erhoben werden.⁴ Festzuhalten ist, dass die DS-GVO entgegen der bestehenden Rechtslage in § 4 Abs. 2 BDSG aF **nicht mehr den Grundsatz der Direkterhebung**⁵ der Daten beim Betroffenen enthält. Hieß es in § 4 Abs. 2 BDSG aF, dass personenbezogene Daten *beim Betroffenen zu erheben sind,* so heißt es in Art. 13 und 14 jeweils „wertungsneutral" „werden personenbezogene Daten ... erhoben".

Im **BDSG nF** werden verschiedene **zusätzliche Ausnahmen von den Informationspflichten des Art. 14 geregelt,** nämlich in § 29 Abs. 1 BDSG nF hinsichtlich Art. 14 Abs. 1–4 und in § 33 BDSG nF hinsichtlich Art. 14 Abs. 1, 2 und 4 (dazu → Rn. 38 ff.). § 4 BDSG nF zur Videoüberwachung enthält in Abs. 4 einen Verweis auf Art. 14.

Das neue österreichische Datenschutzgesetz (DSG), das am 25.5.2018 in Kraft trat, enthält keine allgemeinen Regelungen zur Informationspflicht. Lediglich zur Bilddatenverarbeitung (Foto- und Videoaufnahmen) gibt es Spezialregelungen zur Information über diese in § 13 Abs. 5–7 DSG 2018.⁶

Die erhebliche Erweiterung⁷ der Informationspflichten durch Art. 13 bedeutet sowohl in Deutschland als auch in Österreich einen erhöhten Aufwand, der den innerbetrieblichen Ablauf der Verantwortlichen erschwert,⁸ den Betroffenen aber dadurch von Anfang an erhöhte Transparenz über die Verarbeitung ihrer Daten bringt.

II. Systematik, Verhältnis zu anderen Vorschriften

Art. 14 steht in engem Zusammenhang mit Art. 12, der den Abschnitt 1 – Transparenz und Modalitäten – des Kapitel III Betroffenenrechte beinhaltet und die Grundregeln für die Umsetzung der Betroffenenrechte der Art. 13 sowie Art. 15–22 und Art. 34 aufstellt, während Art. 13 und 14 die Details der Informationspflichten regelt. Insbesondere Art. 12 Abs. 1, 2 und 5 beziehen sich explizit auf Art. 1 und 14, Art. 12 Abs. 7 und 8 sogar ausschließlich auf diese. Zur hinsichtlich Art. 14 bestehenden Öffnungsklausel Abs. 5 sowie Art. 23.⁹

B. Einzelerläuterungen

I. Zeitpunkt der Information

Im Gegensatz zu Art. 13 Abs. 1, der den Zeitpunkt der Information an die betroffene Person mit dem Zeitpunkt der Erhebung der Daten festlegt, sieht Art. 14 Abs. 3¹⁰ **drei verschiedene Fälle bzw. Fristen zur Informationserteilung** vor:¹¹

– Werden die Daten zunächst nicht beim Betroffenen erhoben und dann **nur selbst intern verarbeitet,** dann ist „unter Berücksichtigung der spezifischen Umstände der Verarbeitung der personenbezogenen Daten" innerhalb einer angemessenen Frist nach Erlangung der personenbezogenen Daten zu informieren, **längstens jedoch innerhalb eines Monats.** Werden Daten also etwa von externen Anbietern zugekauft, oder im Konzern oder zwischen Behörden weitergegeben, so hat der neue Verantwortliche maximal einen Monat Zeit, aktiv zu werden, sofern die Betroffenen nicht schon vom ursprünglichen Erheber der Daten nach Art. 13 über die Weitergabe an ihn informiert wurden.

---

² Artikel-29-Datenschutzgruppe, WP 260, S. 18.
³ *Ehmann/Helfrich* EG-Datenschutzrichtlinie S. 165.
⁴ Auch nach dem Recht des Europarates gibt es eine Informationspflicht, siehe Übereinkommen Nr. 108, Art. 8 lit. a.
⁵ Siehe zum Grundsatz der Direkterhebung *Gola/Schomerus*, 12. Aufl., BDSG aF § 4 Rn. 19 ff.
⁶ Siehe dazu *Pollirer/Weiss/Knyrim/Haidinger* DSG § 13 Anm. 5–7.
⁷ So auch *Laue/Kremer* Neues DatenschutzR § 3 Rn. 3; *Kühling/Martini* DS-GVO S. 401 sprechen von „wesentlichen weiter gefassten Informationspflichten"; *Härting* DS-GVO S. 15 von einem Vervielfachen.
⁸ *Knyrim/Illibauer* DS-GVO S. 124.
⁹ Siehe dazu auch *Kühling/Martini* DS-GVO S. 407.
¹⁰ Zum Vorrang der lex specialis des Art. 21 Abs. 4 DS-GVO gegenüber Art. 14 Abs. 3 DS-GVO siehe *Knyrim/Illibauer* DatKomm Art. 14 Rn. 38.
¹¹ *Gola/Heckmann/Franck* DS-GVO Art. 14 Rn. 18 spricht von einem „nachgelagerten Informationsverhalten".

9   – Wenn die nicht beim Betroffenen erhobenen Daten **zur Kommunikation** mit der betroffenen Person verwendet werden, muss die Information **spätestens zum Zeitpunkt der ersten Mitteilung an sie** erfolgen. Zu beachten sind in diesem Fall die Sonderregelungen zur elektronischen Kommunikation, die nicht nur eine Information, sondern unter Umständen auch eine vorherige Zustimmung der Betroffenen erforderlich machen.

10   – Falls die Daten nicht nur intern verarbeitet werden sollen, sondern die **Offenlegung an einen anderen Empfänger** beabsichtigt ist, muss die Information **spätestens zum Zeitpunkt der ersten Offenlegung** erfolgen. Zum Begriff der Offenlegung Art. 13 Abs. 1 lit. e, wo festgestellt wurde, dass eine Offenlegung auch eine Übermittlung an einen Verarbeitungszweck des Betroffenen selbst und auch Auftragsverarbeiter mitumfasst.

11   Die Artikel-29-Datenschutzgruppe stellt klar, dass **in allen Fällen** das **maximale Zeitlimit** für die Zurverfügungstellung aber **immer nur ein Monat ist,** dh in den oben genannten Fällen einer Kommunikation oder Offenlegung an einen anderen Empfänger muss die Information dennoch spätestens innerhalb eines Monats erfolgen. Die Artikel-29-Datenschutzgruppe betont überdies, dass die Verantwortlichen **rechtfertigen** können müssen, zu welchem Zeitpunkt die Information erfolgt ist, insbesondere wenn diese „im letzten Moment" erfolgt. Aus Sicht der Artikel-29-Datenschutzgruppe sollte die **Information daher weit vor Ende der Frist** gegeben werden.[12]

II. Form der Information

12   **1. Ausgestaltung der Informationen; Bildsymbole.** Die Form der Information wird in Art. 12 Abs. 1 zentral für die darauffolgenden Artikel geregelt, siehe daher grundsätzlich bei Art. 12. Besonders hingewiesen sei allerdings auf Art. 12 Abs. 7 und 8, die sich ausschließlich an Art. 13 und 14 wenden. Laut Art. 12 Abs. 7 können die Informationen der Art. 13 und 14 **in Kombination mit standardisierten Bildsymbolen** bereitgestellt werden, um in leicht wahrnehmbarer, verständlicher und klar nachvollziehbarer Form einen aussagekräftigen Überblick über die beabsichtigte Verarbeitung zu vermitteln.[13] Zu den standardisierten Bildsymbolen näher → Art. 13 Rn. 18 ff.

13   **2. Art der Zurverfügungstellung.** In → Art. 13 Rn. 25 ff. wurde festgestellt, dass Art. 14 Abs. 1 von „mitteilen", Art. 14 Abs. 2 hingegen von „zur Verfügung stellen" und Art. 12 Abs. 1 von „übermitteln" spricht, dass aber durch Blick auf die englische und französische Textversion klar wird, dass dort jeweils in allen Fällen dieselben Begriffe, nämlich „provide" und „fournir" verwendet werden und ein **aktives Handeln des Verantwortlichen gefordert** ist.

14   In → Art. 13 Rn. 26 wurde auch die Frage erörtert, ob dieses aktive Handeln so zu verstehen ist, dass der Verantwortliche verpflichtet ist, dem Betroffenen die Information in die Hand zu geben, also zB bei der Erhebung in Papierform auszugeben, oder ob es genügt, diese zum Abruf bereitzuhalten, etwa auf einer Webseite. Wie dort ausgeführt, erläutert Erwägungsgrund 58 dazu, dass **Informationen in elektronischer Form** bereitgestellt werden können, beispielsweise **auf einer Webseite,** wenn sie für die Öffentlichkeit bestimmt sind und somit laut Erwägungsgrund 58 die **Bereithaltung zum Abruf auf einer öffentlich zugänglichen Webseite ausreichend** ist. Allerdings ist dies im Kontext eines Beispiels einer Internetapplikation, also dem **Online-Bereich**[14] selbst genannt und im Hinblick auf besondere Situationen wie großer Personenanzahl oder komplexer Anwendungen und daher sollte im Online-Bereich dafür gesorgt werden, dass die Information jederzeit leicht zugänglich ist (zB jeweils am unteren Bildrand im Rahmen einer **„Datenschutzerklärung"** oder **„Privacy Policy").**[15] Dazu → Art. 13 Rn. 26 ff.

15   Gerade beim Anwendungsbereich des Art. 14, also wenn die personenbezogenen Daten nicht bei der betroffenen Person erhoben werden, wird aber mit den Betroffenen **typischerweise**

---

[12] Artikel-29-Datenschutzgruppe, WP 260, S. 19.
[13] So auch Erwägungsrund 60.
[14] Siehe die Kritik zur Fokussierung auf den Offline-Bereich und die mangelnde „Internettauglichkeit" des ersten Entw. der DS-GVO bei *Schneider/Härting* ZD 2012, 199.
[15] Siehe dazu Knyrim/*Illibauer* DatKomm S. 116, ebenfalls empfiehlt, eine eigene datenschutzrechtliche Informationsrubrik zB unter einem Button „Datenschutz" zu implementieren und meint, dass es fraglich ist, ob die Aufnahme im verpflichtenden Impressum der Webseite reicht. Laut *Härting* DS-GVO S. 21 lässt sich die Informationspflicht bei Daten, die der Nutzer – bspw. über ein Formular – online mitteilt, durch einen Link auf eine Datenschutzerklärung erfüllen. Laut ihm sind sämtliche Datenschutzerklärungen bis zum Inkrafttreten der DS-GVO im Hinblick auf die deutlich erweiterten Informationspflichten zu überarbeiten.

kein Online-Kontakt bestehen, da ja die Daten nicht direkt beim Betroffenen zB über ein Online-Formular oder eine App eingeholt werden, sondern die Daten typischer Weise von einem Dritten kommen. Daher wird man sich bei der Art der Zurverfügungstellung der Informationen nach Art. 14 meist im **Offline-Bereich bewegen.** Die oben bereits angeführten drei Fälle bzw. Fristen für die Verständigung geben auch zwei typische Szenarien für die Art der Information vor: Während Art. 14 Abs. 3 lit. a und c Fälle regeln, in denen die Daten lediglich erhalten und allenfalls dann wieder weitergegeben werden, aber nicht mit den Betroffenen selbst kommuniziert werden soll, regelt lit. b den Fall, dass mit dem Betroffenen kommuniziert wird. In letzterem Fall kann die Information spätestens mit dieser ersten Kommunikation erfolgen, es kann also dieselbe Art der Kommunikation gewählt werden, wie die Kommunikation selbst, dh die Information kann zB per E-Mail erfolgen, wenn eine E-Mail geschickt wird. In den beiden ersten Fällen wird in der Praxis eine Methode gewählt werden, die organisatorisch und finanziell umsetzbar ist und sicherstellt, dass die Information möglichst ankommt, die Wahl der Informationsmethode ist aber grundsätzlich frei.

Nicht ausreichend wird aber jedenfalls in allen Fällen sein, dass die Information lediglich in der **Datenschutzerklärung** des die Daten erhebenden bzw. erhaltenden Unternehmens aufgenommen wird, **ohne dass der Betroffene aktiv darüber informiert wurde.** Bei einer Kommunikation etwa per E-Mail wäre eine Verlinkung auf eine Datenschutzerklärung denkbar. In den Fällen des Art. 14 Abs. 3 lit. a und c muss aber jedenfalls eine aktive Information an den Betroffenen erfolgen und ein **bloßes Online-Stellen** der Information wird **nicht ausreichend** sein, denn der Betroffene wird oft überhaupt keine Ahnung haben, dass seine Daten bei einem Dritten erhoben wurden und von diesem übermittelt wurden und könnte dann seine Betroffenenrechte nicht ausüben.

Siehe zur Übermittlung von Daten zwischen zwei Behörden ohne vorherige Information der Betroffenen die Besprechung der Entscheidung des EuGH[16] Bara u.a. → Art. 13 Rn. 80 ff.

3. Identitätsnachweis. Zur Frage, inwieweit die betroffene Person vor Erteilung der Information zu identifizieren ist oder nicht, siehe Art. 11 sowie Art. 12 Abs. 2.[17]

4. Unentgeltlichkeit. Die Information ist grundsätzlich unentgeltlich zu geben, dazu näher Art. 12 Abs. 5.[18]

III. Inhalt der Information

1. Unterschied zwischen den Informationen nach Abs. 1 und Abs. 2. Art. 14 Abs. 1 enthält wie Art. 13 Abs. 1 **sechs verschiedene Kategorien von Informationen**[19]**,** die der Verantwortliche der betroffenen Person in jedem Fall mitteilen muss, wobei eine Informationskategorie von Art. 13 Abs. 1 abweicht, siehe dazu unten.

Art. 14 Abs. 2 enthält **sieben weitere Kategorien von Informationen,** also eine Kategorie mehr als Art. 13 Abs. 2. Diese sind, wie bei Art. 13 Abs. 2 im Unterschied zu Abs. 1 nur soweit zur Verfügung zu stellen sind, als dies notwendig ist, um eine „faire und transparente Verarbeitung zu gewährleisten".

Wie in → Art. 13 Rn. 40 ausgeführt, war zunächst strittig, ob im Gegensatz zu den Informationen in **Abs. 1, die immer zu geben sind,**[20] jene des **Abs. 2 nur situationsabhängig** zu geben sind. Mittlerweile geht die Literatur davon aus, **dass auch die Informationen nach Abs. 2 immer zu geben sind** (→ Rn. 32). Die Artikel-29-Datenschutzgruppe ist ebenso der Ansicht, dass die Informationen des Abs. 2 verpflichtend immer zu geben sind und diesbezüglich kein „Wahlrecht" besteht, → Art. 13 Rn. 38 ff.

2. Informationen nach Abs. 1. Folgende Informationen müssen nach Art. 14 Abs. 1 immer gegeben werden:

---

[16] EuGH Urt. v. 1.10.2015 – C-201/14, ECLI:EU:C:2015:638 = ZIIR 2016/2, 178 – Bara u.a.
[17] Siehe dazu auch Knyrim/*Illibauer* DS-GVO S. 117 f.
[18] Siehe dazu Knyrim/*Illibauer* DS-GVO S. 117.
[19] Für eine Darstellung praxisrelevanter Fragen, die sich der Verantwortliche bei der Erstellung seiner Datenschutzinformation stellen muss, siehe *Pollirer* Dako 2018/48, 88 ff.
[20] *Schantz* NJW 2016, 1841 spricht diesbezüglich von „Pflichtinformationen".

24 **a) Name und Kontaktdaten des Verantwortlichen sowie gegebenenfalls seines Vertreters.** Diese Kategorie ist identisch mit Art. 13 Abs. 1 lit. a, → Art. 13 Rn. 43 ff.

25 **b) Kontaktdaten des Datenschutzbeauftragten.** Diese Kategorie ist nahezu identisch mit Art. 13 Abs. 1 lit. b, dazu daher grundsätzlich → Art. 13 Rn. 46. Einziger Unterschied ist, dass laut Art. 13 Abs. 1 lit. b über die Kontaktdaten des Datenschutzbeauftragten „gegebenenfalls" zu informieren ist, in Art. 14 Abs. 1 lit. b hingegen „zusätzlich". Erneut gibt hier die englische Version die Auflösung, in der es in beiden Fällen „where applicable" heißt. Auch wenn die Formulierung in Art. 14 Abs. 1 lit. b mit „zusätzlich" suggeriert, dass der Datenschutzbeauftragte immer anzuführen ist, kann richtig übersetzt und von der Logik, dass der Datenschutzbeauftragte nach Art. 37 nur in bestimmten Fällen verpflichtend zu bestellen ist, auch in Art. 14 Abs. 1 lit. b nur **„gegebenenfalls"** gemeint sein.[21]

26 **c) Verarbeitungszwecke sowie Rechtsgrundlage.** Diese Kategorie ist identisch mit Art. 13 Abs. 1 lit. c, → Art. 13 Rn. 47 f. Zur Information über Rechtsgrundlagen siehe auch Art. 13 Abs. 2 lit. e.

27 **d) Kategorien der verarbeiteten Daten.** Dieser Punkt ist **anders** als Art. 13 Abs. 1 lit. d, der die Information über die berechtigten Interessen fordert. Bei Art. 14 ist diese Information in Abs. 2 lit. b verschoben, siehe dort.

28 Art. 14 Abs. 1 lit. d hingegen fordert die **Information über die Kategorien personenbezogener Daten,** die verarbeitet werden. Diese Information ist bei Art. 13 nicht erforderlich, da bei Art. 13 die Daten direkt bei der betroffenen Person erhoben werden, dieser somit bei der Erhebung klar ist, welche Daten gespeichert werden. Diese Unterscheidung bedeutet aber, dass sämtliche Datenkategorien, die *nicht der direkten Erhebung entstammen,* auch nicht unter Art. 13 fallen, sondern unter Art. 14 und somit eine **weitere Informationsverpflichtung auslösen können.** Dies könnte etwa der Fall sein, wenn aus nach Art. 13 erhobenen Daten später neue Daten gerechnet werden, oder wenn Daten ohne Wissen des Betroffenen erhoben werden, etwa über Cookies, die auf Webseiten platziert werden, oder über das Online- oder Offline-Einkaufsverhalten, wenn darüber nicht von Anfang an informiert wurde.

29 Der Begriff „Kategorie" von Daten wird in der DS-GVO nicht definiert, aber mehrfach verwendet, etwa beim Auskunftsrecht in Art. 15 Abs. 1 lit. b oder beim Verzeichnis der Verarbeitungstätigkeiten in Art. 30 Abs. 1 lit. c. Der **Detaillierungsgrad der Datenkategorien** in der Information an die Betroffenen sollte daher dem des Verfahrensverzeichnisses oder einer Auskunft entsprechen.[22]

30 **e) Empfänger.** Diese Kategorie ist identisch mit Art. 13 Abs. 1 lit. e, → Art. 13 Rn. 50 ff.[23]

31 **f) Übermittlung in Drittland.** Diese Kategorie ist identisch mit Art. 13 Abs. 1 lit. f, → Art. 13 Rn. 58 ff.

32 **3. Informationen nach Abs. 2.** Wie unter → Rn. 21 bereits ausgeführt, enthält Art. 14 Abs. 2 **sieben weitere Kategorien von Informationen,** die zur Verfügung zu stellen sind, um eine „faire und transparente Verarbeitung zu gewährleisten". Die Artikel-29-Datenschutzgruppe ist der Ansicht, dass die Informationen des Abs. 2 verpflichtend immer zu geben sind und diesbezüglich kein „Wahlrecht" besteht, → Art. 13 Rn. 40 und → Art. 14 Rn 22.

33 **a) Speicherdauer.** Diese Kategorie ist identisch mit Art. 13 Abs. 2 lit. a, → Art. 13 Rn. 62–64.[24]

34 **b) Berechtigte Interessen.** Diese Kategorie ist inhaltlich identisch mit Art. 13 **Abs. 1** lit. d, findet sich in Art. 14 aber in Abs. 2 wieder. Wie bereits bei Art. 13 Abs. 1 lit. d oben festgestellt, ist sie eigentlich eine Erweiterung von lit. c, die direkt auf Art. 6 Abs. 1 lit. f verweist, der die

---

[21] Knyrim/*Illibauer* DatKomm Art. 14 Rn. 15.
[22] Zur Granularität der Kategorien siehe Knyrim/*Illibauer* DatKomm Art. 13 Rn. 18.
[23] Zur Information an einen Treugeber über die Datenweitergabe an Mitgesellschafter siehe BGH Beschl. v. 18.4.2016 – II ZR 48/15, BeckRS 2016, 09340.
[24] BeckOK DatenschutzR/*Schmidt-Wudy* DS-GVO Art. 14 Rn. 60 und 61 weisen darauf hin, dass lit. a ähnlich wie Art. 15 Abs. 1 lit. d gestaltet ist, jedoch mit dem Unterschied, dass in Art. 15 Abs. 1 lit. d nur „die geplante Dauer" der Datenspeicherung auch nur dann mitzuteilen ist, „falls (dies) möglich" ist. Dennoch könne die von lit. a umfasste Dauer der Datenspeicherung nur die aus Ex-ante-Sicht des Verantwortlichen im Zeitpunkt der Datenerhebung „geplante" Dauer der Datenspeicherung sein, die auch nur dann mitgeteilt werden kann, wenn dies „möglich" ist.

Rechtsgrundlage der überwiegenden berechtigten Interessen des Verantwortlichen oder eines Dritten beinhaltet, womit an sich ohnehin verpflichtend über die Rechtsgrundlage zu informieren ist. Zu dieser Kategorie weiter → Art. 13 Rn. 49.

c) Bestehen der Betroffenenrechte. Diese Kategorie findet sich identisch in Art. 13 Abs. 2 **35** lit. b, → Art. 13 Rn. 65 f.

d) Widerrufsrecht. Diese Kategorie findet sich identisch in Art. 13 Abs. 2 lit. c, → Art. 13 **36** Rn. 67.

e) Beschwerderecht bei Aufsichtsbehörde. Diese Kategorie findet sich identisch in Art. 13 **37** Abs. 2 lit. d, → Art. 13 Rn. 69–71.

f) Quelle der Daten. Die Verpflichtung des Art. 13 Abs. 2 lit. e, darüber zu informieren, ob **38** die Bereitstellung der personenbezogenen Daten gesetzlich oder vertraglich vorgeschrieben oder für einen Vertragsabschluss erforderlich ist und ob der Betroffene verpflichtet ist, die Daten zur Verfügung zu stellen, ist in Art. 14 Abs. 2 lit. f ersetzt durch die Verpflichtung, soweit es eine faire und transparente Verarbeitung erfordert,[25] über die **Quelle der personenbezogenen Daten zu informieren** und gegebenenfalls darüber, ob sie aus öffentlich zugänglichen Quellen stammen.[26] Der Austausch des Inhalts dieser Bestimmung ist konsequent, denn Art. 13 Abs. 2 lit. e bezieht sich auf den Fall der direkten Erhebung der Daten, während in Art. 14 keine direkte Erhebung stattfindet und daher konsequenter Weise die Quelle der Daten offenzulegen ist, um dem Betroffenen die Möglichkeit zu geben, seine Betroffenenrechte allenfalls auch bei bzw. gegen diese Datenquelle (etwa wegen unzulässiger Datenweitergabe) geltend zu machen.

Laut Artikel-29-Datenschutzgruppe sollten zu den Informationen über die Quelle der Daten **39** gehören:[27]
– die spezifische Quelle der Daten, außer dies ist unmöglich,
– die Art der Quellen (dh öffentliche[28]/private),
– Arten der Organisation/Industrie/Sektor.[29]

g) Automatisierte Entscheidungsfindung inklusive Profiling. Diese Kategorie findet **40** sich identisch in Art. 13 Abs. 2 lit. f, → Art. 13 Rn. 73 f.[30]

4. Information über Zweckänderung nach Abs. 4. Diese Regelung findet sich identisch **41** in Art. 13 Abs. 3, → Art. 13 Rn. 75–77.

IV. Ausnahme von der Informationspflicht

Art. 14. Abs. 5 lit. a bestimmt zunächst, dass die **Information nicht zu geben ist,** wenn die **42** **betroffene Person „bereits über die Informationen verfügt",** wobei der Einleitungssatz zu Art. 14 das „wenn und soweit" ergänzt, das in Art. 13 Abs. 4 enthalten ist, womit die Bestimmung inhaltlich identisch mit dieser ist.[31] Wie bei Art. 13 Abs. 4 ausgeführt, impliziert „soweit", dass die **Informationen** der Abs. 1–3 sowohl **insgesamt,** als auch **teilweise entfallen** können, je nachdem wie weit sie dem Betroffenen schon zur Verfügung stehen. Siehe die diesbezüglichen Ausführungen der Artikel-29-Datenschutzgruppe dazu bei Art. 13 Abs. 4.

Art. 14 Abs. 5 lit. b bestimmt zusätzlich, dass eine **Information nicht erforderlich ist,** **43** wenn deren Erteilung sich als **unmöglich erweist** oder einen **unverhältnismäßigen Aufwand**

---

[25] Siehe die Ausführungen zur Artikel-29-Datenschutzgruppe bei → Art. 13 Rn. 18 ff., die die Angaben des Abs. 2 als verpflichtend ansieht.
[26] Siehe *Laue/Kremer* Neues DatenschutzR § 3 Rn. 17 zur Frage von im Internet erhobenen Daten.
[27] Artikel-29-Datenschutzgruppe, WP 260, S. 51 f.
[28] Zu den besonderheiten der Datenerhebung nach Art. 14 DS-GVO aus öffentlichen Quellen siehe Knyrim/*Illibauer* DatKomm Art. 14 Rn. 31 f.
[29] Die Artikel-29-Datenschutzgruppe fordert im Zusammenhang mit den Verpflichtungen zu Datenschutz durch Technik und Voreinstellungen, dass Transparenzmechanismen in die Datenverarbeitung von Grund auf eingebaut werden sollten, damit alle Quellen von personenbezogenen Daten in einer Organisation getrackt und von jedem Punkt des Verarbeitungszyklus bis zu ihrem Ursprung zurückverfolgt werden können, WP 260, S. 36.
[30] Siehe auch Artikel-29-Datenschutzgruppe, WP 260, S. 52.
[31] Der Ausnahmenkatalog der DS-GVO ist wesentlich kürzer als der des § 33 Abs. 2 BDSG aF, insbes. ist die „allgemeine Zugänglichkeit" von Quellen keine explizite Ausnahme mehr. Siehe dazu *Härting* DS-GVO S. 23.

erfordern würde oder die Information voraussichtlich die **Verwirklichung der Ziele** der Verarbeitung **unmöglich macht** oder ernsthaft beeinträchtigt. Dass sich die Erteilung als **unmöglich** erweist, dh der Verantwortliche nicht in der Lage ist, diese zu geben,[32] muss er belegen können und die Unmöglichkeit kann auch später zu einer Möglichkeit werden und dann muss die Information nachgeholt werden.[33]

44 Was ein **unverhältnismäßiger Aufwand** ist, wird nicht definiert[34] und es steht daher zu vermuten, dass die Datenschutzbehörden daher auf allfällig diesbezüglich bestehende Judikatur zurückgreifen. Die Bestimmung verweist insbesondere auf für die Verarbeitung für im öffentlichen Interesse liegende Archivzwecke, für wissenschaftliche oder historische Forschungszwecke oder für statistische Zwecke vorbehaltlich der in Art. 89 Abs. 1 genannten Bedingungen und Garantien oder soweit die in Abs. 1 des vorliegenden Artikels genannte Pflicht voraussichtlich die Verwirklichung der Ziele dieser Verarbeitung unmöglich macht oder ernsthaft beeinträchtigt. Voraussetzung ist, dass in solchen Fällen der Verantwortliche geeignete Maßnahmen zum Schutz der Rechte und Freiheiten sowie der berechtigten Interessen der betroffenen Person ergreift, einschließlich der Bereitstellung dieser Informationen für die Öffentlichkeit.[35]

45 Aus Sicht der Artikel-29-Datenschutzgruppe muss sich der unverhältnismäßige Aufwand direkt aus der Tatsache ergeben, dass die Daten bei Art. 14 – im Gegensatz zu Art. 13 – nicht vom Betroffenen selbst erhoben wurden. Als Beispiel für einen solchen unverhältnismäßigen Aufwand nennt die Artikel-29-Datenschutzgruppe Geschichtsforscher, die eine Datenbank mit Nachnamen von über 20.000 Betroffenen verwenden möchten, wobei die Daten vor 50 Jahren erhoben wurden, seit dem nicht aktualisiert wurden und keinerlei Kontaktinformation enthalten.[36] Da dieses Beispiel relativ „extrem" formuliert ist, sollten Verantwortliche sich bewusst sein, dass die Ausnahme des Art. 14 Abs. 5 lit. b sehr eng zu sehen ist und es notwendig sein wird, zB „Altbestände" von Kundendaten, die in Zukunft zB für Statistik oder Forschung (soweit jeweils nicht anonymisiert) weiterverwendet werden sollen, auch zu informieren und dafür notfalls auch Adressaktualisierungen durchführen wird müssen.

46 Dass die Information voraussichtlich die **Verwirklichung der Ziele** der Verarbeitung **unmöglich machen** oder ernsthaft beeinträchtigen würde, muss der Verantwortliche laut Artikel-29-Datenschutzgruppe nachweisen können. Voraussetzung dafür ist, dass die Datenverarbeitung allen in Art. 5 genannten Grundsätzen entspricht und dass die Verarbeitung der personenbezogenen Daten unter allen Umständen fair ist und auf einer Rechtsgrundlage basiert. Als Beispiel für eine solche Situation nennt die Artikel-29-Datenschutzgruppe einen Fall einer unter den Geldwäschegesetzen eines Mitgliedstaates verdächtige Geldüberweisung auf das Konto einer Bank, wobei diese Gesetze es der Bank verbieten, den Kontoinhaber über behördliche Ermittlungen zu informieren. Eine Information darüber an den Kontoinhaber würde in diesem Fall die Ziele der Geldwäsche-Rechtsvorschrift erheblich beeinträchtigen.[37]

47 Art. 14 Abs. 5 lit. c und d enthalten in der Folge zwei **Öffnungsklauseln,** nämlich eine für den Fall, dass die **Erlangung oder Offenlegung** durch **Rechtsvorschriften der Union oder der Mitgliedstaaten,** denen der Verantwortliche unterliegt und die geeignete Maßnahmen zum Schutz der berechtigten Interessen der betroffenen Person vorsehen, ausdrücklich geregelt ist und eine weitere hinsichtlich des im Unionsrecht oder dem Recht der Mitgliedstaaten

---

[32] Laut Kühling/Buchner/*Bäcker* DS-GVO Art. 14 Rn. 54 liegt Unmöglichkeit dann vor, wenn der Verantwortliche die betroffene Person nicht kontaktieren kann. Zum Begriff der Unmöglichkeit siehe auch *Illibauer* Dako 2020/46, 84.
[33] Artikel-29-Datenschutzgruppe, WP 260, S. 35.
[34] Sydow/*Ingold* DS-GVO Art. 14 Rn. 14 ist der Ansicht, dass in einer Abwägung der Aufwand, welcher mit der Erfüllung der Informationspflicht für die jeweiligen Verantwortlichen einhergeht, die Kenntnisdefizite der betroffenen Personen und damit die Gefährdung der informationellen Selbstbestimmung überwiegen muss.
[35] Paal/*Pauly* DS-GVO Art. 14 Rn. 40c verweisen auf Erwägungsgrund 62, laut dem für die Fälle 1 und 2 die Anzahl der betroffenen Personen, das Alter der Daten oder etwaige geeignete Garantien als Anhaltspunkte zur Bestimmung des unverhältnismäßigen Aufwandes dienen. Gantschacher/Jelinek/Schmidl/Spanberger/ *Leiter* DS-GVO Art. 14 Rn. 7 weist darauf hin, dass insbes. bei historischer Forschung in vielen Fällen aufgrund der vergangenen Zeitspanne zu erwarten ist, dass die betroffenen Personen vielfach bereits verstorben sind, ohne dass deren Ableben im Einzelfall überprüfbar ist. Damit würden diese Anstrengungen vielfach ins Leere gehen, da die DS-GVO nicht für verstorbene Personen gilt, was von Erwägungsgrund 27 ausdrücklich unterstrichen wird.
[36] Artikel-29-Datenschutzgruppe, WP 260, S. 38.
[37] Artikel-29-Datenschutzgruppe, WP 260, S. 39. Zur Anwendbarkeit der Ausnahme des Art. 14 Abs. 5 lit. b DS-GVO bei der Due Dilligence siehe *Pauly/Nabulsi* ZD 2023, 587 (588).

Informationspflicht bei Erhebung von Daten 48 **Art. 14**

geregelten **Berufsgeheimnis**,[38] einschließlich einer satzungsmäßigen **Geheimhaltungspflicht**, bei deren Vorliegen die Informationen vertraulich behandelt werden müssen.[39]

Festzuhalten ist, dass der Ausnahmenkatalog sowohl in Art. 13 als auch Art. 14 deutlich kürzer **48** ist als jener in § 33 Abs. 2 BDSG aF.[40] Im **BDSG nF** werden daher verschiedene **zusätzliche Ausnahmen von den Informationspflichten des Art. 14 geregelt,** nämlich in § 29 Abs. 1 S. 1 BDSG nF hinsichtlich Art. 14 Abs. 1–4 und in § 33 BDSG nF hinsichtlich Art. 14 Abs. 1, 2 und 4:

– § 29 Abs. 1 S. 1 BDSG nF bestimmt, dass die **Pflicht zur Information** der betroffenen Person gemäß Art. 14 Abs. 1–4 ergänzend zu den in Art. 14 Abs. 5 genannten Ausnahmen **nicht besteht,** soweit **durch ihre Erfüllung Informationen offenbart würden,** die ihrem Wesen nach,[41] insbesondere wegen der **überwiegenden berechtigten Interessen eines Dritten,** geheim gehalten werden müssen.
– § 33 Abs. 1 BDSG nF bestimmt, dass die **Pflicht zur Information** der betroffenen Person gemäß Art. 14 Abs. 1, 2 und 4 ergänzend zu den in Art. 14 Abs. 5 und der in § 29 Abs. 1 S. 1 BDSG-neu genannten Ausnahme **nicht besteht,** wenn die Erteilung der Information
 – im Fall einer **öffentlichen Stelle** die **ordnungsgemäße Erfüllung** der in der Zuständigkeit des Verantwortlichen liegenden Aufgaben iSd Art. 23 Abs. 1 Buchst. a–e **gefährden würde**[42] oder die **öffentliche Sicherheit oder Ordnung gefährden** oder sonst dem Wohl des Bundes oder eines Landes Nachteile bereiten würde und deswegen das Interesse der betroffenen Person an der Informationserteilung zurücktreten muss,[43]
 – im Fall einer **nichtöffentlichen Stelle** die **Geltendmachung, Ausübung oder Verteidigung zivilrechtlicher Ansprüche beeinträchtigen würde** oder die Verarbeitung Daten aus **zivilrechtlichen**[44] **Verträgen** beinhaltet und der **Verhütung von Schäden durch Straftaten dient,** sofern nicht das berechtigte Interesse der betroffenen Person an der Informationserteilung **überwiegt,** oder die zuständige öffentliche Stelle gegenüber dem Verantwortlichen festgestellt hat, dass das Bekanntwerden der Daten die **öffentliche Sicherheit oder Ordnung gefährden** oder sonst dem Wohl des Bundes oder eines Landes Nachteile bereiten würde; im Falle der Datenverarbeitung für Zwecke der Strafverfolgung bedarf es keiner Feststellung nach dem ersten Halbsatz.[45]
– **Unterbleibt eine Information** der betroffenen Person nach § 33 Abs. 1 BDSG nF, ist der Verantwortliche nach § 33 Abs. 2 BDSG nF verpflichtet, **geeignete Maßnahmen** zum Schutz der berechtigten Interessen der betroffenen Person zu treffen, einschließlich der Bereitstellung der in Art. 14 Abs. 1 und 2 genannten Informationen **für die Öffentlichkeit** in präziser, transparenter, verständlicher und leicht zugänglicher Form in einer klaren und einfachen Sprache. Der Verantwortliche **hält schriftlich fest,** aus welchen Gründen er von einer Information abgesehen hat.[46]
– § 33 Abs. 3 BDSG nF bestimmt, dass, wenn sich die **Informationserteilung** auf die **Übermittlung personenbezogener Daten durch öffentliche Stellen** an Verfassungsschutzbehörden, den Bundesnachrichtendienst, den Militärischen Abschirmdienst bezieht und, soweit die Sicherheit des Bundes berührt wird, andere Behörden des Bundesministeriums der Verteidigung, die Informationserteilung **nur mit Zustimmung dieser Stellen zulässig ist.**

---

[38] Nach *Kazemi* S. 249 sind dies bspw. die dem Rechtsanwalt obliegenden Geheimhaltungspflichten, die in allen Mitgliedstaaten verankert sind.
[39] Zu verdeckten Ermittlungen siehe *Laue/Kremer* Neues DatenschutzR Kapitel § 3 Rn. 18.
[40] Zu § 33 Abs. 2 BDSG aF siehe BeckOK DatenschutzR/*Forgó* BDSG aF, 28. Ed., § 33 Rn. 36ff. und *Gola/Schomerus*, 12. Aufl., BDSG aF § 33 Rn. 27ff.
[41] Siehe auch § 19 Abs. 4 Nr. 3 BDSG aF.
[42] Siehe auch § 32 Abs. 1 Nr. 2 BDSG.
[43] Siehe auch § 32 Abs. 1 Nr. 3 BDSG.
[44] § 32 Abs. 1 Nr. 4 BDSG spricht hingegen allg. von „rechtlichen" Ansprüchen.
[45] Im ersten Fall ist somit eine Interessensabwägung erforderlich, im zweiten Fall wird die Beurteilung der Gefährdung hingegen nicht der für die Datenverarbeitung verantwortlichen nichtöffentlichen Stelle überlassen, womit laut *Greve* NVwZ 2017, 737 (740) die Regelung dem bisherigen § 33 Abs. 2 Nr. 6 BDSG entspricht. Laut *Schantz/Wolff* ist auch in § 33 Abs. 1 Nr. 2 lit. b BDSG eine Interessensabwägung hineinzulesen, da kein Grund besteht, den Verzicht auf die Information der betroffenen Person aus Gründen der öffentlichen Sicherheit im Falle von öffentlichen und nichtöffentlichen Stellen unterschiedlich zu behandeln.
[46] Siehe § 32 Abs. 2 BDSG.

V. Entscheidung des EuGH Bara u.a.

49 Zu dieser Entscheidung zur Weitergabe von Daten zwischen zwei öffentlichen Stellen ohne vorheriger Information der Betroffenen → Art. 13 Rn. 80 ff.[47]

VI. Sanktion bei Nichteinhaltung

50 Verstöße gegen die Informationsrechte der Betroffenen sind nach Art. 83 Abs. 5 lit. b mit Geldbußen von bis zu **20 Millionen EUR** oder im Fall eines Unternehmens von bis zu **4 Prozent** seines gesamten weltweit erzielten **Jahresumsatzes** des vorangegangenen Geschäftsjahrs zu sanktionieren, je nachdem, welcher der Beträge höher ist.

51 Auch hat die Judikatur mittlerweile gezeigt, dass diese Strafdrohungen nicht auf die leichte Schulter zu nehmen sind. Die polnische Datenschutzbehörde UODO hat nicht einmal ein Jahr nach Inkrafttreten des DS-GVO bereits eine Strafe in Höhe von 220.000 EUR erlassen, weil den Informationspflichten des Art. 14 nicht entsprochen wurde. Konkret ging es darum, dass ein Anbieter digitaler Wirtschaftsinformationen Daten aus öffentlich verfügbaren Registern zu geschäftlichen Zwecken zusammengetragen hat, ohne diesen Personen die nach Art. 14 obligatorischen Informationen zu erteilen. Das Unternehmen hatte die Informationen zwar auf der eigenen Webseite veröffentlicht, dies wurde aber von der polnischen Behörde als unzureichend angesehen. In Anbetracht dessen, dass die Informationen nicht direkt bei den Betroffenen erhoben wurden, ist vielmehr eine Initiative im Sinne eines aktiven Informierens des Unternehmens gefragt, ausreichend über die Verarbeitung personenbezogener Daten zu informieren, widrigenfalls nicht davon auszugehen ist, dass die Informationen den Betroffenen tatsächlich erreichen werden. Der Einwand, das direkte Informieren eines jeden Betroffenen würde einen unverhältnismäßig hohen zeitlichen und finanziellen Aufwand mit sich bringen, war nach Ansicht der polnischen Datenschutzbehörde nicht geeignet, um sich auf die Ausnahme von der Informationspflicht gemäß Art. 14 Abs 5 lit. b stützen zu können.[48]

Art. 15 Auskunftsrecht der betroffenen Person

(1) **Die betroffene Person hat das Recht, von dem Verantwortlichen eine Bestätigung darüber zu verlangen, ob sie betreffende personenbezogene Daten verarbeitet werden; ist dies der Fall, so hat sie ein Recht auf Auskunft über diese personenbezogenen Daten und auf folgende Informationen:**

a) die Verarbeitungszwecke;
b) die Kategorien personenbezogener Daten, die verarbeitet werden;
c) die Empfänger oder Kategorien von Empfängern, gegenüber denen die personenbezogenen Daten offengelegt worden sind oder noch offengelegt werden, insbesondere bei Empfängern in Drittländern oder bei internationalen Organisationen;
d) falls möglich die geplante Dauer, für die die personenbezogenen Daten gespeichert werden, oder, falls dies nicht möglich ist, die Kriterien für die Festlegung dieser Dauer;
e) das Bestehen eines Rechts auf Berichtigung oder Löschung der sie betreffenden personenbezogenen Daten oder auf Einschränkung der Verarbeitung durch den Verantwortlichen oder eines Widerspruchsrechts gegen diese Verarbeitung;
f) das Bestehen eines Beschwerderechts bei einer Aufsichtsbehörde;
g) wenn die personenbezogenen Daten nicht bei der betroffenen Person erhoben werden, alle verfügbaren Informationen über die Herkunft der Daten;
h) das Bestehen einer automatisierten Entscheidungsfindung einschließlich Profiling gemäß Artikel 22 Absätze 1 und 4 und – zumindest in diesen Fällen – aussagekräftige Informationen über die involvierte Logik sowie die Tragweite und die angestrebten Auswirkungen einer derartigen Verarbeitung für die betroffene Person.

(2) **Werden personenbezogene Daten an ein Drittland oder an eine internationale Organisation übermittelt, so hat die betroffene Person das Recht, über die geeigneten**

---

[47] Zur Ausnahme von der Informationspflicht bei Verarbeitung personenbezogener Daten durch Privatdetektive siehe EuGH Urt. v. 7.11.2013 – C-473/12, ECLI:EU:C:2013:715 = ZD 2014, 137 – IPI.
[48] UODO Beschl. v. 21.3.2018 – ZSPR.421.3.2018.

Garantien gemäß Artikel 46 im Zusammenhang mit der Übermittlung unterrichtet zu werden.

(3) ¹Der Verantwortliche stellt eine Kopie der personenbezogenen Daten, die Gegenstand der Verarbeitung sind, zur Verfügung. ²Für alle weiteren Kopien, die die betroffene Person beantragt, kann der Verantwortliche ein angemessenes Entgelt auf der Grundlage der Verwaltungskosten verlangen. ³Stellt die betroffene Person den Antrag elektronisch, so sind die Informationen in einem gängigen elektronischen Format zur Verfügung zu stellen, sofern sie nichts anderes angibt.

(4) Das Recht auf Erhalt einer Kopie gemäß Absatz 3 darf die Rechte und Freiheiten anderer Personen nicht beeinträchtigen.

Literatur: *Arend/Möhrke-Sobolewski*, Das Recht auf Kopie – mit Sinn und Verstand. Wie weit reicht das Recht auf Erhalt einer Kopie von personenbezogenen Daten?, PinG 2019, 245; *Arens*, Die Geltendmachung des datenschutzrechtlichen Auskunftsanspruchs durch Vertreter, NJW 2021, 3417; *Bräutigam/Schmidt-Wudy*, Das geplante Auskunfts- und Herausgaberecht des Betroffenen nach Art. 15 der Datenschutzgrundverordnung. Ein Diskussionsbeitrag zum anstehenden Trilog der EU-Gesetzgebungsorgane, CR 2015, 56; *Brink/Joos*, Reichweite und Grenzen des Auskunftsanspruchs und des Rechts auf Kopie, ZD 2019, 483; *Dausend*, Der Auskunftsanspruch in der Unternehmenspraxis, ZD 2019, 103; *Deutschmann*, Datenschutzrechtliche Auskunftsansprüche gemäß Art. 15 DS-GVO gegenüber Zivilgerichten, ZD 2021, 414; *Dörr*, Auskunftsansprüche der Betroffenen aus Art. 15 DS-GVO, MDR 2022, 605; *Engelbrecht*, Informationspflichten bei der Erhebung personenbezogener Daten. Erläuterungen zu Art. 13 und 14 Datenschutz-Grundverordnung, KommunalPraxis BY 2018, 383; *Engelbrecht*, Recht auf Kopie der eigenen personenbezogenen Daten, KommunalPraxis BY 2019, 166; *Engeler/Quiel*, Recht auf Kopie und Auskunftsanspruch im Datenschutzrecht, NJW 2019, 2201; *Engelhardt*, Anspruch auf Benennung des Hinweisgebers im Rahmen der Erfüllung des Auskunftsanspruchs nach Art. 15 DS-GVO, RDi 2022, 298; *Flöter/Krüger*, Praxishinweise: Reaktion des Arbeitgebers auf einen Auskunftsantrag nach Art. 15 DS-GVO, BB 2022, 1141; *Franck*, System der Betroffenenrechte nach der Datenschutz-Grundverordnung (DS-GVO), RDV 2016, 111; *Franck*, Schadensersatz gemäß Art. 82 DS-GVO wegen Auskunftsfehlern, ZD 2021, 680; *Fuhlrott*, Der datenschutzrechtliche Auskunftsanspruch im arbeitsrechtlichen Mandat, NJW 2023, 1108; *Grimme*, So gehen Sie richtig mit Auskunftsersuchen um, DatenschutzPraxis 11/2018, 1; *Hamminger*, Akteneinsichtsrecht gegenüber dem Finanzamt auf Grundlage datenschutzrechtlicher Regelungen? Uneinheitliche Rechtsprechung der Instanzgerichte erfordert eine Klärung durch den BFH/EuGH, NWB 2022, 1787; *Härting*, Was ist eigentlich eine „Kopie"? Zur Auslegung des Art. 15 Abs. 3 Satz 1 DSGVO, CR 2019, 219; *Hofmann/Kevekordes*, Das Right to Explanation, DuD 2021, 609; *Jung*, Grundrechtsschutz auf europäischer Ebene – am Beispiel des personenbezogenen Datenschutzes, 2016; *Keller*, Betroffenenrechte nach dem KDG – Anforderungen und Umsetzung in der Praxis (Teil 1), ZAT 2021, 131; *Klachin/Schaff/Rauer*, Datenschutzrechtliche Auskunftsansprüche von (ehemaligen) Arbeitnehmer*innen – Leitfaden zur praktischen Handhabe, ZD 2021, 663; *Klink-Straub/Straub*, Der Auskunftsanspruch bei Prüfungsunterlagen. Persönlichkeitsrechte vs. Geheimhaltungsinteresse, DuD 2020, 672; *König*, Das Recht auf eine Datenkopie im Arbeitsverhältnis. Ein Leitfaden zur Handhabung in der betrieblichen Praxis, CR 2019, 295; *Korch/Chatard*, Reichweite und Grenzen des Anspruchs auf Erhalt einer Kopie gem. Art. 15 Abs. 3 DSGVO, CR 2020, 438; *Koreng*, Reichweite des datenschutzrechtlichen Auskunftsanspruchs, NJW 2021, 2692; *Krämer/Burghoff*, Praxisgerechter Umgang mit Auskunftsersuchen nach Art. 15 DS-GVO, ZD 2022, 428; *Kreis/Radtke*, Ganz oder gar nicht? Kategorisierung der Empfänger bei Auskunftsersuchen, RDV 2021, 268; *Kremer*, Das Auskunftsersuchen der betroffenen Person in der DSGVO. Eine sorgfältige Aufbereitung für die Praxis im Unternehmen, CR 2018, 560; *Kühling*, Reichweite der Auskunftspflicht bei Statistikdaten, ZD 2021, 74; *Kühling*, Scoring, Plausibilisierung und Imputation. Liegen beauskunftungspflichtige personenbezogene Daten vor?, DuD 2021, 168; *Kunkahr/Roth-Isigkeit*, Erklärungspflichten bei automatisierten Datenverarbeitungen nach dem DSGVO, JZ 2020, 277; *Kuznik*, Die Grenzen des Anspruchs auf Zugang zu personenbezogenen Daten unter besonderer Berücksichtigung des Rechts auf Kopie, NVwZ 2023, 297; *Leibold*, Reichweite, Umfang und Bedeutung des Auskunftsrechts nach Art. 15 DS-GVO – Entscheidungsübersicht, ZD-Aktuell 2021, 05213; *Leibold*, Finnische Datenschutzbehörde: Gesprächsaufzeichnungen sind vom Auskunftsrecht nach Art. 15 DS-GVO erfasst, ZD-Aktuell 2021, 05568; *Leibold*, Schadensersatzansprüche sowie Inhalt und Streitwerte des Auskunftsanspruchs nach der DSGVO, ZD 2022, 18; *Lembke*, Der datenschutzrechtliche Auskunftsanspruch im Anstellungsverhältnis, NJW 2020, 1841; *Lembke/Fischels*, Datenschutzrechtlicher Auskunfts- und Kopieanspruch im Fokus von Rechtsprechung und Praxis, NZA 2022, 513; *Lloyd*, Access to „Joint" Personal Data of Several Data Subjects, CRi 2018, 175; *Lüdemann/Greve*, Der Anspruch auf Erteilung einer Kopie nach Art. 15 Abs. 3 DS-GVO: Ein Fremdkörper im arbeitsgerichtlichen Verfahren?, RDV 2021, 3; *Lühning*, Auskunftsersuchen des Beschuldigten im Rahmen von internen Ermittlungen, ZD 2023, 136; *Mohn*, Das Recht auf Auskunft nach Art. 15 DS-GVO und der Schutz des Hinweisgebers, NZA 2022, 1159; *Nowak/Bornholt*, Zum Recht auf eine Kopie und zur rechtlichen Weite eines Anspruchs gemäß Art. 15 Abs. 3 der Datenschutz-Grundverordnung, RDV 2020, 191; *Paal/Kritzer*, Geltendmachung von DS-GVO-Ansprüchen als Geschäftsmodell, NJW 2022, 2433; *Peisker*, Der datenschutzrechtliche Auskunftsanspruch, 2023; *Peisker/Zhou*, Quo vadis Art. 15 DSGVO? Was der EuGH und seine Generalanwälte aus dem datenschutzrechtlichen Auskunftsanspruch machen, PinG 2023, 218; *Piltz*, Die Datenschutz-Grundverordnung, Teil 2, K&R 2016, 629; *Piltz/Zwerschke*, Das Verhältnis von Art. 15

Art. 15

Kapitel III. Rechte der betroffenen Person

DSGVO zu § 630g BGB, MedR 2021, 1070; *Piltz/Zwerschke*, Missbräuchliche Ausübung von DS-GVO-Betroffenenrechten – zulässiger Verteidigungseinwand für Verantwortliche, RDV 2022, 1; *Quiel*, Hinweisgeberschutz und Art. 15 DSGVO auf Kollisionskurs – Herausforderungen bei der parallelen Anwendung, Datenschutz-Berater 02/2023, 51; *Raji*, Auskunftsanspruch in der Praxis, ZD 2020, 279; *Rexin*, Neues vom EuGH zur Auskunft: Datenschutzfremder Zweck, Unentgeltlichkeit und Umfang der Kopie. EuGH (Erste Kammer), Urt. v. 26.10.2023 – C-307/22, DSB 2023, 306; *Riemer*, Der Datenauskunftsanspruch gem. Art. 15 DS-GVO als Tool zur Informationsgewinnung – wie die discovery light Einzug in den deutschen Zivilprozess erhielt, DAR 2022, 127; *Schulte/Welge*, Der datenschutzrechtliche Kopieanspruch im Arbeitsrecht, NZA 2019, 1110; *Starke*, Der Umgang mit ausforschenden datenschutzrechtlichen Auskunftsersuchen, ZD 2024, 63; *Suchan*, Der „qualitative Exzess" nach Art. 15 DS-GVO, ZD 2021, 198; *Walter*, Akteneinsichtsrecht im Besteuerungsverfahren. Verhältnis der AO zur DSGVO, NWB 2021, 2748; *Weik*, Die Datenkopie nach Artikel 15 Abs. 3 DS-GVO. Selbständiger Anspruch oder Bestandteil der Auskunft?, DuD 2020, 98; *Weik/Diehl*, Die Beantwortung von Auskunftsersuchen nach Art. 15 DSGVO. Längst gängige Praxis?, DuD 2020, 729; *Witt/Schuh*, Tatbestand, Zweck und Zweckentfremdung des Auskunftsrechts nach Art. 15 DSGVO, CR 2023, 228; *Wybitul/Baus*, Wie weit geht das Recht auf Auskunft und Kopie nach Art. 15 DSGVO?, CR 2019, 494; *Wybitul/Brams*, Welche Reichweite hat das Recht auf Auskunft und Kopie nach Art. 15 I DS-GVO?, NZA 2019, 672; *Wünschelbaum*, Zur Einschränkung des DSGVO-Auskunftsanspruchs durch Betriebsvereinbarungen, BB 2019, 2102; *Zikesch/Sörup*, Der Auskunftsanspruch nach Art. 15 DS-GVO, ZD 2019, 239.

Papiere von Datenschutzaufsichtsinstanzen: *BayLfD*, Das Recht auf Auskunft nach der Datenschutz-Grundverordnung. Orientierungshilfe, Version 1.0, Stand 1.12.2019; *BayLfD*, Aktuelle Kurz-Information 22: Identifizierung bei der Geltendmachung von Betroffenenrechten, Stand 1.7.2020; Datenschutzkonferenz (DSK), Kurzpapier Nr. 6: Auskunftsrecht der betroffenen Person, Art. 15 DS-GVO Stand 17.12.2018 / derzeit in Überarbeitung; *EDSA*, Guidelines 10/2020 on restrictions under Article 23 GDPR, Version 2.0, adopted on 13 October 2021; *EDSA*, Guidelines 01/2022 on data subject rights – Right of access, Version 2.0, adopted on 28 March 2023.

Rechtsprechung: EuGH Urt. v. 7.5.2009 – C-553/07, ECLI: EU:C:2009:293 – Rijkeboer; EuGH Urt. v. 12.12.2013 – C-486/12, ECLI:EU:C:2013:836 = ZD 2014, 248 – X; EuGH Urt. v. 13.5.2014 – C-131/12, ECLI:EU:C:2014:317 – Google Spain; EuGH Urt. v. 17.7.2014 – C-141/12 und C-372/12, ECLI:EU:C:2014:2081 = ZD 2014, 515 – Y. S. / Minister voor Immigratie, Integratie en Asiel; EuGH Urt. v. 6.10.2015 – C-362/14, ECLI:EU:C:2015:650 = ZD 2015, 549 mAnm *Spies*– Schrems I; EuGH Urt. v. 21.12.2016 – C-203/15 und C-698/15, ECLI:EU:C:2016:970 = ZD 2017, 124 mAnm *Kipker/Schefferski/Stelter* – Tele2 Sverige; EuGH Gutachten v. 26.7.2017 – 1/15, ECLI:EU:C:2017:197 = ZD 2017, 325 – PNR-Abkommen EU-Kanada; EuGH Urt. v. 20.12.2017 – C – 434/16, ECLI:EU:C:2017:994 = NJW 2018, 767 – Nowak; EuGH Urt. v. 12.1.2023 – C-154/21, ECLI:EU:C:2023:3 = NJW 2023, 973 mAnm *Petri* = EuZW 2023, 226 mAnm *Sandhu* – RW/Österreichische Post AG; EuGH Urt. v. 4.5.2023 – C-487/21, ECLI:EU:C:2023:369 = ZD 2023, 539 = EuZW 2023, 575 mAnm *Sandhu* – Österreichische Datenschutzbehörde und CRIF GmbH; EuGH Urt. v. 22.6.2023 – C – 579/21, ECLI:EU:C:2023:501 = ZD 2023, 601 = NJW 2023, 2555 mAnm *Brandt* = EuZW 2023, 661 mAnm *Fuhlrott* – JM/Pankki S; EuGH Urt. v. 26.10.2023 – C-307/22, ECLI:EU:C:2023:811 = ZD 2024, 22 mAnm *Winnenburg* = MMR 2023, 939 mAnm *Hense/Däuble*, 3481 mAnm *Fuhlrott* = EuZW 2023, 1100 mAnm *Peisker*; BGH Urt. v. 15.6.2021 – VI ZR 576/19, NJW 2021, 2726 = ZD 2021, 581 mAnm *Riemer*; BGH Urt. v. 22.2.2022 – VI ZR 14/21, ZD 2022, 326 = RDi 2022, 298 mAnm *Engelhardt*; BGH Beschl. v. 29.3.2022 – VI ZR 1352/20, ZD 2022, 497 (= Vorlagebeschluss, der zu EuGH Urt. v. 26.10.2023 – C-307/22 geführt hat); BGH Urt. v. 27.9.2023 – IV ZR 177/22 = NJW 2023, 3490 mAnm *Rolfs*; BAG Urt. v. 27.4.2021 – 2 AZR 342/20, BeckRS 2021, 16831 = NJW 2021, 2379 mAnm *Fuhlrott*; BAG Urt. v. 16.12.2021 – 2 AZR 235/21, NJW 2022, 960 mAnm *Fuhlrott*; BVerwG Urt. v. 30.11.2022 – 6 C 10.21, ZD 2023, 296 mAnm *Viehweger/Koreng*; Öst. OGH Urt. v. 24.3.2023 – 6 Ob 242/22i, ZD 2023, 450 mAnm *Geuer*; GA *Emiliou*, Schlussantrag v. 20.4.2023 zu Rs. C-307/22, ECLI:EU:C:2023:315 – FT (Copies du dossier médical); GAin *Medina*, Schlussantrag v. 15.6.2023 zu Rs. C-333/22 – ECLI:EU:C:2023:488 – Ligue des droits humains ASBL.

Übersicht

	Rn.
A. Allgemeines	1
I. Zweck und Bedeutung der Vorschrift	1
II. Systematik, Verhältnis zu anderen Vorschriften	9
1. Systematik	9
2. Verhältnis zu anderen Vorschriften	17
B. Einzelerläuterungen	25
I. Recht auf eine Bestätigung über die Tatsache der Verarbeitung (Abs. 1 Hs. 1)	25
II. Recht auf Auskunft über personenbezogene Daten und auf Auskunft über weitere Informationen (Abs. 1 Hs. 1 und Abs. 2)	31

III. Pflicht zum Hinweis auf Rechte der betroffenen Person (Abs. 1 S. 1 Hs. 2
        lit. e und f) 48
   IV. Mitwirkungsobliegenheit der betroffenen Person 52
   V. Recht auf eine Kopie der personenbezogenen Daten 55
        1. Erste Kopie und weitere Kopien (Abs. 3 S. 1 und 2) 55
        2. Fragen des Entgelts (Abs. 3 S. 1 und 2) 62
        3. Form der Kopien (Abs. 3 S. 3) 68
   VI. Berücksichtigung von Rechten und Freiheiten anderer Personen (Abs. 4) 71
   C. Rechtsschutz 74
   D. Sanktionen 80
   E. Nationale Durchführung 82

A. Allgemeines

I. Zweck und Bedeutung der Vorschrift

Das Auskunftsrecht ist für die betroffene Person **unter mehreren Aspekten bedeutsam**. Es **1** soll zunächst sicherstellen, dass sie sich bewusst ist, ob überhaupt Daten, die sie betreffen, verarbeitet werden. Falls dies zu bejahen ist, soll sie erfahren können, um welche Daten es dabei geht. Das dient der Erhöhung der Transparenz.[1] Diese Kenntnis der Verarbeitung bildet die Basis dafür, dass die betroffene Person die Rechtmäßigkeit der Verarbeitung überprüfen kann. Das dient der Erleichterung der Kontrolle.[2] Die Erhöhung der Transparenz einerseits und die Erleichterung der Kontrolle andererseits stellen **zwei gleichrangige Hauptziele** des Auskunftsrechts dar.[3] Zwar weist der EuGH zu Recht darauf hin, dass das Auskunftsrecht erforderlich ist, damit die betroffene Person ihre Rechte auf Berichtigung, Löschung und Sperrung geltend machen kann,[4] ferner das Recht auf Widerspruch gegen die Verarbeitung.[5] Dies darf jedoch nicht zu einem ausschließlich instrumentellen Verständnis des Auskunftsrechts verleiten.[6] Damit würde in Art. 8 Abs. 2 S. 2 GRCh eine Begrenzung hineininterpretiert, die dort nicht angelegt ist. Vielmehr hat die **Erhöhung der Transparenz** als solche ein **eigenständiges Gewicht** im Rahmen des Auskunftsrechts.[7]

---

[1] Siehe Erwägungsgrund 63 S. 1: Auskunftsrecht, „um sich der Verarbeitung bewusst zu sein." Den Transparenzaspekt betont der EuGH zB in EuGH Urt. v. 12.1.2023 – C- 154/21, ECLI:EU:C:2023:3 = NJW 2023, 973 mAnm *Petri* = EuZW 2023, 226 mAnm *Sandhu*, Rn. 35, 42 – RW/Österreichische Post AG; darauf Bezug nehmend EuGH Urt. v. 22.6.2023 – C- 579/21, ECLI:EU:C:2023:501 = ZD 2023, 601 = NJW 2023, 2555 mAnm *Brandt* = EuZW 2023, 661 mAnm *Fuhlrott*, Rn. 59 – JM/Pankki S; entspr. bereits LG Hamburg Urt. v. 3.9.2021 – 324 O 86/20, GRUR-RS 2021, 56382 mAnm *Küchler* Rn. 64.

[2] Siehe Erwägungsgrund 63 S. 1: Auskunftsrecht, um hins. der Verarbeitung „deren Rechtmäßigkeit überprüfen zu können". Ähnlich formulierte schon Erwägungsgrund 41 S. 1 der RL 95/46/EG. Er nannte als einen Zweck, sich in Bezug auf die Daten von „der Zulässigkeit ihrer Verarbeitung überzeugen" zu können. Die Formulierung in EuGH Urt. v. 7.5.2009 – C-553/07, ECLI:EU:C:2009:293 Rn. 49 – Rijkeboer, Erwägungsgrund 41 der RL 95/46/EG spreche davon, die betroffene Person müsse „die nötigen Nachprüfungen durchführen" können, trifft den Sinn, aber – anders als dort ausgeführt – nicht den Wortlaut dieses Erwägungsgrundes.

[3] GAin *Medina* SchlA v. 15.6.2023 zu Rs. C-333/22 – ECLI:EU:C:2023:488 – Ligue des droits humains ASBL, Rn. 34 unter Bezugnahme auf Kuner/Bygrave/Docksey/Zanfir-*Fortuna* GDPR Art. 15 S. 452. Da *Medina* bei ihren Ausführungen mit Art. 8 Abs. 2 S. 2 GRCh argumentiert, ist es ohne Belang, dass es im konkreten Fall nicht um die Anwendung von Art. 15 geht, sondern um die Anwendung des inhaltlich parallelen Art. 14 RL 2016/680/EU. Erwägungsgrund 43 dieser Richtlinie führt wortgleich mit Erwägungsgrund 63 S. 1 zur DS-GVO aus, die betroffene Person solle ein Auskunftsrecht besitzen, „um sich der Verarbeitung bewusst zu sein und deren Rechtmäßigkeit überprüfen zu können." Ebenfalls beide Aspekte gleichrangig unterstreichend BVerwG Urt. v. 16.9.2020 – 6 C 10.19, Rn. 19; ebenso BVerwG Urt. v. 30.11.2022 – 6 C 10.21 Rn. 27.

[4] EuGH Urt. v. 7.5.2009 – C-553/07, ECLI:EU:C:2009:293 Rn. 51 – Rijkeboer.

[5] EuGH Urt. v. 7.5.2009 – C-553/07, ECLI:EU:C:2009:293 Rn. 52 – Rijkeboer.

[6] Mit ausf. Begr. gegen eine solche verengte Sichtweise *Marsch* Datenschutzgrundrecht S. 227–230, der zu Recht eine „doppelte theoretische Fundierung" des Auskunftsrechts bejaht (S. 227) und von einem „Selbstand" [sic!] des Auskunftsrechts als Mittel der Transparenz ausgeht (S. 229/230), also von einem eigenständigen Gewicht dieses Rechts. An diesen Gedanken anknüpfend *Peisker*, Auskunftsanspruch, S. 64 und *Winneburg* ZD 2024, 22 (26).

[7] EuGH Urt. v. 26.10.2023 – C-307/22, ECLI:EU:C:2023:811 = ZD 2024, 22 mAnm *Winnenburg* = MMR 2023, 939 mAnm *Hense/Däuble* = NJW 2023, 3481 mAnm *Fuhlrott* = EuZW 2023, 1100 mAnm *Peisker*, Rn. 41 hebt dies deutlich hervor: „Art. 15 DSGVO, der zu Abschnitt 2 von Kapitel III gehört, ... vervollständigt den *Transparenzrahmen der DSGVO*, indem er der betroffenen Person ein Recht auf Auskunft

2 Die starke Betonung des instrumentellen Charakters durch den EuGH in der **Entscheidung Rijkeboer**[8] ist der besonderen Konstellation des dort zugrundeliegenden Sachverhalts geschuldet, rechtfertigt aber nicht die Interpretation, der Aspekt besserer Transparenz sei aus der Sicht des EuGH weniger bedeutsam. Die beklagte Kommune hatte über den Kläger zwei Kategorien von Daten gespeichert. Die erste Datenkategorie bestand aus „Basisdaten" wie Name und Adresse, die zweite Datenkategorie umfasste Informationen über Empfänger, an die Daten der ersten Datenkategorie übermittelt werden. Nur die Auskunft über Daten der zweiten Datenkategorie war durch nationales mitgliedstaatliches Recht zeitlich eng begrenzt. Die Vorlagefrage bezog sich gezielt darauf, ob diese zeitliche Beschränkung mit Art. 12 Buchst. a DS-RL vereinbar ist. Da der Kläger die begehrte Auskunft erkennbar dazu benutzen wollte, um die Rechtmäßigkeit etwaiger Datenweitergaben zu überprüfen, stand von vornherein der Zweck der Erleichterung der Kontrolle im Mittelpunkt. Dass der EuGH diesen Zweck des Auskunftsrechts gleichwohl nicht als dessen einzigen Zweck ansieht, ist schon daran zu erkennen, dass er ihn bei **späteren Zitaten der Entscheidung Rijkeboer** zwar hervorhebt, aber nicht als ausschließlich charakterisiert.[9] Die Geltendmachung des Auskunftsanspruchs ist nicht davon abhängig, dass auf der Basis der erteilten Auskunft andere Rechte ausgeübt werden sollen.[10] Es kann auch um seiner selbst willen ausgeübt werden. Die Auffassung, es handle sich bei den in Art. 15 geregelten Ansprüchen um bloße „Hilfsansprüche",[11] die dazu dienten, die betroffene Person in die Lage zu versetzen, andere Rechte geltend zu machen, ist mit der Verankerung des Auskunftsrechts in Art. 8 Abs. 2 S. 2 GRCh[12] nicht zu vereinbaren[13] und führt allein schon durch die Wahl der Begrifflichkeit dazu, die Bedeutung der Ansprüche – ob gewollt oder ungewollt – abzuwerten.

über ihre personenbezogenen Daten und ein Recht auf Information über die Verarbeitung dieser Daten gewährt." (Hervorhebung nicht im Original).

[8] EuGH Urt. v. 7.5.2009 – C-553/07, ECLI: EU:C:2009:293– Rijkeboer, Rn. 49–52, bes. Rn. 51. Die in der deutschen Lit. oft mit dem leicht abwertenden Adjektiv „älter" belegte Entsch. Rijkeboer stellt unverändert eine der bedeutsamsten Entscheidungen des EuGH zum Datenschutz dar. Sie wurde von ihm Dutzende Male in anderen Entscheidungen in Bezug genommen, und zwar bis in die jüngste Zeit, siehe etwa EuGH Urt. v. 12.1.2023 – C-154/21, ECLI:EU:C:2023:3 = NJW 2023, 973 mAnm *Petri* = EuZW 2023, 226 mAnm *Sandhu* – RW/Österreichische Post AG, Rn. 37, 38.

[9] Dies wird durchweg aus der Formulierung deutlich, es gehe beim Auskunftsrecht „insbesondere" darum, der betroffenen Person die Geltendmachung weiterer Rechte zu ermöglichen. Beispiele hierfür aus neuerer Zeit: EuGH Urt. v. 17.7.2014 – C-141/12 und C-372/12, ECLI:EU:C:2014:2081 = ZD 2014, 515– Y. S./ Minister voor Immigratie, Integratie en Asiel, Rn. 44; EuGH Urt. v. 20.12.2017 – C-434/16, ECLI:EU: C:2017:994 = NJW 2018, 767 – Nowak, Rn. 57; EuGH Urt. v. 12.1.2023 – C-154/21, ECLI:EU:C:2023:3 = NJW 2023, 973 mAnm *Petri* = EuZW 2023, 226 mAnm *Sandhu* – RW/Österreichische Post AG, Rn. 37; EuGH Urt. v. 22.6.2023 – C-579/21, ECLI:EU:C:2023:501 = ZD 2023, 601 = NJW 2023, 2555 mAnm *Brandt* = EuZW 2023, 661 m Anm *Fuhlrott* – JM/Pankki S, Rn. 58. In EuGH Urt. v. 4.5.2023 – C-487/21, ECLI:EU:C:2023:369 = ZD 2023, 539 = EuZW 2023, 575 mAnm *Sandhu* – Österreichische Datenschutzbehörde und CRIF GmbH, Rn. 33 werden durch vollständiges wörtliches Zitat von Erwägungsgrund 63 S. 1 beide Hauptziele des Auskunftsrechts in Bezug genommen.

[10] Sehr klar GA *Emiliou* SchlA v. 20.4.2023 zu Rs. C-307/22, ECLI:EU:C:2023:315 – FT (Copies du dossier médical), Rn. 27: „Das Auskunftsrecht erscheint in der Charta als eigenständiges Recht, das logischerweise mit der Fähigkeit oder Absicht des Rechtsinhabers verbunden ist, andere Rechte (wie das Recht auf Berichtigung) auszuüben, aber keineswegs zwingend davon abhängig ist." Ebenso EDSA Guidelines 01/2022 Rn. 12.

[11] So wörtlich *Lembke/Fischels* NZA 2022, 513 (514); der Begriff findet sich in der dort in Fn. 12 in Bezug genommenen EuGH-Rspr. nicht.

[12] Sie betont zu Recht *Marsch* Datenschutzgrundrecht S. 229.

[13] Unzutr. daher *Witt/Schuh* CR 2023, 233 (Rn. 32), dass „das Auskunftsrecht allein der Geltendmachung der Betroffenenrechte dienen und diese bezwecken muss." Zutr. dagegen der Hinweis von GA *Emiliou* SchlA v. 20.4.2023 zu Rs. C-307/22, ECLI:EU:C:2023:315 – FT (Copies du dossier médical),Rn. 24 mit Fn. 12, dass es bei einer derartigen Bedingung um eine subjektive Absicht der betroffenen Person gehe, die oftmals nicht nachprüfbar sei und von ihr daher problemlos umgangen werden könne. Zudem lasse sich auch bei der Annahme einer solchen Bedingung nicht ausschließen, dass betroffene Personen Daten zunächst „aus Datenschutzgründen gemäß der DSGVO" erhalten, diese dann aber „anschließend für Klagen gegen den Verantwortlichen zu datenschutzfremden Zwecken verwenden." Die an sich seitens der Gegenauffassung zu erwartende Folgerung, in solchen Fällen später entspr. Sachvortrag prozessual nicht als Beweismaterial zuzulassen, wurde – soweit ersichtlich – in der Lit. noch nicht erwogen und wäre absurd. Siehe auch OLG Rostock Urt. v. 18.7.2023 – 4 U 45/22, r+s 2023, 811 (813, Rn. 38), dass es nicht sinnvoll erscheine, das Bestehen eines Auskunftsanspruch von der nicht überprüfbaren Behauptung zur inneren Motivation des jeweiligen Anspruchstellers abhängig zu machen.

Das Auskunftsrecht ist der Geltendmachung anderer Rechte der betroffenen Person von der **3** Systematik her vorgelagert, weil es der betroffenen Person Informationen verschaffen kann, die ihr die Wahrnehmung dieser Rechte erst ermöglichen. Der Auskunftsanspruch gibt dem Betroffenen das für die Durchsetzung des Grundrechts notwendige Wissensfundament an die Hand.[14] Zugleich steht er in engem Bezug zu den Informationspflichten bei der Erhebung personenbezogener Daten (Art. 13, Art. 14).[15] Die durch sie gewährleistete Unterrichtung der betroffenen Person kann ebenfalls die Voraussetzung für die Ausübung von Betroffenenrechten schaffen[16] und wird oft erst Auslöser dafür sein, dass die betroffene Person ihr Auskunftsrecht geltend macht. Beide Bezüge führen dazu, dass dem Auskunftsrecht eine Art Scharnierfunktion zwischen den Informationspflichten gemäß Art. 13, 14 und den sonstigen Rechten der betroffenen Person zukommt,[17] wodurch es im Spektrum der Betroffenenrechte des Kapitel III eine herausgehobene Bedeutung hat. Insgesamt gesehen stellt es ein zentrales Instrument zur Durchsetzung des Rechts auf informationelle Selbstbestimmung dar.[18]

Die Einräumung eines Auskunftsrechts auf Ebene des Sekundärrechts ist angesichts von **Art. 8** **4** **Abs. 2 S. 2 GRCh** geboten.[19] Einschränkungen durch Interessen anderer sind dort nicht vorgesehen. Art. 15 spiegelt diese Ausgangslage wider. Dies bestätigt der EuGH, indem er darauf hinweist, dass der Kontext, in dem jemand Auskunft nach Art. 15 begehrt, hinsichtlich des Anwendungsbereichs dieser Vorschrift, also auf der Tatbestandsebene, keinen Einfluss auf die Reichweite dieses Rechts hat.[20] Unter diesem Aspekt ist die Kritik verfehlt, das Fehlen jeglicher Ausnahmetatbestände in Art. 15 führe zu einer unverhältnismäßigen Begünstigung des Auskunftsinteresses gegenüber den Interessen des Verantwortlichen, Dritter und öffentlicher Interessen.[21] Solche Interessen sind bei der Auslegung des Art. 15 nach den Maßstäben des Art. 52 Abs. 1 S. 2 GRCh relevant.[22] Es bedarf einer **Abwägung zwischen den Grundrechten der**

---

[14] So plastisch BVerwG Urt. v. 16.9.2020 – 6 C 10.19, Rn. 19.
[15] Darauf hinweisend auch EDSA Guidelines 01/2022 Rn. 112, 117.
[16] EuGH Urt. v. 1.10.2015 – C-201/14, ECLI:EU:C:2015:638 = ZD 2015, 577 mAnm *Petri* – Smaranda Bara, Rn. 33 (Entsch. zu Art. 11 DS-RL); *Engelbrecht* KommPraxBY 2018, 383. Zur Rechtetrias Art. 13, 14 / Art. 15/Art. 19 als Mittel zur Gewährleistung der Transparenz der Verarbeitung *Kremer* CR 2018, 560 (561).
[17] Zur spezifischen Funktion der Auskunftspflicht nach Art. 15 im Konzept der Betroffenenrechte im Zusammenhang mit dem Adresshandel und der Direktwerbung siehe *Petri* NJW 2023, 973 (975, 976).
[18] *Jung* Grundrechtsschutz S. 99. Der in Erwägungsgrund 58 S. 1 hervorgehobene Grundsatz der Transparenz ist ein Teilaspekt des Rechts auf informationelle Selbstbestimmung, weil dessen Verwirklichung in der Regel nur möglich ist, wenn zuvor Transparenz herrscht. Den Bezug zum Recht auf informationelle Selbstbestimmung betonen auch *Marsch* Datenschutzgrundrecht S. 228 und *Kremer* CR 2018, 560 (561, Rn. 9). Zutr. die Formulierung bei *Laue/Nink/Kremer* DatenschutzR § 4 Art. 22, das Auskunftsrecht sei eine „wesentliche Vorstufe für die sonstigen Rechte der betroffenen Person".
[19] Mehrfach hat der EuGH das Auskunftsrecht auch unmittelbar aus Art. 7 GRCh abgeleitet, so EuGH Urt. v. 7.5.2009 – C-553/07, ECLI: EU:C:2009:293 – Rijkeboer, Rn. 49; darauf Bezug nehmend EuGH Gutachten v. 26.7.2017 – 1/15, ECLI:EU:C:2017:197 = ZD 2017, 325 – PNR-Abkommen EU-Kanada, Rn. 219. Dies beruht wohl darauf, dass er Art. 8 GRCh nicht als lex specialis zu Art. 7 GRCh ansieht, sondern beide Grundrechte gemeinsam prüft (Verhältnis der Idealkonkurrenz), weil sie beide auf den wegen Art. 52 Abs. 3 GRCh relevanten Art. 8 EMRK zurückgehen, so Calliess/Ruffert/*Kingreen* GrCh Art. 8 Rn. 2 mwN. EuGH Urt. v. 13.5.2014 – C-131/12, ECLI:EU:C:2014:317 – Google Spain, Rn. 69 führt zum Verhältnis beider Vorschriften aus: „So garantiert Art. 7 der Charta das Recht auf Achtung des Privatlebens, und Art. 8 der Charta proklamiert ausdrücklich das Recht auf Schutz der personenbezogenen Daten. In den Abs. 2 und 3 des letztgenannten Artikels wird präzisiert, …dass jede Person das Recht hat, Auskunft über die sie betreffenden erhobenen Daten zu erhalten".
[20] EuGH Urt. v. 22.6.2023 – C-579/21, ECLI:EU:C:2023:501 = ZD 2023, 601 = NJW 2023, 2555 mAnm *Brandt* = EuZW 2023, 661 mAnm *Fuhlrott* – JM/Pankki S, Rn. 88. Im konkreten Fall war die betroffene Person, die Auskunft begehrte, sowohl (früherer) Arbeitnehmer als auch (früherer) Kunde des Verantwortlichen. Hierzu führt der EuGH aus, in Bezug auf den Anwendungsbereich von Art. 15 Abs. 1 unterscheide keine Bestimmung der DS-GVO nach der Art der Tätigkeit des Verantwortlichen oder nach der Eigenschaft der Person, deren personenbezogene Daten verarbeitet werden (Rn. 85).
[21] So aber Gierschmann/Schlender/Stentzel/Veil/*Veil* DS-GVO Art. 15 Rn. 34, 162.
[22] Dies übersieht Gierschmann/Schlender/Stentzel/Veil/*Veil* DS-GVO Art. 15 Rn. 34, der so weit geht, einen Verstoß von Art. 15 gegen höherrangiges EU-Primärrecht wie den Grundsatz der Verhältnismäßigkeit (Art. 5 Abs. 4 AEUV) zu vermuten, wobei dieser Verstoß durch Schaffung von Ausnahmetatbeständen auf nationaler Ebene (!) vermieden werden müsse, da Verantwortliche und Dritte bei Beeinträchtigungen ihrer Rechte durch Auskunftsansprüche sonst schutzlos gestellt wären. Sehr klar dazu EuGH Urt. v. 24.2.2022 – C-175/20, ECLI:EU:C:2022:124 – Valsts ieņēmumu dienests, Rn. 54, wo der EuGH ausdrücklich auf Art. 52 Abs. 1 GRCh abhebt. Diese Entscheidung hat keinen Anspruch nach Art. 15 zum Gegenstand, doch nimmt der EuGH an anderer Stelle im Zusammenhang mit Art. 15 ausdrücklich auf diese frühere Ent-

betroffenen Personen.[23] Im Verhältnis Privater zueinander ist dabei zunächst die Frage zu beantworten, ob die jeweils berührten Grundrechte im horizontalen Verhältnis zwischen Privaten anwendbar sind.[24] Dies hat der EuGH für Art. 8 GRCh bejaht, und dabei klargestellt, dass wirtschaftliche Interessen allein potentiell schwere Eingriffe in dieses Recht nicht rechtfertigen können.[25] In Bezug auf das Recht auf Kopien (Abs. 3) liegt eine Beeinträchtigung von Rechten und Freiheiten anderer Personen besonders nahe. Deshalb weist Abs. 4 in diesem Zusammenhang besonders auf sie hin. Schon dies spricht dagegen, dass hinsichtlich der Berücksichtigung von Interessen anderer eine planwidrige Lücke vorliegen soll.[26]

5 Das Auskunftsrecht dient ferner der Verwirklichung des Rechts auf einen wirksamen gerichtlichen Rechtsbehelf **(Art. 47 Abs. 1 GRCh)**.[27] Wer nicht weiß, dass eine Verarbeitung seiner personenbezogenen Daten erfolgt, kann diese Verarbeitung auch nicht gerichtlich überprüfen lassen. Die Informationspflichten gemäß Art. 13, 14 gewährleisten für sich allein die dafür erforderliche Faktenbasis nicht. Für den Fall, dass eine Auskunft zunächst rechtmäßig verweigert wurde, ist aus Art. 47 Abs. 1 GRCh die Verpflichtung zu einer nachträglichen Erteilung der Auskunft abzuleiten, sobald der Grund für die zunächst erfolgte Verweigerung der Auskunft entfallen ist.[28]

6 Art. 8 EMRK gewährleistet seinem Wortlaut nach kein Auskunftsrecht. Es herrscht jedoch Einigkeit darüber, dass – obwohl auf seiner Basis kein generelles, voraussetzungsloses Auskunftsrecht in der Art von Art. 8 Abs. 2 S. 2 GRCh besteht – aus **Art. 8 EMRK** dann ein Recht auf Auskunft abzuleiten ist, wenn die Auskunft mit einem Eingriff in ein durch die EMRK gewährleistetes Recht in Zusammenhang steht.[29]

7 Dass Recht nach Art. 15 ist **höchstpersönlicher Natur** und kann nur von einer lebenden Person geltend gemacht werden.[30] Es erlischt mit dem Tod der betroffenen Person und wird nicht vererbt. Dies zeigt auch daran, dass die DS-GVO laut Erwägungsgrund 27 S. 1 für Daten Verstorbener insgesamt nicht gilt.[31] Die höchstpersönliche Natur des Rechts lässt **keine Übertragung auf eine andere Person** zu, auch nicht in Form einer Abtretung.[32] Die Situation ist

---

scheidung Bezug, siehe EuGH Urt. v. 26.10.2023 – C-307/22, ECLI:EU:C:2023:811 = ZD 2024, 22 mAnm *Winnenburg* = MMR 2023, 939 mAnm *Hense/Däuble* = NJW 2023, 3481 mAnm *Fuhlrott* = EuZW 2023, 1100 mAnm *Peisker*, Rn. 59.

[23] So ausdrücklich zB EuGH Urt. v. 22.6.2023 – C-579/21, ECLI:EU:C:2023:501 = ZD 2023, 601 = NJW 2023, 2555 mAnm *Brandt* = EuZW 2023, 661 mAnm *Fuhlrott* – JM/Pankki S, Rn. 78 und Rn. 80.

[24] Dies bejaht Callies/Ruffert/*Kingreen* GRCh Art. 8 Rn. 11. Siehe dazu auch *Oppermann/Classen/Nettesheim* EuropaR § 17 Rn. 17 mwN, wonach der EuGH beim Datenschutzgrundrecht ggü. der Drittwirkung von Grundrechten bes. aufgeschlossen sei. Dies wird bestätigt durch das Vorgehen des EuGH in EuGH Urt. v. 22.6.2023 – C-579/21, ECLI:EU:C:2023:501 = ZD 2023, 601 = NJW 2023, 2555 mAnm *Brandt* = EuZW 2023, 661 m Anm *Fuhlrott*, Rn. 76–80 – JM/Pankki S, wo der EuGH nicht explizit auf die Frage der Drittwirkung eingeht, obwohl dies nahegelegen hätte. Siehe auch BGH Urt. v. 22.2.2022 – VI ZR 14/21, ZD 2022, 326 = RDi 2022, 298 mAnm *Engelhardt* Rn. 19, der unter Berufung auf BVerfGE 152, 216 (Rn. 95, 96, 111) – Recht auf Vergessen II, ergangen noch auf der Basis der DS-RL, allg. davon ausgeht, dass die Grundrechte der GRCh auch in privatrechtlichen Streitigkeiten Schutz gewährleisten.

[25] EuGH Urt. v. 13.5.2014 – C-131/12, ECLI:EU:C:2014:317 Rn. 81 – Google Spain, Rn. 68 mwN allg. zur Auslegung von Bestimmungen der RL 95/46/EG im Licht der Grundrechte; für die Auslegung der Grundverordnung gilt nichts anderes. Sehr differenziert zur Berücksichtigung wirtschaftlicher Interessen iRv Art. 15 unter dem Aspekt des Art. 23 Abs. 1 Buchst. i EuGH Urt. v. 26.10.2023 – C-307/22, ECLI:EU:C:2023:811 = ZD 2024, 22 mAnm *Winnenburg* = MMR 2023, 939 mAnm *Hense/Däuble* = NJW 2023, 3481 mAnm *Fuhlrott* = EuZW 2023, 1100 mAnm *Peisker* Rn. 53–69 (Antwort auf die zweite Vorlagefrage des BGH).

[26] So aber *Härting* DS-GVO Rn. 684.

[27] StRspr des EuGH, beginnend mit EuGH Urt. v. 7.5.2009 – C-553/07, ECLI: EU:C:2009:293 – Rijkeboer, Rn. 52; siehe ferner EuGH Urt. v. 6.10.2015 – C-362/14, ECLI:EU:C:2015:650 = ZD 2015, 549 mAnm *Spies* – Schrems I, Rn. 95 unter Hinweis darauf, dass eine wirksame gerichtliche Kontrolle dem Wesen des Rechtsstaats inhärent sei; EuGH Urt. v. 21.12.2016 – C-203/15 und C-698/15, ECLI:EU:C:2016:970 = ZD 2017, 124 mAnm *Kipker/Schefferski/Stelter* – Tele2 Sverige, Rn. 121; EuGH Gutachten v. 26.7.2017 – 1/15, ECLI:EU:C:2017:197 = ZD 2017,325 – PNR-Abkommen EU-Kanada, Rn. 220.

[28] EuGH Gutachten v. 26.7.2017 – 1/15, ECLI:EU:C:2017:197 = ZD 2017, 325 – PNR-Abkommen EU-Kanada, Rn. 220.

[29] Siehe die eingehende Darstellung bei *Jung* Grundrechtsschutz S. 61–65 mwN.

[30] *Lembke/Fischels* NZA 2022, 513 (515).

[31] 27. TB NRW 2022, S. 100–102; BayLfD Orientierungshilfe Rn. 31.

[32] BayLfD Orientierungshilfe Rn. 31. Abl. zu einer Abtretbarkeit des Auskunftsanspruchs KG Urt. v. 22.11.2023 – 28 U 5/23, BeckRS 2023, 36674 Rn. 3.

anders als bei der vom BGH bejahten Vererblichkeit von Ansprüchen aus dem Vertrag über ein Benutzerkonto in einem sozialen Netzwerk („digitaler Nachlass"). Dort geht es nicht um ein isoliertes Auskunftsrecht der Erben, sondern um die Bereitstellung vorhandener Kontoinhalte zum Abruf durch die Erben aufgrund einer vertraglichen Rechtsposition.[33] Der Auskunftsanspruch wird aufgrund seiner höchstpersönlichen Natur im Insolvenzfall nicht Teil der Insolvenzmasse (§ 36 Abs. 1 S. 1 InsO). Ein **Insolvenzverwalter** ist keine betroffene Person, die das Recht nach Art. 15 geltend machen könnte.[34]

Eine Geltendmachung des Rechts durch einen **gesetzlichen Vertreter** ist möglich,[35] ebenso eine Geltendmachung durch einen **rechtsgeschäftlich bestellten Vertreter**.[36] Die Zulässigkeit rechtsgeschäftlich vereinbarter Vertretung belegt Art. 80,[37] der die prinzipielle Existenz einer solchen Vertretungsmöglichkeit voraussetzt. Die DS-GVO enthält keine Regelungen zu Gestaltung und Verwendung einer rechtsgeschäftlichen Vollmacht. Deshalb kann insoweit auf die **Regelungen des BGB** zurückgegriffen werden. Anwendbar ist insbesondere § 174 BGB,[38] was im Hinblick auf Art. 12 Abs. 6 auch dann gilt, wenn ein Rechtsanwalt im Auftrag einer betroffenen Person einen Anspruch auf Auskunft geltend macht.[39]

II. Systematik, Verhältnis zu anderen Vorschriften

1. Systematik. Adressat des Anspruchs ist der Verantwortliche gemäß Art. 4 Nr. 7, so dass auf die Erläuterungen dazu verwiesen werden kann. Spezifisch im Zusammenhang mit Art. 15 hat der EuGH bejaht, dass ein **Petitionsausschuss** und ebenso ein parlamentarischer Untersuchungsausschuss eines Mitgliedstaats als Verantwortlicher anzusehen ist.[40] In einem Zwangsverwaltungsverfahren ist der **Zwangsverwalter** als Verantwortlicher zu betrachten.[41] Noch der Klärung harrt die Frage, ob ein **rechtlicher Betreuer** (§ 1814 BGB) als Verantwortlicher anzusehen ist mit der Folge, dass dem Betreuten ihm gegenüber ein Auskunftsanspruch zusteht.[42] Ein **Betriebsrat** ist kein eigenständiger Verantwortlicher, sondern als Teil des Arbeitgeberunternehmens zu behandeln.[43] **Beschäftigte** sind hinsichtlich personenbezogener Daten, die sie gemäß den Weisungen ihres Arbeitgebers verarbeiten, keine eigenständigen Verantwortlichen. Anders sieht es aus, wenn sie personenbezogene Daten für eigene Zwecke verarbeiten, die sich von denen ihres Arbeitgebers unterscheiden (Fälle des „**Mitarbeiterexzesses**"). Dann sind sie als eigenständige Verantwortliche anzusehen.[44] Bei **gemeinsamer Verantwortlichkeit** hat die betroffene Person die Wahl, gegenüber welchem der gemeinsam Verantwortlichen sie ihren Anspruch auf Auskunft geltend macht (Art. 26 Abs. 4).

---

[33] BGH MMR 2018, 740 mAnm *Hoeren*, Rn. 21/22 und Rn. 36. So auch 27. TB NRW 2022, S. 100–102.
[34] VG Gießen Urt. v. 23.10.2019 – 4 K 252/19.GI, NZI 2020, 36 mAnm *Schmittmann*, Rn. 34–39; OVG Lüneburg Beschl. v. 26.6.2019 – 11 LA 274/18, NZI 2019, 689 Rn. 19; ebenso BVerwG Beschl. v. 28.10.2019 – 10 B 21.19 Rn. 10; dem folgend BFH Beschl. v. 5.12.2023 – IX B 108/22 Rn. 6.
[35] BayLFD Orientierungshilfe Rn. 27; EDSA Guidelines 01/2022 Rn. 80.
[36] BayLfD Orientierungshilfe Rn. 29.
[37] OLG Stuttgart Urt. v. 31.3.2021 – 9 U 34/21, Beck RS 2021, 6282 Rn. 32; ebenso *Arens* NJW 2021, 3417.
[38] OLG Stuttgart Urt. v. 31.3.2021 – 9 U 34/21, Beck RS 2021, 6282 Rn. 32–35 unter Hervorhebung, dass ein Dokument mit elektronisch erzeugter Unterschrift nicht genügt (§ 126 Abs. 3 Hs. 2 BGB); iErg ebenso AG Berlin-Mitte ZD 2020, 647 Rn. 15. Praxisfall, in dem die fehlende Vorlage einer Originalvollmacht nicht unverzüglich gerügt wurde: LG Hamburg Urt. v. 3.9.2021 – 324 86/20, GRUR-RS 2021, 56382 Rn. 96 mAnm *Küchler* GRUR-Prax 2022, 550; abl. dazu *Arens* NJW 2021, 3417, 3419–3421.
[39] AG Berlin-Mitte ZD 2020, 647 Rn. 15. Anders *Paal/Kritzer* NJW 2022, 2433 Rn. 26, die bei Rechtsanwälten (nicht jedoch bei „Legal-Tech-Unternehmen") mit Blick auf deren Vertrauenswürdigkeit die Vorlage des Vollmachts-Originals für entbehrlich halten. Die DS-GVO regelt die Frage nicht, so zutr. EDSA Guidelines 01/2022 Rn. 81.
[40] EuGH Urt. v. 9.7.2020 – C-272/19, ECLI:EU:C:2020:535 = ZD 2020, 577 mAnm *Engelbrecht* für Petitionsausschüsse und EuGH Urt. v. 16.1.2024 – C-33/22, ECLI:EU:C:2024:46 – Österreichische Datenschutzbehörde/WK, für Untersuchungsausschüsse, wobei das letztgenannte Verfahren keinen spezifischen Bezug zu Art. 15 aufweist.
[41] BGH Beschl. v. 15.7.2021 – 5 ZB 53/20, ZD 2021, 690 mAnm *Qasim* Rn. 21.
[42] Die Frage ist Gegenstand des Vorabentscheidungsverfahrens EuGH C-307/22 – MK (Vorabentscheidungsersuchen des LG Hannover, eingereicht am 12.7.2022).
[43] *Lembke/Fischels* NZA 2022, 513, 515 unter Hinweis auf § 79a S. 2 BetrVG.
[44] EDSA Leitlinien 07/2020 zu den Begriffen „Verantwortlicher" und „Auftragsverarbeiter" in der DSGVO, Version 2.0, angenommen am 7.7.2021, Rn. 88.

10 Ausgehend vom Verständnis des EuGH, dass der Anspruch auf eine Kopie („Kopieanspruch")[45] gemäß Abs. 3 kein eigenständiges Recht darstellt, sondern eine Modalität des Rechts gemäß Abs. 1 Hs. 2,[46] besteht die Vorschrift systematisch gesehen aus **drei Teilen**[47]:

– Ausgangspunkt ist das Recht der betroffenen Person, vom Verantwortlichen eine **Bestätigung** darüber zu verlangen, ob überhaupt personenbezogene Daten verarbeitet werden oder (was im Wortlaut nicht zum Ausdruck kommt) verarbeitet wurden,[48] die sie betreffen (Anspruch auf Bestätigung, Abs. 1 S. 1 Hs. 1). Ist das nicht der Fall (Konstellation des „Negativattests"), spielen die weiteren Teile der Vorschrift im konkreten Fall keine Rolle mehr.

– Sofern eine Verarbeitung personenbezogener Daten erfolgt oder erfolgt ist, hat die betroffene Person **Anspruch auf umfangreiche Informationen** zur Verarbeitung. Dieser Auskunftsanspruch umfasst stets die Informationen gemäß Abs. 1 Hs. 2 erster Teil (Anspruch auf Auskunft über die die verarbeiteten personenbezogenen Daten – „**eigentlicher" Auskunftsanspruch**). Unter bestimmten Voraussetzungen sind die Daten in Form einer Kopie gemäß Abs. 3 zur Verfügung zu stellen.

– Hinzu kommen als **Metainformationen** stets die Angaben gemäß Abs. 1 Hs. 2 zweiter Teil, Buchst. a – h, sofern im konkreten Fall relevant ferner die Informationen gemäß Abs. 2.

Abs. 4 enthält kein eigenständiges Recht, sondern nach seinem Wortlaut lediglich ein Hindernis für den durch Abs. 3 S. 1 vermittelten Anspruch auf eine Kopie. Er fordert, dass das Recht auf Erhalt einer Kopie so mit den Rechten und Freiheiten anderer Personen so in Einklang gebracht wird, dass diese Rechte und Freiheiten nicht beeinträchtigt werden. Dabei stellt sich die Frage, ob Abs. 4 über seinen Wortlaut hinaus ein allgemeines Hindernis für den „eigentlichen" Auskunftsanspruch gemäß Abs. 1 Hs. 1 erster Teil aufstellt (→ Rn. 71).

11 Die vorgeschlagene Systematisierung soll lediglich die **Struktur der Vorschrift verdeutlichen**. Andere Systematisierungen von Art. 15 zu diesem Zweck sind möglich.[49] Einen Eigenwert, aus dem Schlüsse für konkrete Auslegungsfragen gezogen werden könnten, haben sie ebenso wenig wie die hier vorgeschlagene Systematisierung. Insbesondere ist es verfehlt, aus einer Strukturierung Ansätze für eine Beschränkung des Auskunftsrechts abzuleiten.

12 Das Auskunftsrecht ist innerhalb von Kapitel III (Rechte der betroffenen Person) Teil von Abschnitt 2 (Informationspflicht und Recht auf Auskunft zu personenbezogenen Daten). Die **Informationspflichten des Verantwortlichen** und das Auskunftsrecht der betroffenen Person ergänzen sich. Sie sind gewissermaßen zwei Seiten derselben Medaille. Während Art. 13 und Art. 14 eine aktive Informationspflicht des Verantwortlichen als seine Bringschuld gegenüber der betroffenen Person festlegen, gibt Art. 15 der betroffenen Person gegenüber dem Verantwortlichen ein Recht auf Auskunft, dessen Ausübung ihr freisteht. Es wird besonders bedeutsam, wenn der Verantwortliche seine Informationspflichten verletzt hat, aber auch ohne eine solche Verletzung, wenn die betroffene Person die Informationen, die ihr ordnungsgemäß vom Verantwortlichen zur Verfügung gestellt wurden, beispielsweise nicht mehr greifbar hat. Dieser Bezug zwischen Informationspflichten und Auskunftsrecht ist jedoch rein faktischer Natur. Die Ausübung des Auskunftsrechts hängt in keiner Weise davon ab, ob der Verantwortliche seinen Informationspflichten ordnungsgemäß nachgekommen ist oder nicht.

---

[45] Begriff so bei *Lembke/Fischels* NZA 2022, 513 (514).
[46] EuGH Urt. v. 4.5.2023 – C- 487/21, ECLI:EU:C:2023:369 = ZD 2023, 539 = EuZW 2023, 575 mAnm *Sandhu* – Österreichische Datenschutzbehörde und CRIF GmbH, Rn. 32 bestätigt durch EuGH Urt. v. 26.10.2023 – C-307/22, ECLI:EU:C:2023:811 = ZD 2024, 22 mAnm *Winnenburg* = MMR 2023, 939 mAnm *Hense/Däuble* = NJW 2023, 3481 mAnm *Fuhlrott* = EuZW 2023, 1100 mAnm *Peisker*, Rn. 72. Der BGH hat diese Sichtweise – was absehbar war – inzwischen ohne Einschränkungen übernommen, siehe BGH Urt. v. 27.9.2023 – IV ZR 177/22 = NJW 2023, 3490 mAnm *Rolfs*, Rn. 52–54.
[47] EDSA Guidelines 01/2022 Rn. 3.
[48] Zu diesem Vergangenheitsaspekt des Auskunftsanspruchs EuGH Urt. v. 7.5.2009 – C-553/07, ECLI: EU:C:2009:293 – Rijkeboer, Rn. 54, wo festgestellt wird, dass das Auskunftsrecht auch „zwingend für die Vergangenheit gelten muss."
[49] Siehe EDSA Guidelines 01/2022 Rn. 16, wo zunächst eine eher schematische Auflistung von acht Elementen erfolgt, während Rn. 17 dann Art. 15 Abs. 1 und Art. 15 Abs. 2 zusammen betrachtet und eine Dreigliederung vornimmt (Bestätigung über die Verarbeitung/Auskunft über die Daten/Informationen über die Verarbeitung). BayLfD Orientierungshilfe Rn. 21 enthält zusätzlich zu den hier dargestellten drei Elementen das Recht auf Bereitstellung einer Kopie gemäß Abs. 3 S. 1 als eigenes viertes Element. *Lembke/Fischels* NZA 2022, 513, verfahren iErg ebenso. *Kremer* CR 2018, 560 (561, Rn. 10) sieht eine zweistufige Ausgestaltung des Auskunftsrechts mit der Verarbeitungsbestätigung als erster Stufe und der Auskunftserteilung (unter Einschluss des Anspruchs auf Metadaten und des Anspruchs auf eine Kopie) als zweiter Stufe.

Das **Auskunftsrecht** bereitet die **Ausübung weiterer Rechte** der betroffenen Person in vielfacher Weise vor. Deren Geltendmachung ist jedoch nicht davon abhängig, dass zuvor Auskunft erteilt wurde. Hat die betroffene Person beispielsweise auf andere Weise als durch eine Auskunft Kenntnis davon erhalten, dass sie betreffende Daten unrichtig sind, dann kann sie den Berichtigungsanspruch unabhängig von der Geltendmachung des Auskunftsanspruchs durchsetzen.[50] **13**

Seine **faktische Grenze** findet die Erfüllbarkeit des Auskunftsrechts dann, wenn die Informationen, auf die sich das Auskunftsrecht bezieht, gelöscht wurden. Rechtlich gesehen wird das Auskunftsrecht jedoch auch in einem solchen Fall durch die Löschung nicht limitiert.[51] Der Verantwortliche hat nach dem Konzept der DS-GVO kein eigenständiges Recht auf Löschung. Sie gestaltet die Löschung in Art. 17 vielmehr als Recht der betroffenen Person aus. Einem Auskunftsbegehren, das sich auf Informationen und Daten bezieht, deren Löschung die betroffene Person zuvor erfolgreich durchgesetzt hat, kann der Verantwortliche das Argument des widersprüchlichen Verhaltens (venire contra factum proprium) entgegenhalten. **14**

Für die **Modalitäten der Auskunftserteilung** durch den Verantwortlichen sind die Vorgaben des Art. 12 zu beachten. Dabei modifiziert Art. 15 Abs. 5 die Regelungen über die Unentgeltlichkeit bzw. Entgeltlichkeit der Auskunft, die in Art. 12 Abs. 5 enthalten ist. Von erheblicher Bedeutung für das Auskunftsrecht sind die Regelungen des Art. 12 für den Fall, dass der Verantwortliche die betroffene Person nicht identifizieren kann (Art. 12 Abs. 4 S. 2 iVm Art. 11 Abs. 2). Dass eine Identifizierung nicht möglich ist, kann wegen der Vorgabe des Art. 5 Abs. 1 S. 1 Buchst. e Hs. 1 (Speicherung in einer Form, die die Identifizierung der betroffenen Person ermöglicht, nur so lange, wie es für die Zwecke der Verarbeitung erforderlich ist) in einer relevanten Zahl von Fällen vorkommen. **15**

Art. 23 eröffnet die Möglichkeit, das Auskunftsrecht durch Rechtsvorschriften der Union oder der Mitgliedstaaten zu **beschränken**.[52] Davon hat Deutschland insbesondere durch § 34 BDSG Gebrauch gemacht. In Österreich sind keine derartigen Beschränkungen erfolgt. **16**

2. Verhältnis zu anderen Vorschriften. Überschneidungen von Art 15 mit der **Benachrichtigungspflicht des Verantwortlichen nach Art. 34** können sich bezüglich der Daten ergeben, die von einer Schutzverletzung betroffen sind bzw. über die Auskunft zu erteilen ist, ferner unter dem Aspekt der Nennung von Datenempfängern (→ Rn. 41). Die Pflicht nach Art. 34 hat der Verantwortliche jedoch von sich aus zu erfüllen, während eine Auskunft nach Art. 15 ein darauf gerichtetes Begehren der betroffenen Person voraussetzt. Die **Rechenschaftspflicht nach Art. 5 Abs. 2** gewährt der betroffenen Person auch bei Datenpannen keine eigenständigen Auskunftsansprüche, die über den Inhalt von Art. 15 oder Art. 34 Abs. 2 hinausgehen.[53] **17**

Verfahrensrechtliche Zugangsrechte in Verwaltungsverfahren nach nationalem Recht (etwa das **Akteneinsichtsrecht** nach § 29 Abs. 1 S. 1 VwVfG und vergleichbare Regelungen in anderen Verfahrensgesetzen) und das Recht aus Art. 15 stehen nebeneinander.[54] Dies ergibt sich schon daraus, dass das Recht nach Art. 15 auf personenbezogene Daten der betroffenen Person beschränkt ist, während Gegenstand von Akteneinsichtsrechten „Akten" sind. „Akten" können zwar je nach Konstellation ausschließlich aus personenbezogenen Daten einer betroffenen Person bestehen.[55] **18**

---

[50] Siehe dazu schon *Ehmann/Helfrich* Art. 12 Rn. 7; EDSA Guidelines 01/2022 Rn. 12.
[51] Dies trägt dem Gedanken Rechnung, dass der Verantwortliche keinen Vorteil daraus ziehen darf, wenn er nach Eingang eines Auskunftsantrags rechtswidrig verarbeitete Daten löscht, keine Auskunft über sie erteilen zu müssen und um keine Sanktionen für die rechtswidrige Verarbeitung fürchten zu müssen, siehe dazu *Kühling* ZD 2021, 74 (78) mwN. Das Auskunftsrecht gem. Art. 15 bleibt davon unberührt.
[52] Siehe dazu auch Erwägungsgrund 73; ausf. dazu EDSA Guidelines 10/2020 on restrictions under Article 23 GDPR, Version 2.0, adopted on 13 October 2021. Zu den Grenzen, die dabei in Bezug auf Art. 15 bei der Berücksichtigung wirtschaftlicher Interessen iRv Art. 243 Abs. 1 Buchst. i zu beachten sind, s. EuGH Urt. v. 26.10.2023 – C-307/22, ECLI:EU:C:2023:811 = ZD 2024, 22 mAnm *Winnenburg* = MMR 2023, 939 mAnm *Hense/Däuble* = NJW 2023, 3481 mAnm *Fuhlrott* = EuZW 2023, 1100 mAnm *Peisker*, Rn. 53–69 (Antwort auf die zweite Vorlagefrage des BGH).
[53] OLG Stuttgart Urt. v. 31.3.2021 – 9 U 34/21, Beck RS 2021, 6282 Rn. 44, 45.
[54] BayLfD Orientierungshilfe Rn. 17; EDSA Guidelines 01/2022 Rn. 155.
[55] Siehe BVerwG Urt. v. 30.11.2022 – 6 C 10.21, Rn. 32, wonach es bei von einem Landesjustizprüfungsamt verarbeiteten Aufsichtsarbeiten eines Prüfungskandidaten und den zugehörigen Prüfgutachten nicht möglich ist, ausschließlich die personenbezogenen Daten aus dem Verarbeitungszusammenhang zu extrahieren und anschließend zusammenzufassen. Sie sind insgesamt personenbezogen, was – sollte eine Prüfungsakte nur aus ihnen bestehen – damit auch für die Prüfungsakte als Ganzes der Fall wäre.

Sie können jedoch darüber hinaus[56] oder sogar ausschließlich Daten enthalten, bei denen das nicht der Fall ist.[57] Insofern trifft es schon begrifflich nicht zu, dass Art. 15 ein Akteneinsichtsrecht gewähren würde. Der Gegenstand einer Akteneinsicht kann je nach Lage des Einzelfalls mit dem Gegenstand einer Auskunft nach Art. 15 inhaltsgleich sein, doch ist das keineswegs zwingend.[58] Eine entsprechende Parallelität besteht im Hinblick auf Informationszugangsrechte nach den **Informationsfreiheitsgesetzen**.[59]

19 In **Steuerverfahren** besteht die Besonderheit, dass die Abgabenordnung kein Akteneinsichtsrecht vorsieht. Ob gleichwohl ein Anspruch nach Art. 15 in Betracht kommt, ist instanzgerichtlich strittig.[60] Bei einer Verarbeitung von Daten durch eine **Steuerfahndungsstelle** ist zu beachten, dass ihre Tätigkeit nicht in den Anwendungsbereich der DS-GVO fällt, so dass Art. 15 nicht anwendbar ist.[61]

20 Soweit die **Tätigkeit von Gerichten** in den Anwendungsbereich der DS-GVO fällt, besteht eine Parallelität des Rechts gemäß Art. 15 und der in den jeweiligen Verfahrensordnungen vorgesehenen Akteneinsichtsrechte.[62] Demgegenüber betrachtet der BFH die Finanzgerichtsordnung als lex specialis im Verhältnis zur DS-GVO und lehnt darauf aufbauend eine Anwendung von Art. 15 in deren Geltungsbereich ab.[63] Dem ist entgegenzuhalten, dass Erwägungsgrund 20 S. 1 festhält, dass die DS-GVO für die Tätigkeit der Gerichte gilt,[64] mag es auch bei der Zuständigkeit der Aufsichtsbehörden Einschränkungen geben (siehe Art. 55 Abs. 3 sowie Erwägungsgrund 20 S. 2). Zwar ist in Erwägungsgrund 20 S. 1 auch erwähnt, dass durch Recht der Mitgliedstaaten festgelegt werden kann, wie die „Verarbeitungsvorgänge" und „Verarbeitungsverfahren" im Einzelnen auszusehen haben. Die Betroffenenrechte und damit auch das Aus-

---

[56] So die Situation bei EuGH Urt. v. 17.7.2014 – C-141/12 und C-372/12, ECLI:EU:C:2014:2081 = ZD 2014, 515 – Y.S./Minister voor Immigratie, Integratie en Asiel, Rn. 46. Eine in der Behördenakte enthaltene abstrakte rechtliche Analyse ohne individuellen Bezug zur konkreten betroffenen Person sah der EuGH dort nicht als vom Auskunftsrecht nach Art. 12 DS-RL erfasst an. Entspr. *Engeler/Quiel* NJW 2019, 2201 (2203) unter Bezugnahme auf BayLDA, 8. TB 2017/2018, S. 46 sowie auf *Laoutoumai/Hoppe* K&R 2019, 296 (300): Bestandteile einer Akte, die keine personenbezogenen Daten enthalten, sind nicht vom Anspruch erfasst, selbst wenn andere Bestandteile der Akte als Kopie zur Verfügung zu stellen sind.

[57] Sofern ein Antragsteller die Eigenschaft eines Beteiligten iSv § 13 VwVfG oder den entspr. Vorschriften in anderen Verfahrensgesetzen hat, hängt sein Akteneinsichtsrecht nicht davon ab, ob die Akte, in die er Einsicht begehrt, Daten enthält, die sich auf seine Person beziehen. Das wird zwar häufig der Fall sein, ist aber nicht zwingend.

[58] GA *Emiliou* SchlA v. 20.4.2023 in der Rs. C-307/22, ECLI:EU:C:2023:315, Rn. 77.

[59] BayLfD Orientierungshilfe Rn. 14 und Rn. 18 für Art. 39 Abs. 1 S. 1 BayDSG, der in Bayern eine den Informationsansprüchen nach den Informationsfreiheitsgesetzen anderer Bundesländer und des Bundes vergleichbare Funktion erfüllt. Die Überlegungen gelten entspr. für Ansprüche nach dem Umweltinformationsgesetz und dem Verbraucherinformationsgesetz.

[60] Bej. FG Saarl Beschl. v. 3.4.2019 – 2 K 1002/16, DStRE 2019, 1226; bej. für das Gebiet der Umsatzbesteuerung, verneinend dagegen für das unionsrechtlich nicht harmonisierte Gebiet der Einkommensbesteuerung natürlicher Personen NdsFG Urt. v. 28.1.2020 – 12 K 213/19, DStRE 2020, 881. Zu beiden Verfahren siehe *Walter* NWB 2021, 2748. FG Düsseldorf Urt. v. 9.2.2022 – 4 K 641/20 AO betrachtet Art. 15 als denkbare Anspruchsgrundlage für Daten, die eine Außenprüfung hinsichtlich Gewerbesteuer, Einkommensteuer und Umsatzsteuer betrifft, ohne das Verhältnis von AO und DS-GVO zu problematisieren. Zu weiteren, inhaltlich divergierenden instanzgerichtlichen Entscheidungen *Hammring* NWB 2022, 1787. Eine Klärung durch den BFH steht bisher aus. BFH Urt. v. 5.12.2023 – IX R 32/21 sieht § 29b AO als einen gegenüber Art. 6 Abs. 1 S. 1 Buchst. e und gegenüber Art. 9 Abs. 2 Buchst. g vorrangige bereichsspezifische Rechtsgrundlage für die Verarbeitung personenbezogener Daten durch die Steuerverwaltung. Ein Widerspruchsrecht gem. Art. 21 Abs. 1 S. 1 Hs. 1 sei durch die Vorschrift des § 32f Abs. 5 AO ausgeschlossen, was durch Art. 23 Abs. 1 Buchst. e gedeckt sei (ebenda, Rn. 73/74). Da der Kläger keinen Anspruch gem. Art. 15 geltend gemacht hatte, hatte der BFH keine Veranlassung, auf das Verhältnis der AO zu Art. 15 Stellung zu nehmen.

[61] FG BW Beschl. v. 30.9.2019 – 10 K 1493/19, BeckRS 2019, 44693 Rn. 21–23 (Ausschluss der Anwendbarkeit der DS-GVO gem. Art. 2 Abs. 2 Buchst. d).

[62] *Deutschmann* ZD 2021, 414f. Zu weitgehend allerdings seine Aussage, die Eigenschaft als Verfahrensbeteiligter mache grds. die gesamte Verfahrensakte zu einem personenbezogenen Datum dieses Verfahrensbeteiligten (*Deutschmann* ZD 2021, 414 [416, 418]). So können etwa in einer Verfahrensakte Kopien von Fachlit. enthalten sein, die nicht personenbezogen sind und sich von den Dokumenten mit personenbezogenen Daten trennen lassen.

[63] BFH Beschl. v. 29.8.2019 – XS 6/19, Rn. 23; bestätigt durch BFH Beschl. v. 7.6.2021 – VIII B 123/20. Ebenso FG BW Beschl. v. 17.12.2019 – 2 K 770/17, ZD 2020, 662 (Ls.).

[64] Damit erscheint es nicht vereinbar, den Beibringungsgrundsatz (§ 421 ZPO) pauschal als Regelung iSv Art. 23 Abs. 1 Buchst. f anzusehen (so anklingend bei *Brink/Joos* ZD 2019, 486). Denn damit würde Art. 15 für die Dauer eines laufenden Gerichtsverfahrens faktisch in seiner Wirkung blockiert.

kunftsrecht nach Art. 15 sind jedoch nicht unter diese beiden Begriffe zu subsumieren. Es ist auch nicht ersichtlich, wie angesichts der Möglichkeiten, die Abs. 4 für den Einzelfall bietet, die **Unabhängigkeit der Gerichte** (siehe dazu Art. 47 Abs. 3 GRCh) durch Auskünfte auf der Basis von Art. 15 tangiert werden könnte. Mittelfristig wird es erforderlich sein, die Akteneinsichtsrechte der Verfahrensordnungen so neu zu gestalten, dass Abgrenzungsprobleme zum Recht nach Art. 15 vermieden werden und die Umsetzung des Auskunftsanspruchs für die Gerichte ohne nicht leistbaren Aufwand handhabbar bleibt.[65] Art. 23 Abs. 1 Buchst. f eröffnet den nationalen Gesetzgebern ausreichend Möglichkeiten, dabei die Wahrung der Unabhängigkeit der Justiz und den Schutz von Gerichtsverfahren, also von geordneten gerichtlichen Verfahrensabläufen, sicherzustellen.[66]

Spezialvorschriften des nationalen Rechts, die Auskunfts- oder Einsichtsrechte gewähren, lässt Art. 15 hinsichtlich ihrer Anwendbarkeit unberührt, solange sie nicht bewirken, dass er unzulässig eingeschränkt wird. Das gilt etwa für **§ 810 BGB** (Einsicht in Urkunden). Sofern die Urkunden, die er erfasst, keine personenbezogenen Daten der betroffenen Person enthalten, gewährt § 810 BGB ihr einen inhaltlichen Anspruch, den sie auf der Basis von Art. 15 nicht hätte, da der Anwendungsbereich von Art. 15 in diesem Fall nicht eröffnet ist. Sollten die in Rede stehenden Urkunden personenbezogene Daten der betroffenen Person enthalten, kann sie sich außer auf § 810 BGB auch auf Art. 15 berufen, der im Gegensatz zu § 810 BGB kein rechtliches Interesse voraussetzt. Sollte sie ein rechtliches Interesse in diesem Sinn haben, könnte die betroffene Person sich parallel auf beide Vorschriften stützen.[67]

Komplexer ist die Situation bei **§ 630g BGB** (Einsichtnahme in die Patientenakte).[68] Patientenakten enthalten zwar regelmäßig personenbezogene Daten der betroffenen Person (siehe Erwägungsgrund 63 S. 2), können aber außerdem auch eine Vielzahl von Dokumenten ohne Personenbezug enthalten, wie etwa wissenschaftliche Artikel über Krankheiten.[69] Davon ausgehend gewährt Art. 15 einen Auskunftsanspruch nur für die personenbezogenen Bestandteile einer Krankenakte. § 630g BGB erfasst dagegen alle Bestandteile der Krankenakte, also auch solche ohne Personenbezug. Das ergibt sich deutlich aus § 630 Abs. 1 S. 1 BGB. wonach dem Patienten ein Recht auf Einsicht in die „vollständige, ihn betreffende Patientenakte" zusteht. Insofern geht der Anspruch aus § 630g BGB weiter als der Anspruch aus Art. 15. Letzteres gilt auch unter dem Aspekt, dass § 630g Abs. 3 BGB den Erben Einsichtsrechte gewährt, während sie sich auf Art. 15 nicht berufen können. Andererseits gibt § 630g Abs. 2 BGB dem Patienten einen Anspruch auf „elektronische Abschriften von der Patientenakte" nur gegen Erstattung der entstandenen Kosten. Das kollidiert, soweit die Patientenakte aus personenbezogenen Daten besteht, mit dem Anspruch auf unentgeltliche Auskunft über diese in Form einer Kopie (abzuleiten im Umkehrschluss aus Abs. 3 S. 2 sowie direkt aus Art. 12 Abs. 5).[70] Darin läge nur dann eine zulässige Einschränkung von Art. 15, wenn eine der Voraussetzungen des Art. 23 Abs. 1 vorliegt.[71] Der EuGH hat entschieden, dass dessen Voraussetzungen nicht erfüllt sind.[72] Eine parallele Problematik stellt sich bei **§ 202 VVG** (Auskunftspflicht des Versicherers) wegen der in § 202 S. 4 VVG vorgesehenen Kostenerstattungspflicht. Ein Personenbezug dürfte bei den von § 202 VVG erfassten Gutachten und Stellungnahmen stets durchgängig gegeben sein.

---

[65] Siehe dazu BayLfD Orientierungshilfe Rn. 45, der am Bsp. großer Stadtverwaltungen darauf hinweist, dass gerade bei „verästelten Verwaltungsstrukturen" ein „besonderes Transparenzbedürfnis" bestehe. Dies gilt für Gerichte vielfach nicht minder, gerade – aber nicht ausschließlich – im Bereich der freiwilligen Gerichtsbarkeit (§ 1 FamG).
[66] EDSA Guidelines 10/20202 Rn. 30 hebt die Notwendigkeit hervor, abw. Regelungen gem. Art. 23 Abs. 1 Buchst. f und die Regelungen der nationalen Verfahrensordnungen aufeinander abzustimmen („The scope of these restrictions should be aligned with national legislation regulating these matters.").
[67] *Riemer* DAR 2022, 127 (133).
[68] *Piltz/Zwerschke* MedR 2021, 1070.
[69] GA *Emiliou* SchlA v. 20.4.2023 in der Rs. C-307/22, ECLI:EU:C:2023:315, Rn. 80.
[70] Diesen Aspekt übergeht *Riemer* DAR 2022, 127 (133).
[71] Bej. GA *Emiliou* SchlA v. 20.4.2023 in der Rs. C-307/22, ECLI:EU:C:2023:315, Rn. 71.
[72] EuGH Urt. v. 26.10.2023 – C-307/22, ECLI:EU:C:2023:811 FT/DW = ZD 2024, 22 mAnm *Winnenburg* = MMR 2023, 939 mAnm *Hense/Däuble* = NJW 2023, 3481 mAnm *Fuhlrott* = EuZW 2023, 1100 mAnm *Peisker*, Rn. 53–69 (Antwort auf die zweite Vorlagefrage des BGH); LG Dresden ZD 2021, 100 hält § 630g BGB und Art. 15 für nebeneinander anwendbar und bejaht trotz der Kostenregelung in § 630g Abs. 2 S. 3 BGB einen Anspruch auf eine kostenlose Erstauskunft. Diese Sichtweise ist nicht mehr haltbar.

23 In zivilprozessualen Verfahren und anderen Verfahren, in denen nicht der Grundsatz der Amtsermittlung gilt, kann Art. 15 aus faktischen Gründen[73] eine Stärkung der Stellung der zur Auskunft berechtigten Person bewirken.[74] Denn der Inhalt einer Auskunft kann ihr Erkenntnisse und Indizien liefern, die ihr prozessual nützlich sind. Dies kann – so eine mögliche Sichtweise – zur Behebung einer ansonsten zum Nachteil der betroffenen Person bestehende „Informationsasymmetrie" dienen[75] und **prozessuale Strategien** durchkreuzen, bei denen Verantwortliche die „nationalen prozessualen Regeln über die Sachverhaltsaufklärung zu einer taktischen Informationsbewirtschaftung nutzen möchten."[76] Andererseits – so eine andere mögliche Sichtweise – kann es dadurch dazu kommen, dass eine „Ausforschung" des (künftigen oder jetzigen) Prozessgegners erfolgt, welche die bisher im Zivilprozess vorgegebene Darlegungs- und Beweislastverteilung regelrecht aushebelt.[77] Schlagwortartige Formulierungen wie die, Art. 15 habe eine **„DS-GVO-discovery"** (in Anlehnung an die pre-trial-discovery des US-Rechts[78]) eingeführt,[79] belegen die praktische Bedeutung dieses Phänomens. Dabei ist die praktische Relevanz je nach Rechtsgebiet unterschiedlich. So gut wie nicht vorhanden ist sie in **familiengerichtlichen Verfahren.** Dies mag daran liegen, dass im Bereich persönlicher Beziehungen das „Haushaltsprivileg" (Art. 2 Abs. 2) Auskunftsansprüche nach Art. 15 weitgehend ausschließt.[80] Kaum zu überschätzen ist dagegen die Relevanz im **Arbeitsrecht.** Das Arbeitsverhältnis ist ein Dauerschuldverhältnis, in dessen Rahmen der Arbeitnehmer persönliche Leistungen zu erbringen hat. Dadurch fallen große Mengen personenbezogener Daten an,[81] die aus unterschiedlichen Gründen oft für eine erhebliche Zeit gespeichert bleiben müssen. Hinzu kommt, dass **Kündigungsschutzprozesse**[82] einen erheblichen Teil der arbeitsgerichtlichen Verfahren ausmachen. In ihnen spielen personenbezogene Daten der klagenden Arbeitnehmer eine wesentliche Rolle, und zwar nicht nur bei personenbedingten Kündigungen (§ 1 Abs. 2 S. 1 KSchG), sondern – vor allem im Rahmen der Sozialauswahl (§ 1 Abs. 3 KSchG) – auch bei betriebsbedingten Kündigungen. Der Charakter als ausgesprochen langfristig angelegtes Dauerschuldverhältnis dürfte auch der Hauptgrund dafür sein, warum Auskunftsansprüche im Bereich der **Personenversicherungen**[83] eine erhebliche Rolle spielen.

24 Unabhängig davon, wie die Einführung des sehr weitgehenden Auskunftsanspruchs gemäß Art. 15 rechtspolitisch zu bewerten ist,[84] bieten solche Beobachtungen keine Rechtfertigung dafür, in der DS-GVO nicht angelegte Einschränkungen dieses Rechts durchsetzen zu wollen.[85] Auch Erwägungsgrund 63 S. 1 bietet keinen Hebel, um ein Auskunftsverlangen als rechtsmiss-

---

[73] OLG Köln Urt. v. 26.7.2019 – 20 U 75/18, BeckRS 2019, 16261 Rn. 73 spricht von einem „zufälligen Nebeneffekt", der vom europäischen Gesetzgeber nicht gezielt herbeigeführt wurde.
[74] BayLfD Orientierungshilfe Rn. 12.
[75] So OLG Rostock Urt. v. 18.7.2023 – 4 U 45/22, r+s 2023, 811 (813, Rn. 37): „Nutzt sie [= die betroffene Person] ihr Recht auf eine Datenkopie, um Informationsasymmetrien zwischen sich und dem Verantwortlichen abzubauen und so ihre Rechte und Freiheiten zu wahren, ist dies ein legitimes und rechtlich anzuerkennendes Ziel."
[76] BayLfD Orientierungshilfe Rn. 12.
[77] *Riemer* DAR 2022, 127 (129).
[78] Die vom Wortlaut her zutreffende Übersetzung des Begriffs mit „vorprozessualer Erforschung des Sachverhalts" zeigt die Dimension und Auswirkungen dieses Vorgangs nur unvollkommen auf. Er läuft darauf hinaus, dass die (künftigen) Prozessparteien sich bereits im Vorfeld des eigentlichen Prozesses gegenseitig alle Fakten aufdecken müssen, auf die sich später im Prozess als Beweismittel berufen wollen. Dazu gehören völlig selbstverständlich etwa auch große Mengen von E-Mails mit möglicher (!) Verfahrensrelevanz. Das soll ein „trial by ambush" (Prozessführung aus dem Hinterhalt) vermeiden, bei dem sich eine Prozesspartei später im Prozess mit Beweismitteln konfrontiert sieht, die für sie überraschend sind; siehe etwa Black's Law Dictionary, 11. Aufl., 2019, Stichwort „discovery/pretrial discovery".
[79] *Riemer* DAR 2022, 127 (133).
[80] EDSA Guidelines 01/2022 Rn. 92: Soweit das Haushaltsprivileg reicht, besteht kein Auskunftsrecht. Zur Anwendbarkeit des Haushaltsprivilegs bei der Aufzeichnung von Telefongesprächen EDSA Guidelines 01/2022 Rn. 106.
[81] *Lembke/Fischels* NZA 2022, 513 (514); *Brink/Joos* ZD 2019, 483 (485, 486).
[82] EDSA Guidelines 01/2022 Rn. 13/Example 1 betrachtet die Situation nach der Kündigung eines Arbeitsverhältnisses als typische Konstellation, in der der betroffene Arbeitnehmer mit Hilfe von Art. 15 Beweismaterial für einen Kündigungsschutzprozess zu sammeln versucht und hat daran nichts zu beanstanden.
[83] Siehe hierzu die Leitentscheidung BGH Urt. v. 15.6.2021 – VI ZR 576/19, NJW 2021, 2726 = ZD 2021, 581 mAnm *Riemer*. *Riemer* DAR 2022, 127 (133) attestiert, sie habe bei manchen „Erstaunen bis hin zu blankem Entsetzen" ausgelöst.
[84] *Riemer* DAR 2022, 127 schildert die dadurch faktisch (nicht rechtlich!) bewirkte Relativierung des Beibringungsgrundsatzes (§ 282 ZPO) und des „Ausforschungsverbots".
[85] EDSA Guidelines 01/2022 Rn. 13 (in der „Variation" des Beispiels): Maßstab für etwaige Einschränkungen durch mitgliedstaatliche Regelungen ist Art. 23.

bräuchlich anzusehen, weil es „datenschutzfremden Zwecken" wie etwa der Vorbereitung einer zivilrechtlichen Rechtsverfolgung dienen soll.[86] Versuche, ein solches Vorgehen generell als Verstoß gegen das ungeschriebene, aber unionsrechtlich anerkannte Missbrauchsverbot zu bewerten, haben keine Aussicht auf Erfolg, abgesehen von denkbaren konkreten Einzelfällen.[87] Dass die veränderte Situation neue Anforderungen an **prozesstaktische Überlegungen** stellt, liegt auf der Hand,[88] rechtfertigt aber ebenfalls keine derartigen Einschränkungen im Vorfeld eines etwaigen gerichtlichen Verfahrens. Lediglich während eines laufenden gerichtlichen Verfahrens kann dies anders zu sehen sein, um das Vertrauensverhältnis zwischen Mandanten und Rechtsanwalt zu schützen.[89] Dass Auskunftsansprüche bisweilen auch als Druckmittel bei Vergleichsverhandlungen dienen,[90] ist per se nicht verwerflich.[91]

B. Einzelerläuterungen

I. Recht auf eine Bestätigung über die Tatsache der Verarbeitung (Abs. 1 Hs. 1)

Ausgangspunkt des Auskunftsrechts ist die Bestätigung, gerichtet an die betroffene Person, ob überhaupt personenbezogene Daten verarbeitet werden, welche sie betreffen. Ein solches Bestätigungsverlangen kann mit dem Auskunftsverlangen nach Art. 15 Abs. 1 Hs. 2 kombiniert werden. Im Zweifel ist davon auszugehen, dass beides kombiniert gewünscht ist.[92] Isoliert für sich dürfte ein Bestätigungsverlangen in der Praxis nur selten geltend gemacht werden.[93] Die positive Bestätigung, dass Daten der betroffenen Person verarbeitet werden, kann der Verantwortliche entweder gesondert übermitteln oder zusammen mit der Übermittlung der Daten, die Gegenstand der Verarbeitung sind.[94]

25

Der Auskunftsanspruch bezieht sich dabei nur auf die eigenen[95] personenbezogenen Daten der betroffenen Person,[96] nicht dagegen auf personenbezogene Daten anderer Personen. Dies zu verdeutlichen, ergibt durchaus Sinn, weil es erst auf dieser Basis möglich wird, dem Auskunftsrecht der betroffenen Person Rechte und Freiheiten anderer Personen gegenüberzustellen, die das **Auskunftsrecht limitieren**.[97] Das Auskunftsrecht hat somit keinen absoluten Vorrang

26

---

[86] EuGH Urt. v. 26.10.2023 – C-307/22, ECLI:EU:C:2023:811 FT/DW = ZD 2024, 22 mAnm *Winnenburg* = MMR 2023, 939 mAnm *Hense/Däuble* = NJW 2023, 3481 mAnm *Fuhlrott* = EuZW 2023, 1100 mAnm *Peisker*, Rn. 29–52 (Antwort auf die erste Vorlagefrage des BGH), besonders Rn. 51.
[87] Zu diesem Ansatz *Preisker/Zhou* PinG 2023, 218 (222); *Peisker* Anm. zu EuGH Urt. v. 26.10.2023 – C-307/22, EuZW 2023, 1100; *Hense/Däuble* Anm. zu EuGH Urt. v. 26.10.2023 – C-307/22, MMR 2023, 939.
[88] Ausf. Überlegungen hierzu für den Bereich des Arbeitsrechts etwa bei *König* CR 2019, 295; *Klachin/Schaff/Rauer* ZD 2021, 663; *Flöter/Krüger* BB 2022, 1141; *Fuhlrott* NJW 2023, 1108. Eher rechtsgebietsübergreifend ausgerichtet sind die Darstellungen von *Grimme* DatenschutzPraxis 11/2018, 1; *Krämer/Burghoff* ZD 2022, 428; *Riemer* DAR 2022, 127.
[89] Ebenso *Raji* ZD 2020, 279 (284), der einen Anspruch auf Kopien der Korrespondenz zwischen Rechtsanwalt und Mandant für den Gegner des Mandanten verneint. Zu unscharf ohne eine solche Differenzierung *Brink/Joos* ZD 2019, 483 (486), die den „Anspruch auf Waffengleichheit im Zivilprozess" dafür heranziehen wollen, um ein „Aushorchen" des Prozessgegners zu verhindern.
[90] *Lembke* NJW 2020, 1841 (Auskunftsanspruch als Instrument für einen „goldenen Handschlag").
[91] Davon abzugrenzen sind Fälle, in denen ein Auskunftsanspruch erhoben wird, um ihn unmittelbar mit dem Angebot verbunden wird, auf die Geltendmachung des Anspruchs gegen Zahlung eines bestimmten Betrages (im konkreten Fall 2.900 EUR) zu verzichten. Die Datenschutzbehörde Österreich hat dies zutr. als rechtsmissbräuchliches Verhalten angesehen, siehe Bescheid v. 21.2.2023, Az. 2023-0.137.735. Zu eng dagegen *Winnenburg* Anm. zu EuGH Urt. v. 26.10.2023 – C-307/22, ZD 2024, 22 (27), wonach schon die bloße Absicht, Verhandlungsdruck zu erzeugen, ohne ein Informationsinteresse zu verfolgen, am unionsrechtlichen Rechtsmissbrauchsvorbehalt scheitern müsse. Der von der Datenschutzbehörde Österreich entschiedene Fall ist dadurch charakterisiert, dass der Anspruchsteller durch sein Verhalten zeigt, dass er an einer inhaltlichen Auskunft von vornherein überhaupt kein Interesse hat.
[92] BayLfD Orientierungshilfe Rn. 34.
[93] *Kremer* CR 2018, 560 (561, Rn. 11).
[94] EDSA Guidelines 01/2022 Rn. 18.
[95] Siehe Erwägungsgrund 63 S. 2, der von „eigenen" Daten spricht (in diesem Fall von eigenen gesundheitsbezogenen Daten).
[96] Siehe dazu auch Erwägungsgrund 63 S. 1.
[97] Dies hebt Erwägungsgrund 63 S. 5 hervor: „Dieses Recht sollte die Rechte und Freiheiten anderer Personen, etwa Geschäftsgeheimnisse oder Rechte des geistigen Eigentums und insbesondere das Urheberrecht an Software, nicht beeinträchtigen."

gegenüber Rechten und Freiheiten anderer Personen, andererseits darf die Rücksicht auf Rechte und Freiheiten anderer Personen nicht dazu führen, dass der betroffenen Person jegliche Auskunft verweigert wird.[98] Mit anderen Worten: Es bedarf einer Abwägung der beiderseitigen Rechte und Freiheiten im Sinne einer praktischen Konkordanz unter Berücksichtigung der jeweils vorhandenen Grundrechtspositionen.[99] Dabei ist zu beachten, dass eigene personenbezogene Daten auch dann vorliegen, wenn sich Daten außer auf die betroffene Person selbst auch auf andere Personen beziehen.[100] Ausgeschlossen vom Auskunftsanspruch sind nur solche personenbezogenen Daten, die sich ausschließlich auf eine andere Person beziehen.[101] Beziehen sich ein – und dieselben Daten auf mehrere Personen, stellt sich die Frage nach dem Ausgleich der Interessen dieser Personen[102] (→ Rn. 73).

27   Hinzuweisen ist darauf, dass diese Überlegungen bei der bloßen Bestätigung über die Tatsache der Verarbeitung keine Berücksichtigung erfordern. Auf dieser Stufe spielen **Rechte und Freiheiten anderer Personen** noch keine Rolle. Zwar kann schon die Tatsache, dass überhaupt Daten über eine bestimmte Person in einem Bestand vorhanden sind, durchaus von erheblichem Aussagewert sein (Beispiel: Daten über eine Person in einem Datenbestand über gerichtliche Verurteilungen). Die Auskunft hierüber erreicht jedoch auf der Stufe der Bestätigung über die Tatsache der Verarbeitung nur die betroffene Person selbst.

28   Die Präsensformulierung „verarbeitet werden" ist wörtlich zu nehmen. Um einen **Bestätigungsanspruch** auszulösen, genügt es, dass Daten aktuell gespeichert sind, denn bereits die bloße Speicherung ist ein Unterfall der Verarbeitung (Art. 4 Nr. 2). Darüber hinausgehende zusätzliche Verarbeitungsschritte müssen dagegen weder aktuell stattfinden noch früher stattgefunden haben. Dies bestätigt die Sichtweise des EuGH, dass das Auskunftsrecht (und zwar auch bereits in Form des Rechts auf eine Bestätigung über die Tatsache der Verarbeitung) auch „für die Vergangenheit" gelten müsse.[103] Dabei ist der **Begriff der Verarbeitung** im Bereich des Art. 15 so weit zu fassen, wie dies in Art. 4 Nr. 2 angelegt ist, nämlich als eine nicht erschöpfende Aufzählung von Vorgängen im Zusammenhang mit personenbezogenen Daten oder Sätzen solcher Daten.[104]

29   Aus der Formulierung „ob" ergibt sich, dass die betroffene Person Anspruch auf eine negative Bestätigung **(Negativattest)** hat, wenn keine personenbezogenen Daten verarbeitet werden, die sie betreffen.[105] Die Richtlinie 95/46/EG hatte in Art. 12 Buchst. a Spiegelstrich 1 inhaltsgleich, aber deutlicher formuliert, es gehe darum, ob es eine Verarbeitung „gibt oder nicht gibt". Genau dies ist auch der Sinn der vorliegenden Regelung. Ein Negativattest[106] kommt in Betracht, wenn entweder keinerlei Daten zur betroffenen Person verarbeitet werden oder wenn vorhandene,

---

[98] So mit Recht Erwägungsgrund 63 S. 6.
[99] EuGH Urt. v. 26.10.2023 – C-307/22, ECLI:EU:C:2023:811 = ZD 2024, 22 mAnm *Winnenburg* = MMR 2023, 939 mAnm *Hense/Däuble* = NJW 2023, 3481 mAnm *Fuhlrott* = EuZW 2023, 1100 mAnm *Peisker* Rn. 59: Das Recht auf Schutz der personenbezogenen Daten ist kein absolutes Recht, sondern muss unter Wahrung des Verhältnismäßigkeitsprinzips gegen andere Grundrechte abgewogen werden.
[100] Solche Konstellationen sind häufig, siehe nur EuGH Urt. v. 20.12.2017 – C-434/16, ECLI:EU:C:2017:994 = NJW 2018, 767 – Nowak, Rn. 45: Daten, die sich zugleich auf einen Prüfungskandidaten und einen Prüfer beziehen.
[101] EDSA Guidelines 01/2022 Rn. 63 unter Hinweis auf Gruppe nach Art. 29, Arbeitspapier 29, S. 9, das der EDSA in seiner ersten Sitzung bestätigt und damit übernommen hat.
[102] EDSA Guidelines 01/2022 Rn. 105 verweist insoweit auf Art. 15 Abs. 4, den EDSA, Guidelines 01/2022, Rn. 169 auch in solchen Konstellationen für anwendbar hält, da das Recht auf Kopie, das Art. 15 Abs. 4 seinem Wortlaut nach lediglich behandelt, eine bloße Modalität der Auskunftserteilung sei. Das ist in sich konsequent.
[103] EuGH Urt. v. 7.5.2009 – C-553/07, ECLI:EU:C:2009:293 – Rijkeboer, Rn. 54. Statt in dieser Weise vom vergleichbaren Wortlaut des Art. 12 Buchst. a Spiegelstrich 1 auszugehen, hat der EuGH dieses Erg. dort aus Sinn und Zweck des Auskunftsanspruchs abgeleitet.
[104] EuGH Urt. v. 22.6.2023 – C-579/21, ECLI:EU:C:2023:501 = ZD 2023, 601 = NJW 2023, 2555 mAnm *Brandt* = EuZW 2023, 661 mAnm *Fuhlrott* – JM/Pankki S, Rn. 47 mwN. Die von *Starke* ZD 2024, 63 (64) beschriebenen Argumentationen, die „bloße Archivierung von Dokumenten als einheitliche Bild- oder PDF-Datei ohne Anwendung einer Texterkennung" vom Begriff der Verarbeitung auszunehmen, haben keine Aussicht auf Erfolg.
[105] Praxisfall, in dem (jedenfalls zunächst) eine „Negativauskunft" (so der vom Gericht verwendete Begriff) verweigert wurde: AG Lehrte ZD 2021, 435.
[106] DSK Kurzpapier Nr. 6 S. 1 spricht von „Negativauskunft". Dies erscheint weniger passend, da jedenfalls inhaltlich gerade keine Auskunft erteilt wird. Es geht um eine Bestätigung des Nichtvorhandenseins personenbezogener Daten der betroffenen Person.

(ursprünglich) personenbezogene Daten unumkehrbar anonymisiert sind.[107] Auch wenn Daten nur noch pseudonymisiert vorhanden sind, kommt es zu einem Negativattest,[108] vorausgesetzt, der Verantwortliche verfügt nicht über die Mittel, um die **Pseudonymisierung** rückgängig zu machen.

Was die **Form der Mitteilung** angeht, ist Art. 12 Abs. 1 S. 2 und 3 heranzuziehen. Demnach genügt die mündliche Form nur dann, wenn dies die betroffene Person verlangt, ansonsten besteht Anspruch auf schriftliche oder eine andere Form.

II. Recht auf Auskunft über personenbezogene Daten und auf Auskunft über weitere Informationen (Abs. 1 Hs. 1 und Abs. 2)

Sofern eine Verarbeitung personenbezogener Daten vorliegt, kann die betroffene Person zum einen Auskunft über diese Daten selbst fordern,[109] zum anderen Auskunft über eine erhebliche Zahl von Informationen, die sich auf die Verarbeitung dieser Daten beziehen. Diese Informationen lassen sich als **Metadaten oder Zusatzinformationen** zu den Daten verstehen, die Gegenstand einer Verarbeitung sind. Sie nehmen am Personenbezug der „eigentlichen" personenbezogenen Daten teil, sobald sie mit ihnen verknüpft sind. Anders als diese weisen sie aber keinen Personenbezug mehr auf, wenn die Verknüpfung gelöst wird. Dies rechtfertigt es, sie in der Regelung gesondert anzuführen. Die Idealvorstellung des Verordnungsgebers geht dahin, dass der Verantwortliche ein **Auskunftssystem** bereitstellt, über das die betroffene Person ihre personenbezogenen Daten und die zugehörigen Informationen[110] per „Fernzugang" abrufen kann.[111] Der in der Grundverordnung sonst nirgends verwendete Begriff des „Fernzugangs" ist im Sinn der Möglichkeit eines Online-Abrufs zu verstehen. Der mit einem solchen Auskunftssystem verbundene Aufwand ist geringer als es zunächst scheinen mag. Dies ergibt ein Vergleich der Angaben (so die Begrifflichkeit von Art. 30 Abs. 1 S. 2), die der Verarbeiter zumindest in allgemeiner, nicht auf konkrete Einzelfälle bezogener Form[112] ohnehin schon im Rahmen des **Verzeichnisses von Verarbeitungstätigkeiten** (Art. 30 Abs. 1) bereithalten muss mit den Informationen (so die Terminologie von Art. 15 Abs. 1 S. 1 Hs. 2), auf die sich der Auskunftsanspruch der betroffenen Person bezieht:[113]

Gegenstand des Auskunftsrechts gemäß Art. 15 Abs. 1 S. 1 Hs. 2 bzw. Abs. 2 Buchst.	Gegenstand des Verzeichnisses von Verarbeitungstätigkeiten gemäß Art. 30 Abs. 1 S. 2 Buchst.
a) Verarbeitungszwecke	b) Zwecke der Verarbeitung
b) Kategorien personenbezogener Daten, die verarbeitet werden	c) Beschreibung der Kategorien betroffener Personen und der Kategorien personenbezogener Daten

---

[107] EDSA Guidelines 01/2022 Rn. 44 unter Abgrenzung anonymisierter und damit nicht personenbezogenen Daten von lediglich pseudonymisierten und damit noch personenbezogenen Daten. Ebenso EDSA Guidelines 01/2022 Rn. 97 aE; EDSA Guidelines 01/2022 Rn. 104 nimmt in Fn. 63 Bezug nimmt auf die entspr. Abgrenzung in Gruppe nach Art. 29, Arbeitspapier 242 (Leitlinien zum Recht auf Datenübertragbarkeit), S. 10, wo es zu Art. 20 heißt: „Gleichwohl fallen pseudonymisierte Daten, die eindeutig mit der betroffenen Person in Zusammenhang gebracht werden können (z.B. indem diese die entsprechenden Informationen bereitstellt, die ihre Identifizierung ermöglichen, vgl. Artikel 11 Absatz 2), sehr wohl in den Anwendungsbereich."
[108] Gierschmann/Schlender/Stenzel/Veil/*Veil* DS-GVO Art. 15 Rn. 91.
[109] EDSA Guidelines 01/2022 Rn. 112 spricht vom Zugang zu den personenbezogenen Daten an sich („access ot he personal data themselves").
[110] Erwägungsgrund 63 S. 4 erwähnt insoweit nur die personenbezogenen Daten der betroffenen Person, nicht die weiteren Informationen. Nach Sinn und Zweck des Erwägungsgrundes sind jedoch auch sie einzubeziehen.
[111] So Erwägungsgrund 63 S. 4.
[112] EDSA Guidelines 01/2022 Rn. 112 weist zutreffend auf die sich daraus ergebende Arbeitserleichterung für den Verantwortlichen hin. Was nicht auf die Situation des Antragstellers passt, darf jedoch nicht, auch nicht zur Arbeitsvereinfachung für den Verantwortlichen, in die Auskunft übernommen werden. Diese ist vielmehr individuell auf die Situation der betroffenen Person zuzuschneiden, so zu Recht EDSA Guidelines 01/2022 Rn. 115.
[113] Auf diesen Bezug hinweisend auch EDSA Guidelines 01/2022 Rn. 112; BayLfD Orientierungshilfe Rn. 97.

c) Empfänger oder Kategorien von Empfängern, gegenüber denen die personenbezogenen Daten offen gelegt worden sind oder noch offen gelegt werden, insbesondere bei Empfängern in Drittländern oder bei internationalen Organisationen	d) Kategorien von Empfängern, gegenüber denen die personenbezogenen Daten offen gelegt worden sind oder noch offen gelegt werden, einschließlich Empfänger in Drittländern oder internationalen Organisationen
d) falls möglich, die geplante Dauer, für die die personenbezogenen Daten gespeichert werden, oder, falls dies nicht möglich ist, die Kriterien für die Festlegung dieser Dauer	f) wenn möglich, die vorgesehenen Fristen für die Löschung der verschiedenen Datenkategorien
Abs. 2: Unterrichtung über die geeigneten Garantien gemäß Art. 46 bei der Übermittlung von personenbezogenen Daten an ein Drittland oder an eine internationale Organisation	e) bei den in Art. 49 Abs. 1 unter Abs. 2 genannten Datenübermittlungen die Dokumentierung geeigneter Garantien

33   Nicht zugleich Gegenstand des Verzeichnisses von Verarbeitungstätigkeiten gemäß Art. 30 sind die Informationen gemäß Abs. 1 S. 1 Hs. 2 Buchst. g (alle verfügbaren Informationen über die **Herkunft der Daten,** wenn die personenbezogenen Daten nicht bei der betroffenen Person erhoben werden) und auch nicht die Informationen gemäß Abs. 1 S. 1 Hs. 2 Buchst. h (das Bestehen einer automatisierten Entscheidungsfindung einschließlich **Profiling** usw). Dies ändert jedoch nichts daran, dass ein Großteil der „Metadaten", die Gegenstand des Auskunftsrechts sind, ohnehin aus anderen Gründen bereits beim Verarbeiter bereitstehen müssen und zwar schriftlich, was auch in einem elektronischen Format erfolgen kann (so Art. 30 Abs. 3).

34   Gegenstand des Auskunftsanspruchs ist die gesamte, **sehr vielfältige**[114] **Palette personenbezogener Daten**[115] gemäß Art. 4 Nr. 1. Art. 15 nimmt auf diese Definition in vollem Umfang Bezug. Daran lässt der EuGH keinen Zweifel: „Hierbei ist hervorzuheben, dass die in Art. 15 Abs. 1 DSGVO verwendeten Begriffe in Art. 4 dieser Verordnung definiert werden.[116] „Er hat ergänzend klargestellt, dass der Begriff „alle Informationen" in Art. 4 Nr. 1 weit auszulegen ist,[117] dass er auch alle Informationen erfasst, die erst aus einer Verarbeitung zuvor vorhandener personenbezogener Daten resultieren,[118] dass die Informationen objektiver wie subjektiver Natur sein können[119] und dass der Begriff der personenbezogenen Daten nicht auf sensible oder private

---

[114] Bereits EuGH Urt. v. 7.5.2009 – C-553/07, ECLI:EU:C:2009:293 – Rijkeboer, Rn. 59 hat hervorgehoben, dass „die von der Richtlinie [gemeint ist die DS-RL] erfassten personenbezogenen Daten vielfältig" seien. EDSA Guidelines 01/2022 Rn. 94 spricht ganz ähnlich davon, dass eine unbegrenzte Vielfalt von Daten unter die Definition der „personenbezogenen Daten" fallen könne („... unlimited broad variety of data may fall within this definition").
[115] Siehe die Liste mit Beispielen bei EDSA Guidelines 01/2022 Rn. 97.
[116] EuGH Urt. v. 22.6.2023 – C-579/21, ECLI:EU:C:2023:501 = ZD 2023, 601 = NJW 2023, 2555 mAnm *Brandt* = EuZW 2023, 661 mAnm *Fuhlrott* – JM/Pankki S, Rn. 40. Ebenso EDSA Guidelines 01/2022 Rn. 93.
[117] EuGH Urt. v. 4.5.2023 – C- 487/21, ECLI:EU:C:2023:369 = EuZW 2023, 575 mAnm *Sandhu* – Österreichische Datenschutzbehörde und CRIF GmbH, Rn. 23; bestätigt durch EuGH Urt. v. 22.6.2023 C – 579/21, ECLI:EU:C:2023:501 = NJW 2023, 2555 mAnm *Brandt* = EuZW 2023, 661 mAnm *Fuhlrott* – JM/Pankki S, Rn. 42. An diesem weiten Verständnis scheitert die Argumentation von *Starke* ZD 2024, 63 (64), dass bei der Korrespondenz zwischen Vertragsparteien „Vertragsdaten" wie „Widerrufsbelehrungen" oder gar „Standard-Arbeitsverträge" vom Personenbezug nicht erfasst würden. Dadurch, dass ein Standardtext in einem konkreten Einzelfall verwendet wird, erhält er im Regelfall einen individuellen Bezug zu den konkret beteiligten natürlichen Personen. Dass der Standardtext auch noch in einer Vielzahl weiterer Fälle verwendet wird, ändert daran nichts, zumal dies die betroffene Person nicht ohne weiteres erkennen kann. Dies ist auch der Argumentation von BGH Urt. v. 29.9.2023 – IV ZR 177/82 = BGH NJW 2023, 3490 Rn. 48/49 entgegenzuhalten, wonach bei einem Auskunftsanspruch bzgl. eines (privaten Krankenversicherungs-)Verhältnisses nicht alle Unterlagen, die eine Versicherung ihrem Versicherungsnehmer anlässlich einer Prämienanpassung übermittelt, als personenbezogen anzusehen seien, sondern lediglich das Anschreiben an den Versicherten und der Nachtrag zum Versicherungsschein.
[118] EuGH Urt. v. 4.5.2023 – C 487/21, ECLI:EU:C:2023:369 = EuZW 2023, 575 mAnm *Sandhu* – Österreichische Datenschutzbehörde und CRIF GmbH Rn. 26. Ebenso EDSA Guidelines 01/2022 Rn. 97, 99.
[119] EuGH Urt. v. 20.12.2017 – C-434/16, ECLI:EU:C:2017:994 = NJW 2018, 767 – Nowak, Rn. 34; bestätigt durch EuGH Urt. v. 4.5.2023 – C-487/21, ECLI:EU:C:2023:369 = ZD 2023, 539 = EuZW 2023, 575 mAnm *Sandhu* – Österreichische Datenschutzbehörde und CRIF GmbH Rn. 23.

Informationen beschränkt ist, sondern potenziell alle Arten von Informationen sowohl objektiver wie auch subjektiver Natur umfasst.[120] Bei „gemischten Datenbeständen", die sowohl personenbezogene als auch nicht personenbezogene Daten enthalten, können beide Arten von Daten so untrennbar miteinander verflochten sein, dass der Datenbestand insgesamt als personenbezogen anzusehen ist.[121] Der Personenbezug der im Datenbestand enthaltenen personenbezogenen Daten greift dann bildlich gesprochen in der Art einer Infektion auf den gesamten Datenbestand über. Die vielfältigen Versuche besonders[122] der deutschen Literatur, den Begriff der personenbezogenen Daten im spezifischen Kontext von Art. 15 teleologisch zu reduzieren,[123] haben in der EuGH-Rechtsprechung keinerlei Widerhall gefunden. Die höchstrichterliche deutsche Rechtsprechung hat ihnen inzwischen eine klare Absage erteilt.[124]

So hat der **BGH** entschieden, die Auffassung, der Personenbezug im Rahmen von Art. 15 35 setze voraus, dass es um signifikante Informationen gehe, die im Vordergrund des fraglichen Dokuments stünden, sei mit der geschilderten Rechtsprechung des EuGH „ersichtlich nicht zu vereinbaren."[125] Das **BVerwG** hat im Zusammenhang mit dem Anspruch auf Kopie gemäß Abs. 3 ausgeführt, Ansätze, die dem Betroffenen ein Recht auf Kopie nur im Hinblick auf bestimmte Arten von personenbezogenen Daten zugestehen wollen, bewegten „sich in eindeutiger Weise außerhalb des Unionsrechts".[126] Die **Quelle der Daten** ist ohne Belang. Deshalb bezieht sich der Anspruch auch auf Daten, welche die Person, die Auskunft begehrt, dem Verantwortlichen selbst übermittelt hat. Denn dieser Umstand führt nicht dazu, dass die betroffene Person erkennen könnte, in welcher Weise ihre Daten anschließend konkret verarbeitet wurden.[127] Vom Auskunftsanspruch erfasst sind auch **aufgedrängte Daten,** also Daten, die durch einen Dritten unaufgefordert an den Verantwortlichen herangetragen wurden.[128] Das **Speichermedium,** mit Hilfe dessen die Daten festgehalten sind, ist ohne Belang.[129] Daher sind zweifelsfrei auch **Gesprächsaufzeichnungen** erfasst,[130] ebenso **Videoaufzeichnungen.**[131] Ebenso ohne Bedeutung ist der beabsichtigte Verwendungszweck der personenbezogenen Daten, weshalb auch **Backup-Daten** von Art. 15 erfasst werden,[132] genauso wie **Suchhistorien** und **Protokollierungen** von Aktivitäten unterschiedlichster Art.[133]

Erwägungsgrund 63 S. 2 stellt klar, dass sich der Auskunftsanspruch auch auf **eigene gesund-** 36 **heitsbezogene Daten** bezieht und nennt als Beispiele Daten in Patientenakten, Informationen wie beispielsweise Diagnosen, Untersuchungsergebnisse, Befunde der behandelnden Ärzte und

---

[120] EuGH Urt. v. 20.12.2017 – C-434/16, ECLI:EU:C:2017:994 = NJW 2018, 767 – Nowak, Rn. 34.
[121] EDSA Guidelines 01/2022 Rn. 100 (Fälle der „mixed datasets").
[122] Aber keineswegs ausschl., siehe etwa Vorlagefrage 1 in EuGH Urt. v. 22.6.2023 – C-579/21, ECLI: EU:C:2023:501 = ZD 2023, 601 = NJW 2023, 2555 mAnm *Brandt* = EuZW 2023, 661 mAnm *Fuhlrott* – JM/Pankki S, wo vor vorlegende finnische Gericht erwogen hat, den Begriff der personenbezogenen Daten gem. Art. 4 Nr. 1 DS-GVO für die Zwecke des Art. 15 Abs. 1 einschränkend auszulegen.
[123] Zu Recht abl. dazu schon BayLfD Orientierungshilfe Rn. 57. Siehe auch EDSA Guidelines 01/2022 Rn. 19, wo zum Begriff „personenbezogene Daten" schlicht festgehalten wird: „It relates tot he notion of personal data as defined by Art. 4(1) GDPR."
[124] Damit hat sich der Hinweis auf anders lautende Entscheidungen der britischen Gerichtsbarkeit zur DS-GVO aus der Zeit vor dem Brexit erledigt, die in der deutschen Lit. teils ausf. (etwa von *Arend/Möhrke-Sobolewski* PinG 2019, 254 [249, 250]) aufgegriffen worden waren.
[125] BGH Urt. v. 15.6.2021 – VI ZR 576/19, NJW 2021, 2726 = ZD 2021, 581 mAnm *Riemer* Rn. 22. Ähnlich klar EDSA Guidelines 01/2022 Rn. 101, wonach eine restriktive Interpretation des Begriffs der personenbezogenen Daten den Regelungen der DS-GVO widerspreche und letztlich Art. 8 GRCh verletze.
[126] BVerwG Urt. v. 30.11.2022 – 6 C 10.21, ZD 2023, 296 mAnm *Viehweger/Koreng* Rn. 26.
[127] EDSA Guidelines 01/2022 Rn. 19 und Rn. 97; BayLDA Orientierungshilfe Rn. 59; *Deutschmann* ZD 2021, 414 (416). Diesen Aspekt übersehen oder verdrängen die Stimmen, die – nach Auff. von *Deutschmann* ZD 2021, 414 (416) auf der Grundlage einer mutwilligen Fehlinterpretation von Abs. 3 – die Auffassung vertreten, der Auskunftsanspruch diene nach seinem Sinn und Zweck nicht „der vereinfachten Buchführung" der betroffenen Person. Dieses von *Korch/Chatard* ZD 2020, 438 (440) mwN aus der Rspr. (beginnend mit LG Köln ZD 2019, 313 [314]) zutr. als „verbreitet" bezeichnete Argument, das *Riemer* ZD 2019, 414 (415) zu Recht als „seltsame These" ansieht, verdient keine ernsthafte Auseinandersetzung.
[128] BGH Urt. v. 22.2.2022 – VI ZR 14/21, ZD 2022, 326 = RDi 2022, 298 mAnm *Engelhardt*, Rn. 13.
[129] EDSA Guidelines 01/2022 Rn. 98. Sehr anschaulich der plakative Hinweis von *Riemer* DAR 2022, 127 (129), es komme auch „auf Steintafeln graviert etc." in Betracht.
[130] EDSA Guidelines 01/2022 Rn. 106. *Leibold/Piltz* ZD-Aktuell 2021, 05568: Finnische Aufsichtsbehörde: Gesprächsaufzeichnungen sind vom Auskunftsrecht nach Art. 15 DS-GVO erfasst.
[131] *Kremer* CR 2018, 560 (563, Rn. 29); zust. *Korch/Chatard* CR 2020, 438 (439, Rn. 4).
[132] EDSA Guidelines 01/2022 Rn. 110; *Korch/Chatard* CR 2020, 438 (439, Rn. 3) mwN; *Engeler/Quiel* NJW 2019, 2221 (2222).
[133] Zahlreiche Bsp. bei EDSA Guidelines 01/2022 Rn. 97.

Angaben zu Behandlungen oder Eingriffen. Damit ist mittelbar klargestellt, dass auch besondere Kategorien personenbezogener Daten (Art. 9) unter den Auskunftsanspruch fallen, was allerdings ohnehin selbstverständlich ist. Einschränkungen des Auskunftsrechts über gesundheitsbezogene Daten zum Selbstschutz des Patienten sieht der Erwägungsgrund nicht vor. Damit überspielt der Auskunftsanspruch vom Grundsatz her etwaige Einschränkungen, die unter diesem Aspekt im nationalen Recht der Mitgliedstaaten enthalten sind (s. dazu § 630g Abs. 1 BGB: „erhebliche therapeutische Gründe, die einer Einsicht entgegenstehen"), sofern nicht Art. 23 die Möglichkeit eröffnet, derartige Beschränkungen vorzusehen. Allerdings ist es denkbar, dass ein Mitgliedstaat im Rahmen der Öffnungsklausel des Art. 23 Abs. 1 lit. j nach den dort aufgestellten Maßstäben in seinem nationalen Recht Beschränkungen vorsieht.

37 Falls eine automatisierte Entscheidungsfindung (wobei dieser Begriff ausdrücklich auch das **Profiling** erfasst) im Sinne von Art. 22 stattfindet, sind Gegenstand des Auskunftsanspruchs auch „aussagekräftige Informationen über die involvierte Logik" (so Abs. 1 S. 1 Hs. 1 Buchst. h). Auskunft ist dabei darüber zu erteilen, „nach welcher Logik die automatische Verarbeitung personenbezogener Daten erfolgt."[134] Angesichts der inhaltlich parallelen Informationspflicht gemäß Art. 13 Abs. 2 Buchst. f/Art. 14 Abs. 2 Buchst. g kann regelmäßig auf diese bei der Datenerhebung zur Verfügung gestellten Informationen zurückgegriffen werden,[135] sofern sich daran seit diesem Zeitpunkt inhaltlich nichts geändert hat. „Diese ... zusätzlichen Informationspflichten des Verantwortlichen und die damit verbundenen zusätzlichen Auskunftsrechte der betroffenen Person erklären sich aus dem Zweck, den Art. 22 DSGVO verfolgt und der darin besteht, Personen vor den besonderen Risiken für ihre Rechte und Freiheiten zu schützen, die mit der automatisierten Verarbeitung personenbezogener Daten – einschließlich Profiling – verbunden sind."[136]

38 In der Literatur[137] wird die Auffassung vertreten, es bleibe unklar, ob beim Scoring auch die abstrakte Methode der **Scorewertberechnung** (verstanden als Scoreformel) Gegenstand des Auskunftsanspruchs sei. Der abstrakte Begriff der „Logik" ist dahin zu verstehen, dass lediglich das Prinzip darzustellen ist, auf dem die Berechnung basiert, nicht jedoch die konkrete Berechnungsformel.[138] Dies wird durch die englische („the logic involved in any automatic personal data processing") und besonders deutlich durch die französische („la logique qui sous-tend[139] leur éventuel traitement automatisé") Sprachfassung von Erwägungsgrund 63 S. 3 gestützt. Sie machen stärker deutlich als die deutsche Sprachfassung, dass es (lediglich) um das zu Grunde liegende Prinzip geht. Diese Interpretation trägt auch der Anforderung von Erwägungsgrund 63 S. 5 Rechnung, dass der Auskunftsanspruch **Geschäftsgeheimnisse** nicht beeinträchtigen darf.

39 Die Begrifflichkeit bei der Benennung der **Zusatzinformationen (Metadaten)** zu den „eigentlichen" personenbezogenen Daten knüpft durchweg an andere Bestimmungen der Grundverordnung an.[140] Deshalb ist zunächst auf das dort maßgebliche Verständnis der Begriffe zurückzugreifen. Spezifisch zu Art. 15 ist auszuführen:

---

[134] So Erwägungsgrund 63 S. 3.
[135] EDSA Guidelines 01/2022 Rn. 121 verweist insoweit zu Recht auf Gruppe nach Art. 29, Arbeitspapier 251 (Leitlinien zu automatisierten Entscheidungen im Einzelfall einschließlich Profiling für die Zwecke der Verordnung 2016/679), angenommen am 3. Oktober 2017, zuletzt überarbeitet und angenommen am 6. Februar 2018, S. 29, sowie auf Gruppe nach Art. 29, Arbeitspapier 260 (Leitlinien für Transparenz gemäß der Verordnung 2016/679) angenommen am 29. November 2017, zuletzt überarbeitet und angenommen am 11. April 2018), Rn. 41.
[136] So sehr prägnant EuGH Urt. v. 7.12.2023 – C-634/21, ECLI:EU:C:2023:957, Rn. 57. Der EuGH veranschlagt den Stellenwert dieser zusätzlichen Auskunftsrechte so hoch, dass er die Auffassung, die Ermittlung eines Scoring-Werts durch die SCHUFA sei unter § 22 zu subsumieren, wesentlich auch damit begründet, dass nur dann ein Recht der betroffenen Person auf Auskunft gem. Art. 15 Abs. 1 Buchst. h gegenüber der SCHUFA entstehe, s. ebenda Rn. 63.
[137] Härting DS-GVO Rn. 672.
[138] So zu Art. 13 Abs. 2 Buchst. f/Art. 14 Abs. 2 Buchst. g: Gruppe nach Art. 29, Arbeitspapier 251 (Leitlinien zu automatisierten Entscheidungen im Einzelfall einschließlich Profiling für die Zwecke der Verordnung 2016/679 angenommen am 3. Oktober 2017, zuletzt überarbeitet und angenommen am 6. Februar 2018, S. 27/28. Die Frage ist Gegenstand eines Vorabentscheidungsverfahrens, das beim EuGH anhängig ist (EuGH C-203/22 – Dun +Bradstreet Austria – Vorabentscheidungsersuchen des VG Wien, eingereicht am 16.3.2022).
[139] Sous-tendre: être à la base de = die Grundlage von etwas bilden.
[140] Im Folgenden ist jew. Bezug genommen auf die Buchstaben gem. Abs. 1 S. 1 Hs. 2.

- **Verarbeitungszwecke** (Buchst. a): Die Festlegung eindeutiger und legitimer Verarbeitungszwecke ist Voraussetzung für die Verarbeitung personenbezogener Daten (Art. 5 Abs. 1 S. 1 Buchst. b).[141] Der Verarbeitungszweck bestimmt u.a. die Speicherdauer, die im Rahmen von Buchst. d relevant ist.[142]   40
- **Kategorien personenbezogener Daten,** die verarbeitet werden (Buchst. b): Dass die Verarbeitung der Kategorien von Daten gesondert benannt werden muss, ist unter anderem Ausfluss von Art. 9 und soll die betroffene Person dafür sensibilisieren, auf die Rechtmäßigkeit der Verarbeitung dieser Daten besonders zu achten. Die Benennung der Kategorien kann sich jedoch nicht darauf beschränken, ob und welche Daten im Sinne von Art. 9 verarbeitet werden. Idealerweise macht die Angaben der Datenkategorien die Struktur der verarbeiteten Daten im Überblick transparent. Dies erlaubt der betroffenen Person eine rasche Ersteinschätzung, ob die verarbeiteten Daten und die Verarbeitungszwecke zueinander passen, also stimmig sind.   41
- **Empfänger oder Kategorien von Empfängern,** gegenüber denen die personenbezogenen Daten offen gelegt worden sind oder noch offen gelegt werden (Buchst. c): Auszugehen ist von der Begriffsdefinition des Art. 4 Nr. 9. Nicht erforderlich ist, dass die Identität des Empfängers bekannt ist, sofern feststeht, dass eine Offenlegung an irgendeinen Empfänger erfolgt ist. Deshalb bezieht sich der Auskunftsanspruch auch auf die Mitteilung einer **Datenpanne,** bei der es zu einer Offenlegung personenbezogener Daten kam.[143] Der Anspruch der betroffenen Person auf Benachrichtigung gemäß Art. 34 bleibt davon unberührt. Er unterliegt anderen Voraussetzungen und verfolgt einen anderen Zweck (→ Rn. 17).   42

Sofern Arbeitnehmer eines Verantwortlichen personenbezogene Daten unter dessen Aufsicht und im Einklang mit seinen Weisungen verarbeiten, sind sie nicht als „Empfänger" im Sinne von Buchst. c anzusehen, die als solche namentlich benannt werden müssten.[144] Anders stellt es sich in Fällen des **„Mitarbeiterexzesses"** dar. In diesem Fall sind diese Mitarbeiter als eigenständig Verantwortliche zu betrachten, weshalb ihr Arbeitgeber als Verantwortlicher sie als Datenempfänger so konkret wie möglich benennen muss.[145] Eine solche Konstellation hat das LG Baden-Baden sogar in einem Fall bejaht, in dem Mitarbeiter eines Unternehmens mittels ihrer privaten Social Media Accounts einen Kunden kontaktiert hatten, um mit ihm Probleme bei der Abwicklung eines Kaufvertrags zu erörtern. Schon wegen der unzulässigen Nutzung privater Kommunikationsmittel hielt das Gericht das Unternehmen für verpflichtet, die betroffenen Mitarbeiter als Datenempfänger mit Vor- und Nachnamen zu benennen.[146]

Schon ein Vergleich mit Art. 30 Abs. 1 S. 1 Buchst. d zeigt, dass die Nennung der in Art. 30 Abs. 1 S. 1 Buchst. d nicht genannten (konkreten) Empfänger von personenbezogenen Daten im Rahmen des Auskunftsanspruchs den Vorrang hat vor der dort ausschließlich genannten Nennung der Kategorien von Empfängern. Nur dies wird dem Zweck des Auskunftsanspruchs gerecht, auch die Rechtmäßigkeit der Verarbeitung überprüfen zu können. Die Erreichung dieses Zwecks erfordert es, dass die Auskunft, die der betroffenen Person erteilt wird, möglichst genaue Informationen enthält. Aus diesem Grund ist der betroffenen Person die Identität der konkreten Datenempfänger offenzulegen, wenn personenbezogene Daten der betroffenen Person bereits gegenüber konkreten Empfängern offengelegt wurden.[147] Nur wenn dies (noch) nicht der Fall ist, genügen Informationen über die Kategorien von Empfängern.[148] Der Verantwortliche hat – anders als bei der Information der betroffenen Person nach Art. 13 Abs. 1 Buchst. e bzw. Art. 14 Abs. 1 Buchst. e[149] – kein Wahlrecht zwischen beiden Optionen. Aus-   43

---

[141] Zu diesem Bezug siehe EDSA Guidelines 01/2022 Rn. 7.
[142] Siehe dazu iE Erwägungsgrund 65 S. 2.
[143] Öst. OGH Urt. v. 24.3.2023 – 6 Ob 242/22i, ZD 2023, 450 mAnm *Geuer* Rn. 32.
[144] EuGH Urt. v. 22.6.2023 – C-579/21, ECLI:EU:C:2023:501 = NJW 2023, 2555 mAnm *Brandt* = EuZW 2023, 661 mAnm *Fuhlrott – JM/Pankki S*, Rn. 73.
[145] GA *Sánchez-Bordona* SchlA v. 15.12.2022 in der Rs. C-579/21, ECLI:EU:C:2022:1001 – JM/Pankki S, Rn. 57–65.
[146] LG Baden-Baden Urt. v. 24.8.2023 – 3 S 13/23, BeckRS 2023, 21948.
[147] So bereits LG Hamburg Urt. v. 3.9.2021 – 324 86/20, GRUR-RS 2021, 56382 mAnm *Küchler* GRUR-Prax 2022, 550 Rn. 68–70.
[148] So mit ausf. Begr. EuGH Urt. v. 12.1.2023 – C-154/21, ECLI:EU:C:2023:3 = NJW 2023, 973 mAnm *Petri* = EuZW 2023, 226 mAnm *Sandhu* – RW/Österreichische Post AG, Rn. 28–46. Das Kernargument der Überprüfung der Rechtmäßigkeit ist angesprochen ebenda, Rn. 37. Dieselbe Differenzierung hatte bereits LfD BW 36. TB 2020 S. 100/101 vorgenommen.
[149] Diesen Unterschied hebt zu Recht hervor *Petri* NJW 2023, 973 (975).

44 Art. 19 S. 2 ergänzt den Anspruch der betroffenen Person auf Nennung der Empfänger von personenbezogenen Daten für die **besondere Konstellation,** dass der Verantwortliche Empfängern, denen früher einmal personenbezogene Daten offengelegt wurden, eine Berichtigung, Löschung oder Einschränkung der Verarbeitung der von diesen Maßnahmen betroffenen Daten gemäß Art. 19 S. 1 mitgeteilt hat. Dies soll der betroffenen Person die Kontrolle ermöglichen, ob der Verantwortliche alle Empfänger ordnungsgemäß unterrichtet hat, bei denen dies gemäß Art. 19 S. 1 geboten war.[151] Art. 19 S. 2 stellt sicher, dass der Verantwortliche diese Gruppe von Empfängern gesondert als solche kennzeichnen muss. Dies wäre bei ihrer Benennung im Rahmen einer Auskunft nach Art. 15 nicht gewährleistet.

Einleitend vom Zweck des Auskunftsrechts muss, wenn der Verantwortliche nur Kategorien von Empfängern benennen kann, auch diese Angabe möglichst exakt sein.[150]

45 – **Geplante Dauer der Speicherung** bzw. Kriterien für die Festlegung dieser Dauer (Buchst. d): Auch hier besteht **kein Wahlrecht des Verantwortlichen** zwischen den beiden Optionen. Sofern eine konkrete Speicherdauer berechnet werden kann, ist sie anzugeben. Dabei ist zwischen einzelnen Datenarten oder auch Einzeldaten zu differenzieren, wenn für die Daten, über die Auskunft zu erteilen ist, keine einheitliche Löschungsfrist besteht.[152] Nur so wird der betroffenen Person transparent, wie lange ihre personenbezogenen Daten noch verarbeitet werden sollen. Allgemeine Aussagen der Art, dass eine Löschung nach Ablauf der gesetzlich vorgesehenen Löschungsfristen erfolge, genügen nicht.[153] Möglich ist jedoch die konkrete, zahlenmäßige Benennung einer gesetzlich vorgegebenen Löschfrist.[154] Der Verantwortliche kann in der Regel auf die Angaben im Verarbeitungsverzeichnis nach Art. 30 Abs. 1 S. 2 Buchst. f zurückgreifen, sofern diese für den konkreten Fall präzise genug sind.[155]

46 – Alle verfügbaren Informationen über die **Herkunft der Daten,** wenn die personenbezogenen Daten nicht bei der betroffenen Person erhoben werden (Buchst. g): Dies betrifft die Fälle des Art. 14 im Kontrast zu denen des Art. 13. Letztere sind nicht in Bezug genommen, sind, weil dort die betroffene Person selbst die Datenquelle ist. Sofern seit dem Zeitpunkt der Formulierung der Datenschutzerklärung gemäß Art. 14 Abs. 2 Buchst. f keine neuen Informationen zur Herkunft der Daten verfügbar geworden sind,[156] genügen regelmäßig die dort enthaltenen Informationen auch im Rahmen von Buchst. g.[157] Im Bereich der Direktwerbung mit Adressdaten, die von Adresshändlern stammen, hat das Recht nach Buchst. g eine besonders bedeutsame Funktion, da die betroffene Person mit seiner Hilfe den Adresshändler ermitteln und bei ihm einen Widerspruch gemäß Art. 21 Abs. 2 einlegen kann.[158]

47 Bei der **Formulierung der Auskunft** durch den Verantwortlichen ist jeweils der Sinn und Zweck der Vorschriften zu berücksichtigen, die in Bezug genommen sind und im Auge zu behalten, dass die erforderliche **individuelle Information** der betroffenen Person gewährleistet ist, die Auskunft begehrt. Das schließt die Verwendung von allgemeinen **Textmodulen** nicht aus, insbesondere im Hinblick auf Metainformationen, die sich nicht individuell unterscheiden. Das ist hinsichtlich des Hinweises auf das Beschwerderecht gemäß Buchst. f regelmäßig der Fall,[159] jedoch auch bei dem Hinweis auf die Rechte der betroffenen Person (Buchst. e).

---

[150] EDSA Guidelines 01/2022 Rn. 117 aE verlangt zu Recht die Angabe des Empfängertyps in der Form, dass bspw. auf die Art seiner wirtschaftlichen Aktivitäten Bezug genommen wird, auf den Wirtschaftszweig oder auf den sonstigen Bereich, in dem er tätig ist oder auf seinen geografischen Standort.

[151] Instruktiv zur Rolle von Art. 19 im Konzept der Betroffenenrechte im Zusammenhang mit dem Adresshandel und der Direktwerbung *Petri* NJW 2023, 973 (975, 976).

[152] EDSA Guidelines 01/2022 Rn. 118.

[153] EDSA Guidelines 01/2022 Rn. 118.

[154] BayLfD Orientierungshilfe Rn. 112.

[155] BayLfD Orientierungshilfe Rn. 112.

[156] Dieses zeitliche Element hebt auch EDSA Guidelines 01/2022 Rn. 120 hervor.

[157] BayLfD Orientierungshilfe Rn. 117.

[158] *Petri* NJW 2023, 973 (975, 976): Adresshändler informieren die betroffene Person gem. Art. 13/Art. 14 aufgrund ihres dortigen Wahlrechts regelmäßig nur über die Kategorie der Datenempfänger. Widerspricht die betroffene Person gem. Art. 21 Abs. 2 bei einem dieser Datenempfänger, bremst dies die Aktivitäten des Adresshändlers nicht. Sie zu stoppen gelingt nur, wenn die betroffene Person den Adresshändler über die Angaben gem. Buchst. h ermittelt und auch bei ihm einen Widerspruch nach Art. 21 Abs. 2 einlegt.

[159] So EDSA Guidelines 01/2022 Rn. 113.

III. Pflicht zum Hinweis auf Rechte der betroffenen Person (Abs. 1 S. 1 Hs. 2 lit. e und f)

Sofern eine betroffene Person ihr Auskunftsrecht geltend macht, hat der Verantwortliche sie **unaufgefordert** über die Rechte zu informieren, die ihr zustehen. Sie beziehen sich durchweg auf die „eigentlichen" personenbezogenen Daten der betroffenen Person, nicht auf die „Metadaten". Hinzuweisen ist auf das Recht auf 48

- Berichtigung (Art. 16)
- Löschung (Art. 17)
- Einschränkung (Art. 18)
- Widerspruch gegen die Verarbeitung (Art. 21)
- Beschwerde bei einer Aufsichtsbehörde (Art. 79).

Die Begriffe knüpfen jeweils an die amtlichen Überschriften der jeweiligen Bestimmungen an. Der Begriff „Berichtigung" umfasst daher sowohl die Berichtigung iSv Art. 16 S. 1 wie die Vervollständigung iSv Art. 16 S. 2.[160] Nicht vorgesehen ist ein Hinweis auf das Recht auf Datenübertragbarkeit (Art. 20). Dies ist inkonsequent. 49

Während der **Hinweis gemäß Abs. 1 S. 1 Hs. 2 lit. f** auf das Recht zur Beschwerde bei einer Aufsichtsbehörde (Art. 79) inhaltlich nicht von den spezifischen Umständen des Einzelfalls abhängt, ist dies bei dem **Hinweis gemäß Abs. 1 S. 1 Hs. 2 lit. e** auf die Rechte gemäß Art. 16, 17, 18 und Art. 21 der Fall, weil ihr Inhalt teils von Rechtsgrundlage abhängt, auf die sich die Verarbeitung stützt.[161] Dies ist bei der Formulierung der Hinweise zu beachten und begrenzt die Möglichkeit einer pauschalen formularmäßigen Information. 50

Der europäische **Gesetzgeber** geht offensichtlich davon aus, dass sogar eine betroffene Person, die ihr Auskunftsrecht kennt, jedenfalls nicht ohne Weiteres mit ihren weiteren Rechten vertraut ist. Offensichtlich meint er, ihr auch nicht zumuten zu können, sich über diese Rechte selbst zu informieren. Dies ist insofern in sich konsequent, als der Verantwortliche die betroffene Person auf ihr Auskunftsrecht bereits hinweisen muss, wenn Daten bei ihr selbst erhoben werden (Art. 13 Abs. 2 S. 1 Buchst. b) und ebenso, wenn die Erhebung nicht bei ihr selbst erfolgt ist (Art. 14 Abs. 2 S. 1 Buchst. c). Insgesamt gesehen muss der Verantwortliche der betroffenen Person damit **stufenweise alle Informationen** zur Verfügung stellen, die sie benötigt, um sich ihrer Rechte als betroffene Person bewusst zu sein. Auch der Hinweis auf das Beschwerderecht bei einer Aufsichtsbehörde erfolgt dabei mehrfach auf der jeweiligen Stufe (Art. 13 Abs. 2 S. 1 Buchst. d sowie Art. 14 Abs. 2 S. 1 Buchst. e für die Stufe der Erhebung und Art. 15 Abs. 1 S. 1 Hs. 2 Buchst. f für die Stufe der Auskunftserteilung). 51

IV. Mitwirkungsobliegenheit der betroffenen Person

Der Normtext des Art. 15 enthält keine Aussage dazu, ob und in welcher Weise die betroffene Person durch eigene Informationen gegenüber dem Verantwortlichen dazu beitragen muss, ihm die Erfüllung der Auskunftspflicht zu erleichtern. Daraus ist zu erschließen, dass es vom Ausgangspunkt her ausschließlich in der **Verantwortung des Verantwortlichen** liegt, wie er die gesetzlichen Anforderungen an eine Auskunft erfüllt. Ein Verantwortlicher, der personenbezogene Daten verarbeitet, muss dafür Sorge tragen, dass er das Auskunftsrecht der betroffenen Person erfüllen kann, ohne dabei deren Unterstützung in Anspruch nehmen zu können. Die betroffene Person hat stets das Recht, **Auskunft über alle personenbezogenen Daten** und die zugehörigen Informationen zu fordern, solange nicht ein in der DS-GVO vorgesehener Ausschlussgrund vorliegt.[162] 52

Erwägungsgrund 63 S. 7 ändert daran bei näherer Betrachtung nichts. (Nur) für den Fall, dass der Verantwortliche eine große Menge von Informationen über die betroffene Person verarbeitet, sollte er demnach von ihr verlangen können, dass sie präzisiert, auf welche Informationen oder welche Verarbeitungsvorgänge sich ihr Auskunftsersuchen bezieht. Diese „**Konkre-** 53

---

[160] So wohl auch HK-DS-GVO/*Specht* Art. 15 Rn. 10; anders Gierschmann/Schlender/Stenzel/Veil/*Veil* DS-GVO Art. 15 Rn. 133, der von einer Hinweispflicht nur bzgl. Art. 16 S. 1 ausgeht.
[161] EDSA Guidelines 01/2022 Rn. 119.
[162] *Kremer* CR 2018, 560 (564, Rn. 34). Ebenso *Starke* ZD 2024, 63 (65). Der von ihm favorisierte „gestufte Dialog" mit der betroffenen Person über den Umfang der gewünschten Auskunft findet ihre zeitliche Grenze in den Vorgaben von Art. 12 Abs. 3 S. 1 und 2.

tisierungsobliegenheit"[163] (und nicht etwa Konkretisierungspflicht!) hat in Art. 15 selbst keinen Niederschlag gefunden. Ferner daran zu erinnern, dass Erwägungsgrund 63 – wie alle Erwägungsgründe einer EU-Verordnung – nicht einem bestimmten Artikel der DS-GVO zugeordnet ist. Beides zusammen führt dazu, dass die Konkretisierungsobliegenheit nicht einfach als generelle tatbestandliche Einschränkung des Auskunftsanspruchs in Art. 15 „hineingelesen" werden kann.[164] Dass der eine Auskunft Begehrende einer Bitte um Konkretisierung nicht entspricht, rechtfertigt für sich allein in keinem Fall eine Verweigerung der Auskunft.[165] Eine verweigerte Konkretisierung führt für sich allein auch nicht dazu, dass das Auskunftsverlangen als exzessiv im Sinne von Art. 12 Abs. 5 angesehen werden könnte.[166] Dabei kommt die Obliegenheit von vornherein nur ins Spiel, wenn es um eine **große Menge an Informationen** geht. Außerhalb von Dauerschuldverhältnissen[167] dürfte das regelmäßig von vornherein nicht der Fall sein.

54 Der **Sinn von Erwägungsgrund 63 S. 7** besteht nicht darin, den Auskunftsanspruch einzuschränken. Er soll vielmehr zunächst einmal klarstellen, dass der Verantwortliche jederzeit das Recht hat, die betroffene Person um eine **Präzisierung ihres Begehrens** zu bitten. Das soll verhindern, dass der Verantwortliche unnötigen Aufwand treiben muss, der durch eine Präzisierung des Auskunftsverlangens, die sich durch eine Rückfrage bei der betroffenen Person ergeben würde, zu vermeiden wäre. Zum anderen bewirkt die Möglichkeit der Bitte um eine Präzisierung, dass einem Auskunftsverpflichteten der Einwand verwehrt ist, ein Auskunftsbegehren sei wegen eines unzumutbaren Rechercheaufwands exzessiv im Sinne von Art. 12 Abs. 5, sofern zuvor die betroffene Person nicht einmal um eine Präzisierung ihrer Auskunftsforderung gebeten hat.[168] Schließlich kann eine nicht erfolgende Präzisierung seitens der betroffenen Person dazu beitragen, dass der Auskunftsantrag als „komplex" anzusehen ist mit der Folge, dass dies eine **Verlängerung der Auskunftsfrist** um zwei Monate rechtfertigt (Fall des Art. 12 Abs. 3 S. 2). Dies lässt sich in gewisser Weise als Folge einer Obliegenheitsverletzung durch die betroffene Person interpretieren.

V. Recht auf eine Kopie der personenbezogenen Daten

55 **1. Erste Kopie und weitere Kopien (Abs. 3 S. 1 und 2).** Die DS-GVO definiert den Begriff der Kopie nicht. Es handelt sich bei einer Kopie um eine „originalgetreue Reproduktion oder Abschrift" der personenbezogenen Daten, die ein bestimmtes Dokument enthält,[169] im Gegensatz zu einer allgemeinen Beschreibung der Daten, die Gegenstand der Verarbeitung sind[170] und im Gegensatz zu jeder Wiedergabe der Daten, auf die sich der Anspruch auf Auskunft erstreckt, in einer nicht originalgetreuen Form.[171] Beim Anspruch auf eine Kopie handelt es sich nicht um einen eigenständigen Anspruch neben dem in Abs. 1 formulierten Anspruch auf

---

[163] Begriff bei BayLfD Orientierungshilfe Rn. 40.

[164] Siehe dazu EuGH Urt. v. 19.6.2014 – C-345/13, ECLI:EU:C:2014:2013 – Karen Millen Fashions, Rn. 31 wonach „die Begründungserwägungen eines Gemeinschaftsrechtsakts rechtlich nicht verbindlich sind und ... [nicht] herangezogen werden können, um von den Bestimmungen des betreffenden Rechtsakts abzuweichen"; bestätigt durch EuGH Urt. v. 13.9.2018 – C-287/17, ECLI:EU:2018:707 – Ceska pojistovna a.s./WCZ, spol. S r. o., Rn. 33. S. dazu auch die parallele Argumentation des EuGH zur Auslegung von S. 1 des Erwägungsgrundes 63 in EuGH Urt. v. 26.10.2023 – C-307/22, ECLI:EU:C:2023:811 FT/DW = ZD 2024, 22 mAnm *Winnenburg* = MMR 2023, 939 mAnm *Hense/Däuble* = NJW 2023, 3481 mAnm *Fuhlrott* = EuZW 2023, 1100 mAnm *Peisker* Rn. 44.

[165] BayLfD Orientierungshilfe Rn. 40; ebenso *Starke* ZD 2024, 63 (65).

[166] BayLfD Orientierungshilfe Rn, 52.

[167] Dazu *Lembke/Fischels* NZA 2022, 513 (517); auf sie abhebend auch *Starke* ZD 2024, 63.

[168] Gedanke anklingend bei *Kuznik* NVwZ 2023, 297 (300).

[169] Der Begriff der Kopie bezieht sich also nicht auf das Dokument als solches, was EuGH Urt. v. 4.5.2023 – C-487/21, ECLI:EU:C:2023:369 = EuZW 2023, 575 mAnm *Sandhu* – Österreichische Datenschutzbehörde und CRIF GmbH Rn. 32 ausdrücklich hervorhebt und in EuGH Urt. v. 22.6.2023 – C-579/21, ECLI:EU:C:2023:501 = NJW 2023, 2555 mAnm *Brandt* = EuZW 2023, 661 mAnm *Fuhlrott* – JM/Pankki S, Rn. 64 sowie in EuGH Urt. v. 26.10.2023 – C-307/22, ECLI:EU:C:2023:811 FT/DW = ZD 2024, 22 mAnm *Winnenburg* = MMR 2023, 939 mAnm *Hense/Däuble* = NJW 2023, 3481 mAnm *Fuhlrott* = EuZW 2023, 1100 mAnm *Peisker* Rn. 72 nochmals bestätigt.

[170] EuGH Urt. v. 4.5.2023 – C- 487/21, ECLI:EU:C:2023:369 = EuZW 2023, 575 mAnm *Sandhu* – Österreichische Datenschutzbehörde und CRIF GmbH Rn. 21; wiederholt in EuGH Urt. v. 22.6.2023 – C-579/21, ECLI:EU:C:2023:501 = NJW 2023, 2555 mAnm *Brandt* = EuZW 2023, 661 mAnm *Fuhlrott* – JM/Pankki S, Rn. 62.

[171] Siehe *Engeler/Quiel* NJW 2019, 2201 (2202, 2203), wonach eine Kopie „die konkrete grafische Darstellung der Daten" darbieten muss, so „wie sie tatsächlich beim Verantwortlichen vorliegen".

Auskunft, sondern um eine besondere Modalität der Erfüllung dieses Anspruchs.[172] Das begründet der EuGH insbesondere mit Abs. 3 S. 3, der deutlich erkennbar lediglich eine Modalität der Auskunftserteilung regelt, nämlich die Pflicht, im Fall einer elektronischen Antragstellung die Daten in einem gängigen elektronischen Format zur Verfügung zu stellen. Dies lässt aus seiner Sicht erkennen, dass sich Abs. 3 insgesamt nur mit Modalitäten der Auskunftserteilung befasst[173] und nicht etwa ein eigenständiges Recht auf eine Kopie neben dem Recht auf Auskunft gemäß Abs. 1 begründet.

Von diesem Normverständnis her kommt es von vornherein zu keiner Überschneidung mit dem eigenständigen **Recht der betroffenen Person auf Datenübertragbarkeit (Art. 20)**. Abgesehen davon erfasst Art. 20 Abs. 1 – anders als das Recht auf Auskunft – nur die von der betroffenen Person bereitgestellten Daten und stellt andere Anforderungen an die Bereitstellung der Daten (Bereitstellung „in einem strukturierten, gängigen und maschinenlesbaren Format", so Art. 20 Abs. 1) als Abs. 3 S. 3 (Bereitstellung „in einem gängigen elektronischen Format").[174]

Der **Zweck von Abs.** 3 besteht darin, dass die Daten so wiedergegeben sein müssen, dass die betroffene Person auf dieser Faktenbasis ihre Rechte aus der DS-GVO wirksam ausüben kann.[175] Häufig genügt es dafür, dass die Daten, um die es geht, inhaltlich vollständig und damit originalgetreu in dem Sinn wiedergegeben werden, dass inhaltlich nichts weggelassen ist. Auf **äußere Elemente der Wiedergabe** wie etwa die Schriftgröße oder dergleichen kommt es dann nicht an. Diese äußeren Elemente können bei der Auskunftserteilung anders gestaltet sein als im Originaldokument, das die personenbezogenen Daten enthält, über die Auskunft zu erteilen ist. Es gibt jedoch auch Fälle, in denen das nicht genügt. Dies träfe etwa zu, wenn sich der Personenbezug nicht aus dem Inhalt eines Schriftstücks ergibt, sondern gerade daraus, dass es von der betroffenen Person handschriftlich verfasst wurde.[176] Anders läge es bei einem **Formular**, bei dem nur der Inhalt der Angaben der betroffenen Person für die Geltendmachung ihrer Rechte aus der DS-GVO relevant ist, nicht aber die äußere Form dieser Angaben. Ob die betroffene Person diesen Inhalt handschriftlich oder über eine Tastatur in das Formular eingegeben hat, ist dann für die Ausübung der Rechte der betroffenen Person ohne Relevanz. Gänzlich anders ist die Situation, wenn **personenbezogene Daten auf „freien Feldern"** beruhen, wenn also daraus, dass die betroffene Person in einem Formular bestimmte Felder gerade nicht ausgefüllt oder gerade nicht angekreuzt hat, ein personenbezogenes Datum abzuleiten ist. Dann bedarf es der **Kontextualisierung dieser Daten**, um ihre Verständlichkeit zu gewährleisten.[177] Sie lässt sich in diesem Beispiel nur durch eine originalgetreue Wiedergabe des vollständigen Dokuments leisten. Eine bloße Auflistung der in ihm enthaltenen Daten ohne die ausdrückliche Angabe, dass in bestimmten Feldern nichts enthalten ist, wäre unzureichend. Besonders häufig wird eine originalgetreue Wiedergabe bei **Patientenakten** erforderlich sein, um den notwendigen Kontext herzustellen. Das dürfte der Grund dafür sein, dass die Auskunft über Patientenakten in Erwägungsgrund 63 S. 2 gesondert behandelt ist.[178]

---

[172] EuGH Urt. v. 4.5.2023 – C-487/21, ECLI:EU:C:2023:369 = EuZW 2023, 575 mAnm *Sandhu* – Österreichische Datenschutzbehörde und CRIF GmbH, Rn. 32; EuGH Urt. v. 26.10.2023 – C-307/22, ECLI:EU:C:2023:811 FT/DW = ZD 2024, 22 mAnm *Winnenburg* = MMR 2023, 939 mAnm *Hense/Däuble* = NJW 2023, 3481 mAnm *Fuhlrott* = EuZW 2023, 1100 mAnm *Peisker* Rn. 72. So schon EDSA Guidelines 01/2022 Rn. 3, 22, 23. Ebenso unter Hinweis darauf, dass Abs. 3 S. 1 – anders als jeweils die ersten Absätze von Art. 15 bis 18 und von Art. 20 bis 22 nicht mit der Formulierung „Die betroffene Person hat das Recht" beginnt, BayLfD Orientierungshilfe Rn. 131. Siehe dazu auch BVerwG Urt. v. 30.11.2022 – 6 C 10.21, ZD 2023, 296 mAnm *Viehweger/Koreng* Rn. 29, wobei das BVerwG in seiner Entsch. noch offen ließ, ob diesem Normverständnis zu folgen ist. Dieses Normverständnis damals bereits bej. *Kuznik* NVwZ 2023, 297 (298).

[173] EuGH Urt. v. 4.5.2023 – C-487/21, ECLI:EU:C:2023:369 = EuZW 2023, 575 mAnm *Sandhu* – Österreichische Datenschutzbehörde und CRIF GmbH Rn. 31/32. So bereits EDSA Guidelines 01/2022 Rn. 23, 152.

[174] *Kremer* CR 2018, 560 (564, Rn. 30). Der Versuch von *Zikesch/Sörup* ZD 2019, 239 (241) Rückschlüsse aus Art. 20 zu ziehen, die zu einer einschränkenden Interpretation von Art. 15 Abs. 3 sollen, überzeugt nicht.

[175] EuGH Urt. v. 4.5.2023 – C-487/21, ECLI:EU:C:2023:369 = EuZW 2023, 575 mAnm *Sandhu* – Österreichische Datenschutzbehörde und CRIF GmbH Rn. 39. EuGH Urt. v. 26.10.2023 – C-307/22, ECLI:EU:C:2023:811 FT/DW = ZD 2024, 22 mAnm *Winnenburg* = MMR 2023, 939 mAnm *Hense/Däuble* = NJW 2023, 3481 mAnm *Fuhlrott* = EuZW 2023, 1100 mAnm *Peisker* Rn. 73.

[176] Bsp. in EDSA Guidelines 01/2022 Rn. 155: „ The handwriting itself is the personal data."

[177] Bsp. bei EuGH Urt. v. 4.5.2023 – C- 487/21, ECLI:EU:C:2023:369 = EuZW 2023, 575 mAnm *Sandhu* – Österreichische Datenschutzbehörde und CRIF GmbH Rn. 41/42.

[178] GA *Emiliou* SchlA v. 20.4.2023 in der Rs. C-307/22, ECLI:EU:C:2023:315, Rn. 78 meint zutr., die Aggregierung der Ergebnisse medizinscher Analysen und Test berge eine erhöhte Gefahr, dass relevante Daten ausgelassen oder falsch angegeben werden. Diesen Gedanken aufgreifend EuGH Urt. v. 26.10.2023 –

58 Die Sichtweise des EuGH stellt zugunsten der betroffenen Person eine möglichst optimale Faktenbasis für die Ausübung ihrer Rechte sicher. Sie belastet den Verantwortlichen andererseits mit im Einzelfall tiefgehenden Überlegungen dazu, welche Form der Darstellung der Daten er wählen muss, um den Auskunftsanspruch korrekt zu erfüllen. Diese Überlegungen muss er angesichts der Fristvorgabe des Art. 12 Abs. 3 S. 1 von einem Monat unter **erheblichem Zeitdruck** anstellen. Von daher kann er zu seiner Erleichterung gut beraten sein, wenn möglich den Auskunftsanspruch dadurch zu erfüllen, dass er von sich aus möglichst stets eine Kopie im Sinne von Abs. 3 zur Verfügung stellt.[179] Dies ist in der Regel problemlos möglich, wenn die personenbezogenen **Daten auf Papier als Datenträger** vorliegen. Wesentlich schwieriger kann sich die Erstellung einer Kopie gestalten, wenn die betroffene Person die Daten selbst über ein **Online-Formular** eingegeben hat, diese Daten dann von dort aus direkt in eine Datenbank übernommen wurden und anschließend weitere Verarbeitungsvorgänge erfolgt sind. Dasselbe gilt für Daten von bildgebenden Verfahren, die in der Medizin zum Einsatz kommen. Als „Original" sind dort die Daten anzusehen, aus denen mit Hilfe geeigneter Software „Bilder" erzeugt werden. Lediglich diese Bilder als Sekundärwiedergabe der Daten sind der unmittelbaren menschlichen Wahrnehmung zugänglich, nicht dagegen die ihnen zugrundeliegenden Daten.

59 **Weitere Kopien** kann die betroffene Person jederzeit verlangen. Ausgehend vom Begriffsverständnis des EuGH, dass „Kopie" nur eine Modalität der Auskunftserteilung meint, ist dies so zu verstehen, dass eine betroffene Person jederzeit die Wiederholung einer – gleich in welcher Form – bereits erteilten Auskunft verlangen kann, wenn auch mit möglichen Kostenfolgen gemäß Abs. 3 S. 2. Von sich aus muss der Verantwortliche eine solche Wiederholung jedoch wederzur Verfügung stellen noch anbieten. Eine **zahlenmäßige Begrenzung** ist nicht vorgesehen. Abs. 3 S. 2 verwendet insoweit die pauschale Formulierung „weitere Kopien", ohne die Forderung der betroffenen Person nach weiteren Kopien an irgendwelche Voraussetzungen zu knüpfen.

60 Die Forderung nach der Wiederholung einer bereits erteilten Auskunft mit etwaigen Kostenfolgen bedarf der **Abgrenzung von einem neuen Antrag auf eine Auskunft,** der keine solchen Kostenfolgen nach sich zieht. Eine pauschale Regel lässt sich für diese Abgrenzung nicht aufstellen. Es bedarf einer Bewertung nach den Umständen des konkreten Falles. Entscheidend ist vor allem, auf welche Daten und welche Verarbeitungsvorgänge sich das Auskunftsbegehren in zeitlicher und inhaltlicher Hinsicht bezieht.[180] Je mehr hier Deckungsgleichheit besteht, desto eher ist von einem Wiederholungsantrag auszugehen. Berücksichtigt werden sollte auch, ob sich seit dem letzten Auskunftsbegehren relevante inhaltliche Veränderungen der Daten durch seither neu durchgeführte Verarbeitungsvorgänge ergeben haben, welche die betroffene Person noch nicht kennt.

61 Es besteht kein Anlass, die **Zahl möglicher weiterer Kopien** unter dem Aspekt eines möglichen Rechtsmissbrauchs in abstrakter Form zu begrenzen. Die betroffene Person muss für alle weiteren Kopien ein angemessenes Entgelt entrichten, sofern der Verantwortliche dies verlangt (Abs. 3 S. 2). In der Praxis dürfte es so sein, dass die betroffene Person etwa gewünschte weitere Kopien dann selbst anfertigt bzw. durch Dritte selbst anfertigen lässt, wenn die Kosten hierfür geringer sind als die Kosten für weitere Kopien durch den Verantwortlichen. Der Verantwortliche kann den Wunsch nach weiteren Kopien jedoch nicht mit der Begründung ablehnen, dass die betroffene Person diese – möglicherweise sogar kostengünstiger – selbst anfertigen könne. Dadurch würde er das Risiko qualitativ ungenügender oder unvollständiger Kopien auf die betroffene Person abwälzen. Die **Grenze** ist dort erreicht, wo die wiederholte Forderung nach erneuter Erteilung einer bereits erteilten Auskunft als exzessiv im Sinn von Art. 12 Abs. 5 anzusehen ist.[181]

C-307/22, ECLI:EU:C:2023:811 FT/DW = ZD 2024, 22 mAnm *Winnenburg* = MMR 2023, 939 mAnm *Hense/Däuble* = NJW 2023, 3481 mAnm *Fuhlrott* = EuZW 2023, 1100 mAnm *Peisker* Rn. 77–79. Weiter als GA *Emiliou* geht der EuGH insofern, als er in Bezug auf die Kopie von Daten aus einer Patientenakte augenscheinlich als Regelfall davon ausgeht, dass eine originalgetreue Wiedergabe des Dokuments geboten ist. *Rexin* DSB 2023, 306 (307) ist einzuräumen, dass unklar bleibt, ob der EuGH eine solche originaltreue Wiedergabe von Patientenakten immer für unerlässlich hält. LG Bonn Urt. v. 19.12.2023 – 5 S 34/23, BeckRS 2023, 39325 Rn. 20 hält die Überlegungen des EuGH für übertragbar auf den Fall, dass ein Mandant eine Kopie der ihn betreffenden Handakte von seinem Rechtsanwalt fordert und hat einen Anspruch auf eine Originalkopie der Handakte bejaht.

[179] So bereits *Engeler/Quiel* NJW 2019, 2201 (2203).
[180] EDSA Guidelines 01/2022 Rn. 28.
[181] EDSA Orientierungshilfe Rn. 28, 169.

2. Fragen des Entgelts (Abs. 3 S. 1 und 2). Die erste Kopie, die der Verantwortliche ohne 62
gesonderte Aufforderung gemäß Abs. 3 S. 1 zur Verfügung zu stellen hat, ist zwingend unentgeltlich. Dies folgt aus Abs. 3 S. 2, wonach (nur) für alle weiteren Kopien ein Entgelt gefordert werden kann, ebenso schon unmittelbar aus Art. 12 Abs. 5 S. 1.[182] Der Verantwortliche ist jedoch nur berechtigt, nicht verpflichtet, ein Entgelt zu verlangen. Die betroffene Person wiederum ist nicht verpflichtet, ihm für weitere Kopien von sich aus ein solches Entgelt anzubieten.

Für alle weiteren Kopien kann der Verantwortliche gemäß Abs. 3 S. 2 ein angemessenes 63
Entgelt verlangen. Dies ist eine Sonderregelung zu Art. 12 Abs. 5 S. 2 Buchst. a, wonach (nur) bei offenkundig unbegründeten oder exzessiven Anträgen ein angemessenes Entgelt verlangt werden darf. Die Forderung nach weiteren Kopien kann vor diesem Hintergrund als solche allein unter dem Aspekt des finanziellen Aufwands, der dem Verantwortlichen im konkreten Fall entsteht, nicht „exzessiv" sein. Denn diesen Aufwand kann sich der Verantwortliche im Prinzip erstatten lassen. Unberührt bleibt indessen die Regelung des Art. 12 Abs. 5 S. 2 Buchst. b, wonach sich der Verantwortliche häufig wiederholte Anträge bereits allein unter dem Aspekt der Wiederholung als solcher als exzessiv anzusehen sein können mit der Folge, dass er Verantwortliche sich unter diesem Aspekt, weigern kann, überhaupt tätig zu werden. Dabei geht es weniger um den finanziellen Aufwand, der ihm jeweils konkret entsteht, sondern eher um die generelle Belastung seiner administrativen Strukturen.[183] Er kann nicht im Extremfall verpflichtet sein, diese Strukturen nur deshalb auszubauen, um ständig in der Lage zu sein, Auskünfte, die bereits erteilt wurden, nochmals in inhaltlich identischer Form erteilen zu können. Dies geht über seine Pflichten gemäß Art. 5 Abs. 2 hinaus.

Die Regelung des Abs. 3 S. 2 **ergänzt Art. 12 Abs. 2 S. 5**. Sie erlaubt dem Verantwort- 64
lichen die Berechnung eines Entgelts für alle weiteren Kopien, ohne dass dazu die Voraussetzungen von Art. 12 Abs. 2 S. 5 vorliegen müssten. Offensichtlich geht der Gesetzgeber davon aus, dass die mehrfache Erteilung einer Auskunft in der spezifischen Modalität einer Kopie schon vom Ansatz her höhere Kosten verursacht als die Erteilung einer Auskunft auf andere Art und Weise.

Das Entgelt muss von der Höhe her „angemessen" sein; eine Grundlage für die **Angemessen-** 65
heit bilden dabei die „Verwaltungskosten" (so Abs. 3 S. 2). Weitere Aussagen zur Bemessung des Entgelts enthält die Grundverordnung auch in den Erwägungsgründen nicht. Es ist davon auszugehen, dass der Verantwortliche jedenfalls die **Materialkosten** ansetzen darf, die anfallen (Kosten für Papier, Datenträger wie USB-Sticks und Toner), zuzüglich der für die konkrete Auskunft erforderlichen und ihr **direkt zuzuordnenden Arbeitskosten.**[184] Umfangreiche Sucharbeiten in Datenbeständen, die dadurch entstehen, dass diese nicht entsprechend den Anforderungen strukturiert sind, die sich mittelbar aus Art. 5 Abs. 2 ergeben,[185] können der betroffenen Person nicht angelastet werden.

Die **Rechtsprechung des EuGH** zu Art. 12 Buchst. a DS-RL trägt nur begrenzt zur 66
Konkretisierung bei. Demnach darf das Entgelt wegen der Verankerung des Auskunftsrechts in Art. 8 Abs. 2 S. 2 GRCh nicht in einer Höhe festgesetzt werden, die ein Hindernis für die Ausübung des durch diese Bestimmung verbürgten Auskunftsrechts darstellen könnte.[186] Ferner darf die Höhe des Entgelts nicht die Kosten der Mitteilung der Daten übersteigen.[187] Dies erläutert der EuGH nicht näher, doch ist davon auszugehen, dass die Einbeziehung von **Vorhaltekosten für Auskunftssysteme** damit ebenso ausgeschlossen ist wie die Aufwendungen, die durch interne Sucharbeiten entstehen. Eine konkrete Entgelthöhe für den Einzelfall lässt sich auch mithilfe dieser Kriterien nicht unmittelbar ermitteln. Angesichts der Ausgestaltung des Auskunftsrechts als Grundrecht (Art. 8 Abs. 2 S. 2 GRCh) ist davon auszugehen, dass es dem Verantwortlichen obliegt, die Angemessenheit des geforderten Entgelts darzulegen und nötigenfalls nachzuweisen.

---

[182] GA *Emiliou* SchlA v. 20.4.2023 in der Rs. C-307/22, ECLI:EU:C:2023:315, Rn. 32/33.
[183] Entgegen BayLfD Orientierungshilfe Rn. 45–49 betreffen solche Überlegungen neben der öffentlichen Verwaltung durchaus auch Privatunternehmen.
[184] GA *Emiliou* SchlA v. 20.4.2023 in der Rs. C-307/22, ECLI:EU:C:2023:315, Rn. 70.
[185] Siehe dazu OLG Köln ZD 2019, 463 Rn. 66: „Es ist Sache der Beklagten, die sich der elektronischen Datenverarbeitung bedient, diese im Einklang mit der Rechtsordnung zu organisieren und insbesondere dafür Sorge zu tragen, dass dem Datenschutz und den sich hieraus ergebenden Rechten Dritter Rechnung getragen wird."
[186] EuGH Urt. v. 12.12.2013 – C-486/12, ECLI:EU:C:2013:836 = ZD 2014, 248 – X, Rn. 29.
[187] EuGH Urt. v. 12.12.2013 – C-486/12, ECLI:EU:C:2013:836 = ZD 2014, 248 – X, Rn. 30.

67 Eine **Befugnis der Mitgliedstaaten** für normative Vorgaben dazu, wann ein Entgelt als angemessen anzusehen ist, enthält die Grundverordnung nicht. Soweit sich aus der Rechtsprechung des EuGH etwas anderes zu ergeben scheint,[188] ist darauf hinzuweisen, dass die dahingehende Aussage sich auf die DS-RL bezieht, die insgesamt der Umsetzung durch die Mitgliedstaaten bedurfte. Bei einer Verordnung wie der DS-GVO ist für eine solche Befugnis ohne ausdrückliche Festlegung in der Verordnung selbst dagegen kein Raum. Weitergehende Spielräume der Mitgliedstaaten können bestehen, wenn sich das Auskunftsrecht auf Verarbeitungen personenbezogener Daten in Feldern bezieht, für die der Union nur eine begrenzte Zuständigkeit hat. Das spielt potenziell eine Rolle im Gesundheitswesen.[189] Der EuGH hat sich diesen Ansatz jedenfalls im Rahmen von Art. 15 nicht zu Eigen gemacht. Ohne die primärrechtliche Regelung des Art. 16 Abs. 2 AEUV auch nur zu nennen, hält er nationale Gesetzgeber auch unter dem Aspekt von Art. 23 nicht für befugt, eine von Abs. 3 abweichende Regelung zu treffen.[190]

68 **3. Form der Kopien (Abs. 3 S. 3).** Die Form der Kopien muss jedenfalls dann, wenn die betroffene Person den Antrag auf Auskunftserteilung elektronisch stellt, dieser Form des Antrags entsprechen, so dass in einem solchen Fall **elektronische Kopien** „in einem gängigen elektronischen Format"[191] zu erteilen sind. Die betroffene Person kann allerdings angeben, dass sie eine andere Form wünscht. Diesem Wunsch ist dann zu entsprechen. Indirekt ergibt sich daraus, dass bei einem „Antrag auf Papier" auch die **Kopien in Papierform** zur Verfügung zu stellen sind. Somit bestimmt die betroffene Person letztlich die Form der Kopien. Dies erscheint gerechtfertigt. Die Ausübung des Auskunftsrechts ergibt für die betroffene Person nur dann Sinn, wenn sie die Kopien in einer Form erhält, die sie auf der Basis ihrer technischen und sonstigen Möglichkeiten dazu befähigen, die Kopien zu lesen und auszuwerten. Im Kontrast dazu hat die betroffene Person bei **Art. 20 Abs. 1** nicht solche weitgehenden Gestaltungsmöglichkeiten. Dort erhält sie ihre personenbezogenen Daten nur in einem „maschinenlesbaren" Format, also nur in elektronischer Form. Das beruht darauf, dass Art. 20 – anders als Art. 15 – für die Bereitstellung von Daten gerade zur Weiterverarbeitung in elektronischer Form durch einen Dritten sicherstellen soll. Einen solchen spezifischen Zweck, der vergleichbare Einschränkungen bieten würde, verfolgt Art. 15 nicht. Dass der Verantwortliche möglicherweise weniger Aufwand hätte, wenn er Daten, die bei ihm elektronisch vorliegen, in einem elektronischen Format beauskunften könnte, ist im Rahmen von Art. 15 ohne Belang.

69 Erwägungsgrund 63 S. 4 sieht die Einrichtung eines **Fernzugriffs** für die betroffene Person auf ihre Daten als die Gestaltung an, die den Interessen der betroffenen Person am meisten entgegen kommt.[192] Eine Pflicht zur Einrichtung eines Fernzugriffs besteht für den Verantwortlichen aber nicht. Zudem ist sie nur sinnvoll, wenn die betroffene Person über die erforderliche technische Ausstattung verfügt. Selbstverständlich ist, dass diese Lösung Kommunikationswege voraussetzt, die angemessene Sicherheitsanforderungen (Art. 32) erfüllen.[193]

70 Wenn **Abs. 3 S. 3** davon spricht, dass die **„Informationen"** zur Verfügung zu stellen seien und nicht lediglich die personenbezogenen Daten, so ist dies keine Ungenauigkeit der Formulierung. In Abs. 3 S. 1 und 2 ist zutreffend die Rede von einer „Kopie der personenbezogenen

---

[188] Siehe EuGH Urt. v. 12.12.2013 – C-486/12, ECLI:EU:C:2013:836 = ZD 2014, 248 – X, Rn. 30: „Eine solche Obergrenze (ergänze: die sich daraus ergibt, dass das geforderte Entgelt die Kosten für die Mitteilung der Daten nicht übersteigen darf) lässt jedoch die Befugnis der Mitgliedstaaten unberührt, diese Kosten niedriger anzusetzen, um für jede natürliche Person zu gewährleisten, dass das Auskunftsrecht seine Wirksamkeit behält."

[189] So GA *Emiliou* SchlA v. 20.4.2023 in der Rs. C-307/22, ECLI:EU:C:2023:315, Rn. 68 unter Hinweis auf Art. 6 S. 2 Buchst. a AEUV. Dass Art. 16 Abs. 2 AEUV, auf den die DS-GVO gestützt ist, Differenzierungen des AEUV hins. der Kompetenzverteilung zwischen den Mitgliedstaaten nicht einebnet, zeigt EuGH Urt. v. 22.6.2022 – C- 534/20, ECLI:EU:C:2022:495 = ZD 2022, 552 – Leistritz AG, Rn. 31/32.

[190] EuGH Urt. v. 26.10.2023 – C-307/22, ECLI:EU:C:2023:811 FT/DW = ZD 2024, 22 mAnm *Winnenburg* = MMR 2023, 939 mAnm *Hense/Däuble* = NJW 2023, 3481 mAnm *Fuhlrott* = EuZW 2023, 1100 mAnm *Peisker* Rn. 53–69 (Antwort auf die zweite Vorlagefrage des BGH), besonders Rn. 69.

[191] Beispiele für solche Formate nennt die Verordnung auch in den Erwägungsgründen nicht. DSK Kurzpapier Nr. 6 S. 2 nennt das PDF-Format als (naheliegendes) Bsp.

[192] Dies muss keine Möglichkeit zum Download der Daten einschließen, siehe EDSA Guidelines 01/2022 Rn. 133. Ob es sich bei einem Fernzugriff wirklich um die datenschutzfreundlichste Lösung handelt (so die Interpretation von DSK Kurzpapier Nr. 6 S. 2), sei dahingestellt.

[193] EDSA Guidelines 01/2022 Rn. 134, nennt als Bsp. die Verschlüsselung bei einer Übermittlung per Mail; DSK Kurzpapier Nr. 6 S. 2.

Daten", da nur diese Gegenstand einer Kopie durch den Verantwortlichen sein können. Abs. 3 S. 3 verwendet dagegen den Begriff der Informationen, um auch die Form festzulegen, in der über die „eigentlichen" personenbezogenen Daten hinaus die zugehörigen Metadaten zur Verfügung zu stellen sind.

VI. Berücksichtigung von Rechten und Freiheiten anderer Personen (Abs. 4)

Abs. 4 behandelt seinem Wortlaut nach die Berücksichtigung von Rechten und Freiheiten 71 anderer Personen nur für den Fall, dass eine Auskunft gerade durch Überlassung einer Kopie erteilt wird. Da die Überlassung einer Kopie nur eine spezifische Modalität der Erfüllung des Auskunftsanspruchs darstellt, liegt es jedoch nahe, die **Regelung als allgemeines Prinzip** anzusehen,[194] das unabhängig davon gilt, in welcher Form der Auskunftsanspruch im Einzelfall erfüllt wird. Dafür spricht Erwägungsgrund 63 S. 5, der allgemein formuliert, dass „dieses Recht" (nach dem Kontext des Satzes also das Auskunftsrecht) die Rechte und Freiheiten anderer Personen nicht beeinträchtigen sollte, ohne dabei spezifisch auf eine Erfüllung des Auskunftsanspruchs durch Überlassung einer Kopie Bezug zu nehmen. Dass Abs. 4 die Beeinträchtigung von Rechten und Freiheiten anderer Personen gerade im Kontext der Überlassung einer Kopie anspricht, könnte damit zusammenhängen, dass bei dieser Modalität der Auskunftserteilung eine solche Beeinträchtigung besonders naheliegt. Denn Kopien geben ein „Gesamtbild" wieder und sind technisch rasch angefertigt, wobei der Verantwortliche es möglicherweise unterlässt, ihren Inhalt im Detail zu prüfen. Für das Verständnis von Abs. 4 als Ausdruck eines allgemeinen Prinzips spricht auch, dass sich auf **Art. 8 GRCh** nicht nur derjenige berufen kann, der eine Auskunft über seine personenbezogenen Daten begehrt, sondern auch derjenige, dessen Daten durch eine Übermittlung im Rahmen einer Auskunft nach Art. 15 Abs. 1 Hs. 2 Buchst. g offengelegt werden.[195]

Das eben geschilderte Verständnis von Abs. 4 eröffnet den Weg für eine **Abwägung** zwischen 72 den Rechten und Freiheiten der betroffenen Person und den Rechten und Freiheiten anderer Personen. Eine solche Abwägung ist durch den Gegensatz von Erwägungsgrund 63 S. 5 (keine Beeinträchtigung der Rechet und Freiheiten anderer Personen) einerseits und Erwägungsgrund 63 S. 6 (keine völlige Verweigerung der Auskunft an die betroffene Person in solchen Fällen) andererseits in der DS-GVO selbst angelegt. Sie entspricht auch dem **Gedanken des Art. 52 Abs. 1 S. 2 GRCh**.

Dieser Ansatz macht es entbehrlich, angebliche ungeschriebene Einschränkungen des Aus- 73 kunftsrechts ins Spiel zu bringen.[196] Er ermöglicht die angemessene Lösung von Konflikten, die sich daraus ergeben, dass sich personenbezogene **Daten zugleich auf mehrere Personen beziehen**. Dies gilt für das „Hinweisgeberfälle"[197] genauso wie für Fälle der Herausgabe von Kopien von Prüfungsarbeiten, die Anmerkungen von Prüfern enthalten.[198] Beide Konstellationen sind dadurch gekennzeichnet, dass sich personenbezogene Daten nicht nur auf eine, sondern auf mehrere Personen beziehen.[199] Auch die in Erwägungsgrund 63 S. 5 angesprochenen Kon-

---

[194] Eine analoge Anwendung von Abs. 4 auf Abs. 1, für die sich BeckOK DatenschutzR/*Schmidt-Wudy* DS-GVO Art. 15 Rn. 96–98 und – ihm folgend – LG Hamburg Urt. v. 3.9.2021 – 324 O 86/20, GRUR-RS 2021, 56382 Rn. 77 aussprechen, die *Deutschmann* ZD 2021, 414 (417) indessen mangels einer planwidrigen Regelungslücke ablehnt, ergäbe nur Sinn, wenn Abs. 1 und Abs. 3 zwei getrennte, eigenständige Ansprüche normieren würde, was aber laut EuGH nicht der Fall ist. Durch die jüngste EuGH-Rspr. überholt wäre unter diesem Aspekt auch die Auff. des BGH Urt. v. 22.2.2022 – VI ZR 14/21, ZD 2022, 326 = RDi 2022, 298 mAnm *Engelhardt* Rn. 16, dass Art. 15 Abs. 4 „lediglich das Recht auf Erhalt einer Kopie" betreffe (und deshalb ansonsten wohl nicht einschlägig sei, was aber so nicht ausdrücklich daraus gefolgert wird). Ob die Ausführungen des BGH tatsächlich so zu verstehen sind, erscheint auf der Basis dieser knappen Äußerung nicht sicher.
[195] Zu diesem Gedanken siehe BGH Urt. v. 22.2.2022 – VI ZR 14/21, ZD 2022, 326 = RDi 2022, 298 mAnm *Engelhardt* Rn. 18.
[196] Abl. dazu in Bezug auf Abs. 3 *Korch/Chatard* CR 2020, 438 (442, 443, Rn. 14–23).
[197] Siehe BGH Urt. v. 22.2.2022 – VI ZR 14/21, ZD 2022, 326 = RDi 2022, 298 mAnm *Engelhardt* Rn. 24–27 zur Abwägung der Interessen einer betroffenen Person, die Auskunft über die Herkunft der Daten gem. Abs. 2 Hs. 3 Buchst. g begehrt und der Interessen eines Hinweisgebers, dessen Identität dadurch offengelegt würde. Von Interesse dabei der fünfstufige Handlungsleitfaden, den *Engelhardt* RDi 2022, 298 (303) (= Anm. zu BGH Urt. v. 22.2.2022 – VI ZR 14/21, ZD 2022, 326) aus der Entsch. ableitet.
[198] BVerwG Urt. v. 30.11.2022 – 6 C 10.21, ZD 2023, 296 mAnm *Viehweger/Koreng* Rn. 31.
[199] *Raji* ZD 2020, 279 (280) spricht plastisch von „multilateralen Daten" und weist zu Recht darauf hin, dass diese Art Daten jeder Kommunikation zwischen natürlichen Personen inhärent sind.

fliktsituationen bei denen es um **Geschäftsgeheimnisse** oder Rechte des geistigen Eigentums, insbesondere das **Urheberrecht** an Software geht, sind sinnvoll nur über eine Interessenabwägung lösbar.[200] Eine solche Abwägung ist entgegen vereinzelt geäußerter Skepsis[201] auch Privatpersonen zuzumuten.

C. Rechtsschutz

74   Für den Fall, dass ein Auskunftsanspruch nicht oder nur ungenügend erfüllt wird, steht der betroffenen Person der **Rechtsweg zu den nationalen Gerichten** offen. Dies ist ihr durch Art. 79 Abs. 1 garantiert,[202] unabhängig von etwaigen inhaltsgleichen Garantien nach nationalem Recht. Art. 79 Abs. 2 enthält lediglich eine Regelung der internationalen Zuständigkeit. Festlegungen zur Ausgestaltung des Rechtswegs im Einzelnen trifft die DS-GVO dagegen weder dort noch an sonstiger Stelle. Die **Details des Rechtswegs** bestimmen sich ausschließlich nach dem Verfahrensrecht der Mitgliedstaaten.[203] Zweifelsfragen, welcher konkrete Rechtsweg eröffnet ist, ergeben sich daher lediglich aus Bestimmungen des nationalen Verfahrensrechts, nicht aus der DS-GVO. Komplexe Beispiele hierfür bieten die Abgrenzung zwischen dem Rechtsweg zur Sozialgerichtsbarkeit und dem Rechtsweg zur Verwaltungsgerichtsbarkeit[204] sowie die Abgrenzung zwischen der Finanzgerichtsbarkeit und der Verwaltungsgerichtsbarkeit.[205] Für Auskunftsklagen von Arbeitnehmern ist der Rechtsweg zu den Arbeitsgerichten eröffnet, bei Organpersonen, die eine juristische Person nach außen vertreten, etwa als Geschäftsführer einer GmbH, dagegen der Rechtsweg zu den Zivilgerichten.[206]

75   Strittig ist, welche Anforderungen bei der gerichtlichen Geltendmachung eines Auskunftsanspruch an die **Bestimmtheit des Klageantrags** (§ 253 Abs. 2 Nr. 2 ZPO) zu stellen sind. Die Situation des Klägers ist in diesem Fall dadurch gekennzeichnet, dass er durch sein Auskunftsbegehren erst die Informationen erlangen will, die eine genauere Bezeichnung dessen

---

[200] Letztlich zum selben Erg. führt der von BGH Urt. v. 22.2.2022 – VI ZR 14/21, ZD 2022, 326 = RDi 2022, 298 mAnm *Engelhardt* Rn. 15–21 erwogene, aber offen gelassene Ansatz, die widerstreitenden Grundrechte des zur Auskunft Berechtigten und des Hinweisgebers zum Ausgleich zu bringen, indem er für die Offenlegung der Informationen über die Herkunft der Daten (und somit über den Hinweisgeber) Art. 6 Abs. 1 Uabs.1 Buchst. f als Rechtsgrundlage heranzieht und auf dessen Basis eine Abwägung der Interessen beider Seiten vornimmt.

[201] *Engelhardt* RDi 2022, 298 (303) (= Anm. zu BGH Urt. v. 22.2.2022 – VI ZR 14/21, ZD 2022, 326), der allerdings zutr. auch darauf hinweist, dass ein solches Aufbürden einer anspruchsvollen Abwägung durch die Rspr. hier nicht zum ersten Mal erfolge. Wenn es Kleinbetrieben gem. § 23 Abs. 1 S. 2 KSchG zuzumuten ist, bei Kündigungen Anforderungen unmittelbar aus Grundrechtspositionen zu beachten (zurückgehend auf BverfG Beschl. v. 27.1.1998 – 1 BvL 15/87), dann sollte es keine besondere Kritik hervorrufen, wenn iRv Art. 15 ähnliche Anforderungen gestellt werden.

[202] Spezifisch für Österreich siehe hierzu Öst. OGH Urt. v. 18.2.2021 – 6 Ob 127/20z, Rn. 9–14 (in ZD 2021, 431 nicht wiedergegeben), wonach seit Inkrafttreten der DS-GVO auch in Österreich die „Zweigleisigkeit des Rechtsschutzes" gilt, was dazu führt, dass ein Auskunftsanspruch sowohl durch eine Beschwerde bei der Aufsichtsbehörde (Art. 77) durchgesetzt werden kann als auch durch eine Klage beim zuständigen Gericht. Der in Österreich teils vertretenen Auff., das Recht auf Auskunft sei nicht von Art. 79 Abs. 1 erfasst, hat der Öst. OGH damit eine klare Absage erteilt. Vor Geltung der DS-GVO stand einer betroffenen Person in Österreich der Klageweg durch Durchsetzung eines Auskunftsanspruchs unstreitig nicht offen.

[203] VG Bayreuth Gerichtsbescheid v. 28.2.2019 – 9 K 18.1014, BeckRS 2019, 41855 Rn. 17: „Mangels Regelungskompetenz der EU sind Bestimmungen über die Zuordnung von Streitigkeiten nach der DSGVO zu einer bestimmten Gerichtsbarkeit in den nationalen Rechtsordnungen zu treffen."

[204] Instruktiv dazu VG Bayreuth Gerichtsbescheid v. 28.2.2019 – 9 K 18.1014, BeckRS 2019, 41855 Rn. 17 (Auskunftsanspruch bzgl. personenbezogener Daten, die mit der Feststellung einer Schwerbehinderung im Zusammenhang stehen) sowie SächsLSG Beschl. v. 12.12.2019 – L 2 SV 2/19 B (Auskunftsanspruch gegen den Medizinischen Dienst der Krankenkassen/MDK). Eine wesentliche Rolle für die Abgrenzung spielt § 81b Abs. 1 SGB X, der ausdrücklich die in der DS-GVO „enthaltenen Rechte der betroffenen Person" anspricht.; instruktiv dazu LSG NRW Urt. v. 24.3.2021 – L 12 AS 2102/19, BeckRS 2021, 11256 Rn. 24–30.

[205] FG BW Beschl. v. 30.9.2019 – 10 K 1493/19, BeckRS 2019, 44693 (Auskunftsanspruch bzgl. personenbezogener Daten, die Gegenstand einer Verarbeitung durch die Steuerfahndungsstelle eines Finanzamtes sind).

[206] *Lembke* NJW 2020, 1841 (1842). Praxisfall zur Zuständigkeit der Arbeitsgerichte: ArbG Berlin Beschl. v. 19.12.2023 – 36 Ca 7967/23 = Beck RS 2023, 38629.

ermöglichen, was über ihn an personenbezogenen Daten gespeichert ist.[207] Jedenfalls sofern die betroffene Person keinerlei Auskunft vom Verantwortlichen erhalten hat, liegt es deshalb nahe, eine (weitgehende) Wiederholung des Wortlauts von Art. 15 Abs. 1 als hinreichend bestimmt anzusehen. Ob das zulässig ist, hat das **BAG** ausdrücklich offengelassen.[208] Andererseits hat das BAG den Versuch eines Klägers, seinen Klageantrag zu präzisieren, indem er Kopien der „nicht in der Personalakte des Klägers gespeicherten personenbezogenen Leistungs- und Verhaltensdaten" begehrte, als unzureichend zurückgewiesen. Die Kriterien „Verhalten und Leistung" seien auslegungsbedürftig. Herauszufinden, welche Mails davon betroffen sind, würde – so das BAG – die Auseinandersetzung unzulässigerweise in das Vollstreckungsverfahren verlagern.[209] Einen Klageantrag, der sich die Auskunft auf Mails bezog, die von oder an die dienstliche Mailadresse des Klägers gerichtet war sowie auf Mails, in denen der Kläger namentlich erwähnt ist, hat das BAG ebenfalls als unzureichend bestimmt angesehen.[210] Dem steht der **Ansatz des BGH** gegenüber, der einen Klageantrag für hinreichend bestimmt hielt, mit dem der Kläger von der beklagten Versicherung Auskunft über die von der Beklagten verarbeiteten, ihn betreffenden personenbezogenen Daten begehrte.[211]

Der Ansatz des BAG führt im Ergebnis dazu, dass die materielle Durchsetzung des Auskunftsanspruchs regelmäßig an prozessualen Hürden scheitert.[212] Umso bedauerlicher ist es, dass sich das BAG nicht zu einer Vorlage an den EuGH veranlasst sah.[213] Dies ist kritisch zu sehen.[214] Zwar ist hinsichtlich des Prozessrechts mangels unionsrechtlicher Regelungen vom Grundsatz der **Verfahrensautonomie der Mitgliedstaaten** auszugehen. Dieser Grundsatz hat jedoch nicht die Funktion eines Schutzprinzips gegen Eingriffe durch materielles EU-Recht in den legislativen Handlungsspielraum der Mitgliedstaaten bezüglich des Verfahrensrechts. Vielmehr beschreibt er im Gegenteil die Pflicht der Mitgliedstaaten, mangels verfahrensrechtlicher Vorgaben des EU-Rechts mit den Mitteln ihres nationalen Verfahrensrechts die effektive prozessuale Verwirklichung materieller Rechte sicherzustellen, die das EU-Recht vorsieht.[215] Deshalb ist der **Effektivitätsgrundsatz** zu beachten. Er ist verletzt, wenn verfahrensrechtliche Modalitäten die Ausübung unionsrechtlicher Rechte praktisch unmöglich machen oder übermäßig erschweren.[216] Die Bedeutung dieses Grundsatzes hat das BAG selbstverständlich gesehen, es jedoch unter Berufung auf Umstände des konkreten Einzelfalls nicht für erforderlich angesehen, dazu Stellung zu nehmen, ob er gebietet, einen am Wortlaut von Art. 15 orientierten Klageantrag als hinreichend bestimmt anzusehen.[217]

Beweisrechtliche Regelungen enthält die DS-GVO nicht. Es ist deshalb bei der Geltendmachung eines Auskunftsanspruchs von den Beweisregeln des nationalen Prozessrechts auszugehen.[218]

Ob der Auskunftsanspruch zivilgerichtlich nur im Wege der Leistungsklage (§ 253 ZPO) oder auch als Stufenklage (§ 254 ZPO) eingeklagt werden kann, ist strittig.[219] Eine Stufenklage ist je

---

[207] BAG Urt. v. 16.12.2021 – 2 AZR 235/21, NJW 2022, 960 mAnm *Fuhlrott* Rn. 26.
[208] BAG Urt. v. 16.12.2021 – 2 AZR 235/21, NJW 2022, 960 mAnm *Fuhlrott* Rn. 27. Einen Klageantrag unter Wiederholung des Gesetzeswortlauts akzeptierend LG Bonn Urt. v. 21.11.2023 – 10 O 98/23 = BeckRS 2023, 33370 Rn. 48.
[209] BAG Urt. v. 16.12.2021 – 2 AZR 235/21, NJW 2022, 960 mAnm *Fuhlrott* Rn. 30.
[210] BAG Urt. v. 27.4.2021 – 2 AZR 342/20, NJW 2021, 2379 mAnm *Fuhlrott* Rn. 20.
[211] BGH Urt. v. 15.6.2021 – VI ZR 576/19, BeckRS 2021, 16831 = NJW 2021, 2726 = ZD 2021, 581 mAnm *Riemer* Rn. 31/32.
[212] In diese Richtung argumentierend auch *Lembke/Fischels* NZA 2022, 513 (520). OLG Köln Urt. v. 10.8.2023 – 15 U 184/22 = NZA-RR 2023, 515 Rn. 18 mAnm *Riemer* hält die Rspr. des BAG ausdr. für überholt.
[213] BAG Urt. v. 27.4.2021 – 2 AZR 342/20, BeckRS 2021, 16831 = NJW 2021, 2379 mAnm *Fuhlrott* Rn. 22–26; BAG Urt. v. 16.12.2021 – 2 AZR 235/21, NJW 2022, 960 mAnm *Fuhlrott* Rn. 35.
[214] So zu Recht *Fuhlrott* NJW 2022, 960 Rn. 35.
[215] Heselhaus/Nowak EU-Grundrechte-HdB/*Nowak* Rn. 34/35 betont die Bedeutung, die Art. 47 GRCh in diesem Zusammenhang hat. Diesen Bezug stellt auch der EuGH ausdrücklich her, siehe EuGH Urt. v. 10.6.2021 – C-776/19 bis 782/19, ECLI:EU:C:2021:470 – BNP Parisbas, Rn. 29.
[216] EuGH Urt. 17.5.2022 – C-869/19, ECLI:EU:C:2022:397 = EuZW 2022, 973 – Unicaja Banco, Rn. 22 mwN.
[217] BAG Urt. v. 16.12.2021 – 2 AZR 235/21, NJW 2022, 960 mAnm *Fuhlrott* Rn. 35.
[218] Ausf. diskutiert von OLG Stuttgart Urt. v. 31.3.2021 – 9 U 34/21, BeckRS 2021, 6282 Rn. 40–45, anhand des Anspruchs nach Art. 82.
[219] Ausf. Darstellung bei *Riemer* DAR 2022, 127 (131).

nach Lage des Einzelfalles denkbar.[220] Die Durchsetzung des Auskunftsanspruchs in der **Zwangsvollstreckung** erfolgt gemäß § 888 ZPO.[221]

79 Die Möglichkeit der betroffenen Person, sich mit einer Beschwerde an die zuständige **Aufsichtsbehörde** zu wenden (Art. 77), bietet ihr zumindest indirekt Rechtsschutz, weil die Aufsichtsbehörde gegenüber dem Verantwortlichen anordnen kann, einem Antrag auf Auskunftserteilung zu entsprechen (Art. 58 Abs. 2 Buchst. c).[222] Diese Beschwerdemöglichkeit steht nach dem Wortlaut von Art. 77 Abs. 1 ausdrücklich neben etwaigen gerichtlichen Rechtsbehelfen, was zu einem zweigleisigen Schutzsystem führt.

D. Sanktionen

80 Die Aufsichtsbehörde kann eine unterlassene oder nicht vollständige Auskunftserteilung mit einer **Geldbuße** ahnden (Art. 83 Abs. 5 Buchst. b).

81 Zivilrechtlich können unterlassene, unvollständige oder verspätete Auskünfte vom Grundsatz her einen Anspruch auf **Schadensersatz nach Art. 82** nach sich ziehen. Dabei ist insbesondere noch umstritten, wann ein ersatzfähiger Schaden (insbesondere ein solcher immaterieller Art) entstanden ist.[223]

E. Nationale Durchführung

82 Das BDSG macht an verschiedenen Stellen von der Möglichkeit Gebrauch, **Beschränkungen** des Auskunftsrechts vorzusehen. Sie beruhen in der Regel auf Art. 23. Außerdem sind Art. 89 Abs. 2 und Abs. 3 sowie Art. 85 Abs. 2 als denkbare Rechtsgrundlagen für Spezifizierungen durch den nationalen Gesetzgeber zu beachten. Art. 15 selbst enthält keine Spezifizierungsklauseln, die dem nationalen Gesetzgeber eine Einschränkung des Auskunftsrechts ermöglichen würde.[224] Außer den vorstehend genannten Regelungen enthält die DS-GVO keine Rechtsgrundlagen, die dem nationalen Gesetzgeber Einschränkungen des Auskunftsrechts ermöglichen würden.[225]

83 § 27 Abs. 2 BDSG (Datenverarbeitung zu wissenschaftlichen oder historischen Forschungszwecken und zu statistischen Zwecken) schließt anknüpfend an Art. 89 Abs. 2 das Recht insoweit aus, als es voraussichtlich die Verwirklichung der **Forschungs- oder Statistikzwecke** unmöglich machen oder ernsthaft beeinträchtigen würde und die Beschränkung für die Erfüllung der Forschungs- oder Statistikzwecke notwendig ist.[226] § 28 Abs. 2 BDSG (Datenverarbeitung zu im öffentlichen Interesse liegenden **Archivzwecken**) schließt auf der Basis von Art. 89 Abs. 3 das Auskunftsrecht aus, wenn das Archivgut nicht durch den Namen der Person erschlossen ist oder keine Angaben gemacht werden, die das Auffinden des betreffenden Archivguts mit vertretbarem Verwaltungsaufwand ermöglichen. § 29 Abs. 1 S. 2 BDSG (Rechte der betroffenen Person und aufsichtsbehördliche Befugnisse im Fall von **Geheimhaltungspflichten**) sieht dann kein Auskunftsrecht vor, soweit durch die Auskunft Informationen offenbart würden, die nach einer Rechtsvorschrift oder ihrem Wesen nach, insbesondere wegen der überwiegenden berechtigten Interessen eines Dritten, geheim gehalten werden müssen. Diese Ausnahme stützt sich auf die Grundlage des Art. 23 Abs. 1 Buchst. i.

---

[220] OLG Koblenz Teilurt. v. 20.7.2023 – 10 U 1633/22, BeckRS 2023, 22778 Rn. 16–20; OLG Rostock Urt. v. 18.7.2023 – 4 U 45/22, r+s 2023, 811 (812, Rn. 27–29). BGH Urt. v. 27.9.2023 – IV ZR 177/22, Rn. 24 hat eine Stufenklage nur im konkreten Fall für unzulässig erklärt, weil es dem Kläger nicht um die Bezifferung eines ging, sondern um die Prüfung, ob überhaupt ein Anspruch besteht. Zur Stufenklage siehe auch *Riemer* Anm. zu OLG Köln NZA-RR 2023, 515.

[221] LG Landau/Pf. ZD 2019, 568; LG Mosbach ZD 2020, 478. Zur inkonsistenten Sichtweise des BAG bzgl. des Verhältnisses von § 888 ZPO und § 883 ZPO bei Ansprüchen aus Art. 15 *Lembke/Fischels* NZA 2022, 513 (520).

[222] Siehe Gola/Heckmann/*Nguyen* DS-GVO Art. 58 Rn. 15, wonach die Regelung in erster Linie diese Möglichkeit meint; ebenso Spiecker gen. Döhmann/Papakonstantinou/Hornung/De Hert/*Souhrada-Kirchmayer* GDPR Art. 58 Rn. 14.

[223] Als Übersicht zu einschlägigen Gerichtsentscheidungen siehe *Franck* ZD 2021, 680 sowie *Leibold* ZD 2022, 18.

[224] Gola/Heckmann/*Werkmeister* BDSG § 34 Rn. 2.

[225] EDSA Guidelines 01/2022 Rn. 166.

[226] Das Verhältnis der Regelung zum Bundesstatistikgesetz, den Statistikgesetzen der Länder und statistikrechtlichen Regelungen in Spezialgesetzen ist komplex; siehe dazu detailliert *Kühling* ZD 2021, 74 (75, 76).

§ 34 Abs. 1 BDSG ergänzt diese Regelungen, die sich auf spezielle Verarbeitungsbereiche 84
beziehen, um **weitere Ausnahmen** vom Auskunftsrecht. Ausgeschlossen ist das Auskunftsrecht
gemäß § 34 Abs. 1 Nr. 1 BDSG zunächst für Fälle, in denen die betroffene Person nach § 33
Abs. 1 Nr. 1 (betrifft öffentliche Stellen), § 33 Abs. 1 Nr. 2 Buchst. b (betrifft nichtöffentliche
Stellen) oder § 33 Abs. 3 (betrifft die Übermittlung personenbezogener Daten durch öffentliche
Stellen an bestimmte Behörden) in Abweichung von Art. 14 **nicht zu informieren** ist. Ferner
besteht gemäß § 34 Abs. 1 Nr. 2 Buchst. a BDSG kein Auskunftsrecht, wenn Daten nur deshalb
gespeichert sind, sie aufgrund gesetzlicher oder satzungsmäßiger **Aufbewahrungsfristen** nicht
gelöscht werden dürfen und gemäß § 34 Abs. 1 Nr. 2 Buchst. b BDSG dann nicht, wenn Daten
ausschließlich Zwecken der **Datensicherung** oder der **Datenschutzkontrolle** dienen. In den
beiden letztgenannten Konstellationen muss als zusätzliche Voraussetzung hinzukommen, dass
die Auskunftserteilung einen unverhältnismäßigen Aufwand erfordern würde. Ferner muss die
Verarbeitung für einen anderen Zweck durch geeignete technische und organisatorische Maßnahmen ausgeschlossen sein. Sämtliche Ausnahmen des § 34 Abs. 1 stützen sich auf Art. 23 als
Rechtsgrundlage.

Die geschilderten Regelungen sind in ihrer Summe von dem Bemühen getragen, das **Aus-** 85
kunftsrecht gemäß Art. 15 möglichst **zurückzudrängen**. § 34 Abs. 1 Nr. 2a BDSG ist
offensichtlich europarechtswidrig. Art. 23 Abs. 1 sieht eine Beschränkung der Betroffenenrechte bei Speicherungen aufgrund gesetzlicher oder satzungsmäßiger Aufbewahrungsvorschriften
nicht vor.[227] Ein Teil der Literatur hält § 34 Abs. 1 Nr. 2 BDSG insgesamt für europarechtswidrig.[228]

Abschnitt 3. Berichtigung und Löschung

Art. 16 Recht auf Berichtigung

¹ Die betroffene Person hat das Recht, von dem Verantwortlichen unverzüglich die
Berichtigung sie betreffender unrichtiger personenbezogener Daten zu verlangen.
² Unter Berücksichtigung der Zwecke der Verarbeitung hat die betroffene Person das
Recht, die Vervollständigung unvollständiger personenbezogener Daten – auch mittels
einer ergänzenden Erklärung – zu verlangen.

Literatur: *Franck*, Das System der Betroffenenrechte nach der Datenschutz-Grundverordnung (DS-GVO),
RDV 2016, 111; *Härting*, Datenschutz-Grundverordnung, 2016; *Hoeren*, Thesen zum Verhältnis von Big Data
und Datenqualität, MMR 2016, 8; *Laue/Nink/Kremer*, Das neue Datenschutzrecht in der betrieblichen Praxis,
2016; *Piltz*, Die Datenschutz-Grundverordnung. Teil 2: Rechte der Betroffenen und korrespondierende
Pflichten des Verantwortlichen, K&R 2016, 629.

Rechtsprechung: EuGH Urt. v. 6.11.2003 – C-101/01, ECLI:EU:C:2003:596 – Lindqvist; EuGH
Urt. v. 14.10.2004 – C-409/02 P, ECLI:EU:C:2004:625 – Pflugradt/EZB; EuGH Urt. v. 20.10.2005 – C-
468/03, ECLI:EU:C:2005:624 – Overland Footwear; EuGH Urt. v. 29.1.2008 – C-275/06, ECLI:EU:
C:2008:54 – Promusicae; EuGH Urt. v. 16.12.2008 – C-73/07, ECLI:EU:C:2008:727 – Satakunnan Mark-
kinapörssi und Satamedia; EuGH Urt. v. 9.11.2010 – C-92/09 u. 93/09, ECLI:EU:C:2010:662 – Schecke u.
Eifert; EuGH Urt. v. 27.3.2014 – C-314/12, ECLI:EU:C:2014:192 – UPC Telekabel Wien; EuGH Urt. v.
13.5.2014 – C-131/12, ECLI:EU:C:2014:317 = ZD 2014, 350 – Google Spain und Google; EuGH Urt. v.
16.4.2015 – C-388/13, ECLI:EU:C:2015:225 – UPC Magyarország; EuGH Urt. v. 7.9.2016 – C-310/15,
ECLI:EU:C:2016:633 – Deroo-Blanquart; EuGH Gutachten v. 26.7.2017 – Gutachten 1/15, ECLI:EU:
C:2017:592 – Geplantes Fluggastdatenabkommen EU-Kanada; EuGH Urt. v. 20.12.2017 – C-434/16,
ECLI:EU:C:2017:994 – Nowak; EuGH Urt. v. 27.10.2022 – C-129/21, ECLI:EU:C:2022:833 = ZD 2023,
28 – Proximus; EGMR Urt. v. 20.5.1999 – Nr. 21980/93 ECHR 1999-III – Bladet Tromso A/S u.
Stensaas/Norwegen; EGMR Urt. v. 4.5.2000 – Nr. 28341/95 – Rotaru/Rumänien; EGMR Urt. v.
13.11.2003 – Nr. 39394/98, ECHR 2003-XI – Scharsach und News Verlagsgesellschaft/Österreich; EGMR
Urt. v. 2.2.2010 – Nr. 964/07 – Dalea/Frankreich; EGMR Urt. v. 27.4.2010 – Nr. 27138/04 – Ciubotaru/
Moldawien; BVerwG Urt. v. 31.1.1969 – VII C 69.67, BVerwGE 31, 236; Beschl. v. 4.3.2004 – 1 WB 32/
03, BVerwGE 120, 188; Urt. v. 2.3.2022 – 6 C 7.20, ECLI:DE:BVerwG:2022:020322U6C7.20.0 = NVwZ
2022, 1205; BFH Urt. v. 17.11.2021 – II R 43/19, ECLI:DE:BFH:2021:U.171121.IIR43.19.0 = ZD 2022,
517; OVG Hamburg Beschl. v. 27.5.2019 – 5 Bf 225/18.Z, ECLI:DE:OVGHH:2019:0527.5BF225.18.Z.0A
= NVwZ 2019, 1532; OLG Düsseldorf Urt. v. 11.5.2005 – I-15 U 196/04, 15 U 196/04 = NJW 2005,

---

[227] So zutr. *Piltz* BDSG § 34 Rn. 11, der allerdings aus diesem Grund nur die Frage nach der Europarechtswidrigkeit aufwirft, ohne sie zu beantworten.
[228] *Gola/Heckmann/Werkmeister* BDSG § 34 Rn. 4, 5 mwN.

Art. 16 1, 2

2401; Urt. v. 13.2.2015 – I-16 U 41/14, 16 U 41/14 = ZD 2015, 336; OLG Hamm Urt. v. 19.6.2000 – 6 U 238/99 = NVwZ 2001, 235; OLG Stuttgart Urt. v. 24.11.2021 – 4 U 484/20, ECLI:DE:OLGSTUT:2021:1124.4U484.20.00; OLG Celle Urt. v. 20.1.2022 – 13 U 84/19, ECLI:DE:OLGCE:2022:0120.13U84.19.00 = MMR 2022, 399; LSG NRW Urt. v. 24.7.2020 – L 21 AS 195/19, ECLI:DE:LSGNRW:2020:0724.L21AS195.19.00; LSG Hamburg Urt. v. 14.9.2021 – L 3 R 7/21, ECLI:DE:LSGHH:2021:0914.L3R7.21.0A.

Übersicht

	Rn.
A. Allgemeines	1
I. Zweck und Bedeutung der Vorschrift	1
II. Systematik, Verhältnis zu anderen Vorschriften	5
B. Einzelerläuterungen	12
I. Recht auf Berichtigung (S. 1)	12
1. Voraussetzungen des Berichtigungsrechts	13
a) Unrichtigkeit	13
b) Berichtigungsgegenstand	23
2. Modalitäten der Ausübung des Berichtigungsrechts	24
3. Rechtsfolge – Berichtigungsanspruch	30
II. Recht auf Vervollständigung (S. 2)	35
1. Voraussetzungen des Vervollständigungsrechts	36
a) Unvollständigkeit	36
b) Berücksichtigung des Verarbeitungszwecks	37
c) Vervollständigungsgegenstand	38
2. Modalitäten der Ausübung des Vervollständigungsrechts	39
3. Rechtsfolge – Vervollständigungsanspruch	40
C. Rechtsschutz	45
D. Nationale Durchführung	46
I. Allgemeines	46
II. Deutschland	47
III. Österreich	48

A. Allgemeines

I. Zweck und Bedeutung der Vorschrift

1 Art. 16 gewährleistet in S. 1 das **Recht auf Berichtigung** unrichtiger personenbezogener Daten und in S. 2 das **Recht auf Vervollständigung** unvollständiger Daten. Die Verarbeitung unrichtiger oder unvollständiger Daten kann für die betroffene Person Nachteile in verschiedener Hinsicht und Schwere verursachen.[1] Art. 16 gewährleistet, dass die betroffene Person mit zwei unmittelbar geltenden unionsrechtlichen Ansprüchen (→ Rn. 34) ein **Instrument zur Korrektur** dieser Eingriffe in ihre Rechtsstellung hat und hiermit die negativen Folgen dieses Rechtsverstoßes beseitigen kann (vgl. Erwägungsgrund 65). Das Berichtigungsrecht stärkt als Interventions- und Steuerungsrecht so gleichzeitig unmittelbar die Herrschaft und **Kontrolle der einzelnen betroffenen Person über die sie betreffenden personenbezogenen Daten,** da sie aufgrund eigener Entscheidung gerade denjenigen Nachteilen entgegenwirken kann, die sich aus der Unrichtigkeit der Daten ergeben (können). Gleichzeitig trägt mit dieser Rechtsstellung die betroffene Person auch die (Mit-)Verantwortung für die eigenen Daten. Deren Schutz ist nicht nur eine öffentliche Aufgabe.[2] Das Betroffenenrecht stellt damit einen wesentlichen Bestandteil des sog. **Selbstdatenschutzes** dar.[3]

2 Das Berichtigungsrecht ist als **subjektives Recht** eine **spezielle Ausprägung der** – auch im Verhältnis zu privaten Verantwortlichen geltenden – **Grundrechte auf Achtung des Privatlebens und auf Schutz personenbezogener Daten** gemäß Art. 7 und 8 Abs. 1 GRCh sowie Art. 16 Abs. 1 AEUV. Aufgrund seiner besonderen Bedeutung ist es unmittelbar grundrechtlich normiert. So hat gemäß **Art. 8 Abs. 2 S. 2 GRCh** jede Person das Recht, die Berichtigung der

---

[1] Vgl. die Beispiele der Verweigerung einer Kreditgewährung wegen Speicherung falscher oder unzureichender Bonitätsdaten oder die Nachteile bei einer medizinischen Behandlung als Folge unrichtiger Gesundheitsdaten *Laue/Nink/Kremer* DatenschutzR § 4 Rn. 34.
[2] Vgl. BeckOK DatenschutzR/*Worms* DS-GVO Art. 16 Rn. 5.
[3] Vgl. Gola/Heckmann/*Reif* DS-GVO Art. 16 Rn. 2.

sie betreffenden erhobenen Daten zu erwirken.[4] Wie jedes Recht als Ausfluss eines Grundrechts unterliegt das Berichtigungsrecht einer Einschränkungsmöglichkeit unter den Voraussetzungen des Art. 52 Abs. 1 GRCh, dh sofern diese Einschränkungen gesetzlich vorgesehen sind, den Wesensgehalt dieser Rechte und Freiheiten achten und unter Wahrung des Grundsatzes der Verhältnismäßigkeit erforderlich sind und den von der Union anerkannten dem Gemeinwohl dienenden Zielsetzungen oder den Erfordernissen des Schutzes der Rechte und Freiheiten anderer tatsächlich entsprechen.[5] Aufgrund seines grundrechtlichen Charakters kann das Berichtigungsrecht nicht privatrechtlich abbedungen oder eingeschränkt werden.[6] Es entzieht sich ebenfalls der Disposition der betroffenen Person; ein (Vorab-)Verzicht auf das Berichtigungsrecht ist ebenfalls nicht möglich. Seine Ausübung darf auch im Übrigen nicht mit rechtlichen Nachteilen verbunden werden (→ Art. 16 Rn. 26; zum Einwand des Rechtsmissbrauchs → Art. 17 Rn. 60).

Art. 16 verfolgt gleichzeitig das **objektive Schutzziel,** die „sachliche Richtigkeit" der ver- 3 arbeiteten Daten (Art. 5 Abs. 1 Buchst. d) wiederherzustellen. Als objektiver Ausfluss des Datenschutzgrundrechts ist es komplementäres Element zur Gewährleistung des **Grundsatzes der Datenrichtigkeit** iSd Art. 5 Abs. 1 Buchst. d, wonach personenbezogene Daten sachlich richtig und erforderlichenfalls auf dem neuesten Stand sein müssen (→ Art. 5 Rn. 24).[7] Insbesondere am Recht auf Vervollständigung zeigt sich, dass es in Art. 16 nicht nur um die objektive Richtigkeit der Daten geht, sondern vor allem um eine **Dateninhaltswahrheit** und -klarheit. Unvollständige Daten können als solche objektiv richtig sein, jedoch in ihrem jeweiligen Kontext gegebenenfalls einen falschen Eindruck über die tatsächlichen Gesamtumstände vermitteln. Art. 16 gibt der betroffenen Person die Möglichkeit, auf ihre Daten derart Einfluss zu nehmen, dass der Dateninhalt wahrheitsgemäß zur Kenntnis genommen wird. Damit dient Art. 16 indirekt auch der Verbesserung der Datenqualität.[8]

Das Berichtigungsrecht ist angelehnt an **Art. 12 Buchst. b DS-RL,**[9] der selbst wiederum auf 4 Art. 8 Buchst. c Konvention Nr. 108 bzw. dem wortgleichen Art. 9 Abs. 1 Buchst. e Konvention Nr. 108+ beruht. Während es dort lediglich als „Folgerecht" des im Mittelpunkt stehenden Auskunftsrechts ausgestaltet war,[10] steht es in Art. 16 gemeinsam mit dem Löschungsrecht gemäß Art. 17 und den weiteren Schutzrechten des Abschnitt 3 selbständig neben den Informations- und Auskunftsrechten nach Abschnitt 2 (→ Rn. 5). Während im Rahmen von Art. 12 Buchst. b DS-RL die Unvollständigkeit der Daten eine Untervoraussetzung des Berichtigungsrechts war, ist das Vervollständigungsrecht in der DS-GVO explizit als Betroffenenrecht geregelt.

II. Systematik, Verhältnis zu anderen Vorschriften

Das Recht auf Berichtigung gemäß Art. 16 wird in Kapitel III („Recht der betroffenen 5 Person") gemeinsam mit den anderen Betroffenenrechten der DS-GVO aufgeführt. Hier findet es sich in Abschnitt 3 „Berichtigung und Löschung", wo es neben den Rechten auf Löschung (Art. 17) und auf Verarbeitungseinschränkung (Art. 18), der Mitteilungspflicht (Art. 19) und dem Recht auf Datenübertragbarkeit (Art. 20) geregelt wird. Damit stehen das Berichtigungsrecht und die weiteren **Betroffenenrechte selbstständig nebeneinander.** Sie schließen sich nicht gegenseitig aus, sondern ergänzen sich gegenseitig.

Das Berichtigungs- und Vervollständigungsrecht ist **Teil eines möglichen mehrstufigen** 6 **Vorgehens** zur Geltendmachung der Betroffenenrechte der betroffenen Person, das dem Regime der Betroffenenrechte gemäß Kapitel III systematisch zugrunde liegt. Mit ihren Informations- und Auskunftsrechten gemäß Art. 13–15 kann sich eine betroffene Person zunächst ein Bild von Art und Ausmaß der Datenverarbeitung machen (erste Stufe). Der hierdurch erworbene Kenntnisstand ermöglicht ihr sodann eine zielgerichtete Geltendmachung ihres Berichtigungs-,

---

[4] Vgl. zuletzt EuGH Gutachten v. 26.7.2017 – Gutachten 1/15, ECLI:EU:C:2017:592 Rn. 218 ff. – Geplantes Fluggastdatenabkommen EU-Kanada.
[5] Vgl. EuGH Urt. v. 9.11.2010 – C-92/09 u. C-93/09, ECLI:EU:C:2010:662 Rn. 48, 50 – Schecke u. Eifert; HK-DS-GVO/*Peuker* Art. 16 Rn. 5.
[6] Vgl. zum Berichtigungsrecht nach dem BDSG NK-BDSG/*Dix* BDSG § 35 Rn. 3; BeckOK DatenschutzR/*Worms* BDSG § 20 Rn. 70.
[7] EuGH Urt. v. 13.5.2014 – C-131/12, ECLI:EU:C:2014:317 Rn. 67 = ZD 2014, 350 – Google Spain und Google.
[8] Allein auf die Datenqualität abstellend Gierschmann/Schlender/Stentzel/Veil/*Veil* DS-GVO Art. 16 Rn. 2 ff.; vgl. zum Aspekt der Datenqualität auch *Hoeren* MMR 2016, 8.
[9] Vorschlag der Kommission v. 25.1.2012, KOM(2012)11 endgültig, 9.
[10] So ausdrücklich Grabitz/Hilf/Nettesheim/*Brühann* DS-RL Art. 12 Rn. 8.

Löschungs- oder Widerspruchsanspruchs gemäß Art. 16, 17 und 21 (zweite Stufe). Das Einschränkungsrecht gemäß Art. 18 schafft eine Zwischenstufe, indem es einen vorläufigen „Schwebezustand" der Verarbeitung bewirkt, der bis zur Entscheidung des Verantwortlichen über die Betroffenenrechte sichert (→ Art. 18 Rn. 2). Im Verhältnis zu Art. 16 dient Art. 18 insbesondere der Zustandssicherung, bis die (Un-)Richtigkeit der Daten geklärt ist. Die betroffene Person muss dieses gestufte Vorgehen nicht befolgen, sondern kann sämtliche Betroffenenrechte unabhängig voneinander geltend machen.

7   Das Berichtigungs- und Vervollständigungsrecht gemäß Art. 16 stellt ein wichtiges **Alternativrecht zum Löschungsrecht gemäß Art. 17** dar. Der Anwendungsbereich beider Rechte überschneidet sich. Beide setzen eine rechtswidrige Verarbeitung voraus (die Verarbeitung von unrichtigen personenbezogenen Daten ist unrechtmäßig gemäß Art. 5 Abs. 1 Buchst. d und zwar auch dann, wenn ein Rechtmäßigkeitsgrund iSd Art. 6 vorliegt). Somit besteht bei Verarbeitung unrichtiger Daten neben dem Berichtigungsrecht immer auch ein Recht auf Löschung gemäß Art. 17 Abs. 1 Buchst. d (Anspruchskonkurrenz). Während das Berichtigungsrecht auf die Erhaltung der Daten unter Anpassung des Dateninhalts gerichtet ist, ist das Löschungsrecht gemäß Art. 17 auf ihre Löschung und Unterlassung weitergehender Nutzung ausgerichtet. Dem Betroffenen steht insoweit ein Wahlrecht zu.[11] Umgekehrt besteht bei einer rechtswidrigen Verarbeitung richtiger Daten kein Berichtigungsrecht.[12]

8   Im Verhältnis zum **Einschränkungsrecht gemäß Art. 18 Abs. 1 Buchst. a** steht das Berichtigungsrecht in einem **zeitlichen Ausschließlichkeitsverhältnis**. Während des Berichtigungsstreits hat die betroffene Person gemäß Art. 18 Abs. 1 Buchst. a ein Recht auf Einschränkung der Verarbeitung. Stellt sich nach Abschluss der Prüfung die Unrichtigkeit der Daten heraus, steht der betroffenen Person nur noch das Berichtigungsrecht zu, keine Einschränkung mehr gemäß Art. 18 Abs. 1 Buchst. a. Ein Einschränkungsrecht kann sich allerdings weiterhin aus den anderen Tatbeständen des Art. 18 Abs. 1, insbesondere aus Buchst. b und c ergeben.

9   Die **Mitteilungspflicht des Art. 19** stellt sich im Verhältnis zum Berichtigungsrecht des Art. 16 als **„Anschluss- bzw. Folgerecht"** dar. Im Anschluss an die Berichtigung hat der Verantwortliche gemäß Art. 19 alle Empfänger jener personenbezogenen Daten zu unterrichten, die von der Berichtigung betroffen sind. Im Anschluss an die „Erstberichtigung" dient die Mitteilungspflicht als **Katalysator für eine weitergehende, umfassende Berichtigung**. Die betroffene Person soll mit möglichst geringem Aufwand eine möglichst umfassende Berichtigung ihrer Daten anstoßen können, auch und gerade wenn diese ohne ihr Zutun weitergegeben wurden. Ganz im Sinne des Prinzips der Datenrichtigkeit greifen Art. 16 und 19 ineinander, um die „Richtigkeit" der Daten in möglichst erschöpfendem Umfang zu gewährleisten.

10 Art. 16 enthält grundsätzlich keine Regelungen über die **Information, Kommunikation und Modalitäten** der Ausübung des Berichtigungsrechts. Die Modalitäten sind in **Art. 12** geregelt, so eine generelle Informations- und Mitteilungspflicht (Art. 12 Abs. 1; → Art. 12 Rn. 8), eine generelle Unterstützungs- und Erleichterungspflicht (Art. 12 Abs. 2; → Art. 12 Rn. 23), eine Reaktions- und Mitteilungspflicht über getroffene Maßnahmen (Art. 12 Abs. 3 und 4; → Art. 12 Rn. 31, 36), die grundsätzliche Kostenfreiheit (Art. 12 Abs. 5; → Art. 12 Rn. 42) und das Identitätsfeststellungsverfahren bei Unklarheiten über die Identität der betroffenen Person (Art. 11 und 12 Abs. 6; → Art. 12 Rn. 50; zur Ausübung des Berichtigungsrechts → Rn. 24). Daneben gilt auch für eine Berichtigungsentscheidung gemäß Art. 22, dass diese nicht auf einer automatisierten Verarbeitung beruhen darf (→ Rn. 33). Zu den Rechtsfolgen der Missachtung der Modalitäten → Art. 12 Rn. 59.

11 Das Berichtigungsrecht unterliegt dem **allgemeinen Beschränkungsvorbehalt gemäß Art. 23** durch EU- oder nationale Gesetzgebungsmaßnahmen zB zur Sicherstellung der nationalen Sicherheit,[13] der Landesverteidigung, der öffentlichen Sicherheit, der Strafverfolgung, allgemeiner öffentlicher Interessen der Union oder eines Mitgliedstaates, etwa im Währungs-, Haushalts-, Steuer-,[14] Gesundheits- und Sozialbereich, der Unabhängigkeit der Justiz und eines effektiven Gerichtswesens etc (→ Art. 23 Rn. 1).[15] Bei Datenverarbeitungen zu journalistischen, wissenschaftlichen, künstlerischen oder literarischen Zwecken unterliegt das Berichtigungsrecht

---

[11] Vgl. HK-DS-GVO/*Peuker* Art. 16 Rn. 18; Kühling/Buchner/*Herbst* DS-GVO Art. 16 Rn. 17.
[12] EuGH Urt. v. 27.10.2022 – C-129/21, ECLI:EU:C:2022:833 Rn. 68 = ZD 2023, 28 – Proximus.
[13] Vgl. dazu EGMR Urt. v. 4.5.2000 – 28341/95 Rn. 53, 57 ff. – Rotaru/Rumänien.
[14] Der BFH geht davon aus, dass bei Ausschluss des Auskunftsanspruch gem. Art. 15 DS-GVO auch kein selbstständiger Berichtigungsanspruch gem. Art. 16 DS-GVO besteht: BFH Urt. v. 17.11.2021 – II R 43/19, ECLI:DE:BFH:2021:U.171121.IIR43.19.0 Rn. 49 ff. = ZD 2022, 517.
[15] Vgl. EuGH Urt. v. 20.12.2017 – C-434/16, ECLI:EU:C:2017:994 Rn. 61 – Nowak.

dem – national zwingend zu konkretisierenden – **Ausnahmevorbehalt** gemäß der obligatorischen Spezifizierungsklausel des **Art. 85 Abs. 2 (sog. Medien- und Wissenschaftsprivileg)** (→ Art. 85 Rn. 16), wenn dies erforderlich ist, um das Datenschutzrecht mit dem Grundrecht auf Meinungs- und Informationsfreiheit in Einklang zu bringen,[16] bei Datenverarbeitungen zu wissenschaftlichen oder historischen Forschungs- oder statistischen Zwecken sowie zu Archivzwecken daneben den Ausnahmevorbehalten gemäß der fakultativen Spezifizierungsklausel des **Art. 89 Abs. 2 und 3,** soweit seine Ausübung die Verwirklichung der spezifischen **Forschungs- bzw. Archivzwecke** unmöglich machen oder ernsthaft beeinträchtigen würde und die Ausnahmen für die Erfüllung dieser Zwecke erforderlich sind (→ Art. 89 Rn. 34, 35).

B. Einzelerläuterungen

I. Recht auf Berichtigung (S. 1)

Die betroffene Person hat gemäß Art. 16 S. 1 das Recht, von dem Verantwortlichen unverzüglich die Berichtigung sie betreffender unrichtiger personenbezogener Daten zu verlangen. **12**

1. Voraussetzungen des Berichtigungsrechts. a) Unrichtigkeit. aa) Grundsätze. Das **13** Berichtigungsrecht besteht allein im Hinblick auf personenbezogene Daten iSv Art. 4 Nr. 1 (→ Art. 4 Rn. 5), die unrichtig sind. Der Begriff der **Unrichtigkeit** ist ein unionsrechtlich autonom auszulegender Begriff, der in der DS-GVO nicht definiert ist. Auch andere Unionsrechtsakte verwenden den Begriff „unrichtig", so zB an vielen Stellen der Zollkodex (VO (EU) Nr. 952/2013, ehemals VO (EWG) Nr. 2913/92) oder synonyme Begriffe wie „unwahr", so zB Art. 6 Abs. 1 RL 2005/29/EG. Auch wenn der Begriff in Art. 16 Abs. 1 diesen Unionsrechtsakten nicht entnommen ist, kann die Auslegung dieser Begriffe durch die Rechtsprechung des EuGH Hinweise für die Auslegung der Unrichtigkeit in der DS-GVO geben.

Nach allgemeinem Sprachgebrauch steht „unrichtig" synonym für falsch, unwahr, unzutreffend oder verfälschend.[17] Nach einer Definition des BVerwG sind Daten unrichtig, wenn die in ihnen enthaltene Information **nicht mit der Realität übereinstimmt**.[18] Zentraler Maßstab der Unrichtigkeit ist der **objektive Aussagegehalt** der Daten, unabhängig davon, was sie nach subjektiver Auffassung des Verantwortlichen aussagen (sollen). Unrichtig sind danach zB ein gespeichertes falsches Geburtsdatum,[19] ein falscher Name, Wohnort oder Zugehörigkeit zu einer ethnischen Gruppe.[20] Nach der notwendigen funktionalen – und damit nach üblicher Rechtsprechung des EuGH zu Tatbeständen der DS-RL tendenziell wohl eher weiten – Auslegung des Art. 16 S. 1 sind auch irreführende, unklare oder missverständliche[21] Daten vom Begriff der Unrichtigkeit erfasst, soweit sie nach der **Zweckbestimmung ihrer Verarbeitung**[22] die betroffene Person „in ein falsches Licht" rücken und somit ihre Rechtsstellung beeinträchtigen können (zu unvollständigen bzw. lückenhaften Daten → Rn. 36).[23] Unrichtig sind entsprechend auch Daten, die für sich richtig sind, jedoch durch die Verarbeitung zu einem anderen Zweck in einen anderen Zusammenhang gestellt werden und hierdurch ein falsches Gesamtbild entsteht (Kontextverlust bzw. -verfälschung).[24] Unrichtig ist daher zB eine fehlerhafte Einordnung einer Person im Rahmen des sog. **Profiling** (Art. 4 Nr. 4; → Art. 4 Rn. 28–31), die auf fehlerhaften, irrelevanten oder aus einem fehlerhaften Kontext entnommenen Inputdaten (dh die personenbezogenen Daten, auf denen ein Profil basiert) oder auf einem fehlerhaften Algorithmus **14**

---

[16] Vgl. zum Medienprivileg gem. der Vorgängervorschrift des Art. 9 DS-RL EuGH Urt. v. 16.12.2008 – C-73/07, ECLI:EU:C:2008:727 – Satakunnan Markkinapörssi und Satamedia.
[17] Vgl. www.duden.de/rechtschreibung/unrichtig.
[18] BVerwG Beschl. v. 4.3.2004 – 1 WB 32.03, BVerwGE 120, 188 Rn. 11; Urt. v. 2.3.2022 – 6 C 7.20, ECLI:DE:BVerwG:2022:020322U6C7.20.0 Rn. 32 = NVwZ 2022, 1205.
[19] Vgl. zur Unrichtigkeit iSv § 20 BDSG eines Geburtsdatums im Eintrag der Sozialversicherungsnummer eines Ausländers bei Änderung der Eintragung im Heimatland BSG Urt. v. 13.10.1992 – 5 RJ 16/92, BSGE 71, 170; BVerwG Urt. v. 2.3.2022 – 6 C 7.20, ECLI:DE:BVerwG:2022:020322U6C7.20.0 Rn. 33 = NVwZ 2022, 1205.
[20] EGMR Urt. v. 27.4.2010 – 27138/04, Rn. 53 – Ciubotaru/Moldawien.
[21] Vgl. dazu BVerwG Beschl. v. 4.3.2004 – 1 WB 32.03, BVerwGE 120, 188 Rn. 11.
[22] BVerwG Beschl. v. 4.3.2004 – 1 WB 32.03, BVerwGE 120, 188 Rn. 13–14; EuGH Urt. v. 20.12.2017 – C-434/16, ECLI:EU:C:2017:994 Rn. 53 = ZD 2018, 113.
[23] Vgl. zu § 20 BDSG BeckOK DatenschutzR/*Worms* BDSG § 20 Rn. 19.
[24] Vgl. zu § 20 BDSG NK-BDSG/*Mallmann* § 20 Rn. 13.

basiert.[25] Unrichtig sind auch geschätzte Daten, die – insbesondere bei fehlender Kennzeichnung über ihren Schätzcharakter – den Eindruck erwecken, es handele sich um Fakten.[26] Falsche Antworten in der Lösung einer Prüfungsarbeit bedeuten nicht, dass die in der Arbeit verkörperten personenbezogenen Daten unrichtig sind, und begründen daher kein Berichtigungsrecht.[27] Anderes gilt dann, wenn die Arbeit die Prüfungsleistung der betreffenden Person unrichtig oder unvollständig dokumentiert, zB wenn Prüfungsarbeiten irrtümlich vertauscht wurden, der betreffenden Person die Arbeit eines anderen Prüfungsteilnehmers zugeordnet wurde oder ein Teil der Blätter mit den Antworten des Prüflings verloren gegangen ist, so dass diese Antworten nicht vollständig sind, oder weil die Anmerkungen des Prüfers seine Beurteilung der Antworten des Prüflings nicht richtig dokumentieren.[28]

15 Relevante verarbeitete Informationen können auch **rechtliche Umstände** sein. So hat der EuGH auch den Begriff „unrichtig" in Art. 78 Abs. 3 VO (EWG) Nr. 2913/12 auf tatsächliche und rechtliche Irrtümer bezogen.[29] Unrichtig kann danach zB die Datenverarbeitung über die Dauer einer Vertragsbeziehung[30] oder die auf den Familienstand bezogene Angabe „ledig" in einem Personalinformationssystem sein, wenn der Betroffene eine „eingetragene Lebenspartnerschaft" nach dem Lebenspartnerschaftsgesetz begründet hat.[31] Unrichtig in diesem Sinne sind auch an die SCHUFA gemeldete Daten, die zwar für sich genommen zutreffen, durch die aber infolge fehlender Voreintragungen der unrichtige Eindruck eines aktuellen vertragswidrigen Verhaltens hervorgerufen wird (zur Behandlung der Nutzung unbestimmter Rechtsbegriffe → Rn. 20).[32] Ein offensichtlicher Schreibfehler bei der Übermittlung des Datums des Vollstreckungstitels, der am sachlichen Gehalt der Mitteilung nichts ändert, verpflichtet nicht zum Widerruf der SCHUFA-Meldung, sondern führt lediglich zu einem Berichtigungsanspruch.[33] Soweit es sich bei den verarbeiteten Informationen um eine reine rechtliche Bewertung ohne Tatsachenbestandteile handelt, unterfallen diese Informationen nicht dem Berichtigungsrecht,[34] denn eine rechtliche Bewertung ist grundsätzlich keine einem Wahrheitsbeweis zugängliche Tatsache.[35] Etwas anderes könnte allenfalls gelten, soweit die Bewertung einer feststehenden und abschließenden höchstrichterlichen Rechtsprechung widerspricht.

16 Auf die **Bedeutsamkeit** oder **den Umfang der Unrichtigkeit kommt es nicht an.** Unerheblich ist etwa der Charakter der betroffenen Daten, so zB die Tatsache, dass es sich bei einer Eintragung ins Markenregister lediglich um eine deklaratorische Angabe handelt.[36] Auch marginale Unrichtigkeiten oder **Bagatellfehler** (zB ein falsch geschriebener Straßenname in der Anschrift) können relevant sein, sowie sie die Grundrechtsposition der betroffenen Person beeinträchtigen können.[37] Nicht erfasst sind jedenfalls solche Fehler, zB grammatikalische oder orthografische Fehler, die keinen eigenen Aussagegehalt haben.[38] Ein Verantwortlicher, dessen Datenverarbeitungsprogramm den Namen einen Betroffenen auf seinen Rechnungen anstatt mit „ö" nur mit „oe" schreiben kann, begeht mit dieser Schreibweise keinen Grundrechtseingriff.[39] Unerheblich ist auch die **Ursache der Unrichtigkeit,** so zB ob die Verarbeitung fehlerhafter Daten schuldhaft erfolgt ist oder nicht, sowie die Herkunft der Information, so zB ob sie in Form der Aussage eines Dritten stehen.[40]

---

[25] Vgl. Artikel-29-Datenschutzgruppe, Guidelines on Automated individual decision-making and Profiling for the purposes of Regulation 2016/679, WP 251, S. 24.
[26] Noch strikter bei fehlender Kennzeichnung Kühling/Buchner/*Herbst* DS-GVO Art. 16 Rn. 10.
[27] EuGH Urt. v. 20.12.2017 – C-434/16, ECLI:EU:C:2017:994 Rn. 52–53 – Nowak.
[28] EuGH Urt. v. 20.12.2017 – C-434/16, ECLI:EU:C:2017:994 Rn. 54 – Nowak.
[29] EuGH Urt. v. 20.10.2005 – C-468/03, ECLI:EU:C:2005:624 Rn. 63 – Overland Footwear.
[30] Vgl. analog zur RL 2005/29/EG EuGH Urt. v. 16.4.2015 – C-388/13, ECLI:EU:C:2015:225 Rn. 39–40 – UPC Magyarország.
[31] BVerwG Beschl. v. 4.3.2004 – 1 WB 32.03, BVerwGE 120, 188 Rn. 12.
[32] OLG Düsseldorf Urt. v. 11.5.2005 – I-15 U 196/04, 15 U 196/04, NJW 2005, 2401 Ls. 1.
[33] OLG Düsseldorf Urt. v. 13.2.2015 – I-16 U 41/14, 16 U 41/14, ZD 2015, 336 Rn. 31.
[34] OLG Celle Urt. v. 20.1.2022 – 13 U 84/19, ECLI:DE:OLGCE:2022:0120.13U84.19.00 Rn. 98 = MMR 2022, 399.
[35] Anders wohl OLG Stuttgart Urt. v. 24.11.2021 – 4 U 484/20, ECLI:DE:OLGS-TUT:2021:1124.4U484.20.00 Rn. 128 ff.
[36] BPatG Beschl. v. 4.3.2008 – 27 W (pat) 91/07, GRUR 2009, 185 Rn. 20.
[37] So zu § 35 BDSG NK-BDSG/*Dix* § 35 Rn. 7.
[38] Vgl. zu § 20 BDSG BeckOK DatenschutzR/*Worms* BDSG § 20 Rn. 18.
[39] So zu Art. 1 GG BVerwG Urt. v. 31.1.1969 – VII C 69.67, BVerwGE 31, 236 Rn. 28.
[40] Vgl. zu § 20 BDSG NK-BDSG/*Mallmann* § 20 Rn. 15.

Relevanter **Zeitpunkt** für die Unrichtigkeit ist der Zeitpunkt der Stellung des Berichtigungs- 17
antrags gemäß Art. 12 Abs. 2 ff. Wann die Unrichtigkeit zuvor entstanden ist, dh insbesondere,
ob die Unrichtigkeit schon bei der Verarbeitung gegeben war oder erst später eingetreten ist, ist
unerheblich,[41] da verarbeitete Daten gemäß Art. 5 Abs. 1 Buchst. d auf dem neuesten Stand sein
müssen. Eine Ausnahme besteht nur dann, wenn Zweck der Verarbeitung gerade die Zuordnung
eines bestimmten Umstandes zu einem bestimmten Datum (zB ein zu einem bestimmten Zeitpunkt bestehender Sachverhalt) ist. Ändert sich der Umstand später, bleibt die Umstandsbeschreibung zum ursprünglichen Datum dennoch weiter richtig.[42]

Neben der Unrichtigkeit der Daten ist ein besonderes **Berichtigungsinteresse nicht erfor-** 18
derlich. Auch ist das Berichtigungsrecht nicht vom Vorliegen eines **Schadens** abhängig.[43]

bb) Berichtigung von Daten über Werturteile. Offen ist, ob auch Daten, aus denen 19
Werturteile hervorgehen oder die solche ausdrücken, einem Berichtigungsrecht unterliegen
können. Hintergrund dieser Problematik ist, dass die klassischen Rechtstheorien der Moderne
eine Unterscheidung zwischen Werturteilen und Tatsachenbehauptungen treffen. Nach diesen
Theorien sind Tatsachenbehauptungen entweder wahr oder unwahr. Objektivität ist somit
möglich, soweit die Debatte Tatsachen betrifft. Werturteile liegen dagegen jenseits der Dichotomie von wahr und unwahr. Sie sind mehr oder weniger relativ oder gar subjektiv.[44] So
unterscheidet der EGMR im Rahmen seiner Rechtsprechung zur Meinungsfreiheit gemäß
Art. 10 EMRK zwischen (reinen) Werturteilen und Tatsachenbehauptungen und erkennt an,
dass bei einer Tatsachenbehauptung die Möglichkeit besteht, die Wahrheit der Tatsachen zu
beweisen (exceptio veritatis), während dies bei Werturteilen ausgeschlossen ist.[45] Auch der EuGH
hat zB zu Beurteilungen über die berufliche Eignung von EU-Beamten festgestellt, dass er die
Richtigkeit solcher Beurteilungen nicht nachprüfen kann, soweit sie komplexe Werturteile
enthalten, die ihrer Natur nach keiner objektiven Nachprüfung zugänglich sind.[46] Andererseits
erkennt der EGMR, dass die Abgrenzung zwischen Tatsachenbehauptung und Werturteil nicht
trennscharf möglich und häufig fließend ist und ihr Unterschied letztendlich im Maß der zu
erbringenden tatsächlichen Beweise liegt.[47] Auch der EuGH übt gegenüber Werturteilen eine
zumindest beschränkte gerichtliche Kontrolle aus, die sich auf eventuelle Formfehler, offensichtliche Tatsachenirrtümer, die diese Werturteile fehlerhaft machen, und einen eventuellen Ermessensmissbrauch erstreckt.[48]

Im Rahmen der DS-GVO ist richtiger **Ansatzpunkt** der Beurteilung der **Begriff der** 20
personenbezogenen Daten iSv Art. 4 Nr. 1. Dies zeigt das EuGH-Urteil Y. S. Dort hat der
EuGH die in der Entwurfsschrift über eine Entscheidung der niederländischen Ausländerbehörde
wiedergegebenen Daten über einen Antragsteller für einen Aufenthaltstitel und die Daten, die
gegebenenfalls in der in der Entwurfsschrift enthaltenen rechtlichen Analyse wiedergegeben sind,
als „personenbezogene Daten" charakterisiert, die den Betroffenenrechten gemäß Art. 12
Buchst. b DS-RL unterliegen. Gleichzeitig hat er jedoch festgestellt, dass diese Einstufung nicht
für die Analyse als solche gilt.[49] Grundsätzlich gilt, dass zu personenbezogenen Daten, wie Art. 9
Abs. 1 zeigt, Werturteile wie politische Meinungen oder religiöse oder weltanschauliche Überzeugungen hervorgehen können und sie solche beinhalten. Da sie die Rechtsstellung der
betroffenen Person ebenso beeinträchtigen können wie Tatsachenangaben, sind auch sie nach
funktionaler Auslegung des Art. 16 grundsätzlich nicht vom Anwendungsbereich des Art. 16

---

[41] BVerwG Beschl. v. 4.3.2004 – 1 WB 32.03, BVerwGE 120, 188 Rn. 11.
[42] Vgl. VG Wiesbaden Urt. v. 14.9.2005 – 6 E 2129/04 (V), BeckRS 2006, 23855. Dies gilt etwa auch für die Namensänderung nach dem TSG: OVG Hamburg Beschl. v. 27.5.2019 – 5 Bf 225/18.Z Rn. 22 = NVwZ 2019, 1532; vgl. dazu auch die anhängige EuGH-Rs. C-247/23.
[43] EuGH Urt. v. 13.5.2014 – C-131/12, ECLI:EU:C:2014:317 Rn. 96 = ZD 2014, 350 – Google Spain und Google.
[44] Instruktiv zur Unterscheidung von Tatsachenbehauptungen und Werturteilen GA Jääskinen SchlA v. 9.6.2011 – C-163/10, ECLI:EU:C:2011:379 Rn. 79 ff. – Patriciello.
[45] Vgl. zB EGMR Urt. v. 20.5.1999 – 21980/93, ECHR 1999-III Rn. 65 – Bladet Tromso A/S u. Stensaas/Norwegen; vgl. GA Jääskinen SchlA v. 9.6.2011 – C-163/10, ECLI:EU:C:2011:379 Rn. 81 – Patriciello.
[46] EuGH Urt. v. 17.3.1971 – C-29/70, ECLI:EU:C:1971:29 Rn. 6/8 – Marcato/Kommission.
[47] EGMR Urt. v. 13.11.2003 – 39394/98, ECHR 2003-XI Rn. 40 mwN – Scharsach und News Verlagsgesellschaft/Österreich.
[48] Vgl. zB zu Beurteilungen von Bediensteten EuGH Urt. v. 14.10.2004 – C-409/02 P, ECLI:EU:C:2004:625 Rn. 69 mwN – Pflugradt/EZB.
[49] EuGH Urt. v. 17.7.2014 – C-141/12 u. C-372/12, ECLI:EU:C:2014:2081 Rn. 45 – Y. S.

ausgeschlossen. Dies gilt insbesondere in Fällen, in denen ein Werturteil auf tatsächliche Umstände zurückgeführt wird, zB bei der Verarbeitung von Angaben, der Betroffene vertrete „staatsfeindliche politische Auffassungen"[50] oder bei einem Schulaktenvermerk „Versuch der Urkundenfälschung".[51] Auch die Einhaltung gesetzlicher Grenzen etwaiger Beurteilungsspielräume einer für die Verarbeitung verantwortlichen Behörde über **unbestimmte Rechtsbegriffe** (zB der „Unzuverlässigkeit" im Sinne der Gewerbeordnung) sind im Rahmen der üblichen (beschränkten) Rechtmäßigkeitskontrolle gerichtlich überprüfbar. Auch auf einer **ärztlichen Diagnose** basierende Gesundheitsdaten sind danach, auch wenn sie nach klassischer deutscher Rechtsprechung als Werturteile keinem Anspruch zB auf Widerruf ausgesetzt sind,[52] nicht per se von einem Berichtigungsrecht ausgeschlossen.[53]

21   Sollten Daten, aus denen ein Werturteil hervorgeht oder die ein solches ausdrücken, als personenbezogene Daten grundsätzlich vom Berichtigungsrecht des Art. 16 erfasst sein, ist die Lösung der Werturteil-Problematik auf der Rechtsfolgenseite zu suchen. Der Verantwortliche hat dort das Berichtigungsrecht gegen **Interessen, Rechte und Freiheiten Dritter** abzuwägen und ist gehalten, gegebenenfalls unter zumutbarer Ausschöpfung verfügbarer technischer Möglichkeiten einen **angemessenen Ausgleich** zwischen dem Berichtigungsrecht und etwaig tangierten Drittinteressen und -rechten, insbesondere dem Grundrecht auf Meinungsfreiheit gemäß Art. 11 Abs. 1 GRCh sowie dem Urheberrecht und verwandten Schutzrechten, die Teil des Rechts des geistigen Eigentums gemäß Art. 17 Abs. 2 GRCh sind, zu wahren (→ Rn. 32).[54]

22   cc) **Darlegungs- und Beweislast.** Anders als etwa das Widerspruchsrecht gemäß Art. 21 enthält Art. 16 **keinen systematischen Hinweis auf die Verteilung der Darlegungs- und Beweislast.** Allerdings obliegt dem Verantwortlichen gemäß Art. 5 Abs. 1 Buchst. d die objektive Pflicht, nur sachlich richtige Daten zu verarbeiten. Hieraus lässt sich folgende Systematik ableiten: Der betroffenen Person obliegt grundsätzlich die **Darlegungs- und Substantiierungslast** für das Vorliegen einer Unrichtigkeit.[55] Es genügt daher nicht, dass die betroffene Person einen völlig unsubstantiierten Berichtigungsantrag stellt. Vielmehr muss sie in substantiierter Weise darlegen, dass die betroffenen Daten unrichtig sind und wie eine Berichtigung aussehen sollte (zu den Anforderungen an den Inhalt des Berichtigungsantrags → Rn. 27). Stellt die betroffene Person einen Berichtigungsantrag, in dem sie eine Unrichtigkeit sie betreffender Daten behauptet, hat der Verantwortliche – schon aufgrund seiner objektiven Pflicht zur Verarbeitung sachlich richtiger Daten gemäß Art. 5 Abs. 1 Buchst. d – die Pflicht, die Richtigkeit der Daten umfassend zu überprüfen. Bestätigt sich die Unrichtigkeit im Rahmen der Prüfung, sind die Daten zu berichtigen. Kann der Verantwortliche die Richtigkeit der Daten beweisen, so kann er den Berichtigungsantrag abweisen. Kann die betroffene Person im Rahmen der Prüfung die Unrichtigkeit beweisen, müssen die Daten berichtigt werden. Kann keine Partei die (Un-)Richtigkeit beweisen (**non-liquet-Situation**), soll nach Auffassung des BVerwG die Nichterweislichkeit der Richtigkeit des Datums, dessen Verarbeitung eine betroffene Person mit dem Berichtigungsanspruch nach Art. 16 S. 1 begehrt, im Einklang mit Art. 5 Abs. 2 iVm Art. 5 Abs. 1 Buchst. d zulasten der betroffenen Person gehen. Vom Verantwortlichen könne nicht verlangt werden, ein von der betroffenen Person angegebenes Datum, dessen Richtigkeit sich nicht feststellen lasse, einzutragen und weiter zu verarbeiten.[56] Durch die Eintragung eines neuen, nicht nachweisbar richtigen Datums würde er ansonsten gegen die Rechtfertigungspflicht aus Art. 5 Abs. 2 verstoßen. Allerdings spricht viel dafür, dass eine Einschränkung der Verarbeitung gemäß Art. 18 Abs. 1 Buchst. a, die infolge des Bestreitens der Richtigkeit an sich nur für die Dauer der Prüfung gilt (→ Rn. 6), fortzusetzen ist, bis die betroffene Person wieder in die ursprüngliche Verarbeitung einwilligt, sonstige überwiegende Gründe zur Vornahme der Ver-

---

[50] Vgl. ausf. zu § 20 BDSG NK-BDSG/*Mallmann* § 20 Rn. 18–23.
[51] Vgl. VG Hannover Urt. v. 8.7.2004 – 6 A 386/04, NdsVBl. 2005, 27 Rn. 17 ff.
[52] Vgl. zB BGH Urt. v. 11.4.1989 – VI ZR 293/88, NJW 1989, 2941 Rn. 18 ff.
[53] Vgl. zum Recht auf Berichtigung eines Profilings auf Basis einer ärztlichen Diagnose Artikel-29-Datenschutzgruppe, Guidelines on Automated individual decision-making and Profiling for the purposes of Regulation 2016/679, WP 251, S. 24.
[54] Vgl. zB EuGH Urt. v. 6.11.2003 – C-101/01, ECLI:EU:C:2003:596 Rn. 87 – Lindqvist; EuGH Urt. v. 16.12.2008 – C-73/07, ECLI:EU:C:2008:727 Rn. 53 ff. – Satakunnan Markkinapörssi und Satamedia; EuGH Urt. v. 29.1.2008 – C-275/06, ECLI:EU:C:2008:54 Rn. 68 – Promusicae; EuGH Urt. v. 17.3.2014 – C-314/12, ECLI:EU:C:2014:192 Rn. 46–47 – UPC Telekabel Wien; EuGH Urt. v. 13.5.2014 – C-131/12, ECLI:EU:C:2014:317 Rn. 81, 97 = ZD 2014, 350 – Google Spain und Google.
[55] Ebenso *Laue/Nink/Kremer* DatenschutzR § 4 Rn. 37.
[56] BVerwG Urt. v. 2.3.2022 – 6 C 7.20, NVwZ 2022, 1205 Rn. 52.

arbeitung gemäß Art. 18 Abs. 2 eingreifen, oder in besonderen Ausnahmesituationen überwiegende Grundrechte oder Interessen des Verantwortlichen oder Dritter eine Verarbeitung rechtfertigen (→ Rn. 6).[57]

b) Berichtigungsgegenstand. Das Berichtigungsrecht gilt nur für die die betroffene Person **betreffenden personenbezogenen Daten.** Dies sind zuallererst die den Widerspruchführer betreffenden personenbezogenen Daten selbst. Einen „Berichtigungsanspruch zugunsten Dritter" bzw. ein „Sammelberichtigungsrecht" gibt es insoweit nicht (zum indirekten Personenbezug (→ Art. 20 Rn. 14). Berichtigungsgegenstand können grundsätzlich auch personenbezogene Daten sein, die gleichzeitig den Berichtigungsantragsteller als auch dritte Personen betreffen (sog. **„auch die betroffene Person betreffende" Daten**) (→ Art. 20 Rn. 15). Das Berichtigungsrecht per se auf personenbezogene Daten zu beschränken, die ausschließlich die betroffene Person betreffen, würde dieses Recht unverhältnismäßig einschränken. Richtigerweise ist daher möglichen Grundrechten und Interessen Dritter auf Fortführung einer bestimmten Datenverarbeitung (zB dem Interesse eines Dritten, Kommunikation, die Daten der betroffenen Person enthält, in einem sozialen Netzwerk aus Gründen der Meinungsfreiheit gemäß Art. 11 GRCh nicht zu löschen) auf der Rechtsfolgenebene Rechnung zu tragen (→ Rn. 32). Im Rahmen des sog. Profiling (Art. 4 Nr. 4, → Art. 4 Rn. 28–31) bezieht sich das Berichtigungsrecht sowohl auf die sog. Inputdaten (dh die personenbezogenen Daten, auf denen ein Profil basiert) und die sog. Output-Daten (dh das Profil selbst).[58]

2. Modalitäten der Ausübung des Berichtigungsrechts. Die Ausübung des Berichtigungsrechts verlangt nach dem Sprachgebrauch der DS-GVO einen **(Berichtigungs-)Antrag** (Art. 12 Abs. 2 ff.). Die betroffene Person hat dem Verantwortlichen mitzuteilen, welche durch ihn verarbeiteten Daten unrichtig (bzw. unvollständig) sein sollen.[59] Allerdings besteht eine Berichtigungspflicht des Verantwortlichen auch unabhängig von einer Antragstellung (→ Rn. 30).

Adressat des Berichtigungsantrags ist nach dem ausdrücklichen Wortlaut des Art. 16 S. 1 der für die Datenverarbeitung **Verantwortliche**.[60] Aufgrund der Erleichterungspflicht gemäß Art. 12 Abs. 2 muss der Verantwortliche einen Berichtigungsantrag wohl auch dann annehmen, wenn er bei einer Niederlassung (auch in einem anderen Mitgliedstaat) eingelegt wird. Auch weitere Verantwortliche, die vom Erstverantwortlichen verarbeitete Daten übermittelt erhalten und weiterverarbeiten, sind zulässige Adressaten, nicht jedoch der Auftragsverarbeiter oder Dritte. Der Verantwortliche hat allerdings zur Erleichterung der Ausübung des Berichtigungsrechts gemäß Art. 12 Abs. 2 dem Auftragsverarbeiter vertraglich aufzugeben, den bei ihm eingelegten Berichtigungsantrag an den Verantwortlichen weiterzuleiten, und diesen bei Weiterleitung auch anzunehmen. Nimmt der Verantwortliche von einem beim Auftragsverarbeiter oder Dritten eingelegten Berichtigungsantrag keine Kenntnis, geht dies (zB im Hinblick auf den Lauf der Monatsfrist des Art. 12 Abs. 3) zu Lasten des Antragstellers.

Der Berichtigungsantrag ist an keine **Form** gebunden. Er kann schriftlich, mündlich, per SMS bzw. E-Mail oder sonst wie elektronisch (vgl. Erwägungsgrund 59) erhoben werden. Er muss nicht ausdrücklich als solcher bezeichnet sein und kann auch konkludent (zB im Rahmen einer Drohung zum Abbruch der Geschäftsbeziehung) erhoben werden, solange aus der entsprechenden Handlung aus objektivem Empfängerhorizont ein subjektiver Wille zur Berichtigung eindeutig erkennbar ist. Ein vertraglich vereinbartes Formerfordernis (zB Schriftlichkeit) scheint, da es die Ausübung des Berichtigungsrechts für die betroffene Person erschwert, mit dem Erleichterungsgebot des Art. 12 Abs. 2 (→ Art. 12 Rn. 23) kaum vereinbar.

Der Berichtigungsantrag muss auch keine besonderen Anforderungen an den **Inhalt** erfüllen. Er muss lediglich die Unrichtigkeit der verarbeiteten Daten substantiiert darlegen. Ein Verweis auf Art. 16 ist nicht erforderlich. Aufgrund der Erleichterungsobliegenheit gemäß Art. 12 Abs. 2 hat der Verantwortliche den Berichtigungsantrag sachgerecht auszulegen. In dem Verlangen auf

---

[57] So auch *Brink* NVwZ 2022, 1205. Eine ausdrückliche Regelung einer non-liquet-Situation enthält Art. 16 Abs. 3 lit. a RL 2016/680/EU für den Polizei- und Justizbereich. Danach steht es in einer solchen Situation im pflichtgemäßen Ermessen des Verantwortlichen, die Verarbeitung der Daten anstelle ihrer Löschung einzuschränken.
[58] Vgl. Artikel-29-Datenschutzgruppe, Guidelines on Automated individual decision-making and Profiling for the purposes of Regulation 2016/679, WP 251, S. 24.
[59] BeckOK DatenschutzR/*Worms* DS-GVO Art. 16 Rn. 44.
[60] Vgl. EuGH Urt. v. 13.5.2014 – C-131/12, ECLI:EU:C:2014:317 Rn. 77 = ZD 2014, 350 – Google Spain und Google.

Berichtigung kann eine Einwilligung gemäß Art. 4 Nr. 11 in die Verarbeitung der richtigen Daten liegen.[61]

28 Eine **Frist** für die Einlegung des Berichtigungsantrags besteht nicht. Seine Einlegung ist jederzeit möglich, auch schon vor einer Information gemäß Art. 12 Abs. 1 iVm Art. 13 oder 14.

29 Das Berichtigungsrecht ist grundsätzlich **kostenfrei** (Art. 12 Abs. 5). Verantwortliche, insbesondere auch öffentliche Stellen, die Daten der betroffenen Personen rechtmäßig verarbeitet haben, können für das Verwaltungsverfahren zur Entscheidung über die Berichtigung – mit Ausnahme von offenkundig unbegründeten oder, insbesondere bei häufigen Wiederholungen, exzessivem Gebrauch des Berichtigungsrechts – keine Gebühren oder sonstige Kosten erheben (→ Art. 12 Rn. 42).

30 **3. Rechtsfolge – Berichtigungsanspruch.** Stellt sich im Rahmen der Prüfung des Verantwortlichen die Unrichtigkeit der Daten heraus, steht der betroffenen Person ein **unmittelbar geltender** (dh nicht mehr zusätzlich nationalrechtlich zu normierender) **unionsrechtlicher Berichtigungsanspruch** zu. Der Berichtigungsanspruch korrespondiert mit einer **Pflicht des Verantwortlichen zur Berichtigung.** Erlangt der Verantwortliche etwa unabhängig von einem Einschreiten des Betroffenen Kenntnis über die Unrichtigkeit von ihm verarbeiteter personenbezogener Daten, so ist er nach dem Grundsatz der Datenrichtigkeit iSd Art. 5 Abs. 1 Buchst. d (→ Art. 5 Rn. 24) ebenfalls zur Berichtigung (oder Löschung) verpflichtet.[62]

31 Die DS-GVO definiert nicht, was unter dem **Begriff der Berichtigung** zu verstehen ist. In Anbetracht des Zwecks der Vorschrift, nämlich der Gewährleistung einer „Inhaltswahrheit" personenbezogener Daten (→ Rn. 3 ff.), ist darunter die Bearbeitung des Datensatzes derart zu verstehen, dass der Aussagegehalt der Daten in der Realität Entsprechung findet. Hierzu kann auch eine Aktualisierung von Daten gehören.[63] Die zu erbringende Bearbeitungshandlung ist – wiederum in Anbetracht des Regelungszwecks – in zweierlei Hinsicht beschränkt: Zum einen richtet sich der Umfang der Bearbeitung nach dem **Berichtigungsbegehren der betroffenen Person** angesichts der Funktion des Berichtigungsrechts als „Korrekturwerkzeug" der betroffenen Person. Damit liegt in einer über das Betroffenenbegehren hinausgehenden Abänderung der Daten ebenso eine Pflichtverletzung wie in einer Nichtberichtigung. Zum anderen ist die Bearbeitungshandlung – in Abgrenzung zu Art. 16 S. 2 – **auf die Modifikation vorhandener Daten** beschränkt. Keine Berichtigung ist das Hinzufügen weiterer Daten, selbst wenn hierdurch eine „Inhaltswahrheit" gewährleistet werden kann. Die Datenergänzung ist eine Vervollständigung iSd Art. 16 S. 2 (→ Rn. 35 ff.). Das „Recht auf Vergessenwerden", welches der EuGH im Urteil Google Spain und Google aus dem Berichtigungsrecht des Art. 12 Buchst. b DS-RL hergeleitet hatte, ist in der DS-GVO durch Art. 17 ausdrücklich geregelt und ist daher nicht von Art. 16 erfasst.

32 Im Rahmen der Prüfung der Berichtigung hat der Verantwortliche gegebenenfalls auch **Interessen, Rechte und Freiheiten Dritter** zu berücksichtigen. Dies gilt etwa im Fall von sog. Daten, welche die betroffene Person als auch Dritte gleichzeitig betreffen (sog. „auch sie betreffende" Daten → Art. 21 Rn. 18). In diesem Fall ist der Verantwortliche gehalten, gegebenenfalls unter zumutbarer Ausschöpfung verfügbarer technischer Möglichkeiten, einen **angemessenen Ausgleich** zwischen dem Datenschutzgrundrecht und der besonderen Situation der betroffenen Person sowie den tangierten Drittinteressen und -rechten, zB dem Grundrecht auf Meinungsfreiheit oder dem Recht (der Öffentlichkeit) auf Informationszugang gemäß Art. 11 Abs. 1 GRCh, sowie dem Urheberrecht und verwandten Schutzrechten, die Teil des Rechts des geistigen Eigentums gemäß Art. 17 Abs. 2 GRCh sind, zu wahren.[64]

33 Die Berichtigung hat gemäß S. 1 **unverzüglich,** dh ohne schuldhaftes Zögern (engl. „without undue delay") zu erfolgen. Sie darf daher nicht länger als unbedingt notwendig hinausgezögert werden. Die Unverzüglichkeitsspanne richtet sich je nach Einzelfall. Bei ihrer Bestimmung ist zu berücksichtigen, ob der Betroffene selbst seinen Darlegungs- und Substantiierungslast (hinsichtlich der Unrichtigkeit; → Rn. 22, 27) gerecht geworden ist oder der Verantwortliche Ver-

---

[61] Vgl. Schaffland/Wiltfang/*Schaffland/Holthaus* DS-GVO Art. 17 Rn. 35.
[62] Vgl. BeckOK DatenschutzR/*Worms* DS-GVO Art. 16 Rn. 7; vgl. zur Amtsplicht auf Berichtigung gem. § 20 BDSG BVerwG Beschl. v. 4.3.2004 – 1 WB 32.03, BVerwGE 120, 188 Rn. 13.
[63] Vgl. zu Art. 12 DS-RL *Dammann/Simitis* EG-DatenschutzRL Art. 12 Rn. 15.
[64] Vgl. zB EuGH Urt. v. 6.11.2003 – C-101/01, ECLI:EU:C:2003:596 Rn. 87 – Lindqvist; EuGH Urt. v. 29.1.2008 – C-275/06, ECLI:EU:C:2008:54 Rn. 68 – Promusicae; EuGH Urt. v. 17.3.2014 – C-314/12, ECLI:EU:C:2014:192 Rn. 46–47 – UPC Telekabel Wien; EuGH Urt. v. 13.5.2014 – C-131/12, ECLI:EU: C:2014:317 Rn. 81, 97 = ZD 2014, 350 – Google Spain und Google.

zögerungen zu vertreten hat. Dem Verantwortlichen ist eine ausreichende Zeitspanne für eine zumutbare Prüfung der Identität des Antragstellers und der die Unrichtigkeit begründenden Tatsachen einzuräumen.[65] Art. 12 Abs. 3 S. 1 ergänzt das Unverzüglichkeitserfordernis, indem es eine **Frist von einem Monat** als **absolute zeitliche Obergrenze** („in jedem Fall") für die Entscheidung über den Berichtigungsantrag und die Mitteilung hierüber an die betroffene Person setzt (Art. 12 Abs. 3 S. 1). Die Frist kann in komplexen Fällen um zwei Monate verlängert werden (Art. 12 Abs. 3 S. 2; → Art. 12 Rn. 33). Eine Ablehnung der Berichtigung ist **zu begründen** und mit einer **Rechtsbehelfsbelehrung** über die Möglichkeit einer Beschwerde bei einer Aufsichtsbehörde oder eines gerichtlichen Rechtsschutzes zu versehen (Art. 12 Abs. 4; → Art. 12 Rn. 36). Eine besondere **Form** der Mitteilung über die Berichtigungsentscheidung ist nicht notwendig. Sie kann schriftlich oder in anderer Form, gegebenenfalls elektronisch und auf Verlangen bei hinreichendem Identitätsnachweis auch mündlich erfolgen (Art. 12 Abs. 1 S. 2 und 3; → Art. 12 Rn. 22). Aufgrund der Erleichterungsobliegenheit gemäß Art. 12 Abs. 2 (→ Art. 12 Rn. 23) ist grundsätzlich die Form angezeigt, in welcher die betroffene Person den Widerspruch erhoben hat.[66] Die Widerspruchsentscheidung darf gemäß Art. 22 nicht auf einer automatisierten Verarbeitung beruhen.

Im Fall einer Nichtabhilfe des Berichtigungsantrags ist die Verarbeitung unrichtiger Daten rechtswidrig. Gegen solch einen Verstoß gegen die Berichtigungspflicht gemäß Art. 16 sieht Art. 82 Abs. 1 einen **unmittelbar geltenden unionsrechtlichen Schadensersatzanspruch** zugunsten jeder betroffenen Person vor, die hierdurch einen Schaden materiell oder immaterieller Art erlitten hat. Haftungsansprüche nach mitgliedstaatlichem Recht bleiben von dieser Haftungsregelung unberührt (Erwägungsgrund 146 S. 4). Daher kommen neben einem Haftungsanspruch nach Art. 82 insbesondere auch (vor-)vertragliche Schadensersatzansprüche etwa wegen Verletzungen von im Vertrag speziell geregelten Berichtigungspflichten in Betracht. Zudem sind die Betroffenenrechte als Schutzgesetze iSd § 823 Abs. 2 BGB zu qualifizieren, so dass bei Verletzung des Art. 16 auch eine dt. deliktische Haftung in Frage kommen kann.[67] 34

II. Recht auf Vervollständigung (S. 2)

Gemäß S. 2 hat die betroffene Person unter Berücksichtigung der Zwecke der Verarbeitung 35 das Recht, die Vervollständigung unvollständiger personenbezogener Daten – auch mittels ergänzender Erklärung – zu verlangen.

1. Voraussetzungen des Vervollständigungsrechts. a) Unvollständigkeit. Die DS- 36 GVO definiert den Begriff der Unvollständigkeit nicht. **Unvollständig** sind verarbeitete Daten, die zwar für sich genommen richtig sind (→ Rn. 13), in der Gesamtheit aber eine objektiv falsche Aussage treffen[68] oder in anderen Worten lückenhaft und dadurch objektiv missverständlich sind.[69] Die Frage der (Un-)Vollständigkeit ist unter Auslegung des Aussagegehalts der betroffenen Daten im Einzelfall auf Grundlage des konkreten Verarbeitungszwecks (→ Rn. 37) zu ermitteln.[70] Hierbei ist auf den **Gesamtkontext** unter Berücksichtigung aller Umstände abzustellen.[71] Eine Unvollständigkeit kann sich danach zB dann ergeben, wenn ein ursprünglich (legitimer) Zweck wegfällt und durch einen anderen (legitimen) Zweck ersetzt wird oder sonst die Daten vom ursprünglichen Zweck oder dem ursprünglichen Kontext herausgelöst werden und sich hierdurch ihr Sinn- und Aussagegehalt verändert.[72] Unvollständig kann danach zB das Profil eines Patienten einer lokalen Arztpraxis sein, das lediglich auf den lokalen Patientendaten der Arztpraxis beruht, aber nicht weitergehende Statistikmodelle oder weiterreichende Datenquellen berücksichtigt. Hier hätte ein Patient trotz formal-statistischer Richtigkeit des Profils ein Recht auf Ergänzung weiterer Angaben.[73] Eine ergänzende Kennzeichnungspflicht wird auch

---

[65] Vgl. HK-DS-GVO/*Peuker* Art. 16 Rn. 13.
[66] *Piltz* K&R 2016, 629.
[67] *Laue/Nink/Kremer* DatenschutzR § 11 Rn. 15.
[68] Vgl. *Laue/Nink/Kremer* DatenschutzR § 4 Rn. 36.
[69] Vgl. BVerwG Beschl. v. 4.3.2004 – 1 WB 32.03, BVerwGE 120, 188 Rn. 11.
[70] Von einem relativen Vollständigkeitsbegriff bezogen auf die Zwecke der Verarbeitung spricht BeckOK DatenschutzR/*Worms* DS-GVO Art. 16 Rn. 58.
[71] Vgl. im Zusammenhang zum Problem vorenthaltender Informationen iRv Art. 7 RL 2005/29/EG EuGH Urt. v. 7.9.2016 – C-310/15, ECLI:EU:C:2016:633 Rn. 49 – Deroo-Blanquart.
[72] Vgl. zu § 20 BDSG BeckOK DatenschutzR/*Worms* BDSG § 20 Rn. 19.
[73] Vgl. Artikel-29-Datenschutzgruppe, Guidelines on Automated individual decision-making and Profiling for the purposes of Regulation 2016/679, WP 251, S. 24.

bei Verarbeitung von Schätzdaten angenommen.[74] Die Grenzen zwischen Unvollständigkeit und Unrichtigkeit können insoweit fließend sein (zur Darlegungs- und Beweislast → Rn. 22).

37 **b) Berücksichtigung des Verarbeitungszwecks.** Das Vervollständigungsrecht besteht nur unter dem Vorbehalt der „Berücksichtigung der Zwecke der Verarbeitung". Die Anforderung zielt entsprechend dem **Prinzip der Zweckbindung** darauf ab, die Rechtspflicht des Verantwortlichen zur Vervollständigung auf diejenigen Fälle zu beschränken, in denen die hinzugefügten Informationen für den Verarbeitungsprozess **tatsächlich relevant** sind.[75] Dies dient zum einen der Verhinderung missbräuchlicher Geltendmachung des Vervollständigungsanspruchs. Ein Recht auf wahllose Informationsergänzung würde dem Prinzip der Datenminimierung (Art. 5 Abs. 1 Buchst. c) zuwiderlaufen. Zum anderen ist die erforderliche Zweckübereinstimmung auch Ausdruck des Interessenausgleichs im Rahmen der DS-GVO (→ Rn. 32). Auch dafür, dass die Vervollständigung mit dem Zweck der Verarbeitung im Einklang steht, trägt die betroffene Person grundsätzlich die Darlegungs- und Beweislast (→ Rn. 22).[76]

38 **c) Vervollständigungsgegenstand.** Anders als S. 1 enthält S. 2 keinen expliziten Wortlaut, dass sich das Vervollständigungsrecht nur auf die die betroffene Person **betreffenden personenbezogenen Daten** beziehen kann. Allerdings erscheint es systematisch inkonsistent, den Anwendungsbereich des Vervollständigungsrechts weiter zu ziehen als den des Berichtigungsrechts (sowie anderer Betroffenenrechte des Kapitel III). Daher ist auch das Vervollständigungsrecht auf die die betroffene Person betreffende Daten, einschließlich sie auch betreffende Daten, beschränkt (→ Rn. 23; → Art. 21 Rn. 16).

39 **2. Modalitäten der Ausübung des Vervollständigungsrechts.** Die Modalitäten der Ausübung des Vervollständigungsrechts entsprechen denen des Berichtigungsrechts gemäß Art. 12 Abs. 2 ff. (→ Rn. 10; → Art. 12 Rn. 23 ff.).

40 **3. Rechtsfolge – Vervollständigungsanspruch.** Der betroffenen Person steht analog zum Berichtigungsrecht ein unmittelbar geltender (dh nicht mehr zusätzlich nationalrechtlich zu normierender) **unionsrechtlicher Vervollständigungsanspruch** zu, der mit einer Pflicht des Verantwortlichen zur Vervollständigung korrespondiert (→ Rn. 30).

41 Die Vervollständigung als solche beschränkt sich nicht auf die Korrektur unrichtiger Daten, wie es im Rahmen der Berichtigung iSd Art. 16 S. 1 der Fall wäre. Vervollständigung bedeutet vielmehr, dass richtige Daten um **zusätzliche Informationen ergänzt** werden, um diesen einen zutreffenden Aussagegehalt zukommen zu lassen, dass also Informationen zu bereits vorhandenen personenbezogenen Daten in Form weiterer Verarbeitung hinzugefügt werden.[77] In tatsächlicher Hinsicht ist die Vervollständigung also mit einer **Mehrverarbeitung** personenbezogener Daten verbunden.

42 Die Vervollständigung kann gegebenenfalls mittels einer **ergänzenden Erklärung** erfolgen. Neben dem Hinzufügen sachlich richtiger Informationen, um die für die Zwecke der Verarbeitung benötigte Inhaltswahrheit zu erreichen (→ Rn. 3), scheint die ergänzende Erklärung als eine „Art Gegendarstellung"[78] darauf ausgelegt zu sein, den Aussagegehalt der bereits vorliegenden Information zu erläutern und (dadurch) richtig zu stellen.

43 Auch im Rahmen des Vervollständigungsanspruchs ist ein **angemessener (Grund-)Rechts- und Interessenausgleich** zwischen den Parteien und gegebenenfalls Dritten herzustellen (→ Rn. 32).

44 Bei Nichtbefolgung des Vervollständigungsrechts gelten die **allgemeinen Haftungsfolgen** analog dem Verstoß gegen das Berichtigungsrecht (→ Rn. 34).

---

[74] Vgl. OLG Hamm Urt. v. 19.6.2000 – 6 U 238/99, NVwZ 2001, 235; Gola/Heckmann/*Reif* DS-GVO Art. 16 Rn. 16; Kühling/Buchner/*Herbst* DS-GVO Art. 16 Rn. 10.
[75] Vgl. *Laue/Nink/Kremer* DatenschutzR § 4 Rn. 36; LSG NRW Urt. v. 24.7.2020 – L 21 AS 195/19, ECLI:DE:LSGNRW:2020:0724.L21AS195.19.00 Rn. 27; LSG Hmb Urt. v. 14.9.2021 – L 3 R 7/21, ECLI:DE:LSGHH:2021:0914.L3R7.21.0A Rn. 10, 21.
[76] Vgl. *Laue/Nink/Kremer* DatenschutzR § 4 Rn. 37.
[77] Vgl. *Laue/Nink/Kremer* DatenschutzR § 4 Rn. 36.
[78] So *Härting* DS-GVO Rn. 689.

C. Rechtsschutz

Lehnt der Verantwortliche eine Berichtigung oder Vervollständigung gemäß Art. 16 ab, stehen der betroffenen Person sämtliche durch die Verordnung vorgesehenen Rechtsbehelfe zu. Primärrechtsschutz besteht aufgrund des Rechts auf **Beschwerde bei der zuständige Aufsichtsbehörde** (Art. 77) und eines Rechtsbehelfs gegen einen (nicht Abhilfe leistenden) Beschluss der Aufsichtsbehörde (Art. 78). Nach Art. 58 Abs. 2 Buchst. g verfügt jede Aufsichtsbehörde über sämtliche Abhilfebefugnisse, die es ihr gestatten, die Berichtigung von personenbezogenen Daten anzuordnen. Daneben hat die betroffene Person das Recht auf einen **wirksamen gerichtlichen Rechtsbehelf** unmittelbar gegen den Verantwortlichen (Art. 79). Das Gerichtsverfahren richtet sich nach dem Verfahrensrecht des jeweiligen Mitgliedstaates (Erwägungsgrund 143). Ist Verantwortlicher eine Behörde und lehnt diese eine Berichtigung ab, ist die Ablehnung ein Verwaltungsakt, der mit den einschlägigen verwaltungsrechtlichen Rechtsbehelfen Widerspruch und **Verpflichtungsklage** gemäß §§ 42, 68 ff. VwGO angegriffen werden kann.[79] Gegen einen privaten Verantwortlichen kann **Leistungsklage** (auf Berichtigung bzw. Vervollständigung), daneben auch wohl Unterlassungsklage (auf Unterlassen weiterer rechtswidriger Verarbeitung) erhoben werden. Sekundärrechtsschutz besteht aufgrund des **Rechts auf Schadensersatz** (Art. 82), das durch eine Staats- bzw. Amtshaftungsklage oder eine zivilrechtliche Schadensersatzklage ausgeübt werden kann. Neben den betroffenen Personen sind über das Verbandsklagerecht gemäß Art. 80 auch von betroffenen Person ermächtigte Verbände zur Geltendmachung von Schadensersatzansprüchen wegen Verletzung des Berichtigungs- und Vervollständigungsrechts befugt. Schließlich kann der Verstoß gegen das Berichtigungs- und Vervollständigungsrecht mit einer **Geldbuße** geahndet werden (Art. 83).

D. Nationale Durchführung

I. Allgemeines

Das Berichtigungsrecht ersetzt wie auch die übrigen Betroffenenrechte der DS-GVO die **Betroffenenrechte nach nationalem Recht** (für Deutschland: §§ 19 ff., 33 ff. BDSG aF und entsprechende Regelungen des Landesrechts). Grundsätzlich ist es im Rahmen seines Anwendungsbereichs wie die übrigen Betroffenenrechte auch gegenüber sonstigen allgemeinen (zivilrechtlichen oder öffentlich-rechtlichen) Folgenbeseitigungsansprüchen (für Deutschland: gemäß §§ 823, 1004 BGB analog) oder gegenüber anderen **spezialgesetzlichen Berichtigungsansprüchen** datenschutzrechtlichen Ursprungs nach nationalem Recht vorrangig und abschließend. Führen nationale Berichtigungsvorschriften andere Unionsregelungen durch, ist deren Anwendung neben dem Berichtigungsrecht nach Art. 16 nicht per se ausgeschlossen. Sie dürfen jedoch den harmonisierten Schutzstandard, den Vorrang und die Wirksamkeit des Berichtigungsrechts als Ausfluss der Datenschutzgrundrechte nicht beeinträchtigen.[80]

II. Deutschland

Unter Ausnutzung der fakultativen Spezifizierungsklausel des Art. 89 Abs. 2 sieht § 27 Abs. 2 BDSG eine Beschränkung für die Verarbeitung für **Forschungs- oder Statistikzwecke** vor, wenn diese Rechte voraussichtlich die Verwirklichung dieser Zwecke unmöglich machen oder ernsthaft beeinträchtigen würde und eine Beschränkung für die Erfüllung dieser Zwecke notwendig ist. Auf Basis von Art. 89 Abs. 3 enthält § 28 Abs. 3 BDSG ebenfalls eine Beschränkung für die Verarbeitung für **Archivzwecke**. Gemäß § 28 Abs. 3 S. 2 BDSG ist der betroffenen Personen, welche die Richtigkeit der archivierten Daten bestreitet, die Möglichkeit einer Gegendarstellung einzuräumen. Das Archiv hat die Gegendarstellung den Unterlagen hinzuzufügen.

---

[79] BVerwG Urt. v. 2.3.2022 – 6 C 7.20, ECLI:DE:BVerwG:2022:020322U6C7.20.0 Rn. 18 ff. = NVwZ 2022, 1205.
[80] Vgl. analog zum unionrechtlichen Grundrechtsschutz im Verhältnis zum nationalen Grundrechtsschutz generell EuGH Urt. v. 26.2.2013 – C-399/11, ECLI:EU:C:2013:107 Rn. 60 – Melloni/Ministerio Fiscal; EuGH Urt. v. 26.2.2013 – C-617/10, ECLI:EU:C:2013:105 Rn. 29 – Åklagare/Åkerberg Fransson.

III. Österreich

48 Das DSG 2018 regelt in § 4 Abs. 2, dass in Fällen, in denen die Berichtigung von automationsunterstützt verarbeiteten personenbezogenen Daten nicht unverzüglich erfolgen kann, weil diese aus wirtschaftlichen oder technischen Gründen nur zu bestimmten Zeitpunkten vorgenommen werden kann, die Verarbeitung der betreffenden personenbezogenen Daten mit der Wirkung nach Art. 18 Abs. 2 bis zu diesem Zeitpunkt einzuschränken ist.

49 Das DSG 2018 regelt in § 9, dass die Regelungen in Kapitel III der DS-GVO auf die Verarbeitung, die zu journalistischen Zwecken oder zu wissenschaftlichen, künstlerischen oder literarischen Zwecken erfolgt, keine Anwendung finden, soweit dies erforderlich ist, um das Recht auf Schutz der personenbezogenen Daten mit der Freiheit der Meinungsäußerung in Einklang zu bringen, insbesondere im Hinblick auf die Verarbeitung von personenbezogenen Daten durch Medienunternehmen, Mediendienste oder ihre Mitarbeiter unmittelbar für ihre publizistische Tätigkeit im Sinne des österreichischen Mediengesetzes.[81]

Art. 17 Recht auf Löschung („Recht auf Vergessenwerden")

(1) Die betroffene Person hat das Recht, von dem Verantwortlichen zu verlangen, dass sie betreffende personenbezogene Daten unverzüglich gelöscht werden, und der Verantwortliche ist verpflichtet, personenbezogene Daten unverzüglich zu löschen, sofern einer der folgenden Gründe zutrifft:

a) Die personenbezogenen Daten sind für die Zwecke, für die sie erhoben oder auf sonstige Weise verarbeitet wurden, nicht mehr notwendig.

b) Die betroffene Person widerruft ihre Einwilligung, auf die sich die Verarbeitung gemäß Artikel 6 Absatz 1 Buchstabe a oder Artikel 9 Absatz 2 Buchstabe a stützte, und es fehlt an einer anderweitigen Rechtsgrundlage für die Verarbeitung.

c) Die betroffene Person legt gemäß Artikel 21 Absatz 1 Widerspruch gegen die Verarbeitung ein und es liegen keine vorrangigen berechtigten Gründe für die Verarbeitung vor, oder die betroffene Person legt gemäß Artikel 21 Absatz 2 Widerspruch gegen die Verarbeitung ein.

d) Die personenbezogenen Daten wurden unrechtmäßig verarbeitet.

e) Die Löschung der personenbezogenen Daten ist zur Erfüllung einer rechtlichen Verpflichtung nach dem Unionsrecht oder dem Recht der Mitgliedstaaten erforderlich, dem der Verantwortliche unterliegt.

f) Die personenbezogenen Daten wurden in Bezug auf angebotene Dienste der Informationsgesellschaft gemäß Artikel 8 Absatz 1 erhoben.

(2) Hat der Verantwortliche die personenbezogenen Daten öffentlich gemacht und ist er gemäß Absatz 1 zu deren Löschung verpflichtet, so trifft er unter Berücksichtigung der verfügbaren Technologie und der Implementierungskosten angemessene Maßnahmen, auch technischer Art, um für die Datenverarbeitung Verantwortliche, die die personenbezogenen Daten verarbeiten, darüber zu informieren, dass eine betroffene Person von ihnen die Löschung aller Links zu diesen personenbezogenen Daten oder von Kopien oder Replikationen dieser personenbezogenen Daten verlangt hat.

(3) Die Absätze 1 und 2 gelten nicht, soweit die Verarbeitung erforderlich ist

a) zur Ausübung des Rechts auf freie Meinungsäußerung und Information;

b) zur Erfüllung einer rechtlichen Verpflichtung, die die Verarbeitung nach dem Recht der Union oder der Mitgliedstaaten, dem der Verantwortliche unterliegt, erfordert, oder zur Wahrnehmung einer Aufgabe, die im öffentlichen Interesse liegt oder in Ausübung öffentlicher Gewalt erfolgt, die dem Verantwortlichen übertragen wurde;

c) aus Gründen des öffentlichen Interesses im Bereich der öffentlichen Gesundheit gemäß Artikel 9 Absatz 2 Buchstaben h und i sowie Artikel 9 Absatz 3;

d) für im öffentlichen Interesse liegende Archivzwecke, wissenschaftliche oder historische Forschungszwecke oder für statistische Zwecke gemäß Artikel 89 Absatz 1,

---

[81] Öst. BGBl. Nr. 314/1981.

Recht auf Löschung („Recht auf Vergessenwerden") Art. 17

soweit das in Absatz 1 genannte Recht voraussichtlich die Verwirklichung der Ziele dieser Verarbeitung unmöglich macht oder ernsthaft beeinträchtigt, oder
e) zur Geltendmachung, Ausübung oder Verteidigung von Rechtsansprüchen.

Literatur: *Bernal,* The Right to be Forgotten in the post-Snowden era, PinG 2014, 173; *Boehme-Neßler,* Das Recht auf Vergessenwerden – Ein neues Internet-Grundrecht im Europäischen Recht, NVwZ 2014, 825; *Buchholtz,* Das „Recht auf Vergessen" im Internet – eine Herausforderung für den demokratischen Rechtsstaat, AöR 140 (2015), 121; *Forst,* Das „Recht auf Vergessenwerden" der Beschäftigten, BB 2014, 2293; *Fraenkel/Hammer,* Rechtliche Löschvorschriften, DuD 2007, 899; *von Grafenstein/Schulz,* The right to be forgotten in data protection law: a search for the concept of protection, International Journal of Public Law and Policy 5 (2016), 249; *Gstrein,* Die umfassende Verfügungsbefugnis über die eigenen Daten – Das „Recht auf Vergessenwerden" und seine konkrete Umsetzbarkeit, ZD 2012, 424; *Gstrein,* Das Recht auf Vergessenwerden als Menschenrecht. Hat Menschenwürde im Informationszeitalter Zukunft?, 2016; *Härting,* Google Spain – Kommunikationsfreiheit vs. Privatisierungsdruck, BB 2014, 1; *Hammer,* DIN 66398 – Die Leitlinie Löschkonzept als Norm, DuD 2016, 528; *Hennemann,* Das Recht auf Löschung gemäß Art. 17 Datenschutz-Grundverordnung, PinG 2016, 176; *Holznagel/Hartmann,* Das Recht auf Vergessenwerden als Reaktion auf ein grenzenloses Internet, MMR 2016, 228; *Hornung,* Eine Datenschutz-Grundverordnung für Europa? – Licht und Schatten im Kommissionsentwurf vom 25.1.2012, ZD 2012, 99; *Hornung/Hofmann,* Ein „Recht auf Vergessenwerden"?, JZ 2013, 163; *Kalabis/Selzer,* Das Recht auf Vergessenwerden nach der geplanten EU-Verordnung – Umsetzungsmöglichkeiten im Internet, DuD 2012, 670; *Katko/Knöpfle/Kirschner,* Archivierung und Löschung von Daten – Unterschätzte Pflichten in der Praxis und ihre Umsetzung, ZD 2014, 238; *Keppeler/Berning,* Technische und rechtliche Probleme bei der Umsetzung der DS-GVO-Löschpflichten, ZD 2017, 314; *Kodde,* Die „Pflicht zu Vergessen" – „Recht auf Vergessenwerden" und Löschung in BDSG und DS-GVO, ZD 2013, 115; *Koreng,* Das „Recht auf Vergessen" und die Haftung von Online-Archiven – Schlussfolgerungen für Pressearchive aus der EuGH-Entscheidung „Google Spain", AfP 2015, 514; *Koreng/Feldmann,* Das „Recht auf Vergessenwerden" – Überlegungen zum Konflikt zwischen Datenschutz und Meinungsfreiheit, ZD 2012, 311; *Kühling/Klar,* Löschpflichten vs. Datenaufbewahrung – Vorschläge zur Auflösung eines Zielkonflikts bei möglichen Rechtsstreitigkeiten, ZD 2014, 506; *Kühn/Karg,* Löschung von Google-Suchergebnissen – Umsetzung der EuGH-Entscheidung durch den Hamburgischen Datenschutzbeauftragten, ZD 2016, 61; *Laue/Nink/Kremer,* Das neue Datenschutzrecht in der betrieblichen Praxis, 2016; *Leutheusser-Schnarrenberger,* Das Recht auf Vergessenwerden – ein Durchbruch oder ein digitales Unding?, ZD 2015, 149; *v. Lewinski,* Der Staat als Zensurhelfer – Staatliche Flankierung der Löschpflichten Privater nach dem Google-Urteil des EuGH, AfP 2015, 1; *Luch/Schulz/Kuhlmann,* Das Recht auf Vergessenwerden als Ausprägung einer selbstbestimmten digitalen Persönlichkeit, EuR 2014, 698; *Maisch,* Das Recht auf Vergessenwerden in der Datenschutz-Grundverordnung (DS-GVO), AnwZert ITR 7/2013, Anm. 2; *Mantelero,* One-Stop-Shop thematic case digest – Right to object and right to erasure, EDPB Support Pool of Experts Initiative 9 December 2022; *Martini/Weinzierl,* Die Blockchain-Technologie und das Recht auf Vergessenwerden – Zum Dilemma zwischen Nicht-Vergessen-Können und Vergessen-Müssen, NVwZ 2017, 1251; *Mayer-Schönberger,* Delete: Die Tugend des Vergessens in digitalen Zeiten, 2010; *Mayer-Schönberger,* Was uns Mensch sein lässt – Anmerkungen zum Recht auf Vergessen, DANA 2012, 9; *McCarthy,* All the World's a Stage: The European right to be forgotten revisited from a US perspective, GRUR Int. 2016, 604; *Nolte,* Das Recht auf Vergessenwerden – mehr als nur ein Hype?, NJW 2014, 2238; *Paal/Hennemann,* Online-Archive im Lichte der Datenschutz-Grundverordnung, K&R 2017, 18; *Piltz,* Recht auf Vergessenwerden – Das Google Urteil in der Praxis, PinG 2014, 180; *Rosen,* The Right to be Forgotten, 64 Stanford Law Review Online (2012), 88; *Roßnagel/Nebel/Richter,* Was bleibt vom Europäischen Datenschutzrecht? – Überlegungen zum Entwurf der DS-GVO, ZD 2015, 455; *Sartor,* The right to be forgotten in the Draft Data Protection Regulation, IDPL 2015, 64; *Spiecker gen. Döhmann,* Steuerung im Datenschutzrecht – Ein Recht auf Vergessenwerden wider Vollzugsdefizite und Typisierung?, KritV 2013, 28; *Spindler,* Persönlichkeitsschutz im Internet – Anforderungen und Grenzen einer Regulierung, Gutachten F zum 69. Deutschen Juristentag, 2012; *Spindler,* Durchbruch für ein Recht auf Vergessen(werden)? – Die Entscheidung des EuGH in Sachen Google Spain und ihre Auswirkungen auf das Datenschutz- und Zivilrecht, JZ 2014, 981; *Sörup,* EuGH: Löschungsanspruch gegen Google – „Recht auf Vergessen", MMR 2014, 464; *Trentmann,* Das „Recht auf Vergessenwerden" bei Suchmaschinentrefferlinks – Google & Co. im Lichte von DSGVO, DSRL und EuGH, CR 2017, 26; *Wybitul/Fladung,* EU-Datenschutz-Grundverordnung – Überblick und arbeitsrechtliche Betrachtung des Entwurfs, BB 2012, 509.

Rechtsprechung: EuGH Urt. v. 20.5.2003 – C-465/00, C-138/01 u. C-139/01, ECLI:EU:C:2003:294 – Österreichischer Rundfunk; EuGH Urt. v. 6.11.2003 – C-101/01, ECLI:EU:C:2003:596 – Lindqvist; EuGH Urt. v. 29.1.2008 – C-275/06, ECLI:EU:C:2008:54 – Promusicae; EuGH Urt. v. 16.12.2008 – C-73/07, ECLI:EU:C:2008:727 – Satakunnan Markkinapörssi und Satamedia; EuGH Urt. v. 9.11.2010 – C-92/09 u. C-93/09, ECLI:EU:C:2010:662 – Schecke u. Eifert; EuGH Urt. v. 17.3.2014 – C-314/12, ECLI:EU:C:2014:192 – UPC Telekabel Wien; EuGH Urt. v. 13.5.2014 – C-131/12, ECLI:EU:C:2014:317 = ZD 2014, 350 – Google Spain und Google; EuGH Urt. v. 6.10.2015 – C-362/14, ECLI:EU:C:2015:650 = ZD 2015, 549 – Schrems; EuGH Urt. v. 9.3.2017 – C-398/15, ECLI:EU:C:2017:19 – Manni; EuGH Urt. v. 20.12.2017 – C-434/16, ECLI:EU:C:2017:994 – Nowak; EuGH Urt. v. 24.9.2019 – C-136/17, ECLI:EU:C:2019:773 = ZD 2020, 36 – GC u.a. (Auslistung sensibler Daten); EuGH Urt. v. 24.9.2019 – C-507/17,

Art. 17

Kapitel III. Rechte der betroffenen Person

ECLI:EU:C:2019:772 = ZD 2020, 31 – Google (Räumliche Reichweite der Auslistung); EuGH Urt. v. 27.10.2022 – C-129/21, ECLI:EU:C:2022:833 = ZD 2023, 28 – Proximus; EuGH Urt. v. 8.12.2022 – C-460/20, ECLI:EU:C:2022:962 = MMR 2023, 105 – Google (Déréférencement d'un contenu prétendument inexact); EuGH Urt. v. 4.5.2023 – C-60/22, ECLI:EU:C:2023:373 – Bundesrepublik Deutschland; EuGH Urt. v. 7.12.2023 – C-26/22 u. C-64/22, ECLI:EU:C:2023:958 – SCHUFA Holding (Libération de reliquat de dette); EGMR Urt. v. 18.11.2008 – Nr. 22427/04 – Cemalettin Canlı/Türkei; EGMR Urt. v. 4.7.2023 – Nr. 57292/16 – Hurbain/Belgium; BVerfG Beschl. v. 6.11.2019 – 1 BvR 16/13, ECLI:DE:BVerfG:2019:rs20191106.1bvr001613 = ZD 2020, 100 – Recht auf Vergessen I; BVerfG Beschl. v. 6.11.2019 – 1 BvR 276/17, ECLI:DE:BVerfG:2019:rs20191106.1bvr027617 = ZD 2020, 109 – Recht auf Vergessen II; BVerwG Urt. v. 2.3.2022 – 6 C 7.20, ECLI:DE:BVerwG:2022:020322U6C7.20.0 = NVwZ 2022, 1205; BGH Urt. v. 17.4.1996 – VIII ZR 5/95, NJW 1996, 2159; BGH Urt. v. 15.12.2009 – VI ZR 227/08, BGHZ 183, 353; BGH Urt. v. 25.10.2011 – VI ZR 93/10, GRUR 2012, 311; BGH Urt. v. 28.7.2015 – VI ZR 340/14, BGHZ 206, 289; BGH Urt. v. 1.3.2016 – VI ZR 34/15, NJW 2016, 2106; BGH Urt. v. 27.7.2020 – VI ZR 405/18, ECLI:DE:BGH:2020:270720UVIZR405.18.0 = ZD 2020, 634; BGH Urt. v. 12.10.2021 – VI 489/19, ECLI:DE:BGH:2021:121021UVIZR89.19.0; BGH Urt. v. 3.5.2022 – VI ZR 832/20, ECLI:DE:BGH:2022:030522UVIZR832.20.0 = ZD 2022, 454; BGH Urt. v. 12.10.2022 – VI ZR 488/19, ECLI:DE:BGH:2021:121021UVIZR488.19.0 = GRUR 2022, 247; BGH Urt. v. 13.12.2022 – VI ZR 54/21, ECLI:DE:BGH:2022:131222UVIZR54.21.0; BGH Urt. v. 13.12.2022 – VI ZR 60/21, ECLI:DE:BGH:2022:131222UVIZR324.21.0 = NJW-RR 2023, 259; BFH Urt. v. 17.11.2021 – II R 43/19, ECLI:DE:BFH:2021:U.171121.IIR43.19.0 = ZD 2022, 517; VGH BW Urt. v. 30.7.2004 – 1 S 1352/13, NVwZ-RR 2015, 161; OVG Münster Urt. v. 5.12.1988 – 13 A 1885/88, NJW 1989, 2966; LAG Frankfurt a. M. Urt. v. 24.1.2012 – SaGa 1480/11, ZD 2012, 284.

Übersicht

	Rn.
A. Allgemeines	1
I. Zweck und Bedeutung der Vorschrift	1
1. Verhältnis von Recht auf Löschung und „Recht auf Vergessenwerden"	2
2. Historischer Hintergrund – das Google Spain und Google-Urteil des EuGH vom 13.5.2014	4
3. Recht auf Löschung und Vergessenwerden als Ausfluss der Grundrechte auf Privatleben und Datenschutz	8
II. Systematik, Verhältnis zu anderen Vorschriften	10
B. Einzelerläuterungen	20
I. Recht auf Löschung (Abs. 1)	20
1. Voraussetzungen	20
a) Löschungsgründe	20
b) Löschungsgegenstand	32
2. Rechtsfolge: Recht auf Löschung bzw. Pflicht zur Löschung	34
a) Löschung	35
b) Unverzüglichkeit	42
II. Informationspflicht des Verantwortlichen bzw. „Recht auf Vergessenwerden ieS" (Abs. 2)	43
1. Voraussetzungen	45
2. Rechtsfolgen – Informationspflicht	48
III. Ausnahmen vom Recht auf Löschung und Vergessenwerden (Abs. 3)	58
1. Schutz der Meinungs- und Informationsfreiheit (Buchst. a)	59
2. Rechtliche Verpflichtung, Aufgabe im öffentlichen Interesse, Ausübung öffentlicher Gewalt (Buchst. b)	61
3. Öffentliches Gesundheitsinteresse (Buchst. c)	65
4. Archiv-, Forschungs- und statistische Zwecke (Buchst. d)	66
5. Rechtsverfolgung (Buchst. e)	67
6. Sonstige Ausnahmen	68
IV. Modalitäten der Rechtsausübung	70
C. Rechtsschutz	77
D. Nationale Durchführung	78
I. Allgemeines	78
II. Deutschland	79
III. Österreich	80

A. Allgemeines

I. Zweck und Bedeutung der Vorschrift

Art. 17 gewährt der betroffenen Person, wie der Titel der Vorschrift aussagt, ein **Recht auf** **Löschung („Recht auf Vergessenwerden")**. Abs. 1 statuiert dazu ein klassisches Recht auf Löschung der die betroffene Person betreffenden personenbezogenen Daten sowie eine korrespondierende Pflicht des Verantwortlichen zur Löschung, wenn bestimmte, in Buchst. a–f gelistete Voraussetzungen vorliegen. Um dem „Recht auf Vergessenwerden" insbesondere im Internet mehr Geltung zu verschaffen (Erwägungsgrund 66), weitet Abs. 2 das Löschungsrecht für den Fall, dass zu löschende personenbezogene Daten öffentlich gemacht worden sind, auf eine weitergehende Pflicht des Verantwortlichen aus, (andere) Verantwortliche durch technisch und kostenmäßig angemessene Maßnahmen über das Verlangen der Löschung aller Links zu den betroffenen personenbezogenen Daten oder von Kopien oder Replikationen dieser Daten zu informieren. Abs. 3 legt die **Ausnahmen** des Rechts iSv Abs. 1 und 2 fest.

1. Verhältnis von Recht auf Löschung und „Recht auf Vergessenwerden". Art. 17 macht nicht eindeutig klar, in welchem Verhältnis die beiden im Titel genannten Rechte, dh Recht auf Löschung und das „Recht auf Vergessenwerden" zueinander stehen.[1] Der Titel und die Struktur des Art. 17 scheinen zu suggerieren, dass das Recht auf Löschung das in Abs. 1 geregelte „Hauptrecht" im Fall einer unrechtmäßigen Verarbeitung sein soll, an welches eine gesonderte, weitergehende Informationspflicht als „Recht auf Vergessenwerden" in Abs. 2 anknüpft. Aus den Erwägungsgründen 65 und 66 ergibt sich dagegen, dass der Unionsgesetzgeber den klassischen Löschungsanspruch gemäß Abs. 1 eher als Spezialfall des weiteren Oberbegriffs des „Rechts auf Vergessenwerden" und die Informationspflicht gemäß Abs. 2 als Ausweitung des bereits im ehemaligen Art. 12 Buchst. b DS-RL geregelten Rechts auf Löschung, um dem „Recht auf Vergessenwerden" mehr Geltung zu verschaffen, konzipiert sieht.[2] Vor diesem Hintergrund ist das **Recht auf Löschung als „Kernrecht" eines umfassenden „Rechts auf Vergessenwerden"** im Fall einer rechtswidrigen Verarbeitung zu charakterisieren. Dieses „Recht auf Vergessenwerden" im weiteren Sinne erfasst damit einerseits das Recht auf Löschung gemäß Abs. 1 und als „Mehr" an Löschungsrecht das „Recht auf Vergessenwerden" im engeren Sinne in Form der zusätzlichen Informationspflicht in Abs. 2.[3]

Zur Vermeidung terminologischer Ungenauigkeiten wird in der vorliegenden Kommentierung des Art. 17 der **Begriff „Recht auf Löschung und Vergessenwerden"** für das einheitliche Gesamtrecht des Art. 17 verwendet. Das „Recht auf Löschung" bezeichnet das klassische Löschungsrecht gemäß Abs. 1 und das „Recht auf Vergessenwerden" (im engeren Sinne) das Recht gemäß Abs. 2. In den übrigen Kommentierungen der Betroffenenrechte wird für Art. 17 einheitlich der Begriff „Recht auf Löschung" verwendet.

2. Historischer Hintergrund – das Google Spain und Google-Urteil des EuGH vom 13.5.2014. Das **Recht auf Löschung** war bereits explizit in **Art. 12 Buchst. b DS-RL** enthalten, der selbst wiederum auf Art. 8 Buchst. c Konvention Nr. 108 beruhte. Dort war es jedoch lediglich als „Folgerecht" des im Mittelpunkt stehenden Auskunftsrechts ausgestaltet[4] und enthielt lediglich exemplarische, nicht abschließende Tatbestandsvoraussetzungen.[5] Art. 17 führt

---

[1] Die Doppelnennung und der Klammerzusatz sind Ergebnis eines gesetzgeberischen Kompromisses zwischen Kommission und EP im Rahmen des Trilogs. Während der ursprüngliche Kommissionsvorschlag die Überschrift „Recht auf Vergessenwerden und auf Löschung" vorsah (vgl. KOM(2012)11 endgültig, 58), wurde dieser vom Parlament auf „Recht auf Löschung" gekürzt (vgl. Position des EP in 1. Lesung v. 12.3.2014 EP-PE_TC1-COD[2012]0011, S. 138). In der endgültigen Fassung des Trilog-Ergebnisses sind beide Formulierungen enthalten.
[2] Vgl. Erwägungsgrund 65 S. 1, der als Komplementärrecht zum Berichtigungsrecht nur das „Recht auf Vergessenwerden" im Fall rechtswidriger Verarbeitung nennt, Erwägungsgrund 65 S. 2, wonach betroffene Personen einen Löschungsanspruch „Insbesondere" haben sollten, und Erwägungsgrund 66, wonach dem (umfassenderen) „Recht auf Vergessen" im Netz mehr Geltung zu verschaffen ist, indem das Recht auf Löschung ausgeweitet wird.
[3] Vgl. *Hennemann* PinG 2016, 176 (177).
[4] So ausdrücklich Grabitz/Hilf/*Brühann* DS-RL Art. 12 Rn. 8.
[5] EuGH Urt. v. 13.5.2014 – C-131/12, ECLI:EU:C:2014:317 Rn. 70 = ZD 2014, 350 – Google Spain und Google.

dieses Recht weiter aus und präzisiert es.[6] Es steht in Art. 17 gemeinsam mit dem Berichtigungsrecht gemäß Art. 16 und den weiteren Schutzrechten des Abschnitts 3 selbständig neben den Informations- und Auskunftsrechten nach Abschnitt 2 (→ Rn. 11).

5 Ein spezifisch kodifiziertes **„Recht auf Vergessenwerden"** sah dagegen weder Art. 12 Buchst. b DS-RL noch zuvor Art. 8 Buchst. c Konvention Nr. 108 vor. Überlegungen auf ein solches „Recht auf Vergessenwerden" gehen auf Internetforschungen zurück, wonach in der digitalen Welt die grundlegende menschliche Kulturtechnik des Vergessens zur freiheitlichen Weiterentwicklung des Selbstbilds einer Person aufgrund der ständigen und unmittelbaren Abrufbarkeit von Informationen mehr und mehr verloren gehe. Beispiele sind Menschen, die aufgrund von digital dokumentierten Jugendsünden einen Job nicht erhalten, weil das Netz ihre Vergangenheit nicht vergessen hat.[7] Hieraus resultierte die rechtspolitische Idee, dass jede Datei nur eine begrenzte Lebenszeit haben soll, sodass die Information nach Zeitablauf automatisch gelöscht wird – im Sinne eines „digitalen Radiergummis".[8] Durch weitergehende Maßnahmen soll erreicht werden, dass beim Verantwortlichen gelöschte Daten auch ansonsten im Internet nicht weiter verfügbar sind. Die Kommission hat diese Überlegungen 2012 in ihrem **Vorschlag für die DS-GVO** aufgegriffen und das klassische Löschungsrecht zu einem „Recht auf Vergessenwerden" ausgeweitet, um ihm im Netz mehr Geltung zu verschaffen.[9] Während jedoch ein vorab im Internet informell veröffentlichter Entwurf vom November 2011 noch das **Konzept** einer weitgehenden Verpflichtung zur **Sicherstellung einer Löschung veröffentlichter Daten** vorsah,[10] schlug die Kommission in ihrem offiziellen Vorschlag lediglich das **Konzept einer Pflicht zur Information Dritter** über ein Verlangen zur Löschung jeglicher Links und Kopien der vom Verantwortlichen zu löschenden Daten vor.[11] In der Auseinandersetzung mit diesem Kommissionsvorschlag wurde das „Recht auf Vergessenwerden" dann zur geflügelten Begrifflichkeit.[12] Der Begriff ist und war stets umstritten, wurde teils als „Mogelpackung" oder „Marketingtrick"[13] abgetan, teils als Leitbegriff einer europarechtlichen Schutzausweitung gewürdigt.[14]

6 In diese rechtliche und politische Diskussion um den Kommissionsvorschlag für das „Recht auf Vergessenwerden" in der DS-GVO fiel das **Urteil des EuGH vom 13.5.2014 in der Rs. Google Spain und Google.**[15] Dem Urteil lag ein Fall eines spanischen Bürgers zugrunde, der mehr als ein Jahrzehnt zuvor von einer Pfändung betroffen war, über welche eine regionale Tageszeitung berichtet hatte. Er forderte nun von der Tageszeitung die Löschung bzw. Änderung der Seite ihres Online-Archivs mit dem Bericht über die Pfändung und vom Suchmaschinenbetreiber Google die Löschung sämtlicher Links auf diese Seite. Der EuGH stellte zur Beschwerde gegenüber Google fest, dass eine Datenverarbeitung durch einen Suchmaschinenbetreiber eine erhebliche Beeinträchtigung der Grundrechte auf Achtung des Privatlebens und Schutz personenbezogener Daten gemäß Art. 7 und 8 GRCh bewirken kann, da sie jedem Internetnutzer ermöglicht, mit der Ergebnisliste einen strukturierten Überblick über sämtliche im Internet verfügbaren Informationen über diese Person und potentiell sein Privatleben zu erhalten und damit ein mehr oder weniger detailliertes Personenprofil zu erstellen.[16] Vor diesem Hintergrund stellte er fest, dass eine betroffene Person gemäß Art. 12 Buchst. b DS-RL iVm Art. 14 Abs. 1 Buchst. a DS-RL, ausgelegt im Lichte der Grundrechte aus Art. 7 und 8 GRCh, das Recht hat, von einem Suchmaschinenbetreiber zu verlangen, von der Suchergebnisliste Links zu Internetseiten Dritter mit – als solches rechtmäßig veröffentlichten und von diesen Seiten nicht gelösch-

---

[6] Vorschlag der Kommission v. 25.1.2012, KOM(2012) 11 endgültig, 10.
[7] Grdl. *Mayer-Schönberger,* Delete: Die Tugend des Vergessens in digitalen Zeiten, 2010 mit weiteren Bsp. auf S. 10 ff.; vgl. auch *Koreng/Feldmann* ZD 2012, 311.
[8] Vgl. BayLDA, EU-Datenschutz-Grundverordnung, IV. Recht auf Löschung („Vergessenwerden") – Art. 17 DS-GVO (Stand 19.7.2016).
[9] Vorschlag der Kommission v. 25.1.2012, KOM(2012) 11 endgültig, 10.
[10] Vgl. http://statewatch.org/news/2011/dec/eu-com-draft-dp-reg-inter-service-consultation.pdf.
[11] Vgl. zu den verschiedenen Konzepten des Rechts auf Vergessen und die Entwicklung des Kommissionsvorschlags *Hornung/Hofmann* JZ 2013, 163 (164 ff.).
[12] Vgl. stellvertretend *Gstrein* ZD 2012, 424 ff.; *Koreng/Feldmann* ZD 2012, 311 ff.
[13] *Roßnagel/Nebel/Richter* ZD 2015, 455 (458).
[14] Ähnlich *Maisch* AnwZert ITR 7/2013 Anm. 2; zur Problematik des Begriffs im Allgemeinen *Hornung/Hofmann* JZ 2013, 163 (164).
[15] EuGH Urt. v. 13.5.2014 – C-131/12, ECLI:EU:C:2014:317 = ZD 2014, 350 – Google Spain und Google.
[16] EuGH Urt. v. 13.5.2014 – C-131/12, ECLI:EU:C:2014:317 Rn. 80 = ZD 2014, 350 – Google Spain und Google.

ten – Informationen zur betroffenen Person zu entfernen. Zwar sei ein solches Recht mit Rechten und Interessen Dritter in einen angemessenen Ausgleich zu bringen. Aufgrund der Schwere des Eingriffs gehe es jedoch grundsätzlich nicht nur gegenüber dem wirtschaftlichen Interesse des Suchmaschinenbetreibers, sondern – abgesehen von Sonderfällen, zB einer Person des öffentlichen Lebens – auch gegenüber dem Interesse der Öffentlichkeit am Zugang zu Informationen vor.[17]

Die weitere Debatte um den Kommissionsvorschlag für die DS-GVO und insbesondere um das hierin vorgesehene „Recht auf Vergessenwerden" stand häufig im Zusammenhang mit diesem EuGH-Urteil.[18] Kritik an der Vorschrift und diesbezügliche Auslegungsversuche gehen daher häufig mit Überlegungen zu einer Anwendung auf Suchmaschinen einher. Der Anwendungsbereich des Art. 17 ist freilich deutlich weiter. Auch gewann mit dem Urteil die **Praxisrelevanz des Löschungsrechts** wesentlich an Bedeutung. Nach dem Urteil und dessen medialer Rezeption sind bei dem Suchmaschinenbetreiber Google innerhalb verhältnismäßig kurzer Zeit hunderttausende Löschungsanträge von EU-Bürgern eingegangen.[19]

3. Recht auf Löschung und Vergessenwerden als Ausfluss der Grundrechte auf Privatleben und Datenschutz. Auf der Grundlage des Google Spain und Google-Urteils des EuGH ist das Recht auf Löschung und Vergessenwerden als subjektives Recht eine **spezielle Ausprägung der** – auch im Verhältnis zu privaten Verantwortlichen geltenden – **Grundrechte auf Achtung des Privatlebens und auf Schutz personenbezogener Daten,** wie sie in Art. 7 und 8 Abs. 1 GRCh und in Art. 16 Abs. 1 AEUV niedergelegt sind, auch wenn es anders als das Auskunftsrecht und das Berichtigungsrecht nicht gesondert in Art. 8 Abs. 2 S. 2 GRCh aufgeführt wird.[20] Es ist ebenfalls Ausfluss des vom EuGH in seiner Datenschutzrechtsprechung berücksichtigten Grundrechts auf Achtung des Privat- und Familienlebens gemäß Art. 8 EMRK.[21] Wie jedes Recht als Ausfluss eines Grundrechts unterliegt das Recht auf Löschung und Vergessenwerden einer Einschränkungsmöglichkeit unter den Voraussetzungen des Art. 52 Abs. 1 GRCh, dh sofern diese Einschränkungen gesetzlich vorgesehen sind, den Wesensgehalt dieser Rechte und Freiheiten achten und unter Wahrung des Grundsatzes der Verhältnismäßigkeit erforderlich sind und den von der Union anerkannten dem Gemeinwohl dienenden Zielsetzungen oder den Erfordernissen des Schutzes der Rechte und Freiheiten anderer tatsächlich entsprechen.[22] Das Recht auf Löschung und Vergessenwerden ist ein wichtiger Bestandteil der weitreichenden Kontrolle einer Person über die sie betreffenden Daten und damit des sog. **Selbstdatenschutzes.**[23] Aufgrund seines grundrechtlichen Charakters kann es nicht privatrechtlich abbedungen oder eingeschränkt werden. Es entzieht sich ebenfalls der Disposition der betroffenen Person; ein (Vorab-)Verzicht auf das Recht auf Löschung und Vergessenwerden ist ebenfalls nicht möglich. Seine Ausübung darf im Übrigen auch nicht mit rechtlichen Nachteilen verbunden werden. Ihm kann jedoch in Einzelfällen der Einwand des Rechtsmissbrauchs und der unzulässigen Rechtsausübung entgegengehalten werden (→ Rn. 65).

Als Ausfluss lediglich zweier Grundrechte der GRCh gilt das Recht auf Löschung und Vergessenwerden, wie sich exemplarisch aus Art. 17 Abs. 3 Buchst. a ergibt, nicht absolut, sondern steht im Kontext mit verschiedenen **Grundrechten und -freiheiten Dritter,** insbesondere der Dienstleistungsfreiheit von (Internet-)Dienstleistern (und der entsprechenden passiven Dienstleistungsfreiheit ihrer Nutzer) gemäß Art. 56 AEUV, dem Grundrecht auf Meinungsfreiheit oder dem Recht (der Öffentlichkeit) auf Informationszugang gemäß Art. 11 Abs. 1 GRCh, dem Grundrecht auf unternehmerische Freiheit gemäß Art. 16 GRCh und dem Urheberrecht und verwandten Schutzrechten, die Teil des Rechts des geistigen Eigentums gemäß

---

[17] EuGH Urt. v. 13.5.2014 – C-131/12, ECLI:EU:C:2014:317 Rn. 81–88, 95–99 = ZD 2014, 350 – Google Spain und Google.
[18] Vgl. zB *Leutheusser-Schnarrenberger* ZD 2015, 149; *Holznagel/Hartmann* MMR 2016, 228; *Spindler* JZ 2014, 981.
[19] Vgl. Handelsblatt v. 25.11.2015, abrufbar unter www.handelsblatt.com/unternehmen/it-medien/recht-auf-vergessen-hunderttausende-loeschantraege-bei-google-eingegangen/12641496.html?share=direct.
[20] EuGH Urt. v. 13.5.2014 – C-131/12, ECLI:EU:C:2014:317 Rn. 68–69 = ZD 2014, 350 – Google Spain und Google.
[21] Grdl. EuGH Urt. v. 20.5.2003 – C-465/00, C-138/01 u. C-139/01, ECLI:EU:C:2003:294 Rn. 68 ff. – Österreichischer Rundfunk.
[22] Vgl. EuGH Urt. v. 9.11.2010 – C-92/09 u. C-93/09, ECLI:EU:C:2010:662 Rn. 48, 50 – Schecke u. Eifert; HK-DS-GVO/*Peuker* Art. 17 Rn. 8.
[23] BeckOK DatenschutzR/*Worms* DS-GVO Art. 17 Rn. 22.

Art. 17 Abs. 2 GRCh sind. Entsprechend der ständigen Rechtsprechung des EuGH ist das Recht auf Löschung und Vergessenwerden wie sämtliche sonstige Betroffenenrechte der DS-GVO in einen **angemessenen Ausgleich** mit sämtlichen tangierten Drittinteressen und -rechten zu bringen.[24] Dies gilt in besonderer Weise auch für das Löschungsrecht.[25]

II. Systematik, Verhältnis zu anderen Vorschriften

10   Art. 17 Abs. 1 normiert das grundsätzliche **Recht auf Löschung** der die betroffene Person betreffenden personenbezogenen Daten, eine korrespondierende Löschungspflicht des Verantwortlichen sowie in Buchst. a–f die Voraussetzungen dieses Rechts bzw. dieser Pflicht. Dies sind der Wegfall der Notwendigkeit der Verarbeitung zur Zweckerreichung (Buchst. a), Widerruf der Einwilligung gemäß Art. 7 Abs. 3 (Buchst. b), Widerspruch gemäß Art. 21 Abs. 1 oder 2 (Buchst. c), Unrechtmäßigkeit der Verarbeitung (Buchst. d), Erfüllung einer Rechtspflicht (Buchst. e), Verarbeitung mit Angebot eines Dienstes der Informationsgesellschaft gemäß Art. 8 Abs. 1 (Buchst. f). Abs. 2 statuiert für den Fall, dass verarbeitete personenbezogene Daten öffentlich gemacht worden sind und ein Löschungsrecht gemäß Abs. 1 besteht, das **Recht auf Vergessenwerden im engeren Sinne** in Form einer Pflicht, (andere) Verantwortliche über das Verlangen der betroffenen Person, alle Links zu der betroffenen personenbezogenen Daten oder von Kopien oder Replikationen dieser Daten zu löschen, durch technisch und kostenmäßig angemessene Maßnahmen zu informieren. Abs. 3 legt in Buchst. a–e die **Ausnahmen** des Rechts auf Löschung fest. Das Recht gilt nicht, wenn die Verarbeitung für die Ausübung des Rechts auf Meinungs- und Informationsfreiheit gemäß Art. 11 Abs. 1 GRCh (Buchst. a), die Erfüllung einer rechtlichen Verpflichtung, einer Aufgabe im öffentlichen Interesse oder die Ausübung öffentlicher Gewalt (Buchst. b), ein überwiegendes öffentliches Gesundheitsinteresse gemäß Art. 9 Abs. 2 Buchst. h und Art. 9 Abs. 3 (Buchst. c), ein öffentliches Archivinteresse oder wissenschaftliche oder historischen Forschungs- und statistische Zwecke iSv Art. 89 Abs. 1 (Buchst. d) oder die Geltendmachung, Ausübung oder Verteidigung von Rechtsansprüchen erforderlich ist.

11   Als Betroffenenrecht wird das Recht auf Löschung und Vergessenwerden gemäß Art. 17 mit den anderen Betroffenenrechten in **Kapitel III** der Verordnung aufgeführt. Hier findet es sich in **Abschnitt 3** „Berichtigung und Löschung", wo neben dem Recht auf Berichtigung (Art. 16) und dem Recht auf Löschung (Art. 17) auch das Recht auf Verarbeitungseinschränkung (Art. 18), die Mitteilungspflicht (Art. 19) und das Recht auf Datenübertragbarkeit (Art. 20) geregelt werden.

12   Das Recht auf Löschung und Vergessenwerden ist **Teil eines möglichen mehrstufigen Vorgehens** zur Geltendmachung der Betroffenenrechte der betroffenen Person, das dem Regime der Betroffenenrechte gemäß Kapitel III systematisch zugrunde liegt. Mit ihren Informations- und Auskunftsrechten gemäß Art. 13–15 kann sich eine betroffene Person zunächst ein Bild von Art und Ausmaß der Datenverarbeitung machen (erste Stufe). Der hierdurch erworbene Kenntnisstand ermöglicht ihr sodann eine zielgerichtete Geltendmachung ihres Berichtigungs-, Löschungs- oder Widerspruchsanspruchs gemäß Art. 16, 17 und 21 (zweite Stufe). Das Recht auf Löschung und Vergessenwerden gemäß Art. 17 stellt auf dieser zweiten Stufe das **stärkste Recht gegen eine rechtswidrige Datenverarbeitung** dar, weil es auf die endgültige Unterbindung der bisherigen Nutzungsform ausgerichtet ist (→ Rn. 32 ff.) und damit als „finales Mittel" weiter geht als die sonstigen Betroffenenrechte. Das Einschränkungsrecht gemäß Art. 18 schafft eine Zwischenstufe, indem es einen vorläufigen „Schwebezustand" der Verarbeitung bewirkt, der bis zur Entscheidung des Verantwortlichen die Betroffenenrechte sichert (→ Art. 18 Rn. 2). Im Verhältnis zu Art. 17 dient Art. 18 insbesondere der Zustandssicherung, bis die (Un-)Richtigkeit der Daten geklärt ist. Die betroffene Person muss dieses gestufte Vorgehen nicht befolgen, sondern kann sämtliche Betroffenenrechte unabhängig voneinander geltend machen.

---

[24] Vgl. zB EuGH Urt. v. 6.11.2003 – C-101/01, ECLI:EU:C:2003:596 Rn. 87 – Lindqvist; EuGH Urt. v. 16.12.2008 – C-73/07, ECLI:EU:C:2008:727 Rn. 53 ff. – Satakunnan Markkinapörssi und Satamedia; EuGH Urt. v. 10.2015 – C-362/14, ECLI:EU:C:2015:650 Rn. 42 mwN = ZD 2015, 549 – Schrems; EuGH Urt. v. 13.5.2014 – C-131/12, ECLI:EU:C:2014:317 Rn. 81, 97 = ZD 2014, 350 – Google Spain und Google; EuGH Urt. v. 29.1.2008 – C-275/06, ECLI:EU:C:2008:54 Rn. 68 – Promusicae; EuGH Urt. v. 17.3.2014 – C-314/12, ECLI:EU:C:2014:192 Rn. 46–47 – UPC Telekabel Wien.

[25] EuGH Urt. v. 24.9.2019 – C-136/17, ECLI:EU:C:2019:773 Rn. 59 = ZD 2020, 36 – GC u.a. (Auslistung sensibler Daten).

Das Recht auf Löschung und Vergessenwerden gemäß Art. 17 stellt ein wichtiges komplementäres **Alternativrecht zum Berichtigungsrecht gemäß Art. 16** dar. Der Anwendungsbereich beider Rechte überschneidet sich. Beide setzen eine rechtswidrige Verarbeitung voraus (die Verarbeitung von unrichtigen personenbezogenen Daten ist unrechtmäßig gemäß Art. 5 Abs. 1 Buchst. d und zwar auch dann, wenn ein Rechtmäßigkeitsgrund iSd Art. 6 vorliegt). Somit besteht bei Verarbeitung unrichtiger Daten neben dem Recht auf Löschung gemäß Art. 17 Abs. 1 Buchst. d immer auch ein Recht auf Berichtigung (Anspruchskonkurrenz). Während das Berichtigungsrecht auf die Erhaltung der Daten unter Anpassung des Dateninhalts gerichtet ist, ist das Löschungsrecht gemäß Art. 17 auf ihre Löschung und Unterlassung weitergehender Nutzung ausgerichtet.[26] Wenn die Voraussetzungen von Art. 16 und Art. 17 erfüllt sind, hat die betroffene Person ein **Wahlrecht** zwischen dem Berichtigungs- und dem Löschungsanspruch.[27] 13

Das Recht auf Löschung und Vergessenwerden gemäß Art. 17 steht neben dem **Recht auf Einschränkung der Verarbeitung gemäß Art. 18.** Art. 18 Abs. 1 Buchst. b zeigt, dass der betroffenen Person bei unrechtmäßiger Verarbeitung ein Wahlrecht zwischen beiden Rechten zusteht. Ein Anspruch auf Einschränkung der Verarbeitung gemäß Art. 18 Abs. 1 Buchst. b entsteht erst, wenn die betroffene Person die Löschung abgelehnt hat. Hieraus ergibt sich jedoch im Umkehrschluss nicht, dass die Geltendmachung des Rechts auf Löschung und Vergessenwerden ausscheidet, nachdem ein Einschränkungsrecht geltend gemacht worden ist. Seinem Zweck nach dient das Einschränkungsrecht der vorübergehenden Sicherung der Rechtsposition der betroffenen Person. Das Recht zur jederzeitigen Ausübung des Rechts auf Löschung und Vergessenwerden beschneidet es hingegen nicht (→ Art. 18 Rn. 5 ff.). 14

Art. 19 S. 1 regelt eine **Folgemitteilungspflicht an Empfänger** rechtswidrig verarbeiteter Daten, die mit dem Recht auf Vergessenwerden im engeren Sinne gemäß Art. 17 Abs. 2 korrespondiert. Diese verpflichtet den Verantwortlichen zur Information u.a. über jede Löschung an Empfänger, denen er die Daten offengelegt hat. Beide Vorschriften unterscheiden und überschneiden sich teilweise. Während in Art. 17 Abs. 2 das Verlangen einer Löschung die Informationspflicht auslöst, ist es im Rahmen von Art. 19 S. 1 die erfolgte Löschung. Demgegenüber enthält Art. 19 zum einen einen anderen Adressatenkreis der Folgemitteilungspflicht (nicht nur andere Verantwortliche, sondern auch Dritte, dafür jedoch nur direkte Empfänger, nicht auch Verantwortliche, welche die Daten aus anderen (Zwischen-)Quellen erlangt haben) und knüpft zum anderen nicht an die Veröffentlichung der Daten an.[28] Soweit bei einer erfolgten Löschung aufgrund der Beschränkung auf (unter Berücksichtigung der verfügbaren Technologien und der Implementierungskosten) angemessene Maßnahmen im Einzelfall keine Informationspflicht des Verantwortlichen gemäß Art. 17 Abs. 2 besteht, erhält die betroffene Person Schutz durch Art. 19 S. 1 (→ Art. 19 Rn. 5). 15

Obwohl der Begriff der Verarbeitung gemäß Art. 4 Nr. 2 auch die Löschung von Daten erfasst (→ Art. 4 Rn. 18, 19) kann eine betroffene Person **einer Löschung (oder Einschränkung) nicht auf der Grundlage von Art. 21 Abs. 1 widersprechen.** Die einer Löschung (oder Einschränkung) entgegenstehenden Interessen bzw. Rechte muss die betroffene Person im Rahmen der Interessenabwägung gemäß Art. 17 Abs. 3 geltend machen, der insoweit vorrangiges lex specialis ist (→ Art. 21 Rn. 44).[29] 16

Art. 17 enthält grundsätzlich keine Regelungen über die **Information, Kommunikation und Modalitäten** der Ausübung des Rechts auf Löschung und Vergessenwerden. Diese sind in **Art. 12** geregelt, so eine generelle Informations- und Mitteilungspflicht (Art. 12 Abs. 1; → Art. 12 Rn. 8), eine generelle Unterstützungs- und Erleichterungspflicht (Art. 12 Abs. 2; → Art. 12 Rn. 23), eine Reaktions- und Mitteilungspflicht über getroffene Maßnahmen (Art. 12 Abs. 3 und 4; → Art. 12 Rn. 31, 36), die grundsätzliche Kostenfreiheit (Art. 12 Abs. 5; → Art. 12 Rn. 42) und das Identitätsfeststellungsverfahren bei Unklarheiten über die Identität der betroffenen Person (Art. 11 und 12 Abs. 6; → Art. 12 Rn. 50) (zur Ausübung des Berichtigungsrechts → Art. 18 Rn. 24 ff.). Daneben gilt auch für eine Löschungsentscheidung gemäß Art. 22, dass diese nicht auf einer automatisierten Verarbeitung beruhen darf (→ Rn. 34 ff.). Zu den Rechtsfolgen der Missachtung der Modalitäten → Art. 12 Rn. 59. 17

---

[26] Zur Abgrenzung: EuGH Urt. v. 27.10.2022 – C-129/21, ECLI:EU:C:2022:833 Rn. 68 ff. = ZD 2023, 28 – Proximus; BVerwG Urt. v. 2.3.2022 – 6 C 7.20, ECLI:DE:BVerwG:2022:020322U6C7.20.0 Rn. 61 = NVwZ 2022, 1205.
[27] *Kühling/Buchner/Herbst* DS-GVO Art. 16 Rn. 17.
[28] *Laue/Nink/Kremer* DatenschutzR § 4 Rn. 48.
[29] Ähnlich NK-BDSG/*Mallmann* § 20 Rn. 84; BeckOK DatenschutzR/*Worms* BDSG § 20 Rn. 75.

18 Das Recht auf Löschung und Vergessenwerden unterliegt dem **allgemeinen Beschränkungsvorbehalt gemäß Art. 23** durch EU- oder nationale Gesetzgebungsmaßnahmen zB zur Sicherstellung der nationalen Sicherheit, der Landesverteidigung, der öffentlichen Sicherheit, der Strafverfolgung, allgemeiner öffentlicher Interessen der Union oder eines Mitgliedstaates, etwa im Währungs-, Haushalts-, Steuer-[30], Gesundheits- und Sozialbereich, der Unabhängigkeit der Justiz und eines effektiven Gerichtswesens etc (→ Art. 23 Rn. 1).[31] Das Recht auf Löschung und Vergessenwerden unterliegt gemäß Art. 17 Abs. 3 Buchst. a einer allgemeinen Ausnahme zur Ausübung des Rechts auf freie Meinungsäußerung und Information (→ Rn. 55 ff.). Soweit die betroffenen Datenverarbeitungen zu journalistischen, wissenschaftlichen, künstlerischen oder literarischen Zwecken erfolgen, wird diese Ausnahme ergänzt durch den – national zwingend zu konkretisierenden – **Ausnahmevorbehalt** gemäß der obligatorischen Spezifizierungsklausel des **Art. 85 Abs. 2 (sog. Medien- und Wissenschaftsprivileg)** (→ Art. 85 Rn. 16), wenn dies erforderlich ist, um das Datenschutzrecht mit dem Grundrecht auf Meinungs- und Informationsfreiheit in Einklang zu bringen.[32] Anders als die sonstigen Betroffenenrechte unterliegt das Recht auf Löschung und Vergessenwerden bei Datenverarbeitungen zu wissenschaftlichen oder historischen Forschungs- oder statistischen Zwecken sowie zu Archivzwecken **nicht dem Ausnahmevorbehalt gemäß Art. 89 Abs. 2 und 3.** Vielmehr ist Art. 17 von den dort gelisteten Rechten nicht erfasst. Für diese Zwecke der Datenverarbeitung enthält vielmehr Art. 17 Abs. 3 Buchst. d eine spezielle Sonderausnahme.

19 Aus den Datenzugangsansprüchen des Data-Act ergeben sich keine Pflichten zur Speicherung oder Löschung von Daten.[33]

B. Einzelerläuterungen

I. Recht auf Löschung (Abs. 1)

20 **1. Voraussetzungen. a) Löschungsgründe.** Art. 17 Abs. 1 statuiert das Recht der betroffenen Person als Anspruchsteller (Art. 4 Nr. 1 Hs. 1; → Art. 4 Rn. 9 ff.) gegenüber dem Verantwortlichen als Anspruchsgegner (Art. 4 Nr. 7; → Art. 4 Rn. 25 ff.) auf Löschung und benennt die **Voraussetzungen für dieses Löschungsrecht** bzw. die Gründe für eine Löschungspflicht. Art. 17 Abs. 1 Buchst. a–d knüpfen hierbei an einer rechtswidrigen Speicherung an, wobei Buchst. a–c spezielle Fälle regeln, während Buchst. d eine Art Auffangtatbestand der Unrechtmäßigkeit der Verarbeitung darstellt. Art. 17 Abs. 1 Buchst. e ermöglicht es dem Unionsgesetzgeber bzw. den Mitgliedstaaten, rechtliche Verpflichtungsgründe für eine Löschung im Rahmen der Vorgaben der DS-GVO festzulegen. Art. 17 Abs. 1 Buchst. f schafft eine Sonderregelung für die Löschung von Daten in Bezug auf Angebote von Diensten der Informationsgesellschaft gemäß Art. 8 Abs. 1, insbesondere zum Schutz Minderjähriger. Diese katalogartige Auflistung von Löschungsgründen (die mit der Liste in Erwägungsgrund 65 übereinstimmt) ist im Gegensatz zur Vorgängerregelung des Art. 12 Buchst. b DS-RL, der lediglich exemplarische, nicht abschließende Tatbestandsvoraussetzungen enthielt,[34] **abschließend;** die einzelnen Gründe gelten alternativ. Die **Darlegungs- und Substantiierungslast** für das Vorliegen eines Löschungsgrunds trägt die betroffene Person. Relevanter **Zeitpunkt** für das Vorliegen eines Löschungsgrundes ist die Sach- und Rechtslage im Zeitpunkt der Entscheidung des Verantwortlichen über einen Löschungsantrag des Betroffenen.[35]

21 **aa) Wegfall des Erhebungs- bzw. Verarbeitungszwecks (Buchst. a).** Nach Buchst. a besteht ein Löschungsrecht, sofern die personenbezogenen Daten für die Zwecke, für die sie erhoben oder auf sonstige Weise verarbeitet wurden, nicht mehr notwendig sind. Damit setzt sich Buchst. b in Bezug zu den Zwecken iSd Art. 5 Abs. 1 Buchst. b. Die Vorschrift folgt dem

---

[30] Der BFH geht davon aus, dass bei Ausschluss des Auskunftsanspruch gem. Art. 15 DS-GVO auch kein selbstständiger Löschungsanspruch gem. Art. 17 DS-GVO besteht, BFH Urt. v. 17.11.2021 – II R 43/19, ECLI:DE:BFH:2021:U.171121.IIR43.19.0 Rn. 49 ff. = ZD 2022, 517.

[31] Vgl. EuGH Urt. v. 20.12.2017 – C-434/16, ECLI:EU:C:2017:994 Rn. 60–61 – Nowak.

[32] Vgl. zum Medienprivileg gem. der Vorgängervorschrift des Art. 9 DS-RL EuGH Urt. v. 16.12.2008 – C-73/07, ECLI:EU:C:2008:727 – Satakunnan Markkinapörssi und Satamedia.

[33] *Steinrötter* GRUR 2023, 216 (222).

[34] EuGH Urt. v. 13.5.2014 – C-131/12, ECLI:EU:C:2014:317 Rn. 70 = ZD 2014, 350 – Google Spain und Google.

[35] Vgl. HK-DS-GVO/*Peuker* Art. 17 Rn. 15.

Prinzip der Zweckbindung (→ Art. 5 Rn. 13 ff.) und darauf aufbauend dem **Prinzip der Datenminimierung** iSd Art. 5 Abs. 1 Buchst. c (Begrenzung der Verarbeitung auf das für die Zwecke notwendige Maß; → Art. 5 Rn. 22 ff.) und des **Prinzips der Speicherbegrenzung** iSd Art. 5 Abs. 1 Buchst. e (Verarbeitung nur so lange, wie es für die Zwecke der Verarbeitung erforderlich ist; → Art. 5 Rn. 25 ff.).[36] Sie regelt den Fall, dass eine bestimmte Datenerhebung bzw. Verarbeitung ursprünglich rechtmäßig war, aber die Rechtmäßigkeitsvoraussetzungen wegen Zweckerreichung weggefallen sind.[37] Es kommt grundsätzlich auf ein **Entfallen jener Zwecke an, für welche die Datenerhebung bzw. -verarbeitung angestoßen wurde.**

Wann ein Zweckwegfall vorliegt, ist Sache des **Einzelfalls**.[38] Die Festlegung fester Fristen ist hierbei nicht angebracht. So kann nach der Rechtsprechung des EuGH zB ein Prüfling vom verantwortlichen Prüfungsamt verlangen, dass seine **Prüfungsantworten** und die Anmerkungen des Prüfers dazu nach einem bestimmten Zeitraum gelöscht werden. Dies ist a priori dann der Fall, wenn eine Identifizierung des Prüflings a priori nicht mehr notwendig ist, dh wenn das Prüfungsverfahren endgültig abgeschlossen und keiner Anfechtung mehr zugänglich ist, so dass die Antworten und Anmerkungen ihren Beweiswert verloren haben.[39] Ähnliches gilt auch für Daten von Bewerbern, nachdem das **Bewerbungsverfahren** infolge der Auswahl eines (anderen) Kandidaten beendet ist und gegen die Ernennung kein Rechtsschutz mehr besteht.[40] Ein ausgeschiedener Arbeitnehmer hat Anspruch auf Löschung von Daten aus dem mit ihm weiterhin werbenden **Internetauftritt seines Arbeitgebers**.[41] Hat der Kraftfahrzeug-Vertragshändler aufgrund einer Verpflichtung aus dem Händlervertrag seine Kundendaten einem **Marketingunternehmen** mit der Weisung mitgeteilt, diese zum Zwecke der Werbung und Kundenkontaktpflege zu nutzen, so ist die Marketingfirma nach Beendigung des Händlervertrages und der eigenen Vertragsbeziehungen zum Vertragshändler auch ohne besondere Vereinbarung verpflichtet, die Kundendaten wieder an den Vertragshändler zu übermitteln und bei sich zu löschen.[42] Für den Fall, dass eine Verarbeitung auf den Rechtfertigungsgrund der **Erfüllung eines Vertrags** (Art. 6 Abs. 1 Buchst. b) gestützt ist, wird angenommen, dass dieser Zweck regelmäßig mit Ablauf der anwendbaren Verjährungsfrist für Rechte unter diesem Vertrag entfällt, soweit es nicht weitergehende Aufbewahrungs- und Speicherpflichten gibt.[43] Der Zweck der **Eintragung** personenbezogener Daten von Gesellschaftern oder Organmitgliedern in ein **Handels- oder Gesellschaftsregister** kann allerdings nach Auffassung des EuGH auch nach Auflösung einer Gesellschaft in Anbetracht möglicher Ansprüche Dritter gegen die Gesellschafter bzw. Organmitglieder fortbestehen. Aufgrund der Vielzahl der möglichen Szenarien, in denen Akteure in mehreren Mitgliedstaaten beteiligt sein können, sowie der erheblichen Unterschiede in den Verjährungsfristen der verschiedenen nationalen Rechtsordnungen für die verschiedenen Rechtsgebiete, ist auch die Festlegung konkreter Fristen für einen etwaigen Zweckwegfall nicht möglich.[44] Erhebt das Gesundheitsamt **Daten eines Beamten** anlässlich einer amtsärztlichen Untersuchung zu Zwecken der Ernennung als Lebenszeitbeamter, entfällt der Zweck mit der Ernennung ebenfalls nicht. Die Daten können im weiteren Karriereverlauf weiter relevant sein.[45] Auch eine Zeitangabe für einen fortbestehenden Zweck der Eintragung eines **Vermerks der Fahrerlaubnisentziehung** in eine Führerscheinkartei kann nicht grundsätzlich festgelegt werden. Jedenfalls dann, wenn ein Verstoß mehr als 29 Jahre zurückliegt und das Verhalten des Fahrers seitdem einwandfrei war, ist aus dem Verstoß keine Prognose für künftiges Verhalten

---

[36] Vgl. Kühling/Buchner/*Herbst* DS-GVO Art. 17 Rn. 17.
[37] Vgl. EuGH Urt. v. 13.5.2014 – C-131/12, ECLI:EU:C:2014:317 Rn. 94 = ZD 2014, 350 – Google Spain und Google.
[38] Der BGH wehrt sich gegen schematische Lösungen: BGH Urt. v. 27.7.2020 – VI ZR 405/18, ECLI: DE:BGH:2020:270720UVIZR405.18.0 Rn. 61 f. = ZD 2020, 634. Mit Beispielen für den Anwendungsbereich Suchmaschinen: European Data Protection Board, Leitlinien 5/2019 zu den Kriterien des Rechts auf Vergessenwerden in Fällen in Bezug auf Suchmaschinen gemäß der DS-GVO Teil 1, Version 2.0 angenommen am 7.7.2020, Rn. 20.
[39] EuGH Urt. v. 20.12.2017 – C-434/16, ECLI:EU:C:2017:994 Rn. 55 – Nowak.
[40] Vgl. HK-DS-GVO/*Peuker* Art. 17 Rn. 16.
[41] Vgl. HessLAG Urt. v. 24.1.2012 – SaGa 1480/11, ZD 2012, 284 auf Basis nationalen Rechts. Ebenso soll der ausgeschiedene Arbeitnehmer verlangen können, dass Abmahnungsschreiben aus seiner Personalakte entfernt werden: LAG Hamm Urt. v. 13.9.2022 – 6 Sa 87/22, ECLI:DE:LAGHAM:2022:0913.6SA87.22.00 Rn. 40 ff. = RdV 2023, 62.
[42] BGH Urt. v. 17.4.1996 – VIII ZR 5/95, NJW 1996, 2159 Rn. 26.
[43] Gierschmann/Schlender/Stentzel/Veil/*Veil* DS-GVO Art. 17 Rn. 95.
[44] EuGH Urt. v. 9.3.2017 – C-398/15, ECLI:EU:C:2017:19 Rn. 52 ff. – Manni.
[45] Vgl. OVG Münster Urt. v. 5.12.1988 – 13 A 1885/88, NJW 1989, 2966 auf Basis nationalen Rechts.

mehr abzuleiten. Der Zweck der Eintragung ist dann entfallen.⁴⁶ Im Hinblick auf die Verbreitung von Beiträgen, die der öffentlichen Meinungsbildung dienen, ist die Zweckerreichung nach Auffassung des BGH kein geeignetes Kriterium, um die Dauer der rechtmäßigen Verbreitung zu bestimmen.⁴⁷ Die Verbreitung stütze sich nicht auf eine spezifische Erlaubnis, sondern wurzele letztlich in den Kommunikationsfreiheiten. In einem solchen Fall sei im Hinblick auf den Kontext des Einzelfalls, auch unter Berücksichtigung des Zeitablaufs, zu prüfen, ob ein Löschungsanspruch gegeben sei. Eine schematische Beurteilung sei nicht möglich.⁴⁸

23 Ein Löschungsgrund besteht nicht im Fall der alternativen **Zweckfortgeltung,** dh wenn ein ursprünglich bereits geltender und weiterhin fortdauernder anderer Verarbeitungszweck vorliegt, oder im Fall der zulässigen **Zweckänderung,** dh wenn ein neuer, mit dem ursprünglichen Verarbeitungszweck vereinbarer Verarbeitungszweck iSv Art. 6 Abs. 4 vorliegt (→ Art. 6 Rn. 42 ff.).⁴⁹ Eine Sonderregelung gilt nach Art. 5 Abs. 1 Buchst. b für Verarbeitungen für Archiv-, Forschungs- und statistische Zwecke gemäß Art. 89 Abs. 1 (→ Art. 5 Rn. 17).

24 **bb) Widerruf der Einwilligung (Buchst. b).** Nach Buchst. b besteht ein Löschungsrecht, sofern die betroffene Person ihre Einwilligung (Art. 4 Nr. 11; → Art. 4 Rn. 34 ff.) widerrufen hat, auf die sich die Verarbeitung gemäß Art. 6 Abs. 1 Buchst. a oder Art. 9 Abs. 2 Buchst. a stützte, und es darüber hinaus an einer anderweitigen Rechtsgrundlage für die Verarbeitung fehlt.⁵⁰ Buchst. b knüpft wie jener in Buchst. a an einen erst nach der Verarbeitung neu entstandenen rechtswidrigen Zustand an, nämlich das Fehlen einer Rechtsgrundlage infolge des **Widerrufs der Einwilligung.** Die Vorschrift ist damit eine spezielle – nach teilweiser Auffassung lediglich deklaratorische⁵¹ – Regelung des Unrechtmäßigkeitsgrunds gemäß Buchst. d. Umgekehrt zeigt diese Vorschrift mit dem klaren Verweis auf die Möglichkeit fortdauernder Rechtfertigung auf Basis anderweitiger Rechtsgrundlagen, dass die ursprüngliche Verarbeitung gleichzeitig auf mehrere Erlaubnistatbestände, dh eine Einwilligung und gleichzeitig eine andere Rechtsgrundlage gestützt werden konnte (→ Art. 9 Rn. 9 ff.). Gleichzeitig löst die DS-GVO die in Deutschland lange Zeit strittige Frage, ob mit der Einholung einer Einwilligungserklärung ein Vertrauensschutztatbestand geschaffen wird, der bei Widerruf der Einwilligung die anderweitig gerechtfertigte Datenverarbeitung ermessensfehlerhaft oder treuwidrig macht.⁵² Besteht die anderweitige Rechtsgrundlage unverändert fort, liegt kein Löschungsgrund iSv Buchst. b vor.

25 Buchst. b greift ein, wenn eine ursprünglich zulässigerweise erteilte **Einwilligung gemäß Art. 7 Abs. 3 wirksam widerrufen** worden ist (→ Art. 7 Rn. 38 ff.) oder nachträglich unwirksam geworden (→ Art. 7 Rn. 35 ff.) und damit die Verarbeitung ex nunc rechtswidrig geworden ist. Dagegen wird Buchst. d anwendbar sein, wenn eine Einwilligung von vornherein nicht wirksam erteilt wurde. Der Widerruf kann gleichzeitig mit dem Löschungsantrag (→ Rn. 9 ff.) erklärt werden bzw. sogar konkludent in ihm enthalten sein.⁵³ Er muss sich auf die gesamte relevante Einwilligung bzw. den gesamten relevanten Verarbeitungsprozess beziehen. Ein **Teilwiderruf** (auf Teile der Einwilligung bzw. Teile der Verarbeitung) stellt keinen Löschungsgrund für die nicht erfassten Teile und bei Untrennbarkeit dieser Teile insgesamt keinen ausreichenden Löschungsgrund dar.⁵⁴

26 Ein Widerruf führt gemäß Buchst. b lediglich dann zu einem Löschungsrecht, wenn es an einer **anderweitigen Rechtsgrundlage** für die Verarbeitung fehlt. Eine anderweitige Rechtsgrundlage sind die Rechtmäßigkeitsgründe gemäß Art. 6 Abs. 1 Buchst. b–f bzw. Art. 9 Abs. 2 Buchst. b–j (→ Art. 6 Rn. 13–21 ff.; → Art. 9 Rn. 33–55 ff.). Im Fall einer fortdauernden Rechtfertigung auf Basis einer Interessenabwägung gemäß Art. 6 Abs. 1 Buchst. f ist eine

---

⁴⁶ BVerwG Beschl. v. 18.3.1994 – 11 B 76.93, NJW 1994, 2499 Rn. 3.
⁴⁷ BGH Urt. v. 3.5.2022 – VI ZR 832/20, ECLI:DE:BGH:2022:030522UVIZR832.20.0 Rn. 35 ff. (insbes. 39) = ZD 2022, 454; BVerfG Beschl. v. 6.11.2019 – 1 BvR 276/17, ECLI:DE:BVerfG:2019:rs20191106.1bvr027617 Rn. 132 = ZD 2020, 109 – Recht auf Vergessen II.
⁴⁸ BGH Urt. v. 3.5.2022 – VI ZR 832/20, ECLI:DE:BGH:2022:030522UVIZR832.20.0 Rn. 42 = ZD 2022, 454.
⁴⁹ *Laue/Nink/Kremer* DatenschutzR § 4 Rn. 48; Gola/Heckmann/*Nolte/Werkmeister* DS-GVO Art. 17 Rn. 11.
⁵⁰ Der Vorschlag der Kommission v. 25.1.2012 sah als Löschungsgrund auch den Ablauf der von der Einwilligung umfassten Speicherfrist vor (vgl. KOM[2012] 11 endgültig, 59). Diese Alternative der Rechtswidrigkeit fand letztendlich keinen Einzug in die endg. Fassung.
⁵¹ Vgl. Kühling/Buchner/*Herbst* DS-GVO Art. 17 Rn. 24.
⁵² Vgl. Wybitul/*Fladung* DS-GVO Art. 17 Rn. 10.
⁵³ Vgl. HK-DS-GVO/*Peuker* Art. 17 Rn. 61 ff.
⁵⁴ Vgl. Kühling/Buchner/*Herbst* DS-GVO Art. 17 Rn. 25.

umfassende Interessenabwägung vorzunehmen, die das Interesse der betroffenen Person an einer Löschung einbezieht. Auf dieser Grundlage könnte zB eine Verarbeitung von Daten im Rahmen einer **unternehmensinternen Ermittlung** trotz Widerruf der Einwilligung betroffener Arbeitnehmer ohne Löschung fortgesetzt werden.[55]

   cc) Widerspruch gegen die Verarbeitung (Buchst. c). Nach Buchst. c besteht ein Löschungsrecht, sofern die betroffene Person gemäß Art. 21 Abs. 1 Widerspruch gegen die Verarbeitung eingelegt hat und keine vorrangigen berechtigten Gründe für die Verarbeitung bestehen, oder sofern die betroffene Person gemäß Art. 21 Abs. 2 Widerspruch gegen die Verarbeitung einlegt. Auch Buchst. c knüpft damit an das Vorliegen einer rechtswidrigen Verarbeitung an, und zwar in der differenzierten Weise, der das allgemeine Widerspruchsrecht gemäß Art. 21 Abs. 1 und das spezielle Widerspruchsrecht für den Fall der Direktwerbung gemäß Art. 21 Abs. 2 und 3 zugrunde liegen.

– Macht die betroffene Person von ihrem **allgemeinen Widerspruchsrecht** gemäß Art. 21 Abs. 1 S. 1 Gebrauch (1. Alt.), ist die Verarbeitung gemäß Art. 21 Abs. 1 S. 2 rechtswidrig, wenn nicht der Verantwortliche ein überwiegendes Schutzinteresse nachweisen kann, welches den Rechten, Interessen und Freiheiten der betroffenen Person in ihrer persönlichen Sondersituation[56] vorgeht[57] (→ Art. 21 Rn. 22 ff.). Die Wortlautabweichung zwischen Art. 17 Abs. 1 Buchst. c („vorrangige berechtigte Gründe") und Art. 21 Abs. 1 S. 2 („zwingende schutzwürdige Gründe") ist unbeachtlich. In beiden Fällen muss der Verantwortliche auf Basis einer umfassenden Abwägung **überwiegende berechtigte Interessen** iSv Art. 6 Abs. 1 Buchst. f vorbringen.[58] Für einen zulässigen Löschungsanspruch müssen daher alle in Art. 21 Abs. 1 genannten Voraussetzungen erfüllt sein.[59] Solange ein Überwiegen berechtigter Gründe des Verantwortlichen nicht feststeht, kann der Betroffene (noch) nicht Löschung, jedoch die Einschränkung der Verarbeitung gemäß Art. 18 Abs. 1 Buchst. d verlangen (→ Art. 18 Rn. 21 f.).

– Macht die betroffene Person dagegen von ihrem speziellen **Widerspruchsrecht für den Fall der Direktwerbung** gemäß Art. 21 Abs. 2 Gebrauch (2. Alt.), ist die weitere Verarbeitung anders als bei Ausübung des allgemeinen Widerspruchsrechts unabhängig von einer Interessenabwägung mit der Erhebung des Widerspruchs automatisch und bedingungslos gemäß Art. 21 Abs. 3 rechtswidrig (→ Art. 21 Rn. 44 ff.). Die Löschungspflicht ist aus Verhältnismäßigkeitsgründen einzuschränken, wenn der Verantwortliche die Daten neben der Direktwerbung zulässigerweise **zu anderen Zwecken verarbeitet**. Eine Löschungspflicht besteht dann nicht. Der Verantwortliche darf vielmehr die Daten zu diesen anderen legitimen Zwecken weiterverarbeiten.[60]

– Buchst. c verweist nicht auf das besondere Widerspruchsrecht im Fall einer Verarbeitung zu **Forschungs- und Statistikzwecken** gemäß Art. 21 Abs. 6. Hieraus wird abgeleitet, dass in diesem Fall kein Löschungsrecht besteht.[61]

   Wie der Widerruf (→ Rn. 22) kann auch der Widerspruch gleichzeitig mit dem Löschungsantrag (→ Rn. 9 ff.) erklärt werden bzw. sich konkludent aus ihm ergeben.[62]

   dd) Unrechtmäßige Verarbeitung (Buchst. d). Nach Buchst. d besteht ein Löschungsrecht, sofern die personenbezogenen Daten unrechtmäßig verarbeitet wurden. Eine **Unrechtmäßigkeit** liegt nicht nur vor, wenn es am Vorliegen eines Rechtmäßigkeitsgrundes iSv Art. 6

---

[55] Vgl. Gola/Heckmann/*Nolte*/*Werkmeister* DS-GVO Art. 17 Rn. 14.
[56] Mit Beispielen für den Anwendungsbereich Suchmaschinen: EDSA, Leitlinien 5/2019 zu den Kriterien des Rechts auf Vergessenwerden in Fällen in Bezug auf Suchmaschinen gemäß der DSGVO Teil 1, Version 2.0 angenommen am 7.7.2020, Rn. 32.
[57] Zur Nachweispflicht des Verantwortlichen EuGH Urt. v. 7.12.2023 – C-26/22 u. C-64/22, ECLI:EU: C:2023:958 Rn. 111 – SCHUFA Holding (Libération de reliquat de dette).
[58] Vgl. BGH Urt. v. 13.12.2022 – VI ZR 60/21, ECLI:DE:BGH:2022:131222UVIZR324.21.0 = NJW-RR 2023, 259 Rn. 38. So kann etwa das Interesse einer Bank an Zahlungsbetrugsprävention ggü. den Interessen eines Betroffenen überwiegen, siehe *Mantelero* Right to object and right to erasure S. 9.
[59] Ebenso Kühling/Buchner/*Herbst* DS-GVO Art. 17 Rn. 26; Gierschmann/Schlender/Stentzel/Veil/*Veil* DS-GVO Art. 17 Rn. 108; aA Wybitul/*Fladung* DS-GVO Art. 17 Rn. 13: Anforderungen in Art. 17 Abs. 1 Buchst. c geringer als in Art. 21 Abs. 1.
[60] AA Kühling/Buchner/*Herbst* DS-GVO Art. 17 Rn. 27, der aufgrund des strikten Wortlauts des Art. 17 Abs. 1 von einem Löschungsrecht ausgeht.
[61] Gierschmann/Schlender/Stentzel/Veil/*Veil* DS-GVO Art. 17 Rn. 106.
[62] Vgl. HK-DS-GVO/*Peuker* Art. 17 Rn. 24.

bzw. Art. 9 fehlt,[63] sondern darüber hinaus auch dann, wenn die Verarbeitung **„aus anderen Gründen"** gegen die DS-GVO verstößt (Erwägungsgrund 65 S. 2).[64] Dies ist zB auch der Fall, wenn eine Verarbeitung nicht den **Grundsätzen in Bezug auf die Qualität** der verarbeiteten Daten gemäß Art. 5 entspricht. Dies ergibt sich aus dem Google Spain und Google-Urteil, wo der EuGH die Einhaltung bzw. Verletzung der Vorgängervorschrift zu Art. 5, Art. 6 DS-RL, als für das bislang geltende Löschungsrecht gemäß Art. 12 Buchst. b DS-RL relevant angesehen hat. So stellte er explizit fest, dass eine Verarbeitung auch dann den Bestimmungen der DS-RL widerspricht, wenn die Daten zB nicht nach Treu und Glauben verarbeitet wurden, unrichtig sind, nicht (mehr) der Zwecksetzung entsprechen oder länger, als es für die Realisierung der Verarbeitungszwecke erforderlich ist, in einer identifizierbaren Form aufbewahrt werden, und der Verantwortliche diese zu löschen bzw. berichtigen hat.[65] Allerdings führt nicht jeder Verstoß gegen Regelungen der DS-GVO auch zu einem Verstoß gegen die in Art. 5 Abs. 1 enthaltenen Grundsätze für die Verarbeitung von personenbezogenen Daten. Nach Auffassung des EuGH liegt eine unrechtmäßige Verarbeitung dann vor, wenn die Verarbeitung nicht den Art. 7 bis 11 DS-GVO entspricht, die den Umfang der Pflichten aus dem Grundsatz der Rechtmäßigkeit nach Art. 5 Abs. 1 Buchst. a und Art. 6 Abs. 1 näher bestimmen.[66] Allgemeine Pflichten wie der Abschluss einer Vereinbarung nach Art. 26 Abs. 1 oder das Führen eines Verarbeitungsverzeichnisses nach Art. 30 stellen demgegenüber nur allgemeine Pflichten dar, die die Rechtmäßigkeit der Verarbeitung nach Art. 5 Abs. 1 Buchst. a nicht tangieren.[67] Bei einem Verstoß gegen solche allgemeine Pflichten werde insbesondere auch nicht der Grundsatz der Rechenschaftspflicht aus Art. 5 Abs. 2 verletzt.[68] Eine Unrechtmäßigkeit besteht auch im Fall einer **Unrichtigkeit** verarbeiteter Daten (zum Begriff der Unrichtigkeit → Art. 17 Rn. 13 ff.). In diesem Fall hat der Verantwortliche der betroffenen Person vor einer Löschung (im Rahmen des Antragsverfahrens) ein Wahlrecht zwischen dem Berichtigungsrecht gemäß Art. 16 und dem Löschungsrecht gemäß Art. 17 zuzubilligen, um eine mögliche Berichtigung nicht zu vereiteln (→ Rn. 13, 61). Trotz Verwendung der Vergangenheitsform („wurden unrechtmäßig verarbeitet") kommt es zeitlich nicht auf eine Unrechtmäßigkeit in der Vergangenheit an, sondern auf eine **gegenwärtige Unrechtmäßigkeit.** Ist eine ursprünglich unrechtmäßige Verarbeitung (zB durch eine nachträgliche Einwilligung) rechtmäßig geworden, liegt keine unrechtmäßige Verarbeitung iSd Buchst. d vor.[69]

29 ee) **Rechtspflicht zur Löschung (Buchst. e).** Nach Art. 17 Abs. 1 Buchst. e besteht ein Löschungsrecht, sofern die Löschung der personenbezogenen Daten zur Erfüllung einer rechtlichen Verpflichtung nach dem Unionsrecht oder dem Recht der Mitgliedstaaten, erforderlich ist, dem der Verantwortliche unterliegt. An dieser Stelle öffnet sich Art. 17 zum einen gegenüber den Wertungen des Unionsrechts, zum anderen gegenüber dem mitgliedstaatlichen Recht.[70] Der **Begriff der rechtlichen Verpflichtung** entspricht dem des Art. 6 Abs. 1 Buchst. c. Es muss sich danach um eine Rechtspflicht nach objektivem, hinreichend klarem und vorhersehbarem Recht (nicht zwingend ein Gesetz) im öffentlichen Interesse (nicht notwendigerweise aus dem Bereich des Datenschutzes) handeln. Nicht ausreichend ist eine vertragliche Rechtspflicht gegenüber einem Dritten (→ Art. 6 Rn. 15 ff. mwN). In Frage kommen sowohl bestehende, als auch noch zu erlassende Vorschriften zur verpflichtenden Löschung personenbezogener Daten durch mitgliedstaatliche Rechtsetzer, aber auch rechtskräftiger Entscheidungen von Behörden und

---

[63] Hierzu BGH Urt. v. 13.12.2022 – VI ZR 60/21, ECLI:DE:BGH:2022:131222UVIZR324.21.0 = NJW-RR 2023, 259 Rn. 14 ff.
[64] So auch für den Anwendungsbereich Suchmaschinen: Europäischer Datenschutzausschuss, Leitlinien 5/2019 zu den Kriterien des Rechts auf Vergessenwerden in Fällen in Bezug auf Suchmaschinen gemäß der DSGVO Teil 1, Version 2.0 angenommen am 7.7.2020, Rn. 35 f. Noch weitgehender HK-DS-GVO/*Peuker* Art. 17 Rn. 25, der unter Berufung auf den Wortlaut des Art. 17 im Vorschlag der Kommission v. 25.1.2012, KOM(2012) 11 endgültig, 10 („nicht mit der Verordnung vereinbar") und dessen Wegfall im weiteren Gesetzgebungsverfahren sogar einen Verstoß jenseits der DS-GVO aus Unions- oder nationalem Recht ausreichen lässt. Diese weite Auslegung scheint jedoch mit Erwägungsgrund 65 S. 2 schwer vereinbar.
[65] Vgl. EuGH Urt. v. 13.5.2014 – C-131/12, ECLI:EU:C:2014:317 Rn. 71–72, 75, 92 = ZD 2014, 350 – Google Spain und Google; vgl. analog zum dt. Recht für den Fall eines längerfristig zurückliegenden Eintrags in die Führerscheinkartei BVerwG Beschl. v. 18.3.1994 – 11 B 76.93, NJW 1994, 2499.
[66] EuGH Urt. v. 4.5.2023 – C-60/22, ECLI:EU:C:2023:373 Rn. 58 – Bundesrepublik Deutschland.
[67] EuGH Urt. v. 4.5.2023 – C-60/22, ECLI:EU:C:2023:373 Rn. 59 ff. – Bundesrepublik Deutschland.
[68] EuGH Urt. v. 4.5.2023 – C-60/22, ECLI:EU:C:2023:373 Rn. 61. – Bundesrepublik Deutschland.
[69] Vgl. Kühling/Buchner/*Herbst* DS-GVO Art. 17 Rn. 28.
[70] Von Öffnungsklausel sprechen daher *Kühling/Martini* DS-GVO S. 57.

ff) Schutzregel zugunsten Minderjähriger (Buchst. f). Nach Art. 17 Abs. 1 Buchst. f 30
besteht ein Löschungsrecht, sofern die personenbezogenen Daten in Bezug auf angebotene Dienste der Informationsgesellschaft gemäß Art. 8 Abs. 1 erhoben wurden. Mit dem Verweis auf Art. 8 Abs. 1 wird klar, dass hier kein unbedingter Löschungsanspruch gegen alle „Dienste der Informationsgesellschaft" (Telemedien) vorgesehen sein soll, sondern eine besondere **Schutzregel zugunsten Minderjähriger.**[73] Art. 8 Abs. 1 regelt die Bedingungen für die Einwilligung eines Kindes iSd Art. 6 Abs. 1 Buchst. a zur Datenverarbeitung im Zusammenhang mit Diensten der Informationsgesellschaft iSv Art. 4 Nr. 25 (→ Art. 4 Rn. 70–73 ff.; → Art. 8 Rn. 15–19), zB mit praktisch relevanten Streaming-Diensten, sozialen Netzwerken oder Online-Spielanbietern. Ziel des Buchst. f ist dementsprechend gemäß Erwägungsgrund 65 S. 3 und 4 die Gewährung eines **Rechts auf „datenfreien Eintritt in die Volljährigkeit",**[74] dh die Möglichkeit einer Löschung von Daten „in Fällen, in denen die betroffene Person ihre Einwilligung noch im Kindesalter gegeben hat und insofern die mit der Verarbeitung verbundenen Gefahren nicht in vollem Umfang absehen konnte und die personenbezogenen Daten – insbesondere die im Internet gespeicherten – später löschen möchte. Die betroffene Person sollte dieses Recht auch dann ausüben können, wenn sie kein Kind mehr ist".

Unklar ist, ob Buchst. f unter Bezugnahme auf Art. 8 Abs. 1 wie die übrigen Löschungs- 31 gründe auf eine **rechtswidrige Verarbeitung,** dh eine Verarbeitung auf Grundlage einer unzulässigen Einwilligung eines Unter-16-Jährigen ohne Zustimmung bzw. Einwilligung der Eltern bzw. auch auf eine **rechtmäßige Verarbeitung** verweist, in die ein Minderjähriger über 16 Jahren oder ein Unter-16-Jähriger mit Zustimmung der Eltern bzw. durch diese eingewilligt hat. Der Wortlaut und Zweck des Buchst. f scheint trotz Abweichung von der sonstigen Systematik der Löschungsgründe eher für letztere Auslegung zu sprechen.[75] Erstens verweist die Vorschrift auf eine Datenerhebung „gemäß Artikel 8 Absatz 1" und nicht „in Widerspruch" zu Art. 8 Abs. 1. Zweitens ergibt sich aus Erwägungsgrund 65 S. 4, dass wesentlicher Zweck des Buchst. f ist, klarzustellen, dass das Löschungsrecht nicht daran geknüpft sein soll, dass die betroffene Person noch Kind iSv Art. 8 Abs. 1 ist, sondern ihr Recht insbesondere im Erwachsenenalter ausüben können soll. Im Übrigen wäre der Fall der rechtswidrigen Verarbeitung infolge einer unter Verstoß gegen Art. 8 Abs. 1 erteilten und damit unwirksamen Einwilligung bereits von Buchst. d erfasst. Damit kommt Buchst. f neben Buchst. b die durch Erwägungsgrund 65 S. 4 bezweckte Klarstellung zu, jedoch praktisch kein wirklich eigenständiger Geltungsbereich, weil mit einem Löschungsanspruch gemäß Buchst. f stets auch ein Widerruf der im Kindesalter rechtmäßig erteilten Einwilligung verbunden sein dürfte.[76]

b) Löschungsgegenstand. Das Recht auf Löschung gemäß Abs. 1 besteht nur hinsichtlich 32 personenbezogener Daten iSv Art. 4 Nr. 1 (→ Art. 21 Rn. 11), welche die betroffene Person **„betreffen".** Dies sind zuallererst die personenbezogenen Daten der betroffenen Person selbst. Personenbezogene Daten Dritter sind nicht umfasst. In Ausnahmefällen scheint auch ein **indirekter Personenbezug** der Daten zur betroffenen Person nicht ausgeschlossen (→ Art. 21 Rn. 17). Im Rahmen des sog. Profiling (Art. 4 Nr. 4; → Art. 4 Rn. 21) bezieht sich das Löschungsrecht sowohl auf die sog. Inputdaten (dh die personenbezogenen Daten, auf denen ein Profil basiert) und die sog. Output-Daten (dh das Profil selbst).[77]

---

[71] Vgl. Standpunkt des Europäischen Parlaments v. 12.3.2014, EP-PE_TC1-COD(2012)0011, der für Gerichts- und Behördenentscheidungen einen eigenständigen Löschungsgrund vorsah; ebenso HK-DS-GVO/*Peuker* Art. 17 Rn. 27; Kühling/Buchner/*Herbst* DS-GVO Art. 17 Rn. 30 mit dem Bsp. der Pflicht zur Entfernung einer Abmahnung aus der (elektronischen) Personalakte nach BAG Urt. v. 19.7.2012 – 2 AZR 782/11, NZA 2013, 91.
[72] *Kühling/Martini* DS-GVO S. 58.
[73] *Härting* DS-GVO Rn. 697.
[74] *Laue/Nink/Kremer* DatenschutzR § 4 Rn. 44.
[75] So auch DSK, Kurzpapier Nr. 11, Recht auf Löschung/„Recht auf Vergessenwerden", S. 1; *Albrecht/Jotzo* DatenschutzR S. 86 f.; *Laue/Nink/Kremer* DatenschutzR § 4 Rn. 44; Kühling/Buchner/*Herbst* DS-GVO Art. 17 Rn. 34; aA HK-DS-GVO/*Peuker* Art. 17 Rn. 29.
[76] So *Härting* DS-GVO Rn. 697 f.
[77] Vgl. Artikel-29-Datenschutzgruppe, Guidelines on Automated individual decision-making and Profiling for the purposes of Regulation 2016/679, WP 251, S. 25.

33 Löschungsgegenstand können grundsätzlich auch personenbezogene Daten(sätze) sein, die gleichzeitig die betroffene Person als auch dritte Personen betreffen (sog. **„auch die betroffene Person betreffende" Daten**) (→ Art. 21 Rn. 18; → Art. 20 Rn. 13). Das Löschungsrecht per se auf personenbezogene Daten zu beschränken, die ausschließlich die betroffene Person betreffen, würde dieses Recht unverhältnismäßig einschränken. Richtigerweise ist daher möglichen Grundrechten und Interessen Dritter auf Fortführung einer bestimmten Datenverarbeitung (zB dem Interesse eines Dritten, Kommunikation, die Daten der betroffenen Person enthält, in einem sozialen Netzwerk aus Gründen der Meinungsfreiheit gemäß Art. 11 GRCh nicht zu löschen) nicht auf der Tatbestandsebene des Löschungsrechts, sondern erst im Rahmen der umfassenden Interessenabwägung auf der Ebene der Rechtsfolgen Rechnung zu tragen (→ Art. 20 Rn. 31 und → Art. 21 Rn. 25).

34 **2. Rechtsfolge: Recht auf Löschung bzw. Pflicht zur Löschung.** Ist einer der Löschungsgründe gemäß Abs. 1 Buchst. a–f einschlägig, hat die betroffene Person gemäß Art. 17 Abs. 1 das Recht, von dem Verantwortlichen zu verlangen, dass die betreffenden personenbezogenen Daten unverzüglich gelöscht werden. Das Recht begründet einen **unmittelbar geltenden unionsrechtlichen Anspruch auf Folgenbeseitigung** in Form einer Löschung, der nicht durch eine Anspruchsgrundlage im nationalen Recht ergänzt zu werden braucht.[78] Der Anspruch ist nicht nur auf eine bestimmte Handlung, sondern auch einen **Handlungserfolg** gerichtet. Neben dem Löschungsanspruch statuiert Art. 17 Abs. 1 explizit eine korrespondierende **Pflicht des Verantwortlichen zur Löschung** („der Verantwortliche ist verpflichtet") (zur Abhängigkeit dieser Pflicht von einem Antrag der betroffenen Person → Rn. 66).

35 **a) Löschung.** Die DS-GVO definiert nicht, was unter **Löschung** zu verstehen ist. Da im Wortlaut des Art. 4 Nr. 2 das Löschen und die Vernichtung als alternative Formen der Verarbeitung aufgeführt sind („das Löschen oder die Vernichtung"), kann davon ausgegangen werden, dass beide Formen nicht zwingend deckungsgleich sind. Der EuGH hat in der Rs. Nowak entschieden, dass das Recht auf Löschung einer Prüfungsarbeit beinhaltet, dass die Arbeit „zerstört" wird.[79] Es erscheint dennoch übereilt, aus diesem Urteil auf eine generelle Vernichtungspflicht zu schließen. Eine Löschung setzt daher eine (physikalische) **Vernichtung nicht zwingend voraus**.[80] Es bedarf jedoch jedenfalls einer Einwirkung auf die Daten derart, dass eine in den Daten verkörperte Information nicht mehr im üblichen Verfahren aus den verarbeiteten Daten ohne unverhältnismäßigen Aufwand gewonnen werden kann.[81] Damit entspricht der Begriff der Löschung im Prinzip dem der Löschung gemäß § 3 Abs. 4 S. 2 Nr. 5 BDSG aF, wonach Löschen die **Unkenntlichmachung** gespeicherter personenbezogener Daten ist.

36 Die Löschung muss entsprechend der Gesamtzielsetzung des europäischen Datenschutzrechts grundsätzlich **wirksam** sein.[82] Löschungsmaßnahmen sind daher zwar effektiv zu gestalten. Art. 2 Nr. 4 (→ Rn. 32) deutet allerdings wohl auch darauf hin, dass der **Löschungserfolg nicht** strikt **irreversibel** sein muss.[83] Ausreichend ist, dass Verarbeitung und Nutzung der betroffenen Daten in der bisherigen Form nicht mehr möglich ist. Dass sich zu irgendeinem Zeitpunkt eine Rekonstruktion (etwa die Wiederherstellung eines geschredderten Blatt Papiers), zB auch unter Verwendung technischer Hilfsmittel (zB über Cache und Metadaten oder andere Programme etc), als möglich erweist, macht die Löschung nicht unzureichend.

37 Die Löschung muss – ebenfalls entsprechend der Gesamtzielsetzung des europäischen Datenschutzrechts – grundsätzlich **umfassend** sein.[84] Sie muss sich daher grundsätzlich umfassend auf **sämtliche Daten und Datenträger** beziehen, auf die das Löschungsverlangen gerichtet ist,

---

[78] Vgl. BGH Urt. v. 27.7.2020 – VI ZR 405/18, ECLI:DE:BGH:2020:270720UVIZR405.18.0 Rn. 17 = ZD 2020, 634.
[79] EuGH Urt. v. 20.12.2017 – C-434/16, ECLI:EU:C:2017:994 Rn. 55 – Nowak.
[80] So auch *Härting* DS-GVO Rn. 701; HK-DS-GVO/*Peuker* Art. 17 Rn. 32; Gola/Heckmann/*Nolte/Werkmeister* DS-GVO Art. 7; Gierschmann/Schlender/Stentzel/Veil/*Veil* DS-GVO Art. 17 Rn. 83.
[81] Ähnlich *Hennemann* PinG 2016, 176 (177); vgl. auch Kühling/Buchner/*Herbst* DS-GVO Art. 17 Rn. 37.
[82] Vgl. EuGH Urt. v. 13.5.2014 – C-131/12, ECLI:EU:C:2014:317 Rn. 53 = ZD 2014, 350 – Google Spain und Google.
[83] So zu § 3 Abs. 4 S. 2 Nr. 5 BDSG NK-BDSG/*Dammann* § 3 Rn. 177.
[84] Vgl. EuGH Urt. v. 13.5.2014 – C-131/12, ECLI:EU:C:2014:317 Rn. 53 = ZD 2014, 350 – Google Spain und Google.

Recht auf Löschung („Recht auf Vergessenwerden") 38 **Art. 17**

einschließlich Daten auf Sicherungsmedien,[85] bei Auftragnehmern (zB in einer „**Cloud**") oder auf privaten Datenverarbeitungsgeräten, die Beschäftigte für Zwecke des Verantwortlichen und mit dessen Einwilligung nutzen (**"Bring your own device"**).[86] Nicht erforderlich ist die Beseitigung identischer Daten aus einer alternativen Datenverkörperung, die einer berechtigten Zwecksetzung iSv Art. 6 entspricht.[87] In bestimmten Fällen kann daneben aufgrund eines berechtigten Erhaltungsinteresses des Verantwortlichen auch die Erhaltung zB von Sicherheitskopien gerechtfertigt sein.[88] Im Rahmen des sog. **Profiling** (Art. 4 Nr. 4; → Art. 4 Rn. 21) bezieht sich das Löschungsrecht sowohl auf die sog. Inputdaten (dh die personenbezogenen Daten, auf denen ein Profil basiert) und die sog. Output-Daten (dh das Profil selbst).[89]

Eine Problematik, die insbesondere im Zusammenhang mit der Löschungspflicht von Such- **38** maschinenbetreibern diskutiert wurde, war lange die **geographische Reichweite** der Löschungspflicht. Einerseits wurde hier eine Beschränkung auf die Angebotsbereiche propagiert, die sich an die betroffene Person richten (zB alle Internetangebote mit europäischen Domains).[90] Die Artikel-29-Datenschutzgruppe[91] und andere Stimmen in der Literatur forderten dagegen eine weltweite Löschungspflicht (dh mit allen Domains) bzw. zumindest eine Beschränkung der Sichtbarmachung von Suchergebnissen durch Geoblocking-Techniken.[92] Hierzu ist zunächst festzuhalten, dass die Frage der Reichweite des Löschungsrechts nicht gleichzusetzen ist mit dem allgemeinen räumlichen Anwendungsbereich des europäischen Datenschutzrechts.[93] Zu letzterem hat der EuGH in ständiger Rechtsprechung zur DS-RL die allgemeinen Grundsätze aufgestellt, wonach das europäische Datenschutzrecht nach der DS-RL einen wirksamen und umfassenden Schutz der relevanten Grundrechte gemäß Art. 7 und 8 GRCh zu gewährleisten hat, der nicht umgangen werden soll und deshalb einen besonders weiten räumlichen Anwendungsbereich vorgesehen hat.[94] Diese Grundsätze sind durch Art. 3 kodifiziert worden. Danach ist Art. 17 zB auf einen in einem Drittstaat ansässigen verantwortlichen Suchmaschinenbetreiber anwendbar.[95] Daneben stellt sich die weitere Frage, wie weit geografisch die Löschungspflichten des Verantwortlichen reichen. Auch hier gilt sicherlich einerseits das unionsrechtliche Effektivitätsgebot, wonach insbesondere auch der Grundrechtsschutz praktisch wirksam sein muss. Andererseits erkennt auch der EuGH Grenzen der extraterritorialen Rechtsanwendung und Sanktionierung von Rechtsverstößen in der territorialen Souveränität von Drittstaaten.[96] Solche Grenzen ergeben sich nach der Rechtsprechung der Unionsgerichte insbesondere aus den (völkerrechtlichen) Grundsätzen der **Nichtintervention** und der **Verhältnismäßigkeit**.[97] Vor diesem Hintergrund wäre an sich je nach Einzelfall zu prüfen, ob einerseits eine beschränkte Löschung von Daten das Löschungsrecht effektiv umsetzt oder Umgehungsmöglichkeiten offenlässt, und andererseits, ob die Annahme einer weitergehenden Löschungspflicht mit relevanten Datenschutzregeln von Drittstaaten im Einklang steht oder hiervon signifikant abweicht. Im

---

[85] Nicht erfasst von einer Löschungspflicht sind durch Dritte angefertigte Kopien. Hier greift ggf. Art. 17 Abs. 2 und die Mitteilungspflichten nach Art. 19, vgl. Kühling/Buchner/*Herbst* DS-GVO Art. 17 Rn. 41.
[86] AA zu § 35 Abs. 2 S. 1 BDSG NK-BDSG/*Dix* § 35 Rn. 19.
[87] AA zum Begriff des Löschens gem. § 3 Abs. 4 S. 2 Nr. 5 BDSG NK-BDSG/*Dammann* § 3 Rn. 176; großzügiger dagegen *Härting* DS-GVO Rn. 701.
[88] So auch *Härting* DS-GVO Rn. 701.
[89] Vgl. Artikel-29-Datenschutzgruppe, Guidelines on Automated individual decision-making and Profiling for the purposes of Regulation 2016/679, WP 251, S. 25.
[90] So zB *Holznagel/Hartmann* MMR 2016, 228 (232); für eine Beschränkung auf das spanische Staatsgebiet Spanischer Staatsgerichtshof Urt. v. 31.10.2017 – 190/2016.
[91] Vgl. Artikel-29-Datenschutzgruppe, Guidelines of the Implementation of the Court of Justice of the European Union Judgment on „Google Spain and Inc. v. Agencia Española de Protección de Datos (AEPD) and Mario Costeja González", C-131/12, WP 225, Rn. 20.
[92] So etwa *Leutheusser-Schnarrenberger* ZD 2015, 149 (150).
[93] EuGH Urt. v. 24.9.2019 – C-507/17, ECLI:EU:C:2019:772 Rn. 47 ff. = ZD 2020, 31 – Google (Räumliche Reichweite der Auslistung).
[94] EuGH Urt. v. 13.5.2014 – C-131/12, ECLI:EU:C:2014:317 Rn. 53–54 mwN = ZD 2014, 350 – Google Spain und Google.
[95] EuGH Urt. v. 24.9.2019 – C-507/17, ECLI:EU:C:2019:772 Rn. 51 = ZD 2020, 31 – Google (Räumliche Reichweite der Auslistung).
[96] Vgl. für einen Inner-EU-Sachverhalt EuGH Urt. v. 1.10.2015 – C-230/14, ECLI:EU:C:2015:639 Rn. 56 = ZD 2015, 580 mAnm *Karg* – Weltimmo.
[97] Vgl. EuG Urt. v. 25.3.1999 – T-102/96, ECLI:EU:T:1999:65 Rn. 102 ff. – Gencor/Kommission; EuGH Urt. v. 6.9.2017 – C-413/14 P, ECLI:EU:C:2016:788 Rn. 48 ff. – Intel/Kommission zum Kartellrecht.

Rahmen dieser Kriterien wäre die Reichweite des Löschungsrechts in verhältnismäßiger Weise festzulegen.

39 Der **EuGH** hat in der **Rs. C-507/17, Google (Räumliche Reichweite der Auslistung)** ebenfalls einen grund- und in Ansätzen völkerrechtlichen Ansatz gewählt, jedoch eine abschließende unionsrechtliche Aussage über die weltweit-räumliche Reichweite der Auslistung vermieden und die Konkretisierung in die Hand der nationalen Aufsichtsbehörden und Gerichte und die zukünftige Regelung in die Hand des Unionsgesetzgebers gelegt. Zwar stellte er fest, dass die Auslistung aus allen Versionen einer Suchmaschine im Internet als weltweites Netz ohne Grenzen das Ziel der DSG-VO der Sicherstellung eines hohen Grundrechtsschutzes zwar vollständig erreichen kann. Dies könne auch die Befugnis des Unionsgesetzgebers rechtfertigen, eine umfassende Verpflichtung eines Suchmaschinenbetreibers in allen (internationalen) Versionen der Suchmaschine vorzunehmen.[98] Allerdings kennen zahlreiche Drittstaaten kein Recht auf Auslistung bzw. verfolgen bei diesem Recht einen anderen Ansatz. Außerdem sei das Recht auf Schutz personenbezogener Daten kein uneingeschränktes Recht, sondern müsse im Hinblick auf seine gesellschaftliche Funktion gesehen und unter Wahrung des Verhältnismäßigkeitsprinzips gegen andere Grundrechte abgewogen werden. Diese Abwägung könne im Hinblick auf die Informationsfreiheit der Internetnutzer weltweit sehr unterschiedlich ausfallen.[99] Der Unionsgesetzgeber habe zwar für die Union grundsätzlich eine solche Abwägung zwischen diesem Recht und dieser Freiheit vorgenommen.[100] (vgl. in diesem Sinne Urteil vom gleichen Tag, GC u.a. [Auslistung sensibler Daten], C-136/17, Rn. 59), jedoch nicht nach derzeitigem Stand in Bezug auf die Reichweite einer Auslistung über die Union hinaus. Aus Art. 17 ergebe sich daher nicht, dass dem Löschungsrecht eine über das Hoheitsgebiet der Mitgliedstaaten hinausgehende Reichweite verliehen sei.[101] Demnach seien die Mitgliedstaaten derzeit nicht aus dem Unionsrecht verpflichtet, eine globale Auslistung in allen Versionen seiner Suchmaschine anzuordnen. Eine solche globale Auslistung sei ihnen jedoch unionsrechtlich auch nicht verboten. Daher blieben die Aufsichts- oder Justizbehörden der Mitgliedstaaten befugt, anhand von nationalen Schutzstandards für die Grundrechte eine Abwägung der Datenschutz- und Informationsgrundrechte vorzunehmen und gegebenenfalls eine Auslistung vorzunehmen. Bei grenzüberschreitenden Datenverarbeitungen seien dabei die Zuständigkeits-, Zusammenarbeits- und Kohärenzvorschriften der Art. 56, 60 ff., 63 ff. einzuhalten.[102] Letztlich hat damit der EuGH vorläufig den Ball zur weiteren Konkretisierung der räumlichen Reichweite des Löschungsrechts unter Einhaltung allgemeiner Prinzipien der Grundrechtsanwendung des Völkerrechts auf die nationalen Aufsichtsbehörden und Gerichte gespielt, bis der Unionsgesetzgeber selbst eine weitere Konkretisierung vornimmt.

40 Im Hinblick auf die **Mittel und Verfahren** der Löschung steht dem Verantwortlichen ein **Auswahlermessen** zu, soweit die ausgewählten Maßnahmen zu dem erforderlichen Löschungserfolg führen. Möglich sind zB[103] (1) die physische Beseitigung verkörperter Daten durch **Entfernen oder Überschreiben der Information** ohne Eingriff in die Integrität des Datenträgers (zB Überschreiben auf Magnetbändern, Unleserlichmachen einer Beschriftung durch Schwärzen oder Ausradieren); (2) mechanische, chemische oder physikalische Maßnahmen wie die **Zerstörung des Datenträgers,** zB Schreddern oder Verbrennen von Papierdaten, Zertrümmern des Datenträgers, Zerkratzen der Oberfläche von CDs oder CD-ROMs etc, chemisches Zerstören von Ton- und Videobändern, magnetische Durchflutung des Datenträgers mittels Degausser); (3) eine **Löschung der Verknüpfung** zweier oder mehrerer Datenteilmengen, soweit sich die relevante Information nur aus der Verknüpfung ergibt; und (4) die **Vernichtung von Codes** oder sonstiger Entschlüsselungseinrichtungen ohne die Beseitigung der Daten selbst, wenn ohne diese Angaben eine Deutung oder Erfassung der Daten nicht mehr möglich ist. Im Fall einer unrechtmäßigen Datenverarbeitung durch **Suchmaschinenbetreiber**

---

[98] EuGH Urt. v. 24.9.2019 – C-507/17, ECLI:EU:C:2019:772 Rn. 55–58 = ZD 2020, 31– Google (Räumliche Reichweite der Auslistung).
[99] EuGH Urt. v. 24.9.2019 – C-507/17, ECLI:EU:C:2019:772 Rn. 59–60 = ZD 2020, 31– Google (Räumliche Reichweite der Auslistung).
[100] EuGH Urt. v. 24.9.2019 – C-136/17, ECLI:EU:C:2019:773 Rn. 59 = ZD 2020, 36 – GC u.a. (Auslistung sensibler Daten).
[101] EuGH Urt. v. 24.9.2019 – C-507/17, ECLI:EU:C:2019:772 Rn. 61–62 = ZD 2020, 31 – Google (Räumliche Reichweite der Auslistung).
[102] EuGH Urt. v. 24.9.2019 – C-507/17, ECLI:EU:C:2019:772 Rn. 63–72 = ZD 2020, 31 – Google (Räumliche Reichweite der Auslistung).
[103] Vgl. die Auflistung zu § 3 Abs. 4 S. 2 Nr. 5 BDSG bei NK-BDSG/*Dammann* § 3 Rn. 177 ff.

sieht der EuGH die Entfernung von Links zu von Dritten veröffentlichten Internetseiten aus der Ergebnisliste als Löschungshandlung an.[104] Weitere technische Hinweise zum sicheren Löschen finden sich in der **DIN 66399** sowie auf der Webseite des Bundesamtes für Sicherheit in der Informationstechnik.[105]

Anders als das Recht auf Vergessenwerden im engeren Sinne gemäß Art. 17 Abs. 2, das lediglich „angemessene" Informationsmaßnahmen erfordert (→ Rn. 43–44), sieht das Recht auf Löschung gemäß Art. 17 Abs. 1 abgesehen von den in Art. 17 Abs. 3 vorgesehenen Ausnahmen keinen ausdrücklichen weitergehenden **allgemeinen Einwand fehlender Verhältnismäßigkeit** möglicher Löschungsmaßnahmen, zB bei Verarbeitungen im Rahmen von **Big Data-Prozessen**, vor.[106] Dennoch muss auch die Löschungspflicht gemäß Art. 17 Abs. 1 als Eingriff in die unternehmerische Freiheit gemäß Art. 16 GRCh bzw. die allgemeine Handlungsfreiheit als allgemeinen Rechtsgrundsatz des Unionrechts[107] gemäß Art. 52 Abs. 1 GRCh dem Verhältnismäßigkeitsgebot entsprechen (→ Rn. 8). In besonderen (Ausnahme-)Fällen scheint daher auch im Rahmen des Löschungsrechts unter Berücksichtigung aller relevanten Rechtsgüter ein Unzumutbarkeitseinwand nicht völlig ausgeschlossen (zur Einschränkung einer unverhältnismäßigen Löschungspflicht bei nicht automatisierter Verarbeitung gemäß § 35 Abs. 1 BDSG → Rn. 75).

Offen ist, ob Art. 17 Abs. 1 neben der Löschung eine präventive **Unterlassung** einer rechtswidrigen Verarbeitung erfasst. Der BGH sieht einen Anhaltspunkt für einen Unterlassungsanspruch im Urteil Google[108] für eine Wiederlistung in einer Suchseite[109] und die Veröffentlichung eines Profils in einem Bewertungsportal.[110] Die Frage, ob Art. 17 Abs. 1 generell in Betracht kommt, wenn die betroffene Person nicht die Löschung rechtswidrig verarbeiteter Daten begehrt, sondern lediglich präventiv einen gleichartigen Verstoß verhindern will und welche Voraussetzungen ein solcher Anspruch hätte (zB Wiederholungsgefahr), hat der BGH dem EuGH zur Vorabentscheidung vorgelegt.[111]

b) Unverzüglichkeit. Art. 17 statuiert in zeitlicher Hinsicht für die Löschung ein doppeltes „Unverzüglichkeitserfordernis". Einerseits kann der Betroffene verlangen, dass der Verantwortliche die betreffenden Daten „unverzüglich" löscht. Gleichzeitig ist der Verantwortliche verpflichtet, die Daten „unverzüglich" zu löschen. Das Unverzüglichkeitserfordernis bezieht sich im Hinblick auf das Löschungsrecht der betroffenen Person auf den Zeitraum zwischen Löschungsantrag und Löschungshandlung und im Hinblick auf die Löschungspflicht des Verantwortlichen auf den Zeitraum zwischen Eintritt des Löschungsgrundes und der Löschungshandlung.[112] Unverzüglich bedeutet, wie sich aus der englischen Sprachfassung ergibt, eine Löschung ohne schuldhaftes Zögern („without undue delay"). Die Löschung darf also nicht länger als unbedingt notwendig hinausgezögert werden. Allerdings ist dem Verantwortlichen eine ausreichende Zeitspanne für eine zumutbare Prüfung der Anspruchsvoraussetzungen einzuräumen.[113] Die Unverzüglichkeitsspanne richtet sich je nach Einzelfall. Art. 12 Abs. 3 S. 1 ergänzt das Unverzüglichkeitserfordernis, indem es eine **Frist von einem Monat** als **absolute zeitliche**

---

[104] EuGH Urt. v. 13.5.2014 – C-131/12, ECLI:EU:C:2014:317 Rn. 88 = ZD 2014, 350 – Google Spain und Google; aA Gierschmann/Schlender/Stentzel/Veil/*Veil* DS-GVO Art. 17 Rn. 87 f., der das De-listing durch eine Suchmaschine am ehesten als eine Verarbeitungseinschränkung iSv Art. 18 einstuft.
[105] Vgl. BSI, M 2.433 Überblick über Methoden zur Löschung und Vernichtung von Daten, abrufbar unter www.bsi.bund.de/SharedDocs/Downloads/DE/BSI/Grundschutz/IT-GS-Kompendium_Einzel_PDFs_2023/03_CON_Konzepte_und_Vorgehensweisen/CON_6_Loeschen_und_Vernichten_Edition_2023.html.
[106] Gola/Heckmann/*Nolte/Werkmeister* DS-GVO Art. 17 Rn. 31 f.
[107] Grdl. EuGH Urt. v. 21.5.1987 – 133/85, ECLI:EU:C:1987:244 Rn. 15, 19 – Rau.
[108] EuGH Urt. v. 8.12.2022 – C-460/20, ECLI:EU:C:2022:962 Rn. 81 f. – Google (Déréférencement d'un contenu prétendument inexact).
[109] BGH Urt. v. 27.7.2020 – VI ZR 405/18, ECLI:DE:BGH:2020:270720:UVIZR405.18.0 = BGHZ 226, 285 Rn. 1, 17, 35.
[110] BGH Urt. v. 12.10.2021 – VI 489/19, ECLI:DE:BGH:2021:121021UVIZR489.19.0 = BGHZ 231, 263 Rn. 10.
[111] BGH Beschl. v. 26.9.2023 – VI ZR 97/22, ECLI:DE:BGH:2023:260923BVIZR97.22.0.
[112] Vgl. Kühling/Buchner/*Herbst* DS-GVO Art. 17 Rn. 45, wonach sich aus dem Unverzüglichkeitserfordernis im Hinblick auf die Löschungspflicht eine regelmäßige Prüfpflicht des Verantwortlichen ergebe. Eine generelle und umfassende Vorabprüfung könne jedoch insbes. bei Verarbeitung großer Datenmengen unzumutbar sein, vgl. Kühling/Buchner/*Herbst* DS-GVO Art. 17 Rn. 47, unter Berufung auf BGH Urt. v. 14.5.2013 – VI 269/12, NJW 2013, 2348 Rn. 29–30.
[113] Vgl. Kühling/Buchner/*Herbst* DS-GVO Art. 17 Rn. 45.

Obergrenze („in jedem Fall") für die Entscheidung über den Berichtigungsantrag und die Mitteilung hierüber an die betroffene Person setzt (Art. 12 Abs. 3 S. 1). Die Frist kann in komplexen Fällen um zwei Monate verlängert werden (Art. 12 Abs. 3 S. 2; → Art. 12 Rn. 33). Hat die Löschung wegen eines Widerspruchs gemäß Art. 21 Abs. 1 zu erfolgen (Buchst. c), kann der Betroffene für den Prüfungszeitraum die Einschränkung der Verarbeitung verlangen (Art. 18 Abs. 1 Buchst. d; → Art. 18 Rn. 21–22, 24 ff.).

II. Informationspflicht des Verantwortlichen bzw. „Recht auf Vergessenwerden ieS" (Abs. 2)

43 Art. 17 Abs. 2 statuiert das **„Recht auf Vergessenwerden ieS" in Form einer Informationspflicht des Verantwortlichen.** Der Verantwortliche hat, sofern er die personenbezogenen Daten öffentlich gemacht hat und gemäß Abs. 1 zur Löschung verpflichtet ist, unter Berücksichtigung der verfügbaren Technologie und der Implementierungskosten angemessene Maßnahmen zu treffen, auch technischer Art, um für die Datenverarbeitung Verantwortliche, die die personenbezogenen Daten verarbeiten, darüber zu informieren, dass eine betroffene Person von ihnen die Löschung aller Links zu diesen personenbezogenen Daten oder von Kopien oder Replikationen dieser personenbezogenen Daten verlangt hat.

44 Dem „Recht auf Vergessenwerden ieS" in Form der Informationspflicht kommt nach der gesetzgeberischen Zielsetzung die **Funktion eines „Schrittmachers" des Löschungsrechts** insbesondere im Bereich des Internets zu. Die Verfügbarmachung von Daten über das Internet bedeutet für betroffene Personen häufig den endgültigen Kontrollverlust über ihre personenbezogenen Daten. Mit dem Recht auf Vergessen ieS soll das Löschungsrecht und damit die Entfernung persönlicher Daten aus dem Internet effektiver werden (Erwägungsgrund 66). Informationspflichtiger ist im Rahmen von Abs. 2 zwar lediglich der Verantwortliche und zunächst nur Informationsempfänger sind andere Verantwortliche, welche die betroffenen Daten ebenfalls verarbeiten. Als ebenfalls Verantwortliche trifft diese Informationsempfänger jedoch ebenfalls eine Löschungspflicht.[114] Zweck des Abs. 2 ist, über das Löschungsrecht gegenüber dem Verantwortlichen hinaus eine Beschleunigung und Vereinfachung der Pflichterfüllung durch weitere Verantwortliche zu erzielen und dadurch zu einer zügigen und möglichst umfassenden Beseitigung der Daten aus der öffentlichen Wahrnehmung beizutragen.

45 **1. Voraussetzungen.** Abs. 2 setzt erstens voraus, dass der Verantwortliche „die personenbezogenen Daten öffentlich gemacht (hat) und ... gemäß Absatz 1 zu deren Löschung verpflichtet (ist)". Das „Recht auf Vergessenwerden ieS" gemäß Abs. 2 knüpft damit tatbestandlich in Form eines **Rechtsgrundverweises** an das Bestehen eines Rechts auf Löschung gemäß Abs. 1 im Hinblick auf bestimmte, die antragstellende betroffene Person betreffende Daten an. Um ein Recht auf Vergessenwerden zu begründen, müssen danach **sämtliche Voraussetzungen für das Recht auf Löschung** (→ Rn. 19 ff.) vorliegen.

46 Über die Erfüllung der Voraussetzungen des Abs. 1 hinaus muss der Verantwortliche die personenbezogenen Daten auch „öffentlich gemacht" haben. Die Verordnung definiert den Begriff des **Öffentlichmachens** nicht. Der unbestimmte Rechtsbegriff meint die Zugänglichmachung der Daten zugunsten einer **unbegrenzten Zahl von Personen,**[115] zB der Nutzer einer Webseite, die auf die Daten zugreifen und diese verarbeiten können. Demgegenüber knüpft der umfassendere Begriff der Offenlegung gemäß Art. 19 S. 1 die dort statuierte Folgemitteilungspflicht an eine Ermöglichung des Datenzugriffs durch Übermittlung, Verbreitung oder eine andere Form der Bereitstellung (Art. 4 Nr. 2) zugunsten eines auch bestimmten Empfängerkreises (→ Art. 19 Rn. 10). Eine Veröffentlichung liegt demzufolge nicht vor, wenn der Verantwortliche den Kreis der Adressaten zB durch Zugangsbeschränkungen, Leserechte oder Privatsphäreneinstellungen begrenzt.[116] Ein Öffentlichmachen erfordert, wie sich aus dem Teilbegriff Öffentlich „machen" (engl. „made public"; frz. „a rendu publiques") ergibt, objektiv ein **aktives** und subjektiv ein **vorsätzliches Handeln.** Ein unbeabsichtigtes Zulassen der öffentlichen Verbreitung von Daten zB aufgrund einer Datenpanne oder eines durch fahrlässiges

---

[114] Vgl. *Kodde* ZD 2013, 115 (117).
[115] EuGH Urt. v. 6.11.2003 – C-101/01, ECLI:EU:C:2003:596 Rn. 47 – Lindqvist; *Härting* DS-GVO Rn. 723; Gola/Heckmann/*Nolte/Werkmeister* DS-GVO Art. 17 Rn. 35.
[116] HK-DS-GVO/*Peuker* Art. 17 Rn. 48; Wybitul/*Fladung* DS-GVO Art. 17 Rn. 24.

Unterlassen notwendiger Schutzmaßnahmen zugelassenen Hackerangriffs sind daher von Art. 17 Abs. 2 nicht erfasst.[117]

Abs. 2 statuiert die Pflicht zur Information anderer Verantwortlicher darüber, dass eine **47** betroffene Person von diesen anderen Verantwortlichen die Löschung aller Links zu den zu löschenden Daten oder Kopien hiervon verlangt hat. Mit dieser Formulierung beschreibt Abs. 2 nicht nur die Rechtsfolge des „Rechts auf Vergessen ieS" (→ Rn. 42), sondern mit dem **Informationsverlangen** der betroffenen Person implizit auch eine tatbestandliche Voraussetzung.[118] An dieses Informationsverlangen sind allerdings aufgrund der Erleichterungspflicht des Art. 12 Abs. 2 (→ Art. 12 Rn. 23) keine übermäßigen Anforderungen zu stellen. Es ist keine ausdrückliche Erklärung erforderlich. Ausreichend ist, dass sich aus dem Antrag auf Löschung gemäß Art. 12 Abs. 2 ff. (→ Rn. 63) explizit oder konkludent ergibt, dass eine weitergehende Löschung verlangt wird als lediglich die Löschung der beim Verantwortlichen verarbeiteten Daten.[119] Ein Antrag auf Löschung kann danach sowohl selektiv ein Löschungsverlangen gegenüber dem Verantwortlichen unter ausdrücklicher Duldung der Verarbeitung durch Dritte als auch ein Löschungsverlangen gegenüber dem Verantwortlichen und einzelnen anderen Verantwortlichen als auch ein umfassendes Verlangen vollständiger Löschung durch den Verantwortlichen und alle weiteren Verantwortlichen enthalten. Im Zweifel hat sich der Verantwortliche durch Rückfragen zu vergewissern (→ Rn. 62).[120]

2. Rechtsfolgen – Informationspflicht. Liegen die Voraussetzungen des Abs. 1 und 2 vor, **48** ist der Verantwortliche gemäß Abs. 2 verpflichtet, unter Berücksichtigung der verfügbaren Technologie und der Implementierungskosten angemessene Maßnahmen, auch technischer Art, zu treffen, um andere Verantwortliche, welche die betroffenen Daten verarbeiten, zu informieren, dass die betroffene Person von diesen anderen Verantwortlichen die Löschung aller Links zu den zu löschenden Daten oder Kopien hiervon verlangt hat. Hiermit statuiert Abs. 2 eine **Informationspflicht** des Verantwortlichen an relevante andere Verantwortliche und gleichzeitig einen **unmittelbar geltenden unionsrechtlicher Anspruch** der betroffenen Person auf diese Information, der nicht durch eine Anspruchsgrundlage im nationalen Recht ergänzt zu werden braucht. Die Informationspflicht ist nicht davon abhängig, ob der betroffenen Person gegenüber den Drittverantwortlichen selbst ein Löschungsanspruch zusteht. Diese Frage kann der Verantwortliche nicht hinreichend überprüfen.[121]

Der (Erst-)Verantwortliche ist nur zu einer **Information** verpflichtet, dh einer kommunikati- **49** ven Übermittlung des Löschungsverlangens der betroffenen Person an andere Verantwortliche. Er schuldet anders als im Rahmen von Abs. 1 **nicht die Herbeiführung eines weiteren Löschungserfolges.** Das ergibt sich nicht nur aus dem Wortlaut („Information"), sondern auch aus der Tatsache, dass sich der Unionsgesetzgeber bewusst gegen die Formulierung („sicherstellen"; engl. „ensure") des ersten inoffiziellen Kommissionsentwurfs aus dem November 2011 entschieden hat (→ Rn. 5).[122] Der Verantwortliche ist über die Information hinaus auch nicht verpflichtet, im Rahmen des Möglichen und Zumutbaren auf andere Verantwortliche (zB auf die Betreiber der Internetplattformen, auf denen rechtswidrig verarbeitete Daten weiterverarbeitet werden), einzuwirken, um diese zu einer Löschung der rechtswidrigen Inhalte zu veranlassen.[123]

Notwendiger **Inhalt der Information** ist, dass der Betroffene von „ihnen", dh den weiteren **50** Verantwortlichen, welche die zu löschenden Daten verarbeiten, die Löschung aller Links zu diesen Daten oder von Kopien oder Replikationen dieser Daten verlangt hat. Mit „Link" ist jeder Verweis auf irgendeinen Speicherort zu verstehen, an dem die zu löschenden Daten gespeichert sind, nicht nur auf den Ort der Speicherung beim ursprünglichen Verantwortlichen.[124] Durch Verwendung der Begriffe „Kopie" und „Replikation" wird erkennbar, dass nicht nur exakte Kopien der Daten gelöscht werden müssen, sondern auch sonstige nicht mit

---

[117] Vgl. Wybitul/*Fladung* DS-GVO Art. 17 Rn. 24, wonach der Betroffene in diesem Fall durch die Pflicht des Verantwortlichen zur Meldung einer Verletzung an die Aufsichtsbehörde gem. Art. 33 hinreichend geschützt ist.
[118] *Hennemann* PinG 2016, 176 (178).
[119] *Laue/Nink/Kremer* DatenschutzR § 4 Rn. 47.
[120] *Hornung/Hofmann* JZ 2013, 163 (167).
[121] HK-DS-GVO/*Peuker* Art. 17 Rn. 50; aA *Hornung/Hofmann* JZ 2013, 163 (167).
[122] Dazu *Hornung/Hofmann* JZ 2013, 163 (167); vgl. auch *Hornung* ZD 2012, 99 (103).
[123] AA offenbar BGH Urt. v. 28.7.2015 – VI ZR 340/14, BGHZ 206, 289 Rn. 40.
[124] *Kühling/Buchner/Herbst* DS-GVO Art. 17 Rn. 55.

dem Original vollständig übereinstimmende Abbilder mit den in den Daten enthaltenen Informationen, zB Screenshots.[125]

51   **Adressat** der Information sind grundsätzlich sämtliche anderen Verantwortlichen, welche die betroffenen personenbezogenen Daten verarbeiten. Anders als im Rahmen der Mitteilungspflicht gemäß Art. 19, die sich nur an den (direkten) Empfänger der Daten richtet (→ Art. 19 Rn. 10) ist die Informationspflicht gemäß Art. 17 Abs. 2 **nicht per se auf die direkten Empfänger der Daten beschränkt.** Einbezogen in die Informationspflicht sind daher grundsätzlich auch Verantwortliche, denen der ursprüngliche Verantwortliche die Daten nicht selbst direkt offengelegt hat, egal auf welchem Weg sie die Daten erlangt haben. Der offene Wortlaut trägt damit dem besonderen Charakteristikum der vielfachen Weiterverbreitung von Daten im Internet Rechnung.[126] Eine Begrenzung des tatsächlichen Adressatenkreises der Information ergibt sich jedoch durch das in Art. 17 Abs. 2 geregelte **Angemessenheitsprinzip** als Ausdruck der Verhältnismäßigkeit. Danach muss der Verantwortliche nicht zwingend sämtliche anderen Verantwortlichen ausfindig machen, sondern lediglich diejenigen, die er mit angemessenem Aufwand identifizieren kann (allgemein zum Angemessenheitsmaßstab → Rn. 44). Wie beim Löschungsrecht (→ Rn. 35) stellt sich auch hier die Frage des **geografischen Anwendungsbereichs** der Informationspflicht, dh ob die Information auf Verantwortliche in der EU bzw. auf Kopien der Daten, die auf Servern in der EU belegen sind, begrenzt ist, oder die Informationspflicht über das Gebiet der EU hinausreicht.[127] Da anders als im Fall einer Löschung von Daten iSd Abs. 1 mit einer Information Drittverantwortlicher iSd Abs. 2 allein noch kein unmittelbarer Eingriff in Grundrechte Dritter (zB in die Meinungsfreiheit von Journalisten oder das Grundrecht der Informationsfreiheit) oder in Souveränitätsrechte verbunden ist, scheint die Pflicht gemäß Abs. 2 tendenziell territorial großzügiger auslegbar zu sein als das Löschungsrecht gemäß Abs. 1. Letztlich ist auch diese Frage nicht pauschal, sondern anhand der Maßstäbe des Angemessen- bzw. Verhältnismäßigkeitsprinzips zu beantworten.

52   Der Umfang der in Abs. 2 statuierten Pflicht ist begrenzt auf **„angemessene Maßnahmen".** Aus diesem Wortlaut ergibt sich unter Berücksichtigung anderer Sprachfassungen (engl. „reasonable measures", frz. „mesures raisonnables"), dass der Verantwortliche nicht sämtliche möglichen und erforderlichen Maßnahmen zu ergreifen hat, um eine Information anderer Verantwortlicher zu bewirken. Vielmehr hat er im Sinne einer **„best efforts-Verpflichtung"**[128] lediglich die Maßnahmen zu ergreifen, die einerseits geeignet und erforderlich für eine wirksame Information, ihm andererseits unter Berücksichtigung verfügbarer Technologie, der dem Verantwortlichen zur Verfügung stehenden sonstigen Mittel (vgl. Erwägungsgrund 66) sowie der Implementierungskosten zumutbar sind.[129] Im Begriff der Angemessenheit ist damit eine **Interessenabwägung** entsprechend dem **Prinzip der Verhältnismäßigkeit** über das Ausmaß der Maßnahmen angelegt, die zu treffen der Verantwortliche verpflichtet ist. Dies kann im (wenn auch wenig wahrscheinlichen) Einzelfall auch dazu führen, dass der Verantwortliche keinerlei Informationsmaßnahmen zu treffen hat (zu denken ist zB an eine völlig mittellose Person als Verantwortlicher, die im Internet ein Foto einer betroffenen Person hochgeladen hat, das sich milliardenfach verbreitet hat). Eine Konkretisierung des Begriffs „angemessene Maßnahmen" wird der **Europäische Datenschutzausschuss** im Rahmen von offiziellen Leitlinien, Empfehlungen und Verfahrensregelungen gemäß Art. 70 Abs. 1 Buchst. d zeitnah erstellen müssen.

53   Im Rahmen der Angemessenheitsbestimmung sind die **verfügbare Technologie** sowie die Implementierungskosten zu berücksichtigen, dh zwingend in die Abwägung einzustellen. Im Hinblick auf die verfügbare Technologie ist ähnlich wie bei der Auslegung des Tatbestands des „gängigen Formats" in Art. 20 Abs. 1 grundsätzlich ein **objektiver Maßstab** zugrunde zu legen, der sich am Stand der Technik orientiert (→ Art. 20 Rn. 28).[130] Der Faktor der **Implementierungskosten** dient als ausgleichendes, wohl anhand eines **subjektiven Maßstabs** zu bewertendes Korrektiv.[131] Es soll sicherstellen, dass insbesondere kleine und mittlere Unternehmen nicht mit unzumutbaren Informationsmaßnahmen belastet werden. Angemessen dürften jedenfalls

---

[125] *Jandt/Kieselmann/Wacker* DuD 2013, 235 (238); Kühling/Buchner/*Herbst* DS-GVO Art. 17 Rn. 55.
[126] Kühling/Buchner/*Herbst* DS-GVO Art. 17 Rn. 54.
[127] So zB Kühling/Buchner/*Herbst* DS-GVO Art. 17 Rn. 54; BeckOK DatenschutzR/*Worms* DS-GVO Art. 17 Rn. 76; offen Paal/Pauly/*Paal* DS-GVO Art. 17 Rn. 37.
[128] So die Interpretation der Kom., vgl. Ratsdok. 7978/1/15 REV 1 v. 24.4.2015, S. 39 Rn. 166; ebenso Paal/Pauly/*Paal* DS-GVO Art. 17 Rn. 32.
[129] *Hennemann* PinG 2016, 176 (178).
[130] Plath/*Kamlah* DS-GVO Art. 17 Rn. 15.
[131] *Laue/Nink/Kremer* DatenschutzR § 4 Rn. 48.

einzelfallunabhängige, automatisierte **Maßnahmen** (zB in Form eines Informations- bzw. Datenmanagementsystems) sein, die eine Erfüllung der Informationspflicht **ohne unverhältnismäßig großen Personal- und Kostenaufwand** ermöglichen.[132] Hieraus folgt sodann auch das Bedürfnis einer Erfassung aller Datenveröffentlichungen, ohne welche die Erfüllung etwaiger Informationspflichten kaum möglich erscheint.[133]

Die Aufzählung der Faktoren Technik und Kosten sind **nicht abschließend.** Vielmehr ist eine umfassende Interessenabwägung vorzunehmen, in der auch **weitere Umstände des Einzelfalls** einzubeziehen sind, so zB die konkret betroffenen Daten, die Art der Verarbeitung und der Veröffentlichung oder das Geschäftsmodell des Verarbeiters.[134] Zu berücksichtigen ist dabei auch, inwieweit anderweitig ein wirksamer Schutz der betroffenen Person bereits das Auskunftsrecht gemäß Art. 15 und die ergänzenden Mitteilungspflichten gemäß Art. 19 S. 2 (zB über bestimmte oder Kategorien von Empfängern, denen Daten offengelegt wurden) besteht.

Bei **Suchmaschinen,** die auf veröffentlichte Daten mittels sog. Web-Crawler zugreifen, wäre im Regelfall bereits eine Aktualisierung der Homepage bzw. der Einsatz von Metatags/X-Robot-Tags ausreichend aber auch notwendig.[135] Das Löschen einer Webseite wird von den gängigen Suchmaschinen nämlich nur als eine vorübergehende Nichterreichbarkeit der Seite interpretiert, sodass auf die im Cache abgespeicherten Kopien zurückgegriffen wird. In **sozialen Netzwerken** werden die Daten des Nutzers (Links, Texte, Bilder, Videos) im Falle einer Löschung durch den Nutzer auch auf den Seiten anderer Mitglieder des sozialen Netzwerks gelöscht, sodass eine separate Information nicht notwendig ist.[136] Dies gilt jedoch nur innerhalb des jeweiligen sozialen Netzwerks. Bei öffentlich zugänglichen Telefonverzeichnissen und Telefonauskunftsdiensten sind die jeweiligen Wettbewerber sowie Suchmaschinenbetreiber über einen Antrag auf Löschung zu informieren.[137]

Ungleich schwerer gestaltet sich die Information von **sonstigen Dritten,** die veröffentlichte personenbezogene Daten kopiert oder auf diese verlinkt haben. Für den Verantwortlichen wird es kaum möglich sein, diesen Personenkreis mit **angemessenen Maßnahmen** zu identifizieren; uU können in Einzelfällen bestehende Methoden zur Vernetzung von Blogs genutzt werden.[138] Eine manuelle Suche im Netz wird aufgrund des damit verbundenen Aufwands nur in Einzelfällen zumutbar sein.[139]

Abs. 2 enthält anders als Abs. 1 keine zeitliche Vorgabe iSe **Unverzüglichkeit.** Allerdings gilt auch hier die grundsätzliche Pflicht zu unverzüglicher Reaktion, spätestens innerhalb eines Monats (Art. 12 Abs. 4). Tendenziell sollte die Vorgabe der Unverzüglichkeit für das „Recht auf Vergessenwerden ieS" etwas weiter sein als die für das Löschungsrecht. Der genaue Zeitraum ist einzelfallabhängig zu bestimmen (Stichwort „angemessene" Maßnahmen). Je nach Aufwand für die Ermittlung und Information der sonstigen Verantwortlichen kann dieser einzelfallabhängige Zeitrahmen weiter oder enger ausfallen.

III. Ausnahmen vom Recht auf Löschung und Vergessenwerden (Abs. 3)

Das Recht auf Löschung und Vergessenwerden gemäß Abs. 1 und 2 gilt nicht, wenn eine Verarbeitung in den von Art. 17 Abs. 3 Buchst. a–e katalogartig aufgeführten Fällen erforderlich ist. Die Ausnahmeliste gemäß Abs. 3 ist erschöpfend und **abschließend.**[140] Aus der Voraussetzung der „Erforderlichkeit" ergibt sich, dass die Verarbeitung zu den gelisteten Zwecken auf das notwendige Maß zu beschränken ist. Hierdurch ist stets ein angemessener Ausgleich (nach deutscher verfassungsrechtlicher Begrifflichkeit eine praktische Konkordanz) sämtlicher kollidierender Rechtsgüter herzustellen.[141]

---

[132] Vgl. *Gstrein* ZD 2012, 424 (425); *Hennemann* PinG 2016, 176 (178).
[133] Vgl. *Hennemann* PinG 2016, 176 (178).
[134] *Hennemann* PinG 2016, 176 (178).
[135] *Hornung/Hofmann* JZ 2013, 163 (167); *Hennemann* PinG 2016, 176 (178).
[136] *Hornung/Hofmann* JZ 2013, 163 (169). So auch Europäischer Datenschutzausschuss, Leitlinien 5/2019 zu den Kriterien des Rechts auf Vergessenwerden in Fällen in Bezug auf Suchmaschinen gemäß der DS-GVO Teil 1, Version 2.0 angenommen am 7.7.2020, Rn. 12.
[137] EuGH Urt. v. 27.10.2022 – C-129/21, ECLI:EU:C:2022:833 Rn. 96 ff. = ZD 2023, 28 – Proximus.
[138] *Hornung/Hofmann* JZ 2013, 163 (169).
[139] *Hornung/Hofmann* JZ 2013, 163 (169).
[140] Vgl. Begr. des Rates zum Standpunkt (EU) 6/2016, ABl. 2016 C 159, 83 (89).
[141] HK-DS-GVO/*Peuker* Art. 17 Rn. 58.

59   1. Schutz der Meinungs- und Informationsfreiheit (Buchst. a). Nach Buchst. a besteht eine Ausnahme vom Recht auf Löschung und Vergessenwerden, sofern eine Verarbeitung zur Ausübung des Rechts auf freie Meinungsäußerung und Information erforderlich ist. Die Ausnahme gilt unter Berücksichtigung der Anforderungen von Art. 9 und Art. 10 auch dann, wenn besonders sensible Daten nach der jeweiligen Vorschrift vorliegen.[142] Mit dieser Ausnahme setzt der Gesetzgeber die allgemeine Vorgabe der Rechtsprechung des EuGH um, wonach der (Grundrechts-)Schutz personenbezogener Daten betroffener Personen iSd DS-GVO stets in einen **angemessenen Ausgleich** mit den Grundrechten und Interessen des Verantwortlichen und Dritter zu bringen ist.[143] Hierzu gehören insbesondere das Grundrecht auf Meinungsfreiheit gemäß Art. 11 Abs. 1 GRCh,[144] insbesondere auch von Journalisten, Wissenschaftlern, Künstlern und/oder Schriftstellern, als auch das ebenfalls in Art. 11 Abs. 1 enthaltene Grundrecht auf Informations(zugangs)freiheit (Erwägungsgrund 153)[145] als essentielle Grundlagen der Demokratie.[146] Verhindert werden soll insbesondere ein Missbrauch der Betroffenenrechte, etwa indem das Löschungsrecht als Mittel gegen unerwünschte Informationen eingesetzt wird, deren Verbreitung den Schutz des Art. 11 GRCh genießt.[147] Buchst. a erfordert nicht, dass dem Grundrecht auf Meinungs- und Informationsfreiheit gemäß Art. 11 GRCh absoluter Vorrang einzuräumen ist, soweit die Verarbeitung zu seiner Ausübung erforderlich ist. Dies widerspräche insbesondere auch der parallelen Regelung dieser Grundrechte und den Datenschutzgrundrechten gemäß Art. 7 und 8 im gleichen Titel II der GRCh. Buchst. a enthält vielmehr ein **umfassendes Abwägungsgebot** nach der jeweiligen Bedeutung der betroffenen Grundrechte und der jeweiligen Eingriffsintensität im Einzelfall.[148] Für Deutschland nimmt das **BVerfG** nach dem Beschluss im Verfahren „Recht auf Vergessen I" aufgrund des nicht vollständig unionsrechtlich determinierten[149] Regelungsspielraums des Art. 85 in dessen Anwendungsbereich eine Abwägung nach den Grundrechten des Grundgesetzes vor.[150] Diesem Beschluss lag ein Sachverhalt zugrunde, bei dem sich der Kläger direkt gegen einen Presseverlag gewandt hatte. Soweit die DS-GVO einen Sachverhalt abschließend ohne mitgliedstaatlichen Regelungsspielraum regelt, wendet das BVerfG nach dem Beschluss im Verfahren „Recht auf Vergessen II" hingegen die Grundrechte der unionsrechtlichen Grundrechte-Charta im Rahmen der Abwägung an.[151] Diesem Beschluss lag ein Sachverhalt zugrunde, bei dem sich der Beschwerdeführer gegen einen Suchmaschinenbetreiber wandte. Der BGH differenziert bei der Abwägung nach Art. 17 Abs. 3 Buchst. a nicht hinsichtlich der spezifischen Grundlage, auf die sich der Löschungsanspruch stützt.[152] Er nimmt

---

[142] EuGH Urt. v. 24.9.2019 – C-136/17, ECLI:EU:C:2019:773 Rn. 56 ff., 71 ff. = ZD 2020, 36 – GC u.a. (Auslistung sensibler Daten).
[143] Vgl. zB EuGH Urt. v. 6.11.2003 – C-101/01, ECLI:EU:C:2003:596 Rn. 87 – Lindqvist; EuGH Urt. v. 16.12.2008 – C-73/07, ECLI:EU:C:2008:727 Rn. 53 ff. – Satakunnan Markkinapörssi und Satamedia; EuGH Urt. v. 6.10.2015 – C-362/14, ECLI:EU:C:2015:650 Rn. 42 mwN = ZD 2015, 549 – Schrems; EuGH Urt. v. 13.5.2014 – C-131/12, ECLI:EU:C:2014:317 Rn. 81, 97 = ZD 2014, 350 – Google Spain und Google; EuGH Urt. v. 29.1.2008 – C-275/06, ECLI:EU:C:2008:54 Rn. 68 – Promusicae; EuGH Urt. v. 17.3.2014 – C-314/12, ECLI:EU:C:2014:192 Rn. 46–47 – UPC Telekabel Wien; vgl. dazu umfassend *Lynskey*, The Foundations of EU Data Protection Law.
[144] EuGH Urt. v. 6.11.2003 – C-101/01, ECLI:EU:C:2003:596 Rn. 86 – Lindqvist; ebenso EGMR Urt. v. 25.6.2004 – 59320/00, ECHR 2004-VI Rn. 58 ff. – Von Hannover v. Deutschland.
[145] EuGH Urt. v. 13.5.2014 – C-131/12, ECLI:EU:C:2014:317 Rn. 81, 97 = ZD 2014, 350 – Google Spain und Google; dort jedoch entgegen der klaren Regelung in Art. 11 GRCh nur als „Interessen" und nicht als in Titel II der GRCh gleichwertig neben den Datenschutzgrundrechten geregelte (Grund-)„Rechte" bezeichnet.
[146] Vgl. EuGH Urt. v. 13.12.2001 – C-340/00, ECLI:EU:C:2001:701 Rn. 18 – Kommission/Cwik; EuGH Urt. v. 12.6.2003 – C-112/00, ECLI:EU:C:2003:333 Rn. 79 – Schmidberger/Österreich; EuGH Urt. v. 16.12.2008 – C-73/07, ECLI:EU:C:2008:727 Rn. 56 – Satakunnan Markkinapörssi und Satamedia.
[147] Vgl. *Härting* DS-GVO Rn. 704.
[148] Vgl. Kühling/Buchner/*Herbst* DS-GVO Art. 17 Rn. 73. Beispielhaft BVerfG Beschl. v. 6.11.2019 – 1 BvR 276/17, ECLI:DE:BVerfG:2019:rs20191106.1bvr027617 Rn. 98 ff. = ZD 2020, 109 – Recht auf Vergessen II.
[149] BVerfG Beschl. v. 6.11.2019 – 1 BvR 16/13, ECLI:DE:BVerfG:2019:rs20191106.1bvr001613 Rn. 41 ff. = ZD 2020, 100 – Recht auf Vergessen I.
[150] BVerfG Beschl. v. 6.11.2019 – 1 BvR 16/13, ECLI:DE:BVerfG:2019:rs20191106.1bvr001613 Rn. 96 ff. = ZD 2020, 100 – Recht auf Vergessen I.
[151] BVerfG Beschl. v. 6.11.2019 – 1 BvR 276/17, ECLI:DE:BVerfG:2019:rs20191106.1bvr027617 Rn. 32 ff. (insbes. Rn. 77 ff.) = ZD 2020, 109 – Recht auf Vergessen II.
[152] BGH Urt. v. 3.5.2022 – VI ZR 832/20, ECLI:DE:BGH:2022:030522UVIZR832.20.0 Rn. 16 f. = ZD 2022, 454.

vielmehr eine einheitliche Gesamtabwägung für alle Grundlagen aus Art. 17 Abs. 1 vor.[153] Nach der vom EuGH im grundlegenden Urteil Satakunnan Markkinapörssi und Satamedia entwickelten Formel sind in Anbetracht der Bedeutung, die der Freiheit der Meinungsäußerung in jeder demokratischen Gesellschaft zukommt, die mit der Meinungsfreiheit zusammenhängenden Begriffe weit auszulegen. Um ein Gleichgewicht mit den Datenschutzgrundrechten herzustellen, müssen sich andererseits die Ausnahmen und Einschränkungen in Bezug auf den Datenschutz auf das absolut Notwendige beschränken.[154] Abwägungskriterien sind nach der Rechtsprechung des EuGH zB die Art der Information, ihre Sensibilität für das Privatleben der betroffenen Person und Interesse der Öffentlichkeit am Zugang zu der Information, abhängig zB von der Rolle der Person im öffentlichen Leben,[155] daneben zB auch die Wahrscheinlichkeit und Schwere des Eintritts eines materiellen bzw. immateriellen Schadens durch die Verarbeitung oder die seit der Veröffentlichung der Daten vergangene Zeit,[156] die sachliche Richtigkeit[157] und soziale Adäquanz der Daten, der Zweck und Kontext der Veröffentlichung oder etwaig betroffene Rechte oder Pflichten Dritter (zB von durch ein De-listing auf einer Suchmaschine betroffener Journalisten oder Nachrichtenmedien).[158] Problematisch in Fällen der **Drittbetroffenheit** ist insbesondere, dass weder Art. 17 noch die DS-GVO an anderer Stelle den Dritten ein Beteiligungsrecht am Löschungsverfahren einräumt.[159] Um ein angemessenes Gleichgewicht auch gegenüber (Grund-) Rechten Dritter zu erreichen, ist hier der EuGH gefordert, nachzujustieren.[160]

Anwendungsbeispiele für Ausnahmen des Rechts auf Löschung und Vergessenwerden aufgrund vorrangiger Interessen aus dem Grundrecht auf Informations- und Meinungsfreiheit auf die **Speicherung** der Namen von **Straftätern in Online-Archiven** – nach deutscher Rechtsprechung des BGH[161] fließt mit erheblichem Gewicht in die notwendige Abwägung ein, dass die Veröffentlichung der Meldung ursprünglich zulässig war, die Meldung nur durch gezielte Suche auffindbar ist und erkennen lässt, dass es sich um eine frühere Berichterstattung handelt;[162] die Verarbeitung von Daten über **Bewertungen in Online-Portalen**[163] oder die Listing in einer weltweit führenden **Suchmaschine**.[164] In einem solchen Fall geht nach Auffassung des EuGH im Urteil Google Spain und Google das Recht auf Vergessenwerden aufgrund der Schwere des Eingriffs grundsätzlich nicht nur gegenüber dem wirtschaftlichen „Interesse" des Suchmaschinenbetreibers, sondern – abgesehen von Sonderfällen, zB einer Person des öffentlichen Lebens – auch gegenüber dem „Interesse" der Öffentlichkeit am Zugang zu Informationen vor.[165] Dies gilt selbst

---

[153] Lehrbuchmäßig BGH Urt. v. 3.5.2022 – VI ZR 832/20, ECLI:DE:BGH:2022:030522UVIZR832.20.0 Rn. 19 ff. = ZD 2022, 454; BGH Urt. v. 27.7.2020 – VI ZR 405/18, ECLI:DE:BGH:2020:270720UVIZR405.18.0 Rn. 23 ff. = ZD 2020, 634.
[154] Vgl. EuGH Urt. v. 16.12.2008 – C-73/07, ECLI:EU:C:2008:727 Rn. 56 – Satakunnan Markkinapörssi und Satamedia. Ob diese Formel ob des Wortlauts des Art. 17 Abs. 3 Buchst. a, der lediglich von „erforderlich" und nicht von „absolut notwendig" spricht, unverändert gültig ist, bleibt zu klären.
[155] EuGH Urt. v. 13.5.2014 – C-131/12, ECLI:EU:C:2014:317 Rn. 81, 97, 99 = ZD 2014, 350 – Google Spain und Google.
[156] Vgl. HK-DS-GVO/*Peuker* Art. 17 Rn. 61 mwN.
[157] Dabei ist zwischen Tatsachenbehauptungen und Werturteilen zu unterscheiden: EuGH Urt. v. 8.12.2022 – C-460/20, ECLI:EU:C:2022:962 Rn. 64, 66 = MMR 2023, 105 – Google (Déréférencement d'un contenu prétendument inexact).
[158] Vgl. ausf. Gierschmann/Schlender/Stentzel/Veil/*Veil* DS-GVO Art. 17 Rn. 142 ff. Siehe auch BVerfG Beschl. v. 6.11.2019 – 1 BvR 16/13, ECLI:DE:BVerfG:2019:rs20191106.1bvr001613 Rn. 97 ff., 110 ff., 114 ff. = ZD 2020, 100 – Recht auf Vergessen I.
[159] So Artikel-29-Datenschutzgruppe, Guidelines of the Implementation of the Court of Justice of the European Union Judgment on „Google Spain and Inc. v. Agencia Española de Protección de Datos (AEPD) and Mario Costeja González", C-131/12, WP 225, Rn. 23.
[160] Vgl. zum dt. Recht BGH Urt. v. 25.10.2011 – VI ZR 93/10, GRUR 2012, 311 Rn. 23; fortgeführt in BGH Urt. v. 1.3.2016 – VI ZR 34/15, NJW 2016, 2106 Rn. 24, wonach dem (Blog-)Autor vor der Löschung ein Stellungnahmerecht einzuräumen ist.
[161] Vgl. BGH Urt. v. 15.12.2009 – VI ZR 227/08, BGHZ 183, 353 Rn. 12 ff.
[162] Dazu auch BVerfG Beschl. v. 6.11.2019 – 1 BvR 16/13, ECLI:DE:BVerfG:2019:rs20191106.1bvr001613 Rn. 97 ff.; 115 ff. = ZD 2020, 100 – Recht auf Vergessen I.
[163] Vgl. entspr. im Zusammenhang mit einer Verletzung des Persönlichkeitsrechts nach dt. Recht BGH Urt. v. 26.1.2016 – VI ZR 34/15, ECLI:DE:BGH:2016:010316UVIZR34.15.0 – jameda.de II.
[164] BVerfG Beschl. v. 6.11.2019 – 1 BvR 276/17, ECLI:DE:BVerfG:2019:rs20191106.1bvr027617 Rn. 95 ff. = ZD 2020, 109 – Recht auf Vergessen II.
[165] EuGH Urt. v. 13.5.2014 – C-131/12, ECLI:EU:C:2014:318 Rn. 81–88, 95–99 = ZD 2014, 350 – Google Spain und Google; EuGH Urt. v. 8.12.2022 – C-460/20, ECLI:EU:C:2022:962 Rn. 63, 65 = MMR 2023, 105 – Google (Déréférencement d'un contenu prétendument inexact).

dann, wenn die betroffene Person ein Recht auf Löschung und Vergessenwerden gegen den Herausgeber einer Webseite, der die Informationen über die betroffene Person zu rein journalistischen Zwecken veröffentlicht hat, – letztlich möglicherweise auch beruhend auf einem Vorrang des Art. 11 GRCh – nicht durchsetzen kann.[166] Ein Auslistungsantrag gegenüber einem Suchmaschinenbetreiber hat allerdings dann keinen Erfolg, wenn sich nur bestimmte Daten, die im Hinblick auf den gesamten Inhalt der Webseite von untergeordneter Bedeutung sind, als unrichtig erweisen.[167] Bei der Darstellung von Vorschaubildern durch einen Suchmaschinenbetreiber ist nicht der Kontext der Webseite von der diese Bilder ursprünglich stammen maßgeblich, sondern nur der Kontext der Darstellung im Rahmen der Suchergebnisse.[168] Erfasst sind nicht nur Tätigkeiten von Medienunternehmen, sondern von jedem, der journalistisch tätig ist,[169] und daneben auch **Meinungsäußerungen im nicht-professionellen Bereich,** zB von (Gelegenheits-)Bloggern oder in sozialen Medien.[170] Für Bewertungsportale hat der BGH entschieden, dass ein Löschungsanspruch nach Art. 17 Abs. 1 Buchst. d dann nicht bestehe, wenn der Bewertete durch die Aufnahme in das Portal nicht entscheidend schlechter stehe, als er ohne seine Aufnahme in das Portal stünde.[171] Bei dieser Analyse bleibe die Verarbeitung seiner personenbezogenen Daten sowie Beeinträchtigungen durch die Bewertungsmöglichkeit außen vor. Ein strenges Gleichbehandlungsgebot von für das Portal zahlenden und nichtzahlenden Bewerteten bestehe nicht.

61 **2. Rechtliche Verpflichtung, Aufgabe im öffentlichen Interesse, Ausübung öffentlicher Gewalt (Buchst. b).** Nach Buchst. b besteht eine Ausnahme, sofern eine Verarbeitung zur Erfüllung einer rechtlichen Verpflichtung erforderlich ist, die die Verarbeitung nach dem Recht der Union oder der Mitgliedstaaten, dem der Verantwortliche unterliegt, erfordert, oder zur Wahrnehmung einer Aufgabe, die im öffentlichen Interesse liegt oder in Ausübung öffentlicher Gewalt erfolgt, die dem Verantwortlichen übertragen wurde.

62 Alt. 1 statuiert eine Ausnahme für den Fall einer Verarbeitungserforderlichkeit aufgrund von **Rechtspflichten,** die sich aus Unionsrecht oder mitgliedstaatlichem Recht ergeben können. Die Vorschrift knüpft an Verarbeitungen an, die nach Art. 6 Abs. 1 Buchst. c zulässig sind. Die Rechtspflicht muss sich aus objektivem, hinreichend klarem und vorhersehbarem Recht (nicht zwingend ein Gesetz) im öffentlichen Interesse (nicht notwendigerweise aus dem Bereich des Datenschutzes) ergeben. In Frage kommen sowohl bestehende, als auch noch zu erlassene Vorschriften zur verpflichtenden Löschung personenbezogener Daten durch mitgliedstaatliche Rechtsetzer, aber auch rechtskräftiger Entscheidungen von Behörden und Gerichten.[172] Nicht ausreichend ist eine vertragliche Rechtspflicht gegenüber einem Dritten. Zu Rechtspflichten iSd Buchst. b zählen insbesondere handels- oder steuerrechtliche Aufbewahrungspflichten, im deutschen Recht etwa § 147 AO und § 257 HGB[173] (zu weiteren Einzelheiten → Art. 6 Rn. 15). Für diese Verarbeitungen nach Art. 6 Abs. 1 Buchst. c enthält Art. 6 Abs. 2 eine **fakultative Spezifizierungsklausel,** die es dem nationalen Gesetzgeber ermöglicht, die Anwendung dieser Norm nach den Vorgaben u.a. des Art. 6 Abs. 3 (zB Festlegung des Zwecks der Verarbeitung in

---

[166] EuGH Urt. v. 13.5.2014 – C-131/12, ECLI:EU:C:2014:318 Rn. 85 = ZD 2014, 350 – Google Spain und Google; krit. HK-DS-GVO/*Peuker* Art. 17 Rn. 61; Gierschmann/Schlender/Stentzel/Veil/*Veil* DS-GVO Art. 17 Rn. 140–141.

[167] EuGH Urt. v. 8.12.2022 – C-460/20, ECLI:EU:C:2022:962 Rn. 74 = MMR 2023, 105 – Google (Déréférencement d'un contenu prétendument inexact).

[168] EuGH Urt. v. 8.12.2022 – C-460/20, ECLI:EU:C:2022:962 Rn. 104 ff. = MMR 2023, 105 – Google (Déréférencement d'un contenu prétendument inexact).

[169] Vgl. EuGH Urt. v. 16.12.2008 – C-73/07, ECLI:EU:C:2008:727 Rn. 58 – Satakunnan Markkinapörssi und Satamedia.

[170] Vgl. Kühling/Buchner/*Herbst* DS-GVO Art. 17 Rn. 72 unter Verweis auf das Rechtsetzungsverfahren, wonach der ursprüngliche Vorschlag der Kommission v. 25.1.2012, KOM(2012) 11 endgültig, 10, in Art. 17 Abs. 3 noch einen Verweis auf die Meinungsäußerung „gemäß Artikel 80", dh zu „journalistischen, künstlerischen oder literarischen Zwecken" enthielt, während dieser Verweis in der endgültigen Fassung des Art. 17 Abs. 3 fehlt.

[171] BGH Urt. v. 12.10.2022 – VI ZR 488/19, ECLI:DE:BGH:2021:121021UVIZR488.19.0 Rn. 39 f. = GRUR 2022, 247.

[172] Vgl. Standpunkt des Europäischen Parlaments v. 12.3.2014, EP-PE_TC1-COD(2012)0011, der für Gerichts- und Behördenentscheidungen einen eigenständigen Ausnahmetatbestand vorsah.

[173] Vgl. *Laue/Nink/Kremer* DatenschutzR § 4 Rn. 50; zu datenrelevanten Aufbewahrungspflichten ausf. *Katko/Knöpfle/Kirschner* ZD 2014, 238 (239).

der Rechtsgrundlage; Verfolgung eines im öffentlichen Interesse liegenden Ziels; Verhältnismäßigkeit des Ziels) „genauer festzulegen" (→ Einl. Rn. 84; → Art. 6 Rn. 30).[174]

Alt. 2 statuiert eine Ausnahme für den Fall, dass die Verarbeitung zur Wahrnehmung einer **im** 63 **öffentlichen Interesse liegenden Aufgabe** erforderlich ist. Alt. 2 knüpft damit an Verarbeitungen an, die nach Art. 6 Abs. 1 Buchst. e zulässig sind. Beispiele sind internationale Datenübermittlungen zwischen Wettbewerbs-, Steuer- oder Zollbehörden, zwischen Finanzaufsichtsbehörden oder zwischen für Angelegenheiten der sozialen Sicherheit oder für die öffentliche Gesundheit zuständigen Diensten, zB der Dopingbekämpfung (vgl. Erwägungsgrund 112; zu Einzelheiten → Art. 6 Rn. 19). Auch für diese Verarbeitungen sieht die **fakultative Spezifizierungsklausel** des Art. 6 Abs. 2 eine nationale Präzisierungsmöglichkeit vor (→ Einl. Rn. 84; → Art. 6 Rn. 30).

Alt. 3 schafft eine Ausnahme für die Erforderlichkeit einer Verarbeitung **zur Ausübung von** 64 **öffentlicher Gewalt**, die dem Verantwortlichen übertragen worden ist. Alt. 3 knüpft an Verarbeitungen an, die nach Art. 6 Abs. 1 Buchst. e zulässig sind (zu Einzelheiten → Art. 6 Rn. 20).

3. Öffentliches Gesundheitsinteresse (Buchst. c). Nach Buchst. c besteht eine Ausnahme, 65 sofern eine Verarbeitung aus Gründen des öffentlichen Interesses im **Bereich der öffentlichen Gesundheit**[175] nach dem Art. 9 Abs. 2 Buchst. h und i sowie Art. 9 Abs. 3 erfolgt. Danach wird die Ausnahme des Löschungsrechts auf bestimmte Bereiche des im öffentlichen Interesse liegenden Gesundheitsschutzes beschränkt. Art. 9 Abs. 2 Buchst. h erfasst die Verarbeitung zum Zwecke der Gesundheitsvorsorge oder der Arbeitsmedizin, für die Beurteilung der Arbeitsfähigkeit des Arbeitnehmers, für die medizinische Diagnostik, die Versorgung oder Behandlung im Gesundheits- oder Sozialbereich oder für die Verwaltung von Systemen und Diensten im Gesundheits- und Sozialbereich (zu Einzelheiten → Art. 9 Rn. 52). Dabei muss diese Verarbeitung auf der Grundlage des Unionsrecht oder des Rechts eines Mitgliedstaates (zur nationalen Präzisierungsmöglichkeit aufgrund dieser sog. **fakultativen Spezifizierungsklausel** → Einl. Rn. 84) oder aufgrund eines Vertrages mit einem Angehörigen eines Gesundheitsberufes erfolgen und steht unter dem Vorbehalt der in Art. 9 Abs. 3 genannten Bedingungen und Garantien. Denn Art. 9 Abs. 3 lässt die Verarbeitung nur in den Fällen zu, in denen die besonderen Datenkategorien von Fachpersonal oder unter dessen Verantwortung verarbeitet werden und die Verarbeitung durch Personen erfolgt, die nach dem Recht eines Mitgliedstaates, nach Unionsrecht oder aufgrund von Vorschriften nationaler zuständiger Stellen einem **Berufsgeheimnis oder einer Geheimhaltungspflicht unterliegen** (zu Einzelheiten → Art. 9 Rn. 53). Art. 9 Abs. 2 Buchst. i (ebenfalls eine fakultative Spezifizierungsklausel) erfasst die Verarbeitung aus Gründen des öffentlichen Interesses im Bereich der öffentlichen Gesundheit, wie dem Schutz vor schwerwiegenden grenzüberschreitenden Gesundheitsgefahren wie Seuchen und Epidemien oder zur Gewährleistung hoher Qualitäts- und Sicherheitsstandards der Gesundheitsversorgung und bei Arzneimitteln und Medizinprodukten (zu Einzelheiten → Art. 9 Rn. 54). Auch hier muss die Verarbeitung auf einer nationalen oder unionsrechtlichen Grundlage erfolgen, das zudem angemessene und spezifische Maßnahmen zur Wahrung der Rechte und Freiheiten der betroffenen Personen, insbesondere das **Berufsgeheimnis** vorsieht.

4. Archiv-, Forschungs- und statistische Zwecke (Buchst. d). Nach Buchst. d besteht 66 eine Ausnahme, sofern eine Verarbeitung erforderlich ist **für im öffentlichen Interesse liegende Archivzwecke, wissenschaftliche oder historische Forschungszwecke oder für statistische Zwecke** gemäß Art. 89 Abs. 1, soweit eine Löschung gemäß Abs. 1 voraussichtlich die Verwirklichung der Ziele dieser Verarbeitung unmöglich macht oder ernsthaft, dh nicht nur geringfügig,[176] beeinträchtigt. Buchst. d enthält damit selbst eine ansonsten gemäß Art. 89 Abs. 2 und 3 mögliche (aber nach diesen Vorschriften nicht für Art. 17 geltende) Ausnahme des Unionsrechts (zu den Begriffen der im öffentlichen Interesse liegenden Archivzwecke, wissenschaftlichen oder historischen Forschungszwecke oder statistischen Zwecke → Art. 89 Rn. 16, 17; zu den Voraussetzungen der Unmöglichkeit bzw. ernsthaften Beeinträchtigung → Art. 89 Rn. 34).

---

[174] Von einer Öffnungsklausel sprechen daher *Kühling/Martini* DS-GVO S. 58.
[175] Der Begriff der öffentlichen Gesundheit ist iSd VO (EG) Nr. 1338/2008 zu Gemeinschaftsstatistiken über öffentliche Gesundheit und über Gesundheitsschutz und Sicherheit am Arbeitsplatz, ABl. 2008 L 354, 70, auszulegen (vgl. Erwägungsgrund 54).
[176] Kühling/Buchner/*Herbst* DS-GVO Art. 17 Rn. 82.

67 **5. Rechtsverfolgung (Buchst. e).** Nach Buchst. e besteht eine Ausnahme, sofern eine Verarbeitung zur **Geltendmachung, Ausübung oder Verteidigung von Rechtsansprüchen** erforderlich ist. Dies entspricht dem identischen berechtigten Interesse der Rechtsverfolgung iSv Art. 9 Abs. 2 Buchst. f. und Art. 49 Abs. 1 Buchst. e. Erfasst ist die Verfolgung von Rechtsansprüchen in einem Gerichtsverfahren, einem Verwaltungsverfahren oder einem anderen außergerichtlichen Verfahren (Erwägungsgründe 52 und 111) sowohl gegenüber der betroffenen Person als auch gegenüber Dritten (zu Einzelheiten → Art. 9 Rn. 42). Erfasst ist danach zB auch (unter Einhaltung der übrigen Anforderungen der DS-GVO) die Datenübermittlung zu Zwecken einer im US-Prozessrecht vorgesehenen Pre-Trial-Discovery zum Zwecke der Beweisaufnahme nach Klageerhebung und vor der Hauptverhandlung, die sich auch auf E-Mails und elektronische Dokumente (eDiscovery) erstrecken kann.[177] Ausgeschlossen ist dagegen die Nutzung zur Durchsetzung von Rechtsansprüchen, die zu missbräuchlichen, zB kartellrechtswidrigen Zwecken erfolgt (→ Art. 21 Rn. 29).[178] Eine bloß abstrakte Möglichkeit einer rechtlichen Auseinandersetzung genügt nicht. Bei Unsicherheit über künftige Rechtsstreitigkeiten ist eine abwägende Prognose unter Berücksichtigung der Wahrscheinlichkeit des Rechtsstreits und des Gewichts der betroffenen Rechtsansprüche und der Belange der betroffenen Person durchzuführen.[179]

68 **6. Sonstige Ausnahmen.** Unabhängig von den in Art. 17 Abs. 3 geregelten Ausnahmen können die Pflichten nach Abs. 1 und 2 gemäß Art. 23 Abs. 1 auch aufgrund von EU-Recht oder mitgliedstaatlichem Recht gesetzlich eingeschränkt werden. Diese **Einschränkungsmöglichkeit** besteht, wenn einer der in Art. 23 Abs. 1 aufgeführten Gründe diese Einschränkung rechtfertigt und iSv Art. 23 Abs. 2 ausgestaltet wird. Insbesondere im umfassenden Forderungskatalog und den dadurch spezifizierten Einschränkungsvoraussetzungen unterscheidet sich die Vorschrift von den Einschränkungsmöglichkeiten nach der DS-RL.

69 Dem Recht auf Löschung und Vergessenwerden kann schließlich im Einzelfall der Einwand des **Rechtsmissbrauchs** oder der **unzulässigen Rechtsausübung** entgegenstehen. Als objektive Tatbestandsvoraussetzung muss sich dazu aus einer Gesamtwürdigung der Umstände ergeben, dass trotz Vorliegens der Tatbestandsvoraussetzungen des Art. 17 durch eine Gewährung des Rechts auf Löschung und Vergessenwerden das Ziel des Art. 17 nicht erreicht wird. Als subjektive Voraussetzung muss aus einer Reihe objektiver Anhaltspunkte ersichtlich sein, dass der Zweck der Geltendmachung des Rechts auf Löschung und Vergessenwerden ein ungerechtfertigter Vorteil ist.[180] Ein Rechtsmissbrauch kommt zB in Betracht, wenn der Betroffene seinerseits offenkundig und schwerwiegend gegen eine gegenüber dem Verantwortlichen bestehende Pflicht oder Obliegenheit verstoßen hat, die im sachlichen Zusammenhang mit der Speicherung der zu löschenden Daten steht.[181]

IV. Modalitäten der Rechtsausübung

70 Die Ausübung des Rechts auf Löschung und Vergessenwerden verlangt nach dem Sprachgebrauch der DS-GVO einen **(Löschungs-)Antrag** (Art. 12 Abs. 2 ff.). Für das „Recht auf Vergessenwerden" gemäß Art. 17 Abs. 2 ergibt sich dies bereits implizit aus dem Wortlaut der Vorschrift („verlangt hat") (→ Rn. 43 ff.). Obwohl Art. 17 Abs. 1 eine von Löschungsanspruch unabhängige, jedoch mit ihm korrespondierende Löschungspflicht des Verantwortlichen statuiert (→ Rn. 31), gilt gleiches auch für Abs. 1. Eine **Löschungspflicht** des Verantwortlichen **ohne eine entsprechende Initiative bzw. Zustimmung der betroffenen Person widerspräche in etlichen Fällen dem Interesse des Betroffenen**.[182] Teilweise ergäben sich auch unangemessene Widersprüche zum Interesse des Verantwortlichen. So kann zB der Betroffene im Fall eines Wegfalls der Zweckerfüllung (Art. 17 Abs. 1 Buchst. a) anstelle der Löschung auch die

---

[177] HK-DS-GVO/*Peuker* Art. 17 Rn. 70.
[178] EuGH Urt. v. 17.6.1998 – T-111/96, ECLI:EU:T:1998:183 Rn. 55 – ITT Promedia/Kommission.
[179] Vgl. Kühling/Buchner/*Herbst* DS-GVO Art. 17 Rn. 83.
[180] Vgl. analog zum Auskunftsrecht GA *Kokott* SchlA v. 20.7.2017 – C-434/16, ECLI:EU:C:2017:582 Rn. 44 – Nowak unter Berufung auf EuGH Urt. v. 28.7.2016 – C-423/15, ECLI:EU:C:2016:604 Rn. 38–40 – Kratzer.
[181] VGH Mannheim Urt. v. 30.7.2004 – 1 S 1352/13, NVwZ-RR 2015, 161 Ls. 3.
[182] Anders anscheinend Europäischer Datenschutzausschuss, Opinion 39/2021 on whether Article 58(2)(g) GDPR could serve as a legal basis for a supervisory authority to order ex officio the erasure of personal data, in a situation where such request was not submitted by the data subject, Adopted on 14 December 2021, Rn. 19 ff.

Einschränkung der Verarbeitung verlangen, wenn sie die Daten für ihre Rechtsausübung benötigt (Art. 18 Abs. 1 Buchst. c). Hier würde eine Löschungspflicht ohne Beteiligung der betroffenen Person deren Rechtsstellung beeinträchtigen. Während bei einem Widerruf (Art. 17 Abs. 1 Buchst. b) und einem Widerspruch nach Art. 21 Abs. 1 (Art. 17 Abs. 1 Buchst. c Alt. 1) die betroffene Person ohnehin eine (Antrags-)Mitteilung an den Verarbeiter richtet, die unproblematisch zu einer Löschungspflicht führen kann, bezieht sich der Widerspruch gemäß Art. 21 Abs. 2 (Art. 17 Abs. 1 Buchst. c Alt. 2) nur auf die Verarbeitung zum Zweck der Direktwerbung. Hier hat der Verantwortliche das berechtigte Interesse, gegebenenfalls eine Weiterverarbeitung zu anderen Zwecken fortzusetzen (→ Rn. 26 und → Art. 21 Rn. 55). Im Fall einer Unrechtmäßigkeit einer Verarbeitung (Art. 17 Abs. 1 Buchst. d) besteht ebenfalls ein alternatives Recht der betroffenen Person auf Einschränkung der Verarbeitung (Art. 18 Abs. 1 Buchst. b) bzw. für den Fall, dass die Unrechtmäßigkeit der Verarbeitung in der Unrichtigkeit der Daten nach Art. 16 besteht, ein alternatives Recht auf Berichtigung. Auch diese Rechte der betroffenen Person würden durch eine Löschung vereitelt. In all diesen Fällen ist daher davon auszugehen, dass eine Löschung erst erfolgen muss, nachdem der Betroffene einen entsprechenden Antrag an den Verantwortlichen gestellt hat.[183]

Adressat des Löschungsantrags ist der für die Datenverarbeitung Verantwortliche.[184] Aufgrund der Erleichterungspflicht gemäß Art. 12 Abs. 2 muss der Verantwortliche einen Antrag wohl auch dann annehmen, wenn er bei einer Niederlassung (auch in einem anderen Mitgliedstaat) eingelegt wird. Auch weitere Verantwortliche, die vom Erstverantwortlichen verarbeitete Daten übermittelt erhalten und weiterverarbeiten, sind zulässige Adressaten, nicht jedoch der Auftragsverarbeiter oder Dritte. Der Verantwortliche hat allerdings zur Erleichterung der Rechtsausübung gemäß Art. 12 Abs. 2 dem Auftragsverarbeiter vertraglich aufzugeben, den bei ihm eingelegten Löschungsantrag an den Verantwortlichen weiterzuleiten, und diesen bei Weiterleitung auch anzunehmen. Nimmt der Verantwortliche von einem beim Auftragsverarbeiter oder Dritten eingelegten Löschungsantrag keine Kenntnis, geht dies (zB im Hinblick auf den Lauf der Monatsfrist des Art. 12 Abs. 3) zu Lasten des Antragstellers.

Der Löschungsantrag ist an **keine Form** gebunden.[185] Er kann schriftlich, mündlich, per SMS bzw. E-Mail oder sonst wie elektronisch (vgl. Erwägungsgrund 59) erhoben werden. Er muss nicht ausdrücklich als solcher bezeichnet sein und kann auch konkludent (zB im Rahmen einer Drohung zum Abbruch der Geschäftsbeziehung) erhoben werden, solange aus der entsprechenden Handlung aus objektivem Empfängerhorizont ein subjektiver Wille zum Verlangen auf Löschung gemäß Abs. 1 und gegebenenfalls auf Information anderer Verantwortlicher gemäß Abs. 2 eindeutig erkennbar ist. Ein vertraglich vereinbartes Formerfordernis (zB Schriftlichkeit) scheint, da es die Ausübung des Rechts auf Löschung und Vergessenwerden für die betroffene Person erschwert, mit dem Erleichterungsgebot des Art. 12 Abs. 2 (→ Art. 12 Rn. 23) kaum vereinbar.

Eine **Frist** für die Einlegung des Löschungsantrags besteht nicht. Seine Einlegung ist jederzeit möglich, auch schon vor einer Information gemäß Art. 12 Abs. 1 iVm Art. 13 oder 14.[186]

Erforderlicher **Inhalt** des Löschungsantrags ist ein für den Verantwortlichen erkennbares Löschungsbegehren mit der Identifizierung zumindest des Löschungsgegenstandes, dh der den Antragsteller betreffenden Daten (→ Rn. 10), sowie eines Löschungsgrundes (→ Rn. 19 ff.). Soll der Löschungsantrag gleichzeitig einen Antrag auf Geltendmachung des Rechts auf Vergessenwerden beinhalten, muss er zumindest einen zusätzlichen konkludenten Hinweis (zB dass die Löschung vollständig auch bei Dritten erfolgen sollte) enthalten. Im Übrigen muss der Löschungsantrag keine weitergehende Begründung enthalten und muss nicht auf Art. 17 explizit verweisen. Ein Auslistungsantrag gegenüber einem Suchmaschinenbetreiber kann sich dabei auf mehrere Gründe aus Art. 17 Abs. 1 stützen.[187] Nach Rechtsprechung des EuGH obliegt der betroffenen Person bei einem solchen Auslistungsantrag zwar der Nachweis, dass die Daten offensichtlich unrichtig oder zumindest ein nicht unbedeutender Teil der Daten offensichtlich

---

[183] Vgl. zum Ganzen Kühling/Buchner/*Herbst* DS-GVO Art. 17 Rn. 9 ff.
[184] EuGH Urt. v. 13.5.2014 – C-131/12, ECLI:EU:C:2014:317 Rn. 77 = ZD 2014, 350 – Google Spain und Google.
[185] So zum Widerspruchsrecht nach dem alten BDSG NK-BDSG/*Mallmann* § 20 Rn. 86; BeckOK DatenschutzR/*Worms* BDSG § 20 Rn. 71.
[186] Vgl. Erwägungsgrund 59.
[187] Europäischer Datenschutzausschuss, Leitlinien 5/2019 zu den Kriterien des Rechts auf Vergessenwerden in Fällen in Bezug auf Suchmaschinen gemäß der DSGVO Teil 1, Version 2.0 angenommen am 7.7.2020, Rn. 16.

unrichtig sind.[188] Damit darf der betroffenen Person aber keine übermäßige Belastung auferlegt werden. Die betroffene Person hat somit nur die Nachweise beizubringen, die unter Berücksichtigung des Einzelfalls von ihr vernünftigerweise verlangt werden können, damit der Verantwortliche die offensichtliche Unrichtigkeit feststellen kann.[189] Ein gerichtliches Vorgehen (auch im vorläufigen Rechtsschutz) gegen die Herausgeber der Webseite, die von dem Suchmaschinenbetreiber gelistet wird, ist, da es eine unzumutbare Belastung darstellt, nicht erforderlich.[190] Der Suchmaschinenbetreiber wiederum ist selbst nicht verpflichtet aktiv daran mitzuwirken zu prüfen, ob der Auslistungsantrag stichhaltig ist.[191] Er muss insbesondere nicht den Sachverhalt ermitteln und mit dem Herausgeber der Webseite in einen Schriftwechsel treten. Auch im Übrigen dürfen die Anforderungen an die Darlegungslast des Antragstellers (→ Rn. 19) aufgrund der Obliegenheit des Verantwortlichen zur Erleichterung der Ausübung des Löschungsrechts gemäß Art. 12 Abs. 2 (→ Art. 12 Rn. 23) nicht überstrapaziert werden. Aufgrund dieser Erleichterungsobliegenheit hat der Verantwortliche den Löschungsantrag sachgerecht auszulegen und gegebenenfalls die Pflicht, Unklarheiten im Antrag aufzuklären. In der Praxis sollte der Verantwortliche der betroffenen Person auch Mittel an die Hand geben, die ihr eine Spezifizierung ihres Antrags ermöglichen. So kann durch **Hinweise und Anleitung** etwa sichergestellt werden, dass die betroffene Person ihren Antrag eindeutig formuliert, sodass der Verantwortliche seine Pflicht dem Willen der betroffenen Person entsprechend erfüllen kann. Erforderliche Erleichterungsmaßnahmen können aber etwa die Bereitstellung von Formularen oder sogenannten FAQs auf der Webseite des Verantwortlichen oder aber die Bereitstellung einer Hotline mit Informationsmöglichkeiten zur Rechtsausübung sein.[192]

75 Die **Reichweite** des Löschungsantrags erfasst höchstens sämtliche betroffenen Verarbeitungen sämtlicher den Antragsteller betreffender personenbezogener Daten. In diesem Rahmen kann der Antragsteller den Umfang des Löschungsrechts selbst bestimmen. Er kann zB den Antrag auf bestimmte Daten, Datenarten oder auf bestimmte Formen, Zwecke oder Teile der Verarbeitung beschränken.

76 Das Recht auf Löschung und Vergessen ist **grundsätzlich kostenfrei** (Art. 12 Abs. 5). Das bedeutet, dass der Verantwortliche für die Maßnahmen, zu deren Ergreifung er nach den Art. 15 ff. verpflichtet ist, **kein Entgelt** verlangen darf. Dazu zählen nicht nur die unmittelbare Inrechnungstellung entsprechender Maßnahmen, sondern **auch mittelbare Kostenabwälzungen.** Ausnahmsweise kann der Verantwortliche jedoch eine **Missbrauchsgebühr** erheben, wenn ein Antrag offenkundig unbegründet ist oder Anträge exzessiv gestellt werden (Art. 12 Abs. 5 S. 2). Für die Missbräuchlichkeit trägt der Verantwortliche gemäß Art. 12 Abs. 5 S. 3 die Darlegungs- und Beweislast (→ Art. 12 Rn. 49).

C. Rechtsschutz

77 Lehnt der Verantwortliche eine Löschung gemäß Art. 17 Abs. 1 bzw. angemessene Maßnahmen zur Information anderer Verantwortlicher gemäß Art. 17 Abs. 2 ab bzw. behindert er eine solche, stehen der betroffenen Person sämtliche durch die Verordnung vorgesehenen Rechtsbehelfe zu. Primärrechtsschutz besteht aufgrund des Rechts auf **Beschwerde bei der zuständige Aufsichtsbehörde** (Art. 77) und eines Rechtsbehelfs gegen einen (nicht Abhilfe leistenden) Beschluss der Aufsichtsbehörde (Art. 78). Nach Art. 58 Abs. 2 Buchst. c und g verfügt jede Aufsichtsbehörde über sämtliche Abhilfebefugnisse, die es ihr gestatten, eine Löschung anzuordnen. Nach Auffassung des Europäischen Datenschutzausschusses soll dabei die Möglichkeit der Anordnung einer Löschung gemäß Art. 58 Abs. 2 Buchst. g unabhängig von

---

[188] EuGH Urt. v. 8.12.2022 – C-460/20, ECLI:EU:C:2022:962 Rn. 68, 72 = MMR 2023, 105 – Google (Déréférencement d'un contenu prétendument inexact).

[189] Falls der betroffenen Person dies nicht gelingt und auch keine diesbezügliche gerichtliche Entscheidung vorliegt, ist der Suchmaschinenbetreiber nicht verpflichtet dem Auslistungsantrag stattzugeben: EuGH Urt. v. 8.12.2022 – C-460/20, ECLI:EU:C:2022:962 Rn. 73 = MMR 2023, 105 – Google (Déréférencement d'un contenu prétendument inexact).

[190] So auch BVerfG Beschl. v. 6.11.2019 – 1 BvR 276/17, ECLI:DE:BVerfG:2019:rs20191106.1bvr027617 Rn. 112 = ZD 2020, 109 – Recht auf Vergessen II; BGH Urt. v. 3.5.2022 – VI ZR 832/20, ECLI:DE:BGH:2022:030522UVIZR832.20.0 Rn. 12 = ZD 2022, 454.

[191] EuGH Urt. v. 8.12.2022 – C-460/20, ECLI:EU:C:2022:962 Rn. 70 f. = MMR 2023, 105 – Google (Déréférencement d'un contenu prétendument inexact).

[192] Vgl. *Laue/Nink/Kremer* DatenschutzR § 4 Rn. 16.

einem tatsächlichen Löschungsantrag der betroffenen Person bestehen.[193] Daneben hat die betroffene Person das Recht auf einen **wirksamen gerichtlichen Rechtsbehelf** unmittelbar gegen den Verantwortlichen (Art. 79). Das Gerichtsverfahren richtet sich nach dem Verfahrensrecht des jeweiligen Mitgliedstaates (Erwägungsgrund 143). Soweit hinsichtlich eines Auslistungsantrags gegen einen Suchmaschinenbetreiber ein Verwaltungs- oder Gerichtsverfahren durchgeführt wird, ist dieser gehalten, im Rahmen der maßgeblichen Suchergebnisse einen Warnhinweis in Bezug auf das Verfahren aufzunehmen.[194] Ist eine Behörde Verantwortlicher und lehnt eine Löschung oder Information ab, ist die Ablehnung ein Verwaltungsakt, der mit den einschlägigen verwaltungsrechtlichen Rechtsbehelfen Widerspruch und **Verpflichtungsklage** gemäß §§ 42, 68 ff. VwGO angegriffen werden kann. Gegen einen privaten Verantwortlichen kann **Leistungsklage** (auf Löschung und Ergreifung angemessener Informationsmaßnahmen), daneben kann auch Unterlassungsklage (auf Unterlassung weiterer Verarbeitung)[195] erhoben werden. Sekundärrechtsschutz besteht aufgrund des **Rechts auf Schadensersatz** (Art. 82), das durch eine Staats- bzw. Amtshaftungsklage oder eine zivilrechtliche Schadensersatzklage ausgeübt werden kann. Neben den betroffenen Personen sind über das Verbandsklagerecht gemäß Art. 80 auch von der betroffenen Person ermächtigte Verbände zur Geltendmachung von Schadensersatzansprüchen wegen Verletzung des Löschungsrechts befugt. Schließlich kann der Verstoß gegen das Recht auf Löschung und Vergessenwerden mit einer **Geldbuße** geahndet werden (Art. 83).

D. Nationale Durchführung

I. Allgemeines

Das Recht auf Löschung und Vergessenwerden gemäß Art. 17 ersetzt wie auch die übrigen Betroffenenrechte der DS-GVO die **Betroffenenrechte nach nationalem Recht** (für Deutschland: §§ 19 ff., 33 ff. BDSG aF und entsprechende Regelungen des Landesrechts). Grundsätzlich ist es im Rahmen seines Anwendungsbereichs wie die übrigen Betroffenenrechte auch gegenüber sonstigen allgemeinen (zivilrechtlichen oder öffentlich-rechtlichen) Folgenbeseitigungsansprüchen gemäß (für Deutschland: §§ 823, 1004 BGB analog) oder gegenüber anderen **spezialgesetzlichen Löschungsansprüchen datenschutzrechtlichen Ursprungs nach nationalem Recht** vorrangig und abschließend.[196] Führen nationale Löschungsvorschriften andere Unionsregelungen durch, ist deren Anwendung neben dem Recht nach Art. 17 nicht per se ausgeschlossen. Sie dürfen jedoch den harmonisierten Schutzstandard, den Vorrang und die Wirksamkeit des Art. 17 als Ausfluss der Datenschutzgrundrechte nicht beeinträchtigen.[197]

II. Deutschland

Der deutsche Gesetzgeber hat im Hinblick auf das Löschungsrecht des Art. 17 Abs. 1 von der Beschränkungsmöglichkeit gemäß Art. 23 in **§ 35 BDSG** Gebrauch gemacht.

– Gemäß § 35 Abs. 1 BDSG besteht **im Fall nicht automatisierter Datenverarbeitung ein Recht auf Löschung (ursprünglich) rechtmäßig verarbeiteter Daten nicht,** wenn wegen der besonderen Art der Speicherung eine Löschung nicht oder nur mit unverhältnismäßig hohem Aufwand möglich ist und das Interesse der betroffenen Person an der Löschung als gering anzusehen ist. An seine Stelle tritt das Recht auf Einschränkung der Art. 18. § 35 Abs. 1 BDSG gilt sowohl für öffentliche als auch nichtöffentliche Stellen. Sie soll

---

[193] Europäischer Datenschutzausschuss, Opinion 39/2021 on whether Article 58(2)(g) GDPR could serve as a legal basis for a supervisory authority to order ex officio the erasure of personal data, in a situation where such request was not submitted by the data subject, Adopted on 14 December 2021, Rn. 19 ff. Der EuGH wird sich zu dieser Frage voraussichtlich im anhängigen Verfahren C-46/23 – Újpesti Polgármesteri Hivatal äußern.
[194] EuGH Urt. v. 8.12.2022 – C-460/20, ECLI:EU:C:2022:962 Rn. 76 = MMR 2023, 105 – Google (Déréférencement d'un contenu prétendument inexact).
[195] Vgl. BGH Urt. v. 13.12.2022 – VI ZR 54/21, ECLI:DE:BGH:2022:131222UVIZR54.21.0 Rn. 40.
[196] BGH Urt. v. 3.5.2022 – VI ZR 832/20, ECLI:DE:BGH:2022:030522UVIZR832.20.0 Rn. 18 = ZD 2022, 454; Urt. v. 27.7.2020 – VI ZR 405/18, ECLI:DE:BGH:2020:270720UVIZR405.18.0 Rn. 25, 64 = ZD 2020, 634.
[197] Vgl. analog zum unionrechtlichen Grundrechtsschutz im Verhältnis zum nationalen Grundrechtsschutz generell EuGH Urt. v. 26.2.2013 – C-399/11, ECLI:EU:C:2013:107 Rn. 60 – Melloni/Ministerio Fiscal; EuGH Urt. v. 26.2.2013 – C-617/10, ECLI:EU:C:2013:105 Rn. 29 – Åklagare/Åkerberg Fransson.

die Rechtslage nach §§ 20 Abs. 3, 35 Abs. 3 BDSG-alt weitgehend fortführen. Der **vertretbare Aufwand** für den Verantwortlichen bemisst sich nach dem jeweiligen Stand der Technik und erfasst insbesondere nicht oder nur mit unverhältnismäßig hohem Aufwand veränderbare oder löschbare Datenspeicher. Die Einschränkung nach § 35 Abs. 1 BDSG gilt nach S. 3 nicht für die Fallgruppe der Rechtswidrigkeit der Verarbeitung nach Art. 17 Abs. 1 Buchst. d, da der Verantwortliche bei einer unrechtmäßigen Datenverarbeitung nicht schutzwürdig ist und sich nicht auf einen unverhältnismäßig hohen Aufwand der Löschung wegen der von ihm selbst gewählten Art der Speicherung berufen kann.[198]

– Gemäß § 35 Abs. 2 BDSG hat der Verantwortliche in den Fällen, in denen der Verantwortliche die Daten der betroffenen Person nicht länger benötigt oder unrechtmäßig verarbeitet hat (Art. 17 Abs. 1 Buchst. a und d), eine Einschränkung der Verarbeitung ergänzend zu Art. 18 Abs. 1 Buchst. b und c, dh ohne Vorliegen ihrer Voraussetzungen und auch ohne entsprechendes Verlangen der betroffenen Person vorzunehmen, wenn er Grund zu der Annahme hat, dass durch eine Löschung **schutzwürdige Interessen der betroffenen Person beeinträchtigt** würden. Nach Auffassung des deutschen Gesetzgebers ist die Regelung notwendig, da der Verantwortliche nach Art. 17 grundsätzlich verpflichtet ist, nicht mehr erforderliche oder unrechtmäßig verarbeitete Daten zu löschen. Die Ausnahme entspricht § 20 Abs. 3 Nr. 2 und § 35 Abs. 3 Nr. 2 BDSG aF.[199]

– Gemäß § 35 Abs. 3 BDSG besteht ergänzend zu Art. 17 Abs. 3 Buchst. b ein Löschungsrecht bei Verarbeitungen für **Archiv-, Forschungs- und Statistikzwecke** nicht, sondern stattdessen eine Einschränkung der Verarbeitung, wenn einer Löschung satzungsgemäße oder vertragliche Aufbewahrungsfristen entgegenstehen. Die Ausnahme schützt den Verantwortlichen vor einer Pflichtenkollision.[200]

Ob insbesondere die Regelung des Abs. 2 zulässigerweise auf Art. 23 gestützt werden kann, ist fraglich. Sie enthält keine Beschränkung, sondern eine Erweiterung der Betroffenenrechte und Pflichten des Verantwortlichen.[201]

III. Österreich

80   Das DSG 2018 regelt in § 4 Abs. 2, dass in Fällen, in denen die Löschung von automationsunterstützt verarbeiteten personenbezogenen Daten nicht unverzüglich erfolgen kann, weil diese aus wirtschaftlichen oder technischen Gründen nur zu bestimmten Zeitpunkten vorgenommen werden kann, die Verarbeitung der betreffenden personenbezogenen Daten mit der Wirkung nach Art. 18 Abs. 2 bis zu diesem Zeitpunkt einzuschränken ist. Ob die Regelung mit Art. 17 Abs. 1 vereinbar ist, wird bezweifelt.[202]

81   Das DSG 2018 regelt in § 9, dass die Regelungen in Kapitel III der DS-GVO auf die Verarbeitung, die zu journalistischen Zwecken oder zu wissenschaftlichen, künstlerischen oder literarischen Zwecken erfolgt, keine Anwendung finden, soweit dies erforderlich ist, um das Recht auf Schutz der personenbezogenen Daten mit der Freiheit der Meinungsäußerung in Einklang zu bringen, insbesondere im Hinblick auf die Verarbeitung von personenbezogenen Daten durch Medienunternehmen, Mediendienste oder ihre Mitarbeiter unmittelbar für ihre publizistische Tätigkeit im Sinne des österreichischen Mediengesetzes.[203]

Art. 18 Recht auf Einschränkung der Verarbeitung

(1) Die betroffene Person hat das Recht, von dem Verantwortlichen die Einschränkung der Verarbeitung zu verlangen, wenn eine der folgenden Voraussetzungen gegeben ist:

a) die Richtigkeit der personenbezogenen Daten von der betroffenen Person bestritten wird, und zwar für eine Dauer, die es dem Verantwortlichen ermöglicht, die Richtigkeit der personenbezogenen Daten zu überprüfen,

---

[198] Vgl. BT-Drs. 18/11325, 105.
[199] Vgl. BT-Drs. 18/11325, 105.
[200] Vgl. BT-Drs. 18/11325, 106.
[201] Insges. krit. DSK, Kurzpapier Nr. 11, Recht auf Löschung/„Recht auf Vergessenwerden", S. 3.
[202] Vgl. *Knaak* ZD-Aktuell 2017, 05758 (unter 3. e) mwN; *Gilga/Knaak* ZD-Aktuell 2017, 05708 (unter 4. b).
[203] Öst. BGBl. Nr. 314/1981.

b) die Verarbeitung unrechtmäßig ist und die betroffene Person die Löschung der personenbezogenen Daten ablehnt und stattdessen die Einschränkung der Nutzung der personenbezogenen Daten verlangt;
c) der Verantwortliche die personenbezogenen Daten für die Zwecke der Verarbeitung nicht länger benötigt, die betroffene Person sie jedoch zur Geltendmachung, Ausübung oder Verteidigung von Rechtsansprüchen benötigt, oder
d) die betroffene Person Widerspruch gegen die Verarbeitung gemäß Artikel 21 Absatz 1 eingelegt hat, solange noch nicht feststeht, ob die berechtigten Gründe des Verantwortlichen gegenüber denen der betroffenen Person überwiegen.

(2) Wurde die Verarbeitung gemäß Absatz 1 eingeschränkt, so dürfen diese personenbezogenen Daten – von ihrer Speicherung abgesehen – nur mit Einwilligung der betroffenen Person oder zur Geltendmachung, Ausübung oder Verteidigung von Rechtsansprüchen oder zum Schutz der Rechte einer anderen natürlichen oder juristischen Person oder aus Gründen eines wichtigen öffentlichen Interesses der Union oder eines Mitgliedstaats verarbeitet werden.

(3) Eine betroffene Person, die eine Einschränkung der Verarbeitung gemäß Absatz 1 erwirkt hat, wird von dem Verantwortlichen unterrichtet, bevor die Einschränkung aufgehoben wird.

Literatur: *Franck,* Das System der Betroffenenrechte nach der Datenschutz-Grundverordnung (DS-GVO), RDV 2016, 111; *Kühling/Martini,* Die Datenschutz-Grundverordnung: Revolution oder Evolution im europäischen und deutschen Datenschutzrecht, EuZW 2016, 448; *Piltz,* Die Datenschutz-Grundverordnung. Teil 2: Rechte der Betroffenen und korrespondierende Pflichten des Verantwortlichen, K&R 2016, 629; *Pötters,* Primärrechtliche Vorgabe für eine Reform des Datenschutzes, RDV 2015, 10; *Schantz,* Die Datenschutzgrundverordnung – Beginn einer neuen Zeitrechnung im Datenschutzrecht, NJW 2016, 1841.

Rechtsprechung: EuG Urt. v. 17.6.1998 – T-111/96, ECLI:EU:T:1998:183 – ITT Promedia/Kommission; EuGH Urt. v. 6.11.2003 – C-101/01, ECLI:EU:C:2003:596 – Lindqvist; EuGH Urt. v. 29.1.2008 – C-275/06, ECLI:EU:C:2008:54 – Promusicae; EuGH Urt. v. 17.3.2014 – C-314/12, ECLI:EU:C:2014:192 – UPC Telekabel Wien; EuGH Urt. v. 13.5.2014 – C-131/12, ECLI:EU:C:2014:317 – ZD 2014, 350 – Google Spain und Google; EuGH Urt. v. 6.10.2015 – C-362/14, ECLI:EU:C:2015:650 – ZD 2015, 549 – Schrems; EuGH Urt. v. 9.3.2017 – C-398/15, ECLI:EU:C:2017:19 – Manni; VGH Baden-Württemberg Urt. v. 10.3.2020 – 1 S 397/19, ECLI:DE:VGHBW:2020:0310.1S 397.19.00.

Übersicht

	Rn.
A. Allgemeines	1
I. Zweck und Bedeutung der Vorschrift	1
II. Systematik, Verhältnis zu anderen Vorschriften	5
B. Einzelerläuterungen	8
I. Voraussetzungen des Einschränkungsrechts (Abs. 1)	8
1. Berichtigungsprüfung (Buchst. a)	11
2. Unrechtmäßigkeit der Verarbeitung (Buchst. b)	14
3. Rechtsverfolgung (Buchst. c)	18
4. Widerspruch (Buchst. d)	21
II. Modalitäten der Rechtsausübung	24
III. Rechtsfolgen (Abs. 2)	25
1. Anspruch auf Einschränkung	25
2. Ausnahmen	30
a) Einwilligung (1. Alt.)	31
b) Rechtsverfolgung (2. Alt.)	32
c) Schutz der Rechte anderer Personen (3. Alt.)	33
d) Schutz wichtiger Interessen der Union oder eines Mitgliedstaats (4. Alt.)	34
IV. Unterrichtungspflicht (Abs. 3)	36
C. Rechtsschutz	37
D. Nationale Durchführung	38
I. Allgemeines	38
II. Deutschland	39
III. Österreich	40

A. Allgemeines

I. Zweck und Bedeutung der Vorschrift

1 Art. 18 gibt der betroffenen Person unter bestimmten Voraussetzungen das **Recht auf Einschränkung der Verarbeitung,** dh der Markierung ihrer gespeicherten personenbezogenen Daten durch den Verantwortlichen mit dem Ziel ihre künftige Verarbeitung einzuschränken (Art. 4 Nr. 3; → Art. 4 Rn. 20). Abs. 1 regelt die grundsätzliche Anspruchsgewährung und listet in Buchst. a–d abschließend die Voraussetzungen des Einschränkungsrechts auf. Abs. 2 regelt als Rechtsfolgen der Einschränkung, dass abgesehen von einer Speicherung eine weitere Verarbeitung nur mit ihrer Einwilligung oder aufgrund eines übergeordneten Interesses des Verantwortlichen zur Durchsetzung von Rechtsansprüchen oder aufgrund eines übergeordneten Interesses Dritter bzw. eines wichtigen öffentlichen Interesses erfolgen darf. Abs. 3 enthält eine ergänzende Unterrichtungspflicht des Verantwortlichen gegenüber der betroffenen Person vor der Aufhebung der Einschränkung.

2 Das Einschränkungsrecht gemäß Art. 18 ist ähnlich dem Berichtigungs- und Löschungsrecht **Ausfluss der** – auch im Verhältnis zu privaten Verantwortlichen geltenden – **Grundrechte auf Achtung des Privatlebens und auf Schutz personenbezogener Daten** gemäß Art. 7 und 8 Abs. 1 GRCh sowie Art. 16 Abs. 1 AEUV. Es bietet der betroffenen Person neben der Berichtigung und Löschung eine ergänzende Möglichkeit, Kontrolle und Steuerung über ihre personenbezogenen Daten auszuüben. Art. 18 Abs. 1 schafft in den Fällen, in denen die betroffene Person die Betroffenenrechte der Berichtigung (Buchst. a), der Löschung (Buchst. b) und des Widerspruchs (Buchst. d) aufgrund von Unklarheiten oder rechtlichen Prüfungen des Verantwortlichen noch nicht durchsetzen kann oder weil sie eine Löschung von Daten aufgrund eigener Interessen (Buchst. b) nicht durchsetzen oder gar verhindern will, weil sie die Daten noch zur Durchsetzung von Rechtsansprüchen benötigt (Buchst. c), einen im Ausgangspunkt **vorübergehenden Schutzzustand,**[1] so dass der betroffenen Person – abgesehen von der erfolgten Speicherung – keine weiteren Nachteile mehr aus der Verarbeitung (oder im Fall des Buchst. c der Beendigung der Verarbeitung) ihrer personenbezogenen Daten durch den Verantwortlichen entstehen. Der Verantwortliche muss seine Verfügung über die Daten nicht endgültig aufgeben. Er muss nur festlegen, dass neben der Speicherung, die weiter möglich und auf Basis von Art. 18 Abs. 2 zulässig ist, jede weitere den Rahmen des Art. 18 Abs. 2 überschreitende Verarbeitung unterbleibt.[2] Art. 18 stellt damit ein die Berichtigungs- und Löschungsrechte gemäß Art. 16 und 17 flankierendes unmittelbar geltendes und vollstreckbares unionsrechtliches **vorläufiges Schutz- und Sicherungsrecht zur Erhaltung des Speicherungs-„Status quo"** dar.[3]

3 Gleichzeitig bezweckt die Vorschrift den im Bereich des Datenschutzrechts generell notwendigen **angemessenen Interessenausgleich** zwischen den (Grund-)Rechten und Interessen der betroffenen Person sowie dem Interesse am freien Verkehr von Daten und Dienstleistungen des Verantwortlichen und seiner Dienstleistungsempfänger sowie anderen betroffenen Grundrechten des Verantwortlichen und Dritter (zB der unternehmerischen Freiheit gemäß Art. 16 GRCh, der Meinungsfreiheit gemäß Art. 11 Abs. 1 GRCh sowie dem Urheberrecht und verwandten Schutzrechten, die Teil des Rechts des geistigen Eigentums gemäß Art. 17 Abs. 2 GRCh sind) sowie gegebenenfalls auch dem Interesse der Allgemeinheit gemäß dem Grundsatz der Verhältnismäßigkeit.[4] Die Berücksichtigung weitergehender Interessen der betroffenen Person und des Verarbeiters kommt im Rahmen des Art. 19 sowohl auf der Tatbestandsseite (Abs. 1) als auch auf der Rechtsfolgenseite (Abs. 2) zum Ausdruck. Insbesondere die Beurteilung der Rechts-

---

[1] Vgl. *Laue/Nink/Kremer* DatenschutzR § 4 Rn. 55; vgl. aber auch Erwägungsgrund 129, der auch von der Möglichkeit einer endgültigen Einschränkung spricht.
[2] Vgl. zu Art. 12 DS-RL *Dammann/Simitis* EG-DatenschutzRL Art. 12 Rn. 17.
[3] *Paal/Pauly/Paal* DS-GVO Art. 18 Rn. 3 und in der Folge Gierschmann/Schlender/Stentzel/Veil/*Veil* DS-GVO Art. 18 Rn. 4 sprechen von quasi-einstweiligem Rechtsschutz.
[4] Vgl. zB EuGH Urt. v. 6.11.2003 – C-101/01, ECLI:EU:C:2003:596 Rn. 87 – Lindqvist; EuGH Urt. v. 16.12.2008 – C-73/07, ECLI:EU:C:2008:727 Rn. 53 ff. – Satakunnan Markkinapörssi und Satamedia; EuGH Urt. v. 13.5.2014 – C-131/12, ECLI:EU:C:2014:317 Rn. 81, 97 = ZD 2014, 350 – Google Spain und Google; EuGH Urt. v. 6.10.2015 – C-362/14, ECLI:EU:C:2015:650 Rn. 42 mwN = ZD 2015, 549 – Schrems; EuGH Urt. v. 29.1.2008 – C-275/06, ECLI:EU:C:2008:54 Rn. 68 – Promusicae; EuGH Urt. v. 17.3.2014 – C-314/12, ECLI:EU:C:2014:192 Rn. 46–47 – UPC Telekabel Wien.

folgen verlangt eine **spezifische Einzelfallabwägung unter Berücksichtigung aller Umstände** (→ Rn. 34).

Das Recht auf Einschränkung der Verarbeitung gemäß Art. 18 tritt an die Stelle des **Art. 12 Buchst. b DS-RL** unter Vermeidung des mehrdeutigen Begriffs der **Sperrung**[5] und konkretisiert seine Voraussetzungen und Rechtsfolgen. Nachdem es im ursprünglichen Vorschlag der Kommission noch als Teil des Löschungsrecht in Art. 17 Abs. 4 vorgesehen war („Anstatt die personenbezogenen Daten zu löschen ...")[6] und auch im Rahmen des politischen Trilogergebnis[7] noch als Art. 17a und damit in einem engen Zusammenhang mit dem Löschungsrecht stand, wurde es letztlich in Art. 18 als neben dem Berichtigungs- und dem Löschungsrecht gemäß Art. 16 und 17 stehendes eigenständiges Recht im Rahmen der Betroffenenrechte statuiert.[8]

II. Systematik, Verhältnis zu anderen Vorschriften

Art. 18 gehört systematisch zum Kapitel III „Rechte der betroffenen Personen", Abschnitt 3 „Berichtigung und Löschung" (Art. 16–20). Er folgt nach der Konzeption der DS-GVO den Informations- und Auskunftsrechten des Abschnitts 2 (Art. 13–15). Seine **Stellung als vorläufiges Schutzrecht** zur Absicherung einer Berichtigung (Art. 16) bzw. Löschung (Art. 17) (auch infolge eines Widerspruchs) oder eines eigenen Rechtsschutzinteresses zeigt sich an seiner Stellung nach diesen beiden zentralen Korrekturrechten. Als weiteres Anschlussrecht gilt die Folgemitteilungs- und -unterrichtungspflicht gemäß Art. 19: Hat der Verantwortliche eine Einschränkung durchgeführt, ist er gemäß Art. 19 verpflichtet, Empfängern, denen er die betroffenen Daten zuvor offengelegt hat, die Einschränkung mitzuteilen und die betroffene Person über die Empfänger zu unterrichten.

Art. 18 enthält keine Regelungen über die **Information, Kommunikation und Modalitäten zur Durchsetzung** des Einschränkungsrechts. Hierfür gilt Art. 12, so eine generelle Informations- und Mitteilungspflicht (Art. 12 Abs. 1; → Art. 12 Rn. 8 ff.), eine generelle Unterstützungs- und Erleichterungspflicht (Art. 12 Abs. 2; → Art. 12 Rn. 23), eine Reaktions- und Mitteilungspflicht über getroffene Maßnahmen (Art. 12 Abs. 3 und 4; → Art. 12 Rn. 31, 36), die grundsätzliche Kostenfreiheit (Art. 12 Abs. 5; → Art. 12 Rn. 42) und das Identitätsfeststellungsverfahren bei Unklarheiten über die Identität der betroffenen Person (Art. 11 und 12 Abs. 6; → Art. 12 Rn. 50). Daneben gilt auch hier Art. 22. Zu den Rechtsfolgen der Missachtung der Modalitäten → Art. 12 Rn. 59.

Das Einschränkungsrecht unterliegt wie die anderen Betroffenenrechte dem **allgemeinen Beschränkungsvorbehalt gemäß Art. 23** durch EU- oder nationale Gesetzgebungsmaßnahmen (→ Art. 23 Rn. 1). Bei Datenverarbeitungen zu journalistischen, wissenschaftlichen, künstlerischen oder literarischen Zwecken unterliegt das Berichtigungsrecht dem – national zwingend zu konkretisierenden – **Ausnahmevorbehalt** gemäß der obligatorischen Spezifizierungsklausel des **Art. 85 Abs. 2** (sog. Medien- und Wissenschaftsprivileg) (→ Art. 85 Rn. 16), wenn dies erforderlich ist, um das Datenschutzrecht mit dem Grundrecht auf Meinungs- und Informationsfreiheit in Einklang zu bringen,[9] bei Verarbeitungen zu wissenschaftlichen oder historischen Forschungs- oder statistischen Zwecken sowie zu Archivzwecken daneben dem **Ausnahmevorbehalt** gemäß der fakultativen Spezifizierungsklausel des **Art. 89 Abs. 2 und 3**, soweit seine Ausübung die Verwirklichung der spezifischen Forschungs-, Archiv- bzw. Statistikzwecke unmöglich machen oder ernsthaft beeinträchtigen würde und die Ausnahmen für die Erfüllung dieser Zwecke erforderlich sind (→ Art. 89 Rn. 34, 35).

---

[5] Vorschlag der Kommission v. 25.1.2012, KOM(2012) 11 endgültig, 9; vgl. *Franck* RDV 2016, 111 (114), der das Einschränkungsrecht als „funktionales Äquivalent" zur Sperrung bezeichnet.
[6] Vgl. Art. 17 Abs. 4 des Vorschlags der Kommission v. 25.1.2012, KOM(2012)11 endgültig.
[7] Notiz des Vorsitzes für den Ausschuss der ständigen Vertreter, Ergebnis der Trilog-Parteien v. 15.12.2015, Rats-Dok. 15039/15.
[8] Zur Genese der Einzelvorschriften des Art. 18 vgl. BeckOK DatenschutzR/*Worms* DS-GVO Art. 18 Rn. 4 ff.
[9] Vgl. zum Medienprivileg gem. der Vorgängervorschrift des Art. 9 DS-RL EuGH Urt. v. 16.12.2008 – C-73/07, ECLI:EU:C:2008:727 – Satakunnan Markkinapörssi und Satamedia.

B. Einzelerläuterungen

I. Voraussetzungen des Einschränkungsrechts (Abs. 1)

8 Abs. 1 gewährt das Recht auf Einschränkung der Verarbeitung (Art. 4 Nr. 3; → Art. 4 Rn. 20), wenn die Voraussetzungen der **Katalogtatbestände der Buchst. a–d** erfüllt sind. Wie sich aus dem Wortlaut des Abs. 1 ergibt, gelten diese Katalogtatbestände sowohl **alternativ** als auch **abschließend**.

9 Systematisch bilden die Katalogtatbestände **unterschiedliche, sich teilweise überlappende Interessenlagen** des Verantwortlichen und der betroffenen Person ab. Im Rahmen von Buchst. a, b und d hat der Verantwortliche Interesse an der Datenverarbeitung. Im Gegensatz dazu regelt Buchst. c den Fall, dass der Verantwortliche selbst kein Interesse mehr an den personenbezogenen Daten und deren Verarbeitung und Speicherung hat. Die betroffene Person möchte in den Fällen der Buchst. a und d ihre Hauptrechte auf Berichtigung und Widerspruch vorläufig sichern. In Buchst. b und c steht dagegen ihr Interesse am Erhalt der Daten durch eine fortgesetzte Speicherung im Vordergrund, in Buchst. b als voraussetzungsloses Minus zum Löschungsrecht, in Buchst. c zum Zweck der Geltendmachung, Ausübung oder Verteidigung von Rechten.[10]

10 Das Recht auf Einschränkung hängt gemäß Art. 18 Abs. 1 Buchst. a–d stets von bestimmten Erklärungen der betroffenen Person ab (Bestreiten der Richtigkeit der Daten; Ablehnung der Löschung; Erklärung, die Daten zur Rechtsverfolgung weiter zu benötigen; Widerspruch). Hieraus ergibt sich, dass das Recht auf Einschränkung ein spezielles Initiativrecht der betroffenen Person ist, das nur **auf Antrag** zu gewähren ist.[11] Die **Darlegungs- und Substantiierungslast** für das Vorliegen der Voraussetzungen einer Einschränkung trägt die betroffene Person.[12]

11 **1. Berichtigungsprüfung (Buchst. a).** Nach Buchst. a wird die Einschränkung der Verarbeitung angeordnet, wenn die betroffene Person die Richtigkeit der Daten bestritten hat, und zwar für die Dauer, die es dem Verantwortlichen ermöglicht, die (bestrittene) Richtigkeit der Daten zu überprüfen. Buchst. a dient danach zur **vorläufigen Absicherung des Berichtigungsrechts gemäß Art. 16**.

12 Die betroffene Person muss die Richtigkeit der Daten bestreiten. Sie muss gegenüber dem Verantwortlichen substantiierte Angaben zur angeblichen Unrichtigkeit der verarbeiteten Daten machen (sog. **qualifiziertes Bestreiten**). Ein willkürliches Bestreiten ohne irgendwelche Anhaltspunkte, mit dem die betroffene Person eine Verarbeitung möglicherweise richtiger, aber für sie nachteiliger Daten verhindern möchte, reicht nicht aus.[13] Die Unrichtigkeit muss nicht objektiv vorliegen. Buchst. a ist nicht anwendbar auf andere Fälle, in denen eine betroffene Person eine rechtswidrige Verarbeitung behauptet und Löschung gemäß Art. 17 beantragt oder einen Widerspruch gemäß Art. 21 einlegt.

13 **Zeitlich** beginnt das Einschränkungsrecht ab dem Zugang eines Antrags auf Berichtigung beim Verantwortlichen. Seine **Dauer** erstreckt sich bis zu dem Zeitpunkt, zu dem dem Verantwortlichen eine Prüfung der (Un-)Richtigkeit möglich ist. Diese unbestimmte Zeitregelung wird konkretisiert durch Art. 12 Abs. 3 und 4 und Art. 16, wonach der Verantwortliche unverzüglich (dh ohne schuldhaftes Zögern (→ Art. 16 Rn. 33)), spätestens jedoch innerhalb von einem Monat (unter Umständen mit einer Verlängerungsmöglichkeit von zwei Monaten) über einen Berichtigungsantrag entscheiden und eine ablehnende Entscheidung mit Begründung und Rechtsbehelfsbelehrung mitteilen muss (→ Art. 12 Rn. 36). Diese Frist markiert damit gleichzeitig die Höchstdauer zur Ermöglichung der Prüfung. Ab Mitteilung einer Ablehnung einer Berichtigung greift Buchst. a nicht mehr. Stattdessen könnte die betroffene Person, wenn die

---

[10] *Härting* DS-GVO S. 174 Rn. 713.
[11] Vgl. Schaffland/Wiltfang/*Schaffland/Holthaus* DS-GVO Art. 18 Rn. 2; Gierschmann/Schlender/Stentzel/Veil/*Veil* DS-GVO Art. 18 Rn. 12, 27.
[12] *Laue/Nink/Kremer* DatenschutzR § 4 Rn. 58.
[13] Vgl. Gola/Heckmann/*Gola* DS-GVO Art. 18 Rn. 8; Paal/Pauly/*Paal* DS-GVO Art. 18 Rn. 16; ähnlich Gierschmann/Schlender/Stentzel/Veil/*Veil* DS-GVO Art. 18 Rn. 43, 62, wonach ein Einschränkungsverlangen „ins Blaue hinein" bzw. ein willkürliches Bestreiten nicht ausreicht; aA HK-DS-GVO/*Peuker* Art. 18 Rn. 10; Kühling/Buchner/*Herbst* DS-GVO Art. 18 Rn. 11, wonach einfaches, auch nicht plausibilisiertes Bestreiten genügt; Wybitul/*Fladung* DS-GVO Art. 18 Rn. 5, wonach lediglich ein rechtsmissbräuchliches Bestreiten nicht ausreichend ist.

Verarbeitung unrichtiger Daten rechtswidrig ist, ab der Ablehnung das Einschränkungsrecht gemäß Buchst. b geltend machen. Lässt sich die Unrichtigkeit endgültig nicht beweisen (**non-liquet**), soll der Anspruch auf Einschränkung der Verarbeitung nicht greifen.[14] Ein bloßes Bestreiten erwächst danach nicht zu einer permanenten Einschränkung der Verarbeitung.

2. Unrechtmäßigkeit der Verarbeitung (Buchst. b).

Buchst. b greift im Fall der **Un- 14 rechtmäßigkeit** einer Verarbeitung, wenn die betroffene Person eine Löschung der personenbezogenen Daten ablehnt und stattdessen die Einschränkung der Nutzung personenbezogener Daten verlangt. Buchst. b ermöglicht der betroffenen Person damit im Fall einer rechtswidrigen Verarbeitung ein **Wahlrecht** zwischen dem Löschungsrecht iSv Art. 17 Abs. 1 Buchst. a–d und dem Einschränkungsrecht gemäß Buchst. b. Sie kann die Löschung ablehnen und stattdessen – also **alternativ** – die Einschränkung verlangen. Ein auf Löschung ausgerichtetes Begehren der betroffenen Person muss dementsprechend dahingehend ausgelegt werden, ob der Betroffene tatsächlich die Löschung oder lediglich die Einschränkung der Verarbeitung verlangt.[15]

Die Verarbeitung muss unrechtmäßig sein. Aus dem unterschiedlichen Wortlaut gegenüber 15 Buchst. a ergibt sich, dass nicht ausreicht, dass die betroffene Person (in einem Antrag auf Einschränkung) eine Unrechtmäßigkeit lediglich behauptet. Vielmehr muss die **Unrechtmäßigkeit objektiv vorliegen**. Hierfür trägt die betroffene Person die Darlegungs- und Substantiierungslast. Unrechtmäßigkeit besteht auch im Fall des **Zweckwegfalls**. Nach Auffassung des EuGH besteht kein automatisches Recht auf Einschränkung einer **Eintragung** personenbezogener Daten von Gesellschaftern oder Organmitgliedern in ein **Handels- oder Gesellschaftsregister** nach Ablauf einer bestimmten Frist nach Auflösung einer Gesellschaft. In Anbetracht möglicher Ansprüche Dritter gegen die Gesellschafter bzw. Organmitglieder kann der Zeck der Eintragung fortbestehen, so dass die Eintragung nicht unrechtmäßig wird. Aufgrund der Vielzahl der möglichen Szenarien, in denen Akteure in mehreren Mitgliedstaaten beteiligt sein können, sowie der erheblichen Unterschiede in den Verjährungsfristen der verschiedenen nationalen Rechtsordnungen für die verschiedenen Rechtsgebiete, ist die Festlegung konkreter Fristen für einen etwaigen Zweckwegfall nicht möglich.[16] Nicht jeder Verstoß gegen Regelungen der DS-GVO führt auch zu einem Verstoß gegen die in Art. 5 Abs. 1 enthaltenen Grundsätze für die Verarbeitung von personenbezogenen Daten. Nach Auffassung des EuGH liegt eine unrechtmäßige Verarbeitung dann vor, wenn die Verarbeitung nicht den Art. 7 bis 11 entspricht, die den Umfang der Pflichten aus dem Grundsatz der Rechtmäßigkeit nach Art. 5 Abs. 1 Buchst. a und Art. 6 Abs. 1 näher bestimmen.[17] Allgemeine Pflichten wie der Abschluss einer Vereinbarung nach Art. 26 Abs. 1 oder das Führen eines Verarbeitungsverzeichnisses nach Art. 30 stellen demgegenüber nur allgemeine Pflichten dar, die die Rechtmäßigkeit der Verarbeitung nach Art. 5 Abs. 1 Buchst. a nicht tangieren.[18] Bei einem Verstoß gegen solche allgemeine Pflichten werde insbesondere auch nicht der Grundsatz der Rechenschaftspflicht aus Art. 5 Abs. 2 verletzt.[19] Unrechtmäßigkeit liegt auch im Fall vor, in dem der Verantwortliche einen Einschränkungsantrag wegen **Unrichtigkeit** gemäß Buchst. a fehlerhafterweise ablehnt. Daneben greift Buchst. b wohl auch ein, wenn trotz qualifizierten Bestreitens und umfassender Prüfung durch den Verantwortlichen keine Partei die (Un-)Richtigkeit verarbeiteter Daten beweisen kann (**non-liquet-Situation**). In diesem Fall ist eine Einschränkung der Verarbeitung gemäß Art. 18 Abs. 1 Buchst. a, die infolge des Bestreitens der Richtigkeit nur für die Dauer der Prüfung gilt (→ Rn. 13), auf der Grundlage von Buchst. b zu verlängern, bis die betroffene Person wieder in die ursprüngliche Verarbeitung einwilligt, sonstige überwiegende Gründe zur Vornahme der Verarbeitung gemäß Art. 18 Abs. 2 eingreifen, oder in besonderen Ausnahmesituationen überwiegende Grundrechte oder Interessen des Verantwortlichen oder Dritter eine Verarbeitung rechtfertigen (→ Art. 16 Rn. 22).[20]

---

[14] VGH BW Urt. v. 10.3.2020 – 1 S 397/19, ECLI:DE:VGHBW:2020:0310.1S 397.19.00 Rn. 99 ff.
[15] Vgl. HK-DS-GVO/*Peuker* Art. 18 Rn. 14.
[16] EuGH Urt. v. 9.3.2017 – C-398/15, ECLI:EU:C:2017:19 Rn. 52 ff. – Manni.
[17] EuGH Urt. v. 4.5.2023 – C-60/22, ECLI:EU:C:2023:373 Rn. 58.
[18] EuGH Urt. v. 4.5.2023 – C-60/22, ECLI:EU:C:2023:373 Rn. 59 ff.
[19] EuGH Urt. v. 4.5.2023 – C-60/22, ECLI:EU:C:2023:373 Rn. 61.
[20] AA wohl BVerwG Urt. v. 2.3.2022 – 6 C 7.20, NVwZ 2022, 1205 Rn. 52. Vgl. auch Schaffland/Wiltfang/*Schaffland*/*Holthaus* DS-GVO Art. 18 Rn. 14; HK-DS-GVO/*Peuker* Art. 18 Rn. 12, wonach die dauerhafte Einschränkung mit einem Zusatz, dass die Richtigkeit der Daten unerweislich bestritten wurde, zu verbinden ist; aA Paal/Pauly/*Paal* DS-GVO Art. 18 Rn. 3; Kühling/Buchner/*Herbst* DS-GVO Art. 18 Rn. 12, wonach im non-liquet ein Berichtigungs- bzw. Löschungsanspruch besteht. Eine ausdrückliche

16 Buchst. b setzt weiter voraus, dass die betroffene Person die Löschung **ablehnt** und eine **Einschränkung der Nutzung verlangt.** Das Einschränkungsrecht entsteht damit erst nach ausdrücklicher Ausübung des Wahlrechts, dh der Mitteilung der betroffenen Person an den Verantwortlichen, keine Löschung und stattdessen eine Nutzungseinschränkung zu wollen. Macht eine betroffene Person also eine Löschung rechtswidrig verarbeiteter Daten geltend und löscht der Verantwortliche infolge des Löschungsantrags die Daten, kann sich die betroffene Person mangels Ablehnungsmitteilung anschließend nicht darauf berufen, die Löschung sei selbst wiederum eine rechtswidrige Verarbeitung gewesen. Der Verweis auf die Einschränkung der „Nutzung" dient der Klarstellung, dass die betroffene Person nicht die Einschränkung der Speicherung der Daten verlangen darf (dies käme einer Löschung gleich), sondern lediglich eine Einschränkung ihrer Verwendung.

17 Das Einschränkungsrecht gemäß Buchst. b gilt für den **Zeitraum,** bis die Daten auf ein **geändertes Verlangen** der betroffenen Person gelöscht werden. Die betroffene Person ist also durch die Ausübung des Wahlrechts zugunsten einer Einschränkung nicht an der späteren Ausübung ihres Löschungsrechts gehindert. Wird eine Verarbeitung, zB durch neues Hinzutreten eines Rechtfertigungsgrunds gemäß Art. 6, rechtmäßig, entfällt das Einschränkungsrecht gemäß Buchst. b ebenfalls.

18 **3. Rechtsverfolgung (Buchst. c).** Buchst. c erfasst den Fall, dass der Verantwortliche die personenbezogenen Daten für die Zwecke der Verarbeitung nicht weiter benötigt, dh das Risiko einer rechtmäßigen Löschung besteht, die betroffene Person die Daten jedoch zur Geltendmachung, Ausarbeitung oder Verteidigung von Rechtsansprüchen benötigt. Damit stellt Buchst. c einen **Sonderfall** in der Systematik der Katalogtatbestände dar, indem er lediglich an einem vorrangigen Interesse der betroffenen Person an einer eigenen Nutzung der verarbeiteten Daten anknüpft (→ Rn. 9).

19 Der Tatbestand der **Geltendmachung, Ausübung oder Verteidigung von Rechtsansprüchen** entspricht der Ausnahme der Verarbeitung zum Verbot der Verarbeitung besonderer (sensitiver) Kategorien personenbezogener Daten des Art. 9 Abs. 2 Buchst. f und der Ausnahme in Art. 49 Abs. 1 Buchst. e für internationale Datenübermittlungen. Erfasst ist die Verfolgung von Rechtsansprüchen in einem Gerichtsverfahren oder einem Verwaltungsverfahren oder einem anderen außergerichtlichen Verfahren (Erwägungsgrund 52) sowohl gegenüber dem Verantwortlichen als auch gegenüber Dritten (→ Art. 9 Rn. 42). Aus dem Wortlaut („benötigt") ergibt sich, dass die fortgesetzte Speicherung durch den Verantwortlichen für die Rechtsdurchsetzung wie in Art. 9 Abs. 1 Buchst. f **erforderlich** sein muss. Ausgeschlossen ist danach auch die Nutzung zur Durchsetzung von Rechtsansprüchen, die zu missbräuchlichen, zB kartellrechtswidrigen Zwecken erfolgt (→ Art. 21 Rn. 29).[21] Eine bloß abstrakte Möglichkeit einer rechtlichen Auseinandersetzung genügt nicht (→ Art. 17 Rn. 29). Bei Unsicherheit über künftige Rechtsstreitigkeiten ist eine abwägende Prognose unter Berücksichtigung der Wahrscheinlichkeit des Rechtsstreits, des Gewichts der betroffenen Rechtsansprüche und der Belange der betroffenen Person durchzuführen.[22]

20 Das Einschränkungsrecht gemäß Buchst. c gilt für den **Zeitraum,** in dem die betroffene Person die Daten für die Rechtsverfolgung **benötigt.**[23] Ist die Rechtsverfolgung abgeschlossen oder sind die Daten für die Rechtsverfolgung nicht mehr erforderlich, erlischt das Einschränkungsrecht.

21 **4. Widerspruch (Buchst. d).** Buchst. d gewährt ein Einschränkungsrecht, wenn die betroffene Person Widerspruch gegen die Verarbeitung gemäß Art. 21 Abs. 1 eingelegt hat, so lange nicht feststeht, ob die berechtigten Gründe des Verantwortlichen gegenüber denen der betroffenen Person überwiegen. Buchst. d erfasst damit nur die Fälle des **allgemeinen Widerspruchsrechts** gegen eine ursprünglich rechtmäßige Verarbeitung aufgrund einer persönlichen Sondersituation, nicht dagegen die Fälle der besonderen Widerspruchsrechte in den Fällen der Direktwerbung gemäß Art. 21 Abs. 2 bzw. der Verarbeitung zu Forschungs- oder statistischen

---

Regelung einer non-liquet-Situation enthält Art. 16 Abs. 3 lit. a RL 2016/680/EU für den Polizei- und Justizbereich. Danach steht es in einer solchen Situation im pflichtgemäßen Ermessen des Verantwortlichen, die Verarbeitung der Daten anstelle ihrer Löschung einzuschränken.

[21] EuG Urt. v. 17.6.1998 – T-111/96, ECLI:EU:T:1998:183 Rn. 55 – ITT Promedia/Kommission.
[22] Vgl. Kühling/Buchner/*Herbst* DS-GVO Art. 18 Rn. 22–23.
[23] *Laue/Nink/Kremer* DatenschutzR § 4 Rn. 55.

Zwecken gemäß Art. 21 Abs. 6. Im Fall der Direktwerbung muss gemäß Art. 21 Abs. 2 und 3 keine Interessenabwägung stattfinden, so dass die betroffene Person ihr Löschungsrecht gemäß Art. 17 Abs. 1 Buchst. c Alt. 2 ohne weitere Prüfung unmittelbar ausüben kann, ohne auf ein Sicherungsrecht angewiesen zu sein. Im Fall der Verarbeitung zu Forschungs- oder statistischen Zwecken geht der Unionsgesetzgeber offenbar bis zur Durchführung der erforderlichen Interessenabwägung gemäß Art. 21 Abs. 5 von einem überwiegenden Verarbeitungsinteresse aus, so dass er auch hier für eine Einschränkung keine Rechtfertigung sieht.

22 Voraussetzung für das Bestehen des Einschränkungsrechts ist (vorbehaltlich Abs. 2) allein die formelle **Einlegung des Widerspruchs** mit der Beantragung der Einschränkung der Verarbeitung (→ Rn. 23). Die materiellen Voraussetzungen des Widerspruchsrechts nach Art. 21 Abs. 1 müssen nicht erfüllt sein.[24]

23 Das Einschränkungsrecht gemäß Buchst. d erstreckt sich über den **Zeitraum** von der Erhebung des Widerspruchs (→ Art. 21 Rn. 6) bis feststeht (engl. „pending the verification"), ob die berechtigten Gründe des Verantwortlichen gegenüber denen der betroffenen Person überwiegen. Erfasst sind sämtliche berechtigten Gründe gemäß Art. 21 Abs. 1, dh insbesondere die berechtigten Gründe gemäß Art. 6 Abs. 1 Buchst. e und f sowie der Grund, dass die Fortsetzung der Verarbeitung der Verfolgung von Rechtsansprüchen dient. Unklar ist, ob hiermit wie in Buchst. a nur der für die Prüfung der Interessenabwägung bzw. des Erfordernisses einer Verarbeitung aus Gründen der Rechtsverfolgung benötigte Zeitraum gemeint ist, der spätestens mit einer Ablehnung des Widerspruchs nach einem bzw. zusätzlich zwei weiteren Monaten (Art. 12 Abs. 3 und 4) beendet ist,[25] oder darüber hinaus auch der Zeitraum bis zu einer abschließenden (gerichtlichen) Feststellung des überwiegenden Interesses des Verantwortlichen an einer Fortsetzung der Verarbeitung bzw. des Erfordernisses der Verarbeitung aus Gründen der Rechtsverfolgung.[26] Zwar ist der Wortlaut von Buchst. a und d in der deutschen Fassung unterschiedlich. Die englische Fassung nutzt dagegen in beiden Fällen gleiche Begriffe („verify" in Buchst. a und „verification" in Buchst. d). Auch der systematische Zusammenhang mit Buchst. a spricht für erstere Auslegung. Für letzteres könnte dagegen die Tatsache sprechen, dass in Buchst. a unmittelbar mit Ablehnung des Berichtigungsantrags durch den Verantwortlichen das Einschränkungsrecht gemäß Buchst. b eingreift (wenn die betroffene Person die Unrichtigkeit der Daten und damit Unrechtmäßigkeit der Verarbeitung substantiieren kann), während im Fall des Buchst. d dieser weitergehende Schutz nicht besteht (→ Rn. 13, 15). Zum Erhalt der praktischen Wirksamkeit des Schutzcharakters des Einschränkungsrechts als vorläufigem Sicherungsrecht (→ Rn. 2) ist daher der letzteren Auslegung der Vorzug zu geben. Die demnach potentiell lange Einschränkungsdauer gilt allerdings nur vorbehaltlich eines erforderlichen Rechtsverfolgungsinteresses des Verantwortlichen, des Schutzes der Rechte Dritter oder wichtiger öffentlicher Interessen der Union bzw. eines Mitgliedstaates gemäß Abs. 3.

II. Modalitäten der Rechtsausübung

24 Art. 18 enthält keine Regelungen über die **Modalitäten zur Durchsetzung des Einschränkungsrechts.** Für die Stellung des notwendigen Antrags gelten ähnlich wie bei der Geltendmachung des Berichtigungs- und Löschungsrechts die Modalitäten des Art. 12 Abs. 2 ff., so eine generelle Unterstützungs- und Erleichterungspflicht (Art. 12 Abs. 2; → Art. 12 Rn. 23), eine Reaktions- und Mitteilungspflicht über getroffene Maßnahmen (Art. 12 Abs. 3 und 4; → Art. 12 Rn. 31, 36), die grundsätzliche Kostenfreiheit (Art. 12 Abs. 5; → Art. 12 Rn. 42) und das Identitätsfeststellungsverfahren bei Unklarheiten über die Identität der betroffenen Person (Art. 11 und 12 Abs. 6; → Art. 12 Rn. 50). Daneben gilt auch hier Art. 22.

III. Rechtsfolgen (Abs. 2)

25 **1. Anspruch auf Einschränkung.** Liegen die Voraussetzungen des Abs. 1 vor, hat die betroffene Person gemäß ein Recht, dh einen **unmittelbar geltenden unionsrechtlichen Anspruch, auf Einschränkung** der Verarbeitung. Dieses Recht wird durch Abs. 2 dahingehend konkretisiert, dass die personenbezogenen Daten, von ihrer Speicherung abgesehen, nicht verarbeitet werden dürfen, soweit nicht die dort geregelten Ausnahmetatbestände

---

[24] Vgl. Kühling/Buchner/*Herbst* DS-GVO Art. 18 Rn. 25.
[25] So *Laue/Nink/Kremer* DatenschutzR § 4 Rn. 55; Gierschmann/Schlender/Stentzel/Veil/*Veil* DS-GVO Art. 18 Rn. 82.
[26] So Kühling/Buchner/*Herbst* DS-GVO Art. 18 Rn. 27.

(→ Rn. 30) eingreifen. Der Verantwortliche hat danach eine korrespondierende **Pflicht zur Einschränkung**. Diese besteht darin, die von der betroffenen Person verlangte Zweckbegrenzung vorzunehmen bzw. die Verarbeitung auf die in Abs. 2 genannten Zwecke zu begrenzen und sich im Übrigen auf die **reine Speicherung** der betroffenen Daten zu beschränken.[27] Darüber hinaus gilt für ihn ein **Verarbeitungsverbot**.

26 Art. 4 Nr. 3 definiert die **Einschränkung** als ein äußeres Verfahren in Form der „**Markierung gespeicherter personenbezogener Daten mit dem Ziel, ihre künftige Verarbeitung einzuschränken**". Dies entspricht im Kern der bisher geltenden Definition der Sperrung in der deutschen Umsetzungsnorm zur DS-RL des § 3 Abs. 4 Nr. 4 BDSG-alt als „Kennzeichnung gespeicherter personenbezogener Daten, um ihre weitere Verarbeitung oder Nutzung einzuschränken".[28] Gemäß der Zielsetzung der „Einschränkung" soll eine Verarbeitung nur noch für bestimmte Zwecke, nicht mehr jedoch für andere erfolgen können. Die Einschränkung ist gemäß Art. 4 Nr. 2 selbst eine Form der Verarbeitung (→ Art. 4 Rn. 20).

27 Eine Einschränkung erfordert, dass der Verantwortliche je nach den Umständen des Einzelfalls einzelne Daten, Datensätze oder ganze Dateien dahingehend markiert bzw. kenntlich macht, dass diese zwar weiterhin gespeichert bleiben, jedoch nicht mehr anderweitig verarbeitet werden dürfen (sog. **Einschränkungsvermerk** oder – nach bisheriger deutscher Terminologie – Sperrvermerk). Daneben hat der Verantwortliche insbesondere in automatisierten Dateisystemen durch **effektive technische oder organisatorische Methoden** sicherzustellen, dass eine solche weitergehende Verarbeitung tatsächlich in keiner Weise mehr erfolgt und die Daten nicht mehr verändert werden können. Gemäß Erwägungsgrund 67 könnten solche Methoden unter anderem darin bestehen, dass ausgewählte personenbezogene Daten vorübergehend auf ein anderes Verarbeitungssystem übertragen werden, dass sie, zB durch ein Rechte- und Rollenkonzept,[29] für Nutzer gesperrt werden oder dass veröffentlichte Daten vorübergehend von einer Website entfernt werden. Methoden bei nicht-automatisierten Verfahren könnten zB sein, einen Vermerk (zB Aufkleber etc) auf den Datenträgern (CD, Diskette, PC etc) anzubringen und die Datenträger in gesonderten Umgebungen (zB gesicherter Schrank etc) aufzubewahren und hierdurch eine weitere Nutzung wirksam zu verhindern. Das Aufbringen eines bloßen (Schein-) Vermerks reicht dagegen nicht.[30] Auf die Tatsache, dass die Verarbeitung der personenbezogenen Daten beschränkt wurde, sollte unmissverständlich hingewiesen werden. Ob bei einer automatisierten Verarbeitung die Markierung eines einzelnen Datenfeldes (sog. Einzelsperre) oder eines Datensatzes (sog. Datensatzsperre) oder der ganzen Datei (sog. Sammelsperre) durchzuführen ist, ist eine Frage des Einzelfalls.[31] Ob Art. 18 Abs. 1 daneben einen Unterlassungsanspruch zur Verhinderung einer erneuten gleichwertigen rechtswidrigen Verarbeitung begründet, ist Gegenstand einer Vorlage des BGH an den EuGH.[32]

28 Anders als Art. 16 und 17 für das Berichtigungs- und Löschungsrecht statuiert Art. 18 für das Einschränkungsrecht kein ausdrückliches **Zeiterfordernis im Sinne einer Unverzüglichkeit**. Damit Art. 18 seinen Zweck als vorläufiges Schutz- und Sicherungsrecht zur Erhaltung des Speicherungs-„Status Quo" (→ Rn. 2) praktisch wirksam erfüllen kann, muss jedoch für das Einschränkungsrecht ein Unverzüglichkeitserfordernis erst recht gelten. Dies gilt insbesondere in den Fällen des Buchst. a und d, in denen die Pflicht zur Einschränkung allein durch das Bestreiten der Richtigkeit bzw. den Widerspruch, dh Erklärungen der betroffenen Person entsteht.[33] Äußerste Schranken ergeben sich aus den zeitlichen Vorgaben gemäß Art. 12 Abs. 3 und 4 (→ Art. 12 Rn. 31, 36).

29 Daten, deren Verarbeitung eingeschränkt ist, unterliegen weiterhin den **anderweitigen Betroffenenrechten** auf Information und Auskunft, Berichtigung und Löschung. Für den Verantwortlichen besteht darüber hinaus eine Folgemitteilungspflicht gegenüber von Empfängern

---

[27] Laue/Nink/Kremer DatenschutzR § 4 Rn. 56.
[28] Härting DS-GVO Rn. 716.
[29] Vgl. Piltz K&R 2016, 629 (633).
[30] Vgl. Kühling/Buchner/Herbst DS-GVO Art. 18 Rn. 30.
[31] Vgl. HK-DS-GVO/Peuker Art. 18 Rn. 6.
[32] BGH Beschl. v. 26.9.2023 – VI ZR 97/22, ECLI:DE:BGH:2023:260923BVIZR97.22.0.
[33] Vgl. Kühling/Buchner/Herbst DS-GVO Art. 18 Rn. 32; Schaffland/Wiltfang/Schaffland/Holthaus DS-GVO Art. 18 Rn. 8; vgl. auch Gierschmann/Schlender/Stentzel/Veil/Veil DS-GVO Art. 18 Rn. 29 ff., nach dem Art. 18 die Pflicht zur sofortigen Einschränkung enthält, dies aber insbes. im Fall der Datenverarbeitung von Online-Inhalten durch Intermediäre zu einer unangemessenen „Notice-and-Take-down"-Verpflichtung führen würde, dem Verantwortlichen daher eine Bearbeitungsfrist iRd Art. 12 Abs. 3 einzuräumen sei.

offengelegter Daten iSv Art. 19 sowie eine Folgeunterrichtungspflicht gegenüber der betroffenen Person über solche Empfänger (→ Art. 19 Rn. 1).

2. Ausnahmen. Gemäß Abs. 2 ist in Ausnahme zur Einschränkung eine weitergehende Verarbeitung unter bestimmten Voraussetzungen doch weiter zulässig. Die vier Alternativen betreffen jeweils vier unterschiedliche Interessenkonstellationen, nämlich die der betroffenen Person, ausgedrückt durch ihre Einwilligung (1. Alt.), die des Verantwortlichen an seiner Rechtsverfolgung (2. Alt.), die anderer Personen (3. Alt.) und die der Union bzw. eines Mitgliedstaates (4. Alt.). Die Aufzählung der Ausnahmetatbestände ist abschließend. Daneben ist eine Verarbeitung in Form der Speicherung unverändert zulässig, um den Zweck der Einschränkung nämlich den umfassenden Schutz der betroffenen Person auch durch Verhinderung der Löschung der Daten (→ Rn. 2), wirksam zu erfüllen.[34] Für das Vorliegen der Ausnahmetatbestände **trägt der Verantwortliche die Beweislast.**[35] 30

a) Einwilligung (1. Alt.). Erster Ausnahmetatbestand ist die **Einwilligung** der betroffenen Person gemäß Art. 4 Nr. 11 unter den Bedingungen des Art. 7 (→ Art. 4 Rn. 34 und → Art. 7 Rn. 47). Entfällt die Einwilligung durch einen Widerruf gemäß Art. 7 Abs. 3, ist die Verarbeitung wieder einzuschränken, es sei denn, es greift eine andere Ausnahme gemäß Art. 18 Abs. 2. 31

b) Rechtsverfolgung (2. Alt.). Eine Ausnahme des Einschränkungsrechts besteht daneben, wenn die Verarbeitung zur **Geltendmachung, Ausübung oder Verteidigung von Rechtsansprüchen** erforderlich ist. Dieser Tatbestand entspricht wie Abs. 1 Buchst. c der Ausnahme der Verarbeitung zum Verbot der Verarbeitung besonderer (sensitiver) Kategorien personenbezogener Daten des Art. 9 Abs. 1 Buchst. f und wie Art. 49 Abs. 1 Buchst. e der Ausnahme für internationale Datenübermittlungen (→ Rn. 19). Er erfasst die gerichtliche und außergerichtliche Verfolgung von Rechtsansprüchen (Erwägungsgründe 52 und 111) sowohl gegenüber dem Verantwortlichen als auch gegenüber Dritten (zu Einzelheiten → Art. 9 Rn. 42 und → Art. 49 Rn. 15). Bei Unsicherheit einer Rechtsverfolgung ist wie im Rahmen von Art. 18 Abs. 1 Buchst. c eine abwägende Prognose durchzuführen[36] (→ Rn. 19). 32

c) Schutz der Rechte anderer Personen (3. Alt.). Eine Verarbeitung ist auch weiter möglich, wenn sie zum **Schutz der Rechte einer anderen natürlichen oder juristischen Person** erforderlich ist. Mit „Recht" einer anderen Person ist nicht irgendein Recht gemeint. Vielmehr ist ein gegenüber dem Recht auf Einschränkung überwiegendes Recht erforderlich. Rechte iSd Abs. 2 können jedenfalls alle **Grundrechte** sein, die einer Einschränkung im Einzelfall entgegenstehen können. Dies sind insbesondere die Meinungs- und Informationsfreiheit (Art. 11 GRCh), die Kunst- und Wissenschaftsfreiheit (Art. 13 GRCh), die unternehmerische Freiheit (Art. 16 GRCh) und das Eigentumsrecht einschließlich des Urheberrechts und anderer Rechte des geistigen Eigentums (Art. 17 GRCh). Eine **„andere Person"** ist jede Person, die nicht mit der betroffenen Person identisch ist. Die betroffene Person könnte ihrem Interesse an einer Fortsetzung der Verarbeitung durch Einwilligung Ausdruck verleihen (1. Alt.). Unklar ist, ob „andere Person" auch den Verantwortlichen selbst erfasst.[37] Der Wortlaut ist offen. Der systematische Zusammenhang zum Interesse eigener Rechtsverfolgung des Verantwortlichen gemäß der 2. Alt. scheint gegen seine Einbeziehung nach der 3. Alt. zu sprechen. Die Rechtsverfolgung ist als einziges überwiegendes Interesse des Verantwortlichen speziell genannt. Würden die „Rechte einer anderen ... Person" auch die Rechte des Verantwortlichen erfassen, hätte es dieser speziellen Ausnahme zugunsten des Verantwortlichen nicht bedurft. Andererseits spricht der allgemeine Verhältnismäßigkeitsvorbehalt, unter dem die Betroffenenrechte stehen, für eine Einbeziehung auch der weiteren (Grund-)Rechte des Verantwortlichen, zB seine gewerblichen Schutzrechte (→ Art. 20 Rn. 31b). Der Vorrang des Dritt(grund)rechts ist durch eine **umfassende Interessenabwägung** unter Berücksichtigung aller Umstände zu ermitteln (→ Rn. 3). Der Rechtsschutz des Dritten muss eine Verarbeitung aktuell erfordern. Ist eine Verarbeitung zu 33

---

[34] Vgl. Kühling/Buchner/*Herbst* DS-GVO Art. 18 Rn. 34.
[35] *Laue/Nink/Kremer* DatenschutzR § 4 Rn. 58.
[36] AA Kühling/Buchner/*Herbst* DS-GVO Art. 18 Rn. 39, wonach eine Rechtsverfolgung schon stattfinden bzw. sicher bevorstehen muss.
[37] Gegen eine Einbeziehung Kühling/Buchner/*Herbst* DS-GVO Art. 18 Rn. 41; für eine Einbeziehung Gierschmann/Schlender/Stentzel/Veil/*Veil* DS-GVO Art. 18 Rn. 96.

einem späteren Zeitpunkt möglich und ausreichend, ist die Verarbeitung bis zu diesem Zeitpunkt einzuschränken.[38]

34 **d) Schutz wichtiger Interessen der Union oder eines Mitgliedstaats (4. Alt.).** Eine Verarbeitung kann auch fortgesetzt werden, wenn die Verarbeitung aus Gründen eines **wichtigen Interesses der Union oder eines Mitgliedstaats** erforderlich ist. Den Mitgliedstaaten ist es gestattet, diese im öffentlichen Interesse liegenden Zwecke zu präzisieren (Erwägungsgrund 156). Insbesondere greifen die öffentlichen Interessen, die eine Beschränkung der Betroffenenrechte **gemäß Art.** 23 zulassen (nationale Sicherheit, Landesverteidigung, öffentliche Sicherheit, Strafverfolgung- und -vollstreckung, wichtige wirtschaftliche oder finanzielle Interessen der Union oder eines Mitgliedstaats, etwa im Währungs-, Haushalts- und Steuerbereich sowie im Bereich der öffentlichen Gesundheit und der sozialen Sicherheit, Unabhängigkeit der Justiz und Schutz von Gerichtsverfahren, Verfolgung von berufsständischen Verstößen, Kontroll-, Überwachungs- und Ordnungsfunktionen, verbunden mit der Ausübung öffentlicher Gewalt zu den vorgenannten Zwecken, Schutz der betroffenen Person oder der Rechte und Freiheiten Dritter, Durchsetzung zivilrechtlicher Ansprüche).

35 Daneben erkennt die DS-GVO an zahlreichen Stellen weitere öffentliche Interessen an. Solche Gründe können im öffentlichen Interesse liegende Archivzwecke, öffentliche wissenschaftliche oder historische Forschungszwecke oder statistische Zwecke (Art. 89) sein, daneben zB die Gewährleistung der öffentlichen Gesundheit (Art. 9 Abs. 2 Buchst. h), der Zugang der Öffentlichkeit zu amtlichen Dokumenten (Art. 86) etc.[39] Auch hier ist ein Überwiegen des öffentlichen Interesses erforderlich, welches durch eine umfassende Interessenabwägung festzustellen ist (→ Rn. 3).

IV. Unterrichtungspflicht (Abs. 3)

36 Gemäß Abs. 3 ist eine betroffene Person, die eine Einschränkung der Verarbeitung gemäß Abs. 1 erwirkt hat, vom Verantwortlichen zu unterrichten, bevor die Einschränkung aufgehoben wird. Hintergrund dieser **Unterrichtungspflicht** ist, dass das Recht auf Einschränkung konzeptionell nur auf einen vorrübergehenden und nicht auf einen dauerhaften Zustand der Einschränkung ausgelegt ist (→ Rn. 2). Durch die Unterrichtung wird es der betroffenen Person ermöglicht, gegebenenfalls weitergehende Maßnahmen zum Schutz ihrer Daten, zB ein Löschungsrecht, geltend zu machen. Insofern ist auch die Unterrichtungspflicht gemäß Abs. 3 ein wesentliches Element in der Gesamtsystematik zur wirksamen Durchsetzung der Betroffenenrechte. Adressat der Unterrichtung ist die betroffene Person, nicht notwendigerweise auch Dritte. Eine Unterrichtung kann unterbleiben, wenn sie offensichtlich überflüssig ist, zB wenn die betroffene Person auf die weitere Einschränkung selbst verzichtet und der Verantwortliche die Daten infolgedessen löscht.[40] Greift eine **Ausnahme gemäß Abs. 2** ein, hat der Verantwortliche die betroffene Person ähnlich dem Fall einer Aufhebung der Einschränkung gemäß Abs. 3 über die Fortsetzung der Verarbeitung zu unterrichten.

C. Rechtsschutz

37 Lehnt der Verantwortliche eine Einschränkung der Verarbeitung ab, stehen der betroffenen Person sämtliche durch die Verordnung vorgesehenen Rechtsbehelfe zu. Primärrechtsschutz besteht aufgrund des Rechts auf **Beschwerde bei der zuständigen Aufsichtsbehörde** (Art. 77) und eines Rechtsbehelfs gegen einen (nicht Abhilfe leistenden) Beschluss der Aufsichtsbehörde (Art. 78). Nach Art. 58 Abs. 2 Buchst. g verfügt jede Aufsichtsbehörde über sämtliche Abhilfebefugnisse, die es ihr gestatten, auch die – vorübergehende oder endgültige (vgl. Erwägungsgrund 129) – Einschränkung der Verarbeitung anzuordnen. Daneben hat die betroffene Person das Recht auf einen **wirksamen gerichtlichen Rechtsbehelf** unmittelbar gegen den Verantwortlichen (Art. 79). Hierzu gehört zur Geltendmachung des der Konzeption nach vorübergehenden bzw. vorläufigen Einschränkungsrechts insbesondere auch das Recht auf **einstweiligen Rechtsschutz**. Das Gerichtsverfahren richtet sich nach dem Verfahrensrecht des jeweiligen Mitgliedstaates (Erwägungsgrund 143). Ist Verantwortlicher eine Behörde und lehnt

---

[38] Vgl. Kühling/Buchner/*Herbst* DS-GVO Art. 18 Rn. 40.
[39] Vgl. die ausf. Liste bei Gierschmann/Schlender/Stentzel/Veil/*Veil* DS-GVO Art. 18 Rn. 99, wobei einige der aufgeführten Interessen nicht zwingend öffentliche, sondern individuelle Interessen darstellen.
[40] Vgl. Kühling/Buchner/*Herbst* DS-GVO Art. 18 Rn. 45.

diese einen Einschränkungsantrag ab, ist die Ablehnung ein Verwaltungsakt, der mit den einschlägigen verwaltungsrechtlichen Rechtsbehelfen Widerspruch und regelmäßig **Verpflichtungsklage** (auf Einschränkung durch Markierung und zusätzlich zB vorübergehende Übertragung der Daten auf ein anderes Verarbeitungssystem, Sperrung für Nutzer oder Entfernung von einer Webseite) gemäß §§ 42, 68 ff. VwGO angegriffen werden kann. Gegen einen privaten Verantwortlichen kann **Unterlassungsklage** (auf Unterlassen weiterer Verarbeitung) und (gleichzeitig) **Leistungsklage** (auf Markierung und gegebenenfalls zB Übertragung, Sperrung oder Entfernung) erhoben werden. Sekundärrechtsschutz besteht aufgrund des **Rechts auf Schadensersatz** (Art. 82), das durch eine Staats- bzw. Amtshaftungsklage oder eine zivilrechtliche Schadensersatzklage ausgeübt werden kann. Neben den betroffenen Personen sind über das Verbandsklagerecht gemäß Art. 80 auch von betroffenen Personen ermächtigte Verbände zur Geltendmachung von Schadensersatzansprüchen wegen Verletzung des Einschränkungsrechts befugt. Schließlich kann der Verstoß gegen das Einschränkungsrecht mit einer **Geldbuße** geahndet werden (Art. 83).

D. Nationale Durchführung

I. Allgemeines

Das Recht auf Einschränkung der Verarbeitung gemäß Art. 18 ersetzt wie auch die übrigen Betroffenenrechte der DS-GVO die **Betroffenenrechte nach nationalem Recht** (für Deutschland: §§ 19 ff., 33 ff. des BDSG-alt und entsprechende Regelungen des Landesrechts). Grundsätzlich tritt es im Rahmen seines Anwendungsbereichs wie die übrigen Betroffenenrechte auch gegenüber sonstigen allgemeinen (zivilrechtlichen oder öffentlich-rechtlichen) Folgenbeseitigungsansprüchen (für Deutschland: gemäß §§ 823, 1004 BGB analog) oder gegenüber anderen **spezialgesetzlichen Ansprüchen datenschutzrechtlichen Ursprungs nach nationalem Recht** vorrangig und abschließend. Führen nationale Berichtigungsvorschriften andere Unionsregelungen durch, ist deren Anwendung neben dem Recht nach Art. 17 nicht per se ausgeschlossen. Sie dürfen jedoch den harmonisierten Schutzstandard, den Vorrang und die Wirksamkeit des Art. 17 als Ausfluss der Datenschutzgrundrechte nicht beeinträchtigen.[41]

II. Deutschland

Der deutsche Gesetzgeber hat, basierend auf Art. 89 Abs. 2 und 3 sowie auf Art. 23 in § 27 Abs. 2, 28 Abs. 4 und § 35 BDSG verschiedene Regelungen mit Relevanz für das Recht auf Einschränkung der Verarbeitung geschaffen.

– Auf Basis der fakultativen Spezifizierungsklausel des Art. 89 Abs. 2[42] sieht § 27 Abs. 2 BDSG eine Beschränkung für die Verarbeitung für **Forschungs- oder Statistikzwecke** vor, wenn diese Rechte voraussichtlich die Verwirklichung dieser Zwecke unmöglich machen oder ernsthaft beeinträchtigen würde und eine Beschränkung für die Erfüllung dieser Zwecke notwendig ist.
– Gemäß § 28 Abs. 4 BDSG wird, gestützt auf Art. 89 Abs. 3,[43] das in Art. 18 Abs. 1 Buchst. a, b und d vorgesehene Einschränkungsrecht beschränkt, soweit dieses Recht voraussichtlich die Verwirklichung der im öffentlichen Interesse liegenden **Archivzwecke** unmöglich machen oder ernsthaft beeinträchtigen würden und die Beschränkung für die Erfüllung dieser Zwecke erforderlich ist.
– Gemäß § 35 Abs. 1 BDSG besteht **im Fall nicht automatisierter Datenverarbeitung ein Recht auf Löschung (ursprünglich) rechtmäßig verarbeiteter Daten nicht,** wenn wegen der besonderen Art der Speicherung eine Löschung nicht oder nur mit unverhältnismäßig hohem Aufwand möglich ist und das Interesse der betroffenen Person an der Löschung als gering anzusehen ist. An seine Stelle tritt das Recht auf Einschränkung gemäß

---

[41] Vgl. analog zum unionrechtlichen Grundrechtsschutz im Verhältnis zum nationalen Grundrechtsschutz generell EuGH Urt. v. 26.2.2013 – C-399/11, ECLI:EU:C:2013:107 Rn. 60 – Melloni/Ministerio Fiscal; EuGH Urt. v. 26.2.2013 – C-617/10, ECLI:EU:C:2013:105 Rn. 29 – Åklagare/Åkerberg Fransson.
[42] Vgl. BT-Drs. 18/11325, 99.
[43] Vgl. BT-Drs. 18/11325, 100.

Art. 18. Diese Beschränkung des Art. 17 soll offenbar auf Art. 23 basieren.[44] Der Anwendungsbereich des Art. 18 wird dagegen erweitert (→ Art. 17 Rn. 69).

– Gemäß § 35 Abs. 2 BDSG hat der Verantwortliche in den Fällen, in denen der Verantwortliche die Daten der betroffenen Person nicht länger benötigt oder unrechtmäßig verarbeitet hat (Art. 17 Abs. 1 Buchst. a und d), eine Einschränkung der Verarbeitung ergänzend zu Art. 18 Abs. 1 Buchst. b und c, dh ohne Vorliegen ihrer Voraussetzungen und auch ohne entsprechendes Verlangen der betroffenen Person vorzunehmen, wenn er Grund zu der Annahme hat, dass durch eine Löschung **schutzwürdige Interessen der betroffenen Person beeinträchtigt** würden. Hier wird Art. 17 Abs. 1 Buchst. a und d aufgrund von Art. 23 Abs. 1 Buchst. i (Schutz der Rechte der betroffenen Person) beschränkt[45] und entsprechend das Einschränkungsrecht gemäß Art. 18 erweitert (→ Art. 17 Rn. 69). Gemäß § 35 Abs. 3 BDSG besteht ergänzend zu Art. 17 Abs. 3 Buchst. b ein Löschungsrecht bei Verarbeitungen für **Archiv-, Forschungs- und Statistikzwecke** nicht, sondern stattdessen ebenfalls eine Einschränkung der Verarbeitung, wenn einer Löschung satzungsgemäße oder vertragliche Aufbewahrungsfristen entgegenstehen. Die Regelung schützt den Verantwortlichen vor einer Pflichtenkollision.[46]

Ob die Neuregelungen in § 35 BDSG zulässigerweise auf Art. 23 gestützt werden können, ist offen.[47]

III. Österreich

40 Das DSG 2018 regelt in § 9, dass die Regelungen in Kapitel III der DS-GVO auf die Verarbeitung, die zu journalistischen Zwecken oder zu wissenschaftlichen, künstlerischen oder literarischen Zwecken erfolgt, keine Anwendung finden, soweit dies erforderlich ist, um das Recht auf Schutz der personenbezogenen Daten mit der Freiheit der Meinungsäußerung in Einklang zu bringen, insbesondere im Hinblick auf die Verarbeitung von personenbezogenen Daten durch Medienunternehmen, Mediendienste oder ihre Mitarbeiter unmittelbar für ihre publizistische Tätigkeit im Sinne des österreichischen Mediengesetzes.[48]

Art. 19 Mitteilungspflicht im Zusammenhang mit der Berichtigung oder Löschung personenbezogener Daten oder der Einschränkung der Verarbeitung

¹Der Verantwortliche teilt allen Empfängern, denen personenbezogenen Daten offengelegt wurden, jede Berichtigung oder Löschung der personenbezogenen Daten oder eine Einschränkung der Verarbeitung nach Artikel 16, Artikel 17 Absatz 1 und Artikel 18 mit, es sei denn, dies erweist sich als unmöglich oder ist mit einem unverhältnismäßigen Aufwand verbunden. ²Der Verantwortliche unterrichtet die betroffene Person über diese Empfänger, wenn die betroffene Person dies verlangt.

Literatur: *Haidinger*, Die Rechte auf Auskunft, Berichtigung, Löschung, Einschränkung, Datenübertragbarkeit und Widerspruch (Art. 15–21 DSGVO), in Knyrim, Praxishandbuch Datenschutzrecht, 4. Aufl. 2020, S. 125–135; *Piltz*, Die Datenschutz-Grundverordnung. Teil 2: Rechte der Betroffenen und korrespondierende Pflichten des Verantwortlichen, K&R 2016, 629.

Rechtsprechung: EuGH Urt. v. 7.5.2009 – C-553/07, ECLI:EU:C:2009:293 – Rijkeboer; EuGH Urt. v. 27.10.2022 – C-129/21, ECLI:EU:C:2022:833 = ZD 2023, 28 – Proximus (Annuaires électroniques publics); EuGH Urt. v. 12.1.2023 – C-154/21. ECLI:EU:C:2023:3 – Österreichische Post AG; EuG Urt. v. 26.4.2023 – T-557/20, ECLI:EU:T:2023:219 – SRB/EDPS (nicht rechtskräftig).

---

[44] Vgl. BT-Drs. 18/11325, 102; nach Gierschmann/Schlender/Stentzel/Veil/*Veil* DS-GVO Art. 18 Rn. 109 ist Rechtsgrundlage Art. 23 Abs. 1 Buchst. i, dh der Schutz der Rechte anderer Personen, unter die auch der Verantwortliche fällt.

[45] Vgl. BT-Drs. 18/11325, 105.

[46] Vgl. BT-Drs. 18/11325, 106. Nach Gierschmann/Schlender/Stentzel/Veil/*Veil* DS-GVO Art. 18 Rn. 111 basiert auch diese Regelung auf Art. 23 Abs. 1 Buchst. i, dh dem Schutz der Rechte anderer Personen, unter die auch der Verantwortliche fällt.

[47] Krit. DSK, Kurzpapier Nr. 11, Recht auf Löschung/„Recht auf Vergessenwerden", S. 3; krit. speziell zu § 35 Abs. 2 BeckOK DatenschutzR/*Worms* DS-GVO Art. 18 Rn. 22.

[48] Öst. BGBl. Nr. 314/1981.

Übersicht

	Rn.
A. Allgemeines	1
I. Zweck und Bedeutung der Vorschrift	1
II. Systematik, Verhältnis zu anderen Vorschriften	5
B. Einzelerläuterungen	8
I. Folgemitteilungspflicht	8
1. Voraussetzungen	9
a) Berichtigung, Löschung oder Einschränkung	9
b) Offenlegung gegenüber Empfängern	10
2. Ausnahmen	13
a) Unmöglichkeit	14
b) Unverhältnismäßiger Aufwand	15
c) Beweislast	16
3. Rechtsfolge – Pflicht und Anspruch auf Folgemitteilung	17
II. Folgeunterrichtungspflicht	26
1. Voraussetzungen	27
2. Rechtsfolge – Pflicht und Anspruch auf Folgeunterrichtung	28
III. Modalitäten der Rechtsausübung	29
C. Rechtsschutz	31
D. Nationale Durchführung	33
I. Allgemeines	33
II. Deutschland	34
III. Österreich	35

A. Allgemeines

I. Zweck und Bedeutung der Vorschrift

Art. 19 regelt in S. 1 eine Pflicht des Verantwortlichen zur **Mitteilung an alle Empfänger** **1** (iSv Art. 4 Nr. 9), denen personenbezogene Daten offengelegt wurden, über jede Berichtigung bzw. Löschung der Daten oder Einschränkung der Verarbeitung gemäß Art. 16, 17 Abs. 1 oder Art. 18, soweit sie nicht unmöglich oder mit einem unverhältnismäßigen Aufwand verbunden ist. S. 2 ergänzt diese Mitteilungspflicht um eine Pflicht zur **Unterrichtung** an die betroffene Person **über diese Empfänger** auf Verlangen der betroffenen Person. Mit beiden Pflichten korrespondiert ein unmittelbar geltender unionsrechtlicher Anspruch der betroffenen Person sowie, im Fall des S. 1, betroffener Empfänger (→ Rn. 18).

Die **Folgemitteilungs- und -unterrichtungspflicht** über den Verbleib offengelegter Daten **2** gemäß Art. 19 (auch als Nachberichtspflicht bezeichnet)[1] und das damit korrespondierende Recht der betroffenen Person ist – quasi das Gegenstück zur Mitteilungspflicht über die Herkunft der Daten gemäß Art. 12 Abs. 2 Buchst. f[2] – **Ausfluss** der – auch im Verhältnis zu privaten Verantwortlichen geltenden – **Grundrechte auf Achtung des Privatlebens und auf Schutz personenbezogener Daten** gemäß Art. 7 und 8 Abs. 1 GRCh sowie Art. 16 Abs. 1 AEUV. Sie stellt eine **akzessorische Pflicht** als wichtige Ergänzung der Betroffenenrechte zur **Vervollständigung einer effektiven und umfassenden Folgebeseitigung** einer rechtswidrigen Verarbeitung dar.[3] Eine betroffene Person, die aufgrund einer rechtswidrigen Verarbeitung einen Anspruch auf Berichtigung, Löschung oder Einschränkung gemäß Art. 16, 17 Abs. 1 oder Art. 18 gegenüber einem (Erst-)Verantwortlichen durchsetzt, hat aller Wahrscheinlichkeit nach auch das Interesse, diese Betroffenenrechte gegebenenfalls auch gegenüber weiteren Empfängern, denen der Verantwortliche die personenbezogenen Daten offengelegt hat und die diese Daten als (Folge-)Verantwortliche (weiter-)verarbeitet haben, geltend zu machen oder die Empfänger, soweit sie als Dritte nicht (weiter-)verarbeitet haben, eine Information über die Berichtigung bzw. Löschung zukommen zu lassen. Denn durch die Offenlegung an den Empfänger liegen die

---

[1] So zur Vorgängervorschrift des Art. 12 DS-RL *Dammann/Simitis* EG-DatenschutzRL Art. 12 Rn. 18 sowie die geläufige Bezeichnung zur Pflicht gem. § 35 Abs. 7 BDSG in Umsetzung von Art. 12 Buchst. c DS-RL, vgl. zB BeckOK DatenschutzR/*Brink* BDSG § 35 Rn. 68 ff.; NK-BDSG/*Dix* § 35 Rn. 65 ff.

[2] Vgl. zur Vorgängervorschrift des Art. 12 Buchst. c DS-RL Grabitz/Hilf/Nettesheim/*Brühann* DS-RL Art. 12 Rn. 13.

[3] Vgl. zu Art. 12 DS-RL *Dammann/Simitis* EG-DatenschutzRL Art. 12 Rn. 18, die von „Nachsorgepflicht" sprechen.

vom (Erst-)Verantwortlichen berichtigten, gelöschten bzw. eingeschränkt verarbeiteten Daten bei den Empfängern weiterhin in der ursprünglichen fehlerhaften Form vor. Der betroffenen Person fehlt allerdings regelmäßig die Information, an wen eine Offenlegung der rechtswidrig verarbeiteten Daten erfolgt ist, und dem Empfänger der Daten fehlt die Information über deren Berichtigung und Löschung durch den (Erst-)Verantwortlichen. Diese Lücke schließt die Folgemitteilungs- und -unterrichtungspflicht. Durch sie werden die Empfänger über erfolgte Korrekturen und die betroffene Person über die Empfänger zur Ermöglichung weiterer Korrekturen in Kenntnis gesetzt. Sie versetzt die betroffene Person damit in die Lage, die weiteren Folgewirkungen der unrechtmäßigen Verarbeitung gegenüber den Empfängern zu beseitigen und ist somit ein **notwendiges ergänzendes Element zur weitestgehenden Durchsetzung der Betroffenenrechte**.[4]

3   Gleichzeitig sollen durch die Folgemitteilung auch betroffene Empfänger als (Folge-)Verantwortliche in die Lage versetzt werden, selbst etwaigen Berichtigungs-, Löschungs- oder Einschränkungspflichten gegenüber der betroffenen Person nachzukommen.[5] Auch wenn Art. 19 systematisch den Betroffenenrechten zuzurechnen ist, dient S. 1 damit auch dem **Schutz und Interesse der Empfänger** zur Korrektur eigenen rechtswidrigen Handelns[6] – letztlich ja wiederum im Interesse der betroffenen Personen.[7]

4   Die Folgemitteilungspflicht in S. 1 folgt **Art. 12 Buchst. c DS-RL**. Während Art. 12 Buchst. c DS-RL jedoch lediglich eine Mitteilung an einen „Dritten" iSv Art. 2 Buchst. f DS-RL vorsah, dh andere Verantwortliche oder Auftragsverarbeiter nicht erfasst waren, erstreckt sich die Folgemitteilungspflicht gemäß S. 1 durch das Ersetzung „Dritter" durch den weitergehenden Kreis der „Empfänger" iSv Art. 4 Nr. 9 auch und gerade auf diese. Dies macht deutlich, dass dem Unionsgesetzgeber bewusst geworden ist, dass auch die Empfänger offengelegter Daten in vielen Fällen selbst wiederum Verantwortliche (bzw. Auftragsverarbeiter) sind. Die Folgeunterrichtungspflicht über die Identität der Empfänger in S. 2 ist dagegen an dieser Stelle in der DS-GVO hinzugetreten.

II. Systematik, Verhältnis zu anderen Vorschriften

5   Neben dem Wortlaut zeigt auch die systematische Stellung des Art. 19 in Abschnitt 3 des Kapitel III („Rechte der betroffenen Personen"), dass die Folgemitteilungs- und -unterrichtungspflicht ein **Folgebetroffenenrecht** zu den Rechten aus Art. 16–18 (Berichtigung, Löschung und Einschränkung) ist. Da die Löschung gemäß Art. 17 Abs. 1 Buchst. c auch eine Folge eines in Abschnitt 4 geregelten Widerspruchs gemäß Art. 21 Abs. 1 oder 2 sein kann, ist die Pflicht gemäß Art. 19 auch ein Folgerecht zum begründeten Widerspruch. Daneben steht die Pflicht, mit der ein Recht der betroffenen Person einhergeht, **selbständig neben den Informations- und Auskunftsrechten** des Abschnitts 2 (Art. 13–15) sowie des Abschnitts 3 (Art. 17–20):

– Eine **Folgeinformationspflicht *an* Empfänger,** die mit der Folgemitteilungspflicht rechtswidrig verarbeiteter Daten gemäß S. 1 korrespondiert, enthält Art. 17 Abs. 2 mit dem Recht auf Vergessenwerden ieS. Diese umfasst die Information an andere Verantwortliche, die die personenbezogenen Daten verarbeiten, soweit die betroffene Person von dem Verantwortlichen die Löschung aller Links zu diesen personenbezogenen Daten oder von Kopien oder Replikationen dieser personenbezogenen Daten verlangt hat und die personenbezogenen Daten von dem Verantwortlichen öffentlich gemacht wurden (→ Art. 17 Rn. 38). Während in Art. 17 Abs. 2 damit das Verlangen einer Löschung die Informationspflicht auslöst, ist es im Rahmen von Art. 19 die erfolgte Löschung. Soweit bei einer erfolgten Löschung aufgrund der Beschränkung auf (unter Berücksichtigung der verfügbaren Technologien und der Implementierungskosten) angemessene Maßnahmen im Einzelfall keine Informationspflicht des Verantwortlichen gemäß Art. 17 Abs. 2 besteht, erhält die betroffene Person Schutz durch Art. 19,

---

[4] Communication from the Commission to the European Parliament, the Council, the European Economic and Social Committee and the Committee of the Regions v. 25.1.2012, S. 5 und zur Vorgängervorschrift des Art. 12 Buchst. c DS-RL Grabitz/Hilf/Nettesheim/*Brühann* DS-RL Art. 12 Rn. 13.
[5] Vgl. zur ähnlichen Vorschrift des § 20 BDSG in Umsetzung von Art. 14 Buchst. c DS-RL BeckOK DatenschutzR/*Worms* BDSG § 20 Rn. 80.
[6] Vgl. Kühling/Buchner/*Herbst* DS-GVO Art. 19 Rn. 1.
[7] Einen zusätzlichen objektiven Schutzgedanken der Bekämpfung der Permanenz und Ubiquität personenbezogener Daten (vor allem im Internet) erkennt Gierschmann/Schlender/Stentzel/Veil/*Veil* DS-GVO Art. 19 Rn. 1.

– Explizite **Informationspflichten** *über die Empfänger* oder Kategorien von Empfängern verarbeiteter Daten der betroffenen Person, die mit der Folgeunterrichtungspflicht gemäß S. 2 korrespondiert, enthalten Art. 13 Abs. 1 Buchst. e (bei einer Datenerhebung bei der betroffenen Person → Art. 13 Rn. 29), Art. 14 Abs. 1 Buchst. e (bei Datenerhebung nicht bei der betroffenen Person (→ Art. 14 Rn. 27) und das Auskunftsrecht gemäß Art. 15 Abs. 1 Buchst. c (bei erfolgter oder geplanter Offenlegung → Art. 15 Rn. 12, 13).[9]

Art. 19 enthält grundsätzlich keine Regelungen über die **Information, Kommunikation und Modalitäten** der Folgemitteilungs- und -unterrichtungspflicht. Hierfür gilt **Art. 12**, so eine generelle Informations- und Mitteilungspflicht (Art. 12 Abs. 1; → Art. 12 Rn. 8), eine generelle Unterstützungs- und Erleichterungspflicht (Art. 12 Abs. 2; → Art. 12 Rn. 23), eine Reaktions- und Mitteilungspflicht über getroffene Maßnahmen (Art. 12 Abs. 3 und 4; → Art. 12 Rn. 31, 36), die grundsätzliche Kostenfreiheit (Art. 12 Abs. 5; → Art. 12 Rn. 42) und das Identitätsfeststellungsverfahren bei Unklarheiten über die Identität der betroffenen Person (Art. 11 und 12 Abs. 6; → Art. 12 Rn. 50). Daneben gilt auch hier Art. 22. Zu den Rechtsfolgen der Missachtung der Modalitäten → Art. 12 Rn. 59.

Die Folgemitteilungs- und unterrichtungspflicht unterliegt als Annex zum Berichtigungs-, Löschungs- und Einschränkungsrecht dem **allgemeinen Beschränkungsvorbehalt gemäß Art. 23** durch EU- oder nationale Gesetzgebungsmaßnahmen (→ Art. 23 Rn. 1). Soweit die betroffenen Datenverarbeitungen zu journalistischen, wissenschaftlichen, künstlerischen oder literarischen Zwecken erfolgen, wird diese Ausnahme ergänzt durch den – national zwingend zu konkretisierenden – **Ausnahmevorbehalt gemäß Art. 85 Abs. 2 (sog. Medien- und Wissenschaftsprivileg)** (→ Art. 85 Rn. 16), wenn dies erforderlich ist, um das Datenschutzrecht mit dem Grundrecht auf Meinungs- und Informationsfreiheit in Einklang zu bringen.[10] Während bei Datenverarbeitung zu wissenschaftlichen oder historischen Forschungs- oder statistischen Zwecken die Pflicht nicht dem Ausnahmevorbehalt gemäß Art. 89 Abs. 2 unterliegt, gilt der **Ausnahmevorbehalt gemäß Art. 89 Abs. 3** für eine Datenverarbeitung zu Archivzwecken (→ Art. 89 Rn. 35).

B. Einzelerläuterungen

I. Folgemitteilungspflicht

Art. 19 regelt in S. 1 eine Pflicht des Verantwortlichen zur Mitteilung an alle Empfänger (iSv Art. 4 Nr. 9), denen personenbezogene Daten offengelegt wurden, über jede Berichtigung bzw. Löschung der Daten oder Einschränkung der Verarbeitung gemäß Art. 16, 17 Abs. 1 oder Art. 18, soweit sie nicht unmöglich oder mit einem unverhältnismäßigen Aufwand verbunden ist. **Normadressat** der Folgemitteilungspflicht ist der Verantwortliche, der die Berichtigung, Löschung oder Einschränkung der Verarbeitung vorgenommen hat (zu den Folgepflichten der Empfänger → Rn. 22).

1. Voraussetzungen. a) Berichtigung, Löschung oder Einschränkung. Die Folgemitteilungspflicht des Verantwortlichen an einen Empfänger setzt voraus, dass die betroffene Person gegenüber dem Verantwortlichen ein Recht auf Berichtigung gemäß Art. 16 (einschließlich einer Vervollständigung gemäß Art. 16 S. 2), ein Recht auf Löschung („Recht auf Vergessenwerden") gemäß Art. 17 Abs. 1 oder ein Recht auf Einschränkung der Verarbeitung gemäß Art. 18 **erfolgreich durchgesetzt hat.** Sie greift erst dann, wenn Daten auf Antrag einer betroffenen Person berichtigt, gelöscht oder eingeschränkt wurden.[11] Sie gilt auch, wenn die Löschung gemäß Art. 17 Abs. 1 Buchst. c als Folge eines begründeten **Widerspruchs** gemäß Art. 21 Abs. 1 oder 2 erfolgt ist.

---

[8] *Laue/Nink/Kremer* DatenschutzR § 4 Rn. 48; einen Vorrang von Art. 17 Abs. 2 als Spezialregelung ggü. Art. 19 nimmt Kühling/Buchner/*Herbst* DS-GVO Art. 19 Rn. 8 an.
[9] Zum Wechselverhältnis von Art. 19 S. 2 DS-GVO zu Art. 15 Abs. 1 Buchst. C DS-GVO: EuGH Urt. v. 12.1.2023 – C-154/21, ECLI:EU:C:2023:3 Rn. 40 ff. – Österreichische Post AG.
[10] Vgl. zum Medienprivileg gemäß der Vorgängervorschrift des Art. 9 DS-RL EuGH Urt. v. 16.12.2008 – C-73/07, ECLI:EU:C:2008:727 – Satakunnan Markkinapörssi und Satamedia.
[11] Knyrim DatenschutzR-HdB/*Haidinger* S. 134.

10   **b) Offenlegung gegenüber Empfängern.** Weitere Voraussetzung ist, dass die personenbezogenen Daten Empfängern offengelegt wurden. **Empfänger** kann nach der Definition gemäß Art. 4 Nr. 9 jede natürliche oder juristische Person, Behörde, Einrichtung oder andere Stelle sein, der die betroffenen Daten offengelegt wurden, dh andere Verantwortliche oder Auftragsverarbeiter (welche die Daten weiterverarbeitet haben) oder Dritte iSv Art. 4 Nr. 10 (→ Art. 4 Rn. 31–33), auch eine andere Stelle (zB eine andere Konzerngesellschaft) im Unternehmen des Verantwortlichen. Gemäß Art. 4 Nr. 9 und Erwägungsgrund 31 gelten Behörden, denen Daten aufgrund einer rechtlichen Verpflichtung im Rahmen eines bestimmten Untersuchungsauftrags offengelegt wurden (zB Steuer-, Zoll-, Finanzmarkt-, Wettbewerbs- oder andere unabhängige Verwaltungsbehörden) nicht als Empfänger. Empfänger sind nach der Rechtsprechung des EuG auf Personen beschränkt, für welche die betroffenen Daten **aus ihrer Perspektive** personenbezogene Daten darstellen, nicht solche, die lediglich neutralisierte Daten erhalten und keine Mittel haben, die vernünftigerweise zur Bestimmung der betreffenden Person im Sinne der Breyer-Rechtsprechung des EuGH eingesetzt werden können.[12] Hintergrund ist, dass der Schutzzweck nur die Empfänger erfassen muss, die zur Verarbeitung der betroffenen Daten befugt sein sollen.[13]

11   **Offenlegung** erfasst nach der Definition in Art. 4 Nr. 2, die auch dem Wortlaut des Art. 15 Abs. 2 Buchst. c zugrunde liegt (→ Art. 15 Rn. 13), die Übermittlung, Verbreitung oder eine andere Form der Bereitstellung.[14] Dazu gehört, wie sich aus Erwägungsgrund 159 S. 5 ergibt, als Teilbegriff auch das Öffentlichmachen gemäß Art. 17 Abs. 2.[15] In Abgrenzung zum „Öffentlichmachen" gemäß Art. 17 Abs. 2 genügt für eine Offenlegung lediglich die Ermöglichung des Datenzugriffs einer auch beschränkten Zahl von Empfängern, gegebenenfalls auch nur einer Person, nicht zwingend eines unbestimmten Personenkreises (→ Art. 17 Rn. 40). In vielen Fällen der Offenlegung durch den (Erst-)Verantwortlichen erfolgt beim Empfänger eine eigenständige Verarbeitung in Form der Erhebung bzw. Erfassung, so dass der Empfänger (Folge-)Verantwortlicher ist. Art. 19 S. 1 anerkennt diese Tatsache, indem er anders als Art. 12 Buchst. c DS-RL als Adressaten der Offenlegung nicht den engeren Begriff des Dritten verwendet, der andere Verantwortliche und Auftragsverarbeiter nicht einbezieht, sondern den weiteren Begriff des Empfängers, der auch Verantwortliche und Auftragsverarbeiter erfasst.

12   Unklar ist, durch wen die Daten offengelegt werden müssen. Der passivische Wortlaut des Art. 19 S. 1 könnte für eine weite Auslegung, dh eine Offenlegung durch den Verantwortlichen oder durch Dritte sprechen. Gegenüber dem Verantwortlichen wäre in diesem Fall jedoch nicht erklärbar, warum nicht auch andere Fälle des Erlangens der Daten durch Dritte ohne Zutun des Verantwortlichen (zB die Erhebung durch Dritte) von Art. 19 erfasst wären. Daher ist davon auszugehen, dass das Offenlegen **durch den Verantwortlichen** erfolgen muss.[16] Des Weiteren ergibt sich aus dem Begriff „Offenlegen" (engl. have been disclosed; frz. ont été communiquées) sowie dem Begriff „Empfänger" (Art. 4 Nr. 9), dh jemand, der etwas erhält (engl. recipient; frz. destinataire), dass das Offenlegen wie das Öffentlichmachen gemäß Art. 17 Abs. 2 (→ Art. 17 Rn. 42) objektiv ein **aktives** und subjektiv ein **vorsätzliches Handeln** erfordert.[17] Solch ein aktives vorsätzliches Handeln besteht auch in der Etablierung eines Abrufverfahrens, bei dem der Empfänger in Abstimmung mit dem Verantwortlichen auf vom Verantwortlichen bereitgestellte Daten zugreift. Ein unbeabsichtigtes Zulassen der aktiven Datenerhebung durch einen Dritten zB aufgrund einer **Datenpanne** oder eines durch fahrlässiges Unterlassen notwendiger Schutzmaßnahmen zugelassenen **Hackerangriffs** sind dagegen von Art. 17 Abs. 2 nicht erfasst.[18]

---

[12] EuG Urt. v. 26.4.2023 – T-557/20, ECLI:EU:T:2023:219 Rn. 97 ff. – SRB/EDPS (Rechtsmittel beim EuGH anhängig, C-413/23 P).

[13] EuGH Urt. v. 7.5.2009 – C-553/07, ECLI:EU:C:2009:293 Rn. 49 – Rijkeboer.

[14] Damit unterscheidet sich Art. 19 von der Vorgängerregelung des Art. 12 Buchst. c DS-RL, die nur das „Übermitteln" erfasste.

[15] Vgl. Kühling/Buchner/*Herbst* DS-GVO Art. 19 Rn. 6; aA Gierschmann/Schlender/Stentzel/Veil/*Veil* DS-GVO Art. 19 Rn. 28, wonach das Öffentlichmachen keine Offenlegung ist.

[16] Vgl. Kühling/Buchner/*Herbst* DS-GVO Art. 19 Rn. 7.

[17] AA BeckOK DatenschutzR/*Worms* DS-GVO Art. 19 Rn. 15, der auch ein passives Verhalten unter Offenlegung fasst.

[18] Vgl. zu Art. 17 Abs. 2 Wybitul/*Fladung* DS-GVO Art. 17 Rn. 24, wonach die Betroffene in diesem Fall durch die Pflicht des Verantwortlichen zur Meldung einer Verletzung an die Aufsichtsbehörde gem. Art. 33 hinreichend geschützt ist.

2. Ausnahmen. Die Folgemitteilungspflicht entfällt, wenn sie sich als **unmöglich** erweist 13 oder mit einem **unverhältnismäßigen Aufwand** verbunden ist. Der Ausnahmetatbestand mit seinen beiden Alternativen, der wie Ausnahmetatbestände im Unionsrecht generell eng auszulegen ist, ähnelt dem Ausnahmetatbestand zur Informationspflicht bei der Datenerhebung nicht bei der betroffenen Person gemäß Art. 14 Abs. 5 Buchst. b (→ Art. 14 Rn. 39). Wie in Art. 14 Abs. 5 Buchst. b ist die – nicht immer einfache – Unterscheidung zwischen beiden Alternativen aufgrund der gleichen Rechtsfolge nicht konstitutiv. Beide decken Fälle ab, in welchen der **Verantwortliche die Identität der Empfänger der von ihm offengelegten Daten der betroffenen Person nicht oder nur unter qualifiziertem Aufwand feststellen kann.**[19] In vielen Fällen der Offenlegung ist der Empfänger dem Verantwortlichen bekannt. Daher wird die Ausnahme in weniger Fällen relevant sein als im Rahmen von Art. 14 Abs. 5 Buchst. b.

a) Unmöglichkeit. Unmöglichkeit meint in erster Linie eine **tatsächliche Unmöglichkeit,** 14 die nicht von (subjektiven) zeitlichen oder finanziellen Faktoren abhängt. Sie liegt vor, wenn die Namen der Empfänger objektiv nicht mehr verfügbar sind (dh der Verantwortliche sie definitiv nicht mehr erlangen kann) oder pflichtwidrig nicht mehr nachvollzogen werden kann, an welche Empfänger die Daten offengelegt wurden. Dies sollte jedoch in der Praxis höchst selten vorkommen, da der Verantwortliche gemäß Art. 30 Abs. 1 Buchst. d jedenfalls die Kategorien von Empfängern in das Verzeichnis seiner Verarbeitungstätigkeiten aufzunehmen hat. Eine tatsächliche Unmöglichkeit liegt insbesondere dann vor, wenn der Empfänger nicht mehr existiert oder nicht erreichbar ist.[20] Dies kann sich zB aus der Beendigung oder dem Erlöschen der juristischen Person oder der entsprechenden Stelle als Empfänger ergeben. Daneben führt auch eine **rechtliche Unmöglichkeit** zum Wegfall der Mitteilungspflicht.[21]

b) Unverhältnismäßiger Aufwand. Ob ein **unverhältnismäßiger Aufwand** besteht, be- 15 misst sich anhand des durch die Mitteilung an den/die Empfänger entstehenden zeitlichen und finanziellen Aufwands. Eine bestimmte absolute Höhe allein ist nicht relevant. Es ist bei der Auslegung des unbestimmten Rechtsbegriffs des „unverhältnismäßigen Aufwand" nämlich nicht allein die Sicht des Verantwortlichen maßgeblich. Vielmehr muss als Ausfluss des allgemeinen Grundsatzes der Verhältnismäßigkeit im jeweiligen **Einzelfall unter Berücksichtigung aller Umstände eine Abwägung** zwischen der Höhe des Aufwands und den entgegenstehenden Interessen der betroffenen Person auf Richtigstellung oder Löschung auch gegenüber den Empfängern und dem Interesse der Empfänger an der Möglichkeit der Korrektur erfolgen.[22] So kann der Aufwand einer Mitteilung zur Berichtigung marginaler Fehler, wie offensichtliche Schreibversehen oder anderer unerheblicher Korrekturen, eher als unverhältnismäßig angesehen werden als bei schwerwiegenden Fehlern und Löschungen. Relevant kann zB weiterhin sein, wie sensitiv die betroffenen Daten sind, insbesondere ob es sich um bestimmte Kategorien von Daten gemäß Art. 9 handelt, mit welcher Wahrscheinlichkeit die Daten beim Empfänger (zB infolge eines Wegfalls des Verarbeitungszwecks) noch verarbeitet werden oder ob nicht eine Mitteilung dem Interesse der betroffenen Person sogar zuwiderläuft (→ Rn. 23). Gemäß Erwägungsgrund 62 S. 3 könnte ein unverhältnismäßiger Aufwand insbesondere bei Verarbeitungen für öffentliche Archiv-, Forschungs- oder Statistikzwecke vorliegen. Anhaltspunkt dafür sind die Zahl der betroffenen Personen, das Alter der Daten oder etwaige geeignete Garantien (zu weiteren Einschränkungen aus Gründen der Verhältnismäßigkeit → Rn. 24).

c) Beweislast. Aus der Systematik des Hs. 2 des S. 1 ergibt sich, dass die **Beweislast** für den 16 Nachweis der Unmöglichkeit bzw. des Vorliegens eines unverhältnismäßigen Aufwands beim Verantwortlichen liegt. Im Hinblick auf die Unmöglichkeit folgt dies darüber hinaus aus dem Wortlaut („sich erweist") der Vorschrift.

3. Rechtsfolge – Pflicht und Anspruch auf Folgemitteilung. Aus Art. 19 S. 1 ergibt sich 17 infolge der Berichtigung, Löschung bzw. Einschränkung der Verarbeitung eine Pflicht zur

---

[19] Vgl. zum ähnlichen Tatbestand des Art. 11 DS-RL Grabitz/Hilf/*Brühann* DS-RL Art. 11 Rn. 8 sowie zur ehem. dt. Umsetzungsvorschrift des § 35 BDSG zu Art. 14 Buchst. c DS-RL NK-BDSG/*Dix* § 35 Rn. 67.
[20] *Piltz* K&R 2016, 629 (633).
[21] Vgl. Plath/*Kamlah* DS-GVO Art. 19 Rn. 6; Gierschmann/Schlender/Stentzel/Veil/*Veil* DS-GVO Art. 19 Rn. 34.
[22] *Piltz* K&R 2016, 629 (633).

Folgemitteilung. Mit dieser Pflicht korrespondiert ein **unmittelbar geltender unionsrechtlicher Anspruch** der betroffenen Person **auf Mitteilung.**

18 **Anspruchsinhaber** ist die betroffene Person. Offen ist, ob der Anspruch gemäß Art. 19 S. 1 daneben auch den **Empfängern** selbst zusteht. Dagegen spricht, dass Art. 19 systematisch dem Kapitel III („Rechte der betroffenen Person") zuzurechnen ist. Andererseits adressiert S. 1 ausdrücklich „alle Empfänger" als Adressaten – und damit wohl auch Berechtigte – der Folgemitteilungspflicht. Da eine durch die Empfänger geltend gemachte Folgemitteilungspflicht indirekt auch einer wirksameren Durchsetzung der weitestgehenden Betroffenenrechte dient (→ Rn. 2), ist nicht unvertretbar, auch von einem Folgemitteilungsanspruch betroffener Empfänger als „agents" betroffener Personen auszugehen.

19 **Adressat** der Mitteilung sind alle „Empfänger", denen der Verantwortliche die betroffenen personenbezogenen Daten offengelegt hat (zum Empfängerbegriff → Rn. 10).[23] Nicht erfasst sind Empfänger, denen die Daten von Dritten offengelegt wurden, sowie Dritte, die sich die Daten selbst durch eigenes Tun beschafft haben (→ Rn. 11). Im Fall einer Offenlegung in Form des Öffentlichmachens gemäß Art. 17 Abs. 2 erfasst der Adressatenkreis daneben auch Drittverantwortliche, welche die Daten von Dritten oder durch eigene Erhebung erlangt haben (→ Art. 17 Rn. 48).

20 **Inhalt** der Mitteilung ist die Tatsache einer erfolgten Berichtigung gemäß Art. 16, Löschung gemäß Art. 17 Abs. 1 oder Einschränkung gemäß Art. 18 im Hinblick auf bestimmte personenbezogene Daten. Auch im Fall der Berichtigung sind dem Empfänger lediglich die Tatsache der Berichtigung, nicht auch zwingend die berichtigten Daten selbst mitzuteilen. Im Fall eines Abrufverfahrens genügt für die Mitteilung die Korrektur des bereitgestellten Datenbestandes, wenn mit einem Abruf in kurzer Zeit zu rechnen ist. Bei längeren Abrufintervallen ist eine zusätzliche Mitteilung erforderlich.[24]

21 Art. 19 enthält genauso wie Art. 18 anders als Art. 16 und 17 keine **zeitlichen Vorgaben.** Auch hier ist aus Gründen der praktischen Wirksamkeit des Datenschutzes auch gegenüber Empfängern verarbeiteter Daten davon auszugehen, dass die Folgemitteilung grundsätzlich **unverzüglich,** in jedem Fall aber innerhalb eines Monats nach Eingang des Antrages erfolgen muss (Art. 12 Abs. 3 S. 1 mit Verlängerungsmöglichkeit um weitere zwei Monate gemäß Art. 12 Abs. 3 S. 2 → Art. 12 Rn. 32, 33).

22 Eine besondere **Form** der Mitteilung bzw. -unterrichtung sieht Art. 19 nicht vor. Sie kann daher sowohl in Textform, elektronisch oder grundsätzlich auch mündlich erfolgen.[25] Eine **öffentliche Bekanntmachung** liefe dem Schutz der betroffenen Person zuwider und ist daher **unzulässig.**[26]

23 Fraglich ist, ob eine **Mitteilungspflicht entfällt,** wenn der Mitteilung an Empfänger der Daten **schutzwürdige Interessen der betroffenen Person** entgegenstehen. Dies könnte zB der Fall sein, wenn die betroffene Person anders als im Zeitpunkt der Verarbeitung mit dem Empfänger keine Geschäftsbeziehung mehr pflegt oder berichtigte Daten einen ungünstigeren Inhalt haben. Anders als die frühere deutsche Regelung der §§ 20 Abs. 8 und 35 Abs. 7 BDSG-alt enthält Art. 19 keine solche Ausnahme. Zu berücksichtigen ist des Weiteren, dass auch der Empfänger ein gewisses Schutzinteresse an einer Mitteilung hat (→ Rn. 3).[27] Dementsprechend hat der Verantwortliche, wenn die betroffene Person schutzwürdige Interessen vorträgt, im Zweifel von einer Folgemitteilung abzusehen, soweit nicht aufgrund einer Abwägung die Interessen des Empfängers überwiegen.[28]

24 Fraglich ist weiterhin, ob der Mitteilungsanspruch **zeitlich beschränkt** gilt. Hintergrund ist, dass eine Mitteilung nach Art. 19 S. 1 voraussetzt, dass der Verantwortliche im Zeitpunkt der Berichtigung, Löschung bzw. Einschränkung noch nachvollziehen kann, welchen Empfängern er die Daten offengelegt hat. Um seiner Pflicht gemäß Art. 19 S. 1 nachkommen zu können,

---

[23] Siehe hierzu etwa EuGH Urt. v. 27.10.2022 – C-129/21, ECLI:EU:C:2022:833 Rn. 83 ff. = ZD 2023, 28 – Proximus (Annuaires électroniques publics).
[24] Vgl. Kühling/Buchner/*Herbst* DS-GVO Art. 19 Rn. 12 mit Verweis auf die Diskussion unter dem BDSG-alt; aA HK-DS-GVO/*Peuker* Art. 19 Rn. 7: Korrektur des aktuellen Datenbestands genügt nicht.
[25] *Piltz* K&R 2016, 629 (633).
[26] Vgl. Gierschmann/Schlender/Stentzel/Veil/*Veil* DS-GVO Art. 19 Rn. 37.
[27] Vgl. Kühling/Buchner/*Herbst* DS-GVO Art. 19 Rn. 11.
[28] Ähnlich Gola/Heckmann/*Gola* DS-GVO Art. 19 Rn. 11: Einschränkung aus Verhältnismäßigkeitsgründen möglich; Kühling/Buchner/*Herbst* DS-GVO Art. 19 Rn. 11: Einschränkung auch aus Gründen der Datenminimierung; vgl. auch HK-DS-GVO/*Peuker* DS-GVO Art. 19 Rn. 6; Schaffland/Wiltfang/*Schaffland*/*Holthaus* DS-GVO Art. 19 Rn. 4, die von einem Entfallen der Mitteilungspflicht ausgehen.

müsste er Aufzeichnungen über die Offenlegungen erstellen und aufbewahren. Zu dem ähnlichen Auskunftsrecht der betroffenen Person über Empfänger von Daten gemäß Art. 12 Buchst. a DS-RL hat der EuGH in der Rs. Rijkeboer festgestellt, dass das Interesse der betroffenen Person an der Geltendmachung des Auskunftsrechts nachlassen kann, wenn die Dauer der Aufbewahrung der Basisdaten sehr lang ist. Sind zB die Empfänger der Daten zahlreich oder ist die Frequenz der Übermittlungen an eine geringere Zahl von Empfängern hoch, könnte die Pflicht, die Information u.a. über die Empfänger genauso lange aufzubewahren, den für die Verarbeitung Verantwortlichen über Gebühr belasten. Die DS-RL verlangte daher nicht, dem für die Verarbeitung Verantwortlichen derartige Lasten aufzuerlegen. Dies folgte auch aus Art. 12 Buchst. c DS-RL, wonach die Mitteilungspflicht über Empfänger infolge einer Berichtigung, Löschung oder Sperrung unter dem Vorbehalt, dass sich diese als unmöglich erweist oder ein unverhältnismäßiger Aufwand damit verbunden ist. Aus Gründen der **Verhältnismäßigkeit** war daher im Rahmen der DS-RL ein gerechter Ausgleich zwischen dem Interesse der betroffenen Person am Schutz ihrer Privatsphäre und Daten und der Belastung, die die Pflicht zur Aufbewahrung der betreffenden Information für den Verantwortlichen darstellt, zu besorgen.[29] Ähnliche Verhältnismäßigkeitserwägungen haben auch im Rahmen des Folgemitteilungsanspruchs gemäß Art. 19 S. 1 zu gelten.[30]

Soweit die über die Berichtigung, Löschung bzw. Einschränkung der Verarbeitung informierten Empfänger selbst **(Folge-)Verantwortliche** sind, unterliegen sie selbst aufgrund ihrer Pflichtenstellung aus Art. 5 sowie den entsprechenden Betroffenenrechten aus Art. 16–18 gegenüber ihnen einer Pflicht, ihre Verarbeitung auf eine Berichtigung, Löschung bzw. Einschränkung der Verarbeitung zu prüfen und gegebenenfalls Korrekturmaßnahmen zu ergreifen.

II. Folgeunterrichtungspflicht

Art. 19 S. 2 sieht eine **ergänzende Unterrichtungspflicht** des Verantwortlichen gegenüber der betroffenen Person **über die Empfänger** offengelegter und anschließend berichtigter bzw. gelöschter Daten (und dementsprechend der Adressaten der Folgemitteilung des Verantwortlichen gemäß S. 1) vor. Auch diese Folgeunterrichtungspflicht soll einen weiteren Beitrag zur wirksamen Durchsetzung der Betroffenenrechte gegenüber sämtlichen Verantwortlichen (gegebenenfalls auch den Zweit- und weiteren Folgeverantwortlichen) leisten. Die betroffenen Personen sollen vollständig darüber informiert sein, was mit ihren Daten passiert, um so auch ihre Rechte effektiv durchsetzen zu können.[31]

1. Voraussetzungen. Die Pflicht bzw. das Recht auf Folgeunterrichtung gemäß S. 2 unterliegt den gleichen materiellen Voraussetzungen wie die Pflicht bzw. das Recht auf Folgemitteilung gemäß S. 1. Nach dem ausdrücklichen Wortlaut des S. 2 besteht die Pflicht bzw. das Recht auf Folgeunterrichtung daneben nur, wenn die betroffene Person dies verlangt. Das Recht auf Folgeunterrichtung ist daher ein Initiativrecht der betroffenen Person, die Pflicht auf Folgeunterrichtung besteht dementsprechend **nur auf Antrag** der betroffenen Person (→ Rn. 29).

2. Rechtsfolge – Pflicht und Anspruch auf Folgeunterrichtung. Rechtsfolge des Unterrichtungsverlangens ist ein mit der Unterrichtungspflicht korrespondierender **unmittelbar geltender unionsrechtlicher Anspruch** der betroffenen Person **auf Folgeunterrichtung**. S. 2 sieht zwar anders als S. 1 keinen ausdrücklichen **Unmöglichkeits- bzw. Unverhältnismäßigkeitsvorbehalt** vor. Allerdings gelten diese Vorbehalte (zB wenn der Verantwortliche die Empfänger nicht kennt) sowie auch zeitliche Einschränkungen[32] aus allgemeinen Verhältnismäßigkeitserwägungen ähnlich wie im Rahmen des S. 1 (→ Rn. 15).[33] **Inhalt** der Unterrichtungspflicht ist die Identität (möglichst) aller Empfänger der vom Verantwortlichen offengelegten Daten.

---

[29] Vgl. EuGH Urt. v. 7.5.2009 – C-553/07, ECLI:EU:C:2009:293 Rn. 59–64 – Rijkeboer.
[30] Vgl. Kühling/Buchner/*Herbst* DS-GVO Art. 19 Rn. 13.
[31] Communication from the Commission to the European Parliament, the Council, the European Economic and Social Committee and the Committee of the Regions v. 25.1.2012, S. 5.
[32] Vgl. dazu EuGH Urt. v. 7.5.2009 – C-553/07, ECLI:EU:C:2009:293 Rn. 59–64 – Rijkeboer.
[33] AA Gierschmann/Schlender/Stentzel/Veil/*Veil* DS-GVO Art. 19 Rn. 45.

III. Modalitäten der Rechtsausübung

29 Während die Folgemitteilung einer Berichtigung, Löschung oder Einschränkung der Verarbeitung an Empfänger offengelegter Daten gemäß S. 1 dem Wortlaut nach automatisch, dh ohne Antrag zu erfolgen hat, besteht die Folgeunterrichtungspflicht nur, soweit die betroffene Person dies verlangt, dh **auf Antrag**. Auch die Folgemitteilung gemäß S. 1 kann, wenn der Verantwortliche sie unterlässt, durch Antrag gemäß Art. 12 Abs. 2 ff. durchgesetzt werden. Für die Antragstellung gilt **keine bestimmte Form**. Sie kann auch mündlich oder elektronisch erfolgen (→ Art. 12 Rn. 24 ff.). Auch wenn die Folgemitteilungs- und -unterrichtungspflicht eine abgeschlossene Berichtigung, Löschung oder Einschränkung gemäß Art. 16–18 voraussetzt, kann das Mitteilungs- und Unterrichtungsrecht **zeitgleich in einem Antrag mit diesen Betroffenenrechten** geltend gemacht werden.

30 Art. 19 enthält im Übrigen keine Regelungen über die **Modalitäten zur Durchsetzung der Folgemitteilungs- und -unterrichtungspflicht.** Für die Stellung des notwendigen Antrags (zu S. 2 → Rn. 16) gelten die Modalitäten des Art. 12 Abs. 2 ff., so eine generelle Unterstützungs- und Erleichterungspflicht (Art. 12 Abs. 2; → Art. 12 Rn. 23), eine Reaktions- und Mitteilungspflicht über getroffene Maßnahmen (Art. 12 Abs. 3 und 4; → Art. 12 Rn. 31, 36), die grundsätzliche Kostenfreiheit (Art. 12 Abs. 5; → Art. 12 Rn. 42) und das Identitätsfeststellungsverfahren bei Unklarheiten über die Identität der betroffenen Person (Art. 11 und 12 Abs. 6; → Art. 12 Rn. 50). Daneben gilt auch hier Art. 22.

C. Rechtsschutz

31 Lehnt der Verantwortliche eine Folgemitteilung bzw. -unterrichtung gemäß Art. 19 ab, stehen der **betroffenen Person** sämtliche durch die Verordnung vorgesehenen Rechtsbehelfe zu. Primärrechtsschutz besteht aufgrund des Rechts auf **Beschwerde bei der zuständige Aufsichtsbehörde** (Art. 77) und eines Rechtsbehelfs gegen einen (nicht Abhilfe leistenden) Beschluss der Aufsichtsbehörde (Art. 78). Jede Aufsichtsbehörde verfügt gemäß Art. 58 Abs. 2 Buchst. c über die Befugnis zur Anweisung des Verantwortlichen, den Anträgen der betroffenen Person auf Ausübung ihrer Betroffenenrechte zu entsprechen. Dazu gehört auch der Anspruch auf Folgemitteilung und -unterrichtung. Daneben hat die Aufsichtsbehörde gemäß Art. 58 Abs. 2 Buchst. g bei Unterlassen eine ausdrückliche eigene Abhilfebefugnis zur Mitteilung und Unterrichtung gemäß Art. 19. Schließlich kann jede Aufsichtsbehörde gemäß Art. 58 Abs. 2 Buchst. a jeden Empfänger, der selbst Verantwortlicher ist, (anstelle des Verantwortlichen) warnen, dass seine Verarbeitungsvorgänge (infolge einer Berichtigung, Löschung oder Einschränkung) voraussichtlich gegen die DS-GVO verstoßen. Unabhängig davon hat die betroffene Person das Recht auf einen **wirksamen gerichtlichen Rechtsbehelf** unmittelbar gegen den Verantwortlichen (Art. 79). Das Gerichtsverfahren richtet sich nach dem Verfahrensrecht des jeweiligen Mitgliedstaates (Erwägungsgrund 143). Ist Verantwortlicher eine Behörde und lehnt eine Mitteilung bzw. Unterrichtung ab, ist die Ablehnung ein Verwaltungsakt. Die Behörde kann dann zur Mitteilung bzw. Unterrichtung mit den einschlägigen verwaltungsrechtlichen Rechtsbehelfen Widerspruch und **Verpflichtungsklage** gemäß §§ 42, 68 ff. VwGO verpflichtet werden. Gegen einen privaten Verantwortlichen kann ähnlich wie bei den Informations- und Auskunftspflichten der Art. 13–15 zivilrechtliche **Leistungsklage** (auf Folgemitteilung bzw. -unterrichtung) erhoben werden. Sekundärrechtsschutz besteht aufgrund des **Rechts auf Schadensersatz** (Art. 82), das durch eine Staats- bzw. Amtshaftungsklage oder eine zivilrechtliche Schadensersatzklage ausgeübt werden kann. Neben den betroffenen Personen sind über das Verbandsklagerecht gemäß Art. 80 auch von der betroffenen Person ermächtigte Verbände zur Geltendmachung von Schadensersatzansprüchen wegen Verletzung der Folgemitteilungs- und Unterrichtungspflicht befugt. Schließlich kann der Verstoß gegen die Folgemitteilungs- und Unterrichtungspflicht mit einer **Geldbuße** geahndet werden (Art. 83).

32 Unionsrechtlich unklar sind mögliche Rechtsschutzmöglichkeiten der **Empfänger** auf Erlangung einer Folgemitteilung gemäß S. 1 durch den Verantwortlichen. Die Beschwerde bei einer Aufsichtsbehörde (Art. 77) und das Recht auf einen wirksamen gerichtlichen Rechtsbehelf gegen Verantwortliche und Auftragsverarbeiter (Art. 79) steht dem Wortlaut nach nur betroffenen Personen iSv Art. 4 Nr. 1 zu. Hieraus ist wohl zu schließen, dass die Empfänger Primärrechtsschutz auf der Grundlage nationalen Rechts suchen müssen. Ein betroffener Empfänger

könnte ähnlich wie eine betroffene Person Widerspruch und **Verpflichtungsklage** gemäß §§ 42, 68 ff. VwGO bei Nichtbefolgung eines Folgemitteilungsantrags durch eine Behörde und eine **Leistungsklage** auf Folgemitteilung auf der Grundlage des Anspruchs des Empfängers auf Folgemitteilung (→ Rn. 19) gegen einen privaten Verantwortlichen erheben. Demgegenüber gilt das **Schadensersatzrecht** gemäß Art. 82 dem Wortlaut nach für jede Person, der aufgrund eines Verstoßes gegen die DS-GVO ein Schaden entsteht. Es greift damit auch für andere als die betroffenen Personen, dh auch für Empfänger.

D. Nationale Durchführung

I. Allgemeines

Das Folgemitteilungs- und -unterrichtungsrecht ersetzt wie auch die übrigen Betroffenenrech- **33** te der DS-GVO die **Betroffenenrechte nach nationalem Recht** (für Deutschland: §§ 19 ff., 33 ff. BDSG aF und entsprechende Regelungen des Landesrechts). Grundsätzlich ist es im Rahmen seines Anwendungsbereichs wie die übrigen Betroffenenrechte auch gegenüber sonstigen allgemeinen (zivilrechtlichen oder öffentlich-rechtlichen) Folgenbeseitigungsansprüchen (für Deutschland: gemäß §§ 823, 1004 analog BGB) oder gegenüber anderen **spezialgesetzlichen Mitteilungs- und Unterrichtungsansprüchen datenschutzrechtlichen Ursprungs nach nationalem Recht** vorrangig und abschließend. Führen nationale Mitteilungs- bzw. Unterrichtungsvorschriften andere Unionsregelungen durch, ist deren Anwendung neben dem Mitteilungs- und Unterrichtungsrecht nach Art. 19 nicht per se ausgeschlossen. Sie dürfen jedoch den harmonisierten Schutzstandard, den Vorrang und die Wirksamkeit des Berichtigungsrechts als Ausfluss der Datenschutzgrundrechte nicht beeinträchtigen.[34]

II. Deutschland

Im BDSG ist Art. 19 nicht ausdrücklich erwähnt. **34**

III. Österreich

Das DSG 2018 regelt in § 9, dass die Regelungen in Kapitel III der DS-GVO auf die **35** Verarbeitung, die zu journalistischen Zwecken oder zu wissenschaftlichen, künstlerischen oder literarischen Zwecken erfolgt, keine Anwendung finden, soweit dies erforderlich ist, um das Recht auf Schutz der personenbezogenen Daten mit der Freiheit der Meinungsäußerung in Einklang zu bringen, insbesondere im Hinblick auf die Verarbeitung von personenbezogenen Daten durch Medienunternehmen, Mediendienste oder ihre Mitarbeiter unmittelbar für ihre publizistische Tätigkeit im Sinne des österreichischen Mediengesetzes.[35]

Art. 20 Recht auf Datenübertragbarkeit

(1) Die betroffene Person hat das Recht, die sie betreffenden personenbezogenen Daten, die sie einem Verantwortlichen bereitgestellt hat, in einem strukturierten, gängigen und maschinenlesbaren Format zu erhalten, und sie hat das Recht, diese Daten einem anderen Verantwortlichen ohne Behinderung durch den Verantwortlichen, dem die personenbezogenen Daten bereitgestellt wurden, zu übermitteln, sofern

a) die Verarbeitung auf einer Einwilligung gemäß Artikel 6 Absatz 1 Buchstabe a oder Artikel 9 Absatz 2 Buchstabe a oder auf einem Vertrag gemäß Artikel 6 Absatz 1 Buchstabe b beruht und
b) die Verarbeitung mithilfe automatisierter Verfahren erfolgt.

(2) Bei der Ausübung ihres Rechts auf Datenübertragbarkeit gemäß Absatz 1 hat die betroffene Person das Recht, zu erwirken, dass die personenbezogenen Daten direkt von einem Verantwortlichen einem anderen Verantwortlichen übermittelt werden, soweit dies technisch machbar ist.

---

[34] Vgl. analog zum unionsrechtlichen Grundrechtsschutz im Verhältnis zum nationalen Grundrechtsschutz generell EuGH Urt. v. 26.2.2013 – C-399/11, ECLI:EU:C:2013:107 Rn. 60 – Melloni/Ministerio Fiscal; EuGH Urt. v. 26.2.2013 – C-617/10, ECLI:EU:C:2013:105 Rn. 29 – Åklagare/Åkerberg Fransson.

[35] Öst. BGBl. Nr. 314/1981.

Art. 20 Kapitel III. Rechte der betroffenen Person

(3) ¹Die Ausübung des Rechts nach Absatz 1 des vorliegenden Artikels lässt Artikel 17 unberührt. ²Dieses Recht gilt nicht für eine Verarbeitung, die für die Wahrnehmung einer Aufgabe erforderlich ist, die im öffentlichen Interesse liegt oder in Ausübung öffentlicher Gewalt erfolgt, die dem Verantwortlichen übertragen wurde.

(4) Das Recht gemäß Absatz 1 darf die Rechte und Freiheiten anderer Personen nicht beeinträchtigen.

Literatur: *Dehmel/Hullen*, Auf dem Weg zu einem zukunftsfähigen Datenschutz in Europa?, ZD 2013, 147; *Franck*, Das System der Betroffenenrechte nach der Datenschutzgrundverordnung, RDV 2016, 111; *Hennemann*, Datenportabilität, PinG 2017, 5; *Hornung*, Eine Datenschutz-Grundverordnung für Europa?, ZD 2012, 99; *Jülicher/Röttgen/v. Schönfeld*, Das Recht auf Datenübertragbarkeit, ZD 2016, 358; *Kamann/Miller*, Kartellrecht und Datenschutzrecht – Verhältnis einer „Hass-Liebe"?, NZKart 2016, 405; *Körber*, „Ist Wissen Marktmacht?" Überlegungen zum Verhältnis von Datenschutz, „Datenmacht" und Kartellrecht – Teil 1, NZKart 2016, 303; *Paal/Götz*, Aktuelle Rechtsfragen zur Datenübertragbarkeit aus Art. 20 DS-GVO, ZD 2023, 67; *Piltz*, Die Datenschutz-Grundverordnung. Teil 2: Rechte der Betroffenen und korrespondierende Pflichten des Verantwortlichen, K&R 2016, 629; *Roßnagel/Nebel/Richter*, Was bleibt vom Europäischen Datenschutzrecht?, ZD 2015, 455; *Schätzle*, Ein Recht auf die Fahrzeugdaten – Das Recht auf Datenportabilität aus der DS-GVO, PinG 2016, 71; *Schantz*, Datenschutz-Grundverordnung – Beginn einer neuen Zeitrechnung im Datenschutzrecht, NJW 2016, 1841; *Sperlich*, Das Recht auf Datenübertragbarkeit, DuD 2017, 377; *Steinrötter*, Verhältnis von Data Act und DS-GVO, GRUR 2023, 216; *Stiftung Datenschutz*, Praktische Umsetzung des Rechts auf Datenübertragbarkeit – Rechtliche, technische und verbraucherbezogene Implikationen, 2017; *Strubel*, Anwendungsbereich des Rechts auf Datenübertragbarkeit, ZD 2017, 355; *Westphal/Wichtermann*, Datenportierung nach Art. 20 DS-GVO, ZD 2019, 191.

Rechtsprechung: EuGH Urt. v. 6.11.2003 – C-101/01, ECLI:EU:C:2003:596 – Lindqvist; EuGH Urt. v. 29.1.2008 – C-275/06, ECLI:EU:C:2008:54 – Promusicae; EuGH Urt. v. 17.3.2014 – C-314/12, ECLI:EU:C:2014:192 – UPC Telekabel Wien; EuGH Urt. v. 13.5.2014 – C-131/12, ECLI:EU:C:2014:317 = ZD 2014, 350 – Google Spain und Google; EuGH Urt. v. 20.12.2017 – C-434/16, ECLI:EU:C:2017:994 – Nowak; OVG Münster Urt. v. 8.6.2021 – 16 A 1582/20, ECLI:DE:OVGNRW:2021:0608.16A1582.20.00 = ZD 2022, 174.

Übersicht

	Rn.
A. Allgemeines	1
I. Zweck und Bedeutung der Vorschrift	1
II. Systematik, Verhältnis zu anderen Vorschriften	6
B. Einzelerläuterungen	13
I. Voraussetzungen des Rechts auf Datenübertragbarkeit (Abs. 1)	13
1. Übertragungsgegenstand	14
a) Bereitgestellte Daten	14
b) Den Antragsteller betreffende Daten	15
2. Verarbeitungsgrundlage: Einwilligung oder Vertrag	19
3. Verarbeitungsform: Automatisierte Verarbeitung	20
II. Rechtsfolgen – Umfang des Rechts auf Datenübertragbarkeit	21
1. Indirekte Datenübermittlung (Abs. 1)	21
a) Übermittlungsanspruch	22
b) Anspruch auf Unterlassung der Behinderung der Weiterübermittlung	27
2. Direkte Datenübermittlung (Abs. 2)	29
III. Ausnahmen des Rechts auf Datenübertragbarkeit	33
1. Aufgabe im öffentlichen Interesse, Ausübung öffentlicher Gewalt (Abs. 3)	33
2. Beeinträchtigung der Rechte und Freiheiten anderer Personen (Abs. 4)	34
3. Beweislast	39
IV. Modalitäten der Rechtsausübung	40
C. Rechtsschutz	47
D. Nationale Durchführung	48
I. Allgemeines	48
II. Deutschland	49
III. Österreich	50

A. Allgemeines

I. Zweck und Bedeutung der Vorschrift

Art. 20 gewährt der betroffenen Person in den Fällen der automatisierten Datenverarbeitung 1
auf Grundlage einer Einwilligung (Art. 6 Abs. 1 Buchst. a, Art. 9 Abs. 2 Buchst. a) oder eines
Vertrags (Art. 6 Abs. 1 Buchst. b) ein Recht auf **Datenübertragbarkeit**. Die betroffene Person
erhält dieses Recht in Form eines unmittelbar geltenden unionsrechtlichen Anspruchs, die von
ihr bereitgestellten sie betreffenden personenbezogenen Daten vom Verantwortlichen zu **erhalten** und selbst einem anderen Verantwortlichen ohne Behinderung durch den (Erst-)Verantwortlichen **weiterzugeben** (sog. Indirekte Datenübermittlung) (Abs. 1), bzw. in Form eines
Anspruchs, bei technischer Machbarkeit eine **direkte Weitergabe** von einem Verantwortlichen
an einen anderen Verantwortlichen zu erwirken (sog. Direkte Datenübermittlung, Abs. 2). Dies
gilt nicht, soweit nicht die Verarbeitung im überwiegenden öffentlichen Interesse liegt oder in
Ausübung öffentlicher Gewalt erfolgt (Abs. 3) bzw. die Rechte und Freiheiten anderer Personen
unverhältnismäßig beeinträchtigt werden (Abs. 4).

Das Recht auf Datenübertragbarkeit ist ein **Novum im europäischen Datenschutzrecht**.[1] 2
Eine spezifische Vorgängernorm gab es in der DS-RL nicht. Das Recht auf Datenübertragbarkeit
verfolgt das Ziel, der betroffenen Person eine bessere Kontrolle über die eigenen Daten im
digitalen Raum (vgl. Erwägungsgrund 68 S. 1) bzw. einen besseren (Wieder-)Zugang zu diesen
Daten[2] zu ermöglichen und dient so einer weiteren Stärkung der Betroffenenrechte.

Art. 20 ist nicht rein datenschutzrechtlich motiviert, sondern verfolgt daneben auch eine – 3
vielleicht sogar überwiegende – **wettbewerbs- und binnenmarktpolitische Zielsetzung**.
Das Recht auf Datenübertragbarkeit soll den Wettbewerb zwischen Anbietern, zB im Bereich
der sozialen Netzwerke[3] fördern,[4] indem eine Möglichkeit geschaffen wird, dass die betroffene
Person jederzeit ihr Profil mit den sie betreffenden personenbezogenen Daten zu einem konkurrierenden Anbieter übertragen kann. Hierdurch soll ein Anbieterwechsel erleichtert und sog.
Lock-in-Effekte vermieden werden.[5] Diese können entstehen, wenn eine manuelle Übertragung
der beim Verantwortlichen gespeicherten Daten durch die betroffene Person selbst zu aufwendig,
aufgrund unterschiedlicher Datenformate zu kompliziert oder aufgrund der Datenmenge nicht
praktikabel ist (sog. Switching costs).[6] Eine solche faktische Bindung der betroffenen Person an
einen bestimmten Verantwortlichen will das Recht auf Datenübertragbarkeit verhindern. Hierdurch dient dieses Recht gleichzeitig dazu, das reibungslose Funktionieren des Binnenmarkts
und des Internets und seiner charakteristischen Offenheit und Interkonnektivität zu erleichtern,[7]
Innovationsmöglichkeiten und einen sicheren Austausch personenbezogener Daten zwischen
Verantwortlichen unter Kontrolle der betroffenen Person zu fördern[8] sowie den Aufbau einer
europäischen Datenwirtschaft zu erleichtern.[9] Das Recht auf Datenübertragbarkeit offenbart
damit die zunehmende Verzahnung von Datenschutz- und Wettbewerbsrecht in Zeiten fortschreitender Digitalisierung.[10]

---

[1] *Dehmel/Hullen* ZD 2013, 147 (153); *Jülicher/Röttgen/v. Schönfeld* ZD 2016, 358.
[2] Vorschlag der Kommission v. 25.1.2012, KOM(2012) 11 endgültig, 10.
[3] Vgl. Erwägungsgrund 55 im Vorschlag der Kommission v. 25.1.2012, KOM(2012)11 endgültig, 29.
[4] Begr. des Rates zum Standpunkt (EU) 6/2016, ABl. 2016 C 159, 83 (89); vgl. auch *Schantz* NJW 2016, 1841 (1845), *Sperlich* DuD 2017, 377; *Feiler/Forgó* DS-GVO Art. 20 Rn. 1; Gola/Heckmann/*Piltz* DS-GVO Art. 20 Rn. 3 sowie Artikel-29-Datenschutzgruppe, Leitlinien zum Recht auf Datenübertragbarkeit, WP 242 rev.01, S. 4, jedoch mit der Betonung, dass die DS-GVO kein Instrument zur Regulierung des Wettbewerbs sei.
[5] Artikel-29-Datenschutzgruppe, Leitlinien zum Recht auf Datenübertragbarkeit, WP 242 rev.01, S. 6: wonach hierdurch die Selbstbestimmung der Verbraucher gestärkt wird.
[6] Vgl. *Hornung* ZD 2012, 99 (103); *Laue/Nink/Kremer* DatenschutzR § 4 Rn. 59.
[7] Entschließung des EP v. 6.7.2011 zum Gesamtkonzept für den Datenschutz in der Europäischen Union (2011/2025([NI]), Ziff. 16 Fn. 10. Vgl. mwN Artikel-29-Datenschutzgruppe, Leitlinien zum Recht auf Datenübertragbarkeit, WP 242 rev.01, S. 3: daher wird „die Entwicklung neuen Dienste im Kontext der Strategie für einen digitalen Binnenmarkt" gefördert.
[8] Artikel-29-Datenschutzgruppe, Leitlinien zum Recht auf Datenübertragbarkeit, WP 242 rev.01, S. 6.
[9] Zur Bedeutung der Datenübertragbarkeit für die europäische Datenwirtschaft, auch über den Bereich der personenbezogenen Daten hinaus, Kommission, Mitteilung: Aufbau einer Europäischen Datenwirtschaft, COM(2017) 9 final.
[10] Vgl. dazu zB *Körber* NZKart 2016, 303; *Kamann/Miller* NZKart 2016, 405.

4 Nicht eindeutig ist, ob das Recht auf Datenübertragbarkeit eine **spezielle Ausprägung der** – auch im Verhältnis zu privaten Verantwortlichen geltenden (→ Einl. Rn. 64) – **Grundrechte auf Achtung des Privatlebens und auf Schutz personenbezogener Daten** gemäß Art. 7 und 8 Abs. 1 GRCh sowie Art. 16 Abs. 1 AEUV ist. Teilweise wurde vorgebracht, das Recht auf Datenübertragbarkeit gehöre eher zum Verbraucherschutz- oder Wettbewerbsrecht und diene nicht dem Datenschutz.[11] Ein Bezug zum Datenschutz bestehe lediglich dann, wenn zB ein Nutzer durch den Wechsel zu einem anderen Verantwortlichen ein höheres Datenschutzniveau erlangen könne. Das Recht sei daher nur ein systemfremdes Recht auf **Datenmobilität** in Form eines „**Nutzerschutzrechts**".[12] Dieser Kritik ist nicht zu folgen. Das Recht auf Datenübertragbarkeit dient wie auch die anderen Betroffenenrechte als Gestaltungs- und Steuerungsrecht der besseren Kontrolle der betroffenen Person über ihre eigenen Daten (Erwägungsgrund 68 S. 1), u.a. indem sie ihre Verwaltung und Wiederverwendung möglich macht.[13] Auch dies ist ein – wenn auch sehr weitgehendes – Element der „innovativen" Grundrechte auf Privatleben und Datenschutz[14] im digitalen Zeitalter. Aufgrund seines grundrechtlichen Charakters kann das Recht nicht privatrechtlich abbedungen oder eingeschränkt werden. Es entzieht sich ebenfalls der Disposition der betroffenen Person; ein (Vorab-)Verzicht auf das Recht auf Datenübertragbarkeit ist ebenfalls nicht möglich. Seine Ausübung darf auch im Übrigen nicht mit rechtlichen Nachteilen verbunden werden. (→ Art. 16 Rn. 26; zum Einwand des Rechtsmissbrauchs → Rn. 36 und → Art. 17 Rn. 60).

5 Anders als teilweise im Gesetzgebungsverfahren diskutiert, ist Art. 20 **nicht auf bestimmte Arten von Verantwortlichen** oder Anbieter bestimmter Leistungen, insbesondere nicht auf Verantwortliche, die einen Dienst der Informationsgesellschaft (Art. 4 Nr. 25) anbieten, **beschränkt**. Der Rat wollte das Recht auf Datenübertragbarkeit auf „Internet bezogene Sachverhalte" einschränken.[15] Einige Delegationen im Rat forderten eine noch stärkere Beschränkung auf Angebote sozialer Medien.[16] Die endgültige Fassung der DS-GVO enthält diese geforderten Beschränkungen jedoch nicht.

II. Systematik, Verhältnis zu anderen Vorschriften

6 Art. 20 Abs. 1 sieht vor, dass die betroffene Person das Recht hat, die sie betreffenden personenbezogenen Daten, die sie einem Verantwortlichen bereitgestellt hat, in einem in der Vorschrift näher bestimmten Format zu erhalten. Die betroffene Person hat ferner das Recht, diese Daten ohne Behinderung durch den Verantwortlichen zu übermitteln. Voraussetzung dafür ist, (1) dass die Verarbeitung auf einer Einwilligung (Art. 6 Abs. 1 Buchst. a oder Art. 9 Abs. 2 Buchst. a) oder einem Vertrag gemäß Art. 6 Abs. 1 Buchst. b beruht und (2) die Verarbeitung mithilfe automatisierter Verfahren erfolgt. **Art. 20 Abs. 2** erweitert dieses Recht dahingehend, dass die betroffene Person das Recht hat, zu erwirken, dass die personenbezogenen Daten direkt von einem Verantwortlichen an einen anderen Verantwortlichen übermittelt werden, soweit dies technisch machbar ist. **Art. 20 Abs. 3** stellt klar, dass das Recht auf Löschung gemäß Art. 17 unberührt bleibt. Weiterhin stellt Art. 20 Abs. 3 klar, dass Art. 20 nicht für eine Verarbeitung gilt, die für die Wahrnehmung einer Aufgabe erforderlich ist, die im öffentlichen Interesse liegt, oder in Ausübung öffentlicher Gewalt erfolgt, die dem Verantwortlichen übertragen wurde. **Art. 20 Abs. 4** enthält die klarstellende Beschränkung, dass das Recht auf Datenübertragbarkeit die Rechte und Freiheiten anderer Personen nicht beschränken darf.

7 Das Recht auf Datenübertragbarkeit in Art. 20 ist Teil der Regelungen in Kapitel III (Rechte der Betroffenen). **Abschnitt 3 (Berichtigung und Löschung)** enthält außerdem das Recht auf Berichtigung (Art. 16), das Recht auf Löschung (Art. 17), das Recht auf Verarbeitungseinschränkung (Art. 18) sowie die Mitteilungspflicht (Art. 19), neben denen das Recht auf Datenübertragbarkeit als eigenständiges Betroffenenrecht steht. Das Recht auf Datenübertragbarkeit geht diesen Rechten nicht vor. Insbesondere ist der Verantwortliche nicht verpflichtet, personenbezogene Daten länger als notwendig oder über einen etwaigen angegebenen Aufbewahrungszeitraum hinaus zu speichern, um ihre spätere Übertragung zu ermöglichen

---

[11] Vgl. Ratsdok. 6814/1 v. 26.2.2012, S. 9 Fn. 43; *Dehmel/Hullen* ZD 2013, 147 (153); *Nebel/Richter* ZD 2012, 407 (413).
[12] *Nebel/Richter* ZD 2012, 407 (413); zur Diskussion *Laue/Nink/Kremer* DatenschutzR § 4 Rn. 60.
[13] Artikel-29-Datenschutzgruppe, Leitlinien zum Recht auf Datenübertragbarkeit, WP 242 rev.01, S. 5.
[14] So *Streinz* GRCh Art. 8 Rn. 3.
[15] Ratsdok. 5879/14 v. 31.1.2014, S. 2; Ratsdok. 8172/14 v. 25.3.2014, S. 4 Rn. 4 und 5.
[16] Ratsdok. 8835/15 v. 12.5.2015, S. 45 Rn. 185.

(→ Rn. 24). Umgekehrt gilt das Datenübertragungsrecht unbeschadet der anderen Rechte der betroffenen Person. Dementsprechend regelt Art. 20 Abs. 4 S. 1 ausdrücklich, dass die Ausübung des Rechts auf Datenübertragbarkeit das **Recht auf Löschung und Vergessenwerden gemäß Art. 17 unberührt lässt.** Ein Datenübertragbarkeitsvorgang zieht nicht automatisch die Löschung der Daten aus den Systemen des Verantwortlichen nach sich und wirkt sich auch nicht auf die ursprüngliche Speicherfrist für die übermittelten Daten aus. Ebenso kann die Datenübertragbarkeit, sofern die betroffene Person eine Löschung wünscht, vom Verantwortlichen nicht als Mittel zur Verzögerung oder Verweigerung der Löschung verwendet werden.[17]

Art. 20 geht über das in Abschnitt 2 (Informationspflicht und Recht auf Auskunft zu personenbezogenen Daten) enthaltene weite Auskunftsrecht in Art. 15 hinaus. Dieses enthält in Art. 15 Abs. 3 bereits eine Verpflichtung des Verantwortlichen, eine Kopie der personenbezogenen Daten, die Gegenstand der Verarbeitung sind, zur Verfügung zu stellen (S. 1) und im Falle eines Antrags in elektronischer Form die Informationen in einem gängigen elektronischen Format[18] zur Verfügung zu stellen (S. 3). Von den anderen Ansprüchen in Abschnitt 3 unterscheidet sich die **Zielrichtung von Art. 20** dahingehend, dass in Art. 20 nicht die Verarbeitung von den die betroffene Person betreffenden Daten korrigiert, beschränkt oder unterbunden wird, sondern die **Verarbeitung grundsätzlich fortgesetzt werden soll, jedoch durch einen anderen Verantwortlichen.** Die Bereitstellung in einem „strukturierten, gängigen und maschinenlesbaren Format" soll dabei im Gegensatz zum Anspruch aus Art. 15 Abs. 3 S. 1 die sofortige Weiterverarbeitung ermöglichen.[19] Der Anspruch aus Art. 20 Abs. 1 ist daher nicht auf die Erstellung einer Kopie, sondern auf die Herausgabe der Daten selbst gerichtet.[20] Die anderen Rechte in Abschnitt 3 bleiben unberührt, für Art. 17 ist dies in Art. 20 Abs. 3 S. 1 ausdrücklich klargestellt.

Art. 20 enthält keine Regelungen über die **Information, Kommunikation und Modalitäten** der Ausübung des Rechts auf Datenübertragbarkeit. Diese sind in **Art. 12** geregelt, so eine generelle Informations- und Mitteilungspflicht (Art. 12 Abs. 1; → Art. 12 Rn. 8), eine Unterstützungs- und Erleichterungspflicht (Art. 12 Abs. 2; → Art. 12 Rn. 23), eine Reaktions- und Mitteilungspflicht über getroffene Maßnahmen (Art. 12 Abs. 3 und 4; → Art. 12 Rn. 31, 36), die grundsätzliche Kostenfreiheit (Art. 12 Abs. 5; → Art. 12 Rn. 42) und das Identitätsfeststellungsverfahren bei Unklarheiten über die Identität der betroffenen Person (Art. 11 und 12 Abs. 6; → Art. 12 Rn. 50) (zur Ausübung des Berichtigungsrechts → Rn. 39 ff.). Daneben gilt auch für eine Berichtigungsentscheidung gemäß Art. 22, dass diese nicht auf einer automatisierten Verarbeitung beruhen darf (→ Rn. 19). Zu den Rechtsfolgen der Missachtung der Modalitäten → Art. 12 Rn. 59. Daneben gilt auch das Auskunftsrecht gemäß Art. 15 in vollem Umfang.[21]

Das Recht auf Datenübertragbarkeit unterliegt dem **allgemeinen Beschränkungsvorbehalt gemäß Art. 23** durch EU- oder nationale Gesetzgebungsmaßnahmen (→ Art. 23 Rn. 3). Soweit die betroffenen Datenverarbeitungen zu journalistischen, wissenschaftlichen, künstlerischen oder literarischen Zwecken erfolgen, wird diese Ausnahme ergänzt durch den – national zwingend zu konkretisierenden – **Ausnahmevorbehalt** gemäß der obligatorischen Spezifizierungsklausel des **Art. 85 Abs. 2 (sog. Medien- und Wissenschaftsprivileg)** (→ Art. 85 Rn. 16), wenn dies erforderlich ist, um das Recht auf Datenoperabilität mit dem Grundrecht auf Meinungs- und Informationsfreiheit in Einklang zu bringen.[22] Während bei Datenverarbeitung zu wissenschaftlichen oder historischen Forschungs- oder statistischen Zwecken das Recht dem Ausnahmevorbehalt gemäß Art. 89 Abs. 2 unterliegt (Art. 20 fehlt in der Liste der genannten Rechte), gilt der **Ausnahmevorbehalt gemäß Art. 89 Abs. 3** für eine Datenverarbeitung zu Archivzwecken (→ Art. 89 Rn. 35).

Das Recht einer betroffenen Person auf Datenübertragbarkeit gegenüber dem Verantwortlichen ist zu unterscheiden von dem **Anspruch auf Rückgabe** aller personenbezogenen Daten

---

[17] Artikel-29-Datenschutzgruppe, Leitlinien zum Recht auf Datenübertragbarkeit, WP 242 rev.01, S. 8.
[18] ZB einem pdf-Dokument, vgl. OVG Münster Urt. v. 8.6.2021 – 16 A 1582/20, ECLI:DE:OVGNRW:2021:0608.16A1582.20.00 Rn. 121 = ZD 2022, 174.
[19] So OVG Münster Urt. v. 8.6.2021 – 16 A 1582/20, ECLI:DE:OVGNRW:2021:0608.16A1582.20.00 Rn. 119 ff. = ZD 2022, 174.
[20] So OVG Münster Urt. v. 8.6.2021 – 16 A 1582/20, ECLI:DE:OVGNRW:2021:0608.16A1582.20.00 Rn. 122, 128 = ZD 2022, 174.
[21] Artikel-29-Datenschutzgruppe, Leitlinien zum Recht auf Datenübertragbarkeit, WP 242 rev.01, S. 8.
[22] Vgl. zum Medienprivileg gem. der Vorgängervorschrift des Art. 9 DS-RL EuGH Urt. v. 16.12.2008 – C-73/07, ECLI:EU:C:2008:727 – Satakunnan Markkinapörssi und Satamedia.

infolge einer **Auftragsverarbeitung** (Art. 28). Dieses Recht steht gemäß **Art. 28 Abs. 3 Buchst. g** dem Verantwortlichen gegenüber dem Auftragsverarbeiter zu (→ Art. 28 Rn. 24).

12 Die Regelung in Art. 20 Data Act wird durch das Recht auf Datenzugang bzw. Datenweitergabe aus Art. 4 Abs. 1 bzw. Art. 5 Abs. 1 Data Act ergänzt.[23] So werden von den Ansprüchen des Data Act auch nicht personenbezogene Daten erfasst. Zudem sind die Tatbestandsvoraussetzungen unterschiedlich, insbesondere was die Fälligkeit, Entgeltlichkeit und die Frage eines Echtzeitdatenzugangs angeht. Aufgrund des Ergänzungsverhältnisses dürften im Anwendungsbereich der DS-GVO aber in der Praxis regelmäßig die für den Anspruchsteller günstigeren Rechtsfolgen der Ansprüche des Data Act einschlägig sein.[24] Weiterhin handelt es sich bei den Ansprüchen des Data Act ähnlich wie bei Art. 20 Data Act nicht um einen reinen Lesezugriff, sondern eine Bereitstellung.[25] Hinsichtlich des Formates macht allerdings Art. 20 Data Act konkrete Vorgaben. Aktivlegitimiert für Art. 20 Data Act ist nur die betroffene Person. Soweit im Rahmen der Datenzugangsansprüche des Data Act ein anderer als die betroffene Person den Anspruch geltend macht, muss gemäß Art. 4 Abs. 12 Data Act bzw. Art. 5 Abs. 7 Data Act eine Rechtsgrundlage gemäß Art. 6 Abs. 1 Data Act sowie gegebenenfalls gemäß Art. 9 Data Act vorliegen.[26]

B. Einzelerläuterungen

I. Voraussetzungen des Rechts auf Datenübertragbarkeit (Abs. 1)

13 Art. 20 Abs. 1 stellt das Recht auf Datenübertragbarkeit unter **drei wesentliche Voraussetzungen:** (1) Verarbeitungsgegenstand müssen von der betroffenen Person bereitgestellte und sie betreffende Daten sein, (2) Verarbeitungsgrund muss eine Einwilligung der betroffenen Person nach Art. 6 Abs. 1 Buchst. a oder Art. 9 Abs. 2 Buchst. e oder ein Vertrag gemäß Art. 6 Abs. 1 Buchst. b sein (Buchst. a) und (3) Verarbeitungsform muss eine automatisierte Verarbeitung iSv Art. 2 Abs. 1 sein (Buchst. b). Die **Darlegungs- und Beweislast** für das Vorliegen der Voraussetzungen trägt die **betroffene Person.**

14 **1. Übertragungsgegenstand. a) Bereitgestellte Daten.** Gegenstand der Ansprüche gemäß Art. 20 Abs. 1 und Abs. 2 sind alle[27] **personenbezogene Daten** iSd Art. 4 Nr. 1 (→ Art. 4 Rn. 5), welche die betroffene Person dem Verantwortlichen „**bereitgestellt**" (engl. „provided") hat.[28] Der Begriff des Bereitstellens ist in der DS-GVO nicht definiert. Er ist nach Auffassung der Artikel-29-Datenschutzgruppe wegen der politischen Ziele des Rechts auf Datenübertragbarkeit grundsätzlich weit auszulegen.[29] Er wird in Art. 4 Nr. 2 im Rahmen der Definition von „Verarbeiten" verwendet, um „Offenlegung" als Teil von „Verarbeitung" als „durch Übermittlung, Verbreitung oder eine andere Form der Bereitstellung" näher zu beschreiben (engl. „disclosure by transmission, dissemination or otherwise making available"). Erwägungsgrund 68 S. 3 stellt fest, dass das Recht gelten sollte, „wenn die betroffene Person die personenbezogenen Daten [...] zur Verfügung gestellt hat [...]" (engl. wiederum: „provided"). Allen Formulierungen ist gemein, dass sie ein aktives und wissentliches Verhalten der betroffenen Person voraussetzen.[30] Daher wird zumindest das aktive Einräumen eines Zugriffs auf die jeweiligen personenbezogenen Daten durch die betroffene Person erforderlich sein.[31] Nach dem

---

[23] *Steinrötter* GRUR 2023, 216 (220 ff.).
[24] *Steinrötter* GRUR 2023, 216 (222).
[25] *Steinrötter* GRUR 2023, 216 (222).
[26] *Steinrötter* GRUR 2023, 216 (222 f.).
[27] Art. 20 ist nicht auf Daten begrenzt, die für einen Anbieterwechsel notwendig oder nützlich sind, vgl. Artikel-29-Datenschutzgruppe, Leitlinien zum Recht auf Datenübertragbarkeit, WP 242 rev.01, S. 4, 6. Mit allen Daten sind dagegen nicht alle Daten gemeint, welche die betroffenen Personen dem Verantwortlichen jemals bereitgestellt hat. Eine über die Zweckdauer hinausgehende Pflicht zur „Vorratsdatenspeicherung" enthält Art. 20 Abs. 1 nicht, vgl. Gierschman/Schlender/Stentzel/Veil/*Veil* DS-GVO Art. 20 Rn. 26 unter Verweis auf Artikel-29-Datenschutzgruppe, Leitlinien zum Recht auf Datenübertragbarkeit, WP 242 rev.01, S. 7.
[28] Der ursprüngliche Vorschlag der Kommission beinhaltete in Art. 18 Abs. 1 ein Recht der betroffenen Personen auf Erhalt einer Kopie sämtlicher sie betreffenden Daten von einem Verantwortlichen ohne das Merkmal „Bereitstellen", vgl. Vorschlag der Kommission v. 25.1.2012, KOM(2012) 11 endgültig, 60.
[29] Artikel-29-Datenschutzgruppe, Leitlinien zum Recht auf Datenübertragbarkeit, WP 242 rev.01, S. 12.
[30] *Piltz* K&R 2016, 634.
[31] *Jülicher/Röttgen/v. Schönfeld* ZD 2016, 359.

Wortlaut ist erforderlich, dass die betroffene Person die personenbezogenen Daten bereitgestellt hat, entsprechend des strukturellen Unterschieds zwischen Art. 13 und Art. 14 wird also eine Erhebung bei der betroffenen Person erforderlich sein.[32] Unter „bereitgestellte Daten" können damit alle Daten verstanden werden, die **wissentlich und willentlich mit bewusstem Zutun der betroffenen Person verarbeitet werden.**[33] Nach Auffassung der Artikel-29-Datenschutzgruppe sollen neben aktiv und wissentlich bereitgestellten Daten auch **„beobachtete Daten"**, die von der betroffenen Person durch die Nutzung eines Dienstes oder Geräts bereitgestellt werden, fallen, wie zB der Suchverlauf, Verkehrsdaten, Standortdaten, ebenso andere Rohdaten wie die von Trackinggeräten aufgezeichnete Herzfrequenz).[34] Hingegen wird in der Literatur kontrovers diskutiert, ob auch derartige „beobachtete Daten" in den Anwendungsbereich fallen. Eine einschränkende Ansicht will das Merkmal des Bereitstellens auf die Arten von Daten beschränken, die nötig wären, um einen vergleichbaren Service anbieten zu können.[35] Dies soll auch dem möglichen Lock-in-Effekt einer zu engen Auslegung entgegenwirken.[36] Einheitlich beurteilt wird, dass Daten, die erst auf Grundlage dieser personenbezogenen Daten vom Verantwortlichen als Ergebnis einer Verarbeitung (im Sinne einer Auswertung) erstellt werden, nicht in den Anwendungsbereich fallen.[37] Somit sind **„aus Rückschlüssen erzeugte Daten"** und **„abgeleitete Daten"** nicht erfasst. Dies sind Daten, die der Verantwortliche auf der Grundlage der von der betroffenen Person bereitgestellten Daten, zB durch Nutzerkategorisierung oder durch Profiling, erzeugt. Solche nicht erfassten Daten sind zB Ergebnisse der Bewertung eines Gesundheitszustands eines Nutzers oder ein Risikoprofil, das im Zusammenhang mit dem Risikomanagement und Finanzvorschriften (zB zwecks Bonitätsbewertung) erstellt wurde.[38]

b) Den Antragsteller betreffende Daten. Das Recht auf Datenübertragbarkeit besteht gemäß Art. 20 Abs. 1 S. 1 nur hinsichtlich personenbezogener **Daten, die den Antragsteller betreffen.** Dies sind zuallererst die personenbezogenen Daten der betroffenen Person selbst. Personenbezogene Daten Dritter sind nicht umfasst. Durch den erst im Rahmen des Gesetzgebungsverfahrens durch den Rat eingeführten „sie betreffenden"-Tatbestandszusatz wird klargestellt, dass eine betroffene Person aufgrund ihrer individuellen Interessen nur einen Übertragungsanspruch bezüglich der sie betreffenden personenbezogenen Daten hat und nicht eine Überlassung aller eine bestimmte Verarbeitung betreffenden personenbezogenen Daten bewirken kann, da diese unter Umständen eine Vielzahl personenbezogener Daten Dritter betrifft. Vielmehr verbleiben die Drittdaten unverändert beim Verantwortlichen, solange nicht die betroffenen Dritten ebenfalls einen Übertragungsanspruch geltend machen. Die Geltendmachung einer Übertragung „zugunsten Dritter" gibt es insoweit nicht. Die bloße Tatsache, dass Daten von der betroffenen Person bereitgestellt wurden oder in dessen Account oder Profil gespeichert sind, qualifiziert diese Daten noch nicht per se als den Antragsteller betreffende Daten.[39]

Unklar ist, ob Übertragungsgegenstand auch personenbezogene Daten sein können, die gleichzeitig die betroffene Person als auch dritte Personen betreffen (sog. **„auch die betroffene Person betreffende" Daten**) (→ Art. 21 Rn. 18). In der Praxis wird es vielfach die Situation geben, dass personenbezogene Daten gleichzeitig mehrere Personen betreffen oder nur in einem sozialen Kontext mit anderen betroffenen Personen verständlich sind. Hier können personenbezogene Daten für mehrere Personen gleichzeitig „personenbezogen" sein, zB im Fall einer Personengruppe auf einem Foto, dem Verlauf einer Diskussion, an der mehrere Personen teilgenommen haben, oder auch nur der Offenlegung von Verwandtschaftsverhältnissen. Nach Auffassung der Artikel-29-Datenschutzgruppe soll das Merkmal „der sie betreffenden personenbezogenen Daten" nicht zu restriktiv ausgelegt werden.[40] Gleichzeitig soll aber die Verarbeitung

---

[32] *Härting* DS-GVO Rn. 729.
[33] *Gantschacher/Jelinek/Schmidl/Spanberger/Suda* DS-GVO Art. 20 S. 220; ebenso *Gola/Heckmann/Piltz* DS-GVO Art. 20 Rn. 14; *Voigt/von dem Bussche* GDPR – A Practical Guide S. 170.
[34] Artikel-29-Datenschutzgruppe, Leitlinien zum Recht auf Datenübertragbarkeit, WP 242 rev.01, S. 11; aA mit detaillierter Auseinandersetzung mit den einzelnen Argumenten *Strubel* ZD 2017, 355 (357).
[35] Dazu ausf. *Strubel* ZD 2017, 355 (357), der das Merkmal des Bereitstellens „servicespezifisch" auslegt.
[36] *Paal/Götz* ZD 2023, 67 (68).
[37] *Kühling/Buchner/Herbst* DS-GVO Art. 20 Rn. 11.
[38] So die Artikel-29-Datenschutzgruppe, Leitlinien zum Recht auf Datenübertragbarkeit, WP 242 rev.01, S. 11 f.
[39] *Kühling/Buchner/Herbst* DS-GVO Art. 20 Rn. 9.
[40] So Artikel-29-Datenschutzgruppe, Leitlinien zum Recht auf Datenübertragbarkeit, WP 242 rev.01, S. 10.

der aufgrund von Art. 20 übertragenen personenbezogenen Daten durch einen anderen Verantwortlichen nur in dem Umfang zulässig sein, in dem die Daten unter der alleinigen Kontrolle des anfragenden Nutzers bleiben und ausschließlich für persönliche oder familiäre Zwecke verwaltet werden. Ein „neuer" Verantwortlicher dürfe die Daten nicht für seine eigenen Zwecke verwenden, nicht zuletzt vor dem Hintergrund der Transparenzpflichten in der DS-GVO.[41] Teilweise wird in der Literatur vertreten, dass nur personenbezogene Daten, die ausschließlich den Antragsteller betreffen, von Art. 20 umfasst sind.[42] Daten, die von anderen Nutzern eines Dienstes, bspw. eines sozialen Netzwerkes bereitgestellt wurden, wie ein vollständiges Chat-Protokoll, sollen daher nicht Gegenstand des Anspruchs auf Datenübertragung sein können, da dieses neben den Äußerungen der betroffenen Person auch Äußerungen anderer Personen enthält.[43] Argumentiert wird dabei, dass zumeist keine Rechtsgrundlage für die Übermittlung der Daten anderer Personen bestünde.[44] Existiere eine Rechtsgrundlage für die Übermittlung und Verarbeitung dieser auch andere Personen betreffenden Daten, seien diese auch von Art. 20 erfasst.[45] Andererseits würde eine solche Beschränkung des Anspruchs auf personenbezogene Daten den Anspruch vielfach praktisch leerlaufen lassen.[46] Gleichzeitig würde eine derartige Auslegung den Verantwortlichen unter Umständen umfassende Prüfpflichten auferlegen, da letztlich jeder Drittbezug aus den gemäß Art. 20 zu übertragenden Daten entfernt werden müsste. Umstritten ist allerdings, ob tatsächlich dem Verantwortlichen eine entsprechende Prüfpflicht auferlegt ist. In der Literatur wird auch die Ansicht vertreten, dass diese Prüfpflicht der Person zukommt, die die Datenübertragung begehrt.[47] Der Betroffene habe allein zu prüfen, ob nicht die Interessen oder Grundrechte und Grundfreiheiten der drittbetroffenen Person, die den Schutz personenbezogener Daten erfordern, überwiegen.[48] Nur wenn der Betroffene zu dem Ergebnis komme, dass bei einer Datenübertragung Rechte Drittbetroffener nicht verletzt seien, dürfe er die Datenübertragung initiieren.[49]

17 Vor diesem Hintergrund spricht viel für eine **im Ausgangspunkt formal orientierte Prüfung,** die zunächst sicherstellt, dass die anderen Tatbestandsmerkmale, insbesondere die Voraussetzung, dass Übertragungsgegenstand nur „durch die betroffene Person bereitgestellte" Daten sein können (→ Rn. 13), vorliegen. Soweit diese zentrale formale Voraussetzung und die weiteren Tatbestandsmerkmale vorliegen, sollte die betroffene Person grundsätzlich verlangen können und der Verantwortliche berechtigt sein, die personenbezogenen Daten, die nicht nur den Antragsteller selbst betreffen, sondern gleichzeitig einen Bezug auch zu anderen betroffenen Personen aufweisen, über Art. 20 an die betroffene Person „zurückzugeben".

18 Diese Auslegung des Betroffenheitserfordernisses bedarf allerdings eines **einschränkenden Korrektivs,** wenn überwiegende Rechte der anderen „auch betroffenen" Person(en) einer Übertragung entgegenstehen. Erwägungsgrund 68 S. 8 stellt hierzu fest: „Ist im Fall eines bestimmten Satzes personenbezogener Daten mehr als eine betroffene Person tangiert, so sollte das Recht auf Empfang der Daten die Grundrechte und Grundfreiheiten anderer betroffener Personen nach dieser Verordnung unberührt lassen". Art. 20 Abs. 4 stellt klar, dass dieses Recht die Rechte und Freiheiten anderer Personen nicht beeinträchtigen darf.[50] Daher ist auf einer **zweiten Stufe im Rahmen einer umfassenden Interessenabwägung den Grundrechten und Interessen der anderen „auch betroffenen" Personen** (zB dem Interesse eines Dritten, Kommunikation, die Daten der betroffenen Person enthält, in einem sozialen Netzwerk aus Gründen der Meinungsfreiheit gemäß Art. 11 GRCh nicht zu löschen oder dem Urheberrecht an einem von der betroffenen Person unrechtmäßig eingestellten Foto als Teil des Rechts des geistigen Eigentums gemäß Art. 17 Abs. 2 GRCh) **Rechnung zu tragen**

---

[41] Vgl. Artikel-29-Datenschutzgruppe, Leitlinien zum Recht auf Datenübertragbarkeit, WP 242 rev.01, S. 11 mit Beispielen und S. 13/14.
[42] *Härting* DS-GVO Rn. 732; ähnlich wohl *Jülicher/Röttgen/v. Schönfeld* ZD 2016, 359; wohl auch Auernhammer/*Schürmann* DS-GVO Art. 20 Rn. 26; ebenso Gola/Heckmann/*Piltz* DS-GVO Art. 20 Rn. 36.
[43] Kühling/Buchner/*Herbst* DS-GVO Art. 20 Rn. 11; aA *Schantz* NJW 2016, 1841 (1845).
[44] Gola/Heckmann/*Piltz* DS-GVO Art. 20 Rn. 36.
[45] Kühling/Buchner/*Herbst* DS-GVO Art. 20 Rn. 3, 10; wohl ebenso Gierschmann/Schlender/Stentzel/Veil//*Veil* DS-GVO Art. 20 Rn. 135.
[46] *Schätzle* PinG 2016, 74.
[47] Gierschmann/Schlender/Stenzel/Veil/*Veil* DS-GVO Art. 20 Rn. 137.
[48] Gierschmann/Schlender/Stenzel/Veil/*Veil* DS-GVO Art. 20 Rn. 137.
[49] Gierschmann/Schlender/Stenzel/Veil/*Veil* DS-GVO Art. 20 Rn. 137.
[50] Vgl. auch den Hinweis auf Art. 15 in EuGH Urt. v. 20.12.2017 – C-434/16, ECLI:EU:C:2017:994 Rn. 61 = NJW 2018, 767 – Nowak.

(→ Rn. 34).⁵¹ Die Artikel-29-Datenschutzgruppe stellt zudem strenge Anforderungen an die Datennutzung durch den Empfänger.⁵²

2. Verarbeitungsgrundlage: Einwilligung oder Vertrag. Ein Recht auf Datenübertragbarkeit besteht gemäß Abs. 1 Buchst. a nur, wenn die Verarbeitung der personenbezogenen Daten auf einer **Einwilligung** der betroffenen Person nach Art. 6 Abs. 1 Buchst. a oder Art. 9 Abs. 2 Buchst. e oder auf einem **Vertrag** gemäß Art. 6 Abs. 1 Buchst. b beruht. Entsprechend diesem Wortlaut stellt Erwägungsgrund 68 S. 3 fest, dass das Recht dann gelten sollte, „wenn […] die Verarbeitung zur Erfüllung eines Vertrags erforderlich ist", bezieht also die in Art. 6 Abs. 1 Buchst. b auch genannte Verarbeitung zur Durchführung **vorvertraglicher Maßnahmen**, die auf Anfrage der betroffenen Person erfolgen, nicht mit in den Anwendungsbereich ein.⁵³ Soweit die Verarbeitung sich auf mehrere Rechtsgrundlagen gemäß Art. 6 Abs. 1 DS-GVO stützt, ist es ausreichend, dass sie sich auch auf eine Einwilligung und/oder einen Vertrag stützt.⁵⁴ Ein darüber hinausgehendes allgemeines Recht auf Datenübertragbarkeit in anderen Fällen begründet Art. 20 nicht.⁵⁵ So erstreckt sich Art. 20 zB nicht auf Daten, die Finanzinstitute im Rahmen ihrer Pflicht zur Bekämpfung von Geldwäsche oder anderer Finanzkriminalität verarbeitet haben, oder auf berufliche Kontaktdaten, die im Rahmen einer Geschäftsbeziehung zwischen Unternehmen nicht mit Einwilligung der betroffenen Person oder auf Grundlage eines Vertrags rechtmäßig verarbeitet wurden. Bei Arbeitnehmerdaten gilt Art. 20 ebenfalls nur, wenn die Datenverarbeitung auf Grundlage eines Vertrags erfolgt, dessen Partei die betroffene Person ist, unabhängig davon, ob man annimmt, dass wegen eines unausgewogenen Kräfteverhältnisses zwischen Arbeitgeber und Arbeitnehmer in diesem Zusammenhang keine freiwillige Einwilligung erfolgt ist.⁵⁶

3. Verarbeitungsform: Automatisierte Verarbeitung. Weitere Voraussetzung des Rechts auf Datenübertragbarkeit ist gemäß Abs. 1 Buchst. b, dass die personenbezogenen Daten mithilfe **automatisierter Verfahren** (zum Begriff iSv Art. 2 Abs. 1 → Art. 2 Rn. 3) verarbeitet werden. Damit ist die Situation der nichtautomatisierten Verarbeitung personenbezogener Daten, die in einem Dateisystem gespeichert sind oder gespeichert werden sollen, nicht umfasst, obwohl letztere gemäß Art. 2 Abs. 1 allgemein in den sachlichen Anwendungsbereich der DS-GVO fallen (→ Art. 2 Rn. 3).

II. Rechtsfolgen – Umfang des Rechts auf Datenübertragbarkeit

1. Indirekte Datenübermittlung (Abs. 1). Art. 20 Abs. 1 gewährt der betroffenen Person ein zweistufiges Recht zur Erwirkung einer indirekten Datenübermittlung vom Verantwortlichen über die betroffene Person an einen anderen Verantwortlichen (quasi über das Dreieck): das Recht, (1) die von der betroffenen Person bereitgestellten sie betreffenden personenbezogenen Daten vom Verantwortlichen zu **erhalten** und (2) diese Daten **ohne Behinderung durch den Verantwortlichen einem anderen Verantwortlichen zu übermitteln**.

a) Übermittlungsanspruch. Abs. 1 begründet danach für die betroffene Person auf der ersten Stufe einen **unmittelbar geltenden unionsrechtlichen Anspruch** gegen den Verantwortlichen **auf Übermittlung** der Daten oder sonstige Form der **Bereitstellung** an sie. Eine reine Zugangsgewährung dürfte daher nicht ausreichend sein.⁵⁷ Der Verantwortliche handelt dabei im Namen der betroffenen Person und ist nicht verantwortlich für die Verarbeitung durch die betroffene Person oder durch die andere, die personenbezogenen Daten empfangende

---

⁵¹ Vgl. ähnlich zum „sie betreffenden"-Merkmal in Art. 21 (→ Art. 21 Rn. 16), wobei dort, da die Daten nicht auf Grundlage einer Einwilligung bzw. eines Vertrags, sondern einer Interessenabwägung ggf. gegen den Willen der betroffenen Person verarbeitet worden sind, eine tendenziell eher weitere Auslegung des „sie betreffenden"-Merkmals gerechtfertigt erscheint als in Art. 20.
⁵² Artikel-29-Datenschutzgruppe, Leitlinien zum Recht auf Datenübertragbarkeit, WP 242 rev.01, S. 12 f.
⁵³ AA *Laue/Nink/Kremer* DatenschutzR § 4 Rn. 62.
⁵⁴ *Paal/Götz* ZD 2023, 67 (68 f.).
⁵⁵ Artikel-29-Datenschutzgruppe, Leitlinien zum Recht auf Datenübertragbarkeit, WP 242 rev.01, S. 9.
⁵⁶ Artikel-29-Datenschutzgruppe, Leitlinien zum Recht auf Datenübertragbarkeit, WP 242 rev.01, S. 10.
⁵⁷ Vgl. Ratsdok. 7978/1/15 REV 1 v. 27.4.2014, S. 4; *Piltz* K&R 2016, 629 (634) spricht daher von einer Art „Herausgabeanspruch"; ebenso *Strubel* ZD 2017, 355; aA *Voigt/von dem Bussche* GDPR – A Practical Guide S. 170.

Stelle.[58] In der Praxis wird zumindest im Bereich von Diensten der Informationsgesellschaft die Eröffnung einer Downloadmöglichkeit vielfach eine zweckmäßige Lösung sein. Art. 17 (Recht auf Löschung) wird gemäß Art. 20 Abs. 3 S. 1 ausdrücklich nicht berührt. Der Anspruch aus Art. 20 richtet sich damit auf den Erhalt einer **Kopie** der betreffenden Daten, nicht auf eine zusätzliche Löschung der Daten beim Verantwortlichen.[59]

23 Die Daten sind in einem **„strukturierten, gängigen und maschinenlesbaren" Format** bereitzustellen. Die drei Merkmale stellen Mindestleistungsanforderungen an die Mittel dar, welche die Interoperabilität des bereitgestellten Datenformats ermöglichen soll.[60] Sie gelten kumulativ. Erwägungsgrund 68 S. 1 fügt dem noch die Anforderung eines „interoperablen Formats" hinzu.[61] Allerdings fordert Erwägungsgrund 68 S. 1 dazu auf, solche interoperablen Formate erst zu entwickeln. Erwägungsgrund 68 S. 7 stellt daneben klar, dass die Verantwortlichen keine Pflicht trifft, technisch kompatible Datenverarbeitungssysteme zu übernehmen oder beizubehalten. Die Interoperabilität ist daher kein striktes rechtliches Erfordernis, sondern stellt einen – konsequenterweise im Text des Art. 20 nicht genannten – Programmsatz dar.[62] Eine Definition von „maschinenlesbares Format" findet sich in Art. 2 Nr. 13 RL (EU) 2019/1024 über offene Daten und die Weiterverwendung von Informationen des öffentlichen Sektors („ein Dateiformat, das so strukturiert ist, dass Softwareanwendungen konkrete Daten, einschließlich einzelner Sachverhaltsdarstellungen und deren interner Struktur, leicht identifizieren, erkennen und extrahieren können"). Art. 2 Nr. 14 RL (EU) 2019/1024 enthält eine Definition für „offenes Format" („ein Dateiformat, das plattformunabhängig ist und der Öffentlichkeit ohne Einschränkungen, die der Weiterverwendung von Dokumenten hinderlich wären, zugänglich gemacht wird") und Art. 2 Nr. 15 RL (EU) 2019/1024 eine Definition für „formeller, offener Standard" („einen schriftlich niedergelegten Standard, in dem die Anforderungen für die Sicherstellung der Interoperabilität der Software niedergelegt sind").

24 **Konkrete Formate** gibt die DS-GVO nicht vor. Der ursprüngliche Vorschlag der Kommission zur DS-GVO enthielt im damaligen Art. 18 Abs. 3 noch die zusätzliche Anforderung, dass das Format von der betroffenen Person „weiter verwendbar" sein sollte, sowie einen Passus, der es der Kommission ermöglichen sollte, das elektronische Format sowie die technischen Standards, Modalitäten und Verfahren der Datenübertragung festzulegen.[63] Beide Regelungen enthält Art. 20 in der letztlich verabschiedeten Fassung jedoch nicht mehr. Die Anforderung der **„Strukturiertheit"** verlangt eine Anordnung der Daten nach einer bestimmten Struktur, ohne diese Struktur konkret vorzugeben. Die Anforderung der **„Gängigkeit"** zeigt, dass sich das Format am **Stand der Technik** sowie den **Marktpraktiken** messen lassen muss (zum ähnlichen Begriff des „gängigen elektronischen Formates" in Art. 15 Abs. 3 → Art. 15 Rn. 28).[64] Proprietäre Formate, die nur unter hohen Kosten lizenzierbar sind, dürften dabei regelmäßig nicht als gängiges Format gelten.[65] In der Praxis dürften jedenfalls Formate wie CSV, XML,[66] HTML,[67] OpenDocument/ODF und Microsoft Excel oder Ordnerstrukturen[68] diesen Anforderungen genügen.[69] Ein Bestimmungs- oder Wahlrecht hinsichtlich des Formates besteht für die betroffene Person nicht.[70]

25 Nach Auffassung der Artikel-29-Datenschutzgruppe sollten Verantwortliche auf **technischer Ebene** zwei unterschiedliche, einander ergänzende Verfahren der Übermittlung an betroffene

---

[58] Vgl. Artikel-29-Datenschutzgruppe, Leitlinien zum Recht auf Datenübertragbarkeit, WP 242 rev.01, S. 6.
[59] *Jülicher/Röttgen/v. Schönfeld* ZD 2016, 360.
[60] Artikel-29-Datenschutzgruppe, Leitlinien zum Recht auf Datenübertragbarkeit, WP 242 rev.01, S. 20.
[61] Zur Definition von „interoperabel" vgl. Art. 2 des Beschl. Nr. 922/2009/EG des EP und des Rates v. 16.9.2009 über Interoperabilitätslösungen für europäische Verwaltungen (iSA).
[62] *Laue/Nink/Kremer* DatenschutzR § 4 Rn. 66.
[63] Vorschlag der Kommission v. 25.1.2012, KOM(2012) 11 endgültig, 61.
[64] *Laue/Nink/Kremer* DatenschutzR § 4 Rn. 66; *Piltz* K&R 2016, 629 (634).
[65] Artikel-29-Datenschutzgruppe, Leitlinien zum Recht auf Datenübertragbarkeit, WP 242 rev.01, S. 20.
[66] Artikel-29-Datenschutzgruppe, Leitlinien zum Recht auf Datenübertragbarkeit, WP 242 rev.01, S. 21; siehe hierzu auch Stiftung Datenschutz, Praktische Umsetzung des Rechts auf Datenübertragbarkeit, S. 53.
[67] AA *Frank* RDV 2016, 117.
[68] *Frank* RDV 2016, 117.
[69] Nähere Erläuterungen zu den Erwartungen im Zusammenhang mit den in der RL verwendeten Begriffen wie „maschinenlesbar", „Interoperabilität", „offenes Format", „Standard" oder „Metadaten" finden sich im EU-Glossar, http://eur-lex.europa.eu/eli-register/glossary.html.
[70] *Paal/Götz* ZD 2023, 67 (69).

Personen oder andere Verantwortliche analysieren und bewerten:[71] (1) die direkte Übermittlung des vollständigen Datensatzes oder (2) den Einsatz eines automatisierten Werkzeugs, dass die Extrahierung der relevanten Daten ermöglicht. Das zweite Verfahren dürfte bei komplexen und umfangreichen Datensätzen unter anderem aus Gründen der Risikominimierung vorzuziehen sein.

Weitergehende Pflichten zur effektiven Erfüllung von Portabilitätsanfragen enthält Art. 20 Abs. 1 nicht. Insbesondere ist der Verantwortliche **nicht verpflichtet,** personenbezogene Daten länger als notwendig oder über einen etwaigen angegebenen Aufbewahrungszeitraum hinaus **zu speichern,** um ihre spätere Übertragung zu ermöglichen. Es enthält – unbeschadet der Pflicht des Verantwortlichen zur Einhaltung der Grundsätze des Art. 5 Abs. 1, zB des Grundsatzes der Datenrichtigkeit – **keine gesonderte Pflicht zur Überprüfung der Datenqualität** vor der Datenübermittlung.[72]

b) Anspruch auf Unterlassung der Behinderung der Weiterübermittlung. Auf der zweiten Stufe gewährt Art. 20 Abs. 1 das Recht, die erhaltenen Daten „ohne Behinderung" durch den Verantwortlichen, der die personenbezogenen Daten herausgegeben hat, an einen anderen Verantwortlichen zu „**übermitteln**". Dieses Recht umfasst in jedem Fall einen **Anspruch auf Unterlassung der Behinderung** gegen den (Erst-)Verantwortlichen. Der Begriff der Behinderung ist nach funktionaler Auslegung des Abs. 1 weit zu verstehen.[73] Er umfasst jedwede rechtliche oder tatsächliche (zB technische oder finanzielle) Hürde, durch die ein Verantwortlicher den Datenzugriff, die Datenübertragung oder die Datenwiederverwendung vonseiten der betroffenen Person oder eines anderen Verantwortlichen verlangsamen oder verhindern möchte.[74] Insbesondere steht es dem Verantwortlichen nicht zu, das Recht der betroffenen Person an Bedingungen zu knüpfen, in der Quantität zu beschränken oder die Durchführung zu verzögern.[75] Beispiel für Behinderungen sind die Erhebung von Gebühren für die Datenbereitstellung, das fehlende Angebot von Programmierschnittstellen, die Bereitstellung der Daten in einem aus dem angebotenen Format, übermäßige Verzögerungen auftreten oder die Abfrage des vollständigen Datensatzes übermäßig verkompliziert wird, wenn Daten absichtlich verschleiert werden oder nicht gerechtfertigte sektorspezifische Normungs- oder Akkreditierungsanforderungen aufgestellt werden.[76] Nach Auffassung der Artikel-29-Datenschutzgruppe soll der Verantwortliche die Daten inklusive möglichst sachdienlicher Metadaten zur Verfügung stellen, um die Nutzung und Wiederverwendung der Daten zu ermöglichen[77] Der Verantwortliche handelt dabei im Namen der betroffenen Person und ist nicht verantwortlich für die Verarbeitung durch die betroffene Person oder durch die andere, personenbezogenen Daten empfangende Stelle. Er haftet daher nicht dafür, dass sich der die Daten empfangende Verantwortliche an die Datenschutzvorschriften hält, da letzterer nicht von ihm selbst, sondern von der betroffenen Person ausgewählt wird.[78]

Unklar ist, ob Art. 20 Abs. 1 darüber hinaus auch einen **Anspruch gegen den anderen Verantwortlichen auf „Annahme"** der übermittelten Daten gewährt.[79] Hierfür könnte sprechen, dass eine Weiterübermittlung durch die betroffene Person ins Leere liefe, wenn die Daten nicht vom anderen Verantwortlichen auch in Empfang genommen würden. Sollte das Recht auf Datenübertragbarkeit jedoch eine solche Reichweite haben, könnte theoretisch die betroffene Person jedwedem Dritten ihre Daten aufdrängen. Ohne eine zivilrechtliche Grundlage scheint eine solche Drittwirkung des Art. 20 Abs. 1 auf andere Verantwortliche ungerechtfertigt. Die betroffene Person muss daher zur Ausübung ihres Rechts auf Datenübertragbarkeit selbst für einen geeigneten Empfänger der Daten sorgen. In der Praxis wird dieses Problem freilich kaum auftauchen, weil ein Ersatzanbieter aus wirtschaftlichen Gründen in der Regel eine Übertragung so weit wie möglich unterstützen wird.

---

[71] Artikel-29-Datenschutzgruppe, Leitlinien zum Recht auf Datenübertragbarkeit, WP 242 rev.01, S. 19.
[72] Artikel-29-Datenschutzgruppe, Leitlinien zum Recht auf Datenübertragbarkeit, WP 242 rev.01, S. 7.
[73] *Piltz* K&R 2016, 629 (634).
[74] Artikel-29-Datenschutzgruppe, Leitlinien zum Recht auf Datenübertragbarkeit, WP 242 rev.01, S. 18.
[75] *Jülicher/Röttgen/v. Schönfeld* ZD 2016, 358 (359).
[76] Artikel-29-Datenschutzgruppe, Leitlinien zum Recht auf Datenübertragbarkeit, WP 242 rev.01, S. 18.
[77] Vgl. Artikel-29-Datenschutzgruppe Leitlinien zum Recht auf Datenübertragbarkeit, WP 242 rev.01, S. 21.
[78] Vgl. Artikel-29-Datenschutzgruppe, Leitlinien zum Recht auf Datenübertragbarkeit, WP 242 rev.01, S. 6.
[79] Dies verneinend Gola/Heckmann/*Piltz* DS-GVO Art. 20 Rn. 12.

29 **2. Direkte Datenübermittlung (Abs. 2).** Um der betroffenen Person einen „Umzug" ihrer Daten noch weitergehend zu erleichtern, sieht Art. 20 Abs. 2 die Möglichkeit vor, dass die betroffene Person bei der Ausübung ihres Rechts auf Datenübertragbarkeit gemäß Abs. 1 (auch) eine direkte Übermittlung zwischen dem bisherigen und einem anderen Verantwortlichen „erwirken" kann. Auch hier hat die betroffene Person damit einen **unmittelbar geltenden unionsrechtlichen Anspruch gegen den bisherigen Verantwortlichen auf direkte Übermittlung** der betroffenen Daten an den anderen Verantwortlichen. Der Verweis auf das Recht aus Abs. 1 macht deutlich, dass das Recht auf direkte Datenübertragbarkeit gemäß Abs. 2 kein vom Recht aus Abs. 1 getrenntes, eigenständiges Recht, sondern die indirekte und direkte Übermittlung Teile eines einheitlichen Rechts auf Datenübertragbarkeit darstellen. Zwar handelt es sich bei dem Anspruch auf direkte Übermittlung um einen höchstpersönlichen Anspruch. Allerdings dürfte im Rahmen der direkten Übermittlung eine rechtsgeschäftliche Bevollmächtigung des empfangenden Verantwortlichen möglich sein.[80]

30 Das Recht der betroffenen Person auf eine direkte Direktübertragung besteht gemäß Abs. 2 nur „soweit dies **technisch machbar** ist". Die Voraussetzung der technischen Machbarkeit hat zwei Komponenten. Erstens die technische Machbarkeit der Übermittlung durch den bisherigen Verantwortlichen und zweitens die technische Machbarkeit der Übermittlung als solches, dh der Kompatibilität der Datenverarbeitungssysteme von bisherigem und neuem Verantwortlichen. Wenn eine Übertragung für den übermittelnden Verantwortlichen grundsätzlich technisch möglich ist, es aber an einer technisch machbaren Kompatibilität der Systeme beider Verantwortlicher fehlt oder eine sichere Kommunikation zwischen beiden Systemen nicht möglich ist, ist das Recht auf direkte Übertragung ausgeschlossen.[81] Das Recht auf direkte Datenübertragbarkeit umfasst **keine Pflicht, technisch kompatible Datenverarbeitungssysteme zu übernehmen oder beizubehalten** (Erwägungsgrund 68 S. 7).[82] Ziel der Übertragbarkeit ist nämlich nicht, kompatible, sondern lediglich interoperable Systeme zu schaffen.[83] In der Praxis wird der übernehmende Anbieter allerdings häufig ein wirtschaftliches Interesse daran haben, Infrastruktur zu schaffen, um die Daten von anderen Anbietern entgegennehmen zu können und in die eigenen Systeme zu übernehmen. Dabei kann dieser Vorgang auch automatisiert werden.[84]

31 Die technische Machbarkeit muss grundsätzlich anhand eines **objektiven Standards** im Einklang mit dem aktuellen Stand der Technik geprüft werden. Da sich jedoch die technischen Möglichkeiten je nach Art und Größe des verarbeitenden Unternehmens erheblich unterscheiden können, sind auch **subjektive Machbarkeitsfaktoren** (zB vorhandene Technik, zeitlicher und wirtschaftlicher Aufwand zur Herstellung der Machbarkeit) zu berücksichtigen. Sollte hierdurch eine direkte Datenübertragung ausgeschlossen werden, stellt dies keine übermäßige Beschränkung des Rechts auf Datenübertragbarkeit dar, da unverändert eine indirekte Datenübertragung möglich bleibt.[85]

32 Auch im Rahmen des Art. 20 Abs. 2 ist mit dem Recht auf direkte Datenübertragbarkeit **kein Anspruch auf „Entgegennahme"**, dh Erhebung der Daten, **gegen den anderen Verantwortlichen** verbunden.[86] Diesem können aufgrund von Art. 20 Abs. 2 nicht ohne eine weitere zivilrechtliche Grundlage Daten direkt aufgedrängt werden, die er nicht zu verarbeiten wünscht (→ Rn. 27).

III. Ausnahmen des Rechts auf Datenübertragbarkeit

33 **1. Aufgabe im öffentlichen Interesse, Ausübung öffentlicher Gewalt (Abs. 3).** Gemäß Abs. 3 S. 2 bestehen Ausnahmen vom Recht auf indirekte Datenübertragbarkeit gemäß Abs. 1 für Fälle, in denen die Verarbeitung von personenbezogenen Daten (1) für die Wahrnehmung einer Aufgabe erforderlich ist, die im **öffentlichen Interesse** liegt oder (2) in **Ausübung öffentlicher Gewalt** erfolgt, die dem Verantwortlichen übertragen wurde. Hier besteht das Recht auf Datenübertragbarkeit nicht. Dieser Wortlaut spiegelt die Formulierung in Art. 6

---

[80] BeckOK DatenschutzR/*v. Lewinski* DS-GVO Art. 20 Rn. 92.
[81] Vgl. Artikel-29-Datenschutzgruppe, Leitlinien zum Recht auf Datenübertragbarkeit, WP 242 rev.01, S. 18.
[82] Artikel-29-Datenschutzgruppe, Leitlinien zum Recht auf Datenübertragbarkeit, WP 242 rev.01, S. 6.
[83] Artikel-29-Datenschutzgruppe, Leitlinien zum Recht auf Datenübertragbarkeit, WP 242 rev.01, S. 21.
[84] Kühling/Buchner/*Herbst* DS-GVO Art. 20 Rn. 25.
[85] *Laue/Nink/Kremer* DatenschutzR § 4 Rn. 65.
[86] Deutlich Artikel-29-Datenschutzgruppe, Leitlinien zum Recht auf Datenübertragbarkeit, WP 242 rev.01, S. 7; aA *Piltz* K&R 2016, 629 (635).

Abs. 1 Buchst. e und Art. 6 Abs. 3 S. 2 ff. (→ Art. 6 Rn. 19). Trotz des Verweises allein auf Abs. 1 gelten die Ausnahmen gemäß Abs. 3 auch für das Recht auf direkte Datenübertragbarkeit aus Abs. 2 als Teil eines einheitlichen Rechts auf Datenübertragbarkeit.

2. Beeinträchtigung der Rechte und Freiheiten anderer Personen (Abs. 4). Gemäß 34 Abs. 4 darf das Recht gemäß Abs. 1 nicht die **Rechte und Freiheiten anderer Personen beeinträchtigen.** Die deutsche Sprachfassung implizierte ursprünglich durch ihren Verweis auf Abs. 2, dass die Ausnahme gemäß Abs. 4 nur auf die direkte Datenübertragbarkeit gemäß Abs. 2 anwendbar ist. Die anderen Sprachfassungen der DS-GVO verweisen allerdings unmittelbar auf Abs. 1. Die unterschiedlichen Verweise beruhten auf einem redaktionellen Versehen, das inzwischen durch ein Corrigendum beseitigt worden ist. Abs. 4 gilt daher für das Recht auf Datenübertragbarkeit insgesamt.[87]

Die Ausnahme gemäß Art. 20 Abs. 4 erfasst alle Rechte und Freiheiten anderer Personen, die 35 durch eine Direktübertragung zwischen den Verantwortlichen beeinträchtigt werden könnten. Da das europäische Datenschutzrecht ohnehin dazu anhält, einen **angemessenen Ausgleich** zwischen dem Datenschutzgrundrecht sowie den tangierten Drittinteressen und -rechten, zB dem Grundrecht auf Meinungsfreiheit oder dem Recht (der Öffentlichkeit) auf Informationszugang gemäß Art. 11 Abs. 1 GRCh sowie dem Urheberrecht und verwandten Schutzrechten, die Teil des Rechts des geistigen Eigentums gemäß Art. 17 Abs. 2 GRCh sind, zu wahren,[88] hat Abs. 4 lediglich eine – wenn auch wichtige – klarstellende Funktion für das Recht auf Datenübertragbarkeit. Rechte und Freiheiten anderer Personen erfassen danach insbesondere die (Betroffenen-)Rechte aus der DS-GVO selbst.[89] Die Ausnahme des Abs. 4 ist daher insbesondere relevant in Fällen einer beantragten Übertragung von „**auch andere betreffenden Daten**" (→ Rn. 17), dh Situationen, in denen ein zu übertragender Datensatz mehr als eine betroffene Person tangiert (Erwägungsgrund 68 S. 8). Eine Beeinträchtigung könnte zB vorliegen, wenn Dritte durch die Übermittlung von Daten von einem Verantwortlichen auf einen anderen davon abgehalten würden, ihre Betroffenenrechte (zB das Informations- oder Auskunftsrecht) auszuüben.[90] Hier hat die andere betroffene Person möglicherweise ein überwiegendes Interesse bzw. Recht, dass die Übertragung unterbleibt. Es muss in diesem Fall eine andere Rechtsgrundlage für die Übermittlung gefunden werden. Nach Auffassung der Artikel-29-Datenschutzgruppe könnte zB ein Verantwortlicher, der der betroffenen Person einen Dienst bereitstellt, der es der betroffenen Person ermöglicht, Daten ausschließlich zu persönlichen oder familiären Tätigkeiten zu verarbeiten und der Verantwortliche keine weitergehenden Entscheidungen bezüglich der von der betroffenen Person vorgenommenen Verarbeitungsvorgänge trifft, ein berechtigtes Interesse gemäß Art. 6 Abs. 1 Buchst. f verfolgen. Soweit der Verantwortliche keine Entscheidungen bzgl. der Verarbeitungsvorgänge trifft, die die betroffene Person in Zusammenhang mit ihrer persönlichen Tätigkeit in die Wege geleitet hat, ist allein die betroffene Person für etwaige Beeinträchtigungen verantwortlich. Ermöglicht zB ein Webmail-Dienst die Erstellung eines Verzeichnisses aller persönlichen privaten Kontakte, sollte der Verantwortliche das gesamte Verzeichnis der ein- und ausgehenden E-Mails an die betroffene Person übertragen. Ebenso sollte der Verantwortliche Kontoinformationen, die zB Transaktionen Dritter mit der betroffenen Person beinhalten (zB einen Kontoverlauf), (an die betroffene Person) übermitteln können. Allerdings müssen die Daten unter der alleinigen Kontrolle des anfragenden Nutzers bleiben und ausschließlich für persönliche oder familiäre Zwecke verwaltet werden. Eine weitergehende Verarbeitung durch den neuen Verantwortlichen zu anderen, eigenen Zwecken, zB Vermarktungszwecken, zur Verfeinerung des Profils der betroffenen Dritten oder zur Abfrage weiterer Informationen über den Dritten, ohne deren Wissen und Zustimmung, wäre nach Ansicht der Artikel-29-Datenschutzgruppe mit hoher Wahrscheinlichkeit unzulässig.[91]

---

[87] So Artikel-29-Datenschutzgruppe, Leitlinien zum Recht auf Datenübertragbarkeit, WP 242 rev.01, S. 12 ohne weitere Diskussion; ebenso BeckOK DatenschutzR/*v. Lewinski* DS-GVO Art. 20 Rn. 92; Gierschmann/Schlender/Stenzel/Veil/*Veil* DS-GVO Art. 20 Rn. 137.
[88] Vgl. zB EuGH Urt. v. 6.11.2003 – C-101/01, ECLI:EU:C:2003:596 Rn. 87 – Lindqvist; EuGH Urt. v. 29.1.2008 – C-275/06, ECLI:EU:C:2008:54 Rn. 68 – Promusicae; EuGH Urt. v. 17.3.2014 – C-314/12, ECLI:EU:C:2014:192 Rn. 46–47 – UPC Telekabel Wien; EuGH Urt. v. 13.5.2014 – C-131/12, ECLI:EU: C:2014:317 Rn. 81, 97 = ZD 2014, 350 – Google Spain und Google.
[89] Artikel-29-Datenschutzgruppe, Leitlinien zum Recht auf Datenübertragbarkeit, WP 242 rev.01, S. 13.
[90] Artikel-29-Datenschutzgruppe, Leitlinien zum Recht auf Datenübertragbarkeit, WP 242 rev.01, S. 13.
[91] Artikel-29-Datenschutzgruppe, Leitlinien zum Recht auf Datenübertragbarkeit, WP 242 rev.01, S. 13–14.

36 Fraglich ist, ob die Rechte „anderer" auch die **Rechte des Verantwortlichen selbst** einschließen. Für eine Einbeziehung des Verantwortlichen spricht insbesondere, dass die Ausnahme gemäß Abs. 4 ursprünglich durch den Rat lediglich als Ausnahme zum Schutz von **Rechten am geistigen Eigentum** eingeführt wurde, nach der insbesondere das geistige Eigentum des Verantwortlichen selbst geschützt werden sollte.[92] Richtig ist, dass das Recht auf Datenübertragbarkeit gemäß Art. 20 erhebliche Risiken für das geistige Eigentum (insbesondere an Software) und für Geschäftsgeheimnisse insbesondere der Verantwortlichen birgt und diese Rechte daher im Rahmen des allgemeinen Ausgleichs, der im Rahmen des Datenschutzrechts zu schaffen ist, in den Abwägungsvorgang einzustellen sind. Diese Rechte – auch des Verantwortlichen – sind daher im Vorfeld einer Portabilitätsanfrage besonders zu berücksichtigen. Ähnlich wie beim Auskunftsrecht darf dies jedoch nicht dazu führen, dass das Recht auf Datenübertragbarkeit praktisch unmöglich gemacht wird.[93] Ein potentielles Geschäftsrisiko kann eine Zurückweisung eines Portabilitätsantrags allein nicht begründen, solange eine Übermittlung ohne Beeinträchtigung von Rechten des geistigen Eigentums oder Geschäftsgeheimnissen möglich ist.[94]

37 Es ist fraglich, ob Abs. 4 aus weitergehenden **Verhältnismäßigkeitsgründen** eine Übertragbarkeitsausnahme begründet, wenn eine Übertragbarkeit praktisch unmöglich ist, zB die Datenstruktur zu komplex ist, die Datenmenge übermäßig groß ist oder andere technische Probleme vorliegen. Soweit es dem Verantwortlichen möglich ist, eine Portabilitätsanfrage durch Angebot einer ausreichend gesicherten und dokumentierten Anwendungsprogrammierschnittstelle (API) nachzukommen, über welche die betroffene Person ihre Daten über eigene Software oder über Fremdsoftware anfordern kann, muss zumindest dieses Angebot gemacht werden. Allerdings muss ein dauerhafter Datenabfluss zu der betroffenen Person oder dem neuen Verantwortlichen im Hinblick auf den Zweck der Bereitstellung der API jeweils im Einzelfall insgesamt abgewogen werden.[95] Darüber hinaus scheint jedoch auch der Einwand der Unmöglichkeit nicht per se ausgeschlossen zu sein.

38 Daneben geht die Artikel-29-Datenschutzgruppe davon aus, dass das Recht auf Datenübertragbarkeit nicht besteht, wenn es zu unlauteren, rechtsmissbräuchlichen Zwecken verwendet wird.[96] Als objektive Tatbestandsvoraussetzung für einen **Rechtsmissbrauch** muss sich dazu aus einer Gesamtwürdigung der Umstände ergeben, dass trotz Vorliegens der Tatbestandsvoraussetzungen des Art. 20 durch eine Gewährung des Rechts auf Datenübertragbarkeit das Ziel des Art. 20 nicht erreicht wird. Als subjektive Voraussetzung muss aus einer Reihe objektiver Anhaltspunkte ersichtlich sein, dass der Zweck der Geltendmachung des Rechts auf Datenübertragbarkeit in ungerechtfertigter Vorteil ist.[97] Denkbar ist ein solcher Rechtsmissbrauch etwa, falls eine systematische und/oder mutwillige Überlastung von Datenverarbeitungssystemen bezweckt wird.[98]

39 **3. Beweislast.** Für das Vorliegen der Ausnahmetatbestände des Abs. 3 und überwiegender Drittinteressen gemäß Abs. 4, die das Recht auf Datenübertragbarkeit ausschließen, trägt der Verantwortliche die **Beweislast**.

IV. Modalitäten der Rechtsausübung

40 Für die Art und Weise der Ausübung der Rechte aus Art. 20 sind insbesondere die allgemeinen Regelungen in **Art. 12 Abs. 1–5** maßgeblich. Gemäß Art. 83 Abs. 5 Buchst. b wird eine Nichtbeachtung dieser Anforderungen wie eine Verletzung des Rechts betrachtet und kann damit zu denselben Rechtsfolgen führen wie eine Missachtung des Rechts auf Datenübertragbarkeit als solches (→ Art. 83 Rn. 17).[99]

---

[92] Vgl. Ratsdok. 11013/13 v. 21.6.2013, S. 100 Fn. 159.
[93] Artikel-29-Datenschutzgruppe, Leitlinien zum Recht auf Datenübertragbarkeit, WP 242 rev.01, S. 14 unter Verweis auf Erwägungsgrund 63 S. 6, wonach die Berufung auf Rechte des geistigen Eigentums nicht „dazu führen [darf], dass der betroffenen Person jegliche Auskunft verweigert wird".
[94] Artikel-29-Datenschutzgruppe, Leitlinien zum Recht auf Datenübertragbarkeit, WP 242 rev.01, S. 14.
[95] *Paal/Götz* ZD 2023, 67 (71).
[96] Artikel-29-Datenschutzgruppe, Leitlinien zum Recht auf Datenübertragbarkeit, WP 242 rev.01, S. 14.
[97] Vgl. analog zum Auskunftsrecht GA *Kokott* SchlA v. 20.7.2017 – C-434/16, ECLI:EU:C:2017:582 Rn. 44 – Nowak unter Berufung auf EuGH Urt. v. 28.7.2016 – C-423/15, ECLI:EU:C:2016:604 Rn. 38–40 – Kratzer.
[98] BeckOK DatenschutzR/*v. Lewinski* DS-GVO Art. 20 Rn. 110.
[99] Vgl. *Laue/Nink/Kremer* DatenschutzR § 4 Rn. 6.

Art. 12 Abs. 1 S. 1 regelt, dass alle Mitteilungen des Verantwortlichen, die sich auf die 41
Verarbeitung beziehen, in **präziser, transparenter, verständlicher und leicht zugänglicher
Form** in einer klaren und einfachen Sprache zu übermitteln sind, insbesondere im Fall von
Informationen, die sich speziell an Kinder richten (→ Art. 12 Rn. 21). Der Verantwortliche ist
verpflichtet, der betroffenen Person die Ausübung ihrer Rechte zu **erleichtern** (vgl. Art. 12
Abs. 2, → Art. 12 Rn. 24). Nach Erwägungsgrund 59 soll es möglich sein, Anträge unentgeltlich
zu stellen und Anträge in elektronischer Form zu stellen, wenn die Verarbeitung der betreffenden
personenbezogenen Daten elektronisch erfolgt. Nach Art. 13 Abs. 2 Buchst. b und Art. 14
Abs. 2 Buchst. c muss der Verantwortliche die betroffenen Personen **über das Bestehen eines
Rechts auf Datenportabilität zum Zeitpunkt der Erhebung der Daten informieren**.
Nach Auffassung der Artikel-29-Datenschutzgruppe sollte vor Schließung eines Nutzerkontos
stets über das Recht auf Datenportabilität informiert werden.[100]

Art. 20 stellt keine besonderen Anforderungen an den **Inhalt** des Antrags auf Datenüber- 42
tragung. Die betroffene Person muss darlegen, dass die Daten, die sie übertragen lassen möchte,
von ihr bereitgestellt wurden und sie betreffen, dass ihre Verarbeitung auf einer Einwilligung
oder einem Vertrag beruht und dass sie automatisch verarbeitet werden. Nicht erforderlich ist
eine weitergehende Begründung für die Ausübung des Rechts durch die betroffene Person.

Art. 20 selbst enthält keine Regelung, innerhalb welches **Zeitraums** dem Verlangen der 43
betroffenen Person nachzukommen ist, anders als zB Art. 16 und 17 (jeweils „unverzüglich")
(→ Art. 16 Rn. 33; → Art. 17 Rn. 37). Andererseits gilt der Zeitrahmen von Art. 12 auch hier:
Informationen über die auf einen Antrag ergriffenen Maßnahmen sind der betroffenen Person
unverzüglich, spätestens aber innerhalb eines Monats zur Verfügung zu stellen, Art. 12 Abs. 3
S. 1. Diese Frist kann um weitere zwei Monate verlängert werden, Art. 12 Abs. 3 S. 2, wenn
dies unter Berücksichtigung der Komplexität und der Anzahl der Anträge erforderlich ist. Wenn
diese Möglichkeit in Anspruch genommen wird, ist die betroffene Person entsprechend zu
unterrichten, Art. 12 Abs. 3 S. 3. Diese Unterrichtungen sollen in elektronischer Form erfolgen,
wenn der Antrag in elektronischer Form gestellt wurde, Art. 12 Abs. 3 S. 4 (→ Art. 12 Rn. 35).

Wird der Verantwortliche auf den Antrag der betroffenen Person hin nicht tätig, ist er 44
verpflichtet, die betroffene Person über die Gründe hierfür und die Möglichkeit, bei einer
Aufsichtsbehörde Beschwerde einzulegen (vgl. Art. 77) oder einen gerichtlichen Rechtsbehelf
(vgl. Art. 79) einzulegen, zu **unterrichten** (→ Art. 77 Rn. 13; → Art. 79 Rn. 6). Dies hat ohne
Verzögerung, spätestens aber innerhalb eines Monats nach Eingang des Antrags nach Art. 12
Abs. 4 zu erfolgen. Der Verantwortliche kann sich weigern, aufgrund des Antrags tätig zu
werden, wenn der Antrag **offenkundig unbegründet oder exzessiv** (insbesondere im Fall
häufiger Wiederholung) ist, Art. 12 Abs. 5 S. 2 Buchst. b (→ Art. 12 Rn. 43). Zur Bestimmung,
ob ein exzessiver Antrag vorliegt, darf der Verantwortliche nur den Antrag/die Anträge einer
betroffenen Person und nicht die Gesamtzahl der Anträge, die ein Verantwortlicher erhält,
berücksichtigen.[101] Die Beweislast trifft den Verantwortlichen, Art. 12 Abs. 5 S. 3 (→ Art. 12
Rn. 49).

Die Tätigkeit des Verantwortlichen gemäß Art. 20 ist **unentgeltlich** (vgl. Art. 12 Abs. 5 45
S. 1). Allerdings darf der Verantwortliche bei offenkundig unbegründeten oder exzessiven
Anträgen (zB im Fall von häufiger Wiederholung) ein **angemessenes Entgelt** verlangen, bei
dem die Verwaltungskosten für die Unterrichtung oder die Mitteilung oder die Durchführung
der beantragten Maßnahmen berücksichtigt werden (→ Art. 12 Rn. 44). Die Beweislast trifft
gemäß Art. 12 Abs. 5 S. 3 den Verantwortlichen (→ Art. 12 Rn. 49).

Bei Zweifeln an der Identität der natürlichen Person, die den Antrag stellt, kann der Ver- 46
antwortliche zusätzliche Informationen anfordern, die zur **Bestätigung der Identität** der
betroffenen Person erforderlich sind (vgl. Art. 12 Abs. 6, → Art. 12 Rn. 51). Art. 11 bleibt
unberührt.

C. Rechtsschutz

Lehnt der Verantwortliche eine indirekte bzw. direkte Datenübertragung gemäß Art. 20 ab 47
bzw. behindert er eine solche, stehen der betroffenen Person sämtliche durch die Verordnung
vorgesehenen Rechtsbehelfe zu. Primärrechtsschutz besteht aufgrund des Rechts auf **Beschwerde bei der zuständigen Aufsichtsbehörde** (Art. 77) und eines Rechtsbehelfs gegen einen

---

[100] Artikel-29-Datenschutzgruppe, Leitlinien zum Recht auf Datenübertragbarkeit, WP 242 rev.01, S. 15.
[101] Artikel-29-Datenschutzgruppe, Leitlinien zum Recht auf Datenübertragbarkeit, WP 242 rev.01, S. 18.

(nicht Abhilfe leistenden) Beschluss der Aufsichtsbehörde (Art. 78). Nach Art. 58 Abs. 2 Buchst. c verfügt jede Aufsichtsbehörde über sämtliche Abhilfebefugnisse, die es ihr gestatten, den Verantwortlichen anzuweisen, einem Antrag auf Datenübertragung zu entsprechen. Daneben hat die betroffene Person das Recht auf einen **wirksamen gerichtlichen Rechtsbehelf** unmittelbar gegen den Verantwortlichen (Art. 79). Das Gerichtsverfahren richtet sich nach dem Verfahrensrecht des jeweiligen Mitgliedstaates (Erwägungsgrund 143). Ist Verantwortlicher eine Behörde und lehnt eine Datenübertragung ab, ist die Ablehnung ein Verwaltungsakt, der mit den einschlägigen verwaltungsrechtlichen Rechtsbehelfen Widerspruch und **Verpflichtungsklage** gemäß §§ 42, 68 ff. VwGO angegriffen werden kann. Gegen einen privaten Verantwortlichen kann **Leistungsklage** (auf Übertragung bzw. Bereitstellung), daneben auch **Unterlassungsklage** (auf Unterlassen der Behinderung der Weiterübermittlung) erhoben werden. Sekundärrechtsschutz besteht aufgrund des **Rechts auf Schadensersatz** (Art. 82), das durch eine Staats- bzw. Amtshaftungsklage oder eine zivilrechtliche Schadensersatzklage ausgeübt werden kann. Neben den betroffenen Personen sind über das Verbandsklagerecht gemäß Art. 80 auch von der betroffenen Person ermächtigte Verbände zur Geltendmachung von Schadensersatzansprüchen wegen Verletzung des Berichtigungs- und Vervollständigungsrechts befugt. Schließlich kann der Verstoß gegen das Berichtigungs- und Vervollständigungsrecht mit einer **Geldbuße** geahndet werden (Art. 83).

D. Nationale Durchführung

I. Allgemeines

48   Das Recht auf Datenübertragbarkeit gemäß Art. 20 ersetzt wie auch die übrigen Betroffenenrechte der DS-GVO die **Betroffenenrechte nach nationalem Recht**. Grundsätzlich ist es im Rahmen seines Anwendungsbereichs wie die übrigen Betroffenenrechte auch gegenüber sonstigen allgemeinen (zivilrechtlichen oder öffentlich-rechtlichen) Ansprüchen oder gegenüber anderen **spezialgesetzlichen Ansprüchen datenschutzrechtlichen Ursprungs nach nationalem Recht** vorrangig und abschließend.[102] Führen nationale Regelungen zur Datenübertragbarkeit andere (sektor-)spezifische Unionsregelungen mit Übertragbarkeitsrechten durch und geht aus einer Portabilitätsanfrage eindeutig hervor, dass die betroffene Person nicht von ihren Rechten aus Art. 20, sondern ausschließlich von ihren (sektor-)spezifischen Rechten Gebrauch machen möchte, sind diese Rechte anwendbar.[103] Die Anwendung sonstiger nationaler Regeln, die Unionsrecht durchführen, dürfen den harmonisierten Schutzstandard, den Vorrang und die Wirksamkeit des Art. 20 als Ausfluss der Datenschutzgrundrechte nicht beeinträchtigen.[104]

II. Deutschland

49   Auf Basis von Art. 89 Abs. 3 sieht § 28 Abs. 4 BDSG vor, dass die in Art. 20 genannten Rechte nicht bestehen, soweit diese Rechte voraussichtlich die Verwirklichung der im öffentlichen Interesse liegenden Archivzwecke unmöglich machen oder ernsthaft beeinträchtigen und die Ausnahmen für die Erfüllung dieser Zwecke erforderlich sind.

III. Österreich

50   Das DSG 2018 regelt in § 9, dass die Regelungen in Kapitel III der DS-GVO auf die Verarbeitung, die zu journalistischen Zwecken oder zu wissenschaftlichen, künstlerischen oder literarischen Zwecken erfolgt, keine Anwendung finden, soweit dies erforderlich ist, um das Recht auf Schutz der personenbezogenen Daten mit der Freiheit der Meinungsäußerung in Einklang zu bringen, insbesondere im Hinblick auf die Verarbeitung von personenbezogenen Daten durch Medienunternehmen, Mediendienste oder ihre Mitarbeiter unmittelbar für ihre publizistische Tätigkeit im Sinne des österreichischen Mediengesetzes.[105]

---

[102] AA offenbar Artikel-29-Datenschutzgruppe, Leitlinien zum Recht auf Datenübertragbarkeit, WP 242 rev.01, S. 8, wonach auch einschlägige Bedingungen nach Vorschriften des Rechts eines Mitgliedstaates zu berücksichtigen ist.

[103] Artikel-29-Datenschutzgruppe, Leitlinien zum Recht auf Datenübertragbarkeit, WP 242 rev.01, S. 9.

[104] Vgl. analog zum unionsrechtlichen Grundrechtsschutz im Verhältnis zum nationalen Grundrechtsschutz generell EuGH Urt. v. 26.2.2013 – C-399/11, ECLI:EU:C:2013:107 Rn. 60 – Melloni/Ministerio Fiscal; EuGH Urt. v. 26.2.2013 – C-617/10, ECLI:EU:C:2013:105 Rn. 29 – Åklagare/Åkerberg Fransson.

[105] Öst. BGBl. Nr. 314/1981.

Abschnitt 4. Widerspruchsrecht und automatisierte Entscheidungsfindung im Einzelfall

Art. 21 Widerspruchsrecht

(1) ¹Die betroffene Person hat das Recht, aus Gründen, die sich aus ihrer besonderen Situation ergeben, jederzeit gegen die Verarbeitung sie betreffender personenbezogener Daten, die aufgrund von Artikel 6 Absatz 1 Buchstaben e oder f erfolgt, Widerspruch einzulegen; dies gilt auch für ein auf diese Bestimmungen gestütztes Profiling. ²Der Verantwortliche verarbeitet die personenbezogenen Daten nicht mehr, es sei denn, er kann zwingende schutzwürdige Gründe für die Verarbeitung nachweisen, die die Interessen, Rechte und Freiheiten der betroffenen Person überwiegen, oder die Verarbeitung dient der Geltendmachung, Ausübung oder Verteidigung von Rechtsansprüchen.

(2) Werden personenbezogene Daten verarbeitet, um Direktwerbung zu betreiben, so hat die betroffene Person das Recht, jederzeit Widerspruch gegen die Verarbeitung sie betreffender personenbezogener Daten zum Zwecke derartiger Werbung einzulegen; dies gilt auch für das Profiling, soweit es mit solcher Direktwerbung in Verbindung steht.

(3) Widerspricht die betroffene Person der Verarbeitung für Zwecke der Direktwerbung, so werden die personenbezogenen Daten nicht mehr für diese Zwecke verarbeitet.

(4) Die betroffene Person muss spätestens zum Zeitpunkt der ersten Kommunikation mit ihr ausdrücklich auf das in den Absätzen 1 und 2 genannte Recht hingewiesen werden; dieser Hinweis hat in einer verständlichen und von anderen Informationen getrennten Form zu erfolgen.

(5) Im Zusammenhang mit der Nutzung von Diensten der Informationsgesellschaft kann die betroffene Person ungeachtet der Richtlinie 2002/58/EG ihr Widerspruchsrecht mittels automatisierter Verfahren ausüben, bei denen technische Spezifikationen verwendet werden.

(6) Die betroffene Person hat das Recht, aus Gründen, die sich aus ihrer besonderen Situation ergeben, gegen die sie betreffende Verarbeitung sie betreffender personenbezogener Daten, die zu wissenschaftlichen oder historischen Forschungszwecken oder zu statistischen Zwecken gemäß Artikel 89 Absatz 1 erfolgt, Widerspruch einzulegen, es sei denn, die Verarbeitung ist zur Erfüllung einer im öffentlichen Interesse liegenden Aufgabe erforderlich.

Literatur: *Franck*, Das System der Betroffenenrechte nach der Datenschutz-Grundverordnung (DS-GVO), RDV 2016, 111; *Härting/Gössling/Dimov*, „Berechtigte Interessen" nach dem DSGVO, ITRB 2017, 169; *Johannes/Richter*, Privilegierte Verarbeitung im BDSG-E – Regeln für Archivierung, Forschung und Statistik, DuD 2017, 300; *Köhler/Bornkamm*, Gesetz gegen den unlauteren Wettbewerb: UWG, 34. Aufl. 2016; *Mantelero*, One-Stop-Shop thematic case digest Right to object and right to erasure, EDPB Support Pool of Experts Initiative 9 December 2022; *Meyer*, Beschränkung des Widerspruchsrechts nach Art. 21 Abs. 1 DS-GVO, ZD 2022, 477; *Piltz*, Die Datenschutz-Grundverordnung. Teil 2: Rechte der Betroffenen und korrespondierende Pflichten des Verantwortlichen, K&R 2016, 629.

Rechtsprechung: EuG Urt. v. 17.6.1998 – T-111/96, ECLI:EU:T:1998:183 – ITT Promedia/Kommission, Rn. 55; EuGH Urt. v. 6.11.2003 – C-101/01, ECLI:EU:C:2003:596 – Lindqvist; Urt. v. 29.1.2008 – C-275/06, ECLI:EU:C:2008:54 – Promusicae; EuGH Urt. v. 16.12.2008 – C-73/07, ECLI:EU:C:2008:727 – Satakunnan Markkinapörssi und Satamedia; EuGH Urt. v. 11.7.2013 – C-657/11, ECLI:EU:C:2013:516 – Belgian Electronic Sorting Technology; EuGH Urt. v. 17.3.2014 – C-314/12, ECLI:EU:C:2014:192 – UPC Telekabel Wien; EuGH Urt. v. 13.5.2014 – C-131/12, ECLI:EU:C:2014:317 = ZD 2014, 350 – Google Spain und Google; EuGH Urt. v. 9.3.2017 – C-398/15, ECLI:EU:C:2017:197 – Manni; EuGH Urt. v. 20.12.2017 – C-434/16, ECLI:EU:C:2017:994 – Nowak; EuGH Urt. v. 24.9.2019 – C-136/17, ECLI:EU:C:2019:773 = ZD 2020, 36; EuGH Urt. v. 24.9.2019 – C-507/17, ECLI:EU:C:2019:772 = ZD 2020, 31; EuGH Urt. v. 25.11.2021 – C-102/20, ECLI:EU:C:2021:954 = GRUR 2022, 87 – StWL Städtische Werke Lauf a. d. Pegnitz; BGH Urt. v. 15.12.2015 – VI ZR 134/15, ECLI:DE:BGH:2015:151215UVIZR134.15.0 – No-Reply; BGH Urt. v. 13.1.2016 – I ZR 65/14, ECLI:DE:

BGH:2016:140116UIZR65.14.0 – Freunde finden; Hessisches LSG Beschl. v. 29.1.2020 – L 4 SO 154/19 B, ECLI:DE:LSGHE:2020:0129.L4SO154.19B.00 = NZS 2020, 320. OLG Karlsruhe Urt. v. 23.2.2021 – 14 U 3/19, ECLI:DE:OLGKARL:2021:0223.14U3.19.0A = ZD 2021, 376.

Übersicht

	Rn.
A. Allgemeines	1
I. Zweck und Bedeutung der Vorschrift	1
II. Systematik, Verhältnis zu anderen Vorschriften	4
B. Einzelerläuterungen	10
I. Allgemeines Widerspruchsrecht (Abs. 1)	10
1. Allgemeines	10
2. Zulässigkeitsvoraussetzungen	11
a) Anwendungsbereich – Verarbeitung gemäß Art. 6 Abs. 1 Buchst. e und f	11
b) Widerspruchsgegenstand	16
c) Widerspruchsinteresse	19
3. Begründetheit des Widerspruchs	22
a) Interessenabwägung	22
b) Ausnahme: Rechtsverfolgung	27
c) Beschränkungen gemäß Art. 22	30
4. Widerspruchsmodalitäten	31
5. Widerspruchsentscheidung und Mitteilung	38
6. Rechtsfolgen	39
II. Widerspruchsrecht bei Datenverarbeitung für Direktwerbung (Abs. 2 und 3)	44
1. Allgemeines	44
2. Anwendungsbereich – Direktwerbung	45
3. Widerspruchsmodalitäten	51
4. Widerspruchsentscheidung und Mitteilung	54
5. Rechtsfolgen	55
III. Unterrichtungspflicht (Abs. 4)	56
IV. Ausübung des Widerspruchsrechts im Fall der Nutzung von Diensten der Informationsgesellschaft (Abs. 5)	61
V. Widerspruchsrecht bei Datenverarbeitung zu wissenschaftlichen oder historischen Forschungs- oder statistischen Zwecken (Abs. 6)	62
1. Zulässigkeitsvoraussetzungen	62
a) Anwendungsbereich – Forschungs- oder statistische Zwecke	62
b) Widerspruchsgegenstand	63
c) Widerspruchsinteresse	64
2. Begründetheit des Widerspruchs	65
3. Sonstiges	68
C. Rechtsschutz	69
D. Nationale Durchführung	70
I. Allgemeines	70
II. Deutschland	71
III. Österreich	72

A. Allgemeines

I. Zweck und Bedeutung der Vorschrift

1 Art. 21 gewährleistet das **Widerspruchsrecht** der betroffenen Person. Abs. 1 enthält ein allgemeines Widerspruchsrecht gegen eine als solche möglicherweise rechtmäßige, weil auf einer zulässigen Interessenabwägung nach Art. 6 Abs. 1 Buchst. e oder f gestützte Verarbeitung personenbezogener Daten. Abs. 2 und 3 gewähren ein besonderes, jedoch im Gegensatz zu Abs. 1 voraussetzungsloses Widerspruchsrecht für den Fall der Datenverarbeitung zu Zwecken der Direktwerbung (→ Rn. 45 ff.). Abs. 4 enthält eine Hinweispflicht des Verantwortlichen über das Bestehen des Widerspruchsrechts (→ Rn. 56 ff.). Abs. 5 ermöglicht im Fall der Nutzung von Diensten der Informationsgesellschaft die Ausübung des Widerspruchsrechts mittels automatisierter Verfahren unter Verwendung technischer Spezifikationen (→ Rn. 61 ff.). Abs. 6 gewährt abschließend ein weiteres besonderes Widerspruchsrecht für Datenverarbeitungen zu Forschungs- oder statistischen Zwecken (→ Rn. 62 ff.).

Das Widerspruchsrecht gemäß Art. 21 ist **Ausfluss der** – auch im Verhältnis zu privaten 2 Verantwortlichen geltenden (→ Einl. Rn. 29, 36) – **Grundrechte auf Achtung des Privatlebens und auf Schutz personenbezogener Daten** gemäß Art. 7 und 8 Abs. 1 GRCh sowie Art. 16 Abs. 1 AEUV. Als solches ist es eine notwendige verfahrens- als auch materiellrechtliche Ergänzung des Auskunftsrechts (Art. 8 Abs. 2 S. 2 GRCh und Art. 15) sowie der im Fall einer rechtswidrigen Verarbeitung eingreifenden Rechte, insbesondere des Rechts auf Löschung (Art. 17) und des Rechts auf Einschränkung der Verarbeitung (Art. 18) (→ Rn. 5). Aufgrund seines Charakters als Ausfluss des Datenschutzgrundrechts kann das Widerspruchsrecht wie auch die übrigen Rechte nach Kapitel III nicht abbedungen oder eingeschränkt werden (→ Art. 16 Rn. 2; zum Einwand des Rechtsmissbrauchs → Art. 17 Rn. 60).

Art. 21 **entwickelt Art. 14 DS-RL mit einigen Änderungen weiter.**[1] Inhaltlich ist für das 3 allgemeine Widerspruchsrecht gemäß Art. 14 Buchst. a DS-RL die Beweislast zum Nachweis des Überwiegens schutzwürdiger Gründe vor den Interessen, Rechten und Freiheiten der betroffenen Person zu Lasten des Verantwortlichen umgekehrt (→ Rn. 26) und die Anwendung des Widerspruchsrechts im Fall der Direktwerbung gemäß Art. 14 Buchst. b DS-RL erweitert worden (→ Rn. 44).

II. Systematik, Verhältnis zu anderen Vorschriften

Systematisch ist das Widerspruchsrecht in Abschnitt 4 des Kapitels III („Rechte der betroffe- 4 nen Personen") geregelt. Dies zeigt, dass es **selbständig neben den übrigen Betroffenenrechten,** dh den Informations- und Auskunftsrechten des Abschnitts 2 (Art. 13–15) und den Rechten auf Berichtigung, Löschung, Einschränkung und Datenübertragbarkeit des Abschnitts 3 (Art. 16–20), steht. Die Rechte schließen sich nicht gegenseitig aus, sondern ergänzen sich.[2]

Die Systematik des Art. 21 selbst zeigt, dass das Widerspruchsrecht gleichzeitig **verfahrens-** 5 **rechtlichen als auch materiellrechtlichen Charakter** hat:[3]

– Für das allgemeine Widerspruchsrecht enthält Abs. 1 S. 1 zunächst ein **Verfahrensrecht auf Erhebung eines Widerspruchs** (→ Rn. 10).
– Daneben gewährt Abs. 1 S. 2 bei Erfüllung der Widerspruchsvoraussetzungen (→ Rn. 11) einen **materiellen Unterlassungsanspruch,** dh einen Anspruch, dass der Verantwortliche die Daten in Zukunft nicht mehr verarbeitet (→ Rn. 39). Die Vorschrift ermöglicht der betroffenen Person damit, die ursprünglich rechtmäßig erscheinende, sich jedoch nachträglich aufgrund individueller Besonderheiten als rechtswidrig herausstellende Datenverarbeitung auf Basis einer unmittelbar geltenden unionsrechtlichen Anspruchsgrundlage (→ Rn. 39 und → Art. 12 Rn. 4) mit Ex-nunc-Wirkung zu unterbinden.
– Dieser Unterlassungsanspruch wird gemäß Art. 17 Abs. 1 Buchst. c Alt. 1 ergänzt durch einen **Folgenbeseitigungsanspruch** in Form eines Rechts auf Löschung (→ Art. 17 Rn. 31) sowie
– gemäß Art. 18 Abs. 1 Buchst. d durch einen **vorläufigen Sicherungsanspruch** in Form des Rechts auf Einschränkung, solange noch nicht feststeht, ob die berechtigten Gründe des Verantwortlichen gegenüber den besonderen Gründen der betroffenen Personen überwiegen (→ Art. 18 Rn. 2).

Eine ähnliche, lediglich leicht abgewandelte Systematik ergibt sich auch für das **Wider-** 6 **spruchsrecht im Fall der Direktwerbung.** Abs. 2 gewährt das (verfahrensrechtliche) Widerspruchsrecht, Abs. 3 den Unterlassungsanspruch, Art. 17 Abs. 1 Buchst. c Alt. 2 die Folgenbeseitigung durch das Löschungsrecht. Da das Widerspruchsrecht im Fall der Direktwerbung anders als das allgemeine Widerspruchsrecht keine Prüfung einer aktualisierten Interessenabwägung durch den Verantwortlichen verlangt, besteht das Unterlassungsrecht gemäß Abs. 3 unmittelbar mit der Erhebung des Widerspruchs. Einer Einschränkung der Verarbeitung als vorläufiges Sicherungsrecht gemäß Art. 18 Abs. 1 bedarf es daher nicht.

Die **Hinweispflicht** gemäß Abs. 4 (→ Rn. 56) bezieht sich nur auf das Bestehen des Wider- 7 spruchsrechts selbst. Zur Herstellung der notwendigen **umfassenden Transparenz** wird sie

---

[1] Vorschlag der Kommission v. 25.1.2012, KOM(2012) 11 endgültig, 10.
[2] Nicht verwechselt werden sollte das Widerspruchsrecht mit dem Recht auf Widerruf nach Art. 7. Der Widerspruch der betroffenen Personen richtet sich gegen eine rechtmäßige Datenverarbeitung auf Grundlage einer gesetzlichen Erlaubnisnorm; beim Widerruf handelt es sich hingegen um die Rücknahme einer durch die betroffene Person vormals abgegebenen Einwilligung; vgl. Gola/Heckmann/*Schulz* DS-GVO Art. 21 Rn. 3; Gantschacher/Jelinek/Schmidl/Spanberger/*Suda* S. 231.
[3] Zum verfahrensrechtlichen Schutzzweck vgl. analog für das Löschungsrecht nach deutschem Datenschutzrecht BVerfGE 65, 1 (46).

ergänzt durch die **allgemeinen Informationspflichten** gemäß Art. 12 Abs. 1 und 7 iVm Art. 13 (bei Datenerhebung bei der betroffenen Person) und Art. 14 (bei Datenerhebung nicht bei der betroffenen Person). Relevant sind hierbei insbesondere die Informationen über die Zwecke der Verarbeitung (Art. 13 Abs. 1 Buchst. c und Art. 14 Abs. 1 Buchst. c) sowie die vom Verantwortlichen verfolgten berechtigten Interessen gemäß Art. 6 Abs. 1 Buchst. f (Art. 13 Abs. 1 Buchst. d und Art. 14 Abs. 2 Buchst. b), ohne die die betroffene Person insbesondere ihr allgemeines Widerspruchsrecht gemäß Abs. 1 nicht in einer informierten und damit effektiven Weise ausüben könnte.

8 Art. 21 enthält so gut wie keine Regelungen über die **Information, Kommunikation und Modalitäten** der Ausübung des Widerspruchsrechts. Ausnahme ist Abs. 5, wonach die betroffene Person im Fall der Nutzung von Diensten der Informationsgesellschaft die Ausübung des Widerspruchsrechts mittels automatisierter Verfahren unter Verwendung technischer Spezifikationen durchführen kann (→ Rn. 61). Weitere Modalitäten sind in **Art. 12** geregelt, so eine generelle Informations- und Mitteilungspflicht (Art. 12 Abs. 1, → Art. 12 Rn. 8), eine generelle Unterstützungs- und Erleichterungspflicht (Art. 12 Abs. 2, → Art. 12 Rn. 23), eine Reaktions- und Unterrichtungspflicht über getroffene Maßnahmen (Art. 12 Abs. 3 und 4, → Art. 12 Rn. 31, 36), die grundsätzliche Kostenfreiheit (Art. 12 Abs. 5, → Art. 12 Rn. 42) und das Identitätsfeststellungsverfahren bei Unklarheiten über die Identität der betroffenen Person (Art. 11 und 12 Abs. 6, → Art. 12 Rn. 50) (zur Ausübung des Widerspruchs → Rn. 31). Daneben gilt auch für eine Widerspruchsentscheidung gemäß Art. 22, dass diese nicht auf einer automatisierten Verarbeitung beruhen darf (→ Rn. 38). Zu den Rechtsfolgen der Missachtung der Modalitäten → Art. 12 Rn. 59.

9 Das Widerspruchsrecht unterliegt dem **allgemeinen Beschränkungsvorbehalt gemäß Art. 23** durch EU- oder nationale Gesetzgebungsmaßnahmen zB zur Sicherstellung der nationalen Sicherheit, der Landesverteidigung, der öffentlichen Sicherheit, der Strafverfolgung, allgemeiner öffentlicher Interessen der Union oder eines Mitgliedstaates, etwa im Währungs-, Haushalts-, Steuer-, Gesundheits- und Sozialbereich, der Unabhängigkeit der Justiz und eines effektiven Gerichtswesens etc (→ Art. 23 Rn. 1).[4] Soweit die betroffenen Datenverarbeitungen zu journalistischen, wissenschaftlichen, künstlerischen oder literarischen Zwecken erfolgen, wird diese Ausnahme ergänzt durch den – national zwingend zu konkretisierenden – **Ausnahmevorbehalt** gemäß der obligatorischen Spezifizierungsklausel des **Art. 85 Abs. 2 (sog. Medien- und Wissenschaftsprivileg)** (→ Art. 85 Rn. 16), wenn dies erforderlich ist, um das Datenschutzrecht mit dem Grundrecht auf Meinungs- und Informationsfreiheit in Einklang zu bringen.[5] Das Widerspruchsrecht bei Datenverarbeitung zu wissenschaftlichen oder historischen Forschungs- oder statistischen Zwecken sowie zu Archivzwecken unterliegt daneben dem **Ausnahmevorbehalt gemäß Art. 89 Abs. 2 und 3,** soweit seine Ausübung die Verwirklichung der spezifischen Forschungs- bzw. Archivzwecke unmöglich machen oder ernsthaft beeinträchtigen würde und die Ausnahmen für die Erfüllung dieser Zwecke erforderlich sind (→ Art. 89 Rn. 34, 35).

B. Einzelerläuterungen

I. Allgemeines Widerspruchsrecht (Abs. 1)

10 **1. Allgemeines.** Abs. 1 enthält in Weiterentwicklung von Art. 14 Buchst. a DS-RL ein allgemeines **Widerspruchsrecht** gegen eine als solche möglicherweise rechtmäßige, weil auf einer zulässigen Interessenabwägung nach Art. 6 Abs. 1 Buchst. e oder f gestützte Verarbeitung personenbezogener Daten. Das Widerspruchsrecht gilt für den Fall, dass sich eine im Ausgangspunkt rechtmäßig erscheinende Datenverarbeitung im Nachhinein im Hinblick auf eine Sondersituation einer betroffenen Person als rechtswidrig erweist. Es ermöglicht damit eine **Korrektur besonderer Einzelfälle.**[6] Gemäß Art. 6 Abs. 1 ist eine Datenverarbeitung ohne eine Ex-ante-Einwilligung der betroffenen Personen u.a. aus überwiegenden Gründen des öffentlichen Interesses bzw. der Ausübung öffentlicher Gewalt (Buchst. e) bzw. überwiegender berechtigter

---

[4] Siehe hierzu etwa *Meyer* ZD 2022, 477.
[5] Vgl. zum Medienprivileg gem. der Vorgängervorschrift des Art. 9 DS-RL EuGH Urt. v. 16.12.2008 – C-73/07, ECLI:EU:C:2008:727 – Satakunnan Markkinapörssi und Satamedia.
[6] Vgl. Gola/Heckmann/*Schulz* DS-GVO Art. 21 Rn. 8; Kühling/Buchner/*Herbst* DS-GVO Art. 21 Rn. 1 sprechen von „Feinsteuerung".

Interessen des Verantwortlichen oder eines Dritten (Buchst. f) zulässig. Der Verantwortliche hat daher in diesen Fällen vor einer Datenverarbeitung eine konkrete Abwägung der tatsächlichen betroffenen Interessen und Rechte im Einzelfall vorzunehmen (→ Art. 6 Rn. 24). Würde die Abwägung einen Vorrang der Interessen, Rechte bzw. Freiheiten der betroffenen Person ergeben, wäre die Datenverarbeitung rechtswidrig. Ein Verantwortlicher kann jedoch bei seiner Interessenabwägung mangels umfassender Kenntnis sämtlicher Umstände möglicherweise betroffener Personen lediglich eine typisierende Betrachtungsweise, dh eine pauschale Bewertung der Interessen aller durchschnittlich betroffenen Personen, deren Daten in Zukunft Gegenstand seiner Datenverarbeitung sein können, anstellen. Auf dieser Grundlage erfolgt eine allgemeine Güterabwägung, ohne die besondere Situation einer betroffenen Person zu berücksichtigen. Art. 21 Abs. 1 soll einer betroffenen Person ermöglichen, **bei bzw. nach Verarbeitung sie betreffender Daten sich aus ihrer besonderen Situation ergebende Gründe darzulegen, aufgrund derer sich eine (allgemeine) Ex-ante-Interessenabwägung (für diese Person) ex post als ungerechtfertigt erweist** und die zunächst augenscheinlich rechtmäßig erfolgte Datenverarbeitung daher im Hinblick auf die individuelle Interessenlage tatsächlich rechtswidrig ist. Wenn eine Neubewertung unter Berücksichtigung der besonderen persönlichen Situation der betroffenen Person eine Vorrangigkeit ihrer Interessen, Rechte und Freiheiten ergibt, soll sie gemäß Art. 21 Abs. 1 das Recht haben, der erfolgten Datenverarbeitung im Nachhinein zu widersprechen.[7]

2. Zulässigkeitsvoraussetzungen. a) Anwendungsbereich – Verarbeitung gemäß Art. 6 Abs. 1 Buchst. e und f. Der **Anwendungsbereich** des allgemeinen Widerspruchsrechts gemäß Abs. 1 bezieht sich im Ausgangspunkt **allgemein und unbeschränkt** auf sämtliche Verarbeitungen personenbezogener Daten iSv Art. 4 Nr. 1 und 2 (→ Art. 4 Rn. 5), dh automatisiert oder nicht automatisiert etc., durch jeglichen für die Verarbeitung Verantwortlichen iSv Art. 4 Nr. 7 (→ Art. 4 Rn. 25), dh öffentlich oder nichtöffentlich. Erfasst ist gemäß Art. 21 Abs. 1 S. 1 Hs. 2 ausdrücklich auch das **Profiling** iSv Art. 4 Nr. 4 (→ Art. 4 Rn. 21).

Art. 21 Abs. 1 S. 1 verlangt eine Datenverarbeitung, die **aufgrund von Art. 6 Abs. 1 Buchst. e oder f** erfolgt. Das Widerspruchsrecht gilt danach in Fällen, in denen die personenbezogenen Daten (möglicherweise) rechtmäßig verarbeitet werden durften, weil die Verarbeitung aus der Ex-ante-Sicht des Verantwortlichen auf Grundlage einer Pauschalbetrachtung für die Wahrnehmung einer dem Verantwortlichen übertragenen Aufgabe, die im **öffentlichen Interesse** liegt oder in Ausübung **öffentlicher Gewalt** erfolgte (Buchst. e) (→ Art. 6 Rn. 19) oder die aufgrund des **berechtigten Interesses des Verantwortlichen** oder eines Dritten erforderlich war (Buchst. f) (→ Art. 6 Rn. 21).[8]

Hintergrund der Beschränkung des allgemeinen Widerspruchsrechts auf diese Fälle der Rechtfertigung der Datenverarbeitung auf Grundlage einer **Interessenabwägung** ist, dass ein Widerspruchsrecht in den übrigen Fällen einer rechtmäßigen Verarbeitung keinen Sinn machen würde. Im Fall einer Einwilligung (Art. 6 Abs. 1 Buchst. a) kann die betroffene Person ihre Einwilligung jederzeit widerrufen (Art. 7 Abs. 3 S. 1) und damit die Rechtmäßigkeit der Verarbeitung aufheben. Bei Verarbeitungen zur Erfüllung eines Vertrags (Art. 6 Abs. 1 Buchst. b) würde ein Widerspruch einem „venire contra factum proprium" gleichkommen. Bei einer Verarbeitung zur Erfüllung einer rechtlichen Verpflichtung (Art. 6 Abs. 1 Buchst. c) geht diese Verpflichtung dem Widerspruchsrecht vor.[9] Ein bedingungsfreies allgemeines Widerspruchsrecht besteht daher nicht.

Im ursprünglichen Vorschlag der Kommission vom 25.1.2012 enthielt die Vorschrift (dort Art. 19) auch noch einen Verweis auf den **Rechtmäßigkeitsgrund des Art. 6 Abs. 1 Buchst. d,** den Schutz lebenswichtiger Interessen der betroffenen oder einer anderen natürlichen Person.[10] Dieser Verweis wurde jedoch im Standpunkt (EU) Nr. 6/2016 des Rates gestrichen. Die DS-GVO geht danach im Einklang mit der DS-RL davon aus, dass in der Abwägung lebenswichtige Interessen der betroffenen Person stets und dauerhaft den Risiken der Gefährdung der Privatsphäre vorgehen (vgl. Erwägungsgrund 46). Der Verantwortliche soll auch nicht durch einen Widerspruch – zB in medizinischen Notfällen – zu einer Unterlassung einer Datenverarbeitung gezwungen werden können, die gegebenenfalls zum Tod der betroffenen

---

[7] Gola/Heckmann/*Schulz* DS-GVO Art. 21 Rn. 9; Kühling/Buchner/*Herbst* DS-GVO Art. 21 Rn. 1; vgl. auch schon zu Art. 14 DS-RL Grabitz/Hilf/*Brühann* DS-RL Art. 14 Rn. 7.
[8] Begr. des Rates zum Standpunkt (EU) 6/2016, ABl. 2016 C 159, 83 (90).
[9] Vgl. zu Art. 14 DS-RL Grabitz/Hilf/*Brühann* DS-RL Art. 14 Rn. 6.
[10] KOM(2012) 11 endgültig, 61.

Person führen könnte (zu den schwierigen Abwägungsfragen im Rahmen des Art. 6 Abs. 1 Buchst. d → Art. 6 Rn. 17).

15 Anders als in Art. 14 Buchst. a DS-RL, wonach die Mitgliedstaaten den Anwendungsbereich des Widerspruchsrechts über die beiden Fälle des überwiegenden Interesses hinaus in Art. 7 Buchst. e und f durch nationale Regelungen erweitern können sollten („zumindest in den Fällen"),[11] ist in Art. 21 Abs. 1 S. 1 die Beschränkung des Widerspruchsrechts auf die Fälle des Art. 6 Abs. 1 Buchst. e und f **abschließend** harmonisiert. Eine Erweiterung des allgemeinen Widerspruchsrechts durch nationales Recht ist damit ausgeschlossen.

16 b) **Widerspruchsgegenstand.** Das Widerspruchsrecht gemäß Abs. 1 gilt nur für die die **betroffene Person betreffenden personenbezogenen Daten.** Dies sind zuallererst die personenbezogenen Daten des Widerspruchsführers selbst. Durch den erst im Rahmen des Gesetzgebungsverfahrens durch den Rat eingeführten „sie betreffender"-Tatbestandszusatz wird klargestellt, dass eine betroffene Person aufgrund ihrer individuellen Interessen nur eine Widerspruchsbefugnis bezüglich ihrer subjektiven Daten hat und nicht eine Unterlassung einer gesamten, unter Umständen eine Vielzahl personenbezogener Daten Dritter betreffenden Verarbeitung bewirken kann. Vielmehr bleibt diese Verarbeitung im Hinblick auf die Drittdaten unverändert als rechtmäßig bestehen, solange nicht die betroffenen Dritten ebenfalls Widerspruch erheben. Einen „Widerspruch zugunsten Dritter" bzw. einen „Sammelwiderspruch" gibt es insoweit nicht.

17 Es erscheint nicht ausgeschlossen, dass in Ausnahmefällen auch ein **indirekter Personenbezug** der Daten zum Widerspruchsführer bestehen kann. So ist denkbar, dass eine Person der Verarbeitung **genetischer Daten** eines verstorbenen Elternteils, das in die Verarbeitung zu Lebzeiten eingewilligt hatte, widersprechen kann, soweit diese indirekt auch Rückschlüsse auf ihre eigenen genetischen Daten zulassen.[12]

18 Widerspruchsgegenstand können grundsätzlich auch personenbezogene Daten sein, die gleichzeitig den Widerspruchsführer als auch dritte Personen betreffen (sog. **„auch die betroffene Person betreffende" Daten**) (→ Art. 20 Rn. 15). Das Widerspruchsrecht per se auf personenbezogene Daten zu beschränken, die ausschließlich die betroffene Person betreffen, würde dieses Recht unverhältnismäßig einschränken. Richtigerweise ist daher möglichen Grundrechten und Interessen Dritter auf Fortführung einer bestimmten Datenverarbeitung (zB dem Interesse eines Dritten, Kommunikation, die Daten der betroffenen Person enthält, in einem sozialen Netzwerk aus Gründen der Meinungsfreiheit gemäß Art. 11 GRCh nicht zu löschen) nicht auf der Ebene des Zulässigkeitstatbestands des Widerspruchsgegenstandes, sondern erst im Rahmen der umfassenden Interessenabwägung auf der Ebene der Begründetheit des Widerspruchs Rechnung zu tragen (→ Rn. 25).

19 c) **Widerspruchsinteresse.** Eine betroffene Person kann das Widerspruchsrecht gemäß Abs. 1 nur aus **Gründen, die sich aus ihrer besonderen Situation ergeben,** ausüben. Hintergrund für diese Voraussetzung ist, dass eine Interessenabwägung gemäß Art. 6 Abs. 1 Buchst. e und f die Datenverarbeitung bei objektiver, typisierender Ex-ante-Betrachtung des Verantwortlichen als rechtmäßig erscheinen lässt. Die betroffene Person hat nur dann ein Widerspruchsinteresse, wenn sie darlegen kann, dass sich diese Interessenabwägung aufgrund ihrer (dem Verantwortlichen ursprünglich nicht bekannten) persönlichen Sondersituation möglicherweise ex post als ungerechtfertigt und die Datenverarbeitung damit für sie als rechtswidrig erweisen könnte (→ Rn. 10).[13] Zwingende schutzwürdige Gründe sind über diese Sondersituation hinaus nicht erforderlich, um die Ausübung des Widerspruchsrechts nicht übermäßig zu erschweren.[14] Auch ist das Widerspruchsrecht **nicht vom Vorliegen eines Schadens abhängig.**[15]

---

[11] EuGH Urt. v. 9.3.2017 – C-398/15, ECLI:EU:C:2017:197 Rn. 61 – Manni.
[12] Vgl. Isländischer Supreme Court Urt. v. 27.11.2003 – 151/2003 – Guðmundsdóttir v. Island, engl. Zusammenfassung abrufbar unter www.personuvernd.is/information-in-english/greinar/nr/448; Nationaler Ethikrat, Stellungnahme: Biobanken für die Forschung, 2004, S. 80 ff.; vgl. NK-BDSG/*Dix* § 35 Rn. 59.
[13] AA *Laue/Nink/Kremer* DatenschutzR § 4 Rn. 71, welche die Darlegung einer Sondersituation nicht als Zulässigkeitsvoraussetzung für den Widerspruch, sondern lediglich als Faktor der Interessenabwägung ansehen. Dagegen spricht die systematische Trennung der beiden Elemente in S. 1 und S. 2 des Abs. 1.
[14] Vgl. Ratsdok. 8835/15 v. 12.5.2015, S. 45 Fn. 200.
[15] EuGH Urt. v. 13.5.2014 – C-131/12, ECLI:EU:C:2014:317 Rn. 96 = ZD 2014, 350 – Google Spain und Google.

Eine **besondere Situation** ist eine Situation,[16] durch welche sich die betroffene Person in außerordentlicher, spezifischer und individueller Weise von der Situation anderer Personen unterscheidet.[17] Rein subjektive Befindlichkeiten der betroffenen Person reichen jedoch nicht aus.[18] Eine solche Situation kann eine familiäre, gesellschaftliche, soziale, wirtschaftliche, rechtliche oder sonst wie faktische Sondersituation sein.[19] Sie kann insbesondere bei der Verarbeitung sensibler Daten nach Art. 9 begründet werden.[20] **Beispiele** sind etwa die Situation eines Patienten, dessen Gesundheitsdaten anlässlich einer Operation in einem Krankenhaus gespeichert worden sind, und der erfährt, dass ein Verwandter eine Führungsposition in diesem Krankenhaus übernehmen soll,[21] die Situation einer bekannten Persönlichkeit des öffentlichen Lebens (zB eines Fußballspielers), deren vertrauliche Daten über eine konkrete Krankheitsdiagnose oder einen Krankenhausaufenthalt gespeichert worden sind[22] oder der Fall eines Diplomaten aus einem Land mit erhöhter Terrorismusgefahr, dessen Leib und Leben durch die Speicherung von Informationen durch eine Auskunftei gefährdet wird.[23] Generell aus dem Status als Politiker, Künstler, Sportler etc ist dagegen keine Sondersituation abzuleiten. Vielmehr müssen besondere persönliche Gründe, zB zusätzliche Gefährdungselemente, hinzutreten. Eine Sondersituation ergibt sich auch nicht bereits daraus, dass der Widerspruchsführer bereits Opfer einer Datenschutzverletzung geworden ist und einer Wiederholung vorbeugen möchte.[24]

Dem **Widerspruchsführer** obliegt die **Darlegungslast** für das Bestehen einer besonderen persönlichen Situation.[25] Es genügt daher nicht, dass die betroffene Person einfach grundlos widerspricht, zB weil ihm die Verarbeitung missfällt, wie nach Art. 21 Abs. 2 und Abs. 3 vorgesehen. Vielmehr muss sie in qualifizierter Weise darlegen, dass die ansonsten rechtmäßige Verarbeitung sie spezifisch nachteilig betrifft und sie aus diesem Grund ein Widerspruchsinteresse hat (zu den Anforderungen an den Inhalt des Widerspruchsantrags → Rn. 35).[26]

3. Begründetheit des Widerspruchs. a) Interessenabwägung.

Ein Widerspruch ist gemäß Art. 21 Abs. 1 S. 2 Alt. 1 begründet, wenn der Verantwortliche nicht nachweisen kann, dass zwingende schutzwürdige Gründe für die Verarbeitung die Interessen, Rechte und Freiheiten der betroffenen Person überwiegen. Der Verantwortliche hat danach eine **neue umfassende Interessenabwägung** vorzunehmen.[27] Eine weitere Rechtswidrigkeit der Verarbeitung mangels Verarbeitungsrechtfertigung gemäß Art. 6 Abs. 1 und Art. 9 Abs. 2 ist dahingegen nicht erforderlich.[28]

Der Verantwortliche hat in die Interessenabwägung auf seiner Seite **zwingende schutzwürdige Gründe** für die Verarbeitung einzustellen. Zwingende schutzwürdige Gründe können sämtliche öffentlichen oder berechtigten privaten Interessen des Verantwortlichen oder Dritten

---

[16] Kühling/Buchner/*Herbst* DS-GVO Art. 21 Rn. 15 sprechen von einer „atypischen Konstellation".
[17] Missverständlich ist Erwägungsgrund 69 in der dt. Sprachfassung, der die Sondersituation auf die personenbezogenen Daten bezieht. Aus den anderen Sprachfassungen ergibt sich, dass sich die Sondersituation auf die betroffene Person beziehen muss (vgl. zB die engl. Fassung „his or her particular situation").
[18] Schaffland/Wiltfang/*Schaffland/Holthaus* DS-GVO Art. 21 Rn. 3; anders wohl BeckOK DatenschutzR/ *Forgó* DS-GVO Art. 21 Rn. 8.
[19] Vgl. Artikel-29-Datenschutzgruppe, Guidelines on Automated individual decision-making and Profiling for the purposes of Regulation 2016/679, WP 251, S. 25.
[20] Vgl. Schaffland/Wiltfang/*Schaffland/Holthaus* DS-GVO Art. 21 Rn. 5.
[21] Grabitz/Hilf/*Brühann* DS-RL Art. 14 Rn. 8.
[22] Vgl. zum Fall des Fußballspielers Herrlich *Dix* FS Bäumler, 2004, S. 71 (79 f.).
[23] BlnBDI, Neuregelungen im Bundesdatenschutzgesetz, 2001, S. 32.
[24] NK-BDSG/*Dix* § 35 Rn. 58 zum Bsp. des Arbeitnehmers, der der weiteren Speicherung seiner früheren Fehlzeiten widerspricht, nachdem die zugrunde liegende ärztlich Attest Gegenstand von Kantinengesprächen war; aA Däubler/Klebe/Wedde/Weichert/*Däubler* BDSG § 35 Rn. 34; Auernhammer/*Kramer* DS-GVO Art. 21 Rn. 10; Gola/Heckmann/*Schulz* DS-GVO Art. 21 Rn. 9.
[25] Missverständlich Erwägungsgrund 69, der in der dt. Sprachfassung eine Darlegungspflicht des Verantwortlichen indiziert. Er bezieht sich allerdings, wie andere Sprachfassungen im Einklang mit dem Wortlaut des Art. 21 Abs. 1 S. 2 zeigen (zB engl. „demonstrate"), auf die Beweislastumkehr im Rahmen der Interessenabwägung, nicht bereits auf die Darlegungspflicht der Sondersituation des Widerspruchsführers.
[26] Gierschmann/Schlender/Stentzel/Veil/*Veil* DS-GVO Art. 21 Rn. 48; hingegen für eine Nachweispflicht nur auf Verlangen des für die Verarbeitung Verantwortlichen nach Gola/Heckmann/*Schulz* DS-GVO Art. 21 Rn. 9.
[27] EuGH Urt. v. 13.5.2014 – C-131/12, ECLI:EU:C:2014:317 Rn. 86 = ZD 2014, 350 – Google Spain und Google.
[28] EuGH Urt. v. 24.9.2019 – C-136/17, ECLI:EU:C:2019:773 Rn. 65 = ZD 2020, 36 – CG u.a. (Auslistung sensibler Daten).

gemäß Art. 6 Abs. 1 Buchst. e bzw. f sein, die eine Verarbeitung erforderlich machen.[29] Eine inhaltliche Beschränkung auf bestimmte, qualitativ höherwertige Rechtfertigungsgründe ist in Art. 21 Abs. 1 S. 2 Alt. 1 nicht angelegt. Durch den Zusatz „zwingender" (engl. „compelling") Gründe wird lediglich zum Ausdruck gebracht, dass die vorgebrachten Gründe in ihrer Wertigkeit auch die nun gegebenenfalls schwerer wiegenden besonderen Individualinteressen der betroffenen Person überwiegen müssen.[30] Sollten in der Folge der ursprünglichen Interessenabwägung neue schutzwürdige Gründe hinzugekommen sein, kann der Verantwortliche auch diese – sofern die Voraussetzungen des Art. 6 Abs. 4 erfüllt sind (→ Art. 6 Rn. 42 ff.) – in die Abwägung einbeziehen. Die schutzwürdigen **privaten Interessen** der Verarbeitung gleicher Daten können sich je nach Verantwortlichem (zB Herausgeber einer (journalistischen) Internetseite oder Suchmaschinenbetreiber) unterscheiden.[31] Überwiegende schutzwürdige Gründe für die Fortsetzung der Verarbeitung dürften zB in der Betrugsbekämpfung[32] (Erwägungsgrund 47 S. 6) und in der Gewährleistung von Daten- und IT-Sicherheit (Erwägungsgrund 49) liegen.[33] Zu den schutzwürdigen **öffentlichen Interessen** zählen insbesondere die gemäß Art. 23 Abs. 1 sicherzustellenden Zwecke. Im Fall des **Profiling** könnten dies zB auch Interessen der Gesellschaft als Ganzes an wissenschaftlichen Forschungsergebnissen oder an der Vorhersage der Ausbreitung einer ansteckenden Krankheit sein. Der Verantwortliche muss dabei nachweisen, dass das Profiling eine erforderliche, dh die geringst eingreifende Maßnahme ist, um das Schutzziel zu erreichen.[34]

24 Auf der anderen Seite hat der Verantwortliche die **Interessen, Rechte und Freiheiten der betroffenen Person** in die Abwägung einzubeziehen. Dabei kann der Verantwortliche gegenüber seiner ursprünglichen Abwägung nicht mehr pauschalierend auf den Durchschnittsbetroffenen abstellen. Vielmehr hat er **spezieller alle Umstände der konkreten Situation der betroffenen Person zu berücksichtigen**.[35] Relevante Interessen sind sämtliche rechtlichen oder faktischen (zB familiäre, gesellschaftliche, soziale oder wirtschaftliche) Interessen, die sich aus der konkreten Sondersituation ergeben (→ Rn. 10). Rechte und Freiheiten sind sämtliche relevanten Grundrechte, Grundfreiheiten sowie sekundärrechtlich gewährleisteten weiteren Rechte des Widerspruchsführers.

25 Im Rahmen der neuen umfassenden Interessenabwägung hat der Verantwortliche gegebenenfalls auch **Interessen, Rechte und Freiheiten Dritter** zu berücksichtigen. Dies gilt etwa im Fall von Daten, welche die betroffene Person als auch Dritte gleichzeitig betreffen (sog. „auch sie betreffende" Daten → Rn. 18). In diesem Fall ist der Verantwortliche gehalten, gegebenenfalls unter zumutbarer Ausschöpfung verfügbarer technischer Möglichkeiten einen **angemessenen Ausgleich** zwischen dem Datenschutzgrundrecht und der besonderen Situation der betroffenen Person sowie den tangierten Drittinteressen und -rechten, zB dem Grundrecht auf Meinungsfreiheit oder dem Recht (der Öffentlichkeit) auf Informationszugang gemäß Art. 11 Abs. 2 GRCh sowie dem Urheberrecht und verwandten Schutzrechten, die Teil des Rechts des geistigen Eigentums gemäß Art. 17 Abs. 2 GRCh sind, zu wahren.[36]

26 Die **Beweislast** für ein **Überwiegen zwingender schutzwürdiger Gründe** für die Verarbeitung gegenüber den Interessen, Rechten und Freiheiten des Widerspruchsführers liegt gemäß Art. 21 Abs. 1 S. 2 Hs. 2 **beim Verantwortlichen**. Bereits der ursprüngliche Vorschlag

---

[29] Die dt. Begriffe „berechtigt" Art. 6 Abs. 1 Buchst. f bzw. „schutzwürdig" in Art. 21 Abs. 1 S. 2 Alt. 1 sind synonym zu verstehen. Vgl. zB die engl. Sprachfassung, die einheitlich den Begriff „legitimate" nutzt.

[30] Strenger *Laue/Nink/Kremer* DatenschutzR § 4 Rn. 75, wonach zwingende schutzwürdige Gründe als ein „mehr" ggü. den berechtigten Interessen gem. Art. 6 Abs. 1 Buchst. f so stark sein müssen, dass dem Verantwortlichen beim Unterlassen der weiteren Verarbeitung ein schwerwiegender, unumkehrbarer Nachteil entstehen muss.

[31] EuGH Urt. v. 13.5.2014 – C-131/12, ECLI:EU:C:2014:317 Rn. 86 = ZD 2014, 350 – Google Spain und Google.

[32] Hierzu OLG Karlsruhe Urt. v. 23.2.2021 – 14 U 3/19, ECLI:DE:OLGKARL:2021:0223.14U3.19.0A Rn. 34 ff. = ZD 2021, 376.

[33] Vgl. *Härting* DS-GVO Rn. 439 ff.

[34] Vgl. Artikel-29-Datenschutzgruppe, Guidelines on Automated individual decision-making and Profiling for the purposes of Regulation 2016/679, WP 251, S. 25.

[35] EuGH Urt. v. 13.5.2014 – C-131/12, ECLI:EU:C:2014:317 Rn. 76 = ZD 2014, 350 – Google Spain und Google.

[36] Vgl. zB EuGH Urt. v. 6.11.2003 – C-101/01, ECLI:EU:C:2003:596 Rn. 87 – Lindqvist; EuGH Urt. v. 29.1.2008 – C-275/06, ECLI:EU:C:2008:54 Rn. 68 – Promusicae; EuGH Urt. v. 17.3.2014 – C-314/12, ECLI:EU:C:2014:192 Rn. 46–47 – UPC Telekabel Wien; EuGH Urt. v. 13.5.2014 – C-131/12, ECLI:EU: C:2014:317 Rn. 81, 97 = ZD 2014, 350 – Google Spain und Google.

der Kommission enthielt eine solche Beweislastumkehr und unterschied sich damit explizit von der Vorgängervorschrift des Art. 14 Buchst. a DS-RL.[37] Versuche etwa des Ausschusses für Industrie, Forschung und Energie des Europäischen Parlaments, das vorherige System beizubehalten,[38] fanden sowohl im Europäischen Parlament als auch im Rat keine Mehrheit. Liegt eine **Non-liquet-Situation** vor, setzen sich die Interessen der betroffenen Person durch. Der Verantwortliche hat dem Widerspruch zu folgen.[39]

b) Ausnahme: Rechtsverfolgung. Ein Widerspruchsrecht ist gemäß Art. 21 Abs. 1 S. 2 Alt. 2 nicht begründet, wenn die Verarbeitung der Geltendmachung, Ausübung oder Verteidigung von Rechtsansprüchen dient. Eine zu **Zwecken der Rechtsverfolgung** durch den Verantwortlichen vorgenommene Verarbeitung ist danach vorrangig vor etwaigen Interessen des Widerspruchsführers. Als spezifische Ausnahme zum Widerspruchsrecht ist die Vorschrift grundsätzlich eng auszulegen. 27

Der Tatbestand der **Geltendmachung, Ausübung oder Verteidigung von Rechtsansprüchen** entspricht der Ausnahme der Verarbeitung zum Verbot der Verarbeitung besonderer (sensitiver) Kategorien personenbezogener Daten des Art. 9 Abs. 2 Buchst. f und Art. 49 Abs. 1 Buchst. e. Erfasst ist die Verfolgung von Rechtsansprüchen in einem Gerichtsverfahren oder einem Verwaltungsverfahren oder einem anderen außergerichtlichen Verfahren (Erwägungsgrund 52 und 111) sowohl gegenüber dem Widerspruchsführer als auch gegenüber Dritten (→ Art. 9 Rn. 42). Erfasst ist danach zB auch (unter Einhaltung der übrigen Anforderungen der DS-GVO) die Datenübermittlung zu Zwecken einer im US-Prozessrecht vorgesehenen Pre-Trial-Discovery zum Zwecke der Beweisaufnahme nach Klageerhebung und vor der Hauptverhandlung, die sich auch auf E-Mails und elektronische Dokumente (eDiscovery) erstrecken kann (→ Art. 17 Rn. 63). 28

Die Verarbeitung muss für die Rechtsdurchsetzung **erforderlich** sein. Während Art. 9 Abs. 2 Buchst. f ausdrücklich ein echtes Erforderlichkeitskriterium enthält („erforderlich"/engl. „necessary"), spricht Art. 21 Abs. 1 S. 2 lediglich davon, dass die Verarbeitung der Rechtsdurchsetzung „dient" („demonstrates compelling legitimate grounds"). Die rein abstrakte Möglichkeit rechtlicher Auseinandersetzungen wird nicht ausreichen, um als Grundlage für die Weiterverarbeitung der personenbezogenen Daten für die Rechtsverfolgung zu dienen.[40] Die Geltendmachung, Ausübung oder Verteidigung von Rechtsansprüchen muss schon stattfinden oder bevorstehen[41] und dies muss von dem Verantwortlichen glaubhaft gemacht werden. Bei Unsicherheiten über die Erforderlichkeit ist eine „abwägende Prognose" zwischen der Wahrscheinlichkeit des Rechtsstreits und der Rechte der betroffenen Person durchzuführen.[42] Ausgeschlossen ist die Nutzung zur Durchsetzung von Rechtsansprüchen, die zu missbräuchlichen, zB kartellrechtswidrigen Zwecken erfolgt (→ Art. 17 Rn. 63).[43] 29

c) Beschränkungen gemäß Art. 22. Der Widerspruch ist trotz eines an sich überwiegenden Sonderinteresses des Widerspruchsführers nicht begründet, wenn unionsrechtliche oder nationale **Beschränkungen gemäß Art. 22** eingreifen (→ Art. 22 Rn. 5). Ein darüberhinausgehender Ausschluss durch nationales Recht ist nicht möglich (→ Rn. 42). 30

4. Widerspruchsmodalitäten. Die Ausübung des Widerspruchsrechts verlangt nach dem Sprachgebrauch der DS-GVO einen **(Widerspruchs-)Antrag** (Art. 12 Abs. 2 ff.). 31

Adressat dieses Widerspruchsantrags ist der für die Datenverarbeitung Verantwortliche.[44] Aufgrund der Erleichterungspflicht gemäß Art. 12 Abs. 2 muss der Verantwortliche einen Widerspruch wohl auch dann annehmen, wenn er bei einer Niederlassung (auch in einem anderen Mitgliedstaat) eingelegt wird. Auch weitere Verantwortliche, die vom Erstverantwortlichen verarbeitete Daten übermittelt erhalten und weiterverarbeiten, sind zulässige Adressaten, 32

---

[37] Vorschlag der Kommission v. 25.1.2012, KOM(2012) 11 endgültig, 10.
[38] Ausschuss für Industrie, Forschung und Energie, Stellungnahme v. 26.2.2012, 2012/011(COD), S. 87.
[39] Vgl. Paal/Pauly/*Martini* DS-GVO Art. 21 Rn. 12; Kühling/Buchner/*Herbst* DS-GVO Art. 21 Rn. 7; HK-DS-GVO/*Helfrich* Art. 21 Rn. 69.
[40] Auernhammer/*Kramer* DS-GVO Art. 21 Rn. 15; Kühling/Buchner/*Herbst* DS-GVO Art. 21 Rn. 23; aA HK-DS-GVO/*Helfrich* Art. 21 Rn. 69.
[41] So Kühling/Buchner/*Herbst* DS-GVO Art. 21 Rn. 23.
[42] Auernhammer/*Kramer* DS-GVO Art. 21 Rn. 15; Kühling/Buchner/*Herbst* DS-GVO Art. 21 Rn. 23.
[43] EuG Urt. v. 17.6.1998 – T-111/96, ECLI:EU:T:1998:183 Rn. 55 – ITT Promedia/Kommission.
[44] EuGH Urt. v. 13.5.2014 – C-131/12, ECLI:EU:C:2014:317 Rn. 77 = ZD 2014, 350 – Google Spain und Google.

nicht jedoch der Auftragsverarbeiter oder Dritte. Der Verantwortliche hat allerdings zur Erleichterung der Widerspruchsausübung gemäß Art. 12 Abs. 2 dem Auftragsverarbeiter vertraglich aufzugeben, den bei ihm eingelegten Widerspruch an den Verantwortlichen weiterzuleiten, und diesen bei Weiterleitung auch anzunehmen. Nimmt der Verantwortliche von einem beim Auftragsverarbeiter oder Dritten eingelegten Widerspruch keine Kenntnis, geht dies (zB im Hinblick auf den Lauf der Monatsfrist des Art. 12 Abs. 3) zu Lasten des Widerspruchsführers.

33 Der Widerspruchsantrag ist an **keine Form** gebunden.[45] Er kann schriftlich, mündlich, per SMS bzw. E-Mail oder sonst wie elektronisch (vgl. Erwägungsgrund 59) erhoben werden. Er muss nicht ausdrücklicher als solcher bezeichnet sein und kann auch konkludent (zB im Rahmen einer Drohung zum Abbruch der Geschäftsbeziehung) erhoben werden, solange aus der entsprechenden Handlung aus objektivem Empfängerhorizont ein subjektiver Wille zur Widerspruchserhebung eindeutig erkennbar ist. Ein vertraglich vereinbartes Formerfordernis (zB Schriftlichkeit) scheint, da es die Ausübung des Widerspruchsrechts für die betroffene Person erschwert, mit dem Erleichterungsgebot des Art. 12 Abs. 2 (→ Art. 12 Rn. 23) kaum vereinbar.

34 Eine **Frist** für die Einlegung des Widerspruchs besteht nicht. Seine Einlegung ist jederzeit möglich, auch schon vor einem Hinweis auf das Widerspruchsrecht gemäß Abs. 4 oder einer Information gemäß Art. 12 Abs. 1 iVm Art. 13 oder 14.

35 Der Widerspruch muss eine **Begründung** enthalten.[46] Ein einfaches Widersprechen reicht nicht. Erforderlicher **Inhalt** des Widerspruchsantrags ist eine **qualifizierte Darlegung** zumindest des Widerspruchsgegenstandes, dh der den Widerspruchsführer betreffenden Daten (→ Rn. 16), sowie des Widerspruchsinteresses, dh der den Widerspruch rechtfertigenden Sondersituation des Widerspruchsführers (→ Rn. 19). Allerdings muss nicht explizit auf Art. 21 verwiesen werden. Auch im Übrigen dürfen die Anforderungen an die qualifizierte Darlegungslast des Widerspruchsführers (→ Rn. 21) aufgrund der Obliegenheit des Verantwortlichen zur Erleichterung der Ausübung des Widerspruchsrechts gemäß Art. 12 Abs. 2 (→ Art. 12 Rn. 23) nicht überstrapaziert werden. Aufgrund dieser Erleichterungsobliegenheit hat der Verantwortliche den Widerspruch sachgerecht auszulegen und gegebenenfalls die Pflicht, Unklarheiten im Widerspruch über eine dargelegte Sondersituation aufzuklären. Eine weitergehende Nachforschungspflicht, zB über eine nicht dargelegte Sondersituation des Widerspruchsführers, hat der Verantwortliche jedoch nicht.

36 Die **Reichweite** des Widerspruchs erfasst höchstens sämtliche betroffenen Verarbeitungen sämtlicher den Widerspruchsführer betreffenden personenbezogenen Daten. In diesem Rahmen kann der Widerspruchsführer den Umfang des Widerspruchs selbst bestimmen. Er kann zB den Widerspruch auf bestimmte Daten, Datenarten oder auf bestimmte Formen, Zwecke oder Teile der Verarbeitung (zB Widerspruch zur Datenübermittlung an bestimmte Empfänger) beschränken. Im Hinblick auf die territoriale Reichweite des Widerspruchs werden Drittstaaten, etwa bei einer Verarbeitung im Rahmen von Suchmaschinendiensten, allerdings nicht erfasst.[47] Obwohl der Begriff der Verarbeitung gemäß Art. 4 Nr. 2 auch die Löschung von Daten erfasst (→ Art. 4 Rn. 19) kann eine betroffene Person **einer Löschung (oder Einschränkung) nicht auf der Grundlage von Art. 21 Abs. 1 widersprechen.** Die einer Löschung (oder Einschränkung) entgegenstehenden Interessen bzw. Rechte müsste die betroffene Person im Rahmen der Interessenabwägung gemäß Art. 17 Abs. 3 geltend machen, der insoweit vorrangige *lex specialis* ist (→ Art. 17 Rn. 16).[48]

37 Das Widerspruchsrecht ist **grundsätzlich kostenfrei** (Art. 12 Abs. 5). Verantwortliche, insbesondere auch öffentliche Stellen, die Daten der betroffenen Personen rechtmäßig verarbeitet haben, können für das Verwaltungsverfahren zur Entscheidung über den Widerspruch – mit Ausnahme von offenkundig unbegründeten oder, insbesondere bei häufigen Wiederholungen, exzessiven Widersprüchen – keine Gebühren oder sonstige Kosten erheben (→ Art. 12 Rn. 42). Die Entscheidung über den Widerspruch nach Art. 21 ergeht bei Behörden nicht als Verwaltungsakt, sondern formlos. Demnach ist kein Vorverfahren erforderlich.[49]

---

[45] So zum Widerspruchsrecht nach dem alten BDSG NK-BDSG/*Mallmann* § 20 Rn. 86.
[46] *Franck* RDV 2016, 111 (113).
[47] EuGH Urt. v. 24.9.2019 – C-507/17, ECLI:EU:C:2019:772 Rn. 62ff = ZD 2020, 31 – Google (Räumliche Reichweite der Auslistung).
[48] Ähnlich zum alten BDSG NK-BDSG/*Mallmann* § 20 Rn. 84.
[49] HessLSG Beschl. v. 29.1.2020 – L 4 SO 154/19 B, ECLI:DE:LSGHE:2020:0129.L4SO154.19B.00 Rn. 10 = NZS 2020, 320.

5. Widerspruchsentscheidung und Mitteilung. Der Verantwortliche hat **unverzüglich,** 38 dh ohne schuldhaftes Zögern (engl. „without undue delay"), spätestens innerhalb einer **Frist von einem Monat** über den Widerspruch zu entscheiden und die betroffene Person hierüber zu informieren (Art. 12 Abs. 3 S. 1). Die Frist kann in komplexen Fällen um zwei Monate verlängert werden (Art. 12 Abs. 3 S. 2; → Art. 12 Rn. 33). Eine ablehnende Entscheidung über einen Widerspruch ist **zu begründen** und mit einer **Rechtsbehelfsbelehrung** über die Möglichkeit einer Beschwerde bei einer Aufsichtsbehörde oder einen gerichtlichen Rechtsschutz zu versehen (Art. 12 Abs. 4; → Art. 12 Rn. 36). Eine besondere **Form** der Mitteilung über die Widerspruchsentscheidung ist nicht notwendig. Sie kann schriftlich oder in anderer Form, gegebenenfalls elektronisch und auf Verlangen bei hinreichendem Identitätsnachweis auch mündlich erfolgen (Art. 12 Abs. 1 S. 2 und 3; → Art. 12 Rn. 22). Aufgrund der Erleichterungsobliegenheit gemäß Art. 12 Abs. 2 (→ Art. 12 Rn. 24) ist grundsätzlich die Form angezeigt, in welcher die betroffene Person den Widerspruch erhoben hat.[50] Die Widerspruchsentscheidung darf gemäß Art. 22 nicht auf einer automatisierten Verarbeitung beruhen (→ Art. 22 Rn. 9).

6. Rechtsfolgen. Als **Rechtsfolge** eines berechtigten Widerspruchs sieht Art. 21 Abs. 1 S. 2 39 vor, dass der Verantwortliche die personenbezogenen Daten nicht mehr verarbeitet. Ein erfolgreicher Widerspruch bewirkt danach einen materiellen **Unterlassungsanspruch** im Hinblick auf die Verarbeitung mit Wirkung für die Zukunft (ex nunc). Dies gilt, obwohl die ursprüngliche Verarbeitung im Hinblick auf den Widerspruchsführer von Anfang an „verdeckt" rechtswidrig war, da diese Rechtswidrigkeit erst mit dem Widerspruch offenkundig geworden ist und dem Verantwortlichen eine informierte umfassende Interessenabwägung unter Berücksichtigung der Sondersituation des Widerspruchsführers ermöglicht hat. Die Verarbeitung wird damit erst mit der Entscheidung über den Vorrang dieser Sondersituation vor den Interessen und Rechten des Verantwortlichen ex nunc rechtswidrig und damit unzulässig. Der Unterlassungsanspruch ist ein **unmittelbar geltender unionsrechtlicher Anspruch,** der nicht durch eine Anspruchsgrundlage im nationalen Recht ergänzt zu werden braucht.

Der Unterlassungsanspruch wird gemäß 17 Abs. 1 Buchst. c Alt. 1 ergänzt durch einen 40 ebenfalls unmittelbar geltenden **Folgenbeseitigungsanspruch** nach Verlangen der betroffenen Person in Form eines **Rechts auf Löschung** (→ Art. 17 Rn. 31) gemäß Art. 18 Abs. 1 Buchst. d, durch einen **vorläufigen Sicherungsanspruch** in Form des **Rechts auf Einschränkung,**[51] solange noch nicht feststeht, ob die berechtigten Gründe des Verantwortlichen gegenüber den besonderen Gründen der betroffenen Personen überwiegen (→ Art. 18 Rn. 2) sowie gemäß Art. 19 durch eine mit der Löschung verbundene **Folgemitteilungs- und -unterrichtungspflicht.** Das Bestehen des Widerspruchsrechts schließt im Übrigen die Geltendmachung der übrigen Schutzrechte gemäß Art. 16 ff. nicht aus. Erweist sich zB eine allgemeine Interessenabwägung gemäß Art. 6 Abs. 1 Buchst. f im Rahmen des Widerspruchsverfahrens auch ohne Berücksichtigung der Sondersituation der betroffenen Person als rechtswidrig, kann die betroffene Person das Löschungsrecht gemäß Art. 17 unabhängig vom Widerspruchsrecht geltend machen.

Die Unterlassungs- und Folgenbeseitigungspflichten erfassen ausschließlich die die betroffene 41 Person **betreffenden Daten.** Erfasst eine (automatisierte) Verarbeitung daneben auch Daten Dritter, muss diese nicht insgesamt unterbleiben. Sie darf sich lediglich nicht mehr auf die Daten des Widerspruchsführers beziehen.[52]

Die Rechtsfolgen treten nicht ein, wenn unionsrechtliche oder nationale **Beschränkungen** 42 **gemäß Art. 23** eingreifen (→ Rn. 30; → Art. 23 Rn. 1). Darüber hinaus kann das allgemeine Widerspruchsrecht gemäß Art. 21 Abs. 1 anders als unter Art. 14 DS-RL nicht allgemein durch entgegenstehendes nationales Recht ausgeschlossen werden.

Im Fall einer Nichtabhilfe des begründeten Widerspruchs ist die Verarbeitung unrichtiger 43 Daten rechtswidrig. Gegen solch einen Verstoß gegen das Widerspruchsrecht sieht Art. 82 Abs. 1 einen **unmittelbar geltenden unionsrechtlichen Schadensersatzanspruch** zugunsten jeder betroffenen Person vor, die hierdurch einen Schaden materieller oder immaterieller Art erlitten hat (→ Art. 82 Rn. 16). Haftungsansprüche nach mitgliedstaatlichem Recht bleiben von

---

[50] Piltz K&R 2016, 629.
[51] Im Fall des Profiling muss der Profiling-Prozess unterbrochen werden, vgl. Artikel-29-Datenschutzgruppe, Guidelines on Automated individual decision-making and Profiling for the purposes of Regulation 2016/679, WP 251, S. 25.
[52] EuGH Urt. v. 13.5.2014 – C-131/12, ECLI:EU:C:2014:317 Rn. 76 = ZD 2014, 350 – Google Spain und Google.

dieser Haftungsregelung unberührt (Erwägungsgrund 146 S. 4). Zudem sind die Betroffenenrechte als Schutzgesetze iSd § 823 Abs. 2 BGB zu qualifizieren, so dass bei Verletzung des Art. 21 meist auch eine zusätzliche deutsche deliktische Haftung in Frage kommt.

II. Widerspruchsrecht bei Datenverarbeitung für Direktwerbung (Abs. 2 und 3)

44 **1. Allgemeines.** Abs. 2 regelt im Anschluss an Art. 14 Buchst. b DS-RL ein **spezielles, uneingeschränktes und bedingungsloses Widerspruchsrecht** für den Fall der Verarbeitung zu Zwecken der unerwünschten **Direktwerbung.** Der Unionsgesetzgeber erkennt einerseits an, dass eine Datenverarbeitung zum Zwecke der Direktwerbung grundsätzlich eine einem berechtigten Interesse dienende Verarbeitung iSv Art. 6 Buchst. f sein kann (Erwägungsgrund 47). Andererseits hat er bereits seit längerem das Problem erkannt, dass insbesondere automatische Direktwerbung zum einen relativ leicht und preiswert durchgeführt werden kann und zum anderen eine erhebliche Belastung und/oder einen Kostenaufwand für den Empfänger bedeuten kann (Erwägungsgrund 40 ePrivacy-RL). Daher hat er in Art. 13 Abs. 1 ePrivacy-RL 2002/58/ EG (Datenschutzrichtlinie für elektronische Kommunikation)[53] bei Verwendung automatischer Anrufmaschinen, Faxgeräte oder elektronischer Post, einschließlich SMS, eine grundsätzliche Einwilligungspflicht statuiert. Dieser Sach- und Interessenlage entsprechend statuiert Abs. 2 für Fälle sämtlicher **Verarbeitungen personenbezogener Daten** iSv Art. 4 Nr. 1 und 2 (→ Art. 4 Rn. 5), einschließlich des **Profiling**[54] iSv Art. 4 Nr. 4 (→ Art. 4 Rn. 21) zu Zwecken der Direktwerbung entgegen dem allgemeinen Widerspruchsrecht gemäß Abs. 1 ein Widerspruchsrecht, das nicht an besondere tatsächliche Voraussetzungen oder eine Interessenabwägung gebunden ist. Dem **Interesse der betroffenen Person** wird damit infolge eines Widerspruchs gegenüber dem Verarbeitungsinteresse zu Direktwerbezwecken **unbedingter Vorrang** eingeräumt.

45 **2. Anwendungsbereich – Direktwerbung.** Der **Begriff der Direktwerbung** ist in der DS-GVO nicht definiert. Ebenso wenig war er es in der DS-RL noch in der ePrivacy-RL. Er ist daher als autonomer unionsrechtlicher Begriff aus anderen Unionsrechtsakten und im Übrigen durch insbesondere funktionale Auslegung des Abs. 2 herzuleiten.

46 **Werbung** ist gemäß der Definition in **Art. 2 Buchst. a Werbe-RL** „*jede Äußerung bei der Ausübung eines Handels, Gewerbes, Handwerks oder freien Berufs mit dem Ziel, den Absatz von Waren oder die Erbringung von Dienstleistungen, einschließlich unbeweglicher Sachen, Rechte und Verpflichtungen, zu fördern*". Nach Auslegung des EuGH erfasst diese **besonders weite Definition** sehr unterschiedliche Formen von Werbung, die in keiner Weise auf die Formen klassischer Werbung beschränkt sind,[55] so zB auch die Nutzung eines Domainnamens sowie die Nutzung von Metatags in den Metadaten einer Website.[56] Erforderlich ist ebenfalls nicht, dass die Werbung zum Abschluss eines Vertrags führt.[57] Damit ist außer der unmittelbar produktbezogenen Werbung auch die mittelbare Absatzförderung – zB in Form der Imagewerbung oder des Sponsoring – erfasst.[58] Hierzu kann zB auch eine Empfehlungs-E-Mail, mit der auf eine Internetplattform eines Unternehmens hingewiesen wird, gehören.[59] Aufgrund des weiten Schutzzwecks ist Abs. 2 auch auf die Verarbeitung mit Ziel der **Nachfragewerbung** gegenüber betroffenen Personen zu erstrecken, zB auch auf Verarbeitungen zu Zwecken eines E-Mail-Rundschreibens eines Gewerbetreibenden an Privatpersonen, um sie zum Verkauf von Grundstücken oder PKWs zu veranlassen.[60] Dies steht einem am Ziel der Absatzförderung orientierten Verständnis des Begriffs

---

[53] ABl. 2002 L 201, 37, zuletzt geänd. durch RL 2009/136/EG, ABl. 2009 L 337, 11.
[54] Vgl. Artikel-29-Datenschutzgruppe, Guidelines on Automated individual decision-making and Profiling for the purposes of Regulation 2016/679, WP 251, S. 25.
[55] EuGH Urt. v. 11.7.2013 – C-657/11, ECLI:EU:C:2013:516 Rn. 35 – Belgian Electronic Sorting Technology; EuGH Urt. v. 25.10.2001 – C-112/99, ECLI:EU:C:2001:566 Rn. 28 – Toshiba Europe.
[56] EuGH Urt. v. 11.7.2013 – C-657/11, ECLI:EU:C:2013:516 Rn. 45 ff., 55 ff. – Belgian Electronic Sorting Technology.
[57] EuGH Urt. v. 11.7.2013 – C-657/11, ECLI:EU:C:2013:516 Rn. 38 – Belgian Electronic Sorting Technology.
[58] Vgl. zuletzt BGH Urt. v. 12.9.2013 – I ZR 208/12, VersR 2014, 1462 Rn. 17 mwN – Empfehlungs-E-Mail.
[59] BGH Urt. v. 13.1.2016 – I ZR 65/14, ECLI:DE:BGH:2016:140116UIZR65.14.0 Rn. 29 ff. – Freunde finden.
[60] Vgl. Köhler/Bornkamm/*Köhler* UWG § 7 Rn. 150.

der Werbung gemäß Art. 2 Buchst. a Werbe-RL nicht entgegen.[61] Abs. 2 erfasst schließlich neben der Werbung für wirtschaftliche Zwecke auch Werbung für **politische, soziale oder religiöse Zwecke.**[62]

Direktwerbung liegt vor, wenn der Werbende einen unmittelbaren Kontakt zu einem 47 bestimmten Adressaten herstellt, sei es durch persönliche Ansprache, Briefsendungen oder durch Einsatz von Telekommunikationsmitteln wie Telefon, Telefax oder E-Mail.[63] Nach Auffassung des EuGH sollen sogar Werbenachrichten, die in der Inbox des Nutzers eines E-Mail-Systems angezeigt werden, als Verwendung elektronischer Post für Zwecke der Direktwerbung im Sinne von Art. 13 Abs. 1 ePrivacy-RL anzusehen sein.[64] Unerheblich ist, ob die Direktwerbung selbständig oder zusammen mit anderen Inhalten kommuniziert wird. Eine Direktwerbung liegt danach zB auch in Produkthinweisen in automatisch generierten Bestätigungs-E-Mails vor.[65]

Unerheblich ist, zu wessen Gunsten die Werbung erfolgt. Erfasst ist also nicht nur die 48 Direktwerbung für eigene Produkte bzw. Dienstleistungen des Verantwortlichen selbst, sondern auch Direktwerbung **zugunsten Dritter.**[66]

Die Direktwerbung muss **Zweck der Verarbeitung** sein. Maßgeblich hierfür ist eine kom- 49 biniert subjektive-objektive Betrachtungsweise. Ergibt sich aus Dokumenten oder Äußerungen des Verantwortlichen, dass eine Verarbeitung subjektiv Direktwerbezwecken dient, ist dies ausreichend. Fehlt es hieran, ist der Verarbeitungszweck objektiv zu bestimmen. Keine Rolle spielt, ob die Werbung bereits begonnen hat oder sich noch im **Planungsstadium** befindet.[67]

Widerspruchsgegenstand können auch nach Abs. 2 nur die die betroffene Person **betreffen-** 50 **den personenbezogenen Daten** sein. Hierfür gelten die gleichen Grundsätze wie gemäß Abs. 1 (→ Rn. 16).

3. Widerspruchsmodalitäten. Der erforderliche **Widerspruchsantrag** (Art. 12 Abs. 2 ff.) 51 bedarf lediglich einer hinreichend klaren Erklärung, mit der Verarbeitung zu Zwecken der Direktwerbung nicht einverstanden zu sein. Anders als beim allgemeinen Widerspruch gemäß Abs. 1 ist **keine Begründung** erforderlich, da der Widerspruch bedingungslos besteht und insbesondere keine Interessenabwägung erfolgen muss.[68] Art. 21 Abs. 2 muss nicht genannt werden. Basiert die Verarbeitung auf einer Einwilligung gemäß Art. 6 Abs. 1 Buchst. a, so ist ein Widerspruch als Widerruf der Einwilligung gemäß Art. 7 Abs. 3 auszulegen.

Der Widerspruch muss **jederzeit** (Abs. 2 Hs. 1) und grundsätzlich **unentgeltlich** (Erwä- 52 gungsgrund 70; zu Kosten bei offenkundig unbegründeten oder exzessiven Widersprüchen gemäß Art. 12 Abs. 5 → Rn. 37) möglich sein. Eine Frist besteht für seine Einlegung nicht. Auch eine bestimmte **Form** des Widerspruchs ist wie in Abs. 1 nicht erforderlich (→ Rn. 38).

Anders als Abs. 1 nennt Abs. 3 nicht den Verantwortlichen als Verpflichteten zur Umsetzung 53 des Widerspruchs. Hieraus könnte man schließen, dass auch der **Adressatenkreis** im Rahmen des Widerspruchsrechts im Fall der Direktwerbung weiter ist. Praktisch hat dies jedoch kaum Relevanz, weil auch Dritte, an welche der Verantwortliche Daten der betroffenen Person übermittelt, mit der Erfassung und Verwendung selbst eine Verarbeitung vornehmen (zu Auftragsverarbeitern → Rn. 32). Eine an den relevanten Verarbeitungen nicht beteiligte Dritte gerichtete Erklärung ist jedoch nicht ausreichend. So stellt ein Eintrag in eine sog. **Robinsonliste,** eine von Verbraucherschutzverbänden oder der Werbewirtschaft unterhaltene Schutzliste mit Kontaktdaten von Personen, die keine unaufgeforderte Werbung erhalten wollen, keinen Widerspruch iSv Abs. 2 dar.[69]

4. Widerspruchsentscheidung und Mitteilung. Die Anforderungen an **Frist, Form** und 54 **Inhalt** der Widerspruchsentscheidung und Mitteilung hierüber an die betroffene Person gemäß

---

[61] Vgl. analog zur dt. Umsetzung der RL 2002/58/EG BGH Urt. v. 17.7.2008 – I ZR 75/06, NJW 2008, 2997 Rn. 9 ff. – Faxanfrage im Autohandel.
[62] Vgl. NK-BDSG/*Simitis* § 28 Rn. 249.
[63] Vgl. BGH Urt. v. 15.12.2015 – VI ZR 134/15, ECLI:DE:BGH:2015:151215UVIZR134.15.0 Rn. 16 – No-Reply.
[64] EuGH Urt. v. 25.11.2021 – C-102/20, ECLI:EU:C:2021:954 = GRUR 2022, 87 Rn. 44 – StWL Städtische Werke Lauf a. d. Pegnitz.
[65] Vgl. BGH Urt. v. 15.12.2015 – VI ZR 134/15, ECLI:DE:BGH:2015:151215UVIZR134.15.0 Rn. 16 ff. – No-Reply.
[66] Vgl. NK-BDSG/*Simitis* § 28 Rn. 250.
[67] Vgl. NK-BDSG/*Simitis* § 28 Rn. 250.
[68] Vgl. NK-BDSG/*Simitis* § 28 Rn. 258.
[69] Gola/Heckmann/*Schulz* DS-GVO Art. 21 Rn. 31.

Abs. 2 entsprechen denen nach Abs. 1 (→ Rn. 31 ff.; zur **Unverzüglichkeit** der Umsetzung → Rn. 38).

55 **5. Rechtsfolgen.** Gemäß Abs. 3 werden die die betroffene Person betreffenden Daten mit dem Widerspruch nicht mehr für Zwecke der Direktwerbung verarbeitet. Abs. 3 gewährt damit einen unmittelbaren (→ Art. 12 Rn. 1), **auf den Werbezweck beschränkten Unterlassungsanspruch.** Die Daten unterliegen einem mit Wirkung für die Zukunft geltenden Verarbeitungsverbot für Zwecke der Direktwerbung. Da das Widerspruchsrecht bei Direktwerbung gemäß Abs. 2 und 3 anders als das allgemeine Widerspruchsrecht zwingend ist, dh keine Abwägungsprüfung des Verantwortlichen voraussetzt, dürfte die Pflicht zur **unverzüglichen Umsetzung** des Widerspruchs gemäß Art. 12 Abs. 3 strenger auszulegen sein als diejenige im Rahmen des allgemeinen Widerspruchsrechts. Der Verantwortliche hat nach Zugang des Widerspruchs ohne schuldhaftes Zögern sämtliche notwendigen Maßnahmen zu treffen, um eine Verarbeitung der betroffenen Daten zum Zwecke der Direktwerbung zu verhindern.

Eine weitere Rechtsfolge ergibt sich aus dem **Löschungsrecht gemäß Art. 17 Abs. 1 Buchst. c.** Sobald die betroffene Person nach Art. 21 Abs. 2 Widerspruch gegen die Verarbeitung eingelegt hat, sind die Daten auf Verlangen der betroffenen Person zu löschen.[70] Verlangt eine betroffene Person die Löschung der Daten, ist sie darauf hinzuweisen, dass auf Grund der Löschung nicht sichergestellt werden kann, dass der Werbewiderspruch in Zukunft berücksichtigt wird, wenn Daten Dritter zur Werbung eingesetzt werden. Daher ist es in der Praxis üblich, dass zB E-Mail-Adressdaten nach erfolgtem Widerspruch in eine sog. „Sperrdatei" aufgenommen werden. Nur so kann sichergestellt werden, dass auch bei dem Einsatz von Daten Dritter zu Werbezwecken keine betroffenen Personen angesprochen werden, die der Werbung durch den Verantwortlichen widersprochen haben. Der Abgleichprozess der Sperrdatei bei Werbemaßnahmen ist zur Wahrung der berechtigen Interessen des Verantwortlichen nach Art. 6 Abs. 1 Buchst. f zulässig.[71] Darüber ist die betroffene Person zu informieren. Unklar ist, ob ein Löschungsrecht auch besteht, wenn eine **Verarbeitung auch zu anderen legitimen Zwecken** erfolgt. In diesem Fall würde die Löschung die weitergehende zulässige Verarbeitung unmöglich machen. Der insoweit bestehende Wertungswiderspruch zwischen Art. 17 Abs. 1 Buchst. c (Löschungspflicht) und Art. 21 Abs. 3 (Untersagung der Verarbeitung für Zwecke der Direktwerbung) ist aus Verhältnismäßigkeitserwägungen dahingehend aufzulösen, dass eine Löschung insoweit nicht zwingend ist. Der Verantwortliche kann vielmehr die Daten zu den weitergehenden Zwecken – soweit diese zulässig sind – weiterverarbeiten (→ Art. 17 Rn. 26).[72] Da das Widerspruchsrecht gemäß Art. 21 Abs. 2 keine Interessenabwägung vorsieht, ist in Art. 18 Abs. 1 Buchst. d für diesen Fall **kein vorläufiger Sicherungsanspruch** in Form des **Rechts auf Einschränkung** erforderlich erachtet worden.

III. Unterrichtungspflicht (Abs. 4)

56 Gemäß Abs. 4 muss die betroffene Person spätestens zum Zeitpunkt der ersten Kommunikation mit ihr einen **ausdrücklichen Hinweis** auf das Widerspruchsrecht gemäß Abs. 1 und 2 erhalten. Die Formulierung macht deutlich, dass ein mittelbarer oder „konkludenter" Hinweis auf das Widerspruchsrecht nach Art. 21 Abs. 1 und Abs. 2 nicht genügt.[73] Abs. 4 nennt nicht das Widerspruchsrecht für Forschungs- und Statistikzwecke gemäß Abs. 6. Diese Privilegierung, die sich auch in Art. 14 Abs. 5 Buchst. b widerspiegelt, trägt dem Umstand Rechnung, dass bei Verarbeitungen zu Forschungs- und Statistikzwecken häufig Daten einer Vielzahl betroffener Personen verarbeitet werden, so dass Hinweise auf das Widerspruchsrecht an all diese Personen regelmäßig unmöglich sind bzw. einen unverhältnismäßigen Aufwand erfordern. Daher gilt die Hinweispflicht für diese Verarbeitungen nicht. Bei Verarbeitungen bei der betroffenen Person gilt jedoch eine Hinweispflicht gemäß Art. 13 Abs. 2 Buchst. b.[74]

---

[70] HK-DS-GVO/*Helfrich* Art. 21 Rn. 86; Gantschacher/Jelinek/Schmidl/Spanberger/*Suda* S. 233; Kühling/Buchner/*Herbst* DS-GVO Art. 21 Rn. 33; aA Paal/Pauly/*Martini* DS-GVO Art. 21 Rn. 53.
[71] Gola/Heckmann/*Schulz* DS-GVO Art. 21 Rn. 21; ebenso Auernhammer/*Kramer* DS-GVO Art. 21 Rn. 21, 30.
[72] Für eine Löschung aufgrund des klaren Wortlauts von Art. 17 Abs. 1 Buchst. c Kühling/Buchner/*Herbst* DS-GVO Art. 17 Rn. 27 und Art. 21 Rn. 33.
[73] HK-DS-GVO/*Helfrich* Art. 21 Rn. 112.
[74] Vgl. Kühling/Buchner/*Herbst* DS-GVO Art. 21 Rn. 40.

Abs. 4 nennt keinen **Pflichtigen** der Hinweispflicht. Da der Werbende bei Durchführung der Direktwerbung Daten der betroffenen Person verwendet, damit selbst Verantwortlicher ist und gleichzeitig möglicherweise der Einzige ist, der den Werbezweck der Verarbeitung kennt, trifft die Hinweispflicht vor der ersten Kommunikation in jedem Fall ihn. 57

Der Hinweis muss spätestens zum **Zeitpunkt** der ersten Kommunikation, dh nicht in jedem Fall schon vor dem Beginn der Verarbeitung erfolgen.[75] Allerdings verlangt Art. 13 Abs. 2 Buchst. b im Fall der Erhebung von Daten bei der betroffenen Person, die betroffene Person schon zum Zeitpunkt der Erhebung über ihr Widerspruchsrecht zu informieren. Damit ist eine spätere Information faktisch auf den Fall der Datenerhebung nicht bei der betroffenen Person gemäß Art. 14 beschränkt. 58

Inhalt der Unterrichtung muss das Bestehen des Widerspruchsrechts gemäß Abs. 1 und 2 sein. Hierzu gehört auch die Information über die Person des informierenden (regelmäßig des werbenden) Verantwortlichen. Die Informationen müssen ausreichend sein, um der betroffenen Person ohne Schwierigkeiten eine Ausübung des Widerspruchsrechts zu ermöglichen. 59

Die Unterrichtung muss in präziser, transparenter, verständlicher und leicht zugänglicher **Form** in klarer und einfacher Sprache erfolgen (Art. 12 Abs. 1; → Art. 12 Rn. 12). So darf die Unterrichtung nicht in der Werbeansprache versteckt sein. Hinreichend transparent wäre zB eine Unterrichtung im Impressum eines Prospekts, der Antworthülle eines Rücksendekuverts etc.[76] Daneben muss der Hinweis **getrennt von anderen Informationen,** insbesondere solchen, zu denen der Verantwortliche gemäß Art. 13 und 14 verpflichtet ist, (dh nicht versteckt in diesen Informationen) gegeben werden (Abs. 4 Hs. 2). Eine ausdrückliche, getrennte Information innerhalb der Datenschutzerklärung scheint dagegen möglich.[77] 60

IV. Ausübung des Widerspruchsrechts im Fall der Nutzung von Diensten der Informationsgesellschaft (Abs. 5)

Abs. 5, der für sämtliche Widerspruchsrechte des Art. 21 gilt,[78] bestimmt, dass die betroffene Person ihr Widerspruchsrecht im Zusammenhang mit der Nutzung von Diensten der Informationsgesellschaft ungeachtet der ePrivacy-RL mittels automatisierter Verfahren ausüben kann, bei denen technische Spezifikationen verwendet werden. Zweck der Vorschrift ist, der betroffenen Person durch ein solches Verfahren des „Datenschutzes durch Technik" das Widerspruchsrecht zu erleichtern.[79] „Dienst der Informationsgesellschaft" entspricht der Definition in RL 2015/1535 (Art. 4 Nr. 25).[80] Er erfasst insbesondere Internetangebote wie soziale Netzwerke, Webshops oder Online-Spiele. Eine nähere Konkretisierung zur Verwendung technischer Spezifikationen enthält Abs. 5 nicht. Der ursprüngliche Vorschlag des Europäischen Parlaments zu dieser Sonderregelung[81] sprach von einem „technischen Standard, welcher der betroffenen Person ermöglicht, ihre Wünsche eindeutig auszudrücken".[82] Danach ist mit dem Verweis auf die technischen Spezifikationen wohl gemeint, dass das verwendete automatisierte Verfahren gewährleisten muss, dass die betroffene Person den Widerspruch willentlich und eindeutig erklärt hat,[83] zB durch Drücken von **„Nicht-Verfolgen"-Funktionen**[84] im Telefon, durch Änderung von Browser-Einstellungen oder Konfigurationen in der App. 61

---

[75] *Piltz* K&R 2016, 629 (635).
[76] So Gola/Heckmann/*Schulz* DS-GVO Art. 21 Rn. 26.
[77] So auch Gola/Heckmann/*Schulz* DS-GVO Art. 21 Rn. 26.
[78] Paal/Pauly/*Martini* DS-GVO Art. 21 Rn. 75.
[79] Kühling/Buchner/*Herbst* DS-GVO Art. 21 Rn. 43.
[80] Richtlinie (EU) 2015/1535 des Europäischen Parlaments und des Rates vom 9.9.2015 über ein Informationsverfahren auf dem Gebiet der technischen Vorschriften und der Vorschriften für die Dienste der Informationsgesellschaft, ABl. 2015 L 241, 1.
[81] Vgl. Art. 19 Abs. 2 lit. b gem. der Position des Europäischen Parlaments in 1. Lesung v. 12.3.2014, EP-PE_TC1-COD(2012)0011.
[82] In der engl. Fassung „a technical standard which allows the data subject to clearly express his or her wishes".
[83] *Laue/Nink/Kremer* DatenschutzR § 4 Rn. 73.
[84] Vgl. Begr. des Rates zum Standpunkt (EU) 6/2016, ABl. 2016 C 159, 83 (90); *Albrecht* CR 2016, 88 (93).

V. Widerspruchsrecht bei Datenverarbeitung zu wissenschaftlichen oder historischen Forschungs- oder statistischen Zwecken (Abs. 6)

62 **1. Zulässigkeitsvoraussetzungen. a) Anwendungsbereich – Forschungs- oder statistische Zwecke.** Abs. 6 regelt ein besonderes, in Art. 14 DS-RL noch nicht spezifisch geregeltes Widerspruchsrecht für Verarbeitungen (Art. 4 Nr. 2; → Art. 4 Rn. 19), die zu (privaten oder öffentlichen) wissenschaftlichen oder historischen Forschungszwecken oder zu statistischen Zwecken gemäß Art. 89 Abs. 1 erfolgen. Der **Anwendungsbereich** entspricht dem des Art. 89 Abs. 1 (→ Art. 89 Rn. 15), mit Ausnahme der Verarbeitung für im öffentlichen Interesse liegende Archivzwecke, die in Abs. 6 nicht erfasst ist.

63 b) **Widerspruchsgegenstand.** Für den möglichen Widerspruchsgegenstand, dh die die betroffene Person **betreffenden personenbezogene Daten,** gelten die Grundsätze gemäß Abs. 1 (→ Rn. 16). Relevant ist im Forschungsbereich insbesondere ein möglicher indirekter Personenbezug, insbesondere bei **genetischen Daten von Familienangehörigen** (→ Rn. 17).

64 c) **Widerspruchsinteresse.** Wie beim allgemeinen Widerspruchsrecht gemäß Abs. 1 muss die betroffene Person gemäß Abs. 6 **Gründe** gegen die Fortsetzung der Verarbeitung darlegen, **die sich aus ihrer besonderen Situation ergeben.** Zur Definition der persönlichen Sondersituation und zur Darlegungslast gelten die gleichen Grundsätze wie gemäß Abs. 1 (→ Rn. 21).

65 **2. Begründetheit des Widerspruchs.** Ein Widerspruch ist gemäß Abs. 6 begründet, wenn nicht die Verarbeitung zur Erfüllung einer im öffentlichen Interesse liegenden Aufgabe erforderlich ist. Der Wortlaut dieser Regelung unterscheidet sich von dem der Interessenabwägung gemäß Abs. 1 in zweifacher Hinsicht. Einerseits enthält er eine strengere Voraussetzung: die Verarbeitung muss einer **Aufgabe im öffentlichen Interesse** dienen. Private Interessen des Verarbeiters (selbst möglicherweise vorrangige), die gemäß Abs. 1 eine Verarbeitung rechtfertigen könnten, können im Rahmen von Abs. 6 nicht geltend gemacht werden. Andererseits verlangt Abs. 6 lediglich, dass die Verarbeitung zur Erfüllung des öffentlichen Interesses **erforderlich** ist, dh das öffentliche Interesse ohne die Verarbeitung mit anderen Mitteln nicht in gleicher Weise gewahrt werden kann. Eine Vorrangigkeit des öffentlichen Interesses vor dem der persönlichen Sondersituation entspringenden Betroffeneninteresse scheint dem Wortlaut nach nicht erforderlich zu sein. Allerdings ist bei Auslegung des Abs. 6 im Lichte des Grundsatzes der Verhältnismäßigkeit gemäß Art. 52 Abs. 2 S. 2 GRCh davon auszugehen, dass, selbst wenn eine Verarbeitung im öffentlichen Interesse erforderlich sein sollte, ein Widerspruch im Ausnahmefall dennoch begründet sein kann, wenn sich im Rahmen einer abschließenden **Interessenabwägung** ein überragendes, und damit vorrangiges Betroffeneninteresse zeigt.

66 Die **Beweislast** für das Erfordernis der Verarbeitung zur Erfüllung einer Aufgabe im öffentlichen Interesse liegt **beim Verantwortlichen** (→ Rn. 26). Dabei genügt die Glaubhaftmachung.[85] Der Forschungs- bzw. Statistikzweck setzt sich gegenüber dem Persönlichkeitsinteresse nur durch, wenn die Verarbeitung erforderlich ist, somit nicht auf andere Weise erfüllt werden kann, wie durch die Anonymisierung der Daten.[86] Es müssen über die Abwägung nach Art. 6 Abs. 1 Buchst. e und Art. 89 Abs. 1 hinausgehende Gründe vorliegen.

67 Das Widerspruchsrecht gemäß Abs. 6 kann daneben **gemäß Art. 89 Abs. 2 durch unions- oder mitgliedstaatliche Konkretisierungsregelungen eingeschränkt** werden, soweit das Widerspruchsrecht die Verwirklichung der Forschungs- bzw. Statistikzwecke unmöglich macht oder ernsthaft beeinträchtigen würden und die Ausnahme zur Zweckerfüllung erforderlich ist. Für eine solche Ausnahme gemäß Art. 89 Abs. 2 ist nicht zwingend erforderlich, dass der Forschungs- oder Statistikzweck im öffentlichen Interesse liegt. Auch Verarbeitungen zu privaten Forschungszwecken können danach trotz Widerspruch möglich bleiben (→ Art. 89 Rn. 34).

68 **3. Sonstiges.** Die **Widerspruchsmodalitäten** entsprechen denen des allgemeinen Widerspruchsrechts gemäß Abs. 1 (→ Rn. 31 ff.), ebenso die Anforderungen an **Frist, Form** und **Inhalt** der Widerspruchsentscheidung und Mitteilung hierüber an die betroffene Person (→ Rn. 38) sowie die **Rechtsfolgen** – Ex-nunc-Recht auf Unterlassung und Folgenbeseitigung (Löschung) sowie Einschränkung während des Widerspruchsverfahrens (→ Rn. 39 ff.). Anstatt des Löschungsanspruchs gemäß Art. 17 Abs. 1 Buchst. c kann hier jedoch allenfalls ein Anspruch

---

[85] Gantschacher/Jelinek/Schmidl/Spanberger/*Suda* S. 234.
[86] So Paal/Pauly/*Martini* DS-GVO Art. 21 Rn. 60; zust. HK-DS-GVO/*Helfrich* Art. 21 Rn. 92.

gemäß Art. 17 Abs. 1 Buchst. d eingreifen, soweit die Weiterverarbeitung nach einem begründeten Widerspruch ex tunc unrechtmäßig geworden ist.[87] Im Fall einer Ablehnung des Widerspruchs aufgrund des Bestehens eines öffentlichen Interesses hat der Verantwortliche unverändert die Garantien gemäß Art. 89 Abs. 1 einzuhalten.

C. Rechtsschutz

Lehnt der Verantwortliche einen Widerspruch nach Art. 21 Abs. 1, 2 und 3 sowie 5 ab, stehen der betroffenen Person sämtliche durch die Verordnung vorgesehenen Rechtsbehelfe zu. Primärrechtsschutz besteht aufgrund des Rechts auf **Beschwerde bei der zuständigen Aufsichtsbehörde** (Art. 77) und eines Rechtsbehelfs gegen einen (nicht Abhilfe leistenden) Beschluss der Aufsichtsbehörde (Art. 78). Nach Art. 58 Abs. 2 Buchst. g verfügt jede Aufsichtsbehörde über sämtliche Abhilfebefugnisse, die es ihr gestatten, die Löschung von personenbezogenen Daten – auch infolge eines Widerspruchs – anzuordnen. Daneben hat die betroffene Person das Recht auf einen **wirksamen gerichtlichen Rechtsbehelf** unmittelbar gegen den Verantwortlichen (Art. 79). Das Gerichtsverfahren richtet sich nach dem Verfahrensrecht des jeweiligen Mitgliedstaates (Erwägungsgrund 143). Ist Verantwortlicher eine Behörde und lehnt einen Widerspruch ab, ist die Ablehnung ein Verwaltungsakt, der mit den einschlägigen verwaltungsrechtlichen Rechtsbehelfen Widerspruch und **Anfechtungsklage** (wenn lediglich die Widerspruchsentscheidung angegriffen werden soll) bzw. **Verpflichtungsklage** (wenn gleichzeitig auch eine Löschung gemäß Art. 17 Abs. 1 Buchst. c erreicht werden soll) gemäß §§ 42, 68 ff. VwGO angegriffen werden kann. Gegen einen privaten Verantwortlichen kann **Unterlassungsklage** (auf Unterlassen weiterer Verarbeitung) und **Leistungsklage** (auf Löschung) erhoben werden (→ Art. 17 Rn. 68). Sekundärrechtsschutz besteht aufgrund des **Rechts auf Schadensersatz** (Art. 82), das durch eine Staats- bzw. Amtshaftungsklage oder eine zivilrechtliche Schadensersatzklage ausgeübt werden kann. Neben den betroffenen Personen sind über das Verbandsklagerecht gemäß Art. 80 auch von der betroffenen Person ermächtigte Verbände zur Geltendmachung von Schadensersatzansprüchen wegen Verletzung des Widerspruchsrechts befugt. Schließlich kann der Verstoß gegen das Widerspruchsrecht mit einer **Geldbuße** geahndet werden (Art. 83).

D. Nationale Durchführung

I. Allgemeines

Das Widerspruchsrecht gemäß Art. 21 ersetzt wie auch die übrigen Betroffenenrechte der DS-GVO die **Betroffenenrechte nach nationalem Recht**. Grundsätzlich ist es im Rahmen seines Anwendungsbereichs wie die übrigen Betroffenenrechte auch gegenüber sonstigen allgemeinen (zivilrechtlichen oder öffentlich-rechtlichen) Ansprüchen oder gegenüber anderen **spezialgesetzlichen Ansprüchen datenschutzrechtlichen Ursprungs nach nationalem Recht** vorrangig und abschließend. Führen nationale Regelungen zum Widerspruchsrecht andere Unionsregelungen durch, ist deren Anwendung neben dem Recht nach Art. 21 nicht per se ausgeschlossen. Sie dürfen jedoch den harmonisierten Schutzstandard, den Vorrang und die Wirksamkeit des Art. 21 als Ausfluss der Datenschutzgrundrechte nicht beeinträchtigen.[88]

II. Deutschland

§ 27 Abs. 2 BDSG beschränkt die Rechte aus Art. 21 insoweit, als diese Rechte voraussichtlich die Verwirklichung der Forschungs- oder Statistikzwecke unmöglich machen oder ernsthaft beeinträchtigen und die Beschränkung für die Erfüllung der Forschungs- oder Statistikzwecke notwendig ist. § 28 Abs. 4 BDSG sieht vor, dass die in Art. 21 vorgesehenen Rechte nicht bestehen, soweit diese Rechte voraussichtlich die Verwirklichung des im öffentlichen Interesse liegenden Archivzweckes unmöglich machen oder ernsthaft beeinträchtigen und die Ausnahmen

---

[87] Kühling/Buchner/*Herbst* DS-GVO Art. 21 Rn. 55.
[88] Vgl. analog zum unionsrechtlichen Grundrechtsschutz im Verhältnis zum nationalen Grundrechtsschutz generell EuGH Urt. v. 26.2.2013 – C-399/11, ECLI:EU:C:2013:107 Rn. 60 – Melloni/Ministerio Fiscal; EuGH Urt. v. 26.2.2013 – C-617/10, ECLI:EU:C:2013:105 Rn. 29 – Åklagare/Åkerberg Fransson.

für die Erfüllung dieser Zwecke erforderlich sind.[89] **§ 36 BDSG** sieht vor, dass das Widerspruchsrecht gemäß Art. 21 gegenüber einer öffentlichen Stelle nicht besteht, soweit an der Verarbeitung ein zwingendes öffentliches Interesse besteht, das die Interessen der betroffenen Person überwiegt, oder eine Rechtsvorschrift zur Verarbeitung verpflichtet.

III. Österreich

72 Das DSG 2018 regelt in § 9, dass die Regelungen in Kapitel III der DS-GVO auf die Verarbeitung, die zu journalistischen Zwecken oder zu wissenschaftlichen, künstlerischen oder literarischen Zwecken erfolgt, keine Anwendung finden, soweit dies erforderlich ist, um das Recht auf Schutz der personenbezogenen Daten mit der Freiheit der Meinungsäußerung in Einklang zu bringen, insbesondere im Hinblick auf die Verarbeitung von personenbezogenen Daten durch Medienunternehmen, Mediendienste oder ihre Mitarbeiter unmittelbar für ihre publizistische Tätigkeit im Sinne des österreichischen Mediengesetzes.[90]

Art. 22 Automatisierte Entscheidungen im Einzelfall einschließlich Profiling

(1) Die betroffene Person hat das Recht, nicht einer ausschließlich auf einer automatisierten Verarbeitung – einschließlich Profiling – beruhenden Entscheidung unterworfen zu werden, die ihr gegenüber rechtliche Wirkung entfaltet oder sie in ähnlicher Weise erheblich beeinträchtigt.

(2) Absatz 1 gilt nicht, wenn die Entscheidung
a) für den Abschluss oder die Erfüllung eines Vertrags zwischen der betroffenen Person und dem Verantwortlichen erforderlich ist,
b) aufgrund von Rechtsvorschriften der Union oder der Mitgliedstaaten, denen der Verantwortliche unterliegt, zulässig ist und diese Rechtsvorschriften angemessene Maßnahmen zur Wahrung der Rechte und Freiheiten sowie der berechtigten Interessen der betroffenen Person enthalten oder
c) mit ausdrücklicher Einwilligung der betroffenen Person erfolgt.

(3) In den in Absatz 2 Buchstaben a und c genannten Fällen trifft der Verantwortliche angemessene Maßnahmen, um die Rechte und Freiheiten sowie die berechtigten Interessen der betroffenen Person zu wahren, wozu mindestens das Recht auf Erwirkung des Eingreifens einer Person seitens des Verantwortlichen, auf Darlegung des eigenen Standpunkts und auf Anfechtung der Entscheidung gehört.

(4) Entscheidungen nach Absatz 2 dürfen nicht auf besonderen Kategorien personenbezogener Daten nach Artikel 9 Absatz 1 beruhen, sofern nicht Artikel 9 Absatz 2 Buchstabe a oder g gilt und angemessene Maßnahmen zum Schutz der Rechte und Freiheiten sowie der berechtigten Interessen der betroffenen Person getroffen wurden.

Literatur: *Abel*, Automatisierte Entscheidungen im Einzelfall gem. Art. 22 DS-GVO, ZD 2018, 304; *Artikel-29-Datenschutzgruppe*, Advice paper on essential elements of a definition and a provision on profiling within the EU General Data Protection Regulation, May 2013; *Artikel-29-Datenschutzgruppe*, Leitlinien zu automatisierten Entscheidungen im Einzelfall einschließlich Profiling für die Zwecke der Verordnung 2016/679 (WP251rev.01, 6. Februar 2018); *Binns/Veale*, Is that Your Final Decision? Multi-Stage Profiling, Selective Effects, and Article 22 of the GDPR, International Data Privacy Law, Volume 11, Issue 4, November 2021, 319; *Dammann*, Erfolge und Defizite der EU-Datenschutzgrundverordnung – Erwarteter Fortschritt, Schwächen und überraschende Innovationen, ZD 2016, 307; *Dammann/Simitis*, EG-Datenschutzrichtlinie, Kommentar 1997; *Djeffal*, The Normative Potential of the European Rule on Automated Decisions: A New Reading for Art. 22 GDPR, ZaöRV 2020, 847; *Djeffal*, Art. 22 DSGVO als sozio-technische Gestaltungsnorm, DuD 2021, 529; *Dzida*, Neue datenschutzrechtliche Herausforderungen für das Personalmanagement, BB 2019, 3060; *Edwards/Veale*, Clarity, surprises, and further questions in the Article 29 Working Party draft guidance on automated decision-making and profiling (2018), 34 (2) Computer Law & Security Review, 398; *Guckelberger*, Öffentliche Verwaltung im Zeitalter der Digitalisierung, 2019; *Hawrit*, Regulating Automated Decision-Making: An Analysis of Control over Processing and Additional Safeguards in Article 22 of the GDPR, European Data Protection Law Review, Volume 7 (2021), S. 161; *Hintze*, Automated Individual Decisions to Disclose Personal Data: Why GDPR Article 22 Should Not Apply (June 18, 2020), abrufbar unter SSRN https://ssrn.com/abstract=3630026; *Krämer*, Die Rechtmäßigkeit der Nut-

---

[89] Dazu im Detail *Johannes/Richter* DuD 2017, 300 (303).
[90] Öst. BGBl. Nr. 314/1981.

zung von Scorewerten, NJW 2020, 497; *Kuner/Bygrave/Docksey*, The EU General Data Protection Regulation (GDPR) – A Commentary, 2020; *Linderkamp*, Der digitale Preis – eine automatisierte Einzelfallentscheidung?, ZD 2020, 506; *Malgieri/Comande*, Why a Right to Legibility of Automated Decision-Making Exists in the General Data Protection Regulation. International Data Privacy Law, Vol. 7, Issue 4, November 2017 243; *Paal/Pauly*, Datenschutz-Grundverordnung, 1. Aufl. 2017; *Roig*, Safeguards for the right not to be subject to a decision based solely on automated processing (Article 22 GDPR), European Journal of Law and Technology (EJLT) Vol. 8, No 3, 2017, 1; *Rücker/Kugler*, New European General Data Protection Regulation, First edition 2018; *Ruschemeier*, Algorithmenbasierte Allokation im Gesundheitswesen am Beispiel der COVID-19-Impfpriorisierung, NVwZ 2021, 750; *Samardzic/Becker*, Die Grenzen des Datenschutzes – Der beschränkte Schutz durch Freiwilligkeit und Einwilligung bei Corona-Apps, EuZW 2020, 646; *Selbst/Powles*, Meaningful information and the right to explanation, International Data Privacy Law, Volume 7, Issue 4, November 2017, 233; *Tabarrini*, Understanding the Big Mind. Does the GDPR Bridge the Human-Machine Intelligibility Gap?, EuCML 2020, 135; *Taeger*, Scoring in Deutschland nach der EU-Datenschutzgrundverordnung, ZRP 2016, 72; *Tosoni*, The right to object to automated individual decisions: resolving the ambiguity of Article 22(1) of the General Data Protection Regulation, International Data Privacy Law 2021, Vol. 121, No. 2, 145; *Voigt/von dem Bussche*, The EU General Data Protection Regulation (GDPR), 2017; *Wachter/Mittelstadt/Floridi*, Why a Right to Explanation of Automated Decision-Making Does Not Exist in the General Data Protection Regulation, International Data Privacy Law, Vol. 7 (2017), 76; *Wischmeyer*, Regulierung intelligenter Systeme, AöR 143 (2018), 1.

Übersicht

	Rn.
A. Allgemeines	1
I. Zweck und Bedeutung der Vorschrift	1
II. Systematik, Verhältnis zu anderen Vorschriften	5
B. Einzelerläuterungen	6
I. Automatisierte Entscheidung, Profiling	6
1. Automatisierte Entscheidung	6
2. Profiling	7
3. Rechtliche Wirkung, erhebliche Beeinträchtigung	9
II. Ausnahmen	17
1. Abschluss oder Erfüllung eines Vertrags	17
2. Europäische oder nationale Rechtsvorschriften	19
3. Ausdrückliche Einwilligung	20
4. Leitlinien, Empfehlungen und Verfahren des Europäischen Datenschutzausschusses	21
5. Schutzmaßnahmen bei Ausnahmefällen	22
6. Besondere Kategorien personenbezogener Daten	26
7. Profiling in Bezug auf Kinder	27
III. Rechtsschutz und Verhängung von Geldbußen	30

A. Allgemeines

I. Zweck und Bedeutung der Vorschrift

In Art. 22 geht es um das Recht der betroffenen Person, keiner Entscheidung oder Maßnahme unterworfen zu werden, die ausschließlich auf einer automatisierten Verarbeitung, einschließlich Profiling, basiert und die der Person gegenüber eine rechtliche Wirkung entfaltet oder sie in ähnlicher Weise erheblich beeinträchtigt. Grundlage dieser Bestimmung ist, mit einigen Änderungen und zusätzlichen Garantien, **Art. 15 DS-RL** über automatisierte Einzelentscheidungen. Dabei sind die Regelungen der DS-GVO jedoch nicht mehr mit denen der DS-RL vergleichbar, da sie verallgemeinert wurden und Profiling nur als Beispiel nennen.[1]

Der Kommissionsentwurf zur Regelung[2] berücksichtigte ausdrücklich die Empfehlung des Europarats über den Schutz des Menschen bei der automatischen Verarbeitung personenbezogener Daten im Zusammenhang mit Profiling.[3] Diese Empfehlung führt aus, dass Informations-

---

[1] Siehe auch *Dammann* ZD 2016, 312.
[2] Siehe Begr. zu Abschn. 4, Widerspruchsrecht und Profiling, Vorschlag für Verordnung des Europäischen Parlaments und des Rates zum Schutz natürlicher Personen bei der Verarbeitung personenbezogener Daten und zum freien Datenverkehr (Datenschutz-Grundverordnung) v. 25.1.2012, KOM(2012) 11 endgültig, 10.
[3] Empfehlung CM/Rec(2010)13 des Ministerkomitees an die Mitgliedstaaten über den Schutz des Menschen bei der automatischen Verarbeitung personenbezogener Daten im Zusammenhang mit Profiling.

und Kommunikationstechnologien für sehr unterschiedliche Zwecke eingesetzt werden, insbesondere für Dienstleistungen, die in der Gesellschaft, bei Verbrauchern und im Wirtschaftsleben große Akzeptanz und Wertschätzung erfahren. Daneben werden bei der **fortschreitenden Entwicklung konvergenter Technologien** neue Herausforderungen in Bezug auf die Erhebung und die Weiterverarbeitung von Daten offensichtlich. Diese Erhebung und Verarbeitung erfolgt in unterschiedlichen Situationen zu unterschiedlichen Verwendungszwecken und kann unterschiedliche Arten von Daten betreffen, wie Suchanfragen von Internetnutzern, Daten über die Konsumgewohnheiten, Aktivitäten, Lebensführung und Verhaltensweisen von Verbrauchern sowie Daten, die insbesondere von sozialen Netzwerken, aus der Videoüberwachung, aus biometrischen Systemen und aus der Funkfrequenz-Identifikation (RFID) stammen. In diesen Zusammenhang ist auch das „Internet der Dinge" einzuordnen.[4] Die Nutzung von Prozessen zu automatisierten Entscheidungen und Profiling kommt in immer mehr Bereichen zur Anwendung. Als Beispiele werden oft das Bank- und Finanz-, Gesundheits-, Steuer- und Versicherungswesen sowie die Marketing- und Werbebranche genannt.[5] Immer neue Technologien ermöglichen es, große Datenmengen zu analysieren. **Künstliche Intelligenz**[6] und **maschinelles Lernen**[7] machen es einfacher automatisierte Entscheidungen zu treffen und Profile zu erstellen.

3 Die so erhobenen Daten werden vor allen Dingen von **Rechen-, Vergleichs- und Korrelationsprogrammen** verarbeitet, um Profile zu erstellen, die durch einen Abgleich der Daten mehrerer Einzelpersonen in vielfältiger Form für unterschiedliche Verwendungszwecke und Anwendungen benutzt werden können. Ein solcher Abgleich zahlreicher individueller und selbst anonymer Profiling-Verfahren kann sich auf die betroffenen Personen auswirken, indem sie, häufig ohne ihr Wissen, vorgegebenen Kategorien zugeordnet werden. Zudem können Profile, wenn sie einer betroffenen Person zugeordnet werden, es ermöglichen, neue personenbezogene Daten zu generieren, die nicht mit denjenigen übereinstimmen, welche die betroffene Person dem Verarbeitungsverantwortlichen übermittelt hat. Dabei kann nach der Empfehlung die mangelnde Transparenz beziehungsweise die **„Unsichtbarkeit" beim Profiling**[8] und die mangelnde Präzision, die sich aus der automatischen Anwendung vorbestimmter Inferenzregeln ergeben können, die Rechte und Freiheiten des Einzelnen erheblich gefährden. Dagegen setzt der **Schutz der Grundrechte** und vor allem das Recht auf Privatsphäre und auf Schutz personenbezogener Daten voraus, dass es unterschiedliche und unabhängige Lebensbereiche gibt, in denen die betroffene Person eine Kontrolle darüber ausüben kann, welchen Gebrauch sie von ihrer Identität macht.

4 Dabei ist weitgehend anerkannt, dass das Profiling auch den berechtigten Interessen des Nutzers wie auch der Person, auf die es angewendet wird, dient, indem es insbesondere zu einer besseren **Marktsegmentierung** beiträgt und eine **Risiko- und Betrugsanalyse oder -prävention**[9] ermöglicht oder aber indem das Angebot durch bessere Dienstleistungen an die Nachfrage angepasst wird. Zudem werden Profiling und automatisierte Entscheidungen auch in den Bereichen Medizin, Bildung, Gesundheit und Transport eingesetzt. Profiling und automatisierte Entscheidungen können für Personen und Organisationen von Nutzen sein, da sie unter anderem der Steigerung der Effizienz und der Einsparung von Ressourcen dienen.[10] Somit kann Profiling nicht nur für den Nutzer aber auch die Wirtschaft und die Gesellschaft insgesamt von Vorteil sein. Allerdings können automatisierte Entscheidungen und Profiling auch erhebliche Risiken für die Rechte und Freiheiten des Einzelnen mit sich bringen, die es angemessen zu schützen gilt. Profiling einer Person darf nicht dazu nicht dazu führen, dass ihr der Zugang zu bestimmten Waren oder Dienstleistungen in ungerechtfertigter Weise verwehrt und in der Folge der **Grundsatz der Nichtdiskriminierung**[11] verletzt wird. Daher beschränkt die Vorschrift die Zulässigkeit automatisierter Verarbeitung, einschließlich Profiling um den damit verbundenen

---

[4] Siehe zur allg. Einordnung auch Artikel-29-Datenschutzgruppe, Leitlinien zu automatisierten Entscheidungen im Einzelfall einschließlich Profiling für die Zwecke der Verordnung 2016/679 (WP251rev.01), angenommen am 6.2.2018, S. 5.
[5] Artikel-29-Datenschutzgruppe, Leitlinien zu automatisierten Entscheidungen im Einzelfall einschließlich Profiling für die Zwecke der Verordnung 2016/679 (WP251rev.01), angenommen am 6.2.2018, S. 5.
[6] Siehe dazu im Bereich Online-Games und Art. 22 v. *Walter* MMR-Beil. 2021 Heft 08, 22.
[7] Siehe hierzu auch *Djeffal* DuD 2021, 531.
[8] Erwägungsgründe der Empfehlung CM/Rec(2010)13 des Europarates.
[9] Siehe hierzu auch Taeger/Gabel/*Taeger* DS-GVO Art. 22 Rn. 43.
[10] Artikel-29-Datenschutzgruppe, Leitlinien zu automatisierten Entscheidungen im Einzelfall einschließlich Profiling für die Zwecke der Verordnung 2016/679 (WP251rev.01), angenommen am 6.2.2018, S. 5.
[11] Erwägungsgründe der Empfehlung CM/Rec(2010)13 des Europarates.

Risiken zu entgegnen. Hintergrund ist, dass Entscheidungen, welche die Bewertung einer Person beinhalten, nicht einer Software überlassen werden sollen. Vielmehr soll die **menschliche Beurteilung** Teil des Entscheidungsprozesses sein. Es wird aufgrund der Tatsache, dass nur bestimmte automatisierte Entscheidungen geregelt werden auch von einer einen „Ausgleich schaffenden"[12] Regelung gesprochen.

II. Systematik, Verhältnis zu anderen Vorschriften

Die Vorschrift bildet zusammen mit dem Widerspruchsrecht (Art. 21) Abschnitt 4 des Kapitels III über die Rechte der Betroffenen. Abschnitt 5 (Art. 23) enthält die Möglichkeit der **Beschränkung** der Rechte und Pflichten gemäß Art. 22 DS-GVO durch Rechtsvorschriften der Europäischen Union oder der EU-Mitgliedstaaten, denen der Verantwortliche oder der Auftragsverarbeiter unterliegt, und damit eine **nationale Spezifizierungsklausel**.

B. Einzelerläuterungen

I. Automatisierte Entscheidung, Profiling

1. Automatisierte Entscheidung. Die Entscheidung, ein aus mindestens zwei Varianten auswählender, gestaltender Akt mit einer gewissen Abschlusswirkung,[13] muss **„ausschließlich"** auf einer automatisierten Verarbeitung beruhen. Daher greift die Regelung nicht ein, wenn die automatisierte Verarbeitung nur Vorschläge für eine dann von einem Menschen vorzunehmende und letztendlich auch inhaltlich zu verantwortende Entscheidung bereitstellt. Dabei ist es auch nicht von Bedeutung, welche Form die Vorschläge haben oder ob sie Alternativen beinhalten.[14] **Maßstab für die Beurteilung**, ob die Entscheidung ausschließlich auf einer automatisierten Verarbeitung beruht, ist allein, ob die Entscheidung am Ende von einem Menschen getroffen wird. Eine automatisierte Entscheidung kann auf unterschiedlichen Arten von Daten beruhen.[15] Dazu gehören beispielsweise Daten, die direkt durch den Betroffenen bereitgestellt werden, etwa in Form von Antworten auf einen Fragebogen, Daten, die über eine Person aufgezeichnet werden, wie etwa Standortdaten die über eine App erhoben werden oder auch abgeleitete Daten wie ein bereits erstelltes Profil der Person im Rahmen der Kreditwürdigkeit. Weiterhin kann eine automatisierte Entscheidung mit oder ohne Profiling getroffen werden. Andererseits kann Profiling auch ohne automatisierte Entscheidung erfolgen. Jedoch sind Profiling und automatisierte Entscheidungen nicht notwendigerweise separate Aktivitäten.[16] Entscheidungen, die nicht ausschließlich automatisiert erfolgen, können jedoch auch Profiling beinhalten.

2. Profiling. Zu einer im Rahmen von Art. 22 relevanten Verarbeitung zählt auch das Profiling. Dies besteht in jeglicher Form automatisierter Verarbeitung personenbezogener Daten unter **Bewertung der persönlichen Aspekte** in Bezug auf eine natürliche Person, insbesondere zur Analyse oder Prognose von Aspekten bezüglich Arbeitsleistung, wirtschaftliche Lage, Gesundheit[17], persönliche Vorlieben oder Interessen, Zuverlässigkeit oder Verhalten, Aufenthaltsort oder Ortswechsel der betroffenen Person (Art. 4 Nr. 4).[18] Damit adressiert die Vorschrift auch eine Berechnung des Wahrscheinlichkeitswertes.[19] Klassische Beispiele sind komplexe Kredit-Scoring-Verfahren[20] (wirtschaftliche Lage), Verfahren zur Auswahl von Organempfän-

---

[12] So *Hintze*, Automated Individual Decisions to Disclose Personal Data, abrufbar unter https://ssrn.com/abstract=3630026, im Zusammenhang mit der Weitergabe von personenbezogenen Daten und dem Anwendungsbereich von Art. 22.
[13] *Abel* ZD 2018, S. 305.
[14] Zu Art. 15 DS-RL vgl. auch *Dammann/Simitis* EG-DatenschutzRL Art. 15 S. 219.
[15] Artikel-29-Datenschutzgruppe, Leitlinien zu automatisierten Entscheidungen im Einzelfall einschließlich Profiling für die Zwecke der Verordnung 2016/679 (WP251rev.01), angenommen am 6.2.2018, S. 8.
[16] Artikel-29-Datenschutzgruppe, Leitlinien zu automatisierten Entscheidungen im Einzelfall einschließlich Profiling für die Zwecke der Verordnung 2016/679 (WP251rev.01), angenommen am 6.2.2018, S. 8.
[17] Im Zusammenhang mit Corona-Apps siehe *Samardzic/Becker* EuZW 2020, S. 650, siehe auch *Ruschemeier* NVwZ 2021, 750 zu vollautomatisierter Impfterminvergabe.
[18] Zur Empfehlung eine Definition von Profiling in die DS-GVO aufzunehmen siehe auch Artikel-29-Datenschutzgruppe, Advice paper on essential elements of a definition and a provision on profiling within the EU General Data Protection Regulation (es existiert nur eine engl. Fassung), angenommen am 13.5.2013.
[19] *Taeger* ZRP 2016, 74.
[20] Siehe auch *Krämer* NJW 2020, 497.

gern (Gesundheit) oder auch Verfahren zur Auswahl von Bewerbern oder Arbeitnehmern, wenn Fähigkeiten, Leistungen, Charaktereigenschaften und ähnlich komplexe Merkmale Teil der Verarbeitung sind (Arbeitsleistung). Damit die besonderen Umstände und Rahmenbedingungen, unter denen die personenbezogenen Daten verarbeitet werden, berücksichtigt werden, und um der betroffenen Person gegenüber eine faire und transparente Verarbeitung zu gewährleisten, verlangt die DS-GVO, dass der für die Verarbeitung Verantwortliche **geeignete mathematische oder statistische Verfahren** für das Profiling verwendet.[21]

In einem Vorabentscheidungsersuchen des VG Wiesbaden (Deutschland) vor dem EuGH, eingereicht am 15.10.2021,[22] beschäftigte sich der EuGH aktuell mit der Frage ob das Schufa-Scoring datenschutzkonform ist. Die Schufa gibt Auskunft darüber, ob ein Unternehmer oder ein Verbraucher kreditwürdig und zahlungsfähig ist. Bei der Beantragung eines Darlehens, Kreditkartenvertrages, Mobilfunkvertrages, Mietvertrages, Leasingvertrages oder einem Ratenkauf wird regelmäßig bei der SCHUFA Holding AG eine sog. Bonitätsauskunft eingeholt. Die Bonitätsauskunft geht dabei auf eine statistisch-mathematische Berechnung des durchschnittlichen Risikos aller Personen mit gleichartigem Datenprofil zurück und drückt dies in einem Score-Wert aus. Die genaue Berechnungsmethode ist jedoch nicht bekannt. Im März 2023 hatte der EuGH-Generalanwalt in seinem Schlussantrag[23] zu diesem Verfahren darauf hingewiesen, dass die automatisierte Bewertung der Kreditwürdigkeit einer Person oder eines Unternehmens durch die Schufa mittels eines Score-Werts gegen Datenschutzrecht verstößt. Nach Art. 22 dürfen Entscheidungen, die für Betroffene rechtliche Wirkung entfalten, nicht nur durch die automatisierte Verarbeitung von Daten getroffen werden. Nach Auffassung des EuGH-Generalanwalts stellt bereits die automatisierte Erstellung eines Wahrscheinlichkeitswerts über die Fähigkeit einer betroffenen Person, künftig einen Kredit zu bedienen, eine ausschließlich auf einer automatisierten Verarbeitung – einschließlich Profiling – beruhende Entscheidung dar, die der betroffenen Person gegenüber rechtliche Wirkung entfaltet oder sie in ähnlicher Weise erheblich beeinträchtigt, wenn dieser mittels personenbezogener Daten der betroffenen Person ermittelte Wert von dem Verantwortlichen an einen dritten Verantwortlichen übermittelt wird und jener Dritte nach ständiger Praxis diesen Wert seiner Entscheidung über die Begründung, Durchführung oder Beendigung eines Vertragsverhältnisses mit der betroffenen Person maßgeblich zugrunde legt. Das Gericht ist dem Generalanwalt gefolgt und hat diese Auffassung mit Urteil vom 7.12.2023 bestätigt.

8   Zudem soll er **technische und organisatorische Maßnahmen** treffen, mit denen in geeigneter Weise insbesondere sichergestellt wird, dass Faktoren, die zu unrichtigen personenbezogenen Daten führen, korrigiert werden und das **Risiko von Fehlern** minimiert wird. Darüber hinaus soll der Verantwortliche der Datenverarbeitung die personenbezogenen Daten in einer Weise sichern, dass den potenziellen Bedrohungen für die Interessen und Rechte der betroffenen Person Rechnung getragen wird. Diese Maßnahmen sollen insbesondere verhindern, dass es gegenüber natürlichen Personen aufgrund von Rasse, ethnischer Herkunft, politischer Meinung, Religion oder Weltanschauung, Gewerkschaftszugehörigkeit, genetischer Anlagen oder Gesundheitszustand sowie sexueller Orientierung zu **diskriminierenden Wirkungen** oder zu Maßnahmen kommt, die eine solche Wirkung haben.[24] Die Erwägungsgründe stellen klar, dass automatisierte Entscheidungen im Einzelfall, einschließlich Profiling, keine **Kinder** betreffen sollen.[25]

9   **3. Rechtliche Wirkung, erhebliche Beeinträchtigung.** Die Vorschrift betrifft nur solche Entscheidungen, die **„rechtliche Wirkung"** gegenüber der betroffenen Person entfalten oder sie in ähnlicher Weise **„erheblich beeinträchtigen"**. Rechtliche Folgen haben beispielsweise die Entscheidungen, einen Kredit zu kündigen. Dazu gehört auch die Entscheidung, eine Gewerbeerlaubnis oder eine sonstige behördliche Genehmigung zu erteilen, zu verweigern oder zurückzunehmen.[26] Weitere **Beispiele** einer rechtlichen Wirkung bilden nach Ansicht der Aufsichtsbehörden auch Fälle, bei denen der rechtliche Status einer Person oder deren Rechte nach einem Vertrag betroffen sind.[27] Dazu zählen beispielsweise Situationen, bei denen eine

---

[21] Erwägungsgrund 71.
[22] Rs. EuGH C-634/21 (SCHUFA Holding), OQ gegen Land Hessen, Beteiligte: SCHUFA Holding AG.
[23] https://curia.europa.eu/juris/document/document.jsf?text=&docid=271343&pageIndex=0&doclang=DE&mode=req&dir=&occ=first&part=1.
[24] Erwägungsgrund 71.
[25] Erwägungsgrund 71.
[26] *Dammann/Simitis* EG-DatenschutzRL Art. 15 S. 220.
[27] Artikel-29-Datenschutzgruppe, Leitlinien zu automatisierten Entscheidungen im Einzelfall einschließlich Profiling für die Zwecke der Verordnung 2016/679 (WP251rev.01), angenommen am 6.2.2018, S. 23.

Person zu einer bestimmten rechtlich vorgesehenen Sozialleistung berechtigt ist oder diese versagt bekommt, wie etwa Kindergeld oder Wohngeld. Weitere Beispiele sind die Einreiseverweigerung in ein Land oder die Ablehnung der Einbürgerung.[28]

Daneben hat jede Person das Recht, keinen sie in ähnlicher Weise erheblich beeinträchtigenden Entscheidungen unterworfen zu werden. Nach Ansicht der Aufsichtsbehörden muss eine solche Entscheidung das Potenzial haben, die Umstände, das Verhalten, oder die Entscheidungen der betroffenen Person erheblich zu beeinträchtigen oder die betroffene Person über einen längeren Zeitraum oder dauerhaft beeinträchtigt. Im Extremfall kann die Entscheidung auch zum Ausschluss oder einer **Diskriminierung** von Personen führen.[29] Beispiele hierfür sind nach den Erwägungsgründen die automatische Ablehnung eines **Online-Kreditantrags** oder ein **Online-Einstellungsverfahren**[30] ohne jegliches menschliches Eingreifen.[31]

Es wird in der Praxis als Problem angesehen, genau festzulegen, was als „erheblich" genug einzustufen ist, um die Grenze des Art. 22 zu erreichen. Anhaltspunkte können die Überlegungen der Aufsichtsbehörden sein, die vier Kategorien von Entscheidungen beschreiben,[32] die als „erheblich" bewertet werden: Entscheidungen, die sich auf die finanzielle Lage einer Person auswirken, beispielsweise ihre **Kreditwürdigkeit;** Entscheidungen, die den Zugang zu **Gesundheitsdienstleistungen** betreffen, Entscheidungen, die den Zugang zu **Arbeitsplätzen** verwehren oder Personen ernsthaft benachteiligen und Entscheidungen, die sich auf den Zugang zu **Bildung** auswirken, beispielsweise Hochschulzulassungen. Mittlerweile haben sich die Aufsichtsbehörden auch näher mit dem Bereich der **Online-Werbung** auseinandergesetzt, bei der immer häufiger automatisierte Tools und ausschließlich automatisierte Entscheidungen im Einzelfall zum Tragen kommen. Nach der Begründung zur DS-RL sollte die Einbeziehung oder Nichteinbeziehung in eine Direktwerbung damals keine erhebliche Beeinträchtigung darstellen.[33] Zudem sollen nach Ansicht einiger Autoren personalisierte Werbung und sonstige vergleichbare Individualisierungen nicht unter Art. 22 Abs. 1 fallen.[34] Es ist jedoch sehr fraglich, inwieweit sich diese Argumentation in der heutigen Zeit von „**Behavioral Advertising**" und **Price Discrimination** noch aufrechterhalten lässt.[35] Zielgerichtete Werbung („**targeted advertising**") für sich allein mag noch keine direkte erhebliche Beeinträchtigung darstellen. Falls diese Werbung jedoch zu unterschiedlichen Preisangeboten oder Ratenzahlungen nur für bestimmte Kunden führt, kann eine erhebliche Beeinträchtigung angenommen werden.[36]

Nach Ansicht der Aufsichtsbehörden, wird die Entscheidung, auf Profiling beruhende gezielte Werbung zu präsentieren, in vielen Fällen Personen nicht in ähnlicher Weise erheblich beeinträchtigen, zum Beispiel, wenn Werbung für einen **Online-Shop** eines Modehändlers angezeigt wird, die auf folgendem einfachen demografischen Profil beruht: „Frauen im Raum Brüssel im Alter von 25 bis 35 Jahren, die wahrscheinlich Interesse an Mode und bestimmten Bekleidungsartikeln haben".[37] Weiterhin führen die Aufsichtsbehörden dann jedoch aus, dass es möglich sei, dass es in Abhängigkeit von den jeweiligen Umständen doch zu erheblichen Beeinträchtigungen kommt. Die soll beispielsweise der Fall sein, durch den eingreifenden Charakter des Profiling-Prozesses, wenn Personen über mehrere Websites, Geräte oder Dienste verfolgt werden; oder durch die Erwartungen und Wünsche der betroffenen Personen; oder durch die Art und Weise der Werbeanzeige oder die Ausnutzung von Schwachstellen der betroffenen Personen, an die sich die Anzeige richtet.

---

[28] Artikel-29-Datenschutzgruppe, Leitlinien zu automatisierten Entscheidungen im Einzelfall einschließlich Profiling für die Zwecke der Verordnung 2016/679 (WP251rev.01), angenommen am 6.2.2018, S. 23.
[29] Artikel-29-Datenschutzgruppe, Leitlinien zu automatisierten Entscheidungen im Einzelfall einschließlich Profiling für die Zwecke der Verordnung 2016/679 (WP251rev.01), angenommen am 6.2.2018, S. 23.
[30] Zu Online-Recruiting und Art. 22 siehe *Dzida* BB 2019, 3066.
[31] Erwägungsgrund 71; siehe dazu insbes. auch *Dammann/Simitis* EG-DatenschutzRL Art. 15 S. 220.
[32] Artikel-29-Datenschutzgruppe, Leitlinien zu automatisierten Entscheidungen im Einzelfall einschließlich Profiling für die Zwecke der Verordnung 2016/679 (WP251rev.01), angenommen am 6.2.2018, S. 24.
[33] Siehe Begr. zu Art. 16 des geänderten Vorschlags der DS-RL 1995, abgedr. in *Dammann/Simitis* EG-DatenschutzRL.
[34] Siehe bspw. Paal/Pauly/*Martini* DS-GVO Art. 22 Rn. 23.
[35] Siehe hierzu auch die detaillierte Betrachtungsweise der Aufsichtsbehörden in Artikel-29-Datenschutzgruppe, Guidelines on Automated individual decision-making and Profiling for the purposes of Regulation 2016/67, WP 251, Entw., angenommen am 3.10.2017, S. 11.
[36] Rücker/Kugler Data Protection Regulation/*Schrey* S. 150.
[37] Artikel-29-Datenschutzgruppe, Leitlinien zu automatisierten Entscheidungen im Einzelfall einschließlich Profiling für die Zwecke der Verordnung 2016/679 (WP251rev.01), angenommen am 6.2.2018, S. 24.

13 Eine andere Fallkategorie scheinen die Aufsichtsbehörden zu bilden, wenn sie davon ausgehen, dass automatisierte Entscheidungen, die in Abhängigkeit von personenbezogenen Daten oder persönlichen Eigenschaften zu unterschiedlichen **Preisangeboten** führen, ebenfalls „erheblich beeinträchtigen", wenn beispielsweise bestimmte Personen aufgrund übermäßig hoher Preise von bestimmten Waren oder Dienstleistungen ausgeschlossen werden. Dies wird in der Literatur im Rahmen von „personalized pricing" auch so gesehen[38] – nur teilweise gibt es abweichende Stimmen[39], im Ergebnis wird für bestimmte Fälle jedoch auch dort anerkannt, dass eine betroffene Person durch einen personalisierten Preis erheblich beeinträchtigt werden kann.

14 Als weiteres Praxisbeispiel[40] für Fälle bei denen ähnliche erhebliche Beeinträchtigungen durch das Handeln anderer Personen als derjenigen, auf die sich die automatisierte Entscheidung bezieht, ausgelöst werden, führen die Aufsichtsbehörden ein **Kreditkartenunternehmen** an, welches das Kartenlimit eines Kunden reduzieren könnte, und zwar nicht aufgrund seines bisherigen Rückzahlverhaltens, sondern aufgrund unkonventioneller Kreditvergabekriterien wie beispielsweise der Analyse anderer Kunden in demselben Gebiet, die bei denselben Läden einkaufen. Dadurch könnten der betroffenen Person durch das Handeln Dritter Möglichkeiten verwehrt werden. In einem anderen Kontext könnte die Verwendung dieser Eigenschaften jedoch auch den Vorteil mit sich bringen, dass Personen ohne konventionelle Kredithistorie, denen ein Kredit ansonsten verwehrt bliebe, einen Kredit bekommen. Die Regelung des Art. 22 selbst enthält keine Aussage darüber, ob die rechtlichen Folgen als Voraussetzung für ihre Anwendung positiv oder negativ sein sollen. Eine ausdrückliche Aussage, die dies bejaht, fand sich jedoch im Entwurf der Leitlinien zu automatisierten Entscheidungen im Einzelfall einschließlich Profiling vom Oktober 2017. Diese Aussage wurde mit dem Praxisbeispiel der Fassung vom Februar 2018 indirekt bestätigt.

15 Herausforderungen ergeben sich im Rahmen von sog. **„Multi-Stage Profiling Systems"**.[41] Bei diesen Systemen können Mehrdeutigkeiten entstehen, da in diesen Fällen menschliche Eingriffe und/oder die Bedeutung einer Entscheidung nach Stufen oder nach bestimmten Entscheidungsergebnissen geschichtet werden und die Fragen nach dem Umfang des menschlichen Eingriffs und welche Entscheidungen Rechtswirkungen entfalten oder eine andere erhebliche Beeinträchtigung darstellen, nicht immer eindeutig beantwortet werden können.

16 Ein vom EU-Parlament im Laufe des Gesetzgebungsverfahrens vorgeschlagener, ausdrücklicher Erwägungsgrund zu Profiling mit **pseudonymisierten Daten**,[42] der besagte, dass für eine solche Verarbeitung die Vermutung gelten sollte, dass diese keine erheblichen Auswirkungen auf die Interessen, Rechte oder Freiheiten der betroffenen Person hat, fand keine Berücksichtigung in der endgültigen Fassung der DS-GVO. Stattdessen wurde im Wesentlichen der Vorschlag für einen allgemeinen Erwägungsgrund des Rates berücksichtigt. Danach unterliegt das Profiling den allgemeinen Vorschriften der DS-GSVO, wie etwa den Regeln zur Rechtsgrundlage für die Verarbeitung (Art. 6) oder den Datenschutzgrundsätzen (Art. 5).[43] Allerdings wurde die Möglichkeit für **Leitlinien des Europäischen Datenschutzausschusses** (Art. 68 ff.) diesbezüglich vorgesehen.[44]

II. Ausnahmen

17 **1. Abschluss oder Erfüllung eines Vertrags.** Art. 22 enthält nach Auffassung der Aufsichtsbehörden ein generelles Verbot ausschließlich automatisierter Entscheidungen im Einzelfall mit rechtlicher Wirkung oder ähnlich erheblicher Beeinträchtigung der betroffenen Person. Daher darf der Verantwortliche keine Verarbeitung nach Art. 22 Abs. 1 vornehmen, sofern nicht eine der Ausnahmen nach Art. 22 Abs. 2 gilt. Die grundsätzliche **Interpretation** des

---

[38] Simitis/Hornung/Spiecker gen. Döhmann/*Scholz* DS-GVO Art. 22 Rn. 36.
[39] Siehe bspw. *Linderkamp* ZD 2020, 511, der sich jedoch nicht mit den Leitlinien der Aufsichtsbehörden auseinandersetzt.
[40] Artikel-29-Datenschutzgruppe, Leitlinien zu automatisierten Entscheidungen im Einzelfall einschließlich Profiling für die Zwecke der Verordnung 2016/679 (WP251rev.01), angenommen am 6.2.2018, S. 25.
[41] Siehe hierzu ausf. *Binns/Veale* International Data Privacy Law, Vol. 11, Issue 4, November 2021, S. 319.
[42] Siehe Beschl. des Europäischen Parlaments v. 12.3.2014 im Rahmen der ersten Lesung zum Vorschlag der Europäischen Kommission (Interinstitutionelles Dossier des Rats der Europäischen Union v. 27.3.2014, 2012/0011 [COD]; 7427/1/14, REV 1).
[43] Vgl. die endg. Fassung des Erwägungsgrunds 72, der im Wesentlichen den Vorschlag des Rates übernimmt.
[44] Erwägungsgrund 72.

Art. 22 Abs. 1 ist aufgrund seiner Formulierung und Entstehungsgeschichte[45] in der Literatur **umstritten.**[46] Passend wird die Regelung des Art. 22 daher auch als *„Ein Verbot als Recht maskiert"* beschrieben.[47] Es geht dabei um die Frage, ob die Regelung ein Recht zur Ausübung der betroffenen Person enthält oder ob sie unabhängig von Einwänden der Person ein (qualifiziertes) Verbot[48] eines bestimmten Entscheidungsprozesses darstellt. Für beide Einordnungen gibt es gute Argumente,[49] die bisher herrschende Auffassung[50] sieht in der Regelung einen Verbotstatbestand. Bisher gibt es nur wenige richterliche Entscheidungen zu Art. 22 auf nationaler Ebene.[51] Es bleibt abzuwarten ob die Rechtsprechung des EuGH dieser Auffassung folgt oder nicht.

Die erste Ausnahme in Art. 22 Abs. 2a betrifft Entscheidungen im Zusammenhang mit einem **18** Vertrag und zwar im Rahmen dessen Abschlusses oder dessen Erfüllung. Dabei muss es sich um einen **Vertrag zwischen dem Betroffenen und dem Verantwortlichen** der Datenverarbeitung handeln. Die Entscheidung muss für diesen Vertrag erforderlich sein. Diese Erforderlichkeit muss durch die vertraglichen Ziele bestimmt werden, welche die Parteien vereinbaren[52] und es muss ein direkter Zusammenhang zwischen der konkreten Datennutzung und dem Vertragszweck vorhanden sein.[53] Dabei ist eine Einzelfallbetrachtung notwendig[54] und eine objektive Beurteilung. Eine automatisierte Entscheidung, die für den Verantwortlichen hilfreich ist, aber nicht objektiv notwendig um einen Vertrag abzuschließen oder durchzuführen, fällt nicht unter die Ausnahme.[55] Ein Beispiel sind **Bonitäts- oder Liquiditätsprüfungen** von E-Commerce-Unternehmen, die Vertragsverhältnisse nur unter Vorbehalt erfolgreicher Prüfungen für bestimmte Zahlungsarten begründen. Zumindest aus Sicht des E-Commerce-Unternehmens werden diese Prüfungen jedoch notwendig und damit erforderlich für den Vertragsabschluss sein, um Zahlungsausfälle zu vermeiden und ein eventuelles Insolvenzrisiko abwenden zu können. Ein weiteres Praxisbeispiel sind Versicherungen, die durch Scoring und Analysen zum Fahrverhalten anhand von vordefinierten Kriterien, Versicherungsverträge mit entsprechenden Tarifen anbieten.[56] Nach Ansicht der Aufsichtsbehörden muss der Verantwortliche der Datenverarbeitung unter Berücksichtigung von weniger zudringlichen Methoden dann jedoch aufzeigen, dass ein Profiling notwendig ist.[57] Falls andere, weniger zudringliche Mittel zur Erreichung des Zieles existieren, sei das Profiling nicht notwendig.[58]

Die in Art. 22 Abs. 1 beschriebene automatisierte Entscheidungsfindung kann auch zur **vorvertraglichen Verarbeitung** erforderlich sein.[59]

2. Europäische oder nationale Rechtsvorschriften. Eine auf einer automatisierten Ver- **19** arbeitung, einschließlich des Profilings, beruhende Entscheidungsfindung ist nach Art. 22 Abs. 2b ebenfalls erlaubt, wenn dies nach dem **Recht der Europäischen Union** oder dem

---

[45] Zu dieser siehe insbes. HK-DS-GVO/*Helfrich* Art. 22 Rn. 10 ff. und *Djeffal* ZaöRV 2020, 847.
[46] Kuner/Bygrave/Docksey/*Bygrave* GDPR S. 530; siehe auch *Edwards/Veale* (2018), 34 (2) Computer Law & Security Review, S. 400.
[47] *Hawarth* European Data Protection Law Review, Vol. 7 (2021), S. 164, im Engl.: *„A Prohibition Maske das a Right"*. Die Argumentation dort geht überzeugend in Richtung Verbot.
[48] So auch in Kühling/Buchner/*Buchner* DS-GVO Art. 22 Rn. 12.
[49] Siehe auch Kuner/Bygrave/Docksey/*Bygrave* GDPR S. 530 sowie ausf. zu den Argumenten in beide Richtungen und deren Überzeugungskraft.
[50] Vgl. auch *Tosoni* International Data Privacy Law 2021, Vol. 121, No. 2, S. 161.
[51] Siehe bspw. in den Niederlanden, Rechtbank Den Haag Urt. v. 5.2.2020 – ECLI:NL:RBDHA:2020:865, Absatz 6.35 ein Verbot bej., weitere Urteile zu Art. 22 existieren in den Niederlanden und in Italien, allerdings nicht direkt zur Streitfrage.
[52] Paal/Pauly/*Martini* DS-GVO Art. 22 Rn. 31; *Voigt/von dem Bussche,* The EU General Data Protection Regulation (GDPR), 2017, S. 183.
[53] Paal/Pauly/*Martini* DS-GVO Art. 22 Rn. 31.
[54] *Voigt/von dem Bussche,* The EU General Data Protection Regulation (GDPR), S. 183.
[55] Rücker/Kugler/*Schrey,* Data Protection Regulation S. 150.
[56] *Voigt/von dem Bussche,* The EU General Data Protection Regulation (GDPR), S. 183.
[57] *Buttarelli,* Beurteilung der Erforderlichkeit von Maßnahmen, die das Grundrecht auf Schutz personenbezogener Daten einschränken; Europäischer Datenschutzbeauftragter, 11.4.2017, https://edps.europa.eu/sites/edp/files/publication/17-06-01_necessity_toolkit_final_de.pdf.
[58] Artikel-29-Datenschutzgruppe, Leitlinien zu automatisierten Entscheidungen im Einzelfall einschließlich Profiling für die Zwecke der Verordnung 2016/679 (WP251rev.01), angenommen am 6.2.2018, S. 25.
[59] Artikel-29-Datenschutzgruppe, Leitlinien zu automatisierten Entscheidungen im Einzelfall einschließlich Profiling für die Zwecke der Verordnung 2016/679 (WP251rev.01), angenommen am 6.2.2018, S. 25 und das Praxisbsp. zu Stellenanzeigen durch Unternehmen.

Recht der EU-Mitgliedstaaten, denen der für die Verarbeitung Verantwortliche unterliegt, ausdrücklich zulässig ist. Dies betrifft Fälle, bei denen im Einklang mit Vorschriften, Standards und Empfehlungen der Institutionen der Europäischen Union oder nationaler Aufsichtsgremien, **Betrug und Steuerhinterziehung** überwacht und verhindert werden sollen.[60] Dazu gehören auch Situationen, in denen die Sicherheit und Zuverlässigkeit eines von dem Verantwortlichen bereitgestellten Dienstes zu gewährleisten ist.[61] Allerdings müssen diese Rechtsvorschriften **angemessene Maßnahmen** zur Wahrung der Rechte und Freiheiten sowie der berechtigten Interessen der Betroffenen enthalten (→ Rn. 15).

20   3. **Ausdrückliche Einwilligung.** Im Gegensatz zur Regelung des Art. 15 DS-RL enthält die Vorschrift des Art. 22 Abs. 2c schließlich auch die Möglichkeit, Entscheidungen auf der Grundlage von automatisierter Verarbeitung, einschließlich Profiling zu treffen, wenn die Entscheidung mit **ausdrücklicher Einwilligung** (Art. 4 Nr. 11) der betroffenen Person erfolgt. Nach Ansicht der Aufsichtsbehörden steht eine Verarbeitung entsprechend der Definition von Art. 22 Abs. 1 erhebliche Risiken hinsichtlich des Datenschutzes, weshalb eine starke individuelle Kontrolle über die personenbezogenen Daten angemessen erscheint.[62] Die „ausdrückliche Einwilligung" wird allerdings in der DS-GVO nicht definiert. Eine Orientierungshilfe zu deren Auslegung enthalten die Leitlinien der Aufsichtsbehörden in Bezug auf die die Einwilligung.[63] Dabei dürfte es dem Verantwortlichen der Datenverarbeitung obliegen, nachzuweisen, dass die betroffene Person der automatisierten Verarbeitung bzw. dem Profiling zugestimmt hat.

21   4. **Leitlinien, Empfehlungen und Verfahren des Europäischen Datenschutzausschusses.** Der Europäische Datenschutzausschuss kann für die Praxis Leitlinien, Empfehlungen und bewährte Verfahren zur näheren Bestimmung der **Kriterien und Bedingungen** für die auf Profiling beruhenden Entscheidungen bereitstellen (Art. 70 Abs. 1f).

22   5. **Schutzmaßnahmen bei Ausnahmefällen.** Nach Art. 22 Abs. 3 muss der Verantwortliche in den Ausnahmefällen des Abschlusses oder der Erfüllung eines **Vertrags** und im Fall der **Einwilligung** angemessene Maßnahmen treffen, um die Rechte und Freiheiten sowie die berechtigten Interessen der betroffenen Personen zu wahren. Zu diesen Maßnahmen zählt neben der spezifischen Unterrichtung der betroffenen Person[64] (Art. 13 Abs. 1 lit. f; Art. 14 Abs. 2 lit. g) das Recht auf **Erwirkung des Eingreifens** einer Person seitens des Verantwortlichen, auf **Darlegung des eigenen Standpunkts** und auf **Anfechtung** der Entscheidung. Art. 15 DS-RL zählte als Beispiel ausdrücklich nur die Möglichkeit auf, den eigenen Standpunkt geltend zu machen. Bei der Darlegung des Standpunktes ist mit umfasst, dass der Verantwortliche der Verarbeitung die Äußerungen der betroffenen Person bei seiner Entscheidungsfindung berücksichtigt.[65] Die Maßnahmen erstrecken sich laut den Erwägungsgründen auch auf Erläuterung der nach einer entsprechenden Bewertung getroffenen Entscheidung.[66] Insofern handelt es sich um eine **Erweiterung und Stärkung der Schutzmaßnahmen.** Insbesondere das Recht auf Erwirkung des Eingreifens einer Person des Verantwortlichen, soll der betroffenen Person frühzeitig eine stärkere Position im Entscheidungsprozess verleihen und stellt damit das wichtigste Element dar.[67] Jede Überprüfung muss durch eine Person erfolgen, die zur Änderung der Entscheidung befugt und befähigt ist. Nach Ansicht der Aufsichtsbehörden sollte diese Person alle relevanten Daten einschließlich etwaiger zusätzlicher von der betroffenen Person übermittelter Informationen gründlich prüfen.[68]

23   Das Instrument der Anfechtung der Entscheidung bietet zusätzlichen Schutz, indem die Entscheidung grundsätzlich auch nach ihrem Erlass angefochten werden kann. Dabei weisen die

---

[60] Erwägungsgrund 71.
[61] Erwägungsgrund 71.
[62] Artikel-29-Datenschutzgruppe, Leitlinien zu automatisierten Entscheidungen im Einzelfall einschließlich Profiling für die Zwecke der Verordnung 2016/679 (WP251rev.01), angenommen am 6.2.2018, S. 26.
[63] Artikel-29-Datenschutzgruppe. Leitlinien in Bezug auf die Einwilligung gemäß Verordnung 2016/679. 28.11.2017, http://ec.europa.eu/newsroom/just/document.cfm?doc_id=48849.
[64] Erwägungsgrund 71.
[65] *Dammann/Simitis* EG-DatenschutzRL Art. 15 S. 222.
[66] Erwägungsgrund 71.
[67] Artikel-29-Datenschutzgruppe, Leitlinien zu automatisierten Entscheidungen im Einzelfall einschließlich Profiling für die Zwecke der Verordnung 2016/679 (WP251rev.01), angenommen am 6.2.2018, S. 30.
[68] Artikel-29-Datenschutzgruppe, Leitlinien zu automatisierten Entscheidungen im Einzelfall einschließlich Profiling für die Zwecke der Verordnung 2016/679 (WP251rev.01), angenommen am 6.2.2018, S. 30.

Aufsichtsbehörden daraufhin, dass dies Transparenz bei der Verarbeitung erfordert.[69] Die betroffene Person kann demnach eine Entscheidung nur anfechten bzw. ihren Standpunkt nur darlegen, wenn ihr vollkommen klar ist, wie und auf welcher Grundlage die Entscheidung zustande gekommen ist.

In der Literatur ist umstritten,[70] inwieweit Art. 22 dahingehend auszulegen ist, dass die Vorschrift ein **„Recht auf Erklärung eines Algorithmus"** als Minimalanforderung[71] enthält. Für eine solche Auslegung[72] werden die Pflichten des Verantwortlichen, im Rahmen von Art. 13 Abs. 2 lit. f und Art. 14 Abs. 2 lit. g, der betroffenen Person „aussagekräftige Informationen über die involvierte Logik" bei automatisierten Entscheidungen und Profiling zur Verfügung zu stellen, herangeführt.[73] Gegen eine solche Auslegung wird beispielsweise geltend gemacht, dass der EU-Gesetzgeber ein solches Recht in Art. 22 Abs. 3 nicht explizit als Schutz vorgesehen hat.[74] Zudem wird vorgetragen, dass die in Erwägungsgrund 71 erwähnte Erläuterung der nach einer entsprechenden Bewertung getroffene Entscheidung nicht verbindlich ist.[75] Dagegen wird überzeugend angeführt, dass der EuGH und die EU-Kommission deutlich gemacht haben, dass Erwägungsgründe durchaus eine ergänzende Erklärungsfunktion besitzen, die *„Licht auf die Auslegung einer Rechtsnorm werfen".*[76]

Aufgrund der möglichen Fehler und Verzerrungen bei erhobenen oder weitergeleiteten Daten 25 oder Fehlern bzw. Verzerrungen bei automatisierten Entscheidungen und deren Konsequenzen wie etwa fehlerhaften Kategorisierungen und auf ungenauen Prognosen beruhenden Bewertungen, die negative Auswirkungen für die betroffene Person haben können, fordern die Aufsichtsbehörden,[77] dass der Verantwortliche die von ihm verarbeiteten Datensätze häufigen Bewertungen unterzieht. Dies würde es ermöglichen, Verzerrungen aufzuspüren und Möglichkeiten zu entwickeln, benachteiligende Elemente, wie ein zu starkes Verlassen auf Zusammenhänge, zu adressieren. Als weitere sinnvolle Maßnahmen werden Systeme genannt, die **Algorithmen** prüfen, sowie regelmäßige Überprüfungen der Richtigkeit und Relevanz automatisierter Entscheidungen einschließlich Profiling. Diese Maßnahmen sollten zyklisch angewandt werden, nicht nur in der Planungsphase, sondern auch durchgehend, wenn Profiling auf Personen angewandt wird.[78] Das Ergebnis dieser Prüfung sollte wieder in den Systemaufbau einfließen. Es wird daneben in der Literatur intensiv diskutiert, in welchem Umfang rechtliche Schutzmaßnahmen durch technologische Ansätze erweitert werden sollten,[79] da automatisierte Tools zur Datenanalyse und statistische Korrelationen rechtliche Anforderungen oft vernachlässigen.

6. Besondere Kategorien personenbezogener Daten. Nach den Erwägungsgründen soll 26 die automatisierte Entscheidungsfindung und Profiling auf der Grundlage besonderer Kategorien von personenbezogenen Daten nur unter bestimmten Bedingungen erlaubt sein.[80] Art. 22 Abs. 4 stellt daher klar, dass automatisierte Entscheidungen auch in den Ausnahmefällen des Abs. 2 **grundsätzlich nicht** auf Grundlage von besonderen Kategorien personenbezogener Daten (Art. 9) ergehen dürfen. Gleichzeitig lässt die Vorschrift jedoch über einen Verweis auf Art. 9 Abs. 2 lit. a und 2 lit. g wiederum **Ausnahmen** von diesem Grundsatz zu, wenn entweder eine **ausdrückliche Einwilligung** der betroffenen Person vorliegt, oder die Verarbeitung auf der Grundlage des **Rechts der Europäischen Union** oder des Rechts der EU-Mitgliedstaaten erforderlich ist. In diesen Fällen muss der Verantwortliche der Datenübermittlung jedoch immer

---

[69] Artikel-29-Datenschutzgruppe, Leitlinien zu automatisierten Entscheidungen im Einzelfall einschließlich Profiling für die Zwecke der Verordnung 2016/679 (WP251rev.01), angenommen am 6.2.2018, S. 30.
[70] Siehe dazu auch *Tabarrini* EuCML 2020, 135.
[71] *Guckelberger* Öffentl. Verwaltung S. 433.
[72] Siehe zuerst *Goodman/Flaxman* AI Magazine, Vol 38, No 3, 2017.
[73] Siehe insbes. auch *Selbst/Powles* International Data Privacy Law, Vol. 7, Issue 4, November 2017, 233.
[74] *Wischmeyer* AöR 143 (2018), 1 (51); *Wachter/Mittelstadt/Floridi* International Data Privacy Law, Vol. 7 (2017), 76 (77 ff.).
[75] *Wachter/Mittelstadt/Floridi* International Data Privacy Law, Vol. 7 (2017), 76 (77 ff.).
[76] *Malgieri/Comande* International Data Privacy Law, Vol. 7, Issue 4, November 2017, 254.
[77] Artikel-29-Datenschutzgruppe, Leitlinien zu automatisierten Entscheidungen im Einzelfall einschließlich Profiling für die Zwecke der Verordnung 2016/679 (WP251rev.01), angenommen am 6.2.2018, S. 31.
[78] Artikel-29-Datenschutzgruppe, Leitlinien zu automatisierten Entscheidungen im Einzelfall einschließlich Profiling für die Zwecke der Verordnung 2016/679 (WP251rev.01), angenommen am 6.2.2018, S. 31. Zu weiteren Empfehlungen für Maßnahmen in der Praxis siehe auch Anh. 1 der Leitlinien, S. 36–37.
[79] Siehe bspw. *Roig* European Journal of Law and Technology (EJLT) Vol. 8, No 3, 2017, 1.
[80] Erwägungsgrund 71.

auch angemessene Schutzmaßnahmen bezüglich der Rechte und Freiheiten sowie der berechtigten Interessen der betroffenen Personen umsetzen (→ Rn. 15).

27 **7. Profiling in Bezug auf Kinder.** In Art. 22 selbst wird bezüglich der Verarbeitung nicht zwischen Erwachsenen und Kindern unterschieden. In Erwägungsgrund 71 heißt es jedoch, dass Kinder nicht von einer ausschließlich automatisierten Entscheidungsfindung einschließlich Profiling mit Rechtswirkung oder sie in ähnlicher Weise erheblich beeinträchtigender Wirkung betroffen sein sollten.[81] Da diese Formulierung in dem Artikel selbst nicht enthalten ist, stellt dies nach Ansicht der Artikel-29-Datenschutzgruppe kein absolutes Verbot dieser Art der Verarbeitung in Bezug auf Kinder dar.[82] Allerdings empfehlen die Aufsichtsbehörden in diesem Kontext, dass der Verantwortliche sich generell nicht zur Rechtfertigung auf die Ausnahmen in Art. 22 Abs. 2 berufen soll.

28 Anerkannt wird gleichzeitig, dass es Fälle geben kann, in denen Verantwortliche ausschließlich automatisierte Entscheidungen einschließlich Profiling treffen bzw. vornehmen müssen, die eine Rechtswirkung auf Kinder entfalten oder sie in ähnlicher Weise erheblich beeinträchtigen, beispielsweise zum Schutz ihres Wohlergehens. In diesen Fällen soll die Verarbeitung auf der Grundlage der Ausnahmen in Art. 22 Abs. 2 Buchst. a, b oder c erfolgen können. Die Aufsichtsbehörden weisen dann jedoch unter Bezug auf Erwägungsgrund 38[83] zur Notwendigkeit des besonderen **Schutzes von Kindern** im Zusammenhang mit Profiling daraufhin, dass in diesen Fällen angemessene Garantien vorhanden sein müssen, die für Kinder geeignet sind.[84] Der Verantwortliche muss sicherstellen, dass die Rechte, Freiheiten und berechtigten Interessen der Kinder, deren Daten verarbeitet werden, mit diesen Garantien wirksam geschützt werden.

29 Dies bedeutet auch, dass Art. 22 Verantwortliche nicht daran hindert, ausschließlich automatisierte Entscheidungen zu Kindern zu treffen, wenn die Entscheidung keine Rechtswirkung auf das Kind entfaltet oder es in ähnlicher Weise erheblich beeinträchtigt.[85] Allerdings könnten ausschließlich automatisierte Entscheidungen, die die Wahlmöglichkeiten und das **Verhalten eines Kindes** beeinflussen, potenziell Rechtswirkung auf Kinder entfalten oder sie in ähnlicher Weise erheblich beeinträchtigen – je nachdem, um welche Wahlmöglichkeiten und welches Verhalten es jeweils geht. Da Kinder eine schutzbedürftigere gesellschaftliche Gruppe darstellen, sollten Unternehmen nach Auffassung der Aufsichtsbehörden generell davon Abstand nehmen, bei ihnen zu Werbezwecken Profiling anzuwenden.[86] Kinder könnten danach im Online-Bereich besonders empfänglich sein und sich von auf ihr Verhalten abzielender Werbung leichter beeinflussen lassen. Beispielsweise kann Profiling bei Online-Spielen gezielt bei Spielern zum Einsatz kommen, die dem **Algorithmus** zufolge mit größerer Wahrscheinlichkeit Geld für das Spiel ausgeben werden; diese Spieler werden dann auch mehr personalisierte Anzeigen erhalten. Gleichzeitig erkennen die Aufsichtsbehörden an, dass Alter und Reife des Kindes sich auf seine Fähigkeit auswirken können, die Motivation hinter dieser Art von Werbung bzw. die Konsequenzen zu verstehen.

---

[81] Erwägungsgrund 71 – „Diese Maßnahme sollte kein Kind betreffen."
[82] Artikel-29-Datenschutzgruppe, Leitlinien zu automatisierten Entscheidungen im Einzelfall einschließlich Profiling für die Zwecke der Verordnung 2016/679 (WP251rev.01), angenommen am 6.2.2018, S. 31.
[83] Erwägungsgrund 38: „Kinder verdienen bei ihren personenbezogenen Daten besonderen Schutz, da Kinder sich der betreffenden Risiken, Folgen und Garantien und ihrer Rechte bei der Verarbeitung personenbezogener Daten möglicherweise weniger bewusst sind. Ein solcher besonderer Schutz sollte insbesondere die Verwendung personenbezogener Daten von Kindern *für Werbezwecke oder für die Erstellung von Persönlichkeits- oder Nutzerprofilen und die Erhebung von personenbezogenen Daten von Kindern bei der Nutzung von Diensten, die Kindern direkt angeboten werden, betreffen.*"
[84] Artikel-29-Datenschutzgruppe, Leitlinien zu automatisierten Entscheidungen im Einzelfall einschließlich Profiling für die Zwecke der Verordnung 2016/679 (WP251rev.01), angenommen am 6.2.2018, S. 31.
[85] Artikel-29-Datenschutzgruppe, Leitlinien zu automatisierten Entscheidungen im Einzelfall einschließlich Profiling für die Zwecke der Verordnung 2016/679 (WP251rev.01), angenommen am 6.2.2018, S. 32.
[86] In der Stellungnahme 02/2013 der Artikel-29-Datenschutzgruppe zu Apps auf intelligenten Endgeräten (WP202), die am 27. Februar 2013 angenommen wurde, heißt es auf S. 34: „Konkret sollten für die Verarbeitung Verantwortliche Daten von Kindern weder direkt noch indirekt für Zwecke der Werbung auf Basis von Behavioural Targeting verarbeiten, da dies über das Verständnis eines Kindes hinausgehen und damit die Grenzen der rechtmäßigen Verarbeitung überschreiten würde".

III. Rechtsschutz und Verhängung von Geldbußen

Schäden, die durch die Verletzung der Regeln des Art. 22 entstehen, können von der 30 betroffenen Person nach Art. 82 geltend gemacht werden.[87]

Bei Verstößen gegen die Bestimmungen des Art. 22 verhängt die Aufsichtsbehörde nach 31 Art. 83 Abs. 5 lit. b unter Berücksichtigung der in Art. 83 Abs. 2 aufgestellten Kriterien (Art. 83) Geldbußen von **bis zu 20 Millionen EUR oder im Falle eines Unternehmens von bis zu 4 Prozent seines gesamten weltweit erzielten Jahresumsatzes** des vorangegangenen Geschäftsjahres, je nachdem, welcher der Beträge höher ist. Bisher gibt es nur wenige Bußgeldentscheidungen der Aufsichtsbehörden zu Art. 22. Beispielsweise hat die Aufsichtsbehörde in **Italien** dem Lieferunternehmen „**Foodinho**" im Juli 2021 ein Bußgeld von 2,6 Millionen EUR auferlegt, da dieses aus Sicht der Behörde gegen Art. 22 verstoßen hatte.[88] Bei Bestellungen oder Auftragserteilungen darf es nicht zu einer Diskriminierung beruhend allein auf Algorithmen kommen. Ebenso erhielt das Unternehmen „**Deliveroo**" im Juli 2021 in **Italien** eine Geldbuße von 2,5 Millionen EUR.[89] Es gibt auch einige Gerichtsentscheidungen, die sich mit der Thematik der automatisierten Entscheidungen im Rahmen von Art. 22 beschäftigt haben. Beispielsweise entschied in den **Niederlanden** am 11.3.2021 das Bezirksgericht Amsterdam in einem Fall britischer Fahrer gegen die Uber-Fahrer-App im Kontext von Fahrerkündigungen.[90] Die Kläger behaupteten, dass **Uber** eine automatisierte Entscheidungsfindung ohne sinnvolle menschliche Eingriffe verwendet habe, die direkt zur Beendigung des Vertrags der Fahrer und zu einem daraus resultierenden Gewinnverlust geführt habe. Außerdem hätte Uber keine ausreichenden Informationen gemäß Art. 13 und 14 bereitgestellt und hätte den Fahreren keinen ausreichenden Zugang zu den Daten im Sinne von Art. 15 gewährt. Das Amsterdamer Gericht entschied, dass die Entscheidung von Uber, die Verträge mit seinen Fahrern zu kündigen, nicht auf einer automatisierten Entscheidungsfindung im Sinne von Art. 22 beruhe, da die automatisierten Entscheidungen entweder vorübergehend waren oder ausreichende menschliche Eingriffe erforderten. Das Gericht entschied jedoch, dass die von Uber abgegebene Erklärung zur Kündigung des Vertrags gegen Art. 15 verstoßen habe, da in der Nachricht von Uber bezüglich der Kündigung keine spezifischen Betrugsaktivitäten identifiziert wurden (nur allgemeine „Beispiele" für solche Aktivitäten wurden beschrieben) und die personenbezogenen Daten, auf deren Grundlage Uber die Entscheidung getroffen hat, nicht bereitgestellt wurden. Daher ordnete das Gericht Uber an, Zugang zu den personenbezogenen Daten zu gewähren, auf deren Grundlage Uber beschlossen hatte, die Konten zu deaktivieren.

In einem anderen Fall hatte dasselbe Gericht gegen das indische Unternehmen **Ola**[91] über 32 Anträge von britischen Fahrern basierend auf Art. 15, 20 und 22 zu entscheiden.[92] Die Antragsteller beantragten Auskunft über alle sie betreffenden personenbezogenen Daten, die Ola verarbeitet, darunter unter anderem über (i) das Bestehen automatisierten Entscheidungen, (ii) nützliche Informationen über die zugrunde liegende Logik, (iii) die Bedeutung einer solchen Verarbeitung und (iv) die erwarteten Auswirkungen einer solchen Verarbeitung und das diese in einem bestimmten Format bereitgestellt werden. Das Gericht entschied, dass (i) Antragsteller keine Interessen identifizieren müssen, um ihr Auskunftsrecht zu rechtfertigen; (ii) Anspruchsberechtigte das Recht auf Auskunft über die Erstellung von Profilen haben, auch wenn keine automatisierten Entscheidungen mit erheblichen Auswirkungen getroffen werden; und (iii) Ola verbotene automatisierte Entscheidungen getroffen hatte, da Ola keine rechtmäßige Grundlage für die Entscheidungsfindung nachgewiesen hatte. Das Gericht ordnete zudem an, Ola Zugang zu einigen der angeforderten Kategorien personenbezogener Daten zu gewähren („ratings" der Fahrer und Daten, die dazu genutzt werden, aufgrund eines „Betrugswahrscheinlichkeits-Scores"

---

[87] Spindler/Schuster/*Spindler*/*Horváth* DS-GVO Art. 22 Rn. 16; Gola/Heckmann/*Gola*/*Schulz* DS-GVO Art. 22 Rn. 46.
[88] Pressemitt., Garante privacy, no a discriminazioni basate sugli algoritmi Sanzione di 2,6 milioni di euro a una piattaforma del gruppo Glovo, 5.7.2021, www.gpdp.it/home/docweb/-/docweb-display/docweb/9677377.
[89] Entsch. der it. Aufsichtsbehörde (in It.): www.garanteprivacy.it/web/guest/home/docweb/-/docweb-display/docweb/9685994.
[90] Uber (C/13/692003/HA RK 20–302), Bezirksgericht Amsterdam v. 11.3.2021, https://uitspraken.rechtspraak.nl/inziendocument?id=ECLI:NL:RBAMS:2021:1018.
[91] www.olacabs.com/tnc?doc=uk-privacy-policy.
[92] Ola (C/13/689705/HA RK 20–258), 11.3.2021, https://uitspraken.rechtspraak.nl/inziendocument?id=ECLI:NL:RBAMS:2021:1019.

Profile der Fahrer zu erstellen, Daten, die dazu genutzt werden, Verdienstprofile der Fahrer zu erstellen und Daten, die für das „Wächtersystem" genutzt werden, um Unregelmäßigkeiten der Fahrer zu erkennen).

Abschnitt 5. Beschränkungen

Art. 23 Beschränkungen

(1) **Durch Rechtsvorschriften der Union oder der Mitgliedstaaten, denen der Verantwortliche oder der Auftragsverarbeiter unterliegt, können die Pflichten und Rechte gemäß den Artikeln 12 bis 22 und Artikel 34 sowie Artikel 5, insofern dessen Bestimmungen den in den Artikeln 12 bis 22 vorgesehenen Rechten und Pflichten entsprechen, im Wege von Gesetzgebungsmaßnahmen beschränkt werden, sofern eine solche Beschränkung den Wesensgehalt der Grundrechte und Grundfreiheiten achtet und in einer demokratischen Gesellschaft eine notwendige und verhältnismäßige Maßnahme darstellt, die Folgendes sicherstellt:**

a) **die nationale Sicherheit;**
b) **die Landesverteidigung;**
c) **die öffentliche Sicherheit;**
d) **die Verhütung, Ermittlung, Aufdeckung oder Verfolgung von Straftaten oder die Strafvollstreckung, einschließlich des Schutzes vor und der Abwehr von Gefahren für die öffentliche Sicherheit;**
e) **den Schutz sonstiger wichtiger Ziele des allgemeinen öffentlichen Interesses der Union oder eines Mitgliedstaats, insbesondere eines wichtigen wirtschaftlichen oder finanziellen Interesses der Union oder eines Mitgliedstaats, etwa im Währungs-, Haushalts- und Steuerbereich sowie im Bereich der öffentlichen Gesundheit und der sozialen Sicherheit;**
f) **den Schutz der Unabhängigkeit der Justiz und den Schutz von Gerichtsverfahren;**
g) **die Verhütung, Aufdeckung, Ermittlung und Verfolgung von Verstößen gegen die berufsständischen Regeln reglementierter Berufe;**
h) **Kontroll-, Überwachungs- und Ordnungsfunktionen, die dauernd oder zeitweise mit der Ausübung öffentlicher Gewalt für die unter den Buchstaben a bis e und g genannten Zwecke verbunden sind;**
i) **den Schutz der betroffenen Person oder der Rechte und Freiheiten anderer Personen;**
j) **die Durchsetzung zivilrechtlicher Ansprüche.**

(2) Jede Gesetzgebungsmaßnahme im Sinne des Absatzes 1 muss insbesondere gegebenenfalls spezifische Vorschriften enthalten zumindest in Bezug auf

a) die Zwecke der Verarbeitung oder die Verarbeitungskategorien,
b) die Kategorien personenbezogener Daten,
c) den Umfang der vorgenommenen Beschränkungen,
d) die Garantien gegen Missbrauch oder unrechtmäßigen Zugang oder unrechtmäßige Übermittlung;
e) die Angaben zu dem Verantwortlichen oder den Kategorien von Verantwortlichen,
f) die jeweiligen Speicherfristen sowie die geltenden Garantien unter Berücksichtigung von Art, Umfang und Zwecken der Verarbeitung oder der Verarbeitungskategorien,
g) die Risiken für die Rechte und Freiheiten der betroffenen Personen und
h) das Recht der betroffenen Personen auf Unterrichtung über die Beschränkung, sofern dies nicht dem Zweck der Beschränkung abträglich ist.

Literatur: *Calliess/Ruffert*, EUV/AEUV, 6. Aufl. 2022, Art. 52 GRCh; *Dzida/Granetzny*, Die neue EU-Whistleblowing-Richtlinie und ihre Auswirkungen auf Unternehmen, NZA 2020, 1201; *Grabitz/Hilf/ Nettesheim*, Das Recht der Europäischen Union, 40. EL 2009, Sekundärrecht, A 30. – Abschnitt VI, Art. 13; *Grabitz/Hilf/Nettesheim*, Das Recht der Europäischen Union, 58. EL 2016, EUV, Art. 3; *Greve*, Das neue Bundesdatenschutzgesetz, NVwZ 2017; *von der Groeben/Schwarze/Hatje*, Europäisches Unionsrecht, 7. Aufl. 2015, AEUV, Art. 16; *Härting*, Datenschutz-Grundverordnung, 2016; *Johannes*, Der BDSG-Entwurf und das Mysterium der 23, ZD-Aktuell 2017, 05533; *Kühling/Martini* et al., Die DSGVO und das nationale Recht, 2016; *Roßnagel*, Gesetzgebung im Rahmen der Datenschutz-Grundverordnung, DuD 2017, 227 (279);

Beschränkungen   **1, 2 Art. 23**

Wiebe/Eichfeld, Spannungsverhältnis Datenschutzrecht und Justiz, NJW 2019, 2734; *Wybitul,* Was ändert sich mit dem neuen EU-Datenschutzrecht für Arbeitgeber und Betriebsräte?, ZD 2016, 203.
Rechtsprechung: EuGH Urt. v. 7.11.2013 – C-473/12, ECLI:EU:C:2013:715 – IPI; EuGH Urt. v. 1.10.2015 – C-201/14, ECLI:EU:C:2015:638 – Bara; EuGH Urt. v. 6.10.2015 – C-362/14, ECLI:EU:C:2015:650 = ZD 2015, 549 mAnm *Spies* – Schrems; EuGH Urt. v. 19.10.2016 – C-582/14, ECLI:EU:C:2016:779 Rn. 53 ff. = ZD 2015, 24; EuGH Urt. v. 30.3.2023 – C-34/21, ECLI:EU:C:2023:270 = NZA 2023, 487 mAnm *Meinecke.*

Übersicht

	Rn.
A. Allgemeines	1
I. Zweck und Bedeutung der Vorschrift	1
II. Systematik, Verhältnis zu anderen Vorschriften	2
B. Einzelerläuterungen	3
I. Möglichkeit der Beschränkung	3
1. Allgemeines	3
2. Einzelne Beschränkungszwecke	4
a) Nationale Sicherheit	4
b) Landesverteidigung	5
c) Öffentliche Sicherheit	6
d) Verhütung, Ermittlung, Aufdeckung oder Verfolgung von Straftaten oder die Strafvollstreckung, einschließlich des Schutzes vor und der Abwehr von Gefahren für die öffentliche Sicherheit	7
e) Sonstige wichtige Ziele des öffentlichen Interesses	8
f) Richterliche Unabhängigkeit und Schutz von Gerichtsverfahren	9
g) Verhütung und Verfolgung von Verstößen gegen berufsständische Regeln	10
h) Kontroll-, Überwachungs- und Ordnungsfunktionen	11
i) Schutz der betroffenen Person oder der Rechte und Freiheiten anderer Personen	12
j) Durchsetzung zivilrechtlicher Ansprüche	13
II. Verfassungsrechtliche Anforderungen	14
III. Mindestinhalte beschränkender Rechtsvorschriften	15
IV. Formelle Anforderungen	16

A. Allgemeines

I. Zweck und Bedeutung der Vorschrift

Die Vorschrift ist die **zentrale Regelung** für den Erlass von nationalen Rechtsvorschriften, **1** die bestimmte Betroffenenrechte auf unions- oder mitgliedstaatlicher Ebene beschränken. Sie regelt, in welchen Fällen solche Beschränkungen möglich sind und welche Anforderungen an die jeweilige Rechtsvorschrift inhaltlich und verfassungsrechtlich zu stellen sind. **Beschränkungen** sind für alle Vorschriften des Kapitels III, das die Rechte der betroffenen Person regelt, und für Art. 34 möglich. Ferner kann Art. 5 beschränkt werden, soweit er den Art. 12–22 entspricht. Sofern die Mitgliedstaaten im nationalen Recht Beschränkungen umsetzen, müssen diese die Schranken beachten, die Art. 23 hierfür setzt.[1]

II. Systematik, Verhältnis zu anderen Vorschriften

Art. 13 DS-RL enthielt bereits eine Klausel, die den Mitgliedstaaten in bestimmten Fällen **2** eine Beschränkung der Rechte der betroffenen Personen erlaubte. Teilweise wurde diese Vorschrift als zu weitreichend kritisiert.[2] Das Ungleichgewicht des Datenschutzniveaus in den Mitgliedstaaten hinterließ Schutzlücken im Datenschutzsystem der Gemeinschaft.[3] Art. 13 DS-RL enthielt – anders als nun Art. 23 – keine ausdrückliche Pflicht, Beschränkung nicht unter **Wahrung des Wesensgehaltes** der Grundrechte der Betroffenen vorzunehmen. Die Gründe für mögliche Beschränkungen werden mit Art. 23 gegenüber Art. 13 DS-RL erweitert. Im

---
[1] So zu Art. 13 DS-RL Grabitz/Hilf/Nettesheim/*Brühann* DS-RL Art. 13 Rn. 5.
[2] NK-BDSG/*Mallmann* § 19 Rn. 8 mwN.
[3] von der Groeben/Schwarze/Hatje/*Brühann* AEUV Art. 16 Rn. 16.

deutschen Recht war beispielsweise das Auskunftsrecht gegenüber öffentlichen Stellen nach § 19 Abs. 2–4 BDSG aF beschränkt. Der Schutz natürlicher Personen bei der Verarbeitung personenbezogener Daten durch Behörden zum Zwecke der Verhütung, Ermittlung, Aufdeckung oder Verfolgung von **Straftaten** oder der **Strafvollstreckung** sowie zum freien Datenverkehr ist in der Richtlinie (EU) 2016/680 des Europäischen Parlaments und des Rates vom 27.4.2016 geregelt.[4]

B. Einzelerläuterungen

I. Möglichkeit der Beschränkung

1. Allgemeines. Beschränkungen der Art. 12–22, Art. 34 und Art. 5 sind nur zulässig, sofern die fünf in Art. 23 genannten **Voraussetzungen** bestehen:
1. Es dürfen nur die in Art. 23 Abs. 1 abschließend genannten Rechte der Betroffenen beschränkt werden;
2. die Beschränkung muss den Wesensgehalt der Grundrechte und Grundfreiheiten achten;
3. es muss sich um eine in einer demokratischen Gesellschaft notwendige und verhältnismäßige Maßnahme handeln;
4. die Beschränkung muss einem der in Abs. 1 Buchst. a–j genannten Zwecke dienen;
5. die Rechtsvorschrift muss die in Abs. 2 genannten Mindestinhalte aufweisen.

Beschränkungen gemäß Art. 23 Abs. 1 setzen voraus, dass sie mindestens einen der unter Abs. 1 Buchst. a–j genannten Fälle betreffen.

Die **abschließende Aufzählung der Ausnahmen** macht deutlich, dass die Mitgliedstaaten keine darüber hinausgehenden Beschränkungen vornehmen dürfen bzw. darüber hinausgehende Beschränkungen unzulässig sind. Bereits nach den Erwägungsgründen 9 und 10 der DS-RL durfte die Angleichung der Rechtsvorschriften in den Mitgliedstaaten nicht dazu führen, dass sich der darin enthaltene garantierte Schutz verringert, sondern die Umsetzung der Richtlinie sollte vielmehr das Datenschutzniveau in der Union verbessern und ein hohes Schutzniveau sicherstellen.[5]

Da die in Abs. 1 Buchst. a–j genannten Zwecke sehr weit gefasst sind, kommen dem **Schutz des Wesensgehaltes** der Grundrechte und Grundfreiheiten sowie der Verhältnismäßigkeit der Maßnahmen besondere Bedeutung zu.[6] Die Vorschrift stellt keine Generalermächtigung zur Änderung der Vorgaben der DS-GVO dar, sondern soll nur punktuelle, wohlüberlegte und gut begründete Eingriffe der Mitgliedstaaten ermöglichen.[7] Der Europäische Datenschutzausschuss hat Leitlinien zu Art. 23 veröffentlicht und darin auch im Anhang eine Prüfliste zu den Anforderungen von Abs. 1 und Abs. 2 veröffentlicht.[8]

2. Einzelne Beschränkungszwecke. a) Nationale Sicherheit. Art. 13 Abs. 1 Buchst. a DS-RL enthielt eine vergleichbare Regelung unter der Überschrift „Sicherheit des Staates", in Art. 23 Abs. 1 Buchst. a wird nun die Überschrift „nationale Sicherheit" verwendet, die sich wortgleich auch in Art. 4 Abs. 2 S. 2 EUV findet. Ein inhaltlicher Unterschied zur Regelung in der DS-RL geht damit allerdings nicht einher.[9] Die nationale Sicherheit ist nur dann betroffen, wenn die Beschränkung den Zweck verfolgt, den Bestand des Staates insgesamt zu schützen; nur existenzielle Sicherheitsbelange können eine Beschränkung von Rechten rechtfertigen.[10] Zum Schutz einzelner Kollektiv- oder Individualgüter ermächtigt die Regelung nicht.[11] Da die viele Datenverarbeitung personenbezogener Daten für Zwecke der nationalen Sicherheit bereits durch Art. 2 Abs. 2 Buchst. a, b und d (→ Art. 2 Rn. 8) vom Anwendungsbereich der Verordnung ausgenommen sind, beschränkt sich der Anwendungsbereich von Abs. 1 Buchst. a praktisch auf

---

[4] Erwägungsgrund 19.
[5] Grabitz/Hilf/Nettesheim/*Brühann* DS-RL Art. 13 Rn. 7.
[6] *Greve* NVwZ 2017, 737 (739).
[7] *Johannes* ZD-Aktuell 2017, 05533; *Roßnagel* DuD 2017, 227.
[8] EDSA Leitlinien 10/2020 zu Beschränkungen nach Artikel 23 DSGVO, Fassung 2.1, angenommen am 13.10.2021.
[9] Simitis/Hornung/Spiecker gen. Döhmann/*Dix* DS-GVO Art. 23 Rn. 20.
[10] HK-DS-GVO/*Peuker* Art. 23 Rn. 18.
[11] Paal/Pauly/*Paal* DS-GVO Art. 23 Rn. 17; Kühling/Buchner/*Bäcker* DS-GVO Art. 23 Rn. 15.

Verantwortliche oder Auftragsverarbeiter, die personenbezogene Daten verarbeiten, die aber selbst nicht mit der nationalen Sicherheit betraut sind.[12]

b) Landesverteidigung. Die Landesverteidigung hat mit der nationalen Sicherheit gemein, dass auch sie sich auf die äußere Sicherheit bezieht. Genauer sind hier die militärische Abwehr von äußeren Angriffen und der Schutz des eigenen Hoheitsgebiets gemeint.[13] Auch hinsichtlich der Landesverteidigung sind nach Art. 2 Abs. 2 Buchst. a und b (→ Art. 2 Rn. 8) durch staatliche Stellen erfolgende Verarbeitungen personenbezogener Daten vom Anwendungsbereich der Verordnung ausgenommen.[14] Damit gilt Buchst. b ebenfalls nur für Verantwortliche oder Auftragsverarbeiter, welche nicht direkt mit der Landesverteidigung betraut sind, sondern personenbezogene Daten verarbeiten, die hierfür relevant sind oder werden.[15]

c) Öffentliche Sicherheit. Nach Erwägungsgrund 73 soll die öffentliche Sicherheit zum einen Schutz vor uns bei Katastrophen umfassen, egal ob diese durch die Natur oder den Menschen verursacht sind, und zum anderen die Verhütung, Aufdeckung und Verfolgung von Straftaten oder die Strafvollstreckung. Letztere werden jedoch ausdrücklich in Buchst. d geregelt. Es spricht daher viel dafür Buchst. c auf die Gegenstände der öffentlichen Sicherheit zu beschränken, die nicht von Buchst. d umfasst sind. Die öffentliche Sicherheit ist hierbei eng zu verstehen und umfasst im Kern den innerstaatlichen Schutz wichtiger Rechtsgüter.[16] Nach Art. 2 Abs. 2 Buchst. d sind Verarbeitungen personenbezogener Daten zum Schutz vor und zur Abwehr von Gefahren für die öffentliche Sicherheit vom Anwendungsbereich der Verordnung ausgenommen, so dass auch Buchst. c nur für Verantwortliche oder Auftragsverarbeiter gilt, welche nicht direkt mit der Verarbeitung personenbezogener Daten für die öffentliche Sicherheit betraut sind, sondern personenbezogene Daten verarbeiten, die hierfür relevant sind oder werden.[17]

d) Verhütung, Ermittlung, Aufdeckung oder Verfolgung von Straftaten oder die Strafvollstreckung, einschließlich des Schutzes vor und der Abwehr von Gefahren für die öffentliche Sicherheit. Wie zu Buchst. c (→ Rn. 6) dargestellt, betrifft Buchst. d einen Teilbereich der öffentlichen Sicherheit rund um Straftaten und die Strafverfolgung. Dabei sind Verarbeitungen personenbezogener Daten wiederum nach Art. 2 Abs. 2 Buchst. d (→ Art. 2 Rn. 13) vom Anwendungsbereich der Verordnung ausgenommen. Erwägungsgrund 19 enthält zudem eine explizite Erklärung, dass die JI-RL gegenüber der Verordnung eine Ausschlusswirkung entfaltet.[18] Damit sind Beschränkungen nur für Verantwortliche und Auftragsverarbeiter möglich, die personenbezogene Daten verarbeiten, die für staatliche oder beliehene (Art. 3 Nr. 7 JI-RL) Stellen für Zwecke des Buchst. d relevant werden.[19] Erwägungsgrund 19 S. 4 nennt als Beispiele Finanzinstitute im Rahmen der Bekämpfung der Geldwäsche oder kriminaltechnische Labors.[20] Dies kann auch im Rahmen einer Strafanzeige durch den Verantwortlichen oder den Auftragsverarbeiter relevant sein.[21] Für Behörden, welche mit entsprechenden Aufgaben betraut sind, gilt abschließend die JI-RL.[22] Was eine Straftat ist, richtet sich nach nationalem Recht, das sich dabei jedoch an den Grenzen der Grundrechte und Grundfreiheiten der Union orientieren muss.[23] Das Verhüten von Straftaten muss sich – ebenso wie die Abwehr anderer Gefahren für die öffentliche Sicherheit – auf eine konkrete Gefahr

---

[12] Simitis/Hornung/Spiecker gen. Döhnmann/*Dix* DS-GVO Art. 23 Rn. 20; Kühling/Buchner/*Bäcker* DS-GVO Art. 23 Rn. 15.
[13] Paal/Pauly/*Paal* DS-GVO Art. 23 Rn. 19; Kühling/Buchner/*Bäcker* DS-GVO Art. 23 Rn. 17.
[14] HK-DS-GVO/*Peuker* Art. 23 Rn. 20.
[15] Kühling/Buchner/*Bäcker* DS-GVO Art. 23 Rn. 17; Paal/Pauly/*Paal* DS-GVO Art. 23 Rn. 19.
[16] Simitis/Hornung/Spiecker gen. Döhnmann/*Dix* DS-GVO Art. 23 Rn. 25; BeckOK DatenschutzR/Stender-Vorwachs/*Wolff* DS-GVO Art. 23 Rn. 29; Kühling/Buchner/*Bäcker* DS-GVO Art. 23 Rn. 19.
[17] BeckOK DatenschutzR/Stender-Vorwachs/*Wolff* DS-GVO Art. 23 Rn. 29.3.
[18] Kühling/Buchner/*Kühling/Raab* DS-GVO Art. 2 Rn. 29; Taeger/Gabel/*Koreng* DS-GVO Art. 23 Rn. 28 f.
[19] Simitis/Hornung/Spiecker gen. Döhnmann/*Dix* DS-GVO Art. 23 Rn. 26.
[20] HK-DS-GVO/*Peuker* Art. 23 Rn. 24.
[21] Kühling/Buchner/*Bäcker* DS-GVO Art. 23 Rn. 21; vgl. EuGH Urt. v. 19.10.2016 – C-582/14, ECLI:EU:C:2016:779 Rn. 53 ff. = ZD 2015, 24 – Breyer.
[22] Kühling/Buchner/*Kühling/Raab* DS-GVO Art. 2 Rn. 30; Simitis/Hornung/Spiecker gen. Döhnmann/*Dix* DS-GVO Art. 23 Rn. 26.
[23] Paal/Pauly/*Paal* DS-GVO Art. 23 Rn. 28; Schwartmann/Jaspers/Thüsing/Kugelmann/*Pabst* DS-GVO Art. 23 Rn. 35.

beziehen, eine bloß abstrakte Gefahr reicht nicht aus.[24] Unter Strafvollstreckung ist die Durchsetzung von Maßnahmen durch hoheitliche Gewalt zu verstehen.[25]

8   **e) Sonstige wichtige Ziele des öffentlichen Interesses.** Buchst. e stellt einen offenen Auffangtatbestand dar, der mit dem sonst in Art. 23 verfolgten Grundsatz der enumerativen Aufzählung von Ausnahmetatbeständen bricht. Durch diese offene Formulierung macht Buchst. e die anderen Tatbestände in den Buchst. a–d faktisch zu Regelbeispielen, da jeder der dort genannten Zwecke im öffentlichen Interesse liegt und ein wichtiges Ziel darstellt.[26] Unter dem allgemeinen öffentlichen Interesse können sämtliche Gemeinwohlinteressen der Union und der Mitgliedstaaten verstanden werden.[27] Insbesondere zählt Art. 23 Abs. 1 Buchst. e wirtschaftliche und finanzielle Ziele im Währungs-, Haushalts- und Steuerbereich sowie die öffentliche Gesundheit und die soziale Sicherheit explizit auf. Ein Anwendungsbereich kann auch bei der Umsetzung der Whistleblower-Richtlinie bestehen.[28] Wegen der ausgesprochen weiten Fassung des Tatbestandes ist die Regelung restriktiv auszulegen[29] und darf die Grundrechte und Freiheiten der betroffenen Personen nicht ohne strikte Notwendigkeit und wirklich wichtiges konkretes öffentliches Interesse aushöhlen.

9   **f) Richterliche Unabhängigkeit und Schutz von Gerichtsverfahren.** Art. 23 Abs. 1 Buchst. f ermöglicht Beschränkungen von Rechten zum Schutz der richterlichen Unabhängigkeit und des Gerichtsverfahrens. Sofern es um Beschränkungen im Zusammenhang mit Strafverfahren geht, ist Buchst. d spezieller und geht Buchst. f vor.[30] Die Verwaltungstätigkeit der Gerichte fällt nicht in den Anwendungsbereich.[31] Das Recht zur Beschränkung gilt zudem nicht für gesetzliche Richter, privatrechtliche Schiedsverfahren fallen nicht in den Anwendungsbereich von Buchst. f.[32] Mit Blick auf die richterliche Unabhängigkeit dürfte der praktische Anwendungsbereich selten relevant werden,[33] Beratungen unterliegen dem Beratungsgeheimnis und werden zudem häufig keine ganz oder teilweise automatisierte Verarbeitung umfassen. Risiken für die richterliche Unabhängigkeit könnten aber zum Beispiel durch Löschungs- und Berichtigungsverlangen zu streitigen Sachverhalten beeinträchtigt werden. Derartige Betroffenenrechte könnten auch die Chancengleichheit im Gerichtsverfahren beeinträchtigen.[34] Während das Beratungsgeheimnis auch über das Ende des Verfahrens hinaus gilt, sind beschränkende Maßnahmen ansonsten nur für die Dauer des Verfahrens zulässig sind.[35]

10 **g) Verhütung und Verfolgung von Verstößen gegen berufsständische Regeln.** Soweit berufsständische Regeln bestehen, gestattet Buchst. g Beschränkungen von Betroffenenrechten, wenn dies für die Verhütung und Verfolgung von Verstößen erforderlich ist. Dabei kann für die Definition des Begriffs Beruf auf Art. 3 Abs. 1 Berufsanerkennungsrichtlinie (RL 2005/36/EG) zurückgegriffen werden.[36] Danach handelt es sich um einen reglementierten Beruf, wenn die Aufnahme, Ausübung oder eine Art der Ausübung direkt oder indirekt durch Rechts- und Verwaltungsvorschriften an den Besitz bestimmter Berufsqualifikationen gebunden ist. Solche Qualifikationen können Zeugnisse oder Diplome darstellen. Unter berufsständische Regeln sind alle Normen zu verstehen, die das Ergreifen oder Ausüben eines Berufes betreffen. Darunter fallen sowohl Zugangs- als auch die Ausübungsregeln.[37] Sofern ein Verstoß (auch) eine Straftat

---

[24] Paal/Pauly/*Paal* DS-GVO Art. 23 Rn. 26; Simitis/Hornung/Spiecker gen. Döhnmann/*Dix* DS-GVO Art. 23 Rn. 26.
[25] Paal/Pauly/*Paal* DS-GVO Art. 23 Rn. 29.
[26] Kühling/Buchner/*Bäcker* DS-GVO Art. 23 Rn. 22; Simitis/Hornung/Spiecker gen. Döhnmann/*Dix* DS-GVO Art. 23 Rn. 27.
[27] BeckOK DatenschutzR/*Stender-Vorwachs/Wolff* DS-GVO Art. 23 Rn. 37.
[28] *Dzida/Granetzny* NZA 2020, 1201 (1206).
[29] Simitis/Hornung/Spiecker gen. Döhnmann/*Dix* DS-GVO Art. 23 Rn. 27; BeckOK DatenschutzR/*Stender-Vorwachs/Wolff* DS-GVO Art. 23 Rn. 35.
[30] Taeger/Gabel/*Koreng* DS-GVO Art. 23 Rn. 37; Paal/Pauly/*Paal* DS-GVO Art. 23 Rn. 33, Kühling/Buchner/*Bäcker* DS-GVO Art. 23 Rn. 25.
[31] HK-DS-GVO/*Peuker* Art. 23 Rn. 30; Simitis/Hornung/Spiecker gen. Döhnmann/*Dix* DS-GVO Art. 23 Rn. 29; ähnlich *Wiebe/Eichfeld* NJW 2019, 2734.
[32] Simitis/Hornung/Spiecker gen. Döhnmann/*Dix* DS-GVO Art. 23 Rn. 29.
[33] Kühling/Buchner/*Bäcker* DS-GVO Art. 23 Rn. 24, 25; Taeger/Gabel/*Koreng* DS-GVO Art. 23 Rn. 38.
[34] Schwartmann/Jaspers/Thüsing/Kugelmann/*Pabst* DS-GVO Art. 23 Rn. 46.
[35] Kühling/Buchner/*Bäcker* DS-GVO Art. 23 Rn. 24.
[36] Kühling/Buchner/*Bäcker* DS-GVO Art. 23 Rn. 26.
[37] Paal/Pauly/*Paal* DS-GVO Art. 23 Rn. 36. Kühling/Buchner/*Bäcker* DS-GVO Art. 23 Rn. 26.

darstellt, gilt Buchst. d vorrangig, zB bei der anwaltlichen oder ärztlichen Schweigepflicht.[38] Beschränkungen sind jedoch auch möglich, wenn der Verstoß keinen Straftatbestand darstellt, anderenfalls hätte Buchst. g neben Buchst. d keine Bedeutung.[39] Daher zählen sowohl Normen von Selbstverwaltungskörperschaften als auch alle anderen berufsständischen Regeln, unabhängig davon, von wem sie erlassen wurden. Dies ist insbesondere relevant wenn Berufsverbände Regelungsbefugnisse hinsichtlich ihres Standes haben.[40] Wie jedoch generell in Art. 23 sind die Befugnisse restriktiv auszulegen, ungeschriebene Regelungen zum Berufsethos sind nicht umfasst.[41]

h) Kontroll-, Überwachungs- und Ordnungsfunktionen. Art. 23 Abs. 1 Buchst. h stellt klar, dass Beschränkungen nach den Buchst. a bis e und g auch dann möglich sind, wenn Behörden oder Private dauernd oder zeitweise mit Katalogaufgaben betraut sind und entsprechende Kontroll-, Überwachungs- oder Ordnungsfunktionen übernehmen.[42] Erfasst ist nur die Ausübung öffentlicher Gewalt, womit neben Behörden, Private nur im Rahmen einer Beleihung in Betracht kommen.[43]

i) Schutz der betroffenen Person oder der Rechte und Freiheiten anderer Personen. Der Tatbestand des Buchst. i fand sich schon in Art. 13 DS-RL. Obwohl die Rechte der betroffenen Person zuvorderst dem Schutz der Rechte und Freiheiten der betroffenen Person gelten, kann es in Einzelfällen erforderlich sein eben diese Rechte zum Schutz der Rechte und Freiheiten der betroffenen oder anderer natürlicher oder juristischer Person einzuschränken, was Regelungsgegenstand des Buchst. i ist.[44] Solche Rechte und Freiheiten müssen rechtlich geschützte Interessen sein, rein ideelle oder wirtschaftliche Interessen reichen nicht.[45] Die Beschränkung der Rechte zum Schutz der betroffenen Person selbst ist hinsichtlich der Betroffenenrechte gerade im Hinblick auf das Grundrecht auf informationelle Selbstbestimmung sehr restriktiv auszulegen.[46] Vorstellbar sind vor allem medizinische oder therapeutische Gründe (vgl. § 630g BGB).[47] Der Schutz der Rechte und Freiheiten anderer umfasst auch den für die Verarbeitung Verantwortlichen.[48] Allerdings reicht es nicht aus, dass die Geltendmachung von Betroffenenrechten für die andere Person aufwändig oder kostspielig ist.[49] Als Rechte und Freiheiten kommen aber beispielsweise Geschäfts- oder Betriebsgeheimnisse sowie der Schutz des geistigen Eigentums infrage.[50] Erwägungsgrund 63 stellt jedoch für Auskünfte klar, dass diese Rechte nicht zur vollständigen Verweigerung der Auskunft führen dürfen.[51]

j) Durchsetzung zivilrechtlicher Ansprüche. Die Regelung in Buchst. j dürfte weitestgehend schon von Buchst. i abgedeckt sein, so dass sie faktisch nur klarstellenden Charakter hat.[52] Eigenständige Bedeutung kann Buchst. j aber im Bereich der Zwangsvollstreckung

---

[38] Kühling/Buchner/*Bäcker* DS-GVO Art. 23 Rn. 26; Taeger/Gabel/*Koreng* DS-GVO Art. 23 Rn. 43.
[39] Simitis/Hornung/Spiecker gen. Döhnmann/*Dix* DS-GVO Art. 23 Rn. 30; aA HK-DS-GVO/*Peuker* Art. 23 Rn. 32.
[40] Paal/Pauly/*Paal* DS-GVO Art. 23 Rn. 36, Kühling/Buchner/*Bäcker* DS-GVO Art. 23 Rn. 26; BeckOK DatenschutzR/*Stender-Vorwachs/Wolff* DS-GVO Art. 23 Rn. 45.
[41] Simitis/Hornung/Spiecker gen. Döhnmann/*Dix* DS-GVO Art. 23 Rn. 30.
[42] Kühling/Buchner/*Bäcker* DS-GVO Art. 23 Rn. 28; Paal/Pauly/*Paal* DS-GVO Art. 23 Rn. 38.
[43] Paal/Pauly/*Paal* DS-GVO Art. 23 Rn. 39; Simitis/Hornung/Spiecker gen. Döhnmann/*Dix* DS-GVO Art. 23 Rn. 31.
[44] HK-DS-GVO/*Peuker* Art. 23 Rn. 34.
[45] Simitis/Hornung/Spiecker gen. Döhnmann/*Dix* DS-GVO Art. 23 Rn. 32; Schwartmann/Jaspers/Thüsing/Kugelmann/*Pabst* DS-GVO Art. 23 Rn. 56.
[46] Simitis/Hornung/Spiecker gen. Döhnmann/*Dix* DS-GVO Art. 23 Rn. 32; Kühling/Buchner/*Bäcker* DS-GVO Art. 23 Rn. 30.
[47] Paal/Pauly/*Paal* DS-GVO Art. 23 Rn. 41; Kühling/Buchner/*Bäcker* DS-GVO Art. 23 Rn. 32; Simitis/Hornung/Spiecker gen. Döhnmann/*Dix* DS-GVO Art. 23 Rn. 33.
[48] HK-DS-GVO/*Peuker* Art. 23 Rn. 34; Paal/Pauly/*Paal* DS-GVO Art. 23 Rn. 39.
[49] Kühling/Buchner/*Bäcker* DS-GVO Art. 23 Rn. 32.
[50] Schwartmann/Jaspers/Thüsing/Kugelmann/*Pabst* DS-GVO Art. 23 Rn. 56; BeckOK DatenschutzR/*Stender-Vorwachs/Wolff* DS-GVO Art. 23 Rn. 51.
[51] Simitis/Hornung/Spiecker gen. Döhnmann/*Dix* DS-GVO Art. 23 Rn. 35.
[52] Schwartmann/Jaspers/Thüsing/Kugelmann/*Pabst* DS-GVO Art. 23 Rn. 58; Paal/Pauly/*Paal* DS-GVO Art. 23 Rn. 43; Kühling/Buchner/*Bäcker* DS-GVO Art. 23 Rn. 33; Taeger/Gabel/*Koreng* DS-GVO Art. 23 Rn. 55.

bekommen.⁵³ Sobald die Ansprüche gerichtlich geltend gemacht werden, gilt Buchst. f für den Schutz des Gerichtsverfahrens vorrangig.⁵⁴

II. Verfassungsrechtliche Anforderungen

14 Der EuGH hat klare Anforderungen an Unionsregelungen aufgestellt, die – wie hier Art. 23 und die aufgrund dieser Vorschrift erlassenen Rechtsvorschriften – einen Eingriff in die von Art. 7 und 8 GRCh geschützten Grundrechte der betroffenen Personen darstellen. Solche Eingriffe müssen zum Schutz der betroffenen Personen **klare und präzise Regeln** für die Tragweite des Eingriffs enthalten und ausreichende Garantien zum Schutz der Daten vor Missbrauch.⁵⁵ Der Wesensgehalt der Grundrechte bezieht sich auf ihren unantastbaren Kerngehalt.⁵⁶ Die **Grundfreiheiten** stellen die Grundpfeiler des Binnenmarktziels dar (Art. 26 Abs. 2 AEUV). In Folge der Rechtsprechung des EuGH haben sich die Grundfreiheiten von Diskriminierungsverboten zu Beschränkungsverboten entwickelt und das Interventionsniveau im Binnenmarkt wurde erheblich reduziert. Die Grundfreiheiten sind im Lichte der allgemeinen Vertragsziele des Art. 3 EUV und seiner sozialen Gehalte auszulegen.⁵⁷ Die Mitgliedstaaten können Beschränkungen der Rechte der betroffenen Person nur in dem Umfang vorsehen, wie sie zur Wahrung der genannten Zwecke **notwendig** sind. Eine Notwendigkeit muss konkret für den Einzelfall bestimmt werden. Darüber hinaus verlangt der Schutz des Grundrechts auf Achtung des Privatlebens, dass sich die Ausnahmen vom Schutz personenbezogener Daten auf das absolut Notwendige beschränken. **Pauschale Ausnahmen** für bestimmte staatliche Organe oder Aufgaben sind **unzulässig**.⁵⁸ Ein Eingriff muss auch stets verhältnismäßig sein. Sofern nationale deutsche Rechtsvorschriften Beschränkungen vorsehen, sind diese außerdem am deutschen Verfassungsrecht und insbesondere dem **Recht auf informationelle Selbstbestimmung** zu messen. Dieses wird u.a. durch die Betroffenenrechte ausgestaltet. Insofern kann nationales Verfassungsrecht unter Umständen Beschränkungen entgegenstehen, die nach europäischem Recht möglich wären.

III. Mindestinhalte beschränkender Rechtsvorschriften

15 Die in Abs. 2 aufgeführten **Mindestinhalte** verlangen u.a. die Benennung von Art und Umfang der Verarbeitung, Garantien gegen Missbrauch, Speicherfristen sowie eine Risikobewertung für die Rechte und Freiheiten der betroffenen Person. Diese Mindestinhalte stellen sicher, dass sich der Gesetzgeber inhaltlich mit der Notwendigkeit der konkreten Maßnahme und somit dem Schutz der Rechte der betroffenen Personen auseinandersetzen muss. Die Mindestinhalte waren in Art. 13 DS-RL nicht enthalten. Im Gesetzgebungsverfahren zur Verordnung sind die Mindestinhalte über Änderungsvorschläge des Europäischen Parlaments und des Europäischen Rats in die Verordnung aufgenommen worden.⁵⁹

IV. Formelle Anforderungen

16 Beschränkungen sind nur auf Grundlage einer Rechtsvorschrift möglich. Erwägungsgrund 41 stellt klar, dass Rechtsvorschriften dabei nicht notwendigerweise einen parlamentarischen Gesetzgebungsakt erfordern, jedoch klar, präzise und vorhersehbar sein müssen. Sofern nationales Verfassungsrecht für Beschränkungen ein förmliches Gesetzgebungsverfahren verlangt, ist dies nach Erwägungsgrund 41 zulässig. Nach der Rechtsprechung des EuGH zur DS-RL besteht keine Rechtsvorschrift, wenn es an einer amtlichen Veröffentlichung fehlt.⁶⁰ Interne Verwaltungsvorschriften genügen den Anforderungen an eine Rechtsvorschrift nicht.⁶¹ Es muss sich ferner um Rechtsvorschriften der Union oder der Mitgliedstaaten handeln, rein privatrechtliche Vorschriften oder Vereinbarungen reichen nicht aus. Dies schließt auch Beschränkungen durch

---

⁵³ Paal/Pauly/*Paal* DS-GVO Art. 23 Rn. 43; Kühling/Buchner/*Bäcker* DS-GVO Art. 23 Rn. 33.
⁵⁴ Kühling/Buchner/*Bäcker* DS-GVO Art. 23 Rn. 33b.
⁵⁵ EuGH Urt. v. 6.10.2012 – C-362/14, ECLI:EU:C:2015:650 Rn. 91 = ZD 2015, 549 mAnm *Spies – Schrems*.
⁵⁶ Calliess/Ruffert/*Kingreen* GRCh Art. 52 Rn. 64.
⁵⁷ Grabitz/Hilf/Nettesheim/*Terhechte* EUV Art. 3 Rn. 40.
⁵⁸ Erwägungsgrund 19; EuGH Urt. v. 6.10.2012 – C-362/14, ECLI:EU:C:2015:650 Rn. 92 = ZD 2015, 549 mAnm *Spies – Schrems*; Grabitz/Hilf/Nettesheim/*Brühann* DS-RL Art. 13 Rn. 6.
⁵⁹ Art. 21, EP-PE_TC1-COD(2012)0011; ER, Allg. Ausrichtung, Dok. 9565/15.
⁶⁰ EuGH Urt. v. 1.10.2015 – C-201/14, ECLI:EU:C:2015:638 Rn. 39 ff. – *Bara*.
⁶¹ Kühling/Buchner/*Bäcker* DS-GVO Art. 23 Rn. 35.

Beschränkungen 16 **Art. 23**

Kollektivvereinbarungen im Beschäftigtenkontext nach Art. 88 und § 26 BDSG aus. Diese erfüllen bereits nicht die Anforderungen an eine Rechtsvorschrift im Sinne des Unionsrechts. Über Art. 88 sind zudem generell keine Beschränkungen möglich (→ Art. 88 Rn. 75), die Vorschrift gestattet nur spezifischere Vorschriften zur Gewährleistung des Schutzes der Rechte und Freiheiten und damit gerade keine Beschränkungen dieser Rechte.[62]

---

[62] AA wohl Kühling/Buchner/*Bäcker* DS-GVO Art. 23 Rn. 36.

Kapitel IV. Verantwortlicher und Auftragsverarbeiter

Abschnitt 1. Allgemeine Pflichten

Art. 24 Verantwortung des für die Verarbeitung Verantwortlichen

(1) ¹Der Verantwortliche setzt unter Berücksichtigung der Art, des Umfangs, der Umstände und der Zwecke der Verarbeitung sowie der unterschiedlichen Eintrittswahrscheinlichkeit und Schwere der Risiken für die Rechte und Freiheiten natürlicher Personen geeignete technische und organisatorische Maßnahmen um, um sicherzustellen und den Nachweis dafür erbringen zu können, dass die Verarbeitung gemäß dieser Verordnung erfolgt. ²Diese Maßnahmen werden erforderlichenfalls überprüft und aktualisiert.

(2) Sofern dies in einem angemessenen Verhältnis zu den Verarbeitungtätigkeiten steht, müssen die Maßnahmen gemäß Absatz 1 die Anwendung geeigneter Datenschutzvorkehrungen durch den Verantwortlichen umfassen.

(3) Die Einhaltung der genehmigten Verhaltensregeln gemäß Artikel 40 oder eines genehmigten Zertifizierungsverfahrens gemäß Artikel 42 kann als Gesichtspunkt herangezogen werden, um die Erfüllung der Pflichten des Verantwortlichen nachzuweisen.

Literatur: *Albrecht*, Das neue EU-Datenschutzrecht – von der Richtlinie zur Verordnung, CR 2016, 88; *Artikel-29-Datenschutzgruppe*, Statement on the role of a risk-based approach in data protection legal frameworks, WP 218; *Bergt*, Verhaltensregeln als Mittel zur Beseitigung der Rechtsunsicherheit in der Datenschutz-Grundverordnung, CR 2016, 670; *Berning*, Erfüllung der Nachweispflichten und Beweislast im Unternehmen, ZD 2018, 348; *Hansch*, Ein Jahr DS-GVO in der unternehmerischen Praxis: Wie effektiv ist mein Datenschutzmanagement?, ZD 2019, 245; *Jung*, Key Performance Indicators zur Messung der Effizienz eines Datenschutz-Management-Systems, CCZ 2018, 224; *Koós/Englisch*, Eine „neue" Auftragsdatenverarbeitung?, ZD 2014, 276; *Koreng/Lachenmann*, Formularhandbuch Datenschutzrecht, 3. Aufl. 2021; *Kraus/Leister*, Daten und Geheimnisschutz im Homeoffice – Schutzkonzept zur Vermeidung von Bußgeld- und Haftungsrisiken, CCZ 2021, 111; *Lepperhoff*, Dokumentationspflichten in der DS-GVO, RDV 2016, 197; *Monreal*, „Der für die Verarbeitung Verantwortliche" – Das unbekannte Wesen des deutschen Datenschutzrechtes, ZD 2014, 611; *Schröder*, Der risikobasierte Ansatz in der DS-GVO, ZD 2019, 503; *Veil*, DS-GVO: Risikobasierter Ansatz statt rigides Verbotsprinzip, ZD 2015, 347; *Veil*, Datenschutzverstoß = Schaden, CR-Online Blog 2.5.2018; *Weichert*, Die europäische Datenschutz-Grundverordnung – ein Überblick; *Wichtermann*, Einführung eines Datenschutz-Management-Systems in Unternehmen – Pflicht oder Kür?, ZD 2016, 421; *Wybitul*, Immaterieller Schadensersatz wegen Datenschutzverstößen – Erste Rechtsprechung der Instanzgerichte, NJW 2019, 3265.

Rechtsprechung: EuGH Urt. v. 6.10.2015 – C-362/14, ECLI:EU:C:2015:650 = ZD 2015, 549 mAnm *Spies* – Schrems; EuGH Urt. v. 4.5.2023 – C-300/21, ECLI:EU:C:2023:370 = NJW 2023, 1930.

Übersicht

	Rn.
A. Allgemeines	1
I. Zweck und Bedeutung der Vorschrift	1
II. Systematik, Verhältnis zu anderen Vorschriften	2
B. Einzelerläuterungen	3
I. Grundlegende Fragen	3
1. Adressat der Regelung	3
2. Reichweite der Regelung	4
II. Konkrete Regelungen der Vorschrift	6
1. Risikoanalyse	6
a) Risikofaktoren	8
b) Art und Schwere möglicher Schäden	9
c) Eintrittswahrscheinlichkeit	10
d) Risikobewertung	11
2. Geeignete technische und organisatorische Maßnahmen	12

3. Überprüfung und Aktualisierung 13
4. Nachweis 14
5. Datenschutzvorkehrungen (Abs. 2) 16
6. Genehmigte Verhaltensregeln und Zertifizierungsverfahren 17

A. Allgemeines

I. Zweck und Bedeutung der Vorschrift

Die Vorschrift ist die zentrale Regelung für die umfassende **Verantwortung** des für die 1 Verarbeitung Verantwortlichen.[1] Sie übernimmt dabei gemeinsam mit Art. 25 und 32 im Kern die Regelungen des Art. 17 Abs. 1 DS-RL und verpflichtet den Verantwortlichen darüber hinaus zur Einhaltung und zum Nachweis angemessener technischer und organisatorischer Maßnahmen zur Gewährleistung der **Rechtmäßigkeit der Verarbeitung** nach der Verordnung. Zum Begriff des für die Verarbeitung Verantwortlichen → Art. 4 Rn. 25 ff. und → Art. 26 Rn. 5. Die Vorschrift umfasst damit – anders als Art. 17 DS-RL – nicht nur die Sicherstellung eines angemessenen Schutzniveaus iSd Art. 32, sondern vielmehr die umfassende Gewährleistung der Rechtmäßigkeit der Verarbeitung insgesamt. Sie verpflichtet den Verantwortlichen auf die Einhaltung der Vorgaben der Verordnung und damit auch auf die Anforderungen von Art. 8 GRCh.[2] Neu gegenüber der DS-RL sind die stärkere Betonung auf die Einbeziehung der besonderen Risiken und deren Eintrittswahrscheinlichkeit (risikobasierter Ansatz)[3] sowie die Regelungen in Abs. 3, nach dem die Einhaltung von genehmigten Verhaltensregeln nach Art. 40 und eine Zertifizierung nach einem genehmigten Zertifizierungsverfahren nach Art. 42 als Gesichtspunkte für den Nachweis herangezogen werden können.

II. Systematik, Verhältnis zu anderen Vorschriften

Die Regelung ist hinsichtlich der Sicherheit der Verarbeitung personenbezogener Daten eng 2 verzahnt mit Art. 32, sie umfasst jedoch den **gesamten Prozess der Verarbeitung** von der Erhebung bis zur Löschung der Daten. Art. 24 ist Generalnorm, die durch Art. 25, 32 und 35 konkreter ausgestaltet wird.[4] Die Regelungen zur Sicherheit der Verarbeitung waren im BDSG-alt bisher in § 9 umgesetzt. Mit Art. 24 wird der bereits aus der DS-RL bekannte Begriff des „für die Verarbeitung Verantwortlichen" auch in Deutschland verbindlich, der Streit[5] um die inhaltlich im Detail abweichende Bedeutung des Begriffs „verantwortliche Stelle" in § 3 Abs. 7 BDSG-alt hat sich damit erledigt.

B. Einzelerläuterungen

I. Grundlegende Fragen

1. Adressat der Regelung. Adressat der Regelung ist nach dem Wortlaut ausdrücklich nur 3 der für die Verarbeitung **Verantwortliche.** Der Auftragsverarbeiter wird über Art. 32 hinsichtlich der Sicherheit der Verarbeitung selbst verpflichtet (→ Art. 32 Rn. 1), die Verantwortung für die Sicherstellung der Rechtmäßigkeit der gesamten Verarbeitung liegt jedoch allein beim Verantwortlichen.

2. Reichweite der Regelung. In allen öffentlich zugänglichen Entwurfsfassungen der Ver- 4 ordnung war eine vergleichbare Regelung vorgesehen, nach der jeweils der Verantwortliche den **Nachweis der Einhaltung** der Vorgaben der Verordnung beibringen musste. Der Kommissionsentwurf der Verordnung hat dabei beispielhaft Maßnahmen aufgezählt, die der Verantwortliche insbesondere zu treffen hätte. Dies waren die Dokumentation der Verarbeitungen, die

---

[1] Ebenso Kühling/Buchner/*Hartung* DS-GVO Art. 24 Rn. 1; Simitis/Hornung/Spiecker gen. Döhmann/*Petri* DS-GVO Art. 24 Rn. 1; Spindler/Schuster/*Nink* DS-GVO Art. 24 Rn. 1.
[2] *Albrecht* CR 2016, 88 (91).
[3] *Veil* ZD 2015, 347; *Weichert*, Die europäische Datenschutz-Grundverordnung – ein Überblick, S. 15, abrufbar unter www.netzwerk-datenschutzexpertise.de/sites/default/files/darst_2016_eudsgvo.pdf.
[4] Kühling/Buchner/*Hartung* DS-GVO Art. 24 Rn. 1; Schwartmann/Jaspers/Thüsing/Kugelmann/*Kremer* DS-GVO Art. 24 Rn. 7.
[5] *Monreal* ZD 2014, 661.

Umsetzung von Vorkehrungen zur Datensicherheit, die Durchführung von Datenschutz-Folgenabschätzungen, die Einhaltung von Vorgaben zur Einbeziehung der Aufsichtsbehörden und die Bestellung eines Datenschutzbeauftragten.[6] Auf eine vergleichbare Darstellung von Mindestmaßnahmen verzichtet Art. 24, gleichwohl dürften die im Kommissionsentwurf enthaltenen Maßnahmen jedenfalls einen Teil der vom Verantwortlichen zu treffenden Maßnahmen darstellen.

5 Die **Pflicht zum Nachweis** (→ Rn. 14) ist nicht beschränkt auf eigene Verarbeitungen des Verantwortlichen, sondern umfasst auch die Verarbeitungen, die im Auftrag des Verantwortlichen durchgeführt werden.[7]

II. Konkrete Regelungen der Vorschrift

6 **1. Risikoanalyse.** Die Vorschriften der Verordnung sind vom Verantwortlichen in vollem Umfang einzuhalten. Die Anforderungen an die konkret vom Verantwortlichen zu treffenden technischen und organisatorischen Maßnahmen zur Sicherstellung der Einhaltung der Vorgaben der Verordnung müssen jedoch verhältnismäßig sein. Es müssen die **Risiken für die Rechte und Freiheiten** natürlicher Personen **objektiv bewertet** werden.[8] Dabei sind Art, Umfang, Umstände und Zwecke der Verarbeitung als Risikofaktoren zu berücksichtigen. Sie müssen unter Berücksichtigung der Schwere möglicher Schäden für die betroffenen natürlichen Personen und der jeweiligen Eintrittswahrscheinlichkeit bewertet werden. Grundsätzlich kannte bereits Art. 17 Abs. 1 S. 2 DS-RL die Einbeziehung des tatsächlich bestehenden Risikos in Abwägungsentscheidungen für die Erforderlichkeit von technischen und organisatorischen Maßnahmen.[9] In der Verordnung wird dieser Ansatz nur konkreter gefasst, wobei sowohl auf das Gewicht des Risikos selbst als auch auf die Eintrittswahrscheinlichkeit abgestellt wird.

7 **Risiko** ist dabei das Produkt von Eintrittswahrscheinlichkeit und Schwere der Risiken für die Rechte und Freiheiten natürlicher Personen; Art, Umfang, Umstände und Zwecke der Verarbeitung haben dabei jeweils Einfluss auf die Faktoren Eintrittswahrscheinlichkeit und Schwere der Risiken für die Rechte und Freiheiten.[10] Falsch ist es, wenn die DSK[11] ein Risiko für die Rechte und Freiheiten natürlicher Personen mit einem Schaden gleichsetzt oder pauschal feststellt, dass es keine Verarbeitung ohne Risiko geben könne.[12] Allein ein Verstoß gegen die Vorgaben der Verordnung stellt noch keinen Schaden dar.[13] Ob ein Risiko für die Rechte und Freiheiten natürlicher Personen einen Schaden verursacht hat, ist jeweils im Einzelfall festzustellen. Die Verordnung geht an mehreren Stellen (Art. 27 Abs. 2 Buchst. a, Art. 30 Abs. 5, Art. 33 Abs. 1) davon aus, dass eine Verarbeitung und sogar ein Datenschutzvorfall kein Risiko für die Rechte und Freiheiten natürlicher Personen darstellen können. Wichtig ist daher eine sachlich-objektive Bewertung des Risikos ohne eine Dämonisierung von Datenverarbeitungen.[14] Verbreitet und in der Praxis gut umsetzbar ist eine Bewertung der beiden Risikofaktoren in einer Risikomatrix, wobei die Risikofaktoren jeweils in vier Abstufungen (vernachlässigbar, eingeschränkt, signifikant und maximal) bewertet werden und aus den Bewertungen durch Multiplikation ein Risikoscore gebildet wird.[15] Der so entstandene Risikoscore kann wiederum in Abstufungen gruppiert werden, zB dreistufig[16] (geringes Risiko, Risiko, hohes Risiko) oder fünfstufig[17] (kein Risiko, geringes Risiko, einfaches Risiko, gesteigertes Risiko, hohes Risiko).

---

[6] Art. 28 Abs. 2, KOM(2012) 11 endgültig.
[7] Erwägungsgrund 74.
[8] Erwägungsgrund 76; Kühling/Buchner/*Hartung* DS-GVO Art. 24 Rn. 15; Paal/Pauly/*Martini* DS-GVO Art. 24 Rn. 28.
[9] Artikel-29-Datenschutzgruppe, WP 218, S. 2.
[10] Paal/Pauly/*Martini* DS-GVO Art. 24 Rn. 26a, 28a; *Veit* CR-Online Blog v. 2.5.2018 abrufbar unter www.cr-online.de/blog/2018/05/02/datenschutzverstoss-schaden/; ebenso wohl Spindler/Schuster/*Nink* DS-GVO Art. 24 Rn. 7; aA Simitis/Hornung/Spiecker gen. Döhmann/*Petri* DS-GVO Art. 24 Rn. 3.
[11] DSK Kurzpapier Nr. 18 v. 26.4.2018, abrufbar unter www.datenschutzkonferenz-online.de/media/kp/dsk_kpnr_18.pdf.
[12] *Schröder* ZD 2019, 503, *Veit* CR-Online Blog v. 2.5.2018 abrufbar unter www.cr-online.de/blog/2018/05/02/datenschutzverstoss-schaden/; aA Gola/Heckmann/*Piltz* DS-GVO Art. 24 Rn. 21.
[13] EuGH NJW 2023, 1930 Rn. 32, 33.
[14] Ähnlich *Schröder* ZD 2019, 503, warnt davor, den Risikobegriff zu überdehnen.
[15] Abstufungen nach ISO/IEC 29134; ebenso *Kraus/Leister* CCZ 2021, 111; Taeger/Gabel/*Lang* DS-GVO Art. 24 Rn. 61.
[16] So Taeger/Gabel/*Lang* DS-GVO Art. 24 Rn. 61.
[17] So *Veit* CR-Online Blog v. 2.5.2018 (→ Fn. 10).

Diese Risikobewertung kann beispielsweise in das Verarbeitungsverzeichnis integriert werden
→ Art. 30 Rn. 23.

a) Risikofaktoren. Die Risikofaktoren **Art, Umfang, Umstände und Zwecke der Ver-** 8
arbeitung lassen sich nicht vollständig trennscharf definieren, beschreiben aber gemeinsam
umfassend alle risikorelevanten Aspekte der Verarbeitung. Risiken für die Rechte und Freiheiten
natürlicher Personen können sich zunächst aus der **Art der Verarbeitung** ergeben. Der Begriff
der Art der Verarbeitung umfasst jedenfalls die Kategorien personenbezogener Daten und die
Kategorien betroffener Personen.[18] Er enthält aber auch Aspekte der genutzten Verarbeitungstechnik. Der **Umfang** der Verarbeitung beschreibt die Menge der verarbeiteten Daten (vgl.
Erwägungsgründe 75, 91) sowohl hinsichtlich der Zahl der betroffenen Personen als auch
hinsichtlich der Zahl der zu einer Person verarbeiteten Daten.[19] Für die Frage des Umfangs der
Verarbeitung kann jedoch auch die Zahl der gemeinsam Verantwortlichen oder der Auftragsverarbeiter von Bedeutung sein. Ob die Dauer der Speicherung ein Aspekt des Umfangs oder der
Umstände der Verarbeitung ist,[20] kann dahinstehen. Jedenfalls ist die Dauer der Speicherung
ein relevanter Risikofaktor für die Eintrittswahrscheinlichkeit.[21] Sie kann zudem bei laufender
Zuspeicherung weiterer Daten auch unter dem Aspekt des Umfangs der Verarbeitung ein
relevanter Risikofaktor sein. Zu den relevanten Umständen können die räumlichen und zeitlichen Umstände der Datenerhebung (etwa bei Videoüberwachungen)[22] ebenso wie das Fehlen
oder Vorhandensein bestimmter technischer und organisatorischer Maßnahmen[23] (wie zB Pseudonymisierung, Anonymisierung, Aggregation von Daten) zählen. Die **Zwecke** der Verarbeitung können risikorelevant sein, wenn sie auf besonderes kritische Ziele gerichtet sind (zB De-Anonymisierung, De-Pseudonymisierung)[24] oder wenn sie besonders weit gefasst sind.[25]

b) Art und Schwere möglicher Schäden. Erwägungsgrund 75 weist darauf hin, dass Ver- 9
arbeitungen zu physischen, materiellen oder auch immateriellen Schäden bei den betroffenen
Personen führen können und beinhaltet eine Aufstellung **besonderer Risiken,** die sich wie folgt
gruppieren lassen:
– Wirtschaftliche oder gesellschaftliche Nachteile aufgrund von Diskriminierung, Identitätsdiebstahl oder -betrug, Rufschädigung, Offenbarung von Daten, die einem Berufsgeheimnis
unterliegen oder die unbefugte Aufhebung einer Pseudonymisierung;
– wirtschaftliche oder gesellschaftliche Nachteile, wenn betroffene Personen daran gehindert
werden, die sie betreffenden personenbezogenen Daten zu kontrollieren;
– wirtschaftliche oder gesellschaftliche Nachteile, wenn personenbezogene Daten, aus denen die
rassische oder ethnische Herkunft, politische Meinungen, religiöse oder weltanschauliche
Überzeugungen oder die Zugehörigkeit zu einer Gewerkschaft hervorgehen, genetische Daten, Gesundheitsdaten, das Sexualleben, strafrechtliche Verurteilungen, Straftaten oder damit
zusammenhängende Sicherungsmaßregeln verarbeitet werden;
– wirtschaftliche oder gesellschaftliche Nachteile, wenn persönliche Aspekte bewertet werden,
wenn Aspekte, die die Arbeitsleistung, wirtschaftliche Lage, Gesundheit, persönliche Vorlieben
oder Interessen, die Zuverlässigkeit oder das Verhalten, den Aufenthaltsort oder Ortswechsel
betreffen, analysiert oder prognostiziert werden, um persönliche Profile zu erstellen oder zu
nutzen;
– wirtschaftliche oder gesellschaftliche Nachteile, wenn personenbezogene Daten schutzbedürftiger natürlicher Personen, insbesondere Daten von Kindern, verarbeitet werden oder wenn
die Verarbeitung eine große Menge personenbezogener Daten und eine große Anzahl von
betroffenen Personen betrifft.

Die Aufstellung in Erwägungsgrund 75 ist beispielhaft und nicht abschließend zu verstehen,
sie verdeutlicht aber, welche möglichen Schadensarten der europäische Gesetzgeber bei der
Verhandlung der Verordnung vor Augen hatte.

---

[18] Gola/Heckmann/*Piltz* DS-GVO Art. 24 Rn. 33; *Härting* DS-GVO Rn. 131.
[19] Paal/Pauly/*Martini* DS-GVO Art. 24 Rn. 33; Gola/Heckmann/*Piltz* DS-GVO Art. 24 Rn. 34.
[20] So Paal/Pauly/*Martini* DS-GVO Art. 24 Rn. 34.
[21] Ebenso Paal/Pauly/*Martini* DS-GVO Art. 24 Rn. 34.
[22] Paal/Pauly/*Martini* DS-GVO Art. 24 Rn. 34.
[23] Gola/Heckmann/*Piltz* DS-GVO Art. 24 Rn. 35.
[24] Gola/Heckmann/*Piltz* DS-GVO Art. 24 Rn. 36.
[25] Paal/Pauly/*Martini* DS-GVO Art. 24 Rn. 35.

10 c) Eintrittswahrscheinlichkeit. Die **Eintrittswahrscheinlichkeit** ist wesentliches und erforderliches **Korrektiv** für die Bewertung der identifizierten möglichen Schäden. Ein vermeintlich geringer Schaden kann durch eine hohe Eintrittswahrscheinlichkeit zu einem erhöhten oder gar hohen Risiko führen, ein potentiell hoher Schaden durch eine niedrige Eintrittswahrscheinlichkeit zu einem niedrigeren Risiko. Es handelt sich um eine **Prognoseentscheidung** auf Basis von statistischen Erwartungswerten.[26] Die Entscheidung und die Grundlagen der Prognoseentscheidung sind zu dokumentieren.

11 d) Risikobewertung. Im Rahmen der Risikoanalyse führt **nicht jede Möglichkeit eines Nachteils** für den Betroffenen, dessen Eintritt nicht gänzlich auszuschließen ist, automatisch zu einem **hohen Risiko**. Es bedarf einer objektiven Betrachtung sowohl der konkreten Verarbeitung als auch der Bandbreite möglicher Nachteile und Eintrittswahrscheinlichkeiten. Die Risikoanalyse nach Art. 24 Abs. 1 und die daraus abgeleiteten angemessenen technischen und organisatorischen Maßnahmen sind der vom europäischen Gesetzgeber vorgesehene Regelfall, eine **Datenschutz-Folgenabschätzung** nach Art. 35 ist **nur in Ausnahmefällen** erforderlich (→ Art. 35 Rn. 14).[27]

12 2. Geeignete technische und organisatorische Maßnahmen. Abs. 1 S. 1 verpflichtet den für die Verarbeitung Verantwortlichen zur Umsetzung von geeigneten technischen und organisatorischen Maßnahmen. Die Formulierung ist insofern allgemeiner gehalten als Art. 25 und Art. 32, nach denen jeweils sowohl der Stand der Technik als auch die Implementierungskosten mit zu berücksichtigen sind. Das Fehlen dieser Regelungen zur Angemessenheit (der Maßnahmen und damit auch zur Verhältnismäßigkeit) ist auf den Überblickscharakter von Art. 24 zurückzuführen und stellt keinen Widerspruch zu Art. 25 und Art. 32 dar.[28]

13 3. Überprüfung und Aktualisierung. Nach Abs. 1 S. 2 muss der Verantwortliche die Maßnahmen überprüfen und aktualisieren, wenn dies erforderlich ist. Im Entwurf der Kommission sah Art. 22 Abs. 3 KOM(2012) 11 endgültig noch vor, dass der Verantwortliche Verfahren zur Überprüfung der Wirksamkeit der getroffenen technischen und organisatorischen Maßnahmen implementieren muss. Hinsichtlich der **Sicherheit der Verarbeitung** enthält Art. 32 Abs. 1 Buchst. d (→ Art. 32 Rn. 12) eine vergleichbare Pflicht zur regelmäßigen Überprüfung der getroffenen Maßnahmen. Außerhalb des Bereichs der Sicherheit der Verarbeitung muss der Verantwortliche daher nur tätig werden, wenn ein **konkreter Anlass** eine solche Überprüfung und Aktualisierung erforderlich macht. Konkrete Anlässe für eine solche Überprüfung und Aktualisierung können neben neuen oder veränderten gesetzlichen Regelungen beispielsweise gerichtliche oder aufsichtsbehördliche Entscheidungen zur Rechtmäßigkeit von Verarbeitungen (zB zu den Anforderungen an eine Einwilligung oder an Informationspflichten) sein oder die Zulassung neuer genehmigter Verhaltensregeln oder Zertifizierungsverfahren (→ Rn. 15). Auch Änderungen an der Verarbeitung, wie zB die Hinzunahme weiterer Datenarten, eines anderen Auftragsverarbeiters oder Veränderungen in der Konzernstruktur des Verantwortlichen, des Auftragsverarbeiters oder eines Empfängers der Daten können eine neue Interessenabwägung und eine Anpassung der technischen und organisatorischen Maßnahmen erforderlich machen. Im Gesetzgebungsverfahren hatte das Europäische Parlament vorgeschlagen, eine Überprüfung müsse mindestens alle zwei Jahre erfolgen.[29] Dieser Vorschlag wurde zwar nicht in die DS-GVO übernommen, gleichwohl wird es für die Praxis empfehlenswert sein, wenn der Verantwortliche einen Prozess implementiert, der eine regelmäßige Überprüfung der festgelegten technischen und organisatorischen Maßnahmen vorsieht. Jedenfalls muss der Verantwortliche sicherstellen, dass er in der Lage ist, die Erforderlichkeit einer Prüfung und Anpassung zu erkennen.

14 4. Nachweis. Die DS-GVO stellt **keine konkreten Anforderungen** an die Art des Nachweises, die der Verantwortliche erbringen muss.[30] Wichtig sind für die Festlegung der Anforderungen auch die anderen Sprachfassungen der Verordnung, die gleichrangig neben der deutschen Sprachfassung gelten. Die englische und die französische Sprachfassung verwenden – wie auch in Art. 5 Abs. 2 – das Wort „demonstrate"/„démontrer". Es darf daher keine Auslegung der

---

[26] Kühling/Buchner/*Hartung* DS-GVO Art. 24 Rn. 16; Paal/Pauly/*Martini* DS-GVO Art. 24 Rn. 30.
[27] Plath/*von dem Bussche* DS-GVO Art. 35 Rn. 5.
[28] *Koós/Englisch* ZD 2014, 276 (278); Kühling/Buchner/*Hartung* DS-GVO Art. 24 Rn. 18.
[29] Art. 22, EP-PE_TC1-COD(2012)0011.
[30] Taeger/Gabel/*Lang* DS-GVO Art. 24 Rn. 69.

Anforderungen an den Nachweis nach nationalem Rechtsverständnis geben. Nachweis im Sinne des Art. 24 Abs. 1 ist daher als substantiierte Darlegung der Risikobewertung und der Festlegung der technischen und organisatorischen Maßnahmen zu verstehen.[31] Im Zusammenhang mit dem Nachweis der Erbringung von Informationspflichten hat die DSK[32] klargestellt, dass der Nachweis durch einen dokumentierten Verfahrensablauf erbracht werden kann. Die Nachweispflicht gilt nur gegenüber der Aufsichtsbehörde, nicht gegenüber den betroffenen Personen.[33] Vor diesem Hintergrund kann die Nachweispflicht auch nicht zu einer Beweislastumkehr zulasten des Verantwortlichen führen.[34]

Die Einhaltung genehmigter Verhaltensregeln und genehmigter Zertifizierungsverfahren kann nach Abs. 3 (→ Rn. 15) herangezogen werden. Diese können – ebenso wie Leitlinien des Ausschusses und Hinweise des Datenschutzbeauftragten – Anleitungen auch für die Form des Nachweises beinhalten.[35] Weiterer Baustein des Nachweises kann ein eingeführtes und aktiv betriebenes Datenschutz-Management-System (DMS) sein.[36] In einem DMS werden sämtliche Prozesse, Abläufe und sonstigen Vorgänge datenschutzrechtlicher Natur dokumentiert, gesteuert und überwacht.[37]   15

5. Datenschutzvorkehrungen (Abs. 2). Der Begriff der „Datenschutzvorkehrung" wird in der DS-GVO nur von Art. 24 Abs. 2 verwendet und ist im Verordnungstext **nicht definiert.** Er geht offenbar zurück auf den Vorschlag des Europäischen Rates für die DS-GVO, der den Begriff jedoch selbst auch nicht definiert.[38] In der englischen Fassung sowohl der Verordnung als auch des Ratsentwurfes wird die Einführung von „data protection policies" verlangt, anders übersetzt also „Datenschutzrichtlinien". Richtlinien zum Datenschutz waren schon unter der Geltung des BDSG aF anerkannte organisatorische Maßnahmen, um sowohl innerhalb einer verantwortlichen Stelle als auch im Zusammenhang mit Dritten konkrete Regeln für den Umgang mit personenbezogenen Daten aufzustellen. Dies beinhaltete regelmäßig sowohl erläuternde Hinweise zu konkreten Verarbeitungsvorgängen als auch spezifische Vorgaben für Abläufe und Verfahren. Abs. 2 erklärt die „Datenschutzvorkehrungen" ausdrücklich zu einer Teilmenge der technischen und organisatorischen Maßnahmen nach Abs. 1. Insofern kommt der Vorschrift lediglich deklaratorische Bedeutung zu.   16

6. Genehmigte Verhaltensregeln und Zertifizierungsverfahren. Für den **Nachweis** der Erfüllung der Pflichten nach Abs. 1 können gemäß Abs. 3 auch die Einhaltung genehmigter Verhaltensregeln nach Art. 40 oder die Einhaltung genehmigter Zertifizierungsverfahren nach Art. 42 herangezogen werden. Allerdings ist nach dem Wortlaut der Verordnung allein mit der Einhaltung genehmigter Verhaltensregeln oder der Einhaltung genehmigter Zertifizierungsverfahren nicht automatisch der Nachweis nach Abs. 1 geführt. Vielmehr obliegt es der zuständigen Aufsichtsbehörde, den Nachweis in eigener Verantwortung und Unabhängigkeit zu prüfen. Insofern hat der EuGH die Unabhängigkeit der nationalen Aufsichtsbehörden u.a. in der Rechtssache C-362/14 nochmals klar herausgestellt.[39] Sofern Verhaltensregeln oder Zertifikate spezifisch für konkrete Verarbeitungen vorliegen, dürften diese in der Praxis jedenfalls faktisch regelmäßig geeignet sein, den Nachweis zu führen.[40]   17

Abs. 1 schließt jedoch nicht aus, dass auch **andere Zertifizierungen,** die nicht von akkreditierten Zertifizierungsstellen nach Art. 43 vergeben worden sind, für den Nachweis der Erfüllung der Pflichten nach der DS-GVO herangezogen werden können. Dabei können und müssen jedoch die Anforderungen von Art. 42, 43 als Bewertungsmaßstab für die Gewichtung der vorhandenen alternativen Zertifikate verwendet werden.[41]   18

---

[31] Simitis/Hornung/Spiecker gen. Döhmann/*Petri* DS-GVO Art. 24 Rn. 1; Schwartmann/Jaspers/Thüsing/Kugelmann/*Kremer* DS-GVO Art. 24 Rn. 12.
[32] DSK Beschl. v. 5.9.2018, abrufbar unter www.datenschutzkonferenz-online.de/media/dskb/20180905_dskb_aerzte.pdf.
[33] Kühling/Buchner/*Hartung* DS-GVO Art. 24 Rn. 20; Taeger/Gabel/*Lang* DS-GVO Art. 24 Rn. 72.
[34] *Veil* ZD 2018, 9; *Wybitul* NJW 2019, 3265, 3268; Schwartmann/Jaspers/Thüsing/Kugelmann/*Kremer* DS-GVO Art. 24 Rn. 11; Taeger/Gabel/*Lang* DS-GVO Art. 24 Rn. 72.
[35] Erwägungsgrund 77.
[36] *Lepperhoff* RDV 2016, 197 (198); *Wichtermann* ZD 2016, 421 (422); *Hansch* ZD 2019, 245.
[37] *Jung* CCZ 2018, 224; *Berning* ZD 2018, 348.
[38] Art. 22, Europäischer Rat, Allgemeine Ausrichtung, Dok. 9565/15.
[39] EuGH Urt. v. 6.10.2015 – C-362/14, ECLI:EU:C:2015:650 = ZD 2015, 549 – Schrems.
[40] Ebenso *Bergt* CR 2016, 670 (678).
[41] Koreng/Lachenmann DatenschutzR-FormHdB/*Bertermann/Bergt* C.IV.2.

Art. 25 Datenschutz durch Technikgestaltung und durch datenschutzfreundliche Voreinstellungen

(1) Unter Berücksichtigung des Stands der Technik, der Implementierungskosten und der Art, des Umfangs, der Umstände und der Zwecke der Verarbeitung sowie der unterschiedlichen Eintrittswahrscheinlichkeit und Schwere der mit der Verarbeitung verbundenen Risiken für die Rechte und Freiheiten natürlicher Personen trifft der Verantwortliche sowohl zum Zeitpunkt der Festlegung der Mittel für die Verarbeitung als auch zum Zeitpunkt der eigentlichen Verarbeitung geeignete technische und organisatorische Maßnahmen – wie z. B. Pseudonymisierung –, die dafür ausgelegt sind, die Datenschutzgrundsätze wie etwa Datenminimierung wirksam umzusetzen und die notwendigen Garantien in die Verarbeitung aufzunehmen, um den Anforderungen dieser Verordnung zu genügen und die Rechte der betroffenen Personen zu schützen.

(2) ¹Der Verantwortliche trifft geeignete technische und organisatorische Maßnahmen, die sicherstellen, dass durch Voreinstellung nur personenbezogene Daten, deren Verarbeitung für den jeweiligen bestimmten Verarbeitungszweck erforderlich ist, verarbeitet werden. ²Diese Verpflichtung gilt für die Menge der erhobenen personenbezogenen Daten, den Umfang ihrer Verarbeitung, ihre Speicherfrist und ihre Zugänglichkeit. ³Solche Maßnahmen müssen insbesondere sicherstellen, dass personenbezogene Daten durch Voreinstellungen nicht ohne Eingreifen der Person einer unbestimmten Zahl von natürlichen Personen zugänglich gemacht werden.

(3) Ein genehmigtes Zertifizierungsverfahren gemäß Artikel 42 kann als Faktor herangezogen werden, um die Erfüllung der in den Absätzen 1 und 2 des vorliegenden Artikels genannten Anforderungen nachzuweisen.

Literatur: *Albrecht,* Das neue EU-Datenschutzrecht – von der Richtlinie zur Verordnung, CR 2016, 88; *Ashkar,* Wesentliche Anforderungen der DS-GVO bei Einführung und Betrieb von KI-Anwendungen, ZD 2023, 523; *Baumgartner/Brunnbauer/Cross,* Anforderungen der DS-GVO an den Einsatz von Künstlicher Intelligenz, MMR 2023, 543; *Baumgartner/Gausling,* Datenschutz durch Technikgestaltung und datenschutzfreundliche Voreinstellungen, ZD 2017, 308; *Bundesamt für Sicherheit in der Informationstechnik (BSI),* IT-Grundschutz-Kataloge, abrufbar unter www.bsi.bund.de/grundschutz; *Bundesamt für Sicherheit in der Informationstechnik (BSI),* Technische Richtlinie TR-031091, Version 1.1, 2021, abrufbar unter www.bsi.bund.de/SharedDocs/Downloads/DE/BSI/Publikationen/TechnischeRichtlinien/TR03109/TR03109-1.pdf?__blob=publicationFile&v=1; *Der Bayerische Landesbeauftragte für den Datenschutz (BayLfD),* Die Datenschutz-Grundverordnung (DS-GVO) – Anforderungen an Technik und Sicherheit der Verarbeitung, S. 3, abrufbar unter www.datenschutz-bayern.de/datenschutzreform2018/technik_und_sicherheit.html; *Der Landesbeauftragte für den Datenschutz Baden-Württemberg,* Privacy by Design-Forschung ist Schlüsselfaktor für künftige Privatspäre, ZD-Aktuell 2015, 04868; *Düsseldorfer Kreis,* „Orientierungshilfe zu den Datenschutzanforderungen an App-Entwickler und App-Anbieter", 2014; *Etteldorf,* Italien: Datenschutzbehörde stellt Verstöße bei italienischem Zensus fest, ZD-Aktuell 2023, 01351; *European Union Agency for Network and Information Security (Enisa),* „Data Protection Engineering – From Theory to Practice", abrufbar unter https://www.enisa.europa.eu/publications/data-protection-engineering; *European Union Agency for Network and Information Security (Enisa),* „Privacy by Design in big data", abrufbar unter www.enisa.europa.eu/publications/big-data-protection; *Gemeinsame Position der Aufsichtsbehörden für den Datenschutz im nicht öffentlichen Bereich (Düsseldorfer Kreis) und die Datenschutzbeauftragten der öffentlich-rechtlichen Rundfunkanstalten,* „Smartes Fernsehen nur mit smartem Datenschutz", 2014; *Hansen,* Datenschutz-Folgenabschätzung – gerüstet für Datenschutzvorsorge, DuD 2016, 587; *Hunzinger,* Datenschutz und Software – Welche Folgen haben Datenschutzgrundsätze für die Anforderungen an die Softwareerstellung?, DSRITB 2016, S. 953; *Jandt,* Datenschutz durch Technik in der DS-GVO, DuD 2017, 562; *Katko,* Checklisten zur Datenschutz-Grundverordnung (DS-GVO), 2. Aufl. 2023; *Klingbeil/Kohm,* Datenschutzfreundliche Technikgestaltung und ihre vertraglichen Implikationen, MMR 2021, 3; *Konferenz der Datenschutzbeauftragten des Bundes und der Länder,* „Ein modernes Datenschutzrecht für das 21. Jahrhundert – Eckpunkte", 2010; *Konferenz der Datenschutzbeauftragten des Bundes und der Länder und des Düsseldorfer Kreises,* „Orientierungshilfe datenschutzgerechtes Smart Metering", 2012; *Konferenz der unabhängigen Datenschutzbehörden des Bundes und der Länder,* Das Standard-Datenschutzmodell, 2015; *Konferenz der unabhängigen Datenschutzbehörden des Bundes und der Länder,* „Wearables und Gesundheits-Apps – Sensible Gesundheitsdaten effektiv schützen!", 2016; *Laue/Nink/Kremer,* Das neue Datenschutzrecht in der betrieblichen Praxis, 2016; *Lukas,* Privacy Enhancing Technologies im Zusammenspiel mit der DS-GVO, ZD 2023, 321; *Michaelis,* Der „Stand der Technik" im Kontext regulatorischer Anforderungen, DuD 2016, 458; *Ochs/Richter/Uhlmann,* Technikgestaltung demokratisieren – Partizipatives Privacy by Design, ZD-Aktuell 2016, 05424; *Piltz,* Die Datenschutz-Grundverordnung, Teil 3: Rechte und Pflichten des Verantwortlichen und Auftragsverarbeiters, K&R 2016, 709; *Richter,* Datenschutz durch Technik und die Grundverordnung der EU-Kommission, DuD 2012, 576; *Roßnagel/Richter/Nebel,* Besserer Internetdatenschutz für Europa, Vorschläge zur Spezifizierung der DS-GVO, ZD 2013, 103; *Rost/Bock,* Privacy by Design und die neuen Schutzziele, DuD 2011, 30;

Schantz, Die Datenschutz-Grundverordnung – Beginn einer neuen Zeitrechnung im Datenschutzrecht, NJW 2016, 1841; *Schmitz/v. Dall'Armi*, Datenschutz-Folgenabschätzung – Verstehen und Anwenden – Wichtiges Instrument zur Umsetzung von Privacy by Design, ZD 2017, 57; *Schürmann*, Datenschutz-Folgenabschätzung beim Einsatz Künstlicher Intelligenz, ZD 2022, 316; *Schütze*, ENISA veröffentlicht Report zu Big Data Security, ZD-Aktuell 2016, 05100; *Stoklas*, Aufsichtsbehörde verhängt 800.000 Bußgeld gegen Discord wegen Datenschutzverstoß, ZD-Aktuell 2022, 01453; *Wanser*, Geldbußen nach Art. 25 Abs 1 DS-GVO für Online-Shops für den datenschutzwidrigen Einsatz von Google Analytics, ZD-Aktuell 2023, 01255.

Übersicht

	Rn.
A. Allgemeines	1
I. Zweck und Bedeutung der Vorschrift	1
II. Adressaten der Vorschrift	11
III. Systematik und Verhältnis zu anderen Vorschriften	13
B. Einzelerläuterungen	17
I. Datenschutz durch Technikgestaltung (Abs. 1)	17
II. Datenschutz durch datenschutzfreundliche Voreinstellungen (Abs. 2)	25
III. Genehmigtes Zertifizierungsverfahren (Abs. 3)	29
IV. Sanktionen	31
C. Rechtsschutz	32

A. Allgemeines

I. Zweck und Bedeutung der Vorschrift

Art. 25 normiert die zentralen Grundsätze des „Datenschutzes durch Technikgestaltung" **1** („**Data Protection by Design**") und des „Datenschutzes durch datenschutzfreundliche Voreinstellungen" („**Data Protection by Default**"). Die Vorschrift wurde bereits während des Gesetzgebungsverfahrens intensiv diskutiert[1] und von verschiedenen Seiten **heftig kritisiert**.[2] Abs. 1 verpflichtet den Verantwortlichen, Datenschutz-Anforderungen und insbesondere die Grundsätze des Art. 5 (→ Art. 5 Rn. 8 ff.) bereits im **Stadium der Konzeption und Entwicklung** von datenverarbeitenden Produkten, Diensten und Anwendungen zu berücksichtigen, ohne insoweit konkrete Vorgaben zu machen. Nach Abs. 2 muss der Verantwortliche gewährleisten, dass durch „datenschutzfreundliche" Voreinstellungen personenbezogene Daten nur im Rahmen ihrer Erforderlichkeit für den jeweiligen Verarbeitungszweck verarbeitet werden.

Der entsprechende **Erwägungsgrund 78** konkretisiert in seinem ersten Satz das Ziel der **2** Vorschrift, durch geeignete technische und organisatorische Maßnahmen die Anforderungen der DS-GVO zu erfüllen. Dadurch soll dem Verantwortlichen mit Blick auf die Rechenschaftspflicht nach Art. 5 Abs. 2 (→ Art. 5 Rn. 39 ff.), Art. 24 Abs. 1 der Nachweis ermöglicht werden, die Vorgaben der DS-GVO einzuhalten.[3] Auch dies greift Erwägungsgrund 78 auf und fordert den Verantwortlichen auf, zu Nachweiszwecken **„interne Strategien"** („internal policies" gemäß der englischen Sprachfassung) festzulegen sowie **„geeignete Maßnahmen"** zu ergreifen, um den Grundsätzen von Art. 25 Genüge zu tun. Nach Erwägungsgrund 78 können solche Maßnahmen beispielhaft (also nicht abschließend) darin bestehen, dass der Verantwortliche die Verarbeitung personenbezogener Daten bestmöglich minimiert bzw. die Daten schnellstmöglich pseudonymisiert, Transparenz gewährleistet, es den betroffenen Personen ermöglicht, die Verarbeitung ihrer Daten zu „überwachen" sowie dadurch, dass der Verantwortliche geeignete Sicherheitsfunktionen schafft und laufend verbessert.

Hintergrund der Regelung ist die Erkenntnis, dass die Rahmenbedingungen vieler Datenver- **3** arbeitungen durch die Hard- und Software vorgegeben werden, die der Verantwortliche für die Verarbeitung einsetzt.[4] Daraus folgt, dass ein wirksamer Datenschutz zu einem möglichst frühen Zeitpunkt *(ex ante)* ansetzen muss, nämlich bereits bei der Konzeption und Entwicklung daten-

---

[1] Vgl. zum Gesetzgebungsverfahren den Überblick bei Simitis/Hornung/Spiecker gen. Döhmann/*Hansen* DS-GVO Art. 25 Rn. 10 ff.; Paal/Pauly/*Martini* DS-GVO Art. 25 Rn. 16 ff. sowie bei Taeger/Gabel/*Lang* DS-GVO Art. 25 Rn. 10 ff.
[2] Einen knappen Überblick über die wesentlichen Kritikpunkte liefert *Schantz* NJW 2016, 1841 (1846).
[3] So ausdrücklich Erwägungsgrund 78 (S. 2); vgl. auch *Albrecht* CR 2016, 88 (91).
[4] Kühling/Buchner/*Hartung* DS-GVO Art. 25 Rn. 11; *Roßnagel/Richter/Nebel* ZD 2013, 103 (105); *Jandt* DuD 2017, 562.

verarbeitender Systeme. Hinter dem Ansatz „Data Protection by Design" steht außerdem die Erwartung, dass sich Verstöße umso eher von vornherein vermeiden lassen, je früher im Entwicklungsprozess datenschutzrechtliche Anforderungen beachtet werden.[5] Idealvorstellung ist ein in die konkrete Verarbeitung **„eingebauter" Datenschutz**.[6] Insoweit steht also die Technik im Dienste der Durchsetzung des Datenschutzes. Sowohl innerhalb der Systematik der DS-GVO als auch für die Praxis ist Art. 25 **von zentraler Bedeutung**. Auch der EU Data Act greift den Grundsatz in Erwägungsgrund 8 auf.

4 Es handelt sich um keinen bloßen Programmsatz oder um ein sog. „Soft Law", sondern um eine nach Art. 83 Abs. 4 lit. a **sanktionsbewehrte Pflicht des Verantwortlichen,** deren Verletzung Geldbußen von bis zu 10 Mio. EUR oder im Falle eines Unternehmens von bis zu 2 Prozent des weltweiten Vorjahresumsatzes nach sich ziehen kann. Zudem umfasst die Rechenschaftspflicht des Verantwortlichen nach Art. 5 Abs. 2 bzw. Art. 24 Abs. 1 auch die Grundsätze des Art. 25. Der Verantwortliche muss daher gegenüber einer Datenschutz-Aufsichtsbehörde nachweisen können, dass (und wie) er die komplexen und nur unscharf im Gesetzestext konturierten Anforderungen der Norm umgesetzt hat.

5 Nach einem anfänglichen Schattendasein in der aufsichtsbehördlichen[7] und gerichtlichen Praxis **gewinnt die Vorschrift zunehmend an praktischer Relevanz**. Insbesondere außerhalb Deutschlands identifizieren und ahnden Datenschutz-Aufsichtsbehörden verstärkt Verstöße gegen Art. 25. So begründete die irische Aufsichtsbehörde im September 2023 ein Bußgeld von 345 Mio. EUR für die Plattform **TikTok** unter anderem damit, dass der Anbieter gegen Art. 25 Abs. 1 und Abs. 2 verstoßen habe, indem die Profileinstellungen des Accounts von Minderjährigen auf „public by default" voreingestellt waren.[8] Ebenfalls die irische Data Protection Commission verhängte ein weiteres dreistelliges Millionenbußgeld gegen **Meta Platforms**. Zentraler Vorwurf war dabei ein Verstoß gegen Art. 25 auf der Facebook Plattform im Zusammenhang mit sog. Data Scraping. Dieses wurde nach Ansicht der Aufsichtsbehörde von Facebook entgegen Art. 25 nicht effektiv durch technische bzw. organisatorische Maßnahmen verhindert.[9] **Erhebliche Bußgelder** unter anderem wegen einer Nichtbeachtung von Art. 25 verhängten jüngst außerdem die französische Aufsichtsbehörde im Fall „Discord",[10] die norwegische Aufsichtsbehörde im Fall „Grindr"[11] sowie die italienische Aufsichtsbehörde in der Sache „Sorgenia"[12] sowie im Zusammenhang mit dem italienischen Zensus.[13] Insgesamt verhängten europäische Datenschutz-Aufsichtsbehörden in den vergangenen Jahren annähernd 100 Sanktionsentscheidungen, denen auch ein Verstoß gegen Art. 25 zugrunde lag.[14] Dabei fällt auf, dass sich darunter (noch) kaum Entscheidungen deutscher Aufsichtsbehörden finden.[15] Daneben beschäftigen sich auch die **deutschen und europäischen Gerichte** zunehmend mit den Anforderungen von Art. 25.[16] Schließlich erwähnt auch die aktuelle sog. **Datenstrategie der deutschen Bundesregierung** verschiedene Aspekte der Technikgestaltung.[17]

6 Mit Blick in die Zukunft spricht viel dafür, dass Art. 25 mit der weiteren Verbreitung von KI-Systemen weiter stark an Bedeutung gewinnen und sich zu „der" zentralen DS-GVO-Norm für

---

[5] LfD Baden-Württemberg ZD-Aktuell 2015, 04868.
[6] Simitis/Hornung/Spiecker gen. Döhmann/*Hansen* DS-GVO Art. 25 Rn. 216 ff.; *Richter* DuD 2012, 576; *Ochs/Richter/Uhlmann* ZD-Aktuell 2016, 05424.
[7] Erwähnt, wenn auch für die Praxis nur bedingt hilfreich, seien aber die Leitlinien 4/2019 zu Artikel 25 des Europäischen Datenschutzausschusses, Version 2.0.
[8] Irish Data Protection Commission, www.dataprotection.ie/en/news-media/press-releases/DPC-announces-345-million-euro-fine-of-TikTok.
[9] Irish Data Protection Commission, www.dataprotection.ie/en/news-media/press-releases/data-protection-commission-announces-decision-in-facebook-data-scraping-inquiry.
[10] Commission Nationale de l'Informatique et des Libertés, www.cnil.fr/en/discord-inc-fined-800-000-euros, dazu *Stoklas* ZD-Aktuell 2022, 01453.
[11] Datatilsynet, www.datatilsynet.no/en/regulations-and-tools/regulations/avgjorelser-fra-datatilsynet/2021/gebyr-til-grindr/.
[12] Garante, www.gpdp.it/web/guest/home/docweb/-/docweb-display/docweb/9895080.
[13] *Etteldorf* ZD-Aktuell 2023, 01351.
[14] Einen Überblick gibt der Report des Future of Privacy Forums (www.fpf.org/blog/new-fpf-report-unlocking-data-protection-by-design-and-by-default-lessons-from-the-enforcement-of-article-25-gdpr/) sowie die sog. Enforcement Tracker verschiedener Stellen (zB www.enforcementracker.com/).
[15] Vgl. aber *Wanser* ZD-Aktuell 2023, 01255.
[16] Vgl. die Übersicht unter www.dejure.org/dienste/lex/DSGVO/25/1.html.
[17] Die Bundesregierung, Fortschritt durch Datennutzung Strategie für mehr und bessere Daten für neue, effektive und zukunftsweisende Datennutzung v. August 2023.

KI-Regulierung entwickeln wird.[18] Derzeit spielen in der praktischen Anwendung der Norm neben sozialen Netzwerken zunehmend die Gestaltung von sog. **Consent Bannern** auf Webseiten und in mobilen Apps sowie deren Voreinstellungen eine wichtige Rolle. Immer häufiger werten Datenschutz-Aufsichtsbehörden irreführende oder „lenkende" Gestaltungen digitaler Oberflächen als Verstoß gegen Art. 25 Abs. 2.[19] Werden beispielsweise Consent Banner so konzipiert, dass Nutzende (etwa durch die graphische Gestaltung der Oberflächen oder fehlende granulare Auswahlmöglichkeiten auf der ersten Ebene der Banner) dazu verleitet werden, möglichst umfangreiche Datenerhebungen zu gestatten, liegt nach Ansicht der Aufsichtsbehörden unter anderem auch ein Verstoß gegen Art. 25 Abs. 1 und insbesondere Abs. 2 nahe. Davon abgesehen gehört es schon seit längerem zum Standard-Prüfprogramm deutscher Datenschutz-Aufsichtsbehörden, im Rahmen von Prüfaktionen Konzepte zur Umsetzung der Anforderungen von Art. 25 abzufragen (wobei sich die Aufsichtsbehörden offenbar an Erwägungsgrund 78 und den dort genannten „internen Strategien" orientieren).[20] Die heute schon **hohe praktische Bedeutung der Norm wird in Zukunft weiter steigen,** insbesondere mit Blick auf die Entwicklung **von KI-Systemen** und sonstiger, immer komplexerer Software und Algorithmen mit teilweise erheblichen Auswirkungen auf die Persönlichkeitsrechte der betroffenen Personen.[21] So fordert die deutsche Datenschutzkonferenz beim Einsatz von KI-Systemen technische und organisatorische Maßnahmen nach Art. 25.[22] Es überrascht daher nicht, dass einzelne Aufsichtsbehörden bereits angekündigt haben, künftig verstärkt zu prüfen, ob die Anforderungen von Art. 25 beachtet wurden.[23]

Für die Praxis ist daher zu empfehlen, dass Verantwortliche ihre Überlegungen zu Art. 25 Abs. 1 wie auch Abs. 2 im Einzelfall, insbesondere ihre Abwägung zwischen den in Abs. 1 genannten Gesichtspunkten und die Entscheidung für oder gegen bestimmte technische und organisatorische Maßnahmen oder Voreinstellungen **dokumentieren.** Nur so kann eine Datenschutz-Aufsichtsbehörde die Argumentation nachvollziehen bzw. bewerten und der Verantwortliche seiner Rechenschaftspflicht nach Art. 5 Abs. 2, 24 Abs. 1 nachkommen. Darüber hinaus empfiehlt sich insbes. für größere Organisationen, ein entsprechendes übergeordnetes Konzept (Erwägungsgrund 78 S. 2 spricht von „internen Strategien") zu erarbeiten und vorzuhalten, um losgelöst von einzelnen Verarbeitungen die Beachtung der Grundsätze des Art. 25 nachweisen zu können. Die Datenschutz-Aufsichtsbehörden erwarten insoweit **organisationsinterne Richtlinien oder Handlungsanweisungen,** die möglichst konkret beschreiben sollten, wie Art. 25 in der Organisation umgesetzt wird.[24] Neben einer Beschreibung der Zuständigkeiten und der vorhandenen (technischen bzw. organisatorischen) Prozesse sollte ein entsprechendes Konzept darlegen, wie über einzelne Maßnahmen der Technikgestaltung entschieden wird, wie Dienstleister und Lieferanten datenverarbeitender Komponenten unter Berücksichtigung der in Abs. 1 genannten Aspekte ausgewählt werden und welche Ausschreibungs- bzw. Einkaufsprozesse insoweit existieren.[25]

Obwohl sich in der Literatur in Bezug auf Art. 25 das Schlagwort „**Privacy by Design"** eingebürgert hat, verfolgt die Vorschrift einen engeren Ansatz: Primäres Schutzziel ist nicht die Privatsphäre des Einzelnen im Sinne der ePrivacy-rechtlichen Wahrung der individuellen Persönlichkeitsrechte oder eines Rechts auf informationelle Selbstbestimmung. Insoweit unterschei-

---

[18] *Baumgartner/Brunnbauer/Cross* MMR 2023, 543 (547), *Ashkar* ZD 2023, 523 sowie Information Commissioner Office, What are the accountability and governance implications of AI? v. 15.3.2023; vgl. auch LfDI BW, der die Bedeutung des Art. 25 im Bereich des autonomen Fahrens betont, Pressemitt. v. 18.3.2019, abrufbar unter www.baden-wuerttemberg.datenschutz.de/autonomes-fahren.
[19] Vgl. die Pressemeldung des Landesbeauftragten für den Datenschutz und die Informationsfreiheit Baden-Württemberg im Zusammenhang mit der TikTok-Entscheidung der irischen Aufsichtsbehörde mit der bezeichnenden Überschrift „Datenschutz durch Technikgestaltung statt Irreführen durch Design", www.baden-wuerttemberg.datenschutz.de/datenschutz-durch-technikgestaltung-statt-irrefuehren-durch-design/.
[20] Bayerisches Landesamt für Datenschutzaufsicht, 9. Tätigkeitsbericht 2019, S. 20 f.
[21] *Schürmann* ZD 2022, 316 (319).
[22] Datenschutzkonferenz, Hambacher Erklärung zur Künstlichen Intelligenz v. 3.4.2019, Ziff. 7.
[23] Pressemeldung des Landesbeauftragten für den Datenschutz und die Informationsfreiheit Baden-Württemberg, www.baden-wuerttemberg.datenschutz.de/datenschutz-durch-technikgestaltung-statt-irrefuehren-durch-design/.
[24] Eine Checkliste liefert *Katko* Checklisten DS-GVO Rn. 77 ff.
[25] Näher dazu Simitis/Hornung/Spiecker gen. Döhmann/*Hansen* DS-GVO Art. 25 Rn. 60; vgl. auch Europäischer Datenschutzausschuss, Leitlinien 4/2019 zu Artikel 25 des Europäischen Datenschutzausschusses, Version 2.0, Rn. 16, der zu Nachweiszwecken sog. Leistungsindikatoren vorschlägt.

det sich die DS-GVO von der Datenschutzrichtlinie und orientiert sich nicht wie diese am Recht auf Privatsphäre (vgl. **Art. 1 Abs. 1 DS-RL**), sondern stellt vielmehr das Grundrecht auf den Schutz personenbezogener Daten in den Mittelpunkt (Art. 1 Abs. 2 DS-GVO). Geschützt werden durch die DS-GVO demnach die Grundrechte und Grundfreiheiten natürlicher Personen und „insbesondere" deren Recht auf den Schutz ihrer personenbezogenen Daten.[26] Hintergrund sind die **Art. 8 GRCh** und **Art. 16 AEUV**, die den Schutz personenbezogener Daten zum Gegenstand haben. Daneben bestehen jedoch noch andere Rechte und Freiheiten, die mit dem Schutz personenbezogener Daten in einem engen Zusammenhang stehen, insbesondere der Schutz des Privat- und Familienlebens, der Wohnung sowie der Kommunikation gemäß Art. 7 GRCh. Der Schutzgegenstand der DS-GVO ist daher nicht ausschließlich begrenzt auf den Schutz personenbezogener Daten, auch wenn diese ganz klar im Vordergrund stehen. Daher ist die Umschreibung von Art. 25 Abs. 1 mit „Privacy by Design" zumindest **missverständlich**. Primäre Schutzrichtung der Vorschrift ist, wie vorstehend dargestellt, gerade nicht der Schutz der Privatsphäre (Privacy), sondern vielmehr der Schutz personenbezogener Daten. Auch die englische Sprachfassung der DS-GVO spricht folglich aus gutem Grunde von **„Data Protection by Design"**. Gleichwohl hat sich auch im deutschsprachigen Raum die Bezeichnung **„Privacy by Design"** mittlerweile durchgesetzt.

9 **Abs. 1** verpflichtet den Verantwortlichen, bereits bei der Entwicklung von Produkten, Diensten und Anwendungen sicherzustellen, dass die Anforderungen der DS-GVO erfüllt werden. **Abs. 2** konkretisiert diese allgemeine Verpflichtung und verlangt als speziellere Vorschrift, vorhandene Einstellungsmöglichkeiten standardmäßig auf die **„datenschutzfreundlichsten" Voreinstellungen** zu setzen. Die Regelung hat nach dem Gesetzeswortlaut insbesondere den Grundsatz der **Datenminimierung** nach Art. 5 Abs. 1 lit. c (→ Art. 5 Rn. 29 ff.) im Blick, gilt aber gleichermaßen für sämtliche Grundsätze des Art. 5 sowie die Gesamtheit der Anforderungen der DS-GVO, was insbes. auch aus Erwägungsgrund 78 folgt. **Abs. 3** schließlich enthält die Klarstellung, dass **Zertifizierungsverfahren** nach Art. 42 herangezogen werden können, um die Erfüllung der Pflichten aus Art. 25 nachzuweisen. Aufgrund dieses holistischen Ansatzes handelt es sich bei Art. 25 wohl um die umfassendste und komplexeste Vorschrift der DS-GVO.

10 Die Verpflichtungen aus Art. 25 werden nach dem Wortlaut der Vorschrift insbesondere durch **technische und organisatorische Maßnahmen** erfüllt. Die Vorschrift knüpft damit direkt an die Pflichten des Verantwortlichen aus Art. 24 Abs. 1 und Art. 32 an und konkretisiert und erweitert diese, indem der Verantwortliche verpflichtet wird, über den Anwendungsbereich von Art. 24 Abs. 1 und Art. 32 hinaus bereits im Vorfeld einer geplanten Datenverarbeitung geeignete Maßnahmen zu identifizieren und bereits in der Entwicklungsphase umzusetzen. In der Praxis wird Art. 25 vielfach die Pflicht zur Durchführung einer **Datenschutz-Folgenabschätzung** nach Art. 35 vorwegnehmen und eine entsprechende Bewertung bereits im Entwicklungsstadium erforderlich machen.[27] In der Konsequenz wird die Geltung der Anforderungen der DS-GVO durch Art. 25 auf einen Zeitpunkt vor Beginn der jeweiligen Verarbeitung vorverlegt.

II. Adressaten der Vorschrift

11 Abs. 1 und Abs. 2 nennen ausschließlich den **Verantwortlichen** als Adressaten der Vorschrift. Der **Auftragsverarbeiter** wird dagegen nicht direkt durch Art. 25 verpflichtet (obwohl diese im Gesetzgebungsverfahren intensiv diskutiert wurde).[28] Damit knüpft die Norm an Art. 24 Abs. 1 an, weicht jedoch von Art. 32 ab. Für Auftragsverarbeiter kommen die Verpflichtungen nach Art. 25 aber **indirekt** zum Tragen: Nach Art. 28 Abs. 1 ist der Verantwortliche verpflichtet, Auftragsverarbeiter danach auszuwählen, ob diese „hinreichend Garantien" dafür bieten, um eine Verarbeitung gemäß den Anforderungen der DS-GVO zu gewährleisten. Dies schließt die Grundsätze des Art. 25 mit ein.[29] Dies ist nicht nur sach-, sondern auch praxisgerecht, da insbesondere bei der in der Praxis üblichen Nutzung standardisierter Verarbeitungsleistungen nur der Drittanbieter die Anforderungen des Art. 25 erfüllen können wird. Zu denken ist hier insbesondere an die Nutzung von **Cloud-Diensten**, oder mit stark steigender Tendenz von cloud-basierten KI-Anwendungen, die häufig im Wege einer Auftragsverarbeitung erfolgt. Insoweit ist es nicht der Verantwortliche, der die zur Datenverarbeitung einge-

---

[26] *Baumgartner/Gausling* ZD 2017, 308 (309).
[27] Taeger/Gabel/*Lang* DS-GVO Art. 25 Rn. 19.
[28] Art. 23 Abs. 1 DS-GVO-E (EP) v. 12.3.2014, P7_TC1-COD(2012)0011, S. 161.
[29] Taeger/Gabel/*Lang* DS-GVO Art. 25 Rn. 32.

setzte Technik gestaltet, sondern der Anbieter des entsprechenden Dienstes als dessen Auftragsverarbeiter. Folglich muss auch dieser das Prinzip des Datenschutzes durch Technikgestaltung beachten, auch wenn letztlich der Verantwortliche als Adressat des Art. 25 rechenschaftspflichtig bleibt. Als Nachweismöglichkeit werden für Auftragsverarbeiter die in Art. 25 Abs. 3 genannten **Zertifizierungen** nach Art. 42 wie auch **genehmigte Verhaltensregeln** nach Art. 40 dabei eine wichtige Rolle spielen. In der Praxis lässt sich beobachten, dass die Auswahlentscheidung nach Art. 28 Abs. 1 auch unabhängig von Art. 25 zunehmend in den Fokus aufsichtsbehördlicher Ermittlungen rückt.

Ebenfalls keine direkten Adressaten der Norm sind die **Hersteller von Produkten oder die Anbieter von Anwendungen und Diensten,** die personenbezogene Daten verarbeiten (solange sie nicht – wie in der Praxis zunehmend der Fall – mit dem Anwender nach Art. 26 gemeinsam verantwortlich sind). In Erwägungsgrund 78 (S. 4) findet sich lediglich eine unverbindliche „Ermutigung" an die Hersteller, datenschutzrechtliche Belange bei der Entwicklung und Gestaltung ihrer Produkte, Dienste und Anwendungen zu berücksichtigen und Verantwortliche und Auftragsverarbeiter dabei zu unterstützen, ihren Pflichten nach der DS-GVO nachzukommen.[30] Auch insoweit kommt jedoch die zuvor beschriebene **indirekte Wirkung des Art. 25** zum Tragen, möchte ein Hersteller am Markt bestehen.[31] Da der Verantwortliche letztlich nur solche Produkte, Anwendungen und Dienste nutzen darf, die ihrerseits den Anforderungen des Art. 25 genügen, haben auch Dritthersteller und Drittanbieter die inhaltlichen Vorgaben des Art. 25 zu beachten.[32] In der Praxis ist daher aus Sicht des Verantwortlichen zu empfehlen, die Hersteller über das zivilvertragliche Vertrags-, Haftungs- und Gewährleistungsrecht zu verpflichten, die Anforderungen des Art. 25 zu beachten und entsprechend nachzuweisen.[33] Schließlich entfaltet Art. 25 auch indirekte Wirkungen für die Beteiligten **öffentlicher Ausschreibungen.** Den Grundsätzen des Datenschutzes durch Technikgestaltung und datenschutzfreundliche Voreinstellungen soll laut Erwägungsgrund 78 auch bei öffentlichen Ausschreibungen Rechnung getragen werden. Es bleibt unklar, warum sich der Gesetzgeber insoweit auf öffentliche Ausschreibungen beschränkt. Der Grundgedanke, wonach bei der Auswahl des Anbieters eines nicht selbst entwickelten datenverarbeitenden Systems Art. 25 zwingend in die Auswahlentscheidung mit einzufließen hat, ist nicht auf öffentliche Ausschreibungen beschränkt, sondern gilt für jede Form des Bezugs datenverarbeitender Komponenten von Dritten.

III. Systematik und Verhältnis zu anderen Vorschriften

Art. 25 enthält Anforderungen, die der Verantwortliche bereits vor dem eigentlichen Beginn der Datenverarbeitung zu beachten hat. Zu diesem, einer tatsächlichen Datenverarbeitung vorgelagerten Zeitpunkt entfaltet die DS-GVO jedoch nach Art. 2 Abs. 1 noch keine Wirkung. Die Anwendbarkeit der DS-GVO setzt vielmehr eine **tatsächliche Verarbeitung personenbezogener Daten** voraus.[34] Art. 25 Abs. 1 und Abs. 2 sind daher so zu verstehen, dass sie den Verantwortlichen verpflichten, nur solche Datenverarbeitungen tatsächlich einzusetzen, bei deren Entwicklung und Konzeption die Grundsätze der Vorschrift beachtet wurden. Folglich kann ein Verstoß gegen Art. 25 Abs. 1 nicht schon in der unterlassenen Beachtung des Grundsatzes eines Datenschutzes durch Technikgestaltung während der Entwicklungsphase liegen. Lediglich die folgende Inbetriebnahme einer unter Missachtung von Art. 25 entwickelten Verarbeitung stellt einen Verstoß dar (die in der Regel auch andere DS-GVO-Verstöße nach sich ziehen wird, zu denken ist hier insbesondere an Art. 32). Ebenso wenig ist die Verarbeitung von Daten, die unter Verstoß gegen Abs. 2 erhoben wurden, **per se rechtswidrig,** sehr wohl jedoch die Nutzung von Produkten oder Diensten, deren Voreinstellungen Abs. 2 zuwiderlaufen. Art. 25 enthält folglich **keine Rechtmäßigkeitsvoraussetzungen.**

Art. 25 regelt zumindest mittelbar Anforderungen an die **Datensicherheit** und wäre systematisch daher sinnvoller in Abschnitt 2 des Kapitels IV verortet. Die zentrale Vorschrift und *lex*

---

[30] Eine an Hersteller gerichtete Verpflichtung, datenschutzrechtliche Grundsätze zu berücksichtigen, bleibt daher speziellen technischen Sicherheitsvorgaben vorbehalten, siehe etwa die „Technischen Vorgaben für intelligente Messsysteme und deren sicheren Betrieb" des Bundesamtes für Sicherheit in der Informationstechnik, BSI, TR-03109-1.
[31] So auch *Paal/Pauly* DS-GVO Art. 25 Rn. 25 f.
[32] Zur Erfüllung der Voraussetzungen des Art. 25 als Beschaffenheitsvereinbarung für IT-Systeme und Software, deren Fehlen einen Mangel begründen kann, vgl. *Hunzinger* DSRITB 2016, 953 (966 f.) sowie Taeger/Gabel/*Lang* DS-GVO Art. 25 Rn. 29 ff.
[33] *Klingbeil/Kohm* MMR 2021, 3 (4 f.).
[34] *Hunzinger* DSRITB 2016, 953 (957).

specialis ist insoweit Art. 32. Gleichzeitig kann Art. 25 als eine Konkretisierung der technisch-organisatorischen Maßnahmen verstanden werden, die der Verantwortliche nach Art. 24 zu treffen hat.[35] Eine Spezialvorschrift zu den Anforderungen an den Datenschutz durch Technik im Zusammenhang mit der Datenverarbeitung zu Archivzwecken, zu wissenschaftlichen oder historischen Forschungszwecken sowie zu statistischen Zwecken enthält überdies **Art. 89 Abs. 1 S. 2** (→ Art. 89 Rn. 49). Schließlich erhebt Art. 47 Abs. 1 lit. d die Beachtung der Grundsätze von Datenschutz durch Technikgestaltung und durch datenschutzfreundliche Voreinstellungen zur Genehmigungsvoraussetzung für verbindliche interne Datenschutzvorschriften (Binding Corporate Rules). Art. 25 steht zudem in einem engen Verhältnis zu Art. 35.

15 Art. 25 hat im Unionsrecht keine unmittelbare Vorgängerregelung.[36] Eine Art. 25 Abs. 1 und Abs. 2 gleichlautende Parallelvorschrift findet sich in Art. 20 der EU-Richtlinie 2016/680 für die Datenverarbeitung durch Gefahrenabwehr- und Strafverfolgungsbehörden.[37] Sie wurde vom deutschen Gesetzgeber durch § 71 BDSG umgesetzt, dessen Wortlaut weitgehend Art. 25 entspricht. Als Umsetzung der RL (EU) 2016/680 betrifft § 71 BDSG wie der gesamte Teil 3 des BDSG jedoch ausschließlich die Datenverarbeitung durch Justiz- und Strafverfolgungsbehörden des Bundes.[38] Künftig enthält auch Art. 31 der EU-Verordnung über digitale Dienste[39] eine entsprechende Regelung zur „Konformität durch Technikgestaltung", wonach Online-Plattformen ihre Schnittstellen so zu gestalten haben, dass Unternehmer ihren Verpflichtungen nachkommen können.

16 Davon unabhängig gab es bereits seit den 1990er Jahren verschiedene Anstrengungen, einen „Datenschutz durch Technik" gesetzlich zu verankern.[40] Auch die deutschen **Aufsichtsbehörden** haben bereits vor Inkrafttreten der DS-GVO verschiedentlich auf die Gebote von „Data Protection by Design" und „Data Protection by Default" konkret Bezug genommen,[41] ebenso wie die Artikel-29-Datenschutzgruppe[42] sowie verschiedene andere internationale Aufsichtsbehörden[43] und sonstige Organisationen.[44] Obwohl diese Leitlinien teilweise lange vor Inkrafttreten der DS-GVO veröffentlich wurden, sind die damaligen zentralen Aussagen weiter zumindest teilweise auf Art. 25 übertragbar.

---

[35] So auch Taeger/Gabel/*Lang* DS-GVO Art. 25 Rn. 18.
[36] Näher dazu Simitis/Hornung/Spiecker gen. Döhmann/*Hansen* DS-GVO Art. 25 Rn. 3 f.
[37] Gola/Heckmann/*Nolte*/*Werkmeister* DS-GVO Art. 25 Rn. 10.
[38] Näher dazu Gola/Heckmann/*Marnau*/*Brandenburg* BDSG § 71 Rn. 1 ff.
[39] Verordnung (EU) 2022/2065 über einen Binnenmarkt für digitale Dienste und zur Änderung der Richtlinie 2000/31/EG (Gesetz über digitale Dienste).
[40] Vgl. dazu *Baumgartner*/*Gausling* ZD 2017, 308; ein entspr. Ansatz wurde etwa auch durch den früheren Landesdatenschutzbeauftragten des Landes Schleswig-Holstein, Helmut Bäumler, vorangetrieben, vgl. *Geis* MMR 3/1999, XIV.
[41] Siehe etwa Datenschutzkonferenz v. 18.3.2010, „Ein modernes Datenschutzrecht für das 21. Jahrhundert – Eckpunkte"; Konferenz der Datenschutzbeauftragten des Bundes und der Länder und Düsseldorfer Kreis, „Orientierungshilfe datenschutzgerechtes Smart Metering", Stand 6/2012; Entschließung der 91. Konferenz der unabhängigen Datenschutzbehörden des Bundes und der Länder v. 6./7.4.2016, „Wearables und Gesundheits-Apps – Sensible Gesundheitsdaten effektiv schützen!" sowie Düsseldorfer Kreis, „Orientierungshilfe zu den Datenschutzanforderungen an App-Entwickler und App-Anbieter" v. 16.6.2014 und das Gemeinsame Positionspapier des Düsseldorfer Kreises und der Datenschutzbeauftragten der öffentlich-rechtlichen Rundfunkanstalten, „Smartes Fernsehen nur mit smartem Datenschutz" v. Mai 2014.
[42] Siehe etwa Artikel-29-Datenschutzgruppe, „Work programme 2010–2011" v. 15.2.2010, „Opinion 8/2014 on the Recent Developments on the Internet of Things" v. 16.9.2014 sowie die „Opinion 1/2015 on Privacy and Data Protection Issues relating to the Utilisation of Drones" v. 16.6.2015.
[43] Auf internationaler Ebene hat sich hier besonders die Informationsfreiheits- und Datenschutzbeauftragte der kanadischen Provinz Ontario hervorgetan, die sieben Grundprinzipien für einen umfassenden Privacy by Design-Ansatz formuliert hat, vgl. *Rost*/*Bock* DuD 2011, 30 (31) sowie die Resolution der 32. Internationalen Konferenz der Datenschutzbeauftragten, abrufbar unter www.ipc.on.ca./wp-content/uploads/Resources/pbd-implement-7found-principles.pdf.
[44] Eine umfangreiche Auseinandersetzung mit möglichen Umsetzungsmaßnahmen für Data Protection by Design findet sich in den Studien „Privacy and Data Protection by Design – from policy to engineering" und „Privacy by Design in big data" der European Union Agency for Network and Information Security (Enisa); vgl. *Schütze* ZD-Aktuell 2016, 05401.

B. Einzelerläuterungen

I. Datenschutz durch Technikgestaltung (Abs. 1)

Art. 25 Abs. 1 verpflichtet den Verantwortlichen, sowohl zum Zeitpunkt der Festlegung der Mittel der Verarbeitung als auch zum Zeitpunkt der eigentlichen Verarbeitung geeignete **technische und organisatorische Maßnahmen** zu treffen, um die Grundsätze des Art. 5 DS-GVO wirksam umzusetzen, den sonstigen Anforderungen der DS-GVO zu genügen und die Rechte der betroffenen Personen zu schützen. Bezogen auf Eigenentwicklungen des Verantwortlichen bedeutet dies: Bereits in der Konzeptionsphase von Software, Produkten, Diensten und Anwendungen, mit deren Hilfe personenbezogene Daten verarbeitet werden, müssen datenschutzrechtliche Erwägungen in Form konkreter technischer und organisatorischer Maßnahmen einfließen, anstatt diese erst nachträglich zu ergänzen. Bedient sich der Verantwortliche (wie in der Praxis üblich) des Angebots von Drittanbietern oder Herstellern, hat er Abs. 1 bei der Auswahl des Lieferanten bzw. bei der Formulierung des Pflichtenheftes zu beachten; insoweit erfolgt die Festlegung der Mittel einer Verarbeitung durch die entsprechende Auswahlentscheidung; dies klingt auch in Erwägungsgrund 78 S. 5 an, wonach den Grundsätzen des Art. 25 auch bei (öffentlichen) Ausschreibungen Rechnung zu tragen sei.[45] 17

Als Beispiel einer technischen Maßnahme nennt Abs. 1 die **Pseudonymisierung** von Daten, wie in Art. 4 Nr. 5 (→ Art. 4 Rn. 33 ff.) definiert. In Betracht kommen daneben alle weiteren technischen oder organisatorischen Maßnahmen, die zur Erfüllung von datenschutzrechtlichen Verpflichtungen geeignet sind. **Erwägungsgrund 78** (S. 2 und 3) spricht insoweit von einer Verpflichtung, „interne Strategien" festzulegen, um geeignete Maßnahmen ergreifen zu können und nennt beispielhaft Maßnahmen zur Datenminimierung, zur Pseudonymisierung, zur Herstellung von **Transparenz** für die betroffenen Personen und zur Gewährleistung von **Kontrollmöglichkeiten** durch die betroffenen Personen und den Verantwortlichen. Damit geht die Reichweite des Begriffs „technische und organisatorische Maßnahme" in der DS-GVO über Maßnahmen der Datensicherheit und der reinen Technikgestaltung weit hinaus und umfasst die gesamte Gestaltung einer Verarbeitung personenbezogener Daten.[46] 18

Die technischen und organisatorischen Maßnahmen müssen dabei zum einen **geeignet** und zum anderen „**dafür ausgelegt**" sein, die Grundsätze des Art. 5 wirksam umzusetzen und die notwendigen Garantien in die Verarbeitung aufzunehmen, um den Anforderungen der DS-GVO zu genügen und die Rechte der betroffenen Person zu schützen. Aus der englischen Sprachfassung, die anstelle der verunglückten Formulierung „dafür ausgelegt" den treffenderen Begriff „designed to" verwendet, wird deutlich, dass die getroffenen Maßnahmen spezifisch (wenn auch nicht ausschließlich) bezwecken sollen, die Anforderungen der DS-GVO wirksam einzuhalten. Dabei hebt Abs. 1 den Grundsatz der Datenminimierung nach Art. 5 Abs. 1 lit. c (→ Art. 5 Rn. 29 ff.) beispielhaft heraus als ein Mittel zur möglichst datenschutzfreundlichen Konzeption von Technologie. Weitere Vorgaben zur Ausgestaltung der technischen und organisatorischen Maßnahmen enthält die Vorschrift nicht. Abs. 1 gewährt dem Verantwortlichen damit einen weiten **Gestaltungsspielraum**, bleibt umgekehrt aber auch vage.[47] Dies gilt auch für die ebenfalls in Abs. 1 angesprochenen „**Garantien**", die durch die Implementierung von technischen und organisatorischen Maßnahmen „in die Verarbeitung aufgenommen" werden sollen. Der Begriff der „Garantie" wird in der DS-GVO an verschiedenen Stellen verwendet. Der konkrete Bedeutungsgehalt ist allerdings unklar und lässt sich kaum trennscharf von dem der „technischen und organisatorischen Maßnahmen" abgrenzen.[48] 19

Hinweise auf konkret zu treffende Maßnahmen enthält Art. 25 Abs. 1 nicht. Art. 24 sowie die ebenfalls beispielhafte Aufzählung möglicher Maßnahmen in Art. 32 Abs. 1 können als Orientierung dienen. In der Praxis können geeignete technische Maßnahmen neben der im Wortlaut der 20

---

[45] Taeger/Gabel/*Lang* DS-GVO Art. 25 Rn. 26 ff.
[46] Vgl. Simitis/Hornung/Spiecker gen. Döhmann/*Hansen* DS-GVO Art. 25 Rn. 17 mit dem wichtigen Hinweis, dass andere Sprachfassungen der DS-GVO idR keine dem Begriff der „Technikgestaltung" vergleichbare Formulierungen verwenden.
[47] Paal/Pauly/*Martini* DS-GVO Art. 25 Rn. 34 f. sowie Kühling/Buchner/*Hartung* DS-GVO Art. 25 Rn. 15 ff.
[48] So wird die Pseudonymisierung von personenbezogenen Daten mal als Beispiel für technische und organisatorische Maßnahmen (vgl. Art. 25 Abs. 1), mal als Beispiel für Garantien (so in Art. 6 Abs. 4 lit. e) bezeichnet.

Vorschrift genannten **Pseudonymisierung** etwa die **Verschlüsselung** personenbezogener Daten sein, um dem in Art. 5 Abs. 1 lit. f genannten Grundsatz der Integrität und Vertraulichkeit zu genügen.[49] Für die anderen in Art. 5 Abs. 1 genannten und in Art. 25 Abs. 1 in Bezug genommenen Datenschutzgrundsätze hat der Verantwortliche in eigener Verantwortung für den Einzelfall geeignete und wirksame Maßnahmen zu identifizieren. So kommen zum Zwecke der Transparenz (Art. 5 Abs. 1 lit. a) gut sichtbare und verständliche **Datenschutzhinweise** in Betracht, etwa für Websites oder Apps, wobei diese auch in Form von sog. Dashboards bei komplexen Online-Diensten oder im Multimediasystem eines vernetzten Fahrzeugs erfolgen können.[50] Der in Art. 5 Abs. 1 lit. b postulierte Grundsatz der Zweckbindung kann etwa durch physische oder logische **Separierung** der zu verschiedenen Zwecken genutzten Daten oder bei größeren Datenbanken (etwa im Rahmen von Big Data-Anwendungen) durch eine besondere Kennzeichnung der verschiedenen Datenkategorien (sog. Tagging) umgesetzt werden. Zum gleichen Zweck sind zudem **Rollen- und Berechtigungskonzepte** oder Schulungen von Mitarbeitern denkbar. Die Umsetzung des Grundsatzes der Speicherbegrenzung in Art. 5 Abs. 1 lit. e wird meist ein (automatisiertes) effektives **Löschkonzept** erfordern. Neben diesen schon länger gebräuchlichen Maßnahmen werden künftig insbesondere im KI-Umfeld sog. **Privacy Enhancing Technologies (kurz PET)** einen wichtigen Beitrag bei der Umsetzung eines Datenschutzes durch Technikgestaltung sowie der Anforderungen des Art. 32 leisten.[51]

21 In der Praxis können sich Verantwortliche neuerdings an dem unverbindlichen **Standard „ISO 31700-1:2023 Consumer protection – Privacy by design for consumer goods and services"** orientieren. Dieser Standard greift unter anderem die Anforderungen von Art. 25 auf, definiert aber keine spezifischen Maßnahmen oder Methoden. Er ist vielmehr als allgemeine Anweisung konzipiert und deckt insgesamt 30 sog. Anforderungen ab. Spezifische und beispielhafte Informationen zur konkreten Umsetzung enthält die ergänzende Norm ISO 31700-2. Beide Normen sind der aus Sicht der Praxis überfällige Versuch, die Anforderungen einer datenschutzgerechten Technikgestaltung zu **standardisieren.** Daneben enthalten die Leitlinien des Europäischen Datenschutzausschusses zahlreiche Beispiele[52], ebenso wie verschiedene Veröffentlichungen nationaler Aufsichtsbehörden.[53] Auch auf sonstige technische Standards, wie etwa die **IT-Grundschutz-Kataloge** des Bundesamtes für Sicherheit in der Informationstechnologie[54] oder das **Standard-Datenschutzmodell** der Konferenz der Datenschutzbeauftragten des Bundes und der Länder[55] kann in der Praxis zurückgegriffen werden.

22 Im Zusammenhang mit der Auswahl der geeigneten und wirksamen Maßnahmen nennt Abs. 1 verschiedene Aspekte, die der Verantwortliche zu berücksichtigen hat. An erster Stelle nennt Abs. 1 den **Stand der Technik.** Die DS-GVO enthält keine Definition dieses dynamisch zu verstehenden Begriffs. Verkürzt ausgedrückt verlangt Abs. 1, dass der Verantwortliche die vorhandenen technologischen Möglichkeiten kennt und diese nutzt, um effektive Maßnahmen und Garantien zu ergreifen.[56] So muss beispielsweise das jeweils aktuell sicherste Verschlüsselungsverfahren genutzt werden. Gleichzeitig folgt aus der Bezugnahme auf den Stand der Technik, dass der Verantwortliche die ergriffenen Maßnahmen laufend daraufhin überprüfen muss, ob diese weiterhin dem aktuellen Stand der Technik entsprechen.[57] Außerdem zu be-

---

[49] Vgl. Paal/Pauly/*Martini* DS-GVO Art. 25 Rn. 27 ff. zu weiteren Bsp.
[50] Dazu auch Gola/Heckmann/*Nolte*/*Werkmeister* DS-GVO Art. 25 Rn. 16.
[51] Ziel von PET ist es, durch Privacy Engineering den Schutz personenbezogener Daten von Anfang an als ein Ziel des System- oder Prozessdesigns einzubeziehen und so ein vertrauenswürdiges Umfeld für alle Beteiligen zu schaffen, vgl. *Lukas* ZD 2023, 321 (325).
[52] Europäischer Datenschutzausschuss, Leitlinien 4/2019 zu Artikel 25 des Europäischen Datenschutzausschusses, Version 2.0, Rn. 60 ff.
[53] So haben die Aufsichtsbehörden aus Norwegen (www.datatilsynet.no/en/aboutprivacy/virksomhetensplikter/innebygd-personvern/data-protection-by-design-and-by-default/?id=7729), Frankreich (www.cnil.fr/en/cnil-publishes-gdpr-guide-developers) und Spanien (www.aepd.es/sites/default/files/2019-12/guia-privacidad-desde-diseno_en.pdf) entspr. Praxishilfen veröffentlicht.
[54] www.bsi.bund.de/DE/Themen/ITGrundschutz/ITGrundschutzKataloge/Download/download_node.html.
[55] Datenschutzkonferenz, Standard-Datenschutzmodell, Version 3.0 – Erprobungsfassung; vgl. dazu *Hansen* DuD 2016, 587 (591).
[56] Vgl. dazu Paal/Pauly/*Martini* DS-GVO Art. 25 Rn. 37 ff.
[57] In der Praxis spielen daher Richtlinien, Standards und Orientierungshilfen für die Bestimmung des Stands der Technik eine maßgebliche Rolle, wie sie etwa von dem Bundesamt für Sicherheit in der Informationstechnik, Aufsichtsbehörden und Fachverbänden veröffentlicht werden, vgl. *Michaelis* DuD 2016, 458 ff.

achten sind die **Kosten für die Implementierung** möglicher Maßnahmen, offenbar nicht jedoch mögliche Folgekosten. Damit nimmt Abs. 1 Bezug auf das allgemeine Verhältnismäßigkeitsprinzip. Der Verantwortliche muss demnach nicht die optimalen Maßnahmen wählen, sondern kann sich im Einzelfall auch gegen den Einsatz einer in Frage kommenden, effektiven Maßnahme entscheiden, wenn deren Kosten unangemessen wären.[58]

Daneben nennt Abs. 1 als weitere Aspekte die **Art, den Umfang, die Umstände und die Zwecke** der Verarbeitung sowie die unterschiedliche **Eintrittswahrscheinlichkeit und Schwere der mit der Verarbeitung verbundenen Risiken** für die Rechte und Freiheiten natürlicher Personen, die bei der Auswahl der geeigneten technischen und organisatorischen Maßnahmen zu berücksichtigen sind. Die Formulierung greift damit den risikobasierten Ansatz der DS-GVO auf und entspricht weitgehend Art. 32 Abs. 1. Dadurch weist die Norm außerdem inhaltliche und systematische Überschneidungen zu Art. 24 Abs. 1 und insbesomdere Art. 35 Abs. 1 auf, die ebenfalls eine Risikoanalyse voraussetzen und damit den sog. risikobasierten Ansatz der DS-GVO widerspiegeln. Es handelt sich somit bei Abs. 1 nicht um eine absolute Verpflichtung des Verantwortlichen, sondern um die Pflicht, eine Abwägung zwischen den genannten Aspekten vorzunehmen (wobei dem Verantwortlichen ein gewisser Spielraum verbleibt). Dies hat hohe Praxisrelevanz, folgt daraus doch, dass der Verantwortliche nicht verpflichtet werden soll, bestimmte Maßnahmen zu ergreifen. Er ist vielmehr gehalten, eine risikobasierte Abwägung zu treffen, welche Maßnahmen unter Berücksichtigung der genannten Aspekte geeignet sind (ähnlich wie in Art. 32 Abs. 1, weshalb auf die entsprechende Abwägung auch bei Art. 25 Abs. 1 zurückgegriffen werden kann).

In **zeitlicher Hinsicht** verlangt Abs. 1, dass die technischen und organisatorischen Maßnahmen nicht erst zum Zeitpunkt der eigentlichen Verarbeitung, sondern bereits zum Zeitpunkt der Festlegung der für die Datenverarbeitung genutzten Mittel „getroffen" werden. Insoweit ist der Wortlaut unscharf, da in der Praxis die technischen und organisatorischen Maßnahmen zu diesem Zeitpunkt nicht bereits „getroffen" werden können. Sie werden vielmehr geplant und festgelegt und soweit möglich auch bereits technisch implementiert. Eine Umsetzung erfolgt dann meist jedoch erst mit der Aufnahme der Datenverarbeitung. Daher ist Abs. 1 so zu verstehen, dass die technischen und organisatorischen Maßnahmen zwar **vor Beginn der Datenverarbeitung,** also im Entwicklungsstadium, geplant und konkretisiert, aber noch nicht notwendigerweise implementiert werden müssen. Soweit Abs. 1 auf den Zeitpunkt der eigentlichen Verarbeitung abstellt, hat die Vorschrift nur einen beschränkten eigenständigen Regelungsgehalt. Ab diesem Zeitpunkt greifen die Regelungen in Art. 24 Abs. 1 und Art. 32 Abs. 1, die spezifischere Verpflichtungen für den Verantwortlichen enthalten und verlangen, in der Designphase getroffene Maßnahmen erforderlichenfalls zu überprüfen und zu aktualisieren. Gleichwohl macht der Wortlaut deutlich, dass auch die Vorgaben von Art. 25 fortlaufend zu beachten sind, es sich mithin um einen iterativen Prozess handelt und die Vorschrift den gesamten Lebenszyklus einer Datenverarbeitung von der Erhebung der Daten bis zu deren Löschung abdeckt.[59]

II. Datenschutz durch datenschutzfreundliche Voreinstellungen (Abs. 2)

Durch Abs. 2 wird der Verantwortliche verpflichtet, bei Produkten, Diensten und Anwendungen standardmäßig („by default") datensparsame **Voreinstellungen** (im Sinne eines bereits bestehenden oder vorausgewählten Werts einer konfigurierbaren initialen Einstellung eines datenverarbeitenden Systems, die sich typischerweise durch die Nutzenden ändern lässt)[60] zu treffen, um die Erhebung, Verarbeitung und Weitergabe personenbezogener Daten auf das für den angestrebten Zweck erforderliche Mindestmaß zu begrenzen. Die Nutzer sollen keine Änderungen an den Einstellungen vornehmen müssen, um eine möglichst **„datensparsame" Verarbeitung** zu erreichen. Vielmehr soll umgekehrt jede Abweichung von den datenminimierenden Voreinstellungen erst durch ein aktives „Eingreifen" der Nutzer möglich werden. Dahinter steht die Erkenntnis, dass sich Nutzer in der Regel nicht mit den Voreinstellungen beschäftigen, so dass faktisch die initiale Vorkonfiguration bestimmt, welche personenbezogenen

---

[58] Hier gelten dieselben Erwägungen, die es dem Verantwortlichen wie auch einem Auftragsverarbeiter nach Art. 32 Abs. 1 ermöglichen, lediglich die im Einzelfall angemessenen und nicht alle theoretisch optimalen Maßnahmen zu treffen, vgl. auch Europäischer Datenschutzausschuss, Leitlinien 4/2019 zu Artikel 25, Version 2.0, Rn. 24 sowie Gola/Heckmann/*Piltz* DS-GVO Art. 32 Rn. 20 f.
[59] Gola/Heckmann/*Nolte/Werkmeister* DS-GVO Art. 25 Rn. 12 f. sowie Simitis/Hornung/Spiecker gen. Döhmann/*Hansen* DS-GVO Art. 25 Rn. 33.
[60] Zum Begriff der „Voreinstellung" eingehend Paal/Pauly/*Martini* DS-GVO Art. 25 Rn. 46 f.

Daten erhoben, weitergegeben und verarbeitet werden. Abs. 2 stellt damit eine Konkretisierung des Prinzips eines Datenschutzes durch Technikgestaltung nach Abs. 1 dar: Während aus Abs. 1 für den Verantwortlichen die Pflicht folgen kann, entsprechende Einstellungs- und Kontrollmöglichkeiten systemseitig vorzusehen, verlangt Abs. 2 bei derartigen Einstellungen „per Default" den Grundsatz der Datenminimierung zu berücksichtigen. Abs. 2 zielt dabei insbesondere auf **Online-Dienste und Plattformen** wie etwa soziale Netzwerke[61] (zB die Voreinstellung, für wen gepostete Inhalte oder Profilinformationen sichtbar sind) oder mobile Apps (zB die Voreinstellung, welche Sensordaten die App automatisch bei Nutzung erhebt) ab. Die Regelung soll die Verfügungshoheit der Nutzer über ihre Daten sicherstellen und sie vor einer unbewussten Datenerhebung schützen. Die Norm setzt jedoch keine Interaktion zwischen dem Verantwortlichen und den betroffenen Personen voraus, sondern betrifft auch für den Betroffenen nicht erkennbare Datenverarbeitungen (etwa die Default-Einstellungen eines internen IT-Systems, das ein Unternehmen zur Verarbeitung von Kundendaten nutzt). Abs. 2 steht daher im Grundsatz Widerspruchslösungen (Opt-out) entgegen, wenn diese die Nutzenden zu einem aktiven Tun verpflichten, um eine für den konkreten Zweck nicht erforderliche Datenverarbeitung zu verhindern.[62]

26   Abs. 2 konkretisiert nach seinem Wortlaut insbesondere die Datenschutzgrundsätze der Datenminimierung (Art. 5 Abs. 1 lit. c) und der Speicherbegrenzung (Art. 5 Abs. 1 lit. e) und betont gleichzeitig den Grundsatz der Zweckbindung (Art. 5 Abs. 1 lit. b). Diese Ziele soll der Verantwortliche nach Abs. 2 S. 1 wiederum durch die Implementierung geeigneter technischer und organisatorischer Maßnahmen erreichen. Maßstab für die Auswahl der Maßnahmen ist die **Erforderlichkeit** für den konkreten Verarbeitungszweck. Abs. 2 verlangt daher nicht, dass der Verantwortliche stets die jeweils denkbar datenschutzfreundlichste Voreinstellung trifft. Der Verantwortliche entscheidet vielmehr durch die Festlegung eines bestimmten Verarbeitungszweckes auch über den Umfang der dafür erforderlichen Daten.[63] Dem Wortlaut nach ist daher auch eine besonders datenintensive Voreinstellung mit Abs. 2 vereinbar, wenn der Zweck der Verarbeitung dies erfordert. Ebenso wenig steht die Norm nachträglichen Änderungen des Vertragszwecks entgegen, soweit die Anforderungen von Art. 5 Abs. 1 lit. b, 6 Abs. 4 gewahrt bleiben.[64] Vor dem Hintergrund der Schutzrichtung des Abs. 2, den Nutzer vor einer Überrumpelung oder dem Ausnutzen seiner Unerfahrenheit oder Untätigkeit zu schützen, muss der Verantwortliche aber stets sicherstellen, dass die geplante Datennutzung für einen nicht-technikaffinen Nutzer **hinreichend transparent** ist. Voraussetzung und Grundlage für die Auswahl der Voreinstellungen ist damit eine (vor dem Hintergrund der Rechenschaftspflicht dokumentierte) Festlegung der konkreten Verarbeitungszwecke.

27   In seinem **S. 2** stellt Abs. 2 klar, dass die Verpflichtung zur Datensparsamkeit nicht nur für die **Menge** der erhobenen personenbezogenen Daten gilt, sondern auch für den **Umfang** ihrer Verarbeitung, die Dauer ihrer **Speicherung** sowie für ihre **Zugänglichkeit**. Der Umfang der Verarbeitung umfasst dabei neben der Menge der verarbeiteten Daten auch deren Schutzbedürftigkeit bzw. Sensitivität, die auf ein Mindestmaß zu beschränken ist (zB indem eine Verkettung unterbleibt oder Daten nach Art. 9 Abs. 1 nicht erhoben werden). Unklar bleibt der Begriff der „Zugänglichkeit", den die DS-GVO an keiner anderen Stelle verwendet. Gemeint ist hier wohl die größtmögliche Beschränkung von Zugriffsmöglichkeiten auf solche personenbezogene Daten, deren Verarbeitung für die Erreichung des konkreten Zwecks erforderlich ist. Aus Abs. 2 S. 2 wird deutlich, dass der Verantwortliche **während des gesamten Lebenszyklus** eines Produkts, Dienstes oder einer Anwendung sicherzustellen hat, dass diese möglichst datensparsam voreingestellt sind. Im Gegensatz zu Abs. 1 nimmt der Wortlaut des Abs. 2 keinen Bezug auf das mit der konkreten Verarbeitung verbundene Risiko oder eine Abwägung mit anderen Gesichtspunkten. Gleichwohl ist das insbesondere in Art. 24 und Art. 32 verankerte grundlegende Prinzip eines risikobasierten Datenschutzes auch im Rahmen des Abs. 2 zu beachten. Der Verantwortliche ist daher verpflichtet, aber auch berechtigt, bei der Auswahl der geeigneten technischen und organisatorischen Maßnahmen neben dem allgemeinen Verhältnismäßigkeitsgebot auch die individuellen, mit der Verarbeitung verbundenen Risiken für die betroffenen Personen mit in Betracht zu ziehen.[65] Praktische Schwierigkeiten bestehen bei sog. „auf-

---

[61] Gola/Heckmann/Nolte/Werkmeister DS-GVO Art. 25 Rn. 28.
[62] Darauf weist Simitis/Hornung/Spiecker gen. Döhmann/Hansen DS-GVO Art. 25 Rn. 40 hin.
[63] Roßnagel/Richter/Nebel ZD 2013, 103 (105 f.).
[64] Taeger/Gabel/Lang DS-GVO Art. 25 Rn. 70.
[65] Anders aber wohl die Ansicht der Datenschutz-Aufsichtsbehörden, vgl. Simitis/Hornung/Spiecker gen. Döhmann/Hansen DS-GVO Art. 25 Rn. 45.

gedrängten" oder überschießenden Datenverarbeitungen, die für die Zweckerreichung nicht erforderlich, technisch aber nicht zu verhindern sind (etwa die Erhebung von **IP-Adressen** bei einer Kommunikation über das Internet, auch wenn diese für den konkreten Dienst nicht erforderlich sind). Solche Verarbeitungen verstoßen richtigerweise nicht gegen Abs. 2, wenn der Verantwortliche Maßnahmen ergreift, um die Risiken für die betroffenen Personen zu minimieren (etwa durch eine auf das technisch mögliche Minimum begrenzte Speicherfrist oder unverzügliche Anonymisierung).

Abs. 2 S. 3 konkretisiert das Schutzziel der Datenminimierung insbesondere im Hinblick auf **soziale Netzwerke und ähnliche Online-Plattformen.**[66] Der Verantwortliche soll durch technische und organisatorische Maßnahmen sicherstellen, dass personenbezogene Daten nicht **ohne Eingreifen** der betroffenen Person, also in der Regel des Nutzenden, einer unbestimmten Zahl von natürlichen Personen zugänglich gemacht werden. Der Wortlaut von Abs. 2 S. 3 spricht insoweit etwas unscharf von „der Person". Nach Sinn und Zweck der Vorschrift wird damit in der Mehrzahl der Fälle die „betroffene Person" iSd Art. 4 Nr. 1 gemeint sein.[67] Aufgrund der Formulierung in der englischen Sprachfassung („individual") und der Gesetzgebungshistorie ist aber davon auszugehen, dass der Begriff auch sonstige Nutzer umfasst.[68] Diese Person muss demnach die Möglichkeit haben, die Veröffentlichung ihrer personenbezogenen Daten **aktiv zu steuern.** Übertragen auf die **sozialen Netzwerke** folgt daraus, dass Nutzende selbst festlegen können müssen, ob und mit wem sie Inhalte innerhalb eines Netzwerks teilen. Aus Abs. 2 S. 3 folgt in diesem Fall die Verpflichtung für den Betreiber des Netzwerks, die **Default-Einstellungen** so zu treffen, dass Inhalte der Nutzer nicht standardmäßig mit anderen Nutzenden oder Dritten geteilt werden.[69] Unklar bleibt, ob diese Verpflichtung auch für solche Online-Medien gilt, deren Zweck gerade darin besteht, Inhalte oder Meinungen zu veröffentlichen, wie etwa **Blogs oder Kommentarfunktionen auf Websites.** Mit Blick auf die Schutzziele des Abs. 2, Nutzende vor einer Überrumpelung oder dem Ausnutzen ihrer Unerfahrenheit zu schützen, ist Abs. 2 S. 3 dahingehend auszulegen, dass er in derartigen Fällen keine Anwendung findet.[70]

III. Genehmigtes Zertifizierungsverfahren (Abs. 3)

Nach Art. 25 Abs. 3 kann ein genehmigtes Zertifizierungsverfahren nach Art. 42 als ein Faktor herangezogen werden, um die Erfüllung der in Abs. 1 und Abs. 2 genannten Anforderungen **nachzuweisen.** Obwohl der Wortlaut der Vorschrift insoweit nicht ganz präzise ist, ist die Vorschrift so zu verstehen, dass die konkrete Datenverarbeitung nach Art. 42 erfolgreich zertifiziert worden sein muss. In diesem Fall kann die **Zertifizierung zum Nachweis** dafür herangezogen werden, dass die Anforderungen des Art. 25 erfüllt wurden. Gleiches gilt für **genehmigte Verhaltensregeln** nach Art. 40. Diese sind zwar in Art. 25 Abs. 3 nicht erwähnt. Art. 40 Abs. 2 lit. h nimmt jedoch seinerseits Bezug auf Art. 25. Daraus folgt, dass etwa Branchenverbände bestimmte technische und organisatorische Maßnahmen iSd Art. 25 Abs. 1 durch genehmigte Verhaltensregeln festlegen und präzisieren können. Entspricht die Verarbeitung den Verhaltensregeln, kann dies ebenso wie eine erfolgreiche Zertifizierung als Nachweis dienen.[71]

Aus der Formulierung **„als Faktor herangezogen werden"** in Art. 25 Abs. 3 folgt, dass eine Zertifizierung oder die Befolgung genehmigter Verhaltensregeln zu **keiner Fiktion der Rechtmäßigkeit** der Datenverarbeitung führt, sondern lediglich Indizwirkung hat.[72] In der Praxis werden Zertifizierungen und Verhaltensregeln sowie gegebenenfalls sonstige Mechanismen der

---

[66] Gola/Heckmann/Nolte/Werkmeister DS-GVO Art. 25 Rn. 31.
[67] So offenbar der Europäische Datenschutzausschuss, Leitlinien 4/2019 zu Artikel 25, Version 2.0, Rn. 56 sowie Gola/Heckmann/Nolte/Werkmeister DS-GVO Art. 25 Rn. 31 und Piltz K&R 2016, 709 (711), anders aber Taeger/Gabel/Lang DS-GVO Art. 25 Rn. 84.
[68] Paal/Pauly/Martini DS-GVO Art. 25 Rn. 52b.
[69] So verhängte die Irish Data Protection Commission ein „Rekordbußgeld" gegen das soziale Netzwerk TikTok u.a. deshalb, weil die Profileinstellungen der Accounts von Minderjährigen auf „public by default" voreingestellt war, www.dataprotection.ie/en/news-media/press-releases/DPC-announces-345-million-euro-fine-of-TikTok.
[70] So auch Laue/Nink/Kremer DatenschutzR § 7 Rn. 18.
[71] So auch Paal/Pauly/Martini DS-GVO Art. 25 Rn. 3.
[72] Dementspr. behalten sich die Datenschutz-Aufsichtsbehörden auch bei Vorliegen einer entspr. Zertifizierung vor, die Einhaltung der Vorgaben des Art. 25 zu prüfen, vgl. Europäischer Datenschutzausschuss, Leitlinien 4/2019 zu Artikel 25, Version 2.0, Rn. 89 sowie Paal/Pauly/Martini DS-GVO Art. 25 Rn. 3.

Art. 26 Kapitel IV. Verantwortlicher und Auftragsverarbeiter

Selbstregulierung im Zusammenhang mit Art. 25 jedoch aller Voraussicht nach eine hohe Bedeutung zukommen, sobald sie für die Praxis verfügbar werden. Sie können nicht nur als geeigneter Nachweis gegenüber Aufsichtsbehörden, Kunden und Interessenten dienen, sondern insbesondere auch als Instrument für den Verantwortlichen, um die Rechtmäßigkeit von Produkten, Diensten und Anwendungen zu beurteilen, die er von Dritten bezieht. Im Wirtschaftsleben wird der Verantwortliche die von ihm eingesetzten Mittel zur Datenverarbeitung nur in Ausnahmefällen selbst entwickeln und herstellen. Gleichwohl bleibt er als Adressat von Art. 25 verpflichtet, nur solche Mittel zur Datenverarbeitung einzusetzen, die Art. 25 Abs. 1 und Abs. 2 genügen. Eine tatsächliche Überprüfung, inwieweit **Dritthersteller oder Drittanbieter** die Vorgaben des Art. 25 beachtet haben, wird in der Praxis oft nicht lückenlos möglich sein. Verhaltensregeln nach Art. 40 und Zertifizierungen nach Art. 42 können dabei helfen.

IV. Sanktionen

31 Art. 25 enthält in Abs. 1 und Abs. 2 Rechtspflichten für den Verantwortlichen; Verstöße sind nach Art. 83 Abs. 4 lit. a **bußgeldbewehrt.** Gleichzeitig wird ein Verstoß gegen Art. 25 auch meist eine Verletzung sonstiger Vorschriften der DS-GVO nahelegen, insbesondere der Datenschutzgrundsätze des Art. 5. Indem Abs. 1 auf Art. 5 Abs. 1 Bezug nimmt, stehen bei einem gleichzeitigen Verstoß gegen diese Grundsätze die Maximalbußgelder nach Art. 83 Abs. 5 lit. a im Raum – wobei streitig ist, inwieweit Art. 5 aufgrund seiner abstrakten Formulierung sanktionsfähig ist.[73] Da sich die Regelungsbereiche von Art. 25 Abs. 1 einerseits und von Art. 24 Abs. 1 und Art. 32 Abs. 1 andererseits überschneiden,[74] wird im Fall eines – in der Praxis unter Umständen schwer nachweisbaren – Verstoßes gegen Art. 25 außerdem eine Verletzung dieser Vorschriften naheliegen. Dabei muss nach **Art. 83 Abs. 2 lit. d** (→ Art. 83 Rn. 36 f.) im Rahmen der Entscheidung über die Verhängung einer Geldbuße und über deren Höhe berücksichtigt werden, ob und in welchem Umfang den Verpflichtungen nach Art. 25 genügt wurde.[75] Dies unterstreicht die besondere Relevanz von Art. 25 für Sanktionsentscheidungen. Schließlich sind auch **Schadensersatzansprüche** nach Art. 82 infolge eines Verstoßes gegen Art. 25 denkbar, etwa wenn technische oder organisatorische Maßnahmen nicht den Anforderungen der Norm entsprechen und betroffenen Personen dadurch ein (gegebenenfalls immaterieller) Schaden entstanden ist.[76]

C. Rechtsschutz

32 Die Rechtsschutzmöglichkeiten der betroffenen Personen richten sich nach den allgemeinen Vorschriften in **Art. 77 Abs. 1** und Art. 79 Abs. 1. Dabei werden Rechtsbehelfe betroffener Personen in direktem Zusammenhang mit Art. 25 kaum vorkommen. Die Vorschrift statuiert Verpflichtungen des Verantwortlichen, formuliert jedoch keine individuell einklagbaren Rechte. Da die Pflichten des Art. 25 zudem im Vorfeld einer Verarbeitung eingreifen, sind auch Beschwerden Einzelner unwahrscheinlich. Der **Verantwortliche,** der von einer Maßnahme im Rahmen des Art. 58 aufgrund eines Verstoßes gegen die Pflichten aus Art. 25 betroffen ist, kann sich nach Art. 78 Abs. 1 gegen rechtsverbindliche Beschlüsse einer Aufsichtsbehörde zur Wehr setzen.

Art. 26 Gemeinsam Verantwortliche

(1) ¹**Legen zwei oder mehr Verantwortliche gemeinsam die Zwecke der und die Mittel zur Verarbeitung fest, so sind sie gemeinsam Verantwortliche.** ²**Sie legen in einer Vereinbarung in transparenter Form fest, wer von ihnen welche Verpflichtung gemäß dieser Verordnung erfüllt, insbesondere was die Wahrnehmung der Rechte der betroffenen Person angeht, und wer welchen Informationspflichten gemäß den Artikeln 13 und 14 nachkommt, sofern und soweit die jeweiligen Aufgaben der Verantwortlichen nicht durch Rechtsvorschriften der Union oder der Mitgliedstaaten, denen**

---

[73] Näher dazu Simitis/Hornung/Spiecker gen. Döhmann/*Hansen* DS-GVO Art. 25 Rn. 25.
[74] Kühling/Buchner/*Hartung* DS-GVO Art. 25 Rn. 10.
[75] So auch Europäischer Datenschutzausschuss, Guidelines 04/2022 on the calculation of administrative fines under the GDPR, Rn. 77 f.
[76] Paal/Pauly/*Martini* DS-GVO Art. 25 Rn. 6.

die Verantwortlichen unterliegen, festgelegt sind. ³In der Vereinbarung kann eine Anlaufstelle für die betroffenen Personen angegeben werden.

(2) ¹Die Vereinbarung gemäß Absatz 1 muss die jeweiligen tatsächlichen Funktionen und Beziehungen der gemeinsam Verantwortlichen gegenüber betroffenen Personen gebührend widerspiegeln. ²Das wesentliche der Vereinbarung wird der betroffenen Person zur Verfügung gestellt.

(3) Ungeachtet der Einzelheiten der Vereinbarung gemäß Absatz 1 kann die betroffene Person ihre Rechte im Rahmen dieser Verordnung bei und gegenüber jedem einzelnen der Verantwortlichen geltend machen.

Literatur: *Albrecht,* Das neue EU-Datenschutzrecht – von der Richtlinie zur Verordnung, CR 2016, 88; *Bender-Paukens/Werry,* Datenschutz im Metaverse, ZD 2023, 127; *Bissels/Singraven,* Beschäftigtendatenschutz bei Arbeitnehmerüberlassung, Onsite-Management und Master-Vendor-Modellen, ArbRAktuell 2022, 611; *Böllhoff/Botta,* Das datenschutzrechtliche Verantwortlichkeitsprinzip als Herausforderung für die Verwaltungsdigitalisierung, NVwZ 2021, 425; *Brauneck,* Mit oder ohne Blockchain in den digitalen Euro, ZfDR 2022, 77; *Damman,* Erfolge und Defizite der EU-Datenschutzverordnung, ZD 2016, 307; *Dötsch,* Vereinbarung zwischen Verwalter und GdWE über die gemeinsame Verarbeitung von Daten iSd Art. 26 I DSGVO?, ZWE 2023, 379; *Dovas,* Joint Controllership – Möglichkeiten oder Risiken der Datennutzung?, ZD 2016, 512; *Folkerts,* Gemeinsame Verantwortlichkeit: Grenzen der Aufteilung datenschutzrechtlicher Verpflichtungen, ZD 2022, 201; *Gierschmann,* Gemeinsame Verantwortlichkeit in der Praxis, ZD 2020, 69; *Globocnik,* On Joint Controllership for Social Plugins and Other Third-Party Content – a Case Note on the CJEU Decision in Fashion ID, IIC 2019, 1033; *Haußmann/Dolde,* Datenverarbeitung im Konzern: Arbeitgeber-Verantwortung im Datenschutz und Betriebsrats-Zuständigkeit in der Mitbestimmung, NZA 2020, 1588; *Hessel/Leffer/Potel,* Datengetriebene Geschäftsmodelle, ZD 2022, 537; *Hoffmann/Schmidt,* Facebook-Profiling zu Marketingzwecken – datenschutzkonform?, GRUR 2021, 679; *Horstmann/Dalmer,* Automatisierte Kreditwürdigkeitsprüfung, ZD 2022, 260; *Kollmar,* Umfang und Reichweite gemeinsamer Verantwortlichkeit im Datenschutz, NVwZ 2019, 1740; *Lee/Cross,* (Gemeinsame) Verantwortlichkeit beim Einsatz von Drittinhalten auf Websites, MMR 2019, 559; *Martini/Fritzsche,* Mitverantwortung in sozialen Netzwerken – Facebook-Fanpage-Betreiber in der datenschutzrechtlichen Grauzone, NVwZ-Extra 21/2015; *Monreal,* „Der für die Verarbeitung Verantwortliche" – das unbekannte Wesen des deutschen Datenschutzrechtes, ZD 2014, 611; *Pauly/Nabulsi,* Die datenschutzrechtliche Rollenverteilung bei der Due Diligence, ZD 2023, 436; *Specht-Riemenschneider/Schneider,* Die gemeinsame Verantwortlichkeit im Datenschutzrecht, MMR 2019, 503; *Spiecker gen. Döhmann,* Digitale Mobilität: Plattform Governance, GRUR 2019, 341.

Rechtsprechung: EuGH Urt. v. 5.6.2018 – C-210/16, ECLI:EU:C:2018:388 = EuZW 2018, 534 = MMR 2018, 591 –Fanpage; EuGH Urt. v. 10.7.2018 – C-25/17, ECLI:EU:C:2018:551 = ZD 2018, 469 – Zeugen Jehovas; EuGH Urt. v. 29.7.2019 – C-40/17, ECLI:EU: C:2019:629 = ZD 2019, 455 – Fashion ID; EuGH Urt. v. 4.5.2023 – C-60/22, ECLI:EU: C:2023:373 = ZD 2023, 606; BVerwG Beschl. v. 25.2.2016 – C 28.14, ZD 2016, 393 Rn. 27 f.; OLG Brandenburg Urt. v. 26.5.2023 – 7 U 166/22, ZD 2023, 556; LG Frankfurt a.M. Urt. v. 19.10.2022 – 2–04 O 170/22; AG Mannheim Urt. v. 11.9.2019 – 5 C 1733/19 WEG, ZD 2020, 206.

Übersicht

	Rn.
A. Allgemeines	1
I. Zweck und Bedeutung der Vorschrift	1
II. Systematik, Verhältnis zu anderen Vorschriften	3
B. Einzelerläuterungen	5
I. Zum Begriff des Verantwortlichen	5
1. Definition des Verantwortlichen	5
a) Historische Position der Artikel-29-Datenschutzgruppe	6
b) Position des EuGH	7
c) Position des EDSA	11
d) Kriterien für gemeinsame Entscheidung	12
e) Abgrenzung zu weiteren Verarbeitungen eines Verantwortlichen	13
f) Kritik an der Rechtsprechung des EuGH	14
g) Lösungsansätze für die Praxis	17
2. Beispiel- und Grenzfälle	19
II. Konkrete Pflichten bei mehreren Verantwortlichen	23
1. Rechtsgrundlage der Verarbeitung	23
2. Transparente Vereinbarung	24
3. Informationspflichten	26
4. Haftung der gemeinsam Verantwortlichen	29

III. Rechenschaftspflicht bei gemeinsam Verantwortlichen 30
C. Rechtsschutz 31

A. Allgemeines

I. Zweck und Bedeutung der Vorschrift

1   Die Vorschrift stellt klar, welche Pflichten entstehen, wenn eine Verarbeitung durch **mehrere Verantwortliche** erfolgt. Sie dient damit dem Schutz der Rechte und Freiheiten der betroffenen Personen, gerade bei komplexeren Verarbeitungen, und soll durch eine klare **Zuteilung der Verantwortlichkeiten** sicherstellen, dass die betroffenen Personen in der Lage sind, ihre Rechte nach der Verordnung durchzusetzen. Gleichzeitig soll die **Kontrolle** der Verantwortlichen durch die Aufsichtsbehörden ermöglicht werden.[1] Unabhängig von den zwischen den Verantwortlichen getroffenen Regelungen, können betroffene Personen nach Abs. 3 ihre Rechte gegen jeden Verantwortlichen geltend machen.[2]

2   Der Entwurf der Kommission sah zunächst vor, dass sich mehrere Verantwortliche untereinander darüber abstimmen sollen, wer welche Pflichten nach der Verordnung zu erfüllen hat. Eine Regelung zur Haftungsverteilung war nicht vorgesehen.[3] Das Europäische Parlament hat in seinem Standpunkt zur Verordnung verlangt, dass die getroffene Vereinbarung zwischen den Verantwortlichen die **tatsächlichen Gegebenheiten** widerspiegeln muss und dass die Vereinbarung im Kern den betroffenen Personen zur Kenntnis gebracht wird. Darüber hinaus sollte jedenfalls bei Unklarheiten über die Verantwortung eine gesamtschuldnerische Haftung vorgeschrieben werden.[4] Mit dem Entwurf des Europäischen Rats wurde dann erstmals eine Regelung aufgenommen, nach der betroffene Personen ihre Rechte aus der Verordnung gegenüber jedem einzelnen von mehreren Verantwortlichen geltend machen können.[5]

II. Systematik, Verhältnis zu anderen Vorschriften

3   Bereits die DS-RL sah vor, dass eine Verarbeitung durch **mehrere Verantwortliche** durchgeführt werden kann.[6] Allerdings sah die DS-RL keine konkreten Regelungen zum Verhältnis der Verantwortlichen untereinander vor. Eine **gesamtschuldnerische Haftung** der Verantwortlichen gegenüber den betroffenen Personen hat die DS-RL nicht ausdrücklich geregelt, sodass die betroffenen Personen jeweils nach den konkreten Umständen des Einzelfalls entscheiden mussten, ob Ansprüche gegen jeden Verantwortlichen oder nur gegen einen der Verantwortlichen bestehen.[7] Art. 26 konkretisiert die Pflichten des Verantwortlichen nach Art. 24 für Fälle, in denen mehrere Verantwortliche für eine Verarbeitung verantwortlich sind.

4   Das **BDSG aF** enthielt keine dem Art. 26 DS-GVO vergleichbar umfassende Regelung, allerdings sah § 6 Abs. 2 BDSG aF für Fälle einer automatisierten Speicherung vor, dass Betroffene sich immer dann, wenn für sie nicht klar erkennbar war, welche Stelle Daten speichert, an jede verantwortliche Stelle wenden konnten. Es bestanden dann jedoch nicht alle Ansprüche unmittelbar gegen die angesprochene Stelle. Vielmehr war die angesprochene Stelle verpflichtet, die Anfrage an die speichernde Stelle weiterzuleiten und den Betroffenen über die Weiterleitung zu informieren.

B. Einzelerläuterungen

I. Zum Begriff des Verantwortlichen

5   **1. Definition des Verantwortlichen.** Die **Definition des Verantwortlichen** in Art. 4 Nr. 7 DS-GVO (→ Art. 4 Rn. 37) weicht inhaltlich nicht von der Definition in Art. 2 Buchst. d DS-RL ab. Nach dieser Definition zeichnet den Verantwortlichen aus, dass er allein oder gemeinsam mit anderen über die Zwecke und Mittel einer Verarbeitung von personenbezogenen

---

[1] Erwägungsgrund 79.
[2] *Dovas* ZD 2016, 512 (514).
[3] Art. 24 KOM(2012) 11 endgültig.
[4] Art. 24, EP-PE_TC1-COD(2012)0011.
[5] Art. 24, ER, Allg. Ausrichtung, Dok. 9565/15.
[6] Art. 2 Buchst. d DS-RL.
[7] Artikel-29-Datenschutzgruppe, WP 169, S. 27.

Daten entscheidet. Dabei ist die Abgrenzung zum Auftragsverarbeiter (→ Art. 28 Rn. 3) und zu nicht gemeinsam sondern individuell Verantwortlichen nicht immer einfach. Durch die immer weiter zunehmende Komplexität von Datenverarbeitungen, an denen vielfach eine große Anzahl von verschiedenen Stellen beteiligt ist, besteht das Risiko, dass für die betroffenen Personen und die Aufsichtsbehörden nicht mehr transparent ist, wer Verantwortlicher und wer Auftragsverarbeiter ist.

a) Historische Position der Artikel-29-Datenschutzgruppe. Die Artikel-29-Datenschutzgruppe kam in ihrem WP 169 zur Rechtslage nach der DS-RL im Kern zu folgender Differenzierung:[8] 6

– Wer weder rechtlich noch tatsächlich Einfluss auf die Entscheidung hat, zu welchen Zwecken und auf welche Weise personenbezogene Daten verarbeitet werden, kann nicht Verantwortlicher sein.
– Wer allein oder gemeinsam mit anderen über die **Zwecke der Verarbeitung** entscheidet, ist stets Verantwortlicher.
– Die **Entscheidung über die Mittel** der Verarbeitung kann der Verantwortliche auch an den Auftragsverarbeiter delegieren, solange ihm inhaltliche Entscheidungen beispielsweise über die Rechtmäßigkeit der Verarbeitung vorbehalten bleiben.
– **Auftragsverarbeiter** sind eigenständige, vom Verantwortlichen abweichende (juristische) Personen, die Daten im Auftrag des oder der Verantwortlichen verarbeiten, ohne über die Zwecke der Verarbeitung zu entscheiden.

Die vorgeschlagenen **Kriterien** sind grundsätzlich auch heute noch gut geeignet für die Differenzierung zwischen Verantwortlichem, Auftragsverarbeiter und Drittem, gleichwohl kann es in der Praxis im Einzelfall schwierig sein, mehrere an einer Verarbeitung Beteiligte richtig einzuordnen. Die größten Schwierigkeiten bestehen dabei hinsichtlich der Frage, wann eine „Entscheidung" über Zwecke und Mittel anzunehmen ist.

b) Position des EuGH. Der EuGH hat sich in mehreren Urteilen mit der Frage befasst, 7 wann eine Entscheidung über die Zwecke und Mittel der Verarbeitung und dadurch eine (Mit-)Verantwortung anzunehmen ist. Dabei vertritt der EuGH einen weiten Verantwortungsbegriff, den er in mehreren kurz aufeinanderfolgenden Entscheidungen kontinuierlich erweitert hat. Die Entwicklung der Rechtsprechung wird vielfach kritisiert[9] (dazu → Rn. 14).

In der sog. **Fanpage-Entscheidung** erkennt der EuGH in dem Vertragsschluss mit Facebook, 8 der Erstellung der Fanpage und damit der Ermöglichung der Datenerhebung durch Facebook, der **Parametrisierung** zum Zwecke der Zielgruppensteuerung und des Anspruchs auf anonymisierte Nutzungsstatistiken eine (Mit-)Entscheidung über die Zwecke und Mittel der Verarbeitung, die den Betreiber der Fanpage zu einem (Mit-)Verantwortlichen für die Datenverarbeitung macht.[10] Dabei sind im konkreten Fall der Vertrag, die Funktionen rund um die Datenverarbeitung und die gelieferten Auswertung allein von Facebook vorgegeben und durch den Betreiber in keiner Weise beeinflussbar. Nur durch die Parametrisierung kann der Betreiber im Rahmen der technischen Vorgaben von Facebook Einfluss auf die Verarbeitung nehmen, im Übrigen kann er sich für oder gegen den Einsatz der Fanpage entscheiden, aber nicht im Details darüber, ob und welche Daten verarbeitet werden. Der Einfluss auf die Verarbeitung erfolgt also in diesem Fall durch die Parametrisierung, dh die technische Konfiguration, einer von einem anderen Verantwortlichen durchgeführten Datenverarbeitung. Zugang zu den personenbezogenen Daten hat der Betreiber der Fanpage nicht, was nach Ansicht des EuGH für eine gemeinsame Verantwortung aber auch nicht erforderlich ist.[11]

In der Entscheidung im Fall der **Zeugen Jehovas** lässt es der EuGH für die Einstufung als 9 Verantwortlicher ausreichen, dass eine Stelle die **Koordination und Organisation** der handelnden Personen übernimmt und diese zu ihrer Tätigkeit ermutigt. Nach Einschätzung des EuGH sind die einzelnen Verkündenden zwar regelmäßig Mitglieder der Glaubensgemeinschaft, entscheiden aber frei, welche Daten sie bei ihren Besuchen und den Besuchten erheben. Da die Verkündungstätigkeit jedoch eine wesentliche Betätigungsform der Glaubensgemeinschaft ist, die Glaubensgemeinschaft die Verkündenden ermutigt und ihnen Listen mit Personen überlässt,

---

[8] Artikel-29-Datenschutzgruppe, WP 169, S. 18, 39/40.
[9] Kühling/Buchner/*Hartung* DS-GVO Art. 26 Rn. 42f.; Schwartmann/Jaspers/Thüsing/Kugelmann/*Kremer* DS-GVO Art. 26 Rn. 53f.; Taeger/Gabel/*Lang* DS-GVO Art. 26 Rn. 36 f.
[10] EuGH MMR 2018, 591 Rn. 36 f. – Fanpage.
[11] EuGH MMR 2018, 591 Rn. 38 – Fanpage.

die nicht besucht werden möchten, nimmt der EuGH ein Eigeninteresse der Glaubensgemeinschaft an. Dafür sind nach dem EuGH keine verschriftlichten Anweisungen erforderlich und nicht alle Verantwortlichen müssen Zugang zu den Daten haben. Es genügt demnach für die Einstufung als Verantwortlicher, wenn ein **Eigeninteresse an der Verarbeitung** besteht.[12] Anders als in der Entscheidung Facebook Fanpage ist hier keine technische Einflussnahme auf die Verarbeitung erforderlich, die organisatorische Unterstützung der Verarbeitung im Eigeninteresse reicht aus.[13]

10   In seiner Entscheidung **Fashion ID,** die sich mit der Verantwortlichkeit beim Einsatz des Facebook Like-Buttons befasst, stellt der EuGH klar, dass auch derjenige Verantwortlich ist, der eine fremde und für ihn nicht beeinflussbare **Datenverarbeitung ermöglicht,** indem er ein Social Plug-In auf seiner Webseite integriert.[14] Es genügt insoweit, dass jemand sein **stillschweigendes Einverständnis** mit der Datenverarbeitung durch einen anderen erklärt. Die Zwecke der Verantwortlichen müssen dabei nicht gleich sein, der EuGH lässt **wirtschaftliche Interessen** ausreichen:[15] der Webseitenbetreiber verfolgt das Interesse des werblichen Reichweitengewinns, Facebook sammelt Daten für den Betrieb des eigenen Netzwerkes. Wie in den vorangegangenen Entscheidungen kommt es nicht darauf an, ob der Verantwortliche Zugang zu den Daten hat. Es kommt auch – wie bereits in der Entscheidung Zeugen Jehovas – nicht darauf an, ob der Verantwortliche konkrete Einstellungen für die Verarbeitung vorgenommen hat (wie noch in der Entscheidung Fanpage). Allerdings stellt der EuGH klar, dass die Verantwortung dort endet, wo ein anderer allein über die Zwecke entscheidet.[16] Wie diese Grenze angesichts des vom EuGH zuvor überaus weit gezogenen Verantwortungsbegriffs konkret zu ziehen ist, wird aus der Entscheidung nicht ersichtlich. Der EuGH spaltet hier ohne weitere Erläuterung die Verantwortung innerhalb der Verarbeitungskette auf und scheint damit mit der Konzeption der von der Artikel-29-Datenschutzgruppe geprägten Verarbeitungskette zu brechen.[17]

11   **c) Position des EDSA.** Der Europäische Datenschutzausschuss ersetzt durch seine „Leitlinien zu den Begriffen ‚Verantwortlicher' und ‚Auftragsverarbeiter' in der DS-GVO" das WP 169 der Artikel-29-Datenschutzgruppe.[18] Er geht dabei wesentlich tiefer in die Definition der Begriffe und arbeitet die einzelnen Merkmale heraus. Mit Blick auf Art. 26 und die Entscheidungen des EuGH ist vor allem das Kriterium der Entscheidung über Zwecke und Mittel der Verarbeitung von Bedeutung. Der EDSA versteht „Entscheidung" als die Ausübung von Entscheidungsbefugnissen über bestimmte Schlüsselelemente der Verarbeitung.[19] Dabei stützt sich der EDSA stärker auf eine Analyse des Sachverhaltes als auf formale Aspekte,[20] wenngleich er bestehende vertragliche Regelung zwischen den Parteien durchaus heranzieht.[21] Mit Blick auf gemeinsame Entscheidungen über die Zwecke und Mittel prägt der EDSA den Begriff der **konvergierenden Entscheidung.** Er nimmt eine gemeinsame Entscheidung an, wenn die konkrete Verarbeitung ohne die Beteiligung beider Parteien nicht möglich wäre und beide Parteien eigene Zwecke verfolgen, dh nicht einer als Auftragsverarbeiter des anderen tätig wird.[22]

12   **d) Kriterien für gemeinsame Entscheidung.** Nach der Rechtsprechung des EuGH und der Position des EDSA bedarf es – anders als der Wortlaut des Art. 26 erwarten lässt – keiner *gemeinsam* getroffenen Entscheidung der Verantwortlichen. Eine rein faktische Zusammenarbeit für gleiche oder ähnliche Zwecke im Eigeninteresse ist ausreichend.[23] Dabei kann eine Partei sich der Verarbeitung eines Verantwortlichen für eigene Zwecke anschließen und dadurch zu einem gemeinsam Verantwortlichen werden.

---

[12] EuGH ZD 2018, 469 Rn. 66 f. – Zeugen Jehovas.
[13] Kühling/Buchner/*Hartung* DS-GVO Art. 26 Rn. 37.
[14] EuGH MMR 2019, 579 Rn. 81 f – Fashion ID.
[15] EuGH MMR 2019, 579 Rn. 80 – Fashion ID.
[16] EuGH MMR 2019, 579 Rn. 76 – Fashion ID.
[17] So jedenfalls *Hanloser* ZD 2019, 455 (459); EuGH MMR 2019, 579 Rn. 74 – Fashion ID.
[18] EDSA Leitlinien 07/2020 Version 2.0 Rn. 4.
[19] EDSA Leitlinien 07/2020 Version 2.0 Rn. 20.
[20] EDSA Leitlinien 07/2020 Version 2.0 Rn. 21.
[21] EDSA Leitlinien 07/2020 Version 2.0 Rn. 28.
[22] EDSA Leitlinien 07/2020 Version 2.0 Rn. 55.
[23] EuGH MMR 2018, 591 Rn. 39 – Fanpage; EuGH ZD 2018, 469 Rn. 68 – Zeugen Jehovas; EuGH MMR 2019, 579 Rn. 76 – Fashion ID; EDSA Leitlinien 07/2020 Version 2.0 Rn. 55; aA → 2. Aufl. 2018, Art. 26 Rn. 10 mwN.

e) **Abgrenzung zu weiteren Verarbeitungen eines Verantwortlichen.** Angesichts der 13 vom EuGH immer weiter ausgedehnten Verantwortlichkeit ist es umso wichtiger, die Verarbeitungen konkret zu fassen und gegeneinander abzugrenzen. Verantwortlichkeit hängt dabei stets an der konkreten Verarbeitung, nicht an der Person des Verarbeiters. Eine (natürliche oder juristische) Person kann für eine Verarbeitung Auftragsverarbeiter sein und für eine andere allein oder gemeinsam Verantwortlicher.[24] Gerade bei komplexen Datenverarbeitungen zB in der Cloud, bei Social Plug-Ins oder beim Einsatz von Cookies ist eine saubere Abgrenzung der Verarbeitungen erforderlich. Richtig bleibt dabei der schon von der Artikel-29-Datenschutzgruppe entwickelte Ansatz, Verarbeitungsvorgänge auf der Makroebene als Vorgangsreihen mit einheitlichem Zweck zu betrachten.[25] Werden Verarbeitungen oder Verarbeitungsschritte zu kleinteilig betrachtet, geht der Blick auf die Verarbeitung als Ganzes und deren Zwecke verloren. Beispielsweise könnte man bei einem Cookie auf der Mikroebene trennen zwischen dem Setzen des Cookies, dem Auslesen des Cookies, dem Hinzuspeichern in den Cookie und später dem erneuten Auslesen des Cookies. Jeder dieser Schritte erfüllt für sich die Definition der Verarbeitung im Sinne des Art. 4 Nr. 2, aber keiner der Schritte für sich allein erfüllt den eigentlichen Zweck der Verarbeitung. Nur als einheitliche Vorgangsreihe dienen sie dem Zweck und bilden daher zusammen eine Verarbeitung.

f) **Kritik an der Rechtsprechung des EuGH.** Der EuGH erhält vielfach grundsätzliche 14 Zustimmung zur weiten Auslegung des Begriffs des Verantwortlichen.[26] Allerdings überschreitet er mit seiner exzessiven Auslegung den Wortlaut der Verordnung und verwässert damit ursprünglich konturierte Begriffe.[27] Dabei stellt sich die Frage, ob dem hehren Ziel des Schutzes der Grundrechte wirklich mit einer konturlosen Vielzahl von Verantwortlichen gedient ist, die sich teilweise ihrer Verantwortung gar nicht bewusst sind und dann wiederum im Innenverhältnis über den Grad ihrer jeweiligen Verantwortung streiten. Den betroffenen Personen ist am besten gedient, wenn die komplexen Verarbeitungen nachvollziehbar erklärt und gruppiert werden, sie transparent über die Verarbeitung(en) informiert werden und wenn sie ihre Entscheidungen wie Einwilligungen oder Widersprüche frei und wirksam treffen können. Wenn ein Verantwortlicher seinen Pflichten nach der Verordnung nicht nachkommt, hilft es wenig, weitere Parteien (mit-)verantwortlich zu machen.[28]

Die drei Entscheidungen des EuGH wirken sehr vom Ergebnis her gedacht[29] und präsentieren 15 scheinbar gerechte Lösungen für Einzelfälle ohne einen strukturierten Rahmen für die Identifikation Verantwortlicher zu liefern.[30] Dabei macht der EuGH die Anknüpfungspunkte für eine (Mit-)Entscheidung über die Zwecke und Mittel der Verarbeitung so breit, dass schon stillschweigende Einwilligungen, wirtschaftliche Interessen oder die Schaffung eines organisatorischen Rahmens zu einer gemeinsamen Verantwortung führen können. Als Korrektiv schränkt der EuGH in der Fashion ID-Entscheidung die gemeinsame Verantwortung pauschal auf die initiale Datenübermittlung aus dem Plug-In an Facebook ein. Dies ist zum einen vor dem Hintergrund der Kriterien „Ermöglichung der Verarbeitung" und „stillschweigendes Einverständnis" schwierig, da keine objektiven Anhaltspunkte dafür bestehen, was der Webseitenbetreiber konkret ermöglichen möchte und wie weit das unausgesprochene Einverständnis reichen soll.[31] Zum anderen hat der EuGH hier ein zu enges Verständnis der Verarbeitung (→ Rn. 13).

In der Fashion ID-Entscheidung vermengt der EuGH wirtschaftliche Interessen an der Ver- 16 arbeitung mit den Zwecken der Verarbeitung.[32] Ganz oder teilweise übereinstimmende wirtschaftliche Interessen werden jedoch ausgesprochen häufig gegeben sein,[33] so dass diese nicht als Abgrenzungskriterium dienen können. Wirtschaftliche Interessen sind Motive aber keine Zwecke der Datenverarbeitung. Gleichwohl ist wichtig festzuhalten, dass die mit der konkreten

---

[24] EDSA Leitlinien 07/2020 Version 2.0 Rn. 26.
[25] Artikel-29-Datenschutzgruppe, WP 169, S. 27; bestätigt durch EDSA Leitlinien 07/2020 Version 2.0 Rn. 43.
[26] *Monreal* CR 2019, 797 (803); *Petri* EuZW 2018, 897 (903); Kühling/Buchner/*Hartung* DS-GVO Art. 26 Rn. 42.
[27] Schwartmann/Jaspers/Thüsing/Kugelmann/*Kremer* DS-GVO Art. 26 Rn. 53f; *Lee/Cross* MMR 2019, 559 (561).
[28] Ähnlich *Lee/Cross* MMR 2019, 559 (562).
[29] Ebenso *Kartheuser/Nabulsi* MMR 2018, 717 (719).
[30] Taeger/Gabel/*Lang* DS-GVO Art. 26 Rn. 39; *Moos/Rothkegel* MMR 2019, 579 (584).
[31] Kühling/Buchner/*Hartung* DS-GVO Art. 26 Rn. 47.
[32] *Moos/Rothkegel* MMR 2019, 579 (585); *Hanloser* ZD 2019, 455 (459).
[33] Kühling/Buchner/*Hartung* DS-GVO Art. 26 Rn. 46; *Lee/Cross* MMR 2019, 559 (561).

Verarbeitung verfolgten Zwecke bei gemeinsam Verantwortlichen nicht identisch sein müssen.[34] Die Zwecke können – wie die zugrundeliegenden Rechtsgrundlagen – unterschiedlich bei den Verantwortlichen sein, prägendes Merkmal der gemeinsamen Verantwortlichkeit ist die gemeinsame Entscheidung über die Zwecke, nicht die Identität der Zwecke.

17   g) **Lösungsansätze für die Praxis.** Wer anderen Datenverarbeitungen anbieten oder fremde Datenverarbeitungen nutzen möchte muss sich mit dem vom EuGH geprägten weiten Verantwortungsbegriff befassen und die bisher bekannten Kriterien auf den eigenen Fall anwenden. Der EuGH hat bisher ausdrücklich Einzelfälle behandelt und nicht entschieden, dass jedes Plug-In oder jede Plattformnutzung automatisch zu einer gemeinsamen Verantwortung führen. Eine klare Definition von Rollen, von gemeinsamen oder individuellen Verarbeitungszwecken, von gemeinsamen oder unabhängigen Entscheidungen sowie zu Interessen ist dabei wichtig. Auch wenn die vertraglichen Regelungen zwischen den Parteien keine formal konstituierende Wirkung entfalten, kann über die Gestaltung von Verträgen durch die Wahl der richtigen Begriffe und Regelungen ein prägender Einfluss auf die Verarbeitung und ihre Bewertung genommen werden. Selbst wenn Aufsichtsbehörden oder Gerichte am Ende eine andere Auffassung vertreten, kann eine klare vertragliche Dokumentation den Nachweis einer bewussten Auseinandersetzung mit den relevanten Fragen liefern und damit im aufsichtsrechtlichen Verfahren oder im Rahmen von gerichtlichen Verfahren die Risiken für die Beteiligten erheblich senken.[35]

18   Sobald große Anbieter von Social Media, KI oder Cloud-Services als Partner oder Dienstleister eingebunden werden sollen, besteht die Möglichkeit individuell angepasster Verträge oder Rollenverteilungen für viele Organisationen nicht. Die Verträge und Rollenmodelle sind nach den Vorgaben des Anbieters erstellt worden und in der Regel nicht verhandelbar. Gleichwohl bleiben etliche Gestaltungsmöglichkeiten beginnend mit der internen Dokumentation und Bewertung des Vertrages, der Kommunikation an die Betroffenen (Informationspflichten nach Art. 13, 14, Einwilligungserklärungen, Interessenabwägungen etc) aber auch bei Konfiguration der Dienstleistung. Zudem können klarstellende Erläuterungen zu unklaren vertraglichen Regelungen auch ohne Änderung der Verträge mit dem Sales- oder Key Account-Team des Anbieters abgestimmt und entsprechend dokumentiert werden.

19   **2. Beispiel- und Grenzfälle.** Sofern mehrere Verantwortliche eine Verarbeitung gemeinsam planen, konzipieren und dabei bewusst gemeinsam Zwecke und (wesentliche) Mittel der Verarbeitung festlegen, liegen klassische Fälle einer gemeinsamen Verantwortung vor. Typische Beispiele sind:

– gemeinsames Adressbuch von Beschäftigten im Konzern
– gemeinsame Einladungslisten von Unternehmen oder Organisationen
– Forschungsarbeiten oder Studien mit mehreren Beteiligten
– Umfragen mit mehreren beteiligten Organisationen

Auch bei diesen allgemeinen Beispielen kommt es selbstverständlich auf die konkreten Einzelfälle und die Ausgestaltung der konkreten Verarbeitungen an.

20   Durch die einzelne Gerichtsentscheidung[36] verbreitet sich die Auffassung, dass die Tätigkeit als **WEG-Verwalter** eine gemeinsame Verantwortung des Verwalters und der Wohnungseigentümergemeinschaft darstellen soll. Selbst unter Beachtung des vom EuGH geprägten weiten Begriffs des Verantwortlichen ist diese Einordnung nicht nachvollziehbar. Die WEG entscheidet durch Beschluss über die Auswahl des WEG-Verwalters sowie über alle relevanten technischen Verarbeitungsprozesse wie Funkauslesungen von Energieverbrauchern oder ähnliches. Insofern gibt sie Zwecke und wesentliche Mittel der Verarbeitung vor. Allerdings ist der WEG-Verwalter im Rahmen seiner Rechte und Pflichten nach § 27 WEG in der Ausübung seines Amtes und der damit verbundenen Verarbeitung personenbezogener Daten weitgehend frei. Zwar ist er an Beschlüsse der WEG gebunden, hat aber nach § 27 WEG eigene Entscheidungsbefugnisse in der Verarbeitung der Daten und kann daher kein Auftragsverarbeiter sein. Die Verwaltungsleistung ist eine Eigenleistung des WEG-Verwalters und er verarbeitet die Daten in seiner Eigenschaft als temporäres Organ der WEG für eigene Zwecke. Eine Schutzlücke, die im Interesse der betroffenen Personen eine gemeinsame Verantwortung erforderlich machen würde (wie gegebenenfalls bei Social Plug-Ins), besteht im Falle der gesetzlich geregelten Verwalterstellung nicht.

---

[34] So aber wohl *Kartheuser/Nabulsi* MMR 2018, 717 (719–720); *Lee/Cross* MMR 2019, 559 (561).
[35] Ebenso *Gierschmann* ZD 2020, 69 (71).
[36] AG Mannheim ZD 2020, 206.

WEG-Verwalter verarbeiten in ihrer Rolle primär die Daten der WEG, die sie bestellt hat. Sie sind daher richtigerweise unabhängige Verantwortliche für die Datenverarbeitung im Rahmen ihrer gesetzlichen Organstellung. Sofern sie neben der WEG-Verwaltung auch Aufgaben der klassischen Hausverwaltung (zB Vermietung) übernehmen, stellt das eine andere Verarbeitung dar, die im Einzelfall auf die Rollen der Beteiligen zu prüfen ist. Häufig agiert der WEG-Verwalter hier nur noch für einzelne Eigentümer und nicht mehr für die WEG als ganze.

Gerade bei **Angeboten und Anwendungen im Internet** erfolgen häufig sehr vielfältige Datenverarbeitungen, deren Zwecke nicht immer allein durch den Anbieter oder den Nutzer festgelegt werden.[37] Hier ist regelmäßig eine Prüfung im Einzelfall erforderlich:

– Einbindung von Drittinhalten (zB Karten, Bildern, Anwendungen) auf Webseiten oder in Apps. Hier kann der zuliefernde Anbieter je nach Gestaltung Auftragsverarbeiter, gemeinsam Verantwortlicher oder Dritter sein.
– Bei der Einbindung von Schriftarten auf Webseiten oder Apps wird meist entweder eine Auftragsverarbeitung vorliegen, wenn die Schriften vom Server des Anbieters geladen werden, oder eine eigene, nicht gemeinsame Verantwortung des Anbieters, wenn dieser lediglich die korrekte Lizenzierung der Schriftarten prüft.
– Cookies oder Plug-ins für technische Zwecke werden in der Regel im Rahmen einer Auftragsverarbeitung bereitgestellt, dienen sie der Analyse des Nutzungsverhaltens wird es auf die konkrete Verarbeitung ankommen. Ist die Auswertung auf die konkrete Webseite oder App beschränkt, kann durchaus eine Auftragsverarbeitung vorliegen. Erfolgt eine Analyse über verschiedene Webseiten, Apps und/oder Geräte hinweg auch für eigene Zwecke des Anbieters liegt regelmäßig eine gemeinsame Verantwortlichkeit nahe.[38]

Komplexe Online-Services wie Cloud- und/oder KI-Anwendungen erfordern zunächst stets eine klare Abgrenzung der einzelnen Verarbeitungstätigkeiten (→ Rn. 13). Rein standardisiert angebotene Leistungen stellen dabei regelmäßig klassische Auftragsverarbeitungen dar. Sofern Anbieter einzelne Verarbeitungen für eigene Zwecke vornehmen (zB Lizenzkontrolle, Abrechnung der Leistung) handeln sie regelmäßig als selbständig Verantwortliche.

II. Konkrete Pflichten bei mehreren Verantwortlichen

1. Rechtsgrundlage der Verarbeitung. Art. 26 stellt **keine eigene Rechtsgrundlage** für eine Verarbeitung durch mehrere Verantwortliche dar.[39] Vielmehr bedarf die Verarbeitung durch jeden einzelnen Verantwortlichen einer eigenen Rechtsgrundlage iSd Art. 6 Abs. 1. Wer Zweck und Mittel der Verarbeitung festlegt, muss auch sicherstellen, dass die Verarbeitung auf einer ausreichenden rechtlichen Grundlage erfolgt. Der Regelung ist an keiner Stelle zu entnehmen, dass sie eine Privilegierung mehrerer gemeinsam Verantwortlicher gegenüber einem einzelnen Verantwortlichen anstrebt. Es ist nicht ausgeschlossen, dass beispielsweise in einer Unternehmensgruppe bei mehreren Einzelunternehmen gemeinsam ein berechtigtes Interesse an einer konkreten Verarbeitung besteht (Art. 6 Abs. 1 Buchst. f; Erwägungsgrund 48). Dieses muss aber pro Verarbeitung und pro Verantwortlichen jeweils individuell festgestellt werden. Anders als beim Auftragsverarbeiter, den der Verantwortliche nach eigener Entscheidung und in eigener Verantwortung weisungsabhängig in die Verarbeitung einbindet, entziehen sich mehrere eigenständig Verantwortliche jeweils der Kontrolle und Weisung der anderen Verantwortlichen, sodass es beispielsweise zu unterschiedlichen Auslegungen von beschriebenen Verarbeitungszwecken oder der Reichweite von Einwilligungen kommen kann.

2. Transparente Vereinbarung. Mehrere Verantwortliche für eine Verarbeitung sind verpflichtet, eine gesonderte Vereinbarung zu schließen, die in transparenter Form regelt, welcher der Verantwortlichen welche **Pflichten nach der DS-GVO** erfüllt. Die Vereinbarung soll insbesondere sicherstellen, dass die Informationspflichten gegenüber den betroffenen Personen erfüllt und die betroffenen Personen in die Lage versetzt werden, ihre Rechte wahrzunehmen. Dabei werden die Verantwortlichen verpflichtet, die Vereinbarung so abzufassen, dass sie die tatsächlichen Funktionen und Beziehungen der Verantwortlichen richtig wiedergeben. Der Abschluss einer solchen Vereinbarung zwingt die Verantwortlichen zu einer klaren **Definition der Rolle** jedes einzelnen Verantwortlichen. Gleichzeitig soll die Vereinbarung es den Auf-

---

[37] *Dammann* ZD 2016, 307 (312).
[38] EuGH MMR 2018, 591 Rn. 39 – Fanpage; EuGH MMR 2019, 579 – Fashion ID.
[39] EuGH MMR 2019, 579 Rn. 96 – Fashion ID; *Dovas* ZD 2016, 512 (515); Kühling/Buchner/*Hartung* DS-GVO Art. 26 Rn. 1; aA *Monreal* ZD 2014, 611 (613).

sichtsbehörden ermöglichen, Kontroll- und Überwachungsmaßnahmen durchzuführen.[40] In der Vereinbarung kann eine zentrale Anlaufstelle festgeschrieben werden. Dies kann und soll wiederum für Klarheit zwischen den Verantwortlichen sorgen, wer für Fragen der betroffenen Personen innerhalb der Gruppe der Verantwortlichen zuständig ist. Allerdings steht es den betroffenen Personen frei, sich an jeden der Verantwortlichen zu wenden. Insofern ist es ratsam, in der Vereinbarung klar zu regeln, wie Anfragen betroffener Personen beantwortet werden. Eine zentrale Stelle für die Bearbeitung und Beantwortung von Anfragen Betroffener ist empfehlenswert, damit funktionale Prozesse für alle Verantwortlichen geschaffen werden können.

25 S. 2 ermöglicht es den gemeinsam Verantwortlichen auch **arbeitsteilig** vorzugehen und dabei einem der Verantwortlichen zum Beispiel die Einholung der Einwilligung für die Verarbeitung durch alle Verantwortlichen zu übertragen.[41] Dies bietet sich insbesondere in Fällen an, in denen nicht jeder der gemeinsam Verantwortlichen im unmittelbaren Kontakt zu den betroffenen Personen steht, etwa weil nur einer der gemeinsam Verantwortlichen die relevante Webseite, App oder Softwareanwendung betreibt, die konkrete Umfrage durchführt oder medizinische Daten bei Patienten erhebt. Typische Fälle sind auch Social Plug-ins, Cookies oder KI-Anwendungen. Auch im Anwendungsbereich des TTDSG bleibt eine entsprechende Arbeitsteilung möglich, so dass auch eine Einwilligung nach dem TTDSG nur von einem der gemeinsam Verantwortlichen einzuholen ist.[42]

26 **3. Informationspflichten.** Die Pflicht zur **Einhaltung der Informationspflichten** nach der Verordnung besteht originär für jeden Verantwortlichen selbst. Die Vorschrift gestattet es jedoch, dass mehrere Verantwortliche die Informationspflichten zentral über einen der Verantwortlichen erfüllen, den sie in ihrer Vereinbarung zur gemeinsamen Verarbeitung bestimmt haben.[43] In der Praxis muss sichergestellt sein, dass alle betroffenen Personen (egal über welchen Weg und welchen Verantwortlichen sie personenbezogene Daten in die Verarbeitung einliefern), jeweils vorher umfassend informiert worden sind. Insofern kann es dazu kommen, dass das Informationsmaterial zwar durch nur einen der Verantwortlichen zusammengestellt und produziert wird, es aber von jedem Verantwortlichen selbst an die betroffenen Personen ausgehändigt werden muss.

27 Im **Verzeichnis der Verarbeitungstätigkeiten** nach Art. 30 muss jeder Verantwortliche ausdrücklich auch die übrigen Verantwortlichen nennen. Die Informationspflichten gegenüber den betroffenen Personen nach Art. 13 und 14 verwenden den Verantwortlichen ausschließlich im Singular, wobei dies nur ein redaktionelles Versehen darstellen kann. Nach Sinn und Zweck der Regelung müssen die Betroffenen auch über weitere Verantwortliche informiert werden. Selbst wenn man eine entsprechende Pflicht nicht aus den Art. 13 und 14 ableiten wollte, bestünde die Pflicht auch unmittelbar aus Art. 26.

28 In welcher **Form** und in welchem **Umfang** die betroffenen Personen über den wesentlichen Inhalt der zwischen den Verantwortlichen getroffenen Vereinbarung informiert werden müssen, lässt die Verordnung offen. Als wesentlich iSd Art. 26 Abs. 2 S. 2 sind alle Regelungen der Vereinbarung zu verstehen, die den Umgang mit den personenbezogenen Daten betreffen und die diesbezügliche Organisation der Verantwortlichen. Angaben zu den wirtschaftlichen Konditionen der gemeinsamen Verarbeitung durch die Verantwortlichen werden in der Regel nicht zu den für die betroffene Person wesentlichen Informationen gehören.

29 **4. Haftung der gemeinsam Verantwortlichen.** Gegenüber den betroffenen Personen haften die gemeinsam Verantwortlichen nach Abs. 3 gesamtschuldnerisch für alle Ansprüche der betroffenen Personen aus der Verordnung. Solche Ansprüche sind beschränkt auf die Rechte der betroffenen Person nach Kapitel 3 DS-GVO. Dazu zählen Unterlassungsansprüche nicht, weil diese in den Art. 12 bis 23 nicht vorgesehen sind. Aufgrund der klaren Formulierung, können zudem nur betroffene Personen Ansprüche geltend machen, für Bußgelder nach Art. 83 Abs. 1 Buchst. a haften die jeweiligen Verantwortlichen getrennt voneinander.

---

[40] Erwägungsgrund 79.
[41] EuGH MMR 2019, 579 Rn. 102 – Fashion ID.
[42] LG Frankfurt a. M. Urt. v. 19.10.2022 – 2-04 O 170/22.
[43] EuGH MMR 2019, 579 Rn. 105 – Fashion ID.

III. Rechenschaftspflicht bei gemeinsam Verantwortlichen

Art. 26 enthält keine spezifischen Regelungen für die Rechenschaftspflicht, so dass Art. 5 Abs. 2 zunächst für jeden Verantwortlichen individuell gilt. Sofern die gemeinsam Verantwortlichen im Rahmen eines arbeitsteiligen Vorgehens für die Rechenschaftspflicht relevante Aufgaben an einen der gemeinsam Verantwortlichen delegieren, müssen sie sicherstellen, dass jeder der gemeinsam Verantwortlichen seiner Rechenschaftspflicht nachkommen kann. Dafür ist es erforderlich, aber auch ausreichend, wenn die gemeinsam Verantwortlichen vertraglich vereinbaren, dass sie die relevanten Unterlagen jederzeit von demjenigen Verantwortlichen einfordern können, der mit der konkreten Aufgabe betraut wurde.[44] Typischerweise kommt dies zum Tragen, wenn einer der gemeinsam Verantwortlichen Einwilligungen für alle gemeinsam Verantwortlichen einholen soll.

C. Rechtsschutz

Für die Durchsetzung der Rechte nach dieser Verordnung sind die **Gerichte der Mitgliedstaaten** zuständig. Für eine gegebenenfalls notwendige Auslegung der DS-GVO ist der EuGH zuständig. Verstöße gegen Art. 26 können mit einem Bußgeld geahndet werden (Art. 83 Abs. 4 Buchst. a).

Art. 27 Vertreter von nicht in der Union niedergelassenen Verantwortlichen oder Auftragsverarbeitern

(1) In den Fällen gemäß Artikel 3 Absatz 2 benennt der Verantwortliche oder der Auftragsverarbeiter schriftlich einen Vertreter in der Union.

(2) Die Pflicht gemäß Absatz 1 des vorliegenden Artikels gilt nicht für

a) eine Verarbeitung, die gelegentlich erfolgt, nicht die umfangreiche Verarbeitung besonderer Datenkategorien im Sinne des Artikels 9 Absatz 1 oder die umfangreiche Verarbeitung von personenbezogenen Daten über strafrechtliche Verurteilungen und Straftaten im Sinne des Artikels 10 einschließt und unter Berücksichtigung der Art, der Umstände, des Umfangs und der Zwecke der Verarbeitung voraussichtlich nicht zu einem Risiko für die Rechte und Freiheiten natürlicher Personen führt, oder

b) Behörden oder öffentliche Stellen.

(3) Der Vertreter muss in einem der Mitgliedstaaten niedergelassen sein, in denen die betroffenen Personen, deren personenbezogene Daten im Zusammenhang mit den ihnen angebotenen Waren oder Dienstleistungen verarbeitet werden oder deren Verhalten beobachtet wird, sich befinden.

(4) Der Vertreter wird durch den Verantwortlichen oder den Auftragsverarbeiter beauftragt, zusätzlich zu diesem oder an seiner Stelle insbesondere für Aufsichtsbehörden und betroffene Personen bei sämtlichen Fragen im Zusammenhang mit der Verarbeitung zur Gewährleistung der Einhaltung dieser Verordnung als Anlaufstelle zu dienen.

(5) Die Benennung eines Vertreters durch den Verantwortlichen oder den Auftragsverarbeiter erfolgt unbeschadet etwaiger rechtlicher Schritte gegen den Verantwortlichen oder den Auftragsverarbeiter selbst.

Literatur: *Franck*, Der Vertreter in der Union gemäß Art. 27 DS-GVO, RDV 2018, 303; *Klar*, Die extraterritoriale Wirkung des neuen europäischen Datenschutzrechts, DuD 2017, 533; *Koós/Englisch*, Eine „neue" Auftragsdatenverarbeitung?, ZD 2014, 276; *Lantwin*, Kann ein Briefkasten haften? – Rolle des Vertreters nach DS-GVO, ZD 2019, 14; *Kühling/Martini*, Die Datenschutz-Grundverordnung, EuZW 2016, 448; *Voigt/Drexler*, EU- und UK-Datenschutzvertreter nach dem Brexit, ZD 2021, 409.

---

[44] CNIL Entsch. zu personalisierter Werbung v. 15.6.2023, Rn. 78, 79, abrufbar unter www.legifrance.gouv.fr/cnil/id/CNILTEXT000047707063; ebenso LG Frankfurt a. M. Urt. v. 19.10.2022 – 2–04 O 170/22.

Übersicht

	Rn.
A. Allgemeines	1
I. Zweck und Bedeutung der Vorschrift	1
II. Systematik, Verhältnis zu anderen Vorschriften	3
B. Einzelerläuterungen	4
I. Verpflichtete und Voraussetzungen	4
II. Ausnahmen	5
1. Gelegentliche Datenverarbeitungen	5
a) Nur gelegentliche Verarbeitung	6
b) Keine sensiblen Daten in größerem Umfang	7
c) Voraussichtlich kein Risiko	8
2. Behörden	9
III. Vertreter	10
1. Anforderungen an den Vertreter und seine Bestellung	10
2. Aufgaben und Funktion des Vertreters	12
3. Haftung des Vertreters	16
4. Datenschutzbeauftragter als Vertreter	17
C. Rechtsschutz	18

A. Allgemeines

I. Zweck und Bedeutung der Vorschrift

1 Durch den erweiterten Anwendungsbereich der Verordnung auch für Verantwortliche und Auftragsverarbeiter außerhalb der Union (Art. 3 Abs. 2; **„Marktortprinzip"**) bedarf es einer Regelung, die sicherstellt, dass betroffenen Personen und der Aufsichtsbehörde zur Durchsetzung der Vorgaben der Verordnung ein **Vertreter** des Verantwortlichen oder des Auftragsverarbeiters in der Union zur Verfügung steht.[1] Ausgenommen von dieser Pflicht sind Behörden und öffentliche Stellen sowie Verarbeitungen, die kein Risiko für die Rechte und Freiheiten der Betroffenen darstellen. Der Vertreter muss den betroffenen Personen und der Aufsichtsbehörde als **Anlaufstelle** dienen[2] und bevollmächtigt sein, im Namen des Verantwortlichen oder des Auftragsverarbeiters zu handeln. Bei Verstößen soll der Vertreter auch Durchsetzungsverfahren unterworfen sein.[3]

2 Die Kommission wollte die Verpflichtung zur Bestellung eines Vertreters ursprünglich von der **Anzahl der Mitarbeiter** des Verantwortlichen bzw. des Auftragsverarbeiters abhängig machen und Verantwortliche bzw. Auftragsverarbeiter mit weniger als 250 Mitarbeitern von der Pflicht befreien.[4] Das Europäische Parlament wollte im Parlamentsentwurf die Pflicht von der Zahl der Betroffenen Personen abhängig machen. Wer personenbezogene Daten von weniger als 5.000 betroffene Personen innerhalb eines Zeitraumes von zwölf aufeinanderfolgenden Monaten verarbeitet und dabei keine besonderen Kategorien personenbezogener Daten, Standortdaten, Daten über Kinder oder Arbeitnehmerdaten aus groß angelegten Ablagesystemen verarbeitet, sollte von der Pflicht befreit sein.[5] Beide Vorschläge waren nur bedingt geeignet, da die Zahl der Mitarbeiter oder betroffenen Personen kaum geeignet ist, die Risiken für die Rechte und Freiheiten der betroffenen Personen angemessen zu reflektieren. Durchgesetzt hat sich daher im Kern der **Vorschlag des Rates,** der nur gelegentliche Verarbeitungen von der Verpflichtung ausnimmt, wenn durch sie kein Risiko für die Rechte und Freiheiten der betroffenen Personen besteht.[6]

II. Systematik, Verhältnis zu anderen Vorschriften

3 Funktion und **Bedeutung des Vertreters** ergeben sich vollständig erst aus dem Zusammenspiel von Art. 27, der Definition des Vertreters in Art. 4 Nr. 17 (→ Art. 4 Rn. 71 ff.) und den

---

[1] Erwägungsgrund 80; *Kühling/Martini* EuZW 2016, 448 (450).
[2] *Koós/Englisch* ZD 2014, 276; Kühling/Buchner/*Hartung* DS-GVO Art. 27 Rn. 1.
[3] Erwägungsgrund 80.
[4] Art. 25 Abs. 2 Buchst. b KOM(2012) 11 endgültig.
[5] Art. 25 Abs. 2 Buchst. b EP-PE_TC1-COD(2012)0011.
[6] Art. 25 Abs. 2 Buchst. b ER, Allg. Ausrichtung, Dok. 9569/15.

Erwägungsgründen 23, 24 und 80.[7] Art. 4 Abs. 2 **DS-RL** enthielt eine vergleichbare Pflicht für nicht in der Union niedergelassene Verantwortliche, die Umsetzung ins deutsche Recht erfolgte über § 1 Abs. 5 S. 3 BDSG aF. Problematisch an den Regelungen sowohl in Art. 4 Abs. 2 DS-RL als auch § 1 Abs. 5 S. 3 BDSG aF war, dass sie in der Praxis eine wirksame Rechtsdurchsetzung nicht ermöglicht haben, da der Vertreter selbst nicht passivlegitimiert war.[8]

B. Einzelerläuterungen

I. Verpflichtete und Voraussetzungen

Verantwortliche und Auftragsverarbeiter **außerhalb der Union**, die über keine Niederlassung in der Union (→ Art. 3 Rn. 9) verfügen und personenbezogene Daten von betroffenen Personen, die sich innerhalb der Union befinden, verarbeiten, sind grundsätzlich verpflichtet, einen Vertreter (→ Art. 4 Nr. 17) schriftlich zu benennen, wenn folgende Voraussetzungen kumulativ[9] gegeben sind:
– Es erfolgt eine Verarbeitung personenbezogener Daten von Personen, die sich innerhalb der Union befinden *und*
– die Verarbeitung dient dem Zweck, den Personen in der Union Waren oder Dienstleistungen anzubieten oder das Verhalten der Personen in der Union zu beobachten *und*
– der Verantwortliche oder Auftragsverarbeiter hat seinen Sitz außerhalb der Union und verfügt über keine Niederlassung in der Union.

Unerheblich ist insoweit, ob das Angebot von Waren oder Dienstleistungen gegen Entgelt erfolgt oder nicht.

Verpflichtete sind nicht daran gehindert, in verschiedenen Mitgliedstaaten verschiedene Vertreter zu benennen, was geeignet sein kann, Sprachbarrieren zu überwinden.[10] Verpflichtete müssen aber mindestens einen Vertreter bestellen, der dann EU-weit zuständig ist.

II. Ausnahmen

1. Gelegentliche Datenverarbeitungen. Die Benennung eines Vertreters ist nicht erforderlich, sofern die Verarbeitung nur gelegentlich erfolgt, keine umfangreiche Verarbeitung besonderer Datenkategorien umfasst und insgesamt voraussichtlich nicht zu einem Risiko für die Rechte und Freiheiten natürlicher Personen führt. Jede der Voraussetzungen muss erfüllt sein.[11] Dabei handelt es sich bei allen drei Voraussetzungen um **unbestimmte Rechtsbegriffe**, deren Auslegung in der Praxis durchaus Probleme bereiten kann und die der Auslegung durch Literatur, Aufsichtsbehörden und Gerichte bedürfen.[12] Eine Beschränkung nach Zahl der Mitarbeiter, der Zahl der betroffenen Personen oder Zahl der verarbeiteten Datensätze, wie im Gesetzgebungsverfahren diskutiert (→ Rn. 2), hat sich nicht durchgesetzt.

a) Nur gelegentliche Verarbeitung. Der Begriff der nur gelegentlichen Verarbeitung ist in der Verordnung nicht definiert. Von einer nur gelegentlichen Verarbeitung kann nicht ausgegangen werden, wenn die Verarbeitung zum Kernbereich der Tätigkeiten des Verantwortlichen gehören.[13] Allein eine Regelmäßigkeit der Verarbeitung (zB einmal pro Jahr) führt nicht automatisch dazu, dass die Verarbeitung nicht mehr „gelegentlich" ist.[14] Es bedarf einer Gesamtbetrachtung in deren Ergebnis sich die Verarbeitung als im Vergleich zur Kerntätigkeit des Verantwortlichen gelegentliche, vereinzelte, hin und wieder stattfindende Verarbeitung darstellt, die gegenüber der Kerntätigkeit erkennbar von untergeordneter Bedeutung ist.[15] Denkbar sind solche Fälle insbesondere, wenn die Verarbeitung von Daten aus der EU zwar nicht intendiert ist, aber auch nicht ausgeschlossen werden kann.[16]

---
[7] Kühling/Buchner/*Hartung* DS-GVO Art. 27 Rn. 4.
[8] Simitis/*Dammann* BDSG § 1 Rn. 236.
[9] Kühling/Buchner/*Hartung* DS-GVO Art. 27 Rn. 5; Gola/*Piltz* DS-GVO Art. 27 Rn. 7 ff.
[10] Simitis/Hornung/Spiecker gen. Döhmann/*Hornung* Art. 27 Rn. 9.
[11] Plath/*Plath* DS-GVO Art. 27 Rn. 4; Kühling/Buchner/*Hartung* DS-GVO Art. 27 Rn. 11; Paal/Pauly/*Martini* DS-GVO Art. 27 Rn. 32.
[12] Kühling/Buchner/*Hartung* DS-GVO Art. 27 Rn. 7.
[13] Gola/Heckmann/*Piltz* DS-GVO Art. 27 Rn. 23; Kühling/Buchner/*Hartung* DS-GVO Art. 27 Rn. 8.
[14] AA wohl Gierschmann/Schlender/Stentzel/Veil/*Schlender* DS-GVO Art. 27 Rn. 14.
[15] Paal/Pauly/*Martini* DS-GVO Art. 27 Rn. 36; Kühling/Buchner/*Hartung* DS-GVO Art. 27 Rn. 8.
[16] Mit weiteren Beispielfällen *Klar* DuD 2017, 533 (536).

7   **b) Keine sensiblen Daten in größerem Umfang.** Die Verordnung misst dem Schutz besonderer Kategorien personenbezogener Daten (Art. 9 Abs. 1) und personenbezogenen Daten über strafrechtliche Verurteilungen und Straftaten (Art. 10) hohe Bedeutung zu. Während diese Datenarten in der Regel klar identifizierbar sind, ist der Begriff „umfangreich" in der Verordnung nicht definiert und bedarf der Auslegung.[17] Es kommt hierbei sowohl auf die Zahl der betroffenen Personen als auch auf die Intensität und die Qualität der konkreten Verarbeitung an.[18] Konkrete Mengen lassen sich nicht abstrakt definieren, angesichts der Sensitivität der Datenarten steht aber zu erwarten, dass schon der Umgang mit vergleichsweise geringen Mengen dieser Daten dazu führen wird, dass die Verarbeitung als umfangreich einzustufen sein wird. Gleichwohl ist die Regelung im Zusammenspiel aller drei Komponenten zu betrachten, so dass Maßnahmen wie eine Pseudonymisierung der Daten dazu führen können, dass mehr Daten verarbeitet werden können.

8   **c) Voraussichtlich kein Risiko.** Die Plicht zur Benennung eines Vertreters entfällt jedoch nur, wenn durch die Verarbeitung voraussichtlich kein Risiko für die Rechte und Freiheiten natürlicher Personen entsteht. Dabei handelt es sich um eine Prognoseentscheidung nach Abwägung von Eintrittswahrscheinlichkeit und Schadenshöhe.[19] Allerdings darf die Forderung „kein Risiko" nicht als null-Risiko verstanden werden, da jede Verarbeitung personenbezogener Daten per se ein Risiko für die Rechte und Freiheiten der betroffenen Person darstellt. Ausreichend ist daher ein geringfügiges Risiko.[20]

9   **2. Behörden.** Ausgenommen von dieser Pflicht sind nach Abs. 2 Buchst. b Behörden und öffentliche Stellen. Dabei ist ein funktionaler Behördenbegriff anzuwenden, dh ausschlaggebend ist, ob die Stelle Daten für öffentliche Zwecke oder für private Zwecke verarbeitet.[21] Intention des Verordnungsgebers war die Wahrung des völkerrechtlich verankerten Territorialprinzips.[22]

III. Vertreter

10 **1. Anforderungen an den Vertreter und seine Bestellung.** Der Vertreter kann eine **natürliche oder juristische Person** sein, die in einem Mitgliedstaat niedergelassen sein muss, in dem sich betroffene Personen befinden, deren personenbezogene Daten verarbeitet werden. Die Verordnung enthält keine Anforderungen an die berufliche oder fachliche Qualifikation des Vertreters.[23] Werden Daten von betroffenen Personen verarbeitet, die sich in unterschiedlichen Mitgliedstaaten befinden, so reicht die Benennung eines Vertreters mit Sitz in einem der betroffenen Mitgliedstaaten aus. Der Vertreter kann nicht in einem Mitgliedstaat niedergelassen sein, in dem sich keine Person, deren Daten verarbeitet werden, befindet (→ Abs. 3). Er muss beauftragt und bevollmächtigt sein, entweder neben oder statt des Verantwortlichen oder Auftragsverarbeiters für Aufsichtsbehörden und betroffene Personen als Anlaufstelle innerhalb der Union zu dienen. Er muss im Namen des Vertretenen tätig werden können.[24]

11 Der Vertreter muss **schriftlich bestellt** werden. Soweit die deutsche Fassung der Verordnung in Art. 4 Nr. 17 das Wort „bestellt" verwendet, in Art. 27 Abs. 1 jedoch das Wort „benennt", kommt dem inhaltlich keine Bedeutung zu. In der englischen Sprachfassung heißt es an beiden Stellen „designate". Sofern teilweise in der Literatur vertreten wird, die Anforderung „schriftlich" erfordere eine Schriftlichkeit im Sinne des § 126 BGB und schließe die Textform (§ 126b BGB) aus, weil der europäische Gesetzgeber auf die Nennung der elektronischen Form verzichtet habe,[25] überzeugt dies nicht. Das europäische Recht kennt die deutsche Schriftform

---

[17] Gola/Heckmann/*Piltz* DS-GVO Art. 27 Rn. 25; Paal/Pauly/*Martini* DS-GVO Art. 27 Rn. 38; Kühling/Buchner/*Hartung* DS-GVO Art. 27 Rn. 9.
[18] Paal/Pauly/*Martini* DS-GVO Art. 27 Rn. 39.
[19] Kühling/Buchner/*Hartung* DS-GVO Art. 27 Rn. 10; Paal/Pauly/*Martini* DS-GVO Art. 27 Rn. 43.
[20] Paal/Pauly/*Martini* DS-GVO Art. 27 Rn. 43; Kühling/Buchner/*Hartung* DS-GVO Art. 27 Rn. 10.
[21] Paal/Pauly/*Martini* DS-GVO Art. 27 Rn. 45; Kühling/Buchner/*Hartung* DS-GVO Art. 27 Rn. 11.
[22] Paal/Pauly/*Martini* DS-GVO Art. 27 Rn. 45; Kühling/Buchner/*Hartung* DS-GVO Art. 27 Rn. 11.
[23] *Franck* RDV 2018, 303 (306); Kühling/Buchner/*Hartung* DS-GVO Art. 27 Rn. 12.
[24] Erwägungsgrund 80.
[25] Simitis/Hornung/Spiecker gen. Döhmann/*Hornung* DS-GVO Art. 27 Rn. 10; Paal/Pauly/*Martini* DS-GVO Art. 27 Rn. 20.

nicht, im Englischen bezeichnet „written" was in Deutschland als Textform bezeichnet wird. Daher genügt für die Bestellung die Textform.[26]

2. Aufgaben und Funktion des Vertreters. Aufgabe und Funktion des Vertreters ergeben sich aus Art. 27 selbst sowie aus Art. 4 Nr. 17 und Erwägungsgrund 80. Danach vertritt der schriftlich bestellte Vertreter den Verantwortlichen bzw. den Auftragsverarbeiter in allen **Fragen rund um die Verarbeitung,** dh Aufsichtsbehörden und betroffene Personen können sich mit Fragen zu der Verarbeitung unmittelbar an den Vertreter wenden.[27] Der Vertreter muss deshalb im Rahmen der Informationspflichten gegenüber den betroffenen Personen benannt (Art. 13, 14) und in das Verzeichnis der Verarbeitungstätigkeiten (Art. 30) aufgenommen werden.

Zentrale Aufgabe des Vertreters ist die einer **Anlaufstelle** in der Union, der die Kommunikation mit betroffenen Personen und den Aufsichtsbehörden sicherstellt. Er ist **Empfangsvertreter,** gelegentlich auch als „Briefkasten" bezeichnet, des Verantwortlichen oder des Auftragsverarbeiters.[28] Der Vertreter ist aber nicht selbst für die Wahrung der Rechte der betroffenen Personen verantwortlich.[29] Er hat auch keine eigene Entscheidungsbefugnis sondern handelt nach Weisung des Verantwortlichen oder Auftragsverarbeiters. Gegenüber Aufsichtsbehörden und Betroffenen fungiert er daher als **Erklärungsbote.**[30] Soweit der Vertreter nach Art. 30 Abs. 1 verpflichtet ist, das Verarbeitungsverzeichnis zu führen, sieht der EDSA primär den Verantwortlichen bzw. den Auftragsverarbeiter in der Pflicht, das Verzeichnis zu führen und dem Vertreter alle erforderlichen Informationen zukommen zu lassen.[31]

Unscharf sind die Regelungen zur Funktion des Vertreters im **Durchsetzungsverfahren.** Erwägungsgrund 80 aE stellt klar, dass der Vertreter im Falle von Verstößen des Verantwortlichen oder des Auftragsverarbeiters dem Durchsetzungsverfahren unterworfen ist. Abs. 4 spricht jedoch nur davon, dass der Vertreter bei Fragen im Zusammenhang mit der Einhaltung der Vorgaben der Verordnung als „Anlaufstelle" dient. Eine ausdrückliche Klarstellung, dass der Vertreter Empfänger von Weisungen oder Zustellungsbevollmächtigter des Verantwortlichen oder des Auftragsverarbeiters ist, fehlt in Art. 27. Bei den Befugnissen der Aufsichtsbehörde (Art. 58) wird der Vertreter nur im Zusammenhang mit Auskunftspflichten gegenüber der Aufsichtsbehörde genannt (Art. 58 Abs. 1 Buchst. a). Bei sämtlichen Weisungs- und Abhilfebefugnissen wird der Vertreter nicht mehr ausdrücklich benannt. Allerdings ist eine entsprechende ausdrückliche Nennung des Vertreters insofern nicht erforderlich, als der Vertreter nach Art. 4 Nr. 17 den Verantwortlichen bzw. den Auftragsverarbeiter „in Bezug auf die ihnen jeweils nach dieser Verordnung obliegenden Pflichten vertritt". Insofern können Weisungen gegenüber dem Verantwortlichen oder dem Auftragsverarbeiter immer auch gegenüber dem Vertreter als Empfangsbevollmächtigten erklärt werden.[32] Dies bekräftigt Erwägungsgrund 80 durch die Aussage dass der Vertreter auch dem Durchsetzungsverfahren unterworfen ist.[33] Ohne entsprechende Ermächtigung aus der Verordnung stellt § 44 Abs. 3 BDSG klar, dass Vertreter auch in zivilgerichtlichen Verfahren Zustellungsbevollmächtigte des Verantwortlichen oder Auftragsverarbeiters sind.[34]

Die Benennung eines Vertreters hindert die Aufsichtsbehörde nicht, unmittelbar gegen den Verantwortlichen oder den Auftragsverarbeiter vorzugehen (Abs. 5). Die Verantwortung und Haftung des Verantwortlichen oder des Auftragsverarbeiters wird durch die Vertreterbenennung nicht berührt.[35]

---

[26] Gola/Heckmann/*Piltz* DS-GVO Art. 27 Rn. 15, 16; *Lantwin* ZD 2019, 14; *Franck* RDV 2018, 303 (306); mit ausführlicher Begründung Schwartmann/Jaspers/Thüsing/Kugelmann/*Kremer* Art. 27 Rn. 29 ff.
[27] Kühling/Buchner/*Hartung* DS-GVO Art. 27 Rn. 15; Paal/Pauly/*Martini* DS-GVO Art. 27 Rn. 49.
[28] Simitis/Hornung/Spiecker gen. Döhmann/*Hornung* Art. 27 Rn. 24; Kühling/Buchner/*Hartung* DS-GVO Art. 27 Rn. 14; Taeger/Gabel/*Lang* DS-GVO Art. 27 Rn. 47; *Lantwin* ZD 2019, 14 (16); für die Einordung als Empfangsbote Schwartmann/Jaspers/Thüsing/Kugelmann/*Kremer* DS-GVO Art. 27 Rn. 58, 61.
[29] EDSA Leitlinien 3/2018 zum räumlichen Anwendungsbereich der DS-GVO (Artikel 3), Version 2.0 v. 12.11.2019 S. 31; *Lantwin* ZD 2019, 14 (16); *Voigt/Drexler* ZD 2021, 409 (412); Taeger/Gabel/*Lang* DS-GVO Art. 27 Rn. 45.
[30] Kühling/Buchner/*Hartung* DS-GVO Art. 27 Rn. 14; Taeger/Gabel/*Lang* DS-GVO Art. 27 Rn. 48; Schwartmann/Jaspers/Thüsing/Kugelmann/*Kremer* Art. 27 Rn. 58, 61.
[31] EDSA Leitlinien 3/2018 zum räumlichen Anwendungsbereich der DS-GVO (Artikel 3), Version 2.0 v. 12.11.2019, S. 31.
[32] Paal/Pauly/*Martini* DS-GVO Art. 27 Rn. 50.
[33] AA Bartels/Schramm kes 2016, 25 (28).
[34] Simitis/Hornung/Spiecker gen. Döhmann/*Hornung* Art. 27 Rn. 27 f.; Kühling/Buchner/*Hartung* DS-GVO Art. 27 Rn. 26; Schwartmann/Jaspers/Thüsing/Kugelmann/*Kremer* DS-GVO Art. 27 Rn. 69, 70.

16 **3. Haftung des Vertreters.** Der Vertreter haftet ohne Hinzutreten besonderer Umstände nicht für das Verhalten des Vertretenen.[36] Er ist Vertreter und nicht Verantwortlicher. Die Bußgeldvorschriften der Verordnung richten sich ausdrücklich nur an den Verantwortlichen und an den Auftragsverarbeiter.[37] Dies gilt auch für Fälle, in denen die Verordnung dem Vertreter eigene Pflichten auferlegt (zB in Art. 30 Abs. 1 die Pflicht zur Führung eines Verzeichnisses von Verarbeitungstätigkeiten), da der Vertreter nicht Adressat der Bußgeldvorschriften ist.[38]

17 **4. Datenschutzbeauftragter als Vertreter.** Umstritten ist, ob ein **externer Datenschutzbeauftragter** zugleich auch Vertreter nach Art. 27 sein kann. Die herrschende Meinung lehnt dies unter Verweis auf vermeintliche Interessenkonflikte zwischen beiden Rollen ab.[39] Kernargument für die Annahme eines Interessenskonfliktes ist, dass der Vertreter im Rahmen eines Auftrags und entsprechend nach Weisung des Verantwortlichen oder des Auftragsverarbeiters tätig wird, der Datenschutzbeauftragte jedoch in seiner Tätigkeit weisungsfrei ist. Dabei verkennt die herrschende Meinung, dass auch Beschäftigte, die als Datenschutzbeauftragte bestellt werden, im Rahmen ihres Anstellungsverhältnisses den Weisungen von Vorgesetzten unterstehen. Die Verordnung stellt in Art. 38 Abs. 6 klar, dass Datenschutzbeauftragte auch andere Aufgaben und Pflichten wahrnehmen dürfen. Die Freiheit der Ausübung des Amtes muss dann durch den Verantwortlichen bzw. den Auftragsverarbeiter sichergestellt werden (Art. 38 Abs. 3). Die Verordnung geht daher zunächst selbst davon aus, dass ein Datenschutzbeauftragter Aufgaben in der Organisation nach Weisungen erbringen muss, während die Tätigkeit als Datenschutzbeauftragter weisungsfrei ist. Mithin schließen sich weisungsfreie und weisungsgebundene Tätigkeiten nebeneinander nicht aus. Richtigerweise wird ein Interessenskonflikt angenommen, wenn ein Datenschutzbeauftragter in anderer Funktion über Art und Umfang der Datenverarbeitung entscheidet oder die Verarbeitung selbst eine wesentliche Aufgabe des Beschäftigen darstellt, weil der Datenschutzbeauftragte dann seine eigene Tätigkeit kontrollieren müsste.[40] Ein solcher Interessenskonflikt besteht jedoch mit der Rolle als Vertreter gerade nicht. Der Vertreter nach Art. 27 entscheidet weder über Art und Umfang von Datenverarbeitungen, noch besteht seine Tätigkeit in der Verarbeitung von Daten. Wie dargestellt, ist der Vertreter lediglich Empfänger und Bote für den Verantwortlichen (→ Rn. 13) und unterliegt daher keinem Interessenskonflikt, wenn er zugleich externer Datenschutzbeauftragter ist.[41] Wird ein externer Datenschutzbeauftragter auch als Vertreter nach Art. 27 bestellt, sollten vertragliche Maßnahmen zur Sicherstellung der Weisungsfreiheit und Unabhängigkeit in der Rolle des Datenschutzbeauftragten getroffen werden. Leitbild hierfür könnte Art. 28 Abs. 3 S. 3 sein, wonach der weisungsgebundene Auftragsverarbeiter den Verantwortlichen bei Bedenken gegen die datenschutzrechtliche Zulässigkeit einer Weisung informieren muss. Sieht der Vertrag mit dem Vertreter für solche Fälle vor, dass der Vertreter nicht gegen seine (datenschutzrechtliche) Überzeugung handeln muss, würde dies die Weisungsfreiheit des Datenschutzbeauftragten dokumentieren und sicherstellen.

C. Rechtsschutz

18 Für die **Ahndung** von Pflichtverletzungen sind die Aufsichtsbehörden zuständig, für **Streitigkeiten** zwischen den betroffenen Personen, dem Verantwortlichen und/oder den Auftragsverarbeitern sind die Gerichte der Mitgliedstaaten zuständig. Unterlässt ein Verpflichteter die Benennung eines Vertreters, so kann die Aufsichtsbehörde eine Geldbuße von bis zu 10 Mio.

---

[35] Erwägungsgrund 80.
[36] EDSA Leitlinien 3/2018 zum räumlichen Anwendungsbereich der DS-GVO (Artikel 3), Version 2.0 v. 12.11.2019, S. 32.
[37] Paal/Pauly/*Martini* DS-GVO Art. 27 Rn. 50a; Gola/Heckmann/*Piltz* DS-GVO Art. 27 Rn. 46; ausf. Kühling/Buchner/*Hartung* DS-GVO Art. 27 Rn. 17 f.
[38] Kühling/Buchner/*Hartung* DS-GVO Art. 27 Rn. 19; aA Gola/Heckmann/*Piltz* DS-GVO Art. 27 Rn. 46.
[39] EDSA Leitlinien 3/2018 zum räumlichen Anwendungsbereich der DS-GVO (Artikel 3), Version 2.0 v. 12.11.2019, S. 28, 29; Simitis/Hornung/Spiecker gen. Döhmann/*Hornung* DS-GVO Art. 27 Rn. 12; Taeger/Gabel/*Lang* DS-GVO Art. 27 Rn. 39; Gola/Heckmann/*Piltz* DS-GVO Art. 27 Rn. 5; Paal/Pauly/*Martini* DS-GVO Art. 27 Rn. 25; offengelassen bei Kühling/Buchner/*Hartung* DS-GVO Art. 27 Rn. 12.
[40] Simitis/Hornung/Spiecker gen. Döhmann/*Drewes* DS-GVO Art. 30 Rn. 55; Kühling/Buchner/*Bergt* DS-GVO Art. 38 Rn. 40; → Art. 38 Rn. 24.
[41] Ebenso *Franck* RDV 2018, 303 (307).

EUR oder 2 Prozent des weltweiten Vorjahresumsatzes verhängen (Art. 58 Abs. 4 Buchst. a). Mangels Vertreters muss die Strafe dann jedoch gegen den Verantwortlichen oder den Auftragsverarbeiter im Ausland durchgesetzt und vollstreckt werden.

Art. 28 Auftragsverarbeiter

(1) Erfolgt eine Verarbeitung im Auftrag eines Verantwortlichen, so arbeitet dieser nur mit Auftragsverarbeitern, die hinreichend Garantien dafür bieten, dass geeignete technische und organisatorische Maßnahmen so durchgeführt werden, dass die Verarbeitung im Einklang mit den Anforderungen dieser Verordnung erfolgt und den Schutz der Rechte der betroffenen Person gewährleistet.

(2) ¹Der Auftragsverarbeiter nimmt keinen weiteren Auftragsverarbeiter ohne vorherige gesonderte oder allgemeine schriftliche Genehmigung des Verantwortlichen in Anspruch. ²Im Fall einer allgemeinen schriftlichen Genehmigung informiert der Auftragsverarbeiter den Verantwortlichen immer über jede beabsichtigte Änderung in Bezug auf die Hinzuziehung oder die Ersetzung anderer Auftragsverarbeiter, wodurch der Verantwortliche die Möglichkeit erhält, gegen derartige Änderungen Einspruch zu erheben.

(3) [1] ¹Die Verarbeitung durch einen Auftragsverarbeiter erfolgt auf der Grundlage eines Vertrags oder eines anderen Rechtsinstruments nach dem Unionsrecht oder dem Recht der Mitgliedstaaten, der bzw. das den Auftragsverarbeiter in Bezug auf den Verantwortlichen bindet und in dem Gegenstand und Dauer der Verarbeitung, Art und Zweck der Verarbeitung, die Art der personenbezogenen Daten, die Kategorien betroffener Personen und die Pflichten und Rechte des Verantwortlichen festgelegt sind. ²Dieser Vertrag bzw. dieses andere Rechtsinstrument sieht insbesondere vor, dass der Auftragsverarbeiter

a) die personenbezogenen Daten nur auf dokumentierte Weisung des Verantwortlichen – auch in Bezug auf die Übermittlung personenbezogener Daten an ein Drittland oder eine internationale Organisation – verarbeitet, sofern er nicht durch das Recht der Union oder der Mitgliedstaaten, dem der Auftragsverarbeiter unterliegt, hierzu verpflichtet ist; in einem solchen Fall teilt der Auftragsverarbeiter dem Verantwortlichen diese rechtlichen Anforderungen vor der Verarbeitung mit, sofern das betreffende Recht eine solche Mitteilung nicht wegen eines wichtigen öffentlichen Interesses verbietet;
b) gewährleistet, dass sich die zur Verarbeitung der personenbezogenen Daten befugten Personen zur Vertraulichkeit verpflichtet haben oder einer angemessenen gesetzlichen Verschwiegenheitspflicht unterliegen;
c) alle gemäß Artikel 32 erforderlichen Maßnahmen ergreift;
d) die in den Absätzen 2 und 4 genannten Bedingungen für die Inanspruchnahme der Dienste eines weiteren Auftragsverarbeiters einhält;
e) angesichts der Art der Verarbeitung den Verantwortlichen nach Möglichkeit mit geeigneten technischen und organisatorischen Maßnahmen dabei unterstützt, seiner Pflicht zur Beantwortung von Anträgen auf Wahrnehmung der in Kapitel III genannten Rechte der betroffenen Person nachzukommen;
f) unter Berücksichtigung der Art der Verarbeitung und der ihm zur Verfügung stehenden Informationen den Verantwortlichen bei der Einhaltung der in den Artikeln 32 bis 36 genannten Pflichten unterstützt;
g) nach Abschluss der Erbringung der Verarbeitungsleistungen alle personenbezogenen Daten nach Wahl des Verantwortlichen entweder löscht oder zurückgibt und die vorhandenen Kopien löscht, sofern nicht nach dem Unionsrecht oder dem Recht der Mitgliedstaaten eine Verpflichtung zur Speicherung der personenbezogenen Daten besteht;
h) dem Verantwortlichen alle erforderlichen Informationen zum Nachweis der Einhaltung der in diesem Artikel niedergelegten Pflichten zur Verfügung stellt und Überprüfungen – einschließlich Inspektionen –, die vom Verantwortlichen oder einem anderen von diesem beauftragten Prüfer durchgeführt werden, ermöglicht und dazu beiträgt.

Art. 28

[2] Mit Blick auf Unterabsatz 1 Buchstabe h informiert der Auftragsverarbeiter den Verantwortlichen unverzüglich, falls er der Auffassung ist, dass eine Weisung gegen diese Verordnung oder gegen andere Datenschutzbestimmungen der Union oder der Mitgliedstaaten verstößt.

(4) ¹Nimmt der Auftragsverarbeiter die Dienste eines weiteren Auftragsverarbeiters in Anspruch, um bestimmte Verarbeitungstätigkeiten im Namen des Verantwortlichen auszuführen, so werden diesem weiteren Auftragsverarbeiter im Wege eines Vertrags oder eines anderen Rechtsinstruments nach dem Unionsrecht oder dem Recht des betreffenden Mitgliedstaats dieselben Datenschutzpflichten auferlegt, die in dem Vertrag oder anderen Rechtsinstrument zwischen dem Verantwortlichen und dem Auftragsverarbeiter gemäß Absatz 3 festgelegt sind, wobei insbesondere hinreichende Garantien dafür geboten werden muss, dass die geeigneten technischen und organisatorischen Maßnahmen so durchgeführt werden, dass die Verarbeitung entsprechend den Anforderungen dieser Verordnung erfolgt. ²Kommt der weitere Auftragsverarbeiter seinen Datenschutzpflichten nicht nach, so haftet der erste Auftragsverarbeiter gegenüber dem Verantwortlichen für die Einhaltung der Pflichten jenes anderen Auftragsverarbeiters.

(5) Die Einhaltung genehmigter Verhaltensregeln gemäß Artikel 40 oder eines genehmigten Zertifizierungsverfahrens gemäß Artikel 42 durch einen Auftragsverarbeiter kann als Faktor herangezogen werden, um hinreichende Garantien im Sinne der Absätze 1 und 4 des vorliegenden Artikels nachzuweisen.

(6) Unbeschadet eines individuellen Vertrags zwischen dem Verantwortlichen und dem Auftragsverarbeiter kann der Vertrag oder das andere Rechtsinstrument im Sinne der Absätze 3 und 4 des vorliegenden Artikels ganz oder teilweise auf den in den Absätzen 7 und 8 des vorliegenden Artikels genannten Standardvertragsklauseln beruhen, auch wenn diese Bestandteil einer dem Verantwortlichen oder dem Auftragsverarbeiter gemäß den Artikeln 42 und 43 erteilten Zertifizierung sind.

(7) Die Kommission kann im Einklang mit dem Prüfverfahren gemäß Artikel 93 Absatz 2 Standardvertragsklauseln zur Regelung der in den Absätzen 3 und 4 des vorliegenden Artikels genannten Fragen festlegen.

(8) Eine Aufsichtsbehörde kann im Einklang mit dem Kohärenzverfahren gemäß Artikel 63 Standardvertragsklauseln zur Regelung der in den Absätzen 3 und 4 des vorliegenden Artikels genannten Fragen festlegen.

(9) Der Vertrag oder das andere Rechtsinstrument im Sinne der Absätze 3 und 4 ist schriftlich abzufassen, was auch in einem elektronischen Format erfolgen kann.

(10) Unbeschadet der Artikel 82, 83 und 84 gilt ein Auftragsverarbeiter, der unter Verstoß gegen diese Verordnung die Zwecke und Mittel der Verarbeitung bestimmt, in Bezug auf diese Verarbeitung als Verantwortlicher.

Literatur: *Bartels/Schramm,* Outsourcing nach neuem Datenschutzrecht, kes 2016, 25; *von dem Bussche/Voigt,* Konzerndatenschutz; *Eckardt,* Anforderungen an die Auftragsverarbeitung als Instrument zur Einbindung Externer, CCZ 2017, 111; *Forgó/Helfrich/Schneider,* Betrieblicher Datenschutz, 3. Aufl. 2019; *Härting,* Auftragsverarbeitung nach der DS-GVO, ITRB 2016, 137; *Hoffmann/Johannes,* DS-GVO: Anleitung zur autonomen Auslegung des Personenbezugs, ZD 2017, 21; *v. Holleben/Knaut,* Die Zukunft der Auftragsverarbeitung, CR 2017, 299; *Koós/Englisch,* Eine „neue" Auftragsverarbeitung, ZD 2014, 276; *Koreng/Lachenmann,* Formularhandbuch Datenschutzrecht; *Möllenkamp/Ohrtmann,* Auftragsverarbeitung im Konflikt mit Beweissicherungsinteressen des Auftragnehmers, ZD 2019, 445; *Monreal,* „Der für die Verarbeitung Verantwortliche" – Das unbekannte Wesen des deutschen Datenschutzrechts, ZD 2014, 611; *Müthlein,* ADV 5.0 – Neugestaltung der Auftragsdatenverarbeitung in Deutschland, RDV 2016, 74; *Nickel,* Alternativen der konzerninternen Auftragsverarbeitung, ZD 2021, 140; *Schäfer/Fox,* Zertifizierte Auftragsdatenverarbeitung – Das Standard-ADV-Modell, DuD 2016, 744; *Schmidt/Freund,* Perspektiven der Auftragsverarbeitung, ZD 2017, 14; *Schmitz/v. Dall'Armi,* Auftragsdatenverarbeitung in der DS-GVO – das Ende der Privilegierung?, ZD 2016, 427.

Rechtsprechung: EuG Urt. v. 26.4.2023 – T-557/20, ZD 2023, 399 mAnm *Baumgartner* = RDV 2023, 254 mAnm *Johannes;* LAG BW Urt. v. 25.2.2021 – 17 Sa 37/20, ZD 2021, 436; LG Frankfurt a. M. Urt. v. 18.9.2020 – 2-27 O 100/20, ZD 2020, 639; AG Wiesbaden Urt. v. 26.4.2021 – 93 C 2338/20, ZD 2021, 434.

Übersicht

	Rn.
A. Allgemeines	1
I. Zweck und Bedeutung der Vorschrift	1
II. Systematik, Verhältnis zu anderen Vorschriften	2
B. Einzelerläuterungen	3
I. Grundlegende Fragen	3
1. Begriff des Auftragsverarbeiters	3
2. Privilegierung der Auftragsverarbeitung	4
3. Auftragsverarbeitung in einem Drittland	9
4. Anwendbarkeit bei Wartung und Softwarepflege	10
5. Haftung	11
II. Konkrete Anforderungen	12
1. Form des Auftrags	12
2. Hinreichende Garantien	13
3. Weitere Auftragsverarbeiter	15
4. Grundlage der Auftragsverarbeitung	18
5. Kerninhalt des Vertrages oder Rechtsinstruments (Abs. 3 S. 1)	19
a) Gegenstand und Dauer	20
b) Art und Zweck der Verarbeitung	21
c) Art der Daten, Kategorien betroffener Personen	22
d) Rechte und Pflichten des Verantwortlichen	23
6. Weitere Mindestinhalte (Abs. 3 S. 2)	24
a) Weisung	24
b) Verschwiegenheitspflicht	27
c) Maßnahmen nach Art. 32	28
d) Regelungen zu weiteren Auftragsverarbeitern	29
e) Unterstützung des Verantwortlichen	30
f) Lösch- oder Rückgabepflicht des Auftragsverarbeiters	31
g) Nachweis der Pflichteinhaltung	32
7. Anzeige rechtswidriger Weisungen	33
8. Genehmigte Verhaltensregeln und Standardvertragsklauseln	34
C. Datenflüsse in Unternehmensgruppen	35
I. Verhältnisse für jede konkrete Verarbeitung klären	36
II. Rechtsgrundlage oder Privilegierung klären	38
1. Auftragsverarbeitung	39
2. Eigene (gemeinsame) Verantwortung	40
III. Vertragliche Ausgestaltung der Konzerndatenflüsse	43
1. Rahmenvereinbarung	44
2. Typische Anhänge zu einer Rahmenvereinbarung	45
3. Überblick über die zusätzlichen Anforderungen eines möglichen internationalen Konzerndatenflusses	48
IV. Zusammenfassung	49

A. Allgemeines

I. Zweck und Bedeutung der Vorschrift

Die Vorschrift regelt das Institut der **Auftragsverarbeitung,** bei der der Verantwortliche die **1** Verarbeitung personenbezogener Daten durch eine andere juristische Person oder Stelle vornehmen lässt. Sie trägt auch den Anforderungen der immer stärker arbeitsteiligen Welt der Datenverarbeitung Rechnung, in der vielfach Teile der Verarbeitung an spezialisierte Dienstleister ausgelagert werden oder in der Dienstleister Anwendungen und/oder Infrastruktur bereitstellen und dabei eigene Verarbeitungsleistungen erbringen. Eine vergleichbare, wenn auch im Detail nicht so ausgeprägte Regelung, enthielt bereits Art. 17 Abs. 2–4 DS-RL. Im Vergleich zu Art. 17 DS-RL konkretisiert Art. 28 DS-GVO die Pflichten des Verantwortlichen und des von ihm beauftragten Auftragsverarbeiters und legt Mindestanforderungen an den Auftragsverarbeiter und Mindestinhalte für die vertragliche Vereinbarung zwischen beiden sowie gegebenenfalls weiteren Auftragsverarbeitern fest. Art. 28 stellt damit eine der zentralen Vorschriften für den Schutz personenbezogener Daten in einer arbeitsteilig arbeitenden Wirtschaft dar.

II. Systematik, Verhältnis zu anderen Vorschriften

2   Art. 28 bildet die zentrale Regelung für die Rechte und Pflichten im Verhältnis zwischen Verantwortlichem und Auftragsverarbeiter. Ergänzende Pflichten für den Auftragsverarbeiter sind an verschiedenen Stellen der Verordnung geregelt, unter anderem in Art. 30 für das Führen einer Verarbeitungsübersicht oder in Art. 31 für die Zusammenarbeit mit der Aufsichtsbehörde.

B. Einzelerläuterungen

I. Grundlegende Fragen

3   **1. Begriff des Auftragsverarbeiters.** Nach Art. 4 Nr. 8 ist der Auftragsverarbeiter eine „natürliche oder juristische Person, Behörde, Einrichtung oder andere Stelle, die personenbezogene Daten im Auftrag des Verantwortlichen verarbeitet" (→ Art. 4 Rn. 40 ff.). Der **Auftragsverarbeiter** muss demnach rechtlich eine andere Person als der Verantwortliche sein und in dessen Auftrag tätig werden.[1] Wer über die Zwecke der Verarbeitung entscheidet, kann nicht Auftragsverarbeiter sein, sondern ist selbst Verantwortlicher (→ Art. 26 Rn. 5 f.).[2] Der Auftragsverarbeiter kann aber sehr wohl insoweit eigenständig sein, als er innerhalb des durch den Verantwortlichen gesteckten Rahmens über die Mittel der Verarbeitung (zB die Hard- und Softwareinfrastruktur) (mit)entscheiden kann.[3] Unter der Geltung des BDSG aF war die Charakterisierung als Hilfstätigkeit eines der zentralen Kriterien für die Einstufung als Auftragsdatenverarbeiter.[4] Dieses Kriterium war Art. 17 DS-RL nicht zu entnehmen und findet sich auch in Art. 28 nicht. Gleichwohl muss der Auftragsverarbeiter sowohl nach Art. 17 DS-RL als auch nach Art. 28 DS-GVO den Weisungen des Verantwortlichen unterliegen. Wesensmerkmal der Auftragsverarbeitung nach der Verordnung ist daher, dass der Verantwortliche jedenfalls die Zwecke der Verarbeitung allein bestimmt und der Auftragsverarbeiter die Verarbeitung nach **Weisung** des Verantwortlichen durchführt. Der Auftragsverarbeiter ist Empfänger (Art. 4 Nr. 9), aber nicht Dritter (Art. 4 Nr. 10).

4   **2. Privilegierung der Auftragsverarbeitung.** Im BDSG aF war die Weitergabe von personenbezogenen Daten von der verantwortlichen Stelle an den Auftragsdatenverarbeiter gemäß § 3 Abs. 4 Nr. 3 BDSG aF nicht als Übermittlung klassifiziert, denn der Auftragsdatenverarbeiter war kein „Dritter" iSd § 3 Abs. 8 S. 2 BDSG aF und eine Übermittlung fand nur statt, wenn sie an einen Dritten erfolgte. Daher war die Auftragsdatenverarbeitung **privilegiert** und es bedurfte für die Weitergabe keiner weiteren Rechtsgrundlage.[5] Eine vergleichbare Regelung fehlt in der DS-GVO; es gab allerdings auch in der DS-RL schon keine vergleichbare Regelung. Deutschland ist hier im BDSG aF einen eigenen Weg gegangen. Noch während des Gesetzgebungsverfahrens wurde in der deutschen Literatur gefordert, der EU-Gesetzgeber möge eine vergleichbare Regelung zur Privilegierung aufnehmen.[6] Dem ist der EU-Gesetzgeber nicht nachgekommen. Es stellt sich daher die Frage, auf welcher **Rechtsgrundlage** der Verantwortliche personenbezogene Daten der betroffenen Personen an den Auftragsverarbeiter weitergeben darf. Art. 6 Abs. 1 stellt klar, dass Verarbeitungen nur rechtmäßig sind, wenn eine der sechs in der Vorschrift genannten Bedingungen erfüllt ist. Nach seinem Wortlaut ist Art. 6 Abs. 1 abschließend:

5   – Denkbar wäre es, in Art. 28 neben Art. 6 Abs. 1 eine **eigenständige Rechtsgrundlage** für die Auftragsverarbeitung zu sehen.[7] Allerdings fehlt es in der Formulierung von Art. 28 an jeglichen Anhaltspunkten dafür, dass die Norm als ergänzender Erlaubnistatbestand neben Art. 6 Abs. 1 verstanden werden soll. Vielmehr spricht die abschließende Formulierung von

---

[1] EDSA Leitlinien 07/2020 Version 2.0 Rn. 76, 77 ebenso bereits Artikel-29-Datenschutzgruppe, WP 169, S. 40.
[2] EDSA Leitlinien 07/2020 Version 2.0 Rn. 20; ebenso bereits Artikel-29-Datenschutzgruppe, WP 169, S. 39.
[3] EDSA Leitlinien 07/2020 Version 2.0 Rn. 40; ebenso bereits Artikel-29-Datenschutzgruppe, WP 169, S. 17.
[4] NK-BDSG/*Petri* § 11 Rn. 22.
[5] NK-BDSG/*Petri* § 11 Rn. 43; Kühling/Buchner/*Hartung* DS-GVO Art. 28 Rn. 13.
[6] *Koós/Englisch* ZD 2014, 276 (285).
[7] *v. Holleben/Knaut* CR 2017, 299 (301); ebenso wohl Schmitz/*v. Dall'Armi* ZD 2016, 427 (429).

Art. 6 Abs. 1 („nur rechtmäßig, wenn mindestens eine der nachstehenden Bedingungen erfüllt ist") dagegen, dass die Verordnung weitere von Art. 6 unabhängige Erlaubnisnormen enthält.
- Von den in Art. 6 Abs. 1 genannten Bedingungen käme nur Buchst. f in Betracht, dh eine 6 Auftragsverarbeitung wäre zulässig, wenn sie aufgrund von **berechtigten Interessen** des Verantwortlichen erforderlich ist und keine schutzwürdigen Interessen der betroffenen Personen überwiegen. Dies würde allerdings vor jeder Auftragsverarbeitung eine unter Umständen aufwändige und zu dokumentierende Interessenabwägung erforderlich machen. Ferner bestünde dann für jede betroffene Person ein Widerspruchsrecht (Art. 21), das Verantwortlicher und Auftragsverarbeiter umsetzen müssten. Es hätte dann jedoch nahegelegen, dass der EU-Gesetzgeber im Text von Art. 28 oder jedenfalls in den Erwägungsgründen einen entsprechenden Hinweis aufgenommen hätte. Zweckmäßig wäre bei diesem Verständnis auch eine generelle Interessenabwägung zugunsten der Auftragsverarbeitung gewesen. Die umfassenden Vorgaben in Art. 28 und 29 wären dann als gesetzliche Interessenabwägung zu verstehen. Eine entsprechende Intention des Verordnungsgebers ist jedoch nicht erkennbar. Dieser Ansatz vermag daher weder rechtstechnisch noch praktisch zu überzeugen.[8]
- Es bleibt daher nur das Verständnis, die Auftragsverarbeitung als zulässiges **Mittel der Ver-** 7 **arbeitung** zu begreifen, welches der Verantwortliche unter der Voraussetzung der Einhaltung der Vorgaben des Art. 28 einsetzen darf. Sofern die Verarbeitung selbst nach einer der in Art. 6 Abs. 1 genannten Bedingungen rechtmäßig ist, kann der Verantwortliche einen oder mehrere Auftragsverarbeiter nach seinen Weisungen einsetzen.[9] Insofern ist bedeutsam, dass die faktisch identische Definition der „Verarbeitung" in Art. 2d DS-RL und Art. 4 Nr. 2 DS-GVO als Verarbeitung nicht nur isoliert einzelne Vorgänge, sondern auch eine Vorgangsreihe kennt. Betrachtet man Verarbeitungen daher nicht auf der Mikroebene, sondern auf der Makroebene, kann sich eine Auftragsverarbeitung durchaus als Teil der Verarbeitung verstehen lassen.[10] Voraussetzung ist jedoch stets, dass eine Übermittlung nur an weisungsgebundene Auftragsverarbeiter erfolgt. Sobald eine Übermittlung an einen Dritten erfolgt, wird der Rahmen der zulässigen Mittel der Verarbeitung durchbrochen und es bedarf einer gesonderten Rechtsgrundlage für die Übermittlung.[11]

Die in Deutschland um die **Privilegierung der Auftragsverarbeitung** geführte Diskussion[12] 8 ist – soweit ersichtlich – in den übrigen Mitgliedstaaten der EU zu Art. 17 DS-RL nicht geführt worden. Das Institut der Auftragsverarbeitung ist jedoch europaweit anerkannt und wird umfassend genutzt. In den EDSA Leitlinien 07/2020 zu den Begriffen „Verantwortlicher" und „Auftragsverarbeiter" Version 2.0 vom 7.7.2020 wird das vermeintliche Problem der fehlenden Privilegierung nicht adressiert, stattdessen heißt es: „Die Rechtmäßigkeit der Verarbeitung gemäß Artikel 6 und gegebenenfalls Artikel 9 der Verordnung leitet sich von der Tätigkeit des Verantwortlichen ab, und der Auftragsverarbeiter darf die Daten nur nach den Weisungen des Verantwortlichen verarbeiten."[13] Insofern kann kein Zweifel daran bestehen, dass der Einsatz von Auftragsverarbeitern auch nach der Verordnung zulässig bleibt.[14] Im Übrigen erhöht die Verordnung das Haftungsrisiko für den Auftragsverarbeiter erheblich (→ Rn. 11) und bindet ihn – wie schon die DS-RL – durch die Weisungsunterwerfung an den Verantwortlichen. Sie stellt ihn damit in das Lager des Verantwortlichen.[15]

3. Auftragsverarbeitung in einem Drittland. Unter der Geltung des BDSG aF war eine 9 Auftragsdatenverarbeitung nur innerhalb der EU und des EWR möglich. Nach § 3 Abs. 8 S. 2

---

[8] Ebenso *Eckardt* CCZ 2017, 111 (113); Kühling/Buchner/*Hartung* DS-GVO Art. 28 Rn. 21.
[9] Ebenso *Monreal* ZD 2014, 611 (613); *Härting* ITRB 2016, 137 (139); Gierschmann/Schlender/Stentzel/Veil/*Kramer* DS-GVO Art. 4 Nr. 8 Rn. 11; iErg ebenso *Eckardt* CCZ 2017, 111 (113); *Schmidt/Freund* ZD 2017, 14 (16); mit anderer Begr. Kühling/Buchner/*Hartung* DS-GVO Art. 28 Rn. 15 f.
[10] So im Zusammenhang mit der Abgrenzung von Verarbeitungen mehrerer Verantwortlicher EDSA Leitlinien 07/2020 Version 2.0 Rn. 43; ebenso bereits Artikel-29-Datenschutzgruppe, WP 169, S. 25.
[11] AA Kühling/Buchner/*Hartung* DS-GVO Art. 28 Rn. 23.
[12] *Schmidt/Freund* ZD 2017, 14; *v. Holleben/Knaut* CR 2017, 299 (300); Gierschmann/Schlender/Stentzel/Veil/*Kramer* DS-GVO Art. 4 Nr. 8 Rn. 11, www.delegedata.de/2016/05/datenschutz-grundverordnung-kaum-beachtet-deutsche-privilegierung-der-auftragsdatenverarbeitung-entfaellt/; *Koós/Englisch* ZD 2014, 276; *Härting* ITRB 2016, 137 (139).
[13] EDSA Leitlinien 07/2020 Version 2.0 Rn. 80; ebenso, sprachlich leicht anders gefasst bereits Artikel-29-Datenschutzgruppe, WP 169, S. 31.
[14] *Eckardt* CCZ 2017, 111; LAG BW ZD 2021, 436 (439, Rn. 73).
[15] *Schmitz/v. Dall'Armi* ZD 2016, 427 (429).

BDSG aF galt ein Auftragsdatenverarbeiter nur dann nicht als Dritter, wenn er die Verarbeitung **innerhalb der EU oder des EWR** durchgeführt hat. Sobald er die Verarbeitung außerhalb der EU und des EWR durchführen wollte, galt die Privilegierung der Auftragsdatenverarbeitung nicht mehr und es bedurfte einer anderen Rechtsgrundlage. Dabei war eine zweistufige Prüfung erforderlich, bei der auf der ersten Stufe die Rechtmäßigkeit der Übermittlung selbst (zB aufgrund einer Einwilligung des Betroffenen oder einer Interessenabwägung) festgestellt und anschließend ein angemessenes Schutzniveau in dem Drittland hergestellt werden musste (zB durch EU-Standardvertragsklauseln, das EU-US Privacy Shield oder durch verbindliche Unternehmensregeln). Art. 4 Nr. 8 DS-GVO sieht – wie schon Art. 2e DS-RL – keine dem BDSG aF vergleichbare Beschränkung der Auftragsverarbeitung auf die EU und den EWR vor. Daher ist eine **Auftragsverarbeitung außerhalb der EU und des EWR** grundsätzlich möglich, sofern die in Art. 44 ff. genannten Bedingungen eingehalten werden. Es bedarf unter der Verordnung keiner gesonderten Rechtsgrundlage für die Auftragsverarbeitung durch Auftragsverarbeiter in einem Drittland, sondern lediglich zusätzlich der Sicherstellung eines angemessenen Schutzniveaus nach Art. 44 ff.[16] In dem Vertrag oder dem Rechtsinstrument zwischen Verantwortlichem und Auftragsverarbeiter ist festzulegen, ob der Auftragsverarbeiter personenbezogene Daten des Verantwortlichen in einem Drittland verarbeiten darf (Abs. 3 Buchst. a).

10 **4. Anwendbarkeit bei Wartung und Softwarepflege.** § 11 Abs. 5 BDSG aF enthielt eine dedizierte Regelung für die **Prüfung und Wartung** automatisierter Verarbeitungen. Sofern dabei ein Zugriff auf personenbezogene Daten nicht auszuschließen war, musste eine schriftliche Vereinbarung zur Auftragsdatenverarbeitung nach den Abs. 1–4 abgeschlossen werden.[17] Eine vergleichbare Regelung enthielt Art. 17 DS-RL nicht, auch die Verordnung macht keine gesonderten Vorgaben für Prüfung und Wartung. Soweit ersichtlich, ist eine vergleichbare Regelung auch im europäischen Gesetzgebungsverfahren nicht diskutiert worden. Die Definition der Verarbeitung ist in der Verordnung nahezu identisch mit der Definition in der DS-RL (→ Art. 4 Rn. 22 f.). Danach zählen auch das **Auslesen** und **Abfragen** sowie die **Offenbarung** von personenbezogenen Daten als Verarbeitung und bedürfen insofern einer Rechtsgrundlage. Daher muss der Verantwortliche unter der Geltung der Verordnung mit Wartungs- und Pflegedienstleistern **umfassende Vereinbarungen** zur Auftragsverarbeitung abschließen, wenn ein Auslesen, Abfragen oder die Offenbarung von personenbezogenen Daten nicht ausgeschlossen werden kann.[18] Allerdings weichen die Anforderungen an einen Prüf- oder Wartungsdienstleister naturgemäß deutlich von den Anforderungen an eine klassische Auftragsdatenverarbeitung ab. **Schwerpunkte der Regelungen** müssen die Sicherheit der Verbindung und des eingesetzten Endgeräts sowie die Vertraulichkeit von zur Kenntnis gelangten personenbezogenen Daten darstellen.[19] Gerade der Bereich der Wartung und Pflege bietet sich für kompakte genehmigte Verhaltensregeln (Abs. 5), einfach gehaltene Standardvertragsklauseln (Abs. 6) sowie Zertifizierungen (Art. 42) an. Die technischen und organisatorischen Maßnahmen können auf das für die spezifische Wartung oder Pflege erforderliche Maß reduziert werden.

11 **5. Haftung.** Der **Verantwortliche** bleibt bei einer Auftragsverarbeitung voll verantwortlich. Insbesondere haftet er für die Einhaltung der Anforderungen an die Auswahl des Auftragsverarbeiters, die Prüfung der Nachweise und Garantien und die Erfüllung der Ansprüche der betroffenen Personen. Ausdrückliche Regelungen zur Haftung des Auftragsverarbeiters waren früher weder in der DS-RL noch im BDSG aF enthalten, nach der Verordnung haftet der **Auftragsverarbeiter** in Fällen, in denen er gegen seine Pflichten als Auftragnehmer nach dem Vertrag oder der Verordnung verstößt (Art. 82 Abs. 2 S. 2). Außerdem haftet er gegenüber dem Verantwortlichen, wenn ein von ihm beauftragter weiterer Auftragsverarbeiter gegen die ihm obliegenden Pflichten verstößt (Abs. 4 S. 2). Hinzu kommt eine mögliche gesamtschuldnerische Haftung aller Verantwortlichen und Auftragsverarbeiter nach Art. 82 Abs. 4.[20] Zur Haftung im Einzelnen Art. 82–84.

---

[16] v. Holleben/Knaut CR 2017, 299 (304); Kühling/Buchner/Hartung DS-GVO Art. 28 Rn. 104 f.
[17] NK-BDSG/Petri § 11 Rn. 98 ff.
[18] Ebenso Mühlein RDV 2016, 74 (83); Schmidt/Freund ZD 2017, 14 (17); krit. Kühling/Buchner/Hartung DS-GVO Art. 28 Rn. 54.
[19] Däubler/Klebe/Wedde/Weichert/Wedde BDSG § 11 Rn. 79.
[20] Schmitz/v. Dall'Armi ZD 2016, 427 (432).

II. Konkrete Anforderungen

1. Form des Auftrags. Für eine Auftragsverarbeitung nach Art. 28 bedarf es einer **bewuss-** **12** **ten Entscheidung** des Verantwortlichen und einer konkreten Beauftragung des Auftragsverarbeiters mit einer oder mehreren konkret benannten Verarbeitungstätigkeiten. Der Auftragsverarbeiter muss hinsichtlich der konkret beauftragten Verarbeitung im Interesse des Verantwortlichen tätig werden.[21] Der Vertrag oder das Rechtsinstrument sind schriftlich abzufassen, wobei eine elektronische Form genügt (Abs. 9). Welche Anforderungen an die elektronische Form zu stellen sind, regelt die Verordnung nicht. Es kann allerdings nicht auf das deutsche Verständnis der elektronischen Form (§ 126a BGB) zurückgegriffen werden, da dieses nicht auf einer europäischen Norm beruht. Vielmehr genügt die Textform nach § 126b BGB den Anforderungen der elektronischen Form iSd Art. 28 Abs. 9.[22]

2. Hinreichende Garantien. Die Sicherung des gleichen Schutzniveaus beim Auftragsver- **13** arbeiter und beim Verantwortlichen ist neben der Weisungsbefugnis des Verantwortlichen das zentrale Wesensmerkmal der Auftragsverarbeitung. Nach Art. 17 Abs. 2 DS-RL war es erforderlich, dass der Auftragsverarbeiter ausreichende „**Gewähr**" dafür bot, dass angemessene technische und organisatorische Maßnahmen zum Schutz der Daten getroffen wurden. Der Verantwortliche musste sich zudem davon überzeugen, dass diese Maßnahmen auch eingehalten wurden. Vor diesem Hintergrund wurden vielfach eigene Audits durch den Verantwortlichen gefordert. Die Verordnung ändert dies und fordert nicht mehr, dass sich der Verantwortliche von der Einhaltung der Maßnahmen überzeugt. Stattdessen fordert sie nun hinreichende „**Garantien**" des Auftragsverarbeiters dafür, dass die Verarbeitung durch technische und organisatorische Maßnahmen im Einklang mit den Anforderungen der Verordnung erfolgt und der Schutz der Rechte der betroffenen Personen gewährleistet ist. Damit verschiebt sich die Darlegungslast deutlich in Richtung des Auftragsverarbeiters, der entsprechende Garantien bieten muss. Die Einhaltung genehmigter Verfahrensregeln (Abs. 5), die Verwendung von Standardvertragsklauseln (Abs. 7, 8) und Zertifikate (Art. 42) können solche Garantien darstellen oder Bestandteil solcher Garantien sein.[23] Neben diesen durch die Verordnung ausdrücklich genannten Möglichkeiten, können auch Zertifikate, die nicht allen Anforderungen des Art. 42 entsprechen, und eigene oder beauftragte Prüfungen des Verantwortlichen oder des Auftragsverarbeiters für ausreichende Garantien iSd Abs. 1 sorgen.[24]

Bei der Auslegung des Begriffs der „Garantie" ist allein auf ein europarechtliches Verständnis **14** des Begriffs abzustellen. Für die Auslegung einer Norm des europäischen Rechts kann nicht auf nationales Recht zurückgegriffen werden, auch wenn sprachlich identische Begriffe verwendet werden.[25] Insofern ist fraglich, ob nach der Verordnung eine „Garantie" tatsächlich im Sinne des Verständnisses des deutschen Zivilrechts („unbedingtes Einstehen für eine Verpflichtung ohne Berücksichtigung der Verschuldensfrage") zu verstehen ist.[26] Eine solche könnte weder durch Standardvertragsklauseln noch durch Zertifikate erbracht werden. Daher ist die Garantie im Sinne einer umfassenden Pflicht zur rechtlichen Sicherung der Einhaltung der Vorgaben zu verstehen, nicht jedoch im Sinne einer zivilrechtlichen Garantie nach deutschem Recht.

3. Weitere Auftragsverarbeiter. Abs. 2 und 4 legen die Kriterien fest, unter denen ein **15** Auftragsverarbeiter selbst einen oder mehrere Auftragsverarbeiter in die Verarbeitung einbinden kann (**Unterauftrag**). Zunächst bedarf es dazu entweder einer gesonderten Zustimmung des Verantwortlichen oder einer allgemeinen schriftlichen Genehmigung. Dabei spricht Einiges dafür, dass die verlangte schriftliche Genehmigung – wie der Vertrag zur Auftragsverarbeitung

---

[21] EDSA Leitlinien 07/2020 Version 2.0 Rn. 79; ebenso bereits Artikel-29-Datenschutzgruppe, WP 169, S. 31.
[22] LG Frankfurt a. M. GRUR-RS 2020, 24557 Rn. 36; ebenso Plath/*Plath* DS-GVO Art. 28 Rn. 15; *Eckardt* CCZ 2017, 111 (116); *v. Holleben/Knaut* CR 2017, 299 (303); ähnlich, aber unter Ausschluss einfacher E-Mails Paal/Pauly/*Martini* DS-GVO Art. 28 Rn. 75; aA *Müthlein* RDV 2016, 74 (76), der eine qualifizierte elektronische Signatur fordert.
[23] Kühling/Buchner/*Hartung* DS-GVO Art. 28 Rn. 59.
[24] Koreng/Lachenmann DatenschutzR-FormHdB/*Bertermann/Bergt* C.IV.3.; Gierschmann/Schlender/Stentzel/Veil/*Kramer* DS-GVO Art. 28 Rn. 32.
[25] *Hoffmann/Johannes* ZD 2017, 221 (221) mwN.
[26] Kühling/Buchner/*Hartung* DS-GVO Art. 28 Rn. 56.

selbst (Abs. 9) – auch in elektronischer Form abgegeben werden kann.[27] Im Falle einer allgemeinen Genehmigung von weiteren Auftragnehmern, sieht Abs. 2 S. 2 eine Informationspflicht vor und räumt dem Verantwortlichen ein Einspruchsrecht ein. Nicht ausdrücklich geregelt ist, ob ein solcher Einspruch des Verantwortlichen stets zwingend zum Ausschluss der Erteilung der weiteren Auftragsverarbeitung zu verstehen ist. Gerade im **Massengeschäft** werden Auftragsverarbeiter die eigene Leistung und die dafür erforderlichen weiteren Auftragsverarbeiter nicht ohne Weiteres für einzelne Auftraggeber individuell anpassen können. Dies gilt umso mehr, wenn genehmigte weitere Auftragsverarbeiter ausfallen und kurzfristig ersetzt werden müssen. In der Praxis wird das Recht zum Einspruch daher häufig beschränkt auf erhebliche oder zwingende sachliche Gründe. Als Rechtsfolge wird im Massengeschäft regelmäßig ein Sonderkündigungsrecht für den Fall des Einspruchs vorgesehen. Das ist datenschutzrechtlich zulässig, kann aber gerade bei komplexen IT-Leistungen faktisch ein erhebliches Risiko für den Auftraggeber darstellen. Meist ist schon technisch ein Anbieterwechsel sehr aufwändig, unterliegt der Verantwortliche vergaberechtlichen Pflichten, wird es nochmals schwieriger. Vor diesem Hintergrund sind klare Regelungen zu empfehlen. Allerdings unterscheidet sich die Situation insoweit nicht von dem Fall, in dem der Verantwortliche die Verarbeitung selbst durchführt: ist die Geschäftsleitung mit der Person, die nach dem Vorschlag der Fachabteilung die Nachfolge einer ausscheidenden Fachkraft antreten soll, nicht einverstanden, kann die Verarbeitung im Zweifel ebenfalls nicht fortgeführt werden. Bestehen zwischen Auftraggeber und (weiterem) Auftragsverarbeiter keine spezifischen Regelungen, wird man aufgrund des generellen Weisungsrechts des Verantwortlichen einen Einspruch des Verantwortlichen als bindende Untersagung der Beauftragung des weiteren Auftragnehmers verstehen müssen.

16   Dem **weiteren Auftragsverarbeiter** müssen vom ersten Auftragsverarbeiter dem Wortlaut zufolge „dieselben Datenschutzpflichten" (Abs. 4) auferlegt werden. Diese Vorgabe darf jedoch nicht so verstanden werden, dass dem weiteren Auftragsverarbeiter zwingend identische vertragliche Regelungen auferlegt werden müssen, vielmehr müssen die Datenschutzpflichten und die technischen und organisatorischen Maßnahmen **spezifisch für die vom weiteren Auftragsverarbeiter durchgeführten (Teil-)Verarbeitungen** festgelegt werden. Dabei darf das zwischen dem Verantwortlichen und dem ersten Auftragsverarbeiter vereinbarte Schutzniveau grundsätzlich nicht unterschritten werden. Sofern weitere Auftragsverarbeiter (Teil-)Verarbeitungen durchführen, für die aufgrund von Art und Umfang der (Teil-)Verarbeitung andere Datenschutzpflichten angemessen erscheinen, ist eine konkrete Vereinbarung dazu in der Vereinbarung zur Auftragsverarbeitung oder im Freigabeprozess für den weiteren Auftragsverarbeiter zu empfehlen.

17   Gerade beim Einsatz von IT-Systemen besteht regelmäßig das Erfordernis, dass diese fachgerecht gewartet und die verwendete Software gepflegt wird. Häufig sind hierfür Supportleistungen des jeweiligen Herstellers oder von besonders qualifizierten Dienstleistern erforderlich. Sofern diese bei der **Wartung und Pflege** Zugriff auf personenbezogene Daten erhalten können, liegt eine Offenbarung und damit eine Verarbeitung vor (→ Rn. 10), so dass der Wartungs- oder Pflegedienstleister als (weiterer) Auftragsverarbeiter einzustufen ist. In diesen Fällen ist Abs. 4 so zu verstehen, dass die für die konkrete weitere Auftragsverarbeitung relevanten Regelungen aus der ersten Auftragsverarbeitung zu übernehmen sind. Typischerweise beschränken sich die erforderlichen Sicherheitsmaßnahmen bei Fern- und Wartungszugriffen schwerpunktmäßig auf die Sicherheit der Verbindung und der eingesetzten Systeme, die Protokollierung und den Schutz vor Änderungen sowie die Vertraulichkeit.

18   **4. Grundlage der Auftragsverarbeitung.** Eine Auftragsverarbeitung darf nur auf Grundlage eines Vertrages oder eines anderen Rechtsinstruments nach Unionsrecht oder dem Recht des Mitgliedstaates erfolgen. Nach § 11 BDSG aF war für eine Auftragsdatenverarbeitung stets ein schriftlicher Auftrag erforderlich, Art. 28 ermöglicht jedoch beispielsweise auch eine Auftragsverarbeitung aufgrund einer Verordnung, einer Richtlinie oder eines nationalen Gesetzes. Im nicht öffentlichen Bereich wird voraussichtlich der **Vertrag zur Auftragsverarbeitung** weiterhin die dominierende Rolle einnehmen. Der Vertrag oder das Rechtsinstrument müssen schriftlich abgeschlossen werden, wobei Art. 28 Abs. 9 ausdrücklich den Abschluss in elektronischer Form ermöglicht. Art. 17 Abs. 4 DS-RL erlaubte den Abschluss des Vertrages oder

---

[27] Ebenso *v. Holleben/Knaut* CR 2017, 299 (304); Plath/*Plath* DS-GVO Art. 28 Rn. 15; mit Vorbehalt zust. *Schmitz/v. Dall'Armi* ZD 2016, 427 (432); einschränkend nur für Einzelgenehmigungen Gola/Heckmann/*Klug* DS-GVO Art. 28 Rn. 13; aA Paal/Pauly/*Martini* DS-GVO Art. 28 Rn. 62.

Rechtsaktes in schriftlicher oder einer anderen Form. Das im deutschen Recht verankerte Schriftformerfordernis stellte gerade im Online-Bereich eine erhebliche Herausforderung für die Beteiligten dar; komplexe Verträge über die Nutzung von Cloud-Services konnten elektronisch abgeschlossen werden, nur die Vereinbarung zur Auftragsdatenverarbeitung bedurfte stets der Schriftform. Dieser Medienbruch ist mit der Verordnung nicht mehr erforderlich.

5. Kerninhalt des Vertrages oder Rechtsinstruments (Abs. 3 S. 1). Art. 17 DS-RL 19 machte für den Inhalt des Vertrages oder Rechtsaktes über die Auftragsverarbeitung nur wenige Vorgaben. Kernpflicht der Parteien war es, das Weisungsrecht des für die Verarbeitung Verantwortlichen festzuschreiben und grundsätzliche Vereinbarungen für die Sicherheit der Daten zu vereinbaren. § 11 BDSG aF hat hingegen sehr konkrete **Mindestinhalte** für Auftragsdatenverarbeitungen definiert. Art. 28 übernimmt nun im Wesentlichen die Anforderungen, die im BDSG aF verankert waren, und verpflichtet den Verantwortlichen und den Auftragsverarbeiter, in einer Vereinbarung oder einem anderen Rechtsinstrument sowohl Festlegungen für die konkrete Verarbeitung zu treffen (→ Rn. 20 ff.) als auch weitere allgemeinere Vereinbarungen zum Schutz der Interessen und Rechte der betroffenen Personen (→ Rn. 24 ff.) festzuschreiben.

a) Gegenstand und Dauer. Es bedarf einer klaren und prägnanten Beschreibung des kon- 20 kreten Gegenstandes der Verarbeitung. Für die Parteien sowie für betroffene Personen und die Aufsichtsbehörde muss – jedenfalls im Zusammenhang mit den weiteren Pflichtangaben nach Abs. 3 – klar sein, welche Verarbeitung geschuldet ist.[28] Auch die **Dauer der Verarbeitung** ist festzulegen, wobei je nach Gegenstand, Art und Zweck der Verarbeitung auch eine unbestimmte Dauer vereinbart werden kann. Mit Blick auf Datensicherungen und gegebenenfalls erforderliche Migrationsprojekte kann es erforderlich sein, dass die Vereinbarung zur Auftragsverarbeitung eine längere Laufzeit als der eigentliche Hauptvertrag hat, bzw. dass die Vereinbarung zur Auftragsverarbeitung eine gewisse Nachlauffrist hat. Der Beginn der Auftragsverarbeitung sollte in jedem Fall eindeutig festgelegt sein. § 11 Abs. 2 Nr. 4 BDSG aF sah vor, dass die verantwortliche Stelle und der Auftragnehmer auch **Regelungen zur Löschung** von Daten schriftlich festzulegen hatten, so dass zu § 11 BDSG aF teilweise vertreten wurde, es bedürfe bei unbestimmter Dauer der Verarbeitung konkreter Festlegungen zur Löschung.[29] Art. 28 enthält keine vergleichbare Pflicht. Je nach Gegenstand, Art und Zweck der Verarbeitung muss der Verantwortliche Löschpflichten nach der Verordnung einhalten und erforderliche Löschungen entweder selbst vornehmen oder per Weisung von dem Auftragsverarbeiter vornehmen lassen. Einer konkreten Regelung hierzu in der Vereinbarung zur Auftragsverarbeitung bedarf es jedoch nicht.

b) Art und Zweck der Verarbeitung. Art und Zweck der durch den Auftragsverarbeiter 21 vorgenommenen Verarbeitung müssen **konkret und abschließend** beschrieben werden.[30] Der Auftragsverarbeiter darf gerade hinsichtlich der Zwecke der konkreten Verarbeitung keinen Spielraum haben, anderenfalls wird er selbst zum Verantwortlichen (Abs. 10). Sofern der Auftragsverarbeiter Daten, die er im Rahmen der Auftragsverarbeitung erhält, (auch) für eigene Zwecke verarbeiten möchte, bedarf es dafür einer Rechtsgrundlage und einer klaren vertraglichen **Abgrenzung**. Der Verantwortliche darf dem Auftragsverarbeiter eine Verarbeitung zu eigenen Zwecken nicht „erlauben", aber er kann dem Dienstleister Weisungen erteilen, die eine Verarbeitung zu Zwecken des Dienstleisters vorbereiten (zB Pseudonymisierung, Anonymisierung). Häufig wird der Dienstleister zB ein Interesse daran haben, die Daten des Auftraggebers zur Wartung und Pflege sowie zur Verbesserung seines Dienstes zu nutzen. Dies liegt in der Regel auch im Interesse des Auftraggebers. Die Parteien müssen dann eine klare Regelung dafür finden, ob Daten (a) nur für Zwecke des Auftraggebers, (b) für gemeinsam festgelegte Zwecke oder (c) für individuell festgelegte Zwecke des Dienstleisters verarbeitet werden sollen. Soll der Auftragsverarbeiter personenbezogene Daten des Auftraggebers im Rahmen einer anderen Verarbeitung als allein oder gemeinsam Verantwortlicher verarbeiten, bedarf er dafür einer eigenen Rechtsgrundlage und muss dann seine Pflichten nach der Verordnung (zB Informationspflichten) gesondert erfüllen. Bei der Wahl der konkreten Mittel der Verarbeitung kann dem Auftragsverarbeiter hingegen ein gewisser Spielraum eingeräumt werden, ohne dass der Auftragsverarbeiter dadurch selbst zum Verantwortlichen wird.[31]

---

[28] Paal/Pauly/*Martini* DS-GVO Art. 28 Rn. 29; Kühling/Buchner/*Hartung* DS-GVO Art. 28 Rn. 65.
[29] Däubler/Klebe/Wedde/Weichert/*Wedde* BDSG § 11 Rn. 34.
[30] Kühling/Buchner/*Hartung* DS-GVO Art. 28 Rn. 65.
[31] EDSA Leitlinien 07/2020 Version 2.0 Rn. 40, 80; ebenso bereits Artikel-29-Datenschutzgruppe, WP 169, S. 17.

22   **c) Art der Daten, Kategorien betroffener Personen.** Die Angabe der **Art der verarbeiteten Daten** ist von zentraler Bedeutung. Nur, wenn den Parteien klar ist, welche Arten von Daten verarbeitet werden, können dem der Verarbeitung innewohnenden Risiko angemessene technische und organisatorische Maßnahmen zum Schutz der Daten (Art. 32) getroffen und vereinbart werden. Insbesondere, wenn besondere Kategorien personenbezogener Daten (Art. 9) verarbeitet werden, muss dies in der Vereinbarung festgehalten werden. Zudem sind die Kategorien betroffener Personen möglichst präzise zu beschreiben. Schwierigkeiten bereitet dies insbesondere beim Einsatz von Auftragsverarbeitern, die **standardisierte Verarbeitungen im Massengeschäft** anbieten (zB Hosting, Cloud Computing, Plattformbetreiber). Diese haben in der Regel keine Kenntnis von den Daten, die die Verantwortlichen auf den bereitgestellten Systemen verarbeiten und bieten ausschließlich einheitliche technische und organisatorische Maßnahmen für alle Kunden an. Der Verantwortliche hat in diesen Fällen die Angemessenheit der angebotenen technischen und organisatorischen Maßnahmen sorgfältig zu prüfen. Die Beschreibung von Datenarten und Kategorien sollte stets so konkret wie möglich erfolgen, kann aber bei standardisierten Leistungen entsprechend abstrakter gefasst werden.

23   **d) Rechte und Pflichten des Verantwortlichen.** Der Vertrag oder das Rechtsinstrument hat ferner festzulegen, welche Rechte und Pflichten der Verantwortliche hat.[32] Die **zwingend** vorgeschriebenen Regelungen enthält Abs. 3 S. 2 (→ Rn. 23 ff.). Diese decken in der Regel die üblichen Anforderungen ab, individuelle Festlegungen können dagegen in dem Vertrag oder dem Rechtsinstrument festgeschrieben werden.

24   **6. Weitere Mindestinhalte (Abs. 3 S. 2). a) Weisung.** Soweit nicht das Recht des Mitgliedstaates, dem der Auftragsverarbeiter unterliegt, oder das Unionsrecht den Auftragsverarbeiter verpflichten, darf die Verarbeitung personenbezogener Daten des Verantwortlichen durch den Auftragsverarbeiter nur aufgrund von dokumentierten **Weisungen des Verantwortlichen** erfolgen. Dies ist Wesensmerkmal der Auftragsverarbeitung und im Vertrag oder Rechtsinstrument zwischen Verantwortlichem und Auftragsverarbeiter konkret zu regeln. Die Verordnung schließt mündliche Weisungen nicht generell aus, diese bedürfen aber einer Dokumentation durch den Verantwortlichen oder den Auftragsverarbeiter.[33] Es bietet sich dabei an, konkrete Vorgaben für die Übermittlung und Dokumentation von Weisungen zu vereinbaren.

25   Das Weisungsrecht des Verantwortlichen ist **weder schrankenlos noch kostenfrei**. Die Auftragsverarbeitung versucht einen Rahmen zu schaffen, in dem der Verantwortliche über den Auftragsverarbeiter die gleichen Kontroll- und Weisungsrechte ausübt, wie über die Beschäftigten einer eigenen Fachabteilung. Erfordert eine Weisung mehr Ressourcen als ursprünglich geplant, stellt die Auftragsverarbeitung den Verantwortlichen wirtschaftlich nicht automatisch besser als bei den Einsatz einer eigenen Fachabteilung. Daher dürfen Auftragsverarbeiter vertraglich Mehraufwände für zusätzliche Weisungen vereinbaren. Sie dürfen insbesondere auch bei standardisierten Leistungen deren Grenzen beschreiben und Weisungen außerhalb der Standardleistungen vertraglich ausschließen, sofern dadurch nicht die Entscheidungsbefugnis des Verantwortlichen über die Zwecke und Mittel der Verarbeitung oder die Möglichkeit der Einhaltung der Pflichten nach der Verordnung eingeschränkt werden. Das Weisungsrecht soll sicherstellen, dass der Verantwortliche die Steuerungsgewalt über die verarbeiteten personenbezogenen Daten behält. Stellt der Auftragsverarbeiter dem Verantwortlichen standardisierte Möglichkeiten zur Ausübung dieser Kontrolle zur Verfügung (zB Lösch- oder Exportfunktionen), kann er entsprechende individuelle Weisungen mit Verweis auf die Standardfunktionen verweigern oder nur gegen gesonderte Vergütung anbieten.

26   Besondere Herausforderungen stellen sich, wenn der Auftragsverarbeiter zum **Nachweis der vertragsgemäßen Leistung** (zB im Rahmen eines Werkvertrags) auf die Speicherung personenbezogener Daten des Verantwortlichen angewiesen ist.[34] Es handelt sich dann regelmäßig um eigene Zwecke des Auftragsverarbeiters, die üblicherweise für die beauftragte Verarbeitung nicht erforderlich sind. In solchen Fällen spricht viel für ein überwiegendes berechtigtes Interesse (Art. 6 Abs. 1 Buchst. f) des Auftragsverarbeiters, wobei stets der Grundsatz der Datenminimierung zu beachten und ferner eine Speicherung von besonderen Kategorien personenbezogener Daten im Sinne des Art. 9 generell nicht möglich ist.

---

[32] Kühling/Buchner/*Hartung* DS-GVO Art. 28 Rn. 66.
[33] Paal/Pauly/*Martini* DS-GVO Art. 28 Rn. 39; Kühling/Buchner/*Hartung* DS-GVO Art. 28 Rn. 69.
[34] Möllenkamp/Ohrtmann ZD 2019, 445 (449).

b) Verschwiegenheitspflicht. Der Auftragsverarbeiter soll durch den Vertrag oder das 27 Rechtsinstrument dazu verpflichtet werden, nur Personen bei der Verarbeitung einzusetzen, die sich zur **Vertraulichkeit** verpflichtet haben oder einer angemessenen gesetzlichen Verschwiegenheitspflicht unterliegen. Letzteres wird vor allem bei Berufsgeheimnisträgern der Fall sein. Eine vergleichbare Pflicht besteht für den Verantwortlichen und für den Auftragsverarbeiter bereits nach Art. 32 Abs. 4. Dort fehlt der Hinweis auf die Möglichkeit einer gesetzlichen Verschwiegenheitspflicht und sprachlich formuliert Art. 32 Abs. 4 („unternehmen Schritte, um sicherzustellen") eher ein Bemühen als eine verbindliche Pflicht. Hinzu kommt, dass Art. 28 Abs. 3 S. 2 Buchst. c den Auftragsverarbeiter ohnehin auf die Einhaltung der Vorgaben des Art. 32 verpflichtet. Insofern ist die Regelung insgesamt redaktionell nicht stimmig. Nach Art. 29 sind alle bei der Verarbeitung tätigen Personen gesetzlich verpflichtet, personenbezogene Daten nur nach **Weisung des Verantwortlichen** zu verarbeiten. Eine ausdrückliche Pflicht, solche Personen gesondert auf Vertraulichkeit zu verpflichten, enthält Art. 29 nicht (→ Art. 29 Rn. 10). Jedenfalls den Auftragsverarbeiter trifft aus Art. 28 Abs. 3 S. 2 Buchst. b die Pflicht, alle bei der Verarbeitung eingesetzten Personen zur Vertraulichkeit zu verpflichten, sofern sie keiner gesetzlichen Vertraulichkeitspflicht unterliegen. Diese Regelung ist mit den Anforderungen des § 5 BDSG aF vergleichbar, der eine Verpflichtung der mit der Erhebung, Verarbeitung und Nutzung von personenbezogenen Daten auf das Datengeheimnis vorsah.[35]

c) Maßnahmen nach Art. 32. Der Vertrag oder das Rechtsinstrument hat ferner die Ver- 28 pflichtung zu enthalten, dass der Auftragsverarbeiter sämtliche nach Art. 32 erforderlichen Maßnahmen ergreift. Diese Pflicht stellt allerdings bereits Art. 32 selbst auf, so dass die hier vorgesehene Pflicht zur Aufnahme einer entsprechenden Regelung in den Vertrag oder das Rechtsinstrument vor allem **deklaratorische Bedeutung** hat. Eine ausdrückliche Pflicht, die konkret nach Art. 32 zu treffenden Maßnahmen im Vertrag oder Rechtsinstrument zu nennen, besteht nicht.[36] Gleichwohl ist eine verbindliche Festlegung der konkret zu treffenden Maßnahmen nach Art. 32 und Art. 30 notwendig und es wird für die Parteien gerade auch mit Blick auf die Haftungsregelungen zweckmäßig sein, die konkreten Maßnahmen im Vertrag oder Rechtsinstrument festzuschreiben. Im Vergleich zu den Anforderungen nach § 9 BDSG aF verlangt Art. 32 nun ausdrücklich eine Berücksichtigung des Standes der Technik bei der Festlegung der technischen und organisatorischen Maßnahmen. Es besteht zwar keine generelle Pflicht, den Stand der Technik vollumfänglich einzuhalten, sofern jedoch Maßnahmen nach dem Stand der Technik nicht ergriffen werden können oder sollen, muss der Abwägungsprozess zum Verzicht auf die Maßnahme dokumentiert werden.[37] Dabei wird der Stand der Technik nach der Europäischen Norm EN 45020 Normung – Allgemeine Begriffe (ISO/IEC Guide 2:2004) definiert.[38]

d) Regelungen zu weiteren Auftragsverarbeitern. Buchst. d fordert, dass der Vertrag 29 oder das Rechtsinstrument eine Verpflichtung zur Einhaltung der Pflichten nach Abs. 2 und Abs. 4 für den Auftragsverarbeiter enthält. Diese Pflicht ist wiederum **rein deklaratorisch,** da sie gesetzlich ohnehin gilt. Unbedingt zu empfehlen ist jedoch, dass die Parteien eine klare Regelung zu weiteren Auftragsverarbeitern treffen. Gerade im Massengeschäft verbietet sich faktisch eine gesonderte individuelle Zustimmung, so dass praktisch die allgemeine Genehmigung marktüblich ist. Wo dies praktisch sinnvoll ist, kann die allgemeine Genehmigung auf konkrete Verarbeitungen oder Leistungen beschränkt werden (zB Infrastruktur-Provider, Wartungs- und Pflegedienstleister) oder konkrete Gruppen von weiteren Auftragnehmern festschreiben (zB konzernverbundene Gesellschaften des ersten Auftragsverarbeiters). Ferner sollte der Prozess der Information des Verantwortlichen (zB Kommunikationsweg, Fristen) festgeschrieben werden.

e) Unterstützung des Verantwortlichen. Der Vertrag oder das Rechtsinstrument muss 30 außerdem Regelungen enthalten, nach denen sich der Auftragsverarbeiter zur Unterstützung des Verantwortlichen verpflichtet, wenn betroffene Personen Rechte nach Kapitel III der Verordnung geltend machen (Buchst. e) sowie bei der Einhaltung der Pflichten nach den Art. 32–36 (Buchst. f):

---

[35] NK-BDSG/*Ehmann* § 5 Rn. 12.
[36] Kühling/Buchner/*Hartung* DS-GVO Art. 28 Rn. 71.
[37] *Bartels/Schramm* kes 2016, 25 (26).
[38] *Mühlein* RDV 2016, 74 (80).

– **Rechte der betroffenen Personen** nach Kapitel III der Verordnung richten sich unmittelbar gegen den Verantwortlichen und nicht gegen den Auftragsverarbeiter[39]. Im Vertrag oder Rechtsinstrument muss daher festgeschrieben werden, dass der Auftragsverarbeiter den Verantwortlichen bei der Erfüllung seiner entsprechenden Pflichten unterstützt. Diese Pflicht besteht jedoch nur „nach Möglichkeit" und im Rahmen von „geeigneten technischen und organisatorischen Maßnahmen". Es wird daher auch darauf ankommen, für welche der Pflichten der Verantwortliche auf eine Mit- oder Zuarbeit des Auftragsverarbeiters angewiesen ist und welche der Pflichten er selbst erfüllen kann. Empfehlenswert ist eine Festlegung der konkreten Unterstützungsleistungen. Je nach Aufwand kann es erforderlich sein, gesonderte Vergütungsregeln zu treffen.
– Die Art. 32–36 enthalten bereits **eigene Pflichten** für den Auftragsverarbeiter. In Abhängigkeit von der Art der Verarbeitung sollten wiederum die konkreten Unterstützungsleistungen im Vertrag oder Rechtsinstrument festgeschrieben werden. Besondere Bedeutung hat dies bei **Verletzungen des Schutzes personenbezogener Daten** nach Art. 33, 34. Hier sollten Mindeststandards und -fristen für die Information des Verantwortlichen festgelegt werden, damit der Verantwortliche seinen Pflichten nachkommen kann.

31 **f) Lösch- oder Rückgabepflicht des Auftragsverarbeiters.** Mit Ende der Auftragsverarbeitung erlischt automatisch auch das Recht des Auftragsverarbeiters, personenbezogene Daten des Verantwortlichen zu verarbeiten, insbesondere diese zu speichern. Buchst. g sieht daher vor, dass sich der Auftragsverarbeiter durch den Vertrag oder das Rechtsinstrument verpflichtet, die Daten nach Wahl des Verantwortlichen entweder **zu löschen oder zurückzugeben,** sofern nicht eine gesetzliche Pflicht zur Speicherung nach Unionsrecht oder dem Recht des Mitgliedstaates besteht. In der Regel dürfen keine personenbezogenen Daten des Verantwortlichen bei dem Auftragsverarbeiter verbleiben.[40] Sofern der Auftragsverarbeiter in größerem Umfang Daten speichert und gegen Verlust sichert (Backup), kann es sich anbieten, Nachlauffristen für den Vertrag oder eine zeitlich begrenzte Nachwirkung der Vereinbarung zur Auftragsverarbeitung vertraglich festzuschreiben. In der Praxis ist es häufig empfehlenswert, die Wahl des Verantwortlichen bereits im Vertrag oder Rechtsinstrument festzulegen, sodass bei Vertragsende Klarheit über die Löschung oder die Art der Rückgabe besteht. Konstellationen, in denen Auftragsverarbeiter tatsächlich Datenträger des Verantwortlichen erhalten, werden in der Praxis weiter abnehmen.

32 **g) Nachweis der Pflichteinhaltung.** Der Vertrag oder das Rechtsinstrument müssen Regelungen enthalten, nach denen der Auftragsverarbeiter verpflichtet ist, die zum Nachweis der Einhaltung der Pflichten erforderlichen **Auskünfte und Unterlagen** zur Verfügung zu stellen und sich **Kontrollen** durch den Verantwortlichen oder durch von dem Verantwortlichen beauftragten Prüfern zu unterwerfen (Abs. 4 Buchst. h). Anders als in Art. 17 DS-RL bestanden in Deutschland nach § 11 Abs. 2 Nr. 7 BDSG aF bereits vergleichbare Regelungen.[41] Abweichend von § 11 BDSG aF schreibt Art. 28 jedoch nicht ausdrücklich **regelmäßige Prüfungen** durch den Verantwortlichen vor. Gleichwohl ist es ratsam, in den Vertrag oder das Rechtsinstrument eine regelmäßige Kontrolle oder eine andere Form der Nachweiserbringung (zB Zertifikate, Prüfergebnisse Dritter etc) aufzunehmen, da der Verantwortliche und der Auftragsverarbeiter nach Art. 32 Abs. 1 Buchst. d die Maßnahmen regelmäßig evaluieren müssen.[42] Je nach Art der Verarbeitung kann es auch sinnvoll sein, bereits konkrete Informationspflichten vorzusehen. Sofern der Auftragsverarbeiter bereits Zertifikate anderer Prüfer erhalten hat, kann eine Pflicht zur Aufrechterhaltung der bestehenden Zertifikate vereinbart werden. Da gemäß Abs. 5 die Einhaltung genehmigter Verfahrensregeln (Art. 40) und die Einhaltung eines genehmigten Zertifizierungsverfahrens (Art. 42) als **Faktor** herangezogen werden kann, ist es ratsam, gegebenenfalls entsprechende Pflichten des Auftragsverarbeiters zur Einhaltung von konkreten Verfahrensregeln oder bestimmter Zertifizierungsverfahren in den Vertrag oder das Rechtsinstrument aufzunehmen.

---

[39] AG Wiesbaden Urt. v. 26.4.2021 – 93 C 2338/20 (22), ZD 2021, 434 Rn. 19.
[40] Simitis/Hornung/Spiecker gen. Döhnmann/*Petri* DS-GVO Art. 24 Rn. 78; Paal/Pauly/*Martini* DS-GVO Art. 28 Rn. 50.
[41] Kühling/Buchner/*Hartung* DS-GVO Art. 28 Rn. 78.
[42] *Bartels/Schramm* kes 2016, 25 (26).

7. Anzeige rechtswidriger Weisungen. Der Auftragsverarbeiter ist verpflichtet, den Verantwortlichen unverzüglich darauf hinzuweisen, wenn er der Auffassung ist, dass eine Weisung des Verantwortlichen gegen Datenschutzbestimmungen verstößt. Eine im Kern gleiche Verpflichtung enthielt bereits § 11 Abs. 3 S. 2 BDSG aF. Wie schon die Regelung im BDSG aF stellt Abs. 3 S. 3 („falls") keine Pflicht des Auftragsverarbeiters zur regelmäßigen **Kontrolle der Weisungen** des Verantwortlichen dar.[43] Allerdings hat ein professioneller Auftragsverarbeiter unter Umständen mehr Erfahrung mit datenschutzrechtlichen Vorgaben als der Verantwortliche (zB hinsichtlich der Zulässigkeit des Versands von werblichen E-Mails). Stellt der Auftragsverarbeiter eine **Rechtswidrigkeit der Weisung** fest, so hat er den Verantwortlichen unverzüglich zu informieren und vor Durchführung der Weisung auf die Reaktion des Verantwortlichen zu warten. Dies erfolgt nicht nur im Interesse des Verantwortlichen, sondern auch im Eigeninteresse des Auftragsverarbeiters, der durch die neuen Haftungsregeln der Verordnung unter Umständen auch selbst zur Verantwortung (→ Rn. 11) gezogen werden kann. Beauftragt der Verantwortliche den Auftragsverarbeiter trotz der mitgeteilten Bedenken mit der Durchführung der Verarbeitung, so darf der Auftragsverarbeiter grundsätzlich auf die **Rechtmäßigkeit der Weisung** des Verantwortlichen vertrauen, wenn nicht eine offenkundige Rechtsverletzung gegeben ist und insbesondere schwere Verstöße gegen das Persönlichkeitsrecht der betroffenen Personen drohen.[44]

8. Genehmigte Verhaltensregeln und Standardvertragsklauseln. Zum **Nachweis der hinreichenden Garantien** kann nach Abs. 5 auch die Einhaltung genehmigter Verhaltensregeln (Art. 40) oder die Einhaltung eines genehmigten Zertifizierungsverfahrens (Art. 42) herangezogen werden. Einen entsprechenden Automatismus sieht die Vorschrift nicht vor; ob der Nachweis geführt ist, muss jeweils unter Berücksichtigung der konkreten Verarbeitung, der Verhaltensregeln und des Zertifizierungsverfahrens entschieden werden.[45] Die Aufsichtsbehörden sind insofern frei in der Prüfung und der Bewertung der Nachweise. Der Vertrag oder das Rechtsinstrument kann ganz oder teilweise auf **Standardvertragsklauseln** beruhen, die die Aufsichtsbehörden im Kohärenzverfahren (Art. 63) oder die Kommission im Einklang mit dem Prüfverfahren nach Art. 93 Abs. 2 erlassen. Diese mit der Verordnung neu aufgenommene Möglichkeit hat das Potential gerade für weitgehend standardisierte Prozesse und Verarbeitungen wie zB Cloud-, Hosting- und Infrastrukturdienste oder auch Software-as-a-Service-Angebote einfache und anerkannte Vertragsklauseln zu schaffen, die für den Verantwortlichen, den Auftragsverarbeiter aber auch den betroffenen Personen einen ausgewogenen und datenschutzfreundlichen Rahmen schaffen. Das Kohärenz- und das Prüfverfahren bergen jedoch das Risiko, dass zunächst aufwändige europaweite Abstimmungen erforderlich sind, bevor die ersten praktikablen Standardvertragsklauseln einsetzbar werden.

C. Datenflüsse in Unternehmensgruppen

Als Auftragsverarbeiter kann ein Unternehmen für ein anderes Unternehmen derselben Unternehmensgruppe (Art. 4 Nr. 19) tätig sein. Dabei stellen sich verschiedene praktische Fragestellungen, wie zB ob eine Konzerntochter der Konzernmutter tatsächlich eine datenschutzrechtliche Weisung nach Abs. 3 S. 2 Buchst. a erteilen kann. Zunächst ist jedoch stets eine vorgelagerte Frage zu klären: Welches datenschutzrechtliche Verhältnis besteht bei einem konkreten Datenfluss innerhalb einer Unternehmensgruppe zwischen den an einer Verarbeitung beteiligten Unternehmen überhaupt? Datenflüsse und damit verbundene Verarbeitungen in einer Unternehmensgruppe sind aus der Praxis nicht wegzudenken. Datenschutzrechtliche Fragen im Zusammenhang mit solchen Datenflüssen und nachgelagerten Verarbeitungen betreffen dabei nicht nur global tätige Unternehmen, sondern jede Unternehmensgruppe, in der mindestens zwei Unternehmen personenbezogene Daten über die jeweilige Grenze der eigenen Verantwortlichkeit hinweg verarbeiten. Dabei ist den beteiligten Beschäftigten oder Organen teilweise nicht bewusst, wie weit der Begriff der Verarbeitung nach Art. 4 Nr. 1 zu verstehen ist. Darunter ist nicht nur der Fall zu verstehen, dass ein Unternehmen personenbezogene Daten an ein anderes Unternehmen übermittelt. Darunter ist zB auch zu verstehen, dass ein Unternehmen für ein anderes Unternehmen einen Zugang zum eigenen datenführenden System ermöglicht, damit

---

[43] NK-BDSG/*Petri* § 11 Rn. 91.
[44] Paal/Pauly/*Martini* DS-GVO Art. 28 Rn. 58.
[45] Plath/*Plath* DS-GVO Art. 28 Rn. 15; Paal/Pauly/*Martini* DS-GVO Art. 28 Rn. 69.

Beschäftigte des anderen Unternehmens auf und mit diesem System personenbezogene Daten verarbeiten können. Gegenstand dieses Abschnittes ist die vertragliche Ausgestaltung von Konzerndatenflüssen innerhalb einer Unternehmensgruppe aus datenschutzrechtlicher Sicht. Die zusätzlichen Anforderungen eines möglichen internationalen Konzerndatenflusses werden nur im Überblick und nicht vertieft dargestellt (siehe dazu Art. 44 ff.).

I. Verhältnisse für jede konkrete Verarbeitung klären

36 Um die vertragliche Ausgestaltung von Konzerndatenflüssen vorbereiten zu können, sind zunächst die verschiedenen Möglichkeiten zu ermitteln. Aus Sicht der Verordnung sind im Grundsatz drei datenschutzrechtliche Möglichkeiten denkbar:

a) Mindestens zwei eigenständige Verantwortliche stehen sich gegenüber, ohne die Zwecke und Mittel der Datenverarbeitung gemeinsam festzulegen, Art. 4 Nr. 7 Hs. 1 Fall 1 (im Folgenden: „Controller-Controller-Situation").

b) Mindestens zwei eigenständige Verantwortliche legen die Zwecke und Mittel der Datenverarbeitung gemeinsam fest, Art. 26, 4 Nr. 7 Hs. 1 Fall 2 (im Folgenden: „Joint Controller-Situation").

c) Mindestens ein Auftraggeber und mindestens ein Auftragnehmer im Sinne von Art. 28, 4 Nr. 7 Hs. 1 Fall 1, Nr. 8 sind gegeben (im Folgenden: „Controller-Processor-Situation").

Aus datenschutzrechtlicher Sicht kann eine Unternehmensgruppe alle drei Möglichkeiten für sich nutzbar machen. Dabei ist zu beachten, dass es auf die konkrete Ausgestaltung der jeweils einzelnen Verarbeitung ankommt (Anhaltspunkte sind die datenschutzrechtlichen Grundfragen: Wer entscheidet über welche(n) Zweck(e)? Wer entscheidet über welche(s) Mittel? Wird die jeweilige Entscheidung, insbesondere zu dem Zweck, alleine getroffen? Wird die jeweilige Entscheidung, insbesondere zu dem Zweck, mit einem anderen Verantwortlichen gemeinsam getroffen?). Es ist eine funktionale Betrachtung im Einzelfall erforderlich (→ Art. 26 Rn. 5 f.).[46]

37 Nachdem im Grundsatz jede Verarbeitung getrennt zu betrachten ist, kann aus datenschutzrechtlicher Sicht jedes Unternehmen innerhalb einer Unternehmensgruppe auch unterschiedliche Rollen einnehmen. Beispielsweise kann die Konzernmutter für eine Verarbeitung die Verantwortliche sein und die Konzerntochter ist als Auftragsverarbeiter tätig. Für eine andere Verarbeitung können die Rollen vertauscht sein. Bei einer weiteren (dritten) Verarbeitung können Konzernmutter und Konzerntochter gemeinsam verantwortlich im Sinne von Art. 26 tätig sein. In der Praxis muten diese Unterscheidungen regelmäßig zunächst etwas künstlich an. Mit Blick auf die Anforderungen nach Art. 30 Abs. 1 oder Abs. 2 sind diese Unterscheidungen allerdings auch angezeigt, um die jeweiligen Pflichten nach der Verordnung einhalten zu können. Zusammenfassend ist festzuhalten, dass die Verordnung kein Konzernprivileg statuiert.[47] Sie schließt aber auch keine datenschutzrechtliche Gestaltungsmöglichkeit in einem Konzern und/oder für einen Konzern aus.

II. Rechtsgrundlage oder Privilegierung klären

38 Um datenschutzrechtliche Gestaltungsmöglichkeiten in einem Konzern und/oder für einen Konzern nutzbar zu machen, ist zunächst zu klären, mit welcher Rechtsgrundlage oder Privilegierung eine entsprechende Verarbeitung über Unternehmensgrenzen hinweg legitimiert werden kann (im Folgenden: „Konzerndatenfluss"). Wenn personenbezogene Daten, die in einem Unternehmen verarbeitet werden, (auch) durch ein anderes Unternehmen innerhalb derselben Unternehmensgruppe verarbeitet werden sollen, müssen beide Unternehmen grundsätzlich jeweils eine eigenständige Rechtsgrundlage nachweisen können (Art. 5 Abs. 1 Buchst. a, Abs. 2). Zudem ist zu klären, auf welcher Rechtsgrundlage ein Konzerndatenfluss zulässig ist, mithin eine Offenlegung über die Grenzen eines Verantwortlichen hinweg. Für die Prüfung einer Rechtsgrundlage macht es daher zunächst keinen Unterschied, ob die unterschiedlichen Unternehmen zu derselben Unternehmensgruppe gehören oder nicht. Jedes andere Unternehmen ist jedenfalls Empfänger iSv Art. 4 Nr. 9 S. 1. Wenn ein Konzerndatenfluss von unmittelbar identifizierenden Daten nicht gerechtfertigt werden kann, wäre zu prüfen, ob ein Konzerndaten-

---

[46] Kühling/Buchner/Hartung DS-GVO Art. 26 Rn. 14.
[47] Gola/Heckmann/Schulz DS-GVO Art. 6 Rn. 131; Forgó/Helfrich/Schneider Betr. Datenschutz-HdB; Schneider/Forgó/Helfrich Teil VI Kap. 1 Rn. 1 ff.

fluss von pseudonymisierten Daten möglich ist.[48] Möglicherweise können pseudonymisierte Daten innerhalb einer Unternehmensgruppe übermittelt werden, die für das empfangende Unternehmen solcher Daten de facto anonymisierte Daten sein könnten, weil diesem Empfänger eine Rückidentifizierung weder möglich noch durch Zusatzinformationen hinreichend wahrscheinlich ist. Auf der Grundlage von Erwägungsgrund Nr. 48 besteht Einigkeit, dass Konzerndatenflüsse im Grundsatz rechtmäßig ausgestaltet werden können.[49]

1. Auftragsverarbeitung. Wenn ein Konzerndatenfluss in den Anwendungsbereich einer Auftragsverarbeitung fällt, ist die Rechtsgrundlage für die Verarbeitung beim Auftraggeber zu ermitteln. Die Anforderungen nach Art. 28 sind umzusetzen und einzuhalten (→ Rn. 4 ff.). Eine gesonderte Rechtsgrundlage für die Verarbeitung durch den Auftragnehmer ist nach hier vertretener Ansicht aufgrund der Privilegierung nicht erforderlich. Zentrale Kontrollfrage ist hier, ob der (gegebenenfalls innerhalb des Konzerns höhergestellte) Auftragsverarbeiter die Verarbeitung und deren Zwecke selbst beabsichtigt und konzipiert hat oder ob die beauftragende Konzerngesellschaft frei über die Verarbeitung entschieden hat.[50] Besteht zugunsten der auftragsverarbeitenden Konzernobergesellschaft ein Beherrschungsvertrag, führt dies zu schwerwiegenden Zweifeln an der Weisungsbefugnis der gesellschaftsrechtlich beherrschten Konzernuntergesellschaft.[51] 39

2. Eigene (gemeinsame) Verantwortung. Für eine Controller-Controller- oder eine Joint-Controller-Situation ist jeweils eine eigene Rechtsgrundlage für jedes der beteiligten Unternehmen zu ermitteln. Art. 26 stellt keine eigene Rechtsgrundlage oder sonstige Privilegierung für die handelnden Unternehmen im Rahmen einer Joint-Controller-Situation dar (→ Art. 26 Rn. 22). In der Praxis kann sich eine solche Rechtsgrundlage aus den überwiegenden berechtigten Interessen der handelnden Unternehmen ergeben (Art. 6 Abs. 1 Buchst. f). Einsatzszenarien, die in Erwägungsgrund Nr. 48 S. 1 ausdrücklich genannt sind, können in der – immer – notwendigen Interessenabwägung in der Praxis einfacher begründet werden als Einsatzszenarien, die nicht ausdrücklich in Erwägungsgrund Nr. 48 S. 1 (oder einem anderen Erwägungsgrund) genannt sind. Dabei ist zu beachten, dass Art. 6 Abs. 1 Buchst. f nicht auf besondere Kategorien von personenbezogenen Daten nach Art. 9 Abs. 1 angewendet werden darf, weil Art. 9 Abs. 2 keine Interessenabwägung als Rechtfertigung vorsieht. 40

Ebenfalls in der Praxis relevant ist ein Konzerndatenfluss, der für eine Vertragserfüllung im Sinne von Art. 6 Abs. 1 Buchst. b Fall 1 erforderlich ist, zB wenn ein Unternehmen ein anderes Unternehmen bei der Erfüllung eines Kundenvertrages unterstützt (zB bei unterschiedlichen Gesellschaften für den Verkauf einer Ware und den Einbauservice für den Einbau einer solchen Ware). Nach dem Wortlaut des Art. 6 Abs. 1 Buchst. b Fall 1 muss aber die betroffene Person stets Vertragspartei sein, dh jede Partei muss ein Vertragsverhältnis direkt mit der betroffenen Person haben.[52] Ein solches kann aber auch durch Stellvertretung oder Vollmacht entstehen. 41

Inwieweit die Verarbeitung von Beschäftigtendaten nach Art. 6 Abs. 1 Buchst. b, 88 und § 26 Abs. 1 S. 1 Fall 2 BDSG iVm dem jeweiligen Arbeitsvertrag über Unternehmensgrenzen hinweg erforderlich sein kann, ist im Einzelfall zu ermitteln. Dabei empfiehlt es sich, gegebenenfalls bereits im Arbeitsvertrag eine Regelung aufzunehmen, die die Erforderlichkeit eines Konzerndatenflusses unterstützt und transparent macht (zB, dass Bonusentscheidungen für Beschäftigte von Konzerngesellschaften unter Einbindung der Konzernmutter getroffen werden). 42

III. Vertragliche Ausgestaltung der Konzerndatenflüsse

Nachdem für jede Verarbeitung, die im Rahmen eines Konzerndatenflusses geplant ist, eine Rechtsgrundlage ermittelt wurde und die faktischen/funktionalen Aspekte der jeweiligen Verarbeitung geklärt sind, kann mit der vertraglichen Ausgestaltung der Konzerndatenflüsse begonnen werden. Dabei hat sich in der Praxis keine grundlegende Veränderung zur Zeit vor der DS- 43

---

[48] EuG ZD 2023, 399.
[49] Forgó/Helfrich/Schneider Betr. Datenschutz-HdB/*Schneider/Forgó/Helfrich* Teil VI Kap. 1 Rn. 16.
[50] *Nickel* ZD 2021, 140 (141).
[51] *Nickel* ZD 2021, 140 (142).
[52] Simitis/Hornung/Spiecker gen. Döhnmann/*Petri* DS-GVO Art. 24 Rn. 78; Kühling/Buchner/*Petri* DS-GVO Art. 6 Rn. 32a; aA BeckOK DatenschutzR/*Albers/Veit* DS-GVO Art. 6 Rn. 42.

GVO ergeben. Innerhalb einer Unternehmensgruppe kann grundsätzlich eine Rahmenvereinbarung geschlossen werden.[53]

44 **1. Rahmenvereinbarung.** Eine solche Rahmenvereinbarung sieht praktischerweise unter anderem eine Regelung zum Anwendungsbereich und zu Beitritts- und Kündigungsregelungen vor. Je nach Struktur der Unternehmensgruppe kann gegebenenfalls eine Regelung für den Austrittsfall sinnvoll erscheinen, wenn ein Unternehmen die Unternehmensgruppe verlässt (zB in der Form, dass bestimmte Dienstleistungen noch für eine Übergangszeit erbracht werden). Dabei sollten alle Regelungen möglichst in einer Form gestaltet werden, die zu einer praktischen Handhabung und Vereinfachung innerhalb der Unternehmensgruppe führen, ohne unnötigen bürokratischen Mehraufwand zu erzeugen. Dazu gehört auch, gegebenenfalls nur Funktionen und allgemeinere Kontaktdaten zu benennen und keine konkreten Ansprechpersonen in die Rahmenvereinbarung aufzunehmen. Solche konkreten Angaben können sich ändern. Gegenstand einer solchen Rahmenvereinbarung kann auch die vertragliche Verpflichtung sein, bestimmte Mindeststandards zum Schutz von personenbezogenen Daten einzuhalten, indem technische und/oder organisatorische Schutzmaßnahmen initial festgelegt werden (Art. 32) und Lösch- und Sperrfristen vertraglich bindend geregelt werden.[54] Es kann zB vereinbart werden, wie gegebenenfalls bei der Erarbeitung einer Datenschutz-Folgenabschätzung (Art. 35) zusammengearbeitet wird und eine solche Rahmenvereinbarung kann im Anhang zB Muster-Datenschutzhinweise, ganz oder teilweise, enthalten (Art. 12, 13, 14; gegebenenfalls 26 Abs. 2 S. 2). Gerade bei einer Controller-Controller-Situation, zu der es keine Standardvertragsvorlage gibt wie zB zu Art. 28[55] oder zu Art. 26[56], kann durch eine Rahmenvereinbarung auch dokumentiert werden, wer welche (konkret ermittelten) Anforderungen nach Art. 32 einhält und wie zB mit Auskunftsansprüchen nach Art. 15 Abs. 1 umgegangen wird.

45 **2. Typische Anhänge zu einer Rahmenvereinbarung.** Eine solche Rahmenvereinbarung enthält typischerweise einen Anhang in Form einer Matrix.[57] Dort kann zu jeder Verarbeitung das jeweils zutreffende Verhältnis notiert werden, bspw.:

Verarbeitungsart	Konzernmutter	Konzerntochter 1	Konzerntochter 2
Buchhaltung	Verantwortliche für eigene Buchhaltung, Verarbeitung durch eigene Fachabteilung und eigenes IT-System. Auftragsverarbeiter für fremde Buchhaltung der Konzerntöchter. (Controller-Processor-Situation mit Konzerntöchtern 1 und 2)	Verantwortliche für eigene Buchhaltung, Einsatz der Konzernmutter als Auftragsverarbeiter. (Controller-Processor-Situation mit Konzernmutter)	Verantwortliche für eigene Buchhaltung, Einsatz der Konzernmutter als Auftragsverarbeiter. (Controller-Processor-Situation mit Konzernmutter)

---

[53] *von dem Bussche/Voigt* Konzerndatenschutz Kap. 5 Rn. 28.
[54] *Forgó/Helfrich/Schneider* Betr. Datenschutz-HdB/*Schneider/Forgó/Helfrich* Teil VI Kap. 1 Rn. 11.
[55] Vgl. Durchführungsbeschluss (EU) 2021/915 der Kommission vom 4. Juni 2021 über Standardvertragsklauseln zwischen Verantwortlichen und Auftragsverarbeitern gemäß Artikel 28 Absatz 7 der Verordnung (EU) 2016/679 des Europäischen Parlaments und des Rates und Artikel 29 Absatz 7 der Verordnung (EU) 2018/1725 des Europäischen Parlaments und des Rates; Formulierungshilfe des BayLDA für einen Auftragsverarbeitungsvertrag nach Art. 28 Abs. 3 DS-GVO, abrufbar unter www.lda.bayern.de/de/thema_auftragsverarbeitung.html; Koreng/Lachenmann DatenschutzR-Form-HdB/*Schmidt/Brink* G. I. 4.; BeckOF IT-R/*Hofmann* 2.19.
[56] vgl. Muster des Landesbeauftragten für Datenschutz und Informationsfreiheit Baden-Württemberg, Vereinbarung gemäß Art. 26 Abs. 1 S. 1 Datenschutz-Grundverordnung (DS-GVO); abrufbar unter www.baden-wuerttemberg.datenschutz.de/wp-content/uploads/2019/05/190521_Vertragsmuster-Art-26.docx; Koreng/Lachenmann DatenschutzR-Form-HdB/*Lachenmann* G. V. 2.; Beck OF IT-R/*Hofmann* 2.20.
[57] *von dem Bussche/Voigt* Konzerndatenschutz Kap. 5 Rn. 28.

Verarbeitungsart	Konzernmutter	Konzerntochter 1	Konzerntochter 2
Personalverwaltung	Verantwortliche für eigene Personalverwaltung, Verarbeitung durch eigene Fachabteilung und eigenes IT-System. Auftragsverarbeiter für fremde Personalverwaltung von Konzerntochter 1. *(Controller-Processor-Situation mit Konzerntochter 1)* *(Joint Controller-Situation mit Konzerntochter 2)*	Verantwortliche für eigene Personalverwaltung, Einsatz der Konzernmutter als Auftragsverarbeiter. *(Controller-Processor-Situation mit Konzernmutter)*	Verantwortliche für eigene Personalverwaltung, Verarbeitung durch eigene Fachabteilung und eigenes IT-System. Übermittlung von Beschäftigtendaten an Konzernmutter nur im Rahmen des Aktienoptionsprogramms der Konzernmutter. *(Joint Controller-Situation mit Konzernmutter)*
Bewerbungsmanagement	Alle Konzerngesellschaften sind als gemeinsam Verantwortliche tätig; Anlaufstelle für betroffene Personen (Art. 26 Abs. 1 S. 3) ist Konzerntochter 2. *(Joint Controller-Situation aller Konzerngesellschaften)*		

Eine konzerninterne Rahmenvereinbarung enthält typischerweise folgende weitere Anhänge: **46**
– einen Auftragsverarbeitungsvertrag nach Art. 28 Abs. 3;
– eine Vereinbarung für gemeinsam Verantwortliche nach Art. 26 Abs. 1 S. 2;
– Anhänge mit konkreten Beschreibungen und weiteren Angaben (zB Weisungen) für die jeweilige Verarbeitung, aus der sich alle erforderlichen Informationen ergeben, auch mit Blick auf die Anforderungen nach Art. 26 oder 28;
– Mustereinträge für das Verzeichnis der Verarbeitungstätigkeiten (Art. 30) mit Risikoeinschätzung nach Art. 35 (1. Stufe);
– Dokumentation der Interessenabwägung(en) nach Art. 6 Abs. 1 Buchst. f, wenn ein Konzerndatenfluss darauf gestützt wird;
– Dokumentation der Datenschutz-Folgenabschätzung(en) nach Art. 35 (2. Stufe), falls erforderlich.

Nur zur Vermeidung von Missverständnissen und weil dieses Phänomen in der Praxis durchaus **47** häufiger anzutreffen ist, sei klargestellt, dass eine Rahmenvereinbarung im Grundsatz selbst keine Rechtsgrundlage ist, damit ein Konzerndatenfluss gerechtfertigt werden kann. Unternehmen können also nicht „vereinbaren", dass sie zB Kundendaten innerhalb einer Unternehmensgruppe teilen und dann jedes dieser Unternehmen für sich diese Kundendaten verarbeitet auf der Grundlage dieser – rein Unternehmensgruppen-internen – Vereinbarung, an der ein jeweiliger Kunde nicht beteiligt ist. Zur Durchführung einer solchen Rahmenvereinbarung können personenbezogene Daten der handelnden Organe verarbeitet werden, soweit erforderlich. Die personenbezogenen Daten von Ansprechpartnern können möglicherweise zur Erfüllung des jeweiligen Arbeitsvertrages oder aufgrund des überwiegenden berechtigten Interesses an der Durchführung und Umsetzung einer solchen Rahmenvereinbarung verarbeitet werden.

3. Überblick über die zusätzlichen Anforderungen eines möglichen internationalen **48** **Konzerndatenflusses.** Nur zur Vollständigkeit sei ausgeführt, dass innerhalb einer Rahmenvereinbarung auch die Anforderungen nach Art. 44 ff berücksichtigt werden können, wenn ein internationaler Konzerndatenfluss gegeben ist. Häufig wird es sich anbieten, die Auftragsverarbeitung gleich in Form der EU Standardvertragsklauseln[58] (Modul 2 oder 3) auszugestalten und die Module 1 und 4 (soweit erforderlich) in den Anhang aufzunehmen. Ein Transfer Impact Assessment („TIA") nach Klausel 14 der EU Standardvertragsklauseln könnte ebenfalls als Anhang der Rahmenvereinbarung angefügt werden. Wenn ein Konzerndatenfluss in den An-

---

[58] Durchführungsbeschluss (EU) 2021/914 der Kommission vom 4. Juni 2021 über Standardvertragsklauseln für die Übermittlung personenbezogener Daten an Drittländer gemäß der Verordnung (EU) 2016/679 des Europäischen Parlaments und des Rates.

wendungsbereich des Angemessenheitsbeschlusses zum EU-U. S. Data Privacy Frameworks[59] fällt und die Empfänger im Drittland entsprechend zertifiziert sind, sollte dies im Anhang der Rahmenvereinbarung dokumentiert werden. Zum einen dient dies der Dokumentation der Rechtsgrundlage im Zeitpunkt der Prüfung und Entscheidung (Art. 5 Abs. 2), zum anderen erleichtert es in Zukunft die Reaktion auf Entscheidungen von Aufsichtsbehörden und Gerichten, die die Rechtsgrundlage in Frage stellen könnten. Auch wenn Empfänger in den USA nicht nach dem DPF zertifiziert sind, kann der Angemessenheitsbeschluss der EU Kommission im Rahmen des TIA herangezogen werden.[60] Zudem kann eine Unternehmensgruppe den Einsatz von Binding Corporate Rules in Betracht ziehen (Art. 46 Abs. 2 Buchst. b, Art. 47). Der Aufwand insbesondere wegen der erforderlichen Genehmigung durch die zuständige Aufsichtsbehörde ist jedoch erheblich.[61]

IV. Zusammenfassung

49 Datenflüsse in einer Unternehmensgruppe sind möglich und können verordnungskonform ausgestaltet werden, auch unter Berücksichtigung der Anforderungen an etwaige Drittlandtransfers. In der Praxis hat es sich als hilfreich herausgestellt, solche datenschutzrechtlichen Prüfungen und Dokumentationen nicht isoliert vorzunehmen. Beginnend mit Kernverarbeitungen (in der Regel mit Datenverarbeitungen im Umfeld der bestehenden HR-Strukturen und bei gemeinsam genutzten IT-Infrastrukturen) kann eine Unternehmensgruppe eine Grundlage schaffen, um auch weitere Konzerndatenflüsse künftig zu ermöglichen. Dabei ist zu beachten, dass insbesondere gesellschaftsrechtliche Vorgaben nicht den datenschutzrechtlichen Anforderungen widersprechen. Wenn beispielsweise eine Konzerntochter im Rahmen eines Auftragsverarbeitungsvertrages gegenüber der Konzernmutter zur Erteilung von Weisungen berechtigt ist, darf dieses (datenschutzrechtliche) Weisungsrecht nicht auf anderem Wege konterkariert werden. Nach hier vertretener Ansicht würde die Aushebelung eines (datenschutzrechtlichen) Weisungsrechts durch eine andere (zB gesellschaftsrechtliche) Regelung/Vorgabe dazu führen, dass der jeweilige Auftragsverarbeitungsvertrag nicht allen Anforderungen des Art. 28 genügt. Die Auftragsverarbeitung wäre dann rechtswidrig, gegebenenfalls sogar nichtig. Dies hat jedenfalls nach hier vertretener Ansicht zur Folge, dass die Privilegierung jedenfalls nicht greift. Demnach wären Sanktionen und/oder Rechtsbehelfe sowohl gegenüber dem Verantwortlichen als auch gegenüber dem (nur) vermeintlichen Auftragsverarbeiter denkbar (Art. 58, 82, 83, 84).

Art. 29 Verarbeitung unter der Aufsicht des Verantwortlichen oder des Auftragsverarbeiters

Der Auftragsverarbeiter und jede dem Verantwortlichen oder dem Auftragsverarbeiter unterstellte Person, die Zugang zu personenbezogenen Daten hat, dürfen diese Daten ausschließlich auf Weisung des Verantwortlichen verarbeiten, es sei denn, dass sie nach dem Unionsrecht oder dem Recht der Mitgliedstaaten zur Verarbeitung verpflichtet sind.

Übersicht

	Rn.
A. Allgemeines	1
I. Zweck und Bedeutung der Vorschrift	1
II. Systematik, Verhältnis zu anderen Vorschriften	2
B. Einzelerläuterungen	3
I. Normadressaten	3
1. Auftragsverarbeiter	4
2. Unterstellte Personen	5

---

[59] Commission Implementing Decision of 10.7.2023 pursuant to Regulation (EU) 2016/679 of the European Parliament and of the Council on the adequate level of protection of personal data under the EU-US Data Privacy Framework (COM[2023] 4745 final).

[60] Ziff. IV. 2. der Anwendungshinweise zum Angemessenheitsbeschluss der Europäischen Kommission zum Datenschutzrahmen EU-USA (EU-US Data Privacy Framework) vom 10. Juli 2023, abrufbar unter datenschutzkonferenz-online.de/media/ah/230904_DSK_Ah_EU_US.pdf.

[61] Forgó/Helfrich/Schneider Betr. Datenschutz-HdB/*Schneider/Forgó/Helfrich* Teil VI Kap. 1 Rn. 23.

II.	Regelungsgehalt	7
	1. Weisungsbindung	7
	2. Erfordernis der gesonderten Verpflichtung .	10
III.	Sanktionen	12

A. Allgemeines

I. Zweck und Bedeutung der Vorschrift

Die Vorschrift regelt die **Weisungsbindung** sowie die **Vertraulichkeit der Verarbeitung** 1
und ist mit kleineren sprachlichen Änderungen im Kern identisch mit Art. 16 DS-RL.[1] Sie verpflichtet den Auftragsverarbeiter und alle bei dem Verantwortlichen oder dem Auftragsverarbeiter tätigen Personen, die Zugang zu personenbezogenen Daten haben, diese nur nach Weisung des Verantwortlichen zu verarbeiten, sofern eine Verarbeitung nicht nach dem Recht des Mitgliedstaates oder dem Unionsrecht vorgeschrieben ist. Neu ist, dass die Vorschrift jetzt neben den natürlichen Personen ausdrücklich auch den Auftragsverarbeiter selbst mit in die Verpflichtung aufnimmt. Im deutschen Datenschutzrecht war Art. 16 DS-RL durch §§ 5 und 11 Abs. 3 S. 1 BDSG aF mit den Regelungen zum **Datengeheimnis** und der **Weisungsbindung** im Rahmen der Auftragsdatenverarbeitung umgesetzt. Während die DS-RL und die Verordnung die mit der Verarbeitung beschäftigten Personen auf die Weisung des Verantwortlichen verpflichten, war § 5 BDSG aF als Verbot der unbefugten Datenerhebung, -verarbeitung und -nutzung ausgestaltet und sah vor, dass eine gesonderte Verpflichtung auf das Datengeheimnis erfolgte.

II. Systematik, Verhältnis zu anderen Vorschriften

Art. 32 Abs. 4 und Art. 28 Abs. 3 Buchst. b verpflichten den Verantwortlichen und den 2
Auftragsverarbeiter sicherzustellen oder jedenfalls darauf hinzuwirken, dass die bei der Verarbeitung eingesetzten Personen nur auf Weisung des Verantwortlichen oder nach gesetzlichen Vorgaben des Mitgliedstaates oder der Union handeln. Die gesetzliche **Pflicht nach Art. 29** wird also an mehreren Stellen in der Verordnung aufgegriffen. Der Verantwortliche und der Auftragsverarbeiter sind verpflichtet, auf die Einhaltung dieser Pflicht hinzuwirken. Spezielle Berufs- oder Amtsgeheimnisnormen des Unionsrechts und des Rechts der Mitgliedstaaten bleiben unberührt.

B. Einzelerläuterungen

I. Normadressaten

Die Adressaten der Norm teilen sich in zwei Gruppen ein: zum einen sind Auftragsverarbeiter 3
adressiert, zum anderen unterstellte Personen bei dem Verantwortlichen und bei dem Auftragsverarbeiter.

1. Auftragsverarbeiter. Wer Auftragsverarbeiter ist definiert Art. 4 Nr. 8 (→ Art. 4 Rn. 43). 4
Während Art. 28 Abs. 3 Buchst. a den Verantwortlichen und den Auftragsverarbeiter verpflichtet, vertragliche Grundlagen für die Weisungen des Verantwortlichen und deren Dokumentation zu treffen, stellt Art. 29 eine ausdrückliche gesetzliche Verpflichtung für den Auftragsverarbeiter auf, personenbezogene Daten ausschließlich auf Weisung des Verantwortlichen zu verarbeiten. In gleicher Weise wird die von Art. 28 Abs. 3 Buchst. b aufgestellte Pflicht für vertragliche Regelungen zur Verpflichtung der mit der Verarbeitung betrauten Personen auf Vertraulichkeit durch Art. 29 auch unmittelbar gesetzlich normiert. Diese ausdrückliche gesetzliche Regelung stützt die Rechtfertigung der Privilegierung der Auftragsverarbeitung (→ Art. 28 Rn. 4 ff.).[2]

2. Unterstellte Personen. Unterstellte Personen sind zunächst grundsätzlich alle vom Ver- 5
antwortlichen oder dem Auftragsverarbeiter bei der Verarbeitung von personenbezogenen Daten eingesetzten natürlichen Personen. Auf das **Rechtsverhältnis** zwischen der natürlichen Person und dem Verantwortlichen oder dem Auftragsverarbeiter kommt es dabei grundsätzlich nicht an,

---

[1] Taeger/Gabel/*Lutz/Gabel* DS-GVO Art. 29 Rn. 3; Kühling/Buchner/*Hartung* DS-GVO Art. 29 Rn. 3.
[2] Kühling/Buchner/*Hartung* DS-GVO Art. 29 Rn. 8.

solange die Person für den Verantwortlichen oder den Auftragsverarbeiter tätig ist. Ob die Person fest angestellt, als Leiharbeitskraft, Aushilfe, Praktikant oder freier Mitarbeiter tätig wird, ist dabei grundsätzlich unerheblich.[3] Ein konkreter Verarbeitungsauftrag an die Person muss nicht bestehen, es reicht allein die Möglichkeit des Zugangs zu personenbezogenen Daten aus. Art. 29 erfasst daher jede natürliche Person, die für den Verantwortlichen oder den Auftragsverarbeiter Zugang zu personenbezogenen Daten erhalten kann.[4]

6   Gerade bei freien Mitarbeitern (**Freelancer**) bedarf es jedoch stets einer Einzelfallprüfung. Während nach dem deutschen Arbeitsrecht eine selbständige freie Tätigkeit ein ausgeprägtes Maß an unternehmerischer Unabhängigkeit verlangt, greift Art. 29 nur, wenn die Person dem Verantwortlichen oder dem Auftragsverarbeiter „unterstellt" ist. In der deutschen Fassung der Verordnung findet sich in Art. 28 Abs. 3 Buchst. b der sprachlich weiter gefasste Begriff der „befugten" Person, während Art. 29 von der „unterstellten" Person spricht. Die englische Fassung spricht jedoch jeweils von „authorised" und „under the authority". Insofern meint die deutsche Sprachfassung in Art. 28 und Art. 29 keine verschiedenen Grade von Kontrolle oder Weisungsbefugnis des Verantwortlichen oder des Auftragsverarbeiters. Ob eine natürliche Person im Sinne des Art. 29 „unterstellt" ist folgt allein aus den **datenschutzrechtlichen Weisungsbefugnissen** des Verantwortlichen oder des Auftragsverarbeiters. Wer beispielsweise weisungsfrei und eigenverantwortlich Software entwickelt, aber hinsichtlich des Umgangs mit personenbezogenen Daten vertraglich den Weisungen seines Auftraggebers unterworfen ist, kann durchaus (datenschutzrechtlich) „unterstellt" im Sinne des Art. 29 sein und damit datenschutzrechtlich als Teil des Verantwortlichen oder des Auftragsverarbeiters gelten.[5] Gleichwohl ist der Übergang zum (weiteren) Auftragsverarbeiter fließend und die Parteien sollten klare vertragliche Regelungen und präzise Rollenbezeichnungen nach der Verordnung festschreiben.[6]

II. Regelungsgehalt

7   **1. Weisungsbindung.** Das Weisungsrecht des für die Verarbeitung Verantwortlichen ist neben den technischen und organisatorischen Maßnahmen das zentrale Steuerungselement des Verantwortlichen. Durch Weisungen kann er Zwecke und Mittel der Verarbeitung festlegen, für die er Verantwortung trägt. Art. 29 selbst macht **keine Formvorgaben** für Weisungen.[7] Vor dem Hintergrund der generellen Nachweispflicht sowohl des Verantwortlichen (Art. 24 Abs. 1) als auch des Auftragsverarbeiters (Art. 28 Abs. 3 Buchst. a) ist eine Dokumentation von Weisungen jedenfalls in Textform anzuraten. Dies schließt aber die Zulässigkeit mündlicher Weisungen nicht aus. Weisungen können sowohl in allgemeiner Form als auch jeweils im Einzelfall erfolgen, müssen aber jeweils ausreichend konkret sein.[8] Das Weisungsrecht des Verantwortlichen gilt grundsätzlich auch für rechtswidrige oder möglicherweise **rechtswidrige Weisungen**. Nur wenn Weisungen offensichtlich rechtswidrig sind, können Auftragsverarbeiter und unterstellte Personen die Ausführung verweigern.[9] Der Auftragsverarbeiter ist gemäß Art. 28 Abs. 3 S. 2 im Übrigen verpflichtet, den Verantwortlichen unverzüglich zu informieren, wenn er der Auffassung ist, dass eine Weisung gegen das Unionsrecht oder das Recht des Mitgliedstaates verstößt.

8   In der Praxis sind **Weisungskonflikte** für Beschäftigte des Auftragsverarbeiters vorstellbar, wenn Weisungen des Verantwortlichen und dienstvertragliche Weisungen des Auftragsverarbeiters als Arbeitgeber sich widersprechen. Art. 29 gibt dem Verantwortlichen ein direktes gesetzliches (datenschutzrechtliches) Weisungsrecht auch gegenüber Personen, die dem Auftragsverarbeiter unterstellt sind.[10] Dieses ist Ausprägung der Rolle des Verantwortlichen und Baustein der Privilegierung der Auftragsverarbeitung – zwar ist der Verantwortliche frei in der Wahl des Auftragsverarbeiters, aber er haftet als Verantwortlicher im Außenverhältnis und hat entsprechend ein gesetzlich fixiertes Weisungsrecht für den Umgang mit personenbezogenen Daten, die

---

[3] So schon zu § 5 BDSG NK-BDSG/*Ehmann* § 5 Rn. 14; Schwartmann/Jaspers/Thüsing/Kugelmann/*Kremer* Art. 29 Rn. 8; Spindler/Schuster/*Nink* DS-GVO Art. 29 Rn. 4.
[4] Kühling/Buchner/*Hartung* DS-GVO Art. 29 Rn. 7; Paal/Pauly/*Martini* DS-GVO Art. 29 Rn. 12; Gola/Heckmann/*Klug* DS-GVO Art. 29 Rn. 1.
[5] Ähnlich ohne ausdrücklich bei der Art der Weisungen zu differenzieren Kühling/Buchner/*Hartung* DS-GVO Art. 29 Rn. 13; Simitis/Hornung/Spiecker gen. Döhmann/*Petri* DS-GVO Art. 29 Rn. 10.
[6] Kühling/Buchner/*Hartung* DS-GVO Art. 29 Rn. 13.
[7] Kühling/Buchner/*Hartung* DS-GVO Art. 29 Rn. 16; Paal/Pauly/*Martini* DS-GVO Art. 29 Rn. 19.
[8] Paal/Pauly/*Martini* DS-GVO Art. 29 Rn. 18.
[9] Kühling/Buchner/*Hartung* DS-GVO Art. 29 Rn. 18; Paal/Pauly/*Martini* DS-GVO Art. 29 Rn. 22.
[10] Kühling/Buchner/*Hartung* DS-GVO Art. 29 Rn. 10.

für ihn verarbeitet werden. Daher geht eine datenschutzrechtliche Weisung des Verantwortlichen den vertraglichen Weisungen des Arbeitgebers vor.[11]

Art. 29 Hs. 2 regelt den Fall, dass nach dem Recht der Union oder des Mitgliedstaates eine **Verarbeitung vorgeschrieben** ist. In solchen Fällen dürfen die unterstellten Personen und der Auftragsverarbeiter entgegen der Weisung des Verantwortlichen die gesetzlich vorgeschriebene Verarbeitung ausführen. Die Regelung setzt allerdings eine ausdrückliche Verpflichtung voraus, eine gesetzliche Erlaubnis zu einer von der Weisung abweichenden Verarbeitung reicht nicht.[12] Andere vertragliche Pflichten des Auftragsverarbeiters oder der unterstellten Person genügen nicht.[13] Art. 29 Hs. 2 stellt im Übrigen keine Ermächtigungsnorm für nationale Regelungen dar.[14] 9

2. Erfordernis der gesonderten Verpflichtung. § 5 S. 2 BDSG aF sah eine ausdrückliche Pflicht der verantwortlichen Stelle vor, die mit der Erhebung, Verarbeitung oder Nutzung Beschäftigten bei Aufnahme ihrer Tätigkeit auf das Datengeheimnis zu verpflichten. Diese Verpflichtung war rein deklaratorisch, das gesetzliche Verbot nach § 5 S. 1 BDSG aF bestand auch ohne die gesonderte Verpflichtung.[15] **Eine vergleichbare ausdrückliche Pflicht enthält Art. 29 nicht,** nur für Auftragsverarbeiter besteht nach Art. 28 Abs. 3 Buchst. b eine klar formulierte Pflicht, dass nur Personen mit der Verarbeitung betraut werden dürfen, die sich entweder zur Vertraulichkeit verpflichtet haben oder einer gesetzlichen Verschwiegenheitspflicht unterliegen. Art. 32 Abs. 4 stellt abstrakt die Forderung auf, dass der Verantwortliche und der Auftragsverarbeiter Schritte unternehmen müssen, um sicherzustellen, dass Personen, die Zugang zu personenbezogenen Daten haben, diese nur nach Anweisung verarbeiten. Insgesamt wirken die Art. 29, Art. 28 Abs. 3 Buchst. b und Art. 32 Abs. 4 redaktionell nicht gelungen. Sie sind sprachlich und inhaltlich nicht aufeinander abgestimmt. Warum der Auftragsverarbeiter seine Beschäftigten ausdrücklich auf Vertraulichkeit verpflichten soll, der Verantwortliche jedoch nicht, erschließt sich nicht. Schutzzweck der Norm ist die Vertraulichkeit der Verarbeitung und die Weisungsbindung der bei der Verarbeitung tätigen Personen. 10

Eine **ausdrückliche und dokumentierte Verpflichtung** auf die Vertraulichkeit ist eine geeignete und zweckmäßige Maßnahme um sicherzustellen, dass Personen, die Zugang zu personenbezogenen Daten haben, diese vertraulich behandeln. Eine solche nach Art. 29 jederzeit mögliche Weisung ist einfach zu dokumentieren und daher zum Nachweis dafür, dass Verarbeitungen gemäß der Verordnung erfolgen (Art. 24 Abs. 1) gut geeignet. Obwohl sie nach dem Wortlaut der Verordnung nur für den Auftragsverarbeiter vorgeschrieben ist, ist sie jedem Verantwortlichen dringend zu empfehlen. Eine Verpflichtung zur Vertraulichkeit kann andere technische und organisatorische Maßnahmen, wie zB ein Berechtigungskonzept, die Protokollierung von Verarbeitungsschritten oder Schulungen der Beschäftigten stets nur ergänzen.[16] 11

III. Sanktionen

Verstöße gegen die Vorgaben des Art. 29 können gegenüber dem Verantwortlichen und dem Auftragsverarbeiter nach Art. 83 Abs. 4 Buchst. a mit **Geldbußen** bis zu 10 Mio. EUR oder 2 Prozent des weltweiten Jahresumsatzes im Vorjahr bestraft werden. Sanktionen unmittelbar gegen die mit der Verarbeitung betrauten natürlichen Personen sind nicht vorgesehen. Allerdings kann jede natürliche Person, die personenbezogene Daten entgegen der Weisung des Verantwortlichen verarbeitet, als Verantwortlicher im Sinne der Verordnung betrachtet werden, so dass auch Geldbußen gegen die handelnden natürlichen Personen vorstellbar sind. 12

Art. 30 Verzeichnis von Verarbeitungstätigkeiten

(1) ¹**Jeder Verantwortliche und gegebenenfalls sein Vertreter führen ein Verzeichnis aller Verarbeitungstätigkeiten, die ihrer Zuständigkeit unterliegen.** ²**Dieses Verzeichnis enthält sämtliche folgenden Angaben:**

---

[11] Spindler/Schuster/*Nink* DS-GVO Art. 29 Rn. 8; Kühling/Buchner/*Hartung* DS-GVO Art. 29 Rn. 10.
[12] Kühling/Buchner/*Hartung* DS-GVO Art. 29 Rn. 19.
[13] Paal/Pauly/*Martini* DS-GVO Art. 29 Rn. 27.
[14] Paal/Pauly/*Martini* DS-GVO Art. 29 Rn. 26a.
[15] NK-BDSG/*Ehmann* § 5 Rn. 26; Däubler/Klebe/Wedde/Weichert/*Klebe* BDSG § 5 Rn. 11.
[16] NK-BDSG/*Ehmann* § 5 Rn. 26.

Art. 30

a) den Namen und die Kontaktdaten des Verantwortlichen und gegebenenfalls des gemeinsam mit ihm Verantwortlichen, des Vertreters des Verantwortlichen sowie eines etwaigen Datenschutzbeauftragten;
b) die Zwecke der Verarbeitung;
c) eine Beschreibung der Kategorien betroffener Personen und der Kategorien personenbezogener Daten;
d) die Kategorien von Empfängern, gegenüber denen die personenbezogenen Daten offengelegt worden sind oder noch offengelegt werden, einschließlich Empfänger in Drittländern oder internationalen Organisationen;
e) gegebenenfalls Übermittlungen von personenbezogenen Daten an ein Drittland oder an eine internationale Organisation, einschließlich der Angabe des betreffenden Drittlands oder der betreffenden internationalen Organisation, sowie bei den in Artikel 49 Absatz 1 Unterabsatz 2 genannten Datenübermittlungen die Dokumentierung geeigneter Garantien;
f) wenn möglich, die vorgesehenen Fristen für die Löschung der verschiedenen Datenkategorien;
g) wenn möglich, eine allgemeine Beschreibung der technischen und organisatorischen Maßnahmen gemäß Artikel 32 Absatz 1.

(2) Jeder Auftragsverarbeiter und gegebenenfalls sein Vertreter führen ein Verzeichnis zu allen Kategorien von im Auftrag eines Verantwortlichen durchgeführten Tätigkeiten der Verarbeitung, die Folgendes enthält:

a) den Namen und die Kontaktdaten des Auftragsverarbeiters oder der Auftragsverarbeiter und jedes Verantwortlichen, in dessen Auftrag der Auftragsverarbeiter tätig ist, sowie gegebenenfalls des Vertreters des Verantwortlichen oder des Auftragsverarbeiters und eines etwaigen Datenschutzbeauftragten;
b) die Kategorien von Verarbeitungen, die im Auftrag jedes Verantwortlichen durchgeführt werden;
c) gegebenenfalls Übermittlungen von personenbezogenen Daten an ein Drittland oder an eine internationale Organisation, einschließlich der Angabe des betreffenden Drittlands oder der betreffenden internationalen Organisation, sowie bei den in Artikel 49 Absatz 1 Unterabsatz 2 genannten Datenübermittlungen die Dokumentierung geeigneter Garantien;
d) wenn möglich, eine allgemeine Beschreibung der technischen und organisatorischen Maßnahmen gemäß Artikel 32 Absatz 1.

(3) Das in den Absätzen 1 und 2 genannte Verzeichnis ist schriftlich zu führen, was auch in einem elektronischen Format erfolgen kann.

(4) Der Verantwortliche oder der Auftragsverarbeiter sowie gegebenenfalls der Vertreter des Verantwortlichen oder des Auftragsverarbeiters stellen der Aufsichtsbehörde das Verzeichnis auf Anfrage zur Verfügung.

(5) Die in den Absätzen 1 und 2 genannten Pflichten gelten nicht für Unternehmen oder Einrichtungen, die weniger als 250 Mitarbeiter beschäftigen, es sei denn, die von ihnen vorgenommene Verarbeitung birgt ein Risiko für die Rechte und Freiheiten der betroffenen Personen, die Verarbeitung erfolgt nicht nur gelegentlich oder es erfolgt eine Verarbeitung besonderer Datenkategorien gemäß Artikel 9 Absatz 1 bzw. die Verarbeitung von personenbezogenen Daten über strafrechtliche Verurteilungen und Straftaten im Sinne des Artikels 10.

Literatur: *Albrecht,* Das neue EU-Datenschutzrecht: von der Richtlinie zur Verordnung, CR 2016, 88; *Benamor,* Protokollierungspflicht von behördlichen Fachverfahren, ZD 2023, 23; *Ehmann/Kranig,* Fünf vor zwölf im Datenschutz, ZD 2018, 199; *Gossen/Schramm,* Das Verarbeitungsverzeichnis der DS-GVO, ZD 2017, 7; *Hansen-Oest,* Datenschutzrechtliche Dokumentationspflichten nach dem BDSG und der Datenschutz-Grundverordnung, PinG 2016, 79; *Lepperhoff,* Dokumentationspflichten in der DS-GVO, RDV 2016, 197; *Licht,* Das Verarbeitungsverzeichnis nach der DSGVO, ITRB 2017, 65; *Leuker,* Die zehn Märchen der Datenschutzreform, PinG 2015, 195; *Reding,* Sieben Grundbausteine der europäischen Datenschutzreform, ZD 2012, 195; *Schäffer,* Verfahrensverzeichnis 2.0; *Thode,* Die neuen Compliance-Pflichten nach der Datenschutz-Grundverordnung, CR 2016, 714.

Rechtsprechung: BAG Urt. v. 27.4.2021 – 2 AZR 342/20, NJW 2021, 2379 mAnm *Fuhlrott;* OLG Stuttgart Urt. v. 18.5.2021 – 12 U 296/29, ZD 2022, 105; EuGH Urt. v. 12.1.2023 – C-154/21, ECLI:EU:

C:2023:3 = NJW 2023, 973 mAnm *Petri;* EuGH Urt. v. 23.5.2023 – C-60/22, ECLI:EU:C:2023:373 = BeckRS 2023, 8967.

Übersicht

	Rn.
A. Allgemeines	1
I. Zweck und Bedeutung der Vorschrift	1
II. Systematik, Verhältnis zu anderen Vorschriften	2
B. Einzelerläuterungen	4
I. Grundlegende Regelungen	4
II. Inhalt des Verzeichnisses	8
1. Begriff der Verarbeitungstätigkeit	8
2. Pflichten des Verantwortlichen	11
3. Pflichten des Auftragsverarbeiters	18
4. Ergänzende Dokumentation im Verzeichnis	22
C. Rechtsschutz	24

A. Allgemeines

I. Zweck und Bedeutung der Vorschrift

Die Vorschrift verpflichtet Verantwortliche und Auftragsverarbeiter zur Erstellung und laufenden Pflege eines Verzeichnisses von Verarbeitungstätigkeiten. Dies dient nach Erwägungsgrund 82 dem Nachweis der Einhaltung der Verordnung gegenüber den Aufsichtsbehörden.[1] Ein Verstoß gegen die Pflichten aus Art. 30 führt jedoch nicht zur Rechtswidrigkeit der Verarbeitung selbst.[2] Zudem sind fehlende Detailangaben im Verzeichnis kein Indiz dafür, dass eine Festlegung von Zwecken nicht gemäß Art. 5 Abs. 1 Buchst. b erfolgt ist.[3] Das Verzeichnis muss **schriftlich oder in elektronischer Form** geführt werden (Abs. 3) und der Aufsichtsbehörde auf Anfrage vorgelegt werden. Damit verabschiedet sich der Verordnungsgeber von der in Art. 18, 19 DS-RL vorgesehenen Meldepflicht aller Verarbeitungen gegenüber der Aufsichtsbehörde, die als zu starr und nicht mehr zeitgemäß angesehen wurde.[4] Gänzlich neu ist, dass eine solche Pflicht auch originär für den Auftragsverarbeiter besteht. Für das Verzeichnis der Verarbeitungstätigkeiten sind keine neuen Erhebungen zu Verfahren, Prozessen oder Unterlagen erforderlich, vielmehr fasst das Verzeichnis **ohnehin vorzuhaltende Informationen** zusammen, insbesondere nach den Art. 5, 6, 32, 37, 44–47.[5] In §§ 4d, 4e BDSG aF war die Meldepflicht ebenfalls als Grundsatz geregelt, allerdings entfiel die Meldepflicht gegenüber der Aufsichtsbehörde, wenn die verantwortliche Stelle einen Datenschutzbeauftragten bestellt hatte. In diesem Fall war das Verfahrensverzeichnis nur dem Datenschutzbeauftragten zu übergeben. 1

II. Systematik, Verhältnis zu anderen Vorschriften

Das Verzeichnis der Verarbeitungstätigkeiten sammelt in konzentrierter Form die Informationen, die die Aufsichtsbehörde benötigt, um sich einen **ersten Eindruck** darüber zu verschaffen, ob der Verantwortliche oder der Auftragsverarbeiter die Pflichten nach der Verordnung einhält. Systematisch könnte man das Verzeichnis der Verarbeitungstätigkeiten insoweit mit den Informationspflichten gegenüber den betroffenen Personen vergleichen. Mit Blick auf die Rechenschaftspflicht (Art. 5 Abs. 2) ist das Verzeichnis von Verarbeitungstätigkeiten ein zentraler Baustein, der zugleich ein Hilfsmittel für die strukturierte Erfüllung einer Vielzahl von Pflichten nach der Verordnung, wie zB der Datenschutz-Folgenabschätzung oder der Auftragsverarbeitung, ist.[6] 2

Im Gesetzgebungsverfahren hatte die Kommission vorgesehen, dass Verantwortliche, die personenbezogene Daten nur als Nebentätigkeit zu ihrer Haupttätigkeit verarbeiten und nicht 3

---

[1] Simitis/Hornung/Spiecker gen. Döhmann/*Petri* DS-GVO Art. 30, Rn. 1; Gierschmann/Schlender/Stentzel/Veil/*Assion* DS-GVO Art. 30 Rn. 1; Paal/Pauly/*Martini* DS-GVO Art. 30 Rn. 2; *Benamor* ZD 2023, 23 (24).
[2] EuGH BeckRS 2023, 8967 Rn. 76.
[3] AA OLG Stuttgart ZD 2022, 105 Rn. 13.
[4] *Albrecht* CR 2016, 88 (93).
[5] *Lepperhoff* RDV 2016, 197 (202).
[6] Ausf. dazu *Gossen/Schramm* ZD 2017, 7.

mehr als 250 Beschäftigte haben, von der Pflicht zur Führung eines solchen Verzeichnisses befreit sind.[7] Dies war als besondere Erleichterung für **kleine und mittelständische Unternehmen** (KMU) gedacht.[8] Das Europäische Parlament hat diese Beschränkung gestrichen.[9] Im Entwurf des Rates wurde dann die Grenze von 250 Beschäftigten wieder aufgenommen, ergänzt allerdings um den risikobasierten Ansatz, so dass es im Gegensatz zum Entwurf der Kommission nicht mehr darauf ankommen sollte, ob die Verarbeitung personenbezogener Daten Haupt- oder Nebentätigkeit des Verantwortlichen ist, sondern ob mit der Verarbeitung Risiken für die betroffenen Personen verbunden sind.[10]

B. Einzelerläuterungen

I. Grundlegende Regelungen

4   Zur Führung eines Verzeichnisses der Verarbeitungstätigkeiten sind **Verantwortliche, Auftragsverarbeiter** und deren **Vertreter** gemäß Art. 27 verpflichtet. Wenn konzernverbundene Unternehmen oder Niederlassungen selbst personenbezogene Daten als Verantwortliche oder als Auftragsverarbeiter verarbeiten, sind sie verpflichtet ein eigenes Verzeichnis zu führen.[11] Gleichwohl kann es sich anbieten, im Konzern ein einheitliches Verzeichnis zu führen und darin zu vermerken, welche Verarbeitungstätigkeiten von welcher Gesellschaft in welcher Rolle durchgeführt werden. Das Verzeichnis ist in schriftlicher oder elektronischer Form (Abs. 3) zu führen, wobei elektronische Form hier nicht die elektronische Form iSd § 126a BGB meint.[12] Konkrete Vorgaben für das sonstige Format und die Gliederung macht die Vorschrift nicht. Anders als nach § 4g Abs. 2 S. 2 BDSG aF gibt es nach der Verordnung kein Jedermann-Verzeichnis mehr.[13] Das Verzeichnis der Verarbeitungstätigkeiten wird nur der Aufsichtsbehörde und dieser auch nur auf Anfrage übersandt (Abs. 4). Die Pflicht zur Übersendung des Verzeichnisses gilt auch für Vertreter nach Art. 27.

5   **Ausgenommen von der Pflicht** zur Führung des Verzeichnisses sind Verantwortliche und Auftragsverarbeiter, bei denen weniger als 250 Mitarbeiter beschäftigt sind, sofern die Verarbeitungen kein Risiko für die Rechte und Freiheiten der betroffenen Personen birgt (Abs. 5). Dass ein solches Risiko objektiv nicht besteht, müssen der Verantwortliche bzw. der Auftragsverarbeiter im Zweifel nachweisen. Die Vorschrift enthält zwei konkrete Fälle, in denen auch Unternehmen mit weniger als 250 Mitarbeitern ein Verzeichnis führen müssen, nämlich immer wenn:
– besondere Datenkategorien (Art. 9) verarbeitet werden oder eine Verarbeitung von personenbezogenen Daten über strafrechtliche Verurteilungen und Straftaten iSd Art. 10 erfolgt;
– die Datenverarbeitung nicht nur gelegentlich erfolgt.

6   Zweifelhaft ist, ob die Befreiung tatsächlich, wie ursprünglich von der Kommission vorgesehen, zu einer **Entlastung von KMU** führt.[14] Während die Rückausnahme für die Verarbeitung besonderer Kategorien personenbezogener Daten unter dem Gesichtspunkt des risikobasierten Ansatzes nachvollziehbar ist, vernichtet die Beschränkung auf nur gelegentliche Verarbeitungen den Ansatz der Entlastung vollständig, denn schon ab dem ersten Beschäftigten sind Unternehmen verpflichtet, eine Lohn- und Gehaltsabrechnung durchzuführen, die regemäßig jeden Monat zu erfolgen hat. Schon damit ist die Verarbeitung nicht mehr nur gelegentlich. In den zunehmend digitalisierten Unternehmen werden immer mehr Daten auch über die Beschäftigten in kleineren Unternehmen verarbeitet. Moderne Unternehmenssoftware speichert eine **Vielzahl von Informationen über die Beschäftigten,** ihre Zugriffe und Änderungen von Daten, ihren Arbeitsbeginn, ihre Pausen und den Zeitpunkt der Abmeldung. Es wird also auch bei KMU kaum Konstellationen geben, in denen eine Verarbeitung nur gelegentlich erfolgt. Sehr häufig

---

[7] Art. 28 Abs. 4 Buchst. b KOM(2012) 11 endgültig.
[8] *Reding* ZD 2012, 195 (197).
[9] Art. 29 EP-PE_TC1-COD(2012)0011.
[10] Art. 29 Abs. 4 Buchst. b ER, Allg. Ausrichtung, Dok. 9565/15.
[11] Simitis/Hornung/Spiecker gen. Döhmann/*Petri* DS-GVO Art. 30 Rn. 17; Paal/Pauly/*Martini* DS-GVO Art. 30 Rn. 5c.
[12] Kühling/Buchner/*Hartung* DS-GVO Art. 30 Rn. 32.
[13] Simitis/Hornung/Spiecker gen. Döhmann/*Petri* DS-GVO Art. 30 Rn. 11; BeckOK DatenschutzR/*Spoerr* DS-GVO Art. 30 Rn. 29.
[14] Simitis/Hornung/Spiecker gen. Döhmann/*Petri* DS-GVO Art. 30 Rn. 48.

wird sich zudem die Frage stellen, ob nicht durch die schnell sehr umfangreiche Verarbeitung von Beschäftigtendaten bereits ein **Risiko** für die Rechte und Freiheiten der Beschäftigten entsteht.[15] Da ein Verstoß gegen die Pflicht zur Führung des Verzeichnisses nach Art. 83 Abs. 4 Buchst. a mit einer empfindlichen Geldbuße geahndet werden kann, wird es sich regelmäßig empfehlen ein Verzeichnis nach Art. 30 zu führen.

Hinzu kommt, dass die Befreiung nur für die Pflichten aus Art. 30 gilt, die **übrigen Pflichten** 7 **nach der Verordnung** bestehen fort. Insbesondere die Pflichten zur Information der betroffenen Personen nach Art. 13, 14, die Pflichten zur Sicherheit der Verarbeitungen nach Art. 32 und die Pflicht zur Auskunftserteilung nach Art. 15. Zur Erfüllung dieser Pflichten bedarf auch ein nach Art. 30 Abs. 5 befreiter Verantwortlicher oder Auftragsverarbeiter der Informationen, die im Verzeichnis der Verarbeitungstätigkeiten zu sammeln sind. Insofern wird es sich in aller Regel anbieten, dass auch Verantwortliche und Auftragsverarbeiter, für die gemäß Art. 30 Abs. 5 keine Pflicht zur Führung eines Verzeichnisses der Verarbeitungstätigkeiten besteht, freiwillig ein solches Verzeichnis führen. Die für das Verzeichnis erforderlichen Daten liegen dem Unternehmen aufgrund anderer Anforderungen in der Verordnung in der Regel ohnehin bereits vor.[16]

II. Inhalt des Verzeichnisses

1. Begriff der Verarbeitungstätigkeit. Der Begriff der Verarbeitungstätigkeit selbst wird in 8 der Verordnung nicht definiert. Art. 4 Nr. 2 definiert nur die „Verarbeitung", die einen Vorgang oder eine Vorgangsreihe beschreibt. Sprachlich klingt „Verarbeitungstätigkeit" zunächst nach einer Teilmenge oder einem einzelnen Schritt einer Verarbeitung. Diese Deutung würde dazu führen, dass pro Verarbeitung mehrere Verarbeitungstätigkeiten im Verzeichnis beschrieben werden müssten, was schon bei kleinen Unternehmen zu einer Vielzahl von zu dokumentierenden Verarbeitungstätigkeiten führen würde. Andererseits hätte es nahegelegen, die Verarbeitung in Art. 4 Nr. 2 ausdrücklich als Summe mehrerer Verarbeitungstätigkeiten zu definieren, was nicht erfolgt ist. Eine zu feine Aufspaltung von Verarbeitungen für das Verzeichnis der Verarbeitungstätigkeiten liefe Gefahr schnell unübersichtlich zu werden und damit sowohl dem **Transparenzgebot** zu laufen als auch der nach Erwägungsgrund 89 intendierten Entbürokratisierung. Richtig ist es daher, die Begriffe „Verarbeitung" und „Verarbeitungstätigkeit" inhaltlich gleich zu setzen.[17]

Bei der Frage ob und in welchem Umfang Verarbeitungstätigkeiten im Verzeichnis zusam- 9 mengefasst dokumentiert werden können, sind die Zielsetzung von Art. 30 und das Transparenzgebot zu beachten. Nach Erwägungsgrund 89 war es Ziel des Verordnungsgebers, die bürokratische Meldepflicht der DS-RL aufzugeben und stattdessen wirksame Verfahren und Mechanismen zu etablieren. Diese sollen es ermöglichen, sich vor allem mit den Verarbeitungen zu befassen, die wahrscheinlich ein hohes Risiko für die Rechte und Freiheiten natürlicher Personen darstellen. Für das Verzeichnis der Verarbeitungstätigkeiten lässt sich daraus ableiten, dass es den Fokus auf Verarbeitungen legen soll, die ein hohes Risiko für die betroffenen Personen bedeuten können. Diese müssen bei Bedarf kleinteiliger beschrieben werden, als Verarbeitungen, von denen kein so hohes Risiko ausgeht. Grundsätzlich lassen sich unter Beachtung des Transparenzgebotes Verarbeitungen zusammengefasst beschreiben, die den gleichen Zwecken dienen, die gleichen oder sehr ähnliche Datenarten umfassen und auf der gleichen Rechtsgrundlage beruhen.[18] Oberstes Ziel der Dokumentation ist die Transparenz der Verarbeitung sowohl für die Verantwortlichen, die das Verzeichnis pflegen, als auch für die Aufsichtsbehörden, denen es einen ersten strukturierten Überblick verschaffen soll. Dabei kann ein konzentriertes Weniger durchaus mehr sein.[19]

---

[15] *Licht* ITRB 2017, 65 (67); Kühling/Buchner/*Hartung* DS-GVO Art. 30 Rn. 39; Gola/Heckmann/*Klug* DS-GVO Art. 30 Rn. 14.
[16] *Lepperhoff* RDV 2016, 197 (202).
[17] Ebenso *Licht* ITRB 2017, 65 (67); Paal/Pauly/*Martini* DS-GVO Art. 30 Rn. 5; Schwartmann/Jaspers/Thüsing/Kugelmann/*Müthlein* DS-GVO Art. 30 Rn. 20; aA Kühling/Buchner/*Hartung* DS-GVO Art. 30 Rn. 14.
[18] *Ehmann/Kranig* ZD 2018, 199 (200); Spindler/Schuster/*Laue* DS-GVO Art. 30 Rn. 5; ebenso, wenn auch mit anderer Definition von Verarbeitungstätigkeit Kühling/Buchner/*Hartung* DS-GVO Art. 30 Rn. 15; Simits/Hornung/Spiecker gen. Döhmann/*Petri* DS-GVO Art. 30 Rn. 16; ähnlich, wenn auch mit Tendenz zu einer kleinteiligeren Beschreibung der Verarbeitungen *Licht* ITRB 2017, 65 (67).
[19] Krit. zu überbordenden Informationspflichten *Leucker* PinG 2015, 195 (198); *Ehmann/Kranig* ZD 2018, 199 (200).

10 In der Praxis ist häufig zu beobachten, dass sich Verantwortliche für das Verzeichnis an genutzten **IT-Systemen** oder **Anwendungen** orientieren. Als Informationsquelle für das Verzeichnis sind Übersichten über IT-Systeme ausgesprochen hilfreich, man kann aber „IT-System" nicht mit „Verarbeitungstätigkeit" gleichsetzen. Im Einzelfall kann zwar ein IT-System ausnahmsweise gleich einer Verarbeitungstätigkeit sein, in den meisten Fällen dienen IT-Systeme aber einer Vielzahl unterschiedlicher Verarbeitungstätigkeiten.[20] Dennoch ist der Ansatz häufig zu finden, insbesondere wenn Unternehmen einen **Betriebsrat** haben und das Verzeichnis der Verarbeitungstätigkeiten daher auch für die Anhörung des Betriebsrates im Rahmen der Mitbestimmung bei der Einführung oder Änderung von technischen Einrichtungen nach § 87 Abs. 1 Nr. 6 BetrVG nutzen wollen. Die Begriffe technische Einrichtung und Verarbeitungstätigkeit sind jedoch nicht deckungsgleich, in der Regel erfolgen durch technische Einrichtungen mehrere verschiedene Verarbeitungstätigkeiten. Oftmals lassen sich jedoch Verarbeitungstätigkeiten für eine Vielzahl von IT Systemen und/oder technischen Einrichtungen gemeinsam beschreiben, beispielsweise Nutzungsanalysen für Zwecke der IT-Sicherheit oder Authentifizierungen von Nutzenden für Zwecke der Zugriffskontrolle.

11 **2. Pflichten des Verantwortlichen.** Die Angaben nach Abs. 1 Buchst. a–g sind, auch wenn dies in der Vorschrift nicht klar formuliert ist, **für jede Verarbeitungstätigkeit gesondert** aufzuführen. Anderenfalls wäre das Verzeichnis nicht geeignet, den Zweck der Information der Aufsichtsbehörde zu erfüllen. Nach Abs. 1 Buchst. a sind der Name und die Kontaktdaten aller **Verantwortlicher** sowie gegebenenfalls eines Vertreters nach Art. 27 aufzuführen. Der verwendete Plural macht klar, dass allein die Postanschrift nicht ausreichend ist. Mindestens zwei alternative Kontaktwege sind anzugeben.[21] Dabei sind E-Mail oder ein online Kontaktformular neben der Postanschrift Stand der Technik. Ferner Name und Kontaktdaten **des Datenschutzbeauftragten,** sofern ein solcher bestellt ist. Kontaktdaten der beauftragten Auftragsverarbeiter sind nicht anzugeben.

12 Nach Abs. 1 Buchst. b sind für jede Verarbeitung die **Zwecke** aufzuführen. Die Zwecke der Verarbeitung sind nach Art. 5 Abs. 1 Buchst. b vor der Erhebung festzulegen. Die weitere Verarbeitung ist nur für die festgelegten Zwecke zulässig (Zweckbindung). Die Zwecke müssen eindeutig und transparent sein, damit die Aufsichtsbehörde im Falle einer Prüfung in die Lage versetzt wird, die Angemessenheit der getroffenen Schutzmaßnahmen und die Zulässigkeit der Verarbeitung selbst prüfen zu können.[22]

13 Nach Abs. 1 Buchst. c müssen für jede Verarbeitung die **Kategorien der betroffenen Personen** und die **Kategorien personenbezogener Daten** angegeben werden. Der Begriff der Kategorie personenbezogener Daten entspricht dem Begriff der „Art der personenbezogenen Daten" aus Art. 6 Abs. 4 Buchst. c.[23] Wie konkret jeweils die Kategorien gefasst werden müssen, hängt von der Art der Verarbeitung ab. Die Bezeichnung der Kategorien muss die Aufsichtsbehörde in die Lage versetzen, die Zulässigkeit der Verarbeitung zu prüfen. Soll beispielsweise eine Bonitätsabfrage durchgeführt werden, so wäre die Kategorie „Kunden" allein nicht ausreichend, vielmehr müsste die Kategorie zB „Kunden, die auf Rechnung oder per Lastschrift zahlen" genannt werden.[24] Gleichwohl ist es für das Verzeichnis nicht erforderlich, alle konkret verarbeiteten personenbezogenen Daten aufzulisten.[25] Kategorien von betroffenen Personen und personenbezogenen Daten muss der Verantwortliche zur Erfüllung seiner Pflichten aus Art. 6 ohnehin bilden, um die Rechtmäßigkeit der Verarbeitung sicherzustellen.

14 Nach Abs. 1 Buchst. d sind **Kategorien von Empfängern** (Art. 4 Nr. 9) von personenbezogenen Daten zu nennen, denen Daten offengelegt wurden oder noch werden. Dabei sind auch Empfänger in Drittländern zu nennen. Zu den Empfängern zählen auch alle Auftragsverarbeiter.[26] Während im Rahmen von Art. 15 ein Wahlrecht der betroffenen Person besteht, ob konkrete Empfänger oder Kategorien von Empfängern beauskunftet werden sollen,[27] besteht im Verzeichnis von Verarbeitungstätigkeiten lediglich die Pflicht, Kategorien zu dokumentieren.

---

[20] Taeger/Gabel/*Schultze-Melling* DS-GVO Art. 30 Rn. 12.
[21] Paal/Pauly/*Martini* DS-GVO Art. 30 Rn. 7; Kühling/Buchner/*Hartung* DS-GVO Art. 30 Rn. 17.
[22] Kühling/Buchner/*Hartung* DS-GVO Art. 30 Rn. 18; Paal/Pauly/*Martini* DS-GVO Art. 30 Rn. 8.
[23] Paal/Pauly/*Martini* DS-GVO Art. 30 Rn. 10b; Kühling/Buchner/*Hartung* DS-GVO Art. 30 Rn. 19.
[24] Kühling/Buchner/*Hartung* DS-GVO Art. 30 Rn. 19; Gola/Heckmann/*Klug* DS-GVO Art. 30 Rn. 14; Bsp. aus NK-BDSG/*Petri* § 4e Rn. 8, 9.
[25] BAG NJW 2021, 2379 Rn. 21; *Benamor* ZD 2023, 23 (24).
[26] Gola/Heckmann/*Klug* DS-GVO Art. 30 Rn. 7.
[27] EuGH NJW 2023, 973 mAnm *Petri*.

Dies ist auch mit Blick auf den Zweck vollkommen ausreichend. Gleichwohl bedarf es einer (gesonderten) Dokumentation sämtlicher Empfänger, um zum einen die Rechtmäßigkeit von Übermittlungen nach Art. 6 und 28 prüfen zu können und zum anderen Auskunftsverlangen betroffener Personen erfüllen zu können.

Nach Abs. 1 Buchst. e sind **Übermittlungen in Drittländer** oder an **internationale Organisationen** gesondert unter Nennung des Drittlandes zu dokumentieren. Bei Übermittlungen nach Art. 49 Abs. 1 UAbs. 2 ist außerdem die Dokumentation der Garantien erforderlich (Art. 49 Abs. 6).[28] Aus Art. 44–47 ergibt sich die Pflicht, dass der Verantwortliche die Übermittlung von Daten in Drittländer prüfen und die erforderlichen Maßnahmen oder Vereinbarungen treffen muss. Daher müssen dem Verantwortlichen die für das Verzeichnis der Verarbeitungstätigkeiten erforderlichen Angaben bereits vorliegen.[29]   15

Nach Abs. 1 Buchst. f sind – sofern möglich – die **Fristen für die Löschung** anzugeben. Sofern für den Verantwortlichen klar ist, wann die Löschung von bestimmten Daten erfolgt, muss diese Frist angegeben werden. Allerdings kann nicht bei jeder Verarbeitung eine konkrete Löschfrist angegeben werden, beispielsweise wenn die zulässige Speicherdauer von der unbestimmten Laufzeit eines Vertrages abhängig ist. Empfehlenswert ist es dann jedoch, eine abstrakte Frist für die Löschung anzugeben.[30] Die Angabe der Löschfrist ermöglicht der Aufsichtsbehörde auch die Einhaltung der Vorgaben zur **Datenminimierung** (Art. 5 Abs. 1 Buchst. c) und zur **Speicherbegrenzung** (Art. 5 Abs. 1 Buchst. e). Erwägungsgrund 39 S. 10 fordert insoweit auch die regelmäßige Überprüfung der Speicherdauer.   16

Nach Abs. 1 Buchst. g ist in das Verzeichnis eine **allgemeine Beschreibung der technischen und organisatorischen Maßnahmen** aufzunehmen. Die Maßnahmen sind nach Art. 32 Abs. 1 festzulegen. Da eine solche Festlegung für die Verarbeitung zwingend zu erfolgen hat, ist nicht ganz nachvollziehbar, in welchen Fällen der Verordnungsgeber die Angabe zumindest einer allgemeinen Beschreibung der technischen und organisatorischen Maßnahmen für nicht möglich hält. Insofern dürfte der Einschränkung „wenn möglich" in der Praxis keinerlei Bedeutung zukommen. Die Verordnung enthält jedoch keine Vorgaben dazu, wie detailliert die Beschreibung der Maßnahmen konkret zu erfolgen hat. Der Katalog des Art. 32 Abs. 1 Buchst. a-d kann zwar als Orientierung dienen, ist aber bereits seinem Wortlaut nach nicht abschließend. Die Beschreibung muss jedenfalls die Aufsichtsbehörde in die Lage versetzen, die Angemessenheit der Maßnahmen überprüfen zu können.[31] In der Praxis wird es sich regelmäßig anbieten, die Dokumentation der technischen und organisatorischen Maßnahmen außerhalb des Verarbeitungsverzeichnisses zu führen und von den Verarbeitungseinträgen lediglich auf die konkrete Dokumentation zu verweisen.   17

3. Pflichten des Auftragsverarbeiters. Die Pflicht des Auftragsverarbeiters, ebenfalls ein Verzeichnis der Verarbeitungstätigkeiten zu führen, ist mit der Verordnung neu eingeführt worden. Es unterscheidet sich aufgrund der Besonderheiten der Auftragsverarbeitung in einigen Punkten deutlich vom Verzeichnis des Verantwortlichen.[32]   18

Nach Abs. 2 Buchst. a muss der Auftragsverarbeiter – neben Angaben zu sich selbst – auch Angaben zum Verantwortlichen und seinem Datenschutzbeauftragten machen. Die Pflicht umfasst auch die Angabe der Kontaktdaten. Die Pflicht zur Angabe des Verantwortlichen stellt insbesondere **Auftragsverarbeiter im Massengeschäft** wie Cloud Service-Provider, Hosting-Anbieter oder Software-as-a-Service-Plattformen vor immense Herausforderungen, da diese oftmals für tausende oder gar hunderttausende von Verantwortlichen tätig sind. Die Angabe dieser teils Unmengen von Verantwortlichen hat für die Aufsichtsbehörde in der Regel keine relevante Aussagekraft. Hier wäre – anders als in Abs. 1 Buchst. g – der Zusatz „wenn möglich" durchaus sinnvoll gewesen. Da mit einer kurzfristigen Korrektur durch den Verordnungsgeber nicht zu rechnen ist, sollte sich das Verzeichnis der Verarbeitungstätigkeiten eines Auftragsverarbeiters im Massengeschäft an dieser Stelle auf eine Angabe der Kategorien von Verantwortlichen beschränken, um das Verzeichnis handhabbar zu erhalten. Sofern eine Anfrage der Aufsichtsbehörde nach dem Verzeichnis der Verarbeitungstätigkeiten eingeht, sollte dieser Punkt kurz erläutert werden. Aufgrund der klaren Vorgabe der Verordnung, wird der Auftragsverarbeiter eine Übermittlung der **Liste der Verantwortlichen** anbieten müssen. Wegen der   19

---

[28] Paal/Pauly/*Martini* DS-GVO Art. 30 Rn. 15.
[29] Kühling/Buchner/*Hartung* DS-GVO Art. 30 Rn. 21.
[30] Kühling/Buchner/*Hartung* DS-GVO Art. 30 Rn. 22; Paal/Pauly/*Martini* DS-GVO Art. 30 Rn. 17.
[31] Paal/Pauly/*Martini* DS-GVO Art. 30 Rn. 19; Kühling/Buchner/*Hartung* DS-GVO Art. 30 Rn. 29.
[32] Paal/Pauly/*Martini* DS-GVO Art. 30 Rn. 20; Kühling/Buchner/*Hartung* DS-GVO Art. 30 Rn. 26.

Sensitivität der Übermittlung faktisch des gesamten Kundenbestandes sollte in jedem Fall ein sicherer Übertragungsweg mit der Aufsichtsbehörde abgestimmt werden oder der Aufsichtsbehörde Gelegenheit zur Einsichtnahme bei dem Auftragsverarbeiter gegeben werden.

20 Nach Abs. 2 Buchst. b hat der Auftragsverarbeiter – anders als der Verantwortliche – eine Aufstellung der **Kategorien von Verarbeitungen** in das Verzeichnis aufzunehmen. Dies erscheint stimmig, da der Auftragsverarbeiter häufig zu den Zwecken der Verarbeitung, den Kategorien betroffener Personen und den Datenkategorien keine eigenen Angaben machen kann.[33]

21 Nach Abs. 2 Buchst. c und d bestehen für den Auftragsverarbeiter die gleichen Pflichten wie für den Verantwortlichen nach Abs. 1 Buchst. e und g (→ Rn. 8, 10).

22 **4. Ergänzende Dokumentation im Verzeichnis.** Neben der Dokumentationspflicht nach Art. 30 bestehen für Verantwortliche eine Reihe von weiteren **Informationspflichten,** die jeweils pro Verarbeitungstätigkeit zu erfüllen sind. Solche ergeben sich insbesondere aus Art. 13 und 14. Danach muss der Verantwortliche betroffene Personen informieren über die Absicht, die Zwecke der Verarbeitung zu ändern, die Quelle der Daten, das Bestehen oder Nichtbestehen einer Pflicht zur Angabe von Daten, die Folgen der Nichtangabe von Daten, die Rechtsgrundlage der Verarbeitung, das Bestehen einer automatisierten Entscheidungsfindung oder des Profilings, die involvierte Logik solcher automatisierten Entscheidungsfindungen sowie die Konsequenzen der automatisierten Entscheidungsfindungen. In aller Regel wird es sich für den Verantwortlichen anbieten, diese zusätzlichen Informationen pro Verarbeitungstätigkeit unmittelbar im Verzeichnis der Verarbeitungstätigkeiten mit zu erfassen. Anderenfalls ist nicht sichergestellt, dass die Information für die Erfüllung der Pflichten aus Art. 13 und 14 für den Verantwortlichen verfügbar sind.

23 Nach Art. 24 Abs. 1 und Art. 35 ist der Verantwortliche verpflichtet, für jede Verarbeitung personenbezogener Daten eine **Risikoanalyse** durchzuführen (→ Art. 24 Rn. 6 f.; → Art. 35 Rn. 14). Es bietet sich daher an, diese Risikoanalyse entweder direkt im Verzeichnis der Verarbeitungstätigkeiten durchzuführen oder jedenfalls das Ergebnis dort zu dokumentieren. Wählt man dafür einen Scoring-Ansatz (→ Art. 24 Rn. 7), kann die Dokumentation direkt im Verzeichnis erfolgen; das Konzept für den Scoring-Ansatz kann allgemein gehalten in einem separaten Dokument dokumentiert werden.

C. Rechtsschutz

24 Für die Ahndung von Pflichtverletzungen und Streitigkeiten darüber sind die Aufsichtsbehörden und die nationalen Gerichte zuständig. Eine gegebenenfalls notwendige Auslegung der DS-GVO erfolgt durch den EuGH. Eine Verletzung der Vorgaben des Art. 30 kann nach Art. 83 Abs. 4 Buchst. a mit einem Bußgeld von bis zu 10 Mio. EUR oder bei Unternehmen von bis zu 2 Prozent des Jahresumsatzes geahndet werden. Allerdings ist der Vertreter nach Art. 27 nicht erfasst,[34] so dass Rechtsschutz gegenüber dem Verantwortlichen oder dem Auftragsverarbeiter zu suchen ist; der Vertreter fungiert dann als Anlaufstelle (→ Art. 27 Rn. 13).

Art. 31 Zusammenarbeit mit der Aufsichtsbehörde

Der Verantwortliche und der Auftragsverarbeiter und gegebenenfalls deren Vertreter arbeiten auf Anfrage mit der Aufsichtsbehörde bei der Erfüllung ihrer Aufgaben zusammen.

Literatur: *Ashkar,* Durchsetzung und Sanktionierung des Datenschutzrechts nach den Entwürfen der Datenschutz-Grundverordnung, DuD 2015, 796; *Dietrich,* Rechtsdurchsetzungsmöglichkeiten nach der DS-GVO, ZD 2016, 260; *Kranig,* Zuständigkeit der Datenschutzaufsichtsbehörden, ZD 2013, 550; *Neun/ Lubitzsch,* Die neue EU-Datenschutz-Grundverordnung – Rechtsschutz und Schadensersatz, BB 2017, 2563.

---

[33] Kühling/Buchner/*Hartung* DS-GVO Art. 30 Rn. 28; Gola/Heckmann/*Klug* DS-GVO Art. 30 Rn. 12.
[34] Simitis/Hornung/Spiecker gen. Döhmann/*Petri* DS-GVO Art. 30 Rn. 8.

Übersicht

	Rn.
A. Allgemeines	1
I. Zweck und Bedeutung der Vorschrift	1
II. Systematik, Verhältnis zu anderen Vorschriften	3
III. Normadressat	5
B. Einzelerläuterungen	6
I. Zweck und Bedeutung der Vorschrift	6
II. Form und Umfang der Zusammenarbeit	7
C. Sanktionen	12
D. Rechtsschutz	14

A. Allgemeines

I. Zweck und Bedeutung der Vorschrift

Art. 31 verpflichtet sowohl den oder die nach Art. 24 Abs. 1 oder Art. 26 Abs. 1 für die **1** Verarbeitung Verantwortlichen als auch den Auftragsverarbeiter nach Art. 28 Abs. 1 zur Zusammenarbeit mit den Datenschutzaufsichtsbehörden. Die Vorschrift ist zunächst **rein deklaratorisch**.[1] Sowohl der Verantwortliche als auch der Auftragsverarbeiter sind bereits im Rahmen der Erfüllung ihrer Aufgaben verpflichtet, mit der Aufsichtsbehörde zu kooperieren. Soweit ein Datenschutzbeauftragter benannt wurde, ist dieser ebenfalls nach Art. 39 Abs. 1 lit. d und e zur Zusammenarbeit mit der Aufsichtsbehörde verpflichtet, wobei gleichzeitig dessen Funktion als direkter Ansprechpartner für den Verantwortlichen bzw. den Auftragsverarbeiter klargestellt wird.

Art. 29 des Entwurfs der Kommission[2] wie auch des Europäischen Parlaments[3] sahen vor, dass **2** sowohl der für die Verarbeitung **Verantwortliche,** als auch der **Auftragsverarbeiter** sowie der etwaige **Vertreter** des für die Verarbeitung Verantwortlichen der Aufsichtsbehörde auf Verlangen zuarbeiten sollten, um ihr die Erfüllung ihrer Pflichten zu erleichtern, indem sie dieser insbesondere die in Art. 53 Abs. 2 lit. a genannten Informationen übermitteln und ihr den in Art. 53 Abs. 2 lit. b genannten Zugang gewähren. Zusätzlich konnte nach Art. 29 Abs. 2 des Entwurfs der Kommission die Aufsichtsbehörde dem für die Verarbeitung Verantwortlichen, als auch dem Auftragsverarbeiter angemessene Fristen zur Beantwortung von Anordnungen setzen. Demgegenüber strich der Europäische Rat sowohl den Vorschlag der Kommission als auch den des Europäischen Parlaments. Im Trilogverfahren einigte man sich auf die vorliegende Fassung des Art. 31.

II. Systematik, Verhältnis zu anderen Vorschriften

Statt einer Verpflichtung zur Zusammenarbeit sah das bisherige BDSG mehrere Möglichkeiten **3** des Kontakts zwischen der Aufsichtsbehörde und dem für die Verarbeitung Verantwortlichen oder dem Auftragsverarbeiter. Dabei unterschied sich der Kontakt, je nachdem, ob es sich um eine öffentliche oder nicht öffentliche Stelle, sowie, ob es sich um eine Beratung oder um einen Kontakt im Zusammenhang mit einer datenschutzrechtlichen Kontrolle handelte. § 4g Abs. 1 S. 2 und 3 BDSG aF sah zum einen vor, dass sich der interne Datenschutzbeauftragte auf freiwilliger Basis an die Datenschutzaufsichtsbehörde wenden konnte, um dort in Zweifelsfällen Hilfe zu erhalten. Der betriebliche Datenschutzbeauftragte konnte zusätzlich **Beratung der Datenschutzaufsichtsbehörde** nach § 38 Abs. 1 S. 2 BDSG aF in Anspruch nehmen, wobei diese Regelung die Datenschutzaufsichtsbehörden für den nicht-öffentlichen Bereich zur Beratung sowohl der verantwortlichen Stelle als auch des dort tätigen betrieblichen Datenschutzbeauftragten verpflichtete. Im öffentlichen Bereich sah § 26 Abs. 3 BDSG aF eine Beratungspflicht für den BfDI gegenüber der Bundesregierung und der übrigen öffentlichen Stellen des

---
[1] So auch Gola/Heckmann/*Klug* DS-GVO Art. 31 Rn. 1; für einen eigenständigen Verpflichtungscharakter der Vorschrift BeckOK DatenschutzR/*Spoerr* DS-GVO Art. 31 Rn. 9.
[2] KOM(2012) 11 endgültig.
[3] Standpunkt des Europäischen Parlaments festgelegt in erster Lesung am 12.3.2014 im Hinblick auf den Erlass der Verordnung (EU) Nr. .../2014 des Europäischen Parlaments und des Rates zum Schutz natürlicher Personen bei der Verarbeitung personenbezogener Daten und zum freien Datenverkehr (Datenschutz-Grundverordnung), EP-PE_TC1-COD(2012)0011.

Raum

Bundes vor. Auch bisher war bei der Durchführung einer datenschutzrechtlichen **Kontrolle** der interne Datenschutzbeauftragte neben der jeweiligen Leitung der Stelle einer der wesentlichen Ansprechpartner bei der kontrollierten Stelle. Nach einer erfolgten Kontrolle war auch bisher der kontrollierten Stelle ein Bericht über die Kontrolle zu übersenden.[4] Soweit der BfDI bei der Kontrolle einer öffentlichen Stelle Rechtsverstöße festgestellte, beanstandet er diese gegenüber der nach § 25 Abs. 1 Nr. 1–4 BDSG aF zuständigen öffentlichen Stelle und forderte sie unter Fristsetzung zu Stellungnahme auf (§ 25 Abs. 1 und 3 BDSG aF). Mit dieser Fristsetzung war die Verpflichtung der Stelle verbunden, diese Stellungnahme gegenüber der Aufsichtsbehörde abzugeben und eine gegebenenfalls ausgesprochene Beanstandung enthielt unausgesprochen die Aufforderung, die festgestellten Mängel zu beseitigen.

4 Die DS-GVO kennt neben der allgemeinen Pflicht zur Kooperation aus Art. 31 eine Reihe weiterer **spezieller Zusammenarbeitspflichten,** die dem Verantwortlichen bzw. dem Auftragsverarbeiter ein aktives Tun abverlangen.[5] Solche Zusammenarbeitspflichten ergeben sich aus Art. 30 Abs. 4 (Verpflichtung, der Aufsichtsbehörde auf Anforderung Aufzeichnungen über die Verarbeitungstätigkeit zur Verfügung zu stellen), Art. 33 Abs. 1 und 2 (Meldepflicht) sowie aus Art. 58 Abs. 1 lit. a (Verpflichtung, der Aufsichtsbehörde auf Anforderung alle Informationen bereitzustellen, die diese für die Erfüllung ihrer Aufgaben benötigt).

III. Normadressat

5 **Normadressaten** sind neben der Aufsichtsbehörde nach Art. 51 der Verantwortliche, der Auftragsverarbeiter sowie bei im EU-Ausland ansässigen Verantwortlichen ihre Vertreter im Inland, soweit solche benannt wurden.[6] Verfehlt ist allerdings, bei der Aufsichtsbehörde vom „Begünstigten"[7] und davon zu sprechen, die Vorschrift lege den anderen Normadressaten „verwaltungsverfahrensrechtliche Kooperationslasten" auf.[8] Zwar sind Verstöße gegen die Zusammenarbeitspflicht bußgeldbewehrt (→ Rn. 12), jedoch ist es verfehlt, in diesem Zusammenhang nur Gegensätze zwischen Aufsichtsbehörde auf der einen und Verantwortlichem, Auftragsverarbeiter bzw. Vertreter auf der anderen Seite aufzubauen. Nicht nur die letzteren sind zur Zusammenarbeit verpflichtet, sondern auch die Aufsichtsbehörde.

B. Einzelerläuterungen

I. Zweck und Bedeutung der Vorschrift

6 Die Vorschrift verpflichtet, den für die Verarbeitung Verantwortlichen oder den Auftragsverarbeiter zur **Zusammenarbeit mit der Aufsichtsbehörde.** Ziel der Zusammenarbeit ist die Erfüllung ihrer Aufgaben bei der Umsetzung der DS-GVO. Allerdings setzt die Vorschrift eine entsprechende Anfrage voraus. Bei dieser Anfrage handelt es sich allerdings nicht um einen anfechtbaren Verwaltungsakt,[9] sondern um ein schlichtes Verwaltungshandeln. Da ein Verstoß gegen die Zusammenarbeitspflicht bußgeldbewehrt ist (→ Rn. 12), ist die Aufsichtsbehörde allerdings gehalten, die Anfrage so präzise zu stellen, dass der Normadressat erkennen kann, was die Aufsichtsbehörde von ihm erwartet.

II. Form und Umfang der Zusammenarbeit

7 In welcher **Form die Zusammenarbeit** erfolgt, ergibt sich nicht unmittelbar aus Art. 31. Da nach Art. 39 Abs. 1 lit. d die Zusammenarbeit mit der Aufsichtsbehörde Aufgabe des internen Datenschutzbeauftragten ist, richtet sich die Anfrage der Aufsichtsbehörde primär an diesen. Da der Adressat der Anfrage Klarheit über den Umfang der Zusammenarbeit haben muss,[10] hat die Aufsichtsbehörde die Anfrage sehr präzise zu formulieren. Sie hat sich dabei an ihren Aufgaben

---

[4] § 24 Abs. 5 BDSG aF für die Kontrolle der BfDI bei einer öffentlichen Stelle des Bundes sowie § 38 Abs. 5 BDSG aF für die Kontrolle der Aufsichtsbehörde bei einer nicht-öffentlichen Stelle.
[5] Paal/Pauly/*Martini* DS-GVO Art. 31 Rn. 3.
[6] Wybitul DS-GVO/*Tinnefeld/Hanßen* Art. 31 Rn. 1 und 4; Paal/Pauly/*Martini* DS-GVO Art. 31 Rn. 16.
[7] So aber Paal/Pauly/*Martini* DS-GVO Art. 31 Rn. 15.
[8] So aber Paal/Pauly/*Martini* DS-GVO Art. 31 Rn. 1.
[9] Kühling/Buchner/*Hartung* DS-GVO Art. 31 Rn. 9; BeckOK DatenschutzR/*Spoerr* DS-GVO Art. 31 Rn. 14.
[10] Paal/Pauly/*Martini* DS-GVO Art. 31 Rn. 26.

und am Grundsatz der Verhältnismäßigkeit zu orientieren; Ausforschungen ins Blaue sind dabei unzulässig.[11]

Wie bisher gehört es zu den Aufgaben der Aufsichtsbehörde bei dem für die Verarbeitung **8** Verantwortlichen und dem Auftragsverarbeiter nach Art. 57 Abs. 1 lit. a die Anwendung der DS-GVO zu **kontrollieren** (→ Art. 57 Rn. 7). Zu diesem Zweck kann die Aufsichtsbehörde nach Art. 58 Abs. 1 lit. e vom für die Verarbeitung Verantwortlichen und dem Auftragsverarbeiter verlangen, Zugriff zu allen personenbezogenen Daten und Informationen, die zur Erfüllung ihrer Aufgaben notwendig sind (→ Art. 58 Rn. 16), sowie nach Art. 58 Abs. 1 lit. f Zugang zu den Geschäftsräumen einschließlich aller Datenverarbeitungsanlagen und -geräte (→ Art. 58 Rn. 17) zu erhalten. Zur Zusammenarbeit gehört selbstverständlich auch, dass die Adressaten der Vorschrift schriftliche Anfragen der Aufsichtsbehörde in angemessener Zeit beantworten. Soweit die Aufsichtsbehörde den Adressaten der Vorschrift eine Frist setzt, ist diese von ihr angemessen zu bemessen und die Adressaten sind verpflichtet, innerhalb dieser Frist die Anfrage zu beantworten. Für Stellungnahmen nach einer Kontrolle gilt dies entsprechend. Die Pflicht zur Zusammenarbeit gilt auch im Hinblick auf Geschäftsgeheimnisse.[12]

Zu den Aufgaben der Aufsichtsbehörde gehört auch, die Adressaten der Regelung nach **9** Art. 57 Abs. 1 lit. d hinsichtlich der Pflichten aus der DS-GVO zu sensibilisieren (→ Art. 57 Rn. 13 ff.). Damit korrespondiert auch deren Verpflichtung, die Adressaten der Regelung datenschutzrechtlich zu beraten.

Der Inhalt der Zusammenarbeitspflicht orientiert sich zunächst an den Aufgaben und Befug- **10** nissen der Aufsichtsbehörde. Der Verantwortliche und der Auftragsverarbeiter hat der Aufsichtsbehörde auf Anfrage die ihm **bekannten Tatsachen und Beweismittel** mitzuteilen. Die Zusammenarbeitspflicht findet seine Grenze, wo die Aufsichtsbehörde darüber hinaus Informationen begehrt. Auch soweit die Information allein der Arbeitserleichterung für die Aufsichtsbehörde dienen soll, sind der Verantwortliche und der Auftragsdatenverarbeiter nicht zur Zusammenarbeit verpflichtet.[13]

Schwierig ist es, den Umfang der Zusammenarbeit nach Art. 31 zu bestimmen auch deshalb, **11** da bestimmte Zusammenarbeitspflichten bereits in anderen Vorschriften festgelegt wurden (→ Rn. 4). So ergibt sich etwa die Verpflichtung des Verantwortlichen, des Auftragsverarbeiters oder ihres Vertreters, der Aufsichtsbehörde das Verzeichnis der Verarbeitungen vorzulegen, bereits aus Art. 30 Abs. 4.[14]

C. Sanktionen

Nach Art. 83 Abs. 4 lit. a ist ein Verstoß eines Verantwortlichen, eines Auftragsverarbeiters **12** oder eines Vertreters gegen die Zusammenarbeitsverpflichtung bußgeldbewehrt und kann mit einer Geldbuße in Höhe von bis zu 10 Mio. EUR oder bei einem Unternehmen mit bis zu 2 Prozent des weltweit erzielten Jahresumsatzes des vorangegangenen Geschäftsjahres geahndet werden.

Andererseits kann der Umfang der Zusammenarbeit nach Art. 83 Abs. 2 lit. f bei der Be- **13** messung der Höhe einer Geldbuße bei der Verwirklichung anderer Bußgeldtatbestände eine Rolle spielen.

D. Rechtsschutz

Da die Anfrage der Aufsichtsbehörde kein Verwaltungsakt ist, scheidet eine Anfechtungsklage **14** hiergegen aus. Rechtsschutz ist allenfalls als allgemeine Feststellungsklage möglich.

---

[11] Paal/Pauly/*Martini* DS-GVO Art. 31 Rn. 30.
[12] Paal/Pauly/*Martini* DS-GVO Art. 31 Rn. 21.
[13] Paal/Pauly/*Martini* DS-GVO Art. 31 Rn. 19.
[14] Siehe hierzu auch Erwägungsgrund 82.

Abschnitt 2. Sicherheit personenbezogener Daten

Art. 32 Sicherheit der Verarbeitung

(1) Unter Berücksichtigung des Stands der Technik, der Implementierungskosten und der Art, des Umfangs, der Umstände und der Zwecke der Verarbeitung sowie der unterschiedlichen Eintrittswahrscheinlichkeit und Schwere des Risikos für die Rechte und Freiheiten natürlicher Personen treffen der Verantwortliche und der Auftragsverarbeiter geeignete technische und organisatorische Maßnahmen, um ein dem Risiko angemessenes Schutzniveau zu gewährleisten; diese Maßnahmen schließen gegebenenfalls unter anderem Folgendes ein:

a) die Pseudonymisierung und Verschlüsselung personenbezogener Daten;
b) die Fähigkeit, die Vertraulichkeit, Integrität, Verfügbarkeit und Belastbarkeit der Systeme und Dienste im Zusammenhang mit der Verarbeitung auf Dauer sicherzustellen;
c) die Fähigkeit, die Verfügbarkeit der personenbezogenen Daten und den Zugang zu ihnen bei einem physischen oder technischen Zwischenfall rasch wiederherzustellen;
d) ein Verfahren zur regelmäßigen Überprüfung, Bewertung und Evaluierung der Wirksamkeit der technischen und organisatorischen Maßnahmen zur Gewährleistung der Sicherheit der Verarbeitung.

(2) Bei der Beurteilung des angemessenen Schutzniveaus sind insbesondere die Risiken zu berücksichtigen, die mit der Verarbeitung verbunden sind, insbesondere durch – ob unbeabsichtigt oder unrechtmäßig – Vernichtung, Verlust, Veränderung oder unbefugte Offenlegung von beziehungsweise unbefugten Zugang zu personenbezogenen Daten, die übermittelt, gespeichert oder auf andere Weise verarbeitet wurden.

(3) Die Einhaltung genehmigter Verhaltensregeln gemäß Artikel 40 oder eines genehmigten Zertifizierungsverfahrens gemäß Artikel 42 kann als Faktor herangezogen werden, um die Erfüllung der in Absatz 1 des vorliegenden Artikels genannten Anforderungen nachzuweisen.

(4) Der Verantwortliche und der Auftragsverarbeiter unternehmen Schritte, um sicherzustellen, dass ihnen unterstellte natürliche Personen, die Zugang zu personenbezogenen Daten haben, diese nur auf Anweisung des Verantwortlichen verarbeiten, es sei denn, sie sind nach dem Recht der Union oder der Mitgliedstaaten zur Verarbeitung verpflichtet.

Literatur: *Artikel-29-Datenschutzgruppe*, Stellungnahme 5/2014 zu Anonymisierungstechniken, WP 216; *Artikel-29-Datenschutzgruppe*, Stellungnahme 4/2007 zum Begriff „personenbezogene Daten", WP 136; *Artikel-29-Datenschutzgruppe*, Leitlinien für die Meldung von Verletzungen des Schutzes personenbezogener Daten gemäß der Verordnung (EU) 2016/679, WP250rev.01, angenommen am 6. Februar 2018; *Artikel-29-Datenschutzgruppe*, Leitlinien zur Datenschutz-Folgenabschätzung (DSFA) und Beantwortung der Frage, ob eine Verarbeitung im Sinne der Verordnung 2016/679 „wahrscheinlich ein hohes Risiko mit sich bringt", WP248 Rev. 01, zuletzt überarbeitet und angenommen am 4. Oktober 2017; *Auernhammer*, DS-GVO-BDSG, Kommentar, 5. Aufl. 2017; *Bartels/Backer*, Die Berücksichtigung des Stands der Technik in der DSGVO, DuD 2018, 214; *Bieker/Bremert*, Identifizierung von Risiken für die Grundrechte von Individuen, ZD 2020, 7; *Dammann/Simitis*, EG-Datenschutzrichtlinie, Kommentar, 1997; *Diercks*, Organisatorische Maßnahmen i. S. v. Art. 32 DSGVO – Das unterschätzte „Must-Have" eines jeden Unternehmens zur datenschutzrechtlichen Haftungsminimierung, ZdiW 2021, 27; *Dressel*, Detailtiefe der Darstellung technischorganisatorischer Maßnahmen nach Art. 32 DSGVO in der betrieblichen Datenschutzdokumentation, ITRB 2019, 279; *Europäischer Datenschutzausschuss*, Leitlinien 4/2019 zu Artikel 25 – Datenschutz durch Technikgestaltung und durch datenschutzfreundliche Voreinstellungen, Version 2.0, angenommen am 20. Oktober 2020; *Johannes/Geminn*, Abwägung zur Sicherheit der Datenverarbeitung durch technisch organisatorische Maßnahmen, InTeR 2021, Nr. 3, 140; *Roßnagel*, Pseudonymisierung personenbezogener Daten, ZD 2018, 243; *Seibel*, Abgrenzung der „allgemein anerkannten Regeln der Technik" vom Stand der Technik, NJW 2013, 3000; *Selzer*, The Appropriateness of Technical and Organisational Measures under Article 32 GDPR European Data Protection Law Review (EDPL), Vol 7, No 1, 2021; *Weber/Buschermöhle*, Rechtssicherheit durch Technische Sicherheit: IT-Compliance als dauerhafter Prozess, CB 2016, 339; *Wennemann*, TOM und die Datenschutz-Grundverordnung, DuD 2018, 174.

Übersicht

	Rn.
A. Allgemeines	1
I. Zweck und Bedeutung der Vorschrift	1
II. Systematik, Verhältnis zu anderen Vorschriften	3
B. Einzelerläuterungen	4
I. Technische und organisatorische Maßnahmen	4
1. Allgemeine Kriterien	4
2. Spezifische Maßnahmen	8
a) Pseudonymisierung und Verschlüsselung	9
b) Dauerhafte Vertraulichkeit, Integrität, Verfügbarkeit und Belastbarkeit	11
c) Wiederherstellung von Verfügbarkeit bei Zwischenfall	12
d) Verfahren zur regelmäßigen Überprüfung der Wirksamkeit	13
3. Beurteilung des angemessenen Schutzniveaus	14
II. Nachweis durch Verhaltensregeln oder Zertifizierungsverfahren	15
III. Verarbeitung durch natürliche Personen auf Anweisung	16
IV. Verhängung von Geldbußen	17

A. Allgemeines

I. Zweck und Bedeutung der Vorschrift

Art. 32 enthält eine umfassende Verpflichtung für den Verantwortlichen der Datenverarbeitung und den Auftragsverarbeiter, geeignete Maßnahmen zur **Gewährleistung der Sicherheit der Datenverarbeitung** zu ergreifen. Art. 32 konkretisiert damit die allgemeinen Datensicherheitspflichten aus Art. 24.[1] Ausgehend von Art. 17 Abs. 1 DS-RL, wird diese Pflicht in der DS-GVO auf die Auftragsverarbeiter ausgedehnt. Die Verpflichtung besteht für die Auftragsverarbeiter damit unabhängig von ihrem Vertragsverhältnis mit dem für die Verarbeitung Verantwortlichen. 1

Hintergrund ist der **Schutz der Rechte und Freiheiten der betroffenen Personen** bei der Verarbeitung personenbezogener Daten. Dies gilt nicht nur zum Zeitpunkt der Planung eines Verarbeitungssystems, sondern auch zum Zeitpunkt der eigentlichen Verarbeitung, um insbesondere die Sicherheit der Daten zu gewährleisten und somit jede unrechtmäßige Verarbeitung zu verhindern. Diese technischen und organisatorischen Maßnahmen sollen unter Berücksichtigung des Stands der Technik und der Implementierungskosten ein Schutzniveau, auch hinsichtlich der Vertraulichkeit, gewährleisten, das den von der Verarbeitung ausgehenden Risiken und der Art der zu schützenden personenbezogenen Daten angemessen ist. 2

II. Systematik, Verhältnis zu anderen Vorschriften

Die Vorschrift bildet zusammen mit den systematisch nachfolgenden Bestimmungen zur Meldepflicht bei Verletzungen des Schutzes personenbezogener Daten an die Aufsichtsbehörde (Art. 33) und zur Benachrichtigungspflicht der von einer Verletzung des Schutzes personenbezogener Daten betroffenen Person (Art. 34) den Abschnitt 2 zur **Sicherheit** personenbezogener Daten. Der Abschnitt ist Teil des Kapitels IV, welches Regelungen für die Verantwortlichen der Datenverarbeitung und die Auftragsverarbeiter enthält. Art. 32 stellt damit die **Grundlagennorm** für Melde- und Benachrichtigungspflichten dar, auf die diese aufbauen. 3

B. Einzelerläuterungen

I. Technische und organisatorische Maßnahmen

1. Allgemeine Kriterien. Nach Art. 32 Abs. 1 gehört die Implementierung von geeigneten technischen und organisatorischen Maßnahmen zur Datensicherheit zu den Pflichten des für die Verarbeitung Verantwortlichen und des Auftragsverarbeiters. Diese Pflicht findet auf alle Phasen der Verarbeitung, also von der Erhebung, über die tägliche Verarbeitung bis hin zur Löschung, 4

---

[1] Auernhammer/*Kramer*/*Meints* BDSG § 32 Rn. 3.

Anwendung.² Dabei sind diejenigen Maßnahmen zu treffen, die unter **Berücksichtigung von acht Kriterien** ein dem Risiko angemessenes Schutzniveau gewährleisten. Diese acht Kriterien sind: Stand der Technik, Implementierungskosten³, Art, Umfang, Umstände und Zwecke der Verarbeitung sowie unterschiedliche Eintrittswahrscheinlichkeit und Schwere des Risikos für die Rechte und Freiheiten natürlicher Personen. Teilweise wird dieser Ansatz auch mit IT-Compliance als Teil des Risikomanagements umschrieben.⁴ Der **Begriff der Geeignetheit** ist daher nicht im Sinne einer Einschränkung auf bestimmte Maßnahmen zu verstehen. Vielmehr ist beabsichtigt, alle in Betracht kommenden Maßnahmen einzubeziehen. Grundsätzlich ist es möglich, die Sicherheit der Verarbeitung personenbezogener Daten immer weiter zu erhöhen, allerdings oft nur mit gleichzeitig wachsendem Aufwand. Daher legt die DS-GVO zur Bemessung der geeigneten Maßnahmen fest, dass diese ein dem **Risiko der Verarbeitung**⁵ angemessenes Schutzniveau bieten müssen. Dabei kommt es letztlich darauf an, wie groß die Risiken sind, die den Rechten und Freiheiten der betroffenen Person drohen und wie hoch die Wahrscheinlichkeit eines Schadenseintritts ist. Damit ergibt sich, dass die Maßnahmen umso wirksamer sein müssen, je höher die drohenden Schäden sind. Die Feststellung der Geeignetheit macht eine Risikoprüfung⁶ notwendig, bei der die Rechte und Freiheiten der betroffenen Personen gegen ökonomische Kriterien abgewogen werden sollen, was sich aus dem Prinzip der Angemessenheit ergibt.⁷

5   Die Vorschrift verlangt, dass auch **Implementierungskosten**⁸ und damit ein ökonomischer Faktor und die finanziellen Interessen des Verantwortlichen oder des Auftragsverarbeiters zu berücksichtigen sind, was oft von den Aufsichtsbehörden übersehen oder nicht besonders behandelt wird.⁹ Dieser Faktor erlaubt eine ökonomische Prüfung ob die Kosten der Maßnahmen und die Risiken für die Rechte und Freiheiten der betroffenen Personen, die sich aus der Verarbeitung ergeben, geeignet und angemessen sind.¹⁰ Daher sind höhere Implementierungskosten wahrscheinlich generell als angemessen anzusehen, wenn sich die Risiken für die Betroffenen erhöhen.¹¹ Im Kontext von besonderen Kategorien von Daten (Art. 9) und Daten bezüglich strafrechtlicher Verurteilungen und Straftaten (Art. 10) muss der Verantwortliche oder Auftragsverarbeiter dementsprechend höhere Kosten akzeptieren.¹² Der europäische Datenschutzausschuss geht davon aus, dass sich diese Kosten auf Ressourcen im Allgemeinen, einschließlich Zeit und Personal beziehen.¹³ Darüber hinaus stellt er fest, dass der Kostenaspekt den Verantwortlichen nicht dazu verpflichtet, einen unverhältnismäßig großen Ressourcenaufwand zu betreiben, wenn es alternative, weniger ressourcenintensive, aber dennoch wirksame Maßnahmen gibt. Inwieweit unter einer weiten Auslegung auch sogenannte **Folgekosten** zu berücksichtigen sind¹⁴, hat der Datenschutzausschuss bisher noch nicht erläutert, es sprechen jedoch einige Argumente dafür.

6   Zudem ist eine Berücksichtigung des Stands der Technik sicherzustellen. Folglich muss ein zur Zeit seiner Installierung ausreichendes Paket von Maßnahmen regelmäßig unter dem Aspekt der technologischen Weiterentwicklung überprüft und falls notwendig, dem **Stand der Technik** angepasst werden (→ Rn. 10). Dies ist in der DS-GVO nicht definiert oder konkretisiert. Auch ein Blick auf andere Rechtsgebiete auf europäischer Ebene wie beispielsweise das europäi-

---

² *Selzer* EDPL Vol 7, No 1, 2021; *Calder*, EU GDPR, 2018, S. 46 ff.
³ Siehe dazu ausf. *Selzer*, EDPL Vol 7, No 1, 2021, 123.
⁴ Siehe in diesem Zusammenhang auch die Ausführungen zu IT-Compliance als Teil des Risikomanagements bezogen auf die DS-GVO bei *Weber/Buschermöhle* CB 2016, 340.
⁵ Allg. zum Risikobegriff siehe *Bieker/Bremert* ZD 2020, 7.
⁶ Zur Risikobewertung siehe auch *Johannes/Geminn* InTeR 2021, 144, insbes. bei Kundencallcentern und bei Servicehotlines.
⁷ *Selzer* EDPL Vol 7, No 1, 2021, 121.
⁸ Siehe hierzu auch *Johannes/Geminn* InTeR 2021, 144.
⁹ So auch *Selzer* EDPL Vol 7, No 1, 2021, 120. Siehe bspw. Artikel-29-Datenschutzgruppe, Leitlinien zur Datenschutz-Folgenabschätzung (DSFA) und Beantwortung der Frage, ob eine Verarbeitung im Sinne der Verordnung 2016/679 „wahrscheinlich ein hohes Risiko mit sich bringt", WP248 Rev. 01, zuletzt überarbeitet und angenommen am 4.10.2017.
¹⁰ *Selzer* EDPL Vol 7, No 1, 2021, 123.
¹¹ *Quelle* The „risk revolution" S. 9, 20, https://papers.ssrn.com/sol3/papers.cfm?abstract_id=3000382; *Kühling/Buchner/Jandt* DS-GVO Art. 32 Rn. 11.
¹² *Selzer* EDPL Vol 7, No 1, 2021, 123.
¹³ Artikel-29-Datenschutzgruppe, Leitlinien 4/2019 zu Artikel 25 – Datenschutz durch Technikgestaltung und durch datenschutzfreundliche Voreinstellungen, Version 2.0, angenommen am 20.10.2020, S. 10.
¹⁴ Siehe zum Stand der Diskussion *Selzer* EDPL Vol 7, No 1, 2021, 124.

sche Patentübereinkommen[15] oder der Richtlinie über die Haftung für fehlerhafte Produkte[16] hilft im Kontext der DS-GVO nicht weiter.[17] Der Europäische Datenschutzausschuss versucht sich mit einer Definition in seinen Leitlinien zu Datenschutz durch Technikgestaltung und durch datenschutzfreundliche Voreinstellungen.[18] Danach ist der *„gegenwärtige technische Fortschritt auf dem Markt zu berücksichtigen"*. Daneben haben die Europäische Agentur für Netz- und Informationssicherheit (ENISA) und der Bundesverband IT-Sicherheit e. V. (TeleTrusT) eine Handreichung zum Stand der Technik veröffentlicht.[19] Die Handreichung verweist auf die „Kalkar"-Entscheidung des BVerfG.[20] Dort wurde der Begriff auf nationaler Ebene definiert und das Gericht hat drei unterschiedliche Stufen von Technologieständen beschrieben: „allgemeine anerkannte Regeln der Technik", „Stand der Technik" und „Stand der Wissenschaft und Forschung". Danach kann der „Stand der Technik" als die im Waren- und Dienstleistungsverkehr verfügbaren Verfahren, Einrichtungen oder Betriebsweisen, deren Anwendung die Erreichung der jeweiligen gesetzlichen Schutzziele am wirkungsvollsten gewährleisten kann, bezeichnet werden[21] Der „Stand der Technik" bezeichnet also die am Markt verfügbare Bestleistung einer IT-Sicherheitsmaßnahme zur Erreichung des gesetzlichen IT-Sicherheitsziels.[22] Es sind daher technische Maßnahmen gemeint, die bereits zur Verfügung stehen und die sich entsprechend bewährt haben und daher nicht Techniken, die gerade neu entwickelt wurden oder im Entwicklungsprozess sind. Die jeweilige Maßnahme muss ihre Geeignetheit und Effektivität bereits bewiesen haben und ausreichende Sicherheit gewährleisten. Dabei impliziert der Begriff „Stand der Technik",[23] dass es sich um eine gegenwärtige Bewertung handelt und dass dieser Stand der Technik immer wieder überprüft werden muss, um die angemessene Datensicherheit gewährleisten zu können. Der Verweis auf die Kosten stellt klar, dass kein unbegrenzter Aufwand erforderlich ist, sondern nur ein Aufwand, der angemessen ist.[24] Es wird jedoch zu prüfen bleiben, was beim jeweiligen Verfahren als „Stand der Technik" angesehen wird.[25] Auch die Verhältnismäßigkeit einer Maßnahme muss bestimmt werden.

Im Gegensatz zum ursprünglichen Vorschlag der EU-Kommission,[26] beinhaltet die Endfassung der DS-GVO keine Bestimmung mehr, nach der die Kommission delegierte Rechtsakte erlassen kann, um die **Kriterien und Bedingungen** für die technischen und organisatorischen

---

[15] Es heißt dort in Art. 54 Abs. 2: *„Den Stand der Technik bildet alles, was vor dem Anmeldetag der europäischen Patentanmeldung der Öffentlichkeit durch schriftliche oder mündliche Beschreibung, durch Benutzung oder in sonstiger Weise zugänglich gemacht worden ist."*
[16] RL 85/374/EWG, es heißt dort in Art. 7 lit. e: *„daß der vorhandene Fehler nach dem Stand der Wissenschaft und Technik zu dem Zeitpunkt, zu dem er das betreffende Produkt in den Verkehr brachte, nicht erkannt werden konnte".*
[17] *Selzer* EDPL Vol 7, No 1, 2021, 122.
[18] Leitlinien 4/2019 zu Artikel 25 – Datenschutz durch Technikgestaltung und durch datenschutzfreundliche Voreinstellungen, Version 2.0, angenommen am 20.10.2020.
[19] IT-Sicherheitsgesetz und Datenschutz-Grundverordnung: Handreichung zum „Stand der Technik" – Technische und organisatorische Maßnahmen, www.teletrust.de/publikationen/broschueren/stand-der-technik/., 7.2.2019; www.enisa.europa.eu/news/enisa-news/what-is-state-of-the-art-in-it-security. Auch wenn der Begriff „Stand der Technik" grds. nur unabhängig auf eur. Ebene und nicht mit nationalem Recht ausgelegt werden kann, kann ein Blick auf nationales Recht eventuell hilfreich sein: Simitis/Hornung/Spiecker gen. Döhmann/*Hansen* DS-GVO Art. 32 Rn. 22.
[20] BVerfG Beschl. v. 8.8.1978 – 2 BvL 8 /77, BVerfGE 49, 89 – Kalkar.
[21] *Bartels/Backer* DuD 4–2018, 214; *Bartels/Backer/Schramm*, Der „Stand der Technik" im IT-Sicherheitsrecht, Tagungsband zum 15. Deutschen IT-Sicherheitskongress 2017, Bundesamt für Sicherheit in der Informationstechnik, 503.
[22] Handreichung zum „Stand der Technik" – Technische und organisatorische Maßnahmen, www.teletrust.de/fileadmin/user_upload/2021-09_TeleTrusT-Handreichung_Stand_der_Technik_in_der_IT-Sicherheit_DE.pdf, S. 11. Zum sogenannten „Marktstandard" siehe auch *Johannes/Geminn* InTeR 2021, 144.
[23] Allg. zum Begriff und der Abgrenzung des Begriffs „Stand der Technik" *Seibel* NJW 2013, 3000 ff. Europarechtlich wird jedoch oft der Standard „Beste verfügbare Techniken" („best available techniques") genutzt. Aufgrund des IT-Sicherheitsgesetzes in Deutschland hat der Bundesverband IT-Sicherheit eV (TeleTrusT) eine Handreichung veröffentlicht, die den Verantwortlichen als Orientierung zur Ermittlung des Standes der Technik in der IT-Sicherheit dienen soll, abrufbar unter www.all-about-security.de/fileadmin/micropages/Fachartikel_25/TeleTrusT-Handreichung_Stand_der_Technik.pdf.
[24] Siehe auch *Dammann/Simitis* EG-DatenschutzRL Art. 17.
[25] Siehe auch BayLDA, Diskussionspapier zu Art. 32 DS-GVO – Sicherheit der Verarbeitung, Stand 9.6.2016, S. 2.
[26] Vorschlag für Verordnung des Europäischen Parlaments und des Rates zum Schutz natürlicher Personen bei der Verarbeitung personenbezogener Daten und zum freien Datenverkehr (Datenschutz-Grundverordnung) v. 25.1.2012, KOM(2012) 11 endgültig.

Maßnahmen festzulegen und den aktuellen Stand der Technik für bestimmte Sektoren und Datenverarbeitungssituationen zu bestimmen. Dies ist auch für Durchführungsbestimmungen der Kommission der Fall, die zu einer situationsabhängigen Konkretisierung der genannten Anforderungen hätten beitragen können. Auch der vom EU-Parlament im Laufe des Gesetzgebungsverfahrens eingebrachte Vorschlag, dass der Europäische Datenschutzausschuss Leitlinien, Empfehlungen und bewährte Verfahren in Bezug auf die technischen und organisatorischen Maßnahmen veröffentlichen könne, wurde im Ergebnis leider nicht berücksichtigt. Aus Sicht der Praxis stellt dies ein Defizit für die konkrete Ausgestaltung der Maßnahmen dar.

8 **2. Spezifische Maßnahmen.** Art. 32 Abs. 1 lit. a–d listet vier **konkrete Beispielmaßnahmen** auf, die als geeignete technische und organisatorische Maßnahmen im Sinne der Vorschrift gelten. Damit ist die Aufzählung ganz im Sinne des Regelungsziels der Vorschrift nicht abschließend und lässt weitere Kategorien von Maßnahmen zu, was dem Ziel der DS-GVO entspricht, technologieneutral zu sein und dem Verantwortlichen und Auftragsverarbeiter viel Spielraum lässt.[27] Normalerweise wird nicht nur eine Maßnahme isoliert betrachtet zum Erreichen des Schutzziels herangezogen werden müssen, sondern eine Bündelung einer Vielzahl von Maßnahmen wird in der Regel für die Zielerreichung nötig sein.[28] Datensicherheitsmaßnahmen sind immer auf eine ständige Erweiterung und Überprüfung angelegt.[29] Dazu kommt ein **Auswahlermessen**[30] der verantwortlichen Stelle bezüglicher dieser technischen und organisatorischen Maßnahmen, um das bestmögliche Ergebnis für den Schutz der Daten zu erzielen.

9 **a) Pseudonymisierung und Verschlüsselung.** Nach Art. 32 Abs. 1 lit. a stellen die **Pseudonymisierung** (Art. 4 Nr. 5) und die **Verschlüsselung** personenbezogener Daten solche Maßnahmen dar. Zum Schutzniveau und den Schwachstellen von Pseudonymisierungstechniken existieren umfangreiche Erläuterungen der Aufsichtsbehörden, die in der Praxis als Leitlinien verstanden werden können.[31] Dies gilt ebenfalls für das Thema der Verschlüsselung.[32] Daneben empfiehlt sich zur Ermittlung des Stands der Technik für die zu wählende Verschlüsselung, eine Betrachtung auf die jeweils aktuellen technischen Richtlinien des BSI.[33] Diese Richtlinien geben Aufschluss über die Auswahl des Verschlüsselungsverfahrens, der Schlüssellänge, als auch bei der Identifizierung des Zeitraums, nach dem Stand der Technik gewählten Datensicherheitsmaßnahme Verschlüsselung zu überprüfen ist.[34] Im Gegensatz zur Pseudonymisierung besteht bei einer Verschlüsselung grundsätzlich weiterhin ein Personenbezug.[35] Allerdings führt die Verschlüsselung der Daten durch kryptografische Verfahren dazu, dass diese ohne den relevanten Schlüssel nicht lesbar sind und damit ein unberechtigter Zugriff durch Dritte ausgeschlossen sein soll. Dagegen werden in der DS-GVO in diesem Zusammenhang Anonymisierungstechniken[36] nicht erwähnt, obwohl diese unter bestimmten Voraussetzungen auch geeignet wären, zur Datensicherheit beizutragen.

10 Für Pseudonymisierung in der Praxis häufig bewährt ist die Arbeit mit einer Referenzliste oder auch die Anwendung von mathematischen Formeln wie **Hash-Funktionen**.[37] Dabei lassen sich unterschiedliche Hashfunktionen unterscheiden. Zumeist werden die folgenden Pseudonymisie-

---

[27] *Selzer* EDPL Vol 7, No 1, 2021, 121.
[28] *Selzer* EDPL Vol 7, No 1, 2021, 121.
[29] Auernhammer/*Kramer*/*Meints* BDSG § 32 Rn. 8.
[30] Auernhammer/*Kramer*/*Meints* BDSG § 32 Rn. 9.
[31] Artikel-29-Datenschutzgruppe, Stellungnahme 5/2014 zu Anonymisierungstechniken, WP 216, angenommen am 10.4.2014, S. 24–28. Siehe dort auch klarstellend, dass es sich bei der Pseudonymisierung nicht um eine Anonymisierungstechnik handelt, sondern um eine *Sicherheitsmaßnahme*, die lediglich die Verknüpfbarkeit eines Datenbestands mit der wahren Identität einer betroffenen Person verringert.
[32] Artikel-29-Datenschutzgruppe, Stellungnahme 4/2007 zum Begriff „personenbezogene Daten", WP 136, angenommen am 20.6.2007, S. 21 ff.
[33] *Dressel* ITRB 2019, 282.
[34] BSI TR-02102 Kryptographische Verfahren: Empfehlungen und Schlüssellängen, www.bsi.bund.de/DE/Themen/Unternehmen-und-Organisationen/Standards-und-Zertifizierung/Technische-Richtlinien/TR-nach-Thema-sortiert/tr02102/tr02102_node.html.
[35] Paal/Pauly/*Martini* DS-GVO Art. 32 Rn. 34.
[36] Siehe dazu ausf. Artikel 29-Datenschutzgruppe, Stellungnahme 5/2014 zu Anonymisierungstechniken, WP 216.
[37] Auernhammer/*Kramer*/*Meints* BDSG § 32 Rn. 11 und 14; siehe dagegen LG Frankfurt a. M. „Art. 32 Abs. 1 Buchst. a DS-GVO fordert nicht die Anwendung von Hashes", LG Frankfurt a. M. Urt. v. 18.9.2020 – 2-27 O 100/20, GRUR-RS 2020, 24557.

rungstechniken eingesetzt: (i) Verschlüsselung mit einem Geheimschlüssel – in diesem Fall kann der Inhaber des Schlüssels jede betroffene Person ohne Weiteres durch die Entschlüsselung des Datenbestands reidentifizieren, da die personenbezogenen Daten nach wie vor im Datenbestand vorhanden sind, wenn auch in verschlüsselter Form. (ii) Hashfunktion (Streuwertfunktion) – dabei handelt es sich um eine Funktion, die eine beliebig große Eingabemenge auf eine bestimmte Zielmenge abbildet (die Eingabemenge kann entweder ein einzelnes Merkmal oder eine Reihe von Merkmalen umfassen) und nicht umkehrbar ist; das bedeutet, dass das im Falle der Verschlüsselung aufgezeigte Risiko der Umkehrung nicht mehr besteht,[38] (iii) schlüsselabhängige kryptologische Hashfunktionen – dies ist eine besondere Form der Hashfunktion, bei der ein Geheimschlüssel als zusätzlicher Eingabewert verwendet wird,[39] (iv) deterministische Verschlüsselung oder schlüssellose kryptologische Hashfunktion – diese Technik entspricht der Auswahl einer Zufallszahl als Pseudonym für jedes Merkmal in der Datenbank mit anschließendem Löschen der Korrespondenztabelle und (v) Tokenisierung – diese Technik kommt in der Regel im Finanzsektor zur Anwendung, um Karten-IDs durch Werte zu ersetzen, die für einen Angreifer weniger zweckmäßig sind.[40] Ziel der Pseudonymisierung[41] ist, das Risiko der Datenverarbeitung für die Rechte und Freiheiten der Betroffenen zu reduzieren, falls diese unbefugt offengelegt werden.

b) Dauerhafte Vertraulichkeit, Integrität, Verfügbarkeit und Belastbarkeit. Eine weitere Maßnahme besteht nach Art. 32 Abs. 1 lit. b DS-GVO in der Fähigkeit, die Vertraulichkeit, Integrität, Verfügbarkeit und Belastbarkeit der Systeme und Dienste, die in Zusammenhang mit der Verarbeitung **auf Dauer** sicherzustellen. Damit erfolgt vor dem Hintergrund einer gewissen Nachhaltigkeit eine Definition von wesentlichen **Sicherheitszielen.** Als Grundlage der Ziele dient dabei auch ISO 27001.[42] Dabei handelt es sich jedoch bei Vertraulichkeit, Integrität und Verfügbarkeit um die klassischen Schutzziele der IT-Sicherheit.[43] Diese Ziele sind zentral für jedes Managementsystem der Informationssicherheit (ISMS) und damit in der Praxis bekannt. Wesentliche Aufgabe eines ISMS ist die Planung, Umsetzung, Kontrolle und Anpassung/Fortentwicklung von Informationssicherheitskonzepten.[44] Die „Belastbarkeit" ist ein weiteres Sicherheitsziel und es bedeutet, dass Unternehmen zukünftig auch die Belastbarkeit der Systeme und Dienste, die in Zusammenhang mit der Verarbeitung stehen, zu gewährleisten haben. Damit werden aktuell insbesondere Situationen wie Cyber-Angriffe und vergleichbare Methoden erfasst. Allerdings beschreibt die DS-GVO nicht, welche Maßnahmen zur Belastbarkeit positiv beitragen. Die Sicherheitsziele[45] bieten in der Praxis damit weiterhin ausreichend **Interpretationsspielraum** bei der Umsetzung geeigneter technischer und organisatorischer Maßnahmen.

c) Wiederherstellung von Verfügbarkeit bei Zwischenfall. Die Vorschrift des Art. 32 Abs. 1 lit. c führt eine Maßnahme auf, die es ermöglicht, die Verfügbarkeit der personenbezogenen Daten und den Zugang zu ihnen bei einem physischen oder technischen Zwischenfall „rasch" wiederherzustellen. Dies bedeutet in der Praxis, dass eine prozessorientierte **Notfallplanung** oder auch ein „Business Continuity Management" mit zugeordneten **Wiederanlaufzeiten** für IT-Systeme zu erfolgen hat. Unklar ist jedoch, was unter dem umgangssprachlichen Begriff „rasch" zu verstehen ist. Damit könnte auch „innerhalb eines angemessenen Zeitraums" gemeint sein.[46] In der Informationssicherheit werden für die in Art. 32 Abs. 1 lit. a–c genannten Maßnahmen beispielsweise die folgenden **Maßnahmenkataloge** für internationale Standards eingesetzt: ISO/

---

[38] Die Verwendung „gesalzener Hashes" (wobei die Merkmalswerte mit einem Zufallswert – dem *„Salz"* (*Salt*) – versehen werden, bevor sie gehasht werden), kann die Wahrscheinlichkeit einer möglichen Ableitung der Eingabewerte verringern.
[39] Der Unterschied zu gesalzenen Hashes liegt darin, dass das Salz in der Regel nicht geheim ist.
[40] Stellungnahme 5/2014 zu Anonymisierungstechniken, WP 216, S. 24 ff.
[41] Siehe ausf. dazu *Roßnagel* ZD 2018, 243.
[42] *Auernhammer/Kramer/Meints* BDSG § 32 Rn. 20.
[43] Siehe auch BayLDA, Diskussionspapier zu Art. 32 DS-GVO – Sicherheit der Verarbeitung, Stand: 9.6.2016, S. 1.
[44] *Auernhammer/Kramer/Meints* BDSG § 32 Rn. 23. Siehe dort auch zu den inhaltlichen Bereichen eines Informationssicherheitskonzepts nach dem BSI.
[45] Siehe dazu und zur praktischen Umsetzung auch *Wennemann* DuD 2018, 176.
[46] Die engl. Fassung, die im Gesetzgebungsverfahren Gegenstand der Verhandlungen war, lautet „in a timely manner" was eher mit „innerhalb eines angemessenen Zeitraums" zu übersetzen ist. Die französische Übersetzung lautet „des délais appropriés". Die niederländische Fassung lautet „tijdig".

IEC 27001, Anhang A[47] und ISO/IEC 27002[48] als Leitfaden zur Auslegung der Maßnahmen. Zusätzlich kann auf sektorspezifische Ergänzungen der ISO/IEC 27002 zurückgegriffen werden. Daneben sind auch die Maßnahmenkataloge der IT-Grundschutzkataloge des BSI hilfreich.

13 **d) Verfahren zur regelmäßigen Überprüfung der Wirksamkeit.** Art. 32 Abs. 1 lit. d nennt eine weitere Beispielmaßnahme. Eine solche besteht demnach in einem Verfahren zur regelmäßigen Überprüfung, Bewertung und Evaluierung der Wirksamkeit der technischen und organisatorischen Maßnahmen zur Gewährleistung der Sicherheit der Verarbeitung. Dies bedeutet, dass die Qualität der technischen und organisatorischen Maßnahmen ausreichend getestet werden muss. Gemeint sind hier differenzierte **Penetrationstests**, die explizit die Umgehung und Aussetzung von Sicherheitsmechanismen zum Ziel haben. Denkbar ist auch, dass die **Skalierbarkeit** von Systemen gewährleistet werden soll.

14 **3. Beurteilung des angemessenen Schutzniveaus.** Zur Aufrechterhaltung der Sicherheit und zur Vorbeugung gegen eine gegen die DS-GVO verstoßende Verarbeitung soll der Verantwortliche und der Auftragsverarbeiter die mit der Verarbeitung verbundenen Risiken ermitteln und Maßnahmen zu ihrer Eindämmung treffen. Nach Art. 32 Abs. 2 sind daher bei der **Beurteilung des angemessenen Schutzniveaus** insbesondere die Risiken zu berücksichtigt, die mit der Verarbeitung verbunden sind, insbesondere durch – ob unbeabsichtigte oder unrechtmäßige – Vernichtung, Verlust,[49] Veränderung oder unbefugte Offenlegung von, bzw. unbefugten Zugang zu, personenbezogenen Daten, die übermittelt, gespeichert oder auf sonstige Weise verarbeitet wurden. Insbesondere ist dabei zu berücksichtigen, wenn dies zu einem physischen, **materiellen oder immateriellen Schaden** führen könnte.[50] Die Vorschrift nennt damit einen Katalog von Ereignissen, die in der Praxis die wichtigsten Störungen darstellen. Somit orientiert sich das Schutzniveau an der Schutzbedürftigkeit der personenbezogenen Daten. Es hat eine Schutzbedarfsfeststellung zu erfolgen, indem der jeweilige Schutzbedarf der unterschiedlichen personenbezogenen Daten ermittelt wird. Dabei werden in der Regel zunächst typische **Schadenszenarien** ermittelt und anschließend der Schutzbedarf für die einzelnen personenbezogenen Daten abgeleitet. Dann kann eine Einteilung in **Schutzbedarfskategorien** erfolgen.[51] Der Begriff „angemessen" orientiert sich an dem Stand der Technik, den Implementierungskosten, der Art und dem Umfang der Umstände, dem Zweck der Verarbeitung sowie an den unterschiedlichen Eintrittswahrscheinlichkeiten und der Schwere des Risikos für die Rechte und Freiheiten natürlicher Personen.

II. Nachweis durch Verhaltensregeln oder Zertifizierungsverfahren

15 Die aufgrund eines Vorschlags des Rats der Europäischen Union[52] zustande gekommene Bestimmung des Art. 32 Abs. 3 ermöglicht es dem Verantwortlichen und dem Auftragsverarbeiter, die Anforderungen an die geeigneten technischen und organisatorischen Maßnahmen durch Einhaltung genehmigter **Verhaltensregeln** (Art. 40 Abs. 2 lit. h), oder eines genehmigten **Zertifizierungsverfahrens** (Art. 42) nachzuweisen. Dies ist insbesondere vor dem Hintergrund der allgemeinen **Rechenschaftspflicht** (Art. 5 Abs. 2) für die Datensicherheit, die sich explizit aus Art. 5 Abs. 1 lit. f ergibt, aus Unternehmenssicht nützlich.

III. Verarbeitung durch natürliche Personen auf Anweisung

16 Ebenfalls aufgrund des Vorschlags des Rats, hat die Vorschrift des Art. 32 Abs. 4 Eingang in die endgültige Fassung der DS-GVO gefunden. Danach haben der Verantwortliche und der Auftragsverarbeiter Schritte zu unternehmen, um sicherzustellen, dass ihnen unterstellte natürli-

---

[47] Die internationale Norm ISO/IEC 27001 Information technology – Security techniques – Information security management systems – Requirements spezifiziert die Anforderungen für Herstellung, Einführung, Betrieb, Überwachung, Wartung und Verbesserung eines dokumentierten Informationssicherheits-Managementsystems unter Berücksichtigung der IT-Risiken innerhalb der gesamten Organisation.
[48] Die internationale Norm ISO/IEC 27002 (bis 1.7.2007: ISO/IEC 17799) ist ein internationaler Standard, der Empfehlungen für diverse Kontrollmechanismen für die Informationssicherheit beinhaltet.
[49] Zu den Begriffen „Vernichtung" und „Verlust" siehe die Erläuterungen der Artikel-29-Datenschutzgruppe, Leitlinien für die Meldung von Verletzungen des Schutzes personenbezogener Daten gemäß der Verordnung (EU) 2016/679, WP250rev.01 angenommen am 6.2.2018, S. 7.
[50] Erwägungsgrund 83.
[51] Aus dt. Sicht mag eine Orientierung an die Kategorien des BSU-Standards 100-2 sinnvoll sein.
[52] Rat der Europäischen Union, Interinstitutionelles Dossier 2012/0011 (COD) v. 11.6.2015, 9565/15.

che Personen, die Zugang zu personenbezogenen Daten haben, diese nur auf **Anweisung** des Verantwortlichen verarbeiten, es sei denn, sie sind nach dem Recht der Union oder der Mitgliedstaaten zur Verarbeitung verpflichtet. Damit stellt die Vorschrift auch eine Verpflichtung zur Erstellung von IT-(Sicherheits)-Richtlinien dar.[53] Solche Richtlinien verpflichten die Beschäftigten eines Verantwortlichen oder eines Auftragsverarbeiters, bestimmte IT-Sicherheits-Standards und technische sowie organisatorische Prozesse einzuhalten.

IV. Verhängung von Geldbußen

Bei Verstößen gegen die Bestimmungen des Art. 32 verhängt die Aufsichtsbehörde nach Art. 83 Abs. 4 lit. a unter Berücksichtigung der in Art. 83 Abs. 2 aufgestellten Kriterien Geldbußen von **bis zu 10 Millionen EUR** oder im Falle eines Unternehmens von **bis zu 2 Prozent seines gesamten weltweit erzielten Jahresumsatzes** des vorangegangenen Geschäftsjahres, je nachdem, welcher der Beträge höher ist. Seit dem Inkrafttreten der DS-GVO hat es europaweit bisher mehr als **200 Bußgeldentscheidungen** von Aufsichtsbehörden zu Art. 32 gegeben. Dabei haben fast alle EU-Mitgliedstaaten[54] bereits Entscheidungen zu Art. 32 getroffen. Die Anzahl der Fälle ist pro Land stark unterschiedlich. Beispielsweise gab es bisher nur zwei Entscheidungen in Belgien, zehn in Dänemark, elf in Frankreich, zehn in Deutschland, sechs in Irland, 32 in Italien, 18 in Norwegen, neun in Polen, 39 in Rumänien, 32 in Spanien, 13 in Schweden und sieben in Großbritannien (vor Brexit). Die Bußgelder reichen je nach Schwere des Verstoßes von **200 EUR bis zu ca. 22 Millionen EUR**.

Beispielsweise hat die Aufsichtsbehörde in **Großbritannien** am 16.10.2020 der Fluggesellschaft **British Airways** ein Bußgeld in Höhe von **20 Millionen Pfund** auferlegt, weil sie die persönlichen und finanziellen Daten von mehr als 400.000 ihrer Kunden nicht mit entsprechenden Maßnahmen[55] im Sinne von Art. 32 geschützt hatte.[56] Die Untersuchung der Behörde hatte ergeben, dass die Fluggesellschaft eine erhebliche Menge personenbezogener Daten ohne angemessene Sicherheitsmaßnahmen verarbeitete. Dieses Versäumnis verstieß gegen das Datenschutzrecht und in der Folge war British Airways im Jahr 2018 Gegenstand eines **Cyberangriffs**, der mehr als zwei Monate lang nicht erkannt wurde. Die Behörde stellte fest, dass British Airways Schwachstellen in seiner Sicherheit hätte identifizieren und mit damals verfügbaren Sicherheitsmaßnahmen beheben müssen. Die Lösung dieser Sicherheitsprobleme hätte verhindert, dass der Cyberangriff von 2018 auf diese Weise durchgeführt wurde.[57] Zu den Einzelheiten des Cyberangriffs führte die Behörde aus, dass angenommen wurde, dass der Angreifer möglicherweise auf die persönlichen Daten von ungefähr 429.612 Kunden und Mitarbeitern zugegriffen hat. Dazu gehörten Namen, Adressen, Zahlungskartennummern und CVV-Nummern von 244.000 British-Airways-Kunden. Andere Details, auf die vermutlich zugegriffen wurde, umfassten die kombinierten Karten- und CVV-Nummern von 77.000 Kunden und Kartennummern von nur 108.000 Kunden. Benutzernamen und Passwörter von British-Airways-Mitarbeiter- und -Administratorkonten sowie Benutzernamen und PINs von bis zu 612 British Airways Executive Club-Konten wurden möglicherweise ebenfalls abgerufen.

Am 30.10.2020 hat die Aufsichtsbehörde in **Großbritannien** gegen das US-amerikanische Hotelunternehmen **Marriot International, Inc.** ein Bußgeld in Höhe von **18,4 Millionen**

---

[53] Zu möglichen Inhalten einer IT-Sicherheitsrichtlinie siehe *Diercks* ZdiW 2021, 27.
[54] Bis auf Estland, Finnland, Lettland, Österreich, Slowenien –soweit durch öffentlich zugängliche Quellen ersichtlich.
[55] Die Behörde führt dazu aus, dass British Airways zahlreiche Maßnahmen hätte ergreifen können, um das Risiko zu mindern oder zu verhindern, dass ein Angreifer auf das Netzwerk zugreifen kann. Diese schließen ein: (i) Beschränkung des Zugriffs auf Anwendungen, Daten und Tools auf das, was zur Erfüllung der Rolle eines Benutzers erforderlich ist; (ii) Durchführung strenger Tests in Form der Simulation eines Cyberangriffs auf den Systemen des Unternehmens; (iii) Schutz von Mitarbeiter- und Drittkonten mit Multi-Faktor-Authentifizierung. Weitere mildernde Maßnahmen, die möglich gewesen seien, sind im Bußgeldbescheid aufgeführt. Nach Ansicht der Behörde wäre keine dieser Maßnahmen mit übermäßigen Kosten oder technischen Hindernissen verbunden gewesen, da einige über das von British Airways verwendete Microsoft-Betriebssystem verfügbar waren.
[56] Pressemitt. v. 16.10.2020: https://ico.org.uk/about-the-ico/news-and-events/news-and-blogs/2020/10/ico-fines-british-airways-20m-for-data-breach-affecting-more-than-400-000-customers/. Entsch. im Volltext (auf Englisch) https://ico.org.uk/media/action-weve-taken/mpns/2618421/ba-penalty-20201016.pdf.
[57] Da der Verstoß im Juni 2018 stattfand, bevor Großbritannien die EU verließ, untersuchte die Behörde den Fall im Auftrag aller EU-Behörden als federführende Aufsichtsbehörde gem. der DS-GVO. Die Strafe und die Maßnahme wurden von den anderen Datenschutzbehörden der EU iRd Kooperationsprozesses der DS-GVO genehmigt.

Pfund verhängt, da es versäumt hatte, die personenbezogenen Daten von Millionen von Kunden zu schützen.[58] Marriott hatte geschätzt, dass nach einem **Cyberangriff**[59] auf **Starwood Hotels and Resorts Worldwide Inc.** im Jahr 2014 weltweit 339 Millionen Gästedatensätze betroffen waren. Der Angriff aus unbekannter Quelle blieb bis September 2018 unentdeckt, als das Unternehmen von Marriott übernommen wurde. Die betroffenen personenbezogenen Daten waren von Person zu Person unterschiedlich, können aber Namen, E-Mail-Adressen, Telefonnummern, unverschlüsselte Passnummern, Ankunfts-/Abreiseinformationen, den VIP-Status der Gäste und die Mitgliedsnummer des Treueprogramms enthalten haben. Die genaue Zahl der Betroffenen war unklar, da es zu einem einzelnen Gast mehrere Aufzeichnungen gegeben haben kann. Sieben Millionen Gästedatensätze bezogen sich auf Personen in Großbritannien. Die Untersuchung der Behörde ergab, dass Marriott keine angemessenen technischen oder organisatorischen Maßnahmen ergriffen hat, um die auf seinen Systemen verarbeiteten personenbezogenen Daten zu schützen, wie es Art. 32 vorschreibt. Die Untersuchung der Behörde hat den Cyberangriff bis ins Jahr 2014 zurückverfolgt, aber die Strafe bezog sich nur auf den Verstoß zum Zeitpunkt 25.5.2018, als die DS-GVO in Kraft trat.[60]

20   Am 9.12.2019 hat die Bundesaufsichtsbehörde für den Datenschutz (BfDI) in **Deutschland** ein Bußgeld in Höhe von **9,55 Millionen EUR** gegen das **Telekommunikationsunternehmen** 1&1 Telecom GmbH verhängt.[61] Die Ermittlungen des BfDI wurden nach einer Beschwerde eines Kunden eingeleitet, dessen Mobiltelefonnummer im Jahr 2018 an seinen ehemaligen Lebensgefährten weitergegeben wurde. Der Anrufer gab dem Helpline-Mitarbeiter nur den Namen und das Geburtsdatum des Kunden bekannt. Nach Angaben des Unternehmens handelte der Helpline-Mitarbeiter gemäß den damaligen Richtlinien des Unternehmens, die eine Zwei-Faktor-Authentifizierung erforderten und branchenüblichen Praktiken entsprachen. Der BfDI stellte jedoch fest, dass dieses Verfahren Risiken für „weitreichende Informationen" über Kunden birgt. Der BfDI stellte fest, dass die von der Kundenhotline von 1&1 eingesetzten **Authentifizierungsverfahren** unzureichend waren und den Anforderungen des Art. 32 nicht entsprachen. Das Unternehmen hatte keine hinreichenden technisch-organisatorischen Maßnahmen ergriffen, um zu verhindern, dass Unberechtigte bei der telefonischen Kundenbetreuung Auskünfte zu Kundendaten erhalten können. Im Fall von 1&1 Telecom GmbH hatte der BfDI Kenntnis erlangt, dass Anrufer bei der Kundenbetreuung des Unternehmens allein schon durch Angabe des Namens und Geburtsdatums eines Kunden weitreichende Informationen zu weiteren personenbezogenen Kundendaten erhalten konnten. In diesem Authentifizierungsverfahren sieht der BfDI einen Verstoß gegen Art. 32, nach dem das Unternehmen verpflichtet ist, geeignete technische und organisatorische Maßnahmen zu ergreifen, um die Verarbeitung von personenbezogenen Daten systematisch zu schützen. Das Unternehmen hat die Anordnung angefochten und Einspruch eingelegt. Es hat argumentiert, dass die Höhe der Geldbuße unverhältnismäßig sei. Am 11.11.2020 hat das LG Bonn entschieden, dass das Bußgeld dem Grunde nach berechtigt, aber unangemessen hoch sei. Das Gericht hat das Bußgeld auf **900.000 EUR** reduziert.[62] Das Gericht begründetet dies damit, dass das **Verschulden** des Telekommunikati-

---

[58] Pressemitt. v. 30.10.2020 (auf Englisch) https://ico.org.uk/about-the-ico/news-and-events/news-and-blogs/2020/10/ico-fines-marriott-international-inc-184million-for-failing-to-keep-customers-personal-data-secure/, Volltext der Entsch. (auf Englisch) https://ico.org.uk/media/action-weve-taken/mpns/2618524/marriott-international-inc-mpn-20201030.pdf.

[59] Im Jahr 2014 installierte ein unbekannter Angreifer einen als „Web Shell" bekannten Code auf einem Gerät im Starwood-System, der ihm die Möglichkeit gab, aus der Ferne auf den Inhalt dieses Geräts zuzugreifen und ihn zu bearbeiten. Dieser Zugriff wurde ausgenutzt, um Malware zu installieren, wodurch der Angreifer als privilegierter Benutzer aus der Ferne auf das System zugreifen konnte. Infolgedessen hätte der Angreifer uneingeschränkten Zugriff auf das relevante Gerät und andere Geräte in dem Netzwerk, auf die dieses Konto Zugriff gehabt hätte. Weitere Tools wurden vom Angreifer installiert, um Anmeldeinformationen für weitere Benutzer innerhalb des Starwood-Netzwerks zu sammeln. Mit diesen Zugangsdaten wurde auf die Datenbank zugegriffen, in der Reservierungsdaten für Starwood-Kunden gespeichert sind, und vom Angreifer exportiert.

[60] Da der Verstoß im Juni 2018 stattfand, bevor Großbritannien die EU verließ, untersuchte die Behörde den Fall im Auftrag aller EU-Behörden als federführende Aufsichtsbehörde gem. der DS-GVO. Die Strafe und die Maßnahme wurden von den anderen Datenschutzbehörden der EU iRd Kooperationsprozesses der DS-GVO genehmigt.

[61] BfDI, Pressemitt. 30/2019, www.bfdi.bund.de/SharedDocs/Pressemitteilungen/DE/2019/30_BfDI-verh%C3%A4ngtGeldbu%C3%9Fe1u1.html.

[62] LG Bonn Pressemitt. v. 11.11.2020, www.lg-bonn.nrw.de/behoerde/presse/zt_archiv_060/Archiv-2020/Pressemitteilung27-2020-vom-11_11_2020-Bussgeld-gegen-Telekommunikationsd___.pdf.

onsdienstleisters **gering** sei. Im Hinblick auf die über Jahre geübte Authentifizierungspraxis, die bis zu dem Bußgeldbescheid nicht beanstandet worden sei, habe es dort an dem notwendigen Problembewusstsein gefehlt. Zudem sei zu berücksichtigten, dass es sich – auch nach der Ansicht des BfDI – nur um einen geringen Datenschutzverstoß handele. Diese habe nicht zur massenhaften Herausgabe von Daten an Nichtberechtigte führen können.

Die Aufsichtsbehörde in **Schweden** entschied mit Beschluss vom 2.12.2020 dem **Krankenhaus** Capio St. Göran ein Bußgeld von **2,9 Millionen EUR** aufzuerlegen, da[63] es keine angemessenen technischen und organisatorischen Maßnahmen zur Gewährleistung der Informationssicherheit getroffen hatte. Es wurde seitens der Behörde festgestellt, dass es **keine Risikoanalyse** bezüglich des Zugriffs auf Patientendaten gab. Berechtigungen für Nutzer der Krankenhausinformationssysteme wurden nicht nach dem **Mindestzugangsprinzip** vergeben. Dadurch erhielten die Benutzer vollen Zugriff auf vertrauliche Patientendaten, die sie für Arbeitszwecke nicht benötigten.

Am 3.9.2019 verhängte die Aufsichtsbehörde in **Bulgarien** ein Bußgeld in Höhe von **2,6 Millionen EUR** gegen die **nationale Einkommensteuerbehörde**.[64] In dem Fall ging es um ein **Datenleck** von personenbezogenen Daten bei einem Hackerangriff aufgrund unzureichender technischer und organisatorischer Maßnahmen zur Gewährleistung der Informationssicherheit. Es wurde festgestellt, dass personenbezogene Daten von etwa 6 Millionen Personen illegal zugänglich waren.

Am 15.4.2022 hat die Aufsichtsbehörde in **Frankreich** ein Bußgeld von **1,5 Millionen EUR** gegen das **Softwareunternehmen Dedalus Biologie** verhängt.[65] Am 23.2.2021 wurde in der Presse eine massive Datenpanne bekannt, von der ca. 500.000 Menschen betroffen waren. Name, Vorname, Sozialversicherungsnummer, Name des verschreibenden Arztes, Datum der Untersuchung, aber auch und vor allem medizinische Informationen (HIV, Krebserkrankungen, genetische Erkrankungen, Schwangerschaften, medikamentöse Therapie von Patienten oder genetische Daten) dieser Personen wurden somit im Internet veröffentlicht. Die französische Behörde führte mehrere Vor-Ort- und Online-Untersuchungen durch, insbesondere in Bezug auf das Unternehmen Dedalus Biologie, das Softwarelösungen für medizinische Analyselabore vertreibt. Auf der Grundlage der während der Untersuchungen erhobenen Informationen identifizierte der „engere Ausschuss" (das für die Verhängung von Sanktionen zuständige Organ der Behörde) drei Verstöße gegen die DS-GVO: Erstens extrahierte Dedalus Biologie im Zusammenhang mit der Migration eines Softwarepakets zu einem anderen Tool, das von zwei Labors angefordert wurde, die ebenfalls der Dienste von Dedalus Biologie in Anspruch nahmen, ein größeres Datenvolumen als erforderlich. Das Unternehmen verarbeitete daher Daten über die Anweisungen der für die Datenverarbeitung Verantwortlichen hinaus und hatte gegen Art. 29 verstoßen. Zweitens hatte das Unternehmen die Sicherheit personenbezogener Daten im Sinne von Art. 32 nicht gewährleistet. Im Zusammenhang mit der Migration der Software zu einer anderen wurden gegenüber Dedalus Biologie zahlreiche technische und organisatorische Verstöße in Bezug auf die Sicherheit festgestellt: (i) Fehlen eines spezifischen Verfahrens für Datenmigrationsvorgänge; (ii) fehlende Verschlüsselung personenbezogener Daten, die auf dem problematischen Server gespeichert sind; (iii) kein automatisches Löschen von Daten nach Migration auf die andere Software; (iv) keine Authentifizierung aus dem Internet erforderlich, um auf den öffentlichen Bereich des Servers zuzugreifen; (v) Nutzung von Benutzerkonten, die von mehreren Mitarbeitern auf dem privaten Bereich des Servers geteilt werden; (vi) Fehlen eines Verfahrens zur Überwachung und Meldung von Sicherheitswarnungen auf dem Server. Schließlich stellte die Behörde auch fest, dass die von der Firma Dedalus Biologie vorgeschlagenen allgemeinen Verkaufsbedingungen und die an die Behörde übermittelten Wartungsverträge nicht die in Art. 28 Abs. 3 vorgesehenen Anforderungen enthielten.

Die Aufsichtsbehörde in **Schweden** hat am 15.4.2022 ein Bußgeld in Höhe von **1.463.000 EUR** gegen das **Krankenhausunternehmen Aleris Sjukvård AB** verhängt.[66] Grund war das Fehlen angemessener technischer und organisatorischer Maßnahmen zur Ge-

---

[63] Entsch. der Aufsichtsbehörde (in Schwedisch), www.imy.se/globalassets/dokumenten/beslut/beslut-tillsyn-capio-st-gorans-sjukhus-di-2019-3846.pdf.
[64] Pressemitt. (in Bulgarisch), www.cpdp.bg/index.php?p=news_view&aid=1519.
[65] Pressemitt. (in Frz.), www.cnil.fr/fr/fuite-de-donnees-de-sante-sanction-de-15-million-deuros-lencontre-de-la-societe-dedalus-biologie, Zusammenfassung in Engl.: https://edpb.europa.eu/news/national-news/2022/health-data-breach-dedalus-biologie-fined-15-million-euros_en.
[66] Volltext der Entsch.: www.imy.se/globalassets/dokumenten/beslut/beslut-tillsyn-aleris-sjukvard-di-2019-3844.pdf.

währleistung der Informationssicherheit. Es wurde festgestellt, dass es keine Risikoanalyse bezüglich des Zugriffs auf Patientendaten gab. Berechtigungen für Nutzer des Krankenhausinformationssystems „TakeCare" wurden nicht nach dem Mindestzugangsprinzip vergeben. Dadurch erhielten die Benutzer vollen Zugriff auf vertrauliche Patientendaten, die sie für Arbeitszwecke nicht benötigten.

25 In einem anderen Fall erging am 13.11.2020 ein Bußgeld der Aufsichtsbehörde in **Großbritannien** in Höhe von **125.000.000 Pfund** gegen **den Ticket-Marktplatz Ticketmaster UK Limited** da die Zahlungsdaten der Kunden nicht geschützt wurden.[67] Die Behörde stellte fest, dass das Unternehmen keine angemessenen Sicherheitsmaßnahmen getroffen hatte, um einen **Cyberangriff**[68] auf einen auf seiner Online-Zahlungsseite installierten **Chatbot** zu verhindern. Das Versäumnis von Ticketmaster, Kundendaten zu schützen, stellte einen Verstoß gegen die DS-GVO dar.[69] Die Datensicherheitsverletzung, die Namen, Zahlungskartennummern, Ablaufdaten und CVV-Nummern umfasste, betraf möglicherweise 9,4 Millionen Kunden von Ticketmaster in ganz Europa, darunter 1,5 Millionen in Großbritannien. Die Behörde stellte fest, dass infolge des Verstoßes 60.000 Zahlungskarten, die Kunden der Barclays Bank gehörten, einem Betrug ausgesetzt waren. Weitere 6.000 Karten wurden von der Monzo Bank ersetzt, nachdem sie eine betrügerische Verwendung vermutet hatte. Die Behörde stellte weiterhin fest, dass Ticketmaster Folgendes versäumt hatte (i) die die Risiken der Verwendung eines Chat-Bots auf seiner Zahlungsseite zu bewerten, (ii) geeignete Sicherheitsmaßnahmen, um die Risiken zu adressieren, zu identifizieren und zu implementieren und (iii) die Quelle wahrscheinlicher betrügerischer Aktivitäten rechtzeitig zu identifizieren.

26 Am 30.6.2020 gab der LfDI **Baden-Württemberg bekannt, dass** er mit Bescheid vom 25.6.2020 gegen die **AOK Baden-Württemberg** eine Geldbuße von **1.240.000 EUR** wegen eines Verstoßes gegen die Pflichten zu sicherer Datenverarbeitung gemäß Art. 32 verhängt hat.[70] Die AOK Baden-Württemberg veranstaltete in den Jahren 2015 bis 2019 zu unterschiedlichen Gelegenheiten Gewinnspiele und erhob hierbei personenbezogene Daten der Teilnehmer, darunter deren Kontaktdaten und Krankenkassenzugehörigkeit. Dabei wollte die AOK die Daten der Gewinnspielteilnehmer auch zu Werbezwecken nutzen, sofern die Teilnehmer hierzu eingewilligt hatten. Mithilfe technischer und organisatorischer Maßnahmen, u.a. durch interne Richtlinien und Datenschutzschulungen, wollte die AOK hierbei sicherstellen, dass nur Daten solcher Gewinnspielteilnehmer zu Werbezwecken verwendet werden, die zuvor wirksam hierin eingewilligt hatten. Die von der AOK festgelegten Maßnahmen genügten nach Ansicht der Aufsichtsbehörde jedoch nicht den gesetzlichen Anforderungen. In der Folge wurden die personenbezogenen Daten von mehr als 500 Gewinnspielteilnehmern ohne deren Einwilligung zu Werbezwecken verwendet. Versichertendaten waren hiervon nicht betroffen. Innerhalb des Bußgeldrahmens gemäß Art. 83 Abs. 4 sprachen die umfassenden internen Überprüfungen und Anpassungen der technischen und organisatorischen Maßnahmen sowie die konstruktive Kooperation mit dem der Behörde nach Ansicht dieser zu Gunsten der AOK. Die Behörde führte zudem aus, dass bei der Bemessung der Geldbuße neben Umständen wie der Größe und Bedeutung der AOK Baden-Württemberg insbesondere auch berücksichtigt wurde, dass sie als eine gesetzliche Krankenversicherung wichtiger Bestandteil des Gesundheitssystems ist.

27 Am 19.1.2022 hat die Aufsichtsbehörde in **Polen** ein Bußgeld in Höhe von **1.080.000 EUR** gegen das Unternehmen **Fortum Marketing and Sales Polska S. A.** für das Versäumnis,

---

[67] Pressemitt. v. 13.11.2020, https://ico.org.uk/about-the-ico/news-and-events/news-and-blogs/2020/11/ico-fines-ticketmaster-uk-limited-125million-for-failing-to-protect-customers-payment-details/, Volltext der Entsch. (auf Engl.), https://ico.org.uk/media/action-weve-taken/2618609/ticketmaster-uk-limited-mpn.pdf.

[68] Der Verstoß begann im Februar 2018, als Kunden der Monzo Bank betrügerische Transaktionen meldeten. Die Commonwealth Bank of Australia, Barclaycard, Mastercard und American Express hatten Ticketmaster Betrugsvorschläge gemeldet. Aber das Unternehmen konnte das Problem nicht identifizieren. Insges. brauchte Ticketmaster neun Wochen von der Warnung vor möglichem Betrug bis zur Überwachung des Netzwerkverkehrs über seine Online-Zahlungsseite.

[69] Obwohl der Verstoß im Februar 2018 begann, bezieht sich die Strafe nur auf den Verstoß vom 25.5.2018, als die DS-GVO in Kraft trat. Der Chatbot wurde am 23.6.2018 vollständig von der Website von Ticketmaster UK Limited entfernt. Der Verstoß ereignete sich, bevor Großbritannien die EU verließ, daher untersuchte die britische Behörde im Auftrag aller EU-Behörden als federführende Aufsichtsbehörde gem. der DS-GVO. Die Strafe und die Maßnahme wurden von den anderen Datenschutzbehörden der EU iRd Kooperationsprozesses der DS-GVO genehmigt.

[70] Pressemitt.: www.baden-wuerttemberg.datenschutz.de/lfdi-baden-wuerttemberg-verhaengt-bussgeld-gegen-aok-baden-wuerttemberg-wirksamer-datenschutz-erfordert-regelmaessige-kontrolle-und-anpassung/.

angemessene technische und organisatorische Maßnahmen zur Gewährleistung der Sicherheit personenbezogener Daten zu ergreifen, verhängt. Der für die Verarbeitung Verantwortliche, Fortum, hatte in seinen Vertragsbestimmungen mit einem Auftragsverarbeiter die anzuwendenden Sicherheitsanforderungen für personenbezogene Daten festgelegt, einschließlich der Pseudonymisierung und Verschlüsselung personenbezogener Daten. Während des Prozesses der Systemänderungen wurden tatsächliche personenbezogene Daten der Kunden des für die Verarbeitung Verantwortlichen verwendet, und die Wirksamkeit der verwendeten Sicherheitsvorkehrungen wurde nicht überprüft, bevor die neue Lösung an Fortum übergeben wurde. Zudem wurden die Sicherheitsmerkmale bei den hierfür durchgeführten Arbeiten nicht getestet. Die Änderungen wurden von dem Auftragsverarbeiter vorgenommen, mit dem der für die Verarbeitung Verantwortliche auf der Grundlage geschlossener Vereinbarungen zusammengearbeitet hat. Während der Änderungen wurde eine zusätzliche Fortum-Kundendatenbank erstellt. Diese Datenbank wurde jedoch von Unbefugten kopiert, da der Server, auf dem sie bereitgestellt wurde, keine ordnungsgemäß konfigurierten Sicherheitsmaßnahmen hatte. Fortum erfuhr von dem Vorfall nicht vom Auftragsverarbeiter, sondern von zwei unabhängigen Internetnutzern, die ihm mitteilten, dass sie unbefugten Zugriff auf die Datenbank hatten. Die Aufsichtsbehörde ging davon aus, dass wenn Fortum die Umsetzung von Änderungen durch den Auftragsverarbeiter zur Verbesserung des Betriebs des Systems zur Verarbeitung personenbezogener Daten überprüft hätte, dieses das Risiko, dass Unbefugte Zugang zu den im System verarbeiteten Daten erhalten, erheblich verringert hätte.

Am 19.9.2019 verhängte die Aufsichtsbehörde in **Polen** ein Bußgeld in Höhe von ca. **645.000 EUR** gegen **Morele.net,** einen **Online-Shop** im Bereich der Unterhaltungselektronik.[71] Nach Ansicht der Behörde waren die organisatorischen und technischen Maßnahmen des Unternehmens zum Schutz personenbezogener Daten dem Risiko bei der Verarbeitung personenbezogener Daten nicht angemessen, wodurch Daten von rund 2,2 Millionen Menschen in falsche Hände geraten waren. Es fehlte zudem an angemessenen Reaktionsverfahren, um mit dem Auftreten von ungewöhnlichem Netzwerkverkehr fertig zu werden. Bei der Verhängung der Geldbuße kam die Aufsichtsbehörde zu dem Schluss, dass der in diesem Fall begangene Verstoß von erheblicher Bedeutung und schwerwiegender Art war und eine große Anzahl von Personen betraf. Die Aufsichtsbehörde wies in ihrer Entscheidung auch darauf hin, dass infolge des Verstoßes ein **hohes Risiko** nachteiliger Auswirkungen auf Personen bestehe, deren personenbezogene Daten in falsche Hände geraten seien, wie beispielsweise Identitätsdiebstahl. Dabei handelt es sich um folgende Daten: Vor- und Nachname, Telefonnummer, E-Mail, Lieferadresse. Bei rund 35.000 Personen waren allerdings auch die Daten aus ihrem Ratenkreditantrag offengelegt. Der Umfang der Daten umfasste die Personalausweisnummer (PESEL-Nummer), die Serie und die Nummer des Ausweises, Bildungshintergrund, Meldeadresse, Korrespondenzadresse, Einkommensquelle, Höhe des Nettoeinkommens, Lebenshaltungskosten des Haushalts, Familienstand, sowie die Höhe von Kreditzusagen oder Unterhaltspflichten.

Am 14.12.2020 verhängte die Aufsichtsbehörde in **Polen** ein Bußgeld in Höhe von ca. **460.000 EUR** gegen das **Telekommunikationsunternehmen** Virgin Mobile Polska für das Fehlen implementierter geeigneter technischer und organisatorischer Maßnahmen, um die Sicherheit der verarbeiteten Daten zu gewährleisten.[72] Die Behörde führte aus, dass das Unternehmen gegen die in der DS-GVO festgelegten Grundsätze der Datenvertraulichkeit und Rechenschaftspflicht verstoßen habe. Virgin Mobile habe keine regelmäßigen und umfassende **Tests, Messungen und Bewertungen** der Wirksamkeit der angewendeten technischen und organisatorischen Maßnahmen zur Gewährleistung der Sicherheit der verarbeiteten Daten durchgeführt. Diesbezügliche Aktivitäten wurden nur bei Verdacht auf Anfälligkeit oder im Zusammenhang mit organisatorischen Veränderungen vorgenommen. Darüber hinaus wurden keine Tests durchgeführt, um Sicherheitsvorkehrungen im Zusammenhang mit der Übertragung von Daten zwischen Anwendungen im Zusammenhang mit der Betreuung von Käufern von Prepaid-Diensten zu überprüfen. Darüber hinaus wurde die mit dem Datenaustausch in diesen

---

[71] Pressemitt. (in Polnisch), https://uodo.gov.pl/pl/138/1189, Volltext der Entsch. (in Polnisch), https://uodo.gov.pl/decyzje/ZSPR.421.2.2019, Zusammenfassung in Engl. beim Europäischen Datenschutzausschuss, https://edpb.europa.eu/news/national-news/2019/polish-dpa-imposes-eu645000-fine-insufficient-organisational-and-technical_en.

[72] Pressemitt. (in Polnisch), www.uodo.gov.pl/pl/138/1791, Volltext der Entsch. (in Polnisch), www.uodo.gov.pl/decyzje/DKN.5112.1.2020, Zusammenfassung in Engl. beim Europäischen Datenschutzausschuss, https://edpb.europa.eu/news/national-news/2021/polish-dpa-virgin-mobile-polska-incidental-safeguards-review-not-regular_en.

Systemen verbundene Schwachstelle von einer unbefugten Person ausgenutzt, um Daten von einigen Kunden des Unternehmens zu erhalten.

30 Am 28.8.2019 verhängte die Aufsichtsbehörde in **Bulgarien** ein Bußgeld in Höhe von **511.000 EUR** gegen die **DSK Bank**.[73] Grundlage war der Verstoß gegen Art. 32 Abs. 1 lit. b im Hinblick auf unrechtmäßig weitergegebene und von Dritten abgerufene personenbezogene Daten von insgesamt 33.492 Bankkunden in 23.270 Kreditdateien mit personenbezogenen Daten und einer unbegrenzten Anzahl verbundener Dritter (einschließlich ihrer Ehepartner, Verkäufer, Nachkommen und Vorfahren und Bürgen). Im Laufe der innerhalb eines Monats durchgeführten Inspektion wurde festgestellt, dass die Bank bei der Ausübung ihrer Tätigkeit als Verantwortlicher für personenbezogene Daten keine angemessenen technischen und organisatorischen Maßnahmen ergriffen und nicht die Möglichkeit geschaffen hatte, eine dauerhafte Vertraulichkeit zu gewährleisten, sowie Integrität, Verfügbarkeit und Nachhaltigkeit von Systemen und Diensten zur Verarbeitung personenbezogener Daten für Einzelpersonen herzustellen.

31 Die Aufsichtsbehörde in **Spanien** verhängte am 15.3.2021 ein Bußgeld in Höhe von **600.000 EUR** gegen die **Fluggesellschaft Air Europa Lineas Aereas, SA**.[74] Das Bußgeld wurde verhängt nachdem die Behörde eine schwerwiegende Datensicherheitsverletzung mit unbefugtem Zugriff auf Kontaktdaten und Bankkonten gemeldet wurde. Etwa 489.000 Personen und 1.500.000 Datensätze waren betroffen. Die Behörde ahndete den Verstoß hinsichtlich des Unterlassens geeigneter technischer und organisatorischer Maßnahmen zur Gewährleistung eines angemessenen Sicherheitsniveaus nach Art. 32 Abs. 1 mit 500.000 EUR und einen Verstoß gegen Art. 33 für die verspätete Meldung an die Behörde. Bei der Festsetzung der Bußgeldhöhe wurde der Umstand, dass der Vorfall nicht lokal begrenzt war, sondern eine große Zahl von Personen nicht nur in Spanien, sondern weltweit betraf und sensible Bank- und Finanzdaten betroffen waren, als erschwerender Faktor berücksichtigt.

Art. 33 Meldung von Verletzungen des Schutzes personenbezogener Daten an die Aufsichtsbehörde

(1) ¹Im Falle einer Verletzung des Schutzes personenbezogener Daten meldet der Verantwortliche unverzüglich und möglichst binnen 72 Stunden, nachdem ihm die Verletzung bekannt wurde, diese der gemäß Artikel 55 zuständigen Aufsichtsbehörde, es sei denn, dass die Verletzung des Schutzes personenbezogener Daten voraussichtlich nicht zu einem Risiko für die Rechte und Freiheiten natürlicher Personen führt. ²Erfolgt die Meldung an die Aufsichtsbehörde nicht binnen 72 Stunden, so ist ihr eine Begründung für die Verzögerung beizufügen.

(2) Wenn dem Auftragsverarbeiter eine Verletzung des Schutzes personenbezogener Daten bekannt wird, meldet er diese dem Verantwortlichen unverzüglich.

(3) Die Meldung gemäß Absatz 1 enthält zumindest folgende Informationen:
a) eine Beschreibung der Art der Verletzung des Schutzes personenbezogener Daten, soweit möglich mit Angabe der Kategorien und der ungefähren Zahl der betroffenen Personen, der betroffenen Kategorien und der ungefähren Zahl der betroffenen personenbezogenen Datensätze;
b) den Namen und die Kontaktdaten des Datenschutzbeauftragten oder einer sonstigen Anlaufstelle für weitere Informationen;
c) eine Beschreibung der wahrscheinlichen Folgen der Verletzung des Schutzes personenbezogener Daten;
d) eine Beschreibung der von dem Verantwortlichen ergriffenen oder vorgeschlagenen Maßnahmen zur Behebung der Verletzung des Schutzes personenbezogener Daten und gegebenenfalls Maßnahmen zur Abmilderung ihrer möglichen nachteiligen Auswirkungen.

(4) Wenn und soweit die Informationen nicht zur gleichen Zeit bereitgestellt werden können, kann der Verantwortliche diese Informationen ohne unangemessene weitere Verzögerung schrittweise zur Verfügung stellen.

(5) ¹Der Verantwortliche dokumentiert Verletzungen des Schutzes personenbezogener Daten einschließlich aller im Zusammenhang mit der Verletzung des Schutzes

---

[73] Pressemitt. v. 28.8.2019 (auf Bulgarisch), www.cpdp.bg/index.php?p=news_view&aid=1514.
[74] Volltext der Entsch., www.aepd.es/es/documento/ps-00179–2020.pdf.

personenbezogener Daten stehenden Fakten, von deren Auswirkungen und der ergriffenen Abhilfemaßnahmen. ²Diese Dokumentation muss der Aufsichtsbehörde die Überprüfung der Einhaltung der Bestimmungen dieses Artikels ermöglichen.

Literatur: *Artikel-29-Datenschutzgruppe,* Stellungnahme 3/2014 on Personal Data Breach Notification, WP 213; *Artikel-29-Datenschutzgruppe,* Leitlinien für die Meldung von Verletzungen des Schutzes personenbezogener Daten gemäß der Verordnung (EU) 2016/679 (WP250rev.01), angenommen am 6. Februar 2018; *Artikel-29-Datenschutzgruppe,* Guidelines 01/2021 on Examples regarding Personal Data Breach Notification, adopted on 14 December 2021, Version 2.0; *Der Bayerische Landesbeauftragte für den Datenschutz,* Meldepflicht und Benachrichtigungspflicht des Verantwortlichen, Orientierungshilfe, Juni 2019; *Becker,* Meldungen nach Art. 33 DS-GVO, ZD 2020, 175; *Faußner/Leeb,* Die Melde- und Benachrichtungspflichten nach Art. 33, Art. 34 DSGVO in der betrieblichen Praxis (Teil 1), DSB 2019, 156; *Faußner/Leeb,* Die Melde- und Benachrichtungspflichten nach Art. 33, Art. 34 DSGVO in der betrieblichen Praxis (Teil 2), DSB 2019, 196; *Gola/Heckmann,* DS-GVO BDSG, 3. Aufl. 2022; *Labusga,* Die Fristberechnung beim Data Breach, DuD 2020, 735; *Leibold,* Meldung von Verletzungen des Schutzes personenbezogener Daten an die Aufsichtsbehörde nach Art. 33 DS-GVO – auch bei Verschlüsselung?, ZD-Aktuell 2019, 06650; *Plath* (Hrsg.), BDSG/DSGVO, Kommentar zum BDSG und zur DSGVO sowie den Datenbestimmungen des TMG und TKG, 2. Aufl. 2016; *Paal,* Meldepflicht bei Datenschutzverstößen nach Art. 33 DS-GVO, ZD 2020, 119; *Taeger/Gabel,* DSGVO, 3. Aufl. 2019; *Wybitul,* Vermeidung von DS-GVO-Risiken nach Datenpannen und Cyberangriffen, NJW 2020, 2577.

Übersicht

	Rn.
A. Allgemeines	1
I. Zweck und Bedeutung der Vorschrift	1
II. Systematik, Verhältnis zu anderen Vorschriften	4
B. Einzelerläuterungen	5
I. Meldepflicht des Verantwortlichen	5
1. Definition und zeitliche Vorgaben	5
2. Ausnahme Risikoabwägung	12
II. Gemeinsam Verantwortliche	14
III. Meldepflicht des Auftragsverarbeiters	15
IV. Inhalt der Meldung an die Aufsichtsbehörde	17
V. Dokumentationspflicht und Überprüfung durch Aufsichtsbehörde	22
VI. Präzisierung der Anforderungen durch Verhaltensregeln	23
VII. Leitlinien des Europäischen Datenschutzausschusses	24
VIII. Verhängung von Geldbußen	25

A. Allgemeines

I. Zweck und Bedeutung der Vorschrift

Art. 33 ist im Zusammenhang mit Art. 34 zu lesen. Diese beiden Artikel führen ausgehend 1 von Art. 4 Abs. 3 **Datenschutzrichtlinie für elektronische Kommunikation** 2002/58/EG[1] eine entsprechende Meldepflicht für Verstöße gegen den Schutz personenbezogener Daten ein, die nicht auf den Bereich der elektronischen Kommunikation beschränkt ist.[2]

Das europäische Gemeinschaftsrecht erlegt den für die Verarbeitung der Daten Verantwort- 2 lichen Pflichten im Hinblick auf die Datenverarbeitung auf, die die Umsetzung geeigneter technischer und organisatorischer Schutzmaßnahmen, beispielsweise gegen Datenverlust, umfassen. Die Pflichten zur Anzeige von Verstößen gemäß der Richtlinie 2002/58/EG (Datenschutzrichtlinie für elektronische Kommunikation) enthalten eine Struktur zur Benachrichtigung der zuständigen Behörden und Personen für den Fall, dass personenbezogene Daten trotzdem missbraucht werden. Diese Anzeigepflicht ist auf Sicherheitsverletzungen im Bereich der elektronischen Kommunikation beschränkt. Die Anzeige von Sicherheitsverletzungen spiegelt jedoch ein **allgemeines Interesse der Bürger** an der Benachrichtigung über Sicherheitsverletzungen wider, die zum Verlust oder zur Preisgabe personenbezogener Daten der Nutzer führen, und

---

[1] Siehe hierzu auch die Verordnung (EU) Nr. 611/2013 der Kommission v. 24.6.2013 über die Maßnahmen für die Benachrichtigung von Verletzungen des Schutzes personenbezogener Daten gemäß der Richtlinie 2002/58/EG des Europäischen Parlaments und des Rates (Datenschutzrichtlinie für elektronische Kommunikation).
[2] Siehe Vorschlag der Kommission zur DS-GVO, 2012, S. 11.

über vorhandene oder empfohlene Vorkehrungen, die sie treffen könnten, um **mögliche wirtschaftliche Schäden oder soziale Nachteile**, die sich aus solchen Sicherheitsverletzungen ergeben, so gering wie möglich zu halten.[3] Das Interesse der Nutzer an der Benachrichtigung ist nach Ansicht der EU-Kommission daher nicht auf den Bereich der elektronischen Kommunikation beschränkt, so dass die Kommission bereits 2009 die Position vertreten hat, dass ausdrückliche Anzeigepflichten vorrangig in **allen Wirtschaftsbereichen** auf Gemeinschaftsebene eingeführt werden sollten.[4] Damals war es Ziel der Kommission, dass bis zu einer Überprüfung aller einschlägigen gemeinschaftlichen Rechtsvorschriften auf diesem Gebiet in Abstimmung mit dem Europäischen Datenschutzbeauftragten unverzüglich geeignete Maßnahmen ergriffen werden sollten. Es ging darum, die gemeinschaftsweite Anwendung der in der Datenschutzrichtlinie für elektronische Kommunikation enthaltenen Leitlinien für die Anzeigepflicht bei Verstößen gegen die Datensicherheit, ungeachtet des Sektors oder der Art der betreffenden Daten, zu fördern.

3   Hintergrund der Regelung in Art. 33 ist, dass eine Verletzung des Schutzes personenbezogener Daten einen **physischen, materiellen oder immateriellen Schaden** für natürliche Personen nach sich ziehen kann, wenn nicht rechtzeitig und angemessen reagiert wird. Zu diesen Schäden gehören etwa Verlust der Kontrolle über ihre personenbezogenen Daten oder Einschränkung ihrer Rechte, Diskriminierung, Identitätsdiebstahl oder -betrug, finanzielle Verluste, unbefugte Aufhebung der Pseudonymisierung, Rufschädigung, Verlust der Vertraulichkeit von dem Berufsgeheimnis unterliegenden Daten oder andere erhebliche wirtschaftliche oder gesellschaftliche Nachteile für die betroffene natürliche Person.[5]

II. Systematik, Verhältnis zu anderen Vorschriften

4   Die Vorschrift bildet zusammen mit den systematisch vorangestellten Bestimmungen zur Sicherheit der Verarbeitung (Art. 32) und der nachfolgenden Vorschrift zur Benachrichtigung der von einer Verletzung des Schutzes personenbezogener Daten betroffenen Person (Art. 34) Abschnitt 2 zur Sicherheit personenbezogener Daten. Der Abschnitt ist Teil des Kapitels IV, welches Regelungen für die Verantwortlichen der Datenverarbeitung und die Auftragsverarbeiter enthält. Art. 33 ist die **zentrale Vorschrift für die Meldepflicht an die Aufsichtsbehörde**.

B. Einzelerläuterungen

I. Meldepflicht des Verantwortlichen

5   **1. Definition und zeitliche Vorgaben.** Nach Art. 33 Abs. 1 hat der Verantwortliche im Fall einer Verletzung des Schutzes personenbezogener Daten diese Verletzung der zuständigen Aufsichtsbehörde (Art. 51) zu melden. Eine Verletzung des Schutzes personenbezogener Daten ist nach der **Definition** der DS-GVO eine „Verletzung der Sicherheit, die ob unbeabsichtigt oder unrechtmäßig, zur Vernichtung, zum Verlust, zur Veränderung, oder zur unbefugten Offenlegung von bzw. zum unbefugten Zugang von personenbezogenen Daten führt, die übermittelt, gespeichert oder auf sonstige Weise verarbeitet werden" (Art. 4 Nr. 12). Eine solche Verletzung stellt eine Art eines Sicherheitsvorfalls dar. Die Verletzung muss jedoch personenbezogene Daten betreffen. Als Konsequenz kann der Verantwortliche der Datenverarbeitung nicht länger die Einhaltung der Grundsätze zur Datenverarbeitung nach Art. 5 sicherstellen. Daraus ergibt sich der Unterschied zwischen einem Sicherheitsvorfall und der Verletzung des Schutzes personenbezogener Daten. Im Wesentlichen sind daher alle Verletzungen des Schutzes personenbezogener Daten Sicherheitsvorfälle, aber nicht alle Sicherheitsvorfälle sind notwendigerweise auch Verletzungen des Schutzes personenbezogener Daten.[6] Dabei ist zu beachten, dass Sicherheitsvorfälle nicht auf Bedrohungsszenarien beschränkt sind, bei denen eine Organisation von außen angegriffen wird, sondern auch dann gegeben sind, wenn Sicherheitsgrundsätze aufgrund

---

[3] Erwägungsgrund 59, Richtlinie 2009/136/EG des Europäischen Parlaments und des Rates v. 25.11.2009 zur Änderung der Richtlinie 2002/22/EG über den Universaldienst und Nutzerrechte bei elektronischen Kommunikationsnetzen und -diensten, der Richtlinie 2002/58/EG über die Verarbeitung personenbezogener Daten und den Schutz der Privatsphäre in der elektronischen Kommunikation und der Verordnung (EG) Nr. 2006/2004 über die Zusammenarbeit im Verbraucherschutz.

[4] Erwägungsgrund 59, Richtlinie 2009/136/EG.

[5] Erwägungsgrund 85.

[6] Artikel-29-Datenschutzgruppe, Leitlinien für die Meldung von Verletzungen des Schutzes personenbezogener Daten gemäß der Verordnung (EU) 2016/679 (WP250rev.01), angenommen am 6.2.2018, S. 8.

interner Vorgänge verletzt werden.[7] Unter die Regelung fallen beispielsweise Datenpannen und Datenlecks, Hacking oder Datendiebstahl.[8] Konkret werden aus Aufsichtsbehördensicht Webanwendungen angeführt, die eine bislang unbekannte SQL-Lücke aufweisen, Bugs im Webserver, die einen Vollzugriff auf Systemebene ermöglichen, verlorengegangene USB-Sticks oder Laptops oder Einbruch in schlecht gesicherte Serverräume, die mit einem Verlust der Backup-Platten einhergehen.[9]

In Ihren Leitlinien für die Meldung von Verletzungen des Schutzes personenbezogener Daten[10] verweist die Artikel-29-Datenschutzgruppe für eine Kategorisierung in unterschiedliche Arten von Verletzungen der Sicherheit auf ihre Stellungnahme[11] aus dem Jahr 2014. Die Einordnung orientiert sich an den Grundsätzen der Informationssicherheit. Danach ergeben sich **drei Arten von Verletzungen der Sicherheit.** Erstens, die „Verletzung der Vertraulichkeit", bei der es zu einer unbefugten oder unbeabsichtigten Preisgabe von oder Einsichtnahme in personenbezogene Daten kommt. Zweitens, die „Verletzung der Integrität", bei der es zu einer unbefugten oder unbeabsichtigen Änderung personenbezogener Daten kommt. Bei der dritten Kategorie handelt es sich um die „Verletzung der Verfügbarkeit", bei denen es zu einer unbefugten oder unbeabsichtigten Verlust des Zugangs[12] zu personenbezogenen Daten oder die unbeabsichtigte oder unrechtmäßige Vernichtung personenbezogener Daten kommt. Bei einem Vorfall kann es gleichzeitig zu einer Verletzung in allen drei Kategorien kommen oder zu einer Kombination der einzelnen Kategorien.

Nach Ansicht der Aufsichtsbehörden ist es einfacher festzustellen, wenn eine Verletzung der Vertraulichkeit oder der Integrität vorliegt, aber nicht, wann eine Verletzung der Verfügbarkeit gegeben ist. Eine solche Verletzung liegt in der Regel vor, wenn es zu einem dauerhaften Verlust oder Vernichtung von personenbezogenen Daten kommt.[13] **Beispiele** sind die unbeabsichtigte Löschung von Daten oder durch einen Unbefugten oder wenn bei verschlüsselten Daten, der Schlüssel verloren ist.[14] Wenn die Verantwortliche Stelle den Zugriff auf die Daten nicht wiederherstellen kann, beispielsweise von einem Backup, gilt dies als dauerhafter Verlust. Ein Verlust der Verfügbarkeit kann auch vorliegen, wenn es zu einer signifikanten Unterbrechung des normalen Dienstes einer Organisation kam, zB bei einem Stromausfall oder einem „Denial-of-Service"-Angriff,[15] die dazu führen dass personenbezogene Daten entweder dauerhaft oder vorübergehend nicht verfügbar sind. Fraglich ist in diesem Zusammenhang, ob der nur **vorübergehende Verlust von Verfügbarkeit** als eine Verletzung gilt und falls dies zutrifft, ob dieser meldepflichtig ist. Die Aufsichtsbehörden vertreten dazu die Auffassung, dass wenn ein Vorfall dazu führt dass personenbezogene Daten auch nur für einen bestimmten Zeitraum nicht verfügbar sind, ein Sicherheitsvorfalls vorliegt, der aber abhängig von den Umständen nicht meldepflichtig sein kann. Führt der Verlust der Verfügbarkeit zu Risiken für die Rechte und Freiheiten der Betroffenen, hat der Verantwortliche zu melden. Jedoch ist dann die Einzelfallbetrachtung maßgeblich.[16] Als **Beispiel** gilt der vorübergehende Verlust von kritischen medizinischen Daten über Patienten in einem Krankenhaus, wenn dann Operationen abgesagt werden müssten. Wenn

---

[7] Leitlinien für die Meldung von Verletzungen des Schutzes personenbezogener Daten gemäß der Verordnung (EU) 2016/679 (WP250rev.01), angenommen am 6.2.2018, S. 8.
[8] Siehe hierzu auch Plath/*Grages* DS-GVO Art. 33 Rn. 1.
[9] Siehe BayLDA, Diskussionspapier zu Art. 33 und Art. 34 DS-GVO v. 19.9.2016, S. 1.
[10] Artikel-29-Datenschutzgruppe, Leitlinien für die Meldung von Verletzungen des Schutzes personenbezogener Daten gemäß der Verordnung (EU) 2016/679 (WP250rev.01), angenommen am 6.2.2018, S. 8.
[11] Artikel-29-Datenschutzgruppe, Stellungnahme 3/2014 on Personal Data Breach Notification, WP 213.
[12] Der „Zugang" ist im Wesentlichen ein Aspekt der „Verfügbarkeit". Siehe zB NIST SP800-53rev4, wonach „Verfügbarkeit" als Sicherstellung eines zeitnahen und zuverlässigen Zugangs zu und der Nutzung von Informationen („Ensuring timely and reliable access to and use of information") definiert wird, abrufbar unter http://nvlpubs.nist.gov/nistpubs/SpecialPublications/NIST.SP.800-53r4.pdf. Auch in ISO/IEC 27000:2016 wird Verfügbarkeit in dem Sinne definiert, dass die Informationen auf Anfrage einer befugten Stelle verfügbar und nutzbar sind („The property of being accessible and useable upon demand by an authorized entity"), siehe https://www.iso.org/obp/ui/#iso:std:iso-iec:27000:ed-4:v1:en.
[13] Artikel-29-Datenschutzgruppe, Leitlinien für die Meldung von Verletzungen des Schutzes personenbezogener Daten gemäß der Verordnung (EU) 2016/679 (WP250rev.01), angenommen am 6.2.2018, S. 9.
[14] Artikel-29-Datenschutzgruppe, Leitlinien für die Meldung von Verletzungen des Schutzes personenbezogener Daten gemäß der Verordnung (EU) 2016/679 (WP250rev.01), angenommen am 6.2.2018, S. 9.
[15] Artikel-29-Datenschutzgruppe, Leitlinien für die Meldung von Verletzungen des Schutzes personenbezogener Daten gemäß der Verordnung (EU) 2016/679 (WP250rev.01), angenommen am 6.2.2018, S. 9.
[16] Artikel-29-Datenschutzgruppe, Leitlinien für die Meldung von Verletzungen des Schutzes personenbezogener Daten gemäß der Verordnung (EU) 2016/679 (WP250rev.01), angenommen am 6.2.2018, S. 10.

dagegen die Systeme eines Medienunternehmens über mehrere Stunden nicht verfügbar sind (etwa aufgrund eines Stromausfalls), sodass das Unternehmen keine Newsletter an seine Abonnenten verschicken kann, besteht wahrscheinlich kein Risiko für die Rechte und Freiheiten von Personen.

8 Nach Auffassung der Aufsichtsbehörden, muss ein Verantwortlicher auch bei einer nur **vorübergehenden Nichtverfügbarkeit** seiner Systeme ohne zu erwartende Auswirkungen für die betroffenen Personen alle denkbaren Folgen einer Datenschutzverletzung berücksichtigen,[17] da eine Meldung aus anderen Gründen dennoch erforderlich sein kann. Als Beispiel wird eine Infektion durch **Ransomware**[18] angeführt. Dies könnte einen vorübergehenden Verlust der Datenverfügbarkeit zur Folge haben, wenn die Daten mithilfe einer **Sicherungskopie** wiederhergestellt werden können. Trotzdem wurde in das Netzwerk eingedrungen, sodass der Vorfall gegebenenfalls meldepflichtig ist, wenn er als Verletzung der Datenvertraulichkeit einzustufen ist (der Angreifer also Zugang zu personenbezogenen Daten erhalten hat) und daraus ein Risiko für die Rechte und Freiheiten von Personen entsteht. In der Praxis sind diese Situationen jedoch nicht immer gleich zu verifizieren und es sind oft komplexe forensische Untersuchungen notwendig, um einen „Zugang" zu bestimmen.

9 Die Meldung nach Art. 33 hat **unverzüglich** und **möglichst binnen 72 Stunden**[19] zu erfolgen, nachdem dem Verantwortlichen die Verletzung „bekannt" wurde.[20] Nach Ansicht der Aufsichtsbehörden ist dies der Fall, wenn der Verantwortliche über ein *begründetes Maß an Gewissheit* verfügt, dass ein Sicherheitsvorfall zur Gefährdung von personenbezogenen Daten geführt hat.[21] Wann genau davon auszugehen ist, dass einem Verantwortlichen eine bestimmte Datenschutzverletzung „bekannt" wurde, ist von den **konkreten Umständen** der Datenschutzverletzung abhängig.[22]. In einigen Fällen mag es daher von Anfang an eindeutig sein, dass eine Verletzung der Schutzes vorliegt, in anderen Fällen mag es eine Zeit dauern, bis festgestellt werden kann, dass personenbezogene Daten gefährdet waren. Nach Ansicht der Aufsichtsbehörden sollte der Schwerpunkt jedoch auf sofortigen Maßnahmen zur Untersuchung des Vorfalls liegen, damit festgestellt wird, ob der Schutz personenbezogener Daten tatsächlich verletzt wurde,[23] und um Abhilfemaßnahmen zu ergreifen und die Datenschutzverletzung gegebenenfalls zu melden, falls sich diese bestätigt. Als Beispiel lässt sich der **Verlust eines USB-Sticks** mit unverschlüsselten personenbezogenen Daten und dem Problem festzustellen, ob unbefugte Personen Zugriff hatten, nennen. Auch in Fällen in denen der Verantwortliche nicht ermitteln

---

[17] Artikel-29-Datenschutzgruppe, Leitlinien für die Meldung von Verletzungen des Schutzes personenbezogener Daten gemäß der Verordnung (EU) 2016/679 (WP250rev.01), angenommen am 6.2.2018, S. 10.
[18] Dabei handelt es sich vereinfacht ausgedrückt um ein Schadprogramm, das die Daten des Verantwortlichen bis zur Zahlung eines Lösegelds verschlüsselt.
[19] Die Frist wird nach Art. 2 ff. der Verordnung Nr. 1182/71 des Rates vom 3. Juni 1971 zur Festlegung der Regeln für die Fristen, Daten und Termine (ABl. L 124 vom Juni 1971, S. 1) berechnet. Zur Fristberechnung siehe ausf. Der Bayerische Landesbeauftragte für den Datenschutz, Meldepflicht und Benachrichtigungsplicht des Verantwortlichen, Orientierungshilfe, 2019, S. 38 ff. Das für den Anfang der Frist maßgebliche Ereignis ist das Bekanntwerden der Datenschutzverletzung. Die Frist tritt dann nicht sofort, sondern mit Anfang der nächsten Stunde in Lauf. Die Frist läuft an einem Feiertag, Sonntag oder Samstag weiter, weil weder in der DS-GVO noch anderer Stelle etwas Abweichendes bestimmt ist (vgl. Art. 3 Abs. 3). Siehe zur Fristberechnung auch *Labusga* DuD 2020, 735 ff., sowie zur Uneinigkeit auch *Faußner/Leeb* DSB 2019, 197.
[20] Der Kommissionsvorschlag aus dem Jahr 2012 hatte zunächst ein Zeitfenster von nur 24 Stunden vorgesehen. Dieses Zeitfenster wurde dann im Trilog-Verfahren bei den Verhandlungen mit dem Rat und dem Parlament auf 72 Stunden erhöht.
[21] Artikel-29-Datenschutzgruppe, Leitlinien für die Meldung von Verletzungen des Schutzes personenbezogener Daten gemäß der Verordnung (EU) 2016/679 (WP250rev.01), angenommen am 6.2.2018, S. 12.Siehe dort auch zB des Verlusts einer CD mit unverschlüsselten Daten und dem Problem festzustellen, ob unbefugte Personen Zugriff hatten. Hier wäre es dem Verantwortlichen „bekannt" sobald er bemerkt, dass die CD verloren ging. Weitere Bsp. betreffen die unbeabsichtigte Zusendung von Daten an einen Dienstleister, wenn dieser daraufhin die Verantwortlichen informiert und somit in Kenntnis setzt. Sobald der Verantwortliche nach Überprüfung eines möglichen Eindringens in ein Netzwerk feststellt, dass personenbezogene Daten gefährdet waren, gilt auch dies als Kenntnis. Ähnliches gilt für den Erpresser, der den Verantwortlichen nach einem Hack zur Zahlung auffordert.
[22] Artikel-29-Datenschutzgruppe, Leitlinien für die Meldung von Verletzungen des Schutzes personenbezogener Daten gemäß der Verordnung (EU) 2016/679 (WP250rev.01), angenommen am 6.2.2018, S. 12.
[23] Artikel-29-Datenschutzgruppe, Leitlinien für die Meldung von Verletzungen des Schutzes personenbezogener Daten gemäß der Verordnung (EU) 2016/679 (WP250rev.01), angenommen am 6.2.2018, S. 12.

kann, ob eine Verletzung der Vertraulichkeit vorliegt, muss ein solcher Fall nach Ansicht der Behörden dennoch gemeldet werden,[24] weil mit hinreichender Gewissheit eine Verletzung der Datenverfügbarkeit stattgefunden hat – dem Verantwortlichen wurde der Vorfall in dem Moment „bekannt", als er den Verlust des USB-Stick bemerkt hat. Weitere Beispiele[25] betreffen die **unbeabsichtigte Zusendung von Daten an den falschen Kunden**, wenn dieser daraufhin den Verantwortlichen informiert und somit in Kenntnis setzt. Sobald der Verantwortliche nach Überprüfung eines möglichen **Eindringens in ein Netzwerk** feststellt, dass personenbezogene Daten gefährdet waren, gilt auch dies als Kenntnis. In weit verbreiteten Fällen, in denen ein Cyberkrimineller das System eines Verantwortlichen hackt und diesen dann anschließend mit einer **Lösegeldforderung** kontaktiert, hat der Verantwortliche den eindeutigen Nachweis einer Datenschutzverletzung erlangt, nachdem er sein System geprüft und den Angriff bestätigt hat – die Datenschutzverletzung wurde ihm zweifelsfrei bekannt.

Dem Verantwortlichen der Datenverarbeitung wird jedoch ein **kurzer Zeitraum zur Untersuchung** zugestanden, um festzustellen, ob eine Verletzung des Schutzes personenbezogener Daten vorliegt oder nicht.[26] Während dieses Zeitraums der Untersuchung hat der Verantwortliche dann noch keine „Kenntnis" im Sinne der Vorschrift. Die Aufsichtsbehörden erwarten allerdings, dass eine solche erste Untersuchung sobald wie möglich beginnt und dass dabei mit **hinreichender Gewissheit** festgestellt wird, ob eine Datenschutzverletzung stattgefunden hat.[27] Eine detaillierte Untersuchung kann dann später erfolgen. Sobald dem Verantwortlichen eine Datenschutzverletzung „bekannt" wird, muss eine meldepflichtige Verletzung unverzüglich und, falls möglich, binnen höchstens 72 Stunden gemeldet werden. In dieser Zeit sollte der Verantwortliche nach den Leitlinien das wahrscheinliche Risiko für die betroffenen Personen prüfen, um festzustellen, ob die Meldepflicht ausgelöst wurde und welche Maßnahme(n) zur Behebung der Datenschutzverletzung getroffen werden muss/müssen.[28] In der Praxis sind diese Anforderungen oft nur schwer zu erfüllen. Insbesondere bei großen, internationalen und komplexen Verletzungen reicht dieser Zeitraum für die notwendige forensische Untersuchung kaum aus. Vor diesem Hintergrund sollte der Verantwortliche der Datenverarbeitung interne Prozesse implementiert haben, um Sicherheitsvorfälle zu entdecken und zu adressieren. Beispielsweise eignen sich technische Maßnahmen wie **Datenfluss- und Loganalyse-Tools** dazu, Unregelmäßigkeiten bei der Datenverarbeitung festzustellen, da mit ihnen durch Korrelation von Loginformationen Ereignisse und Warnungen definiert werden können. Falls ein Vorfall entdeckt wird, ist es wichtig, dass dieser an die angemessene Ebene des Managements der Organisation berichtet wird, damit er adressiert und, erforderlichenfalls auch nach Art. 33 und wenn notwendig auch nach Art. 34 gemeldet werden kann.[29] Diese Art von Maßnahmen und Berichtsmechanismen können in einem **„Incident Response Plan"** und anderen Governance-Strukturen berücksichtigt werden. Auf diese Weise wird sichergestellt, dass der Verantwortliche effektiv planen und festlegen kann[30], wer für den Umgang mit einem Vorfall die operative Verantwortlichkeit innerhalb der Organisation hat.

Falls die Meldung an die Aufsichtsbehörde nicht binnen 72 Stunden erfolgt, hat der Verantwortliche der Meldung eine **Begründung für die Verzögerung** beizufügen. Mit dieser Vorgabe sowie mit dem Konzept der schrittweisen Meldung (→ Rn. 18) wird zugestanden,[31] dass die Verantwortlichen möglicherweise nicht immer in der Lage sind, eine Datenschutzverletzung innerhalb dieses Zeitraums zu melden, und dass eine **verzögerte Meldung** zulässig sein

---

[24] Artikel-29-Datenschutzgruppe, Leitlinien für die Meldung von Verletzungen des Schutzes personenbezogener Daten gemäß der Verordnung (EU) 2016/679 (WP250rev.01), angenommen am 6.2.2018, S. 12.
[25] Artikel-29-Datenschutzgruppe, Leitlinien für die Meldung von Verletzungen des Schutzes personenbezogener Daten gemäß der Verordnung (EU) 2016/679 (WP250rev.01), angenommen am 6.2.2018, S. 13.
[26] Artikel-29-Datenschutzgruppe, Leitlinien für die Meldung von Verletzungen des Schutzes personenbezogener Daten gemäß der Verordnung (EU) 2016/679 (WP250rev.01), angenommen am 6.2.2018, S. 13.
[27] Artikel-29-Datenschutzgruppe, Leitlinien für die Meldung von Verletzungen des Schutzes personenbezogener Daten gemäß der Verordnung (EU) 2016/679 (WP250rev.01), angenommen am 6.2.2018, S. 13.
[28] Artikel-29-Datenschutzgruppe, Leitlinien für die Meldung von Verletzungen des Schutzes personenbezogener Daten gemäß der Verordnung (EU) 2016/679 (WP250rev.01), angenommen am 6.2.2018, S. 13.
[29] Siehe auch Artikel-29-Datenschutzgruppe, Leitlinien für die Meldung von Verletzungen des Schutzes personenbezogener Daten gemäß der Verordnung (EU) 2016/679 (WP250rev.01), angenommen am 6.2.2018, S. 14.
[30] Siehe dazu auch hins. Berichtswegen im Rahmen eines Datenschutz-Managementsystems Taeger/Gabel/*Schultze-Melling* DS-GVO Art. 33 Rn. 15.
[31] Artikel-29-Datenschutzgruppe, Leitlinien für die Meldung von Verletzungen des Schutzes personenbezogener Daten gemäß der Verordnung (EU) 2016/679 (WP250rev.01), angenommen am 6.2.2018, S. 19.

kann. Ein Beispiel nach den Leitlinien[32] handelt von einem Szenario, wenn bei einem Verantwortlichen in einem kurzen Zeitraum mehrere vergleichbare Verletzungen der Datenvertraulichkeit auftreten, von denen sehr viele Personen in gleicher Weise betroffen sind. Einem Verantwortlichen könnte eine Datenschutzverletzung bekannt werden, und zu Beginn seiner Untersuchungen sowie vor der Meldung könnte er feststellen, dass weitere ähnliche Verletzungen mit unterschiedlichen Ursachen aufgetreten sind. Je nach den Umständen kann der Verantwortliche das Ausmaß der Datenschutzverletzungen vielleicht erst nach einer gewissen Zeit feststellen. Anstatt jede Verletzung einzeln zu melden, erstellt er eine aussagekräftige Meldung, in der mehrere sehr ähnlich gelagerte Verletzungen mit verschiedenen möglichen Ursachen wiedergegeben werden. Dadurch könnte sich die Meldung an die Aufsichtsbehörde um mehr als 72 Stunden, nachdem dem Verantwortlichen die Datenschutzverletzungen bekannt wurden, verzögern. Aus der Vorschrift und den Erwägungsgründen ergeben sich jedoch keinerlei Vorgaben für den Umfang oder den Inhalt einer solchen Begründung. Insofern dürfte sich der Umfang und Inhalt der Begründung nach dem jeweiligen Einzelfall richten soweit die Aufsichtsbehörden keine Leitlinien für die Praxis herausgeben.

12 **2. Ausnahme Risikoabwägung.** Eine **Ausnahme** von der Anforderung der Meldung besteht nur in Situationen, bei denen die Verletzung des Schutzes personenbezogener Daten voraussichtlich **nicht zu einem Risiko für die Rechte und Freiheiten natürlicher Personen** führt. Aus den Erwägungsgründen 75 und 76 der DS-GVO geht hervor, dass bei der Bewertung des Risikos grundsätzlich sowohl der Eintrittswahrscheinlichkeit als auch der Schwere des Risikos für die Rechte und Freiheiten der betroffenen Personen Rechnung zu tragen ist. Darüber hinaus sollte das Risiko anhand einer **objektiven Bewertung** beurteilt werden. Der Verantwortliche soll nach Ansicht der Aufsichtsbehörden bei der Bewertung des mit der Datenschutzverletzung verbundenen Risikos für die betroffenen Personen den spezifischen Umständen der Datenschutzverletzung Rechnung tragen, einschließlich der Schwere der potenziellen Folgen und der Wahrscheinlichkeit, dass diese Folgen eintreten.[33] Bei Betrachtung einer möglichen Datenschutzverletzung werden die generelle Eintrittswahrscheinlichkeit einer solchen Verletzung sowie der potenziell daraus folgende Schaden für die betroffene Person geprüft; mit anderen Worten, es wird ein **hypothetisches Ereignis** bewertet. Bei einer tatsächlich eingetretenen Datenschutzverletzung hat sich der Vorfall bereits ereignet, sodass der Fokus ausschließlich auf dem Risiko der Folgen liegt, die die Datenschutzverletzung für die betroffenen Personen hat. Dies soll der Verantwortliche im Einklang mit dem Grundsatz der **Rechenschaftspflicht** nachweisen.[34] Damit bildet die Regelung die Grundlage für eine entsprechende Argumentation, die in der Praxis anhand eines Kriterienkatalogs vorzunehmen ist. Die Leitlinien der Aufsichtsbehörden nennen die folgenden **sieben Kriterien** und beschreiben diese näher:[35] 1. Art der Datenschutzverletzung, 2. Art, Sensibilität und Umfang der personenbezogenen Daten, 3. Identifizierbarkeit betroffener Personen, 4. Schwere der Folgen für die Personen, 5. Besondere Eigenschaften der betroffenen Personen, 6. Besondere Eigenschaften des Verantwortlichen, 7. Zahl der betroffenen Personen und 8. Allgemeine Aspekte.

13 Ein solches Risiko besteht etwa bei **Situationen der Diskriminierung, einem Identitätsdiebstahl oder -betrug, finanziellen Verlusten, unbefugter Umkehr der Pseudonymisierung, Rufschädigung, Verlust der Vertraulichkeit von dem Berufsgeheimnis unterliegenden Daten oder anderen erheblichen wirtschaftlichen oder gesellschaftlichen Nachteilen.** Dies ergibt sich aus dem durch den Rat der Europäischen Union in das Gesetzgebungsverfahren eingebrachten Vorschlag, obwohl dort noch von einem „hohen" Risiko gesprochen wurde. In Erwägungsgrund 85 der DS-GVO wurden die Überlegungen des Rates aufgegriffen, jedoch ist dort nun von „Schaden" die Rede. Insofern ist die verwendete Terminologie in Erwägungsgrund und Art. 33 nicht einheitlich.[36] Die Aufzählung im Erwägungsgrund ist nur beispielhaft und daher können andere Risiken Gegenstand der Vorschrift sein. Die

---

[32] Artikel-29-Datenschutzgruppe, Leitlinien für die Meldung von Verletzungen des Schutzes personenbezogener Daten gemäß der Verordnung (EU) 2016/679 (WP250rev.01), angenommen am 6.2.2018, S. 19.
[33] Artikel-29-Datenschutzgruppe, Leitlinien für die Meldung von Verletzungen des Schutzes personenbezogener Daten gemäß der Verordnung (EU) 2016/679 (WP250rev.01), angenommen am 6.2.2018, S. 28.
[34] Erwägungsgrund 85.
[35] Artikel-29-Datenschutzgruppe, Leitlinien für die Meldung von Verletzungen des Schutzes personenbezogener Daten gemäß der Verordnung (EU) 2016/679 (WP250rev.01), angenommen am 6.2.2018, S. 27–31.
[36] Rat der Europäischen Union, Vorschlag v. 15.6.2015, 9565/15; vgl. die Formulierung des Rates zu Art. 31 Abs. 1 des Vorschlags.

Situation der Risikoabwägung kann Unternehmen zudem vor Herausforderungen stellen, da die Risiken zu Beginn einer Untersuchung eines Vorfalls der Datensicherheit oft nicht umfassend bewertet werden können. Bei der Bewertung des Risikos, welches sich durch einen Vorfall ergibt, sollte der Verantwortliche der Datenverarbeitung eine Kombination aus der Schwere der Auswirkungen auf die Rechte und Freiheiten der Betroffenen und der Wahrscheinlichkeit, dass diese eintreten, betrachten. In Fällen, bei denen die Auswirkungen eines Vorfalls ernsthafter sind, ist das Risiko höher und wo die Wahrscheinlichkeit, dass die Auswirkungen eintreten, höher ist, ist das Risiko auch erhöht. Im Zweifel sollte der Verantwortliche nach Ansicht der Aufsichtsbehörden auf Nummer sicher gehen und eine Meldung vornehmen.[37] Annex B der Leitlinien[38] beschreibt **Praxisbeispiele** unterschiedlicher Vorfälle sowie Risiken und gibt an, unter welchen Umständen eine Meldung für notwendig erachtet wird. Für die Praxis ebenfalls hilfreich sind die Empfehlungen von **ENISA** für eine **Methodik zur Bewertung der Schwere eines Vorfalls**,[39] die Verantwortliche insbesondere bei der Entwicklung eines Incident Response Plans berücksichtigen können.

Zur Fragestellung, ob die Meldeplicht in Rahmen des Art. 33 entfallen kann, wenn ein Datensatz **verschlüsselt** war, da dann eine Risikoaufhebung bestehen könnte, gibt es im Gegensatz zur klaren Regelung des Art. 34 im Hinblick auf Art. 33 unterschiedliche Auffassungen.[40] Im Ergebnis scheint die Auffassung sinnvoll, nach der die Meldeplicht in einfach gelagerten Fällen entfallen kann, da es dann in der Regel zu einer erheblichen Risikoverringerung kommen dürfte. Voraussetzung dürfte allerdings sein, dass der Schlüssel für den Datensatz nicht ebenfalls kompromittiert wurde.

II. Gemeinsam Verantwortliche

Art. 26 befasst sich mit gemeinsam für die Verarbeitung Verantwortlichen und sieht vor, dass gemeinsam für die Verarbeitung Verantwortliche festlegen, wer von ihnen welche Verpflichtung gemäß der DS-GVO erfüllt. Dabei muss auch die für die Einhaltung der Verpflichtungen aus den Art. 33 und 34 verantwortliche Partei benannt werden. Die Aufsichtsbehörden empfehlen daher,[41] in den **vertraglichen Vereinbarungen** zwischen gemeinsam für die Verarbeitung Verantwortlichen ausdrücklich zu regeln, welcher Verantwortliche in Bezug auf die Einhaltung der Pflicht zur Meldung von Datenschutzverletzungen die führende Rolle übernimmt bzw. die Verantwortung trägt. Dies ist nicht nur aus praktischen Erwägungen heraus sinnvoll, sondern auch vor dem Hintergrund von möglichen Haftungsfragen, da im Rahmen von größeren Datenschutzverletzungen mit signifikanten Kosten zu rechnen ist.

III. Meldepflicht des Auftragsverarbeiters

Im Gegensatz zum Verantwortlichen hat der Auftragsverarbeiter **keine Meldepflicht gegenüber der Aufsichtsbehörde.** Vielmehr bestimmt Art. 33 Abs. 2, dass der Auftragsverarbeiter dem Verantwortlichen eine Verletzung des Schutzes personenbezogener Daten **unverzüglich** zu melden hat, wenn dem Auftragsverarbeiter eine solche bekannt wird. Diese Meldepflicht des Auftragsverarbeiters ergibt sich aus dem Gedanken der Risikoverteilung bei der Auftragsverarbeitung, bei der der Auftraggeber verantwortlich bleibt und die technisch-organisatorische Umsetzung der Verarbeitung beim Auftragsverarbeiter liegt.[42] Der Auftragsverarbeiter ist nicht verpflichtet, die Wahrscheinlichkeit eines mit einer Datenschutzverletzung verbundenen Risikos vor der Meldung an den Verantwortlichen zu prüfen;[43] es ist Sache des Verantwortlichen, dies zu prüfen, sobald ihm die Datenschutzverletzung bekannt wird. Der Auftragsverarbeiter muss nur feststellen, ob eine Datenschutzverletzung aufgetreten ist, und diese dann **an den Verantwort-**

---

[37] Artikel-29-Datenschutzgruppe, Leitlinien für die Meldung von Verletzungen des Schutzes personenbezogener Daten gemäß der Verordnung (EU) 2016/679 (WP250rev.01), angenommen am 6.2.2018, S. 30.
[38] Artikel-29-Datenschutzgruppe, Leitlinien für die Meldung von Verletzungen des Schutzes personenbezogener Daten gemäß der Verordnung (EU) 2016/679 (WP250rev.01), angenommen am 6.2.2018, S. 36.
[39] ENISA, Recommendations for a methodology of the assessment of severity of personal data breaches, www.enisa.europa.eu/publications/dbn-severity, Working Document, v1.0, December 2013.
[40] Siehe Übersicht bei *Leibold* ZD-Aktuell 2019, 06650.
[41] Artikel-29-Datenschutzgruppe, Leitlinien für die Meldung von Verletzungen des Schutzes personenbezogener Daten gemäß der Verordnung (EU) 2016/679 (WP250rev.01), angenommen am 6.2.2018, S. 15.
[42] Paal ZD 2020, 122.
[43] Artikel-29-Datenschutzgruppe, Leitlinien für die Meldung von Verletzungen des Schutzes personenbezogener Daten gemäß der Verordnung (EU) 2016/679 (WP250rev.01), angenommen am 6.2.2018, S. 15.

lichen melden. Der Verantwortliche nutzt den Auftragsverarbeiter, um seine Ziele zu erreichen; deshalb gilt grundsätzlich, dass dem Verantwortlichen die Datenschutzverletzung „bekannt" wurde, sobald ihn der Auftragsverarbeiter davon in Kenntnis gesetzt hat.[44] Da die DS-GVO kein weiteres Zeitlimit enthält, empfehlen die Aufsichtsbehörden in diesem Zusammenhang, dass der Auftragsverarbeiter den Verantwortlichen „umgehend" informiert,[45] und **schrittweise** zusätzliche Angaben zu der Datenschutzverletzung nachreicht, sobald weitere Details verfügbar werden, damit der Verantwortliche seiner Verpflichtung nachkommen und soweit möglich, innerhalb von 72 Stunden die Aufsichtsbehörde informieren kann. Die Anforderung des Art. 33 Abs. 2 ist im Zusammenhang mit der vertraglichen Verpflichtung des Auftragsverarbeiters aus Art. 28 Abs. 3 lit. f zu sehen, nach der dieser gehalten ist, den Verantwortlichen unter Berücksichtigung der Art der Verarbeitung und der ihm zur Verfügung stehenden Informationen bei der Einhaltung der in Art. 33 genannten Pflichten zu unterstützen. Die Vorschrift des Art. 33 Abs. 2 stellt klar, dass der Auftragsverarbeiter per Gesetz zur Meldung der Verletzung des Schutzes personenbezogener Daten verpflichtet ist. Eine ausdrückliche **vertragliche Regelung** zwischen Verantwortlichem und Auftragsverarbeiter ist daneben in der Praxis empfehlenswert. Dazu können etwa Verpflichtungen des Auftragsverarbeiters zur frühzeitigen Meldung gehören (beispielsweise Meldung an den Verantwortlichen innerhalb von 36 oder 48 Stunden), was wiederum dem Verantwortlichen hilft, seiner Pflicht zur Meldung an die Aufsichtsbehörde binnen 72 Stunden nachzukommen. Erbringt der Auftragsverarbeiter Dienste für mehrere vom selben Vorfall betroffene Verantwortliche oder Kunden, muss er jeden Verantwortlichen oder Kunden einzeln über die Details des Vorfalls informieren.[46]

16 Ein Auftragsverarbeiter soll nach Ansicht der Aufsichtsbehörden eine **Meldung nach Art. 33 im Auftrag des Verantwortlichen** vornehmen können, sofern dieser den Auftragsverarbeiter autorisiert hat und dies auch Teil des Vertrags zwischen den beiden Parteien ist.[47] Die rechtliche Verantwortung für die Meldung verbleibt jedoch bei dem Verantwortlichen. In der Praxis ist dies jedoch mit einigen Problemen verbunden und in der Regel empfiehlt es sich, dies grundsätzlich nicht dem Auftragsverarbeiter zu überlassen.

IV. Inhalt der Meldung an die Aufsichtsbehörde

17 Die Meldung an die Aufsichtsbehörde muss **vier Mindestangaben**[48] enthalten. Zunächst hat in der Meldung eine **Beschreibung der Art der Verletzung** des Schutzes personenbezogener Daten zu erfolgen.[49] Dabei müssen, *soweit möglich*, Angaben zu den Kategorien[50] und der *ungefähren* Zahl der betroffenen Personen, der betroffenen Kategorien[51] und der *ungefähren* Zahl der betroffenen personenbezogenen Datensätze gemacht werden.[52] In der Praxis ermöglichen

---

[44] Artikel-29-Datenschutzgruppe, Leitlinien für die Meldung von Verletzungen des Schutzes personenbezogener Daten gemäß der Verordnung (EU) 2016/679 (WP250rev.01), angenommen am 6.2.2018, S. 15. Anders noch die Ansicht der Aufsichtsbehörden in einer Entwurfsfassung zu den Leitlinien von 2017, wonach der Verantwortliche bereits dann Kenntnis von einem Vorfall haben, wenn dies dem Auftragsverarbeiter bekannt wird. Diese Ansicht einer Fiktion war jedoch zumindest fragwürdig, da sie nicht berücksichtigte, dass der Verantwortliche ja üblicherweise nicht in die Prozesse und Organisation des Auftragsverarbeiters eingebunden ist. Insofern ist die Neufassung dieses Abschnitts zu begrüßen.
[45] – Artikel-29-Datenschutzgruppe, Leitlinien für die Meldung von Verletzungen des Schutzes personenbezogener Daten gemäß der Verordnung (EU) 2016/679 (WP250rev.01), angenommen am 6.2.2018, S. 16.
[46] So auch Artikel-29-Datenschutzgruppe, Leitlinien für die Meldung von Verletzungen des Schutzes personenbezogener Daten gemäß der Verordnung (EU) 2016/679 (WP250rev.01), angenommen am 6.2.2018, S. 16.
[47] Artikel-29-Datenschutzgruppe, Leitlinien für die Meldung von Verletzungen des Schutzes personenbezogener Daten gemäß der Verordnung (EU) 2016/679 (WP250rev.01), angenommen am 6.2.2018, S. 16.
[48] Vgl. den Wortlaut von Art. 33 Abs. 3.
[49] Art. 33 Abs. 3a.
[50] In der DS-GVO werden keine Kategorien von betroffenen Personen oder personenbezogenen Datensätzen definiert. Die Artikel-29-Datenschutzgruppe schlägt jedoch vor, dass die Kategorien von betroffenen Personen auf die verschiedenen Arten von Personen Bezug nehmen, deren personenbezogene Daten durch eine Datenschutzverletzung beeinträchtigt wurden. Je nach verwendeten Deskriptoren könnten dazu unter anderem Kinder und andere schutzbedürftige Gruppen, Menschen mit Behinderungen, Arbeitnehmer oder Kunden gehören.
[51] Die Kategorien personenbezogener Datensätze können sich auf die unterschiedlichen Arten von Datensätzen beziehen, die ein Verantwortlicher besitzt, zB Gesundheitsdaten, Ausbildungsunterlagen, Informationen zur Sozialfürsorge, Finanzdaten, Kontonummern, Reisepassnummern usw.
[52] Die kursiv hervorgehobenen Begriffe gehen auf den Vorschlag des Rates zurück.

diese Formulierungen eine gewisse Flexibilität, je nach Vorliegen der relevanten Informationen. Es kann zu Beginn eines Vorfalls oft nicht eindeutig sein, welche Kategorien von Daten betroffen sind und wie viele. Ebenfalls zu nennen sind der **Name und die Kontaktdaten des Datenschutzbeauftragten** (Art. 37) oder einer sonstigen Anlaufstelle für weitere Informationen.[53] Weiterhin ist eine **Beschreibung der wahrscheinlichen Folgen der Verletzung** des Schutzes personenbezogener Daten notwendig.[54] Diese Anforderung dürfte für Unternehmen in der Praxis eine Herausforderung darstellen, da sich diese Folgen meist nur schwer abschätzen lassen und in der Regel von einer Reihe von Faktoren abhängen. Schließlich ist in der Meldung eine **Beschreibung der von dem Verantwortlichen ergriffenen oder vorgeschlagenen Maßnahmen** zur Behebung der Verletzung des Schutzes personenbezogener Daten vorzunehmen und gegebenenfalls sind Maßnahmen zur Abmilderung ihrer möglichen nachteiligen Auswirkungen zu nennen.[55]

Nach Art. 33 Abs. 4 besteht die Möglichkeit, diese Informationen ohne angemessene weitere Verzögerung nur **schrittweise zur Verfügung zu stellen,** wenn und soweit sie nicht zur gleichen Zeit bereitgestellt werden können. Damit erkennt die DS-GVO an, dass die Verantwortlichen der Datenverarbeitung nicht immer alle notwendigen Informationen bezüglich eines Vorfalls innerhalb von 72 Stunden zur Verfügung haben. Diese **schrittweise Meldung**[56] ist insbesondere bei komplexen Vorfällen, wie etwa **Cyber-Sicherheitsvorfällen,** hilfreich. Hier ist regelmäßig eine intensive **forensische Untersuchung** notwendig, um die Art des Sicherheitsvorfalles und dass Ausmaß der Gefährdung für die personenbezogenen Daten festzustellen. Zu beachten ist, dass eine schrittweise Meldung nach Art. 33 Abs. 1 begründet werden muss. In der Praxis empfiehlt es sich, dass der Verantwortliche in einem Dialog mit der Aufsichtsbehörde[57] festlegt, wie und wann weitere Informationen zur Verfügung gestellt werden. Die Aufsichtsbehörde sollte dem Zeitpunkt und den Modalitäten der Übermittlung zusätzlicher Informationen zustimmen.[58] Dies hindert den Verantwortlichen jedoch nicht daran, zu einem beliebigen anderen späteren Zeitpunkt zusätzliche Informationen bereitzustellen, wenn ihm weitere relevante Details zu der Datenschutzverletzung bekannt werden, die an die Aufsichtsbehörde weitergegeben werden müssen. **Hintergrund der Regelung** zur Meldepflicht ist, dass die Verantwortlichen insbesondere dazu angehalten werden, bei Datenschutzverletzungen umgehend tätig zu werden und sie einzudämmen, die beeinträchtigten personenbezogenen Daten nach Möglichkeit wiederherzustellen und sich von der Aufsichtsbehörde beraten zu lassen. Die Aufsichtsbehörden gehen daher davon aus,[59] dass wenn der Verantwortliche die Aufsichtsbehörde innerhalb der ersten 72 Stunden benachrichtigt, er sicherstellen kann, dass er im Hinblick auf die Benachrichtigung der betroffenen Personen korrekt entscheidet. Zudem besteht keine Strafe für die Meldung eines Vorfalls, der sich letztlich nicht als Datenschutzverletzung erweist.

Die Aufsichtsbehörden sind der Auffassung, dass strenggenommen jeder einzelne Vorfall einer Meldung bedarf. Sie erkennen jedoch an, dass der Verantwortliche eine **„Bündel"-Meldung**[60] vornimmt, die einzelne Vorfälle umfasst, vorausgesetzt, dass die Vorfälle dieselben Arten von personenbezogenen Daten betreffen, die in derselben Art und Weise gefährdet waren und über einen vergleichsweise kurzen Zeitraum. Erwähnenswert ist, dass die gebündelte Meldung auch für mehrere ähnliche Datenschutzverletzungen innerhalb der 72-Stunden-Frist genutzt werden kann. Dieser Ansatz ist aus Sicht der Praxis begrüßenswert, wird damit doch die effiziente Behandlung von Sicherheitsvorfällen gefördert.

Soweit eine **Datenverarbeitung in mehr als einem EU-Mitgliedstaat** stattfindet, kann es zu einem Sicherheitsvorfall kommen, der Personen in mehreren EU-Mitgliedstaaten betrifft. Unter Berücksichtigung des in Art. 55 Abs. 1, 56 Abs. 1 und Abs. 6 in der DS-GVO ver-

---

[53] Art. 33 Abs. 3b.
[54] Art. 33 Abs. 3c.
[55] Art. 33 Abs. 3d.
[56] Dieser Ansatz findet sich auch bereits iRd bestehenden Verpflichtungen gem. der RL 2002/58/EG und der VO (EU) Nr. 611/2013.
[57] Siehe in diesem Zusammenhang zur Doppelrolle der Aufsichtsbehörden, bestehend aus Beratung und Kontrolle, *Becker* ZD 2020, 178.
[58] Artikel-29-Datenschutzgruppe, Leitlinien für die Meldung von Verletzungen des Schutzes personenbezogener Daten gemäß der Verordnung (EU) 2016/679 (WP250rev.01), angenommen am 6.2.2018, S. 18.
[59] Artikel-29-Datenschutzgruppe, Leitlinien für die Meldung von Verletzungen des Schutzes personenbezogener Daten gemäß der Verordnung (EU) 2016/679 (WP250rev.01), angenommen am 6.2.2018, S. 18.
[60] Artikel-29-Datenschutzgruppe, Leitlinien für die Meldung von Verletzungen des Schutzes personenbezogener Daten gemäß der Verordnung (EU) 2016/679 (WP250rev.01), angenommen am 6.2.2018, S. 19.

ankerten **Aufsichtsmodells** ergibt sich für diese Situationen, dass der Verantwortliche der Datenverarbeitung den Vorfall der federführenden Aufsichtsbehörde zu melden hat.[61] Daher sollte der Verantwortliche, wenn nicht bereits grundsätzlich in der Planungsphase eines Compliance-Projekts geschehen, spätestens bei der Erstellung eines „Incident Response Plans" analysieren, welche **federführende Aufsichtsbehörde** für ihn bei Sachverhalten zuständig ist, die mehr als einen EU-Mitgliedstaat betreffen. Die federführende Aufsichtsbehörde, an die Datenschutzverletzungen im Rahmen der grenzüberschreitenden Verarbeitung gemeldet werden müssen, muss sich nicht notwendigerweise an dem Ort befindet, an dem die betroffenen Personen ansässig sind oder an dem sich die Datenschutzverletzung ereignet hat. Ist der Verantwortliche im Zweifel über die federführende Behörde, sollte er zumindest die **lokale Behörde** des EU-Mitgliedstaats informieren, wo der Vorfall stattfand.[62] In einem proaktiven Ansatz könnte der Verantwortliche daneben auch die Behörden in den anderen EU-Mitgliedstaaten informieren, in denen Personen von dem Vorfall betroffen sind. Falls der Verantwortliche sich dafür entscheidet, nur die federführende Behörde zu informieren, ist es empfehlenswert, dass er angibt, ob der Vorfall auch andere Niederlassungen in anderen EU-Mitgliedstaaten betrifft und in welchen Mitgliedstaaten, Personen wahrscheinlich betroffen sind. In der Praxis haben die meisten Aufsichtsbehörden ihre Meldeformulare[63] dementsprechend angepasst, so dass sie internationale Sachverhalte erfassen können.

21 Für Datenschutzverletzungen bei **Niederlassungen außerhalb der EU** gilt Art. 3. Ein nicht in der EU niedergelassener Verantwortlicher, der Art. 3 Abs. 2 oder Art. 3 Abs. 3 unterliegt und bei sich eine Datenschutzverletzung feststellt, ist daher immer noch an die Meldepflichten gemäß Art. 33 und 34 gebunden. Nach Art. 27 müssen die Verantwortlichen (und Auftragsverarbeiter) in Fällen gemäß Art. 3 Abs. 2 einen **Vertreter in der EU** benennen. Die Aufsichtsbehörden empfehlen daher,[64] dass Datenschutzverletzungen in solchen Fällen an die Aufsichtsbehörde in dem EU-Mitgliedstaat gemeldet werden, in dem der Vertreter des Verantwortlichen niedergelassen ist. Daneben sind auch **Auftragsverarbeiter** im Sinne des Art. 3 Abs. 2 an die Verpflichtungen für Auftragsverarbeiter gebunden und somit auch an die Pflicht zur Meldung von Datenschutzverletzungen an den Verantwortlichen.

V. Dokumentationspflicht und Überprüfung durch Aufsichtsbehörde

22 Der Verantwortliche hat gemäß Art. 33 Abs. 5 eine **Dokumentationspflicht** hinsichtlich der Verletzungen des Schutzes personenbezogener Daten. Danach sind alle Verletzungen zu dokumentieren. Dies muss auch alle im Zusammenhang mit der Verletzung stehenden **Fakten**, die **Auswirkungen** und die ergriffenen **Abhilfemaßnahmen** beinhalten. Die Regelung ist aufgrund ihrer Formulierung und exemplarischen Aufzählung als nicht abschließend zu verstehen. Sinn und Zweck der Vorschrift ist, dass die Aufsichtsbehörde die Einhaltung der Bestimmungen des Art. 33 überprüfen kann. Unternehmen haben daher Vorfälle nicht nur fortlaufend zu dokumentieren, sondern auch in Fällen, in denen keine Meldung erfolgt, schriftlich festzuhalten, auf welcher Argumentation diese Entscheidung beruht. Diese Anforderung steht in Zusammenhang mit dem in Art. 5 Abs. 2 verankerten Grundsatz der **Rechenschaftspflicht**.[65] Mit der Protokollierung sowohl nicht meldepflichtiger als auch meldepflichtiger Datenschutzverletzungen kommt der Verantwortliche auch seinen Verpflichtungen gemäß Art. 24 nach, und die Aufsichtsbehörde kann Einsicht in die entsprechenden Aufzeichnungen verlangen. Daher sollte der Verantwortliche nach Möglichkeit ein **internes Verzeichnis** für Datenschutzverletzungen anlegen, unabhängig davon, ob diese meldepflichtig sind oder nicht. Aus den Leitlinien ergibt sich, dass der Verantwortliche Datenschutzverletzungen auch im Rahmen des Verzeichnisses von Verarbeitungstätigkeiten gemäß Art. 30 dokumentieren darf.[66]

---

[61] Siehe hierzu auch Artikel-29-Datenschutzgruppe, Leitlinien für die Meldung von Verletzungen des Schutzes personenbezogener Daten gemäß der Verordnung (EU) 2016/679 (WP250rev.01), angenommen am 6.2.2018, S. 20.
[62] Artikel-29-Datenschutzgruppe, Leitlinien für die Meldung von Verletzungen des Schutzes personenbezogener Daten gemäß der Verordnung (EU) 2016/679 (WP250rev.01), angenommen am 6.2.2018, S. 20.
[63] Siehe auch die Übersicht zu den Formularen nach Bundesland bei *Faußner/Leeb* DSB 2019, 157.
[64] Artikel-29-Datenschutzgruppe, Leitlinien für die Meldung von Verletzungen des Schutzes personenbezogener Daten gemäß der Verordnung (EU) 2016/679 (WP250rev.01), angenommen am 6.2.2018, S. 21.
[65] Artikel-29-Datenschutzgruppe, Leitlinien für die Meldung von Verletzungen des Schutzes personenbezogener Daten gemäß der Verordnung (EU) 2016/679 (WP250rev.01), angenommen am 6.2.2018, S. 31.
[66] Artikel-29-Datenschutzgruppe, Leitlinien für die Meldung von Verletzungen des Schutzes personenbezogener Daten gemäß der Verordnung (EU) 2016/679 (WP250rev.01), angenommen am 6.2.2018, S. 31.

Ein separates Verzeichnis ist nicht erforderlich, sofern die für Datenschutzverletzungen relevanten Informationen klar als solche erkennbar sind und auf Anforderung extrahiert werden können. Die DS-GVO sieht **keine Aufbewahrungsfrist** für diese Dokumentation vor. Wenn die Aufzeichnungen personenbezogene Daten enthalten, obliegt es dem Verantwortlichen, die angemessene Aufbewahrungsfrist entsprechend den Grundsätzen für die Verarbeitung personenbezogener Daten zu bestimmen und die gesetzlichen Vorgaben für die Verarbeitung einzuhalten. Falls das Verzeichnis selbst keine personenbezogenen Daten enthält, ist der in der DS-GVO vorgesehene Grundsatz der Speicherbegrenzung nicht anwendbar.

VI. Präzisierung der Anforderungen durch Verhaltensregeln

Nach Art. 40 können Verbände und andere Vereinigungen, die Kategorien von Verantwortlichen oder Auftragsverarbeitern vertreten, **Verhaltensregeln** ausarbeiten oder ändern oder erweitern, mit denen die Anwendung der DS-GVO **präzisiert** wird. Dies trifft auch auf die Meldung von Verletzungen des Schutzes personenbezogener Daten an die Aufsichtsbehörden zu (Art. 40 Abs. 2 lit. i). Bisher sind jedoch keine derartigen Verhaltensregeln bekannt.

VII. Leitlinien des Europäischen Datenschutzausschusses

Die DS-GVO sieht vor, dass der Europäische Datenausschuss **Leitlinien, Empfehlungen und bewährte Verfahren** zwecks **Sicherstellung der einheitlichen Anwendung** der DS-GVO bereitstellt (Art. 70 Abs. 1 lit. g). Diese Leitlinien, Empfehlungen und bewährten Verfahren beziehen sich auf die eventuell sonst zur Rechtsunsicherheit führende Frage, wann denn eine Verletzung der Sicherheit vorliegt. Insbesondere für die Unternehmenspraxis lassen sich damit konkrete Vorgaben der Aufsichtsbehörden berücksichtigen, die eine Ausgestaltung interner Prozesse erleichtern. Bisher hat der Europäische Datenschutzausschuss **zwei Leitlinien** veröffentlicht: die allgemeinen Leitlinien für die Meldung von Datenschutzverletzungen aus dem Jahr 2017, die im Februar 2018 zuletzt überarbeitet und angenommen wurden, sowie Leitlinien zu detaillierten Beispielen in Bezug auf Meldepflichten vom Januar 2021, die nach einer öffentlichen Konsultation[67] im Dezember 2021 angenommen wurden.[68]

VIII. Verhängung von Geldbußen

Bei Verstößen gegen die Bestimmungen des Art. 33 verhängt die Aufsichtsbehörde nach Art. 83 Abs. 4 lit. a unter Berücksichtigung der in Art. 83 Abs. 2 aufgestellten Kriterien Geldbußen von bis zu **10 Millionen EUR** oder im Falle eines Unternehmens von **bis zu 2 Prozent seines gesamten weltweit erzielten Jahresumsatzes** des vorangegangenen Geschäftsjahres, je nachdem, welcher der Beträge höher ist. Dies gilt nicht nur für den Verantwortlichen, sondern auch für den Auftragsverarbeiter bei Verstoß gegen seine Meldepflicht gegenüber dem Verantwortlichen.[69] Zu beachten ist, dass nach Auffassung der Aufsichtsbehörden die Nichtmeldung einer Datenschutzverletzung in manchen Fällen ein Hinweis darauf sein könnte, dass Sicherheitsmaßnahmen fehlen oder dass die vorhandenen Sicherheitsmaßnahmen unzureichend sind.[70] Die Leitlinien der Artikel-29-Datenschutzgruppe über die Anwendung und Festsetzung von Geldbußen[71] lauten wie folgt: *„Liegen in einem bestimmten Einzelfall mehrere verschiedene Verstöße gleichzeitig vor, kann die Aufsichtsbehörde bei der Verhängung einer wirksamen, angemessenen und abschreckenden Geldbuße den Höchstbetrag für den schwerwiegendsten Verstoß zugrunde legen."* In diesem Fall hat die Aufsichtsbehörde daher auch die Möglichkeit, Sanktionen wegen der versäumten Meldung einerseits sowie wegen fehlender (angemessener) Sicherheitsmaßnahmen[72] (Art. 32) andererseits zu verhängen, da es sich um zwei separate Verstöße handelt.

---

[67] IRd Konsultation wurden 32 Eingaben von Unternehmen, Organisationen und Privatpersonen veröffentlicht.
[68] Guidelines 01/2021 on Examples regarding Personal Data Breach, Notification, adopted on 14 December 2021, Version 2.0.
[69] Gola/Heckmann/*Reif* DS-GVO Art. 33 Rn. 43.
[70] Artikel-29-Datenschutzgruppe, Leitlinien für die Meldung von Verletzungen des Schutzes personenbezogener Daten gemäß der Verordnung (EU) 2016/679 (WP250rev.01), angenommen am 6.2.2018, S. 11.
[71] Artikel-29-Datenschutzgruppe, Leitlinien für die Anwendung und Festsetzung von Geldbußen im Sinne der Verordnung (EU) 2016/679, WP 253, angenommen am 3.10.2017.
[72] Siehe ähnlich auch *Wybitul* NJW 2020, 2580.

26 Seit dem Inkrafttreten der DS-GVO hat es **europaweit bisher mehr als 50 Bußgeldentscheidungen** von Aufsichtsbehörden zu Art. 33 gegeben. Die Bußgelder reichen je nach Schwere des Verstoßes von **1.000 EUR bis zu ca. 500.000 EUR**.

27 Beispielsweise hat die Aufsichtsbehörde in **Irland** am 9.12.2020 der **Twitter International Company** ein Bußgeld in Höhe von **450.000 EUR** auferlegt.[73] Die Untersuchung der Behörde begann im Januar 2019 nach Erhalt einer Benachrichtigung über einen Verstoß von Twitter, und die Behörde stellte fest, dass Twitter gegen Art. 33 Abs. 1 und Abs. 5 verstoßen hatte, da es die Datenschutzverletzung **nicht rechtzeitig gemeldet** hat und es ebenfalls versäumt hatte, die Verletzung angemessen zu dokumentieren. Die Entscheidung wurde am 18.10.2021 vom **Dublin Circuit Court** bestätigt.[74] Die Verletzung, die beim **Auftragsverarbeiter** der irischen Niederlassung, Twitter Inc., in den USA, auftrat, bezog sich auf einen **Systemfehler („Bug")**. Der fragliche Fehler führte dazu, dass geschützte Tweets in ungeschützte Tweets geändert wurden, wodurch sie der Öffentlichkeit ohne Wissen des Benutzers allgemein zugänglich gemacht wurden. Dieser Fehler betraf Twitter-Nutzer auf **Android-**Geräten, die die mit ihren Twitter-Konten verknüpfte E-Mail-Adresse geändert hatten. Twitter schätzte, dass zwischen dem 5.9.2017 und dem 11.1.2019 88.726 Twitter-Nutzer in Europa betroffen waren. Der Fehler wurde am 26.12.2018 entdeckt.

28 Laut Twitter resultierte die Verzögerung bei der Benachrichtigung der irischen Behörde über die Verletzung innerhalb des erforderlichen Zeitrahmens aus einem Versäumnis des Auftragsverarbeiters der Twitter International Company, Twitter, Inc., den Datenschutzbeauftragten der Twitter International Company über die potenzielle Verletzung zu informieren, als er davon Kenntnis erlangte. Die Behörde unterstellte Twitter International Company jedoch im Wesentlichen das **Wissen des Auftragsverarbeiters** über die potenzielle Verletzung und erklärte, dass es in der Verantwortung des Verantwortlichen liege, sicherzustellen, dass er über ein wirksames Verfahren verfügt, das es Auftragsverarbeitern ermöglicht, den Verantwortlichen über eine Verletzung des Schutzes personenbezogener Daten zu informieren, und wenn es nicht dazu kommt und dies zu einer Verzögerung der Meldung führt, davon ausgegangen wird, dass der Verantwortliche durch seinen Auftragsverarbeiter **konstruktive Kenntnis** von der Verletzung hat.

29 In Bezug auf das angebliche Versäumnis von Twitter, den Verstoß gemäß Art. 33 Abs. 5 zu dokumentieren, erklärte die Behörde, dass die Dokumentation des Unternehmens über den Verstoß keine ausreichenden Informationen enthielt, um es der Behörde zu ermöglichen, die Einhaltung von Art. 33 zu überprüfen. Insbesondere stellte die Behörde fest, dass der von Twitter bereitgestellte Vorfallbericht („Incident Report") weder eine angemessene Erläuterung der Probleme enthielt, die zu der Verzögerung der Benachrichtigung der Behörde geführt hatten, noch ging er darauf ein, wie Twitter die durch den Verstoß verursachten Risiken für betroffene Benutzer bewertete.

30 Die Behörde begann im Januar 2019 mit ihrer Untersuchung des Verstoßes von Twitter gemäß Abschnitt 110 des irischen Datenschutzgesetzes von 2018 und legte ihren Entscheidungsentwurf im Mai 2020 den „betroffenen Aufsichtsbehörden" vor, wie in Art. 60 DS-GVO vorgeschrieben. Aufsichtsbehörden in **Österreich, Italien und Deutschland** erhoben Einwände gegen die Höhe und „unzureichend abschreckende Wirkung" der von der irischen Behörde vorgeschlagenen Strafe, die zwischen **135.000 und 275.000 EUR** lag. Dies führte dazu, dass das die Behörde das **Streitbeilegungsverfahren** der DS-GVO einleitete und die Angelegenheit an den Europäischen Datenschutzausschuss in Bezug auf die Einwände verwies, die es nicht lösen konnte oder wollte. Dabei kam erstmals das Streitbeilegungsverfahren nach Art. 65 zum Einsatz. Der Ausschuss bewertete die Angelegenheit und erließ am 9.11.2020 seine verbindliche Entscheidung,[75] die verlangte, dass die irische Behörde *„die Elemente, auf die sie sich stützt, um die Höhe der gegen [Twitter] zu verhängenden Pauschalstrafe zu berechnen, neu bewertet und ihren Entscheidungsentwurf durch Erhöhung der Höhe der Geldbuße ändert, um sicherzustellen, dass sie ihren Zweck als Abhilfemaßnahme erfüllt und die Anforderungen an Wirksamkeit, Abschreckung und Verhältnismäßigkeit erfüllt."* Bei der Bewertung des ursprünglichen Ansatzes der irischen Behörde stellte der Ausschuss fest, dass die Behörde bei der Berechnung der Geldbuße Art und Umfang der mit dem Verstoß verbundenen Verarbeitung stärker hätte berücksichtigen sollen, und wies insbeson-

---

[73] https://edpb.europa.eu/news/national-news/2020/irish-data-protection-commission-announces-decision-twitter-inquiry_en; Volltext der Entsch. (in Engl.): https://edpb.europa.eu/sites/default/files/decisions/final_decision_-_in-19-1-1_9.12.2020.pdf.

[74] www.dataprotection.ie/en/news-media/press-releases/confirmation-fine-twitter-international-company.

[75] https://edpb.europa.eu/sites/default/files/files/file1/edpb_bindingdecision01_2020_en.pdf.

Benachrichtigung der betroffenen Person **Art. 34**

dere darauf hin, dass sich Twitter-Nutzer auf die Funktion verlassen hätten Tweets privat zu halten, um Informationen oder Ansichten zu teilen, die sie normalerweise nicht öffentlich teilen würden. Bei der Anpassung der Geldbuße in seiner endgültigen Entscheidung stellte die Behörde dementsprechend fest, dass sie insbesondere die bewusste Entscheidung von Twitter-Nutzern berücksichtigte, die Leserschaft ihrer Tweets einzuschränken.

Am 31.3.2021 kündigte die Datenschutzbehörde in den **Niederlanden** eine Geldbuße in Höhe von **475.000 EUR** für das in den Niederlanden ansässige Online-Reisebüro **Booking.com** an,[76] weil es eine Datenschutzverletzung nicht innerhalb von 72 Stunden nach Bekanntwerden gemeldet hatte. Der Verstoß betraf den unbefugten Zugriff auf Anmeldedaten, wodurch Kriminelle Zugriff auf die persönlichen Daten von mehr als 4.000 Kunden erhielten. Zu den kompromittierten Details gehörten Namen, Adressen, Telefonnummern und etwa 300 Kreditkartennummern. In einer Erklärung stellte die Behörde fest, dass Booking.com am 13.1.2019 über den Verstoß informiert wurde, den Vorfall jedoch erst am 7.2.2019, etwa 22 Tage später und weit außerhalb der 72 Stunden, an die Aufsichtsbehörde meldete. Die Erklärung der Behörde erläutert nicht den Grund für die Verzögerung der Berichterstattung durch Booking.com, teilt jedoch mit, dass Booking.com gegen die Geldbuße keinen Einspruch erheben wird. 31

Am 15.3.2021 hat die Aufsichtsbehörde in **Spanien** ein Bußgeld in Höhe von **100.000 EUR** gegen **Air Europa Lineas Aereas,** SA erlassen[77] nachdem der Behörde eine schwerwiegende Datenschutzverletzung mit unbefugtem Zugriff auf Kontaktdaten und Bankkonten gemeldet wurde. Etwa 489.000 Personen und 1.500.000 Datensätze waren betroffen. Die Behörde gab bekannt, dass sie gegen den für die Verarbeitung Verantwortlichen wegen Verstoßes gegen Art. 32 Abs. 1 wegen Unterlassens geeigneter technischer und organisatorischer Maßnahmen zur Gewährleistung eines angemessenen Sicherheitsniveaus ein Bußgeld von 500.000 EUR und 100.000 EUR für einen Verstoß gegen Art. 33 für die zu späte Benachrichtigung der Behörde über die Sicherheitsverletzung nach 41 Tagen. Bei der Festsetzung der Bußgeldhöhe wurde der Umstand, dass der Vorfall nicht lokal begrenzt war, sondern eine große Zahl von Menschen nicht nur in Spanien, sondern weltweit betraf und sensible Bank- und Finanzdaten betroffen waren als erschwerender Faktor berücksichtigt. 32

Art. 34 Benachrichtigung der von einer Verletzung des Schutzes personenbezogener Daten betroffenen Person

(1) Hat die Verletzung des Schutzes personenbezogener Daten voraussichtlich ein hohes Risiko für die persönlichen Rechte und Freiheiten natürlicher Personen zur Folge, so benachrichtigt der Verantwortliche die betroffene Person unverzüglich von der Verletzung.

(2) Die in Absatz 1 genannte Benachrichtigung der betroffenen Person beschreibt in klarer und einfacher Sprache die Art der Verletzung des Schutzes personenbezogener Daten und enthält zumindest die in Artikel 33 Absatz 3 Buchstaben b, c und d genannten Informationen und Maßnahmen.

(3) Die Benachrichtigung der betroffenen Person gemäß Absatz 1 ist nicht erforderlich, wenn eine der folgenden Bedingungen erfüllt ist:
a) der Verantwortliche geeignete technische und organisatorische Sicherheitsvorkehrungen getroffen hat und diese Vorkehrungen auf die von der Verletzung betroffenen personenbezogenen Daten angewandt wurden, insbesondere solche, durch die die personenbezogenen Daten für alle Personen, die nicht zum Zugang zu den personenbezogenen Daten befugt sind, unzugänglich gemacht werden, etwa durch **Verschlüsselung;**
b) der Verantwortliche durch nachfolgende Maßnahmen sichergestellt hat, dass das hohe Risiko für die Rechte und Freiheiten der betroffenen Personen gemäß Absatz 1 aller Wahrscheinlichkeit nach nicht mehr besteht;
c) dies mit einem unverhältnismäßigen Aufwand verbunden wäre. In diesem Fall hat stattdessen eine öffentliche Bekanntmachung oder eine ähnliche Maßnahme zu

---

[76] https://autoriteitpersoonsgegevens.nl/sites/default/files/atoms/files/besluit_boete_booking.pdf.
[77] www.aepd.es/es/documento/ps-00179–2020.pdf (Entsch. in span. Sprache).

erfolgen, durch die die betroffenen Personen vergleichbar wirksam informiert werden.

(4) **Wenn der Verantwortliche die betroffene Person nicht bereits über die Verletzung des Schutzes personenbezogener Daten benachrichtigt hat, kann die Aufsichtsbehörde unter Berücksichtigung der Wahrscheinlichkeit, mit der die Verletzung des Schutzes personenbezogener Daten zu einem hohen Risiko führt, von dem Verantwortlichen verlangen, dies nachzuholen, oder sie kann mit einem Beschluss feststellen, dass bestimmte der in Absatz 3 genannten Voraussetzungen erfüllt sind.**

Literatur: *Artikel-29-Datenschutzgruppe*, Stellungnahme 3/2014 on Personal Data Breach Notification, WP 213; *Artikel-29-Datenschutzgruppe*, Leitlinien für die Meldung von Verletzungen des Schutzes personenbezogener Daten gemäß der Verordnung (EU) 2016/679 (WP250rev.01), angenommen am 6. Februar 2018; *Artikel-29-Datenschutzgruppe*, Guidelines 01/2021 on Examples regarding Personal Data Breach Notification, adopted on 14 December 2021, Version 2.0; *Fuhlrott*, Data Incident Management: Rechtlicher Umgang mit „Datenpannen", NZA 2019, 649.

Übersicht

	Rn.
A. Allgemeines	1
I. Zweck und Bedeutung der Vorschrift	1
II. Systematik, Verhältnis zu anderen Vorschriften	3
B. Einzelerläuterungen	4
I. Benachrichtigungspflicht des Verantwortlichen	4
1. Zeitliche Vorgabe und Bedingung eines hohen Risikos	4
2. Inhalt der Benachrichtigung der betroffenen Person	7
3. Ausnahmen von der Benachrichtigungspflicht	9
a) Anwendung geeigneter technischer und organisatorischer Sicherheitsvorkehrungen (Verschlüsselung)	10
b) Implementierung von Schutzmaßnahmen	11
c) Unverhältnismäßiger Aufwand	12
II. Befugnisse der Aufsichtsbehörde	14
III. Präzisierung der Anforderungen durch Verhaltensregeln	15
IV. Leitlinien des Europäischen Datenschutzausschusses	16
V. Verhängung von Geldbußen	17

A. Allgemeines

I. Zweck und Bedeutung der Vorschrift

1 Art. 34 ist im Zusammenhang mit Art. 33 zu lesen. Diese beiden Artikel führen ausgehend von Art. 4 Abs. 3 der **Datenschutzrichtlinie für elektronische Kommunikation** 2002/58/EG[1] eine entsprechende Meldepflicht für Verstöße gegen den Schutz personenbezogener Daten ein, die nicht auf den Bereich der elektronischen Kommunikation beschränkt ist.[2] Insofern kann zu den allgemeinen Anmerkungen zu Art. 33 verwiesen werden.

2 Zweck der Regelung in Art. 34 ist, dass der für die Verarbeitung Verantwortliche die betroffene Person unverzüglich von der Verletzung des Schutzes personenbezogener Daten benachrichtigen soll, wenn diese Verletzung des Schutzes personenbezogener Daten voraussichtlich zu einem hohen Risiko für die persönlichen Rechte und Freiheiten natürlicher Personen führt, damit diese die **erforderlichen Vorkehrungen** treffen können.[3]

II. Systematik, Verhältnis zu anderen Vorschriften

3 Die Vorschrift bildet zusammen mit den systematisch vorangestellten Bestimmungen zur Sicherheit der Verarbeitung (Art. 32) und der auf diese folgenden Vorschrift zur Meldepflicht

---

[1] Siehe hierzu auch die Verordnung (EU) Nr. 611/2013 der Kommission v. 24.6.2013 über die Maßnahmen für die Benachrichtigung von Verletzungen des Schutzes personenbezogener Daten gemäß der Richtlinie 2002/58/EG des Europäischen Parlaments und des Rates (Datenschutzrichtlinie für elektronische Kommunikation).
[2] Siehe Vorschlag der Kommission zur DS-GVO, 2012, S. 11.
[3] Erwägungsgrund 86.

Benachrichtigung der betroffenen Person 4–6 **Art. 34**

von Verletzungen des Schutzes personenbezogener Daten an die Aufsichtsbehörde (Art. 33) Abschnitt 2 zur Sicherheit personenbezogener Daten. Der Abschnitt ist Teil des Kapitels IV, welches Regelungen für die Verantwortlichen der Datenverarbeitung und die Auftragsverarbeiter enthält. Art. 34 ist die **zentrale Vorschrift für die Benachrichtigung der betroffenen Personen.**

B. Einzelerläuterungen

I. Benachrichtigungspflicht des Verantwortlichen

1. Zeitliche Vorgabe und Bedingung eines hohen Risikos. Nach Art. 34 Abs. 1 hat der 4 Verantwortliche im Fall einer Verletzung des Schutzes personenbezogener Daten die betroffene Person **unverzüglich** von der Verletzung zu benachrichtigen. Eine Verletzung des Schutzes personenbezogener Daten ist eine Verletzung der Sicherheit, die ob unbeabsichtigt oder unrechtmäßig, zur Vernichtung, zum Verlust, zur Veränderung, oder zur unbefugten Offenlegung von bzw. zum unbefugten Zugang von personenbezogenen Daten führt, die übermittelt, gespeichert oder auf sonstige Weise verarbeitet werden (Art. 4 Nr. 12). Nach den Erwägungsgründen sollen solche Benachrichtigungen der betroffenen Person stets so rasch wie nach allgemeinem Ermessen möglich, in **enger Absprache mit der Aufsichtsbehörde** und nach Maßgabe der von dieser oder von anderen zuständigen Behörden, wie beispielsweise Strafverfolgungsbehörden, erteilten Weisungen erfolgen.[4] Um beispielsweise das Risiko eines unmittelbaren Schadens mindern zu können, müssen betroffene Personen sofort benachrichtigt werden, wohingegen eine **längere Benachrichtigungsfrist** gerechtfertigt sein kann, wenn es darum geht, geeignete Maßnahmen gegen fortlaufende oder vergleichbare Verletzungen des Schutzes personenbezogener Daten zu treffen.[5] Die Leitlinien der Aufsichtsbehörden verstehen unter „unverzüglich" in diesem Zusammenhang, „so schnell wie möglich".[6] Damit verbunden ist jedoch die Empfehlung in Erwägungsgrund 88, wonach „den berechtigten **Interessen der Strafverfolgungsbehörden** in Fällen Rechnung [getragen werden sollte], in denen die Untersuchung der Umstände einer Verletzung des Schutzes personenbezogener Daten durch eine frühzeitige Offenlegung in unnötiger Weise behindert würde". Dies kann bedeuten, dass die Verantwortlichen unter bestimmten Umständen, soweit gerechtfertigt und auf Anraten der Strafverfolgungsbehörden die Benachrichtigung der betroffenen Personen von der Datenschutzverletzung so lange hinauszögern können, bis entsprechende Ermittlungen dadurch nicht mehr beeinträchtigt werden.[7] Anschließend müssten die betroffenen Personen aber umgehend benachrichtigt werden. Wenn der Verantwortliche eine betroffene Person nicht von einer Datenschutzverletzung benachrichtigen kann, weil nicht genügend Daten vorliegen, um sie kontaktieren zu können, sollte der Verantwortliche die betroffene Person in diesem besonderen Fall nach Ansicht der Aufsichtsbehörden so rasch wie nach allgemeinem Ermessen möglich benachrichtigen[8] (zB wenn eine Person ihr Recht auf Auskunft über personenbezogene Daten gemäß Art. 15 ausübt und dabei dem Verantwortlichen die zur Kontaktaufnahme notwendigen zusätzlichen Informationen übermittelt).

Bedingung für die Benachrichtigung ist jedoch, dass die Verletzung voraussichtlich ein 5 **hohes Risiko** für die persönlichen Rechte und Freiheiten natürlicher Personen zur Folge hat. Für die Einschätzung, ob ein solches Risiko besteht kann auf die Ausführungen zu Art. 33 verwiesen werden. Im Vergleich zu der Benachrichtigungspflicht gegenüber der Aufsichtsbehörde nach Art. 33 liegt die Schwelle damit höher.[9] Daher müssen auch nicht alle Vorfälle an die Betroffenen kommuniziert werden und die Personen entgehen zu häufigen Meldungen.

Zum **Vergleich** wird im **Bereich der elektronischen Kommunikation** die Fragestellung, 6 ob eine Verletzung des Schutzes personenbezogener Daten wahrscheinlich die personenbezo-

---

[4] Erwägungsgrund 86.
[5] Erwägungsgrund 86.
[6] Artikel-29-Datenschutzgruppe, Leitlinien für die Meldung von Verletzungen des Schutzes personenbezogener Daten gemäß der Verordnung (EU) 2016/679 (WP250rev.01), angenommen am 6.2.2018, S. 23.
[7] Artikel-29-Datenschutzgruppe, Leitlinien für die Meldung von Verletzungen des Schutzes personenbezogener Daten gemäß der Verordnung (EU) 2016/679 (WP250rev.01), angenommen am 6.2.2018, S. 25.
[8] Artikel-29-Datenschutzgruppe, Leitlinien für die Meldung von Verletzungen des Schutzes personenbezogener Daten gemäß der Verordnung (EU) 2016/679 (WP250rev.01), angenommen am 6.2.2018, S. 25.
[9] Artikel-29-Datenschutzgruppe, Leitlinien für die Meldung von Verletzungen des Schutzes personenbezogener Daten gemäß der Verordnung (EU) 2016/679 (WP250rev.01), angenommen am 6.2.2018, S. 23.

nen Daten oder die Privatsphäre eines Teilnehmers oder einer Person beeinträchtigt, insbesondere unter Berücksichtigung folgender **drei Umstände** beurteilt:[10] **Erstens,** Art und Inhalt der betroffenen personenbezogenen Daten, insbesondere wenn diese finanzielle Informationen, besondere Datenkategorien sowie Standortdaten, Internet-Protokolldateien, Webbrowser-Verläufe, E-Mail-Daten und Aufstellungen von Einzelverbindungen betreffen. **Zweitens,** die wahrscheinlichen Folgen der Verletzung des Schutzes personenbezogener Daten für den betroffenen Teilnehmer oder die betroffene Person, insbesondere wenn die Verletzung einen Identitätsdiebstahl oder Betrug, eine physische Schädigung, ein psychisches Leid, eine Demütigung oder Rufschädigung zur Folge haben könnte. **Drittens,** die Umstände der Verletzung des Schutzes personenbezogener Daten, insbesondere wenn die Daten gestohlen wurden oder wenn der Betreiber weiß, dass die Daten im Besitz eines unbefugten Dritten sind. Erste **Praxisbeispiele** für Fälle nach Art. 34, in denen von einem hohen Risiko für die Betroffenen gesprochen werden kann, hat die Artikel-29-Datenschutzgruppe in Anhang B der Leitlinien für die Meldung von Verletzungen des Schutzes personenbezogener Daten gemäß der Verordnung (EU) 2016/679 (WP250rev.01), angenommen am 6. Februar 2018, veröffentlicht.[11] Aus dieser tabellarischen Übersicht wird ersichtlich welche Szenarien die Aufsichtsbehörden für meldepflichtig halten und zwar sowohl gegenüber der Aufsichtsbehörde als auch gegenüber den Betroffenen. Ergänzt wird die Übersicht durch Erläuterungen und Empfehlungen.

7   **2. Inhalt der Benachrichtigung der betroffenen Person.** Die Benachrichtigung der betroffenen Person muss nach Art. 34 Abs. 2 in **klarer und einfacher Sprache** eine Beschreibung der **Art der Verletzung des Schutzes** personenbezogener Daten enthalten. Daneben verweist die Vorschrift für den Inhalt der Benachrichtigung auf die weiteren drei Mindestangaben, die auch bei der Meldung an die Aufsichtsbehörde zu berücksichtigen sind. Dabei handelt es sich um den **Namen und die Kontaktdaten des Datenschutzbeauftragten** (Art. 37) oder einer sonstigen Anlaufstelle, eine **Beschreibung der wahrscheinlichen Folgen der Verletzung** des Schutzes personenbezogener Daten, eine **Beschreibung der von dem Verantwortlichen ergriffenen oder vorgeschlagenen Maßnahmen** zur Behebung der Verletzung des Schutzes personenbezogener Daten und gegebenenfalls Maßnahmen zur Abmilderung ihrer möglichen nachteiligen Auswirkungen. Insofern kann auf die Ausführungen zu Art. 33 verwiesen werden. Zudem führen die Leitlinien aus, dass der Verantwortliche als Beispiel für die Maßnahmen, die er zur Behebung der Datenschutzverletzung und zur Abmilderung ihrer möglichen nachteiligen Auswirkungen ergriffen hat, anführen könnte, dass er von der zuständigen Aufsichtsbehörde nach Meldung der Datenschutzverletzung über den Umgang mit dem Vorfall und die Abmilderung seiner Auswirkungen beraten wurde. Er könnte zudem den betroffenen Personen gegebenenfalls auch besondere Maßnahmen empfehlen, die sie zu ihrem eigenen Schutz vor möglichen nachteiligen Auswirkungen der Datenschutzverletzung treffen können, wie etwa das **Zurücksetzen der Passwörter**[12] im Falle der Beeinträchtigung von Zugangsdaten. Die Aufsichtsbehörden verlangen dabei in der Regel auf den konkreten Einzelfall bezogene Informationen, abstrakte Textbausteine erfüllen daher das Unterrichtungserfordernis nicht.[13] Es ist vielmehr erforderlich, konkrete Hinweise mit Handlungsempfehlungen zu geben. Dazu zählt bspw. auch bei dem Verlust von Daten zur Bankverbindung auf die Gefahren unberechtigter Abbuchungen hinzuweisen und zu empfehlen, den Kontostand und Abbuchungen genau zu überprüfen und gegebenenfalls auch über die Möglichkeit der Rücklastschrift zu informieren.

In dieser Vorschrift lässt sich das in der gesamten DS-GVO implementierte **Leitbild eines schutzbedürftigen und informierten Bürgers** wiedererkennen, bei dem die Transparenz im Vordergrund steht. Auf der Grundlage der dem Betroffenen zur Verfügung gestellten Informationen soll dieser in der Lage sein, die erforderlichen Vorkehrungen zu seinem Schutz treffen zu

---

[10] Siehe Art. 3 Abs. 2 VO (EU) Nr. 611/2013 und auch den Hinweis auf diese Regelung der Artikel-29-Datenschutzgruppe, Artikel-29-Datenschutzgruppe, Leitlinien für die Meldung von Verletzungen des Schutzes personenbezogener Daten gemäß der Verordnung (EU) 2016/679 (WP250rev.01), angenommen am 6.2.2018, S. 28.
[11] Artikel-29-Datenschutzgruppe, Leitlinien für die Meldung von Verletzungen des Schutzes personenbezogener Daten gemäß der Verordnung (EU) 2016/679 (WP250rev.01), angenommen am 6.2.2018, Anh. B S. 36.
[12] Artikel-29-Datenschutzgruppe, Leitlinien für die Meldung von Verletzungen des Schutzes personenbezogener Daten gemäß der Verordnung (EU) 2016/679 (WP250rev.01), angenommen am 6.2.2018, S. 24.
[13] *Fuhlrott* NZA 2019, 649.

können. Wie im Bereich der elektronischen Kommunikation ausdrücklich geregelt,[14] kann davon ausgegangen werden, dass der Verantwortliche die Benachrichtigung nicht als Gelegenheit zur Verkaufsförderung oder Werbung für neue oder zusätzliche Produkte oder Services nutzen darf.

Die Aufsichtsbehörden weisen daher in ihren Leitlinien daraufhin, dass die Benachrichtigungen nicht mit anderen Informationen, wie etwa regelmäßigen Updates, Newslettern oder Standardnachrichten verbunden werden sollen.[15] Vielmehr sollen besondere Kommunikationen genutzt werden, die sich nur auf den Sicherheitsvorfall beziehen. Als **Beispiele für transparente Kommunikationsmethoden** zählen die Behörden direkte Kommunikation mittels E-Mail oder SMS sowie besondere Website-Banner oder -benachrichtigungen, postalische Kommunikationen und besondere Anzeigen in Printmedien auf. Eine begrenzte Benachrichtigung innerhalb einer Presseerklärung oder einem Unternehmensblog wird dagegen als nicht ausreichend erachtet.[16] Die Aufsichtsbehörden empfehlen, dass die Verantwortlichen der Datenverarbeitung ein Mittel für die Benachrichtigung wählen, welches die Chancen der angemessenen Information der Betroffenen maximiert. Dies kann auch dazu führen, dass anstelle nur eines Kontaktweges mehrere Methoden der Kommunikation genutzt werden.

Zudem ist es nach Ansicht der Aufsichtsbehörden wichtig, dass die Benachrichtigung des Betroffenen diesem auch in angemessenen alternativen Formaten zugänglich ist und insbesondere in der **relevanten Sprache** erfolgt.[17] Die Behörden gehen davon aus, dass etwa für die Benachrichtigung einer betroffenen Person in der Regel die bis dahin im normalen Geschäftsverkehr mit dem Empfänger verwendete Sprache geeignet sein dürfte. Wenn allerdings Personen von der Datenschutzverletzung betroffen sind, mit denen der Verantwortliche zuvor noch keinen Kontakt hatte, und insbesondere solche, die in einem anderen Mitgliedstaat oder einem anderen Drittland, in dem der Verantwortliche niedergelassen ist, könnte eine Benachrichtigung in der **Landessprache**[18] – unter Berücksichtigung der erforderlichen Ressourcen – akzeptabel sein. Maßgeblich dabei ist jedoch, dass den betroffenen Personen geholfen wird zu verstehen, welcher Art die Datenschutzverletzung ist und was sie zu ihrem Schutz tun können.

In der Regel werden die Verantwortlichen am besten selbst beurteilen können, welcher Kommunikationskanal für die Benachrichtigung der betroffenen Personen am geeignetsten ist, vor allem, wenn sie häufig mit ihren Kunden kommunizieren. Allerdings sollten die Verantwortlichen alle Kommunikationskanäle vermeiden, die durch die Datenschutzverletzung beeinträchtigt wurden, da sie von Angreifern genutzt werden könnten, die sich für den Verantwortlichen ausgeben.

3. Ausnahmen von der Benachrichtigungspflicht. Die Bestimmung des Art. 34 Abs. 3 regelt **drei Ausnahmen** von der Benachrichtigungspflicht.

a) Anwendung geeigneter technischer und organisatorischer Sicherheitsvorkehrungen (Verschlüsselung). Der Verantwortliche muss den Betroffenen nicht benachrichtigen, wenn er geeignete **technische und organisatorische Sicherheitsvorkehrungen** getroffen hat.[19] Dabei müssen diese Sicherheitsvorkehrungen auch auf die von der Verletzung betroffenen personenbezogenen Daten **angewandt** worden sein. Dazu gehören insbesondere solche Sicherheitsvorkehrungen, durch welche die personenbezogenen Daten für alle Personen, die nicht über eine **Zugangsbefugnis** über diese Daten verfügen, unzugänglich gemacht werden. Die Vorschrift nennt als Beispiel ausdrücklich die **Verschlüsselung** und die Leitlinien erwähnen zudem eine entsprechende Tokenisierung.[20] Die Erwägungsgründe führen zudem technische Maßnahmen an, die die Wahrscheinlichkeit eines Identitätsbetrugs oder anderer Formen des Datenmissbrauchs wirksam verringern.[21] Dass die DS-GVO an dieser Stelle keine bestimmten technischen

---

[14] Siehe Art. 3 Abs. 4 VO (EU) Nr. 611/2013.
[15] Artikel-29-Datenschutzgruppe, Leitlinien für die Meldung von Verletzungen des Schutzes personenbezogener Daten gemäß der Verordnung (EU) 2016/679 (WP250rev.01), angenommen am 6.2.2018, S. 24.
[16] Artikel-29-Datenschutzgruppe, Leitlinien für die Meldung von Verletzungen des Schutzes personenbezogener Daten gemäß der Verordnung (EU) 2016/679 (WP250rev.01), angenommen am 6.2.2018, S. 24.
[17] Artikel-29-Datenschutzgruppe, Leitlinien für die Meldung von Verletzungen des Schutzes personenbezogener Daten gemäß der Verordnung (EU) 2016/679 (WP250rev.01), angenommen am 6.2.2018, S. 24.
[18] Artikel-29-Datenschutzgruppe, Leitlinien für die Meldung von Verletzungen des Schutzes personenbezogener Daten gemäß der Verordnung (EU) 2016/679 (WP250rev.01), angenommen am 6.2.2018, S. 25.
[19] Art. 34 Abs. 3a.
[20] Artikel-29-Datenschutzgruppe, Leitlinien für die Meldung von Verletzungen des Schutzes personenbezogener Daten gemäß der Verordnung (EU) 2016/679 (WP250rev.01), angenommen am 6.2.2018, S. 25.
[21] Erwägungsgrund 88.

Schutzmaßnahmen vorschreibt, die eine Ausnahme von der Pflicht zur Benachrichtigung der rechtfertigen könnten, ist sinnvoll, da sich solche Maßnahmen mit dem technischen Fortschritt ändern können. Zieht man den Vergleich mit der Regelung für den Bereich der elektronischen Kommunikation, dürften relevante Sicherheitsvorkehrungen in diesem Zusammenhang jedoch nicht nur die auf einem **Standardalgorithmus** beruhende Verschlüsselung, sondern auch Vorkehrungen, bei denen die Daten durch ihren mit einer kryptografischen verschlüsselten Standard-Hash-Funktion berechneten **Hash-Wert** ersetzt worden sind, darstellen.[22]

11 b) **Implementierung von Schutzmaßnahmen.** Nach einer zweiten Ausnahme ist der Verantwortliche von der Benachrichtigungspflicht befreit, wenn er durch der Verletzung nachfolgende Maßnahmen sichergestellt hat, dass das hohe Risiko für die Rechte und Freiheiten der betroffenen Personen aller Wahrscheinlichkeit nach nicht mehr besteht.[23] Gemeint ist damit, dass die **im Anschluss** an die Verletzung getroffenen Schutzmaßnahmen eine Verletzung der Rechte des Betroffenen entweder unterbinden oder zumindest sehr unwahrscheinlich erscheinen lassen. Dies ist beispielsweise der Fall, wenn der Verantwortliche der Datenverarbeitung sofort die Person identifiziert und Schritte gegen diese Person unternommen hat, bevor diese Person die personenbezogenen Daten irgendwie verwendet.[24]

12 c) **Unverhältnismäßiger Aufwand.** Im Rahmen einer dritten Ausnahme hat der Verantwortliche die betroffene Person nicht zu benachrichtigen, wenn dies mit einem unverhältnismäßigen Aufwand[25] verbunden wäre.[26] Nach den Leitlinien der Aufsichtsbehörden sei dies etwa der Fall, wenn die Kontaktdaten der Betroffenen aufgrund der Datenverletzung verloren gegangen sind oder wenn diese schon vorher nicht bekannt waren.[27] Stattdessen hat in diesen Fällen eine **öffentliche Bekanntmachung** oder eine ähnliche Maßnahme zu erfolgen, durch die die betroffenen Personen vergleichbar wirksam informiert werden.[28] Im Falle eines unverhältnismäßigen Aufwands könnten die Informationen über die Datenschutzverletzung unter Umständen auch mithilfe technischer Lösungen auf Anfrage abrufbar gemacht werden. Es wird argumentiert, dass die Regelung damit einen **Ausgleich der Interessen** des Verantwortlichen und der betroffenen Personen vor dem Hintergrund des hohen Schutzes des Betroffenen herstellt. Dem wird man zumindest entgegenzuhalten dürfen, dass eine öffentliche Bekanntmachung in ihrer Außenwirkung für ein Unternehmen im Vergleich zu einer Information der Betroffenen eine ganz andere Dimension darstellt und der Verantwortliche der Datenverarbeitung sich hier trotz eines großen Aufwandes für die Benachrichtigung der Betroffenen entscheiden könnte.

13 Vor dem Hintergrund des **Accountability-Grundsatzes** von Art. 5 Abs. 2 sollte der Verantwortliche der Datenverarbeitung gegenüber der Aufsichtsbehörde nachweisen können, wenn einer der drei beschriebenen Fälle vorliegt.[29] Dabei sollte bedacht werden, dass anfänglich eventuell kein Risiko für die Betroffenen besteht und somit die Ausnahmen greifen, diese Situation sich aber mit Zeitablauf jederzeit verändern kann und eine erneute Risikobewertung erforderlich machen

II. Befugnisse der Aufsichtsbehörde

14 Gemäß Art. 34 Abs. 4 kann die Aufsichtsbehörde unter Berücksichtigung der Wahrscheinlichkeit, mit der die Verletzung des Schutzes personenbezogener Daten zu einem hohen Risiko führt, von dem Verantwortlichen **verlangen,** dass er die betroffene Person benachrichtigt, wenn der Verantwortliche dies noch nicht getan hat. Bei der Feststellung, ob die Meldung unverzüglich erfolgt ist, sollen die Art und Schwere der Verletzung des Schutzes personenbezogener

---

[22] Siehe hierzu ausf. Art. 4 Abs. 2 VO (EU) Nr. 611/2013.
[23] Art. 34 Abs. 3b.
[24] Artikel-29-Datenschutzgruppe, Leitlinien für die Meldung von Verletzungen des Schutzes personenbezogener Daten gemäß der Verordnung (EU) 2016/679 (WP250rev.01), angenommen am 6.2.2018, S. 26.
[25] Siehe die Leitlinien der Artikel-29-Datenschutzgruppe über Transparenz, in denen das Problem des unverhältnismäßigen Aufwands thematisiert wird, abrufbar unter http://ec.europa.eu/newsroom/just/document.cfm?doc_id=48850http://ec.europa.eu/newsroom/just/document.cfm?doc_id=48850.
[26] Art. 34 Abs. 3c.
[27] Artikel-29-Datenschutzgruppe, Leitlinien für die Meldung von Verletzungen des Schutzes personenbezogener Daten gemäß der Verordnung (EU) 2016/679 (WP250rev.01), angenommen am 6.2.2018, S. 26.
[28] Artikel-29-Datenschutzgruppe, Leitlinien für die Meldung von Verletzungen des Schutzes personenbezogener Daten gemäß der Verordnung (EU) 2016/679 (WP250rev.01), angenommen am 6.2.2018, S. 26.
[29] Artikel-29-Datenschutzgruppe, Leitlinien für die Meldung von Verletzungen des Schutzes personenbezogener Daten gemäß der Verordnung (EU) 2016/679 (WP250rev.01), angenommen am 6.2.2018, S. 26.

Daten sowie deren Folgen und nachteilige Auswirkungen für die betroffene Person berücksichtigt werden.[30] Alternativ kann die Aufsichtsbehörde mit einem **Beschluss auch** feststellen, dass bestimmte der in Art. 34 Abs. 3 genannten Ausnahmetatbestände vorliegen. Die Aufsichtsbehörde übt hier eine **Überwachungsfunktion** aus.

III. Präzisierung der Anforderungen durch Verhaltensregeln

Nach Art. 40 können Verbände und andere Vereinigungen, die Kategorien von Verantwortlichen oder Auftragsverarbeitern vertreten, **Verhaltensregeln** ausarbeiten oder ändern oder erweitern, mit denen die Anwendung der DS-GVO **präzisiert** wird. Dies trifft auch auf die Benachrichtigung der betroffenen Person von Verletzungen des Schutzes personenbezogener Daten zu (Art. 40 Abs. 2 lit. i). 15

IV. Leitlinien des Europäischen Datenschutzausschusses

Der Europäische Datenschutzausschuss stellt **Leitlinien, Empfehlungen und bewährte Verfahren** zu den Umständen bereit, unter denen eine Verletzung des Schutzes personenbezogener Daten voraussichtlich ein hohes Risiko für die Rechte und Freiheiten natürlicher Personen iSd Art. 34 hat (→ Art. 70 Rn. 6). Bisher sind zwei Leitlininen veröffentlicht worden: zunächst die Leitlinien für die Meldung von Verletzungen des Schutzes personenbezogener Daten gemäß der Verordnung (EU) 2016/679 (WP250rev.01), angenommen am 6. Februar 2018 und dann die Guidelines 01/2021 on Examples regarding Personal Data Breach Notification, adopted on 14 December 2021, Version 2.0 (bisher nur in Englisch); Damit soll eine einheitliche Anwendung der DS-GVO sichergestellt werden. 16

V. Verhängung von Geldbußen

Bei Verstößen gegen die Bestimmungen des Art. 34 verhängt die Aufsichtsbehörde nach Art. 83 Abs. 4 lit. a unter Berücksichtigung der in Art. 83 Abs. 2 aufgestellten Kriterien (→ Art. 83 Rn. 13 f.) Geldbußen von bis zu **10 Millionen EUR** oder im Falle eines Unternehmens von **bis zu 2 Prozent seines gesamten weltweit erzielten Jahresumsatzes** des vorangegangenen Geschäftsjahres, je nachdem, welcher der Beträge höher ist. Zu beachten ist, dass nach Auffassung der Aufsichtsbehörden die Nichtmeldung einer Datenschutzverletzung in manchen Fällen ein Hinweis darauf sein könnte, dass Sicherheitsmaßnahmen fehlen oder dass die vorhandenen Sicherheitsmaßnahmen unzureichend sind.[31] Die Leitlinien der Artikel-29-Datenschutzgruppe über die Anwendung und Festsetzung von Geldbußen[32] lauten wie folgt: „*Liegen in einem bestimmten Einzelfall mehrere verschiedene Verstöße gleichzeitig vor, kann die Aufsichtsbehörde bei der Verhängung einer wirksamen, angemessenen und abschreckenden Geldbuße den Höchstbetrag für den schwerwiegendsten Verstoß zugrunde legen.*" In diesem Fall hat die Aufsichtsbehörde daher auch die Möglichkeit, Sanktionen wegen der versäumten Benachrichtigung (Art. 34) einerseits sowie wegen fehlender (angemessener) Sicherheitsmaßnahmen (Art. 32) andererseits zu verhängen, da es sich um zwei separate Verstöße handelt. 17

Seit dem Inkrafttreten der DS-GVO hat es europaweit bisher **ca. 50 Bußgeldentscheidungen** von Aufsichtsbehörden zu Art. 34 gegeben. Die Bußgelder reichen je nach Schwere des Verstoßes von **3.000 EUR bis zu ca. 146.000 EUR**. 18

Beispielsweise hat die Aufsichtsbehörde in **Finnland** am 7.12.2021 dem **Psychotherapiezentrum Vastaamo** eine Geldbuße von **145.600 EUR bezüglich Art. 34** auferlegt.[33] Im September 2020 meldet das Psychotherapiezentrum der Datenschutzbehörde einen Angriff auf seine Patientendatenbank. Mindestens zweimal, im Dezember 2018 und im März 2019, hatte sich ein unbefugter Dritter Zugriff auf die medizinische Datenbank von Vastaamo verschafft. Der Angreifer hatte auch Daten abgeschöpft und eine Lösegeldforderung auf den Servern hinterlassen. Aufgrund unzureichender Protokollierung konnten weder das genaue Datum des Angriffs noch die vom Angreifer verwendeten Netzwerkadressen identifiziert werden. Die wahrschein- 19

---

[30] Erwägungsgrund 87.
[31] Artikel-29-Datenschutzgruppe, Leitlinien für die Meldung von Verletzungen des Schutzes personenbezogener Daten gemäß der Verordnung (EU) 2016/679 (WP250rev.01), angenommen am 6.2.2018, S. 11.
[32] Artikel-29-Datenschutzgruppe, Leitlinien für die Anwendung und Festsetzung von Geldbußen im Sinne der Verordnung (EU) 2016/679, WP 253, angenommen am 3.10.2017.
[33] https://finlex.fi/fi/viranomaiset/tsv/2021/20211183 (Entsch. der finnischen Aufsichtsbehörde, in Finnisch).

lichste Ursache für das Leck der medizinischen Datenbank war ein ungeschützter Port der Datenbank, bei dem das Root-Benutzerkonto der Datenbank nicht passwortgeschützt war. Der Patientendatenbankserver war im Zeitraum zwischen 26.11.2017 und 13.3.2019 ohne Firewall-Schutz für das Internet geöffnet. Aus diesem Grund stellte die Datenschutzbehörde fest, dass die personenbezogenen Daten nicht ausreichend gegen unbefugte und rechtswidrige Verarbeitung oder versehentlichen Verlust geschützt waren, Zerstörung oder Beschädigung, und dass der für die Verarbeitung Verantwortliche keine grundlegenden Maßnahmen zur sicheren Verarbeitung personenbezogener Daten getroffen hat. Im Rahmen ihrer Untersuchung stellte die Behörde auch fest, dass der Verantwortliche bereits im März 2019 gewusst haben musste, dass Daten im Patienteninformationssystem verloren gegangen waren und von einem externen Angreifer kompromittiert worden sein könnten. Vastaamo hätte die Sicherheitsverletzung sofort sowohl der Behörde als auch ihren Patienten melden sollen. Vastaamo kam dieser Verpflichtung jedoch mit erheblicher Verspätung nach. Das Bußgeld setzte sich anteilig aus 145.600 EUR für den Verstoß gegen Art. 33 Abs, 1, 145.600 EUR für die Verletzung von Art. 34 Abs. 1 und 316.800 EUR für die Verletzung von Art. 5 Abs. 1 lit. f zusammen.

20 Am 14.3.2022 hat die Aufsichtsbehörde in **Irland** der **Bank of Ireland Group plc** Bußgeldbescheide in Höhe von 125.000 EUR, 6.000 EUR, 6.000 EUR und 11.000 EUR bezüglich Art. 34 auferlegt.[34] Die Untersuchung der irischen Behörde wurde in Bezug auf 22 Meldungen über Verletzungen des Schutzes personenbezogener Daten eingeleitet, die die Bank of Ireland Group plc (BOI) zwischen 9.11.2018 und 27.6.2019 bei der Behörde eingereicht hat. Die Meldungen bezogen sich auf die Verfälschung von Informationen bei der Dateneinspeisung in das Central Credit Register (CCR), ein zentralisiertes System, das Informationen über Kredite sammelt und speichert. Zu den Vorfällen gehörten die unbefugte Offenlegung von personenbezogenen Kundendaten an das CCR und versehentliche Änderungen von personenbezogenen Kundendaten auf dem CCR. Die Entscheidung prüfte als vorläufige Frage, ob die Vorfälle der Definition einer „Verletzung des Schutzes personenbezogener Daten" gemäß der DS-GVO entsprachen, und stellte fest, dass 19 der gemeldeten Vorfälle dieser Definition entsprachen. In der Entscheidung teilt die Aufsichtsbehörde mit, dass Art. 34 von der Bank in 14 der Vorfällen verletzt wurde. Die Verstöße betrafen das Versäumnis der Bank, den betroffenen Personen unverzüglich Mitteilungen zu erteilen, wenn die Verletzungen des Schutzes personenbezogener Daten wahrscheinlich zu einem hohen Risiko für die Rechte und Freiheiten der betroffenen Personen führen können.

21 Am 28.12.2021 erließ die Aufsichtsbehörde in **Frankreich** ein Bußgeld in Höhe von **180.000 EUR** gegen den **Zahlungsdienstleister SlimPay** weil die personenbezogenen Daten der Benutzer unzureichend geschützt und diese nicht über eine Datenschutzverletzung informiert wurden.[35] Leider ergibt sich aus der ausführlichen Begründung der Entscheidung nicht, welcher Betrag des Bußgeldes sich auf Art. 34 bezieht und welcher auf die Verletzung von Art. 32.

22 Am 19.1.2022 hat die Aufsichtsbehörde in **Polen** der **Santander Bank Polska S.A.** ein Bußgeld in Höhe von **118.000 EUR** auferlegt,[36] weil sie es versäumt hatte, betroffene Personen über eine Datenschutzverletzung zu informieren. Einem ehemaligen Mitarbeiter der Bank gelang es, sich unerlaubt Zugang zu einer Datenbank für elektronische Dienstleistungen zu verschaffen. Dadurch konnte unter anderem auf die Daten zahlreicher Santander-Kunden zugegriffen werden. Aufgrund des hohen Risikos für die Daten der betroffenen Personen wäre die Bank **nach Ansicht der Aufsichtsbehörde** verpflichtet gewesen, diese über die Datenschutzverletzung zu informieren. Darauf hat die Bank jedoch bewusst verzichtet und weiterhin erklärt, dieser Verpflichtung **auch** künftig nicht nachzukommen. Die Datenschutzbehörde stellte fest, dass dies einen erheblichen Eingriff für die betroffenen Personen darstellte, da sie nicht die Möglichkeit hatten, angemessene Schritte zum Schutz ihrer Rechte zu unternehmen.

---

[34] www.dataprotection.ie/en/dpc-guidance/law/decisions/Bank-of-Ireland-Group-plc-March-2022 (Entsch. der irischen Aufsichtsbehörde, in Engl.).
[35] www.legifrance.gouv.fr/cnil/id/CNILTEXT000044609709 – Entsch. in frz. Sprache. Zusammenfassung in engl. Sprache unter www.cnil.fr/fr/node/121960.
[36] Pressemitt. der polnischen Aufsichtsbehörde (in polnischer Sprache), www.uodo.gov.pl/pl/138/2303 und vollständige Entsch., www.uodo.gov.pl/decyzje/DKN.5131.33.2021.

Abschnitt 3. Datenschutz-Folgenabschätzung und vorherige Konsultation

Art. 35 Datenschutz-Folgenabschätzung

(1) ¹Hat eine Form der Verarbeitung, insbesondere bei Verwendung neuer Technologien, aufgrund der Art, des Umfangs, der Umstände und der Zwecke der Verarbeitung voraussichtlich ein hohes Risiko für die Rechte und Freiheiten natürlicher Personen zur Folge, so führt der Verantwortliche vorab eine Abschätzung der Folgen der vorgesehenen Verarbeitungsvorgänge für den Schutz personenbezogener Daten durch. ²Für die Untersuchung mehrerer ähnlicher Verarbeitungsvorgänge mit ähnlich hohen Risiken kann eine einzige Abschätzung vorgenommen werden.

(2) Der Verantwortliche holt bei der Durchführung einer Datenschutz-Folgenabschätzung den Rat des Datenschutzbeauftragten, sofern ein solcher benannt wurde, ein.

(3) Eine Datenschutz-Folgenabschätzung gemäß Absatz 1 ist insbesondere in folgenden Fällen erforderlich:
a) systematische und umfassende Bewertung persönlicher Aspekte natürlicher Personen, die sich auf automatisierte Verarbeitung einschließlich Profiling gründet und die ihrerseits als Grundlage für Entscheidungen dient, die Rechtswirkung gegenüber natürlichen Personen entfalten oder diese in ähnlich erheblicher Weise beeinträchtigen;
b) umfangreiche Verarbeitung besonderer Kategorien von personenbezogenen Daten gemäß Artikel 9 Absatz 1 oder von personenbezogenen Daten über strafrechtliche Verurteilungen und Straftaten gemäß Artikel 10 oder
c) systematische umfangreiche Überwachung öffentlich zugänglicher Bereiche.

(4) ¹Die Aufsichtsbehörde erstellt eine Liste der Verarbeitungsvorgänge, für die gemäß Absatz 1 eine Datenschutz-Folgenabschätzung fdurchzuführen ist, und veröffentlicht diese. ²Die Aufsichtsbehörde übermittelt diese Listen dem in Artikel 68 genannten Ausschuss.

(5) ¹Die Aufsichtsbehörde kann des Weiteren eine Liste der Arten von Verarbeitungsvorgängen erstellen und veröffentlichen, für die keine Datenschutz-Folgenabschätzung erforderlich ist. ²Die Aufsichtsbehörde übermittelt diese Listen dem Ausschuss.

(6) Vor Festlegung der in den Absätzen 4 und 5 genannten Listen wendet die zuständige Aufsichtsbehörde das Kohärenzverfahren gemäß Artikel 63 an, wenn solche Listen Verarbeitungstätigkeiten umfassen, die mit dem Angebot von Waren oder Dienstleistungen für betroffene Personen oder der Beobachtung des Verhaltens dieser Personen in mehreren Mitgliedstaaten im Zusammenhang stehen oder die den freien Verkehr personenbezogener Daten innerhalb der Union erheblich beeinträchtigen könnten.

(7) Die Folgenabschätzung enthält zumindest Folgendes:
a) eine systematische Beschreibung der geplanten Verarbeitungsvorgänge und der Zwecke der Verarbeitung, gegebenenfalls einschließlich der von dem Verantwortlichen verfolgten berechtigten Interessen;
b) eine Bewertung der Notwendigkeit und Verhältnismäßigkeit der Verarbeitungsvorgänge in Bezug auf den Zweck;
c) eine Bewertung der Risiken für die Rechte und Freiheiten der betroffenen Personen gemäß Absatz 1 und
d) die zur Bewältigung der Risiken geplanten Abhilfemaßnahmen, einschließlich Garantien, Sicherheitsvorkehrungen und Verfahren, durch die der Schutz personenbezogener Daten sichergestellt und der Nachweis dafür erbracht wird, dass diese Verordnung eingehalten wird, wobei den Rechten und berechtigten Interessen der betroffenen Personen und sonstiger Betroffener Rechnung getragen wird.

(8) Die Einhaltung genehmigter Verhaltensregeln gemäß Artikel 40 durch die zuständigen Verantwortlichen oder die zuständigen Auftragsverarbeiter ist bei der Beurteilung der Auswirkungen der von diesen durchgeführten Verarbeitungsvorgänge, insbesondere für die Zwecke einer Datenschutz-Folgenabschätzung, gebührend zu berücksichtigen.

(9) Der Verantwortliche holt gegebenenfalls den Standpunkt der betroffenen Personen oder ihrer Vertreter zu der beabsichtigten Verarbeitung unbeschadet des Schutzes gewerblicher oder öffentlicher Interessen oder der Sicherheit der Verarbeitungsvorgänge ein.

(10) Falls die Verarbeitung gemäß Artikel 6 Absatz 1 Buchstabe c oder e auf einer Rechtsgrundlage im Unionsrecht oder im Recht des Mitgliedstaats, dem der Verantwortliche unterliegt, beruht und falls diese Rechtsvorschriften den konkreten Verarbeitungsvorgang oder die konkreten Verarbeitungsvorgänge regeln und bereits im Rahmen der allgemeinen Folgenabschätzung im Zusammenhang mit dem Erlass dieser Rechtsgrundlage eine Datenschutz-Folgenabschätzung erfolgte, gelten die Absätze 1 bis 7 nur, wenn es nach dem Ermessen der Mitgliedstaaten erforderlich ist, vor den betreffenden Verarbeitungstätigkeiten eine solche Folgenabschätzung durchzuführen.

(11) Erforderlichenfalls führt der Verantwortliche eine Überprüfung durch, um zu bewerten, ob die Verarbeitung gemäß der Datenschutz-Folgenabschätzung durchgeführt wird; dies gilt zumindest, wenn hinsichtlich des mit den Verarbeitungsvorgängen verbundenen Risikos Änderungen eingetreten sind.

Literatur: *Albrecht,* Das neue EU-Datenschutzrecht – von der Richtlinie zur Verordnung, CR 2016, 88; *Artikel-29-Datenschutzgruppe,* Leitlinien zur Datenschutz-Folgenabschätzung (DSFA) und Beantwortung der Frage, ob eine Verarbeitung im Sinne der Verordnung 2016/679 „wahrscheinlich ein hohes Risiko mit sich bringt", Working Paper 248 Rev. 01 v. 4.10.2017 (Leitlinien DSFA); *Artikel-29-Datenschutzgruppe,* Leitlinien in Bezug auf Datenschutzbeauftragte („DSB"), Working Paper 243 Rev. 01 v. 5.4.2017; *Baumgartner/Ewald,* Apps und Recht, 2. Aufl. 2016; *Baumgartner/Brunnbauer/Cross,* Anforderungen der DS-GVO an den Einsatz von Künstlicher Intelligenz, MMR 2023, 543; *Bieker/Hansen/Friedewald,* Die grundrechtskonforme Ausgestaltung der Datenschutz-Folgenabschätzung nach der neuen europäischen Datenschutz-Grundverordnung, RDV 2016, 188; *Bitkom e. V.,* Leitfaden „Risk Assessment & Datenschutz-Folgenabschätzung, 2017; *Datenschutzkonferenz,* Kurzpapier Nr. 5 – Datenschutz-Folgenabschätzung nach Art. 35 DS-GVO v. 24.7.2017; *Düsseldorfer Kreis,* „Orientierungshilfe – Cloud Computing", Version 2.0, 2014; *Düsseldorfer Kreis,* „Orientierungshilfe zu den Datenschutzanforderungen an Smart-TV-Dienste", 2015; *Forum Privatheit und Selbstbestimmtes Leben In der Digitalen Welt,* White Paper Datenschutz-Folgenabschätzung – Ein Werkzeug für einen besseren Datenschutz, 3. Aufl. 2017; *Goosen/Schramm,* Das Verarbeitungsverzeichnis der DS-GVO – Ein effektives Instrument zur Umsetzung der neuen unionsrechtlichen Vorgaben, ZD 2017, 7; *Hansen,* Datenschutz-Folgenabschätzung – gerüstet für Datenschutzvorsorge?, DuD 2016, 587; *Hansen-Oest,* Datenschutzrechtliche Dokumentationspflichten nach dem BDSG und der Datenschutz-Grundverordnung, PinG 2016, 79; *Hessel/Dillschneider,* Datenschutzrechtliche Herausforderungen beim Einsatz von Künstlicher Intelligenz, RDi 2023, 458; *Katko,* Checklisten zur Datenschutz-Grundverordnung (DS-GVO), 2. Aufl. 2023; *Konferenz der unabhängigen Datenschutzbehörden des Bundes und der Länder,* Das Standard-Datenschutzmodell – Eine Methode zur Datenschutzberatung und -prüfung auf der Basis einheitlicher Gewährleistungsziele, Version 3.0 – November 2022; *Schmitz/v. Dall'Armi,* Datenschutz-Folgenabschätzung – Verstehen und Anwenden – Wichtiges Instrument zur Umsetzung von Privacy by Design, ZD 2017, 57; *Schürmann,* Datenschutz-Folgenabschätzung beim Einsatz Künstlicher Intelligenz, ZD 2022, 316.

Übersicht

	Rn.
A. Allgemeines	1
I. Zweck und Bedeutung der Vorschrift	1
II. Adressaten der Vorschrift	7
III. Systematik, Verhältnis zu anderen Vorschriften	11
B. Einzelerläuterungen	14
I. Erforderlichkeit und Grundzüge einer Datenschutz-Folgenabschätzung (Abs. 1)	14
1. Grundzüge	14
2. Kriterien des Abs. 1	17
3. Sonstige allgemeine Kriterien	22
4. Kriterien der Artikel-29-Datenschutzgruppe	26

II. Beteiligung des Datenschutzbeauftragten (Abs. 2) 30
III. Regelbeispiele (Abs. 3) 32
  1. Automatisierte Entscheidungen im Einzelfall 33
  2. Besondere Kategorien personenbezogener Daten 36
  3. Überwachung öffentlich zugänglicher Bereiche 38
IV. Positiv- und Negativlisten der Aufsichtsbehörden (Abs. 4 und Abs. 5) 41
V. Festlegung der Positiv- und Negativlisten (Abs. 6) 45
VI. Mindestinhalt einer Datenschutz-Folgenabschätzung (Abs. 7) 46
  1. Beschreibung der geplanten Verarbeitung (lit. a) 48
  2. Bewertung der Notwendigkeit und Verhältnismäßigkeit (lit. b) 50
  3. Risikobewertung (lit. c) 51
  4. Beschreibung der geplanten Abhilfemaßnahmen (lit. d) 52
  5. Praktische Durchführung 56
VII. Genehmigte Verhaltensregeln (Abs. 8) 67
VIII. Beteiligung der betroffenen Personen (Abs. 9) 68
IX. Ausnahme von der Erforderlichkeit (Abs. 10) 71
X. Überprüfung (Abs. 11) 74
XI. Sanktionen 76
C. Rechtsschutz 78

A. Allgemeines

I. Zweck und Bedeutung der Vorschrift

Art. 35 führte das Konzept der **Datenschutz-Folgenabschätzung** (engl. *"Data Protection* **1** *Impact Assessment"* oder kurz *"DSFA"* bzw. engl. *"DPIA"* genannt) erstmals in das europäische Datenschutzrecht ein.[1] Eine Datenschutz-Folgenabschätzung ist ein Verfahren, anhand dessen der Verantwortliche eine bestimmte Datenverarbeitung, die voraussichtlich zu einem hohen Risiko für die betroffenen Personen führt, beschreibt, ihre Notwendigkeit und Verhältnismäßigkeit bewertet und im Ergebnis ihre Risiken für die betroffenen Personen durch die Ermittlung von Gegenmaßnahmen zumindest reduziert.[2] Die Vorschrift greift die vormals in **Art. 20 DS-RL** geregelte Vorabkontrolle auf und entwickelt diese zu einer für die Unternehmenspraxis zentrale und deutlich **umfangreichere Compliance-Anforderung** weiter.[3] Das Konzept basiert auf dem Grundsatz des risikobasierten Datenschutzes (der sich außerdem in Art. 24, 25 und 32 findet) (→ Rn. 11 f.) und verlangt von dem Verantwortlichen eine eigenverantwortliche und detaillierte **Risikoanalyse** der eigenen Datenverarbeitung. Geht das Risiko für die betroffenen Personen im konkreten Einzelfall über das üblicherweise mit einer Datenverarbeitung einhergehende allgemeine Risiko hinaus (und liegt folglich ein hohes Risiko vor), ist vorab eine Datenschutz-Folgenabschätzung durchzuführen. Die Datenschutz-Folgenabschätzung stellt damit eine besonders praxisrelevante Ausprägung des Grundsatzes der gesteigerten **Eigenverantwortlichkeit** des Verantwortlichen (auch **"Accountability"** genannt) dar, eines der grundlegenden Prinzipien der DS-GVO. Besondere Praxisrelevanz wird die Vorschrift daher künftig im Zusammenhang mit der weiteren Verbreitung künstlicher Intelligenz und entsprechender Systeme und Anwendungen haben.[4] Das Verfahren einer Datenschutz-Folgenabschätzung soll auch in Fällen eines „voraussichtlich hohen Risikos" ein angemessenes Schutzniveau für die Rechte und Freiheiten der betroffenen Personen sicherstellen und den Verantwortlichen bei der Erfüllung seiner allgemeinen Rechenschaftspflicht nach Art. 5 Abs. 2 (→ Art. 5 Rn. 39 ff.), Art. 24 Abs. 1 unterstützen. Die Vorschrift komplettiert die Anforderungen an den Verantwortlichen aus den Art. 24, 25 und 32. Zudem entscheidet ihr Ergebnis über die Notwendigkeit einer vorherigen Konsultation der Aufsichtsbehörde nach Art. 36.[5] Art. 32, 35 und 36 bilden dabei einen **dreistufigen Mechanismus zur Risikoeindämmung** (genauer → Art. 36 Rn. 4 f.). Die praktische Umsetzung einer Datenschutz-Folgenabschätzung ist in der Praxis oftmals mit einem erheblichen personellen und zeitlichen Aufwand für den Verantwortlichen verbunden.

---

[1] Zum Gesetzgebungsverfahren vgl. Kühling/Buchner/*Jandt* DS-GVO Art. 35 Rn. 2 ff.
[2] Artikel-29-Datenschutzgruppe, Leitlinien DSFA, Working Paper 248 Rev. 01 v. 4.10.2017, S. 4.
[3] Zur Entstehungsgeschichte BeckOK DatenschutzR/*Hansen* DS-GVO Art. 35 Rn. 1 ff.
[4] Dazu *Baumgartner/Brunnbauer/Cross* MMR 2023, 543 (546).
[5] Instruktiv dazu Erwägungsgrund 84.

2 Die Datenschutz-Folgenabschätzung erfüllt nach dem Willen des europäischen Gesetzgebers die Funktion eines **„Frühwarnsystems"**,[6] indem eine konkret beabsichtige Verarbeitung, die voraussichtlich zu einem hohen Risiko für die betroffenen Personen führt, vorab auf ihre datenschutzrechtliche Konformität bewertet wird. Sie ist **vor Beginn der jeweiligen Verarbeitungstätigkeit durchzuführen,** also bevor personenbezogene Daten tatsächlich erhoben oder verarbeitet werden (beispielsweise bevor ein datenverarbeitendes System in Betrieb genommen wird).[7] Art. 35 steht dabei in engem Verhältnis zu Art. 25 und dem Grundsatz eines Datenschutzes durch Technikgestaltung und durch datenschutzfreundliche Voreinstellungen. Folgerichtig erwarten die Aufsichtsbehörden, dass Verantwortliche mit einer Datenschutz-Folgenabschätzung möglichst bereits in der **Entwicklungsphase** der betreffenden Verarbeitungstätigkeit beginnen.[8] Gesetzlich vorgeschrieben ist dies jedoch nicht.

3 Übergeordnetes Ziel der Vorschrift ist die **Sicherheit der Verarbeitung** von personenbezogenen Daten und die **Vermeidung von Verstößen** gegen die Bestimmungen der DS-GVO.[9] Konkret erreicht werden soll dieses Ziel, indem der Verantwortliche die mit einer geplanten Datenverarbeitung verbundenen Risiken für die Rechte und Freiheiten der betroffenen Personen selbst vorab analysiert sowie geeignete Abhilfemaßnahmen zur „Eindämmung" der Risiken ergreift.[10] Ergebnis einer Datenschutz-Folgenabschätzung muss daher nicht der gänzliche Ausschluss aller Risiken sein, sondern eine **Risikominimierung,** so dass kein hohes Risiko mehr zu erwarten ist. Art. 35 löste damit die Meldepflicht für Datenverarbeitungen gemäß **Art. 18 DS-RL** ab. Wie sich aus **Erwägungsgrund 89** ergibt, beurteilte der europäische Gesetzgeber die Effektivität der unterschiedslosen allgemeinen Meldepflicht nach der DS-RL sehr kritisch und versprach sich von Art. 35 einen wirksameren und vor allem spezifisch auf besonders „kritische" Verarbeitungen fokussierten Mechanismus.[11] Für die Praxis bedeutet dies, dass der Verantwortliche in einem ersten Schritt stets sämtliche Verarbeitungsvorgänge auf die beschriebenen Risiken untersuchen muss (auch **„Schwellenwertanalyse"** genannt). An das Ergebnis dieser allgemeinen Risikoanalyse knüpfen dann verschiedene Pflichten an, wie etwa die Auswahl geeigneter und dem konkreten Risiko angemessener technischer und organisatorischer Maßnahmen nach Art. 32 Abs. 1. Ergibt diese Analyse ein „voraussichtlich hohes Risiko", ist in einem zweiten Schritt zusätzlich eine vollumfängliche Datenschutz-Folgenabschätzung nach Art. 35 erforderlich.[12] Daraus folgt, dass eine Datenschutz-Folgenabschätzung auch dann erforderlich ist, wenn sich ein „voraussichtlich hohes Risiko" durch technisch-organisatorische Maßnahmen im Ergebnis vermeiden lässt. Sinn und Zweck einer Datenschutz-Folgenabschätzung ist es gerade, im Falle von hochriskanten Verarbeitungen die Effektivität möglicher Abhilfemaßnahmen zu bewerten.

4 Art. 35 enthält keine Vorgaben zur **praktischen Umsetzung** der Verpflichtungen. Insbesondere aus den Vorschriften zum Mindestinhalt einer Datenschutz-Folgenabschätzung in **Abs. 7** (→ Rn. 46 ff.) sowie aus den **Erwägungsgründen 84 und 90** lassen sich aber wichtige Grundsätze ableiten. Dabei greifen die verschiedenen Absätze von Art. 35 wie folgt ineinander: Der Verantwortliche muss zunächst entscheiden, ob eine Datenschutz-Folgenabschätzung für den geplanten Verarbeitungsvorgang erforderlich ist. Hierfür sind neben **Abs. 1,** der die Grundsätze statuiert (→ Rn. 14 ff.), insbesondere die Abs. 3–5 relevant. Während **Abs. 3** gesetzliche Regelbeispiele für die Erforderlichkeit einer Datenschutz-Folgenabschätzung normiert (→ Rn. 32 ff.), werden in der Praxis die in Abs. 4 und 5 angesprochenen Positiv- und Negativlisten der Aufsichtsbehörden eine besondere Bedeutung haben (→ Rn. 41 ff.). Ist die konkret geplante

---

[6] Forum Privatheit und Selbstbestimmtes Leben In der Digitalen Welt, White Paper Datenschutz-Folgenabschätzung – Ein Werkzeug für einen besseren Datenschutz, S. 38.

[7] Dies ergibt sich aus dem Wortlaut von Abs. 1 („vorab"), Abs. 10 („vor den betreffenden Verarbeitungstätigkeiten"), Erwägungsgrund 90 („vor der Verarbeitung") sowie Erwägungsgrund 93 („vor den Verarbeitungsvorgängen").

[8] So die Artikel-29-Datenschutzgruppe, Leitlinien DSFA, Working Paper 248 Rev. 01 v. 4.10.2017, S. 17, verbunden mit dem Hinweis, dass der Umstand, dass eine schon im Entwicklungsstadium durchgeführte DSFA nach Beginn der Datenverarbeitung ggf. aktualisiert werden muss, keine Verschiebung oder gar Nichtdurchführung der DSFA rechtfertigt.

[9] Die Artikel-29-Datenschutzgruppe sprach deshalb von einem „Verfahren zur Sicherstellung und zum Nachweis der Einhaltung gesetzlicher Anforderungen", vgl. Artikel-29-Datenschutzgruppe, Leitlinien DSFA, Working Paper 248 Rev. 01 v. 4.10.2017, S. 5.

[10] Vgl. Erwägungsgrund 90.

[11] *Albrecht* CR 2016, 88 (94); *Hansen* DuD 2016, 587 (588).

[12] So auch die Artikel-29-Datenschutzgruppe, Leitlinien DSFA, Working Paper 248 Rev. 01 v. 4.10.2017, S. 7.

Datenverarbeitung in einer solchen Positivliste nach **Abs. 4** aufgeführt, muss eine Folgenabschätzung durchgeführt werden; umgekehrt können die Aufsichtsbehörden in Negativlisten nach **Abs. 5** Verarbeitungsvorgänge definieren, in denen gerade keine Datenschutz-Folgenabschätzung erforderlich sein soll.

Ist ein geplanter Verarbeitungsvorgang weder in einer Positiv- noch in einer Negativliste der 5 Aufsichtsbehörden aufgeführt und ist daneben auch keines der Regelbeispiele aus Abs. 3 erfüllt, liegt die **Entscheidung über das „Ob"** einer Datenschutz-Folgenabschätzung in der Eigenverantwortung des Verantwortlichen. Er hat nach **Abs. 1** in Verbindung mit weiteren Vorschriften der DS-GVO – insbesondere Art. 24, 25 und 32 – zunächst die Risiken für die Rechte und Freiheiten betroffener Personen, die mit dem konkret geplanten Verarbeitungsvorgang verbunden sind, zu ermitteln und einzuschätzen (→ Rn. 51). Ergibt diese Analyse ein „voraussichtlich hohes" Risiko, muss im Anschluss eine Datenschutz-Folgenabschätzung durchgeführt werden. Art. 35 Abs. 1 sowie verschiedene Erwägungsgründe enthalten Indikatoren, die im Regelfall auf ein hohes Risiko hinweisen (→ Rn. 21). Diese wurden von den europäischen Datenschutz-Aufsichtsbehörden weitgehend konkretisiert (→ Rn. 26). Entscheidet sich der Verantwortliche, eine Datenschutz-Folgenabschätzung durchzuführen, so hat er in diesem Zusammenhang nach **Abs. 2** den Rat des Datenschutzbeauftragten einzuholen, soweit ein solcher bestellt wurde. Ergebnis der Datenschutz-Folgenabschätzung ist nach **Abs. 7** eine ausführliche Dokumentation, die die geplante Datenverarbeitung beschreibt, ihre Notwendigkeit, insbesondere mit Blick auf die Art und den Umfang der verarbeiteten Daten darlegt, die Risikobewertung begründet und schließlich die ermittelten Abhilfemaßnahmen zur Reduzierung des Risikos bezeichnet (→ Rn. 46 ff.). Kann das Risiko nach der eigenverantwortlichen Auffassung des Verantwortlichen durch die ermittelten Abhilfemaßnahmen unter die Schwelle des hohen Risikos reduziert werden, kann nach Abschluss der Datenschutz-Folgenabschätzung mit der Implementierung der Maßnahmen und anschließend mit der Datenverarbeitung begonnen werden. Ist dies nicht möglich, so muss zunächst die Aufsichtsbehörde konsultiert werden (→ Art. 36 Rn. 6 ff.).

Abs. 8–11 enthalten ergänzende Regelungen: Im Rahmen einer Datenschutz-Folgenabschät- 6 zung hat der Verantwortliche nach **Abs. 8** genehmigte Verhaltensregeln zu berücksichtigen und nach **Abs. 9** unter bestimmten Umständen die betroffenen Personen anzuhören. **Abs. 10** enthält eine eng gefasste Ausnahme von der Pflicht zur Durchführung einer Datenschutz-Folgenabschätzung auch in Fällen eines hohen Risikos. **Abs. 11** regelt schließlich, unter welchen Voraussetzungen eine Datenschutz-Folgenabschätzung zu wiederholen oder nachträglich zu überprüfen ist.

II. Adressaten der Vorschrift

Art. 35 verpflichtet in seinen Abs. 1–3, 7–9 und 11 ausdrücklich den **Verantwortlichen** nach 7 Art. 4 Nr. 7; dies folgt neben Abs. 1 auch aus der Formulierung des Abs. 2. Die eigentliche Durchführung der Datenschutz-Folgenabschätzung kann jedoch durch eine andere Person erfolgen, entweder unternehmensintern (zB durch die Datenschutz- oder Rechtsabteilung) oder – auch im Interesse einer höheren Objektivität und Unabhängigkeit – mit Hilfe Dritter im Wege der **Auslagerung** (etwa durch Anwaltskanzleien oder sonstige unabhängige Spezialisten).[13] Der für die Verarbeitung Verantwortliche bleibt jedoch alleinverantwortlich für die ordnungsgemäße Durchführung und ist dementsprechend auch zur Rechenschaft verpflichtet.[14] Dabei ist nach Abs. 2 der **Datenschutzbeauftragte** zumindest beratend einzubinden (→ Rn. 30 f.) und gegebenenfalls nach Abs. 9 der Standpunkt der betroffenen Personen einzuholen (→ Rn. 68). Adressaten der Abs. 4–6 sind dagegen die nationalen **Aufsichtsbehörden**.

Der **Auftragsverarbeiter** ist – wie schon in Art. 25 – nicht vom Kreis der Adressaten 8 erfasst.[15] Anders war dies noch in Art. 33 Abs. 1 des Kommissionsentwurfs[16] wie auch des Parlamentsentwurfs,[17] die beide auch den Auftragsverarbeiter zu Adressaten der Pflichten aus

---

[13] Artikel-29-Datenschutzgruppe, Leitlinien DSFA, Working Paper 248 Rev. 01 v. 4.10.2017, S. 19.
[14] So klarstellend Artikel-29-Datenschutzgruppe, Leitlinien DSFA, Working Paper 248 Rev. 01 v. 4.10.2017, S. 18.
[15] Krit. dazu Simitis/Hornung/Spiecker gen. Döhmann/*Karg* DS-GVO Art. 35 Rn. 16.
[16] Vgl. Art. 33 Abs. 1 Vorschlag der Europäischen Kommission v. 25.1.2012 (KOM[2012] 11 endgültig; 2012/0011 [COD]).
[17] Vgl. Art. 33 Abs. 1 Beschl. des Europäischen Parlaments v. 12.3.2014 zu dem Vorschlag für eine Verordnung des Europäischen Parlaments und des Rates zum Schutz natürlicher Personen bei der Verarbeitung personenbezogener Daten und zum freien Datenverkehr (allgemeine Datenschutzverordnung) (COM[2012] 0011 – C7-0025/2012 – 2012/0011[COD]).

Art. 35 zählten. Der vom Verordnungsgeber letztlich gewählte Weg wird dem Sinn und Zweck der Vorschrift gerecht. Die Entscheidung, ob die Datenverarbeitung rechtmäßig durchgeführt werden kann und welche Abhilfemaßnahmen zur Risikoreduzierung geeignet sind, kann sinnvollerweise nur vom Verantwortlichen selbst getroffen werden. Dies gilt umso mehr, als die Pflichten nach Art. 35 bereits vor Beginn der eigentlichen Verarbeitung ansetzen, also zu einem Zeitpunkt, zu dem üblicherweise noch keine Auftragsverarbeiter beteiligt sind. Gleichwohl muss der Verantwortliche die Einschaltung von Auftragsverarbeitern und die konkreten Gegebenheiten bei diesen im Rahmen der Risikobewertung sowie bei der Ermittlung geeigneter Abhilfemaßnahmen berücksichtigen. Nach Art. 28 Abs. 3 lit. f ist in dem Vertrag mit einem Auftragsverarbeiter sicherzustellen, dass dieser den Verantwortlichen bei der Einhaltung der Anforderungen nach Art. 35 **unterstützt.**

9   Im Ergebnis entfaltet Art. 35 damit **indirekt Wirkung auch für Auftragsverarbeiter:** Verantwortliche werden in der Regel auf deren Mitwirkung angewiesen sein, um ihren Pflichten aus Art. 35 genügen zu können. Diese Mitwirkung kann sich auf die Beschreibung der von dem Auftragsverarbeiter getroffenen technischen und organisatorischen Maßnahmen beschränken.[18] Die erforderliche Mitwirkung des Auftragsverarbeiters kann aber auch deutlich weiter gehen, etwa wenn der Verantwortliche standardisierte Verarbeitungsleistungen einkauft. So wird der Verantwortliche, der beispielsweise **Cloud Services** nutzt, bei einer Datenschutz-Folgenabschätzung oftmals ganz wesentlich auf die Mitwirkung des Cloud-Anbieters angewiesen sein, der die Anwendungen, Plattformen oder IT-Infrastruktur zur Verfügung stellt.[19] In diesen Fällen kann es aus Sicht eines Auftragsverarbeiters sinnvoll sein, selbst eine Datenschutz-Folgenabschätzung für die eigenen Produkte oder Dienste durchzuführen und die Ergebnisse den Kunden zur Verfügung zu stellen (etwa in Form eines in der Praxis üblichen sog. White Papers). Die Cloud-Anwender (als Verantwortliche und damit direkte Adressaten des Art. 35) können diese dann in Bezug auf ihre konkrete Nutzung der Dienste oder Produkte des Auftragsverarbeiters als Baustein einer eigenen Datenschutz-Folgenabschätzung nutzen.[20]

10 Im Falle einer **gemeinsamen Verantwortlichkeit** nach Art. 26 kann eine Datenschutz-Folgenabschätzung auch nur durch einen der gemeinsam Verantwortlichen durchgeführt werden. **Erwägungsgrund 92** erwähnt als Beispiel insoweit den Fall, dass mehrere Verantwortliche eine gemeinsame Anwendung einführen. Dadurch lässt sich in der Praxis der Aufwand deutlich reduzieren. Es empfiehlt sich jedoch, die Verantwortlichkeit für die Durchführung einer Datenschutz-Folgenabschätzung transparent in der nach Art. 26 Abs. 1 S. 2 erforderlichen Vereinbarung zu regeln.

III. Systematik, Verhältnis zu anderen Vorschriften

11 Das prozessorientierte Instrument der Datenschutz-Folgenabschätzung greift den allgemeinen, der DS-GVO zu Grunde liegenden, **risikobasierten Ansatz** („Risk-based Approach") auf und knüpft insbesondere an die Pflicht zum Datenschutz durch Technikgestaltung und durch datenschutzfreundliche Voreinstellungen aus Art. 25 an. Damit verbunden ist der Gedanke, datenschutzrechtliche Überlegungen in jedes Stadium der Datenverarbeitung – beginnend mit der Entwicklungs- und Konzeptionsphase – einzubinden. Das Erfordernis einer Datenschutz-Folgenabschätzung ist dabei als kontinuierlicher und iterativer Prozess zu verstehen, der den gesamten Lebenszyklus einer Datenverarbeitung begleitet. Sie muss nach Art. 35 Abs. 11 für laufende Verarbeitungen unter Umständen wiederholt oder zumindest regelmäßig auf ihre fortwährende Richtigkeit überprüft werden.[21] Da die Durchführung einer Datenschutz-Folgenabschätzung der Vorabkontrolle dient, kann sie als ein Instrument zur Umsetzung der Anforderungen von Art. 25 gesehen werden.[22]

12 Eine unmittelbare Folge hat das Ergebnis der Folgenabschätzung für die Erforderlichkeit einer **vorherigen Konsultation** der Aufsichtsbehörden nach Art. 36. Sie geht dabei einer Konsultation der Aufsichtsbehörden stets voraus: Ergibt eine Datenschutz-Folgenabschätzung, dass das

---

[18] Laue/Nink/Kremer DatenschutzR § 7 Rn. 66.
[19] Dazu Düsseldorfer Kreis, Orientierungshilfe Cloud Computing, S. 3 ff.
[20] So ausdrücklich Artikel-29-Datenschutzgruppe, Leitlinien DSFA, Working Paper 248 Rev. 01 v. 4.10.2017, S. 8 anhand des Bsp. der Geschäftsbeziehung zwischen einem Hersteller intelligenter Zähler und Versorgungsunternehmen.
[21] So ausdrücklich auch die Artikel-29-Datenschutzgruppe, Leitlinien DSFA, Working Paper 248 Rev. 01 v. 4.10.2017, S. 17.
[22] Gola/Heckmann/Nolte/Werkmeister DS-GVO Art. 35 Rn. 3.

Risiko einer geplanten Datenverarbeitung mit Hilfe der – im Rahmen der Datenschutz-Folgenabschätzung ermittelten – technisch-organisatorischen Abhilfemaßnahmen nicht unter die Schwelle des hohen Risikos zu senken ist, muss die zuständige Aufsichtsbehörde vor Beginn der Verarbeitung konsultiert werden.[23] Art. 35 und Art. 36 bilden daher einen abgestuften Mechanismus im Datenschutzmanagementsystem des Verantwortlichen. Daneben spielt die in Art. 35 Abs. 7 (→ Rn. 46 ff.) näher erläuterte Dokumentation der Datenschutz-Folgenabschätzung eine wichtige Rolle bei der Erfüllung des **Transparenzgebotes** nach Art. 5 Abs. 1 lit. a und der **Rechenschaftspflicht** nach Art. 5 Abs. 2, Art. 24 Abs. 1. Die Erfahrung zeigt, dass die Aufsichtsbehörden im Rahmen von Audits und Ermittlungen routinemäßig die Dokumentation zu Datenschutz-Folgenabschätzungen prüfen, was die praktische Relevanz von Art. 35 noch einmal unterstreicht.[24]

Auch das BDSG sieht in § 67 eine an Art. 35 angelehnte Pflicht für öffentliche Stellen im **13** Anwendungsbereich der RL (EU) 2016/680 vor, eine Datenschutz-Folgenabschätzung durchzuführen. Daneben enthalten auch verschiedene Landesdatenschutzgesetze entsprechende Pflichten für öffentliche Stellen vor – teilweise einschränkend gegenüber der DS-GVO.[25]

B. Einzelerläuterungen

I. Erforderlichkeit und Grundzüge einer Datenschutz-Folgenabschätzung (Abs. 1)

1. Grundzüge. Abs. 1 umschreibt zum einen, in welchen Fällen eine Datenschutz-Folgen- **14** abschätzung erforderlich ist. Zum anderen ergibt sich aus der Vorschrift eine sehr allgemeine Beschreibung des Ablaufs einer Datenschutz-Folgenabschätzung. Ergibt die Risikobewertung einer konkreten Verarbeitungstätigkeit, dass **voraussichtlich ein hohes Risiko** für die Rechte und Freiheiten natürlicher Personen besteht, so ist die geplante Verarbeitung einer Datenschutz-Folgenabschätzung zu unterziehen. Mit ihr soll in der Folge ermittelt werden, ob das identifizierte Risiko mit Hilfe von Abhilfemaßnahmen unter die Schwelle des hohen Risikos reduziert werden kann und welche konkreten Maßnahmen hierfür geeignet sind. Folgt aus der Risikoanalyse dagegen, dass kein hohes Risiko besteht, hat der Verantwortliche seinen Pflichten aus Art. 35 damit genügt. Auch in diesem Fall ist jedoch dringend zu empfehlen, nicht zuletzt vor dem Hintergrund möglicher Bußgelder für eine fälschlicherweise unterlassene Datenschutz-Folgenabschätzung, dass der Verantwortliche seine **Risikoanalyse sorgfältig dokumentiert,**[26] insbesondere um seiner Rechenschaftspflicht nach Art. 5 Abs. 2 (→ Art. 5 Rn. 39 ff.) und Art. 24 Abs. 1 nachzukommen.[27] In der Praxis verlangen die Aufsichtsbehörden regelmäßig einen Nachweis dafür, wie in Unternehmen und sonstigen Organisationen die Erforderlichkeit einer Datenschutz-Folgenabschätzung geprüft und eine entsprechende Risikoanalyse durchgeführt wird. In größeren Organisationen wird diesbezüglich ein entsprechender Prozess vorausgesetzt.[28]

Abs. 1 S. 2 erlaubt es dem Verantwortlichen, **mehrere ähnliche Verarbeitungsvorgänge** **15** mit ähnlich hohem Risiko in einer einzelnen Datenschutz-Folgenabschätzung zusammenzufassen. Dabei wird es bei dem Kriterium der „Ähnlichkeit" insbesondere auf einen **gemeinsamen Verarbeitungszweck** ankommen.[29] Vorhaben und Prozesse, die einem einheitlichen über-

---

[23] Wobei der Wortlaut von Art. 36 Abs. 1 insoweit unscharf ist (→ Art. 36 Rn. 7 ff.).
[24] Die Aufsichtsbehörden scheinen dabei in der Praxis mit der Qualität der von ihnen geprüften Datenschutz-Folgenabschätzungen eher unzufrieden zu sein, wie jüngst bei mehreren Vorträgen mit Referenten verschiedener deutscher Aufsichtsbehörden zu hören war.
[25] Etwa § 77 LDSG BW, Art. 14 BayDSG, § 53 BlnDSG, § 4 Abs. 1 Nr. 3 BbgDSG, § 62 HessDSIG, § 39 NdsDSG, § 24 DSG NRW, § 9 LDSG RhPf, § 2 Abs. 4 SächsDSDG, § 14 DSG SL, § 43 LDSG SchlH sowie § 52 ThürDSG, dazu Gola/Heckmann/Nolte/Werkmeister DS-GVO Art. 35 Rn. 6.
[26] Dabei kann sich der Verantwortliche auch insoweit an Art. 35 Abs. 7 orientieren; hilfreich ist auch das DSK-Kurzpapier Nr. 18 – Risiko für die Rechte und Freiheiten natürlicher Personen v. 26.4.2018.
[27] So ausdrücklich Artikel-29-Datenschutzgruppe, Leitlinien DSFA, Working Paper 248 Rev. 01 v. 4.10.2017, S. 14.
[28] Vgl. 9. Tätigkeitsbericht des Bayerischen Landesamts für Datenschutzaufsicht 2019, S. 20 f. und die dort verlinkten Audit-Fragebögen; so auch die Artikel-29-Datenschutzgruppe, Leitlinien DSFA, Working Paper 248 Rev. 01 v. 4.10.2017, S. 7; dazu → Rn. 3 sowie BeckOK DatenschutzR/Hansen DS-GVO Art. 35 Rn. 12.
[29] Die dt. Aufsichtsbehörden gehen insbes. Dann von „ähnlichen Risiken" aus, wenn ähnliche Technologien zur Verarbeitung vergleichbarer Daten oder Datenkategorien zu gleichen Zwecken eingesetzt werden,

greifenden Zweck dienen, können somit in einer einheitlichen Datenschutz-Folgenabschätzung zusammengefasst werden. Damit durchbricht diese Ausnahmevorschrift den in Abs. 1 S. 1 statuierten Grundsatz, dass eine Datenschutz-Folgenabschätzung für jede konkrete Form der Verarbeitung durchzuführen ist, soweit diese ein voraussichtlich hohes Risiko birgt. Hintergrund sind insbesondere ökonomische Gesichtspunkte, wie aus **Erwägungsgrund 92** ersichtlich ist. Danach kann es vernünftig oder ökonomisch zweckmäßig sein, eine Datenschutz-Folgenabschätzung thematisch breiter anzulegen und auf diese Weise den ohnehin erheblichen Aufwand zumindest teilweise zu reduzieren.[30] Als Beispiel nennt Erwägungsgrund 92 den Fall, dass **mehrere Verantwortliche** eine „gemeinsame Anwendung oder Verarbeitungsplattform" schaffen möchten, etwa für einen gesamten Wirtschaftssektor, für ein bestimmtes Marktsegment oder für eine weit verbreitete horizontale Tätigkeit.

16   Ein Beispiel einer solchen gemeinsamen Verarbeitungsplattform könnte etwa die Setzung kompatibler Kommunikationsstandards- und Plattformen im Bereich des **„Internets der Dinge"** darstellen, an denen derzeit verschiedene Industrieorganisationen arbeiten.[31] Denkbar scheint auch eine auf konkrete **Geschäftsmodelle** bezogene Auslegung von Abs. 1 S. 2, so dass für ein neues Geschäftsmodell unter Umständen eine einheitliche Datenschutz-Folgenabschätzung ausreichen kann.[32] Auch für **Unternehmensgruppen** erscheint es möglich, etwa vor Einführung einer neuen konzernweit genutzten Anwendung eine erforderliche Datenschutz-Folgenabschätzung **zentralisiert durch eine Konzerngesellschaft** durchzuführen, vorausgesetzt die tatsächlichen Verarbeitungsschritte und die damit verbunden Risiken für die betroffenen Personen sind konzernweit gleich gelagert.[33] Es ist aber davon auszugehen, dass die Gerichte und Aufsichtsbehörden die Grenzen des Kriteriums der „Ähnlichkeit" eng ziehen werden.[34] Im Zweifel sollten daher in der Praxis (formell) getrennte Datenschutz-Folgenabschätzungen durchgeführt werden – wobei es insoweit selbstverständlich zu Überschneidungen kommen kann.

17   **2. Kriterien des Abs. 1.** Abs. 1 umschreibt die **Voraussetzungen für die Erforderlichkeit einer Datenschutz-Folgenabschätzung.** Birgt eine Form der Verarbeitung voraussichtlich ein hohes Risiko für die Rechte und Freiheiten natürlicher Personen, ist vorab eine Abschätzung der Folgen der vorgesehenen Verarbeitungsvorgänge für den Schutz personenbezogener Daten durchzuführen. Aus dieser sehr allgemeinen Formulierung und dem interpretationsbedürftigen Begriff des „voraussichtlich hohen Risikos" wird deutlich, dass insoweit ein Spielraum besteht. Insbesondere folgt aus der Verwendung des Begriffs „voraussichtlich" (wie auch aus dem Terminus Datenschutz-Folgen**abschätzung** selbst), dass der Verantwortliche als Normadressat eine eigenverantwortliche Prognoseentscheidung für die Zukunft zu treffen hat, die jedoch gerichtlich voll überprüfbar ist. Die damit unweigerlich einhergehende **Rechtsunsicherheit** ist vor dem Hintergrund der empfindlichen Bußgelder im Falle einer zu Unrecht unterlassenen Datenschutz-Folgenabschätzung besonders misslich. In Zweifelsfällen mag es daher bereits in diesem Stadium im Einzelfall sinnvoll sein, pro-aktiv die Aufsichtsbehörde zu konsultieren oder aber eine Datenschutz-Folgenabschätzung auch für solche Verarbeitungstätigkeiten durchzuführen, bei denen Zweifel bestehen, ob sie zu einem „voraussichtlich hohen Risiko" führen.[35] Umso wichtiger sind für die Praxis neben den im Folgenden (→ Rn. 26 ff.) näher dargestellten Leitlinien der Artikel-29-Datenschutzgruppe,[36] die in Abs. 4 und 5 (→ Rn. 41 ff.) geregelten

---

vgl. Datenschutzkonferenz, Kurzpapier Nr. 5 – Datenschutz-Folgenabschätzung nach Art. 35 DS-GVO v. 24.7.2017, S. 1.
[30] Dazu auch Paal/Pauly/*Martini* DS-GVO Art. 35 Rn. 21.
[31] Wie etwa die Open Connectivity Foundation (www.openconnectivity.org/); ein weiteres Bsp. für eine gemeinsamen Verarbeitungsumgebung für einen Wirtschaftssektor findet sich in § 291a SGB V, nämlich die Telematikinfrastruktur zur sicheren Kommunikation im Gesundheitswesen im Zusammenhang mit der elektronischen Gesundheitskarte, vgl. *Laue/Nink/Kremer* DatenschutzR § 7 Rn. 82.
[32] Taeger/Gabel/*Reibach* DS-GVO Art. 35 Rn. 7 f.
[33] Gola/Heckmann/*Nolte/Werkmeister* DS-GVO Art. 35 Rn. 34.
[34] Was insbes. daraus folgt, dass sich die Artikel-29-Datenschutzgruppe nur sehr allg. dazu äußert, unter welchen Umständen mehrere Verarbeitungsvorgänge mit einer einzigen Datenschutz-Folgenabschätzung bewertet werden können, vgl. Artikel-29-Datenschutzgruppe, Leitlinien DSFA, Working Paper 248 Rev. 01 v. 4.10.2017, S. 7 f.
[35] Letzteres empfehlen die Aufsichtsbehörden zu Recht vor dem Hintergrund der allg. Rechenschaftspflicht nach Art. 5 Abs. 2, 24 Abs. 1, vgl. Artikel-29-Datenschutzgruppe, Leitlinien DSFA, Working Paper 248 Rev. 01 v. 4.10.2017, S. 24.
[36] Artikel-29-Datenschutzgruppe, Leitlinien DSFA, Working Paper 248 Rev. 01 v. 4.10.2017, S. 9 ff.

Positiv- und Negativlisten der Aufsichtsbehörden sowie die Rechtsprechung insbesondere des EuGH.

Nicht ganz einleuchtend ist, weshalb Abs. 1 S. 1 von den Rechten und Freiheiten **natürlicher Personen** spricht, die DS-GVO jedoch an anderer Stelle – beispielsweise in Abs. 7 lit. c – den Begriff der „Rechte und Freiheiten der **betroffenen Personen**" gemäß Art. 4 Nr. 1 verwendet. Trotz dieser Unschärfe ist Abs. 1 S. 1 so zu verstehen, dass der Verantwortliche bei seiner Risikobewertung, die ja im Vorfeld einer geplanten Verarbeitung stattfindet, die Folgen der geplanten Verarbeitung für alle „potentiell" betroffenen Personen zu berücksichtigen hat. Nicht erforderlich ist es, dass diese bereits zum Zeitpunkt der Durchführung der Datenschutz-Folgenabschätzung konkret als „betroffene Personen" iSd Art. 4 Nr. 1 identifizierbar sind. Wichtig an dieser Stelle ist die Erkenntnis, dass sich die DS-GVO insoweit von dem **traditionellen Risikoverständnis der Informationssicherheit** löst: Standen in der IT-Sicherheit traditionell die Risiken für die IT-Systeme und deren Betreiber im Mittelpunkt, so zielt die DS-GVO und damit auch Art. 35 Abs. 1 einzig und allein auf die Risiken für die Rechte und Freiheiten natürlicher Personen ab. 18

Die DS-GVO verfolgt durchgängig einen **risikobasierten Ansatz** und verpflichtet den Verantwortlichen zu spezifischen Maßnahmen und Vorkehrungen entsprechend dem jeweiligen Risiko einer konkreten Datenverarbeitung. Im Gegensatz zu pauschalen und undifferenzierten Verpflichtungen (wie etwa bei der unterschiedslos anwendbaren allgemeinen Meldepflicht nach Art. 18 DS-RL) soll dadurch ein **effektiveres Datenschutzsystem** entstehen. Der Risikobegriff findet sich dementsprechend in zahlreichen zentralen Vorschriften der DS-GVO wieder, insbesondere in Art. 24, 25 und 32. Zentrale Vorschrift für die Pflicht des Verantwortlichen, ein dem Risiko angemessenes Schutzniveau zu gewährleisten und zu diesem Zweck geeignete technische und organisatorische Maßnahmen zu ergreifen, ist Art. 32. Zur Art und Weise der Durchführung einer Risikobewertung sowie genauer zum Risikobegriff kann auf die Kommentierung zu Art. 24 verwiesen werden (→ Art. 24 Rn. 6 ff.).[37] 19

Im Vorfeld hat der Verantwortliche stets zu evaluieren, ob die geplanten Verarbeitungsvorgänge die Schwelle eines **voraussichtlich hohen Risiko** iSd Abs. 1 überschreiten. Das bedeutet, dass die mit der Verarbeitung verbundenen Risiken über die allgemeinen Gefahren, die üblicherweise mit Datenverarbeitungstätigkeiten einhergehen, hinausgehen müssen. Für diese „Schwellenwertanalyse" ist eine ganzheitliche und vorausschauende wertende Betrachtung anzustellen, bei der verschiedene Faktoren des jeweiligen Einzelfalles zu berücksichtigen sind, insbesondere die Art, der Umfang, die Umstände und die Zwecke der geplanten Datenverarbeitung. Eine Bewertung unter Heranziehung dieser Kriterien wird vom Verantwortlichen auch nach anderen Vorschriften der DS-GVO verlangt, insbesondere gemäß Art. 24 Abs. 1, 25 Abs. 1 und 32 Abs. 1. Aus den **Erwägungsgründen 89 und 90** folgt zudem, dass ein hohes Risiko im Rahmen des Art. 35 Abs. 1 nach dem Willen des Gesetzgebers nur in Ausnahmefällen vorliegen sollte, der Begriff des „voraussichtlich hohen Risikos" mithin **restriktiv auszulegen** ist.[38] Die im Folgenden (→ Rn. 26 ff.) näher dargestellten Leitlinien der Artikel-29-Datenschutzgruppe legen allerdings den Schluss nahe, dass in der Praxis deutlich häufiger von dem Vorliegen eines „hohen Risikos" auszugehen sein wird. 20

Nach Abs. 1 kann insbesondere der Einsatz **neuer Technologien** zu einem hohen Risiko führen. Insoweit ist nicht auf der Verantwortlichen (und auf die Frage, ob eine Technologie für diesen neu ist) abzustellen, sondern nach Erwägungsgrund 91 auf den jeweils aktuellen Stand der Technik.[39] Freilich wird nicht jede Nutzung neuer Technologien in der Praxis zu einem hohen Risiko führen. Denkbar ist beispielsweise, dass der Einsatz von künstlicher Intelligenz in der Regel den Tatbestand des Art. 35 Abs. 1 S. 1 erfüllen wird,[40] etwa die Nutzung eines KI-gestützten Tools für Zwecke der Bewerberauswahl.[41] Ein anderes, in der Praxis häufiges Beispiel kann etwa die Einführung eines **Bring Your Own Device**-Programms oder die Nutzung von **Big Data**-Anwendungen darstellen.[42] Letztlich wird es aber stets auf die Umstände des Einzel- 21

---

[37] Zur Risikobewertung iRd Art. 35 vgl. auch *Schmitz/v. Dall'Armi* ZD 2017, 57 (58 f.) sowie Bitkom, Leitfaden „Risk Assessment & Datenschutz-Folgenabschätzung", S. 25 ff.
[38] So auch Gola/Heckmann/*Nolte/Werkmeister* DS-GVO Art. 35 Rn. 11.
[39] So nun ausdrücklich Artikel-29-Datenschutzgruppe, Leitlinien DSFA, Working Paper 248 Rev. 01 v. 4.10.2017, S. 12; näher zum Begriff der neuen Technologien *Schmitz/v. Dall'Armi* ZD 2017, 57 f.
[40] *Schürmann* ZD 2022, 316 (319).
[41] *Baumgartner/Brunnbauer/Cross* MMR 2023, 543 (546).
[42] Zur Begr., warum Big Data-Anwendungen idR eingriffsintensive Verarbeitungen darstellen vgl. Gola/Heckmann/*Nolte/Werkmeister* DS-GVO Art. 35 Rn. 18 mwN.

falls ankommen und nicht jede Veränderung der IT-Infrastruktur wird ein hohes Risiko indizieren. **Erwägungsgrund 89** greift den Einsatz neuer Technologien auf und nennt als weiteren Indikator für ein hohes Risiko **neuartige Verarbeitungsvorgänge,** für die der Verantwortliche noch keine Datenschutz-Folgenabschätzung durchgeführt hat. Auch insoweit wird man die Schwelle zum „hohen Risiko" nicht zu niedrig ansetzen dürfen. Schließlich kann nach Erwägungsgrund 89 auch für **bereits etablierte Datenverarbeitungen** ein hohes Risiko bestehen, wenn seit dem Beginn der ursprünglichen Verarbeitung so viel Zeit vergangen ist, dass eine erneute Auseinandersetzung mit der Frage nach der Erforderlichkeit einer Datenschutz-Folgenabschätzung notwendig geworden ist. Wie lang dieser Zeitraum sein soll, lässt Erwägungsgrund 89 offen. Der Zeitraum wird sich, seinem Zweck entsprechend, an den Veränderungen der die Risikobewertung beeinflussenden Kriterien orientieren müssen. Für die Praxis folgt daraus, dass auch bei schon etablierten IT-Systemen laufend darauf zu achten ist, inwiefern sich die konkreten Verarbeitungsvorgänge mit Blick auf Art, Umfang, Umstände und Zwecke der Datenverarbeitung verändern und welche Auswirkungen dies auf die Risikobewertung hat. Letztlich muss der Verantwortliche daher ein **permanentes Monitoring laufender Datenverarbeitungssysteme** sicherstellen, gekoppelt mit einer periodisch durchgeführten neuerlichen Risikoanalyse.

22   **3. Sonstige allgemeine Kriterien.** In welchen Fällen ein „voraussichtlich hohes Risiko" vorliegt und folglich eine Datenschutz-Folgenabschätzung durchzuführen ist, folgt nicht nur aus einer Gesamtschau von Abs. 1, Abs. 3, Abs. 4, Abs. 5, sondern insbesondere auch aus den **Erwägungsgründen 71, 75, 76, 89 und 91.** Kriterien für ein „voraussichtlich hohes Risiko" können alle Umstände sein, die dazu führen, dass eine bestimmte Datenverarbeitung ein höheres als das gewöhnlich mit einer Verarbeitung personenbezogener Daten einhergehende Risiko mit sich bringt. Es genügt also nicht, dass eines der insbesondere in Erwägungsgrund 75[43] beschriebenen Risiken oder Schadensszenarien möglich erscheint (etwa die Vernichtung, die Veränderung, der Verlust, die unbefugte Offenlegung von oder der unbefugte Zugang zu personenbezogenen Daten, insbesondere wenn dies zu einem physischen, materiellen oder immateriellen Schaden führt wie beispielsweise Diskriminierung, Identitätsdiebstahl oder -betrug, Rufschädigung oder finanziellen Verlusten); es ist vielmehr erforderlich, dass das **konkrete Risiko im Einzelfall über diese allgemeinen Gefahren hinausgeht.**[44] Ein solches erhöhtes Risiko kann sich nach Abs. 1 S. 1 aufgrund der Art, des Umfangs, der Umstände und der Zwecke einer Verarbeitung ergeben. Nach Erwägungsgrund 90 ist zudem die Ursache des Risikos zu berücksichtigen.

23   **Erwägungsgrund 91** beschreibt weitere Fälle, die eine Datenschutz-Folgenabschätzung erfordern sollen. Danach kann ein Anhaltspunkt für ein hohes Risiko und damit die Erforderlichkeit einer Datenschutz-Folgenabschätzung in der **umfangreichen Verarbeitung großer Mengen personenbezogener Daten** auf regionaler, nationaler oder supranationaler Ebene liegen, wenn diese unter Einsatz neuer Technologie verarbeitet werden und besonders schutzwürdig sind. Daraus lässt sich zweierlei ableiten: Auch wenn keine besonderen Kategorien personenbezogener Daten iSd Art. 9 und 10 betroffen sind, kann die massenhafte Verarbeitung schutzwürdiger Daten mittels neuer Technologien eine Datenschutz-Folgenabschätzung erforderlich machen. Zu denken ist hier beispielsweise an die massenhafte Erhebung und Verarbeitung personenbezogener Daten zum Zwecke des Trainings von KI-Modellen. Zum anderen folgt aus der Erwähnung des geographischen Umfangs der Verarbeitung in Erwägungsgrund 91 (S. 1), dass auch eine **geographisch weit verteilte Verarbeitung,** insbesondere über Landesgrenzen und Kontinente hinweg, ein hohes Risiko indiziert, was in der Konsequenz für eine der Sache nach wenig risikobehaftete Verarbeitung gleichwohl eine Datenschutz-Folgenabschätzung erforderlich machen kann.[45] Weitere Anhaltspunkte finden sich in der Historie der unterschied-

---

[43] Daneben enthalten auch die Erwägungsgründe 83 und 85 entspr. Risikoszenarien.
[44] HK-DS-GVO/*Schwendemann* Art. 35 Rn. 10.
[45] Dabei ist aber zu beachten, dass die Artikel-29-Datenschutzgruppe in ihren Leitlinien zu Art. 35 den grenzüberschreitenden Datentransfer zu Recht nicht mehr als Kriterium für ein mögliches hohes Risiko anführt, während der erste Entw. dieser Leitlinien den grenzüberschreitenden Datentransfer ins EWR-Ausland als zehntes Kriterium noch ausdrücklich als entspr. Kriterium mit aufzählte, vgl. Artikel-29-Datenschutzgruppe, Guidelines on Data Protection Impact Assessment (DPIA) and determining whether processing is „likely to result in a high risk" for the purposes of Regulation 2016/679, Working Paper 248 idF v. 4.4.2017, S. 9.

lichen Entwürfe zur DS-GVO. So konkretisiert etwa der Entwurf des Europäischen Rates, welche spezifischen hohen Risiken aus der Nutzung neuer Technologien folgen können.[46]

Nach Erwägungsgrund 91 (S. 1 aE) soll auch solchen Datenverarbeitungen ein grundsätzlich höheres Risiko innewohnen, die es **den betroffenen Personen erschweren, ihre Rechte auszuüben.** Dies wird vor allem auf für den Einzelnen kaum spürbare oder wenig transparente Verarbeitungsvorgänge zutreffen.[47] In Betracht kommt hier etwa die oft umfangreiche Nutzung von Daten zum Zwecke des Trainings von KI-Systemen, die in vielen Fällen ohne Wissen und Einwilligung der Nutzer erfolgt. Auch die Erhebung unterschiedlichster Daten in **vernetzten Fahrzeugen** oder **Connected Home Devices** kommt insoweit in Betracht. Schließlich verweist Erwägungsgrund 91 (S. 3) darauf, dass eine Datenschutz-Folgenabschätzung für alle solche Verarbeitungen erforderlich ist, die **nach Auffassung der zuständigen Aufsichtsbehörde** „wahrscheinlich" ein hohes Risiko für die Rechte und Freiheiten der betroffenen Personen mit sich bringen.[48] Damit nimmt der Erwägungsgrund Bezug auf die Pflicht der Aufsichtsbehörden nach Abs. 4 (→ Rn. 41), **Positivlisten** mit Verarbeitungen zu erstellen, die stets eine Datenschutz-Folgenabschätzung erfordern. Es bleibt damit bei der Systematik des Abs. 1, wonach es der Verantwortliche ist, der zu entscheiden hat, ob seine geplanten Verarbeitungsvorgänge eine Datenschutz-Folgenabschätzung erfordern. Eine aktive Beteiligung der Aufsichtsbehörde erfolgt erst im Rahmen der vorherigen Konsultation nach Art. 36 Abs. 1 bzw. im Rahmen ihrer Befugnisse nach Art. 58. 24

Eine **Einschränkung** des Begriffs der umfangreichen Verarbeitung ist nach Erwägungsgrund 91 für **Ärzte, sonstige Angehörige der Gesundheitsberufe und Rechtsanwälte** anzunehmen, wenn diese personenbezogene Daten von Patienten oder Mandanten verarbeiten und die Verarbeitung durch den einzelnen Arzt, Angehörigen des Gesundheitsberufs oder Rechtsanwalt erfolgt. In diesen Fällen soll nicht von einer umfangreichen Verarbeitung ausgegangen werden und eine Datenschutz-Folgenabschätzung soll somit nicht zwingend in jedem Einzelfall notwendig sein (wohingegen etwa die Verarbeitung von Gesundheitsdaten durch ein **Krankenhaus** nach Ansicht der Artikel-29-Datenschutzgruppe sehr wohl umfangreich sein soll).[49] Zwar hat diese gesetzgeberische Wertung selbst keinen Gesetzescharakter. Sie muss aber bei der Auslegung des Begriffs „umfangreiche Verarbeitung" im Rahmen der Risikoermittlung berücksichtigt werden. Der Wortlaut lässt dabei aufgrund der Eindeutigkeit des gesetzgeberischen Willens keinen Auslegungsspielraum. Hintergrund war offenbar die Befürchtung, dass den genannten Berufsgruppen ansonsten ein **unverhältnismäßiger Aufwand** entstünde sowie die Wertung, dass die Verarbeitung durch diese (gesetzlich regulierten und zur Verschwiegenheit verpflichteten) Berufsgruppen tendenziell weniger risikobehaftet ist. 25

4. Kriterien der Artikel-29-Datenschutzgruppe. In ihren für die Praxis relevanten, mittlerweile aber zeitlich überholten Leitlinien zu Art. 35 hat die Artikel-29-Datenschutzgruppe nach langwieriger Abstimmung weitere Kriterien konkretisiert, die nach ihrer Auffassung ein „voraussichtlich hohes Risiko" für die Betroffenen der jeweiligen Datenverarbeitung zumindest nahelegen.[50] Die Leitlinien verfolgen dabei zum einen den Zweck, die Regelbeispiele des Abs. 3 sowie insbesondere die in verschiedenen Erwägungsgründen genannten Kriterien näher zu erläutern; zum anderen werden aber auch darüber hinaus Verarbeitungen beschrieben, die nach Ansicht der Aufsichtsbehörden in der Regel ein „voraussichtlich hohes Risiko" indizieren. Folgende neun Kriterien sind demnach bei der Schwellenwertanalyse zu berücksichtigen:[51] 26

---

[46] So verweist der Rat in Art. 33 Abs. 1 seines Entw. etwa auf eine Diskriminierung, Identitätsdiebstahl oder -betrug, finanzielle Verluste, Rufschädigung, unbefugte Umkehr der Pseudonymisierung, Verlust der Vertraulichkeit von dem Berufsgeheimnis unterliegenden Daten oder andere erhebliche wirtschaftliche oder gesellschaftliche Nachteile, vgl. Rat der Europäischen Union v. 15.6.2015, 2012/0011 (COD) – 9565/15.
[47] Härting DS-GVO S. 11.
[48] Dies widerspricht der Terminologie von Art. 35 Abs. 1, der ein „voraussichtlich" hohes Risiko fordert. Bei der Verwendung des Wortes „wahrscheinlich" in Erwägungsgrund 91 dürfte es sich jedoch um ein Redaktionsversehen handeln, wie insbes. der Blick in die engl. Sprachfassung der DS-GVO zeigt (in der einheitlich der Terminus „likely to result" verwendet wird); auch der Titel der deutschsprachigen Fassung des Working Papers 248 der Artikel-29-Datenschutzgruppe spricht von „wahrscheinlich"; dazu auch HK-DS-GVO/*Schwendemann* Art. 35 Rn. 8.
[49] Artikel-29-Datenschutzgruppe, Leitlinien DSFA, Working Paper 248 Rev. 01 v. 4.10.2017, S. 13.
[50] Daneben existieren noch ähnliche Kriterienkataloge nationaler Aufsichtsbehörde, vgl. etwa Commission nationale de l'informatique et des libertés (CNIL), Privacy Impact Assessment (PIA – Tools), S. 13 ff., abrufbar unter www.cnil.fr/sites/default/files/typo/document/CNIL-PIA-2-Tools.pdf.
[51] Artikel-29-Datenschutzgruppe, Leitlinien DSFA, Working Paper 248 Rev. 01 v. 4.10.2017, S. 10 ff.

– Das **Bewerten oder Einstufen persönlicher Aspekte** und das **Erstellen von Profilen und Prognosen,** insbesondere auf Grundlage der in den Erwägungsgründen 71 und 91 genannten folgenden Aspekte: Arbeitsleistung, wirtschaftliche Lage, Gesundheit, persönliche Vorlieben, Interessen, Zuverlässigkeit, Verhalten, Aufenthaltsort oder Ortswechsel der betroffenen Person. Als Beispiele werden dabei etwa Finanzinstitute genannt, die Kundendaten gegen Bonitäts-, Geldwäsche- oder Betrugsdatenbanken abgleichen, aber auch die Analyse von Website-Nutzungsverhalten zur Erstellung von Verhaltens- und Interessenprofilen für Marketingzwecke.
– Die **automatisierte Entscheidungsfindung,** soweit diese entweder **Rechtswirkung** oder ähnlich bedeutsame Auswirkungen auf die betroffene Person hat. Insoweit konkretisieren die Aufsichtsbehörden das entsprechende Regelbeispiel in Art. 35 Abs. 3 lit. a (→ Rn. 33 ff.).
– Eine **systematische Beobachtung, Überwachung oder Kontrolle** natürlicher Personen. Damit erläutern die Aufsichtsbehörden im Wesentlichen das in Art. 35 Abs. 3 lit. c erwähnte Regelbeispiel (→ Rn. 38 ff.), jedoch ohne Beschränkung auf den öffentlichen Raum.
– Die **Verarbeitung vertraulicher oder „höchst-persönlicher" Daten,** wozu neben den besonderen Kategorien personenbezogener Daten nach Art. 9 auch personenbezogene Daten über strafrechtliche Verurteilungen und Straftaten nach Art. 10 zählen. Als Beispiele werden dabei die Archivierung von Krankenakten durch ein Krankenhaus oder das Anlegen von Akten zu Straftätern durch einen Privatdetektiv genannt. Darüber hinaus sollen darunter auch weitere Datenkategorien fallen, wie etwa elektronische Kommunikation, Standortdaten oder Finanzdaten. Als Beispiele entsprechender Datenkategorien und Verarbeitungen werden persönliche Dokumente, E-Mails, Tagebücher und sog. Lifelogging-Anwendungen wie etwa Activity-Tracker oder Apps, die das Schlafverhalten aufzeichnen, genannt.
– Eine **Datenverarbeitung in großem Umfang.** Unter Verweis auf Erwägungsgrund 91 stellen die Aufsichtsbehörden dabei auf die Zahl der Betroffenen, die verarbeitete Datenmenge bzw. Bandbreite der verarbeiteten Datenelemente, die Dauer oder Dauerhaftigkeit der Verarbeitung oder das geographische Ausmaß der Datenverarbeitung ab.
– Das **Abgleichen oder Zusammenführen von Datensätzen,** die im Rahmen unterschiedlicher Datenverarbeitungen zu unterschiedlichen Zwecken erhoben wurden (und/oder von unterschiedlichen und gegebenenfalls gemeinsam Verantwortlichen erhoben wurden), soweit die betroffenen Personen einen Abgleich oder ein Zusammenführen nicht vernünftigerweise erwarten würden. Dieses Kriterium zielt insbesondere auf **Big Data**-Anwendungen, deren Sinn und Zweck gerade darin besteht, Daten verschiedener Herkunft zusammenzuführen und auszuwerten. Insbesondere durch die Verknüpfung der Daten entsteht häufig ein Personenbezug, der wiederum zu besonderen Risiken für die Betroffenen führen kann.[52]
– Die **Verarbeitung von Daten Schutzbedürftiger,** wie etwa Kinder, Arbeitnehmer, psychisch Kranke, Asylbewerber, Senioren oder „Patienten" oder sonstige betroffene Personen, deren Stellung gegenüber dem Verantwortlichen ein Machtungleichgewicht aufweist.[53]
– Die **innovative Nutzung oder Anwendung neuer technologischer oder organisatorischer Lösungen.** Damit greifen die Aufsichtsbehörden das in Abs. 1 genannte Kriterium der Verwendung neuer Technologien auf und orientieren sich außerdem an den Erwägungsgründen 89 und 91. Als Beispiele wird die Kombination von Fingerabdruck- und Gesichtserkennung zum Zwecke einer Zugangskontrolle genannt. Ohne näher ins Detail zu gehen, erwähnen die Aufsichtsbehörden in diesem Zusammenhang zudem Anwendungen des sog. „Internets der Dinge".
– Fälle, in denen **die betroffenen Personen an der Ausübung eines Rechts oder der Nutzung einer Dienstleistung oder an der Durchführung eines Vertrages gehindert werden.** Unter Verweis auf Art. 22 sowie auf Erwägungsgrund 91 soll dies beispielsweise auf eine Bank zutreffen, die im Rahmen einer Kreditvergabe eine Kreditauskunfts-Datenbank nutzt. Auch sog. Warndateien in der Versicherungsbranche oder Hausverbotsdateien dürften darunter fallen.[54] Es ist davon auszugehen, dass die Aufsichtsbehörden darunter auch solche Fälle subsumieren werden, in denen es betroffenen Personen zwar nicht unmöglich gemacht wird, ihre Betroffenenrechte geltend zu machen, dies aber zumindest erschwert wird, etwa infolge mangelnder Transparenz.[55]

---

[52] Dazu Gola/Heckmann/*Nolte/Werkmeister* DS-GVO Art. 35 Rn. 18.
[53] Dazu Taeger/Gabel/*Reibach* DS-GVO Art. 35 Rn. 20.
[54] Gola/Heckmann/*Nolte/Werkmeister* DS-GVO Art. 35 Rn. 23.
[55] Denkbare Praxisbeispiele wären insoweit etwa Datenerhebungen durch sog. Wearables oder durch vernetzte Fahrzeuge, soweit die betroffenen Personen darüber nicht ausreichend informiert wurden, vgl. Gola/Heckmann/*Nolte/Werkmeister* DS-GVO Art. 35 Rn. 15.

Nach Ansicht der Artikel-29-Datenschutzgruppe liegt ein „voraussichtlich hohes Risiko" in der Regel dann vor, wenn ein Verarbeitungsvorgang **zwei oder mehr dieser Kriterien erfüllt.** Gleichzeitig wird aber betont, dass es im Einzelfall ausreichen kann, wenn nur ein Kriterium erfüllt ist. Weitere Voraussetzung ist in diesem Fall jedoch, dass die konkrete Verarbeitung im Einzelfall aufgrund ihrer Umstände, ihres Umfangs und der Art der Verarbeitung oder auch aufgrund der Zwecke der Verarbeitung zu höheren Risiken für die Betroffenen führt, als diese gewöhnlich mit einer entsprechenden Verarbeitung verbunden sind.

Zwar wurden die Kriterien im Vergleich zu der Entwurfsfassung derselben Leitlinien stellenweise entschärft.[56] In der **Unternehmenspraxis** führt die nach wie vor sehr extensive Interpretation des Begriffes des „voraussichtlich hohen Risikos" jedoch dazu, dass Datenschutz-Folgenabschätzungen in vielen Bereichen zum Regelfall geworden sind. Dies gilt insbesondere im Bereich der **Personaldatenverarbeitung:** So erfüllt jedes Unternehmen (wie auch jede Behörde) alleine durch die Verarbeitung der Daten der eigenen Mitarbeiter per se bereits das Kriterium einer Verarbeitung von Daten Schutzbedürftiger (wenn man der Auslegung der Aufsichtsbehörden folgt und Arbeitnehmer pauschal als Schutzbedürftige einstuft). **Europaweit agierende Großunternehmen** mit einer entsprechend hohen Mitarbeiterzahl – die damit gleichzeitig das Kriterium einer „Datenverarbeitung in großem Umfang" erfüllen – werden daher bereits für die routinemäßige Personaldatenverarbeitung eine Datenschutz-Folgenabschätzung durchführen müssen. Auch bestimmte Formen der **Mitarbeiterüberwachung** können zu einem „hohen Risiko" für die Beschäftigten führen. Gleiches gilt für die in der Praxis immer häufigeren **unternehmensinternen Ermittlungen.** Auch im **Online-Bereich** sind die Kriterien extrem weit gefasst: So kann die Auswertung des Nutzerverhaltens und anschließender **Profilbildung** eine Datenschutz-Folgenabschätzung erfordern, insbesondere wenn diese (wie in der Praxis durchaus üblich) mit der Erhebung von **Standortdaten** einhergeht.

Erfreulicherweise enthalten die Leitlinien der Artikel-29-Datenschutzgruppe eine tabellarische Darstellung weitere Beispielsfälle, um die praktische Anwendung der genannten Kriterien durch die Aufsichtsbehörden zu verdeutlichen. Zu den Verarbeitungsvorgängen, die demnach mindestens zwei der oben genannten Kriterien erfüllen und damit eine Datenschutz-Folgenabschätzung erforderlich machen, zählen demnach (in Anlehnung an Erwägungsgrund 91) etwa die Verarbeitung von medizinischen und genetischen Daten durch ein **Krankenhaus** (nicht jedoch durch einen einzelnen **Arzt**), die systematische Überwachung von Mitarbeitern durch den Arbeitgeber oder die Profilbildung mittels öffentlich zugänglicher Daten aus sozialen Netzwerken.

II. Beteiligung des Datenschutzbeauftragten (Abs. 2)

Nach Abs. 2 hat der Verantwortliche bei der Durchführung der Datenschutz-Folgenabschätzung den **Rat des Datenschutzbeauftragten** einzuholen. Es handelt sich dabei um eine **Pflicht** des Verantwortlichen, sofern ein Datenschutzbeauftragter bestellt ist. Die Nichtbeachtung dieser Pflicht ist **bußgeldbewehrt.** Der Datenschutzbeauftrage, als wichtiger Teil des Datenschutz-Management-Systems, soll auf diese Weise in die Durchführung der Datenschutz-Folgenabschätzung aktiv eingebunden werden, obwohl er selbst nicht Adressat der Pflichten aus Art. 35 ist (→ Rn. 7 ff.). Er soll dabei seine Einschätzung zu den geplanten Verarbeitungsvorgängen abgeben können, gegebenenfalls auch nur nachträglich. Diese müssen vom dem Verantwortlichen im Rahmen der Datenschutz-Folgenabschätzung dokumentiert werden.[57] Ein Urteil wird von ihm jedoch nicht gefordert. Nach **Art. 39 Abs. 1 lit. c** zählt folgerichtig die Beratung im Zusammenhang mit einer Datenschutz-Folgenabschätzung auf Anfrage des Verantwortlichen sowie die Überwachung von deren Durchführung zu den Aufgaben des Datenschutzbeauftragten.

Der Verantwortliche ist nicht verpflichtet, den Rat des Datenschutzbeauftragten zu befolgen. Denkbar ist aber, dass die Beachtung bzw. **Nichtbeachtung** der Einschätzung des Datenschutzbeauftragten im Falle eines Verstoßes gegen die Pflichten der DS-GVO berücksichtigt wird. Hat der Datenschutzbeauftrage etwa eine Einschätzung zu notwendigen Abhilfemaßnahmen abge-

---

[56] Der erste Entw. der Leitlinien enthielt als zehntes Kriterium den grenzüberschreitenden Datentransfer ins EWR-Ausland und damit einen Tatbestand, den die meisten Unternehmen erfüllt hätten, vgl. Artikel-29-Datenschutzgruppe, Guidelines on Data Protection Impact Assessment (DPIA) and determining whether processing is „likely to result in a high risk" for the purposes of Regulation 2016/679, Working Paper 248 idF v. 4.4.2017, S. 9.

[57] Artikel-29-Datenschutzgruppe, Leitlinien DSFA, Working Paper 248 Rev. 01 v. 4.10.2017, S. 18.

geben und folgt der Verantwortliche dieser ohne schlüssige Begründung nicht, könnte dies zu einem höheren Grad der Verantwortung iSd Art. 83 Abs. 2 und in der Folge zu einem höheren Bußgeld führen.

III. Regelbeispiele (Abs. 3)

32 Abs. 3 lit. a–c enthält eine **nichtabschließende** Aufzählung von drei **Regelbeispielen** von Verarbeitungsvorgängen, für die zwingend vorab eine Datenschutz-Folgenabschätzung durchzuführen ist. Weitere Anhaltspunkte ergeben sich insbesondere aus den **Erwägungsgründen 71, 75 und 91**.

33 **1. Automatisierte Entscheidungen im Einzelfall.** Automatisierte Entscheidungen im Einzelfall, soweit diese nach Art. 22 zulässig sind, erfordern unter den in Abs. 3 lit. a genannten Voraussetzungen eine Datenschutz-Folgenabschätzung. Dies soll der Fall sein, wenn eine **systematische und umfassende Bewertung der Persönlichkeit** auf der Basis automatisierter Datenverarbeitung erfolgt, die dann als Grundlage von **Entscheidungen mit Rechtswirkungen** für den Einzelnen dient oder den Einzelnen auf ähnliche Weise beeinträchtigt. Dabei ist also nicht das Bewertungsverfahren isoliert zu betrachten; vielmehr ist die gesamte Datenverarbeitung, die auf Grundlage der Bewertung der Persönlichkeit zu einer automatisierten Entscheidung führt, in den Blick zu nehmen.[58] Nach **Erwägungsgrund 71** ist dabei beispielsweise die Auswertung oder Prognose von Aspekten bezüglich Arbeitsleistung, wirtschaftlicher Lage, Gesundheit, persönlicher Vorlieben und Interessen, Zuverlässigkeit, Verhalten, Aufenthaltsort oder Ortswechsel der betroffenen Person gemeint. Unklar bleibt nach dem Wortlaut der DS-GVO, welche Bedeutung den Begriffen „systematisch" und „umfassend" zukommt. Nach Ansicht der Artikel-29-Datenschutzgruppe ist der Begriff „systematisch", der in verschiedenen Vorschriften der DS-GVO verwendet wird, im Sinne einer oder mehrerer der folgenden Bedeutungen zu verstehen: (i) im Rahmen eines Systems stattfindend; (ii) vorab festgelegt, organisiert oder methodisch; (iii) als Teil eines Gesamtplans zur Datenerfassung stattfindend; oder (iv) als Teil einer Strategie durchgeführt.[59] Unklar bleibt außerdem, ob automatisierte Einzelentscheidungen auch dann einer Datenschutz-Folgenabschätzung bedürfen, wenn einer der **Fälle des Art. 22 Abs. 2** vorliegt und gleichzeitig die **zusätzlichen Anforderungen des Art. 22 Abs. 3 und Abs. 4 erfüllt** sind. Es erscheint vertretbar, dass insoweit aufgrund der gesetzgeberischen Wertung in Art. 22 und der zusätzlichen angemessenen Maßnahmen des Verantwortlichen in der Regel kein „hohes Risiko" für die betroffenen Personen mehr vorliegt und daher auch keine Datenschutz-Folgenabschätzung erforderlich ist. Denkbar wäre aber auch, insoweit eine Datenschutz-Folgenabschätzung durchzuführen und in deren Rahmen dann die in Art. 22 Abs. 3 und 4 genannten Maßnahmen zu bewerten.[60]

34 Nach Erwägungsgrund 71 fallen unter Abs. 3 lit. a beispielsweise die voll **automatisierte Online-Vergabe von Krediten** oder **Online-Einstellungsverfahren** ohne jegliches menschliches Eingreifen. Die Bestimmung umfasst damit neben dem ausdrücklich erwähnten und in Art. 4 Nr. 4 definierten **Profiling** auch Wahrscheinlichkeitsprognosen für das zukünftige Verhalten natürlicher Personen **(Scoring)**, wie etwa automatisierte Bonitätsprüfungen. Im **Arbeitsverhältnis** werden Leistungsbewertungen von Mitarbeitern **(„Performance Reviews")** oft darunter fallen, falls diese Einfluss auf den weiteren Karriereweg haben.[61] Ebenso dürfte ein **dynamisches Preisfestsetzungsverfahren** erfasst sein, wenn es im Einzelfall zu überhöhten Preisen führt. Aus **Erwägungsgrund 91 folgt** zudem, dass eine Datenschutz-Folgenabschätzung auch dann erfolgen sollte, wenn eine Einzelentscheidung im Anschluss an die Verarbeitung besonderer Kategorien von personenbezogenen Daten iSd Art. 9 Abs. 1 oder von Daten über strafrechtliche Verurteilungen und Straftaten gemäß Art. 10 erfolgt. Nicht jede Art von Profilbildung wird jedoch unter Art. 35 Abs. 3 lit. a fallen. Nicht erfasst sein dürfte etwa **personalisierte Online-Werbung** und die zugrunde liegende Profilbildung aufgrund von Tracking-

---

[58] Dies folgt aus Erwägungsgrund 91, S. 2 („[...] im Anschluss an eine systematische und eingehende Bewertung persönlicher Aspekte [...]"); so auch HK-DS-GVO/*Schwendemann* Art. 35 Rn. 12.
[59] Artikel-29-Datenschutzgruppe, Leitlinien DSFA, Working Paper 248 Rev. 01 v. 4.10.2017, S. 10, Fn. 15 unter Verweis auf die Leitlinien in Bezug auf Datenschutzbeauftragte („DSB"), Working Paper 243 Rev. 01 v. 5.4.2017, S. 10.
[60] So auch Artikel-29-Datenschutzgruppe, Leitlinien zu automatisierten Entscheidungen im Einzelfall einschließlich Profiling, Working Paper 251 Rev. 01v. 6.2.2018, S. 27 f.
[61] So auch Gola/Heckmann/*Nolte/Werkmeister* DS-GVO Art. 35 Rn. 22.

technologien. Zwar werden dabei persönliche Aspekte wie insbesondere Vorlieben und Interessen ausgewertet und Nutzerprofile generiert, auf deren Grundlage dann interessenbasierte Werbung ausgespielt wird. Dabei handelt es sich jedoch in der Regel nicht um Entscheidungen, die für den einzelnen Nutzer eine mit Rechtswirkungen vergleichbare Auswirkung haben.[62]

In ihren Leitlinien zu automatisierten Entscheidungen im Einzelfall und Profiling hat sich die 35 Artikel-29-Datenschutzgruppe auch dazu geäußert, unter welchen Voraussetzungen insoweit eine Datenschutz-Folgenabschätzung erforderlich sein soll.[63] Dabei betonen die Aufsichtsbehörden, dass auch nur **teilweise automatisierte Entscheidungen** ihrer Ansicht nach unter Abs. 3 lit. a fallen. Zur Begründung wird auf den Wortlaut („… auf automatisierte Verarbeitung einschließlich Profiling gründet …") verwiesen, der im Gegensatz zu Art. 22 Abs. 1 (→ Art. 22 Rn. 6) keine ausschließlich automatisierte Verarbeitung verlange.[64] Weitere für die Praxis wichtige Anhaltspunkte enthalten die Leitlinien der Aufsichtsbehörden zu der Frage, unter welchen Voraussetzungen Entscheidungen nach Art. 22 Abs. 1 Rechtswirkungen für den Einzelnen haben oder **den Einzelnen auf ähnliche Weise beeinträchtigen.** Diese Kriterien sind im Zusammenhang mit Abs. 3 lit. a gleichermaßen relevant.[65]

2. Besondere Kategorien personenbezogener Daten. Die **umfangreiche Verarbeitung** 36 **besonderer Kategorien von personenbezogenen Daten** iSd Art. 9 Abs. 1 oder Art. 10 stellt nach Art. 35 Abs. 3 lit. b einen weiteren Fall dar, in dem regelmäßig eine Datenschutz-Folgenabschätzung durchzuführen sein wird (woraus im Umkehrschluss folgt, dass die bloße Verarbeitung sensibler Daten, die nicht umfangreich ist, regelmäßig zu keinem voraussichtlich hohen Risiko führt). Derartige Datenkategorien bergen alleine aufgrund ihrer Sensibilität in der Regel ein hohes Risiko für die Rechte und Freiheiten natürlicher Personen. Datenschutzverletzungen können hier schnell zu erheblichen Nachteilen und Schäden für die betroffenen Personen führen. Aus diesem Grund wird auch die Verarbeitung personenbezogener **Daten von Kindern** mitumfasst sein.[66] Offen bleibt jedoch wiederum, was unter einer „**umfangreichen**" Verarbeitung zu verstehen ist. Aus **Erwägungsgrund 91** (S. 1) lässt sich schließen, dass der Gesetzgeber hier neben der Menge der verarbeiteten Daten insbesondere auf die Anzahl der betroffenen Personen sowie auf die geographische Reichweite der Verarbeitung abstellt. Der Parlamentsentwurf der DS-GVO stellte dabei in einem teilweise vergleichbaren Zusammenhang auf einen **Schwellenwert von 5.000 betroffenen Personen** innerhalb von zwölf aufeinanderfolgenden Monaten ab.[67] Der Gesetzgeber hat sich jedoch gegen eine schematische Herangehensweise entschieden, so dass im Einzelfall auch bei deutlich weniger Betroffenen eine umfangreiche Verarbeitung vorliegen kann.

Diese Einschätzung wird durch die **Leitlinien der Artikel-29-Datenschutzgruppe zu** 37 **Art. 37 ff. zum Datenschutzbeauftragten** bestätigt. Darin äußern sich die Datenschutzbehörden unter anderem zu der Frage, unter welchen Umständen eine umfangreiche Verarbeitung besonderer Kategorien von Daten gemäß Art. 9 iSd Art. 37 Abs. 1 lit. c vorliegt.[68] Insoweit lehnen es die Aufsichtsbehörden ausdrücklich ab, auf feste Schwellenwerte für die Zahl der von einer Datenverarbeitung betroffenen Personen oder für die Menge an verarbeiteten Daten abzustellen, was jedoch aus Gründen der Rechtssicherheit begrüßenswert wäre. In jedem Fall seien jedoch daneben die **Dauer der jeweiligen Datenverarbeitung sowie deren geogra-**

---

[62] Anders aber zumindest in Einzelfällen Artikel-29-Datenschutzgruppe, Leitlinien zu automatisierten Entscheidungen im Einzelfall einschließlich Profiling, Working Paper 251 Rev. 01 v. 6.2.2018, S. 24 im Falle einer interessensbasierten Werbung für hochverzinsliche Darlehen gegenüber Personen in finanziellen Schwierigkeiten.
[63] Artikel-29-Datenschutzgruppe, Leitlinien zu automatisierten Entscheidungen im Einzelfall einschließlich Profiling, Working Paper 251 Rev. 01 v. 6.2.2018, S. 32 ff.
[64] Artikel-29-Datenschutzgruppe, Leitlinien zu automatisierten Entscheidungen im Einzelfall einschließlich Profiling, Working Paper 251 Rev. 01 v. 6.2.2018, 33, S. 27.
[65] → Art. 22 Rn. 9.
[66] Vgl. dazu Art. 33 Abs. 2 lit. d des Vorschlags der Europäischen Kommission v. 25.1.2012 (KOM[2012] 11 endgültig; 2012/0011 [COD]).
[67] Vgl. die Erwägungsgründe 63 und 75 sowie Art. 25 Abs. 2 lit. b, Art. 32a Abs. 2 lit. a und Art. 35 Abs. 1 lit. b des Beschlusses des Europäischen Parlaments v. 12.3.2014 zu dem Vorschlag für eine Verordnung des Europäischen Parlaments und des Rates zum Schutz natürlicher Personen bei der Verarbeitung personenbezogener Daten und zum freien Datenverkehr (allgemeine Datenschutzverordnung) (COM[2012] 0011 – C7 – 0025/2012 – 2012/0011[COD]).
[68] Artikel-29-Datenschutzgruppe, Leitlinien in Bezug auf Datenschutzbeauftragte („DSB"), Working Paper 243Rev.01 v. 5.4.2017, S. 9 f.

phische Ausdehnung zu berücksichtigen. Als Beispiel dient in Bezug auf Gesundheitsdaten etwa die routinemäßige Verarbeitung von Patientendaten durch ein Krankenhaus, die im Regelfall „umfangreich" sein soll. Dagegen erfüllt nach Erwägungsgrund 91 die Verarbeitung von Patientendaten durch einen einzelnen niedergelassenen Arzt in der Regel nicht das Kriterium einer „umfangreichen" Verarbeitung (womit offen bleibt, was etwa für Gemeinschaftspraxen oder medizinische Versorgungszentren gelten soll).[69]

38 **3. Überwachung öffentlich zugänglicher Bereiche.** Abs. 3 lit. c nennt als weiteres Regelbeispiel die systematische und umfangreiche **Überwachung öffentlich zugänglicher Bereiche.** Damit ist die in der DS-GVO nicht spezifisch geregelte Audio- und Videoüberwachung gemeint, wie sich aus **Erwägungsgrund 91** (S. 3) ergibt, der technikneutral von einer Überwachung „mittels optoelektronischer Vorrichtungen" spricht. Auch eine reine **Tonüberwachung** oder eine Überwachung mittels **Sensoren** (wie etwa durch **Bluetooth und Beacon-Technologie**) ist erfasst.[70] Die Überwachung kann dabei entweder stationär erfolgen (etwa an Bahnhöfen oder in U- und S-Bahnen) oder auch mobil, beispielsweise mit Hilfe von **Webcams, Dashcams** oder **Drohnen**.[71] „**Öffentlich zugänglich**" sind Bereiche innerhalb oder außerhalb von Gebäuden, die nach dem erkennbaren Willen des Berechtigten von Jedermann genutzt oder betreten werden dürfen. Unerheblich ist, ob der überwachte Bereich Privateigentum ist. Zu den öffentlich zugänglichen Bereichen gehören etwa öffentliche Verkehrsflächen, Verkaufsräume, Schalterhallen und Tankstellen, aber auch Hotelfoyers oder der Eingangsbereich von Unternehmen oder Behörden, wenn dieser von jedermann betreten werden kann. Nichtöffentlich zugänglich sind demgegenüber Räume, die nur von einem bestimmten und abschließend definierten Personenkreis betreten werden können oder dürfen (wie üblicherweise Büros oder Produktionsbereiche ohne Publikumsverkehr).[72]

39 Auch insoweit liefern die Leitlinien der Artikel-29-Datenschutzgruppe zu Art. 37 ff. zum Datenschutzbeauftragten Anhaltspunkte zu den Begriffen „umfangreich" und „systematisch".[73] Darin geht die Artikel-29-Datenschutzgruppe in Anlehnung an Erwägungsgrund 91 näher auf die Anforderungen von Art. 37 Abs. 1 lit. c ein, wonach ein Datenschutzbeauftragter zu bestellen ist, wenn die Kerntätigkeit des Verantwortlichen oder Auftragsverarbeiters die **„umfangreiche regelmäßige und systematische Überwachung von betroffenen Personen"** umfasst. Diese Kriterien können nach Ansicht der Artikel-29-Datenschutzgruppe neben der Videoüberwachung auch bei verschiedenen Formen des **Online-Trackings** erfüllt sein. Dabei stellt die Orientierungshilfe in Bezug auf das Merkmal „umfangreich" wie oben bereits dargestellt insbesondere auf die Zahl der von der Verarbeitung betroffenen Personen und Datensätze sowie auf den zeitlichen und räumlichen Umfang der Verarbeitung ab, ohne freilich weiter ins Detail zu gehen. Das Kriterium der „systematischen" Überwachung sieht die Artikel-29-Datenschutzgruppe bei einer Videoüberwachung *(„Closed Circuit Television")* demnach regelmäßig als gegeben an. Das Bayerische Landesamt für Datenschutzaufsicht ging in einem mittlerweile überholten Kurzpapier zur Videoüberwachung unter der DS-GVO wohl davon aus, dass die Videoüberwachung öffentlich zugänglicher Bereiche stets eine Datenschutz-Folgenabschätzung erfordert.[74]

40 Es sind jedoch durchaus Konstellationen denkbar, in denen eine **Videoüberwachung** nicht systematisch und umfangreich erfolgt, etwa wenn lediglich zeitlich und räumlich eng begrenzt und anlassbezogen überwacht wird. In diesem Fall kann eine Datenschutz-Folgenabschätzung entbehrlich sein. Umgekehrt kann aus Abs. 3 lit. c nicht geschlossen werden, dass eine Videoüberwachung in nichtöffentlich zugänglichen Bereichen in keinem Fall einer Datenschutz-Folgenabschätzung bedarf. Dies lässt die Vorschrift vielmehr offen; das Eingreifen des Art. 35 ist daher abhängig von den Umständen des Einzelfalls von dem Verantwortlichen zu prüfen.[75] Dabei ist nach Ansicht der Artikel-29-Datenschutzgruppe auch zu berücksichtigen, ob die personenbezogenen Daten möglicherweise in Situationen erfasst werden, in denen die betroffenen Personen unter Umständen nicht wissen, wer ihre Daten erfasst, wie die Daten verwendet

---

[69] → Art. 37 Rn. 27.
[70] BeckOK DatenschutzR/*Hansen* DS-GVO Art. 35 Rn. 28.
[71] Gola/Heckmann/*Nolte/Werkmeister* DS-GVO Art. 35 Rn. 15.
[72] Zu Videoüberwachung vgl. Datenschutzkonferenz, Orientierungshilfe Videoüberwachung durch nichtöffentliche Stellen v. 17.7.2020.
[73] Artikel-29-Datenschutzgruppe, Leitlinien in Bezug auf Datenschutzbeauftragte („DSB"), Working Paper 243 Rev.01 v. 5.4.2017, S. 10 f.
[74] www.lda.bayern.de/media/baylda_ds_gvo_3_video_surveillance.pdf.
[75] Vgl. Paal/Pauly/*Martini* DS-GVO Art. 35 Rn. 31.

werden und ob die Möglichkeit besteht, eine Verarbeitung zu verhindern.[76] In Einzelfällen kann daher durch **Transparenzmaßnahmen,** wie etwa eine umfassende Information der betroffenen Personen oder die Möglichkeit eines Widerspruchs, ein hohes Risiko entweder von Anfang an verhindert oder zumindest im Rahmen einer Datenschutz-Folgenabschätzung wirksam eingedämmt werden.

IV. Positiv- und Negativlisten der Aufsichtsbehörden (Abs. 4 und Abs. 5)

Die nationalen Aufsichtsbehörden haben nach Abs. 4 die Pflicht, eine oder mehrere sog. 41 **Positivlisten** zu erstellen und zu veröffentlichen (wobei die Einzelheiten und insbesondere die Form einer solchen Veröffentlichung offen bleiben).[77] Darin werden Verarbeitungsvorgänge definiert, die nach Auffassung der Aufsichtsbehörden ein hohes Risiko für die Rechte und Freiheiten der betroffenen Personen mit sich bringen und für die folglich stets eine Datenschutz-Folgenabschätzung durchzuführen ist. Eine spiegelbildliche Verpflichtung der nationalen Aufsichtsbehörden findet sich in Art. 57 Abs. 1 lit. k (→ Art. 57 Rn. 19). Die Positivliste nach Abs. 4 ergänzt insoweit die Regelbeispiele des Abs. 3. Die deutsche Datenschutzkonferenz hat auf dieser Grundlage eine entsprechende Liste veröffentlicht und darin siebzehn Verarbeitungstätigkeiten definiert, die nach Ansicht der Aufsichtsbehörden einer Datenschutz-Folgenabschätzung bedürfen.[78]

Abs. 5 gibt den nationalen Aufsichtsbehörden außerdem die Befugnis, optional eine **Negativ-** 42 **liste** zu veröffentlichen mit Verarbeitungsvorgängen, für die nach Ansicht der Aufsichtsbehörden keine Datenschutz-Folgenabschätzung erforderlich ist. Nach dem Wortlaut der Vorschrift wäre es denkbar, auch regelmäßig mit einem hohen Risiko einhergehende Verarbeitungen in eine Negativliste aufzunehmen, wenn bestimmte von der jeweiligen Aufsichtsbehörde definierte Anforderungen erfüllt sind, die das Risiko im Ergebnis unter die Schwelle eines hohen Risikos eindämmen.[79] Aus Sicht der Unternehmen begrüßenswert haben bisher einige wenige Aufsichtsbehörden von dieser Möglichkeit Gebrauch gemacht. So hat etwa die österreichische Aufsichtsbehörde – etwa die Datenverarbeitung zur **Personalverwaltung** in die entsprechende Liste aufgenommen, neben anderen, von Unternehmen typischerweise durchgeführten Verarbeitungen.[80] Unternehmen sind aufgrund handels-, steuer- und sozialversicherungsrechtlicher Vorgaben verpflichtet, insoweit personenbezogene Daten ihrer Mitarbeiter zu verarbeiten, was durchaus zu einem „voraussichtlich hohen Risiko" führen kann.[81] Um zu vermeiden, dass sämtliche Unternehmen eine entsprechende Datenschutz-Folgenabschätzung durchführen müssen, erscheint es sinnvoll, die Personalverwaltung in eine Negativliste aufzunehmen, unter der Voraussetzung, dass bestimmte und vorab definierte Maßnahmen iSd Art. 32 getroffen wurden. Damit sind derartige Verarbeitungen zumindest in Österreich aus dem Anwendungsbereich des Art. 36 herausgenommen. Dies macht vor allem deshalb Sinn, weil eine Untersagung gesetzlich vorgeschriebener Verarbeitungen nicht gewollt sein kann – was andernfalls in letzter Konsequenz nach Art. 36 Abs. 2 S. 1 iVm Art. 58 Abs. 2 lit. f (→ Art. 36 Rn. 15) jedoch eine mögliche und in der praktischen Anwendung des Art. 36 durchaus auch denkbare Konsequenz wäre. Dennoch haben nur wenige Aufsichtsbehörden Negativlisten veröffentlicht.[82]

Beide Listen sind **nicht abschließend.** Nach dem Wortlaut von Abs. 4 und 5 erstellen jeweils 43 die nationalen Aufsichtsbehörden diese Listen und legen sie dem in Art. 68 ff. geregelten **Europäischen Datenschutzausschuss** vor. Dieser hat nach Art. 70 Abs. 1 die Aufgabe, eine einheitliche Anwendung der DS-GVO zu gewährleisten und stellt nach Art. 70 Abs. 1 lit. h zu diesem Zweck Leitlinien, Empfehlungen und bewährte Verfahren zur Ermittlung eines hohen Risikos bereit.[83] Die **innerhalb der EU geltenden Positiv- und Negativlisten** sind daher

---

[76] Artikel-29-Datenschutzgruppe, Leitlinien DSFA, Working Paper 248 Rev. 01 v. 4.10.2017, S. 10 f.
[77] Dazu Kühling/Buchner/*Jandt* DS-GVO Art. 35 Rn. 15.
[78] www.datenschutzkonferenz-online.de/media/ah/20181017_ah_DSK_DSFA_Muss-Liste_Version_1.1_Deutsch.pdf, vgl. zu den zT abweichenden Listen verschiedener dt. Aufsichtsbehörden Gola/Heckmann/*Nolte/Werkmeister* DS-GVO Art. 35 Rn. 28 ff.
[79] Vgl. dazu Artikel-29-Datenschutzgruppe, Leitlinien DSFA, Working Paper 248 Rev. 01 v. 4.10.2017, S. 15 f.
[80] 108. Verordnung der Datenschutzbehörde über die Ausnahmen von der DatenschutzFolgenabschätzung (DSFA-AV), www.ris.bka.gv.at/GeltendeFassung.wxe?Abfrage=Bundesnormen&Gesetzesnummer=20010206.
[81] → Rn. 26 ff. zu den entspr. Kriterien der Datenschutz-Aufsichtsbehörden.
[82] Ein Überblick über die vorhandenen Positiv- und Negativlisten findet sich unter https://iapp.org/resources/article/eu-member-state-dpia-whitelists-and-blacklists/.
[83] Zwar bezieht sich Art. 70 Abs. 1 lit. h nach seinem Wortlaut nur auf die Ermittlung eines hohen Risikos nach Art. 34 Abs. 1. Dabei handelt es sich jedoch offenbar um ein Versehen des Gesetzgebers, da ein „hohes

aufeinander abgestimmt und damit zumindest indirekt auch in sämtlichen Mitgliedssaaten anwendbar. Sie haben daher für die Praxis eine erhebliche Bedeutung, entheben die Verantwortlichen jedoch nicht ihrer Pflicht zur eigenverantwortlichen Entscheidung über die Notwendigkeit einer Datenschutz-Folgenabschätzung.

44 In der Praxis ergibt sich damit folgende **Prüfungsreihenfolge:** Ist die geplante Datenverarbeitung in einer Positivliste enthalten, ist die Durchführung einer Datenschutz-Folgenabschätzung zumindest nach Ansicht der Aufsichtsbehörden stets erforderlich. Findet sich die geplante Verarbeitung dagegen auf der Negativliste der zuständigen nationalen oder gegebenenfalls einer anderen Aufsichtsbehörde, kann darauf verzichtet werden (wobei der Verantwortliche auch die sonstigen Umstände der Verarbeitung zu berücksichtigen hat). In diesem Zusammenhang wird sehr genau darauf zu achten sein, dass die konkret geplante Verarbeitung mit der in der Positiv- oder Negativliste beschriebenen Verarbeitung identisch ist und auch die sonstigen Rechtmäßigkeitsvoraussetzungen der DS-GVO erfüllt sind.[84] Enthält keine der beiden Listen die geplante Verarbeitung, bleibt es für die Frage, ob eine Datenschutz-Folgenabschätzung erforderlich ist, bei dem System nach Abs. 1 und Abs. 3 und damit bei der Pflicht des Verantwortlichen, die Risiken zu bewerten und daraus die richtigen Schlüsse zu ziehen. Dabei kann dem Umstand, dass eine in der Praxis gängige und weit verbreitete Verarbeitung auf der Positivliste fehlt, eine gewisse Indizwirkung zukommen, dass für derartige Verarbeitungen nach Ansicht der Aufsichtsbehörden zumindest nicht in allen Fällen eine Datenschutz-Folgenabschätzung erforderlich sein wird.

V. Festlegung der Positiv- und Negativlisten (Abs. 6)

45 Abs. 6 regelt das Verfahren zur Festlegung der Positiv- und Negativlisten.[85] Falls die Datenverarbeitung mit dem Angebot von Waren oder Dienstleistungen oder der Beobachtung des Verhaltens von betroffenen Personen in mehreren EU-Mitgliedstaaten in Zusammenhang steht, hat die jeweilige nationale Aufsichtsbehörde das Kohärenzverfahren nach Art. 63 anzuwenden. Gleiches soll gelten, falls die in solchen Listen genannten Verarbeitungen den freien Verkehr personenbezogener Daten innerhalb der EU erheblich beeinträchtigen könnten.[86] Damit stellt das **Kohärenzverfahren in der Praxis den Regelfall** dar. In Zusammenschau mit der Pflicht der Aufsichtsbehörden nach Abs. 4 und der Möglichkeit nach Abs. 5, Positiv- und Negativlisten dem Europäischen Datenschutzausschuss vorzulegen, ist zu erwarten, dass diese Listen EU-weit im Wesentlichen einheitlich ausfallen.

VI. Mindestinhalt einer Datenschutz-Folgenabschätzung (Abs. 7)

46 Der **Mindestinhalt** der Dokumentation einer Datenschutz-Folgenabschätzung ist in Abs. 7 geregelt. Schon aus der Bezeichnung als Mindestinhalt wird deutlich, dass durchaus auch auf weitere Aspekte eingegangen werden kann, etwa wenn die Aufnahme weiterer Erwägungen in die Dokumentation aus rechtlichen, technischen oder unternehmerischen Gründen von Bedeutung ist. Zwingend ist aber in jedem Fall die Behandlung der in lit. a–d aufgeführten Punkte. Abs. 7 gibt dabei gleichzeitig eine Struktur für den praktischen Ablauf einer Datenschutz-Folgenabschätzung vor (→ Rn. 56 ff.). Von besonderer praktischer Relevanz werden künftig KI-Systeme und Anwendungen sein, die oftmals eine Datenschutz-Folgenabschätzung erfordern.[87] So geht auch die deutsche Datenschutzkonferenz davon aus, dass der Einsatz eines KI-Systems, in dem personenbezogene Daten verarbeitet werden, in der Regel eine Datenschutz-Folgenabschätzung erforderlich sein wird.[88] Hier kann es sich anbieten, die Mindestinhalte in eine auf die Besonderheiten von KI-Systemen angepasste Datenschutz-Folgenabschätzung zu integrieren,

---

Risiko" kein Tatbestandsmerkmal des Art. 34 Abs. 1 ist, gleichwohl jedoch des Art. 35 Abs. 1. Jedenfalls ist davon auszugehen, dass eine entspr. Risikoklassifizierung durch den Europäischen Datenschutzausschuss gleichermaßen auch für die Zwecke des Art. 35 Abs. 1 herangezogen werden kann.

[84] So ausdrücklich die Artikel-29-Datenschutzgruppe, Leitlinien DSFA, Working Paper 248 Rev. 01 v. 4.10.2017, S. 16.

[85] Vgl. Gola/Heckmann/*Nolte/Werkmeister* DS-GVO Art. 35 Rn. 2 f. zu den verwaltungsrechtlichen Einzelheiten im Zusammenhang mit dem Erlass dieser Listen.

[86] Näher dazu Kühling/Buchner/*Jandt* DS-GVO Art. 35 Rn. 28 f.

[87] Datenschutzkonferenz, Positionspapier der DSK zu empfohlenen technischen und organisatorischen Maßnahmen bei der Entwicklung und dem Betrieb von KI-Systemen v. 6.11.2019; vgl. außerdem *Hessel/Dillschneider* RDi 2023, 458 (462).

[88] Datenschutzkonferenz, Hambacher Erklärung zur Künstlichen Intelligenz v. 3.4.2019, Ziff. 6.

die gegebenenfalls mit einer Prüfung ethischer und sonstiger rechtlicher Aspekte kombiniert werden kann.[89]

Die Dokumentation hat **schriftlich** zu erfolgen. Dies soll einerseits dem Verantwortlichen ermöglichen, die Rechtmäßigkeit der Verarbeitung anhand der in der Datenschutz-Folgenabschätzung festgelegten Kriterien nachträglich erneut zu überprüfen. Daneben ergibt sich die Notwendigkeit einer schriftlichen Dokumentation neben der allgemeinen Rechenschaftspflicht nach Art. 5 Abs. 2, Art. 24 Abs. 1 auch aus Art. 36 Abs. 3 lit. e, wonach der Verantwortliche der Aufsichtsbehörde im Rahmen des vorherigen **Konsultationsverfahrens** die gemäß Abs. 7 erstellte Dokumentation zur Verfügung zu stellen hat. Auch wenn der Verantwortliche in Zweifelsfällen zu dem Ergebnis kommt, dass kein „voraussichtlich hohes Risiko" vorliegt und eine Datenschutz-Folgenabschätzung mithin entbehrlich ist, erwarten die Aufsichtsbehörden eine entsprechende schriftlich dokumentierte Begründung.[90] 47

1. Beschreibung der geplanten Verarbeitung (lit. a). Abs. 7 lit. a verlangt die **systematische Beschreibung der geplanten Verarbeitungsvorgänge und der Zwecke der Verarbeitung,** einschließlich etwaiger vom Verantwortlichen verfolgter berechtigter Interessen. Der erforderliche Detailgrad der Dokumentation wird sich dabei an Sinn und Zweck der Dokumentationspflicht orientieren, wonach der Verantwortliche (und gegebenenfalls auch die Aufsichtsbehörde) anhand der Dokumentation die mit der Verarbeitung verbundenen Risiken identifizieren und bewerten können soll, um im Folgenden geeignete Abhilfemaßnahmen zur Risikoreduzierung treffen zu können. 48

Inhaltlich verlangt Abs. 7 u.a. eine Beschreibung der verarbeiteten Kategorien personenbezogener Daten, der Zwecke der Verarbeitung, des Umfangs und der Dauer der Verarbeitung sowie der betroffenen Personengruppen und Empfänger, die im Zuge der Verarbeitung mit den Daten in Berührung kommen. Ein besonderes Augenmerk wird dabei auf eine **Beschreibung der berechtigten Interessen** und deren Abwägung gegenüber den Freiheiten und Rechten der betroffenen Person zu legen sein, die der Verantwortliche mit der Verarbeitung verfolgt, wenn der Verantwortliche die Verarbeitung auf Art. 6 Abs. 1 lit. f stützt. Auch **die verwendeten IT-Systeme** einschließlich der technischen und organisatorischen Maßnahmen müssen beschrieben werden. In der Praxis kann sich der Verantwortliche dabei an dem in Art. 30 Abs. 1 geregelten Mindestinhalt des Verzeichnisses der Verarbeitungstätigkeiten (→ Art. 30 Rn. 6 ff.) orientieren, wenngleich eine Datenschutz-Folgenabschätzung in der Regel einen höheren Detailgrad erfordert. Oftmals werden die Verantwortlichen den Großteil der in Art. 35 Abs. 7 geforderten Informationen bereits in intern geführten Verfahrensverzeichnissen oder in sonstiger Dokumentation im Zusammenhang mit der Vorabkontrolle nach Art. 18 DS-RL in Grundzügen vorliegen haben. Insoweit sind das nach Art. 30 erforderliche **Verzeichnis der Verarbeitungstätigkeiten** und die Datenschutz-Folgenabschätzung eng miteinander verzahnt. Im Idealfall enthält bereits das Verzeichnis nach Art. 30 alle Informationen, die es der Aufsichtsbehörde erlauben, das Ergebnis einer Datenschutz-Folgenabschätzung im Wesentlichen nachzuvollziehen.[91] 49

2. Bewertung der Notwendigkeit und Verhältnismäßigkeit (lit. b). Nach Abs. 7 lit. b muss die Datenschutz-Folgenabschätzung eine Bewertung der Notwendigkeit und Verhältnismäßigkeit der geplanten Verarbeitungsvorgänge in Bezug auf ihren Zweck enthalten. Angesichts der Grundsätze der **Zweckbindung** (→ Art. 5 Rn. 20 ff.) und der **Datenminimierung** (→ Art. 5 Rn. 29 ff.) soll der Verantwortliche ausführlich darlegen, weshalb er die geplanten Datenverarbeitungen für den konkreten Zweck für erforderlich, geeignet und verhältnismäßig hält. Für den Fall, dass der Verantwortliche die Verarbeitung auf Art. 6 Abs. 1 lit. f stützt, sind auch seine mit der Verarbeitung verfolgten berechtigen Interessen in die Verhältnismäßigkeitsprüfung mit einzubeziehen. Dabei kann in der Praxis auf das sog. **Standard-Datenschutzmodell** der Konferenz der Datenschutzbeauftragten des Bundes und der Länder zurückgegriffen 50

---

[89] Dieser Ansatz wird bereits von der CNIL (https://linc.cnil.fr/dossier-ia-generative-quelles-regulations-pour-la-conception-des-ia-generatives? v. 26.4.2023) und der ICO (https://ico.org.uk/for-organisations/uk-gdpr-guidance-and-resources/artificial-intelligence/guidance-on-ai-and-data-protection/what-are-the-accountability-and-governance-implications-of-ai/ v. 15.3.2023) verfolgt, vgl. dazu *Baumgartner/Brunnbauer/Cross* MMR 2023, 543 (546).
[90] Artikel-29-Datenschutzgruppe, Leitlinien DSFA, Working Paper 248 Rev. 01 v. 4.10.2017, S. 14.
[91] Dazu Paal/Pauly/*Martini* DS-GVO Art. 35 Rn. 47; *Goosen/Schramm* ZD 2017, 7 (11) sowie *Hansen-Oest* PinG 2016, 79 ff.

Art. 35 51–54   Kapitel IV. Verantwortlicher und Auftragsverarbeiter

werden.[92] Es wurde mit dem Ziel entwickelt, Verarbeitungsvorgänge systematisch auf ihre Vereinbarkeit mit datenschutzrechtlichen Anforderungen überprüfen zu können.[93]

51   **3. Risikobewertung (lit. c).** Nach Abs. 7 lit. c hat der Verantwortliche die Risiken zu bewerten. Dabei sind Eintrittswahrscheinlichkeit und Schwere der Auswirkungen, wie nach Abs. 1 vorgesehen, nachvollziehbar darzulegen. Auf diese Weise wird die Auswahl der geeigneten Abhilfemaßnahmen transparent, sowohl für den Verantwortlichen im Rahmen einer selbst durchgeführten Überprüfung als auch für die Aufsichtsbehörde, etwa im Rahmen einer vorherigen Konsultation. Dabei handelt es sich um **den zentralen Bestandteil der Dokumentation einer Datenschutz-Folgeabschätzung,** der in der Praxis auf die in Abs. 7 lit. a und b geforderte Beschreibung und Verhältnismäßigkeitsprüfung aufbaut. Entsprechend detailliert sollten die Verantwortlichen den Fokus ihrer Dokumentation auf die Risikobewertung legen.[94] Die systematisch und im Vorfeld für alle Verarbeitungsvorgänge gemäß Art. 24, 32 Abs. 1 durchgeführte Bewertung der Risiken kann hierbei herangezogen werden. Im Idealfall liegt bereits eine umfassende Dokumentation dieser Risikobewertung vor, die sodann in die Datenschutz-Folgeabschätzung aufgenommen werden kann.

52   **4. Beschreibung der geplanten Abhilfemaßnahmen (lit. d).** Den zuvor ermittelten Risiken für die Rechte und Freiheiten der betroffenen Personen sind geeignete Abhilfemaßnahmen gegenüberzustellen, um die Schutzziele nach Art. 5 Abs. 1 (→ Art. 5 Rn. 11 ff.) zu erreichen. Diese sollen vor allem **Garantien, Schutzmaßnahmen und Verfahren** beinhalten. Dabei kann sich der Verantwortliche an den bisher standardmäßig eingesetzten und dem Stand der Technik entsprechenden technischen und organisatorischen Maßnahmen orientieren. Insbesondere die Auflistung in Art. 32 Abs. 1 lit. a–d ist dabei zu berücksichtigen. Der Wortlaut der DS-GVO lässt keine klare Unterscheidung zwischen den in Abs. 7 lit. d genannten **Garantien, Sicherheitsvorkehrungen und Verfahren** erkennen. Insbesondere der Begriff der „Garantie" wird in der DS-GVO vielfach und an unterschiedlichen Stellen verwendet. Ein eindeutig abgrenzbarer Bedeutungsgehalt ergibt sich jedoch nicht.

53   In Betracht kommen insoweit sowohl technische Maßnahmen (wie etwa **Verschlüsselung** oder **Pseudonymisierung**) als auch organisatorische (wie beispielsweise ein **Berechtigungskonzept** oder sonstige Compliance-Prozesse) oder vertragliche Maßnahmen.[95] In ihren Leitlinien zu Art. 35 erwähnt die Artikel-29-Datenschutzgruppe – am Beispiel einer Speicherung personenbezogener Daten auf einem Laptop – als mögliche Abhilfemaßnahmen eine wirksame Festplattenverschlüsselung, ein sicheres Schlüsselmanagement, geeignete Zugangskontrolle und eine zuverlässige Datensicherung.[96] Auch sonstige risikominimierende Maßnahmen wie etwa eine **umfassende Information der betroffenen Personen** über eine bestimmte (gegebenenfalls nicht erkennbare) Verarbeitungstätigkeit (auch in Form einer informierten Einwilligung) oder über die Möglichkeit eines Widerspruchs oder einer Anhörung können ein anfänglich hohes Risiko wirksam reduzieren, etwa im Falle einer Videoüberwachung.

54   Die Abhilfemaßnahmen sollen dazu dienen, das Risiko unter die kritische Schwelle des hohen Risikos zu reduzieren und somit den **Schutz personenbezogener Daten** sicherzustellen. Welche Folgen sich für den Schutz personenbezogener Daten aus den geplanten Verarbeitungsvorgängen ergeben, ist das zentrale Ermittlungsziel der Datenschutz-Folgeabschätzung. **Schutz personenbezogener Daten** meint dabei die Sicherheit der Daten vor unbeabsichtigter oder unrechtmäßiger Vernichtung, Verlust, Veränderung, Offenlegung oder Zugänglichmachung, wie in Art. 4 Nr. 12 definiert. Dafür spricht die systematische Stellung des Art. 35 direkt nach Kapitel IV Abschnitt 2, der die Sicherheit der Verarbeitung betrifft. Art. 32 etwa enthält die Pflicht, geeignete technische und organisatorische Schutzmaßnahmen zu treffen. Art. 33 und 34 enthalten Meldepflichten für den Fall, dass eine Schutzverletzung iSv Art. 4 Nr. 12 eingetreten ist. Die Datenschutz-Folgeabschätzung schließt an dieses System an und legt dem Verantwort-

---

[92] Konferenz der Datenschutzbeauftragten des Bundes und der Länder (Datenschutzkonferenz), Standard-Datenschutzmodell, V.3.0 – November 2022, abrufbar unter www.datenschutz-mv.de/datenschutz/datenschutzmodell/.
[93] Vgl. Paal/Pauly/*Martini* DS-GVO Art. 35 Rn. 49 f.
[94] So auch BeckOK DatenschutzR/*Hansen* DS-GVO Art. 35 Rn. 45.
[95] Beispiele möglicher Abhilfemaßnahmen finden sich bei Forum Privatheit und Selbstbestimmtes Leben In der Digitalen Welt, White Paper Datenschutz-Folgeabschätzung – Ein Werkzeug für einen besseren Datenschutz, S. 33 f.
[96] Artikel-29-Datenschutzgruppe, Leitlinien DSFA, Working Paper 248 Rev. 01 v. 4.10.2017, S. 23.

lichen die Pflicht auf, die besonderen Folgen hoch risikoreicher Verarbeitungen zu ermitteln und Maßnahmen zu treffen, die eine Verletzung des Schutzes personenbezogener Daten verhindern. Unklar bleibt, inwieweit sich der Verantwortliche bei der Auswahl geeigneter Abhilfemaßnahmen von **wirtschaftlichen Erwägungen** leiten lassen darf. Dafür spricht Art. 32 Abs. 1, wonach der Verantwortliche bei der Wahl geeigneter technisch und organisatorischer Maßnahmen neben dem Stand der Technik auch die Implementierungskosten berücksichtigen soll. Zwar fehlt eine solche ausdrückliche Erwähnung der Kosten in Abs. 7 lit. d. Gleichwohl gilt insoweit derselbe Maßstab, wie auch aus den Leitlinien der Artikel-29-Datenschutzgruppe zu Art. 35 deutlich wird.[97] Im Vergleich zu Art. 32 Abs. 1 werden zwar von dem Verantwortlichen im Bereich eines „voraussichtlich hohen Risikos" auch wirtschaftlich größerer Anstrengungen verlangt werden können, die jedoch auch zumutbar sein müssen.[98]

Um die hinter den eingesetzten Abhilfemaßnahmen stehenden Überlegungen nachweisbar zu 55 machen, verlangt Abs. 7 eine entsprechende **Dokumentation der geplanten Abhilfemaßnahmen**. Dabei ist festzuhalten, welche Maßnahme für welches Risiko und zur Erreichung welchen Schutzziels eingesetzt werden soll. Gleichzeitig müssen verbleibende Restrisiken beschrieben und gegebenenfalls gerechtfertigt werden.[99] Auch die Verantwortlichkeiten für die Umsetzung und der geplante Zeitpunkt der Umsetzung sollte dokumentiert werden. Die Dokumentation der Abhilfemaßnahmen soll darüber hinaus den Verantwortlichen in Konkretisierung seiner allgemeinen **Rechenschaftspflicht** nach Art. 5 Abs. 2, Art. 24 Abs. 1 in die Lage versetzen, die Einhaltung der Anforderungen der DS-GVO nachzuweisen, etwa gegenüber den betroffenen Personen oder einer Aufsichtsbehörde.[100] Hinsichtlich der Form der Dokumentation ist der Verantwortliche grundsätzlich frei, so dass auch eine elektronische Form möglich ist.

5. Praktische Durchführung. Art. 35 selbst macht keine Vorgaben zur **praktischen** 56 **Durchführung** der Datenschutz-Folgenabschätzung. Aus Abs. 7 sowie aus Erwägungsgrund 84 lässt sich jedoch folgender **Mindestinhalt** ableiten: (i) Eine Beschreibung der geplanten Verarbeitungsvorgänge und der Zwecke der Verarbeitung, (ii) eine Bewertung der Notwendigkeit und Verhältnismäßigkeit der Verarbeitungsvorgänge, (iii) eine Bewertung der Ursachen, Art, Besonderheiten und Schwere der Risiken für die Rechte und Freiheiten der betroffenen Personen sowie (iv) die Auswahl von geeigneten Maßnahmen, um die Risiken zu reduzieren und nachzuweisen, dass die Vorgaben der DS-GVO eingehalten werden. **Erwägungsgrund 90** beschreibt die Vorgehensweise bei einer Datenschutz-Folgenabschätzung daneben im Sinne eines **Risikomanagement-Systems** (zB laut **ISO 31000**),[101] nämlich (i) das Ermitteln der Rahmenbedingungen („unter Berücksichtigung der Art, des Umfangs, der Umstände und der Zwecke der Verarbeitung und der Ursachen des Risikos"), das Abschätzen der Risiken („die spezifische Eintrittswahrscheinlichkeit und die Schwere des hohen Risikos bewerten") sowie die Steuerung der Risiken („durch die dieses Risiko eingedämmt, der Schutz personenbezogener Daten sichergestellt und die Einhaltung der Bestimmungen dieser Verordnung nachgewiesen werden soll").[102] Auch daraus lassen sich zumindest grobe Vorgaben für die praktische Durchführung ableiten.

Zur methodischen Vorgehensweise bei einer Datenschutz-Folgenabschätzung enthält die DS- 57 GVO keine Anhaltspunkte; sie ist vielmehr **„methodik-neutral"**. Auch die Leitlinien der Artikel-29-Datenschutzgruppe sowie der deutschen Datenschutzkonferenz zu Art. 35 enthalten

---

[97] Artikel-29-Datenschutzgruppe, Leitlinien DSFA, Working Paper 248 Rev. 01 v. 4.10.2017, S. 23, Fn. 29; insoweit ist davon auszugehen, dass in dieser Fußnote richtigerweise auf Art. 32 Abs. 1 referenziert werden sollte.
[98] So auch Gola/Heckmann/*Nolte/Werkmeister* DS-GVO Art. 35 Rn. 56.
[99] Gola/Heckmann/*Nolte/Werkmeister* DS-GVO Art. 35 Rn. 65.
[100] Gola/Heckmann/*Nolte/Werkmeister* DS-GVO Art. 35 Rn. 47 weisen in diesem Zusammenhang zu Recht darauf hin, dass Gegenstand einer Datenschutz-Folgenabschätzung ausschl. die Maßgaben des Datenschutzrechts und die Risikobetrachtung einer spezifischen Datenverarbeitung sind, nicht jedoch auch sonstige rechtliche Vorgaben wie etwa das Verbraucherschutzrecht.
[101] So auch die Artikel-29-Datenschutzgruppe, Leitlinien DSFA, Working Paper 248 Rev. 01 v. 4.10.2017, S. 21.
[102] Wobei es – anders als bei klassischen Risikomanagementsystemen – insoweit auf die Risiken für die betroffenen Personen und nicht für das Unternehmen ankommt, vgl. dazu Gola/Heckmann/*Nolte/Werkmeister* DS-GVO Art. 35 Rn. 4; vgl. dazu auch Forum Privatheit und Selbstbestimmtes Leben In der Digitalen Welt, White Paper Datenschutz-Folgenabschätzung – Ein Werkzeug für einen besseren Datenschutz, S. 33 f. mit dem zutr. Hinweis, dass iRd Art. 35 die Risiken bewältigt und nicht nur „gemanagt" werden müssen.

keine Vorgaben zur praktischen Umsetzung der Anforderungen des Art. 35. Verantwortliche haben in dem oben beschriebenen Rahmen daher eine gewisse Flexibilität, auf welche Weise sie eine Datenschutz-Folgenabschätzung durchführen und optimal in die bestehenden Abläufe und Prozesse integrieren. Die Methodik des Standard-Datenschutzmodells der deutschen Aufsichtsbehörden, die mit der Version 2.0 an die DS-GVO angepasst wurde, bietet eine Systematik für eine Strukturierung einer Datenschutz-Folgenabschätzung von der Risikobeurteilung bis zur Auswahl der Abhilfemaßnahmen.[103] Orientierung bieten außerdem verschiedene **Anleitungen aus anderen EU-Mitgliedstaaten**. So haben etwa die Aufsichtsbehörden in Frankreich,[104] Spanien[105] und dem Vereinigten Königreich[106] Methoden und Vorlagen zur Durchführung einer Datenschutz-Folgenabschätzung veröffentlicht. Die Vorversionen dieser Dokumente werden von der Artikel-29-Datenschutzgruppe in ihren Leitlinien als Beispiele eines möglichen Vorgehens empfohlen, verbunden mit dem Hinweis, dass Verantwortliche die für sie passende Form der Durchführung wählen können.[107] Auch deutsche Aufsichtsbehörden haben praktikable Hilfestellungen veröffentlicht.[108] Für die Praxis hilfreich ist auch eine vom niederländischen Justizministerium veröffentliche Datenschutz-Folgenabschätzung für verschiedene Dienste von Microsoft.[109] Schließlich sei noch eine Vorlage des BfDI für eine Datenschutz-Folgenabschätzung nach § 67 BDSG, mithin für den öffentlichen Sektor erwähnt.[110]

58 Um sicherzustellen, dass eine Datenschutz-Folgenabschätzung den Anforderungen der DS-GVO entspricht, haben Verantwortliche nach Auffassung der Artikel-29-Datenschutzgruppe bei deren Durchführung bestimmte **allgemeine Kriterien** zu beachten.[111] Diese folgen im Wesentlichen bereits aus Art. 35 bzw. den dazugehörigen Erwägungsgründen, gehen jedoch teilweise auch darüber hinaus. In den im Folgenden vorgeschlagenen fünf Phasen einer Datenschutz-Folgenabschätzung sind diese Kriterien berücksichtigt.[112]

59 Daneben können Verantwortliche auf den neuen ISO-**Standard zu Datenschutz-Folgenabschätzungen**,[113] das sog. **Standard-Datenschutzmodell** der Konferenz der Datenschutzbeauftragten des Bundes und der Länder oder auf das – von einigen deutschen Aufsichtsbehörden präferierte – Whitepaper des Forums Privatheit[114] zurückgreifen. Auch **Branchenverbände** wie etwa der Bitkom haben mittlerweile spezifische Rahmenbedingungen für Datenschutz-Folgenabschätzungen erarbeitet, die wertvolle Praxishilfe bieten (wie etwa eine Mustergliederung einer Dokumentation einer Datenschutz-Folgenabschätzung).[115] Solche branchenspezifischen Rahmenbedingungen können die typischen Risikofaktoren eines bestimmten Wirtschaftssektors beschreiben und so einen Mindestinhalt für Datenschutz-Folgenabschätzungen vorgeben.

60 In Anbetracht der oben dargestellten Modelle, der allgemeinen Kriterien der Artikel-29-Datenschutzgruppe und der praktischen Erfahrungen in anderen Ländern lässt sich eine Daten-

---

[103] Datenschutzkonferenz, Das Standard-Datenschutzmodell – Eine Methode zur Datenschutzberatung und -prüfung auf der Basis einheitlicher Gewährleistungsziele, Version 3.0 – November 2022, abrufbar unter www.datenschutz-mv.de/datenschutz/datenschutzmodell/.
[104] Commission nationale de l'informatique et des libertés (CNIL), Privacy Impact Assessment (PIA - Tools), 2015, abrufbar unter www.cnil.fr/sites/default/files/typo/document/CNIL-PIA-2-Tools.pdf.
[105] Agencia española de protección de datos (AGPD), Guía para una Evaluación de Impacto en la Protección de Datos Personales (EIPD), 2014, abrufbar unter www.aepd.es/es/documento/modelo-informe-eipd-sector-privado-en.sth.
[106] Information Commissioner's Office (ICO), abrufbar unter https://ico.org.uk/media/2258461/dpia-template-v04-post-comms-review-20180308.pdf.
[107] Artikel-29-Datenschutzgruppe, Leitlinien DSFA, Working Paper 248 Rev. 01 v. 4.10.2017, S. 21 und Anh. 1.
[108] Etwa das Bayerische Landesamt für Datenschutzaufsicht (www.lda.bayern.de/de/thema_dsfa.html) sowie der Der Bayerische Landesbeauftragte für den Datenschutz (www.datenschutz-bayern.de/dsfa/).
[109] www.rijksoverheid.nl/documenten/publicaties/2022/02/21/public-dpia-teams-onedrive-sharepoint-and-azure-ad.
[110] www.bfdi.bund.de/SharedDocs/Downloads/DE/Muster/Muster_Hinweise_DSFA.html.
[111] Artikel-29-Datenschutzgruppe, Leitlinien DSFA, Working Paper 248 Rev. 01 v. 4.10.2017, S. 21 und Anh. 2.
[112] Eine abweichende Checkliste findet sich bei *Katko* Checklisten DS-GVO Rn. 34 f.
[113] DIN EN ISO/IEC 29134:2020-09.
[114] Forum Privatheit und Selbstbestimmtes Leben In der Digitalen Welt, White Paper Datenschutz-Folgenabschätzung – Ein Werkzeug für einen besseren Datenschutz, 3. Aufl. 2017; vgl. dazu die übersichtliche Zusammenfassung bei *Bieker/Hansen/Friedewald* RDV 2016, 188.
[115] Vgl. Bitkom, Leitfaden „Risk Assessment & Datenschutz-Folgenabschätzung", S. 48 f.; vgl. auch Artikel-29-Datenschutzgruppe, Leitlinien DSFA, Working Paper 248 Rev. 01 v. 4.10.2017, S. 21, die solche branchenspezifischen Rahmenbedingungen ausdrücklich befürwortet.

schutz-Folgenabschätzung mit Blick auf Abs. 7 grob in **fünf Phasen** einteilen:[116] Eine Vorbereitungsphase, eine Bewertungsphase, eine Kontrollphase,[117] eine Maßnahmenphase sowie eine anschließende Berichtsphase.[118] Dabei wird der Verantwortliche darauf zu achten haben, dass für die Durchführung der Datenschutz-Folgenabschätzung in allen Phasen **ausreichende Ressourcen** zur Verfügung stehen und insbesondere auch eine **realistische zeitliche Planung** der verschiedenen Schritte erfolgt. Zu diesem Zweck empfiehlt die Artikel-29-Datenschutzgruppe, unternehmensintern ein **Verfahren** für die Prüfung der Erforderlichkeit und gegebenenfalls die Durchführung einer Datenschutz-Folgenabschätzung festzulegen und dabei auch die Rollen und Zuständigkeiten zu regeln.[119] Zu den relevanten „Stakeholdern" zählen dabei neben der Unternehmensleitung und der Datenschutzabteilung in der Regel der betriebliche Datenschutzbeauftragte sowie Vertreter der IT- bzw. der Informationssicherheits-Abteilung. Oft werden daneben auch die Personal- und Marketingabteilung sowie gegebenenfalls auch externe Berater (wie etwa Anwaltskanzleien oder IT-Sicherheitsexperten) einbezogen. Schließlich sollten auch die Rollen und Pflichten der externen Auftragsverarbeiter bedacht werden.

In der **Vorbereitungsphase** (Abs. 7 lit. a) legt der Verantwortliche die Basis für die folgenden Schritte einer Datenschutz-Folgenabschätzung und formuliert deren Zielsetzung. Ziel einer Datenschutz-Folgenabschätzung ist es stets, einen Nachweis dafür zu erbringen, dass die geplante Datenverarbeitung den Anforderungen der DS-GVO entspricht und dass angemessene und geeignete Abhilfemaßnahmen ergriffen wurden, um trotz eines anfänglich hohen Risikos ein angemessenes Schutzniveau gewährleisten zu können. In der Vorbereitungsphase werden Art, Umfang und Umstände der konkret geplanten Datenverarbeitung (also der Prüfungsgegenstand) sowie deren Zwecke identifiziert (auch **„Data Mapping"** genannt). Dabei sind die geplanten Verarbeitungstätigkeiten in Bezug auf die betroffenen Daten, die Empfänger und die geplante Speicherfrist auch funktional zu beschreiben. Zusätzlich sollten die verwendeten IT-Systeme und sonstigen Prozesse (Hardware, Software, Netzwerke etc) ermittelt werden. In dieser Phase sollte auch entschieden werden, inwieweit sich verschiedene Verarbeitungstätigkeiten zu einer einheitlichen Datenschutz-Folgenabschätzung zusammenfassen lassen. Außerdem ist es sinnvoll, die Rollen der verschiedenen Beteiligten, die betroffenen Personen und bei der Datenverarbeitung eingesetzte Dritte einschließlich möglicher Angreifer zu beschreiben. Schließlich sollten auch die maßgeblichen Rechtsgrundlagen identifiziert werden, auf die der Verantwortliche die konkrete Verarbeitung stützt, einschließlich etwaig einschlägiger genehmigter Verhaltensregeln (Abs. 8). Abhängig von der Komplexität der konkreten Verarbeitung und der bereits im Verantwortlichen vorhandenen Dokumentation wird die Vorbereitungsphase oft mit einem erheblichen Aufwand verbunden sein. Neben der Unterstützung durch den Datenschutzbeauftragten wird daher abhängig von der Größe der jeweiligen Organisation eine funktionierende Datenschutz-Compliance-Struktur unverzichtbar sein.[120]

An die Vorbereitungsphase schließt sich die **Bewertungsphase** hinsichtlich der Rechtmäßigkeit der geplanten Verarbeitung (Abs. 7 lit. b) an, in der die Notwendigkeit und Verhältnismäßigkeit der geplanten Verarbeitungsvorgänge in Bezug auf den Zweck bewertet werden. Dabei ist nach Ansicht der Artikel-29-Datenschutzgruppe auch zu ermitteln, ob den Grund-

---

[116] Die dt. Aufsichtsbehörden schlagen daneben einen insges. 16-stufigen(!) Prozess vor, bestehend aus den folgenden Schritten: 1. Zusammenstellung des DSFA-Teams, 2. Prüfplanung, 3. Festlegung des Beurteilungsumfangs, 4. Identifikation und Einbindung von Akteuren und betroffenen Personen, 5. Bewertung der Notwendigkeit/Verhältnismäßigkeit der Verarbeitungsvorgänge in Bezug auf ihren Zweck, 6. Identifikation der Rechtsgrundlagen, 7. Modellierung der Risikoquellen, 8. Risikobeurteilung, 9. Auswahl geeigneter Abhilfemaßnahmen, 10. Erstellung des DSFA-Berichts, 11. Umsetzung der Abhilfemaßnahmen, 12. Test der Abhilfemaßnahmen, 13. Dokumentation/Nachweis über die Einhaltung der DS-GVO, 14. Freigabe der Verarbeitungsvorgänge, 15. Ggf. Überprüfung und Audit der DSFA, 16. Fortschreibung, vgl. Datenschutzkonferenz, Kurzpapier Nr. 5 – Datenschutz-Folgenabschätzung nach Art. 35 DS-GVO v. 17.12.2018, S. 2 ff.

[117] In der Lit. werden Bewertungsphase und Kontrollphase oft zu einem Prozessschritt zusammengefasst, was aber angesichts des Wortlauts von Art. 35 Abs. 7 unscharf erscheint. Eine Berichtsphase ist dagegen in Abs. 7 nicht vorgesehen (weswegen manche in der Lit. vorgeschlagene Modelle nur vier Stufen haben), ist jedoch in Folge der allg. Rechenschaftspflicht dringend zu empfehlen.

[118] Näher dazu *Hansen* DuD 2016, 587 (589 ff.).

[119] Artikel-29-Datenschutzgruppe, Leitlinien DSFA, Working Paper 248 Rev. 01 v. 4.10.2017, S. 18 f.

[120] Denkbar wäre etwa in den verschiedenen Abteilungen oder Bereichen eines Verantwortlichen „Datenschutz-Koordinatoren" einzusetzen, die dem Datenschutzbeauftragten zuarbeiten und im Rahmen einer Datenschutz-Folgenabschätzung die erforderlichen Informationen sammeln, Koordinationsaufgaben übernehmen und die Umsetzung der ergriffenen Abhilfemaßnahmen überwachen. In zahlreichen internationalen Unternehmen ist eine derart dezentrale Compliance-Struktur üblich.

sätzen der Art. 5 und 6 sowie den Anforderungen der Art. 12–21, des Art. 28 sowie von Kapitel V genügt wurde.[121]

63 Im nächsten Schritt folgt die **Kontrollphase**, während derer die Risiken für die Rechte und Freiheiten der betroffenen natürlichen Personen bewertet werden (Abs. 7 lit. c). Dabei handelt es sich um das „Herzstück" der Datenschutz-Folgenabschätzung nach Abs. 7 lit. c.[122] Die Risikobewertung sollte daher systematisch und detailliert erfolgen. Insbesondere sind nach den Erwägungsgründen 84 und 90 Ursachen, Art, Besonderheit und Schwere der Risiken sowie deren Eintrittswahrscheinlichkeit aus Sicht der betroffenen Personen zu bewerten. Diese Bewertung sollte für jedes einzelne Risiko (wie zB unrechtmäßiger Datenzugriff, unerwünschte Änderung von Daten etc) gesondert vorgenommen werden, wobei üblicherweise mögliche Angreifer, Angriffsmotive und Angriffsziele identifiziert werden.[123] Ebenso sind die potenziellen Auswirkungen auf die Rechte und Freiheiten von Betroffenen sowie sonstige Bedrohungen zu ermitteln, die bei Eintritt der Risiken zu befürchten sind. Dabei empfiehlt es sich, sich an den dargestellten Kriterien der Artikel-29-Datenschutzgruppe zu orientieren. Wie schon in der Vorbereitungs- und Kontrollphase sollten Verantwortliche auch insoweit darauf achten, dass ihre Risikobewertung für Außenstehende nachvollziehbar sein muss.[124] Die konkrete Ausgestaltung der Kontrollphase wird sich an den Umständen des Einzelfalls und der konkreten Risikolage orientieren.[125]

64 Die **Maßnahmenphase** (Abs. 7 lit. d) umfasst die Identifikation und Auswahl geeigneter Abhilfemaßnahmen sowie deren Implementierung durch den Verantwortlichen. Darin liegt letztlich der praktische Nutzen einer Datenschutz-Folgenabschätzung. Hierbei ist auch die Einhaltung von genehmigten Verhaltensregeln durch den Verantwortlichen oder den zuständigen Auftragsverarbeiter zu berücksichtigen (→ Rn. 67). Auch der gegebenenfalls eingeholte Standpunkt der betroffenen Personen bzw. ihrer Vertreter (→ Rn. 68 ff.) sowie der nach Abs. 2 eingeholte Rat des Datenschutzbeauftragten sollten an dieser Stelle in die Prüfung einfließen. Am Ende muss der Nachweis stehen, dass das in der Kontrollphase ermittelte hohe Risiko der geplanten Verarbeitung durch die gewählten und implementierten Abhilfemaßnahmen unter die Schwelle des hohen Risikos reduziert werden kann. Dies erfordert eine Evaluierung der geplanten Abhilfemaßnahmen und gegebenenfalls eine Analyse des verbleibenden Restrisikos. Erwägungsgrund 94 verlangt dabei eine realistische Einschätzung in Bezug auf verfügbare Technologien und Implementierungskosten. Kommt der Verantwortliche zu dem Ergebnis, dass infolge der Abhilfemaßnahmen kein hohes Risiko mehr besteht, so kann er mit der Implementierung der gewählten Abhilfemaßnahmen beginnen und schließlich mit der Datenverarbeitung selbst. Sollte eine Reduzierung des hohen Risikos nicht möglich sein, schließt sich das Verfahren der vorherigen Konsultation nach Art. 36 Abs. 1 (→ Art. 36 Rn. 6 f.) an.

65 Den letzten Schritt einer Datenschutz-Folgenabschätzung nach dem hier vorgestellten Modell bildet die **Berichtsphase**.[126] Sie besteht im Wesentlichen darin, dass der Verantwortliche seinen Dokumentationspflichten aus Abs. 7 und damit auch seiner Rechenschaftspflicht nach Art. 5 Abs. 2, Art. 24 Abs. 1 genügt. Die einzelnen Phasen der Datenschutz-Folgenabschätzung samt ihrer Ergebnisse müssen **schriftlich dokumentiert** werden. Dabei sollte der Verantwortliche idealerweise die Sichtweise eines Dritten (etwa der zuständigen Aufsichtsbehörde) vor Augen haben, die aufgrund der Dokumentation der Datenschutz-Folgenabschätzung in der Lage sein sollte, die Rechtmäßigkeit der geplanten Verarbeitung sowie die Risikobewertung und die Angemessenheit der ergriffenen Abhilfemaßnahmen nachzuvollziehen. Anschließend sollten die Ergebnisse der Datenschutz-Folgenabschätzung in regelmäßigen Abständen überprüft werden, um sicherzustellen, dass die Verarbeitung auch tatsächlich entsprechend der erfolgten Daten-

---

[121] Artikel-29-Datenschutzgruppe, Leitlinien DSFA, Working Paper 248 Rev. 01 v. 4.10.2017, S. 21 und Anh. 2.
[122] So treffend *Hansen* DuD 2016, 587 (590).
[123] Zur Risikoanalyse genauer Art. 32 (→ Art. 32 Rn. 6 ff.) sowie Kühling/Buchner/*Jandt* DS-GVO Art. 35 Rn. 44 ff.
[124] BeckOK DatenschutzR/*Hansen* DS-GVO Art. 35 Rn. 50.
[125] In komplexen Fällen ist es denkbar, den Prozess mit einer begrenzten Anzahl von möglichst standardisierten Fragen (Screening-Fragen) zu beginnen, die nach Möglichkeit bereits eine erste Unterscheidung zwischen Verarbeitungen mit hohem Risiko und sonstigen Verarbeitungen ermöglichen. Auf diese Weise kann in geeigneten Fällen eine Vorauswahl getroffen werden, für welche geplanten Verarbeitungen anschließend eine Datenschutz-Folgenabschätzung durchzuführen ist.
[126] Diese für die Praxis vor dem Hintergrund der allg. Rechenschaftspflicht wesentliche Phase einer Datenschutz-Folgenabschätzung wurde hier bewusst als eigener Prozessschritt definiert, obwohl dies in der Lit. meist nicht der Fall ist.

schutz-Folgenabschätzung durchgeführt wird und deren Ergebnisse auch weiterhin zutreffen. Auslöser für eine Überprüfung sind in erster Linie Änderungen an den Umständen der überprüften Verarbeitung sowie ein längerer Zeitablauf seit der letzten Datenschutz-Folgenabschätzung. Abs. 11 (→ Rn. 74 f.) verlangt eine **wiederholte Überprüfung** insbesondere dann, wenn Änderungen im Zusammenhang mit dem Risiko der konkreten Verarbeitung eingetreten sind. In **Erwägungsgrund 89** aE wird zudem auf den längeren Zeitraum seit der letzten Datenschutz-Folgenabschätzung als Indikator für ein erhöhtes Risiko hingewiesen. In dieser Phase wird es in der Praxis regelmäßig erforderlich sein, auch Auftragsverarbeiter hinzuzuziehen, die an der konkreten Verarbeitung beteiligt sind.[127]

Verantwortliche sind unter der DS-GVO nicht verpflichtet, eine Datenschutz-Folgenabschätzung oder deren Ergebnisse **öffentlich zugänglich** zu machen. Gleichwohl empfiehlt die Artikel-29-Datenschutzgruppe, zumindest eine Zusammenfassung oder das Ergebnis einer Datenschutz-Folgenabschätzung zu veröffentlichen.[128] Dies ist in der Praxis insbesondere bei Auftragsverarbeitern oder Herstellern von datenverarbeitenden Systemen zunehmend üblich.

VII. Genehmigte Verhaltensregeln (Abs. 8)

Nach Abs. 8 ist im Rahmen einer Datenschutz-Folgenabschätzung die Einhaltung **genehmigter Verhaltensregeln** nach Art. 40 durch den Verantwortlichen oder einen Auftragsverarbeiter „gebührend" zu berücksichtigen. Gleiches soll nach Ansicht der Artikel-29-Datenschutzgruppe – über den Wortlaut von Abs. 8 hinaus – auch für Zertifizierungen, Siegel und Prüfzeichen nach Art. 42 sowie bei verbindlichen internen Datenschutzvorschriften nach Art. 47 gelten.[129] Der Aufwand für eine Datenschutz-Folgenabschätzung kann so unter Umständen erheblich reduziert werden, insbesondere im Hinblick auf die Risikobewertung und den Nachweis geeigneter Abhilfemaßnahmen.[130] Hintergrund dieser Regelung ist die Prämisse, dass Verarbeitungen, die bereits im Zusammenhang mit der Genehmigung von Verhaltensregeln auf ihre Risiken beurteilt wurden, grundsätzlich zumindest als tendenziell risikoärmer betrachtet werden können, wenn der Verantwortliche die in den Verhaltensregeln definierten Abhilfemaßnahmen trifft. Aus dem Wortlaut **„gebührend"** folgt dabei, dass derartige Verhaltensregeln umso mehr Berücksichtigung finden sollen, je aussagekräftiger ihre Befolgung für die Sicherstellung eines mit der DS-GVO adäquaten Schutzniveaus ist. Eine schematische Herangehensweise verbietet sich daher. In der Praxis bedeutet dies, dass die Einhaltung genehmigter Verhaltensregeln im Rahmen einer Datenschutz-Folgenabschätzung umso positiver ins Gewicht fallen wird, je vergleichbarer die konkret geplante Verarbeitung mit der Verarbeitung ist, die den Gegenstand der Verhaltensregeln bildet.

VIII. Beteiligung der betroffenen Personen (Abs. 9)

Nach Abs. 9 soll der Verantwortliche „[…] gegebenenfalls den **Standpunkt der betroffenen Personen** oder ihrer Vertreter zu der beabsichtigten Verarbeitung […]" einholen. Ziel ist die Gewinnung von zusätzlichem Abwägungsmaterial, indem die Standpunkte der betroffenen Personen oder deren Vertreter in die Risikoanalyse und die Bewertung der erforderlichen Abhilfemaßnahmen einfließen. Die Regelung ist insoweit widersprüchlich, als es denknotwendig keine Personen geben kann, die iSd Art. 4 Nr. 1 von einer nur beabsichtigten Verarbeitung betroffen sind. Die Vorschrift ist daher so zu verstehen, dass diejenigen Personen beteiligt werden sollen, die voraussichtlich von der beabsichtigten Verarbeitung betroffen sein werden. Diese **potentiell betroffenen Personen** werden in vielen Fällen aber schwer zu bestimmen sein, etwa wenn es sich bei der Verarbeitung um ein neues Produkt oder ein innovatives Geschäftsmodell handelt, dessen spätere Abnehmer oder Nutzer zum Zeitpunkt der Datenschutz-Folgenabschätzung noch nicht feststehen.

---

[127] Vgl. dazu Erwägungsgrund 95, der davon ausgeht, dass Auftragsverarbeiter den Verantwortlichen dabei zu unterstützen haben, die Einhaltung der Ergebnisse einer Datenschutz-Folgenabschätzung zu überprüfen. In der Praxis sollte es eine entspr. Verpflichtung des Auftragsverarbeiters in dem Vertrag nach Art. 28 Abs. 3 möglichst spezifisch geregelt werden.
[128] Artikel-29-Datenschutzgruppe, Leitlinien DSFA, Working Paper 248 Rev. 01 v. 4.10.2017, S. 22 sowie Forum Privatheit und Selbstbestimmtes Leben In der Digitalen Welt, White Paper Datenschutz-Folgenabschätzung – Ein Werkzeug für einen besseren Datenschutz, S. 35.
[129] Artikel-29-Datenschutzgruppe, Leitlinien DSFA, Working Paper 248 Rev. 01 v. 4.10.2017, S. 20.
[130] Artikel-29-Datenschutzgruppe, Leitlinien DSFA, Working Paper 248 Rev. 01 v. 4.10.2017, S. 20.

69 Die Einschränkung „gegebenenfalls" ist dabei mit Blick auf den englischen Text der DS-GVO („Where appropriate, [...]") so zu verstehen, dass die betroffenen Personen nur dann zu konsultieren sind, wenn dies **„angemessen"** und praktisch möglich erscheint und es dem Verantwortlichen nicht auf andere Weise möglich ist, die Betroffeneninteressen hinreichend zu wahren. Dem Verantwortlichen steht insoweit also ein Ermessen zu, es handelt sich somit um kein Betroffenenrecht iSv Kapitel III, sondern um eine fakultative Anhörung.[131] In der Praxis dürfte die Einholung der Standpunkte der einzelnen betroffenen Personen oft unmöglich bzw. mit hohem Aufwand verbunden und deshalb nicht mehr angemessen sein. Etwas anderes wird nur dann gelten, wenn deren Anzahl derart gering ist, dass eine Beteiligung noch angemessen erscheint (etwa wenn eine nur geringe Anzahl von Mitarbeitern betroffen ist). Ist jedoch eine Vielzahl von Personen von einer Datenverarbeitung betroffen, wird deren Beteiligung nur dann in angemessenem Umfang umsetzbar sein, wenn ein Vertreter für die Gruppe von betroffenen Personen existiert.[132] Der Begriff des **Vertreters** ist in der DS-GVO in Art. 4 Nr. 17 definiert, bezieht sich insoweit jedoch nur auf den sog. EU-Vertreter eines Verantwortlichen oder Auftragsverarbeiters nach Art. 27. Abs. 9 geht aber offenbar von einem anderen „untechnischen" Verständnis des Begriffs eines Vertreters aus. Zu denken wäre etwa an den **Betriebsrat** im Falle einer nach § 87 Abs. 1 Nr. 6 BetrVG mitbestimmungspflichtigen Verarbeitung von **Arbeitnehmerdaten**.[133] In solchen Fällen sollte der Verantwortliche den Standpunkt der Vertreter einholen und in seine Überlegungen miteinbeziehen. In Bezug auf **Kundendaten** wird ein solcher Vertreter regelmäßig fehlen. Gleiches gilt für die Nutzer von Online-Diensten oder mobilen Apps. Insoweit kommen nach Ansicht der Artikel-29-Datenschutzgruppe allenfalls aufwendige Studien zu Zweck und Mitteln der Verarbeitung oder Umfragen unter potentiellen Kunden (die dann jedoch wiederum einer datenschutzrechtlichen Erlaubnis bedürfen) in Frage.[134] Oftmals wird es in der Praxis in solchen Fällen jedoch an der Angemessenheit fehlen und eine Beteiligung folglich entbehrlich sein. Dies wird auch dann gelten, wenn die betreffende Verarbeitung in genehmigten Verhaltensregeln nach Art. 40 beschrieben ist, etwa in einem **Code of Conduct** im Falle der **Nutzung von Online-Diensten**. Soweit dadurch die Standpunkte und Interessen der betroffenen Personen bereits berücksichtigt wurden, wird eine nochmalige Beteiligung der betroffenen Personen nicht erforderlich sein.

70 Die Pflicht aus Abs. 9 steht unter dem zusätzlichen Vorbehalt, dass der Beteiligung der betroffenen Personen weder **gewerbliche oder öffentliche Interessen** noch die **Sicherheit der Verarbeitungsvorgänge** entgegenstehen dürfen. Ist dies nach Einschätzung des Verantwortlichen der Fall, ist eine Beteiligung der betroffenen Personen ebenfalls entbehrlich. Auch insoweit steht dem Verantwortlichen ein Ermessensspielraum zu, insbesondere bei der Gewichtung seiner „gewerblichen Interessen".[135] Die Widersprüchlichkeit der Regelung und der weite Ermessensspielraum des Verantwortlichen führt dazu, dass die Einholung des Standpunkts der betroffenen Personen **in der Praxis die Ausnahme** darstellt. Gleichwohl sollten Verantwortliche sorgfältig abwägen, ob eine Beteiligung in angemessenem Rahmen umsetzbar ist und die Ergebnisse ihrer Abwägung gegen die Durchführung einer Beteiligung dokumentieren. Ebenfalls dokumentiert werden sollten die Gründe für die unveränderte Durchführung einer Datenverarbeitung für den Fall, dass die Standpunkte der (potentiell) betroffenen Personen davon abweichen.[136] Dem Wortlaut nach – sowohl in der deutschen, als auch in der englischen Fassung – handelt es sich bei Abs. 9 um eine Pflicht des Verantwortlichen. Damit ist ein Verstoß nach Art. 83 Abs. 4 lit. a bußgeldbewehrt.

IX. Ausnahme von der Erforderlichkeit (Abs. 10)

71 Abs. 10 regelt eine enge **Ausnahme von der grundsätzlichen Erforderlichkeit** einer Datenschutz-Folgenabschätzung trotz Vorliegens eines voraussichtlich hohen Risikos. Gleich-

---

[131] In der Lit. wird die Regelung daher als „halbherzig" und letztlich kaum praxisrelevant kritisiert, vgl. Simitis/Hornung/Spiecker gen. Döhmann/*Karg* DS-GVO Art. 35 Rn. 69 f.

[132] Zu verschiedenen partizipatorischen Methoden einer Konsultation der Betroffenen vgl. Forum Privatheit und Selbstbestimmtes Leben In der Digitalen Welt, White Paper Datenschutz-Folgenabschätzung – Ein Werkzeug für einen besseren Datenschutz, S. 25 f.

[133] Gola/Heckmann/*Nolte/Werkmeister* DS-GVO Art. 35 Rn. 61.

[134] Artikel-29-Datenschutzgruppe, Leitlinien DSFA, Working Paper 248 Rev. 01 v. 4.10.2017, S. 18.

[135] Oftmals werden bspw. schutzwürdige Geheimhaltungsinteressen der Beteiligung der (potentiell) betroffenen Personen entgegenstehen.

[136] Artikel-29-Datenschutzgruppe, Leitlinien DSFA, Working Paper 248 Rev. 01 v. 4.10.2017, S. 18.

zeitig erhalten die Mitgliedstaaten im Wege einer Spezifizierungsklausel die Befugnis, diese Ausnahme wieder einzuschränken.

Die Anwendbarkeit von Abs. 10 setzt zunächst voraus, dass die konkrete Verarbeitung entweder zur Erfüllung einer einschlägigen **rechtlichen Verpflichtung** erforderlich ist (nach Art. 6 Abs. 1 S. 1 lit. c) oder dass diese für die Wahrnehmung einer Aufgabe erforderlich ist, die im öffentlichen Interesse liegt oder in Ausübung der dem Verantwortlichen übertragenen **öffentlichen Gewalt** erfolgt (Art. 6 Abs. 1 S. 1 lit. e). Weiter ist Voraussetzung, dass die Verarbeitung auf einer unionsrechtlichen oder mitgliedstaatlichen Rechtsgrundlage beruht, die die konkreten Verarbeitungsvorgänge regelt und für die bereits im Zusammenhang mit ihrem Erlass eine entsprechende Datenschutz-Folgenabschätzung durchgeführt wurde.[137] Voraussetzung ist zudem, dass das betreffende Gesetz nach dem Inkrafttreten der DS-GVO erlassen wurde, da andernfalls die Durchführung einer Datenschutz-Folgenabschätzung nach Maßgabe der DS-GVO denknotwendig ausscheidet.[138] Sind diese Voraussetzungen erfüllt, hat der Verantwortliche vor Beginn der Verarbeitung auch dann keine Datenschutz-Folgenabschätzung durchzuführen, wenn mit der Verarbeitung ein voraussichtlich hohes Risiko für die Rechte und Freiheiten der betroffenen Personen verbunden ist. Die Mitgliedstaaten erhalten jedoch die Möglichkeit, durch **nationale Rechtsvorschriften** gleichwohl eine Datenschutz-Folgenabschätzung vorzuschreiben.[139]

Mit Hilfe von Abs. 10 soll eine doppelte Folgenabschätzung vermieden[140] und der **Bürokratieaufwand** insbesondere im Bereich des öffentlichen Dienstes reduziert werden. Es erscheint jedoch unwahrscheinlich, dass eine Datenschutz-Folgenabschätzung innerhalb eines Gesetzgebungsverfahrens bereits umfassend alle Risiken berücksichtigen kann, die in den konkreten Verarbeitungsvorgängen im Einzelfall auftreten können.[141] Der deutsche Gesetzgeber hat in dem BDSG gleichwohl davon abgesehen, eine Datenschutz-Folgenabschätzung auch insoweit verbindlich vorzuschreiben.

X. Überprüfung (Abs. 11)

Abs. 11 verpflichtet den Verantwortlichen, die eigenen Datenverarbeitungen laufend mit den Ergebnissen einer einmal abgeschlossenen Datenschutz-Folgenabschätzung abzugleichen und diese **erforderlichenfalls** fortzuschreiben oder gar zu wiederholen. Eine solche **Überprüfung** soll nach dem Wortlaut der Vorschrift „zumindest" dann erforderlich sein, wenn sich das Risiko einer Verarbeitung verändert hat. Aus der Verwendung des Begriffs „zumindest" lässt sich schließen, dass die Vorschrift einen **Mindeststandard** formuliert. Jede Veränderung, die Einfluss auf das Ergebnis einer abgeschlossenen Datenschutz-Folgenabschätzung haben kann, löst demnach eine Überprüfungspflicht aus.

Nach **Erwägungsgrund 89** kann dies auch der bloße **Zeitablauf** seit dem Abschluss einer vorangegangenen Datenschutz-Folgenabschätzung sein. Die Dauer eines solchen Zeitraums hängt von der konkreten Datenverarbeitung im Einzelfall ab.[142] Risikoreichere Verarbeitungen (gemeint ist das Risiko nach Implementierung der Abhilfemaßnahmen), etwa mit sensiblen Daten oder in großem Umfang, müssen in kürzeren Abständen überprüft werden als weniger risikobehaftete Verarbeitungen. Daneben werden in der Regel Veränderungen der eingesetzten Technologie oder Erweiterungen der Verarbeitungsvorgänge eine erneute Risikobewertung erfordern. Auch rechtliche oder organisatorische Veränderungen können eine neuerliche Risikobetrachtung notwendig machen. Erforderlich ist daher ein **routinemäßiger Prozess** zur regelmäßigen Überprüfung laufender Datenverarbeitungen im Hinblick auf relevante Änderungen.[143] Letztlich ergibt sich eine ähnliche Vorgehensweise wie bei der Risikoermittlung im Rahmen des Abs. 1 (→ Rn. 14 ff.), wobei in einem ersten Schritt keine Bewertung in gleicher Tiefe und mit

---

[137] Was in der Praxis die Ausnahme ist, vgl. BeckOK DatenschutzR/*Hansen* DS-GVO Art. 35 Rn. 64 f.
[138] Gola/Heckmann/*Nolte/Werkmeister* DS-GVO Art. 35 Rn. 72.
[139] Dazu eingehend Kühling/Buchner/*Jandt* DS-GVO Art. 35 Rn. 22 ff.
[140] HK-DS-GVO/*Schwendemann* Art. 35 Rn. 18.
[141] BeckOK DatenschutzR/*Hansen* DS-GVO Art. 35 Rn. 66.
[142] Der Vorschlag des EU-Parlaments, eine Pflicht zur Überprüfung spätestens nach zwei Jahren aufzunehmen, wurde nicht in den amtlichen Text übernommen, vgl. Art. 33a Abs. 1 Beschluss des Europäischen Parlaments v. 12.3.2014 zu dem Vorschlag für eine Verordnung des Europäischen Parlaments und des Rates zum Schutz natürlicher Personen bei der Verarbeitung personenbezogener Daten und zum freien Datenverkehr (allgemeine Datenschutzverordnung) (COM[2012] 0011 – C7–0025/2012 – 2012/0011 [COD]).
[143] So auch BeckOK DatenschutzR/*Hansen* DS-GVO Art. 35 Rn. 72.

gleichem Umfang verlangt wird. Ergibt sich im Rahmen einer solchen Vorprüfung, dass eine Verarbeitungstätigkeit aufgrund bestimmter Veränderungen tatsächlich trotz der bestehenden Abhilfemaßnahmen ein verändertes Risiko für die Rechte und Freiheiten der betroffenen Personen aufweist, so ist die Datenschutz-Folgenabschätzung entweder fortzuschreiben oder in Ausnahmefällen erneut durchzuführen.[144] Idealerweise sollte die Dokumentation der Abhilfemaßnahmen nach Abs. 7 lit. d daher auch Maßnahmen umfassen, die eine regelmäßige Überprüfung iSd Abs. 11 sicherstellt, etwa indem ein Turnus für eine Überprüfung der Ergebnisse einer Datenschutz-Folgenabschätzung festgelegt wird.[145]

XI. Sanktionen

76 Nach Art. 83 Abs. 4 lit. a sind Verstöße gegen die Pflichten aus Art. 35 mit einer Geldbuße von bis zu 10 Millionen EUR oder – im Falle eines Unternehmens – von bis zu 2 Prozent des gesamten weltweit erzielten Jahresumsatzes des vorangegangenen Geschäftsjahres bewehrt. Im Zusammenhang mit Art. 35 kommen als Pflichtverletzungen insbesondere die **Nichtdurchführung** einer Datenschutz-Folgenabschätzung trotz Erforderlichkeit oder deren **fehlerhafte Durchführung** in Betracht (also vor allem die unzureichende Risikobewertung oder die Ermittlung nur ungeeigneter Abhilfemaßnahmen). Eine nicht ordnungsgemäße Umsetzung von Abhilfemaßnahmen als Ergebnis einer Datenschutz-Folgenabschätzung ist dagegen als solche nicht sanktioniert.[146] Denkbar ist jedoch eine „indirekte" Sanktionierung infolge eines Verstoßes gegen andere Pflichten, etwa wegen eines Verstoßes gegen die Rechenschaftspflicht nach Art. 5 Abs. 2 (→ Art. 5 Rn. 39 ff.), wenn ein Verantwortlicher die im Rahmen einer Datenschutz-Folgenabschätzung identifizierten Abhilfemaßnahmen nur unzureichend umsetzt. Dabei sind auch höhere Bußgelder nach Art. 83 Abs. 5 nicht auszuschließen. Wird eine nach Art. 35 erforderliche Datenschutz-Folgenabschätzung nicht durchgeführt, kann dies außerdem einen Verstoß gegen Art. 25 Abs. 1 begründen. In keinem Fall jedoch ist die Durchführung einer Datenschutz-Folgenabschätzung Voraussetzung für die Rechtmäßigkeit einer Datenverarbeitung; diese kann vielmehr trotz einer unterlassenen Datenschutz-Folgenabschätzung rechtmäßig sein.[147]

77 In der Praxis mehren sich die Bußgelder und Sanktionen, insbesondere wegen nicht durchgeführter Datenschutz-Folgenabschätzungen. Dabei werden neben der Nichtbeachtung von Art. 35 in der Regel noch andere DS-GVO-Verstöße mit sanktioniert, was belegt, dass eine unterlassene Datenschutz-Folgenabschätzung oft weitere Verstöße begünstigt.[148] Ein prominentes Beispiel war im Jahre 2022 ein Bußgeldbescheid gegen Volkswagen unter anderem wegen einer fehlenden Datenschutz-Folgenabschätzung für den Einsatz eines Erprobungsfahrzeugs.[149]

C. Rechtsschutz

78 Die Rechtsschutzmöglichkeiten der **betroffenen Personen** richten sich nach den allgemeinen Vorschriften in Art. 77 Abs. 1 (→ Art. 77 Rn. 6–8) und Art. 79 Abs. 1 (→ Art. 79 Rn. 3). Dabei werden Rechtsbehelfe betroffener Personen in direktem Zusammenhang mit Art. 35 die Ausnahme bleiben. Die Vorschrift statuiert Verpflichtungen des Verantwortlichen, formuliert jedoch keine individuell einklagbaren Rechte. Da die Datenschutz-Folgenabschätzung zudem im Vorfeld einer Verarbeitung durchgeführt und die entsprechende Dokumentation nicht veröffentlicht wird, sind auch Beschwerden Einzelner unwahrscheinlich. Der **Verantwortliche**, der von einer Maßnahme aufgrund Verstoßes gegen die Pflichten aus Art. 35 betroffen ist, kann sich nach Art. 78 Abs. 1 (→ Art. 78 Rn. 6) gegen rechtsverbindliche Beschlüsse einer Aufsichtsbehörde wehren.

---

[144] BeckOK DatenschutzR/*Hansen* DS-GVO Art. 35 Rn. 74; zu den Parallelen zu den für die Praxis wichtigen ISO 27001- oder ISO 9001-Zertifizierungen vgl. *Schmitz/v. Dall'Armi* ZD 2017, 57 (62).
[145] So zutr. Gola/Heckmann/*Nolte/Werkmeister* DS-GVO Art. 35 Rn. 69.
[146] Gola/Heckmann/*Nolte/Werkmeister* DS-GVO Art. 35 Rn. 75.
[147] So ausdrücklich das BSG Urt. v. 20.1.2021 – B 1 KR 7/20 R, NZS 2021, 923 Rn. 84.
[148] So zeigt der Überblick unter www.enforcementtracker.com/ aktuell (6.10.2023) insges. 44 Sanktionsentscheidungen u.a. wegen Verstößen gegen Art. 35, wobei auch für singuläre Verstöße gegen Norm schon deutlich sechsstellige Bußgelder verhängt wurden.
[149] Die Landesbeauftragte für den Datenschutz Niedersachsen, Pressemitteilung v. 26.7.2022 (abrufbar unter lfd.niedersachsen.de/startseite/infothek/presseinformationen/1-1-millionen-euro-bussgeld-gegen-volkswagen-213835.html).

Art. 36 Vorherige Konsultation

(1) Der Verantwortliche konsultiert vor der Verarbeitung die Aufsichtsbehörde, wenn aus einer Datenschutz-Folgenabschätzung gemäß Artikel 35 hervorgeht, dass die Verarbeitung ein hohes Risiko zur Folge hätte, sofern der Verantwortliche keine Maßnahmen zur Eindämmung des Risikos trifft.

(2) [1]Falls die Aufsichtsbehörde der Auffassung ist, dass die geplante Verarbeitung gemäß Absatz 1 nicht im Einklang mit dieser Verordnung stünde, insbesondere weil der Verantwortliche das Risiko nicht ausreichend ermittelt oder nicht ausreichend eingedämmt hat, unterbreitet sie dem Verantwortlichen und gegebenenfalls dem Auftragsverarbeiter innerhalb eines Zeitraums von bis zu acht Wochen nach Erhalt des Ersuchens um Konsultation entsprechende schriftliche Empfehlungen und kann ihre in Artikel 58 genannten Befugnisse ausüben. [2]Diese Frist kann unter Berücksichtigung der Komplexität der geplanten Verarbeitung um sechs Wochen verlängert werden. [3]Die Aufsichtsbehörde unterrichtet den Verantwortlichen oder gegebenenfalls den Auftragsverarbeiter über eine solche Fristverlängerung innerhalb eines Monats nach Eingang des Antrags auf Konsultation zusammen mit den Gründen für die Verzögerung. [4]Diese Fristen können ausgesetzt werden, bis die Aufsichtsbehörde die für die Zwecke der Konsultation angeforderten Informationen erhalten hat.

(3) Der Verantwortliche stellt der Aufsichtsbehörde bei einer Konsultation gemäß Absatz 1 folgende Informationen zur Verfügung:
a) gegebenenfalls Angaben zu den jeweiligen Zuständigkeiten des Verantwortlichen, der gemeinsam Verantwortlichen und der an der Verarbeitung beteiligten Auftragsverarbeiter, insbesondere bei einer Verarbeitung innerhalb einer Gruppe von Unternehmen;
b) die Zwecke und die Mittel der beabsichtigten Verarbeitung;
c) die zum Schutz der Rechte und Freiheiten der betroffenen Personen gemäß dieser Verordnung vorgesehenen Maßnahmen und Garantien;
d) gegebenenfalls die Kontaktdaten des Datenschutzbeauftragten;
e) die Datenschutz-Folgenabschätzung gemäß Artikel 35 und
f) alle sonstigen von der Aufsichtsbehörde angeforderten Informationen.

(4) Die Mitgliedstaaten konsultieren die Aufsichtsbehörde bei der Ausarbeitung eines Vorschlags für von einem nationalen Parlament zu erlassende Gesetzgebungsmaßnahmen oder von auf solchen Gesetzgebungsmaßnahmen basierenden Regelungsmaßnahmen, die die Verarbeitung betreffen.

(5) Ungeachtet des Absatzes 1 können Verantwortliche durch das Recht der Mitgliedstaaten verpflichtet werden, bei der Verarbeitung zur Erfüllung einer im öffentlichen Interesse liegenden Aufgabe, einschließlich der Verarbeitung zu Zwecken der sozialen Sicherheit und der öffentlichen Gesundheit, die Aufsichtsbehörde zu konsultieren und deren vorherige Genehmigung einzuholen.

Literatur: *Artikel-29-Datenschutzgruppe*, Leitlinien zur Datenschutz-Folgenabschätzung (DSFA) und Beantwortung der Frage, ob eine Verarbeitung im Sinne der Verordnung 2016/679 „wahrscheinlich ein hohes Risiko mit sich bringt", Working Paper 248 Rev. 01 v. 4.10.2017 (Leitlinien DSFA); *Piltz*, Die Datenschutz-Grundverordnung, Teil 3: Rechte und Pflichten des Verantwortlichen und Auftragsverarbeiters, K&R 2016, 709; *Schmitz/v. Dall'Armi*, Datenschutz-Folgenabschätzung – Verstehen und Anwenden – Wichtiges Instrument zur Umsetzung von Privacy by Design, ZD 2017, 57; *Thode*, Die neuen Compliance-Pflichten nach der Datenschutz-Grundverordnung, CR 2016, 714; *Veil*, DSGVO: Risikobasierter Ansatz statt rigides Verbotsprinzip, ZD 2015, 347; *Wichtermann*, Die Datenschutz-Folgenabschätzung in der DS-GVO, DuD 2016, 797.

Übersicht

	Rn.
A. Allgemeines	1
I. Zweck und Bedeutung der Vorschrift	1
II. Adressaten	3
III. Systematik, Verhältnis zu anderen Vorschriften	4
B. Einzelerläuterungen	6
I. Erforderlichkeit der vorherigen Konsultation (Abs. 1)	6
II. Verfahren (Abs. 2)	11

Art. 36 1–3 Kapitel IV. Verantwortlicher und Auftragsverarbeiter

    III. Notwendige Informationen (Abs. 3) 16
    IV. Konsultation durch die Mitgliedstaaten (Abs. 4) 18
      V. Spezifizierungsklausel (Abs. 5) 19
    VI. Sanktionen 20
  C. Rechtsschutz 21

A. Allgemeines

I. Zweck und Bedeutung der Vorschrift

1   Die vorherige Konsultation der Aufsichtsbehörde durch den Verantwortlichen nach Art. 36 Abs. 1–3 bildet zusammen mit der Datenschutz-Folgenabschätzung nach Art. 35 den Kern des **risikobasierten Datenschutzansatzes** der DS-GVO.[1] Mit der vorherigen Konsultation soll sichergestellt werden, dass bestimmte, **hoch risikoreiche Datenverarbeitungen** vor deren Einführung von der zuständigen Aufsichtsbehörde auf ihre Rechtmäßigkeit **überprüft** werden. Die Aufsichtsbehörde erhält damit vorab Kenntnis von derartigen Verarbeitungen. Gleichzeitig hat sie die Gelegenheit, gezielt präventiv einzugreifen, wobei ihr Handlungsspielraum von schriftlichen Empfehlungen zur Ausgestaltung der konkreten Verarbeitungen bis hin zu einem Verbot der konkreten Verarbeitungstätigkeit sämtliche Befugnisse nach Art. 58 umfasst. Es handelt sich jedoch um **kein Genehmigungsverfahren**. Dafür spricht neben dem Wortlaut des Erwägungsgrundes 94[2] auch ein Umkehrschluss aus Art. 36 Abs. 5 (→ Rn. 19).[3] Der Wortlaut des Art. 36 verbietet es dem Verantwortlichen daher nicht, nach Einleitung des Konsultationsverfahrens mit der Verarbeitung schon vor einer „Empfehlung" durch die Aufsichtsbehörden zu beginnen und macht eine solche Verarbeitung nicht per se rechtswidrig.[4] Auch wenn insoweit ein Bußgeld infolge einer Verletzung der Pflichten aus Art. 36 ausscheiden wird, hätte der Verantwortliche gleichwohl Sanktionen wegen der Durchführung einer möglicherweise rechtswidrigen Datenverarbeitung zu befürchten (→ Rn. 14). In der Praxis dürfte Art. 36 daher die **Wirkung eines faktischen Genehmigungsvorbehalts** durch die Aufsichtsbehörden haben.[5]

2   Abs. 1–3 regeln die **Erforderlichkeit** einer vorherigen Konsultation durch den Verantwortlichen und den **Verfahrensablauf. Abs. 1** (→ Rn. 6 ff.) enthält die **Voraussetzungen einer vorherigen Konsultation.** Danach muss der Verantwortliche die zuständige Aufsichtsbehörde vorab konsultieren, wenn er im Rahmen der Datenschutz-Folgenabschätzung nach Art. 35 zu dem Ergebnis kommt, dass die geplante Verarbeitung ein hohes Risiko zur Folge hätte. Unklar bleibt nach dem Wortlaut der Vorschrift, ob bei dieser Abwägung die Umsetzung von möglichen Abhilfemaßnahmen zur Eindämmung des Risikos zu berücksichtigen ist (→ Rn. 7 ff.). **Abs. 2** (→ Rn. 11 ff.) regelt den **Ablauf des Konsultationsverfahrens,** einschließlich der Befugnisse der Aufsichtsbehörden und der zu beachtenden Fristen. **Abs. 3** (→ Rn. 16 f.) definiert im Anschluss die **Informationen,** die der Verantwortliche im Rahmen der vorherigen Konsultation der Aufsichtsbehörde zur Verfügung zu stellen hat, um eine umfassende Beurteilung durch die Behörde zu ermöglichen. **Abs. 4** (→ Rn. 18) verpflichtet den nationalen Gesetzgeber in den Mitgliedstaaten, unter den genannten Voraussetzungen die Aufsichtsbehörden im Rahmen von **Gesetzgebungsverfahren** zu konsultieren; diese Regelung ist daher vor den ersten drei Absätzen zu unterscheiden. **Abs. 5** (→ Rn. 19) enthält schließlich eine **Spezifizierungsklausel,** aufgrund derer die EU-Mitgliedstaaten vom System des risikobasierten Ansatzes teilweise abweichen und für Datenverarbeitungen im Zusammenhang mit Aufgaben im öffentlichen Interesse eine generelle Konsultations- und Genehmigungspflicht vorsehen können.

II. Adressaten

3   Abs. 1 und Abs. 3 verpflichten den **Verantwortlichen.** Die Verfahrensvorschriften nach Abs. 2 richten sich an die zuständigen nationalen Aufsichtsbehörden. Die Konsultationspflicht nach Abs. 4 trifft die **Gesetzgeber in den EU-Mitgliedstaaten,** während Abs. 5 den nationa-

---
[1] Zur Gesetzgebungshistorie vgl. Kühling/Buchner/*Jandt* DS-GVO Art. 36 Rn. 3.
[2] Erwägungsgrund 94 (S. 3) spricht insoweit von einem „Beratungsersuchen" durch den Verantwortlichen.
[3] Diese Spezifizierungsklausel erwähnt neben der Möglichkeit der obligatorischen Einführung eines Konsultationsverfahrens durch den nationalen Gesetzgeber explizit die Einholung einer vorherigen Genehmigung durch die Aufsichtsbehörden.
[4] Gleichwohl lässt sich insbes. Art. 36 Abs. 2 entnehmen, dass der europäische Gesetzgeber davon ausgeht, dass das Konsultationsverfahren dem Beginn der Verarbeitung vorausgeht.
[5] So auch Paal/Pauly/*Paal* DS-GVO Art. 36 Rn. 5a.

len Gesetzgebern gestattet, in engen Grenzen abweichende nationale Regelungen zu treffen. Daneben erwähnt Abs. 2 auch den **Auftragsverarbeiter** neben dem Verantwortlichen als Adressaten der Empfehlungen der Aufsichtsbehörde im Rahmen des Konsultationsverfahrens. Dieser soll laut **Erwägungsgrund 95** den Verantwortlichen im Rahmen des Konsultationsverfahrens falls erforderlich unterstützen, insbesondere bei der Einhaltung der Empfehlungen der Aufsichtsbehörde im Rahmen des Abs. 2 S. 1, etwa bei der praktischen Umsetzung bestimmter Abhilfemaßnahmen. Gleichzeitig kann die Aufsichtsbehörde alle Maßnahmen, die sie gegenüber dem Verantwortlichen ausüben darf, auch gegenüber dem Auftragsverarbeiter geltend machen. Zentrale Anlaufstelle für die Kommunikation der Aufsichtsbehörde mit dem Verantwortlichen ist nach **Art. 39 Abs. 1 lit. e** der **Datenschutzbeauftragte,** sofern ein solcher bestellt ist. Verantwortlich für die Durchführung des Konsultationsverfahrens bleibt jedoch der Verantwortliche.

III. Systematik, Verhältnis zu anderen Vorschriften

Die vorherige Konsultation nach Art. 36 ist die **letzte Stufe in einer Reihe von Mechanismen** zur Überprüfung besonders risikoreicher Datenverarbeitungen.[6] Die Vorschrift steht in einer engen Verbindung zur allgemeinen Risikobewertung durch den Verantwortlichen in Art. 32 sowie zu der Datenschutz-Folgenabschätzung nach Art. 35, die insoweit ein abgestuftes System bilden: Das Konzept des risikobasierten Ansatzes verlangt von dem Verantwortlichen nach Art. 32 in einem ersten Schritt eine Risikobewertung sämtlicher Verarbeitungstätigkeiten sowie die Implementierung geeigneter technischer und organisatorischer Maßnahmen, um ein angemessenes Schutzniveau zu gewährleisten. Verarbeitungen, die voraussichtlich ein hohes Risiko für die Rechte und Freiheiten betroffener Personen aufweisen, muss der Verantwortliche anschließend in einem zweiten Schritt nach Art. 35 einer Datenschutz-Folgenabschätzung unterziehen. Dabei werden geeignete Abhilfemaßnahmen ermittelt, um das Risiko unter die Schwelle des hohen Risikos einzudämmen. Kommt der Verantwortliche dabei zu dem Ergebnis, dass eine angemessene Risikoeindämmung nicht möglich ist, hat er in einem dritten Schritt nach Art. 36 die zuständige Aufsichtsbehörde zu konsultieren. Damit enthält die DS-GVO einen **dreistufigen Mechanismus zur Risikoeindämmung,** wobei nur in Ausnahmefällen besonders risikoträchtiger Verarbeitungen tatsächlich alle drei Stufen durchlaufen werden müssen.[7]

Art. 36 basiert auf der Vorgängerregelung der **Art. 18–20 DS-RL,** geht aber weit darüber hinaus. Art. 18 und 19 DS-RL sahen eine **allgemeine Meldepflicht** für die Verarbeitung personenbezogener Daten bei den Aufsichtsbehörden vor. Bis zum Wirksamwerden der DS-GVO galt im damaligen deutschen Recht nach § 4d Abs. 2 BDSG-alt eine in der Praxis sehr relevante Ausnahme von der Meldepflicht, sofern ein Datenschutzbeauftragter bestellt war. Diese allgemeine Meldepflicht wurde mit der DS-GVO abgeschafft und durch die auf hochrisikoreiche Verarbeitungen beschränkte Konsultationspflicht nach Art. 36 ersetzt. Art. 20 DS-RL sah daneben die **Vorabkontrolle** vor, die im alten deutschen Recht durch § 4d Abs. 5 und 6 BDSG-alt umgesetzt war. Nach damaliger deutscher Rechtslage verpflichtete **§ 4d Abs. 6 S. 2 BDSG-alt** den Datenschutzbeauftragten im Rahmen der Vorabkontrolle lediglich in Zweifelsfällen dazu, die zuständige Aufsichtsbehörde zu konsultieren. Damit machte das BDSG-alt die Beteiligung der Aufsichtsbehörde weitgehend von der subjektiven Einschätzung der verantwortlichen Stelle abhängig, weshalb deren proaktive Einbindung in der Praxis stets die Ausnahme darstellte. Art. 36 formalisiert die Einbindung der Aufsichtsbehörden und verpflichtet den Verantwortlichen, die Aufsichtsbehörde zu konsultieren, wenn bestimmte objektive Kriterien erfüllt sind. Dies stellt im Ergebnis eine Verschärfung der Anforderungen an den Verantwortlichen dar.[8] Gleichwohl verbleibt dem Verantwortlichen auch nach Art. 36 im Rahmen der Risikobewertung ein gewisser **Beurteilungsspielraum,** der jedoch angesichts der drohenden, erheblichen Bußgelder für den Fall einer pflichtwidrig unterlassenen Konsultation der Aufsichtsbehörden begrenzt sein wird und zudem gerichtlich voll überprüfbar ist.[9] In der Praxis spielt Art. 36 bisher kaum eine Rolle,[10] so dass sich auch anfängliche Befürchtungen

---

[6] Vgl. die Erwägungsgründe 84 und 94 zu Sinn und Zweck der Regelung.
[7] So auch BeckOK DatenschutzR/*Hansen* DS-GVO Art. 36 Rn. 9.
[8] Paal/Pauly/*Paal* DS-GVO Art. 36 Rn. 4.
[9] Zur Rechtslage nach dem BDSG-alt vgl. BeckOK DatenschutzR/*Hansen* DS-GVO Art. 36 Rn. 6.
[10] So auch Kühling/Buchner/*Jandt* DS-GVO Art. 36 Rn. 4a sowie BeckOK DatenschutzR/*Hansen* DS-GVO Art. 36 Rn. 13.

aus deutscher Sicht vor einem **erheblichen Mehraufwand** für die Aufsichtsbehörden nicht bewahrheitet haben.[11]

B. Einzelerläuterungen

I. Erforderlichkeit der vorherigen Konsultation (Abs. 1)

6 Der Verantwortliche muss nach Abs. 1 vor Beginn einer bestimmten Verarbeitungstätigkeit die für ihn nach Art. 55 ff. zuständige Aufsichtsbehörde konsultieren, wenn aus der zuvor durchgeführten Datenschutz-Folgenabschätzung hervorgeht, dass die geplante Verarbeitung ein **hohes Risiko** zur Folge hat. Ausgangspunkt ist damit stets das Ergebnis einer vorangegangenen Datenschutz-Folgenabschätzung. Trotz des insoweit nicht klaren Wortlauts der deutschen Sprachfassung des Abs. 1 handelt es sich um eine rechtliche Verpflichtung des Verantwortlichen, was insbesondere aus Art. 83 Abs. 4 lit. a folgt, der das Unterlassen einer Konsultation sanktioniert.[12]

7 Der Wortlaut des letzten Halbsatzes von Abs. 1 und damit der Anwendungsbereich der Vorschrift ist unklar formuliert. Offen bleibt, ob bei der Betrachtung des Ergebnisses der vorangegangenen Datenschutz-Folgenabschätzung berücksichtigt werden soll, ob der Verantwortliche geeignete Abhilfemaßnahmen ergreifen kann, die das identifizierte Risiko unter die kritische Schwelle des „hohen Risikos" reduzieren können. Es heißt dort: „Der Verantwortliche konsultiert vor der Verarbeitung die Aufsichtsbehörde, wenn aus einer Datenschutz-Folgenabschätzung gemäß Art. 35 hervorgeht, dass die Verarbeitung ein hohes Risiko zur Folge hätte, **sofern der Verantwortliche keine Maßnahmen zur Eindämmung des Risikos trifft.**"[13]

8 Diese Formulierung kann so interpretiert werden, dass eine vorherige Konsultation immer dann erforderlich sein soll, wenn die geplante Datenverarbeitung ein hohes Risiko aufweist, unabhängig davon, ob der Verantwortliche geeignete **Abhilfemaßnahmen** umsetzen könnte, die den Anforderungen des Art. 35 Abs. 7 lit. d entsprechen und somit ein hohes Risiko beseitigen würden. Im Rahmen des Abs. 1 wären nach diesem Verständnis sämtliche geeignete und umsetzbare Abhilfemaßnahmen gedanklich auszublenden, auch wenn diese Teil des Ergebnisses einer Datenschutz-Folgenabschätzung sind. Dies hätte zur Folge, dass für sämtliche Verarbeitungen, für die im Rahmen einer Datenschutz-Folgenabschätzung ein anfängliches hohes Risiko festgestellt wurde, im Anschluss daran eine vorherige Konsultation der Aufsichtsbehörde durchzuführen wäre.[14] Damit ergäbe sich letztlich ein **Gleichlauf** der beiden Instrumente nach Art. 35 und 36.

9 Diesem Verständnis steht jedoch neben systematischen und praktischen Erwägungen insbesondere der klare Wortlaut der **Erwägungsgründe 84 und 94** diametral entgegen. Aus **Erwägungsgrund 84** (letzter Satz) ergibt sich, dass die Aufsichtsbehörden nur dann bei Verarbeitungsvorgängen mit hohem Risiko konsultiert werden sollen, wenn der Verantwortliche das hohe Risiko nicht durch geeignete Abhilfemaßnahmen unter Berücksichtigung der verfügbaren Technik sowie der Implementierungskosten eindämmen kann. Dieselbe Wertung lässt sich **Erwägungsgrund 94** (S. 1) entnehmen. Nur dieses Verständnis entspricht auch der Systematik des abgestuften Risikomanagementsystems der DS-GVO. Art. 32, 35 und 36 stellen ein **dreistufiges System** dar, wonach die Hürden für risikoreiche Verarbeitungen umso höher sind und die Überprüfung dementsprechend umso genauer wird, je höher sich das Risiko und je schwieriger sich dessen Eindämmung darstellen.[15] Eine standardmäßige Durchführung der Konsultation liefe diesem risikobasierten Ansatz der DS-GVO zuwider.[16] Zudem folgt aus dem Wortlaut des Abs. 2 S. 1, wonach die Aufsichtsbehörde im Rahmen des Konsultationsverfahrens insbesondere

---

[11] So finden sich in der Datenbank www.enforcementtracker.com/ lediglich drei Sanktionsentscheidungen europäischer Aufsichtsbehörden im Zusammenhang mit Art. 36; jüngst erging eine weitere Entscheidung der französischen Aufsichtsbehörde CNIL, abrufbar unter https://gdprhub.eu/index.php?title=CNIL_(France)_-_2023-089&mtc=today.

[12] Was zudem ein Blick in die engl. Sprachfassung („[...] the controller shall consult [...]") zeigt, dazu Kühling/Buchner/*Jandt* DS-GVO Art. 36 Rn. 6.

[13] Der engl. Wortlaut derselben Vorschrift ist ebenso unklar. Dort heißt es: „The controller shall consult the supervisory authority prior to processing where a data protection impact assessment under Article 35 indicates that the processing would result in a high risk *in the absence of measures taken by the controller to mitigate the risk*." (Hervorhebung durch den Autor).

[14] So offenbar *Laue/Nink/Kremer* DatenschutzR § 7 Rn. 89.

[15] Vgl. zum risikobasierten Ansatz *Veil* ZD 2015, 347 (348).

[16] So iErg auch BeckOK DatenschutzR/*Hansen* DS-GVO Art. 36 Rn. 8 f.

auch prüft, ob der Verantwortliche das Risiko ausreichend eingedämmt hat, dass die möglichen Abhilfemaßnahmen sehr wohl Gegenstand der Prüfung im Rahmen des Konsultationsverfahrens sind. Schließlich sprechen auch **praktische Erwägungen** für die hier vertretene Auffassung, da sich die Aufsichtsbehörden andernfalls einer (insbesondere angesichts der Fristen nach Abs. 2) kaum zu bewältigenden Flut von Konsultationsverfahren gegenüber sehen würden. Ein Konsultationsverfahren nach Abs. 1 bleibt in der Praxis daher auch aus diesem Grunde ein **Ausnahmefall**.[17]

Abs. 1 ist daher so zu verstehen, dass eine vorherige Konsultation immer dann erforderlich ist, 10 wenn der Verantwortliche nach der Durchführung der Datenschutz-Folgenabschätzung zu der Überzeugung gelangt, er könne das hohe Risiko mit den von ihm **ermittelten, technisch möglichen und wirtschaftlich vertretbaren Abhilfemaßnahmen nicht ausreichend** eindämmen.[18] Nicht maßgeblich ist der rein hypothetische Fall, dass keine geeigneten Abhilfemaßnahmen getroffen werden, obwohl diese zur Verfügung stünden.[19] Dieser Auffassung hat sich nun auch die **Artikel-29-Datenschutzgruppe** angeschlossen. In ihren Leitlinien zu Art. 35 stellen die Aufsichtsbehörden klar, dass eine Konsultation nur in solchen Fällen zu erfolgen hat, in denen es dem Verantwortlichen nicht gelingt, die im Rahmen einer Datenschutz-Folgenabschätzung nach Art. 35 ermittelten Risiken auf ein vertretbares Maß zu reduzieren, also im Falle eines weiter bestehenden **hohen Restrisikos**. Als Beispiel nennen die Leitlinien eine Situation, in der die Betroffenen erheblichen oder gar unumkehrbaren und nicht zu bewältigenden Folgen ausgesetzt wären, wie zB bei einem unrechtmäßigen Datenzugriff, durch den das Leben der Betroffenen bedroht ist oder der eine Gefahr für ihre Arbeitsstelle oder ihre finanzielle Situation darstellt. Ein weiteres Beispiel betrifft den Fall, dass das Eintreten eines Risikos unausweichlich scheint, etwa weil aufgrund der Modalitäten der konkreten Verarbeitungstätigkeit keine Möglichkeit besteht, die Zahl derjenigen zu verringern, die auf die Daten zugreifen, oder weil eine bekannte Sicherheitslücke nicht behoben werden kann.[20]

II. Verfahren (Abs. 2)

Das **Verfahren** der vorherigen Konsultation wird durch ein Ersuchen des Verantwortlichen 11 an die zuständige Aufsichtsbehörde eingeleitet. Abs. 2 beschreibt insoweit jedoch nur den Ablauf des Verfahrens auf Seiten der Aufsichtsbehörde. Die Vorschrift enthält keine Vorgaben, wie das Konsultationsverfahren praktisch durchzuführen ist, also etwa dazu, in welcher Form das Konsultationsersuchen zu erfolgen hat und auf welche Weise die in Abs. 3 genannten Informationen zur Verfügung zu stellen sind. Aufgrund der geringen Praxisrelevanz der Norm haben sich insoweit noch keine Best Practices etabliert.

Nach Abs. 2 S. 1 prüft die Aufsichtsbehörde im Rahmen des Konsultationsverfahrens, ob die 12 geplante Verarbeitung **mit der DS-GVO in Einklang** steht. Damit beschränkt sich die Überprüfung durch die Aufsichtsbehörde nicht auf die ordnungsgemäße Durchführung der Datenschutz-Folgenabschätzung nach Art. 35. Sie geht vielmehr darüber hinaus und umfasst die Erfüllung sämtlicher Anforderungen der DS-GVO.[21] Dabei wird sie nach dem Wortlaut der Regelung insbesondere darauf achten, ob der Verantwortliche die Risiken angemessen ermittelt, bewertet (→ Art. 32 Rn. 6 ff.) und durch geeignete Abhilfemaßnahmen unter die Schwelle des hohen Risikos abgemildert hat.[22] Neben einer rechtlichen Bewertung wird die Aufsichtsbehörde dabei meist auch eine technische Beurteilung der verfügbaren Abhilfemaßnahmen vornehmen.[23] Der Dokumentation der Verarbeitungsprozesse nach Art. 30 (→ Art. 30 Rn. 6 ff.) sowie der Ergebnisse der Datenschutz-Folgenabschätzung kommt dabei eine hohe praktische Bedeutung zu.[24] Gelangt die Aufsichtsbehörde zu dem Schluss, dass die geplante Verarbeitung im Ergebnis nach wie vor ein hohes Risiko darstellt und daher nicht DS-GVO-konform durchgeführt

---

[17] So auch Gola/Heckmann/*Nolte/Werkmeister* DS-GVO Art. 36 Rn. 4.
[18] Diese Ansicht belegt eine Entsch. der öst. Aufsichtsbehörde v. 2.2.2021, die eine vorherige Konsultation abgelehnt hatte, weil die vorab durchgeführte Datenschutz-Folgenabschätzung geeignete Maßnahmen identifiziert hatte, um das anfänglich voraussichtlich hohe Risiko zu mitigieren (abrufbar unter www.ris.bka.gv.at/Dokumente/Dsk/DSBT_20210202_2021_0_024_862_00/DSBT_20210202_2021_0_024_862_00.pdf).
[19] So auch die weit überwiegende Interpretation in der Lit., vgl. etwa *Piltz* K&R 2016, 709 (716); *Wichtermann* DuD 2016, 797 (801); *Thode* CR 2016, 714 (719).
[20] Artikel-29-Datenschutzgruppe, Leitlinien DSFA, Working Paper 248 v. 4.10.2017, S. 23 f.
[21] Darauf weisen *Schmitz/v. Dall'Armi* ZD 2017, 57 (63) hin.
[22] BeckOK DatenschutzR/*Hansen* DS-GVO Art. 36 Rn. 11.
[23] Kühling/Buchner/*Jandt* DS-GVO Art. 36 Rn. 7.
[24] Vgl. dazu auch Erwägungsgrund 94 aE.

werden kann, hat sie die Pflicht, dem Verantwortlichen **schriftliche Empfehlungen** zu unterbreiten.[25] Gleichzeitig hat sie die Möglichkeit, von ihren aufsichtsrechtlichen **Befugnissen** nach Art. 58 Gebrauch zu machen, was insbesondere eine Beschränkung oder ein Verbot der konkreten Verarbeitung mit einschließt.[26]

13 Nach Abs. 2 S. 1 muss die Aufsichtsbehörde innerhalb eines Zeitraums von maximal **acht Wochen** ab Erhalt des Ersuchens um Konsultation beratend tätig werden und schriftliche Empfehlungen unterbreiten. Diese Frist kann gemäß S. 2 **einmalig um sechs Wochen verlängert** werden, wenn die Komplexität der geplanten Verarbeitung dies erfordert. In diesem Fall hat die Behörde den Verantwortlichen nach S. 3 innerhalb eines Monats nach Eingang des Konsultationsersuchens entsprechend zu informieren und die Verzögerung zu begründen. S. 4 erlaubt es der Aufsichtsbehörde, den Ablauf aller in Abs. 2 vorgesehenen **Fristen auszusetzen**, sofern ihr im Rahmen des Konsultationsersuchens nicht sämtliche, für die vorherige Konsultation erforderlichen Informationen zur Verfügung gestellt wurden und sie daher nach Abs. 3 lit. f (→ Rn. 16) weitere Informationen anfordern musste. Damit relativiert S. 4 die starren Fristen in S. 2 und S. 3 und ermöglicht es den Aufsichtsbehörden, den Fristablauf durch die Anforderung zusätzlicher Informationen zu verschieben. Dies kann in der Praxis dazu führen, dass die **Planungssicherheit** für den Verantwortlichen leidet. Der Fristenlauf liegt dadurch jedoch keinesfalls gänzlich im Ermessen der Aufsichtsbehörden. Diese haben – in Anlehnung an die Pflicht zur Begründung einer Verzögerung nach Abs. 2 S. 3 – auch eine Hemmung der Fristen nach Abs. 2 S. 4 objektiv zu begründen. Eine solche Begründung wird umso schwerer fallen, je umfassender die der Aufsichtsbehörde nach Abs. 3 zur Verfügung gestellten Informationen sind.

14 Die DS-GVO lässt offen, welche Folge eintreten soll, sofern eine **Reaktion der Aufsichtsbehörde innerhalb der beschriebenen Fristen ausbleibt**. Abs. 2 enthält insbesondere keine ausdrückliche Pflicht der Aufsichtsbehörde, innerhalb der Fristen eine positive Rückmeldung zu geben. Eine **Fiktion der Rechtmäßigkeit** des Verarbeitungsvorgangs durch „Nicht-Beanstandung" ist nicht vorgesehen.[27] Nach dem Wortlaut des Abs. 2 S. 1 gilt die Acht-Wochen-Frist jedoch ausdrücklich nicht für die Ausübung der aufsichtsrechtlichen Befugnisse nach Art. 58. Die Aufsichtsbehörde kann also auch nach (sowie selbstverständlich auch vor dem) Ablauf der Fristen jederzeit von ihren Befugnissen nach Art. 58 Gebrauch machen.[28] Gleiches folgt aus **Erwägungsgrund 94** (S. 4), der explizit den Fall anspricht, dass die Behörde nicht innerhalb der Fristen reagiert. Gleichzeitig hat der Verantwortliche ein berechtigtes Interesse daran, nach **ergebnislosem Ablauf der Fristen** mit der geplanten Verarbeitung zu beginnen. Sollte es in einem derartigen Fall zu Sanktionen wegen einer rechtswidrigen Datenverarbeitung kommen, wird die Untätigkeit der Aufsichtsbehörde insoweit zu Gunsten des Verantwortlichen zu berücksichtigen sein. In der Praxis ist dem Verantwortlichen daher zu raten, bei der zuständigen Aufsichtsbehörde nach ergebnislosem Fristablauf nachzufragen, ob mit der geplanten Verarbeitung begonnen werden kann. Ein formelles Recht, die Feststellung der Zulässigkeit einer Verarbeitung zu verlangen, folgt aus Abs. 2 jedoch nicht.

15 Abs. 2 enthält keine Vorgaben zum Inhalt der **Empfehlungen der Aufsichtsbehörden**. Wie sich aus **Erwägungsgrund 95** ergibt, soll es sich dabei insbesondere um **Auflagen** handeln, die die Ergebnisse der Konsultation, insbesondere zur Risikoermittlung enthalten. Denkbar ist, dass die Aufsichtsbehörden beispielsweise Modifikationen und Beschränkungen der geplanten Datenverarbeitung fordern. Auch die Empfehlung, zusätzliche technische und organisatorische Maßnahmen zur Eindämmung des Risikos zu implementieren, ist möglich und wünschenswert.[29] In der Praxis wird der Spielraum für derartige Auflagen jedoch oftmals beschränkt sein, wenn man sich den engen Anwendungsbereich des Abs. 1 vor Augen führt. Nach der hier vertretenen Auffassung ist eine vorherige Konsultation nur dann erforderlich, wenn der Verantwortliche im Rahmen einer Datenschutz-Folgenabschätzung zu dem Ergebnis kommt, dass

---

[25] Wobei die Anforderungen an die Schriftform nach §§ 126, 126a BGB gelten dürften, vgl. Kühling/Buchner/*Jandt* DS-GVO Art. 36 Rn. 9a.
[26] So auch ausdrücklich Erwägungsgrund 94, vgl. auch BeckOK DatenschutzR/*Hansen* DS-GVO Art. 36 Rn. 16.
[27] Teilweise wird zu Recht vertreten, dass die Aufsichtsbehörde verwaltungsrechtlich verpflichtet sei, den Antrag des Verantwortlichen auf Konsultation auch positiv zu beantworten, zumal dieser in der Annahme geschah, dass ein hohes Risiko nicht ausreichend eingedämmt sein konnte, vgl. BeckOK DatenschutzR/*Hansen* DS-GVO Art. 36 Rn. 17.
[28] So iE auch *Schmitz/v. Dall'Armi* ZD 2017, 57 (63) sowie Gola/Heckmann/*Nolte/Werkmeister* DS-GVO Art. 36 Rn. 7.
[29] Dazu BeckOK DatenschutzR/*Hansen* DS-GVO Art. 36 Rn. 18.

ein hohes Restrisiko verbleibt, das mit geeigneten Abhilfemaßnahmen nicht ausreichend eingedämmt werden kann. In solchen Fällen wird auch die Aufsichtsbehörde meist nicht in der Lage sein, geeignete Auflagen vorzuschlagen, um das Risiko angemessen abzumildern. Umso wahrscheinlicher ist es, dass die Aufsichtsbehörden im Ergebnis Hochrisiko-Verarbeitungen nach Art. 58 Abs. 2 lit. f **beschränken oder verbieten** werden.[30]

III. Notwendige Informationen (Abs. 3)

Abs. 3 legt den **Umfang der Informationen** fest, die der Verantwortliche der Aufsichtsbehörde zusammen mit seinem Konsultationsersuchen zur Verfügung zu stellen hat. Dies schließt nach lit. a zunächst Angaben zu dem für die konkrete Verarbeitung **Verantwortlichen** ein. Falls relevant, sind zusätzliche Angaben zu den Zuständigkeiten bei gemeinsam für die Verarbeitung Verantwortlichen (→ Art. 26 Rn. 10) und zur Beteiligung von Auftragsverarbeitern zu machen, wobei die Vorschrift als Beispielsfall für die Erforderlichkeit solcher zusätzlicher Angaben Verarbeitungen innerhalb einer **Unternehmensgruppe** nennt. Weiter sind nach lit. b die **Zwecke und Mittel der beabsichtigten Verarbeitung** sowie nach lit. c die vorgesehenen **technischen und organisatorischen Maßnahmen** zum Schutz der Rechte und Freiheiten betroffener Personen zu beschreiben. Neben den **Kontaktdaten des Datenschutzbeauftragten,** sofern ein solcher bestellt ist (lit. d), ist nach lit. e die Dokumentation der vom Verantwortlichen durchgeführten **Datenschutz-Folgenabschätzung** vorzulegen. Nach lit. f sind der Aufsichtsbehörde zudem alle sonstigen Informationen vorzulegen, die diese über die in Abs. 3 genannten Informationen hinaus beziehungsweise zu deren Konkretisierung nach Art. 58 Abs. 1 lit. a **anfordert.** Dabei handelt es sich um eine dem Wortlaut nach sehr weite Generalklausel. Da eine Anforderung zusätzlicher Informationen jedoch über Abs. 2 S. 4 regelmäßig zu einer Aussetzung der Fristen führen wird, kann die Aufsichtsbehörde insoweit in Ausübung ihres pflichtgemäßen Ermessens nur **objektiv erforderliche Informationen nachfordern,** die von den Verantwortlichen im Rahmen der Verhältnismäßigkeit bereitgestellt werden können.[31] Gleichzeitig ist der Verantwortliche insoweit zur **Mitwirkung** an dem Konsultationsverfahren verpflichtet.

In der **Praxis** wird die Dokumentation der Datenschutz-Folgenabschätzung nach Art. 35 eine wesentliche Rolle spielen. Wie sich aus Art. 35 Abs. 7 ergibt, enthält diese bereits den Großteil der nach Art. 36 Abs. 3 geforderten Informationen. Um der Aufsichtsbehörde eine zügige Prüfung des Konsultationsersuchens zu ermöglichen und insbesondere um zu vermeiden, dass diese zusätzliche Informationen anfordert und dadurch die Fristen des Abs. 2 gehemmt werden, ist den Verantwortlichen zu raten, besondere Sorgfalt auf die **Vollständigkeit** der in Abs. 3 genannten Informationen zu legen.[32] Hier zeigt sich einmal mehr die besondere Bedeutung der sorgfältigen Durchführung und Dokumentation der Datenschutz-Folgenabschätzung nach Art. 35 Abs. 7.

IV. Konsultation durch die Mitgliedstaaten (Abs. 4)

Abs. 4 enthält eine an die EU-Mitgliedstaaten adressierte **Verfahrenspflicht** im Zusammenhang mit der nationalstaatlichen Normsetzung. Nationale Gesetzgeber sind verpflichtet, ihrerseits die jeweils zuständige Aufsichtsbehörde zu konsultieren, wenn sie einen Vorschlag für eine Gesetzgebungsmaßnahme oder für eine auf solchen Gesetzgebungsmaßnahmen basierende Regulierungsmaßnahme ausarbeiten, die – in welcher Form auch immer – die Verarbeitung personenbezogener Daten betrifft.[33] Damit sind neben Bundes- oder Landesgesetzen auch Rechtsverordnungen iSd Art. 80 GG umfasst, nicht jedoch Akte der Exekutive ohne Gesetzgebungscharakter wie Verwaltungsakte oder Allgemeinverfügungen nach § 35 S. 2 VwVfG.[34] Diese ihrem Wortlaut nach **sehr weitgehende Konsultationspflicht** enthält keine Vorgaben dazu, in welcher Form diese Konsultation zu erfolgen hat. Der Wortlaut legt nahe, dass die Konsultation im Zuge des jeweiligen **Normsetzungsverfahrens** zu erfolgen hat, also jedenfalls vor dessen Abschluss. Abs. 4 eröffnet den Mitgliedstaaten daher einen weitgehenden Ermessensspielraum.[35] Wie sich aus Erwägungsgrund 96 ergibt, soll durch die Vorschrift sichergestellt

---

[30] Anders wohl Gola/Heckmann/*Nolte/Werkmeister* DS-GVO Art. 36 Rn. 3.
[31] So iE auch *Paal/Pauly* DS-GVO Art. 36 Rn. 19 sowie BeckOK DatenschutzR/*Hansen* DS-GVO Art. 36 Rn. 26.
[32] So auch BeckOK DatenschutzR/*Hansen* DS-GVO Art. 36 Rn. 26.
[33] Dazu BeckOK DatenschutzR/*Hansen* DS-GVO Art. 36 Rn. 27 ff.
[34] Gola/Heckmann/*Nolte/Werkmeister* DS-GVO Art. 36 Rn. 11.
[35] Kühling/Buchner/*Jandt* DS-GVO Art. 36 Rn. 11.

werden, dass in nationalen Gesetzgebungsverfahren die Sichtweise und die Kompetenz der Aufsichtsbehörden angemessen berücksichtigt wird. Es handelt sich daher um eine besondere Ausprägung des Grundsatzes von Art. 25, wonach Datenschutzbelange im Rahmen der Normsetzung möglichst frühzeitig zu berücksichtigen sind.

V. Spezifizierungsklausel (Abs. 5)

19   Nach Abs. 5 haben die EU-Mitgliedstaaten die Möglichkeit, durch nationale gesetzliche Regelungen in bestimmten Konstellationen eine **generelle Konsultations- und Genehmigungspflicht** für Verarbeitungsvorgänge zu erlassen. Neben der Einführung einer Konsultationspflicht sieht die Regelung außerdem die Möglichkeit für den nationalen Gesetzgeber vor, eine vorherige Genehmigung bestimmter Verarbeitungen verbindlich vorzuschreiben.[36] Damit geht die Spezifizierungsklausel über die Grundsätze des Konsultationsverfahrens nach Abs. 1–3 hinaus und ermöglicht eine teilweise Abkehr von dem risikobasierten Ansatz der DS-GVO. Voraussetzung für die Anwendbarkeit dieser **Spezifizierungsklausel** ist, dass es sich um eine Verarbeitungen zur Erfüllung einer im öffentlichen Interesse liegenden Aufgabe handelt. Die Vorschrift steht insoweit in Bezug zu Art. 6 Abs. 1 lit. e (→ Art. 6 Rn. 19 f.). Der Begriff des **öffentlichen Interesses** ist in der DS-GVO nicht definiert, wird aber wiederkehrend verwendet. Abs. 5 konkretisiert den Begriff, indem beispielhaft Verarbeitungen zu Zwecken der **sozialen Sicherheit und der öffentlichen Gesundheit** erwähnt werden.[37] Der deutsche Gesetzgeber hat von dieser Spezifizierungsklausel bislang keinen Gebrauch gemacht. Lediglich in § 69 BDSG findet sich eine vergleichbare Vorschrift zur Anhörung der oder des Bundesdatenschutzbeauftragten im Anwendungsbereich der VO (EU) 2016/680.

VI. Sanktionen

20   Nach Art. 83 Abs. 4 lit. a sind Verstöße gegen die Pflichten aus Art. 36 mit einer Geldbuße von bis zu 10 Mio. EUR oder – im Falle eines Unternehmens – von bis zu 2 Prozent des gesamten weltweit erzielten Jahresumsatzes des vorangegangenen Geschäftsjahres bewehrt. Als Pflichtverletzung kommt insbesondere die **Nichtdurchführung** eines vorherigen Konsultationsverfahrens trotz Erforderlichkeit nach Abs. 1 (→ Rn. 6 ff.) in Betracht. Daneben besteht ein **zusätzliches Sanktionsrisiko**, wenn ein Verantwortlicher zwar das Konsultationsverfahren eingeleitet und damit seiner Pflicht aus Art. 36 genügt hat, jedoch vor Abschluss des Verfahrens mit der betreffenden Verarbeitung beginnt. Sollte diese nach Auffassung der Aufsichtsbehörde gegen die allgemeinen Grundsätze der DS-GVO verstoßen, ist jederzeit eine Sanktionierung nach Art. 83 Abs. 5 möglich. Gleiches gilt für die nicht ordnungsgemäße **Umsetzung der Empfehlungen** einer Aufsichtsbehörde als Folge des Konsultationsverfahrens.

C. Rechtsschutz

21   Die Rechtsschutzmöglichkeiten der **betroffenen Personen** richten sich nach den allgemeinen Vorschriften in Art. 77 Abs. 1 und Art. 79 Abs. 1. Da die Vorschrift Verpflichtungen des Verantwortlichen sowie der Aufsichtsbehörde regelt und keine individuell einklagbaren Rechte enthält, sind Rechtsbehelfe betroffener Personen in direktem Zusammenhang mit Art. 36 nicht zu erwarten. Der **Verantwortliche,** der von einer Maßnahme im Rahmen des Art. 58 infolge eines Verstoßes gegen die Pflichten aus Art. 36 betroffen ist, kann sich nach Art. 78 Abs. 1 gegen rechtsverbindliche Beschlüsse einer Aufsichtsbehörde zur Wehr setzen. Nur beschränkte Rechtsschutzmöglichkeiten hat der Verantwortliche dagegen im Falle einer Untätigkeit der Aufsichtsbehörde, also insbesondere in dem Fall, dass innerhalb der Fristen des Abs. 2 keine Reaktion der Aufsichtsbehörden erfolgt. Ein einklagbares Recht auf positive Rückmeldung der Aufsichtsbehörde und damit auf eine formelle Feststellung der Zulässigkeit der geplanten Verarbeitung sieht Abs. 2 nicht vor. Denkbar wäre aber eine verwaltungsgerichtliche Untätigkeitsklage, wenn eine Aufsichtsbehörde nach einer Beanstandung einer konkreten Verarbeitung im Rahmen des Abs. 2 keine konkreten Empfehlungen und Abhilfemaßnahmen vorschlägt.[38]

---

[36] Wobei solche nationalen Regelungen neben der DS-GVO auch an dem AEUV und der GRCh zu messen sind, vgl. Gola/Heckmann/*Nolte/Werkmeister* DS-GVO Art. 36 Rn. 12.
[37] Dazu BeckOK DatenschutzR/*Hansen* DS-GVO Art. 36 Rn. 38.
[38] So wohl auch BeckOK DatenschutzR/*Hansen* DS-GVO Art. 36 Rn. 17, die von einer Rechtspflicht der Aufsichtsbehörde auf Information über das Ergebnis der Konsultation ausgeht.

Abschnitt 4. Datenschutzbeauftragter

Art. 37 Benennung eines Datenschutzbeauftragten

(1) Der Verantwortliche und der Auftragsverarbeiter benennen auf jeden Fall einen Datenschutzbeauftragten, wenn
a) die Verarbeitung von einer Behörde oder öffentlichen Stelle durchgeführt wird, mit Ausnahme von Gerichten, soweit sie im Rahmen ihrer justiziellen Tätigkeit handeln,
b) die Kerntätigkeit des Verantwortlichen oder des Auftragsverarbeiters in der Durchführung von Verarbeitungsvorgängen besteht, welche aufgrund ihrer Art, ihres Umfangs und/oder ihrer Zwecke eine umfangreiche regelmäßige und systematische Überwachung von betroffenen Personen erforderlich machen, oder
c) die Kerntätigkeit des Verantwortlichen oder des Auftragsverarbeiters in der umfangreichen Verarbeitung besonderer Kategorien von Daten gemäß Artikel 9 oder von personenbezogenen Daten über strafrechtliche Verurteilungen und Straftaten gemäß Artikel 10 besteht.

(2) Eine Unternehmensgruppe darf einen gemeinsamen Datenschutzbeauftragten ernennen, sofern von jeder Niederlassung aus der Datenschutzbeauftragte leicht erreicht werden kann.

(3) Falls es sich bei dem Verantwortlichen oder dem Auftragsverarbeiter um eine Behörde oder öffentliche Stelle handelt, kann für mehrere solcher Behörden oder Stellen unter Berücksichtigung ihrer Organisationsstruktur und ihrer Größe ein gemeinsamer Datenschutzbeauftragter benannt werden.

(4) [1] In anderen als den in Absatz 1 genannten Fällen können der Verantwortliche oder der Auftragsverarbeiter oder Verbände und andere Vereinigungen, die Kategorien von Verantwortlichen oder Auftragsverarbeitern vertreten, einen Datenschutzbeauftragten benennen; falls dies nach dem Recht der Union oder der Mitgliedstaaten vorgeschrieben ist, müssen sie einen solchen benennen. [2] Der Datenschutzbeauftragte kann für derartige Verbände und andere Vereinigungen, die Verantwortliche oder Auftragsverarbeiter vertreten, handeln.

(5) Der Datenschutzbeauftragte wird auf der Grundlage seiner beruflichen Qualifikation und insbesondere des Fachwissens benannt, das er auf dem Gebiet des Datenschutzrechts und der Datenschutzpraxis besitzt, sowie auf der Grundlage seiner Fähigkeit zur Erfüllung der in Artikel 39 genannten Aufgaben.

(6) Der Datenschutzbeauftragte kann Beschäftigter des Verantwortlichen oder des Auftragsverarbeiters sein oder seine Aufgaben auf der Grundlage eines Dienstleistungsvertrags erfüllen.

(7) Der Verantwortliche oder der Auftragsverarbeiter veröffentlicht die Kontaktdaten des Datenschutzbeauftragten und teilt diese Daten der Aufsichtsbehörde mit.

Literatur: *Artikel-29-Datenschutzgruppe,* Leitlinien in Bezug auf Datenschutzbeauftragte v. 13.12.2016 idF v. 5.4.2017 (WP 243 rev.01); *Artikel-29-Datenschutzgruppe,* Bericht über die Pflicht zur Meldung bei den nationalen Kontrollstellen, die bestmögliche Nutzung der Ausnahmen und der Vereinfachung und die Rolle der Datenschutzbeauftragten in der Europäischen Union v. 18.1.2005 (WP 106); *Baumert,* Externer Datenschutzbeauftragter: Reguliert nach dem RDG?, AnwBl Online 2019, 749; *Baumgartner/Hansch,* Der betriebliche Datenschutzbeauftragte, ZD 2019, 99; *Bittner,* Der Datenschutzbeauftragte gemäß EU-Datenschutz-Grundverordnungs-Entwurf, RDV 2014, 183; *Braun,* Das polnische Datenschutzrecht im Umbruch, ZD 2017, 209; *Brink,* Der betriebliche Datenschutzbeauftragte – eine Annäherung, ZD 2012, 55; *Bundesministerium des Innern, für Bau und Heimat (BMI),* Evaluierung des Gesetzes zur Anpassung des Datenschutzrechts an die Verordnung (EU) 2016/679 und zur Umsetzung der Richtlinie (EU) 2016/680 (DSAnpUG-EU), Oktober 2021; *Centre for Information Policy Leadership Hunton &Williams LLP (CIPL),* The Role and Function of a Data Protection Officer in the European Commission's Proposed General Data Protection Regulation, Initial Discussion Paper, 25.9.2013; *Centre for Information Policy Leadership Hunton &Williams LLP (CIPL),* The Role and Function of a Data Protection Officer in the European Commission's Proposed General Data Protection Regulation, Report on DPO Survey Results; *Confederation of European Data Protection Organisations (CEDPO),* Comparative Analysis of Data Protection Officials – Role and Status in the Union and more; *Dammann,* Erfolge und Defizite der EU-Datenschutzgrundverordnung, ZD 2016, 307; *Dehmel/Hullen,* Auf dem Weg zu einem zukunftsfähigen Datenschutz in Europa?, ZD 2013, 147; *De Smedt/Verstraeten*, Belgium: Substantial Reform of Supervisory Authority and Framework Implementing Act Finally Adopted, EDPL 2018, 353; *Eckhardt/Kramer/Mester,* Auswirkungen der geplanten EU-DS-GVO auf den deutschen Datenschutz, DuD 2013, 623; *Ehmann,* Das „Datenschutz-Paket" der Europäischen Kommission – Beginn einer Zeitenwende im europäischen Datenschutz?, juris Praxis Report-ITR 4/2012, 2; *Engelbrecht,* Anmerkung zu EuGH C-272/19, ZD 2020, 578; *Europäischer Datenschutzausschuss,* 2023 Coordinated Enforcement Action: Designation and Position of Data Protection Officers, Bericht v. 16.1.2024; *Europäischer Datenschutzausschuss,* Leitlinien 7/2020 zu den Begriffen „Verantwortlicher" und „Auftragsverarbeiter" in der DS-GVO, Version 2.0 v. 7.7.2021; *Gierschmann,* Was „bringt" deutschen Unternehmen die DS-GVO?, ZD 2016, 51; *Gola,* Spezifika bei der Benennung behördlicher Datenschutzbeauftragter, ZD 2019, 383; *Gola,* Der externe Datenschutzbeauftragte, RDV 2019, 157; *Gola/Schulz,* Der Entwurf für eine EU-Datenschutz-Grundverordnung – eine Zwischenbilanz, RDV 2013, 1; *Grzeszick,* Nationale Parlamente und EU-Datenschutzgrundverordnung, NVwZ 2018, 1505; *Gürtler-Bayer,* Der behördliche Datenschutzbeauftragte. Eine Analyse rechtlicher Probleme in der Konzeption des behördlichen Datenschutzbeauftragten unter Berücksichtigung der EU-Datenschutz-Grundverordnung, 2014; *Heberlein,* Regulierung des Datenschutzbeauftragten durch nationales Recht? Zur Vereinbarkeit mit der DS-GVO, RDV 2021, 135; *Heberlein,* Bereichsausnahme für Parlamente?, ZD 2021, 85; *Hoeren,* Der betriebliche Datenschutzbeauftragte, ZD 2012, 355; *Hornung,* Eine Datenschutz-Grundverordnung für Europa?, ZD 2012, 99; *Jaspers,* Die EU-Datenschutz-Grundverordnung. Auswirkungen der EU-Datenschutz-Grundverordnung auf die Datenschutzorganisation des Unternehmens, DuD 2012, 571; *Jaspers/Reif,* Der Datenschutzbeauftragte nach der Datenschutz-Grundverordnung: Bestellpflicht, Rechtsstellung und Aufgaben, RDV 2016, 61; *Jaspers/Reif,* Der betriebliche Datenschutzbeauftragte nach der geplanten EU-Datenschutz-Grundverordnung – ein Vergleich mit dem BDSG, RDV 2012, 78; *Johannes,* EDSA: Hintergründe zur Prüfung und Stellung der Datenschutzbeauftragten, ZD-Aktuell 2023, 01136; *Johannes,* Gegenüberstellung – Der Datenschutzbeauftragte nach DS-GVO, JI-Richtlinie und zukünftigem BDSG, ZD-aktuell 2017, 05794; *Klug,* Der Datenschutzbeauftragte in der EU, ZD 2016, 315; *Klug,* Die Position des EU-Parlaments zur zukünftigen Rolle von Datenschutzbeauftragten – ein kommentierter Überblick, RDV 2014, 90; *Klug,* EU-Datenschutz-Grundverordnung: Datenschutzbeauftragte obligatorisch oder optional?, RDV 2013, 143; *Knopp,* Dürfen juristische Personen zum betrieblichen Datenschutzbeauftragten bestellt werden?, DuD 2015, 98; *Kort,* Was ändert sich für Datenschutzbeauftragte, Aufsichtsbehörden und Betriebsrat mit der DS-GVO?, ZD 2017, 3; *Kosmider/Wolff,* Die Anwendbarkeit der Datenschutz-Grundverordnung auf Datenverarbeitungen im Zusammenhang mit parlamentarischer Tätigkeit, ZG 2020, 190; *Kranig,* EDSA: Koordinierte Prüfung zu Stellung und den Aufgaben von Datenschutzbeauftragten, ZD-Aktuell 2023, 01213; *Kranig/Sachs/Gierschmann,* Datenschutz-Compliance nach der DS-GVO, 2017; *Kühling/Martini* et al., Die Datenschutz-Grundverordnung und das nationale Recht, 2016; *Kuner,* The European Commission's Proposed Data Protection Regulation: A Copernican Revolution in European Data Protection Law, BNA Bloomberg Privacy and Security Law Report 11 PVLR 06, 2.6.2012, 1; *König,* Der Datenschutzbeauftragte – die interne Beratungs- und Kontrollfunktion, in Knyrim (Hrsg.), Datenschutz-Grundverordnung. Das neue Datenschutzrecht in Österreich und Europa, 2016, S. 231; *Kranig/Wybitul,* Sind Betriebsräte für den Datenschutz selbst verantwortlich?, ZD 2019, 1; *Lantwin,* Risikoberuf Datenschutzbeauftragter?, ZD 2017, 411; *Laue/Kremer,* Das neue Datenschutzrecht in der betrieblichen Praxis, 2. Aufl. 2019; *Marschall/Müller,* Der Datenschutzbeauftragte im Unternehmen zwischen BDSG und DS-GVO, ZD 2016, 415; *Meyer,* Vereinbarkeit der Tätigkeit als Rechtsanwalt und Datenschutzbeauftragter, RDV 2021, 31; *Multi-Stakeholder Expert Group,* Bericht v. 17.6.2020 über den Beitrag für die Evaluierung der DS-GVO; *Niklas/Faas,* Der Datenschutzbeauftragte nach der Datenschutz-Grundverordnung, NZA 2017, 1091; *Paal/Nabulsi,* Der externe Datenschutzbeauftragte im Konflikt mit dem RDG? NJW 2019, 3673; *Pabst,* Die (Nicht-)Geltung der DS-GVO für die Arbeit der Parlamente und ihrer Ausschüsse, RDV 2020, 249; *Pfeifer,* Auswirkungen der EU-Datenschutz-Grundverordnung auf öffentliche Stellen, GewArchiv 2014, 142; *Piltz/Häntschel,* Der Datenschutzbeauftragte – Anwalt, Berater, Haftungsobjekt?, RDV 2019, 277; *Remmert,* Die aktuelle Rechtsprechung des Anwaltsenats beim BGH, AnwBl Online 2020, 96; *Schantz,* Die Datenschutz-Grundverordnung – Beginn einer neuen Zeitrechnung im Datenschutzrecht, NJW 2016, 1841; *Sörup/Batmann,* Der betriebliche Datenschutzbeauftragte – Fragen über Fragen?, ZD 2018, 553; *Stürmer/Wolff,* Die parlamentarische Datenverarbeitung und die Datenschutzgrundverordnung, DÖV 2021, 167; *Sundermann,* Bestellung eines Konzerndatenschutzbeauftragten in der Praxis, ZD 2020, 275; *Will,* Das 2. Datenschutz-Anpassungs- und Umsetzungsgesetz – alles im Einklang mit der DS-GVO?, ZD 2019, 429.

Rechtsprechung: EuGH Urt. v. 16.1.2024 – C-33/22, ECLI:EU:C:2024:46 – Österreich. Datenschutzbehörde; EuGH Urt. v. 9.2.2023 – C-453/21, ECLI:EU:C:2023:79 = ZD 2023, 334 mAnm *Moos/Dirkers* ZD 2023, 336 – X-FAB Dresden; EuGH Urt. v. 9.2.2023 – C-560/21, ECLI:EU:C:2023:81 – KISA; EuGH Urt. v. 22.6.2022 – C-534/20, ECLI:EU:C:2022:495 = ZD 2022, 552 – Leistritz AG; EuGH Urt. v. 27.2.2022 – C-129/21, ECI:EU:C:2022:833 = ZD 2023, 28 – Proximus; EuGH Urt. v. 24.3.2022 – C-245/20, ECLI:EU:C:2022:216 = ZD 2022, 490 mAnm *Benamor* ZD 2022, 491 – X,Z/Autoriteit Persoonsgegevens; EuGH Urt. v. 9.7.2020 – C-272/19, ECLI:EU:C:2020:535 = ZD 2020, 577 mAnm *Engelbrecht* ZD 2020, 578 – VQ/Land Hessen; EuGH Urt. v. 19.12.2013 – C-279/12, ECLI:EU:C:2013:853 = BeckRS 2013, 81642 – Fish Legal u. Shirley; BAG Urt. v. 6.6.2023 – 9 AZR 621/19, ZD 2024, 55; BAG Urt. v. 5.12.2019 – 2 AZR 223/19, ZD 2020, 258 mAnm *Jäger* ZD 2020, 260; BAG Beschl. v. 7.5.2019 – 1 ABR 53/17; BFH Urt. v. 14.1.2020 – VIII R 27/17, NJW 2020, 1542; BGH Urt. v. 15.10.2018 – AnwZ (Brfg) 20/18, NJW 2018, 3701; AGH NRW Urt. v. 12.3.2021 – 1 AGH 9/19, ZD 2021, 373; BayAGH Urt. v.

18.4.2018 – III-4-4/17 = BeckRS 2018, 18728; LAG Hamm Urt. v. 6.10.2022 – 18 Sa 271/22, ZD 2023, 231; LAG Nds Urt. v. 9.6.2020 – 9 Sa 608/19, ZD 2021, 107; LAG Nürnberg Urt. v. 19.2.2020 – 2 Sa 274/19, ZD 2020, 418 mAnm *Blasek* ZD 2020, 420; ÖBVwG Urt. v. 4.4.2019 – W214 2207491-1.

Übersicht

	Rn.
A. Allgemeines	1
I. Zweck und Bedeutung der Vorschrift	1
II. Systematik, Verhältnis zu anderen Vorschriften	11
B. Einzelerläuterungen	17
I. Benennung des Datenschutzbeauftragten	17
1. Benennung und Grundverhältnis	17
2. Benennungspflicht von Verantwortlichem und Auftragsverarbeiter	19
3. Form und Dauer der Benennung	22
II. Datenschutzbeauftragter im öffentlichen Bereich	25
1. Benennungspflicht für den öffentlichen Bereich (Abs. 1 Buchst. a)	25
2. Ausnahme für die justizielle Tätigkeit der Gerichte	28
III. Obligatorischer Datenschutzbeauftragter im privaten Sektor	31
1. Verarbeitung zur Überwachung betroffener Personen (Abs. 1 Buchst. b)	31
a) Regelmäßige und systematische Überwachung	31
b) Umfangreiche Überwachung	32
c) Kerntätigkeit	33
2. Verarbeitung besonders sensibler Daten (Abs. 1 Buchst. c)	34
a) Besonders sensible Daten	34
b) Umfangreiche Verarbeitung als Kerntätigkeit	35
IV. Gemeinsamer Datenschutzbeauftragter	37
1. Datenschutzbeauftragter für eine Unternehmensgruppe (Abs. 2)	37
2. Datenschutzbeauftragter für mehrere Behörden (Abs. 3)	40
V. Optionale Benennung eines Datenschutzbeauftragten (Abs. 4)	42
1. Verstärkungsoption für Unionsrecht und Mitgliedstaaten	42
2. Fakultative Benennung eines Datenschutzbeauftragten	46
VI. Qualifikation und Fähigkeit zur Aufgabenerfüllung (Abs. 5)	49
1. Berufliche Qualifikation	49
2. Fähigkeit zur Erfüllung der Aufgaben	52
VII. Interner und externer Datenschutzbeauftragter (Abs. 6)	53
1. Der interne Datenschutzbeauftragte	53
2. Der externe Datenschutzbeauftragte	54
3. Juristische Person als Datenschutzbeauftragter?	56
VIII. Veröffentlichung und Mitteilung der Kontaktdaten (Abs. 7)	58
IX. Durchsetzung der Pflichten	61
C. Rechtsschutz	63
D. Nationale Durchführung	67
I. Nationale Vorschriften in Deutschland	67
1. Datenschutzbeauftragte öffentlicher Stellen des Bundes	67
2. Datenschutzbeauftragte öffentlicher Stellen der Länder	70
3. Datenschutzbeauftragte nicht-öffentlicher Stellen	72
4. Zusätzliche Anforderungen an die Benennung	76
5. Abberufungsverlangen der Aufsichtsbehörde	77
II. Nationale Vorschriften in Österreich	78
1. Datenschutzbeauftragte für den öffentlichen Bereich	78
2. Datenschutzbeauftragte für den nicht-öffentlichen Bereich	79
III. Nationale Vorschriften in anderen Mitgliedstaaten	80
E. Ausblick	81

A. Allgemeines[*]

I. Zweck und Bedeutung der Vorschrift

Der betriebliche und behördliche Datenschutzbeauftragte ist ein **Kernelement der DS-** 1
GVO und wesentliche Voraussetzung für eine effektive präventive Gewährleistung des Daten-

---

[*] Der Verfasser vertritt hier seine persönliche Auffassung, die nicht notwendig der Auffassung der Europäischen Kommission entspricht.

schutzes in allen Mitgliedstaaten. Die DS-GVO verankert die Pflicht zur Benennung eines Datenschutzbeauftragten als wesentliches Element der Eigenverantwortung des Verantwortlichen und des Auftragsverarbeiters im EU-Recht und greift damit die vor allem in Deutschland gemachten Erfahrungen auf, nach denen dem Datenschutzbeauftragten bereits vor Jahrzehnten „eine Schlüsselrolle bei der Erfolgsgeschichte des Datenschutzes" zukam.[1] Durch die DS-GVO wird der Datenschutzbeauftragte unionsweit zur **„Schlüsselfigur im neuen Data-Governance-System"**.[2] Zwar war auch vor der Geltung der DS-GVO die Einrichtung des Datenschutzbeauftragten im Unionsrecht nicht unbekannt. Jedoch war der Datenschutzbeauftragte bis dahin dort nur für die Institutionen, Einrichtungen und Agenturen der Europäischen Union verpflichtend vorgesehen.[3] Die DS-RL von 1995 ging in Art. 18 von dem Grundsatz einer allgemeinen Meldepflicht für die externe Kontrolle der Datenverarbeitung durch die Aufsichtsbehörden aus und sah den Datenschutzbeauftragten nur als Alternative zu dieser Meldepflicht vor. Art. 18 Abs. 2 zweiter Gedankenstrich der DS-RL stellte es den Mitgliedstaaten frei, anstelle der allgemeinen Meldepflicht die Bestellung eines Datenschutzbeauftragten vorzusehen, insbesondere zur „unabhängigen Überwachung" der in Umsetzung der DS-RL erlassenen nationalen Datenschutzregelungen. Dabei legte bereits die DS-RL in dieser Vorschrift fest, dass auf diese Weise sichergestellt werden soll, „dass die Rechte und Freiheiten der betroffenen Personen durch die Verarbeitung nicht beeinträchtigt werden". Der Wegfall der Meldepflicht bei Bestellung eines Datenschutzbeauftragten sollte sowohl die Aufsichtsbehörde entlasten, die sich sonst mit den bei ihr eingehenden Meldungen zu befassen hatte, als auch den Verantwortlichen von der Abgabe der Meldungen an die Aufsichtsbehörde.[4]

2 In Deutschland war die Pflicht zur Bestellung eines betrieblichen Datenschutzbeauftragten bereits 1977 eingeführt worden.[5] Die dabei gewonnen Erfahrungen führten auf europäischer Ebene zu der Zulassung des Datenschutzbeauftragten als **Alternative zur allgemeinen Meldepflicht in Art. 18 DS-RL**.[6] Von dieser Möglichkeit der Freistellung von der Meldepflicht haben unter der DS-RL jedoch nur wenige Mitgliedstaaten Gebrauch gemacht. In Deutschland waren unter der bis zum 25.5.2018 geltenden Rechtslage[7] nicht-öffentliche Stellen zur Bestellung eines Datenschutzbeauftragten verpflichtet, wenn in der Regel mehr als neun Personen ständig mit der automatisierten Verarbeitung personenbezogener Daten beschäftigt waren. Wurden personenbezogene Daten auf andere Weise verarbeitet, war ein Datenschutzbeauftragter zu bestellen, wenn damit in der Regel mindestens 20 Personen beschäftigt waren. Unabhängig von der Zahl der mit der Datenverarbeitung Beschäftigten waren nicht-öffentliche Stellen zur Bestellung verpflichtet, wenn sie automatisierte Verarbeitungen vornahmen, die einer Vorabkontrolle unterlagen, oder personenbezogene Daten geschäftsmäßig zum Zweck der Übermittlung, der anonymisierten Übermittlung oder für Zwecke der Markt- oder Meinungsforschung automatisiert verarbeiteten. Öffentliche Stellen des Bundes waren zur Bestellung eines Datenschutzbeauftragten verpflichtet, während die Landesgesetzgebung eine solche Verpflichtung für öffentliche Stellen nicht in allen Bundesländern vorsah.[8]

3 Während die Institution eines betrieblichen oder behördlichen Datenschutzbeauftragten in Deutschland nicht neu war, bedeutet sie als verpflichtende europarechtliche Vorgabe für die Datenverarbeitung in **anderen Mitgliedstaaten** jedoch ein Novum.[9] Flächendeckende Benennungspflichten fanden sich kaum in anderen Mitgliedstaaten. In Frankreich, Luxemburg, den Niederlanden, Schweden, Estland, Lettland und Malta war grundsätzlich nur die fakultative Bestellung eines Datenschutzbeauftragten vorgesehen, verbunden mit Verfahrenserleichterun-

---

[1] Artikel-29-Datenschutzgruppe, Bericht über u.a. die Rolle der Datenschutzbeauftragten in der EU (WP 106), S. 18.
[2] Artikel-29-Datenschutzgruppe, Leitlinien in Bezug auf Datenschutzbeauftragte (WP 243 rev.01), S. 5.
[3] Art. 24 VO (EG) Nr. 45/2001 des Europäischen Parlaments und des Rats vom 18.12.2000 zum Schutz natürlicher Personen bei der Verarbeitung personenbezogener Daten durch die Organe und Einrichtungen der Gemeinschaft und zum freien Datenverkehr (ABl. 2001 L 8, 1).
[4] *Ehmann/Helfrich* EG-DS-RL Art. 18 Rn. 13.
[5] § 28 Abs. 1 des BDSG idF v. 27.1.1977 (BGBl. 1977 I 201).
[6] *Ehmann/Helfrich* EG-DS-RL Art. 18 Rn. 2 und 10.
[7] § 4f Abs. 1 BDSG idF der Bek. vom 14.1.2003 (BGBl. 2003 I 66), zuletzt geändert durch Art. 7 des Gesetzes vom 30.6.2017 (BGBl. 2017 I 2097).
[8] Vgl. *Gürtler-Bayer* Behördliche Datenschutzbeauftragte S. 59 f.; *Auernhammer/Raum* DS-GVO Art. 37 Rn. 8.
[9] Eine Benennungspflicht, die auf die Zahl der Beschäftigten abstellte, bestand nur für die Slowakei und für Slowenien, vgl. CIPL, Initial Discussion Paper, Abschn. 3.

gen. In den Niederlanden war allerdings im Schul- und Sozialversicherungsbereich die Bestellung verpflichtend. In Belgien, Ungarn und Spanien waren Datenschutzbeauftragte für bestimmte Bereiche und Institutionen vorgeschrieben, wie im Gesundheitsbereich, in der sozialen Sicherheit, im Schulwesen, im Finanz- und Steuerwesen oder im Telekommunikationsbereich.[10] In Polen war die Benennung eines Datenschutzbeauftragten für juristische Personen zunächst obligatorisch und seit 2015 generell fakultativ.[11] In Österreich waren Bestrebungen, den Datenschutzbeauftragten einzuführen, erfolglos geblieben.[12] In anderen Mitgliedstaaten war die Institution eines Datenschutzbeauftragten nahezu unbekannt.[13]

Bereits 2003 hatte die Europäische Kommission angesichts der **Kritik an der generellen Meldepflicht** auf die Alternative des Datenschutzbeauftragten hingewiesen.[14] Die Artikel-29-Datenschutzgruppe stellte 2005 fest, dass sich die Meldeanforderungen als weitgehend nutzloser bürokratischer Aufwand erwiesen hätten, und empfahl auf Grund der Auswertung der positiven Erfahrungen in Deutschland, Schweden, den Niederlanden, Frankreich und Luxemburg, anstelle von Meldeanforderungen verstärkt auf Datenschutzbeauftragte zurückzugreifen, „jedenfalls für bestimmte Wirtschaftszweige und/oder große Organisationen, einschließlich solcher des öffentlichen Bereichs".[15] Bei der Vorstellung ihres Gesamtkonzepts für den Datenschutz in der EU kündigte die Europäische Kommission im November 2010 an, die verpflichtende Benennung eines Datenschutzbeauftragten als wirksame Maßnahme zur Gewährleistung der Einhaltung der Datenschutzvorschriften zu prüfen. Die allgemeine Pflicht zur „Meldung sämtlicher Verarbeitungsvorgänge stelle eine relativ hohe Belastung dar und trage „nicht nennenswert zum Schutz personenbezogener Daten" bei.[16] Im Rahmen der Folgenabschätzung für die DS-GVO stellte die Europäische Kommission fest, dass der Datenschutzbeauftragte als Schlüsselelement des Verantwortlichkeitsprinzips große Unterstützung finde. Die freiwillige Praxis größerer, vor allem multinationaler Unternehmen und die positiven Erfahrungen in Deutschland hätten gezeigt, dass die Pflicht zur Bestellung nicht notwendigerweise zu der Einstellung zusätzlichen Personals geführt habe.[17]

Dementsprechend sah der **Vorschlag der Europäischen Kommission** für die DS-GVO vor, die grundsätzliche Meldepflicht durch die obligatorische Einführung eines Datenschutzbeauftragten für bestimmte Datenverarbeitungen zu ersetzen.[18] Der Verantwortliche und der Auftragsverarbeiter sollten nach Art. 35 Abs. 1 des Kommissionsvorschlags zur Benennung eines Datenschutzbeauftragten verpflichtet werden, wenn a) die Datenverarbeitung durch eine Behörde oder öffentliche Einrichtung erfolgt sowie b) bei der Datenverarbeitung durch ein Unternehmen mit 250 oder mehr Beschäftigten, oder c) wenn die Kerntätigkeit des Verantwortlichen oder des Auftragsverarbeiters in der Durchführung von Verarbeitungsvorgängen besteht, die eine regelmäßige und systematische Beobachtung betroffener Personen erforderlich machen. Der heftig kritisierte Schwellenwert von 250 Beschäftigten[19] zielte darauf ab, den besonderen Bedürfnissen von Kleinstunternehmen sowie von kleineren und mittleren Unternehmen[20] Rechnung zu tragen.[21]

Im Gesetzgebungsverfahren stand dieser Ansatz des obligatorischen Datenschutzbeauftragten für bestimmte Fallgruppen dem Ansatz eines generell fakultativen Datenschutzbeauftragten kon-

---

[10] Vgl. dazu den Überblick bei CEDPO Comparative Analysis of Data Protection Officials.
[11] *Braun* ZD 2017, 209 (212).
[12] Vgl. zu den erfolglosen Bestrebungen, in Österreich mit der DSG-Novelle 2008 einen verpflichtenden Datenschutzbeauftragten und im Rahmen der DSG-Novelle 2012 einen fakultativen Datenschutzbeauftragten einzuführen Knyrim DS-GVO/*König* S. 231 (232f.).
[13] *Kuner* 11 PVLR 06, 2.6.2012, 1 (8); *Ehmann* jurisPR-ITR 4/2012 Anm. 2.
[14] Erster Bericht über die Durchführung der DS-RL KOM(2003) 265 endgültig, 19.
[15] Artikel-29-Datenschutzgruppe, Bericht über u.a. die Rolle der Datenschutzbeauftragten in der EU (WP 106), S. 24.
[16] Mitteilung der Kommission v. 4.11.2010, Gesamtkonzept für den Datenschutz in der Europäischen Union, KOM(2010) 609 endgültig, S. 11 und 14.
[17] Commission Staff Working Paper SEC(2012) 72 final, Annex 2, Abschn. 2.9.2.
[18] Vgl. Nr. 3.4.4.4 der Begr. des Kommissionsvorschlags KOM(2012) 11 endgültig.
[19] *Jaspers* DuD 2012, 571 (574); *Hornung* ZD 2012, 99 (104); *Gola/Schulz* RDV 2013, 1 (5); *Dehmel/Hullen* ZD 2013, 147 (152).
[20] Siehe die Definition in Art. 2 Abs. 1 des Anhangs zur Empfehlung 2003/361/EG der Kommission vom 6.5.2003 betreffend die Definition der Kleinstunternehmen sowie der kleinen und mittleren Unternehmen (ABl. 2003 L 124, 36).
[21] Erwägungsgrund 11 des Kommissionsvorschlags KOM(2012) 11 endgültig; dazu *Reding* ZD 2012, 195 (198).

trovers gegenüber.²² **Das Europäische Parlament** folgte in erster Lesung²³ grundsätzlich dem Konzept der verpflichtenden Bestellung eines Datenschutzbeauftragten und bestätigte die Fallgruppen der Datenverarbeitung im öffentlichen Bereich sowie der Kerntätigkeit, die mit einer regelmäßigen und systematischen Beobachtung verbunden ist, ersetzte jedoch gegenüber dem Vorschlag der Europäischen Kommission den Schwellenwert von 250 Beschäftigten durch das Kriterium der Verarbeitung der Daten von mehr als 5.000 betroffenen Personen in einem aufeinanderfolgenden Zeitraum von zwölf Monaten.²⁴ Zudem fügte das Europäische Parlament die Benennungspflicht für den Fall hinzu, dass die Kerntätigkeit des Verantwortlichen oder des Auftragsverarbeiters darin besteht, besondere Kategorien personenbezogener Daten oder Standortdaten oder Daten über Kinder oder Beschäftigte in umfangreichen Datensystemen zu verarbeiten.

7   Im Gegensatz dazu verfolgte **der Rat** den Ansatz eines vollständig **fakultativen Datenschutzbeauftragten,** der der Ablehnung vieler Mitgliedstaaten dieser dort noch unerprobten Institution Rechnung trug. Bereits im März 2013 war der Rat der Innen- und Justizminister zu der Schlussfolgerung gelangt, dass die Benennung eines Datenschutzbeauftragten „optional" sein sollte.²⁵ Ein auf dieser Grundlage von der irischen Präsidentschaft erarbeiteter Vorschlag²⁶ wurde in die Allgemeine Ausrichtung übernommen, wonach der Verantwortliche oder der Auftragsverarbeiter einen Datenschutzbeauftragten benennen kann, sofern nicht Unionsrecht oder das Recht des Mitgliedstaats die Benennung verpflichtend vorschreibt.²⁷

8   Bis zum Abschluss des **Trilogs** im Dezember 2015 gehörte die Frage, ob die DS-GVO für bestimmte Fallgruppen die Benennung verpflichtend vorschreiben oder dies dem Verantwortlichen oder dem Auftragsverarbeiter bzw. den Mitgliedstaaten überlassen sollte, zu den heftig umstrittenen Streitfragen, bevor das Europäische Parlament die verpflichtende Benennung für die nun in der DS-GVO bestimmten Fälle durchsetzen konnte. Der Kompromisstext, auf den sich Europäisches Parlament und Rat schließlich geeinigt haben, folgt insofern dem Ansatz von Europäischer Kommission und Europäischem Parlament, als er die Pflicht zur Benennung eines Datenschutzbeauftragten für den öffentlichen Bereich und für bestimmte Verarbeitungen im privaten Sektor vorschreibt, kombiniert mit der vom Rat favorisierten Möglichkeit der Mitgliedstaaten, weitere Fälle festzulegen, in denen ein Datenschutzbeauftragter zu benennen ist, und es im Übrigen dem Verantwortlichen oder Auftragsverarbeiter überlässt, ob er einen Datenschutzbeauftragten benennt. Anders als in dem Vorschlag der Kommission und im Standpunkt des Europäischen Parlaments ist die Zahl der Beschäftigten oder der Betroffenen kein Kriterium für die Verpflichtung zur Benennung eines Datenschutzbeauftragten. Eine Ermächtigung zum Erlass delegierter Rechtsakte, wie sie die Kommission zur Festlegung der Kriterien und Anforderungen für die Kerntätigkeit des Verantwortlichen oder Auftragsverarbeiters sowie für die berufliche Qualifikation des Datenschutzbeauftragten vorgeschlagen hatte,²⁸ wurde nicht in den Gesetzestext aufgenommen.

9   Die DS-GVO wird komplementiert durch die ebenfalls im Mai 2016 als zweites Legislativinstrument des **Datenschutzreformpakets** in Kraft getretene Richtlinie (EU) 2016/680 für den Datenschutz im Bereich der Polizei und Strafjustiz, die ebenfalls verpflichtend die Benennung eines Datenschutzbeauftragten für ihren Anwendungsbereich vorschreibt mit – dem Ansatz der DS-GVO als Grundverordnung folgend – entsprechenden Vorschriften für die Benennung, Stellung und Aufgaben des Datenschutzbeauftragten.²⁹ Die Verordnung (EU) 2018/1725, die als drittes Rechtsinstrument der Datenschutzreform für die Organe und Einrichtungen der EU die

---

²² Vgl. die Synopse des BayLDA von Kommissionsvorschlag, Standpunkt des Europäischen Parlaments, Allgemeine Ausrichtung des Rats und Trilog, S. 397 f., abrufbar unter www.computerundrecht.de/Trilog-Synopse_DS-GVO_des_BayLDa_v._1.2016.pdf.
²³ Standpunkt des Europäischen Parlaments festgelegt in erster Lesung am 12.3.2014, P7_TC1-COD (2012)0011; dazu *Albrecht* CR 2016, 88 (94); zur Stellungnahme des LIBE-Ausschusses *Bittner* RDV 2014, 183; *Klug* RDV 2014, 90; zu den Stellungnahmen anderer Ausschüsse des Europäischen Parlaments (IMCO, ITRE, JURI und EMPL) *Klug* RDV 2013, 143.
²⁴ Dazu krit. *Dehmel/Hullen* ZD 2013, 147 (152 f.); *Bittner* RDV 2014, 183 (185).
²⁵ Vgl. Presseerklärung des Rates über die Sitzung v. 7./8.3.2013, Nr. 7215/13, S. 11, abrufbar unter www.consilium.europa.eu/uedocs/cms_data/docs/pressdata/en/jha/135901.pdf.
²⁶ Rats-Dokument 10227/13 ADD 1.
²⁷ Art. 35 Abs. 1 in der Allgemeinen Ausrichtung des Rates vom 15.6.2015, Rats-Dok. 9565/15.
²⁸ Art. 35 Abs. 11 des Kommissionsvorschlags KOM(2012) 11 endgültig.
²⁹ Art. 32, 33 und 34 der Richtlinie (EU) 2016/680 des Europäischen Parlaments und des Rates vom 27.4.2016 zum Schutz natürlicher Personen durch die zuständigen Behörden zum Zwecke der Verhütung, Ermittlung, Aufdeckung oder Verfolgung von Straftaten oder der Strafvollstreckung sowie zum freien Daten-

Benennung eines Datenschutzbeauftragten 10, 11 **Art. 37**

VO 45/2001 ersetzt,[30] ist ebenfalls an den Regelungen der DS-GVO für die Benennung, Stellung und Aufgaben des Datenschutzbeauftragten ausgerichtet.

Zur Orientierung für die Anwendung der Art. 37 bis 39 hat die Artikel-29-Gruppe **Leitlinien** 10 **in Bezug auf Datenschutzbeauftragte** erarbeitet, die in ihrer überarbeiteten Version am 5.4.2017 angenommen[31] und vom Europäischen Datenschutzausschuss auf seiner ersten Sitzung am 25.5.2018 bestätigt worden sind.[32] Ziel dieser Leitlinien, die ihre Grundlage in Art. 70 Abs. 1 Buchst. e finden, ist die Unterstützung der Verantwortlichen und Auftragsverarbeiter und Hilfestellung bei der Tätigkeit der Datenschutzbeauftragten.[33] Nach rund fünf Jahren Praxiserfahrung seit Geltungsbeginn der Verordnung waren Stellung und Funktion des Datenschutzbeauftragten Gegenstand der **Prüfaktion der europäischen Datenschutzaufsichtsbehörden (CEF 2023).**[34] Auf dem Prüfstand dieser zweiten Aktion im Rahmen des Coordinated Enforcement Framework des Europäischen Datenschutzausschusses[35] standen dabei vor allem die Praxis der Benennung, Fachkenntnis und Erfahrung des Datenschutzbeauftragten und dessen Aufgaben und Ressourcen sowie seine Rolle und Stellung in der jeweiligen Organisation.[36]

II. Systematik, Verhältnis zu anderen Vorschriften

Die DS-GVO **etabliert das Konzept des Datenschutzbeauftragten verbindlich** für die 11 Datenverarbeitung in allen Mitgliedstaaten. Erwägungsgrund 97 definiert den Datenschutzbeauftragten als eine Person mit Fachwissen „auf dem Gebiet der Datenschutzvorschriften und Datenschutzverfahren", die den Verantwortlichen oder Auftragsverarbeiter bei der Überwachung der internen Einhaltung der Bestimmungen der DS-GVO unterstützt und dabei seine Pflichten und Aufgaben „in vollständiger Unabhängigkeit" ausübt. Die DS-GVO stellt dabei auf eine **natürliche Person** ab (→ Rn. 56), die entweder ein Beschäftigter des Verantwortlichen bzw. des Auftragsverarbeiters oder ein externer Dienstleister ist, der den Verantwortlichen und den Auftragsverarbeiter darin unterstützt, die Datenschutzvorschriften einzuhalten. Der Bezugnahme auf „eine Person" in Erwägungsgrund 97 entspricht es, dass für ein Unternehmen, Behörde oder öffentliche Stelle nur **ein einziger Datenschutzbeauftragter** benannt werden kann, um potenzielle Konflikte und insbesondere eine Kompetenzüberlagerung auszuschließen, die mit der unabhängigen Stellung und Aufgabenerfüllung des Datenschutzbeauftragten einschließlich der Funktion der Anlaufstelle für die Aufsichtsbehörde in Bezug auf die gesamte Datenverarbeitung in der Sphäre des Verantwortlichen oder Auftragsverarbeiters nicht im Einklang steht.[37] Davon unberührt bleibt die Benennung eines **Stellvertreters,** der bei einer Verhinderung des Datenschutzbeauftragten die Kontinuität der Beratung und Kontrolle wahrt. Ein Datenschutzberater oder -sachbearbeiter, dessen Stellung und Aufgaben nicht die Anforderungen der Art. 37 bis 39 erfüllen, ist hingegen kein Datenschutzbeauftragter im Sinne der DS-GVO, selbst wenn er in der Organisation Ansprechpartner für Fragen des Datenschutzes ist. Dies gilt auch für einen Chief Privacy Officer, der nicht die durch die DS-GVO garantierte unabhängige Stellung, Ressourcen und Aufgabenstellung hat und deshalb nicht als „Datenschutzbeauftragter" bezeichnet werden darf.[38]

---

verkehr und zur Aufhebung des Rahmenbeschlusses 2008/977/JI des Rates (ABl. 2016 L 119, 89). Vgl. dazu die Gegenüberstellung von *Johannes* ZD-Aktuell 2017, 05794.

[30] Art. 43, 44 und 45 der Verordnung (EU) 2018/1725 des Europäischen Parlaments und des Rates vom 23.10.2018 zum Schutz natürlicher Personen bei der Verarbeitung personenbezogener Daten durch die Organe, Einrichtungen und sonstigen Stellen der Union, zum freien Datenverkehr und zur Aufhebung der Verordnung (EG) Nr. 45/2001 und des Beschlusses Nr. 1247/2002/EG (ABl. 2018 L 295, 39).

[31] Artikel-29-Datenschutzgruppe, Leitlinien in Bezug auf Datenschutzbeauftragte (WP243 rev.01).

[32] Europäischer Datenschutzausschuss, Endorsement 1/2018 v. 25.5.2018, Nr. 7.

[33] Artikel-29-Datenschutzgruppe, Leitlinien in Bezug auf Datenschutzbeauftragte (WP243 rev.01), S. 5.

[34] Dazu Europäischer Datenschutzausschuss, 2023 Coordinated Enforcement Action: Designation and Position of Data Protection Officers, S. 6 ff.; *Johannes* ZD-Aktuell 2023, 01136; *Kranig* ZD-Aktuell 2023, 01121.

[35] EDPB Document on Coordinated Enforcement Framework under Regulation 2016/679 idF v. 4.10.2021.

[36] Europäischer Datenschutzausschuss, 2023 Coordinated Enforcement Action: Designation and Position of Data Protection Officers, S. 14 ff.

[37] *Gola* ZD 2019, 383 (384); Bresich/Dopplinger/Dörnhöfer/Kunnert/Riedl/*Kunnert* DSG § 5 Rn. 20.

[38] Artikel-29-Datenschutzgruppe, Leitlinien in Bezug auf Datenschutzbeauftragte (WP 243 rev.01), S. 6 Fn. 11; Schantz/Wolff Neues DatenschutzR/*Wolff* Rn. 902.

12 Die Funktion des Datenschutzbeauftragten ist eine **Maßnahme der Selbstkontrolle** innerhalb der Organisation, die ihn benannt hat. Aus der systematischen Stellung der Vorschriften über den Datenschutzbeauftragten in Kapitel IV ergibt sich, dass dieser der Sphäre des Verantwortlichen oder des Auftragsverarbeiters zugeordnet ist und sich seine Beratungs- und Unterstützungsaufgaben grundsätzlich auf alle Pflichten des Verantwortlichen und Auftragsverarbeiters unter der DS-GVO erstrecken. Als Ausdruck der durch die DS-GVO gestärkten Eigenverantwortung des Verantwortlichen (→ Einl. Rn. 69 f.) dient die Benennung eines Datenschutzbeauftragten dazu, **in der Sphäre des Verantwortlichen oder des Auftragsverarbeiters** vor allem präventiv den Schutz der von der Datenverarbeitung Betroffenen zu gewährleisten. Diese interne Kontrolle beugt damit Verstößen gegen datenschutzrechtliche Vorschriften vor, die zu behördlichen Anordnungen, Vertrauensverlusten bei Kunden und anderen Betroffenen und Schadensersatzhaftungen führen können. Als Ansprechpartner für die Betroffenen ist der von der DS-GVO konzipierte Datenschutzbeauftragte gleichzeitig ein Bindeglied zwischen dem Verantwortlichen und der betroffenen Person für die Wahrnehmung von deren Rechten. Durch seine Aufgabe als Anlaufstelle und der Zusammenarbeit mit der Aufsichtsbehörde (Art. 39 Abs. 1 Buchst. d und e) ist er auch deren fachkundiger Ansprechpartner, ohne aber dadurch eine „ausgelagerte" Funktion der Aufsichtsbehörde wahrzunehmen (→ Art. 39 Rn. 19). Anders als im deutschen Sprachgebrauch, in dem der Begriff des „Datenschutzbeauftragten" ebenfalls für Aufsichtsbehörden geläufig ist, grenzt die DS-GVO auch terminologisch den Datenschutzbeauftragten als Einrichtung der Selbstkontrolle von der in Kapitel VI geregelten **Aufsichtsbehörde** ab, die die durch Art. 8 Abs. 3 GRCh und Art. 16 Abs. 2 AEUV primärrechtlich gewährleistete unabhängige Aufsicht über die Verarbeitung personenbezogener Daten wahrnimmt. Die Aufsichtsbehörde überwacht gemäß Art. 51 Abs. 1 die Anwendung der DS-GVO und damit auch die Einhaltung der Art. 37 bis 39 durch den Verantwortlichen, den Auftragsverarbeiter und den Datenschutzbeauftragten. Eine Vermischung der Funktion der Selbstkontrolle und Eigenverantwortung in der Sphäre des Verantwortlichen bzw. Auftragsverarbeiters mit Aufgaben der Datenschutzaufsicht, wie sie in Deutschland im Medienbereich festzustellen ist (→ Rn. 71), widerspricht auch Wesen und Funktion der unabhängigen Aufsichtsbehörden nach Kapitel VII, die die primärrechtlich gewährleistete unabhängige Aufsicht über die Anwendung der DS-GVO bei der Datenverarbeitung durch den Verantwortlichen und Auftragsverarbeiter wahrnehmen.

13 Das Konzept des Datenschutzbeauftragten ist Ausdruck des **risikobasierten Ansatzes,** der die Pflichten des Verantwortlichen und Auftragsverarbeiters prägt und insbesondere durch die Anforderungen des Datenschutzes durch Technikgestaltung und datenschutzfreundliche Voreinstellungen (Art. 25), die Sicherheit der Verarbeitung (Art. 32), die Verpflichtung zur Durchführung einer Datenschutz-Folgenabschätzung (Art. 35) und zur vorherige Konsultation (Art. 36) konkretisiert wird (→ Art. 5 Rn. 40). Der Datenschutzbeauftragte unterstützt den Verantwortlichen bei der Durchführung technischer und organisatorischer Maßnahmen, mit denen „unter Berücksichtigung der Art, des Umfangs, der Umstände und der Zwecke der Verarbeitung sowie der unterschiedlichen Eintrittswahrscheinlichkeit und Schwere der Risiken für die persönlichen Rechte und Freiheiten" sichergestellt und der Nachweis dafür erbracht werden kann, dass personenbezogene Daten gemäß der DS-GVO verarbeitet werden (Art. 24 Abs. 1 S. 1). Dies kommt in den Fallgruppen mit besonders hohem Risiko verbundener Datenverarbeitungen zum Ausdruck, für die Art. 37 Abs. 1 die Rechtspflicht zur Benennung normiert, sowie in der Pflicht des Datenschutzbeauftragten, bei der Erfüllung seiner Aufgaben dem mit den Verarbeitungsvorgängen verbundenen Risiko gebührend Rechnung zu tragen (Art. 39 Abs. 2). Für den risikobasierten Ansatz kommt der Größe eines Unternehmens oder seiner Beschäftigtenzahl keine maßgebliche Bedeutung zu, da allein solche quantitativen Kriterien keine Aussage über die mit der Verarbeitung verbundenen Risiken zulassen.[39] Vielmehr ist auf die spezifische Datenverarbeitung abzustellen, die auch bei einer kleinen Zahl von Beschäftigten mit einem hohen Risiko für die betroffenen Personen verbunden sein kann. Die Einführung des Datenschutzbeauftragten ist damit eines der Elemente, die sich „vorrangig mit denjenigen Arten von Verarbeitungsvorgängen befassen, die auf Grund ihrer Art, ihres Umfangs, ihrer Umstände und ihrer Zwecke wahrscheinlich ein Risiko für die persönlichen Rechte und Freiheiten mit sich bringen."[40]

14 Art. 37 Abs. 4 lässt zusätzlich zu den in Abs. 1 genannten Fallgruppen die Festlegung der Benennungspflicht durch Unionsrecht oder das Recht der Mitgliedstaaten für weitere Verarbeitungen zu und stellt klar, dass es im Übrigen Sache des Verantwortlichen oder Auftragsver-

---

[39] Europäische Kommission, Mitteilung vom 24.6.2020 COM(2020) 264 final, 12.
[40] Erwägungsgrund 89 S. 3.

arbeiters ist, ob er für Verarbeitungssituationen, in denen er dazu nicht verpflichtet ist, einen Datenschutzbeauftragten benennt oder nicht. Unabhängig davon, ob die Benennung auf Grund einer Rechtspflicht oder freiwillig erfolgt, sind die in Art. 37 bis 39 geregelten **Vorgaben über den Datenschutzbeauftragten in allen Fällen zwingend einzuhalten.**[41] Dies gilt auch für den Datenschutzbeauftragten, dessen Benennung gemäß Abs. 4 S. 1 Hs. 2 durch nationales Recht festgelegt ist.[42] Insbesondere muss jeder Datenschutzbeauftragte, unabhängig davon, ob eine Pflicht zur Benennung besteht oder der Fall einer fakultativen Benennung vorliegt, über die in Abs. 5 festgelegte berufliche Qualifikation verfügen und muss die in Art. 38 bestimmte Stellung und die Wahrnehmung der Aufgaben nach Art. 39 gewährleistet sein. Ebenso gelten für alle Datenschutzbeauftragten die Vorschriften über einen gemeinsamen Datenschutzbeauftragten einer Unternehmensgruppe oder den gemeinsamen Datenschutzbeauftragten von Behörden oder öffentlichen Stellen (Art. 37 Abs. 2 und 3) sowie die Verpflichtung zur Veröffentlichung der Kontaktdaten und zu deren Mitteilung an die Aufsichtsbehörde (Abs. 7). Dabei kommt es auch nicht darauf an, ob diese Funktion durch einen Beschäftigten des Verantwortlichen oder Auftragsverarbeiters oder durch einen externen Dienstleister wahrgenommen wird (Abs. 6).[43]

Die Benennung eines Datenschutzbeauftragten berührt nicht die **Verantwortung für die Einhaltung der datenschutzrechtlichen Vorschriften.** Diese Verantwortung bleibt unabhängig davon, ob ein Datenschutzbeauftragter benannt worden ist oder nicht, gemäß dem Grundsatz der Rechenschaftspflicht (Art. 5 Abs. 2) bei dem Verantwortlichen oder, für dessen Aufgabenbereich, bei dem Auftragsverarbeiter.[44] Die Benennung eines Datenschutzbeauftragten befreit deshalb den Verantwortlichen nicht von der Verpflichtung, die Einhaltung der Vorschriften der DS-GVO sicherzustellen und die sich daraus ergebenden Pflichten zu erfüllen (Art. 24 Abs. 1 S. 1). Der Verantwortliche bleibt damit auch Adressat von Ansprüchen der betroffenen Person und von Maßnahmen der Aufsichtsbehörde, die als unabhängige staatliche Stelle im Wege der externen Kontrolle die Einhaltung der datenschutzrechtlichen Vorschriften überwacht und gegebenenfalls auch durch Verhängung einer Geldbuße durchsetzt. Daraus folgt, dass der Datenschutzbeauftragte nicht anstelle des Verantwortlichen oder daneben selbst Adressat von Rechtsbehelfen gegen eine fehlerhafte Datenverarbeitung oder von Haftungsansprüchen der betroffenen Person sein kann. Deshalb ergibt sich auch aus der Überwachungsaufgabe (Art. 39 Abs. 1 Buchst. b) **keine Garantenstellung** des Datenschutzbeauftragten für die Einhaltung der datenschutzrechtlichen Vorgaben durch den Verantwortlichen oder den Auftragsverarbeiter, die eine Haftung des Datenschutzbeauftragten gegenüber der betroffenen Person oder eine strafrechtliche Verantwortung für eine rechtswidrige Datenverarbeitung in der Sphäre des Verantwortlichen oder Auftragsverarbeiters begründen könnte (→ Art. 39 Rn. 15).

Für **Deutschland** finden sich Regelungen über die Benennung des Datenschutzbeauftragten in dem seit 25.5.2018 geltenden Bundesdatenschutzgesetz (BDSG) idF des Datenschutz-Anpassungs- und -Umsetzungsgesetz (DSAnpUG-EU)[45] sowie, für Datenschutzbeauftragte öffentlicher Stellen der Länder, im Landesrecht (→ Rn. 67 ff.). Für **Österreich** enthält das Datenschutzgesetz (DSG)[46] Vorschriften über den Datenschutzbeauftragten für den öffentlichen Bereich (→ Rn. 78).

---

[41] Artikel-29-Datenschutzgruppe, Leitlinien in Bezug auf Datenschutzbeauftragte (WP 243 rev.01), S. 6; Kühling/Buchner/*Bergt* DS-GVO Art. 37 Rn. 26; Paal/Pauly/*Paal* DS-GVO Art. 37 Rn. 12; Laue/Kremer Neues DatenschutzR/*Kremer* § 6 Rn. 4; aA hins. des Abberufungsschutzes für den fakultativen Datenschutzbeauftragten BeckOK DatenschutzR/*Moos* DS-GVO Art. 37 Rn. 47; Simitis/Hornung/Spiecker gen. Döhmann/*Drewes* DS-GVO Art. 37 Rn. 37.
[42] Paal/Pauly/*Paal* DS-GVO Art. 37 Rn. 12a; Schwartmann/Jaspers/Thüsing/Kugelmann/*Jaspers/Reif* DS-GVO Art. 37 Rn. 39; Auernhammer/*Raum* DS-GVO Art. 37 Rn. 70.
[43] EuGH Urt. v. 9.2.2023 – C-560/21, ECLI:EU:C:2023:81 Rn. 18 – KISA; EuGH Urt. v. 22.6.2022 – C-534/20; ECLI:EU:C:2022:495 = ZD 2022, 552 Rn. 23 – Leistritz AG.
[44] Artikel-29-Datenschutzgruppe, Leitlinien in Bezug auf Datenschutzbeauftragte (WP 243 rev.01), S. 5 und 20.
[45] BDSG idF des Art. 1 des Gesetzes zur Anpassung des Datenschutzrechts an die Verordnung (EU) 2016/679 und zur Umsetzung der Richtlinie (EU) 2016/680 (Datenschutz-Anpassungs- und -Umsetzungsgesetz EU – DSAnpUG-EU) vom 30.6.2017 (BGBl. 2018 I 2097), zuletzt geändert durch Gesetz vom 22.12.2023 (BGBl. 2023 I Nr. 414).
[46] Bundesgesetz zum Schutz natürlicher Personen bei der Verarbeitung personenbezogener Daten (Datenschutzgesetz – DSG) vom 29.6.2017 (ÖBGBl. I Nr. 120/2017), idF des Datenschutz-Deregulierungsgesetzes vom 15.5.2018 (ÖBGBl. I Nr. 24/2018).

B. Einzelerläuterungen

I. Benennung des Datenschutzbeauftragten

17 **1. Benennung und Grundverhältnis.** Während Art. 18 Abs. 2 DS-RL für die Einsetzung des Datenschutzbeauftragten den Begriff „Bestellung" verwendete, stellt Art. 37 auf die **„Benennung"** ab. Damit wird deutlicher zum Ausdruck gebracht, dass die Beauftragung mit der Funktion als Datenschutzbeauftragter nicht ein Beschäftigungsverhältnis begründet, sondern als **Grundverhältnis voraussetzt,** das von der Benennung als Datenschutzbeauftragter zu unterscheiden ist.[47] Die DS-GVO lässt dem Verantwortlichen oder Auftragsverarbeiter die Wahl, ob er einen externen Dienstleister oder einen seiner Beschäftigten zum Datenschutzbeauftragten benennt. Soll ein externer Dienstleister herangezogen werden, findet die Benennung ihre Grundlage in dem Dienstleistungsvertrag. Benennt der Verantwortliche oder Auftragsverarbeiter einen seiner eigenen Beschäftigten als Datenschutzbeauftragter, besteht das Grundverhältnis in dem arbeitsrechtlichen bzw. öffentlich-rechtlichen Beschäftigungsverhältnis. Dabei muss der Datenschutzbeauftragte nicht notwendigerweise eine neue, zusätzliche Fachkraft in dem Unternehmen oder der Behörde sein. Vielmehr kann auch auf einen bereits vorhandenen und entsprechend qualifizierten Beschäftigten zurückgegriffen werden, der dann in Vollzeit oder Teilzeit mit der Funktion des Datenschutzbeauftragten beauftragt wird. Daraus folgt, dass die Ausübung dieser Funktion davon abhängig ist, dass die Benennung auf der Grundlage eines Beschäftigungs- oder Dienstleistungsverhältnis erfolgt, aber ein von der Begründung dieses Vertragsverhältnisses getrennter Akt ist. Der Arbeitsvertrag ist bei einem Beschäftigten, der nebenamtlich die Funktion des Datenschutzbeauftragten ausübt, Grundlage auch für die anderen im Rahmen des Beschäftigungsverhältnisses zugewiesenen Aufgaben.

18 Die **Ausgestaltung des Beschäftigungsverhältnisses** sowie die Begründung und Beendigung dieses Grundverhältnisses werden durch die DS-GVO nicht geregelt. Die Trennung von Benennung und Grundverhältnis wird insbesondere beim Abberufungs- und Kündigungsschutz für den Datenschutzbeauftragten relevant (→ Art. 38 Rn. 17 und 18). Die DS-GVO garantiert keinen Kündigungsschutz für das der Benennung zugrunde liegende Beschäftigungsverhältnis. Das Abberufungsverbot nach Art. 38 Abs. 3 S. 2 bezieht sich ausdrücklich auf die Erfüllung der Aufgaben des Datenschutzbeauftragten und erstreckt sich deshalb nicht auf andere Gründe, die in keinem Zusammenhang mit der Funktion als Datenschutzbeauftragter stehen. Diese Bestimmung dient damit der Sicherung der funktionellen Unabhängigkeit des Datenschutzbeauftragten und bezweckt nicht, insgesamt das Beschäftigungsverhältnis zu regeln.[48] Die Mitgliedstaaten sind deshalb durch das Unionsrecht grundsätzlich nicht gehindert, strengere Schutzmaßnahmen für das Beschäftigungsverhältnis des Datenschutzbeauftragten und dessen Kündigung vorzusehen. Jedoch verbietet der Anwendungsvorrang der DS-GVO den Mitgliedstaaten bei den Vorschriften über die Ausgestaltung des Beschäftigungsverhältnisses Regelungen, die geeignet sind, die Anwendung der Vorschriften der Art. 37, 38 und 39 über die Benennung, Stellung und Aufgaben des Datenschutzbeauftragten zu berühren und damit deren unmittelbare Geltung in Frage zu stellen.[49] Insbesondere muss der Verantwortliche oder Auftragsverarbeiter in der Lage sein, den Datenschutzbeauftragten abzuberufen und gegebenenfalls auch das Beschäftigungsverhältnis zu kündigen, wenn der Datenschutzbeauftragte nicht mehr die für die Erfüllung seiner Aufgaben erforderlichen beruflichen Eigenschaften besitzt oder seine Aufgaben nicht im Einklang mit der DS-GVO erfüllt.[50]

19 **2. Benennungspflicht von Verantwortlichem und Auftragsverarbeiter.** Die Verpflichtung zur Benennung eines Datenschutzbeauftragten trifft den Verantwortlichen oder Auftragsverarbeiter, dessen Verarbeitung unter eine der Fallgruppen des Abs. 1 Buchst. a, b oder c fällt

---

[47] Laue/Kremer Neues DatenschutzR/*Kremer* § 6 Rn. 37; Kühling/Buchner/*Bergt* DS-GVO Art. 37 Rn. 47; Plath/*Plath* DS-GVO Art. 38 Rn. 11.
[48] EuGH Urt. v. 22.6.2022 – C-534/20, ECLI:EU:C:2022:495 = ZD 2022, 552 Rn. 28 – Leistritz AG; LAG Nürnberg Urt. v. 19.2.2020 – 2 Sa 274/19, ZD 2020, 418 Rn. 60 f. mAnm *Blasek* ZD 2020, 420.
[49] EuGH Urt. v. 22.6.2022 – C-534/20, ECLI:EU:C:2022:495 = ZD 2022, 552 Rn. 31 ff. – Leistritz AG; EuGH Urt. v. 9.2.2023 – C-453/21, ECLI:EU:C:2033:79 = ZD 2023, 334 Rn. 31 f. – X-FAB Dresden mAnm *Moos/Dirkers* ZD 2023, 336.
[50] EuGH Urt. v. 9.2.2023 – C-560/21, ECLI:EU:C:2023:81 Rn. 27 – KISA; EuGH Urt. v. 22.6.2022 – C-534/20, ECLI:EU:C:2022:495 = ZD 2022, 552 Rn. 35 – Leistritz AG.

oder unter eine nationale Benennungspflicht auf der Grundlage des Abs. 4 S. 1 Hs. 2. Die Benennungspflicht erfasst jede der in den Fallgruppen des Art. 37 Abs. 1 bestimmten Verarbeitungen, soweit diese im Rahmen der Tätigkeiten einer Niederlassung des Verantwortlichen oder Auftragsverarbeiters in einem der Mitgliedstaaten erfolgt (Art. 3 Abs. 1). Ist der Verantwortliche oder Auftragsverarbeiter nicht in der EU, sondern in einem Drittland niedergelassen, ist er ebenfalls zur Benennung eines Datenschutzbeauftragten verpflichtet, wenn die Datenverarbeitung in Zusammenhang mit einer der in Art. 3 Abs. 2 Buchst. a und b genannten Verarbeitungssituationen steht und die Voraussetzungen des Art. 37 Abs. 1 Buchst. b oder c erfüllt. Mit der Zuweisung der Aufgabe der Benennung des Datenschutzbeauftragten an den Verantwortlichen oder Auftragsverarbeiter ist eine Mitbestimmung des Betriebsrats oder der Personalvertretung oder anderer Gremien bei der Benennung nicht vereinbar. Mitentscheidungsrechte des Betriebsrats oder der Personalvertretung können sich deshalb nur auf das Beschäftigungsverhältnis und darauf bezogene Maßnahmen wie die Eingruppierung oder Versetzung beziehen, nicht aber auf die Auswahl und Benennung für die Funktion als Datenschutzbeauftragter.[51]

Da die Einbindung des Datenschutzbeauftragten ausdrücklich „alle mit dem Schutz personenbezogener Daten zusammenhängenden Fragen" umfasst (Art. 38 Abs. 1) und sich damit auf alle Datenverarbeitungen in der Sphäre des Verantwortlichen oder Auftragsverarbeiters bezieht, folgt daraus für die Zuständigkeit des Datenschutzbeauftragten in der Organisation des Verantwortlichen oder Auftragsverarbeiters, dass die Beratungs- und Überprüfungsaufgaben **alle Organisationseinheiten und Stellen** des Verantwortlichen oder Auftragsverarbeiters umfassen, die personenbezogene Daten verarbeiten. Unselbständige Organisationseinheiten und Stellen in der institutionellen Sphäre des Verantwortlichen oder Auftragsverarbeiters, die selbst nicht die Entscheidung über die Zwecke und Mittel der Verarbeitung und damit das „warum" und das „wie" der Verarbeitung treffen,[52] sondern personenbezogene Daten mit den in der Organisation zur Verfügung stehenden Mitteln und Infrastruktur verarbeiten, können daher selbst keine Verantwortlichen im Sinne von Art. 4 Nr. 7 sein. Das gilt auch für den **Betriebsrat oder Personalrat,** der nach seiner rechtlichen und organisatorischen Stellung weder über die Zwecke noch über eigene Mittel der Verarbeitung verfügt und deshalb – wie für Deutschland inzwischen auch durch § 79a S. 2 BetrVG und § 69 S. 2 BPersVG klargestellt ist – nicht selbst Verantwortlicher ist (→ Art. 39 Rn. 7). 20

Aus der Nennung von Verantwortlichem und Auftragsverarbeiter in Art. 37 Abs. 1 ergibt sich **keine kumulative Benennungspflicht** eines Datenschutzbeauftragten sowohl durch den Verantwortlichen als auch durch den Auftragsverarbeiter. Eine Benennungspflicht für den Verantwortlichen und für den Auftragsverarbeiter besteht nur dann, wenn die Verarbeitung von beiden jeweils für sich die Voraussetzungen einer der Fallgruppen dieser Vorschrift erfüllt. Die Benennungspflicht kann durchaus allein bei dem Auftragsverarbeiter liegen, wenn beispielsweise ein Hausarzt die Abrechnung seiner Behandlungskosten einer Ärztlichen Verrechnungsstelle überträgt, die für eine Vielzahl von Ärzten tätig wird und damit als Auftragsverarbeiter Gesundheitsdaten einer sehr großen Anzahl von Patienten verarbeitet, oder wenn ein Kleinunternehmen Werbeaktivitäten einem Großunternehmen überträgt, dessen Geschäftsmodell als Auftragsverarbeiter in einem auf Kundenprofile gestützten Marketing besteht.[53] Besteht eine Benennungspflicht sowohl für den Verantwortlichen als auch den Auftragsverarbeiter oder für mehrere Verantwortliche und/oder mehrere Auftragsverarbeiter in Bezug auf bestimmte Verarbeitungsvorgänge, entspricht es dem risikobasierten Ansatz, dass die Verantwortlichen und Auftragsverarbeiter auch die Zusammenarbeit der Datenschutzbeauftragten gewährleisten, um keine Schutzlücke entstehen zu lassen.[54] 21

---

[51] *Bergmann/Möhrle/Herb* DS-GVO Art. 37 Rn. 16; *Kort* ZD 2017, 3 (6); Taeger/Gabel/*Scheja* DS-GVO Art. 37 Rn. 77; Auernhammer/*Raum* DS-GVO Art. 37 Rn. 56; Simitis/Hornung/Spiecker gen. Döhmann/ *Drewes* DS-GVO Art. 37 Rn. 53, der allerdings eine Festlegung im Kollektivarbeitsrecht oder einer Betriebsvereinbarung für denkbar hält.
[52] Vgl. Europäischer Datenschutzausschuss, Leitlinien 7/2020 zu „Verantwortlicher" und „Auftragsverarbeiter", Rn. 35 f.
[53] Vgl. auch die Beispiele der Artikel-29-Datenschutzgruppe, Leitlinien in Bezug auf Datenschutzbeauftragte (WP 243 rev.01), S. 11 f.
[54] Art. 24 Abs. 1 und die Kooperationspflichten in Art. 26 Abs. 1 und Art. 28 Abs. 1; vgl. auch CIPL, The Role and Function of a Data Protection Officer in the European Commission's Proposed General Data Protection Regulation, Initial Discussion Paper, Abschn. 4.1.

22 **3. Form und Dauer der Benennung.** Die DS-GVO schreibt **keine Form der Benennung** vor. Die Schriftform ist daher für die Benennung nicht konstitutiv und führt bei ihrem Fehlen nicht zur Unwirksamkeit der Benennung.[55] Allerdings empfiehlt sich die Schriftform im Eigeninteresse des Verantwortlichen oder Auftragsverarbeiters aus Gründen der Rechtsklarheit und der Nachweisführung gemäß Art. 5 Abs. 2, Art. 24 Abs. 1 S. 1.[56] Die Benennung muss eindeutig sein und sich auf sämtliche Aufgaben nach Art. 39 Abs. 1 beziehen, weswegen eine Beschränkung auf bestimmte Aufgaben oder die Bezeichnung als „Ansprechpartner" oder eine Stellenbeschreibung als „Sachbearbeiter für Datenschutzfragen" nicht genügt.[57] Die DS-GVO räumt dem Verantwortlichen und dem Auftragsverarbeiter **keine Frist** für die Benennung eines Datenschutzbeauftragten nach Aufnahme der Datenverarbeitung ein, sondern setzt voraus, dass die Benennung bereits erfolgt sein muss, bevor die Behörde oder das Unternehmen mit dieser Tätigkeit beginnt und der Datenschutzbeauftragte bereits zu diesem Zeitpunkt über die nach Abs. 5 erforderliche Qualifikation verfügt.[58]

23 Für die **Dauer der Benennung** ist im Gegensatz zu dem Kommissionsvorschlag und dem Standpunkt des Europäischen Parlaments **kein Mindestzeitraum** festgelegt. Die Europäische Kommission hatte einen Zeitraum von mindestens zwei Jahren vorgeschlagen mit der Möglichkeit der Wiederbenennung für weitere Amtszeiten.[59] Das Europäische Parlament schlug vor, diesen Mindestzeitraum für interne Datenschutzbeauftragte, die in der Behörde oder dem Unternehmen beschäftigt sind, auf vier Jahre zu erhöhen, bei einer zweijährigen Mindestdauer für externe Datenschutzbeauftragte und in beiden Fällen mit der ausdrücklichen Möglichkeit der Erneuerung der Benennung.[60] Beide Konzeptionen stießen auf Kritik im Rat, der in der Befristung eine Einschränkung der Dispositionsbefugnis der Unternehmen sah. Aus der gegenteiligen Motivation, dass die unabhängige Aufgabenwahrnehmung nicht durch eine zeitliche Begrenzung behindert werden solle, wurde andererseits in der Diskussion für externe Datenschutzbeauftragte eine Mindestdauer von drei bis fünf Jahren, und für interne Datenschutzbeauftragte grundsätzlich keine Befristung gefordert.[61]

24 Der Verzicht des Gesetzgebers auf die Festsetzung einer Mindestdauer für die Tätigkeit darf jedoch nicht dazu führen, dass der Datenschutzbeauftragte für eine unzureichend kurze Amtszeit benannt wird, was gerade mit den von der Kommission und dem Europäischen Parlament vorgeschlagenen Mindestfristen als Schutz für die unabhängige Aufgabenerfüllung ausdrücklich verhindert werden sollte.[62] Soweit die Benennung nicht unbefristet erfolgt,[63] darf durch einen **kurzen Benennungszeitraum** – wofür dem Verantwortlichen oder Auftragsverarbeiter die Rechenschaftspflicht obliegt (Art. 5 Abs. 2, Art. 24 Abs. 1 S. 1) – die Effektivität der Aufgabenerfüllung des Datenschutzbeauftragten nicht in Frage gestellt sein. Abgesehen von der erforderlichen Einarbeitungszeit, die besonders bei den risikobehafteten Verarbeitungssituationen nach Abs. 1 nicht zu unterschätzen ist, sollte eine Mindestdauer der Gefahr vorbeugen, dass ein „unbequemer Datenschützer" um eine Verlängerung seiner Benennung fürchten muss.[64] Praxiserfahrungen mit der Einrichtung des Datenschutzbeauftragten sprechen dafür, im Regelfall von einem Zeitraum von mindestens vier Jahren und allenfalls zwei Jahren bei einer Erstbenennung auszugehen, für den der Datenschutzbeauftragte benannt werden sollte.[65] Für die Datenschutz-

---

[55] Demgegenüber leiten *Bergmann/Möhrle/Herb* DS-GVO Art. 37 Rn. 9 aus Art. 5 Abs. 2 eine Verpflichtung zur Schriftform ab.
[56] HK-DS-GVO/*Helfrich* DS-GVO Art. 37 Rn. 122; Simitis/Hornung/Spiecker gen. Döhmann/*Drewes* DS-GVO Art. 37 Rn. 52; Paal/Pauly/*Paal* DS-GVO Art. 37 Rn. 16; Gierschmann/Schlender/Stentzel/ Veil/*Mayer* DS-GVO Art. 37 Rn. 21; Kühling/Buchner/*Bergt* DS-GVO Art. 37 Rn. 32; *Marschall/Müller* ZD 2016, 415 (416).
[57] LAG Nds Urt. v. 9.6.2020 – 9 Sa 608/19, ZD 2021, 107 Rn. 27 f., 32.
[58] Kühling/Buchner/*Bergt* DS-GVO Art. 37 Rn. 33; Simitis/Hornung/Spiecker gen. Döhmann/*Drewes* DS-GVO Art. 37 Rn. 45 f.; *Marschall/Müller* ZD 2016, 415 (416).
[59] Art. 35 Abs. 7 des Kommissionsvorschlags KOM(2012) 11 endgültig.
[60] Art. 35 Abs. 7 im Standpunkt des Europäischen Parlaments vom 12.3.2014, P7_TC1-COD(2012)0011.
[61] *Jaspers/Reif* RDV 2012, 78 (79).
[62] Schwartmann/Jaspers/Thüsing/Kugelmann/*Jaspers/Reif* DS-GVO Art. 37 Rn. 24; Paal/Pauly/*Paal* DS-GVO Art. 37 Rn. 16a.
[63] *Marschall/Müller* ZD 2016, 415 (416), gehen von der unbefristeten Bestellung als Regelfall aus; weitergehend Auernhammer/*Raum* DS-GVO Art. 37 Rn. 53 f., der eine Befristung generell ablehnt.
[64] *Bergmann/Möhrle/Herb* DS-GVO Art. 37 Rn. 15.
[65] Simitis/Hornung/Spiecker gen. Döhmann/*Drewes* DS-GVO Art. 37 Rn. 56; *Bergmann/Möhrle/Herb* DS-GVO Art. 37 Rn. 15; Paal/Pauly/*Paal* DS-GVO Art. 37 Rn. 16a.

beauftragten der Organe und Einrichtungen der Union gilt eine Amtszeit von drei bis fünf Jahren mit der ausdrücklichen Möglichkeit der Wiederbenennung.[66]

II. Datenschutzbeauftragter im öffentlichen Bereich

1. Benennungspflicht für den öffentlichen Bereich (Abs. 1 Buchst. a). Die Vorschrift 25 verpflichtet zur Benennung eines Datenschutzbeauftragten für die Datenverarbeitung, die von einer Behörde oder öffentlichen Stelle durchgeführt wird. Sie erfasst damit – mit Ausnahme nur der Gerichte bei ihrer justiziellen Tätigkeit – flächendeckend jede Datenverarbeitung im öffentlichen Bereich im Anwendungsbereich der DS-GVO, einschließlich der Verarbeitung der Beschäftigtendaten durch die Behörde oder öffentliche Stelle. Der **Begriff der Behörde**, den die DS-GVO auch in Art. 6 Abs. 1 S. 2 verwendet, ist in der DS-GVO nicht definiert. Für die unionsrechtlich gebotene autonome Auslegung dieses Begriffs ist maßgeblich, dass sich um eine Einrichtung zur Erfüllung öffentlicher Aufgabe auf der Grundlage eines Sonderrechts handelt, das das von denen im Verhältnis zwischen Privatpersonen geltenden Regeln unterscheidet und der Einrichtung hoheitliche Befugnisse zur Durchsetzung verleiht.[67] Die Festlegung der spezifischen Rechtsgrundlage zur Wahrnehmung der konkreten öffentlichen Aufgaben und Befugnisse sowie der Einrichtung, die diese Aufgaben zu erfüllen hat, ist nach der Rechtsordnung des jeweiligen Mitgliedstaates zu bestimmen.[68] Ausgenommen von der Benennungspflicht nach dieser Vorschrift sind zum einen die Gerichte im Rahmen ihrer justiziellen Tätigkeit (→ Rn. 28) und zum andern gemäß Art. 2 Abs. 2 Buchst. a, b und d Behörden der Mitgliedstaaten im Rahmen einer Tätigkeit außerhalb des Anwendungsbereichs des Unionsrechts oder der Gemeinsamen Außen- und Sicherheitspolitik sowie die „zuständigen Behörden" iSv Art. 3 Nr. 7 RL (EU) 2016/680. Allerdings müssen im Anwendungsbereich dieser Richtlinie die Mitgliedstaaten den Verantwortlichen ebenfalls zur Benennung eines Datenschutzbeauftragten verpflichten.[69] Nehmen diese Behörden auch andere Aufgaben für Zwecke wahr, die in den Anwendungsbereich der DS-GVO fallen, gilt die Benennungspflicht nach Art. 37 Abs. 1 Buchst. a auch für diese Behörde, soweit sie mit diesen anderen Aufgaben betraut ist.[70] Die Organe und Einrichtungen der EU werden durch Art. 43 Abs. 1 VO (EU) 2018/1725 zur Benennung eines Datenschutzbeauftragten verpflichtet.

Öffentliche Stellen sind alle sonstigen unter das öffentliche Recht des jeweiligen Mitglied- 26 staats fallenden natürlichen oder juristischen Personen.[71] Dazu gehören neben staatlichen Stellen Körperschaften, Anstalten und Stiftungen des öffentlichen Rechts, kommunale Einrichtungen und sonstige öffentliche Stellen, die nach dem Recht des jeweiligen Mitgliedstaates öffentliche Einrichtungen sind, also auch nichtstaatliche und nichtkommunale Institutionen, sofern sie den Status einer öffentlich-rechtlichen Körperschaft haben, sowie Verbände, die aus einer oder mehreren öffentlichen Körperschaften oder Einrichtungen bestehen. Die Benennungspflicht gilt auch für die **nationalen Parlamente** und deren Einrichtungen, da parlamentarische Tätigkeiten nicht vom Anwendungsbereich der DS-GVO ausgenommen sind.[72] In Deutschland sind die Behörden und andere öffentlich-rechtlich organisierte Einrichtungen des Bundes, und eines Landes, einer Gemeinde, eines Gemeindeverbandes oder sonstiger der Aufsicht des Bundes oder des Landes unterstehenden Personen des öffentlichen Rechts einschließlich des Bundestags und der Landesparlamente zur Benennung von Datenschutzbeauftragten verpflichtet (→ Rn. 68). In Österreich

---

[66] Art. 44 Abs. 8 VO (EU) 2018/1725.
[67] EuGH Urt. v. 19.12.2013 – C-279/12, ECLI:EU:C:2013:853 = BeckRS 2013, 81642 Rn. 48, 56 – Fish Legal u. Shirley.
[68] Artikel-29-Datenschutzgruppe, Leitlinien in Bezug auf Datenschutzbeauftragte (WP 243 rev.01), S. 6; Paal/Pauly/*Paal* DS-GVO Art. 37 Rn. 6; Knyrim DS-GVO/*König* S. 231 (233 f.); krit. Bresich/Dopplinger/Dörnhöfer/Kunnert/Riedl/*Kunnert* DSG § 5 Rn. 16; Kühling/Buchner/*Bergt* DS-GVO Art. 37 Rn. 16.
[69] Art. 32 Abs. 1 RL (EU) 2016/680.
[70] Vgl. Erwägungsgrund 19 S. 4.
[71] Vgl. die Definition der „öffentlichen Stelle" in Art. 2 Nr. 1 der Richtlinie (EU) 2019/1924 des Europäischen Parlaments und des Rates vom 20.6.2019 über offene Daten und die Weiterverwendung von Informationen des öffentlichen Sektors (ABl. 2019 L 172, 56).
[72] EuGH Urt. v. 16.1.2024 – C-33/22, ECLI:EU:C:2024:46 Rn. 40 ff. – Österreich. Datenschutzbehörde; EuGH Urt. v. 9.7.2020 – C-272/19, ECLI:EU:C:2020:535 = ZD 2020, 577 Rn. 72 – VQ/Land Hessen; dazu *Heberlein* ZD 2021, 85 (86 f.); *Stürmer/Wolff* DÖV 2021, 167 (168 ff.); *Kosmider/Wolff* ZG 2020, 190 (196 ff.); aA *Grzeszick* NVwZ 2018, 1505 (1508); *Pabst* RDV 2020, 249 ff.; für eine Beschränkung der Anwendung der DS-GVO auf Petitionsausschüsse und andere Beschwerdeinstanzen *Engelbrecht* ZD 2020, 578 (579).

gehören zu den öffentlichen Stellen ebenfalls die Behörden und sonstigen Stellen, die juristische Personen des öffentlichen Rechts sind (→ Rn. 78).

27 Hingegen sind natürliche oder juristische **Personen des Privatrechts** keine öffentlichen Stellen, selbst wenn sie gemäß Art. 6 Abs. 1 Buchst. c und e Aufgaben zur Erfüllung einer rechtlichen Verpflichtung oder im öffentlichen Interesse ausführen. Anders als diese Vorschriften stellt Art. 37 Abs. 1 Buchst. a nicht auf die Verpflichtung oder Aufgabe ab, sondern auf den öffentlich-rechtlichen Status des Verantwortlichen oder Auftragsverarbeiters. Dies ergibt sich auch im Umkehrschluss daraus, dass die DS-GVO in Art. 55 Abs. 2 „private Stellen", soweit sie Behörden gleichgestellt werden, ausdrücklich hervorhebt, während sich die Benennungspflicht ausdrücklich auf „öffentliche Stellen" beschränkt. Daher sind Personen des Privatrechts, auch wenn sie etwa Aufgaben der öffentlichen Gesundheit oder der sozialen Sicherheit wahrnehmen, dem „privaten Sektor" zuzuordnen, der vom Anwendungsbereich des Buchst. a abzugrenzen ist.[73] Art. 37 Abs. 4 S. 1 Hs. 2 ermöglicht jedoch Unionsrecht und nationalem Recht, darüber hinaus auch für privatrechtliche Einrichtungen die Benennung eines Datenschutzbeauftragten vorzuschreiben, sofern sie nicht bereits nach einer der Fallgruppen des Abs. 1 Buchst. b oder c zur Benennung verpflichtet sind. Ebenso empfiehlt sich auch eine freiwillige Benennung eines Datenschutzbeauftragten durch privatrechtliche Einrichtungen, die öffentliche Aufgaben wahrnehmen.[74]

28 **2. Ausnahme für die justizielle Tätigkeit der Gerichte.** Die Ausnahme der Gerichte von der Benennungspflicht nimmt nicht per se die Gerichte als solche von der Pflicht zur Benennung eines Datenschutzbeauftragten aus, sondern beschränkt sich auf die Verarbeitung personenbezogener Daten, soweit die Gerichte im Rahmen ihrer „**justiziellen Tätigkeit**" handeln. Eine entsprechende Ausnahme findet sich auch in Art. 55 Abs. 3, der Verarbeitungen der Gerichte im Rahmen ihrer justiziellen Tätigkeit von der Aufsicht durch die Datenschutz-Aufsichtsbehörden ausnimmt (→ Art. 55 Rn. 13 ff.). Sinn und Zweck der darauf beschränkten Ausnahme von der Benennungspflicht ist auch hier die Gewährleistung der Unabhängigkeit der Justiz, damit diese „bei der Ausübung ihrer gerichtlichen Aufgaben einschließlich ihrer Beschlussfassung unangetastet bleibt".[75] Der Begriff der „justiziellen Tätigkeit" ist deshalb dahin auszulegen, dass die Ausnahme in jedem Fall dann für die Gerichte greift, wenn es um die Verarbeitung personenbezogener Daten für die Rechtsprechung als die eigentliche Tätigkeit des Richters geht, die durch die richterliche Unabhängigkeit geprägt ist. Dazu gehören neben der Fallentscheidung auch das vorbereitende Verfahren und die der Durchführung des Verfahrens dienenden Maßnahmen einschließlich der Terminbestimmung, dem Ablauf und die Organisation von Sitzungen und der Beweiserhebung.[76] Die Ausnahme gilt jedoch nicht allein für eine solche Verarbeitung personenbezogener Daten im Rahmen konkreter Rechtssachen, sondern für alle Verarbeitungsvorgänge, deren Kontrolle mittelbar oder unmittelbar die Unabhängigkeit der Richter oder deren Entscheidungen beeinflussen könnte.[77] Deshalb erfasst die „justizielle Tätigkeit" auch Maßnahmen im Zusammenhang mit der allgemeinen Organisation und Durchführung gerichtlicher Verfahren, wie die Geschäftsverteilung, die Verbindung von Verfahren, Fristbestimmungen, die Gewährung von Akteneinsicht sowie die Veröffentlichung von Entscheidungen und die Festlegung, welche Informationen aus Gerichtsakten an Journalisten weitergegeben werden können.[78] Auch Maßnahmen im Zusammenhang von Sicherheitsvorkehrungen für Besucher und Parteien, die Zulassung von Video-Aufnahmen während der Verhandlung oder der Zugang der Presse zu Sitzungen oder Informationen fallen in den Bereich der richterlichen Unabhängigkeit.[79]

---

[73] Vgl. die Abgrenzung in Erwägungsgrund 97 S. 1 und 2; Bresich/Dopplinger/Dörnhöfer/Kunnert/Riedl/ *Kunnert* DSG § 5 Rn. 14.
[74] Artikel-29-Datenschutzgruppe, Leitlinien in Bezug auf Datenschutzbeauftragte (WP 243 rev.01), S. 7.
[75] Vgl. Erwägungsgrund 20 S. 2.
[76] Simitis/Hornung/Spiecker gen. Döhmann/*Polenz* DS-GVO Art. 55 Rn. 20; Paal/Pauly/*Körffer* DS-GVO Art. 55 Rn. 5; Schwartmann/Jaspers/Thüsing/Kugelmann/*Kugelmann/Römer* DS-GVO Art. 55 Rn. 58.
[77] EuGH Urt. v. 24.3.2022 – C-245/20, ECLI:EU:C:2022:216 = ZD 2022, 490 Rn. 34 – X,Z/Autoriteit Persoonsgegevens mAnm *Benamor* ZD 2022, 491.
[78] EuGH Urt. v. 24.3.2022 – C-245/20, ECLI:EU:C:2022:216 = ZD 2022, 490 Rn. 38 – X,Z/Autoriteit Persoonsgegevens mAnm *Benamor* ZD 2022, 491.
[79] GA *Bobek* Schlussanträge in der Rs. C-245/20, ECLI:EU:C:2021:822 Rn. 90.

Von der „justiziellen Tätigkeit" abzugrenzen ist die Verarbeitung für reine **Verwaltungs-** 29
tätigkeiten des Gerichts einschließlich der Personalverwaltung für die Mitarbeiter der Justizverwaltung, Instandhaltung des Gerichtsgebäudes und die Beschaffung von Arbeitsmaterial. Aus der Beschränkung der Ausnahme auf die justizielle Tätigkeit ergibt sich damit, dass für die Datenverarbeitung der Gerichte im Rahmen der Justizverwaltung ein Datenschutzbeauftragter zu benennen ist, ebenso für die Tätigkeit eines Gerichtes in anderer Funktion im Bereich der Exekutive, wie zum Beispiel als Grundbuchamt. Denkbar ist, dass der Datenschutzbeauftragte des Gerichts auch die Richter für ihre Pflichten aus der DS-GVO sensibilisiert, ohne dass jedoch dadurch die in Art. 39 festgelegten Aufgaben und vor allem seine Überwachungsaufgaben auf deren justizielle Tätigkeit erstreckt wird. Allerdings muss ein Richter, der die Aufgaben des Datenschutzbeauftragten des Gerichts für dessen nicht-justiziellen Tätigkeiten wahrnimmt, durch die Entlastung von anderen Aufgaben und Fallbearbeitungen auch zeitlich in die Lage versetzt sein, die Funktion als Datenschutzbeauftragter für den nicht-richterlichen Bereich neben seiner richterlichen Tätigkeit ordnungsgemäß auszuüben. In jedem Fall muss sichergestellt sein, dass durch die Funktion des gerichtlichen Datenschutzbeauftragten die richterliche Unabhängigkeit nicht berührt wird und die Aufsicht über die Datenverarbeitung im Rahmen der richterlichen Tätigkeit **besonderen Stellen im Justizsystem** der Mitgliedstaaten vorbehalten bleibt.[80]

Die Ausnahme für die justizielle Tätigkeit gilt **nicht für andere Justizbehörden.** Zwar 30 nennt Erwägungsgrund 97 neben den Gerichten „unabhängige Justizbehörden", doch findet eine solche Erstreckung im Wortlaut der Vorschrift keine Grundlage. Im Gegenteil ist aus dem Umstand, dass Art. 32 Abs. 1 der gleichzeitig mit der DS-GVO verhandelten und verabschiedeten Richtlinie (EU) 2016/680 neben den Gerichten ausdrücklich auch „andere unabhängige Justizbehörden" von der Benennungspflicht ausnimmt, im Umkehrschluss zu folgern, dass sich die DS-GVO demgegenüber auf die Gerichte beschränkt.[81] Staatsanwaltschaften, auch wenn sie – anders als in Deutschland – in einem Mitgliedstaat weisungsungebunden sind, fallen als Organe der Strafrechtspflege ohnehin nicht in den Anwendungsbereich der DS-GVO, sondern in den der Richtlinie (EU) 2016/680. Erst recht gilt die auf die justizielle Tätigkeit beschränkte Ausnahme von der Benennungspflicht ebenso wie die Ausnahme von der Aufsichtspflicht nicht für andere öffentliche Einrichtungen, auch wenn diese – wie zum Beispiel Rechnungshöfe – mit einer unabhängigen Stellung ausgestattet sind (→ Art. 55 Rn. 17).

III. Obligatorischer Datenschutzbeauftragter im privaten Sektor

1. Verarbeitung zur Überwachung betroffener Personen (Abs. 1 Buchst. b). a) Re- 31
gelmäßige und systematische Überwachung. Für den nicht-öffentlichen Bereich, den „privaten Sektor", beschränkt sich die Verpflichtung zur Benennung eines Datenschutzbeauftragten, soweit diese nicht durch nationale Regelungen auf der Grundlage des Abs. 4 S. 1 Hs. 2 ergänzt wird (→ Rn. 42), auf die beiden – in den Buchst. b und c festgelegten – besonders risikobehafteten Datenverarbeitungen. Erforderlich für die Auslösung der Benennungspflicht ist zudem, dass es sich bei einer solchen Verarbeitung um die Kerntätigkeit des Verantwortlichen oder des Auftragsverarbeiters handelt. In der Fallgruppe des Buchst. b muss diese Kerntätigkeit in der Durchführung von Verarbeitungsvorgängen bestehen, die eine umfangreiche **regelmäßige und systematische Überwachung** von betroffenen Personen erforderlich machen. Der Begriff der „Überwachung" deckt sich inhaltlich mit dem der „Beobachtung" im Sinne von Art. 3 Abs. 2 Buchst. b und jedenfalls über punktuelle Maßnahmen hinausgeht (→ Art. 3 Rn. 25). Nach Erwägungsgrund 24 liegt insbesondere dann eine Beobachtung vor, wenn Internetaktivitäten der betroffenen Person nachvollzogen einschließlich zur Profilbildung benutzt werden, auf deren Grundlage diese Person betreffende Entscheidungen getroffen oder deren persönliche Vorlieben oder Verhaltensweisen analysiert oder vorausgesagt werden sollen. Eine Überwachung ist regelmäßig, wenn sie fortlaufend oder periodisch stattfindet, und systematisch, wenn sie einem organisierten oder methodischen Ansatz folgt oder Teil einer umfassenden Strategie ist.[82] Die Überwachung in Einzelfällen erfüllt deshalb diese Voraussetzung von vornherein nicht.[83] Nach

---

[80] Erwägungsgrund 20 S. 3.
[81] Im Gegensatz dazu gehen Paal/Pauly/*Paal* DS-GVO Art. 37 Rn. 7; Kühling/Buchner/*Bergt* DS-GVO Art. 37 Rn. 16; HK-DS-GVO/*Helfrich* DS-GVO Art. 37 Rn. 57, von einem funktionalen Begriff unabhängiger Justizbehörden aus, der zB auch die Beschlusskammern des Bundeskartellamts mit einschließe.
[82] Artikel-29-Datenschutzgruppe, Leitlinien in Bezug auf Datenschutzbeauftragte (WP 243 rev.01), S. 10.
[83] Simitis/Hornung/Spiecker gen. Döhmann/*Drewes* DS-GVO Art. 37 Rn. 27.

Art, Umfang und/oder Zweck der Verarbeitung liegt daher eine regelmäßige und systematische Überwachung vor, wenn die Beobachtung nicht nur wiederholt Einzelsituationen oder Einzelmerkmale der Betroffenen erfasst, sondern die Auswertung und Kombination von Daten insbesondere über deren Verhalten einschließlich von Verkehrs- und Ortsdaten oder die Erstellung von Kundenprofilen oder die Kreditwürdigkeit zum Gegenstand hat.[84] Als weitere Beispiele nennt die Artikel-29-Datenschutzgruppe den Betrieb eines Telekommunikationsnetzes, das Anbieten von Telekommunikationsdienstleistungen, verfolgende E-Mail-Werbung, datengesteuerte Marketingaktivitäten, Typisierung und Scoring zu Zwecken der Risikobewertung (zB zu Zwecken der Kreditvergabe, der Festlegung von Versicherungsprämien, Maßnahmen zur Verhinderung von betrügerischen Handlungen, Ermittlung von Geldwäsche), Standortverfolgung, Treueprogramme, verhaltensbasierte Werbung, Überwachung von Wellness-, Fitness- und gesundheitsbezogenen Daten, Überwachungskameras und vernetzte Geräte wie intelligente Stromzähler (smart meters), intelligente Autos und Haustechnik.[85]

32 **b) Umfangreiche Überwachung.** Umfangreich („on a large scale") ist eine regelmäßige und systematische Überwachung, wenn sie eine große Zahl von Personen betrifft und/oder beträchtliche Datenmengen über einen längeren Zeitraum in dieser Weise gesammelt werden. Das ist besonders dann der Fall, wenn große Datenmengen auf regionaler, nationaler oder multinationaler Ebene mit einem methodischen Technikeinsatz verarbeitet werden.[86] Neben der Zahl der betroffenen Personen, der Menge der verarbeiteten Daten und der geographischen Reichweite der Datenerfassung kann aber auch die Dauer der Beobachtung und der Speicherung der dabei erhobenen personenbezogenen Daten und insbesondere eine Kombination dieser Faktoren das Merkmal der „umfangreichen Überwachung" erfüllen. In aller Regel wird sich eine umfangreiche regelmäßige und systematische Überwachung von Personen auf automatisierte Verarbeitung und auf Profiling gründen, um flächendeckend bestimmte persönliche Aspekte, Verhaltensweisen und Vorlieben zu bewerten. Beispiele dafür sind die Verarbeitung von Reisedaten bei der Nutzung öffentlicher Verkehrsmittel, von Geolokalisierungsdaten zu statistischen Zwecken, von Kundendaten durch eine Bank oder von Kommunikationsdaten durch Telefon- oder Internetdienstleister sowie die Verarbeitung personenbezogener Daten durch eine Suchmaschine zu Zwecken der verhaltensbasierten Werbung.[87] Dies schließt Bewertungs- und Vergleichsportale ein und gilt erst recht für die **Analysen von massenhaften Datenmengen („Big Data").**[88] Eine solche umfangreiche regelmäßige und systematische Überwachung erfordert wegen der mit ihr verbundenen hohen Risiken auch die Durchführung einer Datenschutz-Folgenabschätzung, wenn damit eine Rechtswirkung oder ähnlich erhebliche Beeinträchtigung natürlicher Personen verbunden ist (Art. 35 Abs. 3 Buchst. a).

33 **c) Kerntätigkeit.** Um die Benennungspflicht zu begründen, muss die umfangreiche regelmäßige und systematische Überwachung durch die Kerntätigkeit des Verantwortlichen oder Auftragsverarbeiters bedingt sein. Aus Erwägungsgrund 97 S. 2 ergibt sich, dass sich die Kerntätigkeit auf die **„Haupttätigkeiten"** des Verantwortlichen bezieht, die – im englischen Text als „primary activities" bezeichnet – gegenüber diesen Haupttätigkeiten untergeordneten **„Nebentätigkeiten"** abzugrenzen sind. Bei diesen Nebentätigkeiten handelt es sich – wie die englische Sprachfassung mit „ancillary activities" verdeutlicht – um Hilfsfunktionen für den eigentlichen Geschäftszweck.[89] Maßgeblich für die Abgrenzung sind dabei Art, Umfang und/oder die Zwecke der Verarbeitung. Ist der Geschäftszweck auf den Verkauf von Waren gerichtet und werden die Beschäftigtendaten für die Personalverwaltung oder die Kundendaten für die Beratung oder Angebote im Rahmen dieses Geschäftszwecks ausgewertet, so begründet diese Verarbeitung für sich noch keine Benennungspflicht, weil das Geschäftszweck nicht in einer „Überwachung" von Personen besteht. Deshalb fallen Maßnahmen, die sich auf einmalige Maßnahmen beschränken oder eine Hilfsfunktion erfüllen, wie zB eine Videoüberwachung in Geschäften zur Bekämpfung von Ladendiebstählen, nicht unter die Benennungspflicht nach dieser Vorschrift.[90] Anders ist es allerdings, wenn das Geschäftsmodell gerade in der Analyse von

---

[84] Schwartmann/Jaspers/Thüsing/Kugelmann/*Jaspers/Reif* DS-GVO Art. 37 Rn. 19 f.; *Bittner* RDV 2014, 183 (185).
[85] Artikel-29-Datenschutzgruppe, Leitlinien in Bezug auf Datenschutzbeauftragte (WP 243 rev.01), S. 10 f.
[86] Erwägungsgrund 91 S. 1; *Klug* ZD 2016, 315 (316); *Bittner* RDV 2014, 183 (185).
[87] Artikel-29-Datenschutzgruppe, Leitlinien in Bezug auf Datenschutzbeauftragte (WP 243 rev.01), S. 9 f.
[88] Knyrim DS-GVO/*König* S. 231 (235).
[89] Ebenso Schwartmann/Jaspers/Thüsing/Kugelmann/*Jaspers/Reif* DS-GVO Art. 37 Rn. 16.
[90] BeckOK DatenschutzR/*Moos* DS-GVO Art. 37 Rn. 27.

Kundendaten besteht.[91] Unter die Benennungspflicht fallen insbesondere „Headhunter", die auf der Grundlage von Profilbildung tätig werden,[92] sowie Marktforschungsunternehmen, Auskunfteien, Adresshändler und Detekteien, die eine solche Beobachtung durchführen.[93] Aber auch dann, wenn eine solche Datenverarbeitung nicht der eigentliche Geschäftszweck ist, dieser aber seiner Art nach eine solche Beobachtung von Personen erforderlich macht, greift die Verpflichtung zur Benennung eines Datenschutzbeauftragten ein. Das ist zum Beispiel der Fall, wenn die Beobachtung durch eine Bank für die Feststellung der Kreditwürdigkeit potentieller Darlehensnehmer erfolgt, oder ein Sicherheitsunternehmen in großem Umfang öffentliche Räume überwacht.[94] Deshalb kann auch die „systematische umfangreiche Überwachung öffentlich zugänglicher Bereiche" im Sinne von Art. 35 Abs. 3 Buchst. c unter diese Vorschrift fallen, wenn sie auch in einer umfangreichen und regelmäßigen Beobachtung betroffener Personen besteht. Dem Schutzzweck entspricht es, darauf abzustellen, ob die Kerntätigkeit in einem Unternehmensteil eine solche Datenverarbeitung erforderlich macht, so dass es unerheblich ist, ob die Aktivitäten anderer Unternehmensteile keine solche risikobehaftete Verarbeitung beinhalten.[95] Die Benennungspflicht trifft gemäß Art. 3 Abs. 2 Buchst. b auch einen Verantwortlichen oder Auftragsverarbeiter, der nicht in der Union niedergelassen ist, sofern dessen Kerntätigkeit eine umfangreiche regelmäßige und systematische Beobachtung des Verhaltens betroffener Personen in der Union zum Gegenstand hat.

2. Verarbeitung besonders sensibler Daten (Abs. 1 Buchst. c). a) Besonders sensible 34 **Daten.** Ein Datenschutzbeauftragter ist auch dann zu benennen, wenn die Kerntätigkeit in der umfangreichen Verarbeitung besonders sensibler Daten besteht, nämlich **besondere Kategorien** personenbezogener Daten oder Daten über **strafrechtliche Verurteilungen** und Straftaten betrifft. Die besonderen Kategorien personenbezogener Daten sind gemäß Art. 9 Abs. 1 personenbezogene Daten, aus denen die Rasse oder ethnische Herkunft, politische Meinungen, religiöse oder weltanschauliche Überzeugungen oder die Zugehörigkeit zu einer Gewerkschaft hervorgehen, sowie genetische Daten, biometrische Daten zur Identifizierung einer Person, Gesundheitsdaten oder Daten zum Sexualleben oder der sexuellen Orientierung. Wegen der Sensibilität und gesteigerten Schutzwürdigkeit dieser Daten ist deren Verarbeitung nur nach Maßgabe der Abs. 2 bis 4 des Art. 9 zulässig. Die Verarbeitung personenbezogener Daten über strafrechtliche Verurteilungen und Straftaten oder damit zusammenhängende Sicherungsmaßregeln darf nur unter behördlicher Aufsicht vorgenommen werden oder wenn dies nach Unionsrecht oder nationalem Recht zulässig ist, das angemessene Garantien für die Rechte und Freiheiten der betroffenen Personen vorsieht (Art. 10 S. 1). Buchst. c erwähnt im Gegensatz zu Art. 10 S. 1 nicht die Sicherungsmaßregeln, jedoch wird die isolierte Verarbeitung von Sicherungsmaßregeln kaum ohne Bezug zu diesbezüglichen strafrechtlichen Verurteilungen und/oder Straftaten möglich sein. Für die in Art. 10 genannte behördliche Aufsicht ist ein Datenschutzbeauftragter bereits nach Art. 37 Abs. 1 Buchst. a erforderlich.

b) Umfangreiche Verarbeitung als Kerntätigkeit. Die Verarbeitung dieser sensiblen Daten 35 muss, um die Benennungspflicht auszulösen, die **Kerntätigkeit** betreffen. Das ist an sich der Fall bei der Verarbeitung von Patienten- oder Mandantendaten, da deren Behandlung, Beratung oder Vertretung dem Geschäftszweck des Arztes oder Anwalts zuzuordnen ist. Jedoch setzt auch diese Fallgruppe voraus, dass die Verarbeitung der sensiblen Daten **umfangreich** ist (→ Rn. 32). Die Fallgruppe des Buchst. c entspricht damit der des Art. 35 Abs. 3 Buchst. b, die für eine solche Datenverarbeitung die Durchführung einer Datenschutz-Folgenabschätzung erfordert. Beispiele für eine solche umfangreiche Verarbeitung sind die Verarbeitung von Gesundheitsdaten und anderen personenbezogenen Daten durch ein Krankenhaus, einen Anbieter von DNA-Analysen, einen Dienstleister für Abrechnungen oder eine Kranken- oder Lebensversicherung.[96] Hingegen

---

[91] *Gierschmann* ZD 2016, 51 (52).
[92] Commission Staff Working Paper SEC(2012)72 final, 69.
[93] Schwartmann/Jaspers/Thüsing/Kugelmann/*Jaspers/Reif* DS-GVO Art. 37 Rn. 20; Schantz/Wolff Neues DatenschutzR/*Wolff* Rn. 900; Paal/Pauly/*Paal* DS-GVO Art. 37 Rn. 8b; BeckOK DatenschutzR/*Moos* DS-GVO Art. 37 Rn. 31.
[94] Artikel-29-Datenschutzgruppe, Leitlinien in Bezug auf Datenschutzbeauftragte (WP 243 rev.01), S. 8; *Dammann* ZD 2016, 307 (308); aA *Niklas/Faas* NZA 2017, 1091 (1092), die von einer Benennungspflicht nur dann ausgehen, wenn der Hauptzweck des Unternehmens in der Durchführung von Verarbeitungsvorgängen besteht.
[95] Simitis/Hornung/Spiecker gen. Döhmann/*Drewes* DS-GVO Art. 37 Rn. 18.
[96] Knyrim DS-GVO/*König* S. 231 (235); *Jaspers/Reif* RDV 2016, 61 (62), m. weiteren Bsp.

handelt es sich bei der Verarbeitung personenbezogener Daten von Patienten oder von Mandanten durch einen einzelnen Arzt, einen Angehörigen eines Gesundheitsberufes oder einen Rechtsanwalt regelmäßig nicht von vornherein um eine „umfangreiche" Datenverarbeitung.[97] Zu den Hilfstätigkeiten, die nicht die Benennungspflicht auslösen, gehört die Verwaltung der eigenen Kundenbeziehungen des Betriebs und die Verarbeitung der Daten der eigenen Beschäftigten. Deshalb wird die Benennungspflicht auch dann nicht allein durch die Verarbeitung von **Beschäftigtendaten der eigenen Mitarbeiter** ausgelöst, wenn diese Verarbeitung sensible Daten wie Gesundheitsdaten oder – etwa aus (kirchen-)steuerlichen Gründen – die Religionszugehörigkeit umfasst und bei einem Großunternehmen eine sehr große Zahl von Personen betrifft.[98]

36 Von der Auslösung der Benennungspflicht ist jedoch der Umfang der Aufgaben eines nach Maßgabe des Buchst. b bzw. c benannten Datenschutzbeauftragten zu unterscheiden. Ist ein Datenschutzbeauftragter benannt, so bezieht sich seine Beratungs- und Überwachungstätigkeit ausdrücklich auf **„alle mit dem Schutz personenbezogener Daten zusammenhängenden Fragen"** (Art. 38 Abs. 1) und erfasst damit alle Verarbeitungsvorgänge, die der Verantwortliche oder der Auftragsverarbeiter durchführt (→ Art. 39 Rn. 6), und zwar unabhängig davon, ob die Benennung verpflichtend oder fakultativ ist.[99] Das schließt auch die Überwachung der Vorschriften in Bezug auf den Beschäftigtendatenschutz ein.

IV. Gemeinsamer Datenschutzbeauftragter

37 **1. Datenschutzbeauftragter für eine Unternehmensgruppe (Abs. 2).** Abs. 2 erlaubt einer Unternehmensgruppe, einen gemeinsamen Datenschutzbeauftragten zu ernennen, der die Aufgaben des Datenschutzbeauftragten für jedes der Unternehmen der Unternehmensgruppe wahrnimmt. Die „Unternehmensgruppe" ist in Art. 4 Nr. 19 definiert als „eine Gruppe, die aus einem herrschenden Unternehmen und den von diesem abhängigen Unternehmen besteht". Die DS-GVO etabliert damit den **„Konzern-Datenschutzbeauftragten"** als gemeinsamen Datenschutzbeauftragten für mehrere juristisch selbstständige Unternehmen. Daher muss nicht mehr von jedem Unternehmen ein eigener Datenschutzbeauftragter benannt werden, sondern es kann ein einziger Datenschutzbeauftragter für alle Unternehmen der Unternehmensgruppe tätig werden, und zwar auch dann, wenn sich diese Unternehmen in verschiedenen Mitgliedstaaten befinden.[100] Da es der Unternehmensgruppe frei steht, ob sie einen gemeinsamen Datenschutzbeauftragten benennt, kann aber auch weiter in einer Unternehmensgruppe für jedes einzelne Unternehmen ein jeweils eigener Datenschutzbeauftragter anstelle eines gemeinsamen Datenschutzbeauftragten benannt werden. Dies kann insbesondere dann angebracht sein, wenn ein Unternehmen der Unternehmensgruppe Auftragsverarbeiter für ein anderes Unternehmen dieser Unternehmensgruppe ist.[101] Gemäß Art. 47 Abs. 2 Buchst. h müssen verbindliche interne Datenschutzvorschriften einer Unternehmensgruppe (Binding Corporate Rules) Angaben enthalten über die Aufgaben des Konzern-Datenschutzbeauftragten bzw. der Datenschutzbeauftragten der einzelnen Unternehmen der Unternehmensgruppe. Handelt es sich dagegen nicht um selbstständige Unternehmen, sondern um Betriebsstätten ein und desselben Unternehmens, liegt kein Fall des Abs. 2 vor, sondern der Regelfall eines Datenschutzbeauftragten für dieses Unternehmen, der dann für alle Betriebsstätten zuständig ist.

38 Die Zulässigkeit eines gemeinsamen Datenschutzbeauftragten steht allerdings unter der Bedingung, dass der Datenschutzbeauftragte von jeder Niederlassung aus **leicht erreichbar** ist. Wie sich aus dem Adjektiv „leicht" ergibt, ist Erreichbarkeit als solche nicht ausreichend, sondern muss ohne unangemessenen Aufwand und Verzögerung für die Ansprechpartner gegeben sein. Dieses Erfordernis betrifft zunächst die Erreichbarkeit innerhalb der Unternehmensgruppe. Die leichte Erreichbarkeit ist aber auch Voraussetzung für die Funktion als Ansprechpartner für die von der Verarbeitung durch das jeweilige Einzelunternehmen oder die Niederlassung betroffenen Personen (Art. 38 Abs. 4) sowie für die Funktion als Anlaufstelle für die Aufsichtsbehörden (Art. 39 Abs. 1 Buchst. d und e). Dies erfordert neben der Bekanntgabe und Veröffentlichung

---

[97] Erwägungsgrund 91 S. 4 für den gleichlautenden Art. 35 Abs. 3 Buchst. b; aA Taeger/Gabel/*Scheja* DS-GVO Art. 37 Rn. 38 f.
[98] Ebenso LAG Hamm Urt. v. 6.10.2022 – 18 Sa 271/22, ZD 2023, 231 Rn. 34; aA Kühling/Buchner/*Bergt* DS-GVO Art. 37 Rn. 21.
[99] Artikel-29-Datenschutzgruppe, Leitlinien in Bezug auf Datenschutzbeauftragte (WP 243 rev.01), S. 6.
[100] Ebenso Simitis/Hornung/Spiecker gen. Döhmann/*Drewes* DS-GVO Art. 37 Rn. 30; Kühling/Buchner/*Bergt* DS-GVO Art. 37 Rn. 27; *Kuner* 11 PVLR 06, 1 (9).
[101] Zu dem sich daraus möglicherweise ergebenden Interessenkonflikt *Imping* CR 2017, 378 (386).

der Kontaktdaten gemäß Abs. 7 die Bekanntgabe der Zuständigkeit und Erreichbarkeit innerhalb der betreffenden Unternehmen und deren Niederlassungen sowie diese Mitteilung an alle für die einzelnen Unternehmen zuständigen Aufsichtsbehörden.[102] Hingegen ist nicht zwingende Voraussetzung, dass der Datenschutzbeauftragte seinen regelmäßigen Arbeitsplatz in einem Mitgliedstaat hat, sofern er von einem Drittland aus diese Funktionen und seine Aufgaben in den und für die der Unternehmensgruppe angehörigen Unternehmen effektiv wahrnehmen kann und von jeder Niederlassung und jeder zuständigen Aufsichtsbehörde direkt erreichbar ist.[103]

Unabhängig von der Lokalisierung des Konzern-Datenschutzbeauftragten erfordert dessen **39** Funktion in besonderer Weise die Ausstattung mit **ausreichenden Ressourcen** (→ Art. 38 Rn. 9 ff.). Dazu gehören insbesondere die Einrichtung effektiver Kommunikationskanäle und das notwendige Hilfs- und Korrespondenzpersonal, um die Erreichbarkeit und eine effektive Aufgabenwahrnehmung in angemessener Zeit für alle in der Unternehmensgruppe zusammengeschlossenen Unternehmen zu gewährleisten.[104] Wenn eine Erreichbarkeit auch weitgehend durch Videokonferenzen und andere Kommunikationskanäle gewährleistet werden kann, muss der Datenschutzbeauftragte insbesondere für die Erfüllung seiner Kontrollaufgaben in der Lage sein, innerhalb des jeweiligen Teils der Unternehmensgruppe, wenn auch nicht regelmäßig, so doch **bei Bedarf persönlich präsent** zu sein.[105] Umgekehrt ist zu gewährleisten, dass er erforderlichenfalls persönlich von der Niederlassung aus mit einem zumutbaren Aufwand aufgesucht werden kann.[106] Neben effektiven Kommunikationsmöglichkeiten setzt die leichte Erreichbarkeit bei multinationalen und europaweit tätigen Unternehmen insbesondere die **Überwindung von Sprachbarrieren** voraus.[107] Zu dem erforderlichen Hilfspersonal gehören auch Datenschutz-Korrespondenten oder Datenschutz-Koordinatoren als Verbindungsstellen vor Ort in den Niederlassungen der Unternehmen.[108] In der Kommunikation mit den Bediensteten und Fachabteilungen der einzelnen Unternehmen und den betroffenen Personen in deren Landessprache kann sich der Datenschutzbeauftragte der Unterstützung von Sprachmittlern bedienen.[109] Jedoch muss der Datenschutzbeauftragte auch sprachlich in der Lage sein, selbst direkt mit der höchsten Managementebene in der Unternehmensgruppe und den Aufsichtsbehörden zu kommunizieren.

2. Datenschutzbeauftragter für mehrere Behörden (Abs. 3). Die Benennung eines **40** gemeinsamen Datenschutzbeauftragten ist gemäß Abs. 3 auch **für mehrere Behörden und öffentliche Stellen** unter Berücksichtigung Organisationsstruktur und ihrer Größe zulässig. Soweit die Organisationsstruktur und Größe der betreffenden Behörden oder öffentlichen Einrichtungen dies zulässt, kann zum Beispiel bei einer Ober- oder Mittelbehörde ein Datenschutzbeauftragter benannt werden, der gleichzeitig die Aufgaben des Datenschutzbeauftragten für die nachgeordneten Behörden wahrnimmt. Ebenso muss nicht jede kommunale Einrichtung einen eigenen Datenschutzbeauftragten benennen, wenn diese Aufgabe von dem Datenschutzbeauftragten der Gemeinde, Stadt oder des Kreises wahrgenommen wird, in dessen Trägerschaft sich die Einrichtung befindet. Schon zur Vermeidung eines möglichen Interessenkonflikts sollte

---

[102] Dazu *Sundermann* ZD 2020, 275 (276 ff.).
[103] Artikel-29-Datenschutzgruppe, Leitlinien in Bezug auf Datenschutzbeauftragte (WP 243 rev.01), S. 13, empfiehlt die Benennung eines Datenschutzbeauftragten mit Sitz in der EU; ebenso Kuner/Bygrave/Docksey/*Alvarez Rigaudias*/*Spina* GDPR Art. 37 Abschn. C.5.
[104] Simitis/Hornung/Spiecker gen. Döhmann/*Drewes* DS-GVO Art. 37 Rn. 34.
[105] Kühling/Buchner/*Bergt* DS-GVO Art. 37 Rn. 28; aA Simitis/Hornung/Spiecker gen. Döhmann/*Drewes* DS-GVO Art. 37 Rn. 31; Paal/Pauly/*Paal* DS-GVO Art. 37 Rn. 10a; Gierschmann/Schlender/Stentzel/Veil/*Mayer* DS-GVO Art. 37 Rn. 73; Laue/Kremer Neues DatenschutzR/*Kremer* § 6 Rn. 15; BeckOK DatenschutzR/*Moos* DS-GVO Art. 37 Rn. 43.
[106] Paal/Pauly/*Paal* DS-GVO Art. 37 Rn. 10; *Niklas/Faas* NZA 2017, 1091 (1093); *Baumgartner/Hansch* ZD 2019, 99 (101).
[107] Artikel-29-Datenschutzgruppe, Leitlinien in Bezug auf Datenschutzbeauftragte (WP 243 rev.01), S. 12; Paal/Pauly/*Paal* DS-GVO Art. 37 Rn. 10b; Schwartmann/Jaspers/Thüsing/Kugelmann/*Jaspers*/*Reif* DS-GVO Art. 37 Rn. 35; Knyrim DS-GVO/*König* S. 231 (236); *Klug* ZD 2016, 315 (317); Gierschmann/Schlender/Stentzel/Veil/*Mayer* DS-GVO Art. 37 Rn. 72 u. 75.
[108] *Baumgartner/Hansch* ZD 2019, 99 (100 f.); Simitis/Hornung/Spiecker gen. Döhmann/*Drewes* DS-GVO Art. 37 Rn. 34.
[109] Simitis/Hornung/Spiecker gen. Döhmann/*Drewes* DS-GVO Art. 37 Rn. 33; Taeger/Gabel/*Scheja* DS-GVO Art. 37 Rn. 54; Laue/Kremer Neues DatenschutzR/*Kremer* § 6 Rn. 15; *Baumgartner/Hansch* ZD 2019, 99 (101) erachten die Überwindung von Sprachbarrieren durch Hilfspersonal für ausreichend; aA Kühling/Buchner/*Bergt* DS-GVO Art. 37 Rn. 29.

jedoch ein gemeinsamer Datenschutzbeauftragter nur für Behörden und öffentliche Stellen unter einer Trägerschaft benannt werden, also nicht gleichzeitig für staatliche und kommunale Behörden.[110]

41 Die Benennung eines gemeinsamen behördlichen Datenschutzbeauftragten darf jedoch **nicht aus rein fiskalischen Gründen zur Personaleinsparung** erfolgen oder sonst eine effektive Aufgabenwahrnehmung für jede einzelne dieser Behörden gefährden, sondern muss der spezifischen Situation der betreffenden Behörden oder öffentlichen Stellen Rechnung tragen und auch in zeitlicher Hinsicht machbar sein.[111] Ebenso wie bei dem gemeinsamen Datenschutzbeauftragten nach Abs. 2 erfordert die effektive Aufgabenwahrnehmung auch hier, dass der Datenschutzbeauftragte von jeder Dienststelle aus leicht erreichbar ist. Dazu bedarf es bei dem gemeinsame behördliche Datenschutzbeauftragte gegebenenfalls lokaler Koordinatoren.[112] Entsprechende Regelungen für einen gemeinsamen Datenschutzbeauftragten finden sich in Art. 32 Abs. 3 RL (EU) 2016/680 für mehrere zuständige Behörden im Bereich der Polizei und Strafjustiz sowie in Art. 43 Abs. 2 VO (EU) 2018/1725 für mehrere Organe und Einrichtungen der Union, die ebenfalls die Berücksichtigung von Organisationsstruktur und Größe erfordern.

V. Optionale Benennung eines Datenschutzbeauftragten (Abs. 4)

42 **1. Verstärkungsoption für Unionsrecht und Mitgliedstaaten.** Abs. 4 S. 1 Hs. 2 lässt die Festlegung einer **Benennungspflicht durch nationales Recht** für andere als den in Abs. 1 festgelegten Verarbeitungssituationen zu. Mit dieser „Verstärkungsklausel" ermöglicht die DS-GVO den Mitgliedstaaten, über die Vorgaben des Abs. 1 hinaus weitere Verantwortliche und Auftragsverarbeiter in die Pflicht zu nehmen (→ Einl. Rn. 93) und damit die Fortführung einer „gewachsenen Datenschutzkultur".[113] Da für den öffentlichen Bereich bereits durch Abs. 1 Buchst. a flächendeckend die Benennungspflicht festgelegt ist, betrifft diese Rechtsetzungsbefugnis den nicht-öffentlichen Bereich. Dabei beschränkt sich der nationale Rechtsetzungsspielraum auf zusätzliche Benennungspflichten für Verantwortliche und Auftragsverarbeiter sowie deren Verbände und Vereinigungen, erfasst jedoch nicht Modifikationen, Ergänzungen oder Ausnahmen von den Vorgaben der DS-GVO über die Benennung, Stellung und Aufgaben des Datenschutzbeauftragten, die auch für den nach nationalem Recht benannten Datenschutzbeauftragten zwingend gelten.[114] Da sich der Aufgabenbereich des Datenschutzbeauftragten auf die gesamte Datenverarbeitung und in allen Organisationseinheiten des Verantwortlichen oder Auftragsverarbeiters bezieht (→ Rn. 20), ist der nationale Gesetzgeber auch nicht befugt, eine Benennungspflicht für einzelne Organisationseinheiten und Stellen eines Verantwortlichen oder Auftragsverarbeiters festzulegen. Deshalb ist eine Regelung im nationalen Recht zur Benennung eines eigenen Datenschutzbeauftragten durch den Betriebsrat oder – wie in Thüringen (→ Rn. 71) – durch die Personalvertretung oder sonst eine Organisationseinheit innerhalb der Sphäre des Verantwortlichen oder Auftragsverarbeiters nicht durch diese Vorschrift gedeckt.

43 Dem **risikobasierten Ansatz** der DS-GVO und der Ablehnung eines rein quantitativen Kriteriums, wie das hinsichtlich der Zahl der Beschäftigten oder der Betroffenen im Gesetzgebungsverfahren erfolgt ist (→ Rn. 8), wird allerdings eine Rechtspflicht zur Benennung eines Datenschutzbeauftragten gerecht, die sich ausschließlich an einer Zahl von Beschäftigten orientiert.[115] Berücksichtigt man, dass das damit verbundene Risiko auf Grund des technologischen Fortschritts immer weniger von der Zahl der mit der Datenverarbeitung beschäftigten Personen abhängt, entspricht dem Ansatz der DS-GVO daher eher eine Verpflichtung zur Benennung eines Datenschutzbeauftragten für spezifische Datenverarbeitungen, die mit einem besonderen Risiko verbunden sind.[116] In Deutschland ist der Gesetzgeber allerdings dem quantitativen Ansatz gefolgt und hat auch die frühere Regelung des § 4f Abs. 1 S. 1 und 4 BDSG in der bis zum 25.5.2018 geltenden Fassung in das neue Datenschutzrecht übernommen

---

[110] Ebenso Paal/Pauly/*Paal* DS-GVO Art. 37 Rn. 11; *Gola* ZD 2019, 383 (387) hält die Zuständigkeit eines kommunalen Datenschutzbeauftragten für mehrere kleinere Gemeinden für zulässig.
[111] Dazu *Gürtler-Bayer* Behördliche Datenschutzbeauftragte S. 100 f.; Bergmann/Möhrle/Herb DS-GVO Art. 37 Rn. 57; *Gola* ZD 2019, 383 (387).
[112] Bresich/Dopplinger/Dörnhöfer/Kunnert/Riedl/*Kunnert* DSG § 5 Rn. 20.
[113] *Jaspers/Reif* RDV 2012, 78.
[114] Paal/Pauly/*Paal* DS-GVO Art. 37 Rn. 12a; Schwartmann/Jaspers/Thüsing/Kugelmann/*Jaspers/Reif* DS-GVO Art. 37 Rn. 39; Auernhammer/*Raum* DS-GVO Art. 37 Rn. 70.
[115] Arbeitsunterlage der Kommissionsdienststellen SWD (2020) 115 final, 23; aA *Schantz* NJW 2016, 1841 (1846); *Marschall/Müller* ZD 2016, 415 (418).
[116] Vgl. *Kühling/Martini* DS-GVO S. 97 ff.

(→ Rn. 72), während in Österreich der Gesetzgeber von der Verstärkungsoption keinen Gebrauch gemacht hat.

Die Verpflichtung zur Benennung eines Datenschutzbeauftragten durch das nationale Recht 44 gilt allerdings nur für die Datenverarbeitung, die dem Recht des betreffenden Mitgliedstaats unterliegt. Daraus können sich für Unternehmen mit Niederlassungen in mehreren Mitgliedstaaten unterschiedliche Anforderungen dergestalt ergeben, dass nur für die Niederlassung in bestimmten Mitgliedstaaten die Benennung erforderlich ist, sofern nicht ohnehin eine Verarbeitung im Sinne der Fallgruppen nach Buchst. b oder c erfolgt. Das **Risiko einer Fragmentierung** ist dadurch gemindert, dass der nationale Gesetzgeber darauf beschränkt ist, weitere Verarbeitungssituationen für eine Benennungspflicht festzulegen, und auch dann nicht von den Vorgaben der Art. 37, 38 und 39 abweichen darf (→ Rn. 14). Dadurch werden die unterschiedlichen Voraussetzungen und Bedingungen für die Stellung und Aufgabenerfüllung in den Mitgliedstaaten, die unter der Geltung der DS-RL von der Möglichkeit des Art. 18 Abs. 2 DS-RL Gebrauch gemacht haben,[117] durch einen unionsweit verbindlichen Standard ersetzt, unabhängig davon, ob die Benennung auf Grund einer Rechtspflicht nach Art. 37 Abs. 1 oder nach nationalem Recht erfolgt. Zudem hat es das Unternehmen in der Hand, einen Datenschutzbeauftragten für seine gesamten Verarbeitungsaktivitäten zu benennen, und zwar auch für die Verarbeitung in den Mitgliedstaaten, in denen die Benennung nicht durch nationales Recht vorgeschrieben ist.

Die Vorschrift umfasst zudem die Möglichkeit, **durch Unionsrecht** Verantwortlichen und 45 Auftragsverarbeiter zu verpflichten, die Benennung eines Datenschutzbeauftragten für weitere Verarbeitungssituationen unionsweit in den Mitgliedstaaten vorzuschreiben. Diese Option ist Ausdruck der Zukunftsoffenheit der DS-GVO, weil sie eine Harmonisierung einer präventiven Datenschutzgewährleistung für bestimmte neue Verarbeitungssituationen ermöglicht, deren hohes Risikopotential sich möglicherweise erst in der Zukunft herausstellt. Der Unionsgesetzgeber ist dabei ebenfalls an die Vorgaben der DS-GVO für den Datenschutzbeauftragten gebunden.

2. Fakultative Benennung eines Datenschutzbeauftragten. Abs. 4 S. 1 Hs. 1 stellt klar, 46 dass dort, wo eine Benennungspflicht durch das Unionsrecht oder das nationale Recht nicht vorgeschrieben ist, sowohl der Verantwortliche oder der Auftragsverarbeiter als auch deren Verbände und andere Vereinigungen von sich aus einen Datenschutzbeauftragten benennen können. Diese Benennung ist insofern freiwillig, als sie nicht auf einer ausdrücklichen rechtlichen Verpflichtung beruht. Jedoch hat der Verantwortliche auf Grund der Rechenschaftspflicht (Art. 5 Abs. 2) im Rahmen seiner **Eigenverantwortung** zu prüfen, ob eine Benennung, auch wenn sie nicht verpflichtend vorgeschrieben ist, als organisatorische Maßnahme geeignet und erforderlich ist, damit die Verarbeitung im Einklang mit der Verordnung erfolgt. Dies gilt insbesondere im Hinblick auf den **risikobasierten Ansatz,** der die Berücksichtigung der mit der konkreten Verarbeitung verbundenen Eintrittswahrscheinlichkeit und Schwere der Risiken für die Rechte und Freiheiten natürlicher Personen erfordert (Art. 24 Abs. 1 S. 1). Für diese Risikoanalyse muss der Verantwortliche oder Auftragsverarbeiter auch die weitere Konkretisierung der Fallgruppen des Abs. 1 Buchst. b und c sowie gegebenenfalls einer nationalen Benennungspflicht durch die Aufsichtspraxis und die Rechtsprechung verfolgen.[118] Sieht der Verantwortliche oder Auftragsverarbeiter von der Benennung eines Datenschutzbeauftragten ab, muss er dafür Sorge tragen, dass das für die jeweiligen Verarbeitungsvorgänge erforderliche Fachwissen bei den damit befassten Beschäftigten vorhanden ist. Die Rechenschaftspflicht kann, abhängig von dem mit der Verarbeitung verbundenem Risiko, auch die Dokumentation der Gründe erfordern, warum die Organisation keinen Datenschutzbeauftragten benennt und welche der umgesetzten anderweitigen technischen und organisatorischen Maßnahmen einen Datenschutzbeauftragten entbehrlich machen.[119]

Verbände und andere Vereinigungen im Sinne dieser Vorschrift umfassen, wie der eng- 47 lischsprachige Text („associations or other bodies") noch deutlicher macht, alle Vereinigungen und berufsständischen Körperschaften und Organisationen, die Verantwortliche oder Auftragsverarbeiter in bestimmten Wirtschafts- und Gesellschaftsbereichen vertreten. Dies eröffnet vor allem kleinen und mittleren Unternehmen oder Organisationen, die selbst nicht zur Benennung eines Datenschutzbeauftragten verpflichtet sind, die Möglichkeit, fachkundige Beratung über

---

[117] Überblick bei CEDPO, Comparative Analysis of Data Protection Officials.
[118] Gierschmann/Schlender/Stentzel/Veil/*Mayer* DS-GVO Art. 37 Rn. 78.
[119] Artikel-29-Datenschutzgruppe, Leitlinien in Bezug auf Datenschutzbeauftragte (WP 243 rev.01), S. 6.

eine berufsständische Vereinigung in Anspruch zu nehmen, die zur Unterstützung ihrer Mitglieder entweder einen eigenen Beschäftigten oder einen externen Datenschutzbeauftragten mit dieser Aufgabe betrauen kann. Aus S. 2 folgt, dass auch der von dem Verband oder der Vereinigung benannte Datenschutzbeauftragte nicht nur auf die interne Beratung und Überwachung beschränkt ist, sondern auch die nach außen gerichteten Funktionen wahrnehmen kann, die die DS-GVO dem Datenschutzbeauftragten zuweist. Der Datenschutzbeauftragte kann deshalb für den Verband oder die Vereinigung gegenüber der Aufsichtsbehörde handeln und die Aufgaben der Zusammenarbeit sowie die Funktion als Anlaufstelle für die Aufsichtsbehörde (Art. 39 Abs. 1 Buchst. d und e) wahrnehmen. Daraus folgt jedoch nicht, dass der von einem Verband oder eine Vereinigung freiwillig benannte Datenschutzbeauftragte anstelle der Datenschutzbeauftragten von Unternehmen oder Organisationen treten kann, die selbst durch eine der Fallgruppen des Abs. 1 oder nationales Recht zur Benennung eines Datenschutzbeauftragten verpflichtet sind. Da Abs. 2 einen gemeinsamen Datenschutzbeauftragten im nicht-öffentlichen Bereich einzig für eine Unternehmensgruppe zulässt, ist der von dem Verband oder der Vereinigung benannte Datenschutzbeauftragte deshalb **kein gemeinsamer Datenschutzbeauftragter** seiner Mitglieder.[120] Er bleibt vielmehr Datenschutzbeauftragter des Verbandes oder der Vereinigung, die mit seiner Expertise ihre Mitglieder unterstützen können, sofern diese selbst nicht zur Benennung eines Datenschutzbeauftragten verpflichtet sind.

48 Mit der fakultativen Benennungsmöglichkeit steht die Institution des Datenschutzbeauftragten als fachkundige Unterstützung in Bezug auf die Einhaltung der datenschutzrechtlichen Bestimmungen potentiell für alle Arten von Datenverarbeitungen im Anwendungsbereich der DS-GVO offen. Aber auch dann, wenn der Datenschutzbeauftragte freiwillig benannt wird, besteht **keine „Gestaltungsfreiheit"** in dem Sinne, dass von den Bedingungen für die Benennung und den Vorschriften über seine Stellung und seine Aufgaben abgewichen werden könnte.[121] Vielmehr sind diese auch bei einer fakultativen Benennung die Anforderungen der DS-GVO an den Datenschutzbeauftragten einzuhalten (→ Rn. 14). Beauftragt ein Verantwortlicher oder Auftragsverarbeiter, der nicht nach Abs. 1 oder einer Rechtsvorschrift im Sinne von Abs. 4 S. 1 Hs. 2 zur Benennung eines Datenschutzbeauftragten verpflichtet ist, einen Beschäftigten mit der Bearbeitung von Datenschutzangelegenheiten, ohne ihm die Stellung und Aufgaben eines Datenschutzbeauftragten zu übertragen, muss er sowohl innerhalb des Unternehmens oder der Behörde als auch gegenüber den Aufsichtsbehörden und den betroffenen Personen sicherstellen, dass dieser Sachbearbeiter nicht mit einem Datenschutzbeauftragten verwechselt wird.[122]

VI. Qualifikation und Fähigkeit zur Aufgabenerfüllung (Abs. 5)

49 **1. Berufliche Qualifikation.** Mit der Hervorhebung als Grundlage der Benennung setzt Abs. 5 voraus, dass die betreffende Person **bereits zu dem Zeitpunkt der Benennung** als Datenschutzbeauftragter über die erforderliche berufliche Qualifikation und die Fähigkeit zur Erfüllung der in Art. 39 genannten Aufgaben verfügt.[123] Der Verantwortliche und der Auftragsverarbeiter muss deshalb in der Lage sein, diese Voraussetzungen für die Benennung gemäß Art. 5 Abs. 2, Art. 24 Abs. 1 nachzuweisen. Die erforderliche Fachwissen umfasst insbesondere das Datenschutzrecht, erstreckt sich aber ausdrücklich auch auf die Datenschutzpraxis. Es kommt daher für die berufliche Qualifikation nicht nur auf abstrakte Rechtskenntnisse an, sondern auch auf das Wissen, wie diese Kenntnisse in Bezug auf die **Datenverarbeitung in der Praxis** umzusetzen sind. Deshalb erfordert die berufliche Qualifikation auch branchenspezifische Kenntnisse der Verfahren und Techniken der Datenverarbeitung und der relevanten organisatorischen, technischen und wirtschaftlichen Praktiken und Verfahren, die notwendig sind, um die Datenverarbeitung und die damit verbundenen Risiken in dem konkreten Unternehmen, der Behörde oder öffentlichen Stelle einzuschätzen.[124] Dementsprechend muss sich das Fachwissen auf die konkrete Datenverarbeitung und den darauf bezogenen erforderlichen Schutz für die

---

[120] So jedoch Simitis/Hornung/Spiecker gen. Döhmann/*Drewes* DS-GVO Art. 37 Rn. 38; Kühling/Buchner/*Bergt* DS-GVO Art. 37 Rn. 31.
[121] Ebenso Schwartmann/Jaspers/Thüsing/Kugelmann/*Jaspers/Reif* DS-GVO Art. 37 Rn. 41.
[122] Artikel-29-Datenschutzgruppe, Leitlinien in Bezug auf Datenschutzbeauftragte (WP 243 rev.01), S. 6.
[123] Kühling/Buchner/*Bergt* DS-GVO Art. 37 Rn. 33; Simitis/Hornung/Spiecker gen. Döhmann/*Drewes* DS-GVO Art. 37 Rn. 45 f.; Auernhammer/*Raum* DS-GVO Art. 37 Rn. 7.
[124] Artikel-29-Datenschutzgruppe, Leitlinien in Bezug auf Datenschutzbeauftragte (WP 243 rev.01), S. 13 f.; Gola/Heckmann/*Klug* DS-GVO Art. 37 Rn. 18; Knyrim DS-GVO/*König* S. 231 (239 f.); zu den Anforderungen des Datenschutz-Risikomanagements *Kranig/Sachs/Gierschmann* Datenschutz-Compliance S. 94 ff.

verarbeiteten personenbezogenen Daten beziehen.[125] Auf dieser Grundlage muss der Datenschutzbeauftragte in der Lage sein, sich in kurzer Zeit einen Überblick über die aktuellen Verarbeitungsvorgänge in dem Betrieb oder der Behörde zu verschaffen. Daraus können sich auch unterschiedliche Anforderungen an das Niveau des Fachwissens ergeben einschließlich von Kenntnissen über die datenschutzrelevanten Aspekte der Verwendung algorithmischer Systeme.

Da der Aufgabenkatalog des Art. 39 sich nicht auf datenschutzrechtliche Fragen beschränkt, sondern die umfassende Beratungs- und Überwachungsaufgabe des Datenschutzbeauftragten gerade auch auf die technischen und organisatorischen Maßnahmen zur Umsetzung der datenschutzrechtlichen Anforderungen umfasst, ist für die Wahrnehmung dieser Funktion **keine Ausbildung und Erfahrung in einem juristischen Beruf Voraussetzung** und eine solche für sich auch nicht ausreichend. Vielmehr muss der Datenschutzbeauftragte Kenntnisse in interdisziplinären Wissensgebieten aufweisen, die neben datenschutzrechtlichen Kenntnissen betriebswirtschaftliche und umfangreiche technische Kenntnisse insbesondere im Bereich der Informationstechnologie einschließen. Auch wenn einer der Schwerpunkte der Aufgaben des Datenschutzbeauftragten im rechtlichen Bereich liegt, so ist auch die beratende Tätigkeit in datenschutzrechtlichen Fragen doch nicht eine Rechtsdienstleistung (→ Rn. 76) oder sonst seine Funktion beherrschende Tätigkeit, die die anderen Aufgaben in den Hintergrund treten lassen würde.[126] Im Vordergrund steht nicht die Klärung komplexer Rechtsfragen, für die er gegebenenfalls auf die Beratung durch die Aufsichtsbehörde (Art. 39 Abs. 1 Buchst. e) oder eine juristische Fachberatung zurückgreifen kann. Vielmehr konzentrieren sich seine Aufgaben auf die Beratung und Überwachung der technischen und organisatorischen Maßnahmen im Hinblick auf die Übereinstimmung mit den datenschutzrechtlichen Anforderungen und der dafür erforderlichen Sensibilisierung und Schulung der an den Verarbeitungsvorgängen beteiligten Mitarbeiter. Die Funktion als Datenschutzbeauftragter ist deshalb **als solche keine anwaltliche Tätigkeit**.[127] Ein gegenteiliges Ergebnis ergibt sich auch nicht aus der Rechtsprechung des BGH vom 15.10.2018, weil sich in dem dort entschiedenen Fall die Qualifizierung als anwaltliche Tätigkeit auf die gleichzeitige Wahrnehmung von Aufgaben „anwaltlicher Prägung" und von Aufgaben der Datenschutzaufsicht gründet.[128] Andererseits kann ein Rechtsanwalt mit der entsprechenden Qualifikation für die spezifischen Aufgaben des Datenschutzbeauftragten durchaus die Funktion eines externen Datenschutzbeauftragten wahrnehmen.[129] Diese Funktion darf jedoch soweit dies nicht in Konflikt mit anderen Aufgaben steht, die er für den Verantwortlichen oder Auftragsverarbeiter erfüllt (→ Art. 38 Rn. 30).

Für den Erwerb des Fachwissens schreibt die DS-GVO weder einen besonderen Ausbildungsgang vor noch legt sie selbst Kriterien für die erforderliche Datenschutzpraxis fest. Angesichts der Feststellung von Qualitätsmängeln auch in Deutschland,[130] ist die Entwicklung **einheitlicher Standards** für die berufliche Qualifikation des Datenschutzbeauftragten jedoch von erheblicher Bedeutung. Der Vorschlag der Europäischen Kommission, durch einen delegierten Rechtsakt Kriterien für die berufliche Qualifikation festzulegen, ist vom Gesetzgeber nicht aufgegriffen worden.[131] Eine solche Festlegung kann auch nicht durch nationale Rechtsvorschriften erfolgen, da es an einer Befugnis der Mitgliedstaaten fehlt, um die Anforderungen an die Qualifikation des Datenschutzbeauftragten zu konkretisieren oder zu ergänzen. Umso mehr kommt es auf die einheitliche Durchsetzung dieser Vorgaben der DS-GVO durch die nationalen Datenschutzbehörden und entsprechende Empfehlungen des Europäischen Datenschutzausschusses für Anforderungen an die berufliche Qualifikation an, aber auch auf Initiativen der Berufsorganisationen der Datenschutzbeauftragten, die sich auf europäischer Ebene etabliert haben.[132] Der ein-

---

[125] Erwägungsgrund 97 S. 3.
[126] BFH Urt. v. 14.1.2020 – VIII R 27/17, NJW 2020, 1542 Rn. 15 ff.; AGH NRW Urt. v. 12.3.2021 – 1 AGH 9/19, ZD 2021, 373 Rn. 26, 33; BayAGH Urt. v. 18.4.2018 – III-4-4/17, BeckRS 2018, 18728 Rn. 34.
[127] BFH Urt. v. 14.1.2020 – VIII R 27/17, NJW 2020, 1542 Ls. 2, Rn. 15; BayAGH Urt. v. 18.4.2018 – III-4-4/17, BeckRS 2018, 18728 Rn. 34, 39; AGH NRW Urt. v. 12.3.2021 – 1 AGH 9/19, ZD 2021, 373 Rn. 40; aA *Meyer* RDV 2021, 31 (32).
[128] BGH Urt. v. 15.10.2018 – AnwZ (Brfg) 20/18, NJW 2018, 3701 Rn. 77, 80; dazu *Remmert* AnwBl Online 2020, 96 (100); *Heberlein* RDV 2021, 135 (139).
[129] Dazu *Piltz/Häntschel* RDV 2019, 277 (279 ff.).
[130] *Brink* ZD 2012, 55 (58).
[131] Art. 35 Abs. 11 des Kommissionsvorschlags KOM(2012) 11 endgültig; *Pfeifer* GewArchiv 2014, 142 (146).
[132] Confederation of European Data Protection Organisations (CEDPO), der die Gesellschaft für Datenschutz und Datensicherheit (GDD) und die österreichische ARGE DATEN sowie Datenschutzorganisationen

heitlichen Durchsetzung der Anforderungen an die Qualifikation des Datenschutzbeauftragten dient auch die zweite Prüfaktion der europäischen Datenschutzaufsichtsbehörden (CEF 2023) (→ Rn. 10), in deren Rahmen insbesondere Erfahrung und Fachwissen des Datenschutzbeauftragten sowie deren Gewichtung bei der Benennung abgefragt wurden.[133] Von solchen Standards und deren einheitlichen Durchsetzung wird es abhängen, ob sich auf europäischer Ebene das Berufsbild eines europäischen Datenschutzbeauftragten herausbildet und damit auch ein europaweites Berufsfeld für die Aus- und Fortbildung von Datenschutzbeauftragten entsteht.[134]

52 **2. Fähigkeit zur Erfüllung der Aufgaben.** Neben der beruflichen Qualifikation ist die Fähigkeit des Datenschutzbeauftragten zur Erfüllung seiner Aufgaben Grundlage seiner Benennung. Zu den Anforderungen, die die in Art. 39 Abs. 1 aufgelisteten Aufgaben in dieser Hinsicht erfordern, gehören insbesondere **soziale Kompetenz und Kommunikationsfähigkeit**, um die Informations- und Beratungsaufgaben und die Funktion als akzeptierter Ansprechpartner innerhalb und außerhalb des Betriebs oder der Behörde wahrzunehmen. Der Datenschutzbeauftragte muss deshalb als Ansprechpartner verlässlich sein und die Fähigkeit zur vertrauensvollen Zusammenarbeit besitzen. Zur Kommunikationsfähigkeit gehört vor allem bei Datenschutzbeauftragten multinationaler Unternehmen und Unternehmensgruppen die erforderliche Sprachkompetenz (→ Rn. 39). Der Datenschutzbeauftragte muss mit den Aufgaben, der Struktur und der Funktionsweise des Unternehmens oder der Behörde vertraut sein und darf in Bezug auf seine Aufgaben nicht Interessenkonflikten ausgesetzt sein. Zu den erforderlichen Fähigkeiten gehört, dass sich der Datenschutzbeauftragte nicht nur auf die Beanstandung problematischer Verarbeitungsvorgänge beschränkt, sondern in der Lage ist, im Rahmen eines Risikomanagements das mit der konkreten Verarbeitung verbundene spezifische Risiko abzuschätzen[135] und **proaktiv datenschutzkonforme Alternativen** aufzuzeigen Ebenso muss er die Fähigkeit haben, gegenüber der Geschäftsleitung seine Stellung zu wahren und notfalls durchzusetzen, vor allem bei Meinungsverschiedenheiten über die datenschutzrechtlichen Anforderungen an die Datenverarbeitung, aber auch um angemessene Arbeitsbedingungen zur effektiven Wahrnehmung seiner Funktion zu sichern. Er muss auch einschätzen können, ob und wann es geboten ist, die Aufsichtsbehörde zu konsultieren (→ Art. 39 Rn. 22).

VII. Interner und externer Datenschutzbeauftragter (Abs. 6)

53 **1. Der interne Datenschutzbeauftragte.** Abs. 6 lässt dem Verantwortlichen oder Auftragsverarbeiter die Wahl, ob er einen externen Dienstleister oder einen seiner Beschäftigten zum Datenschutzbeauftragten benennt. Der Verantwortliche oder Auftragsverarbeiter kann die Funktion des Datenschutzbeauftragten **einem seiner Beschäftigten übertragen,** der dafür von anderen Aufgaben teilweise oder völlig freigestellt wird.[136] Erforderlich ist jedoch, dass die Stellung eines solchen **internen Datenschutzbeauftragten** und seine Einbindung in das Unternehmen und die Behörde den Anforderungen der Art. 37 bis 39 entspricht. Dazu gehört insbesondere, dass die Geschäfts- oder Behördenleitung diesen Beschäftigten bei der Erfüllung seiner Aufgaben als Datenschutzbeauftragter unterstützt und sicherstellt, dass dieser weisungsfrei diese Aufgaben erfüllen kann und keinen Interessenkonflikten ausgesetzt ist. Im Gegensatz zum externen Datenschutzbeauftragten ist der interne Datenschutzbeauftragte ausschließlich für den Verantwortlichen oder Auftragsverarbeiter tätig, dessen Betrieb oder dessen Behörde er auf der Grundlage seines Beschäftigungsverhältnisses angehört. Weil er deshalb seine Aufgaben nicht „von außen her" wahrnimmt, hat dies den Vorteil, dass er die betrieblichen Zusammenhänge des

---

aus Frankreich, Irland, Italien, den Niederlanden, Polen, Portugal, Rumänien und Spanien angehören. Auf internationaler Ebene besteht die International Association of Privacy Professionals (IAPP).

[133] Europäischer Datenschutzausschuss, 2023 Coordinated Enforcement Action: Designation and Position of Data Protection Officers, S. 18 f., mit dem Hinweis auf Mängel bei Fachkenntnissen und Training.

[134] Vgl. die Erwartung von *Kuner* 11 PVLR 06, 1 (8), dass die DS-GVO „a new industry in the EU for the appointment, education, and training" von Datenschutzbeauftragten entstehen lassen werde.

[135] *Klug* ZD 2016, 315 (317 f.).

[136] Nach dem Bericht des Europäischen Datenschutzausschusses, 2023 Coordinated Enforcement Action: Designation and Position of Data Protection Officers, S. 12, sind europaweit 70 Prozent der von der Prüfaktion erfassten Datenschutzbeauftragten Beschäftigte der jeweiligen Organisation. *Brink* ZD 2012, 55 (57, 58), berichtet, dass 2011 bei 1.500 befragten überwiegend kleinen und mittleren Unternehmen in Rheinland-Pfalz drei Viertel der Datenschutzbeauftragten im Unternehmen Beschäftigte waren, die allerdings nur in 1 Prozent diese Tätigkeit in Vollzeit ausübten.

Unternehmens oder der Behörde aus eigener Anschauung und im Detail kennt. Bei größeren oder auf die Datenverarbeitung spezialisierten Unternehmen und bei einer Behörde wird es sich daher regelmäßig anbieten, einen Beschäftigten des Unternehmens oder der Behörde, der mit den internen Betriebsabläufen vertraut ist, mit den Aufgaben eines Datenschutzbeauftragten zu betrauen.

2. Der externe Datenschutzbeauftragte. Alternativ zu einem eigenen Beschäftigten ist die 54 Benennung eines Datenschutzbeauftragten auf der Grundlage eines Dienstleistungsvertrages zulässig. Damit wird ein externer Datenschutzfachmann, der nicht dem Betrieb oder der Behörde angehört, für den Verantwortlichen oder den Auftragsverarbeiter als Datenschutzbeauftragter tätig. Durch diese externe Stellung wird der Datenschutzbeauftragte jedoch nicht zum Auftragsverarbeiter.[137] Er verarbeitet keine personenbezogenen Daten im Auftrag des Verantwortlichen, wie dies die Begriffsbestimmung des „Auftragsverarbeiters" voraussetzt (Art. 3 Nr. 8), sondern unterstützt seinen Auftraggeber bei der Erfüllung von dessen Pflichten nach der DS-GVO und ist deshalb ebenso wie ein interner Datenschutzbeauftragter der Sphäre des Verantwortlichen bzw. des Auftraggebers zuzuordnen (→ Rn. 12). Im Gegensatz zum internen Datenschutzbeauftragten wird dieser Dienstleister regelmäßig **nicht nur für einen Verantwortlichen oder Auftragsverarbeiter** als Datenschutzbeauftragter tätig, sondern für eine Vielzahl von Auftraggebern. Häufig nehmen Rechtsanwälte, Wirtschaftsprüfer und Unternehmensberater diese Aufgabe wahr, die allerdings über die nach Abs. 5 erforderliche Qualifikation verfügen müssen.

Der **Vorteil eines externen Datenschutzbeauftragten** besteht vor allem in deren Speziali- 55 sierung auf diese Tätigkeit und damit eine „Professionalisierung" dieser Funktion mit einer entsprechend hohen Fachkompetenz. In der Regel hat er eine durch Referenzen nachweisbare Erfahrung in der Wahrnehmung der Aufgaben für mehrere Auftraggeber und unterschiedliche Datenverarbeitungen und verfügt daher über einen breiteren Überblick über spezifische Anforderungen der Datenverarbeitung. Andererseits steht der externe Datenschutzbeauftragte nicht permanent und zu jeder Zeit im Unternehmen selbst als Ansprechpartner zur Verfügung und wird möglicherweise nicht so frühzeitig wie interne Datenschutzbeauftragte in Maßnahmen mit datenschutzrechtlicher Relevanz eingebunden.[138] Vor allem im Hinblick auf seine weiteren beruflichen Aufgaben für andere, möglicherweise auch im wirtschaftlichen Wettbewerb stehende Unternehmen darf der externe Datenschutzbeauftragte auch insoweit nicht einer Interessenkollision ausgesetzt sein. Ein externer Datenschutzbeauftragter wird insbesondere von Freiberuflern und kleinen und mittleren Unternehmen vorzuziehen sein, deren Tätigkeit keine ständige Präsenz eines Datenschutzbeauftragten erfordert. Die Praxis zeigt, dass aber auch größere Unternehmen sich durchaus externer Datenschutzbeauftragter bedienen.[139] Da Abs. 6 keine Unterscheidung zwischen öffentlichem und nicht-öffentlichem Bereich trifft, ist die Benennung eines externen Datenschutzbeauftragten auch für Behörden und andere öffentliche Stellen zulässig. Wenn damit auch eine größere personelle Flexibilität verbunden sein mag,[140] so ist allerdings bei Behörden und öffentliche Stellen die Aufgabenwahrnehmung durch einen eigenen Bediensteten die Regel. Dies entspricht der Rechtslage für die Organe und Einrichtungen der EU, wonach der Datenschutzbeauftragte Bediensteter des Organs oder der Einrichtung der Union sein muss und die Benennung eines externen Datenschutzbeauftragten nur dann in Betracht kommt, wenn nicht von der Möglichkeit eines gemeinsamen Datenschutzbeauftragten für mehrere Organe oder Einrichtungen Gebrauch gemacht wird.[141] In der Richtlinie (EU) 2016/680 findet sich kein Hinweis auf einen externen Datenschutzbeauftragten.

3. Juristische Person als Datenschutzbeauftragter? Die strittige Frage, ob die Aufgaben 56 des externen Datenschutzbeauftragten auch von einer juristischen Person wahrgenommen wer-

---

[137] So jedoch Knyrim DS-GVO/*König* S. 231 (237).
[138] Vgl. *Brink* ZD 2012, 55 (57); Forgó/Helfrich/Schneider Betr. Datenschutz-HdB/*Haag* Teil II Kap. 1 Rn. 6–8.
[139] *Belke/Neumann/Zier* DuD 2013, 577 (578), berichten, dass nach dem Ergebnis einer empirischen Studie (abrufbar unter www.2b-advice.com/GmbH-de/Studie-Datenschutzpraxis-2012) 29 Prozent der Unternehmen mit über 50.000 Mitarbeitern einen externen Datenschutzbeauftragten beauftragten. Dies entspricht auch dem internationalen Vergleich, CIPL, Report on DPO Survey Results, Abschn. 6.
[140] *Pfeifer* GewArchiv 2014, 142 (146).
[141] Art. 43 Abs. 4 VO (EU) Nr. 1725/2018.

den können, hat die DS-GVO keineswegs offen gelassen.¹⁴² Zwar spricht der Wortlaut der deutschen Sprachfassung durchgehend nur neutral von „dem Datenschutzbeauftragten". Jedoch bestätigt die englische Sprachfassung des Art. 38 in Abs. 2 („to maintain his or her expert knowledge"), Abs. 3 S. 2 („he or she shall not be dismissed") und in Abs. 5 sowie in Art. 39 Abs. 2 („his or her tasks"), dass damit **eine natürliche Person vorausgesetzt** ist und deshalb eine juristische Person nicht selbst als Datenschutzbeauftragter benannt werden kann. In diesem Sinne ist auch Erwägungsgrund 97 zu verstehen, der ausdrücklich auf eine „weitere Person" verweist, während bei einer Bezugnahme auf eine juristische Person dies von der DS-GVO in der jeweiligen Vorschrift ausdrücklich hervorgehoben wird.¹⁴³ Vor allem aber kann die Funktion eines kontinuierlichen, mit den Einzelheiten der Datenverarbeitung in dem Betrieb oder der Behörde vertrauten Beraters für den Verantwortlichen oder Auftragsverarbeiter ebenso wie eines auch in dieser Hinsicht sachkundigen Ansprechpartners für die Aufsichtsbehörde (Art. 39 Abs. 1 Buchst. e) sinnvollerweise nur von einer bestimmten natürlichen Person wahrgenommen werden.¹⁴⁴ Dies gilt ebenso für die Erfordernisse der beruflichen Qualifikation und der Fähigkeit zur Aufgabenerfüllung. Das Argument, dass den Anforderungen der Fachkunde durch eine erhöhte Professionalisierung und interdisziplinären Zusammenarbeit eher durch die Bestellung juristischer Personen mit einem Team von Fachleuten entsprochen werden kann,¹⁴⁵ übersieht, dass sich der externe Datenschutzbeauftragte ebenso wie der interne Datenschutzbeauftragte von Hilfspersonen unterstützen lassen kann (→ Art. 38 Rn. 11).

57 Damit ist jedoch nicht ausgeschlossen, dass der **Dienstleistungsvertrag mit einer juristischen Person** geschlossen werden kann, etwa einer Unternehmensberatungsgesellschaft oder Anwaltskanzlei, die sich auf die Beratung (auch) in Datenschutzangelegenheiten spezialisiert hat. Von diesem Grundverhältnis ist jedoch die Benennung des Datenschutzbeauftragten zu unterscheiden (→ Rn. 17). Die Benennung darf nicht der juristischen Person als Vertragspartner dieses Dienstleistungsvertrags überlassen werden, sondern muss gemäß Abs. 1 und 4 durch den Verantwortlichen oder dem Auftragsverarbeiter für einen bestimmten namentlich benannten Mitarbeiter der juristischen Person erfolgen.¹⁴⁶ Dieser als Datenschutzbeauftragter benannte Mitarbeiter muss persönlich die von Abs. 5 geforderte berufliche Qualität und Fähigkeit zur Aufgabenerfüllung nachweisen und darf keiner Interessenkollision sowohl innerhalb des Dienstleistungsunternehmens als auch in Bezug auf den Verantwortlichen oder Auftragsverarbeiter unterliegen. Insbesondere muss sichergestellt sein, dass die Weisungsfreiheit gemäß Art. 38 Abs. 3 nicht nur gegenüber der Leitung des Unternehmens bzw. der Behörde besteht, sondern auch gegenüber der juristischen Person, deren Mitarbeiter der Datenschutzbeauftragte ist.

VIII. Veröffentlichung und Mitteilung der Kontaktdaten (Abs. 7)

58 Der Verantwortliche oder Auftragsverarbeiter ist nach Abs. 7 verpflichtet, die Kontaktdaten des Datenschutzbeauftragten zu veröffentlichen und der Aufsichtsbehörde mitzuteilen. Wie der Vergleich mit dem Wortlaut anderer Bestimmungen zeigt, die ausdrücklich auch die Bekanntgabe des Namens erfordern,¹⁴⁷ umfassen die „Kontaktdaten" nicht den Namen des Datenschutzbeauftragten, sondern beschränken sich auf seine Funktion und Erreichbarkeit. Die **Veröffentlichung der Kontaktdaten** entspricht dem Transparenzgrundsatz (Art. 5 Abs. 1 Buchst. a) und

---

[142] So jedoch *Knopp* DuD 2015, 98 (102); *Bittner* RDV 2014, 183 (186); HK-DS-GVO/*Helfrich* Art. 37 Rn. 119 f.
[143] Vgl. Art. 4 Nr. 7–10; Art. 18 Abs. 2, Art. 49 Abs. 1 Buchst. c und die Erwägungsgründe 14 und 45 S. 6.
[144] Ebenso Laue/Kremer Neues DatenschutzR/*Kremer* § 6 Rn. 18; Simitis/Hornung/Spiecker gen. Döhmann/*Drewes* DS-GVO Art. 37 Rn. 49; idS auch Kühling/Buchner/*Bergt* DS-GVO Art. 37 Rn. 36; Paal/Pauly/*Paal* DS-GVO Art. 37 Rn. 15, die davon ausgehen, dass der Unionsgesetzgeber „primär die Benennung einer natürlichen Person" im Blick gehabt habe; aA, für die Zulässigkeit der Benennung einer juristischen Person: Taeger/Gabel/*Scheja* DS-GVO Art. 37 Rn. 80; Schwartmann/Jaspers/Thüsing/Kugelmann/*Jaspers*/*Reif* DS-GVO Art. 37 Rn. 49; *Knopp* DuD 2015, 98 (102); *Sörup*/*Batmann* ZD 2018, 553 (554); Gola/Heckmann/*Klug* DS-GVO Art. 37 Rn. 15; *Baumgartner*/*Hansch* ZD 2019, 99 (102).
[145] *Knopp* DuD 2015, 98 (100); Auernhammer/*Raum* DS-GVO Art. 37 Rn. 28; BeckOK DatenschutzR/*Moos* DS-GVO Art. 37 Rn. 69; Artikel-29-Datenschutzgruppe, Leitlinien in Bezug auf Datenschutzbeauftragte (WP 243 rev.01), S. 14.
[146] Ebenso Laue/Kremer Neues DatenschutzR/*Kremer* § 6 Rn. 18 aE; *Gola* RDV 2019, 157 (160).
[147] Art. 13 Abs. 1 Buchst. a, Art. 14 Abs. 1 Buchst. a, Art. 30 Abs. 1 Buchst. a, Abs. 2 Buchst. a, Art. 33 Abs. 3 Buchst. b.

ergänzt die Verpflichtung des Verantwortlichen zur Bekanntgabe der Kontaktdaten an die betroffene Person (Art. 13 Abs. 1 Buchst. b und Art. 14 Abs. 1 Buchst. b).[148] Die Kenntnis der Kontaktdaten ist Voraussetzung dafür, dass sich die betroffene Person in datenschutzrechtlichen Angelegenheiten unmittelbar an den Datenschutzbeauftragten wenden kann (Art. 38 Abs. 4). Dies ermöglicht Kunden und Geschäftspartnern eines Unternehmens oder Bürgern im Umgang mit Behörden den direkten Kontakt mit dem Datenschutzbeauftragten. Ebenso werden dadurch die Beschäftigten darüber informiert, wer ihr Ansprechpartner für datenschutzrechtliche Belange ist.

Durch die **Mitteilung an die Aufsichtsbehörde** wird der Datenschutzbeauftragte dieser als Anlaufstelle in dem Betrieb oder der Behörde bekannt. Dies ist Voraussetzung für die Zusammenarbeit zwischen ihm und Aufsichtsbehörde (Art. 39 Abs. 1 Buchst. d und e), ermöglicht aber der Aufsichtsbehörde auch die Feststellung, ob die Pflicht zur Benennung erfüllt bzw. ob fakultativ ein Datenschutzbeauftragter benannt worden ist. Die der Aufsichtsbehörden mitgeteilten Kontaktdaten müssen diese in die Lage versetzen, einfach und auf direktem Weg den Datenschutzbeauftragten zu erreichen.[149] Da die vor dem 25.5.2018 geltende Fassung des BDSG keine entsprechende Mitteilungspflicht kannte, fehlte in Deutschland ein umfassender Überblick über die Zahl der Datenschutzbeauftragten.[150] Zudem ist der Verantwortliche oder der Auftragsverarbeiter verpflichtet, der Aufsichtsbehörde die Kontaktdaten mitzuteilen für die Vorabkonsultation (Art. 36 Abs. 3 Buchst. d) sowie Namen und Kontaktdaten für die Meldung von Datenschutzverstößen (Art. 33 Abs. 3 Buchst. b). Namen und Kontaktdaten sind ebenfalls im Verzeichnis der Verarbeitungstätigkeiten anzugeben (Art. 30 Abs. 1 Buchst. a und Abs. 2 Buchst. a). Die Mitteilungspflicht schließt auch die Aktualisierung der Angaben ein, wenn ein Datenschutzbeauftragter seine Amtszeit beendet oder abberufen wird. 59

Die Mitteilung ist an die für den Sitz des Verantwortlichen bzw. Auftragsverarbeiters **zuständige Aufsichtsbehörde** zu richten. Im Falle eines Konzern-Beauftragten für eine Unternehmensgruppe berührt die Ernennung eines gemeinsamen Datenschutzbeauftragten nicht die Verpflichtung jedes einzelnen Konzernunternehmens aus Abs. 7, die Kontaktdaten der für das betreffende Unternehmen zuständigen Aufsichtsbehörde mitzuteilen.[151] Bei einem Datenschutzbeauftragten für Niederlassungen eines Verantwortlichen oder Auftragsverarbeiters in mehreren Mitgliedstaaten hat die Mitteilung gemäß Art. 56 Abs. 6 gegenüber der Aufsichtsbehörde der Hauptniederlassung als federführende Aufsichtsbehörde zu erfolgen, aber auch an die für die Niederlassungen in den anderen Mitgliedstaaten zuständigen Aufsichtsbehörden, die in den Fällen des Art. 56 Abs. 2 und 5 für nur die jeweilige Niederlassung betreffende Beschwerden und Verstöße gegen die DS-GVO zuständig sind. In diesen Fällen ist der Datenschutzbeauftragte deshalb auch für diese Aufsichtsbehörden die Anlaufstelle im Sinne von Art. 39 Abs. 1 Buchst. e. 60

IX. Durchsetzung der Pflichten

Der Verantwortliche oder Auftragsverarbeiter ist nicht nur gehalten, einen den Anforderungen der DS-GVO entsprechenden Datenschutzbeauftragten zu benennen, sondern auch als actus contrarius zur Benennung einen Datenschutzbeauftragten, der die Voraussetzungen für die Benennung nicht oder nicht mehr erfüllt, von dieser Funktion zu entbinden (→ Art. 38 Rn. 17) und eine andere, qualifizierte Person als Datenschutzbeauftragten zu benennen. Zur Durchsetzung dieser Pflichten stehen der Aufsichtsbehörde insbesondere die Befugnisse aus Art. 58 Abs. 2 Buchst. d zu Gebote. Auf dieser Grundlage kann den Verantwortlichen oder Auftragsverarbeiter anweisen, bestimmte Maßnahmen zu ergreifen, um die Datenverarbeitung in Einklang mit der DS-GVO zu bringen (→ Art. 58 Rn. 22). Dies gilt nicht nur für die materiell-rechtlichen und technischen Anforderungen, sondern auch für geeignete organisatorische Vorgaben, um etwaigen Verstößen gegen die Vorschriften der DS-GVO vorzubeugen.[152] Die Aufsichtsbehörde 61

---

[148] Kuner/Bygrave/Docksey/*Alvarez Rigaudias/Spina* GDPR Art. 37 Abschn. C.5.
[149] Artikel-29-Datenschutzgruppe, Leitlinien in Bezug auf Datenschutzbeauftragte (WP 243 rev.01), S. 15; Gierschmann/Schlender/Stentzel/Veil/*Mayer* DS-GVO Art. 37 Rn. 95.
[150] Dazu CEDPO, Comparative Analysis of Data Protection Officials: „Unknown as the notification to the Authority is not mandatory." – Nach Freischaltung eines Online-Portals zur Mitteilung der betrieblichen Datenschutzbeauftragten im Juli 2018 waren innerhalb von 40 Tagen dem BayLDA mehr als 10.000 Datenschutzbeauftragten gemeldet worden, vgl. ZD-aktuell 2018, 06248, ZD 11/2018, XIX. Nach einer Pressemitteilung des BayLDA v. 15.3.23 waren zu diesem Zeitpunkt allein für den nicht-öffentlichen Bereich in Bayern mehr als 36.000 Datenschutzbeauftragte gemeldet.
[151] *Sundermann* ZD 2020, 275 (276 f.); *Bergmann/Möhrle/Herb* DS-GVO Art. 37 Rn. 98.
[152] EuGH Urt. v. 27.2.2022 – C-129/21, ECI:EU:C:2022:833 Rn. 81 = ZD 2023, 28 – Proximus.

kann daher bei einer Benennungspflicht den Verantwortlichen oder Auftragsverarbeiter anweisen, **einen Datenschutzbeauftragten zu benennen** oder die erforderliche berufliche Qualifikation und Fähigkeit für die Aufgabenerfüllung zu gewährleisten.[153] Das gilt auch, wenn der Datenschutzbeauftragte seine Aufgaben nicht im Einklang mit der DS-GVO erfüllt.[154] Zwar regelt die DS-GVO – anders als das BDSG (→ Rn. 77) – keine ausdrückliche Befugnis der Aufsichtsbehörde, die Abberufung eines Datenschutzbeauftragten zu verlangen. Ist keine anderweitige Abhilfe möglich, ist die **Anweisung zur Abberufung** allerdings impliziert durch die Befugnis zur Anweisung, innerhalb eines bestimmten Zeitraums einen neuen Datenschutzbeauftragten zu benennen, der den Anforderungen der DS-GVO entspricht. Eine entsprechende Anweisung kommt auch in Betracht, wenn ein gemeinsamer Datenschutzbeauftragter nach Abs. 2 oder 3 nicht ausreicht, die effektive Aufgabenwahrnehmung in Bezug auf alle betreffenden Behörden und öffentliche Stellen oder Unternehmen der Unternehmensgruppe zu gewährleisten.

62   Zusätzlich oder anstelle einer Anweisung kann die Aufsichtsbehörde die Nichterfüllung der Pflichten des Art. 37 durch den Verantwortlichen oder Auftragsverarbeiter gemäß Art. 83 Abs. 4 Buchst. a **mit Geldbuße ahnden** (Art. 58 Abs. 2 Buchst. i). Diese kann bei einer Verletzung dieser Pflichten bis zu einer Höhe von bis zu 10 Millionen EUR festgesetzt werden oder im Falle eines Unternehmens bis zu 2 Prozent von dessen weltweitem Umsatz im vorausgegangenen Haushaltsjahr. In Deutschland und Österreich hat der Gesetzgeber von der Befugnis des Art. 83 Abs. 7 Gebrauch gemacht, Behörden und sonstige öffentliche Stellen von Geldbußen freizustellen,[155] so dass die Aufsichtsbehörde gegen öffentliche Stellen wegen Nichterfüllung der Verpflichtungen aus Art. 37 zwar mit Maßnahmen nach Art. 58 Abs. 2, aber nicht mit einer Geldbuße vorgehen kann.

C. Rechtsschutz

63   Die **betroffene Person** hat gemäß Art. 79 Abs. 1 das Recht auf gerichtlichen Rechtsschutz gegen eine Verletzung ihrer Rechte durch die Verarbeitung ihrer personenbezogenen Daten. Die Klage kann sich allerdings **nur gegen den Verantwortlichen oder den Auftragsverarbeiter** richten, nicht jedoch gegen den Datenschutzbeauftragten dieses Verantwortlichen oder Auftragsverarbeiters, da die Verantwortung des Verantwortlichen und in seinem Aufgabenbereich des Auftragsverarbeiters für die Rechtmäßigkeit der Datenverarbeitung durch die Benennung eines Datenschutzbeauftragten nicht berührt wird (→ Rn. 15). Dies gilt auch dann, wenn der Verantwortliche oder der Auftragsverarbeiter einem fehlerhaften Rat des Datenschutzbeauftragten gefolgt ist und deshalb die Datenverarbeitung in einer Rechtsverletzung der betroffenen Person resultiert. Insbesondere ergibt sich auch aus der Überwachungsaufgabe keine Garantenstellung des Datenschutzbeauftragten für die Einhaltung der datenschutzrechtlichen Vorschriften durch den Verantwortlichen oder den Auftragsverarbeiter (→ Art. 39 Rn. 15), die eine Haftung des Datenschutzbeauftragten gegenüber den betroffenen Personen begründen würde. Deshalb kann der Datenschutzbeauftragte nicht anstelle des Verantwortlichen bzw. des Auftragsverarbeiters oder daneben selbst Adressat von Rechtsbehelfen gegen eine fehlerhafte Datenverarbeitung oder von Haftungsansprüchen der betroffenen Person sein. Einer gegen den Datenschutzbeauftragten gerichteten Klage der betroffenen Person wegen einer rechtswidrigen Datenverarbeitung würde deshalb die Passivlegitimation fehlen.

64   Der **Verantwortliche oder der Auftragsverarbeiter** kann gegen einen rechtsverbindlichen Beschluss, den die Aufsichtsbehörde zur Durchsetzung der Benennungspflicht oder der erforderlichen beruflichen Qualifikation und Fähigkeit des Datenschutzbeauftragten oder einer der DS-GVO entsprechenden Aufgabenerfüllung erlässt (→ Rn. 61), als Adressat dieser Maßnahme gemäß Art. 78 Abs. 1 mit einem **gerichtlichen Rechtsbehelf gegen die Aufsichtsbehörde** vorgehen. Für die Klage gegen einen solchen Verwaltungsakt der Aufsichtsbehörde ist in

---

[153] Vgl. ÖBVwG Erk. v. 4.4.2019 – W214 2207491-1 Nr. 3.2; Paal/Pauly/*Körffer* DS-GVO Art. 58 Rn. 20; Simitis/Hornung/Spiecker gen. Döhmann/*Polenz* DS-GVO Art. 58 Rn. 33; siehe Europäischer Datenschutzausschuss, 2023 Coordinated Enforcement Action: Designation and Position of Data Protection Officers, S. 31 ff., mit der Auflistung erfolgter Durchsetzungsmaßnahmen nationaler Aufsichtsbehörden.

[154] Vgl. EuGH Urt. v. 9.2.2023 – C-560/21, ECLI:EU:C:2023:81 Rn. 27 – KISA; EuGH Urt. v. 22.6.2022 – C-534/20, ECLI:EU:C:2022:495 = ZD 2022, 552 Rn. 35 – Leistritz AG; EuGH Urt. v. 9.2.2023 – C-453/21, ECLI:EU:C:2023:79 = ZD 2023, 334 Rn. 32 – X-FAB Dresden mAnm *Moos/Dirkers* ZD 2023, 336.

[155] § 43 Abs. 3 BDSG; § 30 Abs. 5 DSG.

Deutschland das Verwaltungsgericht zuständig, in dessen Bezirk die Aufsichtsbehörde ihren Sitz hat.[156] In Österreich ist für Klagen gegen die Aufsichtsbehörde das österreichische Bundesverwaltungsgericht zuständig.[157] Erlässt die Aufsichtsbehörde eines anderen Mitgliedstaates in den Fällen des Art. 56 Abs. 1 oder 2 die Anordnung, sind die Gerichte dieses anderen Mitgliedstaates für die Klage zuständig. Ein gerichtlicher Rechtsbehelf steht dem Verantwortlichen oder Auftragsverarbeiter gemäß Art. 78 Abs. 1 auch gegen die Verhängung einer Geldbuße zu (→ Rn. 62). Übersteigt der festgesetzte Betrag 100.000 EUR ist in Deutschland das Landgericht für den Rechtsschutz gegen die Verhängung der Geldbuße zuständig.[158]

Da der Datenschutzbeauftragte nicht selbst Adressat von Anordnungen der Aufsichtsbehörde **65** sein kann (→ Rn. 15), steht ihm grundsätzlich auch kein gerichtlicher Rechtsschutz zu gegen Maßnahmen der Aufsichtsbehörde, die diese gegen den Verantwortlichen oder Auftragsverarbeiter wegen einer Verletzung von dessen Pflichten nach Art. 37 verfügt. **Beanstandet jedoch die Aufsichtsbehörde die berufliche Qualifikation** oder Fähigkeiten des Datenschutzbeauftragten und trifft deshalb gegenüber dem Verantwortlichen oder Auftragsverarbeiter eine Anordnung oder weist diesen zur Abberufung des Datenschutzbeauftragten an, betrifft dies auch den Datenschutzbeauftragten, um dessen berufliche Qualifikation und Fähigkeiten es geht. Die Verneinung der beruflichen Qualifikation ist in besonderer Weise für einen externen Datenschutzbeauftragten gravierend, dessen Geschäftsmodell von dieser Qualifikation abhängig ist. Obwohl der Datenschutzbeauftragte selbst nicht der Adressat der Anordnung ist, wird er deshalb von der Anordnung der Aufsichtsbehörde betroffen, so dass er möglicherweise selbst einen gerichtlichen Rechtsbehelf gegen die ihn belastende Anordnung erheben kann (→ Art. 78 Rn. 6). Geht der Verantwortliche oder Auftragsverarbeiter im Klageweg als Adressat dieser Anordnung gegen die Aufsichtsbehörde vor, kann nach Maßgabe des innerstaatlichen Prozessrechts die Beiladung des Datenschutzbeauftragten in Betracht kommen.

Die DS-GVO regelt nicht den **Rechtsschutz des Datenschutzbeauftragten** gegen den **66** Verantwortlichen oder den Auftragsverarbeiter. Die Klagebefugnis nach Art. 79 Abs. 1 steht ausdrücklich nur Personen zu, die von der Datenverarbeitung selbst betroffen sind. Der Rechtsschutz des Datenschutzbeauftragten bei Streitigkeiten **im Innenverhältnis** zwischen dem Verantwortlichen oder Auftragsverarbeiters und dem Datenschutzbeauftragten beurteilt sich daher nach dem maßgebenden nationalen Vorschriften für den Rechtsschutz im Arbeitsrecht bzw. öffentlichen Dienstrecht und bei einem externen Datenschutzbeauftragten aus dem Vertragsrecht für das Dienstleistungsverhältnis. In Deutschland sind für solche Streitigkeiten bei betrieblichen Datenschutzbeauftragten die Arbeitsgerichte und bei behördlichen Datenschutzbeauftragten die Verwaltungsgerichte zuständig, bei externen Datenschutzbeauftragten die Zivilgerichte. Ebenso gelten für Regressansprüche oder andere **Ansprüche des Verantwortlichen oder Auftragsverarbeiters** gegen den Datenschutzbeauftragten die zivil- und arbeitsrechtlichen Vorschriften nach dem nationalen Recht.[159]

D. Nationale Durchführung

I. Nationale Vorschriften in Deutschland

1. Datenschutzbeauftragte öffentlicher Stellen des Bundes. Das Bundesdatenschutz- **67** gesetz (BDSG) in der Fassung des Datenschutz-Anpassungs- und -Umsetzungsgesetzes (DSAnp-UG-EU)[160] enthält in §§ 5 bis 7 Bestimmungen über den Datenschutzbeauftragten öffentlicher Stellen. Nach der systematischen Einordnung in die Gemeinsamen Bestimmungen in Teil 1 des Gesetzes ist davon auszugehen, dass diese Vorschriften sowohl für die Umsetzung der Richtlinie (EU) 2016/680[161] und nationale Regelungsbereiche außerhalb des Anwendungsbereichs des

---

[156] § 20 Abs. 1 bis 3 BDSG.
[157] § 27 Abs. 1 DSG.
[158] § 41 Abs. 1 S. 3 BDSG.
[159] Dazu Simitis/Hornung/Spiecker gen. Döhmann/*Drewes* DS-GVO Art. 39 Rn. 43 ff.; *Lantwin* ZD 2017, 411 (413).
[160] BDSG idF des Art. 1 des Gesetzes zur Anpassung des Datenschutzrechts an die Verordnung (EU) 2016/679 und zur Umsetzung der Richtlinie (EU) 2016/680 (Datenschutz-Anpassungs- und -Umsetzungsgesetz EU – DSAnpUG-EU) vom 30.6.2017 (BGBl. 2018 I 2097), zuletzt geändert durch Gesetz vom 22.12.2023 (BGBl. 2023 I Nr. 414).
[161] Richtlinie (EU) 2016/680 des Europäischen Parlaments und des Rates vom 27.4.2016 zum Schutz natürlicher Personen bei der Verarbeitung personenbezogener Daten durch die zuständigen Behörden zum

Unionsrecht gelten als auch für die Anpassung an die DS-GVO. § 5 BDSG bestimmt in Abs. 1 S. 1, dass **öffentliche Stellen einen Datenschutzbeauftragten benennen** und wiederholt damit für den Anwendungsbereich der DS-GVO Art. 37 Abs. 1 Buchst. a, wobei allerdings die justizielle Tätigkeit der Gerichte erst im Zusammenhang mit den Aufgaben des Datenschutzbeauftragten in § 7 Abs. 1 S. 2 ausgenommen wird (→ Rn. 69). § 5 BDSG enthält ferner Vorschriften über einen gemeinsamen Datenschutzbeauftragten für öffentliche Stellen (Abs. 2), die Anforderungen an die berufliche Qualifikation (Abs. 3), die Zulässigkeit interner und externer Datenschutzbeauftragter (Abs. 4) und die Verpflichtung zur Veröffentlichung und Mitteilung der Kontaktdaten (Abs. 5). Bei diesen Vorschriften handelt es sich jedoch ebenso wie bei Abs. 1 S. 1 um die inhaltsgleiche und teilweise wörtliche **Wiederholung der entsprechenden unionsrechtlichen Vorschriften** in Abs. 3, 5, 6 und 7 des Art. 37 DS-GVO.

68   Die Wiederholung von Vorschriften des Art. 37 ist jedoch nicht für die Verständlichkeit und Kohärenz des Regelungszusammenhangs der DS-GVO erforderlich (→ Art. 6 Rn. 67), sondern vermengt im Gegenteil, bedingt durch den grundsätzlichen Aufbau des Gesetzes, in den „Gemeinsamen Bestimmungen" die Spezifizierung von Regeln der DS-GVO und der Umsetzung der Richtlinie (EU) 2016/680 sowie Regelungen für Regelungsbereiche außerhalb des Anwendungsbereichs dieser beiden Rechtsinstrumente. Diese **Gemengelage von Anpassung an die DS-GVO, Umsetzung der Richtlinie und Vorschriften für nationale Regelungsbereiche** in ein- und derselben Vorschrift überdeckt nicht nur den unionsrechtlichen Geltungsgrund, sondern auch die Reichweite der Spezifizierungsbefugnis und führt damit zur Unsicherheit, ob und inwieweit nationales Recht maßgeblich ist.[162] Nach der Gesetzesbegründung soll sich zwar § 5 BDSG auf die Umsetzung des Art. 32 Abs. 1 RL (EU) 2016/680 beschränken.[163] Gegen eine solche Beschränkung des Anwendungsbereichs spricht jedoch der Umstand, dass § 5 Abs. 1 S. 1 BDSG ohne Einschränkung auf die in § 2 Abs. 1 BDSG definierten **„öffentlichen Stellen"** verweist, zu denen neben den Behörden auch andere öffentlich-rechtlich organisierte Einrichtungen des Bundes einschließlich von Bundestag und Bundesrat,[164] der bundesunmittelbaren Körperschaften sowie der Anstalten und Stiftungen des öffentlichen Recht gehören, die nicht von der Begriffsbestimmung der „zuständigen Behörde" in Art. 3 Nr. 7 der Richtlinie erfasst werden. Zudem erstreckt § 5 Abs. 1 S. 2 BDSG die Benennungspflicht auf öffentliche Stellen des Bundes, die am Wettbewerb teilnehmen und damit ebenfalls nicht in den Anwendungsbereich der RL (EU) 2016/680 fallen. Dies gilt ebenso für die Vereinigungen des privaten Rechts, die § 2 Abs. 3 BDSG ebenfalls unter die Definition der „öffentlichen Stellen" fasst. Da Personen des Privatrechts keine „öffentlichen Stellen" im Sinne von Art. 37 Abs. 1 Buchst. a sind (→ Rn. 27) und auch nicht von der RL (EU) 2016/680 erfasst werden, handelt es sich insoweit der Sache nach um eine Erweiterung der Benennungspflicht auf der Grundlage des Art. 37 Abs. 4 S. 1 Hs. 2.

69   Der Wortlaut in § 5 Abs. 1 S. 1 BDSG, wonach öffentliche Stellen einen Datenschutzbeauftragten benennen, schließt nach der Definition der „öffentlichen Stellen" in § 2 Abs. 1 und Abs. 2 BDSG auch „Organe der Rechtspflege" mit ein, ohne auf die Ausnahme des Art. 37 Abs. 1 Buchst. a von der Benennungspflicht für die **justizielle Tätigkeit der Gerichte** zu verweisen. Da das Handeln des Gerichts im Rahmen seiner justiziellen Tätigkeit lediglich von den Aufgaben des Datenschutzbeauftragten in § 7 Abs. 1 S. 2 ausgenommen wird, weicht diese „Regelungstechnik" sowohl von der DS-GVO wie auch von der der Richtlinie (EU) 2019/680 ab.[165]

70   **2. Datenschutzbeauftragte öffentlicher Stellen der Länder.** Während öffentliche Stellen des Bundes bereits nach der früheren Rechtslage zur Bestellung eines Datenschutzbeauftragten verpflichtet waren, sah die Landesgesetzgebung vor der Geltung der DS-GVO eine solche Verpflichtung nicht in allen Bundesländern vor.[166] Da Art. 37 Abs. 1 Buchst. a auch die Länder und Kommunen ebenso wie die sonstigen von der Landesgesetzgebung erfassten öffentlichen Stellen zur Benennung eines Datenschutzbeauftragten verpflichtet, bedurfte es neben der Anpassung der

---

Zwecke der Verhütung, Ermittlung, Aufdeckung oder Verfolgung von Straftaten oder der Strafvollstreckung sowie zum freien Datenverkehr und zur Aufhebung des Rahmenbeschlusses 2008/977/JI des Rates (ABl. 2016 L 119, 89).

[162] Vgl. Gierschmann/Schlender/Stentzel/Veil/*Mayer* DS-GVO Art. 37 Rn. 106.
[163] BT-Drs. 18/11325, 81 f.
[164] Kühling/Buchner/*Klar/Kühling* BDSG § 2 Rn. 9; Paal/Pauly/*Ernst* BDSG § 2 Rn. 5.
[165] Vgl. Kühling/Buchner/*Bergt/Schnebbe* BDSG § 7 Rn. 4.
[166] Vgl. *Gürtler-Bayer* Behördliche Datenschutzbeauftragte S. 59 f.; Auernhammer/*Raum* DS-GVO Art. 37 Rn. 8.

bundesrechtlichen Bestimmungen auch einer Anpassung der entsprechenden landesrechtlichen Vorschriften.[167] Soweit die neuen Datenschutzgesetze der Bundesländer[168] Regelungen zum Datenschutzbeauftragten der dem Landesrecht unterstehenden öffentlichen Stellen enthalten, folgen die Datenschutzgesetze von **Berlin, Hessen** und **Thüringen** strukturell dem Ansatz der §§ 5 bis 7 BDSG und wiederholen in einem Gemeinsamen Teil im Wesentlichen die Vorschriften der Art. 37 bis 39.[169] Die Datenschutzgesetze von **Nordrhein-Westfalen** und **Sachsen-Anhalt** enthalten für den Anwendungsbereich der DS-GVO Regelungen über die Abberufung und den Kündigungsschutz, die Zuratezeihung und die Vertraulichkeitspflicht, die denen des § 6 Abs. 4, Abs. 5 S. 2 und Abs. 6 BDSG entsprechen.[170] Das **Bayerische Datenschutzgesetz** hebt unter anderem die Konsultation des behördlichen Datenschutzbeauftragten in Bezug auf die Video-Überwachung hervor und legt ausdrücklich fest, dass behördliche Datenschutzbeauftragte staatlicher Behörden durch eine höhere Behörde bestellt werden können.[171] In Nordrhein-Westfalen, Berlin, Hessen und Thüringen ist auch die Benennung eines Vertreters des behördlichen Datenschutzbeauftragten vorgeschrieben.[172] Im Gegensatz zur Vorgabe der DS-GVO, dass nur „eine Person" als Datenschutzbeauftragter zu benennen ist (→ Rn. 11), stellt es § 31 Abs. 1 DSG NRW in das Ermessen der öffentlichen Stelle, ob sie einen oder mehrere Datenschutzbeauftragte benennt.

Das Landesrecht in Thüringen verpflichtet die **Personalvertretung** zur Benennung eines **71** eigenen Datenschutzbeauftragten.[173] Die Qualifizierung des Personalrats als eigenständiger Verantwortlicher widerspricht jedoch der Stellung des Personalrats, der als datenverarbeitende Stelle der Sphäre des Verantwortlichen oder Auftragsverarbeiters zuzuordnen und somit damit in den Aufgabenbereich des von diesem benannten Datenschutzbeauftragten fällt (→ Art. 39 Rn. 7). Der nationale Gesetzgeber ist nicht befugt, davon abweichend eine Benennungspflicht für einzelne Organisationseinheiten und Stellen eines Verantwortlichen oder Auftragsverarbeiters festzulegen (→ Rn. 42). Zudem ist der Mehrwert eines eigenen Datenschutzbeauftragten des Personalrats fraglich, wenn dieser – wie das in dem Thüringer Personalvertretungsgesetz als Option vorgesehen ist[174] – als gemeinsamer Datenschutzbeauftragter in Personalunion Datenschutzbeauftragten der Dienststelle ist und damit einem potentiellen Interessenkonflikt ausgesetzt wird. Für den **Medienbereich** enthalten sowohl Landesdatenschutzgesetze wie Landesmediengesetze Vorschriften zur Benennung von betrieblichen Datenschutzbeauftragten.[175] Das Saarländische Mediengesetz geht jedoch auch in seiner neuen Fassung für die Landesmedienanstalt von einer Doppelfunktion als Mitglied der Aufsichtsbehörde und zugleich als Datenschutzbeauftragter gemäß Art. 37 aus.[176] Eine solche Vermischung der Funktion der Selbstkontrolle und Eigenverantwortung in der Sphäre des Verantwortlichen bzw. Auftragsverarbeiters mit Aufgaben der Datenschutzaufsicht ist mit dem Wesen und Funktion der unabhängigen Datenschutzaufsicht nicht vereinbar und führt daher zur Inkompatibilität beider Funktionen (→ Rn. 12).

3. Datenschutzbeauftragte nicht-öffentlicher Stellen. Für nicht-öffentliche Stellen hat **72** der Gesetzgeber in § 38 Abs. 1 BDSG von der Möglichkeit des Art. 37 Abs. 4 S. 1 Hs. 2 Gebrauch gemacht, **zusätzliche Fallgruppen für die Benennungspflicht von Datenschutzbeauftragten** zu regeln (→ Rn. 42). Inhaltlich werden durch diese Regelung die bisherigen Bestellungspflichten weitgehend in das neue BDSG übernommen. Nach § 38 Abs. 1 S. 2 BDSG, der – abgesehen von der nunmehrigen Bezugnahme auf die Datenschutz-Folgenabschätzung anstelle der Vorabkontrolle – dem § 4f Abs. 1 S. 6 BDSG in der bis zum 25.5.2018 geltenden Fassung entspricht, ist auch dann ein Datenschutzbeauftragter zu benennen, wenn die Verarbeitung einer Datenschutz-Folgenabschätzung nach Art. 35 unterliegt oder personenbezogene Daten geschäftsmäßig zum Zweck der Übermittlung der anonymisierten Übermittlung oder für Zwecke der Markt- und Meinungsforschung betrifft. In § 38 Abs. 1 S. 1 hat das BDSG den quantitativen Ansatz des früheren § 4f S. 1 und 4 BDSG übernommen, dass ein Datenschutz-

---

[167] *Kühling* NJW 2017, 1985 (1990).
[168] Siehe den Text der Landes-Datenschutzgesetze bei Bergmann/Möhrle/Herb Teil V.
[169] §§ 4 bis 6 BlnDSG; §§ 5–7 HessDSIG; §§ 13 bis 15 ThürDSG.
[170] § 31 DSG NRW; § 17 Abs. 2, § 19 Abs. 4, Abs. 5 S. 2, Abs. 6 DSAG LSA.
[171] Art. 12 Abs. 3, Art. 24 Abs. 5 BayDSG.
[172] Dazu *Gola* ZD 2019, 383 (385 f.).
[173] § 80 Abs. 1 S. 2 Hs. 1 ThürPersVG idF der Bek. vom 23.1.2020 (GVBl. S. 1), zuletzt geänd. durch Gesetz vom 16.11.2023 (GVBl. S. 330).
[174] *Gola* ZD 2019, 383 (390).
[175] Vgl. § 28 Abs. 2 HessDSIG; § 49 Abs. 4 WDR-Gesetz idF v. 30.5.2023 (GV NRW S. 300).
[176] § 37 Abs. 1. Saarl Mediengesetz v. 17.10.2023 (ABl. I 2023, 930, 1065).

beauftragter auch dann zu benennen ist, wenn in der Regel **mindestens zwanzig Personen** ständig mit der automatisierten Verarbeitung personenbezogener Daten beschäftigt sind. Die Vorschrift, die zunächst bereits für zehn Personen eine Benennungspflicht ausgelöst hatte, stellt damit auch in der Änderung vom 20.11.2019[177] weiter auf die Beschäftigtenzahl ab und nicht auf Datenverarbeitungen, die mit einem spezifischen Risiko verbunden sind.

73 Diese allein an der Zahl der Beschäftigten orientierte Benennungspflicht **widerspricht jedoch dem risikobasierten Ansatz,** wie er dem Konzept des Datenschutzbeauftragten zugrunde liegt und in den Fallgruppen des Art. 37 Abs. 1 zum Ausdruck kommt (→ Rn. 43). Der Wortlaut des Art. 37 Abs. 4 S. 1 Hs. 2 verpflichtet zwar den nationalen Gesetzgeber nicht ausdrücklich auf den risikobasierten Ansatz, doch waren in den Gesetzesverhandlungen zur DS-GVO quantitative Kriterien für die Benennungspflicht wie eine bestimmte Beschäftigtenzahl oder Zahl der betroffenen Personen verworfen (→ Rn. 8) und die Benennungspflicht auf spezifische Risiken gestützt worden.[178] Unabhängig von einer spezifisch risikobehafteten Verarbeitung trifft die Benennungspflicht nach § 38 Abs. 1 S. 1 BDSG zunehmend kleine Unternehmen und Betriebe, da unter den Begriff der „automatisierten Verarbeitung" jede rechnergestützte Datenverarbeitung fällt (→ Art. 2 Rn. 3), einschließlich der Entgegennahme von Zahlungen mit EC-Karte oder Kreditkarte über mobile Geräte oder stationäre Kassensysteme.[179] Auch die Kommission hat auf die Fragmentierung und den zusätzlichen Aufwand hingewiesen, der mit dieser ausschließlich auf ein quantitatives Kriterium gestützten Benennungspflicht für Unternehmen in Deutschland verbunden ist.[180] Abgesehen von den Fragen der Feststellung der Personen, die „in der Regel" und „ständig" mit der automatisierten Datenverarbeitung befasst sind,[181] ergibt sich eine besondere Problematik auch hinsichtlich der Abberufung eines Datenschutzbeauftragten bei einer Reduzierung der maßgebenden Beschäftigtenzahl.[182]

74 Dennoch sind Initiativen zur Streichung des § 38 Abs. 1 S. 1 BDSG[183] bisher ohne Erfolg geblieben. Das BMI sah bei der **Evaluierung des BDSG** 2021 trotz der Kritik an der personenzahl-orientierten Benennungspflicht keinen Bedarf für eine Änderung des § 38 Abs. 1 S. 1 BDSG. Zwar ist den Schlussfolgerungen zuzustimmen, dass weder eine Anhebung der Personenzahl, die die Benennungspflicht auslöst, noch eine Ausnahme für gemeinnützige Vereine und Unternehmen zielführend sei.[184] Jedoch lässt die Wertung, dass Komplexität und Risiken des Datenschutzes bei einer ständigen Beschäftigung von mindestens 20 Personen bei der Verarbeitung erhöht seien,[185] aus dem Blick, dass Verarbeitungen von Kleinstunternehmen mit wenigen Beschäftigten, die Gesundheitsdaten oder Finanzdaten verarbeiten, weit risikorelevanter sein können als die einer Supermarkt-Kette mit Hunderten von Kassiererinnen, die Kartenzahlungen entgegennehmen. Ebenso wenig ist im Hinblick auf den risikobasierten Ansatz der DS-GVO die Erwägung überzeugend, dass der Rekurs auf die Personenzahl die Kontrollierbarkeit durch die Aufsichtsbehörden erleichtere.

75 Im Verhältnis zum **Betriebsrat und Personalrat** ist durch § 79a S. 2 BetrVG und § 69 S. 2 BPersVG klargestellt, dass der Arbeitgeber bzw. die Dienststelle Verantwortlicher auch für die Verarbeitung personenbezogener Daten durch den Betriebsrat und den Personalrat ist.[186] Daraus folgt, dass auch diese Datenverarbeitung in die Zuständigkeit des von der Unternehmensleitung benannten Datenschutzbeauftragten fällt, ohne dass ein Raum für die Benennung eines eigenen Datenschutzbeauftragten durch den Betriebsrat oder den Personalrat bleibt (→ Art. 39 Rn. 34).

76 **4. Zusätzliche Anforderungen an die Benennung.** Einer Erlaubnispflicht für die Tätigkeit des Datenschutzbeauftragten nach dem **Rechtsdienstleistungsgesetz** (RDG)[187] steht bereits die fehlende Befugnis der Mitgliedstaaten entgegen, zusätzliche Bedingungen für die Benennung

---

[177] BGBl. 2019 I 1626 (1634).
[178] Vgl. auch COM(2020) 264 final, 12.
[179] *Bergmann/Möhrle/Herb* DS-GVO Art. 37 Rn. 106; *Will* ZD 2019, 429 (430); *Gola* RDV 2019, 131 ff.
[180] Mitteilung vom 24.7.2019 COM(2019) 374 final, 4, und Begleitunterlage zur Evaluierung v. 24.6.2020 SWD(2020) 115 final, 23; ebenso *Will* ZD 2019, 429.
[181] Dazu Bergmann/Möhrle/Herb DS-GVO Art. 37 Rn. 112 ff.
[182] Vgl. BAG Urt. v. 5.12.2019 – 2 AZR 223/19, ZD 2020, 258 Rn. 36 mAnm *Jäger* ZD 2020, 260.
[183] Vgl. BR-Drs. 430/1; 18 Nr. 2–4.
[184] BMI, Evaluierung DSAnpUG-EU, S. 39 f.
[185] BMI, Evaluierung DSAnpUG-EU, S. 41.
[186] § 79a S. 2 BetrVG, eingefügt durch Art. 1 des Gesetzes v. 14.6.2021 (BGBl. I S. 1762); § 69 S. 2 BPersVG v. 9.6.2021 (BGBl. 2021 I S. 1614). – Dazu krit. Gola/Heckmann/*Gola* DS-GVO Art. 4 Rn. 74 ff.
[187] § 3 Gesetz über außergerichtliche Rechtsdienstleistungen (Rechtsdienstleistungsgesetz) v. 12.12.2007 (BGBl. 2007 I 2840), zuletzt geänd. durch Gesetz v. 10.3.2023 (BGBl. 2023 I Nr. 64).

des Datenschutzbeauftragten zu stellen. Die Anforderungen des Art. 37 Abs. 5 an die berufliche Qualifikation und Fähigkeit zur Erfüllung der in Art. 39 genannten Aufgaben sind abschließend und lassen keine ergänzenden Regelungen des nationalen Gesetzgebers zu (→ Rn. 51). Nach unionsrechtskonformer Auslegung des § 1 Abs. 3 RDG gehören zu den „anderen Gesetzen", deren Regelungen unberührt bleiben, die Aufgaben des Datenschutzbeauftragten nach Art. 39, die die Beratung des Verantwortlichen oder des Auftragsverarbeiters und der mit der Durchführung der Datenverarbeitungen befassten Beschäftigten in datenschutzrechtlichen Fragen einschließen.[188] Zudem ist die Beratung in datenschutzrechtlichen Fragen (Art. 39 Abs. 1 Buchst. a) nur ein Element des Profils des Datenschutzbeauftragten, das – wenn man der unionskonformen Auslegung nicht folgen würde – im Zusammenhang mit den Aufgaben der Überwachung und Überprüfung technischer und organisatorischer Maßnahmen im Berufs- und Tätigkeitsbild des Datenschutzbeauftragten allenfalls als eine erlaubnisfreie „Nebenleistung" im Sinne von § 5 Abs. 1 RDG gewertet werden kann.[189] Erst recht ist die Funktion als Datenschutzbeauftragter als solche **keine anwaltliche Tätigkeit** (→ Rn. 50).

5. Abberufungsverlangen der Aufsichtsbehörde. Nach **§ 40 Abs. 6 S. 2 BDSG** können 77 die Aufsichtsbehörden die Abberufung eines Datenschutzbeauftragten nicht-öffentlicher Stellen verlangen, wenn dieser die zu seiner Aufgabenerfüllung erforderliche Fachkunde nicht besitzt oder ein schwerwiegender Interessenkonflikt vorliegt. Mit dieser Vorschrift hat der nationale Gesetzgeber von der fakultativen Spezifizierungsklausel des Art. 58 Abs. 6 Gebrauch gemacht, die es den Mitgliedstaaten ermöglicht, den Aufsichtsbehörden weitere Befugnisse zuzuweisen. Erfüllt ein Datenschutzbeauftragter die Voraussetzungen für die Benennung nicht oder nicht mehr, umfasst zwar bereits Art. 58 Abs. 2 Buchst. d DS-GVO auch die Befugnis der Aufsichtsbehörde, den Verantwortlichen oder Auftragsverarbeiter anzuweisen, einen neuen, entsprechend qualifizierten Datenschutzbeauftragten zu benennen (→ Rn. 61). Diese allgemeine Befugnis wird durch die ausdrückliche Befugnis, die Abberufung des bisherigen Datenschutzbeauftragten zu verlangen, insoweit spezifiziert.[190] Voraussetzung ist in jedem Fall, dass die Aufsichtsbehörde vor einem Abberufungsverlangen prüft, ob eine Nachbesserung etwa durch Schulungsmaßnahmen oder eine Beseitigung eines Interessenkonflikts möglich ist.[191]

II. Nationale Vorschriften in Österreich

1. Datenschutzbeauftragte für den öffentlichen Bereich. Das Datenschutzgesetz (DSG) 78 in der Fassung des Datenschutz-Deregulierungsgesetzes[192] trennt anders als das BDSG – die Vorschriften zur Durchführung der DS-GVO von denen zur Umsetzung der Richtlinie (EU) 2016/680 und anderen Datenverarbeitungen, die nicht unter die Geltung des Unionsrechts fallen. Für den Anwendungsbereich der DS-GVO legt § 5 DSG Regelungen für Datenschutzbeauftragte fest, die sich neben Regelungen über die Verschwiegenheitspflicht und das Aussageverweigerungsrecht des Datenschutzbeauftragten auf **Spezifizierungen für den öffentlichen Bereich** beschränken. § 5 Abs. 3 S. 1 DSG konkretisiert den „öffentlichen Bereich" als „in Formen des öffentlichen Rechts eingerichtet, insbesondere auch als Organ einer Gebietskörperschaft". Damit werden staatliche und kommunale Behörden und sonstige Stellen erfasst, die juristische Personen des öffentlichen Rechts sind, nicht jedoch Unternehmen unter Beteiligung der öffentlichen Hand, auch wenn diese zu dem besonderen Zweck gegründet wurden, im Allgemeininteresse liegende Aufgaben nichtgewerblicher Art zu erfüllen.[193] § 5 Abs. 4 S. 1 DSG

---

[188] AGH NRW Urt. v. 12.3.2021 – 1 AGH 9/19, ZD 2021, 373 Rn. 28 ff.

[189] AGH NRW Urt. v. 12.3.2021 – 1 AGH 9/19, ZD 2021, 373 Rn. 35 ff.; Paal/Pauly/*Paal* DS-GVO Art. 37 Rn. 13a; Schwartmann/Jaspers/Thüsing/Kugelmann/*Jaspers/Reif* DS-GVO Art. 37 Rn. 45; Paal/ Nabulsi NJW 2019, 3673 (3678); *Baumert* AnwBl Online 2019, 749 (754); aA Kühling/Buchner/*Bergt* DS-GVO Art. 37 Rn. 59 ff.

[190] Kühling/Buchner/*Dix* BDSG § 40 Rn. 17 sieht in § 40 Abs. 6 S. 2 BDSG hingegen eine zusätzliche Befugnis. Simitis/Hornung/Spiecker gen. Döhmann/*Drewes* DS-GVO Art. 37 Rn. 65 hält die Vorschrift trotz Art. 58 Abs. 6 mangels Spezifizierungsbefugnis für europarechtswidrig.

[191] Kühling/Buchner/*Dix* BDSG § 40 Rn. 17; Paal/Pauly/*Pauly* BDSG § 40 Rn. 40; BeckOK Datenschutz/*Wilhelm-Robertson* BDSG § 40 Rn. 43.

[192] Bundesgesetz zum Schutz natürlicher Personen bei der Verarbeitung personenbezogener Daten (Datenschutzgesetz – DSG) vom 29.6.2017 (ÖBGBl. 2017 I 120) idF des Datenschutz-Deregulierungsgesetzes vom 15.5.2018 (ÖBGBl. I Nr. 24/2018).

[193] Bresich/Dopplinger/Dörnhöfer/Kunnert/Riedl/*Kunnert* DSG § 5 Rn. 14; aA Knyrim DS-GVO/*König* S. 231 (233 f.).

bestimmt für den **Wirkungsbereich jedes Bundesministeriums** die Benennung von einem oder mehreren Datenschutzbeauftragten, sieht aber im Übrigen von der Bestimmung gemeinsamer Datenschutzbeauftragter für den öffentlichen Bereich ab. Dabei entspricht es dem Ansatz „eines" Datenschutzbeauftragten der DS-GVO (→ Rn. 11), wenn für jede selbständige Behörde oder Organisationseinheit innerhalb jedes Wirkungsbereichs eines Bundesministeriums nur ein einziger Datenschutzbeauftragter benannt wird, um potentielle Konflikte und insbesondere Kompetenzüberlagerungen auszuschließen, die mit der unabhängigen Stellung und Aufgabenerfüllung des Datenschutzbeauftragten nicht im Einklang stehen.[194] § 5 Abs. 4 S. 2 DSG legt fest, dass für die Bundesministerien und deren nachgeordneten Stellen nur interne Datenschutzbeauftragte zulässig sind. § 5 Abs. 5 DSG verpflichtet die Datenschutzbeauftragten im öffentlichen Bereich zu einem regelmäßigen Erfahrungsaustausch, insbesondere im Hinblick auf die Gewährleistung eines einheitlichen Datenschutzstandards.

79   **2. Datenschutzbeauftragte für den nicht-öffentlichen Bereich.** Von der Verstärkungsklausel des Art. 37 Abs. 4 S. 1 Hs. 2 für eine ergänzende nationale Benennungspflicht hat der Gesetzgeber bislang **keinen Gebrauch gemacht.** Damit beschränkt sich in Österreich die Benennungspflicht für den nicht-öffentlichen Bereich auf die Fallgruppen des Art. 37 Abs. 1 Buchst. b und c. Im Übrigen bleibt es bei der fakultativen Benennung eines Datenschutzbeauftragten durch den jeweiligen Verantwortlichen oder Auftragsverarbeiter bzw. durch einen Verband oder eine Vereinigung im Sinne von Abs. 4 S. 1 Hs. 1.

III. Nationale Vorschriften in anderen Mitgliedstaaten

80   Von der Möglichkeit, weitere Situationen für die verpflichtende Benennung eines Datenschutzbeauftragten gemäß Art. 37 Abs. 4 S. 1 Hs. 2 festzulegen, haben neben Deutschland nur wenige Mitgliedstaaten Gebrauch gemacht. Während **Zypern** die Festlegung weiterer Benennungspflichten ohne weitere Vorgaben der Datenschutzaufsichtsbehörde überlässt,[195] tragen vor allem Belgien und Irland dem risikobasierten Ansatz Rechnung. In **Belgien** ist jede privatrechtliche Organisation, die personenbezogene Daten für eine Bundesbehörde verarbeitet oder der Daten von einer Bundesbehörde übermittelt worden sind, zur Benennung eines Datenschutzbeauftragten verpflichtet, wenn die Verarbeitung dieser Daten voraussichtlich mit einem hohen Risiko gemäß Art. 35 verbunden ist.[196] Um diese Voraussetzung festzustellen, hat der Verantwortliche eine Risikoanalyse durchzuführen.[197] In **Irland** ermächtigt das Datenschutzgesetz den Minister, durch Rechtsverordnung bestimmte Kategorien von Verantwortlichen, Auftragsverarbeitern oder deren Vereinigungen und Einrichtungen zu verpflichten, einen Datenschutzbeauftragten zu benennen. Kriterien sind dabei insbesondere die Natur, der Umfang, die Umstände und der Zwecke der Verarbeitung, die damit verbundenen Risiken für die Rechte und Freiheiten der Einzelnen, die Eintrittswahrscheinlichkeit und Schwere solcher Risiken für die betroffenen Personen sowie die Kosten der Umsetzung dieser Verpflichtung.[198] In **Luxemburg** ist ein Datenschutzbeauftragter zu benennen als eine der geeigneten Schutzmaßnahmen bei einer Verarbeitung personenbezogener Daten für wissenschaftliche Zwecke, historische Forschungszwecke oder statistische Zwecke.[199] In **Rumänien** ist die Benennung obligatorisch als eine der Bedingungen für die Verarbeitung der nationalen Identifikationsnummer auf der Grundlage des Rechtsgrunds des berechtigten Interesses.[200] In **Spanien** verweist das Datenschutzgesetz[201] auf die Benennungspflicht nach Art. 37 Abs. 1 und bestimmt Organisationen, die „in jedem Fall" einen Datenschutzbeauftragten benennen müssen. Dazu gehören unter anderem Berufsorganisationen, Bildungseinrichtungen, Kommunikationsunternehmen, Kreditunternehmen, Versicherungen, Werbeunternehmen, Einrichtungen der Gesundheitsfürsorge, Veranstalter digitaler Glücksspiele, private Sicherheitsdienste sowie Sportorganisationen, die Daten von Min-

---

[194] Vgl. Bresich/Dopplinger/Dörnhöfer/Kunnert/Riedl/*Kunnert* DSG § 5 Rn. 20.
[195] § 14(2) Gesetz 125(I)/2018.
[196] Art. 21 Gesetz v. 30.7.2018 (Moniteur Belge 2018 Nr. 209, 68616).
[197] *De Smedt/Verstraeten* EDPL 2018, 353 (357).
[198] Section 34 Data Protection Act 2018 (Irish Statute Book 2018 Nr. 7).
[199] Art. 65 S. 1 Nr. 1 des Gesetzes betreffend die Organisation der nationalen Datenschutzkommission und die Anwendung der Verordnung (EU) 2016/679 v. 1.8.2018 (ABl. 2018 A 686).
[200] Art. 4 Nr. 2b des Gesetzes 190/2018.
[201] Ley Orgánica 3/2018 de Protección de Datos Personales y garantía de los derechos digitals v. 5.12.2018 (ABl. 2018 I Nr. 294, 119788).

derjährigen verarbeiten.²⁰² Problematisch ist jedoch, dass das Gesetz Vorgaben für die Qualifikation des Datenschutzbeauftragten einschließlich freiwilliger Zertifizierungsverfahren macht,²⁰³ obwohl Art. 37 Abs. 5 den Mitgliedstaaten dafür keine Spezifizierungsbefugnis einräumt (→ Rn. 51).

E. Ausblick

Mit der unionsweiten Einführung des Datenschutzbeauftragten ist bei allen Beteiligten ein 81 Lernprozess in Gang gesetzt worden, bei dem der Rechtsprechung, dem Europäischen Datenschutzausschusses und den Aufsichtsbehörden eine wesentliche Bedeutung zukommt. Die **bisherige Praxis seit Geltungsbeginn** der DS-GVO zeigt insgesamt positive Erfahrungen, und zwar auch in den Mitgliedstaaten, in denen – anders als in Deutschland – die Einrichtung des Datenschutzbeauftragten bisher wenig oder überhaupt nicht bekannt war. Rückmeldungen insbesondere in den Anhörungen der Europäischen Kommission im Rahmen der ersten Evaluierung der DS-GVO von Vertretern aus Wirtschaft, Wissenschaft und Zivilgesellschaft betonen die Bedeutung des Datenschutzbeauftragten für die Umsetzung der Anforderungen des Datenschutzes in der jeweiligen Organisation und seine Funktion als verlässlicher Ansprechpartner für betroffene Personen und Aufsichtsbehörden.²⁰⁴ Die anfangs geäußerte Kritik an der verpflichtenden Einführung des Datenschutzbeauftragten²⁰⁵ hat verkannt, dass der Datenschutzbeauftragte an die Stelle der als aufwendig und ineffektiv kritisierten generellen Meldepflicht nach der DS-RL getreten ist und seine präventive Tätigkeit gerade bei Verarbeitungen mit einem hohen Risiko einen wesentlichen Mehrwert darstellt, zumal Verantwortliche und Auftragsverarbeiter sonst anstelle einer zentralen fachkundigen Person, die auch die Entwicklung von Geschäftsmodellen und Verfahren von Anfang an begleiten kann, eine vertiefte Aus- und Fortbildung einer Vielzahl von Beschäftigten über Datenschutzvorschriften und Datenschutzverfahren gewährleisten müssten.²⁰⁶ Ebenso wenig hat sich – zumal für Deutschland mit seiner guten Praxiserfahrung und Resonanz – die umgekehrte Befürchtung realisiert, dass sich durch die Beschränkung der obligatorischen Benennung auf bestimmte Fallgruppen die Anzahl der Datenschutzbeauftragten „dramatisch reduzieren" und „die Effektivität dieses Instruments der Eigenkontrolle tatsächlich stark eingeschränkt" würde.²⁰⁷ Bereits vorher hatten ohne Rechtspflicht zahlreiche Unternehmen in der Union und darüber hinaus von sich aus von einem Datenschutzbeauftragten Gebrauch gemacht und eine entsprechende Unternehmenskultur entwickelt, die sich auch in Wettbewerbsvorteilen niederschlägt.²⁰⁸ Auf Kritik stoßen allerdings nationale Regelungen für eine ergänzende Benennungspflicht, die zu einer durch den risikobasierten Ansatz nicht gerechtfertigten Belastung führten.²⁰⁹ Ein wesentlicher Schritt für die europaweit einheitliche Durchsetzung der Stellung und Funktion des Datenschutzbeauftragten werden die Schlussfolgerungen und Folgemaßnahmen auf der Grundlage der zweiten, auf die Stellung und Funktion des Datenschutzbeauftragten bezogenen koordinierten Prüfaktion der europäischen Datenschutzaufsichtsbehörden (CEF 2023) sein.²¹⁰ Mit dem Ziel, nach rund fünf Jahren Praxiserfahrung die effektive Anwendung der Vorschriften über den Datenschutzbeauftragten zu gewährleisten und Fehlentwicklungen zu korrigieren, dient diese gemeinsame europaweite Aktion dazu, die „strategische Rolle" des Datenschutzbeauftragten für die organisationsinterne Umsetzung des Datenschutzes²¹¹ zu stärken.

---

²⁰² Art. 34 Abs. 1 Buchst. a bis o Ley Organica 3/2018.
²⁰³ Art. 35 Ley Organica 3/2018; Kuner/Bygrave/Docksey/*Alvarez Rigaudias/Spina* GDPR Art. 37 Abschn. C.4.
²⁰⁴ Vgl. den Beitrag der Multi-Stakeholder Expert Group, Bericht v. 17.6.2020, S. 22 f.
²⁰⁵ *Eckhardt/Kramer/Mester* DuD 2013, 623 (629).
²⁰⁶ Vgl. Kühling/Buchner/*Bergt* DS-GVO Art. 37 Rn. 40.
²⁰⁷ So *Eckhardt/Kramer/Mester* DuD 2013, 623 (628); *Hoeren* ZD 2012, 355 (357); *Dammann* ZD 2016, 307 (308).
²⁰⁸ Artikel-29-Datenschutzgruppe, Leitlinien in Bezug auf Datenschutzbeauftragte (WP 243 rev.01), S. 4; *CIPL*, Report on DPO Survey Results, Abschn. 2.1 und 2.2; Commission Staff Working Paper SEC(2012)72 final, Annex 2, Abschn. 10.9.2, und Annex 6.
²⁰⁹ Mitteilung der Kommission v. 24.7.2019 COM(2019) 374 final, 4, und die Arbeitsunterlage der Kommissionsdienststellen SWD(2020) 115 final, 23.
²¹⁰ Siehe die Empfehlungen des Europäischen Datenschutzausschusses, 2023 Coordinated Enforcement Action: Designation and Position of Data Protection Officers, S. 2 ff. und 37 f.
²¹¹ Kuner/Bygrave/Docksey/*Alvarez Rigaudias/Spina* GDPR Art. 37 Abschn. C.7.

Art. 38 Stellung des Datenschutzbeauftragten

(1) Der Verantwortliche und der Auftragsverarbeiter stellen sicher, dass der Datenschutzbeauftragte ordnungsgemäß und frühzeitig in alle mit dem Schutz personenbezogener Daten zusammenhängenden Fragen eingebunden wird.

(2) Der Verantwortliche und der Auftragsverarbeiter unterstützen den Datenschutzbeauftragten bei der Erfüllung seiner Aufgaben gemäß Artikel 39, indem sie die für die Erfüllung dieser Aufgaben erforderlichen Ressourcen und den Zugang zu personenbezogenen Daten und Verarbeitungsvorgängen sowie die zur Erhaltung seines Fachwissens erforderlichen Ressourcen zur Verfügung stellen.

(3) ¹Der Verantwortliche und der Auftragsverarbeiter stellen sicher, dass der Datenschutzbeauftragte bei der Erfüllung seiner Aufgaben keine Anweisungen bezüglich der Ausübung dieser Aufgaben erhält. ²Der Datenschutzbeauftragte darf von dem Verantwortlichen oder dem Auftragsverarbeiter wegen der Erfüllung seiner Aufgaben nicht abberufen oder benachteiligt werden. ³Der Datenschutzbeauftragte berichtet unmittelbar der höchsten Managementebene des Verantwortlichen oder des Auftragsverarbeiters.

(4) Betroffene Personen können den Datenschutzbeauftragten zu allen mit der Verarbeitung ihrer personenbezogenen Daten und mit der Wahrnehmung ihrer Rechte gemäß dieser Verordnung im Zusammenhang stehenden Fragen zu Rate ziehen.

(5) Der Datenschutzbeauftragte ist nach dem Recht der Union oder der Mitgliedstaaten bei der Erfüllung seiner Aufgaben an die Wahrung der Geheimhaltung oder der Vertraulichkeit gebunden.

(6) ¹Der Datenschutzbeauftragte kann andere Aufgaben und Pflichten wahrnehmen. ²Der Verantwortliche oder der Auftragsverarbeiter stellt sicher, dass derartige Aufgaben und Pflichten nicht zu einem Interessenkonflikt führen.

Literatur: *Althoff,* Die Rolle des Betriebsrats im Zusammenhang mit der EU-Datenschutzgrundverordnung, ArbRAktuell 2018, 414; *Artikel-29-Datenschutzgruppe,* Leitlinien in Bezug auf Datenschutzbeauftragte v. 13.12.2016 idF v. 5.4.2017 (WP 243 rev.01); *Bittner,* Der Datenschutzbeauftragte gemäß EU-Datenschutz-Grundverordnungs-Entwurf, RDV 2014, 183; *Baumgartner/Hansch,* Der betriebliche Datenschutzbeauftragte. Best Practices und offene Fragen, ZD 2019, 99; *Bundesministerium des Innern, für Bau und Heimat (BMI),* Evaluierung des Gesetzes zur Anpassung des Datenschutzrechts an die Verordnung (EU) 2016/679 und zur Umsetzung der Richtlinie (EU) 2016/680, Oktober 2021; *Centre for Information Policy Leadership Hunton &Williams LLP (CIPL),* The Role and Function of a Data Protection Officer in the European Commission's Proposed General Data Protection Regulation, Initial Discussion Paper, 25.9.2013; *Eufinger,* Anmerkung zu LAG MV 5 Sa 108/19, ZD 2020, 366; Europäischer Datenschutzausschuss, 2023 Coordinated Enforcement Action: Designation and Position of Data Protection Officers, Bericht v. 16.1.2024; *Fehr,* Whistleblowing und Datenschutz – ein unlösbares Spannungsfeld? ZD 2022, 256; *Gola,* Spezifika bei der Benennung behördlicher Datenschutzbeauftragter, ZD 2019, 383; *Gola,* Der externe Datenschutzbeauftragte, RDV 2019, 157; *Hoffmann,* Der Datenschutzbeauftragte als interne Meldestelle für Whistleblower, ZD-Aktuell 2023, 01107; *Imping,* Neue Zeitrechnung im (Beschäftigten-)Datenschutz, CR 2017, 378; *Jaspers/Reif,* Der Datenschutzbeauftragte nach der Datenschutz-Grundverordnung: Bestellpflicht, Rechtsstellung und Aufgaben, RDV 2016, 61; *Jaspers/Reif,* Der betriebliche Datenschutzbeauftragte nach der geplanten EU-Datenschutzverordnung – ein Vergleich mit dem BDSG, RDV 2012, 78; *Johannes,* Hintergründe zur Prüfung und Stellung der Datenschutzbeauftragten, ZD-Aktuell 2023, 01136; *Klug,* Die Position des EU-Parlaments zur zukünftigen Rolle von Datenschutzbeauftragten – ein kommentierter Überblick, RDV 2014, 90; *Klug,* Der Datenschutzbeauftragte in der EU, ZD 2016, 315; *König,* Der Datenschutzbeauftragte – die interne Beratungs- und Kontrollfunktion, in: Knyrim (Hrsg.), Datenschutz-Grundverordnung. Das neue Datenschutzrecht in Österreich und Europa, 2016, S. 231; *Kort,* Was ändert sich für Datenschutzbeauftragte, Aufsichtsbehörden und Betriebsrat mit der DS-GVO?, ZD 2017, 3; *Kranig,* Koordinierte Prüfung zur Stellung und den Aufgaben von Datenschutzbeauftragten, ZD-Aktuell 2023, 01121; *Kühling/Martini,* Die Datenschutz-Grundverordnung und das nationale Recht, 2016; *Lang,* Datenschutzrechtliche Implikationen des Hinweisgeberschutzgesetzes, ZD 2024, 17; *Lantwin,* Risikoberuf Datenschutzbeauftragter?, ZD 2017, 411; *Laue/Kremer,* Das neue Datenschutzrecht in der betrieblichen Praxis, 2. Aufl. 2019; *Leipold,* Überblick: Betrieblicher Datenschutzbeauftragter als interne Meldestelle iSd HinSchG-E – ein Interessenkonflikt?, ZD-Aktuell 2022, 01333; *Marschall/Müller,* Der Datenschutzbeauftragte im Unternehmen zwischen BDSG und DS-GVO, ZD 2016, 415; *Moos/Dirkers,* Anmerkung zu EuGH C-453/21, ZD 2023, 336; *Multi-Stakeholder Expert Group,* Bericht v. 17.6.2020 über den Beitrag für die Evaluierung der DS-GVO; *Paal/Cornelius,* Interessenkonflikte beim externen Datenschutzbeauftragten, ZD 2020, 193; *Schemmel,* Der Datenschutzbeauftragte als Erfüllungsgehilfe des Verantwortlichen – ein aktueller Überblick, ZD-Aktuell 2022, 01263; *Stück,* Betriebsrat oder Geheimrat?, ZD 2019, 256; *Wichtermann,* Einführung eines Datenschutz-Management-Systems in

Unternehmen – Pflicht oder Kür?, ZD 2016, 421; *Wybitul/von Gierke*, Checklisten zur DSGVO – Teil 2: Pflichten und Stellung des Datenschutzbeauftragten im Unternehmen, BB 2017, 181.

Rechtsprechung: EuGH Urt. v. 9.2.2023 – C-453/21, ECLI:EU:C:2033:79 = ZD 2023, 334 mAnm *Moos/Dirkers* ZD 2023, 336 – X-FAB Dresden; EuGH Urt. v. 9.2.2023 – C-560/21, ECLI:EU:C:2023:81 – KISA; EuGH Urt. v. 22.6.2022 – C-534/20, ECLI:EU:C:2022:495 = ZD 2022, 552 – Leistritz AG; EuG Urt. v. 20.7.2016 – T-483/13, ECLI:EU:T:2016:421 – Oikonomopoulus/Kommission; BAG Urt. v. 6.6.2023 – 9 AZR 621/19, ZD 2024, 55; BAG Urt. v. 6.6.2023 – 9 AZR 383/19, ZD 2023, 761 mAnm *Heberlein*; BAG Urt. v. 25.8.2022 – 2 AZR 225/20, ZD 2023, 50; BAG Beschl. v. 27.4.2021 – 9 AZR 383/19 = ZD 2021, 701; BAG Beschl. v. 7.5.2019 – 1 ABR 53/17; HessLAG Urt. v. 10.12.2018 – 16 TaBV 130/18, openJur 2019, 36230; LAG LSA Beschl. v. 18.12.2018 – 4 TaBV 19/17; LAG MV Urt. v. 25.2.2020 – 5 Sa 108/19, ZD 2020, 364 mAnm *Eufinger* ZD 2020, 366; LAG MV Beschl. v. 15.5.2019 – 3 TaBV 10/18, openJur 2020, 12123; OVG Berlin-Brandenburg Beschl. v. 28.5.2019 – 10 S 34.18, ZD 2019, 376.

Übersicht

	Rn.
A. Allgemeines	1
I. Zweck und Bedeutung der Vorschrift	1
II. Systematik, Verhältnis zu anderen Vorschriften	3
B. Einzelerläuterungen	7
I. Einbindung in die Datenverarbeitung (Abs. 1)	7
II. Unterstützungspflicht (Abs. 2)	9
III. Gewährleistung der Unabhängigkeit (Abs. 3)	14
1. Weisungsfreiheit	14
2. Abberufungs- und Benachteiligungsverbot	16
3. Zugang zur höchsten Managementebene	19
IV. Ansprechpartner für die betroffenen Personen (Abs. 4)	21
V. Geheimhaltungs- und Vertraulichkeitspflicht (Abs. 5)	22
VI. Interessenkonflikt mit anderen Aufgaben (Abs. 6)	24
C. Rechtsschutz	31
D. Nationale Durchführung	33
I. Nationale Vorschriften in Deutschland	33
1. Stellung des Datenschutzbeauftragten	33
2. Kündigungs- und Abberufungsschutz	34
3. Verschwiegenheitspflicht und Zeugnisverweigerungsrecht	36
II. Nationale Vorschriften in Österreich	38
1. Verschwiegenheitspflicht und Aussageverweigerungsrecht	38
2. Unterrichtungsrecht im öffentlichen Bereich	40
III. Nationale Vorschriften in anderen Mitgliedstaaten	41
E. Ausblick	42

A. Allgemeines[*]

I. Zweck und Bedeutung der Vorschrift

Die Vorschriften über die Stellung des Datenschutzbeauftragten in Art. 38 knüpfen an Art. 37 **1** an, mit dem die DS-GVO den Datenschutzbeauftragten als Kernelement der Eigenverantwortung des Verantwortlichen und Auftragsverarbeiters für die Datenverarbeitung in allen Mitgliedstaaten in das Unionsrecht eingeführt hat. Regelungszweck des Art. 38 ist die **unionsweit einheitliche Ausgestaltung der Stellung** des Datenschutzbeauftragten. Die DS-RL, die den Datenschutzbeauftragten als Alternative zur allgemeinen Meldepflicht vorgesehen und die nähere Ausgestaltung auch seiner Stellung den Mitgliedstaaten überlassen hatte (→ Art. 37 Rn. 1), bestimmte in Art. 18 Abs. 2 zweiter Gedankenstrich insoweit lediglich, dass dem Datenschutzbeauftragten der „unabhängige Überwachung" der Datenschutzvorschriften obliegt. Dies ist in Erwägungsgrund 49 der DS-RL dahin näher erläutert, dass der Datenschutzbeauftragte „seine Aufgaben in vollständiger Unabhängigkeit ausüben können" muss. Aus dem Erfordernis der „unabhängigen" Aufgabenwahrnehmung ergab sich bereits unter der DS-RL die Pflicht des Verantwortlichen, den Datenschutzbeauftragten nicht der behördlichen oder betrieblichen Hierarchie ein- oder unterzuordnen, und ihn mit den für seine Aufgaben erforderlichen Befugnissen

---

[*] Der Verfasser vertritt hier seine persönliche Auffassung, die nicht notwendig der Auffassung der Europäischen Kommission entspricht.

Art. 38 2, 3   Kapitel IV. Verantwortlicher und Auftragsverarbeiter

und Mitteln auszustatten.[1] Das BDSG enthielt in seiner bis 25.5.2018 geltenden Fassung des BDSG detaillierte Vorschriften zur Gewährleistung der unabhängigen Stellung des Datenschutzbeauftragten, einschließlich der unmittelbaren Unterstellung unter die Leitung der Stelle, der Weisungsfreiheit, des Benachteiligungsverbots und des Kündigungsschutzes sowie der Unterstützungspflicht, und ferner die Verpflichtung des Datenschutzbeauftragten zur Verschwiegenheit und dessen Zeugnisverweigerungsrecht.[2]

2   Die Bedeutung des Art. 38 liegt in der Konkretisierung der Anforderungen, die für eine unabhängige Aufgabenwahrnehmung durch den Datenschutzbeauftragten unabdingbar sind. Mit der unionsweiten Festlegung der Bedingungen für seine Stellung etabliert die Vorschrift den **einheitlichen Typus eines europäischen Datenschutzbeauftragten.** Dem Vorrang der DS-GVO (Art. 288 Abs. 2 AEUV) entspricht es, dass die Vorgaben des Art. 38 keine unterschiedliche Ausgestaltung der Stellung des Datenschutzbeauftragten in den einzelnen Mitgliedstaaten zulassen. Ein Rechtsetzungsspielraum im Rahmen dieser Vorschrift besteht für den nationalen Gesetzgeber lediglich für die Ausgestaltung der Geheimhaltungs- und Vertraulichkeitspflichten gemäß Abs. 5. Die Vorgaben für die Stellung des Datenschutzbeauftragten sind Voraussetzung dafür, dass er seine Aufgabe, den Verantwortlichen und Auftragsverarbeiter zu beraten und bei der Überwachung der internen Einhaltung der Vorschriften der DS-GVO zu unterstützen in gleicher Weise in allen Mitgliedstaaten in „vollständiger Unabhängigkeit" ausüben kann.[3] Für die Anforderungen an die Stellung des Datenschutzbeauftragten macht es keinen Unterschied, ob die die Benennung auf Grund einer der Fallgruppen des Art. 37 Abs. 1 oder gemäß Abs. 4 S. 1 Hs. 2 nach Unionsrecht oder nationalem Recht verpflichtet ist,[4] ob sie aufgrund eines Beschäftigungsverhältnisses oder durch einen externen Datenschutzbeauftragten auf der Grundlage eines Dienstvertrags erfolgt,[5] oder ob der Verantwortliche oder der Auftragsverarbeiter oder ein Verband oder eine Vereinigung im Sinne von Art. 37 Abs. 4 S. 1 Hs. 1 den Datenschutzbeauftragten freiwillig benannt hat.[6] Da in jedem Fall seine Stellung gemäß den Bedingungen des Art. 38 durch den Verantwortlichen oder Auftragsverarbeiter sichergestellt werden muss, besteht auch in den Fällen, in denen die Benennung ohne rechtliche Verpflichtung erfolgt, keine „Gestaltungsfreiheit", die es erlauben würde, von den Vorschriften über die Stellung und die Aufgaben des Datenschutzbeauftragten abzuweichen. Nach rund fünf Jahren Praxiserfahrung seit Geltungsbeginn der Verordnung waren Stellung und Funktion des Datenschutzbeauftragten Gegenstand der **Prüfaktion der europäischen Datenschutzaufsichtsbehörden (CEF 2023).**[7] Bei dieser zweiten Aktion im Rahmen des Coordinated Enforcement Framework des Europäischen Datenschutzausschusses[8] standen insbesondere die Rolle des Datenschutzbeauftragten innerhalb der Organisation und die ihm für seine Aufgabenerfüllung zur Verfügung stehenden Ressourcen auf dem Prüfstand.[9]

II. Systematik, Verhältnis zu anderen Vorschriften

3   Die Anforderungen an die Stellung des Datenschutzbeauftragten sollen sicherstellen, dass er seine Aufgaben zur Unterstützung des Verantwortlichen bzw. des Auftragsverarbeiters für die **Gewährleistung eines präventiven Datenschutzes und einer internen Kontrolle** unabhängig und wirksam erfüllen kann. Die Vorschrift verpflichtet den Verantwortlichen und Auftragsverarbeiter, den Datenschutzbeauftragten in alle mit dem Schutz personenbezogener

---

[1] Dammann/Simitis EG-DatenschutzRL Art. 18 Rn. 11.
[2] § 4f Abs. 3 bis 5 des Bundesdatenschutzgesetzes idF der Bek. v. 14.1.2003 (BGBl. 2003 I 66), zuletzt geändert durch Art. 7 des Gesetzes v. 30.6.2017 (BGBl. 2017 I 2097).
[3] Erwägungsgrund 97 S. 4, der diese Formulierung des Erwägungsgrundes 49 DS-RL aufgreift.
[4] Paal/Pauly/*Paal* DS-GVO Art. 37 Rn. 12a; *Jaspers/Reif* RDV 2016, 61 (62); Auernhammer/*Raum* DS-GVO Art. 37 Rn. 70.
[5] Erwägungsgrund 97 S. 4; EuGH Urt. v. 9.2.2023 – C-453/21, ECLI:EU:C:2023:79 Rn. 23 – X-FAB Dresden; EuGH Urt. v. 9.2.2023 – C-560/21, ECLI:EU:C:2023:81 Rn. 18 – KISA; EuGH Urt. v. 22.6.2022 – C-534/20, ECLI:EU:C:2022:495 = ZD 2022, 552 Rn. 23 f. – Leistritz AG.
[6] Artikel-29-Datenschutzgruppe, Leitlinien in Bezug auf Datenschutzbeauftragte (WP 243 rev.01), S. 6; Paal/Pauly/*Paal* DS-GVO Art. 37 Rn. 12; Bergmann/Möhrle/Herb DS-GVO Art. 37 Rn. 63; Gola/Heckmann/*Klug* DS-GVO Art. 38 Rn. 15; Laue/Kremer Neues Datenschutzr/*Kremer* § 6 Rn. 4; aA hinsichtlich des Abberufungsschutzes für die fakultative Datenschutzbeauftragten BeckOK DatenschutzR/*Moos* DS-GVO Art. 37 Rn. 47; Simitis/Hornung/Spiecker gen. Döhmann/*Drewes* DS-GVO Art. 37 Rn. 37.
[7] Dazu Europäischer Datenschutzausschuss, 2023 Coordinated Enforcement Action: Designation and Position of Data Protection Officers, S. 6 ff.; *Johannes* ZD-Aktuell 2023, 01136; *Kranig* ZD-Aktuell 2023, 01121.
[8] EDPB Document on Coordinated Enforcement Framework under Regulation 2016/679 idF v. 4.10.2021.
[9] Europäischer Datenschutzausschuss, 2023 Coordinated Enforcement Action: Designation and Position of Data Protection Officers, S. 15 ff. und 19 ff.

Daten zusammenhängenden Fragen einzubinden (Abs. 1), ihn bei der Erfüllung seiner in Art. 39 festgelegten Aufgaben zu unterstützen (Abs. 2), sicherzustellen, dass der Datenschutzbeauftragte seine Aufgaben frei von Anweisungen ausüben kann und wegen der Erfüllung seiner Aufgaben nicht abberufen oder benachteiligt wird und unmittelbaren Zugang zur höchsten Managementebene erhält (Abs. 3) sowie zu gewährleisten, dass betroffene Personen den Datenschutzbeauftragten zu Rate ziehen können (Abs. 4) und die Wahrnehmung anderer Aufgaben und Pflichten nicht zu einem Interessenkonflikt führt (Abs. 6). Der Datenschutzbeauftragte selbst ist zur Geheimhaltung und Vertraulichkeit verpflichtet (Abs. 5).

Das Konzept der DS-GVO ist dabei nicht nur auf die organisationsinterne Stellung beschränkt, 4 sondern weist dem Datenschutzbeauftragten auch **nach außen gerichteten Funktionen** zu. Dies betrifft zum einen das Verhältnis gegenüber der Aufsichtsbehörde. Dem Datenschutzbeauftragten obliegt die Zusammenarbeit mit der Aufsichtsbehörde, für die er auch die Anlaufstelle ist (Art. 39 Abs. 1 Buchst. d und e) und der die Kontaktdaten des Datenschutzbeauftragten mitzuteilen sind (Art. 37 Abs. 7). Zum anderen umfasst seine Stellung die Funktion eines Ansprechpartners für betroffene Personen in Bezug auf die Verarbeitung ihrer personenbezogenen Daten (Art. 38 Abs. 4). Damit diese von dieser Funktion auch Kenntnis erlangen, sind gemäß dem Transparenzgrundsatz (Art. 5 Abs. 1 Buchst. a) die Kontaktdaten des Datenschutzbeauftragten proaktiv von dem Verantwortlichen bzw. Auftragsverarbeiter zu veröffentlichen.

Die Garantien an die Ausgestaltung der Unabhängigkeit des Datenschutzbeauftragten führen 5 nicht dazu, dass der Datenschutzbeauftragte an die Stelle des Verantwortlichen oder Auftragsverarbeiters tritt. Der Verantwortliche bleibt auf Grund seiner Rechenschaftspflicht weiter in der Verantwortung, auch bei Benennung eines Datenschutzbeauftragten die Einhaltung der datenschutzrechtlichen Vorschriften sicherzustellen und dies nachweisen zu können (Art. 5 Abs. 2, Art. 24 Abs. 1 S. 1). Entsprechend gilt dies für den Auftragsverarbeiter für die ihm von der DS-GVO zugewiesenen Pflichten. Der Verantwortliche oder der Auftragsverarbeiter ist damit auch bei Benennung eines Datenschutzbeauftragten **Adressat von Maßnahmen der Aufsichtsbehörde,** die als unabhängige staatliche Stelle im Wege der externen Kontrolle die Einhaltung der datenschutzrechtlichen Vorschriften überwacht und durchsetzt (→ Art. 37 Rn. 15). Dies schließt die Aufgabe ein, zu überprüfen, ob die Stellung des Datenschutzbeauftragten den Anforderungen der DS-GVO genügt, und diese Anforderungen gegebenenfalls auch gegenüber dem Verantwortlichen und Auftragsverarbeiter durchzusetzen. Wie bei einem Verstoß gegen die Benennungspflicht kann auch bei einer Verletzung der Pflichten des Art. 38 die Aufsichtsbehörde gegen den Verantwortlichen bzw. Auftragsverarbeiter ein Bußgeld von bis zu 10 Millionen EUR oder im Fall eines Unternehmens von bis zu 4 Prozent seines weltweiten Jahresumsatzes verhängen (Art. 83 Abs. 4 Buchst. a).

Für **Deutschland** enthält das seit 25.5.2018 geltende Bundesdatenschutzgesetz (BDSG) in der 6 Fassung des Datenschutz-Anpassungs- und -Umsetzungsgesetz (DSAnpUG-EU)[10] Vorschriften über die Stellung des Datenschutzbeauftragten einschließlich eines arbeitsrechtlichen Kündigungsschutzes und des Zeugnisverweigerungsrecht (→ Rn. 33 ff.). Für **Österreich** legt das Datenschutzgesetz in der Fassung des Datenschutz-Deregulierungsgesetzes (DSG)[11] Einzelregelungen in Bezug auf die Stellung des Datenschutzbeauftragten fest (→ Rn. 38 ff.).

B. Einzelerläuterungen

I. Einbindung in die Datenverarbeitung (Abs. 1)

Die ordnungsgemäße und frühzeitige Einbindung des Datenschutzbeauftragten in alle mit 7 dem Schutz personenbezogener Daten zusammenhängenden Angelegenheiten ist Voraussetzung dafür, dass er seine Aufgaben überhaupt effektiv wahrnehmen kann.[12] Abs. 1 stellt die darauf bezogene Verpflichtung des Verantwortlichen und des Auftragsverarbeiters deshalb zutreffend an

---

[10] BDSG idF des Art. 1 des Gesetzes zur Anpassung des Datenschutzrechts an die Verordnung (EU) 2016/679 und zur Umsetzung der Richtlinie (EU) 2016/680 (Datenschutz-Anpassungs- und -Umsetzungsgesetz EU – DSAnpUG-EU) vom 30.6.2017 (BGBl. 2018 I 2097), zuletzt geändert durch Gesetz v. 22.12.2023 (BGBl. 2023 I Nr. 414).
[11] Bundesgesetz zum Schutz natürlicher Personen bei der Verarbeitung personenbezogener Daten (Datenschutzgesetz – DSG) v. 29.6.2017 (ÖBGBl. I Nr. 120/2017) idF des Datenschutz-Deregulierungsgesetzes v. 15.5.2018 (ÖBGBl. I Nr. 24/2018).
[12] Vgl. EuG Urt. v. 20.7.2016 – T-483/13, ECLI:EU:T:2016:421, Rn. 100 – Oikonomopoulus/Kommission: „if the data protection officer is not informed of that data processing, he [...] cannot effectively fulfil the essential task of supervision assigned him by the European legislature".

die Spitze der Vorschriften über die Stellung des Datenschutzbeauftragten. Die weite Formulierung, **„alle mit dem Schutz personenbezogenen zusammenhängenden Fragen"** erfasst sämtliche Aktivitäten des Betriebs oder der Behörde, die irgendeinen Bezug zur Verarbeitung personenbezogener Daten aufweisen.[13] Um die ihm durch Art. 39 Abs. 1 zugewiesenen Aufgaben erfüllen zu können, muss der Datenschutzbeauftragte umfassende Kenntnis von allen tatsächlichen und beabsichtigten Verarbeitungen durch alle Organisationseinheiten in der Sphäre des Verantwortlichen oder Auftragsverarbeiters und der organisationsinternen Umsetzung der Anforderungen des Datenschutzrechts in Bezug auf alle in dem Betrieb oder der Behörde durchgeführten Verarbeitungen haben (→ Art. 39 Rn. 6) einschließlich der darauf bezogenen internen Anweisungen und Maßnahmen. Die **ordnungsgemäße Einbindung** erfordert deshalb, dass der Datenschutzbeauftragte von der Leitung oder der entsprechenden Fachabteilung des Betriebs oder der Behörde in allen diesen Fragen auch proaktiv befasst wird, so dass er nicht alleine darauf angewiesen ist, sich die für die Aufgabenwahrnehmung erforderlichen Informationen allein durch eigene Nachforschungen selbst zu beschaffen.[14] Die Verpflichtung von Verantwortlichem und Auftragsverarbeiter, die Einbindung des Datenschutzbeauftragten „sicher zu stellen", umfasst die Unterrichtung und die Konsultation des Datenschutzbeauftragten sowie der gegenseitige Dialog auf allen Arbeits- und Managementebenen.[15] Dies setzt voraus, dass die Aufgaben des Datenschutzbeauftragten in der Organisation klar beschrieben und bekannt sind. Dem durch Abs. 3 S. 3 gewährleisteten unmittelbaren Zugang zur höchsten Managementebene entspricht es, dass die Einbindung neben den Fachabteilungen auch unmittelbar durch die Leitung des Betriebs oder der Behörde erfolgen muss, um bereits im Vorfeld entsprechender Entscheidungen auf die datenschutzrechtlichen Belange und insbesondere auch mit einer beabsichtigten Datenverarbeitung verbundenen Risiken aufmerksam zu machen. Der Umfang dieser Informations- und Konsultationspflicht richtet sich nach den konkreten Datenverarbeitungsvorgängen, deren Komplexität und Risikopotential, dem der Datenschutzbeauftragte gemäß Art. 39 Abs. 2 bei der Erfüllung seiner Aufgaben gebührend Rechnung zu tragen hat (→ Art. 39 Rn. 27 ff.).

8   Die Einbindung in datenschutzrelevante Angelegenheiten ist nur dann **frühzeitig**, wenn der Datenschutzbeauftragte ausreichend Zeit und Gelegenheit hat, sich in die Einzelheiten der Datenverarbeitung einzuarbeiten. Dazu gehört, dass er vor allem bei der Einführung oder Änderung von Verfahren mit Bezug zur Datenverarbeitung mit der Angelegenheit bereits im Anfangsstadium befasst wird, so dass seine Stellungnahme rechtzeitig bei der Planung und vor der Entscheidungsfindung berücksichtigt werden kann.[16] Sind bereits „vollendete Tatsachen" geschaffen, machen diese seine Stellungnahme zu einer für die Entscheidungsfindung nicht mehr relevanten Formsache oder führen allenfalls zu einer nachträglichen Korrektur. Die frühzeitige Einbindung ist von besonderer Bedeutung im Zusammenhang mit der Umsetzung der Anforderungen des Datenschutzes durch Technikgestaltung und durch datenschutzfreundliche Voreinstellungen (Art. 25) sowie bei der Entscheidung über die Durchführung einer Datenschutz-Folgenabschätzung (→ Art. 39 Rn. 17). Die Geschäftsleitung muss dafür sorgen, dass die ordnungsgemäße und frühzeitige Einbindung des Datenschutzbeauftragten in der Verfahrensorganisation geregelt wird.[17] Dazu gehört, dass der Datenschutzbeauftragte regelmäßig an Leitungsbesprechungen und an Besprechungen auch des mittleren Managements zu Fragen und Entscheidungen, die den Datenschutz betreffen oder tangieren, teilnehmen kann, dass er bei der Feststellung einer (potentiellen) Verletzung datenschutzrechtlicher Bestimmungen unverzüglich hinzu zu ziehen ist und, wenn seinem Rat nicht gefolgt wird, die Begründung dafür dokumentiert wird.[18] Die Einbindung des Datenschutzbeauftragten ist auch Gegenstand der Prüfaktion der europäischen Datenschutzaufsichtsbehörden (CEF 2023) (→ Rn. 2), in deren Rahmen u.a. die organisationsinterne Regelung der Beteiligung des Datenschutzbeauftragten und die Befolgung seiner Beratung in der Praxis abgefragt wurde.[19]

---

[13] Kühling/Buchner/*Bergt* DS-GVO Art. 38 Rn. 13; Gierschmann/Schlender/Stentzel/Veil/*Mayer* DS-GVO Art. 38 Rn. 23.
[14] Dazu Simitis/Hornung/Spiecker gen. Döhmann/*Drewes* DS-GVO Art. 38 Rn. 16 f.
[15] Vgl. Kühling/Buchner/*Bergt* DS-GVO Art. 38 Rn. 17.
[16] Paal/Pauly/*Paal* DS-GVO Art. 38 Rn. 4; Gola/Heckmann/*Klug* Art. 38 Rn. 3; Kühling/Buchner/*Bergt* Art. 38 Rn. 14; Laue/Kremer/*Kremer* Neues DatenschutzR § 6 Rn. 29; *Wybitul/von Gierke* BB 2017, 181 (184).
[17] Simitis/Hornung/Spiecker gen. Döhmann/*Drewes* DS-GVO Art. 38 Rn. 15.
[18] Artikel-29-Datenschutzgruppe, Leitlinien in Bezug auf Datenschutzbeauftragte (WP 243 rev.01), S. 16.
[19] Europäischer Datenschutzausschuss, 2023 Coordinated Enforcement Action: Designation and Position of Data Protection Officers, S. 22 ff. mit der Feststellung einer unterschiedlichen Praxis der Befassung der Datenschutzbeauftragten und Resonanz auf deren Beratung.

II. Unterstützungspflicht (Abs. 2)

Die Vorschrift verpflichtet den Verantwortlichen und den Auftragsverarbeiter **zur Unterstützung des Datenschutzbeauftragten** bei der Wahrnehmung von dessen in Art. 39 festgelegten Aufgaben. Während der Kommissionsvorschlag auf eine allgemeine Unterstützungspflicht neben einer spezifischen Pflicht zur Bereitstellung der erforderlichen Ressourcen abgestellt hatte,[20] legt Abs. 2 fest, dass der Verantwortliche oder Auftragsverarbeiter seiner Unterstützungspflicht entspricht, **indem** er dem Datenschutzbeauftragten die für die Erfüllung seiner Aufgaben erforderlichen Ressourcen und den Zugang zu personenbezogenen Daten und Verarbeitungsvorgängen sowie die zur Erhaltung seines Fachwissens erforderlichen Ressourcen zur Verfügung stellt. Der weite Begriff der **„erforderlichen Ressourcen"** erfasst in jedem Fall „das erforderliche Personal, die erforderlichen Räumlichkeiten, die erforderliche Ausrüstung und alle sonstigen Ressourcen", die der Kommissionsvorschlag im Einzelnen aufgelistet hatte.[21] Erforderlich sind diejenigen personellen und sachlichen Mittel, die nach Art und Umfang für die effektive Aufgabenerfüllung in dem konkreten Unternehmen oder der konkreten Behörde notwendig sind, was insbesondere nach dem mit den Verarbeitungsvorgängen verbundenen Risiko zu beurteilen ist (Art. 39 Abs. 2). Der unmittelbare Zugang zur höchsten Managementebene (Art. 38 Abs. 3 S. 3) ermöglicht und verpflichtet den Datenschutzbeauftragten, den Bedarf und Umfang der notwendigen Ressourcen gegenüber der Geschäfts- bzw. Behördenleitung geltend zu machen und einzufordern.

Die **sachlichen Mittel** umfassen allgemeine Bürohilfsmittel, Fachliteratur und die sonstige erforderliche Ausrüstung. Dazu gehören auch Kommunikationsmittel sowohl für die Kommunikation innerhalb der Organisation[22] als auch für die Wahrnehmung seiner Aufgaben als Ansprechpartner für von der Datenverarbeitung betroffene Personen und die Aufsichtsbehörde. Ferner muss der Datenschutzbeauftragte über geeignete Räumlichkeiten verfügen, die ihm die Wahrnehmung seiner Aufgaben unter Wahrung seiner Pflicht zur Vertraulichkeit (Abs. 5) ermöglichen, ohne dass andere Mitarbeiter des Betriebes oder der Behörde Einsicht in seine Unterlagen haben oder Gespräche mithören können. Zudem muss der Datenschutzbeauftragte über Finanzmittel verfügen können, die auch die Kosten von Dienstreisen zu Niederlassungen einschließen, um auch dort vor Ort seine Funktion wahrnehmen zu können. Zur Gewährleistung der von Art. 37 Abs. 2 geforderten leichten Erreichbarkeit muss der Konzern-Datenschutzbeauftragte in besonderer Weise über geeignete Kommunikationskanäle sowohl mit allen Niederlassungen der Unternehmensgruppe als auch mit den Personen, die von der Datenverarbeitung der einzelnen Unternehmen betroffen sind, verfügen. Auch die Übernahme von Beratungskosten bei Rechtsfragen kann in Betracht kommen, sofern die Expertise der organisationsinternen Rechtsabteilung nicht ausreichend ist oder eine (potentielle) Beeinflussung befürchten lässt.[23] Entsprechendes gilt für Beratungskosten bei spezifischen Fragestellungen im Bereich der IT-Infrastruktur und –Sicherheit.[24]

Die **personellen Mittel** umfassen vor allem die **Ressource „Zeit"** für den Datenschutzbeauftragten selbst. Die Geschäftsleitung muss ihm die erforderliche Zeit zur ordnungsgemäßen Wahrnehmung seiner Tätigkeit einräumen und ihn gegebenenfalls von anderen Aufgaben entlasten. Dies gilt insbesondere dann, wenn er diese Funktion nur im Nebenamt neben anderen Aufgaben im Unternehmen oder der Behörde wahrnimmt.[25] Bei einem externen Datenschutzbeauftragten müssen etwa vereinbarte Zeitpauschalen so ausreichend bemessen sein, dass die ordnungsgemäße Erfüllung seiner Aufgaben gewährleistet ist.[26] Zu den personellen Mitteln gehört auch **notwendiges Hilfspersonal.** Wenn und soweit dies für die ordnungsgemäße Aufgabenwahrnehmung notwendig ist, muss der Datenschutzbeauftragte über die erforderlichen

---

[20] Die darauf bezogene Formulierung „und" in Art. 36 Abs. 3 des Kommissionsvorschlags KOM(2012) 11 endgültig ist in Art. 38 Abs. 2 ersetzt durch „indem".
[21] Art. 36 Abs. 3 des Kommissionsvorschlags KOM(2012) 11 endgültig.
[22] Bergmann/Möhrle/Herb DS-GVO Art. 38 Rn. 27.
[23] Laue/Kremer/*Kremer* Neues DatenschutzR § 6 Rn. 32.
[24] Simitis/Hornung/Spicker gen. Döhmann/*Drewes* DS-GVO Art. 38 Rn. 25; Kühling/Buchner/*Bergt* DS-GVO Art. 38 Rn. 21.
[25] Artikel-29-Datenschutzgruppe, Leitlinien in Bezug auf Datenschutzbeauftragte (WP 243 rev.01), S. 17; Schwartmann/Jaspers/Thüsing/Kugelmann/*Jaspers/Reif* DS-GVO Art. 38 Rn. 10; Paal/Pauly/*Paal* DS-GVO Art. 38 Rn. 6; Kühling/Buchner/*Bergt* DS-GVO Art. 38 Rn. 22; Bergmann/Möhrle/Herb DS-GVO Art. 38 Rn. 22; Simitis/Hornung/Spicker gen. Döhmann/*Drewes* DS-GVO Art. 38 Rn. 23.
[26] Simitis/Hornung/Spicker gen. Döhmann/*Drewes* DS-GVO Art. 38 Rn. 24.

Mitarbeiter verfügen können. Insbesondere bedarf ein gemeinsamer Datenschutzbeauftragter für alle einer Unternehmensgruppe angehörigen Unternehmen (Art. 37 Abs. 2) der Unterstützung von Mitarbeitern einschließlich von Datenschutz-Korrespondenten und Datenschutz-Koordinatoren in den einzelnen Unternehmen, damit er von jeder Niederlassung aus leicht erreichbar ist und seine Aufgaben insbesondere gegenüber dem Management und Mitarbeitern der zugehörigen Unternehmen und deren Niederlassungen ausüben kann (→ Art. 37 Rn. 39). Entsprechendes gilt für einen Datenschutzbeauftragten, der für mehrere Behörden oder öffentliche Stellen zuständig ist (Art. 37 Abs. 3) und deshalb auch auf Korrespondenzpersonen in den einzelnen Behörden oder öffentlichen Stellen angewiesen ist. Wenn die konkrete Datenverarbeitung sowie die Unternehmens- oder Behördenstruktur dies für die effektive Aufgabenwahrnehmung erforderlich machen, können sich die Anforderungen an die berufliche Qualifikation des Hilfspersonals denen der fachlichen Anforderungen an den Datenschutzbeauftragten (Art. 37 Abs. 5) durchaus annähern, ohne dass diese Mitarbeiter jedoch selbst die Stellung eines Datenschutzbeauftragten haben oder so bezeichnet werden dürfen (→ Art. 37 Rn. 11).

12   Die Gewährleistung des **Zugangs zu den personenbezogenen Daten und Verarbeitungsvorgängen** schließt den Zugang zu den Räumlichkeiten und Einrichtungen ein, in der die Datenverarbeitung stattfindet, sowie zu den einschlägigen Dokumentationen, einschließlich dem Verzeichnis der Verarbeitungsvorgänge (Art. 30). Im Hinblick auf die Überwachungsfunktion nach Art. 39 Abs. 1 Buchst. b darf dieses Zugangsrecht weder zeitlich noch räumlich beschränkt sein und auch nicht von einer vorherigen Anmeldung oder einer Autorisierung durch das Management abhängig gemacht werden. Der Datenschutzbeauftragte muss vielmehr in der Lage sein, sich jederzeit selbst ein Bild von der in dem Betrieb bzw. der Behörde durchgeführten Datenverarbeitung zu machen, die Gegenstand seiner Überwachung ist. Da der Datenschutzbeauftragte gemäß Abs. 5 bei der Erfüllung seiner Aufgaben an die Wahrung der Geheimhaltung und Vertraulichkeit gebunden ist, kann ihm der Zugang zu personenbezogenen Daten nicht mit der Berufung auf ein Geschäfts- oder Berufsgeheimnis oder der Vertraulichkeit von Personalakten verwehrt werden.[27]

13   Die Pflicht, die zur Erhaltung des Fachwissens des Datenschutzbeauftragten erforderlichen Ressourcen zur Verfügung zu stellen, schließt die sowohl in zeitlicher wie finanzieller Hinsicht die Ermöglichung von dessen **Fortbildung** über den aktuellen Stand und der Weiterentwicklung datenschutzrechtlicher und organisatorischer Fragen sowie der einschlägigen Rechtsprechung ein. Die fortschreitende technologische Entwicklung erfordert, dass er sich auch in dieser Hinsicht stets auf dem neuesten Stand hält, besonders wenn Anpassungen in der betrieblichen oder behördlichen Datenverarbeitung beabsichtigt oder erforderlich sind. Dies schließt die Teilnahme an Fortbildungsveranstaltungen über Datenschutz und sonstigen Formen der beruflichen Weiterbildung wie Datenschutzforen oder Workshops ein.[28] Der Verantwortliche oder der Auftragsverarbeiter muss deshalb dem Datenschutzbeauftragten sowohl die Fortbildung am Schreibtisch wie bei externen Veranstaltungen ermöglichen und neben dem erforderlichen Zeitbudget auch die dafür notwendigen Finanzmittel bereitstellen.[29] Die Prüfaktion der europäischen Datenschutzaufsichtsbehörden (CEF 2023) (→ Rn. 2) dient auch der Feststellung des bisher erreichten Stands hinsichtlich der Ressourcen des Datenschutzbeauftragten vor allem mit für die Erfüllung seiner Aufgaben und die Fortbildung zur Verfügung stehende Arbeitszeit sowie durch die personelle Unterstützung (in Form von Vollzeitäquivalenten) durch Hilfspersonal.[30]

III. Gewährleistung der Unabhängigkeit (Abs. 3)

14   **1. Weisungsfreiheit.** Nach Abs. 3 S. 1 haben der Verantwortliche und der Auftragsverarbeiter sicher zu stellen, dass der Datenschutzbeauftragte bei der Erfüllung seiner Aufgaben keine Anweisungen bezüglich der Ausübung dieser Aufgaben erhält und dementsprechend seine Aufgaben in eigener Verantwortung frei von Weisungen über die Ausübung dieser Aufgaben

---

[27] Kühling/Buchner/*Bergt* DS-GVO Art. 38 Rn. 18; Simitis/Hornung/Spiecker gen. Döhmann/*Drewes* DS-GVO Art. 38 Rn. 28.
[28] Artikel-29-Datenschutzgruppe, Leitlinien in Bezug auf Datenschutzbeauftragte (WP 243 rev.01), S. 17; Bergmann/Möhrle/*Herb* DS-GVO Art. 38 Rn. 35.
[29] Schwartmann/Jaspers/Thüsing/Kugelmann/*Jaspers/Reif* DS-GVO Art. 38 Rn. 14.
[30] Europäischer Datenschutzausschuss, 2023 Coordinated Enforcement Action: Designation and Position of Data Protection Officers, S. 15 ff., der in den einzelnen Mitgliedstaaten einen unterschiedlichen Umfang der zur Verfügung gestellten Ressourcen feststellt und vor allem auf die hohe Belastung, einen Bedarf an stellvertretendem Datenschutzbeauftragten sowie an einem Finanzbudget hinweist.

erfüllen kann. Zwar nimmt die Vorschrift, anders als der Kommissionsvorschlag und der Standpunkt des Europäischen Parlaments, nicht ausdrücklich auf die Unabhängigkeit des Datenschutzbeauftragten bei der Erfüllung seiner Pflichten und Aufgaben Bezug.[31] Jedoch ist die Weisungsfreiheit hinsichtlich der Aufgabenerfüllung das Kernelement seiner in Erwägungsgrund 97 herausgehobenen „vollständigen" **Unabhängigkeit in Bezug auf die Ausübung seiner Pflichten und Aufgaben**.[32] Die Geschäftsleitung darf deshalb dem Datenschutzbeauftragten keine Anweisungen bezüglich der Erfüllung seiner Aufgaben erteilen. Zudem muss sie sicherstellen, dass dieser – wie auch aus dem unmittelbaren Zugang zur höchsten Managementebene folgt – nicht in eine hierarchische Aufbauorganisation einbezogen ist oder von sonstigen Stellen Anweisungen erhält (→ Rn. 19). Dies gilt auch gegenüber dem Betriebs- oder Personalrat, der deshalb auch nicht die Erfüllung der Aufgaben des Datenschutzbeauftragten kontrollieren darf.[33] Die Gewährleistung der Unabhängigkeit hinsichtlich der Wahrnehmung seiner Pflichten und Aufgaben erfordert nicht nur die Freiheit von Anweisungen bezüglich der Ausübung dieser Aufgaben durch den Verantwortlichen oder Auftragsverarbeiter und dessen Stellen, sondern bei einem externen Datenschutzbeauftragten, der zum Beispiel einer Unternehmensberatungsgesellschaft angehört, die den Dienstleistungsvertrag mit dem Verantwortlichen oder Auftragsverarbeiter geschlossen hat (→ Art. 37 Rn. 57), auch gegenüber seinen Vorgesetzten in dieser Beratungsgesellschaft.[34] Die Weisungsfreiheit beinhaltet, dass der Datenschutzbeauftragte in Ausübung seiner Tätigkeit weder in inhaltlicher noch in verfahrensmäßiger Hinsicht Vorgaben unterliegt.[35] Ihm darf nicht ein Ergebnis für seine Prüfung vorgegeben werden, vor allem nicht in Bezug auf die Beschwerde einer betroffenen Person. Die Weisungsfreiheit gilt auch für die Priorisierung der konkreten Aufgabenerfüllung, die der Datenschutzbeauftragte nach Maßgabe des Art. 39 Abs. 2 insbesondere im Hinblick auf das mit der Verarbeitung verbundene Risiko selbst vorzunehmen hat.[36] Ihm muss es auch freistehen, zu entscheiden, ob und wann er die Aufsichtsbehörde konsultiert (→ Art. 39 Rn. 22).

Umgekehrt bedeutet die Weisungsfreiheit nicht, dass sich der Datenschutzbeauftragte an die 15 Stelle der Geschäfts- oder Behördenleitung setzen darf, um seine Auffassung in bestimmten datenschutzrechtlichen Fragen in einer andere Beschäftigte bindenden Weise umzusetzen. Diese **Entscheidung bleibt bei dem Verantwortlichen** bzw. dem Auftragsverarbeiter im Rahmen seiner Eigenverantwortung für die Einhaltung der Vorschriften der DS-GVO (→ Art. 37 Rn. 15). Dies gilt erst recht, wenn er sich über die Auffassung und die Empfehlung des Datenschutzbeauftragten hinwegsetzt. Auch sonst ist der Datenschutzbeauftragte innerhalb der Organisation nicht weisungsbefugt, mit der Ausnahme seiner eigenen Hilfspersonen, die ihm für die Unterstützung bei der Erfüllung seiner Aufgaben zugewiesen sind.[37] Seine unabhängige Stellung erstreckt sich ferner nicht auf organisatorische Regelungen, an die er auf Grund seines Beschäftigungsverhältnisses gebunden ist, soweit diese nicht die Wahrnehmung seiner Pflichten und Aufgaben gemäß Art. 39 betreffen.[38] Dies gilt auch für die Beurteilung des betrieblichen oder behördlichen Datenschutzbeauftragten, sofern dabei der Weisungsfreiheit und dem Benachteiligungsverbot hinreichend Rechnung getragen wird.[39] Daraus ergibt sich, dass die in Erwägungsgrund 97 hervorgehobene „vollständige Unabhängigkeit" nicht im Sinne einer institutionell selbständigen Stellung interpretiert werden darf, die von der Organisation losgelöst ist, der er auf Grund Arbeits- oder Dienstleistungsvertrags zugehört, sondern als eine auf sein Expertenwissen und spezifischen Fähigkeiten bezogene und durch seine Stellung abgesicherte „Autonomie" bei der Erfüllung seiner Aufgaben und Pflichten innerhalb dieser Organisation.[40]

---

[31] Art. 36 Abs. 2 des Kommissionsvorschlags KOM(2012) 11 endgültig; Art. 36 Abs. 2 des Standpunkts des Europäischen Parlaments vom 12.3.2014, P7_TC1-COD(2012)0011.
[32] Erwägungsgrund 97 S. 4, der die entsprechende Formulierung in Erwägungsgrund 49 S. 3 DS-RL aufgreift.
[33] *Kort* ZD 2017, 3 (6).
[34] Ebenso Kühling/Buchner/*Bergt* Art. 38 Rn. 26; Paal/Pauly/*Paal* DS-GVO Art. 38 Rn. 9.
[35] Artikel-29-Datenschutzgruppe, Leitlinien in Bezug auf Datenschutzbeauftragte (WP 243 rev.01), S. 17 f.
[36] Kühling/Buchner/*Bergt* DS-GVO Art. 38 Rn. 27; Simitis/Hornung/Spiecker gen. Döhmann/*Drewes* DS-GVO Art. 38 Rn. 32; Gierschmann/Schlender/Stentzel/Veil/*Mayer* DS-GVO Art. 38 Rn. 35; BeckOK DatenschutzR/*Moos* DS-GVO Art. 38 Rn. 19.
[37] *Lantwin* ZD 2017, 411 (413).
[38] Forgó/Helfrich/Schneider/*Haag* Betr. Datenschutz-HdB II.2. Rn. 71; Paal/Pauly/*Paal* DS-GVO Art. 38 Rn. 9; Kühling/Buchner/*Bergt* DS-GVO Art. 38 Rn. 26; Simitis/Hornung/Spiecker gen. Döhmann/*Drewes* DS-GVO Art. 38 Rn. 33; Laue/Kremer/*Kremer* Neues DatenschutzR § 6 Rn. 34.
[39] OVG Berlin-Brandenburg Beschl. v. 28.5.2019 – 10 S 34.18, ZD 2019, 376 Rn. 4.
[40] Vgl. Kuner/Bygrave/Docksey/*Alvarez Rigaudias/Spina* GDPR Art. 38 Abschn. C.1.

16 **2. Abberufungs- und Benachteiligungsverbot.** Abs. 3 S. 2 bezweckt im systematischen Zusammenhang mit S. 1 und 3 dieses Absatzes ebenfalls die Sicherung der funktionellen Unabhängigkeit des Datenschutzbeauftragten bei der Erfüllung seiner Pflichten und Aufgaben.[41] Die Bestimmung, dass der Datenschutzbeauftragte wegen der Erfüllung seiner Aufgaben nicht abberufen oder benachteiligt werden darf, gewährleistet, dass die Weisungsfreiheit des Datenschutzbeauftragten nicht ex post durch Maßnahmen des Verantwortlichen oder Auftragsverarbeiters konterkariert wird. Diese Gewährleistung gilt sowohl für den internen als auch den externen Datenschutzbeauftragten[42] und betrifft zum einen Maßnahmen, die das Amt des Datenschutzbeauftragten beenden, und zum anderen Maßnahmen, die Sanktionen darstellen oder sonst den Datenschutzbeauftragten benachteiligen.[43] Der Verantwortliche oder der Auftragsverarbeiter muss sicherstellen, dass nicht nur die Geschäftsleitung, sondern auch andere Stellen oder Beschäftigte nicht gegen das Abberufungs- und Benachteiligungsverbot verstoßen. Dazu gehört, dass der Datenschutzbeauftragte nicht deshalb von seiner Funktion entbunden werden oder sonstige Nachteile erleiden darf, weil er sich in bestimmter Weise und mit einem Ergebnis seiner datenschutzrechtlichen Prüfung positioniert hat, die der Geschäftsleitung, dem Betriebs- oder Personalrat oder anderen Stellen im Unternehmen oder der Behörde nicht genehm sind. Das **Benachteiligungsverbot** erfasst jede Form direkter oder indirekter Nachteile, die mit der Aufgabenerfüllung des Datenschutzbeauftragten in Zusammenhang stehen. Dazu gehören nicht nur Sanktionen oder Diskriminierungen als Reaktion auf Maßnahmen oder Stellungnahmen des Datenschutzbeauftragten in Wahrnehmung seiner Aufgaben, sondern auch der Ausschluss von Vergünstigungen, Nachteile in Bezug auf dienstliche Beurteilungen[44], Beförderungen und künftige berufliche Entwicklungsmöglichkeiten, oder – bei einem nebenamtlichen Datenschutzbeauftragten – die nachteilige Zuteilung oder der Entzug anderweitiger Aufgaben.[45]

17 Das **Abberufungsverbot** ist durch die ausdrückliche Verknüpfung mit der Erfüllung der Aufgaben des Datenschutzbeauftragten ebenfalls „datenschutzrechtlich motiviert"[46] und betrifft als „actus contrarius" zur Benennung ausschließlich die Funktion des Datenschutzbeauftragten.[47] Abs. 3 S. 2 erstreckt sich deshalb nicht auf Gründe für die Beendigung des Beschäftigungsverhältnisses, die nicht mit der Funktion als Datenschutzbeauftragter im Zusammenhang stehen.[48] Entscheidend ist vielmehr, ob die Abberufung darauf zurückzuführen ist, dass der Datenschutzbeauftragte seiner Funktion nachgekommen ist, ob also eine Kausalität zwischen Aufgabenwahrnehmung und Abberufung besteht.[49] Daraus ergibt sich, dass dieses Amt im Zusammenhang mit der Wahrnehmung der Funktion als Datenschutzbeauftragter während des zugrunde liegenden Beschäftigungsverhältnisses nur dann beendet werden darf, der Datenschutzbeauftragte nicht oder nicht mehr die Anforderungen der DS-GVO erfüllt, weil er insbesondere seine Aufgaben nach Art. 39 nicht ordnungsgemäß wahrnimmt, nicht über die für dieses Amt nach Art. 37 Abs. 5 vorausgesetzte notwendige Qualifikation und Fähigkeiten verfügt, entgegen Art. 38 Abs. 1 S. 1 Anweisungen befolgt, seiner Berichtspflicht aus Art. 38 Abs. 2 S. 3, seinen Verpflichtungen aus Art. 38 Abs. 5 nicht genügt oder entgegen Abs. 6 einem Interessenkonflikt ausgesetzt ist. Sofern in solchen Fällen keine Abhilfe möglich ist, darf eine Abberufung zur Durchsetzung dieser Anforderungen nicht durch nationale Regelungen beeinträchtigt werden. Die Mitgliedstaaten können zwar im nationalen Recht einen strengeren Schutz des Datenschutzbeauftragten gegen eine Abberufung aus anderen Gründen vorsehen, die selbst nicht die in der DS-GVO festgelegte Funktion betreffen. Diese Befugnis der Mitgliedstaaten für einen **strengeren Schutz im nationalen Recht** steht jedoch unter der Bedingung, dass dadurch Unionsrecht und insbesondere eine auf Grund einer mangelnden

---

[41] EuGH Urt. v. 9.2.2023 – C-453/21, ECLI:EU:C:2023:79 = ZD 2023, 334 Rn. 27 mAnm Moos/Dirkers ZD 2023, 336 – X-FAB Dresden; EuGH Urt. v. 22.6.2022 – C-534/20, ECLI:EU:C:2022:495 = ZD 2022, 552 Rn. 26 f. – Leistritz AG; Erwägungsgrund 97 S. 4.
[42] EuGH Urt. v. 9.2.2023 – C-560/21, ECLI:EU:C:2023:81 Rn. 18 – KISA; EuGH Urt. v. 22.6.2022 – C-534/20, ECLI:EU:C:2022:495 = ZD 2022, 552 Rn. 23 – Leistritz AG.
[43] EuGH Urt. v. 22.6.2022 – C-534/20, ECLI:EU:C:2022:495 = ZD 2022, 552 Rn. 21 – Leistritz AG.
[44] OVG Berlin-Brandenburg Beschl. v. 28.5.2019 – 10 S 34.18 = ZD 2019, 376 Rn. 4.
[45] Artikel-29-Datenschutzgruppe, Leitlinien in Bezug auf Datenschutzbeauftragte (WP 243 rev.01), S. 18; Laue/Kremer/*Kremer* Neues DatenschutzR § 6 Rn. 38; Auernhammer/*Raum* DS-GVO Art. 38 Rn. 33.
[46] Simitis/Hornung/Spiecker gen. Döhmann/*Drewes* DS-GVO Art. 37 Rn. 58.
[47] Laue/Kremer/*Kremer* Neues DatenschutzR § 6 Rn. 37.
[48] EuGH Urt. v. 22.6.2022 – C-534/20, ECLI:EU:C:2022:495 = ZD 2022, 552 Rn. 28 – Leistritz AG.
[49] Artikel-29-Datenschutzgruppe, Leitlinien in Bezug auf Datenschutzbeauftragte (WP 243 rev.01), S. 18; Kühling/Buchner/*Bergt* DS-GVO Art. 38 Rn. 30.

Qualifikation oder Aufgabenerfüllung oder wegen eines Interessenkonflikts gebotene Abberufung nicht beeinträchtigt wird.[50]

Die DS-GVO garantiert **keinen Kündigungsschutz** für das der Benennung zugrunde liegende Beschäftigungsverhältnis, der über den Zweck des Abberufungsverbots hinausgeht, die funktionelle Unabhängigkeit des Datenschutzbeauftragten zu schützen. Die Zuständigkeit der Mitgliedstaaten für Regelungen für die Beendigung des Beschäftigungsverhältnisses aus anderen Gründen wird deshalb durch die DS-GVO nicht berührt, sofern diese mit dem Unionsrecht vereinbar sind.[51] Beispiele solcher anderen Gründe, die nach Maßgabe des nationalen Arbeitsrechts zur Beendigung des Beschäftigungsverhältnisses führen können, sind Diebstahl, physische, psychische oder sexuelle Belästigungen am Arbeitsplatz, Unterschlagung, Rufschädigung, Tätlichkeiten gegen andere Beschäftigte, Bestechlichkeit, Manipulation der Arbeitszeiterfassung oder Spesenbetrug.[52] Wird das Beschäftigungsverhältnis deshalb im Einklang mit dem maßgeblichen nationalen Recht aufgelöst, entfällt auch die Grundlage für die Benennung als Datenschutzbeauftragter. Umgekehrt ist dann, wenn wegen Unzulänglichkeiten bei der Erfüllung seiner Aufgaben und Pflichten oder mangelnden beruflichen Qualifikationen oder Fähigkeiten des Datenschutzbeauftragten die Bedingungen für die Wahrnehmung dieser Funktion nicht mehr gegeben sind, zu prüfen, ob eine Beschäftigung in anderer Funktion in der Organisation in Betracht kommt oder ein wichtiger Grund gegeben ist, der auf das Beschäftigungsverhältnis durchschlägt. Andererseits darf, wenn keine solche Gründe vorliegen, der Abberufungsschutz nicht dadurch umgangen werden, dass das Beschäftigungsverhältnis gekündigt oder innerhalb der Organisation eine Versetzung auf eine andere Stelle erfolgt, um der Tätigkeit als Datenschutzbeauftragter die Grundlage zu entziehen.[53] Die Mitgliedstaaten können jedoch im nationalen Arbeitsrecht **strengere Vorschriften** vorzusehen, die dem Datenschutzbeauftragten auch für das Beschäftigungsverhältnis einen besonderen Kündigungsschutz gewähren, sofern die Regelung mit den Anforderungen der DS-GVO an die Funktion des Datenschutzbeauftragten vereinbar ist.[54] Der Verantwortliche oder Auftragsverarbeiter muss in jedem Fall in der Lage sein, den Datenschutzbeauftragten nicht nur abzuberufen, sondern gegebenenfalls auch das Beschäftigungsverhältnis zu kündigen, wenn der Datenschutzbeauftragte nicht mehr die für die Erfüllung seiner Aufgaben erforderlichen beruflichen Eigenschaften besitzt oder seine Aufgaben nicht im Einklang mit der DS-GVO erfüllt.[55] Dieser Bedingung entsprechend sind die Vorschriften über den strengen Abberufungsschutz und den besonderen Kündigungsschutz für die Datenschutzbeauftragten in § 6 Abs. 4 S. 1 und S. 2 BDSG (→ Rn. 34) unionsrechtskonform auszulegen und anzuwenden.[56]

3. Zugang zur höchsten Managementebene. Aus der Festlegung in Abs. 3 S. 3, dass der Datenschutzbeauftragte unmittelbar der **„höchsten Managementebene"** des Verantwortlichen oder des Auftragsverarbeiters berichtet, folgt, dass der Datenschutzbeauftragte das Recht auf unmittelbaren Zugang nicht nur zu irgendeiner Managementebene hat, sondern direkt zur Ebene des Vorstands, Geschäftsführers oder Behördenleiters,[57] und dass der Verantwortliche oder Auftragsverarbeiter diesen unmittelbaren Zugang gewährleisten muss. Deutlicher noch als der

---

[50] EuGH Urt. v. 9.2.2023 – C-560/21, ECLI:EU:C:2023:81 Rn. 26 f. – KISA; EuGH Urt. v. 9.2.2023 – C-453/21, ECLI:EU:C:2023:79 = ZD 2023, 334 Rn. 31 ff. mAnm *Moos/Dirkers* ZD 2023, 336 – X-FAB Dresden.
[51] EuGH Urt. v. 22.6.2022 – C-534/20, ECLI:EU:C:2022:495 = ZD 2022, 552 Rn. 28 ff. – Leistritz AG.
[52] Artikel-29-Datenschutzgruppe, Leitlinien in Bezug auf Datenschutzbeauftragte (WP 243), S. 19; LAG MV Urt. v. 25.2.2020 – 5 Sa 108/19 = ZD 2020, 364 Rn. 47 mAnm *Eufinger* ZD 2020, 366.
[53] Vgl. Paal/Pauly/*Paal* DS-GVO Art. 38 Rn. 10a; Auernhammer/*Raum* DS-GVO Art. 38 Rn. 36; Laue/Kremer/*Kremer* Das neue DatenschutzR § 6 Rn. 36.
[54] EuGH Urt. v. 9.2.2023 – C-560/21, ECLI:EU:C:2023:81 Rn. 27 – KISA; EuGH Urt. v. 22.6.2022 – C-534/20, ECLI:EU:C:2022:495 = ZD 2022, 552 Rn. 34 – Leistritz AG; BAG Urt. v. 25.8.2022 – 2 AZR 225/20, ZD 2023, 50 Rn. 13 f.; Paal/Pauly/*Paal* DS-GVO Art. 38 Rn. 10b; Schwartmann/Jaspers/Thüsing/Kugelmann/*Jaspers/Reif* DS-GVO Art. 38 Rn. 19; idS auch die Gesetzesbegründung BT-Drs. 18/11325, 82.
[55] EuGH Urt. v. 9.2.2023 – C-560/21, ECLI:EU:C:2023:81 Rn. 27 – KISA; EuGH Urt. v. 22.6.2022 – C-534/20, ECLI:EU:C:2022:495 = ZD 2022, 552 Rn. 35 – Leistritz AG.
[56] EuGH Urt. v. 9.2.2023 – C-453/21, ECLI:EU:C:2023:79 = ZD 2023, 334 Rn. 35 mAnm *Moos/Dirkers* ZD 2023, 336 – X-FAB Dresden; EuGH Urt. v. 22.6.2022 – C-534/20, ECLI:EU:C:2022:495 = ZD 2022, 552 Rn. 35 – Leistritz AG.
[57] Simitis/Hornung/Spiecker gen. Döhmann/*Drewes* DS-GVO Art. 38 Rn. 38; Paal/Pauly/*Paal* DS-GVO Art. 38 Rn. 11; Kühling/Buchner/*Bergt* DS-GVO Art. 38 Rn. 25; Kuner/Bygrave/Docksey/*Alvarez Rigaudias/Spina* GDPR Art. 38 Abschn. C.1: „top management".

Kommissionsvorschlag, der in der deutschen Sprachfassung auf die „Leitung" und in der englischen Sprachfassung auf das „management" abgestellt hat,[58] bringt die Vorschrift in Anlehnung des in der englischen Sprachfassung („the highest management level of the controller or the processor") verwendeten Begriffs der „höchsten Managementebene" zum Ausdruck, dass der unmittelbare Zugang und das Vortragsrecht weder durch die Zwischenschaltung noch durch die Delegation auf eine untere oder mittlere Managementebene beschnitten werden darf.[59] Deshalb darf der Datenschutzbeauftragte auch nicht einer Betriebs- oder Behördenhierarchie untergeordnet werden, die nicht nur seine Weisungsfreiheit sondern auch den unmittelbare Zugang beeinträchtigen würde. Damit setzt die DS-GVO voraus, dass der Datenschutzbeauftragte **in dieser Funktion nicht einer Fachabteilung unterstellt,** sondern ohne Einschaltung einer Zwischenhierarchie Zugang zur Leitungsebene hat.[60] Dies ermöglicht ihm, die datenschutzrechtlichen Belange und Feststellungen rechtswidriger Verarbeitungsvorgänge unmittelbar der obersten Leitungsebene des Unternehmens oder der Behörde vorzutragen, und verpflichtet ihn, dies auch zu tun. Der unmittelbare Zugang zur Leitungsebene ist vor allem dort von Bedeutung, wo es zu unterschiedlichen Auffassungen zwischen dem Datenschutzbeauftragten und Fachabteilungen der Organisation kommt. Dementsprechend richtet die Prüfaktion der europäischen Datenschutzaufsichtsbehörden (CEF 2023) (→ Rn. 2) ein besonderes Augenmerk auf die Berichterstattung durch den Datenschutzbeauftragten gegenüber der höchsten Führungsebene.[61]

20 Das unmittelbare Zugangsrecht versetzt den Datenschutzbeauftragten in die Lage, sich mit Feststellungen und Vorschlägen direkt an die Geschäftsleitung zu wenden und aus **eigener Initiative** technische und organisatorische Maßnahmen zur Gewährleistung oder Verbesserung des Datenschutzes in dem Betrieb oder der Behörde vorzuschlagen. Die Erfahrung in Organisationen mit einer ausgeprägten Datenschutzkultur zeigt, dass die Stellung des Datenschutzbeauftragten umso wirksamer ist, je mehr er proaktiv datenschutzkonforme Möglichkeiten aufzeigt und sich nicht nur auf die Beanstandung problematischer Verarbeitungsvorgänge beschränkt.[62] Dazu gehört, dass er unmittelbar mit der Geschäftsleitung Alternativen zu einer aus seiner Sicht bedenklichen Verarbeitung erörtert, damit der Verantwortliche oder Auftragsverarbeiter durch Abhilfemaßnahmen seinen Pflichten entsprechend den Anforderungen insbesondere der DS-GVO erfüllen und eine datenschutzwidrige Datenverarbeitung verhindern oder unterbinden kann. Entscheidet sich die Unternehmens- oder Behördenleitung gegen seine Auffassung, sollte der Datenschutzbeauftragte seinen Standpunkt dokumentieren, wenn er der Auffassung ist, dass bestimmte Verarbeitungsvorgänge nicht mehr oder nicht hinreichend den datenschutzrechtlichen Vorschriften entsprechen. Der unmittelbare Zugang zur höchsten Managementebene verpflichtet ihn aber andererseits, zunächst gegenüber der Geschäftsleitung alle Möglichkeiten wahrzunehmen, um zu erreichen, dass den datenschutzrechtlichen Belangen ordnungsgemäß Rechnung getragen wird, bevor er die Aufsichtsbehörde konsultiert (→ Art. 39 Rn. 22). Ebenso wie die Weisungsfreiheit gilt die Befugnis zum unmittelbaren Zugang zur höchsten Managementebene aber nur für die Funktion als Datenschutzbeauftragter, nicht jedoch für sonstige Aufgaben, die er für den Betrieb oder die Behörde ausübt.

IV. Ansprechpartner für die betroffenen Personen (Abs. 4)

21 Abs. 4 etabliert den Datenschutzbeauftragten als Ansprechpartner für die von der Verarbeitung betroffenen Personen. Mit der Formulierung, dass betroffene Personen den Datenschutzbeauftragten „zu Rate ziehen" können, bringt diese Vorschrift zum Ausdruck, dass sich die betroffenen Personen nicht nur an ihn wenden können, sondern das Recht haben, sich von ihm über die Verarbeitung ihrer personenbezogenen Daten informieren und über ihre Rechte und deren Wahrnehmung beraten zu lassen. Dies können sowohl „externe" Betroffene sein, wie Kunden oder Vertragspartner des Unternehmens oder Bürger in Behördenangelegenheiten als auch

---

[58] Art. 36 Abs. 2 S. 2 des Kommissionsvorschlags, KOM(2012) 11 endgültig, bzw. COM(2012) 11 final.
[59] AA Laue/Kremer/*Kremer* Neues DatenschutzR § 6 Rn. 40.
[60] Ebenso Schwartmann/Jaspers/Thüsing/Kugelmann/*Jaspers/Reif* DS-GVO Art. 38 Rn. 23; Plath/*von dem Bussche* DS-GVO Art. 38 Rn. 13; Paal/Pauly/*Paal* DS-GVO Art. 38 Rn. 11; Kühling/Buchner/*Bergt* DS-GVO Art. 38 Rn. 25; *Kort* ZD 2017, 3 (4); *Marschall/Müller* ZD 2016, 415 (419); BeckOK DatenschutzR/*Moos* DS-GVO Art. 38 Rn. 25 f., die allerdings nicht notwendig von einer Ansiedelung direkt bei der Geschäftsleitung ausgehen.
[61] Europäischer Datenschutzausschuss, 2023 Coordinated Enforcement Action: Designation and Position of Data Protection Officers, S. 27 f., der Defizite bei dem unmittelbaren Zugang und eine unterschiedliche Frequenz der Berichterstattung festgestellt.
[62] CIPL Initial Discussion Paper, Abschn. 5.5.

Beschäftigte in dem Betrieb oder der Behörde. Aus dieser Funktion ergibt sich die Verpflichtung des Datenschutzbeauftragten, Anfragen und Beschwerden zu prüfen und der betroffenen Person das Ergebnis seiner Prüfung mitzuteilen.[63] Dabei festgestellten Verstößen gegen datenschutzrechtliche Vorschriften hat er nachzugehen und gegebenenfalls bei der Leitung des Unternehmens oder der Behörde auf Abhilfe zu drängen.[64] Diese arbeits- und zeitintensive Funktion ist bei der Bereitstellung der erforderlichen Ressourcen angemessen zu berücksichtigen.[65] Die Funktion als Ansprechpartner für betroffene Personen führt zwar noch nicht zur Stellung des Datenschutzbeauftragten als „Anwalt der betroffenen Personen",[66] macht ihn aber zu einem **Bindeglied zwischen den betroffenen Personen und dem Verantwortlichen** und trägt damit zum Schutz der betroffenen Person und der Ausübung ihrer Rechte bei.[67] Um zu gewährleisten, dass diese Funktion als Ansprechpartner auch bekannt ist, schreibt Art. 37 Abs. 7 die Veröffentlichung der Kontaktdaten des Datenschutzbeauftragten vor und verpflichtet den Verantwortlichen dazu, den betroffenen Personen im Rahmen seiner Informationspflichten (Art. 13 Abs. 1 Buchst. b, Art. 14 Abs. 1 Buchst. b) die Kontaktdaten und im Falle eines Datenschutzverstoßes (Art. 34 Abs. 2 iVm Art. 33 Abs. 3 Buchst. b) auch den Namen des Datenschutzbeauftragten mitzuteilen. Die Rolle als „Gesicht" des Betriebs oder der Behörde in Bezug auf den Datenschutz erfordert von dem Datenschutzbeauftragten auch ein beträchtliches Maß an Kommunikationsfähigkeit und stellt vor allem einen externen Dienstleister, der nicht nur für einen Betrieb oder eine Behörde tätig wird, vor besondere Herausforderungen.[68] Von der Funktion als Ansprechpartner für die betroffenen Personen ist jedoch die Bearbeitung von deren Anträgen auf Auskunft, Berichtigung oder Löschung nach Art. 15 ff. zu unterscheiden (→ Rn. 29).

V. Geheimhaltungs- und Vertraulichkeitspflicht (Abs. 5)

Abs. 5 verpflichtet den Datenschutzbeauftragten zur Wahrung der Geheimhaltung oder der Vertraulichkeit bei der Erfüllung seiner Aufgaben. Auch wenn der Gesetzestext – anders als § 6 Abs. 5 S. 2 BDSG – den vom Europäischen Parlament vorgeschlagenen ausdrücklichen Bezug auf die Identität der Betroffenen und der Umstände, die zu deren Identifizierung führen können,[69] nicht aufgenommen hat, werden diese von dem Schutzzweck dieser Vorschrift umfasst. Die Vertraulichkeitspflicht dient zum einen dem **Schutz der betroffenen Personen,** die sich an den Datenschutzbeauftragten gewandt haben oder zu deren Daten dieser gemäß Abs. 2 Zugang hat. Das ist vor allem im Beschäftigungskontext von Bedeutung, um zu verhindern, dass sich Beschäftigte deshalb nicht dem Datenschutzbeauftragten anvertrauen, weil sie Nachteile am Arbeitsplatz befürchten.[70] Zum andern schützt die Pflicht zur Vertraulichkeit **auch den Datenschutzbeauftragten** selbst, weil er sich gegenüber dem Ansinnen, die Identität von Beschwerdeführern der Geschäftsleitung oder der Personalverwaltung mitzuteilen, auf die Rechtspflicht zur Vertraulichkeit berufen kann.[71] Das schließt auch den Schutz der Identität eines Whistleblowers ein, der sich wegen eines Verstoßes gegen datenschutzrechtliche Vorschriften an den Datenschutzbeauftragten gewandt hat.[72] Ebenso gilt die Verschwiegenheitspflicht – wie § 79a S. 4 BetrVG für den Betriebsrat ausdrücklich hervorhebt – für Informationen, die Rückschlüsse auf den Meinungsbildungsprozess der Personalvertretung zulassen. Die nähere **Ausgestaltung dieser Verschwiegenheitspflicht** überlässt die DS-GVO dem Unionsrecht oder dem Recht des betreffenden Mitgliedstaats. Damit enthält die Vorschrift einen Rechtsetzungsauftrag zur Konkretisierung der Geheimhaltungs- und Vertraulichkeitspflichten.[73] Die

---

[63] Gierschmann/Schlender/Stentzel/Veil/*Mayer* DS-GVO Art. 38 Rn. 49.
[64] Paal/Pauly/*Paal* DS-GVO Art. 38 Rn. 12; Kühling/Buchner/*Bergt* DS-GVO Art. 38 Rn. 36.
[65] *Klug* ZD 2016, 315 (318).
[66] So Schwartmann/Jaspers/Thüsing/Kugelmann/*Jaspers/Reif* DS-GVO Art. 38 Rn. 25; *Jaspers/Reif* RDV 2012, 78 (82).
[67] *Marschall/Müller* ZD 2016, 415 (420), sehen den Datenschutzbeauftragten im Hinblick auf seine Beratungstätigkeit für die datenverarbeitende Stelle in einer „Zwickmühle".
[68] CIPL Initial Discussion Paper, Abschn. 5.8.
[69] Art. 36 Abs. 4 des Standpunkts des Europäischen Parlaments v. 12.3.2014, EP-PE_TC1-COD(2012) 0011.
[70] Paal/Pauly/*Paal* DS-GVO Art. 38 Rn. 13; *Bittner* RDV 2014, 183 (187).
[71] Vgl. Kühling/Buchner/*Bergt* DS-GVO Art. 38 Rn. 38.
[72] Vgl. Kuner/Bygrave/Docksey/*Alvarez Rigaudias/Spina* GDPR Art. 38 Abschn. C.1 unter Verweis auf Art. 44 Abs. 7 S. 2 VO (EU) 2018/1725.
[73] Vgl. *Kühling/Martini* DS-GVO S. 99.

Regelungsbefugnis der Mitgliedstaaten schließt damit auch das darauf bezogene **Zeugnisverweigerungsrecht** ein. Das maßgebliche Unionsrecht oder das Recht des Mitgliedstaates kann bei der Ausgestaltung der Vertraulichkeitspflicht vorsehen, dass die betroffene Person den Datenschutzbeauftragten von der Vertraulichkeit in Bezug auf die sie betreffenden personenbezogenen Daten im Einzelfall entbindet. Erforderlich ist jedoch, dass die Voraussetzungen für die Wirksamkeit einer Einwilligung nach Art. 6 Abs. 1 Buchst. a erfüllt sind und insbesondere, dass die Entbindung von der Verschwiegenheitspflicht tatsächlich freiwillig erfolgt.[74]

23 Die Verschwiegenheitspflicht ist notwendige Voraussetzung dafür, dass der Datenschutzbeauftragte uneingeschränkten Zugang zu Datenverarbeitungen auch von Berufen hat, die einer **besonderen gesetzlichen Schweigepflicht** unterliegen, wie Ärzte, Rechtsanwälte und Steuerberater.[75] Entsprechendes gilt für den Zugang zu Personalakten und Datenverarbeitungen, die durch Geschäftsgeheimnisse geschützt sind. Verstößt der Datenschutzbeauftragte gegen diese Verschwiegenheitspflicht, greift zwar nicht der Bußgeldtatbestand des Art. 83 Abs. 4 Buchst. a ein, weil sich dieser ausdrücklich auf eine Verletzung der Pflichten nach Art. 36 durch den Verantwortlichen oder den Auftragsverarbeiter bezieht. Jedoch sind die Mitgliedstaaten durch Art. 84 verpflichtet, wirksame, verhältnismäßige und abschreckende Strafen insbesondere für Verstöße gegen die DS-GVO festzulegen, die – wie ein Verstoß des Datenschutzbeauftragten gegen die Pflicht zur Vertraulichkeit – nicht einem Bußgeld nach Art. 83 unterliegen. Die Sanktionspflicht der Mitgliedstaaten umfasst auch die Festlegung von Straftatbeständen für die Verletzung der Verschwiegenheitspflicht.[76] Ein Verstoß gegen die Geheimhaltungs- und Vertraulichkeitspflichten ist geeignet, die Fähigkeit zur Erfüllung der Aufgaben in Frage zu stellen, die Voraussetzung für die Benennung und Tätigkeit des Datenschutzbeauftragten ist (Art. 37 Abs. 5).

VI. Interessenkonflikt mit anderen Aufgaben (Abs. 6)

24 Mit der Bezugnahme auf andere Aufgaben und Pflichten bringt Abs. 6 S. 1 zum Ausdruck, dass die DS-GVO nicht generell von einem Datenschutzbeauftragten ausgeht, der diese Funktion in Vollzeit erfüllt. Damit ist klar gestellt, dass dort, wo diese Funktion nicht die Schaffung einer eigenen Stelle erforderlich macht, die Ausübung anderer Aufgaben auch in derselben Organisation als solche nicht mit den Pflichten und Aufgaben des Datenschutzbeauftragten unvereinbar ist.[77] Bei der Beurteilung, ob für die Wahrnehmung dieser Funktion eine Vollzeitstelle erforderlich ist, hat der Verantwortliche oder Auftragsverarbeiter in Rechnung zu stellen, welche Ressourcen in zeitlicher Hinsicht erforderlich sind, damit der Datenschutzbeauftragte seine Aufgaben nach den Umständen der Datenverarbeitung im konkreten Fall ordnungsgemäß erfüllen kann. In jedem Fall muss der Verantwortliche oder Auftragsverarbeiter jedoch gemäß Abs. 6 S. 2 sicherstellen, dass **andere Aufgaben und Pflichten nicht zu einem Interessenkonflikt** führen, der die Stellung des Datenschutzbeauftragten und damit dessen funktionelle Unabhängigkeit des Datenschutzbeauftragten beeinträchtigen könnte.[78] Der Datenschutzbeauftragte darf nicht mit anderen Aufgaben und Pflichten betraut werden, die ihn in eine Situation bringen können, die seine ordnungsgemäße und unabhängige Aufgabenerfüllung in Frage stellt. Umgekehrt kann aber auch ein Beschäftigter nicht als Datenschutzbeauftragter benannt werden, der bereits andere Aufgaben und Pflichten wahrnimmt, die insbesondere aufgrund ihrer funktionellen und organisatorischen Zuordnung nicht mit der Übernahme der Funktion des Datenschutzbeauftragten vereinbar sind. Der Datenschutzbeauftragte hat auch selbst den Verantwortlichen oder Auftragsgeber auf einen (potentiellen) Interessenkonflikt hinzuweisen.

25 Aus der in Art. 39 Abs. 1 Buchst. b festgelegten Aufgabe des Datenschutzbeauftragten, die Einhaltung der datenschutzrechtlichen Vorgaben und deren organisationsinterne Umsetzung zu überwachen, ergibt sich, dass ein solcher Interessenkonflikt jedenfalls dann vorliegt, wenn derjenige, der selbst in nicht unerheblicher Weise personenbezogene Daten verarbeitet oder für die Verarbeitung verantwortlich ist, diese Datenverarbeitung selbst überwachen und damit sich selbst kontrollieren würde. Der Datenschutzbeauftragte darf deshalb insbesondere keine operati-

---

[74] IErg ebenso Kühling/Buchner/*Bergt* DS-GVO Art. 38 Rn. 38a.
[75] Knyrim DS-GVO/*König* S. 231 (238 f.).
[76] Paal/Pauly/*Paal* DS-GVO Art. 38 Rn. 13.
[77] EuGH Urt. v. 9.2.2023 – C-453/21, ECLI:EU:C:2023:79 = ZD 2023, 334 Rn. 40 mAnm *Moos/Dirkers* ZD 2023, 336 – X-FAB Dresden.
[78] EuGH Urt. v. 9.2.2023 – C-453/21, ECLI:EU:C:2023:79 = ZD 2023, 334 Rn. 41 f. mAnm *Moos/Dirkers* ZD 2023, 336 – X-FAB Dresden.

ven Aufgaben oder Managementaufgaben wahrnehmen, die die Festlegung der Zwecke und Mittel der Verarbeitung personenbezogener Daten und der darauf bezogenen internen Zuständigkeitszuweisungen und Maßnahmen betreffen.[79] Mitglieder der **Geschäftsleitung,** die die Gesamtheit der Unternehmensinteressen oder der Aufgabenwahrnehmungen im öffentlichen Interesse berücksichtigen müssen und die darauf gerichteten Zwecke und Mittel der Verarbeitung und die organisationsinternen Datenschutzstrategien festlegen, können deshalb nicht gleichzeitig die Funktion des Datenschutzbeauftragten wahrnehmen.[80] Im öffentlichen Bereich betrifft dies Behördenleiter und herausgehobene Führungspositionen in staatlichen oder kommunalen Verwaltungen.[81] Entsprechendes gilt für Personen, die – wie Gesellschafter des Unternehmens – ein wirtschaftliches Interesse an dem Unternehmenserfolg haben.[82] Abgesehen davon, dass der Verantwortliche bzw. Auftragsverarbeiter „von einer weiteren Person" unterstützt werden soll,[83] und deshalb ein Mitglied der Geschäftsleitung oder der Leiter einer Behörde nicht sein eigener Datenschutzbeauftragter sein kann, ist es im Gegenteil Aufgabe des Datenschutzbeauftragten, gerade bei einem Konflikt zwischen wirtschaftlichen oder fachlichen Zielvorgaben und Interessen mit datenschutzrechtlichen Belangen, die Unternehmens- oder Behördenleitung zu beraten, ohne selbst diesem Zielkonflikt ausgesetzt zu sein.

Ob eine Interessenkollision mit einer anderen Aufgabe vorliegt oder zu befürchten ist, bedarf der Berücksichtigung aller relevanten Umstände und insbesondere der Organisationsstruktur des Verantwortlichen oder des Auftragsverarbeiters „im Licht aller anwendbaren Rechtsvorschriften, einschließlich etwaiger interner Vorschriften des Verantwortlichen oder des Auftragsverarbeiters".[84] Als „Faustregel" lässt sich jedoch festhalten, dass die gleichzeitige Wahrnehmung der Aufgaben als Leiter der **IT-Abteilung oder Marketing-Abteilung** regelmäßig nicht mit der Funktion als Datenschutzbeauftragter vereinbar ist, weil auch deren Datenverarbeitung Gegenstand der internen Überwachung durch den Datenschutzbeauftragten unterliegt.[85] Dies gilt auch für den Leiter der **Personalverwaltung,** zumal dieser auch für die Verarbeitung sensibler Beschäftigtendaten verantwortlich ist.[86] Bei Mitarbeitern dieser Abteilungen sollte deren organisatorische Einbindung und Datenverarbeitung ebenfalls berücksichtigt werden.[87] Bei der Funktion des Leiters oder Mitarbeiters einer **Rechtsabteilung** wird sich ein Interessenkonflikt jedenfalls dann nicht vermeiden lassen, wenn es um die Rechtsberatung und Rechtsvertretung des Verantwortlichen oder Auftragsverarbeiters gegen Maßnahmen der Aufsichtsbehörde wegen Verletzung datenschutzrechtlicher Vorschriften oder um Ansprüche betroffener Personen geht, die eine Verletzung ihrer Rechte geltend machen und den Verantwortlichen oder Auftragsverarbeiter dafür in Anspruch nehmen. Mit der Abwehr von Maßnahmen der Aufsichtsbehörde oder von Rechtsansprüchen betroffener Personen ist auch die Funktion des Datenschutzbeauftragten als Ansprechpartner betroffener Personen (→ Rn. 21) nicht vereinbar. Dies gilt erst recht, wenn er in die Lage kommen könnte, Verarbeitungsvorgänge zu vertreten, die er in datenschutzrechtlicher Hinsicht als kritisch sieht oder sogar intern beanstandet hat.[88] Ebenso ist die Vertragsgestaltung und Verhandlung mit Vertragspartnern Sache der Geschäftsleitung und deren Rechtsabteilung,

---

[79] EuGH Urt. v. 9.2.2023 – C-453/21, ECLI:EU:C:2023:79 = ZD 2023, 334 Rn. 43 f. mAnm *Moos/Dirkers* ZD 2023, 336 – X-FAB Dresden.
[80] Artikel-29-Datenschutzgruppe, Leitlinien in Bezug auf Datenschutzbeauftragte (WP 243 rev.01), S. 19; Kühling/Buchner/*Bergt* Art. 38 Rn. 40; Paal/Pauly/*Paal* DS-GVO Art. 38 Rn. 14; Taeger/Gabel/*Scheja* DS-GVO Art. 38 Rn. 75; BeckOK DatenschutzR/*Moos* DS-GVO Art. 38 Rn. 35.
[81] *Gola* ZD 2019, 383 (388).
[82] Kühling/Buchner/*Bergt* DS-GVO Art. 38 Rn. 41; Paal/Pauly/*Paal* DS-GVO Art. 38 Rn. 14 aE.
[83] Erwägungsgrund 97 S. 1.
[84] EuGH Urt. v. 9.2.2023 – C-453/21, ECLI:EU:C:2023:79 = ZD 2023, 334 Rn. 45 mAnm *Moos/Dirkers* ZD 2023, 336 – X-FAB Dresden.
[85] Artikel-29-Datenschutzgruppe, Leitlinien in Bezug auf Datenschutzbeauftragte (WP 243 rev.01), S. 19; Simitis/Hornung/Spiecker gen. Döhmann/*Drewes* DS-GVO Art. 38 Rn. 55; *Imping* CR 2017, 378 (386); Kühling/Buchner/*Bergt* DS-GVO Art. 38 Rn. 40; Paal/Pauly/*Paal* DS-GVO Art. 38 Rn. 14; *Gola* ZD 2019, 383 (388); *Wybitul/von Gierke* BB 2017, 181 (183).
[86] Knyrim/*König* DS-GVO S. 231 (238); Simitis/Hornung/Spiecker gen. Döhmann/*Drewes* DS-GVO Art. 38 Rn. 55; Paal/Pauly/*Paal* DS-GVO Art. 38 Rn. 14; *Wybitul/von Gierke* BB 2017, 181 (183).
[87] *Imping* CR 2017, 378 (386); Simitis/Hornung/Spiecker gen. Döhmann/*Drewes* DS-GVO Art. 38 Rn. 55; Auernhammer/*Raum* DS-GVO Art. 38 Rn. 56 f.; für eine Einzelfallprüfung Kühling/Buchner/*Bergt* DS-GVO Art. 38 Rn. 40.
[88] Für eine Einzelprüfung Simitis/Hornung/Spiecker gen. Döhmann/*Drewes* DS-GVO Art. 38 Rn. 56; Kühling/Buchner/*Bergt* DS-GVO Art. 38 Rn. 42; Schwartmann/Jaspers/Thüsing/Kugelmann/*Jaspers/Reif* DS-GVO Art. 38 Rn. 32; aA kein Interessenkonflikt Forgó/Helfrich/Schneider/*Haag* Betr. Datenschutz-HdB II.1. Rn. 67; *Imping* CR 2017, 378 (386).

die zu datenschutzrechtlichen Fragestellungen die Expertise des Datenschutzbeauftragten einholen kann, ohne diesem aber die Verantwortung für die Vertragsgestaltung zu übertragen.[89]

27 Kritisch ist auch die gleichzeitige Funktion als **Compliance-Beauftragter**. Zwar betrifft die Funktion des Datenschutzbeauftragten die „Compliance" der Datenverarbeitung mit dem Datenschutzrecht.[90] Während es sich dabei um die weisungsunabhängige Unterstützung des Verantwortlichen oder Auftragsverarbeiter bei der Einhaltung der datenschutzrechtlichen Anforderungen handelt, umfasst Compliance-Überwachung regelmäßig weisungsgebundene Aufgaben des operativen Risikomanagements mit internen Untersuchungs- und Ermittlungsaufgaben, die mit der Verarbeitung personenbezogener Daten und möglicherweise sensibler Personaldaten für diese Zwecke verbunden ist.[91] Aufgabe des Datenschutzbeauftragten ist es nicht, für die datenschutzrechtliche Compliance von Verantwortlichem und Auftragsverarbeiter einzustehen, sondern die Beratung und Kontrolle, ob deren Maßnahmen im Einklang mit der DS-GVO stehen.[92] Für eine gleichzeitige Funktion zur Entgegennahme interner **Meldungen von Whistleblowern** sprechen insbesondere die unabhängige Stellung des Datenschutzbeauftragten sowie die Verpflichtung zur Vertraulichkeit und deren Gewährleistung auch gegenüber dem Verantwortlichen und Auftragsverarbeiter.[93] Andererseits kann vor allem die Aufgabe der Meldestelle, auch Folgemaßnahmen durchzuführen, durchaus zu einem Interessenkonflikt führen. In jedem Fall ist durch organisatorische Maßnahmen sicherzustellen, dass beide Funktionen streng getrennt werden und die mit der Wahrnehmung der Aufgaben der internen Meldestelle verbundene Erweiterung des sachlichen Aufgabenbereichs über den Schutz der Privatsphäre und personenbezogenen Daten hinaus auf Verstöße gegen eine Vielzahl von Rechtsakten[94] die Konzentration auf die durch Art. 39 zugewiesenen Aufgaben nicht beeinträchtigt.[95]

28 Bei der Frage nach einem Interessenkonflikt bei der Benennung eines Mitglieds eines **Betriebs- oder Personalrates**[96] ist zu berücksichtigen, dass die DS-GVO die Datenverarbeitung durch den Betriebs- oder Personalrat – ebenso wie die anderer Teileinheiten in der Organisation des Verantwortlichen oder Auftragsverarbeiters – nicht von der Kontrolle durch den Datenschutzbeauftragten ausnimmt (→ Art. 39 Rn. 7). Da die Tätigkeit der Mitarbeitervertretung und insbesondere die Wahrnehmung von Mitwirkungs- und Mitbestimmungsrechten den Umgang mit Beschäftigtendaten einschließt, kann der Datenschutzbeauftragte bei einer gleichzeitigen Mitgliedschaft im Betriebs- oder Personalrat in die Lage kommen, nicht nur die Einhaltung der datenschutzrechtlichen Vorschriften des Gremiums überwachen müsste, dem er selbst angehört, sondern möglicherweise dort auch seinen eigenen Umgang mit Beschäftigtendaten. Die Funktion eines Datenschutzbeauftragten führt deshalb typischerweise zu einem Interessenkonflikt jedenfalls mit den Aufgaben des Betriebsratsvorsitzenden.[97] Aber auch bei anderen Mitgliedern des Betriebs- oder Personalrats ist Zurückhaltung bei der Benennung als Datenschutzbeauftragter geboten, um einen potentiellen Interessenkonflikt auszuschließen.[98] In jedem Fall sollte nicht

---

[89] *Schemmel* ZD-Aktuell 2022, 01263.
[90] Forgó/Helfrich/Schneider/*Haag* Betr. Datenschutz-HdB II.1. Rn. 67; *Wybitul/von Gierke* BB 2017, 181 (183); Auernhammer/*Raum* DS-GVO Art. 38 Rn. 61.
[91] Simitis/Hornung/Spiecker gen. Döhmann/*Drewes* Art. 38 Rn. 58; *Baumgartner/Hansch* ZD 2019, 99 (100); Kühling/Buchner/*Bergt* Art. 38 Rn. 42; *Gola* ZD 2019, 383 (388 f.); vgl. auch die Entscheidung der belgischen Datenschutzbehörde v. 16.12.2021 – 141/2021 ZD-Aktuell 2022, 01068 über die Verhängung einer Geldbuße von 75.000 EUR gegen eine Bank wegen Unvereinbarkeit der gleichzeitigen Leitung des operativen Risikomanagements und einer Sonderermittlungsstelle.
[92] *Moos/Dirkers* ZD 2023, 336 (337).
[93] Vgl. Erwägungsgrund 56 S. 2 der Richtlinie (EU) 2019/1937 des Europäischen Parlaments und des Rates vom 23. Oktober 2019 zum Schutz von Personen, die Verstöße gegen das Unionsrecht melden (ABl. 2019 L 305, 17), auf den die Gesetzesbegründung zu § 14 HinSchG Bezug nimmt (BT-Drs. 20/3442, 78 f.); *Hoffmann* ZD-Aktuell 2023, 01107.
[94] Vgl. die Verpflichtung zu Folgemaßnahmen in Art. 8, 9 und 11 RL (EU) 2019/1937 und §§ 13 ff. HinSchG sowie die Aufzählung der Bereiche des sachlichen Anwendungsbereichs in Art. 2 Abs. 1 RL (EU) 2019/1937 und der Rechtsakte im Anhang zu dieser Richtlinie.
[95] *Lang* ZD 2024, 17 (20 f.); *Fehr* ZD 2022, 256; *Leipold* ZD-Aktuell 2022, 01333.
[96] Zum Streitstand BAG Beschl. v. 27.4.2021 – 9 AZR 383/19, ZD 2021, 701 Rn. 42 ff. Der EuGH Urt. v. 9.2.2023 – C-453/21, ECLI:EU:C:2023:79 = ZD 2023, 334 Rn. 45 – X-FAB Dresden, verweist auch insoweit auf die Würdigung der relevanten Umstände des Einzelfalls durch das nationale Gericht, vgl. *Moos/Dirkers* ZD 2023, 336 (337).
[97] BAG Urt. v. 6.6.2023 – 9 AZR 383/19, ZD 2023, 761 Rn. 36 ff. mAnm *Heberlein*; Laue/Kremer/*Kremer* Neues DatenschutzR § 6 Rn. 27; *Gola* ZD 2019, 383 (389).
[98] Simitis/Hornung/Spiecker gen. Döhmann/*Drewes* DS-GVO Art. 38 Rn. 55; *Eufinger* ZD 2020, 366 (367 f.); *Imping* CR 2017, 378 (386); offen gelassen von BAG Urt. v. 6.6.2023 – 9 AZR 383/19, ZD 2023,

nur im Verhältnis zum Management, sondern auch im Verhältnis zum Betriebs- oder Personalrat der Eindruck vermieden werden, der Datenschutzbeauftragte sei einseitig der Arbeitgeber- oder der Arbeitnehmerseite zuzuordnen.

Bei der Übertragung weiterer Aufgaben auf den Datenschutzbeauftragten, wie sie Art. 39 Abs. 1 mit der Formulierung „zumindest folgende Aufgaben" neben den dort genannten Kernaufgaben ausdrücklich zulässt, ist auch bei zusätzlichen **datenschutzrelevanten Tätigkeiten** die Vereinbarkeit mit diesen Kernaufgaben zu prüfen. Da der Datenschutzbeauftragte nicht anstelle des Verantwortlichen und Auftragsverarbeiter für die Datenverarbeitung und den Datenschutz zuständig ist, sondern für deren Beratung und Kontrolle, ist von einer Übertragung von Aufgaben wie die Bearbeitung von Anträgen auf Auskunft, Berichtigung oder Löschung nach Art. 15 ff. abzusehen, damit der Datenschutzbeauftragte entgegen seiner unabhängigen Stellung und Überwachungsfunktion nicht zum „Erfüllungsgehilfen" des Verantwortlichen für dessen Aufgabe wird, für die Erledigung dieser Anträge Sorge zu tragen.[99] Die Kompatibilität ist hingegen zu bejahen bei der Übernahme von Schulungen der Beschäftigten oder der Verpflichtung der Beschäftigten auf das Datengeheimnis, nicht aber bei Aufgaben, die der Umsetzung von Pflichten des Verantwortlichen oder Auftraggebers dienen wie die Führung des Verzeichnisses von Verarbeitungstätigkeiten oder die Durchführung der Datenschutz-Folgenabschätzung (→ Art. 39 Rn. 24). Aber auch bei an sich kompatiblen Aufgaben besteht ein Interessenkonflikt, wenn der Datenschutzbeauftragte durch deren Wahrnehmung etwa in zeitlicher Hinsicht nicht mehr in der Lage ist, seine Kernaufgaben nach Art. 39 Abs. 1 ordnungsgemäß zu erfüllen. Erst recht ist die gleichzeitige Wahrnehmung der Funktion des betrieblichen oder behördlichen Datenschutzbeauftragten und von Aufgaben der Datenschutzaufsicht, wie sie in Deutschland im Medienbereich festzustellen ist, weder mit der Stellung des Datenschutzbeauftragten in der Sphäre des Verantwortlichen oder Auftragsverarbeiters noch mit dem Wesen und Funktion der unabhängigen Datenschutzaufsicht vereinbar (→ Art. 37 Rn. 12 und 71).

In Bezug auf den **externen Datenschutzbeauftragten** findet die Vorschrift insofern Anwendung, als der Verantwortliche bzw. der Auftragsverarbeiter im Vertragsverhältnis darauf bestehen muss, dass der externe Dienstleister keine andere Aufgaben und Pflichten übernimmt, die zu einem Interessenkonflikt mit den Aufgaben des Datenschutzbeauftragten für den Betrieb oder die Behörde oder andere Stellen dieses Verantwortlichen oder Auftragsverarbeiters führen können. In jedem Fall darf der Verantwortliche oder Auftragsverarbeiter einen externen Dienstleister nicht mit den Aufgaben des Datenschutzbeauftragten betrauen, wenn dieser Dienstleister bereits für ihn als Wirtschaftsprüfer, Steuerberater oder Rechtsanwalt jedenfalls mit datenschutzrechtlichem Bezug tätig ist oder tätig werden soll.[100] Im Übrigen liegt es aber nicht in der Hand des Verantwortlichen oder des Auftragsverarbeiters, welche andere Aufgaben und Pflichten der Dienstleister neben der Funktion als Datenschutzbeauftragter wahrnimmt. Vielmehr ist es Sache des Dienstleisters selbst, den Verantwortlichen oder Auftragsverarbeiter auf einen möglichen Interessenkonflikt hinzuweisen und die Übernahme der Aufgaben als Datenschutzbeauftragter abzulehnen. Dies gilt insbesondere im Hinblick auf die Wahrnehmung von Aufgaben für ein Konkurrenzunternehmen oder von anderen Aufgaben für denselben Auftraggeber, die nach ihrem Gegenstand nicht mit der Funktion als Datenschutzbeauftragter vereinbar sind.

C. Rechtsschutz

Gegen Maßnahmen der Aufsichtsbehörde zur Durchsetzung der Pflichten nach Art. 38 kann der **Verantwortliche oder der Auftragsverarbeiter** als Adressat dieser ihn betreffenden Maßnahme gemäß Art. 78 Abs. 1 Klage gegen die Aufsichtsbehörde erheben. Insbesondere betrifft

---

[761] Rn. 26 mAnm *Heberlein;* aA LAG MV Urt. v. 25.2.2020 – 5 Sa 108/19, ZD 2020, 364 Rn. 36 mAnm *Eufinger;* Taeger/Gabel/*Scheja* DS-GVO Art. 38 Rn. 75; *Stück* ZD 2019, 256 (260); BeckOK DatenschutzR/*Moos* DS-GVO Art. 38 Rn. 37; vgl. auch Kühling/Buchner/*Bergt* DS-GVO Art. 38 Rn. 45: „eher nicht empfehlenswert".
[99] So jedoch LAG BW Urt. v. 1.6.2022 – 4 Sa 65/21, Rn. 101; zust. *Schemmel* ZD-Aktuell 2022, 01263.
[100] Artikel-29-Datenschutzgruppe, Leitlinien in Bezug auf Datenschutzbeauftragte (WP 243 rev.01), S. 19; Europäischer Datenschutzausschuss, 2023 Coordinated Enforcement Action: Designation and Position of Data Protection Officers, S. 25; *Gola* RDV 2019, 157 (161 f.); *Paal/Cornelius* ZD 2022, 193 (195) sehen „im Zweifel" eine personelle Trennung der Tätigkeit von externem Datenschutzbeauftragten und Rechtsanwaltsmandat für geboten; aA *Baumgartner/Hansch* ZD 2019, 99 (103); BeckOK DatenschutzR/*Moos* DS-GVO Art. 38 Rn. 37a: „soweit innerhalb des Mandats keine Interessenkonflikte bestehen".

das Anweisungen der Aufsichtsbehörde gemäß Art. 58 Abs. 2 Buchst. d zur Durchsetzung der Pflichten aus Art. 38 (→ Art. 37 Rn. 61). Eine solche Anweisung, die in Deutschland vor den Verwaltungsgerichten[101] und in Österreich vor dem Bundesverwaltungsgericht[102] gerichtlich anfechtbar ist, kommt insbesondere dann in Betracht, wenn der für die Verarbeitung Verantwortliche oder der Auftragsverarbeiter nicht sicherstellt, dass der Datenschutzbeauftragte ordnungsgemäß in die den Datenschutz betreffenden Angelegenheiten eingebunden ist und weisungsfrei seine Aufgaben wahrnehmen oder sich unmittelbar an die höchste Managementebene wenden kann, wenn der Datenschutzbeauftragte bei der Wahrnehmung anderer Aufgaben einem Interessenkonflikt ausgesetzt ist, ihm die erforderlichen Ressourcen nicht ausreichend zur Verfügung gestellt werden oder die Ausübung seiner Funktion als Ansprechpartner für die Betroffenen nicht gewährleistet ist. In diesen Fällen kann die Aufsichtsbehörde gemäß Art. 58 Abs. 2 Buchst. i und Art. 83 Abs. 4 Buchst. a zusätzlich oder anstelle einer Anweisung Geldbußen gegen den Verantwortlichen oder den Auftragsverarbeiter verhängen.

32 Für den **Rechtsschutz des Datenschutzbeauftragten** gegen die Abberufung, Kündigung, Benachteiligungen oder sonstigen Beeinträchtigungen seiner Stellung sowie gegen arbeitsrechtliche oder dienstrechtliche Sanktionen wegen der Verletzung seiner Pflichten sind in Deutschland bei betrieblichen Datenschutzbeauftragten die Arbeitsgerichte und die Verwaltungsgerichte zuständig, je nachdem, ob der Benennung des Datenschutzbeauftragten ein arbeitsrechtliches oder öffentlich-rechtliches Beschäftigungsverhältnis zu Grunde liegt, sowie bei externen Datenschutzbeauftragten die Zivilgerichte.

D. Nationale Durchführung

I. Nationale Vorschriften in Deutschland

33 **1. Stellung des Datenschutzbeauftragten.** Das seit dem 25.5.2018 geltende Bundesdatenschutzgesetz (BDSG) in der Fassung des Datenschutz-Anpassungs- und -Umsetzungsgesetz (DSAnpUG-EU)[103] enthält in § 6 und § 38 Abs. 2 Regelungen über die Stellung des Datenschutzbeauftragten. **§ 6 Abs. 1, 2, 3 und Abs. 5 S. 1 BDSG** wiederholen für die Stellung des Datenschutzbeauftragten öffentlicher Stellen die bereits die in Art. 38 niedergelegte Anforderungen an die Einbindung in die Datenverarbeitung, die Unterstützungspflicht, die Weisungsfreiheit und das Benachteiligungsverbot sowie die Beratung betroffener Personen. Diese spiegelbildliche Wiederholung dieser Vorschriften des Art. 38 Abs. 1 bis 4 ist jedoch nicht für die Verständlichkeit und Kohärenz des Regelungszusammenhangs der DS-GVO erforderlich (→ Art. 6 Rn. 67), sondern vermengt im Gegenteil, bedingt durch den grundsätzlichen Aufbau des Gesetzes, in den „Gemeinsamen Bestimmungen" die Spezifizierung von Regeln der DS-GVO und der Umsetzung der Richtlinie (EU) 2016/680 sowie Regelungen für Regelungsbereiche außerhalb des Anwendungsbereichs dieser beiden Rechtsinstrumente (→ Art. 6 Rn. 86). Diese Vermengung der Spezifizierung von Regeln der DS-GVO und der Umsetzung der Richtlinie (EU) 2016/680 sowie der Geltung außerhalb des Anwendungsbereichs der beiden Rechtsinstrumente überdeckt nicht nur den unionsrechtlichen Geltungsgrund, sondern auch die Reichweite der Spezifizierungsbefugnis und führt damit zur Unsicherheit, ob und inwieweit nationales Recht maßgeblich ist.[104] Dies kommt auch dadurch zum Ausdruck, dass sich nach der Gesetzesbegründung nur § 6 Abs. 1 bis 3 BDSG auf die Umsetzung des Art. 32 Abs. 1 RL (EU) 2016/680 beschränken sollen, während die Begründung hinsichtlich der Vorschriften des § 6 Abs. 4 BDSG zum Abberufungsverbot und zum Kündigungsschutz und die zu § 6 Abs. 5 und 6 BDSG über die Verschwiegenheitspflicht und das Zeugnisverweigerungsrecht auf die DS-GVO verweist.[105]

34 **2. Kündigungs- und Abberufungsschutz. § 6 Abs. 4 BDSG** unterscheidet zwischen der Abberufung des Datenschutzbeauftragten und der Kündigung des Arbeitsverhältnisses. Die Vorschrift entspricht inhaltlich § 4f Abs. 3 S. 3, 5 und 6 der bis zum 25.5.2018 geltenden Fassung

---

[101] § 20 Abs. 1 BDSG.
[102] § 27 Abs. 1 DSG.
[103] BDSG idF des Art. 1 des Gesetzes zur Anpassung des Datenschutzrechts an die Verordnung (EU) 2016/679 und zur Umsetzung der Richtlinie (EU) 2016/680 (Datenschutz-Anpassungs- und -Umsetzungsgesetz EU – DSAnpUG-EU) vom 20.11.2019 (BGBl. 2019 I 1626), zuletzt geändert durch Gesetz vom 22.12.2023 (BGBl. 2023 I 414).
[104] Vgl. Gierschmann/Schlender/Stentzel/Veil/*Mayer* DS-GVO Art. 37 Rn. 106.
[105] BT-Drs. 18/11325, 82.

des BDSG. Sie findet unmittelbar auf den Datenschutzbeauftragten öffentlicher Stellen Anwendung und gilt nach § 38 Abs. 2 Hs. 2 BDSG auch für den Datenschutzbeauftragten nicht-öffentlicher Stellen, wenn dessen Benennung verpflichtend ist. Nach § 6 Abs. 4 S. 1 BDSG ist die **Abberufung** des Datenschutzbeauftragten nur in entsprechender Anwendung des § 626 BGB zulässig. § 6 Abs. 4 S. 2 und 3 BDSG garantiert dem Datenschutzbeauftragten einer öffentlichen Stelle **Kündigungsschutz** für das Arbeitsverhältnis sowohl während seiner Tätigkeit und innerhalb eines Jahres nach deren Ende, es sei denn, dass Tatsachen vorliegen, welche die öffentliche Stelle zur Kündigung aus wichtigem Grund ohne Einhaltung einer Kündigungsfrist berechtigen. Durch den EuGH ist nunmehr geklärt, dass solchen strengeren Vorschriften, für den Schutz des Datenschutzbeauftragten vor einer Kündigung[106] oder vor einer Abberufung Art. 38 Abs. 3 S. 3 nicht entgegen steht (→ Rn. 17 f.), sofern diese mit der DS-GVO vereinbar sind.[107] Insbesondere muss der Verantwortliche oder Auftragsverarbeiter in jedem Fall in der Lage sein, den Datenschutzbeauftragten nicht nur abzuberufen, sondern gegebenenfalls auch das Arbeitsverhältnis zu kündigen, wenn der Datenschutzbeauftragte nicht mehr die für die Erfüllung seiner Aufgaben erforderlichen beruflichen Eigenschaften besitzt oder seine Aufgaben nicht im Einklang mit der DS-GVO erfüllt oder einem Interessenkonflikt ausgesetzt ist.[108] § 6 Abs. 4 S. 1 und S. 2 BDSG dieser Bedingung entsprechend unionsrechtskonform auszulegen und anzuwenden.[109] Diese Vorschriften bringen auch keinen unverhältnismäßigen Eingriff in den Schutzbereich von Grundrechten des Arbeitgebers mit sich.[110]

Aus **§ 38 Abs. 2 Hs. 2 BDSG** folgt, dass dann, wenn ein Verantwortlicher oder Auftragsverarbeiter im nicht-öffentlichen Bereich freiwillig, also durch Art. 37 Abs. 1 Buchst. b oder c oder § 38 Abs. 1 BDSG dazu verpflichtet zu sein, einen Datenschutzbeauftragten benennt, die Bestimmungen über den Abberufungsschutz und den besonderen Kündigungsschutz in § 6 Abs. 4 BDSG keine Anwendung finden. Dadurch werden **unterschiedliche Schutzstandards** in Bezug auf die arbeitsrechtliche Stellung des Datenschutzbeauftragten geschaffen, die mit der von der DS-GVO garantierten einheitlichen Stellung sowohl von obligatorischen wie fakultativen Datenschutzbeauftragten nicht vereinbar sind. Da das Benachteiligungsverbot des Art. 38 Abs. 3 S. 2 in gleicher Weise für den obligatorischen wie den fakultativen Datenschutzbeauftragten gilt (→ Rn. 2), ist diese Unterscheidung auch nicht durch die Erwägung des Gesetzgebers gerechtfertigt, ein Sonderkündigungsschutz könne von der fakultativen Benennung eines Datenschutzbeauftragten abhalten.[111] Diese Differenzierung führt deshalb zu einer Benachteiligung des fakultativen Datenschutzbeauftragten, die mit dem Ansatz der DS-GVO, allen Datenschutzbeauftragten einheitliche Bedingungen für ihre Stellung zu gewährleisten, nicht vereinbar ist.[112] 35

3. Verschwiegenheitspflicht und Zeugnisverweigerungsrecht. § 6 Abs. 5 S. 2 BDSG 36 bestimmt, dass der Datenschutzbeauftragte zur **Verschwiegenheit** über die Identität der betroffenen Person verpflichtet ist, die ihn zu Rate zieht, sowie über Umstände, die Rückschlüsse auf die betroffene Person zulassen. Diese Vorschrift gründet sich auf Art. 38 Abs. 5, der hinsichtlich der Verpflichtung zur Geheimhaltung und Vertraulichkeit auf das Recht der Union oder der Mitgliedstaaten verweist (→ Rn. 22). Die Vorschrift, die gemäß § 38 Abs. 2 BDSG auch auf Datenschutzbeauftragte nicht-öffentlicher Stellen Anwendung findet, lässt – wie die frühere Regelung des § 4f Abs. 4 BDSG – ausdrücklich zu, dass die betroffene Person den Datenschutzbeauftragten von der Verschwiegenheitspflicht befreit. Da es sich dabei um eine auf diesen Zweck bezogene Einwilligung im Sinne des Art. 6 Abs. 1 Buchst. a handelt, ist die Befreiung

---

[106] EuGH Urt. v. 22.6.2022 – C-534/20, ECLI:EU:C:2022:495 = ZD 2022, 552 Rn. 34 – Leistritz AG; BAG Urt. v. 25.8.2022 – 2 AZR 225/20, ZD 2023, 50 Rn. 13 f.; vgl. auch Paal/Pauly/*Paal* DS-GVO Art. 38 Rn. 10b; Schwartmann/Jaspers/Thüsing/Kugelmann/*Jaspers/Reif* DS-GVO Art. 38 Rn. 19; idS auch die Gesetzesbegründung BT-Drs. 18/11325, 82.
[107] EuGH Urt. v. 9.2.2023 – C-453/21, ECLI:EU:C:2023:79 = ZD 2023, 334 Rn. 31 mAnm *Moos/Dirkers* ZD 2023, 336 – X-FAB Dresden; EuGH Urt. v. 22.6.2022 – C-534/20, ECLI:EU:C:2022:495 = ZD 2022, 552 Rn. 35 – Leistritz AG; EuGH Urt. v. 9.2.2023 – C-560/21, ECLI:EU:C:2023:81 Rn. 26 – KISA.
[108] EuGH Urt. v. 9.2.2023 – C-453/21, ECLI:EU:C:2023:79 = ZD 2023, 334 Rn. 32 und 34 mAnm *Moos/Dirkers* – X-FAB Dresden; EuGH Urt. v. 22.6.2022 – C-534/20, ECLI:EU:C:2022:495 = ZD 2022, 552 Rn. 35 – Leistritz AG.
[109] EuGH Urt. v. 9.2.2023 – C-453/21, ECLI:EU:C:2023:79 = ZD 2023, 334 Rn. 35 mAnm *Moos/Dirkers* ZD 2023, 336 – X-FAB Dresden.
[110] BAG Urt. v. 25.8.2022 – 2 AZR 225/20, ZD 2023, 50 Rn. 19 ff.
[111] Vgl. Paal/Pauly/*Pauly* BDSG § 38 Rn. 17.
[112] Ebenso Gierschmann/Schlender/Stentzel/Veil/*Mayer* DS-GVO Art. 38 Rn. 63, wonach der fakultative Datenschutzbeauftragte damit zu einem „Datenschutzbeauftragten 2. Klasse" werde.

von der Verschwiegenheitspflicht aber nur dann wirksam, wenn die Voraussetzungen für die Wirksamkeit einer Einwilligung erfüllt sind und insbesondere die Befreiung von der Verschwiegenheitspflicht freiwillig erfolgt.[113] Die Verletzung der Verschwiegenheitspflicht durch den Datenschutzbeauftragten ist gemäß § 203 Abs. 4 S. 1 StGB strafbewehrt.[114] Für das Verhältnis zum **Betriebsrat** ist die Verschwiegenheitspflicht durch § 79a S. 4 und 5 BetrVG dahin präzisiert, dass der Datenschutzbeauftragte gegenüber dem Arbeitgeber zur Verschwiegenheit verpflichtet ist über Informationen, die Rückschlüsse auf den Meinungsbildungsprozess des Betriebsrats zulassen, und dass § 6 Abs. 5 S. 2 und § 38 Abs. 2 BDSG auch im Hinblick auf das Verhältnis zum Arbeitgeber gelten.

37 Ebenfalls auf der Grundlage des Art. 38 Abs. 5 regelt **§ 6 Abs. 6 BDSG** das **Zeugnisverweigerungsrecht** des Datenschutzbeauftragten. Danach erstreckt sich das Zeugnisverweigerungsrecht, das der Leitung oder einer bei einer öffentlichen Stelle beschäftigten Person aus beruflichen Gründen zusteht, auf den Datenschutzbeauftragten in Bezug auf die Daten, von denen er bei seiner Tätigkeit Kenntnis erhält. Diese Vorschrift, die dem § 4f Abs. 4a in der bis zum 25.5.2018 geltenden Fassung des BDSG entspricht, gilt gemäß § 38 Abs. 2 BDSG auch für Datenschutzbeauftragte nicht-öffentlicher Stellen. Die Ausübung dieses Rechts durch den Datenschutzbeauftragten ist jedoch grundsätzlich an die Entscheidung der Person gebunden, der das Zeugnisverweigerungsrecht aus beruflichen Gründen zusteht (§ 6 Abs. 6 S. 2 BDSG). In dem Umfang des Zeugnisverweigerungsrechts unterliegen gemäß § 6 Abs. 6 S. 3 BDSG auch Akten und andere Dokumente des Datenschutzbeauftragten einem Beschlagnahmeverbot, das auch digitale Unterlagen umfasst.[115]

II. Nationale Vorschriften in Österreich

38 **1. Verschwiegenheitspflicht und Aussageverweigerungsrecht.** Im Gegensatz zum BDSG trennt das österreichische Datenschutzgesetz (DSG) in der Fassung des Datenschutz-Deregulierungsgesetzes[116] zwischen Vorschriften zur Durchführung der DS-GVO und Vorschriften zur Umsetzung der Richtlinie (EU) 2016/680, erklärt aber für die Umsetzung dieser Richtlinie und anderen, nicht unter die Geltung des Unionsrechts fallenden Verarbeitung, dass für die Stellung des Datenschutzbeauftragten Art. 38 gilt (§ 57 Abs. 2 DSG). Für den Anwendungsbereich der DS-GVO bestimmt **§ 5 Abs. 1 S. 2 DSG** auf der Grundlage des Art. 38 Abs. 5 (→ Rn. 22), dass der Datenschutzbeauftragte und die für ihn tätigen Personen zur **Verschwiegenheit** über die Identität der betroffenen Person verpflichtet sind, die sich an ihn gewandt haben, sowie über Umstände, die Rückschlüsse auf diese Personen zulassen. Diese Verschwiegenheitspflicht bezieht sich sowohl auf betroffene Personen außerhalb der Organisation wie auf Beschäftigte des Verantwortlichen oder Auftragsverarbeiters und gilt auch gegenüber der obersten Managementebene.[117] Die Vorschrift lässt ebenfalls ausdrücklich zu, dass die betroffene Person den Datenschutzbeauftragten von der Verschwiegenheitspflicht befreit. Diese Befreiung ist aber nur wirksam, wenn die Voraussetzungen für die Wirksamkeit einer Einwilligung im Sinne des Art. 6 Abs. 1 Buchst. a erfüllt sind. § 5 Abs. 1 S. 3 DSG stellt klar, dass die zugänglich gemachten Informationen ausschließlich zur Erfüllung der Aufgaben verwandt werden dürfen und die Verpflichtung zur Geheimhaltung auch nach Ende der Tätigkeit besteht.

39 Ebenfalls in Konkretisierung des Art. 38 Abs. 5 regelt **§ 5 Abs. 2 DSG,** dass sich ein gesetzliches **Aussageverweigerungsrecht** auf den Datenschutzbeauftragten erstreckt, sofern die Person, der das gesetzliche Aussageverweigerungsrecht zusteht, davon Gebrauch gemacht hat. Ausdrücklich ist auch bestimmt, dass die Akten und Schriftstücke des Datenschutzbeauftragten in dem Umfang des Aussageverweigerungsrechts weder sichergestellt noch beschlagnahmt werden dürfen.

---

[113] IErg ebenso Kühling/Buchner/*Bergt* DS-GVO Art. 38 Rn. 38a.
[114] Paal/Pauly/*Paal* DS-GVO Art. 38 Rn. 13; Schwartmann/Jaspers/Thüsing/Kugelmann/*Jaspers/Reif* DS-GVO Art. 38 Rn. 27.
[115] Kühling/Buchner/*Bergt/Schnebbe* BDSG § 6 Rn. 22.
[116] Bundesgesetz zum Schutz natürlicher Personen bei der Verarbeitung personenbezogener Daten (Datenschutzgesetz – DSG) vom 29.6.2017 (ÖBGBl. I Nr. 120/2017) idF des Datenschutz-Deregulierungsgesetzes vom 15.5.2018 (ÖBGBl. I Nr. 24/2018).
[117] Vgl. Bresich/Dopplinger/Dörnhöfer/Kunnert/Riedl/*Kunnert* DSG § 5 Rn. 5 f.

2. Unterrichtungsrecht im öffentlichen Bereich. § 5 Abs. 3 DSG betrifft den Daten- 40
schutzbeauftragten im öffentlichen Bereich. Mit der Konkretisierung durch den Klammerzusatz als „in Formen des öffentlichen Rechts eingerichtet, insbesondere auch als Organ einer Gebietskörperschaft" werden neben staatlichen und kommunalen Behörden und Stellen auch alle sonstigen öffentlich-rechtlichen Einrichtungen erfasst, nicht jedoch privatrechtliche Unternehmen (→ Art. 37 Rn. 27), selbst wenn diese zu dem besonderen Zweck gegründet wurden, im Allgemeininteresse liegende Aufgaben nichtgewerblicher Art zu erfüllen.[118] Die Feststellung in S. 1, dass der Datenschutzbeauftrage bezüglich der Ausübung seiner Aufgaben weisungsfrei ist, wiederholt inhaltlich die unmittelbar bindende Vorgabe des Art. 38 Abs. 3 S. 1 DS-GVO. Das DSG legt in § 5 Abs. 3 S. 2 legt ein Unterrichtungsrecht des „obersten Organs" über die Gegenstände der Geschäftsführung des Datenschutzbeauftragten fest. Dieses „oberste Organ" ist für den Datenschutzbeauftragten eines Ministeriums der Minister, bei einer Gemeinde der Bürgermeister bzw. bei einer öffentlichen Einrichtung der Leiter der Einrichtung. Das Unterrichtungsrecht darf jedoch – wie § 5 Abs. 3 S. 3 DSG ausdrücklich klarstellt – nicht der durch die DS-GVO gewährleisteten funktionellen Unabhängigkeit des Datenschutzbeauftragten widersprechen. Mit dieser Vorgabe lässt sich die Unterrichtungspflicht des Datenschutzbeauftragten als Bestandteil der Beratungsaufgabe nach Art. 39 Abs. 1 Buchst. a unmittelbar für die „höchste Managementebene" (→ Rn. 19) verstehen.[119]

III. Nationale Vorschriften in anderen Mitgliedstaaten

Die Datenschutzgesetze der meisten anderen Mitgliedstaaten enthalten keine Bestimmungen 41
über die Stellung des Datenschutzbeauftragten oder beschränken sich – wie in **Dänemark** und den **Niederlanden** – auf die Regelung der Vertraulichkeitspflichten.[120] In den meisten anderen Mitgliedstaaten sind keine Sondervorschriften für das Beschäftigungsverhältnis des Datenschutzbeauftragten ersichtlich.[121] Für **Spanien** normiert das Datenschutzgesetz[122] Vorschriften über die Stellung des Datenschutzbeauftragten, die allerdings im Hinblick auf das Wiederholungs- und Modifizierungsverbot der unionsrechtlichen Vorschriften (→ Art. 6 Rn. 67) problematisch erscheinen. Diese Vorschriften wiederholen inhaltlich und ergänzen insbesondere den Zugang zu personenbezogenen Daten und Verarbeitungsvorgängen, die unabhängige Stellung und das Verbot eines Interessenkonflikts und verpflichten den Datenschutzbeauftragten ausdrücklich, bedeutsame Datenschutzverstöße den zuständigen Verwaltungsstellen und dem Management des Verantwortlichen oder Auftragsverarbeiters zu melden, und regeln die Zusammenarbeit mit der Aufsichtsbehörde in Bezug auf eine Beschwerde betroffener Personen.[123] Ferner bestimmt das spanische Datenschutzgesetz, dass der interne Datenschutzbeauftragte wegen der Erfüllung seiner Aufgaben weder abberufen noch sanktioniert werden darf, außer bei vorsätzlichem Fehlverhalten oder grober Fahrlässigkeit bei der Erfüllung dieser Aufgaben.[124] Diese Bestimmung ist – ebenso wie § 6 Abs. 4 BDSG – in der unionsrechtskonformen Auslegung mit Art. 38 Abs. 3 S. 2 DS-GVO vereinbar, dass der Verantwortliche oder Auftragsverarbeiter in der Lage sein muss, den Datenschutzbeauftragten nicht nur abzuberufen, sondern gegebenenfalls auch das Arbeitsverhältnis zu kündigen, wenn dieser nicht mehr die für die Erfüllung seiner Aufgaben erforderlichen beruflichen Eigenschaften besitzt oder seine Aufgaben nicht im Einklang mit der DS-GVO erfüllt.[125]

---

[118] Bresich/Dopplinger/Dörnhöfer/Kunnert/Riedl/*Kunnert* DSG § 5 Rn. 13 f.; aA Knyrim/*König* DS-GVO S. 231 (233 f.).
[119] Bresich/Dopplinger/Dörnhöfer/Kunnert/Riedl/*Kunnert* DSG § 5 Rn. 11.
[120] Vgl. zB für Dänemark § 24 Gesetz Nr. 502 v. 23.5.2018 (ABl. v. 25.5.2018) und die Niederlande Art. 39 Gesetz v. 16.5.2018 (ABl. 2018 144, 21).
[121] Vgl. GA *de la Tour*, Schlussanträge in der Rs. C-534/20, ECLI:EU:C:2022:62 Rn. 45 u. Fn. 33, der hierzu auf die Rechtslage in Dänemark, Irland, Kroatien, Italien, Malta, den Niederlanden, Österreich, Polen, Portugal, Rumänien und Finnland Bezug nimmt und darauf hinweist, dass in Frankreich und Luxemburg der Datenschutzbeauftragte nicht den zusätzlichen Schutzstatus eines „geschützten Arbeitnehmers (salarié protégé)" hat.
[122] Ley Orgánica 3/2018 de Protección de Datos Personales y garantía de los derechos digitals v. 5.12.2018, ABl. 2018 I Nr. 294, 119788.
[123] Art. 36 Abs. 3 und 4, Art. 37 Ley Orgánica 3/2018.
[124] Art. 36 Abs. 2 Ley Orgánica 3/2018.
[125] EuGH Urt. v. 22.6.2022 – C-534/20, ECLI:EU:C:2022:495 = ZD 2022, 552 Rn. 35 – Leistritz AG.

E. Ausblick

42 Die Vorgaben der DS-GVO für die Stellung des Datenschutzbeauftragten gewährleisten mit der Weisungsfreiheit, dem Abberufungsschutz und Benachteiligungsverbot sowie dem unmittelbaren Zugang zur höchsten Managementebene die Unabhängigkeit des Datenschutzbeauftragten bei der Erfüllung seiner Aufgaben und mit der Einbindung in alle datenschutzrelevanten Fragen sowie seiner Ausstattung mit den erforderlichen Ressourcen die Voraussetzungen für eine effektive Wahrnehmung dieser Funktion. Gleichwohl weisen **Rückmeldungen aus der Praxis** noch auf Defizite bei der Schaffung angemessener Arbeitsbedingungen hin sowie auf Unsicherheiten über die Stellung des Datenschutzbeauftragten in der Unternehmens- und Behördenorganisation, die von der Erwartung reichen, dass der Datenschutzbeauftragte anstelle des Verantwortlichen die Einhaltung des Datenschutzes gewährleistet, bis hin zu der Verlagerung von Aufgaben auf die Rechtsabteilungen.[126] Inzwischen hat die Rechtsprechung vor allem die Abgrenzung zur Regelungskompetenz der Mitgliedstaaten für das arbeitsrechtliche Beschäftigungsverhältnis des Datenschutzbeauftragten konkretisiert und erste Leitlinien für Interessenkonflikte bei der gleichzeitigen Erfüllung anderer Aufgaben gegeben. Die europaweit einheitliche Gewährleistung der Stellung und Funktion des Datenschutzbeauftragten in der Praxis hängt wesentlich davon ab, ob seine unabhängige Stellung und Einbindung in der Organisation auch durch ausreichende Ressourcen und die Vermeidung von Interessenkonflikten von den Datenschutzaufsichtsbehörden in allen Mitgliedstaaten effektiv durchgesetzt wird und Fehlentwicklungen unterbunden werden. Dabei wird der Schlussfolgerungen und Folgemaßnahmen auf der Grundlage der zweiten koordinierten Prüfaktion der europäischen Datenschutzaufsichtsbehörden (CEF 2023) wesentliche Bedeutung zu kommen.

Art. 39 Aufgaben des Datenschutzbeauftragten

(1) **Dem Datenschutzbeauftragten obliegen zumindest folgende Aufgaben:**
a) **Unterrichtung und Beratung des Verantwortlichen oder des Auftragsverarbeiters und der Beschäftigten, die Verarbeitungen durchführen, hinsichtlich ihrer Pflichten nach dieser Verordnung sowie nach sonstigen Datenschutzvorschriften der Union bzw. der Mitgliedstaaten;**
b) **Überwachung der Einhaltung dieser Verordnung, anderer Datenschutzvorschriften der Union bzw. der Mitgliedstaaten sowie der Strategien des Verantwortlichen oder des Auftragsverarbeiters für den Schutz personenbezogener Daten einschließlich der Zuweisung von Zuständigkeiten, der Sensibilisierung und Schulung der an den Verarbeitungsvorgängen beteiligten Mitarbeiter und der diesbezüglichen Überprüfungen;**
c) **Beratung – auf Anfrage – im Zusammenhang mit der Datenschutz-Folgenabschätzung und Überwachung ihrer Durchführung gemäß Artikel 35;**
d) **Zusammenarbeit mit der Aufsichtsbehörde;**
e) **Tätigkeit als Anlaufstelle für die Aufsichtsbehörde in mit der Verarbeitung zusammenhängenden Fragen, einschließlich der vorherigen Konsultation gemäß Artikel 36, und gegebenenfalls Beratung zu allen sonstigen Fragen.**

(2) **Der Datenschutzbeauftragte trägt bei der Erfüllung seiner Aufgaben dem mit den Verarbeitungsvorgängen verbundenen Risiko gebührend Rechnung, wobei er die Art, den Umfang, die Umstände und die Zwecke der Verarbeitung berücksichtigt.**

Literatur: *Althoff,* Die Rolle des Betriebsrats im Zusammenhang mit der EU-Datenschutzgrundverordnung, ArbRAktuell 2018, 414; *Artikel-29-Datenschutzgruppe,* Leitlinien in Bezug auf Datenschutzbeauftragte v. 13.12.2016 idF v. 5.4.2017 (WP 243 rev.01); *Baumgartner/Hansch,* Der betriebliche Datenschutzbeauftragte, ZD 2019, 99; *Dammann,* Erfolge und Defizite der EU-Datenschutzgrundverordnung, ZD 2016, 307; Europäischer Datenschutzausschuss, 2023 Coordinated Enforcement Action: Designation and Position of Data Protection Officers, Bericht v. 16.1.2024; *Europäischer Datenschutzausschuss,* Leitlinien 7/2020 zu den Begriffen „Verantwortlicher" und „Auftragsverarbeiter" in der DSGVO, Version 2.0 v. 7.7.2020; *Gola,* Datenschutzbeauftragte als Verbandssanktionen auslösende Leitungspersonen – Konsequenzen des VerSanG-E für den betrieblichen Datenschutz, RDV 2021, 129; *Gola,* Spezifika bei der Benennung behördlicher Datenschutzbeauftragter, ZD 2019, 383; *Härting,* Datenschutz-Grundverordnung, 2016; *Hoeren,* Der betrieb-

---

[126] Multi-Stakeholder Expert Group, Bericht v. 17.6.2020, S. 22 f.

liche Datenschutzbeauftragte. Neuerungen durch die geplante DS-GVO, ZD 2012, 355; *Jaspers/Reif,* Der betriebliche Datenschutzbeauftragte nach der geplanten EU-Datenschutz-Grundverordnung – ein Vergleich mit dem BDSG, RDV 2012, 78; *Jaspers/Reif,* Der Datenschutzbeauftragte nach der Datenschutz-Grundverordnung: Bestellpflicht, Rechtsstellung und Aufgaben, RDV 2016, 61; *Jung,* Datenschutz-(Compliance-)Management-Systeme – Nachweis- und Rechenschaftspflichten nach der DS-GVO, ZD 2018, 208; *Klug,* Die Position des EU-Parlaments zur zukünftigen Rolle von Datenschutzbeauftragten – ein kommentierter Überblick, RDV 2014, 90; *Klug,* Der Datenschutzbeauftragte in der EU – Maßgaben der Datenschutzgrundverordnung, ZD 2016, 315; *König,* Der Datenschutzbeauftragte – die interne Beratungs- und Kontrollfunktion, in: Knyrim (Hrsg.), Datenschutz-Grundverordnung. Das neue Datenschutzrecht in Österreich und Europa, 2016, S. 231; *Kort,* Was ändert sich für Datenschutzbeauftragte, Aufsichtsbehörden und Betriebsrat mit der DS-GVO?, ZD 2017, 3; *Kranig/Sachs/Gierschmann,* Datenschutz-Compliance nach der DS-GVO, 2017; *Kranig/Wybitul,* Sind Betriebsräte für den Datenschutz selbst verantwortlich?, ZD 2019, 1; *Lantwin,* Risikoberuf Datenschutzbeauftragter?, ZD 2017, 411; *Laue/Kremer,* Das neue Datenschutzrecht in der betrieblichen Praxis, 2. Aufl. 2019; *Marschall/Müller,* Der Datenschutzbeauftragte im Unternehmen zwischen BDSG und DS-GVO, RDV 2016, 415; *Multi-Stakeholder Expert Group,* Bericht v. 17.6.2020 für die Evaluierung der DS-GVO; *Niklas/Faas,* Der Datenschutzbeauftragte nach der Datenschutz-Grundverordnung, NZA 2017, 1091; *Sörup/Batman,* Der betriebliche Datenschutzbeauftragte – Fragen über Fragen? ZD 2018, 553; *Wybitul,* Was ändert sich mit dem neuen EU-Datenschutzrecht für Arbeitgeber und Betriebsräte?, ZD 2016, 203; *Wybitul/von Gierke,* Checklisten zur DSGVO – Teil 2: Pflichten und Stellung des Datenschutzbeauftragten im Unternehmen, BB 2017, 181.

Rechtsprechung: EuGH Urt. v. 9.2.2023 – C-453/21, ECLI:EU:C:2023:79 = ZD 2023, 334 mAnm *Moos/Dirkers* ZD 2023, 336 – X-FAB Dresden; EuG Urt. v. 20.7.2016, T-483/13 – Oikonomopoulus/Kommission, ECLI:EU:T:2016:421; LAG BW Urt. v. 1.6.2022 – 4 Sa 65/21; LAG BW Beschl. v. 20.5.2022 – 12 TaBV 4/21, openJur 2022, 12750.

Übersicht

	Rn.
A. Allgemeines	1
I. Zweck und Bedeutung der Vorschrift	1
II. Systematik und Verhältnis zu anderen Vorschriften	4
B. Einzelerläuterungen	9
I. Aufgaben des Datenschutzbeauftragten (Abs. 1)	9
1. Unterrichtung und Beratung (Buchst. a)	9
2. Überwachung der Einhaltung des Datenschutzes (Buchst. b)	12
3. Datenschutz-Folgenabschätzung (Buchst. c)	16
4. Zusammenarbeit mit der Aufsichtsbehörde (Buchst. d)	19
5. Anlaufstelle für die Aufsichtsbehörde (Buchst. e)	20
II. Weitere Aufgaben des Datenschutzbeauftragten	23
III. Risikobasierte Aufgabenerfüllung (Abs. 2)	27
C. Rechtsschutz	30
D. Nationale Durchführung	33
I. Nationale Vorschriften in Deutschland	33
II. Nationale Vorschriften in Österreich	36
E. Ausblick	37

A. Allgemeines*

I. Zweck und Bedeutung der Vorschrift

Die Vorschrift betrifft die Aufgaben des betrieblichen und behördlichen Datenschutzbeauf- **1** tragten. Sie knüpft an Art. 37 an, mit dem die Verordnung den Datenschutzbeauftragten als Kernelement der Eigenverantwortung des Verantwortlichen und des Auftragsverarbeiters für die Datenverarbeitung in allen Mitgliedstaaten in das Unionsrecht einführt, und an Art. 38, der die Bedingungen für die Stellung des Datenschutzbeauftragten in allen Mitgliedstaaten bestimmt. Die Festlegung der Aufgaben **komplementiert** die in Art. 38 ausgeprägte Konzeption des seiner Stellung **unionsweit einheitlichen Typus eines Datenschutzbeauftragten.** Die DS-RL, die den Datenschutzbeauftragten lediglich als Alternative zu der allgemeinen Meldepflicht vorgesehen hatte, beschränkte sich hinsichtlich des Aufgabenbereichs auf die Vorgabe, dass dem Daten-

---

* Der Verfasser vertritt hier seine persönliche Auffassung, die nicht notwendig der Auffassung der Europäischen Kommission entspricht.

schutzbeauftragten „insbesondere" die unabhängige Überwachung der Anwendung der Datenschutzvorschriften obliegt, die die Mitgliedstaaten zur Umsetzung der DS-RL erlassen haben, sowie die Führung eines Verzeichnisses der Verarbeitungsvorgänge (Art. 18 Abs. 2 zweiter Gedankenstrich DS-RL). Das BDSG bestimmte in der bis 25.5.2018 geltenden Fassung, dass der Datenschutzbeauftragte auf die Einhaltung der Vorschriften über den Datenschutz hinzuwirken hat, wobei beispielhaft die Überwachung der ordnungsgemäßen Anwendung der Datenverarbeitungsprogramme hervorgehoben wurde und die Aufgabe, die bei der Datenverarbeitung tätigen Personen mit den Vorschriften über den Datenschutz und den jeweiligen besonderen Anforderungen des Datenschutzes vertraut zu machen. Für das Verhältnis zur Aufsichtsbehörde war festgelegt, dass sich der Datenschutzbeauftragte in Zweifelsfällen an die Aufsichtsbehörde wenden und deren Beratung in Anspruch nehmen konnte.[1]

2   Art. 39 Abs. 1 legt die Aufgaben fest, die **von jedem Datenschutzbeauftragten zumindest erfüllt** werden müssen, und zwar unabhängig davon, ob ihn der Verantwortliche bzw. der Auftragsverarbeiter aufgrund der Verpflichtung durch die DS-GVO (Art. 37 Abs. 1) oder einer Verpflichtung durch Unionsrecht oder nationales Recht auf der Grundlage des Art. 37 Abs. 4 oder freiwillig, aus eigener Initiative benannt hat (→ Art. 37 Rn. 14). Damit besteht ein **verbindlicher Aufgabenkatalog** für den Datenschutzbeauftragten im gesamten Anwendungsbereich der DS-GVO, der von dem Verantwortlichen oder Auftragsverarbeiter durch weitere, damit vereinbare Aufgaben ergänzt, aber nicht reduziert werden darf. Die durch die Vorschrift festgelegten Aufgaben des Datenschutzbeauftragten treten dabei nicht zusätzlich zu den Pflichten hinzu, deren Erfüllung die DS-GVO von dem Verantwortlichen oder Auftragsverarbeiter im Zusammenhang mit der Datenverarbeitung fordert, sondern dienen dessen Unterstützung bei der Wahrnehmung dieser Pflichten, die in jedem Fall zu erfüllen sind, und bei der Überwachung der internen Einhaltung der Datenschutzbestimmungen.[2] Der Aufgabenkatalog hebt die Beratungs- und Überwachungsfunktion des Datenschutzbeauftragten hervor und macht schon mit seinen Formulierungen klar, dass diese Aufgaben die Beratung, Sensibilisierung und Überwachung in Bezug auf die betriebs- oder behördeninternen Datenschutzvorkehrungen zum Gegenstand haben, wobei jedoch dem Datenschutzbeauftragten selbst weder die Durchführung der dafür erforderlichen organisatorischen und technischen Maßnahmen obliegt noch seine Aufgaben die Entscheidung des Verantwortlichen über die Zwecke und Mittel der Verarbeitung und dessen Rechenschaftspflicht für die Einhaltung der DS-GVO (Art. 5 Abs. 2, Art. 24 Abs. 1) sowie die Pflichten des Auftragsverarbeiters berühren.[3]

3   Ein entsprechender Aufgabenkatalog mit Mindestaufgaben findet sich für den Bereich der **Polizei und Strafjustiz** in Art. 34 Buchst. a bis e der Richtlinie (EU) 2016/680.[4] Für die **Organe und Einrichtungen der Union** legt Art. 45 Abs. 1 Buchst. a bis h VO (EU) 2018/1725[5] die Aufgaben des Datenschutzbeauftragten mit einem weiter aufgeschlüsselten abschließenden Aufgabenkatalog abschließend fest. Dort ist unter anderem ausdrücklich bestimmt, dass zu den Aufgaben des Datenschutzbehörden gehört, sicher zu stellen, dass die Rechte und Freiheiten der betroffenen Personen durch die Verarbeitung nicht beeinträchtigt werden. Ferner hebt die Verordnung (EU) 2018/1725 in Art. 45 Abs. 2 die Befugnis des Datenschutzbeauftragten für Empfehlungen und zur breiten Berichterstattung hervor. Nach Art. 45 Abs. 3 jener Verordnung erlassen jedes Organ und jede Einrichtung der Union Durchführungsvorschriften, die insbesondere die Aufgaben, Pflichten und Befugnisse des Datenschutzbeauftragten betreffen.

---

[1] § 4g Abs. 1 des BDSG idF der Bek. v. 14.1.2003 (BGBl. 2003 I 66), zuletzt geänd. durch Art. 7 des Gesetzes v. 30.6.2017 (BGBl. 2017 I 2097).
[2] Erwägungsgrund 97 S. 1.
[3] Artikel-29-Datenschutzgruppe, Leitlinien in Bezug auf Datenschutzbeauftragte (WP 243 rev.01), S. 5 und 20.
[4] Richtlinie (EU) 2016/680 des Europäischen Parlaments und des Rates vom 27.4.2016 zum Schutz natürlicher Personen bei der Verarbeitung personenbezogener Daten durch die zuständigen Behörden zum Zwecke der Verhütung, Ermittlung, Aufdeckung oder Verfolgung von Straftaten oder der Strafvollstreckung sowie zum freien Datenverkehr und zur Aufhebung des Rahmenbeschlusses 2008/977/JI des Rates (ABl. 2016 L 119, 89).
[5] Verordnung (EU) 2018/1725 des Europäischen Parlaments und des Rates vom 23. Oktober 2018 zum Schutz natürlicher Personen bei der Verarbeitung personenbezogener Daten durch die Organe, Einrichtungen und sonstigen Stellen der Union, zum freien Datenverkehr und zur Aufhebung der Verordnung (EG) Nr. 45/2001 und des Beschlusses Nr. 1247/2002/EG (ABl. 2018 L 295, 39).

II. Systematik und Verhältnis zu anderen Vorschriften

Die in Abs. 1 festgelegten **Aufgaben des Datenschutzbeauftragten** umfassen a) die Unterrichtung und Beratung des Verantwortlichen und des Auftragsverarbeiters sowie der mit der Datenverarbeitung Beschäftigten; b) die Überwachung der Einhaltung der Bestimmung der DS-GVO und anderer Datenschutzvorschriften; c) die Beratung und Überwachung im Zusammenhang mit der Datenschutz-Folgenabschätzung; d) die Zusammenarbeit mit der Aufsichtsbehörde und e) die Funktion des Datenschutzbeauftragten als Anlaufstelle für die Aufsichtsbehörde. Die Unterrichtung und Beratung des Verantwortlichen oder Auftragsverarbeiters steht in engem Zusammenhang mit dem unmittelbaren Zugang zur höchsten Managementebene (Art. 38 Abs. 3 S. 3). Die Zusammenarbeit mit der Aufsichtsbehörde macht den Datenschutzbeauftragten jedoch **nicht zum Hilfsorgan der Aufsichtsbehörde,** sondern erfolgt im Rahmen seiner Funktion als Element der internen Selbstkontrolle des Verantwortlichen und des Auftragsverarbeiters. Eine weitere Aufgabe des Datenschutzbeauftragten ist die des Ansprechpartners für die von der Datenverarbeitung betroffenen Personen (Art. 38 Abs. 4). Die Aufgaben des Datenschutzbeauftragten sind gemäß Art. 47 Abs. 2 Buchst. h auch in den verbindlichen internen Datenschutzvorschriften (Binding Corporate Rules) einer Unternehmensgruppe oder einer Gruppe von Unternehmen, die eine gemeinsame Wirtschaftstätigkeit ausüben, festzulegen. Aus Art. 37 Abs. 5 ergibt sich, dass die Benennung die Fähigkeit des Datenschutzbeauftragten voraussetzt, sämtliche der in Art. 39 genannten Aufgaben zu erfüllen.[6] Eine Ermächtigung für delegierte Rechtsakte, um insbesondere die Kriterien und Anforderungen für die Aufgaben des Datenschutzbeauftragten festzulegen, wie sie im Kommissionsvorschlag vorgesehen war,[7] ist in die DS-GVO nicht aufgenommen worden. Die Verpflichtung des Datenschutzbeauftragten nach Abs. 2, bei der Erfüllung seiner Aufgaben dem mit den Verarbeitungsvorgängen verbundenem Risiko gebührend Rechnung zu tragen, ist ebenso wie die Festlegung der Fallgruppen der Benennungspflicht in Art. 37 Abs. 1 Ausdruck des **risikobasierten Ansatzes** der DS-GVO (→ Rn. 27).

Der Umfang der Aufgaben des Datenschutzbeauftragten ist nicht auf Verarbeitungen beschränkt, die die **Kerntätigkeit** des Verantwortlichen bzw. des Auftragsverarbeiters betreffen. Dieses Kriterium ist für die Auslösung der Benennungspflicht nach Art. 37 Abs. 1 Buchst. b und c von Bedeutung, nicht aber für die Aufgaben des Datenschutzbeauftragten. Vielmehr erstrecken sich die Einbindung des Datenschutzbeauftragten in „alle mit dem Schutz personenbezogener Daten zusammenhängenden Fragen" (Art. 38 Abs. 1) und damit seine Aufgaben auf alle Verarbeitungsvorgänge, die der Verantwortliche oder Auftragsverarbeiter durchführt.[8] Daraus ergibt sich, dass für seine Zuständigkeit – anders als für die Benennungspflicht nach Art. 37 Abs. 1 Buchst. b und c – nicht zwischen Verarbeitungen zu unterscheiden ist, die sich auf die Kerntätigkeit oder die Haupttätigkeit des Verantwortlichen oder Auftragsverarbeiters beziehen, und anderen Verarbeitungen, die dazu eine Hilfsfunktion erfüllen.[9] Damit erfassen die Aufgaben des Datenschutzbeauftragten in jedem Fall auch die Verwaltung der Kundendaten und die Verarbeitung der Beschäftigtendaten.[10] Die Zuständigkeit für die umfassende Überwachung der datenschutzrechtlichen Kompatibilität der Datenverarbeitung in der Sphäre des Verantwortlichen und Auftragsverarbeiter bedingt, dass der Datenschutzbeauftragte seine Aufgaben für alle Organisationseinheiten und Stellen des Verantwortlichen und Auftragsverarbeiters wahrzunehmen hat, die personenbezogene Daten verarbeiten.

Aus der Einbindung des Datenschutzbeauftragten in alle mit dem Schutz personenbezogener Fragen (Art. 38 Abs. 1) und die Zuständigkeit für die Beratung und Überwachung in Bezug auf alle einschlägigen datenschutzrechtlichen Vorschriften folgt für die Zuständigkeit des Datenschutzbeauftragten in gegenständlicher Hinsicht, dass – einzig mit Ausnahme der justiziellen Tätigkeit der Gerichte (→ Art. 37 Rn. 28) – keine Verarbeitung personenbezogener Daten innerhalb der Organisation, die ihn benannt hat, der Überwachung durch den Datenschutzbeauftragten entzogen werden darf. Dieser Grundsatz der **Gesamtzuständigkeit des Datenschutzbeauftragten** gilt neben den anderen Organisationseinheiten und Stellen auch für die

---

[6] *Klug* ZD 2016, 315 (317).
[7] Art. 37 Abs. 2 des Kommissionsvorschlags KOM(2012) 11 endgültig.
[8] Artikel-29-Datenschutzgruppe, Leitlinien in Bezug auf Datenschutzbeauftragte (WP 243 rev.01), S. 6.
[9] Ebenso BeckOK DatenschutzR/*Moos* DS-GVO Art. 39 Rn. 2.
[10] *Dammann* ZD 2016, 307 (308) geht demgegenüber von der Herausnahme des Beschäftigtendatenschutzes aus dem Aufgabenbereich des Datenschutzbeauftragten aus.

Niederlassungen des Unternehmens. Befinden sich Niederlassungen in mehreren Mitgliedstaaten, kann sich die Situation ergeben, dass zwar die nicht Voraussetzungen des Art. 37 Abs. 1 Buchst. b oder c für eine Benennungspflicht vorliegen, jedoch – wie in Deutschland nach § 38 Abs. 1 BDSG – eine nationale Benennungspflicht auf der Grundlage des Art. 37 Abs. 4 S. 1 Hs. 2 eingreift, die allerdings nur für die Niederlassung in dem betreffenden Mitgliedstaat gilt (→ Art. 37 Rn. 44). Der Verantwortliche oder der Auftragsverarbeiter hat es dann aber in der Hand, in eigener Entscheidung die Zuständigkeit des Datenschutzbeauftragten auf die Niederlassungen in den anderen Mitgliedstaaten zu erstrecken oder für die Datenverarbeitung in diesen Niederlassungen freiwillig eigene fakultative Datenschutzbeauftragte zu benennen. Ist der Verantwortliche oder Auftragsverarbeiter nicht in der EU niedergelassen, besteht in den Fällen des in Art. 3 Abs. 2 Buchst. a und b bei Vorliegen der Voraussetzungen des Art. 37 Abs. 1 Buchst. b und c auch die Verpflichtung zur Benennung eines Datenschutzbeauftragten.

7 Ebenso wenig wie andere Stellen in der Sphäre des Verantwortlichen oder Auftragsverarbeiters nimmt die DS-GVO nicht die Datenverarbeitung durch den **Betriebsrat oder Personalrat** von der Kontrolle durch den Datenschutzbeauftragten aus. Einer Einordnung des Betriebs- oder Personalrats als eigener Verantwortlicher für die von diesen Stellen verarbeiteten Personaldaten steht entgegen, dass die er die ihm für seine Aufgaben übermittelten personenbezogenen Daten nur mit den in der Organisation zur Verfügung stehenden Mitteln und Infrastruktur in der institutionellen Sphäre des Verantwortlichen oder Auftragsverarbeiters verarbeiten kann. Betriebsrat und Personalrat sind deshalb auch nicht „Dritte" im Sinne von Art. 4 Nr. 10, sondern selbst Teil der verantwortlichen Stelle, die den Datenschutzbeauftragten benannt hat. Das hat zur Folge, dass sich auch die Kontrollaufgaben des Datenschutzbeauftragten auf die Datenverarbeitung durch den Betriebs- und Personalrat erstrecken.[11] Der Grundsatz der Gesamtzuständigkeit für die Organisation des Verantwortlichen oder Auftragsverarbeiters steht deshalb auch einer Benennung eines eigenen Datenschutzbeauftragten für den Betriebsrat oder die Personalvertretung entgegen.[12] Diese durch die DS-GVO vorgegebene Rechtslage hat in Deutschland der Gesetzgeber mit der Klarstellung durch § 79a S. 2 BetrVG und § 69 S. 2 BPersVG nachvollzogen (→ Rn. 34).

8 Für **Deutschland** enthält das seit 25.5.2018 geltende Bundesdatenschutzgesetz (BDSG) in der Fassung des Datenschutz-Anpassungs- und -Umsetzungsgesetz (DSAnpUG-EU)[13] Vorschriften über die Aufgaben des Datenschutzbeauftragten öffentlicher Stellen (→ Rn. 33). Für **Österreich** finden sich in dem Datenschutzgesetz (DSG) in der Fassung des Datenschutz-Deregulierungsgesetzes 2018[14] Vorschriften mit Bezug auf die Aufgaben des Datenschutzbeauftragten nur außerhalb des Anwendungsbereichs der DS-GVO.

B. Einzelerläuterungen

I. Aufgaben des Datenschutzbeauftragten (Abs. 1)

9 **1. Unterrichtung und Beratung (Buchst. a).** Die Aufgabe der Unterrichtung und Beratung bezieht sich auf die Pflichten nach der DS-GVO sowie sonstiger Datenschutzvorschriften der Union und der Mitgliedstaaten. Dies betrifft die Umsetzung aller datenschutzrechtlichen Grundsätze und Regelungen einschließlich technischer und organisatorischer Maßnahmen, die dazu dienen, sicherzustellen und den Nachweis dafür erbringen zu können, dass die Verarbeitung gemäß der DS-GVO erfolgt (Art. 24 Abs. 1 S. 1). Bei den **„sonstigen Datenschutzvorschrif-**

---

[11] LAG BW Beschl. v. 20.5.2022 – 12 TaBV 4/21, openJur 2022, 12750 Rn. 67; Simitis/Hornung/Spiecker gen. Döhmann/*Drewes* DS-GVO Art. 39 Rn. 27; Kühling/Buchner/*Bergt* DS-GVO Art. 39 Rn. 18; Taeger/Gabel/*Scheja* DS-GVO Art. 39 Rn. 11; *Baumgartner/Hansch* ZD 2019, 99 (101 f.); *Kort* ZD 2017, 3 (6); *Kranig/Wybitul* ZD 2019, 1 (2).
[12] Ebenso Taeger/Gabel/*Scheja* Art. 39 Rn. 12; BeckOK DatenschutzR/*Moos* DS-GVO Art. 39 Rn. 15; aA Kühling/Buchner/*Bergt* DS-GVO Art. 38 Rn. 18, und *Gola* ZD 2019, 383 (389 f.), für die die Benennung eines Datenschutzbeauftragten nach § 80 Abs. 1 ThürPersVG offenbar unproblematisch ist.
[13] BDSG idF des Art. 1 des Gesetzes zur Anpassung des Datenschutzrechts an die Verordnung (EU) 2016/679 und zur Umsetzung der Richtlinie (EU) 2016/680 (Datenschutz-Anpassungs- und -Umsetzungsgesetz EU – DSAnpUG-EU) vom 30.6.2017 (BGBl. 2018 I 2097), zuletzt geänd. durch Gesetz v. 22.12.2023 (BGBl. 2023 I Nr. 414).
[14] Bundesgesetz zum Schutz natürlicher Personen bei der Verarbeitung personenbezogener Daten (Datenschutzgesetz – DSG) vom 29.6.2017 (ÖBGBl. I Nr. 120/2017) idF des Datenschutz-Deregulierungsgesetzes vom 15.5.2018 (ÖBGBl. I Nr. 24/2018).

ten" handelt es sich um alle auf den Datenschutz bezogenen Vorschriften der Union oder der Mitgliedstaaten, die der Verantwortliche oder Auftragsverarbeiter bei der Verarbeitung personenbezogener Daten zu beachten hat. Dazu gehören die **Rechtsvorschriften der Mitgliedstaaten,** mit denen sie einen Regelungsauftrag oder eine Rechtsetzungsbefugnis auf der Grundlage der Spezifizierungsklauseln der DS-GVO ausfüllen einschließlich der bereichsspezifischen Vorschriften, die die Mitgliedstaaten in Bezug auf die Verarbeitung für die Erfüllung gesetzlicher Vorschriften oder öffentlicher Aufgaben beibehalten oder einführen können (→ Art. 6 Rn. 56). Beispiele für **sonstige Datenschutzvorschriften der Union** sind die einschlägigen Vorschriften im Bereich der elektronischen Kommunikation (→ Art. 95 Rn. 23) und Konkretisierungen der allgemeinen Datenschutzvorschriften in bereichsspezifischen Rechtsinstrumenten wie etwa für den Binnenmarkt, den Gesundheitsbereich, das Zollwesen, Asyl, Visumpolitik und Grenzschutz (→ Art. 98 Rn. 19). Durch die Erstreckung der Unterrichtungs- und Beratungsaufgaben auf sämtliche für die Datenverarbeitung der Organisation einschlägigen Datenschutzvorschriften wird verhindert, dass bei der Aufgabenwahrnehmung durch den Datenschutzbeauftragten eine inhaltliche „Schutzlücke" entsteht.[15]

Die Unterrichtung und Beratung des Verantwortlichen oder des Auftragsverarbeiters ist durch den unmittelbaren Zugang zur **höchsten Managementebene** (Art. 38 Abs. 3 S. 3) gewährleistet, der nicht durch zwischengeschaltete Hierarchieebenen beschränkt werden darf (→ Art. 38 Rn. 19). Dieser unmittelbare Zugang verpflichtet den Datenschutzbeauftragten, sowohl proaktiv mit Vorschlägen für geeignete technische und organisatorische Maßnahmen an diese heranzutreten, als auch Probleme bei der Verarbeitung hinzuweisen, die er bei seiner Überwachung festgestellt hat. Im Gegensatz zu dem Kommissionsvorschlag[16] wird allerdings keine Pflicht des Datenschutzbeauftragten normiert, die Unterrichtungs- und Beratungstätigkeit zu dokumentieren. Dennoch ist ihm dringend anzuraten, seine Beratungstätigkeit festzuhalten. Dadurch wird er nicht etwa zum „Datenschutzarchivar",[17] sondern kann im Bedarfsfall die ordnungsgemäße Erfüllung seiner Aufgaben und seine auf die Datenverarbeitung bezogenen Vorschläge nachweisen.[18] Dies gilt insbesondere für den Fall, dass seinen Empfehlungen und Einwendungen nicht oder nicht ausreichend Rechnung getragen und deshalb gegen Datenschutzbestimmungen verstoßen worden ist. Auch unter dem Aspekt der Wahrung seiner Rechte im Falle von Regressansprüchen wird der Datenschutzbeauftragte regelmäßig auf entsprechende Aufzeichnungen angewiesen sein.

Die Beratungsfunktion des Datenschutzbeauftragten beschränkt sich nicht nur auf die höchste Managementebene, sondern betrifft **sämtliche Stellen und Hierarchieebenen** und **alle Beschäftigten,** die in der Organisation mit der Datenverarbeitung befasst sind. Die Aufgabe der Unterrichtung und Beratung der mit der Datenverarbeitung Beschäftigten geht über allgemeine Sensibilisierung und Schulung der an den Verarbeitungsvorgängen beteiligten Mitarbeiter hinaus. Gefordert wird vielmehr eine spezifische, auf die konkreten Aufgaben und den konkreten Arbeitsplatz bezogene Begleitung in der Datenschutzpraxis, die sowohl die allgemeine Unterrichtung wie die Beratung in bestimmten Verarbeitungssituationen umfasst. Dies trägt auch dazu bei, dass der Datenschutzbeauftragte selbst mit den Einzelheiten der konkreten Datenverarbeitung vertraut ist und auch unterhalb der Managementebene als mit der konkreten Verarbeitungssituation vertrauter Experte anerkannt wird.[19] Aus der Funktion als Ansprechpartner der betroffenen Personen (Art. 38 Abs. 4) folgt zudem, dass sich auch Beschäftigte als von der Verarbeitung ihrer Personaldaten betroffene Personen an ihn wenden können, um seinen Rat in datenschutzrechtlichen Fragen einzuholen.

2. Überwachung der Einhaltung des Datenschutzes (Buchst. b).
Gegenstand der Überwachungsaufgabe des Datenschutzbeauftragten ist die Einhaltung der DS-GVO, anderer einschlägiger Datenschutzvorschriften der Union bzw. der Mitgliedstaaten sowie der Strategien des Verantwortlichen oder des Auftragsverarbeiters für den Schutz personenbezogener Daten. Mit der ausdrücklichen Bezugnahme auf die diesbezüglichen Überprüfungen („related audits") ist klargestellt, dass die Überwachungsaufgabe auch die **Kontrolle der tatsächlichen Umsetzung** der datenschutzrechtlichen Vorschriften und internen Strategien einschließt. Dies betrifft die

---

[15] Hoeren ZD 2012, 355 (357).
[16] Art. 37 Abs. 1 Buchst. a des Kommissionsvorschlags KOM(2012) 11 endgültig.
[17] So jedoch Hoeren ZD 2012, 355 (357).
[18] Gierschmann/Schlender/Stentzel/Veil/Kirchberg-Lennartz DS-GVO Art. 39 Rn. 10; Paal/Pauly/Paal DS-GVO Art. 39 Rn. 5.
[19] Simitis/Hornung/Spiecker gen. Döhmann/Drewes DS-GVO Art. 39 Rn. 25.

gesamte Datenverarbeitung und zwar, wie sich aus der Begriffsbestimmung in Art. 4 Nr. 2 ergibt, jeden Vorgang im Zusammenhang mit personenbezogenen Daten, unabhängig davon, ob dieser mit oder ohne Hilfe automatisierter Verfahren ausgeführt wird und welche Stelle innerhalb der Organisation die Daten verarbeitet. Die Überwachung umfasst insbesondere die Umsetzung der im Kommissionsvorschlag und in dem Standpunkt des Europäischen Parlaments noch ausdrücklich als eigene Überwachungsaufgaben genannten[20] Anforderungen an den Datenschutz durch Technik und datenschutzfreundliche Voreinstellungen (Art. 25), der Datensicherheit (Art. 32), der Information und Rechte der betroffenen Personen (Art. 12 bis 22), die Dokumentation der Datenverarbeitungsvorgänge (Art. 30) sowie die Meldung und Mitteilung von Datenschutzverstößen (Art. 33 und 34). Die Aufgabe der Überwachung der Durchführung der Datenschutz-Folgenabschätzung (Art. 35) ist in Buchst. c gesondert hervorgehoben.

13   Bei den **Strategien,** deren Einhaltung ebenfalls vom Datenschutzbeauftragten zu überwachen ist, handelt es sich, wie die französische Sprachfassung („règles internes") verdeutlicht, um interne Regeln und Richtlinien zur Umsetzung der datenschutzrechtlichen Anforderungen in der konkreten Geschäftspolitik des Betriebs oder der Behörde[21] und damit um organisatorische Maßnahmen iSd Art. 24 Abs. 1 S. 1 zur Sicherstellung und zum Nachweis der Einhaltung der datenschutzrechtlichen Vorschriften. Aufgabe des Datenschutzbeauftragten ist damit auch die Überwachung der Einhaltung dieser organisationsinternen Vorgaben, während dem Ausarbeitung Sache der Geschäftsleitung und der Fachabteilungen ist (→ Rn. 25). Nach der ausdrücklichen Hervorhebung in dieser Vorschrift („einschließlich") erstreckt sich die Überwachung auf die Einhaltung der Anforderungen des Datenschutzes auch bei der organisationsinternen Zuweisung von Zuständigkeiten, der Sensibilisierung und Schulung der an den Verarbeitungsvorgängen beteiligten Mitarbeiter und der diesbezüglichen Überprüfungen durch die Organisation in der Umsetzung ihrer internen Regeln und Richtlinien. Daraus ergibt sich zum einen, dass auch diese Aufgaben zu den organisatorischen Maßnahmen gehören, für die die Geschäftsleitung verantwortlich ist, und zum andern, dass die Wahrnehmung dieser Aufgaben und damit auch die **Zuständigkeitsverteilung** innerhalb der Organisation nicht dem Datenschutzbeauftragten obliegen. Dieser hat vielmehr zu prüfen, ob die Zuweisung von Zuständigkeiten und die anderen Maßnahmen zur organisationsinternen Umsetzung der datenschutzrechtlichen Anforderungen durch die Geschäftsleitung erfolgt ist, und deren Einhaltung zu überwachen.[22] Eine Auslegung dahin, dass dem Datenschutzbeauftragten die Aufgabe zukomme, selbst die Zuständigkeiten innerhalb der Organisation festzulegen,[23] ist zudem als Managementaufgabe mit der Überwachungsfunktion nicht vereinbar (→ Art. 38 Rn. 25).

14   Die **Überwachung der Sensibilisierung und der Schulung** der an den Verarbeitungsvorgängen beteiligten Mitarbeiter beinhaltet die Aufgabe des Datenschutzbeauftragten, dafür zu sorgen, dass durch geeignete Maßnahmen in dem erforderlichen Umfang deren Bewusstsein für den Datenschutz geweckt wird und sie in die datenschutzrechtlichen und praktischen Aspekten ihrer Tätigkeit eingewiesen und fortgebildet werden. Die Einweisung und Fortbildung der Beschäftigten soll ein auf den Datenschutz bezogenes Grundwissen vermitteln, aber auch auf die spezifischen Funktionen der Beschäftigten bei der Datenverarbeitung zugeschnitten sein, so dass sie durch ein Datenschutzbewusstsein auch dafür sensibilisiert werden, wann und wie sie angeraten oder geboten ist, den Rat des Datenschutzbeauftragten einzuholen.[24] Auch insoweit ergibt sich aus dem Wortlaut der Vorschrift („einschließlich") dass diese Maßnahmen Teil der Überwachungsaufgabe sind und deshalb der Datenschutzbeauftragte auf Sensibilisierungs- und Schulungsmaßnahmen hinwirken und ihre Durchführung kontrollieren muss, ohne dass er jedoch verpflichtet ist, die Sensibilisierung und Schulung der Mitarbeiter selbst durchzuführen.[25]

---

[20] Art. 37 Abs. 1 Buchst. c, d und e des Kommissionsvorschlags KOM(2012) 11 endgültig; Art. 37 Abs. 1 Buchst. c, d und e des Standpunkts des Europäischen Parlaments vom 12.3.2014, EP-PE_TC1-COD(2012) 0011.
[21] *Klug* ZD 2016, 315 (318); *Knyrim* DS-GVO/ *König* S. 231 (239).
[22] Simitis/Hornung/Speicker gen. Döhmann/*Drewes* DS-GVO Art. 39 Rn. 23; Kühling/Buchner/*Bergt* DS-GVO Art. 39 Rn. 13.
[23] Eine solche Auslegung hält jedoch Paal/Pauly/*Paal* DS-GVO Art. 39 DS-GVO Rn. 6a für „möglich".
[24] Zu Maßnahmen zur Förderung des Datenschutzbewusstseins *Kranig/Sachs/Gierschmann* Datenschutz-Compliance S. 126 ff.
[25] Simitis/Hornung/Speicker gen. Döhmann/*Drewes* DS-GVO Art. 39 Rn. 24; Kühling/Buchner/*Bergt* DS-GVO Art. 39 Rn. 12; Gierschmann/Schlender/Stentzel/Veil/*Kirchberg-Lennartz* DS-GVO Art. 39 Rn. 11; *Klug* ZD 2016, 315 (318); *Marschall/Müller* ZD 2016, 415 (418); *Jung* ZD 2018, 208 (209); wohl auch Laue/Kremer Neues DatenschutzR/*Kremer* § 6 Rn. 50; aA Paal/Pauly/*Paal* DS-GVO Art. 39 Rn. 6a; Auernhammer/*Raum* DS-GVO Art. 39 Rn. 33.

Die betreffenden Mitarbeiter können daher auch von anderen Beschäftigten betriebsintern oder, was vor allem die Fortbildung der betreffenden Mitarbeiter relevant ist, durch externe, von der Geschäfts- oder Behördenleitung beauftragte Dienstleister und Einrichtungen mit den einschlägigen Rechtsvorschriften und den spezifischen Erfordernissen des Datenschutzes für den Betrieb oder die Behörde vertraut gemacht werden. Die Beschränkung auf die Überwachung der Sensibilisierung und Schulung schließt aber nicht aus, dass der Datenschutzbeauftragte als weitere Aufgabe selbst Schulungen durchführt, sofern dadurch seine Aufgaben nach Abs. 1 nicht beeinträchtigt werden.

Die effektive **Erfüllung der Überwachungsaufgabe** setzt voraus, dass Datenschutzbeauftragte Kenntnis von allen Verarbeitungsvorgängen hat.[26] Verantwortliche und der Auftragsverarbeiter müssen deshalb gemäß Art. 38 Abs. 1 gewährleisten, dass der Datenschutzbeauftragten ordnungsgemäß und frühzeitig in alle mit dem Schutz personenbezogener Daten zusammenhängenden Fragen eingebunden wird (→ Art. 38 Rn. 7). Da der Datenschutzbeauftragte bei der Erfüllung seiner Aufgaben an die Wahrung der Geheimhaltung und Vertraulichkeit gebunden ist (Art. 38 Abs. 5), kann ihm der Zugang zu personenbezogenen Daten nicht mit der Berufung auf ein Geschäfts- oder Berufsgeheimnis oder der Vertraulichkeit von Personalakten verwehrt werden.[27] Das erforderliche Maß der Überprüfungen bestimmt sich gemäß Abs. 2 vor allem nach dem mit den Verarbeitungsvorgängen verbundenen Risiko und schließt stichprobenartige und unangekündigte Kontrollen ein. Der Datenschutzbeauftragte muss die Geschäftsleitung unterrichten, wenn er feststellt, dass gegen datenschutzrechtliche Vorschriften verstoßen wird, so dass diese ihre Verantwortung wahrnehmen kann, die Einhaltung dieser Vorschriften sicherzustellen. Die Überwachungsaufgabe des Datenschutzbeauftragten befreit den Verantwortlichen oder den Auftragsverarbeiter nicht von der Pflicht, die Einhaltung der datenschutzrechtlichen Vorschriften zu gewährleisten, wie auch sonst mit der Unterstützung durch den Datenschutzbeauftragten **keine Verlagerung der Verantwortung** für die Einhaltung der datenschutzrechtlichen Vorschriften auf den Datenschutzbeauftragten verbunden ist.[28] Stellt der Datenschutzbeauftragte fest, dass Verarbeitungsvorgänge nicht im Einklang mit den Datenschutzvorschriften stehen und deshalb rechtswidrig sind, genügt er seiner Überwachungsaufgabe, wenn er die von ihm als rechtswidrig festgestellte Verarbeitung den zuständigen Stellen des Verantwortlichen oder Auftragsverarbeiters berichtet. Erforderlichenfalls hat er dies unmittelbar der obersten Leitungsebene zur Kenntnis zu bringen und dort auf Abhilfe zu drängen. Hat der Datenschutzbeauftragte die von ihm festgestellten Datenschutzverstöße innerhalb der Organisation gemeldet, ist die Verhinderung oder Unterbindung der von ihm festgestellten und gemeldeten Rechtsverstöße dann jedoch Sache des Verantwortlichen oder Auftragsverarbeiters und wird nicht von der Aufgabenstellung des Datenschutzbeauftragten umfasst.[29] Deshalb hat der Datenschutzbeauftragte auch keine haftungs- oder strafrechtliche Garantenstellung dafür, dass der Verantwortliche oder Auftragsverarbeiter tatsächlich die datenschutzrechtlichen Bestimmungen einhält.[30] Eine Strafbarkeit des Datenschutzbeauftragten kommt jedoch dann in Betracht, wenn er selbst gegen den datenschutzrechtliche Anforderungen verstößt, indem er die ihn gemäß Art. 38 Abs. 5 bindenden Geheimhaltungs- oder Vertraulichkeitspflichten verletzt, rechtswidrige Verarbeitungsvorgänge veranlasst oder eine von ihm festgestellte rechtswidrige Datenverarbeitung nicht meldet oder sonst eine rechtswidrige Datenverarbeitung deckt.[31]

3. Datenschutz-Folgenabschätzung (Buchst. c). Diese Vorschrift weist dem Datenschutzbeauftragten die Aufgabe der Beratung im Zusammenhang mit der Datenschutz-Folgen-

---

[26] Vgl. EuG Urt. v. 20.7.2016 – T-483/13, ECLI:EU:T:2016:421 Rn. 100 – Oikonomopoulos/Kommission.

[27] Kühling/Buchner/*Bergt* DS-GVO Art. 38 Rn. 18; Simitis/Hornung/Spiecker gen. Döhmann/*Drewes* DS-GVO Art. 38 Rn. 28.

[28] Artikel-29-Datenschutzgruppe, Leitlinien in Bezug auf Datenschutzbeauftragte (WP 243 rev.01), S. 5 und 20; HK-DS-GVO/*Helfrich* Art. 39 Rn. 72; Gierschmann/Schlender/Stentzel/Veil/*Kirchberg-Lennartz* DS-GVO Art. 39 Rn. 12; Schwartmann/Jaspers/Thüsing/Kugelmann/*Jaspers/Reif* DS-GVO Art. 39 Rn. 14.

[29] Simitis/Hornung/Spiecker gen. Döhmann/*Drewes* DS-GVO Art. 39 Rn. 2; BeckOK DatenschutzR/*Moos* DS-GVO Art. 39 Rn. 26, 40.

[30] BeckOK DatenschutzR/*Moos* DS-GVO Art. 39 Rn. 35a; Simitis/Hornung/Spiecker gen. Döhmann/*Drewes* DS-GVO Art. 39 Rn. 63; HK-DS-GVO/*Helfrich* Art. 39 Rn. 72; Gierschmann/Schlender/Stentzel/Veil/*Mayer* DS-GVO Art. 38 Rn. 72; *Lantwin* ZD 2017, 411 (412); Schantz/*Wolff* Neues DatenschutzR/*Wolff* Rn. 911; aA *Wybitul* ZD 2016, 203 (204 f.); Laue/Kremer Neues DatenschutzR/*Kremer* § 6 Rn. 60.

[31] Paal/Pauly/*Paal* DS-GVO Art. 39 Rn. 12 aE.

abschätzung und der Überwachung von deren Durchführung zu. Die **Beratung** in diesem Zusammenhang **korrespondiert mit Art. 35 Abs. 2**. Die dort festgelegte Verpflichtung, den Rat des Datenschutzbeauftragten einzuholen, setzt voraus, dass ein solcher benannt worden ist. Die Erforderlichkeit der Benennung eines Datenschutzbeauftragten steht bei Verarbeitungen mit hohem Risiko, die eine Durchführung der Datenschutz-Folgenabschätzung erfordern, regelmäßig außer Frage. So ist ein Datenschutzbeauftragter bereits dann zu benennen, wenn die Kerntätigkeit des Verantwortlichen oder Auftragsverarbeiters eine umfangreiche regelmäßige und systematische Überwachung von betroffenen Personen erforderlich macht (Art. 37 Abs. 1 Buchst. b). Dies gilt erst recht, wenn damit eine systematische und umfassende Bewertung persönlicher Aspekte verbunden ist, die sich auf automatisierte Verarbeitung einschließlich Profiling gründet, die Grundlage rechtswirksamer Entscheidungen oder ähnlich erheblicher Beeinträchtigungen ist und deshalb die Durchführung einer Folgenabschätzung gemäß Art. 35 Abs. 3 Buchst. a erforderlich ist. Auch die umfangreiche Verarbeitung besonders sensibler Daten erfordert bei einer Kerntätigkeit sowohl die Benennung eines Datenschutzbeauftragten (Art. 37 Abs. 1 Buchst. c) als auch die Durchführung einer Folgenabschätzung (Art. 35 Abs. 3 Buchst. b). Entsprechendes gilt für eine systematische weiträumige Überwachung öffentlicher Bereiche im Sinne von Art. 35 Abs. 3 Buchst. c, die in einer umfangreichen und regelmäßigen Beobachtung betroffener Personen besteht.

17   Die Formulierung, dass die **Beratung** im Zusammenhang mit einer Folgenabschätzung „**auf Anfrage**" („where requested", „sur demande") erfolgen soll, hat der Rat in die Verhandlungen über die DS-GVO eingebracht.[32] Diese Einfügung ist missverständlich und keinesfalls in dem Sinne zu verstehen, dass es im Ermessen des Verantwortlichen stünde, ob er in diesem Zusammenhang die Beratung durch den Datenschutzbeauftragten in Anspruch nimmt. Vielmehr ergibt sich aus Art. 35 Abs. 2 die ausdrückliche Verpflichtung des Verantwortlichen, dessen Rat einzuholen.[33] Dies entspricht dem hohen Risiko, das mit den einer Folgeabschätzung unterliegenden Verarbeitungen verbunden ist (Art. 35 Abs. 1), dem der Datenschutzbeauftragte bei der Erfüllung seiner Aufgaben gebührend Rechnung zu tragen hat (Art. 39 Abs. 2). Der Einbindung des Datenschutzbeauftragten kommt deshalb in jeder Phase der Vorbereitung und Durchführung der Folgenabschätzung besondere Bedeutung zu. Daher ist der Einschub „auf Anfrage" in dem Sinne zu verstehen, dass der Datenschutzbeauftragte insoweit nicht aus sich aus tätig zu werden braucht, sondern der Verantwortliche den Datenschutzbeauftragten proaktiv in die Beratung einbeziehen muss, und zwar nicht nur bei der Durchführung der Folgeneinschätzung selbst, sondern „im Zusammenhang" mit deren Durchführung, was die Pflicht zur Konsultation auch in der Vorbereitungsphase der Folgeneinschätzung mit einschließt. Der Verpflichtung des Verantwortlichen, den Datenschutzbeauftragten **frühzeitig** in alle mit dem Schutz personenbezogener Daten zusammenhängenden Fragen einzubinden (→ Art. 38 Rn. 8), entspricht es daher, den Datenschutzbeauftragten bereits im Vorfeld zu konsultieren, ob überhaupt die Durchführung eine Datenschutz-Folgenabschätzung erforderlich ist.[34] Nach den Empfehlungen der Artikel-29-Datenschutzgruppe sollte die **Beratung** im Zusammenhang mit der Datenschutz-Folgenabschätzung insbesondere umfassen, welche Methodik Anwendung finden sollte, ob die Durchführung intern oder extern erfolgen sollte, welche Maßnahmen auch technischer und organisatorischer Art getroffen werden sollten, um Risiken für die Rechte und Interessen der betroffenen Personen zu begegnen. Nach Durchführung der Datenschutz-Folgenabschätzung ist der Datenschutzbeauftragter zur Beratung heranzuziehen für die Bewertung, ob die Durchführung ordnungsgemäß erfolgt ist und ob die daraus gezogenen Schlussfolgerungen im Einklang mit der DS-GVO stehen. Dies schließt auch die Frage ein, ob die Datenverarbeitung realisiert werden soll und welche Sicherheitsvorkehrungen gegebenenfalls getroffen werden sollten. Falls den Empfehlungen des Datenschutzbeauftragten nicht gefolgt wird, ist dies in der Dokumentation der Datenschutz-Folgenabschätzung zu begründen.[35]

18   Die Aufgabe der **Überwachung der Durchführung** der Datenschutz-Folgenabschätzung konkretisiert insoweit die allgemeine Überwachungspflicht nach Buchst. b. Daraus folgt, dass die

---

[32] Art. 37 Abs. 1 Buchst. f der Allgemeinen Ausrichtung des Rates vom 16.6.2015, Rats-Dok. 9565/15.
[33] Gola/Heckmann/*Klug* DS-GVO Art. 39 Rn. 5; Schwartmann/Jaspers/Thüsing/Kugelmann/*Jaspers/ Reif* DS-GVO Art. 39 Rn. 17; Simitis/Hornung/Spiecker gen. Döhmann/*Drewes* DS-GVO Art. 39 Rn. 32; Paal/Pauly/*Paal* DS-GVO Art. 39 Rn. 7.
[34] Gola/Heckmann/*Klug* DS-GVO Art. 39 Rn. 5; Artikel-29-Datenschutzgruppe, Leitlinien in Bezug auf Datenschutzbeauftragte (WP 243 rev.01), S. 20 f.
[35] Artikel-29-Datenschutzgruppe, Leitlinien in Bezug auf Datenschutzbeauftragte (WP 243 rev.01), S. 21; Gola/Heckmann/*Klug* DS-GVO Art. 39 Rn. 5.

Durchführung der Folgenabschätzung selbst keine eigene Aufgabe des Datenschutzbeauftragten ist, sondern durch die betreffende Fachabteilung zu erfolgen hat.[36] Abgesehen von der damit verbundenen Belastung würde eine Übertragung der Durchführung der Folgenabschätzung als zusätzliche Aufgabe, den Datenschutzbeauftragten einem Interessenkonflikt aussetzen (→ Rn. 24). Die Überwachung der Durchführung setzt – anders als die Beratungsaufgabe – nicht eine Anfrage des Verantwortlichen oder Auftragsverarbeiters voraus. Der Datenschutzbeauftragte muss prüfen, ob bei der Durchführung die Anforderungen des Art. 35 erfüllt sind, den fachlichen Vorgaben gefolgt wird und die Ergebnisse der Datenschutz-Folgenabschätzung dokumentiert sind und befolgt werden.[37] Zu diesen Anforderungen gehört gemäß Art. 35 Abs. 7 insbesondere die systematische Beschreibung der geplanten Verarbeitungsvorgänge und der Zwecke der Verarbeitung, eine Bewertung der darauf bezogenen Notwendigkeit und Verhältnismäßigkeit sowie eine Bewertung der Risiken und der zu deren Bewältigung geplanten Abhilfemaßnahmen.

4. Zusammenarbeit mit der Aufsichtsbehörde (Buchst. d). Die Aufgabe der Zusammenarbeit mit der Aufsichtsbehörde verleiht der Funktion des Datenschutzbeauftragten über die interne Beratungs- und Kontrolltätigkeit **Außenwirkung** gegenüber der Aufsichtsbehörde und stärkt damit dessen Stellung in der Organisation.[38] Der Datenschutzbeauftragte ist damit für den Verantwortlichen und Auftragsverarbeiter Bindeglied für die Aufgaben, die sich aus deren Verpflichtung aus Art. 31 ergeben, mit der Aufsichtsbehörde bei der Erfüllung ihrer Aufgaben zusammen zu arbeiten. Zu den Aufgaben des Datenschutzbeauftragten, die mit dieser Aufgabe verbunden sind, gehört insbesondere, Anfragen und Anforderungen der Aufsichtsbehörde an die zuständigen Fachabteilungen weiterzuleiten und die entsprechenden Rückmeldungen, Informationen und Unterlagen der Aufsichtsbehörde zu übermitteln.[39] Anders als noch im Kommissionsvorschlag vorgesehen, schließt dies nicht die Überwachung der auf Anfrage der Aufsichtsbehörde ergriffenen Maßnahmen ein.[40] Die Aufgabenzuweisung der Zusammenarbeit mit der Aufsichtsbehörde begründet deshalb **keinen Rollenwechsel** oder eine Doppelfunktion in der Weise, dass der Datenschutzbeauftragte von dem durch die Loyalitätspflicht gegenüber dem Arbeitgeber und Dienstherrn gebundenen internen fachkundigen Berater insoweit zum „Hilfsorgan der Aufsichtsbehörde" wird.[41] Vielmehr bleibt er auch in dieser Funktion der Organisation des Verantwortlichen oder Auftragsverarbeiter zugeordnet, der ihn benannt hat.[42]

5. Anlaufstelle für die Aufsichtsbehörde (Buchst. e). Aus der ausdrücklichen Zuweisung der Tätigkeit als Anlaufstelle für die Aufsichtsbehörde ergibt sich, dass der Datenschutzbeauftragte nicht nur für die Zusammenarbeit mit der Aufsichtsbehörde Sorge zu tragen und diese zu organisieren hat, sondern dass mit der mit den Beziehungen zur Aufsichtsbehörde verbundenen Tätigkeiten „zentraler Ansprechpartner" für die Aufsichtsbehörde ist.[43] Durch die Verpflichtung zur Mitteilung der Kontaktdaten an die Aufsichtsbehörde (Art. 37 Abs. 7) wird gewährleistet, dass der Datenschutzbeauftragte der zuständigen Aufsichtsbehörde auch tatsächlich in dieser Funktion bekannt wird. Dadurch kann diese unmittelbar gezielt Auskünfte von dem Datenschutzbeauftragten als fachkundiger Person einholen, ohne erst den Weg über die Geschäftsleitung einschlagen zu müssen. Da dies voraussetzt, dass der Datenschutzbeauftragten den Überblick über die gesamte Datenverarbeitung durch den Verantwortlichen oder Auftragsverarbeiter hat, steht auch diese Funktion der Aufspaltung der Zuständigkeiten auf mehrere Personen in der Sphäre des Verantwortlichen oder Auftragsverarbeiters entgegen (→ Art. 37 Rn. 11). Für die Erfüllung dieser Aufgabe bedarf es in besonderer Weise der **ordnungsgemäßen und rechtzeitigen Einbindung** des Datenschutzbeauftragten (Art. 38 Abs. 1) sowohl im organisationsinternen Bereich als auch in den Kontakten mit der Aufsichtsbehörde sowie der vertrauensvollen Zusammenarbeit mit und den direkten Zugang zur höchsten Management-

---

[36] Ebenso Kühling/Buchner/*Bergt* DS-GVO Art. 39 Rn. 16; *Bergmann/Möhrle/Herb* DS-GVO Art. 39 Rn. 39.
[37] Vgl. Gierschmann/Schlender/Stentzel/Veil/*Kirchberg-Lennartz* DS-GVO Art. 39 Rn. 18; Simitis/Hornung/Spiecker gen. Döhmann/*Drewes* DS-GVO Art. 39 Rn. 34.
[38] *Jaspers/Reif* RDV 2016, 61 (67); HK-DS-GVO/*Helfrich* Art. 39 Rn. 107.
[39] Taeger/Gabel/*Scheja* DS-GVO Art. 39 Rn. 16.
[40] Art. 37 Abs. 1 Buchst. g des Kommissionsvorschlags KOM(2012) 12 endgültig.
[41] So jedoch *Jaspers/Reif* RDV 2012, 78 (83).
[42] Ebenso Simitis/Hornung/Spiecker gen. Döhmann/*Drewes* DS-GVO Art. 39 Rn. 35; HK-DS-GVO/ *Helfrich* Art. 39 Rn. 106.
[43] *Härting* DS-GVO Rn. 20.

ebene (Art. 38 Abs. 3 S. 3). Durch die Funktion als Anlaufstelle wird deshalb die Stellung des Datenschutzbeauftragten sowohl nach innen wie nach außen gestärkt, die Organisation fachkundig vertreten und die Aufsichtsbehörde dadurch entlastet, dass sie einen fachkundigen Ansprechpartner in der Behörde oder dem Unternehmen hat.[44]

21   Die Aufgabe erstreckt sich auf alle mit der Verarbeitung personenbezogener Daten zusammenhängenden Fragen.[45] Die Hervorhebung der **vorherigen Konsultation** gemäß Art. 36 stellt klar, dass der Datenschutzbeauftragte auch für die Durchführung der Konsultation Ansprechpartner der Aufsichtsbehörde ist und die Anfragen und Anforderungen der Aufsichtsbehörde entgegen nimmt und an die zuständigen Fachabteilungen in der Organisation des Verantwortlichen und Auftragsverarbeiters weiterleitet und umgekehrt der Aufsichtsbehörde die nach Art. 36 Abs. 3 erforderlichen Informationen und Unterlagen übermittelt. Jedoch bleibt der Verantwortliche dafür verantwortlich, dass die vorherige Konsultation durchgeführt und deren Empfehlungen oder Anordnungen gemäß Art. 36 Abs. 2 umgesetzt werden.

22   Die Beratung „zu allen sonstigen Fragen" im Zusammenhang mit der Verarbeitung personenbezogener Daten schließt die Befugnis des Datenschutzbeauftragten ein, gegebenenfalls von sich aus **die Aufsichtsbehörde zu konsultieren.** Der Vergleich insbesondere mit der englischen Sprachfassung („to consult" und nicht: „to advise") bestätigt, dass es dabei nicht darum geht, dass der Datenschutzbeauftragte die Aufsichtsbehörde zu beraten hat, sondern dass er – wie dies auch der Funktion der Aufsichtsbehörde im Verhältnis zu den ihrer Aufsicht unterliegenden Organisation entspricht – umgekehrt die Beratung durch die Aufsichtsbehörde suchen kann, um sich von dieser beraten zu lassen und dadurch bei der Wahrnehmung seiner Funktion unterstützt zu werden.[46] Die Beratung durch die Aufsichtsbehörde ist gemäß Art. 57 Abs. 3 für den Datenschutzbeauftragten kostenfrei (→ Art. 57 Rn. 25). Aus der weiten Fassung der Bestimmung ergibt sich, dass der Datenschutzbeauftragte sich nicht nur dann an die Aufsichtsbehörde wenden kann, wenn er Fragen über die Anwendung oder Auslegung datenschutzrechtlicher Vorschriften hat, sondern auch dann, wenn er die Beratung durch die Aufsichtsbehörde aus anderen Gründen für zweckmäßig hält, etwa wenn er seine Stellung oder Aufgabenerfüllung in Konfliktsituationen mit dem Management beeinträchtigt sieht oder die Vermittlung mit der Geschäftsleitung sucht.[47] Allerdings hat der Datenschutzbeauftragte zu berücksichtigen, dass er auch insoweit keine in den Betrieb „ausgelagerte" externe Kontrollfunktion der Aufsichtsbehörde wahrnimmt. Die **Loyalitätspflicht** und Pflicht zur vertrauensvollen Zusammenarbeit gegenüber seinem Arbeitgeber bzw. Dienstherrn erfordert im Regelfall, dass er bei einer Verarbeitung, die nicht im Einklang mit den datenschutzrechtlichen Vorschriften steht, zunächst alle Möglichkeiten wahrgenommen hat, gegenüber der höchsten Managementebene (→ Art. 38 Rn. 19 f.) mit Vorschlägen für datenschutzkonforme Maßnahmen auf Abhilfe zu drängen.[48] Für den externen Datenschutzbeauftragten ergibt sich die entsprechende Verpflichtung aus dem Dienstleistungsverhältnis. Hat der Datenschutzbeauftragte gegenüber der Betriebs- oder Behördenleitung seine Bedenken gegen die Rechtmäßigkeit von konkreten Verarbeitungsvorgängen zum Ausdruck gebracht, liegt es in der Verantwortung des Geschäftsleitung, ob und in welcher Weise sie den Bedenken Rechnung trägt, um die Einhaltung der datenschutzrechtlichen Vorschriften zu gewährleisten. Bleibt es aber trotz der Vorhaltungen des Datenschutzbeauftragten bei einer anhaltenden und möglicherweise systematischen rechtswidrigen Verarbeitungspraxis mit einer schwerwiegenden Verletzung der datenschutzrechtlichen Bestimmungen, die erkennbar eine schwere Beeinträchtigung für die Rechte und Freiheiten betroffener Personen zur Folge hat, kann sich das Ermessen des Datenschutzbeauftragten mit Blick auf das mit der Verarbeitung verbundene Risiko (Abs. 2) zu einer Verpflichtung verdichten, die **Aufsichtsbehörde zu informieren.**[49] Das gilt ins-

---

[44] *Jaspers/Reif* RDV 2012, 78 (83); Gierschmann/Schlender/Stentzel/Veil/*Kirchberg-Lennartz* DS-GVO Art. 39 Rn. 22.

[45] *Klug* ZD 2016, 315 (319).

[46] Kühling/Buchner/*Bergt* DS-GVO Art. 39 Rn. 20; Simitis/Hornung/Spiecker gen. Döhmann/*Drewes* DS-GVO Art. 39 Rn. 37; Schwartmann/Jaspers/Thüsing/Kugelmann/*Jaspers/Reif* DS-GVO Art. 39 Rn. 20; aA, wonach umgekehrt der Datenschutzbeauftragte die Aufsichtsbehörde auf deren Wunsch zu beraten hätte, Gierschmann/Stentzel/Veil/*Kirchberg-Lennartz* DS-GVO Art. 39 Rn. 21; Laue/Kremer Neues DatenschutzR/*Kremer* § 6 Rn. 54; Paal/Pauly/*Paal* DS-GVO Art. 39 Rn. 9.

[47] Paal/Pauly/*Pauly* BDSG § 40 Rn. 37.

[48] Paal/Pauly/*Paal* DS-GVO Art. 39 Rn. 8; Schwartmann/Jaspers/Thüsing/Kugelmann/*Jaspers/Reif* DS-GVO Art. 39 Rn. 20.

[49] IdS Simitis/Hornung/Spiecker gen. Döhmann/*Drewes* DS-GVO Art. 39 Rn. 36; Paal/Pauly/*Paal* DS-GVO Art. 39 Rn. 8; weitergehend Kühling/Buchner/*Bergt* DS-GVO Art. 39 Rn. 19; aA Schwartmann/Jaspers/Thüsing/Kugelmann/*Jaspers/Reif* DS-GVO Art. 39 Rn. 20; BeckOK DatenschutzR/*Moos* DS-GVO

besondere, wenn die Meldung von Verletzungen des Schutzes personenbezogener Daten, die mit einem hohen Risiko für die Rechte der betroffenen Personen verbunden sind, an die Aufsichtsbehörde entgegen der Verpflichtung nach Art. 33 unterbleibt und die Verarbeitung ohne Rücksicht auf das bereits verwirklichte hohe Risiko fortgesetzt wird oder die Verarbeitung in erheblicher Weise gegen strafrechtliche Vorschriften verstößt. In einem solchen Fall ist der Datenschutzbeauftragte nicht darauf angewiesen, vorab die Geschäftsleitung von der von ihm beabsichtigten Information der Aufsichtsbehörde zu unterrichten.[50]

II. Weitere Aufgaben des Datenschutzbeauftragten

Aus der ausdrücklichen Formulierung als **Mindestaufgabenkatalog** ergibt sich, dass der Aufgabenkatalog des Abs. 1 nicht abschließend ist. Deshalb kann nicht nur der nebenamtliche Datenschutzbeauftragte gemäß Art. 38 Abs. 6 S. 1 außerhalb seiner Funktion mit anderen Aufgaben und Pflichten innerhalb der Organisation betraut werden kann, sondern können dem Datenschutzbeauftragte auch in dieser Funktion weitere Aufgaben zugewiesen werden. Eine generelle Erweiterung des durch die DS-GVO festgelegten Aufgabenkatalogs durch nationales Recht[51] scheidet jedoch wegen des Fehlens einer entsprechenden Rechtsetzungsbefugnis aus.[52] Die Mitgliedstaaten können im Zusammenhang mit den Regelungen für den Datenschutzbeauftragten lediglich die Geheimhaltungs- und Vertraulichkeitspflichten nach Art. 38 Abs. 5 präzisieren und auf der Grundlage des Art. 37 Abs. 4 S. 1 Hs. 2 die Pflicht für die Benennung eines Datenschutzbeauftragten um weitere Fallgestaltungen ergänzen, sind aber im Übrigen an die Vorschriften der Art. 37, 38 und 39 gebunden (→ Art. 37 Rn. 14). Die Übertragung weiterer Aufgaben kann deshalb **nur durch den Verantwortlichen oder den Auftragsverarbeiter,** nicht aber durch eine Rechtsvorschrift der Mitgliedstaaten erfolgen.[53] Diese weiteren Aufgaben dürfen jedoch die ordnungsgemäße Erfüllung der nach Abs. 1 in jedem Fall wahrzunehmenden Aufgaben durch den Datenschutzbeauftragten nicht beeinträchtigen. Dem Datenschutzbeauftragten müssen dann auch die dazu erforderlichen zusätzlichen Ressourcen zur Verfügung gestellt werden (Art. 38 Abs. 2).

Zum andern dürfen die zusätzlichen Aufgaben zu **keinem Interessenkonflikt** mit der Stellung des Datenschutzbeauftragten und den ihm in Abs. 1 zugewiesenen Kernaufgaben führen (Art. 38 Abs. 6 S. 2). So ist es mit der Funktion des Datenschutzbeauftragten nicht vereinbar, dass er anstelle des Verantwortlichen und Auftragsverarbeiter, deren Organisation er kontrollieren soll, für die Datenverarbeitung und die Einhaltung der Datenschutzvorschriften verantwortlich ist (→ Art. 38 Rn. 25). Eine mit der Übertragung von operativen Entscheidungsbefugnissen verbundene Verantwortungsdelegation könnte zu einer Garantenstellung des Datenschutzbeauftragten führen, die mit der Festlegung der Aufgaben in Art. 39 Abs. 1 gerade vermieden werden soll.[54] Die Beauftragung mit der **Durchführung der Datenschutz-Folgenabschätzung** könnte zu einer für einen Interessenkonflikt typischen Konstellation führen, dass der Datenschutzbeauftragten sich selbst überwachen würde.[55] Das Argument, dass sich die Mitarbeiter der betreffenden Fachabteilung sonst erst die erforderlichen Datenschutzkenntnisse aneignen müssten,[56] verkennt, dass die Überwachungsaufgabe des Datenschutzbeauftragten nach Buchst. b einschließt, darauf hinzuwirken, dass die betreffenden Beschäftigten in die datenschutzrechtlichen und praktischen Aspekten ihrer Tätigkeit eingewiesen und fortgebildet werden, und dass er die Durchführung durch seine Beratung begleitet. Abgesehen davon, dass die Durchführung

---

Art. 39 Rn. 22; Taeger/Gabel/*Scheja* DS-GVO Art. 39 Rn. 19, der „unter keinen Umständen" von einer solchen Pflicht ausgeht.

[50] Zu weitgehend Gola/Heckmann/*Klug* DS-GVO Art. 39 Rn. 6, der für die Konsultation der Aufsichtsbehörde generell voraussetzt, dass sie „tunlichst in Absprache mit der Geschäfts- oder Behördenleitung" erfolgt.

[51] So jedoch Knyrim DS-GVO/*König* S. 231 (239).

[52] *Härting* DS-GVO Rn. 19.

[53] Ebenso *Baumgartner/Hansch* ZD 2019, 99 (99).

[54] Simitis/Hornung/Spiecker gen. Döhmann/*Drewes* DS-GVO Art. 39 Rn. 67; *Gola* RDV 2021, 129 (130 f.).

[55] Europäischer Datenschutzausschuss, 2023 Coordinated Enforcement Action: Designation and Position of Data Protection Officers, S. 20; Gierschmann/Schlender/Stentzel/Veil/*Kirchberg-Lennartz* DS-GVO Art. 39 Rn. 18; Kühling/Buchner/*Bergt* DS-GVO Art. 39 Rn. 16; *Jung* ZD 2018, 208 (209); aA Schwartmann/Jaspers/Thüsing/Kugelmann/*Jaspers/Reif* DS-GVO Art. 39 Rn. 16; *Sörup/Batman* ZD 2018, 553 (554).

[56] *Jaspers/Reif* RDV 2016, 61 (66).

der Folgenabschätzung selbst wegen des damit verbundenen Arbeits- und Zeitaufwands die Ressourcen des Datenschutzbeauftragten in erheblicher Weise binden und zu einer Beeinträchtigung der ordnungsgemäßen Erfüllung der Pflichtaufgaben führen würde, handelt es sich um Aufgabe, die ausdrücklich dem Verantwortlichen zugewiesen ist und deshalb der Überwachung durch den Datenschutzbeauftragten unterliegt. Entsprechendes gilt für die **Führung des Verarbeitungsverzeichnisses,** die Art. 30 ebenfalls ausdrücklich dem Verantwortlichen und Auftragsverarbeiter zuweist, so dass auch die Einhaltung dieser Verpflichtung der Überwachung durch den Datenschutzbeauftragten unterliegt.[57] Dies wird durch den Umstand bestätigt, dass sich der Gesetzgeber dafür entschieden hat, diese Aufgabe nicht in den Aufgabenkatalog des Datenschutzbeauftragten zu übernehmen, obwohl diese von der DS-RL ausdrücklich als Aufgabe des Datenschutzbeauftragten hervorgehoben war.[58] Auch durch die Übertragung von Aufgaben wie die **Bearbeitung von Anträgen** auf Auskunft, Berichtigung oder Löschung nach Art. 15 ff. darf der Datenschutzbeauftragten nicht zum „Erfüllungsgehilfen" des Verantwortlichen für dessen Aufgabe gemacht würde, die Anforderungen der DS-GVO umzusetzen.[59]

25 Neben anderen regelmäßig inkompatiblen Funktionen (→ Art. 38 Rn. 25 ff.) darf der Datenschutzbeauftragte auch keine operativen Aufgaben oder Managementaufgaben wahrnehmen, die die Festlegung der Zwecke und Mittel der Verarbeitung personenbezogener Daten und der darauf bezogenen Maßnahmen betreffen.[60] Deshalb ist auch die **Ausarbeitung der internen Regelungen (Strategien),** die die Festlegung der Maßnahmen für die organisationsinterne Umsetzung der Datenschutzanforderungen zum Gegenstand hat, nicht mit der Funktion des Datenschutzbeauftragten vereinbar.[61] Die Befürchtung, dass die internen Vorgaben mit der Auffassung des Datenschutzbeauftragten kollidieren und dessen weisungsfreie Aufgabenwahrnehmen beeinträchtigen könnten, wird dadurch entkräftet, dass der Datenschutzbeauftragte gemäß Art. 38 Abs. 1 ordnungsgemäß und rechtzeitig in alle Angelegenheiten mit Bezug zum Datenschutz und damit auch bei der Ausarbeitung der internen Vorgaben im Rahmen seiner Beratungsaufgabe einzubeziehen ist.[62] Erst recht ist die gleichzeitige Wahrnehmung der Funktion des betrieblichen oder behördlichen Datenschutzbeauftragten und von **Aufgaben der Datenschutzaufsicht,** wie sie in Deutschland im Bereich der Medienaufsicht festzustellen ist, weder mit der Stellung des Datenschutzbeauftragten in der Sphäre des Verantwortlichen oder Auftragsverarbeiters noch mit dem Wesen und Funktion der unabhängigen Datenschutzaufsicht vereinbar (→ Art. 37 Rn. 12 und 71).

26 Hingegen kommen als zusätzliche, mit der Funktion des Datenschutzbeauftragten **kompatible Aufgaben** die Durchführung von Schulungs- und Fortbildungsmaßnahmen und die Sensibilisierung der in der Datenverarbeitung tätigen Beschäftigten durch den Datenschutzbeauftragten selbst in Betracht, so dass er also nicht nur deren Durchführung gemäß Buchst. b überwacht, sondern selbst wahrnimmt.[63] Ebenso kann der Verantwortliche oder Auftragsverarbeiter ihn auch damit betrauen, die Mitarbeitervertretung über die Verarbeitung der Beschäftigtendaten zu informieren, wie dies das Europäische Parlament als Pflichtaufgabe vorgeschlagen hatte,[64] oder die Beschäftigten auf das Datengeheimnis zu verpflichten.[65] Aber auch bei der Übertragung solcher an sich kompatiblen Aufgaben muss der Datenschutzbeauftragte in der Lage ist, seine in Abs. 1 festgelegten Kernaufgaben ordnungsgemäß zu erfüllen.

III. Risikobasierte Aufgabenerfüllung (Abs. 2)

27 Die Verpflichtung des Datenschutzbeauftragten, bei der Erfüllung seiner Aufgaben dem mit den Verarbeitungsvorgängen verbundenem Risiko gebührend Rechnung zu tragen, ist ebenso

---

[57] Ebenso Gierschmann/Schlender/Stentzel/Veil/*Kirchberg-Lennartz* DS-GVO Art. 39 Rn. 30; aA *Gola* ZD 2019, 383 (388); Artikel-29-Datenschutzgruppe, Leitlinien in Bezug auf Datenschutzbeauftragte (WP 243 rev.01), S. 22.
[58] Art. 18 Abs. 2 zweiter Gedankenstrich, zweiter UAbs. DS-RL.
[59] Ebenso *Gola* ZD 2019, 383 (388); aA LAG BW Urt. v. 1.6.2022 – 4 Sa 65/21 Rn. 101.
[60] EuGH Urt. v. 9.2.2023 – C-453/21, ECLI:EU:C:2033:79 = ZD 2023, 334 Rn. 44 mAnm *Moos/Dirkers* – X-FAB Dresden.
[61] Kühling/Buchner/*Bergt* DS-GVO Art. 39 Rn. 14, 22; Taeger/Gabel/*Scheja* DS-GVO Art. 39 Rn. 7; aA *Sörup/Batman* ZD 2018, 553 (554).
[62] Vgl. *Jaspers/Reif* RDV 2012, 78 (81).
[63] Gierschmann/Schlender/Stentzel/Veil/*Kirchberg-Lennartz* DS-GVO Art. 39 Rn. 11; Kühling/Buchner/*Bergt* DS-GVO Art. 39 Rn. 12.
[64] Art. 37 Abs. 1 Buchst. j des Standpunkts des Europäischen Parlaments vom 12.3.2014, P7_TC1-COD (2012)0011; dazu krit. *Klug* RDV 2014, 90 (92 f.).
[65] *Gola* ZD 2019, 383 (388).

wie die Festlegung der Fallgruppen der Benennungspflicht in Art. 37 Abs. 1 Ausdruck des **risikobasierten Ansatzes** der DS-GVO (→ Art. 37 Rn. 13). Diesem Ansatz entsprechend soll der Datenschutzbeauftragte den Verantwortlichen bei der Durchführung technischer und organisatorischer Maßnahmen unterstützen, mit denen „unter Berücksichtigung der Art, des Umfangs, der Umstände und der Zwecke der Verarbeitung sowie der unterschiedlichen Eintrittswahrscheinlichkeit und Schwere der Risiken für die persönlichen Rechte und Freiheiten" sichergestellt und der Nachweis dafür erbracht werden soll, dass personenbezogene Daten gemäß der DS-GVO verarbeitet werden (Art. 24 Abs. 1 S. 1). Entsprechendes gilt für die Unterstützung des Auftragsverarbeiters in dessen Wirkungsbereich. Besonderes Augenmerk und eine entsprechende Prioritätensetzung bei seiner Aufgabenwahrnehmung hat der Datenschutzbeauftragte daher auf die mit der spezifischen Verarbeitung verbundenen Eintrittswahrscheinlichkeit und Schwere der Risiken für die Rechte und Freiheiten der betroffenen Personen zu richten. Daraus ergibt sich, dass die Anforderungen an die Aufgabenerfüllung umso größer sind, je größer das Risiko einer Beeinträchtigung der Rechte und Freiheiten der von der Datenverarbeitung betroffenen Personen ist.

Der Datenschutzbeauftragte muss daher auch auf Grund seines Fachwissens und seiner Fähigkeiten in der Lage sein, den Verantwortlichen und den Auftragsverarbeiter darin zu beraten, wie die **Eintrittswahrscheinlichkeit und Schwere** des Risikos für die persönlichen Rechte und Freiheiten der betroffenen Personen in Bezug auf die Art, den Umfang, den Umständen und den Zwecken der Verarbeitung bestimmt werden kann.[66] Die Bewertung des Risikos und die danach ausgerichtete Priorisierung seiner Aufgaben hat der Datenschutzbeauftragte selbst vorzunehmen, ohne durch Vorgaben des Managements oder von Fachabteilungen gebunden zu sein.[67] Damit der Datenschutzbeauftragte das mit der Verarbeitung verbundene Risiko einschätzen kann, kommt seiner Einbindung in alle mit dem Schutz personenbezogener Fragen in der Sphäre des Verantwortlichen und Auftragsverarbeiters zusammenhängenden Fragen (→ Art. 38 Rn. 7) besondere Bedeutung zu.

Die Beratung der Geschäftsleitung über die mit der Verarbeitung verbundenen Risiken erfordert als Grundlage des **Risikomanagements**[68] insbesondere, Anleitungen zu geben, mit welchen Maßnahmen der Verantwortliche oder Auftragsverarbeiter den mit der Verarbeitung verbundenen Risiken begegnen kann und wie diese Maßnahmen durchzuführen und nachzuweisen sind. Dies betrifft insbesondere die Anleitung für „die Ermittlung des mit der Verarbeitung verbundenen Risikos, dessen Abschätzung in Bezug auf die Ursache, Art, Eintrittswahrscheinlichkeit und Schwere und die Festlegung bewährter Verfahren für dessen Eindämmung."[69] Auf die Eintrittswahrscheinlichkeit und Schwere des Risikos hat der Datenschutzbeauftragte auch hinsichtlich der Art und Weise sowie die Intensität der Überwachung der Einhaltung der datenschutzrechtlichen Vorschriften und der Beratung, Sensibilisierung und Schulung der Beschäftigten abzustellen, die mit der Verarbeitung befasst sind. **Besondere Anforderungen** ergeben sich für die Aufgabenerfüllung in Bezug auf Verarbeitungen, die mit einem hohen Risiko für die Rechte und Freiheiten der betroffenen Personen verbunden sind und deshalb eine Folgenabschätzung nach Art. 35 erfordern.[70] Eine maßgebliche Rolle kommt dem Datenschutzbeauftragten auch im Zusammenhang mit der Feststellung, Untersuchung und Meldung von Verletzungen des Schutzes personenbezogener Daten nach Art. 33 und 34 und der darauf bezogenen Zusammenarbeit mit der Aufsichtsbehörde zu. Die Konzentration auf besonders risikobehaftete Verarbeitungen rechtfertigt jedoch nicht die Vernachlässigung der Überwachung anderer Verarbeitungsvorgänge.[71]

C. Rechtsschutz

Ein gerichtlicher **Rechtsbehelf der betroffenen Person** gemäß Art. 79 Abs. 1 wegen der Verletzung ihrer Rechte durch eine rechtswidrige Verarbeitung ihrer personenbezogenen Daten kann sich **nur gegen den Verantwortlichen oder den Auftragsverarbeiter** richten, nicht

---

[66] Vgl. Erwägungsgrund 76 S. 1.
[67] Kühling/Buchner/*Bergt* DS-GVO Art. 39 Rn. 23; Bergmann/Möhrle/Herb DS-GVO Art. 39 Rn. 56; Schwartmann/Jaspers/Thüsing/Kugelmann/*Jaspers/Reif* DS-GVO Art. 39 Rn. 23.
[68] Dazu *Kranig/Sachs/Gierschmann* Datenschutz-Compliance S. 88 ff.
[69] Erwägungsgrund 77 S. 1.
[70] *Kranig/Sachs/Gierschmann* Datenschutz-Compliance S. 103 ff.
[71] Artikel-29-Datenschutzgruppe, Leitlinien in Bezug auf Datenschutzbeauftragte (WP 243 rev.01), S. 22.

jedoch gegen den Datenschutzbeauftragten dieses Verantwortlichen oder Auftragsverarbeiters, da dessen Verantwortlichkeit gegenüber der betroffenen Person durch die Benennung eines Datenschutzbeauftragten nicht berührt wird (→ Art. 37 Rn. 15). Ebenso können sich **Schadensersatzansprüche** der betroffenen Person nach Art. 82 Abs. 1 wegen eines Verstoßes gegen die DS-GVO nur gegen den Verantwortlichen oder den Auftragsverarbeiter richten.[72] Deshalb besteht auch dann keine subjektive Rechtsposition der betroffenen Person gegen den Datenschutzbeauftragten, wenn eine Rechtsverletzung auf dessen fehlerhafte Wahrnehmung der Beratungs- und Kontrollaufgaben zurückzuführen ist.[73] Das hat zur Folge, dass der Datenschutzbeauftragte nicht anstelle oder neben dem Verantwortlichen oder dem Auftragsverarbeiter selbst Adressat von Rechtsbehelfen gegen eine rechtswidrige Datenverarbeitung oder von Haftungsansprüchen der betroffenen Person sein kann.[74] Deliktische Ansprüche nach nationalem Recht kommen gegen den Datenschutzbeauftragten allenfalls in eng begrenzten Fällen in Betracht, wie bei einer Verletzung von Geheimhaltungs- und Vertraulichkeitspflichten, für die gemäß Art. 38 Abs. 5 das Recht der Union oder der Mitgliedstaaten maßgeblich ist.[75]

31   Der **Rechtsschutz im Innenverhältnis** zwischen dem Datenschutzbeauftragten und dem Verantwortlichen oder Auftragsverarbeiter ist in der DS-GVO nicht geregelt und richtet sich nach der für das Grundverhältnis zuständigen nationalen Gerichtsbarkeit und den entsprechenden prozessrechtlichen Vorschriften der Mitgliedstaaten. Bei Ansprüchen des Verantwortlichen oder Auftragsverarbeiter für eine Regresshaftung ist insbesondere zu berücksichtigen, dass die Art und Weise der Erfüllung und Priorisierung seiner Aufgaben Ausdruck der Unabhängigkeit des Datenschutzbeauftragten ist.[76] Umgekehrt kann der Datenschutzbeauftragte gegen eine Abberufung oder Kündigung oder sonst **gegen Beeinträchtigungen seiner Stellung und Aufgabenerfüllung** durch den Verantwortlichen oder den Auftragsverarbeiter gerichtlichen Rechtsschutz nach Maßgabe des nationalen Prozessrechts in Anspruch nehmen.

32   Gegen **Anweisungen der Aufsichtsbehörde** zur Durchsetzung der sich aus Art. 39 ergebenden Pflichten einer ordnungsgemäßen Aufgabenerfüllung kann der **Verantwortliche oder der Auftragsverarbeiter** als Adressat dieser ihn betreffenden Maßnahme gemäß Art. 78 Abs. 1 einen gerichtlichen Rechtsbehelf gegen die Aufsichtsbehörde erheben. Eine solche, in Deutschland vor den Verwaltungsgerichten[77] und in Österreich vor dem Bundesverwaltungsgericht[78] anfechtbare Anweisung der Aufsichtsbehörde nach Art. 58 Abs. 2 Buchst. d kommt dann in Betracht, wenn der Verantwortliche oder der Auftragsverarbeiter nicht die ordnungsmäße Aufgabenerfüllung und Priorisierung durch den Datenschutzbeauftragten gewährleistet oder seine eigenverantwortliche Kommunikation mit der Aufsichtsbehörde nicht zulässt oder ihm zusätzliche, mit seiner Funktion und Ressourcen nicht zu vereinbarende Aufgaben zuweist. Ebenso kann der Verantwortliche oder der Auftragsverarbeiter gerichtlichen Rechtsschutz gegen die Verhängung einer Geldbuße in Anspruch nehmen, die die Aufsichtsbehörde wegen eines Verstoßes gegen diese Pflichten gemäß Art. 58 Abs. 2 Buchst. i iVm Art. 83 Abs. 4 Buchst. a zusätzlich oder anstelle einer Anweisung verhängt hat.

D. Nationale Durchführung

I. Nationale Vorschriften in Deutschland

33   § 7 BDSG in der Fassung des Datenschutz-Anpassungs- und -Umsetzungsgesetz (DSAnpUG-EU)[79] betrifft die **Aufgaben des Datenschutzbeauftragten öffentlicher Stellen.** Da die in

---

[72] Simitis/Hornung/Spiecker gen. Döhmann/*Boehm* DS-GVO Art. 82 Rn. 15; Gola/Heckmann/*Gola/Piltz* DS-GVO Art. 82 Rn. 4.
[73] HK-DS-GVO/*Helfrich* Art. 39 Rn. 72; Gierschmann/Schlender/Stentzel/Veil/*Kirchberg-Lennartz* DS-GVO Art. 39 Rn. 12; *Niklas/Faas* NZA 2017, 1091 (1096); *Lantwin* ZD 2017, 411 (413); Schantz/Wolff Neues DatenschutzR/*Wolff* Rn. 911.
[74] Kühling/Buchner/*Bergt* DS-GVO Art. 37 Rn. 51 f.
[75] BeckOK DatenschutzR/*Moos* DS-GVO Art. 39 Rn. 35a; teilw. weitergehend Simitis/Hornung/Spiecker gen. Döhmann/*Drewes* DS-GVO Art. 39 Rn. 48 ff.; Kühling/Buchner/*Bergt* DS-GVO Art. 37 Rn. 54.
[76] Zur Anwendung der Grundsätze der beschränkten Arbeitnehmerhaftung Simitis/Hornung/Spiecker gen. Döhmann/*Drewes* DS-GVO Art. 39 Rn. 45; *Lantwin* ZD 2017, 411 (413).
[77] § 20 Abs. 1 BDSG.
[78] § 27 Abs. 1 DSG.
[79] BDSG idF des Art. 1 des Gesetzes zur Anpassung des Datenschutzrechts an die Verordnung (EU) 2016/679 und zur Umsetzung der Richtlinie (EU) 2016/680 (Datenschutz-Anpassungs- und -Umsetzungsgesetz

§ 7 Abs. 1 S. 1 Nr. 1 bis 5 BDSG normierten Aufgaben den in Art. 39 Abs. 1 Buchst. a bis e DS-GVO festgelegten Aufgaben entsprechen und ebenfalls als nicht abschließender Mindestkatalog („zumindest") formuliert sind, ist allerdings schon die Formulierung im Eingangssatz des § 7 Abs. 1 S. 1 BDSG verwirrend, dass die in dieser Vorschrift festgesetzten Aufgaben dem Datenschutzbeauftragten „neben den" in der DS-GVO „genannten Aufgaben" obliegen. Auch sonst ist diese Vorschrift in europarechtlicher Sicht irritierend: § 7 Abs. 2 und 3 BDSG sind inhaltsgleich mit Art. 38 Abs. 6 und Art. 39 Abs. 2 DS-GVO. § 7 Abs. 1 S. 1 Nr. 3 BDSG berücksichtigt nicht für die Beratung im Zusammenhang mit der Datenschutz-Folgenabschätzung die sowohl von Art. 39 Abs. 1 Buchst. c DS-GVO als auch von Art. 34 Buchst. c RL (EU) 2016/680 vorausgesetzte Anfrage an den Datenschutzbeauftragten. § 7 Abs. 1 S. 2 BDSG reflektiert die Ausnahme für die justizielle Tätigkeit mit einer von der DS-GVO abweichenden „Regelungstechnik"[80], obwohl Art. 37 Abs. 1 Buchst. a DS-GVO diese Ausnahme bereits für die Benennungspflicht festlegt. Zudem erschließt sich nicht, warum der Inhalt der Regelung des Art. 38 Abs. 6, die mit der Vermeidung von Interessenkonflikten die Stellung des Datenschutzbeauftragten betrifft, als § 7 Abs. 2 BDSG vom Bundesgesetzgeber in die Vorschrift über die Aufgaben des Datenschutzbeauftragten transferiert worden ist. Dadurch, dass die Gesetzesbegründung hinsichtlich § 7 Abs. 2 und 3 auf die Vorschriften der DS-GVO verweist, während § 7 Abs. 1 S. 1 BDSG der Umsetzung des Art. 34 RL (EU) 2016/680 dienen soll,[81] zeigt sich besonders bei dieser Vorschrift, dass die durch den systematischen Aufbau des Gesetzes bedingte Vermengung mit der Umsetzung der Richtlinie (EU) 2016/680 und der Geltung außerhalb des Anwendungsbereichs beider Rechtsinstrumente zu **Unklarheiten über den unionsrechtlichen Geltungsgrund und Wiederholungen** des Verordnungstextes führen, die weder zur Kohärenz der Vorschriften beitragen noch sich auf eine punktuelle Wiederholung beschränken (→ Art. 6 Rn. 67).

Für die Zuständigkeit des Datenschutzbeauftragten im **Verhältnis zum Betriebsrat und** 34 **Personalrat** hat der Gesetzgeber die durch die DS-GVO vorgegebene Rechtslage durch § 79a S. 2 BetrVG nachvollzogen mit der Festlegung, dass der Arbeitgeber Verantwortlicher auch für die Verarbeitung personenbezogener Daten ist, die der Betriebsrat zur Erfüllung seiner Aufgaben vornimmt,[82] und durch § 69 S. 2 BPersVG, wonach die Dienststelle auch Verantwortlicher für die Verarbeitung durch den Personalrat zur Erfüllung der in seiner Zuständigkeit liegenden Aufgaben ist.[83] Damit ist im nationalen Recht klargestellt, dass sich die Kontrollfunktion und die Beratungspflicht des Datenschutzbeauftragten auch auf die Datenverarbeitung durch den Betriebsrat und Personalrat erstreckt und damit keine Befugnis für den Betriebsrat oder Personalrat zur Benennung eines eigenen Datenschutzbeauftragten besteht.[84] Dies entspricht der von der DS-GVO vorausgesetzten Gesamtzuständigkeit des Datenschutzbeauftragten für alle Organisationseinheiten und Stellen des Verantwortlichen und Auftragsverarbeiters (→ Rn. 6 f.). § 79a S. 3 BetrVG und § 69 S. 3 BPersVG verpflichten Arbeitgeber und Betriebsrat bzw. Dienststelle und Personalrat zur gegenseitigen Unterstützung bei der Einhaltung der datenschutzrechtlichen Vorschriften. Aus der gegenseitigen Unterstützungspflicht, die organisationsintern im Einzelnen geregelt werden sollte,[85] folgt damit auch, dass der Betriebsrat oder der Personalrat die Expertise des Datenschutzbeauftragten nach Art. 39 Abs. 1 Buchst. a anfragen kann.

§ 40 Abs. 6 S. 1 BDSG hebt ausdrücklich hervor, dass die Aufsichtsbehörden die Daten- 35 schutzbeauftragten mit Rücksicht auf deren typische Bedürfnisse **beraten und unterstützen.** Daraus folgt zwar kein Rechtsanspruch auf eine umfassende Beratung in jedweden technischen und rechtlichen Fragen.[86] Jedoch wird mit dieser Vorschrift die Befugnis des Datenschutzbeauftragten aus Art. 39 Abs. 1 Buchst. e DS-GVO bekräftigt, bei der Aufsichtsbehörde Beratung und Unterstützung in Bezug auf seine Aufgabenerfüllung und Stellung zu suchen (→ Rn. 22), einschließlich der Vermittlung bei Konflikten mit der Geschäftsleitung.[87]

EU – DSAnpUG-EU) vom 30.6.2017 (BGBl. 2018 I 2097), zuletzt geänd. durch Gesetz v. 20.12.2023 (BGBl. 2023 I Nr. 414).
[80] Kühling/Buchner/*Bergt/Schnebbe* BDSG § 7 Rn. 4.
[81] BT-Drs. 18/11325, 82.
[82] § 79a S. 2 BetrVG, eingefügt durch Art. 1 des Gesetzes v. 14.6.2021 (BGBl. 2021 I 1762).
[83] § 69 BPersVG v. 9.6.2021 (BGBl. 2021 I 1614).
[84] LAG BW Beschl. v. 20.5.2022 – 12 TaBV 4/21, openJur 2022, 12750 Rn. 67; BeckOK DatenschutzR/*Moos* DS-GVO Art. 39 Rn. 14 f.; krit. Gola/Heckmann/*Gola* DS-GVO Art. 4 Rn. 74 ff.
[85] Gola/Heckmann/*Gola* DS-GVO Art. 4 Rn. 76; *Althoff* ArbRAktuell 2018, 414 (417), die die Regelung in einer Betriebsvereinbarung empfehlen.
[86] Kühling/Buchner/*Dix* BDSG § 40 Rn. 16.
[87] Paal/Pauly/*Pauly* BDSG § 40 Rn. 37.

II. Nationale Vorschriften in Österreich

36 In dem Datenschutzgesetz (DSG) in der Fassung des Datenschutz-Deregulierungsgesetzes[88] finden sich für den Anwendungsbereich der DS-GVO keine Vorschriften in Bezug auf die Aufgaben des Datenschutzbeauftragten. Für die Umsetzung des Art. 34 RL (EU) 2016/680 und für andere, nicht den Anwendungsbereich des EU-Rechts fallenden Verarbeitungen für Zwecke der Sicherheitspolizei regelt § 57 Abs. 2 DSG, dass dem Datenschutzbeauftragten die in Art. 39 genannten Aufgaben obliegen.

E. Ausblick

37 Die **Festlegung der Kernaufgaben,** die von jedem Datenschutzbeauftragten in allen Mitgliedstaaten erfüllt werden müssen, ist ein wesentliches Element der Konzeption des Datenschutzbeauftragten. Die DS-GVO lässt daneben die Übertragung weiterer Aufgaben auf den Datenschutzbeauftragten zu, die jedoch weder die Erfüllung seiner Kernaufgaben beeinträchtigen noch einen Interessenkonflikt mit der Erfüllung dieser Aufgaben und seiner Stellung begründen dürfen. Hinsichtlich der **Zusammenarbeit zwischen Datenschutzbeauftragten und Aufsichtsbehörde** heben Rückmeldungen aus der Praxis die Hilfestellung der Aufsichtsbehörden durch Leitfäden und andere Orientierungshilfen hervor, während die Erfahrungen im bilateralen Kontakt unterschiedlich beurteilt werden. Einerseits wird positiv über Aufsichtsbehörden berichtet, die auf Anfragen von Datenschutzbeauftragten zeitgerecht mit Klarstellungen antworten. Dem steht andererseits eine formalistische oder reservierte Haltung anderer Aufsichtsbehörden mit minimalen Formen der Zusammenarbeit gegenüber.[89] Entscheidend sind aber vor allem die organisationsinternen Bedingungen für die Aufgabenwahrnehmung. Dies gilt insbesondere für die notwendige Trennung der Aufgaben der Datenschutzbeauftragten von den Pflichten, die der Verantwortliche oder Auftragsverarbeiter selbst oder durch seine Organisation wahrnehmen muss.[90] Die Bewährung und Akzeptanz des Datenschutzbeauftragten hängt deshalb nicht nur von der Expertise und den Fähigkeiten der für dieses Amt benannten Personen ab, sondern vor allem auch davon, dass diese von der Organisation, die sie benannt hat, tatsächlich in der Lage versetzt werden, sich auf die ihm von der DS-GVO zugewiesenen Aufgaben zu konzentrieren und diese effektiv zu erfüllen.

Abschnitt 5. Verhaltensregeln und Zertifizierung

Vorbemerkung

Literatur: *Bergt,* Verhaltensregeln als Mittel zur Beseitigung der Rechtsunsicherheit in der Datenschutz-Grundverordnung, CR 2016, 670; *Bizer/Körffer,* Gütesiegel: Mit den besten Empfehlungen – Konzeption und Erfahrung mit der Datenschutzzertifizierung in Schleswig-Holstein, digma 1/2006; *Hofmann,* Zertifizierungen nach der DS-GVO, ZD 12/2016, XVI; *Hornung/Hartl,* Datenschutz durch Marktanreize – auch in Europa?, ZD 2014, 219; *Kaper,* Datenschutzsiegel und Zertifizierungen nach der Datenschutz-Grundverordnung, PinG 2016, 201; *Kranig/Peintinger,* Selbstregulierung im Datenschutzrecht, ZD 2014, 3; *Kraska,* Datenschutz-Zertifizierungen in der EU-Datenschutzgrundverordnung, ZD 2016, 153; *Krings/Mammen,* Zertifizierungen und Verhaltensregeln – Bausteine eines modernen Datenschutzes für die Industrie 4.0, RDV 2015, 231; *Kühling/Martini et al.,* Die DSGVO und das nationale Recht, 2016; *Martini,* Do it yourself im Datenschutzrecht, NVwZ-Extra 3/2016, 7; *Schantz,* Die Datenschutz-Grundverordnung – Beginn einer neuen Zeitrechnung im Datenschutzrecht, NJW 2016, 1841; *Schwartmann/Weiß,* Ko-Regulierung vor einer neuen Blüte – Verhaltensregeln und Zertifizierungsverfahren nach der Datenschutzgrundverordnung, (1. Teil Zertifizierung), RDV 2016, 68; *Schwartmann/Weiß,* Ko-Regulierung vor einer neuen Blüte – Verhaltensregeln und Zertifizierungsverfahren nach der Datenschutzgrundverordnung, (2. Teil Verhaltensregeln), RDV 2016, 240; *Spindler,* Selbstregulierung und Zertifizierungsverfahren nach der DS-GVO, ZD 2016, 407; *Voskamp,* Transnationaler Datenschutz – Globale Datenschutzstandards durch Selbstregulierung, 2015; *Wilhelm,* Auskunftsansprüche in der Informationsgesellschaft, DÖV 2016, 899.

---

[88] Bundesgesetz zum Schutz natürlicher Personen bei der Verarbeitung personenbezogener Daten (Datenschutzgesetz – DSG) vom 29.6.2017 (ÖBGBl. I Nr. 120/2017) idF des Datenschutz-Deregulierungsgesetzes vom 15.5.2018 (ÖBGBl. I Nr. 24/2018).

[89] Multi-Stakeholder Expert Group Bericht v. 17.6.2020, S. 22 f.

[90] Europäischer Datenschutzausschuss, 2023 Coordinated Enforcement Action: Designation and Position of Data Protection Officers, S. 3 und 25.

Übersicht

	Rn.
A. Allgemeines	1
B. Gemeinsame Grundzüge für genehmigte Verhaltensregeln und Zertifizierungen	3
I. Gemeinsame Ablaufschritte	4
II. Verhältnis zur staatlichen Aufsicht	5
C. Anwendungsbereiche für genehmigte Verhaltensregeln und Zertifizierungen	6
I. Anwendungsziele von genehmigten Verhaltensregeln und Zertifizierungen	6
II. Begrenzte Vorgaben für Anwendungsbereiche und Beschränkung von Zertifizierungen auf Verarbeitungsvorgänge – Verhaltensregeln für Behörden und öffentliche Stellen	9
III. Freiwillige Selbstregulierung außerhalb des räumlichen Anwendungsbereichs der DS-GVO	12
D. Private Stellen für die Überwachung	13
I. Konzept privatrechtlicher Überwachungs- und Zertifizierungsstellen	13
II. Gemeinsame Grundzüge für private Überwachungs- und Zertifizierungsstellen	14
E. Selbstregulierung im Gesamtsystem der DS-GVO	15

A. Allgemeines

Gegenüber der knappen Regelung für Verhaltensregeln in Art. 27 der DS-RL 1995 bewirkt **1** die DS-GVO in Abschnitt 5 eine erhebliche **Ausweitung der freiwilligen Selbstregulierung.** Genehmigte **Verhaltensregeln** und deren Überwachung werden wesentlich **detaillierter geregelt** (Art. 40 und 41). Auf europäischer Ebene gänzlich **neu geschaffen** wird der Mechanismus der **Zertifizierung** (Art. 42 und 43) bis hin zu einem möglichen Europäischen Datenschutzsiegel (Art. 42 Abs. 5, 43 Abs. 9).

Beide Möglichkeiten der Selbstregulierung (genehmigte Verhaltensregeln und Zertifizierung) **2** werden in den Art. 40–43 relativ detailliert geregelt. Dies betrifft die Entstehung und Genehmigung entsprechender Regelwerke, die Schaffung akkreditierter Stellen zur Prüfung und Überwachung der Einhaltung des jeweiligen Regelwerks sowie entsprechende Verfahrensvorgaben. Genehmigte Verhaltensregeln und Zertifizierung setzen jeweils eine privatrechtliche Initiative voraus und deren Umsetzung beruht teilweise auf privatrechtlichen Vereinbarungen, die inhaltlich mit den Vorgaben in Abschnitt 5 verschränkt sind. Beide Möglichkeiten der **Selbstregulierung** und die Teilnahme von Verarbeitungsverantwortlichen und Auftragsverarbeitern an einem solchen Mechanismus stehen **auf freiwilliger Grundlage.** Indem die DS-GVO diese mit ausdrücklich **definierten Vorteilen** (für genehmigte Verhaltensregeln: Art. 24 Abs. 3, 28 Abs. 5, 32 Abs. 3, 35 Abs. 8, 46 Abs. 2 lit. e; für Zertifizierungen: Art. 24 Abs. 3, 25 Abs. 3, 28 Abs. 5 und 6, 32 Abs. 3, 46 Abs. 2 lit. f) einschließlich der Berücksichtigung für etwaige Sanktionen (Art. 83 Abs. 2 lit. j) verknüpft, schafft sie zumindest begrenzte Anreize für die Inanspruchnahme dieser Selbstregulierungsinstrumente.

B. Gemeinsame Grundzüge für genehmigte Verhaltensregeln und Zertifizierungen

Bei allen Unterschieden auch in Details enthalten genehmigte Verhaltensregeln und Zertifizierungen **gemeinsame Grundzüge.** Diese gemeinsamen Grundzüge betreffen zum einen **grundlegende Ablaufschritte.** Zu anderen betreffen sie auch das **Verhältnis zur staatlichen Aufsicht** und den Verarbeitungsverantwortlichen und Auftragsverarbeitern, die sich an einem solchen Mechanismus einschließlich dessen Prüfung und Überwachung beteiligen. **3**

I. Gemeinsame Ablaufschritte

Das **Grundschema der Ablaufschritte** ist für genehmigte Verhaltensregeln und Zertifizierungen gemeinsam, auch wenn sich in Details teilweise erhebliche Unterschiede ergeben: **4**
– Es werden Regeln für die konkrete Umsetzung der Anforderungen der DS-GVO im jeweiligen Anwendungsbereich dieser Regeln erstellt.
– Diese Regeln werden durch die zuständige staatliche Aufsicht geprüft und akzeptiert.

– Ein für die Verarbeitung Verantwortlicher oder Auftragsverarbeiter beteiligt sich freiwillig am jeweiligen Mechanismus und akzeptiert die jeweiligen Regeln.
– Der für die Verarbeitung Verantwortliche oder Auftragsverarbeiter setzt die jeweiligen Regeln entsprechend bei sich um.
– Eine dazu befugte Stelle prüft die Umsetzung und überwacht die Einhaltung der jeweiligen Regeln, außer für Verhaltensregeln bei Behörden und öffentlichen Stellen.

II. Verhältnis zur staatlichen Aufsicht

5   Die Aufsichtsbehörden haben neben den Mitgliedstaaten, dem Europäischen Datenschutzausschuss und der Kommission die Aufgabe, genehmigte Verhaltensregeln und Zertifizierungen zu fördern (Art. 40 Abs. 1, 42 Abs. 1). Beide Möglichkeiten der **Selbstregulierung** (genehmigte Verhaltensregeln und Zertifizierung) bestehen jeweils **parallel und ergänzend zur staatlichen Aufsicht,** die gegenüber beteiligten Verarbeitungsverantwortlichen und Auftragsverarbeitern weiterhin uneingeschränkt besteht (Art. 41 Abs. 1 und 4, Art. 43 Abs. 1). Die **staatliche Aufsicht erfasst** mit entsprechenden zusätzlichen Aufgaben und Befugnissen auch die weiteren Beteiligten an den **Selbstregulierungsmechanismen** der genehmigten Verhaltensregeln und Zertifizierungen (Überwachungs- und Zertifizierungsstellen), deren Inhalte und Verfahren (für genehmigte Verhaltensregeln: Art. 40 Abs. 5, 41 Abs. 1 und 5, 57 Abs. 1 lit. m, p, q, 58 Abs. 3 lit. d; für Zertifizierungen: Art. 42 Abs. 5–7, 43 Abs. 1 lit. a sowie Abs. 5 und 7, 57 Abs. 1 lit. n–q, 58 Abs. 1 lit. c und Abs. 2 lit. h und Abs. 3 lit. e und f). Die insoweit erweiterte **staatliche Aufsicht gewährleistet** damit den **grundrechtlichen Drittschutz** auch im Rahmen der Selbstregulierung und deren Umsetzung, zusätzlich zu dem durch Art. 8 Abs. 3 GRCh gebotenen uneingeschränkten Fortbestand ihrer allgemeinen Aufgaben und Befugnisse gegenüber Verarbeitungsverantwortlichen und Auftragsverarbeitern.

C. Anwendungsbereiche für genehmigte Verhaltensregeln und Zertifizierungen

I. Anwendungsziele von genehmigten Verhaltensregeln und Zertifizierungen

6   Genehmigte Verhaltensregeln und Zertifizierungsverfahren sollen jeweils Anleitungen für Verarbeitungsverantwortliche und Auftragsverarbeiter bieten für die Durchführung geeigneter Maßnahmen und den Nachweis der Einhaltung der Anforderungen (Erwägungsgrund 77). Die Anwendungszwecke der genehmigten Verhaltensregeln und von Zertifizierungen lassen sich grob anhand des jeweils vorgegebenen Ziels unterscheiden:

7   Genehmigte Verhaltensregeln sollen **spezifischere Umsetzungen** der Anforderungen für den Datenschutz in typischen Verarbeitungssituationen darstellen, als es der zwangsläufig generell-abstrakten DS-GVO möglich sein kann (Art. 40 Abs. 1: „... die nach Maßgabe der Besonderheiten der einzelnen Verarbeitungsbereiche und der besonderen Bedürfnisse ... zur ordnungsgemäßen Anwendung dieser Verordnung beitragen sollen."). Ziel genehmigter Verhaltensregeln ist also eine **Orientierung und Hilfestellung** für Verarbeitungsverantwortliche und Auftragsverarbeiter für die konkrete Anwendung der DS-GVO in bestimmten Verarbeitungsbereichen durch entsprechende Präzisierungen, deren **Umsetzung** dann **geprüft und überwacht** wird. Insoweit können genehmigte Verhaltensregeln als **Substitut spezifischer normativer Anforderungen** verstanden werden.

8   Zertifizierungen verfolgen darüber hinausgehend das Ziel, den Verarbeitungsverantwortlichen und Auftragsverarbeitern den **Nachweis der Einhaltung der DS-GVO** bei Verarbeitungsvorgängen zu ermöglichen (Art. 42 Abs. 1 S. 1: „..., die dazu dienen, nachzuweisen, dass diese Verordnung bei Verarbeitungsvorgängen von Verantwortlichen und Auftragsverarbeitern eingehalten wird."). Mit der Zertifizierung einer verarbeitenden Stelle ist also auch die **Bestätigung** verbunden, dass die DS-GVO bei den **betreffenden Verarbeitungsvorgängen** tatsächlich eingehalten wird. Das kann naturgemäß sowohl für die Einhaltung der Anforderungen als auch für die entsprechende Bestätigung nur **uneingeschränkt** erfolgen. Insoweit kann eine Zertifizierung als **Surrogat für Prüfungen der Exekutive** verstanden werden.

II. Begrenzte Vorgaben für Anwendungsbereiche und Beschränkung von Zertifizierungen auf Verarbeitungsvorgänge – Verhaltensregeln für Behörden und öffentliche Stellen

Die DS-GVO macht grundsätzlich **keine konkreten Vorgaben für den Einsatzbereich** von genehmigten Verhaltensregeln und Zertifizierungen bei Verarbeitungsverantwortlichen und Auftragsverarbeitern. Dies überlässt die DS-GVO vielmehr der konkreten Anwendung im Rahmen genehmigter Verhaltensregeln oder Zertifizierungen. Gleichwohl sind **Zertifizierungen** ausgerichtet und gleichzeitig **beschränkt auf** die Einhaltung der DS-GVO für (bestimmte) **Verarbeitungsvorgänge** (Art. 42 Abs. 1). Die DS-GVO sieht also **keine Zertifizierung einer** bestimmten **Organisation** (etwa eines Unternehmens oder Betriebs) oder eines Organisationsteils (etwa eines Unternehmensteils oder Teilbetriebs) vor. Außer für Einschränkungen der Überwachung für Verhaltensregeln im öffentlichen Bereich und von Zertifizierung nur auf Verarbeitungsvorgänge ist der **Einsatzbereich** von genehmigten Verhaltensregeln und Zertifizierungen **nicht** durch ein Minimum oder Maximum **beschränkt**. Dies gilt für die Frage, **welche Verarbeitungsverantwortlichen und Auftragsverarbeiter** sich in welchem Umfang einer solchen Selbstregulierung anschließen können.[1] Keine Beschränkung besteht auch dafür, **welche Inhalte und Vorgänge** von der jeweiligen Selbstregulierung umfasst werden können. Die Regelung in Art. 35 Abs. 8, wonach im Rahmen der Datenschutz-Folgenabschätzung die Einhaltung genehmigter Verhaltensregeln gebührend zu berücksichtigen ist, weist nur auf einen Kann-Inhalt genehmigter Verhaltensregeln hin, der im Beispielkatalog möglicher Regelungsinhalte genehmigter Verhaltensregeln (Art. 40 Abs. 1 lit. a–k) nicht aufgegriffen wird.

Für genehmigte Verhaltensregeln und Zertifizierungen ist daher eine **große Spannbreite des inhaltlichen Geltungsumfangs** von einzelnen Verarbeitungsvorgängen oder (sinnvoll abgrenzbaren) Teilen von Verarbeitungsvorgängen möglich. Für **genehmigte Verhaltensregeln** ist zudem eine Orientierung des Anwendungsbereichs an bestimmten **betrieblichen Funktionen** oder (üblichen) **Abteilungen** bei einem Verarbeitungsverantwortlichen oder Auftragsverarbeiter möglich. Nur als Beispiel: Denkbar wäre die Zertifizierung eines Unternehmens nur für das Bewerberdatenmanagement der Personalabteilung und gleichzeitig die Geltung und Überwachung genehmigter Verhaltensregeln für die gesamte Personalabteilung mit der weiteren Verarbeitung personenbezogener Daten unter der spezifischen Ausprägung der Anforderungen der DS-GVO für die Branche des Unternehmens.

Auch in **rechtlich-organisatorischer Hinsicht** sind die **Anwendungsbereiche** von genehmigten Verhaltensregeln und Zertifizierungen **nicht eingeschränkt**. Auch dafür existieren weder Minimum- noch Maximumvorgaben. Es können sich also eine oder mehrere juristische Personen – etwa mehrere Konzernunternehmen – einheitlich oder unabhängig voneinander an der konkreten Selbstregulierung beteiligen. Wenn etwa in einem Konzern bestimmte Verarbeitungsvorgänge organisatorisch auf unterschiedliche Konzernunternehmen verteilt sind (etwa als konzerninterne „Service Center"), wird es jedenfalls bei Zertifizierungen erforderlich sein, dass sich alle Konzernunternehmen der jeweiligen Zertifizierung anschließen, um der Umsetzung ihres Gegenstands (konkrete Verarbeitungsvorgänge) beteiligt sind. Im Gegenzug ist es auch möglich, dass sich ein Verarbeitungsverantwortlicher oder Auftragsverarbeiter nicht als gesamtes Unternehmen, sondern nur mit definierten Unternehmensteilen (etwa Betrieben, Betriebsteilen oder Abteilungen) oder Verarbeitungsbereichen (etwa Verarbeitung von Kundendaten) an der jeweiligen Selbstregulierung beteiligen. Allerdings beschränkt Art. 41 Abs. 6 die Befugnisse der Überwachungsstelle gegenüber Behörden und öffentlichen Stellen. Damit werden wegen der für alle Verhaltensregeln konstitutiven Bedeutung verselbständigter Überwachung[2] öffentlich-rechtlich verfasste Körperschaften und Vereinigungen sowie Behörden oder sonstige öffentliche Stellen von der unmittelbaren Anwendung in der DS-GVO ausdrücklich normierten Wirkungen genehmigter Verhaltensregeln ausgeschlossen.

---

[1] Zur Ausnahme für die Überwachung genehmigter Verhaltensregeln für öffentliche Stellen und Behörden → Art. 41 Rn. 35.

[2] → Art. 40 Rn. 54; → Art. 41 Rn. 35.

III. Freiwillige Selbstregulierung außerhalb des räumlichen Anwendungsbereichs der DS-GVO

12 Die **freiwillige Beteiligung** an genehmigten Verhaltensregeln und Zertifizierungen steht auch Verarbeitungsverantwortlichen und Auftragsverarbeitern **außerhalb des räumlichen Anwendungsbereichs** der DS-GVO offen (Art. 40 Abs. 3, Art. 42 Abs. 3). Damit können Verarbeitungsverantwortliche und Auftragsverarbeitern in Drittländern **geeignete Garantien für die Übermittlung personenbezogener Daten** schaffen (Art. 40 Abs. 3, Art. 42 Abs. 3, Art. 46 Abs. 2 lit. e und f). **Voraussetzung** dafür ist jeweils **zusätzlich,** dass der jeweilige Verarbeitungsverantwortliche oder Auftragsverarbeiter mittels vertraglicher Vereinbarung oder sonstiger rechtlich bindender rechtlicher Instrumente die verbindliche und durchsetzbare Verpflichtung eingeht, die **geeigneten Garantien** anzuwenden, auch im Hinblick auf die Rechte betroffener Personen (Art. 40 Abs. 3 S. 2, Art. 42 Abs. 3 S. 2 und wohl sinngleich Art. 46 Abs. 2 lit. e und f). Um geeignete Garantien für die Datenübermittlung an ihn zu schaffen, muss sich der Verarbeitungsverantwortliche oder Auftragsverarbeiter im Drittland also der jeweiligen **Selbstregulierung anschließen** und zusätzlich für die **rechtliche Durchsetzbarkeit** der Anwendung dieser Selbstregulierung auch für die **Rechte betroffener Personen** sorgen. Weitere Anforderungen für eine solche Datenübermittlung regelt Kapitel V.

D. Private Stellen für die Überwachung

I. Konzept privatrechtlicher Überwachungs- und Zertifizierungsstellen

13 Die **DS-RL 1995** hatte in Art. 27 nur Verhaltensregeln vorgesehen, die von der zuständigen einzelstaatlichen Stelle oder bei gemeinschaftlichen Verhaltensregeln durch die Artikel-29-Datenschutzgruppe geprüft werden sollten. Einen Mechanismus für die Überwachung solcher Verhaltensregeln enthielt die DS-RL 1995 nicht. Der Mechanismus der Zertifizierung wird durch die DS-GVO auf europäischer Ebene gänzlich neu eingeführt. Die DS-RL 1995 enthielt weder Regelungen für einen Zertifizierungsmechanismus noch für Zertifizierungsstellen. Die DS-GVO eröffnet nun die Möglichkeiten für **freiwillig** und **privatrechtlich** organisierte Stellen zur Überwachung der Einhaltung genehmigter Verhaltensregeln (Art. 41 Abs. 1) und Zertifizierungsstellen (Art. 43 Abs. 1). Diese Konzepte bedürfen entsprechender privatrechtlicher Initiativen und deren Umsetzung unterliegt staatlicher Aufsicht.[3] Die Umsetzung dieser privatrechtlich organisierten Kontrolle bedarf entsprechender **Rechtsverhältnisse zwischen** der jeweiligen **Kontrollstelle** und dem **Teilnehmer** an der konkreten Selbstregulierung. Dafür sieht Art. 40 Abs. 4 entsprechende Maßgaben für genehmigte Verhaltensregeln vor, die der Stelle zu deren Überwachung obligatorische Kontrollbefugnisse vermitteln sollen.

II. Gemeinsame Grundzüge für private Überwachungs- und Zertifizierungsstellen

14 Wie genehmigte Verhaltensregeln und Zertifizierungen als Mechanismen der Selbstregulierung weisen auch die jeweils privaten Kontrollstellen gemeinsame Grundzüge auf, auch wenn sich in Details teilweise erhebliche Unterschiede ergeben:

– Für genehmigte Verhaltensregeln und für Zertifizierungen ist die **Prüfung und Kontrolle** der Einhaltung durch private Stellen vorgesehen.
– Die privaten Stellen für die Prüfung und Kontrolle müssen jeweils bestimmte Kriterien erfüllen.
– Die jeweilige Kontrollstelle muss staatlich akkreditiert sein und unterliegt staatlicher Überwachung.
– Neben der Tätigkeit einer privaten Kontrollstelle bestehen parallel die Aufgaben und Befugnisse der staatlichen Datenschutzaufsicht gegenüber Verarbeitungsverantwortlichen und Auftragsverarbeitern.

Die Zuständigkeiten und Verfahren für die Anerkennung als Kontrollstelle unterscheiden sich zwischen Stellen zur Überwachung genehmigter Verhaltensregeln und Zertifizierungsstellen, die grundlegenden Prinzipien gleichen sich jedoch weitgehend.

---

[3] → Rn. 5.

E. Selbstregulierung im Gesamtsystem der DS-GVO

Ausgehend von den Befunden, dass genehmigte Verhaltensregeln als **Substitut spezifischer normativer Anforderungen** verstanden werden können (→ Rn. 7) und ihre direkten Rechtsfolgen auf Rechtsverhältnisse privater Verantwortlicher oder Auftragsverarbeiter beschränkt sind (→ Rn. 11), kommt Verhaltensregeln im Bereich nicht öffentlicher Stellen dieselbe Funktion zu, wie sie die Verordnung für Datenverarbeitungen im öffentlichen Bereich (Art. 6 Abs. 1 lit. c und e) dem nationalen Gesetzgeber zuweist: Zwar nicht textgleich aber im Wesentlichen synonym mit Art. 40 Abs. 2 beschreibt Art. 6 Abs. 2 die Befugnis der Mitgliedstaaten für Datenverarbeitungen nach Art. 6 Abs. 1 lit. c und e „**spezifischere Bestimmungen** zur Anpassung der Anwendung der Vorschriften der DS-GVO beizubehalten bzw. einzuführen", die spezifische Anforderungen für die Verarbeitung sowie sonstige Maßnahmen präziser bestimmen. In gleicher Weise wie solche spezifischen nationalen Datenschutzregelungen im öffentlichen Bereich sollen Verhaltensregeln gemäß Art. 40 Abs. 2 die Anwendung der Verordnung präzisieren bzw. – angelehnt an die englische Fassung – spezifizieren. Verhaltensregeln haben damit im Laufe des Rechtsetzungsverfahrens eine **zentrale Funktion** zur Begründung besonderer, bereichsspezifischer Datenschutzvorschriften im Bereich der Datenverarbeitung nicht öffentlicher Stellen übernommen, die im ursprünglichem Kommissionsvorschlag durch zahlreiche Ermächtigungen delegierten Rechtsakten der Kommission vorbehalten werden sollte.[4] Nachdem diese im Trilog in Art. 92 auf zwei eher technische Detailregelungsbefugnisse beschränkt wurden,[5] verbleiben neben den bis zur Allgemeingültigkeitserklärung nach Art. 40 Abs. 9[6] reichenden Instrumenten zur Etablierung von Verhaltensregeln nur mehr informell wirksame Steuerungsmöglichkeiten wie Leitlinien oder Orientierungshilfen der nationalen Aufsichtsbehörden oder des Europäischen Datenschutzausschusses.

Grundlage für einen **Datentransfer in die USA** können neben den teilweise umstrittenen Angemessenheitsbeschlüssen der Kommission[7] auch genehmigte Verhaltensregeln oder Zertifizierungen sein. Die Geltung der Angemessenheitsbeschlüsse der Kommission erstreckt sich nur auf Unternehmen, die sich den entsprechenden Regelungen der USA unterworfen haben. Unabhängig davon können sich Unternehmen geeigneten und anwendbaren genehmigten Verhaltensregeln und Zertifizierungen anschließen, um für einen **Datentransfer in die USA** geeignete Garantien und durchsetzbare Rechte und Rechtsbehelfe nachzuweisen werden (Art. 46 Abs. 1 DS-GVO). Verhaltensregeln können einen Datentransfer in die USA rechtfertigen, soweit sie zusätzliche Garantien beinhalten, die eine Lösung für eventuell vorliegende Mängel im lokalen Datenschutzniveau bereithalten. So können sie ein wirksames Instrument darstellen, mit dem sich ein Datenverarbeiter in den USA elementaren Rechten und Pflichten aus der DS-GVO sowie Regelungen zum Rechtsschutz für Verbraucher unterwerfen kann, um die Voraussetzungen eines Datentransfers nach Art. 46 Abs. 1 DS-GVO (ein im Wesentlichen gleichwertiges Schutzniveau) zu erfüllen.[8]

Art. 40 Verhaltensregeln

(1) **Die Mitgliedstaaten, die Aufsichtsbehörden, der Ausschuss und die Kommission fördern die Ausarbeitung von Verhaltensregeln, die nach Maßgabe der Besonderheiten der einzelnen Verarbeitungsbereiche und der besonderen Bedürfnisse von Kleinstunternehmen sowie kleinen und mittleren Unternehmen zur ordnungsgemäßen Anwendung dieser Verordnung beitragen sollen.**

(2) **Verbände und andere Vereinigungen, die Kategorien von Verantwortlichen oder Auftragsverarbeitern vertreten, können Verhaltensregeln ausarbeiten oder ändern oder erweitern, mit denen die Anwendung dieser Verordnung beispielsweise zu dem Folgenden präzisiert wird:**

a) **faire und transparente Verarbeitung;**
b) **die berechtigten Interessen des Verantwortlichen in bestimmten Zusammenhängen;**

---

[4] Zusammengefasst in Art. 86 des Kommissions-Entw. v. 27.1.2012.
[5] → Art. 43 Rn. 15 und 16.
[6] → Art. 40 Rn. 64 f.
[7] Zuletzt Angemessenheitsbeschluss für das EU-US Data Privacy Framework v. 10.7.2023, C(2023) 4745.
[8] Vgl. EDSA Leitlinien 4/2021 über Verhaltensregeln als Instrument für Übermittlungen, Fassung 2.0 v. 22.2.2022, Rn. 11, 34.

c) Erhebung personenbezogener Daten;
d) Pseudonymisierung personenbezogener Daten;
e) Unterrichtung der Öffentlichkeit und der betroffenen Personen;
f) Ausübung der Rechte betroffener Personen;
g) Unterrichtung und Schutz von Kindern und Art und Weise, in der die Einwilligung des Trägers der elterlichen Verantwortung für das Kind einzuholen ist;
h) die Maßnahmen und Verfahren gemäß den Artikeln 24 und 25 und die Maßnahmen für die Sicherheit der Verarbeitung gemäß Artikel 32;
i) die Meldung von Verletzungen des Schutzes personenbezogener Daten an Aufsichtsbehörden und die Benachrichtigung der betroffenen Person von solchen Verletzungen des Schutzes personenbezogener Daten;
j) die Übermittlung personenbezogener Daten an Drittländer oder an internationale Organisationen oder
k) außergerichtliche Verfahren und sonstige Streitbeilegungsverfahren zur Beilegung von Streitigkeiten zwischen Verantwortlichen und betroffenen Personen im Zusammenhang mit der Verarbeitung, unbeschadet der Rechte betroffener Personen gemäß den Artikeln 77 und 79.

(3) [1]Zusätzlich zur Einhaltung durch die unter diese Verordnung fallenden Verantwortlichen oder Auftragsverarbeiter können Verhaltensregeln, die gemäß Absatz 5 des vorliegenden Artikels genehmigt wurden und gemäß Absatz 9 des vorliegenden Artikels allgemeine Gültigkeit besitzen, auch von Verantwortlichen oder Auftragsverarbeitern, die gemäß Artikel 3 nicht unter diese Verordnung fallen, eingehalten werden, um geeignete Garantien im Rahmen der Übermittlung personenbezogener Daten an Drittländer oder internationale Organisationen nach Maßgabe des Artikels 46 Absatz 2 Buchstabe e zu bieten. [2]Diese Verantwortlichen oder Auftragsverarbeiter gehen mittels vertraglicher oder sonstiger rechtlich bindender Instrumente die verbindliche und durchsetzbare Verpflichtung ein, die geeigneten Garantien anzuwenden, auch im Hinblick auf die Rechte der betroffenen Personen.

(4) Die Verhaltensregeln gemäß Absatz 2 des vorliegenden Artikels müssen Verfahren vorsehen, die es der in Artikel 41 Absatz 1 genannten Stelle ermöglichen, die obligatorische Überwachung der Einhaltung ihrer Bestimmungen durch die Verantwortlichen oder die Auftragsverarbeiter, die sich zur Anwendung der Verhaltensregeln verpflichten, vorzunehmen, unbeschadet der Aufgaben und Befugnisse der Aufsichtsbehörde, die nach Artikel 55 oder 56 zuständig ist.

(5) [1]Verbände und andere Vereinigungen gemäß Absatz 2 des vorliegenden Artikels, die beabsichtigen, Verhaltensregeln auszuarbeiten oder bestehende Verhaltensregeln zu ändern oder zu erweitern, legen den Entwurf der Verhaltensregeln bzw. den Entwurf zu deren Änderung oder Erweiterung der Aufsichtsbehörde vor, die nach Artikel 55 zuständig ist. [2]Die Aufsichtsbehörde gibt eine Stellungnahme darüber ab, ob der Entwurf der Verhaltensregeln bzw. der Entwurf zu deren Änderung oder Erweiterung mit dieser Verordnung vereinbar ist und genehmigt diesen Entwurf der Verhaltensregeln bzw. den Entwurf zu deren Änderung oder Erweiterung, wenn sie der Auffassung ist, dass er ausreichende geeignete Garantien bietet.

(6) Wird durch die Stellungnahme nach Absatz 5 der Entwurf der Verhaltensregeln bzw. der Entwurf zu deren Änderung oder Erweiterung genehmigt und beziehen sich die betreffenden Verhaltensregeln nicht auf Verarbeitungstätigkeiten in mehreren Mitgliedstaaten, so nimmt die Aufsichtsbehörde die Verhaltensregeln in ein Verzeichnis auf und veröffentlicht sie.

(7) Bezieht sich der Entwurf der Verhaltensregeln auf Verarbeitungstätigkeiten in mehreren Mitgliedstaaten, so legt die nach Artikel 55 zuständige Aufsichtsbehörde – bevor sie den Entwurf der Verhaltensregeln bzw. den Entwurf zu deren Änderung oder Erweiterung genehmigt – ihn nach dem Verfahren gemäß Artikel 63 dem Ausschuss vor, der zu der Frage Stellung nimmt, ob der Entwurf der Verhaltensregeln bzw. der Entwurf zu deren Änderung oder Erweiterung mit dieser Verordnung vereinbar ist oder – im Fall nach Absatz 3 dieses Artikels – geeignete Garantien vorsieht.

(8) Wird durch die Stellungnahme nach Absatz 7 bestätigt, dass der Entwurf der Verhaltensregeln bzw. der Entwurf zu deren Änderung oder Erweiterung mit dieser

Verordnung vereinbar ist oder – im Fall nach Absatz 3 – geeignete Garantien vorsieht, so übermittelt der Ausschuss seine Stellungnahme der Kommission.

(9) ¹Die Kommission kann im Wege von Durchführungsrechtsakten beschließen, dass die ihr gemäß Absatz 8 übermittelten genehmigten Verhaltensregeln bzw. deren genehmigte Änderung oder Erweiterung allgemeine Gültigkeit in der Union besitzen. ²Diese Durchführungsrechtsakte werden gemäß dem Prüfverfahren nach Artikel 93 Absatz 2 erlassen.

(10) Die Kommission trägt dafür Sorge, dass die genehmigten Verhaltensregeln, denen gemäß Absatz 9 allgemeine Gültigkeit zuerkannt wurde, in geeigneter Weise veröffentlicht werden.

(11) Der Ausschuss nimmt alle genehmigten Verhaltensregeln bzw. deren genehmigte Änderungen oder Erweiterungen in ein Register auf und veröffentlicht sie in geeigneter Weise.

Übersicht

	Rn.
A. Allgemeines	1
I. Zweck und Bedeutung der Vorschrift	1
1. Grundausrichtung genehmigter Verhaltensregeln	1
2. Funktion und Wirkungen genehmigter Verhaltensregeln	4
3. Wesentliche Regelungsinhalte	12
4. Darstellung genehmigter Verhaltensregeln	18
II. Systematik, Verhältnis zu anderen Vorschriften	20
1. Verhältnis zu weiteren Regelungen der DS-GVO	20
2. Verhältnis zur Stelle für die Überwachung genehmigter Verhaltensregeln (Art. 41)	24
3. Vorläuferregelungen	25
B. Einzelerläuterungen	26
I. Normadressaten, Verfahrensablauf und Parteibeziehungen	26
1. Normadressaten	26
2. Verfahrensablauf für genehmigte Verhaltensregeln	27
3. Parteibeziehungen	28
II. Einzelkommentierungen	29
1. Förderungsauftrag und Beschreibung von Verhaltensregeln (Abs. 1)	29
2. Erstellung von Verhaltensregeln (Abs. 2 Hs. 1)	32
3. Inhalte von Verhaltensregeln (Abs. 4, Abs. 2 Hs. 2)	41
4. Geltung außerhalb des räumlichen Anwendungsbereichs der DS-GVO (Abs. 3)	46
5. Überwachung als Inhalt der Verhaltensregeln (Abs. 4)	53
6. Grundsätze des Vorlage- und Genehmigungsverfahrens (Abs. 5)	54
7. Veröffentlichung national beschränkter Verhaltensregeln (Abs. 6)	58
8. Kohärenzverfahren für Verhaltensregeln für mehrere Mitgliedstaaten (Abs. 7)	59
9. EU-weite Verhaltensregeln (Abs. 8–10)	64
10. Register und Veröffentlichung aller genehmigten Verhaltensregeln (Abs. 11)	68
III. Beginn und Beendigung genehmigter Verhaltensregeln gegenüber Verarbeitern	69
1. Kein ausdrücklicher Regelungsinhalt	69
2. Beginn genehmigter Verhaltensregeln gegenüber einem Verarbeiter	71
3. Beendigung genehmigter Verhaltensregeln für den konkreten Verarbeiter	73
C. Rechtsschutz	74

A. Allgemeines

I. Zweck und Bedeutung der Vorschrift

1. Grundausrichtung genehmigter Verhaltensregeln. In der **Zusammenschau** von 1 Erwägungsgrund 98 mit den Abs. 1, 2 und 4 ergibt sich **folgende Grundausrichtung:** Genehmigte Verhaltensregeln sind eine Hilfestellung zur Anwendung der DS-GVO für bestimmte Kategorien von Verarbeitungsverantwortlichen und Auftragsverarbeitern durch Präziserung ihrer Pflichten für einzelne Verarbeitungsbereiche mit obligatorischer Überwachung der Einhaltung der genehmigten Verhaltensregeln. Es handelt sich dabei um eine **freiwillige Selbstregulierung** mit **freiwilliger Beteiligung** von Verarbeitungsverantwortlichen oder Auftragsverarbeitern.[1] Die DS-GVO enthält für die konkrete Beteiligung von Verarbeitungsverantwortlichen oder Auftragsverarbeitern an bestimmten genehmigten Verhaltensregeln keine konkreten Bestimmungen. Daher erfolgt diese konkrete **Beteiligung und** deren **Beendigung auf privatrechtlicher Grundlage** durch entsprechende Vereinbarungen für den Beitritt eines Verarbeitungsverantwortlichen oder Auftragsverarbeiters zu bestimmten genehmigten Verhaltensregeln und **auch für** deren **Überwachung** durch eine entsprechende Stelle gemäß Art. 41. Um die Wirkungen genehmigter Verhaltensregeln zu Gunsten eines Verarbeitungsverantwortlichen oder Auftragsverarbeiters unmittelbar auszulösen, ist **zwingend** sowohl dessen „**Unterwerfung**" unter diese Verhaltensregeln notwendig als auch deren **Überwachung** durch eine Stelle gemäß Art. 41.[2]

2   Als Orientierungshilfe für die Anwendung der Verhaltensregeln auf nationaler und europäischer Ebene hat der Europäische Datenschutzausschuss (EDSA) am 4.6.2019 die „Leitlinien 1/2019 über Verhaltensregeln und Überwachungsstellen gemäß der Verordnung (EU) 2016/679" in der zweiten Fassung veröffentlicht[3]. Fraglich ist allerdings der Charakter dieser Leitlinien. Die Formulierung (meist im Imperativ) deutet auf eine bindende Wirkung hin. In der DS-GVO ist eine solche Wirkung allerdings nicht vorgesehen. Art. 70 Abs. 1 lit. n DS-GVO, der den EDSA mit der Förderung von Verhaltensregeln beauftragt, legt die Rechtsform solcher Leitlinien nicht fest. Auch Art. 92 DS-GVO sieht keine Befugnis zum Erlass eines Rechtsaktes in Bezug auf Verhaltensregeln vor. Somit sind diese Leitlinien, auch wenn sie in der Anwendung voraussichtlich wie ein Rechtsakt umgesetzt werden, lediglich eine Hilfestellung, die keine direkte rechtliche Bindungswirkung hat. Unabhängig davon findet eine in diesen Leitlinien an mehreren Stellen abgebildete „Zwangskoppelung", wonach eine Genehmigung von Verhaltensregeln quasi nur bei Vorhandensein einer dafür akkreditierten Überwachungsstelle möglich sein soll, in den Art. 40 und 41 wohl keine Stütze.[4] Eine solche zusätzliche Genehmigungsvoraussetzung ist wohl kaum mit der Förderungspflicht auch des Europäischen Datenschutzausschusses für genehmigte Verhaltensregeln gemäß Abs. 1 vereinbar.

3   Die Grundausrichtung von **Zertifizierungen** (Art. 42) **ist** weitergehend der **Nachweis** der Einhaltung der Vorgaben des DS-GVO bei bestimmten Verarbeitungsvorgängen (Art. 42 Abs. 1) und die mögliche Erteilung dafür vorgegebener Datenschutzsiegel und -prüfzeichen (Art. 42 Abs. 2).

4   **2. Funktion und Wirkungen genehmigter Verhaltensregeln.** Die DS-GVO definiert mehrere Funktionen und Wirkungen des Beitritts eines Verarbeitungsverantwortlichen oder Auftragsverarbeiters zu bestimmten genehmigten Verhaltensregeln einschließlich deren Überwachung, also praktisch implementierter genehmigter Verhaltensregeln:

5   Implementierte genehmigte Verhaltensregeln bilden einen Gesichtspunkt für den **Nachweis der Erfüllung der Pflichten des Verarbeitungsverantwortlichen** (Art. 24 Abs. 3). Für Auftragsverarbeiter bilden sie einen Faktor für den **Nachweis geeigneter Garantien** (Art. 28 Abs. 5). Sie stellen einen Faktor für den **Nachweis** der Erfüllung der Anforderungen an geeignete **technische und organisatorische Schutzmaßnahmen** dar (Art. 32 Abs. 3). Implementierte genehmigte Verhaltensregeln finden Berücksichtigung bei der **Beurteilung der Auswirkungen** durchgeführter Verarbeitungsvorgänge insbesondere für Zwecke der **Datenschutz-Folgenabschätzungen** (Art. 35 Abs. 8).[5] Teilweise wird (nur) für von der Kommission

---

[1] Vgl. auch Paal/Pauly/*Paal* DS-GVO Art. 40 Rn. 9a; *Bergt* CR 2016, 670 (671).

[2] Vgl. auch Paal/Pauly/*Paal* DS-GVO Art. 40 Rn. 18. Etwaige Interpretationen, es sei unklar, ob die „obligatorische" Überwachung der Einhaltung genehmigter Verhaltensregeln tatsächlich obligatorisch sei, klärt spätestens die engl. Fassung von Art. 40 Abs. 4 als Gegenstand der Trilog-Verhandlungen, die den Begriff „mandatory" verwendet, so iErg auch für die obligatorische Überwachung Gierschmann/Schlender/Stenzel/Veil/*Heilmann/Schulz* DS-GVO Art. 40 Rn. 19 und ÖVwGH Urt. v. 31.10.2023 – Ro 2020/04/0024, dort Rn. 4 aE: Genehmigung von Verhaltensregeln unter der Bedingung der Akkreditierung einer Überwachungsstelle.

[3] EDSA Leitlinien 1/2019 über Verhaltensregeln und Überwachungsstellen, Fassung 2.0 v. 4.6.2019, dort Rn. 3.

[4] AA ÖVwGH Urt. v. 31.10.2023 – Ro 2020/04/0024, dort Rn. 4 aE: Genehmigung von Verhaltensregeln unter der Bedingung der Akkreditierung einer Überwachungsstelle.

[5] Vgl. auch Paal/Pauly/*Paal* DS-GVO Art. 40 Rn. 7.

für allgemein gültig erklärte Verhaltensregeln eine „widerlegbare Konformitätsvermutung" angesprochen.[6] Dieser Ansatz berücksichtigt möglicherweise zwei Aspekte nicht hinreichend: Zum einen haben von der Kommission genehmigte Verhaltensregeln keine andere Rechtsqualität als andere genehmigte Verhaltensregeln, sondern lediglich einen ausgedehnteren räumlichen Geltungsbereich (→ Rn. 64). Zum anderen kann eine Wirkung genehmigter Verhaltensregeln sich von vorneherein nur auf deren inhaltlichen Anwendungsbereich beziehen, wenn für den konkreten Verarbeiter die weiteren dafür notwendigen Voraussetzungen einschließlich obligatorischer Überwachung vorliegen. Alternativ wird genehmigten Verhaltensregeln allgemein eine Vermutung der Rechtmäßigkeit zugebilligt[7] oder – bei deren Einhaltung – eine Vermutung rechtmäßiger Datenverarbeitung.[8] Teilweise wird deren Wirkung auch als gesetzlich anerkanntes Indiz für die Beachtung bestimmter Pflichten der DS-GVO verstanden.[9] Zu Bindungswirkungen genehmigter Verhaltensregeln → Rn. 10.

Die Implementierung genehmigter Verhaltensregeln durch einen Verarbeitungsverantwortliche oder Auftragsverarbeiter in einem Drittland bildet eine Möglichkeit für geeignete **Garantien zur Übermittlung** personenbezogener Daten in dieses Drittland **nur zusammen mit** rechtverbindlichen und **durchsetzbaren Verpflichtungen** dieses Verarbeitungsverantwortlichen oder Auftragsverarbeiters auch für Rechte der betroffenen Personen (Art. 46 Abs. 2 lit. e).

Daneben finden implementierte genehmigte Verhaltensregeln auch **Berücksichtigung für Geldbußen** (Art. 83. Abs. 2 lit. j), wohl regelmäßig zu Gunsten des Verarbeiters. Verhaltensregeln müssen durch die Aufsichtsbehörde genehmigt und deren Umsetzung durch dazu befugte Stellen gemäß Art. 41 überwacht werden. Deren ordnungsgemäße Implementierung führt also dazu, dass der Verarbeitungsverantwortliche oder Auftragsverarbeiter aufsichtlich genehmigte Verhaltensweisen unter unabhängiger Kontrolle praktiziert. Wenn es dabei gleichwohl zu Verstößen gegen die DS-GVO kommen sollte, würde ein Schuldvorwurf wohl entfallen, soweit die genehmigten Verhaltensregeln ordnungsgemäß umgesetzt wurden.[10] Daneben können bei einem Verstoß gegen die DS-GVO, der gleichzeitig einen Verstoß gegen für den Verarbeiter verbindliche genehmigte Verhaltensregeln darstellt, entsprechende **Maßnahmen der** akkreditierten **Überwachungsstelle** einen **Bedarf** nach (zusätzlichen) Geldbußen **entfallen** lassen.[11]

Über die in der DS-GVO ausdrücklich normierten Wirkungen hinaus können genehmigte Verhaltensregeln auch unverbindliche **Orientierung** für vergleichbare Verarbeitungsbereiche bieten. Deren Wirkungen gemäß DS-GVO treten mangels anderweitiger Anordnung in der DS-GVO jedoch nur bei verbindlicher „Unterwerfung" unter genehmigte Verhaltensregeln und deren obligatorische Überwachung durch eine akkreditierte Überwachungsstelle (Art. 40 Abs. 4 und Art. 41) direkt ein.

Unabhängig davon bleibt es Verarbeitern unbenommen, genehmigte Verhaltensregeln umzusetzen und deren Einhaltung bei Kontrollen eigenständig nachzuweisen.[12] Dies gilt insbesondere für den **öffentlichen Sektor,** für den gemäß Art. 41 Abs. 6 eine **obligatorische Überwachung** genehmigter Verhaltensregeln durch akkreditierte Überwachungsstellen **nicht** erfolgt. Nach den Leitlinien des EDSA soll dies Stellen des öffentlichen Sektors einen Beitritt zu genehmigten Verhaltensregeln nicht verwehren.[13] Gleichzeitig soll nach dem EDSA auch bei öffentlichen Stellen eine wirksame Überwachung der Einhaltung genehmigter Verhaltensregeln verpflichtend sein, etwa umgesetzt durch Revisionspflichten. Dem ist im Ergebnis wohl zuzustimmen: Aufgrund des Fehlens der obligatorischen Überwachung durch akkreditierte Überwachungsstellen treten die **Wirkungen** genehmigter Verhaltensregeln nach DS-GVO zwar **nicht direkt** ein. Indes bleibt es öffentlichen wir auch nicht-öffentlichen Stellen unbenommen,

---

[6] Plath/*Wittmann*/*Ingenrieth* DS-GVO Art. 40 Rn. 27.
[7] So *Wolff* ZD 2017, 151 (152).
[8] HK-DS-GVO/*Raschauer* DS-GVO Art. 40 Rn. 6.
[9] So Schaffland/Wiltfang/*Schaffland*/*Holthaus* DS-GVO Art. 40 Rn. 3.
[10] So auch *Wolff* ZD 2017, 151 (152), der genehmigten Verhaltensregeln lediglich den Charakter eines hoheitlich erstellten Rechtsgutachtens zubilligen will; iErg identisch aber beschränkt nur auf an der Genehmigung beteiligte Aufsichtsbehörden; Kühling/Buchner/*Bergt* DS-GVO Art. 40 Rn. 48; aA ohne nähere Begr. BeckOK DatenschutzR/*Jungkind* DS-GVO Art. 40 Rn. 30.
[11] Artikel-29-Datenschutzgruppe, WP 254 v. 28.11.2017, S. 15.
[12] So auch Schaffland/Wiltfang/*Schaffland*/*Holthaus* DS-GVO Art. 40 Rn. 4.
[13] EDSA Leitlinien 1/2019 über Verhaltensregeln und Überwachungsstellen, Fassung 2.0 v. 4.6.2019, dort Rn. 88.

die Einhaltung der Vorgaben genehmigter Verhaltensregeln **auf anderem Wege nachzuweisen** und damit entsprechende Wirkungen **quasi indirekt auszulösen**.

10 Daneben dürfte durch die Genehmigung von Verhaltensregeln innerhalb ihres Anwendungsbereichs eine **Selbstbindung der Aufsichtsbehörden** eintreten, wonach Verhalten gemäß genehmigter Verhaltensregeln nicht zu beanstanden ist.[14] Teilweise wird vertreten, diese Selbstbindungswirkung sei wegen der primärrechtlich verankerten Unabhängigkeit der Aufsichtsbehörden beschränkt auf die Aufsichtsbehörden, die an dem Genehmigungsverfahren beteiligt waren.[15] Dies gilt indes von vornherein nicht für nach – notwendigerweise positiver – Stellungnahme des Ausschusses durch die Kommission für allgemeingültig erklärte Verhaltensregeln (Abs. 9), die entsprechende Bindungswirkung gegenüber Aufsichtsbehörden haben.[16] Auch für rein national erteilte Genehmigungen erscheint eine Beschränkung der Bindungswirkung nur auf die genehmigende Aufsichtsbehörde nicht zweifelsfrei. Ob und in wie weit darüber hinaus auch eine Bindungswirkung gegenüber Gerichten eintritt, ist umstritten[17] und wohl für allgemeingültig erklärte Verhaltensregeln gegenüber nationalen Gerichten zu bejahen.[18] Dann stellt der Durchführungsrechtsakt der Kommission (Abs. 9) die Auslegung der DS-GVO durch die für allgemeingültig erklärten Verhaltensregeln verbindlich als konform mit der DS-GVO fest und dieser Beschluss bindet die Mitgliedstaaten nach Art. 288 Abs. 4 AEUV.[19]

11 Inzwischen hat sich der **EuGH** in einem Urteil auch zu Wirkungen genehmigter Verhaltensregeln geäußert.[20] Danach können genehmigte Verhaltensregeln **keine** mit Art. 6 lit. f nicht vereinbare **Verarbeitung rechtfertigen**. Daneben gibt es bereits einige Entscheidungen deutscher Gerichte, denen Verhaltensregeln zugrunde liegen. Diese beziehen sich meist auf die Löschfristen von Auskunfteien im Zusammenhang mit dafür bestehenden Verhaltensregeln.[21] Für die Entscheidungen haben die Verhaltensregeln jedoch entweder keine Rolle gespielt[22] oder wurden vom Gericht an der fraglichen Stelle für widersprüchlich im Zusammenhang mit höherrangigem Recht gehalten.[23] Da diese deutschen Entscheidungen allerdings zwischen den Beteiligten wirken und die Verhaltensregeln nur als Nebensachen erwähnt werden, entfaltet die Feststellung der Unvereinbarkeit der Verhaltensregen mit höherrangigem Recht keine weitergehende Rechtswirkung.

12 **3. Wesentliche Regelungsinhalte.** Die Regelungen des Art. 40 sind inhaltlich eng **verzahnt mit** den Bestimmungen für die Stellen zur Überwachung genehmigter Verhaltensregelungen in **Art. 41**. In der Zusammenschau ergibt sich folgender, wesentlicher Regelungsgehalt für Art. 40:

13 Die Regelung in Art. 40 beziehen sich auf „genehmigte Verhaltensregeln", die **„obligatorisch" überwacht** werden (Abs. 4) und die entsprechende Maßgaben zur Überwachung als Pflichtinhalt umfassen müssen (Art. 41 Abs. 1). Abs. 1 und mittelbar Abs. 2 umschreiben den **wenig eingegrenzten Anwendungsbereich** von Verhaltensregeln. **Ausgenommen** von direkten Wirkungen genehmigter Verhaltensregeln sind lediglich **Behörden und öffentliche Stellen,** da ihnen gegenüber keine Überwachung durch Stellen nach Art. 41 erfolgt (Art. 41 Abs. 6). Der Zweck von Verhaltensregeln liegt insbesondere in der **Präzisierung** der notwendigerweise abstrakt-generellen Vorgaben der DS-GVO, Abs. 2 beschreibt **Beispielinhalte** für diese Präzisierungen. Die Verhaltensregeln sind jeweils ausgerichtet auf die **spezifische Situati-**

---

[14] So iErg Auernhammer/*Vomhof* DS-GVO Art. 40 Rn. 65; BeckOK DatenschutzR/*Jungkind* DS-GVO Art. 40 Rn. 31; *Wolff* ZD 2017, 151 (152); *Kazemi,* Die Datenschutzgrundverordnung in der anwaltlichen Beratungspraxis, § 7 Rn. 178.
[15] Kühling/Buchner/*Bergt* DS-GVO Art. 40 Rn. 41 unter Verweis auf Art. 16 Abs. 2 S. 2 AEUV; Paal/Pauly/*Paal* DS-GVO Art. 40 Rn. 23b.
[16] Kühling/Buchner/*Bergt* DS-GVO Art. 40 Rn. 51.
[17] Grds. gegen eine Bindungswirkung genehmigter Verhaltensregeln für Gerichte *Spindler* ZD 2016, 407; BeckOK DatenschutzR/*Jungkind* DS-GVO Art. 40 Rn. 31.
[18] Auernhammer/*Vomhof* DS-GVO Art. 40 Rn. 78; Koreng/Lachenmann DatenschutzR-FormHdB/*Bergt* Vorb. C. IV.1.
[19] Kühling/Buchner/*Bergt* DS-GVO Art. 40 Rn. 51.
[20] EuGH Urt. v. 7.12.2023 – C-26/22 und C-64/22, dort Rn. 101 ff.
[21] Verhaltensregeln für die Prüf- und Löschfristen von personenbezogenen Daten durch die deutschen Wirtschaftsauskunfteien.
[22] VG Wiesbaden Urt. v. 27.9.2021 – 6 K 549/21. WI; OLG Schleswig Urt. v. 2.7.2021 – 17 U 15/21, Rn. 65 ff.
[23] VG Wiesbaden Urt. v. 11.1.2021 – 6 K 1045/20. WI; VG Wiesbaden Urt. v. 7.6.2021 – 6 K 307/20. WI; OLG Schleswig Urt. v. 2.7.2021 – 17 U 15/21, Rn. 69; iErg *Weichert* ZD 2021, 554 (558).

on bestimmter Kategorien von Verarbeitungsverantwortlichen oder Auftragsverarbeitern und die **Besonderheiten der einzelnen Verarbeitungsbereiche** (Abs. 1, 2 und 5).

Die Abs. 5–8 regeln das **Verfahren für die Genehmigung** von Verhaltensregeln durch die 14 Aufsichtsbehörde gegenüber dem Antragsteller sowie das (verwaltungsinterne) Kohärenzverfahren für Verhaltensregeln für Verarbeitungstätigkeiten in mehreren Mitgliedstaaten.

Nach Abs. 9 hat die **Kommission** die Möglichkeit, den **Gültigkeitsbereich** genehmigter 15 Verhaltensregeln für mehrere Mitgliedstaaten **auf die gesamte EU zu erweitern**.

Aus Abs. 4 geht hervor, dass sowohl die **Beteiligung** von Verarbeitungsverantwortlichen oder 16 Auftragsverarbeitern an genehmigten Verhaltensregeln als auch an deren **Überwachung freiwillig** ist. Allerdings sind stets die „Unterwerfung" unter die genehmigten Verhaltensregeln als auch deren Überwachung notwendig, um direkte Wirkungen genehmigter Verhaltensregeln in der DS-GVO für einen Verarbeitungsverantwortlichen oder Auftragsverarbeiter zu begründen.

Gemäß Art. 41 Abs. 6 ist die „obligatorische" Überwachung der Einhaltung genehmigter 17 Verhaltensregeln durch Stellen gemäß Art. 41 gegenüber Behörden[24] und öffentlichen Stellen **nicht** möglich. Damit fehlt ein konstitutives Element für direkte Wirkungen genehmigter Verhaltensregeln gemäß DS-GVO. Genehmigte Verhaltensregeln können also selbst bei deren Einhaltung die Wirkungen gemäß DS-GVO für **Behörden und öffentliche Stellen nicht direkt auslösen**. Gleichzeitig dürfte aber für die Aufsichtsbehörden eine Selbstbindung in der Beurteilung ähnlicher Verarbeitungssituationen auch gegenüber Behörden und öffentlichen Stellen eintreten, soweit genehmigte Verhaltensregeln praktisch umgesetzt werden. Anderes dürfte nur gelten, soweit die Rolle als öffentliche Stelle oder spezialgesetzliche Regelungen etwaige Abweichungen erfordert.

4. Darstellung genehmigter Verhaltensregeln. Für Verarbeitungsverantwortliche und 18 Auftragsverarbeiter, die sich genehmigten Verhaltensregeln und deren Überwachung anschließen, stellt sich die Frage, ob und in wie weit dies **gegenüber Dritten kommuniziert** werden kann. Immerhin stellt die Beteiligung an genehmigten Verhaltensregeln und deren Überwachung eine freiwillige und zusätzliche Maßnahme für den Datenschutz dar, die möglicherweise auch gegenüber Dritten (etwa Kunden) positiv dargestellt werden soll.

Anders als bei Zertifizierungen ist für genehmigte Verhaltensregeln und deren Umsetzung 19 keine Erteilung von „offiziellen" **Datenschutzsiegeln oder -prüfzeichen** (Art. 42 Abs. 2) vorgesehen. In der Außenkommunikation ist daher schon aus lauterkeitsrechtlichen Gesichtspunkten eine Verwechslungsgefahr mit solchen Datenschutzsiegeln oder -prüfzeichen zu vermeiden. Unter Beachtung eines entsprechenden **„Abstandsgebots"** gegenüber Datenschutzsiegeln und -prüfzeichen für Zertifizierungen spricht aber nichts gegen eine sachliche Benennung der Unterwerfung unter genehmigte Verhaltensregeln einschließlich deren Überwachung durch den Verarbeitungsverantwortlichen oder Auftragsverarbeiter. Eine Werbung mit genehmigten Verhaltensregeln kann bei deren Nichtbeachtung dann allerdings auch wettbewerbsrechtliche Konsequenzen haben.[25]

II. Systematik, Verhältnis zu anderen Vorschriften

1. Verhältnis zu weiteren Regelungen der DS-GVO. Die Regelungen des Art. 40 weisen 20 eine **enge inhaltliche Verschränkung mit Art. 41** für Stellen zur Überwachung der genehmigten Verhaltensregeln auf. Nur diese beiden Regelungen zusammen ergeben das **Gesamtbild dieser** Möglichkeit der **Selbstregulierung**. Formal abgebildet wird dieser Wechselbezug durch Art. 40 Abs. 4: Danach müssen Verhaltensregeln die Verfahren vorsehen, die es der Stelle zur Überwachung genehmigter Verhaltensregeln ermöglichen, die obligatorische Überwachung der Einhaltung durch Verarbeiter vorzunehmen, die sich zur Anwendung der Verhaltensregeln

---

[24] Da es sich bei der DS-GVO um europäisches Recht handelt, ist für den Behördenbegriff die Rspr. des EuGH zu berücksichtigen (→ Art. 6 Rn. 21); so auch *Ehmann* ZD 2017, 201 (202). Danach ist der Behördenbegriff nach der nationalen Rechtsordnung zu bestimmen, wobei maßgeblich ist, dass es sich um die Erfüllung öffentlicher Aufgaben auf der Grundlage eines Sonderrechts handelt, das sich von denen im Verhältnis zwischen Privatpersonen geltenden Regeln unterscheidet; siehe EuGH Urt. v. 19.12.2013 – C-279/12, ECLI:EU:C:2013:853 Rn. 48, 56 – Fish Legal und Shirley. Wettbewerbsunternehmen in öffentlich-rechtlicher Organisationsform dürften diesem Behördenbegriff regelmäßig nicht unterfallen und sind damit nicht von Wirkungen genehmigter Verhaltensregeln ausgeschlossen.

[25] Auernhammer/*Vomhof* DS-GVO Art. 40 Rn. 80; eingehender Kühling/Buchner/*Bergt* DS-GVO Art. 41 Rn. 24 f.

verpflichten. Für Funktionen und Wirkungen implementierter genehmigter Verhaltensregeln in weiteren Regelungen der DS-GVO → Rn. 4 ff.

21 Für Verhaltensregeln bestehen korrespondierende **Aufgaben und Befugnisse der Aufsichtsbehörde** in Art. 52 Abs. 1 lit. m (Aufgaben der Förderung der Ausarbeitung und Stellungnahme zu Verhaltensregeln) und Art. 58 Abs. 3 lit. d (Befugnis zur Stellungnahme und Billigung von Verhaltensregeln). Die DS-GVO regelt ebenso korrespondierende **Aufgaben und Befugnisse des Europäischen Datenschutzausschusses:** Er hat nach Art. 46 Abs. 1 lit. n Verhaltensregeln zu fördern. Nach Art. 64 Abs. 1 lit. b hat der Europäische Datenschutzausschuss zu Verhaltensregeln mit Gültigkeit für mehrere Mitgliedstaaten Stellungnahmen auf Übereinstimmung mit der DS-GVO abzugeben. Nach Art. 70 Abs. 1 lit. x hat der europäische Datenschutzausschuss auch Stellungnahmen zu auf Unionsebene erarbeiteten Verhaltensregeln gemäß Art. 40 Abs. 9 abzugeben für einen entsprechenden Durchführungsrechtsakt.

22 Implementierte genehmigte Verhaltensregeln sind in **Bußgeldverfahren** gemäß Art. 83 Abs. 3 lit. j zu berücksichtigen.

23 Genehmigte Verhaltensregeln sind **abzugrenzen von Zertifizierungen** gemäß Art. 42 und 43. Genehmigte Verhaltensregeln sind für Verarbeitungsbereiche spezifisch für bestimmte Kategorien für Verarbeitungsverantwortlichen oder Auftragsverarbeiter und **nicht beschränkt auf einzelne Verarbeitungsvorgänge.** Dem gegenüber beziehen sich **Zertifizierungen nur auf bestimmte Verarbeitungsvorgänge** (nicht Organisationen oder Organisationseinheiten) und bieten den Nachweis der Einhaltung der DS-GVO, was naturgemäß nur uneingeschränkt möglich ist (→ Art. 42 Rn. 14).

24 **2. Verhältnis zur Stelle für die Überwachung genehmigter Verhaltensregeln (Art. 41).** Die obligatorische **Überwachung** der Einhaltung genehmigter Verhaltensregeln ist **essentielles Element** für deren Implementierung durch Verarbeitungsverantwortliche und Auftragsverarbeiter. Genehmigte Verhaltensregeln müssen entsprechende Verfahrensregelungen als Inhalte vorsehen (Art. 40 Abs. 4), was Voraussetzung für deren Genehmigungsfähigkeit ist. Nicht Voraussetzung für die Genehmigung von Verhaltensregeln, sondern erst für deren Implementierung ist das Vorhandensein einer Stelle zu deren Überwachung gemäß Art. 41. Angesichts der zwingenden Verknüpfung zwischen der „Unterwerfung" eines Verarbeiters unter genehmigte Verhaltensregeln mit deren Überwachung ist eine solche **„Unterwerfung" ohne** entsprechende **Überwachung** durch eine dazu befugte Stelle **nicht geeignet**, die Wirkungen genehmigter Verhaltensregeln gemäß DS-GVO direkt auszulösen.[26] Angesichts dieser zwingenden Verbindung zwischen genehmigten Verhaltensregeln und deren Überwachung muss ein **Wegfall der Überwachung** (etwa Widerruf der Akkreditierung, Art. 41 Abs. 5) zu einem **Wegfall der direkten Wirkungen** implementierter genehmigter Verhaltensregelungen gemäß DS-GVO führen. Gleiches muss wohl auch bei sonstigem offensichtlichem Wegfall der Überwachung gelten (etwa wegen Insolvenz der Überwachungsstelle). Indes bleibt es Verarbeitungsverantwortlichen und Auftragsverarbeitern im nicht-öffentlichen wie im öffentlichen Sektor stets unbenommen, die Einhaltung genehmigter Verhaltensregeln auf anderem Wege als durch Überwachung durch eine akkreditierte Überwachungsstelle nachzuweisen.

25 **3. Vorläuferregelungen.** Die DS-RL 1995 enthält nur **rudimentäre Regelungen** für einzelstaatliche und gemeinschaftliche Verhaltensregeln in Art. 27 und dem korrespondierenden Erwägungsgrund 61. Nach Erwägungsgrund 26 können diese Verhaltensregeln auch Modalitäten für die Anonymisierung angeben. Zur Ausführung hat die Artikel-29-Datenschutzgruppe im Working Paper 13 vom 10.9.1998 entsprechende Regelungen für die Prüfung gemeinschaftlicher Verhaltensregeln im Rahmen Ihrer Zuständigkeit aufgestellt. Im alten BDSG erfolgte nur eine **Minimalumsetzung** der Regelungen in Art. 27 DS-RL 1995 durch § 38a BDSG aF ohne weitere Ausprägung. Der Referentenentwurf eines Datenschutzauditgesetzes in dem Jahr 2007 wurde im folgenden Gesetzgebungsverfahren nicht mehr weiter verfolgt. Von den Möglichkeiten der Verhaltensregeln wurde in der Praxis nur wenig Gebrauch gemacht. Die praktische Umsetzung mit der größten Marktdurchdringung weist wohl der Code of Conduct der deutschen Versicherungswirtschaft (Stand 7.9.2012) auf, dem sich rund 250 Versicherungsunternehmen angeschlossen haben.[27] Der Düsseldorfer Kreis hat für Modelle zur Vergabe von Prüfzertifikaten im Wege der Selbstregulierung am 26./27.2.2014 einen Beschluss getroffen, dessen Inhalt

---

[26] So wohl auch *Bergt* CR 2016, 670 (672).
[27] Vgl. auch *Gola/Schomerus* BDSG § 38a Rn. 2; Paal/Pauly/*Paal* DS-GVO Art. 40 Rn. 32.

sich gerade im Aspekt der obligatorischen Überwachung deutlich von den Vorschriften der DS-GVO unterscheidet. Zuletzt hat im Jahr 2015 der Berliner Beauftragte für Datenschutz und Informationsfreiheit dem GeoBusiness Code of Conduct als Verhaltensregel zur Geodatennutzung durch Wirtschaftsunternehmen zugestimmt.[28] Auf europäischer Ebene hat die Artikel-29-Datenschutzgruppe sowohl dem vom Dachverband Europäischen Direkt- und Interaktivmarketings vorgelegten Verhaltenskodex im Jahr 2003 als auch dessen Erweiterung für Online-Marketing im Jahr 2010 zugestimmt.

B. Einzelerläuterungen

I. Normadressaten, Verfahrensablauf und Parteibeziehungen

1. Normadressaten. Die Regelungen des Art. 40 adressieren unterschiedliche Rechts- und Funktionsträger:
- Als außerhalb der DS-GVO konstituierte Partei wird der Ersteller von Verhaltensregeln als **Antragssteller auf** deren **Genehmigung** angesprochen.
- Die **Aufsichtsbehörde** wird in ihren Aufgaben und Befugnissen zur Stellungnahme und **Genehmigung** adressiert, soweit notwendig nach Durchführung eines Kohärenzverfahrens für Verhaltensregeln, die sich auf Verarbeitungstätigkeiten in mehreren Mitgliedstaaten beziehen.
- Der **Europäische Datenschutzausschuss** hat Stellungnahmen zu Verhaltensregeln abzugeben, die sich auf Verarbeitungstätigkeiten in mehreren Mitgliedstaaten beziehen (transnationale Verhaltensregeln[29]). Wird in dieser Stellungnahme bestätigt, dass der Entwurf der Verhaltensregelung mit der DS-GVO vereinbar ist oder – bei Erstreckung über deren räumlichen Geltungsbereich hinaus – geeignete Garantien vorsieht, wird die Stellungnahme an die Kommission übermittelt.
- Die **Kommission** wird zu Durchführungsrechtsakten ermächtigt, die Verhaltensregeln allgemeine **Gültigkeit in der Union** verleihen.
- Die **Mitgliedstaaten** haben neben Aufsichtsbehörden, dem Europäischen Datenschutzausschuss und der Kommission die Ausarbeitung von Verhaltensregeln zu fördern.
- Nicht unmittelbar adressiert, sondern nur **mittelbar betroffen** sind **Verarbeitungsverantwortliche** und **Auftragsverarbeiter**, die sich genehmigten Verhaltensregeln und der entsprechenden Kontrolle unterwerfen. Art. 40 setzt nur den Rahmen und trifft Vorgaben für die Inhalte genehmigter Verhaltensregeln, gleiches gilt für Art. 41 für Stellen zur Überwachung genehmigter Verhaltensregeln.

2. Verfahrensablauf für genehmigte Verhaltensregeln. Der Verfahrensablauf lässt sich in der Gesamtschau von Art. 40 und 41 in folgenden groben Schritten beschreiben[30]:
- Eine entsprechend qualifizierte Partei stellt Verhaltensregeln auf und legt diese mit dem schriftlichen oder elektronischen **Antrag auf Genehmigung** der Aufsichtsbehörde vor.
- Die **Aufsichtsbehörde** prüft den Entwurf der Verhaltensregeln und gibt eine **Stellungnahme** zur Vereinbarkeit der DS-GVO ab. Beziehen sich die Verhaltensregeln nur auf Verarbeitungstätigkeiten im Mitgliedstaat der Aufsichtsbehörde, kann sie direkt über deren **Genehmigung** entscheiden. Für Verhaltensregeln für Verarbeitungstätigkeiten in mehreren Mitgliedstaaten (transnationale Verhaltensregeln) findet ein Kohärenzverfahren mit dem Europäischen Datenschutzausschuss statt, als deren Ergebnis die Aufsichtsbehörde die Verhaltensregeln genehmigt oder die Genehmigung ablehnt.
- Für genehmigte Verhaltensregeln für Verarbeitungstätigkeiten in mehreren Mitgliedstaaten kann die EU-Kommission deren **räumliche Erstreckung** auf die gesamte EU als Durchführungsrechtsakt beschließen.
- Genehmigte Verhaltensregeln einschließlich späterer Änderungen werden jeweils in einem **Register** aufgenommen und **veröffentlicht**. Bei Verhaltensregeln für Verarbeitungstätigkeiten in nur einem Mitgliedstaat erfolgt dies durch die Aufsichtsbehörde, bei Verhaltensregeln

---

[28] Jahresbericht BlnBDI 2015, S. 84 f.; vgl. dazu auch *Martini* NVwZ-Extra 6/2016, 1 f.
[29] EDSA Leitlinien 1/2019 über Verhaltensregeln und Überwachungsstellen, Fassung 2.0 v. 4.6.2019, dort Rn. 24.
[30] Siehe dazu auch EDSA Leitlinien 1/2019 über Verhaltensregeln und Überwachungsstellen, Fassung 2.0 v. 4.6.2019.

mit EU-weiter Geltung durch die Kommission. Daneben führt der Europäische Datenschutzausschuss ein „Zentralregister" aller genehmigten Verhaltensregeln und veröffentlicht diese.
– **Änderungen** genehmigter Verhaltensregeln folgen ebenfalls diesen Verfahrensschritten.

28   **3. Parteibeziehungen.** Angesichts der unterschiedlichen Normadressaten und ihrer verschiedenen Rollen im normalen Verfahrensablauf sind typische Parteibeziehungen zu unterscheiden:
– Die Parteibeziehung zwischen einem entsprechend qualifizierten Rechtsträger als **Antragsteller** und der **Aufsichtsbehörde** beinhaltet typischerweise den Genehmigungsantrag für Verhaltensregeln und den weiteren Verfahrensablauf bis zu deren Genehmigung oder Ablehnung.
– Ein gesondertes, in Art. 40 Abs. 4 nur inhaltlich angesprochenes Rechtsverhältnis betrifft die Beziehung zwischen einem Verarbeitungsverantwortlichen oder Auftragsverarbeiter, der sich genehmigten Verhaltensregeln unterworfen hat, und der **Stelle für** die obligatorische **Überwachung** der Einhaltung dieser Verhaltensregeln. Dabei wird es sich typischerweise um einen **privatrechtlichen Vertrag** handeln, für den Art. 40 Abs. 4 und Art. 41 inhaltliche Maßgaben enthalten.
– Das Verhältnis zwischen Verarbeitungsverantwortlichen oder Auftragsverarbeitern zur jeweiligen **Aufsichtsbehörde** wird durch die Unterwerfung unter genehmigte Verhaltensregeln zunächst **nicht beeinflusst.** Die „normale" Aufsicht besteht unabhängig und parallel zur Überwachung der Einhaltung genehmigter Verhaltensregeln (Art. 40 Abs. 4 letzter Teilsatz). Eine zusätzliche Aufgabe oder Kompetenz der Aufsichtsbehörde spezifisch zur Überwachung der Einhaltung genehmigter Verhaltensregeln besteht dagegen nicht.
– Das Verhältnis zwischen **Aufsichtsbehörde** und **Europäischem Datenschutzausschuss** im Kohärenzverfahren werden durch die Regelungen der Art. 64 ff. bestimmt (siehe dort).

II. Einzelkommentierungen

29   **1. Förderungsauftrag und Beschreibung von Verhaltensregeln (Abs. 1).** Abs. 1 richtet zunächst einen **Normappell zur Förderung** der Ausarbeitung von Verhaltensregeln an die Mitgliedstaaten, die Aufsichtsbehörden, den Europäischen Datenschutzausschuss und die Kommission. Welche **konkreten Auswirkung** aus diesem abstrakten Normappell folgen, wird unterschiedlich interpretiert: Eine Ansicht folgert daraus Verpflichtungen der Adressaten zur Bereitstellung von Budgets durch Mitgliedstaaten für die zuständigen Stellen, um diese Aufgabe wahrzunehmen.[31] Eine andere Ansicht spricht sich für die Unzulässigkeit einer Beratung des Antragstellers nach dessen Genehmigungsantrag für konkrete Verhaltensregeln aus.[32] Letzteres würde dem ausdrücklichen Förderungsauftrag gemäß Art. 40 Abs. 1 wohl zuwider laufen.[33] Zudem ist die **Förderung** der Ausarbeitung genehmigter Verhaltensregeln eine ausdrückliche **Pflichtaufgabe der Aufsichtsbehörde** gemäß Art. 57 Abs. 1 lit. m sowie als **Aufgabe des Ausschusses** gemäß Art. 70 Abs. 1 lit. n. Abzulehnen ist daher die Auffassung, der Förderungsappell sei recht unverbindlich und nur politisch relevant.[34] Vielmehr werden die Adressaten des Abs. 1 zu konkreten Förderungsmaßnahmen verpflichtet.[35] Offensichtlich folgt auch aus Abs. 1 ein Verbot für Mitgliedstaaten, von Art. 40 abweichende Regelungen zu erlassen.[36]

30   Gleichzeitig beschreibt Abs. 1 **zwei Aspekte** für die **Ausrichtung** von Verhaltensregeln: Zum einen sollen diese „nach Maßgabe der **Besonderheiten** der **einzelnen Verarbeitungsbereiche**" zur ordnungsgemäßen Anwendung der DS-GVO beitragen. In Zusammenschau mit der Regelung des Abs. 2, wonach Verhaltensregeln die Anwendung der DS-GVO zu einzelnen Themen **präzisieren,** ergibt sich ein inhaltlicher „Zuschnitt" durch Konkretisierung und Präzisierung der Anwendung der DS-GVO **spezifisch** für einzelne Verarbeitungsbereiche. Die Bezugnahme auf „Kategorien von Verantwortlichen oder Auftragsverarbeitern" in Abs. 2 für entsprechende Verbände und andere Vereinigungen bewirkt eine **weitere Fokussierung** der Ausrichtung von Verhaltensregeln. Deren Zielrichtung besteht in einer konkreteren Umsetzung der Anforderungen der DS-GVO als es deren abstrakt-generelle Vorgaben leisten können. Diese

---

[31] Gierschmann/Schlender/Stenzel/Veil/*Heilmann/Schulz* DS-GVO Art. 40 Rn. 14.
[32] So ohne nähere Begr. Gola/Heckmann/*Lepperhoff* DS-GVO Art. 40 Rn. 26.
[33] Die Möglichkeit von Empfehlungen der Aufsichtsbehörde bej. HK-DS-GVO/*Raschauer* Art. 40 Rn. 34.
[34] So aber Schaffland/Wiltfang/*Schaffland/Holthaus* DS-GVO Art. 40 Rn. 5.
[35] So auch HK-DS-GVO/*Raschauer* Art. 40 Rn. 15 ff.
[36] HK-DS-GVO/*Raschauer* Art. 40 Rn. 14.

Umsetzung soll **spezifisch** für **einzelne Verarbeitungsbereiche** und **bestimmte Kategorien von Verarbeitern** erfolgen.

Zum anderen sollen die **besonderen Bedürfnisse** von Kleinstunternehmen sowie kleinen und mittleren Unternehmen als Maßgabe herangezogen werden. Gerade Kleinstunternehmen verfügen üblicherweise nicht über so große personelle Ressourcen, umfangreiche Organisationsstrukturen und detaillierte Prozessabläufe wie Großunternehmen. Dies hat naturgemäß Auswirkungen auf die **praktische Umsetzung** der Anforderungen der DS-GVO. Das soll in Verhaltensregeln entsprechend berücksichtigt werden, was allzu komplexe und umfangreiche Vorgaben als wenig geeignet erscheinen lässt.

2. Erstellung von Verhaltensregeln (Abs. 2 Hs. 1). Verhaltensregeln können aufgestellt werden von Verbänden und anderen Vereinigungen, die Kategorien von Verantwortlichen oder Auftragsverarbeitern vertreten. Diese Qualifikation ist auch maßgeblich für die Berechtigung, einen Genehmigungsantrag zu stellen (Abs. 5 S. 1). Für diese Qualifikation als „**Vorlageberechtigter**" enthält die DS-GVO keine nähere Beschreibung der Voraussetzungen.

Zum einen wird eine gewisse **Repräsentanz** des Verbandes oder der Vereinigung für die Mitglieder der entsprechenden Kategorie von Verantwortlichen oder Auftragsverarbeitern zu fordern sein. **Nicht** erforderlich ist eine Vertretung aller oder eines bestimmten Anteils der Unternehmen des jeweiligen Verarbeitungsbereichs durch den Verband oder die sonstige Vereinigung.[37] Ebenfalls **nicht** erforderlich sein wird allerdings, dass **alle** vertretenen Unternehmen in einem ähnlichen Bereich tätig sind.[38] Letzteres würde mitgliederstarke Verbände trotz großen Branchenwissens faktisch von einer Vorlageberechtigung ausschließen, wenn nur eine Minderzahl der Mitglieder nicht in diesem „ähnlichen Bereich" tätig sind – was gerade bei hoher Mitgliederzahl naturgemäß zutreffen kann. Das erscheint nicht gewollt und würde der Förderung genehmigter Verhaltensregeln als Regelungsziel (siehe Abs. 1) zuwider laufen. Aus funktionaler Sicht erscheint es vielmehr sinnvoll und auch **hinreichend,** dass der Verband oder die sonstige Vereinigung über eine **gewisse Repräsentanz** in dem Bereich der geplanten Verhaltensregeln verfügt. Eine gewisse Homogenität einer vertretenen Gruppe soll genügen, wofür keine strengen Maßstäbe gelten sollen.[39] Eine Mitgliedschaft oder Vertretung von Verarbeitern aus mehreren Branchen ist daher grundsätzlich unschädlich.[40] Andererseits kann ein größerer Kundenstamm eines Service-Rechenzentrums als Auftragsverarbeiter wohl kaum genügen, um den Rechenzentrumsbetreiber als vorlageberechtigt anzusehen.[41] **Nicht** vorlageberechtigt sind schon dem Wortlaut nach Verbände oder Vereinigungen, die **Betroffene** vertreten.[42]

Maßstäbe für die Validierung der repräsentativen Stellung der Verbände oder sonstigen Vereinigungen wurden durch den EDSA im Zuge der Leitlinien 1/2019 aufgestellt. So ist einerseits der Anteil der potenziell den Verhaltensregeln unterliegenden Personen innerhalb des Erstellers der Verhaltensregeln in dem betroffenen Sektor ein relevanter Faktor. Außerdem wird eine hinreichende Erfahrung im Hinblick auf die Verarbeitungstätigkeit des fraglichen Sektors verlangt[43]. Dieses Erfahrungserfordernis erscheint insbesondere bei innovativen Sektoren fragwürdig. Es wäre nicht zielführend, neuen, unerfahrenen Verbänden oder Vereinigungen die repräsentative Stellung und somit die Vorlageberechtigung abzuerkennen, sofern alle anderen Voraussetzungen vorliegen. Immerhin kann ein „unerfahrenes" Unternehmen eine große faktische Repräsentanz haben, wenn der entsprechende Sektor selbst eine Neuheit darstellt.

Teilweise wird auch eine **Vorlageberechtigung** von **Konzernen** oder anderen **Unternehmensgruppen** grundsätzlich pauschal bejaht[44] oder tendenziell verneint.[45] Für Konzerne und

---

[37] Auernhammer/*Vomhof* DS-GVO Art. 40 Rn. 8; Paal/Pauly/*Paal* DS-GVO Art. 40 Rn. 12; Buchner/Kühling/*Bergt* DS-GVO Art. 40 Rn. 13.
[38] So jedoch Gierschmann/Schlender/Stenzel/Veil/*Heilmann/Schulz* DS-GVO Art. 40 Rn. 16.
[39] So iErg wohl Kühling/Buchner/*Bergt* DS-GVO Art. 40 Rn. 12; *Reifert* ZD 2019, 305 (308).
[40] So auch Gola/Heckmann/*Lepperhoff* DS-GVO Art. 40 Rn. 8.
[41] So aber Schaffland/Wiltfang/*Schaffland/Holthaus* DS-GVO Art. 40 Rn. 10.
[42] AA Kühling/Buchner/*Bergt* DS-GVO Art. 40 Rn. 14.
[43] EDSA Leitlinien 1/2019 über Verhaltensregeln und Überwachungsstellen, Fassung 2.0 v. 4.6.2019, dort Rn. 22.
[44] So etwa Kühling/Buchner/*Bergt* DS-GVO Art. 40 Rn. 14; Gierschmann/Schlender/Stenzel/Veil/*Heilmann/Schulz* DS-GVO Art. 40 Rn. 16.
[45] Auernhammer/*Vomhof* DS-GVO Art. 40 Rn. 13 mit Verweis auf die Zersplitterungsgefahr in eine Vielzahl von Regelwerken für einzelne Branchen und anderweitige Handlungsmöglichkeiten durch Binding Corporate Rules und andere Selbstverpflichtungen; verneinend mit eingehender Begr. *Herfurth/Engel* ZD 2017, 367.

andere Unternehmensgruppen enthält Art. 40 Abs. 2 indes **keine anderen** oder besonderen **Kriterien** für eine Vorlageberechtigung. Es wird daher jeweils zu **prüfen** sein, ob der Antragsteller aus einem Konzern oder einer sonstigen Unternehmensgruppe diese **Kriterien erfüllt.** Alleine die Zugehörigkeit zu einer solchen Struktur genügt weder für eine Bejahung der Vorlageberechtigung noch für deren Verneinung. Bei rein **unternehmens- oder konzerninternen Verhaltensregeln** wird die Vorlageberechtigung indes für den Aspekt der notwendigen **Repräsentanz** einer Kategorie von Verarbeitungsverantwortlichen oder Auftragsverarbeitern durch den jeweiligen Antragsteller **kritisch** zu prüfen sein.[46]

36 Zum anderen ist fraglich, ob die Vorlageberechtigung nur **freiwilligen Zusammenschlüssen** entsprechender Verantwortlicher oder Auftragsverarbeitern zustehen soll oder auch Rechtsträgern mit gesetzlichen Pflichtmitgliedschaften entsprechender Verarbeitungsverantwortlicher oder Auftragsverarbeiter. Eine Vorlageberechtigung von anderen Vereinigungen mit Zwangsmitgliedschaft (etwa IHK, Innung etc) wird zwar nicht ausdrücklich ausgeschlossen. Allerdings haben Vereinigungen mit Pflichtmitgliedschaften typischerweise gegenüber ihren Mitgliedern zumindest in gewissem Umfang hoheitliche Befugnisse durch originäre Kompetenzzuweisung oder entsprechende Beleihung. Dies würde einer Freiwilligkeit der Selbstregulierung zuwider laufen. Nach der Zielsetzung der DS-GVO, auch den freien Verkehr personenbezogener Daten in der EU zu fördern und dem Verbot höherer zwingender Anforderungen an den Datenschutz als nach der DS-GVO selbst in Art. 1 Abs. 3, darf von genehmigten Verhaltensregeln jedenfalls kein unmittelbarer oder mittelbarer Zwang zur Einhaltung höherer oder zusätzlicher Anforderungen ausgehen. Daher können Verbände mit Pflichtmitgliedschaften nur insoweit für Verhaltensregeln vorlageberechtigt sein, als kein direkter oder mittelbarer Zwang zu deren Beachtung für deren Pflichtmitglieder besteht.[47]

37 Fraglich ist auch die Vorlageberechtigung für Verhaltensregeln durch **Behörden oder öffentliche Stellen** für deren jeweilige Tätigkeit, da eine obligatorische Überwachung der Einhaltung von Verhaltensregeln durch eine akkreditierte Überwachungsstelle in Art. 41 Abs. 6 ausdrücklich ausgeschlossen wird. Nach Ansicht des Europäischen Datenschutzausschusses schmälert diese Ausnahme jedoch nicht die Pflicht zur Umsetzung eines wirksamen Überwachungsmechanismus für Verhaltensregeln im öffentlichen Sektor.[48] Allerdings enthält die DS-GVO **keine Vorgabe,** wie eine Überwachung solcher Verhaltensregeln erfolgen sollte. Eine rein innerbehördliche Überwachung oder erweiterte Revisionspflichten würden möglicherweise nicht über die für akkreditierte Überwachungsstellen geforderte Unabhängigkeit verfügen. Auch wenn so die Rechtsfolgen genehmigter und durch eine akkreditierte Überwachungsstelle überwachter Verhaltensregeln nicht direkt eintreten (→ Rn. 4 ff.), bleibt auch Stellen des öffentlichen Sektors ein geeigneter Nachweis der Einhaltung genehmigter Verhaltensregeln auf andere Weise unbenommen.

38 Verhaltensregeln sollen eine Präzisierung und Konkretisierung der Umsetzung der Anforderungen der DS-GVO spezifisch für einzelne Verarbeitungsbereiche bei bestimmten Kategorien von Verarbeitern darstellen (→ Rn. 1). Schon aus Gründen der Transparenz müssen der **Regelungs- und Geltungsbereich** in den Verhaltensregeln ausdrücklich beschrieben und die durch die Verhaltensregeln zu lösenden Probleme genannt werden.[49] Dies gilt zum einen für die geregelten Verarbeitungsbereiche und die angesprochenen Kategorien von Verarbeitern. Zum anderen gilt dies auch für den **räumlichen Anwendungsbereich** (Mitgliedstaaten), der für die Durchführung des Genehmigungsverfahrens (Abs. 6–8) maßgeblich ist. Dies gilt ungeachtet des Umstands, dass die Rechtswirkungen einer Unterwerfung unter genehmigte Verhaltensregeln einschließlich entsprechender Überwachung in der gesamten EU gelten – schon weil die DS-GVO keine räumliche Einschränkung dieser Rechtswirkungen anordnet. Wenn schon der Anwendungsbereich der Verhaltensregeln unklar bleibt, wird der Beispielinhalt einer fairen und transparenten Verarbeitung (Abs. 2 lit. a) kaum umsetzbar sein.

---

[46] Für die grundsätzliche Möglichkeit der Vorlageberechtigung für rein unternehmens- oder konzerninterne Verhaltensregeln BeckOK DatenschutzR/*Jungkind* DS-GVO Art. 40 Rn. 10; aA Paal/Pauly/*Paal* DS-GVO Art. 40 Rn. 9.

[47] Für die Möglichkeit einer verbindlichen Verpflichtung zur Selbstverpflichtung von Mitgliedern durch Verbände und Vereine ohne weitere Differenzierung Gola/Heckmann/*Lepperhoff* DS-GVO Art. 40 Rn. 22.

[48] EDSA Leitlinien 1/2019 über Verhaltensregeln und Überwachungsstellen, Fassung 2.0 v. 4.6.2019, dort Rn. 88.

[49] EDSA Leitlinien 1/2019 über Verhaltensregeln und Überwachungsstellen, Fassung 2.0 v. 4.6.2019, dort Rn. 33 f.

Im Rahmen der Aufstellung von Verhaltensregeln soll nach Erwägungsgrund 99 eine **Konsultation der maßgeblichen Interessenträger,** möglichst auch der betroffenen Personen, erfolgen und deren Eingaben und Stellungnahmen berücksichtigt werden. Dies erscheint auch sinnvoll, um materiell-rechtliche Interessenabwägungen sachgerecht in den spezifischen Verhaltensregeln abzubilden. Allerdings ist die Konsultation maßgeblicher Interessenträger in den Art. 40 und 41 nicht als Pflichtbestandteil des Aufstellungsverfahrens umgesetzt worden, sondern nur in Erwägungsgrund 99 als Sollbestandteil dargestellt. 39

Die Leitlinien des EDSA erweitern diese Empfehlung und verlangen einen Nachweis, inklusive Beschreibung von Art und Umfang der angemessenen Konsultation. Darüber hinaus sollen bei einer Unmöglichkeit einer solchen Konsultation die Gründe hierfür dargestellt werden.[50] Einen verbindlichen Charakter hat diese Empfehlung ihrem Wortlaut entsprechend allerdings nicht.[51] 40

3. Inhalte von Verhaltensregeln (Abs. 4, Abs. 2 Hs. 2).

Abs. 4 beschreibt als **Muss-Inhalt** von Verhaltensregeln die Aufnahme von Verfahren, die es einer Überwachungsstelle gemäß Art. 41 Abs. 1 ermöglichen, die obligatorische **Überwachung** der Einhaltung ihrer Bestimmungen durch die Verantwortlichen und Auftragsverarbeiter vorzunehmen, die sich zu deren Anwendung verpflichtet haben.[52] Nach den Verfahrensvorgaben für Überwachungsstellen in Art. 41 Abs. 2 lit. b sind damit Strukturen und Verfahren gemeint, die der Überwachungsstelle eine **Bewertung, Überwachung** und **regelmäßige Überprüfung** der Einhaltung der Verhaltensregeln durch Verantwortliche und Auftragsverarbeiter sowie eine mögliche Sanktionierung bei Zuwiderhandlung ermöglichen.[53] Der Europäische Datenschutzausschuss nennt hierfür beispielhaft Pflichten zur regelmäßigen Prüfung und Berichterstattung, klare und transparente Beschwerde- und Streitbeilegungsverfahren, sowie konkrete Sanktionen und Abhilfemaßnahmen bei Verstößen und Richtlinien zur Meldung von Verhaltensregelverletzungen.[54] Diese Regelungen in den Verhaltensregeln sind zum einen Voraussetzung für deren Genehmigungsfähigkeit als Muss-Inhalt. Zum anderen ist die Überwachung durch eine oder mehrere dazu befugte Stellen gemäß Art. 41 neben der „Unterwerfung" des Verarbeiters unter die Verhaltensregeln eine notwendige Voraussetzung, um deren Wirkungen gemäß DS-GVO direkt auszulösen (→ Rn. 3 ff.). Unterschiedliche Überwachungsmechanismen, die von mehreren Überwachungsstellen durchgeführt werden sind dabei nicht hinderlich, solange alle aufgeführten Mechanismen klar, geeignet, realisierbar, effizient und durchsetzbar sind. Außerdem muss der Ersteller der Verhaltensregeln nachweisen, dass diese Überwachungsmechanismen angemessen und durchführbar sind.[55] In der DS-GVO **nicht** vorgesehen ist dagegen eine Überwachung der Einhaltung genehmigter Verhaltensregeln durch eine nicht nach Art. 41 Abs. 1 dazu befugte Stelle.[56] Selbst wenn eine Überwachung durch eine nicht dafür akkreditierte Stelle erfolgen sollte, könnte sie die Rechtswirkungen genehmigter Verhaltensregeln gemäß DS-GVO **nicht direkt** begründen (→ Rn. 3 ff.). 41

Neben diesem Pflichtinhalt beschreibt Abs. 2 Hs. 1 weitere **Inhalte** nur **als Beispiele.** Aus dem Charakter der Aufzählung in lit. a–k als Beispiele folgt: Verhaltensregeln **können** zum einen **weitere Inhalte umfassen** und müssen zum anderen nicht alle Beispielinhalte abbilden, etwa weil ein Beispielinhalt in deren Anwendungsbereich nicht relevant ist. Insoweit besteht 42

---

[50] EDSA Leitlinien 1/2019 über Verhaltensregeln und Überwachungsstellen, Fassung 2.0 v. 4.6.2019, dort Rn. 28.
[51] Vgl.: EDSA Leitlinien 1/2019 über Verhaltensregeln und Überwachungsstellen, Fassung 2.0 v. 4.6.2019, dort Rn. 28; iErg BeckOK Datenschutzr./*Jungkind* DS-GVO Art. 40 Rn. 12.
[52] Als Voraussetzung für die Genehmigungsfähigkeit von Verhaltensregeln *Kazemi*, Die Datenschutzgrundverordnung in der anwaltlichen Beratungspraxis, § 7 Rn. 176; Kühling/Buchner/*Bergt* DS-GVO Art. 40 Rn. 5. So auch Paal/Pauly/*Paal* DS-GVO Art. 40 Rn. 16; Kühling/Buchner/*Bergt* DS-GVO Art. 40 Rn. 24; siehe zB DW, Verhaltensregeln für die Prüf- und Löschfristen von personenbezogenen Daten durch die deutschen Wirtschaftsauskunfteien, S. 6.
[53] Siehe zB GDV, Verhaltensregeln für den Umgang mit personenbezogenen Daten durch die deutsche Versicherungswirtschaft, Art. 25 ff.
[54] EDSA Leitlinien 1/2019 über Verhaltensregeln und Überwachungsstellen, Fassung 2.0 v. 4.6.2019, dort Rn. 40.
[55] EDSA Leitlinien 1/2019 über Verhaltensregeln und Überwachungsstellen, Fassung 2.0 v. 4.6.2019, dort Rn. 41.
[56] AA für eine quasi „originäre" Überwachungszuständigkeit der die Verhaltensregeln vorlegenden Vereinigung – die in der DS-GVO indes keine Stütze findet – ohne nähere Begr. Gola/Heckmann/*Lepperhoff* DS-GVO Art. 40 Rn. 20, Art. 41 Rn. 14.

auch ein erheblicher **inhaltlicher Gestaltungsspielraum** für Verhaltensregeln, der in der Praxis von den konkreten Verarbeitungsbereichen und Kategorien von Verantwortlichen oder Auftragsverarbeitern beeinflusst werden wird.[57]

43 Regelungen in Verhaltensregeln für Inhalte gemäß lit. a–k und darüber hinausgehende Themen dürfen sich **nicht** in einer **sinngemäßen Wiedergabe** der abstrakt-generellen Vorgaben der DS-GVO erschöpfen. Dies folgt schon aus der Aufgabenerstellung und Zielsetzung von Verhaltensregeln (Abs. 1) und der Vorgabe in Abs. 2, dass die Verhaltensregeln entsprechende Präzisierungen für bestimmte Verarbeitungsbereiche und bestimmte Kategorien von Verantwortlichen oder Auftragsverarbeitern enthalten. Notwendig ist also eine **präzisierte** und **konkretisierte** Beschreibung, wie die **Umsetzung** der Anforderungen in spezifischen Verarbeitungssituationen erfolgt.[58] Das Schutzniveau der Verhaltensregeln darf nicht unter dem der DS-GVO liegen, da sich gemäß Erwägungsgrund 98 die Verhaltensregeln in den Grenzen der Verordnung halten müssen.[59] Strengere Regelungen sind jedoch ohne weiteres zulässig,[60] da eine freiwillige Unterwerfung unter ein erhöhtes Schutzniveau nicht verboten ist. Eine Gegenansicht hält Verschärfungen für unzulässig,[61] weil genehmigte Verhaltensregeln „zur ordnungsgemäßen Anwendung dieser Verordnung beitragen" sollen (Art. 40 Abs. 1). Weshalb verschärfte Anforderungen in genehmigten Verhaltensregeln die DS-GVO nicht ordnungsgemäß umsetzen würden, erschließt sich indes nicht.

44 Der Europäische Datenschutzausschuss verlangt über die Beschreibung der Umsetzung hinausgehend, dass der Ersteller der Verhaltensregeln nachweisen kann, dass diese Regeln einen besonderen Bedarf des Sektors decken, die Anwendung des DS-GVO erleichtern, diese präzisieren, ausreichende Garantien bieten und wirksame Verfahren zur Überwachung der Einhaltung vorsehen.[62]

45 Die Beschreibungen der Beispielinhalte für Verhaltensregeln beziehen sich größtenteils auf Anforderungen, die in der DS-GVO ausdrücklich geregelt sind. Zusätzlich als Beispielinhalt enthält lit. k die Möglichkeit, **außergerichtliche Verfahren** und **sonstige Streitschlichtungsverfahren** zur Beilegung von Streitigkeiten zwischen Verantwortlichen und betroffenen Personen im Zusammenhang mit der Verarbeitung zu schaffen. Dies eröffnet ausdrücklich die Optionen für entsprechende Schlichtungs- und Mediationsverfahren, um Differenzen und Konflikte außerhalb förmlicher Aufsichts- und Gerichtsverfahren rasch und kostengünstig zu klären.

46 **4. Geltung außerhalb des räumlichen Anwendungsbereichs der DS-GVO (Abs. 3).** Art. 40 unterscheidet in Abs. 6 und 7 zunächst **innerhalb des räumlichen Anwendungsbereichs** der DS-GVO zwischen Verhaltensregeln für Verarbeitungstätigkeiten in nur einem Mitgliedstaat und solchen für Verarbeitungstätigkeiten in mehreren Mitgliedstaaten. Der Europäische Datenschutzausschuss bezeichnet diese als nationale oder transnationale Verhaltensregeln.[63]

47 Für den Anwendungsbereich des Abs. 3 ist zu differenzieren: Verarbeitungsverantwortliche und Auftragsverarbeiter, die schon originär unter den räumlichen Anwendungsbereich der DS-

---

[57] AA jedoch Wybitul/*Fladung* DS-GVO Art. 40 Rn. 8, der Verhaltensregeln ohne Regelungen zu allen Punkten der Beispielaufzählung für grds. nicht genehmigungsfähig hält. Dies widerspricht indes schon dem Wortlaut von Abs. 2 und am Bsp. freiwilliger Regelungen für alternative Konfliktlösungen (Abs. 2 lit. k) auch dessen inhaltlicher Ausrichtung.

[58] Vgl. auch *Bergt* CR 2016, 670 (672); Paal/Pauly/*Paal* DS-GVO Art. 40 Rn. 15; *Schwartmann/Weiß* RDV 2016, 240 (244); Auernhammer/*Vomhof* DS-GVO Art. 40 Rn. 18.

[59] Vgl. Paal/Pauly/*Paal* DS-GVO Art. 40 Rn. 15; *Bergt* CR 2016, 670 (672); BeckOK DatenschutzR/*Jungkind* DS-GVO Art. 40 Rn. 16. Für die Genehmigungsfähigkeit von Verhaltensregeln hingegen nicht erforderlich ist das Vorhandensein einer akkreditierten Überwachungsstelle, aA Kühling/Buchner/*Bergt* DS-GVO Art. 40 Rn. 22 und EDSA Leitlinien 1/2019 über Verhaltensregeln und Überwachungsstellen, Fassung 2.0 v. 4.6.2019, dort Rn. 27, 40 f., 60, 73 sowie Rn. 80 für den Widerruf der Akkreditierung einer Überwachungsstelle; ÖVwGH Urt. v. 31.10.2023 – Ro 2020/04/0024, dort Rn. 4 aE: Genehmigung von Verhaltensregeln unter der Bedingung der Akkreditierung einer Überwachungsstelle.

[60] *Schwartmann/Weiß* RDV 2016, 240 (244); Paal/Pauly/*Paal* DS-GVO Art. 40 Rn. 15; *Bergt* CR 2016, 670 (672); Auernhammer/*Vomhof* DS-GVO Art. 40 Rn. 15; *Kazemi*, Die Datenschutzgrundverordnung in der anwaltlichen Beratungspraxis, § 7 Rn. 175; HK-DS-GVO/*Raschauer* Art. 40 Rn. 24; Kühling/Buchner/*Bergt* DS-GVO Art. 40 Rn. 17.

[61] Gola/Heckmann/*Lepperhoff* DS-GVO Art. 40 Rn. 13 und 34.

[62] EDSA Leitlinien 1/2019 über Verhaltensregeln und Überwachungsstellen, Fassung 2.0 v. 4.6.2019, dort Rn. 32; vgl. Schwartmann/Jaspers/Thüsing/Kugelmann/*Schwartmann/Gennen* DS-GVO Rn. 27 ff.; Plath/*Wittmann/Ingenrieth* DS-GVO Art. 40 Rn. 10.

[63] EDSA Leitlinien 1/2019 über Verhaltensregeln und Überwachungsstellen, Fassung 2.0 v. 4.6.2019.

GVO nach Art. 3 (insbesondere nach dessen Abs. 2) fallen, können sich ohne weitere Voraussetzungen nach Art. 40 genehmigten Verhaltensregeln und deren Überwachung unterwerfen, soweit sie in deren räumlichen Anwendungsbereich fallen. Für Verarbeitungsverantwortliche und Auftragsverarbeiter in **Drittländern, die nicht in den räumlichen Anwendungsbereich der DS-GVO fallen,** regelt Abs. 3 die Voraussetzungen für eine Unterwerfung unter genehmigte (transnationale) Verhaltensregeln als ein Element, um geeignete Garantien für die Übermittlung personenbezogener Daten zu schaffen (Art. 44 Abs. 2, Art. 46 Abs. 2 lit. e).

Der Europäische Datenschutzausschuss hat Art 46 Abs. 3 nicht in den Leitlinien 1/2019 über **48** Verhaltensregeln und Überwachungsstellen gemäß der Verordnung (EU) 2016/679 umgesetzt, sondern dafür gesonderte Leitlinien spezifisch für Verhaltensregeln in Bezug auf Drittländer veröffentlicht.[64] Dort wird unter anderem klargestellt, dass solche Verhaltensregeln, die auch außerhalb des räumlichen Anwendungsbereichs der DS-GVO gelten sollen, **zusätzlich** zum normalen Pflichtinhalt grundlegende Rechte und Pflichten der DS-GVO, sowie auf den konkreten Datentransfer bezogene Bestimmungen beinhalten müssen.[65] Somit müssen unter Umständen dafür Ergänzungen zu bereits bestehenden Verhaltensregeln hinzugefügt werden, sobald diese auch außerhalb des Anwendungsbereichs der DS-GVO gelten können sollen.[66]

Umstritten ist dabei, ob Abs. 3 für solche Verhaltensregeln **kumulativ** eine Genehmigung nach **49** Abs. 5 und einen Durchführungsakt der Kommission nach Abs. 9 voraussetzt. Für eine solche Kumulation werden der Wortlaut, systematische Überlegungen und die weitreichenden Rechtsfolgen des Abs. 3 angeführt.[67] Das Wortlautargument, wonach „und" zwingend auf eine Kumulation hindeutet, überzeugt indes nicht vollständig. Denn Art. 46 Abs. 2 lit. e spricht nur von „genehmigten Verhaltensregeln gemäß Artikel 40". Dieser Verweis auf Art. 40 im Ganzen (→ Art. 46 Rn. 14) kann durchaus auch so verstanden werden, dass er sich auf alle nach Art. 40 genehmigten Verhaltensregeln bezieht. Das systematische Argument eines Gleichlaufs mit notwendigerweise von der Kommission genehmigten oder erlassenen Standardvertragsklauseln als andere Möglichkeit geeigneter Garantien für Übermittlungen in Drittstaaten überzeugt bei einem Vergleich mit „nur" in einem Mitgliedstaat durchgeführten Zertifizierungen ebenfalls nicht zwingend.[68]

Eine Auslegung als kumulative Erfordernisse einer Genehmigung und Allgemeingültigkeits- **50** erklärung der Verhaltensregeln würde zu einem möglichen **Wertungswiderspruch** zu Zertifizierungen führen. Denn eine Zertifizierung erfordert als weitere Möglichkeit gemäß Art. 46 Abs. 2 lit. f, die Voraussetzungen für die Übermittlung in ein Drittland zu schaffen, keinen Abs. 9 entsprechenden Durchführungsrechtsakt.[69] Daher können sich nach der hier vertretenen Auffassung die Verarbeitungsverantwortlichen und Auftragsverarbeiter, die insbesondere nach Art. 3 Abs. 2 nicht unter die DS-GVO fallen, unter **jede geeignete genehmigte Verhaltensregel** nach allgemein dafür geltenden Voraussetzungen unterwerfen.[70] Angesichts der weiteren Voraussetzung für solche Verarbeiter ist kein zwingender Grund ersichtlich, diese Möglichkeit nur auf allgemeingültige Verhaltensregeln zu beschränken.

Der Europäische Datenschutzausschuss vertritt in seinen Leitlinien über Verhaltensregeln und **51** Überwachungsstellen[71] und seinen Leitlinien für Verhaltensregeln als Instrument für Übermitt-

---

[64] EDSA Leitlinien 4/2021 über Verhaltensregeln als Instrument für Übermittlungen, Fassung 2.0 v. 22.2.2022.
[65] EDSA Leitlinien 4/2021 über Verhaltensregeln als Instrument für Übermittlungen, Fassung 2.0 v. 22.2.2022, dort Rn. 12; für eine Checkliste der geforderten Inhalte siehe dort Rn. 35.
[66] EDSA Leitlinien 4/2021 über Verhaltensregeln als Instrument für Übermittlungen, Fassung 2.0 v. 22.2.2022, dort Rn. 13.
[67] So *Bergt* CR 2016, 670 (671 f.); Kühling/Buchner/*Bergt* DS-GVO Art. 47 Rn. 40; *Spindler* ZD 2016, 407 (410) sowie jew. ohne weitere Ausführungen Paal/Pauly/*Paal* DS-GVO Art. 40 Rn. 17; *Schantz* NJW 2016, 1841; Auernhammer/*Vomhof* DS-GVO Art. 40 Rn. 29; BeckOK DatenschutzR/*Jungkind* Art. 40 Rn. 17; *Wolff* ZD 2017, 151 (153).
[68] Gierschmann/Schlender/Stenzel/Veil/*Heilmann*/Schulz DS-GVO Art. 40 Rn. 24.
[69] Wenn schon für Zertifizierungen mit ihren weiter reichenden Rechtsfolgen des Nachweises der Einhaltung der DS-GVO durch einen zertifizierten Verarbeitungsvorgang eine Genehmigung „nur" einer nationalen Aufsichtsbehörde ausreicht, dann sollte dies erst recht für Verhaltensregeln ohne diese Nachweisfunktion gelten. Dies gilt auch, wenn für die zuständige Aufsichtsbehörde bei auf Übermittlung in Drittländer ausgerichteten Zertifizierungskriterien durch Ermessensbindung mittelbar eine (nur aufsichtsinterne) Vorlagepflicht an den Datenschutzausschuss bestehen kann (→ Art. 42 Rn. 35).
[70] So auch ohne nähere Begr. Wybitul/*Fladung* DS-GVO Art. 40 Rn. 9; HK-DS-GVO/*Raschauer* Art. 40 Rn. 47; Moos/Schefzig/Arning DS-GVO-HdB/*Rothkegel* Kap. 14 Rn. 26 f.
[71] EDSA Leitlinien 1/2019 für Verhaltensregeln und Überwachungsstellen, Fassung 2.0 v. 6.6.2019, dort Rn. 59 und Fn. 72.

lungen[72] dem reinen Wortlaut von Abs. 3 folgend die Auffassung, dass nur nach Abs. 9 allgemein gültige Verhaltensregeln als Grundlage für eine Unterwerfung durch Verarbeitungsverantwortliche und Auftragsverarbeiter in Drittländern dienen können. Indes sind Verhaltensregeln, die eine Unterwerfung von Verarbeitungsverantwortlichen oder Auftragsverarbeitern in Drittländern inhaltlich ermöglichen, von vorneherein transnational ausgelegt. Transnationale Verhaltensregeln sind dann ohnehin nach dem Verfahren gemäß Abs. 7 dem EDSA zur Stellungnahme vorzulegen. Weshalb für eine Unterwerfungsmöglichkeit von Verarbeitungsverantwortlichen und Auftragsverarbeitern in Drittländern darüber hinaus noch ein Durchführungsrechtsakt der Kommission nach Abs. 9 inhaltlich erforderlich sein soll, erschließt sich nicht ohne weiteres.

52   Weitere **Voraussetzung** für solche Verarbeitungsverantwortlichen und Auftragsverarbeiter außerhalb des Anwendungsbereichs der DS-GVO ist jedenfalls, dass der Verarbeiter eine rechtlich verbindliche und **durchsetzbare Verpflichtung** eingeht, die geeigneten Garantien auch im Hinblick auf die Rechte betroffener Personen anzuwenden. Neben der vertraglichen Unterwerfung unter die Verhaltensregeln und deren Überwachung ist also ein weiteres Element notwendig, um geeignete Garantien iSd Art. 46 Abs. 2 lit. e zu bieten: die rechtlich durchsetzbare **Selbstverpflichtung** des Verarbeiters, die Verhaltensregeln auch für Rechte der betroffenen Personen gegen sich gelten zu lassen. Welche rechtlichen Mechanismen dafür zur Verfügung stehen, wird sich üblicherweise auch nach dem **Recht des Drittlandes** und dessen internationalem Privatrecht richten. Daher ist hier keine pauschale Aussage möglich. Ob dafür bereits eine Unterwerfung unter die Verhaltensregeln und etwa die Mitgliedschaft in dem diese Regeln aufstellenden Verband ausreicht, erscheint durchaus zweifelhaft, aber im Einzelfall nicht von vorneherein ausgeschlossen.[73] Abs. 3 S. 2 formuliert entsprechend offen, dass diese rechtlich durchsetzbare Verpflichtung mittels vertraglicher oder sonstiger rechtlich bindender Instrumente möglich ist.[74] Nach deutschem BGB käme die Wirkung etwa einem echten Vertrag zu Gunsten Dritter gleich, der dem jeweiligen Dritten (Betroffener) einen eigenen und unmittelbar durchsetzbaren Anspruch verschafft (§ 328 Abs. 1 BGB).[75] Allerdings ist für eine solche durchsetzbare Verpflichtung weder die Vereinbarung eines Gerichtsstands noch einer empfindlichen Vertragsstrafe für den Fall einer Nichtbeachtung der geeigneten Garantien erforderlich.[76]

53   **5. Überwachung als Inhalt der Verhaltensregeln (Abs. 4).** Verfahrensregeln müssen Verfahren vorsehen, die der dazu befugten Stelle die obligatorische Überwachung der Einhaltung ihrer Bestimmungen durch den Verarbeiter, der sich zu ihrer Anwendung verpflichtet hat, ermöglichen. Dieser Pflichtinhalt genehmigter Verhaltensregeln ist Voraussetzung für deren Genehmigungsfähigkeit. Für die konkrete Implementierung genehmigter Verhaltensregeln durch einen Verarbeitungsverantwortlichen oder Auftragsverarbeiter ist auch die „**Unterwerfung**" unter die entsprechende **Überwachung** notwendig. Nur die „Unterwerfung" unter die entsprechenden Verhaltensregeln **und** die Überwachung löst die Wirkungen der Verhaltensregeln gemäß DS-GVO direkt aus. Für diese Überwachung ist die entsprechende Vereinbarung mit einer dazu durch Akkreditierung befugten Überwachungsstelle (Art. 41) erforderlich. Neben der freiwilligen Unterwerfung unter eine entsprechende Überwachung besteht parallel die uneingeschränkte Zuständigkeit der jeweiligen Aufsichtsbehörde (Abs. 4 letzter Teilsatz). Eine Überwachung der Einhaltung genehmigter Verhaltensregeln ist allerdings **nicht** Aufgabe dieser Aufsichtsbehörde (→ Art. 41 Rn. 2, 20).

54   **6. Grundsätze des Vorlage- und Genehmigungsverfahrens (Abs. 5).** Zur Vorlage und für einen **Genehmigungsantrag** für Verhaltensregeln ist nur eine entsprechend **qualifizierte Vereinigung** befugt (→ Rn. 32 f.). Zusammen mit der schriftlichen oder elektronischen Vorlage des Entwurfs von Verhaltensregeln mit dem Genehmigungsantrag wird im Zweifel auch eine Darstellung der **Befugnis** der vorlegenden Vereinigung für den Genehmigungsantrag erforderlich sein. Die originäre Prüfungs- und Genehmigungsbefugnis steht der nach Art. 55

---

[72] EDSA Leitlinien 4/2021 über Verhaltensregeln als Instrument für Übermittlungen, Fassung 2.0 v. 22.2.2022, dort Rn. 22.
[73] Offengelassen in Gierschmann/Schlender/Stenzel/Veil/*Heilmann/Schulz* DS-GVO Art. 40 Rn. 25.
[74] Vgl. EDSA Leitlinien 4/2021 über Verhaltensregeln als Instrument für Übermittlungen, Fassung 2.0 v. 22.2.2022, dort Rn. 25 ff.
[75] So auch Gierschmann/Schlender/Stenzel/Veil/*Heilmann/Schulz* DS-GVO Art. 40 Rn. 25; Kühling/Buchner/*Bergt* DS-GVO Art. 40 Rn. 9.
[76] So aber Schaffland/Wiltfang/*Schaffland/Holthaus* DS-GVO Art. 40 Rn. 34.

zuständigen Aufsichtsbehörde zu.[77] Bei Verhaltensregeln, die sie sich nur auf Verarbeitungstätigkeiten in einem Mitgliedstaat beziehen, ist die zuständige Aufsichtsbehörde alleine zur Entscheidung befugt (Abs. 6).

Allerdings ist dieses Verfahren, laut EDSA Leitlinien, explizit nicht als Beratung über die Inhalte der Verhaltensregeln gedacht. Der Aufsichtsbehörde soll ein fertiger Entwurf zur Bewertung vorgelegt werden. Eventuelle Rücksprachen sollten sich auf Klarstellungszwecke beschränken.[78] Diese Empfehlung, die offensichtlich das Ziel verfolgt, das Genehmigungsverfahren zu entlasten, erscheint gerade im Hinblick auf kleinere Bedenken gegen vorgelegte Verhaltensregeln als wenig zielführend.[79] Die Lösung hierfür könnte ein informelles Vorgespräch zwischen Vorlageberechtigtem und Aufsichtsbehörde sein.[80]

Die Aufsichtsbehörde hat die Aufgabe, zunächst eine **Stellungnahme** darüber abzugeben, ob der Entwurf der Verhaltensregeln mit der DS-GVO vereinbar ist. Mit dieser Stellungnahme wird dem Antragsteller regelmäßig die Möglichkeit einzuräumen sein, etwaige Bedenken oder Hinderungsgründe zu beseitigen. Gelangt die Behörde **bei ordnungsgemäßer Prüfung** zur Auffassung, dass die Verhaltensregeln ausreichende geeignete Garantien im Sinne der DS-GVO bieten, hat die Aufsichtsbehörde die **Genehmigung** dieser Verhaltensregeln (ausdrücklich) zu erteilen.[81] Ein anderes Verständnis des Wortlauts „wenn sie der Auffassung ist" als im Sinne einer ordnungsgemäßen Prüfung auf Einhaltung der Voraussetzungen und Vorgaben der DS-GVO wäre wohl kaum vertretbar. Insbesondere soll es offensichtlich **nicht im freien Ermessen** der Aufsichtsbehörde stehen, ob eine Genehmigung erteilt wird.[82] Zu einer Genehmigung ist die Aufsichtsbehörde wohl auch verpflichtet, wenn die Verhaltensregeln zwar die Anforderungen der DS-GVO erfüllen, aber nicht das Datenschutzniveau erreichen, das die Aufsichtsbehörde selbst für „angemessen" hält.[83] Bei dieser Genehmigung handelt es sich wohl zumindest um einen feststellenden **Verwaltungsakt** gegenüber dem Antragsteller.[84] Sollte die Aufsichtsbehörde feststellen, dass der Entwurf der Verhaltensregeln die fraglichen Kriterien nicht erfüllt, ist dem Antragsteller, laut EDSA Leitlinien, eine schriftliche, begründete Antwort zuzustellen. An diesem Punkt kann der Inhaber der Verhaltensregeln diese mithilfe der Begründung der Ablehnung überarbeiten und zu einem späteren Zeitpunkt erneut vorlegen.[85]

Der reine Wortlaut von Abs. 5 unterscheidet zwischen einer **Stellungnahme** der Aufsichtsbehörde über die Vereinbarkeit der Verhaltensregeln mit der DS-GVO einerseits und andererseits deren **Genehmigung** durch die Aufsichtsbehörde, **wenn** die Verhaltensregeln ausreichende **Garantien** bieten. Gegenstand der Stellungnahme und Genehmigung sind indes dieselben Verhaltensregeln. Weshalb diese für eine Stellungnahme und deren anschließende Genehmigung zwei unterschiedlichen Prüfungsmaßstäben der Aufsichtsbehörde unterliegen sollten, erschließt sich inhaltlich nicht.[86] Der unterschiedliche Wortlaut erklärt sich wohl aus der in Abs. 7 und 8 wiedergegebenen Differenzierung zwischen Verhaltensregeln mit oder ohne geeignete Garantien

---

[77] Für genaue Informationen, welche Aufsichtsbehörde zuständig ist, siehe EDSA Leitlinien 1/2019 über Verhaltensregeln und Überwachungsstellen, Fassung 2.0 v. 4.6.2019, dort Rn. 42 für nationale Verhaltensregeln sowie Rn. 48 und Anh. 2 für transnationale Verhaltensregeln.
[78] EDSA Leitlinien 1/2019 über Verhaltensregeln und Überwachungsstellen, Fassung 2.0 v. 4.6.2019, dort Rn. 58.
[79] Vgl. BeckOK DatenschutzR/*Jungkind* DS-GVO Art. 40 Rn. 17a.
[80] Koreng/Lachenmann DatenschutzR-FormHdB/*Bergt* C.IV.2. Rn. 10.
[81] Zweifelnd, ob positive Stellungnahme und Genehmigung zu differenzieren sind Gierschmann/Schlender/Stenzel/Veil/*Heilmann/Schulz* DS-GVO Art. 40 Rn. 27; schon der Wortlaut in Art. 40 Abs. 5 unterscheidet zwischen einer – stets abzugebenden – Stellungnahme und der Genehmigung. Zudem erfolgt die Genehmigung wohl nach nationalem Verfahrensrecht. Daher spricht viel für eine Genehmigung als ausdrücklichen und von einer (positiven) Stellungnahme unterscheidbaren Rechtsakt; aA Paal/Pauly/*Paal* DS-GVO Art. 40 Rn. 22.
[82] Vgl. auch *Spindler* ZD 2016, 407 (408); für einen Anspruch auf Genehmigung auch ohne nähere Begr. Wybitul/*Fladung* DS-GVO Art. 40 Rn. 12.
[83] So *Wulff* ZD 2017, 151 (152).
[84] Siehe auch *Bergt* CR 2016, 670 (676); Kühling/Buchner/*Bergt* DS-GVO Art. 40 Rn. 40; Paal/Pauly/*Paal* DS-GVO Art. 40 Rn. 23a; aA *Wolff* ZD 2017, 151 (152), da dies erkennbar im Gegensatz zur Intention der DS-GVO stünde, weshalb die Genehmigung nur eine nicht in Bestandskraft erwachsende Willenserklärung der Aufsichtsbehörde darstelle. Eine solche „Unverbindlichkeit" der Genehmigung ist jedoch mit dem Konzept der regulierten Selbstregulierung wohl kaum vereinbar.
[85] EDSA Leitlinien 1/2019 über Verhaltensregeln und Überwachungsstellen, Fassung 2.0 v. 4.6.2019, dort Rn. 43, 46.
[86] So iErg auch Paal/Pauly/*Paal* DS-GVO Art. 40 Rn. 21; BeckOK DatenschutzR/*Jungkind* DS-GVO Art. 40 Rn. 17.

für eine Datenübermittlung an Drittländer oder internationale Organisationen gemäß Abs. 3. **Wenn** die Verhaltensregeln solche Garantien beinhalten, ist deren Eignung für einen Drittlandstransfer auch **Prüfungsgegenstand**.

58 **7. Veröffentlichung national beschränkter Verhaltensregeln (Abs. 6)**. Wenn sich Verhaltensregeln **nicht** auf Verarbeitungstätigkeiten **in mehreren Mitgliedstaaten** beziehen und daher die nationale Aufsichtsbehörde alleinige Entscheidungsbefugnis hat, ist sie auch für die Aufnahme genehmigter Verhaltensregeln in ein **Verzeichnis** und deren **Veröffentlichung im Volltext** zuständig. Diese Aufnahme in ein Verzeichnis und die Veröffentlichung im Volltext ist für die Gültigkeit einer genehmigten Verhaltensregel zwar nicht konstitutiv, aber für die Aufsichtsbehörde als Aufgabe gleichwohl zwingend.

59 **8. Kohärenzverfahren für Verhaltensregeln für mehrere Mitgliedstaaten (Abs. 7)**. Sollen sich Verhaltensregeln auf Verarbeitungstätigkeiten **in mehreren Mitgliedstaaten** beziehen (transnationale Verhaltensregeln), sieht Abs. 7 ein zwingendes **Kohärenzverfahren** vor. Schon daher erscheint für ein ordnungsgemäßes Verfahren ratsam, in den Verhaltensregeln selbst klar deren räumlichen Anwendungsbereich zu beschreiben. Sind Verhaltensregeln auf eine Anwendung in mehreren Mitgliedstaaten ausgerichtet, soll die zuständige Aufsichtsbehörde laut EDSA Leitlinien zunächst alle weiteren Aufsichtsbehörden über die Grundzüge der Verhaltensregeln informieren, damit alle Aufsichtsbehörden zurückmelden können, ob sie nach Art. 44 betroffen sind.[87] Dann sollen zwei dieser betroffenen Aufsichtsbehörden die zuständige Behörde als Nebenprüfer unterstützen.[88] Fraglich ist, ob eine **Vorlagepflicht** der zuständigen Aufsichtsbehörde **an den Europäischen Datenschutzausschuss** besteht. Nach den EDSA Leitlinien soll eine solche Vorlage nur erfolgen, wenn die zuständige Aufsichtsbehörde es beabsichtigt, den Entwurf zu genehmigen.[89] Dies erscheint aufgrund eines Mangels an Anhaltspunkten für eine solche Voraussetzung im Gesetzestext unzutreffend.[90] Letztendlich wird in der Praxis die Ansicht des EDSA maßgeblich sein.

60 Teilweise wird in diesem Zusammenhang ein rein **nationaler Sachverhalt** angenommen, wenn die personenbezogenen Daten zwar aus mehreren Mitgliedstaaten stammen, der Verarbeitungsprozess selbst aber nur in einem Mitgliedstaat stattfindet.[91] Indes knüpft der in Art. 40 Abs. 7 verwendete und in der DS-GVO nicht genauer definierte Begriff der „**Verarbeitungstätigkeiten**" wohl an den in Art. 4 Nr. 2 definierten Begriff „**Verarbeitung**" an. Die Verarbeitung umfasst nach dieser Definition auch die Erfassung und die Offenlegung durch Übermittlung. Daher wird es für „Verarbeitungstätigkeiten" in mehreren Mitgliedstaaten wohl genügen, wenn **einzelne Verarbeitungsschritte** (etwa Erfassung oder Übermittlung) **in unterschiedlichen Mitgliedstaaten** erfolgen (sollen).[92] Im Umkehrschluss wird ein Kohärenzverfahren nur dann unterbleiben können, wenn sich die gesamte Verarbeitung nur auf einen Mitgliedstaat bezieht. Ob die Verarbeitungstätigkeiten auch personenbezogene Daten von Betroffenen aus unterschiedlichen Mitgliedstaaten zum Gegenstand haben, ist insoweit nach dem Wortlaut des Abs. 7 nicht relevant.[93]

61 Weitergehend als der Normtext wird vereinzelt eine Vorlage an den Datenschutzausschuss schon dann befürwortet, wenn sich Verhaltensregeln **in mehreren Mitgliedstaaten anwenden lassen**.[94] Zwar kann eine Vorlage an den Ausschuss sinnvoll sein, verpflichtend ist diese nach dem Wortlaut der DS-GVO indes nicht. Daher kommt dem Ausschuss wohl auch keine (mittelbare) Entscheidungskompetenz zu, wenn Verhaltensregeln nur „geeignet" zur Anwendung in mehreren Mitgliedstaaten, aber **nicht darauf ausgerichtet** sind. Aufgrund der Vollharmonisierung durch die DS-GVO müssten alle Verhaltensregeln in allen Mitgliedstaaten anwendbar sein,

---

[87] EDSA Leitlinien 1/2019 über Verhaltensregeln und Überwachungsstellen, Fassung 2.0 v. 4.6.2019, dort Rn. 48.
[88] EDSA Leitlinien 1/2019 über Verhaltensregeln und Überwachungsstellen, Fassung 2.0 v. 4.6.2019, dort Rn. 51.
[89] EDSA Leitlinien 1/2019 über Verhaltensregeln und Überwachungsstellen, Fassung 2.0 v. 4.6.2019, dort Fn. 67.
[90] So auch in Kühling/Buchner/*Bergt* DS-GVO Art. 40 Rn. 30a.
[91] So Gierschmann/Schlender/Stenzel/Veil/*Heilmann*/*Schulz* DS-GVO Art. 40 Rn. 26.
[92] So auch Kühling/Buchner/*Bergt* DS-GVO Art. 40 Rn. 28.
[93] So auch *Bergt* CR 2016, 670 (674); BeckOK DatenschutzR/*Jungkind* DS-GVO Art. 40 Rn. 18.
[94] Siehe ohne nähere Begr. Gola/Heckmann/*Lepperhoff* DS-GVO Art. 40 Rn. 29; Kühling/Buchner/*Bergt* DS-GVO Art. 40 Rn. 28.

soweit konkreten Verhaltensregeln nicht spezifische nationale Rechtsvorschriften entgegenstehen.

Ebenfalls vertreten wird eine Vorlagepflicht rein **nationaler Verhaltensregeln** im optionalen 62 Kohärenzverfahren nach Art. 64 Abs. 2 im Wege einer Ermessensreduzierung auf Null.[95] Eindeutig gegen diese Ansicht spricht aber die differenzierte und spezifische Regelung über die Vorlage an den Ausschuss in den Abs. 5 und 7. Ungeachtet der fehlenden Verpflichtung zur Vorlage mag eine optionale Beteiligung des Ausschusses durchaus sinnvoll sein.

Die Aufsichtsbehörde hat ihre Entscheidung bis zu einer Stellungnahme des Europäischen 63 Datenschutzausschusses auszusetzen (Art. 64 Abs. 6) oder – bei divergierenden Ansichten – bis zu einem Beschluss des europäischen Datenschutzausschusses (Art. 65 Abs. 4). Korrespondierend ist es Aufgabe des Europäischen Datenschutzausschusses, im Kohärenzverfahren eine entsprechende Stellungnahme abzugeben (Art. 64 Abs. 1 lit. b). Die Entscheidungskompetenz der Aufsichtsbehörde gegenüber dem Antragsteller bleibt davon gleichwohl unberührt (Art. 64 Abs. 7 und 8). Dafür besteht allerdings (verwaltungsintern) eine Bindung der Aufsichtsbehörde an einen entsprechenden Beschluss des europäischen Datenschutzausschusses (Art. 64 Abs. 8, Art. 65 Abs. 6). Gegenüber einem **Antragsteller** trifft gleichwohl die **Aufsichtsbehörde** die Entscheidung über den gestellten Genehmigungsantrag durch entsprechenden **Verwaltungsakt** (→ Rn. 56). Das Kohärenzverfahren wurde bis September 2023 von zwei Verhaltensregeln erfolgreich durchlaufen: dem „EU Data Protection Code of Conduct for Cloud Service Providers" und dem „Data Protection Code of Conduct for Cloud Infrastructure Service Providers".[96]

9. EU-weite Verhaltensregeln (Abs. 8–10). Unter bestimmten Voraussetzungen kann die 64 Kommission mit einem **Durchführungsrechtsakt** für genehmigte Verhaltensregeln deren räumliche **Gültigkeit in der gesamten EU** beschließen. Der erste Schritt dafür ist eine zustimmende Stellungnahme des Europäischen Datenschutzausschusses zu Verhaltensregeln, die Verarbeitungstätigkeit in **mehr als einem Mitgliedstaat** betreffen (Abs. 8). Der Kommission steht insoweit kein Initiativrecht zu. Vielmehr übermittelt der europäische Datenschutzausschuss seine positive Stellungnahme der Kommission. Der Kommission steht es frei, im Wege eines Durchführungsrechtsakts im Prüfverfahren nach Art. 93 Abs. 2 zu beschließen, dass die entsprechenden Verhaltensregeln allgemeine Gültigkeit in der Union besitzen. Damit wird die **räumliche Geltung** der Verhaltensregeln erstreckt, eine inhaltliche Änderung der Verhaltensregeln ist damit nicht verbunden. Insbesondere wird damit **keine Verbindlichkeit** solcher Verhaltensregeln für Verarbeitungsverantwortliche oder Auftragsverarbeiter **als zwingend** begründet.[97] Dafür verleiht schon der Wortlaut des Art. 40 der Kommission keine Kompetenz.

Teilweise wird zwar vertreten, aus einer **Allgemeingültigkeitserklärung** der Kommission 65 folge eine **Allgemeinverbindlichkeit** der Verhaltensregeln sowie auch weitergehend eine quasi ubiquitäre Bindungswirkung für Verarbeiter, Aufsichtsbehörden und Gerichte.[98] Schon weil diese Ansicht über den Wortlaut des Art. 40 Abs. 9 hinaus eine faktische Rechtsetzungskompetenz der Kommission unterstellen müsste,[99] ist dieser Auffassung einer zwingenden Allgemeinverbindlichkeit **nicht zu folgen**.[100] Das Argument, nur durch umfassende Verbindlichkeit könnten „einheitliche Bedingungen" iSv Art. 291 AEUV hergestellt werden, überzeugt nicht. Auch unionsweit gültige – nicht „verbindliche" – Verhaltensregeln führen zu insoweit einheitlichen Bedingungen. Art. 291 AEUV stellt auch keine Ermächtigungsgrundlage für die Kommission dar, sondern diese bedarf nach dessen Abs. 2 vielmehr einer Einzelermächtigung im

---

[95] Koreng/Lachenmann DatenschutzR-FormHdB/*Bergt* C.IV.2. Anm. 9; Kühling/Buchner/*Bergt* DS-GVO Art. 40 Rn. 29.
[96] Ausführlicher in *Wittmann/Haidenthaler* MMR 2022, 8.
[97] *Spindler* ZD 2016, 407 (410 f.); so iErg auch Auernhammer/*Vomhof* DS-GVO Art. 40 Rn. 75 ff.; Kühling/Buchner/*Bergt* DS-GVO Art. 40 Rn. 51 ff.; indifferent Gierschmann/Schlender/Stenzel/Veil/*Heilmann/Schulz* DS-GVO Art. 40 Rn. 34 f.; aA für eine allg. Verbindlichkeit Paal/Pauly/*Paal* DS-GVO Art. 40 Rn. 28a und eine nähere Begr. Wybitul/*Fladung* DS-GVO Art. 40 Rn. 14.
[98] *Martini* NVwZ-Extra 6/2016, 1 (11); *Härting* DS-GVO Rn. 788; *Reifert* ZD 2019, 305 (309); wohl auch Paal/Pauly/*Paal* DS-GVO Art. 40 Rn. 28a; unklar *Krings/Mammen* RDV 2015, 231 (234 f.); für eine ubiquitäre Verbindlichkeit in der Union für Verarbeiter, Aufsichtsbehörden und Gerichte BeckOK DatenschutzR/*Jungkind* DS-GVO Art. 40 Rn. 32 ff.; für eine Allgemeinverbindlichkeit im Ausnahmefall Plath/v. Braunmühl DS-GVO Art. 41 Rn. 23, 24.
[99] Vgl. *Bergt* CR 2016, 670 (676); ohne nähere Begr. *Kazemi*, Die Datenschutzgrundverordnung in der anwaltlichen Beratungspraxis, § 7 Rn. 178.
[100] *Bergt* CR 2016, 670 (676); *Spindler* ZD 2016, 407 (410 f.).

jeweiligen Rechtsakt, hier also in Art. 40 Abs. 9. Auch wird eine verbindliche Wirkung gegen alle Verarbeiter gefolgert, welche die Kriterien für eine Mitgliedschaft in dem die Verhaltensregeln aufstellenden Verband (ohne räumliche Beschränkung) erfüllen, weil eine rechtsetzende Funktion der Allgemeingültigkeitserklärung anstelle einer (nur) räumlichen Genehmigungserstreckung näher liege, zumal letztere ohne Eingriff in die Unabhängigkeit der Aufsichtsbehörden kaum möglich wäre.[101] Auch dies vermag im Ergebnis wohl nicht zu überzeugen. Schon die Einordnung einer Allgemeingültigkeitserklärung als Durchführungsrechtsakt deutet darauf hin, dass die Kommission mit ihrer Monopolkompetenz dadurch lediglich nationale Genehmigungen substituiert und keine weitergehende Bindung der Verarbeiter entsteht.[102] Eine Befugnis zu Setzung materiellen, für Verarbeiter als Normadressaten verbindlich zu befolgenden Rechts könnte nur durch einen delegierten Rechtsakt erfolgen, für den Art. 92 der Kommission gerade **keine Kompetenz** verleiht.

66 Im Ergebnis steht es bei allgemein gültigen – nicht „verbindlichen" – Verhaltensregeln allen Verarbeitungsverantwortlichen oder Auftragsverarbeitern, die in den sachlichen Anwendungsbereich der Verhaltensregeln fallen, offen, sich an diesen Verhaltensregeln und deren Überwachung **freiwillig** durch „Unterwerfung" zu beteiligen, um die damit verbundenen Rechtsvorteile einer nach Art. 46 Abs. 2 lit. e erlaubten Datenübermittlung an ein Drittland zu erlangen. Diese Ansicht vertritt auch der Europäische Datenschutzausschuss.[103] Die Monopolkompetenz der Kommission für die Erstreckung genehmigter Verhaltensregeln auf die gesamte EU **ersetzt** – ähnlich den weiteren Übermittlungstatbeständen des Art. 46 Abs. 2 lit. c und d – sonst notwendige **Genehmigungen** nationaler Aufsichtsbehörden. Die nationalen Aufsichtsbehörden sind an den entsprechenden Durchführungsrechtsakt der Kommission gebunden.

67 Ebenfalls zuständig ist die Kommission für die geeignete **Veröffentlichung** der allgemein in der Union für gültig erklärten Verhaltensregeln (Abs. 10). Diese Veröffentlichungspflicht besteht parallel zur Veröffentlichungspflicht des Europäischen Datenschutzausschusses gemäß Abs. 11.

68 **10. Register und Veröffentlichung aller genehmigten Verhaltensregeln (Abs. 11).** Der Europäische Datenschutzausschuss hat ein **zentrales Register** für alle genehmigten Verhaltensregeln einschließlich Aktualisierungen zu führen und diese in geeigneter Weise im Volltext **zu veröffentlichen**. Dies betrifft dem Wortlaut nach auch Verhaltensregeln, die parallel von Aufsichtsbehörden oder der Kommission zu veröffentlichen sind. Von der Kommission allgemeingültig erklärte Verhaltensregeln müssen dabei wohl in den Amtssprachen aller Mitgliedstaaten veröffentlicht werden.[104] Auf diese Weise soll ein **„Zentralregister"** in der EU genehmigter Verhaltensregeln geschaffen und der jeweilige Volltext veröffentlicht werden.

III. Beginn und Beendigung genehmigter Verhaltensregeln gegenüber Verarbeitern

69 **1. Kein ausdrücklicher Regelungsinhalt.** Art. 40 und 41 treffen **keine ausdrücklichen Regelungen** darüber, **wie** sich ein Verarbeitungsverantwortlicher oder Auftragsverarbeiter genehmigten Verhaltensregeln und deren Überwachungen anschließt. Vielmehr überlässt es die DS-GVO den jeweils Beteiligten, durch **privatrechtliche Vereinbarungen** einen Beitritt eines konkreten Verarbeitungsverantwortlichen oder Auftragsverarbeiters zu genehmigten Verhaltensregeln und deren Überwachung durch eine dazu befugte Stelle zu bewerkstelligen. Für eine **wirksame Beteiligung** eines Verarbeiters an diesem Instrument der Selbstregulierung wird eine rechtlich **verbindliche Vereinbarung** sowohl für den **Beitritt** zu den Verhaltensregeln[105] als auch für deren **Überwachung** durch eine befugte Stelle (Art. 41) zu fordern sein. Schon aus praktischen Erwägungen ist es empfehlenswert, in den Verhaltensregeln selbst den Beginn wie auch die Beendigung der Beteiligung eines konkreten Verarbeiters an genehmigten Verhaltensregeln und deren Überwachung zu beschreiben.

---

[101] *Wolff* ZD 2017, 151 (153).
[102] *Spindler* ZD 2016, 407 (410 f.); so iErg auch Auernhammer/*Vomhof* DS-GVO Art. 40 Rn. 75 ff.; Koreng/Lachenmann DatenschutzR-FormHdB/*Bergt* Vorb. C. IV.1. mit eingehender europarechtlicher Begr. anhand Art. 290 Abs. 1 und Art. 291 AEUV sowie der Rspr. des EuGH.
[103] EDSA Leitlinien 1/2019 über Verhaltensregeln und Überwachungsstellen, Fassung 2.0 v. 4.6.2019, dort Rn. 59 und Fn. 72.
[104] Vgl. BeckOK DatenschutzR/*Jungkind* DS-GVO Art. 40 Rn. 26 f.; Simitis/Hornung/Spiecker gen. Döhmann/*Roßnagel* DS-GVO Art. 40 Rn. 83; *Reifert* ZD 2019, 305 (310).
[105] Auernhammer/*Vomhof* DS-GVO Art. 40 Rn. 65; Buchner/Kühling/*Bergt* DS-GVO Art. 40 Rn. 8.

Für die **Teilnahme** an genehmigten Verhaltensregeln stellt die DS-GVO **keine ausdrück-** 70
lichen Anforderungen an den jeweiligen Verarbeiter auf. Die Teilnahme an Verhaltensregeln steht daher im Rahmen ihres jeweiligen sachlichen Anwendungsbereichs grundsätzlich jedem Verarbeitungsverantwortlichen und Auftragsverarbeiter offen. Dies gilt sowohl innerhalb des räumlichen Anwendungsbereichs der jeweiligen Verhaltensregeln, der nach Art. 3 Abs. 2 DS-GVO über die Union hinausreichen kann, als auch für Verarbeiter außerhalb dieses räumlichen Anwendungsbereichs (siehe Abs. 3). Ob eine Beschränkung der Teilnahmemöglichkeiten an genehmigten Verhaltensregeln auf Mitglieder des aufstellenden Verbands zulässig sein kann, erscheint daher durchaus zweifelhaft.[106] Eine „originäre" Beschränkung des Teilnehmerkreises genehmigter Verhaltensregeln auf Mitglieder der aufstellenden Stelle findet in der DS-GVO keine Grundlage und würde dem Förderungsansatz (siehe Abs. 1) zuwider laufen.[107]

2. Beginn genehmigter Verhaltensregeln gegenüber einem Verarbeiter. Für den **Be-** 71
ginn der Wirkungen genehmigter Verhaltensregeln nach der DS-GVO für einen konkreten Verarbeiter ist zunächst dessen **„Unterwerfung"** unter diese genehmigten Verhaltensregeln erforderlich. Die entsprechende **rechtsverbindliche Vereinbarung** bewirkt zumindest mittelbar auch einen Drittschutz für betroffene Personen für Inhalte der genehmigten Verhaltensregeln gemäß Abs. 2 lit. e–g. Diese Wirkungen umfassen allerdings nur in den genehmigten Verhaltensregeln enthaltenen Bestimmungen, für die Gestaltungsspielraum besteht (→ Rn. 44 ff.).

Weiterhin ist für die direkten Wirkungen genehmigter Verhaltensregeln für einen konkreten 72
Verarbeiter die Vereinbarung der **Überwachung** durch eine dazu befugte Stelle erforderlich. Dafür notwendig ist eine **rechtsverbindliche Vereinbarung** mit einer zur **Überwachung** entsprechend akkreditierten Stelle gemäß Art. 41. Ohne die entsprechende Überwachung treten die Wirkungen genehmigter Verhaltensregeln gemäß DS-GVO (→ Rn. 5 ff.) nicht direkt ein. Nach dem Wortlaut von Art. 40 ist allerdings kein positives Prüfungsergebnis der Überwachungsstelle für die Implementierung der genehmigten Verhaltensregeln bei dem konkreten Verarbeiter erforderlich. Vielmehr beschreibt Art. 41 Abs. 4 geeignete Maßnahmen der Überwachungsstelle bei einer Nichteinhaltung der genehmigten Verhaltensregeln durch einen Verarbeiter, die bis zu einem vorläufigen oder endgültigen Ausschluss von den Verhaltensregeln reichen können.

3. Beendigung genehmigter Verhaltensregeln für den konkreten Verarbeiter. Da der 73
Beitritt zu genehmigten Verhaltensregeln und deren Überwachung durch eine **privatrechtliche Vereinbarung** erfolgt, ist den Parteien als actus contrarius deren jederzeitige **Beendigung** grundsätzlich möglich, soweit die Verhaltensregeln keine abweichend Bestimmung enthalten. Daher ist es empfehlenswert, Voraussetzungen und Formalien einer Beendigung der Beteiligung an den genehmigten Verhaltensregeln in diesen selbst ausdrücklich zu regeln. Die direkten Wirkungen genehmigter Verhaltensregeln gemäß DS-GVO werden auch durch einen **Wegfall der Überwachung** durch eine dazu befugte Stelle **beendet**.[108] Damit würde die „obligatorische" Überwachung (Abs. 4) als konstitutives Erfordernis für die direkten Wirkungen genehmigter Verhaltensregeln entfallen. Daneben hat die **Überwachungsstelle** gemäß Art. 41 Abs. 4 unter entsprechenden Voraussetzungen die Möglichkeit, einen Verarbeiter von genehmigten Verhaltensregeln vorläufig oder endgültig **auszuschließen**. Auch dann entfallen deren Wirkungen zu Gunsten des Verarbeiters entweder vorläufig oder endgültig.

C. Rechtsschutz

Mögliche Streitigkeiten zwischen einem **Antragsteller** auf Genehmigung von Verhaltens- 74
regeln und der zuständigen **Aufsichtsbehörde** betreffen die insoweit erweiterten Aufgaben der „klassischen" Aufsicht. Denkbare Streitthemen wären der Anspruch auf Prüfung der Entwürfe

---

[106] Für eine originäre Beschränkung des Teilnehmerkreises genehmigter Verhaltensregeln auf Mitglieder des aufstellenden Verbands oder der sonstigen Vereinigung wegen einer sonst fehlenden „Vertretung" des Verarbeiters durch die aufstellende Stelle BeckOK DatenschutzR/*Jungkind* DS-GVO Art. 40 Rn. 26 f. Indes ist Vertretung eines konkreten Verarbeiters durch die aufstellende Stelle nach der DS-GVO gerade keine Voraussetzung für eine Teilnahme dieses Verarbeiters an genehmigten Verhaltensregeln.
[107] So iErg auch Koreng/Lachenmann DatenschutzR-FormHdB/*Bergt* C.IV.2. Anm. 6.
[108] So iErg auch EDSA Leitlinien 1/2019 über Verhaltensregeln und Überwachungsstellen, Fassung 2.0 v. 4.6.2019, dort Rn. 86.

von Verhaltensregeln einschließlich einer entsprechenden Stellungnahme oder auf Genehmigung von Verhaltensregeln (→ Rn. 54 ff.). Für solche Streitigkeiten ist der **Verwaltungsrechtsweg** gegen die zuständige nationale Aufsichtsbehörde gegeben (siehe § 20 Abs. 1 BDSG).[109] Eine etwaige Klärung von Differenzen zwischen der **Aufsichtsbehörde** und dem **Europäischen Datenschutzausschuss** im Rahmen der **Kohärenzregelungen,** insbesondere bei einer (unechten) „Weisung" des europäischen Datenschutzausschusses an eine Aufsichtsbehörde (Art. 65 Abs. 6) richtet sich der Rechtsweg nach den dafür maßgeblichen Regelungen (siehe Kommentierung zu Art. 65 ff.).

Art. 41 Überwachung der genehmigten Verhaltensregeln

(1) Unbeschadet der Aufgaben und Befugnisse der zuständigen Aufsichtsbehörde gemäß den Artikeln 57 und 58 kann die Überwachung der Einhaltung von Verhaltensregeln gemäß Artikel 40 von einer Stelle durchgeführt werden, die über das geeignete Fachwissen hinsichtlich des Gegenstands der Verhaltensregeln verfügt und die von der zuständigen Aufsichtsbehörde zu diesem Zweck akkreditiert wurde.

(2) Eine Stelle gemäß Absatz 1 kann zum Zwecke der Überwachung der Einhaltung von Verhaltensregeln akkreditiert werden, wenn sie

a) ihre Unabhängigkeit und ihr Fachwissen hinsichtlich des Gegenstands der Verhaltensregeln zur Zufriedenheit der zuständigen Aufsichtsbehörde nachgewiesen hat;
b) Verfahren festgelegt hat, die es ihr ermöglichen, zu bewerten, ob Verantwortliche und Auftragsverarbeiter die Verhaltensregeln anwenden können, die Einhaltung der Verhaltensregeln durch die Verantwortlichen und Auftragsverarbeiter zu überwachen und die Anwendung der Verhaltensregeln regelmäßig zu überprüfen;
c) Verfahren und Strukturen festgelegt hat, mit denen sie Beschwerden über Verletzungen der Verhaltensregeln oder über die Art und Weise, in der die Verhaltensregeln von dem Verantwortlichen oder dem Auftragsverarbeiter angewendet werden oder wurden, nachgeht und diese Verfahren und Strukturen für betroffene Personen und die Öffentlichkeit transparent macht, und
d) zur Zufriedenheit der zuständigen Aufsichtsbehörde nachgewiesen hat, dass ihre Aufgaben und Pflichten nicht zu einem Interessenkonflikt führen.

(3) Die zuständige Aufsichtsbehörde übermittelt den Entwurf der Anforderungen an die Akkreditierung einer Stelle nach Absatz 1 gemäß dem Kohärenzverfahren nach Artikel 63 an den Ausschuss.

(4) [1]Unbeschadet der Aufgaben und Befugnisse der zuständigen Aufsichtsbehörde und der Bestimmungen des Kapitels VIII ergreift eine Stelle gemäß Absatz 1 vorbehaltlich geeigneter Garantien im Falle einer Verletzung der Verhaltensregeln durch einen Verantwortlichen oder einen Auftragsverarbeiter geeignete Maßnahmen, einschließlich eines vorläufigen oder endgültigen Ausschlusses des Verantwortlichen oder Auftragsverarbeiters von den Verhaltensregeln. [2]Sie unterrichtet die zuständige Aufsichtsbehörde über solche Maßnahmen und deren Begründung.

(5) Die zuständige Aufsichtsbehörde widerruft die Akkreditierung einer Stelle gemäß Absatz 1, wenn die Anforderungen an ihre Akkreditierung nicht oder nicht mehr erfüllt sind oder wenn die Stelle Maßnahmen ergreift, die nicht mit dieser Verordnung vereinbar sind.

(6) Dieser Artikel gilt nicht für die Verarbeitung durch Behörden oder öffentliche Stellen.

Übersicht

	Rn.
A. Allgemeines	1
I. Zweck und Bedeutung der Vorschrift	1
1. Grundzüge für Stellen zur Überwachung genehmigter Verhaltensregeln (Überwachungsstellen)	1
2. Rolle und Funktion von Überwachungsstellen	4
3. Wesentliche Regelungsinhalte	7

---

[109] So schon vor Verkündung des BDSG nF *Wolff* ZD 2017, 151 (153).

II. Systematik, Verhältnis zu anderen Vorschriften 9
   1. Verhältnis zu weiteren Regelungen der DS-GVO 9
   2. Verhältnis zu Inhalten und Umsetzung genehmigter Verhaltensregeln (Art. 40) 13
   3. Vorläuferregelungen 14
B. Einzelerläuterungen 15
  I. Normadressaten, Verfahrensablauf und Parteibeziehungen 15
   1. Normadressaten 15
   2. Verfahrensablauf für Akkreditierung von Überwachungsstellen 16
   3. Parteibeziehungen 17
  II. Einzelkommentierungen 18
   1. Beschreibung der Überwachungsstelle (Abs. 1) 18
   2. Voraussetzungen zur Akkreditierung (Abs. 2 und 3) 21
   3. Überwachungs- und Handlungspflichten der Überwachungsstelle (Abs. 1–4) 26
   4. Dauer und Beendigung der Akkreditierung (Abs. 5) 32
   5. Keine Überwachungsstellen für Behörden und öffentliche Stellen (Abs. 6) ... 35
C. Rechtsschutz 36

A. Allgemeines

I. Zweck und Bedeutung der Vorschrift

1. Grundzüge für Stellen zur Überwachung genehmigter Verhaltensregeln (Überwachungsstellen). Überwachungsstellen sollen die **obligatorische Überwachung** der Einhaltung der Bestimmungen genehmigter Verhaltensregeln übernehmen (Art. 40 Abs. 4, Art. 41 Abs. 1). Diese Überwachung ist **Voraussetzung** für die wirksame Beteiligung eines Verarbeitungsverantwortlichen oder Auftragsverarbeiters an genehmigten Verhaltensregeln, um deren rechtliche Wirkungen direkt auszulösen. Eine solche spezifische Überwachung auf die Einhaltung (nur) der genehmigten Verhaltensregeln durch die staatliche Aufsichtsbehörde besteht nicht.[1] Es bedarf also einer Überwachung der Einhaltung genehmigter Verhaltensregeln durch eine dafür akkreditierte Überwachungsstelle.[2] 1

Nicht Aufgabe der Überwachungsstelle ist eine weitergehende **„Datenschutzaufsicht"** über die Einhaltung der jeweiligen Verhaltensregeln hinaus. Zuständigkeit, Aufgaben und Befugnisse der Aufsichtsbehörde gegenüber Verarbeitungsverantwortlichen oder Auftragsverarbeitern bleiben parallel unverändert bestehen (Abs. 1). Zudem werden die Zuständigkeiten der Aufsichtsbehörden um die Akkreditierung und Beaufsichtigung von Überwachungsstellen erweitert (regulierte Selbstregulierung, Abs. 2–5). 2

In den **Erwägungsgründen** werden die Stellen zur Überwachung genehmigter Verhaltensregeln nicht erwähnt. In Form der Leitlinien 1/2019 über Verhaltensregeln und Überwachungsstellen gemäß der Verordnung (EU) 2016/679 (Fassung 2.0 vom 4. Juni 2019) hat der Europäische Datenschutzausschuss eine nicht bindende (→ Art. 40 Rn. 2) Interpretationshilfe für Art. 41 und Erläuterungen zum Verfahren zur Verfügung gestellt. 3

2. Rolle und Funktion von Überwachungsstellen. Die DS-GVO trifft in Art. 41 und 40 **nur teilweise ausdrückliche Regelungen** über die Rolle und Funktion von Überwachungsstellen: Die Tätigkeit einer Überwachungsstelle ist konstitutiv für die direkten Wirkungen genehmigter Verhaltensregeln gemäß DS-GVO (obligatorische Überwachung gemäß Art. 40 Abs. 4). Die konkrete Überwachungsstelle muss durch die Aufsichtsbehörde akkreditiert sein, um die Funktion und Wirkungen gemäß DS-GVO auszulösen (Art. 41 Abs. 1). Für die Akkreditierung sind bestimmte Qualifikationen der Überwachungsstelle und ihrer Verfahren notwendig (Art. 41 Abs. 2), wofür die Aufsichtsbehörde die Kriterien näher definieren kann (Art. 41 Abs. 3). Der Überwachungsstelle stehen bestimmte Mindestkompetenzen gegenüber überwachten Verarbeitungsverantwortlichen und Auftragsverarbeitern zu 4

---

[1] AA für eine parallele Zuständigkeit der Aufsichtsbehörde auch spezifisch für die Einhaltung genehmigter Verhaltensregeln ohne nähere Begr. Kühling/Buchner/*Bergt* DS-GVO Art. 40 Rn. 44.
[2] So auch Kühling/Buchner/*Bergt* DS-GVO Art. 41 Rn. 3; Roßnagel DS-GVO-HdB/*Hofmann* § 3 Rn. 255; zweifelnd und eine parallele Zuständigkeit staatlicher Aufsicht für die Überwachung der Einhaltung genehmigter Verhaltensregeln bej. Gierschmann/Schlender/Stenzel/Veil/*Heilmann*/*Schulz* DS-GVO Art. 41 Rn. 12.

(Art. 41 Abs. 4).[3] Darüber hinaus sieht der Europäische Datenschutzausschuss die Überwachungsstelle in den Leitlinien 1/2019 als zentrale Anlaufstelle für Fragen im Zusammenhang mit den Verhaltensregeln vor.[4] Dies findet allerdings keine Stütze im Gesetzestext. Jedenfalls wenn der Ersteller der Verhaltensregeln und die akkreditierte Überwachungsstelle personenverschieden sind, erscheint es wenig zielführend, auf diese Art eine Zwischenstufe in die Kommunikation zwischen dem Ersteller der Verhaltensregeln und der Aufsichtsbehörde zu stellen.[5]

5 **Keine Regelungen** trifft die DS-GVO über die **Organisationsform** von Überwachungsstellen und die **Art der „Unterwerfung"** von Verarbeitungsverantwortlichen und Auftragsverarbeitern unter deren Kontrolle. Überwachungsstellen werden daher regelmäßig privatrechtlich organisiert werden, die Konstituierung von Überwachungsstellen durch einzelstaatliche Gesetze ist gleichzeitig nicht ausgeschlossen. Eine „Unterwerfung" eines Verarbeitungsverantwortlichen oder Auftragsverarbeiters unter die Kontrolle einer Überwachungsstelle erfolgt regelmäßig ebenfalls **freiwillig** durch entsprechende **privatrechtliche Vereinbarung**.[6]

6 Die Regelungen für **Überwachungsstellen** in Art. 41 gelten ausdrücklich **nicht** für die Verarbeitung durch **Behörden** oder **öffentliche Stellen** (Abs. 6). Eine für direkte Wirkungen genehmigter Verhaltensregeln „obligatorische" Überwachung (Art. 40 Abs. 4) durch Überwachungsstellen erfolgt insoweit also nicht, weshalb für Behörden und öffentliche Stellen die Wirkungen genehmigter Verhaltensregeln gemäß DS-GVO (→ Art. 40 Rn. 4 ff., 24) nicht direkt ausgelöst werden können. Der Europäische Datenschutzausschuss folgert in den Leitlinien 1/2019 aus Abs. 6, dass eine Pflicht zur Überwachung genehmigter Verhaltensregeln aus dem öffentlichen Sektor im Wesentlichen abgeschafft sei und gleichwohl die Pflicht zur Umsetzung wirksamer Verfahren zur Überwachung genehmigter Verhaltensregeln bestehe.[7] Ohne die obligatorische Überwachung genehmigter Verhaltensregeln durch eine dafür akkreditierte Überwachungsstelle können die **Rechtswirkungen** genehmigter Verhaltensregeln (→ Art. 40 Rn. 4 ff.) aber **nicht direkt ausgelöst** werden. Unbenommen bleibt es auch öffentlichen Stellen, die Einhaltung genehmigter Verhaltensregeln auf andere Weise nachzuweisen, um so deren **Wirkungen** quasi **indirekt auszulösen** (→ Art. 40 Rn. 24).

7 **3. Wesentliche Regelungsinhalte.** Die Regelungen des Art. 41 sind inhaltlich **eng verzahnt** mit den Bestimmungen für genehmigte Verhaltensregeln in Art. 40. In der Zusammenschau ergibt sich folgender, wesentlicher Regelungsgehalt für Art. 41: Art. 41 regelt den **organisatorischen Rahmen** für die obligatorische Überwachung der Einhaltung genehmigter Verhaltensregeln gemäß Art. 40 Abs. 4. Gegenstand dieser Regelungen ist die Zuständigkeit zur Überwachung genehmigter Verhaltensregeln von privaten Stellen, die dafür von der zuständigen Aufsichtsbehörde akkreditiert sein müssen (Abs. 1). Daneben besteht die allgemeine **Zuständigkeit der Aufsichtsbehörde** für die (allgemeine) Einhaltung der DS-GVO gegenüber Verarbeitungsverantwortlichen und Auftragsverarbeitern **parallel**.

8 Art. 41 regelt **Anforderungen an Überwachungsstellen** für deren Akkreditierung (Abs. 2) und Kompetenzen der Aufsichtsbehörde für die Festlegung von Akkreditierungskriterien (Abs. 3) im Kohärenzverfahren (Art. 63 ff.). Daneben unterliegt eine akkreditierte Überwachungsstelle der Kontrolle durch die jeweilige Aufsichtsbehörde, die eine Akkreditierung beim Wegfall ihrer Voraussetzungen oder bei Maßnahmen der Überwachungsstelle widerrufen kann, die nicht mit der DS-GVO vereinbar sind (Abs. 5). Die Überwachungsstelle hat gegenüber beteiligten Verarbeitungsverantwortlichen und Auftragsverarbeitern die Aufgabe und Befugnis zu geeigneten Maßnahmen bei Nichteinhaltung genehmigter Verhaltensregeln bis hin zum vorläufigen oder endgültigen Ausschluss des Verarbeiters von den Verhaltensregeln (Abs. 4, siehe auch Art. 40 Abs. 4). Keine Geltung haben die Regelungen für Überwachungsstellen für eine Verarbeitung durch die Behörden oder öffentliche Stellen (Abs. 6).

---

[3] Vgl. *Bergt* CR 2016, 670 (672); von einer hoheitlichen Betätigung der Überwachungsstelle ausgehend HK-DS-GVO/*Raschauer* Art. 41 Rn. 10, was in der DS-GVO keine Stütze findet.
[4] EDSA Leitlinien 1/2019 über Verhaltensregeln und Überwachungsstellen gemäß der Verordnung (EU) 2016/679, Fassung 2.0 v. 4.6.2019, dort Rn. 83.
[5] IErg Auernhammer/*Vomhof* DS-GVO Art. 41 Rn. 8.
[6] Paal/Pauly/*Paal* DS-GVO Art. 41 Rn. 13; aA Kühling/Buchner/*Bergt* DS-GVO Art. 41 Rn. 13, für eine „Zwangsüberwachung" wohl auch ohne privatrechtliche Beziehung zwischen einem Verantwortlichen und der Überwachungsstelle allein durch Verpflichtung des Verantwortlichen auf die genehmigten Verhaltensregeln – wofür die DS-GVO wohl keine Stütze bietet.
[7] EDSA Leitlinien 1/2019 über Verhaltensregeln und Überwachungsstellen gemäß der Verordnung (EU) 2016/679, Fassung 2.0 v. 4.6.2019, dort Rn. 88.

II. Systematik, Verhältnis zu anderen Vorschriften

1. Verhältnis zu weiteren Regelungen der DS-GVO. Die Regelungen des Art. 41 weisen 9 eine enge inhaltliche Verschränkung mit Art. 40 für genehmigte Verhaltensregeln auf. Dieser **Wechselbezug** wird **durch Art. 40 Abs. 4** formal abgebildet, der die obligatorische Überwachung der Einhaltung genehmigter Verhaltensregeln bestimmt. Nur zusammen ergeben die Regelungen von Art. 40 und Art. 41 das **Gesamtbild dieser** Möglichkeit der **Selbstregulierung**. Die konkrete Überwachung genehmigter Verhaltensregeln ist die Voraussetzung für direkte Wirkungen genehmigter Verhaltensregeln gemäß DS-GVO (→ Art. 40 Rn. 4 ff.).

Für Überwachungsstellen bestehen korrespondierende **Aufgaben und Befugnisse** der **Auf-** 10 **sichtsbehörden** für die nähere Definition von Akkreditierungskriterien in Art. 57 Abs. 1 lit. p und für die Akkreditierung selbst in Art. 57 Abs. 1 lit. q. Die korrespondierenden **Aufgaben und Befugnisse für den Europäischen Datenschutzausschuss** bestehen in Stellungnahmen zu Entwürfen für Akkreditierungskriterien der Aufsichtsbehörden gemäß Art. 64 Abs. 1 lit. c.[8]

Verstöße gegen Pflichten einer Überwachungsstelle sind gemäß Art. 83 Abs. 4 lit. c mit 11 **Geldbuße** bedroht.[9]

Überwachungsstellen sind abzugrenzen von **Zertifizierungsstellen** gemäß Art. 43, die für 12 Zertifizierungen gemäß Art. 42 akkreditiert sind. Bei genehmigten Verhaltensregeln und Zertifizierungen handelt es sich um unterschiedliche Möglichkeiten der Selbstregulierung. Die parallele Wahrnehmung der Aufgaben einer Überwachungsstelle für genehmigte Verhaltensregeln und einer Zertifizierungsstelle durch dieselbe Institution ist – jeweils entsprechende Akkreditierung vorausgesetzt – gleichwohl möglich.

2. Verhältnis zu Inhalten und Umsetzung genehmigter Verhaltensregeln (Art. 40). 13 Die obligatorische Überwachung spezifisch genehmigter Verhaltensregeln (Art. 40) ist ein essentielles Element für deren direkte Wirkungen auf Grundlage einer konkreten Implementierung durch Verarbeitungsverantwortliche und Auftragsverarbeiter. Neben der „Unterwerfung" unter genehmigte Verhaltensregeln ist deren Überwachung durch eine dazu **befugte Stelle** gemäß Art. 41 die **konstitutive Voraussetzung** für die direkten Wirkungen genehmigter Verhaltensregeln gemäß DS-GVO. Ein Wegfall der Überwachung führt demnach auch zum **Wegfall direkter Wirkungen** genehmigter Verhaltensregeln gemäß DS-GVO (→ Art. 40 Rn. 4 ff.).

3. Vorläuferregelungen. Zwar haben Art. 27 DS-RL 1995 und § 38a BDSG knappe Be- 14 stimmungen über Verhaltensregelungen enthalten, aber keine Regelungen über Stellen für deren Überwachung. Diese Normen haben jeweils eine reine Selbstverpflichtung des Verarbeiters **ohne gesonderte Kontrollinstanz** vorgesehen. Die praktische Umsetzung etwa im Code of Conduct der Deutschen Versicherungswirtschaft (Stand 7.9.2012) hat entsprechend eine reine Selbstverpflichtung ohne Kontrollinstanz abgebildet.

B. Einzelerläuterungen

I. Normadressaten, Verfahrensablauf und Parteibeziehungen

1. Normadressaten. Die Regelungen des Art. 41 adressieren unterschiedliche Rechts- und 15 Funktionsträger:

– Als außerhalb der DS-GVO konstituierte Partei wird die **Überwachungsstelle** als **Antragsteller** auf deren Akkreditierung angesprochen.
– Die **Aufsichtsbehörde** wird in ihren Aufgaben und Befugnissen zur Erstellung von **Akkreditierungskriterien** im Kohärenzverfahren und zur Vornahme einer konkreten **Akkreditierung** sowie zu einem **Widerruf** der Akkreditierung adressiert.

---

[8] Der EDSA hat Stellungnahmen zu einer Vielzahl von Entwürfen für nationale Akkreditierungskriterien abgegeben (recherchierbar unter https://edpb.europa.eu/our-work-tools/consistency-findings/opinions_de, Stand 12/2023).

[9] Gierschmann/Schlender/Stenzel/Veil/*Heilmann/Schulz* DS-GVO Art. 41 Rn. 29 weisen auf die damit verbundenen wirtschaftlichen Risiken für eine Überwachungsstelle hin. Diese bestehen allerdings nicht darin, dass eine freiwillige Selbstkontrolle „nicht funktioniert", sondern für eine konkrete Überwachungsstelle nur bei Verstößen gegen deren spezifische Pflichten.

Art. 41 16–18 Kapitel IV. Verantwortlicher und Auftragsverarbeiter

– Der **Europäische Datenschutzausschuss** hat im Kohärenzverfahren entsprechende **Stellungnahmen** zu entworfenen Akkreditierungskriterien der Aufsichtsbehörden abzugeben.
– Die **Förderungspflicht** der **Kommission** und der **Mitgliedstaaten** gemäß Art. 40 Abs. 1 für die Ausarbeitung von Verhaltensregeln umfasst im Wortlaut zwar nicht die Überwachungsstellen. Da Überwachungsstellen aber ein obligatorisches Element für die Umsetzung entsprechender Verhaltensregeln darstellen, betrifft diese Förderungspflicht **mittelbar** auch die Konstituierung von Überwachungsstellen.

16 **2. Verfahrensablauf für Akkreditierung von Überwachungsstellen.** Der **Verfahrensablauf** lässt sich anhand der Regelungen des Art. 41 in folgenden groben Schritten beschreiben:

– Eine Überwachungsstelle stellt bei der Aufsichtsbehörde einen **Antrag auf** deren **Akkreditierung** und legt dazu die gemäß Abs. 2 erforderlichen Informationen und Dokumente vor.
– Soweit noch nicht vorhanden, stellt die **Aufsichtsbehörde** entsprechende **Akkreditierungskriterien** auf und übermittelt deren Entwurf im Kohärenzverfahren an den Europäischen Datenschutzausschuss, um nach dessen Stellungnahme diese Akkreditierungskriterien **festzulegen**.
– Nach Prüfung der notwendigen Voraussetzungen anhand der festgelegten Akkreditierungskriterien erteilt die **Aufsichtsbehörde** der Überwachungsstelle eine **Akkreditierung** oder lehnt den Akkreditierungsantrag ab.
– Eine akkreditierte Überwachungsstelle übt deren **Überwachungstätigkeit** aus **mit Sanktionsmöglichkeiten** gegenüber überwachten Verarbeitern und **Informationspflichten** gegenüber der Aufsichtsbehörde.
– Die **unbefristete Akkreditierung** der Überwachungsstelle kann von der Aufsichtsbehörde durch Widerruf der Akkreditierung oder durch die Überwachungsstelle durch „Rückgabe" der Akkreditierung beendet werden.

17 **3. Parteibeziehungen.** Angesichts der unterschiedlichen Normadressaten und ihrer verschiedenen Rollen im normalen Verfahrensablauf sind **typische Parteibeziehungen** zu unterscheiden:

– Die Parteibeziehung zwischen einer **Überwachungsstelle** und der zuständigen **Aufsichtsbehörde** umfasst üblicherweise den Antrag auf Akkreditierung einschließlich der Entscheidung über diesen Antrag und die anschließende Überwachung einer akkreditierten Überwachungsstelle durch die Aufsichtsbehörde.
– Das Verhältnis zwischen **Überwachungsstelle** und **zu überwachendem Verarbeiter** wird üblicherweise durch eine privatrechtliche Vereinbarung geregelt werden, die in diesem Parteiverhältnis die Mindestvorgabe des Art. 40 Abs. 4 abbilden muss, etwa durch Bezugnahme auf entsprechende Regelungen in genehmigten Verhaltensregeln.
– Das Verhältnis zwischen **Verarbeitungsverantwortlichen** und **Auftragsverarbeitern** zur jeweiligen **Aufsichtsbehörde** wird durch die Rolle einer Überwachungsstelle nicht beeinflusst. Die „normale" Aufsicht besteht unabhängig und parallel zu Aufgaben und Kompetenzen der Überwachungsstelle (Abs. 1).
– Das Verhältnis zwischen **Aufsichtsbehörde** und **Europäischem Datenschutzausschuss** für die Aufstellung von Akkreditierungskriterien im Kohärenzverfahren wird durch die Regelungen der Art. 64 ff. bestimmt.

II. Einzelkommentierungen

18 **1. Beschreibung der Überwachungsstelle (Abs. 1).** Abs. 1 eröffnet die Möglichkeit, **freiwillig Überwachungsstellen** für genehmigte Verhaltensregeln zu **schaffen**. Dies ist gleichzeitig nach Art. 40 Abs. 4 **notwendig**, um durch entsprechende Überwachung direkte Wirkungen genehmigter Verhaltensregeln gemäß DS-GVO zu begründen. Es besteht keine spezifische Kontrollzuständigkeit von Aufsichtsbehörden für die Überwachung der Einhaltung spezifischer Verhaltensregeln. Voraussetzung für die Tätigkeit als Überwachungsstelle ist inhaltlich deren Fachwissen und formal deren Akkreditierung bei **Vorliegen der Voraussetzungen**. Zuständig für die Akkreditierung ist die jeweilige Aufsichtsbehörde (Art. 57 Abs. 1 lit. q). Eine Überwachung genehmigter Verhaltensregeln durch eine dafür nicht akkreditierte Stelle (Art. 41 iVm Art. 40 Abs. 4) ist in der DS-GVO **nicht** vorgesehen.[10]

---

[10] AA für eine quasi „originäre" Überwachungszuständigkeit für die Verhaltensregeln vorlegenden Vereinigung – die in der DS-GVO indes keine Stütze findet – ohne nähere Begr. Gola/Heckmann/*Lepperhoff* DS-GVO Art. 40 Rn. 20.

864 Schweinoch

Überwachung der genehmigten Verhaltensregeln

Vereinzelt wird eine quasi „originäre" Zuständigkeit zur Überwachung genehmigter Verhaltensregeln durch die Vereinigung vertreten, die den Genehmigungsantrag gestellt hat. Für deren Akkreditierung erschiene eine analoge Anwendung von Art. 41 geboten, da die wirksame Anwendung der DS-GVO gefördert werden solle.[11] Indes lässt sich der DS-GVO **keine** „originäre" **Zuständigkeit oder Kompetenz** einer nicht dafür akkreditierten Stelle zur Überwachung genehmigter Verhaltensregeln entnehmen, auch nicht zu Gunsten des Erstellers genehmigter Verhaltensregeln. Es erscheint auch keine „analoge Anwendung" von Art. 41 veranlasst, für die es an dafür notwendigen Voraussetzungen mangelt. Abgesehen von Behörden und öffentlichen Stellen (siehe Abs. 6) steht eine Akkreditierung ohnehin allen geeigneten Personen offen.

Teilweise wird auch eine Überwachung der Einhaltung genehmigter Verhaltensregeln durch die Aufsichtsbehörde für möglich erachtet[12] oder eine „inzidente" Zuständigkeit der Aufsichtsbehörde zur Prüfung der Einhaltung genehmigter Verhaltensregeln trotz Fehlens einer ausdrücklichen Zuständigkeit bejaht.[13] Dies trifft inhaltlich insoweit materiell zu, als die genehmigten Verhaltensregeln die Anforderungen der DS-GVO nur konkretisieren und nicht übersteigen. Die Zuständigkeit und die Kompetenzen der Aufsichtsbehörde gegenüber Verarbeitern bleiben von genehmigten Verhaltensregeln unberührt (Abs. 4 S. 1). In prozeduraler Hinsicht wäre dies aber gerade **keine notwendige Überwachung** der Einhaltung der genehmigten Verhaltensregeln nach Art. 41 und damit nach Art. 40 Abs. 4.[14] Eine Aufgabe oder Befugnis der Aufsichtsbehörde **spezifisch zur Überwachung** der Einhaltung genehmigter Verhaltensregeln sieht die DS-GVO **nicht** vor (→ Rn. 19). Die Leitlinien des EDSA sehen die Aufsichtsbehörde ebenfalls nicht als Überwachungsstelle vor.[15]

2. Voraussetzungen zur Akkreditierung (Abs. 2 und 3). Der Kriterienkatalog in Abs. 2 beschreibt neben dem notwendigen **Fachwissen** (Abs. 1) weitere **abstrakte Kriterien,** die für eine Akkreditierung durch die Überwachungsstelle erfüllt werden müssen. Der Wortlaut für diese Kriterien ist teilweise identisch zu den Kriterien für Zertifizierungsstellen in Art. 43 Abs. 2 (Art. 41 Abs. 2 lit. a zu Art. 43 Abs. 2 lit. a, Art. 41 Abs. 2 lit. c zu Art. 43 Abs. 2 lit. d und Art. 41 Abs. 2 lit. d zu Art. 43 Abs. 2 lit. e). Auch wenn diese Kriterien im Kerngehalt identisch sind, können aufgrund der unterschiedlichen Ausprägungen der Funktionen von Verhaltensregeln und deren Überwachung gegenüber Zertifizierungen und entsprechenden Zertifizierungsstellen gewisse Differenzierungen im Detail veranlasst sein. Der Europäische Datenschutzausschuss hat in seinen Leitlinien 1/2019 auch dessen Sichtweise für Akkreditierungsanforderungen an Überwachungsstellen ausgeführt.[16]

Die abstrakten Akkreditierungskriterien in Abs. 2 umfassen in lit. a die **Unabhängigkeit** und das **Fachwissen** der Überwachungsstelle für den Gegenstand der **konkreten Verhaltensregeln,** die durch sie überwacht werden sollen. Das Fachwissen soll, nach den EDSA Leitlinien 1/2019, bezogen auf den konkreten Sektor und die Verarbeitungstätigkeit nachgewiesen werden. Auch die Mitarbeiter der Überwachungsstelle sollten demnach entsprechende Kenntnisse und Fähigkeiten haben, zum Beispiel im Bereich Revision oder Überwachung.[17] Der notwendigen Unabhängigkeit stehen personelle oder gesellschaftsrechtliche Verflechtungen zwischen

---

[11] So wohl ohne weitergehende Begr. Gola/Heckmann/*Lepperhoff* DS-GVO Art. 41 Rn. 4 f. und Rn. 25.
[12] Auernhammer/*Vomhof* DS-GVO Art. 41 Rn. 2 und unter Verweis auf die Rechtslage nach BDSG aF Kühling/Buchner/*Bergt* DS-GVO Art. 41 Rn. 22, sowie ohne nähere Begr. Wybitul/*Fladung* DS-GVO Art. 41 Rn. 2. Zweifelnd und eine parallele Zuständigkeit staatlicher Aufsicht für die Überwachung der Einhaltung genehmigter Verhaltensregeln bej. Gierschmann/Schlender/Stenzel/Veil/*Heilmann/Schulz* DS-GVO Art. 41 Rn. 12; eine parallele Zuständigkeit der Aufsichtsbehörde – anscheinend von einem grundlegenden anderen Verständnis von „Akkreditierungsstellen" ausgehend – bej. HK-DS-GVO/*Raschauer* Art. 41 Rn. 10.
[13] BeckOK DatenschutzR/*Jungkind* DS-GVO Art. 41 Rn. 5.
[14] Die zwingende Notwendigkeit der Überwachung durch eine akkreditierte Überwachungsstelle ergibt sich spätestens aus der engl. Fassung von Art. 40 Abs. 4 als Gegenstand der Trilog-Verhandlungen, die dafür den Begriff „mandatory" verwendet.
[15] Mit der Ausnahme von Behörden und öffentlichen Stellen: EDSA Leitlinien 1/2019 über Verhaltensregeln und Überwachungsstellen gemäß der Verordnung (EU) 2016/679, Fassung 2.0 v. 4.6.2019, dort Rn. 41.
[16] EDSA Leitlinien 1/2019 über Verhaltensregeln und Überwachungsstellen gemäß der Verordnung (EU) 2016/679, Fassung 2.0 v. 4.6.2019, dort Ziffer 12, Rn. 63 ff.
[17] EDSA Leitlinien 1/2019 über Verhaltensregeln und Überwachungsstellen gemäß der Verordnung (EU) 2016/679, Fassung 2.0 v. 4.6.2019, dort Rn. 69.

einer Überwachungsstelle und einem zu überwachenden Verarbeiter entgegen.[18] Nach den Leitlinien des EDSA kann eine Selbstständigkeit im Hinblick auf Personal und Finanzen die Unabhängigkeit aber indizieren.[19] Alleine eine Verbindung der Überwachungsstelle mit der Vereinigung, die entsprechende Verhaltensregeln aufstellt, soll deren Unabhängigkeit für sich genommen nicht gefährden.[20] Allerdings sind wohl bei einer solchen Verbindung hohe Anforderungen an die personelle und organisatorische Trennung der Überwachungsstelle von sonstigen Verbandsaufgaben zu stellen, um deren Unabhängigkeit zu gewährleisten.[21] Lit. b erfordert **definierte Verfahren** der Überwachungsstelle zur **Bewertung** der (auch zukunftsgerichteten) Einhaltung der Verhaltensregeln durch die Verarbeiter sowie zu deren **Überwachung** und der **regelmäßigen Prüfung** der Einhaltung.[22] Dabei unterscheidet der Normtext zwischen diesen verschiedenen Aufgaben, wobei die dafür jeweils vorzusehenden Prozesse und Maßnahmen an den Inhalten der jeweiligen Verhaltensregeln sowie den Datenschutzrisiken zu orientieren sein werden.[23] Lit. c erfordert Verfahren und Strukturen für die Behandlung von **Beschwerden** über Verstöße gegen materiellen Inhalt oder Verfahren der Verhaltensregeln[24] und insbesondere die **Transparenz** dieser Verfahren und Strukturen für betroffene Personen und die Öffentlichkeit, also zumindest deren **Veröffentlichung**. Nach lit. d darf die Umsetzung von Aufgaben und Pflichten zu **keinem Interessenkonflikt** bei der Überwachungsstelle führen. Ein solcher Interessenkonflikt könnte etwa bei einer vergüteten Beratungstätigkeit der Überwachungsstelle für den zu überwachenden Verarbeiter bestehen.[25] Vereinzelt wird allerdings eine Beratungstätigkeit als nicht unvereinbar mit der Tätigkeit als Überwachungsstelle angesehen, wobei indes kein finanzielles Interesse die Unabhängigkeit der Überwachungsstelle in Frage stellen dürfe.[26] Weitergehend wird auch jede anderweitige Geschäftstätigkeit (etwa Beratung zu Datenschutzfragen) in der Branche, für die zu überwachende genehmigte Verhaltensregeln gelten, als inkompatibel angesehen.[27] Das dürfte erheblich zu weit gehen, da ein Interessenkonflikt für die konkret zu überwachenden Verarbeiter vermieden werden muss, aber nicht für sonstige Unternehmen aus der Branche, die sich möglicherweise gar nicht an dieser Selbstregulierung beteiligen wollen. Im Ergebnis wohl ebenfalls abzulehnen ist ein möglicher Interessenkonflikt (alleine) wegen des Wechsels einer mit der Gestaltung der Verhaltensregeln befassten Person zur Überwachungsstelle.[28] Im Ergebnis wird für einen Betroffenen so neben der Möglichkeit, seine Rechte nach der DS-GVO direkt gegenüber dem Verarbeiter geltend zu machen, bei etwaigen Verstößen gegen genehmigte Verhaltensregeln, denen sich der Verarbeiter „unterworfen" hat, eine weitere Beschwerde- und Abhilfemöglichkeit in Form der Überwachungsstelle geschaffen. Die weitere Möglichkeit einer Beschwerde bei der Aufsichtsbehörde wegen eines Verstoßes gegen die DS-GVO bleibt daneben unberührt.

23 Diesen **abstrakten Kriterienkatalog** des Abs. 2 hat die Aufsichtsbehörde in einer Beschreibung der **konkreten Akkreditierungskriterien** zu **detaillieren,** was auch nach Art. 57 Abs. 1 lit. p zu deren Aufgaben gehört. Den Entwurf dieser konkreten Akkreditierungskriterien hat die Aufsichtsbehörde im **Kohärenzverfahren** (Art. 63) an den Europäischen Datenschutzausschuss zu dessen **Stellungnahme** zu übermitteln. Nach Abschluss des Kohärenzverfahrens durch die Aufsichtsbehörde **beschlossene Akkreditierungskriterien** sind durch sie nach Art. 57 Abs. 1

---

[18] Vgl. *Bergt* CR 2016, 670 (672 f.); Paal/Pauly/*Paal* DS-GVO Art. 41 Rn. 7 und Kühling/Buchner/*Bergt* DS-GVO Art. 41 Rn. 7.

[19] EDSA Leitlinien 1/2019 über Verhaltensregeln und Überwachungsstellen gemäß der Verordnung (EU) 2016/679, Fassung 2.0 v. 4.6.2019, dort Rn. 67.

[20] Gola/Heckmann/*Lepperhoff* DS-GVO Art. 41 Rn. 16; iErg auch Kühling/Buchner/*Bergt* DS-GVO Art. 41 Rn. 7.

[21] Auernhammer/*Vomhof* DS-GVO Art. 41 Rn. 16.

[22] Vereinzelt wird vertreten, die Ausgestaltung der Überwachungstätigkeit erfolge quasi abschließend in den genehmigten Verhaltensregeln durch die ausarbeitende Vereinigung; so ohne nähere Begr. Gola/Heckmann/*Lepperhoff* DS-GVO Art. 41 Rn. 9. Dieses Verständnis steht nicht in Einklang mit dem Wortlaut von lit. b, der die Erarbeitung solcher Verfahren und deren Ausgestaltung ausdrücklich der Überwachungsstelle zuweist.

[23] Auernhammer/*Vomhof* DS-GVO Art. 41 Rn. 24 f.

[24] Kühling/Buchner/*Bergt* DS-GVO Art. 41 Rn. 10 empfiehlt auch Regelungen über die Verschwiegenheit der Überwachungsstelle und zur anonymen Behandlung von Beschwerden.

[25] Paal/Pauly/*Paal* DS-GVO Art. 41 Rn. 7; *Bergt* CR 2016, 670 (672 f.); Kühling/Buchner/*Bergt* DS-GVO Art. 41 Rn. 7; tendenziell ebenso BeckOK DatenschutzR/*Jungkind* DS-GVO Art. 41 Rn. 5.

[26] Auernhammer/*Vomhof* DS-GVO Art. 41 Rn. 16.

[27] HK-DS-GVO/*Raschauer* Art. 41 Rn. 16.

[28] So aber ohne nähere Begr. Wybitul/*Fladung* DS-GVO Art. 41 Rn. 7.

lit. q zu **veröffentlichen.**[29] Der Europäische Datenschutzausschuss hat Stellungnahmen zu vielen Entwürfen für nationale Akkreditierungskriterien abgegeben.[30]

Das **Verfahren** für die Akkreditierung durch die Aufsichtsbehörde ist in Art. 41 selbst **nicht näher geregelt.** Nach einem entsprechenden Akkreditierungsantrag mit **konkreter** Bezeichnung der **Verhaltensregeln** oder des **Bereichs,** für den eine Akkreditierung erfolgen soll, zusammen mit den notwendigen Informationen und Unterlagen hat die Aufsichtsbehörde anhand des konkret festgelegten Kriterienkatalogs seine **Einhaltung** zu **prüfen.**[31] Wegen des nach Abs. 2 lit. a erforderlichen Fachwissens der Überwachungsstelle für den Gegenstand der Verhaltensregeln kommt **keine** pauschale Akkreditierung als **„allgemeine Überwachungsstelle"** in Betracht, sondern vielmehr eine Akkreditierung für spezifische Verhaltensregeln oder einzelne Verarbeitungsbereiche, etwa aufgrund der entsprechenden Ausrichtung der Verhaltensregeln selbst (Art. 41 Abs. 1).[32]

Ob die Aufsichtsbehörde **bei Nachweis** der Voraussetzungen des Abs. 2 durch einen Antragsteller zu dessen **Akkreditierung verpflichtet** sein soll, lässt sich dem Wortlaut von Abs. 2 („ […] kann […] akkreditiert werden […]") nicht klar entnehmen. Teilweise wird aus dem Wortlaut des lit. d für den Nachweis des nicht vorhandenen Interessenkonflikts („zur Zufriedenheit der Aufsichtsbehörde nachgewiesen hat […]") auf einen Ermessensspielraum der Aufsichtsbehörde geschlossen, der über die Prüfung auf Erfüllung der Voraussetzungen hinausgehen soll.[33] Das liefe indes der **Förderungspflicht** für genehmigte Verhaltensregeln gemäß Art. 40 Abs. 1 zuwider, die ausdrücklich auch die Aufsichtsbehörden adressiert. Für direkte Rechtswirkungen genehmigter Verhaltensregeln ist deren obligatorische Überwachung durch akkreditierte Überwachungsstellen erforderlich (→ Rn. 1). Bei **Nachweis der notwendigen Voraussetzungen** durch den Antragsteller ist die zuständige Aufsichtsbehörde wohl zu dessen Akkreditierung **verpflichtet.**[34] Deren in lit. d möglicherweise angesprochenes Ermessen erstreckt sich schon dem Wortlaut nach nur auf die – pflichtgemäße – Beurteilung, ob das Fehlen eines Interessenkonflikts durch den Antragsteller hinreichend nachgewiesen ist – also die Prüfung einer notwendigen Voraussetzung einer Akkreditierung.[35]

3. Überwachungs- und Handlungspflichten der Überwachungsstelle (Abs. 1–4). Die **Überwachungs- und Prüfungspflichten** der Überwachungsstelle bestehen jeweils gegenüber Verarbeitungsverantwortlichen und Auftragsverarbeitern, die sich durch entsprechende Vereinbarung ihrer Überwachung **„unterworfen"** haben (Art. 40 Abs. 4, Art. 41 Abs. 1 und insbesondere Abs. 2 lit. b). Diese Überwachungs- und Prüfungspflichten **beginnen mit** der Wirksamkeit der entsprechenden **Vereinbarung** zwischen dem Verarbeiter und der Überwachungsstelle und dauern **bis zur Beendigung** dieser Vereinbarung. Der Beginn und das Ende dieser Überwachungs- und Prüfungspflichten sind gleichzeitig maßgeblich für den **Zeitraum,** in dem direkte Wirkungen genehmigter Verhaltensregeln gemäß DS-GVO zugunsten des Verarbeiters bestehen, der sich zu ihrer Einhaltung verpflichtet hat (→ Art. 40 Rn. 53 ff.).

Die Kompetenz einer Überwachungsstelle gegenüber einem konkreten Verarbeiter stützt sich zum einen auf die **Mindestkompetenzen** gemäß Art. 41 Abs. 4 und den **Mindestinhalt** genehmigter Verhaltensregeln gemäß Art. 40 Abs. 4. Details und Erweiterungen dieser Kompetenzen können sich aus den genehmigten **Verhaltensregeln** selbst, zu deren Einhaltung sich der Verarbeiter verpflichtet hat, und der **Vereinbarung** zur Überwachung zwischen der Überwachungsstelle und dem überwachten Verarbeiter ergeben. Denkbare Regelungen für die

---

[29] Aus dem Normzusammenhang ergibt sich, dass es sich insbes. um Kriterien gem. Abs. 2 handelt. So iErg auch Auernhammer/*Vomhof* DS-GVO Art. 41 Rn. 30.

[30] Recherchierbar unter https://edpb.europa.eu/our-work-tools/consistency-findings/opinions_de, Stand 12/2023.

[31] Für eine vereinzelt angesprochene Pflicht der Aufsichtsbehörde zur Akkreditierung auch ohne entspr. Antrag bietet Art. 41 wohl keine Grundlage.

[32] So auch Paal/Pauly/*Paal* DS-GVO Art. 41 Rn. 7 f.

[33] Taeger/Gabel/*Kinast* DS-GVO Art. 41 Rn. 29.

[34] So auch Auernhammer/*Vomhof* DS-GVO Art. 41 Rn. 32; Kühling/Buchner/*Bergt* DS-GVO Art. 41 Rn. 4; Paal/Pauly/*Paal* DS-GVO Art. 41 Rn. 6; indifferent, iErg die Akkreditierung bei Vorliegen der Voraussetzungen als Regelfall bej. Gierschmann/Schlender/Stenzel/Veil/*Heilmann*/*Schulz* DS-GVO Art. 41 Rn. 15; HK-DS-GVO/*Raschauer* Art. 41 Rn. 24; aA wohl BeckOK DatenschutzR/*Jungkind* DS-GVO Art. 41 Rn. 5.

[35] So auch Kühling/Buchner/*Bergt* DS-GVO Art. 41 Rn. 4; wohl iErg auch Gierschmann/Schlender/Stenzel/Veil/*Heilmann*/*Schulz* DS-GVO Art. 41 Rn. 16 und BeckOK DatenschutzR/*Jungkind* DS-GVO Art. 41 Rn. 7.

Umsetzung umfassen etwa auch Auskunfts-, Zugangs- und Kooperationsansprüche einer Überwachungsstelle gegenüber von ihr überwachten Verarbeitern und korrespondierende Verpflichtungen dieser Verarbeiter.[36]

28 Als Folge aus Abs. 2 lit. b ist die Überwachungsstelle zur **aktiven Überwachung** und **regelmäßigen Überprüfung** der Einhaltung der genehmigten Verhaltensregeln durch einen von ihr überwachten Verarbeiter verpflichtet.[37] Die Überwachungsstelle ist also zu einer aktiven Überwachung **in Eigeninitiative** verpflichtet und nicht etwa nur zu Aktivitäten aufgrund entsprechender Beschwerden oder konkreter Anlässe.[38] Unabhängig davon hat die Überwachungsstelle die als Grundlage ihrer Akkreditierung dargestellten **Verfahren bei konkreten Beschwerden** (Abs. 2 lit. c) ordnungsgemäß durchzuführen.

29 Erhält die Überwachungsstelle etwa **Kenntnis von Verletzungen** der genehmigten Verhaltensregeln durch einen überwachten Verarbeiter, hat sie nach Abs. 4 „**geeignete Maßnahmen**" zu ergreifen. Welche Maßnahmen in welchem Umfang durch die Überwachungsstelle zu treffen sind, wird maßgeblich von dem konkreten Verstoß und seinen näheren Umständen abhängen. Das Spektrum möglicher Maßnahmen reicht von einfachen **Hinweisen** auf Verstöße oder vermutete Verstöße bis zum vorläufigen oder endgültigen **Ausschluss** des überwachten Verarbeiters von den genehmigten Verhaltensregeln. Aus dem Erfordernis der Eignung einer Maßnahme ergibt sich, dass diese **Maßnahme** auch **wirksam** sein muss. Ob dadurch der Verstoß des Verarbeiters gegen die Verhaltensregeln abgestellt wird, hat die Überwachungsstelle im Rahmen ihrer Aktivitäten zu **überprüfen**. Da Abs. 4 nur knappe Bestimmungen für denkbare Maßnahmen der Überwachungsstelle enthält, empfiehlt es sich umso mehr, detailliertere Regelungen in die Verhaltensregeln und auch in die Verfahrensregelungen der Überwachungsstelle aufzunehmen (etwa Vorgaben an Verarbeiter, Vertragsstrafen etc).[39] Die Leitlinien des Europäischen Datenschutzausschusses führen hierfür eine Liste von Beispielen auf.[40] Vereinzelt angesprochen wird in diesem Zusammenhang eine „**Abwendungsbefugnis**" eines die genehmigten Verhaltensregeln verletzenden Verarbeiters gegenüber Maßnahmen der Überwachungsstelle durch Sicherheitsvorkehrungen und verbindliche Zusicherungen (gegebenenfalls mit Vertragsstrafeversprechen).[41] Ob und in wie weit ein solches Vorgehen weitere Verstöße gegen die genehmigten Verhaltensregeln hinreichend sicher ausschließen kann, wird Frage des Einzelfalls bleiben. Eine **abstrakte „Abwendungsbefugnis"** gegen Maßnahmen der Überwachungsstelle würde deren Auftrag gemäß Abs. 4 S. 1 indes **zuwider laufen**. Zielsetzung dieser Maßnahmen der Überwachungsstelle ist **primär** die **Einhaltung** der genehmigten Verhaltensregeln, wie sich schon aus Abs. 2 lit. b und c ergibt. Wenn dieses Ziel durch den jeweiligen Verarbeiter nicht umgesetzt wird, fallen nach der Regelungssystematik für diesen Verarbeiter inhaltlich die Vorteile dieser Selbstregulierung weg (→ Art. 40 Rn. 4 ff.).

30 Als härteste Maßnahmen kann die Überwachungsstelle einen Verarbeiter vorläufig oder endgültig **von genehmigten Verhaltensregeln ausschließen** (Abs. 4).[42] Dazu wird dem betroffenen Verarbeiter regelmäßig eine Gelegenheit zur Stellungnahme einzuräumen sein. Welche Auswirkungen ein Ausschluss eines Verarbeiters für die (privatrechtliche) Vereinbarung zur Unterwerfung unter diese Verhaltensregeln hat, bestimmt die DS-GVO nicht. Es empfiehlt sich daher, auch diese Situationen in dieser Vereinbarung selbst ausdrücklich zu regeln. Ein

---

[36] So wohl auch Gierschmann/Schlender/Stenzel/Veil/*Heilmann/Schulz* DS-GVO Art. 41 Rn. 18.
[37] So auch Gierschmann/Schlender/Stenzel/Veil/*Heilmann/Schulz* DS-GVO Art. 41 Rn. 21. Für die dort angesprochene Beschränkung auf eine Kontrolle (nur) der Dokumentation bei datenschutzrechtlich weniger riskanten Prozessen besteht angesichts des uneingeschränkten Überwachungsauftrags gem. Abs. 2 lit. b dagegen wohl kein Spielraum.
[38] Eine vereinzelt als zulässig angesehene, nur stichprobenartige Über*wachung* (so ohne nähere Begr. Gola/Heckmann/*Lepperhoff* DS-GVO Art. 41 Rn. 9) genügt nach dem Wortlaut von lit. b wohl nicht, der keine Beschränkung der Überwachung vorsieht. Für regelmäßige Über*prüfungen* mögen Stichproben ein praktisches Mittel sein. Zu Prüfungsmöglichkeiten siehe auch EDSA Leitlinien 1/2019 über Verhaltensregeln und Überwachungsstellen gemäß der Verordnung (EU) 2016/679, Fassung 2.0 v. 4.6.2019, dort Rn. 72 und Fn. 77.
[39] Siehe Koreng/Lachenmann DatenschutzR-FormHdB/*Bergt* C.IV.2. Anm. 5.
[40] EDSA Leitlinien 1/2019 über Verhaltensregeln und Überwachungsstellen gemäß der Verordnung (EU) 2016/679, Fassung 2.0 v. 4.6.2019, dort Rn. 76.
[41] Gierschmann/Schlender/Stenzel/Veil/*Heilmann/Schulz* DS-GVO Art. 41 Rn. 23; BeckOK DatenschutzR/*Jungkind* DS-GVO Art. 41 Rn. 14.
[42] Anders als von der jedenfalls überw. Meinung und anscheinend von einem grdl. anderen Verständnis von Überwachungsstellen als Beliehene ausgehend, die Verwaltungsakte ggü. Verarbeitern erlassen HK-DS-GVO/*Raschauer* Art. 41 Rn. 34.

vorläufiger oder endgültiger Ausschluss eines Verarbeiters von genehmigten Verhaltensregeln führt schon nach der Systematik von Art. 40 Abs. 4 zu einem zeitweisen oder endgültigen **Wegfall der Wirkungen genehmigter Verhaltensregeln** gemäß DS-GVO für diesen Verarbeiter.

Die Überwachungsstelle hat für jegliche **Maßnahmen** bei Verstößen gegen genehmigte Verhaltensregeln eine **Informationspflicht** gegenüber der zuständigen Aufsichtsbehörde, die den Inhalt einer getroffenen Maßnahme und deren Begründung umfasst (Abs. 4 S. 2). Da eine bestimmte Nichteinhaltung genehmigter Verhaltensregeln durch einen Verarbeiter **nicht zwingend** auch gleichzeitig einen **Verstoß** gegen die DS-GVO darstellt, wird die zuständige Aufsichtsbehörde die Notwendigkeit eigener Aktivitäten zunächst unabhängig von einem Verstoß gegen Verhaltensregeln zu beurteilen haben. Liegt in einer Verletzung von Verhaltensregeln gleichzeitig ein Verstoß gegen die DS-GVO, hat die Aufsichtsbehörde im Rahmen ihrer parallel bestehenden Aufgaben und Befugnisse die Notwendigkeit eigener **Aktivitäten unabhängig** von der Überwachungsstelle zu **prüfen**. Einschränkungen der Informationspflicht über Maßnahmen der Überwachungsstelle sind **nicht** vorgesehen.[43] Allerdings enthält der Wortlaut von Abs. 4 S. 2 keine Informationspflicht über jegliche – möglicherweise bereits längst bereinigte – Verstöße gegen genehmigte Verhaltensregeln gegenüber der Aufsichtsbehörde.[44] Wenn ein Verstoß den Anlass für Maßnahmen der Überwachungsstelle bietet, ist darüber die Aufsichtsbehörde zu informieren. Dies gilt **unabhängig** davon, ob es sich gleichzeitig auch um einen Verstoß gegen die DS-GVO handelt. 31

4. Dauer und Beendigung der Akkreditierung (Abs. 5). Die **Akkreditierung** einer Überwachungsstelle erfolgt durch begünstigenden Verwaltungsakt **auf unbestimmte Zeit,** anders als eine befristete Akkreditierung einer Zertifizierungsstelle (Art. 43 Abs. 4 S. 2). Eine „Verlängerung" der Akkreditierung einer Überwachungsstelle ist weder vorgesehen noch notwendig. Sobald die **Voraussetzungen** der Akkreditierung gemäß Abs. 2 und nach Maßgabe des Kriterienkatalogs der Aufsichtsbehörde gemäß Abs. 3 **nicht mehr bestehen,** ist die Aufsichtsbehörde zum **Widerruf** der Akkreditierung der Überwachungsstelle verpflichtet. Gleiches gilt, wenn die Überwachungsstelle Maßnahmen ergreift, die **nicht** mit der DS-GVO **vereinbar** sind (Abs. 5). Damit sind schon dem Wortlaut nach nicht jegliche untergeordnete Verstöße gegen Pflichten der Überwachungsstelle angesprochen, sondern Maßnahmen mit erheblichen Verletzungen von Regelungen der DS-GVO.[45] Im Verfahren für den Widerruf einer Akkreditierung wird die Aufsichtsbehörde der Überwachungsstelle angemessen Gelegenheit zur Stellungnahme einzuräumen haben. Für einen Widerruf mangels Nachfrage von Verarbeitern nach Überwachung genehmigter Verhaltensregeln bietet die DS-GVO keine Grundlage.[46] Der **Widerruf** selbst erfolgt mit Wirkung **ex nunc** wie die Akkreditierung durch entsprechenden **Verwaltungsakt.** 32

Unabhängig von den Maßnahmen der Aufsichtsbehörde kann eine **Überwachungsstelle** grundsätzlich **jederzeit** selbst die **Akkreditierung** durch Erklärung gegenüber der Aufsichtsbehörde **beenden,** etwa indem sie auf Rechte aus der Akkreditierung gegenüber der Aufsichtsbehörde verzichtet. Bei einer **Beendigung** der Akkreditierung endet die Rolle und Funktion der Überwachungsstelle gemäß DS-GVO mit Wirkung ex nunc. Dadurch kann für Verarbeiter, die sich der Überwachung durch diese Überwachungsstelle unterworfen haben, die **Überwachung als notwendige Voraussetzungen** für direkte Wirkungen genehmigter Verhaltensregeln gemäß DS-GVO **entfallen.** Aufgrund dieser „Drittbetroffenheit" von Verarbeitern empfiehlt sich eine frühzeitige Information dieser Verarbeiter und es empfehlen sich weiterhin ausdrückliche Regelungen in den Verhaltensregeln selbst für einen Wechsel der Überwachungsstelle durch einen Verarbeiter. 33

Fraglich ist, ob der **Widerruf** oder die sonstige Beendigung der Akkreditierung oder Tätigkeit einer Überwachungsstelle eine Genehmigung von **Verhaltensregeln unberührt** lässt. Der Europäische Datenschutzausschuss vertritt in seinen Leitlinien 1/2019 die Ansicht, der Widerruf der Akkreditierung der zuständigen Überwachungsstelle führe zu einer Suspendierung, oder 34

---

[43] So iErg auch bei einer einvernehmlichen Klärung eines Vorfalls, Gierschmann/Schlender/Stenzel/Veil/ *Heilmann/Schulz* DS-GVO Art. 41 Rn. 24; Kühling/Buchner/*Bergt* DS-GVO Art. 41 Rn. 16; dafür aA BeckOK DatenschutzR/*Jungkind* DS-GVO Art. 41 Rn. 5.
[44] Auernhammer/*Vomhof* DS-GVO Art. 41 Rn. 37.
[45] So wohl iErg auch Gierschmann/Schlender/Stenzel/Veil/*Heilmann/Schulz* DS-GVO Art. 41 Rn. 25 f.
[46] AA Paal/Pauly/*Paal* DS-GVO Art. 41 Rn. 20, der mangelndes Bedürfnis nach Überwachung als sachgerechten Widerruf ansieht.

sogar zu einem dauerhaften Widerruf der Genehmigung der Verhaltensregeln.⁴⁷ Aufgrund der Schwere dieser Folgen sollte ein Widerruf der Akkreditierung allerdings erst erfolgen, nachdem der Überwachungsstelle die Möglichkeit gegeben wurde, Verbesserungen vorzunehmen.⁴⁸ Diese Ansicht findet weder Abs. 5 noch in Art. 40 eine dafür notwendige Grundlage. Formell sind die Rechtsakte der Genehmigung von Verhaltensregeln und der Akkreditierung von Überwachungsstellen sind in Art. 40 und Art. 41 vielmehr unabhängig voneinander geregelt. Auch materiell erscheint eine „Zwangskoppelung" der Wirksamkeit einer Genehmigung von Verhaltensregeln mit der Wirksamkeit der Akkreditierung einer (bestimmten) Überwachungsstelle nicht geboten.⁴⁹ Die betroffenen Verhaltensregeln sind materiell rechtmäßig, sonst wären sie nicht genehmigt worden. Es wäre nicht sinnvoll, beim Wegfall einer Überwachungsstelle zu verlangen, neue Verhaltensregeln aufzustellen und genehmigen zu lassen. Vielmehr führt der Widerruf der Akkreditierung einer Überwachungsstelle nicht zu einem Widerruf der Genehmigung der Verhaltensregeln.⁵⁰

35 **5. Keine Überwachungsstellen für Behörden und öffentliche Stellen (Abs. 6).** Nach Abs. 6 wirkt der gesamte Art. 41 **nicht** für die Verarbeitung durch **Behörden** oder **öffentliche Stellen.**⁵¹ Damit gelten die Wirkungen genehmigter Verhaltensregeln (→ Art. 40 Rn. 4 ff.) mangels entsprechender obligatorischer Überwachung für Behörden oder öffentliche Stellen durch eine akkreditierte Überwachungsstelle von vornherein nicht unmittelbar. Gleichwohl können genehmigte Verhaltensregeln eine Orientierung für konkrete Umsetzungsmöglichkeiten der DS-GVO in vergleichbaren Verarbeitungssituationen bieten (→ Art. 40 Rn. 7) und der Nachweis der inhaltlichen Beachtung genehmigter Verhaltensregeln ist auch auf andere Weise als durch akkreditierte Überwachungsstellen möglich (→ Art. 40 Rn. 24).

C. Rechtsschutz

36 Mögliche Streitigkeiten zwischen einer **Überwachungsstelle** für deren Antrag auf Akkreditierung und der zuständigen **Aufsichtsbehörde** sowie über den Widerruf einer Akkreditierung sind Gegenstand der insoweit erweiterten Kompetenzen der Aufsichtsbehörde. Da sowohl die Akkreditierung als auch ein Widerruf durch Verwaltungsakt erfolgen, ist für solche Streitigkeiten der **Verwaltungsrechtsweg** gegeben (siehe § 20 Abs. 1 BDSG).

37 Für Streitigkeiten zwischen einer **Überwachungsstelle** und einem **zu überwachenden Verarbeitungsverantwortlichen oder Auftragsverarbeiter** ist Grundlage die privatrechtliche „Unterwerfung" unter die Verhaltensregeln und/oder die privatrechtliche Vereinbarung zu deren Überwachung durch die Überwachungsstelle. Dafür ist der **Zivilrechtsweg** vor den örtlichen Gerichten gegeben, da eine Überwachungsstelle insoweit keine Hoheitsbefugnisse ausübt, sondern Abs. 4 S. 1 und Art. 40 Abs. 4 insoweit nur Mindestinhalte der **privatrechtlichen Vereinbarungen** vorgeben.

38 Mögliche Streitigkeiten zwischen einem **überwachten Verarbeitungsverantwortlichen** oder **Auftragsverarbeiter** und der **Aufsichtsbehörde** über Maßnahmen der parallel bestehenden, „normalen" Aufsicht sind Gegenstand des **Verwaltungsrechtswegs.** Eine Aufsichtsbehörde übt insoweit weder eine spezifische Überwachungsaufgabe für Verhaltensregeln noch spezifische Kompetenzen aus.

---

⁴⁷ EDSA Leitlinien 1/2019 über Verhaltensregeln und Überwachungsstellen gemäß der Verordnung (EU) 2016/679, Fassung 2.0 vom 4. Juni 2019, dort Rn. 86; Koreng/Lachenmann DatenschutzR-FormHdB/*Bergt* C.IV.2. Anm. 19.
⁴⁸ EDSA Leitlinien 1/2019 über Verhaltensregeln und Überwachungsstellen gemäß der Verordnung (EU) 2016/679, Fassung 2.0 v. 4.6.2019, dort Rn. 87.
⁴⁹ AA anscheinend ÖVwGH Urt. v. 31.10.2023 – Ro 2020/04/0024, dort Rn. 4 aE: Genehmigung von Verhaltensregeln unter der Bedingung der Akkreditierung einer Überwachungsstelle (im Umkehrschluss).
⁵⁰ IErg HK-DS-GVO/*Raschauer* Art. 41 Rn. 37.
⁵¹ Da es sich bei der DS-GVO um europäisches Recht handelt, ist für den Behördenbegriff die Rspr. des EuGH zu berücksichtigen (→ Art. 6 Rn. 21); so auch *Ehmann* ZD 2017, 201 (202). Danach ist der Behördenbegriff nach der nationalen Rechtsordnung zu bestimmen, wobei maßgeblich ist, dass es sich um die Erfüllung öffentlicher Aufgaben auf der Grundlage eines Sonderrechts handelt, das sich von denen im Verhältnis zwischen Privatpersonen geltenden Regeln unterscheidet; siehe EuGH Urt. v. 19.12.2013 – C-279/12, ECLI:EU:C:2013:853 Rn. 48, 56 – Fish Legal und Shirley. Wettbewerbsunternehmen in öffentlich-rechtlicher Organisationsform dürften diesem Behördenbegriff regelmäßig nicht unterfallen und sind damit nicht von Wirkungen genehmigter Verhaltensregeln ausgeschlossen.

Zertifizierung Art. 42

Eine etwaige Klärung von Differenzen zwischen der **Aufsichtsbehörde** und dem **Europäi-** 39
schen Datenschutzausschuss im Rahmen der **Kohärenzregelungen** sind im Rechtsweg
nach den dafür maßgeblichen Regelungen zu klären (siehe Kommentierung zu Art. 65 ff.).
Für einen nach Auffassung der **Aufsichtsbehörde** rechtswidrigen Beschluss der **Kommis-** 40
sion über die Allgemeingültigkeit von genehmigten Verhaltensregeln, auf dessen Gültigkeit es
für eine Entscheidung der Aufsichtsbehörde ankommt, trifft § 21 Abs. 1 BDSG nun eine
ausdrückliche Regelung: Die Aufsichtsbehörde hat das Verfahren, in dem die für allgemeingültig
erklärten Verhaltensregeln entscheidungsrelevant sind, auszusetzen und einen **Antrag auf ge-**
richtliche Entscheidung beim BVerwG zu stellen. Das BVerwG kann durch Entscheidung
feststellen, dass der Beschluss der Kommission gültig ist oder hat diese Frage dem EuGH
vorzulegen (siehe § 21 Abs. 6 BDSG).

Art. 42 Zertifizierung

(1) ¹Die Mitgliedstaaten, die Aufsichtsbehörden, der Ausschuss und die Kommission
fördern insbesondere auf Unionsebene die Einführung von datenschutzspezifischen
Zertifizierungsverfahren sowie von Datenschutzsiegeln und -prüfzeichen, die dazu
dienen, nachzuweisen, dass diese Verordnung bei Verarbeitungsvorgängen von Verantwortlichen oder Auftragsverarbeitern eingehalten wird. ²Den besonderen Bedürfnissen von Kleinstunternehmen sowie kleinen und mittleren Unternehmen wird Rechnung getragen.

(2) ¹Zusätzlich zur Einhaltung durch die unter diese Verordnung fallenden Verantwortlichen oder Auftragsverarbeiter können auch datenschutzspezifische Zertifizierungsverfahren, Siegel oder Prüfzeichen, die gemäß Absatz 5 des vorliegenden Artikels
genehmigt worden sind, vorgesehen werden, um nachzuweisen, dass die Verantwortlichen oder Auftragsverarbeiter, die gemäß Artikel 3 nicht unter diese Verordnung
fallen, im Rahmen der Übermittlung personenbezogener Daten an Drittländer oder
internationale Organisationen nach Maßgabe von Artikel 46 Absatz 2 Buchstabe f geeignete Garantien bieten. ²Diese Verantwortlichen oder Auftragsverarbeiter gehen
mittels vertraglicher oder sonstiger rechtlich bindender Instrumente die verbindliche
und durchsetzbare Verpflichtung ein, diese geeigneten Garantien anzuwenden, auch
im Hinblick auf die Rechte der betroffenen Personen.

(3) Die Zertifizierung muss freiwillig und über ein transparentes Verfahren zugänglich sein.

(4) Eine Zertifizierung gemäß diesem Artikel mindert nicht die Verantwortung des
Verantwortlichen oder des Auftragsverarbeiters für die Einhaltung dieser Verordnung
und berührt nicht die Aufgaben und Befugnisse der Aufsichtsbehörden, die gemäß
Artikel 55 oder 56 zuständig sind.

(5) ¹Eine Zertifizierung nach diesem Artikel wird durch die Zertifizierungsstellen
nach Artikel 43 oder durch die zuständige Aufsichtsbehörde anhand der von dieser
zuständigen Aufsichtsbehörde gemäß Artikel 58 Absatz 3 oder – gemäß Artikel 63 –
durch den Ausschuss genehmigten Kriterien erteilt. ²Werden die Kriterien vom Ausschuss genehmigt, kann dies zu einer gemeinsamen Zertifizierung, dem Europäischen
Datenschutzsiegel, führen.

(6) Der Verantwortliche oder der Auftragsverarbeiter, der die von ihm durchgeführte Verarbeitung dem Zertifizierungsverfahren unterwirft, stellt der Zertifizierungsstelle nach Artikel 43 oder gegebenenfalls der zuständigen Aufsichtsbehörde alle für
die Durchführung des Zertifizierungsverfahrens erforderlichen Informationen zur
Verfügung und gewährt ihr den in diesem Zusammenhang erforderlichen Zugang zu
seinen Verarbeitungstätigkeiten.

(7) ¹Die Zertifizierung wird einem Verantwortlichen oder einem Auftragsverarbeiter für eine Höchstdauer von drei Jahren erteilt und kann unter denselben Bedingungen verlängert werden, sofern die einschlägigen Kriterien weiterhin erfüllt werden.
²Die Zertifizierung wird gegebenenfalls durch die Zertifizierungsstellen nach Artikel 43 oder durch die zuständige Aufsichtsbehörde widerrufen, wenn die Kriterien für
die Zertifizierung nicht oder nicht mehr erfüllt werden.

(8) **Der Ausschuss nimmt alle Zertifizierungsverfahren und Datenschutzsiegel und -prüfzeichen in ein Register auf und veröffentlicht sie in geeigneter Weise.**

Literatur: Siehe die Hinweise zur Vorb. Art. 40–43.

Übersicht

	Rn.
A. Allgemeines	1
I. Zweck und Bedeutung der Vorschrift	1
II. Systematik, Verhältnis zu anderen Vorschriften	4
1. Systematik und Ablauf des Zertifizierungsverfahrens	4
2. Verhältnis zu anderen Vorschriften der DS-GVO	5
3. Verhältnis zum geltenden Recht und bestehenden Zertifizierungsverfahren	8
B. Einzelerläuterungen	11
I. Regelungsaufträge und Definitionen (Abs. 1)	11
II. Zertifizierung von Drittstaatsanbietern (Abs. 2)	19
III. Freiwilligkeit und Transparenz der Zertifizierung (Abs. 3)	20
IV. Bindungswirkungen der Zertifizierung (Abs. 4)	25
V. Zertifizierungsanbieter und -kriterien (Abs. 5 S. 1)	29
VI. Europäisches Datenschutzsiegel (Abs. 5 S. 2)	34
VII. Einleitung der Zertifizierung (Abs. 6)	39
VIII. Befristung und Widerruf der Zertifizierung (Abs. 7)	42
IX. Publizitätspflichten (Abs. 8)	43
C. Rechtsschutzfragen	45

A. Allgemeines

I. Zweck und Bedeutung der Vorschrift

1   Zusammen mit Art. 43 und seinen Regelungen über das Verfahren der Zertifizierungsstellen komplettiert Art. 42 das Instrumentarium der in der DS-GVO **erstmals verbindlich und umfassend** ausgebildeten Instrumente datenschutzrechtlicher Selbstregulierung. Der Regelungskomplex stärkt damit das Grundziel des Reformvorhabens, bestehende Vollzugsdefizite, die das Datenschutzrecht in besonderem Maße für Selbstregulierung prädestinieren,[1] nachhaltig zu reduzieren.

2   Anders als Verhaltensregeln (Art. 40) ergänzen Zertifizierungen das Schutzkonzept der DS-GVO nicht durch abstrakt-generelle Konkretisierungen, sondern unterstützen die unter den Bedingungen allgegenwärtiger Datenverarbeitung immer nur schwerpunkt- und anlassbezogen wahrzunehmenden staatlichen Überwachungspflichten.[2] Mit der **Einbindung privater Stellen** zur kontinuierlichen Überprüfung der Datenschutzkonformität konkreter Verarbeitungsvorgänge tritt das Zertifizierungsverfahren neben die ebenfalls im Privatrecht verankerten Mechanismen der Verbandsklage (Art. 80) und der Haftungs- und Schadensersatzpflicht (Art. 82). Anders als bei diesen repressiven Instrumenten liegt der Schwerpunkt der Kontrollfunktion im Zertifizierungsverfahren dagegen bei einer präventiven Durchsetzung von Datenschutzstandards. Schon wegen ihrer Freiwilligkeit sind Zertifizierungsverfahren ebenso wie Verhaltensregeln als Ausprägung des Grundprinzips der „Rechenschaftspflicht" bzw. „Accountability" einzuordnen, das Art. 24 Abs. 1 als Grundsatzregelung aufgreift und mit einer Vielzahl einzelner Regelungen wie der Verpflichtung zur Führung eines Verarbeitungsverzeichnisses (Art. 30), den Meldepflichten bei Datenschutzverletzungen (Art. 33 und 34) oder der zumindest partiell erreichten Verankerung interner Datenschutzbeauftragter (Art. 37) genauer konturiert. Diese unmittelbare **systematische Verknüpfung zwischen den Selbstregulierungsinstrumenten** der Verhaltensregeln und Zertifizierungen sowie dem Grundsatz der Rechenschaftspflicht wird in Art. 24 Abs. 3 deutlich: während die Rechenschaftsverpflichtung gemäß Art. 24 Abs. 1 nicht nur verlangt, für die Einhaltung datenschutzrechtlicher Anforderungen Maßnahmen zu treffen und für diese einzustehen (so bisher Art. 6 Abs. 2 RL 95/46/EG), sondern auch den „Nachweis" dafür erbringen zu können, dass die Datenverarbeitung in Einklang mit der DS-GVO erfolgt, darf

---

[1] *Martini* NVwZ-Extra 3/2016, 7 (8).
[2] → Vorb. Art. 40–43 Rn. 5.

nach Art. 24 Abs. 3 die Einhaltung der genehmigten Verhaltensregeln und genehmigter Zertifizierungsverfahren als Gesichtspunkt herangezogen werden, um diese Nachweise zu erbringen. Entsprechendes gilt gemäß Art. 28 Abs. 5 für den nach dem Grundsatz der Rechenschaftspflicht gebotenen Nachweis geeigneter Garantien durch den Auftragsverarbeiter: auch hierfür können Verhaltensregeln und Zertifizierungen „als Faktor" zur Erbringung der Nachweispflicht herangezogen werden.

Die Grundelemente der Zertifizierung gemäß Art. 42 und 43 lassen sich daher bereits auf eine grundlegende Stellungnahme der Artikel-29-Datenschutzgruppe vom 13.7.2010 zum „Grundsatz der Rechenschaftspflicht"[3] zurückführen. Für deren „Reglementierung" fordert die Datenschutzgruppe u.a. Vorschriften über die einheitliche Erbringung dieser Dienstleistungen, die eine hohe Dienstleistungsqualität im Binnenmarkt gewährleisten, also mehr als Programmsätze oder Regelungsaufträge an die Mitgliedstaaten. Weitere Grundbedingungen einer stärkeren Nutzung von Zertifizierungen zur Durchsetzung des Datenschutzrechts sind aus Sicht der Datenschutzgruppe die Einbeziehung der Datenschutzbehörden in die Akkreditierung der Zertifizierungsstellen[4] und die in Art. 43 Abs. 1 S. 2 Buchst. b aufgegriffene Option, auch auf Zertifizierungsdienste im Bereich des Datenschutzes die bereits auf Grund der Verordnung (EG) Nr. 765/2008 bestehenden Akkreditierungsvorschriften anzuwenden. Akzeptanz und praktische Nutzung dieser Neuregelung sind in den ersten fünf Jahren der Geltung der DS-GVO verhalten geblieben und haben bislang unionsweit nicht zu einem nennenswerten Angebot von Zertifizierungsmöglichkeiten für Verantwortliche und Auftragsverarbeiter geführt. Allerdings hat der Europäische Datenschutzausschuss zwischen 2019 und 2023 mit drei grundlegenden Leitlinien zu Zertifizierungs- und Akkreditierungskriterien einschließlich der Anforderungen an Zertifizierungen als Transferinstrument im Sinne von Art. 46 Abs. 2 Buchst. f sowie mehreren Aktualisierungen und Begleitdokumenten wesentliche Hilfestellungen veröffentlicht, die die kohärente Handhabung datenschutzrechtlicher Zertifizierungen ermöglichen sollten. Ob diese die bisher einstellige Zahl aufsichtlich beurteilter Zertifizierungsprogramme in absehbarer Zeit substantiell anwachsen lassen, bleibt abzuwarten.

II. Systematik, Verhältnis zu anderen Vorschriften

1. Systematik und Ablauf des Zertifizierungsverfahrens. Art. 42 und 43 begründen entsprechend dem nochmals komplexeren **Vorbild der Umwelt-Auditverordnung** (Verordnung (EG) Nr. 1221/2009) den organisationsrechtlichen Rahmen für datenschutzrechtliche Zertifizierungen und Gütesiegel, vermitteln aber regelungstechnisch kein klares Bild der Verfahrensstrukturen. Ein an den erforderlichen Institutionen und den zu ihrer Einrichtung jeweils zuständigen Akteuren ausgerichteter Überblick ergibt im Kern folgende Abläufe und Verantwortlichkeiten:[5]

Akkreditierungsstelle: Bestimmung der Zuständigkeit/en von Aufsichtsbehörden und/oder nationaler Akkreditierungsstelle für die Akkreditierung von Zertifizierungsstellen **durch den Mitgliedstaat** gemäß Art. 43 Abs. 1 S. 2 (in Deutschland durch den für das Berufsrecht zuständigen Bundesgesetzgeber).

Akkreditierungsanforderungen: Festlegung (ergänzender) Akkreditierungsanforderungen **durch die nationalen Aufsichtsbehörden** nach vorheriger Unterrichtung und Billigung des Europäischen Datenschutzausschuss gemäß Art. 43 Abs. 3 und Art. 64 Abs. 1 S. 2 Buchst. c und Veröffentlichung ihrer Anforderungen durch die Aufsichtsbehörde sowie Unterrichtung des Europäischen Datenschutzausschusses (Art. 43 Abs. 6 S. 1 und 2).

Akkreditierung von Zertifizierungsstellen: Akkreditierung der Zertifizierungsstelle auf Antrag gemäß Art. 43 Abs. 2 **durch die Akkreditierungsstelle** unter Zugrundelegung der allgemeinen und datenschutzspezifischen Akkreditierungsanforderungen (Art. 43 Abs. 3). Höchstdauer: fünf Jahre mit Verlängerungsoption (Art. 43 Abs. 4 S. 2).

Zertifizierungskriterien, Europäisches Datenschutzsiegel; delegierte Rechtsakte: Genehmigung **durch die zuständige Aufsichtsbehörde** nach Stellungnahme des Europäischen Datenschutzausschusses (Art. 64 Abs. 1c)[6] der von der Zertifizierungsstelle vorgeschlagenen

---

[3] Artikel-29-Datenschutzgruppe, WP 173, Stellungnahme 3/2010 zum Grundsatz der Rechenschaftspflicht, Ziff. 69 und 70.
[4] Nunmehr Art. 43 Abs. 1 S. 2.
[5] Zur Grundstruktur → Vorb. Art. 40–43 Rn. 4.
[6] Ausf. Hinweise zum Verfahren und zu Handlungsempfehlungen für das vorbereitende Ausschussverfahren finden sich im EDSA-internen Dok. v. 14.2.2023 „EDPB Document on the procedure for the adaption of the EDPB opinions regarding national criteria for certification and European Data Protection Seals".

Kriterien für Zertifizierungen bzw. eigenständige Erstellung von Zertifizierungskriterien bei aufsichtsbehördlichen Zertifizierungsverfahren (Art. 42 Abs. 5 S. 1, Art. 58 Abs. Buchst. n),
Zertifizierungsentscheidung: Erteilung/Verlängerung der Zertifizierung **durch die Zertifizierungsstelle** nach Unterrichtung der Aufsichtsbehörde gemäß Art. 43 Abs. 1 S. 1 iVm Abs. 5 unter Anwendung der Zertifizierungskriterien (Art. 43 Abs. 2 Buchst. b iVm Art. 42 Abs. 5) bzw. **durch die Aufsichtsbehörde selbst;** Höchstdauer: drei Jahre mit Verlängerungsoption (Art. 42 Abs. 7 S. 1).
Überwachung der Zertifizierung: Regelmäßige Überwachung des zertifizierten Verantwortlichen bzw. Auftragsverarbeiters **durch die Zertifizierungsstelle** neben den fortbestehenden Aufgaben und Befugnissen der Aufsichtsbehörden, gegebenenfalls Widerruf der Zertifizierung (Art. 43 Abs. 4 S. 1 iVm Art. 43 Abs. 2 Buchst. c).

Eine schematische Darstellung der verschiedenen Phasen und Stadien von Zertifizierungsverfahren findet sich in den Leitlinien 1/2018 des Europäischen Datenschutzausschusses.[7]

5   **2. Verhältnis zu anderen Vorschriften der DS-GVO.** Als **Anreiz für die freiwillige Nutzung** von Zertifizierungsverfahren verknüpft die DS-GVO diese mehrfach mit Regelungen über den Nachweis der Erfüllung bestimmter materieller Grundpflichten des Verantwortlichen oder Auftragsverarbeiters: ihre Heranziehung als „Gesichtspunkt" oder „Faktor" wird durch Art. 24 Abs. 3 für die Erfüllung der allgemeinen Rechenschaftspflichten zugelassen, in Art. 25 Abs. 3 hinsichtlich der Anforderungen zum Datenschutz durch Technikgestaltung und datenschutzfreundlichen Voreinstellungen, nach Art. 28 Abs. 5 und 6 für hinreichende Garantien bei der Auftragsverarbeitung sowie durch Art. 32 Abs. 3 für die Beurteilung risikoadäquater technischer Schutzmaßnahmen. Zertifizierungsverfahren dürfen außerdem gemäß Art. 83 Abs. 2 Buchst. j bei aufsichtsbehördlichen Entscheidungen über die Ahndung eines Datenschutzverstoßes durch eine Geldbuße und bei der Ausschöpfung des Sanktionsrahmens berücksichtigt werden.

6   Anders als diese auf eine rein verfahrensrechtliche Privilegierung zertifizierter Verarbeitungsvorgänge beschränkten Regelungen begründet Art. 46 Abs. 2 Buchst. f für Verantwortliche und Auftragsverarbeiter in Drittstaaten, die sich einer unionsrechtlichen Zertifizierung unterwerfen, eine materiell-rechtliche Privilegierung und erhöht damit die **Anreizwirkung:**
Mit der Anerkennung „genehmigter" Zertifizierungen nach Art. 42, die nur noch durch rechtsverbindliche und durchsetzbare Verpflichtungen des Datenempfängers zur Anwendung dieser geeigneten Garantien ergänzt werden müssen, treten diese neben Standardvertragsklauseln und unternehmensinternen Datenschutzvorschriften als **genehmigungsfreie Rechtfertigungen einer Drittstaatenübermittlung.**[8] Zertifizierungen dienen damit, ebenso wie die durch Art. 46 Abs. 2 Buchst. e gleichfalls als „geeignete Garantien" anerkannten Verhaltensregeln gemäß Art. 40 dazu, den Ausbau globaler Datenverarbeitungsgrundsätze durch regulierte Selbstregulierung zu stärken. Sie nutzen diese an die Anforderungen der DS-GVO geknüpften Instrumente zugleich im Interesse gleicher Wettbewerbsbedingungen, um die Etablierung europäischer Datenschutzstandards im globalen Datenverkehr zu fördern.[9]

7   Anders als für Verhaltensregeln ist eine Berücksichtigung von Zertifizierungen im Rahmen der **Datenschutz-Folgenabschätzung** durch Art. 35 Abs. 8 nicht vorgesehen. Obwohl grundsätzlich Konstellationen nicht ausgeschlossen werden können, bei denen zB die Einbeziehung bestimmter, in einer Zertifizierung bestätigter technischer und organisatorischer Maßnahmen gemäß Art. 25 Abs. 1 für die Risikobewertung eines Verarbeitungsverfahrens gemäß Art. 35 Abs. 1 Bedeutung zukommt, ist die in Art. 35 Abs. 8 vorgenommene Differenzierung systematisch stimmig: Gegenstand der Zertifizierung ist ein bereits konkretisierter und gegebenenfalls eingeleiteter Verarbeitungsvorgang. Dagegen ist die Folgenabschätzung vor der Entscheidung über den Einsatz einer bestimmten Verarbeitung durchzuführen und löst gegebenenfalls insbesondere in Fällen einer Vorherigen Konsultation gemäß Art. 36 noch Modifizierungen aus, um festgestellte Risiken einzudämmen. Verhaltensregeln begründen demgegenüber spezifische abstrakt-generelle Verarbeitungsanforderungen, die zB die Voraussetzungen und Grenzen bestimmter Schutzmaßnahmen wie etwa der Pseudonymisierung personenbezogener Daten

---

[7] Guidelines 1/2018 on certification and identifying certification criteria in accordance with Articles 42 and 43 of the Regulation, Version 3.0, Rn. 19.
[8] Zu den Anforderungen iE → Art. 46 Rn. 5 f. sowie EDSA-Leitlinien 7/2022 über die Zertifizierung als Instrument für Übermittlungen, Version 2.0, angenommen am 14. Februar 2023.
[9] Zur „Harmonisierung des globalen Datenschutzes durch Binding Corporate Rules" *Voskamp* Transnationaler Datenschutz S. 129.

(Art. 40 Abs. 2 Buchst. d) konkretisieren und damit relevante Maßstäbe für die Risikobewertung im Rahmen der Datenschutz-Folgenabschätzung vermitteln können.

3. Verhältnis zum geltenden Recht und bestehenden Zertifizierungsverfahren. Gegenüber Art. 27 RL 95/46/EG, der sich auf Verhaltensregeln beschränkte, etablieren Art. 42 und 43 und die an sie anknüpfenden Folgeregelungen ein **grundlegend neues Regelungssystem.** Trotz dieser bisherigen Lücke im europäischen Datenschutzrecht haben sich im nationalen Recht und vor allem in der Rechtspraxis eigenständige Zertifizierungsmechanismen unterschiedlicher Konzeption und Bedeutung entwickelt, die das Bedürfnis nach einer stärkeren Harmonisierung verdeutlichen, zumal mitgliedstaatliche Zertifizierungsregelungen ohnedies wegen ihrer möglichen Wirkung als Beschränkung der Waren- und Dienstleistungsfreiheit engen Grenzen unterliegen.[10] 8

Zwar haben sich im Bundesrecht durch das Scheitern der erforderlichen berufsrechtlichen Ausführungsregelungen keine Verfahren entwickeln können, die die **Programmnorm des § 9a BDSG** mit Leben erfüllt hätten.[11] Trotz der nur in einzelnen Datenschutzgesetzen der Länder geglückten Verankerung vollziehbarer Zertifizierungsmechanismen[12] haben sich alleine in Deutschland nach einer Erhebung der Stiftung Datenschutz bis 2016 mehr als 40 unterschiedliche datenschutzrechtliche Zertifizierungs- und Gütesiegelanbieter etabliert.[13] Eine im Unterschied zu den zumindest in Einzelfällen erfolgreich abgeschlossenen Projekten datenschutzrechtlicher Verhaltenskodizes[14] auf abstrakte Anforderungen beschränkte frühe Positionierung der deutschen Datenschutzaufsichtsbehörden ist dem Beschluss des Düsseldorfer Kreises vom 25./26.2.2014 über „Modelle zur Vergabe von Prüfzertifikaten, die im Wege der Selbstregulierung entwickelt und durchgeführt werden" zu entnehmen.[15] Obgleich vom Förderungsauftrag des Art. 27 Abs. 1 RL 95/46/EG als Kontrollstelle der verpflichteten Mitgliedstaaten allenfalls indirekt erfasst haben die französische und die britische Datenschutzbehörde umfassende Zertifizierungs- bzw. Gütesiegelkonzepte entwickelt.[16] 9

Für bestehende Zertifizierungsverfahren und „unregulierte" datenschutzrechtliche Siegel und Prüfzeichen ergibt sich aus Art. 42 f. mit dem Beginn der Anwendung der DS-GVO (Art. 99 Abs. 2) kein grundsätzliches Verwendungsverbot. Ebenso wenig schließen die Regelungen aus, etablierte **Überprüfungsverfahren** außerhalb der Verfahrensanforderungen der Art. 42 und 43 **fortzuentwickeln** oder neue Zertifizierungsverfahren außerhalb der formellen und materiellen Anforderungen der DS-GVO anzubieten. Da in diesen Fällen aber die an genehmigte Zertifizierungsverfahren anknüpfenden Rechtsfolgen nicht eintreten können, werden Anbieter und Nutzer solcher sonstigen Zertifizierungen jedenfalls nach allgemeinen vertrags- und wettbewerbsrechtlichen Grundsätzen klar auf die Grundlage ihren jeweiligen Verfahren verweisen und für eine unterscheidbare Außendarstellung Sorge tragen müssen.[17] 10

B. Einzelerläuterungen

I. Regelungsaufträge und Definitionen (Abs. 1)

Art. 42 Abs. 1 enthält anknüpfend an Art. 27 Abs. 1 DS-RL einen **allgemeinen Programmsatz** zur Förderung von Zertifizierungsmechanismen und begründet zugleich die Grunddefinition der Zertifizierung: 11

---

[10] Zu bauproduktrechtlichen, anders als Zertifizierungen nach Art. 42 und 43 allerdings als Marktzugangsvoraussetzung ausgestalteten Zertifizierungen durch Private EuGH Urt. v. 12.7.2012 – C-171/11, ECLI:EU:C:2012:453 – Fra.bo.
[11] NK-BDSG/*Scholz* § 9a Rn. 40 ff.; *Hornung/Hartl* ZD 2014, 219 ff. (222) zum Scheitern eines „Datenschutzauditgesetzes".
[12] *Karper* PinG 2016, 201 (203); *Bizer/Körffer* digma 1/2006.
[13] https://stiftungdatenschutz.org/fileadmin/Redaktion/aktuell_Zertifizierungsuebersicht-August_2016.pdf.
[14] *Karper* PinG 2016, 202.
[15] www.ldi.nrw.de/mainmenu_Service/submenu_Entschliessungsarchiv/Inhalt/Beschluesse_Duesseldorfer_Kreis/Inhalt/2014/Modelle_zur_Vergabe_von_Pr__fzertifikaten/Beschluss_Modelle_f__r_Pr__fzertifikate.pdf.
[16] Zum „Privacy Seal" der ICO https://iconewsblog.wordpress.com/2015/01/28/what-you-need-to-know-about-ico-privacy-seals/; zum „Privacy Seal Program" der CNIL v. August 2015 www.cnil.fr/fr/node/15803.
[17] Ähnlich zum Abstandsgebot für Verhaltensregeln ggü. Zertifizierungen, → Art. 40 Rn. 4.

Adressat der allgemeinen, lediglich durch das Regelungsziel „insbesondere auf Unionsebene" und die sog. KMU-Klausel des Abs. 1 S. 2 näher konkretisierten Verpflichtung zur Förderung von Zertifizierungsmechanismen sind neben den bereits in der EG-Datenschutzrichtlinie geforderten Mitgliedstaaten und der Kommission die Aufsichtsbehörden und als gesonderte Rechtspersönlichkeit (Art. 68 Abs. 1) der Europäische Datenschutzausschuss.

Die **Förderverpflichtung der Aufsichtsbehörden** wird im Aufgabenkatalog des Art. 57 Abs. 1 Buchst. n konkretisiert als Auftrag, Datenschutzzertifizierungsmechanismen, Datenschutzsiegel und -prüfzeichen anzuregen. Die Regelung knüpft damit unmittelbar an den Art. 42 Abs. 1 zugeordneten Erwägungsgrund 100 an, der genauso wie Art. 42 Abs. 1 selbst bereits im KOM-Vorschlag vom 27.1.2012 (Art. 39 Abs. 1 bzw. Erwägungsgrund 77) enthalten war.[18]

Für den **Europäischen Datenschutzausschuss** ergibt sich dagegen aus der spezifischen Aufgabenzuweisung in Art. 70 Abs. 1 Buchst. n keine weitere inhaltliche Präzisierung.

12 Mit der allgemeinen Förderverpflichtung der Mitgliedstaaten und der Kommission zielt Art. 42 Abs. 1 nach dem Grundsystem der DS-GVO weniger auf ergänzende normative Maßnahmen zur Verbesserung der Rahmenbedingungen datenschutzrechtlicher Zertifizierungsmechanismen als auf allgemeine politische, administrative und gegebenenfalls fiskalische Maßnahmen wie zB **Förderprojekte oder Forschungsvorhaben.** Ein bislang vereinzelt landesrechtlich begründetes Gebot zum vorrangigen Einsatz datenschutzrechtlich zertifizierter bzw. auditierter Verfahren in öffentlichen Stellen (so § 7b Abs. 2 des Bremischen Datenschutzgesetzes und § 4 Abs. 2 des Landesdatenschutzgesetzes Schleswig-Holstein) ist aus Art. 42 Abs. 1 S. 1 nicht unmittelbar abzuleiten, da die Regelung nicht die möglichst umfassende Verbreitung, sondern zunächst nur die Einführung dieser Selbstregulierungsverfahren zielt.

13 Mit der Förderverpflichtung führt Art. 42 Abs. 1 S. 1 zudem indirekt die **Grunddefinition der Zertifizierung** als ein Verfahren ein, das dazu dient, die Einhaltung der Verordnung bei Verarbeitungsvorgängen von Verantwortlichen oder Auftragsverarbeitern nachzuweisen. Bereits diese Definition unterstreicht, dass der Zertifizierung keine eigenständige Regelungswirkung im Sinne einer öffentlich-rechtlichen Genehmigung zukommen soll, mit der eine verbindliche Feststellung über die Einhaltung datenschutzrechtlicher Anforderungen erlangt werden kann.

14 Diese Definition zeigt zugleich den **Prüfungsmaßstab des Zertifizierungsverfahrens** auf, da der Nachweis über die Einhaltung der Verordnung eine umfassende Überprüfung sowohl der aus der Verordnung unmittelbar abzuleitenden als auch der zu ihrer Durchführung aufgrund von Öffnungsklauseln oder Regelungsaufträgen erlassenen spezifischen datenschutzrechtlichen Bestimmungen der Mitgliedstaaten umfasst. Nachdem Art. 42 f. keine Differenzierung zwischen der Datenverarbeitung durch öffentliche Stellen oder Behörden vorsehen und auch anderweitige Regelung anders als bei Verhaltensregeln in diesen Bereichen nicht zum Ausschluss von Zertifizierungen führen,[19] ist damit auch die Möglichkeit von Zertifizierungen über Verarbeitungen auf Grundlage von Art. 6 Abs. 1 Buchst. c und e iVm Art. 6 Abs. 2 und Abs. 3 eröffnet. Gleichwohl bleibt fraglich, ob der öffentliche Bereich angesichts der begrenzten Rechtsvorteile einer Zertifizierung diese als Instrument klassischer Selbstregulierung und Differenzierung im Wettbewerb geprägten Verfahren nachhaltiger als bisher aufgreift.[20]

15 Gegenstand des Zertifizierungsverfahrens nach Art. 42 f. sind Verarbeitungen, dh einzelne oder mehrere Verarbeitungsvorgänge, **nicht aber die Organisation**[21] des Verantwortlichen oder Auftragsverarbeiters in ihrer Gesamtheit.[22] Eine Differenzierung zwischen spezifischen

---

[18] Erwägungsgrund 100: „Um die Transparenz zu erhöhen und die Einhaltung dieser Verordnung zu verbessern, sollte angeregt werden, dass Zertifizierungsverfahren sowie Datenschutzsiegel und -prüfzeichen eingeführt werden, die den betroffenen Personen einen raschen Überblick über das Datenschutzniveau einschlägiger Produkte und Dienstleistungen ermöglichen."

[19] Zu Art. 41 Abs. 6 → Vorb. Art. 40–43 Rn. 10.

[20] Ohne nähere Begr. optimistisch zur Inanspruchnahme von Zertifizierungen durch Bundes- und Landesbehörden, zugleich skeptisch zu Zertifizierungen im nicht öffentlichen Bereich *Schaffland/Wiltfang* DS-GVO Art. 42 Rn. 43.

[21] So iErg auch EDSA-Leitlinie 1/2018, Rn. 55: „On the basis of these considerations, the EDSA considers that the scope of certification under the GDPR is directed to processing operations or sets of operations. These may comprise of governance processes in the sense of organisational measures, hence as integral parts of a processing operation (e. g. the governance process established for complaints handling as part of the processing of employee data for the purpose of salary payment)."; weiterführend außerdem Annex 2 der Leitlinie, Ziff. 4 und Leitlinie 7/2022, Rn. 17.

[22] → Vorb. Art. 40–43 Rn. 8.

Anforderungen für Produkt- oder Verfahrenszertifizierungen,[23] die die jeweiligen Bedingungen und Rollen einer Verarbeitung personenbezogener Daten berücksichtigt,[24] bleibt damit den durch die Aufsichtsbehörden gemäß Art. 42 Abs. 5 aufzustellenden Zertifizierungskriterien vorbehalten.[25]

Art. 42 Abs. 1 S. 1 zeigt zudem, dass die Verordnung die Begriffe Zertifizierungsverfahren einerseits und der Datenschutzsiegel und -prüfzeichen andererseits als deren Außendarstellungsformen nicht abgegrenzt, sondern synonym verwendet. 16

Art. 42 Abs. 1 S. 2 enthält eine zwar unmittelbar verbindlich formulierte, in ihre Zielrichtung aber gleichwohl vage und letztlich **programmsatzartige Verpflichtung** bzw. Feststellung über die besonderen Bedürfnisse von Kleinstunternehmen sowie kleinen und mittleren Unternehmen. Die Regelung konkretisiert Erwägungsgrund 13, der im Hinblick auf mögliche Benachteiligungen dieser Unternehmenstypen festhält, dass die Organe und Einrichtungen der Union sowie die Mitgliedstaaten und deren Aufsichtsbehörden dazu angehalten werden, bei der Anwendung dieser Verordnung die besonderen Bedürfnisse von Kleinstunternehmen sowie von kleinen und mittleren Unternehmen zu berücksichtigen.[26] 17

Die Kommission wird durch Art. 43 Abs. 8 und 9 ermächtigt, delegierte Rechtsakte mit Anforderungen an die in Abs. 1 genannten datenschutzspezifischen Zertifizierungsverfahren und Durchführungsrechtsakte zur Förderung und Anerkennung von Zertifizierungsverfahren und Datenschutzsiegeln und -prüfzeichen zu erlassen.[27] 18

II. Zertifizierung von Drittstaatsanbietern (Abs. 2)

Art. 42 Abs. 2 eröffnet auch für Verarbeiter und Auftragsverarbeiter **außerhalb des räumlichen Anwendungsbereichs der DS-GVO** die Möglichkeit, ihre Verarbeitungen Zertifizierungsmechanismen zu unterwerfen. Die Vorschrift modifiziert zudem auch die sonst auf verfahrensrechtliche Erleichterungen beschränkten Rechtsfolgen einer Zertifizierung, indem sie diese in Zusammenspiel mit Art. 46 Abs. 2 Buchst. f als einen eigenständigen Rechtfertigungstatbestand für Datenübermittlungen in Drittstaaten anerkennt. Art. 42 Abs. 2 S. 2 verlangt in diesen Fällen aber in Übereinstimmung mit Art. 46 Abs. 2 Buchst. f zusätzlich vertragliche oder gleichwertig rechtlich verbindliche und durchsetzbare Verpflichtungen, die auch Rechte der Betroffenen umfassen bzw. begründen müssen.[28] Diese muss mit den gleichgestellten Mechanismen der Standardvertragsklauseln und verbindlichen unternehmensinternen Datenschutzvorschriften verbundene **Drittwirkung** berücksichtigen, dass Zertifizierungen als solche die Rechte der Betroffenen weder beschränken (im Sinne eines Ausschlusses von Beschwerdegründen) noch erweitern können, sondern allenfalls zur Erfüllung von Nachweispflichten beitragen. Die eigentliche Funktion der Zertifizierung eines Verarbeitungsvorgangs in einem Drittstaat besteht deshalb darin, zu erreichen bzw. zu bestätigen, dass diese Verarbeitung entsprechend den Anforderungen des europäischen Datenschutzrechts durchgeführt wird. 19

III. Freiwilligkeit und Transparenz der Zertifizierung (Abs. 3)

Art. 42 Abs. 3 begründet die Grundprinzipien der Freiwilligkeit und Transparenz von Zertifizierungsverfahren. Sie stellt damit klar, dass die Entscheidung über die Beantragung einer 20

---

[23] Zur der durch § 9a BDSG gebotenen Differenzierung NK-BDSG/*Scholz* § 9a Rn. 24 ff., 28 ff.

[24] Ausf. zu einzelnen Fragestellungen das Addendum des EDSA zu den Leitlinien 1/2018 v. 6.4.2021 (Guidance – Addendum [Annex to Guidelines 1/2018 on certification and identifying certification criteria in accordance with Articles 42 and 43 of the Regulation] Certification criteria assessment), Rn. 15: „As such, a software provider cannot apply for certification for a software tool if it is a standalone product used only at the client's site without the involvement of the provider with regard to the client's processing of personal data. This is because GDPR certification is intended for controllers or processors see GDPR recital 78 Adopted – version for public consultation 6 and not for manufacturers of standalone products. However, if the same software includes for example a data storage service involving the provider in the processing of personal data, the provider can apply for certification for this part (because the provider is likely to be a personal data processor)".

[25] Unter Verweis auf Erwägungsgrund 100 befürwortend Kühling/Buchner/*Bergt* DS-GVO Art. 42 Rn. 3.

[26] Zur Eingrenzung dieser Unternehmen verweist der Erwägungsgrund auf Art. 2 des Anh. zur Empfehlung 2003/3612/EG der Kommission.

[27] → Art. 43 Rn. 15 und 16.

[28] Zu deren Ausgestaltung auch → Art. 40 Rn. 13; zur Ausgestaltung detailliert EDSA-Leitlinien 7/2022, Rn. 47 ff.

Zertifizierung wie auch über deren Beendigung oder Rückgabe in sämtlichen Fällen des Art. 42 alleine der verantwortlichen Stelle oder dem Auftragsverarbeiter obliegt.

21 Aus dem Grundsatz der Freiwilligkeit kann allerdings nicht abgeleitet werden, dass es Verantwortlichen bei der Entscheidung über die Eingehung eines Auftragsverarbeitungsvertrags verwehrt ist, ihre Auswahlentscheidung von der Vorlage einer Zertifizierung abhängig zu machen, zumal diese Erleichterungen der Nachweispflichten nach Art. 28 Abs. 5 und 6 auslösen würde.

22 Ob Art. 42 Abs. 3 die Aufsichtsbehörde hindert, gegenüber dem Verantwortlichen oder Auftragsverarbeiter verpflichtend die Durchführung einer Zertifizierung oder deren wiederholte Beibringung anzuordnen, ist unklar, obgleich sich ein derartiger auditierungsähnlicher Prozess als Maßnahme zur dauerhaften Herstellung datenschutzgerechter Verhältnisse gerade bei grundlegendem Fehlverhalten anbieten könnte. Gegen eine derartige Befugnis spricht, dass die umfassenden Regelungen über aufsichtsbehördliche Anordnungsbefugnisse explizit keine Maßnahmen vorsehen, die eine Durchbrechung des Grundprinzips der Freiwilligkeit in Art. 42 Abs. 3 anordnet. Vielmehr umfassen die Abhilfebefugnisse nach Art. 58 Abs. 2 im Hinblick auf Zertifizierungen nur Maßnahmen, die auf deren Aufhebung zielen (Art. 58 Abs. 2 Buchst. h), nicht auf deren Beantragung. Zumindest bleibt es den Aufsichtsbehörden jedenfalls möglich, im Rahmen ihrer Beratungsbefugnisse auf die Durchführung von Zertifizierungen hinzuwirken oder diese zur Vermeidung weitergehender Anordnung im Rahmen eines Abhilfekonzepts vorzuschlagen.

23 Mit dem Gebot der Zugänglichkeit über ein transparentes Verfahren begründet Art. 42 Abs. 3 allgemeine Anforderungen zur Ausgestaltung von Zertifizierungsdienstleistungen, die im Einzelfall im Rahmen der Akkreditierung und Überwachung von Zertifizierungsstellen konkretisierungsfähig sind. Aus dem Gebot ergeben sich schon wegen der Grundfunktion von Zertifizierungen, im Rechtsverkehr Vertrauen in die datenschutzkonforme Ausgestaltung von Verarbeitungen zu sichern, grundsätzliche, von der Verordnung selbst teils bereits angeordnete Publizitätspflichten (etwa in Art. 43 Abs. 6). Der in allen Sprachfassungen offene Wortlaut spricht im Übrigen dafür, das Gebot der Zugänglichkeit der Zertifizierung über ein transparentes Verfahren nicht nur auf das Angebot des Zertifizierungsdienstleisters, also die Bereitstellung bzw. Erreichbarkeit einer Zertifizierungsmöglichkeit zu beziehen, sondern auf die Erlangung des Zertifikats und damit auch auf das zur Zertifizierung führende Überprüfungsverfahren.

24 Unbeschadet weiterer Anforderungen an die Zertifizierungsstelle und der eigentlichen materiellen und technischen Zertifizierungskriterien verzichtet die DS-GVO auf zusätzliche Detailanforderungen an Zertifizierungsmechanismen, insbesondere zeitliche oder wirtschaftliche Beschränkungen.[29]

IV. Bindungswirkungen der Zertifizierung (Abs. 4)

25 Art. 42 Abs. 4 stellt klar, dass eine Zertifizierung datenschutzaufsichtliche Aufgaben und Befugnisse unberührt lässt. Sie schließt damit – wie die Verwendung des Plurals und die Verweisung auf die allgemeine wie die spezielle Regelung der örtlichen Zuständigkeit nach Art. 55 und nach Art. 56 für Fälle des sogenannten One-Stop-Shop deutlich machen – sowohl für nicht am Zertifizierungsverfahren beteiligte Aufsichtsbehörden wie auch die nach Art. 43 Abs. 1 vor der Zertifizierung angehörte Aufsichtsbehörde **Bindungswirkungen** umfassend aus.

26 Auch im Fall ihrer Beteiligung in einem konkreten Zertifizierungsverfahren bleiben die **Aufsichtsbehörden** damit frei, umfassend ihre durch Art. 8 Abs. 3 GRCh verbürgte unabhängige Überwachungsfunktion wahrzunehmen und damit zB aus Anlass einer Betroffenenbeschwerde gegenüber dem zertifizierten Verantwortlichen oder Auftragsverarbeiter **Abhilfemaßnahmen** anzuordnen, die im Widerspruch zu der mit der Zertifizierung getroffenen Feststellung einer verordnungskonformen Verarbeitung stehen. Jede andere Wirkung für die Rechte des Betroffenen würde zudem die Frage nach seiner – durch Art. 42 Abs. 3 allenfalls vage gewährleisteten – Möglichkeit zur Verfahrensbeteiligung sowie nach Rechtsschutzmöglichkeiten zur Beseitigung von Bindungswirkungen der Aufsichtsbehörde aufwerfen.

27 Aus den gleichen Gründen ist der Ausschluss jeder Bindungswirkung für nicht am Zertifizierungsverfahren beteiligte Aufsichtsbehörden gerechtfertigt. Anders als im Verfahren der Zusammenarbeit bei grenzüberschreitenden Entscheidungen der federführenden Aufsichtsbehörde (Art. 60) wird anderen, **nicht örtlich zuständigen Aufsichtsbehörden** weder bei Zertifizie-

---

[29] So noch der Standpunkt des Europäischen Parlaments v. 12.3.2014, der in Art. 39 Abs. 1b zusätzlich „erschwingliche (...) und nicht übermäßig aufwändige Verfahren" gefordert hatte.

rungen der zuständigen Aufsichtsbehörden noch in Verfahren einer akkreditierten Zertifizierungsstelle eine unmittelbare Beteiligungsmöglichkeit eingeräumt ist.

Für die selbst für die Erteilung der Zertifizierung zuständige oder vor ihrer Erteilung unterrichtete Aufsichtsbehörde steht der uneingeschränkte Fortbestand ihrer aufsichtsbehördlichen Aufgaben und Befugnisse gemäß Art. 42 Abs. 4 in einem Spannungsverhältnis mit dem auch unionsrechtlich zumindest im Rahmen der Grundsätze der guten Verwaltung (Art. 41 GRCh) anzuerkennenden Willkürverbot und der daraus **abzuleitenden Selbstbindung der Verwaltung**. Art. 42 Abs. 4 stellt auch hier klar, dass ihrer Kontrollverantwortung gegenüber dem Betroffenen Vorrang gebührt. Dieser Vorrang schließt aber nicht aus, dass die am Zertifizierungsverfahren beteiligte Aufsichtsbehörde im Sinne einer gesteigerten Darlegungslast bei aufsichtsbehördlichen Maßnahmen, die mit der Zertifizierung in Widerspruch stehen, in besonderer Weise die Gesichtspunkte berücksichtigen und darlegen muss, die zu einer Korrektur ihrer ursprünglichen positiven Beurteilung der Datenverarbeitung Anlass geben. Ob diese letztlich rein verfahrensrechtlichen und schon aus allgemeinen Grundsätzen ableitbaren Anforderungen eine Konkretisierung durch den nationalen Gesetzgeber erfordern und ob dieser unionsrechtlich hierzu befugt wäre bleibt fraglich.[30]

V. Zertifizierungsanbieter und -kriterien (Abs. 5 S. 1)

Art. 42 Abs. 5 S. 1 begründet sowohl die sachliche Zuständigkeit für die Durchführung von Zertifizierungsverfahren als auch deren materiellen Maßstäbe.

Mit der Begründung einer **Parallelzuständigkeit** von Aufsichtsbehörden und akkreditierten Zertifizierungsstellen durchbricht die DS-GVO die klassischen, durch private Überwachungsstellen geprägten Strukturen regulierter Selbstregulierung zu Gunsten der mit weitreichenden Möglichkeiten zur Ausgestaltung von Zertifizierungsverfahren ausgestatteten Aufsichtsbehörden. Anders als bei der Entscheidung der Mitgliedstaaten über die Zuständigkeit zur Akkreditierung von Zertifizierungsstellen gemäß Art. 43 Abs. 1 S. 2 handelt es sich bei der Zuständigkeit der Aufsichtsbehörden zur Erteilung einer Zertifizierung nicht um eine – in die Entscheidung des nationalen Gesetzgebers oder der Aufsichtsbehörde selbst gestellte – Option, sondern um eine unmittelbare unionsrechtliche Zuständigkeit und Befugnis (Art. 58 Abs. 3 Buchst. f).

Wie bei ihrer übrigen Aufgabenerfüllung wird ein Entscheidungsspielraum der Aufsichtsbehörde im Rahmen pflichtgemäßen Ermessens lediglich hinsichtlich des Zeitpunkts der Erstellung eigener Zertifizierungskriterien und des Umfangs ihrer Zertifizierungsangebote anzuerkennen sein. Da Art. 42 Abs. 5 die Bereitstellung von datenschutzrechtlichen Zertifizierungsangeboten für akkreditierte private Anbieter eröffnet und zugleich zur öffentlichen Pflichtaufgabe der Datenschutzbehörden erklärt, finden die allgemeinen, zumindest haushaltsrechtlich begründeten Grenzen für das Angebot aufsichtlicher Zertifizierungsverfahren im **Wettbewerb zu privaten Anbietern** insoweit keine Anwendung.

Während Art. 42 Abs. 4 den inhaltlichen **Konflikt zwischen der allgemeinen Kontroll- und Durchsetzungsverantwortung** auflöst, ergeben sich weder aus Art. 42 Abs. 5 noch aus den besonderen Befugnisnormen Anhaltspunkte über eine Priorisierung oder sonstige Gewichtung zwischen der Zuständigkeit der Aufsichtsbehörden für die Erteilung von Zertifizierungen und ihren sonstigen Kontrollaufgaben.

Nach allgemeinen verwaltungsverfahrens- und -prozessrechtlichen Anforderungen unterliegt die aufsichtsbehördliche Entscheidung über die Erteilung oder die Verweigerung eines Gütesiegels zumindest wegen ihrer Feststellungswirkung als **Verwaltungsakt** der Untätigkeitsklage nach § 75 VwGO. Die sich aus der dort grundsätzlich geltenden Dreimonatsfrist ergebende zeitliche Steuerung aufsichtsbehördlicher Aufgabenerfüllung wird aber durch Art. 78 Abs. 2 überlagert, der eine unmittelbar unionsrechtlich begründete Untätigkeitsklage gegen Aufsichtsbehörden nur für die Befassung mit Beschwerden des Betroffenen, nicht für jede Art aufsichtsbehördlicher Entscheidungen anordnet. Unter Berücksichtigung dieser Wertungen wäre es jedenfalls ermessensgerecht, Entscheidungen über Zertifizierungen dann länger als drei Monate zurückzustellen, wenn dadurch die Behandlung von Beschwerden über die Dreimonatsfrist des Art. 78 Abs. 2 hinaus verzögert würde.

---

[30] So *Spindler* ZD 2016, 407 ff. (413 f.); zu eng dagegen Gierschmann/Schlender/Stentzel/Veil/*Heilmann*/Schulz DS-GVO Art. 42 Rn. 46, die wegen ihrer insgesamt engen Einbindung eine „faktische Selbstbindung" der Aufsichtsbehörden befürworten, wegen der ein aufsichtsbehördliches Einschreiten nur in Ausnahmefällen begründbar erscheine.

32 Bieten nach Art. 43 akkreditierte Stellen Zertifizierungen an, ergibt sich aus Art. 42 Abs. 5 in Zusammenschau mit der in Art. 58 Abs. 3 Buchst. f 2. Alt. die Verpflichtung, **Zertifizierungskriterien aufzustellen** und der nach allgemeinen Grundsätzen gemäß Art. 55 Abs. 1 örtlich zuständigen Aufsichtsbehörde zur Billigung bzw. Genehmigung vorzulegen.

33 Unbeschadet etwaiger Vorgaben durch Durchführungsrechtsakte über technische Standards gemäß Art. 43 Abs. 9[31] ergeben sich nur aus den allgemeinen Bestimmungen der Art. 42 Abs. 1–3 nähere Anforderungen an die Erstellung bzw. Genehmigung solcher **Zertifizierungskriterien**.[32] Diese lassen für Konkretisierungen allgemeiner Anforderungen der Verordnung breiten Spielraum, soweit sie dem Grundzweck der Zertifizierung Rechnung tragen, dazu zu dienen, nachzuweisen, dass die DS-GVO eingehalten wird (Art. 42 Abs. 1 S. 1).[33] Freilich gelten auch für das Zertifizierungsverfahren und damit die ihm zu Grunde zu legenden Kriterien die allgemeinen Zielbestimmungen der Verordnung und damit der durch Art. 1 Abs. 2 und 3 definierte Anspruch der Vollharmonisierung für Normsetzung **und Normanwendung**.[34] Diese Zielverpflichtungen schließen es wie in allen anderen Fällen einer Ergänzungs- oder Konkretisierungsermächtigung durch die DS-GVO aus, im Rahmen von Zertifizierungsverfahren „strengere" oder „weitere" Anforderungen zu begründen (zB indem Verarbeitungsrechte wie die Zweckänderung nach Maßgabe des Art. 6 Abs. 4 begrenzt oder abbedungen werden oder die Anforderungen an eine hinreichende Einwilligung nach Art. 4 Nr. 11 verschärft werden).[35] Angesichts der großen Spielräume für verarbeitungsspezifische Konkretisierungen der DS-GVO im Rahmen einer genauen Festlegung von Zertifizierungskriterien bleibt ohnehin fraglich, ob ein praktisches Bedürfnis für restriktivere Zertifizierungskriterien verbleibt.

Umgekehrt darf auch unter Berücksichtigung der Wertungen der DS-GVO und gegebenenfalls auch mit Rücksicht auf ihren Anwendungsvorrang ihre Nutzung zu Werbezwecken im Geschäftsverkehr nicht deshalb wettbewerbsrechtlich untersagt werden, weil es sich bei der mit ihr zum Ausdruck gebrachten Datenschutzkonformität nur um eine Selbstverständlichkeit und keine überobligatorische Eigenschaft der beworbenen Verarbeitungstätigkeit handele.[36]

Soweit Zertifizierungsverfahren als Instrument für Übermittlungen an Drittländer dienen sollten diese nach der Aufsichtspraxis des EDSA **zusätzlich** zu den allgemeinen Anforderungen an Zertifizierungskriterien weitere Anforderungen umfassen, die die Vergleichbarkeit mit den für andere Übermittlungsinstrumente nach Art. 46 (etwa verbindliche interne Datenschutzvorschriften oder Verhaltensregeln), zur Sicherstellung eines einheitlichen Schutzniveaus festzulegenden Garantien „und unter Berücksichtigung des Schrems-II-Urteils des EuGH" sicherstellen.[37]

VI. Europäisches Datenschutzsiegel (Abs. 5 S. 2)

34 Genehmigt der **Europäische Datenschutzausschuss** ihm vorgelegte Zertifizierungskriterien einer Zertifizierungsstelle oder einer nationalen Aufsichtsbehörde, eröffnet Art. 42 Abs. 5 S. 2 die Befugnis, dieses Zertifizierungsverfahren mit der Verleihung eines unmittelbar durch die DS-GVO begründeten Zertifikats, dem „Europäischen Datenschutzsiegel" abzuschließen.

35 Art. 42 Abs. 5 enthält keine spezifischen Anforderungen für die Befassung des Europäischen Datenschutzausschusses mit Zertifizierungskriterien, sondern beschränkt sich auf eine Rechtsgrundverweisung auf Art. 63, der die allgemeine Zusammenarbeitsverpflichtung des Kohärenzverfahrens enthält. In der Praxis des Europäischen Datenschutzausschusses hat sich zu Recht die über den Wortlaut hinausgehende teleologische Anforderung entwickelt, dass Zertifizierungs-

---

[31] → Art. 43 Rn. 16.
[32] Die in der Konferenz der unabhängigen Datenschutzaufsichtsbehörden des Bundes und der Länder zusammengeschlossenen deutschen Behörden (DSK) haben hierzu gemeinsame „Anforderungen an datenschutzrechtliche Zertifizierungsprogramme" (Version 2.0, 21.6.2022) veröffentlicht.
[33] Ähnlich EDSA Leitlinie 1/2018, Rn. 32: „Approval is granted on the basis of the GDPR requirement that the certification mechanism enables controllers and processors to demonstrate compliance with the GDPR is fully reflected in the certification criteria."
[34] → Einl. Rn. 75 f., → Art. 1 Rn. 4 zur Verpflichtung der Datenschutzaufsichtsbehörden zur Wahrung der Grundrechte und Grundfreiheiten sowie des freien Datenverkehrs und zu dessen Erleichterung.
[35] So aber Kühling/Buchner/*Bergt* DS-GVO Art. 42 Rn. 15, 18 und Gierschmann/Schlender/Stentzel/Veil//*Heilmann/Schulz* DS-GVO Art. 42 Rn. 34; gegen „überobligatorische Anforderungen" Gola/Heckmann/*Lepperhoff* DS-GVO Art. 42 Rn. 26 und Laue/Nink/Kremer DatenschutzR § 8 Rn. 3.
[36] So zutr. Laue/Nink/Kremer DatenschutzR § 8 Rn. 47.
[37] EDSA-Leitlinien 7/2022, Rn. 45 f.

kriterien, die das Europäische Datenschutzsiegel erhalten sollen, auf einen Einsatz in allen Mitgliedstaaten ausgerichtet sein sollten und dazu gegebenenfalls auch sektorale oder nationale Datenschutzregelungen mitberücksichtigen sollten.[38] Wegen ihrer grundsätzlichen Gestattungswirkung für Drittstaatenübermittlungen wird für Zertifizierungskriterien, die spezifisch für Anforderungen gegenüber Drittlandsanbieter aufgestellt werden (Art. 42 Abs. 2) sogar von einer Vorlageverpflichtung auszugehen sein.

Die **Ermessensentscheidung der Aufsichtsbehörde** über eine Vorlage von Zertifizierungskriterien gemäß Art. 64 Abs. 2 dient der Sicherstellung der einheitlichen Anwendung der Verordnung (Art. 63), so dass für die Zertifizierungsstelle lediglich ein Anspruch auf ermessensfehlerfreie Entscheidung über die Beantragung einer Überprüfung ihrer Zertifizierungskriterien durch den Europäischen Datenschutzausschuss besteht. 36

Gibt der Ausschuss mit der einfachen Mehrheit seiner Mitglieder eine **positive Stellungnahme** ab (Art. 64 Abs. 3), stellt diese Entscheidung mangels besonderer Regelungen dieser Verfahrenskonstellation eine Genehmigung der Zertifizierungskriterien iSv Art. 42 Abs. 5 S. 2 dar. Auch wenn die unbestimmte Formulierung der Rechtsfolge („kann ... führen") Entscheidungsspielräume der zertifizierenden Stellen nahe zu legen scheint, gelten für die Entscheidung über die Zuerkennung des „Europäischen Datenschutzsiegels" keine anderen Maßstäbe als für sonstige Zertifizierungen, die in Abhängigkeit von Zertifizierungsgegenstand und -kriterien eine „angemessene", umfassende tatsächliche und rechtliche Bewertung (Art. 43 Abs. 4 S. 1) fordern. 37

Trotz der Bestätigung der Zertifizierungskriterien durch den Europäischen Datenschutzausschuss genießen durch das „Europäische Datenschutzsiegel" zertifizierte Verarbeitungen weder weitergehende formelle oder materielle Privilegierungen noch aufsichtsbehördliche Bindungswirkungen als sonstige Zertifizierungen. Lediglich aus den allgemeinen Regelungen des Kohärenzverfahrens kann abgeleitet werden, dass die Vorabbefassung des Ausschusses mit den zu Grunde liegenden Zertifizierungskriterien **de facto Vorwegbindungen** erzeugt, weil zB eine erneute Befassung des Ausschusses wegen der vorangehenden Stellungnahme zu derselben Angelegenheit abgelehnt werden könnte (Art. 64 Abs. 3 S. 1). 38

VII. Einleitung der Zertifizierung (Abs. 6)

Art. 42 Abs. 6 beschreibt **Obliegenheiten** des Verantwortlichen oder Auftragsverarbeiters, der eine Zertifizierung anstrebt und begründen zugleich Mindestanforderungen an ein Zertifizierungsverfahren. 39

Mit der Verpflichtung des Verantwortlichen oder Auftragsverarbeiters, umfassende Informationen über die zu zertifizierende Verarbeitungstätigkeit vorzulegen und zugleich Zugang zu seinen Verarbeitungstätigkeiten zu gewähren, definiert Art. 42 Abs. 6 indirekt auch die **Prüfkompetenzen und Verantwortlichkeiten der Zertifizierungsstelle**. Daran anknüpfend überträgt ihr Art. 43 Abs. 8 S. 1 ausdrücklich die Verantwortung für die angemessene Bewertung aller Umstände, die der Zertifizierung oder ihrem Widerruf zugrunde liegen. Beide Regelungen zeigen, dass das Zertifizierungsverfahren auf eine umfassende Prüfung von Verarbeitungen ausgerichtet ist, die, soweit genehmigt bzw. angeboten, sowohl die Beurteilung der abstrakten Konzeption eines Verfahrens im Sinne der bisherigen Vorab-Kontrolle umfasst wie auch eine „Betriebsprüfung" vor Ort. Art. 42 Abs. 6 enthält **keine zeitlichen oder verfahrensbezogenen Begrenzungen** für die Verpflichtungen des Verantwortlichen oder Auftragsverarbeiters und die korrespondierenden Aufgaben der Zertifizierungsstelle. Art. 42 Abs. 6 begründet vielmehr unabhängig vom Stadium der Zertifizierung umfassende Mitwirkungs- und Duldungspflichten, auf die auch die Verpflichtung zur Mitwirkung an Überprüfungsmaßnahmen nach Erteilung einer Zertifizierung gestützt werden kann, wie sie zB Art. 43 Abs. 2 Buchst. c voraussetzt. 40

Unbeschadet näherer Regelungen in spezifischen Zertifizierungskriterien zählt die **Erfüllung der Mitwirkungspflichten** nach Art. 42 Abs. 6 zu den allgemeinen Voraussetzungen für eine Zertifizierung, deren Nichterfüllung einen Widerrufsgrund gemäß Art. 42 Abs. 7 S. 2 begründet und zudem nach Art. 83 Abs. 4 Buchst. a sanktioniert werden kann. 41

---

[38] EDSA-Leitlinien 1/2018, Rn. 40 ff.; explizit zu Akkreditierungskriterien Rn. 44: „Schemes that are intended only to be offered only in particular Member States will not be candidates of EU Seals", weiterführend außerdem Annex 2 der Leitlinie, Ziff. 13.

VIII. Befristung und Widerruf der Zertifizierung (Abs. 7)

42 Art. 42 Abs. 7 begrenzt die Höchstdauer einer Zertifizierung auf drei Jahre und bestimmt Verlängerungsmöglichkeit und Widerrufsvoraussetzungen. Erteilungs- und Widerrufentscheidungen der Zertifizierungsstellen sind nach Art. 43 Abs. 1 S. 1 und Abs. 5 einschließlich ihrer Gründe der zuständigen Aufsichtsbehörde vorab mitzueilen. Diese ist gemäß Art. 58 Abs. 2 Buchst. h befugt, die Zertifizierungsstelle anzuweisen, keine Zertifizierung zu erteilen, wenn deren Voraussetzungen nicht oder nicht mehr vorliegen oder die Zertifizierungsstelle zum Widerruf einer gültigen Zertifizierung anzuweisen. Seinem Wortlaut nach begründet Art. 58 Abs. 2 Buchst. h zudem die Befugnis der Aufsichtsbehörde, nicht nur die von ihr erteilten, sondern auch die privatrechtlich durch eine akkreditierte Zertifizierungsstelle verliehene Zertifizierung unmittelbar zu widerrufen.

IX. Publizitätspflichten (Abs. 8)

43 Art. 42 Abs. 8 knüpft am Transparenzgebot des Art. 42 Abs. 3 an und begründet ein **Register des Europäischen Datenschutzausschusses** über alle Zertifizierungsverfahren, Datenschutzsiegel und -prüfzeichen sowie die Verpflichtung zu ihrer Veröffentlichung. Die Regelung kehrt wortgleich in Art. 43 Abs. 6 S. 3 wieder. Korrespondierend dazu begründet Art. 70 Abs. 1 Buchst. o entsprechende Aufgaben des Ausschusses, die aber terminologisch nicht vollständig mit Art. 42 und 43 harmonieren: so umfasst das „öffentliches Register der akkreditierten Einrichtungen" zB begrifflich nicht auch von Art. 42 Abs. 8 bzw. Art. 46 Abs. 3 S. 3 einbezogenen Zertifizierungsverfahren der Aufsichtsbehörden.

44 Über die eigentlichen Registerregelungen des Art. 42 Abs. 8 und Art. 43 Abs. 6 S. 3 hinaus begründet Art. 70 Abs. 1 Buchst. o auch eine Verpflichtung zur **Veröffentlichung individueller Zertifizierungsentscheidungen** gemäß Art. 42 Abs. 7, soweit diese „in Drittländern akkreditierte Verantwortliche oder Auftragsverarbeiter" betreffen. Die Regelung stellt damit eine auch für die übrigen besonderen Garantien einer Datenübermittlung in Drittstaaten gewährleistete Veröffentlichung der jeweiligen Entscheidung sicher.

C. Rechtsschutzfragen

45 Aus den unterschiedlichen Parteibeziehungen des Zertifizierungsverfahrens ergeben sich teils öffentlich-rechtlich, teils privatrechtliche Rechtsverhältnisse mit unterschiedlichen Rechtsschutzmöglichkeiten:

46 Ebenso wie das Grundverhältnis der Akkreditierung[39] ist das Rechtsverhältnis zwischen Aufsichtsbehörde und akkreditierter Zertifizierungsstelle bei Entscheidungen im Zusammenhang mit der Erteilung oder dem Widderruf von Zertifizierungen durch die öffentlich-rechtliche Aufgabenerfüllung der Aufsichtsbehörde geprägt und unterliegt damit **verwaltungsprozessualen Rechtsschutzmöglichkeiten**. Entsprechendes gilt für den unmittelbaren Widerruf der Zertifizierung durch die Aufsichtsbehörde gemäß Art. 58 Abs. 2 Buchst. h gegenüber dem zertifizierten Verantwortlichen oder Auftragsverarbeiter. In beiden Prozesssituationen sind jeweils die Zertifizierungsstelle bzw. der zertifizierte Verarbeiter notwendig beizuladen.

47 Streitigkeiten zwischen dem Verantwortlichen oder Auftragsverarbeiter, der sich einer Zertifizierung unterwirft, sind als **privatrechtliche Rechtsverhältnisse** einzuordnen, soweit die Zertifizierung von einer akkreditierten Zertifizierungsstelle angeboten wird. Führt die Aufsichtsbehörde dagegen das Zertifizierungsverfahren durch, handelt es sich ungeachtet der Freiwilligkeit der Zertifizierung um ein öffentlich-rechtliches Rechtsverhältnis, da die Aufsichtsbehörde dem Verarbeiter nicht als Vertragspartner, sondern in Ausübung der ihr durch die DS-GVO zugewiesenen Hoheitsbefugnisse gegenübertritt.[40]

Art. 43 Zertifizierungsstellen

(1) ¹**Unbeschadet der Aufgaben und Befugnisse der zuständigen Aufsichtsbehörde gemäß den Artikeln 57 und 58 erteilen oder verlängern Zertifizierungsstellen, die über**

---

[39] → Art. 43 Rn. 3 f.
[40] Zu den weitgehend parallelen Fragestellungen des Rechtsschutzes bei Verhaltensregeln und ihrer Überwachung → Art. 41 Rn. 15.

das geeignete Fachwissen hinsichtlich des Datenschutzes verfügen, nach Unterrichtung der Aufsichtsbehörde – damit diese erforderlichenfalls von ihren Befugnissen gemäß Artikel 58 Absatz 2 Buchstabe h Gebrauch machen kann – die Zertifizierung. ²Die Mitgliedstaaten stellen sicher, dass diese Zertifizierungsstellen von einer oder beiden der folgenden Stellen akkreditiert werden:
a) der gemäß Artikel 55 oder 56 zuständigen Aufsichtsbehörde;
b) der nationalen Akkreditierungsstelle, die gemäß der Verordnung (EG) Nr. 765/2008 des Europäischen Parlaments und des Rates im Einklang mit EN-ISO/IEC 17065/2012 und mit den zusätzlichen von der gemäß Artikel 55 oder 56 zuständigen Aufsichtsbehörde festgelegten Anforderungen benannt wurde.

(2) Zertifizierungsstellen nach Absatz 1 dürfen nur dann gemäß dem genannten Absatz akkreditiert werden, wenn sie
a) ihre Unabhängigkeit und ihr Fachwissen hinsichtlich des Gegenstands der Zertifizierung zur Zufriedenheit der zuständigen Aufsichtsbehörde nachgewiesen haben;
b) sich verpflichtet haben, die Kriterien nach Artikel 42 Absatz 5, die von der gemäß Artikel 55 oder 56 zuständigen Aufsichtsbehörde oder – gemäß Artikel 63 – von dem Ausschuss genehmigt wurden, einzuhalten;
c) Verfahren für die Erteilung, die regelmäßige Überprüfung und den Widerruf der Datenschutzzertifizierung sowie der Datenschutzsiegel und -prüfzeichen festgelegt haben;
d) Verfahren und Strukturen festgelegt haben, mit denen sie Beschwerden über Verletzungen der Zertifizierung oder die Art und Weise, in der die Zertifizierung von dem Verantwortlichen oder dem Auftragsverarbeiter umgesetzt wird oder wurde, nachgehen und diese Verfahren und Strukturen für betroffene Personen und die Öffentlichkeit transparent machen, und
e) zur Zufriedenheit der zuständigen Aufsichtsbehörde nachgewiesen haben, dass ihre Aufgaben und Pflichten nicht zu einem Interessenkonflikt führen.

(3) ¹Die Akkreditierung von Zertifizierungsstellen nach den Absätzen 1 und 2 erfolgt anhand der Anforderungen, die von der gemäß Artikel 55 oder 56 zuständigen Aufsichtsbehörde oder – gemäß Artikel 63 – von dem Ausschuss genehmigt wurden. ²Im Fall einer Akkreditierung nach Absatz 1 Buchstabe b des vorliegenden Artikels ergänzen diese Anforderungen diejenigen, die in der Verordnung (EG) Nr. 765/2008 und in den technischen Vorschriften, in denen die Methoden und Verfahren der Zertifizierungsstellen beschrieben werden, vorgesehen sind.

(4) ¹Die Zertifizierungsstellen nach Absatz 1 sind unbeschadet der Verantwortung, die der Verantwortliche oder der Auftragsverarbeiter für die Einhaltung dieser Verordnung hat, für die angemessene Bewertung, die der Zertifizierung oder dem Widerruf einer Zertifizierung zugrunde liegt, verantwortlich. ²Die Akkreditierung wird für eine Höchstdauer von fünf Jahren erteilt und kann unter denselben Bedingungen verlängert werden, sofern die Zertifizierungsstelle die Anforderungen dieses Artikels erfüllt.

(5) Die Zertifizierungsstellen nach Absatz 1 teilen den zuständigen Aufsichtsbehörden die Gründe für die Erteilung oder den Widerruf der beantragten Zertifizierung mit.

(6) ¹Die Anforderungen nach Absatz 3 des vorliegenden Artikels und die Kriterien nach Artikel 42 Absatz 5 werden von der Aufsichtsbehörde in leicht zugänglicher Form veröffentlicht. ²Die Aufsichtsbehörden übermitteln diese Anforderungen und Kriterien auch dem Ausschuss.

(7) Unbeschadet des Kapitels VIII widerruft die zuständige Aufsichtsbehörde oder die nationale Akkreditierungsstelle die Akkreditierung einer Zertifizierungsstelle nach Absatz 1, wenn die Voraussetzungen für die Akkreditierung nicht oder nicht mehr erfüllt sind oder wenn eine Zertifizierungsstelle Maßnahmen ergreift, die nicht mit dieser Verordnung vereinbar sind.

(8) Der Kommission wird die Befugnis übertragen, gemäß Artikel 92 delegierte Rechtsakte zu erlassen, um die Anforderungen festzulegen, die für die in Artikel 42 Absatz 1 genannten datenschutzspezifischen Zertifizierungsverfahren zu berücksichtigen sind.

(9) ¹Die Kommission kann Durchführungsrechtsakte erlassen, mit denen technische Standards für Zertifizierungsverfahren und Datenschutzsiegel und -prüfzeichen sowie Mechanismen zur Förderung und Anerkennung dieser Zertifizierungsverfahren und Datenschutzsiegel und -prüfzeichen festgelegt werden. ²Diese Durchführungsrechtsakte werden gemäß dem in Artikel 93 Absatz 2 genannten Prüfverfahren erlassen.

Übersicht

	Rn.
A. Allgemeines	1
B. Einzelerläuterungen	2
I. Grundpflichten der Zertifizierungsstelle (Abs. 1 S. 1)	2
II. Akkreditierungsverfahren (Abs. 1 S. 2)	3
III. Allgemeine Akkreditierungsanforderungen (Abs. 2)	5
IV. Datenschutzspezifische Akkreditierungskriterien (Abs. 3)	8
V. Verantwortlichkeit der Zertifizierungsstelle, Befristung der Akkreditierung (Abs. 4)	10
VI. Unterrichtung der Aufsichtsbehörde (Abs. 5)	12
VII. Transparenzpflichten der Aufsichtsbehörden und des Europäischen Datenschutzausschusses (Abs. 6)	14
VIII. Delegierte Rechtsakte über Anforderungen an datenschutzspezifische Zertifizierungsverfahren (Abs. 8)	15
IX. Durchführungsrechtsakte über technische Standards und Mechanismen zur Förderung und Anerkennung von Zertifizierungen (Abs. 9)	16
C. Rechtsschutzfragen	17

A. Allgemeines

1 Art. 43 enthält eng mit der Stammregelung der Zertifizierung in Art. 42 verschränkte **Anforderungen an das Verfahren** zur Akkreditierung besonderer Zertifizierungsstellen und des mit der DS-GVO neu eingeführten datenschutzrechtlichen Zertifizierungsverfahrens.[1] Anforderungen an die Akkreditierung von Zertifizierungsstellen enthalten Abs. 1–3 sowie Abs. 4 S. 2 sowie 7, das Zertifizierungsverfahren wird durch Abs. 4 S. 1 und 5 konkretisiert. Abs. 6 enthält Publizitätsanforderungen für beide Verfahrensabschnitte und Abs. 8 und 9 Ermächtigungen zu delegierten bzw. Durchführungsrechtsakten der Kommission.

B. Einzelerläuterungen

I. Grundpflichten der Zertifizierungsstelle (Abs. 1 S. 1)

2 In Überlagerung mit Art. 42 Abs. 5, der zusätzlich das Prüfprogramm der Zertifizierung beschreibt, verdichtet Art. 43 Abs. 1 S. 1 mehrere Regelungsfragen zur Rechtsstellung von Zertifizierungsstellen zu einer **kompakten Generalklausel:** die Regelung begründet zugleich die besondere Zuständigkeit von Zertifizierungsstellen, definiert die Schnittstellen mit den allgemeinen und zertifizierungsspezifischen Befugnissen der Aufsichtsbehörden und führt zusätzlich Qualifikationsanforderungen ein. Zusammengefasst überträgt Art. 43 Abs. 1 S. 1 mit besonderem Fachwissen im Bereich des Datenschutzes ausgestatteten Stellen die Befugnis, vorbehaltlich anderer Anweisungen der Aufsichtsbehörden (Art. 58 Abs. 2 Buchst. h) und späterer aufsichtsbehördlicher Verfahren über die Erteilung oder den Widerruf von Zertifizierungen zu entscheiden. Die Regelung spiegelt damit die bereits in anderen Vorschriften wie zB Art. 42 Abs. 4 angeordnete Nebeneinander von aufsichtsbehördlicher Kontrolle und selbstregulierter Überwachung wider.

II. Akkreditierungsverfahren (Abs. 1 S. 2)

3 Korrespondierend mit der Pflicht, Zertifizierungsmechanismen zu fördern begründet Art. 43 Abs. 1 S. 2 eine **Verpflichtung der Mitgliedstaaten,** über die Benennung einer Stelle zur Akkreditierung von Zertifizierungsstellen zu entscheiden und verknüpft dieses im Interesse einheitlicher Verhältnisse im Binnenmarkt mit einem Auswahlermessen.[2] Auf Grundlage seiner

---

[1] Umfassend zur systematischen Einordnung und Struktur des Zertifizierungsverfahrens → Art. 42 Rn. 4.
[2] *Kühling/Martini* DS-GVO Ziff. 23 S. 100, 101.

Zuständigkeit für das Berufsrecht hat der Bundesgesetzgeber die Zuständigkeit zur Akkreditierung von Zertifizierungsstellen als zentralem Akteur im Konzept regulierter Selbstregulierung gemäß § 39 S. 1 BDSG grundsätzlich der **nationalen Akkreditierungsstelle DAKKS** zugewiesen.

Darüber hinaus werden durch § 39 S. 2 BDSG zur Sicherung der Einwirkungsmöglichkeiten der Aufsichtsbehörden diejenigen Normen des Akkreditierungsstellengesetzes für entsprechend anwendbar erklärt, die ihnen als Befugnis erteilende Behörde gemäß § 1 Abs. 2 S. 1 AkkStelleG Beteiligungs- und Mitspracherechte bei Akkreditierungsentscheidungsentscheidungen eröffnen. Diese Stellung vermittelt den Aufsichtsbehörden des Bundes und der Länder im Rahmen ihrer jeweiligen sachlichen und örtlichen Zuständigkeiten für die Zertifizierungsstelle und damit – als unionsrechtlich zulässige Variante einer gemeinsamen Akkreditierungszuständigkeit – einen **Einvernehmensvorbehalt** (§ 4 Abs. 3 AkkStelleG).[3]

Soweit der Bundesgesetzgeber eine Zuständigkeit der nationalen Akkreditierungsstelle begründet, unterwirft im Übrigen Art. 43 Abs. 3 S. 2 diese Stelle ergänzend den durch die Aufsichtsbehörden und den Europäischen Datenschutzausschuss festgelegten Akkreditierungsanforderungen. Eine gesonderte nationale Regelung zur Klarstellung des so erweiterten Prüfprogramms der Akkreditierungsstelle ist angesichts von Art. 43 Abs. 1 S. 2 Buchst. b nicht geboten.

Da Art. 43 Abs. 1 S. 2 keine weiteren Anforderungen an eine Übertragung der Akkreditierungszuständigkeit an die **nationale Akkreditierungsstelle** trifft, stehen die bereits im Einklang mit VO (EG) Nr. 765/2008 angeordneten Kontroll- und Weisungsrechten des fachlich zuständigen Bundesressorts gegenüber der Akkreditierungsstelle (§ 9 AkkStelleG) einer bundesrechtlichen Zuständigkeitszuweisung nicht entgegen. Angesichts der umfassend geregelten Einwirkungsrechte der unabhängigen Aufsichtsbehörden und des Vorrangs der in Art. 43 Abs. 1 S. 1 und Abs. 7 vorgesehenen aufsichtsbehördlichen Entscheidungen über Erteilung und Widerruf einer Akkreditierung bleiben diese fachrechtlichen Aufsichtsbefugnisse ohnedies nachrangig.

III. Allgemeine Akkreditierungsanforderungen (Abs. 2)

Art. 43 Abs. 2 enthält spezifisch datenschutzrechtliche Anforderungen an die Akkreditierung von Zertifizierungsstellen, die die in anderen Bereichen bestehenden allgemeinen Anforderungen an Zertifizierungsverfahren und ihre Institutionen konkretisieren. Sie begründet – wie schon der Wortlaut „dürfen" (und die deutlicher als die englische ihm korrespondierende französische Sprachfassung) regelungssystematisch klarstellt – **Mindestanforderungen**[4], die durch weiter gehende Anforderungen der Aufsichtsbehörden nach Art. 43 Abs. 3 ergänzt und durch die Akkreditierungsstelle konkretisiert werden können. Die Regelung enthält damit aber lediglich einen Anspruch auf fehlerfreie Ermessensentscheidung über einen Akkreditierungsantrag bei Erfüllung dieser Anforderungen, keinen Zulassungsanspruch.[5]

Die Akkreditierungsanforderungen des Art. 43 Abs. 2 begründen einerseits rein **formale und organisatorischen Nachweis- bzw. Darlegungspflichten** wie zB hinsichtlich der (selbstverständlichen, bereits unmittelbar aus Art. 42 Abs. 5 abzuleitenden) Unterwerfung unter aufsichtsbehördliche Zertifizierungskriterien oder der Darlegung von Überprüfungs- und Beschwerdemechanismen (Art. 43 Abs. 2 Buchst. b. b sowie c und d). Weitere Qualifikations- und Zuverlässigkeitsanforderungen eröffnen zwar **Beurteilungsspielräume der Akkreditierungsstelle** hinsichtlich der Anerkennung der Unabhängigkeit, des Fachwissens (Art. 43 Abs. 2 Buchst. a) sowie der Unparteilichkeit und Neutralität (Art. 43 Abs. 2 Buchst. d), deren Wahrnehmung ebenfalls zunächst formelle Nachweise wie zB Zeugnisse über die Berufsausbildung des Personals oder sonstige Fachkundenachweise voraussetzt.[6]

Entsprechendes gilt für die Darlegung des Akkreditierungserfordernisses der **Unabhängigkeit**, das nicht nur durch den Nachweis einer von den zu zertifizierenden Stellen getrennten

---

[3] So die Gesetzesbegr. zu § 39 BDSG 2018, BT-Drs. 110/17, S. 109.
[4] AA BeckOK DatenschutzR/*Eckhardt* DS-GVO Art. 43 Rn. 16.
[5] Aufgrund des Verständnisses der Regelung als abschließendes Prüfprogramm dagegen konsequent für einen Rechtsanspruch auf Akkreditierung BeckOK DatenschutzR/*Eckhardt* DS-GVO Art. 43 Rn. 25, ebenso Kühling/Buchner/*Bergt* DS-GVO Art. 43 Rn. 13.
[6] ZB den Nachweis eines abgeschlossenen Studiums für leitendes technisches Personal der Zertifizierungsstelle, so DAKKS, Festlegungen für die Anwendung der DIN EN ISO/IEC 17065 bei der Akkreditierung von Stellen, die Produkte, Prozesse und Dienstleistungen zertifizieren, Personal der Zertifizierungsstelle (Abschn. 6.1 DIN EN ISO/IEC 17065), www.dakks.de/sites/default/files/71_sd_0_013_anwendung_17065_20141204_v1.1.pdf.

Organisationsform erfordert, sondern auch differenzierte Angaben zur finanziellen Unabhängigkeit der Zertifizierungsstelle. Wegen ihrer umfassenden, allenfalls durch den Gesetzgeber zu modifizierenden Haftungsverantwortung[7] wird etwa der Nachweis ausreichender Haftpflichtversicherung oder tragfähiger Rücklagen regelmäßiger Bestandteil eines Akkreditierungsantrags sein müssen.[8]

IV. Datenschutzspezifische Akkreditierungskriterien (Abs. 3)

8   Nach Art. 43 Abs. 3 setzt die Akkreditierung als Zertifizierungsstelle weiterhin voraus, dass **besondere Anforderungen** eingehalten werden, die von der Aufsichtsbehörde oder durch den Europäischen Datenschutzausschusses genehmigt wurden. Art. 43 Abs. 3 lässt dabei offen, ob die Aufstellung und Vorlage solcher Kriterien alleine den Aufsichtsbehörden obliegt oder auch von der nationalen Akkreditierungsstelle vorgenommen werden kann. Entgegen dem Wortlaut der Regelung, die auch eine alleinige Genehmigungsbefugnis der nationalen Aufsichtsbehörden für diese Anforderungen nahelegt, unterliegen diese Anforderungen nach den Regelungen des VII. Abschnitts umfassend der **Prüfungskompetenz des Europäischen Datenschutzausschusses.** Dieser trägt zur Erfüllung seiner allgemeinen Förderungspflicht gemäß Art. 42 Abs. 1 zum einen durch die „Präzisierung der in Art. 43 Abs. 3 genannten Anforderungen", mithin durch generelle Leitlinien über Akkreditierungsanforderungen bei.[9] Zum anderen leistet der Ausschuss einen Beitrag zur Förderung der Selbstregulierung durch Zertifizierungsmechanismen und zugleich zur Sicherstellung der kohärenten Anwendung dieser besonderen Prüf- und Überwachungsverfahren, indem er gemäß Art. 64 Abs. 1 Buchst. c über die Billigung der ihm obligatorisch vorzulegenden **Kriterien für die Akkreditierung von Zertifizierungsstellen** entscheidet.[10] Für eine bloße Genehmigung auf Ebene der nationalen Aufsichtsbehörden bleibt nur dann Spielraum, wenn der Ausschuss gemäß Art. 64 Abs. 3 S. 1 wegen einer vorherigen Befassung mit derselben Fragestellung von einer Stellungnahme absieht oder zumindest nicht innerhalb der in Art. 64 Abs. 3 vorgesehenen Fristen entscheidet (Art. 64 Abs. 6).

9   Wegen der **Suspensivwirkung des Kohärenzverfahrens** (Art. 64 Abs. 6) sind ohne dessen Beachtung erteilte Genehmigungen von Zertifizierungsverfahren nicht nur fehlerhaft sondern unwirksam. Entsprechendes gilt nach dem eindeutigen Wortlaut des Art. 43 Abs. 3 für Akkreditierungsanforderungen, soweit und solange weder der Europäische Datenschutzausschuss noch eine dazu befugte nationale Aufsichtsbehörde eine Genehmigung erteilt haben. Auch wenn der Wortlaut des Art. 43 Abs. 3 offen lassen mag, ob eine Akkreditierungsentscheidung der dazu durch den Mitgliedstaat berufenen nationalen Aufsichtsbehörde oder die nationale Akkreditierungsstelle auch ohne genehmigte Akkreditierungsanforderungen getroffen werden darf, spricht deren insbesondere durch den Vorbehalt einer Genehmigung des Europäischen Datenschutzausschusses abgesicherte Stellung im Gesamtsystem klar für eine **konstitutive Bedeutung** als Grundbedingung jedes datenschutzrechtlichen Akkreditierungsverfahrens. Ihre Veröffentlichung durch die Aufsichtsbehörde (Art. 43 Abs. 6 S. 1 iVm Art. 57 Abs. 1 Buchst. o) wahrt den Grundsatz der Transparenz des Zertifizierungsverfahrens (Art. 42 Abs. 3) bereits im Vorstadium der Akkreditierung.

V. Verantwortlichkeit der Zertifizierungsstelle, Befristung der Akkreditierung (Abs. 4)

10 Als Konsequenz aus dem Ausschluss jeder Einschränkung der Verarbeiterverantwortlichkeiten wie auch jeder Bindungswirkung der Zertifizierung gegenüber den originären Kontrollaufgaben der Aufsichtsbehörden (Art. 42 Abs. 4) begründet Art. 43 Abs. 4 eine eigenständige und umfassende, Erteilung und Fortbestand der Zertifizierung umfassende **Verantwortung und Prüfpflicht der Zertifizierungsstelle.** Die Regelung greift damit das auch für die Selbstregulierung durch Verhaltensregeln konstitutive Erfordernis der Eigenüberwachung durch besondere Einrichtungen auf. Mit dem Erfordernis einer angemessenen Bewertung der Erteilungs- wie auch

---

[7] Zum Gesetzesvorbehalt für Beschränkungen der Haftung Beliehener BVerwG Urt. v. 26.8.2010 – 3 C 35.90.
[8] Ausf. DAKKS, Festlegungen für die Anwendung der DIN EN ISO/IEC 17065 bei der Akkreditierung von Stellen, die Produkte, Prozesse und Dienstleistungen zertifizieren, Personal der Zertifizierungsstelle, 3.2 Haftung und Finanzierung (Abschn. 4.3 DIN EN ISO/IEC 17065).
[9] EDSA-Leitlinie 4/2018 „on the accreditation of certification bodies under Article 43 of the General Data Protection Regulation (2016/679)", Version 3.0 vom 4.6.2019.
[10] Siehe iE Annex 1 der EDSA-Leitlinien 4/2018.

der Widerrufsvoraussetzungen einer Zertifizierung betont Art. 43 Abs. 4 eine **eigenständige Kontrollverantwortlichkeit der Zertifizierungsstelle,** verzichtet aber andererseits auf starre Vorgaben zu deren Erfüllung wie zB Stichprobenerfordernisse oder Überprüfungszyklen. Die Verpflichtung zu einer eigenständigen „angemessenen Bewertung" schließt andererseits nur reaktive, erst Beschwerden oder Störfälle abwartende Überwachungsstrategien nach Erteilung einer Zertifizierung aus. Ungeachtet des Akkreditierungserfordernisses eigenständiger Fachkunde schließt Art. 43 Abs. 4 freilich nicht aus, besondere Prüfverfahren zum Nachweis der Einhaltung der Verordnung und der zu ihrer Anwendung erlassenen Zertifizierungskriterien Dritten als Sachverständigen zu übertragen und deren Bewertung in der abschließenden selbstständigen Zertifizierungsentscheidung einzubeziehen.

Anders als bei der Akkreditierung von Stellen zur Überwachung genehmigter Verhaltens- 11 regeln sieht Art. 43 Abs. 4 S. 2 eine **Befristung der Akkreditierung** auf fünf Jahre mit Verlängerungsmöglichkeit vor. Diese u.a. mit dem Erfordernis fortlaufender Aktualisierung und Fortentwicklung des gebotenen Fachwissens (Art. 43 Abs. 1 S. 1) zu rechtfertigende Befristung kann angesichts einer asynchronen Höchstfrist von drei Jahren (mit Verlängerungsbefugnis) für Zertifizierungen zu der praktischen Frage führen, ob Zertifizierungen nach dem Wegfall der Akkreditierung der Zertifizierungsstelle fortbestehen. Wie bei der Parallelregelung der Verhaltensregeln und ihrer Überwachungsstellen schließen es unter anderem die Regelungen zur eigenständigen Verantwortlichkeit der Zertifizierungsstelle gemäß Art. 43 Abs. 4 S. 1 aus, Zertifizierungen Rechtswirkungen zuzuerkennen, deren **Überwachung durch eine Zertifizierungsstelle nicht mehr gewährleistet** ist. Andererseits ergeben sich aus den Anforderungen an die Akkreditierung von Zertifizierungsstellen und die Unterwerfung der Zertifizierung unter spezifische Kriterien der Aufsichtsbehörden derart begrenzte Spielräume, dass die von Art. 43 Abs. 4 S. 1 geforderte „angemessene Bewertung" ohne Kontrollverlust auch einer anderen, denselben Kriterien unterworfenen Zertifizierungsstelle übertragen werden könnte. Da Zertifizierung letztlich stets konkrete Verarbeitungsvorgänge betreffen, sind keine systematischen Einwände ersichtlich, die einem Fortbestand der Zertifizierung trotz Erlöschens der Akkreditierung der Zertifizierungsstelle entgegengehalten werden könnten, wenn sich der Verarbeiter gleichzeitig der Überwachung einer gleichwertige Zertifizierungsstelle unterwirft, die sich zu einer Zertifizierung nach denselben aufsichtsbehördlichen Kriterien verpflichtet hat, wie die ursprüngliche Zertifizierungsstelle.

VI. Unterrichtung der Aufsichtsbehörde (Abs. 5)

Zur Sicherung aufsichtsbehördlicher Entscheidungsbefugnisse über die Untersagung oder den 12 Widerruf einer Zertifizierung (Art. 58 Abs. 2 Buchst. h) begründet Art. 43 Abs. 5 die Verpflichtung der Zertifizierungsstelle, der Aufsichtsbehörde die **Gründe für die Erteilung oder den Widerruf der beantragten Zertifizierung** mitzuteilen. Trotz des auch in anderen Sprachfassungen mehrdeutigen Wortlauts wird im Zusammenspiel mit Art. 43 Abs. 1 S. 1 deutlich, dass diese Unterrichtungspflicht **vor** der abschließenden Sachentscheidung der Zertifizierungsstelle eintritt.[11] Wegen der Sicherungsfunktion einer Vorab-Beurteilung durch die unabhängigen Kontrollstellen ist die Einhaltung der Unterrichtungspflicht eine wesentliche Voraussetzung für die Wirksamkeit der Zertifizierungsentscheidung.

Art. 43 Abs. 5 begründet zunächst lediglich eine Informations-, **keine Aktenvorlagepflicht,** 13 zumal die Aufsichtsbehörde auch ohne unmittelbare Reaktion auf eine Unterrichtung der Zertifizierungsstelle befugt bleibt, auf Grundlage ihrer allgemeinen Befugnisse die zertifizierte Datenverarbeitung umfassend zu überprüfen.

VII. Transparenzpflichten der Aufsichtsbehörden und des Europäischen Datenschutzausschusses (Abs. 6)

Als Ausfluss des allgemeinen Transparenzgebots (Art. 42 Abs. 3) begründet Art. 43 Abs. 6 14 Verpflichtungen der Aufsichtsbehörden zur qualifizierten („leicht zugänglichen Form") **Veröffentlichung von Akkreditierungsanforderungen und Zertifizierungskriterien** als Grundbedingungen datenschutzrechtlicher Zertifizierungen. Die Vorschrift verpflichtet ferner den Europäischen Datenschutzausschuss, auf Grundlage dieser ihm zusätzlich zur Veröffentlichung durch die Aufsichtsbehörden übermittelten Informationen alle Zertifizierungsverfahren und Datenschutzsiegel in ein Register aufzunehmen und sie in geeigneter Weise zu veröffent-

---

[11] Ebenso Gierschmann/Schlender/Stentzel/Veil/*Heilmann/Schulz* DS-GVO Art. 43 Rn. 25–27.

lichen. Art. 70 Abs. 1 Buchst. o konkretisiert diese Veröffentlichungspflicht des Ausschusses und beschreibt diese stimmig als ein „Register der akkreditierten Einrichtungen". Missverständlich ordnet die Aufgabenzuweisungsnorm außerdem an, die Zertifizierung von Verantwortlichen und Auftragsverarbeitern in Drittländern („... akkreditierte Verantwortliche ...") gemäß Art. 42 Abs. 7 ebenfalls in dieses Register aufzunehmen.

VIII. Delegierte Rechtsakte über Anforderungen an datenschutzspezifische Zertifizierungsverfahren (Abs. 8)

15   Art. 43 Abs. 8 zählt neben Art. 43 Abs. 9 zu den nur noch vereinzelt vorgesehenen Ermächtigungen der Kommission, durch sog. **delegierte Rechtsakte,** dh untergesetzliche abstrakt-generelle Regelungen des Unionsrechts ergänzende Anforderungen zur Konkretisierung der DS-GVO zu begründen. Die mit Art. 43 Abs. 8 unbefristet, aber durch den Rat oder das Europäische Parlament jederzeit widerrufliche Befugnis (Art. 92 Abs. 2 und 3) eingeräumte Regelungsbefugnis bleibt freilich eng begrenzt. Mit dem Verweis auf die in Art. 42 Abs. 1 genannten Zertifizierungsverfahren zielt die Ermächtigung alleine auf die Erfüllung der allgemeinen, auch für die Kommission geltenden Förderpflichten, nicht auf eine nähere Ausgestaltung des in Art. 42 Abs. 2–8 und Art. 43 eng geregelten datenschutzrechtlichen Zertifizierungsverfahrens.

IX. Durchführungsrechtsakte über technische Standards und Mechanismen zur Förderung und Anerkennung von Zertifizierungen (Abs. 9)

16   Obgleich nicht durch eigenständige Rechtsetzung sondern nur durch exekutivisches Handeln in Form eines Durchführungsrechtsaktes überlässt Art. 43 Abs. 9 der **Kommission** im Interesse einheitlicher Bedingungen für die Durchführung der DS-GVO begrenzte Befugnisse zur technischen Standardsetzung im Rahmen von Zertifizierungen sowie über Förderungs- und Anerkennungsmechanismen. Trotz weiterer Mechanismen zur Gewährleistung unionsweit abgestimmter und einheitlicher Anforderungen wie insbesondere der Genehmigung von Zertifizierungskriterien durch den Europäischen Datenschutzausschuss wird die Kommission ermächtigt, im Rahmen des sog. Ausschussverfahrens gemäß Art. 93 jedenfalls gegenüber den Adressaten, also den Zertifizierungsstellen und Aufsichtsbehörden verbindliche Vorgaben zur Konkretisierungen technischer Datenschutzanforderungen wie zB Art. 25 Abs. 1 und Art. 32 zu treffen.

C. Rechtsschutzfragen

17   Streitigkeiten im Rechtsverhältnis zwischen Zertifizierungsstelle und Aufsichtsbehörde bzw. nationaler Akkreditierungsstelle betreffen **öffentlich-rechtliche Berufszulassungsentscheidungen** und unterliegen damit dem Verwaltungsrechtsweg gemäß § 20 BDSG iVm Art. 78.[12]

---

[12] Zu weiteren Verfahrenskonstellationen im Zertifizierungsverfahren → Art. 42 Rn. 45.

Kapitel V. Übermittlungen personenbezogener Daten an Drittländer oder an internationale Organisationen

Art. 44 Allgemeine Grundsätze der Datenübermittlung

¹Jedwede Übermittlung personenbezogener Daten, die bereits verarbeitet werden oder nach ihrer Übermittlung an ein Drittland oder eine internationale Organisation verarbeitet werden sollen, ist nur zulässig, wenn der Verantwortliche und der Auftragsverarbeiter die in diesem Kapitel niedergelegten Bedingungen einhalten und auch die sonstigen Bestimmungen dieser Verordnung eingehalten werden; dies gilt auch für die etwaige Weiterübermittlung personenbezogener Daten aus dem betreffenden Drittland oder der betreffenden internationalen Organisation an ein anderes Drittland oder eine andere internationale Organisation. ²Alle Bestimmungen dieses Kapitels sind anzuwenden, um sicherzustellen, dass das durch diese Verordnung gewährleistete Schutzniveau für natürliche Personen nicht untergraben wird.

Literatur: *Albrecht,* Das neue EU-Datenschutzrecht – von der Richtlinie zur Verordnung, CR 2016, 88; *Dammann,* Der EuGH im Internet – Ende des internationalen Datenschutzes?, RDV 2004, 19; *Dammann/ Simitis,* EG-Datenschutzrichtlinie Kommentar, 1997; *Drewes/Monreal,* Grenzenlose Auftragsdatenverarbeitung, PinG 2014, 143; *Kuner,* International Organizations and the EU General Data Protection Regulation, University of Cambridge Faculty of Law Research Paper No. 20/2018; *Kuner,* Protecting EU data outside borders under the GDPR, Common Market Law Review 2023, 77; *Leopold,* Absenkung des Datenschutzniveaus in der EU durch CETA?, ZD 2016, 475; *Müthlein,* ADV 5.0 – Neugestaltung der Auftragsdatenverarbeitung in Deutschland, RDV 2016, 74; *Roßnagel,* Digitale Souveränität im Datenschutzrecht, MMR 2023, 64; *Schmidt/Freund,* Perspektiven der Auftragsverarbeitung, ZD 2017, 14; *Schmitz/v. Dall'Armi,* Auftragsdatenverarbeitung in der DS-GVO – das Ende der Privilegierung?, ZD 2016, 427; *Zerdick,* Europäisches Datenschutzrecht-neuere Rechtsprechung des EuGH, RDV 2009, 56.

Rechtsprechung: EuGH Urt. v. 6.11.2003 – C-101/01, ECLI:EU:C:2003:596 – Lindqvist; EuGH Urt. v. 30.5.2006 – C-317/04 u. C-318/04, ECLI:EU:C:2006:346 – Parlament/Rat; EuGH Urt. v. 16.12.2008 – C-73/07, ECLI:EU:C:2008:727 – Satakunnan Markkinapörssi und Satamedia; EuGH Urt. v. 9.11.2010 – C-92/09 u. C-93/98, ECLI:EU:C:2010:662 – Volker und Markus Schecke und Eifert; EuGH Urt. v. 13.5.2014 – C-131/12, ECLI:EU:C:2014:317 = ZD 2014, 350 – Google Spain und Google; EuGH Urt. v. 6.10.2015 – C-362/14, ECLI:EU:C:2015:650 = ZD 2015, 549 mAnm *Spies* – Schrems; EuGH Urt. v. 8.4.2014 – C-293/12 u. C-594/12, ECLI:EU:C:2014:238 = EuZW 2014, 459 – Digital Rights Ireland und Seitlinger u.a.; EuGH Urt. v. 21.12.2016 – C-203/15 u. C-698/15, ECLI:EU:C:2016:970 = ZD 2017, 124 mAnm *Kipker* – Tele2 Sverige; EuGH Gutachten v. 26.7.2017, Gutachten 1/15, ECLI:EU: C:2017:592 = ZD 2018, 23 – PNR-Abkommen EU-Kanada; EuGH Urt. v. 16.7.2020 – C-311/18, ECLI: EU:C:2020:559 = ZD 2020, 511 mAnm *Moos/Rothkegel* – Schrems II; EuGH Urt v. 22.11.2022, ECLI: C:2022:912 – C-37/20, C-601/20 = NJW 2023, 199 mAnm *Sandhu* – Luxembourg Business Registers; EuGH Urt. v. 4.7.2023 – C-252/21, ECLI:EU:C:2023:537 = BeckRS 2023, 15772 – Meta Platforms u.a. (Allgemeine Nutzungsbedingungen eines sozialen Netzwerks).

Übersicht

	Rn.
A. Allgemeines	1
I. Zweck und Bedeutung der Vorschrift	1
II. Systematik, Verhältnis zu anderen Vorschriften	5
B. Einzelerläuterungen	7
I. Begrifflichkeiten	7
1. Übermittlung	7
2. Weiterübermittlung	13
3. Drittland	14
4. Internationale Organisation	15
5. Organe, Einrichtungen, Ämter und Agenturen der Union	16
II. Allgemeine Grundsätze der Datenübermittlung (S. 1)	17
1. Zwei-Stufen-Prüfung	17
2. Übermittlungs-Prüfkaskade	18
3. Regelung für Weiterübermittlungen	19
III. Gewährleistung des Schutzniveaus der Union (S. 2)	20

A. Allgemeines*

I. Zweck und Bedeutung der Vorschrift

1   Der Fluss personenbezogener Daten aus Drittländern und internationalen Organisationen und in Drittländer und internationale Organisationen ist für die Ausweitung des internationalen Handels und der internationalen Zusammenarbeit notwendig.[1] Auch aus dem täglichen Leben sind **internationale Datenflüsse** kaum mehr wegzudenken: In einer von einer zunehmenden Digitalisierung geprägten und vernetzten Welt werden personenbezogene Daten über immer mehr virtuelle und geografische Grenzen hinweg übermittelt und auf Großrechnern in unterschiedlichen Ländern (auch gleichzeitig) „in der Wolke" gespeichert („Cloud Computing"). Gleichzeitig ist unverkennbar, dass durch die Zunahme dieser globalen Datenströme **neue Herausforderungen und Anforderungen** in Bezug auf den Schutz personenbezogener Daten entstanden sind. Werden personenbezogene Daten in ein anderes Land außerhalb der Union übermittelt, besteht nicht nur eine gesteigerte Gefahr, dass natürliche Personen ihre Datenschutzrechte nicht wahrnehmen können und sich insbesondere gegen die unrechtmäßige Nutzung oder Offenlegung dieser Informationen zu schützen. Ebenso kann es vorkommen, dass Aufsichtsbehörden Beschwerden nicht nachgehen oder Untersuchungen nicht durchführen können, die einen Bezug zu Tätigkeiten außerhalb der Grenzen ihres Mitgliedstaats haben.[2]

2   Vor diesem Hintergrund waren sich Kommission[3], Europäisches Parlament[4] und Rat[5] darin einig, dass eine Reform des Systems der Datenübermittlung in Drittländer der DS-RL erforderlich war. Auch die Enthüllungen von *Edward Snowden* hinsichtlich der tatsächlich stattfindenden außerordentlich umfassenden Überwachungstätigkeiten der US-amerikanischen Nachrichtendienste (→ Einl. Rn. 61) sowie die darauf bezugnehmenden **grundsätzlichen Feststellungen des EuGH** im Fall Schrems[6] zu Datenübermittlungen aus der EU in Drittstaaten (→ Art. 45 Rn. 1 ff.) spielten eine große Rolle in den Verhandlungen.[7]

3   Trotzdem haben die Unionsgesetzgeber die in Kapitel V DS-GVO befindlichen Vorschriften für internationale Datenübermittlungen gegenüber den Vorschriften der DS-RL **strukturell nicht wesentlich geändert:** Diese beruhen im Wesentlichen weiterhin auf Angemessenheitsbeschluss, geeigneten bzw. angemessenen Garantien (darunter Standardvertragsklauseln und verbindliche unternehmensinterne Datenschutzvorschriften) sowie auf bestimmten Ausnahmen vom allgemeinen Verbot der Übermittlung personenbezogener Daten in Länder außerhalb des EWR. Dagegen wird die Zulässigkeit der Übermittlung in Drittländer erheblich genauer normiert als nach der DS-RL.

4   Insbesondere ist die Vorschrift des Art. 44 **zentrale Eingangsnorm** für die Anwendung des Kapitel V durch Verantwortliche und Auftragsverarbeiter: dort werden die **allgemeinen Grundsätze für Datenübermittlungen** festgelegt, mit wichtigen Klarstellungen hinsichtlich **Weiterübermittlungen** und zu der durch Art. 7 und 8 GRCh und durch Art. 16 AEUV geforderte **Kontinuität des Schutzes** bei Übermittlungen.[8] Zum Verhältnis den Vorschriften für die Datenübermittlung der Art. 44 ff. zum räumlichen Anwendungsbereich des Art. 3 → Rn. 8.

---

* Der Verfasser vertritt hier seine persönliche Auffassung, die nicht notwendig der Auffassung des Europäischen Datenschutzbeauftragten entspricht.

[1] Erwägungsgrund 101.
[2] Erwägungsgrund 116.
[3] Mitteilung der Kommission v. 4.11.2010, Gesamtkonzept für den Datenschutz in der Europäischen Union, KOM(2010) 609 endgültig; Mitteilung der Kommission v. 25.1.2012, Der Schutz der Privatsphäre in einer vernetzten Welt – Ein europäischer Datenschutzrahmen für das 21. Jahrhundert, KOM(2012) 09 endgültig.
[4] Entschließung des Europäischen Parlaments v. 6.7.2011 zur Mitteilung der Kommission an das Europäische Parlament und den Rat „Gesamtkonzept für den Datenschutz", 2011/2025 (INI).
[5] Schlussfolgerungen des Rates vom 15.2.2011 zur Mitteilung der Kommission an das Europäische Parlament und den Rat „Gesamtkonzept für den Datenschutz", Ratsdok. 5980/4/11 REV 4.
[6] EuGH Urt. v. 6.10.2015 – C-362/14, ECLI:EU:C:2015:650 = ZD 2015, 549 mAnm *Spies* – Schrems.
[7] *Albrecht* CR 2016, 88.
[8] Vgl. EuGH Urt. v. 16.7.2020 – C-311/18, ECLI:EU:C:2020:559 = ZD 2020, 511 mAnm *Moos/Rothkegel* Rn. 92 – Schrems II.

II. Systematik, Verhältnis zu anderen Vorschriften

Im Gegensatz zur DS-RL weist der Gesetzgeber in der DS-GVO nunmehr in vielen anderen Vorschriften ausdrücklich auf Situationen der Übermittlungen in ein Drittland oder an eine internationale Organisation hin: 5

- Dazu gehören insbesondere die notwendige **Information** an den Betroffenen über Empfänger, Absicht der Drittlandsübermittlung und bestehendes Schutzniveau (Art. 13 Abs. 1 Buchst. e und f; Art. 14 Abs. 1 Buchst. e und f). Gleiches gilt bei Geltendmachung des **Auskunftsrechts** durch den Betroffenen gemäß Art. 15 Abs. 1 Buchst. c und Abs. 2.
- Auch die **Pflichten von Verantwortlichen und Auftragsverarbeitern** erwähnen nunmehr ausdrücklich Datenübermittlungen, darunter insbesondere die Vorschriften zum Weisungsrecht des Verantwortlichen (Art. 28 Abs. 3 Buchst. a) und zur Dokumentation der Verarbeitungen in Verarbeitungsverzeichnissen (Art. 30 Abs. 1 Buchst. d und e; Abs. 2 Buchst. c).
- Ein **Auftragsverarbeiter** kann wie bisher unter der DS-RL selbstverständlich in einem Drittland niedergelassen sein und mit der Verarbeitung durch einen Verantwortlichen beauftragt werden;[9] die Verarbeitung durch einen Auftragsverarbeiter erfolgt – unabhängig davon, ob er innerhalb oder außerhalb des EU-Raums ansässig ist – normalerweise auf der Grundlage eines Vertrags gemäß Art. 28 Abs. 3 und die Datenübermittlungen an einen Auftragsverarbeiter außerhalb der EU müssen daher (allein) den Anforderungen des Art. 44 iVm Art. 45–47 bzw. Art. 49 genügen.[10]
- Die DS-GVO erweitert und stellt klar auch die **Aufgaben und Befugnisse der Datenschutzaufsichtsbehörden,** gerade in Bezug auf internationale Datentransfers. Dazu zählt insbesondere die ausdrückliche Befugnis, die Übermittlung von Daten an einen Empfänger in einem Drittland oder an eine internationale Organisation auszusetzen (Art. 58 Abs. 2 Buchst. j). Auch dem **Datenschutzausschuss** werden ausdrücklich Aufgaben mit internationalem Sachverhaltsbezug zugewiesen (Art. 70).
- Bei Verstößen gegen die Bestimmungen der Art. 44–49 ist das Risiko deutlich größer geworden: Mit erheblichen **Geldbußen** durch die Aufsichtsbehörden ist zu rechnen, von bis zu 20 Millionen EUR oder im Fall eines Unternehmens von bis zu 4 Prozent seines gesamten weltweit erzielten Jahresumsatzes des vorangegangenen Geschäftsjahrs, je nachdem, welcher der Beträge höher ist (Art. 83 Abs. 5 Buchst. c).
- Zum Schutz der **Meinungsfreiheit** sind die Mitgliedstaaten verpflichtet, Abweichungen oder Ausnahmen von bestimmten Kapiteln der DS-GVO zu schaffen, wenn dies erforderlich ist, um das Recht auf Schutz der personenbezogenen Daten mit der Freiheit der Meinungsäußerung und der Informationsfreiheit in Einklang zu bringen (Art. 85).[11] Dies gilt auch für die in Kapitel V enthaltenen Bestimmungen.
- Gemäß Art. 97 besteht eine **besondere Berichts- und Überprüfungspflicht der Kommission** über die Anwendung und die Wirkungsweise der Vorschriften über die Übermittlung personenbezogener Daten an Drittländer oder an internationale Organisationen, insbesondere im Hinblick auf die gemäß Art. 45 Abs. 3 erlassenen Angemessenheitsbeschluss der Kommission sowie die bis zur Anwendung der DS-GVO gemäß Art. 25 Abs. 6 DS-RL erlassenen Feststellungen.

Eine mit Art. 44 vergleichbare Vorschrift mit den allgemeinen Grundsätzen für internationale Datentransfers für **Polizei- und Strafrechtsbehörden** findet sich in Art. 35 RL (EU) 2016/680[12] sowie in Art. 46 **VO (EU) 2018/1725**[13] für die Organe, Einrichtungen, Ämter und Agenturen der Union (→ Art. 2 Rn. 17 ff.). 6

---

[9] Bsp. unter Zuhilfenahme des Durchführungsbeschlusses (EU) 2021/914 der Kommission v. 4.6.2021 über Standardvertragsklauseln für die Übermittlung personenbezogener Daten an Drittländer gemäß der Verordnung (EU) 2016/679 des Europäischen Parlaments und des Rates, ABl. 2021 L 31.
[10] *Drewes/Monreal* PinG 2014, 143 (145); *Müthlein* RDV 2016, 74 (83); *Schmitz/v. Dall'Armi* ZD 2016, 427 (429); *Schmidt/Freund* ZD 2017, 14 (16).
[11] Siehe dazu allg. EuGH Urt. v. 16.12.2008 – C-73/07, ECLI:EU:C:2008:727 – Satakunnan Markkinapörssi und Satamedia; *Zerdick* RDV 2009, 56.
[12] Richtlinie (EU) 2016/680 des Europäischen Parlaments und des Rates vom 27.4.2016 zum Schutz natürlicher Personen bei der Verarbeitung personenbezogener Daten durch die zuständigen Behörden zum Zwecke der Verhütung, Ermittlung, Aufdeckung oder Verfolgung von Straftaten oder der Strafvollstreckung sowie zum freien Datenverkehr und zur Aufhebung des Rahmenbeschluss 2008/977/JI des Rates, ABl. 2016 L 119, 89.
[13] Verordnung (EU) 2018/1725 des Europäischen Parlaments und des Rates vom 23.10.2018 zum Schutz natürlicher Personen bei der Verarbeitung personenbezogener Daten durch die Organe, Einrichtungen und

B. Einzelerläuterungen

I. Begrifflichkeiten

7   **1. Übermittlung.** Der Gesetzgeber hat in der DS-GVO genau wie bereits die DS-RL[14] bewusst darauf verzichtet, in einer Definition zu bestimmen, was unter einer „Übermittlung" iSd Art. 44 ff. zu verstehen ist.[15] Mit Blick auf den Schutzzweck des Art. 8 GRCh und der ausdrücklichen Bestimmung des Art. 44 S. 3, wonach Verantwortlicher und Auftragsverarbeiter sicherzustellen haben, dass das durch die DS-GVO gewährleistete Schutzniveau für natürliche Personen nicht untergraben wird und dass der Fortbestand des hohen Niveaus dieses Schutzes im Fall der Übermittlung personenbezogener Daten in ein Drittland gewährleistet wird,[16] ist unter Übermittlung iSd Art. 44 ff. jeglicher Verarbeitungsvorgang zu verstehen, bei dem personenbezogene Daten außerhalb des Geltungsbereichs der DS-GVO gebracht werden und die Endbestimmung der Daten **außerhalb des Unionsgebiets** liegt oder die Daten von außerhalb der Union bzw. des EWR zugänglich sind, beispielsweise durch die Gewährung von (tatsächlichen) → Rn. 12) Zugriffsrechten bzw. bei Fernzugriff.[17] Eine Übermittlung liegt insbesondere immer dann vor, wenn Informationen zum Abruf ins **Internet** eingestellt werden: Die besonderen Anforderungen, die Art. 44 ff. an die Drittlandübermittlung stellt, müssen daher bereits bei der Einstellung von personenbezogenen Daten in ein von außerhalb der Union bzw. des EWR zugängliches Netz erfüllt werden.[18]

8   Unklar ist, ob die anfängliche Unterscheidung des **EuGH**, wonach zumindest dann keine Übermittlung in ein Drittland vorliegen soll, wenn der Anbieter des Web-Auftritts (Host-Service-Provider) in einem EU-Mitgliedstaat ansässig sei,[19] inzwischen als durch diesen als aufgegeben angesehen werden kann: Mittlerweile prüft der EuGH jedenfalls nicht mehr, ob eine „Übermittlung" vorliegt. Nach ihm ist eine genauere Bestimmung des Übermittlungsbegriffs auch deswegen nicht notwendig, da auf jeden Fall jede Übermittlung aus einem Mitgliedstaat in einen Drittstaat eine „Verarbeitung personenbezogener Daten" iSv Art. 2 Buchst. b DS-RL (jetzt Art. 4 Buchst. b DS-GVO) darstellt, die im Hoheitsgebiet eines Mitgliedstaats vorgenommen wird.[20]

---

sonstigen Stellen der Union, zum freien Datenverkehr und zur Aufhebung der Verordnung (EG) Nr. 45/2001 und des Beschlusses Nr. 1247/2002/EG, ABl. 2018 L 295, 39.

[14] Siehe EuGH Urt. v. 6.11.2003 – C-101/01, ECLI:EU:C:2003:596 = EuZW 2004, 245 Rn. 56 – Lindqvist. Die Begriffsbestimmung der „grenzüberschreitenden Verarbeitung" in Art. 4 Nr. 23 bezieht sich nicht auf Datenübermittlungen an Drittstaaten oder an eine internationale Organisation und hat ausschließlich Bedeutung für das Festlegen der zuständigen Aufsichtsbehörde gemäß Art. 56 bei Niederlassungen innerhalb der Union.

[15] Obwohl Art. 4 Abs. 2 Beispiele für Verarbeitungen enthält, wird eine „Übermittlung" nur in der deutschen Version und im Zusammenhang mit „Offenlegung" erwähnt. Die englischen bzw. französischen Sprachfassungen der DS-GVO, der RL (EU) 2016/680 sowie der VO (EU) 2018/1725 unterscheiden begrifflich eindeutig zwischen Datenflüssen innerhalb der EU („transmission", „transmit", „transmettre") und aus der EU heraus („transfer", „transferts"). Zur Auslegung der Sprachfassungen → Einl. Rn. 101.

[16] So bereits zur DS-RL EuGH Urt. v. 6.10.2015 – C-362/14, ECLI:EU:C:2015:650 = ZD 2015, 549 mAnm *Spies* Rn. 72 – Schrems, und für die DS-GVO bekräftigend in EuGH Urt. v. 16.7.2020 – C-311/18, ECLI:EU:C:2020:559 = ZD 2020, 511 mAnm *Moos/Rothkegel* Rn. 92 – Schrems II.

[17] Europäischer Datenschutzausschuss, Empfehlungen 01/2020 zu Maßnahmen zur Ergänzung von Übermittlungstools zur Gewährleistung des unionsrechtlichen Schutzniveaus für personenbezogene Daten Version 2.0 v. 18.6.2021, Rn. 13. Vgl. bereits Grabitz/Hilf/*Brühann* RL 95/46/EG Art. 25 Rn. 6, 7; enger dagegen die vormalige Begriffsbestimmung in Art. 2 Buchst. m Europol-VO, ABl. 2016 L 135, 53: „Übermittlung personenbezogener Daten: das Übermitteln von personenbezogenen Daten, die einer begrenzten Anzahl von bestimmten Parteien mit dem Wissen des Absenders oder entsprechend seiner Absicht, dem Empfänger Zugang zu den personenbezogenen Daten zu verschaffen, aktiv zugänglich gemacht werden". IErg gleich mit Paal/Pauly/*Pauly* DS-GVO Art. 44 Rn. 4, der darunter „jede Offenlegung personenbezogener Daten gegenüber einem Empfänger in einem Drittland oder einer internationalen Organisation" versteht.

[18] So bereits *Dammann* RDV 2004, 19 (21); Europäischer Datenschutzbeauftragter, The transfer of personal data to third countries and international organisations by EU institutions and bodies, Position Paper v. 14.7.2014, 7; aA Grabitz/Hilf/*Brühann* RL 95/46/EG Art. 25 Rn. 6, im Fall einer reinen Konsultation von in der EU belegenen Datenbeständen online von in Drittländern gelegenen Terminals ohne Speicherung.

[19] EuGH Urt. v. 6.11.2003 – C-101/01, ECLI:EU:C:2003:596 = EuZW 2004, 245 Rn. 71 – Lindqvist; krit. dazu *Dammann* RDV 2004, 19.

[20] EuGH Urt. v. 6.10.2015 – C-362/14, ECLI:EU:C:2015:650 = ZD 2015, 549 mAnm *Spies* Rn. 45 – Schrems unter Bezugnahme auf EuGH Urt. v. 30.5.2006 – C-317/04 u. C-318/04, ECLI:EU:C:2006:346 =

Immer mehr betont der EuGH gleichzeitig auch die erhebliche Beeinträchtigung der Grundrechte auf Achtung des Privatlebens und Schutz personenbezogener Daten durch eine Internet-Suchmaschine[21] und den Eingriff in das Privatleben iSd Art. 7 GRCh durch eine **Veröffentlichung von personenbezogenen Daten auf einer Internetseite** allein aufgrund der Tatsache, dass Dritte Zugang zu diesen Daten erhalten.[22] Der EuGH weist auch darauf hin, dass mögliche Folgen einer etwaigen missbräuchlichen Verwendung personenbezogenen Daten für die betroffenen Personen dadurch verschärft werden, da diese Daten nach der Veröffentlichung weit verbreitet und gespeichert werden können, was es den Betroffenen extrem schwierig macht, sich gegen Missbräuche zu schützen.[23]

Der **Europäische Datenschutzausschuss** hat unter Begründung auf die durch die fehlende Begriffsbestimmung angebliche resultierende Rechtsunsicherheit die folgenden drei kumulativen Kriterien festgelegt, um einen Verarbeitungsvorgang als Übermittlung zu qualifizieren:[24]

1. Ein für die Verarbeitung Verantwortlicher oder ein Auftragsverarbeiter („Exporteur") unterliegt bei der jeweiligen Verarbeitung der DS-GVO;
2. Der Exporteur übermittelt personenbezogene Daten, die Gegenstand dieser Verarbeitung sind, an einen anderen für die Verarbeitung Verantwortlichen, einen gemeinsam für die Verarbeitung Verantwortlichen oder einen Auftragsverarbeiter („Importeur") oder stellt sie auf andere Weise zur Verfügung.
3. Der Importeur befindet sich in einem Drittland, unabhängig davon, ob dieser Importeur für die jeweilige Verarbeitung gemäß Art. 3 unterliegt oder eine internationale Organisation ist.

Wenn diese drei genannten Kriterien erfüllt sind, liegt eine Übermittlung vor und Art. 44 ff. sind anwendbar.

Keine Übermittlung soll danach laut Europäischem Datenschutzausschuss vorliegen, wenn personenbezogenen Daten von einem Betroffenen unmittelbar an einen Empfänger in einem Drittland weitergegeben werden, etwa durch Eingabe auf einer Webseite.[25] Der Europäische Datenschutzausschuss weist in seinen Leitlinien darauf hin, dass die betroffene Person kein Verantwortlicher oder Auftragsverarbeiter sei. Diese Auffassung ist zwar nachvollziehbar, insbesondere unter dem Gesichtspunkt der weiterhin bestehenden Schutzwirkung der möglichen Anwendung der DS-GVO gemäß Art. 3 Abs. 2 auf den nicht im EWR-niedergelassenen Empfänger.[26] Nicht vereinbar erscheint sie jedoch mit dem Wortlaut des Art. 44 S. 2, der ausdrücklich verlangt, dass das durch die DS-GVO unionsweit gewährleistete Schutzniveau für natürliche Personen bei der Übermittlung personenbezogener Daten aus der Union an Verantwortliche, Auftragsverarbeiter oder andere Empfänger in Drittländern oder an internationale Organisationen „nicht untergraben" werden darf. Dieses Untergrabungsverbot ergibt sich aus der in Art. 8 Abs. 1 GRCh ausdrücklich vorgesehenen Pflicht zum Schutz personenbezogener Daten[27] und soll den

---

EuZW 2006, 403 Rn. 56 – Parlament/Rat; vgl. auch EuGH Urt. v. 4.7.2023 – C-252/21, ECLI:EU:C:2023:537 = BeckRS 2023, 15772 Rn. 73 – Meta Platforms u.a. (Allgemeine Nutzungsbedingungen eines sozialen Netzwerks), wo der EuGH sowohl die Erhebung personenbezogener Daten von Nutzern eines sozialen Netzwerks, wenn diese Nutzer Webseiten oder Apps – einschl. solcher, die Informationen offenbaren können, die unter eine oder mehrere der in Art. 9 Abs. 1 genannten Kategorien fallen – aufrufen und dort gegebenenfalls Informationen eingeben, indem sie sich registrieren oder Online-Bestellungen aufgeben, als auch die Verknüpfung dieser Daten mit dem jeweiligen Nutzerkonto des sozialen Netzwerks und schließlich die Verwendung dieser Daten als eine „Verarbeitung besonderer Kategorien personenbezogener Daten" iSd Art. 9 Abs. 1 ansieht, ohne dabei auf Aspekte möglicher Drittstaatsübermittlungen einzugehen.

[21] EuGH Urt. v. 13.5.2014 – C-131/12, ECLI:EU:C:2014:317 = ZD 2014, 350 Rn. 38 – Google Spain und Google.
[22] EuGH Urt. v. 9.11.2010 – C-92/09 u. C-93/98, ECLI:EU:C:2010:662 = EuZW 2010, 939 – Volker und Markus Schecke und Eifert.
[23] EuGH Urt v. 22.11.2022 – C-37/20, C-601/20, ECLI:EU:C:2022:912 = NJW 2023, 199 mAnm *Sandhu* Rn. 43 – Luxembourg Business Registers.
[24] Europäischer Datenschutzausschuss, Leitlinien 05/2021 zum Zusammenspiel zwischen der Anwendung von Artikel 3 und den Bestimmungen über internationale Übermittlungen gemäß Kapitel V der Datenschutz-Grundverordnung, Version 2.0, v. 14.2.2023. Die Leitlinien enthalten darüber hinaus weitere praktische Beispiele sowie Schaubilder.
[25] Europäischer Datenschutzausschuss, Leitlinien 05/2021 zum Zusammenspiel zwischen der Anwendung von Artikel 3 und den Bestimmungen über internationale Übermittlungen gemäß Kapitel V der Datenschutz-Grundverordnung, Version 2.0, v. 14.2.2023, Rn. 18.
[26] So BeckOK DatenschutzR/*Juarez* DS-GVO Art. 44 Rn. 16.
[27] EuGH Urt. v. 16.7.2020 – C-311/18, ECLI:EU:C:2020:559 = ZD 2020, 511 mAnm *Moos/Rothkegel* Rn. 93 – Schrems II.

11 Ebenfalls **keine Übermittlung** liegt vor, wenn personenbezogene Daten an einen **im Geltungsbereich der DS-GVO niedergelassenen Cloud-Anbieter** weitergeleitet werden, der eine internationale Cloud-Infrastruktur nutzt, vorausgesetzt, dieser Anbieter erklärt ausdrücklich, dass keinerlei Verarbeitung in Drittländern stattfindet.[29] Eine Niederlassung in der EU/im EWR in Kombination mit einer Datenverarbeitung innerhalb der EU oder des EWR an einem europäischen Standort der relevanten IT-Systeme (Server, Netzkomponenten usw) verhindert daher üblicherweise die Anwendung der Art. 44 ff.[30]

12 Fraglich ist, ob die **Gefahr allein einer Zugriffsmöglichkeit öffentlicher Stellen von Drittländern,** insbesondere unter dem „CLOUD-Act" der USA (→ Art. 48 Rn. 2, 10) eine Übermittlung iSd Art. 44 darstellt. Sowohl der Europäische Datenschutzausschuss,[31] der Europäische Datenschutzbeauftragte[32] als auch die Konferenz der deutschen unabhängigen Datenschutzaufsichtsbehörden des Bundes und der Länder (Datenschutzkonferenz)[33] verneinen dies ausdrücklich, mit Blick auf das abstrakte Risiko eines Zugriffs.[34] Die Risiken, die sich aus der Anwendung von Drittlandsgesetzen auf im EWR ansässige Auftragsverarbeiter ergeben, müssen daher Teil der Analyse und Bewertung durch den Verantwortlichen im Einklang mit dem Grundsatz der Rechenschaftspflicht nach Art. 5 Abs. 2 bzw. Art. 24 und gegebenenfalls der Überprüfung der „Zuverlässigkeit" des Auftragsverarbeiters nach den Voraussetzungen des Art. 28 Abs. 1 sein. Bei einem tatsächlichen Herausgabeverlangen durch drittstaatliche Behörden findet dagegen Art. 48 Anwendung. Eine tatsächliche Übermittlung, die als Reaktion auf eine Entscheidung einer Behörde eines Drittlands erfolgt, ist ebenfalls in jedem Fall nur dann rechtmäßig, wenn sie im Einklang mit den Bedingungen von Kapitel V DS-GVO steht.

13 2. Weiterübermittlung. Eine Weiterübermittlung bzw. Weiterleitung setzt zunächst eine Übermittlung aus der EU bzw. dem EWR in ein Drittland bzw. an eine internationalen Organisation voraus. Daran kann sich dann eine Weiterübermittlung anschließen. Begrifflich ist eine Weiterübermittlung eine Datenübermittlung vom ursprünglichen Bestimmungsdrittland in ein davon unterschiedliches Drittland oder von einem Empfänger (als Verantwortlicher oder Auftragsverarbeiter) im ursprünglichen Bestimmungsdrittland an einen anderen Empfänger im gleichen Drittland. Gleichermaßen liegt eine Weiterübermittlung vor, wenn von einer internationalen Organisation personenbezogene Daten an Verantwortliche oder Auftragsverarbeiter in derselben oder an eine andere internationale Organisation weiterübermittelt werden.[35]

14 3. Drittland. Ein Drittland im Sinne der DS-GVO ist jeder Staat, der nicht Mitgliedstaat der EU ist. Seit der Anwendung der DS-GVO auf die EWR-Staaten Island, Liechtenstein und

---

[28] Krit. auch *Kuner* CML Rev. 2023, 77 (95) sowie der Bayerische Landesbeauftragte für den Datenschutz, Internationale Datentransfers – Orientierungshilfe, Version 1.0, v. 1.5.2023, Fn. 26, der zu Recht anmerkt, dass die Leitlinien nicht den Fall zu berücksichtigen scheinen, dass die betroffene Person selbst durch einen in der EU belegenen Verantwortlichen dazu gebracht wird, ihre Daten ohne Umweg über diese Stelle ins Drittland zu exportieren und zumindest in einem solchen Fall die Art. 44 ff. zumindest entsprechend anwenden will.

[29] Europäischer Datenschutzausschuss, Empfehlungen 01/2020 zu Maßnahmen zur Ergänzung von Übermittlungstools zur Gewährleistung des unionsrechtlichen Schutzniveaus für personenbezogene Daten Version 2.0, v. 18.6.2021, Rn. 13.

[30] So ausdrücklich der Bayerische Landesbeauftragte für den Datenschutz, Internationale Datentransfers Orientierungshilfe, v. 1.5.2023, S. 20.

[31] Europäischer Datenschutzausschuss, 2022 Coordinated Enforcement Action Use of cloud-based services by the public sector, v. 17.1.2023, S. 19: „Possible requests would in this case be addressed directly to the CSP within the EEA and would concern data present in the EEA and not data already undergoing transfer".

[32] Europäischer Datenschutzbeauftragter, EDPS Decision on the Court of Justice of the EU's request to authorise the contractual clauses between the Court of Justice of the EU and Cisco Systems Inc. for transfers of personal data in the Court's use of Cisco Webex and related services, v. 13.7.2023 (Case 2023-0367), Rn. 36.

[33] Beschluss der Konferenz der unabhängigen Datenschutzaufsichtsbehörden des Bundes und der Länder, Zur datenschutzrechtlichen Bewertung von Zugriffsmöglichkeiten öffentlicher Stellen von Drittländern auf personenbezogene Daten, v. 31.1.2023, datenschutzkonferenz-online.de/media/dskb/20230206_DSK_Beschluss_Extraterritoriale_Zugriffe.pdf.

[34] AA Vergabekammer BW Beschl. v. 13.7.2022 – 1 VK 23/22, ZD 2022, 561.

[35] Siehe zur Weiterübermittlung die Artikel-29-Datenschutzgruppe, Referenzgrundlage für Angemessenheit, WP 254 rev.01 v. 6.2.2018, Punkt 9.

Norwegen (→ Art. 3 Rn. 18), gelten diese nicht als „Drittland" und die Regelungen der DS-GVO zu Drittlandsübermittlungen finden keine Anwendung mehr.[36] Gebiete, die zwar mit EU-Mitgliedstaaten verbunden sind, auf die jedoch im Einklang mit Art. 355 AEUV die EU-Verträge keine Anwendung finden,[37] sind als Drittstaaten im Sinne der DS-GVO zu verstehen und können daher Gegenstand von Angemessenheitsbeschlüssen der Kommission gemäß Art. 45 sein.

4. Internationale Organisation. Die DS-RL führte internationale Organisationen nicht im Wortlaut auf, jedoch wurden diese wie Drittstaaten behandelt.[38] Aufgrund der gewachsenen Bedeutung solcher internationalen Organisationen und der durch diese verarbeiteten personenbezogenen Daten stellt die DS-GVO nunmehr aus Gründen der Rechtssicherheit auch im Rechtstext klar, dass bei Datenübermittlungen an internationale Organisationen die gleichen Regeln anzuwenden sind wie bei der Datenübermittlung in Drittstaaten. Die in Art. 4 Nr. 26 neu verankerte Begriffsbestimmung erfasst die durch völkerrechtliche Vereinbarungen geschaffenen zwischenstaatlichen internationalen Organisationen, etwa diejenigen der Vereinten Nationen (VN), oder der Organisation für wirtschaftliche Zusammenarbeit und Entwicklung (OECD). Darüber hinaus sind alle zwischenstaatlichen Organisationen erfasst, die durch eine Vereinbarung von mindestens zwei Staaten begründet sind. Privatrechtliche Organisationen mit internationaler Mitgliedschaft, humanitäre oder politische Nichtregierungsorganisationen ohne völkerrechtliches Mandat, wie etwa die Welt-Anti-Doping-Agentur (WADA), oder internationale Unternehmen fallen nicht unter diese Begriffsbestimmung.[39]

5. Organe, Einrichtungen, Ämter und Agenturen der Union. Die Vorschriften des Kapitels V finden keine Anwendung auf Datenverarbeitungen, deren Empfänger die Europäische Union selbst sowie ihre Organe, Einrichtungen, Ämter und Agenturen sind, da die Union selbst sowie ihre Organe, Einrichtungen, Ämter und Agenturen weder als Drittland[40] noch als internationale Organisation iSd Art. 4 Nr. 26 zu verstehen sind. Dies ergibt sich daraus, dass letztere aufgrund der Geltung von Art. 8 GRCh sowie Art. 16 AEUV die gleichen Anforderungen zum Schutz personenbezogener Daten zu erfüllen haben wie die Mitgliedstaaten. Die bestehenden Datenschutzvorschriften in **VO (EU) 2018/1725**[41] für die EU-Organe, Einrichtungen, Ämter und Agenturen gewährleisten dies (→ Art. 2 Rn. 17, → Art. 98 Rn. 11 ff.).

II. Allgemeine Grundsätze der Datenübermittlung (S. 1)

1. Zwei-Stufen-Prüfung. Art. 44 S. 1 bestimmt, dass personenbezogene Daten nur dann in Drittländer oder an internationale Organisationen übermittelt oder weiterübermittelt werden dürfen, wenn der Verantwortliche und der Auftragsverarbeiter sowohl die in diesem Kapitel festgelegten Bedingungen als auch die sonstigen Bestimmungen dieser Verordnung einhält. Mit der ausdrücklichen Bezugnahme auf die „sonstigen Bestimmungen" der VO stellt die DS-GVO damit klar, dass die bereits von der DS-RL bekannte **Zwei-Stufen-Prüfung** auch weiterhin gilt: Danach ist zuerst die Zulässigkeit der Verarbeitung als solche nachzuweisen und erst dann folgt in einem zweiten Schritt die Prüfung, ob die besonderen Voraussetzungen für eine Übermittlung in ein Drittland oder eine internationale Organisation vorliegen. Die Regelung des Art. 44 ergänzt damit – wie in der DS-RL – die allgemeine Regelung in Kapitel II DS-GVO über die allgemeinen Bedingungen für die Rechtmäßigkeit der Verarbeitung personenbezogener

---

[36] Vgl. Mitteilung der Kommission v. 24.1.2018, Besserer Schutz und neue Chancen – Leitfaden der Kommission zur unmittelbaren Anwendbarkeit der Datenschutz-Grundverordnung ab 25.5.2018, COM (2018) 43 final, 4e.
[37] Vgl. iE Lenz/Borchardt/*Booß* AEUV Art. 355; Grabitz/Hilf/Nettesheim/*Jaeckel* AEUV Art. 355 Rn. 14 ff.
[38] Dammann/Simitis EG-DatenschutzRL Art. 25 Rn. 6.
[39] Vgl. ausf. *Kuner*, International Organizations and the EU General Data Protection Regulation, University of Cambridge Faculty of Law Research Paper No. 20/2018.
[40] Ebenso Simitis/Hornung/Spiecker gen. Döhmann/*Schantz* DS-GVO Art. 44 Rn. 23; bereits zur DS-RL Dammann/Simitis EG-DatenschutzRL Art. 25 Rn. 6.
[41] Verordnung (EU) 2018/1725 des Europäischen Parlaments und des Rates vom 23.10.2018 zum Schutz natürlicher Personen bei der Verarbeitung personenbezogener Daten durch die Organe, Einrichtungen und sonstigen Stellen der Union, zum freien Datenverkehr und zur Aufhebung der Verordnung (EG) Nr. 45/2001 und des Beschlusses Nr. 1247/2002/EG, ABl. 2018 L 295, 39.

Daten (Art. 5–11) als auch der Vorschriften über besondere Verarbeitungssituationen nach Kapitel XI (Art. 85–91).[42]

18 **2. Übermittlungs-Prüfkaskade.** Sofern die Voraussetzungen einer rechtmäßigen Verarbeitung grundsätzlich vorliegen, ist des Weiteren zu prüfen, ob die Bedingungen dieses Kapitels eine Übermittlung in ein Drittland oder eine internationale Organisation erlauben (Art. 44 S. 1). Die DS-GVO nimmt diesbezüglich eine weitere vom Verantwortlichen und Auftragsverarbeiter zu beachtende Differenzierung durch die Aufstellung einer **Übermittlungs-Prüfkaskade** vor:

(1) Zum einen wird – genau wie in der DS-RL – unzweideutig unterschieden zwischen Übermittlungen in Drittstaaten, die ein angemessenes Schutzniveau gewährleisten (Art. 45), und Übermittlungen in Drittstaaten, die kein angemessenes Schutzniveau gewährleisten (Art. 46, 47, 49). Danach ist zuerst zu prüfen, ob ein **angemessenes Schutzniveau** des betroffenen Drittlandes von der Kommission festgestellt wurde (Art. 45). Ist dies der Fall, kann die Übermittlung durchgeführt werden.

(2) Zum anderen ist für den Fall, dass der Drittstaat, in den personenbezogene Daten aus der EU übermittelt werden sollen, kein angemessenes Schutzniveau gewährleistet, ist in Art. 46, 47 und 49 geregelt, unter welchen Voraussetzungen Daten dennoch übermittelt werden können. Sofern kein angemessenes Schutzniveau besteht, sind die Verantwortlichen und Auftragsverarbeiter zunächst dazu verpflichtet, **geeignete Garantien für die Datenübermittlung** herzustellen („Falls kein Beschluss nach Art. 45 Abs. 43 vorliegt (...)"). Danach können Daten nur dann übermittelt werden, wenn der Verantwortliche oder Auftragsverarbeiter geeignete bzw. angemessene Garantien iSd Art. 46 hinsichtlich des Schutzes der Privatsphäre, der Grundrechte und der Grundfreiheiten der Personen sowie hinsichtlich der Ausübung der damit verbundenen Rechte bietet; diese Garantien können sich insbesondere aus für den Datenexporteur und den Datenimporteur verbindlichen Vertragsklauseln ergeben. Hierzu zählen u.a. von der Kommission herausgegebene Standardvertragsklauseln und bei Datenübermittlungen innerhalb einer multinationalen Unternehmensgruppe von den Datenschutzbehörden genehmigte verbindliche interne Datenschutzvorschriften (Art. 47).

(3) Erst wenn diese Möglichkeiten zur Herstellung geeigneter Garantien nicht wahrnehmbar sind, kann auf die eng auszulegenden **Ausnahmen** des Art. 49 Rückgriff genommen werden („Falls weder ein Angemessenheitsbeschluss nach Artikel 45 Absatz 3 vorliegt noch geeignete Garantien nach Artikel 46, (...)").[43]

Aus diesem Zusammenspiel des Art. 44 mit den weiteren Vorschriften, insbesondere mit den Art. 45, 46 und 49 ergibt sich in begrüßenswerter Deutlichkeit, dass der Verantwortliche oder der Auftragsverarbeiter, der eine Übermittlung in ein Drittland beabsichtigt, zuvörderst solchen Lösungen den Vorzug geben muss, die den Betroffenen garantieren, dass die Grundrechte und Garantien, die sie bei der Verarbeitung ihrer Daten in der EU genießen, auch nach Übermittlung der Daten in ein Drittland gewährleistet sind.[44]

19 **3. Regelung für Weiterübermittlungen.** Diese Voraussetzungen gelten gemäß Art. 44 S. 1 aE auch für **Weiterübermittlungen.** Somit gilt, dass eine weitere Übermittlung personenbezogener Daten vom ursprünglichen Bestimmungsdrittland in ein anderes Drittland lediglich dann zulässig ist, wenn das zweite Drittland (dh der Empfänger der Weiterübermittlung) ebenfalls entweder ein angemessenes Schutzniveau aufweist iSd Art. 45, oder geeignete Garantien gemäß Art. 46 vorliegen bzw. eine Ausnahme nach Art. 49 in Anspruch genommen werden kann. Diese Regeln sollen gewährleisten, dass die für personenbezogene Daten von betroffenen Personen in der EU geltenden Schutzvorkehrungen nicht ausgehöhlt werden und nicht umgangen werden können, indem man sie an Dritte weiterleitet.[45] Von besonderer Bedeutung ist dies für die relativ komplexen Verarbeitungsketten, wie sie für die digitale Wirtschaft von heute cha-

---

[42] So auch Paal/Pauly/*Pauly* DS-GVO Art. 44 Rn. 2; vgl. bereits EuGH Urt. v. 6.11.2003 – C-101/01, ECLI:EU:C:2003:596 = EuZW 2004, 245 Rn. 63 – Lindqvist.
[43] Zu beachten ist daneben auch ein möglicherweise im Einzelfall bestehendes unions- oder einzelstaatliches Übermittlungsverbot (→ Art. 49 Rn. 19).
[44] So schon bereits der empfohlene Ansatz der Artikel-29-Datenschutzgruppe, Arbeitspapier über eine gemeinsame Auslegung des Artikels 26 Absatz 1 der Richtlinie 96/46/EG, WP 114 v. 24.10.2005.
[45] Nunmehr ausdrücklich EuGH Gutachten v. 26.7.2017 – Gutachten 1/15, ECLI:EU:C:2017:592 = ZD 2018, 23 Rn. 214 – PNR-Abkommen EU-Kanada, unter entspr. Anwendung von EuGH Urt. v. 6.10.2015 – C-362/14, ECLI:EU:C:2015:650 = ZD 2015, 549 mAnm *Spies* Rn. 72, 73 – Schrems; vgl. auch Paal/Pauly/*Pauly* DS-GVO Art. 44 Rn. 4, der zu Recht betont, dass der Schutz durch die DS-GVO übermittelten

rakteristisch sind. Spezielle Regelungen zu Weiterübermittlungen finden sich beispielsweise in den an die DS-GVO angepassten Standardvertragsklauseln der Kommission[46] als auch in dem Angemessenheitsbeschluss der Kommission zum EU-USA-Datenschutzrahmen („EU-U. S. Data Privacy Framework").[47]

III. Gewährleistung des Schutzniveaus der Union (S. 2)

Im Einklang mit der bisherigen Rechtslage, wonach Art. 25 Abs. 1 DS-RL Übermittlungen personenbezogener Daten in ein Drittland, das kein angemessenes Schutzniveau gewährleistet, grundsätzlich verbietet,[48] untersagt auch die DS-GVO, solche Übermittlungen, die keine der Bedingungen des Art. 44 erfüllt. Darüber hinaus stellt Art. 44 S. 2 klar, dass das durch die DS-GVO unionsweit gewährleistete Schutzniveau für natürliche Personen bei der Übermittlung personenbezogener Daten aus der Union an Verantwortliche, Auftragsverarbeiter oder andere Empfänger in Drittländern oder an internationale Organisationen „nicht untergraben" werden darf. Dieses **Untergrabungsverbot** ergibt sich aus der in Art. 8 Abs. 1 GRCh ausdrücklich vorgesehenen **Pflicht zum Schutz personenbezogener Daten**[49] und soll den **Fortbestand des hohen Niveaus** dieses Schutzes im Fall der Übermittlung personenbezogener Daten in ein Drittland gewährleisten.[50] So kann etwa der Erlass eines Angemessenheitsbeschlusses der Kommission nicht dazu führen, dass der Schutz der Unionsbürger bei der Verarbeitung ihrer Daten, wenn diese in ein Drittland übermittelt werden, geringer ist als das Schutzniveau, in dessen Genuss sie kämen, wenn ihre Daten innerhalb der Union verarbeitet würden. Der EuGH verlangt daher jedenfalls für die Angemessenheitsbeschlüsse der Kommission, dass das dort als „angemessen" befundene Schutzniveau des Drittstaats dem in der Union garantierten „der Sache nach gleichwertig" zu sein hat.[51] Das Untergrabungsverbot gilt gleichermaßen für **Weiterübermittlungen** (→ Rn. 19)[52] und entsprechend für Übermittlungen in ein Drittland aufgrund **internationaler Übereinkünfte der Union**.[53] Als Konsequenz daraus hat der EuGH klargestellt, dass eine internationale Übereinkunft der Union mit einem Drittland, die eine behördliche Weiterübermittlung von personenbezogenen Daten an ein anderes Drittland vorsieht, daher entweder ein (zusätzliches) Abkommen zwischen der Union und dem betreffenden anderen

---

personenbezogenen Daten „quasi anhaftet" und insbes. nicht durch vertragliche Gestaltung „abgeschüttelt" werden könne.

[46] Vgl. bspw. in Modul 1, Klausel 8.7 des Durchführungsbeschluss (EU) 2021/914 der Kommission vom 4.6.2021 über Standardvertragsklauseln für die Übermittlung personenbezogener Daten an Drittländer gemäß der Verordnung (EU) 2016/679 des Europäischen Parlaments und des Rates, ABl. 2021 L 199, 31.

[47] Vgl. bspw. Punkt 2.2.6 sowie 'Obligatory contracts for Onward Transfers' (Annex I, Section III.10), Commission Implementing Decision of 10.7.2023 pursuant to Regulation (EU) 2016/679 of the European Parliament and of the Council on the adequate level of protection of personal data under the EU-US Data Privacy Framework, commission.europa.eu/system/files/2023-07/Adequacy%20decision%20EU-US%20Data%20Privacy%20Framework_en.pdf; Anhang I Abschnitt II.3 und Zusatzgrundsatz „Obligatorische Verträge bei Weitergabe" (Anhang II Abschnitt III.10) im Durchführungsbeschluss (EU) 2023/1795 der Kommission vom 10.7.2023 gemäß der Verordnung (EU) 2016/679 des Europäischen Parlaments und des Rates über die Angemessenheit des Schutzniveaus für personenbezogene Daten nach dem Datenschutzrahmen EU-USA, ABl. L 231, 118.

[48] Grabitz/Hilf/*Brühann* RL 95/46/EG Art. 25 Rn. 5.

[49] EuGH Urt. v. 8.4.2014 – C-293/12 u. C-594/12, ECLI:EU:C:2014:238 = ZD 2014, 296 mAnm *Petri* – Digital Rights Ireland und Seitlinger u.a., wo der EuGH ferner darauf hinweist (Rn. 53), „dass der Schutz personenbezogener Daten, zu dem Art. 8 Abs. der Charta ausdrücklich verpflichtet, für das in ihrem Art. 7 verankerte Recht auf Achtung des Privatlebens von besonderer Bedeutung ist."

[50] EuGH Urt. v. 6.10.2015 – C-362/14, ECLI:EU:C:2015:650 Rn. 72 = ZD 2015, 549 mAnm *Spies* – Schrems; zum Rangverhältnis von internationalen Abkommen zur DS-GVO siehe Erwägungsgrund 102 und *Leopold* ZD 2016, 475. Ungeachtet dessen können unionsrechtliche Vorschriften zum Schutz personenbezogener Daten nicht Gegenstand von Freihandelsabkommen sein, vgl. Mitteilung der Kommission v. 10.1.2017, Austausch und Schutz personenbezogener Daten in einer globalisierten Welt, COM(2017) 7 final sowie die diesbezüglichen Standardschutzklauseln der Kommission für Handelsabkommen, Horizontal provisions on cross-border data flows and personal data protection, ec.europa.eu/newsroom/just/items/627665, → Einl. Rn. 148 m. Fn. 577.

[51] EuGH Urt. v. 6.10.2015 – C-362/14, ECLI:EU:C:2015:650 Rn. 74 = ZD 2015, 549 mAnm *Spies* – Schrems.

[52] Erwägungsgrund 101.

[53] EuGH Gutachten v. 26.7.2017 – Gutachten 1/15, ECLI:EU:C:2017:592 = ZD 2018, 23 Rn. 134, 214 – PNR-Abkommen EU-Kanada; unter entspr. Anwendung von EuGH Urt. v. 6.10.2015 – C-362/14, ECLI:EU:C:2015:650 Rn. 72–74 = ZD 2015, 549 mAnm *Spies* – Schrems.

Art. 45 Kapitel V. Übermittlungen an Drittländer

Drittland bedingt, welches ein angemessenes Schutzniveau sicherstellt oder dass ein Angemessenheitsbeschluss der Kommission feststellt, dass das andere Drittland ein angemessenes Schutzniveau im Sinne des Unionsrechts gewährleistet, und der sich auf die Behörden des anderen Drittlandes erstreckt, an die personenbezogenen Daten weitergegeben werden sollen.[54]

21   Im Schrems II-Urteil stellte der EuGH klar, dass auch **geeignete Garantien nach Art. 46** für Datenübermittlungen in Drittländer ein Datenschutzniveau gewährleisten müssen, das dem in der EU garantierten Niveau der Sache nach gleichwertig ist (→ Art. 46 Rn. 1).[55] Offensichtlich kann dieser Maßstab jedoch nicht in uneingeschränktem Maße für solche Übermittlungen gelten, die im Einklang mit Art. 49 erfolgen:[56] diese Vorschriften dienen ja dazu, Übermittlungen zu ermöglichen, wenn gerade kein angemessenes Schutzniveau iSd Art. 44 vorliegt (→ Art. 49 Rn. 4).

22   Eine besondere Ausprägung des Untergrabungsverbots findet sich in Art. 48: Mit dieser Vorschrift werden **Datenübermittlungen aus der Union** allein aufgrund von unilateralen Entscheidungen eines Drittstaates verhindert (Art. 48).

23   Zwar schreibt die DS-GVO nicht ausdrücklich vor, dass personenbezogene Daten **ausschließlich in der Union zu verarbeiten** sind; eine Art der Sicherstellung des durch Art. 8 GRCh geforderten Schutzes ist es jedoch sicherlich, die personenbezogenen Daten erst gar nicht außerhalb des Schutzbereichs der EU bzw. des EWR zu übermitteln; nur so könnte auch der durch Art. 8 Abs. 3 GRCh ausdrücklich geforderten Notwendigkeit einer Überwachung durch eine unabhängige Datenschutzbehörde iSd Art. 4 Nr. 21 nachgekommen werden.[57] Die DS-GVO überlässt diese Entscheidung dem Verantwortlichen (Art. 24), doch hat die Frage der tatsächlichen Kontrolle von Datenverarbeitungen in der EU im Zuge der europäischen Bemühungen um „digitale Selbstbehauptung" (→ Einl. Rn. 25) bzw. „Digitale Souveränität" neue Bedeutung erlangt.[58] So verlangt etwa in Deutschland die Konferenz der unabhängigen Datenschutzaufsichtsbehörden des Bundes und der Länder als Voraussetzung für eine effektive Kontrollierbarkeit von **souveränen Cloud-Diensten,** dass die Verarbeitung aller Daten ausschließlich im EWR und durch in dem EWR ansässige Anbietende erfolgt, dergestalt dass sich sowohl der Unternehmenssitz des Anbietenden als auch der Standort der Rechenzentren sowie etwaiger Unterauftragnehmer mit Zugriff auf personenbezogene Daten im EWR befinden.[59] Der EuGH verwendet beispielsweise **Videokonferenzlösungen** auf der Basis von Cloud-Servern, die sich ausschließlich in der EU befinden.[60]

Art. 45 Datenübermittlung auf der Grundlage eines Angemessenheitsbeschlusses

(1) ¹Eine Übermittlung personenbezogener Daten an ein Drittland oder eine internationale Organisation darf vorgenommen werden, wenn die Kommission beschlossen hat, dass das betreffende Drittland, ein Gebiet oder ein oder mehrere spezifische Sektoren in diesem Drittland oder die betreffende internationale Organisation ein

---

[54] EuGH Gutachten v. 26.7.2017 – Gutachten 1/15, ECLI:EU:C:2017:592 = ZD 2018, 23 Rn. 214 – PNR-Abkommen EU-Kanada.
[55] EuGH Urt. v. 16.7.2020 – C-311/18, ECLI:EU:C:2020:559 = ZD 2020, 511 mAnm *Moos/Rothkegel* Rn. 96 – Schrems II.
[56] Siehe auch EuGH Urt. v. 16.7.2020 – C-311/18, ECLI:EU:C:2020:559 = ZD 2020, 511 mAnm *Moos/Rothkegel* Rn. 202 – Schrems II; aA noch mit Blick auf Art. 46 → 2. Aufl. 2018, DS-GVO Art. 44 Rn. 16.
[57] Siehe den Hinweis durch EuGH Urt. v. 8.4.2014 – C-293/12 u. C-594/12, ECLI:EU:C:2014:238 = ZD 2014, 296 Rn. 68 mAnm *Petri* – Digital Rights Ireland und Seitlinger u.a. Der EuGH verlangt bei auf Vorrat gespeicherten Daten nunmehr ausdrücklich eine einzelstaatliche Verpflichtung zur Speicherung im Gebiet der Union, siehe EuGH Urt. v. 21.12.2016 – C-203/15 u. C-698/15, ECLI:EU:C:2016:970 = ZD 2017, 124 mAnm *Kipker* Rn. 122, 125 – Tele2 Sverige.
[58] Vgl. dazu etwa *Roßnagel* MMR 2023, 64.
[59] Stellungnahme der Konferenz der unabhängigen Datenschutzaufsichtsbehörden des Bundes und der Länder, Kriterien für Souveräne Clouds, v. 11.5.2023, www.datenschutzkonferenz-online.de/media/weitere_dokumente/2023-05-11_DSK-Positionspapier_Kritierien-Souv-Clouds.pdf.
[60] Pressemitteilung 128/23 des EuGH v. 14.7.2023, The Court's videoconference system complies with data protection rules, says EDPS, und die diesbezügliche Entscheidung des Europäischen Datenschutzbeauftragten v. 13.7.2023, EDPS Decision on the Court of Justice of the EU's request to authorise the contractual clauses between the Court of Justice of the EU and Cisco Systems Inc. for transfers of personal data in the Court's use of Cisco Webex and related services (Case 2023-0367).

angemessenes Schutzniveau bietet. ²Eine solche Datenübermittlung bedarf keiner besonderen Genehmigung.

(2) Bei der Prüfung der Angemessenheit des gebotenen Schutzniveaus berücksichtigt die Kommission insbesondere das Folgende:
a) die Rechtsstaatlichkeit, die Achtung der Menschenrechte und Grundfreiheiten, die in dem betreffenden Land bzw. bei der betreffenden internationalen Organisation geltenden einschlägigen Rechtsvorschriften sowohl allgemeiner als auch sektoraler Art – auch in Bezug auf öffentliche Sicherheit, Verteidigung, nationale Sicherheit und Strafrecht sowie Zugang der Behörden zu personenbezogenen Daten – sowie die Anwendung dieser Rechtsvorschriften, Datenschutzvorschriften, Berufsregeln und Sicherheitsvorschriften einschließlich der Vorschriften für die Weiterübermittlung personenbezogener Daten an ein anderes Drittland bzw. eine andere internationale Organisation, die Rechtsprechung sowie wirksame und durchsetzbare Rechte der betroffenen Person und wirksame verwaltungsrechtliche und gerichtliche Rechtsbehelfe für betroffene Personen, deren personenbezogene Daten übermittelt werden,
b) die Existenz und die wirksame Funktionsweise einer oder mehrerer unabhängiger Aufsichtsbehörden in dem betreffenden Drittland oder denen eine internationale Organisation untersteht und die für die Einhaltung und Durchsetzung der Datenschutzvorschriften, einschließlich angemessener Durchsetzungsbefugnisse, für die Unterstützung und Beratung der betroffenen Personen bei der Ausübung ihrer Rechte und für die Zusammenarbeit mit den Aufsichtsbehörden der Mitgliedstaaten zuständig sind, und
c) die von dem betreffenden Drittland bzw. der betreffenden internationalen Organisation eingegangenen internationalen Verpflichtungen oder andere Verpflichtungen, die sich aus rechtsverbindlichen Übereinkünften oder Instrumenten sowie aus der Teilnahme des Drittlands oder der internationalen Organisation an multilateralen oder regionalen Systemen insbesondere in Bezug auf den Schutz personenbezogener Daten ergeben.

(3) ¹Nach der Beurteilung der Angemessenheit des Schutzniveaus kann die Kommission im Wege eines Durchführungsrechtsaktes beschließen, dass ein Drittland, ein Gebiet oder ein oder mehrere spezifische Sektoren in einem Drittland oder eine internationale Organisation ein angemessenes Schutzniveau im Sinne des Absatzes 2 des vorliegenden Artikels bieten. ²In dem Durchführungsrechtsakt ist ein Mechanismus für eine regelmäßige Überprüfung, die mindestens alle vier Jahre erfolgt, vorzusehen, bei der allen maßgeblichen Entwicklungen in dem Drittland oder bei der internationalen Organisation Rechnung getragen wird. ³Im Durchführungsrechtsakt werden der territoriale und der sektorale Anwendungsbereich sowie gegebenenfalls die in Absatz 2 Buchstabe b des vorliegenden Artikels genannte Aufsichtsbehörde bzw. genannten Aufsichtsbehörden angegeben. ⁴Der Durchführungsrechtsakt wird gemäß dem in Artikel 93 Absatz 2 genannten Prüfverfahren erlassen.

(4) Die Kommission überwacht fortlaufend die Entwicklungen in Drittländern und bei internationalen Organisationen, die die Wirkungsweise der nach Absatz 3 des vorliegenden Artikels erlassenen Beschlüsse und der nach Artikel 25 Absatz 6 der Richtlinie 95/46/EG erlassenen Feststellungen beeinträchtigen könnten.

(5) [1] ¹Die Kommission widerruft, ändert oder setzt die in Absatz 3 des vorliegenden Artikels genannten Beschlüsse im Wege von Durchführungsrechtsakten aus, soweit dies nötig ist und ohne rückwirkende Kraft, soweit entsprechende Informationen – insbesondere im Anschluss an die in Absatz 3 des vorliegenden Artikels genannte Überprüfung – dahingehend vorliegen, dass ein Drittland, ein Gebiet oder ein oder mehrere spezifischer Sektor in einem Drittland oder eine internationale Organisation kein angemessenes Schutzniveau im Sinne des Absatzes 2 des vorliegenden Artikels mehr gewährleistet. ²Diese Durchführungsrechtsakte werden gemäß dem Prüfverfahren nach Artikel 93 Absatz 2 erlassen.

[2] In hinreichend begründeten Fällen äußerster Dringlichkeit erlässt die Kommission gemäß dem in Artikel 93 Absatz 3 genannten Verfahren sofort geltende Durchführungsrechtsakte.

(6) Die Kommission nimmt Beratungen mit dem betreffenden Drittland bzw. der betreffenden internationalen Organisation auf, um Abhilfe für die Situation zu schaffen, die zu dem gemäß Absatz 5 erlassenen Beschluss geführt hat.

(7) Übermittlungen personenbezogener Daten an das betreffende Drittland, das Gebiet oder einen oder mehrere spezifische Sektoren in diesem Drittland oder an die betreffende internationale Organisation gemäß den Artikeln 46 bis 49 werden durch einen Beschluss nach Absatz 5 des vorliegenden Artikels nicht berührt.

(8) Die Kommission veröffentlicht im *Amtsblatt der Europäischen Union* und auf ihrer Website eine Liste aller Drittländer beziehungsweise Gebiete und spezifischen Sektoren in einem Drittland und aller internationalen Organisationen, für die sie durch Beschluss festgestellt hat, dass sie ein angemessenes Schutzniveau gewährleisten bzw. nicht mehr gewährleisten.

(9) Von der Kommission auf der Grundlage von Artikel 25 Absatz 6 der Richtlinie 95/46/EG erlassene Feststellungen bleiben so lange in Kraft, bis sie durch einen nach dem Prüfverfahren gemäß den Absätzen 3 oder 5 des vorliegenden Artikels erlassenen Beschluss der Kommission geändert, ersetzt oder aufgehoben werden.

Literatur: *Albrecht*, Die EU-Datenschutzgrundverordnung rettet die informationelle Selbstbestimmung!, ZD 2013, 587; *Brauneck*, Vereinfachter Datenfluss zwischen der EU und dem Vereinigten Königreich, RDi 2021, 425; *Determann*, Datenschutz in den USA – Dichtung und Wahrheit, NVwZ 2016, 561; *Glocker*, EU-US Data Privacy Framework: Update des Privacy Shield mit Augenmaß, ZD 2023, 189; *Kühling/Heberlein*, EuGH „reloaded": „unsafe harbor" USA vs. „Datenfestung" EU, NVwZ 2016, 7; *Kröger*, Verwaltungsprozessualer Rechtsbehelf der Aufsichtsbehörden zur Kontrolle des internationalen Datentransfers, NVwZ 2017, 1730; *Molnár-Gábor/Kaffenberger*, EU-US-Privacy-Shield – ein Schutzschild mit Löchern?, ZD 2017, 18; *Schröder*, Safe Harbor: Ein Ende mit Schrecken – Wann kommt Safe Harbor 2.0?, ZD 2015, 501; *Tatsumi*, Reform des japanischen Datenschutzrechts in den Jahren 2020–2021, ZD 2023, 86.

Rechtsprechung: EuGH Urt. v. 30.5.2006 – C-317/04 u. C-318/04, ECLI:EU:C:2006:346 – Parlament/Rat; EuGH Urt. v. 8.4.2014 – C-293/12 u. C-594/12, ECLI:EU:C:2014:238 = ZD 2014, 296 mAnm *Petri* – Digital Rights Ireland und Seitlinger u.a.; EuGH Urt. v. 28.5.2015 – C-456/13 P, ECLI:EU:C:2015:284 – T & L Sugars und Sidul Açúcares/Kommission; EuGH Urt. v. 6.10.2015 – C-362/14, ECLI:EU:C:2015:650 = ZD 2015, 549 mAnm *Spies* – Schrems; EuGH Urt. v. 16.7.2020 – C-311/18, ECLI:EU:C:2020:559 = ZD 2020, 511 mAnm *Moos/Rothkegel* – Schrems II.

Übersicht

	Rn.
A. Allgemeines	1
I. Zweck und Bedeutung der Vorschrift	1
II. Systematik, Verhältnis zu anderen Vorschriften	3
B. Einzelerläuterungen	4
I. Prüfung der Angemessenheit des Schutzniveaus	4
1. Prüfung durch die Kommission	4
2. Maßstab und Merkmale eines angemessenen Schutzniveaus	5
3. Stellungnahme des Datenschutzausschusses	10
II. Durchführungsbeschluss über die Angemessenheit des Schutzniveaus	11
1. Gegenstand und Inhalt	11
a) Angemessenheit und Anwendungsbereich	12
b) Überprüfungsmechanismus	14
c) Hinweis auf Aufsichtsbehörde	15
d) Keine Einschränkung der Befugnisse der Aufsichtsbehörden	16
2. Annahmeverfahren	17
3. Rechtsfolgen	18
a) Unmittelbare Wirkung der Feststellung	18
b) Rolle der Aufsichtsbehörden und Gerichte	19
c) Liste der Kommission	22
d) Überwachungspflicht der Kommission	23
4. Widerruf, Abänderung, Aussetzung des Angemessenheitsbeschlusses	24
5. Übersicht der Angemessenheitsbeschlüsse	26
a) Europa	28
b) Amerika	29
c) Asien	31
d) Ozeanien	32
e) Internationale Organisationen	33

A. Allgemeines*

I. Zweck und Bedeutung der Vorschrift

Art. 45, der Art. 25 DS-RL weiterentwickelt, enthält die Kriterien, Bedingungen und Verfahren für den Erlass eines **Angemessenheitsbeschlusses** der Kommission in Bezug auf das datenschutzrechtliche Schutzniveau eines Drittlandes oder einer internationalen Organisation. Solche Angemessenheitsbeschlüsse setzen die in Art. 8 Abs. 1 GRCh ausdrücklich vorgesehene **Pflicht zum Schutz personenbezogener Daten** um und sollen den **Fortbestand** des hohen Niveaus dieses Schutzes im Fall der Übermittlung personenbezogener Daten in ein Drittland gewährleisten.[1] Gleichzeitig dienen sie auch der **Sicherstellung einer harmonisierten Herangehensweise der Union** im Verhältnis zu Drittstaaten; oftmals werden die Angemessenheitsbeschlüsse von **Drittstaaten** zunehmend als Möglichkeit wahrgenommen, sich dem Rest der Welt aufgrund eines „EU-kompatiblen" Datenschutzstandards als attraktiven digitalen Wirtschaftsstandort zu empfehlen.[2] Darin liegt mit dem Instrument auch die Gelegenheit (und Verpflichtung) für die Kommission, mit diesen Drittländern in einen konstruktiven Dialog zu treten und dadurch weltweit hohe interoperable Datenschutzstandards (auf hohem Niveau) zu schaffen.[3]

Im Vergleich zu Art. 25 DS-RL ändert und präzisiert Art. 45 dabei insbesondere Folgendes:

– Über die Angemessenheit des Schutzniveaus hat nunmehr **ausschließlich die Kommission** zu entscheiden (unter Einbeziehung der Mitgliedstaaten und des Datenschutzausschusses), um so zur kohärenten Anwendung der DS-GVO beizutragen. Die bisherige Regelung des Art. 25 Abs. 2 DS-RL sah vor, dass auch Mitgliedstaaten diese Einschätzung vornehmen konnte, was zu beträchtlichen Unterschieden in der Praxis von Mitgliedstaat zu Mitgliedstaat führte;[4]

– Die DS-GVO bestätigt nunmehr ausdrücklich die Möglichkeit, den Anwendungsbereich eines Angemessenheitsbeschlusses zu begrenzen auf ein **Gebiet** oder einen oder mehrere spezifische Sektoren in einem Drittland; damit wird die bisherige Praxis der Kommission kodifiziert, die aus besonderen Umständen in den Rechtsordnungen der Drittländer resultierte, beispielsweise mangels Bestehen eines allgemeinen Datenschutzgesetzes;

– Konkret sieht die DS-GVO in Bezug auf die Bestimmungen für die Angemessenheitsbeschlüsse der Kommission einen **präziseren und umfassenderen Elementekatalog** vor, die die Kommission bei der Bewertung des Datenschutzniveaus eines Drittstaats oder einer internationalen Organisation zu berücksichtigen hat. Danach beurteilt die Kommission die Angemessenheit des Schutzniveaus u.a. in Bezug auf die neu aufgenommenen Kriterien der Rechtsstaatlichkeit, und der Achtung von Menschen- und Grundrechten im Allgemeinen. Diese Aufnahme erfolgte, um die Verbindlichkeit für die Kommission des sich aus Art. 2 EUV iVm Art. 3 Abs. 5 EUV resultierenden Wertekanons der Union auch für die internationalen Beziehungen zu verdeutlichen und dem besonderen Charakter des Schutzes personenbezogener Daten als Grundrecht gemäß Art. 8 GRCh entsprechend Rechnung zu tragen.[5] Die Kommission muss darüber hinaus eine umfassende Bewertung zahlreicher Vorschriften des Drittlands vornehmen, darunter Vorschriften für den Zugang der Behörden eines Drittlandes zu personenbezogenen Daten, und die vom Drittland eingegangenen internationalen Verpflichtungen zum Datenschutz.

– Weitere wichtige neu aufgenommene Kriterien bei dieser Bewertung sind, ob im Drittland **Privatpersonen wirksame und durchsetzbare Datenschutzrechte** gewährt, ihnen wirk-

---

* Der Verfasser vertritt hier seine persönliche Auffassung, die nicht notwendig der Auffassung des Europäischen Datenschutzbeauftragten entspricht.
[1] EuGH Urt. v. 6.10.2015 – C-362/14, ECLI:EU:C:2015:650 = ZD 2015, 549 mAnm *Spies* Rn. 72 = Schrems.
[2] Die EU sei damit zum Datenschutzexporteur geworden, so *Albrecht* ZD 2013, 587.
[3] Vgl. Mitteilung der Kommission v. 25.1.2012, Der Schutz der Privatsphäre in einer vernetzten Welt. Ein europäischer Datenschutzrahmen für das 21. Jahrhundert, KOM(2012) 9 endgültig sowie Mitteilung der Kommission v. 10.1.2017, Austausch und Schutz personenbezogener Daten in einer globalisierten Welt, COM(2017) 7 final.
[4] Siehe zu den uneinheitlichen Vorgehensweisen in den Mitgliedstaaten in Anhang 2 zur Folgenabschätzung (Commission Staff Working Paper, Impact Assessment, Annex 2: Evaluation of the implementation of the Data Protection Directive, „10.11.1. Adequacy", SEC(2012) 72).
[5] Siehe Erwägungsgrund 104.

same administrative und gerichtliche Rechtsbehelfe garantiert werden und ob eine unabhängige Aufsichtsbehörde besteht und mit angemessenen Durchsetzungsbefugnissen ausgestattet wurde.
- Ferner werden in der DS-GVO nunmehr **bestimmte Inhalte eines Angemessenheitsbeschlusses** ausdrücklich festgelegt, beispielsweise eine Verpflichtung der Kommission in regelmäßigen Abständen, mindestens jedoch alle vier Jahre, den jeweiligen Angemessenheitsbeschluss zu überprüfen, um so sicherzustellen, dass auf tatsächliche oder rechtliche Entwicklungen im Drittstaat reagiert werden kann.
- Gleichzeitig nimmt die DS-GVO durch die obigen Änderungen und Neuerungen wesentliche **Festlegungen des EuGH** im Fall Schrems auf, in dem der EuGH zum ersten Mal die Gelegenheit erhielt, sich im Einzelnen zu Voraussetzungen und Inhalt eines Angemessenheitsbeschlusses zu äußern.[6] Mit diesem Urteil erklärte der EuGH den Angemessenheitsbeschluss der Kommission zu Datenübermittlungen in die USA auf Grundlage der sog. **„Sicheren Hafen" (Safe Harbor-)Grundsätze** für rechtswidrig, insbesondere mit der Argumentation, dass die personenbezogenen Daten von europäischen Nutzern in den USA nicht ausreichend vor Zugriffen durch US-Behörden und US-Geheimdienste geschützt seien.[7] Die Kommission hatte daraufhin mit den USA neue Anforderungen im sog. **„EU-US-Datenschutzschild"** vereinbart, die deutlich über die Sicheren-Hafen-Grundsätze hinausgingen und einen neuen Angemessenheitsbeschluss gemäß Art. 25 Abs. 6 DS-RL getroffen. Auch dieser wurde jedoch vom EuGH für nichtig erklärt (→ Rn. 6).
- Im direkten Vergleich zu DS-RL fällt auf, dass die bisherige Möglichkeit der Kommission, durch Beschlüsse festzustellen, dass ein Drittland **kein angemessenes Schutzniveau** aufweist, ersatzlos weggefallen ist. Dies erscheint angesichts der geringen Bedeutung in der Praxis – kein einziger Beschluss wurde je erlassen – und den damit möglicherweise verbundenen rechtlichen und politischen Schwierigkeiten bei der Umsetzung nachvollziehbar. Allerdings haben die EU-Gesetzgeber ohne Not auf ein im Verhältnis zu solchen Drittstaaten zumindest potenziell durchaus wirksames Instrument verzichtet.

II. Systematik, Verhältnis zu anderen Vorschriften

3 Eine zu Art. 45 wesentlich inhaltsgleiche Vorschrift findet sich auch in Art. 36 RL (EU) 2016/680[8] wieder. Beim Erlass eines **Angemessenheitsbeschlusses nach Art. 36 RL (EU) 2016/680** hat die Kommission (zweckmäßigerweise) alle maßgeblichen Angemessenheitsbeschlüsse zu berücksichtigen, die sie bereits nach Art. 45 DS-GVO angenommen hat.[9] Die Kommission hat einen ersten Angemessenheitsbeschluss nach Art. 36 RL (EU) 2016/680 für das Vereinigte Königreich angenommen.[10] Ein Angemessenheitsbeschluss der Kommission entfaltet auch Wirkung für die übrigen Organe, Einrichtungen, Ämter und Agenturen der Union gemäß Art. 47 Abs. 3 VO (EU) 2018/1725[11]: Diese haben die erforderlichen Maßnahmen zu erlassen, um den Entscheidungen der Kommission nachzukommen.

---

[6] EuGH Urt. v. 6.10.2015 – C-362/14, ECLI:EU:C:2015:650 = ZD 2015, 549 – Schrems mAnm *Spies*; in der damals einzigen anderen Entscheidung zu Angemessenheitsbeschlüssen urteilte der EuGH allein zu dessen fehlendender Rechtsgrundlage, siehe EuGH Urt. v. 30.5.2006 – C-317/04 und C-318/04, ECLI:EU: C:2006:346 = EuZW 2006, 403 – Parlament/Rat.
[7] Dazu *Schröder* ZD 2015, 501; *Kühling/Heberlein* NVwZ 2016, 7.
[8] Richtlinie (EU) 2016/680 des Europäischen Parlaments und des Rates v. 27.4.2016 zum Schutz natürlicher Personen bei der Verarbeitung personenbezogener Daten durch die zuständigen Behörden zum Zwecke der Verhütung, Ermittlung, Aufdeckung oder Verfolgung von Straftaten oder der Strafvollstreckung sowie zum freien Datenverkehr und zur Aufhebung des Rahmenbeschlusses 2008/977/JI des Rates, ABl. 2016 L 119, 89.
[9] Siehe Erwägungsgrund 68 Richtlinie (EU) 2016/680; vgl. auch Europäischer Datenschutzausschuss, Empfehlungen 01/2021 zu der Referenzgrundlage für den Begriff „Angemessenheit" in der Richtlinie zum Datenschutz bei der Strafverfolgung, v. 2.2.2021.
[10] Durchführungsbeschluss (EU) 2021/1773 der Kommission v. 28.6.2021 gemäß der Richtlinie (EU) 2016/680 des Europäischen Parlaments und des Rates zur Angemessenheit des Schutzes personenbezogener Daten durch das Vereinigte Königreich, ABl. 2021, L 360, 69.
[11] Verordnung (EU) 2018/1725 des Europäischen Parlaments und des Rates vom 23.10.2018 zum Schutz natürlicher Personen bei der Verarbeitung personenbezogener Daten durch die Organe, Einrichtungen und sonstigen Stellen der Union, zum freien Datenverkehr und zur Aufhebung der Verordnung (EG) Nr. 45/ 2001 und des Beschlusses Nr. 1247/2002/EG, ABl. 2018 L 295, 39.

B. Einzelerläuterungen

I. Prüfung der Angemessenheit des Schutzniveaus

1. Prüfung durch die Kommission. Bevor es zu der Verabschiedung eines Angemessen- 4
heitsbeschlusses der Kommission kommen kann, hat gemäß Art. 45 Abs. 3 iVm Abs. 2 die
Kommission zuerst zu prüfen, ob das Drittland oder die internationale Organisation ein angemessenes Schutzniveau aufweist. **Nur die Kommission** prüft das Vorhandensein des angemessenen Schutzniveaus in einem Drittstaat oder einer internationalen Organisation, nicht mehr die Mitgliedstaaten, deren Aufsichtsbehörden oder – wie bislang in einigen Mitgliedstaaten – der Verantwortliche selbst. Letzterer hat nunmehr vor einer Datenübermittlung zu prüfen, ob die Kommission einen Angemessenheitsbeschluss zu einem bestimmten Drittland erlassen hat. Die Initiative einer solchen Prüfung kann dabei von der Kommission ausgehen, aber auch durch einen Mitgliedstaat, eine Aufsichtsbehörde oder durch das betroffene Drittland oder der betroffenen internationalen Organisation bei der Kommission angeregt werden. Die Kommission ist jedoch nicht verpflichtet, eine solche Prüfung durchzuführen, sondern verfügt diesbezüglich über ein weites Ermessen. Erstmalig 2017 hat die Kommission vier Kriterien für eine diesbezügliche vorrangige, aktive Prüfung ihrerseits aufgestellt. Dabei will sie abstellen

a) auf den Umfang der tatsächlichen oder denkbaren Handelsbeziehungen der EU mit einem bestimmten Drittland, einschließlich des Bestehens eines Freihandelsabkommens oder laufenden Verhandlungen;
b) das Ausmaß der personenbezogenen Datenflüsse aus der EU, die geographische und/oder kulturelle Bindungen widerspiegeln;
c) die Vorreiterrolle, die das Drittland im Bereich der Privatsphäre und des Datenschutzes spielt, um als Modell für andere Länder in seiner Region dienen zu können, sowie
d) die allgemeinen politischen Beziehungen zu dem betreffenden Drittland, insbesondere im Hinblick auf die Förderung gemeinsamer Werte und gemeinsamer Ziele auf internationaler Ebene.[12]

2. Maßstab und Merkmale eines angemessenen Schutzniveaus. Als **materieller Maß-** 5
stab gilt der durch Art. 1 Abs. 2 vorgegeben Schutz der „Grundrechte und Grundfreiheiten" natürlicher Personen und insbesondere deren Recht auf Schutz personenbezogener Daten". Das durch die DS-GVO gewährleistete Schutzniveau für natürliche Personen darf nicht untergraben werden (Art. 44 S. 3). Somit setzt auch Art. 45 – in Kontinuität des Art. 25 Abs. 6 DS-RL – die in Art. 8 Abs. 1 GRCh ausdrücklich vorgesehene Pflicht zum Schutz personenbezogener Daten um und soll den Fortbestand des hohen Niveaus dieses Schutzes im Fall der Übermittlung personenbezogener Daten in ein Drittland gewährleisten. Wie bereits die DS-RL wählt die DS-GVO für die Beurteilung der Angemessenheit eine **konkrete Betrachtungsweise:** Mit Datenschutzvorschriften werden die Rechte des Einzelnen nur dann geschützt, wenn sie auch in die Praxis umgesetzt werden. Daher ist nicht nur der Inhalt der für die Übermittlung personenbezogener Daten in Drittländer geltenden Vorschriften, sondern auch die Gesamtheit des Systems zu betrachten, mit dem die Durchsetzung der Regeln gesichert werden soll, wobei die Kommission alle Umstände zu berücksichtigen hat, die bei einer Übermittlung personenbezogener Daten in ein Drittland (bzw. eine internationale Organisation) eine Rolle spielen.[13]

Zwar kann nicht verlangt werden, dass ein Drittland ein dem in der Unionsrechtsordnung 6
garantiertes identisches Schutzniveau gewährleistet. Wie der EuGH im *Schrems*-Urteil ausgeführt hat, und im *Schrems II*-Urteil erneut bekräftigt hat, ist der Ausdruck „angemessenes Schutzniveau" so zu verstehen, dass verlangt wird, dass das Drittland aufgrund seiner innerstaatlichen Rechtsvorschriften oder internationaler Verpflichtungen tatsächlich ein Schutzniveau der Freiheiten und Grundrechte gewährleistet, dem in der Union **im Licht der GRCh** garantierten Niveau **„der Sache nach gleichwertig"** ist.[14] Auch wenn sich die Mittel, auf die ein Drittstaat zurückgreift, von den in der EU herangezogenen Mitteln unterscheiden können, müssen sie sich gleichwohl in

---

[12] Mitteilung der Kommission „Austausch und Schutz personenbezogener Daten in einer globalisierten Welt", COM(2017) 7 final (8).
[13] EuGH Urt. v. 6.10.2015 – C-362/14, ECLI:EU:C:2015:650 Rn. 76 = ZD 2015, 549 mAnm *Spies* – *Schrems*.
[14] EuGH Urt. v. 6.10.2015 – C-362/14, ECLI:EU:C:2015:650 = ZD 2015, 549 mAnm *Spies* Rn. 73 – *Schrems*; EuGH Urt. v. 16.7.2020 – C-311/18, ECLI:EU:C:2020:559 Rn. 94 = ZD 2020, 511 mAnm

der Praxis als wirksam erweisen. Dabei ist eine auf Selbstverpflichtung basierende Regelung nicht von vornherein ausgeschlossen. Allerdings bedarf es dann im Drittland der Schaffung wirksamer Überwachungs- und Kontrollmechanismen, die es erlauben, in der Praxis etwaige Verstöße gegen Regeln zur Gewährleistung des Schutzes der Grundrechte, insbesondere des Rechts auf Achtung der Privatsphäre sowie des Rechts auf den Schutz personenbezogener Daten, zu ermitteln und zu ahnden.[15] Der EuGH begründet diese Anforderung damit, dass ohne ein solches Erfordernis die Schutzpflicht in Art. 8 Abs. 1 GRCh missachtet würde. Außerdem könnte das im Licht der Charta garantierte hohe Schutzniveau der Union leicht umgangen werden, indem personenbezogene Daten aus der Union in Drittländer übermittelt würden, um dort verarbeitet zu werden. Damit ging der EuGH über die Aufstellung von Mindestanforderungen – mit einem „Kern" von „inhaltlichen" Grundsätzen und „verfahrensrechtlichen" bzw. mit der „Durchsetzung im Zusammenhang stehenden" Erfordernissen – der Artikel-29-Datenschutzgruppe hinaus, an denen sich die Kommission bislang orientierte.[16] In seinem **Schrems II-Urteil** erklärte der EuGH den Durchführungsbeschluss zum EU-US-Datenschutzschild jedoch für ungültig, da auch dieser den Anforderungen nach Art. 45 Abs. 1 im Lichte der Art. 7, 8 und 47 der Charta nicht genügte.[17] Der Europäische Datenschutzausschuss hat die an die DS-GVO und das Schrems-Urteil angepasste diesbezügliche Arbeitsunterlage der Artikel-29-Datenschutzgruppe übernommen.[18] Der Europäische Datenschutzausschuss hat darüber hinaus aktualisierte Empfehlungen angenommen, in denen **wesentliche Garantien** aufgeführt sind, die auf der Rechtsprechung des EuGH und des Europäischen Gerichtshofs für Menschenrechte (EGMR) im Bereich der Überwachung beruhen und die im Recht des Drittlandes gegeben sein müssen, auf die bei der Prüfung der Eingriffe solcher Überwachungsmaßnahmen des Drittlands in die Rechte betroffener Personen abzustellen ist, wenn die Daten gemäß der DS-GVO an dieses Drittland übermittelt werden.[19]

7 Art. 45 Abs. 2 führt einen im Vergleich zu Art. 25 Abs. 2 DS-RL wesentlich erweiterten **Elementekatalog** mit einer zwar **nicht abschließenden Aufzählung,** jedoch ausdrücklich der bei einer solchen Beurteilung durch die Kommission zu berücksichtigenden Umstände an. Danach hat die Kommission ihre Beurteilung auf (mindestens) diese drei Elemente zu stützen: a) die im Drittland bestehende Ordnung zum Schutz personenbezogener Daten (Abs. 2 Buchst. a); b) das Vorhandensein einer unabhängigen Datenschutzaufsichtsbehörde (Abs. 2 Buchst. b) und c) das Bestehen internationaler Verpflichtungen zum Schutz personenbezogener Daten (Abs. 2 Buchst. c).[20] Insbesondere sollte der Beitritt des Drittlands zum Übereinkommen des Europarates vom 28.1.1981 zum Schutz des Menschen bei der automatischen Verarbeitung personenbezogener Daten und dem dazugehörigen Zusatzprotokoll berücksichtigt werden.[21] Weitere Elemente finden sich als Mindestanforderungen in der Aufstellung der Artikel-29-Datenschutzgruppe mit einem „Kern" von „inhaltlichen" Grundsätzen und „verfahrensrechtlichen" bzw. mit der „Durchsetzung im Zusammenhang stehenden" Erfordernissen.[22]

8 Eine Rechtsordnung eines Drittstaates ist immer dann mit dem in der Union garantierten Niveau **nicht „der Sache nach gleichwertig"** und kann daher nicht als angemessen iSd Art. 45 betrachtet werden:

– Sofern eine Regelung, die einen Eingriff in die durch die Art. 7 und 8 GRCh garantierten Grundrechte enthält, **keine klaren und präzisen Regeln** für die Tragweite und die Anwendung einer Maßnahme vorsehen und keinerlei Mindestanforderungen aufstellt, so dass die

---

Moos/Rothkegel – Schrems II; diese Formulierung hat wortwörtlich Eingang gefunden in Erwägungsgrund 104 S. 3.
[15] EuGH Urt. v. 6.10.2015 – C-362/14, ECLI:EU:C:2015:650 = ZD 2015, 549 mAnm *Spies* Rn. 81 – Schrems.
[16] Artikel-29-Datenschutzgruppe, Arbeitsunterlage: Übermittlungen personenbezogener Daten an Drittländer: Anwendung von Artikel 25 und 26 der Datenschutzrichtlinie der EU, WP 12 v. 24.7.1998.
[17] EuGH Urt. v. 16.7.2020 – C-311/18, ECLI:EU:C:2020:559 = ZD 2020, 511 mAnm *Moos/Rothkegel* – Schrems II; bezüglich der Standarddatenschutzklauseln (Standardvertragsklauseln) (Art. 46) entschied der EuGH gleichzeitig, dass diese grundsätzlich weiterhin genutzt werden können.
[18] Artikel-29-Datenschutzgruppe, Referenzgrundlage für die Angemessenheit, WP 254 rev.01, v. 6.2.2018; Europäischer Datenschutzausschuss, Endorsement 1/2018, v. 25.5.2018.
[19] Europäischer Datenschutzausschuss, Empfehlungen 02/2020 zu den wesentlichen europäischen Garantien in Bezug auf Überwachungsmaßnahmen, v. 10.11.2020.
[20] Vgl. dazu auch Paal/Pauly/*Pauly* DS-GVO Art. 45 Rn. 4–7.
[21] Erwägungsgrund 105 S. 2.
[22] Artikel-29-Datenschutzgruppe, Referenzgrundlage für die Angemessenheit, WP 254 rev.01, v. 6.2.2018.

Personen, deren personenbezogene Daten betroffen sind, über ausreichende Garantien verfügen, die einen wirksamen Schutz ihrer Daten vor Missbrauchsrisiken sowie vor jedem unberechtigten Zugang zu diesen Daten und jeder unberechtigten Nutzung ermöglichen. Der EuGH betont dabei, dass das Erfordernis, über solche Garantien zu verfügen, umso bedeutsamer ist, wenn die personenbezogenen Daten automatisch verarbeitet werden und eine erhebliche Gefahr des unberechtigten Zugangs zu ihnen besteht.[23]

– Wenn sich staatliche Regelungen zu Ausnahmen vom Schutz personenbezogener Daten und dessen Einschränkungen **nicht auf das absolut Notwendige beschränken**. Nicht auf das absolut Notwendige beschränkt ist danach eine Regelung, die generell die Speicherung aller personenbezogenen Daten sämtlicher Personen, deren Daten aus der Union in das jeweilige Drittland übermittelt wurden, gestattet, ohne irgendeine Differenzierung, Einschränkung oder Ausnahme anhand des verfolgten Ziels vorzunehmen und ohne ein objektives Kriterium vorzusehen, das es ermöglicht, den Zugang der Behörden zu den Daten und deren spätere Nutzung auf ganz bestimmte, strikt begrenzte Zwecke zu beschränken, die den sowohl mit dem Zugang zu diesen Daten als auch mit deren Nutzung verbundenen Eingriff zu rechtfertigen vermögen.[24]

– Gleiches gilt auch, sofern eine Regelung den **Wesensgehalt** eines durch die GRCh geschützten Grundrechts verletzt. So verletzt eine Regelung, die es den Behörden des Drittlands gestattet, generell auf den Inhalt elektronischer Kommunikation zuzugreifen, den Wesensgehalt des durch Art. 7 GRCh garantierten Grundrechts auf Achtung des Privatlebens.[25]

– Sobald Drittstaatsregelungen, den betroffenen Personen **keine Rechte** verleihen, die gegenüber den Behörden des Drittstaats gerichtlich durchgesetzt werden könnten, entgegen den Anforderungen von Art. 45 Abs. 2 Buchst. a, wonach die Feststellung des Schutzniveaus u.a. davon abhängt, ob die Personen, deren Daten in das fragliche Drittland übermittelt wurden, über wirksame und durchsetzbare Rechte verfügen.[26]

– Gleichermaßen verletzt eine Regelung, die **keinen Rechtsbehelf** für Bürger vorsieht, um Zugang zu den sie betreffenden personenbezogenen Daten zu erlangen oder ihre Berichtigung oder Löschung zu erwirken, den Wesensgehalt des in Art. 47 GRCh verankerten Grundrechts auf wirksamen gerichtlichen Rechtsschutz.[27]

Der Wertungsspielraum der Kommission ist daher diesbezüglich eingeschränkt[28] und dementsprechend vollumfänglich justiziabel (→ Rn. 19). Eine Übergewichtung oder Verabsolutierung eines einzelnen Beurteilungsaspekts wäre ebenso wenig verordnungskonform wie eine Nichtbeachtung von anderen Aspekten, die tatsächlich eine Rolle spielen.[29]

3. Stellungnahme des Datenschutzausschusses. Die Kommission hat zur Beurteilung der Angemessenheit des in einem Drittland oder einer internationalen Organisation gebotenen Schutzniveaus außerdem die (nicht bindende) Stellungnahme des Datenschutzausschusses (Art. 70 Abs. 1 Buchst. s) einzuholen.[30] Die bisherige Verpflichtung, den EDSB gesondert zu konsultieren, entfällt (Art. 42 Abs. 4 VO (EU) 2018/1725).[31] Zu diesem Zweck hat die Kom-

---

[23] EuGH Urt. v. 6.10.2015 – C-362/14, ECLI:EU:C:2015:650 = ZD 2015, 549 mAnm *Spies* Rn. 91 – Schrems; EuGH Urt. v. 16.7.2020 – C-311/18, ECLI:EU:C:2020:559 = ZD 2020, 511 mAnm *Moos/Rothkegel* Rn. 180 – Schrems II.
[24] EuGH Urt. v. 6.10.2015 – C-362/14, ECLI:EU:C:2015:650 = ZD 2015, 549 mAnm *Spies* Rn. 92, 93 – Schrems (unter Hinweis auf EuGH Urt. v. 8.4.2014 – C-293/12 und C-594/12, ECLI:EU:C:2014:238 = ZD 2014, 296 = EuZW 2014, 459 mAnm *Petri* Rn. 52 und die dort angeführte Rspr.– Digital Rights Ireland u.a.; EuGH Urt. v. 16.7.2020 – C-311/18, ECLI:EU:C:2020:559 = ZD 2020, 511 mAnm *Moos/Rothkegel* Rn. 180 – Schrems II.
[25] EuGH Urt. v. 6.10.2015 – C-362/14, ECLI:EU:C:2015:650 = ZD 2015, 549 mAnm *Spies* Rn. 94 – Schrems.
[26] EuGH Urt. v. 16.7.2020 – C-311/18, ECLI:EU:C:2020:559 = ZD 2020, 511 mAnm *Moos/Rothkegel* Rn. 181 – Schrems II.
[27] EuGH Urt. v. 6.10.2015 – C-362/14, ECLI:EU:C:2015:650 = ZD 2015, 549 mAnm *Spies* Rn. 95 – Schrems; EuGH Urt. v. 16.7.2020 – C-311/18, ECLI:EU:C:2020:559 = ZD 2020, 511 mAnm *Moos/Rothkegel* Rn. 197 – Schrems II.
[28] EuGH Urt. v. 6.10.2015 – C-362/14, ECLI:EU:C:2015:650 = ZD 2015, 549 mAnm *Spies* Rn. 78 – Schrems.
[29] So bereits *Dammann/Simitis* EG-DatenschutzRL Art. 25 Rn. 12.
[30] Erwägungsgrund 105 S. 3.
[31] VO (EU) 2018/1725 des Europäischen Parlaments und des Rates vom 23.10.2018 zum Schutz natürlicher Personen bei der Verarbeitung personenbezogener Daten durch die Organe, Einrichtungen und sons-

mission dem Ausschuss alle erforderlichen Unterlagen zur Verfügung zu stellen, darunter den Schriftwechsel mit der Regierung des Drittlands, dem Gebiet oder spezifischen Sektor oder der internationalen Organisation (Art. 70 Abs. 1 Buchst. s). Mit Blick auf die bisherige Praxis unterfallen dieser Pflicht zur Zugänglichmachung auch etwaige für die Kommission erstellte Berichte zur Situation im Drittland.[32]

II. Durchführungsbeschluss über die Angemessenheit des Schutzniveaus

11 1. **Gegenstand und Inhalt.** Die **Angemessenheit ist gemäß Art. 45 Abs. 3 S. 4 iVm Art. 93 Abs. 2 durch einen Durchführungsrechtsakt** iSd Art. 291 Abs. 2 AEUV festzustellen, dh in der Regel durch einen Durchführungsbeschluss der Kommission. Darüber hinaus stellt die DS-GVO jetzt neu im Unterschied zur DS-RL **konkrete Anforderungen** an den Gegenstand und Inhalt eines solchen Beschlusses auf. Teilweise nehmen diese unmittelbar **Festlegungen des EuGH** im Schrems-Urteil auf.

12 a) **Angemessenheit und Anwendungsbereich.** Aus dem Angemessenheitsbeschluss der Kommission hat sich gemäß Art. 45 Abs. 3 S. 1 zu ergeben, dass das **Drittland als solches** bzw. die internationale Organisation als solche ein angemessenes Schutzniveau aufweist und dies förmlich von der Kommission festgestellt wird. Die diesbezüglichen Erkenntnisse und Begründungen der Kommission, die ihre Feststellung untermauern, finden sich in den Erwägungsgründen des Beschlusses wieder.

13 Die Erwähnung der Angemessenheit eines Gebiets oder eines bestimmten Sektors in diesem Drittland spiegelt sich in der Verpflichtung des Art. 45 Abs. 3 S. 3 niedergelegten Verpflichtung wider, den **Anwendungsbereich** des Beschlusses in territorialer und sektoraler Hinsicht genau zu bestimmen. Dies geschah in der Kommissionspraxis bereits in der Vergangenheit, etwa durch die Begrenzung auf Organisationen, die im Rahmen einer kommerziellen Tätigkeit im Drittstaat personenbezogene Daten verarbeiten,[33] auf bestimmte auf einer öffentlichen Liste im Drittstaat verzeichneten Unternehmen[34] oder begrenzt auf automatisierte Verarbeitungen im Drittstaat[35] (→ Rn. 26 ff.).

14 b) **Überprüfungsmechanismus.** Gemäß Art. 45 Abs. 3 S. 2 wird die Kommission verpflichtet, in ihren Angemessenheitsbeschlüssen einen **Mechanismus** für die regelmäßige Überprüfung von deren Wirkungsweise vorzusehen. Diese Überprüfung hat mindestens alle vier Jahre (gerechnet vom Zeitpunkt der Annahme des Angemessenheitsbeschlusses der Kommission) stattzufinden und allen maßgeblichen Entwicklungen in dem Drittland oder der internationalen Organisation Rechnung zu tragen. Zweckmäßigerweise sollte diese Überprüfung in Konsultation mit dem betreffenden Drittland oder der betreffenden internationalen Organisation erfolgen. Bei diesen Voraussetzungen orientierte sich der Gesetzgeber ersichtlich an ähnlichen bereits bestehenden Mechanismen, insbesondere im Bereich der EU-Abkommen mit Drittländern zur Übermittlung von Fluggastdaten.[36] Für diese Zwecke der Überwachung und der Durchführung der regelmäßigen Überprüfungen ist die Kommission gehalten, die Standpunkte und Feststellungen des Europäischen Parlaments und des Rates sowie der „anderen einschlägigen Stellen und Quellen" berücksichtigen,[37] insbesondere also der Datenschutzaufsichtsbehörden.

15 c) **Hinweis auf Aufsichtsbehörde.** Soweit im Drittstaat oder bei der internationale Organisation vorhanden, ist gemäß Art. 45 Abs. 3 S. 3 auch die dortig zuständige **Aufsichtsbehörde** (bzw. Aufsichtsbehörden) anzugeben. Dadurch soll eine größere Transparenz gegenüber den Einzelnen und den Aufsichtsbehörden erreicht werden, die dadurch in die Lage versetzt werden,

---

tigen Stellen der Union, zum freien Datenverkehr und zur Aufhebung der Verordnung (EG) Nr. 45/2001 und des Beschlusses Nr. 1247/2002/EG, ABl. 2018 L 295, 39.
[32] So auch Artikel-29-Datenschutzgruppe, Referenzgrundlage für die Angemessenheit, WP 254 rev.01, v. 6.2.2018, 4.
[33] Entscheidung der Kommission 2002/2/EG, ABl. 2002 L 2, 13; siehe auch Kommissions-Bewertungsbericht SEC(2006) 1520.
[34] Durchführungsbeschluss der Kommission (EU) 2016/1250, ABl. 2016 L 207, 1.
[35] Beschluss der Kommission 2011/61/EU, ABl. 2011 L 27, 39.
[36] Solche Abkommen der Union bestehen derzeit mit Kanada, ABl. 2006 L 82, 15, den USA, ABl. 2012 L 215, 5, und Australien, ABl. 2012 L 186, 4. Zu den grundrechtlichen Anforderungen vgl. nunmehr EuGH Gutachten v. 26.7.2017 – Gutachten 1/15, ECLI:EU:C:2017:592 = ZD 2018, 23 – PNR-Abkommen EU-Kanada.
[37] Erwägungsgrund 106.

Datenübermittlung auf der Grundlage eines Angemessenheitsbeschlusses 16–19 **Art. 45**

ihre Rechte unmittelbar wahrzunehmen bzw. im Zuge der internationalen Amtshilfe tätig zu werden. In der Vergangenheit geschah dies in der Praxis durch eine Erwähnung der Kontaktinformationen der jeweiligen Aufsichtsbehörde in einem Anhang zum Beschluss.[38]

d) Keine Einschränkung der Befugnisse der Aufsichtsbehörden. Die Kommission ist 16 dagegen nicht berechtigt, im Angemessenheitsbeschluss die Befugnisse der nationalen Aufsichtsbehörden zu beschränken. Eine solche Einschränkung durch die Schaffung einer erhöhten Eingriffsschwelle hatte der EuGH mit Blick auf die völlige Unabhängigkeit dieser Aufsichtsbehörden für ungültig erklärt.[39]

2. Annahmeverfahren. Im Annahmeverfahren des Angemessenheitsbeschlusses wird die 17 Kommission von einem **Ausschuss** unterstützt, der sich aus Vertretern der EU-Mitgliedstaaten zusammensetzt (Art. 93). Das Annahmeverfahren des Angemessenheitsbeschlusses der Kommission bestimmt sich grundsätzlich nach den Vorschriften für das Ausschussverfahren (sog. „Komitologieverfahren"); allgemeine Regelungen und Grundsätze sind in der Komitologie-VO geregelt.[40] Danach wird die gemäß Art. 93 Abs. 2 erforderliche Stellungnahme des Ausschusses zu dem Entwurf des Angemessenheitsbeschlusses der Kommission nach dem **Prüfverfahren gemäß Art. 5 Komitologie-VO** eingeholt. Das Europäische Parlament wird zwar unterrichtet, ihm kommt im Komitologieverfahren jedoch keine eigenständige Rolle mehr zu.[41] Der Angemessenheitsbeschluss der Kommission wird anschließend von der Kommission als Kollegium förmlich angenommen und tritt in Kraft nach Bekanntmachung gegenüber den Mitgliedstaaten.

3. Rechtsfolgen. a) Unmittelbare Wirkung der Feststellung. Nach Art. 288 Abs. 4 18 AEUV bindet ein Angemessenheitsbeschluss der Kommission alle Mitgliedstaaten und ist damit für alle Organe der Mitgliedstaaten verbindlich. Durch einen solchen Beschluss wird mit Bezug auf das jeweilige Drittland oder die internationale Organisation in der gesamten Union Rechtssicherheit geschaffen und eine einheitliche Rechtsanwendung sichergestellt.[42] Da in diesen Fällen das Vorliegen der für die Übermittlung zusätzlichen Bedingung eines angemessenen Schutzniveaus förmlich positiv festgestellt wurde, ordnet die DS-GVO in Art. 45 Abs. 1 an, dass personenbezogene Daten **ohne weitere Genehmigung** an dieses Drittland oder diese internationale Organisation übermittelt werden dürfen, soweit im Einklang mit Art. 44 S. 1 die sonstigen Bestimmungen der DS-GVO eingehalten werden („Zwei-Stufen-Prüfung"). Hat die Kommission in einem Drittland ein angemessenes Datenschutzniveau festgestellt, können sich Datenexporteure, die Daten aus der EU in dieses Drittland transferieren, darauf verlassen. Konkret bedeutet dies, dass Verantwortliche und Auftragsverarbeiter für Datenexporte an Empfänger im Geltungsbereich eines Angemessenheitsbeschlusses keine Genehmigung der zuständigen Datenschutzaufsichtsbehörde bedürfen, dass das betreffende Drittland quasi wie ein Mitgliedstaat der Union betrachtet wird. Dies verschafft auch in dem betroffenen Drittstaat niedergelassenen Verantwortlichen und Auftragsverarbeitern einen nicht zu unterschätzenden Vorteil in ihren Wirtschaftsbeziehungen mit der Union.

b) Rolle der Aufsichtsbehörden und Gerichte. Da gemäß Art. 8 Abs. 3 GRCh sowie 19 Art. 51 Abs. 1 und Art. 57 Abs. 1 Buchst. a die Aufsichtsbehörden die Einhaltung der DS-GVO zu überwachen. Folglich ist jede Aufsichtsbehörde zu der Prüfung befugt und verpflichtet, ob bei einer Übermittlung personenbezogener Daten aus ihrem Mitgliedstaat in ein Drittland die in der DS-GVO aufgestellten Anforderungen eingehalten werden.[43] Daher hindert ein Angemessenheitsbeschluss der Kommission eine Datenschutzaufsichtsbehörde eines Mitgliedstaats nicht daran, die Beschwerde einer Person zu prüfen, die sich auf den Schutz ihrer Rechte und Freiheiten

---

[38] Siehe bspw. Durchführungsbeschluss der Kommission 2013/65/EU, ABl. 2013 L 28, 12.
[39] EuGH Urt. v. 6.10.2015 – C-362/14, ECLI:EU:C:2015:650 = ZD 2015, 549 mAnm *Spies* Rn. 104 – Schrems.
[40] VO (EU) Nr. 182/2011 des Europäischen Parlaments und des Rates v. 16.2.2011 zur Festlegung der allgemeinen Regeln und Grundsätze, nach denen die Mitgliedstaaten die Wahrnehmung der Durchführungsbefugnisse durch die Kommission kontrollieren, ABl. 2011 L 55, 13.
[41] Vgl. zu den Einzelheiten Schwarze/*Schoo* AEUV Art. 291 Rn. 10 ff.
[42] Erwägungsgrund 103.
[43] EuGH Urt. v. 16.7.2020 – C-311/18, ECLI:EU:C:2020:559 = ZD 2020, 511 mAnm *Moos/Rothkegel* Rn. 107, 112 – Schrems II, unter Verweis auf EuGH Urt. v. 6.10.2015 – C-362/14, ECLI:EU:C:2015:650 = ZD 2015, 549 mAnm *Spies* Rn. 47 – Schrems.

bei der Verarbeitung sie betreffender personenbezogener Daten, die aus einem Mitgliedstaat in dieses Drittland übermittelt wurden, bezieht, wenn diese Person geltend macht, dass das Recht und die Praxis dieses Landes kein angemessenes Schutzniveau gewährleisten.[44] Die Aufsichtsbehörde ist verpflichtet, eine solche Beschwerde eines Betroffenen gemäß Art. 77 oder eines Datenschutzvereins gemäß Art. 80 **mit aller gebotenen Sorgfalt** zu prüfen.[45] Gegen eine Zurückweisung der Beschwerde durch die Aufsichtsbehörde steht dem Betroffenen gemäß Art. 78 das Recht auf einen **gerichtlichen Rechtsbehelf** zu, damit er eine solche ihn beschwerende Entscheidung vor den nationalen Gerichten anfechten kann. Kommt die Aufsichtsbehörde dagegen zum Ergebnis, dass die Beschwerde begründet ist, kann sie gemäß Art. 58 Abs. 2 Buchst. j ausdrücklich die **Aussetzung der Übermittlung** von Daten an einen Empfänger in einem Drittland oder an eine internationale Organisation **im Einzelfall** anordnen (→ Art. 58 Rn. 28). In einem solchen Fall setzt der betreffende Mitgliedstaat die Kommission unverzüglich davon in Kenntnis.[46]

20   Hält eine **Aufsichtsbehörde** die Rügen der Person, die sich mit einer Eingabe zum Schutz ihrer Rechte und Freiheiten bei der Verarbeitung ihrer personenbezogenen Daten an sie gewandt hat, für begründet, und bestehen Zweifel an der Gültigkeit der Entscheidung der Kommission muss sie ein **Klagerecht** haben. Ein solches ist in Art. 58 Abs. 5 bereits angelegt (→ Art. 58 Rn. 34). Insoweit ist es – in Anwendung des Art. 58 Abs. 5 – Sache jeden nationalen Gesetzgebers, Rechtsbehelfe vorzusehen, die es der betreffenden nationalen Aufsichtsbehörde ermöglichen, die von ihr für begründet erachteten Rügen vor den nationalen Gerichten geltend zu machen, damit diese Gerichte, wenn sie die Zweifel der Aufsichtsbehörde an der Gültigkeit der Entscheidung der Kommission teilen, den EuGH um eine Vorabentscheidung über deren Gültigkeit ersuchen.[47] Nach ständiger Rechtsprechung können weder eine nationale Aufsichtsbehörde noch ein nationales Gericht, sondern allein der EuGH die **Ungültigkeit eines Angemessenheitsbeschlusses der Kommission** als Unionsrechtsakt feststellen; daher müssen **nationale Gerichte** das Verfahren aussetzen und dem EuGH ein Ersuchen um Vorabentscheidung gemäß Art. 267 AEUV über die Gültigkeit vorlegen, wenn sie der Auffassung sind, dass einer oder mehrere der von den Parteien vorgebrachten oder gegebenenfalls von Amts wegen geprüften Ungültigkeitsgründe durchgreifen.[48]

21   Bei der Prüfung der Gültigkeit eines Angemessenheitsbeschlusses der Kommission sind auch nach dem Erlass dieses Beschlusses eingetretene Umstände zu berücksichtigen.[49] In der Praxis hat

---

[44] EuGH Urt. v. 16.7.2020 – C-311/18, ECLI:EU:C:2020:559 = ZD 2020, 511 mAnm *Moos/Rothkegel* Rn. 119 – Schrems II, unter Verweis auf EuGH Urt. v. 6.10.2015 – C-362/14, ECLI:EU:C:2015:650 = ZD 2015, 549 mAnm *Spies* Rn. 53 – Schrems.
[45] EuGH Urt. v. 6.10.2015 – C-362/14, ECLI:EU:C:2015:650 = ZD 2015, 549 mAnm *Spies* Rn. 63 – Schrems.
[46] Vgl. Art. 3 Durchführungsbeschluss der Kommission (EU) 2016/1250 v. 12.7.2016 gemäß der Richtlinie 95/46/EG des Europäischen Parlaments und des Rates über die Angemessenheit des vom EU-US-Datenschutzschild gebotenen Schutzes, ABl. 2016 L 207, 1. Die bisherigen auf der Grundlage der DS-RL erlassenen Angemessenheitsentscheidungen bzw. -beschlüsse der Kommission sind um diese Verpflichtung ergänzt worden durch Durchführungsbeschluss (EU) 2016/2295 der Kommission vom 16.12.2016 zur Änderung der Entscheidungen bzw. Beschlüsse 2000/518/EG, 2002/2/EG, 2003/490/EG, 2003/821/EG, 2004/411/EG, 2008/393/EG, 2010/146/EU, 2010/625/EU, 2011/61/EU und Durchführungsbeschlüsse 2012/484/EU sowie 2013/65/EU über die Angemessenheit des Schutzes personenbezogener Daten in bestimmten Drittländern gemäß Artikel 25 Absatz 6 der Richtlinie 95/46/EG des Europäischen Parlaments und des Rates, ABl. 2016 L 344, 83.
[47] So ausdrücklich unter Bezugnahme auf Art. 28 Abs. 3 UAbs. 1 dritter Gedankenstrich DS-RL (im Licht insbes. von Art. 8 Abs. 3 GRCh) als der Vorgängerregelung des Art. 58 Abs. 5: EuGH Urt. v. 6.10.2015 – C-362/14, ECLI:EU:C:2015:650 = ZD 2015, 549 mAnm *Spies* Rn. 65 – Schrems und für die DS-GVO bekräftigt in EuGH Urt. v. 16.7.2020 – C-311/18, ECLI:EU:C:2020:559 = ZD 2020, 511 mAnm *Moos/Rothkegel* Rn. 120 – Schrems II.
[48] IdS EuGH Urt. v. 28.5.2015 – C-456/13 P, ECLI:EU:C:2015:284 = BeckRS 2015, 80575 Rn. 48 – T & L Sugars und Sidul Açúcares/Kommission und die dort angeführte Rspr., zitiert in EuGH Urt. v. 6.10.2015 – C-362/14, ECLI:EU:C:2015:650 = ZD 2015, 549 mAnm *Spies* Rn. 64 – Schrems. In Deutschland gibt § 21 BDSG den Aufsichtsbehörden für den Datenschutz das Recht, beim BVerwG einen Antrag auf gerichtliche Entscheidung bei angenommener Rechtswidrigkeit eines Beschlusses der Europäischen Kommission zu stellen. Kommt das BVerwG zu der Überzeugung, dass der Beschluss der Kommission gültig ist, so stellt es dies in seiner Entscheidung fest. Andernfalls legt es die Frage nach der Gültigkeit des Beschlusses gem. Art. 267 AEUV dem EuGH zur Entscheidung vor. Siehe zu Einzelheiten *Kröger* NVwZ 2017, 1730 sowie Art. 58.
[49] EuGH Urt. v. 6.10.2015 – C-362/14, ECLI:EU:C:2015:650 = ZD 2015, 549 mAnm *Spies* Rn. 77 – Schrems.

der EuGH bisher in drei Fällen Angemessenheitsbeschlüsse der Kommission für ungültig erklärt.[50]

c) Liste der Kommission. Die Kommission ist als weitere Neuerung im Rechtstext im Vergleich zu DS-RL gemäß Art. 45 Abs. 8 zu einer **größeren Transparenz** verpflichtet: Sowohl im Amtsblatt als auch auf ihrer Webseite ist eine Liste aller Drittländer bzw. Gebiete und spezifischen Sektoren in einem Drittland und aller internationalen Organisationen zu veröffentlichen, für die die Kommission festgestellt hat, dass sie ein angemessenes Schutzniveau im Sinne der DS-GVO gewährleisten.[51]

d) Überwachungspflicht der Kommission. In Anbetracht der Tatsache, dass das durch ein Drittland gewährleistete Schutzniveau Veränderungen unterworfen sein kann, wurde darüber hinaus in Art. 45 Abs. 4 eine neue Verpflichtung der Kommission festgelegt, Entwicklungen in Drittländern und bei internationalen Organisationen „fortlaufend" zu beobachten. Diese ausdrückliche **Überwachungspflicht** ergänzt die Verpflichtung zur Einrichtung eines Überwachungsmechanismus des Art. 45 Abs. 3. Es ist daher von der Kommission im Anschluss an den Erlass eines Angemessenheitsbeschlusses in regelmäßigen Abständen zu prüfen, ob die Feststellung zur Angemessenheit des vom fraglichen Drittland gewährleisteten Schutzniveaus in sachlicher und rechtlicher Hinsicht nach wie vor gerechtfertigt ist. Eine solche Prüfung ist jedenfalls dann geboten, wenn Anhaltspunkte vorliegen, die Zweifel daran wecken.[52] Diese kontinuierliche Kontrolle der Angemessenheit bedingt auch einen Dialog mit den Behörden des betreffenden Drittlands. Die Kommission kann auch das vom Datenschutzausschuss gemäß Art. 70 Abs. 1 Buchst. w noch einzurichtende **Dokumentationszentrum** zu Datenschutzvorschriften und -praxis in aller Welt zu Rate ziehen. Zusätzlich sieht **Art. 97 Abs. 1 iVm Abs. 2** vor, dass in den **allgemeinen regelmäßigen Bewertungsberichten der Kommission** auch Angaben zu Anwendung und Wirkungsweise von Angemessenheitsbeschlüssen der Kommission zu machen sind (→ Rn. 27; → Art. 97 Rn. 8).

4. Widerruf, Abänderung, Aussetzung des Angemessenheitsbeschlusses. Sollte eine solche Prüfung ergeben, dass sich die Lage im Drittland mit Hinblick auf das Schutzniveau negativ verändert hat, so dass nicht mehr gewährleistet ist, dass das Schutzniveau „der Sache nach gleichwertig" ist, ist die Kommission nach dem Wortlaut des Art. 45 Abs. 5 dazu verpflichtet, den Angemessenheitsbeschluss entweder abzuändern, ganz auszusetzen oder zu widerrufen („widerruft, ändert oder setzt (...) aus"). Ein Widerruf erscheint aus Gründen der Verhältnismäßigkeit erst als ultima ratio in Frage zu kommen. Gegenstand des neuen Beschlusses ist die Feststellung, dass das Drittland oder die internationale Organisation „kein angemessenes Schutzniveau mehr gewährleistet".

Dies hat nach einer Stellungnahme des Datenschutzausschusses (→ Rn. 10) im gleichen Ausschussverfahren wie bereits beschrieben stattzufinden (→ Rn. 17). Im Unterschied zum Verfahren nach Art. 45 Abs. 3 ist ein **Dringlichkeitsverfahren** vorgesehen. Auch solche „Nichtmehr"-Angemessenheitsbeschlüsse der Kommission sind im Amtsblatt und auf der Webseite der Kommission zu veröffentlichen gemäß Art. 45 Abs. 8. Die Kommission nimmt anschließend Beratungen mit dem betreffenden Drittland bzw. der betreffenden internationalen Organisation auf, um Abhilfe für die Situation zu schaffen, die zu dem gemäß Abs. 5 erlassenen Beschluss geführt hat. Trotz eines „Nicht-mehr"-Angemessenheitsbeschlusses der Kommission sieht Art. 45 Abs. 7 ausdrücklich vor, dass Übermittlungen personenbezogener Daten an das betreffende Drittland, das Gebiet oder einen oder mehrere spezifische Sektoren in diesem Drittland oder an die betreffende internationale Organisation gemäß Art. 46–49 erfolgen können. Diese Vorschriften dienen dazu, Übermittlungen zu ermöglichen, wenn gerade kein angemessenes Schutzniveau iSd Art. 45 vorliegt (→ Art. 44 Rn. 16).

---

[50] EuGH Urt. v. 30.5.2006 – C-317/04 und C-318/04, ECLI:EU:C:2006:346 = EuZW 2006, 403 – Parlament/Rat; EuGH Urt. v. 6.10.2015 – C-362/14, ECLI:EU:C:2015:650 = ZD 2015, 549 mAnm *Spies* – Schrems; EuGH Urt. v. 16.7.2020 – C-311/18, ECLI:EU:C:2020:559 = ZD 2020, 511 mAnm *Moos/Rothkegel* – Schrems II.
[51] Siehe commission.europa.eu/law/law-topic/data-protection/international-dimension-data-protection/adequacy-decisions_de?etrans=de.
[52] EuGH Urt. v. 6.10.2015 – C-362/14, ECLI:EU:C:2015:650 Rn. 76 = ZD 2015, 549 mAnm *Spies* – Schrems.

26 **5. Übersicht der Angemessenheitsbeschlüsse.** Der erste Angemessenheitsbeschluss der Kommission auf der Grundlage der DS-GVO gemäß Art. 45 Abs. 3 wurde 2019 hinsichtlich Japans erlassen, gefolgt von Beschlüssen für das Vereinigte Königreich, der Republik Korea und den Vereinigten Staaten von Amerika (→ Rn. 28 ff.).

27 Für die bislang **auf Grundlage der Art. 25 Abs. 6 DS-RL ergangenen Angemessenheitsbeschlüsse** sieht Art. 45 Abs. 9 aus Gründen der Rechtssicherheit und des Vertrauensschutzes vor, dass diese so lange in Kraft bleiben, bis sie entweder von der Kommission geändert, ersetzt oder aufgehoben werden. Dafür erstreckt sich jedoch die gesteigerte Überwachungsverpflichtung gemäß Art. 45 Abs. 4 ausdrücklich auch auf diese Rechtsakte. Zusätzlich sieht Art. 97 Abs. 1 iVm Abs. 2 vor, dass in den allgemeinen regelmäßigen Bewertungsberichten der Kommission auch Angaben zu Anwendung und Wirkungsweise von Angemessenheitsbeschlüssen der Kommission zu machen sind, auch zu den gemäß Art. 25 Abs. 6 DS-RL ergangenen. Im ersten diesbezüglichen **Überprüfungsbericht** kam die Kommission zu dem Schluss, dass jeder der elf Drittstaaten weiterhin ein angemessenes Schutzniveau für aus der Europäischen Union übermittelte personenbezoge Daten im Sinne der DS-GVO in der Auslegung durch den EuGH gewährleistet.[53] Angemessenheitsbeschlüsse auf der Grundlage von Art. 25 Abs. 6 DS-RL enthielten eine Einschränkung der Befugnisse der Datenschutzaufsichtsbehörden, ähnlich der Formulierung, die vom EuGH im Schrems-Urteil für ungültig erklärt wurde.[54] Die Kommission hat daher die betreffende Bestimmung inzwischen in allen bestehenden Angemessenheitsbeschlüssen ersetzt.[55]

Für internationale Datenübermittlungen ergingen bisher folgenden Entscheidungen bzw. Beschlüsse der Kommission über angemessene Schutzniveaus in Drittstaaten:

a) Europa

28 – **Andorra;**[56] Angemessenheitsbeschluss gemäß Art. 25 Abs. 6 DS-RL, bestätigt 2024.
– **Färöer;**[57] Angemessenheitsbeschluss gemäß Art. 25 Abs. 6 DS-RL, bestätigt 2024.
– **Guernsey;**[58] Angemessenheitsbeschluss gemäß Art. 25 Abs. 6 DS-RL, bestätigt 2024.
– **Insel Man;**[59] Angemessenheitsbeschluss gemäß Art. 25 Abs. 6 DS-RL, bestätigt 2024.
– **Jersey;**[60] Angemessenheitsbeschluss gemäß Art. 25 Abs. 6 DS-RL, bestätigt 2024.

---

[53] Bericht der Kommision an das Europäische Parlament und den Rat v. 15.1.2024 über die erste Überprüfung der Wirkungsweise der Angemessenheitsfeststellungen gemäß Artikel 25 Absatz 6 der Richtlinie 95/46/EG, COM(2024) 7 final. Siehe die ausführlichen Feststellungen zu jedem der elf Länder bzw. Gebiete in der Arbeitsunterlage der Kommissionsdienststellen v. 15.1.2024, SWD(2024) 3 final.

[54] EuGH Urt. v. 6.10.2015 – C-362/14, ECLI:EU:C:2015:650 = ZD 2015, 549 mAnm *Spies* Rn. 104 – Schrems.

[55] Durchführungsbeschluss (EU) 2016/2295 der Kommission v. 16.12.2016 zur Änderung der Entscheidungen bzw. Beschlüsse 2000/518/EG, 2002/2/EG, 2003/490/EG, 2003/821/EG, 2004/411/EG, 2008/393/EG, 2010/146/EU, 2010/625/EU, 2011/61/EU und Durchführungsbeschluss 2012/484/EU sowie 2013/65/EU über die Angemessenheit des Schutzes personenbezogener Daten in bestimmten Drittländern gemäß Artikel 25 Absatz 6 der Richtlinie 95/46/EG des Europäischen Parlaments und des Rates, ABl. 2016 L 344, 83.

[56] Beschluss 2010/625/EU der Kommission v. 19.10.2010 gemäß der Reichtlinie 95/46/EG des Europäischen Parlaments und des Rates über die Angemessenheit des Datenschutzniveaus in Andorra, ABl. 2010 L 277, 27, geänd. durch Durchführungsbeschluss (EU) 2016/2295 der Kommission vom 16.12.2016, ABl. 2016 L 344, 83. Angemessenheit bestätigt in Bericht der Kommission v. 15.1.2024, COM(2024) 7 final.

[57] Beschluss 2010/146/EG der Kommission v. 5.3.2010 gemäß der Richtlinie 95/46/EG des Europäischen Parlaments und des Rates über die Angemessenheit des Schutzniveaus, den das färöische Gesetz über die Verarbeitung personenbezogener Daten bietet, ABl. 2010 L 58, 17, geänd. durch Durchführungsbeschluss (EU) 2016/2295 der Kommission vom 16.12.2016, ABl. 2016 L 344, 83. Angemessenheit bestätigt in Bericht der Kommission v. 15.1.2024, COM(2024) 7 final.

[58] Entscheidung 2003/821/EG der Kommission v. 21.11.2003 über die Angemessenheit des Schutzes personenbezogener Daten in Guernsey, ABl. 2003 L 308, 27, geänd. durch Durchführungsbeschluss (EU) 2016/2295 der Kommission vom 16.12.2016, ABl. 2016 L 344, 83. Angemessenheit bestätigt in Bericht der Kommission v. 15.1.2024, COM(2024) 7 final.

[59] Entscheidung 2004/411/EG der Kommission v. 28.4.2004 über die Angemessenheit des Schutzes personenbezogener Daten auf der Insel Man, ABl. 2004 L 151, 51, geänd. durch Durchführungsbeschluss (EU) 2016/2295 der Kommission vom 16.12.2016, ABl. 2016 L 344, 83. Angemessenheit bestätigt in Bericht der Kommission v. 15.1.2024, COM(2024) 7 final.

[60] Entscheidung 2008/393/EG der Kommission v. 8.5.2008 gemäß der Richtlinie 95/46/EG des Europäischen Parlaments und des Rates über die Angemessenheit des Datenschutzniveaus in Jersey, ABl. 2008 L 138, 21, geänd. durch Durchführungsbeschluss (EU) 2016/2295 der Kommission vom 16.12.2016, ABl. 2016 L 344, 83. Angemessenheit bestätigt in Bericht der Kommission v. 15.1.2024, COM(2024) 7 final.

– **Schweiz;**[61] Angemessenheitsbeschluss gemäß Art. 25 Abs. 6 DS-RL, bestätigt 2024.
– **Ungarn;**[62] Angemessenheitsbeschluss gemäß Art. 25 Abs. 6 DS-RL. Dieser Beschluss ist mit dem am 1.5.2004 erfolgten Beitritt Ungarns zur EU hinfällig geworden.
– **Vereinigtes Königreich;**[63] da vor dem EU-Austritt am 31.1.2020 und während des Übergangszeitraums der Rechtsrahmen für den Schutz personenbezogener Daten im Vereinigten Königreich aus den einschlägigen EU-Rechtsvorschriften (insbesondere der DS-GVO und der Richtlinie (EU) 2016/680 sowie nationalen Rechtsvorschriften, insbesondere dem Gesetz über den Datenschutz von 2018 (Data Protection Act 2018, DPA 2018)) bestand, geben die Datenschutzvorschriften im Vereinigten Königreich in vielen Aspekten weitgehend (noch) die entsprechenden innerhalb der Europäischen Union geltenden Vorschriften wieder.[64] Der DS-GVO-Angemessenheitsbeschluss gilt dagegen nicht für personenbezogene Daten, die für Zwecke der Einwanderungskontrolle des Vereinigten Königreichs übermittelt werden oder anderweitig in den Geltungsbereich der Ausnahme von bestimmten Rechten betroffener Personen für die Zwecke der Aufrechterhaltung einer wirksamen Einwanderungskontrolle gemäß Anhang 2 § 4 Abs. 1 DPA 2018 fallen. Der Europäische Datenschutzausschuss wies in seiner Stellungnahme auf eine Reihe von Bedenken hinsichtlich des angemessenen Schutzniveaus hin, bspw. hinsichtlich der Massenspeicherung durch die britischen Geheimdienste, Datenabflüsse in weitere Drittländer sowie der Unabhängigkeit der britischen Datenschutzaufsichtsbehörde Information Commissioner.[65] Die Geltungsdauer dieses Beschlusses endet am 27.6.2025, sofern sie nicht nach dem in der Art. 93 Abs. 2 genannten Verfahren verlängert wird.

b) Amerika
– **Argentinien;**[66] Angemessenheitsbeschluss gemäß Art. 25 Abs. 6 DS-RL, bestätigt 2024.
– **Kanada;**[67] Angemessenheitsbeschluss gemäß Art. 25 Abs. 6 DS-RL, bestätigt 2024. Der Anwendungsbereich ist begrenzt auf kanadische Organisationen, die im Rahmen einer kommerziellen Tätigkeit personenbezogene Daten verarbeiten;
– **Uruguay;**[68] Angemessenheitsbeschluss gemäß Art. 25 Abs. 6 DS-RL, bestätigt 2024.
– **USA;**[69] am 10.7.2023 wurde von der Europäischen Kommission ein neuer Angemessenheitsbeschluss gemäß Art. 45 für die Vereinigten Staaten von Amerika angenommen, der sog. **EU-USA-Datenschutzrahmen** („EU-U. S. Data Privacy Framework"). Der Anwendungsbereich ist wie auch die Vorgängerregelungen „Sicherer Hafen" und „Datenschutzschild" begrenzt auf

---

[61] Entscheidung 2000/518/EG der Kommission v. 26.7.2000 gemäß der Richtlinie 95/46/EG des Europäischen Parlaments und des Rates über die Angemessenheit des Schutzes personenbezogener Daten in der Schweiz, ABl. 2000 L 215, 1, geänd. durch Durchführungsbeschluss (EU) 2016/2295 der Kommission vom 16.12.2016, ABl. 2016 L 344, 83. Angemessenheit bestätigt in Bericht der Kommission v. 15.1.2024, COM (2024) 7 final; siehe davor auch Kommissions-Bewertungsbericht SEC (2004) 1322.

[62] Entscheidung 2000/519/EG der Kommission vom 26.7.2000 gemäß der Richtlinie 95/46/EG des Europäischen Parlaments und des Rates über die Angemessenheit des Schutzes personenbezogener Daten in Ungarn, ABl. 2000 L 215, 4.

[63] Durchführungsbeschluss (EU) 2021/1772 der Kommission vom 28.6.2021 gemäß der Verordnung (EU) 2016/679 des Europäischen Parlaments und des Rates zur Angemessenheit des Schutzes personenbezogener Daten durch das Vereinigte Königreich, ABl. 2021 L 360, 1.

[64] Die britische Regierung hat allerdings am 8.3.3023 die „Data Protection and Digital Information Bill" als erster Entwurf einer Gesetzesänderung eingebracht, bills.parliament.uk/bills/3430.

[65] Europäischer Datenschutzausschuss, Opinion 14/2021 regarding the European Commission Draft Implementing Decision pursuant to Regulation (EU) 2016/679 on the adequate protection of personal data in the United Kingdom, v. 13.4.2021; vgl. auch *Brauneck* RDi 2021, 425.

[66] Entscheidung 2003/490/EG der Kommission vom 30.6.2003 gemäß der Richtlinie 95/46/EG des Europäischen Parlaments und des Rates über die Angemessenheit des Datenschutzniveaus in Argentinien, ABl. 2003 L 168, 19. Angemessenheit bestätigt in Bericht der Kommission v. 15.1.2024, COM(2024) 7 final.

[67] Entscheidung 2002/2/EG der Kommission vom 20.12.2001 gemäß der Richtlinie 95/46/EG des Europäischen Parlaments und des Rates über die Angemessenheit des Datenschutzes, den das kanadische Personal Information Protection and Electronic Documents Act bietet, ABl. 2002 L 2, 13. Angemessenheit bestätigt in Bericht der Komission v. 15.1.2024, COM(2024) 7 final; siehe davor auch Kommissions-Bewertungsbericht SEC(2006) 1520.

[68] Durchführungsbeschluss 2012/484/EU der Kommission vom 21.8.2012 gemäß der Richtlinie 95/46/EG des Europäischen Parlaments und des Rates über die Angemessenheit des Datenschutzniveaus in der Republik Östlich des Uruguay im Hinblick auf die automatisierte Verarbeitung personenbezogener Daten, ABl. 2012 L 227, 11. Angemessenheit bestätigt in Bericht der Kommission v. 15.1.2024, COM(2024) 7 final.

[69] Durchführungsbeschluss (EU) 2016/1250 der Kommission v. 10.7.2023 gemäß der Verordnung (EU) 2016/679 des Europäischen Parlaments und des Rates über die Angemessenheit des Schutzniveaus für personenbezogene Daten nach dem Datenschutzrahmen EU-USA, ABl. 2023 L 231, 118.

solche Übermittlungen aus der EU an solche selbstzertifizierte US-Organisationen, die in der vom US-Handelsministerium veröffentlichten „Data Privacy Framework-Liste" aufgeführt sind.[70] Durch den neuen Datenschutzrahmen soll insbesondere der Zugang der US-Nachrichtendienste zu Daten auf das notwendige und verhältnismäßige Maß beschränkt werden. Außerdem wurde ein zweistufiges Beschwerdeverfahren gegen US-Überwachungsmaßnahmen eingeführt, was eine Überprüfung durch ein neu eingerichtetes Gericht zur Datenschutzüberprüfung (Data Protection Review Court) beinhalten kann. Für die Zulässigkeit einer Beschwerde müssen Einzelpersonen nicht nachweisen, dass ihre Daten tatsächlich von US-Nachrichtendiensten erhoben wurden. Sie können eine Beschwerde bei ihrer nationalen Datenschutzbehörde einreichen, die dafür sorgt, dass die Beschwerde ordnungsgemäß übermittelt wird und die Person alle weiteren Informationen über das Verfahren erhält.[71] Die Beschwerden werden vom Europäischen Datenschutzausschuss an die USA weitergeleitet. Auch hier hat der Europäische Datenschutzausschuss auf eine Reihe von Bedenken hinsichtlich des angemessenen Schutzniveaus hingewiesen, insbesondere die anhaltende Massenüberwachung durch US-Dienste, jedoch nicht explizit ein Ablehnen des Angemessenheitsbeschlusses empfohlen.[72] Der neue Angemessenheitsbeschluss wird bereits ein Jahr nach seinem Inkrafttreten einer ersten Überprüfung durch die Europäischen Kommission unterzogen.

c) Asien

31 – **Israel;**[73] Angemessenheitsbeschluss gemäß Art. 25 Abs. 6 DS-RL, bestätigt 2024. Der Anwendungsbereich ist begrenzt auf automatisierte Verarbeitungen; außerdem betrifft dieser Beschluss ausschließlich die Angemessenheit des Datenschutzes im Staat Israel im Sinne des Völkerrechts und findet daher auf die Golanhöhen, den Gazastreifen und das Westjordanland einschließlich Ost-Jerusalem keine Anwendung.
– **Japan;**[74] Der DS-GVO-Angemessenheitsbeschluss gilt für das japanische Gesetz über den Schutz personenbezogener Informationen (Act on the Protection of Personal Information, APPI), ergänzt durch weitere Vorschriften, die eingeführt wurden, um bestimmte relevante Abweichungen zwischen dem APPI und der DS-GVO zu überbrücken. Das japanische Datenschutzgesetz ist seither umfangreich abgeändert worden.[75] Bemerkenswert ist auch der Umstand, dass zum Zeitpunkt der Annahme des Angemessenheitsbeschlusses der Kommission Japan seinerseits einen Angemessenheitsbeschluss für Datenübermittlungen in die EU erließ.
– **Republik Korea;**[76] Der DS-GVO-Angemessenheitsbeschluss gilt für Datenübermittlungen an Rechtsträger (zB natürliche oder juristische Personen, Organisationen, öffentliche Einrich-

---

[70] Eine Suche ist unter www.dataprivacyframework.gov/s/participant-search möglich.

[71] Siehe im Einzelnen Europäische Kommission, Fragen und Antworten: Datenschutzrahmen EU-USA, ec.europa.eu/commission/presscorner/detail/de/qanda_23_3752 sowie Europäischer Datenschutzausschuss, Information note on data transfers under the GDPR to the United States after the adoption of the adequacy decision on 10.7.2023.

[72] Europäischer Datenschutzausschuss, Opinion 5/2023 on the European Commission Draft Implementing Decision on the adequate protection of personal data under the EU-US Data Privacy Framework, v. 28.2.2023. Krit. *Glocker* ZD 2023, 189; zu den bisherigen Datenschutzvorschriften in den USA siehe *Determann* NVwZ 2016, 561; zur Kritik an der Vorgängerregelung des EU-US-Datenschutzschild vgl. insbes. Artikel-29-Datenschutzgruppe, Opinion 1/2016 on the EU-US Privacy Shield draft adequacy decision, WP 238 v. 13.4.2016; Artikel-29-Datenschutzgruppe, Statement on the decision of the European Commission on the EU-U. S. Privacy Shield, v. 26.7.2016; Artikel-29-Datenschutzgruppe, EU-U. S. Privacy Shield – First annual Joint Review, WP 255 v. 28.11.2017 sowie zB (im medizinwissenschaftlichen Kontext) *Molnár-Gábor/Kaffenberger* ZD 2017, 18.

[73] Beschluss 2011/61/EU der Kommission vom 31.1.2011 gemäß der Richtlinie 95/46/EG des Europäischen Parlaments und des Rates über die Angemessenheit des Datenschutzniveaus im Staat Israel in Hinblick auf die automatisierte Verarbeitung personenbezogener Daten, ABl. 2011 L 27, 39. Angemessenheit bestätigt in Bericht der Kommission v. 15.1.2024, COM(2024) 7 final.

[74] Durchführungsbeschluss (EU) 2019/419 der Kommission vom 23.1.2019 nach der Verordnung (EU) 2016/679 des Europäischen Parlaments und des Rates über die Angemessenheit des Datenschutzniveaus in Japan im Rahmen des Gesetzes über den Schutz personenbezogener Informationen, ABl. 2019 L 76, 1; zum Datenschutz in Japan siehe *Hoeren/Wada* ZD 2018, 3, *Tatsumi* ZD 2023, 86.

[75] Siehe Bericht der Kommission v. 3.4.2023 über die erste Überprüfung der Funktionsweise des Angemessenheitsbeschlusses in Bezug auf Japan, COM(2023) 275 final sowie Arbeitsunterlage der Kommissionsdienststellen, SWD(2023) 75; siehe dazu Europäischer Datenschutzausschuss, Statement 1/2023 on the first review of the functioning of the adequacy decision for Japan, v. 18.7.2023.

[76] Durchführungsbeschluss (EU) 2022/254 der Kommission vom 17.12.2021 gemäß der Verordnung (EU) 2016/679 des Europäischen Parlaments und des Rates über die Angemessenheit des Schutzes personenbezo-

Datenübermittlung vorbehaltlich geeigneter Garantien   **Art. 46**

tungen) in Korea, die in den Anwendungsbereich des Gesetzes zum Schutz personenbezogener Daten (Personal Information Protection Act, PIPA) fallen. Die Angemessenheitsfeststellung erstreckt sich nicht auf die Verarbeitung personenbezogener Daten für Missionierungstätigkeiten religiöser Organisationen und für die Nominierung von Kandidaten durch politische Parteien sowie auf die Verarbeitung personenbezogener Kreditdaten gemäß dem Kreditdatengesetz durch die Datenverantwortlichen, die der Aufsicht durch die koreanische Finanzdienstleistungskommission unterliegen.

d) Ozeanien
– **Neuseeland.**[77] Angemessenheitsbeschluss gemäß Art. 25 Abs. 6 DS-RL, bestätigt 2024.   **32**

e) Internationale Organisationen. Die Kommission überlegt, Angemessenheitsbeschlüsse   **33**
für internationale Organisationen zu erlassen.[78]

Sobald ein Angemessenheitsbeschluss der Kommission durch Beschluss des Gemeinsamen   **34**
EWR-Ausschusses in das EWR-Abkommen aufgenommen wurde (→ Art. 3 Rn. 28), gilt er auch für Island, Liechtenstein und Norwegen, sodass alle Bezugnahmen in Angemessenheitsbeschlüssen auf die „EU und ihre Mitgliedstaaten" so zu interpretieren sind, dass auch Island, Liechtenstein und Norwegen darin eingeschlossen sind.

Art. 46 Datenübermittlung vorbehaltlich geeigneter Garantien

(1) Falls kein Beschluss nach Artikel 45 Absatz 3 vorliegt, darf ein Verantwortlicher oder ein Auftragsverarbeiter personenbezogene Daten an ein Drittland oder eine internationale Organisation nur übermitteln, sofern der Verantwortliche oder der Auftragsverarbeiter geeignete Garantien vorgesehen hat und sofern den betroffenen Personen durchsetzbare Rechte und wirksame Rechtsbehelfe zur Verfügung stehen.

(2) Die in Absatz 1 genannten geeigneten Garantien können, ohne dass hierzu eine besondere Genehmigung einer Aufsichtsbehörde erforderlich wäre, bestehen in

a) einem rechtlich bindenden und durchsetzbaren Dokument zwischen den Behörden oder öffentlichen Stellen,
b) verbindlichen internen Datenschutzvorschriften gemäß Artikel 47,
c) Standarddatenschutzklauseln, die von der Kommission gemäß dem Prüfverfahren nach Artikel 93 Absatz 2 erlassen werden,
d) von einer Aufsichtsbehörde angenommenen Standarddatenschutzklauseln, die von der Kommission gemäß dem Prüfverfahren nach Artikel 93 Absatz 2 genehmigt wurden,
e) genehmigten Verhaltensregeln gemäß Artikel 40 zusammen mit rechtsverbindlichen und durchsetzbaren Verpflichtungen des Verantwortlichen oder des Auftragsverarbeiters in dem Drittland zur Anwendung der geeigneten Garantien, einschließlich in Bezug auf die Rechte der betroffenen Personen, oder
f) einem genehmigten Zertifizierungsmechanismus gemäß Artikel 42 zusammen mit rechtsverbindlichen und durchsetzbaren Verpflichtungen des Verantwortlichen oder des Auftragsverarbeiters in dem Drittland zur Anwendung der geeigneten Garantien, einschließlich in Bezug auf die Rechte der betroffenen Personen.

---

gener Daten durch die Republik Korea im Rahmen des koreanischen Gesetzes über den Schutz personenbezogener Daten, ABl. 2022 L 44, 1. Siehe auch Europäischer Datenschutzausschuss, Stellungnahme 32/2021 zum Entwurf eines Durchführungsbeschlusses der Europäischen Kommission gemäß der Richtlinie (EU) 2016/679 über die Angemessenheit des Schutzes personenbezogener Daten in der Republik Korea, v. 24.9.2021. Zum Datenschutz in Südkorea siehe bereits Forgó/Helfrich/Schneider Betr. Datenschutz-HdB/ *Spies* Rn. 35.

[77] Durchführungsbeschluss 2013/65/EU der Kommission vom 19.12.2012 gemäß der Richtlinie 95/46/EG des Europäischen Parlaments und des Rates über die Angemessenheit des Datenschutzniveaus in Neuseeland, ABl. 2013 L 28, 12. Angemessenheit bestätigt in Bericht der Kommission v. 15.1.2024, COM(2024) 7 final.

[78] Siehe Kommission, Commission Staff Working Document accompanying the document Communication from the Commission to the European Parliament and the Council 'Data protection rules as a pillar of citizens empowerment and EUs approach to digital transition – two years of application of the General Data Protection Regulation', SWD(2020) 115 final, 35.

Art. 46

(3) Vorbehaltlich der Genehmigung durch die zuständige Aufsichtsbehörde können die geeigneten Garantien gemäß Absatz 1 auch insbesondere bestehen in

a) Vertragsklauseln, die zwischen dem Verantwortlichen oder dem Auftragsverarbeiter und dem Verantwortlichen, dem Auftragsverarbeiter oder dem Empfänger der personenbezogenen Daten im Drittland oder der internationalen Organisation vereinbart wurden, oder

b) Bestimmungen, die in Verwaltungsvereinbarungen zwischen Behörden oder öffentlichen Stellen aufzunehmen sind und durchsetzbare und wirksame Rechte für die betroffenen Personen einschließen.

(4) Die Aufsichtsbehörde wendet das Kohärenzverfahren nach Artikel 63 an, wenn ein Fall gemäß Absatz 3 des vorliegenden Artikels vorliegt.

(5) ¹Von einem Mitgliedstaat oder einer Aufsichtsbehörde auf der Grundlage von Artikel 26 Absatz 2 der Richtlinie 95/46/EG erteilte Genehmigungen bleiben so lange gültig, bis sie erforderlichenfalls von dieser Aufsichtsbehörde geändert, ersetzt oder aufgehoben werden. ²Von der Kommission auf der Grundlage von Artikel 26 Absatz 4 der Richtlinie 95/46/EG erlassene Feststellungen bleiben so lange in Kraft, bis sie erforderlichenfalls mit einem nach Absatz 2 des vorliegenden Artikels erlassenen Beschluss der Kommission geändert, ersetzt oder aufgehoben werden.

Literatur: *Baumgartner/Hansch/Roth,* Die neuen Standardvertragsklauseln der EU-Kommission für Datenübermittlungen in Drittstaaten, ZD 2021, 608; *Gulczyńska,* A certain standard of protection for international transfers of personal data under the GDPR, International Data Privacy Law, 2021 Vol. 11, Issue 4, November 2021, 360; *Jensen,* Vorabentscheidungsverfahren zur Prüfung von Standardvertragsklauseln angestrebt, ZD-Aktuell 2016, 05204; *Kuner,* Protecting EU data outside borders under the GDPR, Common Market Law Review 2023, 77; *Schmitz/v. Dall'Armi,* Standardvertragsklauseln – heute und morgen, ZD 2016, 217; *Spies,* EU-US-Privacy-Shield – eine schwierige Reparatur, ZD 2021, 478.

Rechtsprechung: EuGH Urt. v. 6.10.2015 – C-362/14, ECLI:EU:C:2015:650 = ZD 2015, 549 mAnm *Spies* – Schrems; EuGH Urt. v. 16.7.2020 – C-311/18, ECLI:EU:C:2020:559 = ZD 2020, 511 mAnm *Moos/Rothkegel* – Schrems II.

Übersicht

	Rn.
A. Allgemeines	1
I. Zweck und Bedeutung der Vorschrift	1
II. Systematik, Verhältnis zu anderen Vorschriften	8
B. Einzelerläuterungen	10
I. Vorsehen der geeigneten Garantien (Abs. 1)	10
II. Durchsetzbare Rechte und wirksame Rechtsbehelfe der Betroffenen (Abs. 1)	17
III. Geeignete Garantien ohne Genehmigung der Aufsichtsbehörde (Abs. 2)	19
1. Behördenvereinbarungen (Abs. 2 Buchst. a)	20
2. Verbindliche interne Datenschutzvorschriften gemäß Art. 47 (Abs. 2 Buchst. b)	22
3. Standarddatenschutzklauseln der Kommission (Abs. 2 Buchst. c)	23
a) Allgemeines	23
b) Standardvertragsklauseln gemäß DS-RL	24
c) Standarddatenschutzklauseln gemäß DS-GVO	27
4. Aufsichtsbehördliche Standarddatenschutzklauseln (Abs. 2 Buchst. d)	32
5. Genehmigte Verhaltensregeln (Abs. 2 Buchst. e)	33
6. Genehmigter Zertifizierungsmechanismus (Abs. 2 Buchst. f)	34
IV. Geeignete Garantien mit Genehmigung der Aufsichtsbehörde (Abs. 3)	36
1. Individualvertragsklauseln (Abs. 3 Buchst. a)	36
2. Zusatzbestimmungen zu Verwaltungsvereinbarungen (Abs. 3 Buchst. b)	37
V. Bestandskraft bestehender Regelungen (Abs. 5)	39

A. Allgemeines*

I. Zweck und Bedeutung der Vorschrift

Nach Art. 46 Abs. 1 sind für die Übermittlung von Daten in Drittländer oder an internationale Organisationen in Fällen, in denen die Kommission keinen Angemessenheitsbeschluss gemäß Art. 45 erlassen hat, **geeignete und angemessene Garantien** sowie **durchsetzbare Rechte** und **wirksame Rechtsbehelfe** für die von der Übermittlung betroffenen Personen erforderlich. Diese geeigneten Garantien müssen den in einem Drittland oder der internationalen Organisation bestehenden **Mangel an Datenschutz** für den Schutz der betroffenen Personen ausgleichen und sicherstellen, dass die Datenschutzvorschriften „auf eine der Verarbeitung innerhalb der Union angemessene Art und Weise beachtet werden".[1]

In seinem **Grundsatzurteil im Fall Schrems-II**[2] unterstrich der EuGH diesbezüglich, dass auch für Datenübermittlungen nach Art. 46 ein Datenschutzniveau gewährleistet sein muss, das **dem in der EU garantierten Schutzniveau der Sache nach gleichwertig** ist – gleich wie im Rahmen einer auf einen Angemessenheitsbeschluss gestützten Übermittlung (Art. 45 ff.). Dies ergibt sich aus dem **Untergrabungsverbot** des Art. 44 (→ Art. 44 Rn. 20).[3] Darüber hinaus genügt es nicht, dass der Datenexporteur lediglich eines der in Art. 46 Abs. 2 aufgeführten Übertragungsinstrumente auswählt: es obliegt ihm ebenfalls, im Einzelfall zu **prüfen,** ob die rechtlichen Bedingungen im Empfängerland es dem Datenimporteur gestatten, potenzielle vertragliche Pflichten überhaupt zu erfüllen, insbesondere mit Blick auf den Zugang von Drittstaatsbehörden zu den übermittelten personenbezogenen Daten. Sofern die gegebenen rechtlichen Bedingungen dies nicht zulassen, muss der Datenexporteur **zusätzliche Maßnahmen** treffen, die darauf abzielen, die Wahrung des geforderten Schutzniveaus sicherzustellen.[4] Wo dies nicht möglich ist, ist er – bzw. in zweiter Linie die zuständige Aufsichtsbehörde – verpflichtet, die Übermittlung personenbezogener Daten in das betreffende Drittland **auszusetzen** oder **zu beenden.**[5] Im gleichen Urteil befand der EuGH die Standarddatenschutzklauseln der Kommission für Auftragsverarbeiter 2010/87/EU für nicht zu beanstanden (→ Rn. 25), den Angemessenheitsbeschluss der Kommission zum EU-US Datenschutzschild jedoch für ungültig (→ Art. 45 Rn. 6).

Zwar war das Ergebnis des EuGH-Urteils im Schrems II-Fall mit Blick auf das vorherige Schrems-Urteil[6] grundsätzlich nicht überraschend (→ Rn. 24), zwingend war es jedoch hinsichtlich Art. 46 nicht: Die DS-GVO verwendet in Kapitel V ausdrücklich verschiedene Begrifflichkeiten, um den erforderlichen Schutzstandard für internationale Übertragungen von personenbezogenen Daten zu beschreiben, je nachdem, auf welcher Grundlage die Übertragung durchgeführt wird (vgl. Art. 45 Abs. 1: „angemessenes Schutzniveau" zu Art. 46 Abs. 1: „geeignete Garantien").[7] Im Fall Schrems II hat das Gericht jedoch mit begrüßenswerter Klarheit festgestellt, dass für alle Arten von Datenübermittlungen – mit Ausnahme von Art. 49[8] – ein **einheitlicher Schutzstandard** erreicht werden soll, nämlich der „im Wesentlichen gleichwertige Schutzstandard".[9] Der Paukenschlag des Schrems II-Urteils führt daher notwendigerweise zu einer **Neubewertung und Neuausrichtung in der Praxis** des Verständnisses der Anforderungen und der Nutzung der geeigneten Garantien iSd Art. 46. Die **Kommission** nahm anschließend auf die DS-GVO gestützte Standarddatenschutzklauseln an, die dem Urteil Rechnung tragen sollten (→ Rn. 27).

---

* Der Verfasser vertritt hier seine persönliche Auffassung, die nicht notwendig der Auffassung des Europäischen Datenschutzbeauftragten entspricht.
[1] Erwägungsgrund 108 S. 1.
[2] EuGH Urt. v. 16.7.2020 – C-311/18, ECLI:EU:C:2020:559 = ZD 2020, 511 mAnm *Moos/Rothkegel* – Schrems II.
[3] EuGH Urt. v. 16.7.2020 – C-311/18, ECLI:EU:C:2020:559 = ZD 2020, 511 mAnm *Moos/Rothkegel* Rn. 92 – Schrems II.
[4] EuGH Urt. v. 16.7.2020 – C-311/18, ECLI:EU:C:2020:559 = ZD 2020, 511 mAnm *Moos/Rothkegel* Rn. 132, 133 – Schrems II.
[5] EuGH Urt. v. 16.7.2020 – C-311/18, ECLI:EU:C:2020:559 = ZD 2020, 511 mAnm *Moos/Rothkegel* Rn. 135 – Schrems II.
[6] EuGH Urt. v. 6.10.2015 – C-362/14, ECLI:EU:C:2015:650 = ZD 2015, 549 mAnm *Spies* – Schrems.
[7] Dazu iE *Gulczyńska* IDPL 2021, 360.
[8] EuGH Urt. v. 16.7.2020 – C-311/18, ECLI:EU:C:2020:559 = ZD 2020, 511 mAnm *Moos/Rothkegel* Rn. 202 – Schrems II; dazu auch → Art. 49 Rn. 4.
[9] AA noch mit Blick auf Art. 46 → 2. Aufl. 2018, DS-GVO Art. 44 Rn. 16.

4 Für die Umsetzung der Vorgaben des Schrems II-Urteils verabschiedete der **Europäische Datenschutzausschuss** diesbezügliche „**Empfehlungen zu Maßnahmen zur Ergänzung von Übermittlungstools zur Gewährleistung des unionsrechtlichen Schutzniveaus für personenbezogene Daten**" (EDSA-Empfehlungen 01/2020)[10] als Handreichung für Verantwortliche und Auftragsverarbeiter vor allem für auf Art. 46 gestützte Datenübermittlungen. In diesen Empfehlungen schlägt der Europäische Datenschutzausschuss eine **Prüfung in sechs Schritten** vor und gibt den Anwendern wichtige Hinweise dazu, welche Gesichtspunkte sie im Rahmen der von ihnen vorzunehmenden **Vorab-Prüfung der Rechtslage im Drittland** berücksichtigen müssen.[11] Zudem bieten die EDSA-Empfehlungen 01/2020 beispielhaft Hinweise für verschiedene **typische Situationen** darüber, ob und in welchem Maße mit zusätzlichen Maßnahmen technischer, vertraglicher oder organisatorischer Art das gewünschte Schutzniveau erreichbar ist oder ob dies für bestimmte Fälle nicht umsetzbar ist.[12]

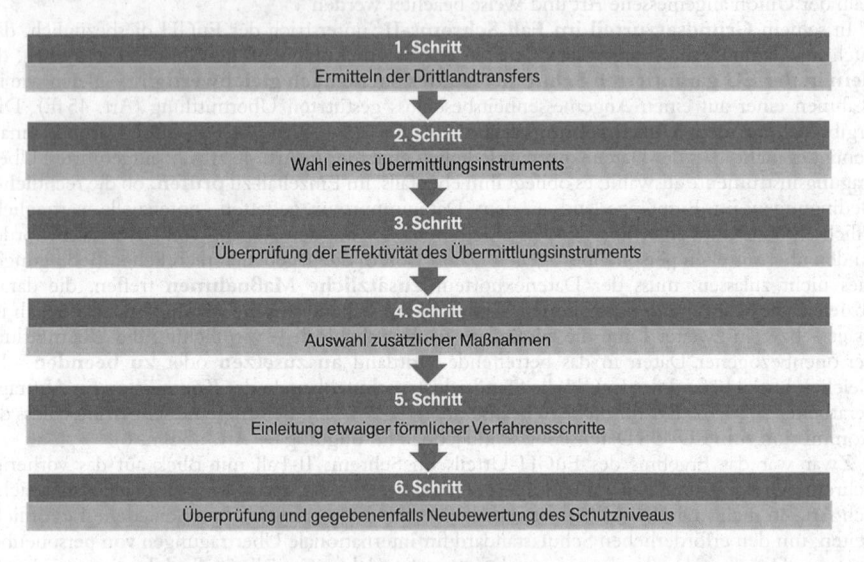

1. Schritt
Ermitteln der Drittlandtransfers

2. Schritt
Wahl eines Übermittlungsinstruments

3. Schritt
Überprüfung der Effektivität des Übermittlungsinstruments

4. Schritt
Auswahl zusätzlicher Maßnahmen

5. Schritt
Einleitung etwaiger förmlicher Verfahrensschritte

6. Schritt
Überprüfung und gegebenenfalls Neubewertung des Schutzniveaus

Abb. 1 Vorsehen geeigneter Garantien gemäß Art. 46: Die sechs Schritte der Empfehlungen des Europäischen Datenschutzausschusses (*Quelle:* Bayerischer Landesbeauftragter für den Datenschutz, Internationale Datentransfers – Orientierungshilfe, Version 1.0, v. 1.5.2023, 34, abrufbar unter www.datenschutz-bayern.de/datenschutzreform2018/OH_Drittstaatentransfer.pdf).

5 Die EDSA-Empfehlungen 01/2020 werden ergänzt durch „**Empfehlungen zu den wesentlichen europäischen Garantien in Bezug auf Überwachungsmaßnahmen**".[13] Diese dienen insbesondere für die Beurteilung der Frage, ob der rechtliche Rahmen, der in einem Drittland für den Zugriff staatlicher Stellen auf personenbezogene Daten gilt, als gerechtfertigter Eingriff angesehen werden kann oder nicht. Die in beiden Empfehlungen gemachten Ausführungen geben die **derzeitige Position** der Datenschutzaufsichtsbehörden im Europäischen Datenschutzausschuss wieder und werden von den Aufsichtsbehörden im Rahmen ihrer Tätigkeit bereits grundsätzlich zu Grunde gelegt.

---

[10] Europäischer Datenschutzausschuss, Empfehlungen 01/2020 zu Maßnahmen zur Ergänzung von Übermittlungstools zur Gewährleistung des unionsrechtlichen Schutzniveaus für personenbezogene Daten, Version 2.0 v. 18.6.2021.
[11] Europäischer Datenschutzausschuss, Empfehlungen 01/2020 zu Maßnahmen zur Ergänzung von Übermittlungstools zur Gewährleistung des unionsrechtlichen Schutzniveaus für personenbezogene Daten, Version 2.0 v. 18.6.2021, Rn. 8–68.
[12] Europäischer Datenschutzausschuss, Empfehlungen 01/2020 zu Maßnahmen zur Ergänzung von Übermittlungstools zur Gewährleistung des unionsrechtlichen Schutzniveaus für personenbezogene Daten, Version 2.0 v. 18.6.2021, Anhang 2, Rn. 94–143.
[13] Europäischer Datenschutzausschuss, Empfehlungen zu den wesentlichen europäischen Garantien in Bezug auf Überwachungsmaßnahmen, v 10.11.2020.

Verglichen mit Angemessenheitsbeschlüssen, die sich im Prinzip auf sämtliche Datenüber- 6
mittlungen in ein Drittland erstrecken, sind die alternativen Rechtsinstrumente für Datenübermittlungen des Art. 46 von ihrem **Anwendungsbereich** her begrenzt, da sie nur für einen bestimmten Teil des Datenverkehrs durch bestimmte Datenwirtschaftsteilnehmer gelten. Andererseits sind sie gleichzeitig **flexibler,** da sie in Bezug auf den geografischen Geltungsbereich nicht auf ein bestimmtes Drittland beschränkt sind und damit grundsätzlich weltweit einsetzbar sind. Insbesondere rein vertragliche Regelungen weisen jedoch inhärente **Schwächen** auf: Sie bieten beispielsweise keine umfassende Gewähr gegen den staatlichen Zugriff in den Drittländern, da sie aufgrund ihres Vertragscharakters keine drittstaatlichen Behörden binden können.[14] Allerdings ergibt sich aus dem Schrems II-Urteil des EuGH nunmehr deutlich, dass anders als bei Angemessenheitsbeschlüssen, bei denen allein die **Kommission** die Rechtsordnung eines bestimmten Drittstaats insgesamt (verbindlich) prüft, die **Prüfung** der Geeignetheit dieser Instrumente und die Sicherstellung des geforderten Schutzniveaus in Anwendung der Rechenschaftspflicht des Art. 5 Abs. 2 und Art. 28 **allein dem Verantwortlichen bzw. dem Auftragsverarbeiter obliegt.**[15] Diese müssen sich als Datenexporteure konkret mit der Rechtslage und den Gegebenheiten im Drittland befassen, was besonders für kleinere und mittlere Unternehmen schwer umsetzbar ist.[16] Besonders im öffentlichen Bereich sollte das Urteil vermehrt zu Überlegungen führen, ob man Datenübermittlungen nicht gänzlich vermeiden kann beispielsweise durch **ausschließliches Verarbeiten personenbezogener Daten in der Union** (→ Art. 44 Rn. 23).

Die Möglichkeit, auf **Standarddatenschutzklauseln** zurückzugreifen, basiert auf Art. 26 7
Abs. 2 und 4 DS-RL. Die DS-GVO präzisiert im Vergleich zur DS-RL, dass solche Standarddatenschutzklauseln nicht allein von der Kommission, sondern auch von einer nationalen Aufsichtsbehörde festgelegt und anschließend von der Kommission genehmigt werden können (→ Rn. 32). Als Garantie ausdrücklich im Wortlaut der DS-GVO genannt werden zudem verbindliche unternehmensinterne Datenschutzregelungen (→ Rn. 22). Überdies ermöglicht Art. 46 Abs. 2 und 3 DS-GVO im Gegensatz zur DS-RL, dass sich geeignete Garantien für Datenübermittlungen durch Behördenvereinbarungen (→ Rn. 20), genehmigte Verhaltensregeln und genehmigte Zertifizierungen (→ Rn. 33, 34) sowie Individualklauseln und Zusatzbestimmungen zu Verwaltungsvereinbarungen erreichen lassen (→ Rn. 36, 37).

II. Systematik, Verhältnis zu anderen Vorschriften

Zu den anderen Vorschriften der DS-GVO, die bei einer Übermittlung in ein Drittland oder 8
eine internationale Organisation nach Art. 46 zu beachten sind, zählen neben solchen, die bei Datenübermittlungen in Drittstaaten allgemein Anwendung finden (Art. 44) hinsichtlich Art. 46 insbesondere:
– die **Information** (Art. 13, 14) an den Betroffenen über das Vorhandensein oder das Fehlen eines Angemessenheitsbeschlusses der Kommission und einen Verweis auf die geeigneten oder angemessenen Garantien und die Möglichkeit, wie eine Kopie von ihnen zu erhalten ist, oder wo sie verfügbar sind (Art. 13 Abs. 1 Buchst. f, Art. 14 Abs. 1 Buchst. f);
– bei einer Geltendmachung des **Auskunftsrechts** (Art. 15) hat der Verantwortliche dem Betroffenen Informationen zu erteilen über die geeigneten Garantien im Zusammenhang mit der Übermittlung (Art. 15 Abs. 2).

---

[14] Vgl. bereits zur DS-RL Grabitz/Hilf/*Brühann* RL 95/46/EG Art. 26 Rn. 13; so nunmehr ausdrücklich EuGH Urt. v. 16.7.2020 – C-311/18, ECLI:EU:C:2020:559 = ZD 2020, 511 mAnm *Moos/Rothkegel* Rn. 125 – Schrems II.

[15] EuGH Urt. v. 16.7.2020 – C-311/18, ECLI:EU:C:2020:559 = ZD 2020, 511 mAnm *Moos/Rothkegel* Rn. 134, 141, 142 – Schrems II; siehe auch Europäischer Datenschutzausschuss, Empfehlungen 01/2020 zu Maßnahmen zur Ergänzung von Übermittlungstools zur Gewährleistung des unionsrechtlichen Schutzniveaus für personenbezogene Daten, Version 2.0 v. 18.6.2021, Rn. 1–6. Siehe aber auch bereits Mitteilung der Kommission v. 6.11.2015, zu der Übermittlung personenbezogener Daten aus der EU in die Vereinigten Staaten von Amerika auf der Grundlage der Richtlinie 95/46/EG nach dem Urteil des Gerichtshofs in der Rechtssache C-362/14 (Schrems), COM(2015) 566 final, 13.

[16] Ebenso BeckOK DatenschutzR/*Lange/Filip* DS-GVO Art. 46 Rn. 3. Überlegenswert der Vorschlag von HK-DS-GVO/*Towfigh/Ulrich* Art. 46 Rn. 22, dass die Kommission – ggf. in Zusammenarbeit mit den Europäischen Datenschutzbeauftragten – Beurteilungen des Datenschutzniveaus für Drittstaaten herausgibt, mit denen europäische Verwender und Auftragsverarbeiter intensive Wirtschaftsverbindungen haben, oder dass Art. 46 DS-GVO entspr. geändert und die Prüfpflicht auf staatliche Stellen zurückverlagert wird.

9   Zur wirksamen Anwendung des Art. 46 weist die DS-GVO den **Aufsichtsbehörden** und dem Datenschutzausschuss diesbezügliche Aufgaben und Befugnisse zu (Art. 57 Abs. 1 Buchst. j und r; Art. 58 Abs. 3 Buchst. g, h, i; Art. 64 Abs. 1 Buchst. d und e). Bei Verstößen gegen Art. 46 ist mit **Geldbußen** in Höhe von bis zu 20 Millionen EUR oder im Fall eines Unternehmens von bis zu 4 Prozent seines gesamten weltweit erzielten Jahresumsatzes des vorangegangen Geschäftsjahres zu rechnen (Art. 83 Abs. 5 Buchst. c). Der EuGH unterstrich dazu die **Pflicht der zuständigen Aufsichtsbehörden** als Wächter über die umfassende Einhaltung der DS-GVO, das gewährleistete Datenschutzniveau zu kontrollieren. Bei Bedarf besteht eine Pflicht, die jeweiligen Übermittlung personenbezogener Daten in ein Drittland oder eine internationale Organisation auszusetzen oder zu verbieten.[17]

B. Einzelerläuterungen

I. Vorsehen der geeigneten Garantien (Abs. 1)

10 Grundsätzlich gilt auch bei Datenübermittlungen nach Art. 46, dass zuerst die Zulässigkeit der Verarbeitung als solche nachzuweisen ist, gefolgt von der Prüfung, ob die besonderen Voraussetzungen für eine Übermittlung in ein Drittland oder eine internationale Organisation vorliegen („**Zwei-Stufen-Prüfung**", → Art. 44 Rn. 17). Dazu ist unerlässlich, dass sich der Datenexporteur umfänglich seiner geplanten Datenflüsse gewahr ist, einschließlich wo sich die von ihm exportierten Daten nach einer Übermittlung befinden bzw. wo sie von den Datenimporteuren verarbeitet werden.[18]

11 Vor der möglichen Datenübermittlung auf Grundlage geeigneter Garantien ist dann zunächst zwingend gemäß Art. 46 Abs. 1 S. 1 zu prüfen, ob nicht ein **Angemessenheitsbeschluss** der Kommission („Übermittlungs-Prüfkaskade", → Art. 44 Rn. 18) vorliegt.[19] Selbst wenn ein solcher für den betroffenen Drittstaat vorliegen sollte, muss ein solches Vorliegen jedoch mit Blick auf den Schutzzweck der Regelungen kein Ausschlusskriterium sein: Selbst das Vorliegen eines Angemessenheitsbeschlusses der Kommission steht einer Datenübermittlung (auch) in diesen Drittstaat auf der Grundlage von geeigneten Garantien nicht im Wege, um den Interessen des Verarbeiters, die Zulässigkeit der Gesamtheit seiner Verarbeitungen sowohl inhaltlich wie geographisch sicherzustellen. Zu denken ist dabei etwa an ein Unternehmen, welches Datenübermittlungen an mehrere Auftragsverarbeiter in verschiedenen Kontinenten einheitlich im Wege von Standarddatenschutzklauseln regelt, obwohl einer dieser als in den USA niedergelassene Auftragsverarbeiter bereits am EU-USA Datenschutzrahmen (→ Art. 45 Rn. 30) teilnimmt.

12 Art. 46 Abs. 1 verlangt dann vom Verantwortlichen oder vom Auftragsverarbeiter, **geeignete (bzw. angemessene) Garantien** vorzusehen (**Grundsatz der geeigneten Garantien**). Zusätzlich verlangt Abs. 1, dass neben angemessenen Garantien den betroffenen Personen sowohl **durchsetzbare Rechte** (→ Rn. 17) als auch **wirksame Rechtsbehelfe** (→ Rn. 18) zur Verfügung stehen müssen. Diese Vorgaben sollen sicherstellen, das fehlende angemessene Schutzniveau im Drittland möglichst **umfassend zu kompensieren**,[20] immer im Vergleich mit den Datenschutzvorschriften und den Rechten der betroffenen Personen bei einer alternativen Verarbeitung innerhalb der Union. **Maßstab** ist insoweit das nach Art. 46 Abs. 1 erforderliche Niveau des Grundrechtsschutzes auf der Grundlage der Bestimmungen der DS-GVO im Licht der durch die Charta verbürgten Grundrechte.[21] Auch wenn der EuGH Art. 46 Abs. 1 im Zusammenhang mit der Gültigkeit von Standardvertragsklauseln der Kommission ausgelegt hat,

---

[17] EuGH Urt. v. 16.7.2020 – C-311/18, ECLI:EU:C:2020:559 = ZD 2020, 511 mAnm *Moos/Rothkegel* Rn. 113 – Schrems II.
[18] Siehe näher Europäischer Datenschutzausschuss, Empfehlungen 01/2020 zu Maßnahmen zur Ergänzung von Übermittlungstools zur Gewährleistung des unionsrechtlichen Schutzniveaus für personenbezogene Daten, Version 2.0 v. 18.6.2021, Rn. 8–13 („1. Schritt"); → Rn. 4.
[19] Siehe näher Europäischer Datenschutzausschuss, Empfehlungen 01/2020 zu Maßnahmen zur Ergänzung von Übermittlungstools zur Gewährleistung des unionsrechtlichen Schutzniveaus für personenbezogene Daten, Version 2.0 v. 18.6.2021, Rn. 14–27 („2. Schritt"); → Rn. 4.
[20] Vgl. Erwägungsgrund 108 S. 1; vgl. bereits zur DS-RL Grabitz/Hilf/*Brühann* RL 95/46/EG Art. 26 Rn. 12.
[21] EuGH Urt. v. 16.7.2020 – C-311/18, ECLI:EU:C:2020:559 = ZD 2020, 511 mAnm *Moos/Rothkegel* Rn. 101 – Schrems II.

Datenübermittlung vorbehaltlich geeigneter Garantien 13, 14 **Art. 46**

ist diese Auslegung doch auf jede Übermittlung in Drittländer anwendbar, die auf eines der in Art. 46 genannten Instrumente gestützt ist.[22]

Die geeigneten Garantien sollten sich **inhaltlich** ausweislich des Erwägungsgrundes 108 S. 5 *insbesondere* auf die Einhaltung der allgemeinen Grundsätze für die Verarbeitung personenbezogener Daten (Art. 5), die Grundsätze des Datenschutzes durch Technik und durch datenschutzfreundliche Voreinstellungen (Art. 25) beziehen. Die Garantien haben damit grundsätzlich das **gesamte materielle Schutzprogramm der DS-GVO** zu umfassen[23] und sind daneben an die Bedingung ihrer tatsächlichen Durchsetzbarkeit geknüpft. Diesbezügliche inhaltliche Anforderungen für geeignete Garantien lassen sich dabei auch aus der Referenzgrundlage des Europäischen Datenschutzausschusses[24] und dem Mindestkatalog für verbindliche interne Verhaltensregeln ableiten (Art. 47). Die **Verantwortung** für die Rechtmäßigkeit der Datenübermittlung nach der DS-GVO liegt bei dem Verantwortlichen oder Auftragsverarbeiter, wenn sie ihre Datenübermittlung auf diese alternativen Grundlagen stützen. 13

Bei der Einschätzung der **Geeignetheit der Garantien** sind alle Umstände im Zusammenhang mit dem betreffenden Datentransfer zu berücksichtigen. Bei der insoweit im Zusammenhang mit einer solchen Übermittlung vorzunehmenden Beurteilung sind laut EuGH insbesondere die vertraglichen Regelungen zu berücksichtigen, die zwischen dem in der Union ansässigen Verantwortlichen bzw. seinem dort ansässigen Auftragsverarbeiter und dem im betreffenden Drittland ansässigen Empfänger der Übermittlung vereinbart wurden, sowie, was einen etwaigen Zugriff der Behörden dieses Drittlands auf die übermittelten personenbezogenen Daten betrifft, die **maßgeblichen Elemente der Rechtsordnung dieses Landes,** insbesondere die in Art. 45 Abs. 2 genannten Elemente.[25] Demzufolge sind der in der Union ansässige Verantwortliche und der Empfänger der Übermittlung personenbezogener Daten verpflichtet, **vorab zu prüfen,** ob im betreffenden Drittland das unionsrechtlich geforderte Schutzniveau eingehalten wird[26] oder ob die Wirksamkeit der geeigneten Garantien, die das vom Datenexporteur aus Art. 46 ausgewählte Übermittlungsinstrument bietet, im Kontext der vorgesehenen Übermittlung möglicherweise durch das geltende Recht und/oder die geltenden Praktiken des Drittlands beeinträchtigt wird.[27] Dies setzt voraus, dass der Datenexporteur feststellt, ob seine Übermittlung in den **Anwendungsbereich von Rechtsvorschriften und/oder Praktiken** fällt, die die Wirksamkeit seines Übermittlungsinstruments nach Art. 46 beeinträchtigen könnten.[28] Für die Beurteilung, ob ein Zugriff drittstaatlicher Stellen auf das beschränkt ist, was in einer demokratischen Gesellschaft eine notwendige und verhältnismäßige Maßnahme darstellt, und ob den betroffenen Personen ein wirksamer Rechtsbehelf zur Verfügung steht, ist dabei auf unionsrechtliche Standards wie Art. 47 und 52 GRCh abzustellen. Die Empfehlungen des Europäischen Datenschutzausschusses in den „Wesentlichen europäischen Garantien"[29] enthalten diesbezüglich 14

---

[22] Europäischer Datenschutzausschuss, Empfehlungen zu den wesentlichen europäischen Garantien in Bezug auf Überwachungsmaßnahmen, v 10.11.2020, Rn. 5 unter Verweis auf EuGH Urt. v. 16.7.2020 – C-311/18, ECLI:EU:C:2020:559 = ZD 2020, 511 mAnm *Moos/Rothkegel* Rn. 92 – Schrems II.

[23] So bereits zu Art. 26 Abs. 2 DS-RL *Dammann/Simitis* EG-DatenschutzRL Art. 26 Rn. 14.

[24] Artikel-29-Datenschutzgruppe, Referenzgrundlage für die Angemessenheit, WP 254 rev.01, v. 6.2.2018; bestätigt durch Europäischer Datenschutzausschuss, Endorsement 1/2018, v. 25.5.2018.

[25] EuGH Urt. v. 16.7.2020 – C-311/18, ECLI:EU:C:2020:559 = ZD 2020, 511 mAnm *Moos/Rothkegel* Rn. 105 – Schrems II.

[26] EuGH Urt. v. 16.7.2020 – C-311/18, ECLI:EU:C:2020:559 = ZD 2020, 511 mAnm *Moos/Rothkegel* Rn. 142 – Schrems II.

[27] Europäischer Datenschutzausschuss, Empfehlungen 01/2020 zu Maßnahmen zur Ergänzung von Übermittlungstools zur Gewährleistung des unionsrechtlichen Schutzniveaus für personenbezogene Daten, Version 2.0 v. 18.6.2021, Rn. 28–48 („Schritt 3"); → Rn. 4.

[28] Für in Betracht kommende Informationsquellen zur Beurteilung des Drittlands, siehe Anh. 3, Europäischer Datenschutzausschuss, Empfehlungen 01/2020 zu Maßnahmen zur Ergänzung von Übermittlungstools zur Gewährleistung des unionsrechtlichen Schutzniveaus für personenbezogene Daten, Version 2.0 v. 18.6.2021, Rn. 144. Der Europäische Datenschutzausschuss selbst hat Studien zum Thema „Staatlicher Zugang zu Daten in Drittländern" veröffentlicht: China, Indien, Russland (Government access to data in third countries, 2021, abrufbar unter edpb.europa.eu/system/files/2022-01/legalstudy_on_government_access_0.pdf) sowie Brasilien (Government access to data in third countries II, 2023, abrufbar unter edpb.europa.eu/system/files/2023-10/study_on_government_access_to_data_in_third_countries_17042023_brazil_final_report_milieu_redacted.pdf) und Mexico und Türkei (Government access to data in third countries II, 2023, abrufbar unter edpb.europa.eu/system/files/2023-10/study_on_government_access_to_data_in_third_countries_17042023_mexico_and_turkiye_final_report_milieu_redacted.pdf).

[29] Europäischer Datenschutzausschuss, Empfehlungen zu den wesentlichen europäischen Garantien in Bezug auf Überwachungsmaßnahmen, v 10.11.2020.

Klarstellungen zu den Elementen, anhand derer sich beurteilen lässt, ob der rechtliche Rahmen, der in einem Drittland für den Zugriff staatlicher Stellen (etwa für die nationale Sicherheit oder Strafverfolgung zuständiger Behörden) auf personenbezogene Daten gilt, als gerechtfertigter Eingriff angesehen werden kann oder nicht. Bei dieser Vorab-Prüfung kommt es auf eine **„risikobasierte"** Einschätzung nach etwaigen Risiko-Kategorien der zu übermittelnden personenbezogenen Daten[30] oder eine Abschätzung der **„Wahrscheinlichkeit" von Zugriffen drittstaatlicher Behörden auf die übermittelten Daten**[31] gerade nicht an: weder die Übermittlungsvorschriften des Kapitels V DS-GVO noch die dazu ergangenen Entscheidungen des EuGH sehen dies vor. Auch wäre es kaum seriös zu behaupten, dass bestimmte Datenkategorien für Nachrichtendienste oder Sicherheitsbehörden grundsätzlich „uninteressant" seien und daher ein Zugriff eher unwahrscheinlich ist.[32] Auch die EDSA-Empfehlung 1/2020 geht nicht von einem risikobasierten Ansatz aus.[33]

15 Ergibt die vom Datenexporteur vorgenommene Beurteilung, dass das von ihm aus Art. 46 ausgewählte Übermittlungsinstrument nicht wirksam ist, ist – gegebenenfalls in Zusammenarbeit mit dem Datenimporteur – darüber nachzudenken, ob es **zusätzliche Maßnahmen** gibt, die als Ergänzung zu den in den Übermittlungsinstrumenten enthaltenen Garantien im Drittland ein Schutzniveau gewährleisten könnten, das dem in der Union garantierten Schutzniveau der Sache nach gleichwertig ist.[34] Der Gerichtshof betont, dass es in erster Linie in der Verantwortung des Datenexporteurs und des Datenimporteurs liegt, diese Beurteilung vorzunehmen und die erforderlichen zusätzlichen Maßnahmen zu treffen. Laut dem Europäischen Datenschutzausschuss bezeichnet der Begriff „zusätzliche Maßnahmen" nur jene Aktionen, die über die in Art. 46 definierten Übermittlungsinstrumente hinausgehen und alle anderen relevanten in der DS-GVO festgelegten Sicherheitsanforderungen, wie zB technische Sicherheitsmaßnahmen, **ergänzen**.[35] Diese können von technischen, organisatorischen, auf das konkrete Geschäftsmodell bezogen oder rechtlichen Maßnahmen bis hin zu der Verpflichtung reichen, die Datenübermittlung auszusetzen oder den Vertrag zu kündigen. **Beispiele für wirksame Maßnahmen** finden sich in Anhang 2 der EDSA-Empfehlung 01/2020: dazu gehören beispielsweise eine Übermittlung pseudonymisierter Daten oder eine Verschlüsselung der Daten mit Kontrolle über die Schlüssel allein beim Datenexporteur oder bei einer anderen vom Datenexporteur mit dieser Aufgabe betrauten Stelle im EWR. Sofern der Datenexporteur zu dem Ergebnis kommt, dass **keinerlei zusätzliche Maßnahmen** im Rahmen der Datenübermittlung ein gleichwertiges Schutzniveau sicherstellen können, hat er die Übermittlung zu vermeiden, auszusetzen oder zu beenden.

16 Je nachdem, welches der in Art. 46 genannten Übermittlungsinstrumente der Datenexporteur auswählt, und die gegebenenfalls für die zusätzliche Maßnahmen erforderlich sind, sind **förmliche Verfahrensschritte** einzuleiten, beispielsweise bei speziellen Vertragsklauseln das Einholen einer Genehmigung der zuständigen Aufsichtsbehörde gemäß Art. 46 Abs. 3 Buchst. a (→ Rn. 36).[36] Anschließend ist der Datenexporteur gehalten, seine Beurteilung des Schutz-

---

[30] Wie vielfach gefordert aus der Wirtschaft, siehe die Stellungnahmen im Zuge der öffentlichen Konsultation zur EDSA-Empfehlung 01/2021 abrufbar unter edpb.europa.eu/our-work-tools/documents/public-consultations/2020/recommendations-012020-measures-supplement_en.

[31] AA *Spies* ZD 2021, 478 (480).

[32] So die Formulierung von BeckOK DatenschutzR/*Lange/Filip* Art. 46 Rn. 2e.

[33] Siehe Bayerischer Landesbeauftragter für den Datenschutz, Internationale Datentransfers – Orientierungshilfe, Version 1.0, v. 1.5.2023, Rn. 67; aA diesbezüglich *Baumgartner/Hansch/Roth* ZD 2021, 608 (609), als auch die Irische Datenschutzbehörde, Decision of the Data Protection Commission made pursuant to Section 111 of the Data Protection Act, 2018 and Articles 60 and 65 of the General Data Protection Regulation v. 12.5.2023, Rn. 7.199, edpb.europa.eu/system/files/2023-05/final_for_issue_ov_transfers_decision_12-05-23.pdf.

[34] Europäischer Datenschutzausschuss, Empfehlungen 01/2020 zu Maßnahmen zur Ergänzung von Übermittlungstools zur Gewährleistung des unionsrechtlichen Schutzniveaus für personenbezogene Daten, Version 2.0 v. 18.6.2021, Rn. 50 mit Verweis auf EuGH Urt. v. 16.7.2020 – C-311/18, ECLI:EU:C:2020:559 = ZD 2020, 511 mAnm *Moos/Rothkegel* Rn. 96 – Schrems II; vgl. auch bereits Mitteilung der Kommission v. 6.11.2015, zu der Übermittlung personenbezogener Daten aus der EU in die Vereinigten Staaten von Amerika auf der Grundlage der Richtlinie 95/46/EG nach dem Urteil des Gerichtshofs in der Rechtssache C-362/14 (Schrems), COM(2015) 566 final, 13.

[35] Europäischer Datenschutzausschuss, Empfehlungen 01/2020 zu Maßnahmen zur Ergänzung von Übermittlungstools zur Gewährleistung des unionsrechtlichen Schutzniveaus für personenbezogene Daten, Version 2.0 v. 18.6.2021, Rn. 50–58 („Schritt 4"); → Rn. 4.

[36] Europäischer Datenschutzausschuss, Empfehlungen 01/2020 zu Maßnahmen zur Ergänzung von Übermittlungstools zur Gewährleistung des unionsrechtlichen Schutzniveaus für personenbezogene Daten, Version 2.0 v. 18.6.2021, Rn. 59–66 („Schritt 5"); → Rn. 4.

niveaus in den Drittländern, in die er Daten übermittelt, in geeigneten Abständen **überprüfen** und neu zu bewerten sowie laufend daraufhin zu überwachen, ob es Entwicklungen gibt, die das Schutzniveau beeinträchtigen könnten.[37]

II. Durchsetzbare Rechte und wirksame Rechtsbehelfe der Betroffenen (Abs. 1)

Die den betroffenen Personen gemäß Abs. 1 zu gewährenden **durchsetzbaren Rechte**[38] müssen sich nach den in der DS-GVO festgelegten Rechten richten. Somit sollten den Betroffenen zumindest Rechte wie Auskunft, Berichtigung, Löschung, Widerspruch gegen Verarbeitungen und Schadensersatz gemäß Art. 82 gewährt werden.[39] In den Standarddatenschutzklauseln der Kommission vom 4.6.2021 (→ Rn. 26) sind in Klausel 10 die Rechte der betroffen Personen, unter anderem auf Auskunft, Berichtigung und Löschung, festgelegt. 17

Die betroffenen Personen sollten gleichfalls gemäß Abs. 1 **wirksame Rechtsbehelfe** in Anspruch nehmen können. Gemäß Erwägungsgrund 108 beinhaltet dies „wirksame verwaltungsrechtliche oder gerichtliche Rechtsbehelfe". Das Schutzniveau dieser Rechtsbehelfe sollte dem in der EU gewährten Standard entsprechen.[40] Insbesondere verletzt eine Regelung, die keine Möglichkeit für den Bürger vorsieht, mittels eines Rechtsbehelfs vor einem unabhängigen und unparteiischen Gericht Zugang zu den ihn betreffenden personenbezogenen Daten zu erlangen oder ihre Berichtigung oder Löschung zu erwirken, den Wesensgehalt des in Art. 47 GRCh verankerten Grundrechts auf wirksamen gerichtlichen Rechtsschutz.[41] 18

III. Geeignete Garantien ohne Genehmigung der Aufsichtsbehörde (Abs. 2)

In Art. 46 Abs. 2 findet sich eine **Liste** der möglichen angemessenen Garantien. Diese Liste ist nicht abschließend („können (...) bestehen") und lässt daher dem Verantwortlichen und dem Auftragsverarbeiter Raum, andere – gleichermaßen wirksame – Garantien vorzusehen. Das Vorliegen einer der in Art. 46 Abs. 2 aufgeführten Garantien schließt eine besondere Genehmigung der Verwendung dieser Garantien durch eine Aufsichtsbehörde nunmehr ausdrücklich aus. Damit wird die unter der DS-RL uneinheitliche Rechtslage in den Mitgliedstaaten mit bestehenden Genehmigungs- bzw. Vorlageverpflichtungen insbesondere bei Vertragsklauseln[42] unionsweit vereinheitlicht. Nicht mehr zulässig sind damit auch diesbezügliche Meldepflichten an eine nationale Aufsichtsbehörde oder eine Vorabprüfung dieser Garantien durch eine Aufsichtsbehörde, es sei denn eine der Ausnahmen des Art. 49 Abs. 5 ist einschlägig (→ Art. 49 Rn. 19 ff.). 19

1. Behördenvereinbarungen (Abs. 2 Buchst. a). Gemäß Art. 46 Abs. 2 Buchst. a können sich geeignete Garantien aus „einem rechtlich bindenden und durchsetzbaren Dokument" zwischen Behörden oder öffentlichen Stellen ergeben. Die DS-GVO selbst schweigt sich zu Einzelheiten eines solchen Dokumentes aus; ersichtlich verlangt wird jedoch eine gemeinsame Erklärung zwischen öffentlichen Stellen (**Behördenvereinbarung**) zur Datenübermittlung ins EWR-Ausland mit rechtlicher Bindungswirkung und einklagbaren Durchsetzungsmöglichkeiten für Betroffene. Nur aufgrund dieser unmittelbaren Rechtsverbindlichkeit ist **keine Genehmigung** der zuständigen Aufsichtsbehörde einzuholen. In Frage können daher beispielsweise vor- 20

---

[37] Europäischer Datenschutzausschuss, Empfehlungen 01/2020 zu Maßnahmen zur Ergänzung von Übermittlungstools zur Gewährleistung des unionsrechtlichen Schutzniveaus für personenbezogene Daten, Version 2.0 v. 18.6.2021, Rn. 67–68 („Schritt 6"); → Rn. 4.
[38] Erwägungsgrund 108 S. 3.
[39] EuGH Urt. v. 16.7.2020 – C-311/18, ECLI:EU:C:2020:559 = ZD 2020, 511 mAnm *Moos/Rothkegel* Rn. 105 – Schrems II; Artikel-29-Datenschutzgruppe, Referenzgrundlage für die Angemessenheit, WP 254 rev.01, v. 6.2.2018; bestätigt durch Europäischer Datenschutzausschuss, Endorsement 1/2018, v. 25.5.2018.
[40] EuGH Urt. v. 16.7.2020 – C-311/18, ECLI:EU:C:2020:559 = ZD 2020, 511 mAnm *Moos/Rothkegel* Rn. 105, 186 – Schrems II.
[41] EuGH Urt. v. 16.7.2020 – C-311/18, ECLI:EU:C:2020:559 = ZD 2020, 511 mAnm *Moos/Rothkegel* Rn. 187, 194 – Schrems II.
[42] Die meisten Mitgliedstaaten sahen in ihren innerstaatlichen Vorschriften zur Umsetzung der DS-RL für die Datenübermittlung in Drittstaaten keine vorherige Genehmigung vor, doch musste die Verwendung der Standardvertragsklauseln in einigen Mitgliedstaaten gemeldet und/oder vorab genehmigt werden; vgl. Commission Staff Working Paper, Impact Assessment, Annex 2: Evaluation of the implementation of the Data Protection Directive, „10.11.2. Standard contractual clauses" (SEC[2012] 72).

rangig solche völkerrechtliche Verträge, Staatsverträge, öffentlich-rechtliche Verträge oder Verwaltungsvereinbarungen kommen, die selbst-durchführend („self-executing") sind.

21 Der Europäische Datenschutzausschuss hat diesbezügliche Orientierungshilfen veröffentlicht.[43]

22 **2. Verbindliche interne Datenschutzvorschriften gemäß Art. 47 (Abs. 2 Buchst. b).**
Für eine den Anforderungen des Art. 46 Abs. 1 entsprechende Übermittlung personenbezogener Daten aus der EU an verbundene Unternehmen außerhalb der EU kann ein multinationales Unternehmen **verbindliche unternehmensinterne Vorschriften** (engl.: Binding Corporate Rules (BCR)) festlegen (Art. 46 Abs. 2 Buchst. b). Diese sind zuvor durch die zuständige Aufsichtsbehörde zu genehmigen. Gemäß der neu eingeführten **Begriffsbestimmung** des Art. 4 Nr. 20 sind „verbindliche interne Datenschutzvorschriften" alle „Maßnahmen zum Schutz personenbezogener Daten, zu deren Einhaltung sich ein im Hoheitsgebiet eines Mitgliedstaats niedergelassener Verantwortlicher oder Auftragsverarbeiter verpflichtet im Hinblick auf Datenübermittlungen oder eine Kategorie von Datenübermittlungen personenbezogener Daten an einen Verantwortlichen oder Auftragsverarbeiter derselben Unternehmensgruppe oder derselben Gruppe von Unternehmen, die eine gemeinsame Wirtschaftstätigkeit ausüben, in einem oder mehreren Drittländern". Art. 46 Abs. 2 Buchst. b verweist zu den Einzelheiten der verbindlichen unternehmensinternen Vorschriften auf → Art. 47 Rn. 1 ff.

23 **3. Standarddatenschutzklauseln der Kommission (Abs. 2 Buchst. c). a) Allgemeines.**
Art. 46 Abs. 2 Buchst. c erkennt **Standarddatenschutzklauseln,** die von der Kommission erlassen werden, als geeignete Garantien an. Die neuartige Bezeichnung im VO-Text als „Standarddatenschutzklauseln" soll die besondere datenschutzrechtliche Bedeutung dieser Klauseln verdeutlichen und eine Verwechslung mit anderen Vertragsklauseln ausschließen. Solche Vertragsklauseln, die angemessene Garantien für die Zwecke des Art. 46 bieten, müssen die wesentlichen Elemente des Schutzes enthalten, die in einer bestimmten Situation nicht vorhanden sind, und so einen befriedigenden Ausgleich für das Fehlen eines allgemein angemessenen Schutzniveaus bieten.[44] Besondere Hinweise über Inhalt und Partner dieser Verträge enthält die DS-GVO dagegen nicht.

24 **b) Standardvertragsklauseln gemäß DS-RL.** Um den Rückgriff auf solche Klauseln im internationalen Datenverkehr zu erleichtern, hatte die Kommission bereits auf der Grundlage von Art. 26 Abs. 4 DS-RL drei Entscheidungen mit Standardvertragsklauseln erlassen. Zwei dieser drei Regelungen betrafen Datenübermittlungen zwischen Verantwortlichen,[45] während die andere für Datenübermittlungen zwischen Verantwortlichen und nach deren Weisungen handelnden Auftragsverarbeitern galt.[46] Die meisten Verträge, die von Unternehmen für internationale Datenübermittlungen verwendet werden, beruhten auf diesen von der Kommission

---

[43] Europäische Datenschutzausschuss, Leitlinien 2/2020 zu Artikel 46 Absatz 2 Buchstabe a und Absatz 3 Buchstabe b der Verordnung (EU) 2016/679 für die Übermittlung personenbezogener Daten zwischen Behörden und öffentlichen Stellen im EWR und Behörden und öffentlichen Stellen außerhalb des EWR, Version 2.0 v. 15.12.2020. Siehe auch speziell für Aufsichtsbehörden: Europäische Datenschutzausschuss, Instrumentarium für wesentliche Datenschutzgarantien bei der Zusammenarbeit zwischen den Datenschutzbehörden des EWR und den zuständigen Datenschutzbehörden von Drittländern bei der Rechtsdurchsetzung, v. 14.3.2022.

[44] Vgl. Artikel-29-Datenschutzgruppe, Übermittlungen personenbezogener Daten an Drittländer: Anwendung von Artikel 25 und 26 der Datenschutzrichtlinie der EU, WP 12 v. 24.7.1998, S. 18.

[45] Entscheidung 2001/497/EG der Kommission v. 15.6.2001 hinsichtlich Standardvertragsklauseln für die Übermittlung personenbezogener Daten in Drittländer nach der Richtlinie 95/46/EG, ABl. 2001 L 181, 19; Entscheidung 2004/915/EG der Kommission v. 27.12.2004 zur Änderung der Entscheidung 2001/497/EG bezüglich der Einführung alternativer Standardvertragsklauseln für die Übermittlung personenbezogener Daten in Drittländer, ABl. 2004 L 385, 74, abgeändert durch Durchführungsbeschluss (EU) 2016/2297 der Kommission v. 16.12.2016 zur Änderung der Entscheidung 2001/497/EG und des Beschlusses 2010/87/EU über Standardvertragsklauseln für die Übermittlung personenbezogener Daten in Drittländer sowie an Auftragsverarbeiter in Drittländern nach der Richtlinie 95/46/EG des Europäischen Parlaments und des Rates, ABl. 2016 L 344, 100.

[46] Beschluss 2010/87/EU der Kommission v. 5.2.2010 über Standardvertragsklauseln für die Übermittlung personenbezogener Daten an Auftragsverarbeiter in Drittländern nach der Richtlinie 95/46/EG, ABl. 2010 L 39, 5; abgeändert durch Durchführungsbeschluss (EU) 2016/2297 der Kommission v. 16.12.2016 zur Änderung der Entscheidung 2001/497/EG und des Beschlusses 2010/87/EU über Standardvertragsklauseln für die Übermittlung personenbezogener Daten in Drittländer sowie an Auftragsverarbeiter in Drittländern nach der Richtlinie 95/46/EG des Europäischen Parlaments und des Rates, ABl. 2016 L 344, 100.

beschlossenen Standardvertragsklauseln.[47] In allen drei Regelungen waren die **Pflichten des Verantwortlichen oder Auftragsverarbeiters** als sog. Datenexporteur wie auch als sog. Datenimporteur festgelegt.[48] Hierzu zählen unter anderem Pflichten in Bezug auf Sicherheitsmaßnahmen, die Information der betroffenen Person im Falle der Übermittlung sensibler Daten, die Information des Datenexporteurs über von einer Strafverfolgungsbehörde des Drittstaats angeforderte Daten und über jeden zufälligen oder unberechtigten Zugang, Pflichten in Bezug auf die Rechte der betroffenen Personen auf Auskunft, Berichtigung und Löschung ihrer personenbezogenen Daten sowie in Bezug auf die Haftung für Schäden, die der betroffenen Person infolge eines von einer Partei zu vertretenden Verstoßes gegen die Standardvertragsklauseln entstanden sind. Den Standardklauseln zufolge müssen betroffene Personen in der EU überdies die Möglichkeit haben, vor einer Datenschutzaufsichtsbehörde und/oder einem Gericht des Mitgliedstaats, in dem der Datenexporteur niedergelassen ist, ihre **Rechte als Drittbegünstigte** aus den Vertragsklauseln geltend zu machen.[49] Die Vertragsklauseln haben diese Rechte und Pflichten zu enthalten, weil im Gegensatz zu einem Angemessenheitsbeschluss der Kommission nicht immer angenommen werden kann, dass der Datenimporteur in dem Drittstaat einer angemessenen Aufsicht unterliegt und die Einhaltung der Datenschutzregeln ihm gegenüber durchgesetzt werden kann.[50]

Im Lichte des Urteils des EuGH im Fall *Schrems*[51] wurde auch aufgrund des anlasslosen Zugriffs US-amerikanischer Behörden auf Daten europäischer Nutzer ohne Bereitstellung entsprechender Rechtsbehelfe die Zulässigkeit der Datentransfers in die USA auf der Grundlage der bestehenden Standardvertragsklauseln der Kommission **in Frage gestellt**.[52] 25

Der EuGH bestätigte jedoch im Urteil Schrems II **grundsätzlich die Gültigkeit von Standarddatenschutzklauseln** für die Übertragung von persönlichen Daten an Verarbeitungsstellen in Drittländern (hier speziell zu Beschluss 2010/87/EU).[53] Das Gericht stellte fest, dass diese gegebenenfalls um **„zusätzliche Maßnahmen"** ergänzt werden müssten, damit die Daten im Drittland einen im Wesentlichen gleichwertigen Schutz genießen wie in der EU (→ Rn. 15). Der EuGH unterstrich, dass die Kommission im Bereich des Art. 46 nicht dafür zuständig ist, das Datenschutzniveau in verschiedenen Drittländern zu überprüfen und zu gewährleisten, im Unterschied zu den Angemessenheitsbeschlüssen gemäß Art. 46 Abs. 3. Vielmehr sollen Standarddatenschutzklauseln als vertragliche Sicherheiten dienen, die in jedem Drittland gleich sind und den Vertragsparteien grundsätzlich ermöglichen, ein für sie geltendes Datenschutzniveau auf dieser Grundlage zu garantieren.[54] 26

c) **Standarddatenschutzklauseln gemäß DS-GVO.** Zur Erfüllung der Anforderungen gemäß Art. 46 Abs. 1 hat die Kommission am 4.6.2021 neue Klauseln gemäß Art. 46 Abs. 2 Buchst. c erlassen.[55] Entgegen dem ausdrücklichen Wortlaut (→ Rn. 23) hält die Kommission 27

---

[47] Vgl. Artikel-29-Datenschutzgruppe, Arbeitsunterlage zu einem Verfahren der Zusammenarbeit für die Abgabe gemeinsamer Stellungnahmen zu „Vertragsklauseln", die als konform mit den Standardvertragsklauseln der Europäischen Kommission gelten, WP 226 v. 26.11.2014, S. 2.
[48] Zu den Unterschieden im Einzelnen vgl. zB Paal/Pauly/*Pauly* DS-GVO Art. 46 Rn. 22 ff.
[49] Vgl. u.a. Erwägungsgrund 6 der Entscheidung 2004/915/EG der Kommission und Klausel V im Anh. zu der Entsch.; Klausel 7 im Anhang zum Kommissionsbeschluss 2010/87/EU.
[50] Zu den Kontrollmöglichkeiten der Aufsichtsbehörden siehe *Schmitz/v. Dall'Armi* ZD 2016, 217 (219).
[51] EuGH Urt. v. 6.10.2015 – C-362/14, ECLI:EU:C:2015:650 = ZD 2015, 549 mAnm *Spies* – Schrems.
[52] Der Irische Oberste Gerichtshof verwies mit Urt. v. 3.10.2017 bzw. mit Entsch. v. 4.5.2018 eine Klage gegen die Weitergabe privater Kundendaten auf der Basis von Standardvertragsklauseln auf Grundlage der DS-RL in die USA an den EuGH, der am 16.7.2020 in der Sache entschied: EuGH Urt. v. 16.7.2020 – C-311/18, ECLI:EU:C:2020:559 = ZD 2020, 511 mAnm *Moos/Rothkegel* – Schrems II. Siehe diesbzgl. auch *Jensen* ZD-Aktuell 2016, 05204. Die Artikel-29-Datenschutzgruppe ging von einer Beibehaltungsmöglichkeit aus, siehe Statement on the implementation of the judgment of the Court of Justice of the European Union of 6 October 2015 in the Maximilian Schrems v. Data Protection Commissioner case (C-362/14), abrufbar unter ec.europa.eu/justice/article-29/press-material/press-release/art29_press_material/2015/20151016_wp29_statement_on_schrems_judgement.pdf; aA zB *Schmitz/v. Dall'Armi* ZD 2016, 217 (223), die davon ausgingen, dass die Datenübermittlung in Drittländern auf der Grundlage von EU-Standardvertragsklauseln datenschutzrechtlich „weder heute noch morgen" grds. zu beanstanden sei.
[53] EuGH Urt. v. 16.7.2020 – C-311/18, ECLI:EU:C:2020:559 = ZD 2020, 511 mAnm *Moos/Rothkegel* – Schrems II.
[54] EuGH Urt. v. 16.7.2020 – C-311/18, ECLI:EU:C:2020:559 = ZD 2020, 511 mAnm *Moos/Rothkegel* Rn. 132 ff. – Schrems II.
[55] Durchführungsbeschluss (EU) 2021/914 der Kommission vom 4. Juni 2021 über Standardvertragsklauseln für die Übermittlung personenbezogener Daten an Drittländer gemäß der Verordnung (EU) 2016/679

dabei an der Bezeichnung als „Standardvertragsklauseln" (engl.: standard contractual clauses") fest. Anders als bisher werden **allgemeine Klauseln** mit einem **modularen Ansatz** kombiniert, um verschiedenen Datenübermittlungsszenarien Rechnung zu tragen: zusätzlich zu den allgemeinen Klauseln haben Verantwortliche und Auftragsverarbeiter das für ihre Situation geltende Modul auszuwählen:[56]

– **Allgemeine Klauseln,** die einheitlich und inhaltsgleich für alle Situationen gelten, finden sich in Abschnitt I (Klauseln 1 bis 7), Abschnitt II (Klausel 8 Abs. 1 und 11 Buchst. a), Abschnitt III (Klauseln 14 und 15) und Abschnitt IV (Klausel 16);
– **Modul 1: Übermittlung von Verantwortlichen an Verantwortliche;**
– **Modul 2: Übermittlung von Verantwortlichen an Auftragsverarbeiter;**
– **Modul 3: Übermittlung von Auftragsverarbeitern an Auftragsverarbeiter;**
– **Modul 4: Übermittlung von Auftragsverarbeitern an Verantwortliche.** Diese Szenario deckt ab, dass ein in der EU ansässiger Auftragsverarbeiter an einen Verantwortlichen mit Sitz in einem Drittland Daten (zurück) übermittelt.

28 Ergänzt werden die Klauseln durch **drei Anhänge,** die ebenfalls Vertragsbestandteil sind und von den Parteien individuell angepasst werden müssen:
– Anhang I: Liste der Parteien und Beschreibung der Datenübermittlungen;
– Anhang II: Beschreibung der vom Datenimporteur ergriffenen technischen und organisatorischen Maßnahmen;
– Anhang III: Liste der Unterauftragsverarbeiter.

29 Inhaltlich übernehmen die Klauseln die **Kernelemente** der bisherigen Standardvertragsklauseln der Kommission (→ Rn. 24). Als **wesentliche Neuerungen** sind besonders hervorzuheben:[57]

– **Anwendungsbereich:** die Klauseln gelten für Übermittlungen von gemäß der DS-GVO verarbeiteten personenbezogenen Daten zwischen einem in der EU ansässigen Verantwortlichen oder einen Auftragsverarbeiter (Datenexporteur) an einen Verantwortlichen oder einen (Unter-)Auftragsverarbeiter (Datenimporteur) mit Sitz außerhalb des EWR, dessen Verarbeitung der Daten nicht der DS-GVO unterliegt (Art. 1 Abs. 1 Durchführungsbeschluss (EU) 2021/914). Die Bedingung, dass der Datenimporteur **nicht gemäß Art. 3 Abs. 2** in den räumlichen Anwendungsbereich der DS-GVO (→ Art. 3 Rn. 8) fallen dürfe, ist im Vergleich zu den bisherigen Standardvertragsklauseln neu. Nach Ansicht der EU-Kommission scheint in einem solchen Fall eine vertragliche Bindung dieser Datenimporteure nicht mehr erforderlich zu sein. Begründet wird dies mit der angeblichen Gefahr, die sich unmittelbar aus der DS-GVO ergebenen Verpflichtungen zu duplizieren und zum Teil davon abzuweichen. Dies ist kritikwürdig: übermittelt ein Verantwortlicher oder ein Auftragsverarbeiter Daten an einen Importeur in einem Drittland, dessen Verarbeitung unter Art. 3 Abs. 2 fällt, kann das von der DS-GVO erforderliche Schutzniveau trotzdem durch das für den Importeur geltende Recht untergraben werden, etwa durch unverhältnismäßige Zugriffe auf diese Daten durch drittstaatliche Behörden. Mit dieser Regelung des Art. 1 Abs. 1 setzt sich die Kommission unnötigerweise in direkten Widerspruch zum Wortlaut und Schutzzweck der DS-GVO und der Auffassung des Europäischen Datenschutzausschusses.[58] Außerdem gilt der Beschluss nicht für Übermittlungen an internationale Organisationen;[59]

---

des Europäischen Parlaments und des Rates, ABl. 2021 L 199, 31. Für die Praxis stellt die Kommission den Wortlaut des Durchführungsbeschlusses auch in einem zu einem Textverarbeitungsprogramm kompatiblen Format zur Verfügung, abrufbar unter commission.europa.eu/publications/standard-contractual-clauses-international-transfers_en.

[56] Erwägungsgrund 10 Durchführungsbeschluss (EU) 2021/914.
[57] Siehe näher Kommission, The new Standard Contractual Clauses – Questions and Answers v. 25.5.2022, Ziff. 21, abrufbar unter commission.europa.eu/system/files/2022-05/questions_answers_on_sccs_en.pdf sowie *Baumgartner/Hansch/Roth* ZD 2021, 608.
[58] Siehe Europäischer Datenschutzausschuss, Leitlinien 05/2021 zum Zusammenspiel zwischen der Anwendung von Artikel 3 und den Bestimmungen über internationale Übermittlungen gemäß Kapitel V der Datenschutz- Grundverordnung, Version 2.0 v. 14.2.2023, Rn. 4; krit. auch *Kuner* CMLR 2023, 77; *Baumgartner/Hansch/Roth* ZD 2021,608 (610).
[59] Siehe Kommission, The new Standard Contractual Clauses – Questions and Answers v. 25.5.2022, Ziff. 2, abrufbar unter commission.europa.eu/system/files/2022-05/questions_answers_on_sccs_en.pdf; Europäischer Datenschutzausschuss und Europäischer Datenschutzbeauftragter, Gemeinsame Stellungnahme 2/2021 des EDSA und des EDSB zum Durchführungsbeschluss der Europäischen Kommission über Standard-

Datenübermittlung vorbehaltlich geeigneter Garantien 29 **Art. 46**

– Für Datenübermittlungen von für Verantwortlichen an Auftragsverarbeiter oder von Auftragsverarbeitern an (Unter-)Auftragsverarbeiter wurden gemäß Art. 1 Abs. 2 Durchführungsbeschluss (EU) 2021/914 die **Anforderungen von Art. 28 DS-GVO in die Klauseln aufgenommen.** Die Unternehmen müssen daher keinen separaten Vertrag unterzeichnen, um Art. 28 einzuhalten (→ Art. 28 Rn. 1 ff.);
– Die Klauseln sind zwar **grundsätzlich unverändert** zu übernehmen. Die dem Verantwortlichen oder dem Auftragsverarbeiter offenstehende Möglichkeit, auf die von der Kommission festgelegten Standarddatenschutzklauseln zurückzugreifen, hindert den Verantwortlichen oder den Auftragsverarbeiter allerdings weder daran, die Standarddatenschutzklauseln auch in umfangreicheren Verträgen, wie zB Verträgen zwischen dem Auftragsverarbeiter und einem anderen Auftragsverarbeiter, zu verwenden, noch ihnen **weitere Klauseln oder zusätzliche Garantien** hinzuzufügen, solange diese weder mittelbar noch unmittelbar im Widerspruch zu den Klauseln stehen oder die Grundrechte und Grundfreiheiten der betroffenen Personen beschneiden.[60] Auch eignen sich die Klauseln nunmehr für **Mehrparteienverhältnisse** und ermöglichen den Beitritt weiterer Verantwortlicher und Auftragsverarbeiter während der gesamten Laufzeit des Vertrags, was die früheren Standardvertragsklauseln nicht vorsahen[61];
– Klausel 7: Die sog. **Kopplungsklausel** (engl.: „docking clause") ermöglicht den Beitritt neuer Parteien durch Ausfüllen und Unterzeichnen von Anhang I nach Zustimmung der bisherigen Vertragsparteien;
– Die Klauseln spiegeln die **neuen Anforderungen der DS-GVO** wider, einschließlich erweiterter Transparenzverpflichtungen und detaillierterer Klauseln über die Rechte der betroffenen Personen, die Benachrichtigung bei Datenschutzverletzungen und Regeln für die Weiterübermittlung;
– Mit **Modul 3** enthalten die Klauseln erstmals Regelungen für die praxisrelevante **Übermittlung von Auftragsverarbeitern an Auftragsverarbeiter,** für die bislang ein gesonderter Vertrag zwischen dem in der EU ansässigen Verantwortlichen und dem in einem Drittland ansässigen Unterauftragsverarbeiter notwendig war;
– **Klauseln 14 und 15 zur Umsetzung des Schrems-II-Urteils des EuGH:** Die Vertragsparteien der Klauseln müssen nun die notwendige Vorab-Prüfung (→ Rn. 14) in einer **„Übermittlungs-Folgenabschätzung"** (engl.: transfer impact assessment) durchführen, in der sie die besonderen Umstände der Übermittlung, die Gesetze im Bestimmungsland und die zusätzlichen Garantien, die zum Schutz der personenbezogenen Daten eingeführt haben, dokumentieren. In den **Klauseln 14 und 15,** die für alle Übermittlungskonstellationen gleichermaßen gelten, finden sich „zusätzliche Maßnahmen" vertraglicher Natur, die die Einhaltung des Schutzniveaus gewährleisten sollen. Beispielsweise enthält Klausel 14 Buchst. a die Zusicherung der Parteien, dass die Rechtsvorschriften und Gepflogenheiten im Drittland den Datenimporteur nicht an der Erfüllung seiner aus den Klauseln resultierenden Pflichten hindern. Klausel 14 Buchst. b verlangt die Erklärung der Parteien, dass neben den für die Übermittlung relevanten Rechtsvorschriften auch die Gepflogenheiten des Drittlands berücksichtigt werden.[62] Darüber hinaus gelten **neue Verpflichtungen** im Falle des Zugriffs von Behörden auf die übermittelten Daten, zB die Verpflichtung, diesbezüglich den Datenexporteur und die betroffene Person soweit möglich zu benachrichtigen, Datenexporteuren Auskunft zu erteilen und unrechtmäßige Anfragen gerichtlich anzufechten. Der Datenimporteur ist außerdem verpflichtet, alle eingegangenen Offenlegungsersuchen und die übermittelten Antworten zu **dokumentieren** und diese Informationen dem Datenexporteur oder der zuständigen Aufsichtsbehörde oder beiden auf Verlangen zur Verfügung zu stellen.[63]

---

vertragsklauseln für die Übermittlung personenbezogener Daten in Drittländer für die in Artikel 46 Absatz 2 Buchstabe c der Verordnung (EU) 2016/679 genannten Aspekte, Rn. 27.

[60] Siehe Klausel 2; Erwägungsgrund 3 Durchführungsbeschluss (EU) 2021/914; vgl. bereits Kommission, „Frequently Asked Questions Relating to Transfers of Personal Data from the EU/EEA to Third Countries" (FAQ B.1.9), 28, abrufbar unter www.europarl.europa.eu/meetdocs/2009_2014/documents/libe/dv/12_international_transfers_faq_/12_international_transfers_faq_en.pdf.

[61] Erwägungsgrund 10 Durchführungsbeschluss (EU) 2021/914.

[62] Hinter dem Begriff „Gepflogenheiten" soll sich eine Erleichterung bzgl. der Prüfpflichten der Parteien ergeben, da in die Beurteilung des Schutzniveaus im Drittland nun auch einschlägige und dokumentierte praktische Erfahrungen mit behördlichen Auskunftsersuchen und Zugriffen einfließen können; so mit Blick auf Fn. 12 zu Klausel 14: *Baumgartner/Hansch/Roth* ZD 2021, 608 (613).

[63] Erwägungsgrund 22 und Klausel 15 im Anhang des Durchführungsbeschlusses (EU) 2021/914.

30 Bei der Anwendung der Standarddatenschutzklauseln unterliegen sowohl der Datenexporteur als auch der Datenimporteur – aufgrund seiner diesbezüglichen Zustimmung zum Vertrag – der **Aufsicht der Datenschutzbehörden**. Klausel 13 enthält diesbezüglich weitere Einzelheiten zu Datenexporteuren. Der Datenimporteur hat sich der Zuständigkeit der zuständigen Aufsichtsbehörde zu unterwerfen und bei allen Verfahren, mit denen die Einhaltung dieser Klauseln sichergestellt werden soll, mit ihr zusammenzuarbeiten.

31 Eine Aufsichtsbehörde ist dagegen laut EuGH **verpflichtet,** eine auf Standarddatenschutzklauseln der Kommission gestützte Übermittlung personenbezogener Daten in ein Drittland auszusetzen oder zu verbieten, wenn die Aufsichtsbehörde im Licht aller Umstände dieser Übermittlung der Auffassung ist, dass die Klauseln in dem betreffenden Drittland nicht eingehalten werden oder nicht eingehalten werden können und dass der nach dem Unionsrecht, insbesondere nach den Art. 45 und 46 der DS-GVO sowie nach der GRCh, erforderliche Schutz der übermittelten Daten nicht mit anderen Mitteln gewährleistet werden kann.[64] In einem solchen Fall hat der betreffende Mitgliedstaat gemäß Art. 2 Durchführungsbeschlusses (EU) 2021/914 unverzüglich die Kommission zu unterrichten, die die Informationen an die anderen Mitgliedstaaten weiterleitet. Bei einem Angemessenheitsbeschluss der Kommission gemäß Art. 45 ist eine Datenschutzbehörde bei Zweifeln, ob dieser mit der GRCh oder der DS-GVO vereinbar sind, allerdings verpflichtet die Frage einem nationalen Gericht vorzulegen, das dann ein **Vorabentscheidungsersuchen** an den EuGH richten kann (→ Art. 45 Rn. 19).

32 **4. Aufsichtsbehördliche Standarddatenschutzklauseln (Abs. 2 Buchst. d).** Neu in Art. 46 Abs. 2 Buchst. d als angemessene Garantien hinzugekommen sind solche Standarddatenschutzklauseln, die von einer **einzelstaatlichen Aufsichtsbehörde** angenommen wurden und anschließend von der Kommission genehmigt wurden. Ermöglicht werden soll mit der Vorschrift eine flexible **Arbeitsteilung:** Eine Aufsichtsbehörde kann Standardvertragsklauseln bereits auf nationaler Ebene inhaltlich erarbeiten, beispielsweise mit Hinblick auf bestimmte Unternehmensbereiche oder besonders zugeschnitten auf besondere Rechtskreise, die dann von der Kommission zur Überprüfung des Vorliegens des notwendigen Schutzniveaus und zur Wahrung der Einheitlichkeit innerhalb der Union gemäß dem Prüfverfahren nach Art. 93 Abs. 2 zu genehmigen sind.

33 **5. Genehmigte Verhaltensregeln (Abs. 2 Buchst. e).** Ebenfalls neu hinzugetreten sind gemäß Art. 46 Abs. 2 Buchst. e geeignete Garantien, die bestehen können aus **genehmigten Verhaltensregeln** zur Datenübermittlung iSd **Art. 40,** jedoch nur im Zusammenspiel mit rechtsverbindlichen und durchsetzbaren Verpflichtungen des Verantwortlichen oder des Auftragsverarbeiters in dem Drittland zur Anwendung der geeigneten Garantien, einschließlich in Bezug auf die Rechte der betroffenen Personen. Mit der Vorschrift sollen Anreize geschaffen werden, genehmigte Verhaltensregeln iSd Art. 40 zu schaffen, um so zur ordnungsgemäßen Anwendung der DS-GVO auch bei Datenübermittlungen beizutragen.[65] Rechtfertigen lässt sich dies, da allein das Bestehen solcher Verhaltensregeln die dermaßen Verpflichteten weder von der Notwendigkeit entbindet, die Zulässigkeit der Verarbeitung als solche nachzuweisen, noch ob die besonderen Voraussetzungen für eine Übermittlung in ein Drittland oder eine internationale Organisation vorliegen. Verhaltensregeln bieten im Vergleich zu (ausschließlich) vertraglichen Lösungen wie Standarddatenschutzklauseln auch Vorteile, wenn es darum geht, mehrere Datenübermittlungen mit einem einzigen Dokument zu regeln. Aus Art. 40 Abs. 5 und 9 ergibt sich, dass für Übermittlungen vorgesehene Verhaltensregeln zunächst von einer zuständigen Aufsichtsbehörde im EWR **genehmigt** und dann von der **Kommission** im Wege von Durchführungsrechtsakten mit allgemeiner Gültigkeit in der Union anerkannt werden müssen, um angenommen zu werden. Der Europäische Datenschutzausschuss hat diesbezügliche **Orientierungshilfen** veröffentlicht.[66]

---

[64] EuGH Urt. v. 16.7.2020 – C-311/18, ECLI:EU:C:2020:559 = ZD 2020, 511 mAnm *Moos/Rothkegel* Rn. 121 – Schrems II.

[65] Insofern missverständlich die Vorschrift des Art. 40 Abs. 3 wonach nur die Verantwortlichen oder Auftragsverarbeiter, die „gemäß Artikel 3 nicht unter diese Verordnung fallen" Verhaltensregeln einhalten in Anspruch nehmen können; aufgrund des „Mehr" an Schutzes für die Betroffenen sollte diese Möglichkeit *sämtlichen* nicht in der Union niedergelassenen Verantwortlichen oder Auftragsverarbeitern zur Verfügung stehen.

[66] Europäischer Datenschutzausschuss, Leitlinien 4/2021 über Verhaltensregeln als Instrument für Übermittlungen, Version 2.0 v. 22.2.2022; Europäischer Datenschutzausschuss, Leitlinien 1/2019 über Verhaltensregeln und Überwachungsstellen gemäß der Verordnung (EU) 2016/679, Version 2.0 v. 4.6.2019.

6. Genehmigter Zertifizierungsmechanismus (Abs. 2 Buchst. f).
Auch neu im Vergleich zur DS-RL hinzugetreten sind gemäß Art. 46 Abs. 2 Buchst. f geeignete Garantien, die bestehen können aus einem **genehmigten Zertifizierungsmechanismus zur Datenübermittlung** gemäß Art. 42, auch hier wieder gekoppelt mit rechtsverbindlichen und durchsetzbaren Verpflichtungen des Verantwortlichen oder des Auftragsverarbeiters in dem Drittland zur Anwendung der geeigneten Garantien, einschließlich in Bezug auf die Rechte der betroffenen Personen.[67] Grundgedanke ist, dass eine erfolgreiche Zertifizierung auch hinsichtlich des Bestehens von geeigneten Garantien für Datenübermittlungen in Drittländer dazu beitragen kann, sichtbar nachzuweisen, dass die Anforderungen der DS-GVO bei Verarbeitungsvorgängen von Verantwortlichen oder Auftragsverarbeitern die außerhalb des EWR ansässig sind oder eine internationale Organisation darstellen eingehalten werden.

Der Europäische Datenschutzausschuss hat eine diesbezügliche **Orientierungshilfe** verabschiedet.[68] Dort finden sich Anhaltspunkte für die Praxis zu den zusätzlichen Maßnahmen, die erforderlich sind, um ein angemessenes Schutzniveau beim zertifizierten Datenimporteur zu gewährleisten.

IV. Geeignete Garantien mit Genehmigung der Aufsichtsbehörde (Abs. 3)

1. Individualvertragsklauseln (Abs. 3 Buchst. a).
Standarddatenschutzklauseln sollen Unternehmen nicht daran hindern, auf andere Instrumente wie **individuell vereinbarte Vertragsklauseln** als Nachweis dafür zurückzugreifen, dass für ihre Datenübermittlungen geeignete Garantien gemäß Art. 46 bestehen. Art. 46 Abs. 3 Buchst. a verlangt diesbezüglich nur noch zusätzlich zu den allgemeinen Anforderungen des Abs. 1 (→ Rn. 10 ff.), dass Vertragsklauseln zwischen dem Verantwortlichen oder dem Auftragsverarbeiter und dem Verantwortlichen, dem Auftragsverarbeiter oder dem Empfänger der personenbezogenen Daten im Drittland oder der internationalen Organisation vereinbart wurden. Die in solchen Vertragsklauseln enthaltenen Garantien müssen dieser Bestimmung zufolge von der zuständigen Aufsichtsbehörde in der Union auf der Grundlage einer Einzelfallprüfung genehmigt werden, gegebenenfalls gemäß Art. 46 Abs. 4 unter Anwendung des Kohärenzverfahrens nach Art. 63. Auch insoweit wurde die bisherige uneinheitliche Rechtslage in den Mitgliedstaaten mit bestehenden Genehmigungs- bzw. Vorlageverpflichtungen insbesondere bei Vertragsklauseln[69] unionsweit vereinheitlicht.

2. Zusatzbestimmungen zu Verwaltungsvereinbarungen (Abs. 3 Buchst. b).
Gemäß Art. 46 Abs. 3 Buchst. b können des Weiteren „Bestimmungen, die in Verwaltungsvereinbarungen zwischen Behörden oder öffentlichen Stellen aufzunehmen sind" und durchsetzbare und wirksame Rechte für die betroffenen Personen einschließen, auch geeignete Garantien für Drittlandsübermittlungen bieten. Im Gegensatz zu Art. 46 Abs. 2 Buchst. a wird hier auf solche Verwaltungsvereinbarungen öffentlicher Stellen abgezielt, die aus sich heraus nicht rechtsverbindlich sind (Absichtserklärungen oder „Memorandum of Understanding").[70] Diese können daher mit **Zusatzbestimmungen** ausgestattet werden, die darauf abzuzielen haben, die fehlende Angemessenheit des Schutzniveaus zu kompensieren. Dazu bedarf es einer ausdrücklichen Genehmigung der zuständigen Aufsichtsbehörde in der Union auf der Grundlage einer Einzelfallprüfung, gegebenenfalls gemäß Art. 46 Abs. 4 unter Anwendung des **Kohärenzverfahrens** nach Art. 63.

Der Europäische Datenschutzausschuss hat diesbezüglich eine **Orientierungshilfe** mit einer Liste von Mindestgarantien veröffentlicht.[71]

---

[67] Gem. Art. 42 Abs. 5 muss eine akkreditierte Zertifizierungsstelle gem. Art. 43 oder die zuständige Datenschutz-Aufsichtsbehörde die Zertifizierungskriterien genehmigen; bei Bedarf muss das Kohärenzverfahren gem. Art. 63 ff. DS-GVO durchgeführt werden.

[68] Europäischer Datenschutzausschuss, Leitlinien 7/2022 über die Zertifizierung als Instrument für Übermittlungen, Version 2.0 v. 14.2.2023.

[69] Die meisten Mitgliedstaaten sahen in ihren innerstaatlichen Vorschriften zur Umsetzung der DS-RL für die Datenübermittlung in Drittstaaten keine vorherige Genehmigung vor, doch musste die Verwendung der Standardvertragsklauseln in einigen Mitgliedstaaten gemeldet oder vorab genehmigt werden; vgl. Commission Staff Working Paper, Impact Assessment, Annex 2: Evaluation of the implementation of the Data Protection Directive, „10.11.2. Standard contractual clauses" (SEC[2012] 72).

[70] Erwägungsgrund 109 S. 6.

[71] Europäische Datenschutzausschuss, Leitlinien 2/2020 zu Artikel 46 Absatz 2 Buchstabe a und Absatz 3 Buchstabe b der Verordnung (EU) 2016/679 für die Übermittlung personenbezogener Daten zwischen Behörden und öffentlichen Stellen im EWR und Behörden und öffentlichen Stellen außerhalb des EWR, Version 2.0 v. 15.12.2020.

V. Bestandskraft bestehender Regelungen (Abs. 5)

39 Aus Gründen der Rechtssicherheit bleiben gemäß der Bestimmung des Art. 46 Abs. 5 von einem Mitgliedstaat oder einer Aufsichtsbehörde auf der **Grundlage von Art. 26 Abs. 2 DS-RL erteilte Genehmigungen** so lange gültig, bis sie erforderlichenfalls von dieser Aufsichtsbehörde geändert, ersetzt oder aufgehoben werden. Gleiches gilt für die von der Kommission auf der **Grundlage von Art. 26 Abs. 4 DS-RL** erlassenen Feststellungen: Die von der Kommission bereits beschlossenen Standardvertragsklauseln bleiben so lange in Kraft, bis sie erforderlichenfalls durch einen nach Art. 46 Abs. 2 erlassenen Beschluss der Kommission geändert, ersetzt oder aufgehoben werden. Letzteres ist durch den Durchführungsbeschluss (EU) 2021/914 der Kommission vom 4.6.2021 (→ Rn. 27) erfolgt, der die Entscheidung 2001/497/EG und den Beschluss 2010/87/EU mit Wirkung vom 27.9.2021 aufhob.[72]

Art. 47 Verbindliche interne Datenschutzvorschriften

(1) Die zuständige Aufsichtsbehörde genehmigt gemäß dem Kohärenzverfahren nach Artikel 63 verbindliche interne Datenschutzvorschriften, sofern diese

a) rechtlich bindend sind, für alle betreffenden Mitglieder der Unternehmensgruppe oder einer Gruppe von Unternehmen, die eine gemeinsame Wirtschaftstätigkeit ausüben, gelten und von diesen Mitgliedern durchgesetzt werden, und dies auch für ihre Beschäftigten gilt,

b) den betroffenen Personen ausdrücklich durchsetzbare Rechte in Bezug auf die Verarbeitung ihrer personenbezogenen Daten übertragen und

c) die in Absatz 2 festgelegten Anforderungen erfüllen.

(2) Die verbindlichen internen Datenschutzvorschriften nach Absatz 1 enthalten mindestens folgende Angaben:

a) Struktur und Kontaktdaten der Unternehmensgruppe oder Gruppe von Unternehmen, die eine gemeinsame Wirtschaftstätigkeit ausüben, und jedes ihrer Mitglieder;

b) die betreffenden Datenübermittlungen oder Reihen von Datenübermittlungen einschließlich der betreffenden Arten personenbezogener Daten, Art und Zweck der Datenverarbeitung, Art der betroffenen Personen und das betreffende Drittland beziehungsweise die betreffenden Drittländer;

c) interne und externe Rechtsverbindlichkeit der betreffenden internen Datenschutzvorschriften;

d) die Anwendung der allgemeinen Datenschutzgrundsätze, insbesondere Zweckbindung, Datenminimierung, begrenzte Speicherfristen, Datenqualität, Datenschutz durch Technikgestaltung und durch datenschutzfreundliche Voreinstellungen, Rechtsgrundlage für die Verarbeitung, Verarbeitung besonderer Kategorien von personenbezogenen Daten, Maßnahmen zur Sicherstellung der Datensicherheit und Anforderungen für die Weiterübermittlung an nicht an diese internen Datenschutzvorschriften gebundene Stellen;

e) die Rechte der betroffenen Personen in Bezug auf die Verarbeitung und die diesen offenstehenden Mittel zur Wahrnehmung dieser Rechte einschließlich des Rechts, nicht einer ausschließlich auf einer automatisierten Verarbeitung – einschließlich Profiling – beruhenden Entscheidung nach Artikel 22 unterworfen zu werden sowie des in Artikel 79 niedergelegten Rechts auf Beschwerde bei der zuständigen Aufsichtsbehörde beziehungsweise auf Einlegung eines Rechtsbehelfs bei den zuständigen Gerichten der Mitgliedstaaten und im Falle einer Verletzung der verbindlichen internen Datenschutzvorschriften Wiedergutmachung und gegebenenfalls Schadenersatz zu erhalten;

---

[72] Siehe Art. 4 Abs. 2 und 3 Durchführungsbeschluss (EU) 2021/914 der Kommission vom 4. Juni 2021 über Standardvertragsklauseln für die Übermittlung personenbezogener Daten an Drittländer gemäß der Verordnung (EU) 2016/679 des Europäischen Parlaments und des Rates, ABl. 2021 L 199, 31; mit Aufhebung der Entscheidung 2001/497/EG wird gleichzeitig stillschweigend auch aufgehoben Entscheidung 2004/915/EG der Kommission v. 27.12.2004 zur Änderung der Entscheidung 2001/497/EG bezüglich der Einführung alternativer Standardvertragsklauseln für die Übermittlung personenbezogener Daten in Drittländer, ABl. 2004 L 385, 74.

f) die von dem in einem Mitgliedstaat niedergelassenen Verantwortlichen oder Auftragsverarbeiter übernommene Haftung für etwaige Verstöße eines nicht in der Union niedergelassenen betreffenden Mitglieds der Unternehmensgruppe gegen die verbindlichen internen Datenschutzvorschriften; der Verantwortliche oder der Auftragsverarbeiter ist nur dann teilweise oder vollständig von dieser Haftung befreit, wenn er nachweist, dass der Umstand, durch den der Schaden eingetreten ist, dem betreffenden Mitglied nicht zur Last gelegt werden kann;

g) die Art und Weise, wie die betroffenen Personen über die Bestimmungen der Artikel 13 und 14 hinaus über die verbindlichen internen Datenschutzvorschriften und insbesondere über die unter den Buchstaben d, e und f dieses Absatzes genannten Aspekte informiert werden;

h) die Aufgaben jedes gemäß Artikel 37 benannten Datenschutzbeauftragten oder jeder anderen Person oder Einrichtung, die mit der Überwachung der Einhaltung der verbindlichen internen Datenschutzvorschriften in der Unternehmensgruppe oder Gruppe von Unternehmen, die eine gemeinsame Wirtschaftstätigkeit ausüben, sowie mit der Überwachung der Schulungsmaßnahmen und dem Umgang mit Beschwerden befasst ist;

i) die Beschwerdeverfahren;

j) die innerhalb der Unternehmensgruppe oder Gruppe von Unternehmen, die eine gemeinsame Wirtschaftstätigkeit ausüben, bestehenden Verfahren zur Überprüfung der Einhaltung der verbindlichen internen Datenschutzvorschriften. Derartige Verfahren beinhalten Datenschutzüberprüfungen und Verfahren zur Gewährleistung von Abhilfemaßnahmen zum Schutz der Rechte der betroffenen Person. Die Ergebnisse derartiger Überprüfungen sollten der in Buchstabe h genannten Person oder Einrichtung sowie dem Verwaltungsrat des herrschenden Unternehmens einer Unternehmensgruppe oder der Gruppe von Unternehmen, die eine gemeinsame Wirtschaftstätigkeit ausüben, mitgeteilt werden und sollten der zuständigen Aufsichtsbehörde auf Anfrage zur Verfügung gestellt werden;

k) die Verfahren für die Meldung und Erfassung von Änderungen der Vorschriften und ihre Meldung an die Aufsichtsbehörde;

l) die Verfahren für die Zusammenarbeit mit der Aufsichtsbehörde, die die Befolgung der Vorschriften durch sämtliche Mitglieder der Unternehmensgruppe oder Gruppe von Unternehmen, die eine gemeinsame Wirtschaftstätigkeit ausüben, gewährleisten, insbesondere durch Offenlegung der Ergebnisse von Überprüfungen der unter Buchstabe j genannten Maßnahmen gegenüber der Aufsichtsbehörde;

m) die Meldeverfahren zur Unterrichtung der zuständigen Aufsichtsbehörde über jegliche für ein Mitglied der Unternehmensgruppe oder Gruppe von Unternehmen, die eine gemeinsame Wirtschaftstätigkeit ausüben, in einem Drittland geltenden rechtlichen Bestimmungen, die sich nachteilig auf die Garantien auswirken könnten, die die verbindlichen internen Datenschutzvorschriften bieten, und

n) geeignete Datenschutzschulungen für Personal mit ständigem oder regelmäßigem Zugang zu personenbezogenen Daten.

(3) ¹Die Kommission kann das Format und die Verfahren für den Informationsaustausch über verbindliche interne Datenschutzvorschriften im Sinne des vorliegenden Artikels zwischen Verantwortlichen, Auftragsverarbeitern und Aufsichtsbehörden festlegen. ²Diese Durchführungsrechtsakte werden gemäß dem Prüfverfahren nach Artikel 93 Absatz 2 erlassen.

Literatur: *Filip,* Binding Corporate Rules (BCR) aus der Sicht einer Datenschutzaufsichtsbehörde – Praxiserfahrungen mit der europaweiten Anerkennung von BCR, ZD 2013, 51; *Götz,* Grenzüberschreitende Datenübermittlung im Konzern, DuD 2013, 631; *Kraska/Wehowsky,* EuG: Keine Klagebefugnis gegen Entscheidungen des EDSA, ZD-Aktuell 2022, 01446.

Rechtsprechung: EuG Beschl. v. 7.12.2022 – T-709/21, ECLI:EU:T:2022:783 = BeckEuRS 2021, 747834 – WhatsApp Ireland/Europäischer Datenschutzausschuss.

Übersicht

	Rn.
A. Allgemeines	1
I. Zweck und Bedeutung der Vorschrift	1
II. Systematik, Verhältnis zu anderen Vorschriften	6
B. Einzelerläuterungen	7
I. Gegenstand	7
1. Begriff der verbindlichen internen Datenschutzvorschriften	8
2. Anwendungsbegünstigte	9
II. Inhalt von verbindlichen internen Datenschutzvorschriften	12
1. Bindung im Innenverhältnis	13
2. Bindung im Außenverhältnis	14
3. Zusätzliche Elemente (Abs. 2)	15
III. Genehmigungsverfahren	16
IV. Durchführungsbeschluss der Kommission	19
C. Rechtsschutz	20

A. Allgemeines*

I. Zweck und Bedeutung der Vorschrift

1 In Art. 47 werden die Bedingungen für den Datentransfer auf der Grundlage verbindlicher unternehmensinterner Datenschutzregelungen (engl.: Binding Corporate Rules (BCR)) im Einzelnen ausgeführt. Die Bestimmung hatte keine Entsprechung in der DS-RL und ist auf diesbezügliche Praktiken und Anforderungen der Aufsichtsbehörden gestützt, die aber Kritik mit Hinblick auf nicht EU-weite Verfügbarkeit, Komplexität und langen Annahmeverfahren ausgesetzt waren.[1]

2 Mit der Aufnahme der Vorschrift unmittelbar in die DS-GVO werden „verbindliche unternehmensinterne Datenschutzvorschriften" **erstmalig ausdrücklich in einem EU-Rechtsinstrument verankert** und als angemessene Garantien für Drittstaatsübermittlungen rechtsverbindlich anerkannt. Die nunmehr gesetzliche Anerkennung in der DS-GVO führt zu deren Gültigkeit auch in den Mitgliedstaaten, in denen verbindliche interne Datenschutzvorschriften bislang keine anerkannte Garantie für den Drittlandtransfer darstellten.[2] Zur weiteren Vereinfachung und Beschleunigung des Verfahrens und zur Reduzierung des Verwaltungsaufwands für die Antragsteller dienen einheitliche Begriffsbestimmungen, die Festlegung einer einzigen Aufsichtsbehörde als alleinigen Ansprechpartner, ein rascheres Abstimmungsverfahren mit anderen Aufsichtsbehörden, ein in der DS-GVO selbst vorgeschriebener Anforderungskatalog und der ausdrückliche Wegfall von weiteren Genehmigungen. Dies führt zu Transparenz und damit zu größerer Rechtssicherheit für Unternehmen.[3]

3 Darüber hinaus haben die europäischen Datenschutzaufsichtsbehörden **umfangreiche Hinweise** zur Konkretisierung der gesetzlichen Anforderungen und zur Genehmigung von verbindlichen internen Datenschutzvorschriften erarbeitet, insbesondere:
– **WP 263 rev.01:** erläutert das Koordinierungsverfahren der europäischen Datenschutzaufsichtsbehörden für die Genehmigung von BCR;[4]
– **Recommendations 1/2022:** beinhaltet sowohl das Antragsformular für den EU-weiten Koordinierungsprozesses für die Genehmigung von BCR für Verantwortliche als auch eine Prüftabelle für die notwendigen Inhalte von BCR für Verantwortliche;[5]

---

* Der Verfasser vertritt hier seine persönliche Auffassung, die nicht notwendig der Auffassung des Europäischen Datenschutzbeauftragten entspricht.

[1] Vgl. Commission Staff Working Paper, Impact Assessment, Annex 2: Evaluation of the implementation of the Data Protection Directive, „10.11.3. Binding Corporate Rules (BCRs)", SEC(2012) 72).

[2] Gesellschaft für Datenschutz und Datensicherheit eV, GDD-Arbeitskreis „Datenschutz International", Whitepaper zu den Drittlandtransfers in der EU-DS-GVO, v. 22.7.2016, www.gdd.de/downloads/aktuelles/whitepaper/gdd-whitepaper_drittlandstransfers_dsgvo_v0.

[3] Götz DuD 2013, 631 (638).

[4] Artikel-29-Datenschutzgruppe, Working Document Setting Forth a Co-Operation Procedure for the approval of „Binding Corporate Rules" for controllers and processors under the GDPR, WP 263 rev 01, v. 11.4.2018, vom Europäischen Datenschutzausschuss bestätigt.

[5] Europäischer Datenschutzausschuss, Recommendations 1/2022 on the Application for Approval and on the elements and principles to be found in Controller Binding Corporate Rules (Art. 47 GDPR), Version

– **WP 265:** enthält das Antragsformular für den EU-weiten Koordinierungsprozess zur Genehmigung von BCR für Auftragsverarbeiter;[6]
– **WP 257 rev.01:** Prüftabelle für die erforderlichen Bestandteile von BCR für Auftragsverarbeiter.[7]

Mit verbindlichen unternehmensinternen Datenschutzvorschriften ist bei Vorliegen der Voraussetzungen – vorbehaltlich der Einhalt der übrigen Bestimmungen der DS-GVO – ein **freier Fluss personenbezogener Daten zwischen den verschiedenen Unternehmen einer Unternehmensgruppe** weltweit möglich. Die Unternehmen brauchen untereinander keine zusätzlichen diesbezüglichen Vereinbarungen mehr zu treffen. Innerhalb der Unternehmensgruppe gewährleisten einheitliche verbindliche und durchsetzbare Datenschutzvorschriften ein in allen Unternehmen gleich hohes Datenschutzniveau. Einheitliche Datenschutzvorschriften innerhalb der Unternehmensgruppe ermöglichen ein einfacheres, wirksameres Datenschutzsystem, das vom Personal leichter anzuwenden und von den Betroffenen leichter zu verstehen ist: Von den herkömmlichen Rechtsinstrumenten zur Ermöglichung der Übermittlung personenbezogener Daten aus der EU in Drittstaaten unterscheiden sich verbindliche unternehmensinterne Datenschutzvorschriften vor allem dadurch, dass sie die Einrichtung klar definierter Strukturen, Verantwortlichkeiten und Verfahren zur Datenschutzrechtsbeachtung innerhalb der Unternehmensgruppe voraussetzen.

Das Bestehen von verbindlichen unternehmensinterne Datenschutzvorschriften bedeutet nicht, die Übermittlung von personenbezogener Daten zwischen den Gesellschaften einer Unternehmensgruppe pauschal datenschutzrechtlich legitimieren zu können. Dies käme im Ergebnis einem **(in der DS-RL und der DS-GVO gerade nicht enthaltenen) „Konzernprivileg"** gleich. Wie bereits bei den anderen geeigneten Garantien des Art. 46, vermögen verbindliche unternehmensinterne Datenschutzvorschriften lediglich die Anforderungen der sog. „zweiten Stufe" der Zwei-Stufen-Prüfung (→ Art. 44 Rn. 17) der Übermittlung personenbezogener Daten aus dem EWR in Drittstaaten ohne angemessenes Datenschutzniveau zu erfüllen, dh die Anforderungen an geeignete Datenschutzgarantien beim Datenempfänger.[8] Die Zulässigkeit der Verarbeitung als solcher bleibt weiterhin nachzuweisen. Außerdem liegt es weiterhin in der Verantwortung des Datenexporteurs und des Datenimporteurs, zu beurteilen, ob das vom Unionsrecht geforderte Schutzniveau in dem betreffenden Drittland eingehalten wird, um dann auf dieser Grundlage festzustellen, ob die Garantien, die in verbindlichen internen Datenschutzvorschriften vorgesehen sind, auch in der Praxis eingehalten werden können.[9]

II. Systematik, Verhältnis zu anderen Vorschriften

Ausgehend von den in diesem Zusammenhang einschlägigen Begriffsbestimmungen „verbindliche interne Datenschutzvorschriften" (Art. 4 Nr. 20), „Unternehmen" (Art. 4 Nr. 18) und „Unternehmensgruppe" (Art. 4 Nr. 19) legt Art. 47 Abs. 1 sowohl wesentlichen Merkmale von verbindlichen internen Datenschutzvorschriften fest und schreibt auch das Genehmigungsverfahren nach Art. 63 vor. Abs. 2 enthält eine genaue Auflistung inhaltlicher Anforderungen. Abs. 3 enthält die Möglichkeit für die Kommission, einen Durchführungsrechtsakt zu erlassen. Bei Verstößen gegen Art. 47 ist mit **Geldbußen** in Höhe von bis zu 20 Millionen EUR oder im Fall eines Unternehmens von bis zu 4 Prozent seines gesamten weltweit erzielten Jahresumsatzes des vorangegangen Geschäftsjahres zu rechnen (Art. 83 Abs. 5 Buchst. c).

2.1, v. 20.6.2023 (ersetzt sowohl Artikel-29-Datenschutzgruppe, Arbeitsdokument mit einer Übersicht über die Bestandteile und Grundsätze verbindlicher interner Datenschutzvorschriften (BCR), WP 256 rev.01 v. 6.2.2018 als auch Artikel-29-Datenschutzgruppe, Recommendation on the Standard Application for Approval of Controller Binding Corporate Rules for the Transfer of Personal Data, WP 264 v. 11.4.2018).

[6] Artikel-29-Datenschutzgruppe, Recommendation on the Standard Application form for Approval of Processor Binding Corporate Rules for the Transfer of Personal Data, WP 265 v. 19.4.2018, vom Europäischen Datenschutzausschuss bestätigt.

[7] Artikel-29-Datenschutzgruppe, Arbeitsdokument mit einer Übersicht über die Bestandteile und Grundsätze verbindlicher interner Datenschutzvorschriften (BCR) für Auftragsverarbeiter, WP 257 rev.01, v. 6.2.2018, vom Europäischen Datenschutzausschuss bestätigt.

[8] Darauf weist zu Recht hin *Filip* ZD 2013, 51 (55).

[9] Europäischer Datenschutzausschuss, Empfehlungen 01/2020 zu Maßnahmen zur Ergänzung von Übermittlungstools zur Gewährleistung des unionsrechtlichen Schutzniveaus für personenbezogene Daten, Version 2.0, v. 18.6.2021, Rn. 65.

B. Einzelerläuterungen

I. Gegenstand

7   Um eine einheitliche Anwendung zu ermöglichen, setzt die DS-GVO rechtsverbindliche Begriffsbestimmungen fest, die größtenteils die bestehende Praxis der Aufsichtsbehörden reflektieren.

8   **1. Begriff der verbindlichen internen Datenschutzvorschriften.** Gemäß Art. 4 Nr. 20 sind **verbindliche interne Datenschutzvorschriften** solche Maßnahmen zum Schutz personenbezogener Daten, zu deren Einhaltung sich ein im Hoheitsgebiet eines Mitgliedstaats niedergelassener Verantwortlicher oder Auftragsverarbeiter verpflichtet, im Hinblick auf Datenübermittlungen oder eine Kategorie von Datenübermittlungen personenbezogener Daten an einen Verantwortlichen oder Auftragsverarbeiter derselben Unternehmensgruppe oder derselben Gruppe von Unternehmen, die eine gemeinsame Wirtschaftstätigkeit ausüben, in einem oder mehreren Drittländern.

9   **2. Anwendungsbegünstigte.** Die Möglichkeit **verbindliche interne Datenschutzvorschriften** zu erlassen, steht nur Unternehmen in einer Unternehmensgruppe oder in einer Gruppe von Unternehmen, die eine gemeinsame Wirtschaftstätigkeit ausüben, zur Verfügung. Nach Art. 4 Nr. 18 ist unter einem **Unternehmen** iSd Art. 47 eine natürliche und juristische Person zu verstehen, die eine wirtschaftliche Tätigkeit ausübt, unabhängig von ihrer Rechtsform, einschließlich Personengesellschaften oder Vereinigungen, die regelmäßig einer wirtschaftlichen Tätigkeit nachgehen. Diese Begriffsbestimmung orientiert sich an der entsprechenden Bestimmung von Art. 1 der Empfehlung der Kommission zu kleinen und mittleren Unternehmen (KMU).[10]

10 Eine **Unternehmensgruppe** iSd Art. 4 Nr. 19 ist eine Gruppe, die aus einem herrschenden Unternehmen und den von diesem abhängigen Unternehmen besteht. Diese Bestimmung übernimmt die Begriffsbestimmungen in Art. 2 Buchst. b und Art. 3 Abs. 1 Richtlinie 2009/38/EG zum Europäischen Betriebsrat,[11] die ergänzend zur Auslegung herangezogen werden können, um festzustellen, welches Unternehmen die notwendigen Maßnahmen zum Schutz personenbezogener Daten innerhalb der Unternehmensgruppe festlegen und durchsetzen kann. Ein „herrschendes Unternehmen" ist ein Unternehmen, das beispielsweise aufgrund von Eigentum, finanzieller Beteiligung oder sonstiger Bestimmungen, die die Tätigkeit des Unternehmens regeln, einen beherrschenden Einfluss auf ein anderes Unternehmen ausüben kann. Die Fähigkeit, einen beherrschenden Einfluss auszuüben, gilt bis zum Beweis des Gegenteils als gegeben, wenn ein Unternehmen in Bezug auf ein anderes Unternehmen direkt oder indirekt die Mehrheit des gezeichneten Kapitals dieses Unternehmens besitzt oder über die Mehrheit der mit den Anteilen an anderen Unternehmen verbundenen Stimmrechte verfügt oder mehr als die Hälfte der Mitglieder des Verwaltungs-, Leitungs- oder Aufsichtsorgans des anderen Unternehmens bestellen kann.[12] Die DS-GVO erläutert nicht näher, was unter einer **Gruppe von Unternehmen, die eine gemeinsame Wirtschaftstätigkeit ausüben,** zu verstehen ist. In Abgrenzung zur Unternehmensgruppe iSd Art. 4 Nr. 19 können darunter insbesondere solche Formen der Unternehmenskooperation zwischen zwei oder mehr unabhängigen Partnerunternehmen verstanden werden, ohne dabei in einem Herrschaftsverhältnis zueinander zu stehen, dh ohne einheitliche Leitung und ohne beherrschenden Einfluss eines Unternehmens. Zu denken ist dabei an Gemeinschaftsunternehmen („joint ventures") oder Unternehmensallianzen, etwa im Flugverkehr.

11 Unternehmen können **verbindliche interne Datenschutzvorschriften** entweder als **Verantwortliche** (engl. „Controller BCR (BCR-C)") oder als **Auftragsverarbeiter** (engl. „Processor BCR (P-BCR)") festlegen. Mit der Anwendung auf letztere griff die DS-GVO diesbe-

---

[10] Empfehlung der Kommission vom 6.5.2003 betreffend die Definition der Kleinstunternehmen sowie der kleinen und mittleren Unternehmen, ABl. 2003 L 124, 36.
[11] Richtlinie 2009/38/EG des Europäischen Parlaments und des Rates vom 6. Mai 2009 über die Einsetzung eines Europäischen Betriebsrats oder die Schaffung eines Verfahrens zur Unterrichtung und Anhörung der Arbeitnehmer in gemeinschaftsweit operierenden Unternehmen und Unternehmensgruppen (Neufassung), ABl. 2009 L 122, 28.
[12] Vgl. Art. 3 Abs. 2 RL 2009/38/EG.

zügliche Entwicklungen bei den Aufsichtsbehörden auf.[13] Bedingung ist jedoch in beiden Fallgestaltungen, dass ein Verantwortlicher oder Auftragsverarbeiter **in der Union niedergelassen ist** und dieser sich zur Einhaltung der **verbindliche interne Datenschutzvorschriften** verpflichtet. Dies soll insbesondere garantieren, dass Unternehmensteile in Drittländern ihre Verarbeitung an die **verbindliche interne Datenschutzvorschriften** anpassen, bei Bedarf mit der zuständigen Aufsichtsbehörde in Kontakt treten zu können und Schadensersatz zu leisten für Schäden, die aus der Verletzung der verbindlichen unternehmensinternen Regelungen durch einen Unternehmensteil resultieren. Unternehmen, bei denen die Unternehmenszentrale sich nicht im EWR befindet, sind daher gehalten, die Zuständigkeiten für den Datenschutz an einen in der EWR ansässigen Unternehmensteil zu delegieren.[14]

II. Inhalt von verbindlichen internen Datenschutzvorschriften

Verbindliche interne Datenschutzvorschriften haben Grundprinzipien und durchsetzbare Rechte zu enthalten, die geeignete Garantien für die Übermittlungen bzw. Kategorien von Übermittlungen personenbezogener Daten bieten. Wesentliche Merkmale sind dabei in inhaltlicher Übereinstimmung mit den bisherigen diesbezüglichen Anforderungen der Aufsichtsbehörden die **rechtliche Bindungswirkung im Inneren** gemäß Art. 47 Abs. 1 Buchst. a, die **Drittbegünstigung für Betroffene im Außenverhältnis** nach Art. 47 Abs. 1 Buchst. b und das **Erfüllen der weiteren Anforderungen** gemäß Art. 47 Abs. 1 Buchst. c iVm Abs. 2.

1. Bindung im Innenverhältnis. Art. 47 Abs. 1 Buchst. a verlangt eine **rechtliche Verbindlichkeit** der internen Datenschutzvorschriften aller betreffenden Mitglieder innerhalb der Unternehmensgruppe oder einer Gruppe von Unternehmen, die eine gemeinsame Wirtschaftstätigkeit ausüben, sowie deren Beschäftigten. Die Vorschriften müssen daher für alle Mitglieder der Unternehmensgruppe oder gemeinsamen Unternehmen und für alle Beschäftigten dieser Unternehmen eine klare Pflicht zur Einhaltung der verbindlichen internen Datenschutzvorschriften begründen, unabhängig vom Standort des Unternehmensteils oder der Staatsangehörigkeit der betroffenen Person, deren personenbezogene Daten verarbeitet werden, oder von sonstigen Kriterien oder Erwägungen. Die DS-GVO schreibt dabei nicht die Methoden vor, mit denen Unternehmen garantieren, dass alle Unternehmensteile an die Vorschriften gebunden werden oder sich ihnen verpflichtet fühlen. Dies kann etwa durch Vereinbarungen innerhalb der Gruppe, einseitige Erklärungen oder Verpflichtungen, interne Regelungen, Unternehmensgrundsätze oder durch andere Maßnahmen geschehen.

2. Bindung im Außenverhältnis. Die verbindlichen internen Datenschutzvorschriften müssen den betroffenen Personen als Drittbegünstigte **Durchsetzungsrechte** einräumen. Hierzu zählen auch gerichtliche Rechtsbehelfe bei Verstoß gegen garantierte Rechte und Schadensersatzansprüche. Betroffene Personen, die unter die verbindlichen unternehmensinternen Vorschriften fallen, müssen Drittbegünstigte sein, und zwar entweder aufgrund der rechtlichen Folgen einseitiger Verpflichtungen (möglichst nach einzelstaatlichem Recht) oder aufgrund vertraglicher Vereinbarungen zwischen den Unternehmensteilen. Als Drittbegünstigte sollten betroffene Personen berechtigt sein, die Einhaltung der Vorschriften durchzusetzen, sowohl durch Einreichen einer Beschwerde bei der zuständigen Datenschutzaufsichtsbehörde als auch bei dem zuständigen Gericht im Gebiet der Union. In den verbindlichen internen Datenschutzvorschriften muss ein Unternehmen der Gruppe innerhalb der EU bestimmt werden, das die Haftung für Regelverstöße übernimmt, die ein anderes an die verbindlichen internen Datenschutzvorschriften gebundenes Mitglied der Gruppe außerhalb der EU begangen hat.

3. Zusätzliche Elemente (Abs. 2). Um den Unternehmen die Abfassung verbindlicher unternehmensinterner Vorschriften zu erleichtern und den Aufsichtsbehörden zu einer einheitli-

---

[13] Vgl. bereits Artikel-29-Datenschutzgruppe, Working Document setting up a table with the elements and principles to be found in Processor Binding Corporate Rules (updated), WP 257 v. 29.11.2017 (ersetzte: Artikel-29-Datenschutzgruppe, Arbeitsdokument 2/2012 mit einer Übersicht über die Bestandteile und Grundsätze verbindlicher unternehmensinterner Datenschutzregelungen (BCR) für Auftragsverarbeiter, WP 195 v. 6.6.2012); Artikel-29-Datenschutzgruppe, Erläuterndes Dokument zu verbindlichen unternehmensinternen Datenschutzregelungen für Auftragsverarbeiter, WP 204 rev.01 v. 22.5.2015.

[14] Siehe bereits Artikel-29-Datenschutzgruppe, Arbeitsdokument Übermittlung personenbezogener Daten in Drittländer: Anwendung von Artikel 26 Absatz 2 der EU-Datenschutzrichtlinie auf verbindliche unternehmensinterne Vorschriften für den internationalen Datentransfer, WP 74 v. 3.6.2003.

chen Anwendung zu verhelfen, listet Art. 47 Abs. 2 die weiteren Anforderungen an verbindliche interne Datenschutzvorschriften auf. Die Aufzählung greift dabei im Wesentlichen die insoweit identischen Anforderungen der Aufsichtsbehörden auf,[15] ergänzt diese aber um die neuen Elemente der DS-GVO (so beispielsweise in Art. 47 Abs. 2 Buchst. d der Hinweis auf Datenschutz durch Technikgestaltung des Art. 25). Zu den **materiell-rechtlichen Anforderungen** gehören zB Zweckbindung, Sicherheit der Verarbeitung, transparente Information der Betroffenen, Beschränkungen der Datenweitergabe außerhalb der Gruppe, Rechte des Einzelnen auf Auskunft, Berichtigung und Widerspruch. Zu den **verfahrensrechtlichen Anforderungen** gehören zB Angabe zu den beteiligten Unternehmen, Audits, Konformitätskontrolle, Umgang mit Beschwerden, Zusammenarbeit mit Datenschutzbehörden, Haftung und gerichtliche Überprüfung. Die Anforderungen des Abs. 2 sind nicht abschließend („mindestens"). Je nach Struktur des Unternehmens, Art der bezweckten Datenübermittlung oder eines gesonderten Schutzbedürfnisses der Betroffenen im Einzelfall kann die Aufsichtsbehörde im Genehmigungsverfahren **weitere Anforderungen** stellen. Diese weiteren Anforderungen können sich insbesondere aus diesbezüglichen Leitlinien, Empfehlungen und bewährten Verfahren des **Europäischen Datenschutzausschusses** gemäß Art. 70 Abs. 1 Buchst. e und i ergeben.

III. Genehmigungsverfahren

16   Das Genehmigungsverfahren für verbindliche unternehmensinterne Vorschriften besteht aus der **Bestimmung der federführenden Datenschutzaufsichtsbehörde** im EWR (engl. „BCR Lead Supervisory Authority") nach den Kriterien in WP 263 rev.01,[16] deren Prüfung der eingereichten Unterlagen und einem Kooperationsverfahren mit bis zu zwei weiteren Aufsichtsbehörden. Antragsteller haben während dieser Schritte die Möglichkeit, ihre BCR anzupassen basierend auf den Rückmeldungen.

17   Nach Erhalt einer konsolidierten Version der BCR, die die Aufsichtsbehörden als genehmigungsfähig erachten ist die federführenden Behörde daraufhin gemäß Art. 47 Abs. 1 dazu verpflichtet, den Genehmigungsbeschluss gemäß dem **Kohärenzverfahren** des Art. 63 zu erlassen und eine Stellungnahme des Europäischen Datenschutzausschusses gemäß Art. 64 Abs. 1 Buchst. f zu beantragen.[17] Die Stellungnahmen des Europäischen Datenschutzausschusses werden gemäß Art. 64 Abs. 5 Buchst. b **veröffentlicht**.[18] Der Europäische Datenschutzausschuss unterhält ein **öffentliches Register** mit genehmigten verbindlichen internen Datenschutzvorschriften.[19]

18   Mit der Genehmigung durch die zuständige Aufsichtsbehörde wird bestätigt, dass die Anforderungen von Art. 47 erfüllt sind und dass die in den BCR enthaltenen Verpflichtungen angemessene Garantien im Sinne von Art. 46 bieten. Bei der Genehmigung wird jedoch nicht geprüft, ob jede Verarbeitung mit allen Anforderungen der DS-GVO und der BCR in Einklang steht. So muss beispielsweise jeder Datenexporteur sicherstellen, dass bei jeder Übermittlung die in Art. 6 und Art. 28 festgelegten Anforderungen oder etwaige zusätzliche, im nationalen Recht eines Mitgliedstaates festgelegte Formalitäten erfüllt werden. Darüber hinaus obliegt es beispielsweise jedem Datenexporteur, bei jeder Übermittlung von Fall zu Fall zu prüfen, ob **zusätzliche**

---

[15] Vgl. Artikel-29-Datenschutzgruppe, Working Document setting up a table with the elements and principles to be found in Binding Corporate Rules (updated), WP 256 v. 29.11.2017 (ersetzte: Arbeitsdokument mit einer Übersicht über die Bestandteile und Grundsätze verbindlicher unternehmensinterner Datenschutzregelungen (BCR), WP 153 v. 24.6.2008); Artikel-29-Datenschutzgruppe, Arbeitsdokument Rahmen für verbindliche unternehmensinterne Datenschutzregelungen (BCR), WP 154 v. 24.6.2008; Artikel-29-Datenschutzgruppe, Arbeitsdokument zu „Häufig gestellten Fragen" über verbindliche unternehmensinterne Datenschutzregelungen (BCR), WP 155 rev.05 v. 7.2.2017.

[16] Artikel-29-Datenschutzgruppe, Working Document Setting Forth a Co-Operation Procedure for the approval of „Binding Corporate Rules" for controllers and processors under the GDPR, WP 263 rev 01, v. 11.4.2018, vom Europäischen Datenschutzausschuss bestätigt.

[17] Sofern eine BCR nur Datentransfers aus einem einzigen Mitgliedstaat abdecken soll und auch keine erheblichen Auswirkungen auf Betroffene in anderen Mitgliedstaaten haben kann, ist ein Kohärenzverfahren nicht durchzuführen. Das Genehmigungsverfahren wird dann allein von der nach Art. 55 zuständigen Aufsichtsbehörde durchgeführt. Weitere Einzelheiten zum Verfahren sowie praktische Empfehlungen abrufbar bei der Landesbeauftragten für Datenschutz und Informationsfreiheit Nordrhein-Westfalen unter www.ldi.nrw.de/datenschutz/internationaler-datenverkehr/geeignete-garantien/verbindliche-interne sowie beim Hessischen Beauftragten für Datenschutz und Informationsfreiheit, datenschutz.hessen.de/datenschutz/internationaler-datentransfer/binding-corporate-rules-bcr.

[18] edpb.europa.eu/our-work-tools/consistency-findings/opinions_de?f%5B0%5D=opinions_topics%3A744.

[19] edpb.europa.eu/our-work-tools/accountability-tools/bcr_de.

Maßnahmen ergriffen werden müssen, um ein Schutzniveau zu gewährleisten, das im Wesentlichen dem der DS-GVO entspricht. Solche zusätzlichen Maßnahmen liegen in der Verantwortung des Datenexporteurs und werden als solche von den Aufsichtsbehörden im Rahmen des Genehmigungsverfahrens für die BCR nicht geprüft.[20] Datenübermittlungen im Einklang mit der DS-GVO und unter Stützung auf verbindliche interne Datenschutzvorschriften nach Art. 46 Abs. 2 Buchst. b iVm Art. 47 bedürfen ausdrücklich gemäß Art. 46 Abs. 2 **keiner weiteren Genehmigung** mehr.

IV. Durchführungsbeschluss der Kommission

Gemäß Art. 47 Abs. 3 kann die Kommission das **Format** und die **Verfahren** für den Informationsaustausch über verbindliche interne Datenschutzvorschriften zwischen Verantwortlichen, Auftragsverarbeitern und Aufsichtsbehörden festlegen. Diese Durchführungsrechtsakte der Kommission sind nach dem Ausschuss-Prüfverfahren des Art. 93 Abs. 2 zu erlassen. Zu denken wäre etwa – mit Blick auf die bisherige Praxis der Aufsichtsbehörden – an ein von der Kommission vorgegebenes unionsweit einheitliches Antragsformular. Die Kommission hat von dieser Möglichkeit bislang keinen Gebrauch gemacht. 19

C. Rechtsschutz

Gegen die Nichtgenehmigung von verbindlichen internen Datenschutzvorschriften kann das antragstellende Unternehmen gemäß Art. 78 Klage vor dem Gericht des Mitgliedstaates erheben, in dem die den Antrag ablehnende zuständige Aufsichtsbehörde ansässig ist. In den Fällen innerhalb des **Kohärenzverfahrens,** in denen der Datenschutzausschuss bei einer Streitbeilegung (Art. 65) durch verbindlichen Beschluss über eine Nichtgenehmigung entschließt, hat jede natürliche oder juristische Person das Recht, unter den in Art. 263 AEUV genannten Voraussetzungen beim Gerichtshof eine **Klage auf Nichtigerklärung** eines Beschlusses des Ausschusses zu erheben. Voraussetzung ist, dass Beschlüsse des Ausschusses einen Verantwortlichen, einen Auftragsverarbeiter oder den Beschwerdeführer unmittelbar und individuell betreffen. Dies sollte bei einem Unternehmen, dessen verbindliche interne Datenschutzvorschriften vom Europäischen Datenschutzausschuss für nicht genehmigungsfähig erklärt wurden, regelmäßig der Fall sein. In diesem Fall kann binnen zwei Monaten nach Veröffentlichung der betreffenden Beschlüsse auf der Webseite des Ausschusses im Einklang mit Art. 263 AEUV eine Klage auf Nichtigerklärung erhoben werden.[21] Das Gericht hat allerdings eine erste Klage gegen einen auf der Grundlage von Art. 65 erlassenen Beschluss des Europäischen Datenschutzausschusses für **unzulässig** erklärt, da die klagende Unternehmen von dem angefochtenen Beschluss nicht unmittelbar betroffen sei und es den von der nationalen Aufsichtsbehörde erlassenen endgültigen Beschluss bei einem nationalen Gericht anfechten könne.[22] Sollte diese Entscheidung in Rechtskraft erwachsen, wäre der Europäische Datenschutzausschuss damit einer direkten gerichtlichen Kontrolle entzogen.[23] 20

Bereits auf Grundlage der verbindlichen internen Datenschutzvorschriften ergibt sich ein Beschwerderecht des **Betroffenen** bei der zuständigen Aufsichtsbehörde, ein Recht auf Einlegung eines Rechtsbehelfs bei den zuständigen Gerichten der Mitgliedstaaten und – im Falle einer Verletzung der verbindlichen internen Datenschutzvorschriften – das Recht, Schadensersatz zu erhalten. Art. 79 gewährleistet den gerichtlichen Rechtsschutz **gegen den Verantwortlichen** wegen der Verletzung der der betroffenen Person nach der DS-GVO zustehenden Rechte. Zuständig sind grundsätzlich die Gerichte des Mitgliedstaates, in dem der Verantwortliche seine Niederlassung hat (Art. 79 Abs. 2 S. 1). Die betroffene Person kann gemäß Art. 79 Abs. 2 S. 2 Klage auch vor den Gerichten in ihrem eigenen Mitgliedstaat erheben. Die betroffene Person kann auch **gegen die Aufsichtsbehörde** Klage erheben, wenn er durch einen „rechtsverbindlichen Beschluss", also von einem Verwaltungsakt im Sinne des deutschen Verwaltungsrechts, betroffen ist (Art. 78 Abs. 1). Das ist dann der Fall, wenn dieser Verwaltungsakt 21

---

[20] Europäischer Datenschutzausschuss, Recommendations 1/2022 on the Application for Approval and on the elements and principles to be found in Controller Binding Corporate Rules (Art. 47 GDPR), Version 2.1, v. 20.6.2023, Rn. 9, 10.
[21] Erwägungsgrund 143.
[22] Vgl. EuG Beschl. v. 7.12.2022 – T-709/21, ECLI:EU:T:2022:783 = BeckEuRS 2021, 747834 – WhatsApp Ireland/Europäischer Datenschutzausschuss; am 17.2.2023 wurde Rechtsmittel beim EuGH eingelegt (C-97/23 P – WhatsApp Ireland/Europäischer Datenschutzausschuss).
[23] *Kraska/Wehowsky* ZD-Aktuell 2022, 01446.

einer Beschwerde gegen die Verarbeitung ganz oder teilweise abweist, mit der eine die Datenschutzgrundsätze konkretisierende Rechtsposition geltend gemacht wird, etwa ein Verstoß gegen die Mindestanforderungen des Art. 47 Abs. 2. Bleibt die Aufsichtsbehörde untätig, kann Untätigkeitsklage gemäß Art. 78 Abs. 2 erhoben werden.

Art. 48 Nach dem Unionsrecht nicht zulässige Übermittlung oder Offenlegung

Jegliches Urteil eines Gerichts eines Drittlands und jegliche Entscheidung einer Verwaltungsbehörde eines Drittlands, mit denen von einem Verantwortlichen oder einem Auftragsverarbeiter die Übermittlung oder Offenlegung personenbezogener Daten verlangt wird, dürfen unbeschadet anderer Gründe für die Übermittlung gemäß diesem Kapitel jedenfalls nur dann anerkannt oder vollstreckbar werden, wenn sie auf eine in Kraft befindliche internationale Übereinkunft wie etwa ein Rechtshilfeabkommen zwischen dem ersuchenden Drittland und der Union oder einem Mitgliedstaat gestützt sind.

Literatur: *Albrecht,* Das neue Datenschutzrecht – von der Richtlinie zur Verordnung, CR 2016, 88; *Bonney/Nick,* Microsoft vs. New York: warum Datenmapping immer wichtiger wird, RDV 2015, 28; *Grosdidier,* The French Blocking Statute, the Hague Evidence Convention, and the Case Law: Lessons for French Parties Responding to American Discovery, v. 21.7.2014, www.lexology.com/library/detail.aspx? g=2cce55a5-45ae-4aa6-867b-c5dcfd4385c5; *Hornung,* Eine Datenschutz-Grundverordnung für Europa? Licht und Schatten im Kommissionsentwurf vom 25.1.2012, ZD 2012, 99; *Johannes,* Datenschutz und Datensicherheit in China, ZD 2022, 90; *Metz/Spittka,* Datenweitergabe im transatlantischen Rechtsraum – Konflikt oder Konsistenz?, ZD 2017, 361; *Nguyen,* Die Verhandlungen um die Datenschutzgrundverordnung unter litauischer Ratspräsidentschaft, RDV 2014, 26; *Rath/Kuß/Maiworm,* Die neue Microsoft Cloud in Deutschland mit Datentreuhand als Schutzschild gegen NSA & Co?, CR 2016, 98; *Spies,* Europa: Wer hat Angst vor dem Patriot Act?, ZD-Aktuell 2012, 03062; *Vladeck,* Gutachten zum aktuellen Stand des US-Überwachungsrechts und der Überwachungsbefugnisse, v. 15.11.2021, www.datenschutzkonferenz-online.de/media/weitere_dokumente/Vladek_Rechtsgutachten_DSK_de.pdf.

Rechtsprechung: United States Court of Appeals for the Second Circuit, IN RE: a Warrant to Search a Certain E-Mail Account Controlled and Maintained by Microsoft Corporation Microsoft Corporation, Appellant, v. United States of America, Appellee, Docket No. 14–2985 August Term, 2015, Decided: July 14, 2016 = ZD 2016, 480 mAnm *Schröder/Spies.*

Übersicht

	Rn.
A. Allgemeines	1
I. Zweck und Bedeutung der Vorschrift	1
II. Systematik, Verhältnis zu anderen Vorschriften	5
B. Einzelerläuterungen	8
I. Anwendungsbereich	8
II. Rechtsfolge	11
III. Zulässige Übermittlungen	12
IV. Erklärung des Vereinigten Königreichs von Großbritannien und Nordirland zu Art. 48	17

A. Allgemeines*

I. Zweck und Bedeutung der Vorschrift

1 Art. 48 gestattet keine Datenübermittlungen aus der Union allein aufgrund von unilateralen Entscheidungen eines Drittstaates, um so zu verhindern, dass eine einseitige Entscheidung eines Drittstaates aus Gründen seines eigenen öffentlichen Interesses zu einer systematischen und massiven Übermittlung von Daten, die durch die DS-GVO geschützt sind, führt. Mit der Bekräftigung des Grundsatzes, dass es für Übermittlungen immer einer konkreten Rechtsgrundlage im europäischen Recht bedarf, setzten die EU-Gesetzgeber auch ein deutliches Zeichen für die europäische digitale Datenhoheit und Schutz natürlicher Personen in der Union

---

* Der Verfasser vertritt hier seine persönliche Auffassung, die nicht notwendig der Auffassung des Europäischen Datenschutzbeauftragten entspricht.

Nach dem Unionsrecht nicht zulässige Übermittlung oder Offenlegung 2 **Art. 48**

und gegen **völkerrechtswidrige extraterritoriale Zugriffe von Drittstaaten** *unmittelbar* **bei Privaten unter Umgehung oder Nichtbemühung staatlicher Wege**, ohne rechtsstaatlicher Verfahrensgarantien. Kurzum: Europäische Schutzstandards sollen nicht den (Sicherheits-)Interessen anderer Staaten untergeordnet werden.[1]

Ausgelöst wurde die Debatte insbesondere durch eine Anordnung eines US-amerikanischen 2 Gerichts an ein Unternehmen, personenbezogene Daten über einen Nutzer herauszugeben, dessen Daten auf in Europa befindlichen Rechnern gespeichert waren.[2] Auch auf der Grundlage bestimmter US-Gesetze können US-Behörden direkt an Unternehmen herantreten und Zugriff auf in der EU gespeicherte Daten verlangen, was bezüglich einer Datenverarbeitung in der Wolke („cloud computing") eine besondere Relevanz aufweist. Als Rechtsgrundlagen werden hierfür zB der Patriot Act, der Foreign Intelligence Surveillance Act (FISA)[3], der Electronic Privacy Act, der Stored Communications Act, die Rechtsprechung von US-Gerichten über „Bank of Nova Scotia Subpoena" und Einwilligungsanordnungen (Compelled Consent Order) aufgeführt.[4] Insbesondere der **„CLOUD Act"** (Clarifying Lawful Overseas Use of Data Act) regelt ausdrücklich, dass US-Ermittler Zugriff auf Daten bekommen, die auf Rechnern außerhalb der USA liegen.[5] Die Nichtbefolgung einer CLOUD Act-Anordnung kann zu Geld- und möglicherweise auch zu Freiheitsstrafen führen. Ferner ist es möglich, dass sich eine US-Behörde auf Basis der genannten Rechtsgrundlagen direkt an ein Unternehmen mit Sitz in der EU wendet und einen Datenzugriff einfordert, wenn dieses Unternehmen zB ein Büro in den USA betreibt, so dass auch personenbezogene Daten in einer innereuropäischen Rechnerstruktur betroffen sein können.[6] Datengesetze mit extraterritorialer Wirkung werden zunehmend auch außerhalb der EU und den USA eingeführt, etwa in Australien,[7] Indien[8] und China[9]. Europäi-

---

[1] So bereits *Hornung* ZD 2012, 99 (102); dazu auch → Einl. Rn. 22.

[2] United States District Court Southern District of New York in the matter of a Warrant to Search a Certain E-Mail Account Controlled and Maintained by Microsoft Corporation, James C. Francis IV United States Magistrate Judge; jetzt entschieden durch United States Court of Appeals for the Second Circuit IN RE: a Warrant to Search a Certain E-Mail Account Controlled and Maintained by Microsoft Corporation, Appellant, v. United States of America, Appellee, Docket No. 14–2985 August Term, 2015, Decided: July 14, 2016 = ZD 2016, 480 mAnm *Schröder/Spies;* anschließend befasste sich der Oberste Gerichtshof der USA (US Supreme Court) mit dem Fall (Case No. 17-2 USA gegen Microsoft); die Kommission im Namen der Union hat einen sog. Amicus-Schriftsatz v. 13.12.2017 eingereicht zwecks Erläuterung der EU-Datenschutzvorschriften, insbes. Art. 48 (www.supremecourt.gov/DocketPDF/17/17-2/23655/20171213123137791_17-2%20ac%20European%20Commission%20for%20filing.pdf). Siehe auch ZD-Aktuell 2018, 06053; als Folge des Inkrafttretens des „CLOUD Act" hat der Oberste Gerichtshof den Fall abgewiesen, www.supremecourt.gov/opinions/17pdf/17-2_1824.pdf.

[3] Zum Verstoß gegen Unionsrecht von Section 702 FISA siehe insbes. EuGH Urt. v. 16.7.2020 – C-311/18, ECLI:EU:C:2020:559 = ZD 2020, 511 mAnm *Moos/Rothkegel* Rn. 180 – Schrems II.

[4] Vgl. *Rath/Kuß/Maiworm* CR 2016, 98.

[5] Siehe zu Einzelheiten *Vladeck,* Gutachten zum aktuellen Stand des US-Überwachungsrechts und der Überwachungsbefugnisse v. 15.11.2021, www.datenschutzkonferenz-online.de/media/weitere_dokumente/Vladek_Rechtsgutachten_DSK_de.pdf; Niederländisches Justiz- und Sicherheitsministerium, Cloud act memo v. 16.8.2022, www.ncsc.nl/binaries/ncsc/documenten/publicaties/2022/augustus/16/cloud-act-memo/Cloud+Act+Memo+Final.pdf; zur US-amerikanischen Sichtweise, siehe U. S. Department of Justice, Promoting Public Safety, Privacy, and the Rule of Law Around the World:The Purpose and Impact of the CLOUD Act, White Paper April 2019, www.justice.gov/CLOUDAct.

[6] Vgl. *Spies* ZD-Aktuell 2012, 03062; zu Konsequenzen für Unternehmen siehe bereits *Bonney/Nick* RDV 2015, 28.

[7] Australischer *Telecommunications Legislation Amendment (International Production Orders) Act 2021,* www.legislation.gov.au/Details/C2021A00078.

[8] Indischer *Information Technology Act 2000,* eprocure.gov.in/cppp/rulesandprocs/kbadqkdlcswfjdelrquehwuxcfmijmuixngudufgbuubgubfugbububjxcgfvsbdihbgfGhdfgFHytyhRtMjk4NzY=#:~:text=%5B9th%20June%2C%202000%5D%20An,communication%20and%20storage%20of%20information%2C; siehe iE Milieu Consulting, Government access to data in third countries, November 2021, S. 28, edpb.europa.eu/system/files/2022-01/legalstudy_on_government_access_0.pdf.

[9] Dies ist relevant, weil Hardware und Software (sowie andere Formen digitaler Dienstleistungen) zunehmend aus der VR China kommen. Ein solches chinesisches Gesetz mit extraterritorialer Wirkung ist das Datensicherheitsgesetz: Art. 2 Abs. 2 sieht die Anwendung des Gesetzes vor, sofern Datenverarbeitungsaktivitäten außerhalb des Festlandgebiets der VR China die nationale Sicherheit, das öffentliche Interesse und andere in dem Artikel genannte Interessen beeinträchtigen. Datensicherheitsgesetz der Volksrepublik China v. 10.6.2021, www.npc.gov.cn/englishnpc/c23934/202112/1abd8829788946ecab270e469b13c39c.shtml; siehe umfassend zur Rechtslage in der VR China: Milieu Consulting, Government access to data in third countries, November 2021, S. 12, edpb.europa.eu/system/files/2022-01/legalstudy_on_government_access_0.pdf sowie *Johannes* ZD 2022, 90.

sche Unternehmen und in der EU niedergelassene Drittstaatsunternehmen können dementsprechend zur Datenübermittlung in Drittstaaten unter Verletzung von Rechtsvorschriften der EU und der Mitgliedstaaten verpflichtet werden und geraten auf diese Weise in das Spannungsfeld zweier im Widerspruch zueinander stehender rechtlicher Verpflichtungen.[10]

3 Um die grenzüberschreitende Offenlegung von Informationen zwecks Vorlage bei ausländischen Gerichten zu untersagen oder zu beschränken, haben einige Länder diesbezüglich **Verbotsgesetze** (sog. „blocking statutes") erlassen. So verbietet beispielsweise das französische Gesetz Nr. 80–538[11] jede Weitergabe von bestimmten Informationen, insbesondere an ausländische Gerichte, mit einer Strafandrohung von sechs Monaten Haft und/oder einem Bußgeld von 18.000 EUR.[12] Organisationen oder Einzelpersonen in der Volksrepublik China dürfen ohne die Zustimmung der zuständigen Behörden keine im Hoheitsgebiet der Volksrepublik China gespeicherten Daten an Justiz- oder Strafverfolgungsbehörden im Ausland weitergeben.[13]

4 Auch auf EU-Ebene sind ausdrückliche **gesetzliche Maßnahmen gegen Extraterritorialität** nicht ungewöhnlich: Die EU erließ im November 1996 die VO (EG) Nr. 2271/96,[14] die es in der EU ansässigen Personen oder juristischen Personen ausdrücklich verbietet, den Verboten aus dem US-Helms-Burton Act zur Einhaltung des von den USA gegen Kuba verhängten Wirtschafts- und Finanzembargos oder darauf basierenden Entscheidungen nachzukommen.[15] Unionsvorschriften bzw. einzelstaatliche Vorschriften von EU-bzw. EWR-Mitgliedstaaten können nen gemäß Art. 49 Abs. 5 Datenübermittlungen beschränken oder ganz untersagen (→ Art. 49 Rn. 19 ff.). Nichtsdestotrotz war die Vorschrift des Art. 48 bis zuletzt umstritten.[16]

II. Systematik, Verhältnis zu anderen Vorschriften

5 Die Bestimmung des Art. 48 ist systematisch eine Ausprägung des allgemeinen Verbots in Art. 44 S. 3, das durch die DS-GVO gewährleistete Schutzniveau nicht zu untergraben. Art. 48 ist daher **gesondert** vor jedweder konkreten Übermittlung nach den Art. 45, 46, 47 und 49 zu prüfen.

6 Art. 48 ist **keine eigenständige Rechtsgrundlage** für eine Übermittlung. Eine tatsächliche Übermittlung, die als Reaktion auf eine Entscheidung einer Behörde eines Drittlands erfolgt, ist daher in jedem Fall nur dann rechtmäßig, wenn sie im Einklang mit den Bedingungen von Kapitel V DS-GVO steht.[17]

7 Bei Verstößen gegen Art. 48 ist mit **Geldbußen** in Höhe von bis zu 20 Millionen EUR oder im Fall eines Unternehmens von bis zu 4 Prozent seines gesamten weltweit erzielten Jahresumsatzes des vorangegangen Geschäftsjahres zu rechnen (Art. 83 Abs. 5 Buchst. c).

---

[10] Mitteilung der Kommission „Wiederherstellung des Vertrauens beim Datenaustausch zwischen der EU und den USA", COM(2013) 846 final.

[11] Loi 80–538 du 16 juillet 1980 relative à la communication de documents et renseignements d'ordre économique, commercial ou technique à des personnes physiques ou morales ètrangéres (Gesetz Nr. 80–538 v. 16.7.1980 bzgl. der Offenlegung von Unterlagen und Informationen wirtschaftlicher, gewerblicher, oder technischer Art an natürliche oder juristische Personen, Journal officiel (Frz. ABl.) v. 17.7.1980, 1799, abrufbar unter www.legifrance.gouv.fr/jo_pdf.do?cidTexte=JORFTEXT000000501326; instruktiv dazu *Grosdidier*, The French Blocking Statute, the Hague Evidence Convention, and the Case Law: Lessons for French Parties Responding to American Discovery, v. 21.7.2014, www.lexology.com/library/detail.aspx?g=2cce55a5-45ae-4aa6-867b-c5dcfd4385c5.

[12] Siehe mwBsp Artikel-29-Datenschutzgruppe, Arbeitsunterlage 1/2009 über Offenlegungspflichten im Rahmen der vorprozessualen Beweiserhebung bei grenzübergreifenden zivilrechtlichen Verfahren (pre-trial discovery), WP 158 v. 11.2.2009.

[13] Siehe Art. 36 Datensicherheitsgesetz der Volksrepublik China v. 10.6.2021, www.npc.gov.cn/englishnpc/c23934/202112/1abd8829788946ecab270e469b13c39c.shtml.

[14] Verordnung (EG) Nr. 2271/96 des Rates v. 22.11.1996 zum Schutz vor den Auswirkungen der extraterritorialen Anwendung von einem Drittland erlassener Rechtsakte sowie von darauf beruhenden oder sich daraus ergebenden Maßnahmen, ABl. 1996 L 309, 1.

[15] Der von Paal/Pauly/*Pauly* DS-GVO Art. 48 Rn. 5 ins Spiel gebrachte „drohende Sanktionenwettstreit der Rechtsordnungen" besteht daher bereits grds. nicht erst seit der DS-GVO.

[16] Siehe näher *Albrecht* CR 2016, 88 (94); *Metz/Spittka* ZD 2017, 361 (365) bezeichnen die Vorschrift als „verunglückt".

[17] Europäischer Datenschutzausschuss und Europäischer Datenschutzbeauftragter, EDPB-EDPS Joint Response to the LIBE Committee on the impact of the US Cloud Act on the European legal framework for personal data protection (annex), v. 10.7.2019, S. 3 unter Verweis auf Europäischer Datenschutzausschuss, Leitlinien 2/2018 zu den Ausnahmen nach Artikel 49 der Verordnung 2016/679 v. 25.5.2018.

B. Einzelerläuterungen

I. Anwendungsbereich

Die Vorschrift findet Anwendung bei Urteilen eines Gerichts eines Drittlands und Entscheidungen einer Verwaltungsbehörde eines Drittlands, mit denen von einem Verantwortlichen oder einem Auftragsverarbeiter konkret die Übermittlung oder Offenlegung personenbezogener Daten verlangt wird. **Gegenstand** eines drittstaatlichen Verlangens ist die Übermittlung oder Offenlegung personenbezogener Daten iSd Art. 4 Nr. 1. Ursprung des Verlangens ist ein Drittland. Die Bestimmung zielt nicht auf ein bestimmtes Drittland ab, sondern findet Anwendung auf **sämtliche Drittstaaten,** unter Einbeziehung von internationalen Organisationen. Neben den ausdrücklich erwähnten **Gerichtsurteilen** sowie **Entscheidungen** von Verwaltungsbehörden eines Drittlands sind andere Handlungsformen denkbar („jegliches"), beispielsweise Beschlüsse und Verfügungen. Abzustellen ist dabei nicht auf die Form oder Bezeichnung der Handlung als Urteil oder Entscheidung, sondern auf das erkennbare Ausüben von Staatsgewalt durch eine Stelle eines Drittstaats.[18] Eine Unterscheidung des Anwendungsbereichs zwischen nichtöffentlichen und öffentlichen Stellen oder zwischen bestimmten Rechtsgebieten wird dabei nicht vorgenommen.[19] Das Verlangen muss an einen Verantwortlichen oder einen Auftragsverarbeiter gerichtet sein. Der Verantwortliche oder Auftragsverarbeiter muss dabei nicht notwendigerweise in der Union niedergelassen sein: Zur Verwirklichung des gemäß Art. 44 S. 3 geforderten Schutzes sind alle Fälle zu erfassen, in denen personenbezogene Daten unter Kontrolle eines Verantwortlichen oder eines Auftragsverarbeiters den Schutzbereich des DS-GVO verlassen sollen. Damit werden auch solche Fälle erfasst, in denen eine reine Datenspeicherung in der Union erfolgt.[20]

Der **Grund** des Verlangens ist dabei unerheblich; insbesondere ein möglicherweise vorliegendes öffentliches Interesse des *Drittstaates* an der Übermittlung ist unbeachtlich, da – wie jetzt ausdrücklich in Art. 6 Abs. 3 und Art. 49 Abs. 4 geregelt – allein ein öffentliches Interesse der Union oder eines Mitgliedstaats eine rechtliche Verpflichtung eines Verantwortlichen oder Auftragsverarbeiters auslösen kann. Jede andere Auslegung würde es ausländischen Vorschriften leicht machen, die EU-Vorschriften der DS-GVO zu umgehen.[21] Aus dem gleichen Grunde unbeachtlich sind mögliche **Verschwiegenheitsverpflichtungen**, die die ausländischen Behörden den datenverarbeitenden Behörden beim Zugriff auferlegen, was in der Praxis angesichts der ausdrücklichen Informationserteilung an den Betroffenen (→ Rn. 15) problematisch sein kann und daher weiterer Regelungen auch auf zwischenstaatlicher Ebene bedarf.[22]

---

[18] Für eine weite Auslegung auch Paal/Pauly/*Pauly* DS-GVO Art. 48 Rn. 5; Gierschmann/Schlender/Stentzel/Veil/*Schlender* DS-GVO Art. 48 Rn. 13.

[19] Anders der Vorschlag der deutschen Bundesregierung v. 31.7.2013 für eine Regelung zur Datenweitergabe in Form von Melde- und Genehmigungspflicht von Unternehmen, die Daten an Behörden in Drittstaaten übermitteln: Danach sollten Datenübermittlungen an Drittstaaten entweder den Verfahren der Rechts- und Amtshilfe im Bereich des Strafrechtes unterliegen oder im nichtöffentlichen Bereich den Datenschutzaufsichtsbehörden gemeldet und von diesen vorab genehmigt werden (Ratsdok. 12884/13 v. 31.7.2013).

[20] So auch Paal/Pauly/*Pauly* DS-GVO Art. 48 Rn. 5; Gierschmann/Schlender/Stentzel/Veil/*Schlender* DS-GVO Art. 48 Rn. 13.

[21] So Artikel-29-Datenschutzgruppe, Stellungnahme 6/2002 zur Übermittlung von Informationen aus Passagierlisten und anderen Daten von Fluggesellschaften an die Vereinigten Staaten, WP 66 v. 6.10.2002, S. 7; vgl. auch Arbeitspapier über eine gemeinsame Auslegung des Artikels 26 Absatz 1 der Richtlinie 95/46/EG, WP 114, v. 25.11.2005, S. 17.

[22] *Nguyen* RDV 2014, 26 (27). Für den Versuch einer pragmatischen Lösung siehe Erwägungsgrund 22 und Klausel 15 im Anh. des Durchführungsbeschlusses (EU) 2021/914 der Kommission v. 4.6.2021 über Standardvertragsklauseln für die Übermittlung personenbezogener Daten an Drittländer gemäß der Verordnung (EU) 2016/679 des Europäischen Parlaments und des Rates, ABl. 2021 L 199, 31, wonach der Datenimporteur insbes. den Datenexporteur und die betroffene Person benachrichtigen sollte, soweit möglich, wenn er von einer Behörde (auch einer Justizbehörde) ein nach dem Recht des Bestimmungslandes rechtlich bindendes Ersuchen um Offenlegung personenbezogener Daten erhält, die gem. den Standardvertragsklauseln übermittelt wurden. Gleichermaßen sollte der Datenimporteur den Datenexporteur und die betroffene Person benachrichtigen, wenn er davon Kenntnis erhält, dass eine Behörde nach dem Recht des Bestimmungsdrittlandes direkten Zugang zu diesen personenbezogenen Daten hat. Ist der Datenimporteur trotz aller Anstrengungen nicht in der Lage, den Datenexporteur oder die betroffene Person über spezifische Offenlegungsersuchen zu informieren, sollte er dem Datenexporteur möglichst viele sachdienliche Informationen über die eingegangenen Ersuchen zur Verfügung stellen. Darüber hinaus sollte der Datenimporteur

10 Keine Anwendung findet Art. 48 auf ein **rein abstraktes Risiko eines Verlangens** aufgrund drittstaatlicher Rechtsvorschriften: die Nichtanwendung von Art. 44 ff. ergibt sich aus dem Fehlen einer tatsächlichen Übermittlung. Die Fragestellungen, die sich insbesondere bei einer Auftragsverarbeitung aus dem bloßen Risiko eines Fernzugriffs von Drittstaaten auf im EWR verarbeitete Daten ergeben, sind daher im Rahmen der Rechenschaftspflicht des Verantwortlichen zu lösen (→ Art. 44 Rn. 12).

II. Rechtsfolge

11 Bei Vorliegen der Voraussetzungen ist grundsätzlich eine Anerkennung bzw. Vollstreckung des drittstaatlichen Verlangens durch den Verantwortlichen oder Auftragsverarbeiter **untersagt** und eine **allein** darauf gestützte Übermittlung **nicht zulässig**.

III. Zulässige Übermittlungen

12 Art. 48 stellt jedoch kein absolutes Verbot dar: Die Übermittlung kann dann stattfinden, wenn sich das Verlangen auf eine in Kraft befindliche **internationale Übereinkunft** wie etwa ein Rechtshilfeabkommen zwischen dem ersuchenden Drittland und der Union oder einem Mitgliedstaat stützt.[23] Mit dieser Bevorzugung von internationalen (Rechtshilfe-)Abkommen sollen **offizielle Kooperationskanäle** privilegiert werden; Zugriffe über andere Wege sind nur in klar festgelegten und gerichtlich überprüfbaren Ausnahmefällen gestattet (→ Rn. 14).[24] Das Vorliegen allein eines gültigen internationalen Abkommens, wie ein Rechtshilfeabkommen, genügt nicht, sondern dessen Verfahrensvorschriften sind einzuhalten.[25] Beispiele für solche internationale Übereinkünfte sind insbesondere das von verschiedenen nichteuropäischen Staaten ratifizierten Europarats-Übereinkommen über Computerkriminalität,[26] die zwischen der EU und den USA geschlossenen Abkommen über Auslieferung[27] und über Rechtshilfe in Strafsachen,[28] oder das EU-Rechtshilfeabkommen in Strafsachen mit Japan.[29] Ein EU-US-Abkommen über

---

dem Datenexporteur in regelmäßigen Abständen aggregierte Informationen bereitstellen. Der Datenimporteur sollte außerdem verpflichtet sein, alle eingegangenen Offenlegungsersuchen und die übermittelten Antworten zu dokumentieren und diese Informationen dem Datenexporteur oder der zuständigen Aufsichtsbehörde oder beiden auf Verlangen zur Verfügung zu stellen."

[23] Für die Kommission ist die DS-GVO daher kein „Verbotsgesetz", siehe Commission Staff Working Document accompanying the document Communication from the Commission to the European Parliament and the Council 'Data protection rules as a pillar of citizens empowerment and EUs approach to digital transition – two years of application of the General Data Protection Regulation', SWD(2020) 115 final, 43.

[24] So bereits Mitteilung der Kommission v. 27.11.2013, Wiederherstellung des Vertrauens beim Datenaustausch zwischen der EU und den USA, COM(2013) 846 final; vgl. Amicus-Schriftsatz der Kommission im Namen der Union v. 13.12.2017, 14 (www.supremecourt.gov/DocketPDF/17/17-2/23655/20171213 123137791_17-2%20ac%20European%20Commission%20for%20filing.pdf): „The GDPR thus makes 'mutual legal assistance treaties' or 'MLATs' the preferred option for transfers". Ähnlich Artikel-29-Datenschutzgruppe, Statement „Data protection and privacy aspects of cross-border access to electronic evidence" v. 29.11.2017, 9: „EU data protection law provides that existing international agreements such as a mutual assistance treaty (MLAT), must – as a general rule – be obeyed when law enforcement authorities in third countries request access or disclosure from EU data controllers."

[25] Darauf weist zu Recht hin BeckOK DatenschutzR/*Jungkind* DS-GVO Art. 48 Rn. 9.

[26] Europarat, Sammlung Europäischer Verträge Nr. 185, Budapest, 23.11.2001. Zukünftig ergänzt durch Zweites Zusatzprotokoll zum Übereinkommen über Computerkriminalität betreffend die Verstärkung der Zusammenarbeit und der Weitergabe von elektronischem Beweismaterial, Sammlung der Europaratsverträge Nr. 224, Straßburg, 12.5.2022. Dessen Inkrafttreten ist allerdings noch unbestimmt. Siehe inhaltlich Europäischer Datenschutzbeauftragter, Stellungnahme 1/2022 zu zwei Vorschlägen für Beschlüsse des Rates zur Ermächtigung der Mitgliedstaaten, im Interesse der Europäischen Union das Zweite Zusatzprotokoll zum Übereinkommen über Computerkriminalität über eine verstärkte Zusammenarbeit und die Weitergabe elektronischen Beweismaterials zu unterzeichnen und zu ratifizieren, edps.europa.eu/system/files/2022-04/22_01_20_opinion_de.pdf.

[27] ABl. 2003 L 181, 27.

[28] Beschluss 2009/820/GASP des Rates v. über den Abschluss im Namen der Europäischen Union des Abkommens über Auslieferung zwischen der Europäischen Union und den Vereinigten Staaten von Amerika und des Abkommens über Rechtshilfe zwischen der Europäischen Union und den Vereinigten Staaten von Amerika, ABl. 2009 L 291, 40; Abkommenswortlaut: ABl. 2003 L 181, 34; zur Unterzeichnung siehe Ratsbeschluss 2003/516/EG, ABl. 2003 L 181, 25; zur Genehmigung Ratsbeschluss 2009/820/GASP, ABl. 2012 L 291, 40; vgl. auch BGBl. 2007 II 1618.

[29] ABl. 2010 L 39, 19; ABl. 2010 L 343, 1; seit 2.1.2011 in Kraft, ABl. 2010 L 343, 1.

den grenzüberschreitenden Zugang zu elektronischen Beweismitteln für die justizielle Zusammenarbeit in Strafsachen wird derzeit verhandelt.[30] Die Artikel-29-Datenschutzgruppe erkennt an, dass ein Rechtshilfeersuchen auf der Grundlage des Haager Übereinkommens[31] eine formelle Grundlage für die Übermittlung personenbezogener Daten darstellt, doch haben nicht alle Mitgliedstaaten das Haager Übereinkommen unterzeichnet und die, die es unterzeichnet haben, haben unter Umständen einen Vorbehalt erklärt. Der EuGH hat außerdem klargestellt, dass Bestimmungen einer internationalen Übereinkunft, die die Union gemäß den Art. 217 und 218 AEUV geschlossen hat, ab dem Inkrafttreten der Übereinkunft Bestandteil der Unionsrechtsordnung sind und daher mit den Unionsverträgen und den Verfassungsgrundsätzen, die sich aus ihnen ableiten lassen, im Einklang stehen müssen.[32]

13 Diese völkerrechtlichen Abkommen sehen jedoch üblicherweise vor, dass Informationen, darunter personenbezogene Daten, ausschließlich zwischen **staatlichen Zentralbehörden** des ersuchenden und des ersuchten Staates ausgetauscht werden. Die Übermittlung der betreffenden personenbezogenen Daten durch den Verantwortlichen oder Auftragsverarbeiter *unmittelbar* an eine Behörde eines Drittstaats wäre lediglich dann zulässig, wenn dies von dem betreffenden internationalen Abkommen ausdrücklich vorgesehen ist, was jedoch nur ausnahmsweise der Fall sein dürfte.[33] Der Europäische Datenschutzausschuss rät daher Unternehmen in der EU, solch direkte Anfragen generell abzulehnen und die ersuchende Behörde des Drittstaates auf das bestehende Rechtshilfeabkommen oder die entsprechende Übereinkunft verweisen.[34]

14 Der Wortlaut des Art. 48 sowie von Erwägungsgrund 115 verweist daher zusätzlich darauf, dass eine solchermaßen verlangte Datenübermittlung im jeweiligen Einzelfall nur unter der Voraussetzung zulässig sein kann, dass die Bedingungen der DS-GVO des Kapitel V für Datenübermittlungen an Drittländer eingehalten werden (**„unbeschadet anderer Gründe für die Übermittlung gemäß diesem Kapitel"**).[35] Wenn keiner der Gründe in Art. 45 bis 47 zutrifft, käme in Betracht insbesondere eine Zulässigkeit nach Art. 49 Abs. 1 UAbs. 1 Buchst. d im Fall eines Vorliegens wichtiger Gründe des öffentlichen Interesses (→ Art. 49 Rn. 14) bzw. ein berechtigtes Interesse des Verantwortlichen oder des Auftragsverarbeiters im Einzelfall nach Art. 49 Abs. 1 UAbs. 2 (→ Art. 49 Rn. 18).[36]

15 Von der Übermittlung nach Art. 48 nebst Empfänger und Name des verlangenden Drittstaates ist der Betroffene grundsätzlich zu **informieren** (Art. 13 Abs. 1 Buchst. e und f; Art. 14 Abs. 1 Buchst. e und f) (→ Art. 13 Rn. 50 ff., 58 ff., → Art. 14 Rn. 30) und gegebenenfalls bei Geltendmachung des Betroffenen darüber Auskunft zu erteilen (Art. 15 Abs. 1 Buchst. c) (→ Art. 15 Rn. 1 ff.).[37]

---

[30] Siehe Europäische Kommission, Pressemitteilung v. 2.3.2023 mit Hinweis auf die Empfehlung für einen Beschluss des Rates zur Ermächtigung der Aufnahme von Verhandlungen im Hinblick auf ein Abkommen zwischen der EU und den Vereinigten Staaten von Amerika über den grenzüberschreitenden Zugang zu elektronischen Beweismitteln für die justizielle Zusammenarbeit in Strafsachen, COM(2019) 70 final; siehe auch Europäischer Datenschutzbeauftragter, Stellungnahme 2/2019 zum Verhandlungsmandat eines EU-US-Abkommens über den grenzüberschreitenden Zugang zu elektronischen Beweisen, edps.europa.eu/sites/edp/files/publication/19-04-02_edps_opinion_on_eu_us_agreement_on_e-evidence_en.pdf.
[31] Haager Übereinkommen über die Beweisaufnahme im Ausland in Zivil- oder Handelssachen v. 18.3.1970; siehe BGBl. 1977 II 1452 (1472).
[32] EuGH Gutachten v. 26.7.2017 – Gutachten 1/15, ECLI:EU:C:2017:592 Rn. 67 = ZD 2018, 23 – PNR-Abkommen EU-Kanada.
[33] Bspw. das Übereinkommen zwischen der EU und USA zur Übermittlung von Fluggastdaten (PNR) durch europäische Fluggesellschaften an die zuständigen US-Behörden, ABl. 2012 L 215, 5. Zu den grundrechtlichen Anforderungen an solche Übereinkommen vgl. EuGH Gutachten v. 26.7.2017 – Gutachten 1/15, ECLI:EU:C:2017:592 = ZD 2018, 23 – PNR-Abkommen EU-Kanada.
[34] Europäischer Datenschutzausschuss, Leitlinien 2/2018 zu den Ausnahmen nach Artikel 49 der Verordnung 2016/679 v. 25.5.2018, 6.
[35] Ebenso Amicus-Schriftsatz der Kommission im Namen der Union v. 13.12.2017, 14 (www.supremecourt.gov/DocketPDF/17/17-2/23655/20171213123137791_17-2%20ac%20European%20Commission%20for%20filing.pdf); Paal/Pauly/*Pauly* DS-GVO Art. 48 Rn. 7; Gierschmann/Schlender/Stentzel/Veil/*Schlender* DS-GVO Art. 48 Rn. 15.
[36] Vgl. mit weiteren Einzelheiten *Metz/Spittka* ZD 2017, 361 (364 ff.); aA Europäischer Datenschutzausschuss und Europäischer Datenschutzbeauftragter, nach denen Art. 49 Abs. 1 UAbs. 2 ausdrücklich keine Anwendung findet etwa bei auf den US-amerikanischen CLOUD Act gestützten Herausgabeverlangen, siehe EDPB-EDPS Joint Response to the LIBE Committee on the impact of the US Cloud Act on the European legal framework for personal data protection (annex), S. 7.
[37] Vgl. zu den Informationspflichten Artikel-29-Datenschutzgruppe, Leitlinien für Transparenz gemäß der Verordnung 2016/679, WP 260 rev.01, v. 11.4.2018.

16 Bei Zweifelsfragen kann sich der Verantwortliche oder Auftragsverarbeiter an die für ihn zuständige Aufsichtsbehörde wenden.[38]

IV. Erklärung des Vereinigten Königreichs von Großbritannien und Nordirland zu Art. 48

17 Das Vereinigte Königreich von Großbritannien und Nordirland erklärte anlässlich der Verabschiedung der DS-GVO, nicht an die Bestimmungen des Art. 48 gebunden zu sein.[39] Das Vereinigte Königreich begründete dies mit der Auffassung, dass Art. 48 Verpflichtungen zur gegenseitigen Anerkennung von Urteilen enthalte, die unter die Bestimmungen zum Raum der Freiheit, der Sicherheit und des Rechts in Dritter Teil Titel V AEUV fielen. An solchen Maßnahmen beteiligte sich das Vereinigte Königreich nicht gemäß Art. 1 und 2 des Protokolls Nr. 21. Diese Erklärung verkannte allerdings, dass Art. 16 AEUV als allgemein geltende Bestimmung und als Rechtsgrundlage für die Verabschiedung der DS-GVO in Erster Teil Titel II des AEUV platziert ist (und nicht im Dritten Teil Titel V AEUV). Nach Maßgabe des Art. 16 AEUV angenommene Rechtsakte sind eben keine Rechtsakte des Raums der Freiheit, der Sicherheit und des Rechts; somit ist auch Protokoll Nr. 21 nicht anwendbar, weder auf die DS-GVO als Ganzes noch auf Art. 48 im Einzelnen.[40]

Art. 49 Ausnahmen für bestimmte Fälle

(1) *[1]* Falls weder ein Angemessenheitsbeschluss nach Artikel 45 Absatz 3 vorliegt noch geeignete Garantien nach Artikel 46, einschließlich verbindlicher interner Datenschutzvorschriften, bestehen, ist eine Übermittlung oder eine Reihe von Übermittlungen personenbezogener Daten an ein Drittland oder an eine internationale Organisation nur unter einer der folgenden Bedingungen zulässig:
a) die betroffene Person hat in die vorgeschlagene Datenübermittlung ausdrücklich eingewilligt, nachdem sie über die für sie bestehenden möglichen Risiken derartiger Datenübermittlungen ohne Vorliegen eines Angemessenheitsbeschlusses und ohne geeignete Garantien unterrichtet wurde,
b) die Übermittlung ist für die Erfüllung eines Vertrags zwischen der betroffenen Person und dem Verantwortlichen oder zur Durchführung von vorvertraglichen Maßnahmen auf Antrag der betroffenen Person erforderlich,
c) die Übermittlung ist zum Abschluss oder zur Erfüllung eines im Interesse der betroffenen Person von dem Verantwortlichen mit einer anderen natürlichen oder juristischen Person geschlossenen Vertrags erforderlich,
d) die Übermittlung ist aus wichtigen Gründen des öffentlichen Interesses notwendig,
e) die Übermittlung ist zur Geltendmachung, Ausübung oder Verteidigung von Rechtsansprüchen erforderlich,
f) die Übermittlung ist zum Schutz lebenswichtiger Interessen der betroffenen Person oder anderer Personen erforderlich, sofern die betroffene Person aus physischen oder rechtlichen Gründen außerstande ist, ihre Einwilligung zu geben,
g) die Übermittlung erfolgt aus einem Register, das gemäß dem Recht der Union oder der Mitgliedstaaten zur Information der Öffentlichkeit bestimmt ist und entweder der gesamten Öffentlichkeit oder allen Personen, die ein berechtigtes Interesse nachweisen können, zur Einsichtnahme offensteht, aber nur soweit die im Recht der Union oder der Mitgliedstaaten festgelegten Voraussetzungen für die Einsichtnahme im Einzelfall gegeben sind.
[2] [1] Falls die Übermittlung nicht auf eine Bestimmung der Artikel 45 oder 46 – einschließlich der verbindlichen internen Datenschutzvorschriften – gestützt werden könnte und keine der Ausnahmen für einen bestimmten Fall gemäß dem ersten Unterabsatz anwendbar ist, darf eine Übermittlung an ein Drittland oder eine internationale Organisation nur dann erfolgen, wenn die Übermittlung nicht wiederholt erfolgt, nur

---

[38] Artikel-29-Datenschutzgruppe, Stellungnahme 1/2012 zu den Reformvorschlägen im Bereich des Datenschutzes, WP 191 v. 23.3.2012, S. 26.
[39] Ratsdok. 7920/16 v. 14.4.2016.
[40] Die Geltung der DS-GVO im Vereinigten Königreich endete grds. mit Ende der britischen EU-Mitgliedschaft (sog. „Brexit") am 1.2.2020, 0 Uhr (→ Einl. Rn. 49 Fn. 582).

eine begrenzte Zahl von betroffenen Personen betrifft, für die Wahrung der zwingenden berechtigten Interessen des Verantwortlichen erforderlich ist, sofern die Interessen oder die Rechte und Freiheiten der betroffenen Person nicht überwiegen, und der Verantwortliche alle Umstände der Datenübermittlung beurteilt und auf der Grundlage dieser Beurteilung geeignete Garantien in Bezug auf den Schutz personenbezogener Daten vorgesehen hat. ²Der Verantwortliche setzt die Aufsichtsbehörde von der Übermittlung in Kenntnis. ³Der Verantwortliche unterrichtet die betroffene Person über die Übermittlung und seine zwingenden berechtigten Interessen; dies erfolgt zusätzlich zu den der betroffenen Person nach den Artikeln 13 und 14 mitgeteilten Informationen.

(2) ¹Datenübermittlungen gemäß Absatz 1 Unterabsatz 1 Buchstabe g dürfen nicht die Gesamtheit oder ganze Kategorien der im Register enthaltenen personenbezogenen Daten umfassen. ²Wenn das Register der Einsichtnahme durch Personen mit berechtigtem Interesse dient, darf die Übermittlung nur auf Anfrage dieser Personen oder nur dann erfolgen, wenn diese Personen die Adressaten der Übermittlung sind.

(3) Absatz 1 Unterabsatz 1 Buchstaben a, b und c und sowie Absatz 1 Unterabsatz 2 gelten nicht für Tätigkeiten, die Behörden in Ausübung ihrer hoheitlichen Befugnisse durchführen.

(4) Das öffentliche Interesse im Sinne des Absatzes 1 Unterabsatz 1 Buchstabe d muss im Unionsrecht oder im Recht des Mitgliedstaats, dem der Verantwortliche unterliegt, anerkannt sein.

(5) ¹Liegt kein Angemessenheitsbeschluss vor, so können im Unionsrecht oder im Recht der Mitgliedstaaten aus wichtigen Gründen des öffentlichen Interesses ausdrücklich Beschränkungen der Übermittlung bestimmter Kategorien von personenbezogenen Daten an Drittländer oder internationale Organisationen vorgesehen werden. ²Die Mitgliedstaaten teilen der Kommission derartige Bestimmungen mit.

(6) Der Verantwortliche oder der Auftragsverarbeiter erfasst die von ihm vorgenommene Beurteilung sowie die angemessenen Garantien im Sinne des Absatzes 1 Unterabsatz 2 des vorliegenden Artikels in der Dokumentation gemäß Artikel 30.

Literatur: *Heil/Greve*, Datenschutzkonformes Steuerrecht?, ZD 2013, 481; *Hornung*, Datenschutz durch Technik in Europa, ZD 2011, 51; *Schlarmann*, Datenschutz beim Kampf gegen Doping, ZD 2016, 572; *Ambrock/Karg*, Ausnahmetatbestände der DS-GVO als Rettungsanker des internationalen Datenverkehrs?, ZD 2017, 154.

Rechtsprechung: EuGH Urt. v. 30.5.2006 – C-317/04 u. C-318/04, ECLI:EU:C:2006:346 = EuZW 2006, 403 – Parlament/Rat; EuGH Urt. v. 3.9.2008 – C-402/05 P u. C-415/05 P, ECLI:EU:C:2008:461 – Kadi und Al Barakaat International Foundation/Rat u. Kommission; EuGH Urt. v. 23.11.2010 – C-145/09, ECLI:EU:C:2010:708 – Tsakouridis; EuGH Urt. v. 15.11.2012 – C-539/10 P u. C-550/10 P, ECLI:EU:C:2012:711 – Al-Aqsa/Rat und Pays-Bas/Al Aqsa; EuGH Urt. v. 22.11.2012 – C-119/12, ECLI:EU:C:2012:748 = ZD 2013, 77 – Probst; EuGH Urt. v. 13.5.2014 – C-131/12, ECLI:EU:C:2014:317 = ZD 2014, 350 – Google Spain und Google; EuGH Urt. v. 21.12.2016 – C-203/15 u. C-698/15, ECLI:EU:C:2016:970 = ZD 2017, 124 mAnm *Kipker* – Tele2 Sverige; EuGH Urt. v. 9.3.2017 – C-398/15, ECLI:EU:C:2017:197 = ZD 2017, 325 – Manni; EuGH Urt. v. 16.7.2020 – C-311/18, ECLI:EU:C:2020:559 = ZD 2020, 511 mAnm *Moos/Rothkegel* – Schrems II; EuGH Urt. v. 17.6.2021– C-597/19, ECLI:EU:C:2021:492 = EuZW 2021, 595 – M. I. C. M.; EuGH Urt. v. 1.8.2022 – C-184/20, ECLI:EU:C:2022:601 = ZD 2022, 611 – Vyriausioji tarnybinės etikos komisija; EuGH Urt. v. 22.11.2022 – C-37/20, C-601/20, ECLI:EU:C:2022:912 = NJW 2023, 199 mAnm *Sandhu* – Luxembourg Business Registers; EuGH Urt. v. 4.7.2023 – C-252/21, ECLI:EU:C:2023:537 = BeckRS 2023, 15772 – Meta Platforms u.a. (Allgemeine Nutzungsbedingungen eines sozialen Netzwerks).

Übersicht

	Rn.
A. Allgemeines	1
I. Zweck und Bedeutung der Vorschrift	1
II. Systematik, Verhältnis zu anderen Vorschriften	2
B. Einzelerläuterungen	3
I. Ausnahmecharakter	3
1. Ausdrückliche Einwilligung	6
2. Vertragserfüllung	9

    3. Vertrag mit Dritten im Interesse der betroffenen Person 12
    4. Wichtiges öffentliches Interesse 14
    5. Geltendmachung von Rechtsansprüchen 15
    6. Wahrung lebenswichtiger Interessen 16
    7. Öffentliche Register 17
    8. Spezielle Interessensabwägung im Einzelfall 18
  II. Ausnahmen von den Ausnahmen 19
  C. Nationale Durchführung 22

A. Allgemeines*

I. Zweck und Bedeutung der Vorschrift

1   Art. 49 legt **fallgruppenartig bestimmte Ausnahmen** fest von dem Grundsatz, dass Übermittlungen personenbezogener Daten in Drittländer und an internationale Organisationen nur bei Gewährleistung eines angemessen Schutzniveaus oder mittels angemessener Garantien stattfinden können. Damit wurde der Tatsache Rechnung getragen, dass es ähnlich wie beim Grundsatz der Rechtmäßigkeit der Verarbeitung möglich ist, bestimmte Bedingungen und Umstände zu beschreiben, bei denen selbst in Abwesenheit eines angemessenen Schutzniveaus im Empfangsland eine solche Übermittlung mit dem Schutz der Personen vereinbar ist.[1] Die **Vorschrift des Art. 49 basiert auf Art. 26 Abs. 1 DS-RL, ergänzt und präzisiert** diese jedoch in wichtigen Aspekten. Zusätzlich wurde erstmals in Art. 49 Abs. 1 UAbs. 2 eine neuartige auf Abwägung von Interessen gestützte Ausnahme sowie in Abs. 5 eine ausdrückliche „Ausnahme von der Ausnahme" hinzugefügt.

II. Systematik, Verhältnis zu anderen Vorschriften

2   Die Tatbestände des Art. 49 sind keine selbstständigen Rechtfertigungen für Datenübermittlungen: Wie bei den anderen Vorschriften in diesem Kapitel gilt der Grundsatz der Einhaltung der übrigen Vorschriften der DS-GVO und die somit erforderliche Zwei-Stufen-Prüfung (→ Art. 44 Rn. 17). Das bedeutet beispielsweise, dass eine Übermittlung besonderer Kategorien von Daten nur mit Art. 49 Abs. 1 – soweit anwendbar – gerechtfertigt werden kann, wenn eine der Bedingungen in Art. 9 erfüllt wird.[2] Bei Verstößen gegen Art. 49 ist gemäß Art. 83 Abs. 5 Buchst. c mit **Geldbußen** in Höhe von bis zu 20 Millionen EUR oder im Fall eines Unternehmens von bis zu 4 Prozent seines gesamten weltweit erzielten Jahresumsatzes des vorangegangenen Geschäftsjahres zu rechnen (→ Art. 83 Rn. 21 ff.).

B. Einzelerläuterungen

I. Ausnahmecharakter

3   Art. 49 Abs. 1 ist eine **Ausnahmevorschrift** und kann nur dann zu einer Übermittlung personenbezogener Daten an Empfänger in Drittstaaten herangezogen werden, wenn weder eine Angemessenheit des Datenschutzniveaus gemäß Art. 45 festgestellt wurde noch geeignete Garantien gemäß Art. 46 und 47 bestehen (**„Übermittlungs-Prüfkaskade",** → Art. 44 Rn. 18). Gleiches gilt gemäß Abs. 1 auch für eine „Reihe von Übermittlungen", um mehrere gleichgelagerte Fälle zu erfassen. Für ausdrücklich anwendbar erklärt die DS-GVO die Vorschrift auch in den Fällen, in denen die Kommission durch Angemessenheitsbeschlüsse festgestellt hat, dass ein Drittland oder eine internationale Organisation kein angemessenes Schutzniveau mehr gewährleistet (→ Art. 45 Rn. 24).

4   Bei Vorliegen einer Ausnahme des Art. 49 muss der Verantwortliche bzw. Auftragsverarbeiter, der Daten übermittelt, weder sicherstellen, dass der Empfänger einen angemessenen Schutz gewährleistet, noch muss er die vorherige Genehmigung für die Übermittlung bei der zuständigen Behörde einholen. Der EuGH hat ausdrücklich festgestellt, dass ein Datenexporteur weiterhin die

---

* Der Verfasser vertritt hier seine persönliche Auffassung, die nicht notwendig der Auffassung des Europäischen Datenschutzbeauftragten entspricht.
[1] Vgl. bereits zur DS-RL Grabitz/Hilf/*Brühann* RL 95/46/EG, Stand: 5.1999, Art. 26.
[2] Vgl. bereits zur DS-RL Artikel-29-Datenschutzgruppe, Arbeitspapier über eine gemeinsame Auslegung des Artikels 26 Absatz 1 der Richtlinie 95/46/EG, WP 114 v. 25.11.2005, 9.

in Art. 49 Abs. 1 kodifizierten Ausnahmeregelungen nutzen kann, selbst wenn hinsichtlich des jeweiligen Drittstaats weder ein Angemessenheitsbeschluss nach Art. 45 Abs. 3 vorliegt noch geeignete Garantien im Sinne des Art. 46 bestehen.[3] Die Regelungen des Art. 49 Abs. 1 sind allerdings – wie bereits bei Art. 26 Abs. 1 DS-RL – **als Ausnahme eng auszulegen**[4], damit die Ausnahme nicht zur Regel wird.[5] Diese Sichtweise wird deutlich vom Wortlaut des Titels des Art. 49 gestützt, wonach die Ausnahmeregelungen nur in bestimmten Fällen Anwendung finden („Ausnahmen für bestimmte Fälle"). Bei den in Art. 49 Abs. 1 Buchst. b, c und e aufgeführten Sonderfällen besteht die zusätzliche Einschränkung, dass die Datenübermittlung in das Drittland nur „gelegentlich" erfolgen darf.[6] Nach dem Europäischem Datenschutzausschuss dürfen solche Übermittlungen zwar öfter als einmal, aber nicht regelmäßig erfolgen und sich allein außerhalb gewöhnlicher Abläufe zutragen, beispielsweise nur unter zufälligen, unvorhergesehenen Umständen und in beliebigen Zeitabständen.[7] Die Vorschrift des Art. 49 eignet sich daher grundsätzlich nicht für Verarbeitungen, die massenhaft, wiederholt oder routinemäßig erfolgen.[8] Solche **massenhafte oder wiederholte Übermittlungen** dürfen jedenfalls nur dann auf der Grundlage des Art. 49 vorgenommen werden, wenn der Rückgriff auf geeignete Garantien (etwa Standarddatenschutzklauseln oder verbindliche interne Datenschutzvorschriften) in der Praxis nicht möglich ist und die Risiken für den Betroffenen geringfügig sind (zB bei internationalen Geldüberweisungen).[9] Angesichts dieser restriktiven Vorgaben sind die Auffassungen, dass die Anwendung der Ausnahmeregelungen nach Art. 49 darüber hinaus „niemals zu einer möglichen Verletzung von Grundrechten" führen dürfe[10] bzw. dass die Ausnahmen des Art. 49 zusätzlich durch eine Prüfung des Gebots der Wahrung des **Wesensgehaltes** iSd Art. 51 Abs. 1 beschränkt seien,[11] abzulehnen: zwar ist die Vorschrift im Licht der durch die Charta garantierten Grundrechte auszulegen,[12] doch hat sich der europäische Gesetzgeber bewusst dafür entschieden, auch dann Datenübermittlungen personenbezogener Daten in Drittländer zuzulassen, wenn dies höhere Risiken für die Rechte und Freiheiten der betroffenen Personen mit sich bringt: gerade durch die Einhaltung der Vorgaben des Art. 49 wird sichergestellt, dass der Wesensgehalt des Grundrechts auf Schutz personenbezogener Daten des Art. 8 GRCh nicht verletzt wird.[13]

Die **Artikel-29-Datenschutzgruppe** hatte bereits zur Anwendung des Art. 26 Abs. 1 DS-RL mehrere Orientierungshilfen herausgegeben.[14] Seither hat der **Europäische Datenschutz-**

---

[3] EuGH Urt. v. 16.7.2020 – C-311/18, ECLI:EU:C:2020:559 = ZD 2020, 511 mAnm Moos/Rothkegel Rn. 202– Schrems II.
[4] Siehe den Amicus-Schriftsatz der Kommission im Namen der Union v. 13.12.2017, S. 16 (www.supremecourt.gov/DocketPDF/17/17-2/23655/20171213123137791_17-2%20ac%20European%20Commission%20for%20filing.pdf), unter Verweis auf EuGH Urt. v. 22.11.2012 – C-119/12, ECLI:EU:C:2012:748 = ZD 2013, 77 Rn. 23 – Probst; vgl. bereits Artikel-29-Datenschutzgruppe, Arbeitspapier über eine gemeinsame Auslegung des Artikels 26 Absatz 1 der Richtlinie 95/46/EG, WP 114 v. 25.11.2005, S. 9, 17.
[5] Europäischer Datenschutzausschuss, Leitlinien 2/2018 zu den Ausnahmen nach Artikel 49 der Verordnung 2016/679 v. 25.5.2018, 4, unter Verweis auf Artikel-29-Datenschutzgruppe, Arbeitspapier über eine gemeinsame Auslegung des Artikels 26 Absatz 1 der Richtlinie 95/46/EG, WP 114 v. 25.11.2005, S. 9.
[6] Erwägungsgrund 111, S. 1.
[7] Europäischer Datenschutzausschuss, Leitlinien 2/2018 zu den Ausnahmen nach Artikel 49 der Verordnung 2016/679 v. 25.5.2018, S. 5.
[8] Vgl. bereits ähnlich Artikel-29-Datenschutzgruppe, Arbeitspapier über eine gemeinsame Auslegung des Artikels 26 Absatz 1 der Richtlinie 95/46/EG, WP 114 v. 25.11.2005; bekräftigt in Stellungnahme 1/2012 zu den Reformvorschlägen im Bereich des Datenschutzes, WP 191 v. 23.3.2012.
[9] Vgl. zur DS-RL Kommission, „Frequently Asked Questions Relating to Transfers of Personal Data from the EU/EEA to Third Countries" (FAQ D.1), S. 49, www.europarl.europa.eu/meetdocs/2009_2014/documents/libe/dv/12_international_transfers_faq_/12_international_transfers_faq_en.pdf.
[10] Europäischer Datenschutzausschuss, Leitlinien 2/2018 zu den Ausnahmen nach Artikel 49 der Verordnung 2016/679 v. 25.5.2018, S. 8.
[11] So die Irische Datenschutzbehörde, Decision of the Data Protection Commission made pursuant to Section 111 of the Data Protection Act, 2018 and Articles 60 and 65 of the General Data Protection Regulation v. 12.5.2023, Rn. 8.22, edpb.europa.eu/system/files/2023-05/final_for_issue_ov_transfers_decision_12-05-23.pdf.
[12] Siehe zB EuGH Urt. v. 13.5.2014 – C-131/12, ECLI:EU:C:2014:317 = ZD 2014, 350 Rn. 68 – Google Spain und Google.
[13] Zust. hins. jedenfalls der Einwilligung in Art. 49 Abs. 1 Buchst. a, Simitis/Hornung/Spiecker gen. Döhmann/Schantz DS-GVO Art. 49 Rn. 19 sowie Ambrock/Karg ZD 2017, 154 (159).
[14] Vgl. Artikel-29-Datenschutzgruppe, Übermittlungen personenbezogener Daten an Drittländer: Anwendung von Artikel 25 und 26 der Datenschutzrichtlinie der EU, WP 12 v. 24.7.1998, teilweise aktualisiert durch Artikel-29-Datenschutzgruppe, Referenzgrundlage für Angemessenheit, WP 254/rev.01 v. 6.2.2018;

ausschuss diese in Bezug auf zentrale Fragen im Zusammenhang mit der Anwendung von Ausnahmen bei der Übermittlung personenbezogener Daten an Drittländer mit aktualisierten Leitlinien weitergeführt.[15]

6 **1. Ausdrückliche Einwilligung.** Die allgemeinen Anforderungen, die an die in Art. 49 Abs. 1 UAbs. 1 Buchst. a genannte Einwilligung zu stellen sind, ergeben sich bereits aus Art. 4 Nr. 11 sowie Art. 7 und 8.[16] Bewusst abweichend von Art. 26 Abs. 1 Buchst. a DS-RL verlangt die Bestimmung nunmehr eine **„ausdrückliche Einwilligung"** wie auch in Art. 9 Abs. 2 Buchst. a. Damit wird eine Einwilligung durch schlüssiges Verhalten nunmehr ausgeschlossen.[17] Die Vorschrift verankert ebenso erstmalig im Gesetzeswortlaut, dass die betroffene Person die ausdrückliche Einwilligung erst dann wirksam abgeben kann, nachdem sie vom Verantwortlichen über die für sie bestehenden möglichen **Risiken** der Datenübermittlung ohne Vorliegen eines Angemessenheitsbeschlusses und ohne geeignete Garantien unterrichtet wurde. Die Artikel-29-Datenschutzgruppe hatte einen solchen **Gefahrenhinweis** bereits seit 1998 gefordert.[18] Dieser Verweis auf die Risiken einer solchen Übermittlung – darunter etwa, dass es in dem Drittland möglicherweise keine Aufsichtsbehörde gibt und/oder keine Datenverarbeitungsgrundsätze bestehen und/oder dass den betroffenen Personen in dem Drittland möglicherweise keine Datenschutzrechte zustehen[19] – tritt als **zusätzliche Verpflichtung** neben die ausdrückliche Informationspflicht über Empfänger und Absicht der Drittlandsübermittlung der Art. 13 Abs. 1 Buchst. e und f und Art. 14 Abs. 1 Buchst. e und f.

7 Da die betroffene Person in die „vorgeschlagene" (besser: „beabsichtigte") Datenübermittlung einwilligen muss, ist das Einverständnis **speziell für die bestimmte Datenübermittlung oder Reihe von Datenübermittlungen** vor der betreffenden Übermittlung in Form der ausdrücklichen Einwilligung zu erteilen. Die Einwilligung zum Zeitpunkt der Datenerhebung ist daher dann nicht ausreichend, um die Inanspruchnahme dieser Ausnahme für eine zu einem späteren Zeitpunkt geplante Übermittlung personenbezogener Daten in das EU-Ausland zu begründen.[20] Da die Einwilligung ausdrücklich erteilt werden muss, würde jeder Zweifel, ob die Einwilligung tatsächlich erteilt wurde, die Anwendung der Ausnahmeregelung ausschließen. Wenn die Einwilligung widerrufen wird, gilt als allgemeine Regel, dass alle Datenverarbeitungsvorgänge, die auf der Einwilligung beruhten und vor dem Widerruf der Einwilligung – und in Einklang mit der DS-GVO – erfolgten, rechtmäßig bleiben, der Verantwortliche aber die betroffenen Verarbeitungstätigkeiten einstellen muss.[21] In Anbetracht dieser Beschränkungen steht der Europäische Datenschutzausschuss auf dem Standpunkt, dass die Einwilligung nicht als geeignete langfristige Lösung für die Übermittlung in Drittländer angesehen werden kann.[22]

8 Gemäß Art. 49 Abs. 4 können **Behörden in Ausübung ihrer hoheitlichen Befugnisse** sich nicht auf die Ausnahmebestimmung des Art. 49 Abs. 1 UAbs. 1 Buchst. a berufen.

Artikel-29-Datenschutzgruppe, Arbeitspapier über eine gemeinsame Auslegung des Artikels 26 Absatz 1 der Richtlinie 95/46/EG, WP 114 v. 25.11.2005.
[15] Europäischer Datenschutzausschuss, Leitlinien 2/2018 zu den Ausnahmen nach Artikel 49 der Verordnung 2016/679 v. 25.5.2018; Europäischer Datenschutzausschuss, Leitlinien 3/2020 für die Verarbeitung von Gesundheitsdaten für wissenschaftliche Forschungszwecke im Zusammenhang mit dem COVID-19-Ausbruch v. 21.4.2020.
[16] Weitere Orientierungshilfen zur Anforderung der ausdrücklichen Einwilligung sowie zu den übrigen Anforderungen für die Anerkennung der Gültigkeit der Einwilligung finden sich in: Europäischer Datenschutzausschuss, Leitlinien 05/2020 zur Einwilligung gemäß Verordnung 2016/679, Version 1.1 v. 4.5.2020.
[17] Anders als noch Art. 26 Abs. 1 Buchst. a DS-RL.
[18] Vgl. Artikel-29-Datenschutzgruppe, Übermittlungen personenbezogener Daten an Drittländer: Anwendung von Artikel 25 und 26 der Datenschutzrichtlinie der EU, WP 12 v. 24.7.1998, S. 26.
[19] Europäischer Datenschutzausschuss, Leitlinien 2/2018 zu den Ausnahmen nach Artikel 49 der Verordnung 2016/679 v. 25.5.2018, S. 9.
[20] Vgl. Europäischer Datenschutzausschuss, Leitlinien 2/2018 zu den Ausnahmen nach Artikel 49 der Verordnung 2016/679 v. 25.5.2018, S. 8.
[21] Europäischer Datenschutzausschuss, Leitlinien 05/2020 zur Einwilligung gemäß Verordnung 2016/679 Version 1.1, v. 4.5.2020, S. 29; vgl. auch Artikel-29-Datenschutzgruppe, Stellungnahme 15/2011 zur Definition von Einwilligung, WP 187 v. 13.7.2011, S. 10.
[22] Europäischer Datenschutzausschuss, Leitlinien 2/2018 zu den Ausnahmen nach Artikel 49 der Verordnung 2016/679 v. 25.5.2018, S. 10.: siehe bereits Artikel-29-Datenschutzgruppe, Arbeitspapier über eine gemeinsame Auslegung des Artikels 26 Absatz 1 der Richtlinie 95/46/EG, WP 114 v. 25.11.2005, S. 13.

2. Vertragserfüllung. Die unter Art. 49 Abs. 1 UAbs. 1 Buchst. b vorgesehene Ausnahme 9
stellt auf eine Vertragserfüllung oder eine Durchführung vorvertraglicher Maßnahmen auf Antrag
der betroffenen Person ab. Sie ist inhaltlich identisch mit Art. 6 Abs. 1 Buchst. b und Art. 26
Abs. 1 Buchst. b DS-RL. Zur Anwendung kommt die Regelung, wenn die vertragliche Leistung auch die Übermittlung personenbezogener Daten in ein Drittland umfasst oder voraussetzt
oder wenn die Erfüllung vertraglicher Nebenpflichten eine solche Übermittlung bedingt.[23] Auf
diese Ausnahme könnte beispielsweise im Zusammenhang mit einer Hotelreservierung oder
einer Banküberweisung ins Nicht-EU-Ausland zurückgegriffen werden.

Die Übermittlung muss „gelegentlich" erfolgen und im Rahmen des Vertrags **erforderlich** 10
sein. In allen Fällen des Art. 49 Abs. 1 UAbs. 1 Buchst. b muss daher nach Auffassung des
Europäischen Datenschutzausschusses ein „enger und erheblicher Zusammenhang" zwischen der
Datenübermittlung und den Zwecken des Vertrags bzw. der vorvertraglichen Maßnahme bestehen.[24] Die Ausnahmeregelung gilt demnach nicht für die Übermittlung zusätzlicher Informationen, die für den Zweck der Übermittlung nicht erforderlich sind, und auch nicht für Übermittlungen für einen anderen Zweck als zur Erfüllung des Vertrags (zB Nachfassmarketing).[25] Eine
Übermittlung der Daten von Angestellten von einem Tochterunternehmen an die Muttergesellschaft im Nicht-EU-Ausland, um beispielsweise die Gehalts- und Personalverwaltungsfunktionen zu zentralisieren, wäre damit nicht für die Durchführung des Beschäftigungsvertrags „erforderlich" im oben genannten Sinne.[26] In Bezug auf vorvertragliche Maßnahmen vertritt der
Europäische Datenschutzausschuss die Auffassung, dass es sich aufgrund des ausdrücklichen
Wortlauts von Art. Art. 49 Abs. 1 UAbs. 1 Buchst. b („auf Antrag") nur um von der betroffenen
Person initiierte Situationen handeln könne (wie die Anforderung von Informationen zu einem
speziellen Dienst) und nicht um solche, die sich aus den Marketingkonzepten der für die
Verarbeitung Verantwortlichen herleiten.[27]

Gemäß Art. 49 Abs. 4 können **Behörden in Ausübung ihrer hoheitlichen Befugnisse** 11
sich nicht auf die Ausnahmebestimmung des Art. 49 Abs. 1 UAbs. 1 Buchst. b berufen.

3. Vertrag mit Dritten im Interesse der betroffenen Person. Die Ausnahme des Art. 49 12
Abs. 1 UAbs. 1 Buchst. c entspricht inhaltlich der des Art. 26 Abs. 1 Buchst. c DS-RL. Danach
ist die Übermittlung ausnahmsweise zulässig, wenn sie zum Abschluss oder zur Erfüllung eines
im Interesse der betroffenen Person von dem Verantwortlichen mit einer anderen natürlichen
oder juristischen Person geschlossenen Vertrags **erforderlich** ist. Auch hier darf gemäß Erwägungsgrund 111 die Übermittlung „gelegentlich" erfolgen. Anders als in Art. 49 Abs. 1
UAbs. 1 Buchst. b ist die betroffene Person **nicht Vertragspartner**. Auf diese Ausnahme
könnte beispielsweise zurückgegriffen werden, wenn die betroffene Person Empfänger einer
internationalen Banküberweisung ist oder wenn ein Reisebüro einer Fluggesellschaft Angaben
zu einer Flugbuchung übermittelt. Auch in diesem Fall ist die Erforderlichkeit zu prüfen, dh das
Bestehen eines engen und erheblichen Zusammenhangs zwischen dem Interesse der betroffenen
Person und dem Vertragszweck.

Art. 49 Abs. 1 UAbs. 1 Buchst. c gilt wiederum nicht für Tätigkeiten, die **Behörden in** 13
Ausübung ihrer hoheitlichen Befugnisse durchführen.

4. Wichtiges öffentliches Interesse. Zulässig ist der Datentransfer gemäß Art. 49 Abs. 1 14
UAbs. 1 Buchst. d, wenn er zur Wahrung eines wichtigen öffentlichen Interesses erforderlich ist.
Das Kriterium ist damit strenger als das der allgemeinen Rechtmäßigkeit des Art. 6 Abs. 1

---

[23] Siehe zu Art. 26 DS-RL *Dammann/Simitis* EG-DatenschutzRL Art. 26 Rn. 6.
[24] Europäischer Datenschutzausschuss, Leitlinien 2/2018 zu den Ausnahmen nach Artikel 49 der Verordnung 2016/679 v. 25.5.2018, S. 9; vgl. Artikel-29-Datenschutzgruppe, Arbeitspapier über eine gemeinsame Auslegung des Artikels 26 Absatz 1 der Richtlinie 95/46/EG, WP 114 v. 25.11.2005, S. 15; vgl. auch Artikel-29-Datenschutzgruppe, Stellungnahme 6/2002 zur Übermittlung von Informationen aus Passagierlisten und anderen Daten von Fluggesellschaften an die Vereinigten Staaten, WP 66 v. 24.10.2002.
[25] Vgl. Artikel-29-Datenschutzgruppe, Übermittlungen personenbezogener Daten an Drittländer: Anwendung von Artikel 25 und 26 der Datenschutzrichtlinie der EU, WP 12 v. 24.7.1998, S. 26; Artikel-29-Datenschutzgruppe, Arbeitspapier über eine gemeinsame Auslegung des Artikels 26 Absatz 1 der Richtlinie 95/46/EG, WP 114 v. 25.11.2005, S. 16.
[26] Vgl. Europäischer Datenschutzausschuss, Leitlinien 2/2018 zu den Ausnahmen nach Artikel 49 der Verordnung 2016/679 v. 25.5.2018, S. 10; so bereits Artikel-29-Datenschutzgruppe, Arbeitspapier über eine gemeinsame Auslegung des Artikels 26 Absatz 1 der Richtlinie 95/46/EG, WP 114 v. 25.11.2005, S. 15.
[27] Vgl. Artikel-29-Datenschutzgruppe, Übermittlungen personenbezogener Daten an Drittländer: Anwendung von Artikel 25 und 26 der Datenschutzrichtlinie der EU, WP 12 v. 24.7.1998, S. 26.

Art. 49 15   Kapitel V. Übermittlungen an Drittländer

Buchst. e, und entspricht dem **erheblichen öffentlichen Interesse** des Art. 9 Abs. 2 Buchst. g. Die Formulierung entspricht dabei der des Art. 26 Abs. 1 Buchst. d Alt. 1 DS-RL. Das öffentliche Interesse iSd Abs. 1 UAbs. 1 Buchst. d muss dabei entweder im **Unionsrecht oder im Recht des Mitgliedstaats, dem der Verantwortliche unterliegt,** festgelegt oder gemäß Abs. 4 zumindest anerkannt sein.[28] Ein möglicherweise vorliegendes öffentliches Interesse des *Drittstaates* an der Übermittlung ist unbeachtlich, da – wie jetzt besonders in Art. 6 Abs. 3 geregelt – allein ein öffentliches Interesse der Union oder eines Mitgliedstaats eine rechtliche Verpflichtung eines Verantwortlichen oder Auftragsverarbeiters auslösen kann. Jede andere Auslegung würde es ausländischen Vorschriften leicht machen, die EU-Vorschriften der DS-GVO zu umgehen.[29] Die Ausnahme dient der Erleichterung der internationalen Zusammenarbeit, beispielsweise für den internationalen Datenaustausch zwischen Wettbewerbs-, Steuer- oder Zollbehörden, zwischen Finanzaufsichtsbehörden oder zwischen für Angelegenheiten der sozialen Sicherheit oder für die öffentliche Gesundheit zuständigen Diensten, beispielsweise im Falle der Umgebungsuntersuchung bei ansteckenden Krankheiten[30] oder zur Verringerung und/oder Beseitigung des Dopings im Sport.[31] Diese Präzisierungen, die sich nur auf Ermittlungen in bestimmten Fällen bezieht, zeigen, dass die Ausnahme nur geltend gemacht werden darf, wenn die Übermittlung im Interesse der Behörden eines EU-Mitgliedstaats ist und nicht allein im Interesse einer oder mehrerer öffentlicher Behörden in dem Drittland.[32]

15 **5. Geltendmachung von Rechtsansprüchen.** In Art. 49 Abs. 1 UAbs. 1 Buchst. e wird eine Übermittlung dann für zulässig erklärt, wenn sie zur „Geltendmachung, Ausübung oder Verteidigung von Rechtsansprüchen" erforderlich ist. Die Formulierung geht im Wesentlichen zurück auf die des Art. 26 Abs. 1 Buchst. d Alt. 2 DS-RL. Die Vorschrift ist insoweit **weiter gefasst** als dass nicht nur solche Tätigkeiten eines Verantwortlichen oder Auftragsverarbeiters vor Gericht erfasst werden, sondern auch die Geltendmachung von Rechtspositionen auf dem Verwaltungswege oder in außergerichtlichen Verfahren, sowie bei Verfahren vor Regulierungsbehörden.[33] Auf diese Ausnahme könnte beispielsweise zurückgegriffen werden, wenn ein Unternehmen sich gegen einen Rechtsanspruch verteidigen oder selbst einen Rechtsanspruch vor einem Gericht oder einer Behörde geltend machen will und zu diesem Zweck Daten übermitteln muss. Nach dem Europäischen Datenschutzausschuss schließt dies verschiedene Tätigkeiten ein, etwa bei strafrechtlichen oder behördlichen Ermittlungen in einem Drittland (zB in Bereichen wie Kartellrecht, Korruptionsbekämpfung, Insidergeschäften), wenn die Übermittlung der eigenen Verteidigung dient oder mit dem Zweck der Erlangung einer Minderung oder einer Freistellung von einer rechtlich vorgesehenen Geldstrafe erfolgt, zum Beispiel bei kartellrechtlichen Ermittlungen.[34] Auch Datenübermittlungen zum Zweck eines förmlichen vorprozessualen Ermittlungsverfahrens (sog. pre-trial discovery) bei zivilrechtlichen Streitigkeiten können unter diese Aus-

---

[28] So iErg bereits EuGH Urt. v. 30.5.2006 – C-317/04, C-318/04, ECLI:EU:C:2006:346 Rn. 55–58 = EuZW 2006, 403 – Parlament/Rat. Nach der Rspr. des EuGH stellt die Bekämpfung des internationalen Terrorismus zur Wahrung des Weltfriedens und der internationalen Sicherheit ein dem Gemeinwohl dienende Zielsetzung der Union dar (vgl. idS EuGH Urt. v. 3.9.2008 – C-402/05 P, C-415/05 P, ECLI:EU: C:2008:461 = EuZW 2008, 648 Rn. 363 – Kadi und Al Barakaat International Foundation/Rat u. Kommission sowie EuGH Urt. v. 15.11.2012 – C-539/10 P, C-550/10 P, ECLI:EU:C:2012:711 Rn. 130 – Al-Aqsa/ Rat und Pays-Bas/Al Aqsa). Das Gleiche gilt für die Bekämpfung schwerer Kriminalität zur Gewährleistung der öffentlichen Sicherheit (vgl. idS EuGH Urt. v. 23.11.2010 – C-145/09, ECLI:EU:C:2010:708 Rn. 46, 47 – Tsakouridis sowie EuGH Gutachten v. 26.7.2017 – Gutachten 1/15, ECLI:EU:C:2017:592 = ZD 2018, 23 Rn. 149 – PNR-Abkommen EU-Kanada).

[29] So Artikel-29-Datenschutzgruppe seit Stellungnahme 6/2002 zur Übermittlung von Informationen aus Passagierlisten und anderen Daten von Fluggesellschaften an die Vereinigten Staaten, WP 66 v. 6.10.2002, S. 7; vgl. auch Artikel-29-Datenschutzgruppe, Arbeitspapier über eine gemeinsame Auslegung des Artikels 26 Absatz 1 der Richtlinie 95/46/EG, WP 114 v. 25.11.2005, S. 17.

[30] Die Bekämpfung von COVID-19 erfolgt im wichtigen öffentlichen Interesse der EU und der Mitgliedstaaten, siehe Europäischer Datenschutzausschuss, Leitlinien 3/2020 für die Verarbeitung von Gesundheitsdaten für wissenschaftliche Forschungszwecke im Zusammenhang mit dem COVID-19-Ausbruch v. 21.4.2020, S. 14.

[31] Erwägungsgrund 112; zum Internationalen Informationsaustausch in Steuerfragen siehe *Heil/Greve* ZD 2013, 481 (485); mit datenschutzrechtlicher Kritik am Anti-Doping-System *Schlarmann* ZD 2016, 572.

[32] Artikel-29-Datenschutzgruppe, Arbeitspapier über eine gemeinsame Auslegung des Artikels 26 Absatz 1 der Richtlinie 95/46/EG, WP 114 v. 25.11.2005, S. 17.

[33] Erwägungsgrund 111.

[34] Europäischer Datenschutzausschuss, Leitlinien 2/2018 zu den Ausnahmen nach Artikel 49 der Verordnung 2016/679 v. 25.5.2018, S. 13.

Ausnahmen für bestimmte Fälle 16, 17 **Art. 49**

nahme fallen.[35] Wie bei den vorgenannten Ausnahmeregelungen ist auch hier die **Erforderlichkeit** der Datenübermittlung im Einzelfall zu prüfen:[36] Zwischen der Datenübermittlung und der Streitigkeit oder dem Gerichts- bzw. Verwaltungsverfahren muss dabei ein enger Zusammenhang bestehen; eine Datenübermittlung „aufs Blaue hinein", mit der Begründung, dass eines Tages möglicherweise mit einem Gerichtsverfahren zu rechnen sein, wäre unzulässig. Schon der Artikel-29-Datenschutzgruppe zufolge kann die Ausnahmebestimmung nur angewendet werden, wenn daneben die für diese Art der Übermittlung geltenden internationalen Regeln für die Zusammenarbeit in Straf- oder Zivilverfahren eingehalten wurden, insbesondere die Regeln des Haager Übereinkommens vom 18.3.1970 über die Beweisaufnahme im Ausland.[37] Der Erlaubnistatbestand des Art. 49 Abs. 1 UAbs. 1 Buchst. e kann im Einzelfall trotz einer grundsätzlichen Unzulässigkeit der Übermittlung gemäß Art. 48 zum Tragen kommen.

6. Wahrung lebenswichtiger Interessen. Art. 49 Abs. 1 UAbs. 1 Buchst. f gestattet die **16** Übermittlung immer in solchen Fällen, wenn sie „zum Schutz lebenswichtiger Interessen der betroffenen Person oder anderer Personen erforderlich" ist. Im Vergleich zu Art. 26 Abs. 1 Buchst. f DS-RL übernimmt die Bestimmung dabei neu die Formulierung des auf Art. 8 Abs. 2 Buchst. c DS-RL beruhenden Art. 9 Abs. 2 Buchst. c auf, wonach die betroffene Person „aus physischen oder rechtlichen Gründen außerstande" sein muss, ihre Einwilligung zu geben. Damit soll bekräftigt werden, dass eine solche Übermittlung nur dann als erforderlich für die Wahrung der betroffenen Person anzusehen ist, wenn diese selbst zu einer eigenen Interessenswahrnehmung nicht in der Lage ist und anzunehmen ist, dass sie in die Übermittlung (ausdrücklich) einwilligen würde, wenn sie zu einer Entscheidung im Stande wäre (**mutmaßliche Einwilligung**). Die Ausnahmeregelung findet selbstverständlich dann Anwendung, wenn Daten in einem **medizinischen Notfall** übermittelt werden und wenn eine solche Übermittlung als für die notwendige medizinische Versorgung unmittelbar erforderlich erachtet wird.[38] Eine Übermittlung zu allgemeinen medizinischen Forschungstätigkeiten kann daher nicht auf diese Regelung gestützt werden. Als weiteres Beispiel führt Erwägungsgrund 112 an eine Übermittlung personenbezogener Daten einer betroffenen Person an eine internationale humanitäre Organisation, die erfolgt, um nach den Genfer Konventionen obliegende Aufgabe auszuführen oder um dem in bewaffneten Konflikten anwendbaren humanitären Völkerrecht nachzukommen. Eine **rechtliche Handlungsunfähigkeit** kann etwa bei Minderjährigen bestehen. Diese rechtliche Handlungsunfähigkeit muss von Fall zu Fall nachgewiesen werden, entweder durch ein ärztliches Zeugnis, welches das geistige Unvermögen der betroffenen Person belegt, oder durch ein behördliches Dokument, welches die rechtliche Situation der betroffenen Person bestätigt. Der Europäischer Datenschutzausschuss führt als weitere Beispiele an die Übermittlung personenbezogener Daten nach **Naturkatastrophen** und in Verbindung mit der Opferortung und Weiterleitung personenbezogener Informationen an Einrichtungen und Personen zu Rettungs- und Bergungszwecken (etwa an Verwandte der Katastrophenopfer, Regierungsstellen und Notfalldienste).[39]

7. Öffentliche Register. Die Ausnahme des Art. 49 Abs. 1 UAbs. 1 Buchst. g und des **17** dazugehörigen Abs. 2 übernimmt die Regelung der Vorschrift des Art. 26 Abs. 1 Buchst. f DS-RL einschließlich des diesbezüglichen Erwägungsgrundes 58. Die Regelung bezieht sich auf Daten „aus einem Register, das gemäß dem Recht der Union oder der Mitgliedstaaten zur Information der Öffentlichkeit bestimmt ist" und entweder der „gesamten Öffentlichkeit" oder „allen Personen, die ein berechtigtes Interesse nachweisen können", zur Einsichtnahme offensteht. Auf die Bezeichnung als „Register" kommt es nicht an.[40] Erfasst werden alle veröffentlichten Datensammlungen wie das Grundbuch, ein Handelsregister oder sonstige Transparenz-

---

[35] Europäischer Datenschutzausschuss, Leitlinien 2/2018 zu den Ausnahmen nach Artikel 49 der Verordnung 2016/679 v. 25.5.2018, S. 13; zum Thema, Artikel-29-Datenschutzgruppe, Working Document 1/2009 on pre-trial discovery for cross border civil litigation, WP 158 v. 11.2.2009.
[36] Europäischer Datenschutzausschuss, Leitlinien 2/2018 zu den Ausnahmen nach Artikel 49 der Verordnung 2016/679 v. 25.5.2018, S. 14; vgl. auch Artikel-29-Datenschutzgruppe, Arbeitspapier über eine gemeinsame Auslegung des Artikels 26 Absatz 1 der Richtlinie 95/46/EG, WP 114 v. 25.11.2005, S. 17.
[37] Haager Übereinkommen über die Beweisaufnahme im Ausland in Zivil- oder Handelssachen v. 18.3.1970; siehe BGBl. 1977 II 1452 (1472).
[38] Europäischer Datenschutzausschuss, Leitlinien 2/2018 zu den Ausnahmen nach Artikel 49 der Verordnung 2016/679 v. 25.5.2018, S. 15.
[39] Europäischer Datenschutzausschuss, Leitlinien 2/2018 zu den Ausnahmen nach Artikel 49 der Verordnung 2016/679 v. 25.5.2018, S. 15.
[40] Siehe zu Art. 26 DS-RL *Dammann/Simitis* EG-DatenschutzRL Art. 26 Rn. 11.

register. Besonders relevant ist die Vorschrift bei **internetgestützten Registern**.[41] Private Register (zB zur Bewertung der Kreditwürdigkeit) werden nicht erfasst.[42] Weitere Voraussetzung ist, dass die im Recht der Union oder der Mitgliedstaaten festgelegten Voraussetzungen für die Einsichtnahme im Einzelfall gegeben sein müssen, insbesondere die Beschränkung der Datenübermittlung an einen beschränkten Personenkreis, sofern die gesetzliche Grundlage dies vorsieht. Zu beachten ist weiter gemäß Art. 49 Abs. 2, dass auf diese Ausnahme gestützten Datenübermittlungen **nicht die Gesamtheit** oder ganze Kategorien der im Register enthaltenen personenbezogenen Daten umfassen dürfen. Wenn das Register der Einsichtnahme durch Personen mit berechtigtem Interesse dient, darf die Übermittlung nur auf Anfrage dieser Personen oder nur dann erfolgen, wenn diese Personen die Adressaten der Übermittlung sind. Bei der datenschutzkonformen Errichtung eines solchen Registers[43] sind insbesondere die Anforderungen der Datenminimierung (Art. 5 Abs. 1 Buchst. c) sowie der Verpflichtung zu Datenschutz durch Technikgestaltung[44] und durch datenschutzfreundliche Voreinstellungen (Art. 25) zu beachten. Die Weiterverwendung von solchermaßen zugänglichen Informationen des öffentlichen Bereichs steht unter dem Vorbehalt, dass die Weiterverwendung keinerlei Vorschriften des geltenden Datenschutzrechts verletzt, und insbesondere nur zulässig ist, wenn der Grundsatz der Zweckbindung nach Art. 5 Abs. 1 Buchst. b und Art. 6 DS-GVO eingehalten wird.[45]

18 **8. Spezielle Interessensabwägung im Einzelfall.** Eine weitere Ausnahme fügt die DS-GVO erstmals in Art. 49 Abs. 1 UAbs. 2 ein: Der Datentransfer kann unter bestimmten, sehr eng umrissenen Umständen mit einem **berechtigten Interesse des Verantwortlichen oder des Auftragsverarbeiters im Einzelfall** gerechtfertigt werden. Zuvor müssen die Umstände des Übermittlungsvorgangs allerdings geprüft und dokumentiert worden sein. Diese Ausnahme gilt nicht für Tätigkeiten, die Behörden in Ausübung ihrer hoheitlichen Befugnisse durchführen (Abs. 3). Solche Übermittlungen sind ausdrücklich nur in solchen Fällen möglich, in denen keiner der anderen Gründe für die Übermittlung anwendbar ist. Darüber hinaus darf die Übermittlung an ein Drittland oder eine internationale Organisation nur dann erfolgen, wenn die Übermittlung „nicht wiederholt erfolgt", „nur eine begrenzte Zahl von betroffenen Personen betrifft" und „für die Wahrung der zwingenden berechtigten Interessen des Verantwortlichen erforderlich ist", sofern die Interessen oder die Rechte und Freiheiten der betroffenen Person nicht überwiegen. Der Verantwortliche bzw. Auftragsverarbeiter hat dabei vor dem Zeitpunkt der Übermittlung alle Umstände der Datenübermittlung zu beurteilen und auf der Grundlage dieser **Beurteilung** geeignete Garantien in Bezug auf den Schutz personenbezogener Daten vorgesehen hat. Erwägungsgrund 113 ergänzt insofern, dass der Verantwortliche insbesondere die Art der personenbezogenen Daten, den Zweck und die Dauer der vorgesehenen Verarbeitung, die Situation im Herkunftsland, in dem betreffenden Drittland und im Endbestimmungsland berücksichtigen sollte. Die DS-GVO sieht für die Fälle dieser speziellen Interessensabwägung im Einzelfall gemäß Art. 49 Abs. 1 UAbs. 2 zahlreiche ausdrückliche **Informations- und Dokumentationspflichten** vor: Zum einen hat der Verantwortliche die Aufsichtsbehörde von der Übermittlung in Kenntnis zu setzen. Daneben hat der Verantwortliche die betroffene Person über diese Übermittlungsart und seine zwingenden berechtigten Interessen zu unterrichten; dies erfolgt zusätzlich zu den der betroffenen Person nach den Art. 13 und 14 mitgeteilten Informa-

---

[41] Siehe zu den grds. Vorgaben der DS-GVO – allerdings ohne auf Art. 49 einzugehen – bei Veröffentlichungspflicht einer Erklärung zu einem privaten Interessenskonflikt, EuGH Urt. v. 1.8.2022 – C-184/20, ECLI:EU:C:2022:601 = ZD 2022, 611 – Vyriausioji tarnybinės etikos komisija, sowie zur Unionsrechtswidrigkeit von Transparenzregistern zur Geldwäschebekämpfung bei unbedingtem Zugang zu Informationen: EuGH Urt v. 22.11.2022 – C-37/20, C-601/20, ECLI:EU:C:2022:912 = NJW 2023, 199 mAnm *Sandhu* – Luxembourg Business Registers.

[42] Europäischer Datenschutzausschuss, Leitlinien 2/2018 zu den Ausnahmen nach Artikel 49 der Verordnung 2016/679 v. 25.5.2018, S. 16.

[43] Zum Spannungsverhältnis zwischen sehr langer Speicherfrist in Handelsregistern und dem datenschutzrechtlichen Recht auf Löschung siehe EuGH Urt. v. 9.3.2017 – C-398/15, ECLI:EU:C:2017:197 = ZD 2017, 325 – Manni.

[44] Dazu *Hornung* ZD 2011, 51.

[45] So ausdrücklich Erwägungsgrund 52 RL 2019/1024/EU des Europäischen Parlaments und des Rates vom 20.6.2019 über offene Daten und die Weiterverwendung von Informationen des öffentlichen Sektors, ABl. 2019 L 172, 56; vgl. bereits Artikel-29-Datenschutzgruppe, Opinion 02/2016 on the publication of Personal Data for Transparency purposes in the Public Sector, WP 239 v. 8.6.2016 sowie Artikel-29-Datenschutzgruppe, Stellungnahme 6/2013 zu den Offenen Daten („Open Data") und der Weiterverwendung von Informationen des öffentlichen Sektors („PSI"), WP 207 v. 5.6.2013.

tionen. Des Weiteren schreibt Art. 49 Abs. 6 eine ausdrückliche Dokumentationspflicht dieser Beurteilung sowie der angemessenen Garantien in der Dokumentation gemäß Art. 30 durch Verantwortliche bzw. Auftragsverarbeiter vor. Abzuwarten ist, wie diese Ausnahme angesichts der bewusst hohen Anforderungen in der Praxis gehandhabt wird.[46] Der Europäische Datenschutzausschuss führt als **mögliche Anwendungsfälle** Situationen auf, in denen es aus praktischen Gründen nicht möglich sei, die Übermittlung auf eine andere Grundlage zu stützen, etwa für kleine oder mittlere Unternehmen als Datenexporteure, oder wenn ein Verantwortlicher gezwungen sei, personenbezogene Daten zu übermitteln, um seine Organisation oder seine Systeme vor einem unmittelbar bevorstehenden, schwerwiegenden Schaden oder vor einer empfindlichen Strafe zu schützen, die sein Geschäft erheblich beeinträchtigen würde.[47] Ausdrücklich **keine Anwendung** findet die Vorschrift etwa bei auf den US-amerikanischen CLOUD Act gestützten Herausgabeverlangen.[48]

II. Ausnahmen von den Ausnahmen

Art. 49 Abs. 5 führt eine wichtige **Einschränkung der Anwendbarkeit der Ausnahmen** ein: sowohl der Unionsgesetzgeber als auch der nationale Gesetzgeber werden von der DS-GVO ermächtigt, aus wichtigen Gründen des öffentlichen Interesses ausdrücklich Beschränkungen der Übermittlung bestimmter Kategorien von personenbezogenen Daten an Drittländer oder internationale Organisationen vorzusehen.[49] Diese Möglichkeit besteht allerdings dann nicht, soweit hinsichtlich eines bestimmten Drittstaats ein Angemessenheitsbeschluss der Kommission vorliegt, da ansonsten die Harmonisierungswirkung eines solchen Beschlusses in Frage gestellt würde. Der Vorschrift kommt als fakultative Spezifizierungsklausel (→ Einl. Rn. 91 ff.) trotz ihrer (verfehlten) Stellung im Gefüge des Art. 49 ein **breiterer Anwendungsbereich** zu: Da ausweislich des Wortlauts nur beim Vorliegen von Angemessenheitsbeschlüssen mögliche Beschränkungen nach Art. 49 Abs. 5 ausgeschlossen sind, können auf diesem Weg durch Unions- oder einzelstaatliches Recht nicht nur Datenübermittlungen unter Inanspruchnahme einer der **Ausnahmen** des Art. 49 Abs. 1, sondern auch solche auf der Grundlage von **geeigneten Garantien** nach Art. 46 begrenzt oder verhindert werden.[50]

19

Rechtsfolge einer solchen Ausnahme ist die Beschränkung oder gar Unzulässigkeit der Übermittlung entweder aus dem Unionsgebiet bzw. aus dem jeweiligen Mitgliedstaat.[51] Das Vorliegen solcher zusätzlichen Einschränkungen ist daher auch im Einzelfall zusätzlich zu prüfen.

20

Bereits heute finden sich im **Unionsrecht** solche Verbote: Daten, die im SIS II verarbeitet werden, sowie damit verbundene ausgetauschte Zusatzinformationen sind Drittländern oder internationalen Organisationen nicht zu übermitteln oder zur Verfügung zu stellen.[52] Gleichermaßen besteht ein Verbot, Daten aus der zentralen Asylbewerber-Fingerabdruckdatenbank „Eurodac" an einen Drittstaat, eine internationale Organisation oder eine private Stelle innerhalb oder außerhalb der Union zu übermitteln.[53]

21

---

[46] Vgl. insges. abl. die diesbezügliche Erklärung Österreichs in Ratsdok. 7920/16.
[47] Europäischer Datenschutzausschuss, Leitlinien 2/2018 zu den Ausnahmen nach Artikel 49 der Verordnung 2016/679 v. 25.5.2018, S. 18.
[48] Europäischer Datenschutzausschuss und Europäischer Datenschutzbeauftragter, EDPB-EDPS Joint Response to the LIBE Committee on the impact of the US Cloud Act on the European legal framework for personal data protection (annex), S. 7.
[49] Einen ähnlichen Verweis auf Rückausnahmen im mitgliedstaatlichen Recht sah bereits Art. 26 Abs. 1 DS-RL vor.
[50] Ebenso Paal/Pauly/*Pauly* DS-GVO Art. 49 Rn. 35.
[51] Siehe Simitis/Hornung/Spiecker gen. Döhmann/*Schantz* DS-GVO Art. 49 Rn. 61 zur zutreffenden Frage, wie wirksam ein Übermittlungsverbot eines Staats ist, wenn die Daten von einem anderen Mitgliedstaat aus in den gleichen Drittstaat problemlos übermittelt werden können.
[52] Art. 50 VO (EU) Nr. 1861/2018 des Europäischen Parlaments und des Rates v. 28.11.2018 über die Einrichtung, den Betrieb und die Nutzung des Schengener Informationssystems (SIS) im Bereich der Grenzkontrollen, zur Änderung des Übereinkommens zur Durchführung des Übereinkommens von Schengen und zur Änderung und Aufhebung der Verordnung (EG) Nr. 1987/2006, ABl. 2018 L 312, 14.
[53] Art. 35 VO (EU) Nr. 603/2013 des Europäischen Parlaments und des Rates v. 26.6.2013 über die Einrichtung von Eurodac für den Abgleich von Fingerabdruckdaten zum Zwecke der effektiven Anwendung der Verordnung (EU) Nr. 604/2013 zur Festlegung der Kriterien und Verfahren zur Bestimmung des Mitgliedstaats, der für die Prüfung eines von einem Drittstaatsangehörigen oder Staatenlosen in einem Mitgliedstaat gestellten Antrags auf internationalen Schutz zuständig ist und über die Gefahrenabwehr- und Strafverfolgung dienende Anträge der Gefahrenabwehr- und Strafverfolgungsbehörden der Mitgliedstaaten und Europols auf den Abgleich mit Eurodac-Daten sowie zur Änderung der Verordnung (EU) Nr. 1077/

C. Nationale Durchführung

22 Auf Ebene der **Mitgliedstaaten** wurde während der DS-GVO-Verhandlungen ausdrückliche Verbote diskutiert, nationale Reisepassdatenbanken oder nationale elektronische Gesundheitsakten im Nicht-EU-Ausland zu speichern.[54] Die Mitgliedstaaten sind nunmehr gemäß Art. 49 Abs. 5 S. 2 verpflichtet, der Kommission derartige Bestimmungen im einzelstaatlichen Recht mitzuteilen. Zur Information der Öffentlichkeit werden die mitgliedstaatlichen Mitteilungen auf einer speziellen **Webseite der Kommission** bekanntgemacht.[55]

23 Von der Möglichkeit des Art. 49 Abs. 5 haben bislang **sechs EU-Mitgliedstaaten** Gebrauch gemacht.[56] Einschränkungen reichen dabei bspw. von einer zusätzlichen vorherigen Notifizierungspflicht bei auf Art. 46, 48 und 49 gestützten Drittstaatsübermittlungen an die einzelstaatliche Datenschutzaufsichtsbehörde (Zypern), über eine ausdrücklichen Befugnis für die Aufsichtsbehörde, Drittstaatsübermittlungen von besonderen Kategorien von Daten iSd Art. 9 Abs. 1 im Einzelfall zu untersagen (Dänemark, Zypern), bis hin zu einer Verpflichtung, Einwohnerregisterdaten und Nutzerdaten des nationalen Gesundheitssystems im Gebiet der EU zu speichern (Spanien) oder zu einem grunds. Übermittlungsverbot von Dokumenten oder Informationen wirtschaftlicher, kommerzieller, industrieller, finanzieller oder technischer Art (Frankreich).

24 Die von **Deutschland** mitgeteilte Vorschrift des § 39 Abs. 1 S. 4 Architekten- und Ingenieurgesetz Mecklenburg-Vorpommern[57] enthält jedoch weder eine Übermittlungsbegrenzung noch ein Übermittlungsverbot. Es ist daher von einem Missverständnis bei der Notifizierung auszugehen.

25 **Österreich** hat dagegen keine Ausnahme nach Art. 49 Abs. 5 notifiziert.

Art. 50 Internationale Zusammenarbeit zum Schutz personenbezogener Daten

In Bezug auf Drittländer und internationale Organisationen treffen die Kommission und die Aufsichtsbehörden geeignete Maßnahmen zur

a) Entwicklung von Mechanismen der internationalen Zusammenarbeit, durch die die wirksame Durchsetzung von Rechtsvorschriften zum Schutz personenbezogener Daten erleichtert wird,
b) gegenseitigen Leistung internationaler Amtshilfe bei der Durchsetzung von Rechtsvorschriften zum Schutz personenbezogener Daten, unter anderem durch Meldungen, Beschwerdeverweisungen, Amtshilfe bei Untersuchungen und Informationsaustausch, sofern geeignete Garantien für den Schutz personenbezogener Daten und anderer Grundrechte und Grundfreiheiten bestehen,
c) Einbindung maßgeblicher Interessenträger in Diskussionen und Tätigkeiten, die zum Ausbau der internationalen Zusammenarbeit bei der Durchsetzung von Rechtsvorschriften zum Schutz personenbezogener Daten dienen,
d) Förderung des Austauschs und der Dokumentation von Rechtsvorschriften und Praktiken zum Schutz personenbezogener Daten einschließlich Zuständigkeitskonflikten mit Drittländern.

Literatur: *Kipker/Voskamp,* PRISM und staatliche Schutzpflichten – ein politisches Märchen?, RDV 2014, 84; *Kloza/Mościbroda,* Making the case for enhanced enforcement cooperation between data protection authorities: insight from competition law, International Data Privacy Law 2014, 120; *Weichert,* Internet – nationaler und europäischer Regelungsbedarf beim Datenschutz, RDV 2013, 8.

2011 zur Errichtung einer Europäischen Agentur für das Betriebsmanagement von IT-Großsystemen im Raum der Freiheit, der Sicherheit und des Rechts, ABl. 2013 L 180, 1.

[54] So die Beispiele in Ratsdok. 9703/14 v. 12.5.2014. Der EuGH verlangt bei auf Vorrat gespeicherten Daten nunmehr ausdrücklich eine einzelstaatliche Verpflichtung zur Speicherung im Gebiet der Union, siehe EuGH Urt. v. 21.12.2016 – C-203/15, C-698/15, ECLI:EU:C:2016:970 = ZD 2017, 124 mAnm *Kipker* Rn. 122, 125 – Tele2 Sverige.

[55] commission.europa.eu/law/law-topic/data-protection/data-protection-eu/eu-member-states-notifications-european-commission-under-gdpr_de?etrans=de.

[56] Deutschland, Dänemark, Estland, Frankreich, Spanien, Zypern.

[57] GVOBl. M-V 2021, S. 270.

Übersicht

	Rn.
A. Allgemeines	1
I. Zweck und Bedeutung der Vorschrift	1
II. Systematik, Verhältnis zu anderen Vorschriften	2
B. Einzelerläuterungen	3
I. Akteure und Mittel	3
II. Ziele der internationalen Zusammenarbeit	4
1. Mechanismen zur Zusammenarbeit	5
2. Internationale Amtshilfe	7
3. Einbindung anderer Akteure	8
4. Dokumentation	9

A. Allgemeines[*]

I. Zweck und Bedeutung der Vorschrift

Art. 50 schafft eine **neue spezifische Rechtsgrundlage** für die Kommission und die Aufsichtsbehörden, im Bereich der internationalen Zusammenarbeit zum Schutz personenbezogener Daten tätig zu werden. Damit wird dem Umstand Rechnung getragen, dass ein großer Teil des heutigen Datenverkehrs in Länder geht, die nicht an die in der EU geltenden datenschutzrechtlichen Vorgaben gebunden sind. Wenn jedoch personenbezogene Daten außerhalb der Union übermittelt werden, besteht eine erhöhte Gefahr, dass natürliche Personen ihre Datenschutzrechte nicht wahrnehmen können. Ebenso kann es vorkommen, dass Aufsichtsbehörden aus einem EU-Mitgliedstaat Beschwerden über Datenschutzverstöße in einem Drittland nicht nachgehen oder Untersuchungen nicht durchführen können. Die grenzüberschreitende Zusammenarbeit kann auch durch unzureichende Präventiv- und Abhilfebefugnisse, widersprüchliche Rechtsordnungen und praktische Hindernisse wie Ressourcenknappheit behindert werden.[1] Gleichzeitig war und ist die Datenschutzregelung der EU oft Vorbild für Drittländer, die ebenfalls Datenschutzbestimmungen einführen wollen.[2] Durch ihre Geltung und ihre Auswirkungen in der EU und anderswo setzt sie maßgebende Standards. Die DS-GVO will daher die **praktische Zusammenarbeit** zwischen den Datenschutzaufsichtsbehörden weltweit fördern und durch einen vermehrten Wissensaustausch zu einem verbesserten Schutz personenbezogener Daten über die Grenzen der Union hinaus beitragen.

1

II. Systematik, Verhältnis zu anderen Vorschriften

Art. 50 **ergänzt** die in Art. 57 Abs. 1 Buchst. g vorgesehene Aufgabe jeder Aufsichtsbehörde zur **Zusammenarbeit mit anderen Aufsichtsbehörden** und zur **Leistung von Amtshilfe**. Diese Verpflichtungen gelten daher nicht nur innerhalb der Union, sondern grundsätzlich auch gegenüber **Aufsichtsbehörden von Drittstaaten oder internationalen Organisationen**, sofern vorhanden. Als Ausfluss des Art. 50 und zu dessen Umsetzung in der Datenschutzpraxis weist die DS-GVO auch dem **Europäischen Datenschutzausschuss** bestimmte international ausgerichtete Aufgaben zu. Dazu gehören die Förderung von Schulungsprogrammen und Erleichterung des Personalaustausches auch mit Aufsichtsbehörden von Drittländern oder mit internationalen Organisationen als auch die Förderung des Austausches von Fachwissen und von Dokumentationen über Datenschutzvorschriften und -praxis mit Datenschutzaufsichtsbehörden in aller Welt (Art. 70). Die Vorschrift ermöglicht der Kommission insbesondere zu solchen Drittstaaten oder internationalen Organisationen und deren Aufsichtsbehörden **besondere Beziehungen** zu fördern, wenn sie gemäß Art. 45 festgestellt hat, dass diese einen angemessenen Schutz für Übermittlungen bieten.

2

---

[*] Der Verfasser vertritt hier seine persönliche Auffassung, die nicht notwendig der Auffassung des Europäischen Datenschutzbeauftragten entspricht.
[1] Siehe Erwägungsgrund 116.
[2] Vgl. Mitteilung der Kommission v. 24.6.2020, Datenschutz als Grundpfeiler der Teilhabe der Bürgerinnen und Bürger und des Ansatzes der EU für den digitalen Wandel – zwei Jahre Anwendung der Datenschutz-Grundverordnung, COM(2020) 264 final, 15 ff.

B. Einzelerläuterungen

I. Akteure und Mittel

3 Angesichts der ausschließlichen Außenkompetenz der Union in Datenschutzfragen und der alleinigen Befugnis der Kommission Angemessenheitsbeschlüsse zu erlassen (Art. 45) nennt die Vorschrift die **Kommission** gleichberechtigt neben den **Aufsichtsbehörden**. Diese haben geeignete Maßnahmen zu treffen, um die von der Vorschrift aufgeführten Ziele der internationalen Zusammenarbeit zu erreichen. Aus dem Wortlaut des Art. 50 („treffen (...) geeignete Maßnahmen", in der englischen Sprachfassung *„shall take* appropriate steps") ergibt sich, dass es sich dabei um eine ausdrückliche gesetzliche Verpflichtung zum Tätigwerden handelt.[3] Art. 50 macht dabei **keine genauen Vorgaben,** welcher Art die Maßnahmen sein sollen. In Frage kommen daher alle solchen Maßnahmen, gleich ob formeller oder informeller Natur, die rechtlich zulässig und geeignet sind, die Ziele des Art. 50 zu erreichen.

II. Ziele der internationalen Zusammenarbeit

4 Die Bestimmung listet einen sehr breit ausformulierten **Katalog von Zielsetzungen** der internationalen Zusammenarbeit auf. Dabei wird sich im Wesentlichen an den in der Empfehlung der Organisation für wirtschaftliche Zusammenarbeit und Entwicklung (OECD) vom 12.6.2007 zur grenzübergreifenden Zusammenarbeit bei der Durchsetzung des Datenschutzrechts niedergelegten Grundsätzen der Verfahren für die internationale Zusammenarbeit zwischen Aufsichtsbehörden orientiert.[4]

5 **1. Mechanismen zur Zusammenarbeit.** Art. 50 verlangt die Entwicklung von Mechanismen der internationalen Zusammenarbeit, durch die die wirksame Durchsetzung von Rechtsvorschriften zum Schutz personenbezogener Daten erleichtert wird. Eine solche in der OECD-Empfehlung geforderte Maßnahme ist die Einrichtung von speziellen Anlaufstellen und **Kontaktpunkten für internationale Angelegenheiten** in den Aufsichtsbehörden. Dies sowie die notwendige Einbindung in das Kohärenzverfahren gemäß Art. 56 macht daher eine diesbezügliche Verbesserung der Ausstattung der Aufsichtsbehörden notwendig.[5] Daneben bestehen in der Praxis bereits verschiedene Ansätze zur Zusammenarbeit, auf bilateraler Ebene beispielsweise die Übereinkunft zwischen der niederländischen Aufsichtsbehörde und der US-amerikanischen Bundesaufsichtsbehörde (Federal Trade Commission – FTC),[6] als auch die Arbeit in regionalen und/oder durch eine gemeinsame Sprache verbundenen Gruppen, etwa im iberoamerikanischen Datenschutznetzwerk[7] und auf weltweiten Konferenzen von Datenschutzaufsichtsbehörden, insbesondere die Internationale Datenschutzkonferenz.[8] Die Kommission hat zusätzlich in Aussicht gestellt, eine „Datenschutzakademie" einzurichten, in der Datenschutzbehörden aus der EU und Drittländern Wissen, Erfahrungen und bewährte Verfahren austauschen können, um die Zusammenarbeit zwischen den für die Durchsetzung des Datenschutzes zuständigen Stellen zu erleichtern und zu unterstützen.[9]

6 Auch die Festlegung von weltweit gültigen Grundsätzen für den Schutz von Personen bei der Verarbeitung personenbezogener Daten etwa eines Datenschutzübereinkommens im Rahmen

---

[3] BeckOK DatenschutzR/*Lange/Filip* DS-GVO Art. 50 Rn. 5; wohl auch Paal/Pauly/*Pauly* DS-GVO Art. 50 Rn. 4; aA Gierschmann/Schlender/Stentzel/Veil/*Schlender* DS-GVO Art. 50 Rn. 3, nach der Art. 50 „keine konkreten Rechte oder Verpflichtungen" enthält.
[4] OECD Recommendation on Cross-border Cooperation in the Enforcement of Laws Protecting Privacy, www.oecd.org/sti/ieconomy/38770483.pdf.
[5] Siehe allg. *Weichert* RDV 2013, 8.
[6] „Memorandum of understanding between the United States Federal Trade Commission and the Dutch Data Protection Authority on mutual assistance in the enforcement of laws protecting personal information in the private sector", 2019, autoriteitpersoonsgegevens.nl/uploads/imported/mou_ap_ftc_2019.pdf.
[7] Red Iberoamericana de Protección de Datos (RIPD), www.redipd.org.
[8] Global Privacy Assembly (GPA, vormalig: International Conference of Data Protection and Privacy Commissioners), globalprivacyassembly.org; siehe zu weiteren Bsp. die Liste des EDSA unter edpb.europa.eu/our-work-tools/support-cooperation-and-enforcement/international-cooperation-cooperation-other_de sowie bereits *Kloza/Mościbroda* International Data Privacy Law 2014, 120.
[9] Mitteilung der Kommission v. 24.6.2020, Datenschutz als Grundpfeiler der Teilhabe der Bürgerinnen und Bürger und des Ansatzes der EU für den digitalen Wandel – zwei Jahre Anwendung der Datenschutz-Grundverordnung, COM(2020) 264 final, 17.

der Vereinten Nationen wäre dazu geeignet. Die Kommission hat diesbezüglich angekündigt, gegebenenfalls **Verhandlungen** mit Drittländern – vor allem strategischen Partnern der EU und Ländern der Europäischen Nachbarschaftspolitik – und wichtigen internationalen Organisationen (zB Europarat, Organisation für wirtschaftliche Zusammenarbeit und Entwicklung, G20, Vereinte Nationen) aufzunehmen, **um weltweit hohe interoperable Datenschutzstandards zu unterstützen**[10] und um sich weiterhin für die Festlegung hoher rechtlicher und technischer Datenschutzstandards in Drittländern und auf internationaler Ebene einzusetzen.[11]

2. Internationale Amtshilfe. Die Vorschrift verpflichtet zur gegenseitigen Leistung internationaler Amtshilfe bei der Durchsetzung von Rechtsvorschriften zum Schutz personenbezogener Daten. Diese Verpflichtung liegt hauptsächlich bei den Aufsichtsbehörden, da der Kommission keine Zuständigkeit zur unmittelbaren Durchsetzung der DS-GVO zukommt. Internationale Amtshilfe kann unter anderem durch Meldungen, Beschwerdeverweisungen, gegebenenfalls Unterstützung bei Untersuchungen und Informationsaustausch erfolgen. Die Kommission könnte auf EU-Ebene unter anderem durch Aushandlung von Kooperations- und Amtshilfeabkommen mit Drittstaaten und internationalen Organisationen unterstützend tätig werden.

In der Praxis erfolgt die Leistung von Amtshilfe bereits innerhalb des Geltungsbereichs des Europaratsübereinkommens zum Datenschutz,[12] unter Zuhilfenahme der GPA Globalen Vereinbarung über die grenzüberschreitende Zusammenarbeit bei der Rechtsdurchsetzung (Global Cross Border Enforcement Cooperation Arrangement)[13] sowie des Globalen Netzwerkes zur Datenschutzdurchsetzung (Global Privacy Enforcement Network – GPEN)[14]. Art. 50 Buchst. b weist mit dem Verweis auf geeignete Garantien für den Schutz personenbezogener Daten und anderer Grundrechte und Grundfreiheiten besonders darauf hin, dass jedweder Austausch von personenbezogenen Daten zwischen Aufsichtsbehörden in der Union mit Aufsichtsbehörden in Drittstaaten oder in internationalen Organisationen im Rahmen der Amtshilfe die Anwendung der Vorschriften der DS-GVO bedingt. Um dies zu fördern, hat der Europäische Datenschutzausschuss für Aufsichtsbehörden ein **Instrumentarium wesentlicher Datenschutzgarantien** entwickelt, die in ein Abkommen über die Zusammenarbeit zu Amtshilfezwecken aufgenommen oder zusätzlich zu einem solchen vereinbart werden können. Diese Garantien können dabei entweder in einer Verwaltungsvereinbarung oder in einem internationalen Übereinkommen verankert werden.[15]

3. Einbindung anderer Akteure. Sowohl Kommission und Aufsichtsbehörden sind gehalten, zum Ausbau der internationalen Zusammenarbeit bei der Durchsetzung von Rechtsvorschriften zum Schutz personenbezogener Daten maßgebliche Interessenträger in Diskussionen und Tätigkeiten einzubinden (Art. 50 Buchst. c). Dies geschieht derzeit in der Praxis vor allem durch die Arbeit in der Organisation für wirtschaftliche Zusammenarbeit und Entwicklung (OECD) sowie bei dem Austausch mit der Asiatisch-Pazifischen Wirtschaftlichen Zusammenarbeit (APEC). Die **OECD** verabschiedete bereits 1980 Richtlinien und Empfehlungen zum Umgang mit personenbezogenen Daten in der Wirtschaft. Diese „Privacy Guidelines" wurden 2013 überarbeitet und aktualisiert. Ihnen kommt keine rechtlich bindende Wirkung zu, sie finden aber dennoch in allen Mitgliedsländern der OECD Beachtung. Aufgrund der Mitgliederstruktur der OECD kommen diese Regeln sowohl in Europa als auch in Amerika sowie in Asien zur Geltung. Die **APEC**-Mitgliedstaaten wiederum schlossen im Jahr 2012 die Entwicklung von

---

[10] Mitteilung der Kommission v. 25.1.2012, Der Schutz der Privatsphäre in einer vernetzten Welt – Ein europäischer Datenschutzrahmen für das 21. Jahrhundert, KOM(2012) 9 endgültig. Zu internationalen Datenschutzabkommen siehe *Kipker/Voskamp* RDV 2014, 84.
[11] Mitteilung der Kommission v. 4.11.2020, Gesamtkonzept für den Datenschutz in der Europäischen Union, KOM(2010) 609 endgültig; Mitteilung der Kommission v. 10.1.2017, Austausch und Schutz personenbezogener Daten in einer globalisierten Welt, COM(2017) 7 final, 11.
[12] Siehe Art. 13–17 Übereinkommen Nr. 108, nebst Art. 1 Abs. 5 Zusatzprotokoll Nr. 181 bzw. Art. 16–21 idF des modernisierten Abkommens durch das Protokoll zur Änderung des Übereinkommens zum Schutz des Menschen bei der automatischen Verarbeitung personenbezogener Daten des Europarates (SEV 223) („Übereinkommen 108+"), Wortlaut unter rm.coe.int/168098b1be.
[13] Zum Wortlaut siehe globalprivacyassembly.org/participation-in-the-assembly/enforcement-cooperation-arrangement-faqs/.
[14] Eine Liste der teilnehmenden Aufsichtsbehörden findet sich unter www.privacyenforcement.net.
[15] Europäischer Datenschutzausschuss, Instrumentarium für wesentliche Datenschutzgarantien bei der Zusammenarbeit zwischen den Datenschutzbehörden des EWR und den zuständigen Datenschutzbehörden von Drittländern bei der Rechtsdurchsetzung, v. 14.3.2022.

grenzüberschreitenden Datenschutzregelungen (Cross-Border Privacy Rules (CBPR)) ab, einem System für den Schutz personenbezogener Daten in der gesamten Asien-Pazifik-Region. Wie das in Art. 47 verankerte System der **verbindlichen internen Datenschutzvorschriften** verlangt das (rechtlich allerdings nicht verbindliche, sondern rein freiwillige) CBPR-System, dass Unternehmensrichtlinien zum Datenschutz festgelegten Standards für den Schutz persönlicher Daten entsprechen. Die Artikel-29-Datenschutzgruppe hat diesbezüglich ein Regelwerk erarbeitet, welches Unternehmen die gleichzeitige Beantragung der Genehmigung von verbindlichen internen Datenschutzvorschriften durch nationale Aufsichtsbehörden in der EU und der Zertifizierung von CBPR durch einen APEC Accountability Agent erleichtern soll.[16]

9 **4. Dokumentation.** Die Dokumentation von Rechtsvorschriften und Praktiken zum Schutz personenbezogener Daten weltweit soll dem besseren Verständnis dienen und darauf aufbauend die Durchsetzung von Datenschutzvorschriften erleichtern.

---

[16] Artikel-29-Datenschutzgruppe, Stellungnahme 2/2014 zu einem Regelwerk für die Anforderungen an verbindliche unternehmensinterne Regelungen, die den nationalen Datenschutzbehörden der EU vorgelegt werden, und an Regelungen für den grenzüberschreitenden Datenschutz, die den von der APEC anerkannten „CBPR Accountability Agents" vorgelegt werden, WP 212 v. 27.2.2014.

Kapitel VI. Unabhängige Aufsichtsbehörden

Abschnitt 1. Unabhängigkeit

Art. 51 Aufsichtsbehörde

(1) Jeder Mitgliedstaat sieht vor, dass eine oder mehrere unabhängige Behörden für die Überwachung der Anwendung dieser Verordnung zuständig sind, damit die Grundrechte und Grundfreiheiten natürlicher Personen bei der Verarbeitung geschützt werden und der freie Verkehr personenbezogener Daten in der Union erleichtert wird (im Folgenden „Aufsichtsbehörde").

(2) ¹Jede Aufsichtsbehörde leistet einen Beitrag zur einheitlichen Anwendung dieser Verordnung in der gesamten Union. ²Zu diesem Zweck arbeiten die Aufsichtsbehörden untereinander sowie mit der Kommission gemäß Kapitel VII zusammen.

(3) Gibt es in einem Mitgliedstaat mehr als eine Aufsichtsbehörde, so bestimmt dieser Mitgliedstaat die Aufsichtsbehörde, die diese Behörden im Ausschuss vertritt, und führt ein Verfahren ein, mit dem sichergestellt wird, dass die anderen Behörden die Regeln für das Kohärenzverfahren nach Artikel 63 einhalten.

(4) Jeder Mitgliedstaat teilt der Kommission bis spätestens 25. Mai 2018 die Rechtsvorschriften, die er aufgrund dieses Kapitels erlässt, sowie unverzüglich alle folgenden Änderungen dieser Vorschriften mit.

Literatur: *Albrecht/Jotzo,* Das neue Datenschutzrecht der EU, 2016, Teil 7: Aufsichtsbehörden, S. 107 ff.; *Alves/Capiau/Sinclair,* Principles for the Independence of Competition Authorities, Competition Law International 2015, 13; *Ashkar,* Durchsetzung und Sanktionierung des Datenschutzrechts nach den Entwürfen der Datenschutz-Grundverordnung, DuD 2015, 796; *Britz,* Vom Europäischen Verwaltungsverbund zum Regulierungsverbund – Europäische Verwaltungsentwicklung am Beispiel der Netzzugangsregulierung bei Telekommunikation, Energie und Bahn, EuR 2006, 46; *Blum,* Der „bayerische Weg" in der Datenschutzaufsicht. Das „Trennungsmodell" als Grundlage einer Zentralisierung der Datenschutzaufsicht im nicht-öffentlichen Bereich, 2022; *De Somers,* The powers of national regulatory authorities as agents of EU law, ERA Forum 2018, 581; *European Union Fundamental Rights Agency (FRA),* Datenschutz in der EU: die Rolle der nationalen Datenschutzbehörden (Stärkung der Grundrechte-Architektur in der EU – Teil II), 2012; *Everson/Monda/Vos,* EU Agencies in between Institutions and Member States, 2014; *Flendrovsky,* Die Aufsichtsbehörden, in Knyrim (Hrsg.), Datenschutz-Grundverordnung. Das neue Datenschutzrecht in Österreich und der EU, Praxishandbuch, 2016, S. 281 ff.; *Gola/Schomerus,* Die Organisation der staatlichen Datenschutzkontrolle der Privatwirtschaft, ZRP 2000, 183; *Gummer/Rink,* Eine Aufsicht für Rundfunkmedien in Bayern, ZD 2020, 433; *Härting,* Starke Behörden, schwaches Recht – der neue EU-Datenschutzentwurf, BB 2012, 459; *Hijmans,* The European Union as Guardian of Internet Privacy. The Story of Art 16 TFEU, 2016; *Hijmans,* The DPAs and their Cooperation: How Far are We in Making Enforcement of Data Protection Law More European?, European Data Protection Law Review 2016, 362; *Jóri,* Shaping vs applying data protection law: two core functions of data protection authorities, International Data Privacy Law 2015, 133; *Kahler,* Die Europarechtswidrigkeit der Kommissionsbefugnisse in der Grundverordnung, RDV 2013, 69; *Kawohl,* Der Europäische Datenschutzverbund. Strukturen, Legitimation, Rechtsschutz, 2022; *Kibler,* Datenschutzaufsicht im europäischen Verbund, 2021; *Kibler,* Datenschutzaufsichtsbehörden und ihre Stellung im europäischen Verwaltungsraum, NVwZ 2021, 1676; *König,* Zur Möglichkeit einer sektoralen Datenschutzkontrolle nach dem Entwurf der EU-Grundverordnung, DuD 2013, 101; *Kopp,* Tendenzen der Harmonisierung des Datenschutzrechts in Europa, DuD 1995, 204; *Kranig,* Zuständigkeit der Datenschutzaufsichtsbehörden, ZD 2013, 550; *Kröger,* Unabhängigkeitsregime im europäischen Verwaltungsverbund. Eine europa- und verfassungsrechtliche Untersuchung unionsrechtlicher Organisationsregelungen für Mitgliedstaaten anhand von Regulierungsagenturen, Datenschutzbehörden sowie statistischen Ämtern, 2020; *Kugelmann,* Kooperation und Betroffenheit im Netzwerk, ZD 2020, 76; *Kuner,* European Data Protection Law. Corporate Compliance and Regulation, 2. Aufl. 2007, Chapter 1, Part C: EU Member States' Authorities, S. 13 ff.; *Lavrijssen/Ottow,* Independent Supervisory Authorities: A Fragile Concept, Legal Issues of Economic Integration 2012, 419; *v. Lewinski,* Datenschutzrecht in Europa als Netzwerk, NVwZ 2017, 1483; *v. Lewinski/Herrmann,* Vorrang des europäischen Datenschutzrechts gegenüber Verbraucherschutz- und AGB-Recht, Teil 2: Aufsichtsbehörden, PinG 2017, 209; *Lüdemann/Wenzel,* Zur Funktionsfähigkeit der Datenschutzaufsicht in Deutschland, RDV 2015, 285; *Martini/Botta,* Reform der Datenschutzaufsicht: Optionen und Grenzen einer Zentralisierung, DÖV 2022, 606; *Mester,* Düsseldorfer Kreis. Aufsichtsbehörde für den Datenschutz, DuD 2012, 274; *Nguyen,* Die zukünftige Datenschutzaufsicht in Europa, ZD 2015, 265; *Poullet,* L'autorité de contrôle: ‚vues' de Bruxelles, Revue française d'administration publique 1999, 69; *Scelle,* Le phénomène juridique du déboublement fonctionnel, in Schätzel/Schlochauer (Hrsg.), Rechtsfragen der Internationalen Organisation. Festschrift für Hans Wehberg zu seinem 70. Geburtstag, 1965, S. 324; *Schaar,* Datenschutz-Grundverordnung: Arbeitsauftrag für den deutschen Gesetzgeber, PinG 2016, 62; *Schantz,* Die Datenschutz-Grundverordnung – Beginn einer neuen Zeitrechnung im Datenschutzrecht, NJW 2016, 1841; *Schliesky,* Von der organischen Verwaltung Lorenz von Steins zur Netzwerkverwaltung im Europäischen Verwaltungsverbund, DÖV 2009, 641; *Schmitt-Aßmann,* Verwaltungskooperation und Verwaltungskooperationsrecht in der Europäischen Gemeinschaft, EuR 1996, 270; *Schneider,* Vollzug des Europäischen Wirtschaftsrechts zwischen Zentralisierung und Dezentralisierung – Bilanz und Ausblick, EuR 2015, Beiheft 2, 141; *Sydow,* Die Vereinheitlichung des mitgliedstaatlichen Vollzugs des Europarechts in mehrstufigen Verwaltungsverfahren, Die Verwaltung 2001, 517; *Temple Lang,* The Duties of National Authorities Under Community Constitutional Law, ELR 1998, 109; *Thiel,* DSK – starke Stimme für den Datenschutz, ZD 2020, 93; *Thiel,* Bedarf es einer Neuorganisation der Datenschutzaufsicht?, ZD 2021, 179; *Thiel,* Zusammenarbeit der Datenschutzaufsicht auf europäischer Ebene, ZD 2021, 467; *Thomé,* Reform der Datenschutzaufsicht: Effektiver Datenschutz durch verselbständigte Aufsichtsbehörden, 2015; *Ulbricht/Römer,* Vielfalt und Einheitlichkeit in der deutschen Datenschutzaufsicht, ZfVP 2019, 461; *Voßhoff/Hermerschmidt,* Endlich! Was bringt uns die Datenschutz-Grundverordnung, PinG 2016, 56; *Will,* Brauchen wir eine Zentralisierung der Datenschutzaufsicht? Überlegungen zu den Zentralisierungsforderungen der Datenethikkommission und in Zeiten der Corona-Krise, DuD 2020, 369.

Rechtsprechung: EuGH (Große Kammer) Urt. v. 9.3.2010 – C-518/07, ECLI:EU:C:2010:125 = EuZW 2010, 296 – Kommission/Deutschland; EuGH (Große Kammer) Urt. v. 16.10.2012 – C-614/10, ECLI:EU:C:2012:631 = ZD 2012, 563 – Kommission/Österreich; EuGH (Große Kammer) Urt. v. 8.4.2014 – C-288/12, ECLI:EU:C:2014:237 = ZD 2014, 301 – Kommission/Ungarn; EuGH (Große Kammer) Urt. v. 6.10.2015 – C-362/14, ECLI:EU:C:2015:650 = ZD 2015, 549 mAnm *Spies* – Maximillian Schrems/Data Protection Commissioner („Schrems I"); EuGH Urt. v. 19.10.2016 – C-582/14, ECLI:EU:C:2016:779 = ZD 2017, 24 mAnm *Kühling/Klar* – Breyer; EuGH (Große Kammer) Urt. v. 15.6.2021 – C-645/19, ECLI:EU:C:2021:432 = ZD 2021, 570 mAnm *Blasek* – Facebook Ireland/Gegevensbeschermingsautoriteit; EuGH (Große Kammer) Urt. v. 16.1.2024 – C-33/22, ECLI:EU:C:2024:46 – Österreichische Datenschutzbehörde/WK; EuG Beschl. v. 7.12.2022 – T-709/21, ECLI:EU:T:2022:783 – WhatsApp Ireland/Europäischer Datenschutzausschuss.

Übersicht

	Rn.
A. Allgemeines	1
I. Hintergrund und Zweck der Bestimmung	1
II. Grundsatz der dezentralen Durchführung der DS-GVO	4
B. Einzelerläuterungen	9
I. Begriff der Aufsichtsbehörde (Abs. 1)	9
II. Gebot der Zusammenarbeit und Kohärenz (Abs. 2)	15
III. Optionale Pluralität von Datenschutz-Aufsichtsbehörden (Abs. 3)	17
IV. Notifizierungspflicht (Abs. 4)	20
C. Nationale Durchführung	22

A. Allgemeines[*]

I. Hintergrund und Zweck der Bestimmung

1 Die einheitliche Durchführung des EU-Datenschutzrechts in allen EU-Mitgliedstaaten ist Hauptziel der Reform, die der EU-Gesetzgeber mit der DS-GVO bewirken will. An die Stelle der bislang oft uneinheitlichen und fragmentierten Durchführung der DS-RL[1] will die DS-GVO nicht nur auf Ebene der Rechtsetzung ein einheitlich wirkendes Datenschutzrecht erreichen, sondern sie zielt vor allem auf **Einheitlichkeit des europäischen Datenschutzrechts auf Ebene der Normanwendung** (→ Einl. Rn. 72 ff.).[2] Dies erklärt, warum die DS-GVO in den Art. 51–76 den nationalen Datenschutz-Aufsichtsbehörden und der Zusammenarbeit zwi-

---
[*] Der Verfasser vertritt hier seine persönliche Auffassung, die nicht notwendig der Auffassung der Europäischen Kommission entspricht.
[1] Vgl. Gierschmann/Schlender/Stentzel/Veil/*Kreul* DS-GVO Art. 51 Rn. 4, die zu Recht „bisher massive Vollzugs- und Durchführungsdefizite im Datenschutz" als Hauptmotivation der DS-GVO identifiziert.
[2] Vom „Prinzip der einheitlichen Anwendung der DS-GVO […], dessen Förderung nun ausdr. Aufgabe der Datenschutzaufsicht ist", spricht Paal/Pauly/*Körffer* DS-GVO Art. 51 Rn. 2.

schen diesen ebenso zahlreiche wie detaillierte Bestimmungen widmet[3] und dabei tief in Fragen der nationalen Verwaltungsorganisation eingreift.[4] In der DS-RL regelten gerade einmal drei Vorschriften (Art. 28–30) die Durchführung des Datenschutzrechts in und zwischen den Mitgliedstaaten. Es zeigt sich in diesem Punkt die neue Qualität an Harmonisierung des europäischen Datenschutzrechts, welche die DS-GVO bewirkt und die nationalen Spielräume deutlich weiter reduziert als dies bereits gemäß der DS-RL der Fall war.[5]

Bedeutsam ist das von Art. 51 eröffnete Kapitel VI der DS-GVO (überschrieben mit „Unabhängige Aufsichtsbehörden") vor allem aus grundrechtlicher Sicht. Denn die Überwachung der Anwendung des Datenschutzrechts durch unabhängige Aufsichtsbehörden stellt **die institutionelle Seite des EU-Grundrechts auf Schutz personenbezogener Daten** dar, wie sie heute in Art. 8 GRCh verankert ist und in Art. 16 Abs. 1, Abs. 2 UAbs. 1 S. 2 AEUV eine Entsprechung findet (→ Einl. Rn. 34). In der Konvention Nr. 108 des Europarats von 1981 (→ Einl. Rn. 11 ff.) fehlte eine solche institutionelle Absicherung noch. Erst die DS-RL führte 1995 das Erfordernis der sog. Kontrollstellen ein (Art. 28 Abs. 1 UAbs. 1 DS-RL), die ihre datenschutzrechtlichen Aufgaben „in völliger Unabhängigkeit" wahrzunehmen hatten (Art. 28 Abs. 1 UAbs. 2 DS-RL). Der Europarat übernahm dieses Erfordernis mehr als sechs Jahre später im Zusatzprotokoll Nr. 181 vom 8.11.2001 zur Konvention Nr. 108 bezüglich Kontrollstellen und grenzüberschreitendem Datenverkehr (→ Einl. Rn. 12);[6] dessen Art. 1 Abs. 3 folgte der Vorgabe der DS-RL, dass die für die Einhaltung des Datenschutzrechts zuständigen Kontrollstellen ihre Aufgaben „in völliger Unabhängigkeit" wahrnehmen müssen. Zu diesem Zeitpunkt hatte das Erfordernis der unabhängigen Datenschutzaufsichtsbehörde bereits seinen Eingang in die Arbeiten des Grundrechtekonvents (→ Einl. Rn. 29 ff.) gefunden. Auf deren Grundlage verlangt das primäre Unionsrecht seit Inkrafttreten des Vertrags von Lissabon am 1.12.2009, dass die Einhaltung des Datenschutzgrundrechts „von einer unabhängigen Stelle" (Art. 8 Abs. 3 GRCh) bzw. „von unabhängigen Behörden" (Art. 16 Abs. 2 UAbs. 1 S. 2 AEUV) überwacht wird. Art. 51 ff. bekräftigen, konkretisieren und aktualisieren diese primärrechtlichen Vorgaben nun erneut im sekundären Unionsrecht unter Berücksichtigung der Rechtsprechung des EuGH. Im europäischen Datenschutzrecht ist somit die Einrichtung unabhängiger, für die Überwachung des Datenschutzrechts zuständiger Aufsichtsbehörden, wie sie heute Art. 51 Abs. 1 – und inzwischen auch Art. 15 der modernisierten Konvention 108+ des Europarats (→ Einl. Rn. 150 ff.)[7] – vorschreibt, „ein wesentliches Element" bzw. „ein wesentlicher Bestandteil" des Datenschutzgrundrechts (so Erwägungsgrund 62 DS-RL sowie Erwägungsgrund 117 DS-GVO).[8] Insbesondere die primär- und sekundärrechtlichen Be-

---

[3] Als „einen der wichtigsten neuen Bausteine" der Reform bezeichnet *Spindler* DB 2016, 937 (946) die Vorschriften der DS-GVO über die Aufsichtsbehörden; ebenso Gierschmann/Schlender/Stentzel/Veil/*Kreul* DS-GVO Art. 51 Rn. 19.
[4] Vgl. *Flendrovsky* in Knyrim DS-GVO/*Flendrovsky* S. 281 ff., der bereits Art. 28 DS-RL sowie die dazu ergangene Rspr. des EuGH für bemerkenswert ansieht, da dadurch „in einer bisher nicht dagewesenen Tiefe in die österreichische Behördenorganisation eingegriffen wurde." Vgl. auch *Will* DuD 2020, 369 (371), für die Art. 51–69 DS-GVO zu Recht „engmaschige Anforderungen" an die Organisation der Aufsichtsbehörden bezeichnet. Von einem „erheblichen Eingriff in die Organisationsautonomie der Mitgliedstaaten" spricht Beck-OK DatenschutzR/*Schneider* DS-GVO Art. 51 Rn. 4, und folgert daraus zutr.: „Der Spielraum für eigenständige mitgliedstaatliche Organisationsentscheidungen ist angesichts diverser Detailvorgaben […] überschaubar."
[5] Vgl. *Nguyen* ZD 2015, 265, der dies darauf zurückführt, dass sich bei den Verhandlungen zur DS-GVO die Erkenntnis durchgesetzt hat, „dass die Umsetzung des Datenschutzrechts – also der Vollzugsebene – für ein einheitliches Datenschutzniveau in Europa von fast ebenso entscheidender Bedeutung [ist] wie der materiellen Ausgestaltung der Datenschutzregeln." Krit. dagegen *Härting* BB 2012, 459 (461), der die große Detailfreude der Regelungen zu den Aufsichtsbehörden beanstandet; für ihn schafft die DS-GVO starke Behörden, aber ein schwaches (da aus seiner Sicht nicht hinreichend modernisiertes) Recht. Die wichtige Aufgabe starker unabhängiger Aufsichtsbehörden bei der Anwendung und praktischen Weiterentwicklung einer vom EU-Gesetzgeber bewusst technologieoffen formulierten Grundverordnung wird dabei übersehen.
[6] Zusatzprot. zum Übereinkommen zum Schutze des Menschen bei der automatischen Verarbeitung personenbezogener Daten bezüglich Kontrollstellen und grenzüberschreitendem Datenverkehr, BGBl. 2002 II 1887.
[7] Durch das 2018 beschlossene Änderungsprot. zur Konvention 108, das gegenwärtig den Ratifizierungsprozess durchläuft, werden die Vorschriften des Zusatzprot. betr. die Datenschutz-Aufsichtsbehörden (Fn. 6) in die modernisierte Konvention integriert und (auch angesichts der inzwischen in Kraft getretenen DS-GVO) ergänzt und erweitert; vgl. Art. 15–21 der Konvention 108+ (Text der konsolidierten Fassung der modernisierten Konvention Nr. 108: www.coe.int/en/web/data-protection/convention108/modernised).
[8] Für Plath/*Hullen* DS-GVO Art. 51 Rn. 1, sind Aufsichtsbehörden „unabdingbare Einrichtungen für einen effektiven Datenschutz." Für *Martini/Botta* DÖV 2022, 605 (605), kommt den nationalen Datenschutz-Aufsichtsbehörden „im unionalen Datenschutzgefüge eine herausgehobene Funktion zu".

stimmungen zur völligen Unabhängigkeit sind dabei als solche bereits so hinreichend klar und unbedingt formuliert, dass sie **unmittelbar anwendbar** sind, also ohne Hinzutreten weiterer konkretisierender Rechtsvorschriften – die von der DS-GVO nur zu wenigen Unteraspekten der Unabhängigkeit gefordert werden (vgl. zB Art. 54 Abs. 1 lit. e, → Art. 54 Rn. 10) – Rechte und Pflichten der nationalen Datenschutz-Aufsichtsbehörden begründen, auf welche sich diese selbst und die von ihrem Handeln betroffenen einzelnen direkt vor nationalen Behörden und Gerichten berufen können,[9] sollte diese Unabhängigkeit beschränkt, verletzt oder gar beseitigt werden.

3   Die von den Mitgliedstaaten einzurichtenden Aufsichtsbehörden sind, wie der EuGH es hinsichtlich der DS-RL treffend formulierte, **„Hüter des Rechts auf Privatsphäre"**[10] bzw. – so muss man seit Inkrafttreten der DS-GVO schreiben – **„Hüter des Datenschutzgrundrechts"** (→ Einl. Rn. 31, 64). Wegen der doppelten Zielsetzung des europäischen Datenschutzrechts – Schutz des Datenschutzgrundrechts auf hohem Niveau einerseits, Gewährleistung des freien Verkehrs personenbezogener Daten im EU-Binnenmarkt andererseits (→ Einl. Rn. 10, 13, 17, 19) – haben die Datenschutz-Aufsichtsbehörden die in Art. 51 Abs. 1 umschriebene **doppelte Aufgabe,** bei der Überwachung der Anwendung der DS-GVO sowohl darauf zu achten, dass die **Grundrechte und Grundfreiheiten natürlicher Personen bei der Verarbeitung personenbezogener Daten** geschützt werden, als auch darauf, dass **der freie Verkehr personenbezogener Daten in der Union** erleichtert wird.[11] Beide Aufgaben haben die Aufsichtsbehörden **„miteinander ins Gleichgewicht"**[12] zu bringen, dh sie haben dafür zu sorgen, zwischen dem Schutz des Rechts auf Privatsphäre und dem freien Verkehr personenbezogener Daten **„ein ausgewogenes Verhältnis"**[13] bzw. **„einen angemessenen Ausgleich"**[14] herzustellen. Die Schwierigkeit, hierbei jeweils zwischen verschiedenen privaten und öffentlichen, grundrechtlichen und binnenmarktrechtlichen, wirtschaftlichen und behördlichen Interessen abzuwägen und auszugleichen, ist der eigentliche Grund dafür, warum die Mitgliedstaaten im primären Unionsrecht, der EU-Gesetzgeber im sekundären Unionsrecht und der EuGH in seiner Rechtsprechung so großen Wert auf eine **weitreichende Unabhängigkeit der Datenschutz-Aufsichtsbehörden** legen; gewollt ist, dass die Aufsichtsbehörden die ihnen vom EU-Gesetzgeber in der DS-GVO übertragene Abwägung verschiedener Rechte, Ziele und Interessen beim Schutz des Datenschutzgrundrechts wirksam vornehmen können, ohne dabei von

---

[9] Vgl. Gola/Heckmann/*Nguyen* DS-GVO Art. 51 Rn. 1, für den sich die nationalen Datenschutzbehörden „auf diese primärrechtliche Verbürgung berufen" können.

[10] EuGH Urt. v. 9.3.2010 – C-518/107, ECLI:EU:C:2010:125 = EuZW 2010, 296 Rn. 23, 36 – Kommission/Deutschland; EuGH Urt. v. 16.10.2012 – C-614/10, ECLI:EU:C:2012:631 Rn. 52 = ZD 2012, 563 – Kommission/Österreich; EuGH Urt. v. 8.4.2014 – C-288/12, ECLI:EU:C:2014:237 Rn. 53 = ZD 2014, 301 – Kommission/Ungarn.

[11] Zur doppelten Zielsetzung der Datenschutz-Aufsichtsbehörden vgl. Paal/Pauly/*Körffer* DS-GVO Art. 51 Rn. 4 f.; sowie Kühling/Buchner/*Boehm,* 4. Aufl. 2024, DS-GVO Art. 51 Rn. 12. Bemerkenswert Gierschmann/Schlender/Stentzel/Veil/*Kreul* DS-GVO Art. 51 Rn. 3, für die erst seit der DS-GVO „diese zwei Ziele gleichrangig nebeneinander stehen"; die Rspr. des EuGH zur doppelten Aufgabe der Aufsichtsbehörden und ihrer Pflicht, beide Ziele „miteinander ins Gleichgewicht" zu bringen, betraf durchweg aber bereits die DS-RL; vgl. insbes. EuGH Urt. v. 9.3.2010 – C-518/07, ECLI:EU:C:2010:125 = EuZW 2010, 296 Rn. 24, 30 – Kommission/Deutschland. Zust. zur doppelten Zielsetzung BeckOK DatenschutzR/*Schneider* DS-GVO Art. 51 Rn. 7, der allerdings in der Praxis die Gefahr eines „institutionellen Bias der Aufsichtsbehörden" zu Gunsten allein des Datenschutzes sieht. Mit den Vorgaben des Unionsrecht, das ein „Gleichgewicht" zwischen Datenschutz und freiem Datenverkehr innerhalb der EU verlangt, sei eine solche Einseitigkeit nicht zu vereinbaren. Vgl. zB EuGH Urt. v. 4.7.2023 – C-252/21, ECLI:EU:C:2023:537 Rn. 38 – Meta Platforms Inc. u.a./Bundeskartellamt: „Zu den Aufgaben der Aufsichtsbehörden gehört es gemäß Art. 51 Abs. 1 und Art. 57 Abs. 1 Buchst. A DSGVO, die Anwendung der DSGVO zu überwachen und durchzusetzen, um die Grundrechte und Grundfreiheiten natürlicher Personen bei der Verarbeitung ihrer personenbezogenen Daten zu schützen und den freien Verkehr solcher Daten in der Union zu erleichtern." Wie hier für eine Gleichberechtigung der grundrechtlichen und Binnenmarkt-Zielsetzung („equal importance") Kuner/Bygrave/Docksey/*Hijmans* GDPR Art. 51, C.2: „[T]he reference to facilitating the free flow of personal data in Article 51(1) clarifies that economic considerations should play a role in the performance of the tasks of the DPAs. This is also in line with the more recent case law of the Court".

[12] EuGH Urt. v. 9.3.2010 – C-518/07, ECLI:EU:C:2010:125 = EuZW 2010, 296 Rn. 24, 30 – Kommission/Deutschland; vgl. auch EuGH Urt. v. 19.10.2016 – C-582/14, ECLI:EU:C:2016:779 = ZD 2017, 24 Rn. 58 mAnm *Kühling/Klar* – Breyer; sowie GA *Bobek* SchlA v. 13.1.2021 – C-645/19, ECLI:EU:C:2021:5 Rn. 113 – Facebook Ireland Ltd. u.a./Gegevensbeschermingsautoriteit.

[13] EuGH Urt. v. 8.4.2014 – C-288/12, ECLI:EU:C:2014:237 Rn. 51 = ZD 2014, 301 – Kommission/Ungarn.

[14] EuGH Urt. v. 6.10.2015 – C-362/14, ECLI:EU:C:2015:650 Rn. 42 = ZD 2015, 549 mAnm *Spies* – Schrems I.

irgendjemand beeinflusst zu werden. Es geht also um die Bewahrung der Unabhängigkeit der Datenschutz-Aufsichtsbehörden gegenüber jeder äußeren Einflussnahme, sei sie unmittelbar oder mittelbar (→ Art. 52 Rn. 7 ff.).

II. Grundsatz der dezentralen Durchführung der DS-GVO

Art. 51 Abs. 1 legt die Überwachung der Anwendung der DS-GVO in die Hände von durch die Mitgliedstaaten einzurichtenden unabhängigen Aufsichtsbehörden. Trotz der durch die DS-GVO herbeigeführten umfassenden Harmonisierung (→ Einl. Rn. 79 ff.) bewirkt das europäische Datenschutzrecht also auch künftig nicht eine Zentralisierung der Normanwendung bei der von den EU-Organen (insbesondere der Kommission) geleiteten EU-Eigenverwaltung (vgl. Art. 298 Abs. 1 AEUV) oder bei einer denkbaren „Superdatenschutzbehörde",[15] sondern belässt es bei dem von Art. 291 Abs. 1 AEUV vorgegebenen Grundsatz, dass die Mitgliedstaaten verpflichtet sind, alle zur Durchführung der verbindlichen Rechtsakte der Union erforderlichen Maßnahmen nach innerstaatlichem Recht zu ergreifen. Auch für die DS-GVO gilt also der **Grundsatz der dezentralen Durchführung** des in ihr enthaltenen Rechts durch nationale Behörden,[16] hier: durch die für den Datenschutz zuständigen Aufsichtsbehörden der Mitgliedstaaten.[17]

Art. 197 Abs. 1 AEUV fordert von den Mitgliedstaaten – als besondere Ausprägung der von Art. 4 Abs. 3 EUV verlangten loyalen Zusammenarbeit – die **effektive Durchführung des Unionsrechts,** die für das ordnungsgemäße Funktionieren der Union entscheidend und deshalb als Frage von gemeinsamem Interesse anzusehen ist. Die Verwirklichung dieser Forderung legt den Mitgliedstaaten und ihren Behörden erhöhte Pflichten der gegenseitigen Konsultation, Abstimmung und Zusammenarbeit auf. Die DS-GVO geht über diese allgemeinen Pflichten hinaus, und sie kann dies auch, da ihre Rechtsgrundlage in Art. 16 Abs. 2 UAbs. 1 AEUV umfassend ist (→ Einl. Rn. 37) und auch Fragen der für den Datenschutz relevanten Verwaltungsorganisation zu regeln erlaubt. Der in Art. 51 Abs. 1 zum Ausdruck kommende Grundsatz der dezentralen Durchführung der DS-GVO lässt sich dabei mit dem Anspruch des EU-Gesetzgebers, mit der DS-GVO Einheitlichkeit auch auf der Ebene der Normanwendung zu erreichen, nur in Einklang bringen, wenn zum einen **die Organisation und die Verfahren der dezentralen Normanwendung** weitgehend vereinheitlicht werden; und wenn zum anderen die nationalen Aufsichtsbehörden zu **enger Zusammenarbeit und Abstimmung bei grenzüberschreitenden Sachverhalten** verpflichtet sind.[18] Beides sieht die DS-GVO jedenfalls im Rechtstext vor. Sie regelt in Art. 51 Abs. 1 iVm Art. 52–59 detailliert alle relevanten Fragen der Organisation und Unabhängigkeit der nationalen Datenschutz-Aufsichtsbehörden und definiert zudem ihre Aufgaben und Befugnisse; sie verpflichtet ferner in den Art. 51 Abs. 2 iVm Art. 60–76 die nationalen Datenschutz-Aufsichtsbehörden zur **Zusammenarbeit untereinander** (Art. 60 ff.) sowie mit der Kommission, insbesondere im Rahmen des sog. **Kohärenzverfahrens** (Art. 63 ff.). Die DS-GVO wird demnach zwar dezentral, aber doch in ganz erheblichem Maße EU-rechtlich determiniert angewendet.[19]

Auch wenn die Rolle der nationalen Datenschutz-Aufsichtsbehörden gemäß der DS-GVO auf die besonderen Aufgaben und Herausforderungen im Datenschutzrecht zugeschnitten ist, so

---

[15] Befürwortend *Kahler* RDV 2013, 69 (71).
[16] Als „executive federalism" charakterisiert dies treffend Kuner/Bygrave/Docksey/*Hijmans* GDPR Art. 51 A.
[17] Für sinnvoll hält dies Gola/Heckmann/*Nguyen* DS-GVO Art. 51 Rn. 1, „da eine effektive Datenschutzkontrolle stark von Präsenz und Kenntnis der Aufsichtsbehörden von den spezifischen rechtlichen und tatsächlichen Rahmenbedingungen vor Ort abhängt." Diff. Kühling/Buchner/*Dix*, 4. Aufl. 2024, DS-GVO Art. 56 Rn. 1, für den zwar eine „Kompetenzkonzentration bei einer neu zu schaffenden europäischen Behörde […] gerade unter dem Gesichtspunkt der Bürgernähe […] fragwürdig" gewesen wäre, das Ziel eines unionsweit möglichst einheitlichen Vollzugs der DS-GVO aber „die Notwendigkeit eines geregelten Verfahrens zur abgestimmten Entscheidungsfindung" deutlich machte, da andernfalls vor allem große US-Unternehmen die verschiedenen europäischen Aufsichtsbehörden nach dem Grundsatz „divide et impera" gegeneinander ausspielen könnten.
[18] Vgl. *Nguyen* ZD 2015, 265: „Ob der mit der Verordnung gewünschte harmonisierte europäische Rechtsraum geschaffen wird, hängt entscheidend von der Effektivität der Aufsichtsbehörden und ihrer Kooperation untereinander ab."
[19] Zutr. verweist Plath/*Hullen* DS-GVO Art. 51 Rn. 5, darauf, dass mit der DS-GVO „erstmals in der Geschichte des europäischen Datenschutzrechts verbindliche Verfahren" in den Art. 63 ff. DS-GVO „geschaffen" wurden, „um die einheitliche Anwendung der europäischen Datenschutzbestimmungen sicherzustellen".

bestehen doch Parallelen zu anderen Politikbereichen, in denen das EU-Recht für seinen Vollzug nicht einfach auf die zuständigen nationalen Behörden und die Verwaltungsautonomie der Mitgliedstaaten verweist, sondern zugleich weit reichende Vorgaben zur Art und Weise der Durchführung trifft und somit für den **Vollzug von Unionsrecht im europäischen Verwaltungsverbund**[20] sorgt.[21] Prägend für das Vollzugssystem der DS-GVO war insbesondere das **EU-Telekommunikationsrecht**,[22] dessen Vollzug ebenfalls auf unabhängigen nationalen Aufsichtsbehörden beruht,[23] für deren Organisation und Unabhängigkeit das EU-Recht detaillierte Vorgaben macht[24] und die EU-rechtlich zur Zusammenarbeit untereinander[25] sowie mit der Kommission in einem speziell zur Wahrung der Kohärenz der Rechtsanwendung geschaffenen Verfahren[26] verpflichtet sind. Parallelen gibt es auch zu dem in **EU-Energierecht** vorgesehenen Regulierungsverbund zwischen den nationalen Energieregulierungsbehörden und der EU-Agentur für die Zusammenarbeit der Energieregulierungsbehörden.[27] Gewisse Parallelen bestehen ferner zum EU-Wettbewerbsrecht, das im organisierten Zusammenspiel zwischen unabhängigen nationalen Wettbewerbsbehörden[28] – die sich im Netzwerk der Wettbewerbs-

---

[20] Zum entstehenden europäischen Verwaltungsverbund vgl. *Britz* EuR 2006, 46; *Schneider* EuR 2005, Beiheft 2, 141 (147 ff.); *Schliesky* DÖV 2009, 641; *Sydow* Die Verwaltung 2001, 517 (520 ff.). Vgl. auch Calliess/Ruffert/*Ruffert* AEUV Art. 197 Rn. 20, der den Begriff europäischer Verwaltungsverbund für besonders geeignet ansieht, „jenseits der dichotomischen Kategorisierung zwischen mitgliedstaatlicher und EU-Verwaltung kooperative Strukturen einzugliedern, um das europäische Verwaltungsrecht als ein Ensemble aus hierarchischen, kooperativen und netzwerkartigen Strukturen zu erfassen".

[21] Vgl. die eingehende PHAEDRA II-Studie von *Gaelette/Kloza/De Hert*, Cooperation among data privacy supervisory authorities by analogy: lessons from parallel European mechanisms, April 2016. Ausf. *Kröger*, Unabhängigkeitsregime im europäischen Verwaltungsverbund. Eine europa- und verfassungsrechtliche Untersuchung unionsrechtlicher Organisationsregelungen für Mitgliedstaaten anhand von Regulierungsagenturen, Datenschutzbehörden sowie statistischen Ämtern, 2020; *Kibler*, Datenschutzaufsicht im europäischen Verbund, 2021; *Kibler* NVwZ 2021, 1676; *Kawohl*, Der Europäische Datenschutzverbund. Strukturen, Legitimation, Rechtsschutz, 2022. Vgl. ferner *v. Lewinski* NVwZ 2017, 1483, der die Datenschutzaufsicht in Europa als „Netzwerk" verstehen will; ebenso *v. Lewinski/Herrmann* PinG 2017, 209 (212 f.).

[22] Das lag auch daran, dass die für den Vorschlag der DS-GVO zuständige EU-Justizkommissarin *Reding* (→ Einl. Rn. 41 ff.) zuvor EU-Telekommunikationskommissarin gewesen war und ihre Erfahrungen aus diesem Bereich in die Arbeit an der DS-GVO einfließen ließ.

[23] Zu diesem „Regulierungsverbund" im EU-Telekommunikationsrecht EnzEuR V/*Kühling* § 4 Rn. 56 ff.

[24] Art. 6 Abs. 1 S. 1 RL 2018/1972/EU des Europäischen Parlaments und des Rates v. 11.12.2018 über den europäischen Kodex für die elektronische Kommunikation (Neufassung), ABl. 2018 L 321, 36, ber. ABl. 2019 L 334, 164: „Die Mitgliedstaaten gewährleisten die Unabhängigkeit der nationalen Regulierungsbehörden und anderen zuständigen Behörden, indem sie dafür sorgen, dass sie rechtlich und funktional von jeder natürlichen und juristischen Person unabhängig sind, die elektronische Kommunikationsnetze, -geräte oder -dienste anbietet." Vgl. auch Art. 7–9 RL 2018/1972/EU.

[25] Art. 10, 11 RL 2018/1972/EU des Europäischen Parlaments und des Rates v. 11.12.2018 über den europäischen Kodex für die elektronische Kommunikation (Neufassung), ABl. 2018 L 321, 36, ber. ABl. 2019 L 334, 164. Zur Verbesserung der Zusammenarbeit der nationalen Regulierungsbehörden dient auch das Gremium europäischer Regulierungsstellen für elektronische Kommunikation (GEREK), eingerichtet durch VO (EU) Nr. 1971/2018 des Europäischen Parlaments und des Rates v. 11.12.2018 zur Einrichtung des Gremiums europäischer Regulierungsstellen für elektronische Kommunikation (GEREK) und der Agentur zur Unterstützung des GEREK (GEREK-Büro), zur Änderung der VO (EU) Nr. 2120/2015 und zur Aufhebung der VO (EG) Nr. 1211/2009, ABl. 2018 L 321, 1.

[26] Vgl. das sog. „Binnenmarktverfahren" nach Art. 32, 33 RL 2018/1972/EU des Europäischen Parlaments und des Rates v. 11.12.2018 über den europäischen Kodex für die elektronische Kommunikation (Neufassung), ABl. 2018 L 321, 36, ber. ABl. 2019 L 334, 164.

[27] Vgl. Art. 57 ff. RL 2019/944/EU des Europäischen Parlaments und des Rates v. 5.6.2019 über gemeinsame Vorschriften für den Elektrizitätsbinnenmarkt und zur Änderung der Richtlinie 2012/27/EU, ABl. 2019 L 158, 125, ber. ABl. 2020 L 15, 8, sowie geänd. durch VO (EU) Nr. 869/2022 des Europäischen Parlaments und des Rates v. 30.5.2022, L 152, 45; sowie die Verordnung (EU) Nr. 942/2019 des Europäischen Parlaments und des Rates v. 5.6.2019 zur Gründung einer Agentur der Europäischen Union für die Zusammenarbeit der Energieregulierungsbehörden (Neufassung), ABl. 2019 L 158, 22, geänd. durch VO (EU) Nr. 869/2022 des Europäischen Parlaments und des Rates v. 30.5.2022, ABl. 2022 L 152, 45.

[28] Bemerkenswerterweise gab es bis 2019 keine unionsrechtlichen Vorgaben zur Unabhängigkeit der nationalen Wettbewerbsbehörden; vgl. dazu *Alves/Capiau/Sinclair* Competition Law International 2015, 13. Erstmals sekundärrechtlich niedergelegt wurde das Erfordernis der Unabhängigkeit der nationalen Wettbewerbsbehörden in Art. 4 RL 2019/1/EU des Europäischen Parlaments und des Rates v. 11.12.2018 zur Stärkung der Wettbewerbsbehörden der Mitgliedstaaten im Hinblick auf eine wirksamere Durchsetzung der Wettbewerbsvorschriften und zur Gewährleistung des reibungslosen Funktionierens des Binnenmarkts, ABl. 2019 L 11, 3.

Aufsichtsbehörde 6 **Art. 51**

behörden[29] koordinieren – und der Kommission nach weitgehend vereinheitlichten Verfahrensregeln[30] angewandt wird. Parallelen lassen sich schließlich zum **EU-Währungs-, -Zentralbank- und -Finanzmarktaufsichtsrecht** ziehen; hier sieht das primäre Unionsrecht selbst in Art. 282 Abs. 1, 2 AEUV das Zusammenwirken zwischen der unabhängigen Europäischen Zentralbank (EZB) und den unabhängigen nationalen Zentralbanken im Europäischen System der Zentralbanken/Eurosystem vor, wobei das dem EUV/AEUV beigefügte Protokoll Nr. 4 über die Satzung des Europäischen Systems der Zentralbanken und der Europäischen Zentralbank in seinem Art. 14.1, Art. 14.2 detaillierte Vorgaben zur Organisation und Unabhängigkeit der nationalen Zentralbanken macht.[31] In dem 2014 errichteten einheitlichen Aufsichtsmechanismus für die Bankenaufsicht besteht ein ähnliches Verhältnis beim Vollzug des einheitlichen Bankenaufsichtsrechts im Zusammenspiel von EZB und den zuständigen nationalen Aufsichtsbehörden.[32] Je mehr in diesen Fällen Organisation, Unabhängigkeit, Aufgaben, Befugnisse und Verfahren der im europäischen Verwaltungsverbund handelnden nationalen Behörden EU-rechtlich determiniert werden, umso mehr ist es angemessen, die nationalen Behörden funktional auch als dezentrale Unionsbehörden anzusehen (sog. **„dédoublement fonctionnel"**[33]).[34] Gerade die nationalen Datenschutz-Aufsichtsbehörden sind heute durch die detaillierten Vorgabe der DS-GVO so umfassend EU-rechtlich als Hüter des Datenschutzgrundrechts beauftragt, geregelt und organisiert, dass sie in besonderer Weise auch als **dezentrale Unionsbehörden mit europäischem Mandat** unabhängig zu handeln befugt und verpflichtet sind.[35]

---

[29] Vgl. Bek. der Kommission über die Zusammenarbeit innerhalb des Netzes der Wettbewerbsbehörden, ABl. 2004 C 101, 43.

[30] Vgl. Art. 11 (Zusammenarbeit zwischen der Kommission und den Wettbewerbsbehörden der Mitgliedstaaten) VO (EG) Nr. 1/2003 des Rates v. 16.12.2002 zur Durchführung der in den Art. 81 und 82 des Vertrags [heute: Art. 101, 102 AEUV] niedergelegten Wettbewerbsregeln, ABl. 2002 L 1, 1, geänd. durch VO (EG) Nr. 411/2004 des Rates v. 26.2.2004, ABl. 2004 L 68, 1, geänd. durch VO (EG) Nr. 1419/2006 des Rates v. 25.9.2006, ABl. 2006 L 269, 1, geänd. durch VO (EG) Nr. 169/2009 des Rates v. 26.2.2009, ABl. 2009 L 61, 1, geänd. durch VO (EG) Nr. 246/2009 des Rates v. 26.2.2009, ABl. 2009 L 79, 1, geänd. durch VO (EG) Nr. 487/2009 des Rates v. 25.5.2009, ABl. 2009 L 148, 1.

[31] Zu ESZB und Eurosystem sowie zur Stellung der nationalen Zentralbanken vgl. EnzEuR IV/*Selmayr*, 1. Aufl. 2015, § 23 Rn. 149 ff., 225 ff.

[32] Vgl. VO (EU) Nr. 1024/2013 des Rates v. 15.10.2013 zur Übertragung besonderer Aufgaben im Zusammenhang mit der Aufsicht über Kreditinstitute auf die Europäische Zentralbank (sog. SSM-Verordnung), ABl. 2013 L 287, 63, ber. ABl. 2015 L 218, 82. Das BVerfG bezog sich bei der verfassungsrechtlichen Beurteilung der Unabhängigkeit der EZB in der Bankenaufsicht mehrfach auf die Rspr. des EuGH zur Vereinbarkeit der Unabhängigkeit der nationalen Datenschutz-Aufsichtsbehörden mit dem Demokratieprinzip; vgl. BVerfG Urt. v. 30.7.2019 – 2 BvR 1685/14, 2 BvR 2631/14 = NJW 2019, 3204 Rn. 130, 136, 211, 291.

[33] *Scelle* FS Wehberg, 1965, S. 324.

[34] So zB die nationalen Zentralbanken im Eurosystem; vgl. EnzEuR IV/*Selmayr*, 1. Aufl. 2015, § 23 Rn. 228 ff.; sowie *Zilioli/Selmayr*, The Law of the European Central Bank, 2001, S. 73 ff. Vgl. EuGH Urt. v. 17.12.2020 – C-316/19, ECLI:EU:C:2020/1030 Rn. 83 – Kommission/Slowenien; sowie EuGH Urt. v. 15.9.2022 – C-45/21, ECLI:EU:C:2022:670 Rn. 52 – Banka Slovenije; danach haben die nationalen Zentralbanken und ihre Präsidenten „einen gemischten Status, da sie gleichzeitig nationale Behörden und Behörden, die im Rahmen des ESZB [= Europäisches System der Zentralbanken] tätig werden, darstellen". Zu anderen zwischen EU-Institutionen und Mitgliedstaaten stehenden und damit „hybriden" Agenturen und Behörden *Everson/Monda/Vos*, EU Agencies in between Institutions and Member States, 2014; sowie *De Somers* ERA Forum 2014, 581. Teilweise werden sogar alle nationalen Behörden, die Unionsrecht vollziehen, als Unionsbehörden angesehen; vgl. *Temple Lang* ELR 1998, 109: „Just as every national court is now a Community law court, every national authority is now a Community authority."

[35] Krit. zum Begriff „dezentrale Unionsbehörde" unter Hinweis auf die Organisationsautonomie der Mitgliedstaaten Gola/Heckmann/*Nguyen* DS-GVO Art. 51 Rn. 6, der allerdings übersieht, dass aus Gründen der effektiven Grundrechts- und Binnenmarktschutzes die Organisationsautonomie der Mitgliedstaaten durch die DS-GVO sehr weitgehend eingeschränkt wird. Vgl. *Kröger*, Unabhängigkeitsregime im europäischen Verwaltungsverbund, 2020, S. 262 ff., der anhand der Rspr. des EuGH überzeugend nachweist, dass die „institutionelle Autonomie" der Mitgliedstaaten beim Vollzug von EU-Recht nur insoweit besteht, wie ihr sekundärrechtlich noch Raum gelassen wird, was bei der DS-GVO kaum mehr der Fall ist; ebenso *De Somers* ERA Forum 2018, 581 (582). Ähnlich wie hier *Kugelmann* ZD 2020, 76 (79), der die Datenschutz-Aufsichtsbehörden unter der DS-GVO als „funktional teileuropäische Behörden" bezeichnet. Vgl. auch *v. Lewinski* NVwZ 2017, 1483 (1487): „Durchaus der Logik des europäischen Projekts folgend ist mit der DS-GVO die Herauslösung der Datenschutzaufsicht aus dem mitgliedstaatlichen Kontext und damit eine Europäisierung gewollt." Sehr klar Kuner/Bygrave/Docksey/*Hijmans* GDPR Art. 51 C.3: „Article 51(2) GDPR is an illustration of a wider trend towards the Europeanisation of DPAs. This started with purely national authorities in the seventh decade of the last century; step by step, they are becoming more European."

7   Die **Rolle der Kommission** in dem durch die DS-GVO für die Durchführung geschaffenen europäischen Verwaltungsverbund (→ Rn. 6) ist nicht zu unterschätzen. Zwar liegt die Durchführung der DS-GVO gemäß Art. 51 Abs. 1 in den Händen der nationalen Datenschutz-Aufsichtsbehörden. Die Kommission ist jedoch als unabhängige „Hüterin der Verträge" (vgl. Art. 17 Abs. 1 S. 3, Abs. 3 UAbs. 3 EUV) dafür zuständig, die Einhaltung der Vorgaben des gesamten Unionsrechts, also auch der DS-GVO durch die Mitgliedstaaten zu überwachen. Identifiziert die Kommission eine Verletzung oder fehlerhafte Anwendung der DS-GVO durch irgendeinen Träger der öffentlichen Gewalt in den Mitgliedstaaten – sei es durch die Legislative, die Exekutive, die Judikative oder auch durch die unabhängigen nationalen Datenschutz-Aufsichtsbehörden selbst –, so kann sie gegen den für das Handeln aller staatlichen Stellen europarechtlich verantwortlichen Mitgliedstaat gemäß Art. 258 AEUV ein Vertragsverletzungsverfahren einleiten, über dessen Ausgang abschließend der EuGH gemäß Art. 260 AEUV entscheidet. Die Kommission kann ferner delegierte Rechtsakte[36] und Durchführungsrechtsakte[37] in den von der DS-GVO vorgesehenen Fällen erlassen (→ Einl. Rn. 117 f.); solche delegierten und Durchführungsrechtsakte sind auch für die nationalen Aufsichtsbehörden verbindlich und von diesen zu beachten, solange sie nicht vom EuGH für rechtswidrig erklärt worden sind.[38] Schließlich ist die Kommission am Kohärenzverfahren gemäß Art. 63 ff. beteiligt, arbeitet also mit den nationalen Aufsichtsbehörden bei grenzüberschreitenden Fragen der Durchführung der DS-GVO zusammen. Gemäß Art. 68 Abs. 5 S. 1 nimmt die Kommission insbesondere ohne Stimmrecht an den Tätigkeiten und Sitzungen des Europäischen Datenschutzausschusses teil, der die einheitliche Anwendung der DS-GVO sicherzustellen hat und hierzu Meinungsverschiedenheiten zwischen den nationalen Aufsichtsbehörden durch verbindliche Beschlüsse gemäß dem in Art. 65 geregelten Verfahren beilegen kann. Die Kommission kann dabei – ebenso wie einzelne Aufsichtsbehörden oder der Vorsitz des Europäischen Datenschutzausschusses – gemäß Art. 64 Abs. 2 beantragen, dass bestimmte Fragen von allgemeiner Bedeutung oder grenzüberschreitender Dimension vom Europäischen Datenschutzausschuss behandelt werden, oder gemäß Art. 65 Abs. 1 lit. c S. 2 eine bei der Normanwendung strittige Frage dem Ausschuss zur Streitbeilegung vorlegen. Durch ihre Mitwirkung am Kohärenzverfahren und an der Arbeit des Europäischen Datenschutzausschusses kann die Kommission schon frühzeitig Hinweise auf eine möglicherweise fehlerhafte oder unzureichende Durchführung der DS-GVO durch eine oder mehrere nationale Aufsichtsbehörden geben und so gegebenenfalls vermeiden, dass zur Gewährleistung der einheitlichen Anwendung der DS-GVO in allen Mitgliedstaaten zeitraubende Vertragsverletzungsverfahren eingeleitet werden müssen.

8   Der **Rechtsschutz** gegenüber der dezentralen Durchführung der DS-GVO durch die nationalen Datenschutz-Aufsichtsbehörden erfolgt grundsätzlich dezentral durch die nationalen

---

This trend can be seen in the precise description of the duties and powers of DPAs under the GDPR (Article 57–58). It can also be seen in the key role of the EDPB, within which DPAs cooperate and which also deals with the enforcement of EU data protection law. It may be argued that DPAs are no longer only part of the national administration, but also have become part of the EU administration. This is confirmed by their membership in the EDPB, an EU body according to Article 68(1) GDPR." Eingehend zur Europäisierung der nationalen Datenschutz-Aufsichtsbehörden *Hijmans* The European Union as Guardian of Internet Privacy, 2016, S. 389 ff.; sowie *Hijmans* European Data Protection Law Review 2016, 362.

[36] Vgl. Art. 290 AEUV, Art. 92 DS-GVO. Durch delegierte Rechtsakte kann die Kommission standardisierte Symbole zur Erfüllung der Informationspflichten regeln (Art. 12 Abs. 8) und Kriterien für Zertifizierungsverfahren bestimmen (Art. 43 Abs. 8).

[37] Vgl. Art. 291 Abs. 2–4 AEUV. Die DS-GVO ermächtigt die Kommission in sieben Fällen zum Erlass von Durchführungsbestimmungen gem. dem in Art. 93 DS-GVO geregelten Verfahren: um Standardvertragsklauseln für Verträge zwischen Verantwortlichen und Auftragsverarbeitern sowie zwischen Auftragsverarbeitern zu erlassen (Art. 28 Abs. 7), um Verhaltensregeln („Codes of Conduct") für allg. gültig zu erklären (Art. 40 Abs. 9); um technische Standards für Zertifizierungen festzulegen (Art. 43 Abs. 9); um die Angemessenheit des Schutzniveaus in Drittländern festzustellen (Art. 45 Abs. 3 und 5); zur Festlegung von Formaten und Verfahren für den Informationsaustausch im Hinblick auf verbindliche unternehmensinterne Datenschutzvorschriften (Art. 46 Abs. 2 lit. c und d); um Verfahren für die Amtshilfe und den Informationsaustausch zwischen den nationalen Aufsichtsbehörden und dem Europäischen Datenschutzausschuss zu regeln (Art. 61 Abs. 9 und Art. 67); sowie zur Festlegung verbindlicher interner Datenschutzvorschriften (Art. 47 Abs. 3).

[38] EuGH Urt. v. 6.10.2015 – C-362/14, ECLI:EU:C:2015:650 = ZD 2015, 549 mAnm *Spies* – Schrems I, Rn. 52 (Vermutung der Rechtmäßigkeit), Rn. 61 f. (Normverwerfungsmonopol des EuGH) und Rn. 65 (von den Mitgliedstaaten vorzusehendes Klagerecht der nationalen Kontrollstellen vor den nationalen Gerichten).

Gerichte (→ Einl. Rn. 112 f.). Jede natürliche oder juristische Person hat insofern gemäß Art. 78 das Recht auf einen wirksamen gerichtlichen Rechtsbehelf, und zwar sowohl gegen einen sie betreffenden rechtsverbindlichen Beschluss, den sie für rechtswidrig hält (Art. 78 Abs. 1), als auch hinsichtlich einer ihrer Auffassung nach gegen die DS-GVO verstoßenden Untätigkeit einer nationalen Datenschutz-Aufsichtsbehörde (Art. 78 Abs. 2). Dies gilt in aller Regel auch dann, wenn eine nationale Datenschutz-Aufsichtsbehörde im Rahmen des Kohärenzverfahrens durch einen verbindlichen Beschluss des Europäischen Datenschutzausschusses gemäß Art. 65 Abs. 1–3 zu einem bestimmten Handeln verpflichtet wird; denn auch in diesem Fall ist es gemäß Art. 65 Abs. 6 die nationale Datenschutz-Aufsichtsbehörde, die den endgültigen Beschluss gegenüber den betroffenen natürlichen oder juristischen Personen zu treffen hat. Eine Ausnahme davon gilt nur dann, wenn bereits der verbindliche Beschluss des Europäischen Datenschutzausschusses eine natürliche oder juristische Person unmittelbar und individuell betrifft. In der Systematik des Vollzugs der DS-GVO wird diese Voraussetzung in aller Regel nur von der federführenden Datenschutz-Aufsichtsbehörde, die Adressat des verbindlichen Beschlusses ist,[39] sowie von den übrigen am Kohärenzverfahren beteiligten Datenschutz-Aufsichtsbehörden[40] erfüllt werden. Diese können also direkt Nichtigkeitsklage gemäß Art. 263 UAbs. 4 AEUV gegen den Beschluss des Europäischen Datenschutzausschusses erheben (vgl. Erwägungsgrund 143).[41] Da gegenüber Grundrechtsträgern und Marktteilnehmern die DS-GVO dagegen stets durch rechtlich verbindliches Handeln nationaler Aufsichtsbehörden durchgeführt wird, sind sie auch bei Anwendung des Kohärenzverfahrens grundsätzlich erst durch dieses Handeln und nicht bereits durch den Streitbeilegungsbeschluss des Europäischen Datenschutzausschusses unmittelbar und individuell betroffen. Direktklagen gegen den Europäischen Datenschutzausschuss sind deshalb in aller Regel – sondern nicht der Sonderfall einer Ermessensreduktion auf null durch einen äußerst detaillierten verbindlichen Beschluss des Europäischen Datenschutzes gegeben ist – unzulässig.[42] Der Rechtsschutz gegen das Ergebnis des Kohärenzverfahrens ist also grundsätzlich gemäß Art. 78 vor den zuständigen nationalen Gerichten nach dem anwendbaren nationalen Verfahrensrecht gegen die gemäß Art. 65 Abs. 6 abschließend entscheidende nationale Datenschutz-Aufsichtsbehörde zu suchen.[43] Der EuGH kann dabei mit den entscheidungserheblichen Auslegungs- und Gültigkeitsfragen des EU-Rechts im Wege des Vorabentscheidungsverfahrens gemäß Art. 267 AEUV befasst werden; letztinstanzliche nationale Gerichte sind gemäß Art. 267 UAbs. 3 AEUV zu solch einer Befassung verpflichtet.[44]

B. Einzelerläuterungen

I. Begriff der Aufsichtsbehörde (Abs. 1)

Wenn Art. 51 Abs. 1 in seiner Artikelüberschrift und in seinem Text von „**Aufsichtsbehörde**" spricht, dann ist dies jedenfalls für die deutschsprachige Fassung des europäischen Daten-

---

[39] Ebenso Paal/Pauly/*Körffer* DS-GVO Art. 78 Rn. 19.
[40] So zutr. *Nguyen* ZD 2015, 265 (268); ihm folgend Plath/*Hullen* DS-GVO Art. 65 Rn. 21.
[41] Ebenso Paal/Pauly/*Körffer* DS-GVO Art. 78 Rn. 19; Plath/*Hullen* DS-GVO Art. 65 Rn. 21.
[42] Eine erste Nichtigkeitsklage eines Unternehmens gegen den Europäischen Datenschutzausschuss gem. Art. 263 AEUV wurde deshalb im Dezember 2022 als unzulässig abgewiesen; vgl. EuG Beschl. v. 7.12.2022 – T-709/21, ECLI:EU:T:2022:783 – WhatsApp Ireland/Europäischer Datenschutzausschuss.
[43] Dass dies so vom EU-Gesetzgeber gewollt ist, zeigt Art. 78 Abs. 4. Danach hat die abschließend beschließende nationale Datenschutz-Aufsichtsbehörde die Stellungnahme oder den Beschluss des Europäischen Datenschutzausschusses, die im Rahmen des Kohärenzverfahrens vorangegangen ist, dem nationalen Gericht, bei dem Klage erhoben wurde, zuzuleiten. Gewollt ist also offenbar keine Direktklage gegen die Stellungnahmen und Beschlüsse des Europäischen Datenschutzausschusses, sondern deren inzidente Überprüfung im Rahmen des nationalen Gerichtsverfahrens und ggf. eines Vorabentscheidungsverfahrens gem. Art. 267 AEUV. Vgl. auch Erwägungsgrund 143: „Verfahren gegen eine Aufsichtsbehörde sollten bei den Gerichten des Mitgliedstaats angestrengt werden, in dem die Aufsichtsbehörde ihren Sitz hat, und sollten im Einklang mit dem Verfahrensrecht dieses Mitgliedstaats durchgeführt werden."
[44] Vgl. ferner BVerfGE 73, 339 (366 ff.); BVerfGE 75, 223 (234 ff.); BVerfGE 82, 159 (192 ff.), wonach die Nichtvorlage einer datenschutzrechtlich relevanten, entscheidungserheblichen Rechtsfrage durch ein letztinstanzliches Gericht in Deutschland eine Verletzung des Rechts auf den gesetzlichen Richter (Art. 101 Abs. 1 S. 2 GG) darstellt, was zur Aufhebung des unter Verletzung der Vorlagepflicht ergangenen Urteils führen kann. Zur entspr. Entscheidungspraxis des öst. Verfassungsgerichtshofs, wonach der EuGH als gesetzlicher Richter iSv Art. 83 Abs. 2 Bundesverfassungsgesetz anzusehen ist vgl. Öst. VfGH Entsch. v. 11.12.1995 – VfSlg. 14390/1995 = EuGRZ 1996, 529.

schutzrechts eine Neuerung. Denn in Art. 28 DS-RL wurde noch der Begriff „Kontrollstelle" verwendet. Der Begriff Aufsichtsbehörde passt deutlich besser für das von der DS-GVO geschaffene System, in dem die nationalen Behörden damit beauftragt sind, die Anwendung der DS-GVO zu überwachen und dabei der Eigenverantwortung der für die Datenverarbeitung Verantwortlichen Raum zu lassen; die früher in Art. 18 DS-RL vorgeschriebenen Meldepflichten wurden deshalb mit der DS-GVO abgeschafft (zum Grundsatz der Eigenverantwortung → Einl. Rn. 69, 110). Man sollte sich allerdings davor hüten, in den Begriffswechsel in der deutschen Sprachversion der DS-GVO zu viel hineinzulesen. Denn in der englischen Version bleibt es bei dem bereits in der Konvention Nr. 108[45] und der DS-RL verwendeten Begriff **„supervisory authority"**, und in der französischen Version wird der bisher übliche Begriff **„autorité de contrôle"** weiterverwendet.

10 Der Begriff der Aufsichtsbehörde ist in Art. 4 Nr. 21 (iVm Art. 51 Abs. 1) legal definiert. Es handelt sich dabei um „eine von einem Mitgliedstaat gemäß Artikel 51 eingerichtete unabhängige staatliche Stelle". **Staatlich** bedeutet, dass die Aufgaben einer Datenschutz-Aufsichtsbehörde nicht etwa privatisiert werden dürfen; die von Art. 51 Abs. 1 vorgegebene doppelte Aufgabe einer Datenschutz-Aufsichtsbehörde, einerseits das Datenschutzgrundrecht zu schätzen, andererseits den freien Verkehr personenbezogener Daten in der Union zu erleichtern, ist umfassend grundrechtsdeterminiert und daher nur von unabhängigen staatlichen Stellen im (heute EU-rechtlich definierten) öffentlichen Interesse zu bewältigen.

11 Die DS-GVO belässt den Mitgliedstaaten nur einen begrenzten Spielraum, wenn es um die Art und Form der von ihnen einzusetzenden staatlichen Datenschutz-Aufsichtsbehörden geht.[46] Angesichts der noch recht kargen Vorgaben in Art. 28 DS-RL gab es in den Mitgliedstaaten vor Inkrafttreten der DS-GVO sowohl das engere **„Ombudsman-Modell"** – das schwerpunktmäßig auf die datenschutzrechtliche Beratung und die Bearbeitung individueller Beschwerden abzielte – als auch das weiter gehende **„Regulierungsbehörden-Modell"**, welches die Einhaltung des Datenschutzrechts allgemein und über den Einzelfall hinaus sicherstellen will[47] und partiell sogar gerichtsähnlich[48] ausgestaltet ist.[49] Die detaillierten Vorgaben für Aufgaben und Befugnisse der Aufsichtsbehörden in Art. 57 und 58 und insbesondere ihre Verpflichtung, die Anwendung der DS-GVO sicherzustellen (Art. 51 Abs. 1), einen Beitrag zu ihrer einheitlichen Anwendung in der gesamten Union zu leisten (Art. 51 Abs. 2) und allgemein die Anwendung der DS-GVO zu überwachen und durchzusetzen (Art. 57 Abs. 1 lit. a), zeigen, dass heute eine Aufsichtsbehörde vor allem eine datenschutzrechtliche Regulierungsbehörde zu sein hat, die über ein Bündel von beratenden, aufklärenden, präventiven und repressiven Befugnissen verfügen muss, um ihre umfassenden Aufsichtsaufgaben wirksam wahrnehmen zu können.[50]

---

[45] Und heute in Art. 15 ff. Konvention 108+ (Fn. 7).

[46] Nach EuGH Urt. v. 8.4.2014 – C-288/12, ECLI:EU:C:2014:237 Rn. 60 = ZD 2014, 301 – Kommission/Ungarn, „steht es den Mitgliedstaaten frei, das institutionelle Modell, das ihnen für ihre Kontrollstellen am geeignetsten erscheint, festzulegen und zu ändern", sofern dabei deren Unabhängigkeit nicht beeinträchtigt wird. Dieses Urteil beruht noch die Regelungen der DS-RL. Mit der detaillierten Vorgaben und Festlegungen der DS-GVO reduziert sich diese Freiheit erheblich, vgl. Art. 57, 58.

[47] Zu diesen beiden Modellen, die unter Geltung der DS-RL koexistierten – das „Ombudsman-Modell" vor allem in Finnland, Schweden und (bis 2012) in Ungarn, das „Regulierungsbehörden-Modell" vor allem in Frankreich, Spanien und Polen – vgl. *Kuner* European Data Protection Law S. 14 f.

[48] So früher in Österreich; vgl. Knyrim DS-GVO/*Flendrovsky* S. 281 ff., 282, demzufolge die österreichische Datenschutzbehörde neben ihrer Tätigkeit als Kontrollstelle „im Verfahren nach § 31 DSG 2000 bei der Durchsetzung bestimmter subjektiver Datenschutzrechte auch als (erstinstanzliches) mitgliedstaatliches Gericht im unionsrechtlichen Sinn (sowohl des Art. 27 DSRL als auch des Art. 267 AEUV) tätig" war. Er nennt dies „ein ziemliches Spezifikum".

[49] Zur historischen Entwicklung *Kopp* DuD 1995, 204 (210), der darauf hinweist, dass es bis zur DS-RL noch umstritten war, ob eine wirksame Datenschutzaufsicht am besten durch die weitgehende Selbstkontrolle der Verarbeiter durch innerbetriebliche Datenschutzbeauftragte und nur im Notfall eingreifende staatliche Aufsichtsbehörden oder aber durch hoheitliche Kontrolle jedweder Datenverarbeitung zu erreichen sei.

[50] Für Kühling/Buchner/*Boehm*, 4. Aufl. 2024, DS-GVO Art. 51 Rn. 4, zeigt sich in der DS-GVO „eindeutig die Tendenz zum Ausbau der hoheitlichen Kontrolle." IdS auch Knyrim DS-GVO/*Flendrovsky* S. 281 ff., 290: „Durch die DSGVO wird ein Konzept der Aufsichtsbehörden verwirklicht, das vor allem die datenschutzpolizeilichen Befugnisse der Aufsichtsbehörden im Sinne von Untersuchungs- und Abhilfebefugnissen ausbaut. Breiter Raum wird auch der Bedeutung der Aufsichtsbehörden bei der vorbeugenden Vermeidung von Verletzungen der DSGVO geschenkt. […] Das bisherige […] österreichische Konzept, wonach eine (wenn nicht *die*) wesentliche Aufgabe der Aufsichtsbehörde (DSB) in der Durchsetzung subjektiver Datenschutzrechte (Geheimhaltung, Richtigstellung, Löschung, Widerspruch) liegt, findet hingegen in der DSGVO keinen Niederschlag."

Aufsichtsbehörde   12, 13 **Art. 51**

Offen gelassen wird in der Legaldefinition der Aufsichtsbehörde in Art. 4 Nr. 21 iVm Art. 51   **12**
Abs. 1, ob diese **kollegial oder monokratisch verfasst** ist. Weitere Vorschriften zeigen, dass die DS-GVO diese Frage den Mitgliedstaaten zur Spezifizierung überlässt.[51] „Das Mitglied oder die Mitglieder jeder Aufsichtsbehörde" heißt es so zB in Art. 52 Abs. 2 und 3, und auch in Art. 54 Abs. 1 lit. c, d, e, f und Abs. 2 S. 1 wird stets der Singular gleichberechtigt neben dem Plural von Mitglied verwendet. Eine Datenschutz-Aufsichtsbehörde kann unter der Geltung der DS-GVO also sowohl von einer Person geleitet werden (wie dies zB beim deutschen Bundesbeauftragten für den Datenschutz und die Informationsfreiheit[52] sowie allen Landesbeauftragten für den Datenschutz[53] oder auch bei der österreichischen Datenschutzbehörde[54] der Fall ist) als auch einem Kollegialorgan unterstehen (so zB die französische „Commission nationale de l'Informatique et des Libertés", CNIL, die von einem 18-köpfigen Gremium geleitet wird;[55] oder die belgische „Autorité de protection des données", die von einem sechsköpfigen, vom Präsidenten der Behörde geleiteten Lenkungsausschuss geführt wird[56]), auch wenn sich die Mitgliedstaaten aus Effizienzerwägungen zunehmend für monokratische Datenschutz-Aufsichtsbehörden entscheiden.[57]

Wesensmerkmal einer Datenschutz-Aufsichtsbehörde iSv Art. 4 Nr. 21 iVm Art. 51 Abs. 1 ist   **13**
ihre **Unabhängigkeit.** Diese Unabhängigkeit hat ihre Grundlage im primären Unionsrecht, demzufolge die Einhaltung des Datenschutzrechts „von einer unabhängigen Stelle" (Art. 8 Abs. 3 GRCh) bzw. „von unabhängigen Behörden" (Art. 16 Abs. 2 UAbs. 1 S. 2 AEUV) sicherzustellen ist. Es ist im Unionsrecht eine seltene Ausnahme, dass die Unabhängigkeit einer nationalen Behörde direkt im Primärrecht festgelegt wird. Dies ist neben den Datenschutzbehörden sonst nur für die nationalen Zentralbanken der Fall (vgl. Art. 130 AEUV iVm Art. 14.1, 14.2 Protokoll Nr. 4);[58] bei nationalen Telekom-Aufsichtsbehörden[59], Energieregulierungsbehörden[60] und Wettbewerbsbehörden[61] ist die Unabhängigkeit lediglich durch sekundäres Unionsrecht vorgeschrieben.[62]

---

[51] Ebenso Knyrim DS-GVO/*Flendrovsky* S. 281 ff., 284.
[52] § 8 Abs. 1 S. 1 BDSG.
[53] Vgl. zB Art. 15 Abs. 1 BayDSG v. 15.5.2018, GVBl. 2018, 229. Heute gibt es in allen Ländern einen Landesbeauftragten für Datenschutz. Die früher noch kollegial organisierte rheinland-pfälzische Datenschutzkommission ist 1991 in Anpassung an die Rechtsentwicklung aller anderen Bundesländer und des Bundes durch einen Landesbeauftragten für den Datenschutz ersetzt worden; vgl. heute §§ 14 ff. DSG RhPf v. 8.5.2018, GVBl. 2018, 93. Es wurde damals eine aus Abgeordneten des Landtags und einem Vertreter der Landesregierung bestehende Kommission beim Landesbeauftragten für den Datenschutz geschaffen, die diesen bis heute bei seinen Aufgaben unterstützt; vgl. § 18 DSG RhPf.
[54] § 18 Abs. 2 DSG. In Österreich gab es von 1973 bis 2013 eine kollegial organisierte Datenschutzkommission. Heute sehen §§ 14 ff. DSG neben der Datenschutzbehörde weiterhin einen – allein beratend tätigen – Datenschutzrat vor, dem Vertreter der politischen Parteien, der Sozialpartner, des Bundes, der Länder, Städte und Gemeinden sowie Datenschutzbeauftragte und Experten angehören, der zu Fragen von grundsätzlicher Bedeutung für den Datenschutz Stellung nehmen kann und die österreichische Bundesregierung in rechtspolitischer Hinsicht bei datenschutzrechtlich relevanten Vorhaben berät.
[55] Art. 13 des Loi 78-17 v. 6.1.1978, zuletzt geänd. durch Loi n° 2018-493 v. 20.6.2018 relatif à la protection des données personnelles, Journal officiel n° 0141 v. 21.6.2018.
[56] Art. 7, 12, 13 des Loi v. 3.12.2017 portant création de l'Autorité de protection des données, Moniteur belge, 10.1.2018, S. 989.
[57] Vgl. *v. Lewinski* NVwZ 2017, 1483 (1486 Fn. 34).
[58] Art. 130 AEUV und Art. 14.1, 14.2 Prot. Nr. 4 verlangen die Unabhängigkeit aller nationalen Zentralbanken, auch der nicht am Euro teilnehmenden Mitgliedstaaten. Für die Bankenaufsicht gemeinsam mit der EZB im Rahmen des Einheitlichen Aufsichtsmechanismus zuständigen nationalen Behörden – dies können Zentralbanken, aber auch separate Aufsichtsbehörden sein – schreibt Art. 19 Abs. 1 und 2 SSM-Verordnung (VO [EU] Nr. 1024/2013 des Rates v. 15.10.2013 zur Übertragung besonderer Aufgaben im Zusammenhang mit der Aufsicht über Kreditinstitute auf die Europäische Zentralbank, ABl. 2013 L 287, 63, ber. ABl. 2015 L 2018, 82), deren Unabhängigkeit sekundärrechtlich vor.
[59] Vgl. Art. 6 Abs. 1 S. 1, Art. 8 RL 2018/1972/EU des Europäischen Parlaments und des Rates v. 11.12.2018 über den europäischen Kodex für die elektronische Kommunikation (Neufassung), ABl. 2018 L 321, 36, ber. ABl. 2019 L 334, 164.
[60] Vgl. Art. 57 Abs. 4, 5 RL 2019/944/EU des Europäischen Parlaments und des Rates v. 5.6.2019 über gemeinsame Vorschriften für den Elektrizitätsbinnenmarkt und zur Änderung der Richtlinie 2012/27/EU, ABl. 2019 L 158, 125, ber. ABl. 2020 L 15, 8, sowie geänd. durch VO (EU) Nr. 869/2022 des Europäischen Parlaments und des Rates v. 30.5.2022, L 152, 45.
[61] Vgl. Art. 4 RL 2019/1/EU des Europäischen Parlaments und des Rates v. 11.12.2018 zur Stärkung der Wettbewerbsbehörden der Mitgliedstaaten im Hinblick auf eine wirksame Durchsetzung der Wettbewerbsvorschriften und zur Gewährleistung des reibungslosen Funktionierens des Binnenmarkts, ABl. 2019 L 11, 3.
[62] Weitere Beispiele aus dem Sekundärrecht nennt GA *Mazák* in seinen SchlA v. 12.11.2009 – C-518/07, ECLI:EU:C:2010:125 Rn. 10 – Kommission/Deutschland.

Bemerkenswert ist ferner, dass die nationalen Datenschutz-Aufsichtsbehörden gemäß Art. 52 Abs. 1 – dem Vorbild von Art. 28 Abs. 1 UAbs. 2 DS-RL folgend – **„völlig unabhängig"** sein müssen. Damit wird – mittlerweile abgesichert durch die primärrechtliche Grundlage des Art. 8 GRCh[63] – dieselbe weit reichende Formulierung verwendet, die im primären Unionsrecht sonst nur in drei Fällen anzutreffen ist: bei der Europäischen Kommission, die ihre Tätigkeit gemäß Art. 17 Abs. 3 UAbs. 3 S. 1 EUV „in voller Unabhängigkeit" auszuüben hat; beim Europäischen Bürgerbeauftragten, der sein Amt gemäß Art. 228 Abs. 3 S. 1 AEUV „in völliger Unabhängigkeit" erfüllen muss; sowie bei den Mitgliedern des Europäischen Rechnungshofs, die ihre Aufgaben gemäß Art. 285 UAbs. 2 AEUV „in voller Unabhängigkeit" zu erfüllen haben. Diese Parallelen offenbaren die hohe Bedeutung, die das Unionsrecht der Unabhängigkeit der für die Überwachung des Datenschutzes zuständigen Aufsichtsbehörden beimisst.[64]

14   Unionsrechtliches Vorbild für das Modell der unabhängigen Datenschutz-Aufsichtsbehörde ist der **Europäische Datenschutzbeauftragte,** wie ihn der EU-Gesetzgeber durch die Art. 52 ff. VO (EU) 2018/1725[65] als völlig unabhängigen Hüter des Datenschutz-Grundrechts bei der Verarbeitung personenbezogener Daten durch die Organe, Einrichtungen und sonstigen Stellen der EU eingerichtet hat. Die Vorschriften über Ernennung, Unabhängigkeit, Aufgaben und Befugnisse des Europäischen Datenschutzbeauftragten wirken sich in vielen Punkten prägend auf die unionsrechtliche Ausgestaltung der nationalen Datenschutz-Aufsichtsbehörden aus. Bei der Auslegung der Vorschriften über die nationalen Aufsichtsbehörden greift der EuGH daher im Wege der systematischen Auslegung (→ Einl. Rn. 103) auf die Vorschriften über den Europäischen Datenschutzbeauftragten zurück;[66] der EuGH verlangt insofern sogar eine **homogene Auslegung**[67] der Bestimmungen zu den nationalen Aufsichtsbehörden und zum Europäischen Datenschutzbeauftragten.

II. Gebot der Zusammenarbeit und Kohärenz (Abs. 2)

15   Art. 51 Abs. 2 S. 1 verpflichtet jede nationale Datenschutz-Aufsichtsbehörde, einen **Beitrag zur einheitlichen Anwendung der DS-GVO in der gesamten Union** zu leisten. Hieran zeigt sich, dass die DS-GVO die nationalen Datenschutz-Aufsichtsbehörden funktional als dezentrale Unionsbehörden (→ Rn. 6) ansieht. Sie haben über ihr spezifisches Mandat, den Datenschutz in ihrem nationalen Zuständigkeitsbereich zu sichern, ein weiter gefasstes **unionsrechtliches Mandat,**[68] das sie dazu verpflichtet, gemeinsam mit den anderen nationalen Daten-

---

[63] Die Erläuterungen, die das Präsidium des Grundrechte-Konvents zur Charta formuliert hat (ABl. 2007 C 303, 17) und die gem. Art. 6 Abs. 1 UAbs. 3 EUV bei der Auslegung der Charta zu berücksichtigen sind, verweisen bei Art. 8 GRCh darauf, dass sich dessen Inhalt auf die DS-RL (sowie auf die Konvention Nr. 108 des Europarats) stützt; die in Art. 8 Abs. 3 GRCh geforderte Unabhängigkeit der für den Datenschutz zuständigen Stellen ist also im Lichte des Gebots der völligen Unabhängigkeit gem. Art. 28 Abs. 1 UAbs. 2 DS-RL auszulegen (→ Art. 52 Rn. 13).

[64] Vgl. *v. Lewinski/Herrmann* PinG 2017, 209 (214), welche die völlige Unabhängigkeit der Datenschutzbehörden zum „markanten Spezifikum des europäischen Datenschutzrechts" erklären.

[65] VO (EU) Nr. 1725/2018 des Europäischen Parlaments und des Rates v. 23.10.2018 zum Schutz natürlicher Personen bei der Verarbeitung personenbezogener Daten durch die Organe, Einrichtungen und sonstigen Stellen der Union, zum freien Datenverkehr und zur Aufhebung der Verordnung (EG) Nr. 45/2001 und des Beschlusses Nr. 1247/2002/EG, ABl. 2018 L 295, 39. Diese Verordnung, die ursprünglich aus dem Jahr 2001 stammte, wurde 2018 vom EU-Gesetzgeber an die DS-GVO angepasst und entsprechend modernisiert; dafür enthielten Art. 2 Abs. 3, Art. 98 DS-GVO einen entspr. Gesetzgebungsauftrag, um die Kohärenz zwischen dem Datenschutz auf EU- und auf nationaler Ebene zu wahren.

[66] So zB EuGH Urt. v. 8.4.2014 – C-288/12, ECLI:EU:C:2014:237 Rn. 56 = ZD 2014, 301 – Kommission/Ungarn (zu den Gründen für die vorzeitige Beendigung der Amtszeit eines nationalen Datenschutzbeauftragten, die im Lichte des Art. 42 Abs. 4 und 5 VO (EG) Nr. 45/2001 schon unter der Geltung der DS-RL restriktiv zu verstehen waren; heute vgl. Art. 53 Abs. 3, 4 DS-GVO sowie Art. 53 Abs. 4 und 5 VO (EU) Nr. 1725/2018 des Europäischen Parlaments und des Rates v. 23.10.2018 zum Schutz natürlicher Personen bei der Verarbeitung personenbezogener Daten durch die Organe, Einrichtungen und sonstigen Stellen der Union, zum freien Datenverkehr und zur Aufhebung der VO (EG) Nr. 45/2001 und des Beschlusses Nr. 1247/2002/EG, ABl. 2018 L 295, 39.

[67] Vgl. EuGH Urt. v. 9.3.2010 – C-518/07, ECLI:EU:C:2010:125 Rn. 28 = EuZW 2010, 296 – Kommission/Deutschland; EuGH Urt. v. 8.4.2014 – C-288/12, ECLI:EU:C:2014: 237 Rn. 56 = ZD 2014, 301 – Kommission/Ungarn; vgl. auch EuGH Beschl. v. 14.10.2008 – C-518/07, ECLI:EU:C:2008:563 Rn. 18 f. – Kommission/Deutschland.

[68] Als „a novelty within EU data protection law" bezeichnet die konkrete rechtliche Vorgabe in Art. 51 Abs. 2 Kuner/Bygrave/Docksey/*Hijmans* GDPR Art. 51 C.3, der daraus eine weitreichende Europäisierung der Aufgaben und Befugnisse der nationalen Datenschutz-Aufsichtsbehörden ableitet.

Aufsichtsbehörde 16 **Art. 51**

schutz-Aufsichtsbehörden und der Kommission ein einheitliches Datenschutzniveau in der gesamten Union durchzusetzen und zugleich den freien Verkehr personenbezogener Daten im EU-Binnenmarkt zu erleichtern.[69]

Art. 51 Abs. 2 S. 2 konkretisiert das unionsrechtliche Mandat der nationalen Datenschutz-Aufsichtsbehörden, indem er diese zur Zusammenarbeit untereinander (**Pflicht zur horizontalen Verwaltungskooperation**) sowie zur Zusammenarbeit mit der Kommission (**Pflicht zur vertikalen Verwaltungskooperation**) verpflichtet. Diese Pflicht, die im Rahmen des in Kapitel VII der DS-GVO geregelten **Verfahrens der Zusammenarbeit und Kohärenz** weiter ausbuchstabiert wird, lässt sich als Ausdruck der allgemeinen Pflicht zur loyalen Zusammenarbeit ansehen, die gemäß Art. 4 Abs. 3 EUV unter den Mitgliedstaaten sowie wechselseitig zwischen Union und Mitgliedstaaten besteht.[70] Über diese Pflicht wird die ebenso einheitliche wie effektive Durchführung der DS-GVO eine Frage von gemeinsamem Interesse für die nationalen Aufsichtsbehörden (vgl. Art. 197 Abs. 1 AEUV). Verhindert werden sollen so die früher unter der DS-RL noch oft vorkommenden nationalen Alleingänge von Aufsichtsbehörden, ein „forum shopping" von Datenverarbeitern[71] sowie Aufsichtsarbitrage[72] zwischen unterschiedlich strengen Datenschutzbehörden. Ob dies immer gelingt, hängt maßgeblich davon ab, inwieweit die einzelnen nationalen Datenschutz-Aufsichtsbehörden ihre Pflicht aus der DS-GVO, für Zusammenarbeit und Kohärenz zu sorgen, in der täglichen Aufsichtspraxis ernstnehmen, dabei rasch und wirksam kooperieren und so Lücken im Grundrechts- und Binnenmarktschutz gar nicht erst entstehen lassen.[73] Art. 51 Abs. 2 ist

---

[69] Ein vergleichbares unionsrechtliches Mandat besteht zB im Bereich des EU-Telekommunikationsrechts; vgl. Art. 32 Abs. 2 RL 2018/1972/EU des Europäischen Parlaments und des Rates v. 11.12.2018 über den europäischen Kodex für die elektronische Kommunikation (Neufassung), ABl. 2018 L 321, 36, ber. ABl. 2019 L 334, 164: „Die nationalen Regulierungsbehörden tragen zur Entwicklung des Binnenmarkts bei, indem sie miteinander und mit der Kommission sowie dem GEREK [= Gremium Europäischer Regulierungsstellen für elektronische Kommunikation] jeweils auf transparente Weise zusammenarbeiten, um in allen Mitgliedstaaten eine kohärente Anwendung dieser Richtlinie zu gewährleisten. Zu diesem Zweck arbeiten sie insbesondere mit der Kommission und dem GEREK bei der Ermittlung der Arten von Mitteln und Abhilfemaßnahmen zusammen, die zur Bewältigung bestimmter Situationen auf dem Markt am besten geeignet sind." Vgl. auch das europarechtliche Mandat der nationalen Regulierungsbehörden im EU-Energierecht, wie es u.a. in Art. 58 lit. a RL 2019/944/EU des Europäischen Parlaments und des Rates v. 5.6.2019 über gemeinsame Vorschriften für den Elektrizitätsbinnenmarkt und zur Änderung der Richtlinie 2012/27/EU, ABl. 2019 L 158, 125, ber. ABl. 2020 L 15, 8, sowie geänd. durch VO (EU) Nr. 869/2022 des Europäischen Parlaments und des Rates v. 30.5.2022, ABl. 2022 L 152, 45, formuliert ist: „Förderung – in enger Zusammenarbeit mit den Regulierungsbehörden der Mitgliedstaaten, der Kommission und der ACER [= Agency for the Cooperation of Energy Regulators] – eines wettbewerbsbestimmten, flexiblen, sicheren und ökologisch nachhaltigen Elektrizitätsbinnenmarktes in der Union und tatsächliche Öffnung des Marktes für alle Kunden und Versorger in der Union, sowie Gewährleistung geeigneter Bedingungen, damit Elektrizitätsnetze unter Berücksichtigung der langfristigen Ziele wirkungsvoll und zuverlässig betrieben werden."

[70] Vgl. EuGH Urt. v. 15.6.2021 – C-645/19, ECLI:EU:C:2021:432 = ZD 2021, 570 mAnm *Blasek* – Facebook Ireland/Gegevensbeschermingsautoriteit, Rn. 53: „Das Verfahren der Zusammenarbeit und Kohärenz verlangt [...] eine loyale und wirksame Zusammenarbeit zwischen der federführenden und den anderen betroffenen Aufsichtsbehörden, was auch der 13. Erwägungsgrund der Verordnung 2016/679 bestätigt." Rn. 63: „Wie bereits ausgeführt (siehe oben, Rn. 53), muss die federführende Aufsichtsbehörde bei der Wahrnehmung ihrer Zuständigkeiten insbesondere den gebotenen Dialog führen und loyal und wirksam mit den anderen betroffenen Aufsichtsbehörden zusammenarbeiten." Rn. 72: „Die Aufteilung der Zuständigkeiten und Verpflichtungen zwischen den Aufsichtsbehörden beruht [...] notwendigerweise auf der Prämisse einer loyalen und wirksamen Zusammenarbeit untereinander sowie mit der Kommission, um die korrekte und kohärente Anwendung der Verordnung 2016/679 zu gewährleisten, wie deren Art. 51 Abs. 2 bestätigt." Vgl. auch Kuner/Bygrave/Docksey/*Hijmans* GDPR Art. 51 A., C.3.

[71] So zutr. Kühling/Buchner/*Boehm*, 4. Aufl. 2024, DS-GVO Art. 51 Rn. 14.

[72] Die Verhinderung von Aufsichtsarbitrage ist zB explizites Ziel des unter Leitung der EZB stehenden und außerdem aus den nationalen Aufsichtsbehörden bestehenden Einheitlichen Aufsichtsmechanismus im Bereich der Bankenaufsicht; vgl. Art. 1 UAbs. 1 SSM-VO (VO [EU] Nr. 1024/2013 des Rates v. 15.10.2013 zur Übertragung besonderer Aufgaben im Zusammenhang mit der Aufsicht über Kreditinstitute auf die Europäische Zentralbank, ABl. 2013 L 287, 63, ber. ABl. 2015 L 2018, 82). Vgl. auch Art. 6 Abs. 1 SSM-VO: „Die EZB nimmt ihre Aufgaben innerhalb eines einheitlichen Aufsichtsmechanismus wahr, der aus der EZB und den nationalen zuständigen Behörden besteht. Die EZB ist dafür verantwortlich, dass der einheitliche Aufsichtsmechanismus wirksam und einheitlich funktioniert."

[73] Bemerkenswert krit. GA *Bobek* SchlA v. 13.1.2021 – C-645/19, ECLI:EU:C:2021:5 – Facebook Ireland Ltd. u.a./Gegevensbeschermingsautoriteit, Rn. 107: „Die praktische Erfahrung könnte eines Tages echte Probleme in Bezug auf die dem neuen System eigene Qualität oder sogar das ihm eigene Niveau des

Selmayr

Art. 51

Kapitel VI. Unabhängige Aufsichtsbehörden

jedenfalls so hinreichend klar und unbedingt formuliert, dass die Vorschrift **unmittelbar anwendbar** ist[74] und somit von jeder Aufsichtsbehörde bei ihrer Tätigkeit direkt zu beachten ist.

III. Optionale Pluralität von Datenschutz-Aufsichtsbehörden (Abs. 3)

17   Art. 51 Abs. 1 lässt es offen, ob ein Mitgliedstaat für sein Territorium eine oder mehrere unabhängige Datenschutz-Aufsichtsbehörden einrichtet.[75] Art. 51 Abs. 3 regelt deshalb den Fall, dass ein Mitgliedstaat von dieser Option Gebrauch macht und mehr als eine Datenschutz-Aufsichtsbehörde einrichtet. Dies kann der Fall sein, wenn die Staatsorganisation **föderal** strukturiert ist und somit – wie heute in der EU nur in Deutschland[76] – Datenschutz-Aufsichtsbehörden auf Bundes- wie auf Landesebene bestehen.[77] Denkbar ist darüber hinaus eine **sekto-**

Rechtsschutzes aufdecken." Rn. 122: „Auch wenn […] die genannten Vorschriften auf dem Papier geeignet erscheinen, diese Probleme zu vermeiden, wird erst die künftige Anwendung dieser Bestimmungen zeigen, ob sie sich in der Praxis als ‚Papiertiger' erweisen." Rn. 123: „Zugegebenermaßen wäre jedenfalls meines Erachtens dann, wenn die von der Datenschutzbehörde und einigen anderen Beteiligten angedeuteten Gefahren einer mangelnden Durchsetzung der DSGVO sich verwirklichen würden, das gesamte System reif für eine weitreichende Überarbeitung." Rn. 124: „Systematisch betrachtet, könnte dies tatsächlich der Fall sein, wenn die neue Systematik für bestimmte Wirtschaftsteilnehmer zu regulatorischen ‚Nesten' führen sollte und sie, nachdem sie durch die entsprechende Ansiedlung ihrer Hauptniederlassung in der Union ihre nationale Regulierungsbehörde letztlich selbst gewählt haben, nicht mehr kontrolliert, sondern vielmehr durch eine bestimmte federführende Aufsichtsbehörde von den sonstigen Regulierungsbehörden abgeschirmt würden. Es dürfte von kaum jemandem in Abrede gestellt werden, dass ein regulatorischer Wettbewerb in Form eines Absenkungswettlaufs zwischen den Mitgliedstaaten ebenso ungesund und gefährlich wäre wie regulatorische Inkohärenz […]. Netzwerkartige Regulierungssysteme mögen Inkohärenz und Divergenz durch Förderung von Konsens und Zusammenarbeit vermeiden können. Der Preis für den Konsens scheint indessen zu sein, dass die aktiven Behörden behindert werden, insbesondere in einem System, in dem ein erhöhtes Maß an Abstimmung notwendig ist, um zu einer Entscheidung zu gelangen. Innerhalb solcher Systeme kann kollektive Verantwortung zu kollektiver Verantwortungslosigkeit und daraus folgender Untätigkeit führen." Rn. 125: „Was diese Gefahren angeht, steckt der durch die DSGVO aufgestellte rechtliche Rahmen jedoch noch in den Kinderschuhen." Rn. 128: „Wenn sich jedoch herausstellen sollte, dass die Entwicklung des Kindes schlecht verläuft und dies auch durch Tatsachen und belastbare Argumente belegt würde, dann würde der Gerichtshof meines Erachtens vor einer Lücke, die sich hierdurch im Schutz der durch die Charta garantierten Grundrechte und ihrer wirksamen Durchsetzung durch die zuständigen Regulierungsbehörden auftäte, nicht die Augen verschließen. Ob dies dann noch eine Frage der chartakonformen Auslegung sekundärrechtlicher Vorschriften oder eine Frage der Gültigkeit der einschlägigen Bestimmungen oder auch von Teilen des sekundärrechtlichen Rechtsakts wäre, ist eine Frage, die einer anderen Rechtssache vorbehalten wäre." Der Vorschlag der Kommission v. 4.7.2023 für eine DSGVO-Verfahrensverordnung für grenzüberschreitende Fälle, COM(2023) 348 final, versucht, diesen Kritikpunkten Rechnung zu tragen (→ Einl. Rn. 131 ff.).

[74] Ebenso Paal/Pauly/*Körffer* DS-GVO Art. 51 Rn. 6; sowie Plath/*Hullen* DS-GVO Art. 51 Rn. 5.
[75] Etwas anders ist dies zB im EU-Energierecht geregelt. Hier verlangt Art. 57 Abs. 1 RL 2019/944/EU des Europäischen Parlaments und des Rates v. 5.6.2019 über gemeinsame Vorschriften für den Elektrizitätsbinnenmarkt und zur Änderung der Richtlinie 2012/27/EU, ABl. 2019 L 158, 125, ber. ABl. 2020 L 15, 8, sowie geänd. durch VO (EU) Nr. 869/2022 des Europäischen Parlaments und des Rates v. 30.5.2022, ABl. 2022 L 152, 45, dass jeder Mitgliedstaat auf nationaler Ebene „eine einzige nationale Regulierungsbehörde" benennt. Ausnahmsweise lässt Art. 35 Abs. 2 „die Benennung anderer Regulierungsbehörden auf regionaler Ebene in einigen Mitgliedstaaten unberührt, sofern es für die Vertretung und als Ansprechpartner auf Unionsebene innerhalb des Regulierungsrats der ACER [= Agency for the Cooperation of Energy Regulators] […] nur einen einzigen ranghohen Vertreter gibt."
[76] Kühling/Buchner/*Boehm*, 4. Aufl. 2024, DS-GVO Art. 51 Rn. 1, 15, wertet die in der DS-GVO beibehaltene Möglichkeit zur Einrichtung mehrerer Aufsichtsbehörden zu Recht als „Zugeständnis an föderale Staaten, insbesondere an Deutschland." Von den drei föderal strukturierten Mitgliedstaaten der Union hat sich allein Deutschland für eine zwischen Bund und Ländern aufgeteilte Datenschutz-Aufsicht entschieden. In Österreich bestand seit 1978 zunächst eine Datenschutzkommission auf Bundesebene, der auch Vertreter der Länder angehörten. Seit 2014 ist an die Stelle der Datenschutzkommission die Datenschutzbehörde getreten, die gem. § 18 Abs. 1 DSG als „nationale Aufsichtsbehörde gemäß Art. 51 DSGVO" eingerichtet ist. In Belgien gibt es eine einzige Datenschutzbehörde; vgl. Loi v. 3.12.2017 portant création de l'Autorité de protection des données, Moniteur belge, 10.1.2018, S. 989.
[77] In Spanien gibt es allein in den verfassungsrechtlich autonomen Regionen Katalonien und Baskenland eigene Datenschutz-Aufsichtsbehörden mit gewissen eigenen Befugnissen, während grds. die spanische

rielle Differenzierung der Datenschutz-Aufsichtsbehörden;[78] so ist es einem Mitgliedstaat auch künftig nicht grundsätzlich untersagt, unterschiedliche Datenschutz-Aufsichtsbehörden für den öffentlichen und den nicht-öffentlichen Bereich vorzusehen oder spezielle Datenschutz-Aufsichtsbehörden (zB für den Rundfunk-Datenschutz,[79] auch wegen der dort gemäß Art. 85 bestehenden obligatorischen Spezifizierungsklausel; oder für die spezifische Datenschutz-Aufsicht der Kirchen; vgl. Art. 91 Abs. 2 → Art. 91 Rn. 20 ff.) einzusetzen. Die optionale Pluralität der von den Mitgliedstaaten einzurichtenden Datenschutz-Aufsichtsbehörden zeigt die – trotz aller Einheitlichkeitspostulate – grundsätzliche Rücksichtnahme der DS-GVO auf die unterschiedlichen verfassungsmäßigen, organisatorischen und administrativen Strukturen in den Mitgliedstaaten (vgl. Erwägungsgrund 117 S. 2).[80]

Differenziert ein Mitgliedstaat innerstaatlich die Datenschutz-Aufsicht, so löst dies gemäß Art. 51 Abs. 3 weitere Regelungspflichten im Interesse der EU-rechtlich geforderten Wirksamkeit und Kohärenz der Datenschutzaufsicht und wegen des Gebots der Einheitlichkeit der Anwendung der DS-GVO aus. Der betreffende Mitgliedstaat hat in diesem Fall genau festzulegen, welche seiner innerstaatlich bestehenden Aufsichtsbehörden die **Vertretung im Europäischen Datenschutzausschuss** wahrnimmt, in dem gemäß Art. 68 Abs. 3 der Leiter *einer* Aufsichtsbehörde jedes Mitgliedstaats Sitz- und Stimmrecht hat. Zugleich hat der Mitgliedstaat durch innerstaatliche Rechtsvorschriften ein Verfahren einzuführen, das sicherstellt, dass die verschiedenen innerstaatlich für die Datenschutzaufsicht zuständigen Aufsichtsbehörden die Regeln für das **Verfahren der Zusammenarbeit und Kohärenz** einhalten, mithilfe dessen u.a. Fragen der grenzüberschreitenden Anwendung der DS-GVO durch verbindlichen Beschluss des Europäischen Datenschutzausschusses gemäß Art. 65 Abs. 1 abschließend geklärt werden können. Sinnvoll ist es in diesem Fall, eine Aufsichtsbehörde zu bestimmen, die als **zentrale Anlaufstelle** für eine wirksame Beteiligung aller innerstaatlich eingerichteten Aufsichtsbehörden am Verfahren der Zusammenarbeit und Kohärenz fungiert und stets eine rasche und reibungslose Zusammenarbeit mit anderen Aufsichtsbehörden, dem Europäischen Datenschutzausschuss und der Kommission gewährleistet (vgl. Erwägungsgrund 119 S. 2). National sicherzustellen ist ferner, dass die Verbindlichkeit von Beschlüssen des Europäischen Datenschutzausschusses für nationale Aufsichtsbehörden umgehend alle innerstaatlich errichteten Aufsichtsbehörden erfasst. In keinem Fall darf die innerstaatlich mögliche Ausdifferenzierung der Datenschutz-Aufsicht die Einheitlichkeit und Effektivität der Anwendung und Durchsetzung der DS-GVO, die effektive Zusammenarbeit mit den Datenschutz-Aufsichtsbehörden anderer Mitgliedstaaten oder die wirksame Arbeitsweise des Europäischen Datenschutzausschusses beeinträchtigen.[81]

Ob sich ein Mitgliedstaat für eine zentrale nationale Datenschutzaufsicht entscheidet – wie dies alle Mitgliedstaaten mit Ausnahme von Deutschland getan haben – oder aber von der Option der Pluralität von Aufsichtsbehörden Gebrauch macht, sollte sorgfältig erwogen werden. Je mehr die Datenschutzaufsicht innerhalb eines Mitgliedstaats föderal und/oder sektoriell ausdifferenziert wird, umso größer wird der innerstaatliche Koordinierungsaufwand, umso länger dauern innerstaatliche Abstimmungsverfahren und umso größer ist die Gefahr einer

---

Datenschutz-Aufsichtsbehörde landesweit zuständig ist. Die spanische Aufsichtsstruktur ist daher nur sehr begrenzt mit der föderalen deutschen Aufsichtsstruktur vergleichbar. Alle übrigen Mitgliedstaaten folgen in der Praxis dem Grundsatz „Ein Mitgliedstaat – eine Aufsichtsbehörde".

[78] Zur Rechtswirklichkeit in den Mitgliedstaaten im Jahr 2010 vgl. European Union Fundamental Rights Agency (FRA) Datenschutz in der EU: die Rolle der nationalen Datenschutzbehörden (Stärkung der Grundrechte-Architektur in der EU – Teil II), S. 20: „Mehrere Mitgliedstaaten (z. B. Österreich und die Niederlande) haben eine Datenschutzbehörde mit allgemeiner Zuständigkeit und mehrere weitere, branchenspezifische Kontrollstellen (für die Bereiche Gesundheit, Post, Telekommunikation usw.) eingerichtet." Heute folgen alle Mitgliedstaaten (mit Ausnahme Deutschlands) in der Praxis dem Grundsatz „Ein Mitgliedstaat – eine Aufsichtsbehörde".

[79] Vgl. *König* DuD 2013, 101.

[80] So bereits *Reding* ZD 2012, 195 (196): „Es wird auch von europäischer Seite nicht an der Tradition gerührt, dass in Deutschland das Datenschutzrecht von sechzehn Landesbehörden durchgesetzt wird. Die Entscheidung, ob dies so bleibt oder ob das geändert wird, bleibt dem deutschen Gesetzgeber überlassen." Vgl. auch *Schaar* PinG 2016, 62 (64), der in dieser Frage Deutschland mit seinen „17 Landesdatenschutzbehörden und der Bundesbeauftragten" vor einer besonders großen Herausforderung sieht. Vgl. außerdem EuGH (Große Kammer) Urt. v. 16.1.2024 – C-33/22, ECLI:EU:C:2024:46 – Österreichische Datenschutzbehörde/WK, Rn. 68, wonach sich Art. 51 Abs. 1 „gerade mit Blick auf die Achtung der verfassungsrechtlichen Struktur der Mitgliedstaaten darauf [beschränkt], ihnen die Errichtung mindestens einer Aufsichtsbehörde aufzuerlegen und […] es ihnen frei [stellt], mehrere einzurichten".

[81] Ebenso Gola/Heckmann/*Nguyen* DS-GVO Art. 51 Rn. 7.

Abschwächung des Datenschutzes wegen auf den ersten Blick unklarer oder sich jedenfalls teilweise überschneidender Zuständigkeiten.[82] Sieht man mit der DS-GVO die Einrichtung unabhängiger Datenschutz-Aufsichtsbehörden als wesentlichen Bestandteil des Datenschutzgrundrechts (vgl. Erwägungsgrund 117 sowie → Rn. 2), so sollte es sich auch ein föderal strukturierter Mitgliedstaat gut überlegen, ob er sich sowohl eine föderale als auch eine sektorielle Pluralität der Datenschutz-Aufsicht leisten kann. Vor allem eine weitere Aufteilung der Aufsicht für den öffentlichen und den nicht-öffentlichen Bereich kann sich jedenfalls nicht auf die Systematik der DS-GVO stützen, die insofern keine Unterscheidung trifft, sondern einem einheitlichen Ansatz folgt.

IV. Notifizierungspflicht (Abs. 4)

20   Zur Gewährleistung der einheitlichen und gleichzeitigen Durchführung der DS-GVO verpflichtete Art. 51 Abs. 4 jeden Mitgliedstaat dazu, der Kommission bis spätestens 25.5.2018 – dem Beginn der unmittelbaren Geltung der DS-GVO in allen EU-Mitgliedstaaten (vgl. Art. 99 Abs. 2) – sämtliche Rechtsvorschriften mitzuteilen, die er auf Grundlage des Kapitels VI zur Errichtung und Ausgestaltung seiner unabhängigen Aufsichtsbehörde(n) erlässt; in föderal strukturierten Mitgliedstaaten schließt diese Pflicht auch die Mitteilung von eventuell vorhandenen regionalen Durchführungsvorschriften mit ein. Eine entsprechende Pflicht gilt für alle nachfolgenden Änderungen solcher Rechtsvorschriften. Dahinter steht die allgemeine, gemäß Art. 4 Abs. 3 EUV iVm Art. 291 Abs. 1 AEUV bestehende Pflicht der Mitgliedstaaten zur loyalen Zusammenarbeit mit den EU-Organen und insbesondere zur wirksamen Durchführung von EU-Verordnungen (→ Einl. Rn. 88). Die Kommission wird so in die Lage versetzt, den Stand der innerstaatlichen Durchführung der DS-GVO in den EU-Mitgliedstaaten direkt und zeitnah zu überwachen; und bei Durchführungsdefiziten[83] erforderlichenfalls im Wege des Vertragsverletzungsverfahrens gemäß Art. 258 AEUV einzugreifen. Alle Notifizierungen nach der DS-GVO veröffentlicht die Kommission auf ihrer Webseite.[84]

21   Unterbleibt die in Art. 51 Abs. 4 geforderte Notifizierung an die Kommission, so kann diese umgehend ein **Vertragsverletzungsverfahren gemäß Art. 258 AEUV** gegen den betreffenden Mitgliedstaat einleiten. Darüber hinaus ist davon auszugehen, dass in diesem Fall die **Rechtsprechung des EuGH zu den Folgen mitgliedstaatlicher Verstöße gegen unionsrechtliche Notifizierungspflichten** zur Anwendung kommt.[85] Wenn solche Notifizierungspflichten ein System absichern, das gerade auch dem Schutz der Rechte des Einzelnen dient, dann führt der Verstoß gegen diese Notifizierungspflichten nach der Rechtsprechung des EuGH zur Unanwendbarkeit der betreffenden nationalen Rechtsvorschrift.[86] Dies ist bei den Vorgaben der DS-GVO zu den unabhängigen Aufsichtsbehörden der Fall. Denn diese haben nicht nur institutionell-rechtliche und organisatorische Bedeutung, sondern stellen die institutionelle Absicherung von Art. 8 GRCh dar und sind daher „ein wesentlicher Bestandteil" des Datenschutzgrundrechts (vgl. Erwägungsgrund 117 sowie → Rn. 2). Nationale Rechtsvorschriften zu Datenschutz-Aufsichtsbehörden, die erlassen oder geändert werden, ohne dass sie der Kommission gemäß Art. 51 Abs. 4 mitgeteilt werden, sind daher mit dem **Risiko der Unanwendbarkeit** behaftet.

---

[82] Treffend *Schild* DuD 2010, 549 (550): „Sind für einen Sachverhalt zwei oder mehr Kontrollstellen zuständig, z. B. weil eine öffentliche und eine nicht-öffentliche Stelle in einem Lebenssachverhalt mit personenbezogenen Daten rechtswidrig umgegangen sind, besteht die Gefahr, dass keine Datenschutzkontrollinstanz tätig wird oder sich die Stellen den ‚Schwarzen Peter' gegenseitig zuspielen und für den Betroffenen nur heiße Luft entsteht, aber keine wirksame Hilfe greift."

[83] Mahnungen an die Mitgliedstaaten, die DS-GVO fristgerecht und ordnungsgemäß durchzuführen, enthielt erstmals die Mitteilung der Kommission v. 24.1.2018, Besserer Schutz und neue Chancen – Leitfaden der Kommission zur unmittelbaren Anwendbarkeit der Datenschutz-Grundverordnung ab 25.5.2018, COM (2018) 43.

[84] Alle Notifizierungen gem. Art. 51 Abs. 4, Art. 84 Abs. 2, Art. 85 Abs. 3 sowie gem. Art. 88 Abs. 3, 90 Abs. 2, Art. 49 Abs. 5 sowie gem. Art. 83 Abs. 9 DS-GVO sind von der Kommission veröffentlicht unter https://commission.europa.eu/law/law-topic/data-protection/data-protection-eu/eu-member-states-notifications-european-commission-under-gdpr_en.

[85] Ebenso Knyrim DS-GVO/*Flendrovsky* S. 281 ff., 283.

[86] Grdl. EuGH Urt. v. 30.4.1996 – C-194/94, ECLI:EU:C:1996:172 Rn. 54 = EuZW 1996, 379 mAnm Fronia – CIA Security International/Signalson und Securitel; vgl. auch EuGH Urt. v. 4.2.2016 – C-336/14, ECLI:EU:C:2016:72 Rn. 78 ff. = NVwZ 2016, 369 mAnm *Weidemann* – Ince.

C. Nationale Durchführung

Mit Ausnahme von Deutschland haben sich alle übrigen EU-Mitgliedstaaten für die Einrichtung einer einzigen Datenschutz-Aufsichtsbehörde gemäß Art. 51 Abs. 1 entschieden.[87] In Österreich ist die seit 2014 bestehende Datenschutzbehörde als „nationale Aufsichtsbehörde gemäß Art. 51 DSGVO" eingerichtet, vgl. **§ 18 Abs. 1 DSG 2018.** Bemerkenswert ist, dass Belgien den dort bislang bestehenden Ausschuss zum Schutz der Privatheit durch Gesetz vom 3.12.2017 durch eine neue, deutlich stärkere Behörde zum Schutz der persönlichen Daten ersetzt[88] und damit die durch die DS-GVO vorgegebene Umorientierung vom Schutz der Privatsphäre hin zum Schutz des Datenschutzgrundrechts (→ Einl. Rn. 31, 64) auch institutionell nachvollzogen hat.

Deutschland hat von der durch Art. 51 Abs. 3 eröffneten Option Gebrauch gemacht, mehrere Datenschutz-Aufsichtsbehörden einzurichten, und unterscheidet sich damit von allen anderen EU-Mitgliedstaaten.[89] Deutschland nutzte die Option des Art. 51 Abs. 3 zunächst, um entsprechend seiner föderalen Verfassungsstruktur die Datenschutz-Aufsicht separat für den Bund und für die Länder zu organisieren. Gemäß **§ 8 Abs. 1 BDSG** wird so die oder der Bundesbeauftragte für den Datenschutz und die Informationsfreiheit als „oberste Bundesbehörde"[90] eingerichtet. Die oder der Bundesbeauftragte ist gemäß **§ 9 Abs. 1 S. 1 BDSG** sachlich zuständig für die Aufsicht über **alle öffentlichen Stellen des Bundes,** auch soweit sie als öffentlich-rechtliche Unternehmen am Wettbewerb teilnehmen, sowie von Telekommunikationsunternehmen (§ 29 TTDSG). Die oder der Bundesbeauftragte ist ferner sachlich auch für nicht-öffentliche Stellen als Auftragsverarbeiter zuständig, bei denen dem Bund die Mehrheit der Anteile gehört oder ihm die Mehrheit der Stimmen zusteht, sofern der Auftraggeber eine öffentliche Stelle des Bundes ist. Aus der föderalen Zuständigkeitsverteilung ergibt sich zugleich, dass für den Datenschutz **bei allen öffentlichen Stellen der Länder** die jeweiligen Landesbeauftragten für den Datenschutz zuständig sind, die in aller Regel als „oberste Landesbehörde"[91] eingerichtet werden. Im Übrigen bestimmt **§ 40 Abs. 1 BDSG,** dass die nach Landesrecht zuständigen Behörden im Anwendungsbereich der DS-GVO auch die Anwendung der Vorschriften über den Datenschutz **„bei den nichtöffentlichen Stellen"** zu überwachen haben. In fünfzehn Bundesländern haben die Landesgesetzgeber die Entscheidung getroffen, die Datenschutz-Aufsicht für den öffentlichen und den nicht-öffentlichen Bereich – entsprechend der Systematik der DS-GVO – in die Hand der jeweiligen Landesbeauftragten für den Datenschutz zu legen.[92] Allein Bayern hält kraft Landesverfassung daran fest, dem Landesbeauftragten für den Datenschutz in München nur die Zuständigkeit für die Aufsicht über öffentliche Stellen zu übertragen,[93] während das Landesamt für Datenschutzaufsicht in Ansbach für die Anwendung der DS-GVO bei den nicht-öffentlichen Stellen,[94] also in der Wirtschaft zuständig ist.[95] Die

---

[87] Eine Übersicht über alle nationalen Datenschutz-Aufsichtsbehörden findet sich auf der Webseite des Europäischen Datenschutzausschusses unter https://edpb.europa.eu/about-edpb/about-edpb/members_de.

[88] Vgl. Loi v. 3.12.2017 portant création de l'Autorité de protection des données, Moniteur belge, 10.1.2018, S. 989. Dazu *Somers* PinG 2017, 124.

[89] In Spanien gibt es allein in den verfassungsrechtlich autonomen Regionen Katalonien und Baskenland eigene Datenschutz-Aufsichtsbehörden mit gewissen eigenen Befugnissen, während grds. die spanische Datenschutz-Aufsichtsbehörde landesweit zuständig ist.

[90] Vgl. Paal/Pauly/*Körffer* BDSG § 8 Rn. 2, der darauf hinweist, dass die Rechtsform oberste Bundesbehörde gewählt wurde, „um die durch EU-Recht geforderte völlige Unabhängigkeit zu erfüllen."

[91] Vgl. zB § 8 Abs. 1 HDSIG v. 3.5.2018, GVBl. 2018, 82, zuletzt geänd. am 15.1.2021, GVBl. 2021, 718, 729.

[92] Vgl. zB § 13 Abs. 1 HDSIG v. 3.5.2018, GVBl. 2018, 82, zuletzt geänd. am 15.1.2021, GVBl. 2021, 718, 729: „Die oder der Hessische Datenschutzbeauftragte überwacht bei den öffentlichen und nicht-öffentlichen Stellen sowie deren Auftragsverarbeitern die Anwendung dieses Gesetzes, der Verordnung (EU) Nr. 2016/679 und sonstiger Vorschriften über den Datenschutz, einschließlich der zur Umsetzung der Richtlinie (EU) Nr. 2016/680 erlassenen Rechtsvorschriften." Vgl. auch § 26 DSG NRW v. 17.5.2018, GV. 2018, 244, 278, 404; § 25 Abs. 1 DSG BW v. 12.6.2018, GBl. 2018, 173, zuletzt geänd. durch Art. 3 des Gesetzes v. 6.12.2022, GBl. 2022, 622, 631; § 19 Abs. 2 HmbDSG v. 18.5.2018, HmbGVBl. 2018, 145, zuletzt geänd. durch Gesetz v. 24.1.2023, HmbGVBl. 2023, 67.

[93] Art. 33a Abs. 2 der Verfassung des Freistaates Bayern; Art. 15 Abs. 1 S. 1 BayDSG v. 15.5.2018, GVBl. 2018, 229.

[94] Art. 18 Abs. 1 S. 1 BayDSG v. 15.5.2018, GVBl. 2018, 229.

[95] Dazu zutr. Kühling/Buchner/*Boehm*, 4. Aufl. 2024, DS-GVO Art. 52 Rn. 25: „Diese getrennte Zuständigkeit ist in der DS-GVO nicht vorgesehen, jedoch erlaubt." Ausf. *Blum*, Der „bayerische Weg" in der Datenschutzaufsicht, 2022, S. 20 ff., 148.

föderale Struktur der deutschen Datenschutzaufsicht führt also zur Koexistenz von insgesamt **18 Datenschutz-Aufsichtsbehörden in Deutschland**. Hinzu kommt eine weitere, sektorielle Ausdifferenzierung der deutschen Datenschutz-Aufsicht; es gibt wegen der verfassungsrechtlich gebotenen Staatsferne des Rundfunks **13 gesonderte Datenschutz-Aufseher für den öffentlich-rechtlichen Rundfunk**[96] (vgl. Art. 85) sowie – wegen des verfassungsrechtlich garantierten Selbstbestimmungsrechts von Religionsgemeinschaften, das in der DS-GVO von Art. 91 Abs. 2 anerkannt wird – **zehn spezifische Datenschutz-Aufseher für die Kirchen**.[97] Insgesamt gibt es somit **41 Datenschutz-Aufsichtsbehörden in Deutschland**.[98]

24 Die Beibehaltung dieser **extrem pluralen Datenschutzaufsicht** wird Deutschland zwar durch Art. 51 Abs. 1, 3 ermöglicht. Dem korrespondiert aber eine ganz besondere Pflicht Deutschlands und seiner Datenschutz-Aufsichtsbehörden, dafür zu sorgen, dass die unter Rücksicht auf die deutsche Verfassungstradition zugelassene Pluralität der Datenschutz-Aufsicht weder die Einheitlichkeit und Effektivität der Anwendung und Durchsetzung der DS-GVO in Deutschland noch die effektive Zusammenarbeit mit den Datenschutz-Aufsichtsbehörden anderer Mitgliedstaaten noch die wirksame Arbeitsweise des Europäischen Datenschutzausschusses beeinträchtigt (→ Rn. 18). Aus diesem Grund hat Deutschland, wie in Art. 51 Abs. 3 vorgeschrieben, die oder den Bundesbeauftragte(n) für den Datenschutz und die Informationsfreiheit als diejenige Aufsichtsbehörde bestimmt, die die deutschen Datenschutz-Aufsichtsbehörden im Europäischen Datenschutzausschuss vertritt; gemäß § 17 Abs. 1 S. 1 BDSG ist die oder der Bundesbeauftragte **„gemeinsamer Vertreter"** im **Europäischen Datenschutzausschuss**[99] und außerdem **„zentrale Anlaufstelle"** (vgl. Erwägungsgrund 119 S. 2 DS-GVO) für die Datenschutz-Aufsichtsbehörden aus anderen EU-Mitgliedstaaten, insbesondere im Rahmen

---

[96] Folgende Anstalten haben dank spezialgesetzlicher Regelung gesonderte Rundfunkdatenschutzbeauftragte: Bayerischer Rundfunk, Deutsche Welle, Deutschlandradio, Hessischer Rundfunk, Mitteldeutscher Rundfunk, Norddeutscher Rundfunk, Radio Bremen, Rundfunk Berlin-Brandenburg, Saarländischer Rundfunk, Südwestrundfunk (SWR), Westdeutscher Rundfunk und Zweites Deutsches Fernsehen (ZDF) sowie der Beitragsservice von ARD, ZDF und Deutschlandradio. Zur besonderen Datenschutz-Aufsicht für den Rundfunk v. *Lewinski/Rüpke/Eckhardt* DatenschutzR S. 358.

[97] Im Bereich der Kirchen gibt es folgende Datenschutzaufseher: den Beauftragten für den Datenschutz der Evangelischen Kirche in Deutschland (dem vier regionalverantwortliche Datenschutzaufseher für die kirchlichen Datenschutzregionen Nord, Süd, Mitte-West und Ost als Außenstellen zugeordnet sind); der Datenschutzbeauftragte für die Nordkirche; der Beauftragte für den Datenschutz der Evangelischen Kirche der Pfalz; den Beauftragten für den Datenschutz im Evangelischen Werk für Diakonie und Entwicklung; den Datenschutzbeauftragten für Kirche und Diakonie, welche die Datenschutzaufsicht nicht auf die Evangelische Kirche in Deutschland übertragen haben (zuständige Aufsichtsbehörde für die Evangelische Landeskirche Anhalts, die Evangelisch-Lutherische Landeskirche Sachsens, das Diakonische Werk Evangelischer Kirchen in Mitteldeutschland und das Diakonische Werk der Evangelisch-Lutherischen Landeskirche Sachsens); sowie fünf Diözesandatenschutzbeauftragte der katholischen Kirche in Deutschland (Katholische Datenschutzaufsicht Nord für das Erzbistum Hamburg, die Bistümer Hildesheim und Osnabrück und das Bischöflich Münstersche Offizialat in Vechta i.O.; Kirchliche Datenschutzaufsicht der ostdeutschen Bistümer und des Katholischen Militärbischofs; Katholisches Datenschutzzentrum Frankfurt/Main; Katholisches Datenschutzzentrum Bayern), die sich in der Konferenz der Diözesandatenschutzbeauftragten untereinander abstimmen. Vgl. iE §§ 39 ff. des Kirchengesetzes über den Datenschutz der Evangelischen Kirche in Deutschland (DSG-EKD) v. 15.11.2017, ABl. EKD 353, 2018 35, 215, geänd. am 24.6.2021, ABl. EKD 158, zuletzt geänd. am 9.11.2022, ABl. EKD 156; §§ 42 ff. des Gesetzes über den Kirchlichen Datenschutz (KDG) v. 29.12.2017, Kirchliches Amtsblatt (Erzbistum Hamburg) 2018, 2. Zur besonderen Datenschutz-Aufsicht für die Kirchen, die ihre verfassungsrechtliche Grundlage in der Kirchenautonomie gem. Art. 140 GG iVm Art. 137 Abs. 3 Weimarer Reichsverfassung hat, v. *Lewinski/Rüpke/Eckhardt* DatenschutzR S. 358 f.

[98] Eine Übersicht mit den jew. Adressen und Internetauftritten findet sich auf der Webseite der DSK unter www.datenschutzkonferenz-online.de/datenschutzaufsichtsbehoerden.html. Allein in Bayern gibt es insges. sieben für den Datenschutz zuständige Aufsichtsbehörden: den Bayerischen Landesbeauftragten für Datenschutz (zuständig für den öffentlichen Bereich); das Bayerische Landesamt für Datenschutzaufsicht (zuständig für private Unternehmen, die freien Berufe sowie Vereine und Verbände); den Medienbeauftragten für den Datenschutz bei der Bayerischen Landeszentrale für neue Medien (zuständig für die Landeszentrale, ihre Tochterunternehmen und die Anbieter); den Rundfunkdatenschutzbeauftragten (zuständig für den Bayerischen Rundfunk und seine Tochterunternehmen); dazu *Gummer/Rink* ZD 2020, 433; sowie das Katholische Datenzentrum Bayern; den Beauftragten für den Datenschutz der Evangelischen Kirche in Deutschland; sowie den Beauftragten für den Datenschutz im Evangelischen Werk für Diakonie und Entwicklung, soweit die Diakonie Bayern Daten verarbeitet.

[99] Der Bundesgesetzgeber hat sich aus Gründen der Effizienz für diese Lösung entschieden, obwohl sich die Datenschutzbeauftragten der Länder für eine Bestimmung des gemeinsamen Vertreters durch die Datenschutzkonferenz ausgesprochen hatten. Darauf verweist auch Paal/Pauly/*Körffer* BDSG § 17 Rn. 2.

des Verfahrens der Zusammenarbeit und Kohärenz. Auch wenn es um die Wahrnehmung einer Aufgabe geht, für welche die Länder allein das Recht zur Gesetzgebung haben, oder welche die Einrichtung oder das Verfahren von Landesbehörden betreffen, bleibt es bei der gemeinsamen Vertretung im Europäischen Datenschutzausschuss; in diesem Fall überträgt die oder der Bundesbeauftragte für den Datenschutz und die Informationsfreiheit gemäß § 17 Abs. 2 BDSG die Verhandlungsführung und das Stimmrecht im Europäischen Datenschutzausschuss an ihren oder seinen **Stellvertreter**. Dieser Stellvertreter wird gemäß § 17 Abs. 1 S. 2 BDSG vom Bundesrat gewählt[100] und muss jedenfalls bei Amtsantritt[101] der Leiter oder die Leiterin der Aufsichtsbehörde eines Landes sein. Diese Regelung der gemeinsamen Vertretung erscheint zweckmäßig. Sie erlaubt es, durch die Einbeziehung der Landesdatenschutzbehörden deren Erfahrungen beim Vollzug der DS-GVO insbesondere bei der Aufsicht über private Wirtschaftsunternehmen auf Ebene der EU einzubringen und sollte eine wirksame Vertretung der deutschen Datenschutz-Aufsichtsbehörden auf europäischer Ebene sicherstellen können.[102]

Zu beachten ist ferner, dass gemäß Art. 51 Abs. 2 „[j]ede Aufsichtsbehörde" – also auch jeder Landesdatenschutzbeauftragten, das Bayerische Landesamt für Datenschutzaufsicht, jeder Rundfunkdatenschutzbeauftragter und jeder Kirchendatenschutzbeauftragter – „einen Beitrag zur einheitlichen Anwendung dieser Verordnung in der gesamten Union" zu leisten und zu diesem Zweck mit anderen Datenschutz-Aufsichtsbehörden – innerstaatlich wie im EU-Ausland – sowie mit der Kommission gemäß Kapitel VII der DS-GVO zusammenzuarbeiten hat. Dies erkennt § 18 Abs. 1 S. 1 BDSG explizit an. Im Einklang mit der europarechtlichen Vorgabe des Art. 51 Abs. 3 sieht § 18 BDSG deshalb ein den Art. 60 ff. nachempfundenes **innerstaatliches Verfahren der Zusammenarbeit und Kohärenz** vor,[103] das immer dann zur praktischen Anwendung kommt, wenn eine aufsichtliche Frage, die im Rahmen der EU die Zuständigkeit mehrerer nationaler Datenschutz-Aufsichtsbehörden berührt, zugleich mehrere unter den deutschen Datenschutz-Aufsichtsbehörden betrifft, zB da der Sachverhalt auch die Grenzen mehrerer Bundesländer überschreitet.[104] Dieses innerstaatliche Kohärenzverfahren sieht in einer ersten Stufe wechselseitige Informations- und Konsultationspflichten vor. So haben sich die Aufsichtsbehörden des Bundes und der Länder „frühzeitig" Gelegenheit zur Stellungnahme zu geben, bevor sie einen gemeinsamen Standpunkt an die Datenschutz-Aufsichtsbehörden der anderen Mitgliedstaaten, die Kommission oder den Europäischen Datenschutzausschuss übermitteln (§ 18 Abs. 1 S. 2 BDSG). Sie haben ferner untereinander alle zweckdienlichen Informationen auszutauschen (§ 18 Abs. 1 S. 3 BDSG). Die spezifischen Datenschutz-Aufsichtsbehörden im Bereich des öffentlichen Rundfunks und der Kirchen sind an diesen wechselseitigen Informationen und Konsultationen in Angelegenheiten der EU zu beteiligen, soweit sie von der Angelegenheit betroffen sind (§ 18 Abs. 1 S. 4 BDSG). Im Idealfall einigen sich alle beteiligten deutschen Datenschutz-Aufsichtsbehörden auf einen gemeinsamen Standpunkt; in diesem Fall verhandelt die oder der Bundesbeauftragte für den Datenschutz und die Informationsfreiheit und ihr/sein Stellvertreter im Europäischen Datenschutzausschuss auf Grundlage des ihn/sie bindenden gemeinsamen Standpunkts und stimmt entsprechend ab (§ 18 Abs. 3 BDSG). Für den Fall, dass sich die Datenschutz-Aufsichtsbehörden des Bundes und der Länder nicht auf einen gemeinsamen Standpunkt einigen können, schreibt **§ 18 Abs. 2 BDSG** als zweite Stufe des inner-

---

[100] IRd früher gem. Art. 29 DS-RL bestehenden Artikel-29-Datenschutzgruppe wurde der Stellvertreter als Ländervertreter noch von den Landesdatenschutzbehörden gewählt. Die jetzt vorgesehene Wahl durch den Bundesrat unterstreicht die gemeinsame Verantwortung der Bundesorgane für die wirksame Vertretung der deutschen Datenschutz-Aufsichtsbehörden im Europäischen Datenschutzausschuss.
[101] Scheidet der Stellvertreter nach Amtsantritt aus seinem Amt als Leiter einer Landes-Aufsichtsbehörde aus, so bleibt er für den Rest der gesetzlich vorgeschriebenen Amtszeit von fünf Jahren Stellvertreter, da das Amt an die Person geknüpft ist; ebenso Paal/Pauly/*Körffer* BDSG § 8 Rn. 4.
[102] Vgl. *Kugelmann* ZD 2020, 76 (79): „Die Bundesrepublik Deutschland soll und will ihre Stimme im EDSA kraftvoll einbringen."
[103] Vgl. Kühling/Buchner/*Boehm*, 4. Aufl. 2024, DS-GVO Art. 51 Rn. 28, für die § 18 BDSG „das europäische Prinzip der Zusammenarbeit auf die nationalstaatlichen Aufsichtsbehörden" überträgt.
[104] Zutr. verweist Paal/Pauly/*Körffer* BDSG § 18 Rn. 2, darauf, dass das in § 18 BDSG geregelte Verfahren „für alle Angelegenheiten der EU" gilt, nicht nur für die Durchführung und Anwendung der DS-GVO, sondern auch den Bereich der sog. Polizei-RL (Richtlinie 2016/680/EU des Europäischen Parlaments und des Rates v. 27.4.2016 zum Schutz natürlicher Personen bei der Verarbeitung personenbezogener Daten durch die zuständigen Behörden zum Zwecke der Verhütung, Ermittlung, Aufdeckung oder Verfolgung von Straftaten oder der Strafvollstreckung sowie zum freien Datenverkehr und zur Aufhebung des Rahmenbeschlusses 2008/977/JI des Rates, ABl. 2016 L 119, 89, ber. ABl. 2018 L 127, 9, ber. ABl. 2021 L 74, 36) miterfasst; die Regelung geht also über den Auftrag der DS-GVO hinaus.

staatlichen Kohärenzverfahrens einen **Entscheidungsmechanismus** fest. Danach hat die im Fall federführende Landesdatenschutzbehörde (diese bestimmt sich auch innerstaatlich grundsätzlich nach dem Sitz der Hauptniederlassung, vgl. **§ 19 Abs. 1 S. 1 BDSG,** der Art. 56 detailgetreu nachempfunden ist → Art. 56 Rn. 5 ff.) einen Vorschlag für einen gemeinsamen Standpunkt auszuarbeiten; gelingt ihr dies nicht, kann auch die oder der Bundesbeauftragte für den Datenschutz und die Informationsfreiheit als gemeinsamer Vertreter und ihr/sein Stellvertreter einen solchen Vorschlag vorlegen. Können sich auch der gemeinsame Vertreter und ihr/sein Stellvertreter nicht auf einen Vorschlag für den gemeinsamen Standpunkt einigen, legt der von beiden jeweils kompetenzrechtlich Sachnähere den Vorschlag vor: der Stellvertreter, sofern die Angelegenheit die Wahrnehmung einer Aufgabe erfordert, für welche die Länder allein das Recht zur Gesetzgebung haben, oder welche die Einrichtung oder das Verfahren von Landesbehörden betrifft; in allen übrigen Fällen die oder der Bundesbeauftragte als gemeinsamer Vertreter. Der Vorschlag mit dem gemeinsamen Standpunkt ist dann der Verhandlungsführung zugrunde zu liegen, sofern nicht die Datenschutz-Aufsichtsbehörden von Bund und Ländern mit einfacher Mehrheit einen anderen gemeinsamen Standpunkt beschließen (§ 18 Abs. 2 S. 4 BDSG), wobei sowohl der Bund als auch jedes Land jeweils eine Stimme[105] haben und Enthaltungen nicht gezählt werden (§ 18 Abs. 2 S. 5 und 6 BDSG). Der gemeinsame Standpunkt bindet in allen Fällen den gemeinsamen Vertreter und den Stellvertreter (§ 18 Abs. 3 S. 1 BDSG), die auf dieser Grundlage einvernehmlich die Verhandlungsführung (einschließlich der Verhandlungstaktik) festzulegen haben. Sollten sie nicht in der Lage sein, untereinander ein Einvernehmen zu erzielen,[106] so entscheidet der Stellvertreter in allen Fällen, welche die Wahrnehmung einer Aufgabe erfordern, für welche die Länder allein das Recht zur Gesetzgebung haben, oder welche die Einrichtung oder das Verfahren von Landesbehörden betreffen; in allen anderen Fällen entscheidet die oder der Bundesbeauftragte als gemeinsamer Vertreter über die Verhandlungsführung. Insgesamt soll das Verfahren, das dem allgemeinen Bund-Länder-Verfahren in Europafragen[107] nachempfunden ist, sicherstellen, dass die deutschen Datenschutz-Aufsichtsbehörden trotz ihrer Vielzahl und auch bei Meinungsunterschieden untereinander stets auf der Grundlage gemeinsamer Standpunkte mit den Datenschutz-Aufsichtsbehörden anderer Mitgliedstaaten im Europäischen Datenschutzausschuss verhandeln und dort abstimmen können. Ein **„German vote",** wie die in der Europapolitik oft anzutreffende Enthaltung des deutschen Vertreters bei entscheidenden Abstimmungen in Brüsseler Entscheidungsgremien von unseren europäischen Nachbarn etwas spöttisch bezeichnet wird, soll in Fragen des europäischen Datenschutzrechts durch § 17–19 BDSG vermieden werden.

26   In der Praxis spielt in Ergänzung zu §§ 17–19 BDSG die **Datenschutzkonferenz (DSK)** eine wichtige Rolle bei der Koordinierung der Arbeit der Datenschutz-Aufsichtsbehörden in Deutschland.[108] Denn die meisten datenschutzrechtlichen Verfahren in Deutschland haben keine Berührung mit dem EU-Ausland, betreffen aber Bürger, Unternehmen und/oder Behörden in mehreren Bundesländern und lösen daher einen von den §§ 17–19 BDSG (die nur „in Angelegenheiten der Europäischen Union" eingreifen) nicht erfassten Koordinierungs- und Abstimmungsbedarf aus. In der DSK wurde 1978 auf Initiative des Hessischen Datenschutzbeauftragten ins Leben gerufen, um eine Abstimmung der Datenschutzpraxis zwischen den Aufsichtsbehörden des Bundes und der Länder herbeizuführen. Zuständig war die DSK zunächst nur für den Datenschutz im öffentlichen Bereich, während sich über den Datenschutz im nicht-öffentlichen Bereich seit Herbst 1977 Vertreter der Innenministerien der Länder regelmäßig in Düsseldorf trafen (daher die Bezeichnung als **„Düsseldorfer Kreis"**[109]), um sich auf der Ebene der Datenschutzreferenten über eine möglichst einheitliche Auslegung und Anwendung des damals gerade verabschiedeten BDSG zu verständigen. Seit 2013 ist der Düsseldorfer Kreis als Arbeitskreis der DSK in diese eingegliedert. In der DSK, die zwar keinen institutionellen Charakter, aber

---

[105] Es gilt in diesem Fall eine Art „imperatives Mandat", wie *Kühling* NJW 2017, 1985 (1989) zu Recht anmerkt.
[106] Vgl. aber Paal/Pauly/*Körffer* BDSG § 18 Rn. 4, die aus § 18 Abs. 2 BDSG den „Grundsatz" ableitet, „dass gemeinsamer Vertreter und Stellvertreter die Vertretung im Ausschuss einvernehmlich wahrnehmen."
[107] §§ 5, 6 des Gesetzes v. 12.3.1993 über die Zusammenarbeit von Bund und Ländern in Angelegenheiten der Europäischen Union (EUZBLG), BGBl. 1993 I 313, zuletzt geänd. durch Art. 1 des Gesetzes v. 22.9.2009, BGBl. 2009 I 3031.
[108] Instruktiv zur Entstehung, Entwicklung und Arbeit der DSK *Thiel* ZD 2020, 93; sowie *Thiel* ZD 2021, 179; vgl. auch *Kühling/Klar/Sackmann* DatenschutzR Rn. 729 f. (mit einem anschaulichen Schaubild zur DSK in Rn. 730); sowie *v. Lewinski/Rüpke/Eckhardt* DatenschutzR S. 356 f.
[109] Zum „Düsseldorfer Kreis" *Mester* DuD 2012, 274.

mittlerweile eine eigene Webseite hat,[110] treffen sich heute mindestens zweimal pro Jahr und bei Bedarf häufiger die Datenschutzaufsichtsbehörden des Bundes und der Länder. Seit September 2018 hat die DSK auch eine eigene Geschäftsordnung.[111] Erklärtes Ziel der DSK ist es, „eine einheitliche Anwendung des europäischen und nationalen Datenschutzrechts zu erreichen"[112] sowie sich „auf gemeinsame Positionen der Datenschutzaufsichtsbehörden des Bundes und der Länder" zu verständigen.[113] Die Arbeit der DSK hat im Alltag der Datenschutz-Aufsicht in Deutschland eine nicht zu unterschätzende koordinierende Wirkung. Die DSK strebt zwar nach Einvernehmen, kann aber auch mit einfacher Mehrheit über Rechtsfragen beschließen und mit Zwei-Drittel-Mehrheit politische Entschließungen verabschieden.[114] Eine Schwäche der DSK ist allerdings, dass ihre Beschlüsse mangels rechtlicher Verankerung der DSK für die Landesbeauftragten für Datenschutz derzeit nicht verbindlich sind.[115] Es kommt daher trotz der koordinierenden Arbeit der DSK immer wieder zu unterschiedlichen Aussagen und Aufsichtsmaßnahmen zu länderübergreifenden datenschutzrechtlichen Fragen. So gelang es der DSK zwar, mit neun gegen acht Stimmen einen Beschluss zu fassen, wonach der Einsatz von Microsoft Office 365 auf Grundlage der von Microsoft vorgelegten Unterlagen nicht datenschutzgerecht möglich sei, da die Übermittlung von Daten in die USA nicht im Einklang mit den Vorgaben der DS-GVO stand.[116] Doch fünf der acht bei der Abstimmung unterlegenen Landesdatenschutzbeauftragten veröffentlichten im Anschluss eigene Pressemitteilungen, in denen sie die Bewertung der DSK als „zu undifferenziert" kritisierten, sie lediglich „als relevante Arbeitsgrundlage" bezeichneten und sich damit eine abweichende datenschutzrechtliche Behandlung in ihrem jeweiligen Bundesland vorbehielten.[117] Während auf EU-Ebene der Europäische Datenschutzausschuss in solchen Fällen mit einer Mehrheit von zwei Dritteln seiner Mitglieder verbindliche Beschlüsse für alle Aufsichtsbehörden der Mitgliedstaaten gemäß Art. 65 Abs. 1 fassen kann, fehlt ein vergleichbarer innerstaatlicher Streitschlichtungsmechanismus in Deutschland. Der bzw. die Bundesbeauftragte für den Datenschutz und die Informationsfreiheit kann daran nicht viel ändern. Zwar hat er gemäß **§ 16 Abs. 5 BDSG** die Befugnis, auf die Zusammenarbeit mit den Landesdatenschutzbehörden hinzuwirken. Bereits der Wortlaut der Vorschrift zeigt aber, dass dieses Hinwirken nicht mit einer echten Einwirkungsbefugnis zu verwechseln ist.[118] Eine divergierende Vollzugspraxis im Datenschutzrecht in Deutschland kann der Bundesbeauftragte deshalb auch auf Grundlage von § 16 Abs. 5 BDSG nicht korrigieren.

Ob die ausgeprägte Pluralität der Datenschutz-Aufsicht mit 41 unterschiedlichen Aufsichtsbehörden (→ Rn. 23), für die sich in der EU allein Deutschland entschieden hat,[119] auf längere Sicht beibehalten werden kann, ist fraglich. Die fortschreitende Digitalisierung, der wachsende Wettbewerbsdruck auf den Standort Deutschland und die Erfahrungen mit der Covid-Pandemie sprechen für eine **deutliche Verschlankung und Effizienzsteigerung der Datenschutzaufsicht**. Die von der Bundesregierung im Juli 2018 eingesetzte **Datenethikkommission** empfahl deshalb im Herbst 2019 „eine Zentralisierung der Datenschutzaufsicht für den Markt in einer – mit einem weiten Mandat ausgestatteten und eng mit anderen Fachaufsichtsbehörden kooperierenden – Behörde auf Bundesebene", sofern „es nicht gelingt, die Abstimmung unter

---

[110] www.datenschutzkonferenz-online.de.
[111] DSK-Geschäftsordnung gem. Beschluss der DSK v. 5.9.2018, geänd. durch Beschluss der DSK vom 29.9.2021, abrufbar unter www.datenschutzkonferenz-online.de/media/dsk/Geschaeftsordnung_DSK_09-2021.pdf.
[112] DSK-Geschäftsordnung (Fn. 111), Abschn. A. II.
[113] DSK-Geschäftsordnung (Fn. 111), Abschn. A. III.
[114] DSK-Geschäftsordnung (Fn. 111), Abschn. A. IV.3.
[115] Darauf verweisen auch *Kühling/Klar/Sackmann* DatenschutzR Rn. 729: „Aufgrund der administrativen Souveränität der Länder und des Verbots der Mischverwaltung für Bundes- und Landesbehörden können die Gremien [der DSK] […] keine verbindlichen Beschlüsse fassen." Sie stellen vor diesem Hintergrund fest: „Mit der DS-GVO entsteht damit im Rahmen des Kohärenzverfahrens eine Verbundverwaltung, die eine harmonisierter Rechtsanwendung in der EU ermöglicht, die so bislang in Deutschland noch nicht einmal auf nationaler Ebene verwirklicht werden konnte."
[116] Festlegung der Konferenz der unabhängigen Datenschutzaufsichtsbehörden des Bundes und der Länder v. 24.11.2022, abrufbar unter https://datenschutzkonferenz-online.de/media/dskb/2022_24_11_festlegung_MS365.pdf.
[117] Zu diesem Vorgang *Thiel* ZD 2021, 179 (180).
[118] Ebenso *Will* DuD 2020, 369 (372).
[119] In Spanien gibt es allein in den verfassungsrechtlich autonomen Regionen Katalonien und Baskenland eigene Datenschutz-Aufsichtsbehörden mit gewissen eigenen Befugnissen, während grds. die spanische Datenschutz-Aufsichtsbehörde landesweit zuständig ist.

den deutschen Datenschutzaufsichtsbehörden zu verstärken und zu formalisieren und so die einheitliche und kohärente Anwendung des Datenschutzrechts zu gewährleisten."[120] Diese Empfehlung hat eine intensive politische und rechtliche Diskussion zur Zukunft der Datenschutzaufsicht in Deutschland ausgelöst.[121] Als erstes Ergebnis dieser Diskussion deutet sich jedenfalls eine **Reform der DSK** an, die zu einer Stärkung ihrer Beschlussfassungsfähigkeit und damit zu einer „**DSK 2.0**" führen könnte.[122] Als Rechtsgrundlage für eine solche Reform erforderlich ist ein Staatsvertrag zwischen Bund und Ländern oder eine bundesgesetzliche Neuregelung der Datenschutz-Aufsicht, soweit diese als Teil des Rechts der Wirtschaft (Art. 74 Abs. 1 Nr. 11 GG) angesehen werden kann.[123] Eine Reform der Datenschutzaufsicht, wie sie von der Datenethikkommission empfohlen wurde, könnte dazu beitragen, nicht nur datenschutzrechtliche Vollzugsdefizite in Deutschland zu überwinden, sondern auch den Einfluss der deutschen Datenschutzaufsicht auf die Durchführung und Weiterentwicklung der DS-GVO maßgeblich zu stärken. Europarechtlich gesehen ist eine Stärkung der Kohärenz und Effizienz der deutschen Datenschutzaufsicht zwar nicht im Einzelnen, wohl aber im Ergebnis vorgegeben. Denn nur eine kohärente und wirksame Anwendung der DS-GVO in Deutschland steht im Einklang mit der in Art. 51 Abs. 2 enthaltenen Pflicht jeder Aufsichtsbehörde, einen Beitrag zur einheitlichen Anwendung der DS-GVO in der gesamten Union zu leisten; sowie mit der Pflicht des EU-Mitgliedstaats Deutschland, durch geeignete Maßnahmen für eine kohärente und wirksame Anwendung der DS-GVO in seinem gesamten Staatsgebiet zu sorgen.

Art. 52 Unabhängigkeit

(1) **Jede Aufsichtsbehörde handelt bei der Erfüllung ihrer Aufgaben und bei der Ausübung ihrer Befugnisse gemäß dieser Verordnung völlig unabhängig.**

(2) **Das Mitglied oder die Mitglieder jeder Aufsichtsbehörde unterliegen bei der Erfüllung ihrer Aufgaben und der Ausübung ihrer Befugnisse gemäß dieser Verordnung weder direkter noch indirekter Beeinflussung von außen und ersuchen weder um Weisung noch nehmen sie Weisungen entgegen.**

(3) **Das Mitglied oder die Mitglieder der Aufsichtsbehörde sehen von allen mit den Aufgaben ihres Amtes nicht zu vereinbarenden Handlungen ab und üben während ihrer Amtszeit keine andere mit ihrem Amt nicht zu vereinbarende entgeltliche oder unentgeltliche Tätigkeit aus.**

(4) **Jeder Mitgliedstaat stellt sicher, dass jede Aufsichtsbehörde mit den personellen, technischen und finanziellen Ressourcen, Räumlichkeiten und Infrastrukturen ausgestattet wird, die sie benötigt, um ihre Aufgaben und Befugnisse auch im Rahmen der Amtshilfe, Zusammenarbeit und Mitwirkung im Ausschuss effektiv wahrnehmen zu können.**

(5) **Jeder Mitgliedstaat stellt sicher, dass jede Aufsichtsbehörde ihr eigenes Personal auswählt und hat, das ausschließlich der Leitung des Mitglieds oder der Mitglieder der betreffenden Aufsichtsbehörde untersteht.**

(6) **Jeder Mitgliedstaat stellt sicher, dass jede Aufsichtsbehörde einer Finanzkontrolle unterliegt, die ihre Unabhängigkeit nicht beeinträchtigt und dass sie über eigene,**

---

[120] Gutachten der Datenethikkommission v. 23.10.2019, abrufbar unter www.bmi.bund.de/SharedDocs/downloads/DE/publikationen/themen/it-digitalpolitik/gutachten-datenethikkommission.pdf?__blob=publicationFile&v=6, S. 18; zu den Empfehlungen betr. die Aufsichtsstruktur *Martini/Botta* DÖV 2022, 60; *Will* DuD 2020, 369; zu den inhaltlichen Empfehlungen der Datenethikkommission *Kelber* ZD 2020, 73.

[121] Für eine Kompetenzübertragung auf den BfDI für den private Verarbeitungssektor *Martini/Botta* DÖV 2022, 606. IdS auch *Blum* Der „bayerische Weg" in der Datenschutzaufsicht, 2022, S. 256 ff. Dagegen *Will* DuD 2020, 369, der mehr Vor- als Nachteile der pluralen Strukturen deutscher Datenschutzaufsicht sieht. Für eine Stärkung der DSK *Thiel* ZD 2021, 179.

[122] Der Koalitionsvertrag 2021–2025 der Bundesregierung strebt die Institutionalisierung der DSK sowie deren Ausstattung mit verbindlichen Beschlussmöglichkeiten an, vgl. www.bundesregierung.de/resource/blob/974430/1990812/04221173eef9a6720059cc353d759a2b/2021-12-10-koav2021-data.pdf, S. 17.

[123] Für eine bundesgesetzliche Neuregelung in Ergänzung des BDSG spricht sich das von der DSK in Auftrag gegebene Rechtsgutachten aus; vgl. *Richter/Spiecker gen. Döhmann*, Rechtliche Möglichkeiten zur Stärkung und Institutionalisierung der Kooperation der Datenschutzaufsichtsbehörden des Bundes und der Länder (DSK 2.0), Rechtsgutachten im Auftrag der AG DSK 2.0, Januar 2022, abrufbar unter www.datenschutzkonferenz-online.de/media/weitere_dokumente/Richter_Spiecker_Gutachten_DSK_2-0.pdf.

öffentliche, jährliche Haushaltspläne verfügt, die Teil des gesamten Staatshaushalts oder nationalen Haushalts sein können.

Literatur: *Albrecht/Jotzo*, Das neue Datenschutzrecht der EU, 2016, Teil 7, B: Unabhängigkeit, S. 108; *Artl/Piendl*, Zukünftige Organisation der Datenschutzkontrolle in Deutschland, CR 1998, 713; *Balthasar*, Was heißt „völlige Unabhängigkeit" bei einer staatlichen Verwaltungsbehörde? Zugleich eine Auseinandersetzung mit dem Urteil des EuGH vom 9.3.2010, C-518/07 (Kommission/Deutschland), ZÖR 2012, 5; *Brühann/ Zerdick*, Umsetzung der EG-Datenschutzrichtlinie, CR 1996, 429; *Bull*, Die „völlig unabhängige" Aufsichtsbehörde. Zum Urteil des EuGH vom 9.3.2010 in Sachen Datenschutzaufsicht, EuZW 2010, 488; *Bull*, Die Auswirkungen der Datenschutz-Grundverordnung auf die Aufgaben, die Stellung und den Personalbestand der Landesbeauftragten für den Datenschutz und für das Recht auf Akteneinsicht, Gutachten 2016; *Dix*, Unabhängige Datenschutzkontrolle als vorgezogener Grundrechtsschutz, in Kröger/Pilniok (Hrsg.), Unabhängiges Verwalten in der Europäischen Union, 2016, 121; *European Data Protection Board*, Overview on resources made available by Member States to the Data Protection Supervisory Authorities, 5.9.2022, abrufbar unter https://edpb.europa.eu/system/files/2022-09/edpb_overviewresourcesmade_availablebymemberstatestosas2022_en.pdf; *European Union Fundamental Rights Agency (FRA)*, Datenschutz in der EU: die Rolle der nationalen Datenschutzbehörden (Stärkung der Grundrechte-Architektur in der EU – Teil II), 2012; *Flendrovsky*, Die Aufsichtsbehörden, in Knyrim (Hrsg.), Datenschutz-Grundverordnung. Das neue Datenschutzrecht in Österreich und der EU, Praxishandbuch, 2016, S. 281 ff.; *Frenz*, Handbuch Europarecht, Bd. 4: Europäische Grundrechte, § 5: Datenschutz, 2009; *Frenzel*, „Völlige Unabhängigkeit" im demokratischen Rechtsstaat – Der EuGH und die mitgliedstaatliche Verwaltungsorganisation, DÖV 2010, 925; *Geminn/Laubach*, Gewährleistung einer unabhängigen Datenschutzaufsicht in Japan, ZD 2019, 403; *Giesen*, Unabhängigkeit und Rechtskontrolle der Kontrollstellen nach Art. 28 der EG-Datenschutzrichtlinie – Abschied von liebgewordenen Unverbindlichkeiten, DuD 1997, 529; *Gola/Schomerus*, Die Organisation der staatlichen Datenschutzkontrolle der Privatwirtschaft, ZRP 2000, 183; *Hijmans*, The European Union as Guardian of Internet Privacy. The Story of Art 16 TFEU, 2016; *Hüttl*, The content of 'complete independence' contained in the Data Protection Directive, International Data Privacy Law 2012, 137; *Irish Council for Civil Liberties (ICCL)* 5 years: GDPR's crisis point. ICCL report on EEA data protection authorities, 2023 abrufbar unter https:// www.iccl.ie/wp-content/uploads/2023/05/5-years-GDPR-crisis.pdf; *Jóri*, Shaping vs applying data protection law: two core functions of data protection authorities, International Data Privacy Law 2015, 133; *Kauff-Gazin*, Vers une conception européenne de l'indépendance des autorités de régulation?: à propos de l'affaire C-518/07, Commission c. Allemagne, Europe 2010, v. 20, n. 7, S. 12; *Kaufhold*, Complete, yet limited: The guarantee of independence for National Regulatory Authorities in the energy sector: Commission v. Germany, Common Market Law Review 2022, 1853; *Kopp*, Tendenzen der Harmonisierung des Datenschutzrechts in Europa, DuD 1995, 204; *Kröger*, Unabhängigkeitsregime im europäischen Verwaltungsverbund. Eine europa- und verfassungsrechtliche Untersuchung unionsrechtlicher Organisationsregelungen für Mitgliedstaaten anhand von Regulierungsagenturen, Datenschutzbehörden sowie statistischen Ämtern, 2020; *Kuner*, European Data Protection Law. Corporate Compliance and Regulation, 2. Aufl. 2007, Chapter 1, Part C: EU Member States' Authorities, S. 13 ff.; *Kuner/Cate/Millard/Svantesson*, The intricacies of independence, International Data Privacy Law 2012, 1; *Lavrijssen*, Towards a European Principle of Independene: The Ongoing Constitutionalisation of an Independent Energy Regulator, Carbon and Climate Law Review 2022, 25; *Lavrijssen/Ottow*, Independent Supervisory Authorities: A Fragile Concept, Legal Issues of Economic Integration 2012, 419; *Lepper/Wilde*, Unabhängigkeit der Datenschutzkontrolle, CR 1997, 703; *v. Lewinski*, Unabhängigkeit des Bundesbeauftragten für den Datenschutz und die Informationsfreiheit, ZG 2015, 228; *v. Lewinski*, Datenschutzaufsicht in Europa als Netzwerk, NVwZ 2017, 1483; *Lüdemann/Wenzel*, Zur Funktionsfähigkeit der Datenschutzaufsicht in Deutschland, RDV 2015, 285; *Noack*, Anmerkung zum Urteil des EuGH vom 8.4.2014 – Völlige Unabhängigkeit von Kontrollstellen zur Überwachung des Datenschutzes, NJ 2014, 291; *Nguyen*, Die zukünftige Datenschutzaufsicht in Europa, ZD 2015, 265; *Petri/Tinnefeld*, Völlige Unabhängigkeit der Datenschutzkontrolle – Demokratische Legitimation und unabhängige parlamentarische Kontrolle als moderne Konzeption der Gewaltenteilung, MMR 2010, 157; *Poullet*, L'autorité de contrôle. ‚vues' de Bruxelles, Revue française d'administration publique 1999, 69; *Roßnagel*, Unabhängigkeit der Datenschutzaufsicht – Zweites Gesetz zur Änderung des BDSG, ZD 2015, 106; *Roßnagel*, Zusätzlicher Arbeitsaufwand für die Aufsichtsbehörden der Länder durch die Datenschutz-Grundverordnung, Gutachten 2017; *Roßnagel/Pfitzmann/Garstka* Modernisierung des Datenschutzrechts. Gutachten im Auftrag des Bundesministeriums des Innern, 2001; *Rudolf*, Die europäische Datenschutzrichtlinie und die Organisation der Datenschutzkontrolle, DuD 1995, 446; *Schaar*, Unabhängige Datenschutzaufsicht im Bundesinnenministerium?, DuD 2005, 579; *Schild*, Die völlige Unabhängigkeit der Aufsichtsbehörden aus europarechtlicher Sicht – zugleich Überlegungen, die bestehende Vertragsverletzung im Bereich der Kontrollstellen nach Art. 28 EG-DS-RiLi der Bundesrepublik Deutschland endlich zu beenden, DuD 2010, 549; *Spiecker gen. Döhmann*, Anmerkung zu EuGH – Kommission/Bundesrepublik Deutschland, C-518/07, JZ 2010, 787; *Thüsing/Traut*, The Reform of European Data Protection Law: Harmonisation at Last?, Intereconomics 2013, 27; *Thomé*, Reform der Datenschutzaufsicht: Effektiver Datenschutz durch verselbständigte Aufsichtsbehörden, 2015; *Tinnefeld/Buchner*, Völlige Unabhängigkeit der Datenschutzkontrolle, DuD 2010, 581; *Trute*, Der Schutz personenbezogener Informationen in der Informationsgesellschaft, JZ 1998, 822; *Voßhoff/Hermerschmidt*, Endlich! – Was bringt uns die Datenschutz-Grundverordnung?, PinG 2016; *Wolff*, Die überforderte Aufsichtsbehörde, Ping 2017, 109; *Weiß*, Die Bußgeldpraxis der Aufsichtsbehörden in ausgewählten EU-Staaten – ein aktueller Überblick, PinG 2017, 97; *Ziebarth,* Demokratische Legitimation und Unabhängigkeit der deutschen Datenschutzbehörden, CR 2013, 60.

Rechtsprechung: EuGH (Große Kammer) Urt. v. 9.3.2010 – C-518/07, ECLI:EU:C:2010:125 = EuZW 2010, 296 – Kommission/Deutschland; EuGH (Große Kammer) Urt. v. 16.10.2012 – C-614/10, ECLI:EU: C:2012:631 = ZD 2012, 563 – Kommission/Österreich; EuGH (Große Kammer) Urt. v. 8.4.2014 – C-288/ 12, ECLI:EU:C:2014:237 = ZD 2014, 301 – Kommission/Ungarn; EuGH (Große Kammer) Urt. v. 6.10.2015 – C-362/14, ECLI:EU:C:2015:650 = ZD 2015, 549 mAnm *Spies* – Maximillian Schrems/Data Protection Commissioner („Schrems I").

Übersicht

	Rn.
A. Allgemeines	1
I. Hintergrund und Zweck der Bestimmung	1
II. Systematik, Verhältnis zu anderen Bestimmungen	4
B. Einzelerläuterungen	7
I. „Völlige Unabhängigkeit" (Abs. 1)	7
II. Mit der Unabhängigkeit unvereinbare Handlungen (Abs. 2)	15
III. Inkompatibilitäten (Abs. 3)	19
IV. Angemessene Ressourcenausstattung (Abs. 4)	22
V. Unabhängigkeit in Personalfragen (Abs. 5)	25
VI. Finanzielle Unabhängigkeit und Finanzkontrolle (Abs. 6)	27
C. Rechtsschutz	29
D. Nationale Durchführung	32

A. Allgemeines[*]

I. Hintergrund und Zweck der Bestimmung

1   Die Unabhängigkeit der nationalen, für den Datenschutz zuständigen Aufsichtsbehörden geht auf Art. 28 Abs. 1 UAbs. 2 DS-RL zurück. Dort hieß es im Anschluss an die an die Mitgliedstaaten gerichtete Vorgabe, öffentliche Stellen (sog. Kontrollstellen) damit zu beauftragen, die Anwendung der zur Umsetzung der DS-RL erlassenen nationalen Rechtsvorschriften zu überwachen, in äußerst knapper Formulierung: „Diese Stellen nehmen die ihnen zugewiesenen Aufgaben in völliger Unabhängigkeit wahr." Seit der Annahme der DS-RL durch das Europäische Parlament und den Rat am 18.10.1995 ist das Erfordernis der Unabhängigkeit der nationalen Datenschutzbehörden als **institutionelle Absicherung des Datenschutzgrundrechts** „ein wesentliches Element" des europäischen Datenschutzrechts (vgl. Erwägungsgrund 62 DS-RL). Die Konvention Nr. 108 des Europarates von 1981 (→ Einl. Rn. 11 ff.) kannte das Unabhängigkeitserfordernis noch nicht; es wurde erst sechs Jahre nach Erlass der DS-RL Teil des Datenschutzrechts des Europarates und dort in Art. 1 Abs. 3 des Zusatzprotokolls Nr. 181 vom 8.11.2011 zur Konvention Nr. 108 bezüglich Kontrollstellen und grenzüberschreitendem Datenverkehr[1] festgeschrieben. Mit dem Inkrafttreten des Vertrags von Lissabon am 1.12.2009 ist das Unabhängigkeitserfordernis auch im primären Unionsrecht verankert worden; dieses verlangt, dass die Einhaltung des Datenschutzgrundrechts „von einer unabhängigen Stelle" (Art. 8 Abs. 3 GRCh)[2] bzw. „von unabhängigen Behörden" (Art. 16 Abs. 2 UAbs. 1 S. 2 AEUV)

---

[*] Der Verfasser vertritt hier seine persönliche Auffassung, die nicht notwendig der Auffassung der Europäischen Kommission entspricht.

[1] Zusatzprot. Nr. 181 v. 8.11.2001 zum Übereinkommen zum Schutze des Menschen bei der automatischen Verarbeitung personenbezogener Daten bezüglich Kontrollstellen und grenzüberschreitendem Datenverkehr, BGBl. 2002 II 1887. Im erläuternden Bericht zum Zusatzprot. werden in Ziff. 17 für die Unabhängigkeit konstitutive Elemente erwähnt: Zusammensetzung der Kontrollstelle, Art und Weise der Ernennung ihrer Mitglieder (nicht ausschließlich durch die Exekutive), Bedingungen zur Beendigung des Amtes (nur in bestimmten eng definierten Ausnahmefällen), Zuweisung ausreichender Mittel (im Hinblick auf ihre Aufgaben ausreichende Personal- und Sachmittel), keine Anweisungen oder Einmischungen von außen bei der Beschlussfassung (und keine Aufgabenzuweisungen, die die Gefahr eines Interessenkonflikts auslösen); dazu von der Groeben/Schwarze/Hatje/*Brühann* AEUV Art. 16 Rn. 77.

[2] Der hier verwendete Singular entspricht Stil und Wortwahl der Charta und bedeutet keineswegs, dass vom primärrechtlichen Unabhängigkeitserfordernis nur der Europäische Datenschutzbeauftragte, nicht aber die nationalen Datenschutz-Aufsichtsbehörden erfasst wären; wie hier Gola/Heckmann/*Nguyen* DS-GVO

Unabhängigkeit   2, 3   **Art. 52**

überwacht wird. Unabhängige Datenschutz-Aufsichtsbehörden sind damit heute als **„Herzstück des europäischen Systems zum Schutz personenbezogener Daten"**[3] anzusehen.[4] Die inzwischen modernisierten Konvention Nr. 108 (→ Einl. Rn. 150 ff.)[5] bekräftigt dies in Art. 15 Abs. 5 Konvention 108+ weit über die Mitgliedstaaten der Europäischen Union hinaus.

Mit Art. 52 widmet der EU-Gesetzgeber der Unabhängigkeit der für die Überwachung der 2 Anwendung der DS-GVO zuständigen nationalen Aufsichtsbehörden eine im Vergleich zu Art. 28 Abs. 1 UAbs. 2 DS-RL sehr ausführliche Bestimmung, welche die organisatorisch-institutionellen, personellen und finanziellen Aspekte dieser Unabhängigkeit im Einzelnen regelt, während Art. 53 und 54 ergänzende Vorschriften enthalten. Dabei bekräftigt Erwägungsgrund 117, dass die Errichtung von Aufsichtsbehörden, die befugt sind, ihre Aufgaben und Befugnisse völlig unabhängig wahrzunehmen, „ein wesentlicher Bestandteil" des Datenschutzgrundrechts ist. Grund für die besonders ausführliche und damit stärker harmonisierende Regelung der Unabhängigkeit der nationalen Datenschutz-Aufsichtsbehörden waren praktische Probleme, die bei der Umsetzung von Art. 28 Abs. 1 UAbs. 2 DS-RL in den Mitgliedstaaten aufgetreten waren. Möglicherweise auch wegen der knappen Formulierung in Art. 28 Abs. 1 UAbs. 2 DS-RL, vor allem aber infolge unterschiedlicher Traditionen im Verwaltungsorganisationsrecht, kam es zu einer **höchst unterschiedlichen Ausgestaltung des Unabhängigkeitserfordernisses auf nationaler Ebene.** Die EU-Grundrechteagentur wies in einem 2012 parallel zur von der Kommission angestoßenen EU-Datenschutzreform veröffentlichten Bericht[6] darauf hin, dass bei der Umsetzung des europäischen Datenschutzrechts in den Mitgliedstaaten „ein wichtiges Problem in der mangelnden Unabhängigkeit mehrerer Kontrollstellen" bestehe.[7] „In verschiedenen Mitgliedstaaten", so die Grundrechteagentur, „bestehen Vorbehalte hinsichtlich der tatsächlichen Fähigkeit der Mitarbeiter der Datenschutzbehörden, ihre Aufgaben in völliger Unabhängigkeit auszuführen.[8] [...] In vielen Mitgliedstaaten sind die Datenschutzbehörden aufgrund der begrenzten wirtschaftlichen Mittel und Humanressourcen nicht in der Lage, ihre Aufgaben vollständig auszuführen."[9] Vertragsverletzungsverfahren der Kommission gegen Deutschland, Österreich und Ungarn brachten zudem erhebliche Defizite bei der nationalen Umsetzung von Art. 28 Abs. 1 UAbs. 2 DS-RL zu Tage.

Die Kommission machte deshalb die **Stärkung der Befugnisse und der Unabhängigkeit** 3 **der nationalen Datenschutz-Aufsichtsbehörden** zu einem Schwerpunkt der von ihr betriebenen Datenschutzreform.[10] Hilfreich für die Kommission war dabei, dass der EuGH in seinem

---

Art. 51 Rn. 1; jetzt auch Calliess/Ruffert/*Kingreen* AEUV Art. 16 Rn. 19; sowie Streinz/*M. Schröder* AEUV Art. 16 Rn. 11.

[3] So Generalanwalt *Bot* in seinen Schlussanträgen v. 23.9.2015 – C-362/14, ECLI:EU:C:2015:627 – Maximillian Schrems/Data Protection Commissioner („Schrems I"), Rn. 210. Vgl. auch HK-UnionsR/*Folz* GRCh Art. 8 Rn. 6, der Art. 8 Abs. 3 GRCh als „Institutsgarantie" qualifiziert.

[4] Vgl. Plath/*Hullen* DS-GVO Art. 52 Rn. 1: „Nur unabhängige Aufsichtsbehörden [...] können unbeeinflusst von Dritten ihren Aufgaben nachkommen und so ihre Befugnisse effektiv ausüben."

[5] Durch das 2018 beschlossene Änderungsprotokoll zur Konvention 108, das gegenwärtig im Ratifizierungsprozess durchläuft, werden die Vorschriften des Zusatzprotokolls betreffend die Datenschutz-Aufsichtsbehörden in die modernisierte Konvention integriert und (auch angesichts der inzwischen in Kraft getretenen DS-GVO) ergänzt und erweitert; vgl. Art. 15–21 der Konvention 108+ (Text der konsolidierten Fassung der modernisierten Konvention Nr. 108: www.coe.int/en/web/data-protection/convention108/modernised, Stand 10.9.2023). Vgl. Kuner/Bygrave/Docksey/*Zerdick* GDPR Article 52 B.2., für den die modernisierte Konvention eine „synchronisation" mit der durch die DS-GVO bewirkte EU-Reform des Datenschutzrechts zu erreichen versucht.

[6] European Union Fundamental Rights Agency (FRA), Datenschutz in der EU: die Rolle der nationalen Datenschutzbehörden (Stärkung der Grundrechte-Architektur in der EU – Teil II).

[7] European Union Fundamental Rights Agency (FRA), Datenschutz in der EU: die Rolle der nationalen Datenschutzbehörden (Stärkung der Grundrechte-Architektur in der EU – Teil II), S. 44.

[8] European Union Fundamental Rights Agency (FRA), Datenschutz in der EU: die Rolle der nationalen Datenschutzbehörden (Stärkung der Grundrechte-Architektur in der EU – Teil II), S. 44. Die Grundrechteagentur nennt hier als Beispiele Defizite bei den Datenschutz-Aufsichtsbehörden in Estland, Irland, Lettland, Litauen und im Vereinigten Königreich.

[9] European Union Fundamental Rights Agency (FRA), Datenschutz in der EU: die Rolle der nationalen Datenschutzbehörden (Stärkung der Grundrechte-Architektur in der EU – Teil II), S. 44. Die Grundrechteagentur nennt hier als Beispiele Defizite bei den Datenschutz-Aufsichtsbehörden in Bulgarien, Frankreich, Griechenland, Italien, Lettland, den Niederlanden, Österreich, Portugal, Rumänien, der Slowakei und Zypern. Ein Vergleich der personellen und finanziellen Ressourcenausstattung der Aufsichtsbehörden in Deutschland, Polen, Großbritannien, Irland, Spanien, Frankreich und Irland findet sich bei *Weiß* PinG 2017, 97.

[10] Vgl. Mitteilung der Kommission v. 4.11.2010, Gesamtkonzept für den Datenschutz in der Europäischen Union, KOM(2010) 609, 20: „Aus diesem Grund sollte deren Rolle nach Dafürhalten der Kommission

Art. 52 4

Urteil vom 9.3.2010[11] einen seit 2003 bestehenden Rechtsstreit zwischen der Kommission und Deutschland um die Reichweite der EU-rechtlich geforderten Unabhängigkeit der nationalen Datenschutz-Aufsichtsbehörden[12] abschließend im Sinne einer umfassenden organisatorisch-institutionellen Unabhängigkeit klärte, und zwar durch ein in der Großen Kammer[13] getroffenes **Grundsatzurteil,** in dem der EuGH bewusst von den vorausgehenden, restriktiver argumentierenden Schlussanträgen des Generalanwaltes[14] abwich. Bei dem heute in Art. 52 zum Ausdruck kommenden weiten Unabhängigkeitsverständnis handelt es sich somit im Wesentlichen um eine **Kodifizierung von Richterrecht** durch den EU-Gesetzgeber.[15] Dies erklärt, warum die entsprechenden Formulierungen der Vorschrift während des EU-Gesetzgebungsverfahrens zur DS-GVO relativ unstreitig waren.[16]

II. Systematik, Verhältnis zu anderen Bestimmungen

4   Art. 52 definiert die bereits in Art. 4 Nr. 21, Art. 51 Abs. 1 als wesentliches Merkmal der Datenschutz-Aufsichtsbehörden vorausgesetzte Unabhängigkeit und regelt deren organisatorisch-institutionellen, personellen und finanziellen Aspekte. Weitere Einzelheiten zu Fragen der persönlichen Unabhängigkeit enthält Art. 53, der Ernennungsverfahren, Ernennungsvoraussetzungen sowie Verfahren und Voraussetzungen für die Beendigung des Amts des Mitglieds bzw. der Mitglieder einer Datenschutz-Aufsichtsbehörde regelt. Außerdem verpflichtet Art. 54 Abs. 1 als obligatorische Spezifizierungsklausel (→ Einl. Rn. 89, 92) die Mitgliedstaaten, Unteraspekte der Unabhängigkeit weiter zu konkretisieren, so zB die Ernennungsverfahren und -voraussetzungen der Mitglieder der Datenschutz-Aufsichtsbehörden, die Länge ihrer Amtszeit, die Zu-

---

besonders in Anbetracht der jüngsten ständigen Rechtsprechung des EuGH zu deren Unabhängigkeit gestärkt werden, und sie sollten die nötigen Befugnisse und Ressourcen erhalten, um ihren Auftrag in ihren Ländern und bei der Zusammenarbeit mit anderen Datenschutzbehörden erfüllen zu können. [...] Die Kommission wird prüfen, [...,] wie die Rechtsstellung und die Befugnisse der nationalen Datenschutzbehörden in der neuen Regelung gestärkt, präzisiert und harmonisiert werden können, darunter auch durch die uneingeschränkte Durchsetzung des Grundsatzes der völligen Unabhängigkeit [...]." Vgl. auch Mitteilung der Kommission v. 25.1.2012, Der Schutz der Privatsphäre in einer vernetzten Welt. Ein europäischer Datenschutzrahmen für das 21. Jahrhundert, KOM(2012) 9, 6 sowie Kommission, Impact Assessment, SEC(2012) 72 final, 17 f. Vgl. auch *Thüsing/Traut* Intereconomics 2013, 271 (274 f.); sowie Kuner/Bygrave/Docksey/ *Zerdick* GDPR Article 52 A.

[11] EuGH (Große Kammer) Urt. v. 9.3.2010 – C-518/07, ECLI:EU:C:2010:125 = EuZW 2010, 296 – Kommission/Deutschland.

[12] Zu dieser Auseinandersetzung *Thomé*, Reform der Datenschutzaufsicht: Effektiver Datenschutz durch verselbständigte Aufsichtsbehörden, S. 99 ff. Zur Vorgeschichte, die mit einer umstrittenen Entscheidung des Regierungspräsidiums Darmstadt über die Zulässigkeit der Speicherung von Verbindungsdaten ihren Anfang nahm, vgl. *Frenzel* DÖV 2010, 925 (925 ff.).

[13] Der Gerichtshof tagt ausnahmsweise als Große Kammer mit heute 15 Richtern (anstatt als Kammer mit drei bzw. fünf Richtern), wenn ein am Verfahren beteiligter Mitgliedstaat oder ein am Verfahren beteiligtes Unionsorgan dies beantragt; vgl. Art. 16 UAbs. 2, 3 EuGH-Satzung (Prot. Nr. 3 zum EUV/AEUV) iVm VO (EU/Euratom) Nr. 741/2012 des Europäischen Parlaments und des Rates v. 11.8.2012 zur Änderung des Protokolls über die Satzung des Gerichtshofs der Europäischen Union und seines Anhangs I, ABl. 2012 L 228, 1, die am 24.9.2012 in Kraft trat. Das Urteil v. 9.3.2010 fällten noch elf Richter, während alle folgenden EuGH-Urteile, welche die Unabhängigkeit der nationalen Datenschutz-Aufsichtsbehörden betrafen, jeweils von 15 Richtern beschlossen wurden; vgl. EuGH (Große Kammer) Urt. v. 16.10.2012 – C-614/10, ECLI:EU:C:2012:631 = ZD 2012, 563 – Kommission/Österreich; EuGH (Große Kammer) Urt. v. 8.4.2014 – C-288/12, ECLI:EU:C:2014:237 = ZD 2014, 301 – Kommission/Ungarn; EuGH (Große Kammer) Urt. v. 6.10.2015 – C-362/14, ECLI:EU:C:2015:650 = ZD 2015, 549 mAnm *Spies* – Maximillian Schrems/Data Protection Commissioner („Schrems I").

[14] Schlussanträge des GA *Mazák* v. 12.11.2010 – C-518/07, ECLI:EU:C:2009:694 – Kommission/Deutschland, insbes. Rn. 14 (Unabhängigkeit nur im Rahmen der Exekutive), Rn. 16 (Relativität des Begriffs Unabhängigkeit), Rn. 28 (keine institutionelle Unabhängigkeit), Rn. 30 (Zulässigkeit staatlicher Aufsicht).

[15] IdS auch Kühling/Buchner/*Boehm*, 4. Aufl. 2024, DS-GVO Art. 52 Rn. 1: „Art. 52 greift diese Rechtsprechung auf und orientiert sich stark an deren Vorgaben." Vgl. auch Gierschmann/Schlender/Stentzel/Veil/*Kreul* DS-GVO Art. 52 Rn. 9, für die die Rspr. des EuGH bei der Umsetzung der Vorgaben des Art. 52 „ebenso als Leitlinie wie bei der Fassung der einschlägigen Erwägungsgründe" dient. Ebenso Paal/Pauly/ *Körffer* DS-GVO Art. 52 Rn. 1: „Dieses Verständnis der völligen Unabhängigkeit ist in der DS-GVO übernommen worden." Vgl. auch Kuner/Bygrave/Docksey/*Zerdick* GDPR Art. 52 A.

[16] Hierauf verweisen *Albrecht/Jotzo* DatenschutzR S. 108; zust. Kuner/Bygrave/Docksey/*Zerdick* GDPR Art. 52 A.

Unabhängigkeit 5 **Art. 52**

lässigkeit einer Wiederernennung sowie die Beschäftigungsbedingungen der Mitglieder und Bediensteten der Datenschutz-Aufsichtsbehörden (vgl. Art. 54 Abs. 1 lit. b–f).

Maßstabsfunktion für die Unabhängigkeit der nationalen Datenschutz-Aufsichtsbehörden 5 haben die **Vorschriften über die Unabhängigkeit des Europäischen Datenschutzbeauftragten**, die der EU-Gesetzgeber heute in den Art. 52 ff. und insbesondere in Art. 55 VO (EU) 2018/1725[17] festgelegt hat; der EuGH verlangt insofern eine **homogene Auslegung** der Vorschriften über die nationalen Aufsichtsbehörden und der Vorschriften über den Europäischen Datenschutzbeauftragten (→ Art. 51 Rn. 14).[18] Gewisse Parallelen, die für die systematische Auslegung der Vorschriften der DS-GVO genutzt werden können, lassen sich auch zu anderen Organen und Einrichtungen der Union, die durch das Unionsrecht mit völliger oder weit reichender Unabhängigkeit ausgestattet sind, insbesondere zur Europäischen Kommission (vgl. Art. 17 Abs. 3 UAbs. 3 S. 1 EUV, Art. 245 UAbs. 1 S. 2, UAbs. 2 S. 1 AEUV), zur Europäischen Zentralbank und den nationalen Zentralbanken (vgl. Art. 130, Art. 282 Abs. 3 S. 3, 4 AEUV, Art. 14.1, 14.2 Protokoll Nr. 4 über die Satzung des Europäischen Systems der Zentralbanken und der Europäischen Zentralbank),[19] zum Rechnungshof (Art. 285 UAbs. 2 S. 2 AEUV), zum Europäischen Bürgerbeauftragten (Art. 228 Abs. 3 S. 1, 2, 3 AEUV), zur – sekundärrechtlich eingerichteten – EU-Grundrechteagentur, die ihre Aufgaben ebenfalls „in völliger Unabhängigkeit" wahrzunehmen hat,[20] sowie zu den nationalen Regulierungsbehörden im Bereich des EU-Energierechts, deren „völlige Unabhängigkeit" der EuGH 2021 über den Wortlaut des einschlägigen Sekundärrechts hinaus bekräftigt hat.[21] Die in Art. 52 getroffenen

---

[17] VO (EU) 2018/1725 des Europäischen Parlaments und des Rates v. 23.10.2018 zum Schutz natürlicher Personen bei der Verarbeitung personenbezogener Daten durch die Organe, Einrichtungen und sonstigen Stellen der Union, zum freien Datenverkehr und zur Aufhebung der VO (EG) Nr. 45/2001 und des Beschlusses Nr. 1247/2002/EG, ABl. 2018 L 295, 39. Diese Verordnung, die ursprünglich aus dem Jahr 2001 stammte, wurde 2018 vom EU-Gesetzgeber an die DS-GVO angepasst und entsprechend modernisiert; dafür enthielten Art. 2 Abs. 3, Art. 98 DS-GVO einen entsprechenden Gesetzgebungsauftrag, um die Kohärenz zwischen dem Datenschutz auf EU- und auf nationaler Ebene zu wahren.

[18] Vgl. EuGH (Große Kammer) Urt. v. 9.3.2010 – C-518/07, ECLI:EU:C:2010:125 = EuZW 2010, 296 – Kommission/Deutschland, Rn. 28; EuGH (Große Kammer) Urt. v. 8.4.2014 – C-288/12, ECLI:EU: C:2014:237 = ZD 2014, 301 – Kommission/Ungarn, Rn. 56. Vgl. auch EuGH Beschl. v. 14.10.2008 – C-518/07, ECLI:EU:C:2008:563 – Kommission/Deutschland, Rn. 18 f., wo der EuGH den Europäischen Datenschutzbeauftragten als Streithelfer der Kommission (entgegen dem Antrag der Kommission) im Rechtsstreit um die Auslegung der „völligen Unabhängigkeit" zuließ.

[19] Zur weit reichenden Unabhängigkeit und organisationsrechtlichen Selbständigkeit der EZB vgl. EnzEuR/*Selmayr*, 1. Aufl. 2015, § 23 Rn. 164 ff., 218 ff. Zu Reichweite und Grenzen der Unabhängigkeit der EZB ferner EuGH Urt. v. 10.7.2003 – C-11/00, ECLI:EU:C:2003:395 = EuR 2003, 847 – Kommission/ EZB, insbes. Rn. 130–136. Zur persönlichen Unabhängigkeit des Präsidenten einer nationalen Zentralbank außerdem EuGH (Große Kammer) Urt. v. 26.2.2019 – C-202/18 u. C-238/18, ECLI:EU:C:2019:139 – Rimšēvičs/Lettland. Eingehende Erörterungen der funktionalen, institutionellen, personellen und finanziellen Aspekte der unionsrechtlich geforderten Zentralbankunabhängigkeit finden sich in den mindestens alle zwei Jahre veröffentlichten Konvergenzberichten der Kommission und der EZB, die untersuchen, inwieweit die noch nicht am Euro teilnehmenden EU-Mitgliedstaaten ihrer Verpflichtung nachgekommen sind, gemäß Art. 130, 131 AEUV die Unabhängigkeit ihrer nationalen Zentralbank herbeizuführen; vgl. zB EZB, Konvergenzbericht, Juni 2016, S. 17 ff.; alle Berichte sind abrufbar unter www.ecb.europa.eu/pub/convergence/ html/index.de.html. Die Konvergenzberichte illustrieren meist auch für die Unabhängigkeit der Datenschutz-Aufsichtsbehörden äußerst relevante Problemkreise und ihre rechtliche Beurteilung durch die EU-Organe. Zur Unabhängigkeit der EZB bei der Ausführung der ihr im Rahmen des Einheitlichen Aufsichtsmechanismus in der Bankenaufsicht übertragenen Aufgaben und Befugnisse – vgl. VO (EU) Nr. 1024/2013 des Rates v. 15.10.2013 zur Übertragung besonderer Aufgaben im Zusammenhang mit der Aufsicht über Kreditinstitute auf die Europäische Zentralbank, ABl. 2013 L 287, 63, ber. ABl. 2015 L 2018, 82 – bezog sich das BVerfG bei seiner verfassungsrechtlichen Beurteilung mehrfach auf die Rspr. des EuGH zur Vereinbarkeit der Unabhängigkeit der nationalen Datenschutz-Aufsichtsbehörden mit dem Demokratieprinzip; vgl. BVerfG Urt. v. 30.7.2019 – 2 BvR 1685/14, 2 BvR 2631/14 = NJW 2019, 3204, Rn. 130, 136, 211, 291.

[20] Art. 16 Abs. 1 VO (EG) Nr. 168/2007 des Rates v. 15.2.2007 zur Errichtung einer Agentur der Europäischen Union für Grundrechte, ABl. 2007 L 53, 1, geänd. durch VO (EU) 2022/555 des Rates v. 5.4.2022, ABl. L 2022 108, 1.

[21] EuGH Urt. v. 2.9.2021 – C-718/18, ECLI:EU:C:2021:662 = EuZW 2021, 893 mAnm *Scholtka* – Kommission/Deutschland, Rn. 107 ff., insbes. Rn. 112: „Wie der Generalanwalt in Nr. 112 seiner Schlussanträge ausgeführt hat, ist die völlige Unabhängigkeit der NRB [= Nationalen Regulierungsbehörden] gegenüber Wirtschaftsteilnehmern und öffentlichen Einrichtungen, unabhängig davon, ob es sich bei Letzteren um Verwaltungsorgane oder politische Stellen und, im letztgenannten Fall, um Träger der exekutiven oder der legislativen Gewalt handelt, notwendig, um zu gewährleisten, dass die von den NRB getroffenen Entscheidungen unparteiisch und nicht diskriminierend sind, was die Möglichkeit einer bevorzugten Behandlung der mit

Vorkehrungen für die Unabhängigkeit der nationalen Datenschutz-Aufsichtsbehörden haben ihrerseits **Maßstabsfunktion für den Europäischen Datenschutzausschuss,** der als Einrichtung der Union mit eigener Rechtspersönlichkeit gemäß Art. 68 Abs. 3 aus dem Leiter einer Datenschutz-Aufsichtsbehörde jedes Mitgliedstaats sowie dem Europäischen Datenschutzbeauftragten besteht und gemäß Art. 69 bei der Erfüllung seiner Aufgaben und in Ausübung seiner Befugnisse „unabhängig" handelt. Auch insofern gilt das Gebot der homogenen Auslegung des Unabhängigkeitserfordernisses.

6   Das Erfordernis unabhängiger Datenschutz-Aufsichtsbehörden gemäß Art. 52 hat auch eine **externe Dimension.** Denn wenn die Kommission gemäß Art. 45 Abs. 2 prüft, ob ein Drittstaat (zB die Vereinigten Staaten von Amerika, Israel oder Japan) ein angemessenes Datenschutzniveau bietet, so dass in diesen personenbezogene Daten übermittelt werden dürfen, berücksichtigt die Kommission gemäß **Art. 45 Abs. 2 lit. b** insbesondere „die Existenz und die wirksame Funktionsweise einer oder mehrerer unabhängiger Aufsichtsbehörden in dem betreffenden Drittland". Zwar verlangt Art. 45 von einem Drittland nur ein angemessenes Schutzniveau, also nicht ein mit dem in der Unionsrechtsordnung garantierten Niveau identisches Schutzniveau; das Schutzniveau muss allerdings dem in der Union auf der Grundlage der DS-GVO im Lichte der EU-Grundrechte-Charta gewährten Niveau „der Sache nach gleichwertig" sein[22] (→ Art. 45 Rn. 7). Insbesondere darf das durch die DS-GVO gewährleistete Schutzniveau nicht untergraben werden (vgl. Art. 44 S. 2). Ein Drittstaat, der für die Gewährleistung von Datenschutz nur private Schlichtungsmechanismen und/oder auf wettbewerbs- und verbraucherrechtliche Zuständigkeiten beschränkte staatliche Überwachungsbehörden vorsieht, erfüllt daher nicht das Erfordernis, ein gleichwertiges Schutzniveau zu gewährleisten.[23] Die Existenz wirklich unabhängiger staatlicher Aufsichtsbehörden, welche die für den Schutz personenbezogener Daten erforderlichen Durchsetzungsbefugnisse haben, ist daher notwendige Voraussetzung dafür, dass einem Drittstaat ein angemessenes Datenschutzniveau bescheinigt werden kann.[24]

B. Einzelerläuterungen

I. „Völlige Unabhängigkeit" (Abs. 1)

7   Art. 52 Abs. 1 schreibt – in der direkten Nachfolge von Art. 28 Abs. 1 UAbs. 2 DS-RL sowie heute parallel zu Art. 15 Abs. 5 der Konvention Nr. 108+ des Europarats[25] – vor, dass jede

---

der Regierung, der Mehrheit oder jedenfalls der politischen Macht verbundenen Unternehmen und wirtschaftlichen Interessen ausschließt. Zudem gibt die völlige Trennung von der politischen Macht den NRB die Möglichkeit, bei ihrem Handeln eine langfristige Perspektive zu verfolgen, die erforderlich ist, um die Ziele der Richtlinien 2009/72 und 2009/73 [inzwischen geänd.] zu verwirklichen." Vgl. auch die Schlussanträge von GA *Pitruzzella* v. 14.1.2021 – C-718/18, ECLI:EU:C:2021:30 – Rn. 104 ff., insbes. Rn. 126, wo der Generalanwalt ausdrücklich auf die Rechtsprechung des EuGH zur völligen Unabhängigkeit der nationalen Datenschutz-Aufsichtsbehörden Bezug nimmt, um zu einer weiten Auslegung der Unabhängigkeit auch der Nationalen Regulierungsbehörden (NRB) im Energiebereich zu gelangen; sowie Rn. 128: „Im Ergebnis bin ich der Ansicht, dass die weite Auslegung der Regelung über die Unabhängigkeit der NRB im Elektrizitäts- und Gassektor in systematischer Hinsicht untermauert wird, wie die Rechtsprechung des Gerichtshofs bestätigt. Das System des Unionsrechts gibt einem weiten Begriff der Unabhängigkeit im Hinblick auf die spezifischen Befugnisse, die den unabhängigen Behörden übertragen sind, den Vorrang." Vgl. bereits EuGH Urt. v. 11.6.2020 – C-378/19, ECLI:EU:C:2020:462 – Präsident Slovenskej republiky, Rn. 54, wonach das Unabhängigkeitserfordernis verlangt, dass die Nationale Regulierungsbehörde „ihre Entscheidungen selbständig und allein auf Grundlage des öffentlichen Interesses trifft, ohne externen Weisungen anderer öffentlicher oder privater Stellen unterworfen zu sei." Zur völligen Unabhängigkeit der Nationalen Regulierungsbehörden im EU-Energierecht und den Wechselwirkungen mit der Rspr. des EuGH zur völligen Unabhängigkeit der nationalen Datenschutz-Aufsichtsbehörden *Kaufhold* Common Market Law Review 2022, 1853 (1857, 1867 f., 1874); sowie *Lavrijssen* Climate and Carbon Law Review 2022, 25 (27, 31 ff.).

[22] EuGH (Große Kammer) Urt. v. 6.10.2015 – C-362/14, ECLI:EU:C:2015:650 = ZD 2015, 549 mAnm *Spies* – Maximillian Schrems/Data Protection Commissioner („Schrems I"), Rn. 73.

[23] Vgl. GA *Bot* in seinen Schlussanträgen v. 23.9.2015 – C-362/14, ECLI:EU:C:2015:627 – Maximillian Schrems/Data Protection Commissioner („Schrems I"), Rn. 204–210.

[24] Ebenso bereits *Poullet* Revue française d'administration publique 1999, 69 (71).

[25] Durch das 2018 beschlossene Änderungsprotokoll zur Konvention 108, das gegenwärtig den Ratifizierungsprozess durchläuft, werden die Vorschriften des Zusatzprotokolls betreffend die Datenschutz-Aufsichtsbehörden in die modernisierte Konvention integriert und (auch angesichts der inzwischen in Kraft getretenen

nationale Datenschutz-Aufsichtsbehörde „bei der Erfüllung ihrer Aufgaben und bei der Ausübung ihrer Befugnisse gemäß dieser Verordnung völlig unabhängig" (im Englischen: „with complete independence", im Französischen: „en toute indépendance") handelt. Was aus dieser Formulierung für die Reichweite der Unabhängigkeit der nationalen Datenschutz-Aufsichtsbehörden zu folgern ist, war lange umstritten. Die vor allem in Deutschland wohl vorherrschende Auffassung stand auf dem Standpunkt, dass nur eine **relativ-funktionale Unabhängigkeit** gegenüber den jeweils zu kontrollierenden Stellen verlangt war, nicht dagegen eine **umfassende organisatorisch-institutionelle Unabhängigkeit** der Datenschutz-Aufsichtsbehörden innerhalb oder gar von der Staatsverwaltung.[26] Entschied sich ein Mitgliedstaat (wie dies in Deutschland der Fall war) für eine eigene Datenschutzaufsicht für den nichtöffentlichen Bereich, so hatte diese nach dieser Auffassung nur gegenüber den kontrollierten Unternehmen, nicht dagegen gegenüber dem Staat unabhängig zu sein. Eine Integration solcher Stellen in ein Ministerium oder eine Landesbehörde sowie eine staatliche Rechts-, Fach- und Dienstaufsicht war dieser Auffassung zufolge mit dem Unabhängigkeitserfordernis ohne Weiteres zu vereinbaren, ja sie folgte sogar notwendig aus dem Demokratieprinzip, das die gesamte Staatsverwaltung über die jeweils zuständigen Minister an das direkt gewählte Parlament und an das in diesem zum Ausdruck kommenden Volkswillen legitimatorisch rückzukoppeln sucht und „ministerialfreie" Räume grundsätzlich untersagt.[27] Eine Mindermeinung in der Literatur leitete dagegen aus der weit reichenden Formulierung „völlig unabhängig" das Gebot einer umfassenden organisatorisch-institutionellen Unabhängigkeit der Datenschutzaufsicht auch gegenüber der Staatsverwaltung her.[28] Eine vermittelnde Auffassung vertrat Generalanwalt *Mazák* in seinen (für den EuGH nicht bindenden) Schlussanträgen vom 12.11.2009 im Rechtsstreit zwischen der Kommission und Deutschland über die Unabhängigkeit der in den deutschen Ländern für den nichtöffentlichen Bereich bestehenden Datenschutzbeauftragten, die teilweise in Landesinnenministerien, Landesämter oder Regierungspräsidien eingegliedert waren. Generalanwalt *Mazák* sah das Erfordernis der völligen Unabhängigkeit gewahrt, wenn die Datenschutz-Aufsichtsbehörden sowohl von den kontrollierten Einrichtungen als auch von anderen Exekutivorganen in einem solchen Maße unabhängig sind, dass eine wirksame Wahrnehmung ihrer Aufgaben gewährleistet ist;[29] nicht erforderlich dafür war nach Auffassung des Generalanwalts eine Errichtung von Behörden, die vom hierarchisch organisierten Verwaltungssystem getrennt sind;[30] zulässig wäre demnach eine staatliche Aufsicht über die Tätigkeit der Aufsichtsbehörden, die überprüft, ob diese zweckmäßig, rechtmäßig und verhältnismäßig handeln;[31] denn Unabhängig-

---

DS-GVO) ergänzt und erweitert; vgl. Art. 15–21 der Konvention 108+ (Text der konsolidierten Fassung der modernisierten Konvention Nr. 108: www.coe.int/en/web/data-protection/convention108/modernised). Vgl. Kuner/Bygrave/Docksey/*Zerdick* GDPR Art. 52 B.2., für den die modernisierte Konvention eine „synchronisation" mit der durch die DS-GVO bewirkte EU-Reform des Datenschutzrechts zu erreichen versucht.

[26] Vgl. zB *Kopp* DuD 1995, 204 (211); *Lepper/Wilde* CR 1997, 703; *Rudolf* DuD 1995, 446. Die Vertreter dieser Auffassung argumentierten teilweise mit der Entstehungsgeschichte des Art. 28 DS-RL – Streichung der ursprünglich vorgesehenen Definition der Kontrollstellen als unabhängige staatliche Behörden –, obwohl die historische Auslegung bei der Auslegung des EU-Rechts grundsätzlich keine Rolle spielt; → Einl. Rn. 104; sowie EuGH (Große Kammer) Urt. v. 9.3.2010 – C-518/07, ECLI:EU:C:2010:125 = EuZW 2010, 296 – Kommission/Deutschland, Rn. 29, wonach es „nicht erforderlich" ist, „die Entstehungsgeschichte dieser Richtlinie heranzuziehen oder auf die einander widersprechenden Ausführungen der Kommission und der Bundesrepublik Deutschland dazu einzugehen."

[27] Die BReg hatte im Verfahren vor dem EuGH entspr. mit dem Demokratieprinzip argumentiert, welches die vollständige Ausgliederung einer Behörde aus der dem Parlament verantwortlichen Exekutive untersage; sie verwies dabei u.a. auf BVerfGE 77, 1 (40 f.); BVerfGE 83, 60 (71); BVerfGE 93, 37 (66). Weiterhin skeptisch zur Zulässigkeit der vom EuGH nun verlangten „Ministerialfreiheit" der Datenschutzbehörden *Bull* EuZW 2010, 488 (489 f.).

[28] So *Artl/Piendl* CR 1998, 713; *Brühann/Zerdick* CR 1996, 429 (435); *Dammann/Simitis* EG-Datenschutzrichtlinie, Art. 28 Rn. 5; *Giesen* DuD 1997, 529; *Trute* JZ 1998, 822 (826). Vgl. auch *Roßnagel/Pfitzmann/Garstka* Modernisierung des Datenschutzrechts. Gutachten im Auftrag des Bundesministeriums des Innern, 2001, S. 190, die in einem Zusammenhang für eine Zusammenlegung der Datenschutzaufsicht im öffentlichen und nichtöffentlichen Bereich in den Händen der unabhängigen Datenschutzbeauftragten plädieren.

[29] Schlussanträge des GA *Mazák* v. 12.11.2009 – C-518/107, ECLI:EU:C:2009:694 – Kommission/Deutschland, Rn. 22 f.

[30] Schlussanträge des GA *Mazák* v. 12.11.2009 – C-518/107, ECLI:EU:C:2009:694 – Kommission/Deutschland, Rn. 15.

[31] Schlussanträge des GA *Mazák* v. 12.11.2009 – C-518/07, ECLI:EU:C:2009:694 – Kommission/Deutschland, Rn. 30.

Art. 52 8   Kapitel VI. Unabhängige Aufsichtsbehörden

keit bedeutet nach Auffassung des Generalanwalts nicht, dass überhaupt nicht kontrolliert werden dürfe,[32] sofern nicht nachgewiesen sei, dass die Art und Weise, in der eine solche Kontrolle ausgeübt werde, negative Auswirkungen auf die Unabhängigkeit der Datenschutzaufsicht habe.[33]

8   Der EuGH ging in seinem Urteil vom 9.3.2010 über die vermittelnde Auffassung von Generalanwalt *Mazák* hinaus und entschied den langjährigen Meinungsstreit im Sinne einer **umfassenden organisatorisch-institutionellen Unabhängigkeit der nationalen Datenschutz-Aufsichtsbehörden**. Zunächst einmal ergab sich für den EuGH aus dem klaren Wortlaut des Art. 28 Abs. 1 UAbs. 2 DS-RL („völlig unabhängig"), dass die Entscheidungsgewalt der für den Datenschutz zuständigen Aufsichtsbehörden **jeglicher Einflussnahme von außerhalb der Kontrollstelle, sei sie unmittelbar oder mittelbar**, entzogen sein muss.[34] Dafür sprach nach Auffassung des EuGH auch das Ziel der DS-RL, nämlich zum einen den freien Verkehr personenbezogener Daten zwischen den Mitgliedstaaten zu gewährleisten und zum anderen einen wirksamen Schutz des Datenschutzgrundrechts sowie ein hohes Datenschutzniveau anzustreben.[35] Die in Art. 28 Abs. 1 DS-RL vorgesehenen Kontrollstellen müssten daher bei der Wahrnehmung ihrer Aufgaben „objektiv und unparteiisch" vorgehen.[36] Sie müssten somit vor jeglicher Einflussnahme von außen sicher sein und nicht nur vor der Einflussnahme seitens der kontrollierten Einrichtungen.[37] Der EuGH argumentierte ferner systematisch mit dem Verweis auf die detaillierteren Vorgaben, die das Europäische Parlament und der Rat zum Europäischen Datenschutzbeauftragten getroffen haben.[38] Auch dieser übt sein Amt „in völliger Unabhängigkeit" aus,[39] wobei die maßgebende Verordnung ergänzt, dass der Europäische Datenschutzbeauftragte in Ausübung seines Amtes **niemanden um Weisungen ersucht** und **keine Weisungen entgegennimmt**.[40] Entsprechendes müsse für die nationalen Aufsichtsbehörden gelten.[41] Der EuGH kam somit zum Ergebnis, dass die nationalen Aufsichtsbehörden „mit einer Unabhängigkeit ausgestattet sein müssen, die es ihnen ermöglicht, ihre Aufgaben ohne äußere Einflussnahme wahrzunehmen. Diese Unabhängigkeit schließt nicht nur jegliche Einflussnahme seitens der kontrollierten Stellen aus, sondern auch jede Anordnung und jede sonstige äußere Einflussnahme, sei sie unmittelbar oder mittelbar, durch die in Frage gestellt werden könnte, dass die genannten Kontrollstellen ihre Aufgabe, den Schutz des Rechts auf Privatsphäre und den freien Verkehr personenbezogener Daten ins Gleichgewicht zu bringen, erfüllen."[42] Für den EuGH verlangt das Erfordernis völliger Unabhängigkeit also nicht nur eine relative Unabhängigkeit gegenüber den kontrollierten Stellen, sondern **eine umfassende Unabhängigkeit gegenüber jeglicher äußeren unmittelbaren oder mittelbaren Einflussnahme**.[43]

---

[32] Schlussanträge des GA *Mazák* v. 12.11.2009 – C-518/107, ECLI:EU:C:2009:694 – Kommission/Deutschland, Rn. 29.
[33] Schlussanträge des GA *Mazák* v. 12.11.2009 – C-518/07, ECLI:EU:C:2009:694 – Kommission/Deutschland, Rn. 31–36.
[34] EuGH (Große Kammer) Urt. v. 9.3.2010 – C-518/07, ECLI:EU:C:2010:125 = EuZW 2010, 296 – Kommission/Deutschland, Rn. 19.
[35] EuGH (Große Kammer) Urt. v. 9.3.2010 – C-518/07, ECLI:EU:C:2010:125 = EuZW 2010, 296 – Kommission/Deutschland, Rn. 20–24.
[36] EuGH (Große Kammer) Urt. v. 9.3.2010 – C-518/07, ECLI:EU:C:2010:125 = EuZW 2010, 296 – Kommission/Deutschland, Rn. 25.
[37] EuGH (Große Kammer) Urt. v. 9.3.2010 – C-518/07, ECLI:EU:C:2010:125 = EuZW 2010, 296 – Kommission/Deutschland, Rn. 25.
[38] EuGH (Große Kammer) Urt. v. 9.3.2010 – C-518/07, ECLI:EU:C:2010:125 = EuZW 2010, 296 – Kommission/Deutschland, Rn. 26, 27.
[39] Vgl. heute Art. 55 Abs. 1 VO (EU) 2018/1725 des Europäischen Parlaments und des Rates v. 23.10.2018 zum Schutz natürlicher Personen bei der Verarbeitung personenbezogener Daten durch die Organe, Einrichtungen und sonstigen Stellen der Union, zum freien Datenverkehr und zur Aufhebung der VO (EG) Nr. 45/2001 und des Beschlusses Nr. 1247/2002/EG, ABl. 2018 L 295, 39.
[40] Vgl. heute Art. 55 Abs. 2 VO (EU) 2018/1725 (Fn. 39).
[41] EuGH (Große Kammer) Urt. v. 9.3.2010 – C-518/07, ECLI:EU:C:2010:125 = EuZW 2010, 296 – Kommission/Deutschland, Rn. 27 f.
[42] EuGH (Große Kammer) Urt. v. 9.3.2010 – C-518/07, ECLI:EU:C:2010:125 = EuZW 2010, 296 – Kommission/Deutschland, Rn. 30. Ebenso EuGH (Große Kammer) Urt. v. 16.10.2012 – C-614/10, ECLI:EU:C:2012:631 = ZD 2012, 563 – Kommission/Österreich, Rn. 41, 43; sowie EuGH (Große Kammer) Urt. v. 8.4.2014 – C-288/12, ECLI:EU:C:2014:237 = ZD 2014, 301 – Kommission/Ungarn, Rn. 51.
[43] Ähnlich zur Unabhängigkeit der EZB EuGH Urt. v. 10.7.2003 – C-11/00, ECLI:EU:C:2003:395 = EuR 2003, 847, Rn. 134 – Kommission/EZB, die durch Art. 130 AEUV „vor denjenigen externen Einflussnahmen" geschützt wird, die mit der Wahrnehmung ihrer Aufgaben in Konflikt geraten könnten sowie „vor jedem politischen Druck" bewahrt werden soll. Vgl. *Balthasar* ZÖR 2012, 5 (10, Fn. 16), der sich wundert,

Unabhängigkeit 9 **Art. 52**

Der EuGH kam auf der Grundlage dieses weiten Verständnisses in seinem Urteil vom 9.3.2010   9
zu dem Ergebnis, dass eine **staatliche Aufsicht über die Datenschutz-Aufsichtsbehörden nicht mit dem Unabhängigkeitserfordernis vereinbar** ist. Denn eine staatliche Aufsicht „gleich welcher Art"[44] ermögliche es der Regierung oder einer übergeordneten Verwaltungsstelle, auf Entscheidungen der Datenschutz-Aufsichtsbehörden unmittelbar oder mittelbar Einfluss zu nehmen bzw. diese Entscheidungen sogar aufzuheben oder zu ersetzen. Dies war für den EuGH aber weder im Fall der Fachaufsicht noch der Rechtsaufsicht noch der Dienstaufsicht[45] europarechtlich akzeptabel.[46] Denn aus Sicht des EuGH ließ sich „nicht ausschließen, dass die Aufsichtsstellen, die Teil der allgemeinen Staatsverwaltung und damit der Regierung der jeweiligen Landes unterstellt sind, nicht zu objektivem Vorgehen in der Lage sind, wenn sie die Vorschriften über die Verarbeitung personenbezogener Daten auslegen und anwenden."[47] Der EuGH begründete dies damit, dass die Regierung des betroffenen Landes „möglicherweise ein Interesse an der Nichteinhaltung" des europäischen Datenschutzrechts hat. Denn die Regierung kann selbst involvierte Partei der Datenverarbeitung sein; sie kann ein besonderes Interesse am Zugang zu den betroffenen Daten haben; oder sie kann „geneigt sein, wirtschaftlichen Interessen den Vorrang zu geben", wenn es um die Anwendung des europäischen Datenschutzrechts „durch bestimmte Unternehmen geht, die für das Land oder die Region wirtschaftlich von Bedeutung sind",[48] wenn es also um Standortpolitik im EU-Binnenmarkt geht. Der EuGH leitete aus dem Gebot völliger Unabhängigkeit somit das **Gebot einer Ausgliederung der Datenschutz-Aufsichtsbehörden aus der allgemeinen Staatsverwaltung** her.[49] Der EuGH

---

dass das Urteil des EuGH zur EZB bei der Beurteilung der Unabhängigkeit der nationalen Datenschutzbehörden keine Rolle gespielt hat; es wird allerdings erwähnt in den Schlussanträgen von Generalanwalt *Mazák* v. 12.11.2009 – C-518/07, ECLI:EU:C:2009:694 – Kommission/Deutschland, Rn. 12. Zu Parallelen zwischen der vom EuGH geforderten völligen Unabhängigkeit der Datenschutz-Aufsichtsbehörden und der Rechtsstellung der EZB auch *Bull* EuZW 2010, 488 (489 f.). Vgl. auch (betreffend die Unabhängigkeit der EZB im Bereich der Bankenaufsicht) BVerfG Urt. v. 30.7.2019 – 2 BvR 1685/14, 2 BvR 2631/14 = NJW 2019, 3204, Rn. 130, 136, 211, 291, wo jeweils die Rspr. des EuGH zur völligen Unabhängigkeit der Datenschutz-Aufsichtsbehörden thematisiert wird. Vgl. auch die Rspr. des EuGH zur völligen Unabhängigkeit der Nationalen Regulierungsbehörden im Rahmen des EU-Energierechts; EuGH Urt. v. 11.6.2020 – C-378/19, ECLI:EU:C:2020:462 – Präsident Slovenskej republiky, Rn. 54; sowie EuGH Urt. v. 2.9.2021 – C-718/18, ECLI:EU:C:2021:662 = EuZW 2021, 893 mAnm *Scholtka* – Kommission/Deutschland, Rn. 107 ff.

[44] EuGH (Große Kammer) Urt. v. 9.3.2010 – C-518/07, ECLI:EU:C:2010:125 = EuZW 2010, 296 – Kommission/Deutschland, Rn. 32: „staatliche Aufsicht gleich welcher Art".

[45] Hierzu EuGH (Große Kammer) Urt. v. 16.10.2012 – C-614/10, ECLI:EU:C:2012:631 = ZD 2012, 563 – Kommission/Österreich, Rn. 49–51, 59. Für die Zulässigkeit einer Dienstaufsicht zuvor noch *Spiecker gen. Döhmann* JZ 2010, 787 (791).

[46] Zust. *Tinnefeld/Buchner* DuD 2010, 581 (581); vgl. ferner die im Anschluss an das EuGH Urt. v. 9.3.2010 gefasste Entschließung der 79. Konferenz der Datenschutzbeauftragten des Bundes und der Länder v. 17./18.3.2010, „Effektiver Datenschutz braucht unabhängige Datenschutzkontrolle!", abrufbar unter www.datenschutz.rlp.de/fileadmin/lfdi/Konferenzdokumente/Datenschutz/DSK/Entschliessungen/079_un-abhkontr.html: „Europarechtswidrig ist nicht nur die organisatorische Einbindung zahlreicher Datenschutzaufsichtsbehörden für den nicht-öffentlichen Bereich in die jeweiligen Innenministerien, sondern auch die Aufsicht der Regierungen über die Datenschutzbehörden."

[47] EuGH (Große Kammer) Urt. v. 9.3.2010 – C-518/07, ECLI:EU:C:2010:125 = EuZW 2010, 296 – Kommission/Deutschland, Rn. 34.

[48] EuGH (Große Kammer) Urt. v. 9.3.2010 – C-518/107, ECLI:EU:C:2010:125 = EuZW 2010, 296 – Kommission/Deutschland, Rn. 35. Zur Gefahr von Interessenkollisionen bei der Aufsicht über datenschutzrechtliche Kontrollstellen auch *Frenz* EuropaR-HdB IV § 5 Rn. 1484 f. Krit. dagegen *Frenzel* DÖV 2010, 925 (927 f.).

[49] Vgl. auch EuGH (Große Kammer) Urt. v. 16.10.2012 – C-614/10, ECLI:EU:C:2012:631 = ZD 2012, 563 – Kommission/Österreich, Rn. 61, wonach die „organisatorische Verzahnung" der damaligen österreichischen Datenschutzkommission mit dem Bundeskanzleramt verhinderte, dass die Datenschutzkommission „über jeden Verdacht der Parteilichkeit erhaben ist", und somit nicht mit dem Unabhängigkeitserfordernis vereinbar war. Zust. zum Ganzen *Schild* DuD 2010, 549 (551): „Unabhängigkeit bedeutet aber gerade nicht nur die Unabhängigkeit von dem zu Überprüfenden, sondern auch gegenüber dem Parlament (der Legislative) und der Regierung (der Exekutive)." Zu eng *Roßnagel*, Zusätzlicher Arbeitsaufwand für die Aufsichtsbehörden der Länder durch die Datenschutz-Grundverordnung, Gutachten 2017, S. 142, für den die Datenschutz-Aufsichtsbehörde „in keine Struktur der Exekutive eingebunden" ist. Deutlicher dagegen *v. Lewinski* NVwZ 2017, 1483 (1487): „Durchaus der Logik des europäischen Projekts folgend ist mit der DS-GVO die Herauslösung der Datenschutzaufsicht aus dem mitgliedstaatlichen Kontext und damit eine Europäisierung gewollt." Vgl. auch Kühling/Buchner/*Boehm* DS-GVO Art. 51 Rn. 10, welche die „Sonderstellung der

schloss sich also nicht der bislang in Deutschland vorherrschenden funktionellen Lesart der Unabhängigkeit an, sondern entschied im Sinne des deutlich weiter reichenden institutionellen Unabhängigkeitsverständnisses.[50] Selbst wenn die Aufsicht einer übergeordneten Stelle in der Praxis regelmäßig nicht zu konkreten Weisungen an die Datenschutz-Aufsichtsbehörden führe, reiche die **bloße Gefahr einer politischen Einflussnahme,** um deren unabhängige Aufgabenwahrnehmung zu beeinträchtigen.[51] Denn die Datenschutz-Aufsichtsbehörden könnten sich um „**vorauseilenden Gehorsam**" gegenüber der staatlichen Aufsicht bemühen.[52] Als „Hüter der Privatsphäre"[53] bzw. „Hüter des Datenschutzgrundrechts" (→ Einl. Rn. 31, 64) müssten sie aber **über jeglichen Verdacht der Parteilichkeit erhaben** sein.[54]

10   Das **Demokratieprinzip,** wie es im primären Unionsrecht in Art. 2 S. 1 und Art. 10 EUV anerkannt ist und das bei der Auslegung früher der DS-RL und heute der DS-GVO zu berücksichtigen ist, stand der vom EuGH vorgenommenen weiten Auslegung des Unabhängigkeitserfordernisses nicht entgegen.[55] „Dieser Grundsatz bedeutet nicht, dass es außerhalb des klassischen hierarchischen Verwaltungsaufbaus keine öffentlichen Stellen geben kann, die von der Regierung mehr oder weniger unabhängig sind", so der EuGH in seinem Urteil vom 9.3.2010.[56] Das Demokratieprinzip werde vielmehr dadurch gewahrt, dass solche unabhängigen Stellen durch Gesetz oder sogar durch die Verfassung eingerichtet werden, ihr Leitungspersonal vom Parlament oder der Regierung bestellt wird, sie an das Gesetz gebunden sind, der Kontrolle durch die zuständigen Gerichte unterliegen und dem Parlament über ihre Tätigkeit durch einen Bericht, der veröffentlicht wird, Rechenschaft ablegen.[57] Unabhängige Datenschutz-Aufsichtsbehörden, die aus der allgemeinen Staatsverwaltung ausgegliedert sind, lassen sich daher mit dem unionsrechtlichen Demokratieprinzip vereinbaren. Sie sind zwar der politischen Einflussnahme entzogen, aber gesetzlich in Art. 51, 52 (sowie verfassungsrechtlich in Art. 8 Abs. 3 GRCh und Art. 16 Abs. 2 UAbs. 1 S. 2 AEUV) vorgesehen; ihr Leitungspersonal wird gemäß Art. 53

Datenschutzbehörden" betont, die nicht als Teil der Legislative, Exekutive oder Judikative eingeordnet, sondern als „Kontrollorgane sui generis" qualifiziert werden müssten. Krit. *Frenzel* DÖV 2010, 925 (930), für die das Erfordernis völliger Unabhängigkeit „eine überschießende Tendenz" entwickelt. Sehr skeptisch *Bull* EuZW 2010, 488 (492), für den der EuGH den Aufsichtsbehörden eine „splendid isolation" verordne, „die unter anderen Umständen sogar zu ihrer Machtlosigkeit führen könnte."

[50] Zust. Paal/Pauly/*Körffer* DS-GVO Art. 52 Rn. 3.
[51] EuGH (Große Kammer) Urt. v. 9.3.2010 – C-518/07, ECLI:EU:C:2010:125 = EuZW 2010, 296 – Kommission/Deutschland, Rn. 36.
[52] EuGH (Große Kammer) Urt. v. 9.3.2010 – C-518/07, ECLI:EU:C:2010:125 = EuZW 2010, 296 – Kommission/Deutschland, Rn. 36.
[53] EuGH (Große Kammer) Urt. v. 9.3.2010 – C-518/107, ECLI:EU:C:2010:125 = EuZW 2010, 296 – Kommission/Deutschland, Rn. 23, 36; EuGH (Große Kammer) Urt. v. 16.10.2012 – C-614/10, ECLI:EU:C:2012:631 = ZD 2012, 563 – Kommission/Österreich, Rn. 52; EuGH (Große Kammer) Urt. v. 8.4.2014 – C-288/12, ECLI:EU:C:2014:237 = ZD 2014, 301 – Kommission/Ungarn, Rn. 53.
[54] EuGH (Große Kammer) Urt. v. 9.3.2010 – C-518/07, ECLI:EU:C:2010:125 = EuZW 2010, 296– Kommission/Deutschland, Rn. 36. Vgl. auch *Frenz* EuropaR-HdB IV § 5 Rn. 1485: „Es geht damit nicht nur um formale, sondern um tatsächliche Unabhängigkeit."
[55] So aber wohl *Bull* EuZW 2010, 488 (492): „Letztlich bedeutet die Lehre von der völligen Unabhängigkeit exekutiver Stellen, dass statt der Herrschaft des gewählten Parlaments und der von ihm bestellten Regierung damit die Herrschaft von Sachverständigen etabliert, also ein technokratisches Staatsmodell eingeführt würde." Vgl. dagegen Paal/Pauly/*Körffer* DS-GVO Art. 52 Rn. 3, für die institutionelle Unabhängigkeit eine parlamentarische Kontrolle nicht ausschließt. Diesbezüglich wird man angesichts der Rspr. des EuGH differenzieren müssen. Während eine Berichts- und Rechenschaftspflicht der Datenschutz-Aufsichtsbehörde ggü. parlamentarischen Gremien, wie sie zB Art. 59 S. 2 vorsieht (vgl. EuGH (Große Kammer) Urt. v. 9.3.2010 – C-518/107, ECLI:EU:C:2010:125 = EuZW 2010, 296 – Kommission/Deutschland, Rn. 45), mit der Unabhängigkeit ebenso vereinbar ist wie Hinweismöglichkeiten parlamentarischer Ausschüsse – idS Gola/Heckmann/*Nguyen* DS-GVO Art. 52 Rn. 10 – wären Anweisungen seitens der Legislative zu Zeitpunkt, Methode oder gar Ergebnis der konkreten Aufgabenerfüllung nicht DS-GVO konform. Die unionsrechtlich geschützte Unabhängigkeit gilt ggü. allen externen Einflüssen, also grundsätzlich auch ggü. Parlamenten; idS sehr deutlich EuGH Urt. v. 2.9.2021 – C-718/18, ECLI:EU:C:2021:662 = EuZW 2021, 893 mAnm *Scholtka* – Kommission/Deutschland, Rn. 112, 130.
[56] EuGH (Große Kammer) Urt. v. 9.3.2010 – C-518/07, ECLI:EU:C:2010:125 = EuZW 2010, 296 – Kommission/Deutschland, Rn. 42.
[57] EuGH (Große Kammer) Urt. v. 9.3.2010 – C-518/07, ECLI:EU:C:2010:125 = EuZW 2010, 296 – Kommission/Deutschland, Rn. 42–46. In diesem Sinne auch *Tinnefeld/Buchner* DuD 2010, 581 (582). Sehr ähnlich die Rspr. zur Vereinbarkeit der völligen Unabhängigkeit der Nationalen Regulierungsbehörden im EU-Energierecht; vgl. EuGH Urt. v. 2.9.2021 – C-718/18, ECLI:EU:C:2021:662 = EuZW 2021, 893 mAnm *Scholtka* – Kommission/Deutschland, Rn. 126 ff.

Unabhängigkeit   11   **Art. 52**

Abs. 1 in einem transparenten Verfahren vom Parlament, von der Regierung, vom Staatsoberhaupt oder einer nach nationalem Recht mit der Ernennung betrauten unabhängigen Stelle ernannt; sie sind an das Gesetz gebunden, heute an die vom Europäischen Parlament und dem Rat nach dem ordentlichen Gesetzgebungsverfahren gemäß Art. 289 Abs. 1, Art. 294 AEUV erlassene DS-GVO (unionsrechtlich ein Gesetzgebungsakt gemäß Art. 289 Abs. 3 AEUV); sie unterliegen gemäß Art. 78 der Kontrolle durch die Gerichte;[58] und sie legen dem jeweiligen nationalen Parlament und der Öffentlichkeit in einem Jahresbericht gemäß Art. 59 Rechenschaft ab.

Die DS-GVO hat die Rechtsprechung des EuGH zur völligen Unabhängigkeit in Art. 52, 53 **11** kodifiziert. Hinzuweisen ist in diesem Zusammenhang auch auf **Art. 4 Nr. 21,** der eine Aufsichtsbehörde als „unabhängige staatliche Stelle" definiert, also als **formell eigenständige Institution,**[59] und damit die vom EuGH geforderte organisatorisch-institutionelle Unabhängigkeit bekräftigt.[60] Im Einklang mit den Ausführungen des EuGH im Urteil vom 9.3.2010[61] scheint also auch der EU-Gesetzgeber der allgemeinen Staatsverwaltung der Mitgliedstaaten nicht zuzutrauen, das europäische Datenschutzrecht im Binnenmarkt stets objektiv und unparteiisch anzuwenden; es besteht (angesichts der bisherigen Praxis nicht ganz zu Unrecht) die EU-rechtliche Vermutung, dass nationale Regierungen und Verwaltungsstellen das Datenschutzrecht in einer Weise anwenden könnten, die heimischen Unternehmen im EU-Binnenmarkt Wettbewerbsvorteile verschafft.[62] Wenn daher der EU-Gesetzgeber das Gebot der völligen Unabhängigkeit ebenso wie der EuGH als Gebot zur Ausgliederung der Datenschutz-Aufsichtsbehörden aus der allgemeinen Staatsverwaltung versteht, dann verwandelt er die nationalen Datenschutz-Aufsichtsbehörden in **dezentrale Unionsbehörden** (→ Art. 51 Rn. 6), die heute das unmittelbar geltende europäische Datenschutzrecht in ihrem jeweiligen Zuständigkeitsbereich anzuwenden haben, ohne dabei durch irgendwelche äußeren direkten oder indirekten Einflussnahmen behindert zu werden.[63]

---

[58] Vgl. Erwägungsgrund 118, in dem ausdrücklich festgehalten wird, dass Unabhängigkeit nicht bedeutet, dass die Aufsichtsbehörden keiner gerichtlichen Überprüfung unterzogen werden können. Vgl. dazu Gola/Heckmann/*Nguyen* DS-GVO Art. 52 Rn. 6: „Die Gefahr, dass unabhängige Datenschutzbehörden außer Kontrolle geraten, ist schon deshalb eher fernliegend, weil diese der Kontrolle der Judikative und Geltung der DS-GVO im Rahmen des Kohärenzverfahrens der gegenseitigen Kontrolle unterliegen." Ferner aus Sicht der Praxis treffend Gola/Heckmann/*Nguyen* DS-GVO Art. 52 Rn. 1: „Für Unternehmen hat die Unabhängigkeit im Wesentlichen zur Folge, dass sie sich zur Überprüfung von Entscheidungen der Aufsichtsbehörde an keine übergeordnete Behörde wenden, sondern gerichtlichen Rechtsschutz suchen müssen."

[59] Vgl. *Nguyen* ZD 2015, 265 (266); ebenso *Albrecht/Jotzo* DatenschutzR S. 108. Krit. *Bull* EuZW 2010, 488 (489), für den der EuGH „eine absolute Verselbständigung der Datenschutzaufsicht" postuliere, „wie sie sonst nur der EZB und dem BRH [= Bundesrechnungshof] zukommt."

[60] Das Fehlen einer entspr. Definition wurde früher als Argument für ein relativ-funktionales Verständnis der Unabhängigkeit gesehen; vgl. zB *Kopp* DuD 1995, 204 (211); *Lepper/Wilde* CR 1997, 703; *Rudolf* DuD 1995, 446. Die Vertreter dieser Auffassung argumentierten teilweise mit der Entstehungsgeschichte des Art. 28 DS-RL – Streichung der ursprünglich vorgesehenen Definition der Kontrollstellen als unabhängige staatliche Behörden –, obwohl die historische Auslegung bei der Auslegung des EU-Rechts grds. keine Rolle spielt; → Einl. Rn. 96; sowie EuGH (Große Kammer) Urt. v. 9.3.2010 – C-518/07, ECLI:EU:C:2010:125 = EuZW 2010, 296 – Kommission/Deutschland, Rn. 29, wonach es „nicht erforderlich" ist, „die Entstehungsgeschichte dieser Richtlinie heranzuziehen oder auf die einander widersprechenden Ausführungen der Kommission und der Bundesrepublik Deutschland dazu einzugehen.".

[61] EuGH (Große Kammer) Urt. v. 9.3.2010 – C-518/07, ECLI:EU:C:2010:125 = EuZW 2010, 296 – Kommission/Deutschland, Rn. 35.

[62] Vgl. *Kauff-Gazin* Europe 2010, v. 20, n. 7, 12 (14), die das hier zum Ausdruck gebrachte Misstrauen des EuGH gegenüber dem Staat für legitim hält.

[63] Unabhängig idS seit dem 1.1.2016 die deutsche Bundesbeauftragte für den Datenschutz und die Informationsfreiheit, die durch das Zweite Gesetz zur Änderung des BDSG vom Februar 2015 auf Druck der Europäischen Kommission zur obersten Bundesbehörde aufgewertet wurde, die nicht mehr in das Bundesministerium des Inneren eingegliedert – dazu noch krit. *Schaar* DuD 2005, 579 –, sondern eigenständig und unabhängig ausgestaltet ist; dazu *Roßnagel* ZD 2015, 106; dies zuvor bereits fordernd *Schild* DuD 2010, 549 (551 f.); vgl. heute §§ 8 Abs. 1, 10 Abs. 1 BDSG. Zu den inzwischen ebenfalls erfolgten Änderungen der Gesetze der Länder, die eine Aufsicht über die Landesdatenschutzbeauftragten ausschließen, vgl. *Thomé*, Reform der Datenschutzaufsicht: Effektiver Datenschutz durch verselbständigte Aufsichtsbehörden, S. 18 ff. Vgl. ferner *Voßhoff/Hermerschmidt* PinG 2016, 56 (59), für die seit dem 1.1.2016 die Anforderungen der DS-GVO auf Bundesebene erfüllt sind; nach ihrer Auffassung genügen auch „die Mehrzahl der Datenschutzbehörden in den Ländern" den Vorgaben der DS-GVO. Zu den Änderungen im deutschen Recht auch Gierschmann/Schlender/Stentzel/Veil/*Kreul* DS-GVO Art. 52 Rn. 16; sowie Paal/Pauly/*Körffer* DS-GVO Art. 52 Rn. 6. Zutr. (allerdings krit.) *Frenzel* DÖV 2010, 925 (930), für die das Urt. des EuGH v.

12 Hinzuweisen ist darauf, dass die weit reichende organisatorisch-institutionelle Unabhängigkeit der Datenschutz-Aufsichtsbehörden keinen Selbstzweck darstellt, sondern eine **dienende Funktion im Interesse eines wirksamen Schutzes des Datenschutzgrundrechts** hat. Der EuGH selbst betonte in seinem Urteil vom 9.3.2010, dass die völlige Unabhängigkeit der Datenschutz-Aufsichtsbehörden eingeführt wurde, „um die von ihren Entscheidungen betroffenen Personen und Einrichtungen stärker zu schützen, und nicht, um diesen Kontrollstellen selbst oder ihren Bevollmächtigten eine besondere Stellung zu verleihen."[64] Die Unabhängigkeit der Datenschutz-Aufsichtsbehörden ist also **keineswegs absolut zu verstehen,** sondern stets im Lichte ihres Zwecks auszulegen, nämlich es den Datenschutz-Aufsichtsbehörden zu ermöglichen, die Achtung des Datenschutzgrundrechts und die Gewährleistung des freien Verkehrs personenbezogener Daten miteinander ins Gleichgewicht zu bringen und die dafür erforderliche aufsichtsbehördliche Abwägung vor jeglicher äußeren Einflussnahme zu bewahren. Insofern bestehen Parallelen zur weit reichenden Unabhängigkeit der Europäischen Zentralbank und der nationalen Zentralbanken, die nach Auffassung des EuGH ebenfalls nicht absolut zu verstehen ist, sondern stets im Hinblick auf ihre unionsrechtlich vorgegebene Zielsetzung und Aufgabenstellung – im Fall der Zentralbankunabhängigkeit: vorrangig Sicherung der Preisstabilität und sekundär Unterstützung der Wirtschaftspolitik – ausgelegt werden muss.[65]

13 Es stellt sich die Frage, ob das Erfordernis der völligen Unabhängigkeit der Datenschutz-Aufsichtsbehörden, wie es früher in Art. 28 Abs. 1 UAbs. 2 DS-RL und heute in Art. 52 Abs. 1 DS-GVO niedergelegt ist, nur auf den EU-Gesetzgeber zurückgeht und so durch künftige Änderungen des sekundären Unionsrechts anders definiert oder gar beschränkt werden darf; oder ob es seine Grundlage unmittelbar im primären Unionsrecht hat und damit nicht zur Disposition des EU-Gesetzgebers steht. Für die nur sekundärrechtliche Verankerung scheint auf den ersten Blick zu sprechen, dass im primären Unionsrecht lediglich von einer „unabhängigen Stelle" (Art. 8 Abs. 3 GRCh) bzw. „unabhängigen Behörden" (Art. 16 Abs. 2 UAbs. 1 S. 2 AEUV) die Rede ist, während das Attribut „völlig" nur in Art. 28 Abs. 1 UAbs. 2 DS-RL sowie heute in Art. 52 Abs. 1 DS-GVO vorkommt.[66] Allerdings handelt es sich bei Art. 8 GRCh insgesamt um eine Kodifizierung des wesentlichen Inhalts der DS-RL und der Konvention Nr. 108 des Europarats in Grundrechtsform, wie die Erläuterungen des Präsidiums des EU-Grundrechtekonvents zur Grundrechte-Charta[67] zeigen;[68] mit Art. 8 GRCh hat also eine „Hochzonung"

9.3.2010 „Ausdruck einer Europäisierung ist, die nach dem materiellen und dem Verfahrensrecht nun auch das Organisationsrecht unmittelbar trifft."

[64] EuGH (Große Kammer) Urt. v. 9.3.2010 – C-518/07, ECLI:EU:C:2010:125 = EuZW 2010, 296 – Kommission/Deutschland, Rn. 25; vgl. auch EuGH (Große Kammer) Urt. v. 6.10.2015 – C-362/14, ECLI:EU:C:2015:650 = ZD 2015, 549 mAnm *Spies* – Maximillian Schrems/Data Protection Commissioner („Schrems I"), Rn. 41.

[65] EuGH Urt. v. 10.7.2003 – C-11/00, ECLI:EU:C:2003:395 = EuR 2003, 847 – Kommission/EZB, Rn. 134. Vgl. ferner EZB, Konvergenzbericht, Juni 2016, S. 21: „Zentralbankunabhängigkeit ist kein Selbstzweck, sondern ein Mittel zur Erreichung eines Ziels, das klar definiert sein und Vorrang vor allen anderen Zielen haben sollte." Zu Parallelen zwischen der vom EuGH geforderten völligen Unabhängigkeit der Datenschutz-Aufsichtsbehörden und der Rechtsstellung der EZB auch *Bull* EuZW 2010, 488 (489 f.). Vgl. auch (zur Unabhängigkeit der EZB im Bereich der Bankenaufsicht unter Bezugnahme auf die Rspr. des EuGH zur völligen Unabhängigkeit der Datenschutz-Aufsichtsbehörden) BVerfG Urt. v. 30.7.2019 – 2 BvR 1685/14, 2 BvR 2631/14, NJW 2019, 3204, Rn. 130, 136, 211, 291.

[66] IdS argumentiert *Balthasar* ZÖR 2012, 5 (17, Fn. 55, 33), der das Attribut „völlig" sogar für rechtswidrig hält.

[67] Vgl. Erläuterungen zur Charta der Grundrechte, ABl. 2007 C 303, 17; diese Erläuterungen, die ursprünglich vom Präsidium des Grundrechtekonvents formuliert und später vom Präsidium des Verfassungskonvents aktualisiert wurden, sind gem. Art. 6 Abs. 1 UAbs. 3 EUV bei der Auslegung der Charta zu berücksichtigen.

[68] Zu Art. 8 GRCh heißt es in den Erläuterungen (ABl. 2007 C 303, 17): „Dieser Artikel stützte sich auf Artikel 286 des Vertrags zur Gründung der Europäischen Gemeinschaft und auf die Richtlinie 95/46/EG des Europäischen Parlaments und des Rates zum Schutz natürlicher Personen bei der Verarbeitung personenbezogener Daten und zum freien Datenverkehr (ABl. L 281 vom 23.11.1995, S. 31) sowie auf Artikel 8 EMRK und das Übereinkommen des Europarates vom 28.1.1981 zum Schutz der Menschen bei der automatischen Verarbeitung personenbezogener Daten, das von allen Mitgliedstaaten ratifiziert wurde. Artikel 286 EGV wird nunmehr durch Artikel 16 des Vertrags über die Arbeitsweise der Europäischen Union und Artikel 39 des Vertrags über die Europäische Union ersetzt. Es wird ferner auf die Verordnung (EG) Nr. 45/2001 des Europäischen Parlaments und des Rates zum Schutz natürlicher Personen bei der Verarbeitung personenbezogener Daten durch die Organe und Einrichtungen der Gemeinschaft und zum freien Datenverkehr (ABl. L 8, 1 v. 12.1.2001 verwiesen [heute: VO (EU) 2018/1725]. Die genannte Richtlinie und Verordnung

Unabhängigkeit   14 **Art. 52**

von Rechtsgrundsätzen der DS-RL auf die Primärrechtsebene stattgefunden (→ Einl. Rn. 35), so dass der Begriff „unabhängig" in Art. 8 Abs. 3 GRCh im Lichte seiner sekundärrechtlichen Konkretisierung als „völlig unabhängig" iSv Art. 28 Abs. 2 UAbs. 1 DS-RL, Art. 52 Abs. 1 DS-GVO sowie homogen mit Art. 55 VO (EU) 2018/1725[69] auszulegen ist, der das Erfordernis der völligen Unabhängigkeit auch für den Europäischen Datenschutzbeauftragten aufstellt. Dieser Auffassung – **primärrechtliche Verankerung des Erfordernisses der völligen Unabhängigkeit** – folgt auch der EuGH, der in seinen neueren Urteilen zur Unabhängigkeit der nationalen Datenschutz-Aufsichtsbehörden seine weite Auslegung ausdrücklich auch „aus dem Primärrecht der Union, insbesondere aus Art. 8 Abs. 3 der Charta der Grundrechte und aus Art. 16 Abs. 2 AEUV" herleitet.[70]

Im Zuge des EU-Gesetzgebungsverfahrens zur DS-GVO ist kontrovers darüber diskutiert 14 worden, ob das Erfordernis der völligen Unabhängigkeit nur gegenüber nationalen Stellen gilt oder auch auf die EU-Ebene, insbesondere auf die Europäische Kommission, zu erstecken ist.[71] Für die **Geltung des Unabhängigkeitserfordernisses auch gegenüber der Kommission** spricht der weit gefasste Wortlaut von Art. 28 Abs. 1 UAbs. 2 DS-RL und Art. 52 Abs. 1 DS-GVO; auch Entscheidungen und andere Vorgaben der Kommission lassen sich ohne weiteres als äußere Einflussnahmen ansehen, vor denen die völlig unabhängigen Datenschutz-Aufsichtsbehörden zu bewahren sind. Allerdings passt die vom EuGH für die weite Auslegung des Unabhängigkeitserfordernisses verwendete ratio (→ Rn. 9, 11) nicht auf die Kommission; denn anders als nationale Stellen, die ein standortpolitisches Interesse an der Bevorzugung heimischer Unternehmen im EU-Binnenmarkt haben könnten, ist die Kommission gemäß Art. 17 Abs. 1 S. 1 EUV auf „die allgemeinen Interessen der Union" verpflichtet und hat gemäß **Art. 17 Abs. 3 UAbs. 3 S. 1 EUV** ihre Tätigkeit „in völliger Unabhängigkeit" auszuüben, wobei ihre Mitglieder gemäß Art. 17 Abs. 3 UAbs. 3 S. 2 EUV Weisungen anderer Stellen weder einholen noch entgegennehmen dürfen. Die Kommission hat ferner gemäß Art. 17 Abs. 1 S. 3 EUV die Aufgabe, die Anwendung des Unionsrechts – also auch der DS-GVO – unter der Kontrolle des EuGH zu überwachen. Das Misstrauen, das EU-rechtlich gegenüber möglicherweise parteiischen nationalen Stellen angebracht erscheint, ist bei der **Kommission als unabhängiger supranationaler Hüterin der Verträge** nicht zu rechtfertigen.[72] Aus diesem Grund sieht die DS-GVO auch vor, dass die nationalen Datenschutz-Aufsichtsbehörden nicht

---

enthalten Bedingungen und Beschränkungen für die Wahrnehmung des Rechts auf den Schutz personenbezogener Daten."

[69] VO (EU) 2018/1725 des Europäischen Parlaments und des Rates v. 23.10.2018 zum Schutz natürlicher Personen bei der Verarbeitung personenbezogener Daten durch die Organe, Einrichtungen und sonstigen Stellen der Union, zum freien Datenverkehr und zur Aufhebung der VO (EG) Nr. 45/2001 und des Beschlusses Nr. 1247/2002/EG, ABl. 2018 L 295, 39.

[70] Vgl. EuGH (Große Kammer) Urt. v. 16.10.2012 – C-614/10, ECLI:EU:C:2012:631 = ZD 2012, 563 – Kommission/Österreich, Rn. 36; EuGH (Große Kammer) Urt. v. 8.4.2014 – C-288/12, ECLI:EU:C:2014:237 = ZD 2014, 301 – Kommission/Ungarn, Rn. 47. Sehr deutlich EuGH (Große Kammer) Urt. v. 6.10.2015 – C-362/14, ECLI:EU:C:2015:650 = ZD 2015, 549 mAnm *Spies* – *Maximillian Schrems/Data Protection Commissioner* („Schrems I"), Rn. 40: „[Es] ist festzustellen, dass Art. 28 Abs. 1 der Richtlinie 95/46 den Mitgliedstaaten vorschreibt, eine oder mehrere Stellen damit zu beauftragen, in völliger Unabhängigkeit die Einhaltung der Unionsvorschriften über den Schutz natürlicher Personen bei der Verarbeitung solcher Daten zu überwachen. Dieses Erfordernis ergibt sich auch aus dem Primärrecht der Union, namentlich aus Art. 8 Abs. 3 der Charta und aus Art. 16 Abs. 2 AEUV […].

[71] Deutlich krit. zur Stellung der Kommission als „Kontrolleurin der Kontrolleure" zB *Ronellenfitsch* DuD 2012, 561 (563); vgl. auch *v. Lewinski* DuD 2012, 564 (567), für den die vor dem EuGH (von der Kommission!) erstrittene Unabhängigkeit der Datenschutzaufsicht zum „Danaergeschenk" zu werden droht. Denn sie sei nach dem Entwurf zur DS-GVO „nur eine Vorbedingung für die Europäisierung der Datenschutzaufsicht unter Führung der Kommission." Für „[ä]ußerst bedenklich" hält Paal/Pauly/*Körffer* DS-GVO Art. 52 Rn. 5 die Pflicht der Aufsichtsbehörden zur Zusammenarbeit mit der Kommission: „Die KOM ist keine Behörde, die den Anforderungen der DS-GVO an die Unabhängigkeit entspricht." Er übersieht hier die primärrechtlichen Vorgaben zur Unabhängigkeit der Kommission in Art. 17 Abs. 3 UAbs. 3 EUV. Vgl. ferner *Kahler* RDV 2013, 69 sowie *Kranig* Anm. zu *Kahler* RDV 2013, 217.

[72] Etwas anderes gilt nur, wenn die Kommission ausnahmsweise als Verwaltungs- oder Anstellungsbehörde selbst personenbezogene Daten verarbeitet; in diesem Fall sind allerdings nicht die nationalen Datenschutz-Aufsichtsbehörden für die Einhaltung des EU-Datenschutzrechts zuständig, sondern die Kommission unterliegt insofern auf EU-Ebene der Kontrolle des völlig unabhängigen Europäischen Datenschutzbeauftragten gemäß der VO (EU) 2018/1725 des Europäischen Parlaments und des Rates v. 23.10.2018 zum Schutz natürlicher Personen bei der Verarbeitung personenbezogener Daten durch die Organe, Einrichtungen und

nur untereinander, sondern auch mit der Kommission zusammenarbeiten, um die einheitliche Anwendung der DS-GVO in der gesamten Union sicherzustellen (Art. 51 Abs. 2, Art. 63). Die Kommission ist ferner gemäß Art. 68 Abs. 5 S. 1 berechtigt, an den Sitzungen des Europäischen Datenschutzausschusses ohne Stimmrecht teilzunehmen und kann diesen um ein Tätigwerden ersuchen (vgl. Art. 70 Abs. 1 S. 2, Abs. 2), was der EU-Gesetzgeber nicht als Beeinträchtigung von dessen Unabhängigkeit ansieht, wie sich an der Eingangsformulierung von Art. 69 Abs. 2 zeigt, wonach die Weisungsfreiheit des Europäischen Datenschutzausschusses „[u]nbeschadet der Ersuchen der Kommission" gilt. Zu berücksichtigen ist schließlich, dass die nationalen Datenschutz-Aufsichtsbehörden wie alle anderen nationalen Stellen – einschließlich der nationalen Gerichte[73] – aufgrund des Vorrangs des EU-Rechts **an rechtsverbindliche Vorgaben der Kommission gebunden** sind und diese vollziehen müssen; solange diese nicht vom EuGH für rechtswidrig erklärt werden, gilt für Rechtsakte der Kommission wie für alle Rechtsakte des Unionsrechts die Vermutung der Rechtmäßigkeit.[74] Nationale Datenschutz-Aufsichtsbehörden sind so insbesondere an einen Beschluss der Kommission gebunden, mit dem diese gemäß Art. 45 Abs. 3 S. 1 – der heute im Unterschied zur früheren Rechtslage eine ausschließliche Zuständigkeit der Kommission vorsieht (→ Art. 45 Rn. 2) – das Datenschutzniveau in einem Drittstaat für angemessen erklärt; in diesem Fall müssen nationale Datenschutz-Aufsichtsbehörden die Übermittlung personenbezogener Daten in diesen Drittstaat gemäß Art. 45 Abs. 1 zulassen, es sei denn, der EuGH erklärt den Angemessenheitsbeschluss der Kommission für rechtswidrig.[75] Die damit verbundenen **Einschränkungen der völligen Unabhängigkeit der nationalen Datenschutz-Aufsichtsbehörden** sind **notwendige Folge ihrer Einbindung in den europäischen Verwaltungsverbund,** innerhalb dessen sie als dezentrale Unionsbehörden (→ Art. 51 Rn. 6, 15 f.) wirken und im Interesse der Einheitlichkeit der Rechtsanwendung durch unabhängige, auf das Unionsinteresse verpflichtete Organe und Einrichtungen – hier die unabhängige Kommission, dort der unabhängige Europäische Datenschutzausschuss – rechtlich zu Durchführungsakten verpflichtet werden können. Im Gegenzug müssen die nationalen Datenschutz-Aufsichtsbehörden allerdings das Recht haben, als juristische Personen vor dem EuGH gemäß Art. 263 UAbs. 4 AEUV Nichtigkeitsklage gegen sie betreffende Beschlüsse der Kommission[76] (oder auch des Europäischen Datenschutzausschusses[77]) erheben zu können. Die

---

sonstigen Stellen der Union, zum freien Datenverkehr und zur Aufhebung der VO (EG) Nr. 45/2001 und des Beschlusses Nr. 1247/2002/EG, ABl. 2018 L 295, 39.

[73] Dies zeigt sich v. a. im EU-Kartellrecht, wo nationale Gerichte an kartellrechtliche Entscheidungen der Kommission gebunden sind; vgl. Art. 16 VO (EG) Nr. 1/2003 des Rates v. 16.12.2002 zur Durchführung der in den Art. 81 und 82 des Vertrags [heute: Art. 101, 102 AEUV] niedergelegten Wettbewerbsregeln, ABl. 2002 L 1, 1, geänd. durch VO (EG) Nr. 411/2004 des Rates v. 26.2.2004, ABl. 2004 L 68, 1, geänd. durch VO (EG) Nr. 1419/2006 des Rates v. 25.9.2006, ABl. 2006 L 269, 1, geänd. durch VO (EG) Nr. 169/2009 des Rates v. 26.2.2009, ABl. 2009 L 61, 1, geänd. durch VO (EG) Nr. 246/2009 des Rates v. 26.2.2009, ABl. 2009 L 79, 1, geänd. durch VO (EG) Nr. 487/2009 des Rates v. 25.5.2009, ABl. 2009 L 148/1; dazu EuGH Urt. v. 6.11.2012 – C-199/11, ECLI:EU:C:2012:684 – Europese Gemeenschap/Otis, Rn. 50 ff., 54: „Der Grundsatz, dass die nationalen Gerichte keine Entscheidungen erlassen dürfen, die einer Entscheidung der Kommission in einem Verfahren nach Art. 101 AEUV zuwiderlaufen, ist somit eine Ausprägung der Verteilung der Zuständigkeiten in der Union zwischen den nationalen Gerichten einerseits und der Kommission und den Unionsgerichten andererseits."

[74] Vgl. EuGH (Große Kammer) Urt. v. 6.10.2015 – C-362/14, ECLI:EU:C:2015:650 = ZD 2015, 549 mAnm *Spies* – Maximillian Schrems/Data Protection Commissioner („Schrems I"), Rn. 52.

[75] So bereits zur Rechtslage gemäß Art. 25 DS-RL EuGH (Große Kammer) Urt. v. 6.10.2015 – C-362/14, ECLI:EU:C:2015:650 = ZD 2015, 549 mAnm *Spies* – Maximillian Schrems/Data Protection Commissioner („Schrems I"), Rn. 51, 61.

[76] Vgl. EuGH (Große Kammer) Urt. v. 6.10.2015 – C-362/14, ECLI:EU:C:2015:650 = ZD 2015, 549 mAnm *Spies* – Maximillian Schrems/Data Protection Commissioner („Schrems I"), Rn. 65, wo darüber hinaus ein – erforderlichenfalls vom nationalen Gesetzgeber zu schaffendes – Klagerecht der nationalen Kontrollstellen vor den nationalen Gerichten für notwendig angesehen wird. IdS auch die Entschließung der Konferenz der Datenschutzbeauftragten des Bundes und der Länder v. 20.4.2016, „Klagerecht für Datenschutzbehörden – EU-Kommissionsentscheidungen müssen gerichtlich überprüfbar sein", abrufbar unter www.datenschutz.rlp.de/fileadmin/lfdi/Konferenzdokumente/Datenschutz/DSK/Entschliessungen/079_unabhkontr.html. Gem. § 21 Abs. 1 BDSG haben die Datenschutz-Aufsichtsbehörden in Deutschland heute die Möglichkeit, ein verwaltungsgerichtliches Verfahren beim BVerwG zur Feststellung der Rechtswidrigkeit eines Angemessenheitsbeschlusses der Kommission einzuleiten. Das BVerwG hat gegebenenfalls die Frage der Rechtmäßigkeit dem EuGH zur Vorabentscheidung gem. Art. 267 UAbs. 3 AEUV vorzulegen; vgl. § 21 Abs. 6 BDSG.

[77] Der Europäische Datenschutzausschuss, der gem. Art. 65 Abs. 1–3 im Streitbeilegungsverfahren zwischen nationalen Datenschutz-Aufsichtsbehörden einen verbindlichen Beschluss erlassen kann, ist gem.

nationalen Datenschutz-Aufsichtsbehörden sind zudem berechtigt, während des gerichtlichen Verfahrens gegen einen von ihnen für rechtswidrig angesehenen Angemessenheitsbeschluss der Kommission die Aussetzung der Übermittlung von Daten an einen Empfänger in dem betreffenden Drittland bzw. der betreffenden internationalen Organisation anzuordnen, wie Art. 58 Abs. 2 lit. j heute explizit klarstellt. Auf diese Weise kann eine nationale Datenschutz-Aufsichtsbehörde eine Verletzung des Datenschutz-Grundrechts auch in diesem Fall unabhängig prüfen[78] sowie erforderlichenfalls vorübergehend Rechtsschutz gewährleisten, ohne die Kohärenz der Anwendung der DS-GVO grundlegend oder dauerhaft in Frage zu stellen. Ob die Rechtsauffassung der unabhängigen Kommission oder der unabhängigen Datenschutz-Aufsichtsbehörde zutreffend ist, kann am Ende nur der EuGH entscheiden.[79]

II. Mit der Unabhängigkeit unvereinbare Handlungen (Abs. 2)

Art. 52 Abs. 2 nennt die mit dem Erfordernis der völligen Unabhängigkeit unvereinbaren Handlungen und formuliert im Einklang mit der Rechtsprechung ein **umfassendes Weisungs- und Beeinflussungsverbot**. Verboten sind somit nicht nur Weisungen an das Mitglied oder die Mitglieder jeder Aufsichtsbehörde, sondern jede direkte oder indirekte Beeinflussung, sofern diese die Erfüllung der Aufgaben oder die Ausübung der Befugnisse der Mitglieder der Aufsichtsbehörde gemäß der DS-GVO betreffen.

Als Beispiele für durch Art. 52 Abs. 2 untersagte **direkte Beeinflussungen** lassen sich alle Handlungen nennen, die eine Genehmigung, eine Aussetzung, eine Änderung, eine Aufhebung, eine Ersetzung oder einen Aufschub von Maßnahmen der Datenschutz-Aufsichtsbehörde bewirken könnten. Eine mit dem Unabhängigkeitserfordernis unvereinbare Beeinflussung ist insbesondere das Bestehen einer **Fachaufsicht**,[80] welche die Zweckmäßigkeit des Handelns der Datenschutz-Aufsichtsbehörde kontrolliert; oder das Bestehen einer **Rechtsaufsicht**,[81] die seitens der Verwaltung dessen Rechtmäßigkeit überprüfen und beanstanden kann. Eine direkte Beeinflussung ist zB auch in einer Regelung zu sehen, nach der eine externe Stelle in den Beschlussorganen der Aufsichtsbehörde mit Stimmrecht vertreten ist, selbst wenn diese Stimme nicht den Ausschlag gibt.

Von Art. 52 Abs. 2 ebenfalls untersagte **indirekte Beeinflussungen** sind alle anderen Handlungen, die zwar nicht direkt den Inhalt der von der Datenschutz-Aufsichtsbehörde getroffenen Maßnahmen betreffen, aber Druck erzeugen oder Anreize schaffen, damit das Mitglied oder die Mitglieder der Datenschutz-Aufsichtsbehörde ihre Maßnahmen ändern oder anpassen. So ist

---

Art. 68 Abs. 1 eine „Einrichtung der Union mit eigener Rechtspersönlichkeit"; für die Überwachung der Rechtmäßigkeit der Handlungen solcher Einrichtungen der Union ist der EuGH gem. Art. 263 UAbs. 1 S. 2 AEUV zuständig.

[78] Vgl. (noch zur Rechtslage gem. Art. 25 DS-RL) EuGH (Große Kammer) Urt. v. 6.10.2015 – C-362/14, ECLI:EU:C:2015:650 = ZD 2015, 549 mAnm *Spies* – *Maximillian Schrems/Data Protection Commissioner* („Schrems I"), Rn. 53.

[79] Vgl. (noch zur Rechtslage gem. Art. 25 DS-RL) EuGH (Große Kammer) Urt. v. 6.10.2015 – C-362/14, ECLI:EU:C:2015:650 = ZD 2015, 549 mAnm *Spies* – *Maximillian Schrems/Data Protection Commissioner* („Schrems I"), Rn. 99 ff., 103.

[80] EuGH (Große Kammer) Urt. v. 9.3.2010 – C-518/07, ECLI:EU:C:2010:125 = EuZW 2010, 296 – Kommission/Deutschland, Rn. 32: „staatliche Aufsicht gleich welcher Art". Zur Unzulässigkeit der Fachaufsicht auch *Tinnefeld/Buchner* DuD 2010, 581; Paal/Pauly/*Körffer* DS-GVO Art. 52 Rn. 3; Gola/Heckmann/*Nguyen* DS-GVO Art. 52 Rn. 9; Plath/*Hullen* DS-GVO Art. 52 Rn. 6; Kühling/Buchner/*Boehm*, 4. Aufl. 2024, DS-GVO Art. 52 Rn. 19; sowie Kuner/Bygrave/Docksey/*Zerdick* GDPR Article 52 C.2.1. Vgl. ferner die im Anschluss an das EuGH-Urt. v. 9.3.2010 gefasste Entschließung der 79. Konferenz der Datenschutzbeauftragten des Bundes und der Länder v. 17./18.3.2010, „Effektiver Datenschutz braucht unabhängige Datenschutzkontrolle!", abrufbar unter www.datenschutz.rlp.de/fileadmin/lfdi/Konferenzdokumente/Datenschutz/DSK/Entschliessungen/079_unabhkontr.html: „Es darf keine Fach- und Rechtsaufsicht geben."

[81] EuGH (Große Kammer) Urt. v. 9.3.2010 – C-518/07, ECLI:EU:C:2010:125 = EuZW 2010, 296 – Kommission/Deutschland, Rn. 32: „staatliche Aufsicht gleich welcher Art". Zur Unzulässigkeit der Rechtsaufsicht auch *Tinnefeld/Buchner* DuD 2010, 581; Paal/Pauly/*Körffer* DS-GVO Art. 52 Rn. 3; Gola/Heckmann/*Nguyen* DS-GVO Art. 52 Rn. 9; Plath/*Hullen* DS-GVO Art. 52 Rn. 6; Kühling/Buchner/*Boehm*, 4. Aufl. 2024, DS-GVO Art. 52 Rn. 19; sowie Kuner/Bygrave/Docksey/*Zerdick* GDPR Article 52 C.2.1. Vgl. ferner die im Anschluss an das EuGH-Urt. v. 9.3.2010 gefasste Entschließung der 79. Konferenz der Datenschutzbeauftragten des Bundes und der Länder v. 17./18.3.2010, „Effektiver Datenschutz braucht unabhängige Datenschutzkontrolle!", abrufbar unter www.datenschutz.rlp.de/fileadmin/lfdi/Konferenzdokumente/Datenschutz/DSK/Entschliessungen/079_unabhkontr.html: „Es darf keine Fach- und Rechtsaufsicht geben."

insbesondere eine **Dienstaufsicht** über die Mitglieder der Datenschutz-Aufsichtsbehörde und/oder ihre Bediensteten als unzulässige indirekte Beeinflussung anzusehen.[82] Denn über die Dienstaufsicht kann für Mitglieder oder Bedienstete der Datenschutz-Aufsichtsbehörde ein Anreiz gesetzt werden, abweichend von den datenschutzrechtlichen Vorgaben in „vorauseilendem Gehorsam" Maßnahmen zu treffen, um eine günstige dienstliche Beurteilung zu erhalten und so das berufliche Fortkommen (gegebenenfalls durch Beförderung in eine höhere Gehaltsklasse) zu fördern. Eine unzulässige Beeinflussung wäre auch die regierungsseitige Drohung mit einer grundlegenden Umstrukturierung der Datenschutz-Aufsichtsbehörde, die zu einer vorzeitigen Beendigung des Amts ihrer Mitglieder und/oder Bediensteten führen könnte.[83]

18 Auch Datenschutz-Aufsichtsbehörden sind allerdings trotz ihrer weit reichenden Unabhängigkeit Teil der demokratisch-pluralistischen Gesellschaftsstruktur und in diese eingebettet. Das Verbot auch indirekter Beeinflussungen findet deshalb seine **Grenze in anderen demokratischen Grundrechten** wie der Meinungs-, Presse- und Medienfreiheit oder der Versammlungsfreiheit, die von Grundrechtsträgern selbstverständlich auch gegenüber Datenschutz-Aufsichtsbehörden genutzt werden können, um (gegebenenfalls auch deutliche oder lautstarke) Kritik an ihrer Arbeit oder den von ihnen getroffenen Entscheidungen zu äußern. Ein kritischer Presseartikel oder eine Demonstration vor einer Datenschutz-Aufsichtsbehörde stellt daher noch keine von Art. 52 Abs. 2 verbotene Beeinflussung dar. Ob ausnahmsweise die Schwelle der rechtswidrigen Beeinflussung überschritten wird, muss sorgfältig anhand des jeweiligen Einzelfalls, insbesondere der Art der Meinungsäußerung und der diese vorbringenden Person (Privatperson oder Inhaber von Hoheitsmacht) beurteilt werden.

III. Inkompatibilitäten (Abs. 3)

19 Völlige Unabhängigkeit des Leiters bzw. der Mitglieder von Datenschutz-Aufsichtsbehörden lässt sich nur erreichen, wenn diese von vornherein vor **Interessenkonflikten** bewahrt werden. In Erwägungsgrund 121 S. 2 heißt es erläuternd, dass zur Gewährleistung der Unabhängigkeit der Datenschutz-Aufsichtsbehörde ihre Mitglieder ihr Amt „integer" ausüben sollen. Aus der völligen Unabhängigkeit der Datenschutz-Aufsichtsbehörden folgt also ein **„Integritätsgebot"** als unmittelbare Verhaltensanweisung an ihre Mitglieder.[84] Art. 52 Abs. 3 enthält für die Leiter bzw. die Mitglieder von Datenschutz-Aufsichtsbehörden zunächst ein **Verbot aller mit den Aufgaben ihres Amtes nicht zu vereinbarenden Handlungen.** Verboten ist so die Nutzung von bei der Aufgabenerfüllung erhaltenen Informationen für private Zwecke, insbesondere für Gewinnzwecke (zB durch Spekulation an der Börse mit Aktien eines von datenschutzrechtlichen Untersuchungen betroffenen Unternehmens oder seiner Wettbewerber), die Weitergabe von vertraulichen Informationen aus der Tätigkeit der Aufsichtsbehörde[85] oder ein allgemein mit der Bedeutung der Aufgabe als unabhängiger Datenschützer nicht vereinbares unethisches Verhalten.

20 Art. 52 Abs. 3 verbietet dem Mitglied bzw. – bei kollegial organisierten Datenschutz-Aufsehern – den Mitgliedern von Datenschutz-Aufsichtsbehörden ferner, während ihrer Amtszeit „andere mit ihrem Amt nicht zu vereinbarende entgeltliche oder unentgeltliche Tätigkeiten" auszuüben. Angesichts der Bedeutung, die das EU-Recht den Datenschutz-Aufsichtsbehörden und ihrer Unabhängigkeit beimisst, ist es einigermaßen erstaunlich, dass hier nicht *jede* entgeltliche oder unentgeltliche Tätigkeit untersagt wird, sondern nur solche Tätigkeiten, die mit dem Amt als unabhängiger Datenschützer unvereinbar sind. Anders als bei anderen kraft EU-Rechts unabhängigen Organmitgliedern – vgl. zB Art. 55 Abs. 3 VO (EU) 2018/1725,[86] demzufolge

---

[82] Vgl. EuGH (Große Kammer) Urt. v. 16.10.2012 – C-614/10, ECLI:EU:C:2012:631 = ZD 2012, 563 – Kommission/Österreich, Rn. 49–51, 59. Dem folgend Plath/*Hullen* DS-GVO Art. 52 Rn. 6; Kühling/Buchner/*Boehm,* 4. Aufl. 2024, DS-GVO Art. 52 Rn. 19; Gola/Heckmann/*Nguyen* DS-GVO Art. 52 Rn. 10; sowie Paal/Pauly/*Körffer* DS-GVO Art. 52 Rn. 3: „Auch eine Dienstaufsicht ist im Hinblick auf damit verbundene Einflussmöglichkeiten des Diensttherrn problematisch." Für die Zulässigkeit einer Dienstaufsicht zuvor noch *Spiecker gen. Döhmann* JZ 2010, 787 (791). Vgl. auch *Ziebarth* CR 2013, 60, der eine Dienstaufsicht noch für zulässig hält, soweit sie wie die Aufsicht über Richter (§ 26 DRiG) die Unabhängigkeit nicht gefährdet. Diese Auffassungen haben nach dem EuGH- Urteil keinen Bestand mehr.

[83] EuGH (Große Kammer) Urt. v. 8.4.2014 – C-288/12, ECLI:EU:C:2014:237 = ZD 2014, 301 – Kommission/Ungarn, Rn. 54.

[84] Ähnlich Gola/Heckmann/*Nguyen* DS-GVO Art. 52 Rn. 2: Verpflichtung zu einer „integren Amtsführung".

[85] Vgl. auch Art. 54 Abs. 2.

[86] VO (EU) 2018/1725 des Europäischen Parlaments und des Rates v. 23.10.2018 zum Schutz natürlicher Personen bei der Verarbeitung personenbezogener Daten durch die Organe, Einrichtungen und sonstigen

der Europäische Datenschutzbeauftragte während seiner Amtszeit überhaupt keine andere entgeltliche oder unentgeltliche Tätigkeit ausüben darf[87] – enthält Art. 52 Abs. 3 für das Mitglied bzw. die Mitglieder der Datenschutz-Aufsichtsbehörden **keine strikte Pflicht zur Hauptamtlichkeit** und schließt Nebentätigkeiten, seien sie entgeltlicher oder unentgeltlicher Art, nicht grundsätzlich aus. Es ist nach dem Gesetzestext also durchaus vorstellbar, dass der Leiter oder ein Mitglied einer nationalen Datenschutzbehörde nebenher zB als Rechtsanwalt, als Richter, als ehrenamtlicher Gemeinderat[88] oder als Hochschullehrer tätig ist, solange klare Vorkehrungen getroffen werden, die zeitliche oder inhaltliche Kollisionen bei der Ausübung dieses Nebenberufs mit dem Hauptberuf als unabhängiger Datenschützer ausschließen. Auch die gleichzeitige Ausübung des Amts einer Datenschutz-Aufsichtsbehörde und einer Behörde für Informationsfreiheit – wie sie zB in Deutschland auf Bundesebene in Gestalt des Bundesbeauftragten für den Datenschutz und die Informationsfreiheit oder in Hessen in Gestalt des Hessischen Datenschutzbeauftragten, der die Aufgabe des Hessischen Informationsfreiheitsbeauftragten wahrnimmt (§ 89 Abs. 2 HDSIG), üblich ist – wird vom Wortlaut des Art. 52 Abs. 3 nicht von vornherein ausgeschlossen, auch wenn beide Aufgaben in der Praxis auf Dauer nur sehr schwer miteinander vereinbar sein dürften.[89] Die Möglichkeit des nur in Teilzeit tätigen Datenschutzaufsehers, wie sie in einigen Mitgliedstaaten noch immer der Praxis entspricht, lässt sich mit der durch die DS-GVO erheblich gewachsenen Aufgabenfülle und Verantwortung der Datenschutz-Aufsichtsbehörden (Art. 57, 58) nicht mehr in Einklang bringen. Es entspricht daher dem Zweck und der Systematik der DS-GVO, Art. 52 Abs. 3 insofern **restriktiv auszulegen;** dafür lässt sich auch das Gebot der homogenen Auslegung[90] mit den Vorgaben zum Europäischen Datenschutzbeauftragten anführen. Art. 54 Abs. 1 lit. f enthält zudem für die Mitgliedstaaten die Möglichkeit, die Verbote von Handlungen, beruflichen Tätigkeiten und Vergütungen für den Leiter bzw. die Mitglieder der Datenschutz-Aufsichtsbehörden weiter zu konkretisieren, also zB nur ehrenamtliche Lehrtätigkeiten, wissenschaftliche Vorträge und Publikationen[91] in einem mit den Dienstpflichten angemessenen Umfang zuzulassen. Verdichtet man so im Wege der Auslegung und Normkonkretisierung das Gebot in Art. 52 Abs. 3 letztlich doch zur Pflicht zur Hauptamtlichkeit, muss man freilich auch für eine entsprechende finanzielle Ausstattung und Vergütung des Leiters bzw. der Mitglieder der Datenschutz-Aufsichtsbehörden sorgen. Denn in einigen Mitgliedstaaten ist die nach wie vor geringe Mittelausstattung Hauptgrund dafür, dass die Leiter bzw. die Mitglieder der Datenschutz-Aufsichtsbehörden weiterhin finanziell auf vergütete nebenberufliche Tätigkeiten angewiesen sind. Völlige Unabhängigkeit iSd DS-GVO setzt deshalb finanzielle Unabhängigkeit voraus.

Eine **Sanktion** für mögliche Verstöße gegen das Integritätsgebot ist in Art. 52 Abs. 3 selbst nicht vorgesehen. Da der Leiter bzw. die Mitglieder einer Datenschutz-Aufsichtsbehörde als

---

Stellen der Union, zum freien Datenverkehr und zur Aufhebung der VO (EG) Nr. 45/2001 und des Beschlusses Nr. 1247/2002/EG, ABl. 2018 L 295, 39.

[87] Ebenso die Regelung zu den Mitgliedern der Kommission in Art. 245 UAbs. 2 S. 1 AEUV; zu den Mitgliedern des EZB-Direktoriums in Art. 11.1 UAbs. 2 Prot. Nr. 4 über die Satzung des Europäischen Systems der Zentralbanken und der Europäischen Zentralbank; zu den Mitgliedern des Rechnungshofs in Art. 286 Abs. 4 S. 1 AEUV; zum Europäischen Bürgerbeauftragten in Art. 228 Abs. 3 S. 3 AEUV.

[88] Vgl. allerdings Art. 19 Abs. 4 S. 1 Nr. 3 BayDSG v. 15.5.2018, GVBl. 2018, 229, wonach – in gem. Art. 54 Abs. 1 lit. f zulässiger Präzisierung – die Leiter der bayerischen Datenschutzaufsichtsbehörden (Landesdatenschutzbeauftragter wie Leiter des Landesamts für Datenschutzaufsicht) während ihrer Amtszeit und zwei Jahre im Anschluss an diese „keinem kommunalen Vertretungsorgan" angehören dürfen.

[89] Zu dieser Frage *v. Lewinski* ZG 2015, 228 (241 f.). Für ihn ist „die Aufgabenfülle" des Bundesbeauftragten für den Datenschutz und die Informationsfreiheit „ein potentieller Stolperstein für ihn selbst." Er sieht allerdings die Möglichkeit, Interessenskollisionen durch entsprechende Ausgestaltung „auf der Arbeitsebene" zu begegnen. Als „nicht unproblematisch" sieht auch Gola/Heckmann/*Nguyen* DS-GVO Art. 52 Rn. 11, die in Deutschland, Ungarn sowie im EU-Beitrittskandidat Serbien anzutreffende „Ämterkombination des Datenschutz- und Informationsfreiheitsbeauftragten." Für vereinbar hält die Doppelfunktion dagegen Paal/Pauly/*Körffer* DS-GVO Art. 52 Rn. 8.

[90] Vgl. EuGH (Große Kammer) Urt. v. 9.3.2010 – C-518/07, ECLI:EU:C:2010:125 = EuZW 2010, 296 – Kommission/Deutschland, Rn. 28; EuGH (Große Kammer) Urt. v. 8.4.2014 – C-288/12, ECLI:EU:C:2014:237 = ZD 2014, 301 – Kommission/Ungarn, Rn. 56.

[91] Vgl. Plath/*Hullen* DS-GVO Art. 52 Rn. 8, für den „Lehraufträge, Vorträge und Publikationen […] zum typischen Aufgabengebiet der Behördenleitung" gehören. Ähnlich Gola/Heckmann/*Nguyen* DS-GVO Art. 52 Rn. 11, für den (unter Hinweis auf den Verhaltenskodex der Kommission) „Aktivitäten in Lehre und Wissenschaft sowie für politische und kulturelle Organisationen und künstlerische Tätigkeiten eher unbedenklich sein dürften."

Folge der europarechtlich vorgegebenen völligen Unabhängigkeit der Datenschutzaufsicht keiner Dienstaufsicht (→ Rn. 17) unterliegen dürfen, kommt insofern nur das **Amtsenthebungsverfahren gemäß Art. 53 Abs. 4** (→ Art. 53 Rn. 14 ff.) in Betracht. Dieses erlaubt allerdings eine Amtsenthebung nur ausnahmsweise, wenn nämlich eine schwere Verfehlung nachgewiesen wird. Als solche wird man einen Verstoß gegen das Integritätsverbot wegen der hohen Bedeutung, welche die DS-GVO der Unabhängigkeit der Datenschutz-Aufseher beimisst, grundsätzlich anzusehen haben; es ist insofern ein **strikter Maßstab** anzulegen. Allerdings ist zugleich der europarechtliche Verhältnismäßigkeitsgrundsatz zu beachten. Zu prüfen ist daher in jedem Einzelfall, ob die Handlung oder Tätigkeit, die einen Interessenkonflikt mit der Tätigkeit des Datenschutz-Aufsehers darstellt oder die Integrität der Amtsausübung berührt, die unabhängige Aufgabenwahrnehmung materiell gefährdet oder gefährden könnte, bevor das Amtsenthebungsverfahren gemäß Art. 53 Abs. 4 eingeleitet wird. Bei rein formalen Verstößen gegen das Integritätsgebot kommen auch Mahnungen des anstellenden Organs (zB der Regierung oder des Parlaments) als milderes Sanktionsmittel in Betracht.

IV. Angemessene Ressourcenausstattung (Abs. 4)

22 Art. 52 Abs. 4 verpflichtet direkt jeden Mitgliedstaat, die nationalen Datenschutz-Aufsichtsbehörden so auszustatten, dass sie alle ihre in der DS-GVO vorgesehenen Aufgaben und Befugnisse „effektiv wahrnehmen" können. Die Vorschrift konkretisiert damit den Grundsatz der loyalen Zusammenarbeit gemäß Art. 4 Abs. 3 EUV iVm Art. 197 Abs. 1 und Art. 291 Abs. 1 AEUV, wonach bei einer dezentralen Durchführung von EU-Recht durch nationale Behörden die Mitgliedstaaten für **„effektive Durchführung"** (Art. 197 Abs. 1 AEUV) verantwortlich sind. Dazu haben die Mitgliedstaaten nicht nur die unionsrechtlich geforderten Aufsichtsbehörden einzurichten, sondern sie auch mit den zur wirksamen Wahrnehmung ihrer Aufgaben und Befugnisse erforderlichen Sachmitteln und Finanzressourcen auszustatten.

23 Was für die wirksame Wahrnehmung der Aufgaben und Befugnisse der nationalen Datenschutz-Aufsichtsbehörde erforderlich ist, muss anhand der Fülle und Qualität sowie des Zuschnitts der ihnen durch die DS-GVO übertragenen Verantwortung beurteilt werden, die im Vergleich zur DS-RL deutlich gewachsen ist.[92] Es müssen insbesondere Sachmittel und Finanzressourcen vorhanden sein, damit die Datenschutz-Aufsichtsbehörden die in Art. 57 vorgesehenen Aufgaben unabhängig wahrnehmen und die in Art. 58 vorgesehenen Befugnisse wirksam ausüben können.[93] Zu berücksichtigen ist dabei, dass die nationalen Aufsichtsbehörden nicht nur mit der Überwachung und Durchsetzung der Anwendung der DS-GVO in ihrem Hoheitsgebiet betraut sind (vgl. Art. 57 Abs. 1 lit. a), sondern auch die Zusammenarbeit mit anderen nationalen Datenschutz-Aufsichtsbehörden, mit dem Europäischen Datenschutzausschuss sowie mit der Europäischen Kommission zu ihren Aufgaben gehört (vgl. Art. 51 Abs. 2, Art. 57 Abs. 1 lit. g, t, Art. 60–63, 65, 68 Abs. 3). Jede Datenschutz-Aufsichtsbehörde ist somit als dezentrale Unionsbehörde (→ Art. 51 Rn. 6) verpflichtet, einen wesentlichen Teil ihrer Tätigkeit der Aufgabe zu widmen, einen Beitrag zur einheitlichen Anwendung der DS-GVO in der gesamten Union zu leisten. Auch für diese unionsweite Aufgabe ist die nationale Datenschutz-Aufsichtsbehörde von ihrem jeweiligen Mitgliedstaat auszustatten;[94] zu berücksichtigen sind dabei insbesondere

---

[92] Vor diesem Hintergrund erklärt sich die Entschließung der Konferenz der unabhängigen Datenschutzbehörden des Bundes und der Länder v. 25.5.2016, „EU-Datenschutz-Grundverordnung erfordert zusätzliche Ressourcen für Datenschutzbehörden", abrufbar unter www.datenschutz.rlp.de/fileadmin/lfdi/Konferenzdokumente/Datenschutz/DSK/Entschliessungen/079_unabhkontr.html. Zust. Plath/*Hullen* DS-GVO Art. 52 Rn. 9. Eingehend *Bull*, Die Auswirkungen der Datenschutz-Grundverordnung auf die Aufgaben, die Stellung und den Personalbestand der Landesbeauftragten für den Datenschutz und für das Recht auf Akteneinsicht, Gutachten 2016, der allerdings nur eine „moderate Personalverstärkung" (S. 72) für gerechtfertigt hält; weitergehend *Roßnagel*, Zusätzlicher Arbeitsaufwand für die Aufsichtsbehörden der Länder durch die Datenschutz-Grundverordnung, Gutachten 2017, insbes. S. 144 ff.

[93] Für die nationalen Zentralbanken hat der EuGH 2022 deren EU-rechtlich gewährleistete finanzielle Unabhängigkeit bekräftigt; vgl. EuGH (Große Kammer) Urt. v. 15.9.2022 – C-45/21, ECLI:EU:C:2022:670 – Banka Slovenije, Rn. 100: „Um an der Ausführung der Geldpolitik der Union mitzuwirken, erscheint die Bildung von Reserven durch die nationalen Zentralbanken [...] unerlässlich, insbesondere um etwaige Verluste aus geldpolitischen Geschäften ausgleichen [...] zu können". Insbesondere sollen die nationalen Zentralbanken nicht gezwungen sein, für die Erfüllung der ihnen kraft EU-Rechts obliegenden geldpolitischen Aufgaben im Rahmen des Europäischen Systems der Zentralbanken die Zustimmung politischer Stellen einzuholen, um eine Finanzierung oder Rekapitalisierung zu erhalten.

[94] Ebenso Paal/Pauly/*Körffer* DS-GVO Art. 52 Rn. 9: „Dabei ist nicht nur der Bedarf für die Erfüllung der Aufgaben im eigenen Hoheitsgebiet zu berücksichtigen, sondern es sind ausdr. auch die für die Gewährung

Kosten für Übersetzungen, Videokonferenzen und Dienstreisen zum Sitz des Europäischen Datenschutzausschusses nach Brüssel, aber auch für Fortbildungskurse zur Aufbesserung der fachspezifischen Fremdsprachenkenntnisse des Leitungspersonals und der im europäischen Kontext tätigen Mitarbeiter der nationalen Datenschutz-Aufsichtsbehörden.

Art. 52 Abs. 4 präzisiert, dass die erforderliche Ressourcenausstattung einer nationalen Datenschutz-Aufsichtsbehörde in **personeller, technischer und finanzieller Hinsicht** sowie in Gestalt von **Räumlichkeiten und Infrastrukturen** zu erfolgen hat (vgl. auch Erwägungsgrund 120).[95] Diese detaillierten Vorgaben sind zu begrüßen.[96] Denn die Praxis unter der DS-RL zeigte, dass die Datenschutzbehörden in vielen Mitgliedstaaten aufgrund der begrenzten wirtschaftlichen Mittel und Humanressourcen nicht in der Lage waren, ihre Aufgaben nicht nur annähernd auszuführen.[97] Die Drei-Mann-Behörde in schlecht beheizten Räumen ohne dauerhaften Internetanschluss über der Tiefgarage in der Einkaufspassage war leider die Realität in so manchem Mitgliedstaat.[98] Dem setzt heute Art. 52 Abs. 4 das rechtsverbindliche Leitbild einer Aufsichtsbehörde entgegen, die ebenso unabhängig wie wirksam zur Überwachung und Durchsetzung der Anwendung der DS-GVO in der Lage sein muss und somit gemeinsam mit anderen Datenschutz-Aufsichtsbehörden tatsächlich als „Herzstück des europäischen Systems zum Schutz personenbezogener Daten" (→ Rn. 1) dienen kann. Die Europäische Kommission wird mit Unterstützung des Europäischen Datenschutzausschusses immer wieder genau hinzusehen haben, ob sich dieses Leitbild auch in der Praxis durchsetzen lassen wird;[99] sie wird ihm erforderlichenfalls mit Vertragsverletzungsverfahren Nachdruck verleihen müssen.[100]

V. Unabhängigkeit in Personalfragen (Abs. 5)

Eine Aufsichtsbehörde ist nur dann völlig unabhängig, wenn sie auch ihr Personal selbst auswählen kann. Indem Art. 52 Abs. 5 dies ausdrücklich vorschreibt, macht die Vorschrift endgültig Schluss mit der bislang in einigen Mitgliedstaaten üblichen Praxis, dass Beamte aus

---

von Amtshilfe, die Zusammenarbeit untereinander und die Mitwirkung im EDSA erforderlichen Mittel bereitzustellen."

[95] Vgl. auch Art. 54 Abs. 2 VO (EU) 2018/1725 des Europäischen Parlaments und des Rates v. 23.10.2018 zum Schutz natürlicher Personen bei der Verarbeitung personenbezogener Daten durch die Organe, Einrichtungen und sonstigen Stellen der Union, zum freien Datenverkehr und zur Aufhebung der VO (EG) Nr. 45/2001 und des Beschlusses Nr. 1247/2002/EG, ABl. 2018 L 295, 39.

[96] Ebenso *Albrecht/Jotzo* DatenschutzR S. 108.

[97] European Union Fundamental Rights Agency (FRA), Datenschutz in der EU: die Rolle der nationalen Datenschutzbehörden (Stärkung der Grundrechte-Architektur in der EU – Teil II), S. 44. Vgl. auch *Weiß* PinG 2017, 97.

[98] Vgl. *Kuner/Cate/Millard/Svantesson* International Data Privacy Law 2012, 1 (1): „[O]ne European DPA [= Data Protection Authority] even had to shut down its operations for several months at the end of 2010 because it had completely run out of funds."

[99] Eine erste positive Auswirkung der DS-GVO zeigte sich gleich nach ihrem Inkrafttreten in Irland, wo die Datenschutz-Aufsichtsbehörde ihr Budget 2018 von 1,9 Mio. auf 11,7 Mio. EUR erhöhen und ihre Mitarbeiterzahl vervierfachen konnte; vgl. Financial Times, 9.3.2018, 2: „Dublin warns social media groups over tougher EU privacy rules." Von 2016–2022 wuchsen die Finanzmittel der Datenschutz-Aufsichtsbehörden im Europäischen Wirtschaftsraum (EU sowie Island, Liechtenstein und Norwegen) auf insgesamt 326 Mio. EUR, was eine Verdoppelung darstellte. Allerdings hatten weiterhin zehn nationale Datenschutz-Aufsichtsbehörden (Malta, Estland, Zypern, Rumänien, Liechtenstein, Kroatien, Litauen, Lettland, Slowakei und Bulgarien) ein Budget von weniger als 2 Mio. EUR. In Deutschland kamen die Datenschutzbehörden von Bund und gemeinsam auf Finanzmittel von 104,2 Mio. EUR, weit vor Italien mit 44,6 Mio. EUR, den Niederlanden mit 28,3 Mio. EUR, Frankreich mit 24,3 Mio. EUR und Irland mit 23 Mio. EUR. Vgl. die kritische Analyse von Irish Council for Civil Liberties (ICCL) 5 years: GDPR's crisis point. ICCL report on EEA data protection authorities, 2023, S. 2, 7. Zur aktuellen Ressourcenausstattung (Finanzmittel und Personal) der nationalen Datenschutz-Aufsichtsbehörden veröffentlicht der Europäische Datenschutzausschuss seit 2019 jährlich einen vergleichenden Überblick; vgl. European Data Protection Board, Overview on resources made available by Member States to the Data Protection Supervisory Authorities, 5.9.2022. Danach geben 23 Prozent der Datenschutz-Aufsichtsbehörden an, dass das ihnen zugewiesene Budget für die Aufgabenerfüllung ausreicht, während 77 Prozent dies verneinen. Nur 13 Prozent sehen ihre personellen Ressourcen als ausreichend an, während 87 Prozent angeben, zu wenig Personal zu haben.

[100] Optimistisch insofern Gierschmann/Schlender/Stentzel/Veil/*Kreul* DS-GVO Art. 52 Rn. 6, für die die Vorgabe des Art. 52 Abs. 4 „in der Praxis vieler Mitgliedstaaten, die jetzt noch zurückhaltend Ressourcen einsetzen, zu einer Aufstockung von entsprechenden Etats führen" dürfte. Skeptisch dagegen, Kühling/Buchner/*Boehm*, 4. Aufl. 2024, DS-GVO Art. 52 Rn. 24, für die die „Gefahr, dass der Bedarf von Aufsichtsbehörden unterschätzt wird, weiterhin besteht".

anderen Politikbereichen – oft ohne Ansehung ihrer spezifischen Qualifikation – zur Datenschutzbehörde ohne oder gegen deren Willen abgestellt wurden; oder dass Beamte anderer Verwaltungsstellen die bei der Datenschutzbehörde anfallende Arbeit gleichsam nebenher miterledigten.[101] Die **eigenständige Personalauswahl durch die Datenschutz-Aufsichtsbehörde,** die es dieser erlaubt, bei allen Einstellungen die für die Erfüllung der Aufgaben und die Ausübung der Befugnisse der Datenschutz-Aufsicht erforderliche Qualifikation, Erfahrung und Sachkunde zu berücksichtigen, ist nach der DS-GVO integraler Bestandteil der Unabhängigkeit der Datenschutz-Aufsichtsbehörden.[102] Als einzige gleichwertige Alternative sieht Erwägungsgrund 121 die **Personalauswahl durch eine unabhängige Stelle.** Dies schließt es nicht aus, dass auf Grundlage einer freien Entscheidung der Datenschutz-Aufsichtsbehörde und auf deren Ersuchen Experten anderer öffentlichen Stellen zeitweise für eine Tätigkeit unter ihrer alleinigen Aufsicht abgestellt werden. Der Personalaustausch zwischen den Datenschutz-Aufsichtsbehörden sowie gegebenenfalls mit Datenschutz-Aufsichtsbehörden von Drittländern oder mit internationalen Organisationen ist sogar erklärtes Ziel der DS-GVO[103] und vom Europäischen Datenschutzausschuss gemäß Art. 70 Abs. 1 lit. v zu fördern; dies unterstreicht den heute zunehmend europäischen und internationalen Charakter der Tätigkeit der Datenschutz-Aufsichtsbehörden.

26 Zur Unabhängigkeit in Personalfragen gehört gemäß Art. 52 Abs. 5 auch, dass die Leitung der Datenschutz-Aufsichtsbehörde **ausschließliche Inhaberin der Personalhoheit** über ihre Bediensteten ist. Allein die Leitung der Datenschutz-Aufsichtsbehörde hat über das berufliche Fortkommen, über Beförderungen sowie gegebenenfalls über Disziplinarmaßnahmen gegenüber ihren Bediensteten zu entscheiden.[104] Die Existenz einer externen Dienstaufsicht oder externe (Mit-)Entscheidungsbefugnisse über Personalfragen wären dagegen mit der von Art. 52 Abs. 1, 2 und 5 geforderten völligen Unabhängigkeit der Datenschutz-Aufsichtsbehörde nicht vereinbar (→ Rn. 17).[105] Dies schließt nicht aus, mit dem Personalmanagement verbundene technische Fragen (zB die Organisation von Bewerbungsverfahren, die Urlaubszeitenregelung oder die Registrierung von Krankmeldungen) auf zentrale Regierungsstellen oder externe Dienstleister auszulagern.

VI. Finanzielle Unabhängigkeit und Finanzkontrolle (Abs. 6)

27 Art. 52 Abs. 6 ist dem **finanziellen Aspekt der Unabhängigkeit** der Datenschutz-Aufsichtsbehörden gewidmet. Die finanzielle Unabhängigkeit von Behörden steht regelmäßig in einem Spannungsfeld zwischen notwendiger finanzieller Eigenständigkeit, die keine Abhängigkeit von externen Stellen in Finanzfragen zulässt; und der gleichfalls notwendigen Kontrolle über die ebenso gewissenhafte wie sparsame Verwendung von Geldern, die letztlich vom Steuerzahler stammen oder in dessen Namen erhoben werden und damit der Budgethoheit des Parlaments unterliegen. Zur Auflösung dieses Spannungsverhältnisses verfügt Art. 52 Abs. 6 zunächst, dass jede Datenschutz-Aufsichtsbehörde über **eigene, öffentliche, jährliche Haushaltspläne** verfügt, also die Verwendung ihrer Mittel selbst planen, gestalten und priorisieren kann. Dabei

---

[101] So die frühere österreichische Praxis, nach der das Bundeskanzleramt die notwendige Sach- und Personalausstattung für die Geschäftsstelle der Datenschutzkommission bereitstellte, was vom EuGH als unvereinbar mit dem Unabhängigkeitserfordernis angesehen wurde; vgl. EuGH (Große Kammer) Urt. v. 16.10.2012 – C-614/10, ECLI:EU:C:2012:631 = ZD 2012, 563 – Kommission/Österreich, Rn. 56–61. Bis 31.12.2015 waren die Mitarbeiter der dt. Bundesbeauftragten für den Datenschutz und die Informationsfreiheit Beschäftigte des Bundesministeriums des Inneren; zur Gesetzesänderung zum 1.1.2016 *Roßnagel* ZD 2015, 106.

[102] Vgl. die Eigenständigkeit der nationalen Zentralbanken in Personalangelegenheiten, zu denen es bei EZB, Konvergenzbericht, Juni 2016, S. 30, heißt: „Die Mitgliedstaaten dürfen die Fähigkeit einer NZB [= nationalen Zentralbank] zur eigenständigen Einstellung und Weiterbeschäftigung qualifizierter Mitarbeiter, die zur Erfüllung der ihr durch den AEUV und die ESZB-Satzung übertragenen Aufgaben erforderlich sind, nicht beeinträchtigen. Auch darf eine NZB nicht in eine Lage versetzt werden, in der sie nur begrenzte oder gar keine Kontrollmöglichkeiten im Hinblick auf ihre Beschäftigten hat oder die Regierung eines Mitgliedstaats ihre Personalpolitik beeinflussen kann."

[103] Ebenso Plath/*Hullen* DS-GVO Art. 52 Rn. 9, der auf das Erfordernis der „Bearbeitung grenzüberschreitender Sachverhalte" hinweist.

[104] Vorbild ist hier Art. 54 Abs. 4 S. 2, 3 VO (EU) 2018/1725 des Europäischen Parlaments und des Rates v. 23.10.2018 zum Schutz natürlicher Personen bei der Verarbeitung personenbezogener Daten durch die Organe, Einrichtungen und sonstigen Stellen der Union, zum freien Datenverkehr und zur Aufhebung der VO (EG) Nr. 45/2001 und des Beschlusses Nr. 1247/2002/EG, ABl. 2018 L 295, 39.

[105] Beispiele aus Sachsen nennt Gierschmann/Schlender/Stentzel/Veil/*Kreul* DS-GVO Art. 52 Rn. 24.

Unabhängigkeit 28, 29 **Art. 52**

können diese Haushaltspläne der Datenschutz-Aufsichtsbehörde Teil des gesamten Staatshaushalts oder nationalen Haushalts sein – entweder als eigene Haushaltslinie[106] oder auch als haushaltsrechtlicher Teil eines Ressortbudgets (zB des Justiz- oder Innenministeriums) – oder separat von diesem[107] verabschiedet werden. Maßgeblich für die Unabhängigkeit ist allein, dass die Datenschutz-Aufsichtsbehörde selbst einen Haushaltsvoranschlag für die von ihr als erforderlich angesehenen Ausgaben aufstellen und diese Ausgaben entsprechend der von ihr für relevant gehaltenen Prioritäten gewichten kann. Ob der Haushaltsvoranschlag der Datenschutz-Aufsichtsbehörde so oder mit Änderungen in den endgültigen Haushalt übernommen wird, entscheidet die Haushaltsbehörde (in aller Regel das nationale Parlament) nach übergeordneten politischen und fiskalischen Gesichtspunkten, an welche auch die Datenschutz-Aufsichtsbehörde gebunden ist. Wegen des Erfordernisses der völligen Unabhängigkeit gemäß Art. 52 Abs. 1, 2 ist es der Haushaltsbehörde allerdings untersagt, die Mittelzuweisung an bestimmte Bedingungen zu knüpfen (zB Gewährung eines budgetären „Erfolgsbonus" für eine besonders harte oder zurückhaltende Anwendung des Datenschutzrechts). Finanziell kann eine Datenschutz-Aufsichtsbehörde also mit den ihr haushaltsrechtlich zugewiesenen Mitteln unabhängig verfahren.

Gebunden bleibt eine Datenschutz-Aufsichtsbehörde stets an die für alle staatlichen Stellen **28** geltenden Regeln über die **Finanzkontrolle**. Denn auch die völlige Unabhängigkeit in Fragen des Datenschutzes rechtfertigt weder eine verschwenderische Mittelverwendung noch eine Missachtung von Vorkehrungen zur Betrugs- und Korruptionsbekämpfung. Art. 52 Abs. 6 stellt daher klar, dass jede Aufsichtsbehörde hinsichtlich ihrer Ausgaben einer Finanzkontrolle unterliegt (vgl. Erwägungsgrund 118). Sowohl der jeweilige Rechnungshof als auch externe Betrugsbekämpfer sind somit berechtigt, die Buchführung und das Ausgabenverhalten der unabhängigen Datenschutz-Aufsichtsbehörde zu überprüfen.[108]

C. Rechtsschutz

Kommt es zu einer Beeinträchtigung der in Art. 52 umfassend geschützten Unabhängigkeit **29** der nationalen Datenschutz-Aufsichtsbehörden, so steht zunächst den Datenschutz-Aufsichtsbehörden selbst sowie ihren Mitgliedern der Rechtsweg zu den nationalen Gerichten offen. Dabei können sich die Datenschutzaufseher gegenüber dem betreffenden Mitgliedstaat direkt auf die Vorgaben des Art. 52 berufen, denn diese sind durchweg **unmittelbar anwendbar**.[109] Dies gilt ohne Zweifel für die vollständig und unbedingt formulierten Abs. 1–3 des Art. 52.[110] Es gilt allerdings auch für die Vorgaben zur angemessenen Ressourcenausstattung, zur unabhängigen Personalauswahl und zur finanziellen Unabhängigkeit,[111] auch wenn Art. 52 Abs. 4–6 sich zunächst an die Mitgliedstaaten richten und diesen weiteres Handeln vorschreiben. Denn die jeweiligen Verpflichtungen der Mitgliedstaaten sind zwar noch im konkreten Einzelfall durchzuführen und auszufüllen, sind aber als solche jeweils so klar und unbedingt formuliert, dass sich

---

[106] Vorbild ist insofern die spezifische Haushaltslinie für den Haushalt des Europäischen Datenschutzbeauftragten im Gesamthaushalt der EU; vgl. Art. 54 Abs. 3 VO (EU) 2018/1725 des Europäischen Parlaments und des Rates v. 23.10.2018 zum Schutz natürlicher Personen bei der Verarbeitung personenbezogener Daten durch die Organe, Einrichtungen und sonstigen Stellen der Union, zum freien Datenverkehr und zur Aufhebung der VO (EG) Nr. 45/2001 und des Beschlusses Nr. 1247/2002/EG, ABl. 2018 L 295, 39. Allerdings hat der EuGH insofern festgestellt, dass die Mitgliedstaaten dieses Vorbild in haushaltsrechtlicher Hinsicht nicht unbedingt folgen müssen, solange eine anderweitige haushaltsrechtliche Zuweisung die Aufsichtsbehörde nicht daran hindert, ihre Aufgaben in völliger Unabhängigkeit wahrzunehmen; vgl. EuGH (Große Kammer) Urt. v. 16.10.2012 – C-614/10, ECLI:EU:C:2012:631 = ZD 2012, 563 – Kommission/Österreich, Rn. 58.
[107] Vorbild insofern sind die Finanzmittel der EZB, die gem. Art. 314 Abs. 1 UAbs. 1 S. 1 AEUV nicht Teil des EU-Gesamthaushalts sind.
[108] Analog hierzu ist die Betrugsbekämpfung bei der Europäischen Zentralbank durch das unabhängige Europäische Betrugsbekämpfungsamt grds. kein Eingriff in deren Unabhängigkeit; vgl. EuGH Urt. v. 10.7.2003 – C-11/00, ECLI:EU:C:2003:395 = EuR 2003, 847 – Kommission/EZB, Rn. 137 ff.
[109] Ebenso im Grundsatz Gola/Heckmann/*Nguyen* DS-GVO Art. 51 Rn. 1; vgl. auch Paal/Pauly/*Körffer* DS-GVO Art. 52 Rn. 2, für die allerdings nur Abs. 1–3 unmittelbar anwendbar sind. Dem ist entgegenzuhalten, dass auch die übrigen Absätze so klare und unbedingte Pflichten der Mitgliedstaaten enthalten, dass sie nach europarechtlichen Maßstäben (die für die Begründung von individuellen Rechtspositionen keinen Schutznormcharakter der relevanten Norm verlangen) ebenfalls als unmittelbar anwendbar zu qualifizieren sind.
[110] Ebenso Paal/Pauly/*Körffer* DS-GVO Art. 52 Rn. 2.
[111] Wohl anders Paal/Pauly/*Körffer* DS-GVO Art. 52 Rn. 2.

ihnen unmittelbar Rechte für die nationalen Datenschutz-Aufsichtsbehörden entnehmen lassen, welche die nationalen Behörden und Gerichte zu beachten haben, sind also ebenfalls unmittelbar anwendbar. Zwar haben die Mitgliedstaaten einen gewissen Spezifizierungsspielraum, wenn sie darüber entscheiden, wieviel Personal, welche Sachmittel und welche Finanzmittel einer Datenschutz-Aufsichtsbehörde auf deren Antrag hin jeweils zugewiesen werden müssen. Jedoch kann eine nationale Datenschutz-Aufsichtsbehörde, die angesichts der mit der DS-GVO erheblich gewachsenen Aufgabenfülle personell, sachlich und/oder finanziell deutlich unterausgestattet ist, hiergegen mit Aussicht auf Erfolg gegen den betreffenden Mitgliedstaat zu Gericht ziehen (vgl. Art. 58 Abs. 5). Bei EU-rechtlichen Auslegungsfragen ist in einem solchen **Gerichtsverfahren zwischen Datenschutz-Aufsichtsbehörde und Mitgliedstaat** ein Vorabentscheidungsverfahren seitens eines nationalen Gerichts an den EuGH stets möglich (Art. 267 UAbs. 2 AEUV) und in letzter Instanz obligatorisch (Art. 267 UAbs. 3 AEUV).

30   Mängel in der Unabhängigkeit einer nationalen Datenschutz-Aufsichtsbehörde können auch von Bürgern und Unternehmen geltend gemacht werden, die sich gegen einen rechtsverbindlichen Beschluss einer nationalen Datenschutz-Aufsichtsbehörde zur Wehr setzen (vgl. Art. 78 Abs. 1) oder ein rechtswidriges Unterlassen seitens der Datenschutz-Aufsichtsbehörde beanstanden (vgl. Art. 78 Abs. 2). In einem entsprechenden Verfahren kann zB vorgebracht werden, dass der Beschluss der Datenschutz-Aufsichtsbehörde rechtswidrig ist, da er aufgrund einer unzulässigen Einflussnahme Dritter und damit unter Verstoß gegen Art. 52 Abs. 2 zustande kam. Denkbar ist auch, dass eine gegen Art. 52 Abs. 4 verstoßende mangelhafte Ausstattung der Datenschutz-Aufsichtsbehörde kausal für deren Unterlassen einer datenschutzrechtlich erforderlichen Maßnahme ist. Auch in solchen **Gerichtsverfahren zwischen Datenschutz-Aufsichtsbehörden und Grundrechtsträgern bzw. Wirtschaftsteilnehmern** ist ein Vorabentscheidungsverfahren seitens eines nationalen Gerichts an den EuGH stets möglich (Art. 267 UAbs. 2 AEUV) und in letzter Instanz obligatorisch (Art. 267 UAbs. 3 AEUV).

31   Schließlich kann die Kommission gegen einen Mitgliedstaat, in dem die Vorgaben des Art. 52 nicht beachtet und durchgeführt werden, gemäß Art. 258 AEUV ein **Vertragsverletzungsverfahren** gegen diesen einleiten. Bislang hat die Europäische Kommission bereits auf Grundlage der DS-RL mit Erfolg solche Vertragsverletzungsverfahren gegen Deutschland, Österreich und Ungarn eingeleitet und auf diese Weise eine erhebliche Bekräftigung der im Unionsprimärrecht geforderten und im Unionssekundärrecht konkretisierten völligen Unabhängigkeit der nationalen Datenschutz-Aufsichtsbehörden durchsetzen können.[112]

D. Nationale Durchführung

32   Art. 52 ist in allen[113] seinen Absätzen so hinreichend klar und unbedingt formuliert, also unmittelbar anwendbar, dass eine weitere Durchführung durch nationale Rechtsvorschriften an sich nicht erforderlich ist (→ Rn. 17). Insbesondere das Gebot der völligen Unabhängigkeit (Abs. 1), das Weisungs- und Beeinflussungsverbot (Abs. 2) und das Integritätsgebot (Abs. 3) belassen für nationale Durchführungen keinen Spielraum; nationale Bestimmungen zu diesen Fragen sind daher ein Grundsatz weder erforderlich noch (wegen des europarechtlichen **Umsetzung- und Normwiederholungsverbot** → Einl. Rn. 86, 98) erlaubt, sofern nicht in anderen Bestimmungen der DS-GVO eine nationale Spezifizierung explizit vorgesehen sind; dies ist beim Integritätsgebot wegen der ausdrücklichen Regelung in Art. 54 Abs. 1 lit. f – die eine obligatorische Spezifizierungsklausel darstellt (→ Einl. Rn. 89, 92) der Fall. Problematisch ist es vor diesem Hintergrund, wenn nationale Durchführungsgesetze zur DS-GVO den Wortlaut der Art. 52 Abs. 1–3 einfach reproduzieren, ohne dabei auf deren europarechtliche Herkunft aus der

---

[112] EuGH (Große Kammer) Urt. v. 9.3.2010 – C-518/07, ECLI:EU:C:2010:125 = EuZW 2010, 296 – Kommission/Deutschland; EuGH (Große Kammer) Urt. v. 16.10.2012 – C-614/10, ECLI:EU:C:2012:631 = ZD 2012, 563 – Kommission/Österreich; EuGH (Große Kammer) Urt. v. 8.4.2014 – C-288/12, ECLI:EU:C:2014:237 = ZD 2014, 301 – Kommission/Ungarn.
[113] Ebenso im Grundsatz Gola/Heckmann/*Nguyen* DS-GVO Art. 51 Rn. 1; vgl. auch Paal/Pauly/*Körffer* DS-GVO Art. 52 Rn. 2, für die allerdings nur Abs. 1–3 unmittelbar anwendbar sind. Vorbild ist insofern die spezifische Haushaltslinie für den Haushalt des Europäischen Datenschutzbeauftragten im Gesamthaushalt der EU; vgl. Art. 54 Abs. 3 VO (EU) 2018/1725. Allerdings hat der EuGH insofern festgestellt, dass die Mitgliedstaaten diesem Vorbild in haushaltsrechtlicher Hinsicht nicht unbedingt folgen müssen, solange eine anderweitige haushaltsrechtliche Zuweisung die Aufsichtsbehörde nicht daran hindert, ihre Aufgaben in völliger Unabhängigkeit wahrzunehmen; vgl. EuGH (Große Kammer) Urt. v. 16.10.2012 – C-614/10, ECLI:EU:C:2012:631 = ZD 2012, 563 – Kommission/Österreich, Rn. 58.

unmittelbar geltenden DS-GVO jedenfalls hinzuweisen. So kann unnötigerweise erhebliche Unklarheit über die europarechtlich direkte Geltung der Norm ausgelöst werden.

Europarechtlich problematisch formuliert ist vor diesem Hintergrund **§ 10 S. 1 BDSG**, der das **Gebot der völligen Unabhängigkeit** gemäß Art. 52 Abs. 1 für die oder den Bundesbeauftragte(n) für den Datenschutz und die Informationsfreiheit als Datenschutz-Aufsichtsbehörde für die öffentlichen Stellen des Bundes wiederholt. Eine genaue Reproduktion des Wortlauts des Weisungs- und Beeinflussungsverbot gemäß Art. 52 Abs. 2 enthält auch **§ 10 S. 2 BDSG**. Ebenso aus dem Blickwinkel des Umsetzung- und Normwiederholungsverbots europarechtlich bedenklich ist **§ 13 Abs. 1 S. 1 BDSG**, der das **Integritätsgebot** gemäß Art. 52 Abs. 3 praktisch wörtlich wiederholt. Aus Gründen der europarechtlich gebotenen Rechtsklarheit wäre es bei allen drei Normen notwendig und sinnvoll gewesen, jedenfalls einleitend stets auf den europarechtlichen Hintergrund hinzuweisen (zB „In Durchführung von Art. 52 Abs. 1 DS-GVO handelt die oder der Bundesbeauftragte bei der Erfüllung ihrer oder seiner Aufgaben und bei der Ausübung ihrer oder seiner Befugnisse völlig unabhängig"). Zwar kann der deutsche Bundesgesetzgeber darauf verweisen, dass er parallel zur Durchführung der DS-GVO auch die gleichzeitig erlassene Richtlinie (EU) 2016/680 (sog. Polizei-RL,[114] → Einl. Rn. 41, 46, 62; → Art. 2 Rn. 12 f.) umzusetzen hatte, die gemäß ihrem Art. 42 die Mitgliedstaaten verpflichtet, die völlige Unabhängigkeit ihrer für die Überwachung des Datenschutzes im Bereich der polizeilichen und justiziellen Zusammenarbeit zuständigen Aufsichtsbehörden durch national zu erlassene Rechtsvorschriften sicherzustellen. Ein entsprechender gesetzlicher Verweis darauf, dass die mit der Durchsetzung der DS-GVO betrauten, gemäß Art. 52 Abs. 1 völlig unabhängigen Datenschutz-Aufsichtsbehörden auch für die Durchsetzung der Polzei-RL zuständig sind, hätte dafür allerdings völlig ausgereicht. Für die Praxis ist dem Rechtsanwender dringend zu empfehlen, im Anwendungsbereich der DS-GVO die genannten Wiederholungs-Regelungen des BDSG außer Acht zu lassen und direkt mit den vorrangig geltenden und unmittelbar anwendbaren Bestimmungen der DS-GVO zu arbeiten. Deutlich besser geglückt als die bundesgesetzliche Regelung sind die entsprechenden Vorgaben in einigen[115] Landesdatenschutzgesetzen. Europarechtsfreundlich ist zB die Redaktionstechnik im Landesdatenschutzgesetz von Thüringen, wo auf die entsprechenden Vorschriften der DS-GVO in Klammerzusätzen zu den Überschriften der relevanten Durchführungsbestimmungen hingewiesen wird.[116] Auch das bayerische Landesdatenschutzgesetz[117] macht in Art. 19 BayDSG nicht nur die europarechtliche Herkunft durch einen der Artikelüberschrift hinzugefügten Klammerzusatz („zu Art. 52 bis 54 DSGVO") deutlich, sondern unterlässt eine Wiederholung des Inhalts des Art. 52 Abs. 1 und 2 gänzlich; zu Art. 52 Abs. 3 formuliert Art. 19 Abs. 4 BayDSG – entsprechend dem Präzisierungsauftrag in Art. 54 Abs. 1 lit. f – eine ausführliche Liste inkompatibler Tätigkeiten,[118] die im Ergebnis für

---

[114] Richtlinie (EU) 2016/680 des Europäischen Parlaments und des Rates v. 27.4.2016 zum Schutz natürlicher Personen bei der Verarbeitung personenbezogener Daten durch die zuständigen Behörden zum Zwecke der Verhütung, Ermittlung, Aufdeckung oder Verfolgung von Straftaten oder der Strafvollstreckung sowie zum freien Datenverkehr und zur Aufhebung des Rahmenbeschlusses 2008/977/JI des Rates, ABl. 2016 L 119, 89, ber. ABl. 2018 L 127, 9, ber. ABl. 2021 L 74, 36. Zu dieser sog. Polizei-RL Knyrim DS-GVO/*Wildpanner-Gugatschka* S. 389; Knyrim DS-GVO/*Dörnhöfer* S. 401; *Kugelmann* DuD 2012, 581.

[115] Vgl. aber § 8 Abs. 2 HDSIG v. 3.5.2018, GVBl. 2018, 82, zuletzt geänd. am 15.1.2021, GVBl. 2021 S. 718, 729, der in S. 1 die geforderte völlig Unabhängigkeit des Landesdatenschutzbeauftragten nur unvollständig übernimmt („Die oder der Hessische Datenschutzbeauftragte handelt in Ausübung ihres oder seines Amtes unabhängig und ist nur dem Gesetz unterworfen") und in S. 2 eine europarechtlich problematische Normwiederholung enthält. Ähnlich verhält es sich in Hamburg, wo die Unabhängigkeit des Landesdatenschutzbeauftragten zwar heute den Status von Landesverfassungsrecht hat; der maßgebliche Art. 60a Abs. 2 der Verfassung der Freien und Hansestadt Hamburg („Die beziehungsweise der Hamburgische Beauftragte für Datenschutz und Informationsfreiheit ist unabhängig und nur dem Gesetz unterworfen.") enthält aber ebenfalls europarechtlich bedenkliche Normabweichungen und Normwiederholungen.

[116] Vgl. zB § 3 DSG Thüringen v. 6.6.2018, GVBl. 2018 S. 229, wo im Klammerzusatz auf die Art. 51–54 DS-GVO als europarechtlicher Hintergrund für die Durchführungsbestimmungen zum Landesdatenschutzbeauftragten hingewiesen wird. Bremen hat sich von vornherein zum Erlass eines Ausführungsgesetzes zur DS-GVO entschieden; vgl. das BremDSGVOAG v. 8.5.2018, Brem.GBl. 2018 S. 131.

[117] BayDSG v. 15.5.2018, GVBl. 2018, 229.

[118] Art. 19 Abs. 4 BayDSG v. 15.5.2018, GVBl. 2018, 229, verbietet dem Leiter des (in Bayern für den Datenschutz im nicht-öffentlichen Bereich zuständigen) Bayerischen Landesamts für Datenschutzaufsicht insbes., während seiner Amtszeit und für zwei Jahre lang nach Ausscheiden aus dem Amt, ein Gewerbe, einen Beruf oder ein anderes bezahltes Amt auszuüben. Er darf weder der Leitung noch dem Aufsichts- oder Verwaltungsrat eines auf Erwerb ausgerichteten Unternehmens angehören. Untersagt ist es ihm auch, einer Regierung, einer gesetzgebenden Körperschaft des Bundes oder eines Landes oder einem kommunalen

den Leiter der Datenschutz-Aufsichtsbehörden (das sind in Bayern sowohl der Landesdatenschutzbeauftragte als auch der Leiter des Landesamtes für Datenschutzaufsicht) eine Pflicht zur Hauptamtlichkeit begründen, wie sie dem Geist der DS-GVO ohnehin entspricht (→ Rn. 20). **Europarechtswidrig** ist allerdings die in **Art. 33a Abs. 3 S. 2 der Verfassung des Freistaates Bayern** nach wie vor (Stand Januar 2024) enthaltene **Dienstaufsicht des Landtagspräsidenten über den Bayerischen Landesbeauftragten für Datenschutz;** diese Vorschrift darf wegen Verstoßes das Gebot der völligen Unabhängigkeit in Art. 52 Abs. 1, 2 DS-GVO, die gegenüber einer staatlichen Aufsicht „gleich welcher Art" und damit auch gegenüber einer parlamentarischen Dienstaufsicht gilt (→ Rn. 9, 17), nicht angewendet werden und muss zügig gestrichen werden.[119] Entsprechendes gilt für die in **Art. 47 Abs. 1 S. 2 der Verfassung von Berlin** vorgesehene **Dienstaufsicht des Präsidenten des Abgeordnetenhauses über den Berliner Datenschutzbeauftragten**.[120]

34 Rechtsklar und europarechtlich konsequent folgt der österreichische Bundesgesetzgeber den Vorgaben der DS-GVO. Er stellt in **§ 19 DSG** für die Datenschutzbehörde keine weiteren Regelungen zu den Bestimmungen der DS-GVO zur völligen Unabhängigkeit oder zum Weisungs- und Beeinflussungsverbot auf – da ja Art. 52 Abs. 1 und 2 DS-GVO unmittelbar gelten und unmittelbar anwendbar sind – und präzisiert nur das Integritätsgebot in § 19 Abs. 2 DSG, was gemäß Art. 54 Abs. 1 lit. f ausdrücklich geboten ist. Als mit dem Amt nicht zu vereinbarende Tätigkeiten definiert § 19 Abs. 2 UAbs. 1 DSG alle Tätigkeiten des Leiters der Datenschutzbehörde, die Zweifel an der unabhängigen Ausübung seines Amtes oder seiner Unabhängigkeit hervorrufen, ihn bei der Erfüllung seiner dienstlichen Aufgaben behindern oder wesentliche dienstliche Interessen gefährden könnten; eine Liste von mit der Tätigkeit des Leiters der Datenschutzbehörde von vornherein unvereinbaren Ämtern (zB Staatssekretär, Volksanwalt, Präsident des Rechnungshofes) enthält § 20 Abs. 3 DSG, der insofern negative Ernennungsvoraussetzungen formuliert. § 19 Abs. 2 UAbs. 2 DSG sieht darüber hinaus eine Notifizierungspflicht vor. Danach hat der Leiter der Datenschutzbehörde in jedem Fall Tätigkeiten, die er neben seiner Tätigkeit als Leiter der Datenschutzbehörde ausübt, unverzüglich dem österreichischen Bundeskanzler zur Kenntnis zu bringen. Zwar hat der Bundeskanzler wegen der institutionell zu verstehenden völligen Unabhängigkeit der Datenschutzbehörde[121] nicht mehr wie früher die Dienstaufsicht über diese, so dass der Bundeskanzler eine Tätigkeit des Leiters der Datenschutzbehörde, die gegen das Integritätsgebot gemäß Art. 52 Abs. 3 iVm § 19 Abs. 2 UAbs. 2 DSG verstoßen würde, nicht direkt sanktionieren könnte. Mit der Notifizierung wird allerdings ein Mindestmaß an externer Information gewährleistet, über die erforderlichenfalls eine kritische Öffentlichkeit (zB gegenüber dem Nationalrat) hergestellt werden kann, bevor gegebenenfalls bei einem nachgewiesenen Verstoß gegen das Integritätsgebot das Amtsenthebungsverfahren gemäß Art. 53 Abs. 4 einzuleiten ist.

35 Was die in Art. 52 Abs. 4–6 vorgesehene Pflicht der Mitgliedstaaten angeht, eine **angemessene Ressourcenausstattung** der Datenschutz-Aufsicht sowie deren Unabhängigkeit in Personal- und Finanzfragen sicherzustellen, so handelt es sich dabei zwar um abstrakt formulierte, aber dennoch um derart klare und unbedingte Rechtspflichten der Mitgliedstaaten, dass sich betroffene Datenschutz-Aufseher, Bürger, Wirtschaftsteilnehmer und Behörden direkt auf diese Bestimmungen berufen können, auch wenn nationale Durchführungs- und Konkretisierungsmaßnahmen ohne Zweifel deren praktische Wirksamkeit erhöhen können. Zu beachten ist ferner, dass Art. 52 Abs. 4–6 eher durch praktische Maßnahmen (zB Mittel- und Personalzuweisungen) als

---

Vertretungsorgan anzugehören. Schließlich darf er nicht gegen Vergütung als Schiedsrichter tätig sein, außergerichtliche Gutachten abgeben oder Vorträge halten und auch keinerlei sonstige Tätigkeiten ausüben, die mit dem Amt zu vereinbaren sind oder die Unabhängigkeit beeinträchtigen können. Dies lässt europarechtskonform nur ehrenamtliche Vortragstätigkeiten und Hochschulvorlesungen als Nebentätigkeit zu.

[119] Ebenso Kühling/Buchner/*Boehm*, 4. Aufl. 2024, DS-GVO Art. 52 Rn. 19; sowie Gola/Heckmann/*Nguyen* DS-GVO Art. 52 Rn. 10.
[120] Für europarechtswidrig hält diese Berliner Regelung auch Gola/Heckmann/*Nguyen* DS-GVO Art. 52 Rn. 10; ebenso Berliner Beauftragter für Datenschutz und Informationsfreiheit Jahresbericht 2019, S. 202 ff., 203: „Die in der Berliner Verfassung noch immer geregelte Dienstaufsicht der Berliner Beauftragten für Datenschutz und Informationsfreiheit durch den Präsidenten des Abgeordnetenhauses verstößt gegen Art. 52 Abs. 1 und 2 DS-GVO. Eine andere Auslegung lässt die Entscheidung des EuGH in seinem Urteil gegen Österreich nicht zu."
[121] Vgl. EuGH (Große Kammer) Urt. v. 16.10.2012 – C-614/10, ECLI:EU:C:2012:631 = ZD 2012, 563 – Kommission/Österreich, Rn. 49–51, 59.

durch gesetzliche Regelungen durchzuführen sind. In den in Ausführung der DS-GVO erlassenen nationalen Datenschutzgesetzen finden sich denn auch, wenn überhaupt, nur sehr vereinzelte Bestimmungen, welche die Vorgaben der Art. 52 Abs. 4–6 ausgestalten, spezifizieren oder bekräftigen. In Österreich beschränkt sich **§ 19 Abs. 1 DSG** darauf, die Datenschutzbehörde als „eine Dienstbehörde und Personalstelle" zu qualifizieren, was vom Willen des Gesetzgebers zeugt, die Datenschutzbehörde materiell und personell angemessen auszustatten. Weitere ausführende Bestimmungen zu Art. 52 Abs. 4–6 gibt es im DSG nicht. In Deutschland enthält das 2018 neu gefasste BDSG ebenfalls keine Vorgaben zur Ressourcenausstattung der oder des Bundesbeauftragten für den Datenschutz und die Informationsfreiheit, sondern setzt voraus, dass eine „oberste Bundesbehörde" (**§ 8 Abs. 1 BDSG**) mit ausreichenden materiellen und personellen Ressourcen auszustatten ist. Entsprechendes gilt auf Länderebene, wo die angemessene Ressourcenausstattung der Landesdatenschutzbeauftragten in aller Regel direkt aus der Errichtungsregelung folgt.[122] Zur **Unabhängigkeit in Personalfragen** enthalten die Datenschutzgesetze der Länder teilweise recht ausführliche Regelungen.[123] Der Bundesgesetzgeber präzisiert dagegen in **§ 8 Abs. 3 S. 1 BDSG** lediglich, dass „Aufgaben der Personalverwaltung und Personalwirtschaft" der oder des Bundesbeauftragten auf andere Stellen des Bundes übertragen werden können, „soweit hierdurch die Unabhängigkeit der oder des Bundesbeauftragten nicht beeinträchtigt wird."[124] Mit Art. 52 Abs. 4 ist diese Regelung vereinbar, da es sich bei diesem möglichen Outsourcing nicht um Entscheidungen in Personalfragen handelt, sondern um mit dem Personalmanagement verbundene technische Fragen wie zB die Organisation von Bewerbungsverfahren, die Urlaubszeitenregelung oder die Registrierung von Krankmeldungen (→ Rn. 26). Zur europarechtlich gebotenen Unabhängigkeit in Finanzfragen enthält **§ 10 Abs. 2 BDSG** eine zulässige Präzisierung zu Art. 52 Abs. 6, indem er die Rechnungsprüfung der oder des Bundesbeauftragten dem Bundesrechnungshof zuweist, „soweit hierdurch ihre oder seine Unabhängigkeit nicht beeinträchtigt wird." Einige Landesdatenschutzgesetze enthalten entsprechende Regelungen.[125]

---

[122] Vgl. zB Art. 15 Abs. 1 S. 1 BayDSG v. 15.5.2018, GVBl. 2018, 229; § 25 Abs. 1 S. 1, Abs. 2 S. 1 DSG NRW v. 17.5.2018, GV. 2018, 244, 278, 404; § 19 Abs. 1 HmbDSG v. 18.5.2018, HmbGVBl. 2018, 145, zuletzt geänd. durch Gesetz v. 24.1.2023, HmbGVBl. 2023, 67. Ebenso explizit wie ausf. ist die Ressourcenausstattung in § 4 Abs. 6 S. 1 DSG Thüringen v. 6.6.2018, GVBl. 2018, 229, geregelt: „Dem Landesbeauftragten für den Datenschutz sind die für die Erfüllung seiner Aufgaben und Befugnisse nötige personelle, finanzielle, technische Ausstattung sowie Räumlichkeiten und Infrastruktur zur Verfügung zu stellen; entsprechende Haushaltsmittel sind im Einzelplan des Landtags in einem eigenen Kapitel auszuweisen."
[123] Explizit präzisiert ist die Unabhängigkeit in Personalfragen zB beim Landesdatenschutzbeauftragten von Nordrhein-Westfalen. Europarechtskonform heißt es dort in § 25 Abs. 2 S. 2, 3 DSG NRW v. 17.5.2018, GV. 2018, 244, 278, 404, dass die oder der Landesdatenschutzbeauftragte Entscheidungen nach dem Beamtenstatusgesetz des Landes „für sich und ihre oder seine Bediensteten in eigener Verantwortung" trifft und dass die Bediensteten „nur ihren oder seinen Weisungen" unterstehen. IÜ werden die beamtenrechtlichen Angelegenheiten für den Landesdatenschutzbeauftragten und seine Bediensteten gem. § 25 Abs. 4 DSG NRW vom Innenministerium des Landes betreut, was mit Art. 52 Abs. 4 vereinbar ist, da gleichzeitig die Maßgabe formuliert wird, „dass die Wahrnehmung der Zuständigkeit die Unabhängigkeit der oder des Landesbeauftragten für Datenschutz und Informationsfreiheit nicht beeinträchtigt." Ferner heißt es in § 25 Abs. 7 DSG NRW, dass die oder der Landesdatenschutzbeauftragte für „alle beamten- und disziplinarrechtlichen Entscheidungen" sowie für „alle arbeitsrechtlichen Entscheidungen ihren oder seinen Beschäftigten gegenüber" zuständig ist, was die unabhängige Personalhoheit der Datenschutzaufsicht in Nordrhein-Westfalen in europarechtskonformer Weise umfassend absichert. Vgl. ferner Art. 60a Abs. 6 der Verfassung der Freien und Hansestadt Hamburg: „Abweichend von Artikel 45 ernennt und entlässt die beziehungsweise der Hamburgische Beauftragte für Datenschutz und Informationsfreiheit die Beamtinnen und Beamten seiner Behörde."
[124] Eine wortgleiche Vorschrift hat der bayerische Landesgesetzgeber in Art. 18 Abs. 4 S. 1 BayDSG v. 15.5.2018, GVBl. 2018, 229, für das Landesamt für Datenschutzaufsicht aufgenommen.
[125] Vgl. zB § 21 Abs. 6 HmbDSG v. 18.5.2018, HmbGVBl. 2018, 145, zuletzt geänd. durch Gesetz v. 24.1.2023, HmbGVBl. 2023, 67; § 25 Abs. 6 S. 3 DSG NRW v. 17.5.2018, GV. 2018, 244, 278, 404; § 4 Abs. 6 S. 2 DSG Thüringen v. 6.6.2018, GVBl. 2018, 229. Europarechtlich problematisch erscheint § 8 Abs. 3 HDSIG v. 3.5.2018, GVBl. 2018, 82, zuletzt geänd. am 15.1.2021, GVBl. 2021, 718, 729, der den Landesdatenschutzbeauftragten der Rechnungsprüfung durch den Landesrechnungshof unterstellt, ohne dabei auf Art. 52 Abs. 6 zu verweisen oder zumindest (wie § 10 Abs. 2 BDSG) zu präzisieren, dass diese Kontrolle die Unabhängigkeit des Landesdatenschutzbeauftragten nicht beeinträchtigen darf.

Art. 53 Allgemeine Bedingungen für die Mitglieder der Aufsichtsbehörde

(1) Die Mitgliedstaaten sehen vor, dass jedes Mitglied ihrer Aufsichtsbehörden im Wege eines transparenten Verfahrens ernannt wird, und zwar
- vom Parlament,
- von der Regierung,
- vom Staatsoberhaupt oder
- von einer unabhängigen Stelle, die nach dem Recht des Mitgliedstaats mit der Ernennung betraut wird.

(2) Jedes Mitglied muss über die für die Erfüllung seiner Aufgaben und Ausübung seiner Befugnisse erforderliche Qualifikation, Erfahrung und Sachkunde insbesondere im Bereich des Schutzes personenbezogener Daten verfügen.

(3) Das Amt eines Mitglieds endet mit Ablauf der Amtszeit, mit seinem Rücktritt oder verpflichtender Versetzung in den Ruhestand gemäß dem Recht des betroffenen Mitgliedstaats.

(4) Ein Mitglied wird seines Amtes nur enthoben, wenn es eine schwere Verfehlung begangen hat oder die Voraussetzungen für die Wahrnehmung seiner Aufgaben nicht mehr erfüllt.

Literatur: *Albrecht/Jotzo*, Das neue Datenschutzrecht der EU, 2016, Teil 7, B: Unabhängigkeit, S. 108; *Balthasar*, Was heißt „völlige Unabhängigkeit" bei einer staatlichen Verwaltungsbehörde? Zugleich eine Auseinandersetzung mit dem Urteil des EuGH vom 9.3.2010 – C-518/07 (Kommission/Deutschland), ZÖR 2012, 5; *Bernhardt/Ruhmann/Schuler/Weichert*, Zum Auswahlprozess von Datenschutzbeauftragten als Leitung der Aufsichtsbehörden. Herausforderungen und Umsetzungsfragen zur Datenschutzgrundverordnung. Gutachten des Netzwerks Datenschutzexpertise, Stand: 3.2.2017 (abrufbar unter www.netzwerk-datenschutz-expertise.de/sites/default/files/gut_2016_auswahlblfdi6.pdf); *Bernhardt/Ruhmann/Schuler/Weichert*, Die Bestellung der Leitung von Datenschutz-Aufsichtsbehörden in Deutschland. Gutachten des Netzwerks Datenschutzexpertise, Stand: 1.12.2021 (abrufbar unter www.netzwerk-datenschutzexpertise.de/sites/default/files/gut_2021_bestellgbfdilfd03.pdf); *Brink/Kranig*, ZD-Interview: Anforderungen und Auswahl von Leitungspersonen der Datenschutzaufsicht nach der DS-GVO, ZD 2023, 423; *Bull*, Die „völlig unabhängige" Aufsichtsbehörde. Zum Urteil des EuGH vom 9.3.2010 in Sachen Datenschutzaufsicht, EuZW 2010, 488; *Council of Europe, Consultative Committee of the Convention for the Protection of Individuals with Regard to Automatic Processing of Personal Data, Convention 108*, Compilation of Answers to the Questionnaire of Supervisory Authorities' Governance Models, T-PD(2018)24 rev, 11.5.2020 (abrufbar unter https://rm.coe.int/t-pd-2018-24-rev2-compilation-supervisory-authorities-06-05-2019-en-cl/1680a054e4); *Dammann/Simitis*, EG-Datenschutzrichtlinie. Kommentar, 1997; *European Union Fundamental Rights Agency (FRA)*, Datenschutz in der EU: die Rolle der nationalen Datenschutzbehörden (Stärkung der Grundrechte-Architektur in der EU – Teil II), 2012; *Dehmel*, Rück- und Ausblick zur DS-GVO, ZD 2020, 62; *Frenzel*, „Völlige Unabhängigkeit" im demokratischen Rechtsstaat – Der EuGH und die mitgliedstaatliche Verwaltungsorganisation, DÖV 2010, 925; *Hüttl*, The content of 'complete independence' contained in the Data Protection Directive, International Data Privacy Law 2012, 137; *Jóri*, Shaping vs applying data protection law: two core functions of data protection authorities, International Data Privacy Law 2015, 133; *Kauff-Gazin*, Vers une conception européenne de l'indépendance des autorités de régulation?: à propos de l'affaire C-518/07, Commission c. Allemagne, Europe 2010, v. 20, n. 7, S. 12; *v. Lewinski*, Unabhängigkeit des Bundesbeauftragten für den Datenschutz und die Informationsfreiheit, ZG 2015, 228; *Nguyen*, Die zukünftige Datenschutzaufsicht in Europa, ZD 2015, 265; *Poullet*, L'autorité de contrôle: „vues" de Bruxelles, Revue française d'administration publique 1999, 69; *Roßnagel*, Unabhängigkeit der Datenschutzaufsicht, ZD 2015, 106; *Schild*, Die völlige Unabhängigkeit der Aufsichtsbehörden aus europarechtlicher Sicht – zugleich Überlegungen, die bestehende Vertragsverletzung im Bereich der Kontrollstellen nach Art. 28 EG-DS-RiLi der Bundesrepublik Deutschland endlich zu beenden, DuD 2010, 549; *Spiecker gen. Döhmann*, Anmerkung zu EuGH – Kommission/Bundesrepublik Deutschland, Rs. C-518/07, JZ 2010, 787; *Thomé*, Reform der Datenschutzaufsicht: Effektiver Datenschutz durch verselbständigte Aufsichtsbehörden, 2015; *Tinnefeld/Buchner*, Völlige Unabhängigkeit der Datenschutzkontrolle, DuD 2010, 581; *Weichert*, Privacy Champion oder Bananenrepublik?, ZD 2022, 73; *Weichert*, Die Ernennung von Mitgliedern nach Art. 53 DSGVO, DuD 2022, 375; *Ziebarth*, Demokratische Legitimation und Unabhängigkeit der deutschen Datenschutzbehörden, CR 2013, 60.

Rechtsprechung: EuGH (Große Kammer) Urt. v. 9.3.2010 – C-518/07, ECLI:EU:C:2010:125 = EuZW 2010, 296 – Kommission/Deutschland; EuGH (Große Kammer) Urt. v. 16.10.2012 – C-614/10, ECLI:EU:C:2012:631 = ZD 2012, 563 – Kommission/Österreich; EuGH (Große Kammer) Urt. v. 8.4.2014 – C-288/12, ECLI:EU:C:2014:237 = ZD 2014, 301 – Kommission/Ungarn; EuGH Urt. v. 19.10.2016 – C-424/15, ECLI:EU:C:2016:780 – Ormaetxea Garai u. Lorenzo Almendros/Administración del Estado; EuGH (Große Kammer) Urt. v. 26.2.2019 – C-202 und C-238/18, ECLI:EU:C:2019:139 – Rimševičs, EZB/Lettland; EuGH (Große Kammer) Urt. v. 24.6.2019 – C-619/18, ECLI:EU:C:2019:531 – Kommission/Polen (Unabhängigkeit

Allgemeine Bedingungen für die Mitglieder der Aufsichtsbehörde 1–3 **Art. 53**

des Obersten Gerichts); EuGH (Große Kammer) Urt. v. 5.11.2019 – C-192/18, ECLI:EU:C:2019:924 – Kommission/Polen (Unabhängigkeit der ordentlichen Gerichte); EuGH (Große Kammer) Urt. v. 5.6.2023 – C-204/21, ECLI:EU:C:2023:442 – Kommission/Polen (Unabhängigkeit und Privatleben von Richtern).

Übersicht

	Rn.
A. Allgemeines	1
I. Hintergrund und Zweck der Bestimmung	1
II. Systematik, Verhältnis zu anderen Bestimmungen	3
B. Einzelerläuterungen	5
I. Ernennungsverfahren (Abs. 1)	5
II. Ernennungsvoraussetzungen (Abs. 2)	8
III. Ordentliche Beendigung des Amtes (Abs. 3)	12
IV. Außerordentliche Beendigung des Amtes (Abs. 4)	14
C. Rechtsschutz	19
D. Nationale Durchführung	20

A. Allgemeines[*]

I. Hintergrund und Zweck der Bestimmung

Art. 53 soll die **persönliche Unabhängigkeit** des Mitglieds oder der Mitglieder jeder 1 nationalen Datenschutz-Aufsichtsbehörde absichern. Als persönliche Unabhängigkeit lässt sich die Freiheit des Mitglieds eines Organs oder einer Einrichtung verstehen, sein rechtlich vorgegebenes Mandat ohne jede direkte oder indirekte Einflussnahme erfüllen zu können. Zur Absicherung der persönlichen Unabhängigkeit regelt Art. 53 deshalb das Ernennungsverfahren, die Ernennungsvoraussetzungen sowie die Gründe für die ordentliche und außerordentliche Amtsbeendigung des Mitglieds bzw. der Mitglieder einer nationalen Datenschutz-Aufsichtsbehörde. **Erwägungsgrund 121** enthält weitere Hinweise zum Inhalt der Vorschrift.

Während **Art. 53 Abs. 1** den Mitgliedstaaten vier Varianten von mit der persönlichen Un- 2 abhängigkeit vereinbaren Ernennungsverfahren zur Auswahl stellt und von den Mitgliedstaaten somit eine **Spezifizierung** (→ Einl. Rn. 89 ff., 97) in nationalen Rechtsvorschriften fordert,[1] sind die Regelungen zu Ernennungsvoraussetzungen und Amtsbeendigungsgründen in **Art. 52 Abs. 2–4 europarechtlich abschließend** und damit **unmittelbar anwendbar**. Eine nationale Erweiterung der Ernennungsvoraussetzungen oder der Amtsbeendigungsgründe ist also nicht zulässig, sondern wäre europarechtlich unbeachtlich und müsste vom Rechtsanwender wegen des Vorrangs des EU-Rechts außer Acht gelassen werden. Zulässig und zum Teil geboten ist allerdings eine **Spezifizierung** der Vorschriften über die erforderlichen Qualifikationen und sonstigen Voraussetzungen in nationalen Rechtsvorschriften (vgl. die Spezifizierungsklausel in Art. 54 Abs. 1 lit. b) – also zB eine Vorgabe zur Länge des objektiv für erforderlich gehaltenen Studiums – sowie zu den Regeln für die Beendigung des Beschäftigungsverhältnisses (vgl. die Spezifizierungsklausel in Art. 54 Abs. 1 lit. a), die insbesondere formelle und vertragsrechtliche sowie pensionsrechtliche Spezifizierungen enthalten dürfen, sofern diese die Amtsbeendigungsgründe nicht materiell erweitern oder auf sonstige Weise die Unabhängigkeit der Datenschutzaufseher beeinträchtigen.

II. Systematik, Verhältnis zu anderen Bestimmungen

Mit Art. 53 hat der EU-Gesetzgeber eine weitere **Konkretisierung des Erfordernisses der** 3 **völligen Unabhängigkeit der Datenschutz-Aufsichtsbehörden** vorgenommen, das in

---

[*] Der Verfasser vertritt hier seine persönliche Auffassung, die nicht notwendig der Auffassung der Europäischen Kommission entspricht.
[1] Auch Art. 53 Abs. 1 ist aber trotz der notwendigen Spezifizierung auf nationaler Ebene – ebenso wie alle übrigen Vorschriften der DS-GVO (vgl. Art. 288 UAbs. 2 S. 2 AEUV; Art. 99 Abs. 2 DS-GVO) – unmittelbar geltendes Recht, bindet somit den nationalen Gesetzgeber und alle nationalen Stellen und schließt andere Ernennungsvarianten kraft Europarechts aus; die Vorschrift ist also unmittelbar geltend, aber bis zur nationalen Spezifizierung noch nicht unmittelbar anwendbar. Unklar Gola/Heckmann/*Nguyen/Stroh* DS-GVO Art. 53 Rn. 2, welche unmittelbare Geltung und unmittelbare Anwendbarkeit verwechseln; zutr. dagegen Paal/Pauly/*Körffer* DS-GVO Art. 53 Rn. 1.

Art. 53 4   Kapitel VI. Unabhängige Aufsichtsbehörden

Art. 52 Abs. 1 formuliert und ein wesentlicher Bestandteil des gemäß Art. 8 GRCh gewährleisteten Datenschutzgrundrechts ist (→ Art. 52 Rn. 1, 13). Es geht in Art. 53 nicht um die Unabhängigkeit der Datenschutz-Aufsichtsbehörde selbst, sondern um die persönliche Unabhängigkeit ihrer Mitglieder, auf welche sich diese erforderlichenfalls vor nationalen Behörden und/oder Gerichten selbst direkt berufen können. Auch die persönliche Unabhängigkeit der Mitglieder der Datenschutz-Aufsichtsbehörden ist allerdings – wie die Unabhängigkeit der Datenschutz-Aufsichtsbehörden insgesamt – kein Selbstzweck (→ Art. 52 Rn. 12), sondern dient der wirksamen Absicherung des Datenschutzgrundrechts. Eine weitere Ausbuchstabierung des Ernennungsverfahrens, der Ernennungsvoraussetzungen, der Amtszeit, der Frage der Wiederernennung, der mit dem Amt verbundenen Pflichten der Mitglieder der Aufsichtsbehörden und der Beendigung des Beschäftigungsverhältnisses ist den Mitgliedstaaten durch die **Spezifizierungsklauseln in Art. 54 Abs. 1 lit. b–f** ausdrücklich aufgetragen.

4   Wie bei allen Vorschriften der DS-GVO zu den nationalen Datenschutz-Aufsichtsbehörden gilt auch bei den Bestimmungen zur persönlichen Unabhängigkeit das **Gebot der homogenen Auslegung**[2] mit den Vorschriften zum **Europäischen Datenschutzbeauftragten** (→ Art. 51 Rn. 14; → Art. 52 Rn. 5, 13, 20), dessen persönliche Unabhängigkeit der EU-Gesetzgeber mit den Art. 53, 54 und 55 VO (EU) 2018/1725[3] gewährleistet. Gewisse Parallelen lassen sich auch zu den EU-Rechtsvorschriften zur persönlichen Unabhängigkeit der nationalen Aufsichtsbehörden in den Bereichen Telekommunikation[4], Energie[5] und Wettbewerb[6] ziehen, die zum Teil ähnlich detailliert sind wie die Vorgaben zu den nationalen Datenschutz-Aufsichtsbehörden, allerdings teilweise dem nationalen Gesetzgeber etwas mehr Gestaltungsfreiheit lassen[7]; sowie zur persönlichen Unabhängigkeit auf Ebene der nationalen Zentralbanken im Europäischen System der Zentralbanken/Eurosystem, wie sie in Art. 14.2 Protokoll Nr. 4 über die Satzung des Europäischen Systems der Zentralbanken und der Europäischen Zentralbank primärrechtlich vorgeschrieben wird, insbesondere hinsichtlich der Länge der Amtszeit und der Amtsbeendigungsgründe. Zu den europarechtlichen Grenzen für die Entlassung des Präsidenten einer nationalen Zentralbank hat der EuGH 2019 ein wichtiges Urteil gefällt, dessen wesentlichen Argumentationslinien auch für die Amtsbeendigung der Mitglieder nationaler Datenschutz-Aufsichtsbehörden gelten dürften.[8] Parallelen gibt es schließlich zur vom EU-Recht verlangten

---

[2] Vgl. EuGH (Große Kammer) Urt. v. 9.3.2010 – C-518/07, ECLI:EU:C:2010:125 = EuZW 2010, 296 – Kommission/Deutschland, Rn. 28; EuGH (Große Kammer) Urt. v. 8.4.2014 – C-288/12, ECLI:EU:C:2014:237 = ZD 2014, 301 – Kommission/Ungarn, Rn. 56. Vgl. auch EuGH Beschl. v. 14.10.2008 – C-518/07, ECLI:EU:C:2008:563 – Kommission/Deutschland, Rn. 18 f.

[3] VO (EU) 2018/1725 des Europäischen Parlaments und des Rates v. 23.10.2018 zum Schutz natürlicher Personen bei der Verarbeitung personenbezogener Daten durch die Organe, Einrichtungen und sonstigen Stellen der Union, zum freien Datenverkehr und zur Aufhebung der Verordnung (EG) Nr. 45/2001 und des Beschlusses Nr. 1247/2002/EG, ABl. 2018 L 295, 39. Diese Verordnung, die ursprünglich aus dem Jahr 2001 stammte, wurde 2018 vom EU-Gesetzgeber an die DS-GVO angepasst und entsprechend modernisiert; dafür enthielten Art. 2 Abs. 3, Art. 98 DS-GVO einen entsprechenden Gesetzgebungsauftrag, um die Kohärenz zwischen dem Datenschutz auf EU- und auf nationaler Ebene zu wahren.

[4] Vgl. Art. 7 RL (EU) 2018/1972 des Europäischen Parlaments und des Rates v. 11.12.2018 über den europäischen Kodex für die elektronische Kommunikation (Neufassung), ABl. 2018 L 321, 36, ber. ABl. 2019 L 334, 164; vgl. auch EuGH Urt. v. 19.10.2016 – C-424/15, ECLI:EU:C:2016:780 – Ormaetxea Garai u. Lorenzo Almendros/Administración del Estado, Rn. 44 ff., insbes. Rn. 47, 50, 51.

[5] Vgl. Art. 57 Abs. 5 UAbs. 1 lit. d, f, g, UAbs. 2 RL (EU) 2019/944 des Europäischen Parlaments und des Rates v. 5.6.2019 über gemeinsame Vorschriften für den Elektrizitätsbinnenmarkt und zur Änderung der Richtlinie 2012/27/EU, ABl. 2019 L 158, 125, ber. ABl. 2020 L 15, 8, sowie geänd. durch VO (EU) 2022/869 des Europäischen Parlaments und des Rates v. 30.5.2022, L 152, 45.

[6] Vgl. Art. 4 Abs. 3, 4 RL (EU) 2019/1 des Europäischen Parlaments und des Rates v. 11.12.2018 zur Stärkung der Wettbewerbsbehörden der Mitgliedstaaten im Hinblick auf eine wirksamere Durchsetzung der Wettbewerbsvorschriften und zur Gewährleistung des reibungslosen Funktionierens des Binnenmarkts, ABl. 2019 L 11, 3.

[7] So erlaubt Art. 57 Abs. 5 UAbs. 2 S. 2 RL (EU) 2019/944 des Europäischen Parlaments und des Rates v. 5.6.2019 über gemeinsame Vorschriften für den Elektrizitätsbinnenmarkt und zur Änderung der Richtlinie 2012/27/EU, ABl. 2019 L 158, 125, ber. ABl. 2020 L 15, 8, sowie geänd. durch VO (EU) 2022/869 des Europäischen Parlaments und des Rates v. 30.5.2022, L 152, 45, die Amtsenthebung eines Mitglieds des Leitungsgremiums einer nationalen Regulierungsbehörde bzw. eines Mitglieds des leitenden Managements, wenn sich dieses eines „Fehlverhaltens nach nationalem Recht" schuldig gemacht hat; in Art. 53 Abs. 4 wird dagegen der autonom auszulegende unionsrechtliche Begriff der „schweren Verfehlung" verwendet; → Rn. 13 ff.

[8] EuGH (Große Kammer) Urt. v. 26.2.2019 – C-202 und C-238/18, ECLI:EU:C:2019:139 – Rimšēvičs, EZB/Lettland, Rn. 88 ff., insbes. Rn. 92, 96.

persönlichen Unabhängigkeit von nationalen Richtern, wie sie der EuGH vor allem in seiner Rechtsprechung zur polnischen Justizreform herausgearbeitet hat.[9]

B. Einzelerläuterungen

I. Ernennungsverfahren (Abs. 1)

Für die Ernennung des Mitglieds bzw. der Mitglieder einer nationalen Datenschutz-Aufsichtsbehörde gilt gemäß Art. 53 Abs. 1 zunächst der **Grundsatz der Transparenz,** der seine primärrechtliche Verankerung in Art. 10 Abs. 3 S. 2 und Art. 15 AEUV sowie in Art. 42 GrCH findet. Nationale Datenschutzaufseher, welche die Einhaltung der Vorgaben der DS-GVO sicherzustellen haben, müssen „im Wege eines transparenten Verfahrens" ernannt werden. Das lässt zwar den Mitgliedstaaten gewisse Spielräume; ausgeschlossen sind aber ein „Auskungeln" der Position des Datenschutzaufsehers im berüchtigten „Hinterzimmer", Ernennungen allein auf Grundlage eines Parteibuchs oder die Gefälligkeitsversetzung eines der Regierung genehmen, da „zahmen" bzw. „besonders strengen" Datenschutzaufsehers. Um dem Transparenzgrundsatz des Art. 53 Abs. 1 zu genügen, ist zumindest **eine öffentlich zugängliche Stellenausschreibung** erforderlich, der sich objektive, an der Qualifikation, Erfahrung und Sachkunde orientierte Ernennungsvoraussetzungen iSv Art. 53 Abs. 2 entnehmen lassen; sowie ein Ernennungsverfahren, das erkennbar unparteiisch ist, eine Bestenauslese gewährleistet und durch angemessene Fristen und Publizität eine wirksame Kontrolle durch die interessierte Öffentlichkeit ermöglicht. Eine **formelle öffentliche Ausschreibung** ist nach dem Sinn und Zweck des Transparenzgrundsatzes, nämlich sowohl die Qualität des Leitungspersonals als auch dessen Unabhängigkeit vor den Augen der Öffentlichkeit sicherzustellen, als europarechtlich geboten anzusehen,[10] sofern nicht **ein gleichwertiges Verfahren, das öffentliche Kontrolle ermöglicht** (zB die öffentliche Anhörung von mehreren Bewerbern durch einen parlamentarischen Ausschuss oder ein eigens eingerichtetes Auswahlgremium), zur Anwendung kommt.[11] Maßstabsfunktion hat insofern das in Art. 53 Abs. 1 VO (EU) 2018/1725[12] vorgesehene Verfahren zur Ernennung des Europäischen Datenschutzbeauftragten und seines Stellvertreters, welches nach dem Gebot der homogenen Auslegung (→ Art. 51 Rn. 14; → Art. 52 Rn. 5, 13, 20) gerade dann heranzuziehen ist, wenn die Mitgliedstaaten nach der DS-GVO einen gewissen Spielraum haben, diesen aber

---

[9] Vgl. zB EuGH (Große Kammer) Urt. v. 24.6.2019 – C-619/18, ECLI:EU:C:2019:531 – Kommission/Polen (Unabhängigkeit des Obersten Gerichts), Rn. 74: „Diese Garantien der Unabhängigkeit und Unparteilichkeit setzen voraus, dass es Regeln insbesondere für die Zusammensetzung der Einrichtung, die Ernennung, die Amtsdauer und die Gründe für Enthaltung, Ablehnung und Abberufung ihrer Mitglieder gibt, die es ermöglichen, bei den Rechtsunterworfenen jeden berechtigten Zweifel an der Unempfänglichkeit dieser Einrichtung für äußere Faktoren und an ihrer Neutralität in Bezug auf die widerstreitenden Interessen auszuräumen […]." Rn. 75: „Speziell erfordert diese unerlässliche Freiheit der Richter von jeglichen Interventionen oder jeglichem Druck von außen – wie der Gerichtshof wiederholt entschieden hat – bestimmte Garantien, die geeignet sind, die mit der Aufgabe des Richtens Betrauten in ihrer Person zu schützen, wie z. B. die Unabsetzbarkeit […]." Ebenso EuGH (Große Kammer) Urt. v. 5.11.2019 – C-192/18, ECLI:EU:C:2019:924 – Kommission/Polen (Unabhängigkeit der ordentlichen Gerichte), Rn. 111 ff.; sowie EuGH (Große Kammer) Urt. v. 5.6.2023 – C-204/21, ECLI:EU:C:2023:442 – Kommission/Polen (Unabhängigkeit und Privatleben von Richtern), Rn. 70 ff., 91 ff.
[10] Für „naheliegend" erachtet *Weichert* DuD 2022, 371 (373) eine explizite öffentliche Ausschreibung. Weitergehend *Brink/Kranig* ZD 2023, 423 (424), für den sich die obligatorische Transparenz „nur durch Ausschreibung der Position des Datenschutzbeauftragten und eine Begründung der Auswahlentscheidung" herstellen lässt; er ergänzt: „Dies gerade bei der herausgehobenen und mit unabhängiger Funktion ausgestatteten Position des Aufsichtsbehördenleiters anders zu handhaben, verletzt europäisches wie deutsches (Verfassungs-)Recht." AA Kühling/Buchner/*Boehm*, 4. Aufl. 2024, DS-GVO Art. 53 Rn. 6. Vgl. ferner Sydow/Marsch/*Ziebarth* DS-GVO Art. 53 Rn. 8, der eine Ausschreibung jedenfalls dann, wenn es nicht um die Wiederwahl eines bewährten Mitglieds geht, für „vorzugswürdig" ansieht, dies allerdings nicht europarechtlich, sondern allein mit Art. 33 Abs. 2 GG begründet.
[11] IdS Taeger/Gabel/*Grittmann* DS-GVO Art. 53 Rn. 7: „Tatsächlich dürfte es ausreichend sein, wenn die gesetzlichen Vorgaben den formalen Weg der Auswahl bzw. Ernennung (einschließlich Vorschlagsprozess) vorzeichnen und der tatsächliche Auswahlprozess für die Öffentlichkeit über eine öffentlich zugängliche Dokumentation (parlamentarische Drucksachen etc.) einsehbar und dadurch nachvollziehbar ist".
[12] VO (EU) 2018/1725 des Europäischen Parlaments und des Rates v. 23.10.2018 zum Schutz natürlicher Personen bei der Verarbeitung personenbezogener Daten durch die Organe, Einrichtungen und sonstigen Stellen der Union, zum freien Datenverkehr und zur Aufhebung der Verordnung (EG) Nr. 45/2001 und des Beschlusses Nr. 1247/2002/EG, ABl. 2018 L 295, 39.

unter Berücksichtigung der Ziele der DS-GVO nutzen müssen.[13] Grundlage für die hierbei vom Europäischen Parlament und EU-Ministerrat (also vom EU-Gesetzgeber) im gegenseitigen Einvernehmen zu treffende Entscheidung ist eine von der Europäischen Kommission erstellte Liste (sog. „shortlist"), die im Anschluss an eine öffentliche Aufforderung zur Einreichung von Bewerbungen (also eine öffentliche Ausschreibung) durch einen Auswahlausschuss getroffen wird, der die Bewerbungen anhand der in Art. 53 Abs. 2 VO (EU) 2018/1725 genannten Ernennungsvoraussetzungen (Unabhängigkeit, herausragende Erfahrung und Sachkunde) bewertet.

6   Was das **Ernennungsorgan** für die Mitglieder nationaler Datenschutz-Aufsichtsbehörden angeht, so eröffnet Art. 53 Abs. 1 den Mitgliedstaaten vier Möglichkeiten, unter denen sie jeweils durch konkretisierende nationale Rechtsvorschriften gemäß Art. 54 Abs. 1 lit. c auszuwählen haben: (1) Ernennung durch das Parlament; (2) Ernennung durch die Regierung; (3) Ernennung durch das Staatsoberhaupt; oder (4) Ernennung durch eine unabhängige Stelle, die nach dem Recht des Mitgliedstaats mit der Ernennung betraut ist. Diese vier Möglichkeiten lassen also eine Ernennung sowohl durch die Legislative (Vorbild: der Europäische Datenschutzbeauftragte, der vom EU-Gesetzgeber – Europäisches Parlament und Rat im gegenseitigen Einvernehmen – ernannt wird) als auch durch die Exekutive zu; möglich ist auch eine Ernennung durch eine eigens geschaffene unabhängige Stelle. Die Forderung, dass nur die Legislative die Mitglieder einer Datenschutz-Aufsichtsbehörde ernennen können soll,[14] hat sich also nicht durchgesetzt; sie ist auch keineswegs zwingende institutionelle Voraussetzung für die persönliche Unabhängigkeit. Der EuGH hat selbst ausdrücklich festgestellt, dass „das Leitungspersonal" der unabhängigen Datenschutz-Aufsichtsbehörden „vom Parlament oder der Regierung bestellt werden" kann;[15] der EuGH äußerte sich zu dieser Frage im Zusammenhang mit der seitens Deutschland geäußerten Kritik, die völlige Unabhängigkeit der Datenschutz-Aufsichtsbehörden sei unter dem Blickwinkel des **Demokratieprinzips** problematisch. Sowohl bei einer Ernennung durch das Parlament als auch durch die dem Parlament gegenüber verantwortliche Exekutive ist nämlich parlamentarisch-demokratischer Einfluss auf die unabhängigen Datenschutzaufseher – im Sinne der vom Demokratieprinzip geforderten durchgehenden Legitimationskette (→ Art. 52 Rn. 7, 10) – gewährleistet.[16] Eine Ernennung des Leiters der Aufsichtsbehörde durch die (parlamentarisch legitimierte) Regierung ist dabei gleichwertig mit der Ernennung durch das (gegebenenfalls direkt demokratisch legitimierte) Staatsoberhaupt.[17] Der **Vorschlag zur Ernen-**

---

[13] Für eine homogene Auslegung des Transparenzgebots beim Ernennungsverfahren auch *Weichert* DuD 2022, 371 (373).
[14] So European Union Fundamental Rights Agency (FRA), Datenschutz in der EU: die Rolle der nationalen Datenschutzbehörden (Stärkung der Grundrechte-Architektur in der EU – Teil II), S. 44: „Eine der wichtigsten Erklärungen für diesen Mangel steht mit dem Verfahren für die Berufung oder Ernennung der Mitarbeiter im Zusammenhang: Wenn die ausschließliche Befugnis zur Auswahl der leitenden Mitarbeiter bei der Regierung liegt und Vorschläge, Nachprüfungen oder Zustimmungen des Gesetzgebers nicht vorgesehen sind, erhöht sich die Gefahr einer faktischen Subordination und Marginalisierung der Kontrollstellen beträchtlich […]. Dieses Problem könnte durch eine Reform des Berufungs-/Ernennungsverfahrens gelöst werden." IdS auch der Europäische Datenschutzbeauftragte, Stellungnahme zu dem Paket von Vorschlägen für eine Datenschutzreform, 7.3.2012, Rn. 236: „Bezüglich der Bedingungen für die Ernennung von Mitgliedern (Artikel 48) vertritt der EDSB die Ansicht, dass der derzeitige Wortlaut des Vorschlags noch einmal überarbeitet werden sollte. Nach der Vorschrift können die Ernennungen entweder durch das Parlament oder die Regierung erfolgen, das heißt, dass die Regierung entscheiden kann, ohne dass das Parlament wesentlich in die Entscheidung einbezogen wird. Der EDSB schlägt vor, die demokratischen Garantien von Ernennungen zu stärken, indem eine systematischere Rolle der nationalen Parlamente im Ernennungsverfahren für Mitglieder der Aufsichtsbehörden gefordert wird." Für „vorzugswürdig" hält eine Wahl bzw. Ernennung durch das Parlament auch Gola/Heckmann/*Nguyen/Stroh* DS-GVO Art. 53 Rn. 2.
[15] EuGH (Große Kammer) Urt. v. 9.3.2010 – C-518/07, ECLI:EU:C:2010:125 = EuZW 2010, 296 – Kommission/Deutschland, Rn. 44.
[16] Ebenso entschied der EuGH zur völligen Unabhängigkeit der nationalen Regulierungsbehörden im EU-Energierecht; vgl. EuGH Urt. v. 2.9.2021 – C-718/18, ECLI:EU:C:2021:662 = EuZW 2021, 893 mAnm *Scholtka* – Kommission/Deutschland, Rn. 124 ff., insbes. Rn. 127.
[17] Vgl. EuGH Urt. v. 11.6.2020 – C-378/19, ECLI:EU:2020:462 – Prezident Slovenskej republiky, Rn. 31 ff., wo der EuGH über die slowakische Reform des Ernennungsverfahrens (Regierung statt Staatsoberhaupt) betreffend den Leiter der kraft EU-Rechts völlig unabhängigen Energie-Regulierungsbehörde zu entscheiden hatte. Der EuGH bestätigte in diesem Zusammenhang, dass die Mitgliedstaaten bei der Auswahl des Ernennungsorgans über „einen weiten Wertungsspielraum hinsichtlich der Wahl der Mittel und Wege der Durchführung" (Rn. 37) der Unabhängigkeit und über „institutionelle Autonomie" bei der Organisation und Strukturierung ihrer Regulierungsbehörden (Rn. 38) verfügten. Die Unabhängigkeit stehe daher einer

Allgemeine Bedingungen für die Mitglieder der Aufsichtsbehörde 7–9 **Art. 53**

nung kann sowohl von der Regierung, einem Mitglied der Regierung, dem Parlament oder einer Parlamentskammer kommen (vgl. Erwägungsgrund 121).

Richtet ein Mitgliedstaat mehrere (regionale und/oder sektorielle) Datenschutz-Aufsichts- 7 behörden ein – was gemäß Art. 51 Abs. 3 möglich ist (→ Art. 51 Rn. 17 ff.) –, ist es gemäß Art. 53 Abs. 1 durchaus zulässig, unterschiedliche Verfahren für unterschiedliche Aufsichtsbehörden zu wählen **(optionale Pluralität der Ernennungsverfahren)**, solange dies nicht zu derart komplexen Regelungswerken führt, dass die Effizienz der Datenschutzaufsicht oder der für das Ernennungsverfahren geltende Grundsatz der Transparenz in Frage gestellt wird.

II. Ernennungsvoraussetzungen (Abs. 2)

Art. 53 Abs. 2 regelt die Ernennungsvoraussetzungen für die Mitglieder der nationalen Daten- 8 schutz-Aufsichtsbehörden. Europarechtlich verlangt werden **Qualifikation, Erfahrung und Sachkunde** „insbesondere im Bereich des Schutzes personenbezogener Daten". Qualifikation bezieht sich auf Studium bzw. Ausbildung, während Erfahrung und Sachkunde eine gewisse Zeit an relevanter praktischer Tätigkeit als Voraussetzung für die Ernennung zum Datenschutzaufseher verlangen. Im Übrigen sind Qualifikation, Erfahrung und Sachkunde unbestimmte Rechtsbegriffe, die in Ermangelung einer umfassenden EU-Zuständigkeit für die allgemeine und berufliche Bildung (vgl. Art. 6 lit. e AEUV, wonach die EU insofern nur über eine unterstützende, koordinierende und ergänzende Zuständigkeit verfügt) national ausgefüllt werden können und müssen, soweit dadurch die Unabhängigkeit der Datenschutz-Aufsichtsbehörden nicht beeinträchtigt wird; Art. 54 Abs. 1 lit. b enthält insofern eine **obligatorische Spezifizierungsklausel** (→ Einl. Rn. 89, 92). Die Mitgliedstaaten müssen deshalb die erforderlichen einzelnen Qualifikationen (zB abgeschlossenes Hochschulstudium von drei oder vier Jahren) und sonstige Voraussetzungen (zB nachweisliche praktische und/oder wissenschaftliche Befassung mit Fragen des Datenschutzrechts) in nationalen Rechtsvorschriften spezifizieren. Nachzuweisen sind dabei stets **kumulativ** Qualifikation, Erfahrung und Sachkunde, wie sich aus dem „und" in Art. 53 Abs. 2 ausdrücklich ergibt; es ist also unter Geltung der DS-GVO grundsätzlich nicht möglich, allein bei Nachweis eines Hochschulabschlusses ohne jegliche datenschutzrechtlich relevante Berufspraxis zum Datenschutz-Aufseher ernannt zu werden.[18] Da es den Beruf des Datenschutzaufsehers als solchen bislang nicht gibt, erscheinen vor allem allgemeine juristische, wirtschaftliche und technische[19] Qualifikationsgrade sowie Erfahrungen als Richter, leitender Beamter, freiberuflicher Rechtsanwalt oder Syndikusanwalt geeignet, um die Voraussetzungen des Art. 53 Abs. 2 zu erfüllen. In Frage kommt auch eine vorherige Tätigkeit als betrieblicher oder behördlicher Datenschutzbeauftragter iSv Art. 37[20] oder als auf Fragen des Datenschutzrechts spezialisierter Hochschullehrer, sofern außerdem die für die Leitung einer Behörde erforderlichen Managementkenntnisse vorhanden sind. Eine juristische Ausbildung und insbesondere gute Kenntnisse im Datenschutz- und EU-Recht sind sehr hilfreich, allerdings nicht zwingende Voraussetzung für die Ernennung als Leiter bzw. Mitglied einer Datenschutz-Aufsichtsbehörde. Auch ein qualifizierter Informatiker kann ernannt werden, sofern er mit dem nationalen und europäischen Rechtsrahmen der Tätigkeit der Aufsichtsbehörden vertraut ist.[21]

Ob man von einem Datenschutz-Aufseher als notwendige Qualifikation **gute Fremdsprach-** 9 **kenntnisse zumindest im Englischen,** verlangen muss, wird in der Literatur nicht einheitlich beantwortet. Für einen rein national tätigen Datenschutz-Aufseher genügte bisher zweifellos die Beherrschung der jeweiligen nationalen Amtssprache. Seit Geltung der DS-GVO haben die nationalen Aufsichtsbehörden aber vor allem ein **Mandat als dezentrale Unionsbehörden** (→ Art. 51 Rn. 6; → Art. 52 Rn. 11), welche gemäß Art. 51 Abs. 2 „einen Beitrag zur einheitlichen Anwendung der DS-GVO in der gesamten Union" zu leisten und zu diesem Zweck mit den Aufsichtsbehörden der übrigen Mitgliedstaaten sowie mit der Kommission zusammenzuarbeiten

---

Ernennung durch die Regierung nicht entgegen, sofern die Befugnis zur Ernennung (und Entlassung) so ausgeübt werde, dass alle weiteren EU-rechtlichen Anforderungen zur Unabhängigkeit der Regulierungsbehörde beachtet würden.

[18] Vgl. Paal/Pauly/*Körffer* DS-GVO Art. 53 Rn. 3, die diese Anforderungen aus Sicht des deutschen Datenschutzrechts als „ein Novum" bezeichnet. IdS auch Taeger/Gabel/*Grittmann* DS-GVO Art. 53 Rn. 8: „erstmals auf europarechtlicher Ebene normierte [...] Fachkompetenz".

[19] Dass „eine gewisse technische Kompetenz vorteilhaft" ist, meint auch Taeger/Gabel/*Grittmann* DS-GVO Art. 53 Rn. 9.

[20] Ebenso Taeger/Gabel/*Grittmann* DS-GVO Art. 53 Rn. 9.

[21] IdS *Weichert* DuD 2022, 371 (375).

haben. Diese Pflicht zur Zusammenarbeit beinhaltet auch die Mitwirkung an der Beratung und Beschlussfassung im Rahmen des regelmäßig tagenden Europäischen Datenschutzausschusses (EDSA), der sich gemäß Art. 68 Abs. 3 aus den Leitern der Aufsichtsbehörden zusammensetzt, was im Einklang mit der Pflicht zur loyalen Zusammenarbeit (Art. 4 Abs. 3 UV) die persönliche aktive Teilnahme der Datenschutz-Aufsehers selbst erfordert, um die beabsichtigte aufsichtsrechtliche Willensbildung auf oberstem Niveau zu gewährleisten. Diese europäischen Aufgaben im Rahmen des Kooperations- und Kohärenzverfahrens sowie im EDSA sind heute von zentraler Bedeutung für die Arbeit der Leiter bzw. Mitglieder der Datenschutz-Aufsichtsbehörden im europäischen Verbund der Datenschutz-Aufsichtsbehörden; sie können nicht einfach an untergeordnete Mitarbeiter delegiert werden, sondern müssen „Chefsache" sein. Aus dem Blickwinkel der Zielsetzung der DS-GVO sind daher **für die Arbeitsfähigkeit ausreichende Kenntnisse jedenfalls der englischen Sprache in Wort und Schrift heute notwendige Voraussetzung** für die Ernennung als Leiter bzw. Mitglied einer Datenschutz-Aufsichtsbehörde.[22]

10 Nicht ausdrücklich vorausgesetzt wird in Art. 53 Abs. 2, dass ein künftiger Datenschutzaufseher **Gewähr für seine Unabhängigkeit** bietet. Angesichts der Tatsache, dass Art. 52 Abs. 1 die völlige Unabhängigkeit der Datenschutz-Aufsichtsbehörden als wesentlichen Bestandteil eines wirksamen Datenschutzrechts vorschreibt, ist es rechtlich allerdings kaum denkbar, einen Datenschutzaufseher zu ernennen, in dessen Person oder angesichts dessen früherer Tätigkeit begründete Zweifel an seiner Unabhängigkeit bei der Erfüllung seiner Aufgaben und der Ausübung seiner Befugnisse bestehen.[23] Dafür spricht auch das Gebot der homogenen Auslegung (→ Art. 51 Rn. 14; → Art. 52 Rn. 5, 13, 20) von Art. 53 Abs. 2 mit Art. 53 Abs. 2 VO (EU) 2018/1725,[24] der für den Europäischen Datenschutzbeauftragten explizit verlangt, dass „kein Zweifel" an dessen Unabhängigkeit besteht. Auch insofern sind Richter und Rechtsanwälte, behördliche oder betriebliche Datenschutzbeauftragte, aber auch rormalige[25] Parlamentsabgeordnete, die ein freies Mandat unabhängig ausgeübt haben, sowie frühere Mitarbeiter unabhängiger europäischer Organe und Einrichtungen, als Datenschutzaufseher besonders gut geeignet. Die Mitgliedschaft in oder die Nähe zu einer politischen Partei ist dabei grundsätzlich kein Grund, um die Unabhängigkeit eines Datenschutz-Aufsehers in Frage zu stellen, auch wenn es durchaus eine sinnvolle Praxis sein kann, wenn eine Regierung oder ein Parlament einen neuen Datenschutz-Aufseher aus dem Kreis der Oppositionsparteien auswählt, um so ein Zeichen dafür zu setzen, dass der Datenschutz-Aufseher eben gerade nicht die Position der Regierung bzw. der Parlamentsmehrheit vertreten muss, sondern unabhängig zu entscheiden hat.

11 Fraglich ist, ob von einem künftigen Datenschutzaufseher auch verlangt werden kann, dass er die **allgemeinen Voraussetzungen für die Einstellung in den öffentlichen Dienst** des betreffenden Mitgliedstaats erfüllt. Vom Wortlaut des Art. 53 Abs. 2 ausgehend lassen sich solche Voraussetzungen teilweise unter den Begriff „Qualifikation" fassen; darunter wird man auch negative, also disqualifizierende Merkmale verstehen können, wie sie normalerweise eine Tätigkeit im öffentlichen Dienst ausschließen. Darüber hinaus erlaubt **Art. 54 Abs. 1 lit. b** den Mitgliedstaaten ausdrücklich, neben den erforderlichen Qualifikationen auch die **„sonstigen Voraussetzungen"** für die Ernennung zum Mitglied einer Datenschutz-Aufsichtsbehörde in nationalen Rechtsvorschriften zu spezifizieren. Eine Grenze setzt den Spezifizierungsmöglich-

---

[22] Ebenso *Weichert* DuD 2022, 371 (375). Vgl. auch *Dehmel* ZD 2020, 62 (63), die berichtet: „Mehr als eine der bislang fast ausschließlich national agierenden Behörden richtete Englisch-Kurse für die Mitarbeiter ein, um die Voraussetzung für eine Zusammenarbeit mit anderen europäischen Behörden zu schaffen".

[23] Vgl. Gola/Heckmann/*Nguyen/Stroh* DS-GVO Art. 53 Rn. 4, für die „ein direkter Wechsel von der datenverarbeitenden Privatwirtschaft" in das Amt des Datenaufsehers „bedenklich" wäre; man wird allerdings hierbei den jeweiligen Einzelfall zu bewerten haben, da eine vorherige Tätigkeit in der Wirtschaft für die praktische Erfahrung eines Datenschutz-Aufsehers durchaus wertvoll sein kann, sofern die Verbindungen mit dem früheren Arbeitgeber eindeutig und definitiv getrennt sind. Eine vorherige Tätigkeit als betrieblicher Datenschutzbeauftragter iSv Art. 37, der gem. Art. 38 Abs. 3 S. 1 keinen Anweisungen unterliegt, wird man meist als gute Voraussetzung für die Ernennung als unabhängiger Datenschutz-Aufseher ansehen können.

[24] VO (EU) 2018/1725 des Europäischen Parlaments und des Rates v. 23.10.2018 zum Schutz natürlicher Personen bei der Verarbeitung personenbezogener Daten durch die Organe, Einrichtungen und sonstigen Stellen der Union, zum freien Datenverkehr und zur Aufhebung der Verordnung (EG) Nr. 45/2001 und des Beschlusses Nr. 1247/2002/EG, ABl. 2018 L 295, 39.

[25] In Frankreich schließt das die Datenschutz-Aufsichtsbehörde CNIL leitende, aus 18 Mitgliedern bestehende Kollegialorgan nach gegenwärtiger Rechtslage zwei Abgeordnete der Nationalversammlung und zwei Senatoren ein. Vgl. Art. 9 des Loi Informatique et Libertés; darauf verweist Kuner/Bygrave/Docksey/*Hijmans* GDPR Art. 54 C.4., der auch darauf hinweist, dass dies nach belgischem und niederländischem Datenschutzrecht nicht möglich ist.

keiten der Mitgliedstaaten dabei das Erfordernis der völligen Unabhängigkeit der Datenschutz-Aufsichtsbehörden (Art. 52 Abs. 1, Abs. 2). Über das Aufstellen von weiteren Ernennungsvoraussetzungen darf also nicht versucht werden, Einfluss auf die spätere Tätigkeit des Datenschutzaufsehers zu nehmen. Vielmehr sind nur solche sonstigen Voraussetzungen europarechtlich akzeptabel, die gerade dazu dienen, die Unabhängigkeit der Datenschutz-Aufsichtsbehörde zu fördern und diese nicht beeinträchtigen. Zulässig ist es daher, bei der nationalen Spezifizierung von einem Datenschutz-Aufseher zB ein polizeiliches Führungszeugnis zu verlangen, um festzustellen, ob sich der Kandidat für das Amt des Datenschutzaufsehers zuvor einer für die Tätigkeit der Datenschutz-Aufsichtsbehörde relevanten Straftat schuldig gemacht hat. Nicht verlangt werden darf aber zB ein bestimmtes Parteibuch (oder das Fehlen eines solchen) oder eine „laxe", „restriktive", „wirtschaftsfreundliche" oder „behördenfreundliche" Einstellung zum Datenschutz. Auch die **Staatsangehörigkeit** des EU-Mitgliedstaats, in dessen Hoheitsgebiet die betreffende Datenschutz-Aufsichtsbehörde tätig ist, wird man spätestens ab Inkrafttreten der DS-GVO nicht mehr zur Ernennungsvoraussetzung machen können. Zwar erlaubt Art. 45 Abs. 4 AEUV Ausnahmen vom Grundsatz der Gleichbehandlung aller Arbeitnehmer mit EU-Staatsangehörigkeit bei der Einstellung in die öffentliche Verwaltung; diese Ausnahme ist allerdings eng auszulegen und greift nur dann, wenn die betreffende Tätigkeit spezifisch mit der Ausübung nationaler Hoheitsgewalt und der Wahrnehmung der allgemeinen Belange des Staates verbunden ist und eine besondere Verbundenheit des jeweiligen Stelleninhabers zum betreffenden Mitgliedstaat verlangt.[26] Sicherlich haben die Datenschutz-Aufsichtsbehörden hoheitliche Befugnisse, insbesondere haben sie datenschutzrechtliche Untersuchungsbefugnisse (Art. 58 Abs. 1) und datenschutzrechtliche Abhilfebefugnisse (Art. 58 Abs. 2), darunter die Befugnis, gemäß Art. 83 Geldbußen bei Verletzungen der Vorschriften der DS-GVO zu verhängen. Allerdings sind die Datenschutz-Aufsichtsbehörden, wie bereits erwähnt, heute nur noch formal gesehen nationale Behörden; funktional gesehen sind sie kraft europarechtlicher Vorgaben gezielt aus der nationalen Verwaltungsorganisation ausgegliedert und zu **dezentralen Unionsbehörden** (→ Art. 51 Rn. 6; → Art. 52 Rn. 9, 11) geworden. In dieser Eigenschaft leisten sie – wie Art. 51 Abs. 2 deutlich macht – einen Beitrag zur einheitlichen Anwendung der DS-GVO „in der gesamten Union"; im Vordergrund steht also die Verbundenheit nicht zum Staat, sondern zu der in der gesamten EU unmittelbar geltenden DS-GVO, die von den Datenschutz-Aufsichtsbehörden einheitlich, wirksam und in enger Zusammenarbeit angewendet und durchgesetzt werden muss. Aufgrund dieser unionsrechtlichen Prägung des Mandats der Datenschutz-Aufsichtsbehörden muss daher die Ernennung zum Mitglied einer Datenschutz-Aufsichtsbehörde bei entsprechender Qualifikation, Erfahrung und Sachkunde den Staatsangehörigen aller EU-Mitgliedstaaten offenstehen, im Einklang mit dem grundsätzlichen EU-rechtlichen Verbot der Diskriminierung aus Gründen der Staatsangehörigkeit gemäß Art. 18 UAbs. 1, Art. 45 AEUV.

III. Ordentliche Beendigung des Amtes (Abs. 3)

Für die Mitglieder der nationalen Datenschutz-Aufsichtsbehörden sieht Art. 53 Abs. 3 – der insofern europarechtlich abschließend ist – drei Gründe für die ordentliche Beendigung der Amtszeit vor: (1) den Ablauf der Amtszeit; (2) den Rücktritt, sofern – so muss man aufgrund des Telos des Unabhängigkeitserfordernisses verlangen – er aus freien Stücken und ohne externen Druck erfolgt sowie (3) die verpflichtende Versetzung in den Ruhestand, wie sie im Recht des betroffenen Mitgliedstaates bei Erreichen der dort festgelegten gesetzlichen Altersgrenze[27] vor-

---

[26] Grdl. EuGH Urt. v. 17.12.1980 – 149/79, ECLI:EU:C:1980:297 – Kommission/Belgien, Rn. 10.
[27] Nicht mit der Unabhängigkeit vereinbar wäre eine gesetzliche Regelung, die gezielt alle nationalen Datenschutzaufseher, die ein bestimmtes Alter (zB 55) überschreiten, während laufender Amtszeit in den Ruhestand versetzen würde. IdS entschied der EuGH zur polnischen Justizreform, mit der das Ruhestandsalter von bereits amtierenden Richtern herabgesetzt wurde; vgl. EuGH (Große Kammer) Urt. v. 24.6.2019 – C-619/18, ECLI:EU:C:2019:531 – Kommission/Polen (Unabhängigkeit des Obersten Gerichts), Rn. 76: „Der Grundsatz der Unabsetzbarkeit erfordert insbesondere, dass die Richter im Amt bleiben dürfen, bis sie das obligatorische Ruhestandsalter erreicht haben oder ihre Amtszeit, sofern diese befristet ist, abgelaufen ist. Dieser Grundsatz beansprucht zwar nicht völlig absolute Geltung, doch dürfen Ausnahmen von ihm nur unter der Voraussetzung gemacht werden, dass dies durch legitime und zwingende Gründe gerechtfertigt ist und dabei der Verhältnismäßigkeitsgrundsatz beachtet wird." Rn. 96: „Nach alledem ist festzustellen, dass die Anwendung der Herabsetzung des Ruhestandsalters auf Richter des Sąd Najwyższy (Oberstes Gericht), die dort im Amt sind, nicht durch ein legitimes Ziel gerechtfertigt ist. Folglich beeinträchtigt diese Anwendung den Grundsatz der Unabsetzbarkeit der Richter, der untrennbar mit ihrer Unabhängigkeit verknüpft ist.";

gesehen ist. Als weiteren (logischen und deshalb ungeschriebenen) Amtsbeendigungsgrund wird man den Todesfall nennen müssen.

13 **Kein ordentlicher Amtsbeendigungsgrund** ist die **Auflösung der Datenschutz-Aufsichtsbehörde** oder deren Umstrukturierung, die zur Neudefinition oder Beseitigung des Amtes führt. Der EuGH hat dies 2014 ausdrücklich angesichts der ungarischen Gesetzgebung entschieden, die während der laufenden sechsjährigen Amtszeit des vom Parlament ernannten ungarischen Datenschutzbeauftragten die Datenschutz-Aufsichtsbehörde durch eine Bestimmung des Grundgesetzes Ungarns (einer neuen Verfassung) grundlegend reformierte.[28] Laut einer zum Inkrafttreten des neuen Grundgesetzes vom Parlament verabschiedeten Übergangsbestimmung „erlischt" das Mandat des amtierenden Datenschutzbeauftragten mit Inkrafttreten der neuen Verfassung. Der EuGH bestätigte zwar das grundsätzliche Recht der Mitgliedstaaten, das institutionelle Modell, das ihnen für ihre Datenschutz-Aufsichtsbehörden am geeignetsten erscheint, im Rahmen des EU-Rechts festzulegen und zu ändern.[29] Dabei haben die Mitgliedstaaten allerdings dafür Sorge zu tragen, dass die Unabhängigkeit der Datenschutz-Aufsichtsbehörden nicht beeinträchtigt wird; dies schließt „die Verpflichtung zur Beachtung der Dauer ihres Mandats" ein.[30] Im ungarischen Fall hätte dies durch entsprechende Übergangsmaßnahmen ohne Weiteres gewährleistet werden können; denn es bestand keine objektive Rechtfertigung dafür, den bisherigen Datenschutzbeauftragten nicht bis zum Ende seiner gesetzlich vorgesehenen Amtszeit mit der Leitung der reformierten Datenschutz-Aufsichtsbehörde zu betrauen.[31] Die vorzeitige Beendigung der Amtszeit des ungarischen Datenschutzaufsehers war daher europarechtswidrig. Denn die Mitgliedstaaten dürfen die Spielregeln für die Datenschutz-Aufsicht nicht während des laufenden Spiels ändern.[32]

IV. Außerordentliche Beendigung des Amtes (Abs. 4)

14 Als außerordentliche Amtsbeendigungsgründe nennt Art. 53 Abs. 4 nur zwei: Das Mitglied der Datenschutz-Aufsichtsbehörde hat „eine schwere Verfehlung" begangen; oder es erfüllt nicht

---

ebenso EuGH (Große Kammer) Urt. v. 5.11.2019 – C-192/18, ECLI:EU:C:2019:924 – Kommission/Polen (Unabhängigkeit der ordentlichen Gerichte), Rn. 113, 130.

[28] EuGH (Große Kammer) Urt. v. 8.4.2014 – C-288/12, ECLI:EU:C:2014:237 = ZD 2014, 301 – Kommission/Ungarn. Der EuGH übertrug diese Rspr. auch auf die nach dem EU-Recht unabhängigen Nationalen Regulierungsbehörden im Bereich der Telekommunikation; vgl. auch EuGH Urt. v. 19.10.2016 – C-424/15, ECLI:EU:C:2016:780 – Ormaetxea Garai u. Lorenzo Almendros/Administración del Estado, Rn. 44 ff., insbes. Rn. 47: „Dieses [vom einschlägigen EU-Sekundärrecht] nunmehr verfolgte Ziel der Stärkung der Unabhängigkeit und Unparteilichkeit der NRB [= Nationale Regulierungsbehörden] [...] würde jedoch gefährdet, wenn es allein aufgrund einer institutionellen Reform wie der im Ausgangsverfahren in Rede stehenden erlaubt wäre, das Mandat eines oder mehrerer Mitglieder des die NRB leitenden Kollegiums vorzeitig und sofort zu beenden. Wäre dies zulässig, könnte die selbst einem einzigen Mitglied eines solchen Kollegiums drohende Gefahr einer sofortigen Abberufung aus einem anderen Grund als den vorab gesetzlich festgelegten nämlich Zweifel an der Neutralität der betreffenden NRB und ihrer Unabhängigkeit von äußeren Faktoren aufkommen lassen und ihre Unabhängigkeit, ihre Unparteilichkeit und ihre Amtsgewalt beeinträchtigen." Das vorlegende spanische Höchstgericht hatte in seinen Vorlagefragen ausdrücklich auf die Rspr. des EuGH zu den unabhängigen Datenschutz-Aufsichtsbehörden und auf EuGH Urt. v. 8.4.2014 – C-288/12, ECLI:EU:C:2014:237 = ZD 2014, 301 – Kommission/Ungarn, hingewiesen. Da die spanische, die belgische und die niederländische Regierung sowie die Kommission im Verfahren argumentiert hatten, dass es grundlegende Unterschiede zwischen der unabhängigen Datenschutz-Aufsichtsbehörden und den unabhängigen Nationalen Regulierungsbehörden, hatte Generalanwalt Bot in seinen Schlussanträgen v. 30.6.2016 – C-424/15, ECLI:EU:C:2016:503 – Ormaetxea Garai u. Lorenzo Almendros/Administración del Estado, Rn. 42, festgestellt: „Es trifft zwar zu, dass die den Kontrollstellen für den Schutz personenbezogener Daten zugewiesene Rolle und die den NRB zugewiesene Rolle unterschiedliche Ziele haben, doch ändert dies nichts daran, dass die Beachtung der Gewährleistung der Unabhängigkeit auch eine wesentliche Voraussetzung für das gute Funktionieren der NRB ist. Ich sehe daher keinen Grund, einer anderen als der im Urteil vom 8. April 2014, Kommission/Ungarn [...] entwickelten Lösung zu folgen." Hieran zeigt sich, dass sich in der Rspr. gemeinsame europarechtliche Grundprinzipien für die Unabhängigkeit nationaler Aufsichts- und Regulierungsbehörden entwickeln.

[29] EuGH (Große Kammer) Urt. v. 8.4.2014 – C-288/12, ECLI:EU:C:2014:237 = ZD 2014, 301 – Kommission/Ungarn, Rn. 60.

[30] EuGH (Große Kammer) Urt. v. 8.4.2014 – C-288/12, ECLI:EU:C:2014:237 = ZD 2014, 301 – Kommission/Ungarn, Rn. 60.

[31] EuGH (Große Kammer) Urt. v. 8.4.2014 – C-288/12, ECLI:EU:C:2014:237 = ZD 2014, 301 – Kommission/Ungarn, Rn. 61.

[32] Vgl. Kuner/Bygrave/Docksey/*Hijmans* GDPR Art. 53, C.5.: „Member States cannot change the rules during the game".

mehr die Voraussetzungen für die Wahrnehmung seiner Aufgaben. Beide Amtsenthebungsgründe sind als **autonome Begriffe des Unionsrechts** (→ Einl. Rn. 91, 94) zu verstehen, die ebenso eng auszulegen sind wie die parallel formulierten Vorschriften, die für andere unabhängige Organmitglieder im Unionsrecht vorgesehen sind. Die Amtsenthebungsgründe **„schwere Verfehlung"** und **„Nichterfüllung der Voraussetzungen für die fortgesetzte Aufgabenwahrnehmung"** finden sich zB für die unabhängigen Mitglieder der Europäischen Kommission in Art. 247 AEUV; für die Mitglieder des Direktoriums der Europäischen Zentralbank[33] und die Präsidenten der nationalen Zentralbanken des Europäischen Systems der Zentralbanken/Eurosystems in Art. 11.4 und Art. 14.2 UAbs. 2 S. 1 Protokoll Nr. 4 über die Satzung des Europäischen Systems der Zentralbanken und der Europäischen Zentralbank sowie für den Europäischen Bürgerbeauftragten in Art. 228 Abs. 2 UAbs. 2 AEUV. Für den Europäischen Datenschutzbeauftragten sind parallele Formulierungen in Art. 53 Abs. 5 VO (EU) 2018/1725[34] vorgesehen, und der EuGH hat sie in seiner Rechtsprechung zur polnischen Justizreform auch für nationale Richter anerkannt.[35] Gemeinsam ist all diesen unionsrechtlichen Vorschriften, dass sie eine Amtsenthebung nur **ausnahmsweise** sowie bei **schweren, in der Person des unabhängigen Organmitglieds liegenden Defiziten** rechtfertigen.[36]

Ebenso wie bei anderen kraft Unionsrechts unabhängigen Organmitgliedern und ausgehend **15** von der Bedeutung der völligen Unabhängigkeit der Datenschutz-Aufsichtsbehörden und der persönlichen Unabhängigkeit ihrer Mitglieder für den wirksamen Schutz des Datenschutzgrundrechts ist der Begriff der **„schweren Verfehlung"** als Amtsenthebungsgrund **restriktiv** auszulegen. Als solche darf man selbstverständlich nicht eine datenschutzrechtlich umstrittene Entscheidung der Datenschutz-Aufsichtsbehörde oder den Einsatz des Datenschutzaufsehers für einen starken Datenschutz sowohl gegenüber Behörden als auch gegenüber Unternehmen werten, da solche Verhaltensweisen vom Zweck der Unabhängigkeit der Datenschutz-Aufsichtsbehörden umfassend gedeckt sind. Eine Amtsenthebung kommt vielmehr nur dann in Betracht, wenn es sich um eine **schwere Amtspflichtverletzung** (erste Variante) oder eine **schwere Verfehlung im persönlichen Bereich** (zweite Variante) handelt. Einfache Amtspflichtverletzungen reichen für die erste Variante nicht aus; es muss vielmehr ein qualifizierendes „Mehr" hinzutreten, dem insbesondere die Bedeutung des verletzten Rechtsguts, die Intensität und Dauer der Amtspflichtverletzung sowie das individuelle Verhalten des Datenschutzaufsehers im Einzelfall zu berücksichtigen ist;[37] so wäre zB das Einholen oder die Entgegennahme einer nach Art. 52 Abs. 2 verbotenen Weisung durch das Mitglied einer Datenschutz-Aufsichtsbehörde oder ein Verstoß gegen das Integritätsgebot gemäß Art. 52 Abs. 3[38] als qualifizierte Amtspflichtverletzung und damit als schwere Verfehlung zu werten.[39] Auch für die Annahme einer die Amtsenthebung rechtfertigenden schweren Verfehlung im persönlichen Bereich (zweite Variante) sind einfache Rechtsverletzungen (zB eine Geschwindigkeitsübertretung im Straßenverkehr)

---

[33] Zur unionsrechtlich abgesicherten persönlichen Unabhängigkeit des EZB-Präsidenten eingehend Meng/Ress/Stein/*Selmayr*, Europäische Integration und Globalisierung, S. 513, 520 ff., 524 f. Zur unionsrechtlich abgesicherten persönlichen Unabhängigkeit der Präsidenten der nationalen Zentralbanken EuGH (Große Kammer) Urt. v. 26.2.2019 – C-202 und C-238/18, ECLI:EU:C:2019:139 – Rimšēvičs, EZB/Lettland, Rn. 88 ff., insbes. Rn. 92, 96.

[34] VO (EU) 2018/1725 des Europäischen Parlaments und des Rates v. 23.10.2018 zum Schutz natürlicher Personen bei der Verarbeitung personenbezogener Daten durch die Organe, Einrichtungen und sonstigen Stellen der Union, zum freien Datenverkehr und zur Aufhebung der Verordnung (EG) Nr. 45/2001 und des Beschlusses Nr. 1247/2002/EG, ABl. 2018 L 295, 39.

[35] Vgl. EuGH (Große Kammer) Urt. v. 24.6.2019 – C-619/18, ECLI:EU:C:2019:531 – Kommission/Polen (Unabhängigkeit des Obersten Gerichts), Rn. 76: „So ist allgemein anerkannt, dass Richter abberufen werden können, wenn sie wegen Dienstunfähigkeit oder einer schweren Verfehlung nicht mehr zur Ausübung ihres Amtes geeignet sind, wobei angemessene Verfahren einzuhalten sind."; ebenso EuGH (Große Kammer) Urt. v. 5.11.2019 – C-192/18, ECLI:EU:C:2019:924 – Kommission/Polen (Unabhängigkeit der ordentlichen Gerichte), Rn. 113.

[36] Analog zum EZB-Präsidenten Meng/Ress/Stein/*Selmayr*, Europäische Integration und Globalisierung, S. 513, 524. Vgl. auch Kuner/Bygrave/Docksey/*Hijmans* GDPR Art. 53, C.5.: „The threshold for dismissal is high". Zu Recht meint Taeger/Gabel/*Grittmann* DS-GVO Art. 53 Rn. 13, dass die Amtsenthebungsgründe wegen des Unabhängigkeitsgebots „restriktiv" ausgelegt werden müssen.

[37] Eine „gewisse Schwere" verlangt auch Gola/Heckmann/*Nguyen*/*Stroh* DS-DVO Art. 53 Rn. 5.

[38] Ebenso Paal/Pauly/*Körffer* DS-GVO Art. 53 Rn. 5, die „nicht auflösbare Interessenskollisionen" als Amtsenthebungsgrund nennt.

[39] Analog zum EZB-Präsidenten Meng/Ress/Stein/*Selmayr*, Europäische Integration und Globalisierung, S. 513, 525. Ebenso für eine Verletzung der Unabhängigkeit durch Mitglieder der Europäischen Kommission Streinz/*Kugelmann* AEUV Art. 247 Rn. 2.

nicht ausreichend; erforderlich ist vielmehr eine erhebliche Beeinträchtigung wichtiger Rechtsgüter durch schuldhaftes Verhalten des Datenschutzaufsehers, nicht notwendig die Begehung einer Straftat.[40] Umgekehrt darf die Verurteilung wegen einer Straftat nicht automatisch als Amtsenthebungsgrund gewertet werden, sondern erfordert eine Prüfung im Einzelfall; Amtsenthebungsgründe sind insbesondere schwere Verfehlungen wie zB Mord, Vergewaltigung, Betrug oder die Beteiligung an einem datenschutzrechtlich relevanten Insidergeschäft, aber auch die Annahme von finanziellen Vergünstigungen unter Verstoß gegen Art. 52 Abs. 3.[41] Keinesfalls ausreichend für eine Amtsenthebung ist der **reine Verdacht,** ein Mitglied einer Datenschutz-Aufsichtsbehörde habe eine Straftat begangen. Zwar kann die Aufnahme strafrechtlicher Ermittlungen es erforderlich machen, das betroffene Mitglied bis zu deren Abschluss zu suspendieren, damit die Ermittlungen nicht behindert werden. Jedoch müssen dann hinreichende Anhaltspunkte für die Begehung einer Straftat vorliegen. Ohne solch hinreichende Anhaltspunkte ist die Suspendierung eines Mitglieds einer Datenschutz-Aufsichtsbehörde ein Verstoß gegen Art. 53 Abs. 4 und damit europarechtswidrig.[42]

16 Der Amtsenthebungsgrund „**Nichterfüllung der Voraussetzungen für die fortgesetzte Aufgabenwahrnehmung**" ist nur dann beim Mitglied einer Datenschutz-Aufsichtsbehörde gegeben, wenn er während seiner Amtszeit an einer schweren, den Gesundheits- oder Geisteszustand dauerhaft beeinträchtigenden Krankheit erkrankte,[43] also **berufsunfähig** würde.[44] Dies darf nur bei Vorliegen einer zuverlässigen und gegebenenfalls gegengeprüften ärztlichen Diagnose angenommen werden.

17 In Art. 53 Abs. 4 geregelt sind nur die außerordentlichen Amtsbeendigungsgründe, nicht aber die weiteren Folgen einer durch schwere, in der Person des Datenschutzaufsehers liegende Defizite gerechtfertigten Amtsenthebung. Jeder Mitgliedstaat kann dies in den gemäß Art. 54 Abs. 1 lit. f zu spezifizierenden Rechtsvorschriften zur Beendigung des Beschäftigungsverhältnisses näher regeln, sofern er dabei das Unabhängigkeitserfordernis umfassend beachtet; er kann sich dabei an den übrigen unionsrechtlichen Vorschriften zu den Folgen einer rechtmäßigen außerordentlichen Amtsenthebung orientieren. Europarechtlich zulässig wäre so ohne Weiteres, dass eine Amtsenthebung gemäß Art. 53 Abs. 4 – bei entsprechender Schwere der Pflichtverletzung – den **teilweisen oder gänzlichen Verlust der Ruhegehaltsansprüche** oder der an ihrer Stelle gewährten Vergünstigungen zur Folge hat; dafür spricht eine homogene Auslegung mit der für den Europäischen Datenschutzbeauftragten in Art. 53 Abs. 5 VO (EU) 2018/1725[45] getroffenen Regelung; sowie die parallelen Vorschrift zu den unabhängigen Mitgliedern der Europäischen Kommission in Art. 245 UAbs. 2 S. 3 AEUV.[46]

18 Nicht ausdrücklich geregelt wird von Art. 53 Abs. 4 ferner die Frage, wer über die Entlassung des Mitglieds einer Datenschutz-Aufsichtsbehörde bei Annahme eines außerordentlichen Amtsbeendigungsgrundes entscheidet. Grundsätzlich entscheidet die Stelle, die gemäß Art. 53 Abs. 1 das Mitglied gewählt bzw. ernannt hat, auch über die Entlassung als *actus contrarius*.[47] Denkbar ist

---

[40] Analog zum EZB-Präsidenten Meng/Ress/Stein/*Selmayr,* Europäische Integration und Globalisierung, S. 513, 525.

[41] Analog zum EZB-Präsidenten Meng/Ress/Stein/*Selmayr,* Europäische Integration und Globalisierung, S. 513, 525.

[42] IdS – zur europarechtswidrigen Suspendierung des Präsidenten einer nationalen Zentralbank wegen passiver Bestechung zugunsten einer lettischen Privatbank, für die noch nicht einmal ein Anfangsbeweis erbracht wurde – EuGH (Große Kammer) Urt. v. 26.2.2019 – C-202 und C-238/18, ECLI:EU:C:2019:139 – Rimšēvičs, EZB/Lettland, Rn. 91, 96.

[43] So erlitt der für Wettbewerbsfragen zuständige Kommissar *Albert Borschette* 1976 während einer Plenartagung des Europäischen Parlaments einen Gehirnschlag und fiel in ein Koma. Aufgrund ärztlicher Diagnose wurde er noch vor seinem Tod des Amtes enthoben und durch *Raymond Vouel* als Nachfolger ersetzt; vgl. den Beschl. 76/619/EGKS, EWG, Euratom v. 19.7.1976, ABl. 1976 L 201, 31.

[44] Paal/Pauly/*Körffer* DS-GVO Art. 53 Rn. 5, will auch nicht auflösbare Interessenkollisionen unter diesen Amtsenthebungsgrund subsumieren. In der Regel werden diese allerdings bereits als schwere Verfehlung zu werten sein, sofern sie nicht ohne jedes Zutun des Amtsinhabers entstanden sind.

[45] VO (EU) 2018/1725 des Europäischen Parlaments und des Rates v. 23.10.2018 zum Schutz natürlicher Personen bei der Verarbeitung personenbezogener Daten durch die Organe, Einrichtungen und sonstigen Stellen der Union, zum freien Datenverkehr und zur Aufhebung der Verordnung (EG) Nr. 45/2001 und des Beschlusses Nr. 1247/2002/EG, ABl. 2018 L 295, 39.

[46] Vgl. dazu EuGH Urt. v. 11.7.2006 – C-432/04, ECLI:EU:C:2006:455 – Kommission/Cresson, wo zwar eine Pflichtverletzung festgestellt wurde (Rn. 149), die Feststellung allerdings vom EuGH als ausreichende Sanktion angesehen wurde (Rn. 150), so dass es nicht zur Reduzierung der Ruhegehaltsansprüche kam (Rn. 151).

[47] IdS Paal/Pauly/*Körffer* DS-GVO Art. 53 Rn. 6; Gola/Heckmann/*Nguyen/Stroh* DS-GVO Art. 53 Rn. 5; sowie Taeger/Gabel/*Grittmann* DS-GVO Art. 53 Rn. 15.

allerdings durchaus, im Interesse der wirksamen Absicherung der persönlichen Unabhängigkeit auch im Fall einer Ernennung durch die Exekutive stets das Parlament oder eine unabhängige Stelle über die Entlassung entscheiden zu lassen. So kann zB der Europäische Datenschutzbeauftragte auf Antrag des Europäischen Parlaments, des Rates oder der Europäischen Kommission nur vom EuGH seines Amtes enthoben werden (Art. 53 Abs. 5 VO (EU) 2018/1725[48]); ebenso kann nur der EuGH über die Entlassung von Mitgliedern der Europäischen Kommission (Art. 247 AEUV) oder des Direktoriums der Europäischen Zentralbank (Art. 11.4 Protokoll Nr. 4 über die Satzung des Europäischen Systems der Zentralbanken und der Europäischen Zentralbank) entscheiden. Welches Modell bei den nationalen Datenschutz-Aufsichtsbehörden jeweils zur Anwendung kommt, müssen die Mitgliedstaaten gemäß der **obligatorischen Spezifizierungsklausel** (→ Einl. Rn. 89, 92) in Art. 54 Abs. 1 lit. f in nationalen Rechtsvorschriften betreffend die Beendigung des Beschäftigungsverhältnisses von Datenschutzaufsehern entscheiden.

C. Rechtsschutz

Wird ein Mitglied einer nationalen Datenschutz-Aufsichtsbehörde in seiner persönlichen Unabhängigkeit direkt oder indirekt beeinträchtigt – insbesondere wird es ungerechtfertigt vorzeitig seines Amtes enthoben –, so steht ihm, der Aufsichtsbehörde sowie jedem betroffenen Einzelnen gegen entsprechende Maßnahmen der **Rechtsweg zu den nationalen Gerichten** offen. Im Rahmen des Ernennungsverfahrens kommt auch eine sog. **Konkurrentenklage** in Betracht, wenn der Transparenzgrundsatz verletzt oder ein weniger qualifizierter Bewerber einem qualifizierteren Bewerber vorgezogen wird; in diesem Fall kann der unterlegene Bewerber sich bei seiner Klage direkt auf Art. 53 Abs. 1 bzw. Abs. 2 berufen.[49] Ein direkter Rechtsweg zum EuGH ist allerdings – anders als bei anderen kraft Unionsrechts unabhängigen Organmitgliedern (vgl. Art. 14.2 UAbs. 2 S. 2 Protokoll Nr. 4 über die Satzung des Europäischen Systems der Zentralbanken und der Europäischen Zentralbank) – nicht vorgesehen. Doch können die mit einem entsprechenden Rechtsstreit befassten nationalen Gerichte Fragen zur Auslegung der Vorschriften zur persönlichen Unabhängigkeit der Mitglieder der nationalen Datenschutz-Aufsichtsbehörden dem EuGH gemäß Art. 267 UAbs. 2 AEUV zur Vorabentscheidung vorlegen; handelt es sich um letztinstanzliche nationale Gerichte, so sind diese gemäß Art. 267 UAbs. 3 AEUV zu einer Vorlage an den EuGH verpflichtet. Darüber hinaus hat die Europäische Kommission als Hüterin der Verträge das Recht, gegen einen Mitgliedstaat, in dem die persönliche Unabhängigkeit eines Mitglieds der nationalen Datenschutz-Aufsichtsbehörde in einer diesem Mitgliedstaat zurechenbaren Weise verletzt wird, ein Vertragsverletzungsverfahren gemäß Art. 258 AEUV einzuleiten; die Kommission tat dies erstmals im Januar 2012 bei der von ihr gerügten Verletzung der persönlichen Unabhängigkeit des ungarischen Datenschutzaufsehers; der EuGH gab der Kommission 2014 Recht.[50]

D. Nationale Durchführung

Die gemäß Art. 53 Abs. 1, Art. 54 Abs. 1 lit. c erforderliche, von den Mitgliedstaaten in nationalen Rechtsvorschriften vorzunehmende **Spezifizierung von Ernennungsorgan und -verfahren** (→ Art. 54 Rn. 8) ist in Deutschland auf Bundesebene in **§ 11 Abs. 1 S. 1 BDSG** im Sinne einer parlamentarischen Wahl (Variante 1 gemäß Art. 53 Abs. 1 → Rn. 6) erfolgt. Wie bereits nach alter Rechtslage wird danach die oder der Bundesbeauftragte für den Datenschutz und die Informationsfreiheit vom Bundestag „ohne Aussprache"[51] auf Vorschlag der Bundes-

---

[48] VO (EU) 2018/1725 des Europäischen Parlaments und des Rates v. 23.10.2018 zum Schutz natürlicher Personen bei der Verarbeitung personenbezogener Daten durch die Organe, Einrichtungen und sonstigen Stellen der Union, zum freien Datenverkehr und zur Aufhebung der Verordnung (EG) Nr. 45/2001 und des Beschlusses Nr. 1247/2002/EG, ABl. 2018 L 295, 39.
[49] Vgl. *Weichert* DuD 2022, 371 (375). Zu solchen (bisher allerdings erfolglosen) Konkurrentenklagen vgl. VG Schleswig-Holstein Beschl. v. 19.8.2020 – 12 B 36/20; und VG Hannover Beschl. v. 21.6.2023 – 13 B 3358/23.
[50] EuGH (Große Kammer) Urt. v. 8.4.2014 – C-288/12, ECLI:EU:C:214:237 = ZD 2014, 301 – Kommission/Ungarn, Rn. 62. Veranlasst wurde dieses Verfahren von EU-Justizkommissarin *Reding*, die auch Initiatorin der DS-GVO war (→ Einl. Rn. 41 ff., 57).
[51] Krit. zur Ernennung der Leiter von Datenschutz-Aufsichtsbehörden ohne Aussprache *Weichert* ZD 2022, 73, der darauf verweist, dass in sieben Landesgesetzen eine Aussprache zur Wahl des Datenschutzbeauftragten

regierung gewählt, wobei eine absolute Mehrheit der Bundestagsabgeordneten für den Vorschlag stimmen muss; anschließend wird die oder der Gewählte vom Bundespräsidenten ernannt. Die Landesgesetzgeber haben sich – ebenso wie die Mehrheit der 55 Vertragsstaaten der Konvention 108[52] – durchweg für eine parlamentarische Wahl der jeweiligen Landesdatenschutzbeauftragten entschieden.[53] Europarechtskonform ist im Grundsatz auch die Ernennung des Präsidenten des (in Bayern für den Datenschutz im nichtöffentlichen Bereich zuständigen) Landesamts für Datenschutzaufsicht durch die bayerische Staatsregierung[54] (Variante 2 gemäß Art. 53 Abs. 1, → Rn. 6). Europarechtlich problematisch ist allerdings, dass weder das BDSG noch die Landesdatenschutzgesetze[55] zu einer öffentlichen Ausschreibung der Stelle des Datenschutzbeauftragten verpflichten,[56] auch wenn es in der Praxis gelegentlich zu Ausschreibungen kommt. Ein vollständiger Ausschluss von öffentlichen Ausschreibungen oder gleichwertigen Verfahren ist mit dem **Grundsatz der Transparenz** (→ Rn. 6) nicht zu vereinbaren[57], da dies genau das „handverlesene" Vorgehen bei der Auswahl der Leiter der Datenschutz-Aufsichtsbehörden ermöglicht, das mit der DS-GVO unterbunden werden soll. Positiv von der deutschen Gesetzeslage unterscheidet sich der von **Österreich** eingeschlagene Weg. Denn in Österreich erfolgt die Bestellung des Leiters der Datenschutzbehörde gemäß **§ 20 Abs. 1 S. 1 DSG**[58] zunächst europarechtskonform durch das Staatsoberhaupt (Variante 3 gemäß Art. 53 Abs. 1 → Rn. 6), und zwar durch den Bundespräsidenten auf Vorschlag der Bundesregierung. Dem Vorschlag hat außerdem gemäß § 20 Abs. 1 S. 2 DSG eine Ausschreibung zur allgemeinen Bewerbung vorauszugehen. Eine formelle öffentliche Ausschreibung ist auch in Italien, Litauen und Luxemburg vorgeschrieben.[59]

---

ausdrücklich ausgeschlossen ist. Allerdings kann man im Ausschluss der Aussprache auch die Entscheidung für ein rein an der Qualifikation orientiertes Verfahren erblicken, sofern zuvor ein transparentes Auswahlverfahren mit dem Ziel der „Bestenauslese" durchgeführt wurde, welches am Ende nicht mehr durch eine evtl. hochpolitisierte Debatte in Frage gestellt werden soll, zumal das Ansehen und die Autorität der Person der Bewerber beschädigt werden kann.

[52] Council of Europe, Consultative Committee of the Convention for the Protection of Individuals with Regard to Automatic Processing of Personal Data, Convention 108 Compilation of Answers to the Questionnaire of Supervisory Authorities' Governance Models, T-PD(2018)24 rev, 11.5.2020, S. 4.

[53] Vgl. zB § 9 Abs. 1 HDSIG v. 3.5.2018, GVBl. 2018, 82, zuletzt geänd. am 15.1.2021, GVBl. 2021, 718, 729: Wahl durch den Landtag auf Vorschlag der Landeregierung; § 25 Abs. 1 S. 2 DSG NRW v. 17.5.2018, GV. 2018, 244, 278, 404: Wahl durch den Landtag (absolute Mehrheit) auf Vorschlag der Landesregierung; § 3 Abs. 1 S. 1 ThürDSG v. 6.6.2018, GVBl. 2018, 229: Wahl durch den Landtag (absolute Mehrheit). In Hamburg ist die Wahl des Beauftragten für Datenschutz und Informationsfreiheit durch die Bürgerschaft direkt in der Landesverfassung geregelt; sie hat auf Vorschlag der Fraktionen zu erfolgen, vgl. Art. 60a Abs. 1 S. 1 der Verfassung der Freien und Hansestadt Hamburg, auf den § 21 Abs. 1 HmbDSG v. 18.5.2018, HmbGVBl. 2018, 145, zuletzt geänd. durch Gesetz v. 24.1.2023, HmbGVBl. 2023, 67, verweist. In Bayern wird der Landesbeauftragte für den Datenschutz gem. Art. 33a Abs. 1 der Verfassung des Freistaates Bayern auf Vorschlag der Staatsregierung vom Landtag gewählt und gem. Art. 15 Abs. 1 S. 3 BayDSG v. 15.5.2018, GVBl. 2018, 229, vom Landtagspräsidenten ernannt. In Sachsen-Anhalt wird der Landesbeauftragte für den Datenschutz gem. Art. 63 Abs. 2 der Verfassung des Landes Sachsen-Anhalt vom Landtag auf Vorschlag der Landesregierung mit der Mehrheit von zwei Dritteln der anwesenden Abgeordneten, mindestens mit der Mehrheit seiner Mitglieder gewählt. Auch Art. 37 Abs. 1 S. 1 der Verfassung des Landes Mecklenburg-Vorpommern sieht die Wahl des Landesbeauftragten für den Datenschutz durch den Landtag vor.

[54] Art. 18 Abs. 3 BayDSG v. 15.5.2018, GVBl. 2018, 229.

[55] Auch in Sachsen-Anhalt ist nach einer Gesetzesänderung keine öffentliche Stellenausschreibung mehr erforderlich; so explizit § 21 Abs. 1 S. 3 DSAG LSA v. 18.2.2020, GVBl. 2020, 25, zuletzt geänd. am 20.3.2020, GVBl. 2020, 64.

[56] Zu Recht krit. *Weichert* ZD 2022, 73.

[57] IdS *Brink/Kranig* ZD 2023, 423 (424): „Für mich gehört zu einem transparenten Verfahren, dass für jeden Interessierte erkennbar sein muss, welche Personen (= Transparenz über die fachlichen Anforderungen) auf welchen Weg (zB Ausschreibung) den Kandidatenstatus erreichen können und nach welchen Kriterien die Auswahlentscheidung getroffen wird. Diese Voraussetzungen sind meines Erachtens sowohl auf Bundesebene als auch für die Ernennung der Leitungspersonen bayerischer Aufsichtsbehörden nicht erfüllt".

[58] Bundesgesetz v. 31.7.2017, mit dem das Datenschutzgesetz 2000 geändert wird (Datenschutz-Anpassungsgesetz 2018), Öst. BGBl. 2017 I 1, zuletzt geänd. durch Entsch. des Verfassungsgerichtshofs (Aufhebung des Medienprivilegs in § 9 DSG mit Ablauf des 30.6.2024), Öst. BGBl. 2023 I 2.

[59] Vgl. Council of Europe, Consultative Committee of the Convention for the Protection of Individuals with Regard to Automatic Processing of Personal Data, Convention 108 Compilation of Answers to the Questionnaire of Supervisory Authorities' Governance Models, T-PD(2018)24 rev, 11.5.2020, S. 4.

Was die **Ernennungsvoraussetzungen** angeht, die im Einklang mit Art. 53 Abs. 2, Art. 54 21
Abs. 1 lit. b national präzisiert werden können, so spezifiziert in Deutschland **§ 11 Abs. 1 S. 2
BDSG** zunächst – in Fortführung der bisherigen Rechtslage – ein Mindestalter von 35 Jahren für
die oder den Bundesbeauftragte(n) für den Datenschutz und die Informationsfreiheit, was zwar in
Art. 53 Abs. 2 nicht vorgesehen ist, aber als europarechtlich zulässige Präzisierung des Begriffs
„Erfahrung" angesehen werden kann, sofern das Mindestalterserfordernis in der Praxis diskriminierungsfrei angewendet wird.[60] **§ 11 S. 3 BDSG** ergänzen „Qualifikation, Erfahrung und Sachkunde insbesondere im Bereich des Schutzes personenbezogener Daten" als weitere Ernennungsvoraussetzungen, was im deutschen Datenschutzrecht ein Novum darstellt.[61] Diese bereits in
Art. 53 Abs. 2 enthaltene Vorgabe wird in **§ 11 S. 4 BDSG** dahingehend präzisiert, dass dort
„insbesondere" „Kenntnisse im Datenschutzrecht" vorausgesetzt werden, die „durch einschlägige
Berufserfahrung erworben" sein müssen.[62] Verlangt wird ferner die Befähigung zum Richteramt
oder zum höheren Verwaltungsdienst. Die Landesdatenschutzgesetze enthalten weitgehend entsprechende[63] Vorgaben für die Ernennung der Landesdatenschutzbeauftragten. Nicht im Einklang
mit Art. 53 Abs. 2 steht **§ 22 Abs. 1 S. 1 LDSG BW,** da dieser aus der europarechtlich verbindlichen Vorgabe des Art. 53 Abs. 2 eine landesrechtliche Sollensvorschrift macht.[64] Das Gebot
der europarechtskonformen Auslegung zwingt dazu, das „soll" hier stets als „muss" zu lesen; im
Übrigen ist die Vorschrift vom Landesgesetzgeber auch aus Gründen der Rechtsklarheit bei
nächster Gelegenheit in Einklang mit der DS-GVO zu bringen. In **Österreich** stellt **§ 20 Abs. 2
DSG**[65] für die Ernennung zum Leiter der Datenschutzbehörde vier Voraussetzungen auf und
verlangt: (1) den Abschluss des Studiums der Rechtswissenschaften; (2) die persönliche und
fachliche Eignung, was eine entsprechende Vorbildung und einschlägige Berufserfahrung in den
von der Datenschutzbehörde zu besorgenden Angelegenheiten voraussetzt; (3) ausgezeichnete
Kenntnisse des österreichischen Datenschutzrechts, des Unionsrechts und der Grundrechte; sowie
(4) eine mindestens fünfjährige juristische Berufserfahrung. Dass § 20 Abs. 2 Nr. 3 DSG explizit
ausgezeichnete Kenntnisse des Unionsrechts zur Voraussetzung für die Ernennung zum Leiter der
österreichischen Datenschutzbehörde macht, ist als besonders europarechtsfreundliche Durchführung des Art. 53 Abs. 2 zu begrüßen. Der österreichische Bundesgesetzgeber berücksichtigt
hierbei, dass die österreichische Datenschutzbehörde seit dem 25.5.2018 als dezentrale Unionsbehörde (→ Art. 51 Rn. 6; → Art. 52 Rn. 11; → Art. 53 Rn. 10) im europäischen Verwaltungsverbund (→ Art. 51 Rn. 6, 15 f.) der Datenschutz-Aufsichtsbehörden der übrigen EU-Mitgliedstaaten und der Kommission täglich unmittelbar geltendes Unionsrecht direkt in Österreich
anzuwenden hat. Zu erwähnen ist schließlich § 20 Abs. 3 DSG, der als negative Ernennungs-

---

[60] Nachvollziehbare Zweifel an der Vereinbarkeit des Mindestalters von 35 Jahren („eine willkürlich gewählte Altersgrenze") mit dem europarechtlichen Verbot der Altersdiskriminierung äußern Kühling/Buchner/*Boehm*, 4. Aufl. 2024, DS-GVO Art. 53 Rn. 15. Allerdings sind europarechtlich bislang vor allem Altershöchstgrenzen verworfen worden, nicht dagegen Mindestaltersregelungen, sofern diese dazu dienen, Ausbildungsstand und Berufserfahrung abzubilden. Eine Mindestaltersgrenze von 35 Jahren erscheint plausibel, wenn zugleich die Befähigung zum Richteramt oder zum höheren Verwaltungsdienst sowie einschlägige Berufserfahrung im Datenschutzrecht gefordert werden; idS wohl Kühling/Buchner/*Bange*, 4. Aufl. 2024, BDSG § 11 Rn. 7: „Das Mindestalter steht dabei in Zusammenhang mit der zur Erfüllung der Aufgaben und Ausübung der Befugnisse notwendigen Erfahrung." IdS wohl auch Taeger/Gabel/*Grittmann* DS-GVO Art. 54 Rn. 7. Sollten diese Voraussetzungen von einem Bewerber ausnahmsweise bereits vor dem Alter von 35 Jahren nachgewiesen werden, müsste dieser in europarechtskonformer Auslegung des § 11 Abs. 1 S. 2 BDSG als Bewerber zugelassen werden. Als sachlich nicht gerechtfertigte Altersdiskriminierung sieht das Mindestalterserfordernis *Weichert* DuD 2022, 371 (375), da für ihn die bei jüngeren Menschen oft anzutreffende Innovationsbereitschaft und deren oft hohes technische Verständnis „zum Profil des Amtes" gehören.
[61] Vgl. Paal/Pauly/*Körffer* DS-GVO Art. 53 Rn. 3 und BDSG § 11 Rn. 1.
[62] Dazu treffend *Brink/Kranig* ZD 2023, 423 (423): „Ein Wochenendseminar zum Thema Datenschutz bei der IHK, so gut es auch sein mag, reicht damit nicht aus".
[63] Vgl. zB § 9 Abs. 1 HDSIG v. 3.5.2018, GVBl. 2018, 82, zuletzt geänd. am 15.1.2021, GVBl. 2021, 718, 729; Art. 19 Abs. 1 S. 1 BayDSG v. 15.5.2018, GVBl. 2018, 229, der sowohl für den Landesdatenschutzbeauftragten als auch für den Leiter des Landesamts für Datenschutzaufsicht gilt; § 25 Abs. 1 S. 4 DSG NRW v. 17.5.2018, GV. 2018, 244, 278, 404; § 3 Abs. 2 ThürDSG v. 6.6.2018, GVBl. 2018, 229; § 20 HmbDSG v. 18.5.2018, HmbGVBl. 2018, 145, zuletzt geänd. durch Gesetz v. 24.1.2023, HmbGVBl. 2023, 67. Krit. zu den Vorgaben der Landesdatenschutzgesetze *Brink/Kranig* ZD 2023, 423 (423): „Aus meiner Sicht sind die deutschen Länder ihrem Regelungsauftrag aus Art. 54 DS-GVO nicht nachgekommen".
[64] Ebenso *Weichert* DuD 2022, 371 (374).
[65] Bundesgesetz v. 31.7.2017, mit dem das Datenschutzgesetz 2000 geändert wird (Datenschutz-Anpassungsgesetz 2018), Öst.BGBl. 2017 I 1, zuletzt geänd. durch Entscheidung des Verfassungsgerichtshofs (Aufhebung des Medienprivilegs in § 9 DSG mit Ablauf des 30.6.2024), Öst. BGBl. 2023 I 2.

Art. 54

Kapitel VI. Unabhängige Aufsichtsbehörden

voraussetzungen zunächst eine Reihe von mit der Tätigkeit des Leiters der Datenschutzbehörde von vornherein unvereinbaren Ämtern (zB Staatssekretär, Mitglied des Nationalrates, Mitglied des Europäischen Parlaments, Volksanwalt, Präsident des Rechnungshofes) aufzählt, die ein Kandidat weder gleichzeitig noch in den zwei Jahren vor der Ernennung zum Leiter der Datenschutzbehörde innegehabt haben darf. Eine europarechtlich grundsätzlich zulässige Präzisierung zu Art. 53 Abs. 2 enthält schließlich § 20 Abs. 3 Nr. 3 DSG: Wer von der Wählbarkeit in den Nationalrat ausgeschlossen ist (zB weil er oder sie wegen einer schweren Straftat verurteilt worden ist), darf auch nicht zum Leiter der Datenschutzbehörde ernannt werden. Problematisch daran ist allerdings, dass diese Vorschrift zugleich ausländische EU-Bürger, die nach österreichischer Rechtslage weder die aktive noch die passive Wahlberechtigung bei Nationalratswahlen haben, von der Ernennung zum Leiter der Datenschutzbehörde ausschließt; § 20 Abs. 3 Nr. 3 DSG ist insofern europarechtswidrig, da die nationalen Datenschutz-Aufsichtsbehörden spätestens seit Inkrafttreten der DS-GVO nicht mehr exklusiv im Kernbereich nationaler Hoheitsgewalt operieren, sondern als dezentrale Unionsbehörden direkt auf der Grundlage des Unionsrechts ihre Aufgaben und Befugnisse wahrnehmen, so dass ihre Leitung auch ausländischen EU-Bürgern mit entsprechender Qualifikation, Erfahrung und Sachkunde offen stehen muss (→ Rn. 10).

22 Zu den **ordentlichen und außerordentlichen Amtsbeendigungsgründen** lassen Art. 53 Abs. 3 und 4 den Mitgliedstaaten keinerlei Raum für inhaltliche Spezifizierung; die Vorschriften sind insofern abschließend gemeint und formuliert. Nationale Durchführungsvorschriften zu den Amtsbeendigungsgründen sind daher europarechtlich grundsätzlich als problematische Normwiederholungen anzusehen, wenn sie nicht sogar europarechtswidrig weitere Amtsbeendigungsgründe ergänzen. Durchführungsbestimmungen erlassen können und müssen die Mitgliedstaaten allein zum **Amtsenthebungsverfahren,** da dazu Art. 53 Abs. 3 und 4 keine Regelungen enthalten und Art. 54 Abs. 1 lit. f (→ Art. 54 Rn. 11) ausdrücklich nationale Durchführungsvorschriften über die Regeln für die Beendigung des Beschäftigungsverhältnisses verlangt. Bei der Regelung des Amtsbeendigungsverfahrens kann dann aus Gründen der textlichen Kohärenz (vgl. Erwägungsgrund 8; → Einl. Rn. 98) durchaus auf die materiellen Amtsbeendigungsgründe gemäß Art. 53 Abs. 3 und 4 Bezug genommen werden. Europarechtskonform erscheint vor diesem Hintergrund **§ 12 Abs. 2 S. 3–5 BDSG,** welcher das Verfahren zur Amtsenthebung der oder des Bundesbeauftragten in die Hände des Bundespräsidenten „auf Vorschlag" des Bundestagspräsidenten legt und dann die außerordentlichen Amtsbeendigungsgründe wortgleich wie Art. 53 Abs. 4 formuliert. Die Landesgesetzgeber haben überwiegend ähnliche Regelungen in den Landesdatenschutzgesetzen getroffen.[66] In **Österreich** beschränkt sich **§ 20 Abs. 4 DSG**[67] auf die Regelung des Verfahrens der Amtsenthebung des Leiters der Datenschutzbehörde. Diese erfolgt europarechtskonform durch den Bundespräsidenten auf Vorschlag der Bundesregierung.

Art. 54 Errichtung der Aufsichtsbehörde

(1) Jeder Mitgliedstaat sieht durch Rechtsvorschriften Folgendes vor:
a) die Errichtung jeder Aufsichtsbehörde;
b) die erforderlichen Qualifikationen und sonstigen Voraussetzungen für die Ernennung zum Mitglied jeder Aufsichtsbehörde;

---

[66] Vgl. zB § 25 Abs. 5 S. 2–6 DSG NRW v. 17.5.2018, GV. 2018, 244, 278, 404; § 3 Abs. 8 DSG Thüringen v. 6.6.2018, GVBl. 2018, 229; Art. 60a Abs. 5 der Verfassung der Freien und Hansestadt Hamburg. Europarechtlich problematisch erscheint § 11 Abs. 2 S. 5–7 HDSIG v. 3.5.2018, GVBl. 2018, 82, zuletzt geänd. am 15.1.2021, GVBl. 2021, 718, 729, der neben der im Interesse der Unabhängigkeit erfreulich restriktiven Regelung des Amtsbeendigungsverfahrens (nur bei Urt. des Staatsgerichtshofs auf Klage des Landtags, die nur erhoben wird, wenn dem zwei Drittel der Mitglieder des Landtags zustimmen) die Entlassungsgründe der §§ 22, 23 Abs. 1, Abs. 3 Nr. 1, § 24 Beamtenstatusgesetzes zur Anwendung bringen will, was mit der abschließenden Vorgabe in Art. 53 Abs. 3, 4 DS-GVO nicht zu vereinbaren ist. Europarechtlich höchst problematisch ist auch Art. 37 Abs. 1 S. 2 der Verfassung des Landes Mecklenburg-Vorpommern, da danach eine vorzeitige Abberufung des Landesbeauftragten für Datenschutz durch den Landtag möglich ist, der dazu mit einer Mehrheit von zwei Dritteln seiner Mitglieder entscheidet; hier muss im Interesse der Rechtsklarheit dringend im Text deutlich gemacht werden, dass eine solche Abberufung europarechtlich nur zulässig ist, sofern einer der in Art. 52 Abs. 4 DS-GVO (der in jedem Fall unmittelbar gilt und unmittelbar anwendbar ist) abschließend vorgesehenen Gründe für eine außerordentliche Amtsbeendigung vorliegt.

[67] Bundesgesetz v. 31.7.2017, mit dem das Datenschutzgesetz 2000 geändert wird (Datenschutz-Anpassungsgesetz 2018), Öst.BGBl. 2017 I 1, zuletzt geänd. durch Entscheidung des Verfassungsgerichtshofs (Aufhebung des Medienprivilegs in § 9 DSG mit Ablauf des 30.6.2024), Öst. BGBl. 2023 I 2.

Errichtung der Aufsichtsbehörde **Art. 54**

c) die Vorschriften und Verfahren für die Ernennung des Mitglieds oder der Mitglieder jeder Aufsichtsbehörde;
d) die Amtszeit des Mitglieds oder der Mitglieder jeder Aufsichtsbehörde von mindestens vier Jahren; dies gilt nicht für die erste Amtszeit nach 24. Mai 2016, die für einen Teil der Mitglieder kürzer sein kann, wenn eine zeitlich versetzte Ernennung zur Wahrung der Unabhängigkeit der Aufsichtsbehörde notwendig ist;
e) die Frage, ob und – wenn ja – wie oft das Mitglied oder die Mitglieder jeder Aufsichtsbehörde wiederernannt werden können;
f) die Bedingungen im Hinblick auf die Pflichten des Mitglieds oder der Mitglieder und der Bediensteten jeder Aufsichtsbehörde, die Verbote von Handlungen, beruflichen Tätigkeiten und Vergütungen während und nach der Amtszeit, die mit diesen Pflichten unvereinbar sind, und die Regeln für die Beendigung des Beschäftigungsverhältnisses.

(2) ¹Das Mitglied oder die Mitglieder und die Bediensteten jeder Aufsichtsbehörde sind gemäß dem Unionsrecht oder dem Recht der Mitgliedstaaten sowohl während ihrer Amts- beziehungsweise Dienstzeit als auch nach deren Beendigung verpflichtet, über alle vertraulichen Informationen, die ihnen bei der Wahrnehmung ihrer Aufgaben oder der Ausübung ihrer Befugnisse bekannt geworden sind, Verschwiegenheit zu wahren. ²Während dieser Amts- beziehungsweise Dienstzeit gilt diese Verschwiegenheitspflicht insbesondere für die von natürlichen Personen gemeldeten Verstößen gegen diese Verordnung.

Literatur: *Brink/Kranig*, ZD-Interview: Anforderungen und Auswahl von Leitungspersonen der Datenschutzaufsicht nach der DS-GVO, ZD 2023, 423; *Council of Europe, Consultative Committee of the Convention for the Protection of Individuals with Regard to Automatic Processing of Personal Data, Convention 108*, Compilation of Answers to the Questionnaire of Supervisory Authorities' Governance Models, T-PD(2018)24 rev, 11.5.2020 (abrufbar unter https://rm.coe.int/t-pd-2018-24-rev2-compilation-supervisory-authorities-06-05-2019-encl/1680a054e4); *v. Lewinski*, Unabhängigkeit des Bundesbeauftragten für den Datenschutz und die Informationsfreiheit, ZG 2015, 228; *Lieberknecht*, Die Behandlung von Geschäftsgeheimnissen im deutschen und EG-Recht, WuW 1988, 833; *Poullet*, L'autorité de contrôle: ,vues' de Bruxelles, Revue française d'administration publique 1999, 69; *Schaar*, Datenschutz-Grundverordnung: Arbeitsauftrag für den deutschen Gesetzgeber, PinG 2016, 62; *Thomé*, Reform der Datenschutzaufsicht: Effektiver Datenschutz durch verselbständigte Aufsichtsbehörden, 2015; *Ziebarth*, Demokratische Legitimation und Unabhängigkeit der deutschen Datenschutzbehörden, CR 2013, 60.

Rechtsprechung: EuGH (Große Kammer) Urt. v. 9.3.2010 – C-518/07, ECLI:EU:C:2010:125 = EuZW 2010, 296 – Kommission/Deutschland; EuGH (Große Kammer) Urt. v. 16.10.2012 – C-614/10, ECLI:EU:C:2012:631 = ZD 2012, 563 – Kommission/Österreich; EuGH (Große Kammer) Urt. v. 8.4.2014 – C-288/12, ECLI:EU:C:2014:237 = ZD 2014, 301 – Kommission/Ungarn; EuGH Urt. v. 12.11.2014 – C-140/13, ECLI:EU:C:2014:2362 – Altmann u.a./Bundesanstalt für Finanzdienstleistungsaufsicht; EuG Urt. v. 18.9.1996 – T-353/94, ECLI:EU:T:1996:119 – Postbank/Kommission; EuG Urt. v. 30.5.2006 – T-198/03, ECLI:EU:T:2006:136 – Bank Austria Creditanstalt/Kommission; EuG Urt. v. 13.9.2013 – T-380/08, ECLI:EU:T:2013:480 – Niederlande/Kommission.

Übersicht

	Rn.
A. Allgemeines	1
I. Hintergrund und Zweck der Bestimmung	1
II. Systematik, Verhältnis zu anderen Bestimmungen	3
B. Einzelerläuterungen	5
I. Spezifizierungspflicht der Mitgliedstaaten (Abs. 1)	5
II. Die datenschutzrechtliche Verschwiegenheitspflicht (Abs. 2)	12
C. Rechtsschutz	18
D. Nationale Durchführung	20

A. Allgemeines*

I. Hintergrund und Zweck der Bestimmung

1 Art. 54 vereinigt unter der Überschrift „Errichtung der Aufsichtsbehörde" **zwei sehr unterschiedliche Regelungsgegenstände:** Abs. 1 enthält eine Liste der von den Mitgliedstaaten in nationalen Rechtsvorschriften vorzunehmenden einzelnen **Spezifizierungen** zu den Art. 51–53, also zur Errichtung und Unabhängigkeit der nationalen Datenschutz-Aufsichtsbehörden; Abs. 2 regelt die **besondere datenschutzrechtliche Verschwiegenheitspflicht** des jeweiligen Mitglieds bzw. der Mitglieder dieser Behörde(n). Die Zusammenfassung beider Regelungsgegenstände in einem einzigen Artikel erscheint systematisch nicht zwingend.[1] Die Kommission hatte in ihrem Vorschlag zur DS-GVO[2] noch zwei separate Vorschriften[3] vorgesehen; erst im Gesetzgebungsverfahren wurde – vor allem aus Gründen der Textökonomie – der Inhalt beider Vorschriften in einem Artikel zusammengefasst. Spezielle Erwägungsgründe zu Art. 54 enthält die DS-GVO nicht.

2 Art. 54 zeigt, dass die DS-GVO, die in ihrer Gesamtheit seit dem 25.5.2018 unmittelbar in jedem Mitgliedstaat gilt, also integraler Bestandteil der jeweiligen nationalen Rechtsordnung ist (vgl. Art. 288 UAbs. 2 AEUV iVm Art. 99 Abs. 2 DS-GVO → Einl. Rn. 1, 3, 79 ff.), sowohl Vorschriften enthalten kann, die wie Art. 54 Abs. 2 **unmittelbar anwendbar** sind, also ohne weiteres Zutun des Gesetzgebers oder der Verwaltung direkte Rechtswirkungen entfalten, Rechte begründen und Pflichten auferlegen; als auch Vorschriften, die, wie Art. 54 Abs. 1 zeigt, einer weiteren **Spezifizierung,** Präzisierung und Konkretisierung in dem von der DS-GVO zugelassenen Rahmen bedürfen. Dadurch wird die DS-GVO nicht etwa teilweise zu einer „Richtlinie im Verordnungsgewand"[4]; sie ist vielmehr durchweg unmittelbar geltendes Recht, das allerdings in einigen Bereichen seine umfassende Rechtswirkung für den einzelnen Rechtsanwender und Rechtsunterworfenen erst mit der Spezifizierung in den von den Mitgliedstaaten noch zu erlassenden Rechtsvorschriften entfaltet. Insofern ist die Bezeichnung als **„hinkende" Verordnung** (→ Einl. Rn. 95) für die in Art. 54 Abs. 1 genannten Bereiche durchaus treffend, auch wenn der „nationale Krückstock", der noch erforderlich ist, hier besonders kurz ausfällt, da der nationale Spezifizierungsbedarf in diesem Bereich denkbar klein ist;[5] die Errichtung und Unabhängigkeit der nationalen Datenschutz-Aufsichtsbehörden ist ganz überwiegend direkt durch die Art. 51–53 in ausführlicher und weitgehend abschließender Form geregelt.

II. Systematik, Verhältnis zu anderen Bestimmungen

3 Art. 54 Abs. 1 – für den es in der DS-RL noch keine Entsprechung gab – steht im direkten systematischen Verhältnis zu den Art. 51–53. Sofern dort nicht bereits vollständige, also unmittelbar anwendbare Regelungen zur Errichtung und Unabhängigkeit der nationalen Datenschutz-Aufsichtsbehörden getroffen sind, verpflichtet Art. 54 Abs. 1 die Mitgliedstaaten dazu, die erforderlichen Spezifizierungen zu erlassen, und zwar spätestens bis zum 25.5.2018, wie sich aus Art. 51 Abs. 4 ergibt. Bis spätestens zu diesem Zeitpunkt waren die entsprechenden nationalen Durchführungsvorschriften der Kommission mitzuteilen (→ Art. 51 Rn. 20 f., dort auch zu den Rechtsfolgen, falls ein Mitgliedstaat diese Mitteilung unterlässt).

4 Art. 54 Abs. 2 ist die Nachfolgevorschrift zu **Art. 28 Abs. 7 DS-RL,** der es den Mitgliedstaaten bereits aufgab, Fragen des Berufsgeheimnisses für die Mitglieder der für den Datenschutz

---

* Der Verfasser vertritt hier seine persönliche Auffassung, die nicht notwendig der Auffassung der Europäischen Kommission entspricht.

[1] Ähnlich Gierschmann/Schlender/Stentzel/Veil/*Kreul* DS-GVO Art. 54 Rn. 20, für die der zweite Absatz zur Verschwiegenheitspflicht in diesem Artikel mit dieser Überschrift ein „Fremdkörper" ist.

[2] KOM(2012) 11 v. 25.1.2012 (DS-GVO-Kommissionsvorschlag).

[3] Vgl. Art. 49, 50 DS-GVO-Kommissionsvorschlag, KOM(2012) 11 v. 25.1.2012.

[4] IdS wohl Kuner/Bygrave/Docksey/*Hijmans* GDPR Art. 54, C.2.: „Article 54(1), though part of an EU regulation, is a provision with features of a directive." Ebenso Gola/Heckmann/*Nguyen/Stroh* DS-GVO Art. 54 Rn. 1: „Hier zeigt sich deutlich, dass die DS-GVO an einigen Stellen einer Richtlinie iSv Art. 288 Abs. 3 AEUV näherkommt als einer Verordnung."

[5] Ähnlich Paal/Pauly/*Körffer* DS-GVO Art. 54 Rn. 1: „Es handelt sich um einen zwingenden Regelungsauftrag an die Mitgliedstaaten." Rn. 3: „Der Umsetzungsspielraum ist eng begrenzt." Treffender wäre der Begriff Durchführungs- oder Spezifizierungsspielraum, da die DS-GVO auch hier eine (unmittelbar geltende) Verordnung und keine (umsetzungsbedürftige) Richtlinie ist.

zuständigen Kontrollstellen zu regeln, dem nationalen Gesetzgeber dabei aber, wie bei Richtlinien üblich, die Wahl der Form und der Mittel überließ (vgl. Art. 288 UAbs. 3 AEUV). Heute enthält Art. 54 Abs. 2 eine sowohl unmittelbar geltende als auch unmittelbar anwendbare Regelung der Verschwiegenheitspflicht, deren weitere Konkretisierung zwar nicht erforderlich, aber auch nicht ausgeschlossen ist, da Art. 54 Abs. 2 insofern auf das Unionsrecht *oder* das Recht der Mitgliedstaaten als Grundlage der datenschutzrechtlichen Verschwiegenheitspflicht verweist. Hieran zeigt sich erneut die besondere Eigenschaft der Datenschutz-Aufsichtsbehörden, die zwar formal gesehen nationale Behörden sind, mit der DS-GVO aber funktional zu **dezentralen Unionsbehörden** (→ Art. 51 Rn. 6; → Art. 52 Rn. 9, 11; → Art. 53 Rn. 10) werden und die Rechtsgrundlage ihrer Tätigkeit vornehmlich im Unionsrecht sowie gegebenenfalls ergänzend in nationalen Spezifizierungen, Präzisierungen und Konkretisierungen finden. Maßstabsfunktion für die Auslegung von Art. 54 Abs. 2 hat dabei **Art. 339 AEUV,** der die Pflicht zur Wahrung des Berufsgeheimnisses im primären Unionsrecht für die Mitglieder der EU-Organe, die Mitglieder der EU-Ausschüsse sowie für die EU-Beamten und EU-Bediensteten regelt und an dessen Formulierung bereits der Wortlaut des früheren Art. 28 Abs. 7 DS-RL angelehnt war; sowie **Art. 56 VO (EU) 2018/1725,**[6] der die Verschwiegenheitspflicht des Europäischen Datenschutzbeauftragten und seines Personals zum Gegenstand hat. Insofern gilt erneut das vom EuGH in seiner Rechtsprechung geforderte Gebot der homogenen Auslegung (→ Art. 51 Rn. 14; → Art. 52 Rn. 5, 13, 20; → Art. 53 Rn. 4, 9, 16).[7]

B. Einzelerläuterungen

I. Spezifizierungspflicht der Mitgliedstaaten (Abs. 1)

Bei Art. 54 Abs. 1 handelt es sich um eine sog. **obligatorische Spezifizierungsklausel** 5 (→ Einl. Rn. 89, 92). Die EU-Mitgliedstaaten waren also verpflichtet, bis spätestens zum 25.5.2018 (vgl. Art. 51 Abs. 4, Art. 99 Abs. 2) Rechtsvorschriften zu den in Art. 54 Abs. 1 lit. a-f genannten Fragen zu erlassen. Die Pflicht der Mitgliedstaaten ergibt sich aus der indikativischen Formulierung „sieht ... vor" (im Französischen: „prévoit", im Englischen besonders deutlich: „shall provide"). Wenn in Art. 54 Abs. 1 von **„Rechtsvorschriften"** (im Englischen: „by law", im Französischen: „par la loi") die Rede ist, dann können dies formelle oder materielle Gesetze, aber auch untergesetzliche Bestimmungen sein; dies ergibt sich im *argumentum a fortiori* aus Erwägungsgrund 41, der die engeren Begriffe der Rechtsgrundlage und der Gesetzgebungsmaßnahme (im Englischen; „legal basis" und „legislative measure"; im Französischen „base juridique" und „mesure législative") definiert. Der Spezifizierungsspielraum der Mitgliedstaaten ist bei den von Art. 54 Abs. 1 geforderten Rechtsvorschriften durch die ausführlichen und ganz überwiegend abschließenden Vorgaben der Art. 51–53 eng begrenzt.

Was die **Errichtung der nationalen Datenschutz-Aufsichtsbehörden (Art. 54 Abs. 1** 6 **lit. a)** angeht, so hat jeder EU-Mitgliedstaat die Errichtung „jeder" seiner Aufsichtsbehörden im Einklang mit den Art. 51–53 zu regeln. Das Wort „jeder" macht deutlich, dass Mitgliedstaaten, die von der gemäß Art. 51 Abs. 1 iVm Abs. 3 eröffneten Möglichkeit, **mehrere Datenschutz-Aufsichtsbehörden** – zB aus Gründen einer föderalen Staatsstruktur oder aus sektoriellen Erwägungen – einzurichten (sog. optionale Pluralität der Datenschutz-Aufsichtsbehörden → Art. 51 Rn. 17 ff.), Gebrauch machen, in den entsprechenden nationalen (oder subnationalen) Errichtungsvorschriften umfassend die Vorgaben der DS-GVO zu den Datenschutz-Aufsichtsbehörden und insbesondere die Art. 51–53 zu beachten haben. Vor allem muss ein Mitgliedstaat, der mehrere Datenschutz-Aufsichtsbehörden einrichtet, gemäß Art. 51 Abs. 3 Verfahren für deren einheitliche und wirksame Vertretung im Europäischen Datenschutzausschuss sowie für die Einhaltung der Regeln für das Kohärenzverfahren nach Art. 63 durch alle Datenschutz-

---

[6] VO (EU) 2018/1725 des Europäischen Parlaments und des Rates v. 23.10.2018 zum Schutz natürlicher Personen bei der Verarbeitung personenbezogener Daten durch die Organe, Einrichtungen und sonstigen Stellen der Union, zum freien Datenverkehr und zur Aufhebung der Verordnung (EG) Nr. 45/2001 und des Beschlusses Nr. 1247/2002/EG, ABl. 2018 L 295, 39. Diese Verordnung, die ursprünglich aus dem Jahr 2001 stammte, wurde 2018 vom EU-Gesetzgeber an die DS-GVO angepasst und entspr. modernisiert; dafür enthielten Art. 2 Abs. 3, Art. 98 DS-GVO einen entsprechenden Gesetzgebungsauftrag, um die Kohärenz zwischen dem Datenschutz auf EU- und auf nationaler Ebene zu wahren.

[7] Vgl. EuGH (Große Kammer) Urt. v. 9.3.2010 – C-518/07, ECLI:EU:C:2010:125 = EuZW 2010, 296 – Kommission/Deutschland, Rn. 28; EuGH Urt. v. 8.4.2014 – C-288/12, ECLI:EU:C:2014:237 = ZD 2014, 301 – Kommission/Ungarn, Rn. 56.

Aufsichtsbehörden in diesem Mitgliedstaat (insbesondere Bindung an die verbindlichen Beschlüsse des Europäischen Datenschutzausschusses, vgl. Art. 65 Abs. 1, 6) einführen.[8] Einen Spezifizierungsspielraum haben die Mitgliedstaaten dabei auch hinsichtlich der Frage, ob sie für ihre Datenschutz-Aufsichtsbehörde eine **monokratische oder kollegiale Verfassung** wählen, wie sich aus Art. 52 Abs. 2 und 3 sowie aus Art. 54 Abs. 1 lit. c-f und Abs. 2 S. 1 ergibt, die stets den Singular gleichberechtigt neben dem Plural von Mitglied verwenden, also sowohl durch eine Person als auch durch Kollegialorgane geleitete Datenschutz-Aufsichtsbehörden erlauben (→ Art. 51 Rn. 12).

7 Einen gewissen Spezifizierungsspielraum haben die Mitgliedstaaten ferner, wenn sie die **Ernennungsvoraussetzungen** für das Mitglied bzw. die Mitglieder ihrer Datenschutz-Aufsichtsbehörde(n) gemäß **Art. 54 Abs. 1 lit. b** regeln. Zwar macht hierzu Art. 53 Abs. 2 klare Vorgaben, in dem er Qualifikation, Erfahrung und Sachkunde als Voraussetzung für die Einstellung als Datenschutzaufseher verlangt. Allerdings handelt es sich bei Begriffen wie „Qualifikation", „Erfahrung" und „Sachkunde" um unbestimmte Rechtsbegriffe, die in Ermangelung einer umfassenden EU-Zuständigkeit für die allgemeine und berufliche Bildung (vgl. Art. 6 lit. e AEUV, wonach die EU insofern nur über eine unterstützende, koordinierende und ergänzende Zuständigkeit verfügt) national ausgefüllt werden können und müssen, soweit dadurch die Unabhängigkeit der Datenschutz-Aufsichtsbehörden nicht beeinträchtigt wird (→ Art. 53 Rn. 8). Mit welchen Studienabschlüssen und auf Grundlage welcher Dauer an praktischer Erfahrung die in Art. 53 Abs. 2 festgelegten Voraussetzungen für die Ernennung zum Datenschutzaufseher erfüllt werden können, ist somit vom jeweiligen nationalen Gesetzgeber gemäß Art. 54 Abs. 1 lit. b festzulegen. Nachzuweisen sind *kumulativ* Qualifikation, Erfahrung und Sachkunde, wie sich aus dem „und" in Art. 53 Abs. 2 ausdrücklich ergibt (→ Art. 53 Rn. 8); es ist den Mitgliedstaaten also grundsätzlich nicht möglich, allein den Nachweis eines Hochschulabschlusses ohne jegliche datenschutzrechtlich relevante Berufspraxis als für die Ernennung zum Datenschutzaufseher ausreichend anzusehen. Die Mitgliedstaaten dürfen gemäß Art. 54 Abs. 1 lit. b neben den erforderlichen Qualifikationen ferner die **„sonstigen Voraussetzungen"** für die Ernennung als Mitglied einer Datenschutz-Aufsichtsbehörde spezifizieren. Dabei sind nur solche sonstigen Voraussetzungen europarechtlich akzeptabel, die gerade dazu dienen, die Unabhängigkeit der Datenschutz-Aufsichtsbehörde zu fördern und diese nicht beeinträchtigen (→ Art. 53 Rn. 10). Verlangt werden kann also zB ein polizeiliches Führungszeugnis, nicht dagegen ein bestimmtes Parteibuch oder etwa eine „laxe" oder „wirtschaftsfreundliche" Einstellung zum Datenschutz. Auch die Staatsangehörigkeit des EU-Mitgliedstaats, in dessen Hoheitsgebiet die betreffende Datenschutz-Aufsichtsbehörde tätig ist, wird man spätestens ab Inkrafttreten der DS-GVO nicht mehr zur Ernennungsvoraussetzung machen können; denn nunmehr sind die nationalen Aufsichtsbehörden funktional gesehen dezentrale Unionsbehörden (→ Art. 51 Rn. 6; → Art. 52 Rn. 9, 11; → Art. 53 Rn. 10) und leisten – wie Art. 51 Abs. 2 deutlich macht – einen Beitrag zur einheitlichen Anwendung der DS-GVO „in der gesamten Union"; bei entsprechender Qualifikation, Erfahrung und Sachkunde steht die Ernennung zum Mitglied einer nationalen Datenschutz-Aufsichtsbehörde daher den Staatsangehörigen aller EU-Mitgliedstaaten (im Einklang mit dem grundsätzlichen EU-rechtlichen Verbot der Diskriminierung aus Gründen der Staatsangehörigkeit gemäß Art. 18 UAbs. 1, Art. 45 AEUV) offen (→ Art. 53 Rn. 10).

8 Für das gemäß **Art. 54 Abs. 1 lit. c** zu regelnde **Ernennungsverfahren** für das Mitglied bzw. die Mitglieder jeder nationalen Datenschutz-Aufsichtsbehörde sind die möglichen vier Varianten hinsichtlich des Ernennungsorgans (Ernennung durch das Parlament, die Regierung, das Staatsoberhaupt oder durch eine unabhängige Stelle) in Art. 53 Abs. 1 geregelt (→ Art. 53 Rn. 6). Darüber hinaus lassen sich dem Erwägungsgrund 121 optionale Vorgaben für den Vorschlag zur Ernennung, also für die Einleitung des Ernennungsverfahrens, entnehmen (Vorschlag durch die Regierung, ein Mitglied der Regierung, das Parlament oder eine Parlamentskammer). Schließlich verlangt Art. 53 Abs. 1 die Einhaltung des Grundsatzes der Transparenz (→ Art. 53 Rn. 5) bei der Ernennung von Mitgliedern der Datenschutz-Aufsichtsbehörden.

9 Gemäß **Art. 54 Abs. 1 lit. d** ist jeder Mitgliedstaat verpflichtet, durch Rechtsvorschrift die **Amtszeit** des Mitglieds bzw. der Mitglieder jeder Datenschutz-Aufsichtsbehörde zu regeln. Dabei gibt Art. 54 Abs. 1 lit. d Hs. 1 eine **Mindestamtszeit von vier Jahren** vor. Dies ist ein Zeitraum, der in den meisten EU-Mitgliedstaaten der regulären Dauer einer Legislaturperiode entspricht und damit im Einklang mit der EU-rechtlich auf Grundlage des Demokratieprinzips geforderten

---

[8] Vgl. *Schaar* PinG 2016, 62 (64), der in dieser Frage Deutschland mit seinen „17 Landesdatenschutzbeauftragten und der Bundesbeauftragten" vor einer besonders großen Herausforderung sieht.

demokratischen Rückbindung der Datenschutz-Aufsicht an das Parlament bzw. an die diesem gegenüber verantwortliche Exekutive steht (→ Art. 52 Rn. 10; → Art. 53 Rn. 6). Art. 54 Abs. 1 lit. d Hs. 1 ist zugleich eine sog. **Verstärkungsklausel** (→ Einl. Rn. 93). Denn er erlaubt den Mitgliedstaaten, die Unabhängigkeit der nationalen Datenschutzaufseher durch längere Amtszeiten zu verstärken; Orientierungspunkte sind insofern die fünfjährige Amtszeit des Europäischen Datenschutzbeauftragten gemäß Art. 53 Abs. 1 S. 1 VO (EU) 2018/1725,[9] die mindestens fünfjährige Amtszeit der Präsidenten der nationalen Zentralbanken gemäß Art. 14.2 UAbs. 1 Protokoll Nr. 4 über die Satzung des Europäischen Systems der Zentralbanken und der Europäischen Zentralbank, die sechsjährige Amtszeit der Richter des EuGH gemäß Art. 253 UAbs. 1 AEUV sowie die achtjährige Amtszeit der Mitglieder des Direktoriums der Europäischen Zentralbank gemäß Art. 283 Abs. 2 UAbs. 3 Hs. 1 AEUV. Zur Bekräftigung der zeitlichen Dimension der Unabhängigkeit stand es den Mitgliedstaaten darüber hinaus gemäß Art. 54 Abs. 1 lit. d Hs. 2 frei, bei der ersten Amtszeit, die nach dem Inkrafttreten der DS-GVO am 25.5.2016 (vgl. Art. 99 Abs. 2) begann, bei kollegial organisierten Datenschutz-Aufsichtsbehörden (bei anderen ergibt diese Option keinen Sinn) für einen Teil der Mitglieder ausnahmsweise eine kürzere Amtszeit vorzusehen, um die Ernennungen so zu staffeln, dass die erste Amtszeit nicht bei allen Mitglieder gleichzeitig auslief; Vorbild für diese **Staffelungsmöglichkeit** war der frühere Art. 50 des Protokolls über die Satzung des Europäischen Systems der Zentralbanken (Maastricht-Version), der bei der erstmaligen Ernennung der sechs Mitglieder des EZB-Direktoriums eine Staffelung der Amtszeiten zwischen vier und acht Jahren vorsah. Denkbar waren also bei den ersten Ernennungen von Mitgliedern kollegial organisierter Datenschutz-Aufsichtsbehörden nach Inkrafttreten der DS-GVO gestaffelte Amtszeiten zwischen zwei und vier Jahren; Amtszeiten unterhalb von zwei Jahren, die also weniger als die Hälfte der regulären Amtszeit betragen, konnte man wohl nicht mehr vom Erfordernis der Unabhängigkeit gemäß Art. 52 Abs. 1, 2 gedeckt ansehen. Selbstverständlich bestand die Möglichkeit, ausnahmsweise eine kürzere Amtszeit als die vierjährige Mindestamtszeit vorzusehen, nur einmal, und zwar bei den ersten Ernennungen nach dem 25.5.2016, und dies auch nur dann, wenn Ziel einer kürzeren Ernennung die Staffelung der Amtszeiten zur Stärkung der Unabhängigkeit der Datenschutz-Aufsichtsbehörde ist; bei heutigen Ernennungen kann davon kein Gebrauch mehr gemacht werden.

Art. 54 Abs. 1 lit. e überlässt es den Mitgliedstaaten, durch nationale Rechtsvorschriften zu regeln, ob und – wenn ja – wie oft die **Wiederernennung** des Mitglieds bzw. der Mitglieder einer Datenschutz-Aufsichtsbehörde zulässig ist. Denkbar ist also ein Wiederernennungsverbot (Europäisches-Zentralbank-Modell, vgl. Art. 283 Abs. 2 UAbs. 3 Hs. 2 AEUV), was ein besonders wirksames Mittel sein kann, um die personelle Unabhängigkeit der Mitglieder der Datenschutz-Aufsichtsbehörden abzusichern; ein gefügiges Verhalten von Datenschutzaufsehern, das darauf abzielt, eine Wiederernennung zu erreichen, wird damit von vornherein ausgeschlossen. Möglich ist aber auch, dass ein Mitgliedstaat eine einmalige Wiederernennung für zulässig erklärt (Modell des Europäischen Datenschutzbeauftragten, vgl. Art. 53 Abs. 3 VO (EU) 2018/1725[10]); oder dass er auch mehrfache Wiederernennungen nicht ausschließt, auch wenn diese Option aus dem Blickwinkel des Unabhängigkeitsgebots zurückhaltend genutzt werden sollte.[11] Beachten sollte der nationale Gesetzgeber dabei, dass die Aspekte Länge der Amtszeit/Möglichkeit der Wiedernennung in ihrer Gesamtschau für die Attraktivität des Amtes des Datenschutzaufsehers bei möglichen Kandidaten eine erhebliche Rolle spielen können. Will man im Interesse einer wirksamen Datenschutzaufsicht besonders qualifizierte, erfahrene und sachkundige Bewerber für das Amt des Datenschutzaufsehers interessieren, sollte im nationalen Recht entweder eine etwas kürzere – mindestens vierjährige (vgl. Art. 54 Abs. 1 lit. d Hs. 1) – Amtszeit mit (einmaliger) Wiederernennungsmöglichkeit oder aber eine längere Amtszeit ohne Wiederernennungsmöglichkeit vorgesehen werden.

Gemäß **Art. 54 Abs. 1 lit. f** haben die Mitgliedstaaten in nationalen Rechtsvorschriften – die auch untergesetzlicher Natur sein und zB in die Anstellungsverträge der einzelnen Mitglieder der

---

[9] VO (EU) 2018/1725 des Europäischen Parlaments und des Rates v. 23.10.2018 zum Schutz natürlicher Personen bei der Verarbeitung personenbezogener Daten durch die Organe, Einrichtungen und sonstigen Stellen der Union, zum freien Datenverkehr und zur Aufhebung der Verordnung (EG) Nr. 45/2001 und des Beschlusses Nr. 1247/2002/EG, ABl. 2018 L 295, 39.

[10] VO (EU) 2018/1725 des Europäischen Parlaments und des Rates v. 23.10.2018 zum Schutz natürlicher Personen bei der Verarbeitung personenbezogener Daten durch die Organe, Einrichtungen und sonstigen Stellen der Union, zum freien Datenverkehr und zur Aufhebung der Verordnung (EG) Nr. 45/2001 und des Beschlusses Nr. 1247/2002/EG, ABl. 2018 L 295, 39.

[11] IdS auch Taeger/Gabel/*Grittmann* DS-GVO Art. 54 Rn. 10.

Datenschutz-Aufsichtsbehörden aufgenommen werden können – die Vorgaben der Art. 51–53 in weiteren drei Punkten zu spezifizieren: (i) bei den **Pflichten der Mitglieder und Bediensteten der Datenschutz-Aufsichtsbehörden.** Zu beachten ist dabei das in Art. 51 Abs. 1 niedergelegte Mandat der Datenschutz-Aufsichtsbehörden, nämlich zum einen das Datenschutzgrundrecht zu schützen und zum anderen den freien Verkehr personenbezogener Daten in der Union zu erleichtern. In Bezug auf dieses Mandat haben die Mitgliedstaaten die Pflicht zur ebenso unabhängigen wie integren Amtsausübung festzuschreiben, in deren Mittelpunkt die Aufgabe steht, die Anwendung der DS-GVO zu überwachen (Art. 51 Abs. 1) und einen Beitrag zur einheitlichen Anwendung der DS-GVO in der gesamten Union zu leisten (Art. 51 Abs. 2), in Zusammenarbeit mit den anderen nationalen Datenschutz-Aufsichtsbehörden und mit der Kommission. Eine wirksame Erfüllung dieses Mandats ist nur möglich, wenn die Mitglieder und Bediensteten der Datenschutz-Aufsichtsbehörde ihre Verschwiegenheitspflicht gemäß Art. 54 Abs. 2 (→ Rn. 12 ff.) beachten. Sollten einer für den Datenschutz zuständigen Aufsichtsbehörde ausnahmsweise weitere Aufgaben – zB im Bereich der Informationsfreiheit – übertragen sein, so muss der betreffende Mitgliedstaat Vorkehrungen treffen, welche eine klare Trennung der Tätigkeiten ermöglichen und auch nur den Anschein von Interessenskollisionen von vornherein ausschließen; (ii) bei der Regelung der **Inkompatibilitäten** mit anderen Tätigkeiten der Mitglieder und Bediensteten der Datenschutz-Aufsichtsbehörden sowie der **Pflicht zur Integrität und Zurückhaltung nach Ende der Amtstätigkeit.** Zu regeln ist hier insbesondere, ob das gemäß Art. 52 Abs. 3 bestehende Verbot von mit dem Amt nicht zu vereinbarenden entgeltlichen oder unentgeltlichen Tätigkeiten wegen der mit der DS-GVO erheblich gewachsenen Aufgabenfülle der Datenschutzaufseher nicht in Gestalt einer Pflicht zur Hauptamtlichkeit konkretisiert werden sollte (→ Art. 52 Rn. 20). Spezifiziert werden sollte auch eine „cooling off"-Periode nach Ablauf der Amtszeit als Datenschutzaufseher, wobei Zeiträume von 18–24 Monaten insofern als EU-weiter Mindeststandard angesehen werden können; (iii) bei den **Regeln für die Beendigung des Beschäftigungsverhältnisses.** Da die ordentlichen und außerordentlichen Amtsbeendigungsgründe europarechtlich abschließend in Art. 53 Abs. 3, 4 geregelt sind (→ Art. 53 Rn. 11–17), bleibt den Mitgliedstaaten insofern nur noch die Regelung des Verfahrens bei Entlassungen, also insbesondere der Frage, wer über das Vorliegen der außerordentlichen Amtsbeendigungsgründe entscheidet (→ Art. 53 Rn. 17), innerhalb welcher Fristen eine Entlassung auszusprechen ist und ob und unter welchen Voraussetzungen eine außerordentliche Amtsbeendigung gemäß Art. 53 Abs. 4 auch den teilweisen oder gänzlichen Verlust der Ruhegehaltsansprüche zur Folge hat (→ Art. 53 Rn. 16). Begrenzt wird der Spezifizierungsspielraum der Mitgliedstaaten auch in diesem Punkt durch das Erfordernis, die völlige Unabhängigkeit der nationalen Datenschutz-Aufsichtsbehörden nicht zu beeinträchtigen.

II. Die datenschutzrechtliche Verschwiegenheitspflicht (Abs. 2)

12   Datenschutzaufseher haben aufgrund ihrer heute weit reichenden datenschutzrechtlichen Untersuchungsbefugnisse (vgl. Art. 58 Abs. 1), aber auch infolge der Bearbeitung von datenschutzrechtlichen Beschwerden von Grundrechtsberechtigten bzw. Wirtschaftsteilnehmern sowie von Verbänden gemäß Art. 57 Abs. 1 lit. f, Art. 77, 80 einen tiefen Einblick in behördliche und unternehmerische Datenverarbeitungsprozesse und damit in das Innenleben öffentlicher wie privater Einrichtungen.[12] Eine wirkungsvolle, vertrauensbildende und allein an ihrem Mandat orientierte Amtsausübung ist den Mitgliedern und – so heißt es ausdrücklich in Art. 54 Abs. 2 – den Bediensteten von Datenschutz-Aufsichtsbehörden nur dann möglich, wenn sie über die vertraulichen Informationen, die ihnen während ihrer Tätigkeit als Datenschutzaufseher bekannt werden, Verschwiegenheit bewahren; andernfalls könnten Einzelne versucht sein, nur deshalb Beschwerde bei einer Datenschutz-Aufsichtsbehörde einzulegen, um auf diese Weise Einsicht in die Geschäftsgeheimnisse von Wettbewerbern zu erhalten[13] oder an persönliche Daten Dritter zu gelangen. Die nationalen Datenschutz-Aufsichtsbehörden sind damit in einer ähnlichen Lage wie die unabhängigen Beamten der Europäischen Kommission in wettbewerbsrechtlichen Verfah-

---

[12] So bereits – noch zu Art. 28 Abs. 7 DS-RL – Dammann/Simitis EG-DatenschutzRL Art. 28 Rn. 22: „Den Kontrollstellen werden im Rahmen von Eingaben nach Abs. 4 nicht selten auch ganz persönliche Sachverhalte mitgeteilt."

[13] IdS – im Zusammenhang mit dem EU-Wettbewerbsrecht – EuGH Urt. v. 24.6.1986 – 53/85, ECLI:EU:C:1986:256 Rn. 28 – AKZO Chemie/Kommission.

Errichtung der Aufsichtsbehörde 13 **Art. 54**

ren[14] oder die unabhängigen Bediensteten der Europäischen Zentralbank bei den ihrer Kontrolle unterliegenden bankenaufsichtlichen Verfahren. In all diesen kraft Unionsrechts stattfindenden aufsichtlichen Verfahren gilt als allgemeiner Rechtsgrundsatz für die dabei erlangten Informationen der **Grundsatz der Amtsverschwiegenheit,** wie er in Art. 339 AEUV primärrechtlich – und letztlich als Spezialregelung zu den Grundrechten auf Privatsphäre (Art. 7 GRCh) und auf den Schutz personenbezogener Daten (Art. 8 GRCh)[15] – ausformuliert ist. Geschützt wird durch den Grundsatz der Amtsverschwiegenheit zunächst die Wirksamkeit der unionsrechtlichen Aufsichtsbefugnisse, die auf Informationen gerade seitens einzelner Wirtschaftsteilnehmer angewiesen sind und diese Informationen dann, wenn EU-Recht im Verbund mehrerer nationaler Aufsichtsbehörden angewandt und vollzogen wird, an grenzüberschreitend an andere Aufsichtsbehörden übermitteln können müssen.[16] Der Grundsatz der Amtsverschwiegenheit schützt ferner die Rechte und Interessen derjenigen Einzelnen, die durch die Ausübung dieser Aufsichtsbefugnisse betroffen sind. Er schützt schließlich die Informationsquellen selbst, die oft eine wirkungsvolle Aufsicht erst möglich machen.[17] Der europarechtlichen Verschwiegenheitspflicht der Mitglieder und Bediensteten von kraft Unionsrechts tätigen Aufsichtsbehörden entspricht ein in der Rechtsprechung des EuGH anerkannter **individueller Rechtsanspruch auf Schutz vertraulicher Informationen.**[18] Für die Mitglieder und Bediensteten von Aufsichtsbehörden, deren Mandat insbesondere im Schutz des Datenschutzgrundrechts besteht, ist die Achtung der in Art. 54 Abs. 2 verankerten Verschwiegenheitspflicht somit ein ganz zentraler Bestandteil ihrer Amtspflichten.

Schutzobjekt von Art. 54 Abs. 2 sind **vertrauliche Informationen.** Dies ist im Deutschen 13 eine modernere Formulierung als die in dem aus dem Jahr 1957 stammenden Text des heutigen Art. 339 AEUV, die solche „Auskünfte" (im Englischen; „information"; im Französischen: „informations") schützt, „die ihrem Wesen nach unter das Berufsgeheimnis fallen." Die Rechtsprechung hat allerdings Art. 339 AEUV (bzw. seine Vorgängervorschriften) stets weit verstanden.[19] Unter das Berufsgeheimnis (treffender wohl: **Amtsgeheimnis**[20]) fallen demnach sowohl **vertrauliche Auskünfte** als auch **Geschäftsgeheimnisse;** letztere sind besonders zu schützen, wie sich aus Art. 339 aE AEUV ergibt, wonach das Berufsgeheimnis „*insbesondere* für Auskünfte über Unternehmen sowie deren Geschäftsbeziehungen oder Kostenelemente" gilt.[21] Informationen fallen demnach ihrem Wesen nach bereits dann als vertraulich unter das Berufsgeheimnis, wenn sie die folgenden drei Bedingungen erfüllen:[22] (i) Die Informationen sind nur einer

---

[14] Ausf. Lieberknecht WuW 1988, 833.
[15] Vgl. Calliess/Ruffert/*Wegener* AEUV Art. 339 Rn. 1.
[16] IdS – zum Schutz des Grundsatzes der Amtsverschwiegenheit bei der Überwachung der Tätigkeit von Wertpapierfirmen durch nationale Finanzaufsichtsbehörden – EuGH Urt. v. 12.11.2014 – C-140/13, ECLI: EU:C:2014:2362 – Altmann u.a./Bundesanstalt für Finanzdienstleistungsaufsicht, Rn. 30 ff., insbes. Rn. 31: „Das wirksame Funktionieren des in den vorstehenden Randnummern kurz beschriebenen Systems zur Überwachung der Tätigkeit von Wertpapierfirmen, das auf einer Überwachung innerhalb eines Mitgliedstaats und dem Informationsaustauch zwischen der zuständigen Behörden mehrerer Mitgliedstaaten beruht, erfordert es, dass sowohl die überwachten Firmen als auch die zuständigen Behörden sicher sein können, dass die vertraulichen Informationen grundsätzlich auch vertraulich bleiben […]." In diesem Fall setzte sich die Pflicht zur Amtsverschwiegenheit gegen das Interesse von Dritten durch, die bei der Aufsichtsbehörde Zugang zu bestimmten Informationen aus einem finanzaufsichtlichen Verfahren verlangt hatten.
[17] Zum multiplen Schutzzweck des Art. 339 AEUV vgl. Streinz/*Steinle* AEUV Art. 339 Rn. 2; HK-UnionsR/*Epping* AEUV Art. 339 Rn. 1; vgl. auch EuG Urt. v. 13.9.2013 – T-380/08, ECLI:EU: T:2013:480 – Niederlande/Kommission, Rn. 68, wo das EuG die Auffassung der Kommission bestätigt, dass die Freigabe der von der Kommission im Rahmen eines Kartellverfahrens gesammelten Dokumente „grundsätzlich sowohl den Schutz des Zwecks der Untersuchungstätigkeit als auch den Schutz des Geschäftsgeheimnisses der an einem solchen Verfahren beteiligten Unternehmen beeinträchtigen würde."
[18] Vgl. EuGH Urt. v. 14.2.2008 – C-450/06, ECLI:EU:C:2008:91 – Varec SA/Belgien, Rn. 28.
[19] Diese Rspr. übersieht Plath/*Hullen* DS-GVO Art. 54 Rn. 1, wenn er die Beschränkung der Verschwiegenheitspflicht auf vertrauliche Informationen für problematisch hält.
[20] Ebenso Streinz/*Steinle* AEUV Art. 339 Rn. 3, welche die Bezeichnung als „Berufsgeheimnis" für missverständlich hält. Vgl. allerdings *Dammann/Simitis* EG-DatenschutzRL Art. 28 Rn. 22, für die der Begriff „Berufsgeheimnis" in Art. 28 Abs. 7 DS-RL deutlich machen sollte, dass die allg. amtl. Verschwiegenheitspflicht nicht genügt, sondern eine gesteigerte Geheimhaltung festgelegt werden sollte, vergleichbar mit dem Berufsgeheimnis der Ärzte oder Rechtsanwälte.
[21] Vgl. EuG Urt. v. 18.9.1996 – T-353/94, ECLI:EU:T:1996:119 – Postbank/Kommission, Rn. 86; EuG Urt. v. 30.5.2006 – T-198/03, ECLI:EU:T:2006:136 – Bank Austria Creditanstalt/Kommission, Rn. 29.
[22] EuG Urt. v. 30.5.2006 – T-198/03, ECLI:EU:T:2006:136 – Bank Austria Creditanstalt/Kommission, Rn. 71.

begrenzten Anzahl von Personen bekannt; (ii) Durch Offenlegung der Informationen kann dem Auskunftgeber oder einem Dritten ein ernsthafter Nachteil entstehen; (iii) Die Interessen, die durch die Offenlegung der Informationen verletzt werden können, sind objektiv schützenswert. Erst recht zu schützen sind unter dem Berufsgeheimnis iSv Art. 339 AEUV **Geschäftsgeheimnisse,** dh Informationen, durch deren Preisgabe die Interessen des Auskunftgebers nicht nur dann, wenn sie an die Öffentlichkeit erfolgt, sondern auch bei bloßer Weitergabe an einen Dritten schwer beeinträchtigt werden können;[23] bei Geschäftsgeheimnissen gelten für den Amtsträger gesteigerte Schutz- und Sorgfaltspflichten.[24]

14   Diese Rechtsprechung zu Art. 339 AEUV kann im Wesentlichen auf Art. 54 Abs. 2 übertragen werden. Vertrauliche Informationen iSv **Art. 54 Abs. 1 S. 1,** die von der datenschutzrechtlichen Verschwiegenheitspflicht erfasst sind, sind damit diejenigen Informationen, welche die oben (→ Rn. 13) genannten drei Voraussetzungen erfüllen **(einfach vertrauliche Informationen).** Darüber hinaus gilt die Verschwiegenheitspflicht in Art. 54 Abs. 2 S. 2 *„insbesondere* für die von natürlichen Personen gemeldeten Verstößen [richtig müsste es Verstöße heißen] gegen diese Verordnung" **(qualifiziert vertrauliche Informationen),** die deshalb besonders zu schützen sind, da sie Grundrechtsträger im Kernbereich der Ausübung ihres grundrechtlich geschützten Handelns betreffen – ebenso wie Geschäftsgeheimnisse im EU-Wettbewerbsrecht den Kernbereich des Handelns im Wettbewerb betreffen. Qualifiziert vertrauliche Informationen iSv Art. 54 Abs. 2 S. 2 können zB Informationen eines Arbeitnehmers über eine datenschutzrechtswidrige Verarbeitung von Arbeitnehmerdaten durch seinen Arbeitgeber sein; oder Informationen eines sozialen Online-Netzwerknutzers, der seine persönlichen Daten unter Berufung auf Art. 17 löschen lassen möchte. In diesen Fällen kann das Interesse des Grundrechtsträgers nicht erst bei einer Preisgabe dieser Informationen an die Öffentlichkeit, sondern durch jede bloße Weitergabe an einen Dritten schwer beeinträchtigt werden.

15   Geschützt sind Informationen nach Art. 54 Abs. 2 nur dann, wenn sie einem Mitglied oder einem Bediensteten einer Datenschutz-Aufsichtsbehörde **„bei der Wahrnehmung ihrer Aufgaben oder der Ausübung ihrer Befugnisse"** bekannt geworden sind. Bezug genommen wird damit auf die weit gefassten und nicht abschließenden Aufgaben- und Befugniskataloge in Art. 57 und 58, welche das wesentliche Tätigkeitsfeld der Datenschutz-Aufsichtsbehörden beschreiben. Rein in privater Eigenschaft erlangte Informationen unterliegen nicht dem Amtsgeheimnis, wohl aber Informationen, die dem Amtsträger außerhalb des Dienstes bekannt geworden sind und ihn als Amtsinhaber betreffen oder einen dienstlichen Bezug aufweisen.[25]

16   Unterliegen Informationen der datenschutzrechtlichen Verschwiegenheitspflicht, so bedeutet dies, dass ein Mitglied bzw. ein Bediensteter der Datenschutz-Aufsichtsbehörde diese **nicht unbefugt an Dritte weitergeben** oder gar der Öffentlichkeit preisgeben darf. Unbefugt ist die Preisgabe dann, wenn sie an Nichtberechtigte erfolgt und nicht durch andere Vorschriften oder durch die Einwilligung desjenigen, dessen Schutz die Geheimhaltung dient, gerechtfertigt ist.[26] Eine wichtige Vorschrift, welche die Weitergabe von der datenschutzrechtlichen Verschwiegenheitspflicht unterliegenden Informationen rechtfertigt, ist **Art. 57 Abs. 1 lit. g,** welcher im Interesse der einheitlichen Anwendung und Durchsetzung der DS-GVO den **Informationsaustausch mit anderen Datenschutz-Aufsichtsbehörden** zur Aufgabe jeder Datenschutz-Aufsichtsbehörde macht (vgl. auch Art. 60 Abs. 1 S. 2, Abs. 3 S. 1, Abs. 12; Art. 61 Abs. 1–6; Art. 64 Abs. 4; Art. 70 Abs. 1 lit. u). Nur wenn auch vertrauliche, zB auf Grund einer Beschwerde erhaltene Informationen unter den Datenschutz-Aufsichtsbehörden sowie mit dem Europäischen Datenschutzausschuss ausgetauscht werden können, kann das Kohärenzverfahren wirksam funktionieren.

17   Art. 54 Abs. 2 S. 1 äußert sich schließlich auch zur **zeitlichen Geltung** der datenschutzrechtlichen Verschwiegenheitspflicht. Sie gilt zunächst selbstverständlich während der Amtszeit der Mitglieder und während der Dienstzeit der Bediensteten der Datenschutz-Aufsichtsbehörden. Sie gilt ferner auch nach Beendigung der Tätigkeit für die Datenschutz-Aufsichtsbehörde, wobei die konkrete Dauer der Verschwiegenheitspflicht jeweils im Einzelfall anhand der Schutzwürdig-

---

[23] EuG Urt. v. 18.9.1996 – T-353/94, ECLI:EU:T:1996:119 – Postbank/Kommission, Rn. 87; EuG Urt. v. 30.5.2006 – T-198/03, ECLI:EU:T:2006:136 – Bank Austria Creditanstalt/Kommission, Rn. 30.

[24] Im Wettbewerbsverfahren können zB Berufsgeheimnisse Personen mitgeteilt werden, die Anspruch auf rechtliches Gehör haben, sofern dies für den ordnungsgemäßen Ablauf der Ermittlungen erforderlich ist; dies gilt nicht bei Geschäftsgeheimnissen, die besonders weitgehend geschützt werden. Vgl. dazu EuG Urt. v. 30.5.2006 – T-198/03, ECLI:EU:T:2006:136 – Bank Austria Creditanstalt/Kommission, Rn. 29.

[25] Vgl. Streinz/*Steinle* AEUV Art. 339 Rn. 3; HK-UnionsR/*Epping* AEUV Art. 339 Rn. 2.

[26] Vgl. Streinz/*Steinle* AEUV Art. 339 Rn. 8; HK-UnionsR/*Epping* AEUV Art. 339 Rn. 4.

keit der Informationen und der durch eine Preisgabe für Einzelne, aber auch für die Funktionsfähigkeit der Datenschutz-Aufsicht zu erwartenden Konsequenzen zu bestimmen ist. Im Zweifel ist wegen der besonderen Bedeutung der Verschwiegenheitspflicht für die Wirksamkeit der Arbeit der Datenschutz-Aufsichtsbehörden eine Fortgeltung des Amtsgeheimnisses anzunehmen; dies gilt insbesondere bei qualifiziert vertraulichen Informationen iSv Art. 54 Abs. 2 S. 2.

C. Rechtsschutz

Kommen die Mitgliedstaaten ihrer Pflicht zur Spezifizierung gemäß Art. 54 Abs. 1 nicht oder nur teilweise nach, so kann die Kommission gegen sie ein **Vertragsverletzungsverfahren** gemäß Art. 258 AEUV einleiten. Da die Vorgaben in Art. 51–53 und in Art. 54 Abs. 2 weitgehend klar und unbedingt formuliert sind, also in ihrem Regelungsgehalt grundsätzlich nicht von der weiteren Konkretisierung durch nationale Rechtsvorschriften abhängig sind, kann ein teilweises oder gänzliches Untätigbleiben eines Mitgliedstaats die wirksame Anwendung der Vorschriften von Kapitel VI, Abschnitt 1 der DS-GVO in aller Regel nicht beeinträchtigen; sowohl die Datenschutz-Aufsichtsbehörden als auch betroffene Grundrechtsträger können sich somit in aller Regel auch bei einem Untätigbleiben des Mitgliedstaats vor Behörden und Gerichten direkt auf die Art. 51–53, Art. 54 Abs. 2 – die weitgehend **unmittelbar anwendbar** sind – berufen.

Die gemäß Art. 54 Abs. 2 bestehende besondere datenschutzrechtliche Verschwiegenheitspflicht der Mitglieder und Bediensteten der Datenschutz-Aufsichtsbehörden lässt sich auch gerichtlich durchsetzen. Hat zB eine natürliche Person Beschwerde bei einer Datenschutz-Aufsichtsbehörde wegen Verletzung der DS-GVO gemäß Art. 77 erhoben und in diesem Zusammenhang vertrauliche Informationen an die Datenschutzaufseher übermittelt, so kann diese natürliche Person die Datenschutz-Aufsichtsbehörde auf **Schadensersatz wegen Amtspflichtverletzung** verklagen, falls die von ihr übermittelten vertraulichen Informationen ohne ihre Einwilligung an Dritte, insbesondere an das von der Beschwerde betroffene Unternehmen, weitergegeben oder gar der Öffentlichkeit preisgegeben werden. Ein entsprechender Schadensersatzanspruch wurzelt unmittelbar im EU-Recht, folgt einheitlichen europarechtlichen Anspruchsvoraussetzungen analog Art. 340 AEUV (Verletzung einer EU-Rechtsnorm, dem Einzelnen Rechte zu verleihen; hinreichend qualifizierter Verstoß; unmittelbar kausaler Schaden) und kann vor den zuständigen nationalen Gerichten eingeklagt werden.[27] Darüber hinaus kann eine Verletzung der Verschwiegenheitspflicht für Verwaltungs- und Gerichtsverfahren ein **Verwertungsverbot** für die betreffenden vertraulichen Informationen zur Folge haben.[28]

D. Nationale Durchführung

Art. 54 Abs. 1 fordert von den Mitgliedstaaten mehrere Spezifizierungen der europarechtlichen Vorgaben zur institutionellen Ausgestaltung der nationalen Datenschutz-Aufsicht, welche die bereits von Art. 51–53 verlangten nationalen Durchführungsvorschriften teilweise wiederholen, teilweise ergänzen. Auf die bereits bei Art. 51–53 kommentierten nationalen Durchführungsvorschriften zur Errichtung (→ Art. 51 Rn. 22 ff.), zu den Ernennungsvoraussetzungen (→ Art. 53 Rn. 20) und zum Ernennungsverfahren (→ Art. 53 Rn. 19) sowie zur Präzisierung des Integritätsgebots (→ Art. 52 Rn. 33) sei verwiesen.

Art. 54 Abs. 1 lit. d verlangt von den Mitgliedstaaten Durchführungsvorschriften zur **Länge der Amtszeit** des Mitglieds bzw. der Mitglieder der nationalen Datenschutz-Aufsichtsbehörde, die mindestens vier Jahre betragen muss. In den 55 Vertragsstaaten der Konvention 108 beträgt die Amtszeit meist fünf Jahre, auch wenn Variationen zwischen drei und sieben Jahren vorkommen.[29] In **Deutschland** hat der Bundesgesetzgeber in Fortführung der bisherigen Rechtslage die Amtszeit der oder des Bundesbeauftragten für den Datenschutz und die Informationsfreiheit in **§ 11 Abs. 3 S. 1 BDSG** auf fünf Jahre festgesetzt, was nicht nur europarechtskonform ist, sondern aus dem Blickwinkel des Unabhängigkeitserfordernisses zu begrüßen ist, da damit

---

[27] Vgl. EuGH Urt. v. 5.3.1996 – C-46/93 u. C-48/93, ECLI:EU:C:1996:79 – Brasserie du Pêcheur/Deutschland, Rn. 51.
[28] So bei einer Verletzung von Art. 339 AEUV Calliess/Ruffert/*Wegener* AEUV Art. 339 Rn. 5; Streinz/*Steinle* AEUV Art. 339 Rn. 13; sowie HK-UnionsR/*Epping* AEUV Art. 339 Rn. 5.
[29] Council of Europe, Consultative Committee of the Convention for the Protection of Individuals with Regard to Automatic Processing of Personal Data, Convention 108 Compilation of Answers to the Questionnaire of Supervisory Authorities' Governance Models, T-PD(2018)24 rev, 11.5.2020, S. 4.

Art. 54 22, 23   Kapitel VI. Unabhängige Aufsichtsbehörden

die oder der Bundesbeauftragte über die Dauer der vierjährigen Legislaturperiode hinaus seine Arbeit machen kann. Die Landesgesetzgeber sehen teilweise ebenfalls eine fünfjährige,[30] teilweise auch eine sechsjährige Amtszeit der Leiter der Landesdatenschutzbehörden vor[31]; in Nordrhein-Westfalen und Bremen ist die Amtszeit des Landesdatenschutzbeauftragten sogar auf acht Jahre[32] festgesetzt. In **Österreich** sieht § 20 Abs. 1 S. 1 DSG[33] eine fünfjährige Amtszeit des Leiters der Datenschutzbehörde vor. Von der in Art. 54 Abs. 1 lit. d vorgesehenen Möglichkeit, für Mitglieder einer kollegial geleiteten nationalen Datenschutz-Aufsichtsbehörde im Interesse der Unabhängigkeit die erste Amtszeit nach dem 26.5.2016 zu staffeln, ist, soweit ersichtlich, bislang in keinem EU-Mitgliedstaat Gebrauch gemacht worden; in Deutschland und Österreich kam diese Möglichkeit angesichts der durchweg monokratisch ausgestalteten Datenschutz-Aufsicht ohnehin nicht in Betracht.

22 Gemäß Art. 54 Abs. 1 lit. e haben die Mitgliedstaaten national zu regeln, ob die **Wiederernennung eines nationalen Datenaufsehers** zulässig ist oder nicht. In den 55 Vertragsstaaten der Konvention 108 ist die einmalige oder auch mehrfache Wiederernennung die Regel.[34] In **Deutschland** hat sich der Bundesgesetzgeber in § 11 Abs. 3 S. 2 BDSG in Fortführung der bisherigen Rechtslage für die Möglichkeit der nur einmaligen Wiederwahl der oder des Bundesbeauftragten für den Datenschutz und die Informationsfreiheit entschieden (Modell des Europäischen Datenschutzbeauftragten → Rn. 10). Die Landesgesetzgeber lassen teilweise nur die einmalige Wiederwahl/Wiederernennung zu[35], teilweise erlauben sie die Wiederernennung ohne Einschränkung.[36] In **Österreich** kann der Leiter der Datenschutzbehörde gemäß § 20 Abs. 1 S. 1 DSG[37] ohne Einschränkungen mehrfach wiederernannt werden.

23 Die in Art. 54 Abs. 2 verankerte **datenschutzrechtliche Verschwiegenheitspflicht** der Mitglieder und Bediensteten der Datenschutz-Aufsichtsbehörden gilt bereits kraft Unionsrechts, kann aber nach der ausdrücklichen Vorgabe in der Vorschrift („gemäß dem Unionsrecht oder dem Recht der Mitgliedstaaten") auch im nationalen Recht bekräftigt werden. In **Deutschland** ist die Verschwiegenheitspflicht der oder des Bundesbeauftragten für den Datenschutz und die Informationsfreiheit in § 13 Abs. 4 S. 1 BDSG festgelegt. Von der Verschwiegenheitspflicht erfasst sind alle ihr oder ihm „amtlich bekanntgewordenen Angelegenheiten", was der europarechtlichen Terminologie des Art. 54 Abs. 2 („bei der Wahrnehmung ihrer Aufgaben oder der Ausübung ihrer Befugnisse") entspricht. § 13 Abs. 4 S. 2 BDSG nimmt dabei ausdrücklich „Mitteilungen im dienstlichen Interesse" sowie „Tatsachen, die offenkundig sind oder ihrer Bedeutung nach keiner Geheimhaltung bedürfen" von der Verschwiegenheitspflicht aus. Be-

---

[30] Vgl. zB § 11 Abs. 2 S. 1 HDSIG v. 3.5.2018, GVBl. 2018, 82, zuletzt geänd. am 15.1.2021, GVBl. 2021, 718, 729; Art. 18 Abs. 3 S. 1 BayDSG v. 15.5.2018, GVBl. 2018, 229, der für den Leiter des Landesamts für Datenschutzaufsicht gilt; sowie § 21 Abs. 2 S. 1 DSAG LSA v. 18.2.2020, GVBl. 2020, 25, zuletzt geänd. am 20.3.2020, GVBl. 2020, 64.

[31] Vgl. zB Art. 33a Abs. 4 S. 1 der Verfassung des Freistaates Bayern (für den Landesdatenschutzbeauftragten); Art. 60a Abs. 3 S. 3 der Verfassung der Freien und Hansestadt Hamburg; Art. 37 Abs. 1 S. 1 der Verfassung des Landes Mecklenburg-Vorpommern; Art. 63 Abs. 2 der Verfassung des Landes Sachsen-Anhalt; § 16 Abs. 3 S. 1 SächsDSDG v. 25.8.2003, GVBl. 2003, 300, zuletzt geänd. durch Art. 9 des Gesetzes v. 22.8.2019, GVBl. 2019, 663; § 3 Abs. 4 S. 1 ThürDSG v. 6.6.2018, GVBl. 2018, 229.

[32] § 25 Abs. 3 S. 1 DSG NRW v. 17.5.2018, GV. S. 244, 278, 404; § 18 Abs. 4 S. 1 BremDSGVOAG v. 8.5.2018, BremGBl. S. 131.

[33] Bundesgesetz v. 31.7.2017, mit dem das Datenschutzgesetz 2000 geändert wird (Datenschutz-Anpassungsgesetz 2018), Öst. BGBl. 2017 I 1, zuletzt geänd. durch Entscheidung des Verfassungsgerichtshofs (Aufhebung des Medienprivilegs in § 9 DSG mit Ablauf des 30.6.2024), Öst. BGBl. 2023 I 2.

[34] Council of Europe, Consultative Committee of the Convention for the Protection of Individuals with Regard to Automatic Processing of Personal Data, Convention 108, Compilation of Answers to the Questionnaire of Supervisory Authorities' Governance Models, T-PD(2018)24 rev, 11.5.2020, S. 4.

[35] Vgl. zB § 25 Abs. 3 S. 2 DSG NRW v. 17.5.2018, GV. 2018, 244, 278, 404; Art. 60a Abs. 3 S. 4 der Verfassung der Freien und Hansestadt Hamburg; Art. 37 Abs. 1 S. 1 aE Verfassung des Landes Mecklenburg-Vorpommern; § 16 Abs. 3 S. 2 SächsDSDG v. 25.8.2003, GVBl. 2003, 300, zuletzt geänd. durch Art. 9 des Gesetzes v. 22.8.2019, GVBl. 2019, 663; § 21 Abs. 1 S. 1 DSAG LSA v. 18.2.2020, GVBl. 2020, 25, zuletzt geänd. am 20.3.2020, GVBl. 2020, 64; § 3 Abs. 4 S. 2 ThürDSG v. 6.6.2018, GVBl. 2018, 229.

[36] Vgl. zB § 11 Abs. 2 S. 4 HDSIG v. 3.5.2018, GVBl. 2018, 82, zuletzt geänd. am 15.1.2021, GVBl. 2021, 718, 729; Art. 33a Abs. 4 S. 2 der Verfassung des Freistaates Bayern (für den Landesdatenschutzbeauftragten); Art. 18 Abs. 3 BayDSG v. 15.5.2018, GVBl. 2018, 229, der für den Leiter des Landesamts für Datenschutzaufsicht gilt; § 18 Abs. 4 S. 2 BremDSGVOAG v. 8.5.2018, Brem.GBl. 2018, 131.

[37] Bundesgesetz v. 31.7.2017, mit dem das Datenschutzgesetz 2000 geändert wird (Datenschutz-Anpassungsgesetz 2018), Öst. BGBl. 2017 I 1, zuletzt geänd. durch Entscheidung des Verfassungsgerichtshofs (Aufhebung des Medienprivilegs in § 9 DSG mit Ablauf des 30.6.2024), Öst. BGBl. 2023 I 2.

merkenswert ist, dass § 13 Abs. 4 S. 5 die oder den Bundesbeauftragte(n) ausdrücklich auch gegenüber den Finanzbehörden zur Verschwiegenheit verpflichtet. Die Landesgesetzgeber haben weitgehend parallele Bestimmungen erlassen.[38] Nicht eindeutig geregelt ist aber sowohl in § 13 Abs. 4 S. 1 BDSG als auch in den meisten Landesdatenschutzgesetzen, dass die Verschwiegenheitspflicht nicht nur für den Leiter der Datenschutz-Aufsichtsbehörde, sondern auch für deren Bedienstete gilt, wie sich ausdrücklich aus Art. 54 Abs. 2 ergibt. Der Verweis auf das Bundesbeamtengesetz und die Landesbeamtengesetze reicht insofern nicht, da die Datenschutz-Aufsichtsbehörden in Deutschland auch nicht verbeamtete Mitarbeiter beschäftigen.[39] Eine Nachbesserung durch den Bundesgesetzgeber und die Landesgesetzgeber ist insofern anzuraten, auch wenn Art. 54 Abs. 2 unmittelbar gilt und inhaltlich unmittelbar auf die Bediensteten angewendet werden kann und muss. In **Österreich** konkretisiert § 22 Abs. 3 DSG[40] die Verschwiegenheitspflicht „der Datenschutzbehörde", was den Leiter ebenso einschließt wie die Bediensteten; die Pflicht zur Verschwiegenheit gilt nach § 22 Abs. 3 S. 2 DSG grundsätzlich auch gegenüber Gerichten und Verwaltungsbehörden, „insbesondere Abgabenbehörden".

Abschnitt 2. Zuständigkeit, Aufgaben und Befugnisse

Art. 55 Zuständigkeit

(1) Jede Aufsichtsbehörde ist für die Erfüllung der Aufgaben und die Ausübung der Befugnisse, die ihr mit dieser Verordnung übertragen wurden, im Hoheitsgebiet ihres eigenen Mitgliedstaats zuständig.

(2) ¹Erfolgt die Verarbeitung durch Behörden oder private Stellen auf der Grundlage von Artikel 6 Absatz 1 Buchstabe c oder e, so ist die Aufsichtsbehörde des betroffenen Mitgliedstaats zuständig. ²In diesem Fall findet Artikel 56 keine Anwendung.

(3) Die Aufsichtsbehörden sind nicht zuständig für die Aufsicht über die von Gerichten im Rahmen ihrer justiziellen Tätigkeit vorgenommenen Verarbeitungen.

Literatur: *Albrecht/Jotzo*, Das neue Datenschutzrecht der EU, 2016, Teil 7: Aufsichtsbehörden, S. 107 ff.; *Caspar*, Das aufsichtsbehördliche Verfahren nach der EU-Datenschutz-Grundverordnung, ZD 2012, 555; *Cole/Giurgiu*, The 'Minimal' Approach: the CJEU on the Concept of 'Establishment' Triggering Jurisdiction for DPAs and Limitations of Their Sanctioning Powers, EDPL 2015, 310; *Dammann*, Erfolge und Defizite der EU-Datenschutzgrundverordnung, ZD 2016, 307; *Dehemel/Hullen*, Auf dem Weg zu einem zukunftsfähigen Datenschutz in Europa, ZD 2013, 147; *Engeler*, Auswirkungen der Datenschutz-Grundverordnung auf die Arbeit der justiziellen Beteiligungsgremien, NJOZ 2019, 593; *Flendrovsky*, Die Aufsichtsbehörden, in: Knyrim (Hrsg.), Datenschutz-Grundverordnung. Das neue Datenschutzrecht in Österreich und der EU, Praxishandbuch, 2016, S. 281 ff.; *Gierschmann*, Was „bringt" deutschen Unternehmen die DS-GVO, ZD 2016, 51; *Grzeszick*, Nationale Parlamente und EU-Datenschutzgrundverordnung, NVwZ 2018, 1505; *Grzeszick/Schwartmann*, Plädoyer für eine Datenschutzaufsichtskommission des Bundestages, NVwZ 2022, 122; *Heberlein*, Bereichsausnahme für Parlamente: Geltung der DS-GVO für parlamentarische Tätigkeiten, ZD 2021, 85; *Hornung*, Eine Datenschutz-Grundverordnung für Europa?, ZD 2012, 99; *Kaiser*, The enforcement structure of the new GDPR – National DPAs facing autonomy, hierarchy and cooperation, PinG 2017, 192; *Kranig*, Zuständigkeit der Datenschutzaufsichtsbehörden, ZD 2013, 550; *Kugelmann*, Kooperation und Betroffenheit im Netzwerk ZD 2020, 76; *Parlament Österreich* (Hrsg.), Datenschutz im Bereich der Gesetzgebung, 2022; *Leissler/Wolfbauer*, Der One Stop Shop in der DSGVO. Die Behördenzuständigkeit bei grenzüberschreitender Datenanwendung in der EU, in: Knyrim (Hrsg.), Datenschutz-Grundverordnung, Das neue Datenschutzrecht in Österreich und der EU, Praxishandbuch, 2016, S. 291 ff.; *Nguyen*, Die zukünftige Datenschutzaufsicht in Europa, ZD 2015, 265; *Reding*, Sieben Grundbausteine der europäischen Datenschutzreform, ZD 2012, 195; *Roßnagel/Kroschwald*, Was wird aus der Datenschutzgrundverordnung?, ZD 2014, 495; *Schantz*, Die Datenschutz-Grundverordnung – Beginn einer neuen Zeitrechnung im Daten-

---

[38] Vgl. zB § 12 HDSIG v. 3.5.2018, GVBl. 2018, 82, zuletzt geänd. am 15.1.2021, GVBl. 2021, 718, 729; Art. 19 Abs. 5 BayDSG v. 15.5.2018, GVBl. 2018, 229, der sowohl für den Landesdatenschutzbeauftragten als auch für das Landesamt für Datenschutzaufsicht gilt; § 18 Abs. 3 SächsDSDG v. 25.8.2003, GVBl. 2003, 300, zuletzt geänd. durch Art. 9 des Gesetzes v. 22.8.2019, GVBl. 2019, 663; § 4 Abs. 3, 4 ThürDSG v. 6.6.2018, GVBl. 2018, 229; § 22 Abs. 2 HmbDSG v. 18.5.2018, HmbGVBl. 2018, 145, zuletzt geänd. durch Gesetz v. 24.1.2023, HmbGVBl. 2023, 67.

[39] Auf dieses Defizit in den deutschen Durchführungsbestimmungen zu Art. 54 Abs. 2 verweist auch Kühling/Buchner/*Boehm* DS-GVO Art. 54 Rn. 23 ff.

[40] Bundesgesetz v. 31.7.2017, mit dem das Datenschutzgesetz 2000 geändert wird (Datenschutz-Anpassungsgesetz 2018), Öst. BGBl. 2017 I 1, zuletzt geänd. durch Entsch. des Verfassungsgerichtshofs (Aufhebung des Medienprivilegs in § 9 DSG mit Ablauf des 30.6.2024), Öst. BGBl. 2023 I 2.

schutzrecht, NJW 2016, 1841; *Schmidl,* Kooperation der Aufsichtsbehörden bei grenzüberschreitenden Fällen, in: Knyrim (Hrsg.), Datenschutz-Grundverordnung. Das neue Datenschutzrecht in Österreich und der EU, Praxishandbuch, 2016, S. 303 ff.; *Schröder,* Anwendbarkeit der DS-GVO und des BDSG auf den Deutschen Bundestag, ZRP 2018, 129; *Thiel,* Zusammenarbeit der Datenschutzaufsicht auf europäischer Ebene, ZD 2021, 467; *Weber/Dehnert,* Das Kooperations- und Kohärenzverfahren vor dem EDSA, ZD 2021, 63; *Wiebe/ Eichfeld,* Spannungsverhältnis Datenschutzrecht und Justiz. Anwendungsbereich, Verantwortlichkeit und richterliche Unabhängigkeit, NJW 2019, 2734.

Rechtsprechung: EuGH (Große Kammer) Urt. v. 13.5.2014 – C-131/12, ECLI:EU:C:2014:317 = ZD 2014, 350 – Google Spain SL und Google Inc/Agencia Española de Protección de Datos (AEPD) und Mario Costeja González; EuGH Urt. v. 1.10.2015 – C-230/14, ECLI:EU:C:2015:639 = ZD 2015, 580 mAnm *Karg* – Weltimmo; EuGH (Große Kammer) Urt. v. 6.10.2015 – C-362/14, ECLI:EU:C:2015:650 = ZD 2015, 549 mAnm *Spies* – Maximillian Schrems/Data Protection Commissioner („Schrems I"); EuGH Urt. v. 28.7.2016 – C-191/15, ECLI:EU:C:2016:612 – Verein für Konsumenteninformation/Amazon; EuGH (Große Kammer) Urt. v. 24.9.2019 – C-507/17, ECLI:EU:C:2019:772 = ZD 2020, 31 mAnm. *Ukrow* – Google LLC/CNIL; EuGH Urt. v. 9.7.2020 – C-272/19, ECLI:EU:C:2020:535 = ZD 2020, 577 mAnm *Engelbrecht* – VQ/Land Hessen; EuGH (Große Kammer) Urt. v. 16.7.2020 – C-311/18, ECLI:EU:C:2020:559 = ZD 2020, 511 mAnm *Moos/Rothkegel* – Data Protection Commissioner/Facebook Ireland Ltd, Maximillian Schrems („Schrems II"); EuGH (Große Kammer) Urt. v. 15.6.2021 – C-645/19, ECLI:EU:C:2021:483 = ZD 2021, 570 mAnm *Blasek* – Facebook Ireland Ltd. Ua/Gegevensbeschermingsautoriteit; EuGH Urt. v. 24.3.2022 – C-245/20, ECLI:EU: C:2022:216 = ZD 2022, 490 mAnm *Benamor* – X, Z/Autoriteit Persoonsgegevens; EuGH Urt. v. 20.10.2022 – C-306/21, ECLI:EU:C:2022:813 – Koalitsia „Demokratichna Bulgaria – Obedinenie"; EuGH (Große Kammer) Urt. v. 16.1.2024 – C-33/22, ECLI:EU:C:2024:46 – Österreichische Datenschutzbehörde/WK.

Übersicht

	Rn.
A. Hintergrund und Systematik der Bestimmung	1
B. Einzelerläuterungen	5
I. Grundsatz: Räumliche Zuständigkeit (Abs. 1)	5
II. Ausschließliche Zuständigkeit für den öffentlichen Bereich (Abs. 2)	10
III. Begrenzte Zuständigkeit für die Justiz (Abs. 3)	13
C. Nationale Durchführung	19

A. Hintergrund und Systematik der Bestimmung[*]

1   Ein zentrales Ziel der DS-GVO ist die einheitliche Anwendung und Durchsetzung des seit dem 25.5.2018 in allen EU-Mitgliedstaaten unmittelbar geltenden europäischen Datenschutzrechts (→ Einl. Rn. 72 ff.). Für die Anwendung und Durchsetzung der DS-GVO sind allerdings – wie bereits bei der DS-RL und den zu dieser erlassenen nationalen Umsetzungsgesetzen – weiterhin die Datenschutz-Aufsichtsbehörden der EU-Mitgliedstaaten zuständig (Grundsatz der dezentralen Durchführung der DS-GVO → Art. 51 Rn. 4 ff.). Räumlich zuständig für die Erfüllung der Aufgaben gemäß Art. 57 und die Ausübung der Befugnisse gemäß Art. 58 ist dabei gemäß Art. 55 Abs. 1 – wie früher gemäß Art. 28 Abs. 1 UAbs. 1, Abs. 6 UAbs. 1 S. 1 DS-RL – grundsätzlich jede Datenschutz-Aufsichtsbehörde im Hoheitsgebiet ihres eigenen Mitgliedstaats. Datenverarbeitung macht aber heute weniger denn je zuvor an den Grenzen eines Mitgliedstaats halt. Im sich stetig weiter integrierenden digitalen Binnenmarkt der EU wird die **grenzüberschreitende Verarbeitung personenbezogener Daten** immer häufiger, was auch an der immer stärkeren Nutzung und Verbreitung von Datendiensten liegt. Zur Wahrung der Einheitlichkeit der Rechtsanwendung und Rechtsdurchsetzung sind daher Vorschriften erforderlich, die für den Fall der grenzüberschreitenden Verarbeitung Zuständigkeitsfragen, die Zusammenarbeit sowie die Beilegung von Meinungsverschiedenheiten zwischen den Datenschutz-Aufsichtsbehörden regeln. Zu einer grenzüberschreitenden Verarbeitung personenbezogener Daten kann es gemäß der Legaldefinition in Art. 4 Nr. 23[1] dann kommen, wenn ein Unternehmen – in Ausübung der von Art. 49 AEUV iVm Art. 15 Abs. 2 GRCh geschützten

---

[*] Der Verfasser vertritt hier seine persönliche Auffassung, die nicht notwendig der Auffassung der Europäischen Kommission entspricht.
[1] Vgl. außerdem Europäischer Datenschutzausschuss, Guidelines 8/2022 on identifying a controller or processor's lead supervisory authority, Version 2.0 v. 28.3.2023, abrufbar unter https://edpb.europa.eu/system/files/2023-04/edpb_guidelines_202208_identifying_lsa_targeted_update_v2_en.pdf, S. 5 f. mit Auslegungshinweisen zur grenzüberschreitenden Verarbeitung personenbezogener Daten.

Niederlassungsfreiheit im Binnenmarkt – in mehreren EU-Mitgliedstaaten Niederlassungen[2] errichtet hat und dort zB Daten von seinen Kunden oder seinen Arbeitnehmern verarbeitet (**Fall multipler Niederlassungen, Art. 4 Nr. 23 lit. a**)[3]; oder wenn ein Bürger von erheblichen Auswirkungen[4] der Verarbeitung seiner personenbezogener Daten durch ein Unternehmen aktuell oder potenziell betroffen ist, das in einem anderen EU-Mitgliedstaat niedergelassen ist und seine Dienste in Ausübung der von Art. 56 AEUV iVm Art. 15 Abs. 2 GRCh geschützten Dienstleistungsfreiheit grenzüberschreitend anbietet (**Fall der Verarbeitung im EU-Ausland, Art. 4 Nr. 23 lit. b**). In solchen grenzüberschreitenden Fällen sind wirksame Regelungen zur Zuständigkeit und Zusammenarbeit der nationalen Datenschutz-Aufsichtsbehörden von wesentlicher Bedeutung für die doppelte Zielsetzung der DS-GVO (→ Einl. Rn. 19), einerseits das Datenschutzgrundrecht zu schützen und andererseits den freien Verkehr personenbezogener Daten zu gewährleisten.

Im Interesse einer wirksamen, klaren und raschen Lösung grenzüberschreitender Fälle hatte **2** die Europäische Kommission in ihrem Vorschlag zur DS-GVO[5] im Januar 2012 eine wichtige Weichenstellung vorgenommen. Die Kommission schlug damals vor, dass in grenzüberschreitenden Fällen nicht wie bisher[6] 27[7] (oder im Fall weiterer Ausdifferenzierung der nationalen Aufsichtsstruktur sogar mehr) nationale Datenschutz-Aufsichtsbehörden nebeneinander zuständig sein sollten, sondern ausschließlich die Datenschutz-Aufsichtsbehörde an dem Ort, an dem der für die Verarbeitung personenbezogener Daten Verantwortliche bzw. der Auftragsverarbeiter seine Hauptniederlassung hat.[8] Dieser von der Kommission als **„One-Stop-Shop" (einheitliche Anlaufstelle)** bezeichnete Grundsatz[9] sollte die Rechtsdurchsetzung im Binnenmarkt erleichtern und vereinfachen.[10] Er ist bereits für andere EU-Rechtsgebiete prägend, so zB für die

---

[2] Bei der Beurteilung, ob eine Niederlassung iSd DS-GVO vorliegt, ist nicht die Rechtsform oder eine Eintragung, sondern vor allem der Charakter der Tätigkeit und der jeweiligen Dienstleistung maßgeblich. Sofern ein Unternehmen ausschließlich Leistungen über das Internet anbietet, kann das Vorhandensein einer einzigen Person unter bestimmten Umständen ausreichen, wenn diese mit einem hinreichenden Grad an Beständigkeit mit den für die Erbringung der betreffenden konkreten Dienstleistung erforderlichen Mitteln im fraglichen Mitgliedstaat tätig ist; so (noch zur DS-RL, bei der es mehr auf das Merkmal der Niederlassung ankam als heute unter der DS-GVO) EuGH Urt. v. 1.10.2015 – C-230/14, ECLI:EU:C:2015:639 = ZD 2015, 580 mAnm *Karg* – Weltimmo, Rn. 29 f. Zum Begriff der Niederlassung iSd DS-GVO vgl. Europäischer Datenschutzausschuss, Leitlinien 3/18 zum räumlichen Anwendungsbereich der DS-GVO (Artikel 3), Version 2.0 v. 12.11.2019, abrufbar unter https://edpb.europa.eu/sites/default/files/files/file1/edpb_guidelines_3_2018_territorial_scope_after_consultation_de.pdf, S. 5.

[3] Nicht erforderlich ist dabei, dass konkrete Daten des Betroffenen von mehreren Niederlassungen verarbeitet werden; es genügt, dass die verschiedenen Niederlassungen eine ähnliche Tätigkeit ausführen, für ein vergleichbares Verarbeitungsverfahren eingesetzt wird, das von der Hauptniederlassung vorgegeben wird; so Gola/Heckmann/*Nguyen* DS-GVO Art. 56 Rn. 5; sowie Kühling/Buchner/*Dix*, 4. Aufl. 2024, DS-GVO Art. 4 Nr. 23 Rn. 3.

[4] Auslegungsweise zur Bedeutung von „erheblichen Auswirkungen" gibt Europäischer Datenschutzausschuss, Guidelines 8/2022 on identifying a controller or processor's lead supervisory authority, Version 2.0 v. 28.3.2023, abrufbar unter https://edpb.europa.eu/system/files/2023-04/edpb_guidelines_202208_identifying_lsa_targeted_update_v2_en.pdf, S. 5 f. Vgl. auch *Kugelmann* ZD 2020, 76 (78), für den in dieser Fallkonstellation „ein qualifizierendes Element im Hinblick auf die Datenverarbeitung" vorliegen muss, damit eine grenzüberschreitende Verarbeitung angenommen werden kann.

[5] KOM(2012) 11 v. 25.1.2012 (DS-GVO-Kommissionsvorschlag).

[6] Vgl. Knyrim DS-GVO/*Leissler/Wolfbauer* S. 291 ff., 291, die darauf hinweisen, dass die Rechtslage nach der DS-RL bei europaweiten Datenverarbeitungen innerhalb einer Unternehmensgruppe „die (kumulative) Zuständigkeit der Datenschutzbehörden all jener Mitgliedstaaten vorsah, in denen eine Konzerngruppe ihre Datenverarbeitung vornimmt."

[7] Zum Zeitpunkt des Kommissionsvorschlags war das Vereinigte Königreich noch EU-Mitglied (bis 31.1.2020), während Kroatien der EU noch nicht beigetreten war; dies geschah erst am 1.7.2013.

[8] Vgl. Art. 51 Abs. 2 DS-GVO-Kommissionsvorschlag: „Findet die Verarbeitung personenbezogener Daten im Rahmen der Tätigkeiten der Niederlassung eines für die Verarbeitung Verantwortlichen oder Auftragsverarbeiters in der Union statt, wobei der für die Verarbeitung Verantwortliche oder Auftragsverarbeiter Niederlassungen in mehr als einem Mitgliedstaat hat, so ist die Aufsichtsbehörde des Mitgliedstaats, in dem sich die Hauptniederlassung des für die Verarbeitung Verantwortlichen oder Auftragsverarbeiters befindet, unbeschadet der Bestimmungen von Kapitel VII dieser Verordnung für die Aufsicht über dessen Verarbeitungstätigkeit in allen Mitgliedstaaten zuständig."

[9] Dazu *Reding* ZD 2012, 195 (196 f.).

[10] Vgl. *Nguyen* ZD 2015, 265 (266), der den „One-Stop-Shop" zu Recht als „zentrales Zugpferd" bezeichnet, „welches die Akzeptanz des Gesetzgebungsvorhabens bei der europaweit agierenden Wirtschaft garantieren sollte."

Zuständigkeit zur Regulierung des grenzüberschreitenden Fernsehens und anderer audiovisueller Mediendienste, die grundsätzlich am Sitz der Hauptverwaltung des Mediendiensteanbieters mit Wirkung für den gesamten Binnenmarkt erfolgt.[11] Um sicherzustellen, dass im Bereich des Datenschutzrechts durch den „One-Stop-Shop" der individuelle Rechtsschutz nicht geschmälert wird, schlug die Kommission außerdem vor, dass betroffene Einzelne stets das Recht haben sollten, bei Verstößen gegen die DS-GVO bei der Datenschutz-Aufsichtsbehörde in ihrem eigenen Mitgliedstaat Beschwerde zu erheben (**individuelles Beschwerderecht bei der örtlichen Datenschutz-Aufsichtsbehörde**);[12] und dass nationale Datenschutz-Aufsichtsbehörden erforderlichenfalls Datenschutz-Aufsichtsbehörden in anderen EU-Mitgliedstaaten im Namen des Beschwerdeführers verklagen könnten.[13] Ferner sah die Kommission eine intensive Pflicht der nationalen Datenschutz-Aufsichtsbehörden zur **Zusammenarbeit** vor; sie verpflichtete diese zur gegenseitigen Amtshilfe[14] und führte zudem die Möglichkeit gemeinsamer Maßnahmen mehrerer Datenschutz-Aufsichtsbehörden ein.[15] Schließlich schuf die Kommission ein neues Verfahren (sog. **Kohärenzverfahren**),[16] über das bei Meinungsunterschieden zwischen nationalen Datenschutz-Aufsichtsbehörden die einheitliche Auslegung und Anwendung der DS-GVO herbeigeführt werden sollte, wobei der neu geschaffene, sich aus den Leitern der nationalen Datenschutz-Aufsichtsbehörden zusammensetzende **Europäische Datenschutzausschuss** und die Europäische Kommission Stellungnahmen abgeben konnten, die von den nationalen Datenschutz-Aufsichtsbehörden zu berücksichtigen[17] bzw. so weit wie möglich zu berücksichtigen[18] waren. Die Kommission hatte schließlich ihrem Vorschlag zufolge das außerordentliche Recht, die Maßnahme einer nationalen Datenschutz-Aufsichtsbehörde für maximal zwölf Wochen auszusetzen (**Suspensivrecht der Kommission**),[19] wenn sie ernsthaft bezweifelte, dass die geplante Maßnahme die ordnungsgemäße Anwendung der DS-GVO in Frage stellte, oder befürchtete, dass diese zu einer uneinheitlichen Anwendung der Verordnung führen könnte.

3 Der EU-Gesetzgeber hat die Vorschläge der Europäischen Kommission zwar nicht in all ihren Einzelheiten, wohl aber – trotz mancher Kritik[20] – im Grundsatz übernommen. In Fällen der grenzüberschreitenden Verarbeitung personenbezogener Daten ist heute gemäß Art. 56 Abs. 1 die Datenschutz-Aufsichtsbehörde am Sitz der Hauptniederlassung oder der einzigen Niederlassung des Verantwortlichen bzw. des Auftragsverarbeiters grundsätzlich **die federführende Datenschutz-Aufsichtsbehörde** (im Englischen: „lead supervisory authority"; im Französi-

---

[11] Vgl. Art. 2 RL 2010/13/EU des Europäischen Parlaments und des Rates v. 10.3.2010 zur Koordinierung bestimmter Rechts- und Verwaltungsvorschriften der Mitgliedstaaten über die Bereitstellung audiovisueller Mediendienste (Richtlinie über audiovisuelle Mediendienste), ABl. 2010 L 95, 1, ber. ABl. 2010 L 263, 15, geänd. durch RL (EU) 2018/1808 des Europäischen Parlaments und des Rates v. 14.11.2018, ABl. 2018 L 303, 69.

[12] Vgl. Art. 73 Abs. 1 DS-GVO-Kommissionsvorschlag, KOM(2012) 11 endgültig v. 25.1.2012: „Jede betroffene Person hat unbeschadet eines anderweitigen administrativen oder gerichtlichen Rechtsbehelfs das Recht auf Beschwerde bei einer mitgliedstaatlichen Aufsichtsbehörde, wenn sie der Ansicht ist, dass die Verarbeitung der sie betreffenden personenbezogenen Daten nicht mit dieser Verordnung vereinbar ist." Mit dieser Reform wollte die Kommission vor allem das Rechtsschutzdefizit beseitigen, dass der Österreicher *Max Schrems* offengelegt hatte, als er sich zur Durchsetzung seiner datenschutzrechtlichen Rechte gem. der DS-RL an die irische Aufsichtsbehörde und an die irischen Gerichte wenden musste; vgl. EuGH (Große Kammer) Urt. v. 6.10.2015 – C-362/14, ECLI:EU:C:2015:650 = ZD 2015, 549 mAnm *Spies* – Maximillian Schrems/ Data Protection Commissioner („Schrems I"). Die für den Vorschlag der DS-GVO zuständige Vizepräsidentin der Kommission *Viviane Reding* hatte sich bei der Vorbereitung des Gesetzestextes mit *Schrems* getroffen, um aus dessen Erfahrung die angemessenen Schlussfolgerungen ziehen zu können. Zum Zusammenhang zwischen dem Fall Schrems I und der späteren Ausgestaltung des „One-Stop-Shop" treffend Gola/Heckmann/*Nguyen/Stroh* DS-GVO Art. 55 Rn. 1: „Was in dem konkreten Verfahren erfolgreich war, ist im Normalfall schon innerhalb der EU aufgrund der räumlichen Entfernung und der Sprachbarriere in vielen Fällen für die Betroffenen kaum möglich."

[13] Vgl. Art. 74 Abs. 4 DS-GVO-Kommissionsvorschlag, KOM(2012) 11 endgültig v. 25.1.2012.

[14] Vgl. Art. 55 DS-GVO-Kommissionsvorschlag, KOM(2012) 11 endgültig v. 25.1.2012.

[15] Vgl. Art. 56 DS-GVO-Kommissionsvorschlag, KOM(2012) 11 endgültig v. 25.1.2012.

[16] Vgl. Art. 57 ff. DS-GVO-Kommissionsvorschlag, KOM(2012) 11 endgültig v. 25.1.2012.

[17] So im Fall von Stellungnahmen des Europäischen Datenschutzausschusses; vgl. Art. 58 Abs. 8 DS-GVO-Kommissionsvorschlag, KOM(2012) 11 endgültig v. 25.1.2012.

[18] So im Fall von Stellungnahmen der Kommission; vgl. Art. 59 Abs. 2 DS-GVO-Kommissionsvorschlag, KOM(2012) 11 endgültig v. 25.1.2012.

[19] Vgl. Art. 60 DS-GVO-Kommissionsvorschlag, KOM(2012) 11 endgültig v. 25.1.2012.

[20] Positiv zum ursprünglichen Kommissionsvorschlag zB *Dehmel/Hullen* ZD 2013, 147 (151); krit. zB *Caspar* ZD 2012, 555 (556); *Hornung* ZD 2012, 99 (105); *Roßnagel/Kroschwald* ZD 2014, 495 (499).

Zuständigkeit   3   **Art. 55**

schen: „l'autorité de contrôle chef de file"). Diese federführende Datenschutz-Aufsichtsbehörde ist gemäß Art. 56 Abs. 6 **„der einzige Ansprechpartner"** (im Englischen: „the sole interlocutor"; im Französischen: „le seul interlocuteur") der Verantwortlichen bzw. der Auftragsverarbeiter für Fragen der von diesen jeweils durchgeführten grenzüberschreitenden Verarbeitung; der von der Kommission vorgeschlagene „One-Stop-Shop" ist also im Grundsatz verwirklicht worden.[21] Der EU-Gesetzgeber hat in Art. 77 auch den Vorschlag der Kommission übernommen, dass jeder betroffene einzelne das Recht hat, bei einer Datenschutz-Aufsichtsbehörde wegen Verstoßes gegen die DS-GVO eine **Beschwerde** einzureichen, insbesondere bei der Datenschutz-Aufsichtsbehörde im Mitgliedstaat seines Aufenthaltsorts, seines Arbeitsplatzes oder des Ortes des mutmaßlichen Verstoßes gegen die DS-GVO; diese mit einer Beschwerde befasste Datenschutz-Aufsichtsbehörde hat die federführende Aufsichtsbehörde zu unterrichten, die daraufhin das Verfahren gemäß Art. 56 Abs. 3 S. 2 an sich ziehen kann. Im Unterschied zum ursprünglichen Vorschlag der Kommission ist die federführende Datenschutz-Aufsichtsbehörde am Sitz der Hauptniederlassung oder einzigen Niederlassung allerdings **nicht ausschließlich** für die Anwendung der DS-GVO **zuständig;** sie ist vielmehr verpflichtet, eng mit den anderen betroffenen nationalen Datenschutz-Aufsichtsbehörden zusammenzuarbeiten **(Verfahren der Zusammenarbeit),** die selbst auf Grundlage des Beschlusses der federführenden Datenschutz-Aufsichtsbehörde gegenüber den Betroffenen im Hoheitsgebiet ihres jeweiligen Mitgliedstaats nach außen rechtserheblich handeln müssen[22] (vgl. Art. 60 Abs. 7–10), indem sie zB Beschwerdeführer über den Beschluss der federführenden Datenschutz-Aufsichtsbehörde, auf eine Beschwerde hin tätig zu werden, unterrichten (Art. 70 Abs. 7) oder Beschwerden durch eigenen Beschluss in Einklang mit dem Beschluss der federführenden Aufsichtsbehörde ganz oder teilweise ablehnen oder abweisen. Vor einem Beschluss arbeiten federführende und andere betroffene Datenschutz-Aufsichtsbehörden eng zusammen (vgl. Art. 60 Abs. 1–6), leisten sich gegenseitig Amtshilfe (vgl. Art. 61) und führen gegebenenfalls gemeinsame Maßnahmen durch (vgl. Art. 62). Kommt es dabei infolge von Meinungsunterschieden oder Auslegungsdivergenzen zu einer zu klärenden Angelegenheit mit allgemeiner Geltung oder mit Auswirkungen in mehr als einem Mitgliedstaat – dies ist insbesondere der Fall, wenn eine Datenschutz-Aufsichtsbehörde nicht ihren Verpflichtungen zur Amtshilfe gemäß Art. 61 oder zu gemeinsamen Maßnahmen gemäß Art. 62 nachkommt –, kann das sog. **Kohärenzverfahren**[23] von jeder Datenschutz-Aufsichtsbehörde, vom Vorsitz des Europäischen Datenschutzausschusses oder von der Europäischen Kommission aktiviert werden (vgl. Art. 64 Abs. 2); dies gilt auch bei einem Katalog von geplanten Aufsichtsmaßnahmen, die in Art. 64 Abs. 1 aufgelistet sind (zB Billigung der Anforderungen an die Akkreditierung einer Zertifizierungsstelle oder Genehmigung von Vertragsklauseln). Das Kohärenzverfahren besteht in einer ersten Stufe aus einer **Stellungnahme des Europäischen Datenschutzausschusses,** den dieser mit einer einfachen Mehrheit der Mitglieder des Ausschusses annimmt (Art. 64 Abs. 3 S. 1, 2) und dem die zuständige Datenschutz-Aufsichtsbehörde „weitestgehend Rechnung" tragen muss (Art. 64 Abs. 7). In einer zweiten Stufe kommt das **Streitbeilegungsverfahren gemäß Art. 65** zur Anwendung. Danach kann der Europäische Datenschutzausschuss die ordnungsgemäße und einheitliche Anwendung der DS-GVO dadurch sicherstellen, dass er mit einer Mehrheit von zwei Dritteln der Mitglieder des Ausschusses (Art. 65 Abs. 2 S. 1) bzw. in Sonderfällen mit einfacher Mehrheit der Mitglieder des Ausschusses (Art. 65 Abs. 3) einen Beschluss annimmt, der für die federführende Aufsichtsbehörde und alle betroffenen Aufsichtsbehörden verbindlich ist (vgl. Art. 65 Abs. 1, Abs. 2 S. 3). Während das Kohärenzverfahren läuft, darf die zuständige nationale Datenschutz-Aufsichtsbehörde die von ihr geplanten Beschlüsse nicht erlassen (sog. **Wartepflicht,** vgl. Art. 64 Abs. 6, Art. 65 Abs. 4). Eine Ausnahme gilt nur in **Dringlichkeitsfällen,** in denen die jeweilige Datenschutz-Aufsichtsbehörde gemäß Art. 66 Abs. 1 sofort einstweilige Maßnahmen mit festgelegter Geltungsdauer von höchstens drei Monaten treffen kann. Zusammenfassend kann man das heute in der DS-GVO vorgesehene Aufsichtssystem als **ausgeglichenen Zwei-Säulen-Mechanismus**[24] bezeichnen. Dabei hat die federführende Aufsichtsbehörde als „One-Stop-Shop" zwar

---

[21] Vgl. *Gierschmann* ZD 2016, 51 (52), die darauf verweist, dass der One-Stop-Shop „nur für Unternehmen mit Sitz in mehreren Mitgliedstaaten interessant" ist. Vgl. auch *Dammann* ZD 2016, 307 (309): „Die Regelung kommt international agierenden Akteuren sehr entgegen."
[22] Vgl. *Albrecht/Jotzo* DatenschutzR S. 111.
[23] Hilfreiche Schaubilder zum Funktionieren des Kohärenzverfahrens findet sich bei *Kühling/Klar/Sackmann* DatenschutzR Rn. 743 f.
[24] So GA *Bobek* in seinen Schlussanträgen v. 13.1.2021 – C-645/19, ECLI:EU:C:2021:5 – Facebook Ireland Ltd u.a./Gegevensbeschermingsautoriteit, Rn. 87.

keine exklusive, aber doch eine führende Rolle bei grenzüberschreitenden Verarbeitungen inne. Sie wird dabei flankiert durch eine im Vergleich zum ursprünglichen Kommissionsvorschlag stärkere Rolle der anderen Aufsichtsbehörden, die an der Beschlussfassung über das **Verfahren der Zusammenarbeit und Kohärenz** (vgl. Erwägungsgrund 127) aktiv teilnehmen, sowie durch eine **Schiedsrichter- und Leitungsfunktion des Europäischen Datenschutzausschusses,** der bei unterschiedlichen Ansichten zwischen der federführenden Aufsichtsbehörde und anderen betroffenen Aufsichtsbehörden abschließend entscheiden kann. Trotz der dezentralen, auf unabhängigen nationalen Aufsichtsbehörden beruhenden Aufsichtsarchitektur will die DS-GVO durch den **verpflichtenden Charakter des Verfahrens der Zusammenarbeit und Kohärenz**[25] die Gefahr vermeiden, dass verschiedene Aufsichtsbehörden unterschiedliche Ansätze in Fällen grenzüberschreitender Verarbeitung vertreten.[26]

4   Ausgangspunkt für die dezentrale Anwendung der DS-GVO ist stets die grundsätzliche **räumliche Zuständigkeit** jeder Datenschutz-Aufsichtsbehörde im Hoheitsgebiet ihres eigenen Mitgliedstaats, wie sie in Art. 55 Abs. 1 geregelt ist. Grundsätzlich sind alle Aufgaben und Befugnisse gemäß der DS-GVO von der jeweils räumlich zuständigen Datenschutz-Aufsichtsbehörde durchzuführen. Kommt es allerdings zu einer grenzüberschreitenden Verarbeitung iSv Art. 4 Nr. 23, ist nach dem „One-Stop-Shop"-Grundsatz die federführende Datenschutz-Aufsichtsbehörde gemäß Art. 56 Abs. 1, Abs. 6 zu aktivieren. In diesem Fall kommt das Verfahren der Zusammenarbeit gemäß Art. 60–62 sowie gegebenenfalls das Kohärenzverfahren gemäß Art. 63–65 zur Anwendung, an dem die federführende Datenschutz-Aufsichtsbehörde und andere betroffene Datenschutz-Aufsichtsbehörden beteiligt sind. Auch in diesem Fall bleibt es aber dabei, dass stets die räumlich zuständige Behörde – als für den betroffenen Grundrechtsträger nächste Stelle – nach außen rechtserheblich gegenüber den Betroffenen handelt. Gegenüber der räumlich zuständigen Behörde steht ferner Rechtsschutz wegen rechtswidrigen Handelns oder Untätigbleibens gemäß Art. 78 zur Verfügung. Hier kommt in der DS-GVO der **Grundsatz der Nähe („proximité") der Datenschutz-Aufsicht zum Grundrechtsträger** zum Ausdruck.[27]

B. Einzelerläuterungen

I. Grundsatz: Räumliche Zuständigkeit (Abs. 1)

5   Gemäß Art. 55 Abs. 1 gilt der Grundsatz, dass für die Anwendung und Durchsetzung der DS-GVO jeweils die Datenschutz-Aufsichtsbehörde in Hoheitsgebiet ihres eigenen Mitgliedstaats zuständig ist. In dieser **Regelung der grundsätzlichen räumlichen Zuständigkeit**[28] kommt der Rechtsgedanke zum Ausdruck, dass die Befugnisse von Datenschutz-Aufsichtsbehörden, insbesondere ihre Sanktionsgewalt, im Einklang mit dem tradierten Grundsatz der territorialen Souveränität nicht außerhalb der gesetzlichen Grenzen stattfinden kann, in denen eine Behörde nach dem Recht ihres Mitgliedstaats ermächtigt ist. Dementsprechend gilt für die räumliche Zuständigkeit der nationalen Datenschutz-Aufsichtsbehörden auch bei der DS-GVO – wie bereits zuvor bei der DS-RL (vgl. Art. 28 Abs. 1 UAbs. 1, Abs. 6 UAbs. 1 S. 1 DS-RL – der **Territorialitätsgrundsatz.**[29] Danach reicht die räumliche Zuständigkeit einer nationalen Datenschutz-Aufsichtsbehörde zunächst so weit wie die nationalen Grenzen des betreffenden Mitgliedstaats.

---

[25] Den verpflichtenden Charakter des Verfahrens der Zusammenarbeit und Kohärenz betont EuGH (Große Kammer) Urt. v. 24.9.2019 – C-507/17, ECLI:EU:C:2019:772 = ZD 2020, 31 mAnm *Ukrow* – Google LLC/CNIL, Rn. 68; ebenso GA *Bobek* in seinen Schlussanträgen v. 13.1.2021 – C-645/19, ECLI:EU:C:2021:5 – Facebook Ireland Ltd u.a./Gegevensbeschermingsautoriteit, Rn. 80.
[26] So GA *Saugmandsgaard Øe* in seinen Schlussanträgen v. 19.12.2019 – C-311/18, ECLI:EU:C:2019:1145 – Data Protection Commissioner/Facebook Ireland Ltd., Maximillian Schrems („Schrems II"), Rn. 155.
[27] Dazu *Nguyen* ZD 2015, 265 (266) sowie *Albrecht/Jotzo* DatenschutzR S. 115. Vgl. auch das Rechtsgutachten des Juristischen Dienstes des Rates (Rats-Dok. 18031/13 v. 19.12.2013, abrufbar unter https://data.consilium.europa.eu/doc/document/ST-18031-2013-INIT/de/pdf, das sich für eine Stärkung der „proximité" der Datenschutz-Aufsichtsbehörden zum Betroffenen ausspracht.
[28] Vgl. Knyrim DS-GVO/*Leissler/Wolfbauer* S. 291 ff., 292, die insofern von der in Art. 55 normierten „allgemeinen" Zuständigkeit sprechen. Vgl. auch Kuner/Bygrave/Docksey/*Hijmans* GDPR Article 55 B.I., der Art. 55 Abs. 1 als „rule of jurisdiction" chrakterisiert.
[29] Vgl. EuGH Urt. v. 1.10.2015 – C-230/14, ECLI:EU:C:2015:639 Rn. 56 = ZD 2015, 580 – Weltimmo mAnm *Karg*; vgl. auch *Kugelmann* ZD 2020, 76 (78) der vom „Territorialprinzip" spricht; ebenso Kühling/Buchner/*Boehm* DG-GVO Art. 55 Rn. 1.

Zuständigkeit 6, 7 **Art. 55**

Die grundsätzliche räumliche Zuständigkeit der nationalen Datenschutz-Aufsichtsbehörden **6** bezieht sich gemäß Art. 55 Abs. 1 auf die Erfüllung der Aufgaben und die Ausübung der Befugnisse gemäß der DS-GVO; dies verweist insbesondere auf die (ausführlichen, aber nicht abschließenden) Aufgaben- und Befugniskataloge in Art. 57, 58. Als **Anknüpfungspunkt für die räumliche Zuständigkeit der Datenschutz-Aufsichtsbehörde** kommen dabei der Verantwortliche bzw. Auftragsverarbeiter, die Datenverarbeitung als solche oder individuelle Betroffene in Frage. Wie Erwägungsgrund 122 bestätigt, ist eine Datenschutz-Aufsichtsbehörde insbesondere zuständig für die Verarbeitung personenbezogener Daten im Rahmen der Tätigkeiten einer Niederlassung des Verantwortlichen oder Auftragsverarbeiters im Hoheitsgebiet ihres Mitgliedstaats; für die Verarbeitung durch Behörden oder private Stellen, die im öffentlichen Interesse handeln (vgl. Art. 55 Abs. 2 und Erwägungsgrund 128 → Rn. 10 f.) sowie – nach dem **Marktortprinzip** (vgl. Art. 3 Abs. 2) – für Verarbeitungstätigkeiten eines Verantwortlichen oder Auftragsverarbeiters ohne Niederlassung in der Union, sofern sie auf betroffene Personen mit Wohnsitz in ihrem Hoheitsgebiet ausgerichtet sind.[30] Die räumlich zuständige Datenschutz-Aufsichtsbehörde hat ferner die Beschwerden einer betroffenen Person zu bearbeiten, Untersuchungen über die Anwendung der DS-GVO durchzuführen sowie die Öffentlichkeit über datenschutzrechtliche Risiken, Vorschriften, Garantien und Rechte zu informieren.

Die räumliche Zuständigkeit gemäß Art. 55 Abs. 1 ist nur ein Grundsatz, der durch andere, **7** **speziellere Regelungen** überlagert werden kann. Ist eine Datenschutz-Aufsichtsbehörde zB mit der Beschwerde eines Betroffenen befasst, die einen Verantwortlichen betrifft, der in einem anderen EU-Mitgliedstaat niedergelassen ist, so regelt Art. 60 das Zusammenwirken zwischen der federführenden Datenschutz-Aufsichtsbehörde und der weiteren betroffenen Datenschutz-Aufsichtsbehörde. Nicht von Art. 55 Abs. 1 erfasst ist ferner der im Binnenmarkt zunehmend häufige Fall, dass ein Verantwortlicher oder ein Auftragsverarbeiter Niederlassungen in mehreren EU-Mitgliedstaaten unterhält und deshalb den räumlichen Zuständigkeitsbereich mehrerer Datenschutz-Aufsichtsbehörden berührt. In diesem Fall schreibt Art. 56 Abs. 1 die federführende Zuständigkeit der Datenschutz-Aufsichtsbehörde im Mitgliedstaat der Hauptniederlassung des Verantwortlichen bzw. des Auftragsverarbeiters vor, wobei sich diese im Verfahren der Zusammenarbeit und Kohärenz gemäß Art. 60 ff., 63 ff. mit anderen betroffenen Datenschutz-Aufsichtsbehörden abzustimmen und sich bei Meinungsverschiedenheiten gegebenenfalls einem Streitbeilegungsbeschluss des Europäischen Datenschutzausschusses gemäß Art. 65 Abs. 1 zu beugen hat. Dass eine andere Aufsichtsbehörde als die für den Grundrechtsträger nähere Aufsichtsbehörde abschließend darüber entscheidet, wie im Einzelfall der Schutz des Grundrechts auf Datenschutz und das Ziel der Erleichterung des freien Verkehrs personenbezogener Daten „miteinander ins Gleichgewicht"[31] gebracht wird, ist aus grundrechtlicher Sicht, unter Berücksichtigung des Grundsatzes der Nähe („proximité") → Rn. 4 sowie des Gebots effektiven Rechtsschutzes nur dann akzeptabel, wenn das Zusammenspiel der Aufsichtsbehörden im Verfahren der Zusammenarbeit und Kohärenz wirksam, reibungslos und vor allem zügig funktioniert und so aufsichtliche Arbitrage vermieden wird.[32] Angesichts der in den ersten Jahren der

---

[30] Vgl. dazu Europäischer Datenschutzausschuss, Leitlinien 3/2018 zum räumlichen Anwendungsbereich der DS-GVO (Artikel 3), Version 2.0, 12.11.2019, abrufbar unter https://edpb.europa.eu/sites/default/files/files/file1/edpb_guidelines_3_2018_territorial_scope_after_consultation_de.pdf.
[31] EuGH (Große Kammer) Urt. v. 9.3.2010 – C-518/07, ECLI:EU:C:2010:125 – Kommission/Deutschland, Rn. 24, 30. Vgl. auch EuGH Urt. v. 19.10.2016 – C-582/14, ECLI:EU:C:2016:779 = ZD 2017, 24 mAnm *Kühling/Klar* – Breyer, Rn. 58; sowie GA *Bobek* Schlussanträge v. 13.1.2021 – C-645/19, ECLI:EU:C:2021:5 – Facebook Ireland Ltd. u.a./Gegevensbescheringsautoriteit, Rn. 113.
[32] Sehr krit. angesichts der in den ersten Jahren der Anwendung der DS-GVO gemachten Erfahrungen vor allem mit der irischen Datenschutz-Aufsichtsbehörde GA *Bobek* Schlussanträge v. 13.1.2021 – C-645/19, ECLI:EU:C:2021:5 – Facebook Ireland Ltd. u.a./Gegevensbescheringsautoriteit, Rn. 107: „Die praktische Erfahrung könnte eines Tages echte Probleme in Bezug auf die dem neuen System eigene Qualität oder sogar das ihm eigene Niveau des Rechtsschutzes aufdecken." Rn. 122: „Auch wenn [...] die genannten Vorschriften auf dem Papier geeignet erscheinen, diese Probleme zu vermeiden, wird erst die künftige Anwendung dieser Bestimmungen zeigen, ob sie sich in der Praxis als ‚Papiertiger' erweisen." Rn. 123: „Zugegebenermaßen wäre jedenfalls meines Erachtens dann, wenn die von der Datenschutzbehörde und einigen anderen Beteiligten angedeuteten Gefahren einer mangelnden Durchsetzung der DS-GVO sich verwirklichen würden, das gesamte System reif für eine weitreichende Überarbeitung." Rn. 124: „Systematisch betrachtet, könnte dies tatsächlich der Fall sein, wenn die neue Systematik für bestimmte Wirtschaftsteilnehmer zu regulatorischen ‚Nesten' führen sollte und sie, nachdem sie durch die entsprechende Ansiedlung ihrer Hauptniederlassung in der Union ihre nationale Regulierungsbehörde letztlich selbst gewählt haben, nicht mehr kontrolliert, sondern vielmehr durch eine bestimmte federführende Aufsichtsbehörde von den sonstigen

Art. 55 7
Kapitel VI. Unabhängige Aufsichtsbehörden

Anwendung der DS-GVO gemachten praktischen Erfahrungen[33] sah sich der EuGH bereits mehrfach veranlasst, die Datenschutz-Aufsichtsbehörden nachdrücklich an ihre Verpflichtung gemäß Art. 51 Abs. 3 zu erinnern, einen Beitrag zur einheitlichen Anwendung der DS-GVO in der gesamten Union zu leisten und zu diesem Zweck untereinander sowie mit der Kommission loyal und wirksam zusammenzuarbeiten (→ Art. 51 Rn. 15 ff.).[34] Um das dezentrale Aufsichtssystem der DS-GVO in der Praxis zu verbessern, hat die Europäische Kommission im Juli 2023 die **DS-GVO-Verfahrensverordnung**[35] (→ Einl. Rn. 131 ff.) vorgeschlagen, welche die von

---

Regulierungsbehörden abgeschirmt würden. Es dürfte von kaum jemandem in Abrede gestellt werden, dass ein regulatorischer Wettbewerb in Form eines Absenkungswettlaufs zwischen den Mitgliedstaaten ebenso ungesund und gefährlich wäre wie regulatorische Inkohärenz [...]. Netzwerkartige Regulierungssysteme mögen Inkohärenz und Divergenz durch Förderung von Konsens und Zusammenarbeit vermeiden können. Der Preis für den Konsens scheint indessen zu sein, dass die aktiven Behörden behindert werden, insbesondere in einem System, in dem ein erhöhtes Maß an Abstimmung notwendig ist, um zu einer Entscheidung zu gelangen. Innerhalb solcher Systeme kann kollektive Verantwortung zu kollektiver Verantwortungslosigkeit und daraus folgender Untätigkeit führen." Rn. 125: „Was diese Gefahren angeht, steckt der durch die DS-GVO aufgestellte rechtliche Rahmen jedoch noch in den Kinderschuhen." Rn. 128: „Wenn sich jedoch herausstellen sollte, dass die Entwicklung des Kindes schlecht verläuft und dies auch durch Tatsachen und belastbare Argumente belegt würde, dann würde der Gerichtshof meines Erachtens vor einer Lücke, die sich hierdurch im Schutz der durch die Charta garantierten Grundrechte und ihrer wirksamen Durchsetzung durch die zuständigen Regulierungsbehörden auftäte, nicht die Augen verschließen. Ob dies dann noch eine Frage der chartakonformen Auslegung sekundärrechtlicher Vorschriften oder eine Frage der Gültigkeit der einschlägigen Bestimmungen oder auch von Teilen eines sekundärrechtlichen Rechtsakts wäre, ist eine Frage, die einer anderen Rechtssache vorbehalten wäre."

[33] Als „eher ernüchternd" werden die ersten Erfahrungen mit dem Kohärenzverfahren wegen seiner vielfach starken zeitlichen Verzögerungen von *Kühling/Klar/Sackmann* DatenschutzR Rn. 740, beschrieben. Zum ersten Streitbeilegungsverfahren im Fall Twitter eingehend *Weber/Dehnert* ZD 2021, 63, die im Ergebnis feststellen, dass der Europäische Datenschutzausschuss im Streitbeilegungsverfahren nicht nachträglich alle Defizite des Verfahrens der Zusammenarbeit zwischen den betroffenen Aufsichtsbehörden zu kompensieren, kann, was den Grundrechtsschutz der betroffenen Personen erheblich schwäche. Positiver *Thiel* ZD 2021, 467 (470), die zwar erheblichen Verbesserungsbedarf bei der Ausgestaltung, Flexibilität und Dauer der Verfahren sowie in der proaktiven Kommunikation der federführenden Aufsichtsbehörde mit den betroffenen Behörden anmahnt, insgesamt aber die Auffassung vertritt, dass das Kooperationsverfahren dennoch „gut funktioniert": „In der überwiegenden Zahl der Fälle wird in diesen Verfahren ein wirksamer Schutz der Bürger*innen bei der Verarbeitung ihrer personenbezogener Daten erreicht. Gleichwohl wird weiter daran zu arbeiten sein, die Verfahren effizienter und zügiger zu betreuen."

[34] Vgl. EuGH (Große Kammer) Urt. v. 15.6.2021 – C-645/19, ECLI:EU:C:2021:432 = ZD 2021, 570 mAnm *Blasek* – Facebook Ireland/Gegevensbeschermingsautoriteit, Rn. 53: „Das Verfahren der Zusammenarbeit und Kohärenz verlangt [...] eine loyale und wirksame Zusammenarbeit zwischen der federführenden und den anderen betroffenen Aufsichtsbehörden, was auch der 13. Erwägungsgrund der Verordnung 2016/679 bestätigt." Rn. 63: „Wie bereits ausgeführt (siehe oben, Rn. 53), muss die federführende Aufsichtsbehörde bei der Wahrnehmung ihrer Zuständigkeiten insbesondere den gebotenen Dialog führen und loyal und wirksam mit den anderen betroffenen Aufsichtsbehörden zusammenarbeiten." Rn. 72: „Die Aufteilung der Zuständigkeiten und Verpflichtungen zwischen den Aufsichtsbehörden beruht [...] notwendigerweise auf der Prämisse einer loyalen und wirksamen Zusammenarbeit untereinander sowie mit der Kommission, um die korrekte und kohärente Anwendung der Verordnung 2016/679 zu gewährleisten, wie deren Art. 51 Abs. 2 bestätigt.". Vgl. auch EuGH (Große Kammer) Urt. v. 24.9.2019 – C-507/17, ECLI:EU:C:2019:772 = ZD 2020, 31 mAnm *Ukrow* – Google LLC/CNIL, Rn. 68, wo der EuGH den verpflichtenden Charakter des Verfahrens der Zusammenarbeit und Kohärenz hervorhebt.

[35] Vorschlag der Kommission v. 4.7.2023 für eine Verordnung des Europäischen Parlaments und des Rates zur Festlegung zusätzlicher Verfahrensregeln für die Durchsetzung der Verordnung (EU) 2016/679, COM (2023) 348. Rechtsgrundlage dieses die DS-GVO ergänzenden Verordnungsvorschlags ist (wie bei der DS-GVO selbst) Art. 16 AEUV. Vorausgegangen war dem Kommissionsvorschlag die Mitteilung der Kommission v. 24.6.2020 an das Europäische Parlament und den Rat, Datenschutz als Grundpfeiler der Teilhabe der Bürgerinnen und Bürger und des Ansatzes der EU für den digitalen Wandel – zwei Jahre Anwendung der Datenschutz-Grundverordnung, COM(2020) 264, in der sich die Kommission teilweise krit. zum Funktionieren des Verfahrens der Zusammenarbeit und Kohärenz äußerte; zB S. 6: „Bisweilen endete die Suche nach einem gemeinsamen Ansatz mit einer Einigung auf den kleinsten gemeinsamen Nenner, sodass Chancen zur Förderung einer stärkeren Harmonisierung vertan wurden." Die nationalen Aufsichtsbehörden verabschiedeten daraufhin die Wiener Erklärung des Europäischen Datenschutzausschusses v. 28.4.2022 zur Zusammenarbeit bei der Durchsetzung von Datenschutzvorschriften (Statement on enforcement cooperation, abrufbar unter https://edpb.europa.eu/system/files/2022-04/edpb_statement_20220428_on_enforcement_cooperation_en.pdf) und übermittelten im Herbst 2022 eine einvernehmlich erarbeitete „Wunschliste" weiterer durch EU-Gesetzgebung zu erreichender Harmonisierungsschritte an die Kommission; vgl. Europäischer Datenschutzausschuss, Pressemitteilung v. 12.10.2022, EDSA nimmt „Wunschliste" verfahrensrecht-

den einzelnen Datenschutz-Aufsichtsbehörden anzuwendenden Verfahren, die Behandlung von Beschwerden sowie die Verfahrensrechte der von Untersuchungen betroffenen Unternehmen weiter harmonisiert und die grenzüberschreitende Zusammenarbeit durch einen verbesserten Informationsaustausch und das Festlegen von Verfahrensfristen für das Streitbeilegungsverfahren beschleunigt.

Auch wenn der Territorialitätsgrundsatz grundsätzlich einen **Gleichlauf zwischen der Zuständigkeit einer nationalen Datenschutz-Behörde und dem anwendbaren Recht** verlangt, sind bei der aufsichtsbehördlichen Zusammenarbeit in Fällen der grenzüberschreitenden Datenverarbeitung Modifikationen dieses Grundsatzes möglich.[36] So sieht Art. 62 Abs. 3 vor, dass bei gemeinsamen Maßnahmen von mehreren Datenschutz-Aufsichtsbehörden eine Datenschutz-Aufsichtsbehörde den an der gemeinsamen Maßnahme beteiligten Mitgliedern oder Bediensteten der unterstützenden Datenschutz-Aufsichtsbehörde Befugnisse einschließlich Untersuchungsbefugnisse übertragen oder es diesen gestatten kann, dass sie ihre Untersuchungsbefugnisse nach dem Recht des Mitgliedstaats der unterstützenden Datenschutz-Aufsichtsbehörde ausüben. Es ist allerdings darauf hinzuweisen, dass unter der unmittelbaren und einheitlichen Geltung der DS-GVO das von den nationalen Datenschutz-Aufsichtsbehörden anzuwendende Recht grundsätzlich identisch ist; insbesondere sind gemäß Art. 57 und Art. 58 die Aufgaben und Befugnisse der nationalen Datenschutz-Aufsichtsbehörden umfassend harmonisiert, so dass es im Ergebnis keine Rolle spielen sollte, welche Datenschutz-Aufsichtsbehörde im Einzelfall auf der Grundlage der DS-GVO tätig wird.[37]

Nicht geregelt wird durch Art. 55 Abs. 1, welche innerstaatliche Datenschutz-Aufsichtsbehörde jeweils räumlich zuständig ist, wenn ein EU-Mitgliedstaat von der Möglichkeit des Art. 51 Abs. 1, 3 iVm Art. 54 Abs. 1 lit. a (**optionale Pluralität der Datenschutz-Aufsichtsbehörden**, vgl. auch Erwägungsgrund 117 S. 2, 119 → Art. 51 Rn. 17 ff.) Gebrauch macht und im Wege der föderalen und/oder sektoralen Differenzierung mehrere Datenschutz-Aufsichtsbehörden einrichtet. Der jeweilige Mitgliedstaat ist in diesem Fall gemäß Art. 51 Abs. 1, 3 iVm Art. 54 Abs. 1 lit. a verpflichtet, in nationalen Rechtsvorschriften (→ Rn. 16 ff. zur nationalen Durchführung in Deutschland) entsprechende Zuständigkeitsregeln und Verfahren vorzusehen, die sicherstellen, dass die unterschiedlichen Datenschutz-Aufsichtsbehörden in ihrem jeweiligen, gegebenenfalls subnationalen räumlichen Zuständigkeitsbereich ebenso wirksam wie lückenlos die Aufgaben und Befugnisse nach der DS-GVO wahrnehmen und in grenzüberschreitenden Fällen ebenso rasch wie reibungslos am Verfahren der Zusammenarbeit und Kohärenz teilnehmen können. Insbesondere sollte innerstaatlich eine Datenschutz-Aufsichtsbehörde als **zentrale Anlaufstelle** (→ Art. 51 Rn. 18) für eine wirksame und zügige Beteiligung aller subnational eingerichteten Behörden bestimmt werden (vgl. Erwägungsgrund 119 S. 2).

II. Ausschließliche Zuständigkeit für den öffentlichen Bereich (Abs. 2)

Während Art. 55 Abs. 1 eine Regelung über die grundsätzliche räumliche Zuständigkeit jeder Datenschutz-Aufsichtsbehörde im Hoheitsgebiet ihres jeweiligen EU-Mitgliedstaats trifft, die in Fällen der grenzüberschreitenden Verarbeitung durch die Regelungen zum „One-Stop-Shop" bei einer federführenden Datenschutz-Aufsichtsbehörde (Art. 56 Abs. 1) sowie zum Verfahren der Zusammenarbeit und Kohärenz zwischen federführenden und anderen betroffenen Datenschutz-Aufsichtsbehörden (Art. 60 ff., 63 ff.) überlagert werden kann, regelt Art. 55 Abs. 2 S. 1 den **Sonderfall der ausschließlichen Zuständigkeit der räumlich zuständigen Daten-**

---

licher Aspekte, das erste EU-Datenschutzsiegel und eine Erklärung zum digitalen Euro an, abrufbar unter https://edpb.europa.eu/news/news/2022/edpb-adopts-wish-list-procedural-aspects-first-eu-data-protection-seal-and-statement_de.

[36] Bereits Art. 28 Abs. 6 DS-RL sah deshalb vor, dass die räumliche Zuständigkeit jeder Kontrollstelle im Hoheitsgebiet ihres Mitgliedstaats „unabhängig vom einzelstaatlichen Recht" gilt, „das auf die Verarbeitung anwendbar ist."

[37] IdS auch *Kugelmann* ZD 2020, 76 (79): „Die DS-GVO zielt [...] sehr wohl darauf ab, im Verhältnis zu privatrechtlich organisierten Verantwortlichen eine harmonisierende Handhabung der materiellen Regelungen herbeizuführen." Vgl. auch Kuner/Bygrave/Docksey/*Hijmans* GDPR Article 55, C.3.: „[T]he GDPR does not contain rules on applicable law when data are processed within the EU. The existence of a regulation seems to justify the absence of such rules on appliable law. Since there is one law on the whole territory of the EU, there would no longer need for rules on the conflict of laws, as formerly included in Article 4(1)(a) DPD [= Data Protection Directive]." Er weist allerdings auch darauf hin, dass die Rechtseinheitlichkeit in der Praxis durchbrochen werden kann, wenn einzelne Mitgliedstaaten mehr oder weniger intensiv von den in der DS-GVO enthaltenen Spezifizierungsklauseln (→ Einl. Rn. 89 ff.) Gebrauch machen.

schutz-Aufsichtsbehörde für den öffentlichen Bereich. Im öffentlichen Bereich gilt die DS-GVO zwar ebenso wie im privaten Bereich (→ Einl. Rn. 1, 52); zuständig ist hier allerdings ausschließlich die Datenschutz-Aufsichtsbehörde des betreffenden Mitgliedstaats. Zum Ausdruck kommt darin der gemeinsame Wille der EU-Mitgliedstaaten – insbesondere Deutschlands[38] –, die im EU-Gesetzgebungsverfahren durchsetzen konnten, dass der öffentliche Bereich bei der Frage der räumlichen Zuständigkeit eng mit der nationalen Hoheitsgewalt verbunden bleibt, so dass das Verfahren der Zusammenarbeit und Kohärenz, in dem Datenschutz-Aufsichtsbehörden aus anderen EU-Mitgliedstaaten federführend sein und die jeweilige nationale Datenschutz-Aufsichtsbehörde gegebenenfalls im Europäischen Datenschutzausschuss überstimmen können, hier nicht zur Anwendung kommt.

11 Art. 55 Abs. 2 S. 1 begründet die ausschließliche räumliche Zuständigkeit der nationalen Datenschutz-Aufsichtsbehörden in zwei Konstellationen (vgl. auch Erwägungsgrund 128): Erstens, wenn es sich um eine Verarbeitung personenbezogener Daten durch **Behörden** handelt; und zweitens, wenn die Verarbeitung durch **private Stellen im öffentlichen Interesse** erfolgt; dies ist dann der Fall, wenn die Verarbeitung zur Erfüllung einer rechtlichen (gemeint: in einer unionsrechtlichen oder nationalen Rechtsgrundlage vorgesehenen, vgl. Art. 6 Abs. 3 sowie Erwägungsgrund 41) Verpflichtung des Verantwortlichen erforderlich ist (vgl. Art. 6 Abs. 1 lit. c)[39]; oder wenn die Verarbeitung für die Wahrnehmung einer Aufgabe erforderlich ist, die im öffentlichen Interesse liegt oder in Ausübung öffentlicher Gewalt erfolgt, die dem Verantwortlichen übertragen wurde (vgl. Art. 6 Abs. 1 lit. e)[40]. In diesen beiden Konstellationen spielt es keine Rolle, ob ein Fall der grenzüberschreitenden Verarbeitung iSv Art. 4 Nr. 23 vorliegt; es bleibt vielmehr stets bei der ausschließlichen räumlichen Zuständigkeit der Datenschutz-Aufsichtsbehörde desjenigen EU-Mitgliedstaats, um dessen Behörden oder um dessen öffentliches Interesse es sich handelt. Art. 56 gilt gemäß der expliziten Anordnung in Art. 55 Abs. 2 S. 2 nicht; mangels federführender Aufsichtsbehörde kann es deshalb nicht zum Verfahren der Zusammenarbeit und Kohärenz kommen.

12 Für die Auslegung und Anwendung von Art. 55 Abs. 2 ist zu beachten, dass die ausschließliche Zuständigkeit der nationalen Datenschutz-Aufsichtsbehörden für den Datenschutz im öffentlichen Bereich ihres Mitgliedstaats **nicht formal** am Handeln öffentlich-rechtlicher Stellen, **sondern funktional** an der **Wahrnehmung von Aufgaben im öffentlichen Interesse** anknüpft.[41] Die als Ausnahme vom sonst in grenzüberschreitenden Fällen anwendbaren Verfahren der Zusammenarbeit und Kohärenz ausgestaltete Sonderzuständigkeit gilt daher nicht für öffentliche Stellen, wenn diese im wirtschaftlich tätig sind und insbesondere nicht für öffentliche Unternehmen, wenn diese am Markt auftreten.

III. Begrenzte Zuständigkeit für die Justiz (Abs. 3)

13 Die Unabhängigkeit der Gerichte der EU-Mitgliedstaaten findet gemäß der Rspr. des EuGH ihre primärrechtliche Grundlage in Art. 19 Abs. 1 UAbs. 2 EUV und Art. 47 Abs. 2 S. 1 GrCH und ist Ausdruck der Rechtsstaatlichkeit der EU.[42] Aus Achtung vor der Unabhängigkeit der Justiz hat der EU-Gesetzgeber in der DS-GVO die Zuständigkeit der Datenschutz-Aufsichtsbehörden gegenüber den Gerichten begrenzt. Art. 55 Abs. 3 sieht dementsprechend vor, dass die Datenschutz-Aufsichtsbehörden nicht für die Verarbeitung personenbezogener Daten durch

---

[38] Darauf verweist auch Kühling/Buchner/*Boehm*, 4. Aufl. 2024, DG-GVO Art. 55 Rn. 12.

[39] Als gutes Bsp. hierfür nennen Gola/Heckmann/*Nguyen/Stroh* DS-GVO Art. 55 Rn. 8, den Fall eines Kreditinstituts, das nach dem deutschen Geldwäschegesetz verpflichtet ist, bestimmte Informationen über Vertragspartner, wirtschaftlich Berechtigte, Geschäftsbeziehungen und Transaktionen zu speichern. Ob die Voraussetzungen des Geldwäschegesetzes für diese Verarbeitung personenbezogener Daten eingehalten werden, überprüft gem. Art. 55 Abs. 2 allein die zuständige deutsche Aufsichtsbehörde, und zwar auch dann, wenn der Betroffene in einem anderen Mitgliedstaat ansässig ist. Art. 56 kommt nicht zur Anwendung.

[40] Als gutes Bsp. hierfür nennen Gola/Heckmann/*Nguyen/Stroh* DS-GVO Art. 55 Rn. 9, den Fall, in dem die Aufgabe der Erhebung und Überwachung einer Lkw-Maut auf ein Unternehmen übertragen wird. Zuständig ist gem. Art. 55 Abs. 2 die Datenschutz-Aufsichtsbehörde desjenigen EU-Mitgliedstaates, der die Übertragung vorgenommen hat, und zwar auch dann, wenn das Unternehmen seine Hauptniederlassung in einem anderen Mitgliedstaat hat.

[41] Hierauf verweist zu Recht Kuner/Bygrave/Docksey/*Hijmans* GDPR Article 55, C.4.

[42] Vgl. EuGH (Große Kammer) Urt. v. 24.6.2019 – C-619/18, ECLI:EU:C:2019:531 – Kommission/Polen (Unabhängigkeit des Obersten Gerichts), Rn. 47 ff.; EuGH (Große Kammer) Urt. v. 5.11.2019 – C-192/18, ECLI:EU:C:2019:924 – Kommission/Polen (Unabhängigkeit der ordentlichen Gerichte), Rn. 98 ff.; EuGH (Große Kammer) Urt. v. 5.7.2021 – C-791/19, ECLI:EU:C:2021:596 – Kommission/Polen (Disziplinarordnung für Richter), Rn. 52 ff.

Zuständigkeit 14 Art. 55

die **Gerichte** zuständig sind, wenn diese „**im Rahmen ihrer justiziellen Tätigkeit**" erfolgen. In ähnlicher Weise ist der Europäische Datenschutzbeauftragte nicht für die Verarbeitung personenbezogener Daten durch den EuGH und EuG „im Rahmen seiner justiziellen Tätigkeit"[43] zuständig (**Art. 57 Abs. 1 lit. a VO (EU) 2018/1725**[44]). Im Gefolge der DS-GVO sieht heute auch **Art. 15 Abs. 10 der Konvention 108+ des Europarats**[45] (→ Einl. Rn. 150 ff.) vor, dass die Datenschutz-Aufsichtsbehörden nicht für Einrichtungen zuständig sind, die in ihrer justiziellen Funktion tätig sind.

Die vom EU-Gesetzgeber beabsichtigte Freistellung der Justiz von aufsichtlicher Kontrolle **14** erstreckt sich auf **sämtliche Tätigkeiten, die mit der gerichtlichen Entscheidungsfindung in Zusammenhang stehen und die im Interesse der richterlichen Unabhängigkeit von externer Kontrolle nicht beeinflusst werden dürfen**.[46] Geschützt werden sollen dabei sowohl das **Gericht als Spruchkörper** als auch seine **einzelnen Mitglieder**.[47] Erwägungsgrund 20 S. 2 gibt die ratio legis treffend wieder: „Damit die Unabhängigkeit der Justiz bei der Ausübung ihrer gerichtlichen Aufgaben einschließlich ihrer Beschlussfassung unangetastet bleibt, sollten die Aufsichtsbehörden nicht für die Verarbeitung personenbezogener Daten durch Gerichte im Rahmen ihrer justiziellen Tätigkeit zuständig sein." In einem ersten Urteil zu Art. 55 Ab. 3 legte der EuGH der Vorschrift eine **weite Auslegung des Begriffs „justizielle Tätigkeit"** zugrunde und entschied, dass auch ein Gericht, dass im Rahmen seiner **Kommunikationspolitik zu Rechtssachen** Journalisten vorübergehend Unterlagen aus einem Gerichtsverfahren bereitstellt, die personenbezogene Daten enthalten, seine „justizielle Tätigkeit" im Sinne von Art. 55 Abs. 3 ausübt.[48] Der EuGH wies zur Begründung unter Anwendung der besonderen unionsrechtlichen Auslegungsmethoden (→ Einl. Rn. 99 ff.) zunächst auf den weit gefassten Wortlaut von Erwägungsgrund 20 S. 2 hin („bei der Ausübung ihrer gerichtlichen Aufgaben einschließlich ihrer Beschlussfassung"), der durch die Verwendung des Wortes „einschließlich" zeigt, dass Art. 55 Abs. 3 die richterliche Unabhängigkeit über den Rahmen des Erlasses bestimmter gerichtlicher Entscheidungen hinaus gewährleisten will.[49] Der EuGH unterstrich ferner die Bedeutung der vom EU-Primärrecht geforderten Unabhängigkeit der Justiz, die voraussetzt, „dass die richterlichen Funktionen **in völliger Autonomie** ausgeübt werden, ohne dass die Gerichte mit irgendeiner Stelle hierarchisch verbunden oder ihr untergeordnet sind, so dass sie auf diese Weise vor Eingriffen oder Druck von außen geschützt sind, die die Unabhängigkeit des Urteils ihrer Mitglieder gefährden und deren Entscheidungen beeinflussen könnten."[50] Es muss deshalb, so der EuGH, Regeln geben, die es ermöglichen, „bei den Rechtsunterworfenen jeden berechtigten Zweifel an der Unempfänglichkeit der betreffenden Einrichtung für äußere Faktoren und an ihrer Neutralität

---

[43] Zur eigenen und unabhängigen Datenschutz-Aufsicht im Gerichtshof vgl. Beschl. des Gerichtshofs v. 1.10.2019 zur Einführung eines internen Kontrollmechanismus in Bezug auf die Verarbeitung personenbezogener Daten iRd justiziellen Tätigkeit des Gerichtshofs, ABl. 2019 C 383, 2. Vgl. auch Kuner/Bygrave/Docksey/*Hijmans* GDPR Article 55 B.1., der die *ratio legis* wie folgt treffend zusammenfasst: „[J]udges should not be supervised by non-judges."

[44] VO (EU) 2018/1725 des Europäischen Parlaments und des Rates v. 23.10.2018 zum Schutz natürlicher Personen bei der Verarbeitung personenbezogener Daten durch die Organe, Einrichtungen und sonstigen Stellen der Union, zum freien Datenverkehr und zur Aufhebung der Verordnung (EG) Nr. 45/2001 und des Beschlusses Nr. 1247/2002/EG, ABl. 2018 L 295, 39. Diese Verordnung, die ursprünglich aus dem Jahr 2001 stammte, wurde 2018 vom EU-Gesetzgeber an die DS-GVO angepasst und entspr. modernisiert; dafür enthielten Art. 2 Abs. 3, Art. 98 DS-GVO einen entsprechenden Gesetzgebungsauftrag, um die Kohärenz zwischen dem Datenschutz auf EU- und auf nationaler Ebene zu wahren.

[45] Durch das 2018 beschlossene Änderungsprotokoll zur Konvention 108, das gegenwärtig den Ratifizierungsprozess durchläuft, werden die Vorschriften des Zusatzprotokolls betreffend die Datenschutz-Aufsichtsbehörden in die modernisierte Konvention integriert und (auch angesichts der inzwischen in Kraft getretenen DS-GVO) ergänzt und erweitert; vgl. Art. 15–21 der Konvention 108+ (Text der konsolidierten Fassung der modernisierten Konvention Nr. 108: www.coe.int/en/web/data-protection/convention108/modernised). Vgl. Kuner/Bygrave/Docksey/*Zerdick* GDPR Article 52 B.2., für den die modernisierte Konvention eine „synchronisation" mit der durch die DS-GVO bewirkte EU-Reform des Datenschutzrechts zu erreichen versucht.

[46] Zust. *Engeler* NJOZ 2019, 593 (594).

[47] Ebenso *Wiebe/Eichfeld* NJW 2019, 2734 (2736); sowie Gola/Heckmann/*Nguyen/Stroh* DS-GVO Art. 55 Rn. 10.

[48] EuGH Urt. v. 24.3.2022 – C-245/20, ECLI:EU:C:2022:216 = ZD 2022, 490 mAnm *Benamor* – X, Z/Autoriteit Persoonsgegevens, Rn. 28 ff., 37.

[49] EuGH Urt. v. 24.3.2022 – C-245/20, ECLI:EU:C:2022:216 = ZD 2022, 490 mAnm *Benamor* – X, Z/Autoriteit Persoonsgegevens, Rn. 31 f.

[50] EuGH Urt. v. 24.3.2022 – C-245/20, ECLI:EU:C:2022:216 = ZD 2022, 490 mAnm *Benamor* – X, Z/Autoriteit Persoonsgegevens, Rn. 33.

in Bezug auf die betreffenden Interessen auszuräumen."⁵¹ Der EuGH kam deshalb zu dem Ergebnis, dass Art. 55 Abs. 3 „nicht auf die Verarbeitung personenbezogener Daten beschränkt ist, die von den Gerichten im Rahmen konkreter Rechtssachen durchgeführt wird, sondern in weiterem Sinn alle Verarbeitungsvorgänge erfasst, die von den Gerichten im Rahmen ihrer justiziellen Tätigkeiten vorgenommen werden", weshalb, so der EuGH, „Verarbeitungsvorgänge von der Zuständigkeit der Aufsichtsbehörde ausgeschlossen [sind], deren Kontrolle durch diese Behörde mittelbar oder unmittelbar die Unabhängigkeit der Mitglieder oder der Entscheidungen der Gerichte beeinflussen könnte."⁵² Wegen der Bedeutung der EU-primärrechtlich geschützten Unabhängigkeit der Justiz will der EuGH offenkundig **jede direkte und indirekte, tatsächliche oder potenzielle Einflussnahme auf die unabhängige justizielle Entscheidungsfindung** von vornherein ausschließen.⁵³ Trotz der ebenfalls EU-rechtlich garantierten völligen Unabhängigkeit der Datenschutz-Aufsichtsbehörden sieht der EuGH wohl die Gefahr, dass diese als Einfallstor für eine Beeinflussung der Justiz missbraucht werden könnten. Wegen der vom EuGH vor diesem Hintergrund gewählten weiten Auslegung von Art. 55 Abs. 3 steht deshalb auch die **justizielle Öffentlichkeitsarbeit,** welche eine informierte Medienberichterstattung über den Ablauf eines Gerichtsverfahrens und die angemessene Erläuterung einer gerichtlichen Entscheidung möglich macht, „klar in Verbindung mit der justiziellen Tätigkeit" der Gerichte und fällt damit nicht in die Zuständigkeit der Datenschutz-Aufsichtsbehörden. In ähnlicher Weise wird man **Tätigkeiten, welche mit dem allgemeinen Funktionieren der Justiz oder der allgemeinen Organisation und Verwaltung des gerichtlichen Verfahrens zusammenhängen,** als von Art. 55 Abs. 3 erfasst anzusehen haben, also zB die Zusammenstellung und Speicherung von Akten, die Geschäftsverteilung, die Verbindung oder Trennung von Verfahren, die Festsetzung oder Verlängerung von Fristen, der Ablauf und die Organisation von Sitzungen, die Veröffentlichung und Verbreitung von Entscheidungen an die breite Öffentlichkeit oder auch die Aus- und Weiterbildung von Richtern.⁵⁴

15   Die Freistellung der justiziellen Tätigkeit von der Datenschutz-Aufsicht bedeutet keineswegs, dass der EU-Gesetzgeber insofern von einer Unanwendbarkeit der DS-GVO ausgeht;⁵⁵ eine entsprechende Bereichsausnahme für die Justiz enthält die DS-GVO (mit Ausnahme der Strafjustiz, für welche die JI-RL⁵⁶ Sonderregelungen gemäß Art. 2 Abs. 2 lit. d getroffen hat) gerade nicht,⁵⁷ wie Erwägungsgrund 20 ausdrücklich klarstellt. Die DS-GVO gilt (vorbehaltlich von Art. 2 Abs. 2 und 3) stets, wenn personenbezogene Daten verarbeitet werden, ohne dass es dabei auf den Urheber der Datenverarbeitung ankommt.⁵⁸ Auch Gerichte sollen das Datenschutzrecht

---

⁵¹ EuGH Urt. v. 24.3.2022 – C-245/20, ECLI:EU:C:2022:216 = ZD 2022, 490 mAnm *Benamor* – X, Z/Autoriteit Persoonsgegevens, Rn. 33.
⁵² EuGH Urt. v. 24.3.2022 – C-245/20, ECLI:EU:C:2022:216 = ZD 2022, 490 mAnm *Benamor* – X, Z/Autoriteit Persoonsgegevens, Rn. 34.
⁵³ Von einem „strukturellen" und „seinem Wesen nach präventiven Ansatz" bei der Auslegung von „justiziell" in Art. 55 Abs. 3 spricht treffend GA *Bobek* Schlussanträge v. 24.3.2022 – C-245/20, ECLI:EU:C:2022:822 – X, Z/Autoriteit Persoonsgegevens, Rn. 93.
⁵⁴ IdS GA *Bobek* Schlussanträge v. 24.3.2022 – C-245/20, ECLI:EU:C:2022:822 – X, Z/Autoriteit Persoonsgegevens, Rn. 81. Wohl restriktiver (allerdings noch vor dem maßgeblichen EuGH-Urteil) *Wiebe/Eichfeld* NJW 2019, 2734 (2737). Vgl. auch *Engeler* NJOZ 2019, 593 (594 ff.), der die Tätigkeit der justiziellen Beteiligungs- und Mitbestimmungsgremien nicht als Teil des justiziellen Kernbereichs ansehen will, obwohl man sie angesichts der jetzigen Rspr. durchaus zum allgemeinen Funktionieren der Justiz rechnen dürfte.
⁵⁵ Insofern birgt Art. 55 Abs. 3 die „Gefahr eines Missverständnisses", wie *Engeler* NJOZ 2019, 593 (594) zutr. feststellt: „Diesbezüglich wird gelegentlich die Frage der Anwendbarkeit der DS-GVO mit jener nach der Kontrolle ihrer Einhaltung vermischt."
⁵⁶ Richtlinie (EU) 2016/680 des Europäischen Parlaments und des Rates v. 27.4.2016 zum Schutz natürlicher Personen bei der Verarbeitung personenbezogener Daten durch die zuständigen Behörden zum Zwecke der Verhütung, Ermittlung, Aufdeckung oder Verfolgung von Straftaten oder der Strafvollstreckung sowie zum freien Datenverkehr und zur Aufhebung des Rahmenbeschlusses 2008/977/JI des Rates, ABl. 2016 L 119, 89, ber. ABl. 2018 L 127, 9, ber. ABl. 2021 L 74, 36.
⁵⁷ Zust. Paal/Pauly/*Körffer* DS-GVO Art. 55 Rn. 5: „Die Datenverarbeitung durch die Gerichte fällt – mit Ausnahme der Strafjustiz – vollständig in den Anwendungsbereich der DS-GVO." Ebenso *Engeler* NJOZ 2019, 593 (593): „Insbesondere für die Datenverarbeitung in der Justiz sieht die DS-GVO weder Ausnahmen noch – von wenigen Einzelfällen abgesehen – Sonderregelungen vor. Die Justiz unterliegt daher grundsätzlich in gleichem Umfang wie sonstige öffentliche Stellen der Mitgliedstaaten dem Anwendungsbereich, den Begrifflichkeiten und den Anforderungen der DS-GVO." Vgl. auch Gierschmann/Schlender/Stentzel/Veil/*Kreul* DS-GVO Art. 54 Rn. 18; aA *Kühling/Martini* DS-GVO S. 175.
⁵⁸ EuGH Urt. v. 24.3.2022 – C-245/20, ECLI:EU:C:2022:216 = ZD 2022, 490 mAnm Benamor – X, Z/Autoriteit Persoonsgegevens, Rn. 25.

Zuständigkeit   15 **Art. 55**

beachten, wegen ihrer Unabhängigkeit aber nicht der Aufsicht der Datenschutz-Aufsichtsbehörden unterliegen,[59] wobei die Besonderheiten der öffentlichen Aufgabenerfüllung durch die Justiz im Rahmen der Art. 6 Abs. 1 S. 1 lit. c und e sowie von Art. 6 Abs. 2 und 3 Berücksichtigung finden können. Die Einhaltung und Durchsetzung der DS-GVO im Rahmen der justiziellen Tätigkeit der Gerichte soll statt von externen Stellen von einer neu einzurichtenden, maßgeschneiderten **datenschutzrechtlichen Selbstkontrolle der Justiz** sichergestellt werden.[60] **Erwägungsgrund 20** beschreibt insofern, was sich der EU-Gesetzgeber für die Kontrolle der Verarbeitung personenbezogener Daten im Rahmen der justiziellen Tätigkeit vorgestellt hat: „Mit der Aufsicht über diese Datenverarbeitungsvorgänge sollten besondere Stellen im Justizsystem des Mitgliedstaats betraut werden können, die insbesondere die Einhaltung der Vorschriften dieser Verordnung sicherstellen, Richter und Staatsanwälte besser für ihre Pflichten aus dieser Verordnung sensibilisieren und Beschwerden in Bezug auf derartige Datenverarbeitungsvorgänge bearbeiten sollten." Die Einzelheiten können gemäß **Erwägungsgrund 20 S. 1** im Unionrecht oder im Recht der Mitgliedstaaten festgelegt werden. Dabei haben die Mitgliedstaaten zwar einigen Spielraum bei der Ausgestaltung – so können sie zB einen unabhängigen, von Richtern gewählten Kontrollmechanismus innerhalb der Justiz[61] oder auch ein spezielles Gericht für die Datenschutz-Aufsicht in der Justiz[62] vorsehen, sofern sie dabei die EU-primärrechtlich geschützte Unabhängigkeit der Justiz[63] achten –, um die Besonderheiten ihres nationalen Justizsystems berücksichtigen zu können. Es handelt sich dennoch nicht um eine fakultative, sondern um eine **obligatorische Spezifizierungsklausel** (→ Einl. Rn. 92).[64] Denn **Art. 16 Abs. 2 UAbs. 1 S. 2 AEUV** und **Art. 8 Abs. 3 GRCh** verlangen auf Ebene des EU-Primärrechts, dass die Einhaltung der vom EU-Gesetzgeber erlassenen datenschutzrechtlichen Vorschriften „von unabhängigen Behörden" bzw. „von einer unabhängigen Stelle überwacht" wird. Dieses primärrechtliche Gebot gilt auch im Bereich der Justiz, für die zwar nicht die durch die DS-GVO geschaffene Aufsichtsstruktur, wohl aber das EU-Datenschutzrecht anwendbar ist. Die Mitgliedstaaten sind daher EU-primärrechtlich verpflichtet, die in Erwägungsgrund 20 beschriebene datenschutzrechtliche Selbstkontrolle im Bereich der Justiz einzurichten. Das in Erwägungsgrund 20 verwendete „sollen" ist dabei nur dem Sprachgebrauch in den (als solchen unverbindlichen) Erwägungsgründen geschuldet. Die Rechtspflicht zur Einrichtung einer Datenschutz-Aufsicht auch im Bereich der Justiz ergibt sich bereits unmittelbar aus Art. 16 Abs. 2 UAbs. 1 S. 2 AEUV und aus Art. 8 Abs. 3 GRCh.[65]

---

[59] IdS Kuner/Bygrave/Docksey/*Hijmans* GDPR Article 55, A.: „Courts are subject to data protection law, but not to data protection authorities." Ebenso *Engeler* NJOZ 2019, 593 (594): „Ausgenommen ist in Art. 55 III DS-GVO aber ausdrücklich nicht die Anwendbarkeit der DS-GVO, sondern lediglich die Kontrollbefugnis der staatlichen Aufsichtsbehörden."

[60] Für „dringend geboten" hält eine solche Kontrolle Paal/Pauly/*Körffer* DS-GVO Art. 55 Rn. 6.

[61] Als Modell kann hierfür der innerhalb des EuGH geschaffene unabhängige Kontrollmechanismus dienen; vgl. EuGH Beschl. v. 1.10.2019 zur Einführung eines internen Kontrollmechanismus in Bezug auf die Verarbeitung personenbezogener Daten im Rahmen der justiziellen Tätigkeit des Gerichtshofs, ABl. 2019 C 383, 2. Hier ist Beschwerdeinstanz ein unabhängiger Dreier-Ausschuss, dessen Mitglieder aus der Mitte der Richter und Generalanwälte ausgewählt und vom Gerichtshof auf Vorschlag seines Präsidenten für die Dauer von dessen Amtszeit ernannt werden.

[62] Als innerstaatliches „Aufsichtsgericht" bzw. „Über-Gericht" bezeichnet diese, von ihm offenbar präferierte Lösung GA *Bobek* Schlussanträge v. 24.3.2022 – C-245/20, ECLI:EU:C:2022:822 – X, Z/Autoriteit Persoonsgevens, Rn. 139 ff., insbes. Rn. 142 und Fn. 86, der sich unter der Überschrift „Qui custodiet ipsos custodes?" sehr ausführlich dieser Frage widmet.

[63] Zu beachten ist dabei die Rspr. des EuGH, insbes. EuGH (Große Kammer) Urt. v. 24.6.2019 – C-619/18, ECLI:EU:C:2019:531 – Kommission/Polen (Unabhängigkeit des Obersten Gerichts), Rn. 47 ff.; EuGH (Große Kammer) Urt. v. 5.11.2019 – C-192/18, ECLI:EU:C:2019:924 – Kommission/Polen (Unabhängigkeit der ordentlichen Gerichte), Rn. 98 ff.; EuGH (Große Kammer) Urt. v. 5.7.2021 – C-791/19, ECLI:EU:C:2021:596 – Kommission/Polen (Disziplinarordnung für Richter), Rn. 52 ff.

[64] Angesichts der Rspr. des EuGH im Vergleich zur Vorauflage modifizierte Auffassung. Wie jetzt hier auch Kuner/Bygrave/Docksey/*Hijmans* GDPR Article 55, C. 5., unter Hinweis auf Art. 8 Abs. 3 GRCh: „Where recital 20 GDPR states that it should be possible to entrust supervision to specific bodies within the judicial system of the Member States, this must be read as an obligation for Member States to ensure this." AA Kühling/Buchner/*Boehm* DG-GVO Art. 55 Rn. 2: „Soll-Vorschrift".

[65] Sehr viel klarer formuliert ist insofern Erwägungsgrund 80 JI-RL (Richtlinie (EU) 2016/680 des Europäischen Parlaments und des Rates v. 27.4.2016 zum Schutz natürlicher Personen bei der Verarbeitung personenbezogener Daten durch die zuständigen Behörden zum Zwecke der Verhütung, Ermittlung, Aufdeckung oder Verfolgung von Straftaten oder der Strafvollstreckung sowie zum freien Datenverkehr und zur Aufhebung des Rahmenbeschlusses 2008/977/JI des Rates, ABl. 2016 L 119, 89, ber. ABl. 2018 L 127, 9,

16 In den Zuständigkeitsbereich der Datenschutz-Aufsichtsbehörden fällt dagegen gemäß der DS-GVO die Tätigkeit der Gerichte, die nicht ihrer richterlichen Unabhängigkeit unterliegt, also die Tätigkeit der Gerichte in **Verwaltungsangelegenheiten**.[66] Dazu zählt zB die Instandhaltung des Gerichtsgebäudes, die Vergabe von Restaurationsdienstleistungen sowie das normale Instandhaltungs- und Beschaffungsmanagement einer justiziellen Einrichtung und eines Arbeitsortes[67] sowie die Verarbeitung personenbezogener Daten der Mitarbeiter der Justizverwaltung. Ein Grenzfall ist die **Verarbeitung personenbezogener Daten bei der Zahlung der Gehälter von Richtern**.[68] Wenn sich diese Aufgabe auf die rein mechanische Bearbeitung von feststehenden Gehaltsabrechnungen beschränkt, handelt es sich wesensgemäß um eine Verwaltungstätigkeit. Anders liegt der Fall, sobald ein Ermessenselement hinzukommt, wenn es also zB um eine Entscheidungen über die Art des Urlaubs- oder Weihnachtsgelds oder über die Höhe der Einrichtungsbeihilfe geht, die ein bestimmter Richter erhalten kann. Derartige Entscheidungen können als Quelle potenziellen Drucks auf die richterliche Unabhängigkeit missbraucht werden, so dass die sie betreffende Verarbeitung personenbezogener Daten in den Rahmen der justiziellen Tätigkeit fällt und damit gemäß Art. 55 Abs. 3 von der Aufsicht der Datenschutz-Aufsichtsbehörden ausgenommen ist.[69] Auch bei **Justizverwaltungsakten** (zB Gewährung von Akteneinsicht, Anerkennung ausländischer Ehescheidungsurteile, Durchführung einer Hinterlegung) ist nach der vom EuGH angewandten weiten Auslegung davon auszugehen, dass diese von der Justiz erlassenen Verwaltungsakte (die in dieser Art vor allem im deutschen Recht als historische Sonderform des Verwaltungshandelns mit besonderer Rechtswegzuweisung in § 23 EGGVG bekannt sind) zwar nicht zur gerichtlichen Beschlussfassung, aber doch den der Sache in den Rahmen ihrer justiziellen Tätigkeit fallen, so dass gemäß Art. 55 Abs. 3 die Zuständigkeit der Datenschutz-Aufsichtsbehörden ausgeschlossen ist.[70] Zuständig sind die Datenschutz-Aufsichtsbehörden dagegen bei der Verarbeitung personenbezogener Daten im Rahmen der **Rechtspflege** (zB die Erteilung eines Erbscheins, die Eintragung eines Vorkaufsrechts ins Grundbuch, eines Vereins im Vereinsregister der einer Handelsgesellschaft im Handelsregister), da diese in den EU-Staaten ganz überwiegend nicht zur richterlichen Unabhängigkeit, sondern in den Bereich der Exekutive gehört.[71]

17 **Die Sonderregelung des Art. 55 Abs. 3 lässt sich nicht für andere Stellen verallgemeinern.** Denn Art. 55 Abs. 3 dient gezielt der Wahrung der Unabhängigkeit der Justiz und ist vom EU-Gesetzgeber bewusst auf die dritte Gewalt und den Rahmen der justiziellen Tätigkeit der Gerichte beschränkt worden. Auch die **Legislative** unterliegt deshalb – anders als das früher nach deutschem Bundes- und Landesdatenschutzrecht sowie nach österreichischem Bundesdatenschutzrecht üblich war – bei der Verarbeitung personenbezogener Daten der Aufsicht durch die zuständige Datenschutz-Aufsichtsbehörde, und zwar über den rein administrativen Bereich hinaus. Für einen **parlamentarischen Petitionsausschuss des Landtags von Hessen** entschied der EuGH im Juli 2020, dass dieser Verantwortlicher iSv Art. 4 Nr. 7 ist und damit in den Anwendungsbereich der DS-GVO (sowie der Zuständigkeit der Datenschutz-Aufsichtsbehörden) fällt.[72] Der EuGH wies dabei darauf hin, dass in der DS-GVO „**keine Ausnahme in Bezug auf**

---

ber. ABl. 2021 L 74, 36): „Obgleich diese Richtlinie auch für die Tätigkeit der nationalen Gerichte und anderer Justizbehörden gilt, sollte sich die Zuständigkeit der Aufsichtsbehörden nicht auf die von Gerichten im Rahmen ihrer justiziellen Tätigkeit vorgenommenen Datenverarbeitungen erstrecken, damit die Unabhängigkeit der Richter bei der Ausübung ihrer richterlichen Aufgaben gewahrt bleibt. […] Die Einhaltung der Vorschriften dieser Richtlinie durch die Gerichte und andere unabhängige Justizbehörden unterliegt in jedem Fall stets der unabhängigen Überwachung gemäß Artikel 8 Absatz 3 der Charta." Art. 8 Abs. 3 GRCh gilt selbstverständlich auch im Rahmen der DS-GVO, ohne dass es dafür eines solchen expliziten Hinweises bedarf.

[66] Ebenso Paal/Pauly/*Körffer* DS-GVO Art. 55 Rn. 5; Gola/Heckmann/*Nguyen/Stroh* DS-GVO Art. 55 Rn. 10; sowie *Wiebe/Eichfeld* NJW 2019, 2734 (2737).
[67] Beispiele nach GA *Bobek* Schlussanträge v. 24.3.2022 – C-245/20, ECLI:EU:C:2022:822 – X, Z/Autoriteit Persoonsgegevens, Rn. 91.
[68] Hierauf verweist GA *Bobek* Schlussanträge v. 24.3.2022 – C-245/20, ECLI:EU:C:2022:822 – X, Z/Autoriteit Persoonsgegevens, Rn. 91.
[69] IdS GA *Bobek* Schlussanträge v. 24.3.2022 – C-245/20, ECLI:EU:C:2022:822 – X, Z/Autoriteit Persoonsgegevens, Rn. 91, insbes. Fn. 52.
[70] Angesichts der Rspr. des EuGH ggü. der Vorauflage modifizierte Rechtsauffassung. Anders noch Plath/*Hullen* DS-GVO Art. 55 Rn. 9.
[71] Ebenso Paal/Pauly/*Körffer* DS-GVO Art. 55 Rn. 5; *Wiebe/Eichfeld* NJW 2019, 2734 (2737); sowie wohl Plath/*Hullen/Krohm* BDSG § 9 Rn. 9.
[72] EuGH Urt. v. 9.7.2020 – C-272/19, ECLI:EU:C:2020:535 = ZD 2020, 577 mAnm *Engelbrecht* – VQ/Land Hessen, Rn. 63 ff.

parlamentarische Tätigkeiten vorgesehen" ist.[73] Die vielfach vertretene Auffassung, dass die Tätigkeit von Parlamenten schon gar nicht vom Anwendungsbereich der DS-GVO erfasst sei, da der Unionsgesetzgeber insofern über keine datenschutzrechtliche Gesetzgebungskompetenz verfüge bzw. eine Anwendbarkeit der DS-GVO auf die nationalen Parlamente dem Prinzip der Gewaltenteilung und der Parlamentsautonomie widerspreche,[74] wies der EuGH in zwei Urteilen im Oktober 2022 und im Januar 2024 zurück.[75] Der EuGH entschied in einem ersten Fall, dass die in der DS-GVO vorgesehenen **Ausnahmen vom Anwendungsbereich** – Art. 2 Abs. 2 lit. a („Tätigkeiten, die nicht in den Anwendungsbereich des Unionsrechts fallen, wie etwa die nationale Sicherheit betreffende Tätigkeiten"[76]) sowie Art. 2 Abs. 2 lit. b (Tätigkeiten „Im Rahmen der Gemeinsamen Außen- und Sicherheitspolitik der Union") – **„eng auszulegen"** sind.[77] Der EuGH folgerte daraus, dass „der bloße Umstand, dass eine Tätigkeit eine spezifische Tätigkeit des Staates oder einer Behörde ist, nicht dafür ausreicht, dass diese Ausnahme automatisch für diese Tätigkeit gilt […]."[78] Deshalb ist die Verarbeitung personenbezogener Daten im Zusammenhang mit der Durchführung von Wahlen in einem Mitgliedstaat – im Fall: der **Wahlen des nationalen Parlaments und der lokalen Gebietskörperschaften** in Bulgarien – nicht vom Anwendungsbereich der DS-GVO ausgenommen.[79] In einem zweiten Fall ging es um einen **parlamentarischen Untersuchungsausschuss** in Österreich. Dieser hatte einen Beamten der Kriminalpolizei zu Durchsuchungen befragt, die u.a. in den Räumlichkeiten des österreichischen Bundesamts für Verfassungsschutz und Terrorismusbekämpfung durchgeführt worden waren, und anschließend das Protokoll der Befragung auf der Website des österreichischen Parlaments veröffentlicht, und zwar – ungeachtet des Antrags des Betroffenen auf Anonymisierung – unter vollständiger Angabe des Vor- und Nachnamens des Polizeibeamten. Dies wurde damit begründet, dass die Presse die Identität des Polizeibeamten bereits offengelegt habe. Eine von diesem Polizeibeamten gemäß Art. 77 Abs. 1 bei der österreichischen Datenschutzbehörde eingelegte Beschwerde wurde von dieser in der Sache nicht geprüft. Denn die Datenschutzbehörde verneinte wegen des im österreichischen Recht verankerten Grundsatzes der Gewaltenteilung ihre Zuständigkeit mit der Begrün-

---

[73] EuGH Urt. v. 9.7.2020 – C-272/19, ECLI:EU:C:2020:535 = ZD 2020, 577 mAnm *Engelbrecht* – VQ/Land Hessen, Rn. 72; idS auch *Heberlein* ZD 2021, 85.
[74] So bisher (vor der aktuellen Rspr. des EuGH) Paal/Pauly/*Körffer* DS-GVO Art. 55 Rn. 8; *Grzeszick* NVwZ 2018, 1505; sowie *Schröder* ZRP 2018, 129 (131); vgl. auch die Auffassung des Ausschusses für Wahlprüfung, Immunität und Geschäftsordnung des Deutschen Bundestags, BT-Drs. 18/1244, 2: „Die DS-GVO darf die innerstaatliche Gewaltenteilung, die ein allen Verfassungen der EU-Mitgliedstaaten immanentes Prinzip ist, nicht aushebeln. Dies folgt aus Artikel 2 Abs. 2 lit. a DS-GVO, wonach Verarbeitungen personenbezogener Daten im Rahmen von Tätigkeiten aus dem Anwendungsbereich der DS-GVO und der nationalen Umsetzungsgesetze ausgenommen sind, die nicht in den Anwendungsbereich des Unionsrechts fallen. Alle Kontrollrechte und weiteren Befugnisse, welche die Exekutive in Gestalt der Datenschutzbeauftragten auf Bundes- und Landesebene aufgrund europarechtlicher Zuweisung erhält, darf sie nur im Rahmen des verfassungsrechtlich Zulässigen ausüben. Ausgenommen von der datenschutzrechtlichen Kontrolle nach der DS-GVO und dem BDSG-neu ist daher die legislative Arbeit der deutschen Parlamente. Dazu gehört insbesondere die Tätigkeit des Präsidiums und des Ältestenrates, der Ausschusssekretariate, der Fraktionen und Gruppen sowie der Abgeordnetenbüros – sowohl des Bundestages als auch der Landesparlamente." Vgl. ferner die Position des deutschen Bundesbeauftragte für den Datenschutz und die Informationsfreiheit (BfDI), Datenschutz-Grundverordnung für Abgeordnete – Handreichung für Mitglieder des Deutschen Bundestages v. 18.12.2018, S. 2, abrufbar unter www.bfdi.bund.de/SharedDocs/Downloads/DE/Arbeitshilfen/BfDI_20181218_HandreichungDSGVOFuerAbgeordnete.pdf?__blob=publicationFile&v=4: „Der unmittelbare Anwendungsbereich der DS-GVO ist für die legislative Tätigkeit der Abgeordneten, d. h. für die gesamte unmittelbar mandatsbezogene Arbeit der Abgeordneten, nicht eröffnet."
[75] IdS bereits ausf. Parlament Österreich/*Selmayr*, Datenschutz im Bereich der Gesetzgebung, 2022, S. 19 ff.; vgl. auch Kuner/Bygrave/Docksey/*Hijmans* GDPR Article 55 C. 5.: „DPAs [= data protection authorities] may be administrative bodies, but they are independent from the executive branch of government and it is not contested that they are competent to supervise the processing of personal data by parliaments." Vgl. ferner *Heberlein* ZD 2021, 85.
[76] Vgl. idS EuGH Urt. v. 22.6.2021 – C-439/19, ECLI:EU:C:2021:504 = ZD 2021, 625 – Latvijas Republikas Saeima, Rn. 63. Danach (Rn. 67) umfassen die auf die Wahrung der nationalen Sicherheit abzielenden Tätigkeiten „insbesondere solche, die den Schutz der grundlegenden Funktionen des Staates und der grundlegenden Interessen der Gesellschaft bezwecken."
[77] EuGH Urt. v. 20.10.2022 – C-306/21, ECLI:EU:C:2022:813 – Koalitsia „Demokratichna Bulgaria – Obedinenie", Rn. 35.
[78] EuGH Urt. v. 20.10.2022 – C-306/21, ECLI:EU:C:2022:813 – Koalitsia „Demokratichna Bulgaria – Obedinenie", Rn. 39.
[79] EuGH Urt. v. 20.10.2022 – C-306/21, ECLI:EU:C:2022:813 – Koalitsia „Demokratichna Bulgaria – Obedinenie", Rn. 42.

dung, im vorliegenden Fall stehe ihrer Kontrollbefugnis die verfassungsgemäße Unabhängigkeit der Parlamentsorgane entgegen, in deren Tätigkeit sich die Datenschutzbehörde nicht einmischen dürfe. Auf Vorlage des österreichischen Verwaltungsgerichtshofs verwarf der EuGH diese Argumentation.[80] In seinem Urteil machte der EuGH u.a. deutlich, dass Art. 16 Abs. 2 AEUV dem EU-Gesetzgeber eine umfassende, bereichsübergreifende Kompetenz zur Regelung des Datenschutzrechts verleiht, die sich auch auf die Tätigkeit der Parlamente erstreckt und diesbezüglich (anders als bei Gerichten in Art. 55 Abs. 3[81]) keine Sonderregelung für die Datenschutz-Aufsicht vorsieht.[82] Ausnahmen davon sind eng auszulegen.[83] Dabei siedelte der EuGH die Tätigkeit eines parlamentarischen Untersuchungsausschuss nicht im legislativen Bereich an, sondern vor allem im Bereich der öffentlichen Kontrolle der Exekutive.[84] Zum Zweck dieser Kontrolle verfüge ein Untersuchungsausschuss über bestimmte hoheitliche Befugnisse, so zB das Recht, Auskunftspersonen vorzuladen, Zugang zu bestimmten Dokumenten zu erhalten oder finanzielle Sanktionen zu verhängen, um den ordnungsgemäßen Ablauf der Untersuchung zu gewährleisten. Derartige **Tätigkeiten der öffentlichen Kontrolle** sind nach Auffassung des EuGH nicht etwa vom Anwendungsbereich des Unionsrechts oder der DS-GVO ausgenommen, sondern werden ausdrücklich in Art. 23 Abs. 1 lit. h genannt.[85] Diese Vorschrift, so der EuGH, trifft besondere Vorkehrungen, die eine Beschränkung des Umfangs bestimmter Rechte und Pflichten nach der DS-GVO ermöglichen, sofern dies erforderlich sein sollte, um die Wahrnehmung von „Kontroll-, Überwachungs- und Ordnungsfunktionen, die dauernd oder zeitweise mit der Ausübung öffentlicher Gewalt verbunden sind" in bestimmten in Art. 23 Abs. 1 lit. h genannten Fällen zu gewährleisten.[86] Der Umstand, dass der Gegenstand der parlamentarischen Untersuchung im vorgelegten österreichischen Fall auch Fragen der nationalen Sicherheit betraf, änderte nach Auffassung des EuGH nichts an der Anwendbarkeit der DS-GVO, da die für Tätigkeiten im Zusammenhang mit der nationalen Sicherheit geltende Ausnahme des Art. 2 Abs. 2 lit. a angesichts des weiten Anwendungsbereichs der DS-GVO eng auszulegen ist.[87] Der EuGH kam damit zum Ergebnis, dass dem betroffenen Polizeibeamten unmittelbar aus Art. 77 Abs. 1 iVm Art. 51 Abs. 1 ein Beschwerderecht gegen den Untersuchungsausschuss zustand, von dem er bei der Datenschutzbehörde ungeachtet der im österreichischen Recht bestehenden verfassungsrechtlichen Hindernisse Gebrauch machen können musste.[88] Zwar haben die Mitgliedstaaten gemäß Art. 51 Abs. 1 das Recht, mehrere Aufsichtsbehörden einzurichten, um regionalen oder sektorspezifischen Besonderheiten Rechnung zu tragen (optionale Pluralität von Datenschutz-Aufsichtsbehörden, → Art. 51 Rn. 17ff.), was auch die Möglichkeit einschließt, eine spezifische Aufsicht für das Parlament oder für parlamentarische Untersuchungsausschüsse vorzusehen. Nutzt ein Mitgliedstaat diese Option aber nicht, kann er die Befugnisse der einzigen von ihm errichteten Aufsichtsbehörde nicht aus sektorspezifischen Gründen einschränken.[89]

18   Mangels Sonderregelung in der DS-GVO gilt die Zuständigkeit der Datenschutz-Aufsichtsbehörden auch für **andere unabhängige Einrichtungen** wie **nationale Zentralbanken** und

---

[80] EuGH Urt. v. 16.1.2024 – C-33/22, ECLI:EU:C:2024:46 – Österreichische Datenschutzbehörde/WK, Rn. 40 ff.
[81] Wie der GA erläuterte, ist anstelle einer Analogie zu Art. 55 Abs. 3, welche die Sonderregelung für justizielle Tätigkeiten auch auf legislative Funktionen erstreckt, eher ein Umkehrschluss naheliegend, wonach die Sonderregelung für gerichtliche Funktionen wegen des weiten Anwendungsbereichs der DS-GVO nicht auf weitere Tätigkeiten ausgedehnt werden darf; vgl. GA *Szpunar* Schlussanträge v. 11.5.2023 – C-33/22, ECLI:EU:C:2023:397 – Österreichische Datenschutzbehörde/WK, Rn. 95.
[82] EuGH Urt. v. 16.1.2024 – C-33/22, ECLI:EU:C:2024:46 – Österreichische Datenschutzbehörde/WK, Rn. 32, 40.
[83] EuGH Urt. v. 16.1.2024 – C-33/22, ECLI:EU:C:2024:46 – Österreichische Datenschutzbehörde/WK, Rn. 37.
[84] EuGH Urt. v. 16.1.2024 – C-33/22, ECLI:EU:C:2024:46 – Österreichische Datenschutzbehörde/WK, Rn. 42.
[85] EuGH Urt. v. 16.1.2024 – C-33/22, ECLI:EU:C:2024:46 – Österreichische Datenschutzbehörde/WK, Rn. 54.
[86] EuGH Urt. v. 16.1.2024 – C-33/22, ECLI:EU:C:2024:46 – Österreichische Datenschutzbehörde/WK, Rn. 54 f.
[87] EuGH Urt. v. 16.1.2024 – C-33/22, ECLI:EU:C:2024:46 – Österreichische Datenschutzbehörde/WK, Rn. 51.
[88] EuGH Urt. v. 16.1.2024 – C-33/22, ECLI:EU:C:2024:46 – Österreichische Datenschutzbehörde/WK, Rn. 61 f., 72.
[89] EuGH Urt. v. 16.1.2024 – C-33/22, ECLI:EU:C:2024:46 – Österreichische Datenschutzbehörde/WK, Rn. 71. Für eine „Datenschutzaufsichtskommission" des deutschen Bundestages als sektor-spezifische Aufsicht plädieren *Grzeszick/Schwartmann* NVwZ 2022, 122.

Zuständigkeit 19, 20 **Art. 55**

nationale Rechnungshöfe.[90] Auch die Tätigkeit von **Anwälten** und **Notaren** unterliegen nicht nur der DS-GVO, sondern auch der Aufsicht der Datenschutz-Aufsichtsbehörden. Dies schließt nicht aus, dass die Datenschutz-Aufsichtsbehörden bei einzelnen dieser Einrichtungen deren besonderen Aufgaben und Unabhängigkeit in ihrer Aufsichtspraxis Rechnung tragen. Vor allem die Regelungen zur Wahrung des Amtsgeheimnisses gemäß Art. 54 Abs. 2 (→ Art. 54 Rn. 12 ff.) sind in diesem Zusammenhang von großer Relevanz, um eine wirkungsvolle Arbeit der zu beaufsichtigenden unabhängigen Stellen und die von ihnen wahrzunehmenden öffentlichen Interessen nicht zu gefährden. **Staatsanwaltschaften,** die je nach Mitgliedstaat mit Unabhängigkeit ausgestattet sind oder nicht, unterliegen datenschutzrechtlich als Teil der Strafjustiz gemäß Art. 2 Abs. 2 lit. d den besonderen Regelungen der JI-RL.[91]

C. Nationale Durchführung

Europarechtlich gefordert ist eine nationale Durchführung von Art. 55 nicht. Die Vorschrift lässt keinerlei Durchführungsspielraum für die Mitgliedstaaten,[92] sondern regelt als unmittelbar anwendbare Norm direkt die räumliche Zuständigkeit der nationalen Datenschutz-Aufsichtsbehörden im europäischen Verwaltungsverbund (→ Art. 51 Rn. 6, 15 f.) sowie die Ausnahmen von dieser Zuständigkeit. **19**

Da Deutschland sich allerdings als einziger Mitgliedstaat[93] dazu entschieden hat, von der Option des Art. 51 Abs. 3 Gebrauch zu machen und seine nationale Datenschutz-Aufsicht sowohl föderal als auch sektoriell auszudifferenzieren (→ Art. 51 Rn. 17 ff., 23 ff.), ergibt sich für den deutschen Bundesgesetzgeber eine besondere, direkt aus Art. 51 Abs. 3 folgende Pflicht, innerstaatlich Maßnahmen zu treffen, damit trotz der Pluralität der Aufsichtsbehörden die EU-rechtlich geforderten Wirksamkeit und Kohärenz der Datenschutzaufsicht und die Einheitlichkeit der Anwendung der DS-GVO auch in Deutschland umfassend gewährleistet wird. Deutschland muss insbesondere regeln, welche innerstaatliche Aufsichtsbehörden wann konkret sachlich und örtlich zuständig ist; und dass die deutschen Datenschutz-Aufsichtsbehörden im Rahmen des Verfahrens der Zusammenarbeit und Kohärenz rasch mit einer Stimme sprechen. Zur **sachlichen Zuständigkeit** bestimmt **§ 9 Abs. 1 S. 1 BDSG,** dass die oder der Bundesbeauftragte für den Datenschutz und die Informationsfreiheit für die Aufsicht über **alle öffentlichen Stellen des Bundes** zuständig ist, auch soweit sie als öffentlich-rechtliche Unternehmen am Wettbewerb teilnehmen, sowie von Telekommunikationsunternehmen (§ 29 TTDSG). Die oder der Bundesbeauftragte ist ferner sachlich auch für nichtöffentliche Stellen als Auftragsverarbeiter zuständig, bei denen dem Bund die Mehrheit der Anteile gehört oder ihm die Mehrheit der Stimmen zusteht, sofern der Auftraggeber eine öffentliche Stelle des Bundes ist. Aus der föderalen Zuständigkeitsverteilung ergibt sich zugleich, dass für den Datenschutz **bei allen öffentlichen Stellen der Länder** die jeweiligen Landesbeauftragten für den Datenschutz zuständig sind. Im Übrigen bestimmt **§ 40 Abs. 1 BDSG,** dass die nach Landesrecht zuständigen Behörden im Anwendungsbereich der DS-GVO auch die Anwendung der **20**

---

[90] AA Paal/Pauly/*Körffer* DS-GVO Art. 55 Rn. 8, die für eine entspr. Anwendung von Art. 55 Abs. 3 auf die Rechnungshöfe des Bundes und der Länder plädiert. Für die hier vertretene Auffassung spricht im Grundsatz EuGH Urt. v. 20.5.2003 – C-465/00, C-138/01 und C-139/01, ECLI:EU:C:2002:662 – Rechnungshof/ORF u.a., Rn. 39–47, wo der EuGH (noch zur DS-RL) die Verarbeitung personenbezogener Daten durch den österreichischen Rechnungshof ohne Weiteres als vom Anwendungsbereich der DS-RL erfasst ansah.

[91] Richtlinie (EU) 2016/680 des Europäischen Parlaments und des Rates v. 27.4.2016 zum Schutz natürlicher Personen bei der Verarbeitung personenbezogener Daten durch die zuständigen Behörden zum Zwecke der Verhütung, Ermittlung, Aufdeckung, Verfolgung von Straftaten oder der Strafvollstreckung sowie zum freien Datenverkehr und zur Aufhebung des Rahmenbeschlusses 2008/977/JI des Rates, ABl. 2016 L 119, 89, ber. ABl. 2018 L 127, 9, ber. ABl. 2021 L 74, 36. Dies gilt natürlich nur, soweit die Staatsanwaltschaft Daten zum Zweck der Verhütung, Ermittlung, Aufdeckung, Verfolgung oder Ahndung von Straftaten oder Ordnungswidrigkeiten verarbeitet, nicht dagegen bei der Tätigkeit der staatsanwaltlichen Beteiligungsgremien; vgl. *Engeler* NJOZ 2019, 593 (594).

[92] Ebenso Kühling/Buchner/*Boehm,* 4. Aufl. 2024, DG-GVO Art. 55 Rn. 16: „Muss-Vorschriften ohne Handlungsspielraum für die Mitgliedstaaten."

[93] In Spanien gibt es allein in den verfassungsrechtlich autonomen Regionen Katalonien und im Baskenland eigene Datenschutzaufsichtsbehörden, während für den Rest des Landes die spanische Datenschutz-Aufsichtsbehörde zuständig ist. Die spanische Aufsichtsstruktur ist daher nur sehr begrenzt mit der föderalen deutschen Aufsichtsstruktur vergleichbar. Alle übrigen Mitgliedstaaten folgen in der Praxis dem Grundsatz „Ein Mitgliedstaat – eine Aufsichtsbehörde".

Art. 55 21   Kapitel VI. Unabhängige Aufsichtsbehörden

Vorschriften über den Datenschutz „**bei den nichtöffentlichen Stellen**" zu überwachen haben. Die **innerstaatliche örtliche Zuständigkeit** regelt § 19 BDSG. Sofern eine aufsichtliche Frage mehrere unter den Datenschutz-Aufsichtsbehörden der Länder betrifft, zB da der Sachverhalt die Grenzen mehrerer Bundesländer überschreitet,[94] ist gemäß § 19 Abs. 1 S. 1 diejenige Datenschutz-Aufsichtsbehörde des Landes federführend, in dem der Verantwortliche oder der Auftragsverarbeiter seine Hauptniederlassung iSv Art. 4 Nr. 16 oder seine einzige Niederlassung in der EU iSv Art. 56 Abs. 1 hat. Im Übrigen sieht § 18 BDSG ein den Art. 60 ff. nachempfundenes **innerstaatliches Verfahren der Zusammenarbeit und Kohärenz** vor,[95] das in Streitfällen eine rasche Festlegung der innerstaatlich federführenden Datenschutz-Aufsichtsbehörde herbeiführen soll. Innerstaatlich örtlich zuständig für die Entgegennahme von datenschutzrechtlichen Beschwerden ist gemäß § 19 Abs. 2 BDSG die federführende Datenschutz-Aufsichtsbehörde, in Ermangelung einer solchen die Datenschutz-Aufsichtsbehörde des Landes, in dem der Verantwortliche oder der Auftragsverarbeiter eine Niederlassung hat. Schließlich hat Deutschland, wie in Art. 51 Abs. 3 vorgeschrieben, die oder den Bundesbeauftragte(n) für den Datenschutz und die Informationsfreiheit als diejenige Aufsichtsbehörde bestimmt, die die deutschen Datenschutz-Aufsichtsbehörden im Europäischen Datenschutzausschuss vertritt; gemäß § 17 Abs. 1 S. 1 BDSG ist die oder der Bundesbeauftragte „**gemeinsamer Vertreter**" im Europäischen Datenschutzausschuss[96] und außerdem „**zentrale Anlaufstelle**" (vgl. Erwägungsgrund 119 S. 2) für die Datenschutz-Aufsichtsbehörden aus anderen EU-Mitgliedstaaten, insbesondere im Rahmen des Kohärenzverfahrens. Diese Regelungen scheinen insgesamt sachgerecht; es wird sich allerdings in der Praxis zeigen, ob die extreme Pluralität der innerdeutschen Datenschutzaufsicht in Deutschland tätige Unternehmen nicht dabei behindern wird, mit den sich ständig beschleunigenden Entwicklungen der digitalen Welt Schritt zu halten. Zu Reformüberlegungen, insbesondere zur Stärkung der Datenschutzkonferenz (→ Art. 51 Rn. 27).

21 Die in Art. 55 Abs. 3 vorgesehene, unmittelbar geltende und unmittelbar anwendbare Ausnahme der von Gerichten im Rahmen ihrer justiziellen Tätigkeiten vorgenommenen Datenverarbeitungen von der Zuständigkeit der Datenschutz-Aufsichtsbehörden hat bislang nur zum Teil Eingang in die deutschen Datenschutzgesetze gefunden. § 9 Abs. 3 BDSG bestätigt inhaltlich korrekt (wenn auch als Normwiederholung[97]), dass die oder der Bundesbeauftragte für den Datenschutz und die Informationsfreiheit nicht für die Aufsicht über die von den Bundesgerichten im Rahmen ihrer justiziellen Tätigkeit vorgenommenen Verarbeitungen zuständig ist. In den Landesdatenschutzgesetzen finden sich bislang wenige bzw. unklare und uneinheitliche Formulierungen zu dieser Frage.[98] Da Art. 55 Abs. 3 unmittelbar geltendes Recht darstellt, ist eine Reproduktion im nationalen Recht wegen des europarechtlichen **Umsetzung- und Normwiederholungsverbot** (→ Einl. Rn. 86, 98) an sich weder erforderlich noch zulässig. Etwas anderes gilt nur, wenn das nationale Recht einige Teile der gerichtlichen Tätigkeit von der Zuständigkeit der Datenschutz-Aufsichtsbehörden ausnimmt und damit fälschlich den Ein-

---

[94] Zutr. verweist Paal/Pauly/*Körffer* BDSG § 18 Rn. 2, darauf hin, dass das in § 18 BDSG geregelte Verfahren „für alle Angelegenheiten der EU" gilt, also nicht nur die Durchführung und Anwendung der DS-GVO, sondern auch den Bereich der sog. Polizei-RL (Richtlinie (EU) 2016/680 des Europäischen Parlaments und des Rates v. 27.4.2016 zum Schutz natürlicher Personen bei der Verarbeitung personenbezogener Daten durch die zuständigen Behörden zum Zwecke der Verhütung, Ermittlung, Aufdeckung oder Verfolgung von Straftaten oder der Strafvollstreckung sowie zum freien Datenverkehr und zur Aufhebung des Rahmenbeschlusses 2008/977/JI des Rates, ABl. 2016 L 119, 89, ber. ABl. 2018 L 127, 9, ber. ABl. 2021 L 74, 36) miterfasst; die Regelung geht also über den Auftrag der DS-GVO hinaus.
[95] Vgl. Kühling/Buchner/*Boehm*, 4. Aufl. 2024, DS-GVO Art. 51 Rn. 28, für die § 18 BDSG „das europäische Prinzip der Zusammenarbeit auf die nationalstaatlichen Aufsichtsbehörden" überträgt.
[96] Der Bundesgesetzgeber hat sich aus Gründen der Effizienz für diese Lösung entschieden, obwohl sich die Datenschutzbeauftragten der Länder für eine Bestimmung des gemeinsamen Vertreters durch die Datenschutzkonferenz ausgesprochen hatten. Darauf verweist auch Paal/Pauly/*Körffer* BDSG § 17 Rn. 2.
[97] Diese lässt sich wegen der Notwendigkeit der Umsetzung der JI-RL (Richtlinie (EU) 2016/680 des Europäischen Parlaments und des Rates v. 27.4.2016 zum Schutz natürlicher Personen bei der Verarbeitung personenbezogener Daten durch die zuständigen Behörden zum Zwecke der Verhütung, Ermittlung, Aufdeckung oder Verfolgung von Straftaten oder der Strafvollstreckung sowie zum freien Datenverkehr und zur Aufhebung des Rahmenbeschlusses 2008/977/JI des Rates, ABl. 2016 L 119, 89, ber. ABl. 2018 L 127, 9, ber. ABl. 2021 L 74, 36) rechtfertigen, auch wenn aus Gründen der Transparenz ein Hinweis auf Art. 55 Abs. 3 DS-GVO äußerst angemessen gewesen wäre.
[98] Krit. Paal/Pauly/*Körffer* DS-GVO Art. 55 Rn. 5 ff.; vgl. auch *Wiebe/Eichfeld* NJW 2019, 2734 (2735), die „eine länderspezifische Zerstückelung" kritisieren, „die in der Praxis jedenfalls für keine Erhöhung der Akzeptanz des Datenschutzrechts sorgt." Sie regen eine bundeseinheitliche Regelung an.

druck erweckt, alle anderen gerichtlichen Tätigkeiten seien von der Zuständigkeit erfasst. Dies könnte in Deutschland vom Normanwender so verstanden werden, es sei denn, die Regelung in § 9 Abs. 3 BDSG würde jeweils eine **Entsprechung in den Landesdatenschutzgesetzen** finden, am besten unter Bezugnahme auf Art. 55 Abs. 3. Klar ist die Regelung dagegen in **Österreich,** wo das DSG zur Frage der Begrenzung der Datenschutzaufsicht gegenüber Gerichten schweigen kann, da Art. 55 Abs. 3 die Frage direkt regelt. Nachzubessern ist sowohl in Deutschland (auf Bundes- wie auf Landesebene[99]) als auch in Österreich, aber auch in den meisten EU-Mitgliedstaaten[100] bei der **noch einzurichtenden datenschutzrechtlichen Selbstkontrolle der Justiz.** Alle Mitgliedstaaten müssen hierbei das primärrechtliche Gebot gemäß Art. 16 Abs. 2 UAbs. 2 S. 2 AEUV und Art. 8 Abs. 3 GRCh befolgen, auch für die Justiz eine eigene, maßgeschneiderte Datenschutzkontrolle einzurichten (→ Rn. 15). Dieses Gebot wird derzeit weitgehend ignoriert, was zu **erheblichen Rechtsschutzlücken** führt, die von den Mitgliedstaaten bzw. ihren Gerichten dringend zu schließend sind.[101] Eine fehlende Datenschutz-Aufsicht in Rahmen der justiziellen Tätigkeit kann nämlich Mängel in der Urteilsfindung auslösen und letzten Endes zur Aufhebung von Urteilen durch höhere Instanzen führen. Im Interesse der Rechtssicherheit und eines effektiven Rechtsschutzes sollten die Mitgliedstaaten bzw. ihre Gerichte umgehend die EU-primärrechtlich geforderte Datenschutzkontrolle im Bereich der Justiz einrichten. Der vom EuGH im Oktober 2019 geschaffene unabhängige Kontrollmechanismus[102] kann dafür ein gutes Modell sein.

Art. 56 Zuständigkeit der federführenden Aufsichtsbehörde

(1) **Unbeschadet des Artikels 55 ist die Aufsichtsbehörde der Hauptniederlassung oder der einzigen Niederlassung des Verantwortlichen oder des Auftragsverarbeiters gemäß dem Verfahren nach Artikel 60 die zuständige federführende Aufsichtsbehörde für die von diesem Verantwortlichen oder diesem Auftragsverarbeiter durchgeführte grenzüberschreitende Verarbeitung.**

(2) **Abweichend von Absatz 1 ist jede Aufsichtsbehörde dafür zuständig, sich mit einer bei ihr eingereichten Beschwerde oder einem etwaigen Verstoß gegen diese Verordnung zu befassen, wenn der Gegenstand nur mit einer Niederlassung in ihrem Mitgliedstaat zusammenhängt oder betroffene Personen nur ihres Mitgliedstaats erheblich beeinträchtigt.**

(3) ¹**In den in Absatz 2 des vorliegenden Artikels genannten Fällen unterrichtet die Aufsichtsbehörde unverzüglich die federführende Aufsichtsbehörde über diese Angele-**

---

[99] Vgl. *Wiebe/Eichfeld* NJW 2019, 2734 (2737): „Nach gegenwärtigem Stand sind bislang noch in keinem Bundesland Anstrengungen in diese Richtung unternommen worden. Infolgedessen besteht hier momentan de facto keine Datenschutzaufsicht." Ebenso Paal/Pauly/*Körffer* DS-GVO Art. 55 Rn. 6: „Da in Deutschland weder im Bund noch in den Ländern eine solche Stelle eingerichtet wurde, unterliegt die Datenverarbeitung der Gerichte iR justizieller Tätigkeiten in Deutschland keiner Datenschutzkontrolle."

[100] Eine (jedenfalls teilweise) positive Ausnahme stellen die Niederlande dar. Im Mai 2018 richteten dort der Staatsrat, das Berufungsgericht in Sachen der sozialen Sicherheit und des öffentlichen Dienstes sowie das Obergericht für Wirtschaftsverwaltung durch die gemeinsame Verordnung für die Verarbeitung personenbezogener Daten durch die Verwaltungsgerichte eine eigene Kommission zum Schutz personenbezogener Daten für Verwaltungsgerichte ein; vgl. die Beschreibung bei EuGH Urt. v. 24.3.2022 – C-245/20, ECLI:EU:C:2022:216 = ZD 2022, 490 mAnm *Benamor* – X, Z/Autoriteit Persoonsgegevens, Rn. 9. Diese hat den Auftrag, die Vorsitzenden der obersten Verwaltungsgerichte im Hinblick auf die Bearbeitung von Beschwerden zu beraten, welche die Einhaltung der DS-GVO betreffen. Diese Kommission ist allerdings nur beratend tätig und kann daher nicht als Datenschutz-Aufsichtsbehörde iSv Art. 8 Abs. 3 GRCh sowie der DS-GVO angesehen werden. Ihr Tätigkeitsbereich umfasst zudem nur die obersten Verwaltungsgerichte und nicht die anderen Teile der niederländischen Gerichtsbarkeit. Die niederländische Lösung kann daher bisher nur als Schritt in die richtige Richtung gewertet werden, genügt aber noch nicht den EU-primärrechtlichen Anforderungen an eine unabhängige Datenschutz-Aufsicht auch für die Justiz.

[101] Auch *Wiebe/Eichfeld* NJW 2019, 2734 (2735) halten ein Tätigwerden des Gesetzgebers für „dringend erforderlich". Ebenso Paal/Pauly/*Körffer* DS-GVO Art. 55 Rn. 6, für die „praktische Beschwerden gegen gerichtliche Datenverarbeitungen" bei den Aufsichtsbehörden zeigen, „dass eine solche Kontrolle dringend geboten ist."

[102] Vgl. EuGH Beschl. v. 1.10.2019 zur Einführung eines internen Kontrollmechanismus in Bezug auf die Verarbeitung personenbezogener Daten im Rahmen der justiziellen Tätigkeit des Gerichtshofs, ABl. 2019 C 383, 2. Hier ist Beschwerdeinstanz ein unabhängiger Dreier-Ausschuss, dessen Mitglieder aus der Mitte der Richter und Generalanwälte ausgewählt und vom Gerichtshof auf Vorschlag seines Präsidenten für die Dauer von dessen Amtszeit ernannt werden.

genheit. ²Innerhalb einer Frist von drei Wochen nach der Unterrichtung entscheidet die federführende Aufsichtsbehörde, ob sie sich mit dem Fall gemäß dem Verfahren nach Artikel 60 befasst oder nicht, wobei sie berücksichtigt, ob der Verantwortliche oder der Auftragsverarbeiter in dem Mitgliedstaat, dessen Aufsichtsbehörde sie unterrichtet hat, eine Niederlassung hat oder nicht.

(4) ¹Entscheidet die federführende Aufsichtsbehörde, sich mit dem Fall zu befassen, so findet das Verfahren nach Artikel 60 Anwendung. ²Die Aufsichtsbehörde, die die federführende Aufsichtsbehörde unterrichtet hat, kann dieser einen Beschlussentwurf vorlegen. ³Die federführende Aufsichtsbehörde trägt diesem Entwurf bei der Ausarbeitung des Beschlussentwurfs nach Artikel 60 Absatz 3 weitestgehend Rechnung.

(5) Entscheidet die federführende Aufsichtsbehörde, sich mit dem Fall nicht selbst zu befassen, so befasst die Aufsichtsbehörde, die die federführende Aufsichtsbehörde unterrichtet hat, sich mit dem Fall gemäß den Artikeln 61 und 62.

(6) Die federführende Aufsichtsbehörde ist der einzige Ansprechpartner der Verantwortlichen oder der Auftragsverarbeiter für Fragen der von diesem Verantwortlichen oder diesem Auftragsverarbeiter durchgeführten grenzüberschreitenden Verarbeitung.

Literatur: *Albrecht/Jotzo,* Das neue Datenschutzrecht der EU, 2016, Teil 7: Aufsichtsbehörden, S. 107 ff.; *Caspar,* Das aufsichtsbehördliche Verfahren nach der EU-Datenschutz-Grundverordnung, ZD 2012, 555; *Dix,* Datenschutzaufsicht im Bundesstaat – ein Vorbild für Europa, DuD 2012, 318; *Flendrovsky,* Die Aufsichtsbehörden, in Knyrim (Hrsg.), Datenschutz-Grundverordnung. Das neue Datenschutzrecht in Österreich und der EU, Praxishandbuch, 2016, S. 281 ff.; *Hijmans,* The DPAs and Their Cooperation: How Far Are We Making Enforcement of Data Protection Law More European?, EDPL 2016, 362; *Kaiser,* The enforcement structure of the new GDPR – National DPAs facing autonomy, hierarchy and cooperation, PinG 2017, 192; *Karthäuser/Schmitt,* Der Niederlassungsbegriff und seine praktischen Auswirkungen, ZD 2016, 155; *Kugelmann,* Kooperation und Betroffenheit im Netzwerk, ZD 2020, 76; *Leissler/Wolfbauer,* Der One Stop Shop in der DSGVO. Die Behördenzuständigkeit bei grenzüberschreitender Datenanwendung in der EU, in Knyrim (Hrsg.), Datenschutz-Grundverordnung. Das neue Datenschutzrecht in Österreich und der EU, Praxishandbuch, 2016, S. 291 ff.; *Nguyen,* Die zukünftige Datenschutzreform in Europa, ZD 2015, 265; *Reding,* Sieben Grundbausteine der europäischen Datenschutzreform, ZD 2012, 195; *Schmidl,* Kooperation der Aufsichtsbehörden bei grenzüberschreitenden Fällen, in Knyrim (Hrsg.), Datenschutz-Grundverordnung. Das neue Datenschutzrecht in Österreich und der EU, Praxishandbuch, 2016, S. 303 ff.; *Schultze-Melling,* Keine Aufsichtsbehörde ist eine Insel, ZD 2015, 397; *Thiel,* Zusammenarbeit der Datenschutzaufsicht auf europäischer Ebene, ZD 2021, 467; *Wagner/Ruhmann,* Irland: Das One-Stop-Shop-Verfahren, ZD-Aktuell 2019, 06546; *Weber/Dehnert,* Das Kooperations- und Kohärenzverfahren vor dem EDSA, ZD 2021, 63.

Rechtsprechung: EuGH (Große Kammer) Urt. v. 13.5.2014 – C-131/12, ECLI:EU:C:2014:317 = ZD 2014, 350 – Google Spain SL und Google Inc/Agencia Española de Protección de Datos (AEPD) und Mario Costeja González; EuGH Urt. v. 1.10.2015 – C-230/14, ECLI:EU:C:2015:639 = ZD 2015, 580 mAnm *Karg* – Weltimmo; EuGH Urt. v. 28.7.2016 – C-191/15, ECLI:EU:C:2016:612 – Verein für Konsumenteninformation/Amazon; EuGH (Große Kammer) Urt. v. 24.9.2019 – C-507/17, ECLI:EU:C:2019:772 = ZD 2020, 31 mAnm *Ukrow* – Google LLC/CNIL; EuGH (Große Kammer) Urt. v. 15.6.2021 – C-645/19, ECLI:EU:C:2021:432 = ZD 2021, 570 mAnm *Blasek* – Facebook Ireland/Gegevensbeschermingsautoriteit; OVG Hamburg (5. Senat) Urt. v. 7.10.2019 – 5 Bf 279/17, BeckRS 2019, 36126.

Übersicht

	Rn.
A. Allgemeines	1
I. Hintergrund und Zweck der Bestimmung	1
II. Systematik, Verhältnis zu anderen Bestimmungen	4
B. Einzelerläuterungen	6
I. Begriff und Zuständigkeit der federführenden Datenschutz-Aufsichtsbehörde (Abs. 1, 6)	6
II. Parallele Zuständigkeit der örtlichen Datenschutz-Aufsichtsbehörde (Abs. 2)	16
III. Besondere Abstimmungsverfahren zwischen örtlicher und federführender Datenschutz-Aufsichtsbehörde (Abs. 3–5)	19
C. Rechtsschutz	23
D. Nationale Durchführung	25

A. Allgemeines*

I. Hintergrund und Zweck der Bestimmung

Art. 56 ist eine zentrale Vorschrift der DS-GVO, die eine wesentliche Neuerung zur vor dem 25.5.2018 gemäß der DS-RL geltenden Rechtslage mit sich bringt.[1] Art. 56 begründet den vom EU-Gesetzgeber auf der Grundlage der (modifizierten) Vorstellungen der Europäischen Kommission gewollten **„One-Stop-Shop"** (→ Art. 55 Rn. 2) bei der Durchsetzung des einheitlichen europäischen Datenschutzrechts in den Fällen, in denen es um eine **grenzüberschreitende Verarbeitung** personenbezogener Daten geht. In diesen Fällen richtet sich die Zuständigkeit der Datenschutz-Aufsichtsbehörde, auf Beschwerde hin oder von Amts wegen bei einem etwaigen Verstoß gegen die DS-GVO tätig zu werden, nicht nach dem sonst gemäß Art. 55 Abs. 1 geltenden Territorialitätsgrundsatz (→ Art. 55 Rn. 5), demzufolge jede Aufsichtsbehörde im Hoheitsgebiet ihres jeweiligen Mitgliedstaats für die Anwendung und Durchsetzung der DS-GVO zu sorgen hat. Denn von einer grenzüberschreitenden Datenverarbeitung sind naturgemäß mehrere Datenschutz-Aufsichtsbehörden gleichzeitig und parallel in ihrem jeweiligen territorialen Zuständigkeitsbereich betroffen. Deshalb bestimmt Art. 56 Abs. 1 für diese Fälle nach objektiven Kriterien eine der betroffenen Datenschutz-Aufsichtsbehörden zur **federführenden Datenschutz-Aufsichtsbehörde** (im Englischen: „lead supervisory authority"; im Französischen: „l'autorité de contrôle chef de file"), die damit für den Verantwortlichen bzw. den Auftragsverarbeiter der **einzige Ansprechpartner** (im Englischen: „the sole interlocutor"; im Französischen: „le seul interlocuteur") für alle Fragen der grenzüberschreitenden Verarbeitung ist (vgl. Art. 56 Abs. 6). Ziel dieses mit der DS-GVO eingeführten „One-Stop-Shop" ist das Vermeiden von Zuständigkeitskonflikten, die zügige Regelung grenzüberschreitender Fälle und damit insgesamt die wirksame Durchsetzung des einheitlichen europäischen Datenschutzrechts in der gesamten EU[2] und im gesamten Europäischen Wirtschaftsraum (EWR).[3]

Indem Art. 56 Abs. 1 die federführende Zuständigkeit an der **Hauptniederlassung bzw. einzigen Niederlassung** des Verantwortlichen oder des Auftragsverarbeiters anknüpft, schafft die Vorschrift für Fälle der grenzüberschreitenden Datenverarbeitung Rechtsklarheit im Einklang mit den Grundsätzen des Europäischen Binnenmarkts. Vor allem Unternehmen können von dieser Zuständigkeitsregelung eine erhebliche Reduzierung der bislang im Datenschutzrecht üblichen Verfahrensdauern und Verwaltungskosten erwarten.[4] Insbesondere müssen sie sich bei einer Tätigkeit im gesamten Binnenmarkt nicht mehr mit 27 oder mehr Datenschutz-Aufsichtsbehörden auseinandersetzen, sondern können sich im Wesentlichen auf die Zusammenarbeit mit der Datenschutz-Aufsichtsbehörde am Sitz ihrer Hauptniederlassung bzw. einzigen Niederlassung konzentrieren.[5] Aber auch der in seinem Datenschutzgrundrecht betroffene Bürger hat von der Neuregelung Vorteile. Zum einen regelt die DS-GVO selbst nicht nur das materielle Datenschutzrecht, sondern auch die Aufgaben und Befugnisse der Datenschutz-Aufsichtsbehörden so umfassend und detailliert (vgl. insbesondere Art. 57, 58), dass es in der Praxis künftig inhaltlich

---

* Der Verfasser vertritt hier seine persönliche Auffassung, die nicht notwendig der Auffassung der Europäischen Kommission entspricht.

[1] Ebenso die Wertung von Gola/Heckmann/*Nguyen* DS-GVO Art. 56 Rn. 1: „Die Vorschrift stellt eine der wesentlichen Innovationen der DS-GVO dar."

[2] Zu den hinter der „One-Stop-Shop"-Regelung stehenden politischen Zielen vgl. *Reding* ZD 2012, 195 (196 f.) sowie *Albrecht/Jotzo* DatenschutzR S. 110 f. Zur Vorbildfunktion der Praxis der Zusammenarbeit zwischen den deutschen Landesdatenschutzbeauftragten seit 2003 bei Verhandlungen mit US-Konzernen siehe *Dix* DuD 2012, 318.

[3] Die DS-GVO gilt seit dem 20.7.2018 auch in den mit der EU im Europäischen Wirtschaftsraum (EWR) eng verbundenen Staaten Island, Liechtenstein und Norwegen; vgl. Beschl. des Gemeinsamen EWR-Ausschusses Nr. 154/2018 v. 6.7.2018 zur Änderung des Anh. XI (Elektronische Kommunikation, audiovisuelle Dienste und Informationsgesellschaft) und des Prot. 37 (mit der Liste gemäß Artikel 101) des EWR-Abkommens [2018/1022], ABl. 2018 L 183, 23, der in Art. 1 einige Modifikationen und Ergänzungen im institutionellen Bereich vorsieht.

[4] Die Kommission prognostizierte in ihrer Folgenabschätzung zur DS-GVO eine jährliche Nettoersparnis von rund 2,3 Mrd. EUR für Unternehmen in der EU; vgl. Kommission, Impact Assessment, SEC(2012) 72 final v. 25.1.2012, S. 71.

[5] Zutr. Gola/Heckmann/*Nguyen* DS-GVO Art. 56 Rn. 5: „Die Privilegierung des One-Stop-Shop soll gerade verhindern, dass Unternehmen in mehreren Mitgliedstaaten mit den jeweiligen Aufsichtsbehörden in Kontakt treten müssen."

kaum noch einen Unterschied machen sollte, ob diese oder jene Datenschutz-Aufsichtsbehörde in einem Fall der grenzüberschreitenden Datenverarbeitung federführend zuständig ist. Der „One-Stop-Shop" bewirkt also grundsätzlich auch für den betroffenen Bürger eine **Verfahrensvereinfachung und -beschleunigung.** Ferner hat der in seinem Datenschutzgrundrecht betroffene Bürger gemäß Art. 77 Abs. 1 stets das Recht, bei der Datenschutz-Aufsichtsbehörde an seinem Aufenthaltsort oder Arbeitsplatz **Beschwerde** einzulegen; er hat ferner das Recht, als Betroffener Beschwerde bei der Datenschutz-Aufsichtsbehörde eines jeden Mitgliedstaats einzulegen, auch wenn er dort keinen Wohnsitz hat (vgl. Erwägungsgrund 124 S. 3). Schließlich regelt Art. 56 Abs. 2–5 iVm Art. 60, dass der Beschwerdeführer innerhalb kurzer Fristen entweder von der federführenden Datenschutz-Aufsichtsbehörde oder von der Datenschutz-Aufsichtsbehörde, bei der er seine Beschwerde eingereicht hat, einen Beschluss in seiner Angelegenheit erhält; federführende und betroffene Aufsichtsbehörde(n) haben dabei gemäß Art. 60 ff. eng zusammenzuarbeiten **(Verfahren der Zusammenarbeit),** wobei bei Meinungsverschiedenheiten über die Behandlung einer Beschwerde eine verbindliche Streitbeilegung durch den Europäischen Datenschutzausschuss im **Kohärenzverfahren** zu erfolgen hat (Art. 60 Abs. 3, 4, Art. 63 ff., Art. 65 Abs. 1 lit. a).[6] Hat die federführende Datenschutz-Aufsichtsbehörde oder der Europäische Datenschutzausschuss eine verbindliche Entscheidung getroffen, so ist diese für alle betroffenen Datenschutz-Aufsichtsbehörden bindend (vgl. Art. 60 Abs. 6, Art. 65 Abs. 2 S. 3). Dabei ist der Beschwerdeführer von der Datenschutz-Aufsichtsbehörde, bei der er seine Beschwerde eingelegt hat, regelmäßig über den Stand des Verfahrens und die Ergebnisse der Beschwerde zu unterrichten (vgl. Art. 77 Abs. 2), einschließlich der Möglichkeit, gemäß Art. 78 Abs. 1 einen gerichtlichen Rechtsbehelf gegen einen ihn betreffenden rechtsverbindlichen Beschluss einer Datenschutz-Aufsichtsbehörde einzulegen bzw. gemäß Art. 78 Abs. 2 gegen ein rechtswidriges Untätigbleiben gerichtlich vorzugehen. Die „One-Stop-Shop"-Regelung in Art. 56 führt also bei einer grenzüberscheitenden Datenverarbeitung sowohl im Interesse von datenverarbeitenden Unternehmen als auch von in ihrem Datenschutzgrundrecht betroffenen Bürgern im Vergleich zur Rechtslage nach der DS-RL[7] grundsätzlich zu mehr Rechtsklarheit, zu einfacheren Verfahren und zu schnelleren Entscheidungen der federführenden Datenschutz-Aufsichtsbehörde mit Wirkung für den gesamten Binnenmarkt.

3 Trotz der dezentralen, auf unabhängigen nationalen Datenschutz-Aufsichtsbehörden beruhenden Aufsichtsarchitektur will die DS-GVO vor allem durch den **verpflichtenden Charakter des Verfahrens der Zusammenarbeit und Kohärenz**[8] die Gefahr vermeiden, dass verschiedene Aufsichtsbehörden unterschiedliche Ansätze in Fällen grenzüberschreitender Verarbeitung vertreten.[9] Voraussetzung dafür ist in der Praxis allerdings ein wirksames und zügiges Zusammenwirken aller betroffenen Datenschutz-Aufsichtsbehörden untereinander sowie erforderlichenfalls mit dem Europäischen Datenschutzausschuss und der Europäischen Kommission. Nach den ersten Erfahrungen mit der Anwendung der DS-GVO hat die Europäische Kommission im Juli 2023 wegen Kritik an teilweise fehlender Abstimmung unter den Datenschutz-Aufsichtsbehörden und der zum Teil überlangen Verfahrensdauer[10] eine die DS-GVO ergänzende **DS-**

---

[6] Hilfreiche Schaubilder zum Funktionieren des Kohärenzverfahrens findet sich bei *Kühling/Klar/Sackmann* DatenschutzR Rn. 743 f.
[7] Das Rechtsschutzdefizit bei der Umsetzung der DS-RL hatte der Österreicher *Max Schrems* offengelegt, als er sich zur Durchsetzung seiner datenschutzrechtlichen Rechte gemäß der DS-RL an die irische Aufsichtsbehörde und an die irischen Gerichte wenden musste; vgl. EuGH (Große Kammer) Urt. v. 6.10.2015 – C-362/14, ECLI:EU:C:2015:650 = ZD 2015, 549 mAnm *Spies* – Maximillian Schrems/Data Protection Commissioner („Schrems I"). Die für den Vorschlag der DS-GVO zuständige Vizepräsidentin der Kommission *Viviane Reding* hatte sich bei der Vorbereitung des Gesetzestextes mit *Schrems* getroffen, um aus dessen Erfahrung die angemessenen Schlussfolgerungen ziehen zu können. Zum Zusammenhang zwischen dem Fall Schrems I und der späteren Ausgestaltung des „One-Stop-Shop" treffend Gola/Heckmann/*Nguyen/Stroh* DS-GVO Art. 55 Rn. 1: „Was in dem konkreten Verfahren erfolgreich war, ist im Normalfall schon innerhalb der EU aufgrund der räumlichen Entfernung und der Sprachbarriere in vielen Fällen für die Betroffenen kaum möglich."
[8] Den verpflichtenden Charakter des Verfahrens der Zusammenarbeit und Kohärenz betont EuGH (Große Kammer) Urt. v. 24.9.2019 – C-507/17, ECLI:EU:C:2019:772 = ZD 2020, 31 mAnm *Ukrow* – Google LLC/CNIL, Rn. 68; ebenso GA *Bobek* in seinen Schlussanträgen v. 13.1.2021 – C-645/19, ECLI:EU: C:2021:5 – Facebook Ireland Ltd u.a./Gegevensbeschermingsautoriteit, Rn. 80.
[9] So GA *Saugmandsgaard Øe* in seinen Schlussanträgen v. 19.12.2019 – C-311/18, ECLI:EU:C:2019:1145 – Data Protection Commissioner/Facebook Ireland Ltd., Maximillian Schrems („Schrems II"), Rn. 155.
[10] Als „eher ernüchternd" werden die ersten Erfahrungen mit dem Kohärenzverfahren wegen seiner vielfach starken zeitlichen Verzögerungen von *Kühling/Klar/Sackmann* DatenschutzR Rn. 740, beschrieben. Zum ersten Streitbeilegungsverfahren im Fall Twitter eingehend *Weber/Dehnert* ZD 2021, 63, die im Ergebnis

Zuständigkeit der federführenden Aufsichtsbehörde   4 **Art. 56**

GVO-Verfahrensordnung[11] vorgeschlagen (→ Einl. Rn. 131 ff.). Diese soll die von den einzelnen Datenschutz-Aufsichtsbehörden anzuwendenden Verfahren, die Behandlung von Beschwerden sowie die Verfahrensrechte der von Untersuchungen betroffenen Unternehmen weiter harmonisieren und die grenzüberschreitende Zusammenarbeit durch einen verbesserten Informationsaustausch und das Festlegen von Verfahrensfristen für das Streitbeilegungsverfahren beschleunigen.

II. Systematik, Verhältnis zu anderen Bestimmungen

Mit der federführenden Zuständigkeit einer Datenschutz-Aufsichtsbehörde durch Art. 56   4 Abs. 1 wird eine **Sonderzuständigkeit**[12] begründet, welche die grundsätzliche räumliche Zuständigkeit einer Datenschutz-Aufsichtsbehörde auf der Grundlage des Territorialitätsgrundsatzes, wie sie gemäß Art. 55 Abs. 1 vorgesehen ist, überlagern kann. Dabei stellt Art. 56 Abs. 1 selbst klar, dass die für die federführende Aufsichtsbehörde begründete Sonderzuständigkeit „**[u]nbeschadet des Artikels 55**" gilt. Dies bedeutet zum einen, dass mit der DS-GVO in Fällen der grenzüberschreitenden Datenverarbeitung nicht (wie im ursprünglichen Vorschlag der Kommission zur DS-GVO vorgesehen[13]) eine ausschließliche Zuständigkeit der Datenschutz-Aufsichtsbehörde der Hauptniederlassung bzw. der einzigen Niederlassung des Verantwortlichen oder des Auftragsverarbeiters begründet wird, sondern gleichzeitig und parallel daneben die Zuständigkeit all jener Datenschutz-Aufsichtsbehörden bestehen bleibt, mit deren Hoheitsgebiet die Datenverarbeitung Berührung hat, weil es dort zB weitere Niederlassungen

---

feststellen, dass der Europäische Datenschutzausschuss im Streitbeilegungsverfahren nicht nachträglich alle Defizite des Verfahrens der Zusammenarbeit zwischen den betroffenen Aufsichtsbehörden zu kompensieren, was den Grundrechtsschutz der betroffenen Personen erheblich schwäche. Positiver *Thiel* ZD 2021, 467 (470), die zwar erheblichen Verbesserungsbedarf bei der Ausgestaltung, Flexibilität und Dauer der Verfahren sowie in der proaktiven Kommunikation der federführenden Aufsichtsbehörde mit den betroffenen Behörden anmahnt, insgesamt aber die Auffassung vertritt, dass das Kooperationsverfahren aber dennoch „gut funktioniert": „In der überwiegenden Zahl der Fälle wird in diesen Verfahren ein wirksamer Schutz der Bürger*innen bei der Verarbeitung ihrer personenbezogenen Daten erreicht. Gleichwohl wird weiter daran zu arbeiten sein, die Verfahren effizienter und zügiger zu betreuen." Vgl. auch die bemerkenswert mahnenden Worte von GA *Bobek* Schlussanträge v. 13.1.2021 – C-645/19, ECLI:EU:C:2021:5 – Facebook Ireland Ltd. u.a./Gegevensbescheringsautoriteit, Rn. 107, Rn. 122–125, Rn. 128.

[11] Vorschlag der Kommission v. 4.7.2023 für eine Verordnung des Europäischen Parlaments und des Rates zur Festlegung zusätzlicher Verfahrensregeln für die Durchsetzung der Verordnung (EU) 2016/679, COM(2023) 348. Rechtsgrundlage dieses die DS-GVO ergänzenden Verordnungsvorschlags ist (wie bei der DS-GVO selbst) Art. 16 AEUV. Vorausgegangen war dem Kommissionsvorschlag die Mitteilung der Kommission v. 24.6.2020 an das Europäische Parlament und den Rat, Datenschutz als Grundpfeiler der Teilhabe der Bürgerinnen und Bürger und des Ansatzes der EU für den digitalen Wandel – zwei Jahre Anwendung der Datenschutz-Grundverordnung, COM(2020) 264 final, in der sich die Kommission teilw. krit. zum Funktionieren des Verfahrens der Zusammenarbeit und Kohärenz äußerte; zB S. 6: „Bisweilen endete die Suche nach einem gemeinsamen Ansatz mit einer Einigung auf den kleinsten gemeinsamen Nenner, sodass Chancen zur Förderung einer stärkeren Harmonisierung vertan wurden." Die nationalen Aufsichtsbehörden verabschiedeten daraufhin die Wiener Erklärung des Europäischen Datenschutzausschusses v. 28.4.2022 zur Zusammenarbeit bei der Durchsetzung von Datenschutzvorschriften (Statement on enforcement cooperation, abrufbar unter https://edpb.europa.eu/system/files/2022-04/edpb_statement_20220428_on_enforcement_cooperation_en.pdf) und übermittelten im Herbst 2022 eine einvernehmlich erarbeitete „Wunschliste" weiterer durch EU-Gesetzgebung zu erreichender Harmonisierungsschritte an die Kommission; vgl. Europäischer Datenschutzausschuss, Pressemitteilung v. 12.10.2022, EDSA nimmt „Wunschliste" verfahrensrechtlicher Aspekte, das erste EU-Datenschutzsiegel und eine Erklärung zum digitalen Euro an, abrufbar unter https://edpb.europa.eu/news/news/2022/edpb-adopts-wish-list-procedural-aspects-first-eu-data-protection-seal-and-statement_de.

[12] Ebenso Knyrim DS-GVO/*Leissler/Wolfbauer* S. 291 ff., 292; zust. Kühling/Buchner/*Dix*, 4. Aufl. 2024, DS-GVO Art. 56 Rn. 9. Vgl. auch Europäischer Datenschutzausschuss, Stellungnahme 8/2019 v. 9.7.2019 zur Zuständigkeit einer Aufsichtsbehörde im Falle einer Veränderung von Umständen, die die Hauptniederlassung oder die einzige Niederlassung betrifft, abrufbar unter https://edpb.europa.eu/sites/default/files/files/file1/edpb_opinion_201908_changeofmainorsingleestablishment_de.pdf, Ziff. 20, der Art. 56 Abs. 1 als „lex specialis" ggü. Art. 55 Abs. 1 bezeichnet.

[13] Vgl. Art. 51 Abs. 2 DS-GVO-Kommissionsvorschlag, KOM(2012) 11 v. 25.1.2012: „Findet die Verarbeitung personenbezogener Daten im Rahmen der Tätigkeiten der Niederlassung eines für die Verarbeitung Verantwortlichen oder Auftragsverarbeiters in der Union statt, wobei der für die Verarbeitung Verantwortliche oder Auftragsverarbeiter Niederlassungen in mehr als einem Mitgliedstaat hat, so ist die Aufsichtsbehörde des Mitgliedstaats, in dem sich die Hauptniederlassung des für die Verarbeitung Verantwortlichen oder Auftragsverarbeiters befindet, unbeschadet der Bestimmungen von Kapitel VII dieser Verordnung für die Aufsicht über dessen Verarbeitungstätigkeit in allen Mitgliedstaaten zuständig."

des datenverarbeitenden Unternehmens gibt, weil dort ein Bürger von der Datenverarbeitung betroffen ist oder weil ein Bürger bei dieser Aufsichtsbehörde eine Beschwerde eingelegt hat. Art. 56 Abs. 1 ist also eine Regelung, die unter mehreren gemäß Art. 55 Abs. 1 grundsätzlich zuständigen Datenschutz-Aufsichtsbehörden einer von ihnen die Federführung zuweist, woraufhin alle anderen betroffenen Datenschutz-Aufsichtsbehörden zur Zusammenarbeit gemäß Art. 60, 63 und 65 verpflichtet sind.[14] Der in Art. 56 Abs. 1 aufgenommene Hinweis „[u]nbeschadet des Artikels 55" bedeutet außerdem, dass die Regelung zur federführenden Datenschutz-Aufsichtsbehörde nicht eingreift, wenn es um eine grenzüberschreitende Datenverarbeitung geht, die durch Behörden oder durch private Stellen im öffentlichen Interesse erfolgt; in diesem Fall ist die Datenschutz-Aufsichtsbehörde des betroffenen Mitgliedstaats gemäß Art. 55 Abs. 2 S. 1 stets ausschließlich zuständig (→ Art. 55 Rn. 10); Art. 56 kommt in diesem Fall nicht zur Anwendung (vgl. Art. 55 Abs. 2 S. 2).

5 Die Bestimmung der federführenden Datenschutz-Aufsichtsbehörde hängt in der Praxis maßgeblich ab vom Begriff der **Hauptniederlassung,** der in **Art. 4 Nr. 16** legaldefiniert ist; sowie vom Begriff der **grenzüberschreitenden Verarbeitung,** für den **Art. 4 Nr. 23** die maßgeblichen Vorgaben enthält. Für die Auslegung des Art. 56 relevant ist ferner der Begriff der **betroffenen Aufsichtsbehörde (Art. 4 Nr. 22).** Denn wie sich aus Art. 60 Abs. 1 S. 1 ergibt, ist auch die federführende Datenschutz-Aufsichtsbehörde eine betroffene Datenschutz-Aufsichtsbehörde, die „mit den anderen betroffenen Aufsichtsbehörden" nach dem Verfahren der Zusammenarbeit und Kohärenz gemäß Art. 60, 63 und 65 im Interesse der einheitlichen Anwendung der DS-GVO zusammenzuwirken hat. Zu beachten sind ferner die **Erwägungsgründe 36** und **37** sowie **122–128.** Schließlich hat der **Europäische Datenschutzausschuss,** der sich aus den Leitern der 27 nationalen Datenschutz-Aufsichtsbehörden zusammensetzt und an dem auch ein Vertreter der Kommission ohne Stimmrecht teilnimmt (vgl. Art. 68 Abs. 3, 5), eine weitreichende Befugnis gemäß Art. 70 Abs. 1 S. 2 lit. e, um hinsichtlich aller die Anwendung der DS-GVO betreffenden Fragen **Leitlinien, Empfehlungen und bewährte Verfahren** „zwecks Sicherstellung einer einheitlichen Anwendung dieser Verordnung" bereit zu stellen. Aufbauend auf der Arbeit der unter der DS-RL eingerichteten Artikel-29-Datenschutzgruppe[15] macht der Europäische Datenschutzausschuss von dieser Befugnis gerade in Fragen der Zusammenarbeit zwischen der federführenden Datenschutz-Aufsichtsbehörde und anderen betroffenen Aufsichtsbehörden eingehend Gebrauch, um Zuständigkeitskonflikte von vornherein auszuschließen. Maßgeblich für die Zwecke von Art. 56 sind heute vor allem die **Leitlinien 8/2022 des Europäischen Datenschutzausschusses zur Bestimmung der federführenden Aufsichtsbehörde eines Verantwortlichen oder Auftragsverarbeiters.**[16] Zur rechtlichen Bedeutung der Leitlinien des Europäischen Datenschutzausschusses → Einl. Rn. 114 f.

B. Einzelerläuterungen

I. Begriff und Zuständigkeit der federführenden Datenschutz-Aufsichtsbehörde (Abs. 1, 6)

6 Die **federführende Datenschutz-Aufsichtsbehörde** wird in Art. 56 Abs. 6 definiert als **der einzige Ansprechpartner des Verantwortlichen oder des Auftragsverarbeiters** für

---

[14] Zutr. *Kaiser* PinG 2017, 192 (194): „In the end, the new GDPR does not clearly define the territorial scope in these specific cases but introduces a dispute settlement mechanism (Art. 64 GDPR) […]." Vgl. auch Kuner/Bygrave/Docksey/*Hijmans* GDPR Article 56, A.: „[T]his single interlocutor does not have exclusive competence in the course of the process; it has the lead role in a cooperative process."

[15] So hatte die Artikel-29-Datenschutzgruppe erste Leitlinien angenommen, um klarzustellen, wie gem. den Vorgaben der DS-GVO die federführende Datenschutz-Aufsichtsbehörde für einen Verantwortlichen oder Auftragsverarbeiter identifiziert werden kann; WP 244 v. 13.12.2016. Der Europäische Datenschutzausschuss übernahm diese Leitlinien am 25.5.2018 und hat sie seither aktualisiert, vgl. Europäischer Datenschutzausschuss, Guidelines 8/2022 on identifying a controller or processor's lead supervisory authority, Version 2.0 v. 28.3.2023, abrufbar unter https://edpb.europa.eu/system/files/2023-04/edpb_guidelines_202208_identifying_lsa_targeted_update_v2_en.pdf.

[16] Europäischer Datenschutzausschuss, Guidelines 8/2022 on identifying a controller or processor's lead supervisory authority, Version 2.0 v. 28.3.2023, abrufbar unter https://edpb.europa.eu/system/files/2023-04/edpb_guidelines_202208_identifying_lsa_targeted_update_v2_en.pdf, mit Auslegungshinweisen und Beispielsfällen zur Bestimmung der federführenden Aufsichtsbehörde, einschl. eines hilfreichen Entscheidungsrasters im Anhang.

Fragen der von diesem Verantwortlichen oder diesem Auftragsverarbeiter durchgeführten grenzüberschreitenden Verarbeitung. Auch wenn mehrere Datenschutz-Aufsichtsbehörden gleichzeitig und parallel für die Verarbeitung zuständig bleiben und zB mit Beschwerden betroffener Personen befasst werden können, hebt Art. 56 Abs. 1, 6 DS-GVO eine davon heraus und macht sie – dem „One-Stop-Shop"-Grundsatz folgend – zu derjenigen Datenschutz-Aufsichtsbehörde, mit welcher der Verantwortliche oder der Auftragsverarbeiter ausnahmslos zusammenarbeiten muss, wenn es um Fragen im Zusammenhang mit der Beachtung der DS-GVO geht.[17] Die federführende Datenschutz-Aufsichtsbehörde ist dabei die einzige Aufsichtsbehörde, die verbindliche Beschlüsse gegenüber dem Verantwortlichen oder dem Auftragsverarbeiter fassen kann, auch wenn sie im Vorfeld mit anderen betroffenen Aufsichtsbehörden (vgl. Art. 4 Nr. 22) zusammenwirken muss; dies gilt insbesondere für das Verfahren der Zusammenarbeit, an dessen Ende die federführende Datenschutz-Aufsichtsbehörde den finalen Beschluss über eine Beschwerde gemäß Art. 60 Abs. 7 S. 1 bzw. Abs. 9 S. 2 erlässt und diesen dem Verantwortlichen bzw. dem Auftragsverarbeiter mitteilt, während sie die anderen betroffenen Datenschutz-Aufsichtsbehörden sowie den Europäischen Datenschutzausschuss (sowie bei einem einer Beschwerde teilweise stattgebenden Beschluss auch den Beschwerdeführer, vgl. Art. 60 Abs. 9 S. 2) davon in Kenntnis setzt. Auch am Ende des Kohärenzverfahrens ist es stets die federführende Datenschutz-Aufsichtsbehörde, die nach einem verbindlichen, Meinungsverschiedenheiten zwischen Aufsichtsbehörden entscheidenden Beschluss des Europäischen Datenschutzausschusses den endgültigen Beschluss gemäß Art. 65 Abs. 6 S. 1, S. 2 trifft und diesen dem Verantwortlichen oder dem Auftragsverarbeiter mitteilt. Die federführende Datenschutz-Aufsichtsbehörde ist also nicht – wie teilweise im Gesetzgebungsverfahren erwogen – nur eine Anlaufstelle zu Kommunikationszwecken, wie dies etwa für den Vertreter von Unternehmen aus Drittstaaten in Art. 27 Abs. 4 vorgesehen ist. Vielmehr ist ihre federführende Zuständigkeit als einziger Ansprechpartner iSv Art. 56 Abs. 1, Abs. 6 gleichbedeutend mit der **Befugnis, gegenüber dem Verantwortlichen oder dem Auftragsverarbeiter rechtsverbindliche Beschlüsse mit Wirkung für dessen Datenverarbeitung in der gesamten Union zu treffen** (vgl. Erwägungsgrund 125 S. 1: „Die federführende Behörde sollte berechtigt sein, verbindliche Beschlüsse über Maßnahmen zu erlassen, mit denen die ihr gemäß dieser Verordnung übertragenen Befugnisse ausgeübt werden."). Gegenstück zu dieser Befugnis der federführenden Datenschutz-Aufsichtsbehörde, rechtsverbindliche Beschlüsse zu treffen, ist die Pflicht des ihr gegenüberstehenden Verantwortlichen oder Auftragsverarbeiters, die erforderlichen Maßnahmen zu ergreifen, um die Verarbeitungstätigkeiten all seiner Niederlassungen in der Union mit diesen Beschlüssen in Einklang zu bringen (vgl. Art. 60 Abs. 10 S. 1 sowie Erwägungsgrund 126 S. 2: „Der Verantwortliche oder Auftragsverarbeiter sollte die erforderlichen Maßnahmen treffen, um die Einhaltung dieser Verordnung und die Umsetzung des Beschlusses zu gewährleisten, der der Hauptniederlassung des Verantwortlichen oder Auftragsverarbeiters im Hinblick auf die Verarbeitungstätigkeiten in der Union von der federführenden Aufsichtsbehörde mitgeteilt wurde.").[18]

Zur Notwendigkeit, eine federführende Datenschutz-Aufsichtsbehörde gemäß Art. 56 Abs. 1, **7** Abs. 6 zu bestimmen, kommt es **nur in Fällen einer grenzüberschreitenden Datenverarbeitung** iSv Art. 4 Nr. 23 (→ Art. 55 Rn. 1). Dies ist zum einen dann der Fall, wenn ein Unternehmen – in Ausübung der von Art. 49 AEUV iVm Art. 15 Abs. 2 GRCh geschützten Niederlassungsfreiheit im Binnenmarkt – in mehreren EU-Mitgliedstaaten Niederlassungen errichtet hat und dort zB Daten von seinen Kunden oder seinen Arbeitnehmern verarbeitet **(Fall multipler Niederlassungen, Art. 4 Nr. 23 lit. a);**[19] zum anderen, wenn ein Bürger von

---

[17] Vgl. Europäischer Datenschutzausschuss, Guidelines 8/2022 on identifying a controller or processor's lead supervisory authority, Version 2.0 v. 28.3.2023, abrufbar unter https://edpb.europa.eu/system/files/2023-04/edpb_guidelines_202208_identifying_lsa_targeted_update_v2_en.pdf, S. 6: „Put simply, a 'lead supervisory authority' is the authority with the primary responsibility for dealing with a cross-border processing activity [...]." Vgl. auch Kuner/Bygrave/Docksey/*Hijmans* GDPR Article 56, C.1., der die federführende Aufsichtsbehörde als „primus inter pares" charakterisiert: „The lead DPA [= data protection authority] drafts the decision, takes the decision and defends the decision before the judiciary, where relevant. Moreover, it acts as the 'sole interlocutor' of the controller or processor. This gives the lead DPA at least a stronger information position than that of other DPAs. In short, all DPAs are equal but the lead DPA is more equal than others."
[18] Ebenso *Nguyen* ZD 2015, 265 (266): „Die Aufsichtsbehörde der Hauptniederlassung erhält die besondere Aufgabe der Federführung und ist damit als einzige Behörde befugt, verbindliche Maßnahmen an die verantwortliche Stelle zu richten."
[19] Nicht erforderlich ist dabei, dass konkrete Daten des Betroffenen von mehreren Niederlassungen verarbeitet werden; es genügt, dass die verschiedenen Niederlassungen eine ähnliche Tätigkeit ausführen, bei der

erheblichen Auswirkungen[20] der Verarbeitung seiner personenbezogenen Daten durch ein Unternehmen aktuell oder potenziell betroffen ist, das in einem anderen EU-Mitgliedstaat niedergelassen ist und seine Dienste in Ausübung der von Art. 56 AEUV iVm Art. 15 Abs. 2 GRCh geschützten Dienstleistungsfreiheit grenzüberschreitend anbietet (**Fall der Verarbeitung im EU-Ausland, Art. 4 Nr. 23 lit. b**). Wendet man in diesen Fällen nur den Territorialitätsgrundsatz gemäß Art. 55 Abs. 1 an, kommt es zur gleichzeitigen und parallelen Zuständigkeit mehrerer Datenschutz-Aufsichtsbehörden. Art. 56 Abs. 1 DS-GVO greift in diesen Fällen ein und weist einer der betroffenen Datenschutz-Aufsichtsbehörden nach objektiven Kriterien die Federführung zu.

8   Anknüpfungspunkt für die Federführung einer von mehreren Datenschutz-Aufsichtsbehörden in der EU bzw. des EWR ist gemäß Art. 56 Abs. 1 zunächst die **Hauptniederlassung** des für die Verarbeitung personenbezogener Daten Verantwortlichen bzw. Auftragsverarbeiters (zum alternativen Anknüpfungspunkt der einzigen Niederlassung → Rn. 13). Der Begriff der **Niederlassung** war bereits in der DS-RL maßgeblich (vgl. Art. 4 Abs. 1 lit. a S. 1 DS-RL). Er setzt keine besondere Rechtsform voraus, sondern verlangt in funktionaler Betrachtung lediglich „die effektive und tatsächliche Ausübung einer Tätigkeit mittels einer festen Einrichtung" (so bereits Erwägungsgrund 19 DS-RL; jetzt Erwägungsgrund 22 DS-GVO), was in der Rechtsprechung des EuGH sehr weit ausgelegt wird.[21] Auch der Europäische Datenschutzausschuss folgt dieser Auslegung in seinen Leitlinien.[22] Im Fall eines Verantwortlichen oder eines Auftragsverarbeiters, der Niederlassungen in mehreren Mitgliedstaaten unterhält, ist unter Hauptniederlassung gemäß Art. 4 Nr. 16 lit. a, b grundsätzlich der Ort seiner **Hauptverwaltung in der Union** (vgl. auch Art. 3 Abs. 1) bzw. im EWR zu verstehen. Eine Ausnahme gilt gemäß Art. 4 Nr. 16 lit. a dann, wenn in einer anderen Niederlassung des Verantwortlichen in der Union (bzw. im EWR) die **Entscheidungen** hinsichtlich der Zwecke und Mittel der Verarbeitung personenbezogener Daten getroffen werden und diese Niederlassung auch befugt ist, diese Entscheidungen umzusetzen. In diesem Fall gilt diese Niederlassung als Hauptniederlassung. Es reicht also keineswegs aus, dass ein datenverarbeitendes Unternehmen in einem EU- oder EWR-Mitgliedstaat eine „Briefkastenfirma" einrichtet und diese in seinem Organigramm als Hauptverwaltung bezeichnet, um die federführende Zuständigkeit einer Datenschutz-Aufsichtsbehörde gemäß Art. 56 Abs. 1 zu begründen.[23] Die DS-GVO erlaubt bewusst **kein „forum shopping"**.[24] Vielmehr müssen in der

---

ein vergleichbares Verarbeitungsverfahren eingesetzt wird, das von der Hauptniederlassung vorgegeben wird; so Gola/Heckmann/*Nguyen* DS-GVO Art. 56 Rn. 5; sowie Kühling/Buchner/*Dix*, 4. Aufl. 2024, DS-GVO Art. 4 Nr. 23 Rn. 3.

[20] Auslegungsweise zur Bedeutung von „erhebliche Auswirkungen" gibt Europäischer Datenschutzausschuss, Guidelines 8/2022 on identifying a controller or processor's lead supervisory authority, Version 2.0 v. 28.3.2023, abrufbar unter https://edpb.europa.eu/system/files/2023-04/edpb_guidelines_202208_identifying_lsa_targeted_update_v2_en.pdf, S. 5 f. Vgl. auch *Kugelmann* ZD 2020, 76 (78), für den in dieser Fallkonstellation „ein qualifizierendes Element im Hinblick auf die Datenverarbeitung" vorliegen muss, damit eine grenzüberschreitende Verarbeitung angenommen werden kann. Für Gola/Heckmann/*Nguyen* DS-GVO Art. 56 Rn. 6, ist „eine gewisse Intensität des Grundrechtseingriffs" verlangt, „die über die bloße Verarbeitung personenbezogener Daten hinausgeht." Zu Recht allerdings Plath/*Hullen* DS-GVO Art. 55 Rn. 4: „In der Praxis liegt damit die Schwelle zur Annahme einer grenzüberschreitenden Verarbeitung und damit auch zur Federführung niedrig."

[21] Vgl. EuGH (Große Kammer) Urt. v. 13.5.2014 – C-131/12, ECLI:EU:C:2014:317 = ZD 2014, 350 – Google Spain SL und Google Inc/Agencia Española de Protección de Datos (AEPD) und Mario Costeja González, Rn. 43 ff.; sowie EuGH Urt. v. 1.10.2015 – C-230/14, ECLI:EU:C:2015:639 = ZD 2015, 580 mAnm *Karg* – Weltimmo, Rn. 24 ff., wonach das Vorhandensein physischer Räumlichkeiten nicht mehr für erforderlich angesehen wird; stattdessen reicht für die Niederlassung die Existenz eines einzigen Vertreters mit einem Bankkonto und einem Postfach. Dazu *Kartheuser/Schmitt* ZD 2016, 155; bestätigend EuGH Urt. v. 28.7.2016 – C-191/15, ECLI:EU:C:2016:612 – Verein für Konsumenteninformation/Amazon, Rn. 74 ff.

[22] Vgl. Europäischer Datenschutzausschuss, Leitlinien 3/18 zum räumlichen Anwendungsbereich der DS-GVO (Artikel 3), Version 2.0 v. 12.11.2019, abrufbar unter https://edpb.europa.eu/sites/default/files/files/file1/edpb_guidelines_3_2018_territorial_scope_after_consultation_de.pdf, S. 6 ff.; vgl. auch Europäischer Datenschutzausschuss, Guidelines 8/2022 on identifying a controller or processor's lead supervisory authority, Version 2.0 v. 28.3.2023, abrufbar unter https://edpb.europa.eu/system/files/2023-04/edpb_guidelines_202208_identifying_lsa_targeted_update_v2_en.pdf, Ziff. 23 ff.

[23] Zust. Kühling/Buchner/*Dix*, 4. Aufl. 2024, DS-GVO Art. 56 Rn. 6.

[24] So explizit Europäischer Datenschutzausschuss, Guidelines 8/2022 on identifying a controller or processor's lead supervisory authority, Version 2.0 v. 28.3.2023, abrufbar unter https://edpb.europa.eu/system/files/2023-04/edpb_guidelines_202208_identifying_lsa_targeted_update_v2_en.pdf, Ziff. 37; ebenso Kuner/Bygrave/Docksey/*Hijmans* GDPR Article 56, C.5.

Hauptverwaltung auch die für Datenverarbeitung relevanten maßgeblichen Entscheidungen getroffen und umgesetzt werden; denn nur dann ist sie aus Sicht der federführenden Datenschutz-Aufsichtsbehörde deren geeigneter einziger Ansprechpartner, um die Vorgaben der DS-GVO und die daraus resultierenden Maßnahmen der Aufsichtsbehörde mit Wirkung für das gesamte Unternehmen und alle seine Niederlassungen in der Union durchzusetzen. Weitere objektive Kriterien, anhand derer die Hauptverwaltung identifiziert werden kann, sind in Erwägungsgrund 36 DS-GVO genannt. Dort wird u.a. präzisiert, dass der Ort der Ausführung der Datenverarbeitung selbst (also zB der Server-Standort) nicht ausschlaggebend für die Bestimmung der Hauptverwaltung ist; vielmehr ist die effektive und tatsächliche Ausübung von Managementtätigkeiten maßgeblich. Die Regelung des Art. 56 Abs. 1 iVm Art. 4 Nr. 16 lit. a erinnert dabei teilweise an die „One-Stop-Shop" Regelung, die europarechtlich bei audiovisuellen Mediendiensten zur Anwendung kommt; auch dort wird bei der Bestimmung der Niederlassung grundsätzlich an den Sitz der Hauptverwaltung und den dort getroffenen Entscheidungen angeknüpft.[25]

Durchaus denkbar ist, dass bei einem datenverarbeitenden Unternehmen mit Niederlassungen in mehreren EU- bzw. EWR-Mitgliedstaaten zwei davon gleichzeitig als Hauptniederlassung iSd DS-GVO anzusehen sind, wenn zB aus Gründen der Unternehmensorganisation in einer Niederlassung alle maßgeblichen Entscheidungen über Kundendaten getroffen und umgesetzt werden, während einer anderen Niederlassung alle maßgeblichen Entscheidungen über die personenbezogenen Daten der Arbeitnehmer des Unternehmens zugewiesen sind. In einem solchen Fall könnte es gemäß Art. 56 Abs. 1 iVm Art. 4 Nr. 16 lit. a zu **unterschiedlichen federführenden Datenschutz-Aufsichtsbehörden** jeweils für die grenzüberschreitende Verarbeitung der Kundendaten und der Arbeitnehmerdaten dieses Unternehmens kommen.[26] Unternehmen haben es allerdings in der Hand, durch Bündelung aller datenschutzrechtlich relevanten Entscheidungen in einer einzigen Niederlassung eine solche grundsätzlich denkbare Vervielfältigung von federführenden Datenschutz-Aufsichtsbehörden zu vermeiden.[27] **9**

In Art. 56 Abs. 1 wird bei der Bestimmung der federführenden Datenschutz-Aufsichtsbehörde **keine Differenzierung zwischen Verantwortlichem und Auftragsverarbeiter** vorgenommen. Dahinter steht die Entscheidung des EU-Gesetzgebers, die eigenständige Rechenschaftspflicht des Auftragsverarbeiters im Vergleich zur Rechtslage nach der DS-RL zu stärken.[28] Sowohl für den Verantwortlichen als auch für den Auftragsverarbeiter bestimmt sich also die federführende Zuständigkeit nach der jeweiligen Hauptniederlassung. Dies wirft zunächst die praktische Frage auf, wonach sich die federführende Zuständigkeit bei einer Datenverarbeitung richtet, wenn sich ein Verantwortlicher mit Niederlassungen in mehreren EU- bzw. EWR-Mitgliedstaaten eines Auftragsverarbeiters mit Niederlassungen in mehreren EU- bzw. EWR-Mitgliedstaaten bedient und der Verantwortliche seine Hauptniederlassung in einem anderen Mitgliedstaat eingerichtet hat als der Auftragsverarbeiter. Wie sich **Erwägungsgrund 36 S. 6** entnehmen lässt, ist in einem solchen Fall die Datenschutz-Aufsichtsbehörde der Hauptniederlassung des Verantwortlichen als federführende Aufsichtsbehörde anzusehen, während die Datenschutz-Aufsichtsbehörde der Hauptniederlassung des Auftragsverarbeiters als andere betroffene Aufsichtsbehörde im Verfahren der Zusammenarbeit und Kohärenz gemäß Art. 60, 63 und 65 **10**

---

[25] Vgl. Art. 2 Abs. 3 lit. a RL 2010/13/EU des Europäischen Parlaments und des Rates v. 10.3.2010 zur Koordinierung bestimmter Rechts- und Verwaltungsvorschriften der Mitgliedstaaten über die Bereitstellung audiovisueller Mediendienste (Richtlinie über audiovisuelle Mediendienste), ABl. 2010 L 95, 1, ber. ABl. 2010 L 263, 15, geänd. durch RL (EU) 2018/1808 des Europäischen Parlaments und des Rates v. 14.11.2018, ABl. 2018 L 303, 69. Diese Vorschrift knüpft in der Frage des anwendbaren Rechts an der Hauptverwaltung des Mediendiensteanbieters an, sofern dort die redaktionellen Entscheidungen getroffen werden.
[26] Zust. Kühling/Buchner/*Dix*, 4. Aufl. 2024, DS-GVO Art. 56 Rn. 6; sowie Gola/Heckmann/*Nguyen* DS-GVO Art. 56 Rn. 18. Vgl. auch Europäischer Datenschutzausschuss, Guidelines 8/2022 on identifying a controller or processor's lead supervisory authority, Version 2.0 v. 28.3.2023, abrufbar unter https://edpb.europa.eu/system/files/2023-04/edpb_guidelines_202208_identifying_lsa_targeted_update_v2_en.pdf, Ziff. 19 sowie Ziff. 22, Bsp. 2. Zu einem Fallbeispiel, bei dem es zu zwei federführenden Aufsichtsbehörden kommt, vgl. Knyrim DS-GVO/*Leissler/Wolfbauer* S. 291 ff., 298 f.
[27] Vgl. Europäischer Datenschutzausschuss, Guidelines 8/2022 on identifying a controller or processor's lead supervisory authority, Version 2.0 v. 28.3.2023, abrufbar unter https://edpb.europa.eu/system/files/2023-04/edpb_guidelines_202208_identifying_lsa_targeted_update_v2_en.pdf, Ziff. 20: „It is worth recalling that where a multinational company centralises all its decisions relating to the purposes and means of processing activities in one of its establishments in the EEA [= European Economic Area] (and that establishment has the power to implement such decisions), only one lead supervisory authority will be identified for the multinational."
[28] Ebenso Kühling/Buchner/*Dix*, 4. Aufl. 2024, DS-GVO Art. 56 Rn. 7.

einzubeziehen ist.[29] Nicht ausdrücklich in der DS-GVO angesprochen ist der Fall, dass ein Verantwortlicher mit nur einer einzigen Niederlassung in der EU bzw. im EWR von den Diensten eines Auftragsverarbeiters mit Niederlassungen in mehreren Mitgliedstaaten Gebrauch macht. Auch in diesem Fall ist in analoger Anwendung des in Erwägungsgrund 36 S. 6 zum Ausdruck kommenden Rechtsgedankens davon auszugehen, dass die für den Verantwortlichen gemäß Art. 56 Abs. 1 zuständige Datenschutz-Aufsichtsbehörde die für die gesamte grenzüberscheitende Datenverarbeitung federführende Aufsichtsbehörde ist.[30]

11 Bei einer **Unternehmensgruppe** (vgl. Art. 4 Nr. 19 sowie Erwägungsgrund 37) richtet sich die Zuständigkeit der federführenden Datenschutz-Aufsichtsbehörde grundsätzlich nach der Hauptverwaltung des herrschenden Unternehmens in der EU bzw. im EWR.[31] Etwas anderes gilt nur dann, wenn die Zwecke und Mittel der Verarbeitung von einem anderen Unternehmen in der Unternehmensgruppe festgelegt werden (vgl. Erwägungsgrund 36 S. 8). Teilweise wird in Frage gestellt, dass über Art. 56 Abs. 1 die federführende Zuständigkeit einer Datenschutz-Aufsichtsbehörde auch für Unternehmensgruppen begründet werden kann, da diese aus rechtlich eigenständigen verantwortlichen Stellen bestehen.[32] Die Einbeziehung von Unternehmensgruppen in die „One-Stop-Shop"-Regelung war jedoch erklärtes Ziel des EU-Gesetzgebers, wie sich aus Erwägungsgrund 36 S. 8 ausdrücklich ergibt. Auch der Europäische Datenschutzausschuss sieht daher in seinen Leitlinien vor, dass bei Unternehmensgruppen zu vermuten ist, dass die Hauptverwaltung des herrschenden Unternehmens in der EU bzw. im EWR auch die Hauptverwaltung der gesamten Unternehmensgruppe ist, sofern nicht unterschiedlichen Niederlassungen unabhängige Entscheidungsbefugnisse betreffend der grenzüberschreitenden Verarbeitung personenbezogener Daten eingeräumt worden sind.[33]

12 Hat ein für die Verarbeitung personenbezogener Daten Verantwortlicher oder Auftragsverarbeiter seine **Hauptverwaltung in einem Drittstaat** (zB in der Schweiz, in den USA oder – seit dessen Austritt aus der EU – im Vereinigten Königreich), so ist die DS-GVO gemäß dem in Art. 3 Abs. 2 DS-GVO verankerten **Marktortprinzip** (→ Einl. Rn. 24, 73) dennoch anwendbar auf jede Datenverarbeitung, die im Zusammenhang damit steht, dass betroffenen Personen „in der Union" bzw. im EWR Waren oder Dienstleistungen angeboten werden oder das Verhalten betroffener Personen „in der Union" bzw. im EWR beobachtet wird. Für den **Verantwortlichen** gibt es in einem solchen Fall **keine federführende Datenschutz-Aufsichtsbehörde gemäß Art. 56 Abs. 1, 6**, da er keine Hauptverwaltung in der EU bzw. im EWR hat, wie es in Art. 56 Abs. 1 iVm Art. 3 Abs. 1, Art. 4 Nr. 23 verlangt wird.[34] Es bleibt somit bei der **(parallelen) Zuständigkeit all der nationalen Datenschutz-Aufsichtsbehörden**,

---

[29] Ebenso Europäischer Datenschutzausschuss, Guidelines 8/2022 on identifying a controller or processor's lead supervisory authority, Version 2.0 v. 28.3.2023, abrufbar unter https://edpb.europa.eu/system/files/2023-04/edpb_guidelines_202208_identifying_lsa_targeted_update_v2_en.pdf, Ziff. 41.

[30] Ebenso Knyrim DS-GVO/*Leissler/Wolfbauer* S. 291 ff., 293. Wohl anders Kühling/Buchner/*Dix*, 4. Aufl. 2024, DS-GVO Art. 56 Rn. 7, der für den Fall, dass „wie in der Praxis häufig – ein großer IT-Dienstleister als Auftragsverarbeiter für mehrere Verantwortliche tätig ist", die Federführung der Datenschutz-Aufsichtsbehörde des Mitgliedstaats für den Auftragsverarbeiter annimmt, in dem dieser seine Hauptniederlassung hat.

[31] So Europäischer Datenschutzausschuss, Guidelines 8/2022 on identifying a controller or processor's lead supervisory authority, Version 2.0 v. 28.3.2023, abrufbar unter https://edpb.europa.eu/system/files/2023-04/edpb_guidelines_202208_identifying_lsa_targeted_update_v2_en.pdf, Ziff. 27 f.

[32] So (noch vor Verabschiedung der DS-GVO) *Nguyen* ZD 2015, 265 (267), der deshalb die Streichung des entsprechenden Erwägungsgrunds verlangte; diese Auffassung setzte sich jedoch im EU-Gesetzgebungsverfahren nicht durch. Weiterhin dennoch Gola/Heckmann/*Nguyen* DS-GVO Art. 56 Rn. 8; ebenso Kühling/Buchner/*Dix*, 4. Aufl. 2024, DS-GVO Art. 56 Rn. 6, für den es bei Unternehmensgruppen „in der Regel […] keine federführende Behörde" gibt. Wie hier *Schantz* NJW 2016, 1841 (1846 f.); sowie Plath/*Hullen* DS-GVO Art. 55 Rn. 9.

[33] Vgl. Europäischer Datenschutzausschuss, Guidelines 8/2022 on identifying a controller or processor's lead supervisory authority, Version 2.0 v. 28.3.2023, abrufbar unter https://edpb.europa.eu/system/files/2023-04/edpb_guidelines_202208_identifying_lsa_targeted_update_v2_en.pdf, Ziff. 28.

[34] Unzutr. insofern Gola/Heckmann/*Nguyen* DS-GVO Art. 56 Rn. 11, für den es bei Art. 56 Abs. 1 nicht darauf ankommen soll, ob ein außereuropäisches Unternehmen seine Haupt- oder eine Zweigniederlassung in der EU unterhält. Er begründet dies unter Hinweis auf den Wortlaut von Art. 56 Abs. 1, wonach „eine einzige Niederlassung" für die Begründung der Federführung einer Datenschutz-Aufsichtsbehörde genüge. Gemeint ist damit aber der Fall der Verarbeitung im EU-Ausland iSv Art. 4 Nr. 23 lit. b, nicht die Marktortfälle iSv Art. 3 Abs. 2. Andernfalls könnten außereuropäische Unternehmen allein durch die Gründung einer Zweigniederlassung in der EU, in der keine maßgebenden Entscheidungen über die Datenverarbeitung getroffen würden, in den Genuss des „One-Stop-Mechanismus" kommen und hätten damit einen erhebl-

deren Zuständigkeitsbereich nach dem Territorialitätsgrundsatz gemäß Art. 55 Abs. 1 berührt wird (bestätigend Erwägungsgrund 122 S. 2).[35] Unternehmen, die ihre Hauptverwaltung in einem Drittstaat haben oder diese dorthin verlagern, also dort die wesentlichen Entscheidungen über die Datenverarbeitung auch in der EU bzw. im EWR treffen, haben somit den faktischen Nachteil, dass sie nicht in den Genuss der binnenmarktfreundlichen Verfahrensregelung des „One-Stop-Shop" gemäß Art. 56 Abs. 1, 6 kommen, sondern sich gegebenenfalls mit mehreren gleichzeitig. zuständigen nationalen Datenschutz-Aufsichtsbehörden auseinandersetzen müssen.[36] Mangels federführender Aufsichtsbehörde kommt auch das Verfahren der Zusammenarbeit und Kohärenz gemäß Art. 60, 63 und 65 in diesem Fall nicht zur Anwendung;[37] eine gewisse Zusammenarbeit der mehreren betroffenen Datenschutz-Aufsichtsbehörden könnte allerdings durch Leitlinien und Empfehlungen des Europäischen Datenschutzausschusses gemäß Art. 70 Abs. 1 S. 2 lit. e vorgesehen werden.[38] Zwar sind nicht in der Union niedergelassene Verantwortliche bzw. Auftragsverarbeiter gemäß Art. 27 Abs. 1 verpflichtet, schriftlich einen Vertreter in der Union zu benennen, der den Datenschutz-Aufsichtsbehörden ebenso wie betroffenen Personen als Anlaufstelle für sämtliche Fragen im Zusammenhang mit der Verarbeitung personenbezogener Daten zu dienen und somit die Einhaltung der DS-GVO zu gewährleisten hat. Der Vertreter ist allerdings nur Anlaufstelle und kann nicht als Hauptverwaltung iSv Art. 56 Abs. 1 iVm Art. 4 Nr. 16 lit. a angesehen werden, da er nicht die für die Verarbeitung relevanten maßgeblichen Entscheidungen des Drittstaatunternehmens trifft und umsetzt. Dies ist auch konsequent, denn andernfalls hätten es außereuropäische Unternehmen in der Hand, sich durch die Benennung eines Vertreters die federführende Datenschutz-Aufsichtsbehörde selbst auszusuchen.[39] Nur im Fall des **Auftragsverarbeiters**, der keine Hauptverwaltung in der EU bzw. im EWR hat, gibt es eine **Sonderregelung in Art. 4 Nr. 16 lit. b**. Hat ein solcher Drittstaats-Auftragsverarbeiter zwar nicht seine Hauptverwaltung, aber doch eine Niederlassung in der EU bzw. im EWR, und finden die Verarbeitungstätigkeiten des Auftragsverarbeiters „hauptsächlich" im Rahmen der Tätigkeiten dieser Niederlassung statt, so gilt diese Niederlassung als Hauptverwaltung, soweit der Auftragsverarbeiter spezifischen Verpflichtungen aus der DS-GVO unterliegt; insofern ist dann auch die federführende Zuständigkeit der Datenschutz-Aufsichtsbehörde am Ort dieser Niederlassung des Auftragsverarbeiters in der Union begründet. Hat allerdings auch der Auftragsverarbeiter keine Niederlassung in der EU bzw. im EWR und unterliegt er der DS-GVO allein über das Marktortprinzip gemäß Art. 3 Abs. 2 – zB ein großer Anbieter von Cloud-Dienstleistungen,

---

lichen Wettbewerbsvorteil ggü. den in der EU bzw. im EWR ansässigen Unternehmen – ein vom EU-Gesetzgeber zweifellos nicht gewolltes Ergebnis.

[35] Vgl. Europäischer Datenschutzausschuss, Guidelines 8/2022 on identifying a controller or processor's lead supervisory authority, Version 2.0 v. 28.3.2023, abrufbar unter https://edpb.europa.eu/system/files/2023-04/edpb_guidelines_202208_identifying_lsa_targeted_update_v2_en.pdf, Ziff. 49: „This means that controllers without any establishment in the EEA [= European Economic Area] must deal with local supervisory authorities in every Member State they are active in, through their local representatives." Vgl. auch Gola/Heckmann/*Nguyen* DS-GVO Art. 56 Rn. 7; Kühling/Buchner/*Dix*, 4. Aufl. 2024, DS-GVO Art. 56 Rn. 6; sowie Paal/Pauly/*Körffer* DS-GVO Art. 56 Rn. 6, der darauf verweist, dass in solch einer Situation mangels eigener Regelung in der DS-GVO die Zusammenarbeit und Kohärenz der Datenschutz-Aufsichtsbehörden besonders gefordert ist.

[36] Dies erklärt, warum sich die französische Datenschutzbehörde CNIL bei ihrer Entscheidung v. 21.1.2019 (abrufbar unter www.cnil.fr/sites/default/files/atoms/files/san-2019-001.pdf, ein Bußgeld in Höhe von 50 Mio. EUR gegen Google zu verhängen, als zuständig ansah. Zu diesem Zeitpunkt hatte die Konzernmutter Google LLC in den USA die Verantwortung für die Entscheidungen über die Datenverarbeitung noch nicht auf die europäische Hauptniederlassung in Irland übertragen. Auf diesen Fall verweist auch Kühling/Buchner/*Dix*, 4. Aufl. 2024, DS-GVO Art. 56 Rn. 6 Fn. 27. Zu einigen Folgefragen dieses Falls, der am Ende zu einer unterschiedlichen datenschutzrechtlichen Anordnung für Google in Frankreich als in anderen EU-Mitgliedstaaten führte, vgl. EuGH (Große Kammer) Urt. v. 24.9.2019 – C-507/17, ECLI:EU:C:2019:772 = ZD 2020, 31 mAnm *Ukrow* – Google LLC/CNIL.

[37] Für die Anwendbarkeit des Verfahrens der Zusammenarbeit und Kohärenz in diesem Fall sprach sich bereits die „Artikel 29-Datenschutzgruppe" aus; vgl. Stellungnahme 1/2012 zu den Reformvorschlägen im Bereich des Datenschutzes v. 23.3.2012, WP 191, S. 21, wo es u.a. heißt: „Folglich ist in diesem Fall [...] jede Aufsichtsbehörde zuständig, deren Mitgliedstaat von Verarbeitungsvorgängen betroffen ist, wobei jedoch die Verordnung nicht regelt, welche Behörde dann federführend ist. Nach Ansicht der Datenschutzgruppe kommt gerade in diesen Fällen der Zusammenarbeit und Kohärenz besondere Bedeutung zu."

[38] Dafür plädiert zu Recht Paal/Pauly/*Körffer* DS-GVO Art. 56 Rn. 6. Ebenso Kühling/Buchner/*Dix*, 4. Aufl. 2024, DS-GVO Art. 56 Rn. 6, der allerdings zutr. betont, dass Verantwortliche oder Auftragsverarbeiter keinen Anspruch auf eine solche Zusammenarbeit der Aufsichtsbehörden haben.

[39] Ebenso Gola/Heckmann/*Nguyen* DS-GVO Art. 56 Rn. 7.

der sich von einem Drittstaat aus an Endkunden in mehreren Mitgliedstaaten richtet –, sind (parallel) alle nationalen Datenschutz-Aufsichtsbehörden für den Auftragsverarbeiter zuständig, deren Zuständigkeitsbereich nach dem Territorialitätsgrundsatz gemäß Art. 55 Abs. 1 berührt wird.[40] Der „One-Stop-Shop" kommt hier also nicht zur Anwendung.

13 Die federführende Zuständigkeit einer Datenschutz-Aufsichtsbehörde kann gemäß Art. 56 Abs. 1 schließlich auch dann gegeben sein, wenn ein Unternehmen nur eine **einzige Niederlassung** in der EU und im EWR (und sonst keine weitere Niederlassung) unterhält, durch deren Datenverarbeitung – zB im Zusammenhang mit der Auslieferung von Waren oder dem Angebot von Dienstleistungen – aber Personen in einem oder mehreren anderen Mitgliedstaaten betroffen sind **(Fall der Verarbeitung im EU-Ausland, Art. 4 Nr. 23 lit. b)**. Auch in diesem Fall greift die „One-Stop-Shop"-Regelung, so dass es für das Unternehmen gemäß Art. 56 Abs. 1, 6 nur eine einzige Aufsichtsbehörde als Ansprechpartner im gesamten Binnenmarkt gibt, wenn mehrere Datenschutz-Aufsichtsbehörden an der datenschutzrechtlichen Beurteilung des Sachverhalts beteiligt sind.

14 Nicht ausdrücklich in der DS-GVO geregelt ist der Fall, dass die Hauptniederlassung oder einzige Niederlassung während der (teilweise einige Zeit beanspruchenden) Prüfung durch eine federführende Datenschutz-Aufsichtsbehörde in einen anderen EU- bzw. EWR-Mitgliedstaat verlegt wird. Denkbar ist ferner, dass ein Verantwortlicher aus einem Drittstaat, der bisher über keine Hauptniederlassung in der EU bzw. im EWR verfügte, eine solche im laufenden Verfahren begründet. Unter Anwendung allgemeiner Rechtsgrundsätze – Rechtssicherheit, Vorhersehbarkeit, Kontinuität und Vermeidung konkurrierender Zuständigkeiten – ist in solchen **Sitzverlagerungsfällen**[41] von einem **Wechsel in der Federführung** bzw. von einer **erstmaligen Begründung der Federführung** auszugehen, sofern die **Sitzverlagerung vor Abschluss des datenschutzrechtlichen Verfahrens wirksam** wird. Im Fall der neu geschaffenen Hauptniederlassung in der EU bzw. im EWR tritt dann an die Stelle der parallelen Zuständigkeit mehrerer nationaler Datenschutz-Aufsichtsbehörden (→ Rn. 12) die federführende Zuständigkeit der Datenschutz-Aufsichtsbehörde im Mitgliedstaat der neu begründeten Hauptniederlassung. Der **Europäische Datenschutzausschuss** hat inzwischen auf Ersuchen der französischen und schwedischen Datenschutz-Aufsichtsbehörde eine entsprechende **Stellungnahme zur Behandlung von Sitzverlagerungsfälle** erlassen.[42] Darin verweist er allerdings auch darauf, dass eine solche Sitzverlagerung auf eine echte, einem dauerhaften Zweck dienende Entscheidung zurückzuführen sein und vom Verantwortlichen bzw. Auftragsverarbeiter nachgewiesen werden muss, also nicht rechtsmissbräuchlich bzw. zum Zweck des „forum shopping" erfolgen darf.[43]

15 Kommt es in der Frage, welche Datenschutz-Aufsichtsbehörde federführend zuständig ist, zu widersprüchlichen Auffassungen unter Datenschutz-Aufsichtsbehörden, so hat der Europäische Datenschutzausschuss diese Frage durch **verbindlichen Streitbeilegungsbeschluss gemäß Art. 65 Abs. 1 lit. b** zu entscheiden. Nach dem etwas missverständlichen Wortlaut des Art. 65 Abs. 1 lit. b scheint dieses Streitbelegungsverfahren die Frage zu betreffen, welche von mehreren betroffenen Aufsichtsbehörden für die Hauptniederlassung zuständig ist; besteht allerdings Klarheit, welche Niederlassung Hauptniederlassung iSv Art. 4 Nr. 16 ist, so ist gemäß Art. 56 Abs. 1 stets die Datenschutz-Aufsichtsbehörde der Hauptniederlassung federführend zuständig. Richtig verstanden muss im Streitbelegungsverfahren nach Art. 65 Abs. 1 lit. b also vor allem die Vorfrage entschieden werden können, welche von mehreren Niederlassungen eines Unternehmens als Hauptniederlassung iSv Art. 56 Abs. 1 iVm Art. 4 Nr. 16 anzusehen ist (→ Art. 65 Rn. 9). Insbesondere betrifft dies die Frage, in welcher Niederlassung die für die Datenverarbeitung

---

[40] Vgl. Europäischer Datenschutzausschuss, Guidelines 8/2022 on identifying a controller or processor's lead supervisory authority, Version 2.0 v. 28.3.2023, abrufbar unter https://edpb.europa.eu/system/files/2023-04/edpb_guidelines_202208_identifying_lsa_targeted_update_v2_en.pdf, Ziff. 41 aE.

[41] Zu solchen Sitzverlagerungsfällen auch Kühling/Buchner/*Dix*, 4. Aufl. 2024, DS-GVO Art. 56 Rn. 6; sowie Kuner/Bygrave/Docksey/*Hijmans* GDPR Article 56, C.3.

[42] Europäischer Datenschutzausschuss, Stellungnahme 8/2019 v. 9.7.2019 zur Zuständigkeit einer Aufsichtsbehörde im Falle einer Veränderung von Umständen, die die Hauptniederlassung oder die einzige Niederlassung betrifft, abrufbar unter https://edpb.europa.eu/sites/default/files/files/file1/edpb_opinion_201908_changeofmainorsingleestablishment_de.pdf. Krit. aus praktischer Sicht zu dieser Stellungnahme Kuner/Bygrave/Docksey/*Hijmans* GDPR Article 56, C.3.: „The result of this guidance may be that – because of the change of the lead authority during an enfocement procedure – the procedure has to start all over again."

[43] Europäischer Datenschutzausschuss, Stellungnahme 8/2019 v. 9.7.2019 (https://edpb.europa.eu/sites/default/files/files/file1/edpb_opinion_201908_changeofmainorsingleestablishment_de.pdf), Ziff. 26.

relevanten maßgeblichen Entscheidungen getroffen und umgesetzt werden. Ist diese Vorfrage vom Europäischen Datenschutzausschuss verbindlich entschieden, folgt daraus gemäß Art. 56 Abs. 1 die federführende Zuständigkeit der Datenschutz-Aufsichtsbehörde der Hauptniederlassung.

II. Parallele Zuständigkeit der örtlichen Datenschutz-Aufsichtsbehörde (Abs. 2)

Im EU-Gesetzgebungsverfahren zur DS-GVO fand neben dem binnenmarktfreundlichen 16 „One-Stop-Shop"-Prinzip auch die Überlegung große Zustimmung, dass überwiegend lokale Sachverhalte von der örtlich am nächsten gelegenen Datenschutz-Aufsichtsbehörde betreut werden sollten.[44] Der dementsprechend an mehreren Stellen der DS-GVO zum Ausdruck kommende **Grundsatz der Nähe („proximité") der Datenschutzaufsicht zum Grundrechtsträger** (vgl. insbesondere Art. 77 Abs. 1 → Art. 55 Rn. 4) findet sich auch in Art. 56 Abs. 2, der eine Sonderzuständigkeit der örtlichen Datenschutz-Aufsichtsbehörde vorsieht. Formuliert als Ausnahme[45] von der „One-Stop-Shop"-Zuständigkeit der federführenden Aufsichtsbehörde gemäß Art. 56 Abs. 1 („Abweichend von Absatz 1") ist danach die **örtliche Datenschutz-Aufsichtsbehörde** in zwei Konstellationen (sog. **örtliche Fälle**) grundsätzlich vorrangig zuständig, auf Beschwerde hin oder von Amts wegen bei einem etwaigen Verstoß gegen die DS-GVO tätig zu werden: erstens, wenn der Sachverhalt „nur" mit einer Niederlassung im Mitgliedstaat der Datenschutz-Aufsichtsbehörde zusammenhängt; und zweitens, wenn betroffene Personen „nur" im Mitgliedstaat der Datenschutz-Aufsichtsbehörde „erheblich beeinträchtigt" sind. Als Beispiel für die zweite örtliche Konstellation nennt Erwägungsgrund 127 S. 1 den Fall, dass es um die Verarbeitung von personenbezogenen Daten von Arbeitnehmern im spezifischen Beschäftigungskontext eines Mitgliedstaats geht. Als weiteres Beispiel für diese Konstellation lassen sich auch Werbemaßnahmen oder Zahlungsverfahren ansehen, wenn diese nur einen Bezug zu Betroffenen in einem bestimmten Mitgliedstaat aufweisen;[46] oder ein Datenleck, das bei den Kundendaten eines Unternehmens auftritt, die in einer getrennten Datenbank in nur einem Mitgliedstaat gespeichert sind.[47] Das OVG Hamburg ist von einer örtlichen Konstellation iSv Art. 56 Abs. 2 ferner in einem Fall ausgegangen, in dem die federführende (irische) Datenschutz-Aufsichtsbehörde eine generelle Erklärung abgegeben hatte, in sog. Delisting-Fällen auf eine eigene Befassung mit einer Beschwerde zu verzichten und den nationalen Aufsichtsbehörden die eigenständige Entscheidung über das Begehren zu überlassen.[48] Das OVG Hamburg wertete dies als wirksame Übertragung des Verfahrens auf die örtliche Datenschutz-Aufsichtsbehörde iSv Art. 56 Abs. 5. Nationale Datenschutz-Aufsichtsbehörden haben seit Inkrafttreten der DS-GVO bereits mehrfach von der Sonderzuständigkeit des Art. 56 Abs. 2 Gebrauch gemacht.[49] Dem ist im Grundsatz zuzustimmen, wobei allerdings ein solcher „Zuständigkeitsverzicht" bzw. eine einvernehmliche Regelung der Zuständigkeit zwischen Aufsichtsbehörden[50] nur dann erfolgen kann, wenn es sich tatsächlich um einen örtlichen Fall iSv Art. 56 Abs. 2 handelt; denn die Zuständigkeitsrege-

---

[44] Dazu *Nguyen* ZD 2015, 265 (266) sowie *Albrecht/Jotzo* DatenschutzR S. 115. Vgl. auch das Rechtsgutachten des Juristischen Dienstes des Rates (Rats-Dok. 18031/13 v. 19.12.2013), abrufbar unter data.consilium.europa.eu/doc/document/ST-18031-2013-INIT/de/pdf, das sich für eine Stärkung der „proximité" der Datenschutz-Aufsichtsbehörden zum Betroffenen aussprach.
[45] Bzw. als Ausnahme von der Ausnahme des Art. 56 Abs. 1 ggü. der territorialen Zuständigkeit gemäß Art. 55 Abs. 1, wie Kuner/Bygrave/Docksey/*Hijmans* GDPR Article 56, C.3., treffend anmerkt.
[46] So Plath/*Hullen* DS-GVO Art. 56 Rn. 11.
[47] Zu diesem Bsp. Gola/Heckmann/*Nguyen* DS-GVO Art. 56 Rn. 21.
[48] OVG Hamburg (5. Senat) Urt. v. 7.10.2019 – 5 Bf 279/17, BeckRS 2019, 36126 Rn. 53.
[49] Vgl. Europäischer Datenschutzausschuss, Contribution to the evaluation of the GDPR under Article 97, 18.2.2020 (abrufbar unter edpb.europa.eu/sites/default/files/files/file1/edpb_contributiongdprevaluation_20200218.pdf), S. 12, wo für den Zeitraum 25.5.2018 bis Ende 2019 bereits von 65 Fällen die Rede ist.
[50] Auf die Möglichkeit einer Verständigung zwischen Datenschutz-Aufsichtsbehörden über die Befassung mit einem örtlichen Fall verweist auch Europäischer Datenschutzausschuss, Leitlinien 3/18 zum räumlichen Anwendungsbereich der DS-GVO (Artikel 3), Version 2.0 v. 12.11.2019, abrufbar unter edpb.europa.eu/sites/default/files/files/file1/edpb_guidelines_3_2018_territorial_scope_after_consultation_de.pdf, Rn. 44, der als Bsp. den Fall nennt, dass ein Marketing-Unternehmen seine Hauptniederlassung in Paris hat und ein Werbeprodukt anbietet, dass nur Datennutzer mit Wohnsitz in Portugal betrifft: „In such a case, the French and the Portuguese supervisory authority might agree that it is appropriate for the Portuguese supervisory authority to take the lead in dealing with the matter."

lungen der DS-GVO sind nicht disponibel,[51] sondern von allen Datenschutz-Aufsichtsbehörden im Rahmen ihrer Aufgabe, für die wirksame und einheitliche Anwendung der DS-GVO zu sorgen, vorrangig zu beachtendes Recht.

17 Streng genommen sind die in Art. 56 Abs. 2 genannten örtlichen Fälle keine Ausnahme von Art. 56 Abs. 1.[52] Denn in beiden dort genannten Fallkonstellationen handelt es sich nicht mehr um eine grenzüberschreitende Verarbeitung personenbezogener Daten iSv Art. 4 Nr. 23; grenzüberschreitend ist in diesen Fällen zwar die verantwortliche Stelle, nicht aber die Datenverarbeitung selbst.[53] Die Regelung ist allerdings von den Bedürfnissen der aufsichtlichen Praxis geprägt, in der man nicht immer gleich unterscheiden wird können, ob bei einem Unternehmen, das Niederlassungen in mehreren EU-Mitgliedstaaten unterhält bzw. personenbezogene Daten in einer Weise verarbeitet, die Auswirkungen auf betroffene Personen in mehr als einem EU-Mitgliedstaat haben kann, im konkreten Fall eine grenzüberschreitende Verarbeitung iSv Art. 4 Nr. 23 gegeben ist. Nach der Systematik des Art. 56 ist in solchen Fällen zunächst grundsätzlich von einer grenzüberschreitenden Verarbeitung auszugehen, so dass die Datenschutz-Aufsichtsbehörde am Sitz der Hauptniederlassung bzw. der einzigen Niederlassung federführend zuständig ist. Eine Ausnahme davon ist gemäß Art. 56 Abs. 2 zu machen, wenn sich bei der aufsichtlichen Zusammenarbeit erweist, dass die beanstandete Datenverarbeitung ausnahmsweise nur in der Niederlassung in einem bestimmten Mitgliedstaat stattfindet oder nur Personen in einem bestimmten Mitgliedstaat erheblich beeinträchtigt. In diesem Ausnahmefall kommt es gemäß Art. 56 Abs. 2 zur **ausnahmsweisen parallelen Zuständigkeit der örtlichen Datenschutz-Aufsichtsbehörde**.

18 Da die Abgrenzung in diesen Ausnahmefällen in den meisten Fällen schwierig und nicht immer eindeutig vorzunehmen sein wird (insbesondere da nicht immer sogleich Klarheit darüber bestehen wird, ob betroffene Personen „nur" in einem Mitgliedstaat „erheblich" beeinträchtigt sind; oder ob die Datenverarbeitung nicht doch „erhebliche Auswirkungen" auf betroffene Personen in mehr als einem Mitgliedstaat hat und deshalb grenzüberschreitend iSv Art. 4 Nr. 23 lit. b ist)[54], ist die örtliche Datenschutz-Aufsichtsbehörde nicht ausschließlich, sondern nur parallel zur weiterhin federführend zuständigen Datenschutz-Aufsichtsbehörde der Hauptniederlassung bzw. einzigen Niederlassung zuständig. Wer letztlich für den Verantwortlichen oder Auftragsverbeiter in den örtlichen Konstellationen zuständig ist, wird dabei nicht nach inhaltlichen Kriterien, sondern verfahrensrechtlich entschieden. Art. 56 Abs. 3–5 regeln deshalb für diese örtlichen Konstellationen ein **besonderes Abstimmungsverfahren** zwischen den betroffenen Aufsichtsbehörden.

---

[51] IdS Kühling/Buchner/*Dix*, 4. Aufl. 2024, DS-GVO Art. 56 Rn. 15a: „Ein solches Einvernehmen kann allerdings nur im Rahmen der unionsrechtlichen Vorgaben erfolgen, die nicht disponibel sind. Denn Entscheidungen einer Aufsichtsbehörde, deren Zuständigkeit im Widerspruch zur Grundverordnung angenommen wurde, würden einer gerichtlichen Überprüfung nicht standhalten."

[52] Ebenso Paal/Pauly/*Körffer* DS-GVO Art. 56 Rn. 4; sowie Plath/*Hullen* DS-GVO Art. 56 Rn. 11 Fn. 32; anders Kühling/Buchner/*Dix*, 4. Aufl. 2024, DS-GVO Art. 56 Rn. 9, für den der Anwendungsbereich des Art. 56 nur eröffnet ist, wenn es sich um eine grenzüberschreitende Datenverarbeitung handelt, bei der allerdings der Bezug zu einem einzigen Mitgliedstaat im Vordergrund steht; idS auch Gola/Heckmann/*Nguyen* DS-GVO Art. 56 Rn. 19.

[53] Ebenso *Nguyen* ZD 2015, 265 (267), der als Bsp. eine Videoüberwachung nennt, bei der die Art und Weise der Überwachung von einer lokalen Zweigstelle eigenständig bestimmt wird. Vgl. auch Plath/*Hullen* DS-GVO Art. 56 Rn. 11, für den in diesen Fällen „regelmäßig ein schwächerer grenzüberschreitender Bezug und eine größere Nähe zur nationalen Aufsichtsbehörde" vorliegt.

[54] Kriterien, welche den nationalen Datenschutz-Aufsichtsbehörden bei der Beurteilung helfen, wann im Einklang mit dem Grundsatz der Nähe („proximité") ausnahmsweise die Zuständigkeit der örtlichen Datenschutz-Aufsichtsbehörde neben der Zuständigkeit der federführenden Datenschutz-Aufsichtsbehörde eingreifen soll, sind in den Leitlinien des Europäischen Datenschutzausschusses gem. Art. 70 Abs. 1 S. 2 lit. e enthalten (vgl. Erwägungsgrund 124 S. 4); vgl. Europäischer Datenschutzausschuss, Leitlinien 3/18 zum räumlichen Anwendungsbereich der DS-GVO (Artikel 3), Version 2.0 v. 12.11.2019, abrufbar unter https://edpb.europa.eu/sites/default/files/files/file1/edpb_guidelines_3_2018_territorial_scope_after_consultation_de.pdf, insbes. Rn. 44; sowie Europäischer Datenschutzausschuss, Guidelines 8/2022 on identifying a controller or processor's lead supervisory authority, Version 2.0 v. 28.3.2023, abrufbar unter https://edpb.europa.eu/system/files/2023-04/edpb_guidelines_202208_identifying_lsa_targeted_update_v2_en.pdf, insbes. Ziff. 35 ff. zu den sog. „borderline cases" (= Grenzfällen).

III. Besonderes Abstimmungsverfahren zwischen örtlicher und federführender Datenschutz-Aufsichtsbehörde (Abs. 3–5)

Die ausnahmsweise parallele Zuständigkeit der örtlichen Datenschutz-Aufsichtsbehörde in den beiden örtlichen Fällen gemäß Art. 56 Abs. 2 verdrängt nicht automatisch die federführende Zuständigkeit der Datenschutz-Aufsichtsbehörde am Sitz der Hauptniederlassung bzw. einzigen Niederlassung, wie sie zunächst in Art. 56 Abs. 1 vorgesehen ist. Ist eine örtliche Konstellation iSv Art. 56 Abs. 2 gegeben, löst dies vielmehr das besondere Abstimmungsverfahren zwischen örtlicher und federführender Datenschutz-Aufsichtsbehörde aus, das in Art. 56 Abs. 3–5 vorgesehen ist. **Aktiviert** wird dieses besondere Abstimmungsverfahren dadurch, dass die örtliche Datenschutz-Aufsichtsbehörde die federführende Datenschutz-Aufsichtsbehörde „unverzüglich" davon unterrichtet, dass eine der beiden in Art. 56 Abs. 2 genannten örtlichen Konstellationen vorliegt **(Verfahrensbeginn durch Unterrichtung der örtlichen Datenschutz-Aufsichtsbehörde, Art. 56 Abs. 3 S. 1).** Unverzüglich ist eine Unterrichtung seitens der örtlichen Datenschutz-Aufsichtsbehörde dann, wenn sie umgehend erfolgt, sobald deutliche Anzeichen dafür bestehen, dass es sich bei der beanstandeten Datenverarbeitung um eine örtliche Konstellation iSv Art. 56 Abs. 2 handelt. Die unterrichtende Aufsichtsbehörde hat dabei im Einklang mit ihrer grundsätzlichen Pflicht, mit den anderen Aufsichtsbehörden loyal im Interesse der einheitlichen Anwendung der DS-GVO in der gesamten Union zusammenzuarbeiten (vgl. Art. 51 Abs. 2, Art. 57 Abs. 1 lit. g, Art. 60 Abs. 1, Art. 63; vgl. auch Art. 4 Abs. 3 EUV → Art. 51 Rn. 15 f.), den Verfahrensstand bei der federführenden Aufsichtsbehörde zu berücksichtigen. Zu beachten ist ferner, dass bereits mit Einlegung einer Beschwerde durch betroffene Personen die **Dreimonatsfrist des Art. 78 Abs. 2** zu laufen beginnt, nach deren Verstreichen Untätigkeitsklagen gegen „die nach den Artikeln 55 und 56 zuständige Aufsichtsbehörde" möglich sind. Eine gezielte Verzögerung eines bei der federführenden Aufsichtsbehörde anhängigen Verfahrens durch Berufung auf eine örtliche Konstellation ist nicht zulässig.

Auf die Unterrichtung der örtlichen Datenschutz-Aufsichtsbehörde hin hat die federführende Datenschutz-Aufsichtsbehörde gemäß Art. 56 Abs. 3 S. 2 maximal drei Wochen Zeit, um sich zwischen zwei möglichen Vorgehensweisen zu entscheiden. Entweder entscheidet die federführende Aufsichtsbehörde, sich selbst mit dem Fall zu befassen und ihn im Rahmen des Verfahrens der Zusammenarbeit und Kohärenz gemäß Art. 60, 63 und 65 im Zusammenwirken mit der örtlichen Datenschutz-Aufsichtsbehörde zu entscheiden **(Selbsteintrittsrecht[55] der federführenden Datenschutz-Aufsichtsbehörde, Art. 56 Abs. 3 S. 2 Alt. 1, Abs. 4 S. 1)**; oder sie entscheidet, sich nicht selbst mit dem Fall zu befassen, sondern ihn der örtlichen Datenschutz-Aufsichtsbehörde zur alleinigen Entscheidung zu überlassen **(Abgabe an die örtliche Datenschutz-Aufsichtsbehörde, Art. 56 Abs. 3 S. 2 Alt. 2, Abs. 5)**.[56] Dabei hat die federführende Datenschutz-Aufsichtsbehörde ein relativ weites Ermessen, insbesondere da die Frage, ob eine Datenverarbeitung „erhebliche Auswirkungen" auf betroffene Personen in mehr als einem EU-Mitgliedstaat hat oder ob betroffene Personen „nur" in einem Mitgliedstaat „erheblich" beeinträchtigt werden, regelmäßig von Prognosen abhängen wird, die auch durch Leitlinien des Europäischen Datenschutzausschusses gemäß Art. 70 Abs. 1 S. 2 lit. e nur zum Teil und naturgemäß nicht in letztverbindlicher Weise vorweggenommen werden können. Zwar kann man dem Europarecht den allgemeinen Rechtsgrundsatz entnehmen, dass Sachverhalte grundsätzlich ortsnah zu regeln sind; dies ergibt sich sowohl aus der Forderung des Art. 1 UAbs. 2 EUV, wonach Entscheidungen in der Union „möglichst bürgernah getroffen werden" als auch aus dem Subsidiaritätsgrundsatz gemäß Art. 5 Abs. 3 UAbs. 1 EUV, dem eine Präferenz für ein Handeln auf der untersten Entscheidungsebene zu entnehmen ist, solange dort wirksame Entscheidungen getroffen werden können. Maßgebliches Kriterium für die Entscheidung der federführenden Datenschutz-Aufsichtsbehörde hat aber in jedem Fall zu sein, ob die **Wirksamkeit der Anwendung der DS-GVO** von ihrem Eintritt abhängig ist oder nicht. Eine wichtige Rolle muss in diesem Zusammenhang spielen, ob der Verantwortliche oder Auftragsverarbeiter im Mitgliedstaat der örtlichen Datenschutz-Aufsichtsbehörde eine Niederlassung hat oder nicht; denn nur

---

[55] Ebenso Kühling/Buchner/*Dix*, 4. Aufl. 2024, DS-GVO Art. 56 Rn. 12, 14.
[56] Während des EU-Gesetzgebungsverfahrens plädierte *Caspar* ZD 2012, 555 (557), für ein Selbsteintrittsrecht der örtlichen Behörden gegenüber der grundsätzlichen Zuständigkeit der Aufsichtsbehörden am Sitz der Hauptniederlassung. Der EU-Gesetzgeber ist dem nicht gefolgt, sondern hat umgekehrt – ausgehend vom Grundsatz der „proximité" – ein Selbsteintrittsrecht der federführenden Datenschutz-Aufsichtsbehörde in den örtlichen Fällen des Art. 56 Abs. 2 vorgesehen.

dann kann die örtliche Datenschutz-Aufsichtsbehörde Beschlüsse gegenüber dem Verantwortlichen oder Auftragsverarbeiter wirksam durchsetzen; Art. 56 Abs. 3 S. 2 aE sowie Erwägungsgrund 127 S. 4 verweisen ausdrücklich auf diesen Zusammenhang. Geht es also um die erste örtliche Konstellation des Art. 56 Abs. 2 (die Beschwerde oder der etwaige Verstoß gegen die DS-GVO hängt nur mit der Niederlassung im Hoheitsgebiet der örtlichen Aufsichtsbehörde zusammen), dann wird sich die federführende Datenschutz-Aufsichtsbehörde in aller Regel auf die wirksame Durchsetzung der DS-GVO gegenüber dem Verantwortlichen oder Auftragsverarbeiter durch die örtliche Aufsichtsbehörde verlassen können. In der zweiten örtlichen Konstellation des Art. 56 Abs. 2 (betroffene Personen werden nur im Mitgliedstaat der örtlichen Aufsichtsbehörde erheblich beeinträchtigt) wird eine Abgabe an die örtliche Aufsichtsbehörde nur dann mit dem Erfordernis der wirksamen Durchsetzung der DS-GVO zu vereinbaren sein, wenn der Verantwortliche oder Auftragsverarbeiter dort auch eine Niederlassung hat. Fehlt diese, so kann in aller Regel die federführende Datenschutz-Aufsichtsbehörde die DS-GVO wirksamer selbst gegenüber der Hauptniederlassung oder einzigen Niederlassung des Verantwortlichen oder Auftragsverarbeiters durchsetzen.

21 Macht die federführende Datenschutz-Aufsichtsbehörde in einem örtlichen Fall von ihrem **Selbsteintrittsrecht** gemäß Art. 56 Abs. 3 S. 2 Alt. 1, Abs. 4 S. 1 Gebrauch, so kommt das **Verfahren der Zusammenarbeit und Kohärenz** zwischen der federführenden Aufsichtsbehörde und anderen betroffenen Aufsichtsbehörden (Art. 60, 63 und 65) zur Anwendung, allerdings mit einer wichtigen **Modifikation:** Gemäß Art. 60 Abs. 3 S. 2 ist Grundlage dieses Verfahrens an sich ein Beschlussentwurf der federführenden Aufsichtsbehörde, zu dem die anderen betroffenen Aufsichtsbehörden Stellungnahmen abgeben können, denen dann die federführende Aufsichtsbehörde „gebührend Rechnung" zu tragen hat. Im besonderen Abstimmungsverfahren nach Art. 56 Abs. 3 S. 2 Alt. 1, Abs. 4 S. 1 hat dagegen die örtliche Aufsichtsbehörde selbst die Möglichkeit, der federführenden Aufsichtsbehörde einen Beschlussentwurf vorzulegen (Art. 56 Abs. 4 S. 2 sowie Erwägungsgrund 127 S. 5; sog. **Initiativrecht**[57]); diese hat daraufhin diesem Entwurf bei der Ausarbeitung ihres Beschlussentwurfs nach Art. 60 Abs. 3 **„weitestgehend Rechnung"** zu tragen (Art. 56 Abs. 4 S. 3); dh sie hat grundsätzlich den Beschlussentwurf zu übernehmen und darf von diesem nur mit ebenso expliziter wie eingehender Begründung abweichen. Hieran zeigt sich, dass wegen des besonderen örtlichen Bezugs auch bei einem Selbsteintritt der federführenden Aufsichtsbehörde inhaltlich der Beurteilung der örtlichen Aufsichtsbehörde von besonderer Bedeutung ist.[58] Weicht die federführende Datenschutz-Aufsichtsbehörde bei ihrem Beschluss entgegen Art. 56 Abs. 4 S. 3 ohne nähere Begründung vom Beschlussentwurf der örtlichen Datenschutz-Aufsichtsbehörde ab, kann diese dagegen gemäß Art. 60 Abs. 4 einen maßgeblichen und begründeten Einspruch einlegen; dabei sind die Anforderungen an einen solchen Einspruch geringer als im normalen Verfahren der Zusammenarbeit, da hier die örtliche Datenschutz-Aufsichtsbehörde zuvor bereits einen ausführlichen Beschlussentwurf formuliert hatte, auf den sie in ihrem Einspruch entsprechend verweisen kann. Schließt sich die federführende Aufsichtsbehörde dem Einspruch nicht an oder hält sie ihn für nicht maßgeblich oder nicht begründet, so ist sie verpflichtet, das Kohärenzverfahren nach Art. 63 einzuleiten. In diesem Fall trifft der Europäische Datenschutzausschuss einen abschließenden Beschluss im **Streitbeilegungsverfahren gemäß Art. 65 Abs. 1 lit. a,** der für die federführende Aufsichtsbehörde und alle anderen betroffenen Aufsichtsbehörden verbindlich ist (vgl. Art. 65 Abs. 2 S. 3).

22 Überlässt die federführende Datenschutz-Aufsichtsbehörde einen Fall dagegen gemäß Art. 56 Abs. 3 S. 2 Alt. 2, Abs. 5 der örtliche Datenschutz-Aufsichtsbehörde, so übernimmt diese den Fall zur **Regelung auf örtlicher Ebene.** Verbindliche Beschlüsse gegenüber dem Verantwortlichen oder Auftragsverarbeiter werden in dieser Fallkonstellation von der örtliche Datenschutz-Aufsichtsbehörde erlassen, in deren Hoheitsgebiet die Niederlassung liegt, bei welcher die DS-GVO durchzusetzen ist. Dabei arbeitet die örtliche Aufsichtsbehörde mit anderen gegebenenfalls betroffenen Aufsichtsbehörden nach den Art. 61 und 62 zusammen, greift also auf die Möglichkeit[59] gegenseitiger Amtshilfe zurück und führt gegebenenfalls gemeinsame Maßnahmen einschließlich gemeinsamer Untersuchungs- und Durchsetzungsmaßnahmen durch.

---

[57] Ebenso Kühling/Buchner/*Dix,* 4. Aufl. 2024, DS-GVO Art. 56 Rn. 14.
[58] Treffend Kuner/Bygrave/Docksey/*Hijmans* GDPR Article 56 C.3.: „Arguably, the lead DPA [= data protection authority] is in charge of the procedure and the local DPA is in charge of the substance."
[59] Vgl. Paal/Pauly/*Körffer* DS-GVO Art. 56 Rn. 7, die hier von einer Befugnis und nicht einer Verpflichtung ausgehen; ebenso für Kühling/Buchner/*Dix,* 4. Aufl. 2024, DS-GVO Art. 56 Rn. 16, Fn. 63.

C. Rechtsschutz

Bei Verletzung der Vorgaben des Art. 56 steht zunächst den von Maßnahmen der Daten- **23** schutz-Aufsichtsbehörden betroffenen Einzelnen **Individualrechtsschutz** zu. So kann zB ein Unternehmen oder ein anderer Grundrechtsträger gemäß Art. 77 Abs. 1 Beschwerde und gemäß Art. 78 Klage vor einem nationalen Gericht gegen eine Datenschutz-Aufsichtsbehörde erheben, die zB bei ihrer Beschlussfassung die federführende Zuständigkeit der Datenschutz-Aufsichtsbehörde am Sitz der Hauptniederlassung eines Verantwortlichen oder Auftragsverarbeiters außer Acht gelassen hat. Ebenso besteht eine Beschwerde- und Klagemöglichkeit nach Art. 77, 78, wenn eine Datenschutz-Aufsichtsbehörde einen örtlichen Fall sachwidrig an sich gezogen hat; oder wenn eine federführende Aufsichtsbehörde bei ihrem Beschluss dem Beschlussentwurf der örtlichen Aufsichtsbehörde nicht „weitestgehend Rechnung" getragen hat. Klagegegenstand ist in all diesen Fällen der abschließende rechtsverbindliche Beschluss der gegenüber dem betroffenen Einzelnen im Außenrechtsverhältnis handelnden Datenschutz-Aufsichtsbehörde, nicht dagegen Zwischenbeschlüsse, Stellungnahmen oder Empfehlungen, die dem abschließenden Beschluss im zwischenbehördlichen Verfahren der Zusammenarbeit und Kohärenz vorgeschaltet sind. Bei entscheidungserheblichen EU-rechtlichen Auslegungsfragen ist in einem solchen von betroffenen natürlichen oder juristischen Personen eingeleiteten Gerichtsverfahren ein Vorabentscheidungsersuchen seitens eines nationalen Gerichts an den EuGH stets möglich (Art. 267 UAbs. 2 AEUV) und in letzter Instanz obligatorisch (Art. 267 UAbs. 3 AEUV).

Im Rahmen des Art. 56, der die Frage der Zuständigkeit zwischen mehreren betroffenen **24** Datenschutz-Aufsichtsbehörden klären will, kann ferner ein **Rechtsschutzbedürfnis auf Seiten einer Datenschutz-Aufsichtsbehörde** bestehen. Dies gilt insbesondere für eine Datenschutz-Aufsichtsbehörde, die sich in einer örtlichen Konstellation iSd Art. 56 Abs. 2 mit dem Sachverhalt ortsnah befassen will, daran aber durch die federführende Datenschutz-Aufsichtsbehörde gehindert wird, die gemäß Art. 56 Abs. 3 S. 2 Alt. 1, Abs. 4 S. 1 selbst in den Fall eintritt. Umgekehrt könnte für die federführende Aufsichtsbehörde ein Rechtsschutzbedürfnis bestehen, wenn die örtliche Aufsichtsbehörde sie nicht unverzüglich, wie in Art. 56 Abs. 3 S. 1 vorgeschrieben, über das Vorliegen einer örtlichen Konstellation unterrichtet und dadurch das Beschlussverfahren verzögert. Auch Rechtsschutz in solchen Fällen, in denen sich Datenschutz-Aufsichtsbehörden um ihre wirksame Beteiligung am zwischenbehördlichen Verfahren streiten, kommt grundsätzlich auf der Grundlage von Art. 78 in Betracht. Danach können natürliche und juristische Personen – nach vorher einzulegender Beschwerde bei der betreffenden Aufsichtsbehörde – gegen die sie betreffenden rechtsverbindlichen Beschlüsse (Abs. 1) oder ein rechtswidriges Untätigbleiben (Abs. 2) von Aufsichtsbehörden Klage vor einem nationalen Gericht erheben. Datenschutz-Aufsichtsbehörden sind in aller Regel juristische Personen, und es ist in der Rechtsgemeinschaft der EU kein Grund ersichtlich, warum sie die Regelungen der DS-GVO, die auch ihnen gegenüber einzuhalten sind, nicht gemäß Art. 78 im Klagewege gegenüber anderen Datenschutz-Aufsichtsbehörden durchsetzen können sollten. Dafür spricht insbesondere der Rechtsgedanke des Erwägungsgrunds 143, der Datenschutz-Aufsichtsbehörden als juristische Personen für berechtigt ansieht, gemäß Art. 263 UAbs. 4 AEUV Nichtigkeitsklage gegen Beschlüsse des Europäischen Datenschutzausschusses zu erheben; sowie der in Art. 58 Abs. 5 zum Ausdruck kommende Grundgedanke, dass Datenschutz-Aufsichtsbehörden befugt sein müssen, bei Verstößen gegen die DS-GVO gegebenenfalls ein gerichtliches Verfahren einleiten zu können. Zwar ist das **Verfahren der Zusammenarbeit und der Kohärenz,** an dessen Ende eine verbindliche Streitbeilegung durch den Europäischen Datenschutzausschuss gemäß Art. 65 Abs. 1 stehen kann, als **grundsätzlich vorrangiger verwaltungsrechtlicher Weg der Lösung von Meinungsverschiedenheiten zwischen Aufsichtsbehörden** anzusehen; es ist zB das allein maßgebliche Streitbeilegungsverfahren, wenn eine örtliche und eine federführende Aufsichtsbehörde darüber streiten, ob die federführende Aufsichtsbehörde einem Beschlussentwurf der örtlichen Aufsichtsbehörde gemäß Art. 56 Abs. 4 S. 3 „weitestgehend Rechnung" getragen hat (→ Rn. 21); ist eine betroffene Aufsichtsbehörde mit dem abschließenden Beschluss des Europäischen Datenschutzausschusses nicht einverstanden, so kann sie gegen diesen Nichtigkeitsklage beim EuGH erheben. Allerdings können nicht alle Meinungsverschiedenheiten gemäß Art. 65 zur verbindlichen Entscheidung vor den Europäischen Datenschutzausschuss gebracht werden, da diesem gemäß Art. 65 Abs. 1 nur eine begrenzte Anzahl von klar definierten Streitigkeiten zur Streitbeilegung zugewiesen sind (→ Art. 65 Rn. 2, 6); dieser Weg steht in den beispielhaft geschilderten Fallkonstellationen nicht zur Verfügung, so dass Datenschutz-Auf-

Art. 57 Kapitel VI. Unabhängige Aufsichtsbehörden

sichtsbehörden im Fall von Rechtsverletzungen in der zwischenbehördlichen Zusammenarbeit in diesen Fällen nur die Möglichkeit bleibt, gemäß Art. 78 den Rechtsweg gegen andere Datenschutz-Aufsichtsbehörden zu beschreiten. Auch bei solchen von Datenschutz-Aufsichtsbehörden eingeleiteten Gerichtsverfahren ist bei EU-rechtlichen Auslegungsfragen, die entscheidungserheblich sind, ein Vorabentscheidungsersuchen seitens eines nationalen Gerichts an den EuGH stets möglich (Art. 267 UAbs. 2 AEUV) und in letzter Instanz obligatorisch (Art. 267 UAbs. 3 AEUV).

D. Nationale Durchführung

25   Art. 56 ist **unmittelbar anwendbar.** Es besteht weder ein Bedarf an nationalen Durchführungsbestimmungen noch ein Spielraum für nationale Spezifizierungen.[60] Nationale Durchführungsvorschriften sind deshalb europarechtlich weder erforderlich noch zulässig. Für innerstaatliche Kompetenzkonflikte zwischen Aufsichtsbehörden, wie sie in Deutschland infolge der dort gemäß Art. 51 Abs. 3 gewählten Pluralität der Aufsichtsbehörden (→ Art. 51 Rn. 17 ff., 23 ff.) entstehen können, kann Art. 56 nicht herangezogen werden. Diese Fragen regeln in Deutschland deshalb die **§§ 18, 19 BDSG** (→ Art. 55 Rn. 19). Federführende Datenschutz-Aufsichtsbehörde iSv Art. 56 Abs. 1 für grenzüberschreitende Verarbeitungen personenbezogener Daten in der EU bzw. im EWR kann demnach je nach Fallgestaltung sowohl der bzw. die Bundesbeauftragte für den Datenschutz und die Informationsfreiheit als auch eine Landesdatenschutzbehörde sein.

Art. 57 Aufgaben

(1) Unbeschadet anderer in dieser Verordnung dargelegter Aufgaben muss jede Aufsichtsbehörde in ihrem Hoheitsgebiet

a) die Anwendung dieser Verordnung überwachen und durchsetzen;
b) die Öffentlichkeit für die Risiken, Vorschriften, Garantien und Rechte im Zusammenhang mit der Verarbeitung sensibilisieren und sie darüber aufklären. Besondere Beachtung finden dabei spezifische Maßnahmen für Kinder;
c) im Einklang mit dem Recht des Mitgliedsstaats das nationale Parlament, die Regierung und andere Einrichtungen und Gremien über legislative und administrative Maßnahmen zum Schutz der Rechte und Freiheiten natürlicher Personen in Bezug auf die Verarbeitung beraten;
d) die Verantwortlichen und die Auftragsverarbeiter für die ihnen aus dieser Verordnung entstehenden Pflichten sensibilisieren;
e) auf Anfrage jeder betroffenen Person Informationen über die Ausübung ihrer Rechte aufgrund dieser Verordnung zur Verfügung stellen und gegebenenfalls zu diesem Zweck mit den Aufsichtsbehörden in anderen Mitgliedstaaten zusammenarbeiten;
f) sich mit Beschwerden einer betroffenen Person oder Beschwerden einer Stelle, einer Organisation oder eines Verbandes gemäß Artikel 80 befassen, den Gegenstand der Beschwerde in angemessenem Umfang untersuchen und den Beschwerdeführer innerhalb einer angemessenen Frist über den Fortgang und das Ergebnis der Untersuchung unterrichten, insbesondere, wenn eine weitere Untersuchung oder Koordinierung mit einer anderen Aufsichtsbehörde notwendig ist;
g) mit anderen Aufsichtsbehörden zusammenarbeiten, auch durch Informationsaustausch, und ihnen Amtshilfe leisten, um die einheitliche Anwendung und Durchsetzung dieser Verordnung zu gewährleisten;
h) Untersuchungen über die Anwendung dieser Verordnung durchführen, auch auf der Grundlage von Informationen einer anderen Aufsichtsbehörde oder einer anderen Behörde;
i) maßgebliche Entwicklungen verfolgen, soweit sie sich auf den Schutz personenbezogener Daten auswirken, insbesondere die Entwicklung der Informations- und Kommunikationstechnologie und der Geschäftspraktiken;

---

[60] Ebenso Kühling/Buchner/*Dix*, 4. Aufl. 2024, DS-GVO Art. 56 Rn. 18: „Ein zwingender Umsetzungs- oder Präzisierungsbedarf für den deutschen Gesetzgeber besteht ebenso wenig wie eine Abweichungsmöglichkeit." Vgl. auch *Kühling/Martini* DS-GVO S. 176 f.

j) Standardvertragsklauseln im Sinne des Artikels 28 Absatz 8 und des Artikels 46 Absatz 2 Buchstabe d festlegen;
k) eine Liste der Verarbeitungsarten erstellen und führen, für die gemäß Artikel 35 Absatz 4 eine Datenschutz-Folgenabschätzung durchzuführen ist;
l) Beratung in Bezug auf die in Artikel 36 Absatz 2 genannten Verarbeitungsvorgänge leisten;
m) die Ausarbeitung von Verhaltensregeln gemäß Artikel 40 Absatz 1 fördern und zu diesen Verhaltensregeln, die ausreichende Garantien im Sinne des Artikels 40 Absatz 5 bieten müssen, Stellungnahmen abgeben und sie billigen;
n) die Einführung von Datenschutzzertifizierungsmechanismen und von Datenschutzsiegeln und -prüfzeichen nach Artikel 42 Absatz 1 anregen und Zertifizierungskriterien nach Artikel 42 Absatz 5 billigen;
o) gegebenenfalls die nach Artikel 42 Absatz 7 erteilten Zertifizierungen regelmäßig überprüfen;
p) die Anforderungen an die Akkreditierung einer Stelle für die Überwachung der Einhaltung der Verhaltensregeln gemäß Artikel 41 und einer Zertifizierungsstelle gemäß Artikel 43 abfassen und veröffentlichen;
q) die Akkreditierung einer Stelle für die Überwachung der Einhaltung der Verhaltensregeln gemäß Artikel 41 und einer Zertifizierungsstelle gemäß Artikel 43 vornehmen;
r) Vertragsklauseln und Bestimmungen im Sinne des Artikels 46 Absatz 3 genehmigen;
s) verbindliche interne Vorschriften gemäß Artikel 47 genehmigen;
t) Beiträge zur Tätigkeit des Ausschusses leisten;
u) interne Verzeichnisse über Verstöße gegen diese Verordnung und gemäß Artikel 58 Absatz 2 ergriffene Maßnahmen und
v) jede sonstige Aufgabe im Zusammenhang mit dem Schutz personenbezogener Daten erfüllen.

(2) Jede Aufsichtsbehörde erleichtert das Einreichen von in Absatz 1 Buchstabe f genannten Beschwerden durch Maßnahmen wie etwa die Bereitstellung eines Beschwerdeformulars, das auch elektronisch ausgefüllt werden kann, ohne dass andere Kommunikationsmittel ausgeschlossen werden.

(3) Die Erfüllung der Aufgaben jeder Aufsichtsbehörde ist für die betroffene Person und gegebenenfalls für den Datenschutzbeauftragten unentgeltlich.

(4) ¹Bei offenkundig unbegründeten oder – insbesondere im Fall von häufiger Wiederholung – exzessiven Anfragen kann die Aufsichtsbehörde eine angemessene Gebühr auf der Grundlage der Verwaltungskosten verlangen oder sich weigern, aufgrund der Anfrage tätig zu werden. ²In diesem Fall trägt die Aufsichtsbehörde die Beweislast für den offenkundig unbegründeten oder exzessiven Charakter der Anfrage.

Literatur: *Albrecht/Jotzo*, Das neue Datenschutzrecht der EU, 2016, Teil 7: Aufsichtsbehörden, S. 107 ff.; *Ashkar*, Durchsetzung und Sanktionierung des Datenschutzrechts nach den Entwürfen der Datenschutz-Grundverordnung, DuD 2015, 796; *Bennett/Raab*, The Governance of Pivacy, 2003; *Brink*, Der Beratungsauftrag der Datenschutzaufsichtsbehörden, ZD 2020, 59; *Caspar*, Das aufsichtsbehördliche Verfahren nach der EU-Datenschutz-Grundverordnung, ZD 2012, 555; *Dieterich*, Rechtsdurchsetzungsmöglichkeiten der DS-GVO, ZD 2016, 260; *Flendrovsky*, Die Aufsichtsbehörden, in Knyrim (Hrsg.), Datenschutz-Grundverordnung. Das neue Datenschutzrecht in Österreich und der EU, Praxishandbuch, 2016, S. 281 ff.; *Giurgiu/Larsen*, Roles and Powers of National Data Protection Authorities, EDPL 2016, 342; *Härting*, Starke Behörden, schwaches Recht – der neue EU-Datenschutzentwurf, BB 2012, 459; *Jóri*, Shaping vs applying data protection law: two core functions of data protection authorities, International Data Privacy Law 2015, 133; *Kranig*, Zuständigkeit der Datenschutzaufsichtsbehörden – Feststellung des Status quo mit Ausblick auf die DS-GVO, ZD 2013, 550; *Kranig*, DS-GVO – und was die Aufsichtsbehörden daraus machen (sollten), RDV 2018, 243; *Lüdemann/Wenzel*, Zur Funktionsfähigkeit der Datenschutzaufsicht in Deutschland, RDV 2015, 285; *Nguyen*, Die zukünftige Datenschutzaufsicht in Europa, ZD 2015, 265; *Poullet*, L'autorité de contrôle, ,vues' de Bruxelles, Revue française d'administration publique 1999, 69; *Thiel*, Die DSGVO als Herausforderung (auch) für die Aufsichtsbehörden, RDV 2017, 191; *Will*, Vermittelt die DS-GVO einen Anspruch auf aufsichtsbehördliches Einschreiten?, ZD 2020, 97.

Rechtsprechung: EuGH (Große Kammer) Urt. v. 9.3.2010 – C-518/07, ECLI:EU:C:2010:125 = EuZW 2010, 296 – Kommission/Deutschland; EuGH (Große Kammer) Urt. v. 16.10.2012 – C-614/10, ECLI:EU:C:2012:631 = ZD 2012, 563 – Kommission/Österreich; EuGH (Große Kammer) Urt. v. 8.4.2014 – C-288/

Art. 57 1
Kapitel VI. Unabhängige Aufsichtsbehörden

12, ECLI:EU:C:2014:237 = ZD 2014, 301 – Kommission/Ungarn; EuGH (Große Kammer) Urt. v. 6.10.2015 – C-362/14, ECLI:EU:C:2015:650 = ZD 2015, 549 mAnm *Spies* – Maximillian Schrems/Data Protection Commissioner („Schrems I"); EuGH (Große Kammer) Urt. v. 16.7.2020 – C-311/18, ECLI:EU:C:2020:559 = ZD 2020, 511 mAnm *Moos/Rothkegel* – Data Protection Commissioner/Facebook Ireland Ltd, Maximillian Schrems („Schrems II"); EuGH (Große Kammer) Urt. v. 4.7.2023 – C-252/21, ECLI:EU:C:2023:537 = MMR 202, 669 mAnm *Golland* – Meta Platforms Inc./Bundeskartellamt; VG Ansbach Urt. v. 8.8.2019 – AN 14 K 19.00272, ZD 2020, 217 mAnm *Engelbrecht;* OVG Rheinland-Pfalz Urt. v. 26.10.2020 – 10 A 10613/20.OVG, ZD 2021, 446.

Übersicht

	Rn.
A. Allgemeines	1
I. Hintergrund und Zweck der Bestimmung	1
II. Systematik, Verhältnis zu anderen Bestimmungen	3
B. Einzelerläuterungen	6
I. Hauptaufgabe: Überwachung und Durchsetzung der DS-GVO (Abs. 1 lit. a iVm lit. f, g, h, t, Abs. 2)	7
II. Sensibilisierung der Öffentlichkeit für den Datenschutz (Abs. 1 lit. b, d, e)	13
III. Beratung von Legislative und Exekutive (Abs. 1 lit. c)	17
IV. Beratung und Entscheidung bei spezifischen Datenschutzinstrumenten	19
V. Pflicht zur Technologieoffenheit (Abs. 1 lit. i)	20
VI. Sonstige Aufgaben (Abs. 1 lit. v)	21
C. Erleichterung des Einreichens von Beschwerden (Abs. 2)	22
D. Unentgeltlichkeit der Tätigkeit der Datenschutz-Aufsichtsbehörden (Abs. 3, 4)	24
E. Nationale Durchführung	27

A. Allgemeines[*]

I. Hintergrund und Zweck der Bestimmung

1 Mit Art. 57 normiert der EU-Gesetzgeber erstmals die Aufgaben der Datenschutz-Aufsichtsbehörden direkt im Unionsrecht. Während die DS-RL sich noch damit begnügte, in Art. 28 Abs. 3 DS-RL die konkreten Befugnisse, über welche die nationalen Kontrollstellen verfügen sollten, in beispielhafter und nicht abschließender Weise („insbesondere") aufzulisten, definiert der EU-Gesetzgeber in Art. 57 zunächst das gesamte Tätigkeitsfeld der Datenschutz-Aufsichtsbehörden umfassend in **21 Einzelaufgaben,** ergänzt durch die **Generalklausel des Art. 57 Abs. 1 lit. v** als Auffangnorm. Erst im Anschluss daran unternimmt Art. 58 eine eingehende Bestimmung von insgesamt **26 Einzelbefugnissen** – gruppiert in Untersuchungsbefugnisse (Art. 58 Abs. 1), Abhilfebefugnisse (Art. 58 Abs. 2) sowie Genehmigungs- und beratende Befugnisse (Art. 58 Abs. 3). Für die Rechtsstellung und Durchsetzungsfähigkeit der nationalen Datenschutz-Aufsichtsbehörden ist es dabei von entscheidender Bedeutung, dass sowohl ihre Aufgaben als auch ihre Befugnisse nicht – wie es zeitweise vom Rat im EU-Gesetzgebungsverfahren jedenfalls für die Befugnisse erwogen wurde[1] – in nationalen Rechtsvorschriften festgelegt werden, sondern sich direkt und einheitlich sowie in unmittelbar anwendbarer Normqualität[2] aus dem unmittelbar geltenden Unionsrecht der DS-GVO ergeben.[3] Dadurch, dass alle nationalen Datenschutz-Aufsichtsbehörden „dieselben Aufgaben und wirksamen Befugnisse" (vgl. Erwägungsgrund 129 S. 1, im Englischen: „the same tasks and effective powers"; besonders deutlich im Französischen: „les mêmes missions et les mêmes pouvoirs effectifs") haben, soll die einheitliche Überwachung der Anwendung und Durchsetzung der DS-GVO in der gesamten

---
[*] Der Verfasser vertritt hier seine persönliche Auffassung, die nicht notwendig der Auffassung der Europäischen Kommission entspricht.
[1] Vgl. Rats-Dok. Nr. 68335 v. 9.3.2015, wonach Art. 53 (Befugnisse) wie folgt eingeleitet war: „Jeder Mitgliedstaat regelt durch Gesetz, dass seine Aufsichtsbehörde mindestens über die folgenden Untersuchungsbefugnisse verfügt […]." Krit. dazu *Nguyen* ZD 2015, 265 (268), der zu Recht beanstandete, dass durch eine solche Regelung der einheitliche Vollzug des Datenschutzrechts in Europa erheblich gefährdet und unterschiedliche Wettbewerbsbedingungen für europäische Unternehmen geschaffen worden wären. Vgl. auch Kühling/Buchner/*Boehm,* 4. Aufl. 2024, DS-GVO Art. 58 Rn. 9.
[2] Ebenso Paal/Pauly/*Körffer* DS-GVO Art. 57 Rn. 1: „unmittelbar anwendbares Recht".
[3] Ebenso *Albrecht/Jotzo* DatenschutzR S. 109; Kühling/Buchner/*Boehm,* 4. Aufl. 2024, DS-GVO Art. 57 Rn. 1: „Sie folgen unmittelbar aus der DS-GVO."

Union sichergestellt und regulatorische Arbitrage vermieden werden.[4] Zugleich stärkt die **Unionsunmittelbarkeit der aufsichtlichen Aufgaben und Befugnisse** die Unabhängigkeit der aus der allgemeinen Staatsverwaltung der Mitgliedstaaten ausgegliederten Datenschutz-Aufsichtsbehörden (→ Art. 52 Rn. 9, 11) gegenüber nationalen Stellen und bekräftigt ihre funktionelle Eigenschaft als **dezentrale Unionsbehörden** (→ Art. 51 Rn. 6; → Art. 52 Rn. 11; → Art. 53 Rn. 10; → Art. 54 Rn. 4). Die Art. 57, 58 zeigen, dass Bezugspunkt für die Tätigkeit der nationalen Datenschutz-Aufsichtsbehörden primär und ganz überwiegend das Unionsrecht ist, zu dem nationale Rechtsvorschriften allenfalls ergänzend und spezifizierend hinzutreten können. Eine gänzliche oder teilweise Wiederholung der Aufgaben- und Befugnisnormen der DS-GVO in nationalen Rechtsvorschriften ist nicht nur überflüssig, sondern wäre sogar unionsrechtswidrig,[5] da dies bei den Rechtsunterworfenen zu Unklarheit und Verwirrung über den unmittelbar unionsrechtlichen Charakter der Aufgaben und Befugnisse der nationalen Datenschutz-Aufsichtsbehörden führen und damit die wirksame Anwendung und Durchsetzung der DS-GVO beeinträchtigen könnte (sog. **Umsetzung- und Normwiederholungsverbot** → Einl. Rn. 86, 98).

Die **Unterscheidung von Aufgaben und Befugnissen** (im Englischen: „tasks" und „powers", im Französischen: „missions" und pouvoirs"), wie sie jetzt durch die Art. 57, 58 im europäischen Datenschutzrecht eingeführt worden ist, stammt ursprünglich aus dem deutschen und österreichischen[6] Verwaltungsrecht und ist letztlich Ausdruck des auch im Unionsrecht anerkannten Gebots rechtsstaatlichen Handelns (vgl. Art. 2 S. 1 EUV, der die Rechtsstaatlichkeit zu den primären Werten der Union zählt; sowie die „Rechtsstaatlichkeitsklausel" in Art. 58 Abs. 4 → Art. 58 Rn. 6). Während Aufgabennormen die allgemeinen Ziele und das Tätigkeitsfeld hoheitlichen Handelns bestimmen, sind Befugnisnormen Rechtsgrundlagen für hoheitliches Handeln gegenüber Einzelnen. Aufgabennormen berechtigen niemals allein, sondern nur in Verbindung mit einer konkreten Befugnisnorm zu behördlichen Eingriffen in die Rechtsverhältnisse von Grundrechtsträgern.[7] Umgekehrt kann die Ausübung einer konkreten Befugnis rechtswidrig sein, wenn die öffentliche Hand dabei den durch ihre Aufgaben abgesteckten äußeren Rahmen ihrer Tätigkeit verlässt und somit ultra vires handelt. Auch im Unionsrecht hat sich die rechtsstaatliche Unterscheidung zwischen Aufgaben/Zielen einerseits und Befugnissen/Rechtsgrundlagen andererseits in den vergangenen Jahren zunehmend durchgesetzt. So kann die Rechtsperson EU selbst nicht allein auf der Grundlage einer Aufgaben- oder Zielvorschrift[8] tätig werden, sondern bedarf dafür stets einer konkreten Handlungsbefugnis in einer Rechtsgrundlage,[9] wie sich u.a. aus dem Grundsatz der begrenzten Einzelermächtigung in Art. 5 Abs. 2 EUV sowie aus Art. 3 Abs. 6, Art. 13 Abs. 2 EUV ergibt; Art. 352 Abs. 1 AEUV wirkt insofern bestätigend. Die Unterscheidung zwischen Aufgaben und Befugnissen findet sich auch in den Rechtsvorschriften zur unabhängigen Europäischen Zentralbank, und zwar sowohl, wenn diese im Rahmen der einheitlichen Geldpolitik tätig wird,[10] als auch, wenn sie ihre Funktion als

---

[4] Vgl. Gola/Heckmann/*Nguyen* DS-GVO Art. 57 Rn. 1: „Mit dieser detaillierten Aufgabenbeschreibung hoffte die EU-Gesetzgebung, das Vollzugsniveau anzugleichen."

[5] Unzutr. daher Gierschmann/Schlender/Stentzel/Veil/*Kreul* DS-GVO Art. 59 Rn. 24, die entgegen der ganz hM davon ausgeht, dass die umfangreichen Aufgabenzuweisungen durch die DS-GVO in Art. 57 „zahlreiche nationale Gesetzesanpassungen" erfordern würden, insbes. was die Aufnahme der neuen Sensibilisierungsaufgabe in die nationalen Aufgabenkataloge oder -zuweisungen angehe. Die einzige Gesetzesanpassung, die aus der unmittelbaren Geltung und Anwendbarkeit von Art. 57 folgt, ist jedoch die weitgehend ersatzlose Streichung der Aufgabenkataloge der Datenschutz-Aufsichtsbehörden in den nationalen Datenschutzgesetzen bzw. ein schlichter Verweis auf den Aufgabenkatalog des Art. 57.

[6] Vgl. Knyrim DS-GVO/*Flendrovsky* S. 281 ff., 285, der auf das zweistufige Konzept im österreichischen Sicherheitspolizeigesetz als Vorbild verweist.

[7] Ebenso Gola/Heckmann/*Nguyen* DS-GVO Art. 57 Rn. 3; vgl. auch VG Stuttgart Urt. v. 11.11.2021 – 11 K 17/21, ZD 2022, 586 Rn. 50: „Entsprechend der Unterscheidung der DS-GVO von Aufgabennorm, Art. 57 DS-GVO, und Befugnisnorm, Art. 58 DS-GVO [...], musste sich daher die Befugnis des Bekl. zum Eingriff in die Vertragsfreiheit der Beigel. zunächst aus Art. 58 Abs. 2 DS-GVO (,Abhilfebefugnis') ergeben."

[8] Im EU-Recht wird heute grds. nicht zwischen Aufgaben- und Zielnormen unterschieden; vgl. Streinz/*Pechstein* EUV Art. 3 Rn. 2 sowie Calliess/Ruffert/*Ruffert* EUV Art. 3 Rn. 1.

[9] Vgl. Streinz/*Pechstein* EUV Art. 3 Rn. 2 sowie Calliess/Ruffert/*Ruffert* EUV Art. 3 Rn. 12.

[10] Die Europäische Zentralbank und die mit ihr im Europäischen System der Zentralbanken/Eurosystem verbundenen nationalen Zentralbanken können durch geldpolitische Geschäfte nur dann in den Markt eingreifen, wenn dies zur Erreichung der Ziele und der Erfüllung der Aufgaben des Zentralbanksystems erfolgt und von den Voraussetzungen der konkreten Rechtsgrundlage in Art. 18.1 des Protokolls Nr. 4 über die Satzung des Europäischen Systems der Zentralbanken und der Europäischen Zentralbank gedeckt ist.

oberste Bankenaufsichtsbehörde im Euro-Währungsgebiet wahrnimmt.[11] Auch der Europäische Datenschutzbeauftragte darf zum Schutz natürlicher Personen bei der Verarbeitung personenbezogener Daten durch die Organe, Einrichtungen und sonstigen Stellen der EU nur dann tätig werden, wenn sein Handeln in den Bereich seiner in Art. 57 VO (EU) 2018/1725[12] umschriebenen Aufgaben fällt und er dafür außerdem auf eine der in Art. 58 derselben Verordnung definierten Befugnisse zurückgreifen kann. Wenn die DS-GVO – anders als früher die DS-RL – in den Art. 57, 58 zwischen Aufgaben und Befugnissen unterscheidet, so zeigt sich daran, dass im europäischen Datenschutzrecht heute Aufsichtsbehörden unmittelbar kraft Unionsrechts zu hoheitlichem Handeln gegenüber Grundrechtsträgern ermächtigt werden, so dass dieses Handeln rechtsstaatlichen Kriterien unterliegen muss. Eine nationale Datenschutz-Aufsichtsbehörde darf also nur dann gemäß der DS-GVO gegenüber Grundrechtsträgern handeln, wenn ihr Aufgabenbereich gemäß Art. 57 eröffnet ist und zusätzlich eine konkrete Befugnisnorm sie gemäß Art. 58 zum Handeln ermächtigt. Ein Schluss von der Aufgabe auf eine entsprechende Befugnis ist in der Systematik der DS-GVO unzulässig.

II. Systematik, Verhältnis zu anderen Bestimmungen

3 Die Aufgabennorm des Art. 57 ist Anknüpfungspunkt für das rechtliche Verständnis der **Reichweite der Zuständigkeit der Datenschutz-Aufsichtsbehörden.** Dementsprechend erklärt Art. 55 Abs. 1 als allgemeine Regelung der räumlichen Zuständigkeit jede Aufsichtsbehörde im Hoheitsgebiet ihres Mitgliedstaats für zuständig, diejenigen Aufgaben zu erfüllen und diejenigen Befugnisse auszuüben, die ihr mit der DS-GVO übertragen worden sind. Nach den in der DS-GVO definierten Aufgaben und Befugnissen bestimmt sich auch die **Reichweite der völligen Unabhängigkeit der Datenschutz-Aufsichtsbehörden,** wie sie sich allgemein aus Art. 52 Abs. 1 sowie speziell für das Weisungs- und Beeinflussungsverbot aus Art. 52 Abs. 2 ergibt. Ebenso in direktem Bezug auf die in der DS-GVO festgelegten Aufgaben und Befugnisse ist das in Art. 52 Abs. 4 enthaltene Gebot formuliert, die Datenschutz-Aufsichtsbehörden angemessen mit den von ihr benötigten Ressourcen auszustatten (→ Art. 52 Rn. 22 ff.). Die Aufgabennorm des Art. 57 hat also **eine erhebliche funktionale Horizontalwirkung** auf die wesentlichen institutionell-rechtlichen Vorschriften der DS-GVO.

4 Eine weitere Norm, die direkt auf die Aufgaben der Datenschutz-Aufsichtsbehörden Bezug nimmt, ist **Art. 31,** der den Verantwortlichen und den Auftragsverarbeiter (sowie gegebenenfalls deren Vertreter) dazu verpflichtet, „mit der Aufsichtsbehörde bei der Erfüllung ihrer Aufgaben" zusammenzuarbeiten. Den Aufgaben der Datenschutz-Aufsichtsbehörden stehen also spiegelbildlich **Kooperationspflichten der Verantwortlichen bzw. Auftragsverarbeiter** gegenüber. Sofern der Aufgabenbereich einer Datenschutz-Aufsichtsbehörde gemäß Art. 57 eröffnet ist, ist der Verantwortliche bzw. der Auftragsverarbeiter somit im Interesse eines wirksamen Vollzugs der DS-GVO gemäß Art. 31 zu Information, Mitwirkung, Zusammenarbeit und Unterstützung bei der Erfüllung dieser Aufgaben verpflichtet.

5 Im Unterschied zur Rechtslage bei den nationalen Datenschutz-Aufsichtsbehörden und beim Europäischen Datenschutzbeauftragten sieht die DS-GVO für den durch sie eingerichteten **Europäischen Datenschutzausschuss** in Art. 70 nur eine Aufgabenliste, nicht aber eine eigenständige Befugnisnorm vor. Dies liegt daran, dass der Europäische Datenschutzausschuss trotz seiner durch Unionsrecht begründeten Rechtspersönlichkeit (vgl. Art. 68 Abs. 1) nach gegenwärtiger Rechtslage nicht befugt ist, mit Rechtverbindlichkeit direkt gegenüber Grundrechtsträgern zu handeln. Seine Tätigkeit beschränkt sich vielmehr auf das Formulieren von (für die Rechtspraxis bedeutsamen, aber rechtlich unverbindlichen) Leitlinien, Empfehlungen und bewährten Verfahren („best practices"), die dazu beitragen sollen, die einheitliche Anwendung der DS-GVO sicherzustellen (zur rechtlichen Bedeutung der Leitlinien des Europäischen Daten-

---

[11] Vgl. Art. 4 (Der EZB übertragene Aufgaben) und Kapitel III (Befugnisse der EZB) der Verordnung (EU) Nr. 1024/2013 des Rates v. 15.10.2013 zur Übertragung besonderer Aufgaben im Zusammenhang mit der Aufsicht über Kreditinstitute auf die Europäische Zentralbank (sog. SSM-Verordnung), ABl. 2013 L 287, 63, ber. ABl. 2015 L 218/82.

[12] VO (EU) 2018/1725 des Europäischen Parlaments und des Rates v. 23.10.2018 zum Schutz natürlicher Personen bei der Verarbeitung personenbezogener Daten durch die Organe, Einrichtungen und sonstigen Stellen der Union, zum freien Datenverkehr und zur Aufhebung der Verordnung (EG) Nr. 45/2001 und des Beschlusses Nr. 1247/2002/EG, ABl. 2018 L 295, 39. Diese Verordnung, die ursprünglich aus dem Jahr 2001 stammte, wurde 2018 vom EU-Gesetzgeber an die DS-GVO angepasst und entsprechend modernisiert; dafür enthielten Art. 2 Abs. 3, Art. 98 DS-GVO einen entsprechenden Gesetzgebungsauftrag, um die Kohärenz zwischen dem Datenschutz auf EU- und auf nationaler Ebene zu wahren.

schutzausschusses → Einl. Rn. 114 f.); auf die Beratung der Europäischen Kommission; sowie auf die Abgabe von Stellungnahmen gegenüber der Kommission oder den nationalen Aufsichtsbehörden, insbesondere im Kohärenzverfahren gemäß Art. 63. Verbindliche Beschlüsse trifft der Europäische Datenschutzausschuss allein im Fall der Streitbeilegung zwischen Aufsichtsbehörden gemäß Art. 65 sowie im Dringlichkeitsverfahren gemäß Art. 66. Solche Beschlüsse trifft der Europäische Datenschutzausschuss allerdings nur gegenüber den nationalen Aufsichtsbehörden, so dass seine Rechtswirkungen auf das zwischenbehördliche Verhältnis beschränkt sind und der Europäische Datenschutzausschuss selbst gegenüber Grundrechtsträgern rechtlich nicht unmittelbar, sondern stets vermittelt durch die federführende Aufsichtsbehörde in Erscheinung tritt (→ Art. 68 Rn. 1). Im Unterschied zu den nationalen Datenschutz-Aufsichtsbehörden und zum Europäischen Datenschutzbeauftragten ist daher beim Europäischen Datenschutzausschuss eine eigene Befugnisnorm aus rechtsstaatlichen Gründen nach gegenwärtiger Rechtslage nicht erforderlich.

B. Einzelerläuterungen

Die Liste der 21 Einzelaufgaben der Datenschutz-Aufsichtsbehörden gemäß Art. 57 Abs. 1 **6** umschreibt deren wesentliches Aufgabengebiet und Tätigkeitsfeld, wobei im Mittelpunkt die Überwachung der Anwendung und Durchsetzung der DS-GVO steht (vgl. Art. 57 Abs. 1 lit. a). Aus der ausführlichen Aufgabenliste[13] ergibt sich das Bild einer Datenschutz-Aufsichtsbehörde, die heute eine für den Schutz des Datenschutzgrundrechts umfassend zuständige **Regulierungsbehörde** zu sein hat (→ Art. 51 Rn. 11). Die Aufgabenliste in Art. 57 Abs. 1 ist **nicht abschließend**. Sie wird zum einen ergänzt durch einige wenige andere in der DS-GVO festgelegte besondere Aufgaben, so zB die Aufgabe gemäß Art. 59, jedes Jahr einen Tätigkeitsbericht zu erstellen; oder die Aufgabe, mit den obligatorisch oder freiwillig eingerichteten betrieblichen oder behördlichen Datenschutzbeauftragten zusammenzuarbeiten (vgl. Art. 39 Abs. 1 lit. d, e). Zum anderen sieht die **Generalklausel des Art. 57 Abs. 1 lit. v** – gewissermaßen als 22. Aufgabe in Art. 57 – vor, dass die Datenschutz-Aufsichtsbehörden „jede sonstige Aufgabe im Zusammenhang mit dem Schutz personenbezogener Daten" zu erfüllen haben. Der Aufgabenbereich der Datenschutz-Aufsichtsbehörden reicht damit so weit wie der Anwendungsbereich des europäischen Datenschutzrechts insgesamt. Er erfasst zB auch Fragen der Anwendung der ePrivacy-RL[14] (→ Einl. Rn. 129 f.; Art. 95) oder der Polizei-RL[15] (→ Einl. Rn. 43, 46, 62; → Art. 2 Rn. 12 f.); nicht dagegen Fragen, die außerhalb des Anwendungsbereichs des europäischen Datenschutzrechts liegen, da sie datenschutzrechtlich relevante Tätigkeiten außerhalb des Anwendungsbereichs des Unionsrechts (zB im Kernbereich der nationalen Sicherheit) betreffen (→ Art. 2 Rn. 8). Formuliert sind die Aufgaben der Datenschutz-Aufsichtsbehörden durchgehend als Pflicht („muss"). Die Datenschutz-Aufsichtsbehörden können sich also nicht aussuchen, ob sie dieser oder jener Aufgabe vorrangig nachgehen wollen, sondern sie sind EU-rechtlich verpflichtet, alle in Art. 58 vorgesehenen Aufgaben von Amts wegen zu erfüllen.[16]

---

[13] Für *Brink* ZD 2020, 59 (59), geht die DS-GVO mit der Aufgabenzuweisung an die Aufsichtsbehörden „geradezu verschwenderisch" vor.
[14] Richtlinie 2002/58/EG des Europäischen Parlaments und des Rates v. 12.7.2012 über die Verarbeitung personenbezogener Daten und den Schutz der Privatsphäre in der elektronischen Kommunikation (Datenschutzrichtlinie für elektronische Kommunikation), ABl. 2002 L 201, 37. Bestätigend Art. 18 Abs. 1 im Vorschlag der Kommission zur ePrivacy-VO, COM(2017) 10 final v. 10.1.2017. Vgl. auch Europäischer Datenschutzausschuss, Stellungnahme 5/2019 zum Zusammenspiel zwischen der e-Datenschutz-Richtlinie und der DS-GVO, insbesondere in Bezug auf die Zuständigkeiten, Aufgaben und Befugnisse von Datenschutzbehörden, angenommen am 12.3.2019, abrufbar unter https://edpb.europa.eu/sites/default/files/files/file1/201905_edpb_opinion_eprivacydir_gdpr_interplay_en_de.pdf.
[15] Richtlinie (EU) 2016/680 des Europäischen Parlaments und des Rates v. 27.4.2016 zum Schutz natürlicher Personen bei der Verarbeitung personenbezogener Daten durch die zuständigen Behörden zum Zwecke der Verhütung, Ermittlung, Aufdeckung oder Verfolgung von Straftaten oder der Strafvollstreckung sowie zum freien Datenverkehr und zur Aufhebung des Rahmenbeschlusses 2008/977/JI des Rates, ABl. 2016 L 119, 89, ber. ABl. 2018 L 127, 9, ber. ABl. 2021 L 74, 36. Zu dieser sog. Polizei-RL Knyrim DS-GVO/*Wildpanner-Gugatschka* S. 389; Knyrim DS-GVO/*Dörnhöfer* S. 401; *Kugelmann* DuD 2012, 581.
[16] Ebenso Gola/Heckmann/*Nguyen* DS-GVO Art. 57 Rn. 1: „Aufgaben, zu deren Wahrnehmung die Aufsichtsbehörden verpflichtet sind"; sowie Paal/Pauly/*Körffer* DS-GVO Art. 57 Rn. 1: „Pflichtaufgaben". Vgl. auch Kuner/Bygrave/Docksey/*Hijmans* GDPR Art. 57 C.3.: „This is mandatory. The GDPR does not permit the DPAs [= data protection authorities] to disregard one of the 22 tasks as such." Aus der Rspr. vgl. EuGH (Große Kammer) Urt. v. 16.7.2020 – C-311/18, ECLI:EU:C:2020:559 = ZD 2020, 511 mAnm

I. Hauptaufgabe: Überwachung und Durchsetzung der DS-GVO
(Abs. 1 lit. a iVm lit. f, g, h, t, Abs. 2)

7 Die Aufgabe, die Anwendung der DS-GVO zu überwachen und durchzusetzen, steht im Mittelpunkt der Tätigkeit der Datenschutz-Aufsichtsbehörden und lässt sich als deren Hauptaufgabe[17] ansehen (vgl. auch Art. 51 Abs. 1). Treffend kommt daher in **Art. 57 Abs. 1 lit. a** die vom EuGH regelmäßig hervorgehobene Rolle der Datenschutz-Aufsichtsbehörden als **„Hüter des Rechts auf Privatsphäre"**[18] **und des Datenschutzgrundrechts** (→ Einl. Rn. 30, 61) zum Ausdruck. Sie ist es, die die unabhängigen Aufsichtsbehörden zu einem wesentlichen Bestandteil des Datenschutzgrundrechts macht (vgl. Erwägungsgrund 117). Diese Aufgabe beinhaltet es, bei der Überwachung der Anwendung der DS-GVO sowohl darauf zu achten, dass die Grundrechte und Grundfreiheiten natürlicher Personen bei der Verarbeitung personenbezogener Daten geschützt werden, als auch darauf, dass der freie Verkehr personenbezogener Daten in der Union erleichtert wird (vgl. Art. 51 Abs. 1). Beide Aufgaben haben die Aufsichtsbehörden „miteinander ins Gleichgewicht"[19] zu bringen, dh sie haben dafür zu sorgen, zwischen dem Schutz des Rechts auf Privatsphäre bzw. des Datenschutzgrundrechts und dem freien Verkehr personenbezogener Daten „ein ausgewogenes Verhältnis"[20] bzw. „einen angemessenen Ausgleich"[21] herzustellen.

8 Die Hauptaufgabe der Datenschutz-Aufsichtsbehörden besteht sowohl in der **Überwachung** als auch in der **Durchsetzung** der Anwendung der DS-GVO. Hierin kommt der besondere Akzent auf die Normdurchsetzung[22] zum Ausdruck, der Wesensmerkmal der DS-GVO ist (→ Einl. Rn. 72 ff.). Stellt eine Datenschutz-Aufsichtsbehörde also aufgrund von Beschwerden, Hinweisen oder anderweitigen Erkenntnissen fest, dass die DS-GVO von einem Verantwortlichen oder Auftragsverarbeiter fehlerhaft oder gar nicht angewandt worden ist, so hat sie es nicht bei der entsprechenden Feststellung zu belassen. Zu ihrer Pflichtaufgabe gehört vielmehr die wirksame Durchsetzung der DS-GVO direkt gegenüber allen privaten wie öffentlichen Stellen. Zu diesem Zweck ist jede Datenschutz-Aufsichtsbehörde durch die DS-GVO selbst in Art. 58 mit **umfassenden Durchsetzungsbefugnissen** ausgestattet, insbesondere mit der Befugnis, Abhilfemaßnahmen zu treffen, die von der Warnung eines Verantwortlichen oder Auftragsverarbeiters über das Aussprechen des Verbots einer Verarbeitung bis hin – und das ist eine qualitativ bedeutsame Neuerung im Vergleich zur Rechtslage nach der DS-RL – zur Verhängung von

---

Moos/Rothkegel – Data Protection Commissioner/Facebook Ireland Ltd, Maximillian Schrems („Schrems II") Rn. 108, wonach die Aufsichtsbehörden „*primär* die Aufgabe haben, die Anwendung der DS-GVO zu überwachen und für ihre Einhaltung zu sorgen." (Hervorhebung durch den Verfasser). Vgl. ferner EuGH (Große Kammer) Urt. v. 4.7.2023 – C-252/21, ECLI:EU:C:2023:537 = MMR 202, 669 mAnm *Golland* – Meta Platforms Inc./Bundeskartellamt, Rn. 45, wonach die „Hauptaufgabe" der Datenschutz-Aufsichtsbehörde gemäß Art. 51 Abs. 1 und 2 sowie Art. 57 Abs. 1 lit. a und g darin besteht, „die Anwendung dieser Verordnung zu überwachen und durchzusetzen und gleichzeitig zu ihrer einheitlichen Anwendung in der Union beizutragen".

[17] Die „Überwachung" der Anwendung der DS-GVO ist für Paal/Pauly/*Körffer* DS-GVO Art. 57 Rn. 2, als „Oberbegriff" für die Aufgaben der Aufsichtsbehörden zu verstehen. Als „Kernaufgabe" bezeichnet die Überwachung und Durchsetzung Gola/Heckmann/*Nguyen* DS-GVO Art. 57 Rn. 4. Für Kühling/Buchner/*Boehm*, 4. Aufl. 2024, DG-GVO Art. 57 Rn. 9 fasst „Überwachung und Durchsetzung" den „Kerngedanken der Aufgaben der Aufsichtsbehörden" zusammen und kann als „Leitmotiv" jeder der in Art. 57 genannten Aufgaben zugeordnet werden.

[18] EuGH (Große Kammer) Urt. v. 9.3.2010 – C-518/07, ECLI:EU:C:2010:125 = EuZW 2010, 296 – Kommission/Deutschland, Rn. 23, 36; EuGH (Große Kammer) Urt. v. 16.10.2012 – C-614/10, ECLI:EU:C:2012:631 = ZD 2012, 563 – Kommission/Österreich, Rn. 52; EuGH (Große Kammer) Urt. v. 8.4.2014 – C-288/12, ECLI:EU:C:2014:237 = ZD 2014, 301 – Kommission/Ungarn, Rn. 53.

[19] EuGH (Große Kammer) Urt. v. 9.3.2010 – C-518/07, ECLI:EU:C:2010:125 = EuZW 2010, 296 – Kommission/Deutschland, Rn. 24, 30. Vgl. auch EuGH Urt. v. 19.10.2016 – C-582/14, ECLI:EU:C:2016:779 = ZD 2017, 24 mAnm *Kühling/Klar* – Breyer, Rn. 58; sowie GA *Bobek* Schlussanträge v. 13.1.2021 – C-645/19, ECLI:EU:C:2021:5 – Facebook Ireland Ltd. u.a./Gegevensbescheringsautoriteit, Rn. 113.

[20] EuGH (Große Kammer) Urt. v. 8.4.2014 – C-288/12, ECLI:EU:C:2014:237 = ZD 2014, 301 – Kommission/Ungarn, Rn. 51.

[21] EuGH (Große Kammer) Urt. v. 6.10.2015 – C-362/14, ECLI:EU:C:2015:650 = ZD 2015, 549 mAnm *Spies* – Maximillian Schrems/Data Protection Commissioner („Schrems I"), Rn. 42.

[22] Vgl. auch Paal/Pauly/*Körffer* DS-GVO Art. 57 Rn. 2, die darauf hinweist, dass die Durchsetzung in der DS-RL noch nicht als Aufgabe der Datenschutz-Aufsichtsbehörden genannt wurde.

empfindlichen Geldbußen reichen (vgl. Art. 58 Abs. 2 lit. i, Art. 83[23]). Die Datenschutz-Aufsichtsbehörden werden damit sowohl im privaten als auch im öffentlichen Bereich[24] zu wirksamen Kontrollbehörden mit der Möglichkeit, umfassend und erforderlichenfalls mit Zwangsmaßnahmen zum Zwecke der wirksamen Anwendung der DS-GVO zu intervenieren.[25]

Um die Anwendung der DS-GVO wirksam überwachen und durchsetzen zu können, muss eine Datenschutz-Aufsichtsbehörde die Möglichkeit haben, auf Verstöße gegen die DS-GVO frühzeitig aufmerksam zu werden und entsprechend zu reagieren. Als eine Unteraufgabe ihrer Hauptaufgabe sieht daher **Art. 57 Abs. 1 lit. f** vor, dass Datenschutz-Aufsichtsbehörden sich mit **Beschwerden** einer betroffenen Person (vgl. Art. 77) **zu befassen** haben. Zu dieser **Befassungspflicht** gehört insbesondere, dass die Aufsichtsbehörde den Gegenstand der Beschwerde in angemessenem Umfang untersucht und den Beschwerdeführer innerhalb einer angemessenen Frist – spätestens innerhalb von drei Monaten – über den Fortgang bzw. das Ergebnis der Untersuchung unterrichtet (vgl. Art. 77 Abs. 2, Art. 78 Abs. 2). Mit Beschwerden von Stellen, Organisationen oder Verbänden gemäß Art. 80 hat sich eine Aufsichtsbehörde gemäß Art. 57 Abs. 1 lit. f ebenso zu befassen wie mit Individualbeschwerden; für beide Beschwerdetypen gilt das Erleichterungsgebot nach Art. 57 Abs. 2 (→ Rn. 22 f.). Art. 57 Abs. 1 lit. f lässt sich damit – als **besondere Ausprägung des EU-Grundrechts auf eine gute Verwaltung (Art. 41 GRCh)** – auch eine grundsätzliche Pflicht der Datenschutz-Aufsichtsbehörden entnehmen, Beschwerden rasch und effizient zu bearbeiten und überlange Verfahrensdauern zu vermeiden,[26] wobei die in Art. 78 Abs. 2 genannte Dreimonatsfrist den maximalen Bearbeitungszeitraum bis zur ersten Unterrichtung des Beschwerdeführers vorgibt. Für grenzüberschreitende Beschwerden hat die Europäische Kommission im Juli 2023 mit der **DS-GVO-Verfahrensverordnung**[27] (→ Einl. Rn. 131 ff.) vorgeschlagen, dass bei diesen innerhalb von einer Woche der Eingang der Beschwerde bestätigt werden muss (Art. 3 Abs. 6 DS-GVO-Verfahrensverordnungsvorschlag); sowie innerhalb eines Monats entschieden sein muss, ob die Beschwerde formal zulässig ist (Art. 3 Abs. 3 DS-GVO-Verfahrensvorschlag). Ob sich aus der Pflicht der unabhängigen Datenschutz-Aufsichtsbehörden zur Befassung mit einer Beschwerde auch eine Pflicht zum aufsichtsbehördlichen Einschreiten herleiten lässt, hängt von den Umständen des Einzelfalls ab. Grundsätzlich hat jede Datenschutzaufsichtsbehörde ein Ermessen, ob und wie sie auf eine Beschwerde reagiert, während der betroffene Grundrechtsträger einen **Anspruch auf ermessensfehlerfreie Entscheidung** hat.[28] Bei offenkundigen und besonders schweren Datenschutzverstößen kann sich je nach Grundrechtsintensität des Verstoßes dieses Ermessen aber gegebenenfalls Null reduzieren, so dass sich in diesem Fall eine Interventionspflicht sowie ein entsprechender **Anspruch auf aufsichtsbehördliches**

---

[23] Selbst für Dänemark und Estland, deren Rechtsordnungen die Verhängung der in der DS-GVO vorgesehenen Geldbußen direkt durch die nationalen Datenschutz-Aufsichtsbehörden nicht zulassen, ist in Erwägungsgrund 151 vorgesehen, dass die besondere Anwendung der Vorschriften über Geldbußen in diesen beiden Mitgliedstaaten (in Dänemark: Verhängung durch die Gerichte als Strafe; in Estland: Verhängung durch die Aufsichtsbehörde im Rahmen eines Verfahrens bei Vergehen) „die gleiche Wirkung wie die von Aufsichtsbehörden verhängten Geldbußen" haben. Hier besteht der EU-Gesetzgeber also nicht auf einem formalen Vorrang des Unionsrechts, sondern lässt zwei nationale verfahrensrechtliche Besonderheiten unter der Bedingung bestehen, dass dadurch im Ergebnis die Wirksamkeit der DS-GVO nicht beeinträchtigt wird.
[24] Im öffentlichen Bereich bleibt es allerdings gem. Art. 83 Abs. 7 den Mitgliedstaaten überlassen, in nationalen Vorschriften festzulegen, ob und in welchem Umfang gegen Behörden und öffentliche Stellen im eigenen Hoheitsgebiet Geldbußen verhängt werden können; nach dem Grundsatz der Gesetzmäßigkeit der Verwaltung sind Träger der öffentlichen Hand zB in Deutschland ohnehin verpflichtet, sich an das geltende Recht zu halten, sodass man sich auf den Standpunkt stellen kann, dass nach Feststellung einer Rechtsverletzung durch eine Aufsichtsbehörde kein Bedarf mehr an einer Rechtsdurchsetzung per Geldbuße besteht. IdS § 16 Abs. 1 BDSG, der bei Verstößen gegen die Vorschriften über den Datenschutz durch öffentliche Stellen des Bundes lediglich eine Mitteilung an die zuständige Rechts- oder Fachaufsichtsbehörde vorsieht.
[25] Zur wachsenden Bedeutung der Durchsetzungsbefugnisse der Datenschutz-Aufsichtsbehörden vgl. bereits *Poullet* Revue française d'administration publique 1999, 69 (72 ff.).
[26] IdS auch Kühling/Buchner/*Boehm*, 4. Aufl. 2024, DS-GVO Art. 57 Rn. 12: „Verpflichtung der Aufsichtsbehörden zur Befassung mit der Beschwerde in einer angemessenen Frist."
[27] Vorschlag der Kommission v. 4.7.2023 für eine Verordnung des Europäischen Parlaments und des Rates zur Festlegung zusätzlicher Verfahrensregeln für die Durchsetzung der Verordnung (EU) 2016/679, COM (2023) 348. Rechtsgrundlage dieses die DS-GVO ergänzenden Verordnungsvorschlags ist (wie bei der DS-GVO selbst) Art. 16 AEUV.
[28] Ebenso Gola/Heckmann/*Nguyen* DS-GVO Art. 57 Rn. 7. Vgl. auch EuGH (Große Kammer) Urt. v. 6.10.2015 – C-362/14, ECLI:EU:C:2015:650 = ZD 2015, 549 mAnm *Spies* – Maximillian Schrems/Data Protection Commissioner („Schrems I"), Rn. 109: „Die Aufsichtsbehörde muss eine solche Beschwerde mit aller gebotenen Sorgfalt bearbeiten […]."

Art. 57 10

Einschreiten aus **Art. 57 Abs. 1 lit. a und f, Art. 58 iVm Art. 8, 47 GRCh** ergibt.[29] Denn eine Beschwerde iSd DS-GVO ist keinesfalls nur eine Bitte oder Petition ohne materielle subjektiv-rechtliche Dimension,[30] sondern sie aktiviert gerade rechtlich die Datenschutz-Aufsichtsbehörde in ihrer Pflichtaufgabe, als „Hüter des Rechts auf Privatsphäre"[31] bzw. Hüter des Datenschutzgrundrechts (→ Einl. Rn. 31, 64) die Überwachung und Durchsetzung der DS-GVO wirksam zu gewährleisten. Dafür spricht auch Erwägungsgrund 141, der auf das Recht auf einen wirksamen gerichtlichen Rechtsbehelf gemäß Art. 47 GRCh verweist, und zwar nicht nur für den Fall, dass eine Datenschutz-Aufsichtsbehörde auf eine Beschwerde hin „nicht tätig" geworden ist, sondern auch, wenn sie die Beschwerde „teilweise oder ganz ablehnt [...]", obwohl dies zum Schutz der Rechte der betroffenen Person notwendig ist." Für die DS-GVO gibt es also **ein einklagbares subjektives Recht auf Einschreiten einer Datenschutz-Aufsichtsbehörde, wenn dies zum wirksamen Schutz des Datenschutzgrundrechts erforderlich ist.**[32] Auch bei Annahme einer solchen Pflicht zum aufsichtsbehördlichen Einschreiten bleibt aber die Auswahl der konkreten aufsichtsbehördlichen Maßnahme (zB Verwarnung, Verbot oder Verhängung eines Bußgelds) grundsätzlich im Ermessen der Datenschutz-Aufsichtsbehörde, die dabei nach Verhältnismäßigkeitsgrundsätzen zu entscheiden hat.

10   Die Datenschutz-Aufsichtsbehörden sind nicht darauf beschränkt, auf Beschwerden hin zur Anwendung und Durchsetzung der DS-GVO tätig zu werden. **Art. 57 Abs. 1 lit. h** verleiht den Datenschutz-Aufsichtsbehörden darüber hinaus die allgemeine Aufgabe, **„Untersuchungen über die Anwendung dieser Verordnung"** durchzuführen, also **von Amts wegen** zur Sicherstellung der Einhaltung der DS-GVO einzuschreiten; eine ähnliche Untersuchungspflicht ex officio enthält auf europäischer Ebene Art. 57 Abs. 1 lit. f VO (EU) 2018/1725[33] für den

---

[29] Wie hier auch Plath/*Hullen* DS-GVO Art. 57 Rn. 7: „Der Beschwerdeführer hat ein entsprechendes Recht auf ermessensfehlerfreie Entscheidung, was auch eine Pflicht zum behördlichen Handeln umfassen kann." Vgl. auch VG Ansbach Urt. v. 8.8.2019 – AN 14 K 19/00272, ZD 2020, 217 mAnm *Engelbrecht* – Rn. 25: „Nach der DS-GVO hat der Bürger nicht nur einen Anspruch auf Verbescheidung, sondern ggf. einen Anspruch auf Einschreiten der Aufsichtsbehörde (bei Ermessensreduzierung auf Null, sonst Anspruch auf fehlerhafte Ermessensausübung), die auf Grund von Art. 58 DS-GVO umfassende Eingriffskompetenzen hat (in der Regel im Gegensatz zum Petitionsadressaten)." Mit eingehender Begr. zust. *Will* ZD 2020, 97. Abl. Gola/Heckmann/*Nguyen* DS-GVO Art. 57 Rn. 7, unter Hinweis auf die Entstehungsgeschichte, die allerdings im Unionsrecht für die Auslegung nicht maßgebend ist → Einf. Rn. 104.

[30] Früher wurde dies in Deutschland u.a. mit der Nähe der oder des Landesbeauftragten für den Datenschutz zum Landesparlament hergeleitet; Datenschutzkontrolle wurde damit als Sonderkonstellation der parlamentarischen Kontrolltätigkeit ggü. der Exekutive angesehen. Exemplarisch VG München Urt. v. 20.1.2014 – M 22 K 12.1366; BayVGH ZD 2015, 329; sowie – übertragen auch auf die Datenschutzkontrolle gegenüber Privaten – BayVGH Beschl. v. 11.2.2008 – 5 C 08.277. Spätestens mit dem von der DS-GVO vorgesehenen, auf effektiven Grundrechtsschutz zielenden System der Überwachung und Durchsetzung des Datenschutzrechts ist diese Auffassung nicht mehr aufrechtzuerhalten. Dies tut dennoch in Verkennung der europarechtlichen Rechtslage seit Geltung der DS-GVO OVG Rheinland-Pfalz Urt. v. 26.10.2020 – 10 A 10613/20.OVG = ZD 2021, 446. Zutr. dagegen *Will* ZD 2020, 97 (98): „Anders als bei einer Überprüfung des aufsichtsbehördlichen Verfahrens nach den Grundsätzen des Petitionsrechts führt der Verfahrensgegenstand eines Anspruchs auf ermessensfehlerfreie Entscheidung über aufsichtsbehördliche Untersuchungs- und Abhilfebefugnisse zu einer vollständigen sachlichen Überprüfung des Verwaltungsverfahrens der Datenschutzaufsichtsbehörde."

[31] EuGH (Große Kammer) Urt. v. 9.3.2010 – C-518/07, ECLI:EU:C:2010:125 = EuZW 2010, 296 – Kommission/Deutschland, Rn. 23, 36; EuGH (Große Kammer) Urt. v. 16.10.2012 – C-614/10, ECLI:EU:C:2012:631 = ZD 2012, 563 – Kommission/Österreich, Rn. 52; EuGH (Große Kammer) Urt. v. 8.4.2014 – C-288/12, ECLI:EU:C:2014:237 = ZD 2014, 301 – Kommission/Ungarn, Rn. 53; vgl. auch EuGH Urt. v. 19.10.2016 – C-582/14, ECLI:EU:C:2016:779 = ZD 2017, 24 mAnm *Kühling/Klar* – Breyer, Rn. 58; sowie GA *Bobek* Schlussanträge v. 13.1.2021 – C-645/19, ECLI:EU:C:2021:5 – Facebook Ireland Ltd. u.a. Gegevensbeschermingsautoriteit, Rn. 113.

[32] Diese Rechtsfrage war Gegenstand des Vorabentscheidungsersuchens des Raad van State im Fall Rease und Wullems/College bescherming, C-192/15, in dem die Datenschutz-Aufsichtsbehörde entschieden hatte, aus politischen Gründen nicht über die Beschwerde zu entscheiden und den Beschwerdeführer auf den Zivilrechtsweg zu verweisen. Bevor der EuGH darüber entscheiden konnte, wurde der Rechtsstreit anderweitig geregelt und der Fall aus dem Register des EuGH entfernt; vgl. EuGH Beschl. v. 9.10.2015 – C-192/15, ECLI:EU:C:2015:861. Vgl. dazu Kuner/Bygrave/Docksey/*Hijmans* GDPR Art. 57 C.6.: „It is not evident to what extent a DPA [= data protection authority] is obliged to investigate a complaint or, alternatively, is entitled to refer the data subject to its right to an effective judicial remedy against a controller or processor (Article 79 GDPR)."

[33] VO (EU) 2018/1725 des Europäischen Parlaments und des Rates v. 23.10.2018 zum Schutz natürlicher Personen bei der Verarbeitung personenbezogener Daten durch die Organe, Einrichtungen und sonstigen

Europäischen Datenschutzbeauftragten. Eine nationale Datenschutz-Aufsichtsbehörde kann die für eine solche Untersuchung erforderlichen Anhaltspunkte aus eigenen Kenntnissen erlangen, zB wenn Mitarbeiter der Aufsichtsbehörde von möglichen Datenschutzrechtsverletzungen erfahren. Denkbar ist außerdem, dass Informationen, die eine andere Datenschutz-Aufsichtsbehörde (zB gemäß Art. 60 Abs. 1 S. 2, Art. 61 Abs. 1 S. 1) oder eine andere Behörde (zB eine Wettbewerbs-[34], Verbraucherschutz- oder Telekommunikationsbehörde) im Rahmen der von Art. 4 Abs. 3 EUV geforderten loyalen Zusammenarbeit zur Verfügung stellt, die Grundlage für eine Untersuchung seitens der zuständigen Datenschutz-Aufsichtsbehörde sind.

Zur Hauptaufgabe der Datenschutz-Aufsichtsbehörden, die Anwendung der DS-GVO zu **11** überwachen und durchzusetzen, gehört auch die in Art. 57 Abs. 1 lit. u vorgesehene **Pflicht, interne Verzeichnisse über Verstöße gegen die DS-GVO und die gemäß Art. 58 Abs. 2 getroffenen Abhilfemaßnahmen zu führen.** Ein solches Verzeichnis verschafft einen dynamischen Überblick über die jeweiligen Schwerpunkte der Tätigkeit der Aufsichtsbehörde und erlaubt es, Ressourcen dort einzusetzen, wo sie für die wirksame Einhaltung der DS-GVO am meisten gefordert sind. Im Interesse der fortgesetzten Effizienz und der Wahrung der datenschutzrechtlichen Verschwiegenheitspflicht der Datenschutz-Aufsichtsbehörden, ihrer Mitglieder und ihrer Mitarbeiter (→ Art. 54 Rn. 12 ff.) sind solche Verzeichnisse **intern** zu führen, also von der Aufsichtsbehörde als solche nicht zu veröffentlichen. In Art. 59 S. 1 regt der EU-Gesetzgeber aber an, jedenfalls eine Liste der Arten der gemeldeten Verstöße und der Arten der getroffenen Abhilfemaßnahmen – also eine typisierende Darstellung – im Jahresbericht der Datenschutz-Aufsichtsbehörde publik zu machen (→ Art. 59 Rn. 7).

Auch die **zwischenbehördliche Zusammenarbeit** wird in der Rechtsprechung des EuGH **12** als Teil der Hauptaufgabe der Datenschutz-Aufsichtsbehörden angesehen, die Anwendung der DS-GVO zu überwachen und durchzusetzen.[35] Denn die DS-GVO beruht auf der Erkenntnis, dass europäisches Datenschutzrecht nicht von den nationalen Aufsichtsbehörden jeweils allein, sondern nur durch deren Zusammenwirken im europäischen Verwaltungsverbund in der gesamten Union einheitlich angewendet und durchgesetzt werden kann (→ Art. 51 Rn. 6, 15 f.). Vor diesem Hintergrund gehört es zur Aufgabe jeder nationalen Datenschutz-Aufsichtsbehörde, gemäß **Art. 57 Abs. 1 lit. g** mit anderen Aufsichtsbehörden – und erforderlichenfalls anderen zuständigen Behörden (zB Wettbewerbs-, Verbraucherschutz- oder Telekommunikationsbehörden) zusammenzuarbeiten, auch durch Informationsaustausch und Beratung, und ihnen Amtshilfe zu leisten, um die einheitliche Anwendung und Durchsetzung der DS-GVO zu gewährleisten **(Pflicht zur horizontalen Verwaltungskooperation).**[36] Ebenfalls dazu gehört ihre Aufgabe, gemäß **Art. 57 Abs. 1 lit. t** Beiträge zur Tätigkeit des Europäischen Datenschutz-

---

Stellen der Union, zum freien Datenverkehr und zur Aufhebung der Verordnung (EG) Nr. 45/2001 und des Beschlusses Nr. 1247/2002/EG, ABl. 2018 L 295, 39.

[34] Zur Pflicht zur loyalen Zusammenarbeit zwischen Wettbewerbs- und Datenschutz-Aufsichtsbehörden, „die jeweils eigene Ziele und Aufgaben verfolgen", eingehend EuGH (Große Kammer) Urt. v. 4.7.2023 – C-252/21, ECLI:EU:C:2023:537 = MMR 202, 669 mAnm *Golland* – Meta Platforms Inc./Bundeskartellamt, Rn. 44 ff., insbes. Rn. 53 ff. Der EuGH führt darin u.a. in Rn. 54 unter Bezugnahme auf den in Art. 4 Abs. 3 EUV verankerten Grundsatz der loyalen Zusammenarbeit aus: „Unter Berücksichtigung dieses Grundsatzes sind die nationalen Wettbewerbsbehörden, wenn sie in Ausübung ihrer Zuständigkeiten zu prüfen haben, ob ein Verhalten eines Unternehmens mit den Bestimmungen der DSGVO vereinbar ist, somit verpflichtet, sich abzustimmen und loyal mit den betreffenden nationalen Aufsichtsbehörden bzw. der federführenden Aufsichtsbehörde zusammenzuarbeiten. In diesem Kontext müssen diese Behörden ihre jeweiligen Befugnisse und Zuständigkeiten dergestalt einhalten, dass die Verpflichtungen aus der DSGVO und die Ziele dieser Verordnung beachtet werden und ihre praktische Wirksamkeit gewahrt bleibt." Rn. 58: „Wird die Aufsichtsbehörde von einer nationalen Wettbewerbsbehörde eingeschaltet, muss sie auf dieses Ersuchen um Auskunft oder Zusammenarbeit innerhalb einer angemessenen Frist antworten, indem sie der Wettbewerbsbehörde die ihr vorliegenden Informationen übermittelt, mit denen die Zweifel dieser Behörde hinsichtlich der Tragweite der von der Aufsichtsbehörden vorgenommenen Beurteilung ausgeräumt werden können, oder gegebenenfalls die nationale Wettbewerbsbehörde in Kenntnis setzt, ob sie beabsichtigt, dass Verfahren der Zusammenarbeit mit den anderen betroffenen Aufsichtsbehörden oder der federführenden Aufsichtsbehörde gemäß Art. 60 DSGVO in Gang zu setzen, um zu einer Entscheidung zu gelangen, mit der festgestellt wird, ob das fragliche Verhalten mit dieser Verordnung im Einklang steht oder nicht."

[35] EuGH (Große Kammer) Urt. v. 4.7.2023 – C-252/21, ECLI:EU:C:2023:537 = MMR 202, 669 mAnm *Golland* – Meta Platforms Inc./Bundeskartellamt, Rn. 45.

[36] Zur Pflicht zur loyalen Zusammenarbeit aller nationalen Behörden, deren Aufgabenbereich durch die Verarbeitung personenbezogener Daten berührt ist, EuGH (Große Kammer) Urt. v. 4.7.2023 – C-252/21, ECLI:EU:C:2023:537 = MMR 202, 669 mAnm *Golland* – Meta Platforms Inc./Bundeskartellamt, Rn. 53 ff.

ausschusses zu leisten (**Pflicht zur vertikalen Verwaltungskooperation**), in dem der Leiter einer Datenschutz-Aufsichtsbehörde jedes Mitgliedstaats sowie der Europäische Datenschutzbeauftragte vertreten sind; die Mitwirkung an der Arbeit des Europäischen Datenschutzausschusses kann, insbesondere im Rahmen des Kohärenzverfahrens, für die Einheitlichkeit der Anwendung und Durchsetzung der DS-GVO ebenso wichtig sein wie EU-rechtskonformes Tätigwerden auf nationaler Ebene. Der Europäische Datenschutzausschuss selbst hat gemäß Art. 70 Abs. 1 lit. u die Aufgabe, die Zusammenarbeit und den Austausch zwischen den Datenschutz-Aufsichtsbehörden zu fördern.

II. Sensibilisierung der Öffentlichkeit für den Datenschutz (Abs. 1 lit. b, d, e)

13   Eine weitere wichtige Aufgabe, welche die DS-GVO den nationalen Datenschutz-Aufsichtsbehörden neu zuweist, ist die **Sensibilisierung der Öffentlichkeit für den Datenschutz**. Wenn weiten Teilen der Öffentlichkeit ihre datenschutzrechtlichen Rechte und Pflichten sowie die besonderen Rechtsdurchsetzungsmöglichkeiten gemäß der DS-GVO unbekannt bleibt, droht das Ziel eines ebenso einheitlichen wie wirksamen europäischen Datenschutzrechts verfehlt zu werden. Gleich an drei Stellen fordert der Aufgabenkatalog des Art. 57 Abs. 1 daher eine Sensibilisierung für Datenschutzfragen, dh eine proaktive[37] Öffentlichkeitsarbeit der Datenschutz-Aufsichtsbehörden.

14   – **Art. 57 Abs. 1 lit. b S. 1** verlangt allgemein die **Sensibilisierung und Aufklärung der Öffentlichkeit** für die Risiken, Vorschriften, Garantien und Rechte im Zusammenhang mit der Verarbeitung personenbezogener Daten. Dabei sollen spezifische Maßnahmen für Kinder besondere Beachtung finden (vgl. Art. 57 Abs. 1 lit. b S. 2) – ein Hinweis darauf, dass dem Schutz der heute bereits im frühen Alter im Internet und insbesondere in sozialen Netzwerken aktiven Minderjährigen in der DS-GVO besondere Aufmerksamkeit geschenkt wird (vgl. auch Art. 8 sowie Erwägungsgrund 38). Der Jahresbericht, den jede Datenschutz-Aufsichtsbehörde gemäß Art. 59 zu erstellen hat, kann für die Zwecke des Art. 57 Abs. 1 lit. b genutzt werden (→ Art. 59 Rn. 2), aber auch die Durchführung des Europäischen Datenschutztags, der seit 2007 jedes Jahr am 28.1. (dem Jahrestag der Unterzeichnung der Konvention Nr. 108 des Europarats → Einl. Rn. 11 ff.) mit Aufklärungsveranstaltungen zu Fragen des Datenschutzes begangen wird.

15   – Die Datenschutz-Aufsichtsbehörden haben ferner gemäß **Art. 57 Abs. 1 lit. d** speziell **Verantwortliche und Auftragsverarbeiter** für die ihnen aus der DS-GVO entstehenden Pflichten zu sensibilisieren. In der Praxis kann diese Aufgabe zB durch Veröffentlichung von Orientierungshilfen, durch Weiterbildungsangebote der Datenschutz-Aufsichtsbehörden,[38] aber auch durch direkte Ansprache und Beratung von Unternehmen und Behörden bei besonders datenintensiven oder komplexen Verarbeitungsvorgängen erfüllt werden.[39] Besondere Aufmerksamkeit sollen die Datenschutz-Aufsichtsbehörden der Sensibilisierung und Beratung von kleineren und mittleren Unternehmen widmen (vgl. Erwägungsgrund 132). In der Aufgabe gemäß Art. 57 Abs. 1 lit. d zeigt sich das verstärkt präventive Denken, das der DS-GVO zugrunde liegt.[40] Die DS-GVO will ihre Anwendung nicht in erster Linie durch das Verhängen empfindlicher Geldbußen durchsetzen, sondern Verantwortliche wie Auftragsver-

---

[37] Ebenso Paal/Pauly/*Körffer*, 4. Aufl. 2024, DS-GVO Art. 57 Rn. 6.
[38] Auf diese Möglichkeit verweist Kühling/Buchner/*Boehm*, 4. Aufl. 2024, DS-GVO Art. 57 Rn. 17.
[39] Ausf. zur Aufgabe der Datenschutz-Aufsichtsbehörden, gerade auch Verantwortliche oder Auftragsverarbeiter datenschutzrechtlich zu beraten und zu unterstützen, *Brink* ZD 2020, 59 (60 ff.). Er verweist darauf (S. 61), dass wegen der DS-GVO-bedingten Streichung von § 38 Abs. 1 BDSG (der die Beratung von Verantwortlichen zur Pflicht der Datenschutz-Aufsichtsbehörden machte) heute die Praxis der deutschen Landesdatenschutz-Aufsichtsbehörden unterschiedlich sei: „Die Mehrzahl der deutschen Aufsichtsbehörden […] lehnen mittlerweile ausdrücklich oder faktisch die Durchführung von Beratungsgesprächen mit Verantwortlichen ab. Lediglich die süddeutschen Aufsichtsbehörden bekennen sich unverändert und ohne Einschränkung zur Beratung Verantwortlicher, teilweise wird darin sogar eine Hauptaufgabe gesehen." Mit den Vorgaben von Art. 57 Abs. 1 lit. d und Erwägungsgrund 132 sowie dem verstärkt präventiven Ansatz der DS-GVO ist die Vorgehensweise der Mehrzahl der Aufsichtsbehörden nicht zu vereinbaren. Es gehört gerade zu ihren Pflichtaufgaben, speziell Verantwortliche und Auftragsverarbeiter für ihre Pflichten aus der DS-GVO zu sensibilisieren, was selbstverständlich auch direkte Gespräche und auch Einzelberatungen erfordern kann.
[40] Ebenso Paal/Pauly/*Körffer* DS-GVO Art. 57 Rn. 2; vgl. auch Kühling/Buchner/*Boehm*, 4. Aufl. 2024, DS-GVO Art. 57 Rn. 2, für welche die Aufgaben der Datenschutz-Aufsichtsbehörden in der DS-GVO „deutlich präventiver als zuvor ausgerichtet" sind.

arbeiter durch rechtzeitigen Rat und Hinweise dazu anhalten, im Einklang mit dem **Grundsatz der Eigenverantwortung** (→ Einl. Rn. 69, 110) von vornherein selbst für die durchgängige Beachtung des europäischen Datenschutzrechts im jeweiligen Betrieb oder in der jeweiligen Behörde zu sorgen.[41] Je datenschutzkonformer sich Betriebe und Behörden von sich aus bei der Verarbeitung personenbezogener Daten verhalten, umso weniger ist es erforderlich, datenschutzrechtswidriges Verhalten zu untersuchen und gegebenenfalls zu sanktionieren.

– Auch Grundrechtsträger, die von der Verarbeitung ihrer personenbezogenen Daten betroffen sind, müssen für ihre Rechte sensibilisiert und aufgeklärt werden. Über die allgemeine Sensibilisierungs- und Aufklärungspflicht in Art. 57 Abs. 1 lit. b S. 1 hinaus verpflichtet **Art. 57 Abs. 1 lit. e** deshalb die Datenschutz-Aufsichtsbehörden dazu, **jeder betroffenen Person** „auf Anfrage" Informationen über die Ausübung ihrer Rechte aufgrund der DS-GVO zur Verfügung stellen. Unter „Rechte" lassen sich sowohl materielle Rechte (wie zB das Recht auf Vergessenwerden, Art. 17) als auch Verfahrensrechte und Rechtsdurchsetzungsmöglichkeiten (zB die Rechte gemäß Art. 77, 78, 80) subsumieren. Art. 57 Abs. 1 lit. e verweist darauf, dass zum Zwecke einer entsprechenden Aufklärungskampagne gegebenenfalls mehrere Datenschutz-Aufsichtsbehörden zusammenarbeiten müssen (zB durch Erstellung einer gemeinsamen Informations-Webseite oder eines gemeinsamen Faltblatts). Dies liegt auch an Art. 77 Abs. 1, der es jeder betroffenen Person ermöglicht, sich mit ihrer Beschwerde an eine Datenschutz-Aufsichtsbehörde ihrer Wahl zu wenden.

III. Beratung von Legislative und Exekutive (Abs. 1 lit. c)

Auch die Beratung der nationalen Legislative und Exekutive in Fragen des Datenschutzes gehört gemäß **Art. 57 Abs. 1 lit. c** zu den Aufgaben der Datenschutz-Aufsichtsbehörden. Gegenstand der Beratung sind dabei legislative und administrative Maßnahmen im Zusammenhang mit dem Datenschutzgrundrecht. Dies können Maßnahmen sein, die der Durchführung oder Spezifizierung der DS-GVO selbst dienen, aber auch Maßnahmen, die im weiteren Sinne für das Datenschutzgrundrecht relevant sind, also zB Fragen der Umsetzung der Polizei-RL[42] (→ Einl. Rn. 43, 46, 62; → Art. 2 Rn. 12 f.), der Vorratsdatenspeicherung[43] oder zum Datenschutz bei der elektronischen Kommunikation (ePrivacy[44] → Einl. Rn. 129 f.; Art. 95). Die Beratungsaufgabe besteht grundsätzlich gegenüber dem nationalen Parlament sowie gegenüber der nationalen Regierung, wobei weitere Einzelheiten im Recht der Mitgliedstaaten im Einklang mit der jeweiligen Verfassungsordnung festgelegt werden können; insofern enthält Art. 57 Abs. 1 lit. c eine **fakultative Spezifizierungsklausel** (→ Einl. Rn. 91). Durch Nutzung dieser Spezifizierungsklausel kann die Wahrnehmung der Beratungsaufgabe in Deutschland gemäß Art. 57 Abs. 1 lit. c auch auf die Landesdatenschutzbeauftragten erstreckt und dabei auf die jeweiligen Landesparlamente und -regierungen bezogen werden.

Auf europäischer Ebene hat der Europäische Datenschutzausschuss gemäß Art. 70 Abs. 1 lit. b die Aufgabe, die Europäische Kommission in allen Fragen im Zusammenhang mit dem europäischen Datenschutzrecht zu beraten, einschließlich bei einer künftigen Änderung der DS-GVO. Teilweise überlappend damit ist die Aufgabe des Europäischen Datenschutzbeauftragten (der

---

[41] Vgl. Kuner/Bygrave/Docksey/*Hijmans* GDPR Art. 57 C.5., der insofern von „responsive regulation" spricht.

[42] Richtlinie (EU) 2016/680 des Europäischen Parlaments und des Rates v. 27.4.2016 zum Schutz natürlicher Personen bei der Verarbeitung personenbezogener Daten durch die zuständigen Behörden zum Zwecke der Verhütung, Ermittlung, Aufdeckung oder Verfolgung von Straftaten oder der Strafvollstreckung sowie zum freien Datenverkehr und zur Aufhebung des Rahmenbeschlusses 2008/977/JI des Rates, ABl. 2016 L 119, 89, ber. ABl. 2018 L 127, 9, ber. ABl. 2021 L 74, 36.

[43] Zu nationalen Vorhaben einer Vorratsdatenspeicherung, vgl. EuGH Urt. v. 21.12.2016 – C–203/15 und C–698/15, ECLI:EU:C:2016:970 = ZD 2017, 124 mAnm *Kipker/Schefferski/Stelter* – Tele2 Sverige und Watson u.a., wonach das EU-Datenschutzrecht einer nationalen Regelung entgegensteht, die für Zwecke der Bekämpfung von Straftaten eine allg. und unterschiedslose Vorratsspeicherung sämtlicher Verkehrs- und Standortdaten aller Teilnehmer und registrierten Nutzer in Bezug auf alle elektronischen Kommunikationsmittel vorsieht. Vgl. ferner EuGH (Große Kammer) Urt. v. 22.9.2022 – C–793/19 und C–794/19, ECLI: EU:C:2022:702 = ZD 2022, 666 – SpaceNet AG und Telekom Deutschland GmbH, wo diese Rspr. bestätigt wird, zugleich aber die materiellen und prozeduralen Bedingungen definiert werden, unter denen eine Vorratsdatenspeicherung nach EU-Recht ausnahmsweise zulässig wäre.

[44] Richtlinie 2002/58/EG des Europäischen Parlaments und des Rates v. 12.7.2012 über die Verarbeitung personenbezogener Daten und den Schutz der Privatsphäre in der elektronischen Kommunikation (Datenschutzrichtlinie für elektronische Kommunikation), ABl. 2002 L 201, 37.

selbst Mitglied im Europäischen Datenschutzausschuss ist, vgl. Art. 68 Abs. 3), von sich aus oder auf Anfrage alle Organe und Einrichtungen der Union bei legislativen und administrativen Maßnahmen zum Datenschutzrecht zu beraten; vgl. Art. 57 lit. g VO (EU) 2018/1725.[45]

IV. Beratung und Entscheidung bei spezifischen Datenschutzinstrumenten

19 Art. 57 Abs. 1 enthält eine Reihe von Aufgaben, welche eine **Beratung oder Entscheidung seitens der Datenschutz-Aufsichtsbehörden** bei spezifischen, teilweise durch die DS-GVO neu eingeführten Datenschutzinstrumenten verlangen. Da es in diesen Fällen meist um rechtsverbindliche Entscheidungen geht, ist die Aufgabenzuweisung in Art. 57 Abs. 1 stets im Zusammenhang mit speziellen Befugnisnormen zu lesen, um als Rechtsgrundlage für die entsprechende Tätigkeit der Datenschutz-Aufsichtsbehörde dienen zu können. Es handelt sich dabei um folgende Aufgabenzuweisungen:

– Festlegung von **Standardvertragsklauseln** (Art. 57 Abs. 1 lit. j iVm Art. 28 Abs. 8, Art. 46 Abs. 2 lit. d); hierbei kommt gemäß Art. 64 Abs. 1 S. 2 lit. d das Kohärenzverfahren zur Anwendung;
– Erstellung und Führen der Liste von Verarbeitungsarten, für die eine **Datenschutz-Folgenabschätzung** durchzuführen ist (Art. 57 Abs. 1 lit. k iVm Art. 35 Abs. 4); bei der Annahme der Liste kommt gemäß Art. 64 Abs. 1 S. 2 lit. a das Kohärenzverfahren zur Anwendung;
– Beratung von Verantwortlichen und Auftragsverarbeitern bei **hoch riskanten Datenverarbeitungen** (Art. 57 Abs. 1 lit. l iVm Art. 36);
– Förderung, Bewertung und Billigung von **Verhaltensregeln** (Art. 57 Abs. 1 lit. m iVm Art. 40 Abs. 1, Abs. 5, Abs. 7); bei der Billigung der Verhaltensregeln kommt gemäß Art. 64 Abs. 1 S. 2 lit. b das Kohärenzverfahren zur Anwendung;
– Anregung der Einführung von **Datenschutzzertifizierungsmechanismen** und Billigung der **Zertifizierungsstellen** (Art. 57 Abs. 1 lit. n iVm Art. 42 Abs. 1, Abs. 5);
– regelmäßige Überprüfung der bereits erteilten **Datenschutzzertifizierungen** (Art. 57 Abs. 1 lit. o iVm Art. 42 Abs. 7);
– Abfassung und Veröffentlichung der **Anforderungen an die Akkreditierung** einer Stelle für die Überwachung von (im Wege der Selbstregulierung vereinbarten) Verhaltensregeln und einer Zertifizierungsstelle (Art. 57 Abs. 1 lit. p iVm Art. 41, 43); hierbei kommt gemäß Art. 64 Abs. 1 S. 2 lit. c das Kohärenzverfahren zur Anwendung;
– Vornahme der **Akkreditierung** einer Stelle für die Überwachung der Einhaltung von Verhaltensregeln und einer Zertifizierungsstelle (Art. 57 Abs. 1 lit. q iVm Art. 41, 43);
– Genehmigung von **Vertragsklauseln** bzw. **Bestimmungen in Verwaltungsvereinbarungen** zwischen öffentlichen Stellen, welche die Übermittlung personenbezogener Daten in Drittstaaten ermöglichen (Art. 57 Abs. 1 lit. r iVm Art. 46 Abs. 3); bei der Genehmigung von Vertragsklauseln kommt gemäß Art. 64 Abs. 1 S. 2 lit. e das Kohärenzverfahren zur Anwendung;
– Genehmigung **verbindlicher interner Datenschutzvorschriften** für eine Unternehmensgruppe oder eine Gruppe von Unternehmen, die eine gemeinsame Wirtschaftstätigkeit ausüben (Art. 57 Abs. 1 lit. s iVm Art. 47, 63); hierbei kommt gemäß Art. 64 Abs. 1 S. 2 lit. f das Kohärenzverfahren zur Anwendung.

V. Pflicht zur Technologieoffenheit (Abs. 1 lit. i)

20 Der Datenschutz ist ein in hohem Maße vom Stande der Technologie beeinflusstes Rechtsgebiet; technologische Entwicklungen schaffen neue Möglichkeiten, aber auch neue Gefahren beim Umgang mit personenbezogenen Daten (→ Einl. Rn. 20 ff.). Eine Datenschutz-Aufsichtsbehörde, welche die technologische Entwicklung nicht aktiv mitverfolgt, riskiert, früher oder später Trends in der Unternehmens- und Behördenpraxis und im Nutzerverhalten zu verpassen und ihre Aufgaben als Aufsichtsbehörde im Interesse des Schutzes des Datenschutzgrundrechts nicht mehr wirksam wahrnehmen zu können. Aus diesem Grund macht es **Art. 57 Abs. 1 lit. i** zur Pflichtaufgabe jeder Datenschutz-Aufsichtsbehörde, maßgebliche Entwicklungen zu verfolgen, die den Datenschutz betreffen, insbesondere „die Entwicklung der Informations- und

---

[45] VO (EU) 2018/1725 des Europäischen Parlaments und des Rates v. 23.10.2018 zum Schutz natürlicher Personen bei der Verarbeitung personenbezogener Daten durch die Organe, Einrichtungen und sonstigen Stellen der Union, zum freien Datenverkehr und zur Aufhebung der Verordnung (EG) Nr. 45/2001 und des Beschlusses Nr. 1247/2002/EG, ABl. 2018 L 295, 39.

Kommunikationstechnologie und der Geschäftspraktiken". Verlangt wird dabei, dass die Aufsichtsbehörde anlassunabhängig und proaktiv[46] an neuen technologischen und unternehmerischen Entwicklungen teilnimmt und diese mitzugestalten sucht. Diese Aufgabe der Aufsichtsbehörden ist heute mehr angezeigt als je zuvor, da das Setzen auf **Datenschutz durch Technik** zu den wesentlichen Neuerungen der DS-GVO gehört (vgl. insbesondere Art. 25 sowie Erwägungsgrund 78).

VI. Sonstige Aufgaben (Abs. 1 lit. v)

Der Aufgabenkatalog in Art. 57 ist weit gefasst, aber dennoch nicht abschließend, wie sich aus Art. 57 Abs. 1 lit. v ergibt. Danach können die nationalen Datenschutz-Aufsichtsbehörden „jede sonstige Aufgabe im Zusammenhang mit dem Schutz personenbezogener Daten" erfüllen; entsprechende ergänzende Aufgabenzuweisungen können sowohl im Unionsrecht als auch im nationalen Recht erfolgen. Einer solchen ergänzenden Aufgabenzuweisung sind jedoch zwei wichtige Grenzen gesetzt: Zum einen müssen alle Zusatzaufgaben stets „im Zusammenhang mit dem Schutz personenbezogener Daten" stehen, wie Art. 57 Abs. 1 lit. v ausdrücklich vorgibt. Zum anderen darf die Übertragung weiterer Aufgaben die Datenschutz-Aufsichtsbehörden nicht an der ebenso unabhängigen wie effizienten Wahrnehmung ihrer Hauptaufgabe gemäß Art. 57 Abs. 1 lit. a – der Überwachung der Anwendung und Durchsetzung der DS-GVO – hindern oder diese beeinträchtigen. Dabei ist vor allem die Frage der angemessenen Ressourcenausstattung der nationalen Datenschutz-Aufsichtsbehörden, wie sie in Art. 52 Abs. 4 vorgeschrieben ist, im Blick zu behalten. Die von nur wenigen Mitgliedstaaten[47] vorgenommene Zuweisung von Aufgaben im Zusammenhang mit den nationalen Informationsfreiheitsgesetzen an die Datenschutz-Aufsichtsbehörden ist vor diesem Hintergrund kritisch zu sehen (→ Art. 52 Rn. 20).[48] Denn weder handelt es sich bei der Informationsfreiheit um eine Aufgabe, die zwingend im Zusammenhang mit dem Schutz der personenbezogenen Daten steht; noch scheint es mit der deutlich gestiegenen Anzahl der Aufgaben der Datenschutz-Aufsichtsbehörden vereinbar zu sein, diesen zusätzlich eine so umfangreiche Aufgabe wie die Informationsfreiheit zuzuweisen, ohne gleichzeitig erhebliche Ressourcenerhöhungen vorzusehen. Aus gutem Grund hat der EU-Gesetzgeber davon abgesehen, den Europäischen Datenschutzbeauftragten auch mit Informationsfreiheits-Aufgaben nach Art. 15 AEUV zu betrauen. Denn mit dem Leitbild moderner Datenschutz-Aufsichtsbehörden im Sinne der DS-GVO ist die Kombination von Aufgaben des Datenschutzes mit Funktionen nach den Informationsfreiheitsgesetzen nicht vereinbar.

C. Erleichterung des Einreichens von Beschwerden (Abs. 2)

Datenschutz ist ein Grundrecht, sodass das Befassen mit Beschwerden von Grundrechtsträgern wegen möglicher Verstöße gegen die DS-GVO aus Sicht des EU-Gesetzgebers zur Hauptaufgabe der Datenschutz-Aufsichtsbehörden (vgl. Art. 57 Abs. 1 lit. f) gehört (→ Rn. 9). Dem korrespondiert die in Art. 57 Abs. 2 verankerte Pflicht der Datenschutz-Aufsichtsbehörden, das Einreichen von Beschwerden zu erleichtern. Beispielhaft nennt Art. 57 Abs. 2 die **Bereitstellung eines Beschwerdeformulars** als erleichternde Maßnahme; dabei sollte es möglich sein, ein solches Beschwerdeformular elektronisch auszufüllen, ohne dass damit andere Kommunikationsmittel ausgeschlossen werden. Ob sich eine Maßnahme erleichternd iSv Art. 57 Abs. 2

---

[46] Vgl. Paal/Pauly/*Körffer* DS-GVO Art. 57 Rn. 11: „Dies erfordert eine anlassunabhängige proaktive Beobachtung und nicht lediglich eine reaktive Analyse von neuen Technologien und Geschäftspraktiken, ausgelöst durch Beschwerden oder Beratungsanfragen."

[47] Dies ist zurzeit innerhalb der EU nur in Deutschland, Malta und Ungarn der Fall. Außerhalb der EU haben sich Serbien und das seit dem 30.1.2020 außerhalb der EU stehende Vereinigte Königreich für die Zusammenlegung von Datenschutz und Informationsfreiheitssicherung in einer einzigen Behörde entschieden.

[48] Zu dieser Frage v. *Lewinski* ZG 2015, 228 (241 f.). Für ihn ist „die Aufgabenfülle" des Bundesbeauftragten für den Datenschutz und die Informationsfreiheit „ein potentieller Stolperstein für ihn selbst." Er sieht allerdings die Möglichkeit, Interessenskollisionen durch entspr. Ausgestaltung „auf der Arbeitsebene" zu begegnen. Für vereinbar hält die Doppelfunktion Paal/Pauly/*Körffer* DS-GVO Art. 52 Rn. 8. Als „[n]icht unproblematisch" sieht Gola/Heckmann/*Nguyen* DS-GVO Art. 52 Rn. 11 die Ämterkombination des Datenschutz- und Informationsfreiheitsbeauftragten an; krit. auch Gola/Heckmann/*Nguyen* DS-GVO Art. 57 Rn. 16: „Solche zusätzlichen Aufgaben dürfen nicht dazu führen, dass die Aufsichtsbehörden ihre Aufgaben nach der DS-GVO nicht mehr ausreichend wahrnehmen können oder ihre Unabhängigkeit in Frage gestellt wird."

auswirkt oder nicht, ist stets aus Sicht des Grundrechtsträgers und möglichen Beschwerdeführers zu bewerten. Eine ausnahmslos elektronische Abwicklung von datenschutzrechtlichen Beschwerden wäre ebenso wenig vereinbar mit der von der DS-GVO verlangten bürger- und grundrechtsfreundlichen Handhabung von Beschwerden wie eine Pflicht, Beschwerden stets persönlich in den Büroräumen der Aufsichtsbehörde vorzutragen. Insgesamt ist Art. 57 Abs. 2 Ausdruck einer allgemeinen Pflicht der nationalen Datenschutz-Aufsichtsbehörden, sich in ihrer besonderen Eigenschaft als „Hüter des Rechts auf Privatsphäre"[49] bzw. „Hüter des Datenschutzgrundrechts" (→ Einl. Rn. 31, 64) um besonders **bürgerfreundliches Verhalten** gegenüber betroffenen Grundrechtsträgern zu bemühen.[50]

23   Um die **Bearbeitung grenzüberschreitender Beschwerden** zu erleichtern und zu beschleunigen, sieht die von der Europäischen Kommission im Juli 2023 vorgeschlagene DS-GVO-Verfahrensverordnung[51] (→ Einl. Rn. 131 f.) für diese ein **standardisiertes Beschwerdeformular** vor.[52] Macht der Beschwerdeführer die darin geforderten Angaben, sind für die Zulässigkeit der Beschwerde keine weiteren Informationen erforderlich. Die Beschwerde kann dabei sowohl elektronisch ausgefüllt und eingereicht werden oder auch per Post an die Datenschutz-Aufsichtsbehörde gesendet werden. Auch wenn diese Vorgaben nur für grenzüberschreitende Beschwerden gelten sollen, spricht nichts dagegen, dass Datenschutz-Aufsichtsbehörden das standardisierte Beschwerdeformular auch für rein nationaler Beschwerden vorgeben und so zur Erleichterung des Einreichens von Beschwerden iSv Art. 57 Abs. 2 beitragen.

D. Unentgeltlichkeit der Tätigkeit der Datenschutz-Aufsichtsbehörden (Abs. 3, 4)

24   Art. 57 Abs. 3 statuiert den wichtigen Grundsatz, dass die Erfüllung der Aufgaben der Datenschutz-Aufsichtsbehörden **unentgeltlich** ist. Hieran zeigt sich erneut, dass die Aufgabe der Datenschutz-Aufsichtsbehörden keine normale Regulierungsaufgabe ist, die über von regulierten Marktteilnehmern erhobene Gebühren zu finanzieren ist, wie dies zB bei der Europäischen Agentur für Flugsicherheit,[53] bei der Europäischen Arzneimittel-Agentur[54] oder beim Europäischen Amt für das geistige Eigentum[55] der Fall ist. Die Anwendung und Durchsetzung des europäischen Datenschutzrechts ist vielmehr stets in erster Linie **Grundrechtsschutz,** weshalb die Aufsichtsbehörden als „Hüter des Rechts auf Privatsphäre"[56] und des Datenschutzgrundrechts (→ Einl. Rn. 31, 64) dafür selbstverständlich keine Gebühren erheben dürfen.

---

[49] EuGH (Große Kammer) Urt. v. 9.3.2010 – C-518/107, ECLI:EU:C:2010:125 = EuZW 2010, 296 – Kommission/Deutschland, Rn. 23, 36; EuGH (Große Kammer) Urt. v. 16.10.2012 – C-614/10, ECLI:EU:C:2012:631 = ZD 2012, 563 – Kommission/Österreich, Rn. 52; EuGH (Große Kammer) Urt. v. 8.4.2014 – C-288/12, ECLI:EU:C:2014:237 = ZD 2014, 301 – Kommission/Ungarn, Rn. 53.

[50] IdS auch Paal/Pauly/*Körffer* DS-GVO Art. 57 Rn. 27.

[51] Vorschlag der Kommission v. 4.7.2023 für eine Verordnung des Europäischen Parlaments und des Rates zur Festlegung zusätzlicher Verfahrensregeln für die Durchsetzung der Verordnung (EU) 2016/679, COM (2023) 348.

[52] Art. 3 Abs. 1 iVm Anhang DS-GVO-Verfahrensverordnung (Vorschlag der Kommission v. 4.7.2023 für eine Verordnung des Europäischen Parlaments und des Rates zur Festlegung zusätzlicher Verfahrensregeln für die Durchsetzung der Verordnung (EU) 2016/679, COM(2023) 348).

[53] Art. 120 Abs. 1 lit. c VO (EU) 2018/1139 des Europäischen Parlaments und des Rates v. 4.7.2018 zur Festlegung gemeinsamer Vorschriften für die Zivilluftfahrt und zur Errichtung einer Agentur der Europäischen Union für Flugsicherheit sowie zur Änderung der Verordnungen (EG) Nr. 2111/2005, (EG) Nr. 1008/2008, (EU) Nr. 996/2010, (EU) Nr. 376/2014 und der Richtlinien 2014/30/EU und 2014/53/EU des Europäischen Parlaments und des Rates, und zur Aufhebung der Verordnungen (EG) Nr. 552/2004 und (EG) Nr. 216/2008 des Europäischen Parlaments und des Rates und der Verordnung (EWG) Nr. 3922/91 des Rates, ABl. 2018 L 212/1, ber. ABl. 2018 L 296, 41, geänd. durch Delegierte Verordnung (EU) 2021/1087 der Kommission v. 7.4.2021, ABl. 2021 L 236, 1.

[54] Art. 67 Abs. 3, 70 VO (EG) Nr. 726/2004 des Europäischen Parlaments und des Rates v. 31.3.2004 zur Festlegung von Gemeinschaftsverfahren für die Genehmigung und Überwachung von Human- und Tierarzneimitteln und zur Errichtung einer Europäischen Arzneimittel-Agentur, ABl. 2004 L 136, 1, zuletzt geänd. durch VO (EU) 2019/5 des Europäischen Parlaments und des Rates v. 11.12.2018, ABl. 2019 L 5, 24.

[55] Art. 172 Abs. 3 iVm Anhang I VO (EU) 2017/1001 des Europäischen Parlaments und des Rates v. 14.6.2017 über die Unionsmarke.

[56] EuGH (Große Kammer) Urt. v. 9.3.2010 – C-518/07, ECLI:EU:C:2010:125 = EuZW 2010, 296 – Kommission/Deutschland, Rn. 23, 36; EuGH (Große Kammer) Urt. v. 16.10.2012 – C-614/10, ECLI:EU:C:2012:631 = ZD 2012, 563 – Kommission/Österreich, Rn. 52; EuGH (Große Kammer) Urt. v. 8.4.2014 –

Der Grundsatz der Unentgeltlichkeit gilt zunächst, wenn Datenschutz-Aufsichtsbehörden ihre 25
Aufgaben direkt gegenüber Grundrechtsträgern erfüllen, wenn sie also **gegenüber einer betroffenen Person** tätig werden. Dies gilt insbesondere, wenn ein Grundrechtsträger eine Beschwerde eingereicht hat, wenn die Datenschutz-Aufsichtsbehörde bei einem Verantwortlichen oder Auftragsverarbeiter eine datenschutzrechtlich zu beanstandende Handlung untersucht, wenn sie eine Stelle zum Zwecke der Überwachung der Einhaltung von (im Wege der Selbstregulierung erarbeiteten) Verhaltensregeln akkreditiert oder wenn sie Vertragsklauseln für die Übermittlung personenbezogener Daten in ein Drittland genehmigt. Art. 57 Abs. 3 erstreckt den Grundsatz der Unentgeltlichkeit darüber hinaus auf den Fall, dass eine Datenschutz-Aufsichtsbehörde **gegenüber einem Datenschutzbeauftragten** tätig wird. Denn wenn Verantwortliche oder Auftragsverarbeiter einen Datenschutzbeauftragten benennen – entweder weil sie dazu gemäß Art. 37 Abs. 1 verpflichtet sind oder weil sie dies freiwillig tun, um im Einklang mit dem Grundsatz der Eigenverantwortung (→ Einl. Rn. 69, 110) selbst für die Einhaltung des europäischen Datenschutzrechts im Unternehmen zu sorgen –, dann ist dieser Datenschutzbeauftragte gemäß Art. 39 Abs. 1 lit. d zur Zusammenarbeit mit der Aufsichtsbehörde verpflichtet und hat gemäß Art. 39 Abs. 1 lit. e als Anlaufstelle für die Aufsichtsbehörde in mit der Verarbeitung zusammenhängenden Fragen zu dienen. Über das Institut des Datenschutzbeauftragten soll gerade ein wirksamer (präventiver) Schutz des Datenschutzgrundrechts erreicht werden, so dass auch ihm gegenüber die Aufgabenerfüllung seitens der Datenschutz-Aufsichtsbehörden kostenlos sein muss. Nicht ausgeschlossen wird von Art. 57 Abs. 3 allerdings eine Gebührenerhebung, wenn eine Datenschutz-Aufsichtsbehörde von Unternehmen oder Behörden um eine besondere Beratung ersucht wird;[57] wenn sie eine Zertifizierung durchführt;[58] oder wenn sie besondere Maßnahmen der Öffentlichkeitsarbeit im Interesse der datenschutzrechtlichen Sensibilisierung und Aufklärung bestimmter Branchen der Wirtschaft trifft.

Eine **Ausnahme vom Grundsatz der Unentgeltlichkeit** gilt gemäß Art. 57 Abs. 4 S. 1 nur 26
dann, wenn offenkundig unbegründete oder – in der Form oder wegen ihres repetitiven Charakters – exzessive Anfragen an eine Datenschutz-Aufsichtsbehörde gestellt werden. Es soll damit verhindert werden, dass die Tätigkeit einer Aufsichtsbehörde durch Querulanten, die unsinnige oder immer wieder dieselben Anfragen stellen, schwerwiegend beeinträchtigt oder gar lahmgelegt wird. Da die Aufgabe der Aufsichtsbehörden aber der Grundrechtsschutz ist, darf nur in eindeutig gelagerten Konstellationen von dieser Ausnahmeregelung Gebrauch gemacht werden;[59] denn nicht selten entpuppt sich jemand, der auf den ersten Blick als Querulant erscheint, bei näherem Hinsehen als in seinem Grundrecht verletzter Einzelner, der des Schutzes der Aufsichtsbehörden bedarf. Aus diesem Grund sieht Art. 57 Abs. 4 S. 2 vor, dass die Datenschutz-Aufsichtsbehörde die Beweislast dafür trägt, dass eine Anfrage offenkundig unbegründet oder exzessiv ist. Kommt die Datenschutz-Aufsichtsbehörde zum Ergebnis, dass eine Anfrage offenkundig unbegründet oder exzessiv ist, so hat sie – im Einklang mit dem **Grundsatz der Verhältnismäßigkeit** – zunächst eine angemessene Gebühr auf der Grundlage der Verwaltungskosten zu verlangen. Erst in einem zweiten Schritt, wenn auch die Gebührenerhebung das querulatorische Vorgehen nicht beendet, darf sich die Datenschutz-Aufsichtsbehörde weigern, aufgrund der Anfrage hin tätig zu werden.

E. Nationale Durchführung

Die in Art. 57 vorgesehenen Aufgaben der nationalen Datenschutz-Aufsichtsbehörden wur- 27
zeln unmittelbar im direkt geltenden Unionsrecht; sie lassen keinerlei nationalen Ausgestaltungsspielraum.[60] Eine Umsetzung von Art. 57 ist daher weder erforderlich noch zulässig. Auch eine Normwiederholung auf nationaler Ebene wäre europarechtswidrig, da sie bei den Rechtsunter-

---

C-288/12, ECLI:EU:C:2014:237 = ZD 2014, 301 – Kommission/Ungarn, Rn. 53. Vgl. auch EuGH Urt. v. 19.10.2016 – C-582/14, ECLI:EU:C:2016:779 = ZD 2017, 24 mAnm *Kühling/Klar* – Breyer, Rn. 58; sowie GA *Bobek* Schlussanträge v. 13.1.2021 – C-645/19, ECLI:EU:C:2021:5 – Facebook Ireland Ltd. u.a./ Gegevensbescheringsautoriteit, Rn. 113.

[57] Für zulässig hält eine Gebührenerhebung bei Beratungsleistungen ggü. Unternehmen auf deren Anfrage auch Paal/Pauly/*Körffer* DS-GVO Art. 57 Rn. 29.
[58] So Gola/Heckmann/*Nguyen* DS-GVO Art. 57 Rn. 17.
[59] Für eine zurückhaltende Anwendung der Ausnahme vom Grundsatz der Unentgeltlichkeit plädiert auch Paal/Pauly/*Körffer* DS-GVO Art. 57 Rn. 31.
[60] Ebenso Kühling/Buchner/*Boehm*, 4. Aufl. 2024, DS-GVO Art. 57 Rn. 28.

worfenen zu Unklarheit und Verwirrung über den unmittelbar unionsrechtlichen Charakter der Aufgaben der nationalen Datenschutz-Aufsichtsbehörden führen und damit die wirksame Anwendung und Durchsetzung der DS-GVO beeinträchtigen könnte (sog. **Umsetzungs- und Normwiederholungsverbot** → Einl. Rn. 86, 98).

28   Vor diesem Hintergrund hat der Bundesgesetzgeber in Deutschland zu Recht bei der Neufassung und Anpassung des BDSG für die oder den Bundesbeauftragte(n) für den Datenschutz und die Informationsfreiheit keinen eigenen Aufgabenkatalog im Geltungsbereich der DS-GVO definiert. **§ 14 Abs. 1 BDSG** regelt explizit nur solche Aufgaben, die „neben den in der Verordnung (EU) 2016/679 genannten Aufgaben" bestehen, da sie sich aus der parallel zur DS-GVO erlassenen sog. Polizei-RL[61] (→ Einl. Rn. 43, 46, 62; → Art. 2 Rn. 12 f.) ergeben, deren Aufgabenkatalog im nationalen Gesetz umzusetzen war.[62] Eine zulässige Ausführung der fakultativen Spezifizierungsklausel des Art. 57 Abs. 1 lit. c (→ Rn. 17) stellt **§ 14 Abs. 2 S. 1 BDSG** dar. Die Vorschrift spezifiziert, dass die Beratungsaufgabe der oder des Bundesbeauftragten durch Stellungnahmen an den Bundestag oder einen seiner Ausschüsse, an den Bundesrat, die Bundesregierung, sonstige Einrichtungen und Stellen sowie an die Öffentlichkeit erfüllt werden kann. Im Vergleich zur früheren Rechtslage ist der Bundesrat neu in diese Liste aufgenommen worden, was angemessen ist, da der Bundesrat als Teil des nationalen Parlaments iSv Art. 57 Abs. 1 lit. c anzusehen ist.[63] Überflüssig erscheinen dagegen § 14 Abs. 3 und 4 BDSG, da sie lediglich die Vorgaben von Art. 57 Ab. 2–4 zur Erleichterung und zur Unentgeltlichkeit von Beschwerden zu reproduzieren scheinen, ohne für einzelne Beschwerdeführer einen konkreten Mehrwert zu bringen; die Vorschriften schaffen (trotz der salvatorischen Klausel in § 1 Abs. 5 BDSG) stattdessen Rechtsunsicherheit darüber, dass der Geltungsgrund der Erleichterungspflicht und des Grundsatzes der Unentgeltlichkeit der aufsichtlichen Tätigkeit nicht das BDSG, sondern direkt die DS-GVO ist. Die Landesgesetzgeber gehen uneinheitlich bei der Anpassung der landesgesetzlichen Aufgabenkataloge ihrer Datenschutz-Aufsichtsbehörden vor; einige Landesgesetzgeber folgen dem redaktionellen Vorbild von § 14 Abs. 1 BDSG[64], andere verweisen schlicht direkt auf Art. 57[65], während wieder andere an kurzen Aufgabenkatalogen festhalten, dabei aber auf Art. 57 Bezug nehmen.[66] Die Beratungsaufgabe der Datenschutz-Aufsichtsbehörde wird in den an die DS-GVO angepassten Landesdatenschutzgesetzen unter Nutzung der fakultativen Spezifizierungsklausel des Art. 57 Abs. 1 lit. c (→ Rn. 17) idR auf den Landtag und die Landesregierung erstreckt.[67] Den Grundsatz der Unentgeltlichkeit der aufsichtlichen Aufgabenerfüllung

---

[61] Richtlinie (EU) 2016/680 des Europäischen Parlaments und des Rates v. 27.4.2016 zum Schutz natürlicher Personen bei der Verarbeitung personenbezogener Daten durch die zuständigen Behörden zum Zwecke der Verhütung, Ermittlung, Aufdeckung oder Verfolgung von Straftaten oder der Strafvollstreckung sowie zum freien Datenverkehr und zur Aufhebung des Rahmenbeschlusses 2008/977/JI des Rates, ABl. 2016 L 119, 89, ber. ABl. 2018 L 127, 9, ber. ABl. 2021 L 74, 36.

[62] Zutr. Paal/Pauly/*Körffer* BDSG § 14 Rn. 1: „§ 14 Abs. 1 dient der Umsetzung von Art. 46 JI-RL. Für Verarbeitungen, die der DS-GVO unterfallen, gilt Art. 57 DS-GVO unmittelbar."

[63] Ebenso Paal/Pauly/*Körffer* BDSG § 14 Rn. 2, die allerdings auch die Aufsichtsbehörden der Länder als Ansprechpartner für den Bundesrat ansieht. In der föderalen Verfassungsordnung der Bundesrepublik Deutschland ist diese Sichtweise abzulehnen; der Bundesrat ist nicht Länder-, sondern Bundesorgan. Die Beratungsaufgabe der Datenschutz-Aufsichtsbehörden der Länder ist dementsprechend jew. ggü. Landtag und Landesregierung wahrzunehmen.

[64] Vgl. zB § 7 HDSIG v. 3.5.2018, GVBl. 2018, 82, zuletzt geänd. am 15.1.2021, GVBl. 2021, 718 (729).

[65] Vgl. zB § 6 Abs. 1 ThürDSG v. 6.6.2018, GVBl. 2018, 229: „Der Landesbeauftragte für den Datenschutz nimmt gegenüber den öffentlichen Stellen des Landes die Aufgaben nach Artikel 57 der Verordnung (EU) 2016/679 wahr. Dabei kontrolliert er die Einhaltung der Verordnung (EU) 2016/679, dieses Gesetzes sowie anderer datenschutzrechtlicher Bestimmungen." Vgl. auch in Sachsen-Anhalt § 23 Abs. 1 DSAG LSA v. 18.2.2020, GVBl. 2020, 25, zuletzt geänd. am 20.3.2020, GVBl. 2020, 64: „Der Landesbeauftragte für Datenschutz erfüllt im Anwendungsbereich der Verordnung (EU) 2016/679 gegenüber allen öffentlichen Stellen die Aufgaben aus Artikel 57 der Verordnung (EU) 2016/679. Dazu stehen ihm die Befugnisse aus Artikel 58 der Verordnung (EU) 2016/679 zu […]."

[66] Vgl. zB Art. 15, Art. 18 BayDSG v. 15.5.2018, GVBl. 2018, 229, die im Klammerzusatz sowohl für den Landesdatenschutzbeauftragten als auch für das Landesamt für Datenschutzaufsicht explizit auf den direkt geltenden Art. 57 DS-GVO hinweisen.

[67] Sehr weit gefasst ist der Kreis der Beratungsadressaten in § 13 Abs. 2 Nr. 3 HDSIG v. 3.5.2018, GVBl. 2018, 82, zuletzt geänd. am 15.1.2021, GVBl. 2021, 718, 729; er nennt (in europarechtlich zulässiger Spezifizierung) ausdrücklich „den Landtag, die im Landtag vertretenen Fraktionen, die Landesregierung, die Kommunen und andere Einrichtungen und Gremien." Vgl. ferner Art. 15 Abs. 3 BayDSG v. 15.5.2018, GVBl. 2018, 229, wonach nur der Landesdatenschutzbeauftragte, nicht aber das Landesamt für Datenschutzaufsicht Stellungnahmen zu bestimmten Vorgängen aus seinem Aufgabenbereich an den Landtag und die

findet sich in uneinheitlicher Form in einigen Landesdatenschutzgesetzen, zum Teil unter direkter Bezugnahme auf Art. 57 Abs. 3, 4.[68]

In **Österreich** beschränkt sich **§ 21 DSG** in europarechtsfreundlicher Redaktion von vornherein auf äußerst kursorische Spezifizierungen der in Art. 57 festgeschriebenen Aufgaben der Datenschutzbehörde. Die aus der Polizei-RL resultierenden Aufgaben werden redaktionell separat in § 32 DSG aufgeführt. In zulässiger Ausfüllung der fakultativen Spezifizierungsklausel des Art. 57 Abs. 1 lit. c (→ Rn. 17) konkretisiert § 21 Abs. 1 S. 1 DSG, dass die Datenschutzbehörde ihre Beratungsaufgabe gegenüber den Ausschüssen des Nationalrates und des Bundesrates, der Bundesregierung und den Landesregierungen wahrnimmt. Eine zulässige verfahrensrechtliche Durchführung von Art. 57 Abs. 1 lit. k stellt § 21 Abs. 2 DSG dar, der vorsieht, dass die Liste der Verarbeitungsarten gemäß Art. 35 Abs. 4 (sog. Positivliste[69]) „im Wege einer Verordnung im Bundesgesetzblatt kundzumachen" ist. Entsprechendes gilt für § 21 Abs. 3 S. 1 DSG, wenn dort spezifiziert wird, dass die Datenschutzbehörde (die in § 21 Abs. 3 S. 1 DSG zugleich gesetzlich als einzige nationale Akkreditierungsstelle iSv Art. 43 Abs. 1 lit a festgelegt wird) die nach Art. 57 Abs. 1 lit. p festzulegenden Kriterien für die Akkreditierung einer Stelle für die Überwachung von Verhaltensregeln und einer Zertifizierungsstelle „im Wege einer Verordnung kundzumachen" hat.

29

Art. 58 Befugnisse

(1) **Jede Aufsichtsbehörde verfügt über sämtliche folgenden Untersuchungsbefugnisse, die es ihr gestatten,**
a) **den Verantwortlichen, den Auftragsverarbeiter und gegebenenfalls den Vertreter des Verantwortlichen oder des Auftragsverarbeiters anzuweisen, alle Informationen bereitzustellen, die für die Erfüllung ihrer Aufgaben erforderlich sind,**
b) **Untersuchungen in Form von Datenschutzüberprüfungen durchzuführen,**
c) **eine Überprüfung der nach Artikel 42 Absatz 7 erteilten Zertifizierungen durchzuführen,**
d) **den Verantwortlichen oder den Auftragsverarbeiter auf einen vermeintlichen Verstoß gegen diese Verordnung hinzuweisen,**
e) **von dem Verantwortlichen und dem Auftragsverarbeiter Zugang zu allen personenbezogenen Daten und Informationen, die zur Erfüllung ihrer Aufgaben notwendig sind, zu erhalten,**
f) **gemäß dem Verfahrensrecht der Union oder dem Verfahrensrecht des Mitgliedstaats Zugang zu den Räumlichkeiten, einschließlich aller Datenverarbeitungsanlagen und -geräte, des Verantwortlichen und des Auftragsverarbeiters zu erhalten.**

(2) **Jede Aufsichtsbehörde verfügt über sämtliche folgenden Abhilfebefugnisse, die es ihr gestatten,**
a) **einen Verantwortlichen oder einen Auftragsverarbeiter zu warnen, dass beabsichtigte Verarbeitungsvorgänge voraussichtlich gegen diese Verordnung verstoßen,**
b) **einen Verantwortlichen oder einen Auftragsverarbeiter zu verwarnen, wenn er mit Verarbeitungsvorgängen gegen diese Verordnung verstoßen hat,**
c) **den Verantwortlichen oder den Auftragsverarbeiter anzuweisen, den Anträgen der betroffenen Person auf Ausübung der ihr nach dieser Verordnung zustehenden Rechte zu entsprechen,**
d) **den Verantwortlichen oder den Auftragsverarbeiter anzuweisen, Verarbeitungsvorgänge gegebenenfalls auf bestimmte Weise und innerhalb eines bestimmten Zeitraums in Einklang mit dieser Verordnung zu bringen,**
e) **den Verantwortlichen anzuweisen, die von einer Verletzung des Schutzes personenbezogener Daten betroffene Person entsprechend zu benachrichtigen,**

Staatsregierung richten kann, allerdings nur auf deren Ersuchen hin; insgesamt schränkt dies die Beratungsaufgabe, die europarechtlich jeder Aufsichtsbehörde vorgeschrieben ist, im Vergleich zu Art. 57 Abs. 1 lit. c DS-GVO in bedenklicher Weise ein.

[68] Vgl. zB Art. 19 Abs. 6 S. 2 BayDSG v. 15.5.2018, GVBl. 2018, 229: „Unbeschadet des Art. 57 Abs. 4 DS-VO sind Amtshandlungen für die betroffene Person und für den Datenschutzbeauftragten kostenfrei."
[69] Die Erstellung einer Negativliste von Verarbeitungsarten ist gem. Art. 35 Abs. 5 fakultativ. Gem. § 21 Abs. 2 DSG ist auch eine solche Negativliste „im Wege einer Verordnung im Bundesgesetzblatt kundzumachen".

f) eine vorübergehende oder endgültige Beschränkung der Verarbeitung, einschließlich eines Verbots, zu verhängen,
g) die Berichtigung oder Löschung von personenbezogenen Daten oder die Einschränkung der Verarbeitung gemäß den Artikeln 16, 17 und 18 und die Unterrichtung der Empfänger, an die diese personenbezogenen Daten gemäß Artikel 17 Absatz 2 und Artikel 19 offengelegt wurden, über solche Maßnahmen anzuordnen,
h) eine Zertifizierung zu widerrufen oder die Zertifizierungsstelle anzuweisen, eine gemäß den Artikel 42 und 43 erteilte Zertifizierung zu widerrufen, oder die Zertifizierungsstelle anzuweisen, keine Zertifizierung zu erteilen, wenn die Voraussetzungen für die Zertifizierung nicht oder nicht mehr erfüllt werden,
i) eine Geldbuße gemäß Artikel 83 zu verhängen, zusätzlich zu oder anstelle von in diesem Absatz genannten Maßnahmen, je nach den Umständen des Einzelfalls,
j) die Aussetzung der Übermittlung von Daten an einen Empfänger in einem Drittland oder an eine internationale Organisation anzuordnen.

(3) Jede Aufsichtsbehörde verfügt über sämtliche folgenden Genehmigungsbefugnisse und beratenden Befugnisse, die es ihr gestatten,

a) gemäß dem Verfahren der vorherigen Konsultation nach Artikel 36 den Verantwortlichen zu beraten,
b) zu allen Fragen, die im Zusammenhang mit dem Schutz personenbezogener Daten stehen, von sich aus oder auf Anfrage Stellungnahmen an das nationale Parlament, die Regierung des Mitgliedstaats oder im Einklang mit dem Recht des Mitgliedstaats an sonstige Einrichtungen und Stellen sowie an die Öffentlichkeit zu richten,
c) die Verarbeitung gemäß Artikel 36 Absatz 5 zu genehmigen, falls im Recht des Mitgliedstaats eine derartige vorherige Genehmigung verlangt wird,
d) eine Stellungnahme abzugeben und Entwürfe von Verhaltensregeln gemäß Artikel 40 Absatz 5 zu billigen,
e) Zertifizierungsstellen gemäß Artikel 43 zu akkreditieren,
f) im Einklang mit Artikel 42 Absatz 5 Zertifizierungen zu erteilen und Kriterien für die Zertifizierung zu billigen,
g) Standarddatenschutzklauseln nach Artikel 28 Absatz 8 und Artikel 46 Absatz 2 Buchstabe d festzulegen,
h) Vertragsklauseln gemäß Artikel 46 Absatz 3 Buchstabe a zu genehmigen,
i) Verwaltungsvereinbarungen gemäß Artikel 46 Absatz 3 Buchstabe b zu genehmigen
j) verbindliche interne Vorschriften gemäß Artikel 47 zu genehmigen.

(4) Die Ausübung der der Aufsichtsbehörde gemäß diesem Artikel übertragenen Befugnisse erfolgt vorbehaltlich geeigneter Garantien einschließlich wirksamer gerichtlicher Rechtsbehelfe und ordnungsgemäßer Verfahren gemäß dem Unionsrecht und dem Recht des Mitgliedstaats im Einklang mit der Charta.

(5) Jeder Mitgliedstaat sieht durch Rechtsvorschriften vor, dass seine Aufsichtsbehörde befugt ist, Verstöße gegen diese Verordnung den Justizbehörden zur Kenntnis zu bringen und gegebenenfalls die Einleitung eines gerichtlichen Verfahrens zu betreiben oder sich sonst daran zu beteiligen, um die Bestimmungen dieser Verordnung durchzusetzen.

(6) [1]Jeder Mitgliedstaat kann durch Rechtsvorschriften vorsehen, dass seine Aufsichtsbehörde neben den in den Absätzen 1, 2 und 3 aufgeführten Befugnissen über zusätzliche Befugnisse verfügt. [2]Die Ausübung dieser Befugnisse darf nicht die effektive Durchführung des Kapitels VII beeinträchtigen.

Literatur: *Albrecht/Jotzo,* Das neue Datenschutzrecht der EU, 2016, Teil 7: Aufsichtsbehörden, S. 107 ff.; *Born,* Grenzen der Informationstätigkeit der Datenschutzaufsicht im nicht öffentlichen Bereich, RDV 2015, 125; *Brink,* Der Beratungsauftrag der Datenschutzaufsichtsbehörden, ZD 2020, 59; *Caspar,* Das aufsichtsbehördliche Verfahren nach der EU-Datenschutz-Grundverordnung, ZD 2012, 555; *Dieterich,* Rechtsdurchsetzungsmöglichkeiten der DS-GVO, ZD 2016, 260; *Flendrovsky,* Die Aufsichtsbehörden, in Knyrim (Hrsg.), Datenschutz-Grundverordnung. Das neue Datenschutzrecht in Österreich und der EU, Praxishandbuch, 2016, S. 281 ff.; *Härting,* Starke Behörden, schwaches Recht – der neue EU-Datenschutzentwurf, BB 2012, 459; *Herbrich,* Umgang mit Fragebögen von Aufsichtsbehörden, DSB 2020, 20; *Hijmans,* How to Enforce the GDPR in a Strategic, Consistent and Ethical Manner?, EDPL 2018, 80; *Hoeren,* Staatliche Whistleblower? Missstände in der Pressearbeit deutscher Datenaufsichtsbehörden, ZD 2021, 497; *Jóri,* Shaping vs applying data protection law: two core functions of data protection authorities, International Data Privacy Law, 2015,

133; *Kienle/Wenzel,* Das Klagerecht der Aufsichtsbehörden, ZD 2019, 107; *v. Lewinski,* Formelles und informelles Handeln der datenschutzrechtlichen Aufsichtsbehörden, RDV 2001, 205; *Martini/Wenzel,* „Gelbe Karte" von den Aufsichtsbehörden: die Verwarnung als datenschutzrechtliches Sanktionenhybrid, PinG 2017, 92; *Neun/Lubitzsch,* EU-Datenschutz-Grundverordnung – Behördenvollzug und Sanktionen, BB 2017, 1538; *Nguyen,* Die zukünftige Datenschutzaufsicht in Europa, ZD 2015, 265; *Weichert,* Das Äußerungsrecht der Aufsichtsbehörden, DuD 2015, 323, 397; *Zikesch/Kramer,* Die DS-GVO und das Berufsrecht der Rechtsanwälte, Steuerberater und Wirtschaftsprüfer, ZD 2015, 565.

Rechtsprechung: EuGH Urt. v. 18.10.1989 – C-374/87, ECLI:EU:C:1989:387 – Orkem/Kommission; EuGH Urt. v. 21.9.1989 – C-46/87 u. C-227/88, ECLI:EU:C:1989:337 – Hoechst/Kommission; EuGH (Große Kammer) Urt. v. 9.3.2010 – C-518/07, ECLI:EU:C:2010:125 – Kommission/Deutschland; EuGH (Große Kammer) Urt. v. 8.4.2014 – C-288/12, ECLI:EU:C:2014:237 = ZD 2014, 301 – Kommission/Ungarn; EuGH Urt. v. 1.10.2015 – C-230/14, ECLI:EU:C:2015:639 = ZD 2015, 580 mAnm *Karg* – Weltimmo; EuGH (Große Kammer) Urt. v. 6.10.2015 – C-362/14, ECLI:EU:C:2015:650 = ZD 2015, 549 mAnm *Spies* – Maximillian Schrems/Data Protection Commissioner („Schrems I"); EuGH (Große Kammer) Urt. v. 16.7.2020 – C-311/18, ECLI:EU:C:2020:559 = ZD 2020, 511 mAnm *Moos/Rothkegel* – Data Protection Commissioner/Facebook Ireland Ltd, Maximillian Schrems („Schrems II"); EuGH (Große Kammer) Urt. v. 15.6.2021 – C-645/19, ECLI:EU:C:2021:432 = ZD 2021, 570 mAnm *Blasek* – Facebook Ireland Ltd u.a./Gegevensbeschermingsautoriteit; EuGH (Große Kammer) Urt. v. 5.12.2023 – C-807/21, ECLI:EU:C:2023:950 – Deutsche Wohnen SE/Staatsanwalt Berlin; BVerwG Urt. v. 11.9.2019 – 6 C 15.18, ZD 2020, 264; Sächsisches OVG Beschl. v. 17.7.2013 – 3 B 470/12 (VG Leipzig), ZD 2014, 48; OVG Schleswig Beschl. v. 28.2.2014 – 4 MB 82/13 (VG Schleswig), ZD 2014, 536; OVG Münster Beschl. v. 17.5.2021 – 13 B 331/21 (VG Köln), ZD 2021, 535 mAnm *Schnabel;* VG Mainz Urt. v. 24.9.2020 – 1 K 584/19.MZ, ZD 2021, 336; VG Schwerin Urt. v. 26.11.2020 – 1 A 1598/19 SN, DuD 2020, 268; VG Mainz Urt. v. 17.12.2020 – 1 K 778/19.MZ, BeckRS 2020, 41220; VG Stuttgart Urt. v. 11.11.2021 – 11 K 17/21, ZD 2022, 586.

Übersicht

	Rn.
A. Allgemeines	1
I. Hintergrund und Zweck der Bestimmung	1
II. Systematik, Verhältnis zu anderen Bestimmungen	7
B. Einzelerläuterungen	11
I. Untersuchungsbefugnisse (Abs. 1)	11
II. Abhilfebefugnisse (Abs. 2)	18
III. Genehmigungs- und beratende Befugnisse (Abs. 3)	29
IV. Verfahren der Befugnisausübung (Abs. 4)	33
V. Klagerecht bzw. Anzeigebefugnis (Abs. 5)	34
VI. Zusätzliche Befugnisse (Abs. 6)	35
C. Rechtsschutz	36
D. Nationale Durchführung	38

A. Allgemeines[*]

I. Hintergrund und Zweck der Bestimmung

Direkt im Anschluss an die Liste der Aufgaben der nationalen Datenschutz-Aufsichtsbehörden **1** in Art. 57 regelt Art. 58 deren Befugnisse. Art. 58 folgt auf den früheren Art. 28 Abs. 3 DS-RL, der bereits Vorgaben zu den wichtigsten Befugnissen der für den Datenschutz zuständigen nationalen Kontrollstellen enthielt. Von Art. 28 Abs. 3 DS-RL unterscheidet sich Art. 58 vor allem in seiner Normqualität. Denn Art. 58 ist als Teil einer Verordnung iSd Art. 288 UAbs. 2 AEUV in allen EU-Mitgliedstaaten seit dem 25.5.2018 **unmittelbar geltendes Recht,** das zudem so hinreichend klar und unbedingt (also „self-executing") formuliert ist, dass die in Art. 58 vorgesehenen Befugnisse der nationalen Datenschutz-Aufsichtsbehörden **unmittelbar anwendbar** sind. Während die Befugnisse der nationalen Aufsichtsbehörden, wie sie in Art. 28 Abs. 3 DS-RL vorgesehen waren, in ihrer Reichweite und Wirksamkeit noch ganz wesentlich von den Vorgaben des nationalen Gesetzgebers in den einzelnen nationalen Umsetzungsgesetzen abhingen und deshalb von Mitgliedstaat zu Mitgliedstaat erheblich variieren konnten, weist seit dem 25.5.2018 Art. 58 den Datenschutz-Aufsichtsbehörden in allen EU-Mitgliedstaaten glei-

---

[*] Der Verfasser vertritt hier seine persönliche Auffassung, die nicht notwendig der Auffassung der Europäischen Kommission entspricht.

chermaßen wirksame Befugnisse zu, deren Bestand und Reichweite sich unmittelbar aus dem Unionsrecht ergeben und deren Wirksamkeit von nationalen Rechtsvorschriften nicht beeinträchtigt werden darf. Die von einigen Ratsvertretern der Mitgliedstaaten während des Gesetzgebungsverfahrens zeitweise erwogene „Zwischenschaltung" nationaler Rechtsvorschriften, welche die Ausübung der Befugnisse der Datenschutz-Aufsichtsbehörden von einem vorherigen Handeln des jeweiligen nationalen Gesetzgebers abhängig gemacht hätte,[1] konnte sich nicht durchsetzen (→ Art. 57 Rn. 1). Wie von der Europäischen Kommission vorgeschlagen und vom Europäischen Parlament maßgeblich unterstützt, ergeben sich vielmehr die Aufgaben als auch die Befugnisse der nationalen Datenschutz-Aufsichtsbehörden direkt aus der DS-GVO. Dadurch, dass alle nationalen Datenschutz-Aufsichtsbehörden „dieselben Aufgaben und wirksamen Befugnisse" (vgl. Erwägungsgrund 129 S. 1; im Englischen: „the same tasks and effective powers"; besonders deutlich im Französischen: „les mêmes missions et les mêmes pouvoirs effectifs") haben, soll die einheitliche Überwachung der Anwendung und Durchsetzung der DS-GVO in der gesamten Union sichergestellt und regulatorische Arbitrage vermieden werden.[2] Zugleich stärkt die **Unionsunmittelbarkeit der aufsichtlichen Aufgaben und Befugnisse** die Unabhängigkeit der aus der allgemeinen Staatsverwaltung der Mitgliedstaaten ausgegliederten Datenschutz-Aufsichtsbehörden (→ Art. 52 Rn. 9, 11) gegenüber nationalen Stellen und bekräftigt ihre funktionelle Eigenschaft als **dezentrale Unionsbehörden** (→ Art. 51 Rn. 6; → Art. 52 Rn. 11; → Art. 53 Rn. 10; → Art. 54 Rn. 4). Die Art. 57, 58 zeigen, dass Bezugspunkt für die Tätigkeit der nationalen Aufsichtsbehörden primär und ganz überwiegend das Unionsrecht ist, zu dem nationale Rechtsvorschriften allenfalls ergänzend und spezifizierend hinzutreten können. Eine gänzliche oder teilweise Wiederholung der Aufgaben- und Befugnisnormen der DS-GVO in nationalen Rechtsvorschriften ist nicht nur überflüssig, sondern sogar unionsrechtswidrig, da dies bei den Rechtsunterworfenen zu Unklarheit und Verwirrung über den unmittelbar unionsrechtlichen Charakter der Aufgaben und Befugnisse der nationalen Datenschutz-Aufsichtsbehörden führen und damit die wirksame Anwendung und Durchsetzung der DS-GVO beeinträchtigen kann (sog. **Umsetzungs- und Normwiederholungsverbot** → Einl. Rn. 86, 98).

2 Eine **obligatorische Spezifizierung** durch nationale Rechtsvorschriften (→ Einl. Rn. 92) ist allein in **Art. 58 Abs. 5** vorgesehen.[3] Danach müssen nationale Datenschutz-Aufsichtsbehörden die Befugnis haben, Verstöße gegen die DS-GVO vor Gericht zu bringen. In spezifizierenden nationalen Rechtsvorschriften ist dabei zu regeln, ob eine nationale Datenschutz-Aufsichtsbehörde sofort ein Klagerecht hat oder ob sie zunächst eine nationale Justizbehörden einschalten muss, um ein Gerichtsverfahren einzuleiten. Die deutsche Fassung des Art. 58 Abs. 5 ist dabei etwas missverständlich formuliert. Das Wort „gegebenenfalls" könnte so verstanden werden, als sei die Einleitung eines gerichtlichen Verfahrens durch die Datenschutz-Aufsichtsbehörde insgesamt in das Ermessen des Mitgliedstaats gestellt. Ein Blick in die – gleichermaßen verbindliche (→ Einl. Rn. 101) – englische und französische Sprachfassung des Art. 58 Abs. 5 (wo es „where appropriate" bzw. „le cas échéant" heißt) zeigt allerdings, dass die Spezifizierungsklausel es den Mitgliedstaaten lediglich ermöglichen will, die konkrete Ausgestaltung der gerichtlichen Durchsetzungsbefugnisse der nationalen Datenschutz-Aufsichtsbehörden in das jeweilige nationale Rechtssystem einzufügen, also zB in einem Strafverfahren den Aufsichtsbehörden die Befugnis zum Stellen eines Strafantrags und den entsprechenden strafprozessualen Beteiligungsrechten zu verleihen, während die Anklageerhebung vor Gericht durch die Staatsanwaltschaft erfolgt. Nicht in Frage stellen kann ein Mitgliedstaat jedoch die sich unmittelbar aus Art. 58 Abs. 5 ergebende Befugnis der nationalen Datenschutz-Aufsichtsbehörden, wegen Verstößen gegen die DS-GVO selbst ein gerichtliches Verfahren einzuleiten.[4]

---

[1] Vgl. Rats-Dok. Nr. 68335 v. 9.3.2015, wonach Art. 53 (Befugnisse) wie folgt eingeleitet war: „Jeder Mitgliedstaat regelt durch Gesetz, dass seine Aufsichtsbehörde mindestens über die folgenden Untersuchungsbefugnisse verfügt […]." Krit. dazu *Nguyen* ZD 2015, 265 (268), der zu Recht beanstandete, dass durch eine solche Regelung der einheitliche Vollzug des Datenschutzrechts in Europa erheblich gefährdet und unterschiedliche Wettbewerbsbedingungen für europäische Unternehmen geschaffen worden wären. Vgl. auch Kühling/Buchner/*Boehm*, 4. Aufl. 2024, DS-GVO Art. 58 Rn. 9.
[2] Vgl. Gola/Heckmann/*Nguyen* DS-GVO Art. 58 Rn. 1.
[3] Ähnlich Paal/Pauly/*Körffer* DS-GVO Art. 58 Rn. 33: „eine Öffnungsklausel, die zwingend durch die Gesetzgeber der Mitgliedstaaten auszufüllen ist." Vgl. auch *Kienle/Wenzel* ZD 2019, 107 (110): „obligatorische Öffnungsklausel."
[4] Ebenso Kühling/Buchner/*Boehm*, 4. Aufl. 2024, DS-GVO Art. 58 Rn. 46; vgl. auch *Kienle/Wenzel* ZD 2019, 107 (110): „Denn ‚gegebenenfalls' meint nicht, dass die Mitgliedstaaten frei darüber entscheiden können, ob sie Klagerechte installieren, sondern vielmehr in welchen Fällen."

Für diese am Erfordernis einer effektiven Durchsetzung der DS-GVO orientierte Auslegung[5] spricht auch Erwägungsgrund 129 S. 1, wonach die Datenschutz-Aufsichtsbehörden „– unbeschadet der Befugnisse der Strafverfolgungsbehörden nach dem Recht der Mitgliedstaaten – die Befugnis haben, Verstöße gegen diese Verordnung den Justizbehörden zur Kenntnis zu bringen und Gerichtsverfahren anzustrengen". Die **Befugnis der Datenschutz-Aufsichtsbehörden zur Einleitung eines gerichtlichen Verfahrens** ist **unmittelbar anwendbar,** also unabhängig davon, ob die Vorschrift in der Rechtsordnung des betreffenden Mitgliedstaats spezifiziert worden ist, wie der EuGH inzwischen ausdrücklich klargestellt hat.[6] Hat ein Mitgliedstaat Art. 58 Abs. 5 nicht oder nicht vollständig in nationalen Rechtsvorschriften durchgeführt, kann sich eine nationale Datenschutz-Aufsichtsbehörde also direkt auf Art. 58 Abs. 5 stützen, um Klage vor einem nationalen Gericht wegen eines Verstoßes gegen die DS-GVO zu erheben oder auf andere Weise (zB durch Stellen eines Strafantrags) ein gerichtliches Verfahren einzuleiten. Für den besonderen Fall einer gerichtlichen Überprüfung von Angemessenheitsbeschlüssen der Kommission im Zusammenhang mit der Datenübermittlung an Drittstaaten hat der EuGH (noch zur DS-RL) ferner ein besonderes Klagerecht der Datenschutz-Aufsichtsbehörden vor den nationalen Gerichten (mit der Möglichkeit bzw. Pflicht zur Vorlage an den EuGH gemäß Art. 267 UAbs. 2, 3 AEUV) bejaht und dieses direkt aus Art. 8 Abs. 3 GRCh hergeleitet.[7]

Vom früheren Art. 28 Abs. 3 DS-RL unterscheidet sich die Normierung der Befugnisse der **3** nationalen Datenschutz-Aufsichtsbehörden in Art. 58 vor allem durch ihre Ausführlichkeit. Während Art. 28 Abs. 3 DS-RL noch „insbesondere" Untersuchungsbefugnisse, teilweise alternativ vorgegebene[8] wirksame Einwirkungsbefugnisse sowie ein Klagerecht bzw. eine Anzeigebefugnis für die nationalen Kontrollstellen vorsah, ist die Regelung in Art. 58 wesentlich detaillierter und weit reichender. Insgesamt sieht Art. 58 **26 Einzelbefugnisse** vor, die **kumulativ** nebeneinander bestehen, was die Vorschrift dadurch unterstreicht, dass sie jeweils den einzelnen Listen an Befugnissen die Formulierung voranstellt, dass die Datenschutz-Aufsichtsbehörden über „sämtliche folgenden" Befugnisse verfügt. Diese Befugnisse gliedert Art. 58 in Untersuchungsbefugnisse (Abs. 1), Abhilfebefugnisse (Abs. 2) sowie – in Art. 28 Abs. 3 DS-RL noch fehlende – Genehmigungs- und beratende Befugnisse (Abs. 3), die durch ein Klagerecht (Abs. 4) ergänzt werden. Neu ist dabei insbesondere, dass die Abhilfebefugnisse der Datenschutz-Aufsichtsbehörden auch **Sanktionsbefugnisse** (so explizit Erwägungsgrund 129 S. 1 sowie Erwägungsgrund 148 S. 1) enthalten, dh die Befugnis, Geldbußen wegen Verstößen gegen die DS-GVO zu

---

[5] *Kienle/Wenzel* ZD 2019, 107 (110), verlangen eine „primärrechtskonforme Auslegung" orientiert an Art. 8 Abs. 3 GRCh.

[6] EuGH (Große Kammer) Urt. v. 15.6.2021 – C-645/19, ECLI:EU:C:2021:432 = ZD 2021, 570 mAnm *Blasek* – Facebook Ireland Ltd u.a./Gegevensbeschermingsautoriteit, Rn. 113, wonach „Art. 58 Abs. 5 der Verordnung (EU) 2016/679 dahin auszulegen ist, dass die Vorschrift unmittelbare Wirkung hat, so dass eine nationale Aufsichtsbehörde sich auf sie berufen kann, um gegen Private eine Klage zu erheben oder ein entsprechendes Verfahren fortzuführen, auch wenn die Vorschrift in der Rechtsordnung des betreffenden Mitgliedstaats nicht speziell umgesetzt worden ist."

[7] EuGH (Große Kammer) Urt. v. 6.10.2015 – C-362/14, ECLI:EU:C:2015:650 = ZD 2015, 549 mAnm *Spies* – Maximillian Schrems/Data Protection Commissioner („Schrems I"), Rn. 65: „Hält die Kontrollstelle die Rügen der Person, die sich mit einer Eingabe zum Schutz ihrer Rechte und Freiheiten bei der Verarbeitung ihrer personenbezogenen Daten an sie gewandt hat, dagegen für begründet, muss sie nach Art. 28 Abs. 3 Unterabsatz 1 dritter Spiegelstrich der Richtlinie 95/46 im Licht insbesondere von Art. 8 Abs. 3 der Charta ein Klagerecht haben. Insoweit ist es Sache des nationalen Gesetzgebers, Rechtsbehelfe vorzusehen, die es der betreffenden nationalen Kontrollstelle ermöglichen, die von ihr für begründet erachteten Rügen vor den nationalen Gerichten geltend zu machen, damit diese, wenn sie die Zweifel der Kontrollstelle an der Gültigkeit der Entscheidung der Kommission teilen, eine Vorabentscheidung über deren Gültigkeit ersuchen." Bestätigend (nun zur Rechtslage nach der DS-GVO) EuGH (Große Kammer) Urt. v. 16.7.2020 – C-311/18, ECLI:EU:C:2020:559 = ZD 2020, 511 mAnm *Moos/Rothkegel* – Data Protection Commissioner/Facebook Ireland Ltd, Maximillian Schrems („Schrems II"), Rn. 120: „Auch wenn die Kommission einen Angemessenheitsbeschluss erlassen hat, muss die zuständige nationale Aufsichtsbehörde, an die sich eine Person mit einer Beschwerde bezüglich des Schutzes ihrer Rechte und Freiheiten bei der Verarbeitung ihrer personenbezogener Daten wendet, daher in völliger Unabhängigkeit prüfen können, ob bei der Übermittlung dieser Daten die in der DS-GVO aufgestellten Anforderungen gewahrt werden und gegebenenfalls Klage vor den nationalen Gerichten erheben können, damit diese, wenn sie die Zweifel der Aufsichtsbehörde an der Gültigkeit des Angemessenheitsbeschlusses teilen, um eine Vorabentscheidung über deren Gültigkeit ersuchen [...]".

[8] Dies ergab sich aus dem „oder" insbes. in Art. 28 Abs. 3 UAbs. 1, zweiter Gedankenstrich DS-RL; vgl. *Dammann/Simitis* EG-DatenschutzRL Art. 28 Rn. 10.

verhängen (Art. 58 Abs. 2 lit. i iVm Art. 83).[9] Wegen ihres Umfangs und ihrer Ausführlichkeit lassen sich die Befugnisse der Aufsichtsbehörden, wie sie in Art. 58 geregelt sind, nicht mehr als Mindestbefugnisse ansehen, wie dies noch bei Art. 28 Abs. 3 DS-RL der Fall war. Vielmehr listet Art. 58 umfassend diejenigen Befugnisse auf, über die jede nationale Datenschutz-Aufsichtsbehörde zur wirksamen Anwendung und Durchsetzung der DS-GVO verfügt; die in Art. 58 aufgeführten Befugnisse sind somit die **wesentlichen Befugnisse**, die jeder Datenschutz-Aufsichtsbehörde nach europäischem Datenschutzrecht zustehen. Zwar ist es gemäß Art. 58 Abs. 6 S. 1 – einer fakultativen Spezifizierungsklausel (→ Einl. Rn. 91) – grundsätzlich möglich, dass die Mitgliedstaaten den nationalen Datenschutz-Aufsichtsbehörden **zusätzliche Befugnisse** übertragen; dies steht aber unter dem Vorbehalt, dass solche zusätzlichen Befugnisse „die effektive Durchführung des Kapitels VII" – also des Verfahrens der Zusammenarbeit und Kohärenz– nicht beeinträchtigen. Es können den Datenschutz-Aufsichtsbehörden von den Mitgliedstaaten also nur solche zusätzlichen Befugnisse übertragen werden, die ihrer Aufgabe, die Anwendung und Durchsetzung der DS-GVO zu überwachen, dienen und sich in die Zusammenarbeit mit den anderen Datenschutz-Aufsichtsbehörden, dem Europäischen Datenschutzausschuss und der Europäischen Kommission im europäischen Verwaltungsverbund (→ Art. 51 Rn. 6, 15 f.) einfügen und diese nicht etwa stören. Ausgeschlossen wird auf diese Weise sowohl eine Überlastung einer nationalen Datenschutz-Aufsichtsbehörde mit sachfremden Zusatzbefugnissen; als auch eine Übertragung solcher Zusatzbefugnisse, die sich so wesentlich von den Befugnissen anderer Datenschutz-Aufsichtsbehörden unterscheiden, dass sich auch über das Verfahren der Zusammenarbeit und Kohärenz eine einheitliche Anwendung der DS-GVO in der gesamten Union nicht mehr gewährleisten lässt.

4 Im Einklang mit dem Ziel der DS-GVO, das einheitliche europäische Datenschutzrecht sowohl im privaten als auch im öffentlichen Bereich ebenso umfassend wie wirksam zur Anwendung und Durchsetzung zu bringen (→ Einl. Rn. 1, 52; → Art. 57 Rn. 7), unterscheidet Art. 58 bei den Befugnissen der Datenschutz-Aufsichtsbehörden nicht danach, ob diese gegenüber Verantwortlichen bzw. Auftragsgebern im **privaten** oder **öffentlichen Bereich** ausgeübt werden. Die Untersuchungs-, Abhilfe- und Genehmigungsbefugnisse der Datenschutz-Aufsichtsbehörden kommen also grundsätzlich sowohl gegenüber Unternehmen als auch gegenüber Behörden und öffentlichen Stellen zur Anwendung.[10] Eine Warnung, eine Verwarnung,[11] eine Anweisung, eine Anordnung oder ein Verbot kann daher von einer nationalen Datenschutz-Aufsichtsbehörde auch gegenüber einer Behörde oder einer öffentlichen Stelle ausgesprochen werden, die gegen die DS-GVO verstößt; die nationale Datenschutz-Aufsichtsbehörde ist somit nicht mehr, wie dies bisher in einigen Mitgliedstaaten im öffentlichen Sektor der Fall war, auf eine Mitteilung und Feststellung der Rechtswidrigkeit gegenüber Behörden oder öffentlichen Stellen beschränkt,[12] die dann im Vertrauen auf die Gesetzmäßigkeit der Verwaltung automatisch zu entsprechendem rechtmäßigen Verhalten der betreffenden Behörden oder öffentlichen Stelle führte – ein Vertrauen, das in der Behördenpraxis in der Vergangenheit nicht überall mit derselben Geschwindigkeit und Effizienz honoriert wurde.[13] Nur bei der Auferlegung von Geldbußen erlaubt die fakultative Spezifizierungsklausel (→ Einl. Rn. 91) des

---

[9] Aus Sicht des österreichischen Datenschutzrechts stellt dies einen „völligen Systemwechsel" dar; vgl. Knyrim DS-GVO/*Flendrovsky* S. 281 ff., 287.
[10] Ebenso Paal/Pauly/*Körffer* DS-GVO Art. 58 Rn. 3; *Brink* ZD 2020, 59 (59). Zust., wenn auch krit. Plath/*Hullen* DS-GVO Art. 58 Rn. 2a. Vehement dagegen *Ronellenfitsch* DuD 2012, 561 (563), für den die nach der DS-GVO möglichen hoheitlichen Maßnahmen der Datenschutzbehörden gegen andere Hoheitsträger „mit dem Gewaltenteilungsprinzip und dem Verwaltungsvorbehalt des Grundgesetzes nicht im Einklang" stehen. Er übersieht dabei, dass die DS-GVO als vorrangiges EU-Recht durchaus in der Lage ist, im Anwendungsbereich des EU-Rechts andere Befugnisausübungsregeln vorzusehen als sie in der deutschen Verfassungsordnung üblich sind. Zudem ist EU-rechtlich eine unabhängige Datenschutz-Aufsichtsbehörde keine gewöhnliche nationale Behörde und insbes. nicht Teil der allg. Staatsverwaltung, sondern funktional eingegliedert in den europäischen Verwaltungsverbund zum einheitlichen Vollzug der DS-GVO.
[11] Dies bejahen explizit *Martini/Wenzel* PinG 2016, 92 (94 f.).
[12] So die frühere Rechtslage in Deutschland; vgl. den früheren § 25 Abs. 1 BDSG sowie BVerwG Beschl. v. 5.2.1992 – 2 B 162.91, CR 1993, 242, wonach solche Beanstandungen der Datenschutz-Aufsichtsbehörde ggü. Behörden keine rechtlich verbindliche Wirkung haben.
[13] Für eine Geltung der Abhilfebefugnisse der Datenschutz-Aufsichtsbehörden ggü. Behörden und öffentlichen Stellen plädierte deshalb während des EU-Gesetzgebungsverfahrens die Artikel-29-Datenschutzgruppe; vgl. „Core topics in the view of trilogue", Anhang zum Schreiben an EU-Justizkommissarin Jourová v. 17.6.2015, abrufbar unter https://ec.europa.eu/justice/article-29/documentation/other-document/files/2015/20150617_appendix_core_issues_plenary_en.pdf, S. 23: „The Working Party recalls that the whole

Art. 83 Abs. 7 den Mitgliedstaaten, in nationalen Vorschriften festzulegen, ob und in welchem Umfang solche finanziellen Sanktionen gegenüber Behörden und öffentlichen Stellen verhängt werden können.

Das bei der Ausübung der Befugnisse der Datenschutz-Aufsichtsbehörden anwendbare **Ver-** 5 **fahren** ist – in Ermangelung eines einheitlichen europäischen Verwaltungs- oder Gerichtsverfahrensrecht – das Verfahrensrecht des jeweiligen Mitgliedstaats,[14] wie der EuGH für das Datenschutzrecht in der Rs. C-230/14, Weltimmo, bestätigt hat[15] und wie es sich auch aus Art. 58 Abs. 4 (für das Verwaltungsverfahren) und Abs. 5 (für das Gerichtsverfahren) ergibt. Allerdings wird das Verfahrensrecht der Mitgliedstaaten beim Vollzug des unmittelbar im Unionsrecht geregelten einheitlichen Datenschutzrechts in mehrfacher Hinsicht durch Vorgaben der Unionsrechtsordnung geprägt und überlagert. Insbesondere sind die nationalen Behörden und Gerichte unionsrechtlich gemäß Art. 4 Abs. 3 EUV (Pflicht zur loyalen Zusammenarbeit) verpflichtet, die DS-GVO beim verfahrensrechtlichen Vollzug ebenso zu behandeln wie vergleichbares nationales Recht (**Äquivalenzgrundsatz**) und dabei die wirksame Durchsetzung der Bestimmung der DS-GVO im Einklang mit den vom EU-Gesetzgeber verfolgten Zielen zu gewährleisten (**Effizienzgrundsatz**)[16] (→ Einl. Rn. 88). Eine Ausgestaltung von Verfahrensnormen auf nationaler Ebene, welche die wirksame Wahrnehmung der Befugnisse der nationalen Datenschutz-Aufsichtsbehörden beeinträchtigte oder gar unmöglich machte, ist somit unionsrechtlich untersagt. Vielmehr müssen die Mitgliedstaaten ihr nationales Verfahrensrecht umfassend in den Dienst der ebenso wirksamen wie einheitlichen Anwendung und Durchsetzung der DS-GVO stellen.

Ebenso wie der EU-Gesetzgeber an weit reichenden und effektiven Durchsetzungsbefugnissen 6 der nationalen Datenschutz-Aufsichtsbehörden interessiert ist, legt er Wert auf rechtsstaatliche Garantien bei der Ausübung dieser Befugnisse. Dies hebt die **Rechtsstaatlichkeitsklausel in Art. 58 Abs. 4** eigens hervor, zu der Erwägungsgrund 129 S. 4–9 sowie Art. 83 Abs. 8 und Erwägungsgrund 148 S. 2–3 weitere wichtige Hinweise geben. Im Einklang mit Art. 19 Abs. 1 UAbs. 2 EUV und der Charta der Grundrechte der Europäischen Union, insbesondere den in ihr enthaltenen justiziellen Rechten (vgl. Art. 47–50 GRCh), haben die von der Ausübung der Durchsetzungsbefugnisse der Datenschutz-Aufsichtsbehörden betroffenen Einzelnen – vor allem der für eine als rechtswidrig beanstandete Datenverarbeitung Verantwortliche bzw. der Auftragsverarbeiter – insbesondere das Recht auf ein ordnungsgemäßes Verfahren bei den Aufsichtsbehörden (einschließlich des **Anspruchs auf Anhörung** vor belastenden Entscheidungen, vgl. Erwägungsgrund 129 S. 5;[17] das Recht auf Verweigerung von Auskünften, die einen selbst belasten, im Einklang mit dem **Grundsatz „nemo tenetur se ipsum accusare";**[18] das **Recht auf eine Begründung** der ihnen gegenüber getroffenen Entscheidung, vgl. Erwägungsgrund 129 S. 7 sowie das Recht auf eine Beschwerdemöglichkeit bei den Aufsichtsbehörden, vgl. Art. 58 Abs. 4 iVm Art. 77) sowie auf einen wirksamen gerichtlichen Rechtsbehelf gegenüber aufsichtlichen Entscheidungen (vgl. Art. 58 Abs. 4 iVm Art. 78). Die Ausübung von aufsichtlichen Befugnissen gegenüber dem Verantwortlichen bzw. dem Auftragsverarbeiter muss stets dem auch im EU-Recht anerkannten **Grundsatz der Verhältnismäßigkeit** entsprechen; vgl. Erwägungsgrund 129 S. 5 sowie Erwägungsgrund 148 S. 2 und 3, dh dass die entsprechende Maßnahme geeignet, erforderlich und verhältnismäßig im engeren Sinn im Hinblick auf den beanstandeten Verstoß gegen die DS-GVO sein muss. Bei der Ausübung der Befugnis der Datenschutz-Aufsichtsbehörden, auf Grundlage der DS-GVO Sanktionen gegenüber Einzelnen zu verhängen, ist zu beachten, dass diese keinen strafrechtlichen Charakter haben, sondern verwaltungsrechtliche Sanktionen darstellen (vgl. Erwägungsgrund 150 S. 1); wegen ihres belastenden Charakters kommt dennoch der auch im EU-Recht anerkannte **Grundsatz „ne bis in**

---

range of DPAs [= data protection authorities] powers, including fines should apply wherever the controller is a public or a private entity."

[14] Ebenso *Albrecht/Jotzo* DatenschutzR S. 109.
[15] EuGH Urt. v. 1.10.2015 – C-230/14, ECLI:EU:C:2015:639 Rn. 50 = ZD 2015, 580 – Weltimmo mAnm *Karg*. Bestätigend EuGH Urt. v. 28.7.2016 – C-191/15, ECLI:EU:C:2016:612 Rn. 74 ff. – Verein für Konsumenteninformation/Amazon.
[16] Eingehend hierzu *Schweitzer/Dederer* StaatsR III Rn. 1005 ff.
[17] Ein paralleles Erfordernis besteht bereits im EU-Kartellrecht; vgl. EuGH Urt. v. 21.9.1989 – C-46/87 u. C-227/88, ECLI:EU:C:1989:337 Rn. 15 – Hoechst/Kommission, wonach der Anspruch auf rechtliches Gehör in Verwaltungsverfahren, die zu Sanktionen führen können, beachtet werden muss.
[18] Ebenso Gola/Heckmann/*Nguyen* DS-GVO Art. 58 Rn. 6, für den dem nemo-tenetur-Grundsatz „angesichts der gestiegenen Bußgeldhöhe ein besonderer Stellenwert" zukommt; vgl. auch Paal/Pauly/*Körffer* DS-GVO Art. 58 Rn. 8; Kühling/Buchner/*Boehm*, 4. Aufl. 2024, DS-GVO Art. 58 Rn. 14.

idem" (Verbot der Doppelsanktionierung) zur Anwendung, dh ein und dasselbe Verhalten darf nur einmal mit einer Sanktion gemäß der DS-GVO belegt werden. Insgesamt gelten für die sich seit dem 25.5.2018 direkt aus dem Unionsrecht ergebenden Durchsetzungsbefugnisse der nationalen Datenschutz-Aufsichtsbehörden dieselben rechtsstaatlichen Grundsätze, wie sie für die ebenfalls direkt aus dem Unionsrecht folgenden Eingriffsbefugnisse anderer Aufsichtsbehörden – zB der Europäischen Kommission und der nationalen Wettbewerbsbehörden in EU-Kartellverfahren;[19] oder der Europäischen Zentralbank und der nationalen Aufsichtsbehörden bei der Durchsetzung des einheitlichen europäischen Bankenaufsichtsrechts[20] – von der Rechtsprechung des EuGH und/oder vom EU-Gesetzgeber vorgegeben sind.

II. Systematik, Verhältnis zu anderen Bestimmungen

7 Die Befugnisnorm des Art. 58, zu der **Erwägungsgrund 129** weitere für die Auslegung relevante Hinweise enthält, steht in engem Zusammenhang zur **Aufgabennorm des Art. 57**. Die Unterscheidung zwischen Aufgaben und Befugnissen entspricht dem allgemeinen, in der Union gemäß Art. 2 EUV geltenden Gebot rechtsstaatlichen Handelns (→ Art. 57 Rn. 2). Eine nationale Datenschutz-Aufsichtsbehörde darf demnach nur dann gemäß der DS-GVO gegenüber Grundrechtsträgern handeln, wenn ihr Aufgabenbereich gemäß Art. 57 eröffnet ist und zusätzlich eine konkrete Befugnisnorm sie gemäß Art. 58 zum Handeln ermächtigt.[21] Ein Schluss von der Aufgabe auf eine entsprechende Befugnis ist in der Systematik der DS-GVO unzulässig.

8 Die Befugniszuweisungen in Art. 58 Abs. 1–3 sind entweder bereits selbst ausreichende Rechtsgrundlage für ein aufsichtliches Tätigwerden (so zB bei Art. 58 Abs. 1 lit. a, b, d, e, f, Abs. 2 lit. a, b, c, d, e, f, Abs. 3 lit. b) oder sie verweisen auf eine weitere ergänzende bzw. korrespondierende Norm in der DS-GVO, welche die Voraussetzungen für die Ausübung der Befugnis detaillierter regelt (so zB bei Art. 58 Abs. 1 lit. c, Abs. 2 lit. g, h, i, Abs. 3 lit. a, c, d, e, f, g, h, i, j).

9 Kommt es zur Anwendung der aufsichtlichen Befugnisse gegenüber Trägern von beruflichen oder gleichwertigen **Geheimhaltungspflichten** (zB Rechtsanwälten oder Ärzten), so erlaubt die **fakultative Spezifizierungsklausel** (→ Einl. Rn. 91) **des Art. 90 Abs. 1** (vgl. auch Erwägungsgrund 164) den Mitgliedstaaten, die Ausübung der Untersuchungsbefugnisse gemäß Art. 58 Abs. 1 lit. e und f – also der Befugnisse, Zugang zu personenbezogenen Daten und zu den Räumlichkeiten zu erhalten – gesondert zu regeln. Ziel einer solchen spezifizierenden nationalen Regelung kann nicht der Ausschluss oder die pauschale Beschränkung des Zugangs der Datenschutz-Aufsichtsbehörden sein (→ Art. 90 Rn. 2); dies zeigt bereits der Wortlaut des Art. 90 Abs. 1 S. 1, der es den Mitgliedstaaten erlaubt, das Zugangsrecht der Aufsichtsbehörden zu „regeln" (noch deutlicher im Englischen: „may adopt specific rules", sowie im Französischen: „peuvent adopter des règles spécifiques"), nicht etwa auszuschließen oder zu beschränken. Eine Regelung gemäß Art. 90 Abs. 1 soll vielmehr erreichen, dass das unionsrechtlich garantierte Datenschutzgrundrecht mit der national geregelten und unionsrechtlich grundsätzlich anerkannten Geheimhaltungspflicht bestimmter Berufsgruppen in Einklang gebracht wird (→ Art. 90 Rn. 4). Nationale Rechtsvorschriften können also zB vorsehen, dass eine Datenschutz-Aufsichtsbehörde nur dann Zugang zu den in der Datenbank eines Rechtsanwalts enthaltenen persönlichen Daten eines Mandanten erhält, wenn diese nicht das Mandat selbst betreffen, sondern zB Abrechnungsfragen. Denkbar ist auch, dass ein solcher Zugang nur gewährt wird, wenn eine

---

[19] Zu den rechtsstaatlichen Grenzen bei der Durchsuchung von Geschäftsräumen in EU-Kartellverfahren vgl. EuGH Urt. v. 21.9.1989 – C-46/87 u. C-227/88, ECLI:EU:C:1989:337 – Hoechst/Kommission; vgl. heute auch Art. 20 Abs. 7 und 8, Art. 21 VO (EG) Nr. 1/2003 des Rates v. 16.12.2002 zur Durchführung der in den Artikeln 81 und 82 des Vertrags [heute: Art. 101, 102 AEUV] niedergelegten Wettbewerbsregeln, ABl. 2003 L 1, 1, zuletzt geänd. durch VO (EG) Nr. 487/2009 des Rates v. 25.5.2009, ABl. 2009 L 148, 1. Zur verwaltungsrechtlichen und nicht strafrechtlichen Natur kartellrechtlicher Geldbußen vgl. Art. 23 Abs. 5 VO (EG) Nr. 1/2003.

[20] Zu den rechtsstaatlichen Voraussetzungen und verfahrensrechtlichen Garantien bei Vor-Ort-Prüfungen der Europäischen Bankenaufsicht und evtl. dabei anzuwendenden Zwangsmaßnahmen vgl. Art. 13 VO (EU) Nr. 1024/2013 des Rates v. 15.10.2013 zur Übertragung besonderer Aufgaben im Zusammenhang mit der Aufsicht über Kreditinstitute auf die Europäische Zentralbank (sog. SSM-Verordnung), ABl. 2013 L 287, 63, ber. ABl. 2015 L 218/82. Zur verwaltungsrechtlichen und nicht strafrechtlichen Natur von Sanktionen, die iRd Bankenaufsicht verhängt werden, vgl. Art. 18 VO (EU) Nr. 1024/2013.

[21] Vgl. Gola/Heckmann/*Nguyen* DS-GVO Art. 57 Rn. 3; vgl. auch VG Stuttgart Urt. v. 11.11.2021 – 11 K 17/21, ZD 2022, 586 Rn. 50: „Entsprechend der Unterscheidung der DS-GVO von Aufgabennorm, Art. 57 DS-GVO, und Befugnisnorm, Art. 58 DS-GVO [...], musste sich daher die Befugnis des Bekl. zum Eingriff in die Vertragsfreiheit der Beigel. zunächst aus Art. 58 Abs. 2 DS-GVO (‚Abhilfebefugnis') ergeben."

unabhängige Einrichtung, die von Organen der Selbstregulierung damit beauftragt ist, den Datenschutz für die Tätigkeit der Berufsgeheimnisträger sicherzustellen (zB ein von einer Rechtsanwaltskammer bestellter unabhängiger Datenschutzbeauftragter), dazu vorher konsultiert worden ist.[22] Ein Mitgliedstaat, der von der Möglichkeit der Spezifizierung Gebrauch machen will, musste die zu diesem Zweck erlassenen Vorschriften der Europäischen Kommission spätestens zum 25.5.2018 – dem Datum, an dem die DS-GVO ihre unmittelbare Geltung in allen EU-Mitgliedstaaten erlangte – mitteilen; vgl. Art. 90 Abs. 2. Spätere Änderungen oder Ergänzungen der spezifizierenden nationalen Rechtsvorschriften sind der Kommission ebenfalls umgehend zu notifizieren, damit diese sie auf ihre Vereinbarkeit mit dem Unionsrecht, insbesondere mit den Vorgaben der DS-GVO, prüfen kann. Ein Verstoß gegen die Notifizierungspflicht zieht nach der Rechtsprechung des EuGH[23] das Risiko der Unanwendbarkeit der betreffenden nationalen Rechtsvorschriften nach sich (→ Art. 51 Rn. 21; → Art. 90 Rn. 9).

Gewisse Anhaltspunkte für das Verständnis des Art. 58 lassen sich **Art. 58 VO (EU) 2018/ 1725**[24] entnehmen, der die Befugnisse des Europäischen Datenschutzbeauftragten regelt. Denn der EuGH verlangt regelmäßig eine homogene Auslegung[25] der Bestimmungen zu den nationalen Datenschutz-Aufsichtsbehörden und zum Europäischen Datenschutzbeauftragten (→ Art. 51 Rn. 14; → Art. 52 Rn. 5, 20; → Art. 53 Rn. 4, 9, 16; → Art. 54 Rn. 4). Die Befugnisse des Europäischen Datenschutzbeauftragten wurden vom EU-Gesetzgeber 2018 im Lichte der DS-GVO novelliert und lassen sich daher als aktuellste Ausgestaltung der Befugnisse einer modernen Datenschutz-Aufsichtsbehörde in der EU für die Auslegung des Art. 58 heranziehen.

B. Einzelerläuterungen

I. Untersuchungsbefugnisse (Abs. 1)

Als **Untersuchungsbefugnisse** listet Art. 58 Abs. 1 all jene Befugnisse auf, die es einer Datenschutz-Aufsichtsbehörde ermöglichen, einen datenschutzrechtlich relevanten Sachverhalt in tatsächlicher und rechtlicher Hinsicht umfassend zu ermitteln und aufzuklären. Erst auf Grundlage einer solchen umfassenden Aufklärung ist die Datenschutz-Aufsichtsbehörde in der Lage, ihre Abhilfebefugnisse gemäß Art. 58 Abs. 2 bzw. ihre Genehmigungsbefugnisse gemäß Art. 58 Abs. 3 auszuüben. Die Vorgängerregelung in Art. 28 Abs. 3 UAbs. 1 erster Gedankenstrich DS-RL sah bereits vor, dass eine Kontrollstelle über Untersuchungsbefugnisse „wie das Recht auf Zugang zu Daten, die Gegenstand von Verarbeitungen sind, und das Recht auf Einholung aller für die Erfüllung ihres Kontrollauftrags erforderlichen Informationen" verfügen sollte. Dies ist weiterhin eine gute Beschreibung der Untersuchungsbefugnisse der Datenschutz-Aufsichtsbehörden, auch wenn Art. 58 Abs. 1 diese heute sehr viel detaillierter regelt. Aktiviert werden die Untersuchungsbefugnisse der Datenschutz-Aufsichtsbehörden insbesondere durch datenschutzrechtliche **Beschwerden** (vgl. Art. 57 Abs. 1 lit. f). Möglich sind ebenfalls **Untersuchungen von Amts** wegen (vgl. Art. 57 Abs. 1 lit. h). Eines bestimmten Anlasses bedarf es für die Ausübung der aufsichtlichen Untersuchungsbefugnisse grundsätzlich nicht.[26] Denn der Aufgabenbereich der Datenschutz-Aufsichtsbehörden ist gemäß Art. 57 so weit gefasst, dass auch

---

[22] Zu weitgehend *Zikesch/Kramer* ZD 2015, 565 (567), die für eine Übertragung der datenschutzrechtlichen Aufsicht auf die für die Berufsaufsicht zuständigen Kammern plädieren. Eine solche spezielle Datenschutzaufsicht lässt der EU-Gesetzgeber nur für die Gerichte (vgl. Art. 55 Abs. 3 iVm Erwägungsgrund 20) sowie für die Kirchen und religiösen Vereinigungen und Gemeinschaften (vgl. Art. 91 zu; nicht aber für die freien Rechtsberufe, auch wenn er deren Besonderheiten berücksichtigt; vgl. Art. 14 Abs. 5 lit. c, d, Art. 90.

[23] Grdl. EuGH Urt. v. 30.4.1996 – C-194/94, ECLI:EU:C:1996:172 Rn. 54 – CIA Security International/Signalson und Securitel; vgl. auch EuGH Urt. v. 4.2.2016 – C-336/14, ECLI:EU:C:2016:72 Rn. 78 ff. – Ince.

[24] VO (EU) 2018/1725 des Europäischen Parlaments und des Rates v. 23.10.2018 zum Schutz natürlicher Personen bei der Verarbeitung personenbezogener Daten durch die Organe, Einrichtungen und sonstigen Stellen der Union, zum freien Datenverkehr und zur Aufhebung der Verordnung (EG) Nr. 45/2001 und des Beschlusses Nr. 1247/2002/EG, ABl. 2018 L 295, 39. Diese Verordnung, die ursprünglich aus dem Jahr 2001 stammte, wurde 2018 vom EU-Gesetzgeber an die DS-GVO angepasst und entsprechend modernisiert; dafür enthielten Art. 2 Abs. 3, Art. 98 DS-GVO einen entsprechenden Gesetzgebungsauftrag, um die Kohärenz zwischen dem Datenschutz auf EU- und auf nationaler Ebene zu wahren.

[25] Vgl. EuGH (Große Kammer) Urt. v. 9.3.2010 – C-518/07, ECLI:EU:C:2010:125 Rn. 28 – Kommission/Deutschland; EuGH (Große Kammer) Urt. v. 8.4.2014 – C-288/12, ECLI:EU:C:2014:237 Rn. 56 = ZD 2014, 301 – Kommission/Ungarn.

[26] Ebenso Gola/Heckmann/*Nguyen* DS-GVO Art. 58 Rn. 3.

präventive oder anlasslose Untersuchungen rechtlich zulässig und zur wirksamen Überwachung der Anwendung und Durchsetzung der DS-GVO sogar geboten sind.[27] Der weite Wortlaut der Art. 57 Abs. 1 lit. h, i bestätigt dies ebenso wie die Liste der Untersuchungsbefugnisse in Art. 58 Abs. 1, die jeweils keinen bestimmten Anlass als Voraussetzung für die Ausübung der aufsichtlichen Untersuchungsbefugnisse verlangen.

12 An erster Stelle der Untersuchungsbefugnisse steht der **Auskunftsanspruch** einer Datenschutz-Aufsichtsbehörde, den der EU-Gesetzgeber weitgehend parallel zum Auskunftsanspruch der Europäischen Kommission im EU-Kartellrecht[28] und zum Auskunftsanspruch der Europäischen Zentralbank und der nationalen Aufsichtsbehörden im EU-Bankenaufsichtsrecht[29] ausgestaltet hat. Gemäß **Art. 58 Abs. 1 lit. a** kann eine Datenschutz-Aufsichtsbehörde von Verantwortlichen und Auftragsverarbeitern (sowie gegebenenfalls von deren Vertretern, sofern es sich um Verantwortliche bzw. Auftragsverarbeiter mit Hauptniederlassung außerhalb der EU handelt, vgl. Art. 3 Abs. 2 iVm Art. 27) durch **Anweisung** die Bereitstellung aller Informationen verlangen, die für die Erfüllung ihrer Aufgaben iSv Art. 57 erforderlich sind, insbesondere ihrer Hauptaufgabe, für die Anwendung und Durchsetzung der DS-GVO zu sorgen. Der Auskunftsanspruch betrifft umfassend „alle Informationen", was auch die Auskunft über technische Abläufe und organisatorische Zusammenhänge bei der Verarbeitung personenbezogener Daten einschließt. Auf welche Weise Informationen bereitzustellen sind – ob mündlich oder schriftlich, auf Papier oder digital –, ist nicht näher ausgeführt; eine funktionale Betrachtung gebietet aber, dass dies auf eine Weise geschieht, die der Datenschutz-Aufsichtsbehörde die Erfüllung ihrer Aufgaben erleichtert und nicht erschwert. Dem Auskunftsanspruch einer Datenschutz-Aufsichtsbehörde wird nur dann in rechtmäßiger Weise entsprochen, wenn die bereitgestellten Informationen vollständig, sachlich richtig und nicht irreführend sind.[30] Im Einklang mit der Rechtsstaatlichkeitsklausel in Art. 58 Abs. 4 und dem Grundsatz „nemo tenetur se ipsum accusare" kann der Verantwortliche bzw. Auftragsverarbeiter dem Auskunftsanspruch ein **Auskunftsverweigerungsrecht**[31] entgegenhalten, wenn und soweit er sich durch die Bereitstellung von Informationen selbst belasten würde und somit mit Sanktionen belegt werden könnte.[32]

13 Ein wichtiges Instrument für die Datenschutz-Aufsichtsbehörden ist die **Durchführung von Datenschutzüberprüfungen** gemäß **Art. 58 Abs. 1 lit. b.** Darunter ist die umfassende aufsichtliche Überprüfung sämtlicher persönliche Daten betreffender Verarbeitungsvorgänge bei einem Verantwortlichen oder einem Auftragsverarbeiter zu verstehen. Der im englischen und französischen Verordnungstext für Datenschutzüberprüfungen verwendete Begriff **„audits"** ist insofern besonders treffend. Unter einem Audit wird gemeinhin eine umfassende qualitative Prüfung der Wirksamkeit von Verfahren innerhalb einer Organisation oder eines Unternehmens verstanden. Ein bestimmter Anlass ist für eine Datenschutzüberprüfung – wie bei der Ausübung

---

[27] Damit unterscheidet sich die Endfassung der DS-GVO vom ursprünglichen Kommissionsentwurf; vgl. Paal/Pauly/*Körffer* DS-GVO Art. 58 Rn. 15; ebenso Gola/Heckmann/*Nguyen* DS-GVO Art. 58 Rn. 10.

[28] Vgl. Art. 18 VO (EG) Nr. 1/2003 des Rates v. 16.12.2002 zur Durchführung der in den Artikeln 81 und 82 des Vertrags [heute: Art. 101, 102 AEUV] niedergelegten Wettbewerbsregeln, ABl. 2003 L 1, 1, zuletzt geänd. durch VO (EG) Nr. 487/2009 des Rates v. 25.5.2009, ABl. 2009 L 148, 1. Unter der Überschrift „Auskunftsverlangen" kann danach die Kommission „zur Erfüllung der ihr durch diese Verordnung übertragenen Aufgaben" entweder durch einfaches Auskunftsverlangen oder durch Entscheidung von Unternehmen und Unternehmensvereinigungen verlangen, „dass sie alle erforderlichen Auskünfte erteilen."

[29] Vgl. Art. 10 Abs. 1 VO (EU) Nr. 1024/2013 des Rates v. 15.10.2013 zur Übertragung besonderer Aufgaben im Zusammenhang mit der Aufsicht über Kreditinstitute auf die Europäische Zentralbank (sog. SSM-Verordnung), ABl. 2013 L 287, 63, ber. ABl. 2015 L 218/82. Unter der Überschrift „Informationsersuchen" kann die EZB danach von bestimmten juristischen oder natürlichen Personen „die Vorlage sämtlicher Informationen verlangen, die sie für die Wahrnehmung der ihr durch diese Verordnung übertragenen Aufgaben benötigt, einschließlich der Informationen, die in regelmäßigen Abständen und in festgelegten Formaten zu Aufsichts- und entsprechenden Statistikzwecken zur Verfügung zu stellen sind."

[30] Zurückgreifen kann man insofern auf den Rechtsgedanken, der auch in Art. 16 Abs. 4 S. 3 VO (EG) Nr. 1/2003 des Rates v. 16.12.2002 zur Durchführung der in den Artikeln 81 und 82 des Vertrags [heute: Art. 101, 102 AEUV] niedergelegten Wettbewerbsregeln, ABl. 2003 L 1, 1, zuletzt geänd. durch VO (EG) Nr. 487/2009 des Rates v. 25.5.2009, ABl. 2009 L 148, 1, zum Ausdruck kommt.

[31] Auch hier kann auf die zu Auskunftsersuchen im EU-Kartellrecht ergangene Rspr. zurückgegriffen werden; vgl. EuGH Urt. v. 18.10.1989 – C-374/87, ECLI:EU:C:1989:387 Rn. 35 – Orkem/Kommission: „Daher darf die Kommission dem Unternehmen nicht die Verpflichtung auferlegen, Antworten zu erteilen, durch die es das Vorliegen einer Zuwiderhandlung eingestehen müsste, für die die Kommission den Beweis zu erbringen hat."

[32] Für ein Auskunftsverweigerungsrecht ggü. den Datenschutz-Aufsichtsbehörden auch Paal/Pauly/*Körffer* DS-GVO Art. 58 Rn. 8; ebenso Kühling/Buchner/*Boehm*, 4. Aufl. 2024, DS-GVO Art. 58 Rn. 14.

Ist einem bestimmten Verarbeitungsvorgang eine **Zertifizierung** gemäß Art. 42 Abs. 1, Abs. 5 S. 1 durch eine Zertifizierungsstelle oder eine Datenschutz-Aufsichtsbehörde erteilt worden, die dazu dient, nachzuweisen, dass die DS-GVO eingehalten wird, so sind solche Zertifizierungen gemäß Art. 42 Abs. 7 regelmäßig daraufhin zu überprüfen, ob die Voraussetzungen dafür weiterhin erfüllt sind. Eine entsprechende Überprüfungsbefugnis der Datenschutz-Aufsichtsbehörden sieht **Art. 58 Abs. 1 lit. c** vor. 14

Gemäß **Art. 58 Abs. 1 lit. d** haben die Datenschutz-Aufsichtsbehörden eine **Hinweisbefugnis.** Ein solcher aufsichtlicher Hinweis dient dazu, einen Verantwortlichen oder Auftragsverarbeiter frühzeitig auf einen vermeintlichen, dh noch nicht abschließend feststehenden Verstoß gegen die DS-GVO hinzuweisen. Ein solcher Hinweis kann zB unmittelbar im Zusammenhang mit einer Datenschutzüberprüfung, aber auch isoliert bei entsprechenden Beschwerden oder behördlichen Informationen erteilt werden. Der Hinweis begründet eine Vermutung eines Verstoßes gegen die DS-GVO, der allerdings vom Verantwortlichen bzw. Auftragsverarbeiter entkräftet werden kann.[33] Bleibt der Hinweis dagegen unberücksichtigt, steht der Datenschutz-Aufsichtsbehörde als nächste Stufe das Ergreifen formeller Abhilfemaßnahmen nach Art. 58 Abs. 2 offen. 15

Die Untersuchungsbefugnisse der Datenschutz-Aufsichtsbehörden schließen nach **Art. 58 Abs. 1 lit. e** auch ein **Zugangsrecht zu personenbezogenen Daten und Informationen** ein. Weiter gehend als der Auskunftsanspruch nach Art. 58 Abs. 1 lit. a, der alle Informationen im Zusammenhang mit der Verarbeitung personenbezogener Daten betrifft, gibt Art. 58 Abs. 1 lit. e der Datenschutz-Aufsichtsbehörde auch ein Recht auf direkten Zugang zu personenbezogenen Daten. Die Datenschutz-Aufsichtsbehörde soll so beurteilen können, ob das Datenschutzgrundrecht sowie die zu dessen Schutz bestehenden Vorgaben der DS-GVO verletzt worden sind. Über die vom Auskunftsanspruch gemäß Art. 58 Abs. 1 lit. a gebotene Bereitstellung von Informationen hinaus erlaubt das Zugangsrecht eine direkte Einsichtnahme der Datenschutz-Aufsichtsbehörde in interne Unterlagen, Datenbanken und Verfahren des Verantwortlichen bzw. Auftragsverarbeiters. Dem Zugangsrecht unterliegen auch Betriebs- und Geschäftsgeheimnisse, insbesondere Informationen über die Funktionsweise von Datenverarbeitungsprogrammen.[34] Dem Zugangsrecht wird nur dann rechtmäßig entsprochen, wenn der Zugang zu den relevanten Daten und Informationen vollständig, in sachlich richtiger und nicht irreführender Weise gewährt wird.[35] Im Unterschied zum Auskunftsanspruch ist das Zugangsrecht der Datenschutz-Aufsichtsbehörden im Interesse seiner wirksamen Durchsetzung **bußgeldbewehrt,** wie sich aus Art. 83 Abs. 5 lit. e ergibt; ein Bußgeld kann dabei verhängt werden, wenn der Zugang zu Daten oder Informationen verweigert wird oder wenn er unvollständig, in sachlich unrichtiger oder in irreführender Weise gewährt wird (→ Art. 83 Rn. 34). Sofern durch das Zugangsrecht Träger von beruflichen oder gleichwertigen **Geheimhaltungspflichten** (zB Rechtsanwälte oder Ärzte) betroffen sind, gibt Art. 90 den Mitgliedstaaten die Möglichkeit, spezifizierende Rechtsvorschriften zu erlassen, die allerdings der Kommission zuvor notifiziert werden müssen (→ Rn. 9). 16

Die Datenschutz-Aufsichtsbehörden haben schließlich – ähnlich wie die Europäische Kommission und die nationalen Wettbewerbsbehörden in EU-Kartellverfahren sowie die Europäische Zentralbank und die nationalen Aufsichtsbehörden bei der Durchsetzung des einheitlichen Bankenaufsichtsrechts – gemäß Art. 58 Abs. 1 lit. f ein **Recht auf Zugang zu den Räumlichkeiten** des Verantwortlichen bzw. des Auftragsverarbeiters, also ein **Durchsuchungsrecht.** Unter Räumlichkeiten iSv Art. 58 Abs. 1 lit. f sind auch alle Datenverarbeitungsanlagen sowie alle Datenverarbeitungsgeräte zu verstehen. Ebenso wie das Recht auf Zugang zu personenbezogenen Daten ist auch das Recht auf Zugang zu den Räumlichkeiten im Interesse seiner wirksamen Durchsetzung bußgeldbewehrt, wie sich aus Art. 83 Abs. 5 lit. e ergibt. Die Datenschutz-Aufsichtsbehörden haben ihr Zugangsrecht gemäß Art. 58 Abs. 1 lit. f „gemäß dem **Verfahrensrecht der Union oder dem Verfahrensrecht der Mitgliedstaaten**" auszuüben. Im Unionsrecht gibt es bislang kein einheitliches Verwaltungsverfahrensrecht für solche Fälle, wohl aber allgemeine Rechtsgrundsätze, die von der Rechtsprechung für den Fall kartellrechtlicher 17

---

[33] Vgl. Paal/Pauly/*Körffer* DS-GVO Art. 58 Rn. 17.
[34] Ebenso Paal/Pauly/*Körffer* DS-GVO Art. 58 Rn. 13.
[35] Zurückgreifen kann man insofern auf den Rechtsgedanken, der auch in Art. 1 Abs. 4 S. 3 VO (EG) Nr. 1/2003 des Rates v. 16.12.2002 zur Durchführung der in den Artikeln 81 und 82 des Vertrages [heute: Art. 101, 102 AEUV] niedergelegten Wettbewerbsregeln, ABl. 2003 L 1, 1, zuletzt geänd. durch VO (EG) Nr. 487/2009 des Rates v. 25.5.2009, ABl. 2009 L 148, 1, zum Ausdruck kommt.

Durchsuchungen von Geschäftsräumen entwickelt[36] und mittlerweile durch den EU-Gesetzgeber weitgehend kodifiziert worden sind.[37] Die für kartellrechtliche Durchsuchungen entwickelten allgemeinen Rechtsgrundsätze können im Einklang mit der Rechtsstaatlichkeitsklausel des Art. 58 Abs. 4 (→ Rn. 6) auf Durchsuchungen der Datenschutz-Aufsichtsbehörden angewendet werden. Danach ist der von einer Datenschutz-Aufsichtsbehörde zu Zwecken der Untersuchung datenschutzrechtlich relevanter Sachverhalte verlangte Zugang zu den Räumlichkeiten von den betroffenen Verantwortlichen bzw. Auftragsverarbeitern grundsätzlich zu dulden und die Datenschutz-Aufsichtsbehörde bei der Erfüllung ihrer Aufgaben zu unterstützen, zB durch die Sichtbarmachung von Protokolldaten. Auch die zuständigen nationalen Behörden, insbesondere die Polizei, haben die gemäß der DS-GVO handelnde Datenschutz-Aufsichtsbehörde zu unterstützen und das Zugangsrecht gegebenenfalls unter **Anwendung von Zwangsmitteln** durchzusetzen, falls sich der Verantwortliche oder der Auftragsverarbeiter dem Zugang zu seinen Räumlichkeiten widersetzt. Ist nach nationalem Recht für den Zugang zu Räumlichkeiten eine **richterliche Genehmigung** erforderlich, so muss diese von der Datenschutz-Aufsichtsbehörde beantragt werden. Dabei darf allerdings im Einklang mit dem Effektivitätsgrundsatz vom nationalen Gericht – gegebenenfalls anhand von ausführlichen Erläuterungen, welche es von der handelnden Datenschutz-Aufsichtsbehörde verlangen kann – nur die Frage geprüft werden, ob die Ausübung des Zugangsrechts willkürlich oder unverhältnismäßig ist, nicht dagegen die Notwendigkeit der Durchsuchung als solche – die vom EU-Gesetzgeber in Art. 58 Abs. 1 lit. f vorausgesetzt wird – in Frage gestellt werden. Sofern durch die Ausübung des Zugangsrechts gemäß Art. 58 Abs. 1 lit. f Träger von beruflichen oder gleichwertigen **Geheimhaltungspflichten** (zB Rechtsanwälte oder Ärzte) betroffen sind, gibt Art. 90 den Mitgliedstaaten die Möglichkeit, spezifizierende Rechtsvorschriften zu erlassen, die allerdings der Kommission zuvor notifiziert werden müssen (→ Rn. 9). Auch die Einhaltung dieser Rechtsvorschriften kann vom nationalen Gericht, bei dem eine richterliche Genehmigung beantragt wird, überprüft werden.

II. Abhilfebefugnisse (Abs. 2)

18   Die in **Art. 58 Abs. 2** vorgesehenen **Abhilfebefugnisse** versetzen die Datenschutz-Aufsichtsbehörden in die Lage, bei festgestellten Verstößen gegen die DS-GVO wieder DS-GVO-konforme Zustände herzustellen.[38] Zu diesem Zweck sieht Art. 58 Abs. 2 – ähnlich wie bereits früher im Grundansatz der sehr viel kursorischer formulierte Art. 28 Abs. 3, 2. Gedankenstrich DS-RL – ein System der im Einklang mit dem **Grundsatz der Verhältnismäßigkeit** (→ Rn. 6) **abgestuften Befugnisse** vor.[39] Dabei hat eine Datenschutz-Aufsichtsbehörde nach pflichtgemäßem Ermessen zu entscheiden, ob die Ausübung einer milderen Abhilfebefugnis ausreichend ist, um die Anwendung und Durchsetzung der DS-GVO sicherzustellen; oder ob sie dazu eine höhere Eskalationsstufe[40] auslösen muss. Sie ist dabei nicht verpflichtet, stets exakt in der Reihenfolge der in Art. 58 Abs. 2 genannten Abhilfebefugnisse vorzugehen, sondern kann im Interesse der wirksamen Durchsetzung des europäischen Datenschutzrechts auch sogleich – und zwar auch bei erstmaligen Verstößen – eine schärfere Abhilfebefugnis ausüben, wenn dies sachlich geboten und verhältnismäßig erscheint.[41]

---

[36] Vgl. EuGH Urt. v. 21.9.1989 – C-46/87 u. C-227/88, ECLI:EU:C:1989:337 – Hoechst/Kommission.

[37] Vgl. Art. 20 Abs. 7 und 8, Art. 21 VO (EG) Nr. 1/2003 des Rates v. 16.12.2002 zur Durchführung der in den Artikeln 81 und 82 des Vertrags [heute: Art. 101, 102 AEUV] niedergelegten Wettbewerbsregeln, ABl. 2003 L 1, 1, zuletzt geänd. durch VO (EG) Nr. 487/2009 des Rates v. 25.5.2009, ABl. 2009 L 148, 1.

[38] Vgl. Knyrim DS-GVO/*Flendrovsky* S. 281 ff., 286, für den die Abhilfebefugnisse „allesamt dem Ziel der Herstellung eines verordnungskonformen Zustandes" dienen.

[39] Von einem „stepwise approach" bei Art. 28 Abs. 3, 2. Gedankenstrich DS-RL spricht Büllesbach/Poullet/Prins/*Butarelli* DS-RL Art. 28 S. 123. Die Neuregelung in Art. 58 Abs. 2 bezeichnet *Dieterich* ZD 2016, 260 (263), treffend als „Eskalationsstufen". Ein „abgestuftes System" konstatiert auch Knyrim DS-GVO/*Flendrovsky* S. 281 ff., 286. Für Kühling/Buchner/*Boehm*, 4. Aufl. 2024, DS-GVO Art. 58 Rn. 20, sind die Abhilfebefugnisse „nach Schweregrad gestaffelt."

[40] Vgl. *Dieterich* ZD 2016, 260 (263).

[41] Ebenso Gola/Heckmann/*Nguyen* DS-GVO Art. 58 Rn. 14. Problematisch ist daher die vom österreichischen Nationalrat am 20.4.2018 kurz vor Beginn der unmittelbaren Geltung der DS-GVO beschlossene erneute Änderung des DSG durch das Datenschutz-Deregulierungs-Gesetz 2018. Denn der neue § 11 DSG erweckt den fälschlichen Eindruck, dass die Datenschutzbehörde „[i]nsbesondere bei erstmaligen Verstößen" verpflichtet ist, „von ihren Abhilfebefugnissen insbesondere durch Verwarnen Gebrauch" zu machen. Dies widerspricht der Systematik des Art. 58 Abs. 2 DS-GVO und muss daher unangewendet bleiben.

Mildeste Abhilfebefugnis ist die **Warnung,** welche eine Datenschutz-Aufsichtsbehörde gemäß 19
Art. 58 Abs. 2 lit. a gegenüber einem Verantwortlichen oder Auftragsverarbeiter aussprechen
kann, wenn ein beabsichtigter Verarbeitungsvorgang „voraussichtlich" gegen die DS-GVO verstößt. Im Unterschied zum Hinweis gemäß Art. 58 Abs. 1 lit. d handelt es sich hier nicht um
einen vermeintlichen, sondern um einen zu erwartenden Verstoß. Die Warnung gemäß Art. 58
Abs. 2 lit. a lässt sich somit auch als **präventive Abhilfemaßnahme** charakterisieren.[42] Zur
Form der Warnung trifft Art. 58 Abs. 2 lit. a keine Aussage; sie kann daher schriftlich oder auch
mündlich erfolgen, auch wenn eine Dokumentation durch die Datenschutz-Aufsichtsbehörde
sinnvoll erscheint. Der Verantwortliche bzw. der Auftragsverarbeiter kann auf eine solche
Warnung reagieren, indem er den beabsichtigten Verarbeitungsvorgang abstellt oder rechtskonform ausgestaltet.[43] Eine Warnung ist allerdings **nicht bußgeldbewehrt,** wie sich aus Art. 83
Abs. 5 lit. e, Abs. 6 ergibt, der eine Geldbuße an das Vorliegen einer Anweisung (im Englischen:
„order") gemäß Art. 58 Abs. 2 knüpft. Wird eine Warnung jedoch nicht befolgt, kann die
Datenschutz-Aufsichtsbehörde zu einer höheren Eskalationsstufe aus dem Arsenal ihrer Abhilfebefugnisse greifen. Muss sie später dann wegen Nichtbefolgung ihrer Anweisung eine Geldbuße
gemäß Art. 83 Abs. 5 lit. e, Abs. 6 verhängen, kann sie dabei die frühere Missachtung einer
Warnung gemäß Art. 83 Abs. 2 S. 2 lit. i als bußgelderhöhenden Faktor berücksichtigen.

Eine **Verwarnung** kann eine Datenschutz-Aufsichtsbehörde gemäß **Art. 58 Abs. 2 lit. b** 20
einem Verantwortlichen oder einem Auftragsverarbeiter erteilen, wenn dieser mit Verarbeitungsvorgängen objektiv[44] gegen die DS-GVO verstoßen hat. Im Unterschied zur präventiven
Warnung steht bei der Verwarnung also fest, dass ein Verstoß gegen die DS-GVO stattgefunden
hat,[45] weshalb die Verwarnung als **repressive Abhilfemaßnahme** charakterisiert werden
kann.[46] Eine Verwarnung – die bereits gemäß Art. 28 Abs. 3 dritter Gedankenstrich DS-RL
zum Abhilfeinstrumentarium einer Datenschutz-Aufsichtsbehörde gehörte – kommt regelmäßig
bei einfachen Verletzungen der DS-GVO in Frage, welche zu keiner erheblichen Gefährdung
des Datenschutzgrundrechts geführt haben. Eine Verwarnung wird eine Datenschutz-Aufsichtsbehörde somit aussprechen, wenn die Schwelle zur Verhängung einer Geldbuße noch nicht
erreicht ist; die Verwarnung lässt sich daher auch als „kleine Schwester der Geldbuße"[47]
bezeichnen, also als Abhilfemaßnahme, die bei geringfügigen Verstößen gegen die DS-GVO
oder sonstigen Gründen der Verhältnismäßigkeit[48] „anstelle einer Geldbuße" (so explizit Erwägungsgrund 148 S. 2 DS-GVO) verhängt werden kann. In aller Regel wird eine Datenschutz-Aufsichtsbehörde eine Verwarnung vor allem gegenüber natürlichen Personen in Betracht
ziehen.[49] Der den gesamten Art. 58 Abs. 2 durchziehende Verhältnismäßigkeitsgrundsatz gebietet allerdings nicht, bei **erstmaligen Verstößen** gegen das Datenschutzrecht stets nur eine
Verwarnung zu erteilen. Denn auch erstmalige Verstöße können je nach Sachlage schwerwiegende Verletzungen des Datenschutzgrundrechts zur Folge haben. Nationale Datenschutz-Aufsichtsbehörden sind deshalb europarechtlich verpflichtet, sich über etwaige nationale Rechtsvorschriften, die ein Privileg für Erstverstöße nach der Bauernregel „Einmal ist keinmal" vorsehen, hinwegzusetzen und Art. 58 Abs. 2 uneingeschränkt anzuwenden. Eine bestimmte Form
der Verwarnung wird von Art. 58 Abs. 2 lit. b nicht vorgegeben; sie kann daher grundsätzlich
auch mündlich erfolgen, auch wenn wegen des praktischen Zwecks der Verwarnung eine
Dokumentation durch die Datenschutz-Aufsichtsbehörde aus rechtsstaatlichen Gründen sowie
zu Beweiszwecken geboten erscheint.[50] Inhalt einer Verwarnung ist die Feststellung eines konkreten Verstoßes gegen die DS-GVO; sie ist also ein feststellender Verwaltungsakt und hat

---

[42] Ebenso *Brink* ZD 2020, 59 (59).
[43] Vgl. allerdings Paal/Pauly/*Körffer* DS-GVO Art. 58 Rn. 18, die keine unmittelbare Rechtspflicht des Adressaten einer Warnung zu rechtskonformem Verhalten annehmen will. Eine solche Rechtspflicht ergibt sich aber bereits aus den einschlägigen Vorschriften der DS-GVO.
[44] Auf die subjektive Vorwerfbarkeit des Rechtsverstoßes kommt es nicht an; ebenso *Martini/Wenzel* PinG 2017, 92 (93).
[45] Ebenso *Martini/Wenzel* PinG 2017, 92.
[46] *Brink* ZD 2020, 59 (59).
[47] So *Martini/Wenzel* PinG 2017, 92, welche die Verwarnung treffend auch „Gelbe Karte" der Aufsichtsbehörde nennen bzw. (93) als „das datenschutzrechtliche Pendant zum ‚erhobenen Zeigefinger' des Verkehrspolizisten" qualifizieren.
[48] Erwägungsgrund 148 S. 2 nennt insofern den Fall, dass die Verhängung einer Geldbuße eine unverhältnismäßige Belastung einer natürliche Person bewirken würde.
[49] Dies gilt jedenfalls für den Fall der unverhältnismäßigen Belastung durch eine Geldbuße, der laut Erwägungsgrund 148 S. 2 nur ggü. natürlichen Personen zur Anwendung kommt.
[50] Ebenso *Martini/Wenzel* PinG 2017, 92 (96).

Rechtswirkungen.[51] Die Verwarnung selbst ist nicht bußgeldbewehrt, wie sich auch aus Art. 83 Abs. 5 lit. e, Abs. 6 ergibt, der eine Geldbuße an das Vorliegen einer Anweisung (im Englischen: „order") gemäß Art. 58 Abs. 2 knüpft. Wird eine Verwarnung allerdings missachtet,[52] kann die Datenschutz-Aufsichtsbehörde darauf mit der Ausübung einer schärferen Abhilfebefugnis reagieren. Muss sie dann später wegen Nichtbefolgung ihrer Anweisung eine Geldbuße gemäß Art. 83 Abs. 5 lit. e, Abs. 6 verhängen, so kann sie dabei die frühere Missachtung einer Verwarnung gemäß Art. 83 Abs. 2 S. 2 lit. i als bußgelderhöhenden Faktor berücksichtigen.

21 Eine schärfere Abhilfebefugnis ist das in **Art. 58 Abs. 2 lit. c** vorgesehene **Recht der Datenschutz-Aufsichtsbehörde zum Erlass einer Anweisung zur Durchsetzung der in der DS-GVO vorgesehenen Rechte der Betroffenen.** Die Datenschutz-Aufsichtsbehörde kann den Verantwortlichen oder Auftragsverarbeiter danach im Einklang mit dem Grundsatz „ubi ius, ibi remedium" anweisen, dem Antrag einer betroffenen Person auf Ausübung ihrer datenschutzrechtlich verbürgten Rechte zu entsprechen, also zB ihrem Recht auf Information (Art. 13, 14), Auskunft (Art. 15), Berichtigung (Art. 16), Löschung bzw. „Vergessenwerden" (Art. 17), Berichtigung (Art. 18), Mitteilung (Art. 19) oder Datenübertragung (Art. 20) Rechnung zu tragen. Da die Datenschutz-Aufsichtsbehörde bei Art. 58 Abs. 2 lit. c per **Anweisung** (im Englischen: „order") vorgeht, ist diese Abhilfemaßnahme **bußgeldbewehrt,** wie sich aus Art. 83 Abs. 5 lit. e, Abs. 6 ergibt, der eine Geldbuße an das Vorliegen einer Anweisung gemäß Art. 58 Abs. 2 knüpft.

22 Als weitere Abhilfebefugnis steht einer Datenschutz-Aufsichtsbehörde die **Anweisung zur Ergreifung von bestimmten Maßnahmen in Bezug auf den Verarbeitungsvorgang** zur Verfügung, **Art. 58 Abs. 2 lit. d.** Die Datenschutz-Aufsichtsbehörde kann danach den Verantwortlichen oder Auftragsverarbeiter anweisen, Verarbeitungsvorgänge in Einklang mit den Vorgaben der DS-GVO zu bringen. Sie kann dabei die Anweisung geben, dass die DS-GVO-Konformität auf bestimmte Weise (zB durch Pseudonymisierung oder den Einsatz bestimmter datenschutzfreundlicher Voreinstellungen) und/oder innerhalb einer bestimmten Frist hergestellt wird. Die Anweisung der Datenschutz-Aufsichtsbehörde muss jeweils so klar und eindeutig formuliert sein, dass der Verantwortliche bzw. Auftragsverarbeiter der Anweisung genau entnehmen kann, zu welchem Verhalten er verpflichtet ist (vgl. Erwägungsgrund 129 S. 7). Auch die Anweisung gemäß Art. 58 Abs. 2 lit. d ist **bußgeldbewehrt,** vgl. Art. 83 Abs. 5 lit. e, Abs. 6.

23 Gemäß **Art. 58 Abs. 2 lit. e** kann die Datenschutz-Aufsichtsbehörde dem Verantwortlichen eine **Anweisung zur Benachrichtigung von betroffenen Personen** geben. Die Ausübung dieser Abhilfebefugnis kommt im besonderen Fall des „data breaches" zur Anwendung, dh wenn es zu einer Verletzung des Schutzes personenbezogener Daten gekommen ist, welche die Benachrichtigungspflichten des Verantwortlichen gemäß Art. 33, 34 auslöst. Die Anweisung gemäß Art. 58 Abs. 2 lit. e ist **bußgeldbewehrt,** vgl. Art. 83 Abs. 5 lit. e, Abs. 6.

24 Die Datenschutz-Aufsichtsbehörde kann ferner gemäß **Art. 58 Abs. 2 lit. f** – als eine besonders weitreichende[53] und einschneidende[54] Abhilfemaßnahme – eine **Beschränkung oder ein Verbot der Datenverarbeitung** anordnen. Die Beschränkung der Datenverarbeitung kann vorübergehend oder endgültig sein. Beispiele für solche Maßnahmen sind die zeitliche oder räumliche Beschränkung einer datenschutzwidrigen Videoüberwachung;[55] die Untersagung des Art. 9 verletzenden Betriebs eines vom Landesverband einer politischen Partei angelegten Online-Meldeportals für Lehrkräfte, die mit ihren Äußerungen angeblich gegen das Neutralitätsgebot verstoßen;[56] oder die Untersagung des Betreibens einer Facebook-Fanpage, auf der datenschutzrechtswidrig Cookies zur Erstellung von Nutzungsprofilen für Zwecke der Werbung oder Marktforschung gesetzt worden sind.[57] Eine derart direkte Beschränkung oder ein Verbot der

---

[51] Ebenso Gola/Heckmann/*Nguyen* DS-GVO Art. 58 Rn. 11; vgl. auch VG Mainz Urt. v. 17.12.2020 – 1 K 778/19.MZ, BeckRS 2020, 41220.
[52] Vgl. allerdings Paal/Pauly/*Körffer* DS-GVO Art. 58 Rn. 18, die keine unmittelbare Rechtspflicht des Adressaten einer Verwarnung zu rechtskonformem Verhalten annehmen will. Eine solche Rechtspflicht ergibt sich aber bereits aus den einschlägigen Vorschriften der DS-GVO.
[53] So Kühling/Buchner/*Boehm,* 4. Aufl. 2024, DS-GVO Art. 58 Rn. 26.
[54] So *Brink* ZD 2020, 59 (60).
[55] VG Mainz Urt. v. 24.9.2020 – 1 K 584/19.MZ, ZD 2021, 336. Vgl. auch EuGH Urt. v. 20.10.2022 – C-306/21, ECLI:EU:C:2022:813 – Koalitsia „Demokratichna Bulgaria – Obedinenie", wonach Beschränkungen oder ggf. ein Verbot von Videoaufzeichnungen der Stimmenauszählung in Wahllokalen als von Art. 58 Abs. 2 lit. f gedeckte Maßnahmen eingestuft wurden.
[56] VG Schwerin Urt. v. 26.11.2020 – 1 A 1598/19 SN, DuD 2020, 268.
[57] BVerwG Urt. v. 11.9.2019 – 6 C 15.18, ZD 2020, 264; das Urteil folgte auf EuGH (Große Kammer) Urt. v. 5.6.2018 – C-210/16, ECLI:EU:C:2018:388 = ZD 2018, 357 mAnm *Marosi/Matthé* und mAnm

Datenverarbeitung kommt insbesondere dann in Betracht, wenn der Verantwortliche oder Auftragsverarbeiter zuvor eine Verwarnung gemäß Art. 58 Abs. 2 lit. b oder eine zuvor erteilte Anweisung zur Ergreifung von Maßnahmen in Bezug auf den Verarbeitungsvorgang gemäß Art. 58 Abs. 2 lit. d missachtet hat. Eine Datenschutz-Aufsichtsbehörde kann allerdings nach pflichtgemäßem Ermessen auch direkt zu dieser Abhilfemaßnahme greifen, zB um eine besonders riskante Datenverarbeitung sofort abzustellen. Wegen des europarechtlichen Effizienzgebots muss die Untersagungsbefugnis gemäß Art. 58 Abs. 2 lit. f auch die Befugnis einschließen, weitere sichernde Maßnahmen zu treffen, um eine Umgehung des Verbots oder eine Wiederholung des Verstoßes gegen die DS-GVO wirksam zu verhindern. Im Beispielsfall einer illegalen Videoüberwachung kann von der Datenschutz-Aufsichtsbehörde also über die Einstellung des Videobetriebs hinaus die Demontage der Videokameras verlangt werden.[58] Obwohl in Art. 58 Abs. 2 lit. f der Begriff Anweisung nicht ausdrücklich verwendet wird, ist die Anordnung einer Beschränkung oder eines Verbots der Datenverarbeitung bei sinnvoller Betrachtung im Interesse ihrer wirksamen Durchsetzung als **bußgeldbewehrter Tatbestand** iSv Art. 83 Abs. 5 lit. e, Abs. 6 anzusehen.

Art. 58 Abs. 2 lit. g ermächtigt die Datenschutz-Aufsichtsbehörde zur **Anordnung einer** 25 **Berichtigung oder Löschung von Daten bzw. einer Einschränkung der Datenverarbeitung.** Dies kommt insbesondere dann in Betracht, wenn zuvor eine Anweisung an den Verantwortlichen bzw. Auftragsverarbeiter, gemäß Art. 58 Abs. 2 lit. c dem Antrag einer betroffenen Person auf Berichtigung oder Löschung zu entsprechen oder gemäß Art. 58 Abs. 2 lit. d einen Datenverarbeitungsvorgang in Einklang mit der DS-GVO zu bringen, missachtet worden ist. Bei einer besonderen Gefährdung des Datenschutzgrundrechts kann eine Datenschutz-Aufsichtsbehörde aber auch sogleich die Abhilfebefugnis gemäß Art. 58 Abs. 2 lit. g ausüben. Obwohl in Art. 58 Abs. 2 lit. g der Begriff Anweisung nicht ausdrücklich verwendet wird, ist die Anordnung einer Berichtigung oder Löschung von Daten bzw. einer Einschränkung der Datenverarbeitung bei sinnvoller Betrachtung im Interesse ihrer wirksamen Durchsetzung als **bußgeldbewehrter Tatbestand** iSv Art. 83 Abs. 5 lit. e, Abs. 6 anzusehen; dafür spricht auch die englische Sprachfassung von Art. 58 Abs. 2 lit. g, wo für die Anordnung der Begriff „order" verwendet wird.

Kommt eine Datenschutz-Aufsichtsbehörde bei der regelmäßigen Überprüfung einer Zertifi- 26 zierung gemäß Art. 42 Abs. 7 iVm Art. 58 Abs. 1 lit. c zu dem Ergebnis, dass die Voraussetzungen der Zertifizierung nicht (mehr) vorliegen, steht ihr als Abhilfebefugnis der **Widerruf der Zertifizierung** gemäß **Art. 58 Abs. 2 lit. h** zur Verfügung, sofern sie selbst die Zertifizierung erteilt hat. Wird die Zertifizierung von einer Zertifizierungsstelle erteilt, kann die Datenschutz-Aufsichtsbehörde diese gemäß Art. 58 Abs. 2 lit. h anweisen, die Zertifizierung zu widerrufen bzw. keine Zertifizierung zu erteilen. Ziel dieser Abhilfebefugnis ist es, bei begründeten Zweifeln an der Unabhängigkeit und Glaubwürdigkeit einer Zertifizierungsstelle einzuschreiten, damit Verfahren, Produkte und Dienstleistungen nicht länger vom verkaufsfördernden Effekt der Zertifizierung profitieren können. Auch diese Abhilfebefugnis ist bei sinnvoller Betrachtung umfassend als **bußgeldbewehrter Tatbestand** iSv Art. 83 Abs. 5 lit. e, Abs. 6 anzusehen.

Die neu durch die DS-GVO eingeführte und wohl wichtigste und einschneidendste[59] Ab- 27 hilfebefugnis ist die **Verhängung einer Geldbuße gemäß Art. 58 Abs. 2 lit. i iVm Art. 83.** In diesem Fall ist die Geldbuße nicht, wie bei Art. 83 Abs. 5 lit. e, Abs. 6, Zwangsmaßnahme zur Durchsetzung von Abhilfebefugnissen, sondern eine eigenständige Abhilfebefugnis und Sanktion. Geldbußen kann die Datenschutz-Aufsichtsbehörde nach pflichtgemäßem Ermessen zusätzlich zu oder anstelle der anderen in Art. 58 Abs. 2 genannten Maßnahmen verhängen, je nach dem, was nach den Umständen des Einzelfalls sachlich geboten ist, vgl. Art. 83 Abs. 2 S. 1. Auch bei erstmaligen Verstößen gegen das Datenschutzrecht kann bei einer schwerwiegenden Verletzung des Datenschutzgrundrechts die sofortige Verhängung einer Geldbuße geboten sein; **die Bauernregel „Einmal ist keinmal" ist kein Rechtsgrundsatz der DS-GVO.** Ihre Höhe, die bis zu 20 Millionen EUR oder im Fall eines Unternehmens bis zu 4 Prozent seines gesamten weltweit erzielten Jahresumsatzes des vorausgegangenen Geschäftsjahrs betragen kann,

---

Schulz – Unabhängiges Landeszentrum für Datenschutz Schleswig-Holstein/Wirtschaftsakademie Schleswig-Holstein GmbH.

[58] Ebenso Gola/Heckmann/*Nguyen* DS-GVO Art. 58 Rn. 17; aA VG Mainz Urt. v. 24.9.2020 – 1 K 584/19.MZ, ZD 2021, 336, für das sich die Befugnis auf die Untersagung von Verarbeitungsprozessen beschränkt. Unentschieden noch Kühling/Buchner/*Boehm*, 4. Aufl. 2024, DS-GVO Art. 58 Rn. 26.

[59] Als das „schärfste Schwert" der DS-GVO bezeichnet Geldbußen *Brink* ZD 2020, 59 (60).

bestimmt sich nach der verletzten Norm der DS-GVO (vgl. Art. 83 Abs. 4, 5) sowie nach den qualitativen Kriterien in Art. 83 Abs. 2 S. 2, insbesondere nach der Art, Schwere und Dauer des Verstoßes sowie danach, ob der Verstoß aus Vorsätzlichkeit oder aus Fahrlässigkeit erfolgte. Hilfreiche Kriterien für die Datenschutz-Aufsichtsbehörden, die eine konsistente Praxis bei der Auferlegung von Geldbußen herbeiführen sollen, finden sich dabei in den vom Europäischen Datenschutzausschuss erlassenen **Leitlinien zum Erlass von Geldbußen**.[60] Auch gegenüber Behörden und öffentlichen Stellen kommen Geldbußen nach der DS-GVO grundsätzlich in Betracht; der betreffende Mitgliedstaat kann insofern allerdings das „Ob" und „Wie" in nationalen Rechtsvorschriften spezifizieren; dies erlaubt ausdrücklich die fakultative Spezifizierungsklausel (→ Einl. Rn. 91) des Art. 83 Abs. 7. Zu den Einzelheiten → Art. 83 Rn. 13 ff.

28   Eine letzte Abhilfebefugnis sieht **Art. 58 Abs. 2 lit. j** vor. Danach kann eine Datenschutz-Aufsichtsbehörde die **Aussetzung der Datenübermittlung in ein Drittland oder an eine internationale Organisation** anordnen, wenn das betreffende Drittland oder die betreffende internationale Organisation ein angemessenes Schutzniveau iSv Art. 45 nicht oder nicht mehr bietet. Bemerkenswert an dieser Regelung ist, dass sie ein eigenständiges **Suspendierungsrecht** der nationalen Datenschutz-Aufsichtsbehörden für die internationale Datenübermittlung vorsieht. Es stellt sich damit die Frage, in welchem rechtlichen Verhältnis dieses Suspendierungsrecht der nationalen Datenschutz-Aufsichtsbehörden zu den Angemessenheitsbeschlüssen der Europäischen Kommission gemäß Art. 45 Abs. 3 S. 1 (bzw. zu den von der Kommission erlassenen Standarddatenschutzklauseln gemäß Art. 46 Abs. 2 lit. c) steht, insbesondere zum Recht der Kommission, Angemessenheitsbeschlüsse gemäß Art. 45 Abs. 5 S. 1 zu widerrufen, zu ändern oder auszusetzen, sofern ein angemessenes Schutzniveau in einem Drittstaat oder einer internationalen Organisation nicht mehr gewährleistet wird.[61] Beim Vergleich zwischen Art. 58 Abs. 2 lit. j und Art. 45 Abs. 5 S. 1 fällt auf, dass die nationalen Datenschutz-Aufsichtsbehörden eine bestimmte internationale Datenübermittlung lediglich aussetzen, also nur eine **vorübergehende Regelung in einem Einzelfall** treffen können, während die Kommission sehr viel weiter reichende Rechte hat, nämlich den zugrundeliegenden Angemessenheitsbeschluss selbst zu widerrufen, zu ändern oder auszusetzen. Entsprechendes gilt für die Befugnis der Kommission, von ihr erlassene Standarddatenschutzklauseln zu widerrufen, zu ändern oder auszusetzen, wie dies gemäß dem Verfahren des Art. 46 Abs. 2 lit. c iVm Art. 93 Abs. 2 stets möglich ist. Nur die Kommission kann somit in der Systematik der DS-GVO endgültig und mit Wirkung für die gesamte Union darüber entscheiden, ob eine internationale Datenübermittlung im Grundsatz rechtmäßig ist; sie ist insofern ausschließlich für die Beurteilung der Angemessenheit des Schutzniveaus zuständig (→ Art. 45 Rn. 2; → Art. 52 Rn. 14).[62] Die Befugnis einer nationalen Datenschutz-Aufsichtsbehörde, im Wege der Ausübung ihrer Abhilfebefugnisse gemäß Art. 58 Abs. 2 lit. j eine internationale Datenübermittlung in einem Einzelfall auszusetzen, gilt daher nur solange und soweit die Kommission nicht abschließend von ihren umfassenderen Befugnissen gemäß Art. 45 Abs. 5 S. 1 (bzw. ihrer Befugnis zum Widerruf, zur Änderung oder zur Aussetzung der von ihr erlassenen Standarddatenschutzklauseln gemäß Art. 47 Abs. 2 lit. c iVm Art. 93

---

[60] Guidelines 04/2022 on the calculation of administrative fines under the GDPR v. 24.5.2023, Version 2.1. v. 29.6.2023, abrufbar unter https://edpb.europa.eu/system/files/2023-06/edpb_guidelines_042022_calculationofadministrativefines_en.pdf. Diese Leitlinien ergänzen die noch von der Art. 29-Arbeitsgruppe erlassenen und vom Europäischen Datenschutzausschuss übernommenen Leitlinien für die Anwendung und Festsetzung von Geldbußen im Sinne der Verordnung (EU) 2016/679 (WP253) v. 3.10.2017, abrufbar unter https://ec.europa.eu/newsroom/article29/items/611237.

[61] Vgl. dazu *Dieterich* ZD 2016, 260 (263 f.).

[62] Gem. § 21 Abs. 1 BDSG haben die Datenschutz-Aufsichtsbehörden in Deutschland heute – in Durchführung von EuGH (Große Kammer) Urt. v. 6.10.2015 – C-362/14, ECLI:EU:C:2015:650 = ZD 2015, 549 mAnm *Spies* – Maximillian Schrems/Data Protection Commissioner („Schrems I"), Rn. 65 – die Möglichkeit, ein verwaltungsgerichtliches Verfahren beim BVerwG zur Feststellung der Rechtswidrigkeit eines Angemessenheitsbeschlusses der Kommission einzuleiten. Das BVerwG hat ggf. die Frage der Rechtmäßigkeit dem EuGH zur Vorabentscheidung gem. Art. 267 UAbs. 3 AEUV vorzulegen; vgl. § 21 Abs. 6 BDSG. Vgl. auch EuGH (Große Kammer) Urt. v. 16.7.2020 – C-311/18, ECLI:EU:C:2020:559 = ZD 2020, 511 mAnm *Moos/Rothkegel* – Data Protection Commissioner/Facebook Ireland Ltd, Maximillian Schrems („Schrems II"), Rn. 118: „Solange der Angemessenheitsbeschluss vom Gerichtshof nicht für ungültig erklärt wurde, können die Mitgliedstaaten und ihre Organe, zu denen ihre unabhängigen Aufsichtsbehörden gehören, somit […] keine diesem Beschluss zuwiderlaufenden Maßnahmen treffen, wie etwa Rechtsakte, mit denen verbindlich festgestellt wird, dass das Drittland, auf das sich der Beschluss bezieht, kein angemessenes Schutzniveau gewährleistet […] und mit denen infolgedessen die Übermittlung personenbezogener Daten in dieses Drittland ausgesetzt oder verboten wird."

Abs. 2) Gebrauch gemacht hat. Insofern bestätigt die DS-GVO hier die Rechtsprechung des EuGH im Fall Schrems I.[63] Danach hindert ein (für alle Mitgliedstaaten und damit auch für alle nationalen Datenschutz-Aufsichtsbehörden gemäß Art. 288 UAbs. 4 AEUV verbindlicher) Angemessenheitsbeschluss der Kommission bzw. von der Kommission erlassene Standarddatenschutzklauseln eine nationale Datenschutz-Aufsichtsbehörde nicht daran, die Beschwerde einer Person **zu prüfen,** die sich auf den Schutz ihrer Rechte und Freiheiten bei der internationalen Datenübermittlung bezieht, wenn diese Person geltend macht, dass das Recht und die Praxis des betreffenden Drittstaats kein angemessenes Schutzniveau gewährleisten.[64] Die Datenschutz-Aufsichtsbehörde hat eine solche Beschwerde vielmehr **mit aller gebotenen Sorgfalt** zu prüfen,[65] da bei einer Übermittlung personenbezogener Daten in ein Drittland laut Erwägungsgrund 116 „eine erhöhte Gefahr [besteht], dass natürliche Personen ihre Datenschutzrechte nicht wahrnehmen können, [um] sich insbesondere gegen die unrechtmäßige Nutzung oder Offenlegung dieser Informationen zu schützen." Kommt die Datenschutz-Aufsichtsbehörde dabei zum Ergebnis, dass die Beschwerde begründet ist, da in dem betreffenden Drittland kein angemessenes Schutzniveau gewährleistet ist, muss sie – so nun ausdrücklich Art. 58 Abs. 2 lit. j – die **Aussetzung der Übermittlung** von Daten an einen Empfänger in einem Drittland oder an eine internationale Organisation im Einzelfall anordnen (→ Art. 45 Rn. 18 ff.),[66] sofern nicht der in der EU bzw. im EWR ansässige Verantwortliche bzw. sein dort ansässiger Auftragsverarbeiter die Übermittlung selbst ausgesetzt oder beendet hat.[67] In einem solchen Fall ist es Ausdruck der Pflicht zur loyalen Zusammenarbeit gemäß Art. 4 Abs. 3 EUV, dass der betreffende Mitgliedstaat bzw. die betreffende Datenschutz-Aufsichtsbehörde die Kommission bzw. den Europäischen Datenschutzausschuss unverzüglich davon in Kenntnis setzt. Die Kommission kann den vorübergehenden Beschluss der nationalen Datenschutz-Aufsichtsbehörde bei der von ihr gemäß Art. 45 Abs. 4 fortlaufend vorzunehmenden Prüfung der Angemessenheit des Schutzniveaus in dem betreffenden Drittland bzw. der betreffenden internationalen Organisation zu berücksichtigen. Die Kommission kann ferner – ebenso wie einzelne Aufsichtsbehörden oder der Vorsitz des Europäischen Datenschutzausschusses – gemäß Art. 64 Abs. 2 beantragen, dass die Angemessenheit des Schutzniveaus in dem betreffenden Drittstaat bzw. der betreffenden internationalen Organisation als Frage von allgemeiner Bedeutung oder grenzüberschreitender Dimension im Kohärenzverfahren vom Europäischen Datenschutzausschuss behandelt wird. Die von der nationalen Datenschutz-Aufsichtsbehörde gemäß Art. 58 Abs. 2 lit. j angeordnete Aussetzung der internationalen Datenübermittlung ist als bußgeldbewehrter Tatbestand iSv Art. 83 Abs. 5 lit. e, Abs. 6 anzusehen; dafür spricht auch die englische Sprachfassung von Art. 58 Abs. 2 lit. j, wo für die Anordnung der Begriff „order" verwendet wird.

III. Genehmigungs- und beratende Befugnisse (Abs. 3)

Die **Genehmigungs- und beratenden Befugnisse** in Art. 58 Abs. 3 ergänzen die Untersuchungs- und Abhilfemaßnahmen der nationalen Datenschutz-Aufsichtsbehörden. Da es sich bei Art. 58 Abs. 3 um eine **Befugnisnorm** handelt, können mit der Ausübung der Genehmi-

---

[63] EuGH (Große Kammer) Urt. v. 6.10.2015 – C-362/14, ECLI:EU:C:2015:650 = ZD 2015, 549 mAnm *Spies* – Maximillian Schrems/Data Protection Commissioner („Schrems I").

[64] EuGH (Große Kammer) Urt. v. 6.10.2015 – C-362/14, ECLI:EU:C:2015:650 = ZD 2015, 549 mAnm *Spies* – Maximillian Schrems/Data Protection Commissioner („Schrems I"), Rn. 66.

[65] EuGH (Große Kammer) Urt. v. 6.10.2015 – C-362/14, ECLI:EU:C:2015:650 = ZD 2015, 549 mAnm *Spies* – Maximillian Schrems/Data Protection Commissioner („Schrems I"), Rn. 63; ebenso EuGH (Große Kammer) Urt. v. 16.7.2020 – C-311/18, ECLI:EU:C:2020:559 = ZD 2020, 511 mAnm *Moos/Rothkegel* – Data Protection Commissioner/Facebook Ireland Ltd, Maximillian Schrems („Schrems II"), Rn. 107, 109, 113, insbes. Rn. 120: „Auch wenn die Kommission einen Angemessenheitsbeschluss erlassen hat, muss die zuständige nationale Aufsichtsbehörde, an die sich eine Person mit einer Beschwerde bezüglich des Schutzes ihrer Rechte und Freiheiten bei der Verarbeitung ihrer personenbezogener Daten wendet, daher in völliger Unabhängigkeit prüfen können, ob bei der Übermittlung dieser Daten die in der DSGVO aufgestellten Anforderungen gewahrt werden und gegebenenfalls Klage vor den nationalen Gerichten erheben können, damit diese, wenn sie die Zweifel der Aufsichtsbehörde an der Gültigkeit des Angemessenheitsbeschlusses teilen, um eine Vorabentscheidung über dessen Gültigkeit ersuchen […]".

[66] EuGH (Große Kammer) Urt. v. 16.7.2020 – C-311/18, ECLI:EU:C:2020:559 = ZD 2020, 511 mAnm *Moos/Rothkegel* – Data Protection Commissioner/Facebook Ireland Ltd, Maximillian Schrems („Schrems II"), Rn. 111.

[67] EuGH (Große Kammer) Urt. v. 16.7.2020 – C-311/18, ECLI:EU:C:2020:559 = ZD 2020, 511 mAnm *Moos/Rothkegel* – Data Protection Commissioner/Facebook Ireland Ltd, Maximillian Schrems („Schrems II"), Rn. 113.

gungs- und beratenden Befugnisse Eingriffe in die Rechte Einzelner verbunden sein. Denn andernfalls könnte sich die DS-GVO auf entsprechende Aufgabeneröffnungen in Art. 57 beschränken (→ Art. 57 Rn. 2).

30 Als **Genehmigungsbefugnisse** listet Art. 58 Abs. 3 all jene Fälle auf, in denen eine Genehmigung oder Billigung einer Datenschutz-Aufsichtsbehörde Voraussetzung für ein Handeln im Einklang mit der DS-GVO ist. Die Datenschutz-Aufsichtsbehörde übt hier eine **Vorabkontrolle** aus, um die Anwendung und Durchsetzung der DS-GVO präventiv sicherzustellen. Im Einzelnen geht es hierbei um folgende Befugnisse (vgl. **Art. 58 Abs. 3 lit. c–j**):

– **Genehmigung einer für das Datenschutzgrundrecht besonders riskanten Verarbeitung**, sofern ein Mitgliedstaat von der fakultativen Spezifizierungsklausel (→ Einl. Rn. 91) des **Art. 36 Abs. 5** Gebrauch gemacht hat und in einer nationalen Rechtsvorschrift eine vorherige Genehmigung vorschreibt;
– **Stellungnahme zu und Billigung von Entwürfen für (im Wege der Selbstregulierung vereinbarte) Verhaltensregeln** gemäß **Art. 40 Abs. 5**; bei der Billigung der Verhaltensregeln kommt gemäß Art. 64 Abs. 1 S. 2 lit. b das Kohärenzverfahren zur Anwendung;
– **Akkreditierung von Zertifizierungsstellen** gemäß **Art. 43**;
– **Erteilung von Zertifizierungen** gemäß **Art. 42 Abs. 5** und **Billigung der Kriterien für die Zertifizierung**; bei der Billigung der Zertifizierungskriterien kommt gemäß Art. 64 Abs. 1 S. 2 lit. c das Kohärenzverfahren zur Anwendung;
– **Festlegung von Standardvertragsklauseln** gemäß **Art. 28 Abs. 8** und **Art. 46 Abs. 2 lit. d**; hierbei kommt gemäß Art. 64 Abs. 1 S. 2 lit. d das Kohärenzverfahren zur Anwendung;
– **Genehmigung von Vertragsklauseln zur internationalen Datenübermittlung** gemäß **Art. 46 Abs. 3 lit. a**; hierbei kommt gemäß Art. 64 Abs. 1 S. 2 lit. e das Kohärenzverfahren zur Anwendung;
– **Genehmigung von Verwaltungsvereinbarungen zur internationalen Datenübermittlung** gemäß **Art. 46 Abs. 3 lit. b**;
– **Genehmigung von verbindlichen internen Datenschutzvorschriften** gemäß **Art. 47** für eine Unternehmensgruppe oder eine Gruppe von Unternehmen, die eine gemeinsame Wirtschaftstätigkeit ausüben; hierbei kommt gemäß Art. 64 Abs. 1 S. 2 lit. f das Kohärenzverfahren zur Anwendung.

31 Als **beratende Befugnis** nennt **Art. 58 Abs. 3 lit. a** zunächst die Befugnis der Datenschutz-Aufsichtsbehörde, einen Verantwortlichen gemäß dem Verfahren der vorherigen Konsultation nach **Art. 36**, das bei **hoch riskanten Datenverarbeitungen** zur Anwendung kommt, zu beraten. Die in Art. 36 Abs. 1 vorgesehene Konsultationspflicht bei hoch riskanten Datenverarbeitungen, die gemäß Art. 36 Abs. 3 weit reichende Informationspflichten für den Verantwortlichen mit sich bringen, kann zu konkreten schriftlichen Empfehlungen der Datenschutz-Aufsichtsbehörde gemäß Art. 36 Abs. 2 S. 1 führen, um das Risiko einer Datenverarbeitung von vornherein zu beschränken. Reichen solche Empfehlungen nicht aus, steht der Datenschutz-Aufsichtsbehörde das gesamte Arsenal der Abhilfebefugnisse gemäß Art. 58 Abs. 2 zur Verfügung, um den Schutz des Datenschutzgrundrechtes sicherzustellen. Die Beratungsbefugnis gemäß Art. 58 Abs. 3 lit. a deckt auch die Befugnis der Datenschutz-Aufsichtsbehörde ab, eine Gebühr für eine Beratung gemäß Art. 36 zu verlangen (→ Art. 57 Rn. 25).[68]

32 Schließlich wird auch die **Abgabe von Stellungnahmen gegenüber Legislative und Exekutive sowie gegenüber der Öffentlichkeit** in **Art. 58 Abs. 3 lit. b** unter den Befugnissen der Datenschutz-Aufsichtsbehörden aufgeführt. Da Art. 57 Abs. 1 lit. b und c bereits entsprechende Aufgabennormen für die Sensibilisierung der Öffentlichkeit für Fragen des Datenschutzes enthält (→ Art. 57 Rn. 12 ff., 16 f.), muss sich aus Art. 58 Abs. 3 lit. b eine darüberhinausgehende Befugnis der Datenschutz-Aufsichtsbehörden ergeben, die auch Grundrechtsbeschränkungen mit sich bringen kann.[69] Gedeckt von der Befugnis des Art. 58 Abs. 3 lit. b sind also zB öffentliche Warnungen einer Datenschutz-Aufsichtsbehörde vor gefährlichen Datenverarbeitungen,[70] der öffentliche Hinweis auf besonders signifikante Verstöße gegen die DS-GVO sowie die öffentliche Beanstandung besonders datenschutzfeindlicher Praktiken von Behörden

---

[68] Ebenso Paal/Pauly/*Körffer* DS-GVO Art. 58 Rn. 28.
[69] Vgl. Paal/Pauly/*Körffer* DS-GVO Art. 58 Rn. 29.
[70] Ein Bsp. ist die Warnung des Landesbeauftragten für den Datenschutz und die Informationsfreiheit (LfDI) Baden-Württemberg vor einer Nutzung des Videokonferenzdienstes Zoom, die anschließend wieder zurückgenommen wurde; vgl. LfDI-Pressemeldung v. 24.6.2020, Warnung des LfDI wurde gehört, Zoom

oder Unternehmen. Diese **öffentliche Warn-, Mahn- und Beanstandungsbefugnis der Datenschutz-Aufsichtsbehörden** ist sehr weitreichend,[71] findet aber ihre Grenzen in der datenschutzrechtlichen Verschwiegenheitspflicht gemäß Art. 54 Abs. 2, die den Datenschutz-Aufsichtsbehörden eine Veröffentlichung vertraulicher Informationen grundsätzlich untersagt (→ Art. 54 Rn. 12 ff.); im Grundsatz der Verhältnismäßigkeit, der gemäß Erwägungsgrund 129 S. 5 bei allen Befugnissen der Datenschutz-Aufsichtsbehörden Geltung beansprucht; sowie im **Gebot der Sachlichkeit**, das von allen dem Gemeinwohl verpflichteten öffentlichen Stellen zu beachten ist und mit dem sich reißerische, ausschließlich auf maximale Medienwirksamkeit zielende Einzelfalldarstellungen oder ein Grundrechte missachtendes „An-den-Pranger-Stellen" von Behörden, Unternehmen oder gar Einzelpersonen nicht vereinbaren lassen.[72] Eine unabhängige Datenschutz-Aufsichtsbehörde hat bei der Ausübung ihrer Befugnis nach Art. 58 Abs. 3 lit. b zwar einen erheblichen Ermessensspielraum. Sie kann dabei insbesondere berücksichtigen, dass die Nennung von Unternehmensnamen in einer Pressemitteilung zu einer signifikanten Datenschutzverletzung der Information der von dem Datenschutzverstoß Betroffenen dienen kann, damit diese eventuell Schadensersatz nach Art. 82 geltend machen kann. Sie hat dabei allerdings stets zu beachten, dass das Datenschutzgrundrecht zwar ein wichtiges, aber keinesfalls das einzige Grundrecht in der vom Europäischen Unionsrecht anerkannten Rechtsordnung ist und seine Grenzen in den Grundrechten anderer findet, wie sie in der Charta der Grundrechte der Europäischen Union anerkannt sind. Zu diesen gehört auch das Grundrecht auf unternehmerische Freiheit gemäß Art. 14 GRCh.

IV. Verfahren der Befugnisausübung (Abs. 4)

In Ermangelung eines einheitlichen europäischen Verwaltungsverfahrensrecht sind die Befugnisse der Datenschutz-Aufsichtsbehörden grundsätzlich nach dem **nationalen Verfahrensrecht** des jeweiligen Mitgliedstaats auszuüben,[73] wie der EuGH für das Datenschutzrecht im Fall Weltimmo, bestätigt hat.[74] Zur unionsrechtlichen Überlagerung durch den **Äquivalenzgrundsatz** und den **Effizienzgrundsatz** sowie zur Bedeutung der **Rechtsstaatlichkeitsklausel** des Art. 58 Abs. 4 → Rn. 5 f.

V. Klagerecht bzw. Anzeigebefugnis (Abs. 5)

Bei **Art. 58 Abs. 5** handelt es sich um eine **obligatorische Spezifizierungsklausel** (→ Einl. Rn. 92). Danach müssen nationale Datenschutz-Aufsichtsbehörden stets die Befugnis haben, Verstöße gegen die DS-GVO vor Gericht zu bringen. Spezifizierende nationale Rechtsvorschriften müssen dabei entscheiden, ob eine Datenschutz-Aufsichtsbehörde sofort ein Klagerecht hat oder ob sie zunächst die nationalen Justizbehörden einschalten muss, die dann ihrerseits ein gerichtliches Verfahren einleiten müssen. Die DS-GVO erlaubt es hier den Mitgliedstaaten, die Durchsetzungsbefugnisse der nationalen Datenschutz-Aufsichtsbehörden in das nationale Rechtssystem einzufügen. Nicht in Frage stellen kann ein Mitgliedstaat dabei aber die sich unmittelbar aus Art. 58 Abs. 5 ergebende Befugnis der Datenschutz-Aufsichtsbehörden, wegen

---

bessert nach, abrufbar unter www.baden-wuerttemberg.datenschutz.de/warnung-des-lfdi-wurde-gehoert-zoom-bessert-nach/.

[71] Ebenso Gola/Heckmann/*Nguyen* DS-GVO Art. 58 Rn. 20.
[72] Treffend hierzu (noch zur Rechtslage vor Inkrafttreten der DS-GVO) OVG Schleswig Urt. v. 28.2.2014 – 4 MP 82/13, ZD 2014, 536; vgl. auch den Zwischenbericht des AK Grundsatz der Datenschutzkonferenz v. 9.11.2020 zu den Rahmenbedingungen für aufsichtsbehördliche Produktwarnungen, abrufbar unter https://fragdenstaat.de/anfrage/zwischenbericht-des-ak-grundsatz-der-dsk-zu-den-rahmenbedingungen-fur-aufsichtsbehordliche-produktwarnungen/; zur Thematik eingehend *Weichert* DuD 2015, 323 und 397; sowie *Hoeren* ZD 2021, 497. Gegen eine Befugnis der Datenschutz-Aufsichtsbehörden zu derartigen öffentlichen Äußerungen *Born* RDV 2015, 125. Vgl. ferner OVG Münster Beschl. v. 17.5.2021 – 13 B 331/21, ZD 2021, 535 mAnm *Schnabel*, der allerdings darauf verweist, dass anders als die Bundesnetzagentur im vom OVG Münster entschiedenen Fall die Datenschutz-Aufsichtsbehörden mit Art. 58 Abs. 3 lit. b auf eine spezielle Befugnisnorm für Grundrechtseingriffe durch öffentliche Äußerungen zurückgreifen können. Vgl. dagegen *Hoeren* ZD 2021, 497 (500), für den Art. 58 Abs. 3 lit. b nicht als Ermächtigungsgrundlage für Grundrechtseingriffe ausreicht, da der Wortlaut „deutlich zu unbestimmt" sei. Europarechtlich ist diese Auffassung nicht haltbar.
[73] Ebenso *Albrecht/Jotzo* DatenschutzR S. 109.
[74] EuGH Urt. v. 1.10.2015 – C-230/14, ECLI:EU:C:2015:639 = ZD 2015, 580 mAnm *Karg* – Weltimmo, Rn. 50. Bestätigend EuGH Urt. v. 28.7.2016 – C-191/15, ECLI:EU:C:2016:612 – Verein für Konsumenteninformation/Amazon, Rn. 74 ff.

Verstößen gegen die DS-GVO direkt oder indirekt ein gerichtliches Verfahren einzuleiten (→ Rn. 2). Die **Befugnis der Datenschutz-Aufsichtsbehörden zur Einleitung eines gerichtlichen Verfahrens** ist **unmittelbar anwendbar,** also unabhängig davon, ob die Vorschrift in der Rechtsordnung des betreffenden Mitgliedstaats spezifiziert worden ist, wie der EuGH inzwischen ausdrücklich klargestellt hat.[75]

VI. Zusätzliche Befugnisse (Abs. 6)

35 Art. 58 Abs. 6 S. 1 ist eine **fakultative Spezifizierungsklausel** (→ Einl. Rn. 91). Sie erlaubt es den Mitgliedstaaten, den nationalen Datenschutz-Aufsichtsbehörden zusätzliche, dh über Art. 58 Abs. 1–3 hinausgehende Befugnisse zu übertragen. Einer solchen Übertragung sind jedoch zwei wichtige Grenzen gesetzt: Zum einen müssen sich solche Zusatzbefugnisse im Rahmen von Art. 57 halten, der die unionsunmittelbaren Aufgaben der Datenschutz-Aufsichtsbehörden definiert und gemäß Art. 57 Abs. 1 lit. v nur solche sonstigen Aufgaben zulässt, die „im Zusammenhang mit dem Schutz personenbezogener Daten" stehen; dies ist zB bei der Übertragung von zusätzlichen Aufgaben im Zusammenhang mit der Informationsfreiheit äußerst fraglich. Zum anderen stellt Art. 58 Abs. 6 S. 2 die Übertragung von Zusatzbefugnissen seitens der Mitgliedstaaten unter den Vorbehalt, dass solche zusätzlichen Befugnisse „die effektive Durchführung des Kapitels VII" – also des Verfahrens der Zusammenarbeit und Kohärenz – nicht beeinträchtigen (→ Rn. 3). Es können den Datenschutz-Aufsichtsbehörden also nur solche zusätzlichen Befugnisse übertragen werden, die sich in die Zusammenarbeit mit den anderen Datenschutz-Aufsichtsbehörden, dem Europäischen Datenschutzausschuss und der Europäischen Kommission im europäischen Verwaltungsverbund (→ Art. 51 Rn. 6, 15 f.) einfügen und diese nicht etwa stören. Ausgeschlossen wird auf diese Weise sowohl eine Überlastung einer nationalen Datenschutz-Aufsichtsbehörde mit sachfremden Zusatzbefugnissen; als auch eine Übertragung solcher Zusatzbefugnisse, die sich so wesentlich von den Befugnissen anderer Datenschutz-Aufsichtsbehörden unterscheiden, dass sich auch über das Verfahren der Zusammenarbeit und Kohärenz eine einheitliche Anwendung der DS-GVO in der gesamten Union nicht mehr gewährleisten lässt.

C. Rechtsschutz

36 Gegen die Ausübung sämtlicher der in Art. 58 genannten Befugnisse durch eine nationale Datenschutz-Aufsichtsbehörde steht betroffenen Personen ein **Beschwerderecht** bei der Aufsichtsbehörde gemäß **Art. 77** sowie das **Recht auf einen wirksamen Rechtsbehelf** gemäß **Art. 78** zu. Werden daraufhin in einem entsprechenden nationalen Gerichtsverfahren Fragen der Auslegung und Anwendung der DS-GVO oder sonstigen EU-Rechts entscheidungserheblich, so ist ein Vorabentscheidungsersuchen seitens eines nationalen Gerichts an den EuGH stets möglich (Art. 267 UAbs. 2 AEUV) und in letzter Instanz obligatorisch (Art. 267 UAbs. 3 AEUV).

37 Rechtsschutz gemäß Art. 78 steht jeder natürlichen und juristischen Person zu. Da auch Behörden und öffentliche Stellen von der Ausübung der Befugnisse der nationalen Datenschutz-Aufsichtsbehörden betroffen sein können (→ Rn. 4), haben auch diese ein entsprechendes Klagerecht gemäß Art. 78.

D. Nationale Durchführung

38 Die in Art. 58 Abs. 1–3 vorgesehenen Befugnisse der nationalen Datenschutz-Aufsichtsbehörden wurzeln unmittelbar im direkt geltenden Unionsrecht. Sie lassen den Mitgliedstaaten nur in einigen wenigen Fragen einen begrenzten, punktuellen Spielraum für eine nationale Spezifizierung. Dies ist nur bei Art. 58 Abs. 1 lit. f hinsichtlich des Verfahrens beim Zugang zu Räumlichkeiten und bei der Konkretisierung der Adressaten der Beratungsbefugnisse der Datenschutz-Aufsichtsbehörden gemäß Art. 58 Abs. 3 lit. b der Fall. Ferner sehen die Spezifizierungsklauseln (→ Einl. Rn. 91, 92) in Art. 58 Abs. 5 und 6 ein Recht der Mitgliedstaaten zum Erlass konkreti-

---

[75] EuGH (Große Kammer) Urt. v. 15.6.2021 – C-645/19, ECLI:EU:C:2021:432 = ZD 2021, 570 mAnm *Blasek* – Facebook Ireland Ltd u.a./Gegevensbeschermingsautoriteit, Rn. 113, wonach „Art. 58 Abs. 5 der Verordnung (EU) 2016/679 dahin auszulegen ist, dass die Vorschrift unmittelbare Wirkung hat, so dass eine nationale Aufsichtsbehörde sich auf sie berufen kann, um gegen Private eine Klage zu erheben oder ein entsprechendes Verfahren fortzuführen, auch wenn die Vorschrift in der Rechtsordnung des betreffenden Mitgliedstaats nicht speziell umgesetzt worden ist."

sierender bzw. ergänzender nationaler Rechtsvorschriften vor. Schließlich erlaubt Art. 83 Abs. 7 den Mitgliedstaaten, in nationalen Rechtsvorschriften zu spezifizieren, ob und in welchem Umfang die Befugnis der Datenschutz-Aufsichtsbehörden, Geldbußen zu verhängen, auch gegenüber Behörden und öffentlichen Stellen ausgeübt werden darf. Im Übrigen lässt Art. 58 Abs. 1–3 keinen nationalen Ausgestaltungsspielraum.[76] Eine Umsetzung von Art. 58 Abs. 1–3 ist daher weder erforderlich noch zulässig. Auch eine Normwiederholung auf nationaler Ebene wäre europarechtswidrig, da sie bei den Rechtsunterworfenen zu Unklarheit und Verwirrung über den unmittelbar unionsrechtlichen Charakter der Befugnisse der nationalen Datenschutz-Aufsichtsbehörden führen und damit die wirksame Anwendung und Durchsetzung der DS-GVO beeinträchtigen könnte (sog. **Umsetzungs- und Normwiederholungsverbot** → Einl. Rn. 86, 98).

Vor diesem europarechtlichen Hintergrund hat sich in **Deutschland** der Bundesgesetzgeber **39** zu einer knappen Regelung der Befugnisse der oder des Bundesbeauftragten für den Datenschutz und die Informationsfreiheit entschieden. Gemäß **§ 16 Abs. 1 S. 1 BDSG** nimmt die oder der Bundesbeauftragte „im Anwendungsbereich der Verordnung (EU) 2016/679 die Befugnisse gemäß Artikel 58 der Verordnung (EU) 2016/679 wahr." Da die oder der Bundesbeauftragte nur für die Aufsicht über die öffentlichen Stellen des Bundes zuständig ist (vgl. § 9 Abs. 1 BDSG), erstrecken sich die Befugnisse der oder des Bundesbeauftragten nur auf diese. Für die Überwachung der Vorschriften über den Datenschutz bei nicht öffentlichen Stellen sind gemäß § 40 Abs. 1 BDSG „im Anwendungsbereich der Verordnung (EU) 2016/679" die nach Landesrecht zuständigen Behörden betraut. Ferner verweisen die Landesgesetzgeber in den Landesdatenschutzgesetzen – wenn auch in uneinheitlicher Redaktion – auf die Befugnisse ihrer Datenschutz-Aufsichtsbehörden gemäß Art. 58 gegenüber den Behörden und öffentlichen Stellen der Länder.[77] Was die in Art. 58 Abs. 1 lit. f vorgesehene Befugnis der Datenschutz-Aufsichtsbehörden angeht, bei datenschutzrechtlichen Untersuchungen „gemäß dem Verfahrensrecht der Union oder dem Verfahrensrecht des Mitgliedstaats" Zugang zu den Räumlichkeiten des Verantwortlichen oder des Auftragsverarbeiters zu erhalten, so spezifiziert **§ 16 Abs. 4 Nr. 1 BDSG,** dass die öffentlichen Stellen des Bundes verpflichtet sind, jederzeit einen solchen Zugang zu gewähren. Für die nach Landesrecht zuständigen Datenschutz-Aufsichtsbehörden im nichtöffentlichen Bereich enthält **§ 40 Abs. 5 BDSG** eine parallele Zugangsbefugnis.[78] Entsprechende Regelungen zu Zugangsrechten der nach Landesrecht zuständigen Datenschutz-Aufsichtsbehörden bei Behörden und öffentlichen Stellen finden sich in den Landesdatenschutzgesetzen.[79] Die Adressaten der Beratungsbefugnisse der Datenschutz-Aufsichtsbehörden hat der Bundesgesetzgeber in **§ 14 Abs. 3 BDSG** konkretisiert (→ Art. 57 Rn. 26); die Landesgesetz-

---

[76] Ebenso Kühling/Buchner/*Boehm*, 4. Aufl. 2024, DS-GVO Art. 58 Rn. 49: „Art. 58 Abs. 1 bis 3 lässt dem nationalen Gesetzgeber kaum einen Gestaltungsspielraum." Explizit EuGH (Große Kammer) Urt. v. 5.12.2023 – C-807/21, ECLI:EU:C:2023:590 – Deutsche Wohnen SE/Staatsanwaltschaft Berlin, Rn. 45: „Sodann legt Art. 58 Abs. 2 DSGVO die Befugnisse der Aufsichtsbehörden zum Erlass von Abhilfemaßnahmen genau fest, ohne auf das Recht der Mitgliedstaaten zu verweisen oder den Mitgliedstaaten einen Ermessensspielraum einzuräumen."

[77] Vgl. zB § 22 Abs. 1 DSG Sachsen-Anhalt v. 21.2.2018: „Der Landesbeauftragte für den Datenschutz erfüllt gegenüber allen öffentlichen Stellen die Aufgaben aus Artikel 57 der Datenschutz-Grundverordnung. Dazu stehen ihm die Befugnisse aus Artikel 58 der Datenschutz-Grundverordnung zu." Vgl. ferner Art. 15, Art. 18 BayDSG v. 15.5.2018, GVBl. 2018, 229, die im Klammerzusatz sowohl für den Landesdatenschutzbeauftragten als auch für das Landesamt für Datenschutzaufsicht explizit auf den direkt geltenden Art. 58 DS-GVO hinweisen. Vgl. außerdem § 7 Abs. 1 S. 1 ThürDSG v. 6.6.2018, GVBl. 2018, 229: „Dem Landesbeauftragten für den Datenschutz stehen für die Wahrnehmung der Aufgaben nach § 6 Abs. 1 die Befugnisse gemäß Artikel 58 der Verordnung (EU) 2016/679 zur Verfügung."

[78] Krit. zu dieser Vorschrift, die eine nahezu wortgleiche Übernahme von Art. 58 Abs. 1 lit. e darstellt, Paal/Pauly BDSG § 40 Rn. 35. Problematisch erscheint vor allem, dass § 40 Abs. 5 BDSG nur ein Zugangsrecht zu „Geschäftsräumen" gewährt, während Art. 58 Abs. 1 lit. f DS-GVO (idF des Korrigendum vom Mai 2018) ein Zugangsrecht zu „Räumlichkeiten" verlangt, was auch nicht geschäftlich genutzte Räume einschließt.

[79] Vgl. zB Art. 16 Abs. 1 S. 3 BayDSG v. 15.5.2018, GVBl. 2018, 229, zum Zugangsrecht des Landesbeauftragten für den Datenschutz: „Er hat ungehinderten Zutritt zu allen Diensträumen, in denen öffentliche Stellen Daten verarbeiten." Vgl. auch § 24 Abs. 1 HmbDSG v. 18.5.2018, HmbGVBl. S. 145, zuletzt geänd. durch Gesetz v. 24.1.2023, HmbGVBl. 2023, 6: „Zusätzlich zu den Befugnissen aus Artikel 58 der Verordnung (EU) 2016/679 ist die oder der Hamburgische Beauftragte für Datenschutz und Informationsfreiheit zur Erfüllung ihrer oder seiner Aufgaben befugt, jederzeit Zugang zu Diensträumen zu erhalten. Diese Befugnis kann die oder der Hamburgische Beauftragte für Datenschutz und Informationsfreiheit auf ihre oder seine Mitarbeiterinnen und Mitarbeiter übertragen." Vgl. ferner § 7 Abs. 2 S. 1 ThürDSG v. 6.6.2018, GVBl. 2018, 229: „Dem Landesbeauftragten ist im Rahmen seiner Kontrollbefugnis jederzeit Zutritt zu allen Diensträumen und Geschäftsräumen zu gewähren."

geber haben entsprechende, wenn auch uneinheitliche Konkretisierungsvorschriften erlassen.[80] Was schließlich die Befugnis der Datenschutz-Aufsichtsbehörden angeht, Geldbußen gemäß Art. 58 Abs. 2 lit. i iVm Art. 83 zu verhängen, so regelt **§ 16 Abs. 1 S. 2–4 BDSG** insofern ein spezielles Verfahren, was die Sanktionierung von Datenschutzverstößen durch Behörden und öffentliche Stellen des Bundes angeht. Danach ist der Anwendung der Befugnisse gemäß Art. 58 Abs. 2 lit. b-g, i und j die Einschaltung der zuständigen Rechts- oder Fachaufsichtsbehörde vorauszuschalten. Dieses Verfahren führt dazu, dass Behörden und öffentliche Stellen des Bundes nach dem Grundsatz der Gesetzmäßigkeit der Verwaltung stets die Vorgaben der Rechts- bzw. Fachaufsicht befolgen werden, so dass sich die Frage der Verhängung von Geldbußen ihnen gegenüber gar nicht mehr stellt. Dementsprechend schließt § 43 Abs. 3 BDSG – im Einklang mit der fakultativen Spezifizierungsklausel (→ Einl. Rn. 91) des Art. 83 Abs. 7 – die Verhängung von Geldbußen gegenüber Behörden und öffentlichen Stellen explizit aus; die Landesgesetzgeber haben überwiegend parallele Regelungen erlassen.[81]

40 In **Österreich** regelt § 22 DSG die Befugnisse der Datenschutzbehörde, offensichtlich mit dem Ziel, die unmittelbar geltende und unmittelbar anwendbare Befugnisnorm des Art. 58 zu konkretisieren und zu spezifizieren, soweit dies in der österreichischen Rechtsordnung erforderlich ist. § 22 Abs. 1 S. 1 DSG verdeutlicht dabei, dass die Datenschutzbehörde vom Verantwortlichen oder Auftragsverarbeiter „insbesondere alle notwendigen Aufklärungen verlangen und Einschau in Datenverarbeitungen und diesbezügliche Unterlagen begehren" kann – eine angesichts von Art. 58 Abs. 1 lit. a und f überflüssige nationale Regelung. Überflüssig erscheint auch § 22 Abs. 1 S. 2 DSG, wonach der Verantwortliche und der Auftragsverarbeiter „die notwendige Unterstützung zu leisten" hat, da sich diese Pflicht zur Zusammenarbeit mit der Datenschutz-Aufsichtsbehörde bereits aus dem unmittelbar geltenden und unmittelbar anwendbaren Art. 31 ergibt. Lediglich eine nationale Bestätigung des bei der Ausübung der Befugnisse gemäß Art. 58 ohnehin geltenden Grundsatzes der Verhältnismäßigkeit (vgl. Erwägungsgrund 129 S. 5 sowie Erwägungsgrund 148 S. 2 und 3) enthält § 22 Abs. 1 S. 3 DSG. Eine grundsätzlich zulässige Spezifizierung von Art. 58 Abs. 1 lit. f nimmt § 22 Abs. 2 DSG vor, der das Recht der Datenschutzbehörde ausgestaltet, Räume, in welchen Datenverarbeitungen vorgenommen werden, zu betreten, Datenverarbeitungsanlagen in Betrieb zu setzen, die zu überprüfenden Verarbeitungen durchzuführen sowie Kopien von Datenträgern in dem für die Ausübung der Kontrollbefugnisse unbedingt erforderlichen Ausmaß herzustellen; aus Effizienzgründen problematisch ist allerdings, dass all diese konkretisierenden bzw. zusätzlichen Befugnisse der Datenschutzbehörde nur „nach Verständigung des Inhabers der Räumlichkeiten und des Verantwortlichen oder des Auftragsverarbeiters" ausgeübt werden dürfen. Unangekündigte datenschutzrechtliche Überprüfungen von Räumlichkeiten sind daher der Datenschutzbehörde in Österreich derzeit nach nationalem Recht nicht möglich, was in dieser Form vor dem europarechtlichen Effizienzgebot (→ Rn. 5) keinen Bestand haben kann; unangekündigte Überprüfungen müssen einer wirksamen Aufsichtsbehörde jedenfalls in schwerwiegenden Fällen als Untersuchungsbefugnis zur Verfügung stehen.

---

[80] Sehr weit gefasst ist der Kreis der Beratungsadressaten in § 13 Abs. 2 Nr. 3 HDSIG v. 3.5.2018, GVBl. 2018, 82, zuletzt geänd. am 15.1.2021, GVBl. 2021, 718, 729; er nennt (in europarechtlich zulässiger Spezifizierung) ausdrücklich „den Landtag, die im Landtag vertretenen Fraktionen, die Landesregierung, die Kommunen und andere Einrichtungen und Gremien." Vgl. ferner Art. 15 Abs. 3 BayDSG v. 15.5.2018, GVBl. 2018, 229, wonach nur der Landesdatenschutzbeauftragte, nicht aber das Landesamt für Datenschutzaufsicht Stellungnahmen zu bestimmten Vorgängen aus seinem Aufgabenbereich an den Landtag und die Staatsregierung richten kann, allerdings nur auf deren Ersuchen hin; insgesamt schränkt dies die Beratungsaufgabe, die europarechtlich jeder Aufsichtsbehörde vorgeschrieben ist, im Vergleich zu Art. 57 Abs. 1 lit. c DS-GVO in bedenklicher Weise ein. Vgl. Paal/Pauly/*Körffer* DS-GVO Art. 57 Rn. 4, die darauf hinweist, dass wegen Art. 57 Abs. 1 lit. c die Beratungsaufgabe erstmals auch für Aufsichtsbehörden im nicht öffentlichen Bereich normiert worden ist.

[81] Vgl. zB Art. 22 BayDSG v. 15.5.2018, GVBl. 2018, 229: „Gegen öffentliche Stellen im Sinne des Art. 1 Abs. 1 und 2 dürfen Geldbußen nach Art. 83 DSGVO nur verhängt werden, soweit diese als Unternehmen am Wettbewerb teilnehmen." Sowie Art. 23 Abs. 3 BayDSG v. 15.5.2018: „Gegen öffentliche Stellen im Sinne des Art. 1 Abs. 1 und 2 werden keine Geldbußen nach Art. 1 verhängt." Vgl. auch § 24 Abs. 3 HmbDSG v. 18.5.2018, HmbGVBl. 2018, 145, zuletzt geänd. durch Gesetz v. 24.1.2023, HmbGVBl. 2023, 6: „Die Befugnis Geldbußen zu verhängen, steht der oder dem Hamburgischen Beauftragten für Datenschutz und Informationsfreiheit gegenüber Behörden und öffentlichen Stellen mit Ausnahme der in § 2 Absatz 3 genannten Stellen nicht zu." Vgl. ferner § 7 Abs. 2 S. 2 ThürDSG v. 6.6.2018, GVBl. 2018, 229: „Die Befugnis zur Verhängung von Geldbußen nach Artikel 83 der Verordnung (EU) 2016/679 steht ihm [dem Landesbeauftragten] nicht gegenüber öffentlichen Stellen nach § 2 Abs. 1 und 2 zu, es sei denn, es handelt sich um öffentliche Stellen, die am Wettbewerb im Sinne des § 26 teilnehmen."

Was die Verhängung von Geldbußen angeht, so hat Österreich von der fakultativen Spezifizierungsklausel des Art. 83 Abs. 7 Gebrauch gemacht; denn gemäß **§ 30 Abs. 5 DSG** kann die Datenschutzbehörde keine Geldbußen gegen Behörden und öffentliche Stellen verhängen. In **§ 21 Abs. 1 S. 1 DSG** hat der österreichische Bundesgesetzgeber ferner den Adressatenkreis für die Beratungsfunktion der Datenschutzbehörde konkretisiert (→ Art. 57 Rn. 27). Sehr bedenklich ist schließlich die vom österreichischen Nationalrat noch am 20.4.2018 – kurz vor Beginn der unmittelbaren Geltung der DS-GVO – beschlossene erneute Änderung des DSG durch das **Datenschutz-Deregulierungsgesetz 2018,** welches durch das neue politische Kräfteverhältnis nach der Nationalratswahl vom 15.10.2017 (Koalition aus ÖVP und FPÖ anstelle der vorherigen Koalition aus SPÖ und ÖVP) zu erklären ist. Der neu eingefügte **§ 11 DSG** sieht nun unter der Überschrift „Verwarnung durch die Datenschutzbehörde" nicht nur vor, dass die Datenschutzbehörde den Katalog der nach der DS-GVO möglichen Geldbußen gemäß Art. 83 Abs. 2–6 so zur Anwendung bringt, „dass die Verhältnismäßigkeit gewahrt wird" (§ 11 S. 1 DSG), was sich bereits aus der DS-GVO selbst ergibt (→ Rn. 6, 18; vgl. auch Erwägungsgrund 148 S. 2). Darüber hinaus verlangt § 11 S. 2 DSG: „Insbesondere bei erstmaligen Verstößen wird die Datenschutzbehörde im Einklang mit Art. 58 DSGVO von ihren Abhilfebefugnissen insbesondere durch Verwarnen Gebrauch machen." Sofern diese Regelung – entsprechend der erklärten Deregulierungsabsicht des österreichischen Gesetzgebers – so zu verstehen ist, dass sie die Datenschutzbehörde dazu verpflichtet, bei Erstverstößen selbst bei schwerwiegenden Verletzungen des Datenschutzgrundrechts stets nur eine Verwarnung gemäß Art. 58 Abs. 2 lit. b auszusprechen und keine Geldbuße gemäß Art. 58 Abs. 2 lit. i iVm Art. 83 zu verhängen[82], ist sie offensichtlich europarechtswidrig. Denn die Bauernregel „Einmal ist Keinmal" ist kein Rechtsgrundsatz der DS-GVO (→ Rn. 20, 27). Die unabhängige österreichische Datenschutzbehörde ist daher europarechtlich verpflichtet, die steuernde Vorgabe des § 11 S. 2 DSG außer Acht zu lassen. Stattdessen hat sie die Abhilfemaßnahmen wie in Art. 58 Abs. 2 vorgesehen (→ Rn. 6, 18, 20, 27) anzuwenden.

Art. 58 Abs. 5 verlangt als obligatorische Spezifizierungsklausel (→ Einl. Rn. 92) von den Mitgliedstaaten, in nationalen Rechtsvorschriften vorzusehen, auf welche Weise ihre Datenschutz-Aufsichtsbehörden befugt sind, Verstöße gegen die DS-GVO den Justizbehörden zur Kenntnis zu bringen, entweder durch sofortige **Einleitung eines gerichtlichen Verfahrens** oder durch **sonstige Beteiligung** (zB durch Stellen eines Strafantrags) an diesem, um die Bestimmungen der DS-GVO erforderlichenfalls gerichtlich durchzusetzen. In **Deutschland** sind die Vorschriften, welche den Datenschutz-Aufsichtsbehörden eine gerichtliche Durchsetzung der DS-GVO ermöglichen, nur kursorisch und fast durchweg indirekt ausgestaltet. Ein direktes Klagerecht sieht bislang nur **§ 21 Abs. 1 BDSG** vor. Danach haben die Datenschutz-Aufsichtsbehörden in Deutschland heute im Einklang mit den Vorgaben des EuGH[83] die Möglichkeit, ein verwaltungsgerichtliches Verfahren beim BVerwG zur Feststellung der Rechtswidrigkeit eines Angemessenheitsbeschlusses der Kommission einzuleiten. Das BVerwG hat gegebenenfalls die Frage der Rechtmäßigkeit dem EuGH zur Vorabentscheidung gemäß Art. 267 UAbs. 3 AEUV vorzulegen; vgl. § 21 Abs. 6 BDSG. In allen anderen Fällen entscheiden die Datenschutz-Aufsichtsbehörden in Deutschland mal als Verwaltungsbehörden, mal als Ordnungsbehörden und können somit wegen rechtswidrigem Handeln oder Unterlassen vor den Verwaltungsgerichten bzw. den ordentlichen Gerichten verklagt werden und in diesem Rahmen den Gerichten Verstöße gegen die DS-GVO zur Kenntnis bringen; die Aufsichtsbehörde ist in verwaltungsgerichtlichen Verfahren gemäß **§ 20 Abs. 4 BDSG** beteiligungsfähig, nicht dagegen im Ordnungswidrigkeitsverfahren. Die Einleitung eines Gerichtsverfahrens liegt gegenwärtig mit Ausnahme von § 21 Abs. 1 BDSG nicht in der Hand der deutschen Datenschutz-Aufsichtsbehörden.[84] In **Österreich** stellt sich die Rechtslage ähnlich dar. Dort sehen die **§§ 24 DSG** ausnahmslos Verfahren gegen die Datenschutzbehörde vor, erlauben dieser aber nicht, bestimmte Verstöße gegen die DS-GVO selbst im Klageweg vor Gericht zu bringen. Ein Verfahren, das es der Datenschutzbehörde erlauben würde, Angemessenheitsbeschlüsse der Kommission gerichtlich anzugreifen, fehlt im Unterschied zu Deutschland. Da es Art. 58 Abs. 5 den Mitgliedstaaten nur erlaubt, die Klagemöglichkeit der Datenschutz-Aufsichtsbehörden in das nationale Rechts-

---

[82] *Schweiger* PinG 2018, 171 (173) will in § 11 DSG lediglich eine Klarstellung sehen, da die DS-GVO in Art. 83 Abs. 1 das Prinzip der Verhältnismäßigkeit in Bezug auf die Verhängung von Geldbußen selbst normiere. Die Vorgabe des § 11 DSG geht aber offenkundig darüber hinaus, da sie die Nicht-Verhängung von Geldbußen bei Erstverstößen zur Regel machen will, was der DS-GVO widerspricht.
[83] EuGH (Große Kammer) Urt. v. 6.10.2015 – C-362/14, ECLI:EU:C:2015:650 = ZD 2015, 549 mAnm *Spies* – Maximillian Schrems/Data Protection Commissioner („Schrems I"), Rn. 65.
[84] Vgl. Gola/Heckmann/*Nguyen* DS-GVO Art. 58 Rn. 25.

system einzufügen, nicht aber, von der Klagemöglichkeit insgesamt abzusehen, steht die Rechtslage in Deutschland und in Österreich – anders als zB in **Belgien,** wo die Datenschutz-Aufsichtsbehörden selbst klagen können[85] – insofern im Widerspruch zur DS-GVO.[86] Die nationalen Datenschutz-Aufsichtsbehörden können sich für Klagen allerdings unabhängig von den nationalen Regelungen direkt auf Art. 58 Abs. 5 stützen, da diese Vorschrift **unmittelbar anwendbar** ist, wie der EuGH inzwischen explizit bestätigt hat.[87]

42 Bei der Zuweisung von **zusätzlichen Befugnissen** an die nationalen Datenschutz-Aufsichtsbehörden, wie sie den Mitgliedstaaten gemäß der fakultativen Spezifizierungsklausel (→ Einl. Rn. 91) in **Art. 58 Abs. 6 S. 1** grundsätzlich möglich ist, haben sich sowohl Bundes- und Landesgesetzgeber in Deutschland – sieht man einmal von der problematischen Betrauung der Datenschutzbeauftragten mit Fragen der Informationsfreiheit (→ Art. 52 Rn. 20; → Art. 57 Rn. 20) ab – als auch der österreichische Bundesgesetzgeber bislang zurückgehalten. Diese Zurückhaltung ist angesichts der Vielzahl der neuen, ressourcenintensiven Befugnisse, die den nationalen Datenschutz-Aufsichtsbehörden durch Art. 58 übertragen werden, äußerst sachgerecht. Eine seltene Ausnahme ist **§ 40 Abs. 3 S. 3 BDSG.** Stellt danach eine nach Landesrecht zuständige Datenschutz-Aufsichtsbehörde im nichtöffentlichen Bereich einen Verstoß gegen die Vorschriften über den Datenschutz fest, so ist sie über die in Art. 58 geregelten Befugnisse hinaus befugt, diesen Verstoß bei den für die Verfolgung oder Ahndung zuständigen Stellen **anzuzeigen** sowie bei schwerwiegenden Verstößen die **Gewerbeaufsichtsbehörde** zu unterrichten. Ferner haben die Datenschutz-Aufsichtsbehörden der Länder gemäß § 40 Abs. 6 S. 2 BDSG die Befugnis, bei nichtöffentlichen Stellen die **Abberufung des Datenschutzbeauftragten** zu verlangen, wenn diesem die erforderliche Fachkunde fehlt oder ein schwerwiegender Interessenkonflikt vorliegt. In Österreich sieht **§ 22 Abs. 2 DSG** eine begrenzte Erweiterung der Untersuchungsbefugnisse der Datenschutzbehörde vor, zB durch die explizite Befugnis, bei datenschutzrechtlichen Untersuchungen auch Kopien von Datenträgern in dem für die Ausübung der Kontrollbefugnisse unbedingt erforderlichen Ausmaß zu erstellen. Europarechtlich sind diese begrenzten Zusatzbefugnisse nicht zu beanstanden.

Art. 59 Tätigkeitsbericht

[1] Jede Aufsichtsbehörde erstellt einen Jahresbericht über ihre Tätigkeit, der eine Liste der Arten der gemeldeten Verstöße und der Arten der getroffenen Maßnahmen nach Artikel 58 Absatz 2 enthalten kann. [2] Diese Berichte werden dem nationalen Parlament, der Regierung und anderen nach dem Recht der Mitgliedstaaten bestimmten Behörden übermittelt. [3] Sie werden der Öffentlichkeit, der Kommission und dem Ausschuss zugänglich gemacht.

Literatur: *Leibold,* 3. Tätigkeitsbericht des TLfDI, DB 2021, 328; *Kukin,* Übersicht: Bußgelder aus aktuellen Tätigkeitsberichten, DB 2023, 149; *v. Lewinski,* Tätigkeitsberichte im Datenschutz, RDV 2004, 163; *v. Lewinski/Köppen,* Tätigkeitsberichte der Datenschutzbehörden, RDV 2009, 267; *Weichert,* Regulierte Selbstregulierung – Plädoyer für eine etwas andere Datenschutzaufsicht, RDV 2005, 1.

Rechtsprechung: EuGH (Große Kammer) Urt. v. 9.3.2010 – C-518/07, ECLI:EU:C:2010:125 = EuZW 2010, 296 – Kommission/Deutschland.

Übersicht

	Rn.
A. Ziel und Systematik der Regelung	1
B. Berichtsinhalt und Berichtsrhythmus (S. 1)	6
C. Berichtsadressaten (S. 2, 3)	10
D. Nationale Durchführung	13

---

[85] Vgl. EuGH (Große Kammer) Urt. v. 15.6.2021 – C-645/19, ECLI:EU:C:2021:432 = ZD 2021, 570 mAnm *Blasek* – Facebook Ireland Ltd u.a./Gegevensbeschermingsautoriteit.

[86] Die Europarechtskonformität der deutschen Regelung wird „stark bezweifelt" von Kühling/Buchner/ *Boehm,* 4. Aufl. 2024, DS-GVO Art. 58 Rn. 47, 53. Vgl. ferner Gola/Heckmann/*Nguyen* DS-GVO Art. 58 Rn. 25, der es für „höchst zweifelhaft" hält, ob die deutsche Regelung „die Anforderungen des Abs. 5 an eine wirksame Beteiligung am gerichtlichen Verfahren erfüllt." Vgl. auch *Kienle/Wenzel* ZD 2019, 107 (112): „Der Bundesgesetzgeber ist mithin aufgerufen, das Klagerecht des § 21 BDSG gesetzlich fortzuschreiben."

[87] EuGH (Große Kammer) Urt. v. 15.6.2021 – C-645/19, ECLI:EU:C:2021:432 = ZD 2021, 570 mAnm *Blasek* – Facebook Ireland Ltd u.a./Gegevensbeschermingsautoriteit, Rn. 113.

A. Ziel und Systematik der Regelung*

Die in Art. 59 verankerte Pflicht der nationalen Datenschutz-Aufsichtsbehörden, jedes Jahr einen Bericht über ihre Tätigkeit (**Jahresbericht**) vorzulegen, ist in erster Linie das demokratietheoretisch geforderte Pendant zu ihrer völligen Unabhängigkeit gemäß Art. 52 Abs. 1, 2.[1] Das auch auf Ebene der Europäischen Union anerkannte und diese heute prägende Demokratieprinzip (vgl. Art. 2 S. 1, Art. 10 EUV) erlaubt es nicht, dass sich aus der allgemeinen Staatsverwaltung im Interesse unabhängiger Aufgabenwahrnehmung ausgegliederte Einrichtungen (→ Art. 52 Rn. 9) zu einem „Staat im Staate" entwickeln. Vielmehr ist weit reichende Unabhängigkeit rechtlich stets mit umfassenden demokratischen Rechenschafts- und Transparenzpflichten, insbesondere gegenüber dem Parlament und der Öffentlichkeit, zu verbinden, damit eine demokratische Kontrolle der unabhängig handelnden Einrichtungen gewahrt bleibt (→ Art. 52 Rn. 10). Der EuGH hat dementsprechend die bereits in Art. 28 Abs. 5 DS-RL vorgesehene Pflicht der unabhängigen Datenschutz-Aufsichtsbehörden, regelmäßig einen Bericht über ihre Tätigkeit abzulegen und zu veröffentlichen,[2] als Teil Rechenschaftspflicht angesehen, welche das Demokratieprinzip als Gegenstück zur völligen Unabhängigkeit verlangt.[3] Die jetzt in Art. 59 enthaltene Pflicht der nationalen Datenschutz-Aufsichtsbehörden zur Vorlage eines Jahresberichts dient also in erster Linie der **Gewährleistung von demokratischer Kontrolle und Transparenz**[4] und kann auch als **Durchführung des EU-rechtlichen Offenheitsgrundsatzes in Art. 15 AEUV** angesehen werden, der für die Datenschutz-Aufsichtsbehörden anwendbar ist, soweit sie als dezentrale Unionsbehörden (→ Art. 51 Rn. 6; → Art. 52 Rn. 11; → Art. 53 Rn. 10; → Art. 54 Rn. 4) unmittelbar geltendes EU-Recht anwenden und durchsetzen.[5] Entsprechende Pflichten zur jährlichen schriftlichen Berichterstattung sind auf Ebene der Europäischen Union auch für andere mit weit reichender Unabhängigkeit ausgestattete Organe und Einrichtungen vorgeschrieben; so für die Europäische Zentralbank (vgl. Art. 284 Abs. 3 UAbs. 1 AEUV), den Europäischen Rechnungshof (vgl. Art. 287 Abs. 4 UAbs. 1 AEUV) und den Europäischen Bürgerbeauftragten (vgl. Art. 228 Abs. 1 UAbs. 3 AEUV). Auch der Europäische Datenschutzbeauftragte ist gemäß Art. 60 Abs. 1 VO (EU) 2018/1725[6] verpflichtet, jährlich einen Tätigkeitsbericht an das Europäische Parlament, den Rat und die Europäische Kommission zu richten und diesen gleichzeitig zu veröffentlichen. Auch die modernisierte Konvention 108 des Europarats (sog. Konvention 108+ → Einl. Rn. 150 ff.) verlangt in Art. 15 Abs. 7 von den Datenschutz-Aufsichtsbehörden die Vorbereitung und Veröffentlichung regelmäßiger Tätigkeitsberichte.

Man kann die Vorlage des Jahresberichts außerdem als ein wichtiges Mittel zur Erfüllung der beratenden Aufgaben der nationalen Datenschutz-Aufsichtsbehörden, insbesondere als Teil ihrer **Sensibilisierungsfunktion gegenüber der Öffentlichkeit** ansehen (vgl. Erwägungsgrund 132; → Art. 57 Rn. 12 ff.).[7] Der Jahresbericht kann u.a. – zB durch Fachaufsätze und Praxistipps – dazu dienen, die Öffentlichkeit über Risiken, Vorschriften, Garantien und Rechte im Zu-

---

* Der Verfasser vertritt hier seine persönliche Auffassung, die nicht notwendig der Auffassung der Europäischen Kommission entspricht.

[1] IdS bereits (noch zu Art. 28 Abs. 5 DS-RL) *Dammann/Simitis* EG-DatenschutzRL Art. 28 Rn. 18.

[2] Historisches Vorbild war § 4 Hessisches Datenschutzgesetz (HDSG) von 1970, GVBl. 1970 I 625, in dem erstmals im Tätigkeitsbericht des Datenschutzbeauftragten vorgeschrieben war. Heute § 15 Abs. 3 HDSIG v. 3.5.2018, GVBl. 2018, 82, zuletzt geändert am 15.1.2021, GVBl. 2021, 718, 729.

[3] EuGH (Große Kammer) Urt. v. 9.3.2010 – C-518/07, ECLI:EU:C:2010:125 = EuZW 2010, 296 Rn. 45– Kommission/Deutschland: „Außerdem kann der Gesetzgeber die Kontrollstellen verpflichten, dem Parlament Rechenschaft über ihre Tätigkeiten abzulegen. Insoweit lässt sich eine Parallele zu Art. 28 Abs. 5 der Richtlinie 95/46 ziehen, wonach jede Kontrollstelle regelmäßig einen Bericht über ihre Tätigkeit vorlegt, der veröffentlicht wird."

[4] *Weichert* RDV 2005, 1 (3).

[5] Ebenso Kuner/Bygrave/Docksey/*Hijmans* GDPR Art. 59 A.

[6] VO (EU) Nr. 1725/2018 des Europäischen Parlaments und des Rates v. 23.10.2018 zum Schutz natürlicher Personen bei der Verarbeitung personenbezogener Daten durch die Organe, Einrichtungen und sonstigen Stellen der Union, zum freien Datenverkehr und zur Aufhebung der VO (EG) Nr. 45/2001 und des Beschlusses Nr. 1247/2002/EG, ABl. 2018 L 295, 39. Diese Verordnung, die ursprünglich aus dem Jahr 2001 stammte, wurde 2018 vom EU-Gesetzgeber an die DS-GVO angepasst und entsprechend modernisiert; dafür enthielten Art. 2 Abs. 3, Art. 98 DS-GVO einen entsprechenden Gesetzgebungsauftrag, um die Kohärenz zwischen dem Datenschutz auf EU- und auf nationaler Ebene zu wahren.

[7] Ebenso *v. Lewinski* RDV 2004, 163 (164).

sammenhang mit der Verarbeitung personenbezogener Daten aufzuklären (vgl. Art. 57 Abs. 1 lit. b), die Verantwortlichen und Auftragsverarbeiter auf die ihnen aus der DS-GVO entstehenden Pflichten aufmerksam zu machen (vgl. Art. 57 Abs. 1 lit. d) sowie die für das Datenschutzrecht maßgeblichen technologischen, wirtschaftlichen und gesellschaftlichen Entwicklungen zu analysieren[8] (vgl. Art. 57 Abs. 1 lit. i). Die Datenschutz-Aufsichtsbehörde kann auch auf Schwierigkeiten bei der Durchsetzung des Datenschutz-Grundrechts in ihrem Zuständigkeitsbereich hinweisen und Verbesserungen des Datenschutzes anregen. Ein gut geschriebener, faktenbasierter und analytisch überzeugender Jahresbericht kann so einen wichtigen Beitrag zur datenschutzrechtlichen und -politischen Debatte leisten[9] und zugleich **Expertise** bei Regierung und Gesetzgeber für die mögliche Weiterentwicklung des Datenschutzrechts schaffen.[10]

3   Eine dritte Funktion des Jahresberichts ist es, eine regelmäßige **Überprüfung der Ressourcen-Ausstattung und der Mittelverwendung** der nationalen Datenschutz-Aufsichtsbehörden zu ermöglichen. Insofern besteht ein enger Zusammenhang zu der von Art. 52 Abs. 4 im Interesse ihrer finanziellen und operativen Unabhängigkeit geforderten Ausstattung der Datenschutz-Aufsichtsbehörden mit angemessenen personellen, technischen, finanziellen und sachlichen Ressourcen (→ Art. 52 Rn. 22 ff., 27). Was jeweils angemessen ist, muss stets nach objektiven Kriterien, insbesondere anhand der tatsächlichen Tätigkeit der Datenschutz-Aufsichtsbehörde auf Grundlage der DS-GVO bestimmt werden. Ergibt sich aus einem Jahresbericht in nachvollziehbarer Weise eine intensive Auslastung oder sogar Überlastung einer Datenschutz-Aufsichtsbehörde, verstärkt dies die Pflicht der für die Genehmigung des jeweiligen Haushaltsplans für das Folgejahr zuständigen nationalen Stellen in Exekutive und Legislative, die aktuellen Ressourcen jedenfalls aufrechtzuerhalten, wenn nicht sogar aufzustocken. Darüber hinaus hilft der Jahresbericht auch bei der ex post stattfindenden, von Art. 52 Abs. 6 ausdrücklich zugelassenen Finanzkontrolle (→ Art. 52 Rn. 28). Für die von unabhängigen Rechnungsprüfern vorzunehmende Prüfung der wirksamen Mittelverwendung seitens der nationalen Datenschutz-Aufsichtsbehörde ist es dabei erforderlich, einen möglichst objektiven, umfassenden Überblick über die Tätigkeit der Datenschutz-Aufsichtsbehörde im zurückliegenden Jahr zu erhalten.

4   Richtet ein Mitgliedstaat – wie es Art. 51 Abs. 3 erlaubt (optionale Pluralität von Datenschutz-Aufsichtsbehörden → Art. 51 Rn. 17 ff.) – mehrere Datenschutz-Aufsichtsbehörden ein, so gilt die Pflicht zur Vorlage eines Jahresberichts gemäß Art. 59 für **jede einzelne Datenschutz-Aufsichtsbehörde,** unabhängig davon, ob diese aus Gründen einer vom jeweiligen Mitgliedstaat für sinnvoll erachteten föderalen oder sektoralen Differenzierung der Aufsicht eingerichtet worden ist. Art. 59 S. 1 unterstreicht dies dadurch, dass er ausdrücklich „[j]ede Aufsichtsbehörde" in die Berichtspflicht einbezieht.

5   Art. 59 ist die Nachfolgevorschrift zu Art. 28 Abs. 5 DS-RL. Er ist allerdings – im Einklang mit der insgesamt erhöhten Regelungsdichte der DS-GVO – deutlich präziser gefasst, was den Berichtsinhalt, den Berichtsrhythmus und die Berichtsadressaten angeht. Komplementär zur jährlichen Berichtspflicht der nationalen Datenschutz-Aufsichtsbehörden ist Art. 71 Abs. 1, der einen zu veröffentlichenden Jahresbericht des unabhängigen Europäischen Datenschutzausschusses vorsieht, der dem Europäischen Parlament, dem Rat und der Europäischen Kommission zu übermitteln ist.

B. Berichtsinhalt und Berichtsrhythmus (S. 1)

6   Als **Pflichtinhalt** für den Jahresbericht der nationalen Datenschutz-Aufsichtsbehörden schreibt Art. 59 S. 1 vor, dass deren **Tätigkeit** nachgezeichnet wird. Zwar sind die nationalen

---

[8] Ein gutes Bsp. ist der 3. Tätigkeitsbericht des Thüringer Landesbeauftragten für den Datenschutz und die Informationsfreiheit, der das Jahr 2020 abdeckt und dabei auf 274 Seiten eine Fülle von datenschutzrechtlich relevanten Fragestellungen erläutert und analysiert, welche im Zusammenhang mit der Corona-Pandemie aufgetreten sind; zu diesem Bericht *Leibold* DB 2021, 328.
[9] Vgl. *Dammann/Simitis* EG-DatenschutzRL Art. 28 Rn. 18, für die der Bericht „ein gutes Mittel" für die von der DS-RL vorgesehenen Kontrollstellen war, „ihre Auffassungen in den Prozess der öffentlichen Meinungsbildung einzubringen und ihnen dadurch bessere Durchsetzungschancen zu geben." Vgl. auch *Büllesbach/Poullet/Prins/Butarelli* DS-RL Art. 28 Rn. 6: „[I]t can contribute significantly to disseminating the right to personal data protection in different sectors, by sorting out the authority's case-law and interventions." Für Gierschmann/Schlender/Stentzel/Veil/*Kreul* DS-GVO Art. 59 Rn. 7, ist der Tätigkeitsbericht auch „die Plattform für die Kommunizierung datenschutzrechtlicher Themen und Lösungsmöglichkeiten sowie eine Möglichkeit zur Kommentierung von datenschutzrechtlichen Entwicklungen."
[10] So Kühling/Buchner/*Boehm*, 4. Aufl. 2024, DS-GVO Art. 59 Rn. 4.

Datenschutz-Aufsichtsbehörden infolge ihrer völligen Unabhängigkeit in der inhaltlichen Gestaltung und Schwerpunktsetzung ihrer Berichte weitgehend frei. Im Interesse einer wirksamen Wahrung der Rechenschafts- und Transparenzpflicht, welcher der Jahresbericht zu dienen hat, ist allerdings deutlich mehr verlangt als ein rein deskriptiver Tätigkeitsnachweis. Gefordert wird von Art. 59 S. 1 vielmehr eine möglichst vollständige Darstellung, auf welche Weise die jeweilige Datenschutz-Aufsichtsbehörde das ihr mit der DS-GVO übertragene unionsrechtliche Mandat (→ Art. 51 Rn. 15 f.) in der Praxis erfüllt hat.[11] Insbesondere ist zu erläutern, wie die jeweilige nationale Datenschutz-Aufsichtsbehörde im Berichtsjahr als „Hüterin des Rechts auf Privatsphäre"[12] das Datenschutzgrundrecht im Einklang mit den Vorgaben der DS-GVO geschützt und den freien Verkehr personenbezogener Daten in der Union erleichtert hat (vgl. Art. 51 Abs. 1); es geht damit um die Darstellung der gesamten Entwicklung des Datenschutzrechts im Zuständigkeitsbereich der jeweiligen nationalen Datenschutz-Aufsichtsbehörde. Zu berichten ist ferner darüber, wie die jeweilige nationale Datenschutz-Aufsichtsbehörde – im europäischen Verwaltungsverbund (→ Art. 51 Rn. 6, 15 f.) mit anderen Datenschutz-Aufsichtsbehörden sowie mit der Europäischen Kommission – dazu beigetragen hat, die einheitliche Anwendung und Durchsetzung der DS-GVO in der gesamten Union sicherzustellen (vgl. Art. 51 Abs. 2 S. 1, 2, Art. 57 Abs. 1 lit. g), insbesondere auf welche Weise sie Beiträge zur Tätigkeit des Europäischen Datenschutzausschusses geleistet hat (vgl. Art. 57 Abs. 1 lit. t). Insgesamt hat der Bericht die gesamte Tätigkeit der nationalen Datenschutz-Aufsichtsbehörde als dezentraler Unionsbehörde (→ Art. 51 Rn. 6; → Art. 52 Rn. 11; → Art. 53 Rn. 10; → Art. 54 Rn. 4) abzubilden, unter Berücksichtigung aller ihr durch die Art. 57, 58 übertragenen Aufgaben und Befugnisse.

Als **fakultativen Inhalt** („enthalten kann") für den Jahresbericht nennt Art. 59 S. 1 „eine **7** Liste der Arten der gemeldeten Verstöße und der Arten der getroffenen Maßnahmen nach Artikel 58 Absatz 2". Der EU-Gesetzgeber sieht es also als wünschenswert an, dass im Jahresbericht die Beschwerden, die bei einer Datenschutz-Aufsichtsbehörde gemäß Art. 57 Abs. 1 lit. f, Art. 77, Art. 80 wegen Verstößen gegen die DS-GVO eingereicht werden, ebenso überblicksartig aufgeführt werden wie die daraufhin von der Datenschutz-Aufsichtsbehörde gemäß Art. 58 Abs. 2 getroffenen Abhilfemaßnahmen. Denn so erhält die Öffentlichkeit für die Zwecke der demokratischen Transparenz und Kontrolle ein Bild von der Beachtung des Datenschutzgrundrechts in der Praxis und damit auch von der Effektivität und Reaktivität der Datenschutz-Aufsichtsbehörde selbst. Gerade in diesem Punkt besteht ein enger Zusammenhang zur finanziellen Unabhängigkeit der nationalen Datenschutz-Aufsichtsbehörde und zur Beurteilung der Angemessenheit der ihr zur Verfügung stehenden Ressourcen. Je mehr Beschwerden eine nationale Datenschutz-Aufsichtsbehörde bearbeiten und je mehr Abhilfemaßnahmen sie erlassen muss, umso mehr besteht ein gemäß Art. 52 Abs. 4 grundsätzlich vom jeweiligen Mitgliedstaat zu befriedigender Bedarf an personellen, technischen, finanziellen und sachlichen Ressourcen; dementsprechend ist, auch aus Gründen der Finanzkontrolle (vgl. Art. 52 Abs. 6), eine Auflistung der eingegangenen Beschwerden und der daraufhin getroffenen Abhilfemaßnahmen (insbesondere der verhängten Geldbußen[13]) im Jahresbericht äußerst ratsam.[14] Als Grenze für die Auflistung ist die datenschutzrechtliche Verschwiegenheitspflicht gemäß Art. 54 Abs. 2 zu beachten (→ Art. 54 Rn. 12 ff.). Eine Auflistung, aus der sich zB die Identität einzelner Beschwerdeführer oder betroffener Verantwortlicher oder Auftragsverarbeiter ohne deren Einwilligung ergibt, ist grundsätzlich unzulässig.[15] Eine Veröffentlichung personenbezogener Daten im Tätigkeitsbericht allein zu Sanktionszwecken (sog. „Shaming") ist nur unter Beachtung der Grundrechte aller Beteiligten sowie des Grundsatzes der Verhältnismäßigkeit rechtlich vertretbar[16]

---

[11] IdS auch Paal/Pauly/*Körffer* DS-GVO Art. 59 Rn. 3.
[12] EuGH Urt. v. 9.3.2010 – C-518/07, ECLI:EU:C:2010:125 = EuZW 2010, 296 Rn. 23, 36 – Kommission/Deutschland; EuGH Urt. v. 16.10.2012 – C-614/10, ECLI:EU:C:2012:631 Rn. 52 = ZD 2012, 563 – Kommission/Österreich; EuGH Urt. v. 8.4.2014 – C-288/12, ECLI:EU:C:2014:237 Rn. 53 = ZD 2014, 301 – Kommission/Ungarn.
[13] Exemplarisch ist die Darstellung der Bußgeldpraxis in den Tätigkeitsberichten der Landesdatenschutzbehörden in Hamburg, Hessen und Brandenburg, die von *Kukin* DB 2023, 149, mithilfe einer übersichtlichen Tabelle miteinander verglichen wird.
[14] Zust. Paal/Pauly/*Körffer* DS-GVO Art. 59 Rn. 3, die allerdings den Informationsgehalt einer solchen Auflistung für „fraglich" hält.
[15] So (noch anhand der früheren Rechtslage) v. *Lewinski* RDV 2004, 163 (165).
[16] Wie hier Simitis/Hornung/Spiecker gen. Döhmann/*Polenz* DS-GVO Art. 59 Rn. 6: „Die Preisgabe personenbezogener Daten bedarf einer eigenen Rechtfertigung, zB der Einwilligung der Betroffenen." IdS auch Kühling/Buchner/*Boehm*, 4. Aufl. 2024, DS-GVO Art. 59 Rn. 6. Weitergehend HK-HDSIG/*Roßnagel* § 15 Rn. 19, der zwar unter Hinweis auf das „Minimierungsgebot" davon ausgeht, dass personenbezogene

Art. 59 8, 9   Kapitel VI. Unabhängige Aufsichtsbehörden

Dementsprechend sieht Art. 59 S. 1 auch nur eine Liste der „Arten" der gemeldeten Verstöße und getroffenen Abhilfemaßnahmen vor, gebietet also von vornherein **eine typisierende und damit die Identität der betroffenen Personen schützende Darstellung**. Detaillierte Aufstellungen, die sämtliche Beschwerden und Abhilfemaßnahmen im Einzelnen auflisten, sind zwar für die Arbeit der Datenschutz-Aufsichtsbehörden notwendig; sie haben aber nichts im Jahresbericht zu suchen, sondern gehören aufgrund der ausdrücklichen Vorgabe in Art. 57 Abs. 1 lit. u DS-GVO in „interne Verzeichnisse".

8   Da die Erstellung eines Jahresberichts auch Teil der Aufgabe der Datenschutz-Aufsichtsbehörden ist, die Öffentlichkeit allgemein für Fragen des Datenschutzrechts und speziell für die Anforderungen der DS-GVO zu sensibilisieren (vgl. Erwägungsgrund 132; → Art. 57 Rn. 12), muss ein Jahresbericht, der den Anforderungen und Zielen des Art. 59 genügen will, **in verständlicher, nicht-technischer Sprache** abgefasst sein und sich um einen pädagogischen Ansatz bemühen, um eine entsprechende Breiten- und Multiplikatorwirkung zu erreichen. In diesem Punkt besteht bei den Berichten der meisten Datenschutz-Aufsichtsbehörden noch erheblicher Verbesserungsbedarf. Datenschutz-Aufsichtsbehörden haben mit ihren Tätigkeitsberichten im Einklang mit der DS-GVO auch ein Stück Öffentlichkeitsarbeit für einen wirksamen Datenschutz[17] zu leisten. Ohne die Beschäftigung von in Kommunikationsfragen versierten Mitarbeitern wird sich diese Aufgabe kaum bewältigen lassen. Im Einklang mit dem unionsrechtlichen Mandat der nationalen Datenschutz-Aufsichtsbehörden sowie ihrer Pflicht zur Zusammenarbeit und zum Informationsaustausch untereinander sowie mit der Europäischen Kommission und dem Europäischen Datenschutzausschuss ist es darüber hinaus – im Rahmen der praktischen und finanziellen Möglichkeiten jeder Datenschutz-Aufsichtsbehörde – erforderlich, dass die Jahresberichte auch in andere **EU-Amtssprachen** (zB ins Englische, Französische und/oder Deutsche) übersetzt werden, damit die Tätigkeit der Datenschutz-Aufsichtsbehörden auch von interessierten Datenschutzaufsehern, Grundrechtsträgern bzw. Wirtschaftsteilnehmern in anderen EU-Mitgliedstaaten mitverfolgt werden kann.[18] Der Europäische Datenschutzausschuss, der allgemein die Transparenz und den Informationsaustausch zwischen den Datenschutz-Aufsichtsbehörden zu fördern hat, sollte zu dieser wichtigen Frage Leitlinien oder Empfehlungen gemäß Art. 70 Abs. 1 lit. e, u und w erlassen (zur Generalklausel des Art. 70 Abs. 1 lit. e → Art. 70 Rn. 7).

9   Als **Berichtsrhythmus** gibt Art. 59 S. 1 den Datenschutz-Aufsichtsbehörden die **jährliche** Vorlage eines Tätigkeitsberichts vor und geht damit über die allgemeine Vorgabe des bisherigen Art. 28 Abs. 5 DS-RL sowie der Konvention 108 des Europarats[19] hinaus, die lediglich eine

---

Daten im Tätigkeitsbericht „allenfalls im Ausnahmefall" veröffentlicht werden dürfen. Er weist aber zugleich darauf hin, dass „die Erwähnung eines Gesetzesverstoßes durch einen Verantwortlichen oder die Drohung mit einer solchen Erwähnung oft das wirksamste Mittel [ist], um einen Verantwortlichen zur Einsicht zu bringen." Er stellt die Entscheidung darüber in das pflichtgemäße Ermessen der Aufsichtsbehörde, was angesichts der Wertungen der DS-GVO übermäßig großzügig gegenüber der Aufsichtsbehörde erscheint.

[17] Ebenso *v. Lewinski* RDV 2004, 163 (164).

[18] Vgl. zB die Praxis iRd Europäischen Systems der Zentralbanken/Eurosystems, innerhalb dessen nationale Zentralbanken wie zB die Deutsche Bundesbank oder die Banque de France ihren Jahresbericht auch in englischer Sprache veröffentlichen. Im Regulierungsverbund zur Anwendung und Durchsetzung des Energie- und Telekommunikationsrechts veröffentlichen nationale Regulierungsbehörden wie zB die Bundesnetzagentur und die französische Autorité de régulation des communications électroniques et des postes (ARCEP) ihren Jahresbericht ebenfalls auch in engl. Sprache. Der Bundesbeauftragte für den Datenschutz und die Informationsfreiheit (BfDI) veröffentlicht seinen Tätigkeitsbericht seit 2019 vollständig auch in engl. Sprache (vgl. zB den Tätigkeitsbericht 2022, in engl. Sprache abrufbar unter www.bfdi.bund.de/SharedDocs/Downloads/EN/Taetigkeitsberichte/31TB_22.pdf?__blob=publicationFile&v=6) und geht damit unter den Mitgliedern des Europäischen Datenschutzausschusses, aber auch unter den deutschen Aufsichtsbehörden, mit gutem Beispiel voran. Die meisten Datenschutzbehörden veröffentlichen heute jedenfalls den wesentlichen Inhalt ihrer Webseiten auch in engl. Sprache, so zB die dänische Datenschutzagentur (vgl. www.datatilsynet.dk/english), die niederländische Datenschutzbehörde (vgl. https://autoriteitpersoonsgegevens.nl/en) und die französische CNIL (vgl. www.cnil.fr/en). Die bulgarische und die rumänische Datenschutzaufsichtsbehörde veröffentlichen ihre Webseiten sogar auf Englisch und Französisch (für Bulgarien vgl. www.cpdp.bg/en/index.php?p=rubric&aid=54 bzw. www.cpdp.bg/fr/index.php?p=rubric&aid=54; für Rumänien vgl. www.dataprotection.ro/index.jsp?page=home&lang=en bzw. www.dataprotection.ro/index.jsp?page=home&lang=fr).

[19] Vgl. Art. 15 Abs. 7 Konvention 108. Durch das 2018 beschlossene Änderungsprotokoll zur Konvention 108, das gegenwärtig den Ratifizierungsprozess durchläuft, werden die Vorschriften des Zusatzprotokolls betr. die Datenschutz-Aufsichtsbehörden in die modernisierte Konvention integriert und (auch angesichts der inzwischen in Kraft getretenen DS-GVO) ergänzt und erweitert; vgl. Art. 15–21 der Konvention 108 (Text der konsolidierten Fassung der modernisierten Konvention Nr. 108: www.coe.int/en/web/data-protection/convention108/modernised).

regelmäßige Berichterstattung verlangten, so dass sich einige Datenschutz-Aufsichtsbehörden (im Einklang mit den zur DS-RL erlassenen Umsetzungsgesetzen) mit Zwei- oder sogar Dreijahresberichten[20] begnügten (vgl. zB der frühere § 26 Abs. 1 S. 1 BDSG, der noch einen Berichtszeitraum von zwei Jahren[21] vorsah). Indem Art. 59 S. 1 seit dem 25.5.2018 von den nationalen Datenschutz-Aufsichtsbehörden jährliche Berichte verlangt, stellt die Vorschrift den direkten **Zusammenhang mit dem Haushaltsjahr** her. Der Jahresbericht dient somit künftig auch – ex ante – der jährlichen Überprüfung der Angemessenheit der Ressourcen-Ausstattung der jeweiligen Datenschutz-Aufsichtsbehörde sowie – ex post – der Finanzkontrolle. Wann genau der Bericht vorzulegen ist – zB ob zu Beginn, in der Mitte oder zu Ende eines Jahres – ist nicht näher geregelt. Dies lässt die Möglichkeit offen, sich an die jeweiligen nationalen Gegebenheiten, insbesondere an das Haushaltsverfahren, anzupassen.

C. Berichtsadressaten (S. 2, 3)

Adressaten des Jahresberichts einer nationalen Datenschutz-Aufsichtsbehörde sind gemäß Art. 59 S. 2 zunächst das **nationale Parlament** und die **nationale Regierung,** denen der Jahresbericht stets zu übermitteln ist. Diese primäre Adressierung an Legislative und Exekutive entspricht dem Ziel des Jahresberichts, für demokratische Rechenschaft, Transparenz und Kontrolle zu sorgen; zugleich wird auf diese Weise sichergestellt, dass die für die Genehmigung des Haushalts der jeweiligen Datenschutz-Aufsichtsbehörde zuständigen Stellen direkt über deren Tätigkeit informiert werden und den Zuweisung von Ressourcen im jährlichen Haushaltsverfahren entsprechend berücksichtigen können. Darüber hinaus sieht Art. 59 S. 2 – der insofern eine fakultative Spezifizierungsklausel (→ Einl. Rn. 91) darstellt – vor, dass im nationalen Recht weitere Behörden als Adressaten des Jahresberichts bestimmt werden können.[22] Denkbar ist zB eine obligatorische Übermittlung an die Rechnungshöfe, zu Zwecken der ex post vorzunehmenden Finanzkontrolle; oder auch die Pflicht zur Weiterleitung an andere nationale Behörden, die für Fragen der Digitalisierung im weiteren Sinne zuständig sind. Richtet ein Mitgliedstaat – wie es Art. 51 Abs. 3 erlaubt (optionale Pluralität von Datenschutz-Aufsichtsbehörden → Art. 51 Rn. 17 ff.) – mehrere Datenschutz-Aufsichtsbehörden ein, so haben auch diese die gemäß Art. 59 S. 1 für „[j]ede" Datenschutz-Aufsichtsbehörde obligatorischen Jahresberichte in jedem Fall gemäß Art. 59 S. 2 dem nationalen Parlament und der nationalen Regierung vorzulegen; zusätzlich kann in nationalen Rechtsvorschriften auch ein regionales Parlament oder eine regionale Regierung (also zB ein Landesparlament oder eine Landesregierung) zum Adressaten des Jahresberichts bestimmt werden.

Über den direkten Adressatenkreis des Art. 59 S. 2 hinaus sieht Art. 59 S. 3 vor, dass der Jahresbericht jeder Datenschutz-Aufsichtsbehörde auch der **Öffentlichkeit** – im Einklang mit dem hinter der Berichtspflicht stehenden europarechtlichen Demokratieprinzip (vgl. Art. 2 S. 1, Art. 10 EUV) – sowie der Europäischen Kommission[23] und dem Europäischen Datenschutzausschuss „zugänglich gemacht" wird. Verlangt ist hier – im Unterschied zu Art. 59 S. 2 – keine direkte Übermittlung; es reicht vielmehr eine Zugänglichmachung durch Veröffentlichung im Internet[24] aus, auf die zB durch eine Pressemitteilung oder eine Online-Bekanntmachung

---

[20] Vgl. *Ehmann/Helfrich* EG-DatenschutzRL Art. 28, die auf der Grundlage von Art. 28 Abs. 5 DS-RL einen Berichtszeitraum von drei Jahren für ausreichend ansahen.

[21] Im BDSG 1977 war noch ein einjähriger Berichtszeitraum vorgesehen. Doch offenbar gab es im Bundestag damals kein Interesse an einer solch regelmäßigen Befassung, weshalb später zu zweijährigen Tätigkeitsberichten übergegangen wurde; vgl. *v. Lewinski* RDV 2004, 163 (164).

[22] Für Gierschmann/Schlender/Stentzel/Veil/*Kreul* DS-GVO Art. 59 Rn. 9, bereitet dies den Weg dafür, dass „die Standpunkte der Aufsichtsbehörden breitere Aufmerksamkeit bei den (nationalen) politischen verantwortlichen und rechtlich zuständigen Stellen […] erhalten."

[23] Die Datenschutz-Aufsichtsbehörden Irlands, Liechtensteins und Norwegens müssen ihre jährlichen Tätigkeitsberichte gem. Art. 59 neben der Kommission auch der EFTA-Überwachungsbehörde übermitteln, welche iRd EWR-Abkommens ggü. den an diesem teilnehmenden EFTA-Staaten über die Einhaltung des EWR-Rechts zu wachen hat; vgl. Art. 1 lit. j des Beschl. des Gemeinsamen EWR-Ausschusses Nr. 154/2018 v. 6.7.2018 zur Änderung des Anh. XI (Elektronische Kommunikation, audiovisuelle Dienste und Informationsgesellschaft) und des Prot. 37 (mit der Liste gem. Art. 101) des EWR-Abkommens [2018/1022], ABl. 2018 L 183, 23.

[24] Ebenso Kühling/Buchner/*Boehm*, 4. Aufl. 2024, DS-GVO Art. 59 Rn. 8; sowie Gierschmann/Schlender/Stentzel/Veil/*Kreul* DS-GVO Art. 59 Rn. 10.

hingewiesen wird.[25] Für den **Europäischen Datenschutzausschuss** sind die Jahresberichte der nationalen Datenschutz-Aufsichtsbehörden von erheblicher praktischer Bedeutung. Denn nur anhand eines genauen Überblicks über die Tätigkeit der nationalen Datenschutz-Aufsichtsbehörden kann der Europäische Datenschutzausschuss beurteilen, ob und inwieweit es zu Divergenzen bei der Anwendung der DS-GVO in den EU-Mitgliedstaaten gekommen ist und ob und inwiefern weitere Maßnahmen (zB Leitlinien, Empfehlungen und/oder bewährte Verfahren) erforderlich sind, um gemäß Art. 70 Abs. 1 S. 1 die einheitlichen Anwendung der DS-GVO sicherzustellen. Auch die **Europäische Kommission** ist nicht nur berechtigt, sondern sogar rechtlich verpflichtet, sich mit den Jahresberichten der nationalen Datenschutz-Aufsichtsbehörden zu befassen. Denn als „Hüterin der Verträge" hat sie kraft primären Unionsrechts (vgl. Art. 17 Abs. 1 S. 3 EUV) die Anwendung des Unionsrechts unter der Kontrolle des EuGH zu überwachen und erforderlichenfalls gemäß Art. 258 AEUV Vertragsverletzungsverfahren gegen einen EU-Mitgliedstaat einzuleiten, der gegen die DS-GVO verstößt. Dies wäre zB der Fall, wenn sich aus einem Jahresbericht vom Handeln einer nationalen Datenschutz-Aufsichtsbehörde berichtet, das europarechtlich als Verletzung der DS-GVO anzusehen ist, für welche der betreffende EU-Mitgliedstaat europarechtlich einzustehen hat; oder wenn ein Jahresbericht zeigt, dass ein EU-Mitgliedstaat die Unabhängigkeit einer nationalen Datenschutz-Aufsichtsbehörde durch eine von Art. 52 Abs. 2 verbotene Einflussnahme verletzt oder eine nationale Datenschutz-Aufsichtsbehörde unter Verletzung von Art. 52 Abs. 4 so unangemessen mit personellen, technischen, finanziellen und sachlichen Ressourcen ausgestattet hat, dass diese ihren in der DS-GVO vorgesehenen Aufgaben und Befugnissen nicht wirksam nachkommen kann. Die Befassung der Kommission mit den Jahresberichten der nationalen Datenschutz-Aufsichtsbehörden, die Art. 59 S. 3 voraussetzt, ist also nicht etwa ein Verstoß gegen die Unabhängigkeit der Aufsichtsbehörden,[26] sondern dient im Einklang mit dem primären Unionsrecht der einheitlichen und wirksamen Anwendung und Durchsetzung der DS-GVO in der gesamten Union, einschließlich der von Art. 52 DS-GVO iVm Art. 8 Abs. 3 GRCh, Art. 16 Abs. 2 UAbs. 1 S. 2 AEUV garantierten Unabhängigkeit der nationalen Datenschutz-Aufsichtsbehörden gegenüber ihren Mitgliedstaaten (allgemein zur Rolle der Kommission im Verhältnis zu den unabhängigen Datenschutz-Aufsichtsbehörden → Art. 51 Rn. 7; → Art. 52 Rn. 14). Im Einklang damit haben auch der Europäische Datenschutzbeauftragte (gemäß Art. 60 Abs. 1 VO (EU) 2018/1725[27] und der Europäische Datenschutzausschuss (gemäß Art. 71 Abs. 1) ihre Jahresberichte u.a. an die Kommission zu richten. Ausgehend von den Jahresberichten der nationalen und europäischen Datenschutz-Aufsichtsbehörden kann die Kommission ferner gemäß Art. 97 Abs. 3 weitere Informationen von den Mitgliedstaaten und den Aufsichtsbehörden anfordern, um erstmals am 25.5.2020 (und anschließend alle vier Jahre) dem Europäischen Parlament und dem Rat einen Bericht über die Bewertung und Überprüfung der DS-GVO vorzulegen (sog. Evaluierungsberichte → Art. 97 Rn. 1). Die auch der Kommission zugänglich zu machenden Jahresberichte der Datenschutz-Aufsichtsbehörden liefern ihr dabei wichtige Hinweise, Fakten und Argumente, wenn sie als Inhaberin des legislativen Initiativmonopols (vgl. Art. 17 Abs. 2 S. 1 EUV) auf EU-Ebene parallel zu oder im Gefolge eines solchen Evaluierungsberichts Vorschläge für eine Ergänzung oder Änderung der DS-GVO vorlegen will.[28] Sie tragen zugleich zur Rückbindung und Verankerung neuer Kommissionsvorhaben in der praktischen Arbeit der Datenschutz-Aufsichtsbehörden bei.

12 Die ausdrückliche Nennung der Europäischen Kommission und des Europäischen Datenschutzausschusses in Art. 59 S. 3 bekräftigt, dass die Tätigkeit der nationalen Datenschutz-Aufsichtsbehörden nicht in nationaler Isolation stattfindet, sondern sich in den europäischen Verwaltungsverbund (→ Art. 51 Rn. 6, 15 f.) aus nationalen Datenschutz-Aufsichtsbehörden, Kommission und Europäischem Datenschutzausschuss einfügt, dessen Mitglieder die einheitliche Anwendung und Durchsetzung der DS-GVO in der gesamten Union in enger Zusammenarbeit

---

[25] Das früher mühevolle Auffinden der Tätigkeitsberichte der Datenschutz-Aufsichtsbehörden – das *v. Lewinski* RDV 2004, 163 (166) zu Recht beanstandet – sollte damit der Vergangenheit angehören, auch wenn für Zwecke der Wissenschaft und Forschung zusätzlich eine dauerhafte, bleibende Veröffentlichung in amtl. Publikationen wünschenswert wäre.

[26] So aber offenbar Paal/Pauly/*Körffer* DS-GVO Art. 59 Rn. 4.

[27] VO (EU) Nr. 1725/2018 des Europäischen Parlaments und des Rates v. 23.10.2018 zum Schutz natürlicher Personen bei der Verarbeitung personenbezogener Daten durch die Organe, Einrichtungen und sonstigen Stellen der Union, zum freien Datenverkehr und zur Aufhebung der VO (EG) Nr. 45/2001 und des Beschl. Nr. 1247/2002/EG, ABl. 2018 L 295, 39.

[28] Darauf verweist auch Kuner/Bygrave/Docksey/*Hijmans* GDPR Art. 59, C.2.

zu gewährleisten haben. Auch die in Art. 59 S. 3 verlangte Zugänglichmachung für die Öffentlichkeit bezieht sich damit nicht nur auf die nationale Öffentlichkeit, sondern auch auf die **interessierte Öffentlichkeit in anderen EU-Mitgliedstaaten,** was die Forderung nach einer Übersetzung der Jahresberichte in andere EU-Amtssprachen (jedenfalls in die englische, französische und/oder deutsche Sprache) bekräftigt (→ Rn. 8). Um die jährliche Entwicklung des europäischen Datenschutzrechts, wie es von den nationalen Datenschutz-Aufsichtsbehörden gemeinsam mit der Europäischen Kommission und dem Europäischen Datenschutzausschuss angewendet und auf Grundlage der DS-GVO weiterentwickelt wird, angemessen abzubilden, wäre es ferner sinnvoll und wünschenswert, dass der Europäische Datenschutzausschuss in seinem Jahresbericht gemäß Art. 71 Abs. 1 auf die Jahresberichte der nationalen Datenschutz-Aufsichtsbehörden (zB in einem Anhang oder auf einer besonderen Website) gesondert verweist und somit einen Beitrag zum Gesamtverständnis der Praxis des europäischen Datenschutzrechts im europäischen Verwaltungsverbund (→ Art. 51 Rn. 6, 15 f.) leistet.

D. Nationale Durchführung

Art. 59 ist als Rechtsvorschrift hinreichend klar und unbedingt formuliert und somit unmittelbar anwendbar, so dass nationale Datenschutz-Aufsichtsbehörden keiner nationalen Durchführungsvorschriften bedürfen, um die geforderten Jahresberichte erstellen, veröffentlichen und den in Art. 59 genannten Adressaten übermitteln zu können. Insbesondere der Berichtsrhythmus ist im Unterschied zur Vorgängerregelung in Art. 28 Abs. 5 DS-RL nun präzise definiert. Soweit auf nationaler Ebene Tätigkeitsberichte der Datenschutz-Aufsichtsbehörden bislang nur regelmäßig oder zB alle zwei Jahre – so die frühere Regelung in § 26 Abs. 1 S. 1 BDSG-alt sowie in mehreren deutschen Landesdatenschutzgesetzen[29] – gefordert wurden, überlagert diese Vorgabe seit dem 25.5.2018 der mit europarechtlichem Anwendungsvorrang (→ Einl. Rn. 3) ausgestattete Art. 59, der heute jeder Datenschutzbehörde in den EU-Mitgliedstaaten eine jährliche Berichterstattung vorschreibt. Eine jährliche Berichterstattung ist heute auch dann obligatorisch, sofern die nationale Rechtslage noch nicht an Art. 59 angepasst worden sein sollte. Eine Normwiederholung im nationalen Recht ist bezüglich Art. 59 weder erforderlich noch europarechtlich zulässig (zum **Umsetzungs- und Normwiederholungsverbot** bei Verordnungen → Einl. Rn. 86, 98). Denn eine solche Normwiederholung kann zu Unklarheit darüber führen, dass die Rechtspflicht der nationalen Datenschutz-Aufsichtsbehörden zur jährlichen Berichterstattung über ihre Tätigkeit (ebenso wie ihre Unabhängigkeit, ihre Aufgaben und ihre Befugnisse) direkt im unmittelbar geltenden Unionsrecht gemäß der DS-GVO und nicht etwa im nationalen Recht wurzelt. 13

Vor diesem Grund ist **§ 15 BDSG** – ähnlich wie die in dessen Gefolge erlassenen Vorschriften in einigen,[30] wenn auch nicht allen[31] Landesdatenschutzgesetzen – europarechtlich gesehen 14

---

[29] Während der Hessische Datenschutzbeauftragte jährlich über seine Tätigkeit berichtete, legten zB die Landesdatenschutzbeauftragten in Bayern, Nordrhein-Westfalen, Rheinland-Pfalz und Sachsen ihre Tätigkeitsberichte bis zur unmittelbaren Geltung der DS-GVO nur alle zwei Jahre vor. Heute legen alle Landesdatenschutzbehörden jährliche Tätigkeitsberichte vor.
[30] Vgl. zB § 15 Abs. 3 HDSIG v. 3.5.2018, GVBl. 2018, 82, zuletzt geändert am 15.1.2021, GVBl. 2021, 718, 729: „Zum 31. Dezember jedes Jahres hat die oder der Hessische Datenschutzbeauftragte dem Landtag und der Landesregierung einen Bericht über das Ergebnis ihrer oder seiner Tätigkeit vorzulegen und regt Verbesserungen des Datenschutzes an. Die oder der Hessische Datenschutzbeauftragte macht diesen Bericht der Öffentlichkeit, der Europäischen Kommission und dem Europäischen Datenschutzausschuss zugänglich. Zwischenberichte zur Vorlage bei dem Landtag und der Landesregierung sind zulässig." Man könnte sich europarechtlich auf den Standpunkt stellen, dass Art. 59 S. 2 außerdem eine Übermittlung an Bundestag, Bundesrat und Bundesregierung verlangt.
[31] Gut gelungen ist § 30 Abs. 1 DSG NRW v. 17.5.2018, GV. NRW. 2018, 244, 278, 404: „Die oder der Landesbeauftragte für Datenschutz und Informationsfreiheit kann ihren oder seinen nach Maßgabe von Artikel 59 der Verordnung (EU) 2016/679 zu erstellenden Jahresbericht in jedem zweiten Kalenderjahr um eine Darstellung ihrer oder seiner Tätigkeiten auf dem Gebiet der Informationsfreiheit ergänzen. Der Bericht zur Informationsfreiheit ist inhaltlich klar von dem nach Artikel 59 der Verordnung (EU) 2016/679 zu erstellenden Tätigkeitsbericht zu trennen. Eine gemeinsame Veröffentlichung ist zulässig. Der Bericht ist dem Landtag sowie der Landesregierung vorzulegen. Die Landesregierung nimmt hierzu gegenüber dem Landtag schriftlich Stellung." Vorbildlich ist in diesem Punkt auch das BayDSG v. 15.5.2018, GVBl. 2018, 230, zuletzt geänd. durch § 3 des Gesetzes v. 24.7.2023, GVBl. 2023, 374, das laut Gesetzesbegründung „nur noch dort Regelungen" trifft, „wo die DS-GVO entsprechende Regelungsgebote und -optionen vorsieht"; da bei Art. 59 DS-GVO eine Durchführung nicht erforderlich ist, enthält das BayDSG dazu keine einzige Durch-

problematisch formuliert, da die Vorschrift den Wortlaut von Art. 59 praktisch vollständig im deutschen Bundesrecht wiederholt.³² Sie erweckt so den fälschlichen Eindruck, als sei der deutsche Bundesgesetzgeber der Urheber der Berichtspflicht der bzw. des Bundesbeauftragten für den Datenschutz und die Informationsfreiheit.³³ Man kann die Normwiederholung auch nicht als ausnahmsweise im Interesse der besseren Lesbarkeit oder Kohärenz des neu gefassten BDSG für gerechtfertigt ansehen (vgl. hierzu Erwägungsgrund 8 DS-GVO sowie → Einl. Rn. 98), zumal der Bundesgesetzgeber keine relevanten Präzisierungen bei der nationalen Durchführung des Art. 59 vorgenommen hat. So belässt es § 15 S. 2 BDSG bei der Bestimmung der Adressaten des Jahresberichts bei den Pflichtadressaten gemäß Art. 59 S. 2 – nationales Parlament, dh in Deutschland Bundestag und Bundesrat, sowie nationale Regierung –, macht also nicht von der fakultativen Spezifizierungsklausel Gebrauch, die es ermöglicht hätte, auf nationale Ebene zusätzliche Behörden als Adressaten des Jahresberichts vorzusehen (→ Rn. 10). Die Frage, ob der Jahresbericht eine Liste der Arten der gemeldeten Verstöße und der Arten der getroffenen Maßnahmen nach Art. 58 Abs. 2 enthalten kann oder muss, lässt § 15 S. 1 BDSG ebenso offen wie Art. 59 S. 1, so dass darüber die oder der Bundesbeauftragte selbst in völliger Unabhängigkeit entscheiden kann. § 15 S. 1 BDSG ergänzt lediglich „einschließlich der verhängten Sanktionen", was allerdings keinen inhaltlichen Mehrwert gegenüber Art. 59 S. 1 darstellt, da die nach Art. 58 Abs. 2 vorgesehenen Maßnahmen selbstredend auch die von der Datenschutz-Aufsichtsbehörde verhängten Sanktionen einschließen; auf die Sanktionsbefugnisse der Aufsichtsbehörden verweisen explizit Erwägungsgrund 129 S. 1und Erwägungsgrund 148 S. 1 DS-GVO. Insgesamt ist daher die Regelung des § 15 BDS als **überflüssig** und als **der Rechtssicherheit abträglicher Verstoß gegen das europarechtliche Normwiederholungsverbot** anzusehen, auch wenn die praktischen Konsequenzen dieses Rechtsverstoßes gering bleiben dürften. Die oder der Bundesbeauftragte ist in jedem Fall gut beraten, in seinen Jahresberichten stets an erster Stelle auf Art. 59 als Grundlage der Berichterstattung zu verweisen, um Unklarheit über die Rechtsnatur ihrer bzw. seiner Stellung von vorherein zu vermeiden. Denn die Aufgaben und Befugnisse der nationalen Datenschutz-Aufsichtsbehörden – die spätestens seit dem 25.5.2018 dezentrale Unionsbehörden sind – wurzeln heute unmittelbar im Unionsrecht und nicht mehr im nationalen Recht (→ Art. 57 Rn. 1; → Art. 58 Rn. 1), was gerade im Jahresbericht, der die Transparenz und Rechenschaftspflicht der Datenschutz-Aufsichtsbehörden als unionsrechtlich eingesetzter Hüter des Rechts auf Privatsphäre und des Datenschutzgrundrechts befördern soll, nicht verschleiert werden sollte.

15 Positiv hervorzuheben an der Durchführung des Art. 59 in Deutschland ist, dass sowohl der Bundesbeauftragte für den Datenschutz und die Informationsfreiheit als auch alle Landesdatenschutzbehörden ihre Tätigkeitsberichte im Internet veröffentlichen, wobei der Bundesdatenschutzbeauftragte den Bericht seit 2019 sowohl in deutscher als auch in englischer Sprache veröffentlicht.³⁴ Besonders hilfreich für Transparenz, Vergleichbarkeit und wissenschaftliche

---

führungsbestimmung; die Pflicht des Bayerischen Landesbeauftragten für den Datenschutz (zuständig für öffentliche Stellen, vgl. Art. 15 Abs. 1 S. 1 BayDSG) und des Bayerischen Landesamts für Datenschutzaufsicht (zuständig für nichtöffentliche Stellen, vgl. Art. 18 Abs. 1 S. 1 BayDSG), jeweils einen Jahresbericht zu erstellen, sowie die jeweiligen Adressaten, ergibt sich somit direkt aus Art. 59. Interessant ist die Redaktionstechnik in § 24 Abs. 2 HmbDSG v. 18.5.2018, HmbGVBl. 2018, 145, zuletzt geänd. am 24.1.2023, HmbGVBl. 2023 67, wo der Jahresbericht selbst nicht erwähnt wird, aber dennoch Bezug auf Art. 59 genommen wird: „Ergänzend zu Artikel 59 der Verordnung (EU) 2016/679 hat die oder der Hamburgische Beauftragte für Datenschutz und Informationsfreiheit die Befugnis, die Öffentlichkeit im Rahmen ihrer oder seiner Zuständigkeit zu informieren." Hierbei handelt es sich wohl um eine Nutzung der fakultativen Spezifizierungsklausel in Art. 58 Abs. 3 lit. b, wonach die Datenschutz-Aufsichtsbehörden die Befugnis haben, sich mit Stellungnahmen auch an die Öffentlichkeit zu wenden.

³² Auch Kühling/Buchner/*Boehm* DS-GVO Art. 59 Rn. 9, qualifiziert § 15 BDSG als Wiederholung von Art. 59, allerdings ohne dies europarechtlich weiter zu problematisieren.

³³ Zwar regelt § 15 BDSG die Erstellung der Tätigkeitsberichts der oder des Bundesbeauftragten für sämtliche Bereiche, also auch für diejenigen Bereiche, die gleichzeitig zur DS-GVO erlassenen RL 2016/680/EU (sog. Polizei-RL → Einl. Rn. 43, 46, 62; → Art. 2 Rn. 12 f.) unterliegen oder die gar nicht dem Unionsrecht unterfallen; vgl. Paal/Pauly/*Körffer* BDSG § 15 Rn. 1. Ein entspr. gesetzlicher Verweis darauf, dass der Tätigkeitsbericht gem. Art. 59 auch diese Fragen zu behandeln hat, hätte dafür allerdings völlig ausgereicht.

³⁴ Vgl. zB die Praxis iRd Europäischen Systems der Zentralbanken/Eurosystems, innerhalb dessen nationale Zentralbanken wie zB die Deutsche Bundesbank oder die Banque de France ihren Jahresbericht auch in englischer Sprache veröffentlichen. Im Regulierungsverbund zur Anwendung und Durchsetzung des Energie- und Telekommunikationsrechts veröffentlichen nationale Regierungsbehörden wie zB die Bundesnetzagen-

Analyse ist dabei, dass heute alle seit 1971 erschienenen Tätigkeitsberichte der in Deutschland tätigen Datenschutz-Aufsichtsbehörden digital archiviert und im Internet abrufbar sind.[35]

Der österreichische Gesetzgeber hat im neu gefassten österreichischen DSG eine vor dem Hintergrund der seit 25.5.2018 unmittelbaren Geltung des Art. 59 jedenfalls zum Teil problematische Regelung verabschiedet. Zwar enthält **§ 23 Abs. 1 S. 1 DSG** hinsichtlich des Berichtsrhythmus eine zulässige und sinnvolle Präzisierung, da die Vorschrift die österreichische Datenschutzbehörde zur Vorlage des Tätigkeitsberichts „bis zum 31. März eines jeden Jahres" verpflichtet, so dass der Bericht frühzeitig im Rahmen des jährlichen Haushaltsverfahrens berücksichtigt werden kann (→ Rn. 10). Zu begrüßen ist ferner, dass § 23 Abs. 1 S. 1 DSG ausdrücklich „einen dem Art. 59 DSGVO entsprechenden Tätigkeitsbericht" fordert, also Ursprung und Rechtsgrundlage der Berichtstätigkeit im Unionsrecht transparent macht. Europarechtlich zu beanstanden ist allerdings, dass die Vorschrift die von Art. 59 S. 2 vorgegebenen Adressaten des Jahresberichts modifiziert. Denn während Art. 59 S. 2 eine Übermittlung des Jahresberichts an das nationale Parlament und die nationale Regierung verlangt, sieht § 23 Abs. 1 S. 1 DSG (in der durch das Datenschutz-Deregulierungs-Gesetz vom 20.4.2018 geänderten Fassung) vor, dass die Datenschutzbehörde den Tätigkeitsbericht nur dem österreichischen Bundesminister für Verfassung, Reformen, Deregulierung und Justiz „vorzulegen"[36] hat. Gemäß § 23 Abs. 1 S. 2 DSG ist es dann dieser Bundesminister, der den Bericht der Datenschutzbehörde an die österreichische Bundesregierung, an den Nationalrat und an den Bundesrat weiterleitet. Zwar kann man sich auf den Standpunkt stellen, dass der passiv formulierte Wortlaut des Art. 59 S. 2 („werden ... übermittelt") nicht präzisiert, wer genau für die Übermittlung des Tätigkeitsberichts verantwortlich ist. Doch muss man gemäß Art. 59 S. 2 (wo das nationale Parlament gerade wegen des direkten Zusammenhangs der Vorschrift mit dem Demokratieprinzip → Rn. 1 an erster Stelle genannt wird) jedenfalls eine zeitgleiche Übermittlung an Legislative und Exekutive für obligatorisch ansehen müssen, weshalb eine Erstübermittlung an den Bundesminister, gefolgt von einer nur indirekten Übermittlung an die beiden Kammern des Parlaments, mit der präzisen Vorgabe in Art. 59 S. 2 nicht zu vereinbaren ist. Trotz der klaren Vorgaben des EuGH in seinem wegweisenden Urteil zur Unabhängigkeit der österreichischen Datenschutzbehörde,[37] die schon nach der DS-RL keine dem Bundeskanzler und damit der Exekutive zugeordnete Behörde sein durfte, scheint das neue österreichische DSG jedenfalls zum Teil weiterhin von einem besonderen Näheverhältnis zwischen Datenschutzbehörde und Exekutive auszugehen. Dies entspricht nicht dem Geist der europarechtlich geforderten völligen Unabhängigkeit der Datenschutzbehörde, die sich deshalb unter Berufung auf den unmittelbar geltenden Art. 59 S. 2 als befugt und verpflichtet ansehen darf, ihren Jahresbericht stets direkt dem Nationalrat und dem Bundesrat zu übermitteln.

---

tur und die französische Autorité de régulation des communications électroniques et des postes (ARCEP) ihren Jahresbericht ebenfalls auch in engl. Sprache. Der Bundesbeauftragte für den Datenschutz und die Informationsfreiheit (BfDI) veröffentlicht seinen Tätigkeitsbericht seit 2019 vollständig auch in engl. Sprache (vgl. zB den Tätigkeitsbericht 2022, in engl. Sprache abrufbar unter www.bfdi.bund.de/SharedDocs/Downloads/EN/Taetigkeitsberichte/31TB_22.pdf?__blob=publicationFile&v=6) und geht damit unter den Mitgliedern des Europäischen Datenschutzausschusses, aber auch unter den deutschen Aufsichtsbehörden, mit gutem Beispiel voran. Die meisten Datenschutzbehörden veröffentlichen heute jedenfalls den wesentlichen Inhalt ihrer Webseiten auch in engl. Sprache, so zB die dänische Datenschutzagentur (vgl. www.datatilsynet.dk/english), die niederländische Datenschutzbehörde (vgl. https://autoriteitpersoonsgegevens.nl/en) und die französische CNIL (vgl. www.cnil.fr/en). Die bulgarische und die rumänische Datenschutzaufsichtsbehörde veröffentlichen ihre Webseiten sogar auf Englisch und Französisch (für Bulgarien vgl. www.cpdp.bg/en/index.php?p=rubric&aid=54 bzw. www.cpdp.bg/fr/index.php?p=rubric&aid=54; für Rumänien vgl. www.dataprotection.ro/index.jsp?page=home&lang=en bzw. www.dataprotection.ro/index.jsp?page=home&lang=fr).

[35] Im Zentralarchiv für Tätigkeitsberichte der Bundes- und der Landesdatenschutzbeauftragten sowie der Aufsichtsbehörden für den Datenschutz – ZafTDa, erstellt von der Technischen Hochschule Mittelhessen und zugänglich unter www.zaftda.de.

[36] Im europäischen Gesetzgebungsverfahren wurde der im Kommissionsvorschlag v. 25.1.2012 (KOM [2012] 11) zunächst verwendete Begriff „vorgelegt" (vgl. Art. 54 S. 2 DS-GVO-Kommissionsvorschlag) durch „übermittelt" ersetzt. Für Gierschmann/Schlender/Stentzel/Veil/*Kreul* DS-GVO Art. 59 Rn. 9 unterstreicht diese Wahl des Verbes „letztlich auch die aktive Rolle der Aufsichtsbehörden", was allerdings in § 23 Abs. 1 S. 2 DSG, der wiederum das Verb „vorlegen" verwendet, nicht europarechtskonform zum Ausdruck kommt.

[37] EuGH Urt. v. 16.10.2012 – C-614/10, ECLI:EU:C:2012:631 = ZD 2012, 563 – Kommission/Österreich.

Kapitel VII. Zusammenarbeit und Kohärenz

Abschnitt 1. Zusammenarbeit

Art. 60 Zusammenarbeit zwischen der federführenden Aufsichtsbehörde und den anderen betroffenen Aufsichtsbehörden

(1) ¹Die federführende Aufsichtsbehörde arbeitet mit den anderen betroffenen Aufsichtsbehörden im Einklang mit diesem Artikel zusammen und bemüht sich dabei, einen Konsens zu erzielen. ²Die federführende Aufsichtsbehörde und die betroffenen Aufsichtsbehörden tauschen untereinander alle zweckdienlichen Informationen aus.

(2) Die federführende Aufsichtsbehörde kann jederzeit andere betroffene Aufsichtsbehörden um Amtshilfe gemäß Artikel 61 ersuchen und gemeinsame Maßnahmen gemäß Artikel 62 durchführen, insbesondere zur Durchführung von Untersuchungen oder zur Überwachung der Umsetzung einer Maßnahme in Bezug auf einen Verantwortlichen oder einen Auftragsverarbeiter, der in einem anderen Mitgliedstaat niedergelassen ist.

(3) ¹Die federführende Aufsichtsbehörde übermittelt den anderen betroffenen Aufsichtsbehörden unverzüglich die zweckdienlichen Informationen zu der Angelegenheit. ²Sie legt den anderen betroffenen Aufsichtsbehörden unverzüglich einen Beschlussentwurf zur Stellungnahme vor und trägt deren Standpunkten gebührend Rechnung.

(4) Legt eine der anderen betroffenen Aufsichtsbehörden innerhalb von vier Wochen, nachdem sie gemäß Absatz 3 des vorliegenden Artikels konsultiert wurde, gegen diesen Beschlussentwurf einen maßgeblichen und begründeten Einspruch ein und schließt sich die federführende Aufsichtsbehörde dem maßgeblichen und begründeten Einspruch nicht an oder ist der Ansicht, dass der Einspruch nicht maßgeblich oder nicht begründet ist, so leitet die federführende Aufsichtsbehörde das Kohärenzverfahren gemäß Artikel 63 für die Angelegenheit ein.

(5) ¹Beabsichtigt die federführende Aufsichtsbehörde, sich dem maßgeblichen und begründeten Einspruch anzuschließen, so legt sie den anderen betroffenen Aufsichtsbehörden einen überarbeiteten Beschlussentwurf zur Stellungnahme vor. ²Der überarbeitete Beschlussentwurf wird innerhalb von zwei Wochen dem Verfahren nach Absatz 4 unterzogen.

(6) Legt keine der anderen betroffenen Aufsichtsbehörden Einspruch gegen den Beschlussentwurf ein, der von der federführenden Aufsichtsbehörde innerhalb der in den Absätzen 4 und 5 festgelegten Frist vorgelegt wurde, so gelten die federführende Aufsichtsbehörde und die betroffenen Aufsichtsbehörden als mit dem Beschlussentwurf einverstanden und sind an ihn gebunden.

(7) ¹Die federführende Aufsichtsbehörde erlässt den Beschluss und teilt ihn der Hauptniederlassung oder der einzigen Niederlassung des Verantwortlichen oder gegebenenfalls des Auftragsverarbeiters mit und setzt die anderen betroffenen Aufsichtsbehörden und den Ausschuss von dem betreffenden Beschluss einschließlich einer Zusammenfassung der maßgeblichen Fakten und Gründe in Kenntnis. ²Die Aufsichtsbehörde, bei der eine Beschwerde eingereicht worden ist, unterrichtet den Beschwerdeführer über den Beschluss.

(8) Wird eine Beschwerde abgelehnt oder abgewiesen, so erlässt die Aufsichtsbehörde, bei der die Beschwerde eingereicht wurde, abweichend von Absatz 7 den Beschluss, teilt ihn dem Beschwerdeführer mit und setzt den Verantwortlichen in Kenntnis.

(9) ¹Sind sich die federführende Aufsichtsbehörde und die betreffenden Aufsichtsbehörden darüber einig, Teile der Beschwerde abzulehnen oder abzuweisen und bezüglich anderer Teile dieser Beschwerde tätig zu werden, so wird in dieser Angele-

genheit für jeden dieser Teile ein eigener Beschluss erlassen. ²Die federführende Aufsichtsbehörde erlässt den Beschluss für den Teil, der das Tätigwerden in Bezug auf den Verantwortlichen betrifft, teilt ihn der Hauptniederlassung oder einzigen Niederlassung des Verantwortlichen oder des Auftragsverarbeiters im Hoheitsgebiet ihres Mitgliedstaats mit und setzt den Beschwerdeführer hiervon in Kenntnis, während die für den Beschwerdeführer zuständige Aufsichtsbehörde den Beschluss für den Teil erlässt, der die Ablehnung oder Abweisung dieser Beschwerde betrifft, und ihn diesem Beschwerdeführer mitteilt und den Verantwortlichen oder den Auftragsverarbeiter hiervon in Kenntnis setzt.

(10) ¹Nach der Unterrichtung über den Beschluss der federführenden Aufsichtsbehörde gemäß den Absätzen 7 und 9 ergreift der Verantwortliche oder der Auftragsverarbeiter die erforderlichen Maßnahmen, um die Verarbeitungstätigkeiten all seiner Niederlassungen in der Union mit dem Beschluss in Einklang zu bringen. ²Der Verantwortliche oder der Auftragsverarbeiter teilt der federführenden Aufsichtsbehörde die Maßnahmen mit, die zur Einhaltung des Beschlusses ergriffen wurden; diese wiederum unterrichtet die anderen betroffenen Aufsichtsbehörden.

(11) Hat – in Ausnahmefällen – eine betroffene Aufsichtsbehörde Grund zu der Annahme, dass zum Schutz der Interessen betroffener Personen dringender Handlungsbedarf besteht, so kommt das Dringlichkeitsverfahren nach Artikel 66 zur Anwendung.

(12) Die federführende Aufsichtsbehörde und die anderen betroffenen Aufsichtsbehörden übermitteln einander die nach diesem Artikel geforderten Informationen auf elektronischem Wege unter Verwendung eines standardisierten Formats.

Literatur: *Cuculoska*, The Right to Good Administration of the EU: Definition, Scope and Content, Iustinianus Primus Law Review 2014 5:2; *EDSA*, Stellungnahme 5/2019 zum Zusammenspiel zwischen der e-Datenschutz-Richtlinie und der DSGVO, insbesondere in Bezug auf die Zuständigkeiten, Aufgaben und Befugnisse von Datenschutzbehörden v. 12.3.2019; *EDSA*, Guidelines 03/2021 on the application of Article 65(1)(a) GDPR Version 2.0 v. 24.5.2023; *EDSA*, Leitlinien 02/2022 zur Anwendung des Artikels 60 DSGVO, Version 1.1 v. 14.3.2022; *EDSA*, Guidelines 8/2022 on identifying a controller or processor's lead supervisory authority, Version 2.1 v. 28.3.2023; EDSA, Jahresberichte 2018, 2019, 2020, 2021 und 2022; *Europäische Bürgerbeauftragte*, Der Europäische Kodex für gute Verwaltungspraxis, 2015; *Hoffmann/Rowe/Türk*, Administrative Law and Policy of the European Union, Oxford University Press, 2011.

Rechtsprechung: EuGH Urt. v. 4.7.2023 – C-252/21, ECLI:EU:C:2023:537 – Meta Platforms u.a. v Bundeskartellamt; EuGH Urt. v. 15.6.2021 – C-645/19, ECLI:EU:C:2021:483 – Facebook Ireland u.a.

Übersicht

	Rn.
A. Allgemeines	1
I. Zweck und Bedeutung der Vorschrift	1
II. Systematik, Verhältnis zu anderen Vorschriften	3
B. Einzelerläuterungen	9
I. Ablauf und Dauer des Verfahrens	9
II. Bedeutung für Verantwortliche und Auftragsverarbeiter	19
III. Beteiligung deutscher Aufsichtsbehörden	20
C. Rechtsschutz	22

A. Allgemeines*

I. Zweck und Bedeutung der Vorschrift

Die **einheitliche und effektive Rechtsdurchsetzung** (→ Einl. Rn. 75) verlangt ein **effi-** 1 **zientes Verfahren,** bei dem die beteiligten Aufsichtsbehörden in angemessener Zeit zu einer Entscheidung gelangen, aufgrund deren jede betroffene Aufsichtsbehörde gemäß dem für sie geltenden Verfahrensrecht die notwendigen Maßnahmen ergreift. Die Festlegung einer **federführenden Aufsichtsbehörde** nach Art. 56 Abs. 1 (→ Art. 56 Rn. 8) ist Voraussetzung für die Anwendung des in Art. 60 festgelegten Verfahrens, das mit der Klarheit und Präzision eines

---

* Die Verfasser vertreten hier ihre persönliche Auffassung, die nicht notwendig der Auffassung des Europäischen Datenschutzbeauftragten entspricht.

Flussdiagramms beschrieben wird.[1] Das Verfahren ist nur für grenzüberschreitende Verarbeitung vorgesehen. Die Aufsichtsbehörden sind bei Vorliegen der Voraussetzungen zur Anwendung des Kooperationsverfahrens verpflichtet und haben keinen Ermessensspielraum, auf andere Art und Weise vorzugehen.[2]

2 Die **DS-RL** sah zwar bereits Möglichkeiten zur Zusammenarbeit und Amtshilfe zwischen Aufsichtsbehörden vor, legte aber keinerlei Schritte und konkrete Verpflichtungen dazu fest. In der Praxis beruhte Zusammenarbeit zwischen Aufsichtsbehörden in konkreten Fällen auf **freiwilliger Koordination der Behörden** und unterlag keinerlei verbindlichen Fristen. Für Verantwortliche mit Niederlassungen in mehreren Mitgliedstaaten konnte sich daher die Notwendigkeit ergeben, an Verfahren mehrerer Aufsichtsbehörden teilzunehmen, und dabei auch mit nicht vollständig harmonisierten Auffassungen konfrontiert zu sein. Dies konnte zu **Wettbewerbsnachteilen gegenüber Verantwortlichen ohne Niederlassung in der Union** führen, und war ein starkes Motiv, das in der DS-GVO implementierte System von One-Stop-Shop und Kohärenz unter Anwendung des Marktortprinzips einzuführen. Die DS-GVO kehrt die Situation um, insofern als jetzt **Verantwortliche oder Auftragsverarbeiter mit Niederlassungen** in der Union von einem einheitlichen Verfahren mit einem **einzigen Ansprechpartner** profitieren (→ Art. 56 Rn. 6), während solche ohne Niederlassung in der Union sich gegebenenfalls mit den Aufsichtsbehörden aller Mitgliedstaaten auseinandersetzen müssen (→ Art. 56 Rn. 12), die nach Art. 4 Abs. 22 lit. b oder c betroffene Aufsichtsbehörden sind.

II. Systematik, Verhältnis zu anderen Vorschriften

3 Ausgehend von der Feststellung einer **grenzüberschreitenden Verarbeitung** gemäß Art. 4 Abs. 23 und soweit erforderlich der Bestimmung der **Hauptniederlassung** des Verantwortlichen oder Auftragsverarbeiters gemäß Art. 4 Abs. 16 wird nach Art. 56 Abs. 1 die **federführende Aufsichtsbehörde** bestimmt.[3] Sofern eine Angelegenheit die Tätigkeit einer Aufsichtsbehörde verlangt, und außer der federführenden Aufsichtsbehörde mindestens eine weitere Behörde **betroffene Aufsichtsbehörde** iSd Art. 4 Abs. 22 ist, wird das Zusammenarbeitsverfahren angewandt.

4 Zwar weist Art. 60 Abs. 1 der federführenden Aufsichtsbehörde eine besondere Verantwortung für das Erzielen eines Konsenses aller beteiligten Behörden zu, es haben aber alle an einem Zusammenarbeitsverfahren in einem konkreten Fall beteiligten Behörden gemeinsam zum Erzielen eines Konsenses beizutragen.[4] Dies ergibt sich zum einen aus Art. 57 Abs. 1 lit. g, der **alle Aufsichtsbehörden gemeinsam verpflichtet, die einheitliche Anwendung und Durchsetzung der DS-GVO zu gewährleisten;**[5] zum anderen sind alle beteiligten nationalen Behörden bei der Anwendung der DS-GVO an den in Art. 4 Abs. 3 EUV verankerten Grundsatz der loyalen Zusammenarbeit gebunden.[6]

5 Die Aufsichtsbehörden arbeiten im Rahmen des Kooperationsverfahrens in geeigneter Weise zusammen, um ihrer gemeinsamen Verpflichtung zu entsprechen, ohne Verzug zu einem gemeinsamen Beschluss zu gelangen.[7] Im Rahmen des Verfahrens können die Möglichkeiten zur **gegenseitigen Amtshilfe** nach Art. 61 und zu **gemeinsamen Maßnahmen der Aufsichtsbehörden** nach Art. 62 genutzt werden, ebenso wie alle geeigneten informellen Methoden der Kommunikation.[8]

6 Gelingt es trotz der gemeinsamen Verpflichtung aller Aufsichtsbehörden zur einheitlichen Anwendung und Durchsetzung der DS-GVO nicht, im Verfahren der Zusammenarbeit zu einem Konsens zu gelangen, wird das **Kohärenzverfahren** nach Art. 63 unter Beteiligung des

---

[1] Einen detaillierten Ablaufplan hat der EDSA vorgelegt: EDSA, Leitlinien 02/2022, S. 65 ff.
[2] EDSA Leitlinien 02/2022 Rn. 9, 36.
[3] Ändern sich im Verlaufe des Verfahrens die für die Bestimmung der federführenden Aufsichtsbehörde wesentlichen Umstände, so wird auch die Funktion der federführenden Aufsichtsbehörde entspr. neu zugeordnet, vgl. EDSA Leitlinien 02/2022 Rn. 5.
[4] EDSA Leitlinien 02/2022 Rn. 17.
[5] EDSA Leitlinien 02/2022 Rn. 26: *„Der EuGH betonte jedoch, dass die Unabhängigkeit der Aufsichtsbehörden eingeführt wurde, um die betroffenen Personen besser zu schützen, und nicht, um den Kontrollstellen selbst eine besondere Stellung zu verleihen. Unabhängigkeit ist daher als absoluter Schutz vor jeglicher Einflussnahme von außen zu verstehen. In diesem Zusammenhang bilden die Aufsichtsbehörden jedoch eine Einheit im Rahmen eines europäischen Verwaltungsnetzes, innerhalb dessen sie für die einheitliche Anwendung der DS-GVO in der gesamten Union zuständig sind."*
[6] EuGH Urt. v. 15.6.2021 – C-645/19, ECLI:EU:C:2021:483 Rn. 53 – Facebook Ireland u.a.
[7] EDSA Leitlinien 02/2022 Rn. 38.
[8] EDSA Leitlinien 02/2022 Rn. 44.

Europäischen Datenschutzausschusses eingeleitet. Dabei wird das **Streitbeilegungsverfahren** gemäß Art. 65 angewandt, wenn Uneinigkeit über den **Einspruch** einer betroffenen Aufsichtsbehörde gegen einen **Beschlussentwurf** der federführenden Aufsichtsbehörde besteht.

Sofern trotz der festgelegten kurzen Fristen bei dringendem Handlungsbedarf die Gefahr besteht, dass Maßnahmen nicht rechtzeitig zum Schutz der Interessen betroffener Personen getroffen werden können, kann in Ausnahmefällen eine betroffene Aufsichtsbehörde das **Dringlichkeitsverfahren** nach Art. 66 zum Einsatz bringen.[9]

Für den Austausch von Informationen zwischen den Aufsichtsbehörden werden die nach Art. 67 festgelegten **elektronischen Verfahren und standardisierten Formate** verwendet.

B. Einzelerläuterungen

I. Ablauf und Dauer des Verfahrens

Nach der Einleitung eines Zusammenarbeitsverfahrens unter den in Art. 56 Abs. 3 und 4 festgelegten Bedingungen, obliegt es der federführenden Aufsichtsbehörde, **unverzüglich** den anderen betroffenen Aufsichtsbehörden einen **Beschlussentwurf** zuzuleiten. Die Dauer dieser initialen Phase hängt von den Aktivitäten der beteiligten Aufsichtsbehörden ab, die notwendig sind, um alle zweckdienlichen Informationen zu ermitteln und auszutauschen. Sofern dazu Amtshilfe nach Art. 61 oder gemeinsame Maßnahmen der Aufsichtsbehörden nach Art. 62 erforderlich sind, sind hierbei die durch EU-Recht oder nationales Recht gesetzten Fristen zu berücksichtigen. Aufsichtsbehörden unterliegen in ihrem Handeln dem jeweils gültigen nationalen Verfahrensrecht, so dass auch für die Frage des Verzuges nationale Gesetzgebung und Rechtsprechung zu beachten ist. Nach Unionsrecht hat gemäß Art. 41 GRCh jede Person ein Recht darauf, dass ihre Angelegenheiten von den Organen und Einrichtungen der Union auch innerhalb einer angemessenen Frist behandelt werden. Die Bürgerbeauftragte der EU hat in ihrem Kodex für gute Verwaltungspraxis[10] festgelegt, *„dass über jedes Ersuchen bzw. jede Beschwerde an das Organ innerhalb einer angemessenen Frist, unverzüglich und auf keinen Fall später als zwei Monate nach dem Datum des Eingangs entschieden wird."* Dies betrifft allerdings nur die reine Bearbeitung innerhalb der Behörde, nicht etwaige umfangreichere Verfahren mit anderen Beteiligten.

Alle am Verfahren beteiligten Aufsichtsbehörden sind verpflichtet, zum Erzielen eines gemeinsamen Beschlusses durch Mitarbeit und den Austausch zweckdienlicher Informationen beizutragen. Alle Behörden unternehmen die zur erfolgreichen Zusammenarbeit im Rahmen des Verfahrens notwendigen Schritte **unverzüglich, dh ohne Verzögerung** und innerhalb des für die Überprüfung im aktuellen Fall notwendigen Zeitraums. Die Aufsichtsbehörden sollten proaktiv und so schnell wie möglich agieren.[11] Als **zweckdienliche Informationen** gelten außer eventuellen Beobachtungen und Untersuchungsergebnissen auch Auffassungen zur rechtlichen Bewertung durch beteiligte Behörden, deren Kenntnis der federführenden Aufsichtsbehörde bei der Entwicklung eines konsensfähigen Beschlussentwurfs helfen kann.[12] Vor Verteilung des offiziellen Beschlussentwurfs sollte die federführende Behörde ihrerseits ihre Feststellungen und Bewertungen den anderen betroffenen Behörden mitteilen, um deren Ansichten bereits im Entwurf berücksichtigen zu können.[13]

Sobald die federführende Behörde ihren Beschlussentwurf den anderen betroffenen Aufsichtsbehörden vorgelegt hat, bleibt diesen gemäß Abs. 4 eine Frist von **vier Woche**n zur Reaktion. In Form und Inhalt entspricht der Beschlussentwurf dem angestrebten endgültigen Beschluss[14]. Um einen Entwurf handelt es sich, da der eigentliche Akt des Beschließens noch nicht stattgefunden hat. Sofern sie in dieser Frist keinen **begründeten und maßgeblichen Einspruch** gemäß Art. 4 Abs. 24 gegen den Beschlussentwurf einlegen, gelten diese Aufsichtsbehörden als einverstanden und sind an den Beschluss gebunden. In diesem Fall beginnt die **Umsetzungsphase,** in der alle Behörden jeweils nach nationalem Recht die notwendigen in ihrer Verantwortung liegenden Beschlüsse fassen und entsprechende Bescheide erlassen. Ein Beschluss ist in allen Fällen zum Abschluss des Kooperationsverfahrens erforderlich, auch wenn etwa eine zugrundeliegende Beschwerde zurückgezogen wird, oder wenn die beteiligten Aufsichtsbehör-

---

[9] EDSA Leitlinien 02/2022 Rn. 252.
[10] Europäische Bürgerbeauftragte, Art. 17.
[11] EDSA Leitlinien 02/2022 Rn. 88.
[12] EDSA Leitlinien 02/2022 Rn. 94, 95.
[13] EDSA Leitlinien 02/2022 Rn. 54 ff.
[14] EDSA Leitlinien 02/2022 Rn. 115.

den zu dem Schluss kommen, dass keinerlei Maßnahmen zu ergreifen sind.[15] Der Austausch der zweckdienlichen Informationen erfolgt grundsätzlich unter Nutzung des vom EDSA bereitgestellten Informationssystems.[16]

12 Sofern eine Aufsichtsbehörde gegen den Beschlussentwurf Einspruch eingelegt hat, muss die federführende Aufsichtsbehörde prüfen, ob sie ihren Beschlussentwurf entsprechend überarbeiten will. Die DS-GVO setzt keine Frist für diese Entscheidung und die Überarbeitung des Beschlussentwurfs. Hier kann es die Möglichkeit von Verhandlungen zwischen den beteiligten Behörden geben, unter Umständen können auch noch weitere Untersuchungen stattfinden. Sofern die federführende Behörde einen **überarbeiteten Beschlussentwurf** vorlegt, wird dieser den anderen betroffenen Aufsichtsbehörden wieder zur **Stellungnahme** vorgelegt, allerdings mit gegenüber dem ersten Verfahren **verkürzter Frist von zwei Wochen**. Die DS-GVO schließt nicht ausdrücklich aus, dass auch gegen einen überarbeiteten Beschlussentwurf ein begründeter und maßgeblicher Einspruch eingelegt werden kann, und daraufhin eine weitere Überarbeitung und Stellungnahme der betroffenen Aufsichtsbehörden mit verkürzter Frist stattfindet. In der Praxis wäre eine solche Vorgehensweise aber wohl nur in seltenen Fällen hilfreich oder zielführend. Bei fortbestehender Uneinigkeit zwischen den Aufsichtsbehörden ist eher der Übergang zum Kohärenzverfahren als wahrscheinlichere Alternative zu sehen.

13 Erzielen die betroffenen Aufsichtsbehörden Konsens auf Basis eines ursprünglichen oder überarbeiten Beschlussentwurf der federführenden Aufsichtsbehörde, sind sie daran gebunden. Zur **Umsetzung** des Entwurfs wird gemäß Abs. 7 die **federführende Aufsichtsbehörde ihren Beschluss erlassen**, der dann der in ihrem Zuständigkeitsgebiet liegenden **Hauptniederlassung** oder einzigen Niederlassung des Verantwortlichen oder Auftragsverarbeiters mitgeteilt wird. Andere betroffene Aufsichtsbehörden erlassen keine Beschlüsse mit Wirkung gegenüber dem Verantwortlichen oder Auftragsbearbeiter. Sofern in dem Verfahren auch Beschwerden von betroffenen Personen eine Rolle spielen, und diese Beschwerden im Ergebnis des Verfahrens ganz oder teilweise abgelehnt oder abgewiesen werden, müssen auch diejenigen Aufsichtsbehörden, bei denen die Beschwerden eingereicht wurden, gemäß Abs. 8 Beschlüsse fassen, und zwar jeweils soweit die Beschwerden abgelehnt oder abgewiesen werden. Sofern eine Beschwerde vollständig berücksichtigt wird, ist dies Teil des von der federführenden Aufsichtsbehörde gefassten Beschlusses, und die Aufsichtsbehörde, an die die Beschwerde gerichtet wurde, unterrichtet den Beschwerdeführer lediglich über den Beschluss. Wird die Beschwerde vollständig abgelehnt, so wird der Beschluss hierzu von der die Beschwerde empfangenden Aufsichtsbehörde erlassen und dem Beschwerdeführer mitgeteilt. Gemäß Abs. 8 setzt in diesem Fall – abweichend von Art. 56 Abs. 6 – die beschließende, und nicht die federführende, Aufsichtsbehörde den Verantwortlichen oder Auftragsverarbeiter von diesem Beschluss in Kenntnis. Sofern die Beschwerde teilweise berücksichtigt und teilweise abgelehnt oder abgewiesen wird, wird gemäß Abs. 9 für jeden Teil entsprechend verfahren: für den Teil, der zum Tätigwerden der Aufsichtsbehörde führt, erlässt die federführende Aufsichtsbehörde den Beschluss, für den abgelehnten oder abgewiesenen Teil diejenige Aufsichtsbehörde, die für die Beschwerde zuständig ist. Jede Aufsichtsbehörde teilt ihre eigenen Beschlüsse dem Verantwortlichen oder Auftragsverarbeiter bzw. dem Beschwerdeführer mit und setzt die andere Verfahrenspartei in Kenntnis.

14 Kommt es trotz der Verpflichtung aller Aufsichtsbehörden zu keiner Einigung über einen Beschlussentwurf, weil entweder die federführende Aufsichtsbehörde einen eingereichten Einspruch nicht für maßgeblich und begründet hält und ihren Beschlussentwurf nicht überarbeiten will, oder eine andere betroffene Aufsichtsbehörde auch gegen den überarbeiteten Entwurf Einspruch erhebt, leitet die federführende Aufsichtsbehörde gemäß Abs. 4 das **Kohärenzverfahren** nach Art. 63 ein[17]. In diesem Fall wendet der Ausschuss das **Streitbeilegungsverfahren** nach Art. 65 an, das zu einem Beschluss des Ausschusses führt, der Grundlage für die von den betroffenen Aufsichtsbehörden zu fassenden Beschlüsse ist.

15 Um die Anwendung des Streitbeilegungsverfahrens nach Art. 65 zu vermeiden, können Aufsichtsbehörden gemäß Art. 64 Abs. 4 eine **Stellungnahme** des Europäischen Datenschutzausschusses im Rahmen des **Kohärenzverfahrens** nach Art. 64 beantragen, wenn sie dies für sinnvoll halten und davon eine Lösung eventueller Meinungsverschiedenheiten erwarten. Auch die im Kohärenzverfahren beschlossene Stellungnahme des Ausschusses ist zu beachten. Folgt eine Aufsichtsbehörde der Stellungnahme nicht, wird das Streitbeilegungsverfahren eingeleitet.

---

[15] EDSA Leitlinien 02/2022 Rn. 99.
[16] EDSA Leitlinien 02/2022 Rn. 103.
[17] EDSA Leitlinien 02/2022 Rn. 181.

16 Durch den Übergang vom Verfahren der Zusammenarbeit nach Art. 60 zum Kohärenzverfahren nach Art. 63 ändert sich die **Zusammensetzung der Gruppe der am Verfahren beteiligten Aufsichtsbehörden**. Im Verfahren nach Art. 60 sind die federführende Aufsichtsbehörde und alle betroffenen Aufsichtsbehörden iSd Art. 4 Abs. 22 beteiligt. Dabei schließt die DS-GVO nicht aus, dass bei entsprechender Zuständigkeitsregelung in einem Mitgliedstaat auch mehrere Aufsichtsbehörden desselben Mitgliedstaats beteiligt sein können. Demgegenüber sind an Verfahren des Europäischen Datenschutzausschusses die Leiter oder benannten Vertreter jeweils **einer Aufsichtsbehörde jedes Mitgliedstaates** und des Europäischen Datenschutzbeauftragten beteiligt, unabhängig davon ob ihre Behörde oder überhaupt eine Aufsichtsbehörde ihres Mitgliedstaates iSd Art. 4 Abs. 22 betroffen ist. Darüber hinaus nimmt die Kommission ohne Stimmrecht an den Sitzungen des Ausschusses teil und erhält die zweckdienlichen Informationen zu den vom Ausschuss beratenen Angelegenheiten. Durch die unterschiedlichen Perspektiven ist es daher durchaus möglich, dass eine Angelegenheit im Verfahren des Ausschusses anders beurteilt wird als im Zusammenwirken der eigentlich betroffenen Aufsichtsbehörden.

17 Eine weitere Möglichkeit zur Änderung des Verfahrensablaufs ergibt sich, wenn eine betroffene Aufsichtsbehörde **dringenden Handlungsbedarf** zum Schutz der Interessen betroffener Personen erkennt. In diesem Ausnahmefall kann sie gemäß Art. 66 selbst Dringlichkeitsmaßnahmen von begrenzter Dauer von drei Monaten und Wirksamkeit nur in ihrem Hoheitsgebiet treffen oder den Ausschuss ersuchen, einen verbindlichen Beschluss im Dringlichkeitsverfahren zu erlassen.

18 Die im Verfahren vorgesehenen kurzen Fristen und die Verpflichtung zum **Austausch von Informationen auf elektronischem Wege** machen deutlich, dass der Gesetzgeber ein schnelles und effektives Verfahren anstrebt.

II. Bedeutung für Verantwortliche und Auftragsverarbeiter

19 Für **Verantwortliche und Auftragsverarbeiter mit Niederlassungen in mehreren Mitgliedstaaten** ergibt sich durch das Zusammenarbeitsverfahren eine **erhebliche Vereinfachung des Umgangs mit Aufsichtsbehörden** für den Datenschutz. Sobald entschieden ist, welche Aufsichtsbehörde für einen Verarbeitungsvorgang federführend ist, ist diese für sie der einzige Kontaktpunkt mit den Datenschutz-Aufsichtsbehörden des EWR. Etwaige unterschiedliche Auffassungen unter den Behörden werden zwischen ihnen geklärt, bevor Kommunikation mit dem Verantwortlichen oder Auftragsverarbeiter erfolgt. Andere Niederlassungen als die Hauptniederlassung werden in das Verfahren nur dann einbezogen, wenn zweckdienliche Informationen nur dort erlangt werden können, und die lokal für diese Niederlassung zuständige Aufsichtsbehörde von ihren hoheitlichen Befugnissen Gebrauch machen muss, etwa im Rahmen der Amtshilfe nach Art. 61 oder in gemeinsamen Maßnahmen nach Art. 62. Im Regelfall werden in der Union niedergelassene Verantwortliche oder Auftragsverarbeiter aber vom One-Stop-Shop profitieren, und zwar auch dann, wenn in mehreren Mitgliedstaaten Beschwerden mit Bezug auf ihre Verarbeitung eingereicht werden. Dies sollte besonders für solche Organisationen ein Vorteil sein, die nicht mit großen internationalen Rechtsabteilungen ausgestattet sind, also insbesondere kleine und mittlere Unternehmen, deren Aktivitäten über die Grenzen ihres Ursprungsstaates hinauswachsen.

III. Beteiligung deutscher Aufsichtsbehörden

20 Erwägungsgrund 119 sieht vor, dass Mitgliedstaaten mit mehr als einer Aufsichtsbehörde eine zentrale Anlaufstelle festlegen. Zwar verweist der Erwägungsgrund ausdrücklich nur auf das Kohärenzverfahren, da aber die Verfahren der Zusammenarbeit, der Amtshilfe und der gemeinsamen Maßnahmen auch mit dem Kohärenzverfahren zusammenhängen, erscheint es sinnvoll, der gemeinsamen Anlaufstelle auch in diesen Verfahren eine Funktion zu geben. Das neu gefasste BDSG bestimmt den oder die **BfDI als zentrale Anlaufstelle für die deutschen Aufsichtsbehörden**. Für das Verfahren der Zusammenarbeit bedeutet dies, dass alle Anfragen für deutsche Behörden aus anderen Mitgliedstaaten an die zentrale Anlaufstelle geleitet werden und von dort an die im Einzelfall zuständige Aufsichtsbehörde eines Landes oder des Bundes geleitet werden könnten. Dabei kann es sein, dass diese deutsche Aufsichtsbehörde auch die federführende Aufsichtsbehörde für ein Verfahren zu einem Fall der grenzüberschreitenden Verarbeitung ist, an dem auch die Behörden anderer Mitgliedstaaten beteiligt sind.

21 Die Kommunikation zwischen deutschen Aufsichtsbehörden und denen anderer Mitgliedstaaten findet grundsätzlich auf der Basis eines **abgestimmten gemeinsamen Standpunktes**

Art. 61 Kapitel VII. Zusammenarbeit und Kohärenz

statt. Ist eine deutsche Aufsichtsbehörde federführende Aufsichtsbehörde, so legt diese einen Entwurf für den gemeinsamen Standpunkt vor, aufgrund dessen die deutschen Behörden im Verfahren agieren.

C. Rechtsschutz

22 Verantwortliche, Auftragsverarbeiter und betroffene Personen können gegen sie betreffende Entscheidungen der beteiligten Aufsichtsbehörden, die aufgrund eines im Zusammenarbeitsverfahren gefassten Beschlusses erlassen werden, Rechtsschutz im Rahmen des Rechts des Mitgliedstaates der zuständigen Aufsichtsbehörde verlangen.

23 Eine Aufsichtsbehörde, die mit dem Beschlussentwurf der federführenden Aufsichtsbehörde nicht übereinstimmt und deren Einspruch die federführende Aufsichtsbehörde nicht berücksichtigt, kann im Wege des Kohärenzverfahrens ihre Ansichten im Ausschuss vertreten. Entscheidungen des Ausschusses unterliegen gemäß Art. 263 AEUV der Überprüfung ihrer Rechtmäßigkeit durch den EuGH.

24 Unabhängig vom Bestehen eines Kooperationsverfahrens haben die Aufsichtsbehörden ihrerseits das Recht, Verstöße gegen die DS-GVO gemäß Art. 58 Abs. 5 vor die nationalen Gerichte zu bringen.[18]

Art. 61 Gegenseitige Amtshilfe

(1) ¹Die Aufsichtsbehörden übermitteln einander maßgebliche Informationen und gewähren einander Amtshilfe, um diese Verordnung einheitlich durchzuführen und anzuwenden, und treffen Vorkehrungen für eine wirksame Zusammenarbeit. ²Die Amtshilfe bezieht sich insbesondere auf Auskunftsersuchen und aufsichtsbezogene Maßnahmen, beispielsweise Ersuchen um vorherige Genehmigungen und eine vorherige Konsultation, um Vornahme von Nachprüfungen und Untersuchungen.

(2) ¹Jede Aufsichtsbehörde ergreift alle geeigneten Maßnahmen, um einem Ersuchen einer anderen Aufsichtsbehörde unverzüglich und spätestens innerhalb eines Monats nach Eingang des Ersuchens nachzukommen. ²Dazu kann insbesondere auch die Übermittlung maßgeblicher Informationen über die Durchführung einer Untersuchung gehören.

(3) ¹Amtshilfeersuchen enthalten alle erforderlichen Informationen, einschließlich Zweck und Begründung des Ersuchens. ²Die übermittelten Informationen werden ausschließlich für den Zweck verwendet, für den sie angefordert wurden.

(4) Die ersuchte Aufsichtsbehörde lehnt das Ersuchen nur ab, wenn

a) sie für den Gegenstand des Ersuchens oder für die Maßnahmen, die sie durchführen soll, nicht zuständig ist oder

b) ein Eingehen auf das Ersuchen gegen diese Verordnung verstoßen würde oder gegen das Unionsrecht oder das Recht der Mitgliedstaaten, dem die Aufsichtsbehörde, bei der das Ersuchen eingeht, unterliegt.

(5) ¹Die ersuchte Aufsichtsbehörde informiert die ersuchende Aufsichtsbehörde über die Ergebnisse oder gegebenenfalls über den Fortgang der Maßnahmen, die getroffen wurden, um dem Ersuchen nachzukommen. ²Die ersuchte Aufsichtsbehörde erläutert gemäß Absatz 4 die Gründe für die Ablehnung des Ersuchens.

(6) Die ersuchten Aufsichtsbehörden übermitteln die Informationen, um die von einer anderen Aufsichtsbehörde ersucht wurde, in der Regel auf elektronischem Wege unter Verwendung eines standardisierten Formats.

(7) ¹Ersuchte Aufsichtsbehörden verlangen für Maßnahmen, die sie aufgrund eines Amtshilfeersuchens getroffen haben, keine Gebühren. ²Die Aufsichtsbehörden können untereinander Regeln vereinbaren, um einander in Ausnahmefällen besonders aufgrund der Amtshilfe entstandene Ausgaben zu erstatten.

(8) ¹Erteilt eine ersuchte Aufsichtsbehörde nicht binnen eines Monats nach Eingang des Ersuchens einer anderen Aufsichtsbehörde die Informationen gemäß Absatz 5, so kann die ersuchende Aufsichtsbehörde eine einstweilige Maßnahme im Hoheitsgebiet

---

[18] EuGH Urt. v. 15.6.2021 – C-645/19, ECLI:EU:C:2021:483 Rn. 75, 119 – Facebook Ireland u.a.

ihres Mitgliedstaats gemäß Artikel 55 Absatz 1 ergreifen. ²In diesem Fall wird von einem dringenden Handlungsbedarf gemäß Artikel 66 Absatz 1 ausgegangen, der einen im Dringlichkeitsverfahren angenommenen verbindlichen Beschluss des Ausschuss gemäß Artikel 66 Absatz 2 erforderlich macht.

(9) ¹Die Kommission kann im Wege von Durchführungsrechtsakten Form und Verfahren der Amtshilfe nach diesem Artikel und die Ausgestaltung des elektronischen Informationsaustauschs zwischen den Aufsichtsbehörden sowie zwischen den Aufsichtsbehörden und dem Ausschuss, insbesondere das in Absatz 6 des vorliegenden Artikels genannte standardisierte Format, festlegen. ²Diese Durchführungsrechtsakte werden gemäß dem in Artikel 93 Absatz 2 genannten Prüfverfahren erlassen.

Literatur: *Barnard-Wills/Wright,* Coordination and co-operation between Data Protection Authorities, Phaedra Workstream 1 report, 2014; *EDSA,* EDPB LIBE Report on the Implementation of GDPR v. 26.2.2019; *EDSA,* Jahresberichte 2018, 2019, 2020, 2021, 2022; *EDSA,* EDPB Document on Terms of Reference of the EDPB Support Pool of Experts v. 15.12.2020; *EDSA,* Im Dringlichkeitsverfahren angenommener verbindlicher Beschluss 01/2021 zum Ersuchen der Hamburgischen (DE) Aufsichtsbehörde gemäß Artikel 66 Absatz 2 der Datenschutz-Grundverordnung um Anordnung des Erlasses endgültiger Maßnahmen bezüglich Facebook v. 12.7.2021; *EDSA,* Leitlinien 02/2022 zur Anwendung des Artikels 60 DSGVO, Version 1.1 v. 14.3.2022.

Rechtsprechung: EuGH Urt. v. 31.1.2006 – C-503/03, ECLI:EU:C:2006:74 – Kommission der Europäischen Gemeinschaften/Königreich Spanien; EuGH Urt. v. 1.10.2015 – C-230/14, ECLI:EU:C:2015:639 – Weltimmo s. r. o./Nemzeti Adatvédelmi és Információszabadság Hatóság; EuGH Urt. v. 6.10.2015 – C-362/14, ECLI:EU:C:2015:650 – Maximilian Schrems/Data Protection Commissioner; EuGH Urt. v. 5.6.2018 – C-210/16, ECLI:EU:C:2018:388 – Unabhängiges Landeszentrum für Datenschutz Schleswig-Holstein/Wirtschaftsakademie Schleswig-Holstein GmbH; EuGH Urt. v. 15.6.2021 – C-645/19, ECLI:EU:C:2021:483 – Facebook Ireland Ltd/Gegevensbeschermingsautoriteit.

Übersicht

	Rn.
A. Allgemeines	1
I. Zweck und Bedeutung der Vorschrift	1
II. Systematik, Verhältnis zu anderen Vorschriften	3
B. Einzelerläuterungen	7
I. Ausgangspunkt und Gegenstand eines Amtshilfeverfahrens	7
II. Verfahrensablauf und Fristen	9
III. Praktische Anwendung	13
C. Rechtsschutz	15

A. Allgemeines*

I. Zweck und Bedeutung der Vorschrift

Zur Durchsetzung des einheitlichen Datenschutzrechts in der gesamten EU ist die Zusammenarbeit der Aufsichtsbehörden insbesondere in Fällen grenzüberschreitender Verarbeitung von entscheidender Bedeutung.[1] Das **Prinzip der Amtshilfe** ist grundsätzlich bereits in der DS-RL verankert, deren Art. 28 Abs. 6 S. 2–3 vorsieht: *„Jede Kontrollstelle kann von einer Kontrollstelle eines anderen Mitgliedstaats um die Ausübung ihrer Befugnisse ersucht werden. Die Kontrollstellen sorgen für die zur Erfüllung ihrer Kontrollaufgaben notwendige gegenseitige Zusammenarbeit, insbesondere durch den Austausch sachdienlicher Informationen."* **Die DS-RL legte allerdings keine weiteren Einzelheiten der Zusammenarbeit und Ausführung der Amtshilfe fest,** so dass die Aufsichtsbehörden („Kontrollstellen") diese Lücke selbst mit entsprechenden Vereinbarungen füllen mussten.[2]

1

---

* Die Verfasser vertreten hier ihre persönliche Auffassung, die nicht notwendig der Auffassung des Europäischen Datenschutzbeauftragten entspricht.

[1] Analog zur Amtshilfe in der DS-GVO findet sich in der RL 2016/680/EU Art. 50 zur Amtshilfe. Die Zusammenarbeit der Datenschutzaufsichtsbehörden im Kontext von EUROPOL, EUROJUST und EPPO ist separat in den jeweiligen Rechtsakten, auch im Zusammenhang mit Art. 61 und 62 VO (EU) Nr. 1725/2018, geregelt.

[2] Zur Anwendung der gegenseitigen Zusammenarbeit unter der DS-RL siehe etwa die Fallstudien des Phaedra-Projektes in *Barnard-Wills/Wright* S. 17 ff.

2   Bei der DS-GVO verfolgt der EU-Gesetzgeber das Ziel, die **vorgesehenen Verfahren und Werkzeuge sofort anwendbar** zu gestalten. Deshalb regelt Art. 61 alle wesentlichen Einzelheiten des Amtshilfeverfahrens einschließlich der Fristen und Kostenaufteilung sowie die Behandlung von einigen problematischen Situationen. Aufgrund der Detaillierung der Vorschrift können ersuchte Aufsichtsbehörden in den meisten Fällen Amtshilfeersuchen sofort bearbeiten, und ersuchende Behörden können auf eine rasche und angemessene Bearbeitung ihrer Amtshilfeersuchen an andere Aufsichtsbehörden vertrauen. Nur in Ausnahmefällen mit besonders hohem Aufwand ist eine vorherige Klärung eventueller Kostenerstattung vorgesehen.

II. Systematik, Verhältnis zu anderen Vorschriften

3   Amtshilfe nach Art. 61 gehört wie gemeinsame Maßnahmen nach Art. 62 zu den **wesentlichen Instrumenten zur Durchführung der Zusammenarbeit zwischen Aufsichtsbehörden** gemäß Art. 60. Auch in den Fällen des Art. 56 Abs. 5 (→ Art. 56 Rn. 20), in denen die federführende Aufsichtsbehörde sich gegen Befassung und Einleitung eines Verfahrens nach Art. 60 entscheidet und einer anderen Aufsichtsbehörde das Verfahren überlässt, kann die mit der Behandlung eines Verstoßes oder einer Beschwerde befasste Aufsichtsbehörde das Instrument der Amtshilfe verwenden. **Amtshilfe kann auch im Laufe des Kohärenzverfahrens nach Art. 63 genutzt werden,** etwa um zusätzliche Informationen zu erlangen, die für das Verfahren zweckdienlich sein können. Insbesondere kann eine federführende Behörde das Instrument nutzen, um von anderen betroffenen Aufsichtsbehörden Unterstützung zu erlangen, unabhängig davon ob diese bereits in ein Verfahren nach Art. 60 eingebunden sind oder nicht. Daher kann eine Aufsichtsbehörde auch um Amtshilfe ersuchen, wenn sie eine Beschwerde gegen eine öffentliche Stelle in einem anderen Mitgliedstaat erhalten hat.

4   Für die Anwendung der Amtshilfe ist ein Verfahren nach Art. 56, 60 oder 63 keine Voraussetzung. Es ist auch nicht erforderlich, dass überhaupt eine grenzüberschreitende Verarbeitung iSd Art. 4 Abs. 23 vorliegt. **Jede Aufsichtsbehörde kann jede andere Aufsichtsbehörde iSd Art. 51 um Amtshilfe ersuchen,** wenn dies zur Erfüllung ihrer Aufgaben notwendig erscheint. Sofern eine ersuchte Aufsichtsbehörde durch ein Ersuchen von einer Angelegenheit mit Bezug auf grenzüberschreitende Verarbeitung unterrichtet wird, zu der sie selbst betroffene Aufsichtsbehörde gemäß Art. 4 Abs. 22 ist, kann ein Amtshilfeersuchen auch zum Auslöser eines Verfahrens nach Art. 60 werden.

5   Kommt eine Aufsichtsbehörde einem Amtshilfeersuchen nicht nach und gibt es keine Einigung zwischen ihr und der anfordernden Behörde, kann die Angelegenheit dem **Europäischen Datenschutzausschuss** vorgelegt werden, der im Wege des Verfahrens nach Art. 64 eine Stellungnahme zu dem Fall abgibt. Wird ein Amtshilfeersuchen von der ersuchten Behörde nicht fristgerecht bearbeitet, kann die ersuchende Aufsichtsbehörde nach Art. 66 in ihrem Zuständigkeitsgebiet nach Art. 55 Dringlichkeitsmaßnahmen ergreifen und die Durchführung eines Dringlichkeitsverfahrens durch den Europäischen Datenschutzausschuss verlangen.

6   Der Austausch von Informationen im Amtshilfeverfahren soll **elektronisch in einem standardisierten Format** erfolgen, zu dessen Festlegung die Kommission durch diesen Artikel zu Durchführungsmaßnahmen ermächtigt ist, unabhängig von der gleichartigen Bestimmung des Art. 67. Die Kommission hat noch nicht Gebrauch von dieser Möglichkeit gemacht. In der Praxis benutzen die Aufsichtsbehörden das IMI-System, welches von der Kommission bereitgestellt wird und standardisierte Inhalte nutzt.

B. Einzelerläuterungen

I. Ausgangspunkt und Gegenstand eines Amtshilfeverfahrens

7   Vor Stellung eines Amtshilfeersuchens an eine andere Aufsichtsbehörde muss die ersuchende Behörde **keine besonderen Voraussetzungen** bezüglich ihres Verhältnisses zur ersuchten Behörde beachten. Weder ist eine vorherige bilaterale oder multilaterale Vereinbarung erforderlich, noch muss irgendeines der Verfahren nach Art. 56 oder Art. 60–66 eingeleitet sein. Die Amtshilfe kann aber auch in allen diesen Verfahren eingesetzt werden, etwa wenn eine federführende Behörde von anderen betroffenen Aufsichtsbehörden Informationen zu erlangen sucht. Da das Amtshilfeersuchen aber der Durchführung der DS-GVO dient, kann ein Ersuchen nur Maßnahmen betreffen, die für tatsächliche Aufgaben der ersuchenden Behörde sinnvoll sind.

Amtshilfeersuchen sind **nicht auf reine Auskunftsersuchen beschränkt.** Sie können auch 8
darauf abzielen, dass die ersuchte Behörde Aufsichtsmaßnahmen unternimmt. Dabei können
insbesondere Untersuchungen und Inspektionen dazu dienen, Informationen zu erlangen, die
für die ersuchende Aufsichtsbehörde bedeutsam sind, oder um Maßnahmen, die der Durchsetzung eines im OSS-Verfahren nach Art. 60 getroffenen Beschlusses dienen. Grundsätzlich
kann ein Amtshilfeersuchen auch Abhilfebefugnisse und Beratungs- und Genehmigungsbefugnisse der Aufsichtsbehörden gemäß Art. 58 Abs. 2 und 3 betreffen, zB vorherige Konsultationen
nach Art. 36 oder vorherige Genehmigungen betreffen, wenn dies nach dem Recht des Mitgliedstaates der ersuchten Aufsichtsbehörde möglich ist.

II. Verfahrensablauf und Fristen

Stellt eine Aufsichtsbehörde ein Amtshilfeersuchen an eine andere Behörde, so muss sie mit 9
diesem Ersuchen **alle erforderlichen Informationen** übermitteln. Dazu gehören nicht nur die
Merkmale der betroffenen Angelegenheit, wie etwa die zur Identifikation der betroffenen Verantwortlichen oder Auftragsverarbeiter notwendigen Informationen, sondern auch Informationen zum Zweck des Ersuchens und seine Begründung.

Die ersuchte Behörde prüft, ob sie **für die dem Ersuchen zugrundeliegende Verarbei-** 10
tung zuständig ist, und ob sie die Maßnahmen, um die ersucht wurde, im Einklang mit der
DS-GVO sowie dem Recht der Union und ihres Mitgliedstaates durchführen kann. Nur wenn
diese Bedingungen nicht erfüllt sind, darf die ersuchte Behörde das Ersuchen ablehnen. Sie teilt
die Ablehnung und die Gründe dafür der ersuchenden Aufsichtsbehörde unverzüglich mit.

Stellt die ersuchte Aufsichtsbehörde fest, dass sie für die ersuchten Maßnahmen zuständig ist 11
und keine rechtlichen Hindernisse für deren Durchführung bestehen, übermittelt sie der ersuchenden Behörde **binnen eines Monats die erfragten Informationen,** oder, wenn weitere
Maßnahmen zu deren Erlangung oder zur Erfüllung des Amtshilfeersuchens erforderlich sind,
Informationen über den Stand des Verfahrens. Eine Frist für die Übermittlung weiterer Informationen, zB über den Fortschritt des Verfahrens, ist nicht festgelegt.

Versäumt die ersuchte Aufsichtsbehörde die Rückmeldung binnen eines Monats, kann die 12
ersuchende Aufsichtsbehörde von **dringendem Handlungsbedarf** ausgehen und gemäß
Art. 66 Abs. 1 einstweilige Maßnahmen in ihrem Zuständigkeitsgebiet erlassen, soweit auch die
anderen Bedingungen für solche Maßnahmen analog zu Art. 60 Abs. 12 erfüllt sind.[3] Darüber
unterrichtet sie den Europäischen Datenschutzausschuss, der im Dringlichkeitsverfahren nach
Art. 66 Abs. 4 einen verbindlichen Beschluss fasst.

III. Praktische Anwendung

Ausweislich der Jahresberichte des EDSA ist die Amtshilfe nach Art. 61 das am häufigsten 13
angewandte Verfahren der Zusammenarbeit zwischen Aufsichtsbehörden. Von 2018 bis 2022
stieg die Anzahl der berichteten Fälle von wenigen hundert auf mehrere tausend. Diese Zählung
umfasst allerdings auch sog. informelle Anfragen, die sich nicht auf Art. 61 sondern auf Art. 51
Abs. 1 Buchst. g stützen. Der EDSA ist der Auffassung, dass diese Bestimmung nicht nur den
Rahmen für die in der DS-GVO näher spezifizierten Verfahren der Zusammenarbeit bildet,
sondern auch eine Rechtsgrundlage für **informelle Amtshilfe** ohne Fristen und andere Anforderungen des Art. 61 ermöglicht, und unterstützt ein solches Verfahren durch das Binnenmarkt-Informationssystem IMI.[4]

Zur Verbesserung und Unterstützung der Zusammenarbeit zwischen Aufsichtsbehörden hat 14
der EDSA einen **Expertenpool** eingerichtet, der aus Datenschutzexperten aus Aufsichtsbehörden, dem EDSA-Sekretariat und Externen bestehen kann. Die Unterstützung durch solche
Experten kann von Aufsichtsbehörden in Fällen besonderer Bedeutung auch im Rahmen der
Amtshilfe nach Art. 61 angefordert werden.[5]

---

[3] EDSA Leitlinien 02/2022 Rn. 252 ff.
[4] EDSA EDPB LIBE Report 2019 S. 5.
[5] EDSA EDPB Document on Terms of Reference of the EDPB Support Pool of Experts Rn. 19.

C. Rechtsschutz

15 Kommt es zwischen ersuchender und ersuchter Aufsichtsbehörde zu unterschiedlichen Auffassungen zu einem Amtshilfeersuchen, ist zunächst eine Stellungnahme des Europäischen Datenschutzausschusses einzuholen.

16 Erlässt eine Aufsichtsbehörde Maßnahmen, etwa gegen Verantwortliche oder Auftragsverarbeiter, so wendet sie dazu nationales Verfahrensrecht an. Ihre Maßnahmen können entsprechend nationalem Recht beanstandet werden.

Art. 62 Gemeinsame Maßnahmen der Aufsichtsbehörden

(1) Die Aufsichtsbehörden führen gegebenenfalls gemeinsame Maßnahmen einschließlich gemeinsamer Untersuchungen und gemeinsamer Durchsetzungsmaßnahmen durch, an denen Mitglieder oder Bedienstete der Aufsichtsbehörden anderer Mitgliedstaaten teilnehmen.

(2) ¹Verfügt der Verantwortliche oder der Auftragsverarbeiter über Niederlassungen in mehreren Mitgliedstaaten oder werden die Verarbeitungsvorgänge voraussichtlich auf eine bedeutende Zahl betroffener Personen in mehr als einem Mitgliedstaat erhebliche Auswirkungen haben, ist die Aufsichtsbehörde jedes dieser Mitgliedstaaten berechtigt, an den gemeinsamen Maßnahmen teilzunehmen. ²Die gemäß Artikel 56 Absatz 1 oder Absatz 4 zuständige Aufsichtsbehörde lädt die Aufsichtsbehörde jedes dieser Mitgliedstaaten zur Teilnahme an den gemeinsamen Maßnahmen ein und antwortet unverzüglich auf das Ersuchen einer Aufsichtsbehörde um Teilnahme.

(3) ¹Eine Aufsichtsbehörde kann gemäß dem Recht des Mitgliedstaats und mit Genehmigung der unterstützenden Aufsichtsbehörde den an den gemeinsamen Maßnahmen beteiligten Mitgliedern oder Bediensteten der unterstützenden Aufsichtsbehörde Befugnisse einschließlich Untersuchungsbefugnisse übertragen oder, soweit dies nach dem Recht des Mitgliedstaats der einladenden Aufsichtsbehörde zulässig ist, den Mitgliedern oder Bediensteten der unterstützenden Aufsichtsbehörde gestatten, ihre Untersuchungsbefugnisse nach dem Recht des Mitgliedstaats der unterstützenden Aufsichtsbehörde auszuüben. ²Diese Untersuchungsbefugnisse können nur unter der Leitung und in Gegenwart der Mitglieder oder Bediensteten der einladenden Aufsichtsbehörde ausgeübt werden. ³Die Mitglieder oder Bediensteten der unterstützenden Aufsichtsbehörde unterliegen dem Recht des Mitgliedstaats der einladenden Aufsichtsbehörde.

(4) Sind gemäß Absatz 1 Bedienstete einer unterstützenden Aufsichtsbehörde in einem anderen Mitgliedstaat im Einsatz, so übernimmt der Mitgliedstaat der einladenden Aufsichtsbehörde nach Maßgabe des Rechts des Mitgliedstaats, in dessen Hoheitsgebiet der Einsatz erfolgt, die Verantwortung für ihr Handeln, einschließlich der Haftung für alle von ihnen bei ihrem Einsatz verursachten Schäden.

(5) ¹Der Mitgliedstaat, in dessen Hoheitsgebiet der Schaden verursacht wurde, ersetzt diesen Schaden so, wie er ihn ersetzen müsste, wenn seine eigenen Bediensteten ihn verursacht hätten. ²Der Mitgliedstaat der unterstützenden Aufsichtsbehörde, deren Bedienstete im Hoheitsgebiet eines anderen Mitgliedstaats einer Person Schaden zugefügt haben, erstattet diesem anderen Mitgliedstaat den Gesamtbetrag des Schadensersatzes, den dieser an die Berechtigten geleistet hat.

(6) Unbeschadet der Ausübung seiner Rechte gegenüber Dritten und mit Ausnahme des Absatzes 5 verzichtet jeder Mitgliedstaat in dem Fall des Absatzes 1 darauf, den in Absatz 4 genannten Betrag des erlittenen Schadens anderen Mitgliedstaaten gegenüber geltend zu machen.

(7) ¹Ist eine gemeinsame Maßnahme geplant und kommt eine Aufsichtsbehörde binnen eines Monats nicht der Verpflichtung nach Absatz 2 Satz 2 des vorliegenden Artikels nach, so können die anderen Aufsichtsbehörden eine einstweilige Maßnahme im Hoheitsgebiet ihres Mitgliedstaats gemäß Artikel 55 ergreifen. ²In diesem Fall wird von einem dringenden Handlungsbedarf gemäß Artikel 66 Absatz 1 ausgegangen, der eine im Dringlichkeitsverfahren angenommene Stellungnahme oder einen im Dringlichkeitsverfahren angenommenen verbindlichen Beschluss des Ausschusses gemäß Artikel 66 Absatz 2 erforderlich macht.

Literatur: *EDSA*, Document on Terms of Reference of the EDPB Support Pool of Experts v. 15.12.2020; *EDSA*, Internal EDPB Document 1/2021 on the application of Art. 62 GDPR – Joint Operations v. 14.1.2021, *EDSA*, Jahresberichte 2018, 2019, 2020, 2021, 2022.

Übersicht

	Rn.
A. Allgemeines	1
I. Zweck und Bedeutung der Vorschrift	1
II. Systematik, Verhältnis zu anderen Vorschriften	6
B. Einzelerläuterungen	9
I. Voraussetzungen für gemeinsame Maßnahmen und Teilnahmeberechtigung der Aufsichtsbehörden	9
II. Arten gemeinsamer Maßnahmen	15
III. Durchführung gemeinsamer Maßnahmen	19
IV. Exterritoriale Tätigkeit von Mitgliedern und Bediensteten von Aufsichtsbehörden	24
V. Praktische Umsetzung	26
C. Rechtsschutz	29

A. Allgemeines[*]

I. Zweck und Bedeutung der Vorschrift

Gemeinsame Maßnahmen der Aufsichtsbehörden mehrerer Mitgliedstaaten können 1 durchgeführt werden, um Untersuchungen oder Durchsetzung der DS-GVO zu gewährleisten. Grundsätzlich können alle Aufsichtsbehörden, die Ressourcen zum Erfolg der gemeinsamen Maßnahme beitragen können, zur Teilnahme eingeladen werden.[1] Gemeinsame Maßnahmen gegenüber einem Verantwortlichen oder Auftragsverarbeiter, der Verarbeitungen mit grenzüberschreitendem Charakter durchführt, können unter den Voraussetzungen des Art. 60 notwendig sein, um die effektive und einheitliche Durchsetzung der DS-GVO zu gewährleisten. Art. 62 schafft die Grundlage für solche Maßnahmen und regelt Voraussetzungen, Durchführung sowie Verantwortlichkeiten und Haftung mit dem Ziel, das Instrument direkt aufgrund der DS-GVO anwendbar zu machen, **ohne dass Aufsichtsbehörden insgesamt oder im Einzelfall zuvor weitere Vereinbarungen treffen müssten.**[2]

Gemeinsame Maßnahmen umfassen die **Untersuchungs- und Abhilfebefugnisse** der Auf- 2 sichtsbehörden. Ausdrücklich sind Maßnahmen eingeschlossen, bei deren Durchführung Mitglieder oder Bedienstete von Aufsichtsbehörden auf dem Territorium eines anderen als ihres eigenen Mitgliedstaates tätig werden.

Grundsätzlich gilt auch für gemeinsame Maßnahmen **das Prinzip des One-Stop-Shop:** 3 Gegenüber Verantwortlichen und Auftragsverarbeitern ist **allein die territorial zuständige Aufsichtsbehörde** derjenigen Niederlassung verantwortlich, auf die sich die gemeinsame Maßnahme bezieht. Alle Maßnahmen unterliegen ihrem nationalen Recht, auch wenn Vertreter von Behörden anderer Mitgliedstaaten beteiligt sind. Diese können lediglich dann nach ihrem eigenen nationalen Recht handeln, wenn dies im Mitgliedstaat, in dem die gemeinsame Maßnahme stattfindet, rechtlich möglich und im Einzelfall ausdrücklich gestattet ist.

Bezüglich der **Haftung für Schäden** gegenüber Verantwortlichen und Auftragsverarbeiter 4 sowie anderen Dritten gilt allein das nationale Recht des Mitgliedstaates, in dem die gemeinsame Maßnahme stattfindet, wobei dieser Mitgliedstaat als einziger direkten Haftungsansprüchen unterliegt.

Der Gesetzgeber geht davon aus, dass bei Einleitung einer gemeinsamen Maßnahme regel- 5 mäßig eine gewisse Eile geboten ist. Deshalb führen Verzögerungen bei der Vorbereitung einer geplanten Maßnahme durch nicht fristgerechte Aktion oder Reaktion von Aufsichtsbehörden direkt zu einem **Dringlichkeitsverfahren,** sowohl in den betroffenen Mitgliedstaaten als auch im Europäischen Datenschutzausschuss.

---

[*] Die Verfasser vertreten hier ihre persönliche Auffassung, die nicht notwendig der Auffassung des Europäischen Datenschutzbeauftragten entspricht.
[1] EDSA Internal EDPB Document 1/2021 Rn. 6.
[2] EDSA Internal EDPB Document 1/2021 Rn. 29.

II. Systematik, Verhältnis zu anderen Vorschriften

6 Gemeinsame Maßnahmen im Sinne des vorliegenden Artikels sind besonders im Rahmen eines Verfahrens der Zusammenarbeit nach Art. 60 von Bedeutung. In diesem Fall ist die nach Art. 56 Abs. 1 federführende Behörde auch für die Einleitung gemeinsamer Maßnahmen zuständig. Gemeinsame Maßnahmen können aber auch angewandt werden, wenn ein solches Verfahren nicht zustande kommt, weil die nach Art. 56 federführende Behörde von einer Befassung absieht.[3]

7 Gemeinsame Maßnahmen betreffen die **Untersuchungsbefugnisse** der Aufsichtsbehörden gemäß Art. 58 Abs. 1 sowie ihre **Abhilfebefugnisse** gemäß 58 Abs. 2. Dabei können die Aufsichtsbehörden auch gemeinsam zum Zwecke der Untersuchung gemäß Art. 58 Abs. 1 Buchst. f ihre Befugnis ausüben, **Zugang zu den Geschäftsräumen** eines Verantwortlichen oder Auftragsverarbeiters zu erhalten. Dies ist der einzige Fall, in dem die physikalische Anwesenheit und Tätigkeit von Mitgliedern oder Bediensteten in einem anderen als ihrem eigenen Mitgliedstaat zur Durchführung von gemeinsamen Maßnahmen erforderlich ist.

8 Kommt die für die gemeinsame Maßnahme zuständige Aufsichtsbehörde ihrer Verpflichtung, andere Behörden zur Teilnahme einzuladen, nicht binnen eines Monats nach oder reagiert sie binnen dieser Frist nicht auf eine Teilnahmeersuchen einer anderen Behörde, wird **dringender Handlungsbedarf gemäß Art. 66 angenommen, und die Aufsichtsbehörden können gemäß Art. 66 Abs. 1 auf nationaler** Ebene Maßnahmen nach Art. 55 erlassen. Dies führt gegebenenfalls auch zur Befassung des Europäischen Datenschutzausschusses mit einer Stellungnahme oder einem verbindlichen Beschluss zu dieser Angelegenheit im Rahmen des Dringlichkeitsverfahrens, wobei nach Art. 66 Abs. 4 die Entscheidung binnen zwei Wochen mit einfacher Mehrheit der Mitglieder getroffen wird.

B. Einzelerläuterungen

I. Voraussetzungen für gemeinsame Maßnahmen und Teilnahmeberechtigung der Aufsichtsbehörden

9 Grundsätzlich sind gemeinsame Maßnahmen im Sinne des vorliegenden Artikels **nur in Fällen grenzüberschreitender Verarbeitung** gemäß Art. 4 Abs. 23 möglich, und alle beteiligten Aufsichtsbehörden erfüllen die Voraussetzungen, um gemäß Art. 4 Abs. 22 als betroffene Behörde zu gelten. Die Voraussetzungen für die Teilnahme einer Aufsichtsbehörde an solchen gemeinsamen Maßnahmen sind aber gemäß Abs. 2 höher als im Falle des Verfahrens der Zusammenarbeit nach Art. 56 und 60. **Damit liegt auch die Schwelle für die Durchführung einer solchen gemeinsamen Maßnahme höher als für das Verfahren der Zusammenarbeit.** Darüber hinaus können Aufsichtsbehörden das Verfahren nach Art. 62 auch für andere Fälle der Zusammenarbeit verwenden.

10 Das Vorhandensein von **Niederlassungen eines Verantwortlichen oder Auftragsverarbeiters** in mehreren Mitgliedstaaten führt zur Berechtigung aller für diese Niederlassung zuständigen Aufsichtsbehörden zur Teilnahme an gemeinsamen Maßnahmen gegenüber diesem Verantwortlichen oder Auftragsverarbeiter. Bezüglich dieses Kriteriums besteht kein Unterschied zum Kriterium für betroffene Aufsichtsbehörden.

11 Besteht in einem Mitgliedstaat keine Niederlassung eines Verantwortlichen oder Auftragsverarbeiters, gilt dessen Aufsichtsbehörde als betroffen iSd Art. 4 Abs. 22, wenn überhaupt erhebliche Auswirkungen auf Personen mit Wohnsitz in diesem Mitgliedstaat von der betrachteten grenzüberschreitenden Verarbeitung eingetreten sind oder erwartet werden können. Eine in diesem Sinne betroffene Aufsichtsbehörde kann an gemeinsamen Maßnahmen aber nur dann teilnehmen, wenn sich die **erheblichen Auswirkungen auf eine bedeutende Zahl betroffener Personen** beziehen.

---

[3] In Abs. 2 S. 2 scheint es sich bei dem Bezug auf Art. 56 Abs. 4 um ein Redaktionsversehen (in allen Sprachfassungen) zu handeln. Gemeint ist wohl Art. 56 Abs. 5, der selbst auch auf Art. 62 verweist. Art. 56 Abs. 4 regelt überhaupt keine eigene Zuständigkeitsentscheidung, sondern enthält lediglich eine Verfahrensanweisung für die Durchführung des Verfahrens nach Art. 60 durch die nach Art. 56 Abs. 1 zuständige federführende Behörde. Dagegen überträgt Art. 56 Abs. 5 die Zuständigkeit für die Durchführung eines Verfahrens unter Nutzung der Regelungen der Art. 61 und 62 an eine Behörde, die nicht die federführende Behörde nach Art. 56 Abs. 1 ist.

Aufsichtsbehörden, die lediglich aufgrund des Art. 4 Abs. 22 Buchst. c als betroffen gelten, dh 12
lediglich aufgrund einer bei ihnen eingereichten Beschwerde gegen den Verantwortlichen oder Auftragsverarbeiter, **erfüllen nicht die Voraussetzungen** zur Teilnahme an einer gemeinsamen Maßnahme im Rahmen des Verfahrens nach Art. 60.

Findet eine gemeinsame Maßnahme im Rahmen der Zusammenarbeit nach Art. 60 statt, so 13
ist es aufgrund der unterschiedlichen Voraussetzungen durchaus möglich, dass **nicht alle am Verfahren nach Art. 60 beteiligten Behörden** an den gemeinsamen Maßnahmen im Sinne des vorliegenden Artikels teilnehmen. Dies kann auch dann der Fall sein, wenn das Verfahren örtliche Angelegenheiten betrifft und nicht nach Art. 60 unter Leitung der federführenden Behörde gemäß Art. 56 Abs. 1 stattfindet, sondern aufgrund deren Entscheidung zur Nichtbefassung gemäß Art. 56 Abs. 5 (→ Art. 56 Rn. 2) von einer anderen Aufsichtsbehörde durchgeführt wird.

In den Fällen des Art. 56 Abs. 5 betrifft das Verfahren eine grenzüberschreitende Verarbei- 14
tung, die nur mit einer Niederlassung des Verantwortlichen oder Auftragsverarbeiters zusammenhängt, welche nicht dessen Hauptniederlassung ist, oder die nur in einem einzigen Mitgliedstaat erhebliche Auswirkungen auf Betroffene hat. Die für diesen Mitgliedstaat zuständige Behörde ist für das übergreifende Verfahren zuständig. Es kann aber sein, dass sie nicht zur Teilnahme an gemeinsamen Maßnahmen gemäß des vorliegenden Artikels berechtigt ist, nämlich dann, wenn sich in ihrem Mitgliedstaat keine Niederlassung des Verantwortlichen oder Auftragsverarbeiters befindet und die Anzahl der betroffenen Personen nicht bedeutend ist. Ihr bleibt dann die Möglichkeit, andere Aufsichtsbehörden gemäß Art. 61 um Amtshilfe zu ersuchen oder eine gemeinsame Maßnahme nach Art. 62 zu veranlassen.

II. Arten gemeinsamer Maßnahmen

Grundsätzlich können **alle den Aufsichtsbehörden möglichen Maßnahmen** als gemein- 15
same Maßnahmen durchgeführt werden. Besondere Beachtung gilt im Rahmen des vorliegenden Artikels den Untersuchungsbefugnissen gemäß Art. 58 Abs. 1 und den Durchsetzungsbefugnissen gemäß Art. 58 Abs. 2, die in Fällen von Verstößen gegen die DS-GVO und von Beschwerden notwendig sind, um die Sachverhalte aufzuklären und gegebenenfalls Abhilfe zu schaffen. Solche Maßnahmen werden in den Fällen des Art. 56 Abs. 5 im Vordergrund stehen, da diese ja auf einer Beschwerde oder einem Verstoß beruhen.

Gemeinsame Maßnahmen im Rahmen **beratender Befugnisse und Genehmigungsbefug-** 16
nisse der Aufsichtsbehörden gemäß Art. 58 Abs. 3 sind nach dem vorliegenden Artikel nicht grundsätzlich ausgeschlossen. Dabei können zwar Genehmigungen, die nach nationalem Recht zu erteilen sind, nicht selbst Gegenstand einer gemeinsamen Maßnahme sein, allerdings können Aufsichtsbehörden in der Vorbereitung von Genehmigungsentscheidungen zusammenarbeiten, um die einheitliche Anwendung der DS-GVO zu gewährleisten und eine gemeinsame Auffassung bezüglich eines Genehmigungsantrags zu entwickeln. Dies kann auch dann sinnvoll sein, wenn das eigentliche Genehmigungsverfahren eine Stellungnahme des Europäischen Datenschutzausschusses im Rahmen des Kohärenzverfahrens nach Art. 64 verlangt. Gemeinsame Maßnahmen können hier gegebenenfalls als Alternative zur informellen Zusammenarbeit der Aufsichtsbehörden betrachtet werden, etwa um die Rolle der federführenden Aufsichtsbehörde in solchen Fällen zu stärken, in denen sie nicht selbst Mitglied des Ausschusses ist.

Die den Aufsichtsbehörden erteilten **Abhilfebefugnisse** gemäß Art. 58 Abs. 2 erfordern 17
jeweils eine Entscheidung der geographisch zuständigen Aufsichtsbehörde nach dem Recht des Mitgliedstaates und können daher nicht im eigentlichen Sinne Gegenstand einer gemeinsamen Maßnahme sein.

Die hauptsächliche Bedeutung der gemeinsamen Maßnahmen liegt daher klar im Bereich der 18
Untersuchungsbefugnisse und der Durchsetzungsbefugnisse, soweit sie zu Zwecken der Untersuchung erforderlich sind. Gemäß Art. 58 Abs. 1 haben Aufsichtsbehörden die Befugnis, von Verantwortlichen und Auftragsverarbeitern die **Erfüllung direkter Anweisungen** zu verlangen. Dies führt insbesondere zur **Bereitstellung von Informationen** über die Verarbeitung personenbezogener Daten gemäß Art. 58 Abs. 1 Buchst. a, zum **Zugang zu allen personenbezogenen Daten** und Informationen gemäß Art. 58 Abs. 1 Buchst. e sowie zum **Zugang zu den Geschäftsräumen,** Verarbeitungsanlagen und -geräten gemäß Art. 58 Abs. 1 Buchst. f. Diese Durchsetzungsbefugnisse erlauben den Aufsichtsbehörden, Datenschutzüberprüfungen gemäß Art. 58 Abs. 1 Buchst. b effektiv durchzuführen.

III. Durchführung gemeinsamer Maßnahmen

19 Der Anstoß zu gemeinsamen Maßnahmen geht von derjenigen Aufsichtsbehörde aus, die zuständig für die Angelegenheit ist. Soweit sie das Verfahren gemäß Art. 60 eröffnet hat, ist dies die **federführende Aufsichtsbehörde** gemäß Art. 56 Abs. 1. In den Fällen des Art. 56 Abs. 5 ist dies **eine andere Aufsichtsbehörde**, in deren territorialer Zuständigkeit sich eine Niederlassung eines Verantwortlichen oder Auftragsverarbeiters befindet oder in deren Zuständigkeitsgebiet die von einer Beschwerde oder einem Verstoß betroffene Verarbeitung erhebliche Auswirkungen auf eine bedeutende Anzahl von Personen hat oder haben kann. Diese Aufsichtsbehörde ist im Sinne des vorliegenden Artikels für die gemeinsame Maßnahme zuständig.

20 Die zuständige Aufsichtsbehörde lädt andere Aufsichtsbehörden, die die Voraussetzungen des Abs. 2 erfüllen (→ Rn. 10, 11) erfüllen, zur **Teilnahme an der gemeinsamen Maßnahme** ein. Andere Aufsichtsbehörden können auch aus eigener Initiative um Teilnahme ersuchen. Die Antwort auf ein Teilnahmeersuchen muss spätestens nach einem Monat erfolgen. Verstreicht diese Frist ohne Antwort der zuständigen Behörde, können die anderen Aufsichtsbehörden gemäß Art. 66 eigene Maßnahmen ergreifen und das Kohärenzverfahren gemäß Art. 66 Abs. 2 zur Erlangung einer Stellungnahme des Ausschusses oder eines verbindlichen Beschlusses im Dringlichkeitsverfahren anstoßen.

21 Aufgrund der Einladung oder akzeptierter Teilnahmeersuchen bestimmen die beteiligten Aufsichtsbehörden die gemeinsame Maßnahme genauer und legen fest, welche ihrer Mitglieder und Bediensteten daran teilnehmen. Dies ist insbesondere dann erforderlich, wenn diese Personen gegenüber einer Niederlassung eines Verantwortlichen tätig werden, die außerhalb der territorialen Zuständigkeit ihrer Aufsichtsbehörde liegt, und ist natürlich besonders wichtig, wenn sie auch vom Recht auf Zugang zu den Geschäftsräumen und Verarbeitungsanlagen und -geräten Gebrauch machen sollen. In diesem Fall **überträgt die zuständige Behörde ihnen die erforderlichen Untersuchungsbefugnisse**.

22 Die gemeinsame Maßnahme wird grundsätzlich von allen Beteiligten **nach dem Recht des Mitgliedstaates der einladenden Aufsichtsbehörde** durchgeführt. Dieser Mitgliedstaat kann aber, soweit dies im Rahmen seiner Rechtsordnung zulässig und möglich ist, Vertretern anderer Aufsichtsbehörden gestatten, ihre Untersuchungsbefugnisse nach eigenem Recht auch gegenüber einer Niederlassung des Verantwortlichen oder Auftragsverarbeiters auf seinem Territorium auszuüben.

23 Die einladende Aufsichtsbehörde leitet die gemeinsame Maßnahme und ist insofern **auch gegenüber den entsandten Vertretern anderer Aufsichtsbehörden weisungsbefugt**. Für die Leitung und Weisungsbefugnisse gilt das Recht des Mitgliedstaates der einladenden Aufsichtsbehörde, wie auch für alle anderen relevanten Aspekte der Durchführung der gemeinsamen Maßnahme, mit Ausnahme der ausdrücklich zugelassenen Untersuchungsbefugnisse der Mitarbeiter von teilnehmenden Aufsichtsbehörden nach dem Recht ihres eigenen Mitgliedstaates.

IV. Exterritoriale Tätigkeit von Mitgliedern und Bediensteten von Aufsichtsbehörden

24 Im Rahmen von gemeinsamen Maßnahmen können Mitglieder und Bedienstete von Aufsichtsbehörden **Befugnisse auf dem Territorium eines anderen als ihres eigenen Mitgliedstaates** ausüben. Dazu werden ihnen durch eine Entscheidung der territorial zuständigen Aufsichtsbehörde die entsprechenden Untersuchungsbefugnisse übertragen. Relevant ist dies insbesondere für diejenigen Untersuchungsbefugnisse, die direktes Handeln bezüglich einer Niederlassung des Verantwortlichen oder Auftragsverarbeiters ermöglichen. Dazu zählen insbesondere der **Zugang zu Geschäftsräumen und Verarbeitungsanlagen** und -geräten gemäß Art. 58 Abs. 1 Buchst. f, der **Zugang zu personenbezogenen Daten** und untersuchungsrelevanten Informationen gemäß Art. 58 Abs. 1 Buchst. e sowie die Anweisung zur **Bereitstellung von Informationen** gemäß Art. 58 Abs. 1 Buchst. a. Allgemein gilt dies auch für die **Durchführung von Datenschutzüberprüfungen** gemäß Art. 58 Abs. 1 Buchst. b, soweit diese in den Geschäftsräumen durchgeführt werden.

25 **Mitarbeiter oder Bedienstete der einladenden Aufsichtsbehörden leiten die Maßnahme** und sind anwesend, wenn Vertreter anderer Aufsichtsbehörden die ihnen übertragenen Untersuchungsbefugnisse ausüben. Alle an der Maßnahme beteiligten Personen unterliegen dem Recht des Mitgliedstaates der einladenden Behörde. Dieser Mitgliedstaat ist gegenüber Dritten

voll für das Handeln aller beteiligten Personen verantwortlich, auch in Bezug auf die Haftung für von ihnen verursachte Schäden. Er leistet **Schadensersatz nach seinem eigenen Recht,** auch für Schäden, die von Mitarbeitern von Aufsichtsbehörden anderer Mitgliedstaaten verursacht worden sind. Der Mitgliedstaat der verursachenden Mitarbeiter ersetzt den geleisteten Betrag.

V. Praktische Umsetzung

Am 14.6.2022 entschied der EDSA seine internen Leitlinien[4] zur Anwendung von Art. 62, die ursprünglich nur den EDSA-Mitgliedern zur Verfügung standen, öffentlich zu machen. Die Leitlinien stellen fest, dass die DS-GVO lediglich Regeln für die Einladung zur Teilnahme einer gemeinsamen Maßnahme festlegt, und für die weiteren Schritte keine Vorgaben macht. Die Leitlinien sollen den Aufsichtsbehörden ein Gerüst für einen Ablaufplan für solche Maßnahmen zur Verfügung stellen, und beschreiben in einem Flussdiagramm auch die Kommunikationsbeziehungen zwischen den Aufsichtsbehörden, die auch durch das Informationssystem des EDSA unterstützt werden. Soweit die Leitlinien über die Bestimmungen der DS-GVO hinausgehen, können sie von den Behörden angewandt werden, sind aber nicht verbindlich.

Ausweislich der Jahresberichte des EDSA wurde im Register des Ausschusses bis einschließlich 2022 ein Verfahren nach Art. 62 eingetragen (im Jahre 2020).[5] Andere Fälle sind bisher nicht bekannt. In der Evaluierung der DS-GVO 2020 gab der EDSA an, dass es zum Zeitpunkt der Evaluierung in mindestens einem Mitgliedstaat keine konkrete Implementierung von Art. 62 gab.[6] Zusätzlich war der Großteil der Aufsichtsbehörden nicht der Auffassung ist, dass sie ausreichende Ressourcen haben, um zum Kooperations- und Kohärenzverfahren beizutragen.[7]

Der vom EDSA vereinbarte Experten-Pool kann Mitglieder und Bedienstete der Aufsichtsbehörden sowie externe Experten umfassen. Bei Maßnahmen nach Art. 62 können externe Experten nicht eingesetzt werden, da sie nicht die Voraussetzungen für die Übertragung von behördlichen Befugnissen erfüllen.[8]

C. Rechtsschutz

Gemeinsame Maßnahmen finden in Verantwortung der Aufsichtsbehörde des Mitgliedstaates statt und unterliegen dem Recht dieses Staates. Damit steht betroffenen Verantwortlichen und Auftragsverarbeitern der Rechtsweg dieses Mitgliedstaates offen.

Für eventuelle Schäden, die sich aus gemeinsamen Maßnahmen ergeben, haftet die Aufsichtsbehörde des Mitgliedstaates in dem die Maßnahmen durchgeführt wurden. Entsprechend gilt der Rechtsweg dieses Mitgliedstaates. Andere Mitgliedstaaten sind zur Erstattung von Schadensersatz an diesen Mitgliedstaat verpflichtet, sofern die Schäden durch ihre Bediensteten verursacht wurden. Rechtliche Auseinandersetzungen zwischen Mitgliedstaaten bezüglich dieses Schadensersatzes können gemäß Art. 259 AEUV nach Einholung einer Stellungnahme der Kommission vom EuGH entschieden werden.

Kommt eine Aufsichtsbehörde ihren Verpflichtungen nach diesem Artikel nicht nach, ist zunächst der Europäische Datenschutzausschuss mit der Angelegenheit zu befassen, dessen Verfahren letztendlich mit einem verbindlichen Beschluss oder einer Stellungnahme endet. Maßnahmen von Aufsichtsbehörden, die verbindlichen Beschlüssen des Ausschusses nicht folgen, sind nicht rechtmäßig zustande gekommen und daher im anzuwendenden nationalen Rechtsweg aufzuheben.

---

[4] EDSA Internal EDPB Document 1/2021 on the application of Art. 62 GDPR – Joint Operations v. 14.1.2021.
[5] EDSA Jahresbericht 2020 S. 68.
[6] EDSA Contribution of the EDPB to the evaluation of the GDPR under Article 97 v. 18.2.2020 S. 14.
[7] EDSA Contribution of the EDPB to the evaluation of the GDPR under Article 97 v. 18.2.2020 S. 30.
[8] EDSA Document on Terms of Reference of the EDPB Support Pool of Experts v. 15.12.2020 Fn. 8.

Abschnitt 2. Kohärenz

Art. 63 Kohärenzverfahren

Um zur einheitlichen Anwendung dieser Verordnung in der gesamten Union beizutragen, arbeiten die Aufsichtsbehörden im Rahmen des in diesem Abschnitt beschriebenen Kohärenzverfahrens untereinander und gegebenenfalls mit der Kommission zusammen.

Literatur: *EDSA,* Guidelines 03/2021 on the application of Article 65(1)(a) GDPR Version 2.0 v. 24.5.2023; *EDSA,* Leitlinien 02/2022 zur Anwendung des Artikels 60 DSGVO, Version 1.1 v. 14.3.2022.

Rechtsprechung: EuGH Urt. v. 9.3.2010 – C-518/07, ECLI:EU:C:2010:125 – Kommission / Deutschland; EuGH Urt. v. 6.10.2015 – C-362/14, ECLI:EU:C:2015:650 – Schrems / DPC Rn. 99; EuGH Urt. v. 16.7.2020 – C-311/18, ECLI:EU:C:2020:559 – Data Protection Commissioner / Facebook Ireland Ltd, u.a. (Schrems II); EuGH Urt. v. 15.6.2021 – C-645/19, ECLI:EU:C:2021:483 – Facebook Ireland Ltd. u.a./ Gegevensbeschermingsautoriteit; EuG Beschl. v. 7.12.2022 – T-709/21, ECLI:EU:T:2022:783 – WhatsApp Ireland Ltd/Europäischer Datenschutzausschuss.

Übersicht

	Rn.
A. Allgemeines	1
I. Zweck und Bedeutung der Vorschrift	1
II. Systematik, Verhältnis zu anderen Vorschriften	3
B. Einzelerläuterungen	5
I. Zentrale Position des Kohärenzverfahrens	5
II. Verpflichtung der Aufsichtsbehörden	6
III. Beteiligung der deutschen Aufsichtsbehörden	7

A. Allgemeines*

I. Zweck und Bedeutung der Vorschrift

1 Das **Kohärenzverfahren** ist ein zentrales Element der Neuordnung des EU-Systems zur Sicherstellung des Datenschutzes. Auf der Basis der DS-GVO, die als EU-weit einheitliches direkt anwendbares Instrument die rechtliche Basis legt, wird durch das Kohärenzverfahren ein **Instrument zur einheitlichen Umsetzung** geschaffen, in dem Aufsichtsbehörden gemeinsam bindende Entscheidungen treffen und sie umsetzen. Das Ziel der einheitlichen Anwendung wird den Aufsichtsbehörden in Art. 51 Abs. 2 aufgegeben und in Art. 57 Abs 1 Buchst. g bestätigt. Eine ähnliche Verpflichtung verfolgte bereits Art. 30 DS-RL, allerdings ohne konkrete Verfahrensanweisungen und ohne die Möglichkeit, Einzelfallentscheidungen der Aufsichtsbehörden direkt zu beeinflussen.

2 Die DS-GVO legt in den **folgenden Art. 64–66** fest, unter welchen **Bedingungen** die Kohärenzverfahren anzuwenden sind und bestimmt **Fristen und Verfahren,** die sicherstellen sollen, dass Datenschutzbehörden betroffenen Personen und Verantwortlichen oder Auftragsverarbeitern auch in Fällen mit grenzüberschreitender Verarbeitung und Beteiligung des EDSA ohne lange Wartezeiten Entscheidungen übermitteln können.

II. Systematik, Verhältnis zu anderen Vorschriften

3 Der Artikel führt **Ziel und Beteiligte des Kohärenzverfahrens** ein, dessen Einzelheiten in den nachfolgenden Art. 64 (Stellungnahme des Ausschusses), Art. 65 (Streitbeilegung) und Art. 66 (Dringlichkeitsverfahren) genauer bestimmt werden. Außer den Aufsichtsbehörden und dem Ausschuss ist auch die Kommission an dem Verfahren beteiligt, insbesondere wenn der Ausschuss Stellungnahmen zu Fragen allgemeiner Bedeutung abgibt.

---

* Die Verfasser vertreten hier ihre persönliche Auffassung, die nicht notwendig der Auffassung des Europäischen Datenschutzbeauftragten entspricht.

Die **Durchführung des Kohärenzverfahrens ist eine der wichtigsten Aufgaben des** 4
Europäischen Datenschutzausschusses. Das Verfahren stellt hohe Anforderungen an die praktische Arbeitsweise der Aufsichtsbehörden, des Ausschusses und seines Sekretariats. Die Anwendung des Kohärenzverfahrens ist für bestimmte Entscheidungen von Aufsichtsbehörden vorgesehen. Außerdem wird das Kohärenzverfahren in Fällen der unterschiedlichen Auffassung zwischen beteiligten Aufsichtsbehörden zB bei den Verfahren der Zusammenarbeit gemäß Art. 60–62 angewandt.

B. Einzelerläuterungen

I. Zentrale Position des Kohärenzverfahrens

Art. 63 befindet sich an der Schnittstelle zwischen den beiden Wegen zur einheitlichen 5
Rechtsdurchsetzung, die die DS-GVO bereitstellt. Das vorhergehende Kapitel VI und der Abschnitt 1 des Kapitels VII bestimmen die Aufgaben, Organisation und Befugnisse der Aufsichtsbehörden der Mitgliedstaaten und stellen ihnen mit den Verfahren der Zusammenarbeit, der Amtshilfe und der gemeinsamen Maßnahmen die Werkzeuge zur Verfügung, um auch bei grenzüberschreitender Verarbeitung zu einer konsistenten Durchsetzung zu gelangen. Die nachfolgenden Abschnitte 2 und 3 des Kapitels VII entwickeln das Kohärenzverfahren im engeren Sinne und errichten mit dem Europäischen Datenschutzausschuss das für dieses Verfahren zentrale Organ. Der Artikel ist somit nicht die Schwelle zur einheitlichen Durchsetzung des EU-weiten Datenschutzrechts, sondern der **Schlussstein des Bogens zwischen den Instrumenten auf nationaler Ebene auf der einen Seite und der EU-Ebene auf der anderen Seite.**

II. Verpflichtung der Aufsichtsbehörden

Durch diese Positionierung des Art. 63 in der DS-GVO und seine Fokussierung auf einen 6
einzigen Punkt unterstreicht der Gesetzgeber die Bedeutung des dargelegten Prinzips: die Verpflichtung der Aufsichtsbehörden zur Zusammenarbeit im Kohärenzverfahren. Diese Betonung ist der Sache durchaus angemessen, da die Zusammenarbeit mit der Möglichkeit, an durch Mehrheitsentscheidungen gefasste, also nicht einstimmige, Beschlüsse gebunden zu sein, die Aufsichtsbehörden vor nicht unerhebliche Herausforderungen bezüglich der Vereinbarkeit von Unabhängigkeit und Kohärenz stellt, insbesondere wenn sie eine Entscheidung umsetzen und gegebenenfalls verteidigen müssen, welche nicht ihrer ursprünglichen Ansicht entspricht. Die Betonung des Prinzips ist auch für die Interpretation der in den nachfolgenden Artikeln festgelegten technischen und prozeduralen Einzelheiten des Verfahrens von Bedeutung und natürlich auch gegebenenfalls im Gerichtsverfahren. Der EuGH hat die Bedeutung der gemeinsamen Verpflichtung aller Aufsichtsbehörden zur einheitlichen Anwendung und Durchsetzung der DS-GVO wiederholt bekräftigt.[1] Der EDSA erläutert diese Grundlagen der Zusammenarbeit und Kohärenz in seinen Leitlinien zu den verschiedenen Verfahren,[2] und betont die Verpflichtung aller beteiligten Behörden, gemeinsam die Einheitlichkeit sicherzustellen. Auch wenn die einzelnen Verfahren gestaltet sind, um mit widerstreitenden Auffassungen umzugehen, würde eine Aufsichtsbehörde, die auf ihrem eigenen Standpunkt beharrt und nicht aktiv versucht,[3] im Austausch mit anderen eine gemeinsame Auffassung zu entwickeln, nach dieser Interpretation ihren Verpflichtungen aus den Art. 51 und 57 nicht entsprechen.

III. Beteiligung der deutschen Aufsichtsbehörden

Gemäß Art. 68 Abs. 4 benennen Mitgliedstaaten, in denen mehr als eine Aufsichtsbehörde für 7
die Überwachung der Einhaltung der DS-GVO zuständig ist, einen gemeinsamen Vertreter, der an den Arbeiten des Europäischen Datenschutzausschuss teilnimmt. Für Deutschland legt das neu gefasste BDSG fest, dass der oder die BfDI diese Funktion wahrnimmt. Als Stellvertreter des deutschen gemeinsamen Vertreters fungiert ein hierzu vom Bundesrat als Person gewählter Leiter

---

[1] EuGH Urt. v. 9.3.2010 – C-518/07, ECLI:EU:C:2010:125 Rn. 25 und 32 ff. – Kommission / Deutschland; EuGH Urt. v. 6.10.2015 – C-362/14, ECLI:EU:C:2015:650 Rn. 41, 99 – Schrems/DPC; EuGH Urt. v. 16.7.2020 – C-311/18, ECLI:EU:C:2020:559 Rn. 115 – Schrems II; EuGH Urt. v. 15.6.2021 – C-645/19, ECLI:EU:C:2021:483 Rn. 52, 53 – Facebook Ireland Ltd. u.a./Gegevensbeschermingsautoriteit.
[2] Vgl. EDSA Leitlinien 02/2022 Rn. 26–28, 30.
[3] EDSA Leitlinien 02/2022 Rn. 133.

der Aufsichtsbehörde eines Bundeslandes. Soweit sich der Europäische Datenschutzausschuss mit Angelegenheiten befasst, die in die ausschließliche Gesetzgebungskompetenz der Länder fallen oder Einrichtung oder Verfahren von Aufsichtsbehörden der Länder betreffen, kann der Ländervertreter verlangen, dass der BfDI ihm die Wahrnehmung der Verhandlungsführung und das Stimmrecht im Ausschuss überträgt.

8   Die Vertretung der deutschen Aufsichtsbehörden erfolgt grundsätzlich auf der Basis eines gemeinsamen Standpunkts, der natürlich vor den Beratungen im Ausschuss bestimmt werden muss. Das BDSG sieht vor, dass der gemeinsame Standpunkt möglichst im Konsens der Aufsichtsbehörden gebildet wird, basierend auf dem Austausch aller relevanten Informationen zwischen den Behörden. Kann kein Konsens gefunden werden, legt in Fällen, in denen es eine federführende deutsche Behörde gibt, diese Behörde, ansonsten der gemeinsame Vertreter oder in Fällen der Länderkompetenz dessen Stellvertreter einen Entwurf für einen gemeinsamen Standpunkt vor. Dieser Entwurf bildet dann die Grundlage für die deutsche Verhandlungsführung und Stimmabgabe im Europäischen Datenschutzausschuss. Die Aufsichtsbehörden können laut BDSG mit einfacher Mehrheit einen anderen Standpunkt beschließen, wobei jedes Land und der Bund jeweils eine Stimme hat, allerdings stellt diese Möglichkeit sehr hohe Anforderungen an die rasche Durchführung des Verfahrens. Angesichts der kurzen Fristen für einige Verfahren des Ausschusses ist es daher zu begrüßen, dass das BDSG durch seine Vorgehensweise sicherstellt, dass immer ein gemeinsamer deutscher Standpunkt festgelegt werden kann, ohne dass eine Einigung oder eine Abstimmung der Aufsichtsbehörden in Deutschland zwingend erforderlich ist. Um in möglichst vielen Fällen zu einem Konsens oder zumindest zu einem von einer Mehrheit der deutschen Aufsichtsbehörden getragenen gemeinsamen Standpunkt zu kommen, ist daher eine rasche Reaktion und eine zügige Durchführung der Schritte zur Entwicklung eines gemeinsamen Standpunktes von entscheidender Bedeutung.

9   Diese Regelung gilt für alle Verfahren des Ausschusses, damit auch für das Kohärenzverfahren nach Art. 64 oder Art. 65, auch in der Variante des Dringlichkeitsverfahrens nach Art. 66. Die Fristen sind in allen Varianten des Kohärenzverfahrens relativ kurz, so dass zeitaufwändige Verfahren zum Erlangen eines gemeinsamen Standpunktes das Risiko beinhalten würden, dass ein deutscher gemeinsamer Standpunkt nicht rechtzeitig zum Abschluss des Verfahrens im Europäischen Datenschutzausschuss vorgelegt werden könnte. Durch das ergebnis-orientierte Verfahren des BDSG ist sichergestellt, dass immer die Möglichkeit besteht, einen gemeinsamen deutschen Standpunkt zu bestimmen.

10 Sofern ein Kohärenzverfahren einen Fall betrifft, in dem eine deutsche Aufsichtsbehörde die federführende Behörde ist, und dies nicht der BfDI oder die Landesbehörde des Stellvertreters ist, wird die federführende Behörde nicht selbst an den Beratungen des Europäischen Datenschutzausschusses teilnehmen. Für Mitgliedstaaten des EWR mit nur einer Aufsichtsbehörde wird dagegen immer die federführende Behörde auch im Europäischen Datenschutzausschuss anwesend und, sofern EU-Mitglied, stimmberechtigt sein.

Art. 64 Stellungnahme des Ausschusses

(1) ¹Der Ausschuss gibt eine Stellungnahme ab, wenn die zuständige Aufsichtsbehörde beabsichtigt, eine der nachstehenden Maßnahmen zu erlassen. ²Zu diesem Zweck übermittelt die zuständige Aufsichtsbehörde dem Ausschuss den Entwurf des Beschlusses, wenn dieser

a) der Annahme einer Liste der Verarbeitungsvorgänge dient, die der Anforderung einer Datenschutz-Folgenabschätzung gemäß Artikel 35 Absatz 4 unterliegen,
b) eine Angelegenheit gemäß Artikel 40 Absatz 7 und damit die Frage betrifft, ob ein Entwurf von Verhaltensregeln oder eine Änderung oder Ergänzung von Verhaltensregeln mit dieser Verordnung in Einklang steht,
c) der Billigung der Anforderungen an die Akkreditierung einer Stelle nach Artikel 41 Absatz 3, einer Zertifizierungsstelle nach Artikel 43 Absatz 3 oder der Kriterien für die Zertifizierung gemäß Artikel 42 Absatz 5 dient,
d) der Festlegung von Standard-Datenschutzklauseln gemäß Artikel 46 Absatz 2 Buchstabe d und Artikel 28 Absatz 8 dient,
e) der Genehmigung von Vertragsklauseln gemäß Artikels 46 Absatz 3 Buchstabe a dient, oder
f) der Annahme verbindlicher interner Vorschriften im Sinne von Artikel 47 dient.

(2) Jede Aufsichtsbehörde, der Vorsitz des Ausschuss oder die Kommission können beantragen, dass eine Angelegenheit mit allgemeiner Geltung oder mit Auswirkungen in mehr als einem Mitgliedstaat vom Ausschuss geprüft wird, um eine Stellungnahme zu erhalten, insbesondere wenn eine zuständige Aufsichtsbehörde den Verpflichtungen zur Amtshilfe gemäß Artikel 61 oder zu gemeinsamen Maßnahmen gemäß Artikel 62 nicht nachkommt.

(3) ¹In den in den Absätzen 1 und 2 genannten Fällen gibt der Ausschuss eine Stellungnahme zu der Angelegenheit ab, die ihm vorgelegt wurde, sofern er nicht bereits eine Stellungnahme zu derselben Angelegenheit abgegeben hat. ²Diese Stellungnahme wird binnen acht Wochen mit der einfachen Mehrheit der Mitglieder des Ausschusses angenommen. ³Diese Frist kann unter Berücksichtigung der Komplexität der Angelegenheit um weitere sechs Wochen verlängert werden. ⁴Was den in Absatz 1 genannten Beschlussentwurf angeht, der gemäß Absatz 5 den Mitgliedern des Ausschusses übermittelt wird, so wird angenommen, dass ein Mitglied, das innerhalb einer vom Vorsitz angegebenen angemessenen Frist keine Einwände erhoben hat, dem Beschlussentwurf zustimmt.

(4) Die Aufsichtsbehörden und die Kommission übermitteln unverzüglich dem Ausschuss auf elektronischem Wege unter Verwendung eines standardisierten Formats alle zweckdienlichen Informationen, einschließlich – je nach Fall – einer kurzen Darstellung des Sachverhalts, des Beschlussentwurfs, der Gründe, warum eine solche Maßnahme ergriffen werden muss, und der Standpunkte anderer betroffener Aufsichtsbehörden.

(5) Der Vorsitz des Ausschusses unterrichtet unverzüglich auf elektronischem Wege
a) unter Verwendung eines standardisierten Formats die Mitglieder des Ausschusses und die Kommission über alle zweckdienlichen Informationen, die ihm zugegangen sind. Soweit erforderlich stellt das Sekretariat des Ausschusses Übersetzungen der zweckdienlichen Informationen zur Verfügung und
b) je nach Fall die in den Absätzen 1 und 2 genannte Aufsichtsbehörde und die Kommission über die Stellungnahme und veröffentlicht sie.

(6) Die in Absatz 1 genannte zuständige Aufsichtsbehörde nimmt den in Absatz 1 genannten Beschlussentwurf nicht vor Ablauf der in Absatz 3 genannten Frist an.

(7) Die in Absatz 1 genannte zuständige Aufsichtsbehörde trägt der Stellungnahme des Ausschusses weitestgehend Rechnung und teilt dessen Vorsitz binnen zwei Wochen nach Eingang der Stellungnahme auf elektronischem Wege unter Verwendung eines standardisierten Formats mit, ob sie den Beschlussentwurf beibehalten oder ändern wird; gegebenenfalls übermittelt sie den geänderten Beschlussentwurf.

(8) Teilt die in Absatz 1 genannte zuständige Aufsichtsbehörde dem Vorsitz des Ausschusses innerhalb der Frist nach Absatz 7 des vorliegenden Artikels unter Angabe der maßgeblichen Gründe mit, dass sie beabsichtigt, der Stellungnahme des Ausschusses insgesamt oder teilweise nicht zu folgen, so gilt Artikel 65 Absatz 1.

Literatur: *EDSA*, Geschäftsordnung Version 8 v. 6.4.2022; *EDSA*, Internal EDPB Document 3/2019 on Internal guidance on Article 64 (2) GDPR v. 8.10.2019; *EDSA*, Internal EDPB Document 1/2020 on Art 64.1 GDPR – Opinion on matters related to items on which the board has already issued an Opinion v. 18.2.2020.

Rechtsprechung: EuGH Urt. v. 16.7.2020 – C-311/18, ECLI:EU:C:2020:559 – Data Protection Commissioner/Facebook Ireland Ltd, u.a. (Schrems II); EuGH Urt. v. 15.6.2021 – C-645/19, ECLI:EU:C:2021:483 – Facebook Ireland Ltd. u.a/Gegevensbeschermingsautoriteit; EuG Beschl. v. 7.12.2022 – T-709/21, ECLI:EU:T:2022:783 – WhatsApp Ireland Ltd/Europäischer Datenschutzausschuss.

Übersicht

	Rn.
A. Allgemeines	1
I. Zweck und Bedeutung der Vorschrift	1
II. Systematik, Verhältnis zu anderen Vorschriften	7
B. Einzelerläuterungen	11
I. Verfahrensablauf	11
II. Technische Rahmenbedingungen	16
III. Praktische Anwendung	18
C. Rechtsschutz	21

A. Allgemeines*

I. Zweck und Bedeutung der Vorschrift

1   Das Kohärenzverfahren ermöglicht es den Aufsichtsbehörden, durch die Befassung des Europäischen Datenschutzausschuss in konkreten Fällen zu einer gemeinsamen Position zu kommen. Eine **Stellungnahme des Ausschusses** ist in bestimmten Fällen vor einer Entscheidung der Aufsichtsbehörde notwendig, kann aber auch auf Verlangen von Aufsichtsbehörden, des Ausschussvorsitzes oder der Kommission in allen Fällen mit allgemeiner oder grenzüberschreitender Bedeutung abgegeben werden.

2   Das Kohärenzverfahren mit Stellungnahme des Ausschusses **stärkt die Unabhängigkeit** der einzelnen Aufsichtsbehörden und gibt ihnen einen **größeren Entscheidungs- und Handlungsspielraum** im Vergleich zu den Fällen, für die nach Art. 70 eine alleinige Entscheidung des Ausschusses vorgesehen ist. Der Ausschuss kann zwar allgemeine Leitlinien, Empfehlungen usw beschließen, bei der **Anwendung auf konkrete Fälle** müssen die Aufsichtsbehörden aber lediglich eine Stellungnahme des Ausschusses einholen, bevor sie ihren Beschluss fassen.

3   Diese Aufteilung von Kompetenzen gilt für Entscheidungen über Instrumente, die eine größere Anzahl von Verantwortlichen oder Auftragsverarbeitern betreffen, wie etwa über **Verhaltensregeln und die Kriterien zur Akkreditierung** von mit deren Überwachung beauftragten Stellen sowie von Zertifizierungsstellen. Auch konkrete Maßnahmen, die als Garantien zur Zulässigkeit der **Datenübertragung in Drittstaaten** führen können, unterliegen diesem Ansatz, und zwar insbesondere Standarddatenschutzklauseln und Vertragsklauseln sowie verbindliche interne Datenschutzvorschriften. Auch für Listen von Verarbeitungen, die einer **Datenschutz-Folgenabschätzung** unterzogen werden müssen, gilt unter den Voraussetzungen von Art. 35 Abs. 6 derselbe Ansatz.

4   Die Einholung einer Stellungnahme des Ausschusses schränkt die Unabhängigkeit und den Entscheidungsspielraum der Aufsichtsbehörde nicht ein, da sie ja in diesen Fällen unmittelbar die Bestimmungen der DS-GVO ausführt, die hier auch keiner Ergänzung durch nationales Recht bedürfen. Das Einholen der Stellungnahme des Ausschusses **verhindert die Entwicklung voneinander abweichender Interpretationen** in verschiedenen Mitgliedstaaten und von Fragmentierung in der Durchsetzungspraxis und hilft damit den Aufsichtsbehörden ihrer Verpflichtung nach Art 51 Abs. 2 und Art. 57 Abs. 1 Buchst. g nachzukommen.[1]

5   Auch in den Fällen des Abs. 2, denen eine beobachtete oder vermutete Unstimmigkeit zwischen Aufsichtsbehörden zugrunde liegen kann, lässt das Verfahren zur Stellungnahme den Aufsichtsbehörden die **Autonomie der Entscheidung,** indem es das gesamte Verfahren in ihren Händen belässt. Trotz ihrer beratenden Mitgliedschaft im Ausschuss und der Möglichkeit, dessen Stellungnahme zu einer Angelegenheit der Datenschutzaufsicht anzufordern, kann die Kommission den Aufsichtsbehörden in keiner Weise Anweisungen erteilen, wie es noch im ursprünglichen Vorschlag zur DS-GVO vorgesehen war. Dies gilt selbst dann, wenn es in Fällen von andauernder Uneinigkeit nach einer Stellungnahme des Ausschusses noch zur Anwendung des Streitbeilegungsverfahrens kommen sollte. Allerdings hat auch die Europäische Kommission die Möglichkeit, nach Art 65 Abs. 1 Buchst. c ein Verfahren zur Streitbeilegung zu initiieren, falls eine Aufsichtsbehörde nicht ihrer Pflicht nachkommt, eine Stellungnahme einzuholen, oder falls sie einer Stellungnahme nach Art 64 nicht folgt.

6   Die Arbeit des Ausschusses in den Fällen des Kohärenzverfahrens unterliegt **Transparenzanforderungen** dergestalt, dass die Stellungnahme des Ausschusses gemäß Abs. 5 Buchst. b veröffentlicht wird. Dies erfolgt in der Regel auf dessen Website.

II. Systematik, Verhältnis zu anderen Vorschriften

7   Das Verfahren zur Stellungnahme des Ausschusses ist **eine der Varianten des Kohärenzverfahrens** nach Art. 63, zu denen auch das Streitbeilegungsverfahren nach Art. 65 und das Dringlichkeitsverfahren nach Art. 66 gehören. Das Kohärenzverfahren ergänzt die Befugnisse des Europäischen Datenschutzausschusses zu allgemeinen Stellungnahmen und Beschlüssen nach

---

* Die Verfasser vertreten hier ihre persönliche Auffassung, die nicht notwendig der Auffassung des Europäischen Datenschutzbeauftragten entspricht.
[1] EuGH Urt. v. 15.6.2021 – C-645/19, ECLI:EU:C:2021:483 Rn. 53 – Facebook Ireland Ltd. u.a./Gegevensbeschermingsautoriteit.

Art. 70 um die Befassung mit Angelegenheiten, die konkrete Anwendungsfälle der DS-GVO betreffen.

Eine Stellungnahme des Ausschusses ist zwingend erforderlich, bevor Aufsichtsbehörden bestimmte Entscheidungen mit weitreichendem Effekt treffen. Dies betrifft insbesondere die Genehmigung von Maßnahmen, aufgrund deren die **Übertragung personenbezogener Daten in Drittstaaten** möglich ist, nämlich verbindliche interne Vorschriften gemäß Art. 47, Standard-Datenschutzklauseln und Vertragsklauseln nach Art. 46 und Verhaltensregeln nach Art. 40. Es findet auch Anwendung für Maßnahmen, die **weitreichende Auswirkungen auf eine größere Zahl von Verarbeitungsvorgängen** haben können, nämlich die Kriterien für die Akkreditierung von Stellen zur Überwachung genehmigter Verhaltensregeln nach Art. 41 und von Zertifizierungsstellen nach Art. 43 und Listen von Verarbeitungsvorgängen, für die eine Datenschutz-Folgenabschätzung nach Art. 35 erforderlich ist. In Fällen dieser abschließend formulierten Liste aus Abs. 1 legt die Aufsichtsbehörde dem Ausschuss einen Beschlussentwurf zur Stellungnahme vor, bevor sie ihren Beschluss fasst.[2]

Jede andere Angelegenheit der Datenschutzaufsicht kann dem Ausschuss zur Stellungnahme vorgelegt werden, wenn sie allgemeine Geltung hat oder Auswirkungen in mehr als einem Mitgliedstaat hat. Dabei kann es sich auch um datenschutzrechtliche Verfahren bezüglich einzelner Verantwortlicher oder Auftragsverarbeiter handeln. Dies gilt insbesondere dann, wenn nach Ansicht von Aufsichtsbehörden, der Kommission oder des Ausschussvorsitzes bei der Anwendung des Amtshilfeverfahrens nach Art. 61 oder bei der Durchführung von gemeinsamen Maßnahmen nach Art. 62 eine Aufsichtsbehörde ihren Verpflichtungen nicht nachkommt.

Die Durchführung des Kohärenzverfahrens gehört gemäß Art. 70 Abs. 1 Buchst. a und t zu den Aufgaben des Europäischen Datenschutzausschusses. Dabei ist der Ausschuss sowohl für die Durchführung des Verfahrens als auch für die Stellungnahmen zuständig. Die Verantwortung für die fristgemäße Durchführung des Kohärenzverfahrens obliegt nach Art. 74 dem Vorsitz.

B. Einzelerläuterungen

I. Verfahrensablauf

In den Fällen, in denen sie durch Abs. 1 dazu verpflichtet ist, eine Stellungnahme des Ausschusses einzuholen, bereitet die zuständige Aufsichtsbehörde ihren eigenen **Beschlussentwurf** zu der Angelegenheit vor und übermittelt diesen Entwurf dem Ausschuss zur Stellungnahme. Solange die Frist für die Stellungnahme des Ausschusses nicht abgelaufen ist, nimmt die Aufsichtsbehörde den Beschlussentwurf nicht an.

Beantragen eine Aufsichtsbehörde, der Vorsitz des Ausschusses oder die Kommission gemäß Abs. 2 eine Stellungnahme zu einer Angelegenheit, übermitteln sie dem Ausschuss **alle zweckdienlichen Informationen,** einschließlich einer Darstellung des Sachverhalts, der **Gründe für die Befassung des Ausschusses** und die Auffassungen betroffener Aufsichtsbehörden, sowie gegebenenfalls den relevanten Beschlussentwurf. Das Sekretariat des EDSA prüft, ob alle nötigen Dokumente vorhanden sind. Soweit erforderlich kann das Sekretariat die Übermittlung weiterer Dokumente verlangen. Das Sekretariat übernimmt, soweit erforderlich, auch die Übersetzung von Dokumenten ins Englische. Erst wenn die beantragende Stelle und die Vorsitzende des EDSA beschließen, dass das Dossier vollständig ist, wird das Dossier an die Mitglieder des EDSA weitergeleitet.[3]

Mit der Übermittlung der relevanten Informationen und Entwürfe an die Mitglieder des Ausschusses beginnen die festgelegten Fristen. Sofern es sich um einen Beschlussentwurf einer Aufsichtsbehörde handelt, kann der Vorsitz den Mitgliedern diesen mit der Maßgabe übermitteln, dass ihre **Zustimmung angenommen wird, wenn sie nicht binnen einer festgesetzten Frist Einwände erheben.** Damit bestünde bei aufgrund von Abs. 1 übermittelten Beschlussentwürfen die Möglichkeit, soweit keine Aufsichtsbehörde innerhalb der gesetzten Frist Einwände erhebt, eine nicht weiter qualifizierte positive Stellungnahme des Ausschusses zu

---

[2] Neben den zu Abs. 1 korrespondierenden Bestimmungen der Art. 35 Abs. 4 und Art. 46 Abs. 3 Buchst. a, verlangen auch Art. 35 Abs. 5 und Art 46 Abs. 3 Buchst. b, dass DSA vor ihren Entwurfsentscheidungen Stellungnahmen des Ausschusses einholen. Der EDSA hat in solchen Fällen seine Stellungnahme unter Art. 64 Abs. 2 verabschiedet.

[3] EDSA Geschäftsordnung Version 8 Art. 10 Abs. 1.

beschließen. In den Fällen des Abs. 2 liegt der Befassung des Ausschusses bereits ein vermuteter Klärungsbedarf zugrunde, so dass ein so vereinfachtes Vorgehen unwahrscheinlich ist.[4]

14   Der Entwurf der Stellungnahme wird auf Weisung der Vorsitzenden vom Sekretariat des EDSA vorbereitet. Dabei kann die Vorsitzenden entscheiden, einen Berichterstatter und Mitglieder einer Fachuntergruppe hinzuzuziehen.[5] Der Ausschuss kann von einer Stellungnahme zu einer ihm vorgelegten Angelegenheit nur absehen, wenn er dazu bereits eine Stellungnahme abgegeben hat. Ansonsten nimmt er seine **Stellungnahme binnen acht Wochen,** in komplexen Fällen binnen 14 Wochen, mit einfacher Mehrheit seiner Mitglieder an. Der Vorsitz des Ausschusses teilt die Stellungnahme des Ausschusses den zuständigen Aufsichtsbehörden und der Kommission mit.

15   Im Fall der verpflichtenden Stellungnahme nach Abs. 1 prüft die Aufsichtsbehörde, wie sie die Stellungnahme des Ausschusses zu ihrem Beschlussentwurf berücksichtigen wird und **unterrichtet den Vorsitz des Ausschusses binnen zwei Wochen nach Erhalt der Stellungnahme über ihre Entscheidung,** gegebenenfalls unter Übermittlung des geänderten Beschlussentwurfs. Sofern die Aufsichtsbehörde der Stellungnahme des Ausschusses nicht oder teilweise nicht folgt, teilt sie dies mit Angabe ihrer Gründe dem Vorsitz des Ausschusses mit, der daraufhin gegebenenfalls das Verfahren der Streitbeilegung nach Art. 65 einleitet.

II. Technische Rahmenbedingungen

16   Im Rahmen des Verfahrens zur Stellungnahme des Ausschusses verwenden die Kommission, die Aufsichtsbehörden und der Vorsitz des Ausschusses **elektronische Verfahren zur Übermittlung der zweckdienlichen Informationen** und der Stellungnahme des Ausschusses untereinander und an die Mitglieder des Ausschusses. Für die vorgesehene Veröffentlichung der Stellungnahme des Ausschusses legt der Artikel keine technischen Rahmenbedingungen fest.[6]

17   Das technische Verfahren zur elektronischen Informationsübermittlung sowie die dabei verwendeten standardisierten Formate können von der Kommission gemäß Art. 67 im Wege von **Durchführungsrechtsakten** festgelegt werden. Dabei wird gemäß Art. 93 das Prüfverfahren nach Abs. 5 VO (EU) Nr. 182/2011 angewandt.

III. Praktische Anwendung

18   Bis Mitte 2023 hatte der EDSA 154 Stellungnahmen nach Art. 64 veröffentlicht. Der größte Teil dieser Stellungnahmen entfiel auf die in Abs. 1 ausdrücklich aufgeführten Umstände, unter denen eine Stellungnahme des Ausschusses verpflichtend eingeholt werden muss. Verbindliche interne Vorschriften iSv Art. 47 waren in 60 Fällen Gegenstand einer Stellungnahme nach Art. 64 Abs. 1 Buchst. f; im Zusammenhang mit Zertifizierungskriterien gemäß Art. 42 Abs. 5 oder Anforderungen für die Akkreditierung von Zertifizierungsstellen gem. Art. 43 Abs. 3 standen 50 Stellungnahmen gemäß Art. 64 Abs. 1 Buchst. c; die Listen von Verarbeitungsvorgängen, die eine Datenschutz-Folgenabschätzung gem. Art. 35 Abs. 4 verlangen, waren Gegenstand von 31 Stellungnahmen. Nur sehr wenige Stellungnahmen wurden gemäß Abs. 2 verabschiedet.

19   Die Stellungnahmen zu Datenschutz-Folgeabschätzungen waren die erste Kategorie, für die der Ausschuss seine Aufgabe gemäß Art. 64 Abs. 1 wahrnahm. Die Aufsichtsbehörden aller Mitgliedsstaaten des EWR sowie der Europäische Datenschutzbeauftragte, in dessen Fall eine Empfehlung statt einer Stellungnahme verabschiedet wurde, legten dem EDSA die Entwürfe ihrer Listen vor. Alle Listen wurden nach der gleichen Systematik untersucht und den Aufsichtsbehörden aufgetragen, in ihren Beschlüssen anzugeben, dass sie den Leitlinien WP248 der Arbeitsgruppe 29 bezüglich Datenschutz-Folgenabschätzungen folgen.

20   Für die Fälle nach Art 35 Abs. 5 und Art 46 Abs. 3 Buchst. b, für die zwar nach dem jeweiligen Artikel das Kohärenzverfahren nach Art. 63 anzuwenden ist, die aber nicht in Liste des Abs. 1 aufgeführt sind, hat der EDSA entschieden, seine Stellungnahmen nach Art 64 Abs. 2 zu verabschieden. Da die Bestimmungen der Abs. 6 und 7 für den Fall des Abs. 2 nicht gelten, ist die beantragende Behörde nicht ausdrücklich verpflichtet, den EDSA über ihren endgültigen

---

[4] EuGH Urt. v. 16.7.2020 – C-311/18, ECLI:EU:C:2020:559 Rn. 147 – Data Protection Commissioner/Facebook Ireland Ltd, u.a. (Schrems II).

[5] EDSA Geschäftsordnung Version 8 Art. 10 Abs. 6.

[6] Im Gegensatz dazu verlangt Art. 65 Abs. 5 S. 2 die Veröffentlichung des verbindlichen Beschlusses „auf der Website des Ausschusses".

Beschluss und eventuelle Abweichungen von der Stellungnahme des EDSA zu unterrichten, so dass der für Abs. 1 vorgesehene Kontrollmechanismus in diesen Fällen nicht greift. Der EDSA geht allerdings davon aus, dass jede Aufsichtsbehörde oder die Kommission dem EDSA mitteilen kann, wenn die beantragende Behörde der Stellungnahme nicht gefolgt ist.[7] In diesen Fällen kann dann ein Streitbeilegungsverfahren nach Art. 65 Abs. 1 durchgeführt werden.

C. Rechtsschutz

Die aufgrund einer Stellungnahme des Ausschusses getroffenen Maßnahmen einer einzelnen Aufsichtsbehörde werden nach dem **Recht des jeweiligen Mitgliedstaats** erlassen und unterliegen gemäß Art. 78 Abs. 3 der Rechtsprechung durch dessen Gerichte.[8] 21

Entscheidungen des Europäischen Datenschutzausschusses können durch eine **Nichtigkeitsklage** gemäß Art. 263 AEUV vor dem EuGH angefochten werden, oder gegebenenfalls auf Antrag nationaler Gerichte im Rahmen des **Vorabentscheidungsverfahrens** nach Art. 267 AEUV von diesem geprüft werden.[9] 22

Erfüllt eine Aufsichtsbehörde ihre Verpflichtungen aus dem Kohärenzverfahren nicht, kann die Kommission gegen den Mitgliedstaat ein **Vertragsverletzungsverfahren** nach Art. 258 AEUV einleiten. 23

Art. 65 Streitbeilegung durch den Ausschuss

(1) Um die ordnungsgemäße und einheitliche Anwendung dieser Verordnung in Einzelfällen sicherzustellen, erlässt der Ausschuss in den folgenden Fällen einen verbindlichen Beschluss:

a) wenn eine betroffene Aufsichtsbehörde in einem Fall nach Artikel 60 Absatz 4 einen maßgeblichen und begründeten Einspruch gegen einen Beschlussentwurf der federführenden Aufsichtsbehörde eingelegt hat und sich die federführende Aufsichtsbehörde dem Einspruch nicht angeschlossen hat oder den Einspruch als nicht maßgeblich oder nicht begründet abgelehnt hat. Der verbindliche Beschluss betrifft alle Angelegenheiten, die Gegenstand des maßgeblichen und begründeten Einspruchs sind, insbesondere die Frage, ob ein Verstoß gegen diese Verordnung vorliegt;

b) wenn es widersprüchliche Standpunkte dazu gibt, welche der betroffenen Aufsichtsbehörden für die Hauptniederlassung zuständig ist,

c) wenn eine zuständige Aufsichtsbehörde in den in Artikel 64 Absatz 1 genannten Fällen keine Stellungnahme des Ausschusses einholt oder der Stellungnahme des Ausschusses gemäß Artikel 64 nicht folgt. In diesem Fall kann jede betroffene Aufsichtsbehörde oder die Kommission die Angelegenheit dem Ausschuss vorlegen.

(2) [1]Der in Absatz 1 genannte Beschluss wird innerhalb eines Monats nach der Befassung mit der Angelegenheit mit einer Mehrheit von zwei Dritteln der Mitglieder des Ausschusses angenommen. [2]Diese Frist kann wegen der Komplexität der Angelegenheit um einen weiteren Monat verlängert werden. [3]Der in Absatz 1 genannte Beschluss wird begründet und an die federführende Aufsichtsbehörde und alle betroffenen Aufsichtsbehörden übermittelt und ist für diese verbindlich.

(3) [1]War der Ausschuss nicht in der Lage, innerhalb der in Absatz 2 genannten Fristen einen Beschluss anzunehmen, so nimmt er diesen innerhalb von zwei Wochen nach Ablauf des in Absatz 2 genannten zweiten Monats mit einfacher Mehrheit der Mitglieder des Ausschusses an. [2]Bei Stimmengleichheit zwischen den Mitgliedern des Ausschusses gibt die Stimme des Vorsitzes den Ausschlag.

(4) Die betroffenen Aufsichtsbehörden nehmen vor Ablauf der in den Absätzen 2 und 3 genannten Fristen keinen Beschluss über die dem Ausschuss vorgelegte Angelegenheit an.

(5) [1]Der Vorsitz des Ausschusses unterrichtet die betroffenen Aufsichtsbehörden unverzüglich über den in Absatz 1 genannten Beschluss. [2]Er setzt die Kommission hiervon in Kenntnis. [3]Der Beschluss wird unverzüglich auf der Website des Ausschusses

---

[7] EDSA Internal EDPB Document 3/2019 Rn. 29.
[8] → Art. 51 Rn. 8.
[9] → Art. 51 Rn. 8.

veröffentlicht, nachdem die Aufsichtsbehörde den in Absatz 6 genannten endgültigen Beschluss mitgeteilt hat.

(6) ¹ Die federführende Aufsichtsbehörde oder gegebenenfalls die Aufsichtsbehörde, bei der die Beschwerde eingereicht wurde, trifft den endgültigen Beschluss auf der Grundlage des in Absatz 1 des vorliegenden Artikels genannten Beschlusses unverzüglich und spätestens einen Monat, nachdem der Europäische Datenschutzausschuss seinen Beschluss mitgeteilt hat. ² Die federführende Aufsichtsbehörde oder gegebenenfalls die Aufsichtsbehörde, bei der die Beschwerde eingereicht wurde, setzt den Ausschuss von dem Zeitpunkt, zu dem ihr endgültiger Beschluss dem Verantwortlichen oder dem Auftragsverarbeiter bzw. der betroffenen Person mitgeteilt wird, in Kenntnis. ³ Der endgültige Beschluss der betroffenen Aufsichtsbehörden wird gemäß Artikel 60 Absätze 7, 8 und 9 angenommen. ⁴ Im endgültigen Beschluss wird auf den in Absatz 1 genannten Beschluss verwiesen und festgelegt, dass der in Absatz 1 des vorliegenden Artikels genannte Beschluss gemäß Absatz 5 auf der Website des Ausschusses veröffentlicht wird. ⁵ Dem endgültigen Beschluss wird der in Absatz 1 des vorliegenden Artikels genannte Beschluss beigefügt.

Literatur: *EDSA*, Leitlinien 09/2020 zum maßgeblichen und begründeten Einspruch im Sinne der Verordnung (EU) 2016/679 Fassung 2.0 v. 9.3.2021; *EDSA*, Geschäftsordnung Version 8 v. 6.4.2022; *EDSA*, Guidelines 03/2021 on the application of Article 65(1)(a) GDPR Version 2.0 v. 24.5.2023; *EDSA*, Jahresberichte 2018, 2019, 2020, 2021, 2022; *EDSA*, Leitlinien 02/2022 zur Anwendung des Artikels 60 DSGVO Version 1.1 v. 14.3.2022. *EDSA*, Binding Decision 1/2023 on the dispute submitted by the Irish SA on data transfers by Meta Platforms Ireland Limited for its Facebook service (Art. 65 GDPR) v. 13.4.2023.

Rechtsprechung: EuGH Urt. v. 15.6.2021 – C–645/19 ECLI:EU:C:2021:483 – Facebook Ireland Ltd./ Gegevensbeschermingsautoriteit; EuGH Urt. v. 4.7.2023 – C–252/21 ECLI:EU:C:2023:537 – Meta Platforms Inc./Bundeskartellamt; EuG Beschl. v. 7.12.2022 – T–709/21 ECLI:EU:T:2022:783 – WhatsApp Ireland Ltd/Europäischer Datenschutzausschuss.

Übersicht

	Rn.
A. Allgemeines	1
I. Zweck und Bedeutung der Vorschrift	1
II. Systematik, Verhältnis zu anderen Vorschriften	4
B. Einzelerläuterungen	6
I. Auslöser und Gegenstand des Verfahrens	6
II. Verfahrensablauf und Umsetzung des Beschlusses	15
III. Praktische Anwendung	22
C. Rechtsschutz	25

A. Allgemeines*

I. Zweck und Bedeutung der Vorschrift

1   Um die effektive Durchsetzung des unionsweit einheitlichen Datenschutzrechts zu ermöglichen, muss die DS-GVO auch einen effektiven Ansatz für den Fall bieten, in dem es zu keinem Konsensus unter den Datenschutzbehörden der Mitgliedstaaten kommt. Der Lösungsansatz muss sowohl der Unabhängigkeit der Datenschutzbehörden Rechnung tragen, als auch dem effektiven Schutz der Grundrechte der betroffenen Personen und der Rechte der Verantwortlichen und Auftragsverarbeiter. Mit dem Verfahren der Streitbeilegung durch den Europäischen Datenschutzausschuss hat der Gesetzgeber ein **Instrument** geschaffen, das **vollständig in der Hand der unabhängigen Datenschutzbehörden** liegt und keinen Dritten als Schiedsrichter in das Verfahren einführt, aber trotzdem in fast jedem Fall zu einem verbindlichen Beschluss des Ausschusses führt.¹ Beschlüsse des EDSA im Streitbeilegungsverfahren richten sich an Aufsichtsbehörden. Auch wenn die Beschlüsse Elemente eines Aufsichtsverfahrens betreffen, die ihrerseits

---

* Die Verfasser vertreten hier ihre persönliche Auffassung, die nicht notwendig der Auffassung des Europäischen Datenschutzbeauftragten entspricht.

¹ Die verabschiedete Fassung der DS-GVO unterscheidet sich hier deutlich vom ursprünglichen Vorschlag der Kommission, der in Streitfällen eine Entscheidung der Kommission vorgesehen hatte.

direkte Auswirkungen auf Betroffene, Verantwortliche oder Auftragsverarbeiter haben, wird diese Wirkung nicht durch den Beschluss des EDSA erzielt, sondern durch die auf dessen Umsetzung gerichteten nachfolgenden Maßnahmen der Aufsichtsbehörden.[2]

Das Verfahren zur Streitbeilegung wird nur unter bestimmten Voraussetzungen angewandt; es ist **kein allgemeines Verfahren zur Beilegung von Meinungsverschiedenheiten** zwischen Aufsichtsbehörden. Auslöser des Verfahrens sind unterschiedliche Auffassungen entweder zur sachlichen oder zur rechtlichen Beurteilung einer Angelegenheit oder zur Anwendung des Kohärenzverfahrens nach Art. 64 Abs. 1. In allen Fällen ist davon auszugehen, dass bei Beginn der in diesem Artikel bestimmten Fristen bis zur Abstimmung des EDSA die zur Beurteilung zweckdienlichen und notwendigen Informationen bereits von den beteiligten Aufsichtsbehörden erhoben worden sind und damit dem Ausschuss unmittelbar vorgelegt werden können. Zu diesen Unterlagen gehört auch die Dokumentation darüber, wie den von dem zu fassenden Beschluss möglicherweise betroffenen Parteien (zB Verantwortliche, Auftragsverarbeiter, Beschwerdeführer) rechtliches Gehör gewährt worden ist.[3] Die Feststellung der Vollständigkeit der Unterlagen wird vom Vorsitz des EDSA und der federführenden Aufsichtsbehörde getroffen.[4] Da damit in der Regel keine weiteren Maßnahmen zur Ermittlung von Sachverhalten erforderlich sind, können sich die Ausschussmitglieder auf die Bewertung der Angelegenheit beschränken, die sie binnen der festgelegten Fristen durchführen. Während des Verfahrensablaufs gilt für die betroffenen Aufsichtsbehörden ein Moratorium, sie erlassen in dieser Zeit keine eigenen Beschlüsse in der strittigen Angelegenheit.

Für einen Beschluss im Verfahren zur Streitbeilegung gilt zunächst eine höhere Schwelle als beim Kohärenzverfahren nach Art. 64, da eine **Mehrheit von zwei Dritteln der Mitglieder** des Ausschusses erforderlich ist. Kommt allerdings eine solche Mehrheit nicht zu Stande, wird der Beschluss mit der einfachen Mehrheit der Ausschussmitglieder gefasst. Bei Stimmengleichheit[5] gibt die Stimme des Vorsitzes den Ausschlag. Damit ist sichergestellt, dass ein **Ausgang des Verfahrens ohne Beschlussfassung weitestgehend ausgeschlossen** ist. Lediglich wenn weniger als die Hälfte der stimmberechtigten Ausschussmitglieder einen Entwurf unterstützen, kann das Verfahren ohne Beschluss enden. Sobald die betroffenen Aufsichtsbehörden die zur Umsetzung des Ausschussbeschlusses erforderlichen endgültigen Beschlüsse gemäß dem Verfahren der Zusammenarbeit nach Art. 60 gefasst und die Verfahrensbeteiligten unterrichtet haben, veröffentlicht der Ausschuss seinen Beschluss und diejenigen der betroffenen Aufsichtsbehörden auf seiner Webseite. Die Veröffentlichung ermöglicht es den am Verfahren Beteiligten zu prüfen, ob der ihnen zugestellte Beschluss mit dem des Ausschusses übereinstimmt und damit rechtmäßig ist. Diese Vorgehensweise ist insbesondere in den Fällen des Abs. 1 Buchst. a von Bedeutung, da dort die Weiterführung und Beendigung des Kooperationsverfahrens nach Art. 60 erst nach der Streitbeilegung über den Beschlussentwurf der federführenden Aufsichtsbehörde erfolgen kann. In den Fällen des Abs. 1 Buchst. b (Bestimmung der federführenden Behörde) und c (Nichteinholen oder Nichtbeachtung einer Stellungnahme des EDSA nach Artikel 64) müssen die Abläufe sinngemäß angepasst werden. So kann in Fällen des Abs. 1 Buchst. b das eigentliche Kooperationsverfahren nach Art. 60 erst nach dem Beschluss des EDSA beginnen, und in Fällen des Abs. 1 Buchst. c ist es nicht unbedingt notwendig, überhaupt ein Verfahren nach Art. 60 durchzuführen.

II. Systematik, Verhältnis zu anderen Vorschriften

Ausgangspunkt des Verfahrens zur Streitbeilegung ist **Uneinigkeit unter Aufsichtsbehörden** in einer begrenzten Menge von Umständen:
- die Behandlung des **Einspruchs einer betroffenen Aufsichtsbehörde** gegen einen Beschlussentwurf der federführenden Aufsichtsbehörde gemäß Art. 60 Abs. 4,
- die **Bestimmung der federführenden Behörde** gemäß Art. 56 Abs. 1 iVm Art. 4 Abs. 16 unter Berücksichtigung der Erwägungsgründe 22 und 36,

---

[2] EuG Beschl. v. 7.12.2022 – T–709/21, ECLI:EU:T:2022:783 Rn. 52 – WhatsApp Ireland Ltd/Europäischer Datenschutzausschuss.
[3] EDSA Geschäftsordnung Art. 11 Abs. 1 Buchst. f; EDSA Guidelines 03/2021 Rn. 25.
[4] EDSA Geschäftsordnung Art. 11 Abs. 2; EDSA Guidelines 03/2021 Rn. 18.
[5] Unabhängig von der Anzahl der stimmberechtigten Mitglieder des EDSA kann es durch Nichtteilnahme oder Enthaltungen geschehen, dass es zur Stimmengleichheit kommt, da sich das Quorum auf die stimmberechtigten Mitglieder und nicht auf die abgegebenen Stimmen bezieht.

– das **Unterlassen der Befassung des Europäischen Datenschutzausschuss** mit einer Angelegenheit, für die nach Art. 64 Abs. 1 eine Stellungnahme des Ausschusses eingeholt werden muss, und
– die **Nichtberücksichtigung einer nach Art. 64 beschlossenen Stellungnahme** des Ausschusses durch eine Aufsichtsbehörde.

Das in Art. 65 festgelegte Verfahren ist sehr klar für die Fälle nach Art 65. Abs. 1 Buchst. a entwickelt.[6] Für die Fälle nach Buchst. b und c ist weniger klar ersichtlich, wie die Schritte unter Abs. 2 bis 6 anzuwenden sind, wenn sie nicht Teil eines laufenden Verfahrens nach Art. 60 sind.

5   Es handelt sich beim Verfahren zur Streitbeilegung also nicht um ein allgemeines Verfahren zur Regelung von Meinungsverschiedenheiten unter Aufsichtsbehörden, oder zwischen Aufsichtsbehörden und dem Europäischen Datenschutzausschuss. Für Uneinigkeit bei der Anwendung der Art. 61 und 62 sieht Art. 64 Abs. 4 sogar ausdrücklich die Anwendung des Kohärenzverfahrens zur Stellungnahme des Ausschusses nach Art. 64 vor, das auch sonst angewandt wird, wenn eine gemeinsame Position der Aufsichtsbehörden notwendig erscheint. In Fällen besonderer Dringlichkeit kann die Streitbeilegung auch im Dringlichkeitsverfahren nach Art. 66 durchgeführt werden, wodurch der ohnehin recht stringente Ablauf weiter beschleunigt wird.

B. Einzelerläuterungen

I. Auslöser und Gegenstand des Verfahrens

6   Gemäß Art. 65 Abs. 1 kann das Verfahren der **Streitbeilegung nur unter klar definierten und begrenzten Umständen** angewandt werden. Das grundsätzlich anzuwendende Verfahren zum Erreichen einer unionsweit einheitlichen Position der Aufsichtsbehörden ist nicht das Streitbeilegungsverfahren, sondern das Verfahren zur Stellungnahme des Ausschusses nach Art. 64, welches immer dann eingeleitet werden kann, wenn eine oder mehrere Behörden oder die Kommission die Notwendigkeit für eine solche Stellungnahme erkennen. Die Auslösung des Verfahrens zur Streitbeilegung sowie der genaue Gegenstand des Beschlusses des Ausschusses hängen von der Art des zugrundeliegenden Falles ab. Eine genaue Bestimmung des Gegenstands des Verfahrens ist angesichts der kurzen Fristen von erheblicher Bedeutung.

7   Im Fall des Art. 65 Abs. 1 Buchst. a ist unter Koordination einer federführenden Aufsichtsbehörde ein Verfahren der **Zusammenarbeit nach Art. 60** mit mindestens einer weiteren betroffenen Aufsichtsbehörde eingeleitet worden, die Aufsichtsbehörden haben die erforderlichen Informationen ermittelt und ausgetauscht, und die federführende Aufsichtsbehörde hat allen betroffenen Aufsichtsbehörden ihren Beschlussentwurf zur Stellungnahme vorgelegt. Mindestens eine betroffene Aufsichtsbehörde hat daraufhin innerhalb der Frist von vier Wochen gemäß Art. 60 Abs. 4 einen **maßgeblichen und begründeten Einspruch** gegen den Beschlussentwurf eingelegt, und[7] die federführende Aufsichtsbehörde hat den Einspruch als nicht maßgeblich oder nicht begründet angesehen oder hat sich dem Einspruch nicht angeschlossen. Diese Situation tritt auch dann ein, wenn die federführende Aufsichtsbehörde gemäß Art. 60 Abs. 5 zunächst einen überarbeiteten Beschlussentwurf vorgelegt hat, gegen diesen aber erneut Einspruch von einer beteiligten Aufsichtsbehörde eingelegt wurde. Aufgrund der Verpflichtung aller Aufsichtsbehörden zur einheitlichen Durchsetzung und Anwendung der DS-GVO nach Art. 57 Abs. 1 Buchst. g sind während dieser Vorgänge alle beteiligten Behörden dazu verpflichtet, nach Möglichkeit zu einer Einigung beizutragen. Erst wenn eine Einigung im Austausch der Behörden untereinander ausgeschlossen werden kann, ist der Weg der Streitbeilegung durch den Ausschuss zu wählen.[8] Die **federführende Aufsichtsbehörde ist damit verpflichtet, das Kohärenzverfahren gemäß Art. 63 einzuleiten,** welches dann gemäß Art. 65 durchgeführt wird.

8   Bis zum Abschluss des Streitbeilegungsverfahrens durch einen Bindenden Beschluss des EDSA kann das auslösende Kooperationsverfahren nach Art. 60 nicht weitergeführt werden. Die beteiligten Aufsichtsbehörden sind nach Abs. 4 nicht befugt, in der dem Ausschuss vorgelegten

---

[6] Auch die vom EDSA beschlossenen Leitlinien (Guidelines 03/2021) behandeln ausdrücklich nur die Fälle unter Art. 65 Abs. 1 Buchst. a.

[7] In der am 4.5.2016 veröffentlichten Fassung der DS-GVO stimmt der Wortlaut von Art. 65 Abs. 1 Buchst. a nicht mit dem von Art. 60 Abs. 4 überein. Mit der am 23.5.2018 im ABl. 2018 L 127, 2 veröffentlichten Berichtigung wurde dies behoben.

[8] EDSA Leitlinien 02/2022 Rn. 155.

Angelegenheit Beschlüsse zu fassen. Erst nach Verabschiedung dieses Beschlusses können die beteiligten Aufsichtsbehörden mit den Schritten gemäß Art. 60 Abs. 7 bis 9 fortfahren. Dabei erlässt die federführende Behörde einen Beschluss in Übereinstimmung mit dem Bindenden Beschluss des EDSA und soweit erforderlich erlassen andere betroffene Aufsichtsbehörden Beschlüsse zu abgelehnten oder abgewiesenen Beschwerden.

Ist das Verfahren gemäß dieser Bestimmung eingeleitet worden, betrifft der vom Europäischen Datenschutzausschuss zu fassende Beschluss lediglich diejenigen Angelegenheiten, die **Gegenstand eines nicht berücksichtigten maßgeblichen und begründeten Einspruchs** einer betroffenen Aufsichtsbehörde gegen den Beschlussentwurf der federführenden Behörde sind. Alle anderen Umstände und Bewertungen, die im Rahmen des Verfahrens der Zusammenarbeit nach Art. 60 erarbeitet worden sind, ob sie im Beschlussentwurf enthalten sind oder nicht, unterliegen grundsätzlich nicht der Beurteilung durch den Ausschuss und seiner Beschlussfassung. Allerdings kann der Ausschuss den Inhalt seines verbindlichen Beschlusses so bestimmen, dass eine sinnvolle Bewertung der dem Verfahren zugrundeliegenden Angelegenheit erreicht wird. In seiner Interpretation von Art. 4 Abs. 24 setzt der EDSA hohe Hürden dafür, unter welchen Umständen ein Einspruch als maßgeblich und begründet betrachtet werden kann.[9] Zur Maßgeblichkeit eines Einspruches ist es erforderlich, dass entweder die Beurteilung der Rechtmäßigkeit des untersuchten Vorgehens eines Verantwortlichen anders ausfällt als von der federführenden Behörde in deren Beschlussentwurf vorgesehen oder dass die von der federführenden Behörde vorgeschlagene Maßnahme als nicht mit der DS-GVO vereinbar angesehen wird. Zur Begründung müssen rechtliche und tatsächliche Elemente vorgebracht und dargelegt werden, inwiefern die geforderten Änderungen Risiken bezüglich der Ziele der DS-GVO, dh Sicherung der Grundrechte und Grundfreiheiten und freien Verkehr personenbezogener Daten in der Union, verhindern. Im Rahmen seiner Befassung mit dem Fall stellt der EDSA auch fest, ob die strittigen Einsprüche überhaupt diesen Ansprüchen genügen.[10]

Für den in Art. 65 Abs. 1 Buchst. b behandelten Streitfall gibt die DS-GVO eine erheblich weniger präzise Bestimmung der Bedingungen und des Verfahrens als in den Fällen gemäß Buchst. a oder c. Es wird lediglich die Existenz widersprüchlicher Standpunkte darüber vorausgesetzt, „welche der betroffenen Aufsichtsbehörden für die Hauptniederlassung zuständig ist". Die Bestimmung legt weder fest, wer in diesem Fall das Kohärenzverfahren einzuleiten hat, noch bestimmt sie ausdrücklich, was der Gegenstand des Verfahrens sein soll. Darüber hinaus ist auch die Beschreibung des zugrundeliegenden Widerspruchs ungenau. Die Zuständigkeit der Aufsichtsbehörde für die Hauptniederlassung eines Verantwortlichen ergibt sich nach Art. 55 Abs. 1 klar aus der territorialen Zuständigkeit der Aufsichtsbehörde. Da sich eine Hauptniederlassung im Hoheitsgebiet genau eines Mitgliedstaates befindet, wenn sie in der Union gelegen ist, ist mit der Bestimmung der Hauptniederlassung auch klar, welche Aufsichtsbehörde zuständig ist. Danach ist dann durch Art. 56 Abs. 1 auch die federführende Aufsichtsbehörde eindeutig bestimmt. Die eigentlich kontroverse Fragestellung wird also in den Fällen des Art. 65 Abs. 1 Buchst. b nicht die der Zuständigkeit einer betroffenen Aufsichtsbehörde sein, sondern die **Bestimmung der Hauptniederlassung** eines Verantwortlichen oder Auftragsverarbeiters in der Union, wenn mehrere Niederlassungen existieren. Der vom Ausschuss zu fassende Beschluss betrifft also nicht die Anwendung von Art. 55 Abs. 1 und Art. 56 Abs. 1, sondern die Anwendung der Begriffsbestimmung der Hauptniederlassung gemäß Art. 4 Abs. 16. Da vor Festlegung einer federführenden Behörde und der Einleitung eines Verfahrens der Zusammenarbeit und Kohärenz jede Aufsichtsbehörde unabhängig von anderen eigene Maßnahmen, zB zur Ermittlung der relevanten Umstände der Verarbeitung, bezüglich der in ihrem Zuständigkeitsbereich liegenden Niederlassungen von Verantwortlichen und Auftragsverarbeitern unternimmt, kann durchaus der Fall eintreten, dass die Aufsichtsbehörden aufgrund der jeweils von ihnen erhobenen Informationen zu unterschiedlichen Einschätzungen gelangen, welche der Niederlassungen die Hauptniederlassung ist.[11] Da die Bestimmung einer federführenden Aufsichtsbehörde von der konkreten grenzüberschreitenden Verarbeitung abhängt (→ Art. 4 Rn. 77), wird der Beschluss des Ausschusses lediglich die Kompetenz der Behörden für diejenigen Verarbeitungen festlegen, für welche die initiierende Aufsichtsbehörde um Streitbeilegung bittet. Demnach wird die initiierende Aufsichtsbehörde die relevanten grenzüberschreitenden Verarbeitungen identifi-

---

[9] EDSA Leitlinien 09/2020 Rn. 12–21.
[10] EDSA Guidelines 03/2021 Rn. 65.
[11] Der EDSA hat die Stellungnahme WP 244 „Anleitungen zur Bestimmung der Hauptniederlassung" der Artikel-29-Datenschutzgruppe v. 13.12.2016 übernommen.

zieren müssen. Um ein vollständiges Dossier vorzubereiten, muss die initiierende Behörde auch sicherstellen, dass der Verantwortliche oder Auftragsverarbeiter sein Recht auf rechtliches Gehör wahrnehmen konnte.

11 Der Anstoß zur Befassung des Ausschusses mit dem Fall sollte von einer der betroffenen Aufsichtsbehörden ausgehen, unabhängig davon wie diese Behörde die Frage der Hauptniederlassung einschätzt. Erst die **Beschlussfassung über die Hauptniederlassung** und damit einhergehend die Designation der federführenden Behörde ermöglicht den Beginn eines Verfahrens gemäß Art. 60. Der verbindliche Beschluss des Ausschusses sollte also die Frage betreffen, welche Niederlassung des Verantwortlichen oder Auftragsverarbeiters dessen Hauptniederlassung ist.

12 Während es in den Fällen der Buchst. a und b um unterschiedliche Auffassungen zwischen Aufsichtsbehörden geht, betrifft Buchst. c **Konflikte zwischen einer Aufsichtsbehörde und dem Europäischen Datenschutzausschuss.** Eine Aufsichtsbehörde hat es entweder unterlassen, in einem der in Art. 64 Abs. 1 aufgelisteten Fälle vor ihrer Beschlussfassung die notwendige Stellungnahme des Ausschusses einzuholen, oder sie hat nach der Stellungnahme des Ausschusses in einem Verfahren nach Art. 64 Abs. 1 oder 2 die Absicht mitgeteilt, der Stellungnahme des Ausschusses in ihrem eigenen Beschluss ganz oder teilweise nicht zu folgen.

13 In Fällen, in denen ein Aufsichtsbehörde die nach Art. 64 Abs. 1 erforderliche Einholung einer Stellungnahme des Ausschusses unterlässt, kann jede Aufsichtsbehörde, die nach eigener Einschätzung betroffene Aufsichtsbehörde ist, oder die Kommission die Angelegenheit dem Ausschuss vorlegen. In Fällen, in denen eine Aufsichtsbehörde einer Stellungnahme des Ausschusses in einer Angelegenheit nach Art. 64 Abs. 1 oder 2 nicht zu folgen beabsichtigt, ist sie selbst gemäß Art. 64 Abs. 8 zur Mitteilung an den Ausschuss verpflichtet. Sollte eine Aufsichtsbehörde diese Mitteilung unterlassen, können alle betroffenen Aufsichtsbehörden und die Kommission den Ausschuss unterrichten.

14 Art. 65 Abs. 1 Buchst. c bestimmt nicht, welche Angelegenheiten Gegenstand des vom Ausschuss zu fassenden Beschlusses sein sollen. Hierzu mag der Ausschuss selbst in seiner **Geschäftsordnung** gemäß Art. 72 genauere Festlegungen treffen, die aber auch **Spielraum für Einzelfallentscheidungen** lassen können. Für die Fälle, in denen die Stellungnahme nach Art. 64 Abs. 1 nicht eingeholt wurde, könnte sich der Beschluss des Ausschusses darauf beschränken, die Aufsichtsbehörde zur Aufhebung ihres nicht rechtskonform gefassten Beschlusses und zur Einholung einer Stellungnahme zu verpflichten, oder er könnte bereits im Verfahren nach Art. 65 einen Beschluss fassen, der die Stellungnahme nach Art. 64 Abs. 1 ersetzt. Allerdings ist davon auszugehen, dass die Komplexität der Angelegenheit in einer beträchtlichen Zahl von Fällen dazu führen wird, dass eine Entscheidung über die Sach- und Rechtsfragen in der relativ kurzen Laufzeit des Verfahrens der Streitbeilegung schwierig zu erreichen sein wird, was für eine reine Verfahrensentscheidung spricht. In den Fällen des Art. 64 Abs. 8 hat der Ausschuss die zugrunde liegende Angelegenheit bereits bei der Erarbeitung seiner Stellungnahme gewürdigt und kann daher bei seinem verbindlichen Beschluss auf die Stellungnahme Bezug nehmen und muss sich nicht auf Verfahrensfragen beschränken.

II. Verfahrensablauf und Umsetzung des Beschlusses

15 In den Fällen des Art. 65 ist der Europäische Datenschutzausschuss **zur Fassung eines verbindlichen Beschlusses verpflichtet.** Die DS-GVO sieht keine Diskretion des Ausschusses bezüglich der Befassung mit der Angelegenheit vor. Dem Ausschuss bleibt im Regelfall ein Monat zur Erarbeitung eines Beschlussentwurfs und der Abstimmung darüber. In komplexeren Fällen kann diese Frist um einen Monat verlängert werden.

16 Bevor die Frist für den Beschluss des EDSA beginnt, müssen dessen Vorsitz und die anfragende Behörde die Vollständigkeit der Unterlagen geprüft und festgestellt haben.[12] Besonderes Augenmerk ist darauf zu legen, dass den möglicherweise vom späteren Beschluss des EDSA betroffenen Parteien ihr rechtliches Gehör gewährt worden ist.[13] Falls erforderlich, übernimmt das Sekretariat die Übersetzung der notwendigen Dokumente ins Englische. Erst nach der gegebenenfalls stattfindenden Übersetzung und nachdem die Vollständigkeit der Unterlagen bestätigt wurde, wird die Angelegenheit an die Mitglieder des Ausschusses weitergeleitet, und damit der Beginn der Entscheidungsfrist gesetzt.[14] Für den Fall nach Abs. 1 Buchst. a hat der EDSA in seiner Geschäftsordnung eine Mindestanforderung an Dokumenten gesetzt, welche für die Vollständigkeit

---

[12] EDSA Geschäftsordnung Version 8 Art. 11.
[13] EDSA Geschäftsordnung Version 8 Art. 11 Abs. 2 Buchst. f; EDSA Guidelines 03/2021 Rn. 93 ff.
[14] EDSA Geschäftsordnung Version 8 Art. 11 Abs. 4; EDSA Guidelines 03/2021 Rn. 18.

notwendig sind und daher von der federführenden Aufsichtsbehörde eingereicht werden müssen.[15] Generell kann jedoch das Sekretariat des EDSA, im Auftrag der Vorsitzenden, weitere Dokumente von der initiierenden Aufsichtsbehörde erbitten, falls diese zur Beurteilung des Falles notwendig sind.[16]

Der Entwurf des Bindenden Beschluss wird auf Weisung der Vorsitzenden des EDSA von dessen Sekretariat vorbereitet,[17] versandt und zur Abstimmung gestellt. Zur Ausarbeitung des Beschlussentwurfs kann der Vorsiz des EDSA einen Berichterstatter und weitere Experten aus einer der Untergruppen des EDSA hinzuziehen. Aus Gründen der Fairness sollen dabei weder die federführende noch eine der Aufsichtsbehörden, deren Einwände dem Streit zugrunde liegen, beteiligt werden. Die Erarbeitung des Beschlussentwurfs und die weitere Verhandlung des EDSA basiert ausschließlich auf den Dokumenten, die zum Zeitpunkt der Befassung des EDSA vorliegen. Während des laufenden Verfahrens können keine weiteren Elemente vorgelegt werden.

Kommt die bei der ersten Abstimmung erforderliche Mehrheit von zwei Dritteln der Ausschussmitglieder nicht zustande, so soll der Beschlussentwurf zwei Wochen später mit einfacher Mehrheit angenommen werden. Kommt es bei dieser Abstimmung zu Stimmengleichheit, gibt die Stimme des Vorsitzes den Ausschlag. Durch dieses Verfahren ist ausgeschlossen, dass es zu einer unentschiedenen Abstimmung im Ausschuss kommen kann. Stimmengleichheit könnte nur eintreten, wenn gleich viele Ausschussmitglieder für und gegen den Beschlussvorschlag stimmen, und der Vorsitz sich enthält. Da die Mehrheit der Mitglieder verlangt ist, und nicht nur die der abgegebenen Stimmen, besteht bei einer größeren Anzahl von nicht abstimmenden oder sich enthaltenden Mitgliedern im Prinzip die Möglichkeit, dass ein Beschlussentwurf nicht einmal die einfache Mehrheit der Ausschussmitglieder überzeugt und damit abgelehnt wird. Dieser Fall ist zwar rechtlich nicht auszuschließen, allerdings sind ja vor der zweiten Abstimmung aus dem bisherigen Verfahrensablauf die Positionen der Ausschussmitglieder bekannt, so dass ein mehrheitsfähiger Entwurf vorbereitet werden kann.

Während des Ablaufs des Streitbeilegungsverfahrens nehmen die betroffenen Aufsichtsbehörden **keine Beschlüsse** über die vom Ausschuss behandelte Angelegenheit an. Binnen eines Monats nachdem der Ausschuss einen Beschluss angenommen hat und der Vorsitz die betroffenen Aufsichtsbehörden davon unterrichtet hat, nehmen diese die notwendigen endgültigen Beschlüsse mit Wirkung auf Verantwortliche, Auftragsverarbeiter oder betroffene Personen gemäß der für sie geltenden nationalen Verfahrensregeln an. Dies gilt insbesondere in den Fällen des Art. 65 Abs. 1 Buchst. a, bei denen der Ausschuss unmittelbar über die zwischen federführender Aufsichtsbehörde und anderen betroffenen Aufsichtsbehörden strittigen Fragen entscheidet. Hier wird das unterbrochene Verfahren nach Art. 60 fortgesetzt, indem die verschiedenen betroffenen Aufsichtsbehörden die jeweils notwendigen Beschlüsse fassen und den Verfahrensbeteiligten in ihrem Zuständigkeitsbereich mitteilen. Dies gilt ebenso für andere die Sache betreffende Beschlüsse des Ausschusses, etwa in Fällen des Art. 64 Abs. 8. Die Beschlüsse der Aufsichtsbehörden verweisen auf den Beschluss des Ausschusses, der ihnen auch beigefügt wird, und auf seine Veröffentlichung.

Soweit der Beschluss des Ausschusses **Verfahrensfragen** betrifft, etwa die Festlegung einer Hauptniederlassung und damit der federführenden Aufsichtsbehörde, setzen die betroffenen Behörden den Beschluss in geeigneter Weise um. Dies kann die Aufnahme eines Verfahrens nach Art. 60 sein, oder die Einholung einer Stellungnahme des Ausschusses gemäß Art. 64 Abs. 1. Der Beschluss des Ausschusses kann auch eine Aufsichtsbehörde anweisen, ihre Verpflichtungen gemäß Art. 61 oder 62 zu erfüllen, wenn deren Nichterfüllung Gegenstand eines Verfahrens nach Art. 64 Abs. 2 war und die Aufsichtsbehörde gemäß Art. 64 Abs. 8 nicht der Stellungnahme des Ausschusses gefolgt ist.

Sind die endgültigen Beschlüsse der Aufsichtsbehörden gefasst und dem Ausschuss mitgeteilt worden, **veröffentlicht dieser seinen eigenen Beschluss auf seiner Website.** Außer dieser Bestimmung enthält Art. 65 keine Regeln für die Verwendung von Kommunikationsmitteln, Übertragungsverfahren oder Formaten. Nichtsdestoweniger sollten aber die nach Art. 64 und 67 eingesetzten elektronischen Verfahren und inhaltlichen Formate auch in den Verfahren des Art. 65 eingesetzt werden, um eine Einheitlichkeit der Verfahrensdokumentation und möglichst schnelle Informationsübermittlung zu erreichen.

---

[15] EDSA Geschäftsordnung Version 8 Art. 11 Abs. 2; EDSA Guidelines 03/2021 Rn. 19.
[16] EDSA Guidelines 03/2021 Rn. 20.
[17] EDSA Guidelines 03/2021 Rn. 35–39.

III. Praktische Anwendung

22 Bis zum 2.8.2023 hat der EDSA insgesamt neun bindende Beschlüsse nach Art. 65 Abs. 1 gefasst.[18] In acht dieser Fälle war die irische Datenschutzbehörde federführend. In sechs Fällen war ein Unternehmen des Meta-Konzerns Verantwortlicher. Drei Fälle basierten auf Beschwerden von Betroffenen und fünf auf Untersuchungen von Amts wegen. Zumindest zum Beschluss 01/2023 hat die irische Behörde allerdings außer der Untersuchung von Amts wegen auch eine inhaltlich gleiche Untersuchung aufgrund einer Beschwerde eingeleitet,[19] so dass nicht ausgeschlossen werden kann, dass auch „von Amts wegen" anberaumte Untersuchungen durch Beschwerden ausgelöst wurden.

23 Der EDSA schließt in jedem seiner Bindenden Beschlüsse eine Zeittafel mit den wichtigsten Ereignissen seit Beginn der Untersuchung ein. Aus diesem Zeitplan lassen sich auch die vergangene Zeit zwischen wesentlichen Ereignissen des Verfahrens erkennen.[20] In den bisherigen Fällen dauerte das Gesamtverfahren zwischen 14 und 54 Monaten. Der wesentliche Faktor für diese Dauer war in allen Fällen die Verstrichene Zeit, bis die federführende Behörde überhaupt einen Beschlussentwurf im Verfahren nach Art. 60 vorgelegt hatte. Dieser Zeitraum betrug bis zu 46 Monate. Nachdem ein Fall dem EDSA zur Streitbeilegung vorgelegt wurde und die Dokumentation als vollständig erachtet wurde, wurde der bindende Beschluss in der Regel innerhalb der verlängerten Entscheidungsfrist von zwei Monaten erreicht.

24 Eine gerichtliche Überprüfung eines bindenden Beschlusses durch den EuGH ist noch nicht erfolgt. Im Fall des Bindenden Beschlusses 01/2021 hat der Verantwortliche WhatsApp außer einer Klage vor dem für den Umsetzungsbeschluss der irischen Behörde zuständigen irischen Gericht auch eine Nichtigkeitsklage vor dem EuG eingereicht, diese wurde aber vom Gericht als nicht zulässig eingestuft. Der Beschluss des EDSA wird wohl durch das nationale Gericht dem EuGH zur Prüfung vorgelegt werden. Gegen die bindenden Beschlüsse 3/2022, 4/2022 und 5/2022 hat die irische Aufsichtsbehörde Klagen vor dem EuG eingereicht (T-70/23, T-84/23 und T-111/23), da sie die Kompetenz des EDSA für die aufgetragenen Maßnahmen bezweifelt.

C. Rechtsschutz

25 Erlässt eine Aufsichtsbehörde einen eigenen Beschluss, der nicht dem verbindlichen Beschluss des Ausschusses folgt, ist ihr Beschluss nicht rechtmäßig zustande gekommen und kann gemäß nationalem Recht auf Beschwerde der Betroffenen vom zuständigen nationalen Gericht aufgehoben werden (vgl. Erwägungsgrund 138).

26 Die aufgrund Bindenden Beschlusses des Ausschusses getroffenen Maßnahmen einer einzelnen Aufsichtsbehörde werden nach dem **Recht des jeweiligen Mitgliedstaats** erlassen und unterliegen gemäß Art. 78 Abs. 3 der Rechtsprechung durch dessen Gerichte.[21] Sofern das angerufene nationale Gericht Zweifel an der Gültigkeit des Bindenden Beschlusses hat, kann oder muss es eine Vorabentscheidung durch den EuGH verlangen.[22]

27 Entscheidungen des Europäischen Datenschutzausschusses können durch eine **Nichtigkeitsklage** gemäß Art. 263 AEUV vor dem EuGH angefochten werden, oder gegebenenfalls auf Antrag nationaler Gerichte im Rahmen des **Vorabentscheidungsverfahrens** nach Art. 267 AEUV von diesem geprüft werden.[23] Solche Nichtigkeitsklagen können bezüglich Beschlüssen nach Art. 65 nur von den gemäß Art. 267 Abs. 2 AEUV berechtigten Klägern angestrengt werden, in der Regel hier vom Mitgliedstaat einer betroffenen Aufsichtsbehörde, und nicht von den von den aufsichtlichen Maßnahmen betroffenen Dritten.[24]

---

[18] Außerdem wurde ein bindender Beschluss im Dringlichkeitsverfahren nach Art. 66 gefasst.
[19] EDSA Binding Decision 1/2023 v. 13.4.2023 Rn. 5.
[20] EDSA-Beschlüsse, edpb.europa.eu/our-work-tools/documents/our-documents_de, Filtereinstellung Publication type: Binding decision of the Board (Art. 65).
[21] → Art. 51 Rn. 8.
[22] EuG Beschl. v. 7.12.2022 – T–709/21, ECLI:EU:T:2022:783 Rn. 45 – WhatsApp Ireland Ltd / Europäischer Datenschutzausschuss.
[23] EuG Beschl. v. 7.12.2022 – T–709/21, ECLI:EU:T:2022:783 Rn. 68 – WhatsApp Ireland Ltd / Europäischer Datenschutzausschuss.
[24] EuG Beschl. v. 7.12.2022 – T–709/21, ECLI:EU:T:2022:783 Rn. 36 – WhatsApp Ireland Ltd / Europäischer Datenschutzausschuss.

Erfüllt eine Aufsichtsbehörde ihre Verpflichtungen aus dem Kohärenzverfahren nicht, kann 28
die Kommission gegen den Mitgliedstaat ein **Vertragsverletzungsverfahren** nach Art. 258
AEUV einleiten.

Art. 66 Dringlichkeitsverfahren

(1) ¹Unter außergewöhnlichen Umständen kann eine betroffene Aufsichtsbehörde abweichend vom Kohärenzverfahren nach Artikel 63, 64 und 65 oder dem Verfahren nach Artikel 60 sofort einstweilige Maßnahmen mit festgelegter Geltungsdauer von höchstens drei Monaten treffen, die in ihrem Hoheitsgebiet rechtliche Wirkung entfalten sollen, wenn sie zu der Auffassung gelangt, dass dringender Handlungsbedarf besteht, um Rechte und Freiheiten von betroffenen Personen zu schützen. ²Die Aufsichtsbehörde setzt die anderen betroffenen Aufsichtsbehörden, den Ausschuss und die Kommission unverzüglich von diesen Maßnahmen und den Gründen für deren Erlass in Kenntnis.

(2) Hat eine Aufsichtsbehörde eine Maßnahme nach Absatz 1 ergriffen und ist sie der Auffassung, dass dringend endgültige Maßnahmen erlassen werden müssen, kann sie unter Angabe von Gründen im Dringlichkeitsverfahren um eine Stellungnahme oder einen verbindlichen Beschluss des Ausschusses ersuchen.

(3) Jede Aufsichtsbehörde kann unter Angabe von Gründen, auch für den dringenden Handlungsbedarf, im Dringlichkeitsverfahren um eine Stellungnahme oder gegebenenfalls einen verbindlichen Beschluss des Ausschusses ersuchen, wenn eine zuständige Aufsichtsbehörde trotz dringenden Handlungsbedarfs keine geeignete Maßnahme getroffen hat, um die Rechte und Freiheiten von betroffenen Personen zu schützen.

(4) Abweichend von Artikel 64 Absatz 3 und Artikel 65 Absatz 2 wird eine Stellungnahme oder ein verbindlicher Beschluss im Dringlichkeitsverfahren nach den Absätzen 2 und 3 binnen zwei Wochen mit einfacher Mehrheit der Mitglieder des Ausschusses angenommen.

Literatur: *EDSA*, Im Dringlichkeitsverfahren angenommener verbindlicher Beschluss 01/2021 zum Ersuchen der Hamburgischen (deutschen) Aufsichtsbehörde gemäß Artikel 66 Absatz 2 der Datenschutz-Grundverordnung um Anordnung des Erlasses endgültiger Maßnahmen bezüglich Facebook Ireland Limited v. 12.7.2021; *EDSA*, Im Dringlichkeitsverfahren angenommener verbindlicher Beschluss 01/2023 zum Ersuchen der norwegischen Aufsichtsbehörde gemäß Artikel 66 Absatz 2 der Datenschutz-Grundverordnung um Anordnung des Erlasses endgültiger Maßnahmen bezüglich Meta Platforms Ireland Limited v. 27.10.2023.

Übersicht

	Rn.
A. Allgemeines	1
I. Zweck und Bedeutung der Vorschrift	1
II. Systematik, Verhältnis zu anderen Vorschriften	5
B. Einzelerläuterungen	10
I. Dringlichkeitsmaßnahmen einer Aufsichtsbehörde	10
II. Dringlichkeitsmaßnahmen im Kohärenzverfahren	13
III. Praktische Anwendung	15
C. Rechtsschutz	19

A. Allgemeines[*]

I. Zweck und Bedeutung der Vorschrift

Die **kohärente Durchsetzung des einheitlichen Datenschutzrechts** in der EU in effekti- 1
ver Zusammenarbeit der Aufsichtsbehörden ist eines der wichtigsten Ziele der DS-GVO. Grundsätzlich muss jede Aufsichtsbehörde bei der Befassung mit einer Angelegenheit, die nicht nur im Hoheitsgebiet ihres eigenen Mitgliedstaates von Bedeutung ist, mit anderen betroffenen Aufsichtsbehörden nach Art. 60 bei der Vorbereitung eines Beschlussentwurfes zusammenarbeiten

---

[*] Die Verfasser vertreten hier ihre persönliche Auffassung, die nicht notwendig der Auffassung des Europäischen Datenschutzbeauftragten entspricht.

oder gegebenenfalls eine Stellungnahme oder einen verbindlichen Beschluss des Europäischen Datenschutzausschusses gemäß Art. 64 oder 65 vor Erlass ihres eigenen Beschlusses einholen.

2 Der **effektive Schutz der Grundrechte** der betroffenen Personen ist aber noch wichtiger als die Sicherstellung der Einheitlichkeit. Es können Situationen eintreten, in denen selbst ein rasches gemeinsames Verfahren der Aufsichtsbehörden oder des Ausschusses nicht schnell genug zu einer Maßnahme führt, um Rechte und Freiheiten betroffener Personen zu schützen. In solchen Fällen soll die zuständige Aufsichtsbehörde in der Lage sein, zum Schutz der Betroffenen kurzfristig zu handeln, ohne auf die Ergebnisse des Verfahrens der Zusammenarbeit oder Kohärenz zu warten.

3 Da alle Aufsichtsbehörden, der Ausschuss und die Kommission über die **nur für begrenzte Zeit gültigen Dringlichkeitsmaßnahmen** unterrichtet werden, kann jede von ihnen ein beschleunigtes Verfahren des Ausschusses verlangen, in dem in kurzer Zeit eine Stellungnahme oder ein verbindlicher Beschluss erlassen wird. Damit ist ausgeschlossen, dass sich das Dringlichkeitsverfahren zu einem Instrument der Umgehung von Zusammenarbeit und Kohärenz entwickeln könnte.

4 Der Ausschuss kann selbst in beschleunigtem Verfahren eine Stellungnahme oder einen verbindlichen Beschluss verabschieden, wenn dies notwendig erscheint, unabhängig davon ob einzelne Aufsichtsbehörden von der Möglichkeit von einstweiligen Maßnahmen Gebrauch gemacht haben, aber auch mit dem Ziel, solche **Einzelmaßnahmen schnellstmöglich durch kohärente Maßnahmen zu ersetzen.**

II. Systematik, Verhältnis zu anderen Vorschriften

5 Für die einstweiligen Maßnahmen einer einzelnen Aufsichtsbehörde gelten die **gleichen Regeln wie für alle ihre anderen Maßnahmen,** insbesondere das Prinzip der Zuständigkeit nach Art. 55 Abs. 1 sowie die Aufgaben und Befugnisse nach den Art. 57 und 58. Auch der Rechtsschutz nach Art. 78 gilt unverändert. Die Rechte und Pflichten nach den Verfahren der Zusammenarbeit gemäß Art. 60 und Kohärenz nach den Art. 63, 64 und 65 werden nicht berührt. Lediglich die in diesen Verfahren normalerweise geltende Sperre eigener Entscheidungen bis zum Vorliegen des Ergebnisses aus dem gemeinsamen Verfahren ist in begrenztem Umfang und befristet aufgehoben.

6 Ein bereits laufendes Verfahren nach Art. 60, 64 oder 65 wird durch eine einstweilige Maßnahme einer Aufsichtsbehörde **nicht berührt und kann weiter betrieben werden.** Auf Verlangen einer Aufsichtsbehörde kann aber ein Verfahren im Ausschuss in beschleunigter Form durchgeführt werden, oder ein neues beschleunigtes Verfahren eingeleitet werden, etwa wenn in Fällen des Art. 60 der Ausschuss vor der Dringlichkeitsentscheidung noch gar nicht mit der Angelegenheit befasst war.

7 Ein Dringlichkeitsverfahren des Ausschusses wird immer dann eingeleitet, wenn eine Aufsichtsbehörde ihrer **Verpflichtung zur Amtshilfe nach Art. 61 nicht fristgerecht** nachkommt oder im Rahmen einer geplanten gemeinsamen Maßnahme nach Art. 62 nicht fristgerecht handelt.

8 Ein Dringlichkeitsverfahren des Ausschusses kann auch auf **Antrag einer Aufsichtsbehörde, des Ausschusses oder der Kommission** eingeleitet werden, wenn die Antragsteller glauben, dass eine Angelegenheit ein schnelles Handeln des Ausschusses erfordert. Es ist nicht erforderlich, dass eine Dringlichkeitsmaßnahme einer Aufsichtsbehörde vorliegt, oder dass einer der Fälle des Art. 61 Abs. 8 oder des Art. 62 Abs. 7 eingetreten ist.

9 Hat der Ausschuss ein dringliches Verfahren eingeleitet und dabei eine Stellungnahme oder einen verbindlichen Beschluss verabschiedet, gilt diese Stellungnahme oder dieser Beschluss des Ausschusses in gleicher Weise wie die nach den Verfahren der Art. 64 oder 65 getroffenen Entscheidungen. Insbesondere ist ihre **Gültigkeit zeitlich nicht begrenzt.**

B. Einzelerläuterungen

I. Dringlichkeitsmaßnahmen einer Aufsichtsbehörde

10 Das Dringlichkeitsverfahren erlaubt es einer Aufsichtsbehörde, in solchen Fällen Maßnahmen mit **Wirkung ausschließlich im Hoheitsgebiet ihres Mitgliedstaates** zu erlassen, in denen sie davon ausgeht, dass ohne aufsichtsrechtliche Maßnahmen die Rechte und Freiheiten betroffener Personen gefährdet sind. Durch die Dringlichkeitsmaßnahme kann sie das Ziel des unmittel-

baren Schutzes erreichen. Art. 66 Abs. 1 verlangt, dass außergewöhnliche Umstände existieren und dringender Handlungsbedarf bestehen, um Rechte und Freiheiten von betroffenen Personen zu schützen. EG 137 erkennt dringenden Handlungsbedarf, wenn „eine erhebliche Behinderung der Durchsetzung des Rechts einer betroffenen Person droht".

Um zu verhindern, dass durch das Dringlichkeitsverfahren Entscheidungen einzelner Aufsichtsbehörden dauerhaft und massiv zur Umgehung von Zusammenarbeit und Kohärenzverfahren können, sind solche nationalen Dringlichkeitsentscheidungen mit zwei Begrenzungen verbunden: zum einen sind sie auf eine **Gültigkeit von drei Monaten** begrenzt, zum anderen müssen andere Aufsichtsbehörden, der Ausschuss und die Kommission über die **Dringlichkeitsmaßnahme und deren Begründung unterrichtet** werden. 11

Aufgrund der zeitlich begrenzten Gültigkeit ihrer eigenen Maßnahme kann die Aufsichtsbehörde den angestrebten Schutz dauerhaft nur erreichen, wenn sie sich für einen Akt des Ausschusses einsetzt, der im beschleunigten Verfahren beschlossen wird. 12

II. Dringlichkeitsmaßnahmen im Kohärenzverfahren

Das Dringlichkeitsverfahren des Ausschusses **muss** in den Fällen des Art. 61 Abs. 8 (Fristversäumnis bei Amtshilfeverfahren) und Art. 62 Abs. 7 (Fristversäumnis bei gemeinsamen Maßnahmen) eingeleitet werden. Es **kann** auf Verlangen von Aufsichtsbehörden, Ausschuss oder Kommission eingeleitet werden, wenn die Dringlichkeit begründet erscheint, unabhängig davon, ob eine Aufsichtsbehörde nach Art. 66 Abs. 1 gehandelt hat oder nicht. 13

Führt der Ausschuss ein Dringlichkeitsverfahren durch, werden alle Beschlüsse binnen zwei Wochen mit einfacher Mehrheit gefasst und die Fristen und Mehrheitsregelungen der Art. 64 und 65 nicht angewandt. Die vom Ausschuss angenommene Stellungnahme oder der verbindliche Beschluss sind aber genauso gültig, als wären sie nach den Verfahren der Art. 64 bzw. 65 zustande gekommen und in ihrer Gültigkeit auch zeitlich nicht begrenzt. 14

III. Praktische Anwendung

Bis Ende 2023 hat der EDSA zwei verbindliche Beschlüsse[1] im Rahmen des Dringlichkeitsverfahrens gemäß Art. 66 Abs. 2 verabschiedet. Die Möglichkeit, eine Stellungnahme im Dringlichkeitsverfahren zu ersuchen und die Situationen, in welchen dies möglich ist, wurde von den Aufsichtsbehörden bisher noch nicht geprüft. Auch hat bisher keine Aufsichtsbehörde von der Möglichkeit Gebrauch gemacht, um einen verbindlichen Beschluss im Dringlichkeitsverfahren nach Art. 66 Abs. 3 zu ersuchen. 15

Der EDSA folgte in den beiden verbindlichen Beschlüssen im Dringlichkeitsverfahren seinem Ansatz, zunächst den Kontext und die Sachlage zusammenzufassen und die eigene Zuständigkeit zu prüfen. Wie in den verbindlichen Beschlüssen nach Art. 65 enthalten die verabschiedeten verbindlichen Beschlüsse auch eine Bewertung des EDSA, ob das Recht auf gute Verwaltungspraxis gewahrt ist. In beiden Fällen ist der EDSA einem zweistufigen Ansatz gefolgt, um zu prüfen, ob „endgültige Maßnahmen" erforderlich sind, und hat dabei die formalen Voraussetzungen für ein solches Ersuchen erläutert. Im verbindlichen Beschluss nach dem Dringlichkeitsverfahren 01/2021 hat der EDSA das Vorliegen der Voraussetzung für eine Entscheidung über endgültige Maßnahmen ausführlich geprüft und festgestellt, dass ihm weder ausreichende Informationen vorgelegt wurden,[2] um einen Verstoß feststellen zu können, noch die Voraussetzungen für dringenden Handlungsbedarf[3] für endgültige Maßnahmen der federführenden Aufsichtsbehörde erfüllt waren. Jedoch wäre es auch vertretbar gewesen zu erwägen, dass das Feststellen der Nichterfüllung einer einzelnen Voraussetzung ausgereicht hätte, um das Ersuchen zurückzuweisen ohne die weiteren Voraussetzungen zu prüfen. Zusätzlich entschied der EDSA zwar, dass es für die federführende Aufsichtsbehörde nicht nötig ist, endgültige Maßnahmen zu verabschieden, legte aber fest, dass die federführende Aufsichtsbehörde dennoch zu den von der ersuchenden Aufsichtsbehörde aufgezeigten Themen „vorrangig eine Untersuchung durch- 16

---
[1] EDSA, Im Dringlichkeitsverfahren angenommener verbindlicher Beschluss 01/2021 zum Ersuchen der Hamburgischen (deutschen) Aufsichtsbehörde gemäß Artikel 66 Absatz 2 der Datenschutz-Grundverordnung um Anordnung des Erlasses endgültiger Maßnahmen bezüglich Facebook Ireland Limited v. 12.7.2021, und EDSA, Im Dringlichkeitsverfahren angenommener verbindlicher Beschluss 01/2023 zum Ersuchen der norwegischen Aufsichtsbehörde gemäß Artikel 66 Absatz 2 der Datenschutz-Grundverordnung um Anordnung des Erlasses endgültiger Maßnahmen bezüglich Meta Platforms Ireland Limited v. 27.10.2023.
[2] Im Dringlichkeitsverfahren angenommener verbindlicher Beschluss 01/2021, Rn. 108.
[3] Im Dringlichkeitsverfahren angenommener verbindlicher Beschluss 01/2021, Rn. 196.

Art. 67

17 Im zweiten im Dringlichkeitsverfahren angenommen verbindlichen Beschluss stellte der EDSA fest, dass die formellen Voraussetzungen erfüllt[5] waren. Der EDSA sah dringenden Handlungsbedarf als gegeben an, da die irische Aufsichtsbehörde der Pflicht, eine substanzielle Antwort zu geben,[6] nicht nachgekommen ist.

führt".[4] Im Gegensatz zur Reaktion auf die verbindlichen Beschlüsse 3/2022, 4/2022 und 5/2022 legte die irische Aufsichtsbehörde keine Nichtigkeitsklage gegen diesen Teil der Entscheidung als ultra vires ein.

18 Die DS-GVO klärt nicht abschließend, was unter „endgültigen Maßnahmen" iSv Abs. 2 zu verstehen ist. Während klar ist, dass die einstweiligen Maßnahmen nach Abs. 1 dadurch gekennzeichnet sind, dass sie räumlich und zeitlich begrenzt sind, sind keine genauen Kriterien für die endgültigen Maßnahmen festgelegt. In seinem im Dringlichkeitsverfahren angenommenen verbindlichen Beschluss 01/2023 stellt der EDSA fest, dass die endgültigen Maßnahmen, welche verhängt werden können, weder durch die von der ersuchenden Aufsichtsbehörde beschlossenen einstweiligen Maßnahmen noch durch die endgültigen Maßnahmen, um welche die das Verfahren einleitende Aufsichtsbehörde ersucht, beschränkt sind. Letztendlich schließt der EDSA, dass die angemessene endgültige Maßnahme in diesem Fall ein endgültiges Verbot der Verarbeitung durch den Verantwortlichen für den gesamten EWR sei, welches innerhalb einer Woche nach Bekanntgabe der endgültigen Maßnahme wirksam sein solle. Der EDSA schließt jedoch nicht aus, dass unter anderen Umständen eine Maßnahme nicht für den gesamten EWR gelten solle,[7] solange sie den Schutz der Rechte und Freiheiten aller betroffenen Personen gewährleistet. Abschließend kommt der EDSA zu dem Schluss, dass die Ausnahme nach Art. 66 Abs. 4, welche zwei Wochen für die Annahme durch den EDSA vorsieht, lediglich die Fristen nach Art. 64 Abs. 3 und Art. 65 Abs. 2 betrifft. In der Tat bliebe die in Art. 65 Abs. 6 vorgesehene Frist von einem Monat bei einer strengen wörtlichen Auslegung auch in Fällen einer dringenden verbindlichen Entscheidung unverändert anwendbar. Der EDSA argumentiert jedoch, dass diese Frist je nach Fall verkürzbar sein muss, da eine nicht kürzbare Frist „gegen den Willen des Gesetzgebers"[8] wäre.

C. Rechtsschutz

19 Dringlichkeitsmaßnahmen einer einzelnen Aufsichtsbehörde werden nach dem Recht des jeweiligen Mitgliedstaats erlassen und unterliegen gemäß Art. 78 Abs. 3 der Rechtsprechung durch dessen Gerichte.[9]

20 Entscheidungen des Europäischen Datenschutzausschusses können durch eine Nichtigkeitsklage gemäß Art. 263 AEUV vor dem EuGH angefochten werden, oder gegebenenfalls auf Antrag nationaler Gerichte im Rahmen des Vorabentscheidungsverfahrens nach Art. 267 AEUV von diesem geprüft werden.[10]

Art. 67 Informationsaustausch

[1] **Die Kommission kann Durchführungsrechtsakte von allgemeiner Tragweite zur Festlegung der Ausgestaltung des elektronischen Informationsaustauschs zwischen den Aufsichtsbehörden sowie zwischen den Aufsichtsbehörden und dem Ausschuss, insbesondere des standardisierten Formats nach Artikel 64, erlassen.**

[2] **Diese Durchführungsrechtsakte werden gemäß dem Prüfverfahren nach Artikel 93 Absatz 2 erlassen.**

Literaturverzeichnis: *EDSA*, Jahresberichte 2018, 2019, 2020, 2021, 2022; *EDSA*, Geschäftsordnung, Version 8 v. 6.4.2022.

---

[4] Im Dringlichkeitsverfahren angenommener verbindlicher Beschluss 01/2021, Rn. 207.
[5] Im Dringlichkeitsverfahren angenommener verbindlicher Beschluss 01/2023, Rn. 167, 257.
[6] Im Dringlichkeitsverfahren angenommener verbindlicher Beschluss 01/2023, Rn. 256.
[7] Im Dringlichkeitsverfahren angenommener verbindlicher Beschluss 01/2023, Rn. 303.
[8] Im Dringlichkeitsverfahren angenommener verbindlicher Beschluss 01/2023, Rn. 311.
[9] → Art. 51 Rn. 8.
[10] → Art. 51 Rn. 8.

Übersicht

	Rn.
A. Allgemeines	1
I. Zweck und Bedeutung der Vorschrift	1
II. Systematik, Verhältnis zu anderen Vorschriften	5
B. Einzelerläuterungen	8
I. Übermittlung auf elektronischem Wege	8
II. Verfahren zum Erlass des Durchführungsrechtsaktes	12
III. Praktische Umsetzung	16
C. Rechtsschutz	21

A. Allgemeines*

I. Zweck und Bedeutung der Vorschrift

Die relativ kurzen Fristen im Verfahren der Zusammenarbeit und Kohärenz erfordern eine **1 effiziente Abwicklung der einzelnen Verfahrensschritte.** Insbesondere die Übermittlung von zweckdienlichen Informationen, Entwürfen, Standpunkten und Kommentaren zu Entwürfen sollte nicht zu Verzögerungen des Verfahrens, etwa durch Postlaufzeiten im internationalen Austausch, führen. Deshalb sieht die Verordnung ausdrücklich vor, dass Informationsaustausch in der Regel auf elektronischem Wege stattfindet.

In der Praxis findet die Kommunikation zwischen Aufsichtsbehörden und zwischen Aufsichts- **2** behörden und der Kommission **auf elektronischem Wege** statt. Außer speziellen Informationssystemen werden allgemein verbreitete Verfahren wie E-Mail, Webseiten usw verwendet werden.

Der Verordnungsgeber hat spezifischere **Regeln für den Informationsaustausch** setzen **3** lassen, die auch standardisierte Formate umfassen, und damit eine weitergehende Automatisierung der Informationsverarbeitung erlauben. Während der Inhalt einer E-Mail durch menschliche Analyse erschlossen werden muss, kann eine weitergehend formatierte Nachricht automatisch weiterverarbeitet werden, zB durch automatische Zuordnung zu einem Verfahren, automatische Weiterverbreitung an alle betroffenen Aufsichtsbehörden usw.

Die **Festlegung des elektronischen Verfahrens und der Formate ist der Kommission 4 übertragen,** in der Form eines Durchführungsrechtsakts von allgemeiner Bedeutung. Für solche Rechtsakte gilt das Prüfverfahren nach Art. 5 VO (EU) Nr. 182/2011, wie auch in diesem Artikel durch Verweis auf den entsprechenden Art. 93 Abs. 5 vorgeschrieben. Für die Kommunikation im Rahmen der Zusammenarbeit und Kohärenz hat der Europäische Datenschutzbeauftragte in Zusammenarbeit mit der Kommission und nationalen Behörden ein IT-System entwickelt, das am 25.5.2018 in Betrieb ging.

II. Systematik, Verhältnis zu anderen Vorschriften

Das Mandat für Durchführungsrechtsakte mit allgemeiner Bedeutung können Europäisches **5** Parlament und Rat der Kommission aufgrund von Art. 290 AEUV durch den Basisrechtsakt erteilen. Die Entscheidung über solche Rechtsakte trifft die Kommission im Rahmen der in VO (EU) Nr. 182/2011 festgelegten Verfahren. Das im vorliegenden Fall anzuwendende **Prüfverfahren** verpflichtet die Kommission, eine Stellungnahme des zuständigen Ausschusses[1] aus Vertretern der Mitgliedstaaten einzuholen und zu berücksichtigen. Das Parlament und der Rat können zusätzlich prüfen, ob sich ein Entwurf der Kommission im Rahmen des erteilten Mandats bewegt und dazu eine Stellungnahme abgeben. Der Bezug zu den in der VO (EU) Nr. 182/2011 festgelegten Verfahren ergibt sich aus Art. 93. Unbeschadet der im Verfahren erfolgten Prüfung ist auch gegen Entscheidungen der Kommission zum Erlass von Durchführungsmaßnahmen mit allgemeiner Bedeutung die Nichtigkeitsklage gemäß Art. 263 AEUV möglich.

---

* Der Verfasser vertritt hier seine persönliche Auffassung, die nicht notwendig der Auffassung des Europäischen Datenschutzbeauftragten entspricht.

[1] Es handelt sich dabei um einen Ausschuss aus Ministeriums- oder Botschaftsvertretern, der nicht mit dem Europäischen Datenschutzausschuss zu verwechseln ist.

6   Die nach Art. 67 zu erlassenden **Durchführungsrechtsakte** beziehen sich insbesondere auf die Übermittlung von Informationen und Dokumenten in einem standardisierten Format, die im Verfahren zur Stellungnahme des Europäischen Datenschutzausschusses gemäß Art. 64 ausdrücklich für verschiedene Schritte des Verfahrens vorgesehen ist. Ebenso betreffen sie verschiedene andere Übermittlungsvorgänge, etwa gemäß Art. 60 Abs. 12. Auch Art. 61 Abs. 6 verpflichtet die Aufsichtsbehörden zur Verwendung eines standardisierten Formats; hierzu erteilt Art. 61 Abs. 9 ein spezifisches Mandat, so dass dieser Vorgang nicht von Art. 67 berührt ist. Weder für gemeinsame Maßnahmen gemäß Art. 62, für das Streitbeilegungsverfahren nach Art. 65 noch für Dringlichkeitsmaßnahmen nach Art. 66 verlangt die DS-GVO elektronische Übermittlung oder die Nutzung standardisierter Formate.

7   Im engen inhaltlichen Zusammenhang mit dem Kohärenzverfahren ermächtigt Art. 47 Abs. 3 die Kommission, Durchführungsrechtsakte über die elektronische Übermittlung mit standardisierten Formaten auch im Zusammenhang mit der Genehmigung von verbindlichen internen Regeln zu erlassen. Dabei gelten diese Bedingungen für die Kommunikation der den Fall bearbeitenden Aufsichtsbehörde mit den am Verfahren beteiligten Verantwortlichen oder Auftragsverarbeitern. Für die Kommunikation dieser Aufsichtsbehörde mit dem Ausschuss und der Kommission gilt hingegen die Regelung nach Art. 64. Der zu Art. 47 vorgesehene Durchführungsrechtsakt der Kommission ist gemäß **Art. 70 Abs. 1 lit. c** der einzige, für den vor dem Prüfverfahren auch eine **Stellungnahme des Europäischen Datenschutzausschusses** zu den standardisierten Verfahren und Formaten vorgesehen ist.

B. Einzelerläuterungen

I. Übermittlung auf elektronischem Wege

8   Die Übermittlung auf elektronischem Wege unter Verwendung von **standardisierten Formaten** ist für die Verfahren der Zusammenarbeit gemäß Art. 61 und der Amtshilfe gemäß Art. 62 sowie für das Kohärenzverfahren nach Art. 63 und Art. 64 vorgesehen, dabei insbesondere in Fällen die verbindliche interne Datenschutzregeln nach Art. 47 betreffen.

9   Im Zusammenarbeitsverfahren betrifft die Vorschrift den **Austausch zwischen Aufsichtsbehörden**. Im Rahmen des Kohärenzverfahrens ist der Austausch zwischen den Aufsichtsbehörden und dem Ausschuss sowie zwischen dem Vorsitz und den Mitgliedern des Ausschusses und mit der Kommission betroffen. In Fällen mit Bezug auf verbindliche interne Datenschutzregeln gilt die Regelung auch für den Austausch mit am Verfahren beteiligten Verantwortlichen oder Auftragsverarbeitern.

10 Soweit die Kommission an den Arbeiten des Ausschusses teilnimmt, gelten für die Kommunikation mit ihr die Vorschriften über Übertragungsverfahren und Formate. Sie ist insoweit auch selbst von den Auswirkungen der von ihr erlassenen Durchführungsrechtsakte betroffen.

11 Auch wenn die DS-GVO der Kommission drei voneinander unabhängige Mandate zum Erlass von Durchführungsmaßnahmen mit allgemeiner Bedeutung zu Übertragungsverfahren und Formaten erteilt, würde eine völlig unabhängige Ausübung der Mandate nicht dem Zweck der Vorschriften entsprechen. Es ist erkennbar der Wille des Gesetzgebers, für **Vereinheitlichung, Vereinfachung und Beschleunigung** der Verfahren zu sorgen und den Aufwand zu begrenzen. Die Festlegung unterschiedlicher Verfahren und Datenformate für die verschiedenen Regelungsfälle würde dem Zweck dieser Mandate entgegenwirken.

II. Verfahren zum Erlass des Durchführungsrechtsaktes

12 In allen Fällen von Durchführungsrechtsakten, sowohl zur Zusammenarbeit zwischen Aufsichtsbehörden gemäß Art. 60 und der gegenseitigen Amtshilfe gemäß Art. 61, zum Kohärenzverfahren gemäß Art. 64 sieht die Verordnung das **Prüfverfahren** gemäß der VO (EU) Nr. 182/2011 vor. Dies gilt auch bezüglich der Kommunikation zwischen Aufsichtsbehörden und Verantwortlichen oder Auftragsverarbeitern bei der Genehmigung von verbindlichen internen Datenschutzvorschriften Lediglich im letzteren Fall ist gemäß Art. 70 Abs. 1 Buchst. c eine Stellungnahme des Europäischen Datenschutzausschusses zu den Verfahren und Formaten vorgesehen.

13 Eine solche Stellungnahme ist aber in den anderen Fällen durch keine Bestimmung der DS-GVO ausgeschlossen und ist jedenfalls im Rahmen der allgemeinen Beratungsfunktion des Ausschusses gemäß Art. 70 Abs. 1 Buchst. b zulässig.

Da die Ziele der Vereinfachung, Vereinheitlichung, Beschleunigung und Begrenzung des Aufwands für den Austausch von Informationen am besten durch eine möglichst einheitliche und jedenfalls kompatible Regelung für alle betroffenen Verfahren erreicht werden kann, ist auch eine **einheitliche Handhabung des Verfahrens** zur Vorbereitung der Durchführungsrechtsakte vorteilhaft. Die Beteiligung des Ausschusses bei allen Fällen stellt sicher, dass die Möglichkeiten und Notwendigkeiten der Aufsichtsbehörden von vorneherein in angemessener Weise berücksichtigt werden, und nicht erst während des Verfahrens nach VO (EU) Nr. 182/2011 durch die Regierungen der Mitgliedstaaten in das Verfahren eingebracht werden.

Der angestrebten Vereinheitlichung im technischen Bereich kann am besten durch einen einfachen und einheitlichen Durchführungsrechtsakt entsprochen werden, bei dem alle Entscheidungen in einem einzigen Verfahren gemeinsam bearbeitet werden, wobei frühzeitig eine Stellungnahme des Europäischen Datenschutzausschusses eingeholt wird.

III. Praktische Umsetzung

Seit dem ersten Tag der vollen Anwendung der DS-GVO wird das Binnenmarkt-Informationssystem der Europäischen Kommission (IMI) zur Kommunikation der Datenschutzaufsichtsbehörden bei Fällen der grenzüberschreitenden Verarbeitung von personenbezogenen Daten verwendet. Rechtliche Grundlage dieser Nutzung war zunächst ein Durchführungsbeschluss der Kommission[2] auf Basis der IMI-Verordnung 1024/2012,[3] der ein Pilotprojekt zur Nutzung vom IMI für dies Kommunikation ermöglichte. Im selben Jahr nahmen Europäisches Parlament und Rat die Verordnung über ein einheitliches digitales Zugangstor[4] an, durch die die u.a. DS-GVO in die Liste der im Anhang der IMI-Verordnung aufgeführten unterstützten Instrumente aufgenommen wurde.

Der Durchführungsbeschluss der Kommission spezifiziert die Kommunikationsfälle, die denen das IMI von den Datenschutzaufsichtsbehörden genutzt werden kann. Unterstützt wird dabei der Austausch von Informationen unter den Art. 56 (Festlegung der federführenden DSA), 60 (Zusammenarbeit), 61 (Amtshilfe), 62 (Gemeinsame Maßnahmen), 64 (Stellungnahme des DSA), 65 (Streitbeilegung durch den EDSA) und 66 (Dringlichkeitsverfahren). Zu jedem der Artikel legt der Durchführungsbeschluss bestimmte Kommunikationsaktionen fest, die jeweils durch Basisfunktionen des IMI unterstützt werden. Darüber hinaus unterstützt eine Basisfunktion des IMI auch den Austausch von Dokumenten im Rahmen des Art. 70.

Auf der technischen Seite wurden die IMI-Funktionen zur Kommunikation unter der DS-GVO am 25.5.2018 zur Benutzung freigegeben. Dabei standen 14 Module, 19 Formulare und mehr als 10 000 Datenfelder zur Verfügung. Die ersten Einträge wurden bereits am 25.5.2018 vorgenommen.[5] Die Zahl der unterstützten Fälle wuchs über die Jahre stetig an, von wenigen hundert im Jahre 2018 bis zu mehreren tausend im Jahre 2022.[6] Der EDSA nutzt IMI auch, um Statistiken über die im Rahmen der Bestimmungen über Zusammenarbeit und Kohärenz behandelten Fälle zu erstellen, die in seinen Jahresberichten veröffentlicht werden.

Da die Einhaltung der Datenschutzregeln bei der Nutzung des IMI durch nationale und EU-Behörden die Befugnisse der Datenschutzaufsichtsbehörden sowohl auf nationaler als auch auf EU-Ebene betrifft, wird diese in einem gemeinsamen Koordinierungsausschuss abgestimmt, dessen Organisation dem Sekretariat des EDSA übertragen wurde. Der gemeinsame Koordinierungsausschuss ist auch für andere große Informationssysteme der EU zuständig.[7]

---

[2] Durchführungsbeschl. (EU) 2018/743 der Kommission v. 16.5.2018 über ein Pilotprojekt zur Umsetzung der in der VO (EU) 2016/679 des Europäischen Parlaments und des Rates festgelegten Verwaltungszusammenarbeit mithilfe des Binnenmarkt-Informationssystems, ABl. 2018 L 123, 115.
[3] VO (EU) Nr. 1024/2012 des Europäischen Parlaments und des Rates v. 25.10.2012 über die Verwaltungszusammenarbeit mit Hilfe des Binnenmarkt-Informationssystems und zur Aufhebung der Entscheidung 2008/49/EG der Kommission („IMI-Verordnung"), ABl. L 316 v. 14.11.2012, S. 1.
[4] VO (EU) 2018/1724 des Europäischen Parlaments und des Rates v. 2.10.2018 über die Einrichtung eines einheitlichen digitalen Zugangstors zu Informationen, Verfahren, Hilfs- und Problemlösungsdiensten und zur Änderung der Verordnung (EU) Nr. 1024/2012, ABl. 2018 L 295, 1–38.
[5] EDSA Jahresbericht 2018 (engl. Fassung) S. 9.
[6] EDSA Jahresberichte 2018, 2019, 2020, 2021, 2022, jew. Abschn. 6.
[7] VO (EU) 2018/1725 des Europäischen Parlaments und des Rates v. 23.10.2018 zum Schutz natürlicher Personen bei der Verarbeitung personenbezogener Daten durch die Organe, Einrichtungen und sonstigen Stellen der Union, zum freien Datenverkehr und zur Aufhebung der Verordnung (EG) Nr. 45/2001 und des Beschl. Nr. 1247/2002/EG, ABl. 2018 L 295, 39–98, Art. 62.

Art. 68 Kapitel VII. Zusammenarbeit und Kohärenz

20 Während durch die IMI-Verordnung die Rechtsgrundlage für den Einsatz des IMI im Rahmen der DS-GVO geschaffen wurde, und der Durchführungsbeschluss relativ genaue Regeln für die Art der Nutzung festlegt, ist ein formeller Durchführungsrechtsakt der Kommission auf Basis von Art. 67 bisher nicht erfolgt. Die Kommission ist auch nicht verpflichtet, von der ihr erteilten Ermächtigung Gebrauch zu machen, und solange die Aufsichtsbehörden und der EDSA die notwendigen Spezifikationen bereitstellen, erscheint die Notwendigkeit eines formellen Beschlusses nicht gegeben.

C. Rechtsschutz

21 Durchführungsrechtsakte der Kommission können gemäß Art. 263 AEUV im Wege der Nichtigkeitsklage vor dem EuGH angefochten werden. Klageberechtigte sind die Mitgliedstaaten, das Parlament und der Rat. Aufsichtsbehörden oder der Ausschuss können ebenfalls dieses Instrument nutzen.

Abschnitt 3. Europäischer Datenschutzausschuss

Art. 68 Europäischer Datenschutzausschuss

(1) Der Europäische Datenschutzausschuss (im Folgenden „Ausschuss") wird als Einrichtung der Union mit eigener Rechtspersönlichkeit eingerichtet.

(2) Der Ausschuss wird von seinem Vorsitz vertreten.

(3) Der Ausschuss besteht aus dem Leiter einer Aufsichtsbehörde jedes Mitgliedstaats und dem Europäischen Datenschutzbeauftragten oder ihren jeweiligen Vertretern.

(4) Ist in einem Mitgliedstaat mehr als eine Aufsichtsbehörde für die Überwachung der Anwendung der nach Maßgabe dieser Verordnung erlassenen Vorschriften zuständig, so wird im Einklang mit den Rechtsvorschriften dieses Mitgliedstaats ein gemeinsamer Vertreter benannt.

(5) [1] Die Kommission ist berechtigt, ohne Stimmrecht an den Tätigkeiten und Sitzungen des Ausschusses teilzunehmen. [2] Die Kommission benennt einen Vertreter. [3] Der Vorsitz des Ausschusses unterrichtet die Kommission über die Tätigkeiten des Ausschusses.

(6) In den in Artikel 65 genannten Fällen ist der Europäische Datenschutzbeauftragte nur bei Beschlüssen stimmberechtigt, die Grundsätze und Vorschriften betreffen, die für die Organe, Einrichtungen, Ämter und Agenturen der Union gelten und inhaltlich den Grundsätzen und Vorschriften dieser Verordnung entsprechen.

Literatur: *Albrecht/Jotzo*, Das neue Datenschutzrecht der EU, 2016, Teil 7: Aufsichtsbehörden, Rn. 14 ff.; *Albrecht/Wybitul*, Interview im Editorial, ZD 2016, 457; *Nguyen*, Die zukünftige Datenschutzaufsicht in Europa, ZD 2015, 265; *Kühling/Buchner*, Datenschutz-Grundverordnung, 3. Aufl. 2020; *Schantz/Wolff*, Das neue Datenschutzrecht, 2017.

Rechtsprechung: EuGH Urt. v. 13.6.1958 – C-9/56, ECLI:EU:C:1958:7 – Meroni/Hohe Behörde.

Übersicht

	Rn.
A. Allgemeines	1
I. Zweck und Bedeutung der Vorschrift	1
II. Systematik, Verhältnis zu anderen Vorschriften	2
B. Einzelerläuterungen	3
I. Rechtsform	3
1. Entstehung	3
2. Vorbilder	4
3. Konsequenzen	5
II. Zusammensetzung	6
III. Stimmrecht	7

A. Allgemeines

I. Zweck und Bedeutung der Vorschrift

Die Regelung folgt auf den bisherigen Art. 29 DS-RL, der die sog. Artikel-29-Datenschutzgruppe begründete. Künftig wird stattdessen der **Europäische Datenschutzausschuss** (im Folgenden „Ausschuss") deren Aufgaben übernehmen und erhält im Vergleich deutlich umfassendere Kompetenzen und insbesondere die Befugnis zu rechtsverbindlichen Entscheidungen. Die Artikel-29-Datenschutzgruppe hatte hingegen nur beratende Funktion. Eine Besonderheit der Regelung ist daher die **neuartige Rechtsform**, die auf die Entscheidung des Gesetzgebers zurückzuführen ist, den Streitbeilegungsbeschlüssen des Ausschusses im Rahmen des Kohärenzverfahrens der Aufsichtsbehörden gemäß Art. 70 Abs. 1 lit. a iVm Art. 65 Verbindlichkeit zu verleihen. Hierzu wird der Ausschuss nach Art. 68 Abs. 1 als Einrichtung der Union mit eigener Rechtspersönlichkeit eingerichtet. Gegen seine Beschlüsse eröffnet sich nicht nur für die betroffenen mitgliedstaatlichen Aufsichtsbehörden, sondern auch allen anderen betroffenen natürlichen und juristischen Personen ein direkter Rechtsweg zum EuGH.[1]

II. Systematik, Verhältnis zu anderen Vorschriften

Die Vorschrift stellt die Rechtsgrundlage für den Ausschuss dar und eröffnet den 3. Abschnitt von Kapitel IV über die unabhängigen Aufsichtsbehörden. In diesem Abschnitt finden sich alle Regelungen über den Ausschuss, insbesondere zur Zusammensetzung, dem Vorsitz, den Aufgaben, den Verfahren und dem Sekretariat.

B. Einzelerläuterungen

I. Rechtsform

1. Entstehung. Ursprünglich hatte die Europäische Kommission in ihrem Entwurf für eine Datenschutz-Grundverordnung zwar den Ausschuss und das Kohärenzverfahren vorgesehen, allerdings den Streitbeilegungsbeschlüssen des Ausschusses dabei keine Rechtsverbindlichkeit verliehen. Stattdessen hatte sie den beratenden Charakter der Artikel-29-Datenschutzgruppe beibehalten und durch ein Kohärenzverfahren konkretisiert, dass die Letztentscheidung selbst im Streitfall bei den mitgliedstaatlichen Aufsichtsbehörden beließ und der Kommission eine starke Rolle bei der finalen Auslegung der Verordnung in Einzelfällen einräumte. Das Europäische Parlament war von dieser Konstruktion nicht überzeugt, insbesondere weil die Kommission keine unabhängige Aufsichtsbehörde entsprechend Art. 16 Abs. 2 AEUV ist, und schlug stattdessen vor, dass der Ausschuss in Streitfällen **verbindliche Beschlüsse** mit Zweidrittelmehrheit fällen sollte.[2] Diese Position wurde mit großer Mehrheit in der ersten Lesung angenommen und in der Folge auch durch die Mitgliedstaaten übernommen, die sogar die Möglichkeit der Entscheidung mit einfacher Mehrheit einbrachten und dem Ausschuss ausdrücklich Rechtspersönlichkeit verliehen. Entlang dieser Linien einigten sich dann auch die Institutionen im Trilog auf diese neue Einrichtung der Union.

2. Vorbilder. In der Diskussion im Europäischen Parlament hatten sich die Abgeordneten Beispiele verbindlicher Entscheidungen von Aufsichtsbehörden auf europäischer Ebene, wie etwa um Rahmen der Bankenaufsicht oder der Telekommunikationsregulierung, angesehen. Dennoch orientiert sich die neu geschaffene Rechtspersönlichkeit des Ausschusses an keinem gewöhnlichen Modell von Organen oder Agenturen der EU. Stattdessen stellt der Europäische Datenschutzausschuss eine **Rechtspersönlichkeit** *sui generis* dar, was vor allem durch die notwendige Unabhängigkeit der Aufsichtsbehörden begründet ist, die es so in keinem anderen Politikfeld im Primärrecht gibt. Aber das Modell könnte in seiner Form durchaus auch Vorbildcharakter für andere Rechtsbereiche in der Zukunft (wie etwa bei Telekommunikations- oder Medienaufsicht) entwickeln.

---

[1] Vgl. Erwägungsgrund 143.
[2] Vgl. zur Entstehung *Albrecht/Jotzo* DatenschutzR Teil 7 Rn. 14 ff.

5 **3. Konsequenzen.** Die Konsequenz der eigenen Rechtspersönlichkeit ist zunächst die Möglichkeit eigener rechtsverbindlicher Entscheidungen und deren Anfechtbarkeit vor ordentlichen Gerichten.[3] Die Beschlüsse des Ausschusses wenden sich vorrangig an die mitgliedstaatlichen Aufsichtsbehörden, die diese zur Grundlage eines endgültigen Bescheides nach Art. 65 Abs. 6 machen. Den Betroffenen steht sowohl der **Rechtsweg zu den nationalen Gerichten** gegen diese Entscheidung der mitgliedstaatlichen Aufsichtsbehörde gemäß Art. 79 als auch der unmittelbare Rechtsweg zum EuGH gegen die zugrundeliegende Entscheidung des Ausschusses selber gemäß Art. 263 Abs. 4 AEUV offen (siehe Erwägungsgrund 143).[4] Soweit die Entscheidung des Ausschusses vor nationalen Gerichten angefochten wird, sind die mitgliedstaatlichen Gerichte nach den Maßgaben des Art. 267 AEUV zur Vorlage vor dem EuGH verpflichtet.[5] Dies ist auch die einzige Möglichkeit für die somit iSd Art. 264 Abs. 4 AEUV klagebefugten Aufsichtsbehörden, gegen die unmittelbare Geltung der verbindlichen Ausschussentscheidung ihnen gegenüber vorzugehen. Ihr Ermessen ist bei deren Umsetzung „auf Null" reduziert und Erwägungen aus dem mitgliedstaatlichen Recht – selbst verfassungsrechtlicher Art – stehen hinter der Geltung des EU-Rechts zurück. Die Übertragung ihrer Entscheidungsbefugnisse auf den Europäischen Datenschutzausschuss ist indes mit der Rechtsprechung des EuGH im Fall *Meroni*[6] vereinbar, aus dem sich bei dieser Delegation das Gebot zur Zurückhaltung ergibt. Der Ausschuss sorgt für die **kohärente Anwendung des unmittelbar anwendbaren Unionsrechts** und steht in Einklang mit einer Praxis in solchen Fällen, die zuletzt auch im Rahmen der Bankenaufsicht im Unionsrecht ähnlich geregelt wurde. Als Einrichtung der EU unterfällt der Ausschuss zudem den Regeln für Organe, Einrichtungen, Ämter und Agenturen der Union, wie etwa der VO (EU) Nr. 1725/2018.[7] Durch die Bereitstellung des Sekretariats durch den Europäischen Datenschutzbeauftragten (Art. 75) ist auch der Sitz des Ausschusses entsprechend in Brüssel.

II. Zusammensetzung

6 Der Ausschuss besteht nach Art. 68 Abs. 3 aus dem **Leiter einer Aufsichtsbehörde jedes Mitgliedstaats und dem Europäischen Datenschutzbeauftragten** oder ihren jeweiligen Vertretern, wobei die Mitgliedstaaten nach Abs. 4 im Falle mehrerer Aufsichtsbehörden einen gemeinsamen Vertreter bestimmen müssen.[8] In Deutschland bestimmt § 17 Abs. 1 BDSG, dass gemeinsamer Vertreter im Europäischen Datenschutzausschuss und zentrale Anlaufstelle die oder der Bundesbeauftragte für Datenschutz und Informationsfreiheit ist und eine Stellvertreterin oder ein Stellvertreter auf fünf Jahre vom Bundesrat aus dem Kreis der Leiterinnen und Leiter der Landesaufsichtsbehörden gewählt wird. Bei Angelegenheiten, die die Wahrnehmung einer Länderaufgabe betreffen, überträgt der gemeinsame Vertreter dem Stellvertreter auf dessen Verlangen die Verhandlungsführung und das Stimmrecht im Europäischen Datenschutzausschuss (§ 17 Abs. 2 BDSG 2018). Für Österreich wird sich im Vergleich zur Artikel-29-Datenschutzgruppe keine Veränderung ergeben. Neben den Mitgliedern ist die Kommission ausdrücklich berechtigt an den Tätigkeiten und Sitzungen des Ausschusses teilzunehmen, benennt hierfür einen Vertreter und wird entsprechend durch den Vorsitz des Ausschusses unterrichtet (Abs. 5). Der Vorsitz vertritt den Ausschuss zudem nach außen (Abs. 2).

III. Stimmrecht

7 Stimmberechtigt sind grundsätzlich alle ordentlichen Mitglieder des Ausschusses nach Art. 68 Abs. 3. Dies ergibt sich mangels spezieller Bestimmung aus dem Sachzusammenhang. Unterstrichen wird dies durch die Klarstellung in Abs. 5, dass die Kommission lediglich ohne Stimmrecht an den Tätigkeiten und Sitzungen des Ausschusses teilnehmen kann. Zudem enthält Abs. 6 eine **Einschränkung des Stimmrechts für den Europäischen Datenschutzbeauftragten**, der in den Fällen einer Streitbeilegung im Kohärenzverfahren (Art. 65) nur bei solchen Beschlüssen stimmberechtigt ist, die Grundsätze und Vorschriften betreffen, die für die Organe,

---

[3] EuG BeckRS 2022, 37040 Rn. 34 ff.
[4] EuG BeckRS 2022, 37040 Rn. 34 f.
[5] Vgl. Kühling/Buchner/*Dix* DS-GVO Art. 68 Rn. 6.
[6] EuGH Urt. v. 13.6.1958 – C-9/56, ECLI:EU:C:1958:7 – Meroni/Hohe Behörde.
[7] VO (EU) Nr. 1725/2018 des Europäischen Parlaments und des Rates vom 23. Oktober 2018 zum Schutz natürlicher Personen bei der Verarbeitung personenbezogener Daten durch die Organe, Einrichtungen und sonstigen Stellen der Union, zum freien Datenverkehr und zur Aufhebung der Verordnung (EG) Nr. 45/2001 und des Beschlusses Nr. 1247/2002/EG.
[8] Vgl. *Schantz/Wolff* Neues DatenschutzR Rn. 969.

Einrichtungen, Ämter und Agenturen der Union gelten und inhaltlich den Grundsätzen und Vorschriften dieser Verordnung entsprechen. Diese Einschränkung war Ergebnis einer intensiven Auseinandersetzung zwischen Europäischem Parlament, das dem EDSB Stimmrecht im Ausschuss verleihen wollte, und dem Ministerrat, der dieses ablehnte.[9] Im Ergebnis bedeutet die gefundene Formulierung, dass der EDSB bei Streitbeilegungsbeschlüssen immer dann Stimmrecht hat, wenn diese auch entsprechend inhaltlich korrespondierende Vorschriften aus der VO (EU) 2018/1725[10] betreffen. In allen anderen Entscheidungsprozessen des Ausschusses hat der EDSB uneingeschränktes Stimmrecht.

Art. 69 Unabhängigkeit

(1) Der Ausschuss handelt bei der Erfüllung seiner Aufgaben oder in Ausübung seiner Befugnisse gemäß den Artikeln 70 und 71 unabhängig.

(2) Unbeschadet der Ersuchen der Kommission gemäß Artikel 70 Absätze 1 und 2 ersucht der Ausschuss bei der Erfüllung seiner Aufgaben oder in Ausübung seiner Befugnisse weder um Weisung noch nimmt er Weisungen entgegen.

Übersicht

	Rn.
A. Allgemeines	1
I. Zweck und Bedeutung der Vorschrift	1
II. Systematik, Verhältnis zu anderen Vorschriften	2
B. Einzelerläuterungen	3

A. Allgemeines

I. Zweck und Bedeutung der Vorschrift

Die Regelung greift die aus Art. 8 GRCh Abs. 3 und Art. 16 Abs. 2 S. 2 AEUV resultierende Verpflichtung auf, dass die Datenschutzaufsichtsbehörden unabhängig sein müssen (Art. 52). Um die Unabhängigkeit der mitgliedstaatlichen Aufsichtsbehörden aus Art. 52 Abs. 1 sowie des EDSB umfangreich zu garantieren, muss auch das Handeln des Europäischen Datenschutzausschusses unabhängig erfolgen. Der Maßstab des Art. 52 ist somit auch an den Ausschuss anzulegen. Dies schlägt sich im Vergleich zum Vorgänger der Artikel-29-Datenschutzgruppe sichtbar in der Ansiedelung des Sekretariates wieder, das nicht mehr von der Kommission, sondern vom EDSB gestellt wird. 1

II. Systematik, Verhältnis zu anderen Vorschriften

Die Vorschrift steht im Zusammenhang den weiteren Bestimmungen über den Ausschuss und seine Aufgaben und Befugnisse. Er knüpft an die Unabhängigkeit der mitgliedstaatlichen Aufsichtsbehörden aus Art. 52 an. 2

B. Einzelerläuterungen

Der Ausschuss handelt nach Art. 69 Abs. 1 bei der Erfüllung seiner Aufgaben (Art. 70) oder in Ausübung seiner Befugnisse (Art. 71) unabhängig. Dies gilt auch im Verhältnis zur Kommission. Diese kann zwar nach Art. 70 Abs. 1 lit. b den Ausschuss um Rat ersuchen und nach Art. 70 Abs. 2 in diesen Fällen eine Frist setzen, allerdings ergibt sich hieraus keine Weisungsbefugnis, sondern lediglich eine interinstitutionelle Verpflichtung auf Grundlage der Vorschriften der DS-GVO. An die Unabhängigkeit des Ausschusses knüpfen sich insgesamt **dieselben Voraussetzungen wie für die Unabhängigkeit der mitgliedstaatlichen Aufsichtsbehörden**. 3

---

[9] Vgl. *Albrecht/Jotzo* DatenschutzR Teil 7 Anm. in Fn. 58.
[10] VO (EU) Nr. 1725/2018 des Europäischen Parlaments und des Rates vom 23. Oktober 2018 zum Schutz natürlicher Personen bei der Verarbeitung personenbezogener Daten durch die Organe, Einrichtungen und sonstigen Stellen der Union, zum freien Datenverkehr und zur Aufhebung der Verordnung (EG) Nr. 45/2001 und des Beschlusses Nr. 1247/2002/EG.

Art. 70 Aufgaben des Ausschusses

(1) ¹Der Ausschuss stellt die einheitliche Anwendung dieser Verordnung sicher. ²Hierzu nimmt der Ausschuss von sich aus oder gegebenenfalls auf Ersuchen der Kommission insbesondere folgende Tätigkeiten wahr:
a) Überwachung und Sicherstellung der ordnungsgemäßen Anwendung dieser Verordnung in den in den Artikeln 64 und 65 genannten Fällen unbeschadet der Aufgaben der nationalen Aufsichtsbehörden;
b) Beratung der Kommission in allen Fragen, die im Zusammenhang mit dem Schutz personenbezogener Daten in der Union stehen, einschließlich etwaiger Vorschläge zur Änderung dieser Verordnung;
c) Beratung der Kommission über das Format und die Verfahren für den Austausch von Informationen zwischen den Verantwortlichen, den Auftragsverarbeitern und den Aufsichtsbehörden in Bezug auf verbindliche interne Datenschutzvorschriften;
d) Bereitstellung von Leitlinien, Empfehlungen und bewährten Verfahren zu Verfahren für die Löschung gemäß Artikel 17 Absatz 2 von Links zu personenbezogenen Daten oder Kopien oder Replikationen dieser Daten aus öffentlich zugänglichen Kommunikationsdiensten;
e) Prüfung – von sich aus, auf Antrag eines seiner Mitglieder oder auf Ersuchen der Kommission – von die Anwendung dieser Verordnung betreffenden Fragen und Bereitstellung von Leitlinien, Empfehlungen und bewährten Verfahren zwecks Sicherstellung einer einheitlichen Anwendung dieser Verordnung;
f) Bereitstellung von Leitlinien, Empfehlungen und bewährten Verfahren gemäß Buchstabe e des vorliegenden Absatzes zur näheren Bestimmung der Kriterien und Bedingungen für die auf Profiling beruhenden Entscheidungen gemäß Artikel 22 Absatz 2;
g) Bereitstellung von Leitlinien, Empfehlungen und bewährten Verfahren gemäß Buchstabe e des vorliegenden Absatzes für die Feststellung von Verletzungen des Schutzes personenbezogener Daten und die Festlegung der Unverzüglichkeit im Sinne des Artikels 33 Absätze 1 und 2, und zu den spezifischen Umständen, unter denen der Verantwortliche oder der Auftragsverarbeiter die Verletzung des Schutzes personenbezogener Daten zu melden hat;
h) Bereitstellung von Leitlinien, Empfehlungen und bewährten Verfahren gemäß Buchstabe e des vorliegenden Absatzes zu den Umständen, unter denen eine Verletzung des Schutzes personenbezogener Daten voraussichtlich ein hohes Risiko für die Rechte und Freiheiten natürlicher Personen im Sinne des Artikels 34 Absatz 1 zur Folge hat;
i) Bereitstellung von Leitlinien, Empfehlungen und bewährten Verfahren gemäß Buchstabe e des vorliegenden Absatzes zur näheren Bestimmung der in Artikel 47 aufgeführten Kriterien und Anforderungen für die Übermittlungen personenbezogener Daten, die auf verbindlichen internen Datenschutzvorschriften von Verantwortlichen oder Auftragsverarbeitern beruhen, und der dort aufgeführten weiteren erforderlichen Anforderungen zum Schutz personenbezogener Daten der betroffenen Personen;
j) Bereitstellung von Leitlinien, Empfehlungen und bewährten Verfahren gemäß Buchstabe e des vorliegenden Absatzes zur näheren Bestimmung der Kriterien und Bedingungen für die Übermittlungen personenbezogener Daten gemäß Artikel 49 Absatz 1;
k) Ausarbeitung von Leitlinien für die Aufsichtsbehörden in Bezug auf die Anwendung von Maßnahmen nach Artikel 58 Absätze 1, 2 und 3 und die Festsetzung von Geldbußen gemäß Artikel 83;
l) Überprüfung der praktischen Anwendung der Leitlinien, Empfehlungen und bewährten Verfahren;
m) Bereitstellung von Leitlinien, Empfehlungen und bewährten Verfahren gemäß Buchstabe e des vorliegenden Absatzes zur Festlegung gemeinsamer Verfahren für die von natürlichen Personen vorgenommene Meldung von Verstößen gegen diese Verordnung gemäß Artikel 54 Absatz 2;

n) Förderung der Ausarbeitung von Verhaltensregeln und der Einrichtung von datenschutzspezifischen Zertifizierungsverfahren sowie Datenschutzsiegeln und -prüfzeichen gemäß den Artikeln 40 und 42;
o) Genehmigung der Zertifizierungskriterien gemäß Artikel 42 Absatz 5 und Führung eines öffentlichen Registers der Zertifizierungsverfahren sowie von Datenschutzsiegeln und -prüfzeichen gemäß Artikel 42 Absatz 8 und der in Drittländern niedergelassenen zertifizierten Verantwortlichen oder Auftragsverarbeiter gemäß Artikel 42 Absatz 7;
p) Genehmigung der in Artikel 43 Absatz 3 genannten Anforderungen im Hinblick auf die Akkreditierung von Zertifizierungsstellen gemäß Artikel 43;
q) Abgabe einer Stellungnahme für die Kommission zu den Zertifizierungsanforderungen gemäß Artikel 43 Absatz 8;
r) Abgabe einer Stellungnahme für die Kommission zu den Bildsymbolen gemäß Artikel 12 Absatz 7;
s) Abgabe einer Stellungnahme für die Kommission zur Beurteilung der Angemessenheit des in einem Drittland oder einer internationalen Organisation gebotenen Schutzniveaus einschließlich zur Beurteilung der Frage, ob das Drittland, das Gebiet, ein oder mehrere spezifische Sektoren in diesem Drittland oder eine internationale Organisation kein angemessenes Schutzniveau mehr gewährleistet. Zu diesem Zweck gibt die Kommission dem Ausschuss alle erforderlichen Unterlagen, darunter den Schriftwechsel mit der Regierung des Drittlands, dem Gebiet oder spezifischen Sektor oder der internationalen Organisation;
t) Abgabe von Stellungnahmen im Kohärenzverfahren gemäß Artikel 64 Absatz 1 zu Beschlussentwürfen von Aufsichtsbehörden, zu Angelegenheiten, die nach Artikel 64 Absatz 2 vorgelegt wurden und um Erlass verbindlicher Beschlüsse gemäß Artikel 65, einschließlich der in Artikel 66 genannten Fälle;
u) Förderung der Zusammenarbeit und eines wirksamen bilateralen und multilateralen Austauschs von Informationen und bewährten Verfahren zwischen den Aufsichtsbehörden;
v) Förderung von Schulungsprogrammen und Erleichterung des Personalaustausches zwischen Aufsichtsbehörden sowie gegebenenfalls mit Aufsichtsbehörden von Drittländern oder mit internationalen Organisationen;
w) Förderung des Austausches von Fachwissen und von Dokumentationen über Datenschutzvorschriften und -praxis mit Datenschutzaufsichtsbehörden in aller Welt;
x) Abgabe von Stellungnahmen zu den auf Unionsebene erarbeiteten Verhaltensregeln gemäß Artikel 40 Absatz 9 und
y) Führung eines öffentlich zugänglichen elektronischen Registers der Beschlüsse der Aufsichtsbehörden und Gerichte in Bezug auf Fragen, die im Rahmen des Kohärenzverfahrens behandelt wurden.

(2) Die Kommission kann, wenn sie den Ausschuss um Rat ersucht, unter Berücksichtigung der Dringlichkeit des Sachverhalts eine Frist angeben.

(3) Der Ausschuss leitet seine Stellungnahmen, Leitlinien, Empfehlungen und bewährten Verfahren an die Kommission und an den in Artikel 93 genannten Ausschuss weiter und veröffentlicht sie.

(4) ¹Der Ausschuss konsultiert gegebenenfalls interessierte Kreise und gibt ihnen Gelegenheit, innerhalb einer angemessenen Frist Stellung zu nehmen. ²Unbeschadet des Artikels 76 macht der Ausschuss die Ergebnisse der Konsultation der Öffentlichkeit zugänglich.

Literatur: *Albrecht/Jotzo,* Das neue Datenschutzrecht der EU, 2016, Teil 7: Aufsichtsbehörden, Rn. 18; *Feiler/Forgó,* EU-Datenschutz-Grundverordnung, 2016, Art. 70.

Übersicht

	Rn.
A. Allgemeines	1
I. Zweck und Bedeutung der Vorschrift	1
II. Systematik, Verhältnis zu anderen Vorschriften	2

Art. 70 1-4 Kapitel VII. Zusammenarbeit und Kohärenz

B. Einzelerläuterungen 3
   I. Durchführung des Kohärenzverfahrens 3
   II. Beratung und Stellungnahmen für Kommission 4
   III. Leitlinien, Empfehlungen und bewährte Verfahren 6
   IV. Verhaltensregeln und Zertifizierungsverfahren 8
   V. Konsultation, Bildung und fachlicher Austausch 9

A. Allgemeines

I. Zweck und Bedeutung der Vorschrift

1   Die Regelung folgt auf den bisherigen Art. 30 DS-RL, der die Aufgaben der Artikel-29-Datenschutzgruppe formulierte. Der nun geschaffene Europäische Datenschutzausschuss hat im Vergleich zu seinem Vorgänger einen **ausgeweiteten Aufgabenkatalog,** der vor allem durch Art. 70 Abs. 1 lit. a eine neue Qualität erhält. Hiernach wird der Ausschuss durch verbindliche Beschlüsse zu einer kohärenten Anwendung der DS-GVO beitragen. Die Artikel-29-Datenschutzgruppe hatte diesbezüglich lediglich die Möglichkeit unverbindlicher Prüfungen und Empfehlungen. Mit der Änderung zu einer verbindlichen Aufsicht beseitigt der Gesetzgeber vor allem das Rechtsdurchsetzungsdefizit bei der Um- und Durchsetzung des EU-Datenschutzrechts und sorgt damit für eine **einheitliche Auslegung und Anwendung** der DS-GVO durch die Aufsichtsbehörden.[1]

II. Systematik, Verhältnis zu anderen Vorschriften

2   Die Vorschrift listet die Aufgaben des Ausschusses auf und verweist dabei auf **zahlreiche Sachverhalte in anderen Bestimmungen** der DS-GVO. Neben der Durchführung des Kohärenzverfahrens (Art. 63 ff.) und der Förderung von Verhaltensregeln (Art. 40) sowie von Zertifizierungsverfahren (Art. 42) und der Akkreditierung zu diesem Zweck (Art. 43) hat der Ausschuss gleich bezüglich mehrerer Bestimmungen die ausdrücklich genannte Aufgabe, Stellungnahmen an die Kommission abzugeben sowie Leitlinien, Empfehlungen und bewährte Verfahren auszuarbeiten. Allerdings ist die Möglichkeit des Ausschusses entsprechend auch in anderen Bereichen der Anwendung der Verordnung tätig zu werden, dadurch nicht abschließend begrenzt. Stattdessen wird der Ausschuss auch ganz generell beauftragt, die Beratung der Kommission sowie die Bereitstellung von Leitlinien, Empfehlungen bewährten Verfahren mit Blick auf alle Sachverhalte der DS-GVO vorzunehmen.

B. Einzelerläuterungen

I. Durchführung des Kohärenzverfahrens

3   Das neu geschaffene Kohärenzverfahren (Art. 63 ff.) in der DS-GVO wird die Arbeit des Ausschusses besonders prägen. Hiermit wird nun erstmals eine verbindliche Abstimmungsebene zwischen den Aufsichtsbehörden in den Mitgliedstaaten geschaffen, bei der im Zweifel durch Mehrheitsentscheidungen eine bestimmte Linie im Ausschuss und gegenüber der federführenden Aufsichtsbehörde erzwungen werden kann. Dementsprechend wird der Ausschuss nach Art. 70 Abs. 1 lit. a horizontal beauftragt – unbeschadet der Aufgaben der nationalen Aufsichtsbehörden (Art. 57) – die **ordnungsgemäße Anwendung der DS-GVO** in den in Art. 64 und 65 genannten Fällen zu überwachen und sicherzustellen. Dazu gibt er nach Art. 70 Abs. 1 lit. t Stellungnahmen gemäß Art. 64 Abs. 1 und 2 ab und erlässt verbindliche Beschlüsse gemäß Art. 65 und 66. Zudem führt der Ausschuss nach Art. 70 Abs. 1 lit. y ein öffentlich zugängliches Register aller Beschlüsse von Aufsichtsbehörden und Gerichten in Bezug auf Fragen, die im Rahmen des Kohärenzverfahrens behandelt wurden.

II. Beratung und Stellungnahmen für Kommission

4   Der Ausschuss berät die Kommission nach Art. 70 Abs. 1 lit. b in allen Fragen, die im Zusammenhang mit dem Schutz personenbezogener Daten in der Union stehen, einschließlich etwaiger Vorschläge zur Änderung dieser Verordnung. Die Formulierung „in der Union" ist

---
[1] Vgl. dazu *Albrecht/Jotzo* DatenschutzR Teil 7 Rn. 18.

nicht als Einschränkung des Anwendungsbereichs der DS-GVO zu diesem Zwecke zu verstehen, sondern bezieht sich auf das Datenschutzrecht „in der Union" und damit einschließlich des gesamten Anwendungsbereichs aus Art. 2 und 3. Als besonderer Fall der Beratung der Kommission durch den Ausschuss wird zudem in Art. 70 Abs. 1 lit. c ausdrücklich die Beratung der Kommission über das Format und die Verfahren für den Austausch von Informationen nach Art. 47 Abs. 3 genannt. Dies ist allerdings nicht als Beschränkung der **horizontalen Beratungskompetenz** des Ausschusses aus Art. 70 Abs. 1 lit. b sondern lediglich als besondere Hervorhebung zu verstehen, so dass der Ausschuss auch in anderen Fällen der Ausgestaltung von Bestimmungen durch die Kommission immer beratend tätig werden kann.

Daneben hat der Ausschuss gleich in mehreren Fällen die Aufgabe, **Stellungnahmen an die Kommission** abzugeben. Insbesondere ist dies nach Art. 70 Abs. 1 der Fall bei den Zertifizierungsanforderungen gemäß Art. 43 Abs. 8 (lit. q), bei den Bildsymbolen gemäß Art. 12 Abs. 7 (lit. r), zur Beurteilung der Angemessenheit des in einem Drittland oder einer internationalen Organisation gebotenen Schutzniveaus (lit. s), im Kohärenzverfahren (Art. 70 Abs. 1 lit. t iVm Art. 64–66), sowie bei auf Unionsebene erarbeiteten Verhaltensregeln gemäß Art. 40 Abs. 9 (Art. 70 Abs. 1 lit. x). In diesem Zusammenhang wird auch deutlich, dass es sich bei der Beratungstätigkeit des Ausschusses im Rahmen des Art. 70 nicht nur um eine Ermächtigung zum Tätigwerden handelt, sondern auch um einen Auftrag. Besonders die Stellungnahmen erscheinen sogar als Voraussetzung zum Tätigwerden der Kommission. Aus diesem Grund hat die Kommission allerdings nach Art. 70 Abs. 2 das Recht unter Berücksichtigung der Dringlichkeit des Sachverhalts eine Frist zur Beratung bzw. Stellungnahme zu setzen. Nach Art. 70 Abs. 3 leitet der Ausschuss seine Stellungnahmen neben der Kommission auch an den in Art. 93 genannten Ausschuss für Durchführungsrechtsakte weiter und veröffentlicht sie.

III. Leitlinien, Empfehlungen und bewährte Verfahren

Der Ausschuss soll darüber hinaus auch konkrete Leitlinien, Empfehlungen und bewährte Verfahren erarbeiten, die die Bestimmungen der DS-GVO konkretisieren.[2] Durch die Bereitstellung durch den Ausschuss zielt der Gesetzgeber darauf, dass auch hierdurch **Kohärenz zwischen den Aufsichtsbehörden und bei der Anwendung der DS-GVO** in den Mitgliedstaaten geschaffen werden soll. Explizit wird diese Aufgabe auf europäischer Ebene angesiedelt. Art. 70 Abs. 1 nennt dazu etwa das Bereitstellen von Leitlinien, Empfehlungen und bewährte Verfahren bei Verfahren für die Löschung gemäß Art. 17 Abs. 2 (lit. d), zur näheren Bestimmung der Kriterien und Bedingungen für die auf Profiling beruhenden Entscheidungen gemäß Art. 22 Abs. 2 (lit. f), bei Verletzungen des Schutzes personenbezogener Daten und die Festlegung der Unverzüglichkeit iSd Art. 33 Abs. 1 und 2 (lit. g), zu den Umständen, unter denen eine Verletzung des Schutzes personenbezogener Daten voraussichtlich ein hohes Risiko für die Rechte und Freiheiten natürlicher Personen iSd Art. 34 Abs. 1 zur Folge hat (lit. h), zur näheren Bestimmung der in Art. 47 aufgeführten Kriterien und Anforderungen für die Übermittlungen personenbezogener Daten, die auf verbindlichen internen Datenschutzvorschriften beruhen (lit. i), zur näheren Bestimmung der Kriterien und Bedingungen für die Übermittlungen personenbezogener Daten gemäß Art. 49 Abs. 1 (lit. j), zur Festlegung gemeinsamer Verfahren für die von natürlichen Personen vorgenommene Meldung von Verstößen gegen diese Verordnung gemäß Art. 54 Abs. 2 (lit. m) sowie die Ausarbeitung von Leitlinien für die Aufsichtsbehörden in Bezug auf die Anwendung von Maßnahmen nach Art. 58 Abs. 1, 2 und 3 und die Festsetzung von Geldbußen gemäß Art. 83 (lit. k).

Neben diesen konkreten Fällen sieht Art. 70 Abs. 1 lit. e auch eine Generalklausel vor, demnach der Ausschuss von sich aus, auf Antrag eines seiner Mitglieder oder auf Ersuchen der Kommission Fragen, die die Anwendung dieser Verordnung betreffen sowie die Bereitstellung von Leitlinien, Empfehlungen und bewährten Verfahren zwecks Sicherstellung einer einheitlichen Anwendung dieser Verordnung immer prüfen kann. Der Ausschuss kann demnach auch die Entscheidung treffen, in weiteren Bereichen entsprechende Leitlinien, Empfehlungen und bewährte Verfahren bereitzustellen. Art. 70 Abs. 1 lit. l sieht vor, dass der Ausschuss die praktische Anwendung der Leitlinien, Empfehlungen und bewährten Verfahren überprüft. Dass sich die letztgenannte Bestimmung lediglich auf die Buchst. e und f bezieht ist ein Redaktionsfehler, der sich durch die Ergänzung weiterer gesonderter Beispiele im Rahmen der Verhandlungen zur DS-GVO ergeben hat.[3] Der Prüfauftrag aus lit. l ist daher auch für die anderen genannten Fälle

---
[2] Zur Bindungswirkung dieser Beschlüsse ausf. *Schantz/Wolff* Neues DatenschutzR Rn. 981 f.
[3] Darauf verweisen auch *Feiler/Forgó* DS-GVO Art. 70 Rn. 9.

des Art. 70 Abs. 1 einschlägig. Nach Art. 70 Abs. 3 leitet der Ausschuss seine Leitlinien, Empfehlungen und bewährten Verfahren an die Kommission und an den in Art. 93 genannten Ausschuss weiter und veröffentlicht sie. Bereits im Vorfeld des Anwendungszeitpunktes der DS-GVO hat die Artikel-29-Datenschutzgruppe zahlreiche Leitlinien und Empfehlungen zu zahlreichen Fragen des neuen Rechts verabschiedet.[4]

IV. Verhaltensregeln und Zertifizierungsverfahren

8   Neben den bereits genannten Stellungnahmen des Ausschusses zu den Zertifizierungsanforderungen (Art. 70 Abs. 1 lit. q) und den Verhaltensregeln (Art. 70 Abs. 1 lit. x) sieht der Aufgabenkatalog des Ausschusses auch die Förderung der Ausarbeitung von Verhaltensregeln und der Einrichtung von datenschutzspezifischen Zertifizierungsverfahren sowie Datenschutzsiegeln und -prüfzeichen gemäß den Art. 40 und 42 vor (lit. n). Darüber hinaus soll der Ausschuss auch Zertifizierungsstellen akkreditieren, regelmäßig überprüfen und ein öffentliches Register der akkreditierten Einrichtungen führen (lit. o). Der Wortlaut in Art. 43 Abs. 1 sieht allerdings nur vor, dass nur die Aufsichtsbehörden der Mitgliedstaaten eine solche Akkreditierung vornehmen. Daher ist davon auszugehen, dass es sich hier stattdessen um eine Überprüfung solcher Entscheidungen durch den Ausschuss sowie die Festlegung einheitlicher Akkreditierungskriterien handelt und dies in der finalen Fassung der DS-GVO nicht mehr redaktionell angepasst wurde. Laut Art. 70 Abs. 1 lit. p ist der Ausschuss zudem beauftragt, die in Art. 43 Abs. 3 genannten Anforderungen im Hinblick auf die Akkreditierung von Zertifizierungsstellen gemäß Art. 42 zu präzisieren.

V. Konsultation, Bildung und fachlicher Austausch

9   Abschließend werden im Aufgabenkatalog des Ausschusses auch die **Konsultation von Interessensträgern** und die Förderung von Schulungsmaßnahmen sowie des internationalen fachlichen Austauschs bei den Aufsichtsbehörden genannt. So soll der Ausschuss laut Art. 70 Abs. 4 in allen Aufgabenbereichen gegebenenfalls interessierte Kreise konsultieren und ihnen die Gelegenheit geben, innerhalb einer angemessenen Frist Stellung zu nehmen. Die Ergebnisse der Konsultation macht der Ausschuss der Öffentlichkeit zugänglich.

10 Nach Art. 70 Abs. 1 lit. u hat der Ausschuss die Aufgabe, die Zusammenarbeit und einen wirksamen bilateralen und multilateralen Austausch von Informationen und bewährten Verfahren zwischen den Aufsichtsbehörden zu fördern. Auch die Förderung von Schulungsprogrammen und Erleichterung des Personalaustausches zwischen Aufsichtsbehörden sowie gegebenenfalls mit Aufsichtsbehörden von Drittländern oder mit internationalen Organisationen liegt mit lit. v in der Verantwortung des Ausschusses. Nach lit. w soll zudem der Austausch von Fachwissen und von Dokumentationen über Datenschutzvorschriften und -praxis mit Datenschutzaufsichtsbehörden in aller Welt gefördert werden. Damit erhält der Ausschuss eine wichtige Aufgabe bei der Gestaltung des Datenschutzrechts auch auf internationaler Ebene.

Art. 71 Berichterstattung

(1) ¹Der Ausschuss erstellt einen Jahresbericht über den Schutz natürlicher Personen bei der Verarbeitung in der Union und gegebenenfalls in Drittländern und internationalen Organisationen. ²Der Bericht wird veröffentlicht und dem Europäischen Parlament, dem Rat und der Kommission übermittelt.

(2) Der Jahresbericht enthält eine Überprüfung der praktischen Anwendung der in Artikel 70 Absatz 1 Buchstabe 1 genannten Leitlinien, Empfehlungen und bewährten Verfahren sowie der in Artikel 65 genannten verbindlichen Beschlüsse.

Übersicht

	Rn.
A. Allgemeines	1
I. Zweck und Bedeutung der Vorschrift	1
II. Systematik, Verhältnis zu anderen Vorschriften	2
B. Einzelerläuterungen	3

---

[4] Eine Auflistung findet sich in der Kommunikation der Kommission v. 24.1.2018, COM(2018) 43 final, Punkt 2.2, Leitlinien selbst verfügbar auf der Webseite der Artikel-29-Datenschutzgruppe.

A. Allgemeines

I. Zweck und Bedeutung der Vorschrift

Die Regelung sieht die Berichtspflichten des Europäischen Datenschutzausschusses vor. **1**

II. Systematik, Verhältnis zu anderen Vorschriften

Die Vorschrift schließt an die Aufgaben des Ausschusses in Art. 70 an. **2**

B. Einzelerläuterungen

Der Ausschuss ist verpflichtet, nach Art. 70 Abs. 1 einen **Jahresbericht über den Schutz** **3** **natürlicher Personen bei der Verarbeitung personenbezogener Daten** in der Union und gegebenenfalls in Drittländern und internationalen Organisationen zu erstellen und diesen zu veröffentlichen sowie an das Europäische Parlament, den Rat und die Kommission zu übermitteln. Dabei ist laut Abs. 2 eine Überprüfung der praktischen Anwendung der in Art. 70 Abs. 1 lit. l genannten Leitlinien, Empfehlungen und bewährten Verfahren sowie der in Art. 65 genannten verbindlichen Beschlüsse vorzunehmen. Der Jahresbericht des Ausschusses sorgt damit auch für eine jährliche Überprüfung der relevanten Entscheidungen zur Auslegung der DS-GVO durch die Aufsichtsbehörden. Dies unterstreicht die entscheidende Rolle, die der Ausschuss mit Blick auf die Interpretation und kohärente Anwendung der DS-GVO spielt. Der Ausschuss soll eine Kontrollinstanz für die korrekte und einheitliche Anwendung der Datenschutzregeln in der EU sein.

Art. 72 Verfahrensweise

(1) Sofern in dieser Verordnung nichts anderes bestimmt ist, fasst der Ausschuss seine Beschlüsse mit einfacher Mehrheit seiner Mitglieder.
(2) Der Ausschuss gibt sich mit einer Mehrheit von zwei Dritteln seiner Mitglieder eine Geschäftsordnung und legt seine Arbeitsweise fest.

Übersicht

	Rn.
A. Allgemeines	1
I. Zweck und Bedeutung der Vorschrift	1
II. Systematik, Verhältnis zu anderen Vorschriften	2
B. Einzelerläuterungen	3

A. Allgemeines

I. Zweck und Bedeutung der Vorschrift

Die Regelung legt die Verfahrensweise im Europäischen Datenschutzausschuss nieder. **1**

II. Systematik, Verhältnis zu anderen Vorschriften

Die Vorschrift schließt an die Rechtsform und Zusammensetzung des Ausschusses (Art. 68) an **2** und legt die Abstimmungsmodalitäten und Binnenorganisation des Gremiums fest.

B. Einzelerläuterungen

Der Ausschuss fasst nach Art. 72 Abs. 1 seine **Beschlüsse mit einfacher Mehrheit,** soweit in **3** der Verordnung nichts anderes beschrieben ist. Hier sieht Art. 65 Abs. 2 vor, dass der Ausschuss mit einer Mehrheit von zwei Dritteln seiner Mitglieder einen verbindlichen Beschluss im Rahmen des Kohärenzverfahrens fällt. Allerdings ist es im Falle einer nicht erfolgten Einigung nach Art. 65 Abs. 2 möglich, dass ein entsprechender Beschluss wiederum mit einfacher Mehrheit gefällt wird, sofern sich der Ausschuss innerhalb von zwei Wochen darauf einigen kann. Einen weiteren Fall anderslautender Mehrheitsanforderungen sieht Art. 72 Abs. 2 vor, der bestimmt, dass die Geschäftsordnung des Ausschusses ebenfalls einer Zweidrittelmehrheit der Mitglieder bedarf. In der Gestaltung seiner Geschäftsordnung ist der Ausschuss grundsätzlich frei, allerdings gibt es bestimmte notwendige Festlegungen bezüglich des Vorsitzes (Art. 74) sowie der Vertraulichkeit (Art. 76), die darin enthalten sein müssen.

Art. 73 Vorsitz

(1) **Der Ausschuss wählt aus dem Kreis seiner Mitglieder mit einfacher Mehrheit einen Vorsitzenden und zwei stellvertretende Vorsitzende.**

(2) **Die Amtszeit des Vorsitzenden und seiner beiden Stellvertreter beträgt fünf Jahre; ihre einmalige Wiederwahl ist zulässig.**

Übersicht

	Rn.
A. Allgemeines	1
I. Zweck und Bedeutung der Vorschrift	1
II. Systematik, Verhältnis zu anderen Vorschriften	2
B. Einzelerläuterungen	3

A. Allgemeines

I. Zweck und Bedeutung der Vorschrift

1 Die Regelung legt die Wahl und Amtszeit des Vorsitzes im Europäischen Datenschutzausschuss fest.

II. Systematik, Verhältnis zu anderen Vorschriften

2 Die Vorschrift steht in Zusammenhang mit den Grundlagen des Ausschusses in Art. 68 und 72 sowie den Bestimmungen zu den Aufgaben des Vorsitzes in Art. 74.

B. Einzelerläuterungen

3 Der Ausschuss wählt nach Art. 73 Abs. 1 aus dem Kreis seiner Mitglieder mit einfacher Mehrheit einen Vorsitzenden und zwei stellvertretende **Vorsitzende, deren Amtszeit jeweils fünf Jahre beträgt** und die einmalig wiedergewählt werden können. Als normales Mitglied des Ausschusses kann damit auch der EDSB den Vorsitz im Ausschuss wahrnehmen. Er hat keine Sonderstellung, wie es etwa im ursprünglichen Vorschlag der Kommission als ständiger Stellvertreter des Vorsitzes vorgesehen war.

Art. 74 Aufgaben des Vorsitzes

(1) **Der Vorsitz hat folgende Aufgaben:**
a) **Einberufung der Sitzungen des Ausschusses und Erstellung der Tagesordnungen,**
b) **Übermittlung der Beschlüsse des Ausschusses nach Artikel 65 an die federführende Aufsichtsbehörde und die betroffenen Aufsichtsbehörden,**
c) **Sicherstellung einer rechtzeitigen Ausführung der Aufgaben des Ausschusses, insbesondere der Aufgaben im Zusammenhang mit dem Kohärenzverfahren nach Artikel 63.**

(2) **Der Ausschuss legt die Aufteilung der Aufgaben zwischen dem Vorsitzenden und dessen Stellvertretern in seiner Geschäftsordnung fest.**

Übersicht

	Rn.
A. Allgemeines	1
I. Zweck und Bedeutung der Vorschrift	1
II. Systematik, Verhältnis zu anderen Vorschriften	2
B. Einzelerläuterungen	3

A. Allgemeines

I. Zweck und Bedeutung der Vorschrift

Die Regelung sieht die Aufgaben des Vorsitzes im Europäischen Datenschutzausschuss vor. **1**

II. Systematik, Verhältnis zu anderen Vorschriften

Die Vorschrift steht in Zusammenhang mit den Grundlagen des Ausschusses in Art. 68 und 72 **2** sowie den Bestimmungen zur Wahl und Amtszeit des Vorsitzes in Art. 73.

B. Einzelerläuterungen

Der Vorsitz im Ausschuss hat laut Art. 74 Abs. 1 lit. a die Aufgabe, die **Sitzungen des** **3** **Ausschusses einzuberufen** und eine Tagesordnung dafür zu erstellen. Er übermittelt laut lit. b die Beschlüsse des Ausschusses im Rahmen des Konsistenzmechanismus (Art. 65) an die federführende Aufsichtsbehörde und die betroffenen Aufsichtsbehörden und stellt nach lit. c eine rechtzeitige Ausführung der Aufgaben des Ausschusses sicher, insbesondere der Aufgaben im Zusammenhang mit dem Kohärenzverfahren nach Art. 63. In seiner Geschäftsordnung legt der Ausschuss nach Art. 74 Abs. 2 die Aufgabenaufteilung zwischen dem Vorsitzenden und dessen Stellvertretern fest. Nach Art. 75 Abs. 2 leitet der Vorsitz auch das Sekretariat des Ausschusses an.

Art. 75 Sekretariat

(1) Der Ausschuss wird von einem Sekretariat unterstützt, das von dem Europäischen Datenschutzbeauftragten bereitgestellt wird.

(2) Das Sekretariat führt seine Aufgaben ausschließlich auf Anweisung des Vorsitzes des Ausschusses aus.

(3) Das Personal des Europäischen Datenschutzbeauftragten, das an der Wahrnehmung der dem Ausschuss gemäß dieser Verordnung übertragenen Aufgaben beteiligt ist, unterliegt anderen Berichtspflichten als das Personal, das an der Wahrnehmung der dem Europäischen Datenschutzbeauftragten übertragenen Aufgaben beteiligt ist.

(4) Soweit angebracht, erstellen und veröffentlichen der Ausschuss und der Europäische Datenschutzbeauftragte eine Vereinbarung zur Anwendung des vorliegenden Artikels, in der die Bedingungen ihrer Zusammenarbeit festgelegt sind und die für das Personal des Europäischen Datenschutzbeauftragten gilt, das an der Wahrnehmung der dem Ausschuss gemäß dieser Verordnung übertragenen Aufgaben beteiligt ist.

(5) Das Sekretariat leistet dem Ausschuss analytische, administrative und logistische Unterstützung.

(6) Das Sekretariat ist insbesondere verantwortlich für

a) das Tagesgeschäft des Ausschusses,
b) die Kommunikation zwischen den Mitgliedern des Ausschusses, seinem Vorsitz und der Kommission,
c) die Kommunikation mit anderen Organen und mit der Öffentlichkeit,
d) den Rückgriff auf elektronische Mittel für die interne und die externe Kommunikation,
e) die Übersetzung sachdienlicher Informationen,
f) die Vor- und Nachbereitung der Sitzungen des Ausschusses,

g) die Vorbereitung, Abfassung und Veröffentlichung von Stellungnahmen, von Beschlüssen über die Beilegung von Streitigkeiten zwischen Aufsichtsbehörden und von sonstigen vom Ausschuss angenommenen Dokumenten.

Literatur: *Albrecht/Jotzo,* Das neue Datenschutzrecht der EU, 2016, Teil 7: Aufsichtsbehörden, Rn. 17; *Nguyen,* Die zukünftige Datenschutzaufsicht in Europa, ZD 2015, 265.

Übersicht

	Rn.
A. Allgemeines	1
I. Zweck und Bedeutung der Vorschrift	1
II. Systematik, Verhältnis zu anderen Vorschriften	2
B. Einzelerläuterungen	3

A. Allgemeines

I. Zweck und Bedeutung der Vorschrift

1   Die Regelung schafft die Rahmenbedingungen für das Sekretariat des Europäischen Datenschutzausschusses und legt dessen Arbeitsweise und Verantwortungen fest.

II. Systematik, Verhältnis zu anderen Vorschriften

2   Die Vorschrift schließt an die Grundlagen des Ausschusses an (Art. 68 ff.).

B. Einzelerläuterungen

3   Das Sekretariat des Ausschusses unterstützt diesen laut Art. 75 Abs. 1 bei seiner Arbeit und wird vom EDSB bereitgestellt.[1] Es führt laut Abs. 2 seine Aufgaben ausschließlich auf Anweisung des Vorsitzes des Ausschusses aus. Abs. 3 stellt klar, dass das Personal des EDSB unterschiedlichen Berichtspflichten unterliegt, je nachdem ob es an Aufgaben gemäß der DS-GVO oder an solchen des EDSB beteiligt ist. Diese Klarstellung war nötig, um eine interne **Trennung zwischen dem Sekretariat des EDSB und dem des Ausschusses** sicher zu stellen, auf die die Mitgliedstaaten insbesondere bestanden hatten.[2] So muss auch Abs. 4 betrachtet werden, der bestimmt, dass Ausschuss und EDSB gemeinsam – soweit angebracht – eine Vereinbarung zur Anwendung des Art. 75 erstellen und veröffentlichen, in der die Bedingungen ihrer Zusammenarbeit festgelegt sind und die für das Personal des EDSB gilt, das an der Wahrnehmung der dem Ausschuss gemäß der DS-GVO übertragenen Aufgaben beteiligt ist. Diese Trennung schließt allerdings nicht aus, dass bestimmte logistische Aufgaben wie zB die Personalverwaltung oder IT-Dienstleistungen zwischen EDSB und Ausschuss-Sekretariaten geteilt werden können. Im November 2017 haben Ausschuss und EDSP ein entsprechendes „Memorandum of Understanding" geschlossen, dass die Einzelheiten des Zusammenwirkens beider Sekretariate regelt.

4   Abs. 5 erläutert, dass das Sekretariat des Ausschuss analytische, administrative und logistische Unterstützung leistet. Unter analytischer Unterstützung ist auch die juristische Analyse und das Erarbeiten rechtlicher Entwürfe zu verstehen, daher ist diese nicht ausdrücklich erwähnt, wie ursprünglich vom Europäischen Parlament vorgeschlagen. Mit der Unterstützung des Ausschusses ist auch verbunden, dass der EDSB einen erhöhten Kostenaufwand hat, der bei seiner Ausstattung durch den Haushalt der Union berücksichtigt werden muss. Die Aufgaben des Sekretariats werden in Abs. 6 näher beschrieben und umfassen neben dem Tagesgeschäft hauptsächlich die Kommunikation zwischen den Mitgliedern des Ausschusses, dem Vorsitz, der Kommission und anderen Organen sowie mit der Öffentlichkeit unter Rückgriff auf elektronische Kommunikationsmittel. Außerdem gehören sowohl Übersetzungsdienste, als auch die Vor- und Nachbereitung von Sitzungen, Stellungnahmen und Beschlüssen des Ausschusses sowie sonstiger vom Ausschuss angenommener Dokumente dazu.

---

[1] *Albrecht/Jotzo* DatenschutzR Teil 7 Rn. 17 weisen darauf hin, dass dies eine Änderung im Vergleich zur Artikel-29-Datenschutzgruppe ist, deren Sekretariat von der Kommission gestellt wurde.
[2] Vgl. *Nguyen* ZD 2015, 265 (268).

Art. 76 Vertraulichkeit

(1) **Die Beratungen des Ausschusses sind gemäß seiner Geschäftsordnung vertraulich, wenn der Ausschuss dies für erforderlich hält.**

(2) Der Zugang zu Dokumenten, die Mitgliedern des Ausschusses, Sachverständigen und Vertretern von Dritten vorgelegt werden, wird durch die Verordnung (EG) Nr. 1049/2001 des Europäischen Parlaments und des Rates geregelt.

Übersicht

	Rn.
A. Allgemeines	1
I. Zweck und Bedeutung der Vorschrift	1
II. Systematik, Verhältnis zu anderen Vorschriften	2
B. Einzelerläuterungen	3

A. Allgemeines

I. Zweck und Bedeutung der Vorschrift

Die Regelung legt die Vertraulichkeit im Europäischen Datenschutzausschuss fest.   1

II. Systematik, Verhältnis zu anderen Vorschriften

Die Vorschrift schließt an die Grundlagen des Ausschusses an (Art. 68 ff.).   2

B. Einzelerläuterungen

Die Beratungen des Ausschusses sind laut Art. 76 Abs. 1 gemäß seiner Geschäftsordnung   3
vertraulich, wenn der Ausschuss dies für erforderlich hält. Dies bedeutet, dass die **Beratungen grundsätzlich öffentlich** sind, solange der Ausschuss nicht in seiner Geschäftsordnung die Vertraulichkeit für den jeweiligen Fall geregelt hat. Damit der Ausschuss Beratungen als vertraulich einstufen kann, muss er dies für erforderlich halten, wobei hierzu objektive Kriterien der Erforderlichkeit anzulegen sind, wie es sich auch aus Erwägungsgrund 11 VO (EG) Nr. 1049/2001 des Europäischen Parlaments und des Rates ergibt, wonach grundsätzlich alle Dokumente der Organe für die Öffentlichkeit zugänglich sein sollten. Nach dieser Verordnung richtet sich dann auch laut Art. 76 Abs. 2 der Zugang zu Dokumenten, die Mitgliedern des Ausschusses, Sachverständigen und Vertretern von Dritten vorgelegt werden.

Kapitel VIII. Rechtsbehelfe, Haftung und Sanktionen

Art. 77 Recht auf Beschwerde bei einer Aufsichtsbehörde

(1) Jede betroffene Person hat unbeschadet eines anderweitigen verwaltungsrechtlichen oder gerichtlichen Rechtsbehelfs das Recht auf Beschwerde bei einer Aufsichtsbehörde, insbesondere in dem Mitgliedstaat ihres gewöhnlichen Aufenthaltsorts, ihres Arbeitsplatzes oder des Orts des mutmaßlichen Verstoßes, wenn die betroffene Person der Ansicht ist, dass die Verarbeitung der sie betreffenden personenbezogenen Daten gegen diese Verordnung verstößt.

(2) Die Aufsichtsbehörde, bei der die Beschwerde eingereicht wurde, unterrichtet den Beschwerdeführer über den Stand und die Ergebnisse der Beschwerde einschließlich der Möglichkeit eines gerichtlichen Rechtsbehelfs nach Artikel 78.

Literatur: *Born*, Die Datenschutzaufsicht und ihre Verwaltungstätigkeit im nicht-öffentlichen Bereich, 2014; *Bull*, Die „völlig unabhängige" Aufsichtsbehörde, EuZW 2010, 488; *Caspar*, Das aufsichtsbehördliche Verfahren nach der EU-Datenschutz-Grundverordnung, ZD 2012, 555; *Dieterich*, Rechtsdurchsetzungsmöglichkeiten der DS–GVO, ZD 2016, 260; *Engelbrecht*, Anm. zu VG Ansbach, ZD 2020, 219; *Fiek/Härting/Thiess*, DSGVO: Der Verwaltungsakt wird zum Normalfall – Das neue Beschwerderecht des Bürgers, CR 2018, 296; *Masing*, Herausforderungen des Datenschutzes, NJW 2012, 2305; *Nguyen*, Die zukünftige Datenschutzaufsicht in Europa, ZD 2015, 265; *Piltz/Zwerschke*, „Rechte an Daten": Neuere Entwicklungen und Haftungsfragen, GRUR-Prax 2021, 11; *Raab*, Die Harmonisierung des einfachgesetzlichen Datenschutzes. Von der umsetzungsdefizitären Datenschutzrichtlinie 95/46/EG zur Datenschutz-Grundverordnung, 2015; *Spindler*, Verbandsklagen und Datenschutz – das neue Verbandsklagerecht, ZD 2016, 114; *Werkmeister/Goral-Wood*, Parallele Einlegung der Rechtsbehelfe nach der DS-GVO, RDi 2023, 298; *Will*, Vermittelt die DS–GVO einen Anspruch auf aufsichtsbehördliches Einschreiten?, ZD 2020, 97.

Übersicht

	Rn.
A. Allgemeines	1
I. Zweck und Bedeutung der Vorschrift	1
II. Systematik, Verhältnis zu anderen Vorschriften	3
B. Einzelerläuterungen	10
I. Formelle Voraussetzungen, Verfahren	10
1. Zuständige Behörde	10
2. Zulässigkeitsvoraussetzungen der Beschwerde im Einzelnen	12
a) Verarbeitung personenbezogener Daten	12
b) Behauptung eines Verstoßes	14
3. Verfahren	16
a) Allgemein anwendbares Verfahrensrecht	16
b) Vorgaben nach Abs. 2	19
4. Kosten	37
II. Entscheidung der Aufsichtsbehörde	38
1. Entscheidungsmaßstab	38
2. Entscheidungsmöglichkeiten	41
3. Nebenentscheidungen, Sonstiges	43
C. Rechtsschutz	44
I. Rechtsschutz der betroffenen Personen	44
II. Rechtsschutz der Verantwortlichen	46

A. Allgemeines

I. Zweck und Bedeutung der Vorschrift

1 Das Beschwerdeverfahren dient dem effektiven Schutz der Rechte von betroffenen Personen im Anwendungsbereich der DS-GVO. Im Vordergrund stehen dabei Art. 16 AEUV, Art. 8

GRCh sowie Art. 13 EMRK,[1] während Art. 47 GRCh sich lediglich auf gerichtliche Rechtsbehelfe bezieht, diesen vorgelagerte behördliche Abhilfeverfahren jedoch nicht ausschließt.[2] Art. 16 Abs. 2 S. 2 AEUV und Art. 8 Abs. 3 GRCh sehen übereinstimmend vor, dass die Einhaltung datenschutzrechtlicher Bestimmungen durch unabhängige Stellen zu überwachen sind.[3] Die Bedeutung der Aufsichtsbehörden als unabhängige Instanzen zum Schutz von grund- und menschenrechtlichen Positionen[4] wird durch das Beschwerdeverfahren als zentralem Rechtsbehelf in der DS-GVO hervorgehoben. Bei Unklarheiten über die Auslegung der Vorschriften der DS-GVO wird im Zweifel für ein starkes subjektives Recht der Einzelnen gegenüber den Aufsichtsbehörden zu votieren sein, da Art. 8 Abs. 1 GRCh jeder Person ein „Recht" auf Schutz der sie betreffenden personenbezogenen Daten zuspricht und Art. 8 Abs. 3 GRCh bestimmt, dass die Einhaltung dieses Rechts von einer unabhängigen Stelle „überwacht" wird.

Mit dem Beschwerdeverfahren soll dementsprechend jeder betroffenen Person die Möglichkeit gewährt werden, sich gegen Verletzungen ihrer Rechte aus der Verordnung zur Wehr zu setzen.[5] Es handelt sich hier damit um mehr als ein Petitionsrecht,[6] nämlich einen echten Rechtsbehelf. Die Vorschrift ist dabei **keine Vollharmonisierung der Rechtsbehelfe** bei den Aufsichtsbehörden. Den Mitgliedstaaten bleibt weiterhin die Befugnis, weitere Rechtsbehelfe vorzusehen. In Anbetracht ihrer teilweise strengen, über die allgemeinen verwaltungsverfahrensrechtlichen Vorgaben der Mitgliedstaaten hinausgehenden Regelungen ist jedoch davon auszugehen, dass die Beschwerde gemäß Art. 77 in Zukunft den **primären Rechtsbehelf** gegen datenschutzrechtliche Verstöße darstellen wird. Unter dem Regime der DS-RL wurde das System der Rechtsbehelfe in den Mitgliedstaaten uneinheitlich umgesetzt und zum Teil auf gerichtliche Rechtsbehelfe begrenzt. Die Regelungen des Kapitels VIII der DS-GVO stellen dem gegenüber eine Fortentwicklung dar, die dem europäischen Datenschutzregime erhöhte Durchsetzungsfähigkeit verleiht. Die Aufsichtsbehörden sind durch die Mitgliedstaaten so auszustatten, dass sie Beschwerden effektiv nachgehen und die Verordnung effektiv durchsetzen können, ihre Entscheidungen in gerichtlichen Verfahren effektiv verteidigen und daneben auch ex officio tätig werden können. Der Ausschluss der Anordnung einer sofortigen Vollziehbarkeit von Anordnung der Aufsichtsbehörden gegenüber Behörden oder ihren Rechtsträgern gemäß § 20 Abs. 7 BDSG-neu, verbunden mit dem Ausschluss von Bußgeldern im öffentlichen Sektor (§ 43 Abs. 3 BDSG-neu), stellt die effektive Umsetzung der Verordnung im öffentlichen Bereich in Deutschland in Frage. Es wird genau zu beobachten sein, wie intensiv öffentliche Stellen den Rechtsschutz vor Verwaltungsgerichten in Datenschutzsachen in Anspruch nehmen und wie lange derartige Verfahren, die dann die Vollziehbarkeit der Anordnung der Aufsichtsbehörde regelmäßig aufschieben, dauern, da die Aufschiebung des Vollzugs einer Anordnung der Aufsichtsbehörde etwa rechtswidrige Verarbeitung von persönlichen Daten einzustellen mit erheblichen Nachteilen für die Betroffenen verbunden sein kann. Diese typisierte Ungleichbehandlung von Verantwortlichen im öffentlichen und privaten Sektor ist aus der Sicht des effektiven Grundrechtsschutzes der Betroffenen nicht zu rechtfertigen, zumal die Begründungsanforderungen in § 80 Abs. 3 VwGO für die Anordnung der sofortigen Vollziehung und die Möglichkeit für das Gericht, auf Antrag nach § 80 Abs. 4 VwGO die aufschiebende Wirkung der Klage wieder herzustellen, eine angemessene Berücksichtigung der öffentlichen mit der Verarbeitung der Daten verbundenen Interessen sicherstellen würde.

II. Systematik, Verhältnis zu anderen Vorschriften

Art. 77 Abs. 1 regelt die Zulässigkeitsvoraussetzungen der Beschwerde bei einer Aufsichtsbehörde bei Verstößen gegen die DS-GVO. Sind dessen Voraussetzungen erfüllt, ist die Aufsichtsbehörde gezwungen (→ Rn. 19), das Beschwerdeverfahren durchzuführen. Nähere Vorgaben zur Gestaltung des Beschwerdeverfahrens trifft Art. 77 Abs. 2. Die Durchführung des

---

[1] Vgl. allg. zu den Grundrechtsgehalten des Datenschutzes Grabitz/Hilf/Nettesheim/*Sobotta* AEUV Art. 16 Rn. 5 ff.
[2] Vgl. NK-EUGrCh/*Eser* Art. 47 Rn. 11.
[3] Vgl. insoweit zu Art. 13 EMRK HK-EMRK/*Meyer-Ladewig* Art. 13 Rn. 20.
[4] Insoweit grdl. EuGH Urt. v. 9.3.2010 – C-518/07, ECLI:EU:C:2010:125 = EuZW 2010, 296 mzustAnm *Roßnagel* – Kommission/Deutschland; krit. hierzu *Masing* NJW 2012, 2305 (2311) und *Bull* EuZW 2010, 488 (489 ff.).
[5] Siehe so ausdrücklich Erwägungsgrund 141.
[6] So aber Gola/Heckmann/*Pötters/Werkmeister* DS-GVO Art. 77 Rn. 2.

Beschwerdeverfahrens ist Voraussetzung für einen gegebenenfalls später einzulegenden gerichtlichen Rechtsbehelf nach Art. 78. Nur im Falle des Art. 78 Abs. 2 ist der Abschluss des Beschwerdeverfahrens bei der Aufsichtsbehörde vor Einlegung eines gerichtlichen Rechtsbehelfs nach Art. 78 entbehrlich (→ Art. 78 Rn. 6).

4 Die Vorschrift lässt anderweitige verwaltungsrechtliche oder gerichtliche Rechtsbehelfe ausweislich ihres Wortlauts unberührt. Danach ist es den Mitgliedstaaten offengestellt, ein System konkurrierender Rechtsbehelfe einzurichten bzw. bisher bestehende Rechtsbehelfe neben den nunmehr durch Art. 77 geregelten Beschwerdeverfahren bestehen zu lassen. Anderweitige Rechtsbehelfe können insbesondere von den Rechtsordnungen der Mitgliedstaaten vorgesehene Rechtsbehelfe bei einer datenverarbeitenden Behörde selbst sein.[7] Auch zivilrechtliche oder spezialgesetzliche Rechtsbehelfe bei privaten Stellen sind nach wie vor möglich. Die Entscheidung, ob die Beschwerde oder ein anderweitiger Rechtsbehelf gewählt wird obliegt der betroffenen Person und mag – neben rechtlichen Aspekten – insbesondere von Praktikabilitäts- oder Effizienzgesichtspunkten geprägt sein.

5 Der EuGH hat zu Recht in seinem Urteil vom 12.1.2023 – C-132/21 – BE/Nemzeti Adatvédelmi és Információszabadság Hatóság einen **parallelen Rechtszug** zwischen Beschwerde bei der Aufsichtsbehörde nach Art. 77 und direkter Klage vor einem Zivilgericht gegen den verantwortlichen Verarbeiter nach Art. 79 bestätigt. Art. 77 Abs. 1, Art. 78 Abs. 1 und Art. 79 Abs. 1 iVm Art. 47 GRCh sind dahin auszulegen, dass sie es erlauben, die in Art. 77 Abs. 1 und Art. 78 Abs. 1 einerseits und in Art. 79 Abs. 1 andererseits vorgesehenen Rechtsbehelfe nebeneinander und unabhängig voneinander auszuüben. Es obliegt den Mitgliedstaaten, im Einklang mit dem Grundsatz der Verfahrensautonomie die Modalitäten des Zusammenspiels dieser Rechtsbehelfe zu regeln, um die Wirksamkeit des Schutzes der durch diese Verordnung garantierten Rechte, die gleichmäßige und einheitliche Anwendung ihrer Bestimmungen sowie das in Art. 47 GRCh niedergelegte Recht auf einen wirksamen Rechtsbehelf bei einem Gericht zu gewährleisten.

6 Die Aufsichtsbehörde darf dementsprechend keinesfalls ohne weiteres eine Beschwerde nicht bearbeiten, weil bereits Klage nach Art. 79 eingereicht wurde (dazu → Art. 79 Rn. 5).

7 Nach dem Vorschlag der Kommission für die DS-GVOVerfVO, Erwägungsgrund 6, könnte bei der „Beurteilung des Umfangs der erforderlichen Untersuchungsmaßnahmen durch eine Datenschutzbehörde die Tatsache, dass der Beschwerdeführer auch seine Rechte nach Artikel 79 der Verordnung (EU) 2016/679 wahrgenommen hat, berücksichtigt werden." (dazu → Art. 79 Rn. 5).

8 Eine weitergehende Regelung der „Modalitäten des Zusammenspiels" der verschiedenen Rechtsbehelfe so wie durch den EuGH eingefordert haben die Mitgliedstaaten bisher nicht verabschiedet. Es ist auch nicht ersichtlich, dass eine derartige Regelung dringend ist, da in der Praxis das Bestehen alternativer Wege zur Wahrnehmung des Grundrechtsschutzes hinsichtlich der Verarbeitung von personenbezogenen Daten regelmäßig keine Problem bereitet. Im Gegenteil ergänzen sich die alternativen Wege und verleihen in Kumulation dem Grundrechtsschutz erst Wirksamkeit. Nachdem der EuGH in seinem Urteil nunmehr eine Grundfrage zum Verhältnis der verschiedenen Rechtsschutzwege beantwortet hat, wird sich erst zeigen müssen, dass ein tatsächlicher Regelungsbedarf weiterhin besteht. Denn nur die wenigsten Betroffenen werden es ich leisten können, gleichzeitig vor den Aufsichtsbehörden und den Zivilgerichten vorzugehen.[8]

9 Der BGH (I. Zivilsenat) hat mit Beschluss vom 12.1.2023 – I ZR 223/19 dem EuGH (Rs. C-21/23) die Vorlagefrage gestellt, ob die Regelungen in Kapitel VIII der DS-GVO nationalen Regelungen entgegen stehen, die neben den Eingriffsbefugnissen der zur Überwachung und Durchsetzung der Verordnung zuständigen Aufsichtsbehörden und den Rechtsschutzmöglichkeiten der betroffenen Personen **Mitbewerbern** die Befugnis einräumen, wegen Verstößen gegen die DS-GVO gegen den Verletzer im Wege einer Klage vor den Zivilgerichten unter dem Gesichtspunkt des Verbots der Vornahme unlauterer Geschäftspraktiken vorzugehen. Wie der BGH selbst in seiner ausführlich begründeten Vorlagefrage, die die unterschiedlichen Auffassungen in der Rechtsprechung der Instanzgerichte und der Literatur umfassenden aufarbeitet, darlegt, spricht insbesondere die „unbeschadet"-Formulierung des Art. 77 Abs 1 und des Art. 79 Abs. 1 deutlich dafür, dass derartigen nationalen Regelungen nichts in der DS-GVO

---

[7] Siehe in Deutschland zB § 20 Abs. 5 BDSG.
[8] Anders aus Unternehmersicht in ihrer Anm. zum Urt. des EuGH *Werkmeister/Goral-Wood* RDi 2023, 298.

entgegensteht.⁹ Im Übrigen war es nie Zweck der VO, Rechtsschutzmöglichkeiten der Wettbewerber zu reduzieren. Nichts in der Verordnung weist in diese Richtung. Ganz im Gegenteil ist das Anliegen der Verordnung die Stärkung des Grundrechtsschutzes. Weder im Vorschlag der Kommission noch in den Positionen von Rat oder Parlament ist eine Absicht ersichtlich, den Rechtsschutz von Mitbewerbern mittels der DS-GVO zu reduzieren. In Zeiten massenhafter rechtswidriger Verarbeitung von personenbezogenen Daten in der Digitalwirtschaft, die zu erheblichen Wettbewerbsvorteilen führen können, wäre es geradezu anachronistisch, nunmehr aus der DS-GVO ableiten zu wollen, der Wettbewerber werde in seinen Rechten aus nationalem Recht eingeschränkt. Das Urteil des EuGH vom 4.7.2023 – Meta/Bundeskartellamt¹⁰ weist im Übrigen bereits den Weg zu einem loyalen und effektiven Zusammenwirken im Sinne von praktischer Konkordanz und paralleler Anwendung von Wettbewerbsrecht und Datenschutzrecht durch die beteiligten Behörden und Gerichte.

B. Einzelerläuterungen

I. Formelle Voraussetzungen, Verfahren

1. Zuständige Behörde. Art. 77 Abs. 1 verortet die Zuständigkeit für die Beschwerde bei der Aufsichtsbehörde in dem Mitgliedstaat des Aufenthaltsorts oder des Arbeitsplatzes der betroffenen Person oder des Orts des mutmaßlichen Verstoßes. Ausweislich des Wortlauts („insbesondere") ist die Zuständigkeit jedoch nicht auf diese Fälle beschränkt. Zwar wird sich bereits aus Gründen der Praktikabilität für die betroffene Person in aller Regel die Aufsichtsbehörde des Mitgliedstaats anbieten, in dem die Person ihren Aufenthalt oder Arbeitsplatz hat. Prinzipiell ist es den betroffenen Personen aber nicht verwehrt, die Beschwerde in einem anderen Mitgliedstaat zu erheben. Da die Entscheidung, bei welcher Aufsichtsbehörde die Beschwerde eingelegt wird, auch bestimmt, in welchem Mitgliedstaat ein etwaiges gerichtliches Verfahren durchgeführt wird (→ Art. 78 Rn. 5), dürfte es ratsam sein, dies bereits bei der Auswahl der Aufsichtsbehörde zu bedenken. Legt eine betroffene Person in einem anderen Mitgliedstaat als demjenigen des Aufenthaltsortes eine Beschwerde ein, bietet sich zudem ein Hinweis auf diesen Umstand seitens der Aufsichtsbehörde an.¹¹

Das Recht auf Beschwerde hat jede betroffene Person laut Erwägungsgrund 141 S. 1 nur bei *einer „einzigen" Aufsichtsbehörde*. Weitere Aufsichtsbehörden, die zeitgleich oder später die gleiche Beschwerde von der gleichen betroffenen Person erhalten, können die Bearbeitung der Beschwerde unter Verweis auf Erwägungsgrund 141 verweigern. Einen Mechanismus zur Abgleichung von Beschwerden gibt es zwischen den Behörden bisher allerdings nicht. Der Europäische Datenschutzausschuss sollte sein Sekretariat beauftragen, unter Einsatz moderner Technik einen solchen Abgleich mittels einer Datenbank möglich zu machen. Die Aufsichtsbehörde, bei der die Beschwerde als erstes eingeht, wird nach Art. 4 Nr. 22 lit. c zur betroffenen Aufsichtsbehörde.

2. Zulässigkeitsvoraussetzungen der Beschwerde im Einzelnen. a) Verarbeitung personenbezogener Daten. Zunächst muss die betroffene Person darlegen, dass eine Verarbeitung personenbezogener Daten stattgefunden hat. Diese Begriffe knüpfen an die Definitionen in Art. 4 Nr. 1–2 an und sind in diesem Sinne auszulegen. Um den Begriff der personenbezogenen Daten zu erfüllen, müssen die Informationen sich auf eine identifizierte oder identifizierbare Person beziehen. Die „Betroffenheit", wie sie in Art. 77 Abs. 1 genannt wird, stellt demgegenüber keine weitergehenden Anforderungen auf. Soweit sich die in Rede stehenden Informationen auf eine identifizierte oder identifizierbare Person beziehen und damit personenbezogen sind, „betreffen" sie naturgemäß auch diese Person.¹²

Angesichts des grundrechtsverwirklichenden Schutzzwecks des Beschwerdeverfahrens, der die Informations- und Auskunftsrechte nach den Art. 13–15 umfasst, wird man an den Nachweis, dass tatsächlich eine Verarbeitung im Sinne der DS-GVO stattgefunden hat, keine hohen Anforderungen stellen dürfen. Es wird in der Regel ausreichen, dass der Beschwerdeführer

---

⁹ BGH Beschl. v. 12.1.2023 – I ZR 223/19 Rn. 18.
¹⁰ EuGH Urt. v 4.7.2023 – C-252/21, ECLI:EU:C:2023:537.
¹¹ Zur Arbeitsteilung zwischen den Aufsichtsbehörden in Bund und Ländern informiert der Bundesbeauftragte für Datenschutz und Informationsfreiheit unter www.bfdi.bund.de/DE/Buerger/Inhalte/Allgemein/Datenschutz/BeschwerdeBeiDatenschutzbehoereden.html.
¹² Dafür spricht nicht zuletzt, dass Art. 4 Nr. 1 die identifizierte bzw. identifizierbare Person selbst zur „betroffenen Person" erklärt.

behauptet, es habe möglicherweise eine Verarbeitung stattgefunden und dafür einige Anhaltspunkte darlegt. Dafür spricht auch der Wortlaut der Norm, die auf die „Ansicht" der betroffenen Person abstellt.

14 **b) Behauptung eines Verstoßes.** Die betroffene Person muss der Ansicht sein und darlegen, dass die Verarbeitung der sie betreffenden personenbezogenen Daten gegen die DS-GVO verstößt. Die damit erforderliche **Behauptung eines Verstoßes gegen die DS-GVO** ist – analog zu den Anforderungen an die Klagebefugnis etwa nach § 42 Abs. 2 VwGO – dann gegeben, wenn der Verstoß nach den Darlegungen der betroffenen Person nicht völlig abwegig bzw. nicht offensichtlich von vornherein ausgeschlossen ist. Unter Berücksichtigung des grundrechtsrelevanten Charakters der Rechtsbehelfe in der DS-GVO dürfen die Anforderungen insoweit allerdings nicht streng angelegt werden. Erforderlich ist aber, dass die betroffene Person die **Behauptung** hinsichtlich der Tatsachen **substantiiert darlegt.** Pauschale oder offenkundig fehlgehende Behauptungen ohne Tatsachengrundlage genügen nicht. Allerdings sind die Aufsichtsbehörden insoweit gehalten, auf die Substantiierung hinzuwirken und gegebenenfalls mittels Rückfragen der betroffenen Person die Substantiierung zu erleichtern oder selbst die Möglichkeit eines Rechtsverstoßes anhand der vorgetragenen Tatsachen zu prüfen. Sind Tatsachen vorgetragen, die einen solchen Rechtsverstoß möglich erscheinen lassen, so wird diesem durch die Aufsichtsbehörde nachzugehen sein, auch wenn die rechtlichen Argumente des Beschwerdeführers fehlgehen.[13] Danach kann eine Beschwerde formlos eingereicht werden, da Art. 77 Abs. 1 keine ausdrücklichen Formerfordernisse regelt. Gleichwohl muss die Beschwerde zumindest alle Informationen enthalten, die erforderlich sind, damit die Aufsichtsbehörde den Sachverhalt erfassen und gegebenenfalls weiter aufklären und etwaige Datenschutzrechtsverstöße prüfen kann. Die Beschwerde muss daher Angaben über die betroffene Person und den Verantwortlichen aufweisen und zumindest ansatzweise zum Ausdruck bringen, welcher Verstoß gegen datenschutzrechtliche Vorschriften gerügt wird.[14] Schließlich kann der Beschwerdeführer keine Ermittlungen ins Blaue hinein beantragen. Dabei kann von der betroffenen Person zwar keine rechtliche Analyse erwartet werden, allerdings muss die Behauptung eines Rechtsverstoßes substanziiert durch Tatsachen dargelegt werden. Sofern die Beschwerde noch nicht hinreichend substanziiert ist, ist es Aufgabe der Aufsichtsbehörde, den Beschwerdeführer hierauf hinzuweisen und auf eine Konkretisierung der Beschwerde hinzuwirken.[15]

15 Wird eine Auskunft nach Art. 15 Abs. 1 Hs. 1 („ob sie betreffende personenbezogene Daten verarbeitet werden") verweigert, so ist die „betroffene Person" die fragende Person, auch wenn keine Daten verarbeitet wurden und dies auch nicht behauptet wird. Andernfalls würde diese Recht leer laufen.[16] Der EuGH hat in der Rechtssache „Schrems" EuGH NJW 2015, 3151 darauf bestanden, dass das durch Art. 8 Abs. 1 und 3 GRCh garantierte Recht, sich mit einer Eingabe zum Schutz ihrer Grundrechte an die nationalen Kontrollstellen zu wenden, nicht vorenthalten werden darf, und zwar auch dann nicht, wenn eine Verarbeitung nicht sicher ist und nur stattfinden „könnte".[17]

16 **3. Verfahren. a) Allgemein anwendbares Verfahrensrecht.** Das maßgebliche Verfahrensrecht ergibt sich grundsätzlich aus dem **Recht der Mitgliedstaaten,** vgl. Art. 58 Abs. 4, soweit die DS-GVO hierzu keine Regelung trifft. Neben den im Folgenden erläuterten Vorgaben des Art. 77 Abs. 2 ist dies insbesondere durch die Vorschriften zur Zusammenarbeit und Kohärenz (Art. 60, 61, 62, 64) geschehen.

17 Die **Verantwortlichen** sind im Beschwerdeverfahren zu **beteiligen,** um ihre Rechte wahrnehmen zu können und ihnen gegenüber gegebenenfalls eine Aufsichtsmaßnahme (→ Rn. 18f.) treffen zu können. In einem lediglich bipolaren Beteiligtenverhältnis kann nämlich eine Maßnahme zu Lasten Dritter nicht getroffen werden.[18] Die Beteiligung der Verantwortlichen im Beschwerdeverfahren wird im Übrigen bereits deswegen in aller Regel notwendig sein, um eine vollständige Ermittlung des Sachverhalts zu gewährleisten. Vor Erlass einer Aufsichtsmaßnahme

---

[13] So nun auch VG Mainz Urt. v. 22.7.2020 – 1 K 473/19.MZ, ZD 2021, 59.
[14] Vgl. BeckOK DatenschutzR/*Mundil*, 31. Ed., Stand 1.2.2020, DS-GVO Art. 77 Rn. 7.
[15] Als Bsp. für eine umfassend ausgearbeitete Beschwerde, die weit über das hinaus geht, was von einem Bürger erwartet werden kann, siehe etwa https://noyb.eu/sites/default/files/2021-08/SPIEGEL_Beschwerde_PUBLIC.pdf.
[16] So auch Kühling/Buchner/*Bergt* DS-GVO Art. 77 Rn. 5.
[17] EuGH Urt. v. 8.4.2014 – C-293/12 und C-594/12, EU:C:2014:238 Rn. 68 – Digital Rights Ireland u.a.
[18] Vgl. für Deutschland § 11 Abs. 1 Nr. 2 VwVfG.

wird zudem eine **gesonderte Anhörung** des Adressaten der Maßnahme in der Regel notwendig sein.[19]

Nach Erwägungsgrund 141 ist der Sachverhalt in einem angemessenen Umfang zu **ermitteln**. Das Beschwerdeverfahren hat demnach nicht lediglich eine dem gerichtlichen Verfahren vorgeschaltete, dieses vorbereitende Funktion, sondern soll bereits für sich eine Möglichkeit zum effektiven Schutz der subjektiven Rechte der Betroffenen darstellen. Gemäß Erwägungsgrund 141 S. 5 trifft die Aufsichtsbehörden ferner allgemein die Pflicht, Maßnahmen zu treffen, um die Einreichung von Beschwerden zu erleichtern. Dazu gehört insbesondere die Möglichkeit, die Beschwerde (ua) elektronisch einzureichen. Die Beschwerde ist weder an eine Frist gebunden noch wird sie dadurch unzulässig, dass ein Rechtsverstoß schon länger zurück liegt. Alternative Beschwerderechte, etwa bei einer Zertifizierungsstelle, oder sonstige Rechtsbehelfe nach nationalem Recht beschränken das Recht zur Beschwerde bei der Aufsichtsbehörde nicht.[20]

b) Vorgaben nach Abs. 2. aa) Pflicht zum Tätigwerden. Die Aufsichtsbehörde trifft die Pflicht, sich mit einer Beschwerde zu befassen und den Gegenstand der Beschwerde in angemessenem Umfang zu untersuchen, Art. 57 Abs. 1 Buchst. f. Ein **Entschließungsermessen** der Aufsichtsbehörde hinsichtlich der Einleitung des Beschwerdeverfahrens besteht nicht. Dies ergibt sich zwar nicht unmittelbar aus dem Wortlaut des Art. 77. Jedoch folgt diese Pflicht aus systematischen und teleologischen Erwägungen, insbesondere mit Blick auf Art. 57 und Art. 8 GRCh. Ein Entschließungsermessen der Aufsichtsbehörde ließe sich auch mit Art. 78 Abs. 2 nicht in Einklang bringen. Denn danach besteht der gerichtliche Rechtsbehelf auch dann, wenn die Aufsichtsbehörde sich mit der Beschwerde nicht befasst. Die DS-GVO geht damit offenkundig davon aus, dass die Aufsichtsbehörde auf jede Beschwerde hin tätig werden, in eine Sachprüfung eintreten und gegenüber der betroffenen Person eine Sachentscheidung, die auch in der Zurückweisung der Beschwerde bestehen kann, treffen muss. Die Entscheidung, sich mit einer Beschwerde nicht auseinanderzusetzen, stellt damit ein „Nichtbefassen" im Sinne dieser Norm dar.[21] Auch der Zweck des Art. 77, das Beschwerdeverfahren an sich zu einem effektiven Instrument des Grundrechtsschutzes auszugestalten, stünde einem etwaigen Auswahlermessen entgegen. Insoweit ließ es die DS-RL in Art. 28 Abs. 4 UAbs. 1 S. 2 zwar noch genügen, die betroffene Person „darüber zu informieren, wie mit der Eingabe verfahren wurde".[22] Die hierin den Aufsichtsbehörden überlassene Möglichkeit, nur „strategische" oder besonders wichtige Fälle zu behandeln, ist mit der DS-GVO damit nicht mehr gegeben. Jeder Beschwerdeführer hat einen **Anspruch** auf sachgemäße Nachforschung und einen rechtsmittelfähigen Bescheid einer Aufsichtsbehörde.[23]

Dieser Ansicht folgt das LSG Niedersachsen-Bremen[24] mit einer umfassenden Begründung und Darstellung der widersprüchlichen Rechtsprechung deutscher Gerichte: Aus Art. 77 und 78 folge nicht lediglich ein petitionsähnliches Recht in dem Sinne, dass die Behörde sich mit der Beschwerde befasst, den Beschwerdegegenstand untersucht und den Beschwerdeführer über das Ergebnis der Prüfung unterrichtet,[25] sondern es besteht ein **Anspruch auf ermessensfehlerfreie Entscheidung** durch den Beklagten.[26] Dies ergibt sich bereits aus Art. 78 Abs. 1, wonach jede natürliche oder juristische Person unbeschadet eines anderweitigen verwaltungsrechtlichen oder außergerichtlichen Rechtsbehelfs das Recht auf einen wirksamen gerichtlichen Rechtsbehelf gegen einen sie betreffenden rechtsverbindlichen Beschluss einer Aufsichtsbehörde hat. Art 78 Abs. 1 spricht zwar von „Beschlüssen", da aber die Aufsichtsbehörden keine Unionsorgane sind,

---

[19] Vgl. Erwägungsgrund 129 S. 5.
[20] Kühling/Buchner/*Bergt* DS-GVO Art. 77, Rn. 14 mwN.
[21] Ebenso läge ein „Nicht-Tätigwerden" iSd Erwägungsgrundes 141 S. 1 vor.
[22] Der EuGH hat diese Vorschrift jedoch bereits grundrechtsfreundlich ausgelegt und die Aufsichtsbehörde verpflichtet, stets eine rechtsmittelfähige Entscheidung an den Beschwerdesteller zu übermitteln, EuGH Urt. v. 6.10.2015 – C-362/14, ECLI:EU:C:2015:650 Rn. 64 = ZD 2015, 549 mAnm *Spies* – Schrems.
[23] Aus unionsrechtlicher Sicht unzutr. – sowohl unter Art. 28 DS-RL als auch unter der DS-GVO – OVG Bautzen Urt. v. 21.6.2011 – 3 A 224/10, NVwZ-RR 2011, 980.
[24] LSG Niedersachsen-Bremen Urt. v. 14.2.2023 – L 16 SF 5/21 DS (KR), ECLI:DE:LSGNIHB:2023:0214.16SF5.21.00 = BeckRS 2023, 3312 Rn. 21 ff.
[25] So u.a. aber OVG RhPf Urt. v. 26.10.2020 – 10 A 10613/20; VGH Mannheim Urt. v. 22.1.2020 – 1 S 3001/19 Rn. 51; SG Frankfurt (Oder) Gerichtsbescheid v. 8.5.2019 – S 49 SF 8/19 DS.
[26] Ebenso wohl BSG Urt. v. 20.1.2021 – B 1 KR 15/20 R Rn. 111; außerdem OVG Hamburg Urt. v. 7.10.2019 – 5 Bf 291/17, Rn. 63 ff., 5 Bf 279/17, Rn. 63 ff.; VG Schwerin Urt. v. 16.3.2021 – 1 A 1254/20 SN, Rn. 65 ff.; VG Ansbach Urt. v. 16.3.2020 – An 14 K 19.00464, Rn. 19; VG Mainz Urt. v. 16.1.2020 – 1 K 129/19.MZ, Rn. 27 und Urt. v. 22.7.2020 – 1 K 473/19.MZ, Rn. 20, 23.

wird davon jede der Bestandskraft fähige Entscheidung und damit auch Verwaltungsakte erfasst.[27] Auch die Erwägungsgründe 141 S. 1 und 143 S. 4 und 5 sprechen davon, dass im Falle einer Ablehnung bzw. Abweisung ein wirksamer gerichtlicher Rechtsschutz möglich sein muss. Für ein solches Verständnis dürfte auch die in Erwägungsgrund 11 erklärte Zielsetzung einer „Stärkung" und „präzisen Festlegung" der Rechte der betroffenen Personen durch die DS-GVO sprechen.[28] Mit einem solchen effektiven Rechtsschutz verträgt sich die Annahme eines petitionsähnlichen Rechts, das lediglich eine rudimentäre gerichtliche Überprüfbarkeit zulässt, nicht.[29]

21 Soweit in der Rechtsprechung teilweise vertreten werde, aus Art. 78 Abs. 2 folge, ein Beschwerdeführer könne nur beanspruchen, dass sich die Aufsichtsbehörde mit seiner Beschwerde überhaupt befasse und ihn innerhalb der dort genannten Zeiträume über den Stand und das Ergebnis der Beschwerde unterrichte,[30] ist dieser Auffassung nicht zu folgen. Denn bei Art. 78 Abs. 1 einerseits und Art. 78 Abs. 2 andererseits handelt es sich um zwei unterschiedliche Rechtsbehelfe. Während Art. 78 Abs. 2 als Untätigkeitsklage ausgestaltet ist und sich darauf richtet, dass die Behörde überhaupt tätig wird, garantiert Art. 78 Abs. 1 gerichtlichen Rechtsschutz gegen die getroffene Entscheidung selbst.[31] Dies spiegelt sich auch im Erwägungsgrund 141 wider, der gerichtlichen Rechtsschutz vorsieht sowohl, wenn die Aufsichtsbehörde nicht tätig wird, als auch, wenn diese eine Beschwerde teilweise oder ganz abweist oder ablehnt. Die Differenzierung spricht gerade dafür, dass sich der Rechtsschutz nach Art. 78 Abs. 1 nicht darauf beschränken kann, dass die Behörde sich mit der Beschwerde befasst, gleich, welchen Inhalts dieses Befassen ist. Anderenfalls hätte die Norm praktisch keinen über den Art. 78 Abs. 2 hinausgehenden Inhalt.

22 Etwas anderes ergibt sich schließlich auch nicht in Abgrenzung zu Art. 79, der gerichtlichen Rechtsschutz gegen den Verantwortlichen selbst regelt. Soweit hier argumentiert wird, dass es sich bei dem Verfahren nach Art. 79 um ein kontradiktorisches Verfahren handele, das zwischen den Beteiligten rechtsverbindlich kläre, ob der Betroffene durch einen datenschutzrechtlichen Verstoß des Verantwortlichen in subjektiven Rechten verletzt sei,[32] gilt dies im Ergebnis auch für die Beschwerde nach Art. 77 und dem folgend für die Klage nach Art. 78 Abs. 1. Auch diese lassen nicht jeglichen datenschutzrechtlichen Verstoß genügen, sondern beschränken das Beschwerderecht auf betroffene Personen und Verstöße bei der Verarbeitung der sie betreffenden personenbezogenen Daten. Im gerichtlichen Verfahren gelten die zu § 42 Abs. 2 VwGO entwickelten Grundsätze.[33]

23 Das VG Wiesbaden hat die Frage nach der **Rechtsnatur der Entscheidung** über eine Beschwerde nach Art. 77 mit Beschluss vom 31.1.2022 dem EuGH vorgelegt.[34] Es hat gefragt, ob Art. 77 Abs. 1 iVm Art. 78 Abs. 1 dahin gehend zu verstehen ist, dass das Ergebnis der Aufsichtsbehörde, welches diese dem Betroffenen mitteilt,

a) den Charakter der Bescheidung einer Petition hat, dies mit der Folge, dass sich die gerichtliche Kontrolle einer aufsichtsbehördlichen Beschwerdeentscheidung nach Art. 78 Abs. 1 grundsätzlich darauf beschränkt, ob sich die Behörde mit der Beschwerde befasst, den Beschwerdegegenstand angemessen untersucht und den Beschwerdeführer über das Ergebnis der Prüfung unterrichtet hat, oder

b) als eine behördliche Sachentscheidung zu verstehen ist, dies mit der Folge, dass eine aufsichtsbehördliche Beschwerdeentscheidung voll inhaltlich von dem Gericht nach Art. 78 Abs. 1 zu überprüfen ist, wobei im Einzelfall – zB bei einer Ermessensreduzierung auf null – die Aufsichtsbehörde durch das Gericht auch zu einer konkreten Maßnahme im Sinne des Art. 58 verpflichtet werden kann?

24 In seinem Urteil zu der Vorlagefrage in dieser Sache[35] folgt der EuGH im Wesentlichen der Option b) der Vorlagefrage. Es sei darauf hinzuweisen, dass nach Art. 8 Abs. 3 GrCh die Einhaltung der Vorschriften über den Schutz personenbezogener Daten von einer unabhängigen Stelle überwacht wird. Art. 57 Abs. 1 Buchst. a setzt diese aus dem Primärrecht abgeleitete

---

[27] Schütze/*Bieresborn* SGB X § 81a Rn. 8.
[28] OVG Hamburg Urt. v. 7.10.2019 – 5 Bf 291/17, Rn. 75.
[29] VG Hamburg Urt. v. 1.6.2021 – 17 K 2977/19 Rn. 47; *Halder/Heß* jurisPR-ITR 14/2021 Anm. 6.
[30] OVG RhPf Urt. v. 26.10.2020 – 10 A 10613/20, Rn. 37.
[31] Gola/Heckmann/*Pötters/Werkmeister* DS-GVO Art. 78 Rn. 2.
[32] OVG RhPf Urt. v. 26.10.2020 – 10 A 10613/20, Rn. 42.
[33] Gola/Heckmann/*Pötters/Werkmeister* DS-GVO Art. 78 Rn. 10.
[34] VG Wiesbaden Beschl. v. 31.1.2022 – 6 K 1052/21.
[35] EuGH Urt. v. 7.12.2023 – C-26-22 u. C-64-22 – SCHUFA.

Verpflichtung um, indem er bestimmt, dass jede Aufsichtsbehörde die Aufgabe hat, die Anwendung dieser Verordnung zu überwachen und durchzusetzen. Sich mit Beschwerden einer betroffenen Person zu befassen, ist Teil ihrer Verantwortung, wie sich ausdrücklich aus Art. 57 Abs. 1 Buchst. f ergibt.

Der EuGH hat schon früher entschieden, dass „jede Aufsichtsbehörde nach Art. 57 Abs. 1 Buchst. f verpflichtet [ist], sich in ihrem Hoheitsgebiet mit Beschwerden zu befassen, die jede Person gemäß Art. 77 Abs. 1 einlegen kann, wenn sie der Ansicht ist, dass eine Verarbeitung sie betreffender personenbezogener Daten gegen diese Verordnung verstößt, und den Gegenstand der Beschwerde in angemessenem Umfang zu untersuchen".[36] In diesem Kontext ist darauf hinzuweisen, dass der EuGH die Verpflichtung hervorgehoben hat, die der Aufsichtsbehörde obliegt, „eine solche Beschwerde mit aller gebotenen Sorgfalt [zu] bearbeiten", um die Einhaltung der Bestimmungen der DS-GVO sicherzustellen. Ferner ist festzustellen, dass im 141. Erwägungsgrund der DS-GVO klargestellt wird, dass „[d]ie auf eine Beschwerde folgende Untersuchung ... so weit gehen [sollte], wie dies im Einzelfall angemessen ist"

All dies führt zu der Annahme, dass die Aufsichtsbehörde zwingend verpflichtet ist, Beschwerden einer betroffenen Person mit der im Einzelfall gebotenen Sorgfalt zu bearbeiten.[37] Da jeder Verstoß gegen die DS-GVO grundsätzlich eine Beeinträchtigung der Grundrechte darstellen kann, ist es unvereinbar mit dem durch diese Verordnung geschaffenen System, der Aufsichtsbehörde ein Ermessen bei der Entscheidung einzuräumen, ob sie sich mit Beschwerden befasst oder nicht. Ein solcher Ansatz würde die ihr durch die DS-GVO übertragene entscheidende Rolle in Frage stellen, die darin besteht, für die Einhaltung der Vorschriften über den Schutz personenbezogener Daten zu sorgen, und liefe folglich den vom Unionsgesetzgeber verfolgten Zielen zuwider.[38] Letztlich darf nicht vergessen werden, dass die Beschwerden eine wertvolle Informationsquelle für die Aufsichtsbehörde darstellen, die es ihr ermöglicht, Verstöße aufzudecken.[39]

Diese Auslegung ist umso überzeugender, als Art. 57 Abs. 1 Buchst. f der Aufsichtsbehörde eine Reihe von Anforderungen im Rahmen der Bearbeitung einer solchen Beschwerde auferlegt, nämlich die Verpflichtung, den Gegenstand der Beschwerde in angemessenem Umfang zu untersuchen und den Beschwerdeführer innerhalb einer angemessenen Frist über den Fortgang und das Ergebnis der Untersuchung zu unterrichten, insbesondere, wenn eine weitere Untersuchung oder Koordinierung mit einer anderen Aufsichtsbehörde notwendig ist. Hinzu kommt die Verpflichtung nach Art. 77 Abs. 2, den Beschwerdeführer über den Stand und die Ergebnisse der Beschwerde einschließlich der Möglichkeit eines gerichtlichen Rechtsbehelfs nach Art. 78 zu unterrichten. Alle diese Anforderungen, die unter den Begriff „gute Verwaltung" fallen, wobei diese speziell in Bezug auf die Tätigkeiten der Organe und Einrichtungen der Union in Art. 41 GRCh einen Ausdruck gefunden hat, sollen das Beschwerdeverfahren stärken, um daraus einen echten verwaltungsrechtlichen Rechtsbehelf zu machen.

Auch wenn die Aufsichtsbehörde als Garantin für die Einhaltung der Bestimmungen der VO verpflichtet ist, sich mit den bei ihr eingelegten Beschwerden zu befassen, sprechen mehrere Gesichtspunkte für eine Auslegung, wonach sie bei der Prüfung der Beschwerden über ein **Ermessen** sowie einen gewissen **Handlungsspielraum bei der Wahl der geeigneten Mittel** zur Erfüllung ihrer Aufgaben verfügt. Dies ergibt sich aus der Vielzahl der Untersuchungsbefugnisse in Art. 58 Abs. 1 und der großen Bandreibreite der Mittel nach Art. 58 Abs 2. Dieses Auswahlermessen befreit die Aufsichtsbehörden aber keinesfalls von ihrer umfassenden Untersuchungspflicht.

Die detaillierte Beschreibung der Befugnis der Aufsichtsbehörden, Abhilfemaßnahmen zu erlassen, zeigt, dass der Unionsgesetzgeber nicht das Ziel verfolgt hat, das Beschwerdeverfahren zu einem petitionsähnlichen Verfahren zu machen. Vielmehr war es das Ziel des Gesetzgebers, einen Mechanismus zu schaffen, der geeignet ist, die Rechte und Interessen der Personen, die Beschwerden einlegen, wirksam zu wahren. Dies vorausgeschickt, ist klar, dass dieser Handlungsspielraum nicht dahin ausgelegt werden kann, dass die Aufsichtsbehörde über eine unbegrenzte Befugnis verfügt und sie ermächtigt, willkürlich zu handeln. Vielmehr ist die Aufsichtsbehörde verpflichtet, diesen Handlungsspielraum unter Beachtung der ihr durch das Unionsrecht gesetzten Grenzen auszuüben. Aus diesem Grund kann auch nicht ausgeschlossen werden, dass die

---

[36] EuGH Urt. v. 16.7.2020 – C–311/18, EU:C:2020:559 Rn. 109 – Facebook Ireland und Schrems.
[37] Vgl. idS Kuner/Bygrave/Docksey/Drechsler/*Kotschy* GDPR Art. 77 S. 1123.
[38] Vgl. idS *Härting/Flisek/Thiess* CR 2018, 299.
[39] Vgl. idS Kuner/Bygrave/Docksey/Drechsler/*Hijmans* GDPR Art. 55 S. 934 und 936.

Aufsichtsbehörde als Verwaltungsbehörde aufgrund der besonderen Umstände des Einzelfalls gezwungen ist, eine bestimmte Maßnahme zu erlassen, insbesondere wenn die ernsthafte Gefahr einer Beeinträchtigung der Grundrechte der betroffenen Person besteht.

30 Diese Auslegung, die der Aufsichtsbehörde einen gewissen Handlungsspielraum bei der Wahl der Mittel einräumt, wird durch Art. 58 Abs. 4 bestätigt, wonach „[d]ie Ausübung der der Aufsichtsbehörde gemäß diesem Artikel übertragenen Befugnisse ... vorbehaltlich geeigneter Garantien einschließlich wirksamer gerichtlicher Rechtsbehelfe [im Einklang mit Art. 47 GRCh erfolgt]" In Art. 78 Abs. 1 und 2 wird zudem jeder Person das Recht auf einen wirksamen gerichtlichen Rechtsbehelf zuerkannt, wenn eine Aufsichtsbehörde einen sie betreffenden rechtsverbindlichen Beschluss erlassen oder sich nicht mit ihrer Beschwerde befasst hat.

31 Was die Rechtsnatur der Entscheidung der Behörde betrifft ist auf den 141. Erwägungsgrund der DS-GVO hinzuweisen, wonach „[j]ede betroffene Person ... das Recht haben [sollte], bei einer ... Aufsichtsbehörde ... eine Beschwerde einzureichen und gemäß Artikel 47 der Charta einen wirksamen gerichtlichen Rechtsbehelf einzulegen, wenn sie sich in ihren Rechten gemäß dieser Verordnung verletzt sieht oder wenn die Aufsichtsbehörde auf eine Beschwerde hin nicht tätig wird, eine Beschwerde teilweise oder ganz abweist oder ablehnt oder nicht tätig wird, obwohl dies zum Schutz der Rechte der betroffenen Person notwendig ist" Dieser Erwägungsgrund trägt dem Umstand Rechnung, dass ein Beschluss der Aufsichtsbehörde die betroffene Person beschweren kann, insbesondere wenn sie zu dem Ergebnis gelangt, dass die Beschwerde unbegründet ist, dass kein Verstoß gegen die DS-GVO vorliegt, und wenn sie daher keine Maßnahmen ergreift, um die Situation zu korrigieren, die zu der Beschwerde geführt hat. Der Unionsgesetzgeber erkennt die rechtsverbindliche Wirkung eines solchen Beschlusses an und eröffnet damit dem Beschwerdeführer einen Rechtsbehelf vor einem nationalen Gericht.

32 Ebenso ist darauf hinzuweisen, dass es der Aufsichtsbehörde nicht freisteht, nicht zu reagieren, da sich aus Art. 78 Abs. 2 VO ergibt, dass „[j]ede betroffene Person ... unbeschadet eines anderweitigen verwaltungsrechtlichen oder außergerichtlichen Recht[s]behelfs das Recht auf einen wirksamen gerichtlichen Rechtsbehelf [hat], wenn die nach den Artikeln 55 und 56 zuständige Aufsichtsbehörde sich nicht mit einer Beschwerde befasst oder die betroffene Person nicht innerhalb von drei Monaten über den Stand oder das Ergebnis der gemäß Artikel 77 erhobenen Beschwerde in Kenntnis gesetzt hat". Dies verbietet es, das Beschwerdeverfahren einer Petition gleichzustellen.[40]

33 Angesichts der Vielzahl von **Streuschäden** durch Verstöße gegen die DS-GVO in der digitalen Welt, die bisher nur schulterzuckend hingenommen wurden,[41] werden oft auch massenhafte Beschwerden von einer Person oder mehreren Personen nicht als offensichtlich unbegründet, missbräuchlich oder offensichtlich querulatorisch angesehen werden können und damit die eng auszulegende **Ausnahme von der Pflicht zur Bearbeitung** einer Beschwerde nach Art. 57 Abs 4 eröffnen. Der Grundrechtsschutz der Bürger kann angesichts der hohen Intransparenz und Komplexität der massenhaften Verarbeitung von personenbezogenen Daten im Zeitalter der künstlichen Intelligenz nur verwirklicht werden, wenn die Aufsichtsbehörden dem Zweck ihrer Errichtung entsprechend Beschwerden systematisch nachgehen und abschreckende Sanktionen verhängen. Die Anzahl der Beschwerden wird sich nur reduzieren lassen, wenn die für die Verarbeitung Verantwortlichen davon ausgehen müssen, dass Rechtsverstöße scharf sanktioniert erden. Insofern haben es die Aufsichtsbehörden selbst in der Hand, ihre Arbeitslast durch Beschwerden zu reduzieren.

34 **bb) Pflichten der Aufsichtsbehörde im Beschwerdeverfahren.** Die Aufsichtsbehörde hat schon gemäß Art. 57 Abs. 1 Buchst. f und Erwägungsgrund 141 S. 3 die betroffene Person innerhalb eines angemessenen Zeitraums über den Fortgang und die Ergebnisse der Beschwerde zu informieren. Werden weitere Untersuchungen oder die Abstimmung mit einer anderen Aufsichtsbehörde erforderlich, ist die betroffene Person über den Zwischenstand zu informieren. Verwaltungsrechtlich wird damit eine in den Rechtsordnungen der Mitgliedstaaten ansonsten

---

[40] Vgl. EuGH Urt. v. 7.12.2023 – verb. Rs. C-26/22 u. C-64/22, Rn. 47 ff., und sinngemäß EuGH Urt. v. 16.7.2020 – C–311/18, EU:C:2020:559 Rn. 111–113 – Facebook Ireland und Schrems.

[41] Peter Hense, Vom Streuschaden zur Sammelklage: Das Ende der Vollzugsdefizite im Datenschutz, 2.6.2022, Stiftung Datenschutz, https://stiftungdatenschutz.org/veranstaltungen/unsere-veranstaltungen-detailansicht/vom-streuschaden-zur-sammelklage-das-ende-der-vollzugsdefizite-im-datenschutz-306; siehe zu den Streuschäden im Datenschutz auch Max Schrems, „Die Amis tischen uns eine Lügengeschichte auf", Deutschlandfunk 13.2.2018, www.deutschlandfunk.de/facebook-und-der-datenschutz-die-amis-tischen-uns-eine-100.html.

eher unübliche Pflicht der Behörde statuiert, die betroffene Person bereits vor Abschluss des Verfahrens über dessen Stand zu informieren. Wann genau eine solche Information über den Stand des Verfahrens zu erfolgen hat, wird nicht festgelegt. Aus dem Zusammenhang zu Art. 78 Abs. 2 ergibt sich jedoch, dass diese Information vor Ablauf von drei Monaten nach Einlegung der Beschwerde (→ Art. 78 Rn. 6) erfolgen muss, da die betroffene Person ansonsten Klage erheben könnte.

Die Prüfung durch die Behörde hat sorgfältig und umfänglich zu erfolgen. Die Prüfung endet 35 immer mit einer rechtsmittelfähigen Entscheidung. Das LSG Niedersachsen-Bremen erläutert in seinem Urteil vom 14.2.2023,[42] nach Art. 57 Abs. 1a habe die Aufsichtsbehörde die Anwendung der Verordnung zu überwachen und durchzusetzen. Hierzu verfügt sie über die in Art. 58 geregelten Untersuchungs-, Abhilfe-, Genehmigungs- und beratende Befugnisse. Ihr ist es im Rahmen der ihr zur Verfügung stehenden Abhilfebefugnisse nach Art. 58 Abs. 2 insbesondere gestattet, eine Verwarnung auszusprechen (Buchst. b), eine vorübergehende oder endgültige Beschränkung der Verarbeitung, insbesondere ein Verbot, zu verhängen (Buchst. f) sowie die Löschung von personenbezogenen Daten anzuordnen (Buchst. g). Der Aufsichtsbehörde steht dabei sowohl ein Entschließungs- als auch ein Auswahlermessen zu (VG Hamburg Urt. v. 1.6.2021 – 17 K 2977/19, Rn. 58; HK-DS-GVO Art. 77 Rn. 37; siehe schon → 2. Aufl. 2018, Art. 77 Rn. 17, → 2. Aufl. 2018, Art. 58 Rn. 18; BeckOK DatenschutzR/*Mundil* DS-GVO Art. 77 Rn. 15). Stellt die Aufsichtsbehörde einen Verstoß gegen die Datenschutzgrundverordnung fest, wird ihr Entschließungsermessen angesichts ihrer sich aus Art. 57 Abs. 1a ergebenden Verpflichtung, die Anwendung der Datenschutzgrundverordnung durchzusetzen, regelmäßig dahingehend reduziert sein, von ihren Abhilfebefugnissen nach Art. 58 Abs. 2 Gebrauch zu machen bzw mit dem Ziel der Abstellung des Verstoßes vorzugehen (VG Hamburg Urt. v. 1.6.2021 – 17 K 2977/19, Rn. 59; so auch BeckOK DatenschutzR/*Mundil* DS-GVO Art. 77 Rn. 15). Im Bereich des Auswahlermessens steht der Behörde demgegenüber ein weiter Spielraum zu. Ein bestimmtes behördliches Handeln kann regelmäßig nicht verlangt werden (*Halder/Heß* jurisPR-ITR 14/2021 Anm. 6 mwN; BeckOK DatenschutzR/*Mundil* DS-GVO Art. 78 Rn. 7).

Da jedes Verfahren zu einer Beschwerde vor einer Aufsichtsbehörde mit einer rechtsfähigen 36 Entscheidung enden muss, muss auch jede Entscheidung einer Aufsichtsbehörde eine Rechtsmittelbelehrung gemäß Art. 77 Abs. 2 enthalten.[43] Dies stellt nun der Vorschlag der Kommission zu einer DSGVOVerfVO[44] in Art. 13 klar. Diese Klarstellung ist hilfreich, da bisher teilweise von Gerichten und in der Literatur das Gegenteil behauptet wurde, dürfte aber, soweit der EuGH dem den Schlussanträgen des GA Priit Pikamäe in Verb. Rs C-26-22 u. C-64-22 v. 16.3.2023 folgt nur noch eine Kodifizierung der Rechtsprechung darstellen.

4. Kosten. Im Hinblick auf das Beschwerdeverfahren trifft die DS-GVO selbst keine Rege- 37 lungen zu etwaigen Kostentragungspflichten. Indes bestimmt Art. 57 Abs. 3, dass die Erfüllung der Aufgaben jeder Aufsichtsbehörde für die betroffene Person unentgeltlich ist. **Art. 57 Abs. 4** regelt darüber hinaus, dass im Falle von offenkundig unbegründeten oder exzessiven Anfragen eine Gebühr auf Grundlage der Verwaltungskosten verlangt werden kann. Auch daraus ergibt sich, dass die betroffene Person im Regelfall die Kosten nicht zu tragen hat. Ersatz für die Kosten einer betroffenen Person für eine Beschwerde, können bei Feststellung einer rechtswidrigen Handlung nach Art. 82 vom Beschwerdegegner verlangt werden).[45]

II. Entscheidung der Aufsichtsbehörde

1. Entscheidungsmaßstab. Regelungen zum Entscheidungsmaßstab sieht Art. 77 ausdrück- 38 lich nur in eingeschränktem Umfang vor. Der Verstoß gegen die DS-GVO ist zwar nach dem Wortlaut nur als Zulässigkeitsmaßstab verankert, und dies auch nur insoweit, als die betroffene Person einen Verstoß gegen die DS-GVO behauptet (→ Rn. 8). Stellt diese Behauptung jedoch

---

[42] LSG Niedersachsen-Bremen Urt. v. 14.2.2023 – L 16 SF 5/21 DS (KR), ECLI:DE:LSGNIHB:2023:0214.16SF5.21.00 = BeckRS 2023, 3312, Rn. 24 ff.
[43] Falsch insoweit HK-DS-GVO/BDSG/*Sydow* DS-GVO Art. 77 Rn. 41, der bei ordnungsgemäßer Behandlung der Beschwerde durch die Aufsichtsbehörde die Rechtsbehelfsbelehrung für gegenstandslos hält.
[44] Vorschlag der Kommission v. 4.7.2023, COM(2023) 348 final, 2023/0202(COD), https://eur-lex.europa.eu/legal-content/FR/TXT/?uri=COM:2023:348:FIN.
[45] Kosten der fachlichen Vorbereitung und Beratung sowie Einbringung der Beschwerde in Höhe von 1650 EUR als „Rettungsaufwand", TE OLG Linz Urt. v. 10.11.2021 – 2 R 149/21a, ECLI:AT:OLG0459:2021:RL0000215.

die entscheidende Zulässigkeitshürde dar, muss der tatsächliche Verstoß spiegelbildlich auch das entscheidende materielle Kriterium und damit der Entscheidungsmaßstab sein.

39 Im Beschwerdeverfahren ist die Aufsichtsbehörde nicht auf die Prüfung subjektiver Rechte der betroffenen Person oder gar der von der betroffenen Person genannten Rechte beschränkt. Erlangt sie nämlich im Rahmen von Ermittlungen aufgrund einer Beschwerde Anhaltspunkte für weitere Verstöße gegen die DS-GVO, so ergibt sich ihre Pflicht, auch diesen nachzugehen und diese Erkenntnisse der Entscheidung zugrunde zu legen, aus Art. 57 Abs. 1 Buchst. a und h.

40 Ferner stellt sich grundlegend die Frage, ob die Aufsichtsbehörde zur Vornahme einer Maßnahme oder lediglich zu einer ordnungsgemäßen Ermessensausübung verpflichtet ist. Dabei ist einerseits zu berücksichtigen, dass die Aufsichtsbehörden als „völlig unabhängige" Behörden zu errichten sind,[46] andererseits die DS-GVO ein möglichst hohes, einheitliches Schutzniveau eines Grundrechts verfolgt, das eher für eine gebundene Entscheidung der Aufsichtsbehörde (in Beschwerde- und in sonstigen Verfahren) sprechen könnte. Die Bandbreite der in Art. 58 vorgesehenen Befugnisse spricht dafür, dass hinsichtlich der Auswahl der Aufsichtsmaßnahmen ein Ermessen bestehen muss. Die Verwendung des Wortes „gestatten" in Art. 58 Abs. 1 und 2[47] spricht außerdem dafür, dass auch hinsichtlich des Entschlusses zum Tätigwerden keine zwingende Entscheidung vorgesehen, sondern den Aufsichtsbehörden ein Ermessen eingeräumt ist. Damit haben die Aufsichtsbehörden ein **Entschließungs- und Auswahlermessen** hinsichtlich der Maßnahmen zur Einhaltung der DS-GVO. In diesem Sinne ist auch die Prüfungsdichte der Gerichte bei Rechtsbehelfen nach Art. 78 gegebenenfalls eingeschränkt (→ Art. 78 Rn. 9). Begrenzt wird dieses Ermessen einerseits durch den Grundsatz der Effektivität der Rechtsgewährleistung und die Pflicht zur effektiven Abschreckung, vgl. Art. 83 Abs. 1. Andererseits stellt das Prinzip der Verhältnismäßigkeit eine Grenze der Ermessensausübung dar.[48]

41 **2. Entscheidungsmöglichkeiten.** Art. 77 trifft keine Regelung zum Rahmen der den Aufsichtsbehörden zur Verfügung stehenden Entscheidungsmöglichkeiten. Aus dem Zusammenspiel von Erwägungsgrund 122 S. 3 sowie Art. 58 und 83 ist jedoch zu folgern, dass am Ende des Beschwerdeverfahrens auch eine **Aufsichtsmaßnahme,** einschließlich einer Geldbuße gegenüber dem Verantwortlichen stehen kann und im Falle eines festgestellten Verstoßes sogar stehen muss, da dann das Entschließungsermessen eingeschränkt wird. Schließlich wird das Entschließungsermessen auf null reduziert, wenn ein Rechtsverstoß festgestellt wurde oder einfach festzustellen ist.[49] Dann ist die Aufsichtsbehörde verpflichtet, den Rechtsverstoß festzustellen, zu unterbinden und eine Geldbuße zu verhängen (→ Art. 83 Rn. 17). Andernfalls wäre die Aufsichtsbehörde lediglich darauf beschränkt, die Rechtmäßigkeit bzw. Rechtswidrigkeit einer Datenverarbeitung festzustellen. Dies wäre mit dem Ziel der DS-GVO, zu einer effektiven Verwirklichung der datenschutzrechtlichen Bestimmungen beizutragen, nicht zu vereinbaren.

42 Das Spektrum der Entscheidungsmöglichkeiten der Aufsichtsbehörde im Beschwerdeverfahren richtet sich dabei nach dem Gegenstand der Prüfung, also auf den von der betroffenen Person gerügten Verstoß gegen Vorschriften der DS-GVO. Ausbuchstabiert wird der Rahmen der den Aufsichtsbehörden grundsätzlich zur Verfügung stehenden Befugnisse in **Art. 58 Abs. 2.** Die hierin aufgezählten Befugnisse zur Abhilfe festgestellter Verstöße stehen den Aufsichtsbehörden zur Verfügung, um auf eine erfolgreiche Beschwerde hin gegenüber dem Verantwortlichen tätig zu werden.[50] Die Mitgliedstaaten können gemäß Art. 58 Abs. 6 weitere Befugnisse der Aufsichtsbehörden regeln.

43 **3. Nebenentscheidungen, Sonstiges.** Neben der Entscheidung über die Wahrnehmung der durch die DS-GVO eingeräumten Befugnisse steht den Aufsichtsbehörden ferner das allgemeine Instrumentarium des Verwaltungsrechts nach den Rechtsordnungen der Mitgliedstaaten zur Verfügung. Dies umfasst je nach den Anforderungen des konkreten Einzelfalles Eilbefugnisse, Vollstreckungsmaßnahmen etc. Schließlich ist gemäß Art. 58 Abs. 5 den Aufsichtsbehörden das Recht einzuräumen, die Justizbehörden über Verstöße gegen die DS-GVO zur Kenntnis zu bringen und sich gegebenenfalls an weiteren Gerichtsverfahren zu beteiligen. Die Einzelheiten hierzu haben die Mitgliedstaaten zu regeln.

---

[46] Erwägungsgrund 117 S. 1, Art. 52.
[47] In der engl. Fassung heißt es „shall have […] powers".
[48] Vgl. Erwägungsgrund 129 S. 5.
[49] VG Mainz Urt. v. 16.1.2020 – 1 K 129/19. MZ, BeckRS 2020, 5419 Rn. 28, 35 f.; *Härting/Flisek/Thiess* CR 2018, 296 (300).
[50] Siehe auch Erwägungsgrund 122 S. 3.

C. Rechtsschutz

I. Rechtsschutz der betroffenen Personen

Gegen den rechtsverbindlichen Beschluss der Aufsichtsbehörde als Abschluss des Beschwerdeverfahrens ist gemäß Art. 78 ein Rechtsbehelf bei Gericht vorgesehen, wenn der Beschluss für die betroffene Person nachteilig ist (→ Art. 78 Rn. 6). Auch bei Untätigkeit der Aufsichtsbehörde ist ein gerichtlicher Rechtsbehelf gegeben (→ Art. 78 Rn. 6). Die zwingende Durchführung eines weiteren behördlichen Überprüfungsverfahrens als Zulässigkeitsvoraussetzung für das Gerichtsverfahren können die Mitgliedstaaten nicht vorsehen (→ Art. 78 Rn. 7). 44

Nimmt die betroffene Person das Recht auf den gerichtlichen Rechtsbehelf wahr, ist der Verantwortliche an dem Rechtsstreit zu beteiligen.[51] Wird gegen die Entscheidung des Gerichtes erster Instanz ein Rechtsmittel eingelegt, ist der Rechtsstreit unter Beteiligung aller Beteiligten fortzusetzen. Die Einlegung von Rechtsbehelfen im Wege des einstweiligen Rechtsschutzes bestimmt sich ebenfalls nach dem Prozessrecht der Mitgliedstaaten.[52] 45

II. Rechtsschutz der Verantwortlichen

Ergeht seitens der Aufsichtsbehörde auf ein erfolgreiches Beschwerdeverfahren hin eine Abhilfemaßnahme gegen den Verantwortlichen, richten sich dessen Rechtsschutzmöglichkeiten nach den Vorschriften der Mitgliedstaaten. Sehen diese einen verwaltungsrechtlichen Rechtsbehelf – etwa den Widerspruch nach den §§ 68 ff. VwGO – vor, steht dieser dem Verantwortlichen offen. Andernfalls oder nach (erfolgloser) Durchführung des verwaltungsrechtlichen Rechtsbehelfs bestimmt sich der Rechtsschutz des Verantwortlichen nach Maßgabe des mitgliedstaatlichen (Verwaltungs-)Prozessrechts. Auch insoweit handelt es sich um ein mehrpoliges Rechtsverhältnis, demzufolge die betroffene Person nach Maßgabe des Prozessrechts der Mitgliedstaaten das Recht hat, sich an dem Rechtsstreit zu beteiligen und auf diesen einzuwirken. 46

Art. 78 Recht auf wirksamen gerichtlichen Rechtsbehelf gegen eine Aufsichtsbehörde

(1) Jede natürliche oder juristische Person hat unbeschadet eines anderweitigen verwaltungsrechtlichen oder außergerichtlichen Rechtsbehelfs das Recht auf einen wirksamen gerichtlichen Rechtsbehelf gegen einen sie betreffenden rechtsverbindlichen Beschluss einer Aufsichtsbehörde.

(2) Jede betroffene Person hat unbeschadet eines anderweitigen verwaltungsrechtlichen oder außergerichtlichen Rechtbehelfs das Recht auf einen wirksamen gerichtlichen Rechtsbehelf, wenn die nach den Artikeln 55 und 56 zuständige Aufsichtsbehörde sich nicht mit einer Beschwerde befasst oder die betroffene Person nicht innerhalb von drei Monaten über den Stand oder das Ergebnis der gemäß Artikel 77 erhobenen Beschwerde in Kenntnis gesetzt hat.

(3) Für Verfahren gegen eine Aufsichtsbehörde sind die Gerichte des Mitgliedstaats zuständig, in dem die Aufsichtsbehörde ihren Sitz hat.

(4) Kommt es zu einem Verfahren gegen den Beschluss einer Aufsichtsbehörde, dem eine Stellungnahme oder ein Beschluss des Ausschusses im Rahmen des Kohärenzverfahrens vorangegangen ist, so leitet die Aufsichtsbehörde diese Stellungnahme oder diesen Beschluss dem Gericht zu.

Literatur: *Mächtle*, Das Vorabentscheidungsverfahren, JuS 2015, 314; *Schröder*, Die Vorlagepflicht zum EuGH aus europarechtlicher und nationaler Perspektive, EuR 2011, 808.

---

[51] In Deutschland liegt ein Fall der notwendigen Beiladung nach § 65 Abs. 2 VwGO vor; zur Beteiligtenstellung siehe nun § 20 Abs. 5 BDSG.
[52] In Deutschland gelten die §§ 80, 80a VwGO.

Art. 78 1–3 Kapitel VIII. Rechtsbehelfe, Haftung und Sanktionen

Übersicht

	Rn.
A. Allgemeines	1
I. Zweck und Bedeutung der Vorschrift	1
II. Systematik, Verhältnis zu anderen Vorschriften	4
B. Einzelerläuterungen	5
I. Formelle Voraussetzungen, Verfahren	5
1. Zuständiges Gericht	5
2. Zulässigkeit des gerichtlichen Rechtsbehelfs	6
3. Verfahren	7
II. Entscheidung des Gerichts	8
1. Entscheidungsmöglichkeiten des Gerichts	8
2. Prüfungsdichte des Gerichts	9
3. Besonderheiten im Verfahren nach Abs. 4	15
a) Beschluss des Ausschusses gemäß Art. 65	16
b) Stellungnahme des Ausschusses gemäß Art. 64	18
4. Kosten	19
C. Rechtsschutz	20

A. Allgemeines

I. Zweck und Bedeutung der Vorschrift

1 Die Regelung greift **Art. 22 DS-RL** auf, stellt das Recht auf einen gerichtlichen Rechtsbehelf jedoch auf ein völlig neues Fundament. Mit diesem Recht wird das Beschwerdeverfahren gemäß Art. 77 effektuiert und damit zum „scharfen Schwert" der betroffenen Personen, mit dem sie sich gegen Verstöße gegen die DS-GVO zur Wehr setzen können. Damit wird auch dem Umstand, dass gerichtliche Rechtsbehelfe bislang selten in Anspruch genommen genommen wurden, abgeholfen.[1] Wird die Aufsichtsbehörde auf die Beschwerde hin nicht tätig oder weist sie die Beschwerde ganz oder teilweise ab, hat die betroffene Person das Recht, **vor Gericht gegen die Aufsichtsbehörde** vorzugehen und hierdurch eine Maßnahme der Aufsichtsbehörde (→ Art. 77 Rn. 18 f.) zu erzwingen.[2] Damit wird die Judikative in die Kontrolle der Einhaltung der DS-GVO eingebunden. Neben den Aufsichtsbehörden sind die Gerichte somit die wichtigste Kontrollinstanz zur Verwirklichung und Einhaltung aller Rechte und Pflichten aus der DS-GVO.

2 Mit Art. 78 Abs. 2 regelt die DS-GVO einen **Untätigkeitsrechtsbehelf** im materiellen Verwaltungsrecht. Die hiermit bezweckte Sicherstellung der einheitlichen und zügigen Durchsetzung der materiellen Schutzstandards wirkt somit unmittelbar auf das Verwaltungsverfahrensrecht und das Prozessrecht der Mitgliedstaaten ein, indem ein Druckmittel der Bürger gegen die Behörden installiert wird und die Behörden vor Gericht zur zügigen und effektiven Führung des Verwaltungsverfahrens gezwungen werden können. Während in Deutschland eine solche Regelung nicht zwingend notwendig gewesen sein mag,[3] kann dies zur Sicherstellung einer effektiven Datenschutzaufsicht EU-weit durchaus beitragen.

3 **Prozessuale Besonderheiten** ergeben sich in den Fällen des Art. 78 Abs. 4. Im Zusammenspiel mit Erwägungsgrund 143 Abs. 2 verzahnt Art. 78 im Hinblick auf Handlungen des Ausschusses den Rechtsschutz vor den Gerichten der Mitgliedstaaten mit etwaigen **Verfahren vor dem EuGH**, der allein dazu berufen ist, über die Gültigkeit von Handlungen der Institutionen der EU zu befinden. Damit wird ein komplexes Rechtsschutzsystem entwickelt, das allen Beteiligten ermöglicht, sich gegen Handlungen sowohl des Ausschusses als auch der Aufsichtsbehörden zu wenden und gleichzeitig die einheitliche Rechtskontrolle der Handlungen des Ausschusses sicherstellt. Eine weitere prozessuale Besonderheit im Datenschutzrecht ist der Antrag der Aufsichtsbehörde auf gerichtliche Entscheidung bei angenommener Rechtswidrigkeit eines Beschlusses der Europäischen Kommission nach § 21 BDSG, mit dem Deutschland die Vorgabe des Urteils des EuGH in der Sache Safe Harbor – Schrems umsetzt.[4] Die Aufsichts-

---

[1] Impact Assessment SEC(2012) 72 final, 28 (36).
[2] Erwägungsgrund 141.
[3] Siehe § 75 VwGO.
[4] EuGH Urt. v. 6.10.2015 – C-362/14, Rn. 65; in Rn. 63–65 des Urt. fasst der EuGH die Eingabe und damit den Rechtsschutz einer betroffenen Person ins Auge und nicht etwa von Amts wegen durch die

behörde legt danach dem nationalen Gericht – nach § 21 Abs. 3 BDSG dem BVerwG – die von einer betroffenen Person erhobenen Zweifel an der Rechtmäßigkeit einer Entscheidung der Kommission vor, wenn sie diese teilt, und dieses wiederum legt dem EuGH diese Zweifel vor, wenn es sie teilt, und ersucht den EuGH um Vorabentscheidung über die Gültigkeit der Kommissionentscheidung nach Art. 267 AEUV. Ist hingegen das BVerwG von der Gültigkeit der Kommissionsentscheidung überzeugt, so stellt es dies in einer Entscheidung nach § 21 Abs. 6 BDSG fest.

II. Systematik, Verhältnis zu anderen Vorschriften

Die Vorschrift knüpft systematisch an das Beschwerdeverfahren nach Art. 77 an. Endete dieses 4 für die betroffene Person nicht in ihrem Sinne, kann sie vor Gericht ihr Begehren gegen die Aufsichtsbehörde weiterverfolgen. Neben dem gerichtlichen Rechtsbehelf gegen die Aufsichtsbehörde steht der gerichtliche Rechtsbehelf gegen den Verantwortlichen oder den Auftragsverarbeiter nach Art. 79. Der EuGH hat nunmehr festgestellt, dass die in Art. 77 Abs. 1 und Art. 78 Abs. 1 einerseits und in Art. 79 Abs. 1 andererseits vorgesehenen Rechtsbehelfe nebeneinander und unabhängig voneinander ausgeübt werden können.[5] Zur Frage der Gefahr sich widersprechender gerichtlicher Entscheidungen → Art. 79 Rn. 8. Zum Rechtsschutz einer Aufsichtsbehörde gegen einen Beschluss des Ausschusses → Art. 65 Rn. 19.

B. Einzelerläuterungen

I. Formelle Voraussetzungen, Verfahren

1. Zuständiges Gericht. Nach Art. 78 Abs. 3 sind die Gerichte desjenigen Mitgliedstaates 5 zuständig, in dem die Aufsichtsbehörde ihren Sitz hat. Dementsprechend wirkt die Entscheidung, bei welcher Aufsichtsbehörde die Beschwerde nach Art. 77 erhoben wurde auch bei der Frage fort, wo das gerichtliche Verfahren stattfindet. Dies hat die betroffene Person demnach bereits bei Einlegung der Beschwerde zu bedenken. Weitere Regelungen zur Abgrenzung der Gerichtsbarkeiten und zur Regelung des zuständigen Gerichts treffen die Mitgliedstaaten. Dies hat Deutschland in § 20 Abs. 1 BDSG getan. Danach ist für Streitigkeiten zwischen natürlichen und juristischen Personen und einer Aufsichtsbehörde des Bundes oder eines Landes über Rechte gemäß Art. 78 sowie 61 der Verwaltungsrechtsweg gegeben und zwar vor dem Verwaltungsgericht, in dessen Bezirk die Aufsichtsbehörde ihren Sitz hat (örtliche Zuständigkeit nach § 20 Abs. 3 BDSG). In Bußgeldverfahren gilt dies nicht (§ 20 Abs. 1 S. 2 BDSG), das Amtsgericht bzw. ab einem Bußgeld von über 100.000 EUR das Landgericht sind gemäß § 41 Abs. 1 BDSG iVm § 68 OwiG zuständig.

2. Zulässigkeit des gerichtlichen Rechtsbehelfs. Nach Art. 78 Abs. 1 ist der gerichtliche 6 Rechtsbehelf nur gegen rechtsverbindliche Beschlüsse der Aufsichtsbehörde gegeben,[6] und zwar

---

Aufsichtsbehörde entwickelte Zweifel an der Rechtmäßigkeit der Kommissionsentscheidung. Die Formulierung des § 21 BDSG ist insofern missverständlich, als sie den Eindruck vermittelt, die Datenschutzbehörden könnten von Amts wegen und ohne entspr. Rüge der betroffenen Person die Rechtmäßigkeit der Kommissionsentscheidung in Frage stellen und eigene Zweifel dem Gericht nach § 21 BDSG vorlegen. Ein derartiges Vorgehen einer Datenschutzbehörde wird aber als nicht zulässig zurückzuweisen sein, da der Zweck der Einrichtung dieses Verfahrens durch den EuGH nicht ist, die Datenschutzbehörden als zusätzliche Kontrollinstanz der Rechtmäßigkeit der Tätigkeit der Kommission zu installieren, sondern den Rechtsschutz der Betroffenen zu stärken, soweit diese begründete Zweifel an der Rechtmäßigkeit einer Rechtsgrundlage äußern, deren Anwendung ihnen im grundrechtlich geschützten Bereich zum Nachteil gereichen kann, wie es im Schrems-Urteil der Fall war. IU besteht im BDSG ein Wertungswiderspruch hinsichtlich der grundrechtssichernden Funktion der Aufsichtsbehörden zwischen dieser Vorschrift einerseits und dem Ausschluss der sofortigen Vollziehbarkeit von Anordnungen der Datenschutzbehörden ggü. Behörden verbunden mit dem Ausschluss von Bußgeldern ggü. Behörden andererseits. Dieser Wertungswiderspruch würde aufgelöst unter der Annahme, dass das gemeinsame Ziel dieser Regelungen sei, die Reichweite von verbindlichem EU-Recht (zu dem auch Entscheidungen der Kommission gehören) und seine Durchsetzbarkeit zu reduzieren, wo es nur ginge, einer Annahme, die angesichts des Grundsatzes der Unionstreue der Mitgliedstaaten (Art. 4 Abs. 3 EUV) aber nicht in Betracht kommt.
[5] EuGH Urt. v. 12.1.2023 – C-132/21, EU:C:2023:2 – Nemzeti Adatvédelmi és Információszabadság Hatóság.
[6] Vgl. dazu auch Art. 60 Abs. 6 und 8.

auch nur Beschlüsse, die die natürliche oder juristische Person „betreffen". Letztere Voraussetzung setzt jedoch nicht einen rechtsförmlichen Akt, etwa einen Verwaltungsakt der Aufsichtsbehörde voraus. Die „Betroffenheit" besteht bereits dann, wenn der Beschluss der Aufsichtsbehörde **tatsächlich oder rechtlich** auf die Sphäre der natürlichen oder juristischen Person einwirkt.[7] Nach Art. 78 Abs. 2 ist der gerichtliche Rechtsbehelf auch dann gegeben, wenn die angerufene Aufsichtsbehörde sich mit der Beschwerde nicht befasst oder die betroffene Person nicht innerhalb von drei Monaten über den Stand oder das Ergebnis der Beschwerde informiert. Die Frist von drei Monaten beginnt mit Eingang der Beschwerde bei der Aufsichtsbehörde. Im Übrigen richten sich die Zulässigkeitsvoraussetzungen nach dem Prozessrecht der Mitgliedstaaten.

7 **3. Verfahren.** Für das Verfahren gelten grundsätzlich die Prozessordnungen der Mitgliedstaaten. Die Regelung des Verfahrens im Einzelnen bleibt diesen vorbehalten. Insoweit stellt sich die Frage, ob die DS-GVO mitgliedstaatliche Regelungen verbietet, die als Zulässigkeitsvoraussetzung für das gerichtliche Verfahren die Durchführung eines **administrativen Vorverfahrens** vorsehen. Dies ist zu bejahen. Zwar lässt Art. 78 Abs. 1 anderweitige verwaltungsrechtliche Rechtsbehelfe ausdrücklich unberührt. Dies ist allerdings nur in dem Sinne zu verstehen, dass alternativ zur Einlegung eines gerichtlichen Rechtsbehelfs noch andere Abhilfemöglichkeiten gegen die Entscheidung der Aufsichtsbehörde möglich bleiben können. Der Zweck des Art. 78 und das Gebot der Wirksamkeit verbieten es, die Durchführung eines administrativen Überprüfungsverfahrens zwingend vorzusehen. Dafür spricht ferner die „völlige Unabhängigkeit der Aufsichtsbehörden" (Art. 52), die es institutionell verhindert, eine übergeordnete Stelle einzurichten, die ein Vorverfahren durchführen könnte. Auch die Einheitlichkeit der Anwendung der DS-GVO gebietet es, die Verfahrensdauer in den Mitgliedstaaten einheitlich zu gestalten. Schließlich hätte es in Anbetracht der Regelungstiefe des Kapitels VIII eines ausdrücklichen Hinweises auf die Möglichkeit eines Vorverfahrens bedurft. Dementsprechend bestimmt § 20 Abs. 6 BDSG nunmehr ausdrücklich: Ein Vorverfahren findet nicht statt.

II. Entscheidung des Gerichts

8 **1. Entscheidungsmöglichkeiten des Gerichts.** Das Gericht kann die Aufsichtsbehörde verurteilen, von ihnen zur Verfügung stehenden Aufsichtsbefugnissen Gebrauch zu machen, um dem Verstoß gegen die DS-GVO abzuhelfen. Liegt nach Auffassung des Gerichts keine Verletzung der DS-GVO vor, ist die Klage abzuweisen. Kommt es in dem Verfahren auf die Auslegung des Unionsrechts, insbesondere der DS-GVO an, stellt Erwägungsgrund 143 Abs. 2 klar, dass das Gericht den EuGH um eine Vorabentscheidung ersuchen kann bzw. muss.[8]

9 **2. Prüfungsdichte des Gerichts.** Entgegen der Kommentierung in der Vorlauflage, wonach die die Prüfungsdichte sich ebenfalls grundsätzlich nach dem Prozessrecht der Mitgliedstaaten richtet, hat der EuGH am 7.12.2023 in Verb. Rs. C-26/22 u. C-64/22 – SCHUFA, entschieden, Art. 78 dahingehend auszulegen, dass ein rechtsverbindlicher Beschluss einer Aufsichtsbehörde einer umfassenden gerichtlichen Kontrolle in der Sache unterliegt: Der in Art. 78 vorgesehene gerichtliche Rechtsbehelf stelle die zweite Stufe des in dieser Verordnung vorgesehenen verwaltungsrechtlichen Rechtsbehelfs dar. In diesem Zusammenhang sei darauf hinzuweisen, dass sowohl die „Beschwerde" bei der Aufsichtsbehörde als auch der „gerichtliche Rechtsbehelf" der betroffenen Person als „Rechte" der betroffenen Person konzipiert sind, was völlig verständlich ist, wenn man davon ausgeht, dass mit den Art. 77–79 das in Art. 47 GRCh verankerte Recht auf einen wirksamen Rechtsbehelf umgesetzt werden soll. Dieses Ziel lässt sich anhand von Art. 58 Abs. 4 iVm Art. 78 im Licht des Erwägungsgrunds 141 erkennen.[9]

10 Zum Umfang der gerichtlichen Überprüfung des Beschlusses der Aufsichtsbehörde sei darauf hinzuweisen, dass im Rahmen der Verfahrensautonomie im Allgemeinen die nationalen Vor-

---

[7] In Deutschland haben die Gerichte dies bei der Anwendung des § 42 Abs. 2 VwGO entspr. zu beachten. Insoweit bereits unter Art. 28 DS-RL unzutr. OVG Bautzen Urt. v. 21.6.2011 – 3 A 224/10, NVwZ-RR 2011, 980.

[8] Vgl. Erwägungsgrund 143 Abs. 2 S. 1. Die Pflicht zur Vorlage bestimmt sich grds. nach den allg. Regeln, wie sie für Art. 267 AEUV gelten. Zu Erwägungsgrund 143 → Rn. 11.

[9] Vgl. EFTA-Gerichtshof Urt. v. 10.12.2020 – E–11/19, E–12/19, Rn. 58 – Adpublisher AG gegen J und K, in dem dieses Gericht festhält, dass Art. 58, Abs. 4 und Art. 78 VO „der Verwirklichung des Rechts auf einen wirksamen gerichtlichen Rechtsbehelf dienen."

schriften über das Verwaltungsverfahren anzuwenden sind, vorbehaltlich der Grundsätze der Äquivalenz und der Effektivität.[10] Der EuGH ist jedoch zu Recht der Ansicht, dass ein Rechtsbehelf nur dann „wirksam" im Sinne von Art. 47 GRCh und Art. 78 Abs. 1 DS-GVO sein kann, wenn das zuständige nationale Gericht befugt und verpflichtet ist, die Sachentscheidung der Aufsichtsbehörde einer umfassenden gerichtlichen Überprüfung zu unterziehen, um festzustellen, ob die Aufsichtsbehörde die DS-GVO ordnungsgemäß angewandt hat.

Wie der EuGH in seiner früheren Rechtsprechung festgestellt hat, „verletzt eine Regelung, die keine Möglichkeit für den Bürger vorsieht, mittels eines Rechtsbehelfs Zugang zu den ihn betreffenden personenbezogenen Daten zu erlangen oder ihre Berichtigung oder Löschung zu erwirken, den Wesensgehalt des in Art. 47 GRCh verankerten Grundrechts auf wirksamen gerichtlichen Rechtsschutz. Nach Art. 47 Abs. 1 GRCh hat nämlich jede Person, deren durch das Recht der Union garantierte Rechte oder Freiheiten verletzt worden sind, das Recht, nach Maßgabe der in diesem Artikel vorgesehenen Bedingungen bei einem Gericht einen wirksamen Rechtsbehelf einzulegen. Insoweit ist schon das Vorhandensein einer wirksamen, zur Gewährleistung der Einhaltung des Unionsrechts dienenden gerichtlichen Kontrolle dem Wesen eines Rechtsstaats inhärent".[11]

Um den Umfang der gerichtlichen Kontrolle des Beschlusses der Aufsichtsbehörde gemäß der SCHUFA-Entscheidung des EuGH zu bestimmen, ist zunächst Erwägungsgrund 141 zu erwähnen, aus dem hervorgeht, dass „[d]ie auf eine Beschwerde folgende Untersuchung ... vorbehaltlich gerichtlicher Überprüfung so weit gehen [sollte], wie dies im Einzelfall angemessen ist". Sodann ist auf den Erwägungsgrund 143 hinzuweisen, in dem es heißt, dass „jede natürliche oder juristische Person das Recht auf einen wirksamen gerichtlichen Rechtsbehelf bei dem zuständigen einzelstaatlichen Gericht gegen einen Beschluss einer Aufsichtsbehörde haben [sollte], der gegenüber dieser Person Rechtswirkungen entfaltet. Ein derartiger Beschluss betrifft insbesondere die Ausübung von Untersuchungs-, Abhilfe- und Genehmigungsbefugnissen durch die Aufsichtsbehörde oder die Ablehnung oder Abweisung von Beschwerden" Diese Passagen sind dahin zu verstehen, dass die vom nationalen Gericht nach Art. 78 vorzunehmende gerichtliche Kontrolle umfassend sein muss, dh sie muss sich auf alle relevanten Aspekte erstrecken, die in das Ermessen der Aufsichtsbehörde im Rahmen der Prüfung des Beschwerdegegenstands sowie ihres Ermessens bei der Wahl der Untersuchungsmaßnahmen und der Abhilfemaßnahmen fallen.

Das Ziel des Unionsgesetzgebers, eine umfassende gerichtliche Kontrolle jedes Beschlusses einer Aufsichtsbehörde sicherzustellen, die gegenüber der betroffenen Person, die bei dieser eine Beschwerde eingelegt hat, rechtliche Wirkung entfaltet, wird besonders deutlich, wenn man eine weitere Passage des Erwägungsgrunds 143 berücksichtigt, in der es heißt, dass „Verfahren gegen eine Aufsichtsbehörde ... bei den Gerichten des Mitgliedstaats angestrengt werden [sollten], in dem die Aufsichtsbehörde ihren Sitz hat, und ... im Einklang mit dem Verfahrensrecht dieses Mitgliedstaats durchgeführt werden [sollten]. Diese Gerichte sollten eine uneingeschränkte Zuständigkeit besitzen, was die Zuständigkeit, sämtliche für den bei ihnen anhängigen Rechtsstreit maßgeblichen Sach- und Rechtsfragen zu prüfen, einschließt".[12] Nur eine solche strikte und umfassende gerichtliche Kontrolle genügt den Anforderungen von Art. 47 GRCh.[13]

Die Argumente für eine beschränkte gerichtliche Kontrolle der Beschlüsse der Aufsichtsbehörden überzeugen nicht. Erstens soll die der Aufsichtsbehörde nach Art. 52 zuerkannte „Unabhängigkeit", die das in Art. 8 Abs. 3 GRCh aufgestellte Erfordernis konkretisiert, diese Behörde vor jedem ungerechtfertigten Eingriff schützen und die Behörde nicht von der Verpflichtung befreien, ihre Aufgaben und Befugnisse unter voller Wahrung des Unionsrechts auszuüben, und, wie jede andere nationale Behörde, ihre Beschlüsse einer wirksamen gerichtlichen Kontrolle zu unterwerfen. Zweitens schließt das in Art. 79 vorgesehene Recht auf einen gerichtlichen Rechtsbehelf gegen den Verantwortlichen nicht das Recht aus, einen Rechtsbehelf gegen einen Beschluss der Aufsichtsbehörde nach Art. 78 einzulegen. Diese Rechtsbehelfe bestehen unabhängig und ohne ein Subsidiaritätsverhältnis nebeneinander, so dass sie parallel eingelegt werden können.[14]

---

[10] EuGH Urt. v. 7.9.2021 – C–927/19, EU:C:2021:700 Rn. 146 – Klaipėdos regiono atliekų tvarkymo centras.
[11] EuGH Urt. v. 6.10.2015 – C–362/14, EU:C:2015:650 Rn. 95 – Schrems.
[12] Vgl. EuGH Urt. v. 12.1.2023 – C–132/21, EU:C:2023:2 Rn. 41 – Nemzeti Adatvédelmi és Információszabadság Hatóság.
[13] Vgl. idS Kuner/Bygrave/Docksey/*Kotschy* GDPR Art. 77 S. 1127 bis 1130.
[14] So der EuGH Urt. v. 12.1.2023 – C–132/21, ECLI:EU:C:2023:2 – Budapesti Elektromos Művek u.a.

15 **3. Besonderheiten im Verfahren nach Abs. 4.** Besonderheiten ergeben sich im Fall des Art. 78 Abs. 4. Denn hier ist es nicht bei der „einfachen" Entscheidung einer Aufsichtsbehörde eines Mitgliedstaates geblieben, sondern wurde vielmehr das in der DS-GVO geregelte **Kohärenzverfahren** durchgeführt, demzufolge der Entscheidung der Aufsichtsbehörde eine Befassung durch den Ausschuss als unabhängige Einrichtung der EU (Art. 68) vorangegangen ist. Dies hat zur Folge, dass der EuGH gegebenenfalls in das gerichtliche Verfahren miteinzubeziehen ist. Dabei ist danach zu differenzieren, ob der Ausschuss im Rahmen des Kohärenzverfahrens einen Beschluss (Art. 65) oder eine Stellungnahme (Art. 64) abgegeben hat. Für beide Varianten regelt Art. 78 Abs. 4 zunächst gemeinsam, dass die Aufsichtsbehörde im Falle der Vorbefassung durch den Ausschuss dessen Stellungnahme bzw. Beschluss dem Gericht zuzuleiten hat. Im Übrigen ist für das weitere Verfahren Erwägungsgrund 143 maßgeblich.

16 **a) Beschluss des Ausschusses gemäß Art. 65.** Ging der Entscheidung der Aufsichtsbehörde ein **Beschluss des Ausschusses** voraus, den die Aufsichtsbehörde nun in ihrer Entscheidung umsetzt, und wendet sich die betroffene Person (auch) gegen die Gültigkeit des Beschlusses des Ausschusses, stellt Erwägungsgrund 143 Abs. 2 S. 2 klar, dass das Gericht nicht befugt ist, diesen für ungültig zu erklären. In diesem Falle besteht vielmehr eine Pflicht des Gerichts, die Sache „im Einklang mit Art. 267 AEUV" dem EuGH zur Vorabentscheidung vorzulegen. Aus dem Verweis auf Art. 267 AEUV ergibt sich dabei, dass die **Pflicht zur Vorlage** nur insoweit besteht, als das Gericht die Gültigkeit des Beschlusses des Ausschusses für entscheidungserheblich hält. Dies könnte etwa dann zu verneinen sein, wenn die Rechtsfrage, die dem Beschluss des Ausschusses zugrunde liegt, bereits hinreichend geklärt bzw. die Antwort offenkundig ist.[15]

17 Eine besondere Regelung trifft Erwägungsgrund 143 Abs. 2 S. 3. Danach darf das Gericht den EuGH dann nicht mit der Gültigkeitsfrage hinsichtlich eines Beschlusses des Ausschusses befassen, soweit eine natürliche oder juristische Person dies begehrt, obwohl sie selbst die Möglichkeit hatte, diesen Beschluss anzugreifen, die **Frist nach Art. 263 AEUV** jedoch versäumt hat. Fraglich erscheint jedoch, welche Fälle diese Regelung überhaupt betreffen soll. Denn die Vorlage an den EuGH erfolgt stets von Amts wegen und gerade nicht auf Antrag oder „Anfrage" eines Verfahrensbeteiligten.[16] Der Anschein, die Regelung in Erwägungsgrund 143 Abs. 2 S. 3 stelle damit eine originäre **Präklusionsnorm** dar, geht somit rechtlich ins Leere. Rechtlich mittelbare Wirkung könnte diese Regelung allerhöchstens insoweit zeitigen, als dass das zuständige Gericht sich mit dem Parteivortrag, in dem eine Vorlage an den EuGH angeregt wird, nicht auseinanderzusetzen bräuchte, ohne gegen das Recht auf rechtliches Gehör[17] bzw. gegen das Recht auf den gesetzlichen Richter[18] zu verstoßen.[19] Tatsächlich dürften die auf den gesetzlichen Richter oder das rechtliche Gehör gestützten Rügen der Nichtvorlage an den EuGH in diesen Fällen auch ohne die Regelung in Erwägungsgrund 143 Abs. 2 S. 3, nämlich wegen des fehlenden Rechtsschutzbedürfnisses unzulässig sein. Denn wer die fristgerechte Einlegung des Rechtsbehelfs nach Art. 263 AEUV versäumt, sich dann aber vor dem Gericht eines Mitgliedstaates auf die Ungültigkeit eines Beschlusses des Ausschusses beruft, hat nicht alles rechtlich in seiner Macht stehende getan, um den Rechtsakt des Ausschusses aus der Welt zu schaffen. Die Regelung in Erwägungsgrund 143 Abs. 2 S. 3 hat damit lediglich deklaratorischen Charakter.

18 **b) Stellungnahme des Ausschusses gemäß Art. 64.** Hat der Ausschuss lediglich eine Stellungnahme abgegeben, so sind zwei Konstellationen zu unterscheiden: folgt die Aufsichtsbehörde in ihrer Entscheidung dieser Stellungnahme, was Art. 64 Abs. 7 immerhin vorsieht, kann diese Gültigkeit der Stellungnahme – je nachdem, inwieweit sich die Aufsichtsbehörde in ihrer Entscheidung auf die Stellungnahme beruft – rechtliche Wirkung entfalten und damit für das Gericht entscheidungserheblich sein. In diesem Fall bestimmt sich die Vorlageberechtigung bzw. -verpflichtung nach den allgemeinen Regeln. Erwägungsgrund 143 enthält für diese Konstellation keine Spezifika. Folgt die Aufsichtsbehörde hingegen der Stellungnahme des Ausschusses nicht, ordnet Art. 64 Abs. 8 das Verfahren nach Art. 65 an. Hierfür gelten wiederum die obigen Erläuterungen.

---

[15] Zu den Ausnahmen von der Vorlagepflicht im Allgemeinen vgl. Grabitz/Hilf/Nettesheim/*Karpenstein* AEUV Art. 267 Rn. 54 ff.

[16] Grabitz/Hilf/Nettesheim/*Karpenstein* AEUV Art. 267 Rn. 31.

[17] Zum rechtlichen Gehör vgl. HK-EMRK/*Meyer-Ladewig* Art. 6 Rn. 101 ff.

[18] Vgl. zur Reichweite des Rechts auf den gesetzlichen Richter unter Art. 6 EMRK HK-EMRK/*Meyer-Ladewig* EMRK Art. 6 Rn. 74, 91 jew. mwN.

[19] Vgl. hierzu für die dt. (Verfassungs-)Rechtslage *Schröder* EuR 2012, 808 (812 ff.); *Mächtle* JuS 2015, 314 (316) mwN.

4. Kosten. Die garantierte Kostenfreiheit des Beschwerdeverfahrens (Art. 57 Abs. 3) gilt nach 19
den Grundsätzen der DS-GVO nicht für das Gerichtsverfahren. (LSG Nds-Brem
Urt. v. 14.2.2023 – L 16 SF 5/21 DS, BeckRS 2023, 3312, Rn. 30).

C. Rechtsschutz

Trifft das Gericht eine Entscheidung in der Hauptsache, richtet sich der Rechtsschutz gegen 20
diese nach dem Prozessrecht der Mitgliedstaaten. Die DS-GVO sieht insoweit keine Besonderheiten vor.

Art. 79 Recht auf wirksamen gerichtlichen Rechtsbehelf gegen Verantwortliche oder Auftragsverarbeiter

(1) Jede betroffene Person hat unbeschadet eines verfügbaren verwaltungsrechtlichen oder außergerichtlichen Rechtsbehelfs einschließlich des Rechts auf Beschwerde bei einer Aufsichtsbehörde gemäß Artikel 77 das Recht auf einen wirksamen gerichtlichen Rechtsbehelf, wenn sie der Ansicht ist, dass die ihr aufgrund dieser Verordnung zustehenden Rechte infolge einer nicht im Einklang mit dieser Verordnung stehenden Verarbeitung ihrer personenbezogenen Daten verletzt wurden.

(2) ¹Für Klagen gegen einen Verantwortlichen oder gegen einen Auftragsverarbeiter sind die Gerichte des Mitgliedstaats zuständig, in dem der Verantwortliche oder der Auftragsverarbeiter eine Niederlassung hat. ²Wahlweise können solche Klagen auch bei den Gerichten des Mitgliedstaats erhoben werden, in dem die betroffene Person ihren gewöhnlichen Aufenthaltsort hat, es sei denn, es handelt sich bei dem Verantwortlichen oder dem Auftragsverarbeiter um eine Behörde eines Mitgliedstaats, die in Ausübung ihrer hoheitlichen Befugnisse tätig geworden ist.

Literatur: *Amam*, Musterfeststellungsklage, Abmahnfähigkeit und DSGVO, DSRITB 2019, 101; *Leibold/Laoutoumai*, Unterlassungsanspruch unter der DS-GVO?, ZD-Aktuell 2021, 05583; *Lüttringhaus*, Das internationale Datenprivatrecht: Baustein des Wirtschaftskollisionsrechts des 21. Jahrhunderts, ZVglRWiss 2018, 50; *Oster*, Internationale Zuständigkeit und anwendbares Recht im Datenschutz, ZEuP 2021, 275; *Spittka*, Können Wettbewerber wegen DS-GVO-Verstößen abmahnen?, GRUR-Prax 2019, 4; *Werkmeister/Goral-Wood*, Parallele Einlegung der Rechtsbehelfe nach der DS-GVO, RDi 2023, 298.

Übersicht

	Rn.
A. Allgemeines	1
I. Zweck und Bedeutung der Vorschrift	1
II. Systematik, Verhältnis zu anderen Vorschriften	3
B. Einzelerläuterungen	10
I. Formelle Voraussetzungen, Verfahren	10
1. Zuständiges Gericht	10
2. Zulässigkeit des gerichtlichen Rechtsbehelfs	12
II. Entscheidung des Gerichts	14
1. Entscheidungsmöglichkeiten des Gerichts	14
2. Gefahr sich widersprechender Entscheidungen?	16
3. Einstweiliger und vorbeugender Rechtsschutz	17
C. Rechtsschutz	20
D. Abmahnbarkeit	21

A. Allgemeines

I. Zweck und Bedeutung der Vorschrift

Art. 79 greift die Regelung von **Art. 22 DS-RL** auf, indem sie einen Rechtsbehelf gegen 1
den Verantwortlichen oder Auftragsverarbeiter vorsieht. Damit wird das Konzept der DS-RL,
den betroffenen Personen den Rechtsweg stets sowohl gegen die Aufsichtsbehörde als auch
gegen die Verantwortlichen zu eröffnen, fortgesetzt. Die besondere Bedeutung der Vorschrift ist

zum einen in Abs. 2 zu sehen, der den betroffenen Personen die **Wahl** überlässt, ein Gericht im Mitgliedstaat ihres Aufenthaltsortes oder im Mitgliedstaat der Niederlassung des Verantwortlichen bzw. des Auftragsverarbeiters anzurufen. Für die Verarbeitung personenbezogener Daten durch private Stellen stellt die Regelung damit eine erhebliche Verbesserung der Rechte der betroffenen Person dar.

2 Zum anderen ermöglicht die im Vergleich zu Art. 22 DS-RL nunmehr **explizite Koexistenz von gerichtlichen Rechtsbehelfen** gegen die Aufsichtsbehörde und gegen den Verantwortlichen bzw. Auftragsverarbeiter den betroffenen Personen, selbst zu entscheiden, wie und auf welchem Wege sie ihre Rechte aus der DS-GVO geltend machen wollen. Während das (Verpflichtungs-)Begehren gegen die Aufsichtsbehörde zu einer stärkeren Verrechtlichung und Generalisierung der Kontrolle der Verantwortlichen führt, indem die Aufsichtsbehörde gezwungen ist, ihr Ermessen maßstabbildend auszuüben, kann das Vorgehen unmittelbar gegen den Verantwortlichen zu einer schnelleren und effektiveren Herbeiführung von Rechtsfrieden im konkreten Einzelfall führen. Insbesondere in einfach gelagerten Fällen und der Beschränkung des Begehrens auf Schadensersatz kann dies zweckmäßig sein. Allerdings liegt in dem Vorgehen unmittelbar gegen den Verantwortlichen auch ein höheres Kostenrisiko, da das grundsätzlich kostenfreie (→ Art. 77 Rn. 37) vorgeschaltete Verfahren bei der Aufsichtsbehörde die Rechtslage praktisch dem Grunde nach bereits klärt, sodass die Erfolgsaussichten eines weiteren gerichtlichen Vorgehens in der Regel besser abzusehen sein werden.

II. Systematik, Verhältnis zu anderen Vorschriften

3 Art. 79 Abs. 1 stellt klar, dass den betroffenen Personen ein gerichtlicher Rechtsbehelf gegen den bzw. die Verantwortliche oder den Auftragsverarbeiter zur Verfügung steht, wenn sie der Ansicht sind, infolge einer Verarbeitung ihrer personenbezogenen Daten in ihren Rechten aus der DS-GVO verletzt zu sein. Art. 79 Abs. 2 regelt im Einzelnen, in welchen Mitgliedstaaten ein Gericht angerufen werden kann.

4 Um das Recht nach Art. 79 ausüben zu können, ist es zulässig und zum Teil notwendig, zunächst Auskunft nach Art. 15 von dem (möglicherweise) für die Verarbeitung Verantwortlichen zu verlangen.[1]

5 Nach dem Vorschlag der Kommission für die DSGVOVerfVO, Erwägungsgrund 6, könnte bei der „Beurteilung des Umfangs der erforderlichen Untersuchungsmaßnahmen durch eine Datenschutzbehörde die Tatsache, dass der Beschwerdeführer auch seine Rechte nach Artikel 79 wahrgenommen hat, berücksichtigt werden." So wird bei einem schon weit fortgeschrittenen Verfahren vor einem Zivilgericht eine Datenschutzbehörde nicht verpflichtet sein, Untersuchungen in der gleichen Sache aufgrund einer Beschwerde einzuleiten, bis ein Urteil vorliegt, dass den Streitgegenstand der Beschwerde vollständig erledigt. Wenn aber etwa gleichzeitig Zivilklage nach Art. 79 und eine Beschwerde bei einer Datenschutzbehörde nach Art. 77 erhoben werden, so wird die Datenschutzbehörde nicht ohne weiteres unter Verweis auf die Klage von einer Untersuchung absehen können, da die Einlegung der Klage nach Art. 79 Abs. 1 „unbeschadet eines verfügbaren verwaltungsrechtlichen oder außergerichtlichen Rechtsbehelfs einschließlich des Rechts auf Beschwerde bei einer Aufsichtsbehörde gemäß Artikel 77" sein soll und eine Aussetzung des Verfahrens oder Erklärung der Unzuständigkeit nach Art. 81 nur bei parallelen Klagen vor Gerichten der Mitgliedstaaten vorgesehen sind. Aus Art. 81 lässt sich a contrario und in Verbindung mit dem Wortlaut des Art. 79 Abs. 1 schließen, dass eine parallele Untersuchung durch eine Datenschutzbehörde neben einer laufenden Klage vor einem Zivilgericht durchaus möglich sein sollen. Der EuGH hat zu Recht einen parallelen Rechtszug bestätigt.[2] Art. 77 Abs. 1, Art. 78 Abs. 1 und Art. 79 Abs. 1 iVm Art. 47 GRCh sind laut EuGH dahin auszulegen, dass sie es erlauben, die in Art. 77 Abs. 1 und Art. 78 Abs. 1 einerseits und in Art. 79 Abs. 1 andererseits vorgesehenen Rechtsbehelfe nebeneinander und unabhängig voneinander auszuüben. Aus dem Wortlaut dieser Bestimmungen ergibt sich, dass die Verordnung weder eine vorrangige oder ausschließliche Zuständigkeit vorsieht noch einen Vorrang der Beurteilung der Datenschutzbehörden oder der Gerichte zum Vorliegen einer Verletzung der durch die Verordnung verliehenen Rechte. Der Rechtsbehelf nach Art. 78 Abs. 1, dessen

---

[1] EuGH Urt. v. 12.1.2023 – C-154/21, ZD 2023, 271 Rn. 42 – Österreichische Post AG.
[2] EuGH Urt. v. 12.1.2023 – C-132/21 – ÖBE/Nemzeti Adatvédelmi és Információszabadság Hatóság; siehe hierzu bereits ÖOGH Beschl. v. 23.5.2019 – 6 Ob 91/19d; Jahnel/*Schwamberger*, Jahrbuch Datenschutzrecht 2019, S. 265 ff. jew. mwN.

Gegenstand die Prüfung der Rechtmäßigkeit des gemäß Art. 77 erlassenen Beschlusses einer Aufsichtsbehörde ist, und der in Art. 79 Abs. 1 vorgesehene Rechtsbehelf können daher nebeneinander und unabhängig voneinander eingelegt werden.[3] Nichts anderes muss für die der Klage nach Art. 78 vorausgehende Beschwerde nach Art. 77 im Verhältnis zur Klage nach Art. 79 gelten.

Ein paralleles Vorgehen kann sinnvoll sein, da die Datenschutzbehörde aufgrund ihres Spezialwissens und ihrer Untersuchungsbefugnisse den Streitgegenstand oft schneller bearbeiten kann als ein Zivilgericht. Eine Feststellung über Tatsachen der Verarbeitung von persönlichen Daten sowie deren Rechtmäßigkeit oder Unrechtmäßigkeit verbunden mit entsprechenden Aufsichtsmaßnahmen nach Art. 58 kann zu einer Einstellung des Zivilverfahrens führen. Alternativ ist es auch denkbar, dass von dem Zivilgericht auch im laufenden Verfahren die Feststellungen der Datenschutzbehörde noch zur Grundlage einer Entscheidung, etwa über Schadensersatz, gemacht werden können. Es kann deshalb effizient sein, gleichzeitig eine Beschwerde in gleicher Sache vor einer Datenschutzbehörde und vor einem Zivilgericht zu erheben.

Im Einklang mit dem Grundsatz der Verfahrensautonomie obliegt es laut EuGH[4] den Mitgliedstaaten, die Modalitäten des Zusammenspiels der Rechtsbehelfe zu regeln, um die gleichmäßige und einheitliche Anwendung ihrer Bestimmungen sowie das in Art. 47 GRCh niedergelegte Recht auf einen wirksamen Rechtsbehelf bei einem Gericht zu gewährleisten. Es wäre mit diesem Grundsatz nicht vereinbar, wenn nach dem Vorliegen eines rechtskräftigen Urteils eines Gerichts ein anderes Gericht in der gleichen Sache zu einem anderen Ergebnis kommen könnte.

Gleiches muss allerdings auch gelten im Verhältnis einer rechtskräftigen Entscheidung einer Datenschutzbehörde und einem späteren Gerichtsurteil eines Gerichts in der gleichen Sache – und umgekehrt. Wer ein Zivilgericht und eine Datenschutzbehörde gleichzeitig anruft, wird damit leben müssen, dass im Zivilverfahren schneller und aufgrund geringer eigener Tatsachenermittlung durch das Gericht entschieden werden kann als durch eine Aufsichtsbehörde, die verpflichtet ist, ihre Expertise in gegebenenfalls auch umfassende Ermittlungen zum Tragen zu bringen. Bei komplexer Sachlage und Intransparenz hinsichtlich der Tatsachen wird es daher immer von Vorteil für Kläger ohne weitergehende Sachkenntnis sein, als erstes die Aufsichtsbehörde anzurufen und dann gegebenenfalls gegen die Entscheidung der Aufsichtsbehörde vor dem Verwaltungsgericht zu klagen, um gerichtlichen Schutz zu erwirken.

Eine weitergehende Regelung der „Modalitäten des Zusammenspiels" der verschiedenen Rechtsbehelfe, so wie durch den EuGH eingefordert, haben die Mitgliedstaaten bisher nicht verabschiedet. Es ist auch nicht ersichtlich, dass eine derartige Regelung dringend ist, da in der Praxis das Bestehen alternativer Wege zur Wahrnehmung des Grundrechtsschutzes hinsichtlich der Verarbeitung von personenbezogenen Daten regelmäßig keine Probleme bereitet. Im Gegenteil ergänzen sich die alternativen Wege und verleihen in Kumulation dem Grundrechtsschutz erst Wirksamkeit. Nachdem der EuGH in seinem Urteil nunmehr eine Grundfrage zum Verhältnis der verschiedenen Rechtsschutzwege beantwortet hat, wird sich erst zeigen müssen, dass ein tatsächlicher Regelungsbedarf weiterhin besteht. Denn nur die wenigsten Betroffenen werden es ich leisten können, gleichzeitig vor den Aufsichtsbehörden und den Zivilgerichten vorzugehen.[5]

B. Einzelerläuterungen

I. Formelle Voraussetzungen, Verfahren

1. Zuständiges Gericht. Nach Art. 79 Abs. 2 hat die betroffene Person die Wahl, ob sie die Klage gegen den bzw. die Verantwortliche oder den Auftragsverarbeiter in dem Mitgliedstaat dessen Niederlassung erhebt oder im Mitgliedstaat ihres Aufenthalts. Diese **Wahlmöglichkeit** ist selbstredend ausgeschlossen, sofern der Verantwortliche eine Behörde ist, die in Ausübung hoheitlicher Befugnisse tätig geworden ist, denn insoweit unterliegen sie als Teil eines souveränen Mitgliedstaats nur dessen eigener Gerichtsbarkeit. Die Bestimmung der Zuständigkeit im Übrigen obliegt unter Beachtung sonstiger unionsrechtlicher Vorschriften über die Gerichts-

---

[3] EuGH Urt. v. 12.1.2023 – C-132/21, Rn. 35.
[4] EuGH Urt. v. 12.1.2023 – C-132/21, Rn. 57.
[5] Anders aus Unternehmersicht in ihrer Anmerkung zum Urteil des EuGH *Werkmeister/Goral-Wood* RDi 2023, 298.

barkeit[6] den Mitgliedstaaten.[7] In diesem Rahmen sind nach § 44 Abs. 1 BDSG-neu Klagen gegen einen Verantwortlichen oder Auftragsverarbeiter bei dem Gericht des Ortes zu erheben, an dem sich eine Niederlassung des Verantwortlichen oder Auftragsverarbeiters befindet, oder bei dem Gericht des Ortes, an dem die betroffene Person ihren gewöhnlichen Aufenthaltsort hat. Hat ein nicht in der Union niedergelassener Verantwortlicher oder Auftragsverarbeiter nach Art. 27 einen Vertreter in der Union benannt, so gilt dieser nach § 44 Abs. 3 BDSG-neu auch als bevollmächtigt, Zustellungen in zivilgerichtlichen Verfahren nach Art. 79 iVm § 44 Abs. 1 BDSG-neu entgegen zu nehmen.

11 Ergänzend zu Art. 79 Abs. 2 sind die Regelungen der Brüssel-Ia-VO heranzuziehen, soweit in Art. 79 Abs. 2 keine Regelungen zum internationalen Gerichtsstand enthalten sind, zB im Falle einer Streitgenossenschaft iSd Art. 8 Nr. 1 Brüssel-Ia-VO oder einer Widerklage iSd Art. 8 Nr. 3 Brüssel-Ia-VO.[8] Darüber hinaus wird nach dem Günstigkeitsprinzip, wonach der Kläger die Wahl hat zwischen den internationalen Gerichtsständen der Brüssel-Ia-VO oder der ZPO und den internationalen Gerichtsständen des Art. 79 Abs. 2, den Klägern ein Wahlrecht einzuräumen sein.[9] Der Wortlaut des Erwägungsgrunds 147, wonach die allgemeinen Vorschriften über die Gerichtsbarkeit der Anwendung der spezifischen Vorschriften der DS-GVO „nicht entgegenstehen" sollen, gibt einen deutlichen Hinweis in dieser Richtung. Zur Wahrung des Art. 47 GRCh sowie des effet utile ist dem Kläger, der sich hier in der Stellung eines Konsumenten befindet, und noch dazu eine nach Art. 16 GRCh geschützte Grundrechtsposition verteidigt, bester Rechtsschutz und damit auch ein Wahlrecht einzuräumen. Auch ist angesichts der hohen Kosten des Rechtsschutzes nach Art. 79 das Interesse des Beklagten, das Wahlrecht des Gerichtsstands auszuschließen, nicht höher zu bewerten als das Interesse an effektivem Rechtsschutz. Ein Wahlrecht ist jedenfalls gegeben, soweit sich eine Klage auf zusätzliche Rechtsverstöße neben einem DS-GVO-Verstoß stützt oder ein solcher Verstoß nur inzident zu prüfen ist.[10]

12 **2. Zulässigkeit des gerichtlichen Rechtsbehelfs.** Gemäß Art. 79 Abs. 1 muss die betroffene Person der Ansicht sein, dass sie durch eine Verarbeitung ihrer personenbezogenen Daten in ihren Rechten aus der DS-GVO verletzt wurde. Analog zur Beschwerdebefugnis nach Art. 77 und der Klagebefugnis nach Vorbild des § 42 Abs. 2 VwGO ist hierfür zu fordern, dass eine Verletzung der DS-GVO als möglich erscheinen muss bzw. nicht offensichtlich von vornherein ausgeschlossen ist.[11] Ergänzend wird nach allgemeinen Grundsätzen des Prozessrechts in aller Regel ein vorheriger Antrag bei dem Verantwortlichen zu fordern sein, mit dem die betroffene Person ihre Rechte aus der DS-GVO geltend zu machen hat. Anderenfalls wäre das Rechtsschutzbedürfnis im Regelfall zu verneinen.

13 Soweit ein verwaltungsrechtliches Vorverfahren nach nationalem Recht vorgesehen ist, wie in der VwGO, ergibt sich laut einem Urteil des VG Bremen vom 16.6.2023[12] aus Art. 79 kein Recht, davon abzusehen. Soweit Art. 79 ein Recht auf wirksamen gerichtlichen Rechtsbehelf gegen Verantwortliche oder Auftragsverarbeiter enthält, ist gegen Entscheidungen von Behör-

---

[6] Erwägungsgrund 147.
[7] In Deutschland wird die im BDSG angelegte Trennung zwischen öffentlichen und nichtöffentlichen Stellen durch die DS-GVO in deren Anwendungsbereich weitgehend nivelliert. Dies wird ggf. auch in Bezug auf Zuständigkeitsfragen zu neuen Problemen bzw. Regelungsbedürfnissen führen.
[8] NK-DS-GVO/*Kreße* Art. 79 Rn. 36.
[9] So auch *Oster* ZEuP 2021, 275 (302); Gola/Heckmann/*Werkmeister* DS-GVO Art. 79 Rn. 15; dagegen NK-DS-GVO/*Kreße* Art. 79 Rn. 36 unter Berufung auf *Heinze/Warmuth* ZZPInt 21 (2016), 175 (195 f.); wohl auch Simitis/Hornung/Spiecker gen. Döhmann/*Boehm* DS-GVO Art. 79 Rn. 17; vgl. vermittelnd Kühling/Buchner/*Bergt* DS-GVO Art. 79 Rn. 15, sowie Gola/Heckmann/*Werkmeister* DS-GVO Art. 79 Rn. 15, wonach lediglich ausschließliche Gerichtsstände iSd Art. 24 Brüssel-Ia-VO ausgeschlossen sein sollen.
[10] *Heinze/Warmuth* ZZPInt 21 (2016), 175 (196); *Oster* ZEuP 2021, 275 (300) sowie NK-DS-GVO/*Kreße* Art. 79 Rn. 36.
[11] Friktionen mit dem dt. Prozessrecht können sich dann ergeben, wenn je nach Organisationsform des Verantwortlichen die ordentliche Gerichtsbarkeit oder die Verwaltungsgerichtsbarkeit zuständig ist. Denn während eine Verpflichtungs- bzw. Leistungsklage im Verwaltungsrecht die Klagebefugnis nach § 42 Abs. 2 VwGO (analog) voraussetzt, ist bei einem zivilrechtlichen Rechtsbehelf eine solche Zulässigkeitshürde in der Regel nicht vorgesehen. Wegen des Ziels der einheitlichen Anwendung der DS-GVO spricht mehr dafür, auch die zivilrechtliche Klage als unzulässig abzuweisen, wenn eine Verletzung von Rechten aus der DS-GVO im Einzelfall von vornherein ausgeschlossen sein sollte.
[12] VG Bremen (2. Kammer) Urt. v. 16.6.2023 – 2 K 1412/2, BeckRS 2023, 17109 Rn. 12.

den zunächst gegebenenfalls Widerspruch nach §§ 68 ff. VwGO einzulegen. Das Erfordernis eines Vorverfahrens nach nationalem Recht widerspricht nicht dem Gebot effektiven Rechtsschutzes.[13] Der EuGH hat in seinem Urteil vom 12.1.2023[14] auf die Frage, ob ein Verstoß gegen u.a. Art. 79 vorliege, wenn eine Aufsichtsbehörde, die über die verwaltungsrechtlichen Rechtsbehelfe zu entscheiden hat, die vorrangige Zuständigkeit für die Feststellung habe, ausgeführt, dass es den Mitgliedstaaten obliege, die Modalitäten des Zusammenspiels der Rechtsbehelfe aus der DS-GVO zu regeln, um die Wirksamkeit des Schutzes der durch diese Verordnung garantierten Rechte, die gleichmäßige und einheitliche Anwendung ihrer Bestimmungen sowie das in Art. 47 GRCh niedergelegte Recht auf einen wirksamen Rechtsbehelf bei einem Gericht zu gewährleisten. Eine Überlagerung der nationalen Vorschriften, hier der §§ 68 ff. VwGO, durch die Rechtsbehelfe aus der DS-GVO ergibt sich aus dieser Entscheidung ausdrücklich nicht.

II. Entscheidung des Gerichts

1. Entscheidungsmöglichkeiten des Gerichts. Das gerichtliche Prüfungsprogramm und **14** die Entscheidungsmöglichkeiten beziehen sich auf die Vorschriften der DS-GVO, die den Schutz einzelner betroffener Personen bezwecken und die die betroffene Person zur Prüfung gestellt hat. In Deutschland wird zumindest bei zivilrechtlichen Klagen stets ein konkret formulierter, auf eine konkrete Maßnahme bezogener Antrag notwendig sein. In der Sache wird es sich primär um die Vorschriften der Abschnitte 1–4 des Kapitels III handeln, die im Einzelnen die Rechte betroffener Personen aufzählen.

Dabei stellt die Vorschrift des Art. 24 sicher, dass der Verantwortliche im gerichtlichen Ver- **15** fahren in der Lage ist, Nachweise für die Rechtmäßigkeit der Verarbeitung personenbezogener Daten der betroffenen Person zu erbringen (Art. 24). Ob es hinsichtlich notwendiger Tatsachenfeststellungen im gerichtlichen Verfahren aufgrund einer etwaigen Beweisnot der betroffenen Person zu einer Beweislastumkehr zu Lasten des Verantwortlichen kommt bestimmt sich nach dem Wortlaut sowie Sinn und Zweck der in Rede stehenden Vorschrift der DS-GVO. Je nach Gegenstand des Rechtsstreits und den einschlägigen Rechtsvorschriften insbesondere über interne Organisationsabläufe beim Verantwortlichen kommt in Deutschland stets eine sekundäre Darlegungslast in Betracht.

2. Gefahr sich widersprechender Entscheidungen? Durch die Schaffung verwaltungs- **16** rechtlicher Rechtsbehelfe in den Art. 77, 78 und gleichzeitiger Möglichkeit, gegen den Verantwortlichen oder den Auftragsverarbeiter selbst gerichtlich vorzugehen stellt sich die Frage, ob sich dadurch die Gefahr **sich widersprechender gerichtlicher Entscheidungen** in derselben Sache ergibt.[15] In der Tat regelt die DS-GVO nicht, in welchem Verhältnis der gerichtliche Rechtsbehelf gegen den Verantwortlichen oder Auftragsverarbeiter zum verwaltungsrechtlichen Rechtsbehelf stehen soll, sodass eine Verletzung des Grundsatzes „res iudicata" im Raum steht.[16] Zwar haben der Rechtsbehelf gegen die Aufsichtsbehörde und derjenige gegen den Verantwortlichen bzw. Auftragsverarbeiter naturgemäß **unterschiedliche Streitgegenstände**, da der Antrag gegenüber der Aufsichtsbehörde aufgrund des dieser zustehenden Ermessens in der Regel nur allgemein ein Tätigwerden nach der DS-GVO zum Inhalt hat (→ Art. 77 Rn. 17), während der Antrag gegenüber dem Verantwortlichen bzw. Auftragsverarbeiter sich auf die Vornahme einer konkreten Maßnahme (beispielsweise die Löschung von personenbezogenen Daten) bezieht. Nichtsdestotrotz kann es nicht Zweck der DS-GVO sein, zunächst im Verfahren nach Art. 78 ein (Verwaltungs-)Gericht mit der Frage der Rechtmäßigkeit einer bestimmten Verarbeitung personenbezogener Daten zu befassen, nur um dieselbe Frage nach Abschluss dieses Rechtszuges der erneuten Beantwortung durch ein anderes Gericht (etwa in der Zivilgerichtsbarkeit) zuzuführen. Es ist daher mit den Mitteln und Grundsätzen des mitgliedstaatlichen Prozessrechts sicherzustellen, dass es nicht zu sich widersprechenden Sachentscheidungen von

---

[13] NK-DS-GVO/*Kreße* Art. 79 Rn. 31 mwN.
[14] EuGH Urt. v. 12.1.2023 – C-132/21, Rn. 32 ff.
[15] So die Erklärung Österreichs, das als einziger Mitgliedstaat gegen die Verabschiedung der DS-GVO im Rat gestimmt hat, vgl. Vermerk des Rates v. 14.4.2016, Interinstitutionelles Dossier 2012/0011 (COD) des Rates, S. 7.
[16] Zur Anerkennung dieses Grundsatzes im Unionsrecht vgl. EuGH Urt. v. 30.9.2003 – C-224/01, ECLI:EU:C:2003:513 Rn. 38 = EuZW 2003, 718 – Köbler.

verschiedenen Gerichten zu demselben Streitfall kommen kann.[17] Praktisch ließe sich dieses Risiko deutlich minimieren, indem die Zugänglichkeit zu Entscheidungen von Gerichten aus anderen Mitgliedstaaten verbessert würde. Hierfür scheint insbesondere der sog. European Case Law Identifier (ECLI) geeignet, auf dessen Verwendung und Konsultierung die betroffenen Praktiker hinwirken sollten.

17 **3. Einstweiliger und vorbeugender Rechtsschutz.** Aufgrund der vergangenheitsbezogenen Formulierung des Art. 79 Abs. 1, der eine bereits geschehene Rechtsverletzung vorauszusetzen scheint (Abs. 1 am Ende „verletzt wurden") wird teilweise argumentiert, ein vorbeugender Rechtsschutz sei nach Art. 79 nicht zu erlangen, ja der Art. 79 entfalte sogar eine Sperrwirkung gegenüber den Rechtsgrundlagen nationalen Rechts (in Deutschland §§ 823, 1004 BGB), die einen vorbeugenden Rechtsschutz ermöglichen, um den Eintritt eines Schadens, insbesondere eines irreversiblen Schadens, zu verhindern.[18] Dieser Ansicht steht allerdings entgegen, dass sich in keiner Weise aus der DS-GVO schließen lässt, sie verfolge das Ziel, bereits bestehende Rechte aus nationalem Recht zu reduzieren. Auch wird man Art. 79 Abs. 1 im Lichte von Art. 16 GRCh grundrechtskonform dahingehend auslegen müssen, dass vorbeugender Rechtsschutz jedenfalls dann möglich sein soll, wenn eine demnächst eintretende Rechtsverletzung plausibel erscheint. Auch wird man mit der gleichen Überlegung, nämlich dass ein Abwarten, bis sich erst eine Grundrechtsverletzung verwirklicht hat, nicht zumutbar ist, auch entsprechenden Begehren auf einstweiligen Rechtsschutz zugrunde legen müssen. Es ist dem Grundrechtsträger nämlich auch nicht zumutbar, möglicherweise Jahre lang eine Grundrechtsverletzung hinzunehmen, bis ein Endurteil gefällt wurde. Das Verarbeitungsinteresse des für die Verarbeitung Verantwortlichen oder des Verarbeiters wird hier, mit wenigen Ausnahmen, etwa bei der Verarbeitung im öffentlichen Interesse, hinter das Interesse des Grundrechtsschutzes zurücktreten müssen.[19]

18 Nach der richtigen Ansicht des OLG Köln[20] verdrängt die Regelung des Art. 79 Abs. 1 entgegenstehende nationale Prozessrechtsregelungen, insbesondere wenn es darum geht, einer späteren Hauptsacheentscheidung uneingeschränkte Wirksamkeit zukommen zu lassen. Deswegen ist bei einem entsprechenden Bedürfnis im Zweifel auch vorbeugender einstweiliger Rechtsschutz zuzulassen. Dies betrifft vor allem faktische, nur schwer rückgängig zu machende drohende Verletzungen, die so zeitgerecht und effektiv abgewendet werden sollen.

19 Vor dem Hintergrund der widersprüchlichen Rechtsprechung zu dieser Frage allein durch Gerichte in Deutschland ist das Thema des einsteiligen und vorbeugenden Rechtsschutzes im Datenschutzrecht reif für eine Vorlagefrage an den EuGH.

C. Rechtsschutz

20 Der Rechtsschutz gegen die gerichtliche Entscheidung richtet sich nach dem Prozessrecht der Mitgliedstaaten. Eine Vorlage zur Vorabentscheidung an den EuGH nach den allgemeinen Regeln ist in jedem Verfahrensstadium möglich.

D. Abmahnbarkeit

21 Verletzung der Verordnung können wie bereits Verletzungen des BDSG und des TMG Gegenstand von Abmahnung sein, da die Verordnung Verhaltensregeln für den Markt iSv § 4

---

[17] EuGH Urt. v. 12.1.2023 – C-132/21, Rn. 32 ff. Für dogmatische Ansätze *de lege lata* in Deutschland vgl. MüKoZPO/*Gottwald* § 322 Rn. 51 ff., gleichwohl hier bzgl. der Präjudizialität streng genommen nicht nur eine Vorfrage, sondern die Rechtsfrage als solche in Rede stehen wird.
[18] So LG Wiesbaden Urt. v. 20.1.2022 – 10 O 14/21; bestätigt durch OLG Frankfurt a. M. (16. Zivilsenat) Urt. v. 30.3.2023 – 16 U 22/22; LG Frankfurt a. M. Urt. v. 18.9.2020 – 2/27 O 100/20, GRUR-RS 2020, 24557 sieht die Sperrwirkung in Art. 82; dagegen die Möglichkeit eines Rückgriffs auf §§ 823 Abs. 2, 1004 BGB analog generell bejahend OLG München Urt. v. 19.1.2021 – 18 U 7243/19, MMR 2021, 738 Rn. 37; VGH München Urt. v. 30.5.2023 – 5 BV 20.2104, GRUR-RS 2023, 12517; LG Frankfurt a. M. Beschl. v. 15.10.2020 – 2-03 O 356/20, ZD 2021, 46; VG Wiesbaden Beschl. v. 1.12.2021 – 6 L 738/21. WI, ZD 2022, 177.
[19] So auch NK-DS-GVO/*Kreße* Art. 79 Rn. 29, 30.
[20] OLG Köln Beschl. v. 18.7.2019 – 15 W 21/19, NJW-RR 2020, 30.

Nr. 11 UWG aufstellt.[21] Dies ergibt sich aus Art. 1 Abs. 1, wonach die Verordnung Vorschriften „zum freien Verkehr solcher Daten" im Binnenmarkt enthält.

Der BGH hat mit Beschluss vom 12.1.2023[22] dem EuGH die Vorlagefrage gestellt, ob die Regelungen in Kapitel VIII der DS-GVO nationalen Regelungen entgegen stehen, die neben den Eingriffsbefugnissen der zur Überwachung und Durchsetzung der DS-GVO zuständigen Aufsichtsbehörden und den Rechtsschutzmöglichkeiten der betroffenen Personen **Mitbewerbern** die Befugnis einräumen, wegen Verstößen gegen die DS-GVO gegen den Verletzer im Wege einer Klage vor den Zivilgerichten unter dem Gesichtspunkt des Verbots der Vornahme unlauterer Geschäftspraktiken vorzugehen. Wie der BGH selbst in seiner ausführlich begründeten Vorlagefrage, die die unterschiedlichen Auffassungen in der Rechtsprechung der Instanzgerichte und der Literatur umfassend aufarbeitet, darlegt, spricht insbesondere die „unbeschadet"-Formulierung des Art. 77 Abs. 1 und des Art. 79 Abs. 1 deutlich dafür, dass derartigen nationalen Regelungen nichts in der DS-GVO entgegensteht.[23] Im Übrigen war es nie Zweck der DS-GVO, Rechtsschutzmöglichkeiten der Wettbewerber zu reduzieren. Nichts in der Verordnung weist in diese Richtung. Ganz im Gegenteil ist das Anliegen der Verordnung die Stärkung des Grundrechtsschutzes. Weder im Vorschlag der Kommission noch in den Positionen von Rat oder Parlament ist eine Absicht ersichtlich, den Rechtsschutz von Mitbewerbern mittels der DS-GVO zu reduzieren. In Zeiten massenhafter rechtswidriger Verarbeitung von personenbezogenen Daten in der Digitalwirtschaft, die zu erheblichen Wettbewerbsvorteilen führen können, wäre es geradezu anachronistisch, nunmehr aus der DS-GVO ableiten zu wollen, der Wettbewerber werde in seinen Rechten aus nationalem Recht eingeschränkt. Das Urteil des EuGH vom 4.7.2023[24] weist im Übrigen bereits den Weg zu einem loyalen und effektiven Zusammenwirken im Sinne praktischer Konkordanz und paralleler Anwendung von Wettbewerbsrecht und Datenschutzrecht durch die beteiligten Behörden und Gerichte.

Art. 80 Vertretung von betroffenen Personen

(1) **Die betroffene Person hat das Recht, eine Einrichtung, Organisationen oder Vereinigung ohne Gewinnerzielungsabsicht, die ordnungsgemäß nach dem Recht eines Mitgliedstaats gegründet ist, deren satzungsmäßige Ziele im öffentlichem Interesse liegen und die im Bereich des Schutzes der Rechte und Freiheiten von betroffenen Personen in Bezug auf den Schutz ihrer personenbezogenen Daten tätig ist, zu beauftragen, in ihrem Namen eine Beschwerde einzureichen, in ihrem Namen die in den Artikeln 77, 78 und 79 genannten Rechte wahrzunehmen und das Recht auf Schadensersatz gemäß Artikel 82 in Anspruch zu nehmen, sofern dieses im Recht der Mitgliedstaaten vorgesehen ist.**

(2) **Die Mitgliedstaaten können vorsehen, dass jede der in Absatz 1 des vorliegenden Artikels genannten Einrichtungen, Organisationen oder Vereinigungen unabhängig von einem Auftrag der betroffenen Person in diesem Mitgliedstaat das Recht hat, bei der gemäß Artikel 77 zuständigen Aufsichtsbehörde eine Beschwerde einzulegen und die in den Artikeln 78 und 79 aufgeführten Rechte in Anspruch zu nehmen, wenn ihres Erachtens die Rechte einer betroffenen Person gemäß dieser Verordnung infolge einer Verarbeitung verletzt worden sind.**

Literatur: *Ashkar/Schröder,* Aktuelle Entwicklungen im Bereich der Data Privacy Litigation, BB 2023, 451; *Dieterich,* Rechtsdurchsetzungsmöglichkeiten der DS-GVO, ZD 2016, 260; *Dönch,* Verbandsklagen bei Verstößen gegen das Datenschutzrecht – neue Herausforderungen für die Datenschutz-Compliance, BB 2016, 962; *Gärtner/Heil,* Kodifizierter Rechtsbruchtatbestand und Generalklausel, WRP 2005, 20; *Gierschmann,* Was „bringt" deutschen Unternehmen die DS-GVO?, ZD 2016, 51 (53); *Halfmeier,* Die neue Datenschutzverbandsklage, NJW 2016, 1126; *Jaschinski/Piltz,* Das Gesetz zur Verbesserung der zivilrechtlichen Durchsetzung von verbraucherschützenden Vorschriften des Datenschutzrechts, WRP 2016, 420; *Robak,* Neue

---

[21] Vgl. zur fehlenden Datenschutzerklärung nach TMG, soweit dieses die DS-RL 95/46 umsetzt OLG Hamburg Urt. v. 27.6.2013 – 3 U 26/12, Rn. 68; OLG Karlsruhe Urt. v. 9.5.2012 – 6 U 38/11; OLG Köln Urt. v. 11.3.2016 – 6 U 121/15 Rn. 39 ff.; wN, auch der gegenteiligen Rspr. bei *Härting* CR online Blog v. 24.7.2013, abrufbar unter www.cr-online.de/blog/2013/07/24/sind-datenschutzverstose-abmahnfahig-ein-rechtsprechungsuberblick/.

[22] BGH Beschl. v. 12.1.2023 – I ZR 223/19, GRUR 2023, 264.

[23] BGH Beschl. v. 12.1.2023 – I ZR 223/19, GRUR 2023, 264 Rn. 18.

[24] EuGH Urt. v. 4.7.2023 – C-252/21, ECLI:EU:C:2023:537 – Meta/Bundeskartellamt.

Abmahnrisiken im Datenschutzrecht, GRUR-Prax 2016, 139; *Spindler,* Verbandsklagen und Datenschutz – das neue Verbandsklagerecht, ZD 2016, 114.

Übersicht

	Rn.
A. Allgemeines	1
I. Zweck und Bedeutung der Vorschrift	1
II. Systematik, Verhältnis zu anderen Vorschriften	3
B. Einzelerläuterungen	5
I. Anforderungen an die Organisationsform	5
II. Abs. 1	7
1. Allgemeines	7
2. Mitgliedstaatliche Regelung	10
a) Beschwerdeverfahren	10
b) Gerichtliches Verfahren	11
c) Schadensersatz	13
III. Abs. 2	14
1. Allgemeines	14
2. Praktische Umsetzbarkeit	15
3. Grenzüberschreitende Aspekte	19
C. Rechtsschutz	20

A. Allgemeines

I. Zweck und Bedeutung der Vorschrift

1   Mit der von Art. 80 geschaffenen Möglichkeit, betroffene Personen durch Verbände vertreten zu lassen, hat eine weitere Erneuerung des Datenschutzregimes Eingang in die DS-GVO gefunden. Sie soll es ermöglichen, vor allem global agierenden Unternehmen schlagkräftige, **mit hinreichenden Ressourcen ausgestattete Organisationen** gegenüber zu stellen. Denn diese sind kraft ihrer Größe und ihrer infrastrukturellen Ausstattung viel eher in der Lage, Informationen über mögliche Datenschutzverstöße zu generieren, diese tatsächlich und rechtlich zu verarbeiten und in gegebenenfalls langwierigen und komplizierten Gerichtsverfahren einzubringen, als es einzelne natürliche Personen selbst unterstützt durch juristischen Beistand könnten, selbst wenn sie sich die hohen Kosten der Rechtswahrnehmung leisten könnten. Angesprochen ist damit auch das Vollzugsdefizit datenschutzrechtlicher Bestimmungen, nicht zuletzt bei den Aufsichtsbehörden selbst, dem mit der Regelung in Art. 80 beigekommen werden soll.[1] Eine besondere Bedeutung erlangt dabei Art. 80 Abs. 2, der es Organisationen unabhängig vom Auftrag einer betroffenen Person ermöglicht, **eigenständig** gegen Verstöße gegen die DS-GVO in einem konkreten Einzelfall vorzugehen.[2]

2   Ihrem grundlegenden und anerkennenswerten Ziel steht jedoch die praktische Umsetzbarkeit der Vorschrift gegenüber. Denn diese hängt aufgrund von **verfahrens- und prozessrechtlichen Implikationen** trotz der Umsetzung in einer Verordnung wesentlich von den mitgliedstaatlichen Rechtsordnungen ab. So verweisen beide Absätze des Art. 80 auf das Recht der Mitgliedstaaten, um ihre Regelungswirkung (voll) entfalten zu können. Der praktische Nutzen des Art. 80 hängt daher maßgeblich davon ab, dass solche Regelungen existieren bzw. erlassen werden.

II. Systematik, Verhältnis zu anderen Vorschriften

3   Die Verwirklichung seines Zwecks verfolgt Art. 80 in einem **abgestuftem Verhältnis,** indem Abs. 1 das Recht einzelner betroffener Personen schafft, in einem Einzelfall eine Organisation mit der Vertretung zu beauftragen, sofern das Recht der Mitgliedstaaten dies vorsieht, während Abs. 2 es den Mitgliedstaaten ermöglicht, eine **originäre Verbandsklage** einzurichten, bei der solche Organisationen unabhängig vom Auftrag einzelner betroffener Personen tätig werden können.[3] Dabei sieht Abs. 1 im Falle der Beauftragung das Recht der

---
[1] *Gierschmann* ZD 2016, 51 (53); *Dieterich* ZD 2016, 260 (265).
[2] Erwägungsgrund 142 S. 2 spricht von einer „eigene[n] Beschwerde".
[3] Vgl. *Kühling/Martini* DS-GVO S. 271 ff.

beauftragten Organisation vor, sämtliche Rechte geltend zu machen, die den betroffenen Personen in Kapitel VIII eingeräumt sind. Sofern ein Mitgliedstaat eine originäre Verbandsklage nach Abs. 2 einrichtet, wird von dem Rechtekatalog das Recht auf Schadensersatz nach Art. 82 ausgenommen.

Die von Art. 80 bezweckte Schutzfunktion wird in Deutschland ergänzt durch die jüngst 4 durch das Gesetz zur Verbesserung der zivilrechtlichen Durchsetzung von verbraucherschützenden Vorschriften des Datenschutzrechts[4] (UKlaG) eingeführte Verbandsklage, die zwar sachlich auf Verbraucherdaten und auf bestimmte Verstöße gegen das Datenschutzrecht beschränkt ist, jedoch innerhalb der von ihr erfassten Bereiche zu einer noch effektiveren Durchsetzung datenschutzrechtlicher Bestimmungen führt.[5] Hinsichtlich des eingeschränkten Anwendungsbereichs der deutschen Regelung überholt Art. 80 diese jedoch und wird so den Anreiz zur Einhaltung der Bestimmungen der DS-GVO erhöhen.[6]

B. Einzelerläuterungen

I. Anforderungen an die Organisationsform

Art. 80 Abs. 1 stellt Kriterien dafür auf, um als Organisationen die aus der Vorschrift fließen- 5 den Rechte zu gewähren. Danach muss sie nach dem Recht eines Mitgliedstaats gegründet sein, als satzungsmäßige Ziele öffentliche Interessen verfolgen, die im Bereich des Schutzes personenbezogener Daten liegen und ohne Gewinnerzielungsabsicht handeln. Da die DS-GVO insoweit keine Einschränkung vorsieht, müssen die Ziele dieser Organisation nicht auf den Schutz personenbezogener Daten von betroffenen Personen beschränkt sein, sondern können sich auch auf andere Ziele erstrecken. In Deutschland fallen damit insbesondere die **Verbraucherschutzzentralen** grundsätzlich unter den Anwendungsbereich dieser Regelung.[7] Die erforderliche Zielsetzung „im Bereich des Datenschutzes" ist als interpretationsoffenes Kriterium nicht exakt definierbar. Es genügt daher die satzungsmäßige Zielsetzung, den Schutz personenbezogener Daten zumindest zu fördern und die tatsächliche Ausrichtung der Tätigkeit u.a. hierauf. Schließlich bedeutet „ohne Gewinnerzielungsabsicht" nicht, dass die Organisation nicht Maßnahmen zur Selbstfinanzierung treffen kann.

Die Wahrung der Anforderungen an die Organisationen im Allgemeinen obliegt den Mit- 6 gliedstaaten. Praktisch wird sich daher die Aufsichtsbehörde oder das Gericht, das sich mit einer Eingabe einer solchen Organisation auseinandersetzt, primär mittels einer Selbstbeschreibung in den entsprechenden Schriftsätzen von der Wahrung dieser Voraussetzungen zu überzeugen haben. Die Möglichkeit, dass Stiftungen, Vereine und Gesellschaften, die als gemeinnützig anerkannt sind, sowie Gewerkschaften, Parteien und Kirchen, soweit sie auf dem Gebiet des Datenschutzes tätig sind, die Bedingungen des Art. 80 erfüllen, wird nicht von vorneherein auszuschließen sein.[8]

II. Abs. 1

1. Allgemeines. Art. 80 Abs. 1 stellt **keine Verbands- oder gar Popularklage** im engeren 7 Sinne dar, da die Beauftragung durch eine betroffene Person im Einzelfall stets erforderlich ist. Die Organisation wird damit stets nur im Namen der betroffenen Person[9] tätig und kann auch nur mit ihrer Ermächtigung die Rechte aus der DS-GVO gegenüber den Aufsichtsbehörden oder den Verantwortlichen bzw. Auftragsverarbeitern geltend machen. Das bedeutet auch, dass der einmal erteilte Auftrag zur Wahrnehmung der Rechte der betroffenen Person von dieser jederzeit und in jedem Verfahrensstadium widerrufen werden kann.

Zwischen der betroffenen Person und der beauftragten Organisation besteht nach Maßgabe der 8 einschlägigen Rechtsgrundlagen eine vertragliche Beziehung, mit der beiderseitige Rechte und

---

[4] Gesetz v. 17.2.2016, BGBl. 2016 I 233.
[5] Näher *Spindler* ZD 2016, 114; *Halfmeier* NJW 2016, 1126; *Dieterich* ZD 2016, 260 (265 f.).
[6] *Gierschmann* ZD 2016, 51 (53).
[7] Vgl. zB § 2 Abs. 1 Buchst. d der Satzung des Bundesverbandes der Verbraucherzentralen und Verbraucherverbände, abrufbar unter www.vzbv.de/content/aufgaben-und-ziele.
[8] Vgl. Taeger/Gabel/*Moos/Schefzig* DS-GVO Art. 80 Rn. 10.
[9] Die zweideutige Formulierung in der dt. Fassung („in ihrem Namen") bezieht sich unzweifelhaft nur auf die betroffene Person selbst und nicht etwa auf die Organisation, wie sich aus der engl. Fassung des Art. 80 Abs. 1 ergibt.

Pflichten entstehen.[10] So muss die betroffene Organisation sich stets an Weisungen der betroffenen Person halten und sie über den Verfahrensstand sowie relevante Entwicklungen informieren, um die freie Entscheidung der betroffenen Personen über den Verfahrensfortgang zu gewährleisten.

9   Vor dem EuG ist eine Klage der Nichtregierungsorgansiation zur Duchsetzung der DS-GVO „NOYB" unter Vorsitz von Max Schrems gegen den Europäischen Datenschutzausschuss anhängig, in der es auch um die Frage geht, ob eine derartige Organisation in Vertretung einer betroffenen natürlichen Person auf der Grundlage von Art. 78, 80 Abs. 1 sowie der GRCh klagebefugt ist hinsichtlich der Einsicht in die einer Entscheidung des Datenschutzausschusses zugrundeliegenden Dokumente, auf die in einer Entscheidung Bezug genommen wird.[11]

10   **2. Mitgliedstaatliche Regelung. a) Beschwerdeverfahren.** Art. 80 Abs. 1 kommt nur zur Anwendung, wenn und soweit das mitgliedstaatliche Recht vorsieht, dass natürliche Personen sich von Organisationen vertreten lassen können. Für das Beschwerdeverfahren nach Art. 77 ist folglich eine verwaltungsverfahrensrechtliche Regelung erforderlich, der zufolge Beteiligte sich nicht nur von Rechtsanwälten, sondern eben auch von gemeinnützigen Organisationen vertreten lassen können. In **Deutschland** ist dies unter den Voraussetzungen des § 14 VwVfG möglich. Da die Vertretung nach Art. 80 stets eine rechtliche Prüfung eines Einzelfalles voraussetzt, muss diese **Rechtsdienstleistung** (§ 2 RDG) gemäß § 14 Abs. 5 VwVfG iVm §§ 3, 6 ff. RDG erlaubt sein. Damit muss die Organisation, soweit es sich nicht um eine Verbraucherzentrale handelt,[12] einen anderen Erlaubnistatbestand erfüllen. Da Art. 80 ohnehin eine Gewinnerzielungsabsicht verbietet, wird in der Regel § 6 RDG einschlägig sein. Danach darf die Rechtsdienstleistung nicht in Zusammenhang mit einer entgeltlichen Tätigkeit stehen. Insoweit wird jedoch zu berücksichtigen sein, dass Art. 80 Abs. 1 selbst nur eine Gewinnerzielungsabsicht verbietet. Ohnehin sind einfache Aufwandsentschädigungen auch nach deutschem Recht kein „Entgelt", soweit sie keine „Sowieso-Kosten" erfassen.[13]

11   **b) Gerichtliches Verfahren.** Soweit die beauftragte Organisation einen gerichtlichen Rechtsbehelf im Namen der betroffenen Person einlegen will, muss dies nach dem Prozessrecht der Mitgliedstaaten erlaubt sein. In **Deutschland** ist dies für die Verwaltungsgerichtsbarkeit wegen § 67 Abs. 2 S. 3 VwGO der Fall.[14] Die Vertretung vor Gerichten der ordentlichen Gerichtsbarkeit ist jedoch nach deutschem Recht- soweit eine Vertretung zwingend vorgeschrieben ist – nur durch Rechtsanwälte möglich (§ 78 ZPO). Möglich ist es jedoch, den bei einer Organisation in dem hiesigen Sinne beschäftigten Rechtsanwalt als Prozessbevollmächtigten zu beauftragen. Insoweit ist die Regelung des Art. 80 Abs. 1 damit praktisch nicht notwendig, da in diesen Fällen jedenfalls faktisch die hinter dem Rechtsanwalt stehende Organisation die Belange der betroffenen Personen wahrnehmen kann.

12   Das Vertretungsrecht des Art. 80 läuft allerdings ins Leere, soweit das nationale Verfahrensrecht wie nach § 67 Abs. 2 VwGO bestimmte Organisationen im Sinne des Art. 80 von einer Vertretung vor Gericht grundsätzlich ausschließt.[15] Das Abstellen auf das nationale Prozessrecht würde faktisch zur Streichung des Klagerechts führen. Die Möglichkeit, Institutionen mit der Wahrnehmung der Rechte aus Art. 77–79 zu beauftragen, kann durch die Mitgliedstaaten nicht eingeschränkt werden, sodass die in Art. 80 bezeichneten Institutionen insoweit kraft Unionsrechts postulationsfähig sind und sich § 67 Abs. 2 S. 2 Nr. 6 VwGO in Bezug auf Art. 80 Abs. 1 als unionsrechtswidrig darstellt.[16]

13   **c) Schadensersatz.** Keine Besonderheiten ergeben sich für die Geltendmachung von Schadensersatz nach Art. 82. Selbstredend kann die betroffene Person außergerichtlich eine Organisation mit der Geltendmachung der Forderung beauftragen. Kommt es zu einem gerichtlichen Verfahren, gelten die obigen Ausführungen.

---

[10] In Deutschland werden etwa die §§ 662 ff. BGB auf das Verhältnis zwischen der beauftragten Organisation und der betroffenen Person Anwendung finden.
[11] Klage, eingereicht am 7.4.2023 – Rs. T-183/23 – Ballmann/EDSA.
[12] In diesem Fall greift § 8 Abs. 1 Nr. 5 RDG.
[13] Vgl. § 670 BGB, der auch bei unentgeltlichen Aufträgen eine Aufwandsentschädigung vorsieht.
[14] Danach ist die nicht natürliche Person, hier also die beauftragte Organisation selbst als Prozessbevollmächtigte in das Rubrum aufzunehmen. Die für sie handelnde Person muss keine juristische Qualifikation aufweisen, vgl. Schoch/Schneider/Bier/*Meissner/Schenk* VwGO § 67 Rn. 59.
[15] AA VG Wiesbaden Urt. v. 5.5.2021 – 6 K 60/21.WI, Rn. 22.
[16] So VG Weimar Urt. v. 13.4.2022 – 3 K 1832/20 We, BeckRS 2022, 20882 Rn. 36, unter Verweis auf HK-DS-GVO/BDSG/*Kreße* DS-GVO Art. 80 Rn. 11.

III. Abs. 2

1. Allgemeines. Im Gegensatz zu Abs. 1 setzt Abs. 2 gerade keine Beauftragung durch die 14 betroffene Person voraus. Art. 80 Abs. 2 stellt damit eine **originäre Verbandsklage** dar, die eine objektive Kontrolle der Einhaltung der DS-GVO bei den Verantwortlichen und Auftragsverarbeitern ermöglichen soll. Sie bezieht sich indes nur auf die in den Art. 77–79 aufgeführten Rechte. Damit sind die Organisationen ohne Beauftragung durch eine betroffene Person nicht berechtigt, in deren Namen Schadensersatz zu verlangen.[17] In Deutschland ist § 2 Abs. 1, Abs. 2 S. 1 Nr. 11 UKlaG maßgeblich.

2. Praktische Umsetzbarkeit. Der durchaus als paternalistisch einzuordnenden Regelung 15 des Art. 80 Abs. 2 stehen praktische Hindernisse im Weg. So müssen entsprechende Organisationen erst von betroffenen Personen über Verstöße gegen die DS-GVO informiert werden, um tätig zu werden. Findet diese Information statt, steht zu vermuten, dass diese die Organisation auch beauftragen werden, ihre Rechte geltend zu machen, da nur so auch Schadensersatz geltend gemacht werden kann. Findet die Information nicht statt, wird es – sofern sich im Einzelfall bezüglich desselben Verstoßes nicht andere betroffene Personen finden lassen – den Organisationen schwerfallen, überhaupt tätig zu werden. Das von Art. 80 Abs. 2 verfolgte Ziel der objektiven Rechtmäßigkeitskontrolle durch Organisationen ohne Aktivierung der dabei betroffenen Personen kann damit nur schwerlich erreicht werden, es sei denn, es entwickeln sich neben den Verbraucherverbänden spezialisierte Organisationen, die sich die Wahrnehmung öffentlicher Interessen im Datenschutz zur Aufgabe machen und deren nachhaltige Finanzierung durch private und öffentliche Finanzbeiträge und Spenden sichergestellt ist. Derartige Organisationen existieren in den USA etwa in der Form des Electronic Privacy Information Center (EPIC)[18] und entstehen nun in Europa in Form der durch im wesentliche *Max Schrems*[19] und unter Beteiligung des Berichterstatters zur Verordnung im Europäischen Parlament *Jan Albrecht*, des österreichischen Europaabgeordneten *Josef Weidenholzer* und des Autors dieser Kommentierung gegründeten Vereinigung NOYB („None of your Business"),[20] die sich die strategische Prozessführung zur Durchsetzung des Datenschutzrechts im Interesse der Bürger zur Aufgabe macht. Aufgrund der oft extremen Asymmetrie von wirtschaftlicher Macht und Information über den Umfang und die Art und Weise, Ziele und Zwecke der Datenverarbeitung zwischen Verantwortliche, Verarbeitern und Betroffenen sowie aufgrund der Komplexität der Materie besteht ein Bedürfnis für derartige Organisationen und ihre Tätigkeit, die geeignet ist, den Aufsichtsbehörden Hilfe und Anreiz zum Tätigwerden zu geben, um Rechte der Bürger in der digitalen Datenwelt effektiver zu schützen. Dabei können derartige Organisationen sowohl nach Art. 80 Abs. 1 als auch nach Art. 80 Abs. 2 tätig werden. „Die bislang in vielen Fällen eher abstrakte Gefahr einer Sanktionierung datenschutzrelevanter Verstöße durch die wegen nicht ausreichender finanzieller und personelle Ausstattung oft überlasteten Aufsichtsbehörden dürfte sich durch die Aktivlegitimation von Verbraucherschutzverbänden und anderer nach Art. 80 qualifizierter Organisationen in Zukunft erheblich konkretisieren".[21]

Der BGH hat dem EuGH eine erste Frage zur Klagebefugnis von Verbraucherverbänden 16 vorgelegt, die der EuGH dahingehend beantwortete, dass Art. 80 Abs. 2 dahin auszulegen ist, dass er einer nationalen Regelung, nach der ein Verband zur Wahrung von Verbraucherinteressen gegen den mutmaßlichen Verletzer des Schutzes personenbezogener Daten ohne entsprechenden Auftrag und unabhängig von der Verletzung konkreter Rechte betroffener Personen Klage mit der Begründung erheben kann, dass gegen das Verbot der Vornahme unlauterer Geschäftspraktiken, ein Verbraucherschutzgesetz oder das Verbot der Verwendung unwirksamer Allgemeiner Geschäftsbedingungen verstoßen worden sei, nicht entgegensteht, sofern die betreffende Datenverarbeitung die Rechte identifizierter oder identifizierbarer natürlicher Personen aus dieser Verordnung beeinträchtigen kann.[22]

---

[17] Erwägungsgrund 142 S. 3.
[18] www.epic.org.
[19] Vgl. EuGH Urt. v. 6.10.2015 – C-362/14, ECLI:EU:C:2015:650 – Schrems.
[20] www.noyb.eu; in Deutschland auch die Gesellschaft für Freiheitsrecht (GFF), https://freiheitsrechte.org.
[21] *Rücker*, Neues Verbandsklagerecht bei Datenschutzverstößen, v. 1.3.2016, abrufbar unter www.noerr.com; zur prozessrechtlichen Einordnung iE HK-DS-GVO/*Kreße* DS-GVO Art. 80 Rn. 13–17.
[22] EuGH Urt. v. 28.4.2022 – C-319/20, Meta Platforms Ireland Limited, vormals Facebook Ireland Limited/Bundesverband der Verbraucherzentralen und Verbraucherverbände – Verbraucherzentrale Bundes-

17 Konkret für das deutsche Recht bedeutet dieses, dass die bisherigen Zweifel, ob §§ 2 Abs. 2 Nr. 11, 3 Abs. 1 UKlaG, die nicht speziell auf Art. 80 Abs. 2 abgestimmt sind, als Grundlage einer Verbandsklagebefugnis ausreichen, ausgeräumt sind. Die Vorschriften sind der unionsrechtskonformen Auslegung, in deren Rahmen den mitgliedstaatlichen Gerichten einiger Spielraum zukommt, zugänglich. Dem Umstand, dass § 2 Abs. 2 Nr. 11 UKlaG noch zum alten Recht erlassen wurde, misst der EuGH keine Bedeutung bei. Und die Bedenken des BGH, eine abstrakt formulierte Verbandsklage könne nicht auf Art. 80 Abs. 2 basieren, teilt der EuGH zu Recht nicht. Die Klage- und Anspruchsbefugnis von Verbraucherschutzverbänden und -einrichtungen lässt sich also auf §§ 2 Abs. 2 Nr. 11, 3 Abs. 1 UKlaG stützen.[23]

18 Der BGH hat dem EuGH als zweite Frage zur Klagebefugnis von Verbraucherverbänden zur Vorabentscheidung vorgelegt, ob eine Rechtsverletzung „infolge einer Verarbeitung" im Sinne von Art. 80 Abs. 2 geltend gemacht wird, wenn ein Verband zur Wahrung von Verbraucherinteressen seine Klage darauf stützt, die Rechte einer betroffenen Person seien verletzt, weil die Informationspflichten gemäß Art. 12 Abs. 1 S. 1 iVm Art. 13 Abs. 1 Buchst. c und e über den Zweck der Datenverarbeitung und den Empfänger der personenbezogenen Daten nicht erfüllt worden seien.[24]

19 **3. Grenzüberschreitende Aspekte.** Die Aktivlegitimation eines Klägers nach Art. 80 Abs. 2 für eine Beschwerde nach Art. 77 oder Klagen nach Art. 78 richtet sich auch dann nach dem Recht des Mitgliedstaates, in dem die Behörde bei der die Beschwerde eingereicht wurde, ihren Sitz hat, wenn diese Behörde nicht die nach Art. 56, 60 federführende Behörde ist. Die Behörde, die eine Beschwerde erhält, hat Beschwerdebefugnis und Aktivlegitimation nach Art. 80 Abs. 2 zu prüfen. Die danach möglicherweise den Fall federführend übernehmende Behörde darf nicht etwa die Behandlung der Beschwerde ablehnen, weil nach dem Recht ihres Mitgliedstaats etwa mangels nationalen Gesetzes keine Aktivlegitimation nach Art. 80 Abs. 2 gegeben ist. Das würde den effet utile des Art. 80 Abs. 2 unterlaufen und wäre auch mit der Grundrechtsschutz unterstützenden Funktion dieser Vorschrift nicht vereinbar.[25]

C. Rechtsschutz

20 Streitigkeiten zwischen der beauftragten Organisation und der betroffenen Person regeln die für die Beziehung beider zueinander einschlägigen Rechtsvorschriften. Für Pflichtverletzungen sind die Gerichte der Mitgliedstaaten zuständig.

Art. 81 Aussetzung des Verfahrens

(1) **Erhält ein zuständiges Gericht in einem Mitgliedstaat Kenntnis von einem Verfahren zu demselben Gegenstand in Bezug auf die Verarbeitung durch denselben Verantwortlichen oder Auftragsverarbeiter, das vor einem Gericht in einem anderen Mitgliedstaat anhängig ist, so nimmt es mit diesem Gericht Kontakt auf, um sich zu vergewissern, dass ein solches Verfahren existiert.**

(2) **Ist ein Verfahren zu demselben Gegenstand in Bezug auf die Verarbeitung durch denselben Verantwortlichen oder Auftragsverarbeiter vor einem Gericht in einem anderen Mitgliedstaat anhängig, so kann jedes später angerufene zuständige Gericht das bei ihm anhängige Verfahren aussetzen.**

(3) **Sind diese Verfahren in erster Instanz anhängig, so kann sich jedes später angerufene Gericht auf Antrag einer Partei auch für unzuständig erklären, wenn das zuerst angerufene Gericht für die betreffenden Klagen zuständig ist und die Verbindung der Klagen nach seinem Recht zulässig ist.**

---

verband e. V., GRUR 2022, 920; Besprechungen *Lühmann/Stegemann* NJW 2022, 1715; *Spittka* GRUR-Prax 2022, 323; *Payandeh* JuS 2022, 890; *Fervers* RDi 2022, 363; *Seegel* AfP 2022, 224; *Auer-Reinsdorff* EWiR 2022, 447; *Uebele* RDV 2022, 215.
[23] So *Ohly* GRUR 2022, 920 Rn. 5.
[24] BGH Beschl. v. 10.11.2022 – I ZR 186/17, ECLI:DE:BGH:2022:101122 BIZR186.17.0 = BB-ONLINE BBL2023-1–2 unter www.betriebs-berater.de – App Zentrum II.
[25] Siehe dem entspr. die Empfehlung des BEUC, BEUC's recommendations on harmonising cross border procedural matters in GDPR, Ref: BEUC-X-2023-034 – 24/03/2023, S. 3.

Literatur: *Krüger/Rauscher* (Hrsg.), Münchener Kommentar zur ZPO, 6. Aufl. 2020.

Übersicht

	Rn.
A. Allgemeines	1
I. Zweck und Bedeutung der Vorschrift	1
II. Systematik, Verhältnis zu anderen Vorschriften	2
B. Einzelerläuterungen	3
I. Identischer Gegenstand	3
II. Verfahren	4
1. Abs. 1	4
a) Anhängigkeit	4
b) Erkundigungspflicht	6
2. Abs. 2	7
3. Abs. 3	8
C. Rechtsschutz	10

A. Allgemeines

I. Zweck und Bedeutung der Vorschrift

Zur Vermeidung einander widersprechender Entscheidungen durch Gerichte verschiedener Mitgliedstaaten sieht Art. 81 vor, dass die mit der Sache befassten Gerichte sich miteinander abzustimmen und das Verfahren gegebenenfalls auszusetzen haben.[1] Die Vorschrift sichert die unionsweit **einheitliche Anwendung der DS-GVO im Rahmen von Gerichtsverfahren** und trägt damit zu einem gleichmäßig hohen Schutzniveau bei. Dabei wirkt die Vorschrift unmittelbar auf das Prozessrecht der Mitgliedstaaten ein. Eventuell bereits bestehende Möglichkeiten zur Aussetzung des Verfahrens im Recht der Mitgliedstaaten[2] werden insoweit modifiziert.   **1**

II. Systematik, Verhältnis zu anderen Vorschriften

Erlangt ein Gericht Kenntnis davon, dass bei einem Gericht eines anderen Mitgliedstaates ein Verfahren zu „demselben Gegenstand" und betreffend denselben Verantwortlichen oder Auftragsverarbeiter anhängig ist, ordnet Art. 81 Abs. 1 zunächst die Pflicht an, sich bei diesem Gericht hiernach zu erkundigen. Abs. 2 gewährt in diesem Fall die Möglichkeit, das Verfahren auszusetzen. Nach Abs. 3 kann schließlich das später angerufene Gericht alternativ zur Aussetzung des Verfahrens sich für unzuständig erklären, wenn das zuerst angerufene Gericht für beide Klagen zuständig und die Verbindung der beiden Klagen zulässig ist. Zur Situation bei gleichzeitigen Klagen vor Gerichten und Beschwerden vor Aufsichtsbehörden und zum Verhältnis zu Art. 77, → Art. 77 Rn. 1 ff. und → Art. 79 Rn. 1 ff.   **2**

B. Einzelerläuterungen

I. Identischer Gegenstand

Während Art. 81 Abs. 1 von „demselben Gegenstand" spricht, der zu den Rechtsfolgen der Vorschrift führt, ist in Erwägungsgrund 144 S. 1 von einem „dieselbe Verarbeitung betreffende[n] Verfahren – etwa zu demselben Gegenstand in Bezug auf die Verarbeitung durch denselben Verantwortlichen oder Auftragsverarbeiter oder wegen desselben Anspruchs – […]" die Rede. Erwägungsgrund 144 S. 2 und 3 sprechen dann schließlich von „verwandten Verfahren".[3] In Anbetracht der **Legaldefinition in S. 3** spricht auch unter Berücksichtigung des Zwecks des Art. 81, nämlich sich widersprechende Entscheidungen zu verhindern, viel dafür, den weiten Begriff **„verwandte Verfahren" als Oberbegriff** sowohl für den Erwägungsgrund 144 als   **3**

---

[1] Erwägungsgrund 144 S. 3.
[2] In Deutschland etwa § 94 VwGO, § 148 ZPO.
[3] Auch die englischen und französischen Fassungen weisen die gleichen sprachlichen Differenzierungen auf.

auch Art. 81 selbst heranzuziehen. Dabei ist der Maßstab jedoch nicht zu streng anzulegen, da insbesondere in komplexen Streitigkeiten mit womöglich vielen einzelnen, vom Kläger oder der beklagten Aufsichtsbehörde gerügten Verarbeitungen nicht von vornherein klar sein kann, ob es tatsächlich zu sich widersprechenden Entscheidungen kommen kann oder nicht. In Zweifelsfällen sollte daher das Verfahren zumindest ausgesetzt werden, um dem beschriebenen Risiko nachzugehen.

II. Verfahren

4   **1. Abs. 1. a) Anhängigkeit.** Der Begriff der Anhängigkeit ist bei der Anwendung des Art. 81 von entscheidender Bedeutung, da nur mittels dessen Auslegung entschieden werden kann, welches Gericht das „später angerufene" Gericht ist. „Anhängigkeit" ist dabei nicht nach dem Prozessrecht der Mitgliedstaaten zu verstehen. Vielmehr gebietet es das Gebot der Effektivität, den Begriff **unionsweit einheitlich** zu verwenden, da ansonsten das von Art. 81 vorgesehene Regime zur Regelung von konfligierenden Verfahren gegebenenfalls zu mehrfachen Erklärungen der Unzuständigkeit bzw. Aussetzungsbeschlüssen führen könnte.

5   Um dem in Art. 81 angelegten Grundsatz der Priorität zuerst angerufener Gerichte zur Wirksamkeit zu verhelfen ist eine Sache mit ihrem **Eingang beim Gericht** anhängig. Dafür spricht zum einen der Zusammenhang, den Art. 81 sowie Erwägungsgrund 144 zwischen dem Begriff der Anhängigkeit sowie der „Anrufung" eines Gerichts herstellen.[4] Dieser macht deutlich, dass die DS-GVO nur darauf abstellt, wann ein Begehren bei Gericht eingeht. Außerdem dürfte unionsweit überwiegend nur der Eingang bei Gericht als prozessrechtlich relevantes Kriterium bekannt sein. Friktionen mit anderen, prozessrechtlich bedeutsamen Schriftsatzeingängen wie etwa die Zustellung beim Prozessgegner als Voraussetzung der Rechtshängigkeit nach den §§ 253, 261 ZPO müssen daher in Kauf genommen werden, zumal diese weder rechtlich noch tatsächlich besonders ins Gewicht fallen dürften.[5]

6   **b) Erkundigungspflicht.** Art. 81 Abs. 1 sowie Erwägungsgrund 144 S. 1 verpflichten jedes Gericht, sich bei Vorliegen von Anhaltspunkten über in anderen Mitgliedstaaten anhängige Verfahren zu erkundigen. Die potenziell nicht von der Hand zu weisende Gefahr des Missbrauchs seitens betroffener Personen durch Erhebung von Klagen in verschiedenen Mitgliedstaaten dürfte sich selten realisieren, da die Aufsichtsbehörden in diesen Fällen ohnehin durch die Art. 56, 60 verpflichtet sind, miteinander zu kooperieren. Diese **Kooperation der Aufsichtsbehörden** wird dabei in der Regel verhindern, dass ein Gericht von einem in einem anderen Mitgliedstaat anhängigen Verfahren nicht erfährt und infolgedessen eine Entscheidung fällt, die mit derjenigen des Gerichts des anderen Mitgliedstaates in Konflikt gerät. Denn es wird in der Regel im Interesse der Aufsichtsbehörden liegen, die Gerichte über anhängige Verfahren in anderen Mitgliedstaaten zu informieren. Im Übrigen wird es der Pflicht zur richterlichen Aufklärung obliegen, sich nach anderweitigen Verfahren in anderen Mitgliedstaaten bei den Parteien zu erkundigen und auf die Pflicht zur wahrheitsgemäßen Beantwortung entsprechender Fragen hinzuweisen. Hilfreiche Informationsquellen können auch Dokumente nach Art. 70 Abs. 1 Buchst. e sowie der sog. European Case Law Identifier (ECLI) sein,[6] welcher seine Effektivität insoweit noch steigern könnte, wenn er auch anhängige Verfahren beinhalten würde.

7   **2. Abs. 2.** Art. 81 Abs. 2 gestattet es dem später angerufenen Gericht, das Verfahren auszusetzen. Die Befugnis hierzu steht nach dem Wortlaut der Norm im **Ermessen des Gerichts**. Dessen Ausübung muss sich vom Zweck der Norm leiten lassen. Drängt sich die Gefahr sich widersprechender Entscheidungen bzw. Entscheidungen über die identische Sach- und Rechtsfrage auf oder ist diese zwingend gegeben, ist das Ermessen in der Regel auf null reduziert. Hat das Verfahren bei einem anderen Gericht lediglich tatsächlichen Einfluss, insbesondere etwa bei ähnlichen oder identischen Beweisfragen, ist der Spielraum der Ermessensbetätigung hingegen weiter.[7] Sind die Voraussetzungen des Art. 81 Abs. 3 erfüllt, haben die Erklärung der Unzuständigkeit und die Verbindung der Verfahren unter Effektivitätsgesichtspunkten Vorrang.

---

[4] Vgl. auch den engl. Wortlaut von Erwägungsgrund 144 S. 1: „brought before […]".
[5] IÜ stellt auch § 148 ZPO selbst nicht auf die Rechtshängigkeit des anderen Verfahrens ab, vgl. MüKoZPO/*Wagner* § 148 Rn. 11.
[6] Siehe die ECLI-Suchmaschine mit bereits 4 Mio. Dokumenten, abrufbar unter https://e-justice.europa.eu/content_ecli_search_engine-430-de.do?init=true.
[7] Vgl. MüKoZPO/*Wagner* § 148 Rn. 14.

3. Abs. 3. Auch die Entscheidung über die Erklärung der eigenen Unzuständigkeit steht 8 grundsätzlich im **Ermessen des Gerichts**. Voraussetzung hierfür sind ein Antrag einer Partei sowie die verfahrensrechtliche Zulässigkeit der Verbindung beider Verfahren vor dem zuerst angerufenen Gericht. Für die letztere Voraussetzung muss das Gericht das zuerst angerufene Gericht, mit dem es wegen Abs. 1 ohnehin in Kontakt steht, befragen oder gegebenenfalls sachverständige Auskünfte einholen.

Nach dem Wortlaut des Abs. 3 ist es theoretisch möglich, dass das Gericht sich für unzuständig 9 erklärt, die Verbindung der Verfahren vor dem zuerst angerufenen Gericht jedoch nicht erfolgt bzw. aus Rechtsgründen doch nicht erfolgen kann. Um das Entstehen dieser **Rechtsschutzlücke** zu verhindern, wird das Gericht im Rahmen seiner Ermessensbetätigung daher in der Regel das Vorgehen mit dem zuerst angerufenen Gericht abzustimmen haben. Erst wenn eine Bestätigung erfolgt, dass es tatsächlich zur Verbindung der Verfahren kommen wird, sollte die Erklärung der Unzuständigkeit nach Abs. 3 tatsächlich erfolgen.

C. Rechtsschutz

Die Rechtsschutzmöglichkeiten gegen die verfahrensleitenden Entscheidungen des Gerichts 10 nach Art. 81 Abs. 2 und 3 bestimmt sich nach dem Prozessrecht der Mitgliedstaaten.

Art. 82 Haftung und Recht auf Schadenersatz

(1) Jede Person, der wegen eines Verstoßes gegen diese Verordnung ein materieller oder immaterieller Schaden entstanden ist, hat Anspruch auf Schadenersatz gegen den Verantwortlichen oder gegen den Auftragsverarbeiter.

(2) ¹Jeder an einer Verarbeitung beteiligte Verantwortliche haftet für den Schaden, der durch eine nicht dieser Verordnung entsprechende Verarbeitung verursacht wurde. ²Ein Auftragsverarbeiter haftet für den durch eine Verarbeitung verursachten Schaden nur dann, wenn er seinen speziell den Auftragsverarbeitern auferlegten Pflichten aus dieser Verordnung nicht nachgekommen ist oder unter Nichtbeachtung der rechtmäßig erteilten Anweisungen des für die Datenverarbeitung Verantwortlichen oder gegen diese Anweisungen gehandelt hat.

(3) Der Verantwortliche oder der Auftragsverarbeiter wird von der Haftung gemäß Absatz 2 befreit, wenn er nachweist, dass er in keinerlei Hinsicht für den Umstand, durch den der Schaden eingetreten ist, verantwortlich ist.

(4) Ist mehr als ein Verantwortlicher oder mehr als ein Auftragsverarbeiter bzw. sowohl ein Verantwortlicher als auch ein Auftragsverarbeiter an derselben Verarbeitung beteiligt und sind sie gemäß den Absätzen 2 und 3 für einen durch die Verarbeitung verursachten Schaden verantwortlich, so haftet jeder Verantwortliche oder jeder Auftragsverarbeiter für den gesamten Schaden, damit ein wirksamer Schadenersatz für die betroffene Person sichergestellt ist.

(5) Hat ein Verantwortlicher oder Auftragsverarbeiter gemäß Absatz 4 vollständigen Schadenersatz für den erlittenen Schaden gezahlt, so ist dieser Verantwortliche oder Auftragsverarbeiter berechtigt, von den übrigen an derselben Verarbeitung beteiligten für die Datenverarbeitung Verantwortlichen oder Auftragsverarbeitern den Teil des Schadenersatzes zurückzufordern, der unter den in Absatz 2 festgelegten Bedingungen ihrem Anteil an der Verantwortung für den Schaden entspricht.

(6) Mit Gerichtsverfahren zur Inanspruchnahme des Rechts auf Schadenersatz sind die Gerichte zu befassen, die nach den in Artikel 79 Absatz 2 genannten Rechtsvorschriften des Mitgliedstaats zuständig sind.

Literatur: Ashkar/Schröder, Aktuelle Entwicklungen im Bereich der Data Privacy Litigation, BB 2023, 451; *Bär,* Schadensersatz nicht ohne Schaden, aber auch bei Bagatellschäden: EuGH zur Auslegung von Art. 82 DS-GVO: EuZW 2023, 565; *Becker,* Erste Eckpfeiler des EuGH zum immateriellen Schadensersatz nach Art. 82 DS-GVO, GRUR 2023, 950; *Born,* Schadensersatz bei Datenschutzverstößen, 2001; *Buchner/Wessels,* Art. 82 DS-GVO – scharfes Schwert oder zahnloser Tiger?, ZD 2022, 251; *Franck,* Schadensersatz nach Art. 82 DS-GVO wegen Auskunftsfehlern, ZD 2021, 680; *Fuhlrott/Oltmanns,* Immaterieller Schadensersatz wegen Datenschutzverstoß: Höhe und Bemessungsfaktoren, ArbRAktuell 2020, 565; *Gola/Piltz,* Die Datenschutz-Haftung nach geltendem und zukünftigem Recht, DV 2015, 279; *Hellgardt,* Die Schadensersatzhaftung für Datenschutzverstöße im System des unionalen Haftungsrechts, ZEuP 2022, 7; *Hornkohl/Wern,* Schadensersatz gegen Schuldnermehrheiten nach der DS-GVO, EuZW 2022, 994; *Leibold,* Schadensersatzansprüche sowie Inhalt und Streitwerte des Auskunftsanspruchs nach der DS-GVO, ZD 2022, 18; *Paal,* Höhe des Ersatzes immaterieller Schäden nach Art. 82 DS-GVO, NJW 2022, 3673; *Piltz/Zwerschke,* „Rechte an Daten": Neuere Entwicklungen und Haftungsfragen, GRUR-Prax 2021, 11; *Schneider,* Aktivlegitimation im Datenschutzdeliktsrecht, ZD 2022, 321; *Sorber/Lohmann,* Wendepunkt in der Schadensersatzdogmatik gem. Art. 82 DSGVO, BB 2023, 1652; *Spittka,* Datenschutzklagen als Geschäftsmodell?, GRUR-Prax 2023, 31; *Spittka/Malek,* IT and more: Schadensersatzforderungen im Zusammenhang mit Datenschutzverstößen und Cyber-Vorfällen, WPg 2023, 266; *Veeck/Stepanova,* Abtretbarkeit des immateriellen Schadensersatzanspruchs aus Art. 82 Abs. 1 DS-GVO, ZD 2023, 317; *Wybitul,* Verteidigung gegen Schadensersatzklagen wegen Datenschutzverstößen, NJW 2021, 1190; *Zhou/Wybitul,* DSGVO-Auskunftsansprüche als Vorstufe von Schadensersatzforderungen, BB 2023, 1411.

Übersicht

	Rn.
A. Allgemeines	1
I. Zweck und Bedeutung der Vorschrift	1
II. Systematik, Verhältnis zu anderen Vorschriften	5
B. Einzelerläuterungen	9
I. Zuständigkeit, formelle Fragen	9
1. Zuständigkeit	9
2. Anwendbarkeit von Art. 81 (Aussetzung des Verfahrens)	10
3. Weitergehende Ansprüche	11
II. Voraussetzungen im Einzelnen	12
1. Verstoß gegen DS-GVO	12
2. Materieller und immaterieller Schaden	15
a) Materieller Schaden	15
b) Immaterieller Schaden	17
3. Kausalzusammenhang	19
4. Kein Verschulden notwendig	23
5. Anspruchshöhe	29
a) Materielle Schäden	29
b) Immaterielle Schäden	31
6. Beweislast	52
III. Schuldner, Schuldnermehrheit, Regress	55
1. Einzelner Schuldner	56
2. Schuldnermehrheit	58
a) Rechtliche Schwierigkeiten	58
b) Praktische Herausforderungen	62
3. Regress	64
C. Rechtsschutz	65

A. Allgemeines

I. Zweck und Bedeutung der Vorschrift

1 Art. 82 regelt Haftung und Schadensersatz in Folge von Verletzungen der Bestimmungen der DS-GVO. Die Vorschrift ist in Teilen der DS-RL entnommen, sieht im Vergleich zu dieser allerdings ein weitaus differenzierteres Haftungssystem sowie die nunmehr ausdrückliche Möglichkeit eines ersatzfähigen immateriellen Schadens vor. Hervorzuheben ist die gesetzliche Regelung für Fälle von Schuldnermehrheiten zwischen dem Verantwortlichen und dem Auftragsverarbeiter sowie den diesbezüglichen Innenregress. Diese Regelung soll Licht in die bislang „schwer durchschaubaren Verarbeitungs- und Verantwortungsstrukturen"[1] bringen und so nicht nur einen Anreiz für **klare Verantwortlichkeitssphären** zwischen Verantwortlichen und Auftragsverarbeitern bei Datenverarbeitungsvorgängen, sondern auch Transparenz im Verhältnis zur betroffenen Person schaffen.

2 Hinsichtlich der **praktischen Anwendbarkeit** der Regelung ist Skepsis angebracht. Dafür spricht insbesondere schon der Umstand, dass auch nach der DS-RL bereits ein Recht auf Schadensersatz vorgesehen war, dieses in der Praxis jedoch eine nur untergeordnete Rolle spielte. Da die Beweislast hinsichtlich eines Schadensnachweises nach wie vor bei der betroffenen Person

---

[1] BeckOK DatenschutzR/*Schneider,* 16. Ed. 2016, EU DS-RL Rn. 70.

liegt (→ Rn. 21), werden sich insoweit in der Praxis Schwierigkeiten ergeben.[2] Auch hinsichtlich des Nachweises immaterieller Schäden dürften die betroffenen Personen weiterhin ebenfalls vor nicht unerhebliche Herausforderungen gestellt sein, auch wenn der Gerichtshof nun klargestellt hat, dass es für Schadensersatz keine Erheblichkeitsschwelle gibt[3] und die betroffenen Personen zur Vorbereitung der Geltendmachung eines Anspruchs nach Art. 82 auf umfassende Auskunftsrechte nach Art. 15 vertrauen dürfen.[4]

Während die DS-GVO über andere, in ihrer Anreiz- und Abschreckungsfunktion wohl wirksamere Instrumente verfügt, ist die ausführliche Regelung des Haftungsregimes insbesondere im Hinblick auf die Regelung von Schuldnermehrheiten – trotz deren Komplexität im Einzelnen – nichtsdestotrotz zu begrüßen. Das Recht auf Schadensersatz wird auch in der DS-GVO eine Rolle als „unentbehrliches Korrektiv"[5] im Kontext verschiedener Sanktionsmittel einnehmen.[6]

Erfahrungen aus dem Wettbewerbsrecht der Union, das ebenfalls geprägt ist durch die Parallelität von behördlichen Kontroll- und Sanktionsmöglichkeiten und privaten Rechtsdurchsetzungsmitteln, werden bei der Anwendung der DS-GVO insoweit heranzuziehen sein.[7] Insbesondere werden in Zweifelsfällen und dort, wo die DS-GVO nur durch Verfahren des mitgliedstaatlichen Rechts zur Anwendung kommt, die **Grundsätze der Äquivalenz und der Effektivität** Anwendung finden. Diese beziehen sich eigentlich auf Anforderungen bei der Umsetzung von Richtlinien. Auch die DS-GVO wird aber zwangsläufig mit mitgliedstaatlichen Instrumentarien umzusetzen sein, sodass auch hier die Mitgliedstaaten gefordert sind, alles rechtlich in ihrer Macht stehende zu tun, um der DS-GVO zur effektiven Geltung zu verhelfen. Dies bedeutet konkret, dass die Rechtsbehelfe, die den Schutz der dem Einzelnen aus der unmittelbaren Wirkung des Unionsrechts erwachsenden Rechte gewährleisten sollen, nicht weniger günstig sein dürfen als bei entsprechenden Rechtsbehelfen, die nur innerstaatliches Recht betreffen (Äquivalenzgrundsatz), und sie dürfen die Ausübung der durch die Unionsrechtsordnung verliehenen Rechte nicht praktisch unmöglich machen oder übermäßig erschweren (Effektivitätsgrundsatz).[8]

II. Systematik, Verhältnis zu anderen Vorschriften

Art. 82 ersetzt Art. 23 DS-RL und die mitgliedstaatlichen Regelungen zur Umsetzung dieser Vorschrift.[9] Abs. 1 statuiert eine materiell-rechtliche Anspruchsgrundlage zugunsten betroffener Personen. Abs. 3 formuliert eine Beweislastumkehr, der zufolge der Verantwortliche oder Auftragsverarbeiter von der Haftung befreit ist, wenn er für den Schaden in keinerlei Hinsicht verantwortlich ist. Die Abs. 2, 3 und 5 regeln das Verhältnis mehrerer Verantwortlicher und/oder Auftragsverarbeiter, wobei Abs. 5 die Anspruchsgrundlage für einen Ausgleich im Innenverhältnis darstellt. Art. 82 ist bei Schuldnermehrheit zwischen Verantwortlichem und Auftragsverarbeiter notwendig im Zusammenhang mit Art. 28 zu lesen.

Art. 82 unterscheidet sich von Art. 77 und 78, die im Fall eines behaupteten Verstoßes gegen diese Verordnung Rechtsbehelfe bei einer bzw. gegen eine Aufsichtsbehörde vorsehen, da sie – anders als Art. 82 in Bezug auf Schadensersatzklagen – keinen Hinweis darauf enthalten, dass der betroffenen Person ein „Schaden" entstanden sein müsste, um solche Rechtsbehelfe einlegen zu können.[10]

---

[2] Zu ähnlichen Problemen in den USA vgl. US Supreme Court, Spokeo v. Robins, abrufbar unter www.law.cornell.edu/supremecourt/text/13–1339; US Supreme Court, Doe v. Chao, 540 U. S. 614 (2004); siehe für Irland Irish High Court, Collins v. FBD Insurance Plc, [2013] IEHC 137.
[3] EuGH Urt. v. 4.5.2023 – C-300/21, ECLI:EU:C:2023:370 Rn. 51 – UI gegen Österreichische Post AG.
[4] EuGH Urt. v. 12.1.2023 – C–154/21, EU:C:2023:3 Rn. 37 – Österreichische Post und die dort angeführte Rechtsprechung; EuGH Urt. v. 22.6.2023 – C–579/21, ECLI:EU:C:2023:501 Rn. 58 f. – J. M.
[5] NK-BDSG/*Simitis* § 7 Rn. 7.
[6] Zur geschichtlichen Entwicklung des datenschutzrechtlichen Schadensersatzanspruchs NK-BDSG/*Simitis* § 7 Rn. 1 ff.
[7] http://ec.europa.eu/competition/antitrust/actionsdamages/documents.html.
[8] Vgl. EuGH Urt. v. 20.9.2001 – C-453/99, ECLI:EU:C:2001:465 Rn. 29 = EuZW 2001, 716 – Courage und Crehan; EuGH Urt. v. 13.7.2006 – C–295/04 bis C-298/04, ECLI:EU:C:2006:461 Rn. 62 = EuZW 2006, 529 – Manfredi; EuGH Urt. v. 14.6.2011 – C-360/09, ECLI:EU:C:2011:389 Rn. 24 = EuZW 2011, 598 = ZD 2012, 219 – Pfleiderer sowie EuGH Urt. v. 6.6.2013 – C–536/11, ECLI:EU:C:2013:366 Rn. 27 = EuZW 2013, 586 – Donau Chemie.
[9] Im BDSG aF vgl. §§ 7, 8 BDSG aF.
[10] EuGH Urt. v. 4.5.2023 – C-300/21, ECLI:EU:C:2023:370 Rn. 39 – UI gegen Österreichische Post AG.

7 Die Art. 83 und 84, die die Verhängung von Geldbußen und anderen Sanktionen erlauben, haben im Wesentlichen einen Strafzweck und hängen ebenfalls nicht vom Vorliegen eines individuellen Schadens ab. Das Verhältnis zwischen den in Art. 82 und den in den Art. 83 und 84 enthaltenen Vorschriften zeigt, dass zwischen diesen beiden Kategorien von Bestimmungen ein Unterschied besteht, sie einander aber als Anreiz zur Einhaltung der DS-GVO auch ergänzen, wobei das Recht jeder Person, den Ersatz eines Schadens zu verlangen, die Durchsetzungskraft der in dieser Verordnung vorgesehenen Schutzvorschriften erhöht und geeignet ist, von der Wiederholung rechtswidriger Verhaltensweisen abzuschrecken.[11]

8 Schließlich ist darauf hinzuweisen, dass nach Erwägungsgrund 146 S. 4 die Vorschriften der DS-GVO unbeschadet von Schadensersatzforderungen aufgrund von Verstößen gegen andere Vorschriften des Unionsrechts oder des Rechts der Mitgliedstaaten gelten.[12]

B. Einzelerläuterungen

I. Zuständigkeit, formelle Fragen

9 **1. Zuständigkeit.** Die gerichtliche Zuständigkeit für die Geltendmachung des Anspruchs bestimmt sich gemäß Abs. 6 nach Art. 79 Abs. 2 (→ Art. 79 Rn. 4). Ausweislich des Erwägungsgrundes 147 stehen dem die allgemeinen Vorschriften über die Gerichtsbarkeit nicht entgegen.

10 **2. Anwendbarkeit von Art. 81 (Aussetzung des Verfahrens).** Unbeschadet der systematischen Stellung von Art. 82 ist **Art. 81 anwendbar.** Damit ist es ausgeschlossen, dass im Rahmen einer Schadensersatzforderung über dieselben Sach- und Rechtsfragen verhandelt wird wie in einem gerichtlichen Verfahren gegen die Aufsichtsbehörde oder gegen den Verantwortlichen bzw. Auftragsverarbeiter.

11 **3. Weitergehende Ansprüche.** Weitergehende Ansprüche auf Schadensersatz[13] aus anderen Rechtsvorschriften der Union und der Mitgliedstaaten bleiben von Art. 82 unberührt, wie Erwägungsgrund 146 S. 4 klarstellt. Zwischen dem Anspruch aus Art. 82 und anderweitigen Anspruchsgrundlagen besteht grundsätzlich **Anspruchskonkurrenz.** In der Regel wird der Schadensersatz nach Art. 82 wegen der Beweislastumkehr hinsichtlich des Verschuldens und wegen der Regelung über Schuldnermehrheiten für die betroffene Person effektiver einzufordern sein als andere Ansprüche.

II. Voraussetzungen im Einzelnen

12 **1. Verstoß gegen DS-GVO.** Zunächst muss **bei einer Verarbeitung** gegen die DS-GVO verstoßen worden sein.[14] Zwar wurde im Verfahren zum Erlass der DS-GVO die Einbeziehung sämtlicher Handlungen über eine Verarbeitung hinaus in Art. 82 debattiert.[15] Letztlich wurde der Wortlaut von Art. 82 insoweit zwar offen formuliert, der Erwägungsgrund 146 S. 1 dafür umso klarer auf Schäden infolge einer Verarbeitung begrenzt. Der Begriff der Verarbeitung (→ Art. 4 Rn. 18) ist jedoch weit gefasst, und hinsichtlich anderer Handlungen oder Unterlassungen bestehen andere Anspruchsgrundlagen.

13 Wann eine Verarbeitung erlaubt ist oder nicht bestimmt sich nach den Vorschriften der DS-GVO. **Erwägungsgrund 146 S. 5** stellt klar, dass hierzu jedenfalls auch Verstöße gegen die dort genannten delegierten Rechtsakte, Durchführungsrechtsakte und Vorschriften der Mitgliedstaaten zur Präzisierung der DS-GVO zählen, sofern diese Verstöße auch bei einer Verarbeitung geschehen. Im Übrigen erfordert die Feststellung eines Verstoßes gegen die DS-GVO eine präzise Auslegung der einschlägigen Vorschrift unter Berücksichtigung ihres Zwecks.

14 Nur theoretisch stellt sich die Frage, ob eine schadensersatzbegründende Verletzung der DS-GVO auch dann vorliegen kann, wenn eine Verarbeitung aufgrund einer Rechtsvorschrift eines

---

[11] EuGH Urt. v. 4.5.2023 – C-300/21, ECLI:EU:C:2023:370 Rn. 40 – UI gegen Österreichische Post AG.
[12] EuGH Urt. v. 4.5.2023 – C-300/21, ECLI:EU:C:2023:370 Rn. 41 – UI gegen Österreichische Post AG.
[13] Für Deutschland siehe NK-BDSG/*Simitis* § 7 Rn. 55 ff., insbes. dürften viele Normen der DS-GVO Schutzgesetze iSv § 823 Abs. 2 BGB darstellen.
[14] Vgl. Erwägungsgrund 146 S. 1.
[15] Vgl. *Gola/Piltz* RDV 2015, 279 (284).

Mitgliedstaats erfolgt, die aufgrund einer Spezifizierungsklausel in der DS-GVO, etwa Art. 23 erlassen wurde. Denn selbst wenn man eine aufgrund von Art. 23 ergangene Vorschrift mit den dort vorgesehenen materiellen Anforderungen für unvereinbar befände, ließe sich ein Verschulden des Verantwortlichen oder Auftragsverarbeiters hinsichtlich dieses legislativen Unrechts kaum annehmen.

2. Materieller und immaterieller Schaden. a) Materieller Schaden. Zur Feststellung eines Schadens ist es notwendig und hinreichend, dass ein Rechtsgut der betroffenen Person **infolge** der Verletzung einer Norm der DS-GVO sich im Vergleich zum *status quo ante* nachteilig verändert. Eine Beschränkung des Begriffs „Schaden" auf Schäden an bestimmten Rechtsgütern ist nach der Rechtsprechung des EuGH, die gemäß Erwägungsgrund 146 S. 3 Anwendung finden soll, grundsätzlich ausgeschlossen.[16] Dies stünde außerdem mit der Vorgabe, der betroffenen Person einen „vollständigen Schadensersatz" zu gewähren nicht in Einklang.

Ein Vermögensschaden kann in verschiedenen, nicht abschließend aufzählbaren Fallgestaltungen in Betracht kommen. So kann die rechtswidrige Weitergabe oder Verarbeitung personenbezogener Daten beispielsweise Auswirkungen auf die individuelle Preisgestaltung bei Internetbasierten Angeboten haben, die wiederum in einem höheren Preis für die betroffene Person führt. Sofern dies im Einzelfall nachweisbar sein sollte, dürfte die Begründung eines kausalen Schadens im Vergleich zu dem Preis zu sehen sein, der ohne den Verstoß gegen die DS-GVO berechnet worden wäre. Denkbar ist auch, dass infolge einer rechtswidrigen Weitergabe von Daten eine Versicherung den Abschluss eines Versicherungsvertrags mit der betroffenen Person ablehnt oder nur zu anderen Konditionen anbietet. Lässt sich der Nachweis führen, dass bei Einhaltung der Datenschutzbestimmungen ein anderer Tarif abgeschlossen worden wäre, wird ein Schaden in Höhe der Differenz anzunehmen sein. Schließlich ist auch denkbar, dass infolge der rechtswidrigen Verweigerung der Berichtigung unrichtiger personenbezogener Daten (Art. 16) oder der rechtswidrig verweigerten Löschung (Art. 17) der betroffenen Person vermögensrelevante Nachteile entstehen, die als Schaden ersatzfähig wären.[17]

b) Immaterieller Schaden. Die explizite Erwähnung des immateriellen Schadens beendet die Debatte, die zu Art. 23 DS-RL noch geherrscht hatte.[18] Damit kann eine betroffene Person nun mehr für jede Verletzung der DS-GVO durch Verarbeitung ihrer personenbezogenen Daten auch ein angemessenes Schmerzensgeld verlangen. Insbesondere bei der Zugänglichmachung von Daten einer betroffenen Person für Dritte ohne ihr Einverständnis wird ein Schadensersatzanspruch auch einen immateriellen Schaden abzudecken haben, der diese öffentliche „Bloßstellung" kompensiert. Auch eine Observation durch eine Detektei kann einen immateriellen Schaden begründen.[19] Der EuGH hat mit Urteil vom 4.5.2023[20] klargestellt, dass ein ersatzfähiger immaterieller Schaden auch dann entstanden sein kann, wenn keine Nutzung, Weitergabe oder öffentliche „Bloßstellung" im Zusammenhang mit einer rechtswidrigen Verarbeitung persönlicher Daten erfolgte. In diesem Fall hat die für die Verarbeitung verantwortliche Post eine politische Einschätzung der betroffenen Person vorgenommen, ohne dass die Einschätzung genutzt, weitergegeben oder öffentlich gemacht wurde.

Dem EuGH liegt bereits eine weitere Frage zur Erheblichkeit vor, nämlich ob die Annahme eines immateriellen Schadens einen spürbaren Nachteil und eine objektiv nachvollziehbare Beeinträchtigung persönlicher Belange erfordert oder hierfür der bloße kurzfristige Verlust des Betroffenen über die Hoheit seiner Daten wegen der Veröffentlichung personenbezogener Daten im Handelsregister genügt, der ohne jedwede spürbare bzw. nachteilige Konsequenzen für den Betroffenen blieb.[21] Will man keine neue Erheblichkeitsschwelle einführen, so wird diese

---

[16] EuGH Urt. v. 5.3.1997 – C-46/93, C-48/93, ECLI:EU:C:1996:79 Rn. 90 = NJW 1996, 1267 – Brasserie du pêcheur.

[17] Dass insbes. in den von Art. 16 und 17 erfassten Fällen nachweisbare Vermögensschäden oft nahe liegen werden zeigt EuGH Urt. v. 13.5.2014 – C-131/12, ECLI:EU:C:2014:317 Rn. 80 = ZD 2014, 350 – Google Spain und Google.

[18] Dass die Einführung eines Ersatzanspruchs für immaterielle Schäden angezeigt war illustriert eindrücklich OLG Düsseldorf Urt. v. 21.8.2015 – 16 U 152/14 (Revisionsverfahren beim BGH geführt unter Az. VI ZR 530/15).

[19] Vgl. BAG Urt. v. 19.2.2015 – 8 AZR 1007/13, NJW 2015, 2749 [Überwachung eines Arbeitnehmers durch einen Detektiv].

[20] EuGH Urt. v. 4.5.2023 – C-300/21, ECLI:EU:C:2023:370 – UI gegen Österreichische Post AG.

[21] Vorlagefrage 7 in der Rs. C-200/23 v. 21.3.2023 durch das Varhoven administrativen sad (Bulgarien) in Agentsia po vpisvaniyata v. OL.

Frage dahingehend zu beantworten sein, dass der Schaden auch im subjektiven Empfinden der betroffenen Person bestehen kann, nämlich zum Beispiel Momenten des Ärgers oder der Sorge über eine derartige Veröffentlichung, wenn auch klein und kurz. So sollte es zur Begründung eines Anspruchs auf immateriellen Schadensersatz gemäß Art. 82 Abs. 1 ausreichen, „dass die anspruchstellende Person befürchtet, dass als Folge von Verletzungen der Bestimmungen der DS-GVO ihre personenbezogenen Daten in fremde Hände gelangt sind, ohne dass dies positiv festgestellt werden kann,"[22] da eine derartige Feststellung nach Zugang zu Daten über welchen Weg auch immer schlicht oft nicht möglich ist, die Angst davor aber gleichzeitig in der digitalen Welt ernst zu nehmen ist.[23]

19 **3. Kausalzusammenhang.** Der bloße Verstoß gegen die Bestimmungen der VO reicht nicht, um einen Schadensersatz zu begründen. Vielmehr ist ein Schaden und ein Kausalzusammenhang zwischen dem Verstoß und dem eingetretenen Schaden notwendig.

20 Zum einen geht aus dem Wortlaut des Art. 82 Abs. 1 klar hervor, dass das Vorliegen eines „Schadens" eine der Voraussetzungen für den in dieser Bestimmung vorgesehenen Schadensersatzanspruch darstellt, ebenso wie das Vorliegen eines Verstoßes gegen die DS-GVO und eines Kausalzusammenhangs zwischen dem Schaden und dem Verstoß, wobei diese drei Voraussetzungen kumulativ sind.

21 Art. 82 Abs. 2, der die Haftungsregelung, deren Grundsatz in Abs. 1 dieses Artikels festgelegt ist, präzisiert, übernimmt die drei Voraussetzungen für die Entstehung des Schadensersatzanspruchs, nämlich eine Verarbeitung personenbezogener Daten unter Verstoß gegen die Bestimmungen der DS-GVO, ein der betroffenen Person entstandener Schaden und ein Kausalzusammenhang zwischen der rechtswidrigen Verarbeitung und diesem Schaden.

22 Diese Auslegung wird auch durch die Erläuterungen in den Erwägungsgründen 75, 85 und 146 der DS-GVO bestätigt. Zum einen bezieht sich Erwägungsgrund 146, der speziell den in Art. 82 Abs. 1 vorgesehenen Schadensersatzanspruch betrifft, in seinem ersten Satz auf „Schäden, die einer Person aufgrund einer Verarbeitung entstehen, die mit dieser Verordnung nicht im Einklang steht". Zum anderen heißt es in den Erwägungsgründen 75 und 85, dass „[d]ie Risiken ... aus einer Verarbeitung personenbezogener Daten hervorgehen [können], die zu einem ... Schaden führen könnte" bzw. dass eine „Verletzung des Schutzes personenbezogener Daten ... einen ... Schaden ... nach sich ziehen [kann]". Daraus ergibt sich erstens, dass der Eintritt eines Schadens im Rahmen einer solchen Verarbeitung nur potenziell ist, zweitens, dass ein Verstoß gegen die DS-GVO nicht zwangsläufig zu einem Schaden führt, und drittens, dass ein Kausalzusammenhang zwischen dem fraglichen Verstoß und dem der betroffenen Person entstandenen Schaden bestehen muss, um einen Schadensersatzanspruch zu begründen.[24]

23 **4. Kein Verschulden notwendig.** Der Anspruch aus Art. 82 besteht nur, wenn der Verantwortliche oder Auftragsverarbeiter für den Schaden verantwortlich ist. Im Gegensatz zur Vorkommentierung ist im Anschluss an das Urteil des EuGH in der Sache Österreichische Post[25] nunmehr davon auszugehen, dass ein Verschulden keine Voraussetzung der Haftung nach Art. 82 ist. Vielmehr wird die Haftung dadurch ausgelöst, dass gegen die DS-GVO verstoßen wurde, ein Schaden entstand und zwischen beidem ein Kausalzusammenhang besteht.

24 In seinen Schlussanträgen vom 25.5.2023 hat GA Campos Sanchez Bordona in der Rs. 667/21, ZQ gegen Medizinischer Dienst der Krankenversicherung Nordrhein, Körperschaft des öffentlichen Rechts auf Ersuchen des BAG und der Begründung des BAG entsprechend zur Auslegung des Art. 82 vorgeschlagen, dass der Grad des Verschuldens des Verantwortlichen oder des Auftragsverarbeiters weder für deren Haftung noch für die Bemessung der Höhe des nach Art. 82 Abs. 1 zu ersetzenden immateriellen Schadens von Bedeutung ist.[26]

---

[22] So Vorlagefrage 3 des AG Wesel v. 5.8.2022 in der Rs. C-590/22.
[23] Siehe dazu auch die Vorlagefrage 5 des AG Hagen v. 11.10.2021 in der Rs. C-687/21, die auch positiv zu beantworten sein wird.
[24] EuGH Urt. v. 4.5.2023 – C-300/21, ECLI:EU:C:2023:370 Rn. 31–37 – UI gegen Österreichische Post AG.
[25] EuGH Urt. v. 4.5.2023 – C-300/21, ECLI:EU:C:2023:370 Rn. 31–37 – UI gegen Österreichische Post AG.
[26] EuGH Rn. 66 – 100 der Schlussanträge v. 25.5.2023 des GA Campos Sanchez Bordona in der Rs. 667-21, ZQ gegen Medizinischer Dienst der Krankenversicherung Nordrhein, Körperschaft des öffentlichen Rechts.

Die Beteiligung der betroffenen Person an dem Umstand, aus dem sich die Verpflichtung zum Schadensersatz ergibt, kann je nach Lage des Falles zu einer Befreiung des Verantwortlichen oder Auftragsverarbeiters von der Haftung gemäß Art. 82 Abs. 3 führen, also für die Verteilung zwischen den gesamtschuldnerisch haftenden Beteiligten für die Verarbeitung Verantwortlichen oder Auftragsverarbeiter relevant sein, den Betrag des Schadensersatzes für die betroffene Person aber weder mindern noch erhöhen.[27] **25**

Diese Auslegung der Verantwortlichkeit nach Art. 82 entspricht auch dem Wortlaut der Vorschrift, in dem auf Verschulden kein Bezug genommen wird, und dem Zweck der Vorschrift, nämlich Kompensation und Abschreckung gegen weitere Verstöße.[28] Der EuGH hat im Urteil vom 21.12.2023 – Rs. 667/21 (Medizinischer Dienst) entschieden, der Art. 82 Abs. 1 sei dahin auszulegen, dass der in dieser Bestimmung vorgesehene Schadensersatzanspruch eine Ausgleichsfunktion hat, da eine auf diese Bestimmung gestützte Entschädigung in Geld ermöglichen soll, den konkret aufgrund des Verstoßes gegen diese Verordnung erlittenen Schaden vollständig zu ersetzen, und keine abschreckende oder Straffunktion erfüllt. Die Haftung des Verantwortlichen nach Art. 82 hänge auch vom Vorliegen eines ihm anzulastenden Verschuldens ab, das vermutet wird, wenn er nicht nachweist, dass die Handlung, die den Schaden verursacht hat, ihm nicht zurechenbar ist. Art. 82 verlange nicht, dass der Grad dieses Verschuldens bei der Bemessung der Höhe des als Entschädigung für einen immateriellen Schaden auf der Grundlage dieser Bestimmung gewährten Schadensersatzes berücksichtigt werde. Führt ein Dritter den Verstoß gegen die DS-GVO herbei und entsteht hierdurch ein Schaden, kommt es darauf an, ob dem Verantwortlichen oder Auftragsverarbeiter hinsichtlich der Einwirkungsmöglichkeit durch den Dritten ein Kausalbeitrag zur Last fällt. Zur Beweislast → Rn. 52. **26**

Die Anrechnung eines Anteils an der Kausalität regelt die DS-GVO explizit zwar nicht. Jedoch wird die Anrechnung eines solchen Anteils nach den allgemeinen Grundsätzen des Schadensrechts stets in Betracht kommen. **27**

Die Haftung auf Schadensersatz wird nicht gemäß Art. 82 Abs. 3 dadurch ausgeschlossen, dass der Rechtsverstoß auf menschliches Versagen im Einzelfall einer im Sinne von Art. 29 unterstellten Person zurückgeführt wird.[29] Das ergibt sich schon aus dem Wortlaut des Abs. 3, der ausdrücklich nicht von der Schadensersatzpflicht nach Art. 83 Abs 1 befreit sondern nur auf Abs. 2 verweist, und der Tatsache, dass bei einem menschlichen Versagen einer nach Art. 29 unterstellten Person eben gerade nicht davon gesprochen werden kann, dass der Verantwortliche „in keinerlei Hinsicht" für den Umstand, durch den der Schaden eingetreten ist, verantwortlich ist, da der Schaden in seiner Verantwortungssphäre verursacht wurde, nämlich durch eine ihm unterstellte Person. Ein Verschulden insofern ist keine Voraussetzung der Haftung. **28**

5. Anspruchshöhe. a) Materielle Schäden. Für die Ermittlung der Anspruchshöhe hält Erwägungsgrund 146 S. 3 konkrete Direktiven bereit. Danach ist zum einen eine **weite Auslegung** unter Beachtung der Rechtsprechung des EuGH geboten, zum anderen das Ziel der möglichst vollumfänglichen Berücksichtigung der Ziele der DS-GVO zu beachten. Hinsichtlich der Rechtsprechung des EuGH ist hierbei zunächst grundlegend zu beachten, dass die Bestimmung des Schadensbegriffs grundsätzlich den Mitgliedstaaten obliegt, diese hierbei stets den **Äquivalenz- und Effektivitätsgrundsatz** zu berücksichtigen haben.[30] Danach muss ein Schadensersatz im Verhältnis zum verursachten Schaden angemessen und praktisch erreichbar sein. **29**

Für die konkrete Berechnung der Schadenshöhe im **deutschen Schadensrecht** lässt sich die Rechtsprechung des BGH zur sog. dreifachen Schadensberechnung bei der Verletzung von Immaterialgüter- und Persönlichkeitsrechtsverletzungen entsprechend heranziehen.[31] Die betroffene Person kann also einen eingetretenen Schaden konkret beziffern, der auch den entgan- **30**

---

[27] Rn. 101–119 der Schlussanträge v. 25.5.2023 des GA Campos Sanchez Bordona in der Rs. 667-21, ZQ gegen Medizinischer Dienst der Krankenversicherung Nordrhein, Körperschaft des öffentlichen Rechts.
[28] EuGH Urt. v. 4.5.2023 – C-300/21, ECLI:EU:C:2023:370 Rn. 40 aE – UI gegen Österreichische Post AG. In seinen Schlussanträgen v. 4.5.2023 in der Rs. C–683/21, Nacionalinis visuomenės sveikatos centras prie Sveikatos apsaugos ministerijos gegen Valstybinė duomenų apsaugos inspekcija geht auch GA Emiliou von einer verschuldensunabhängigen Haftung nach Art. 82 aus, siehe Rn. 79 der Schlussanträge.
[29] Vorlagefrage 2 des LG Saarbrücken v. 21.11.2021 in der Rs. C-741/21.
[30] Vgl. nun bestätigend EuGH Urt. v. 4.5.2023 – C-300/21, ECLI:EU:C:2023:370 Rn. 59 – UI gegen Österreichische Post AG und EuGH Urt. v. 13.6.2006 – C–295/04, ECLI:EU:C:2006:461 Rn. 92 = EuZW 2006, 529 mAnm *Lübbig* – Manfredi.
[31] Vgl. dazu MüKoBGB/*Wagner* § 823 Rn. 244 mwN.

genen Gewinn mit umfasst.³² Als zweite Möglichkeit kann ein abstrakter Wertausgleich nach Maßgabe der sog. Lizenzanalogie verlangt werden, wobei diese sich bei Datenschutzverstößen am Wert des betroffenen Datensatzes zu orientieren hat.³³ Schließlich kann als dritte Berechnungsmethode der vom Schädiger durch den Verstoß erzielte Gewinn herausverlangt werden, wobei insoweit gegebenenfalls auch Auskunfts- und Rechnungslegungsansprüche bestehen können. Grundsätzlich ist nur ein realer Schaden ersatzfähig, die Lehre der sog. **„punitive damages"** also nur dann anwendbar, wenn und soweit diese im Recht eines Mitgliedstaates Niederschlag gefunden hat.³⁴

31   **b) Immaterielle Schäden.** Analog zu den Grundsätzen des Schadensrechts im BGB sowie unter Beachtung des möglichst „wirksamen"³⁵ Schadensersatzes muss sich die Höhe des immateriellen Schadensersatzes an dessen Funktionen orientieren, nämlich primär deren **Genugtuungs- und der Abschreckungsfunktion,** die der EuGH nunmehr im Urteil Österreichische Post ausdrücklich anerkannt hat.³⁶

32   Im gleichen Urteil stellte der EuGH ausdrücklich entgegen der Stellungnahme des Generalanwaltes fest, dass Art. 82 Abs. 1 einer nationalen Regelung oder Praxis entgegen steht, die den Ersatz eines immateriellen Schadens im Sinne dieser Bestimmung davon abhängig macht, dass der der betroffenen Person entstandene Schaden einen bestimmten Grad an Erheblichkeit erreicht hat.³⁷ Diese Feststellung ist vor allem angesichts der Vielzahl von Streuschäden in der Digitalen Welt wichtig, die zwar für jeden Betroffenen klein und kaum spürbar sein mögen, insgesamt aber massenhaft vorkommen und sowohl Grundrechte als auch Funktion der Demokratie beeinträchtigen können. Sie trägt auch der Tatsache Rechnung, dass der Schadensbegriff im Zusammenhang mit dem Ziel des Grundrechtsschutzes einer neuen Perspektive bedarf und nicht einfach eine Fortsetzung des Schadensbegriffs des Zivilrechts darstellen kann. Dies wird in der weiteren Rechtsprechung Auswirkungen haben müssen, auch dort, wo die nationalen Gerichte bei der Festsetzung der Höhe des Schadensersatzes, der aufgrund des in diesem Artikel verankerten Schadensersatzanspruchs geschuldet wird, die innerstaatlichen Vorschriften der einzelnen Mitgliedstaaten über den Umfang der finanziellen Entschädigung anzuwenden haben, sofern die unionsrechtlichen Grundsätze der Äquivalenz und der Effektivität beachtet werden. Wenn es also in einem Mitgliedstaat bisher kein entwickeltes Recht zur Festsetzung der Höhe des Schadensersatzes bei immateriellen Schäden aufgrund von Grundrechtsverletzungen gibt, dann wird dieses durch die nationalen Gerichte im Dialog mit dem EuGH vor dem Hintergrund des Schutzwecks der DS-GVO und des ihr zugrundeliegenden Primärrechts zu entwickeln sein. Vor dem Hintergrund der Auswirkungen der Massenhaften Verarbeitung von personenbezogenen Daten zur Profilbildung, die der Verhaltensvoraussage und Verhaltenssteuerung dienen, auf Autonomie der Einzelnen und die Demokratie, kommt dieser grundrechtlichen Perspektive auf das Schadensrecht eine hohe Bedeutung zu.³⁸ Der EuGH hat im Urteil vom 14.12.2023 – Rs. 340/21 (Natsionalna agentsia) im Übrigen für Recht erkannt, Art. 82 Abs. 1 sei dahin auszulegen, dass allein der Umstand, dass eine betroffene Person infolge eines Verstoßes gegen diese Verordnung befürchtet, dass ihre personenbezogenen Daten durch Dritte missbräuchlich verwendet werden könnten, einen „immateriellen Schaden" im Sinne dieser Bestimmung darstellen kann.

33   Vor diesem Hintergrund wird die Vorlagefrage des BAG,³⁹ ob Art. 82 Abs. 1 spezial- bzw. generalpräventiven Charakter hat und ob dies bei der Bemessung der Höhe des zu ersetzenden immateriellen Schadens auf der Grundlage von Art. 82 Abs. 1 zulasten des Verantwortlichen bzw. Auftragsverarbeiters berücksichtigt werden muss, wohl dahingehend beantwortet werden, dass „das Recht jeder Person, den Ersatz eines Schadens zu verlangen, die Durchsetzungskraft der in dieser Verordnung vorgesehenen Schutzvorschriften erhöht und geeignet ist, von der

---

³² EuGH Urt. v. 5.3.1997 – C-46/93, C-48/93, ECLI:EU:C:1996:79 Rn. 87 = NJW 1996, 1267 – Brasserie du pêcheur.

³³ Zur Berechnung beispielhaft → Art. 83 Rn. 29.

³⁴ Vgl. *Heiderhoff* EurPrivatR S. 134.

³⁵ Erwägungsgrund 146 S. 6.

³⁶ Vgl. EuGH Urt. v. 4.5.2023 – C-300/21, ECLI:EU:C:2023:370 Rn. 40 aE – UI gegen Österreichische Post AG; MüKoBGB/*Oetker* § 249 Rn. 10 ff.

³⁷ EuGH Urt. v. 4.5.2023 – C-300/21, ECLI:EU:C:2023:370 Rn. 51 – UI gegen Österreichische Post AG.

³⁸ Siehe dazu *Nemitz/Pfeffer,* Prinzip Mensch – Macht Freiheit und Demokratie im Zeitalter der Künstlichen Intelligenz, 2023.

³⁹ Vorlagefrage 5 des BAG in der Rs. C-65/23, MK v. K GmbH, v. 22.9.2022.

Wiederholung rechtswidriger Verhaltensweisen abzuschrecken"[40] und diese Funktion des Art. 82 bei der Bemessung der Höhe des zu ersetzenden immateriellen Schadens zulasten des Verantwortlichen bzw. Auftragsverarbeiters, der für den Verstoß gegen die verantwortlich ist, berücksichtig werden muss.

In die gleiche Richtung bejahend wird auch die Vorlagefrage 5 des AG Wesel[41] zu beantworten sein, nämlich ob die Höhe eines immateriellen Schadensersatzanspruchs gemäß Art. 82 Abs. 1 auch danach zu bemessen ist, dass durch die Höhe des zugesprochenen Anspruchs eine Abschreckungswirkung erreicht und/oder eine „Kommerzialisierung" (kalkuliertes Inkaufnehmen von Geldbußen/Schadensersatzzahlungen) von Verstößen unterbunden wird? Denn will man eine Überlastung von Aufsichtsbehörden und Gerichten vermeiden, und gleichzeitig den effektiven Grundrechtsschutz nach der DS-GVO sicherstellen, bleibt nur dieser Weg, nämlich ein Ende des Schulterzuckens gegenüber Geschäftsmodellen, die auf massenhafter rechtswidriger Verarbeitung beruhen.

Soweit das nationale Recht keine weiteren Anhaltspunkte zur Bemessung des Schadensersatzes bei immateriellen Schäden enthält, wird aus unionsrechtlicher Sicht nichts dagegen einzuwenden sein, wenn die der Kompensations – und Abschreckungswirkung des Schadensersatzanspruches entsprechenden Kriterien aus Art. 83 Abs. 2 S. 2 entsprechend herangezogen werden.[42]

Es gibt auch nichts im Unionsrecht, was den nationalen Richter hindert, solange das Recht des Ersatzes von immateriellen Schäden nicht vollständig durch Unionsrecht harmonisiert ist, bei der Bemessung eines Anspruchs auf immateriellen Schadensersatz gemäß Art. 82 Abs. 1 der Höhe nach zugleich verwirklichten Verstößen gegen nationale Vorschriften zu berücksichtigen, die den Schutz von personenbezogenen Daten zum Zweck haben, bei denen es sich aber nicht um Maßgabe der vorliegenden Verordnung erlassene delegierte Rechtsakte oder Durchführungsrechtsakte oder Rechtsvorschriften der Mitgliedstaaten zur Präzisierung von Bestimmungen der vorliegenden Verordnung handelt.[43]

Die vielen Vorlagefragen zu Art. 82 gehen zurück auf ein Urteil des BVerfG,[44] das ein Urteil des AG Goslar aufhob mit der Begründung, die Frage, ob ein Schadensersatzanspruch nach Art. 82 abgewiesen werden könne, weil der Schaden eine angeblich nach AG Goslar vorliegende Erheblichkeitsschwelle nicht überschreite, hätte dem EuGH zur Vorabentscheidung vorgelegt werden müssen. Es ist angesichts der weiterhin divergierenden Rechtsprechung deutscher Gerichte davon auszugehen, dass es vor diesem Hintergrund zu weiteren Vorlagefragen kommen wird.

aa) Typologie der Urteile zum Schadensersatz nach Art. 82 wegen Persönlichkeitsrechtsverletzung. Der Höhe nach sprechen deutsche und österreichische Gerichte Schadensersatz je nach Einzelfall, der Schwere und Dauer des Rechtsverstoßes, der Wirkung auf die betroffene Person sowie der Art der in Frage stehenden persönlichen Daten zwischen 11.250 EUR–25 EUR zu.[45] Ein Großteil der Urteile gesteht gar keinen Schadensersatz zu oder Beträge **bis 500 EUR**, die keinerlei abschreckende Wirkung haben. Insgesamt wird diese Urteilspraxis dem grundrechtlichen Schutzzweck der **DS-GVO** nicht gerecht, indem sie eine laxe Handhabung des Datenschutzrechts perpetuiert und so dem massenhaften Stress betroffener Personen durch Streuschäden aufgrund massenhafter Nichtbeachtung der DS-GVO Vorschub leistet, gerade im Bereich der sozialen Medien und überall dort, wo Profile betroffener Personen (Art. 4 Abs. 4, Art. 22) angelegt werden. In Zeiten der massenhaften Erstellung und Nutzung dieser Profile, auch mittels künstlicher Intelligenz, ist hier ein Umdenken notwendig. Soweit die Gerichte Schadensersatz bisher unter Hinweis auf eine Erheblichkeitsschwelle für die Beeinträchtigung abgelehnt haben,[46] dürften diesen Urteilen nach dem Urteil des EuGH in der Sache Österreichische Post (→ Rn. 31) keine Präzedenzwirkung mehr zukommen, da der EuGH in diesem Urteil klargestellt hat, dass für immaterielle Schäden bei der Auslegung und Anwendung von Art. 82 keine Erheblichkeitsschwelle existiert.

---

[40] Vgl. EuGH Urt. v. 4.5.2023 – C-300/21, ECLI:EU:C:2023:370 Rn. 40 aE – UI gegen Österreichische Post AG.
[41] Vorlagefrage 5 des AG Wesel v. 5.8.2022 in der Rs. C-590/22.
[42] Vorlagefrage 4 des AG Wesel v. 5.8.2022 in der Rs. C-590/22 und Vorlagefrage 3 des LG Saarbrücken v. 21.11.2021 in der Rs C-741/21.
[43] Vorlagefrage 6 des AG Wesel v. 5.8.2022 in der Rs. C-590/22.
[44] BVerfG Beschl. v. 14.1.2021 – 1 BvR 2853/19.
[45] *Leibold* ZD-Aktuell 2023, 01197.
[46] Siehe zB LG Leipzig Endurt. v. 23.12.2021 – 3 O 1268/21, BeckRS 2021, 42004.

39 **bb) Datenerhebung.** Für rechtswidrige Datenerhebung gewährte das OLG Dresden in einem schweren Fall betreffend Vorstrafen der betroffenen Person 5.000 EUR Schadensersatz.[47] Kein Schadensersatz wurde durch das OLG Zweibrücken wegen rechtswidriger Erhebung von Sozialdaten gewährt.[48]

40 **cc) Datenweiterleitung.** Das AG Pforzheim gewährte 4.000 EUR Schadensersatz für die unerlaubte Weiterleitung eines Gutachtens eines Psychotherapeuten,[49] das OLG Düsseldorf 2.000 EUR wegen Versand der Gesundheitsakte an eine falsche E-Mail Adresse.[50]

41 Das OLG Hamm gewährte 100 EUR Schadensatz, nachdem die Daten für einen Impftermin mit den persönlichen Daten des Klägers und 13.000 anderen Person unberechtigt weitergeleitet worden waren. Der Kläger erhielt danach eine unerwünschte E-Mail von Dritten und klagte auf 20.000 EUR Schadensersatz.[51]

42 Bei besonderen Rechtsverletzungen und Verletzungsfolgen, insbesondere im Zusammenhang mit Gesundheitsdaten und Beschäftigungsdaten, neigen die Gerichte dazu, einen vierstelligen Schadensersatz im unteren Bereich zuzusprechen.

43 **dd) Datenzugriff, Datenleck, Scrapping.** Es sind tausend Klagen auf Schadensersatz gegen Facebook anhängig, weil aufgrund einer fehlerhaften Funktion der Zugang zu persönlichen Daten der Nutzer möglich war. Die Stiftung Warentest[52] und viele Anwälte sowie Prozessfinanzier ermutigen zu diesen Prozessen. Das OLG Frankfurt a. M. hat den Streitwert dieser Verfahren auf 6.000 EUR festgesetzt.[53]

44 Die bisher ergangenen Urteile sind oft nicht rechtskräftig. Sie gewähren bis zu 1.000 EUR Schadensersatz.[54] Ein Versäumnisurteil, das 300 EUR gewährte, wurde später nach Einspruch nach §§ 341, 342 ZPO aufgehoben.[55] Viele Urteile sind noch nicht rechtskräftig. In anderen Fällen lehnten die Gerichte den Anspruch ab,[56] etwa weil der Kläger aufgrund des persönlichen Eindrucks vor Gericht nicht überzeugte: „Die in den Schriftsätzen beschriebenen formelhaften Ängste und Sorgen, das Unwohlsein, die aufgewendete Zeit und der Stress haben sich in der persönlichen Anhörung in der mündlichen Verhandlung nicht mehr gezeigt,"[57] oder weil nach Ansicht des Gerichts keine Rechtsverletzung vorlag.

45 Die überwiegende Mehrzahl der zuerkannten Schadensersatzzahlungen liegen zwischen 100 und 500 EUR.[58] In mehr als der Hälfte der Urteile gewährten die Amtsgerichte gar keinen Schadensersatz.

46 Gegen den Onlinebroker Scalable gewährte LG München I einen Schadensersatzanspruch von 2.500 EUR in einem ähnlich gelagerten Fall.[59] Das LG Köln gewährte 1.200 EUR in einem anderen Fall, in dem Hacker Zugang zu von einem Finanzdienstleister verwalteten persönlichen Daten erhielten.[60]

47 **ee) Mangelnde Löschung von Daten.** Das AG Hildesheim gestand dem Verkäufer eines gebrauchten PC, der von einem Händler weiterverkauft wurde, ohne zunächst alle Daten zu löschen, 800 EUR zu.[61] Wegen mangelhafter Löschung des Profils der betroffenen Person auf der Homepage des Beklagten gewährte das ArbG Köln 300 EUR Schadensersatz nach Art. 82. Der Kläger hatte 1.000 EUR verlangt.

---

[47] OLG Dresden Urt. v. 30.11.2021 – 4 U 1158/21, GRUR-RS 2021, 39660.
[48] OLG Zweibrücken Urt. v. 21.2.2013 – 6 U 21/12, BeckRS 2013, 3840.
[49] AG Pforzheim Urt. v. 25.3.2020 – 13 C 160/19, BeckRS 2020, 27380.
[50] OLG Düsseldorf Urt. v. 28.10.2021 – 16 U 275/20, BeckRS 2021, 38036.
[51] OLG Hamm Urt. v. 20.1.2023 – 11 U 88/22, GRUR-RS 2023, 1263.
[52] www.test.de/Facebook-Datenpanne-Schmerzensgeld-nach-Hacker-Erfolg-5933730-0/.
[53] OLG Frankfurt a. M. Beschl. v. 18.7.2023 – 6 W 40/23, GRUR-RS 2023, 19849.
[54] *Leibold* ZD-Aktuell 2023, 01195.
[55] LG Oldenburg Urt. v. 22.3.2023 – 5 O 1809/22, BeckRS 2023, 12425.
[56] Siehe Übersichtslisten der Urteile bei *Leibold* ZD-Aktuell 2023, 01194; www.cmshs-bloggt.de/tmc/datenschutzrecht/dsgvo-schadensersatz-uebersicht-ueber-aktuelle-urteile-und-entwicklungen-laufend-aktualisiert/; https://www.lw.com/de/people/admin/upload/SiteAttachments/Latham-DSGVO-Schadensersatztabelle.pdf; NOYB GDPR Hub zu Artikel 82 – https://gdprhub.eu/index.php?title=Category:Article_82_GDPR.
[57] LG Bielefeld Urt. v. 19.12.2022 – 8 O 182/22, ZD 2023, 288 Rn. 29–34.
[58] www.test.de/Facebook-Datenpanne-Schmerzensgeld-nach-Hacker-Erfolg-5933730-0/.
[59] LG München I Urt. v. 9.12.2021 – 31 O 16606/20, ZD 2022, 242.
[60] LG Köln Urt. v. 18.5.2022 – 28 O 328/21, BeckRS 2022, 11236.
[61] AG Hildesheim Beschl. v. 5.10.2020 – 43 C 145/19, BeckRS 2020, 30109.

ff) **Verletzung der Auskunftspflicht.** Die Arbeitsgerichte entwickeln eine erfreuliche Praxis 48 und gewähren bis zu 10.000 EUR Schadensersatz, wenn Auskünfte nach Art. 15 nicht erteilt werden oder die Wartezeit über einige Wochen hinausgeht. Bei 20 Monaten Wartezeit gewährte das ArbG Oldenburg 10.000 EUR Schadensersatz,[62] bei acht Monaten das ArbG Berlin 5.000 EUR.[63] Das ArbG Düsseldorf gewährte ebenfalls 5.000 EUR, in einem Fall, in dem der Arbeitgeber zunächst gar nicht auf ein Auskunftsverlangen reagierte und dann die Auskunft verschleppte.[64] Demgegenüber gewährte das OLG Köln nur 500 EUR bei neun Monaten Wartezeit und erheblichem Stress und psychischer Belastung des Betroffenen.[65]

Das LG Wien gewährte 500 EUR Schadensersatz wegen Persönlichkeitsrechtsverletzung 49 durch die Verletzung der Auskunftspflicht gemäß Art. 15, weil der Kläger keinen Überblick mehr über sämtliche über ihn gespeicherte Daten hatte und somit sein Recht auf Berichtigung nicht ausüben konnte.[66]

gg) **Falsche Eintragungen bei der Schufa oder bei Auskunfteien.** Das LG Mainz 50 gewährte 5.000 EUR Schadensersatz durch eine voreilige Schufa-Eintragung, durch die der Kläger eine massive Beeinträchtigung seines sozialen Ansehens im Sinne der Einschätzung seiner Kreditwürdigkeit durch Dritte" erlitten hatte.[67] Zwar wurde das Urteil durch das OLG Koblenz aufgehoben,[68] allerdings unter Zueigenmachung der Argumentation des GA in seinen Schlussanträgen vom 6.10.2022 in der Rs. C-300/21, dem der EuGH in seinem Urteil aber gerade nicht gefolgt ist. Das OLG Koblenz gewährte in einer anderen Sache wegen fehlerhafter Eintragung bei der Schufa aufgrund versäumter Löschung über neun Monate, mit der Folge, dass der betroffenen Person ein Immobilienkredit verwehrt wurde, nur einen erstaunlich geringen Schadensersatz von 500 EUR.[69]

hh) **Datenschutzverstoß in Verbindung mit Spammails/Werbemails.** Aufgrund rechts- 51 widriger Verarbeitung persönlicher Daten und dem Versand von unerwünschter Spammail gewährten das AG Pfaffenhofen 300 EUR[70] und das LG Heidelberg erstaunlich niedrige 25 EUR[71] Schadensersatz, obwohl es sich bei dieser Praxis um eine geschäftsmäßige massenhafte Verletzung der DS-GVO handelt, die hohe Streuschäden verursacht. Da AG Hamburg Bergedort und das AG Goslar lehnten sogar jeden Schadensersatz ab.[72] Nachdem das BVerfG das Urteil des AG Goslar aufhob[73] und so zum Urteil des EuGH in der Rs. C-300/21 kam, sind beide Urteile überholt.

6. Beweislast. Abs. 3 sieht eine **Beweislastumkehr für die Verantwortlichkeit im Sinne** 52 **eines Kauslabeitrages** vor. Noch deutlicher in diesem Sinne ist Erwägungsgrund 146 S. 2 formuliert. Danach kann sich der Verantwortliche oder Auftragsverarbeiter von der Haftung nur befreien, wenn er nachweist, für den Schaden **in keiner Weise** verantwortlich zu sein. Die Haftungsbefreiung greift damit nur beim Nachweis einer Verschuldensquote von 0 Prozent durch den Verantwortlichen oder Auftragsverarbeiter ein. Dies bedeutet praktisch, dass entweder schon **keine kausale Verbindung** zwischen der Verletzung der DS-GVO und dem Schaden vorliegen darf, oder dass die Verletzung nur auf einem **unvermeidbaren Ereignis** beruht. Beachtenswert ist insoweit, dass die DS-GVO zur näheren Erläuterung eines solchen Entlastungsbeweises schweigt, während Erwägungsgrund 55 der DS-RL noch beispielhaft ein „Fehlverhalten der betroffenen Person oder ein Fall höherer Gewalt" nannte. Der EuGH hat im Urteil vom 14.12.2023 – Rs. 340/21 (Natsionalna agentsia) im Übrigen für Recht erkannt, Art. 82 Abs. 3 sei dahin auszulegen, dass der Verantwortliche von seiner nach Art. 82 Abs. 1 und 2 bestehenden Pflicht zum Ersatz des einer Person entstandenen Schadens nicht allein deshalb befreit werden kann, weil dieser Schaden die Folge einer unbefugten Offenlegung von bzw. eines

---

[62] ArbG Oldenburg Teilurt. v. 9.2.2023 – 3 Ca 150/21, BeckRS 2023, 3950.
[63] ArbG Berlin Teilurt. v. 15.6.2022 – 55 Ca 5659/21, BeckRS 2022, 20071.
[64] ArbG Düsseldorf Urt. v. 5.3.2020 – 9 Ca 6557/18, BeckRS 2020, 11910.
[65] OLG Köln Urt. v. 14.7.2022 – 15 U 137/21, GRUR-RS 2022, 17897.
[66] LG für ZRS Wien Urt. v. 30.6.2020 – 3 Cg 52/14k-91, BeckRS 2020, 14910.
[67] LG Mainz Urt. v. 12.11.2021 – 3 O 12/21, ZD 2022, 163.
[68] OLG Koblenz Urt. v. 23.1.2023 – 12 U 2194/21, BeckRS 2023, 2551.
[69] OLG Koblenz Urt. v. 18.5.2022 – 5 U 2141/21, BeckRS 2022, 11126.
[70] AG Pfaffenhofen Endurt. v. 9.9.2021 – 2 C 133/21, BeckRS 2021, 27106.
[71] LG Heidelberg Teilversäumnis- und Schlussurt. v. 16.3.2022 – 4 S 1/21, BeckRS 2022, 5913.
[72] AG Hamburg-Bergedorf Urt. v. 7.12.2020 – 410d C 197/20, ZD 2021, 587, und AG Goslar Urt. v. 27.9.2019 – 28 C 7/19.
[73] BVerfG Beschl. v. 14.1.2021 – 1 BvR 2853/19.

unbefugten Zugangs zu personenbezogenen Daten durch „Dritte" im Sinne von Art. 4 Nr. 10 ist. Der Verantwortliche müsse dann nachweisen, dass er „in keinerlei Hinsicht" für den Umstand, durch den der betreffende Schaden eingetreten ist, verantwortlich ist.

53   Eine Exkulpation des Verantwortlichen oder Auftragsverarbeiters durch Nachweis der ordnungsgemäßen Auswahl und Überwachung seiner Angestellten – zB nach § 831 BGB – kommt nicht in Betracht.[74] Damit besteht die Haftung insbesondere auch bei einem **Verschulden des Datenschutzbeauftragten** des Verantwortlichen oder Auftragsverarbeiters. Denn einen solchen Entlastungsbeweis als erhebliche Einschränkung des Haftungsregimes sieht die DS-GVO zum einen nicht vor, zum anderen stünde dies dem Gebot des möglichst „wirksamen" Schadensersatzanspruchs entgegen.[75]

54   Im Übrigen bestimmt sich die Beweislast nach den in → Art. 79 Rn. 12–15 erläuterten Grundsätzen. Insbesondere ist stets eine **Beweislastverteilung** nach Verantwortungssphären zu berücksichtigen, um mangelnde Kenntnisse über interne Prozesse des Verantwortlichen oder Auftragsverarbeiters auszugleichen.[76] Die größte Herausforderung für betroffene Personen dürfte sein, den Eintritt eines konkreten Vermögensschadens, für die sie in der Regel beweispflichtig sein werden, nachzuweisen.

III. Schuldner, Schuldnermehrheit, Regress

55   Die Regelungen zu Schuldnermehrheiten in den Abs. 2, 4 und 5 sind insgesamt missglückt. Mit einer einfachen Lektüre ist für den Rechtsanwender, insbesondere den juristischen Laien, kaum zu erkennen, wer in welchen Fällen für welche Schäden haften soll. Die diesen Regelungen wohl zugrunde liegende Absicht, keine echte gesamtschuldnerische Haftung zwischen Verantwortlichen und Auftragsverarbeitern vorzusehen, ist rechtspolitisch bedenklich, denn sie stützt sich auf das Argument der Auftragsverarbeiter, die Verantwortlichen in ihren Aufträgen und Weisungen nicht kontrollieren zu können und daher auch nicht das Insolvenzrisiko im Rahmen eines Innenausgleichs tragen zu wollen. Praktisch wird dieses Bild wohl nur selten den Tatsachen entsprechen, denn Auftragsverarbeiter sind in der Regel erfahrene Massendienstleister für internet-basierte Angebote („Cloud-Computing", „Software-as-a-Service"), während den nicht immer mit hinreichendem juristischen Sachverstand ausgestatteten Verantwortlichen (KMU, Start-ups) nicht selten mit der hiesigen Regelung das Risiko aufgebürdet wird, die Rechtmäßigkeit der Angebote der Auftragsverarbeiter vollständig und umfassend zu kontrollieren. Dabei sind die Auftragsverarbeiter, soweit sie entsprechende Dienstleistungen massenhaft erbringen, in der Regel viel besser in der Lage, die Einhaltung der Vorschriften zu kontrollieren, während die Verantwortlichen oftmals gegenüber solchen multinationalen Auftragsverarbeitern keine Kontroll- und Verhandlungsmacht haben werden. Die prinzipiell zu begrüßende Intention einer gesetzlichen Klärung von Verantwortlichkeiten im Verhältnis zu den betroffenen Personen wird so durch eine in sich verworrene und zudem die Verantwortlichen im Verhältnis zu den oft mächtigeren und besser zur Risikobewältigung fähigen Auftragsverarbeiter unangemessen belastende Regelung unterlaufen. Insbesondere ist bei der Regelung in Art. 82 versäumt worden, den Vorteil einer echten gesamtschuldnerischen Haftung, nämlich das Ausfallrisiko bei mehreren Schuldnern für den Gläubiger zu minimieren, klar und bestimmt umzusetzen. Dies wird nicht selten dazu führen, dass letztlich die betroffene Person das Risiko trägt, was den Schutzzweck der Norm unterläuft. Eine Auslegung im Lichte des Primärrechts und des Schutzzwecks der Verordnung sollte dies so weit möglich verhindern.

56   **1. Einzelner Schuldner.** War bei einer Verarbeitung nur der **Verantwortliche allein** beteiligt, ergibt sich seine Haftung bei einem Verstoß gegen die DS-GVO und einem kausalen Schaden ohne Weiteres aus Abs. 1. Handelt hingegen der **Auftragsverarbeiter allein**, gilt für seine Haftung die Privilegierung des Abs. 2 S. 2. Der Auftragsverarbeiter haftet der betroffenen Person nur, wenn er seinen speziell ihm auferlegten Pflichten nach der DS-GVO nicht nachgekommen ist oder die ihm durch den Verantwortlichen erteilten rechtmäßigen Anweisungen nicht beachtet oder diese verletzt.

57   Die DS-GVO legt dem Auftragsverarbeiter speziell in **Art. 28 besondere Pflichten** auf. Bei den **Anweisungen** seitens des Verantwortlichen handelt es sich nicht nur um Anweisungen im Rechtssinne aufgrund einer schriftlichen oder mündlichen Mitteilung, sondern auch und gerade

---

[74] Vgl. für das BDSG NK-BDSG/*Simitis* § 7 Rn. 25.
[75] Erwägungsgrund 146 S. 6.
[76] Vgl. für das BDSG BeckOK DatenschutzR/*Quaas* BDSG § 7 Rn. 74.

um **technische Anweisungen,** die etwa im Rahmen von sog. „E-Commerce-Modulen" oder „Software-as-a-Service-Lösungen" durch technische Wahlentscheidungen (Konfiguration) erfolgen. Bei der Konfiguration und Verwendung dieser *in praxi* vom Auftragsverarbeiter zur Verfügung gestellten technischen Lösungen muss der Verantwortliche die Einhaltung sämtlicher Verpflichtungen aus der DS-GVO kontrollieren, um in Regressstreitigkeiten den Nachweis einer (rechtmäßigen) Anweisung führen zu können, die ihn im Verhältnis zum Auftragsverarbeiter nach Abs. 2 S. 2 von der Haftung befreit. In der Realität wird jedoch der Auftragsverarbeiter oftmals den besseren Überblick über die Anforderungen aus der DS-GVO und deren technische Umsetzbarkeit haben, insbesondere wenn der Auftragsverarbeiter entsprechende Dienste massenhaft erbringt, während der Verantwortliche in der Regel seltener mit diesen Anwendungen und auch der DS-GVO in Berührung kommt. Die DS-GVO antizipiert diese Konstellation, indem sie sowohl den Verantwortlichen als auch den Auftragsverarbeiter zur Dokumentation aller Vorgänge und Zuständigkeitsfragen verpflichtet.[77]

2. Schuldnermehrheit. a) Rechtliche Schwierigkeiten. Sind an **derselben Verarbeitung mehrere** Verantwortliche oder mehrere Auftragsverarbeiter oder ein Verantwortlicher und ein Auftragsverarbeiter beteiligt, haften sie gemäß Art. 82 Abs. 4 und Erwägungsgrund 146 S. 7 **gesamtschuldnerisch.** Die gesamtschuldnerische Haftung setzt nach Abs. 4 S. 1 Hs. 2 jedoch voraus, dass die Voraussetzungen der Abs. 2 und 3 erfüllt sind. Mithin müssen Verantwortlicher und Auftragsverarbeiter bei einer Verarbeitung gegen die DS-GVO verstoßen haben, wobei dem Verantwortlichen nach Abs. 2 S. 1 ein beliebiger Verstoß, dem Auftragsverarbeiter jedoch ein in Abs. 2 S. 2 spezifizierter Verstoß zur Last fallen muss. Ferner darf weder der Verantwortliche noch der Auftragsverarbeiter in der Lage sein, sich nach Abs. 3 zu exkulpieren.

Eine rein auf den Wortlaut beschränkte Auslegung der Abs. 2 und 3 lässt es denkbar erscheinen, dass ein Auftragsverarbeiter, der einem Verantwortlichen umfassende Dienstleistungen erbringt und ähnliche Dienstleistungen massenhaft auch an andere erbringt, selbst dann von jeglicher Haftung gegenüber der betroffenen Person befreit ist, wenn ihm bekannt war oder er hätte wissen können, dass der Verantwortliche im Rahmen seines Geschäftsmodells und angesichts der Art und des Umfanges der Beauftragung des Auftragsverarbeiters (Art. 28 Abs. 3) gegen die DS-GVO verstößt. Denn in einer solchen Konstellation verstößt der Auftragsverarbeiter weder gegen rechtmäßig erteilte Weisungen des Verantwortlichen noch handelt ihnen entgegen, noch liegt notwendig ein Verstoß gegen die speziell dem Auftragsverarbeiter auferlegten Pflichten aus der DS-GVO (Art. 28) vor. Das Problem ist vielmehr, dass zB der Verantwortliche Weisungen erteilt hat, etwa in Form der Konfiguration eines E-Commerce-Moduls, die für den Auftragsverarbeiter erkennbar nicht ausreichen, um die Verpflichtungen des Verantwortlichen aus der DS-GVO gegenüber betroffenen Personen einzuhalten. Der Auftragsverarbeiter weiß in dieser Konstellation um den Verstoß gegen die DS-GVO oder hätte diesen erkennen müssen, ist aber bei einer rein formellen Betrachtung der Vorschriften von der Haftung befreit, und dies zu Lasten der betroffenen Person.

Dass dies nicht richtig sein kann, ergibt sich bereits aus **Art. 28 Abs. 1.** Diese Regelung ist primär an den Verantwortlichen gerichtet, dem bei der Auswahl des Auftragsverarbeiters gewisse Sorgfaltsstandards auferlegt werden. Tatsächlich ist der Norm jedoch auch die **Verpflichtung der Auftragsverarbeiter** selbst zu entnehmen, ihrerseits auf die technische und organisatorische Durchführung der Verarbeitung im Einklang mit der DS-GVO zu achten. Daraus folgt, dass der Auftragsverarbeiter verpflichtet ist, nur solche Modelle zur Verfügung zu stellen, die die Anforderungen der DS-GVO einhalten. Jede andere Lesart trüge der Realitäten im Markt zwischen Verantwortlichen und Auftragsverarbeitern nicht Rechnung und untergrübe den Schutzzweck der Verordnung zu Lasten der betroffenen Personen.

In den Konstellationen der beschriebenen Art wird eine **Exkulpation nach Abs. 3** daher nur dann in Betracht kommen, wenn der Auftragsverarbeiter nachweisen kann, dass er **keine Kenntnis von den Rechtsverletzungen** hatte oder haben konnte, da rechtswidrige Handlungen entweder außerhalb des Umfangs seiner Dienstleistung oder für das Geschäftsmodell untypisch vorgenommen wurden. Ist eine dieser Bedingungen nicht erfüllt, waren also Rechtswidrigkeit der Handlung im Rahmen der Dienstleistung erkennbar oder waren sie zwar nicht erkennbar im Rahmen der Dienstleistung, aber für das Geschäftsmodell typisch, so kann nicht angenommen werden, dass der Auftragsverarbeiter „in keinerlei Hinsicht" für den Umstand durch den der

---

[77] Erwägungsgrund 82, Art. 28.

Schaden eingetreten ist, verantwortlich ist. Vor diesem Hintergrund wird es im Interesse der Auftragsverarbeiter liegen, ihre Dienstleistungen stets selbstständig und auch nach der Konfiguration durch den Verantwortlichen (automatisiert) auf Vereinbarkeit mit der DS-GVO zu prüfen und Module so vor zu konfigurieren, dass Rechtsverstöße nicht möglich sind oder zumindest in Zweifelsfällen der Verantwortliche und der Auftragsverarbeiter auf Risiken hingewiesen werden.

62 **b) Praktische Herausforderungen.** In der Praxis wird die betroffene Person in den seltensten Fällen schon vor Klageerhebung herausgefunden haben können, in wessen Verantwortungsbereich eine Verletzung der DS-GVO und ein hierauf beruhender Schaden fallen. Eine Klage allein gegen den Auftragsverarbeiter wird sich selten empfehlen, da das Risiko durch dessen privilegierte Stellung nach Abs. 2 S. 2 zu hoch wäre. Bei einer Klage allein gegen den Verantwortlichen wird jedoch der Nachweis erforderlich sein, dass der Verstoß in dessen Verantwortungsbereich fällt. In der Regel wird sich daher eine Klage gegen den Verantwortlichen und den Auftragsverarbeiter empfehlen. Der Vorteil der von Erwägungsgrund 146 S. 7 wohl anvisierten echten gesamtschuldnerischen Haftung wird allerdings nur selten realisierbar sein. Denn aus Erwägungsgrund 146 S. 8, der die Inanspruchnahme von Verantwortlichem und Auftragsverarbeiter in demselben Verfahren[78] regelt, ergibt sich, dass dann gerade keine gesamtschuldnerische, sondern nur eine anteilige Haftung vorgesehen ist.

63 Hierbei wird sich dann das Problem stellen, dass das Gericht die Begründetheit der Klage jeweils gegen den Verantwortlichen und Auftragsverarbeiter – mit unterschiedlichen Maßstäben – prüfen muss. Kommt es zum Ergebnis, dass dem Auftragsverarbeiter kein Verstoß gegen die in Abs. 2 S. 2 spezifizierten Pflichten zur Last fällt, wird es die Klage insoweit abweisen. Die insoweit an sich nach dem Prozessrecht der Mitgliedstaaten zwingende **anteilige Kostenlast** käme jedoch praktisch einer Sanktionierung der betroffenen Person für einen Umstand gleich, der aus dem Innenverhältnis zwischen Verantwortlichem und Auftragsverarbeiter herrührt und dessen Existenz die betroffene Person nicht vorhersehen konnte. Dies würde den Schutzzweck der DS-GVO und von Art. 8 GRCh unterlaufen. Um der betroffenen Person zu einem „vollständigen und wirksamen Schadensersatz"[79] zu verhelfen, darf daher die Unsichtbarkeit des beschriebenen Innenverhältnisses und die sich daher anbietende Klage gegen Verantwortlichen und Auftragsverarbeiter im Rahmen der Kostenlast der betroffenen Person nicht zum Nachteil gereichen.[80]

64 **3. Regress.** Wurden der Verantwortliche oder der Auftragsverarbeiter als Gesamtschuldner in Anspruch genommen, regelt sich der Ausgleich im Innenverhältnis nach Abs. 5. In diesem Verfahren kommt es maßgeblich darauf an, aus wessen Verantwortungssphäre die Verletzung der DS-GVO herrührt, die zum Schaden bei der betroffenen Person geführt hat. Insoweit ist wiederum Abs. 2 entscheidend.

C. Rechtsschutz

65 Der Rechtsschutz gegen gerichtliche Entscheidungen nach Art. 82 bestimmt sich nach dem Recht der Mitgliedstaaten.

Art. 83 Allgemeine Bedingungen für die Verhängung von Geldbußen

(1) **Jede Aufsichtsbehörde stellt sicher, dass die Verhängung von Geldbußen gemäß diesem Artikel für Verstöße gegen diese Verordnung gemäß den Absätzen 4, 5 und 6 in jedem Einzelfall wirksam, verhältnismäßig und abschreckend ist.**

(2) ¹**Geldbußen werden je nach den Umständen des Einzelfalls zusätzlich zu oder anstelle von Maßnahmen nach Artikel 58 Absatz 2 Buchstaben a bis h und j verhängt.** ²**Bei der Entscheidung über die Verhängung einer Geldbuße und über deren Betrag wird in jedem Einzelfall Folgendes gebührend berücksichtigt:**

---

[78] Die dt. Fassung („hinzugezogen") ist insoweit missverständlich, tatsächlich geht es um die gleichzeitige Klageerhebung gegen den Verantwortlichen und den Auftragsverarbeiter, wie sich auch aus dem engl. Wortlaut („joined to the same judicial proceedings") ergibt.
[79] Exakt auf diesen Fall ist Erwägungsgrund 146 S. 8 ausgerichtet.
[80] In Deutschland kommt etwa eine analoge Anwendung von § 92 Abs. 2 Nr. 2 ZPO in Betracht.

Allgemeine Bedingungen für die Verhängung von Geldbußen | Art. 83

a) Art, Schwere und Dauer des Verstoßes unter Berücksichtigung der Art, des Umfangs oder des Zwecks der betreffenden Verarbeitung sowie der Zahl der von der Verarbeitung betroffenen Personen und des Ausmaßes des von ihnen erlittenen Schadens;
b) Vorsätzlichkeit oder Fahrlässigkeit des Verstoßes;
c) jegliche von dem Verantwortlichen oder dem Auftragsverarbeiter getroffenen Maßnahmen zur Minderung des den betroffenen Personen entstandenen Schadens;
d) Grad der Verantwortung des Verantwortlichen oder des Auftragsverarbeiters unter Berücksichtigung der von ihnen gemäß den Artikeln 25 und 32 getroffenen technischen und organisatorischen Maßnahmen;
e) etwaige einschlägige frühere Verstöße des Verantwortlichen oder des Auftragsverarbeiters;
f) Umfang der Zusammenarbeit mit der Aufsichtsbehörde, um dem Verstoß abzuhelfen und seine möglichen nachteiligen Auswirkungen zu mindern;
g) Kategorien personenbezogener Daten, die von dem Verstoß betroffen sind;
h) Art und Weise, wie der Verstoß der Aufsichtsbehörde bekannt wurde, insbesondere ob und gegebenenfalls in welchem Umfang der Verantwortliche oder der Auftragsverarbeiter den Verstoß mitgeteilt hat;
i) Einhaltung der nach Artikel 58 Absatz 2 früher gegen den für den betreffenden Verantwortlichen oder Auftragsverarbeiter in Bezug auf denselben Gegenstand angeordneten Maßnahmen, wenn solche Maßnahmen angeordnet wurden;
j) Einhaltung von genehmigten Verhaltensregeln nach Artikel 40 oder genehmigten Zertifizierungsverfahren nach Artikel 42 und
k) jegliche anderen erschwerenden oder mildernden Umstände im jeweiligen Fall, wie unmittelbar oder mittelbar durch den Verstoß erlangte finanzielle Vorteile oder vermiedene Verluste.

(3) Verstößt ein Verantwortlicher oder ein Auftragsverarbeiter bei gleichen oder miteinander verbundenen Verarbeitungsvorgängen vorsätzlich oder fahrlässig gegen mehrere Bestimmungen dieser Verordnung, so übersteigt der Gesamtbetrag der Geldbuße nicht den Betrag für den schwerwiegendsten Verstoß.

(4) Bei Verstößen gegen die folgenden Bestimmungen werden im Einklang mit Absatz 2 Geldbußen von bis zu 10 000 000 EUR oder im Fall eines Unternehmens von bis zu 2 % seines gesamten weltweit erzielten Jahresumsatzes des vorangegangenen Geschäftsjahrs verhängt, je nachdem, welcher der Beträge höher ist:
a) die Pflichten der Verantwortlichen und der Auftragsverarbeiter gemäß den Artikeln 8, 11, 25 bis 39, 42 und 43;
b) die Pflichten der Zertifizierungsstelle gemäß den Artikeln 42 und 43;
c) die Pflichten der Überwachungsstelle gemäß Artikel 41 Absatz 4.

(5) Bei Verstößen gegen die folgenden Bestimmungen werden im Einklang mit Absatz 2 Geldbußen von bis zu 20 000 000 EUR oder im Fall eines Unternehmens von bis zu 4 % seines gesamten weltweit erzielten Jahresumsatzes des vorangegangenen Geschäftsjahrs verhängt, je nachdem, welcher der Beträge höher ist:
a) die Grundsätze für die Verarbeitung, einschließlich der Bedingungen für die Einwilligung, gemäß den Artikeln 5, 6, 7 und 9;
b) die Rechte der betroffenen Person gemäß den Artikeln 12 bis 22;
c) die Übermittlung personenbezogener Daten an einen Empfänger in einem Drittland oder an eine internationale Organisation gemäß den Artikeln 44 bis 49;
d) alle Pflichten gemäß den Rechtsvorschriften der Mitgliedstaaten, die im Rahmen des Kapitels IX erlassen wurden;
e) Nichtbefolgung einer Anweisung oder einer vorübergehenden oder endgültigen Beschränkung oder Aussetzung der Datenübermittlung durch die Aufsichtsbehörde gemäß Artikel 58 Absatz 2 oder Nichtgewährung des Zugangs unter Verstoß gegen Artikel 58 Absatz 1.

(6) Bei Nichtbefolgung einer Anweisung der Aufsichtsbehörde gemäß Artikel 58 Absatz 2 werden im Einklang mit Absatz 2 des vorliegenden Artikels Geldbußen von bis zu 20 000 000 EUR oder im Fall eines Unternehmens von bis zu 4 % seines gesam-

ns weltweit erzielten Jahresumsatzes des vorangegangenen Geschäftsjahrs verhängt, je nachdem, welcher der Beträge höher ist.

(7) Unbeschadet der Abhilfebefugnisse der Aufsichtsbehörden gemäß Artikel 58 Absatz 2 kann jeder Mitgliedstaat Vorschriften dafür festlegen, ob und in welchem Umfang gegen Behörden und öffentliche Stellen, die in dem betreffenden Mitgliedstaat niedergelassen sind, Geldbußen verhängt werden können.

(8) Die Ausübung der eigenen Befugnisse durch eine Aufsichtsbehörde gemäß diesem Artikel muss angemessenen Verfahrensgarantien gemäß dem Unionsrecht und dem Recht der Mitgliedstaaten, einschließlich wirksamer gerichtlicher Rechtsbehelfe und ordnungsgemäßer Verfahren, unterliegen.

(9) [1] Sieht die Rechtsordnung eines Mitgliedstaats keine Geldbußen vor, kann dieser Artikel so angewandt werden, dass die Geldbuße von der zuständigen Aufsichtsbehörde in die Wege geleitet und von den zuständigen nationalen Gerichten verhängt wird, wobei sicherzustellen ist, dass diese Rechtsbehelfe wirksam sind und die gleiche Wirkung wie die von Aufsichtsbehörden verhängten Geldbußen haben. [2] In jeden Fall müssen die verhängten Geldbußen wirksam, verhältnismäßig und abschreckend sein. [3] Die betreffenden Mitgliedstaaten teilen der Kommission bis zum 25. Mai 2018 die Rechtsvorschriften mit, die sie aufgrund dieses Absatzes erlassen, sowie unverzüglich alle späteren Änderungsgesetze oder Änderungen dieser Vorschriften.

Literatur: *Adelberg/Spittka/Zapf*, Verteidigung gegen DSGVO-Geldbußen in der Praxis – Teil 2, CB 2021, 149; *Ambrock*, Mitarbeiterexzess im Datenschutzrecht, ZD 2020, 492; *Behr/Tannen*, Droht das Zeitalter der Datenschutzgeldbußen? – Haftungsrisiken wegen Datenschutzverstößen und was Unternehmen dagegen tun können, CCZ 2020, 120; *Brams*, Bußgeldrisiken nach Datenschutzvorfällen, ZD 2023, 484; *Dannecker*, Zur bußgeldrechtlichen Verantwortung der Unternehmen in der Europäischen Union, NZWiSt 2022, 85; *Faust/Spittka/Wybitul*, Milliardenbußgelder nach der DS-GVO?, ZD 2016, 120; *Keppeler/Berning*, Die Bußgeldrisiken nach Art. 83 der Datenschutz-Grundverordnung – auch ein Risiko für den Jahresabschluss?!, DStR 2018, 91; *Klaas/Basar*, Verlässliche Konturen für die DS-GVO-Bußgeldpraxis?, ZD 2023, 477; *Klaas/Weber/Wybitul/Zimmer-Helfrich*, Interview: Drei Blickwinkel auf Geldbußen wegen Datenschutzverstößen, ZD 2023, 478; *Kubiciel*, Ungeklärte Rechtsfragen der Sanktionierung von Unternehmen nach der DSGVO, PinG 2021, 81; *Kühn/Sembritzki*, Haftung der Muttergesellschaft für Datenschutzverstöße von Tochtergesellschaften, ZD 2021, 193; *Lachenmann/Stürzl*, Einspruch gegen Bußgeldbescheid wegen Datenschutzverstoß, ZD 2021, 463; *Lamfuß/Venn*, Unerforschte Territorien zwischen Art. 83 DS-GVO und § 41 BDSG, ZD 2023, 508; *Lang*, Bußgeldbemessung bei Datenschutzverstößen, CB 2020, 20; *Meyer*, Bußgelder bei Datenschutzverstößen: Was gilt denn jetzt?, ZVertriebsR 2022, 69; *Paal*, Kritische Würdigung des Konzepts der Datenschutzbehörden zur Bußgeldzumessung, RDV 2020, 57; *Pentzien/Haak*, DSGVO-Geldbußen gegen Unternehmen, CB 2022, 105; *Roßnagel/Rost*, Eine Geldbuße kommt selten allein, ZD 2023, 502; *Venn/Wybitul*, Die bußgeldrechtliche Haftung von Unternehmen nach Art. 83 DS-GVO, NStZ 2021, 204; *Weber/Rotter/Wybitul*, Finale Version 2.0 der EDSA-Leitlinien 04/2022 zur DS-GVO-Bußgeldberechnung, ZD 2023, 511; *Wybitul/Basar/Hager*, Die anwaltliche Tätigkeit in Verfahren wegen Geldbußen nach Art. 83 DS-GVO, ZD 2023, 488; *Wybitul/Venn*, Verteidigung von Unternehmen gegen Geldbußen nach Art. 83 DS-GVO, ZD 2021, 343; *Wybitul/König*, Haftung und maßgeblicher Umsatz bei DS-GVO-Geldbußen, ZD 2022, 591; *Wybitul/Hager*, Keine „vom EU-Gesetzgeber gewollte Erleichterung" für die Verhängung von DS-GVO-Geldbußen?, MMR 2023, 321.

Übersicht

	Rn.
A. Allgemeines	1
I. Zweck und Bedeutung der Vorschrift	1
II. Systematik, Verhältnis zu anderen Vorschriften	4
B. Einzelerläuterungen	15
I. Grundlagen (Abs. 1)	15
II. Formelle Anforderungen (Abs. 8)	18
III. Kriterien der Bußgeldhöhe (Abs. 2, 3)	21
1. Allgemeines	21
2. Leitlinien 4/2022 vom 24.5.2023	24
3. Katalog des Abs. 2 im Einzelnen	28
a) Buchst. a: Art, Schwere und Dauer des Verstoßes	28
b) Buchst. b: Vorsätzlichkeit oder Fahrlässigkeit des Verstoßes	33
c) Buchst. c: Maßnahmen zur Minderung des entstandenen Schadens	35
d) Buchst. d: Technische und organisatorische Maßnahmen	36

  e) Buchst. e: Frühere Verstöße 38
  f) Buchst. f: Zusammenarbeit mit der Aufsichtsbehörde 39
  g) Buchst. g: Betroffene Kategorien von Daten 40
  h) Buchst. h: Mitteilung des Verstoßes 41
  i) Buchst. i: Einhaltung der Maßnahmen nach Art. 58 Abs. 2 43
  j) Buchst. j: Verhaltensregeln und Zertifizierungen 44
  k) Buchst. k: Erschwerende oder mildernde Umstände 45
 4. „Tateinheit" oder „Tatmehrheit" (Abs. 3) 46
IV. Kategorisierung von Verstößen (Abs. 4, 5, 6) 61
 1. Allgemeines 61
 2. Verstöße gegen Anweisungen der Aufsichtsbehörde (Abs. 6) 65
 3. Berechnung der Vergleichssummen 66
V. Täter 68
 1. Unternehmen (Abs. 4, 5) 68
 2. Sonstige Privatpersonen 75
 3. Öffentliche Stellen (Abs. 7) 76
VI. Abs. 9 78
C. Rechtsschutz 79
D. Entwicklung der Geldbußenpraxis 80

A. Allgemeines

I. Zweck und Bedeutung der Vorschrift

Die Einführung von erheblichen Geldbußen zur Sanktionierung von Verstößen gegen die **1** DS-GVO stellt eine wichtige Fortentwicklung des europäischen Datenschutzrechts dar. Denn während die individuellen Rechtsbehelfe gegenüber den Aufsichtsbehörden, Verantwortlichen und Auftragsverarbeitern nur konkrete Einzelfälle betreffen und daher in ihrer Summe zumindest für größere Unternehmen nur in den seltensten Fällen abschreckende Wirkung entfalten werden, sind die Sanktionsmöglichkeiten durch die Verhängung von Geldbußen ein Instrument mit wesentlich höherer Disziplinierungsfunktion. Sie sollen ein begangenes Fehlverhalten von Verantwortlichen und Auftragsverarbeitern bestrafen und von der Begehung weiterer Verstöße abschrecken. Art. 83 dient insofern sowohl der Spezialprävention wie auch der Generalprävention, denn gerade bei im Markt bekannteren Unternehmen finden Geldbußen für Fehlverhalten weitläufig Beachtung. Weiterhin soll insbesondere verhindert werden, dass der wirtschaftliche Vorteil, den Unternehmen aus Datenschutzverstößen ziehen, bei ihnen verbleibt.[1] In Anbetracht der potentiell erklecklichen Summen, die bei einer Geldbuße entstehen können steht zu vermuten, dass für die relevanten Akteure die Geldbuße nach Art. 83 den größten, wenn nicht gar entscheidenden Anreiz setzen wird, sich rechtmäßig zu verhalten und damit die Rechte der betroffenen Person bei der Verarbeitung ihrer personenbezogenen Daten zu wahren.

Vor dem Hintergrund der digitalen Marktwirtschaft, die an Bedeutung stetig zunimmt, stellt **2** die DS-GVO sicher, dass der Markt weiterhin den Interessen der Allgemeinheit dient und unternehmerische Tätigkeit dem Schutz grundrechtlicher Positionen nicht entgegensteht, sondern diese vielmehr auch im Markt zur vollen Entfaltung kommen. Die finanziellen Belastungen, die damit einhergehen, zu denen fortan auch die Geldbuße nach Art. 83 gehören wird, stellen sicher, dass der Markt, der Daten immer mehr als Ware betrachtet, in seiner Akzeptanz gestärkt und seine dienende Funktion verwirklicht wird.

Art. 83 spielt in der Durchsetzung der DS-GVO eine immer wichtigere und hilfreiche Rolle. **3** Entscheidende Akteure sind die Aufsichtsbehörden, denen die Aufgabe der Kontrolle der Einhaltung der DS-GVO sowie der Verhängung von Geldbußen überantwortet ist. Geldbußen werden zu Recht immer öfter verhängt und spielen auch in der Arbeit des EDSA eine zunehmende Rolle. Die Aufsichtsbehörden müssen infrastrukturell, personell und finanziell hinreichend mit Ressourcen ausgestattet werden, um ihre Aufgabe als Vollzugsbehörde auch gegenüber international und global agierenden Unternehmen gerecht zu werden und der DS-GVO zur effektiven Umsetzung und Anwendung zu verhelfen. Die Erfahrungen aus dem Wettbewerbsrecht (→ Rn. 6, 50) zeigen, dass jede Entscheidung über die Verhängung von Geldbußen von den Betroffenen in der Regel bis zur letzten Instanz, einschließlich der Beteiligung der europäischen Gerichte durchgefochten wird. Auch insoweit sollten die Aufsichtsbehörden

---

[1] Gleichwohl eine echte Gewinnabschöpfung nur durch die Mitgliedstaaten geregelt werden kann (Art. 84).

sicherstellen, dass sie für langwierige Rechtsstreitigkeiten sachlich und personell hinreichend ausgestattet sind. Der weltweite Trend zur Verhängung immer höherer Geldbußen sollte die Aufsichtsbehörden ermutigen, von Art. 83 umfassend Gebrauch zu machen, und so der DS-GVO den notwendigen Respekt zu verschaffen.

II. Systematik, Verhältnis zu anderen Vorschriften

4   Art. 83 sieht ein differenziertes und flexibles Sanktionssystem vor, das es den Aufsichtsbehörden erlaubt, jeweils mit angemessenen Geldbußen Verstöße gegen die DS-GVO zu ahnden und von der Begehung weiterer Verstöße abzuschrecken. Abs. 1 legt die Maßstäbe für das gesamte Sanktionssystem in der DS-GVO fest, an die sich konkrete Maßnahmen zu halten haben. Abs. 2 legt spezifische Kriterien fest, die für die Bestimmung der Höhe einer Geldbuße im konkreten Einzelfall zu berücksichtigen sind. Abs. 3 regelt die Fälle der „Tatmehrheit" bei datenschutzrechtlichen Verstößen und legt für diese den Höchstbetrag der Geldbuße fest. Die Abs. 4 und 5 qualifizieren Verstöße gegen Bestimmungen der DS-GVO je nach ihrer Bedeutung in einfache oder qualifizierte Verstöße, die dementsprechend niedrigere oder höhere Geldbußen zur Folge haben. Abs. 6 sieht eine nochmals erhöhte Geldbuße für Verstöße gegen Anweisungen von Aufsichtsbehörden vor. Abs. 7 regelt einen eingeschränkten Vorbehalt zugunsten der Mitgliedstaaten, die den öffentlichen Bereich von Geldbußen in begrenztem Umfang ausnehmen können (→ Rn. 46 f.). Abs. 8 stellt klar, dass das Verfahren zum Erlass von Geldbußen und die sich hieran anschließenden gerichtlichen Verfahren den Anforderungen der Union und der Mitgliedstaaten entsprechen müssen. Abs. 9 enthält schließlich eine Sonderregelung für Dänemark und Estland, deren Rechtssysteme keine Befugnis von Behörden zur Verhängung von Geldbußen vorsehen.[2]

5   Konkretisierungen für Geldbußen enthalten die Erwägungsgründe 148, 150, 151, 152 und 153. Besondere Beachtung verdienen die Leitlinien des Europäischen Datenschutzausschusses (EDSA) nach Art. 70 Abs. 1 Buchst. k, die die einheitliche Anwendung der Geldbußen sicherstellen sollen. Dabei handelt es sich zum einen um die Leitlinien zur Anwendung und Festsetzung von Geldbußen vom 3.10.2017 (Leitlinien 17/EN WP 253).[3] Sie behandeln die Umstände, unter denen eine Geldbuße ein geeignetes Mittel ist, und legen die Kriterien von Art. 83 in dieser Hinsicht aus.

6   Zum anderen handelt es sich um die Leitlinien vom 24.5.2023 zur Berechnung von Bußgeldern nach Art. 83 (Leitlinien 4/2022).[4] Diese befassen sich mit der Methodik für die Berechnung von Geldbußen. Die beiden Leitlinien sind gleichzeitig anwendbar und sollten als komplementär betrachtet werden.[5] Mit dem Inkrafttreten der Leitlinien vom 24.5.2023 verliert das „Konzept der unabhängigen Datenschutzaufsichtsbehörden des Bundes und der Länder zur Bußgeldzumessung in Verfahren gegen Unternehmen" vom 14.10.2019 seine Gültigkeit.[6] Anregungen dieses Konzepts sind in die Leitlinien des EDSA eingeflossen.

7   Für die Entscheidungspraxis der nationalen Aufsichtsbehörden auf der Grundlage der Leitlinien hat der EDSA bedauerlicherweise bisher keine vollständige und einheitliche Datenbank mit systematischer und Volltextsuche, so wie sie etwa bei EUR-Lex für das gesamte EU-Recht existiert, öffentlich gemacht. Die Dokumentation durch den EDSA von Pressemitteilungen der mitgliedstaatlichen Datenschutzbehörden[7] und der „One Stop Shop case digest",[8] der Entscheidungen, die im Verfahren der Zusammenarbeit nach Art. 60 getroffen wurden, sind aber Schritte in die richtige Richtung. 30 Entscheidungen in dieser Datenbank betreffen ein Bußgeld.

8   Das gleiche gilt für das öffentliche „Register" des EDSA, das bisher 96 Entscheidungen der nationalen Aufsichtsbehörden enthält, soweit sie auf dem Kohärenzverfahren nach Art. 63 f. beruhen. Sieben davon betreffen Bußgelder und ergingen im Rahmen der Streitbeilegung nach

---

[2] Erwägungsgrund 151.
[3] Guidelines on the application and setting of administrative fines for the purpose of the Regulation 2016/679, Article 29 Data Protection Working Party, 17/EN WP 253 v. 3.10.2017. Sie wurden in der ersten Sitzung des EDSA vom 25.5.2018 gebilligt und gelten weiter.
[4] Guidelines 04/2022 on the calculation of administrative fines under the GDPR Version 2, adopted on 24 May 2023, https://edpb.europa.eu/our-work-tools/documents/public-consultations/2022/guidelines-042022-calculation-administrative_en.
[5] Leitlinien 4/2022, Rn. 3 letzter Satz.
[6] Siehe Konzept der unabhängigen Datenschutzaufsichtsbehörden des Bundes und der Länder zur Bußgeldzumessung in Verfahren gegen Unternehmen vom 14.10.2019, Einleitung (I) letzter Satz, https://www.datenschutzkonferenz-online.de/media/ah/20191016_bu%C3%9Fgeldkonzept.pdf.
[7] https://edpb.europa.eu/news/news_de?news_type=2.
[8] https://edpb.europa.eu/about-edpb/publications/one-stop-shop-case-digests_en.

Art. 65. Sechs betrafen Bußgelder auferlegt durch die irische Aufsichtsbehörde und eine Entscheidung der französischen Aufsichtsbehörde. Mittelfristig sollten die Entscheidungen der Aufsichtsbehörden im Volltext über EUR-Lex verfügbar gemacht werden, da sie EU-Recht durchführen.

Die Leitlinien sind zu Recht nicht so ausführlich, dass Verantwortliche und Auftragsverarbeiter 9 Geldbußen präzise im Voraus berechnen und in ihre wirtschaftliche Kalkulation mit einpreisen können und diese so jedwede abschreckende Wirkung verlieren. Die Androhung der Geldbuße behält so ihre generalpräventive und spezialpräventive Wirkung. Ganz ausdrücklich stellt der EDSA in den Leitlinien 4/2022 klar, das Ziel sei es, harmonisierte Ausgangspunkte als gemeinsame Orientierung zu schaffen, auf deren Grundlage die Berechnung von Geldbußen in Einzelfällen erfolgen kann. Nach ständiger Rechtsprechung müssen solche Leitlinien jedoch nicht so konkret sein, dass ein für die Verarbeitung Verantwortlicher oder ein Auftragsverarbeiter eine genaue mathematische Berechnung der zu erwartenden Geldbuße vornehmen kann.[9] Es wird in den Leitlinien 4/2022 in der Tat auch immer wieder betont, dass die endgültige Höhe der Geldbuße von allen Umständen des Einzelfalls abhängt. Der EDSA strebt daher eine Harmonisierung der Ausgangspunkte und der Methodik für die Berechnung einer Geldbuße an, nicht aber eine Harmonisierung des Ergebnisses.[10] In einem Wertungswiderspruch zur Betonung der Abschreckungswirkung der Geldbußen lassen die Leitlinien es gleichwohl zu, dass Aufsichtsbehörden in den Mitgliedstaaten typisierte Festbeträge für Bußgelder festlegen,[11] solange diese mit den Prinzipien der DS-GVO vereinbar sind. Hier wird darauf zu achten sein, dass diese Festbeträge ausreichend hoch angesetzt werden und auch wiederholt verhängt werden können, da sie ansonsten ihre Abschreckungswirkung verlieren.

Die Regelung der Verordnung knüpft generell an das Sanktionssystem im europäischen Wett- 10 bewerbsrecht an und verwendet in großen Teilen dessen Methodologie.[12] In den Leitlinien vom 3.10.2017 (Leitlinien 17/EN WP 253) verweist der Ausschuss in Fn. 4 auf Rechtsprechung des EuGH aus dem Bereich des Wettbewerbsrechts.[13] In den Leitlinien des EDSA vom 24.5.2023 (Leitlinien 4/2022) zur Höhe des Bußgeldes sind die Verweise auf das Wettbewerbsrecht nun noch deutlicher und umfangreicher ausgefallen und befinden sich an vielen Stellen des Textes und nicht mehr nur in einer Fußnote wie in Leitlinien 17/EN WP 253. So stellt der EDSA ausdrücklich fest, die DS-GVO folge einer allgemeinen Tradition des EU-Rechts in Bezug auf Sanktionen, die insbesondere in Rechtsakten des Wettbewerbsrechts niedergelegt ist.[14]

Sowohl beim Datenschutzrecht als auch beim Wettbewerbsrecht handelt es sich um sog. 11 besonderes Wirtschaftsverwaltungsrecht, bei denen Rechtsverstöße oftmals durch Gewinnstreben motiviert sind, da sowohl bei Wettbewerbs- wie auch bei Datenschutzverstößen hohe finanzielle Anreize bestehen. Schließlich sind in beiden Fällen mittelbar oder unmittelbar natürliche Personen als Verbraucher bzw. betroffene Personen die Leidtragenden dieser Rechtsverstöße, entweder durch wirtschaftliche Benachteiligung oder durch Beeinträchtigung grundrechtlicher Positionen. Neben dem Regime zur privaten Rechtsdurchsetzung über Schadensersatzforderungen[15] ist daher ein effektives behördliches Sanktionssystem zu etablieren, dass im Zweifel „schlagkräftiger" ist als einzelne Verbraucher.[16] Dieser Umstand hat bei vielen Einzelfragen der Anwendung von Art. 83 Auswirkungen. So wird sich bei dessen Auslegung und Anwendung vielfach auf vergleichbare materiell-rechtliche Regelungen, wie etwa Art. 14 und 15 der Fusionskontroll-

---

[9] Der EDSA verweist dazu auf Urteile zum Wettbewerbsrecht, nämlich die Rs. C-189/02 P, C-202/02 P, C-205/02 P bis C-208/02 P und C-213/02 P, Dansk Rørindustri A/S u.a./Kommission, Rn. 172 und Rs. T-91/11, InnoLux Corp./Kommission, Rn. 88, siehe Leitlinien 4/2022, Fn 3.
[10] Leitlinien 4/2022, Rn. 5 am Ende.
[11] Leitlinien 4/2022, Rn. 18–20.
[12] Siehe Erwägungsgrund 150, der sogar explizit auf Art. 101 und 102 AEUV verweist.
[13] Allg. zum Verhältnis Datenschutz- und Wettbewerbsrecht nun Costa-Cabral/Lynskey, Family Ties: The intersection between Data Protection and Competition in EU Law, CMLR 2017, 11; zum Verhältnis Datenschutzrecht und Verbraucherschutzrecht Helberger/Borgesiu/Reyna, The perfect match? A closer look at the relationship between EU Consumer Law and Data Protection Law, CMLR 2017, 1427.
[14] EDPB Guidelines 04/2022 on the calculation of administrative fines under the GDPR, Rn. 112–131, unter Verweis auf Art. 23 Abs. 2 VO (EG) Nr. 1/2003 vom 16.12.2002 zur Durchführung der Vorschriften über in den Art. 81 und 82 des EG-Vertrages festgelegten Wettbewerbsregeln und die Rechtsprechung zu den Zurechnungsfragen und Höhe des Bußgeldes im Wettbewerbsrecht.
[15] Richtlinie 2014/104/EU über bestimmte Vorschriften für Schadensersatzklagen nach nationalem Recht wegen Zuwiderhandlungen gegen wettbewerbsrechtliche Bestimmungen der Mitgliedstaaten und der Europäischen Union, ABl. 2014 L 349, 1.
[16] Vgl. auch Erwägungsgrund 148 S. 1, der von einer „konsequenteren Durchsetzung" spricht.

verordnung[17] und ihre Anwendungsfälle,[18] Entscheidungen und Rechtsprechung der Gerichte zu vergleichbaren Fragestellungen und nicht zuletzt auch auf sonstige Dokumente der Kommission, insbesondere die Leitlinien zur Festsetzung von Geldbußen im Wettbewerbsrecht[19] und deren Anwendungsfälle zurückgreifen lassen.[20]

12 Dass in der Anfangsphase der Anwendung der DS-GVO die vergleichbaren Regelungen im Wettbewerbsrecht oftmals Orientierung bieten, schließt nicht aus, dass sich im Datenschutzrecht nun nach dem Erlass von zwei Leitlinien zu Art. 83 durch den EDSA eine eigenständige Praxis entwickelt. Diese Praxis sollte allerdings die Kohärenz des Rechtssystems insgesamt im Blick haben, also auch das Verhältnis von Sanktionen im Wettbewerbsrecht und Sanktionen im Datenschutzrecht und in anderen Rechtsgebieten zueinander, und dies neben der notwendigen Kohärenz des Vorgehens der Datenschutzbehörden untereinander. Mittelfristig wird es darum gehen, ein kohärentes und einheitliches europäisches Wirtschaftssanktionsrecht mit einheitlichen Verfahren auch für die Zusammenarbeit der verschiedenen Fachbehörden zu entwickeln.[21] Die vielen Verweise des EDSA in den Leitlinien 4/2022 auf Rechtsgrundlagen und Rechtsprechung zum Wettbewerbsrecht zeigen, dass der EDSA in diese Richtung strebt.

13 Die Datenschutzbehörden müssen bereit sein, Verstöße gegen die Verordnung ebenso konsequent im Rahmen der Verordnung zu sanktionieren wie es die Wettbewerbsbehörden bei Verstößen gegen Wettbewerbsrecht seit langem tun. Es wäre mit der grundrechtlichen Schutzpflicht der Datenschutzbehörden und dem Prinzip der Kohärenz der EU-Rechtsordnung insgesamt nicht vereinbar, wenn diese den bisher besser ausgestatteten Wettbewerbsbehörden und ihrer strikteren Vollzugstradition die Sanktionierung von Verstößen gegen die Verordnung etwa von marktbeherrschenden Unternehmen[22] allein überlassen oder aber in der Sanktionierung von Verstößen gegen die Verordnung relativ – also unter Zugrundelegung der Unterschiede in den Rechtsgrundlagen für Sanktionen – deutlich unter der Praxis der Wettbewerbsbehörden zurück bleiben würden. Neben Art. 83 eröffnet Art. 84 den Mitgliedstaaten die Option, weitere Sanktionsmittel straf- und verwaltungsrechtlicher Art vorzusehen.

14 Dass in Deutschland die zusätzlichen Bedingungen des OWiG für Bußgelder nach Art. 83 für anwendbar erklärt wurden, und zwar in dem Sinne, dass das Verschulden einer vertretungsberechtigten Person nachgewiesen werden muss, um eine Geldbuße nach Art. 83 zu verhängen, obwohl die in der Datenschutzkonferenz vereinigten deutschen Datenschutzbehörden schon mehrfach darauf hinwiesen, dass dies nicht mit der dem europäischen Recht vereinbar ist,[23] grenzt an Sabotage. Es ist deshalb richtig, dass die Frage, ob die Anwendung des OWiG im Bereich des Art. 83 mit dem EU-Recht vereinbar ist, durch das KG Berlin dem EuGH vorgelegt wurde. Der EuGH hat in seinem Urteil vom 5.12.2023 in Rs. C-807/21 (Deutsche Wohnen) nun klargestellt, dass Art. 58 Abs. 2 Buchst. i und Art. 83 Abs. 1 bis 6 dahin auszulegen sind, dass sie einer nationalen Regelung entgegenstehen, wonach eine Geldbuße wegen eines in Art. 83 Abs. 4 bis 6 genannten Verstoßes gegen eine juristische Person in ihrer Eigenschaft als Verantwortliche nur dann verhängt werden kann, wenn dieser Verstoß zuvor einer identifizierten natürlichen Person zugerechnet wurde. Vielmehr kann ein Verantwortlicher in Form einer juristischen Person auch ohne solchen Nachweis mit einer Geldbuße belegt werden. Allerdings gestattet Art. 83 es nicht, eine Geldbuße wegen eines in Art. 83 Abs. 4 bis 6 genannten Verstoßes zu verhängen, ohne dass nachgewiesen ist, dass dieser Verstoß von dem Verantwortlichen

---

[17] VO (EG) Nr. 139/2004 des Rates v. 20.1.2004 über die Kontrolle von Unternehmenszusammenschlüssen, ABl. 2004 L 24, 1.

[18] Siehe die Entscheidung der Kommission v. 18.5.2017 zur Verhängung von Geldbußen in Höhe von 110 Mio. EUR nach Art. 14 Abs. 1 VO (EG) Nr. 139/2004 des Rates aufgrund der Erteilung unrichtiger oder irreführender Angaben durch Facebook hinsichtlich der Möglichkeit automatischer Abgleichung von Nutzerdaten zwischen Facebook und WhatsApp im Rahmen der Übernahme von WhatsApp durch Facebook.

[19] Leitlinien für das Verfahren zur Festsetzung von Geldbußen gemäß Art. 23 Abs. 2 Buchst. a VO (EG) Nr. 1/2003, ABl. 2006 C 210, 2.

[20] Vgl. *Faust/Spittka/Wybitul* ZD 2016, 120.

[21] In dieser Richtung *Dannecker* NZWiSt 2022, 85.

[22] Siehe dazu die vorläufige Einschätzung des Bundeskartellamtes im Facebook-Verfahren v. 19.12.2017: „Das Sammeln und Verwerten von Daten aus Drittquellen außerhalb der Facebook Website ist missbräuchlich", abrufbar unter https://www.bundeskartellamt.de/SharedDocs/Publikation/DE/Pressemitteilungen/2017/19_12_2017_Facebook.pdf?__blob=publicationFile&v=3 und nun EuGH Urt. v. 4.7.2023 – C-251,2021, ECLI:EU:C:2023:537 – Facebook und Meta gegen Bundeskartellamt.

[23] Siehe https://www.datenschutzkonferenz-online.de/media/en/20190405_Entschliessung_Unternehmenshaftung.pdf.

vorsätzlich oder fahrlässig begangen wurde. Folglich ist Voraussetzung für die Verhängung einer solchen Geldbuße, dass der Verstoß schuldhaft begangen wurde. Klargestellt hat der EuGH in diesem Urteil aber auch, dass ein Verantwortlicher für ein Verhalten, das in den Anwendungsbereich der DS-GVO fällt, sanktioniert werden kann, wenn er sich über die Rechtswidrigkeit seines Verhaltens nicht im Unklaren sein konnte, gleichviel, ob ihm dabei bewusst war, dass es gegen die Vorschriften der DS-GVO verstößt.[24] Handelt es sich bei dem Verantwortlichen um eine juristische Person, hat der EuGH zudem klargestellt, dass die Anwendung von Art. 83 keine Handlung und nicht einmal eine Kenntnis seitens des Leitungsorgans dieser juristischen Person voraussetzt.[25]

B. Einzelerläuterungen

I. Grundlagen (Abs. 1)

Die Entscheidung der Aufsichtsbehörden über Verhängung von Geldbußen hat sich an den Prinzipien der Wirksamkeit, Verhältnismäßigkeit und dem Ziel der Abschreckung zu orientieren. Die Begriffe der Wirksamkeit und Abschreckung gehen dabei ineinander auf bzw. sind nicht trennscharf voneinander abgrenzbar. Art. 83 Abs. 1 gibt jedoch insgesamt die klare Zielsetzung vor, mittels der Geldbuße allein für eine effektive Sanktionierung von Datenschutzverstößen mit hinreichender Abschreckungswirkung zu sorgen. Damit ist es den Aufsichtsbehörden insbesondere untersagt, die Bemessung der Höhe der Geldbuße von etwaigen Schadensersatzforderungen nach Art. 82 abhängig zu machen bzw. auf diese abzustimmen. Denn dann wäre die Wirksamkeit der Geldbuße nicht mehr gewahrt. Es ist ihnen auch untersagt, systematisch von einer Geldbuße abzusehen, außer in den ausdrücklich genannten Fällen unter Erfüllung spezifischer ausdrücklich in der Verordnung genannter Bedingungen (natürliche Person, Geringfügigkeit). Zur Ermessensreduzierung insoweit und der Höhe der Geldbuße im Einzelnen → Rn. 21 ff. 15

Aus dem Verhältnismäßigkeitsprinzip folgt, dass Geldbußen zur Erreichung des von ihnen erstrebten Ziels, das in der Sanktionierung für Verstöße in der Vergangenheit und der Einhaltung der DS-GVO in der Zukunft liegt, geeignet und unter Berücksichtigung aller Umstände des Einzelfalls angemessen sein müssen. Die Aufsichtsbehörden müssen hierzu alle relevanten Umstände in die Abwägung einstellen und gewichten. 16

Zwar gewährt Art. 83 den Aufsichtsbehörden in vielerlei Hinsicht einen Ermessensspielraum. Hierzu gehören insbesondere die Gewichtung der in Abs. 2 genannten Kriterien sowie die Bestimmung der Bußgeldhöhe im Einzelnen nach den Abs. 4 und 5. Entsprechend der Rechtsprechung des EuGH zum Wettbewerbsrecht bei der Verhängung von Geldbußen haben die Aufsichtsbehörden jedoch kein unbegrenztes Ermessen.[26] Vielmehr haben sie die allgemeinen Rechtsgrundsätze des Unionsrechts und des Rechts der Mitgliedstaaten zu beachten, wozu insoweit insbesondere der Grundsatz der Gleichbehandlung zählt. Daraus ergibt sich für die DS-GVO das Gebot, eine Verwaltungspraxis für die Verhängung von Geldbußen zu entwickeln, um gleichartigen Fällen auf vergleichbare Weise zu begegnen. Besondere Bedeutung dürfte insoweit den Leitlinien des Ausschusses nach Art. 70 Abs. 1 Buchst. k zukommen. Diese werden, vergleichbar mit den Leitlinien der Kommission für das Verfahren zur Verhängung von Geldbußen im Wettbewerbsrecht,[27] quasi-normative Bedeutung erlangen, sodass Abweichungen hiervon justiziabel sein werden.[28] 17

---

[24] Vgl. entspr. EuGH Urt. v. 18.6.2013 – C-681/11, EU:C:2013:404 Rn. 37 – Schenker & Co. u.a., und die dort angeführte Rspr., EuGH Urt. v. 25.3.2021 – C-591/16 P, EU:C:2021:243 Rn. 156 – Lundbeck/Kommission; EuGH Urt. v. 25.3.2021 – C-601/16 P, EU:C:2021:244 Rn. 97 – Arrow Group und Arrow Generics/Kommission.
[25] Vgl. entspr. EuGH Urt. v. 7.6.1983 – 100/80 bis 103/80, EU:C:1983:158 Rn. 97 – Musique Diffusion française u.a./Kommission; EuGH Urt. v. 16.2.2017 – C-94/15 P, EU:C:2017:124 Rn. 28 – Tudapetrol Mineralölerzeugnisse Nils Hansen/Kommission sowie die dort angeführte Rspr.
[26] Vgl. EuG Urt. v. 28.4.2010 – T-446/05, ECLI:EU:T:2010:165 Rn. 140, 142 ff. – Amann & Söhne und Cousin Filterie/Kommission.
[27] Leitlinien für das Verfahren zur Festsetzung von Geldbußen gem. Art. 23 Abs. 2 Buchst. a VO (EG) Nr. 1/2003, ABl. 2006 C 210, 2.
[28] Vgl. EuG Urt. v. 5.4.2006 – T-279/02, ECLI:EU:T:2006:103 Rn. 82 mwN – Degussa/Kommission.

II. Formelle Anforderungen (Abs. 8)

18 Die Zuständigkeit der Aufsichtsbehörde ergibt sich zwar nicht unmittelbar aus Art. 83. Da die Verhängung des Bußgeldes gemäß Art. 83 Abs. 2 jedoch zusätzlich zu oder anstelle von Maßnahmen nach Art. 58 erfolgt, kann sich die Zuständigkeit für die Verhängung des Bußgeldes nur danach richten, ob die Aufsichtsbehörde auch nach Art. 58 zuständig wäre. Dies wiederum bestimmt sich nach den Art. 55 f.

19 Gemäß Abs. 8 und Erwägungsgrund 148 S. 4 sind die „angemessenen Verfahrensgarantien" des Unionsrechts und der Mitgliedstaaten einzuhalten. Im Wesentlichen bedeutet dies, dass vor der Entscheidung über die Verhängung eines Bußgeldes der oder die Betroffene angehört werden muss.[29] Außerdem muss das Recht auf gerichtlichen Rechtsschutz gewährt werden. Dessen Ausgestaltung obliegt dem Prozessrecht der Mitgliedstaaten. Ob Abs. 8 auch die Verjährung von Verstößen in Zusammenhang mit der Verhängung von Geldbußen ist angesichts des überwiegend materiell-rechtlichen Charakters der Verjährung mehr als zweifelhaft.[30]

20 Schließlich gebieten die allgemeinen Rechtsgrundsätze des Unionsrechts sowie das Recht der Mitgliedstaaten, die Verhängung von Geldbußen mit einer Begründung samt der angewandten Berechnungsmethode zu versehen, die es den Adressaten erlaubt, ihr Verhalten rechtmäßig zu gestalten und gegebenenfalls Rechtsschutzmöglichkeiten wahrzunehmen.[31] Die Begründung muss zwar einerseits die für die Ermittlung des Betrags relevanten Aspekte nennen, auf die sich die Aufsichtsbehörde bei der Bewertung des Verstoßes gegen die DS-GVO stützt. Die Aufsichtsbehörde wird die einzelnen Schritte nach den Leitlinien 4/2022 abarbeiten müssen und auf diese verweisen können. Dies zwingt sie andererseits aber nicht, Zahlenangaben zur Berechnungsweise der Geldbuße zu machen oder sich gar durch ausschließliche Verwendung mathematischer Formeln ihres Ermessens zu entledigen.[32]

III. Kriterien der Bußgeldhöhe (Abs. 2, 3)

21 **1. Allgemeines.** Abs. 2 verpflichtet die Aufsichtsbehörden, jeden Einzelfall vollumfänglich auszuermitteln, um die Umstände des Einzelfalles „gebührend" berücksichtigen zu können. Hierfür steht den Aufsichtsbehörden das gesamte Instrumentarium des Art. 58 zur Verfügung. Insbesondere können und sollten die Aufsichtsbehörden die Verantwortlichen und Auftragsverarbeiter nach Art. 58 Abs. 1 Buchst. a verpflichten, sämtliche Informationen zur Wahrnehmung ihrer Aufgaben zur Verfügung zu stellen.

22 Nach dem Wortlaut des Art. 83 Abs. 2 steht es im Ermessen der Aufsichtsbehörde, ein Bußgeld zusätzlich zu oder anstelle einer anderen Aufsichtsmaßnahme nach Art. 58 Abs. 2 Buchst. a–h zu verhängen. Diese Entscheidung ist jedoch am Grundsatz der Wirksamkeit und Abschreckung zu orientieren. Es muss stets das Ziel sein, den Verantwortlichen und Auftragsverarbeitern einen effektiven Anreiz zu rechtmäßigem Handeln zu setzen. Im Regelfall wird es weder ausreichen, sich auf eine anderweitige Aufsichtsmaßnahme noch auf eine Geldbuße allein zu beschränken. Der apodiktische Wortlaut des Art. 83 Abs. 2 S. 1 („Geldbußen ... werden verhängt") wie auch der Wortlaut des Erwägungsgrundes 148 S. 1 sowie der Umkehrschluss aus S. 2, der nur für den Fall eines geringfügigen Verstoßes[33] oder einer unverhältnismäßigen Belastung einer natürlichen Person durch eine Geldbuße die Möglichkeit vorsieht, „anstelle einer Geldbuße eine Verwarnung" zu erteilen, sprechen eine deutliche Sprache für eine Ermessensreduzierung auf null und für eine Pflicht zur Sanktion.[34] Auch insoweit dürften die Leitlinien 17/EN WP 253 des Ausschusses eine wichtige Rolle bei der Entscheidungspraxis der Aufsichts-

---

[29] Vgl. § 28 VwVfG.
[30] Vgl. *Kühling/Martini* DS-GVO S. 283 f.
[31] Vgl. EuG Urt. v. 28.4.2010 – T-446/05, ECLI:EU:T:2010:165 Rn. 148 – Amann & Söhne und Cousin Filterie/Kommission.
[32] Vgl. EuG Urt. v. 28.4.2010 – T-446/05, ECLI:EU:T:2010:165 Rn. 226 – Amann & Söhne und Cousin Filterie/Kommission und Leitlinien 4/2022, Einl. letzter Satz und Rn. 145.
[33] Siehe dazu auch Leitlinien 17/EN WP 253, III (a) 2. Abs., wo darauf hingewiesen wird, dass aus dem Erwägungsgrund keineswegs eine Pflicht der Aufsichtsbehörde abgeleitet werden kann, stets von einer Geldbuße zugunsten einer Verwarnung abzusehen, sondern eine Abwägung im konkreten Fall nach den Umständen und Gesichtspunkten der Verhältnismäßigkeit notwendig ist.
[34] Ausf. und überzeugend dazu Däubler/Wedde/Weichert/Sommer/*Sommer/Däubler* DS-GVO Art. 83 Rn. 4–10.

behörden spielen.³⁵ Sie bestimmen dazu, dass Geldbußen weder das letzte Mittel sind noch auf sie schüchtern verzichtet werden sollte, sie aber auch nicht so eingesetzt werden sollten, dass ihre Effektivität als Instrument reduziert würde.³⁶ In der derart indirekt weisenden Sprache der Leitlinien 17/EN WP 253 spiegeln sich die bisher unterschiedlichen Sanktionstraditionen der Datenschutzbehörden, die bei der Auslegung der Verordnung aber keine Rolle mehr spielen dürfen.

Die Höhe des Bußgeldes muss deutlich höher ausfallen als der etwaige Gewinn, der aus dem Verstoß gegen die DS-GVO geschöpft wurde. Insbesondere weil Schadensersatzforderungen nach Art. 82 den erzeugten Gewinn in der Regel nie ausschöpfen werden (→ Art. 82 Rn. 2), reicht ein leicht über der Gewinnmarge liegendes Bußgeld keineswegs aus, um für eine wirksame Abschreckung zu sorgen. Denn ansonsten wären die Verantwortlichen und Auftragsverarbeiter stets in der Lage, mit dem aus dem Verstoß erzeugten Gewinn die Geldbuße zu bezahlen und gegebenenfalls sogar noch einen Rest des Gewinns behalten zu können. Die Leitlinien 4/2022 sehen in einem wirtschaftlichen Gewinn aus einem Verstoß gegen die DS-GVO ein erschwerender Umstand nach Art. 83 Abs 2 k.³⁷ Die schlechte wirtschaftliche Lage ist gemäß Erwägungsgrund 148 S. 2 für die Höhe des Bußgeldes irrelevant, solange es sich nicht um eine natürliche Person handelt. Dem liegt die Erwägung zugrunde, dass ansonsten den wirtschaftlich schlecht aufgestellten Unternehmen ein ungerechtfertigter Wettbewerbsvorteil aus rechtswidrigem Verhalten entstünde.³⁸ Für die Missachtung der Bestimmungen der DS-GVO und der grundrechtlich geschützten Positionen der betroffenen Person können wirtschaftliche Erwägungen keinen Rechtfertigungsgrund darstellen. Im Übrigen hat sich die Höhe der Geldbuße in allen Fällen am Verhältnismäßigkeitsprinzip zu orientieren. Dies Bestimmen auch die Leitlinien 17/EN WP 253, die im Übrigen nach einem allgemeinen Teil über Prinzipien (II.) die einzelnen Kriterien in dem Buchstabenkatalog des Abs. 2 erläutern (III.).

2. Leitlinien 4/2022 vom 24.5.2023. Der Europäische Datenschutzausschuss hat am 24.5.2023 nach einer öffentlichen Konsultation eine endgültige Fassung der Leitlinien für die Berechnung von Geldbußen nach Art. 83 angenommen. Diese Leitlinien, ein Meisterwerk von 77 Seiten mit Fallbeispielen und Grafiken sowie Lesehilfe, zielen darauf ab, die von den Datenschutzbehörden zur Berechnung von Geldbußen angewandte Methodik zu harmonisieren und harmonisierte „Ausgangspunkte" zu schaffen, ohne allerdings die Ergebnisse zu harmonisieren. Die Leitlinien gelten für alle Arten von für die Verarbeitung Verantwortlichen und Auftragsverarbeitern gemäß Art. 4 Abs. 7 und 8, außer für natürliche Personen, wenn sie nicht als Unternehmen handeln. Dies gilt unbeschadet der Befugnisse der nationalen Behörden, Geldbußen gegen natürliche Personen zu verhängen.³⁹

Nach den Leitlinien 4/2022 sind fünf Schritte zur Berechnung von Bußgeldern für Verstöße gegen die DS-GVO vorgesehen, ohne dass allerdings die Aufsichtsbehörden in jedem Fall jeden dieser fünf Schritte abarbeiten müssen. Allerdings sollte die Begründung zumindest die Faktoren enthalten, die zur Bestimmung des Schweregrads, des angewandten Umsatzes und der angewandten erschwerenden und mildernden Faktoren geführt haben.⁴⁰

Die fünf Schritte der Berechnung sind:
– Erstens müssen das in Frage stehende Verhalten, also Verarbeitungen und anderes relevantes Verhalten, sowie die Normverstöße in dem Fall ermittelt und die Anwendung von Art. 83 Abs. 3 bewertet werden.
– Zweitens muss der Ausgangspunkt für die Berechnung der Höhe der Geldbuße ermittelt werden. Dazu werden die Einstufung der Zuwiderhandlung in Art. 83 Abs. 4–6, die Schwere der Zuwiderhandlung gemäß Art. 83 Abs 3a, b und g und der Umsatz des Unternehmens als ein relevantes Element für die abschreckende Wirkung und Verhältnismäßigkeit der Sanktion herangezogen.

---

³⁵ → Rn. 5.
³⁶ Siehe Leitlinien 17/EN WP 253, II.1, nach Fn. 5.
³⁷ Leitlinien 4/2022, RN 110.
³⁸ Siehe auch Erwägungsgrund 150 S. 4; vgl. ferner EuGH Urt. v. 29.6.2006 – C-308/04 P, ECLI:EU:C:2006:433 Rn. 105 = EuR 2006, 554 – SGL Carbon/Kommission; vgl. EuG Urt. v. 28.4.2010 – T-446/05, ECLI:EU:T:2010:165 Rn. 198 ff. – Amann & Söhne und Cousin Filterie/Kommission.
³⁹ Leitlinien 4/2022, Rn. 9.
⁴⁰ Leitlinien 4/2022, Rn. 6.

- Drittens werden erschwerende und mildernde Umstände im Zusammenhang mit dem früheren oder gegenwärtigen Verhalten des für die Verarbeitung Verantwortlichen/Auftragsverarbeiters bewertet und die Geldbuße entsprechend erhöht oder herabgesetzt.
- Viertens ist die Ermittlung der einschlägigen gesetzlichen Höchstbeträge für die verschiedenen Verstöße vorgesehen.
- Fünftens ist zu prüfen, ob der berechnete Endbetrag den Anforderungen der Wirksamkeit, Abschreckung und Verhältnismäßigkeit entspricht. Die Geldbuße kann noch entsprechend angepasst werden, ohne jedoch den entsprechenden gesetzlichen Höchstbetrag zu überschreiten.

26 Bei der Beurteilung der Rechtmäßigkeit der Bußgelder wird eine Orientierung auch an der Rechtsprechung zum Wettbewerbsrecht sinnvoll sein. So hat das EuG in Bezug auf das bisher höchste durch die EU-Kommission verhängte Bußgeld von 4,1 Mrd. EUR gegen Google festgestellt, dass die Kommission bei der Ausübung ihrer Sanktionsbefugnis entgegen dem Vorbringen von Google nicht verpflichtet war, sich Zurückhaltung aufzuerlegen, um der angeblichen Neuheit der in Rede stehenden Praktiken Rechnung zu tragen. Das Gleiche gilt für das Gericht bei der Ausübung seiner Befugnis zu unbeschränkter Nachprüfung.

27 Im Übrigen sei festzustellen, dass einem Unternehmen von der Größe Googles, das auf den im angefochtenen Beschluss genannten Märkten über erhebliche Marktmacht verfügt, seine wettbewerbsrechtlichen Verpflichtungen nicht verborgen geblieben sein können.[41] Nicht anders wird es sich in der Regel im Datenschutzrecht verhalten.

28 **3. Katalog des Abs. 2 im Einzelnen. a) Buchst. a: Art, Schwere und Dauer des Verstoßes.** Buchst. a legt als Grundlage für die Ermittlung der Bußgeldhöhe bestimmte rechtliche und tatsächliche Kriterien fest, die die Aufsichtsbehörde in jedem Einzelfall zu berücksichtigen hat. Aufgrund der begrifflichen Weite der genannten Kriterien und in Anbetracht der Existenz der „Auffangklausel" in Buchst. k lassen sich die „Art" und „Schwere" des Verstoßes nicht abschließend definieren.

29 Die Leitlinien 4/2022 sehen nun vor, dass zunächst ein Ausgangsbetrag für die Geldbuße anhand von drei Schwereklassen festgelegt wird. Für Verstöße geringer Schwere legen die Leitlinien 4/2022 eine Spanne von 0[42] – 10 Prozent des geltenden gesetzlichen Höchstbetrags nach Art. 83 Abs 4 und 5 fest, für mittlerer Schwere 10–20 Prozent dieser Beträge und für schwerwiegende Verstöße 20 – 100 prozent.[43] Die Einstufung der Schwere des Verstoßes gewinnt vor diesem Hintergrund eine entscheidende Bedeutung für die Höhe der Geldbuße.

30 In den Leitlinien 4/2022 weist der EDSA darauf hin, dass fast alle Verpflichtungen der für die Verarbeitung Verantwortlichen und der Auftragsverarbeiter gemäß der DS-GVO in den Bestimmungen von Art. 83 Abs. 4 bis 6 nach ihrer Art kategorisiert sind. Die DS-GVO sieht zwei Kategorien von Verstößen vor: Verstöße, die gemäß Art. 83 Abs. 4 geahndet werden und Verstöße, die gemäß Art. 83 Abs. 5 und 6 geahndet werden. Die erste Kategorie von Verstößen wird mit einer Geldbuße von maximal 10 Mio. EUR oder 2 Prozent des Jahresumsatzes des Unternehmens geahndet, je nachdem, welcher Betrag höher ist, während die zweite Kategorie mit einer Geldbuße von maximal 20 Mio. EUR oder 4 Prozent des Jahresumsatzes des Unternehmens geahndet wird, je nachdem, welcher Betrag höher ist. Der EDSA sieht in dieser Unterscheidung des Gesetzgebers zu Recht einen ersten Hinweis auf die Schwere des Verstoßes.[44]

31 Innerhalb dieser Zweiteilung wird sodann die Schwere des Verstoßes im Sinne der Leitlinien 4/2022 durch eine Zusammenschau der Faktoren nach Art. 83 Abs. 2 Buchst. a, b und g ermittelt: Die Aufsichtsbehörde muss Art, Schwere und Dauer des Verstoßes unter Berücksichtigung der Art, des Umfangs oder des Zwecks der betreffenden Verarbeitung sowie der Zahl der betroffenen Personen und des Ausmaßes des ihnen entstandenen Schadens (Art. 83 Abs. 2 Buchst. a), Vorsatz oder Fahrlässigkeit (Art. 83 Abs. 2 Buchst. b) und die Kategorien der von

---

[41] EuG Urt. v. 14.9.2022 – T-604/18, Google LLC und Alphabet, Inc., ECLI:EU:T:2022:541, Rn. 1101 ff.; Google hat am 30.11.2022 Rechtsmittel eingelegt, Rs. C-738/22 P. Zur Anwendung der Parameter des Wettbewerbsrechts bei der Auslegung des Art. 83 DS-GVO siehe auch GA Campos Sanchez Bordona in seinen Schlussanträgen v. 27.4.2023 in Rs. C-807/21, Deutsche Wohnen SE/Staatsanwaltschaft Berlin, Rn. 37–62.
[42] Die Null in den Leitlinien ist missverständlich, denn die Aufsichtsbehörden sind verpflichtet, jeden Verstoß mit einer Geldbuße zu ahnden, → Rn. 22.
[43] Leitlinien 4/2022, Rn. 60.
[44] Leitlinien 4/2022, Rn. 49–50.

dem Verstoß betroffenen personenbezogenen Daten (Art. 83 Abs. 2 Buchst. g) ermitteln. In diesem Zusammenhang kann die Aufsichtsbehörde auch prüfen, ob die fraglichen Daten direkt identifizierbar waren.

Auch wenn sie in diesen Leitlinien einzeln erörtert werden, sind diese Faktoren in Wirklichkeit oft miteinander verwoben und sollten im Zusammenhang mit dem Sachverhalt des gesamten Falles betrachtet werden. Für die Zwecke dieser Leitlinien, also die Festsetzung des Ausgangsbetrags der Geldbuße anhand der Einstufung in eine der drei Schwereklassen, bezeichnet der EDSA die Gesamtschau dieser Faktoren als die Schwere des Verstoßes.[45] Bei der „Schwere" des Verstoßes kann es darauf ankommen, welche Wirkung bzw. Konsequenzen der Verstoß für die betroffene Person hatte, also ob die Verletzung bspw. zu einer besonderen Bloßstellung der betroffenen Person in einem engeren Personenkreis oder gar der Öffentlichkeit führte, und ob sich der Verstoß wieder rückgängig machen lässt oder nicht.[46] Hinsichtlich des Zwecks der Verarbeitung kann sich etwa die Frage stellen, ob Anlass oder Zweck der Verarbeitung[47] ein rechtmäßiger oder rechtswidriger war. Nach den Leitlinien 17/EN WP 253 ist die Anzahl der Betroffenen unter Umständen ein wichtiger Hinweis auf systemische Fehler und einen Mangel ordentlicher Routinen des Datenschutzes. Die Geldbuße ist nicht vom Nachweis einer kausalen Verbindung zwischen Verstoß und Schaden abhängig, die Höhe eines Schadens und die Dauer des Verstoßes sind aber Ermessenskriterien.

b) Buchst. b: Vorsätzlichkeit oder Fahrlässigkeit des Verstoßes. Buchst. b ermöglicht es, den Grad des Verschuldens beim Verantwortlichen oder Auftragsverarbeiter zu berücksichtigen. Insoweit stellt sich die Frage, auf welche Person bei nicht-natürlichen Personen abzustellen ist. Da es hier nicht um die Zurechnung eines Verschuldens im Sinne des Schadensrechts sondern um eine verwaltungsrechtliche Sanktion sui generis geht, wird es nicht zwingend stets auf das vertretungsberechtigte Organ einer juristischen Person oder einer Gesellschaft ankommen. Ein Organverschulden ist, auch zur Verhängung des Höchstsatzes, nicht erforderlich. Vorsätzliches oder fahrlässiges Verhalten eines leitenden Angestellten, einer anderweitig die Verarbeitung verantwortenden Person oder gar der mit dem konkreten Verarbeitungsvorgang betrauten Person wird je nach den Umständen des konkreten Einzelfalles ebenfalls zu berücksichtigen sein. Gleichwohl wird der Vorwurf gegenüber dem Verantwortlichen oder Auftragsverarbeiter umso gravierender und die Geldbuße umso höher ausfallen, je eher der Verstoß auf einem Organisationsverschulden und nicht lediglich auf dem gegebenenfalls unvorhersehbaren oder unvermeidbaren Fehlverhalten einzelner untergeordneter Personen beruht. Die Anweisung eines Organs zur rechtswidrigen Verarbeitung ist nach den Leitlinien 17/EN WP 253 regelmäßig als Vorsatz anzusehen.

Vorsatz und Fahrlässigkeit knüpfen inhaltlich nicht an die rechtliche Bewertung eines Verarbeitungsvorgangs als Rechtsverstoß an. Zumindest bei Zweifeln über die Rechtslage wird der Verantwortliche oder Auftragsverarbeiter diese Zweifel selbst ausräumen müssen oder aber die betreffende Datenverarbeitung zu unterlassen haben, bis die Zweifel geklärt sind. Nach den Leitlinien 17/EN WP 253 kann die Knappheit von Mitteln bei der Umsetzung der Regeln nicht entschuldigen. Zeichen für Vorsatz sind rechtswidrige Verarbeitung trotz vorangegangener Hinweise durch Datenschutzbeauftragte oder entgegen bestehender Datenschutzregeln im Unternehmen. Als Beispiele nennen die Leitlinie Erwerb von Daten von Beschäftigten eines Wettbewerbers, um diesen zu diskreditieren; Änderung von Daten, um Zielerfüllung zu behaupte, etwa bei Wartezeiten in Hospitälern; Handel von Daten mit der Behauptung, es läge Zustimmung vor, ohne der Prüfung oder unter Missachtung der Aussagen von Betroffenen darüber, wie ihre Daten verwendet werden sollen. Fahrlässigkeit kommt nach den Leitlinien 17/EN WP 253 in Betracht, wenn bestehende Datenschutzregeln des Unternehmens nicht gelesen oder nicht eingehalten wurden, oder gar keine Datenschutzregeln erlassen wurden, bei menschlichem Versagen, Veröffentlichung von Daten ohne persönliche Daten zu prüfen und gegebenenfalls zu entfernen, bei mangelhaften oder verspäteten technischen Updates. Nach EuGH-Urteil vom 5.12.2023 – Rs. C-681/21 (Nacionalinis visuomenės sveikatos) kann eine Buße auch gegen einen Verantwortlichen betreffende Verarbeitungsvorgänge, die von einem Auftragsverarbeiter

---

[45] Leitlinien 4/2022, Rn. 51, 53.
[46] Man denke etwa an die Kenntlichmachung bestimmter Informationen gegenüber Versicherungen, die infolgedessen den Versicherungsabschluss endgültig ablehnen.
[47] Dazu verweisen die Leitlinien 17/EN WP 253 auf die Leitlinien WP 203 zur Zweckbindung der Verarbeitung v. 2.4.2013, abrufbar unter http://ec.europa.eu/justice/data-protection/article-29/documentation/opinion-recommendation/files/2013/wp203_en.pdf.

in seinem Namen durchgeführt wurden, verhängt werden, es sei denn, der Auftragsverarbeiter hat im Rahmen dieser Verarbeitungsvorgänge Verarbeitungen für eigene Zwecke vorgenommen oder diese Daten auf eine Weise verarbeitet, die nicht mit dem Rahmen oder den Modalitäten der Verarbeitung, wie sie vom Verantwortlichen festgelegt wurden, vereinbar ist, oder auf eine Weise, bei der vernünftigerweise nicht davon ausgegangen werden kann, dass der Verantwortliche ihr zugestimmt hätte.

35 **c) Buchst. c: Maßnahmen zur Minderung des entstandenen Schadens.** Die Regelung soll einen Anreiz für Verantwortliche und Auftragsverarbeiter setzen, begangene Verstöße nach Möglichkeit umgehend wieder rückgängig zu machen bzw. Schäden wiedergutzumachen. Dabei ist der Begriff des Schadens nicht ausschließlich auf einen Vermögensschaden zu beziehen. Vielmehr kann sich ein Verantwortlicher oder Auftragsverarbeiter auch bei Nichtvermögensschäden und anderen, nicht unter den Schadensbegriff fallenden Beeinträchtigungen um eine finanzielle oder anderweitige Widergutmachung bemühen. Von dem Wortlaut zwar nicht ausdrücklich genannt, wird die Aufsichtsbehörde spiegelbildlich dennoch auch zu berücksichtigen haben, dass keinerlei Bemühungen zur Wiedergutmachung erfolgten. Wie zügig und intensiv sich der Verantwortliche um Schadensersatz bemüht, soll nach den Leitlinien 17/EN WP 253 ebenso eine Rolle bei der Ermittlung der Geldbuße spielen wie die Tatsache, dass andere beteiligte Verantwortliche oder Verarbeiter informiert wurden und so weiterer Schaden verhindert wurde. Eine Kronzeugenregel enthalten die Leitlinien 17/EN WP 253 nicht. Sie könnte angesichts der vielfältigen modernen Konstellationen von Co-Verantwortlichen oder von Verantwortlichen zu Verarbeitern durchaus sinnvoll sein.[48]

36 **d) Buchst. d: Technische und organisatorische Maßnahmen.** Der Regelungsgehalt dieser Bestimmung geht teilweise in Buchst. b auf, da die Bestimmung des Grades des Verschuldens dem „Grad der Verantwortlichkeit" in den meisten Fällen entsprechen wird. Ihren eigenen Bedeutungsgehalt neben Buchst. b gewinnt die Regelung zunächst insoweit als sie die speziellen Bestimmungen für Datenschutz durch Technikgestaltung und datenschutzfreundliche Voreinstellungen und die Datensicherheit, nämlich die Art. 25 und 32 für besonders berücksichtigenswert erklärt. Die technisch-organisatorische Relevanz dieser Regelungen geht insoweit über die einfache rechtliche Kategorie von Vorsatz und Fahrlässigkeit hinaus. Erst durch die Berücksichtigung dieser Vorschriften im Sanktionskatalog entsteht ein echter wirtschaftlicher Anreiz zur Investition, da ernste und umfassende Investitionen in diesem Bereich die Geldbuße erheblich senken können. Die Leitlinien 17/EN WP 253 beziehen in diesem Zusammenhang auch die Anwendung organisatorischer Maßnahmen durch das Management nach Art. 24 in die Abwägung ein. Maßgebliche Industriestandards und Verhaltensregeln (Art. 40) sind nach den Leitlinien 17/EN WP 253 zur Ermittlung der „best practice" heranzuziehen.

37 Ferner gewinnt im Rahmen von Buchst. d die Zuordnung von Verantwortungsbereichen zwischen Verantwortlichem und Auftragsverarbeiter bei einer gemeinsamen Beteiligung am Verarbeitungsvorgang, wie sie in Art. 82 geregelt ist, auch hier an Bedeutung (→ Art. 82 Rn. 22 ff.). Entsprechend den für Art. 82 geltenden Grundsätzen sollte die Aufsichtsbehörde auch im Rahmen der Verhängung von Bußgeldern ermitteln und prüfen, welchen Akteur zu welchem Anteil eine Verantwortlichkeit trifft. Hierbei kommt es jedoch nicht auf die exakte, mathematische Bestimmung von Verantwortungsanteilen an. Vielmehr ist eine grobe, aber vernünftige Verteilung hinreichend. Lässt sich im Verfahren zur Verhängung der Geldbuße eine konkrete Verteilung der Verantwortlichkeiten im Innenverhältnis nicht feststellen, so steht die DS-GVO einer dem Recht der Mitgliedstaaten entspringenden Auffangregel[49] nicht entgegen, der zufolge eine Haftung zu gleichen Teilen vorgesehen ist, sofern die betroffenen Verantwortlichen oder Auftragsverarbeiter nicht nachweisen können, dass die jeweils andere Seite eine höhere Verantwortlichkeit treffe.[50]

38 **e) Buchst. e: Frühere Verstöße.** Indem früheres Fehlverhalten bei erneuten Verstößen erschwerend wirkt, wird ein zusätzlicher Anreiz gesetzt, sich zukünftig rechtmäßig zu verhalten. Der pädagogische, in die Zukunft gerichtete Ansatz der DS-GVO kommt hier besonders deutlich zur Geltung. Das Kriterium des Buchst. e dürfte ferner auch dann zu berücksichtigen sein, wenn ein Verantwortlicher einen Auftragsverarbeiter auswählt, obwohl er Kenntnis von

---

[48] → Rn. 26.
[49] In Deutschland etwa § 426 BGB.
[50] Vgl. EuGH Urt. v. 10.4.2014 – C-231/11 bis C-233/11 P, ECLI:EU:C:2014:256 Rn. 71 – Siemens Österreich u.a./Kommission.

dessen früheren Verstößen gegen die DS-GVO Kenntnis hat, etwa weil er bereits mit ihm zusammengearbeitet hat. Dies ergibt sich mittelbar auch aus Art. 28 Abs. 1. Nach den Leitlinien 17/EN WP 253 ist insbesondere die Frage zu prüfen, ob der Verantwortliche oder Auftragsverarbeiter bereits zuvor den gleichen Verstoß oder Verstöße auf ähnliche Art und Weise beging, etwa aufgrund unzureichender Risikobewertung, Unkenntnis der notwendigen Abläufe, Nachlässigkeit beim Umgang mit Betroffenen etc. Durch Wiederholung können Verstöße nach Abs. 4 („2 Prozent") gemäß Abs. 6 in die höhere Kategorie („4 Prozent") aufrücken, darauf weisen die Leitlinien 17/EN WP 253 ebenso ausdrücklich hin[51] wie auf die Notwendigkeit, nationale Verjährungsregeln zu beachten.[52] Die Leitlinien 17/EN WP 253 schweigen zur Frage, ob nur Verstöße innerhalb der EU oder auch Verstöße außerhalb der EU als Grundlage für die Feststellung einer Wiederholung bzw. eines vorangegangenen Verstoßes eingestellt werden können. Jedenfalls wenn außerhalb der EU das EU-Recht bzw. in einem Angemessenheitsbeschluss nach Art. 45 diesem als gleichwertig anerkannte Regeln (zB Safe Harbor, Privacy Shield) verletzt wurden, müssen derartige vorangegangene Verstöße erschwerend in die Abwägung eingestellt werden. Allein ein derartiges Vorgehen entspricht dem Schutzzweck der Norm, und zwar auch dann, wenn der vorangehende Verstoß durch nicht EU-Behörden festgestellt wurde. Auch die Gleichbehandlung von Unternehmen mit Sitz innerhalb der EU und außerhalb, die im räumlichen Anwendungsbereich der Verordnung angelegt ist (Art. 3) spricht für diese Auslegung, da sie die Gleichbehandlung von Verhalten innerhalb und außerhalb der EU mit sich bringt, soweit es unter die Verordnung fällt.

f) Buchst. f: Zusammenarbeit mit der Aufsichtsbehörde. Die Bestimmung setzt die 39 Pflicht der Verantwortlichen und Auftragsverarbeiter, mit den Aufsichtsbehörden sowohl hinsichtlich der Abhilfe des Verstoßes als auch betreffend der Minderung eingetretener Nachteile zu kooperieren (Art. 58 Abs. 1), bei der Bemessung der Bußgeldhöhe fort. Auch für die Bußgeldberechnung an sich sind Erkenntnisse über den Umsatz des Unternehmens sowie dessen Organisation und Zugehörigkeit zu anderen Unternehmen zwingend erforderlich. Die Leitlinien 17/EN WP 253 stellen auch klar, dass eine Kooperation im Rahmen gesetzlicher Verpflichtung, etwa die Gewährung des Zugangs zum Unternehmen für die Aufsichtsbehörde, hier nicht als Ermessengesichtspunkt eingestellt werden kann. Nur eine Kooperation über gesetzliche Verpflichtung hinaus kann zu einer Minderung der Geldbuße führen.[53]

g) Buchst. g: Betroffene Kategorien von Daten. Mit diesem Kriterium soll bei der 40 Bemessung der Bußgeldhöhe besondere Berücksichtigung finden, ob bestimmte Kategorien personenbezogener Daten verwendet wurden, ob also der Verantwortliche oder Auftragsverarbeiter besondere, mit der besonderen Kategorie von Daten zusammenhängende Sorgfaltspflichten hat walten lassen oder außer Acht gelassen hat. Es handelt sich dabei insbesondere um die in Art. 8–10 genannten Kategorien. Darüber hinaus nennen die Leitlinien 17/EN WP 253 als ermessensrelevante Kriterien die direkte oder indirekte Identifizierung von Personen; Daten, deren Verbreitung unmittelbar Schaden oder Leid für einzelne verursacht, ohne unter Art. 9 oder 10 DS-GVO zu fallen; technischen Schutz, wie etwa Verschlüsselung der Daten:

h) Buchst. h: Mitteilung des Verstoßes. Art. 33 Abs. 1 verpflichtet den Verantwortlichen, 41 ihm bekannt gewordene Verstöße gegen die DS-GVO der Aufsichtsbehörde unverzüglich mitzuteilen. Geschieht dies nicht, wirkt sich dies bei der Berechnung der Bußgeldhöhe nach Art. 83 Abs. 2 Buchst. h negativ aus. Soweit die Regelung auch den Auftragsverarbeiter betrifft, steht diese zu Art. 33 Abs. 2 in Widerspruch, wonach dieser den ihm bekannt gewordenen Verstoß nur dem Verantwortlichen mitzuteilen hat.

Die frühzeitige Kooperation eines Verantwortlichen oder Auftragsverarbeiters kann in Anleh- 42 nung an die Kronzeugenregelung der Kommission im Wettbewerbsrecht[54] auch im Bereich der DS-GVO dazu führen, dass frühzeitige und vollumfängliche Kooperation vergleichbar „belohnt" werden kann. Hierbei sollten die Leitlinien des Ausschusses nach Art. 70 Abs. 1 Buchst. k

---

[51] III (a) bei Fn. 9 der Leitlinien 17/EN WP 253.
[52] Fn. 10; die Einbeziehung nationaler Verjährungsregeln stellt die gleiche Anwendung dieser Vorschrift der Verordnung in Frage und kann deshalb rechtsfehlerhaft sein. Im Zweifel sind nationale Behörden gut beraten, nationale Verjährungsregeln entgegen Fn. 10 der Leitlinien 17/EN WP 253 in diesem Zusammenhang außer Acht zu lassen.
[53] Zu einer eventuellen Kronzeugenregelung → Rn. 19 und 26.
[54] Mitteilung der Kommission über den Erlass und die Ermäßigung von Geldbußen in Kartellsachen, ABl. 2006 C 298, 17; vgl. ferner http://ec.europa.eu/competition/cartels/leniency/leniency.html.

konkrete Bewertungsmaßstäbe und Verfahrensweisen zur Verfügung stellen. Sie stellen klar, dass die Einhaltung der gesetzlichen Verpflichtung allein nicht zur Minderung der Sanktion führt, dass aber nachlässige, unvollständige oder verspätete Mitteilung sehr wohl zu einer höheren Geldbuße führen und nicht als geringfügig angesehen werden kann.[55]

43 **i) Buchst. i: Einhaltung der Maßnahmen nach Art. 58 Abs. 2.** Nach Buchst. i sind früher gegen den Verantwortlichen oder Auftragsverarbeiter in Bezug auf dieselbe Sache erteilte Weisungen zu berücksichtigen. Die Regelung sanktioniert im Rahmen von Art. 83 die mangelnde Befolgung dieser Weisungen. Im Gegensatz zu Buchst. e, so stellen die Leitlinien 17/EN WP 253 klar, geht es hier nur um eigene Maßnahmen der handelnden Aufsichtsbehörde.

44 **j) Buchst. j: Verhaltensregeln und Zertifizierungen.** Auch diese Bestimmung erklärt sich ohne Weiteres von selbst. Sie zwingt die Verantwortlichen und Auftragsverarbeiter dazu, genehmigte Verhaltensregeln und genehmigte Zertifizierungsverfahren bzw. Bedingungen der Zertifizierung nach Art. 24 Abs. 3, Art. 28 Abs. 5 und Art. 32 Abs. 3 auch tatsächlich einzuhalten. Die Leitlinien 17/EN WP 253 stellen klar, dass Verhaltensregeln nach Art. 40 Abs. 4 zwar Verfahren zur Überwachung vorsehen müssen, die Aufgaben und Befugnisse der Aufsichtsbehörden aber unberührt bleiben (siehe auch Art. 41 Abs. 2 lit. c und Art. 42 Abs. 4). Die Aufsichtsbehörde kann die in einem derartigen Verfahren erfolgten Sanktionen berücksichtigen, muss es aber nicht. Nach den Leitlinien 17/EN WP 253 kann die Nichtbeachtung der Verhaltensregeln oder der Zertifizierungsverfahren auch gerade Vorsatz oder Fahrlässigkeit demonstrieren.

45 **k) Buchst. k: Erschwerende oder mildernde Umstände.** Wie bereits erläutert stellt Buchst. k einen Auffangtatbestand dar, der es der Aufsichtsbehörde erlaubt, von ihrem Ermessen vollumfänglich Gebrauch zu machen und gemäß Abs. 2 Hs. 1 alle Umstände des Einzelfalles gebührend zu berücksichtigen. Der beispielhaft angeführte finanzielle Vorteil aus einem Verstoß wird einem mathematischen Wert zu entsprechen haben, der wiederum in Beziehung zu einem konkreten personenbezogenen Datum stehen muss. Als Beispiel für eine mögliche Berechnungsweise für den Wert eines Datensatzes über eine Person, zB in einem sozialen Netzwerks, teilt man den Unternehmenswert durch die Anzahl der Mitglieder dieses Netzwerks. Die Leitlinien 17/EN WP 253 stellen klar, dass Profite aus Verstößen jedenfalls Anlass zu einer Geldbuße sind.

46 **4. „Tateinheit" oder „Tatmehrheit" (Abs. 3).** Bevor eine Geldbuße auf der Grundlage der Methodik der Leitlinien 4/2022 berechnet werden kann, muss zunächst geprüft werden, welches Verhalten und welche Verstöße gegen die DS-GVO der Geldbuße zugrunde liegen sollen und in welchem Verhältnis Verhalten und Verstöße zueinander stehen. Art. 83 Abs 3 bestimmt dazu recht einfach, dass wenn ein Verantwortlicher oder ein Auftragsverarbeiter bei gleichen oder miteinander verbundenen Verarbeitungsvorgängen vorsätzlich oder fahrlässig gegen mehrere Bestimmungen dieser Verordnung verstößt, der Gesamtbetrag der Geldbuße nicht den Betrag für den schwerwiegendsten Verstoß übersteigt. Die missverständliche Formulierung „gleiche Verarbeitungsvorgänge" wird erhellt beim Vergleich mit der englischen Fassung („same processing operation"). Verstößt also ein Verantwortlicher oder Auftragsverarbeiter bei demselben Verarbeitungsvorgang oder bei „miteinander verbundenen Verarbeitungsvorgängen" gegen mehrere Bestimmungen der DS-GVO, ist der Gesamtbetrag auf den Betrag für den schwerwiegendsten Verstoß begrenzt. Zweck dieser Regelung ist es einerseits, klarzustellen, dass die in quantitativer Hinsicht gesteigerte Missachtung der Bestimmungen der DS-GVO besonders sanktionsbedürftig ist.[56] Praktisch bedeutet dies, dass die Geldbuße bei Erfüllung der Voraussetzungen des Art. 83 Abs. 3 insgesamt nicht 4 Prozent (Abs. 5) übersteigen kann, bei der Berechnung der Geldbuße aber selbstverständlich die mehrfache Rechtsverletzung mit eingepreist wird und auch ausdrücklich Teil der Entscheidung sein muss.[57]

---

[55] Am 29.11.2017 richtete die Artikel-29-Datenschutzgruppe eine Arbeitsgruppe zum Uber-Fall ein, siehe http://ec.europa.eu/newsroom/just/item-detail.cfm?item_id=50083.
[56] Vgl. EuG Urt. v. 28.4.2010 – T-446/05, ECLI:EU:T:2010:165 Rn. 160 – Amann & Söhne und Cousin Filterie/Kommission; so auch die Leitlinien 17/EN WP 253, III. (a) nach Fn. 10.
[57] Siehe die unterschiedlichen Positionen dazu der irischen Datenschutzbehörde und Meta einerseits und der deutschen, französischen und portugiesischen Behörden andererseits im EDSA verbindlichen Beschl. 1/2021 zur Streitigkeit nach Art. 65 Abs. 1 Buchst. a über den Beschlussentwurf der irischen Aufsichtsbehörde bezüglich WhatsApp Irland v. 28.7.2021, Rn. 299–327, https://edpb.europa.eu/our-work-tools/our-documents/binding-decision-board-art-65/binding-decision-12021-dispute-arisen_en.

Der EDSA unternimmt in seinen Leitlinien 4/2022 eine komplexe Analyse von Tateinheit und Tatmehrheit und ihren Folgen,[58] die über den Wortlaut der Vorschrift des Art. 83 Abs 3 hinausgeht. Sie ist zu einem großen Teil inspiriert durch die den verbindlichen Beschluss des EDSA 1/2021 zur Streitigkeit nach Art. 65 Abs. 1 Buchst. a über den Beschlussentwurf der irischen Aufsichtsbehörde bezüglich WhatsApp Ireland, in dem die Auslegung des Art. 83 Abs. 3 eine wesentliche Rolle spielt und die weniger als ein Jahr vor der Verabschiedung der Leitlinien 4/2022 erging.[59] Der EDSA untersucht die in der Rechtsprechung des EuGH und des österreichischen VGH[60] dargelegten „Traditionen" im Bereich der Konkurrenzregelungen in unterschiedlichen Rechtsgebieten und konsolidiert diese Analyse mit dem bereits in der WhatsApp-Irland Beschluss gesagten.

Er gibt den Aufsichtsbehörden vor, zunächst festzustellen, ob die Umstände als ein oder mehrere sanktionswürdige Verhaltensweisen zu betrachten sind. Sodann, im Falle eines einzigen Verhaltens, soll festgestellt werden, ob dieses Verhalten einen oder mehrere Verstöße zur Folge hat. Führt das Verhalten zu mehreren Verstößen, folgt sodann die Frage, ob die Zurechnung eines Verstoßes die Zurechnung eines anderen Verstoßes ausschließt, oder sind sie nebeneinander zuzurechnen sind. Zunächst muss festgestellt werden, ob es sich um ein und dasselbe sanktionswürdige Verhalten („idem") handelt. Daher ist es wichtig zu verstehen, welche Umstände als ein und dasselbe Verhalten im Gegensatz zu mehreren Verhaltensweisen angesehen werden. Das relevante sanktionierbare Verhalten muss von Fall zu Fall bewertet und bestimmt werden. In einem bestimmten Fall könnten beispielsweise die „gleichen oder miteinander verbundenen Verarbeitungsvorgänge" ein und dieselbe Verhaltensweise darstellen.[61] Bei der Bewertung, ob man es mit „gleichen oder damit verbundenen Verarbeitungsvorgängen" zu tun hat, sei zu bedenken, dass die Aufsichtsbehörde bei der Bewertung von Verstößen alle Verpflichtungen berücksichtigen kann, die rechtlich erforderlich sind, damit die Verarbeitungsvorgänge rechtmäßig durchgeführt werden können, einschließlich beispielsweise Transparenzpflichten (zB Art. 13). Dies werde auch durch die Formulierung „bei gleichen oder verbundenen Verarbeitungsvorgängen" unterstrichen, die darauf hinweist, dass der Anwendungsbereich dieser Bestimmung jeden Verstoß umfasst, der sich auf denselben oder verbundene Verarbeitungsvorgänge bezieht und sich auf diese auswirken kann.

Der Begriff „verbundenen" bezieht sich auf den Grundsatz, dass eine einheitliche Handlung aus mehreren Teilen bestehen kann, die von einem einheitlichen Willen getragen werden und inhaltlich (insbesondere in Bezug auf die Identität der betroffenen Person, den Zweck und die Art der Daten), räumlich und zeitlich so eng miteinander verbunden sind, dass sie bei objektiver Betrachtung als eine einzige kohärente Handlung anzusehen wären. Ein hinreichender Zusammenhang sollte nicht ohne weiteres angenommen werden, damit die Aufsichtsbehörde nicht gegen die Grundsätze der Abschreckung und der wirksamen Durchsetzung des europäischen Rechts verstößt.[62] Der Begriff miteinander verbundener Verarbeitungsvorgänge ist allerdings weder legaldefiniert noch wird er in der DS-GVO anderweitig verwendet. Nach dem Zweck des Abs. 3 ist der Begriff jedoch eng auszulegen, da sonst die abschreckende Wirkung des Art. 83 unterlaufen würde. Ferner spricht für eine enge Auslegung der miteinander verbundenen Verarbeitungsvorgänge die enge Wortbedeutung der „gleichen" Verarbeitungsvorgänge. Betreffen diese den identischen Verarbeitungsvorgang, kann diese enge Wortbedeutung nicht durch eine uferlose Auslegung der verbundenen Verarbeitungsvorgänge unterlaufen werden. Eine Verbindung von Verarbeitungsvorgängen ist neben dem einenden Willen nach mehreren Kriterien denkbar, nämlich die Identität der betroffenen Person, die Identität des Zwecks der Verarbeitung, der Art der Verarbeitungsvorgänge an sich und die zeitliche Nähe verschiedener Verarbeitungsvorgänge. Um eine Verbundenheit iSd Abs. 3 begründen zu können genügt es nicht, dass nur eines dieser Kriterien gegeben ist. Zumindest die Identität der betroffenen Person und des Zwecks der Verarbeitung müssen in der Regel vorliegen, um eine Verbundenheit zu bejahen. Andernfalls verlöre eine einheitliche Geldbuße iSv Abs. 3 gerade bei massenhaften Verstößen, die viele unterschiedliche Personen betreffen, ihre abschreckende Wirkung und ihre

---

[58] Leitlinien 4/2022, Rn. 21–45.
[59] Verbindlicher Beschluss 1/2021 zur Streitigkeit nach Art. 65 Abs. 1 Buchst. a der DS-GVO über den Beschlussentwurf der irischen Aufsichtsbehörde bezüglich WhatsApp Irland v. 28.7.2021, https://edpb.europa.eu/our-work-tools/our-documents/binding-decision-board-art-65/binding-decision-12021-dispute-arisen_en.
[60] Leitlinien 4/2022, Fn. 6 und 8.
[61] Leitlinien 4/2022, Rn. 25.
[62] Leitlinien 4/2022, Rn. 28.

grundrechtsschützende Wirkung, die ja gerade in Bezug auf die Betroffenen Personen eintreten soll.

50 Wird festgestellt, dass die Umstände des Falles ein und dasselbe Verhalten darstellen und zu einer einzigen Zuwiderhandlung führen, kann die Geldbuße auf der Grundlage dieser Zuwiderhandlung und ihrer gesetzlichen Höchstgrenze berechnet werden. Bilden die Umstände des Falles jedoch ein und dasselbe Verhalten, führt dieses Verhalten jedoch nicht nur zu einer, sondern zu mehreren Zuwiderhandlungen, so soll nach den Leitlinien 4/2022 zu prüfen sein, ob die Zurechnung der einen Zuwiderhandlung die Zurechnung einer anderen Zuwiderhandlung ausschließt (Konkurrenz) oder ob sie nebeneinander zugerechnet werden können. Handelt es sich anderseits bei den Umständen des Falles um mehrere Handlungen, so sind diese als eine Vielzahl von Handlungen zu betrachten und gemäß Kapitel 3.2 der Leitlinien 4/2022 zu behandeln.

51 Nach den Leitlinien 4/2022 soll eine Konkurrenz von Verstößen immer dann vorliegen, wenn die Anwendung der einen Vorschrift die Anwendbarkeit der anderen ausschließt oder subsumiert. Mit anderen Worten: Die Konkurrenz besteht bereits auf der abstrakten Ebene der gesetzlichen Bestimmungen. Dies kann entweder aus Gründen des Spezialitätsprinzips, des Subsidiaritätsprinzips oder des Verbrauchsgrundsatzes geschehen, die häufig Anwendung finden, wenn Bestimmungen dasselbe Rechtsgut schützen. In einem solchen Fall der Konkurrenz sollte die Höhe der Geldbuße nur auf der Grundlage der vorrangigen Zuwiderhandlung berechnet werden.[63]

52 Nach den Leitlinien 4/2022 besagt der Grundsatz der Spezialität (specialia generalibus derogant), dass eine spezifischere Vorschrift (die sich aus demselben Rechtsakt oder aus verschiedenen Rechtsakten ergibt) eine allgemeinere Vorschrift verdrängt, obwohl beide dasselbe Ziel verfolgen. Der spezifischere Verstoß wird dann manchmal als eine „qualifizierte Art" des weniger spezifischen Verstoßes betrachtet. Mitunter könne jedoch im Wege der Auslegung auch eine Besonderheit gelten, wenn aus Gründen der Natur und der Systematik ein Verstoß als Qualifikation eines scheinbar spezifischeren Verstoßes angesehen wird, obwohl sein Wortlaut allein nicht ausdrücklich ein zusätzliches Element nennt. Verfolgten zwei Bestimmungen hingegen autonome Ziele, so sei dies ein Unterscheidungsmerkmal, das die Verhängung getrennter Geldbußen rechtfertigt. Wenn zB ein Verstoß gegen die eine Vorschrift automatisch zu einem Verstoß gegen die andere Vorschrift führt, dies aber umgekehrt nicht der Fall ist, verfolgen diese Verstöße autonome Ziele.

Diese Grundsätze der Spezialität können nur gelten, wenn und soweit die mit den betreffenden Verstößen verfolgten Ziele im Einzelfall tatsächlich kongruent sind. Da die Datenschutzgrundsätze in Art. 5 als übergreifende Konzepte festgelegt sind, kann es Situationen geben, in denen andere Bestimmungen eine Konkretisierung eines solchen Grundsatzes darstellen, den Grundsatz aber nicht in seiner Gesamtheit umschreiben. Mit anderen Worten, eine Bestimmung definiert nicht immer die volle Tragweite des Grundsatzes. Daher überschneiden sie sich je nach den Umständen in einigen Fällen in kongruenter Weise und ein Verstoß kann den anderen verdrängen, während in anderen Fällen die Überschneidung nur teilweise und daher nicht vollständig kongruent ist. Soweit sie nicht kongruent sind, gibt es kein Zusammentreffen von Verstößen. Stattdessen können sie bei der Berechnung der Geldbuße nebeneinander angewandt werden.[64]

53 Eine andere Form des Zusammentreffens von Verstößen wird nach den Leitlinien 4/2022 als Subsidiaritätsprinzip bezeichnet. Es kommt zur Anwendung, wenn ein Verstoß gegenüber einem anderen Verstoß als subsidiär angesehen wird. Dies kann darauf zurückzuführen sein, dass das Gesetz die Subsidiarität förmlich erklärt, so wie im Verhältnis von DS-GVO und NIS-Richtlinie, soweit es um Sanktionen wegen Nichteinhalten der Datensicherheit geht.[65] Die Subsidiarität kann aber auch aus materiellen Gründen gegeben sein. Dies kann der Fall sein, wenn die

---

[63] Leitlinien 4/2022, Rn. 31, unter Hinweis in Fn. 6–9 auf ÖVGH – Ra 2018/02/0123 und EuGH Rs. C-10/18 P – Marine Harvest.

[64] Leitlinien 4/2022, Rn. 35, unter Verweis auf EDSA verbindlichen Beschluss 1/2021 zur Streitigkeit nach Art. 65 Abs. 1 Buchst. a der DS-GVO über den Beschlussentwurf der irischen Aufsichtsbehörde bezüglich WhatsApp Irland, Rn. 192 und 193, https://edpb.europa.eu/our-work-tools/our-documents/binding-decision-board-art-65/binding-decision-12021-dispute-arisen_en.

[65] Subsidiarität findet sich, darauf weist die Leitlinie 4/2022 in Fn. 13 hin, indirekt in Art. 35 Abs. 2 Rl (EU) 2022/2555 v. 14.12.2022 über Maßnahmen für ein hohes gemeinsames Maß an Cybersicherheit in der Union, („NIS-2-Richtlinie"). Die Vorschrift regelt, dass wenn die Aufsichtsbehörden gemäß Art. 55 oder 56 eine Geldbuße gemäß Art. 58 Abs. 20 Buchst. i verhängen, die nach der NIS-2-RL zuständigen Behörden

Allgemeine Bedingungen für die Verhängung von Geldbußen 54–57 **Art. 83**

Verstöße dasselbe Ziel verfolgen, einer jedoch einen geringeren Vorwurf der Sittenwidrigkeit oder des Fehlverhaltens enthält.[66]

Der Grundsatz des Verbrauchs gilt in Fällen, in denen der Verstoß gegen eine Vorschrift 54 regelmäßig zu einem Verstoß gegen eine andere Vorschrift führt, häufig weil der eine Verstoß eine Vorstufe zu dem anderen ist.[67]

Ähnlich wie beim Zusammentreffen von Straftatbeständen gilt der Grundsatz der Handlungs- 55 einheit (auch „ideelle Konkurrenz" genannt) in Fällen, in denen ein Verhalten von mehreren Rechtsvorschriften erfasst wird, mit dem Unterschied, dass die eine Vorschrift durch die Anwendbarkeit der anderen weder ausgeschlossen noch subsumiert wird, weil sie nicht in den Anwendungsbereich der Grundsätze der Spezialität, der Subsidiarität oder des Verbrauchs fallen und meist unterschiedliche Ziele verfolgen.[68]

Der Grundsatz der Einheitlichkeit der Handlung wurde auf der Ebene des Sekundärrechts in 56 Art. 83 Abs. 3 in Form einer „Einheitlichkeit der Verarbeitung" weiter präzisiert. Es ist wichtig zu verstehen, dass Art. 83 Abs. 3 in seiner Anwendung begrenzt ist und nicht auf jeden einzelnen Fall angewendet wird, in dem mehrere Verstöße festgestellt werden, sondern nur auf die Fälle, in denen mehrere Verstöße aus „gleichen oder miteinander verbundenen Verarbeitungsvorgängen" resultieren. In diesen Fällen darf der Gesamtbetrag der Geldbuße den für den schwersten Verstoß festgelegten Betrag nicht überschreiten. In einigen Sonderfällen kann eine Handlungseinheit auch dann angenommen werden, wenn durch eine einzige Handlung dieselbe gesetzliche Vorschrift mehrfach verletzt wird. Dies könnte insbesondere dann der Fall sein, wenn die Umstände einen wiederholten und gleichartigen Verstoß gegen dieselbe gesetzliche Vorschrift in enger räumlicher und zeitlicher Abfolge bilden. Der Wortlaut von Art. 83 Abs. 3 scheint diesen letzteren Fall einer einheitlichen Handlung nicht direkt abzudecken, da nicht gegen „mehrere Bestimmungen" verstoßen wird. Es würde jedoch nach Ansicht des EDSA eine ungleiche und unfaire Behandlung darstellen, wenn ein Verantwortlicher, der mit einer Handlung gegen verschiedene Bestimmungen verstößt, die unterschiedliche Ziele verfolgen, gegenüber einem Verantwortlichen privilegiert würde, der mit derselben Handlung mehrfach gegen dieselbe Bestimmung verstößt, die das gleiche Ziel verfolgt. Zur Vermeidung von Widersprüchen zwischen den Rechtsgrundsätzen und zur Wahrung des in der Charta verankerten Grundrechts auf Gleichbehandlung ist nach Ansicht des EDSA in solchen Fällen Art. 83 Abs. 3 DS-GVO entsprechend anzuwenden.[69] Im Falle eines einheitlichen Vorgehens darf der Gesamtbetrag der Geldbuße den für den schwersten Verstoß festgelegten Betrag nicht übersteigen. Hinsichtlich der Auslegung von Art. 83 Abs. 3 weist der EDSA darauf hin, dass der Grundsatz des effet utile alle Organe verpflichtet, dem EU-Recht uneingeschränkte Wirkung zu verleihen. Diesbezüglich darf Art. 83 Abs. 3 nicht so ausgelegt werden, dass „es für die Bemessung der Geldbuße keine Rolle spielt, ob ein Zuwiderhandelnder einen oder mehrere Verstöße gegen die DS-GVO begangen hat."[70]

Der Begriff „Gesamtbetrag" bedeutet, dass alle begangenen Verstöße bei der Bemessung der 57 Höhe der Geldbuße berücksichtigt werden müssen und die Formulierung „für den schwersten Verstoß festgelegter Betrag" bezieht sich auf die gesetzlichen Höchstbeträge für Geldbußen (zB Art. 83 Abs. 4 bis 6). Daher gilt: „Auch wenn die Geldbuße selbst den gesetzlichen Höchstbetrag der höchsten Bußgeldstufe nicht überschreiten darf, muss der Zuwiderhandelnde dennoch ausdrücklich für schuldig befunden werden, gegen mehrere Vorschriften verstoßen zu haben, und diese Verstöße müssen bei der Bemessung der Höhe der letztlich zu verhängenden Geldbuße berücksichtigt werden."[71] Dies berührt zwar nicht die Pflicht der Aufsichtsbehörde, die die Geldbuße verhängt, das Erfordernis der Verhältnismäßigkeit der Geldbuße zu berücksichtigen,

---

keine Geldbuße gemäß Art. 34 NIS-2- RL für einen Verstoß gemäß Art. 35 Abs. 1 NIS-2-RL verhängen, der sich aus demselben Verhalten ergibt, das Gegenstand der Geldbuße gem. Art. 58 Abs. 2 Buchst. i war.

[66] Leitlinien 4/2022, Rn. 36.
[67] Leitlinien 4/2022, Rn. 37.
[68] Leitlinien 4/2022, Rn. 38.
[69] Leitlinien 4/2022, Rn. 41.
[70] Verbindlicher Beschl. 1/2021 zur Streitigkeit nach Art. 65 Abs. 1 Buchst. a der DS-GVO über den Beschluss entw. der irischen Aufsichtsbehörde bzgl. WhatsApp Ireland v. 28.7.2021, Rn. 323, https://edpb.europa.eu/our-work-tools/our-documents/binding-decision-board-art-65/binding-decision-12021-dispute-arisen_en.
[71] Verbindlicher Beschl. 1/2021 zur Streitigkeit nach Art. 65 Abs. 1 Buchst. a der DS-GVO über den Beschluss entw. der irischen Aufsichtsbehörde bezüglich WhatsApp Ireland v. 28.7.2021, Rn. 325–326, https://edpb.europa.eu/our-work-tools/our-documents/binding-decision-board-art-65/binding-decision-12021-dispute-arisen_en.

doch können die anderen begangenen Verstöße nicht außer Acht gelassen werden, sondern müssen bei der Berechnung der Geldbuße berücksichtigt werden.[72]

58 Der Begriff der Handlungsvielfalt (auch als „Realkonkurrenz", „faktische Übereinstimmung" oder „zufällige Übereinstimmung" bezeichnet) beschreibt alle Fälle, die nicht unter die Grundsätze der Übereinstimmung von Verstößen oder Art. 83 Abs. 3 fallen.

59 Der einzige Grund dafür, dass diese Verstöße in einer Entscheidung behandelt werden, ist, dass sie der Aufsichtsbehörde zufällig zur gleichen Zeit zur Kenntnis gelangt sind, ohne dass es sich um dieselben oder miteinander verbundene Verarbeitungsvorgänge iSv Art. 83 Abs. 3 handelt. Daher wird festgestellt, dass der Zuwiderhandelnde gegen mehrere Rechtsvorschriften verstoßen hat, und es werden je nach dem nationalen Verfahren entweder in derselben Geldbußen Entscheidung oder in getrennten Geldbußen Entscheidungen getrennte Geldbußen verhängt. Da Art. 83 Abs. 3 keine Anwendung findet, kann der Gesamtbetrag der Geldbuße den für den schwersten Verstoß festgelegten Betrag übersteigen (argumentum e contrario). In Fällen, in denen mehrere Handlungen vorliegen, besteht kein Grund, den Zuwiderhandelnden bei der Bußgeldberechnung zu privilegieren. Dies gilt jedoch unbeschadet der Verpflichtung, den allgemeinen Grundsatz der Verhältnismäßigkeit einzuhalten.[73]

60 Bei der Berechnung des Gesamtbetrages ist trotz der Deckelung in Abs. 3 zu berücksichtigen, dass bereits für jeden einzelnen Verstoß und die hierfür veranschlagte Geldbuße nach Abs. 2 Buchst. a zu berücksichtigen sein wird, dass mehrfach gegen die DS-GVO verstoßen wurde. Daher wird der Gesamtbetrag der Geldbuße in jedem Fall höher sein als wenn nur ein einzelner Verstoß in einem Einzelfall begangen worden wäre.

IV. Kategorisierung von Verstößen (Abs. 4, 5, 6)

61 **1. Allgemeines.** Von den Bestimmungen der DS-GVO, die für Verantwortliche und Auftragsverarbeiter konkrete Verhaltenspflichten und Verbote im Hinblick auf konkrete Verarbeitungsvorgänge aufstellen, sind mit Ausnahme der Art. 10 und 24 alle Vorschriften von Abs. 4 (einfache Verstöße) und Abs. 5 (qualifizierte Verstöße) umfasst. Verstöße gegen Vorschriften, die hierin nicht aufgezählt sind, können de lege lata nicht mit einer Geldbuße nach Art. 83 belegt werden. Dies ergibt sich im Umkehrschluss aus Art. 84 Abs. 1 sowie aus dem Wortlaut von Art. 83 Abs. 1.[74]

62 Die Ermittlung der Pflichten aus den im Einzelnen in den Abs. 4 und 5 genannten Vorschriften ergibt sich aus diesen selbst. Insoweit wird auf die entsprechenden Kommentierungen verwiesen. Eine besondere Erwähnung verdient die Möglichkeit der Verhängung einer Geldbuße, wenn der Verantwortliche oder Auftragsverarbeiter sich in dem Ermittlungsverfahren der Aufsichtsbehörde keine Kooperationsbereitschaft zeigt oder gar falsche Auskünfte gibt. So ist eine Geldbuße bereits dann zu verhängen, wenn der Zugang zu bestimmten Informationen und Dokumenten unter Verstoß gegen Art. 58 Abs. 1 nicht gewährt wird. Darunter fallen auch unvollständige und falsche Angaben auf Zugangsverlangen nach Art. 58 Abs. 1 Buchst. e.[75] Auch die vorläufige Beschränkung der Verarbeitung nach Art. 58 Abs. 2 Buchst. f DS-GVO, die insbesondere in Ermittlungsverfahren der Aufsichtsbehörde als flankierende Sicherungsmaßnahme zur Verfügung steht, ist nach Art. 83 Abs. 5 Buchst. e oder Abs. 6[76] sanktionsbewehrt.[77]

63 Die Berechnung der Geldbuße anhand prozentualer Beträge des weltweit erzielten Jahresumsatzes bei Unternehmen entspricht in der Methodologie dem europäischen Wettbewerbsrecht. Sie erlaubt es, Verstöße gegen den Schutz personenbezogener Daten mit empfindlichen Strafen zu belegen. Es ist durchaus abzusehen, dass auch im Datenschutzrecht Bußgelder im Milliardenbereich verhängt werden könnten.[78] Rechtspolitisch bedenklich ist jedoch der Um-

---

[72] Leitlinien 4/2022, Rn. 43.
[73] Leitlinien 4/2022, Rn. 45.
[74] Die (beim aktuellen Bearbeitungsstand) fehlende Erwähnung von Abs. 4 in Art. 83 Abs. 1 beruht auf einem Redaktionsversehen, wie sich aus einem Vergleich zur engl. Fassung ergibt.
[75] → Art. 58 Rn. 6.
[76] Zur Wahl der Berechnungsmethode → Rn. 38 f.
[77] Bedauerlicherweise ist die Verhängung einer Geldbuße gegenüber einem Dritten, der etwa Nutznießer eines Datenschutzverstoßes durch den Verantwortlichen oder Auftragsverarbeiter ist, weil er etwa Daten von diesem erworben hat, nicht vorgesehen. Insoweit bietet Art. 23 Abs. 1 VO (EG) Nr. 1/2003 ein breiteres Instrumentarium zugunsten der Aufsichtsbehörden. Eine solche Sanktionierung ist von Art. 84 jedoch gedeckt → Art. 84 Rn. 6.
[78] Vgl. zu einem Fall, in dem die Milliardengrenze überschritten wurde, EuG Urt. v. 12.6.2014 – T-286/09, ECLI:EU:T:2014:547 – Intel/Kommission.

stand, dass der maximal zulässige Prozentbetrag im Wettbewerbsrecht (10 Prozent) deutlich höher liegt als in der DS-GVO. Die hierin zutage tretende Priorisierung vom Schutz des Wettbewerbs gegenüber dem Schutz personenbezogener Daten, als Grundrecht immerhin prominent in Art. 16 EUV und Art. 8 GRCh niedergelegt, überzeugt unter Wertungsgesichtspunkten nicht.

Ist der Verantwortliche oder Auftragsverarbeiter kein Unternehmen, kann die Höhe der Geldbuße nur absolut bestimmt werden. Die Kriterien für die Berechnung folgen aus Abs. 2. Die Höchstgrenzen legen die Abs. 4 und 5 in Abhängigkeit davon fest, ob ein einfacher oder qualifizierter Verstoß vorliegt. Hierbei wird die Aufsichtsbehörde stets die wirtschaftliche Situation des Verantwortlichen oder Auftragsverarbeiters und das allgemeine Einkommensniveau des betreffenden Mitgliedstaates zu beachten haben, wie Erwägungsgrund 150 S. 4 anordnet. 64

2. Verstöße gegen Anweisungen der Aufsichtsbehörde (Abs. 6). Verstößt ein Verantwortlicher oder Auftragsverarbeiter gegen eine Anweisung einer Aufsichtsbehörde nach Art. 58 Abs. 2, können nach Abs. 6 ebenfalls empfindliche Geldbußen verhängt werden. Um das finanzielle Risiko der Nichtbefolgung einer solchen Anweisung zu rechtfertigen, müssen die Aufsichtsbehörden auf eine möglichst präzise, eindeutige und verständliche Formulierung der Anweisung achten. Besondere Beachtung verdient der Umstand, dass die Nichtbefolgung einer Anweisung nach Art. 58 Abs. 2 auch in Abs. 5 Buchst. e genannt wird. Die Aufsichtsbehörde hat für diesen Fall demnach die Wahl, ob sie das Bußgeld nach Abs. 5 oder 6 berechnet. Die Entscheidung zwischen den Berechnungsmethoden hat sich an den Grundsätzen der Wirksamkeit der Geldbuße und ihrem abschreckenden Charakter zu orientieren und hierbei alle Umstände des konkreten Einzelfalles zu berücksichtigen. 65

3. Berechnung der Vergleichssummen. Sofern der qualifizierte Verstoß gegen die DS-GVO durch ein Unternehmen begangen wurde, ist von Gesetzes wegen ein prozentualer Betrag seines weltweit erzielten Jahresumsatzes als Geldbuße festzusetzen, da nur so ermittelt werden kann, ob dieser prozentuale Betrag höher ist als die in den Abs. 4 und 5 genannten absoluten Werte. Die Aufsichtsbehörde wird also den weltweit erzielten Jahresumsatz des Unternehmens zu ermitteln haben. Ist der prozentuale Anteil, den die Aufsichtsbehörde zugrunde legen will, höher als der ebenfalls vorher festzulegende absolute Betrag, muss die Aufsichtsbehörde den prozentual ermittelten Betrag als Geldbuße verhängen. 66

Ob im Ergebnis das Bußgeld prozentual oder absolut berechnet wird, hängt von den Berechnungsmethoden im Einzelnen ab. Da den Aufsichtsbehörden ein Spielraum verbleibt, welchen Prozentbetrag sie zugrunde legen und welchen absoluten Wert sie einem Verstoß zuordnen, lässt sich nicht abstrakt bestimmen, in welchen Fällen welche Berechnungsmethode zur Anwendung kommen wird. Dies gilt jedoch in zwei Szenarien nicht. Die doppelte Berechnung (absolut und prozentual) ist nicht notwendig, sofern der der zulässige Rahmen für die Geldbuße ausgeschöpft werden soll und der Umsatz mehr als 500 Mio. EUR beträgt. In beiden Fällen würde nämlich die prozentuale Berechnung mehr als 10 (2 Prozent) bzw. 20 Mio. EUR (4 Prozent) überschreiten. Ab einem Umsatz von 2 Mrd. EUR wird ebenfalls in der Regel die prozentuale Berechnung einschlägig sein, da bei Unternehmen dieser Größenordnung ein prozentualer Anteil von mindestens einem Prozent zugrunde zu legen wäre, um eine hinreichende abschreckende Wirkung sicherzustellen. Dann wäre allerdings in jedem Fall der absolute Betrag von 20 Mio. EUR überschritten. 67

V. Täter

1. Unternehmen (Abs. 4, 5). Entscheidende Bedeutung bei der Ermittlung der Beträge der Geldbußen wird die Abgrenzung der Unternehmen iSd Abs. 4 und 5 von sonstigen Organisationsformen bzw. natürlichen Personen erlangen. Denn nach ihr richtet sich die soeben erläuterte Berechnungsmethode. Fraglich ist insoweit, wie der Unternehmensbegriff in diesem Zusammenhang zu definieren ist. 68

Einerseits ist Art. 4 Nr. 18 in den Blick zu nehmen. Danach ist ein Unternehmen „eine natürliche oder juristische Person, die eine wirtschaftliche Tätigkeit ausübt, unabhängig von ihrer Rechtsform, einschließlich Personengesellschaften oder Vereinigungen, die regelmäßig einer wirtschaftlichen Tätigkeit nachgehen". Andererseits ordnet aber Erwägungsgrund 150 S. 3 speziell für die Verhängung von Geldbußen an, den Unternehmensbegriff der Art. 101 und 102 AEUV heranzuziehen. Nach dem im Wettbewerbsrecht herrschenden funktionalen Unterneh- 69 mensbegriff ist ein Unternehmen jede eine wirtschaftliche Tätigkeit ausübende Einheit, unabhängig von ihrer Rechtsform und ihrer Art der Finanzierung.[79] Maßgeblich ist insoweit die wirtschaftliche Einheit, unabhängig davon, ob diese aus mehreren natürlichen oder juristischen Personen besteht.[80] Dies führt nach der Rechtsprechung des EuGH zur Haftung der Muttergesellschaft für Fehlverhalten ihrer Tochtergesellschaften, wenn diese aufgrund wirtschaftlicher, rechtlicher und organisatorischer Verknüpfungen „im Wesentlichen" ihre Weisungen befolgen.[81] Maßgeblich ist insoweit ein „bestimmender Einfluss", der jedenfalls dann vermutet wird, wenn die Muttergesellschaft sämtliche Anteile der Tochter hält.[82] Nach dem wettbewerbsrechtlichen Unternehmensbegriff kann im Übrigen auch eine natürliche Person Unternehmen sein, nämlich wenn sie ein Kaufmann ist.

70   Die besseren Argumente sprechen für die Verwendung des wettbewerbsrechtlichen Unternehmensbegriffs im Rahmen von Art. 83. Zwar ist der gegenläufigen Ansicht zuzugeben, dass der Verweis auf Art. 101 und 102 AEUV statt „lediglich" in den Erwägungsgründen genauso gut in den Gesetzestext hätte aufgenommen werden können.[83] Auch der Zusammenhang zwischen dem Unternehmensbegriff in Art. 4 Nr. 18, Erwägungsgrund 150 S. 3 sowie dem Begriff der „Unternehmensgruppe" in Art. 4 Nr. 19, der augenscheinlich eher dem wettbewerbsrechtlichen Unternehmensbegriff zu entsprechen scheint,[84] mag insoweit für eine gesetzgebungstechnisch nicht ganz gelungene Konzeption sprechen. Letztlich überzeugt diese Ansicht jedoch nicht. Das Argument der mangelnden rechtlichen Verbindlichkeit eines Erwägungsgrundes hat nur auf den ersten Blick seinen Reiz, löst sich mit der Gretchenfrage jedoch schnell in Luft auf: Welche andere Bedeutung sollte dem Erwägungsgrund 150 S. 3 noch zukommen, als die hiesige Frage eindeutig zu beantworten? Die Erklärung, der Erwägungsgrund solle durch den Verweis auf Art. 101 AEUV lediglich das Kriterium der Wirtschaftlichkeit als Tatbestandsmerkmal einführen,[85] dringt jedenfalls nicht durch. Denn dies regelt bereits Art. 4 Nr. 18 pauschal für die gesamte DS-GVO. Die Differenzierung zu Art. 4 Nr. 19, der zufolge nur diese Bestimmung den Begriff einer Unternehmensgruppe abbildet, sodass der wettbewerbsrechtliche Unternehmensbegriff nach Art. 101 AEUV daneben keinerlei Wert mehr habe,[86] muss bereits aus Gründen der Spezialität des Erwägungsgrundes 150 S. 3 außer Betracht bleiben. Danach hätte Erwägungsgrund 150 S. 3 keinerlei Bedeutung, wenn er nicht die Haftung von Mutter- und Tochterunternehmen nach Maßgabe der Rechtsprechung zu Art. 101 AEUV vorsähe. Als spezielle Regelung bzw. Auslegungsdirektive muss sich Erwägungsgrund 150 S. 3 gegenüber der generellen Regelung in Art. 4 Nr. 18 und 19 durchsetzen.

71   In ihrer Überzeugungskraft überlagert werden die systematischen Argumente von teleologischen Erwägungen: Gerade international bzw. global agierende Unternehmensgruppen rufen eine besondere Gefährdungslage für den Schutz personenbezogener Daten hervor. Einzelne Unternehmen treten als juristische Personen gegenüber betroffenen Personen auf, während die wirtschaftliche und operative Seite, die damit letztlich den Vorteil aus den personenbezogenen Daten zieht, oftmals von den Muttergesellschaften gesteuert wird. Hier erschiene es mit dem Gebot der Wirksamkeit und dem abschreckenden Charakter von Geldbußen unvereinbar, wenn sich die Mutterunternehmen trotz Beherrschung des Verhaltens ihrer Tochter hinsichtlich personenbezogener Daten aus der Verantwortung stehlen könnten. Gerade die finanzielle (Mit-)Haftung der Muttergesellschaften für Geldbußen befähigt die Aufsichtsbehörden, dieser Gefahr entgegenzusteuern. Nur hierdurch haben sie ein effektives Mittel zur Hand, um rechtswidrigen Verhaltensweisen nachhaltig Einhalt zu gebieten. Die Leitlinien 17/EN WP 253 folgend nunmehr zwanglos dieser Ansicht.[87]

---

[79] Calliess/Ruffert/*Weiß* AEUV Art. 101 Rn. 25 ff. mwN.
[80] EuGH Urt. v. 10.9.2009 – C-97/08 P, ECLI:EU:C:2009:536 Rn. 55 = EuZW 2009, 816 – Akzo Nobel/Kommission.
[81] EuGH Urt. v. 10.9.2009 – C-97/08 P, ECLI:EU:C:2009:536 Rn. 58 f. = EuZW 2009, 816 – Akzo Nobel/Kommission.
[82] EuGH Urt. v. 10.9.2009 – C-97/08 P, ECLI:EU:C:2009:536 Rn. 60 f. = EuZW 2009, 816 – Akzo Nobel/Kommission.
[83] *Faust/Spittka/Wybitul* ZD 2016, 120 (124).
[84] *Faust/Spittka/Wybitul* ZD 2016, 120 (124).
[85] So wohl *Faust/Spittka/Wybitul* ZD 2016, 120 (124).
[86] Ein Unternehmen könne kaum gleichzeitig auch Unternehmensgruppe sein, so *Faust/Spittka/Wybitul* ZD 2016, 120 (124).
[87] II.1, bei Fn. 4.

72 Das hier diskutierte Problem wird selbstredend nur virulent, wenn und soweit die Muttergesellschaft nicht ohnehin nach allgemeinen gesellschaftsrechtlichen[88] oder aktienrechtlichen[89] Regeln für eine Geldbuße ihrer Tochter haften sollte. Auch diesen Bestimmungen liegt die Einsicht zugrunde, dass eine verweigerte Verantwortung des Mutterunternehmens für von ihr vollständig oder weit überwiegend beherrschten Unternehmen treuwidrig wäre.

Im Urteil vom 5.12.2023 – C–807/21 – Deutsche Wohnen SE/Staatsanwaltschaft Berlin hat der EuGH klargestellt, dass im Unionsrecht nichts dagegen spricht, eine juristische Person als Täterin und als Schuldnerin der verhängten Sanktion anzusehen. Diese Möglichkeit ist nicht nur in mehreren Bestimmungen der DS-GVO vorgesehen, sondern stellt sogar einen der Schlüsselmechanismen dar, um die Wirksamkeit dieser Verordnung zu gewährleisten. Dieses ergibt sich ohne Auslegungsschwierigkeiten aus dem Wortlaut der Art. 4, 58 und 83. In den Definitionen des für die Verarbeitung Verantwortlichen und des Auftragsverarbeiters in Art. 4 wird ausdrücklich darauf verwiesen, dass es sich um juristische Personen handeln kann. In Art. 58 Abs. 2 werden den Aufsichtsbehörden eine Reihe von „Abhilfebefugnissen" gegenüber den Verantwortlichen oder Auftragsverarbeitern (dh auch gegenüber juristischen Personen) eingeräumt. Zu diesen Abhilfebefugnissen gehört die Verhängung einer „Geldbuße" (Buchst. i). In der Aufzählung der Kriterien für die Festsetzung der Geldbußen in Art. 83 finden sich Faktoren, die ohne Weiteres im Rahmen des Handelns juristischer Personen erfüllt sein können. Aus dem Zusammenspiel dieser Bestimmungen ergibt sich ganz selbstverständlich, dass nach der DS-GVO unmittelbarer Adressat der Geldbußen, die wegen eines Verstoßes gegen diese Verordnung verhängt werden, eine juristische Person sein kann. Angesichts dieser Selbstverständlichkeit haben die in diesem Bereich zuständigen nationalen Behörden bisher auch keine Bedenken gehabt, Geldbußen in teilweise erheblicher Höhe gegen juristische Personen zu verhängen, die gegen die DS-GVO verstoßen haben.

73 Es ist dabei nicht erforderlich, dass der Verstoß zuerst einer natürlichen Person zugerechnet werden kann, wie es § 30 OWiG erfordert. Dies und auch die Anwendung des § 130 OWiG würden den Schutz der Rechtsgüter aus dem Haftungsregime nach Art. 83 DS-GVO iVm Art. 101 und 102 AEUV deutlich eingeschränkt. Die Regel nach OWiG, dass zuerst die Haftung der natürlichen Person festgestellt werden müsse, kann nicht gelten, da sich Art. 83 Abs. 4 bis 6 den „funktionalen Unternehmensbegriff" der Art. 101 und 102 AEUV zu eigen machen, so der EuGH in seinem Urteil.

74 Die DS-GVO hat gemäß Art. 288 AEUV allgemeine Geltung und ist zudem verbindlich und gilt unmittelbar in jedem Mitgliedstaat. Diese Merkmale würden in Frage gestellt, wenn die Mitgliedstaaten von der endgültigen Ausgestaltung der Vorgaben des Unionsgesetzgebers in der DS-GVO abweichen könnten. Dieser Gestaltungsspielraum der Mitgliedstaaten bei der Anwendung der DS-GVO reicht nicht so weit, dass die Zurechenbarkeit an eine juristische Person eingeschränkt wird, wie es durch § 30 OWiG geschieht. Eine solche Ausgestaltung der Regelung über die Verantwortlichkeit juristischer Personen würde es ermöglichen, dass Verstöße aus dem Anwendungsbereich des Sanktionssystems der DS-GVO herausfielen, die nach dieser Verordnung einer juristischen Person zuzurechnen sind, sofern ihr die Eigenschaft des Verantwortlichen oder Auftragsverarbeiters zukommt. Dieser Fall träte ein, wenn an den Verstößen keine der natürlichen Personen beteiligt gewesen wären, die die juristische Person vertreten, leiten oder ihre Geschäfte führen. Soweit eine juristische Person für die Datenverarbeitung Verantwortliche und in dieser Eigenschaft Täterin von Zuwiderhandlungen gegen die DS-GVO sein kann, könnte die Anwendung von § 30 OWiG zu einer ungerechtfertigten Schwächung oder Einschränkung der Bandbreite strafbarer Verhaltensweisen führen, die nicht mit der allgemeinen Geltung der DS-GVO in Einklang steht. Eine juristische Person, die als für die Verarbeitung personenbezogener Daten Verantwortliche oder als Auftragsverarbeiter eingestuft werden kann, muss die Folgen – in Gestalt von Sanktionen – von Verstößen gegen die DS-GVO nicht nur tragen, wenn diese von ihren Vertretern, Leitern oder Geschäftsführern begangen wurden, sondern auch, wenn die Verstöße von natürlichen Personen (Mitarbeitern im weiteren Sinne) begangen wurden, die im Rahmen der unternehmerischen Tätigkeit des Unternehmens und unter der Aufsicht der zuerst genannten Personen handeln, und war auch dann, wenn sie nicht weiter identifiziert wurden. Wäre eine solche Auslegung contra legem und aufgrund der besonderen Struktur des nationalen Sanktionssystems unmöglich, müsste das vorlegende Gericht,

---

[88] Vgl. MüKoGmbHG/*Merkt* § 13 Rn. 343 ff.
[89] In Deutschland gilt § 302 AktG nach hM nicht nur für die Aktiengesellschaft, sondern analog auch für die GmbH, vgl. Emmerich/Habersack/*Emmerich* AktG § 302 Rn. 30a.

um den einschlägigen Vorschriften der DS-GVO in diesem Bereich zu voller Geltung zu verhelfen, die mit dem Unionsrecht unvereinbare nationale Vorschrift unangewendet lassen, um den Vorrang der DS-GVO zu gewährleisten. Die Konferenz der Datenschutzbehörden in Deutschland hat bereits im Rahmen des Gesetzgebungsverfahrens zum neuen BDSG und dann noch einmal in einer Resolution vom 3.4.2019 darauf aufmerksam gemacht, dass der unzutreffende Verweis in § 41 Abs. 1 BDSG auf zurechnungseinschränkende Regelungen im OWiG den Vorgaben der DS-GVO zur Verantwortlichkeit für Datenschutzverstöße widersprechen.[90] Sie ist durch den EuGH im Urteil vom 5.12.2023 – C-807/21 nun bestätigt worden.

75 **2. Sonstige Privatpersonen.** Ist der Verantwortliche oder Auftragsverarbeiter kein Unternehmen in dem erläuterten Sinne, sind die Geldbußen von vornherein auf 10 bzw. 20 Mio. EUR begrenzt. Dementsprechend sieht auch Erwägungsgrund 150 S. 4 vor, dass in diesem Fall ferner die allgemeinen Einkommensverhältnisse in dem betreffenden Mitgliedstaat und die wirtschaftliche Lage des Verantwortlichen oder Auftragsverarbeiters bei der Bemessung der Geldbuße zu berücksichtigen sind. Aus diesen Regelungen wird deutlich, dass die DS-GVO das Risiko für besonders massive Beeinträchtigungen der Rechte betroffener Personen insbesondere bei Unternehmen sieht und gerade diese von solchen Verletzungen abschrecken will. Gleichwohl muss, auch wenn kein Unternehmen vorliegt, die Geldbuße wirksam und abschreckend sein, sodass keineswegs von einer Privilegierung von natürlichen Personen oder „Nicht-Unternehmen" die Rede sein kann.

76 **3. Öffentliche Stellen (Abs. 7).** Inwiefern öffentliche Stellen und Behörden als Verantwortliche und Auftragsverarbeiter[91] mit Geldbußen belegt werden können, ist in Art. 83 nicht ganz eindeutig geklärt. Vordergründig scheinen Abs. 7 und Erwägungsgrund 150 S. 6 die Frage vollumfänglich den Mitgliedstaaten zu überlassen.[92] Allerdings erfolgt dies nach Art. 83 Abs. 7 nur „unbeschadet der [Befugnisse] gemäß Art. 58 Abs. 2". Nach Art. 58 Abs. 2 Buchst. i gehört es jedoch gerade zu den Befugnissen der Aufsichtsbehörden, Geldbußen zu verhängen. Dieser Widerspruch ist dahingehend aufzulösen, dass die Aufsichtsbehörden ohne legislatives Tätigwerden der Mitgliedstaaten, gewissermaßen als „default rule", das Spektrum ihrer Befugnisse nach Art. 58 vollumfänglich sowohl im privaten wie auch im öffentlichen Bereich ausüben können. Denn die DS-GVO differenziert nicht hinsichtlich verschiedener Sektoren und ist damit im Regelfall vollumfänglich anwendbar. Den Mitgliedstaaten bleibt die Befugnis, hiervon abweichend tätig zu werden.

77 Diese Befugnis kann allerdings nur zu einer Modulation des Anwendungsbereichs von Art. 83 führen, nicht hingegen zu einer vollumfänglichen Derogation für den gesamten öffentlichen Bereich. Ein solcher Komplettausschluss unterliefe nämlich den Zweck der DS-GVO, umfassend den Schutz personenbezogener Daten sicherzustellen. Gerade im öffentlichen Gesundheitssektor werden regelmäßig besonders sensible personenbezogene Daten generiert und verarbeitet. Ferner haben sich auch im öffentlichen Meldewesen personenbezogene Daten als besonders lukrativ und somit gefährdet, dieser Sektor mithin als besonders anfällig für Missbrauch herausgestellt.[93] Einen vollständigen Ausschluss von Sanktionen für Fehlverhalten in diesem Bereich wäre vor dem Hintergrund des Zwecks der DS-GVO nicht zu rechtfertigen. Die Mitgliedstaaten müssen daher bei Abweichungen in Bezug auf Geldbußen jedenfalls durch Maßnahmen nach Art. 84 sicherstellen, dass Verstöße auch im öffentlichen Bereich wirksam und effektiv sanktioniert werden. Im Übrigen stehen den Aufsichtsbehörden alle sonstigen Befugnisse auch im öffentlichen Bereich zur Verfügung. In Deutschland besteht das Sonderproblem, dass durch das BDSG nicht nur Geldbußen im öffentlichen Sektor vollständig ausgeschlossen wurden (§ 43 Abs. 3 BDSG). Hinzu tritt noch der Ausschluss im Datenschutzrecht der normalerweise im Verwaltungsrecht bestehenden Möglichkeit, die sofortige Vollziehung eines Verwaltungsaktes anzuordnen (§ 20 Abs. 7 BDSG) (→ Art. 77 Rn. 2).

---

[90] https://www.datenschutzkonferenz-online.de/media/en/20190405_Entschliessung_Unternehmenshaftung.pdf.
[91] Mitarbeiter von öffentlichen Stellen und Behörden selbst können nicht mit Bußgeldern belegt werden, *Kühling/Martini* DS-GVO S. 274 f.
[92] So auch *Kühling/Martini* DS-GVO S. 274.
[93] Vgl. www.spiegel.de/netzwelt/netzpolitik/melderegister-staedte-verkaufen-adressdaten-und-verdienen-millionen-a-854146.html.

VI. Abs. 9

Abs. 9 stellt eine Sonderregelung für Dänemark und Estland dar, die in Erwägungsgrund 151 konkretisiert wird. Diese ist eng auszulegen, insbesondere darf die Wirksamkeit der Geldbußen durch das abgewandelte Verfahren zur Verhängung eines Bußgeldes nicht beeinträchtigt werden.

C. Rechtsschutz

Der Rechtsschutz gegen die Verhängung von Geldbußen richtet sich nach dem Recht der Mitgliedstaaten. In jeder Lage des Verfahrens ist eine Vorlage an den EuGH möglich.

D. Entwicklung der Geldbußenpraxis

Die Anzahl und Höhe der Geldbußen wegen Verstößen gegen die DS-GVO hat sich seit ihrem Inkrafttreten drastisch erhöht. Einen Gesamtüberblick geben „Enforcement Tracker", die im Internet zur Verfügung stehen.[94] Bis August 2023 wurden seit Inkrafttreten der DS-GVO insgesamt 4,047 Mrd. EUR an Geldbußen in zusammen 1.778 Entscheidungen wegen Verstößen gegen die DS-GVO durch EU-Datenschutzbehörden verhängt.[95] Zum Vergleich: Die US-Konsumentenschutz- und Wettbewerbsbehörde FTC hat allein in einer Entscheidung Facebook eine Strafe von 5 Mrd. US-Dollar wegen Datenschutzvergehen auferlegt. Und die EU-Kommission hat Google in einer einzigen Entscheidung in einer Wettbewerbssache eine Strafe von 4,1 Mrd. EUR auferlegt, deren Höhe inzwischen im Wesentlichen durch das EuG bestätigt wurde.[96]

Das höchste Bußgeld in der EU auf Grundlage der DS-GVO von 1,2 Mrd. EUR wurde 2023 durch die irische Datenschutzbehörde gegen Facebook-Meta verhängt,[97] allerdings erst zehn Jahre nach der ursprünglichen Beschwerde und nach drei Gerichtsurteilen gegen die Behörde.[98] Die höchsten Geldbußen in Deutschland ergingen im Jahr 2020, und zwar 35 Mio. EUR gegen H&M wegen Bespitzelung von Mitarbeitern,[99] und 14.385.000 EUR wegen vorsätzlicher Verstöße gegen Art. 25 Abs. 1 und Art. 5 Abs. 1 Buchst. a, c und e sowie auf jeweils zwischen 3.000 und 17.000 EUR für die 15 Verstöße gegen Art. 6 Abs. 1 gegen Deutsche Wohnen, verhängt durch die Landesdatenschutzbehörde Berlin.[100] Insgesamt ergingen in Deutschland seit Inkrafttreten der DS-GVO laut DS-GVO-Bußgeld-Datenbank 421 Bußgeldentscheidungen.[101]

Die höchste in Deutschland bis zum Inkrafttreten der DS-GVO im Datenschutz verhängte Geldbuße betrug 1,5 Mio. EUR.[102] Die höchsten in Europa in Datenschutzsachen verhängten Geldbußen bis zum Inkrafttreten der DS-GVO sind die der Datenschutzbehörde in Italien mit einem Maximum von 5,88 Mio. EUR,[103] gefolgt von der Financial Services Authority in London, die gegenüber Banken und Versicherungen die Einhaltung des Kundendatenschutzes

---

[94] https://www.privacyaffairs.com/gdpr-fines/; One Trust https://www.dataguidance.com/search/news/topic/fines; CMS https://www.enforcementtracker.com/; https://www.dsgvo-portal.de/gdpr-fine-database/.
[95] Laut www.enforcementtracker.com.
[96] EuG Urt. v. 14.9.2022 – Rs. T-604/18, ECLI:EU:T:2022:541, Rn. 1101 ff. – Google LLC und Alphabet, Inc. Google hat am 30.11. Rechtsmittel eingelegt, Rs. C-738/22 P.
[97] https://edpb.europa.eu/system/files/2023-05/final_for_issue_ov_transfers_decision_12-05-23.pdf.
[98] https://noyb.eu/en/edpb-decision-facebooks-eu-us-data-transfers-stop-transfers-fine-and-repatriation.
[99] https://datenschutz-hamburg.de/pressemitteilungen/2020/10/2020-10-01-h-m-verfahren.
[100] Die Entscheidung wurde zunächst aufgehoben, auf Berufung der Staatsanwaltschaft Berlin legte das KG, wo die Sache weiter anhängig ist, dem EuGH Vorlagefragen zur Auslegung von Art. 83 vor, zu denen der Generalanwalt inzwischen Stellung genommen hat, vgl. C–807/21, Deutsche Wohnen SE/Staatsanwaltschaft Berlin.
[101] https://www.dsgvo-portal.de/dsgvo-bussgeld-datenbank/.
[102] Die Geldbuße wurde gegen Lidl erlassen und führte im Nachgang zur Entlassung des Deutschlandchefs des Unternehmens, siehe Pressemitteilung des Innenministeriums Baden-Württemberg v. 11.7.2008 „Datenschutzaufsichtsbehörden verhängen gegen Lidl Vertriebsgesellschaften hohe Bußgelder wegen schwerwiegender Datenschutzverstöße", abrufbar unter www.sueddeutsche.de/wirtschaft/lidl-muss-zahlen-millionen-strafe-fuer-die-schnueffler-1.709285 und www.faz.net/aktuell/wirtschaft/unternehmen/datenschutz-affaere-lidl-entlaesst-deutschlandchef-1783052.html.
[103] https://www.garanteprivacy.it/web/guest/home/docweb/-/docweb-display/docweb/6009876; zum Kontext siehe https://www.garanteprivacy.it/web/guest/home/docweb/-/docweb-display/docweb/6072330 und https://iapp.org/news/a/garante-issues-highest-eu-sanction-on-record/.

Art. 84 Kapitel VIII. Rechtsbehelfe, Haftung und Sanktionen

überwacht und für Verstöße mehrfach Geldbußen von über 2 Mio. Pfund verhängte.[104] Die der Anzahl der einzelnen Geldbußenentscheidungen nach in den letzten Jahren vor Inkrafttreten der DS-GVO aktivsten Datenschutzbehörden waren die Spaniens, Großbritanniens und Frankreichs.[105] Die FTC in den USA verhängte gegenüber Unternehmen Geldbußen wegen der Nichteinhaltung von Regeln des EU-US Safe Harbor und anderer öffentlicher Versicherungen zum Schutz der Privatsphäre der Kunden, im Einzelfall über 20 Mio. US-Dollar hinaus.[106]

83   In Spanien betrug die höchste Geldbuße im Datenschutz 1,2 Mio. EUR.[107] Die spanische Datenschutzbehörde hat in den letzten drei Jahren vor dem Inkrafttreten der DS-GVO in 1.702 Fällen Geldbußen verhängt, über einen Gesamtbetrag von insgesamt 44.894.956 EUR.[108] Die Datenschutzbehörde Spaniens berichtet in Jahresberichten ausführlich über die Sanktionspraxis.[109]

84   In Großbritannien betrug die höchste durch die Datenschutzbehörde verhängte Geldbuße 400.000 Pfund.[110] Die Geldbußen im Zuständigkeitsbereich der Financial Services Authority (heute Financial Conduct Authority) überschritten schnell die Millionengrenze, auch wenn es um den Schutz persönlicher (Finanz-)Daten im Zuständigkeitsbereich dieser Behörde geht.[111]

85   Im Vergleich dazu erreichen Geldbußen im Wettbewerbsrecht Milliardensummen.[112] Zwar erlaubt die Rechtsgrundlage im Wettbewerbsrecht maximale Geldbußen von bis zu 10 Prozent des Weltumsatzes,[113] die Verordnung nur 4 Prozent des Weltumsatzes. Neben diesem Unterschied ist nach Wertungsgesichtspunkten, insbesondere vor dem Hintergrund des gemeinsamen Zwecks der General- und Spezialprävention beider Rechtsgrundlagen sowie der hohen, primärrechtlichen Stellung des Datenschutzes als zentralem Grundrecht in der digitalen Welt, mit Recht zu erwarten, dass sich mit dem Inkrafttreten der Verordnung die Bußgelder im Datenschutzrecht den Bußgeldern im Wettbewerbsrecht im Beträgen nach annähern.

86   Es bleibt zu hoffen, dass der Datenschutzausschuss nach Art. 70 Abs. 1 lit. y sehr bald ein Register über alle Entscheidungen mit Geldbußen, die auf der Grundlage der Verordnung erlassen wurden, einrichtet, um so die im Rechtsstaat erforderliche und für die Entwicklung einer einheitlichen Praxis notwendige Transparenz über die Anwendung dieser Vorschrift der Verordnung zu schaffen.[114] Eine solche gemeinsame Datenbank ist für die Generalprävention ebenso unverzichtbar wie eine gute Öffentlichkeitsarbeit, die Sanktionsentscheidungen mit Begründungen über Tagespresse, Fachpresse und soziale Dienste Aufmerksamkeit erweckend kommuniziert.

Art. 84 Sanktionen

(1) ¹Die Mitgliedstaaten legen die Vorschriften über andere Sanktionen für Verstöße gegen diese Verordnung – insbesondere für Verstöße, die keiner Geldbuße gemäß

---

[104] Siehe zB die Geldbußen von insgesamt 3 Mio. Pfund gegen Unternehmen der HSBC-Gruppe v. 17.7.2009, abrufbar unter www.fca.org.uk/publication/final-notices/hsbc_actuaris0709.pdf und www.fca.org.uk/publication/final-notices/hsbc_inuk0907.pdf sowie www.fca.org.uk/publication/final-notices/hsbc_ins0709.pdf und von 2,275 Mio. Pfund gegen die Zurich Versicherung v. 19.8.2010, abrufbar unter www.fca.org.uk/publication/final-notices/zurich_plc.pdf.

[105] www.cnil.fr/fr/les-sanctions-prononcees-par-la-cnil und www.cnil.fr/fr/recherche/sanctions.

[106] Google zahlte an die FTC aufgrund einer Einigung vom Dezember 2012 insgesamt 22,5 Mio. Dollar, abrufbar unter www.ftc.gov/news-events/press-releases/2012/08/google-will-pay-225-million-settle-ftc-charges-it-misrepresented.

[107] PS/0082/2017. Facebook Inc. v. 21.8.2017, abrufbar unter ww.agpd.es/portalwebAGPD/resoluciones/procedimientos_sancionadores/ps_2017/common/pdfs/PS-00082-2017_Resolucion-de-fecha-21-08-2017_Art-ii-culo-4-5-6-7-LOPD.pdf.

[108] Eigene Berechnung der spanischen Datenschutzbehörde, dem Autor brieflich mitgeteilt.

[109] www.agpd.es/portalwebAGPD/LaAgencia/informacion_institucional/memorias-ides-idphp.php.

[110] Siehe Einzelheiten unter https://ico.org.uk/action-we-have-taken/enforcement/?facet_type=Monetary+penalties&facet_sector=&facet_date=&date_from=&date_to=.

[111] www.fca.org.uk/news/news-stories/2014-fines.

[112] Zuletzt eine Geldbuße gegen Google von 2,42 Mrd. EUR am 27.6.2017, abrufbar unter http://ec.europa.eu/competition/elojade/isef/case_details.cfm?proc_code=1_39740.

[113] Art. 23 Abs. 2 VO (EG) Nr. 1/2003 des Rates v. 16.12.2002 zur Durchführung der in den Art. 81 und 82 des Vertrags niedergelegten Wettbewerbsregeln.

[114] Bis dahin bleibt nichts anderes als Berichte der einzelnen Datenschutzbehörden aufzusuchen oder private Hilfsmittel zu nutzen, wie etwa https://www.privacyaffairs.com/gdpr-fines/; https://www.dataguidance.com/search/news/topic/fines; CMS https://www.enforcementtracker.com/; https://www.dsgvo-portal.de/gdpr-fine-database/; https://www.datenschutzkanzlei.de/bussgeld-radar/.

Artikel 83 unterliegen – fest und treffen alle zu deren Anwendung erforderlichen Maßnahmen. ²Diese Sanktionen müssen wirksam, verhältnismäßig und abschreckend sein.

(2) Jeder Mitgliedstaat teilt der Kommission bis zum 25. Mai 2018 die Rechtsvorschriften, die er aufgrund von Absatz 1 erlässt, sowie unverzüglich alle späteren Änderungen dieser Vorschriften mit.

Übersicht

	Rn.
A. Allgemeines	1
I. Zweck und Bedeutung der Vorschrift	1
II. Systematik, Verhältnis zu anderen Vorschriften	3
B. Einzelerläuterungen	4
I. „Ne bis in idem"	4
II. Strafrechtliche Sanktionen	5
III. Verwaltungsrechtliche Sanktionen	6
IV. Materielle Anforderungen	7
C. Rechtsschutz	8

A. Allgemeines

I. Zweck und Bedeutung der Vorschrift

Die Vorschrift eröffnet für die Mitgliedstaaten einen **breiten Handlungsspielraum**, um das Sanktionsregime der DS-GVO durch weitere Instrumente straf- und verwaltungsrechtlicher Natur zu ergänzen. Damit wird bezweckt, die von der DS-GVO vorgesehenen Mechanismen zur Rechtsdurchsetzung lediglich als Mindeststandards zu etablieren und die Mitgliedstaaten trotz der Reglementierung des Datenschutzes in einer Verordnung als zentrale Akteure im Datenschutzrecht „im Spiel" zu halten. Soweit die DS-GVO nicht anwendbar ist oder aber keine Harmonisierung der verwaltungsrechtlichen Sanktionen erfolgt ist (→ Art. 83 Rn. 33), **müssen** die Mitgliedstaaten Sanktionen einführen.¹ Diese können straf- oder verwaltungsrechtlicher Natur sein, wie Erwägungsgrund 152 S. 2 feststellt. Deutschland hat im BDSG entsprechende Vorschriften erlassen (→ Rn. 5). 1

Die Auslagerung weiterer straf- und verwaltungsrechtlicher Sanktionen auf die Mitgliedstaaten birgt allerdings auch **Risiken**. In erster Linie wird für die Mitgliedstaaten ein Anreiz gesetzt, legislativ untätig zu bleiben, um sich als Standort für Unternehmen zu empfehlen, die sich weiteren, über die DS-GVO hinausgehenden Sanktionen nach Möglichkeit entziehen wollen. Das Paradigma des „regulatory race to the bottom" wird, überspitzt formuliert, durch einen „standstill at the bottom" ergänzt: Wer weitergehende Sanktionen für sein Hoheitsgebiet einführt, riskiert Unternehmen abzuschrecken und wird sich daher in der Regel dafür entscheiden, untätig zu bleiben. Mag die DS-GVO ein unionsweit einheitliches Datenschutzrecht etabliert haben – (Bestrebungen um) Standortvorteile einzelner Mitgliedstaaten werden sich nunmehr aus anderen Umständen speisen. 2

II. Systematik, Verhältnis zu anderen Vorschriften

Art. 84 steht in direktem Zusammenhang zu Art. 82 und 83. Die Erwägungsgründe 140 und 152 erläutern die Anforderungen und Möglichkeiten, die bei weitergehenden Sanktionen zu berücksichtigen sind. In Deutschland existieren im materiellen Fachrecht bereits vielfach Sanktionen für Datenschutzverstöße. Es obliegt den Mitgliedstaaten, bestehende Lücken zu füllen und mit Einführung der DS-GVO nunmehr überflüssige Sanktionen abzuschaffen.² 3

---

¹ *Kühling/Martini* DS-GVO S. 283.
² Vgl. *Kühling/Martini* DS-GVO. S. 285.

B. Einzelerläuterungen

I. „Ne bis in idem"

4 Gemäß Erwägungsgrund 149 S. 3 muss, sofern die Mitgliedstaaten straf- und verwaltungsrechtliche Sanktionen einführen, der Grundsatz **„ne bis in idem"** in seiner Auslegung durch den EuGH beachtet werden. Danach verstößt es nicht gegen das Verbot der Doppelbestrafung, an ein bestimmtes Verhalten eine strafrechtliche und eine verwaltungsrechtliche Sanktionierung zu knüpfen, sofern letztere nicht als „Strafe" im Lichte der Rechtsprechung des EuGH einzuordnen ist.[3] Ob eine Maßnahme strafrechtlichen Charakter hat, bemisst sich nach der rechtlichen Einordnung im innerstaatlichen Recht, der Art der Zuwiderhandlung und der Schwere der Sanktion.[4] Sofern die mitgliedstaatliche Regelung also nicht als Strafe klassifiziert wird, einen nicht ausschließlich repressiven Charakter hat und die Sanktion auch nicht strafrechtlicher Natur (etwa eine Freiheitsentziehung) ist, ist der Grundsatz „ne bis in idem" nicht verletzt, wenn eine solche Maßnahme von einer strafrechtlichen Sanktion flankiert wird.

II. Strafrechtliche Sanktionen

5 Die Mitgliedstaaten können strafrechtliche Sanktionen für Verstöße gegen solche Vorschriften vorsehen, die sie aufgrund der DS-GVO erlassen durften, wie sich aus Erwägungsgrund 149 S. 1 ergibt. Dazu gehört nach Erwägungsgrund 149 S. 2 auch eine **Einziehung** des durch den Verstoß erzielten **Gewinns**.[5] § 42 Abs. 1 BDSG sanktioniert mit bis zu drei Jahren Freiheitsstrafe oder Geldstrafe das ohne Berechtigung wissentliche und gewerbsmäßige Übermitteln an Dritte oder zugänglich machen von nicht allgemein zugänglichen personenbezogenen Daten. Mit Freiheitsstrafe bis zu zwei Jahren oder Geldstrafe wird nach § 42 Abs. 2 BDSG bestraft, wer personenbezogene Daten, die nicht allgemein zugänglich sind, ohne hierzu berechtigt zu sein verarbeitet oder durch unrichtige Angaben erschleicht und dabei gegen Entgelt oder in der Absicht handelt, sich oder einen anderen zu bereichern oder einen anderen zu schädigen. Es handelt sich um Antragsdelikte. Einen Antrag zur Strafverfolgung können nach § 42 Abs. 3 BDSG betroffene Personen, Verantwortliche oder Aufsichtsbehörden stellen. § 43 BDSG enthält Vorschriften zu Ordnungswidrigkeiten im Bereich des § 30 BDSG (Verbraucherkredite).

Sonderregelungen des Grundsatzes nemo tenetur se ipsum accusare enthalten § 42 Abs. 4 BDSG, wonach Meldungen nach § 33 BDSG und Benachrichtigungen nach § 34 BDSG in einem Strafverfahren gegen den Meldepflichtigen oder Benachrichtigenden oder seine in § 52 Abs. 1 StPO bezeichneten Angehörigen nur mit Zustimmung des Meldepflichtigen oder Benachrichtigenden verwendet werden dürfen, sowie § 43 Abs. 4 BDSG.

III. Verwaltungsrechtliche Sanktionen

6 Soweit die DS-GVO verwaltungsrechtliche Sanktionen nicht harmonisiert, also Art. 83 bestimmte Verstöße gegen die DS-GVO nicht erfasst oder die DS-GVO keine Anwendung findet, sind die Mitgliedstaaten gemäß Erwägungsgrund 152 S. 1 aufgefordert, „wirksame, verhältnismäßige und abschreckende Sanktionen" einzuführen.[6] Den Mitgliedstaaten bleibt es nach diesem Erwägungsgrund weiterhin unbenommen, besondere Sanktionen für „schwere Verstöße" gegen die DS-GVO, also gewissermaßen **zusätzliche Qualifikationstatbestände** vorzusehen. Die Einführung weiterer Bußgeldtatbestände ist jedoch ausschließlich für die Fälle möglich, die von Art. 83 nicht erfasst werden.[7] Deutschland hat von dieser Möglichkeit in § 30, 43 BDSG gebraucht gemacht und Sonderregeln für Verbraucherkredite eingeführt.

---

[3] EuGH Urt. v. 26.2.2013 – C-617/10, ECLI:EU:C:2013:280 Rn. 34 ff. = EuZW 2013, 302 – Akerberg Fransson.
[4] EuGH Urt. v. 5.6.2012 – C-489/10, ECLI:EU:C:2012:319 Rn. 37 mwN = EuZW 2012, 543 – Bonda.
[5] Begrifflich würde in Deutschland eher ein Fall des Verfalls nach § 73 StGB vorliegen.
[6] Dazu sollte etwa auch eine Sanktionierung von Dritten gehören, die von einem Verstoß gegen materielles Datenschutzrecht profitieren, weil sie etwa Daten von einem Verantwortlichen oder Auftragsverarbeiter erworben haben.
[7] *Kühling/Martini* DS-GVO S. 281 f.

IV. Materielle Anforderungen

Die mitgliedstaatlichen Sanktionen müssen sich an den in Art. 84 Abs. 1 aufgestellten mate- 7
riellen Anforderungen (Wirksamkeit, Verhältnismäßigkeit, Abschreckung) messen lassen. Diese
sind in Vertragsverletzungsverfahren **justiziabel**. Außerdem dürfen die Mitgliedstaaten die sonstigen Bestimmungen der DS-GVO, zu denen auch der freie Verkehr von Daten nach Art. 1
gehört, nicht unterlaufen oder anderweitig in ihrer Wirksamkeit beeinträchtigen.

C. Rechtsschutz

Der Rechtsschutz gegen weitergehende Sanktionen bestimmt sich nach dem Recht der 8
Mitgliedstaaten. Soweit Art. 84 materielle Anforderungen an diese Sanktionen stellt, ist ein
Ersuchen um die Auslegung dieser Vorschrift an den EuGH in jedem Verfahrensstadium
möglich.

Kapitel IX. Vorschriften für besondere Verarbeitungssituationen

Art. 85 Verarbeitung und Freiheit der Meinungsäußerung und Informationsfreiheit

(1) Die Mitgliedstaaten bringen durch Rechtsvorschriften das Recht auf den Schutz personenbezogener Daten gemäß dieser Verordnung mit dem Recht auf freie Meinungsäußerung und Informationsfreiheit, einschließlich der Verarbeitung zu journalistischen Zwecken und zu wissenschaftlichen, künstlerischen oder literarischen Zwecken, in Einklang.

(2) Für die Verarbeitung, die zu journalistischen Zwecken oder zu wissenschaftlichen, künstlerischen oder literarischen Zwecken erfolgt, sehen die Mitgliedstaaten Abweichungen oder Ausnahmen von Kapitel II (Grundsätze), Kapitel III (Rechte der betroffenen Person), Kapitel IV (Verantwortlicher und Auftragsverarbeiter), Kapitel V (Übermittlung personenbezogener Daten an Drittländer oder an internationale Organisationen), Kapitel VI (Unabhängige Aufsichtsbehörden), Kapitel VII (Zusammenarbeit und Kohärenz) und Kapitel IX (Vorschriften für besondere Verarbeitungssituationen) vor, wenn dies erforderlich ist, um das Recht auf Schutz der personenbezogenen Daten mit der Freiheit der Meinungsäußerung und der Informationsfreiheit in Einklang zu bringen.

(3) Jeder Mitgliedstaat teilt der Kommission die Rechtsvorschriften, die er aufgrund von Absatz 2 erlassen hat, sowie unverzüglich alle späteren Änderungsgesetze oder Änderungen dieser Vorschriften mit.

Literatur: *Albrecht/Janson*, Datenschutz und Meinungsfreiheit nach der Datenschutzgrundverordnung, CR 2016, 500; *Benecke/Wagner*, Öffnungsklauseln in der Datenschutz-Grundverordnung und das deutsche BDSG – Grenzen und Gestaltungsspielräume für ein nationales Datenschutzrecht, DVBl. 2016, 600; *Benedikt/Kranig*, DS-GVO und KUG – ein gespanntes Verhältnis, ZD 2019, 4; *Cornils*, Das datenschutzrechtliche Medienprivileg unter Behördenaufsicht?, Tübingen 2018; *Cornils*, Der Streit um das Medienprivileg, ZUM 2018, 561; *Grages/Neben*, Medienfreiheit vs. Datenschutzgarantien, K&R 2019, 300; *Hansen/Brechtel*, KUG vs. DS-GVO: Kann das KUG anwendbar bleiben?, GRUR-Prax 2018, 369; *Klass*, Das Recht auf Vergessen (-werden) und die Zeitlichkeit der Freiheit, ZUM 2020, 265; *Krüger/Wiencke*, Bitte recht freundlich – Verhältnis zwischen KUG und DS-GVO, MMR 2019, 76; *Lauber-Rönsberg*, Internetveröffentlichungen und Medienprivileg, ZD 2014, 177; *Lauber-Rönsberg/Hartlaub*, Personenbildnisse im Spannungsfeld zwischen Äußerungs- und Datenschutzrecht, NJW 2017, 1057; *Michel*, Bewertungsportale und das Medienprivileg – Neue Impulse durch Art. 85 DSGVO?, ZUM 2018, 836; *Michel*, Datenschutz und Medienprivileg, in Rehbinder, M. (Hrsg.), FS für Günter Herrmann zum 70. Geb., 2002, 109; *Pfeifer*, Datenschutz und Medienrecht nach den BVerfG-Entscheidungen zum Recht auf Vergessenwerden, AfP 2020, 462; *Raji*, Auswirkungen der DS-GVO auf nationales Fotorecht, ZD 2019, 61; *Rombey*, Die Geltung des Medienprivilegs für You-Tuber, ZD 2019, 301; *Schiedermair*, Medien und Datenschutz in Deutschland, in Lachmayer/ v. Lewinski, Datenschutz im Rechtsvergleich Deutschland – Österreich, 2019, 165; *Schiedermair/Mrozek*, Die Vorratsdatenspeicherung im Zahnräderwerk des europäischen Mehrebenensystems, DÖV 2016, 89; *Schiedermair/Mrozek*, Art. 10 EMRK (Meinungs-, Informations-, Presse- und Rundfunkfreiheit), in Schmahl/Pabel (Hrsg.), Internationaler Kommentar zur EMRK, 2013, S. 1; *Schiedermair/Mrozek*, Datenschutz in den Medien, in Dörr/Kreile/Cole (Hrsg.), Handbuch Medienrecht – Recht der elektronischen Massenmedien, 2011, 339; *Schumacher/Spindler*, Suchmaschinen und das datenschutzrechtliche Medienprivileg, DuD 2015, 606; *Schwartmann/Hermann* Privilegierung zu wissenschaftlichen Zwecken, F&L 578; *Soppe*, Datenverarbeitungen zu journalistischen Zwecken – das datenschutzrechtliche Medienprivileg in der Verlagspraxis, ZUM 2019, 467; *Trentmann*, Das „Recht auf Vergessenwerden" bei Suchmaschinentrefferlinks, CR 2017, 26; *Ziebarth/Elsaß*, Neue Maßstäbe für die Rechtmäßigkeit der Nutzung von Personenbildnissen in der Unternehmenskommunikation?, ZD 2018, 578.

Übersicht

	Rn.
A. Allgemeines	1
I. Zweck und Bedeutung der Vorschrift	1
II. Systematik	3

B. Einzelerläuterungen 4
    I. Allgemeines Abwägungsgebot 4
    II. Rechtsprechung des EuGH 5
    III. Rechtsprechung des EGMR 11
    IV. Medien- und Wissenschaftsprivileg 20
    V. Mitteilungspflicht 29
C. Rechtsschutz 30

A. Allgemeines

I. Zweck und Bedeutung der Vorschrift

Art. 85 verpflichtet die Mitgliedstaaten zunächst, in der Form eines **Abwägungsgebotes,** den Schutz personenbezogener Daten mit dem Recht auf freie Meinungsäußerung und auf Informationsfreiheit in Einklang zu bringen.[1] Darüber hinaus enthält die Regelung in Anknüpfung an Art. 9 DS-RL eine **Spezifizierungsklausel,** welche den Mitgliedstaaten die Möglichkeit bietet, Abweichungen und Ausnahmen von zentralen Vorgaben der DS-GVO vorzusehen, wenn dies für die Abwägung zwischen dem Schutz personenbezogener Daten einerseits und dem Recht auf freie Meinungsäußerung und Informationsfreiheit andererseits erforderlich ist.[2] Schließlich verlangt die Vorschrift von den Mitgliedstaaten, der Kommission diejenigen Rechtsvorschriften mitzuteilen, die aufgrund dieser Spezifizierungsklausel erlassen worden sind. Die **Mitteilungspflicht** gilt auch für alle späteren Änderungen der erlassenen Rechtsvorschriften.

Die Vorschrift knüpft zwar an **Art. 9 DS-RL** an, ist aber deutlich detaillierter. Sie enthält ähnlich wie Art. 9 DS-RL eine Spezifizierungsklausel für die Mitgliedstaaten, bettet diese aber in den Gesamtzusammenhang der Abwägung zwischen dem Schutz personenbezogener Daten und der Meinungsfreiheit ein. Art. 85 DS-GVO bezieht sich – anders als Art. 9 DS-RL – nicht mehr nur auf die Meinungsfreiheit, sondern auch auf die **Informationsfreiheit,** die neben der Meinungsäußerungsfreiheit gleichrangig erwähnt wird. Art. 85 erweitert zudem den Kreis der Verarbeitungszwecke, der in der DS-RL nur die journalistische, die künstlerische und die literarische Verarbeitung umfasst hat, noch um die **Verarbeitung zu wissenschaftlichen Zwecken** und vergrößert damit den Anwendungsbereich der Vorschrift. Neu gegenüber der Regelung der DS-RL ist auch, dass die Mitgliedstaaten explizit verpflichtet werden, die Abweichungen und Ausnahmen in **Rechtsvorschriften** vorzusehen. Die Notifizierungspflicht der Mitgliedstaaten im Hinblick auf diese Rechtsvorschriften stellt eine weitere Neuerung der DS-GVO dar.

II. Systematik

Deutschland hat von der in Art. 85 Abs. 2 vorgesehenen Möglichkeit, die **zu journalistischen Zwecken** dienende Datenverarbeitung von der Anwendung zentraler Teile der DS-GVO auszunehmen, Gebrauch gemacht. Die bereits unter Art. 9 DS-RL bestehenden deutschen Regelungen zum **Medienprivileg** werden im Grundsatz auch unter der Geltung des Art. 85 aufrecht erhalten. Allerdings hat sich mit dem vollzogenen Paradigmenwechsel von der Richtlinie zur Verordnung auch das Verhältnis der Regelungen im Mehrebenensystem verändert. Das Zusammenspiel zwischen DS-GVO und deutschem Verfassungsrecht, das Grund und Rechtsrahmen für das Medienprivileg bildet, ist durch die beiden Beschlüsse des BVerfG vom 6.11.2019[3] neu justiert worden.[4] In seinem Beschluss **Recht auf Vergessen I** hat das BVerfG die Berichterstattung im Online-Archiv des Spiegels über einen vom namentlich genannten Beschwerdeführer vor mehreren Jahrzehnten begangenen Mord unter das **Medienprivileg** des Art. 85 DS-GVO gefasst und die Grundrechte des Grundgesetzes sowie die Unionsgrundrechte in dieser Konstellation für parallel anwendbar erklärt.[5] Grundsätzlich prüft das BVerfG im Bereich des mitgliedstaatlichen Gestaltungsspielraums **primär** am **Maßstab der deutschen**

---

[1] Siehe dazu auch *Benecke/Wagner* DVBl. 2016, 600 (602).
[2] Zum grds. Verhältnis zwischen Medien und Datenschutz Lachmayer/v. Lewinski Datenschutz im Rechtsvergleich/*Schiedermair* S. 165; Dörr/Kreile/Cole MedienR-HdB/*Schiedermair* S. 339.
[3] BVerfG Beschl. v. 6.11.2019 – 1 BvR 16/13, BVerfGE 152, 152 – Recht auf Vergessen I; BVerfG Beschl. v. 6.11.2019 – 1 BvR 276/17, BVerfGE 152, 216 – Recht auf Vergessen II.
[4] Siehe auch *Pfeifer* AfP 2020, 462.
[5] BVerfG Beschl. v. 6.11.2019 – 1 BvR 16/13, BVerfGE 152, 152 – Recht auf Vergessen I.

Grundrechte.[6] Liegen Anhaltspunkte vor, dass hierdurch das grundrechtliche Schutzniveau des Unionsrechts ausnahmsweise nicht mitgewährleistet wird, sind zusätzlich die Unionsgrundrechte heranzuziehen, was aber in dem betreffenden Beschluss nicht der Fall war.[7] In der Entscheidung **Recht auf Vergessen II** hat das BVerfG eine Anwendung des Medienprivilegs auf Suchmaschinen im Anschluss an das Google-Spain-Urteil des EuGH[8] abgelehnt und somit eine Prüfung im **unionsrechtlich vollständig determinierten Bereich** vorgenommen.[9] Für diesen Bereich hat das BVerfG in seinem Beschluss zum ersten Mal selbst die **Grundrechte-Charta als Maßstab** für seine Grundrechtsprüfung herangezogen und die richtige Anwendung der Unionsgrundrechte durch deutsche Stellen untersucht.[10] Entsprechend den Beschlüssen des BVerfG vom 6.11.2019 gelten im Bereich des Medienprivilegs primär die Grundrechte des Grundgesetzes, während im unionsrechtlich determinierten Bereich die ebenfalls vom BVerfG herangezogene Grundrechte-Charta den verfassungsrechtlichen Maßstab bildet.

B. Einzelerläuterungen

I. Allgemeines Abwägungsgebot

4   Art. 85 Abs. 1 statuiert für die Mitgliedstaaten ein **allgemeines Abwägungsgebot** zwischen dem in **Art. 8 Abs. 1 GRCh** normierten Recht auf den Schutz personenbezogener Daten und den in **Art. 11 Abs. 1 GRCh** geregelten Rechten auf Meinungsäußerungsfreiheit sowie auf Informationsfreiheit.[11] Die Abwägung nehmen die Mitgliedstaaten grundsätzlich selbständig vor. Die Europäische Union besitzt im Bereich der Meinungs-, Presse- und Informationsfreiheit keine umfassenden Kompetenzen, so dass die **Abwägungsentscheidung** letztlich von den **Mitgliedstaaten** getroffen werden muss.[12] Da es sich um die Durchführung von Unionsrecht gemäß Art. 51 Abs. 1 GRCh handelt, sind sie dabei allerdings an die Vorgaben des Unionsrechts, insbesondere an die GRCh gebunden.[13] Die Bindung an die Unionsgrundrechte gilt aus Sicht des EuGH auch für diejenigen Bereiche, in denen die Mitgliedstaaten über Gestaltungsspielräume verfügen.[14] Die **Urteile des EuGH** zur Abwägung der betreffenden Grundrechte sind folglich von den Mitgliedstaaten beim Erlass ihrer Rechtsvorschriften zu beachten. Der EuGH hat sich bei der inhaltlichen Abwägung zwischen dem Schutz personenbezogener Daten einerseits und der Meinungs-, Presse-, Rundfunk- oder Informationsfreiheit andererseits tendenziell zurückgehalten,[15] bestimmte Anhaltspunkte für die Abwägung sind der Judikatur des EuGH aber zu entnehmen.

II. Rechtsprechung des EuGH

5   Im grundlegenden Urteil **Lindqvist** vom 6.11.2003 befasste sich der EuGH mit der Veröffentlichung personenbezogener Daten im Internet und einer damit verbundenen möglichen Kollision zwischen dem Schutz personenbezogener Daten einerseits und der Meinungsfreiheit andererseits.[16] Der Gerichtshof beschäftigte sich in dem Urteil insbesondere mit den für die

---

[6] BVerfG Beschl. v. 6.11.2019 – 1 BvR 16/13, Rn. 41 ff., BVerfGE 152, 152 – Recht auf Vergessen I. Siehe auch BVerfG Beschl. v. 25.2.2020 – 1 BvR 1282/17, MMR 2020, 458.
[7] BVerfG Beschl. v. 6.11.2019 – 1 BvR 16/13, Rn. 63 ff., 154, BVerfGE 152, 152 – Recht auf Vergessen I.
[8] EuGH Urt. v. 13.5.2014 – C-131/12, ECLI:EU:C:2014:317 Rn. 73 ff. = ZD 2014, 350 – Google Spain und Google. Hierzu näher unter → Rn. 7 f.
[9] BVerfG Beschl. v. 6.11.2019 – 1 BvR 276/17, Rn. 36 ff., BVerfGE 152, 216 – Recht auf Vergessen II.
[10] BVerfG Beschl. v. 6.11.2019 – 1 BvR 276/17, Rn. 50 ff., BVerfGE 152, 216 – Recht auf Vergessen II.
[11] Zu der Frage, ob es sich bei Art. 85 Abs. 1 um eine eigentliche gegenüber Art. 85 Abs. 2 eigenständige Öffnungsklausel oder lediglich um ein allg. Abwägungsgebot handelt, → Rn. 26 Fn. 105, 106.
[12] Vgl. auch *Albrecht/Janson* CR 2016, 500 (503).
[13] Näher zur Problematik der Auslegung der „Durchführung von Unionsrecht" *Schiedermair/Mrozek* DÖV 2016, 89 (91 ff.); hierzu auch *Albrecht/Janson* CR 2016, 500 (503 ff.).
[14] Grdl. hierzu EuGH Urt. v. 26.2.2013 – C-617/10, ECLI:EU:C:2013:105 Rn. 29; vgl. auch etwa EuGH Urt. v. 21.12.2011 – C-411/10, C-493/10, ECLI:EU:C:2011:865 Rn. 64 ff.; ausf. zum diesbzgl. Streitstand zwischen EuGH und BVerfG Calliess/Ruffert/*Kingreen* GRCh Art. 51 Rn. 10 ff.
[15] So auch ausdrücklich GA *Kokott* SchlA v. 8.5.2008 – C–73/07, ECLI:EU:C:2008:266 Rn. 46.
[16] Siehe EuGH Urt. v. 6.11.2003 – C-101/01, ECLI:EU:C:2003:596 Rn. 72–90. Der EuGH war kurz vor diesem Urt. bereits mit einer ähnlichen Konstellation konfrontiert, die er iErg ähnlich wie im Lindqvist-Urt. gelöst hat, vgl. EuGH Urt. v. 20.5.2003 – C–465/00, C–138/01 u. C–139/01, ECLI:EU:C:2003:294 Rn. 73–91.

Abwägung heranzuziehenden Maßstäben. Dabei verwies er zunächst auf die **Regelungen der damals anzuwendenden Datenschutz-Richtlinie**, aus denen sich ergebe, in welchen Situationen und in welchem Umfang die Verarbeitung personenbezogener Daten rechtmäßig sei.[17] Daneben sah der EuGH die zur Umsetzung der Richtlinie erlassenen **nationalen Regelungen** in ihrer konkreten Anwendung durch die nationalen Behörden als für die Abwägung maßgeblichen Faktor an.[18] Ein angemessenes Gleichgewicht zwischen den betreffenden Rechten ist nach Auffassung des EuGH angesichts der Allgemeinheit der Bestimmungen der Datenschutz-Richtlinie **eher auf nationaler Ebene**[19] zu finden. Gleichwohl überlässt der Gerichtshof die Abwägung nicht ausschließlich den nationalen Behörden und Gerichten, sondern weist auf die besondere Bedeutung der **Unionsgrundrechte** und der allgemeinen Rechtsgrundsätze des Unionsrechts, insbesondere des Verhältnismäßigkeitsgrundsatzes, hin.[20] Die Grundaussage des EuGH im Urteil Lindqvist, dass es den nationalen Behörden und Gerichten obliege, ein angemessenes Gleichgewicht zwischen den betroffenen Rechten sicherzustellen, wird durch den ausdrücklichen Verweis auf die Unionsgrundrechte ein Stück weit wieder zurückgenommen.[21] Eröffnet doch der Vorbehalt der Grundrechtsprüfung, insbesondere der Prüfung der Verhältnismäßigkeit dem **EuGH** die Möglichkeit, die **Letztentscheidung in der Abwägungsfrage** an sich zu ziehen. Die im Urteil Lindqvist aufgestellten Grundsätze für die Abwägung sind auf die DS-GVO übertragbar, zumal wenn es wie bei Art. 85 um Regelungen geht, die den Mitgliedstaaten einen nicht unerheblichen Gestaltungsspielraum überlassen.

Den im Lindqvist-Urteil eingeschlagenen Weg hat der EuGH unter anderem[22] im Urteil **Markkinapörssi** vom 16.12.2008 bestätigt.[23] Die Große Kammer des EuGH verweist hier auf das Ziel der Datenschutz-Richtlinie, den Schutz der Privatsphäre mit der Freiheit der Meinungsäußerung in Einklang zu bringen und betrachtet dies ausdrücklich als **Aufgabe der Mitgliedstaaten**.[24] Angesichts der Bedeutung der Meinungsäußerungsfreiheit für jede demokratische Gesellschaft müssten die damit zusammenhängenden Begriffe wie etwa der des Journalismus weit ausgelegt werden.[25] Der EuGH betont in der gleichen Randnummer dieses Urteils aber auch die Notwendigkeit, dass sich die Ausnahmen und Einschränkungen in Bezug auf den Datenschutz auf das absolut Notwendige beschränken.[26] Eine grundsätzliche Tendenz zugunsten eines Grundrechtes etwa in Form eines „in dubio pro libertate" oder „in dubio pro securitate" ist somit beim EuGH nicht erkennbar.

Auch im Urteil **Google Spain** vom 13.5.2014 hat der EuGH die im konkreten Fall vorzunehmende Abwägung zwischen dem Grundrecht auf Datenschutz und der Presse- sowie Informationsfreiheit grundsätzlich den Mitgliedstaaten – in diesem Fall Spanien – überlassen und nur einige wenige Vorgaben gemacht.[27] Dabei genügt dem EuGH das wirtschaftliche Interesse des Suchmaschinenbetreibers nicht als Rechtfertigungsgrund für die Verarbeitung personenbezogener Daten.[28] Der EuGH stellt vielmehr auf das Interesse der Internetnutzer am Informationszugang ab. Dementsprechend verlangt der EuGH eine **Abwägung** zwischen dem **Datenschutz** auf der einen Seite und der **Informationsfreiheit** der Internetnutzer auf der anderen Seite. In diesem Zusammenhang überträgt der EuGH die Grundannahme der DS-RL, das grundsätzliche Verbot der Verarbeitung personenbezogener Daten, auch auf die Abwägung und

---

[17] Vgl. EuGH Urt. v. 6.11.2003 – C-101/01, ECLI:EU:C:2003:596 Rn. 82.
[18] Siehe EuGH Urt. v. 6.11.2003 – C-101/01, ECLI:EU:C:2003:596 Rn. 82 f.
[19] So ausdrücklich der EuGH Urt. v. 6.11.2003 – C-101/01, ECLI:EU:C:2003:596 Rn. 85.
[20] Siehe EuGH Urt. v. 6.11.2003 – C-101/01, ECLI:EU:C:2003:596 Rn. 86 ff.
[21] Vgl. EuGH Urt. v. 6.11.2003 – C-101/01, ECLI:EU:C:2003:596 Rn. 90.
[22] Ebenso unter ausdrücklicher Berufung auf das Lindqvist-Urt. EuGH Urt. v. 29.1.2008 – C–275/06, ECLI:EU:C:2008:54 Rn. 65 ff.
[23] Siehe EuGH Urt. v. 16.12.2008 – C–73/07, ECLI:EU:C:2008:727 Rn. 54 ff.
[24] Vgl. EuGH Urt. v. 16.12.2008 – C–73/07, ECLI:EU:C:2008:727 Rn. 54. Auch in weiteren Entscheidungen hat der EuGH trotz der „grundsätzlich umfassenden Harmonisierung" durch die DS-RL Handlungsspielräume für die Mitgliedstaaten erkannt, vgl. etwa EuGH Urt. v. 7.11.2013 – C–473/12, ECLI:EU: C:2013:715 Rn. 31 ff.
[25] Siehe EuGH Urt. v. 16.12.2008 – C–73/07, ECLI:EU:C:2008:727 Rn. 56. Dieser Gedanke findet sich auch in Erwägungsgrund 153 der DS-GVO, → Rn. 25 Fn. 96.
[26] Vgl. ebenfalls EuGH Urt. v. 16.12.2008 – C–73/07, ECLI:EU:C:2008:727 Rn. 56; ebenso EuGH Urt. v. 7.11.2013 – C–473/12, ECLI:EU:C:2013:715 Rn. 39.
[27] EuGH Urt. v. 13.5.2014 – C–131/12, ECLI:EU:C:2014:317 Rn. 73 ff. = ZD 2014, 350 – Google Spain und Google.
[28] EuGH Urt. v. 13.5.2014 – C–131/12, ECLI:EU:C:2014:317 Rn. 81 = ZD 2014, 350 – Google Spain und Google.

Art. 85 8–10   Kapitel IX. Vorschriften für besondere Verarbeitungssituationen

formuliert sehr spitz, dass „das Recht der betroffenen Person auf Datenschutz im Allgemeinen gegenüber dem Informationsinteresse der Internetnutzer überwiege".[29] Diese Annahme erscheint vor dem Hintergrund der Auslegung der DS-RL zutreffend, kann aber nicht verallgemeinert werden.[30]

8   Der EuGH verlangt für die Abwägung im Falle Google Spain, dass insbesondere die **Art der Information** berücksichtigt wird, **wie sensibel** diese Information im Hinblick auf das Privatleben des Betroffenen ist und auch welches **Interesse** die **Öffentlichkeit am Zugang zu der Information** besitzt. Das öffentliche Interesse kann dabei variieren, je nachdem ob die Person eine Rolle im öffentlichen Leben spielt oder nicht.[31] Im Fall Google Spain befand der EuGH, dass die Veröffentlichung der Kreditwürdigkeit des Betroffenen sensible Daten und ein bereits 16 Jahre zurückliegendes Ereignis betraf, so dass wohl kein überwiegendes Informationsinteresse der Öffentlichkeit festzustellen sei.[32] Der EuGH bezieht damit auch die **Aktualität der Information** als Kriterium in die Abwägung mit ein. Die abschließende Beurteilung überließ der EuGH aber dem vorlegenden spanischen Gericht.[33]

9   Der **EuGH** bezieht sich zunehmend stärker auf die Judikatur des **EGMR**. Dabei sieht der Gerichtshof in der Rechtsprechung des EGMR einerseits einen Maßstab für die Abwägungsentscheidung der nationalen Gerichte,[34] zum anderen zieht er die Judikatur des Menschenrechtsgerichtshofs aber auch selbst als Maßstab heran.[35] Der EuGH verweist darauf, dass nach **Art. 52 Abs. 3 GRCh** den Art. 7, 11 GRCh *die gleiche Bedeutung und Tragweite* wie Art. 8 Abs., 11 EMRK beizumessen ist, so dass die **vom EGMR entwickelten Abwägungskriterien**[36] auch für die Entscheidungen des EuGH heranzuziehen seien.[37] Dabei rekurriert der Gerichtshof auch auf die besondere Bedeutung, die der EGMR den Medien für eine freie demokratische Gesellschaft zuspricht; mit dieser besonderen Bedeutung korrespondiert ein Recht der Öffentlichkeit, die über die Medien verteilten Informationen auch zu erhalten.[38] Im Hinblick auf Auslistungsansprüche gegenüber Google betreffend die grundsätzlich unzulässige Verarbeitung sensibler personenbezogener Daten hat der EuGH dem Suchmaschinenbetreiber daher eine Pflicht zur sorgfältigen Abwägung auferlegt, ob die Aufnahme eines Links in eine Suchergebnisliste im Einzelfall nicht doch für die Verwirklichung der durch Art. 11 GRCh geschützten **Informationsfreiheit des Internetnutzers** erforderlich ist.[39] Die in Art. 85 neben der Meinungsäußerungsfreiheit ausdrücklich erwähnte Informationsfreiheit darf gleichwohl nicht überdehnt werden. So hat der EuGH eine Übermittlung personenbezogener Daten über Strafpunkte aufgrund von Verkehrsverstößen an jede Person, die sie beantragt, als nicht gerechtfertigt erachtet.[40]

10   Die Tatsache, dass Art. 6 Abs. 2 EUV einen Beitritt der EU zur EMRK vorsieht, hatte die Erwartung geweckt, dass die EMRK damit zum verbindlichen grundrechtlichen Maßstab auch für die Europäische Union würde. Diese Erwartung hat sich nach dem Gutachten des EuGH

---

[29] EuGH Urt. v. 13.5.2014 – C-131/12, ECLI:EU:C:2014:317 Rn. 81 = ZD 2014, 350 – Google Spain und Google.
[30] Krit. insofern auch der Bundesverfassungsrichter *Johannes Masing*, Vorläufige Einschätzung der „Google-Entscheidung" des EuGH, abrufbar unter: https://verfassungsblog.de/ribverfg-masing-vorlaeufige-einschaetzung-der-google-entscheidung-des-eugh/ (Stand 15.9.2016). Auch der EuGH geht sonst von einem offenen Abwägungsprozess aus, vgl. etwa EuGH Urt. v. 8.4.2014 – C-293/12 u. C-594/12, ECLI:EU:C:2014:238 – Digital Rights Ireland Ltd.
[31] EuGH Urt. v. 13.5.2014 – C-131/12, ECLI:EU:C:2014:317 Rn. 81 = ZD 2014, 350 – Google Spain und Google.
[32] EuGH Urt. v. 13.5.2014 – C-131/12, ECLI:EU:C:2014:317 Rn. 98 = ZD 2014, 350 – Google Spain und Google.
[33] Der Einfluss der Google-Spain-Entscheidung des EuGH auf die nationale Judikatur ist sichtbar, vgl. etwa OLG Celle Urt. v. 29.12.2016 – 13 U 85/16, NJW-RR 2017, 362 sowie OLG Celle Urt. v. 1.6.2017 – 13 U 178/12, BeckRS 2017, 113458. Das OLG Celle will bei der Abwägung allerdings auch die mittelbar betroffene Presse- und Meinungsfreiheit desjenigen berücksichtigen, der die über die angegriffenen Links auffindbaren Beiträge erstellt hat.
[34] Siehe SchlA der GA *Kokott* v. 8.5.2008 – C-73/07, ECLI:EU:C:2008:266 Rn. 37: „Die Auslegung von Art. 9 der Datenschutzrichtlinie muss sich an den Grundrechten orientieren, die durch die Anwendung dieser Bestimmung zum Ausgleich gebracht werden sollen. Dabei müssen die Gemeinschaftsgerichte insbesondere der Rechtsprechung des Europäischen Gerichtshofs für Menschenrechte (...) Rechnung tragen."
[35] EuGH Urt. v. 20.5.2003 – C-465/00, C-138/01 u. C-139/01, ECLI:EU:C:2003:294 Rn. 68 ff., 73 ff.
[36] Hierzu → Rn. 13 ff.
[37] EuGH Urt. v. 14.2.2019 – C-345/17, ECLI:EU:C:2019:122 Rn. 65 f.
[38] EuGH Urt. v. 24.9.2019 – C-136/17, ECLI:EU:C:2019:773 Rn. 76.
[39] EuGH Urt. v. 24.9.2019 – C-136/17, ECLI:EU:C:2019:773 Rn. 66.
[40] EuGH Urt. v. 22.6.2021 – C-439/19, ECLI:EU:C:2021:504 Rn. 121.

vom 18.12.2014, in dem der Gerichtshof einen Beitritt der Union zur EMRK für europarechtlich unzulässig erachtet, nicht erfüllt.[41] Zu einer grundrechtlichen Überprüfung der DS-GVO durch den EGMR wird es mangels eines Beitritts der Union zur EMRK daher vorerst nicht kommen. Allerdings können die in Umsetzung von Art. 85 DS-GVO durch die Mitgliedstaaten erlassenen Regelungen zunächst durch die nationalen Gerichte und nach Ausschöpfung des jeweiligen nationalen Rechtsweges[42] auch durch den EGMR überprüft werden.

III. Rechtsprechung des EGMR

Der **EGMR** hat in verschiedenen Urteilen grundsätzliche Ausführungen zur Abwägung zwischen dem Schutz personenbezogener Daten einerseits und der Meinungs-, Presse-, Rundfunk- oder Informationsfreiheit andererseits gemacht.[43] Art. 8 Abs. 1 EMRK und Art. 10 Abs. 1 EMRK garantieren materiell die gleichen Rechte wie Art. 8 Abs. 1 GRCh und Art. 11 Abs. 1 GRCh, auch wenn die EMRK im Gegensatz zur GRCh kein ausdrückliches Grundrecht auf Datenschutz aufweist. Gemäß Art. 52 Abs. 3 GRCh haben diejenigen Grundrechte der GRCh, die Entsprechungen in der EMRK besitzen, die gleiche Bedeutung und Tragweite wie die Grundrechte der EMRK, wobei die GRCh einen weitergehenden Grundrechtsschutz gewährleisten kann. Die Mitgliedstaaten müssen sich daher für die von ihnen vorzunehmende Abwägung auch an den **Urteilen des EGMR** zur Abwägung zwischen dem Schutz personenbezogener Daten auf der einen und der Meinungs-, Medien- oder Informationsfreiheit auf der anderen Seite orientieren.[44]

Die Art. 52 Abs. 3 S. 2 GRCh zugrunde liegende Annahme, dass die **EMRK** dabei **nur** ein **Mindestniveau** bietet, das die GRCh überschreiten kann, stößt auf Schwierigkeiten bei Konstellationen, die Grundrechtspositionen auf beiden Seiten aufweisen, wie dies im Rahmen der Abwägung zwischen dem Schutz personenbezogener Daten einerseits und der Meinungsäußerungs-, Presse-, Rundfunk- oder Informationsfreiheit andererseits der Fall ist, da dann die eine Grundrechtsposition zu Lasten der anderen Grundrechtsposition wirkt. In derartigen Fällen ist es Aufgabe der für die Abwägung zuständigen **nationalen Behörden und Gerichte,** gegebenenfalls auftretende Konflikte aufzulösen.

Der **EGMR** hat schon im Urteil Handyside/Großbritannien die grundlegende Bedeutung der Meinungsfreiheit für jede demokratische Gesellschaft hervorgehoben.[45] In seinem ersten **Caroline-Urteil** betonte der EGMR ebenfalls die besondere Bedeutung der Presse, nahm aber eine Abwägung mit dem Recht am eigenen Bild vor, wobei er letzterem im konkreten Fall den Vorzug gab, da er kein legitimes Interesse der Öffentlichkeit an den in diesem Fall strittigen privaten Bildern von Caroline von Hannover anerkannte.[46] Der EGMR stellt stärker als die deutsche Rechtsprechung darauf ab, ob an der betreffenden Berichterstattung ein **legitimes öffentliches Interesse** besteht, was er bei der bloßen Boulevardberichterstattung tendenziell verneint.[47] Nachdem die deutsche Rechtsprechung in der Folge des Caroline-Urteils die EGMR die Differenzierung zwischen der absoluten und der relativen Person der Zeitgeschichte aufgegeben hat, sieht der EGMR keine Differenzen mehr zur deutschen Judikatur.[48] Der EGMR betont jedoch weiterhin als zentrales Kriterium, dass es für die Abwägung darauf ankomme, ob der betreffende Artikel oder das betreffende Foto einen **Beitrag zu einer Debatte von generellem Interesse** leistet.[49] Daneben hat der EGMR in seinem **Springer-Urteil** vom

---

[41] EuGH, Gutachten 2/13, ECLI:EU:C:2014:2454.
[42] So die in Art. 35 Abs. 1 EMRK formulierte local remedies rule.
[43] Vgl. etwa EGMR Urt. v. 10.5.2011 – 48009/08 Rn. 105 – Mosley/Großbritannien: „(…) The assessment which the Court must undertake in the present proceedings relates not to the specific facts of the applicant's case but to the general framework for balancing rights of privacy and freedom of expression in the domestic legal order. The Court must therefore have regard to the general principles governing the application of Article 8 and Article 10 (…)".
[44] Für einen Überblick über die umfangreiche Judikatur des EGMR siehe IntKommEMRK/*Schiedermair* Art. 10 Rn. 85 ff.
[45] EGMR Urt. v. 7.12.1976 – 5493/72 EuGRZ 1977, 38 Rn. 49 – Handyside/Großbritannien.
[46] EGMR Urt. v. 24.6.2004 – 59320/00 NJW 2004, 2647 Rn. 58 ff. – Hannover/Deutschland. Der EGMR knüpft hierbei an seine bereits vorhandene Rspr. zu dieser Abwägung an, vgl. etwa EGMR Urt. v. 21.2.2002 – 42409/98 Rn. 2 ff. – Schüssel/Österreich.
[47] Vgl. etwa EGMR Urt. v. 10.5.2011 – 48009/08 Rn. 114 – Mosley/Großbritannien.
[48] EGMR Urt. v. 7.2.2012 – 40660/08 u. 60641/08 Rn. 124 ff. – Hannover/Deutschland II; EGMR Urt. v. 7.2.2012 – 39954/08 Rn. 96 ff. – Axel Springer AG/Deutschland.
[49] EGMR Urt. v. 7.2.2012 – 39954/08 Rn. 90 – Axel Springer AG/Deutschland.

7.2.2012 weitere maßgebliche Kriterien für die Abwägung entwickelt: Neben der **Bekanntheit der Person** und dem **Gegenstand der Berichterstattung**[50] kommt es nach dem EGMR auch auf eine eventuelle **vorherige Kooperation** der betreffenden Person mit den Medien an.[51] Darüber bilden die **Art und Weise der Informationserlangung** und die **Richtigkeit der Information**,[52] die Art und Weise der **Publikation** und deren **Verbreitung**[53] sowie, falls eine Sanktion verhängt wurde, auch die **Schwere der Sanktion**[54] weitere wichtige Maßstäbe für die Abwägungsentscheidung.[55]

14   Die Frage, ob Journalisten vor der Veröffentlichung eines Artikels mit personenbezogenen Daten die grundsätzliche Pflicht zur Information des von der Veröffentlichung Betroffenen haben, hat der EGMR im Urteil **Mosley/Großbritannien** vom 10.5.2011 zum Anlass für grundlegende dogmatische Ausführungen über das Verhältnis von Art. 8 und Art. 10 EMRK genommen.[56] Dabei befasste sich der EGMR ausdrücklich erst mit dem prinzipiellen Verhältnis der beiden Vorschriften, bevor er seine Überlegungen auf den konkreten Fall übertrug.[57] Im Hinblick auf Art. 8 EMRK verwies der Gerichtshof darauf, dass den Staaten aus Art. 8 EMRK auch **Schutzpflichten** („positive obligations") erwachsen, die ein staatliches Handeln auch im Verhältnis zwischen Privaten verlangen können.[58] Für die Frage der Ausübung dieser Schutzpflichten betonte der EGMR allerdings die weite **Einschätzungsprärogative der Mitgliedstaaten** des Europarates („margin of appreciation").[59] Zugleich nannte der EGMR verschiedene Maßstäbe für die Abwägung. Neben der **Bedeutung der preisgegebenen Information für das Privatleben des Einzelnen**[60] spielt dabei die Frage, ob ein **Konsens zwischen den Mitgliedstaaten** besteht, eine wichtige Rolle für die Bestimmung der Grenzen der mitgliedstaatlichen Einschätzungsprärogative. Existiert zwischen den Mitgliedstaaten ein breiter Konsens, wie die betreffende Schutzpflicht im konkreten Fall auszugestalten ist, oder ergibt sich ein derartiger Konsens aus sonstigen internationalen Rechtsquellen, so verengt dies laut EGMR den grundsätzlich vorhandenen Spielraum der Mitgliedstaaten.[61]

15   Der EGMR betonte, dass **weder Art. 8 noch Art. 10 EMRK grundsätzlich Vorrang** beanspruchen könnten.[62] Für die Auslegung der Pressefreiheit verwies der Gerichtshof auf die wichtige Rolle der Presse als „öffentlicher Wächter" („public watchdog")[63] sowie auf die Frage des Beitrags der Berichterstattung zu einer Debatte von öffentlichem Interesse.[64] Der EGMR sah eine **Vorzensur** nicht als von vorneherein durch Art. 10 EMRK ausgeschlossen an, warnte aber vor deren Wirkungen und bekräftigte, dass er die Vorzensur einer besonders strengen Prüfung unterziehen werde.[65] Im konkreten Fall wog der EGMR die verschiedenen Gesichtspunkte ausführlich ab und kam insbesondere unter Hinweis auf den weiten Einschätzungsspielraum der Mitgliedstaaten angesichts fehlender gemeinsamer Standards und der möglichen weitreichenden negativen Auswirkungen einer Vorzensur auf die Pressefreiheit (**„chilling effect"**) zu dem Ergebnis, dass das Fehlen einer Pflicht zur Vorabinformation im britischen Recht keinen Verstoß

---

[50] EGMR Urt. v. 7.2.2012 – 39954/08 Rn. 91 – Axel Springer AG/Deutschland.
[51] EGMR Urt. v. 7.2.2012 – 39954/08 Rn. 92 – Axel Springer AG/Deutschland.
[52] EGMR Urt. v. 7.2.2012 – 39954/08 Rn. 93 – Axel Springer AG/Deutschland.
[53] EGMR Urt. v. 7.2.2012 – 39954/08 Rn. 94 – Axel Springer AG/Deutschland.
[54] EGMR Urt. v. 7.2.2012 – 39954/08 Rn. 95 – Axel Springer AG/Deutschland.
[55] EGMR Urt. v. 27.6.2017 – 931/13 – Satakunnan Markkinapörssi Oy und Satamedia Oy/Finnland Rn. 165.
[56] EGMR Urt. v. 10.5.2011 – 48009/08 Rn. 105 ff. – Mosley/Großbritannien, hierzu bereits → Fn. 43.
[57] EGMR Urt. v. 10.5.2011 – 48009/08 Rn. 106 ff. – Mosley/Großbritannien.
[58] EGMR Urt. v. 10.5.2011 – 48009/08 Rn. 106 – Mosley/Großbritannien.
[59] EGMR Urt. v. 10.5.2011 – 48009/08 Rn. 107 f. – Mosley/Großbritannien: „(…) the State authorities are, in principle, in a better position than the international judge to give an opinion on how best to secure the right to respect for private life within the domestic legal order (…)".
[60] EGMR Urt. v. 10.5.2011 – 48009/08 Rn. 109 – Mosley/Großbritannien.
[61] EGMR Urt. v. 10.5.2011 – 48009/08 Rn. 110 – Mosley/Großbritannien.
[62] Vgl. etwa EGMR Urt. v. 10.5.2011 – 48009/08 Rn. 111 – Mosley/Großbritannien; EGMR Urt. v. 16.7.2013 – 33846/07 Rn. 56 – Wegrzynowski und Smolczewski/Poland. Dabei kann es auch nicht darauf ankommen, ob der Ausgangspunkt des Verfahrens in einer Beschwerde wegen Verletzung von Art. 8 EMRK oder von Art. 10 EMRK liegt, so ausdrücklich EGMR Urt. v. 24.2.2015 – 21830/09 Rn. 54 – Haldimann u.a./Schweiz.
[63] EGMR Urt. v. 10.5.2011 – 48009/08 Rn. 112 – Mosley/Großbritannien.
[64] EGMR Urt. v. 10.5.2011 – 48009/08 Rn. 114 – Mosley/Großbritannien.
[65] EGMR Urt. v. 10.5.2011 – 48009/08 Rn. 117 – Mosley/Großbritannien.

gegen Art. 8 EMRK darstelle.⁶⁶ Dabei verwies der EGMR vor allem auf die generelle Wirkung, die eine derartige Regelung hätte.⁶⁷

Die dargelegten Kriterien für die Abwägung zwischen Art. 8 EMRK und Art. 10 EMRK hat **16** der EGMR in verschiedenen Urteilen aufgegriffen. Dabei betont er die **grundsätzliche Gleichrangigkeit von Art. 8 EMRK und Art. 10 EMRK**.⁶⁸ Im Urteil Mitkus/Lettland bejahte der Gerichtshof die Frage, ob die Bekanntmachung der HIV-Infektion des Beschwerdeführers durch die Medien eine Verletzung staatlicher Schutzpflichten darstelle, insbesondere unter Hinweis auf die **besondere Sensibilität von Gesundheitsdaten** und gerade einer HIV-Infektion wegen der mit deren Bekanntmachung möglicherweise verbundenen sozialen Ausgrenzung.⁶⁹ Das **Verbot der massenhaften Veröffentlichung von Steuerdaten** durch zwei Unternehmen in Finnland betrachtete die Große Kammer des Gerichtshofs mit Urteil vom 27.6.2017 nach einer ausführlichen Abwägung nicht als Verstoß gegen Art. 10 EMRK.⁷⁰ Der EGMR befand im Einklang mit den nationalen Instanzen, dass die massenhafte Veröffentlichung von Steuerdaten **keinen Beitrag zu einer Debatte von öffentlichem Interesse** liefere.⁷¹ Da die veröffentlichten Daten ca. 1,2 Millionen Personen betrafen, wiesen die betroffenen Personen auch keinen Bekanntheitsgrad auf.⁷² Trotz der Korrektheit der Daten und ihrer legalen Beschaffung sah der EGMR angesichts des aufgrund des Fehlens einer einheitlichen Praxis **weiten Gestaltungsspielraums** keine Anhaltspunkte dafür, dass die finnischen Behörden und Gerichte den ihnen zustehenden Gestaltungsspielraum überschritten hätten.⁷³ Der **EGMR** nahm die Entscheidung auch zum Anlass für eine ausführliche Darstellung der **Judikatur des EuGH** zum Datenschutz und bezog dabei insbesondere auch die Entscheidung der Großen Kammer des EuGH vom 16.12.2008⁷⁴ mit ein.⁷⁵

Die **Abwägungsentscheidung** des EGMR kann **auch zugunsten von Art. 10 EMRK** **17** ausfallen, selbst wenn es sich um **Boulevardberichterstattung** handelt. Dies zeigt das Urteil Couderc und Hachette/Frankreich vom 10.11.2015, in dem der EGMR die Untersagung eines Artikels über den unehelichen Sohn von Albert von Monaco, die auch ein Foto Alberts mit seinem Sohn enthielt, als Verstoß gegen die in Art. 10 EMRK verankerte Pressefreiheit sah.⁷⁶ Auch im Fall Annen/Deutschland entschied der EGMR die Abwägung mit Urteil vom 26.11.2015 zugunsten der Pressefreiheit.⁷⁷ Die deutschen Gerichte hatten einem Abtreibungsgegner die Verteilung von Flugblättern vor einem Krankenhaus untersagt, auf denen die Namen von Ärzten des Krankenhauses abgedruckt waren, die Abtreibungen vornahmen. Der EGMR sah hierin einen Verstoß gegen Art. 10 EMRK. Im Urteil Haldimann u.a./Schweiz vom 24.2.2015 entschied der EGMR zugunsten der Medienfreiheit aus Art. 10 EMRK.⁷⁸ Der Gerichtshof zog hier ausdrücklich seine in der Springer-Entscheidung aufgestellten Abwägungsmaßstäbe heran.⁷⁹ Danach befand er zunächst, dass der für die Entscheidung zentrale journalistische Bericht über schlechte Beratungsleistungen von privaten Versicherungsmaklern zumindest geeignet sei, einen Beitrag zu einer Debatte von öffentlichem Interesse zu leisten.⁸⁰ Die Autoren des Berichtes waren zu milden Geldstrafen verurteilt worden, da sie einen Versicherungsmakler

---

⁶⁶ EGMR Urt. v. 10.5.2011 – 48009/08 Rn. 122 ff., 132 – Mosley/Großbritannien.
⁶⁷ EGMR Urt. v. 10.5.2011 – 48009/08 Rn. 126 ff., 132 – Mosley/Großbritannien.
⁶⁸ EGMR Urt. v. 22.6.2021 – 57292/16 – Hubrain/Belgien Rn. 93; EGMR Urt. v. 10.9.2020 – 36908/13 – N.Š./Kroatien Rn. 96.
⁶⁹ EGMR Urt. v. 2.10.2012 – 7259/03 Rn. 124 ff., 133 – Mitkus/Lettland.
⁷⁰ EGMR Urt. v. 27.6.2017 – 931/13 Rn. 160 ff. – Satakunnan Markkinapörssi Oy und Satamedia Oy/Finnland; EGMR Urt. v. 28.6.2018 – 60798/10 u.a. – Mu. L. W. W./Deutschland Rn. 95.
⁷¹ EGMR Urt. v. 27.6.2017 – 931/13 Rn. 167 ff. – Satakunnan Markkinapörssi Oy und Satamedia Oy/Finnland.
⁷² EGMR Urt. v. 27.6.2017 – 931/13 Rn. 179 ff. – Satakunnan Markkinapörssi Oy und Satamedia Oy/Finnland.
⁷³ EGMR Urt. v. 27.6.2017 – 931/13 Rn. 182 ff. – Satakunnan Markkinapörssi Oy und Satamedia Oy/Finnland.
⁷⁴ Dazu bereits → Rn. 6 Fn. 23 ff.
⁷⁵ EGMR Urt. v. 27.6.2017 – 931/13 Rn. 20, 70 ff. – Satakunnan Markkinapörssi Oy und Satamedia Oy/Finland.
⁷⁶ EGMR Urt. v. 10.11.2015 – C-4054/07 Rn. 94 ff. – Couderc and Hachette/Frankreich.
⁷⁷ EGMR Urt. v. 26.11.2015 – C-3690/10 Rn. 58 ff. – Annen/Deutschland.
⁷⁸ EGMR Urt. v. 24.2.2015 – 21830/09 – Haldimann u.a./Schweiz.
⁷⁹ EGMR Urt. v. 24.2.2015 – 21830/09 Rn. 50 – Haldimann u.a./Schweiz; dazu bereits → Rn. 13 Fn. 49 ff.
⁸⁰ EGMR Urt. v. 24.2.2015 – 21830/09 Rn. 56 ff. – Haldimann u.a./Schweiz.

heimlich gefilmt hatten. Der EGMR sah in dieser Verurteilung insbesondere wegen des **potentiellen Abschreckungseffektes** auf die Medienfreiheit einen Verstoß gegen Art. 10 EMRK.[81]

18 In der Tatsache, dass ein Artikel mit unzutreffenden Aussagen nicht aus dem Internetarchiv einer Zeitung entfernt wurde, sah der EGMR unter Verweis auf den diesbezüglichen weiten Entscheidungsspielraums der Mitgliedstaaten **keine Verletzung von Art. 8 EMRK**.[82] Der EGMR machte in diesem Zusammenhang auch Ausführungen zu den **Besonderheiten des Internets** als Medium.[83] Dabei betonte der EGMR, dass die vom Internet ausgehenden Gefahren für den Schutz des Privatlebens angesichts der großen Reichweite und der gleichzeitig schwereren Kontrollierbarkeit des Netzes höher als die durch die Presse verursachten seien.[84] Die Frage, ob es sich bei Internetnutzern, die sich regelmäßig in Foren äußern, um Personen handelt, die am öffentlichen Leben teilnehmen und deshalb bestimmte kritische Kommentare aushalten müssten, harrt noch der Entscheidung durch den EGMR.[85]

19 In Deutschland ist für die Auslegung der Abwägungsnormen auch die **Rechtsprechung des BVerfG** zu beachten. Dabei gilt nach dem BVerfG zunächst eine Vermutung zugunsten der freien Rede.[86] Allerdings nimmt auch das BVerfG – orientiert an der Rechtsprechung des EGMR – eine Abwägung im Einzelfall vor, die auch zugunsten des allgemeinen Persönlichkeitsrechts ausfallen kann.[87]

IV. Medien- und Wissenschaftsprivileg

20 Art. 85 Abs. 2 sieht für die Mitgliedstaaten in etwas umformulierter Form im Vergleich zu Art. 9 DS-RL die Möglichkeit und auch die Pflicht[88] vor, das sog. **Medienprivileg** aufrechtzuerhalten oder neu zu schaffen. Im Vergleich zur Regelung des Art. 9 DS-RL ist das Wort „**allein**" **weggefallen,** das teilweise für eine restriktive Auslegung des Medienprivilegs in Grenzbereichen – etwa bei der Reisekostenabrechnung eines Journalisten, die Rückschlüsse auf den Inhalt seiner Recherche zulässt – herangezogen wurde.[89] Art. 85 Abs. 2 stellt die Vorschrift nunmehr in den **Gesamtzusammenhang des Abwägungserfordernisses** nach Art. 85 Abs. 1, was angesichts des Zweckes der Regelung systematisch sinnvoll erscheint. Darüber hinaus enthält Art. 85 Abs. 2 nunmehr auch die Möglichkeit und die Pflicht zur Schaffung eines **Wissenschaftsprivilegs.**[90]

21 Mit den beiden vorgesehenen Privilegien werden diejenigen datenverarbeitenden Tätigkeiten von der Anwendung bestimmter zentraler Bereiche der DS-GVO ausgenommen, die zu journalistischen, wissenschaftlichen, künstlerischen oder literarischen Zwecken erfolgen. Sinn und Zweck des Privilegs ist es, **bestimmte grundrechtlich geschützte Tätigkeiten,** die darauf angewiesen sind, personenbezogene Daten ohne Einwilligung des Betroffenen zu erheben und zu verarbeiten, **von der Anwendung zentraler Vorschriften der DS-GVO zu entbinden,** damit sie in der Ausübung ihrer grundrechtlich geschützten Tätigkeit nicht behindert werden. So schützt das Medienprivileg die freie journalistische Recherche, die gerade bei einem investigativen Vorgehen darauf angewiesen ist, personenbezogene Daten auch ohne Einwilligung des Betroffenen zu offenbaren. Aus diesem Grund hat der BGH in seinem Sedlmayr-Urteil vom 1.2.2011 betont, dass die Medien ihre in Art. 5 Abs. 1 GG, Art. 10 Abs. 1 S. 2 EMRK und Art. 11 Abs. 1 S. 1 GRCh grundrechtlich geschützten Aufgaben ohne das Medienprivileg nicht wahrnehmen könnten.[91]

---

[81] EGMR Urt. v. 24.2.2015 – 21830/09 Rn. 67 f. – Haldimann u.a./Schweiz.
[82] EGMR Urt. v. 16.7.2013 – 33846/07 Rn. 53 ff., 70 – Wegrzynowski und Smolczewski/Polen.
[83] EGMR Urt. v. 16.7.2013 – 33846/07 Rn. 58 f. – Wegrzynowski und Smolczewski/Polen.
[84] EGMR Urt. v. 16.7.2013 – 33846/07 Rn. 58 – Wegrzynowski und Smolczewski/Polen. Näher zum Schutz von Internetarchiven EGMR Urt. v. 16.7.2013 – 33846/07 Rn. 59 – Wegrzynowski und Smolczewski/Polen. Ähnliches hatte der EGMR bereits für die audiovisuellen Medien festgestellt, vgl. EGMR Urt. v. 23.9.1994 – 15890/89 Rn. 31 – Jersild/Dänemark.
[85] EGMR eingereicht am 19.1.2015 – 38940/13 – Buda/Polen.
[86] BVerfG Urt. v. 15.1.1958 – 1 BvR 400/57, BVerfGE 7, 198 (212); Beschl. v. 22.6.1982 – 1 BvR 1376/79, BVerfGE 61, 1 (11).
[87] BVerfG Urt. v. 15.12.1999 – 1 BvR 653/96, BVerfGE 101, 361 (388 ff.) – Caroline II. Dabei hat das BVerfG den besonderen Schutz von Kindern in seiner Entsch. betont, vgl. S. 396.
[88] *Albrecht/Janson* CR 2016, 500 (502), sprechen von einem „obligatorischen Handlungsauftrag" für die Mitgliedstaaten. Ebenfalls eine Verpflichtung bej. Paal/Pauly/*Pauly* DS-GVO Art. 85 Rn. 4.
[89] Zur weiten Auslegung von Journalismus → Rn. 25 Fn. 96 f.
[90] Näher hierzu *Schwartmann/Hermann* F&L 578.
[91] BGH Urt. v. 1.2.2011 – VI ZR 345/09, NJW 2011, 2285 Rn. 24.

Die Formulierung des Art. 85 Abs. 2 erlaubt es den Mitgliedstaaten, bereits **vorhandene** 22
Medienprivilegien weiterhin **aufrecht zu erhalten**. Die Bundesländer haben die bestehenden
Regelungen zum Medienprivileg im Zuge der durch die DS-GVO erforderlichen Novellierungen zunächst überprüft und in den 21. Rundfunkänderungsstaatsvertrag[92] mit § 9c RStV („Medienprivileg") eine **einheitliche Regelung** zur Datenverarbeitung im Rundfunkbereich aufgenommen, welche die existierenden Medienprivilegien in den Rundfunk- und Mediengesetzen
der Länder ersetzt hat. Der am 7.11.2020 in Kraft getretenen **Staatsvertrag zur Modernisierung der Medienordnung in Deutschland (MStV)**[93] sieht mit § 23 eine Neuregelung vor,
die **sämtliche öffentlich-rechtlichen und privaten Rundfunkveranstalter** sowie **Unternehmen und Hilfsunternehmen der Presse** als Anbieter von Telemedien umfasst und löst
damit die verschiedenen vorhandenen Vorgängerregelungen ab (etwa § 17 ZDF-Staatsvertrag,
§ 17 Abs. 1 Deutschlandradio-Staatsvertrag, § 49 Abs. 1 WDR-Gesetz, § 49 Abs. 2 LMedienG
Baden-Württemberg, § 37 Abs. 3 Medienstaatsvertrag HSH, § 12 Abs. 2 LMG Rheinland-Pfalz,
§ 11 Abs. 1 SMG, § 44 SächsPRG, § 61 S. 2 HPRG, § 46 LMG NRW).

Der **Begriff des Presseunternehmens oder des Hilfsunternehmens der Presse** ist auch 23
unter der Neuregelung nicht auf alle Anbieter von Internetseiten anzuwenden. Dies hat das
BVerwG am 29.10.2015 unter Bestätigung eines Urteils des VGH München festgestellt.[94] Darin
ging es um eine kommunale Wählervereinigung in der Form eines eV. Die Gerichte betrachteten
den Internetauftritt der Wählervereinigung nicht als journalistische Tätigkeit eines Presseunternehmen oder Hilfsunternehmen der Presse und versagten der Vereinigung daher die Berufung
auf das Medienprivileg. Auch Suchmaschinenbetreiber können sich als solche grundsätzlich nicht
auf das Medienprivileg berufen.[95]

Inhaltlich verpflichtet **§ 23 Abs. 1 MStV** die Medienanbieter sowie deren Hilfs- und Betei- 24
ligungsunternehmen auf das Datengeheimnis, wenn personenbezogene Daten zu journalistischen
Zwecken verarbeitet werden. Darüber hinaus ordnet § 23 Abs. 1 MStV für die Verarbeitung zu
journalistischen Zwecken die Anwendung allgemeiner Bestimmungen der DS-GVO (Kapitel I,
X, XI) sowie des Kapitels VIII zu Rechtsbehelfen, Haftung und Sanktionen (außer für Unternehmen, die der Selbstregulierung durch den Pressekodex und der Beschwerdeordnung des Deutschen Presserates unterliegen) an. Der für die Verarbeitung Verantwortliche im Sinne des Art. 4
Nr. 7, 24 DS-GVO ist außerdem für die Integrität und Vertraulichkeit der Datenverarbeitung
rechenschaftspflichtig (Art. 5 Abs. 1 f, Abs. 2 DS-GVO) und auf den Grundsatz der Datensicherheit nach Art. 32 DS-GVO verpflichtet. Die Haftung, das Recht auf Schadensersatz und die
Verhängung von Geldbußen werden auf Verstöße gegen diese Grundsätze beschränkt. Auskunfts- und Berichtigungsansprüche von Betroffenen können ausschließlich gemäß **§ 23 Abs. 2 MStV**
unter sorgfältiger Abwägung aller schutzwürdigen Interessen der Beteiligten gewährt werden.

Der **Begriff** des **Journalismus** soll dabei im Hinblick auf die fundamentale Bedeutung der 25
Meinungsfreiheit für eine demokratische Gesellschaft **weit ausgelegt** werden.[96] Er erfasst nicht
nur Medienunternehmen, sondern jeden, der journalistisch tätig ist.[97] Gleichwohl hat der EuGH
festgestellt, dass nicht jede im Internet veröffentlichte Information automatisch auch eine
journalistische Tätigkeit darstellt.[98] Die exakte Bestimmung der Reichweite des Begriffes im
Einzelfall obliegt den **nationalen Gerichten.**[99] Von den unionsrechtlichen Vorgaben ausgehend haben auch die deutschen Gerichte bekräftigt, dass das Medienprivileg trotz weiter
Auslegung **kein allgemeines Meinungsprivileg** enthält.[100] Somit verfolgt nicht jede Ver-

---

[92] Einundzwanzigster Staatsvertrag zur Änderung rundfunkrechtlicher Staatsverträge v. 30.11.2017 bis
15.12.2017 (Einundzwanzigster Rundfunkänderungsstaatsvertrag).
[93] Staatsvertrag zur Modernisierung der Medienordnung in Deutschland (Medienstaatsvertrag) vom
23. April 2020, GVBl. S. 450, 451.
[94] BVerwG Beschl. v. 29.10.2015 – 1 B 32.15, ZD 2016, 193 Rn. 4 f.; VGH München Urt. v. 25.3.2015
– 5 B 14.2164, ZD 2015, 324 mAnm *Ehmann*.
[95] BVerfGE 152, 216 (257 f.); OLG Celle Urt. v. 29.12.2016 – 13 U 85/16, NJW-RR 2017, 362 (363)
unter Berufung auf das Google-Spain-Urteil des EuGH → Rn. 7 Fn. 27 ff. Vgl. auch *Schumacher/Spindler*
DuD 2015, 606. Zur Geltung des Medienprivilegs für YouTuber *Rombey* ZD 2019, 301.
[96] So ausdrücklich Erwägungsgrund 153 DS-GVO. Ebenso EuGH Urt. v. 14.2.2019 – C-345/17 Rn. 51;
NdsOVG Beschl. v. 19.1.2021 – 11 LA 16/20; *Rombey* ZD 2019, 301.
[97] EuGH Urt. v. 14.2.2019 – C-345/17, ECLI:EU:C:2019:122 Rn. 52.
[98] EuGH Urt. v. 14.2.2019 – C-345/17, ECLI:EU:C:2019:122 Rn. 58.
[99] EuGH Urt. v. 16.12.2008 – C-73/07, ECLI:EU:C:2008:727 Rn. 56, 62; Urt. v. 14.2.2019 – C-345/
17, ECLI:EU:C:2019:122 Rn. 51, 69; BVerwG Urt. v. 21.3.2019 – 7 C 26.17, Rn. 30, NVwZ 2019, 1283.
[100] BGH Urt. v. 12.10.2021 – VI ZR 488/29, Rn. 21, GRUR 2022, 247; NdsOVG Beschl. v. 19.1.2021
– 11 LA 16/20, Rn. 40, ZD 2021, 224.

breitung von Informationen, Meinungen oder Ideen im Internet oder in der Öffentlichkeit journalistische Zwecke.[101] Die Verarbeitung muss vielmehr im Zusammenhang mit der journalistisch-redaktionellen und damit meinungsrelevanten Tätigkeit eines Medienakteurs stehen.[102] Der BGH verlangt hierfür ein **Mindestmaß an inhaltlicher Bearbeitung,** das in reinen Bewertungsportalen oder bei einer bloßen Missbrauchskontrolle der eingestellten Beiträge nicht vorhanden ist.[103]

26 Ob die bereits vor Geltung der DS-GVO bestehenden **§§ 22, 23 KUG** zum Schutz des Rechts am eigenen Bild eine weiterhin anwendbare nationale Ausgestaltung des Art. 85 darstellen oder von einer direkten Anwendung der DS-GVO abgelöst werden, ist umstritten.[104] Dogmatisch steht dahinter die Frage, ob es sich bei Art. 85 Abs. 1 um eine gegenüber Art. 85 Abs. 2 eigenständige Öffnungsklausel[105] oder lediglich um ein allgemeines Abwägungsgebot[106] handelt. Würde man allein Art. 85 Abs. 2 als Öffnungsklausel betrachten, kämen §§ 22, 23 KUG nur für Bildveröffentlichungen zu journalistischen, wissenschaftlichen, künstlerischen oder literarischen Zwecken zur Anwendung. Die Literatur tendiert dazu, Art. 85 Abs. 1 eine eigenständige Bedeutung zuzusprechen, die Rechtsprechung hat sich bisher nur für eine Fortgeltung des KUG bei Veröffentlichungen zu den in Art. 85 Abs. 2 genannten Zwecken ausgesprochen.[107] Unabhängig von der dogmatischen Frage der anzuwendenden Norm verlangen im Ergebnis sowohl die §§ 22, 23 KUG als auch die direkte Anwendung des Art. 6 Abs. 1 f DS-GVO eine **umfassende Abwägung** der betroffenen Grundrechtspositionen.[108]

27 Auch im horizontalen Verhältnis zu anderen Vorschriften der DS-GVO treten Auslegungsfragen auf. Anknüpfend an den Beschluss Recht auf Vergessen I hat die Judikatur das Zusammenspiel zwischen Art. 85 und dem Anspruch aus Art. 17 (Recht auf Löschung/„Recht auf Vergessenwerden") im Hinblick auf die Berichterstattung von Online-Archiven über Straftaten konkretisiert.[109] Für die erforderliche Abwägung zwischen dem allgemeinen Persönlichkeitsrecht und der Meinungs- und Pressefreiheit sind dabei durch Zeitablauf veränderte Umstände ebenso zu berücksichtigen wie ein zunehmender zeitlicher Abstand zwischen Erstveröffentlichung und der Weiterverbreitung der Informationen.[110] Das durch die Pressefreiheit geschützte Interesse eines Online-Archivs an der Berichterstattung und das ebenfalls grundrechtlich geschützte Informationsinteresse der Öffentlichkeit streiten dabei für einen besonderen Schutz dieser Berichterstattung, was auch in der Privilegierung von Online-Archiven nach Art. 9 Abs. 2 Buchst. j, Art. 85 Abs. 2 und Erwägungsgrund 153 zum Ausdruck kommt.[111] Dieser besondere Schutz strahlt im multipolaren Grundrechtsverhältnis auch auf den Anspruch gegen den Suchmaschinenbetreiber aus.[112]

28 Schadensersatzansprüche aus Art. 82 werden durch Art. 85 Abs. 2 zwar nicht ausgeschlossen, vielmehr bleibt Kapitel VIII anwendbar.[113] Allerdings bezieht sich die Schadensersatzpflicht im Bereich der Datenverarbeitungen zu journalistischen Zwecken nur auf Pflichtverletzungen, die gemäß dem die Öffnungsklausel des Art. 85 Abs. 2 ausfüllenden nationalen Recht geltend gemacht werden können. Ein Verstoß etwa gegen Art. 6 Abs. 1 lit. f kann in diesem Zusammenhang nicht über Art. 82 geltend gemacht werden, weil aufgrund der nationalen Vorgaben in den Öffnungsklauseln mangels Geltung der Pflichten aus Art. 6 keine Verletzung dieser Vor-

---

[101] BVerwG Beschl. v. 29.10.2015 – 1 B 32.15, Rn. 5, RDV 2016, 98; BVerwG Urt. v. 21.3.2019 – 7 C 26.17, Rn. 30, NVwZ 2019, 1283.
[102] NdsOVG Beschl. v. 19.1.2021 – 11 LA 16/20, Rn. 40, ZD 2021, 224.
[103] BGH Urt. v. 12.10.2021 – VI ZR 488/29, Rn. 19 f., GRUR 2022, 247.
[104] Zum Streitstand Schwartmann/Jaspers/Thüsing/Kugelmann/*Frey* DS-GVO Art. 85 Rn. 8, 9, 39; *Benedikt/Kranig* ZD 2019, 4; *Hansen/Brechtel* GRUR-Prax 2018, 369 (370); *Krüger/Wiencke* MMR 2019, 76 (77); *Lauber-Rönsberg/Hartlaub* NJW 2017, 1057 (1061); *Raji* ZD 2019, 61 (64); *Ziebarth/Elsaß* ZUM 2018, 578 (581).
[105] *Cornils* ZUM 2018, 561 (570); *Krüger/Wiencke* MMR 2019, 76 (77); *Lauber-Rönsberg/Hartlaub* NJW 2017, 1057 (1061); *Ziebarth/Elsaß* ZD 2018, 578 (582).
[106] Kühling/Buchner/*Buchner/Tinnefeld* DS-GVO Art. 85 Rn. 34.
[107] BGH Urt. v. 7.7.2020 – VI ZR 250/19, Rn. 10, MMR 2021, 152; BGH Urt. v. 29.9.2020 – VI ZR 445/19, Rn. 14, MMR 2021, 150; OLG Köln Beschl. v. 18.6.2018 – 15 W 27/18, Rn. 7, ZD 2018, 434.
[108] So auch OLG Köln BeckRS 2019, 25735, 31.
[109] Zum Recht auf Vergessen(werden) *Klass* ZUM 2020, 265; *Trentmann* CR 2017, 26.
[110] BVerfG Beschl. v. 6.11.2019 – 1 BvR 16/13, Rn. 117 f., 120 ff., 143 ff., BVerfGE 152, 152 – Recht auf Vergessen I.
[111] OLG Karlsruhe Urt. v. 10.6.2020 – 6 U 129/19, Rn. 72, ZD 2020, 527.
[112] OLG Karlsruhe Urt. v. 10.6.2020 – 6 U 129/19, Rn. 72, ZD 2020, 527.
[113] So auch § 23 MStV, hierzu → Rn. 22, 24.

schrift mehr vorliegen kann.[114] § 23 MStV beschränkt die Haftung bei Datenverarbeitungen zu journalistischen Zwecken auf Verstöße gegen die Integrität und Vertraulichkeit der Datenverarbeitung (Art. 5 Abs. 1 f. Abs. 2) und den Grundsatz der Datensicherheit (Art. 32), so dass nur Verstöße gegen diese Grundsätze über Art. 82 gerügt werden können.

V. Mitteilungspflicht

Jeder **Mitgliedstaat** ist **zur Mitteilung an die Kommission verpflichtet,** wenn er Abweichungen und Ausnahmen von der DS-GVO vorsieht. Die betreffenden Rechtsvorschriften müssen der Kommission spätestens nach ihrer Verabschiedung angezeigt werden (vgl. den Wortlaut der Norm „Rechtsvorschriften, die er aufgrund von Absatz 2 erlassen hat"). Das Gleiche gilt für jede Änderung der betreffenden Rechtsvorschrift. Damit erhält die Kommission einen Überblick über die Ausnahmen zur DS-GVO und kann, falls es ihr erforderlich scheint, nach Art. 258 AEUV ein Vertragsverletzungsverfahren gegen den Mitgliedstaat initiieren. 29

C. Rechtsschutz

Der Rechtsschutz spielt sich zunächst **auf nationaler Ebene** ab. So kann der von einer Datenverarbeitung durch die Medien Betroffene Rechtsschutz vor deutschen Gerichten suchen, etwa in Form eines Unterlassungsanspruchs aus §§ 823 Abs. 1, 1004 Abs. 1 BGB analog iVm Art. 1 Abs. 1, Art. 2 Abs. 1 GG.[115] Für Verletzungen des Rechts am eigenen Bild kommt ein Unterlassungsanspruch aus §§ 823 Abs. 1, 1004 Abs. 1 BGB analog iVm §§ 22, 23 KUG in Betracht.[116] Zum EuGH kann das Verfahren anschließend im Wege der **Vorlage durch ein deutsches Gericht nach Art. 267 AEUV** gelangen. Dem EuGH obliegt gemäß Art. 267 S. 1 lit. b AEUV die Auslegung des Art. 85 DS-GVO. Den konkreten Rechtsstreit entscheidet schließlich das vorlegende deutsche Gericht unter Berücksichtigung der Vorgaben des EuGH. Darüber hinaus kann unmittelbar gegen die DS-GVO unter den in Art. 263 AEUV niedergelegten Voraussetzungen Nichtigkeitsklage erhoben werden. 30

Art. 86 Verarbeitung und Zugang der Öffentlichkeit zu amtlichen Dokumenten

Personenbezogene Daten in amtlichen Dokumenten, die sich im Besitz einer Behörde oder einer öffentlichen Einrichtung oder einer privaten Einrichtung zur Erfüllung einer im öffentlichen Interesse liegenden Aufgabe befinden, können von der Behörde oder der Einrichtung gemäß dem Unionsrecht oder dem Recht des Mitgliedstaats, dem die Behörde oder Einrichtung unterliegt, offengelegt werden, um den Zugang der Öffentlichkeit zu amtlichen Dokumenten mit dem Recht auf Schutz personenbezogener Daten gemäß dieser Verordnung in Einklang zu bringen.

Literatur: *Meinhold*, Informationszugangsrecht und Datenschutzgrundverordnung im Einklang, LKV 2018, 341; *Penski*, Der voraussetzungslose Zugang zu amtlichen Informationen und private Belange. Der Schutz des Dritten in den Informationszugangsgesetzen unter besonderer Berücksichtigung der Verordnung (EU) 2016/679 (Datenschutz-Grundverordnung), 2021; *Wegener*, Der geheime Staat. Arkantradition und Informationsfreiheitsrecht, 2006; *Wolf*, Das VIG und Art. 86 DS-GVO, LMuR 2020, 1.

Rechtsprechung: EuGH Urt. v. 29.6.2010 – C- 28/08 P, ECLI:EU:C:2010:378 – Bavarian Lager = EuZW 2010, 617; EuGH Urt. v. 9.11.2010 – C- 92/09 und C-93/09, ECLI:EU:C:2010:662 – Schecke = Jus 2011, 278 mAnm *Streinz*; EuGH Urt. v. 17.10.2013 – C-280/11 P, ECLI:EU:C:2013:671 – Rat/Access Info Europe; EuGH Urt. v. 11.5.2017 – C- 562/14 P, ECLI:EU:C:2017:356 – Schweden/Kommission = ZD 2017, 528; EuGH Urt. v. 13.7.2017 – C- 60/15 P, ECLI:EU:C:2017:540 – Saint-Gobain Glass = NVwZ 2017,1276 mAnm *Ehrmann*; EuGH Urt. v. 18.7.2017 – C- 213/15 P, ECLI:EU:C:2017:563 – Breyer = ZD 2017, 528; EuGH Urt. v. 4.9.2018 – C- 57/16 P, ECLI:EU:C:2018:660 – Client Earth = ZUR 2018, 604; EuG Urt. v. 13.11.2015 – T-424/14 u. T-425/14, ECLI:EU:T:2015:848 – Client Earth/Kommission.

---

[114] OLG Köln Urt. v. 26.11.2020 – 15 U 39/20, Rn. 46, ZD 2021, 323; siehe auch BGH Urt. v. 16.2.2021 – VI ZA 6/20, ZD 2021, 340; Urt. v. 29.9.2020 – VI ZR 445/19, Rn. 14; Urt. v. 7.7.2020 – VI ZR 250/19, Rn. 10.

[115] Vgl. etwa BGH Urt. v. 1.2.2011 – VI ZR 345/09, NJW 2011, 2285 Rn. 5. Zum Verhältnis zwischen datenschutz- und medienzivilrechtlichem Persönlichkeitsschutz *Lauber-Rönsberg* ZD 2014, 177.

[116] Zur Frage der Weitergeltung der §§ 22, 23 KUG → Rn. 26 Fn. 104 ff.

Übersicht

	Rn.
A. Allgemeines	1
I. Zweck und Bedeutung der Vorschrift	1
II. Systematik, Verhältnis zu anderen Vorschriften	7
B. Einzelerläuterungen	8
I. Von der Regelung erfasste Objekte	8
II. Von der Regelung betroffene Institutionen	9
III. Inhaltliche Vorgaben für die Offenlegungsbefugnis	12

A. Allgemeines

I. Zweck und Bedeutung der Vorschrift

1 Das Ziel der Vorschrift besteht darin, einen **Ausgleich** zu schaffen zwischen dem Recht auf Schutz personenbezogener Daten und dem Recht auf Zugang zu amtlichen Dokumenten. Ein solcher Ausgleich wird dann erforderlich, wenn amtliche Dokumente, bezüglich derer ein Recht auf Zugang besteht, personenbezogene Daten enthalten. Die Vorschrift erfasst sowohl die Ebene des Unionsrechts als auch die Ebene des Rechts der Mitgliedstaaten und spricht beide ausdrücklich an.[1] Die Regelungsaufgabe, die sich aus diesem Ansatz ergibt, ist komplex, wie im Folgenden aufzuzeigen ist.

2 Auf der **Ebene der Grundrechte** stehen sich das Recht auf Schutz personenbezogener Daten gemäß Art. 8 GRCh und das Recht auf Zugang zu Dokumenten gemäß Art. 42 GRCh gegenüber. Dieses Zugangsrecht betrifft allerdings nur die Ebene des Unionsrechts, weil es lediglich ein Recht aller Unionsbürger auf Zugang zu den Dokumenten der Organe, Einrichtungen und sonstigen Stellen der Union gewährt,[2] nicht dagegen ein Recht auf Zugang zu Dokumenten von Mitgliedstaaten. Beide Rechte, auch das Recht gemäß Art. 42 GRCh,[3] sind Grundrechte. Damit stellt sich die Frage der praktischen Konkordanz zwischen beiden Rechten unter Berücksichtigung der Vorgaben von Art. 52 GRCh.

3 Mit der grundrechtlichen Ausgangslage auf Unionsebene korrespondierend statuiert **Art. 16 Abs. 1 AEUV** einerseits ein Recht auf Schutz personenbezogener Daten und gewährt andererseits **Art. 15 Abs. 3 UAbs. 1 AEUV** ein Recht jedes Unionsbürgers auf Zugang zu Dokumenten der Organe, Einrichtungen und sonstigen Stellen der Union. Art. 15 Abs. 3 UAbs. 2 AEUV spricht die „aufgrund öffentlicher oder privater Interessen geltenden Einschränkungen für die Ausübung dieses Rechts" an, legt sie allerdings nicht selbst fest, sondern verpflichtet das Europäische Parlament und den Rat dazu, die erforderlichen Regelungen zu treffen. Ausfluss dieses Regelungsauftrags ist die **VO (EG) Nr. 1049/2001** (Informationszugangs-Verordnung).[4] Zu den erforderlichen Einschränkungen aufgrund öffentlicher oder privater Interessen gehört auch eine angemessene Berücksichtigung des Schutzes personenbezogener Daten. Art. 86 hat die Funktion, hierfür allgemeine Maßstäbe vorzugeben.

4 Art. 1 Abs. 4 Informationsverwendungsrichtlinie **RL 2003/98/EG** führt unter Bezug auf die EG-Datenschutzrichtlinie 95/46/EG[5] aus, dass deren Bestimmungen unter uneingeschränkter Beachtung der Grundsätze des Schutzes personenbezogener Daten durchgeführt und angewandt

---

[1] Sichtbar auch in Erwägungsgrund 154 S. 3, der beide Ebenen erwähnt.
[2] Näher ausgeformt insbes. durch RL 2003/98/EG des Europäischen Parlaments und des Rates v. 17.11.2003 über die Weiterverwendung von Informationen des öffentlichen Sektors.
[3] Siehe dazu Calliess/Ruffert/*Wegener* AEUV Art. 42 Rn. 1, wonach Art. 42 GRCh den Charakter des Informationsfreiheitsrechts als Bürger- und Grundrecht unterstreicht. Zum Vorrang von Art. 42 GRCh vor Art. 11 GRCh siehe *Penski* Zugang S. 95, 96.
[4] VO (EG) Nr. 1049/2001 v. 30.5.2001. Ihre Umsetzung in der Praxis wird illustriert durch die jährlichen Berichte der Kommission gem. Art. 17 Abs. 1 VO (EG) Nr. 1049/2001, die jeweils auch einen Überblick über die einschlägige Rspr. des EuGH und des EuG geben, erstmals erstattet als Bericht der Kommission über die Anwendung der Grundsätze der Verordnung (EG) Nr. 1049/2001 über den Zugang der Öffentlichkeit zu Dokumenten des Europäischen Parlaments, des Rates und der Kommission v. 30.1.2004, KOM(2004) 45 endg.; siehe als aktuelles Bsp. Bericht der Kommission über die Anwendung der Verordnung (EG) Nr. 1049/2001 über den Zugang der Öffentlichkeit zu Dokumenten des Europäischen Parlaments, des Rates und der Kommission im Jahr 2022 v. 13.9.2023, COM(2023) 523 final.
[5] Gem. Art. 94 Abs. 2 nunmehr als Verweisung auf die vorliegende Verordnung zu lesen.

werden sollten.[6] Damit korrespondiert die Aussage in der Begründung zur DS-GVO,[7] dass die Informationsverwendungsrichtlinie RL 2003/98/EG keine Änderung von Rechten und Pflichten bewirkt, die in der Datenschutz-Grundverordnung dargelegt sind. Beide Aussagen sprechen die Notwendigkeit der praktischen Konkordanz auf der Ebene des Unionsrechts nicht an. Sie sollen lediglich klarstellen, dass Fragen des Schutzes personenbezogener Daten nicht Gegenstand der Informationsverwendungsrichtlinie 2003/98/EG sind.

Eine Parallelregelung zu Art. 86 enthält Art. 9 Abs. 3 **VO (EU) 2018/1725** vom 23.10.2018, wonach die Organe und Einrichtungen der Union das Recht auf Schutz personenbezogener Daten mit dem Recht auf Zugang zu Dokumenten nach dem Unionsrecht in Einklang bringen müssen. Die zu Art. 89 anzustellenden Überlegungen gelten auch dort. 5

Auf **mitgliedstaatlicher Ebene** stellt sich die Aufgabe des Ausgleichs anders dar als auf Unionsebene. Dort hat das grundrechtlich abgesicherte Recht auf Schutz personenbezogener Daten regelmäßig den Vorrang. Denn ihm steht keine grundrechtliche Position auf Zugang zu amtlichen Dokumenten gegenüber, weder auf der Ebene des Unionsrechts noch – so jedenfalls in Deutschland – auf der Ebene des nationalen Verfassungsrechts.[8] Insbesondere gibt Art. 5 Abs. 1 S. 1 GG keinen Anspruch darauf, dass Informationsquellen zugänglich gemacht werden; er ist ein Abwehr- und kein Leistungsrecht.[9] Diese Situation erschwert die Aufgabe des Ausgleichs, vor der die Mitgliedstaaten stehen. Art. 86 gibt ihnen insoweit keine konkrete Handlungsanleitung.[10] Gewisse Maßstäbe ergeben sich jedoch daraus, dass auch auf der mitgliedstaatlichen Ebene die **Maßstäbe der EMRK** (insbesondere die von Art. 8 EMRK) beachtet werden müssen und dass Daten, die personenbezogen[11] sind, nicht – mit welchen Überlegungen auch immer – von vornherein für nicht schützenswert erklärt werden dürfen.[12] Die Mitgliedstaaten dürfen die DS-GVO beim Erlass von Regelungen nicht einfach beiseiteschieben. Andererseits sind sie auch in keiner Weise in der Pflicht, Normen zu erlassen, um Art. 86 für ihren Bereich mit Leben zu erfüllen. Art. 86 enthält keinen zwingenden Handlungsauftrag, sondern eröffnet ihnen eine Handlungsoption.[13] 6

II. Systematik, Verhältnis zu anderen Vorschriften

Die sehr verschachtelt und damit schwer verständlich formulierte Vorschrift[14] bezieht sich auf personenbezogene Daten als Bestandteil von amtlichen Dokumenten. Sie begründet selbst **keine eigenen Zugangsrechte** zu Dokumenten, sondern setzt voraus, dass solche Rechte nach anderen Vorschriften bestehen.[15] Für diesen Fall stellt sie klar, dass ungeachtet der Vorgaben der vorliegenden Verordnung eine Offenlegung von Dokumenten auch dann möglich ist, wenn diese personenbezogene Daten enthalten.[16] Dies gilt allerdings nur, wenn das Unionsrecht oder das Recht der Mitgliedstaaten entsprechende Regelungen getroffen haben. Sie selbst legt nicht fest, wie das Recht auf Zugang zu Dokumenten und das Recht auf den Schutz personenbezoge- 7

---

[6] Siehe auch Erwägungsgrund 21 dieser Richtlinie.
[7] Siehe Erwägungsgrund 154 S. 6.
[8] Calliess/Ruffert/*Wegener* Art. 42 Rn. 3 weist zu Recht darauf hin, dass insbes. für Deutschland eine verfassungsrechtliche Ableitung originärer Informationszugangsansprüche von der ganz hM verneint wird. Ebenso *Penski* Zugang S. 26/27. Ausf. dazu *Wegener*, Der geheime Staat, S. 475–479 mit Gegenposition dazu S. 480 f.
[9] *Meinhold*, LKV 2018, 341 (342) mwN. Ebenso *Penski* Zugang S. 29–35 mwN.
[10] Kuner/Bygrave/Docksey/*Kranenborg* GDPR Art. 86, C.4: „… member states are left … without much concrete guidance …".
[11] Den Personenbezug bejaht EuGH Urt. v. 9.11.2010 – C- 92/09 und C-93/09, ECLI:EU:C:2010:662 – Schecke, Rn. 53/54 = Jus 2011, 278 mAnm *Streinz* – wohl generell und nicht nur im Rahmen von Art. 86 – auch für Konstellationen, in denen der Name einer juristischen Person den Namen von natürlichen Personen erkennen lässt (im konkreten Fall: „Volker und Markus Schecke GbR").
[12] EuGH Urt. v. 9.11.2010 – C- 92/09 und C-93/09, ECLI:EU:C:2010:662 – Schecke, Rn. 51/52 = Jus 2011, 278 mAnm *Streinz* spricht diese beiden Aspekte für die unionsrechtliche Ebene an, doch gelten sie selbstverständlich auch für die Ebene der Mitgliedstaaten. Siehe dazu auch schon EuGH Urt. v. 29.6.2010 – C- 28/08 P, ECLI:EU:C:2010:378, Rn. 58–63 – Bavarian Lager = EuZW 2010, 617.
[13] BeckOK DatenschutzR/*Schiedermair*, Stand 1.5.2023, DS-GVO Art. 86 Rn. 2 mwN.
[14] Zust. zu dieser Kritik *Meinhold* LKV 2018, 341 (342); ähnlich Simitis/Hornung/Spiecker gen. Döhmann/*Schnabel* DS-GVO Art. 86 Rn. 29; siehe auch *Wolff* LMuR 2020, 1 (5), der die Formulierung der Regelung für „ersichtlich interpretationsbedürftig" hält.
[15] Ebenso BeckOK-DatenschutzR/*Schiedermair*, Stand 1.5.2023, DS-GVO Art. 86 Rn. 1 mwN.
[16] Prägnant formuliert in Erwägungsgrund 154 S. 1: „Diese Verordnung ermöglicht es, dass bei ihrer Anwendung der Grundsatz des Zugangs der Öffentlichkeit zu amtlichen Dokumenten berücksichtigt wird."

ner Daten konkret in Einklang gebracht werden.[17] Dies ist Sache des Unionsgesetzgebers und der Gesetzgeber der Mitgliedstaaten im Rahmen entsprechender eigenständiger Regelungen.

B. Einzelerläuterungen

I. Von der Regelung erfasste Objekte

8   Die Vorschrift definiert den **Begriff des Dokuments** nicht, sondern setzt ihn voraus. Zurückzugreifen ist auf das Begriffsverständnis gemäß Art. 42 GRCh und damit korrespondierend gemäß Art. 15 Abs. 3 UAbs. 1 AEUV. Dieses Begriffsverständnis ist auch für mitgliedstaatliche Regelungen auf der Basis von Art. 86 maßgeblich. Eigenständige Definitionsspielräume der Mitgliedstaaten bestehen insoweit nicht.[18] Demnach kommt es (so Art. 15 Abs. 3 UAbs. 1 AEUV) auf die „Form der für diese Dokumente verwendeten Träger" nicht an, es ist also von einem weiten Begriffsverständnis auszugehen, da nur dies der Intention des Rechts auf Zugang zu amtlichen Dokumenten gerecht wird.[19] Es muss sich um **amtliche Dokumente** handeln. Vom amtlichen Charakter eines Dokuments ist durchweg dann auszugehen, wenn es sich im Besitz einer Behörde, öffentlichen Einrichtung oder einer privaten Einrichtung zur Erfüllung einer im öffentlichen Interesse liegenden Aufgabe befindet. Auf den Inhalt des Dokuments kommt es dabei nicht an, ebenso nicht darauf, wer es erstellt hat.[20] Erfasst sind auch Dokumente, die von der Regelung betroffene Institutionen von Dritten erhalten haben.[21] Das Dokument muss sich lediglich **im Besitz einer Einrichtung** der genannten Art befinden. Amtliche Dokumente, die sich im Besitz anderer Institutionen oder im Besitz von Privatpersonen befinden, sind nicht erfasst. Solche Fälle sind in der Praxis häufig (Beispiel: amtliches Ausweisdokument, das die zuständige Behörde ausgestellt und dem Dokumenteninhaber übergeben hat).

II. Von der Regelung betroffene Institutionen

9   Relevant für die Vorschrift sind nur amtliche Dokumente im Besitz einer Behörde, einer öffentlichen Einrichtung oder einer privaten Einrichtung zur Erfüllung einer im öffentlichen Interesse liegenden Aufgabe. Die Vorschrift definiert diese **drei Begriffe** sämtlich nicht. Dies erweist sich unter dem Aspekt, dass die Vorschrift sowohl auf der Ebene des Unionsrechts als auch auf die Ebene der Mitgliedstaaten zielt, jedoch eher als Vorteil.

10 Auf der **Ebene des Unionsrechts** ist davon auszugehen, dass die Begriffstrias gleichzusetzen ist mit den „Organen, Einrichtungen und sonstigen Stellen der Union", die Art. 42 GRCh und Art. 15 Abs. 3 UAbs. 1, 3 AEUV untereinander gleichlautend ansprechen.[22] Dies folgt aus dem Zweck der Vorschrift,[23] die Regelungen über den Informationszugang und die Regelungen über den Schutz personenbezogener Daten miteinander in Einklang zu bringen. Er lässt sich nur bei einem gleichlaufenden Begriffsverständnis erreichen.

11 Hinsichtlich des **Rechts der Mitgliedstaaten** geht die Informationsverwendungsrichtlinie 2003/98/EG von einer anderen Begrifflichkeit als die vorliegende Vorschrift aus. Die Richtlinie bezieht sich auf Dokumente, die sich „im Besitz öffentlicher Stellen der Mitgliedstaaten" befinden (so Art. 1 Abs. 1 der Richtlinie). Praktische Schwierigkeiten dürften sich aus dieser abweichenden Begrifflichkeit jedoch nicht ergeben. Die Notwendigkeit, das Recht auf Schutz

---

[17] Siehe Erwägungsgrund 154 S. 3, der insoweit ausdrücklich auf das Unionsrecht und das Recht der Mitgliedstaaten verweist.

[18] So sehr klar am Bsp. der in Art. 82 enthaltenen Begriffe „materieller und immaterieller Schaden" sowie „Schadensersatz" EuGH Urt. v. 4.5.2023 – C- 300/21, ECLI:EU:C:2023:370, Rn. 29 – UI vs. Österreichische Post AG mwN: Begriffe des Unionsrechts, die für die Ermittlung ihres Sinnes und ihrer Tragweite nicht ausdrücklich auf das Recht der Mitgliedstaaten verweisen, müssen „in der Regel in der gesamten Union eine autonome und einheitliche Auslegung erhalten".

[19] So zutr. Calliess/Ruffert/*Wegener* AEUV Art. 15 Rn. 17.

[20] Zutr. Sydow/*Specht* DS-GVO Art. 86 Rn. 9 unter Ablehnung der früher im Rahmen anderer Rechtsnormen maßgeblichen „Urheberregel".

[21] EuGH Urt. v. 18.7.2017 – C- 213/15 P, ECLI:EU:C:2017:563, Rn. 36/37 = ZD 2017, 528 – Breyer unter Anknüpfung an EuGH Urt. v. 11.5.2017 – C- 562/14 P, ECLI:EU:C:2017:356, Rn. 55/56 = ZD 2017, 528 – Schweden/Kommission.

[22] Zur bewussten Erweiterung des Anwendungsbereichs von Art. 15 Abs. 3 AEUV im Vergleich zur zuvor maßgeblichen Regelung des Art. 255 EG, siehe EuGH Urt. v. 18.7.2017 – C- 213/15 P, ECLI:EU:C:2017:563, Rn. 50/51 = ZD 2017, 528 – Breyer.

[23] Siehe Erwägungsgrund 154 S. 4.

personenbezogener Daten und das Recht auf Zugang zu amtlichen Dokumenten miteinander in Einklang zu bringen, stellt sich naturgemäß erst dann, wenn ein Zugangsrecht besteht. Deshalb ist davon auszugehen, dass jede öffentliche Stelle im Sinne des Rechts auf Informationszugang gemäß einer Regelung der Mitgliedstaaten jedenfalls einem der drei Begriffe unterfällt, die in der vorliegenden Vorschrift verwendet sind.[24]

III. Inhaltliche Vorgaben für die Offenlegungsbefugnis

Die Vorschrift bewältigt die Aufgabe des Ausgleichs zwischen dem Recht auf Schutz personenbezogener Daten und dem Recht auf Zugang zu amtlichen Dokumenten nicht selbst, sondern überlässt dies anderen Regelungen des Unionsrechts und dem Recht der Mitgliedstaaten. Sie gibt jedoch **Leitlinien** vor, die bei diesem Ausgleich zu beachten sind. An diese Vorgaben sind auch die Mitgliedstaaten gebunden. Die DS-GVO dispensiert sie nicht von ihren datenschutzrechtlichen Vorgaben und ihrem Schutzniveau.[25] Im Gegenteil geht die Vorschrift davon aus, dass ihre Vorgaben zunächst einmal auch dann in vollem Umfang gelten, wenn ein Recht auf Zugang der Öffentlichkeit zu amtlichen Dokumenten besteht. Dies ist gerade im Hinblick auf das Recht der Mitgliedstaaten wegen des Vorrangs des Grundrechts aus Art. 8 GRCh, das in Bezug auf sie nicht durch Art. 42 GRCh limitiert ist, auch gar nicht anders möglich. 12

Eine Ausnahme „zu Lasten des Datenschutzes" ist zulässig, um das Recht auf Zugang mit der DS-GVO in Einklang zu bringen. Dies ist so zu verstehen, dass eine Einschränkung nur zulässig ist, soweit dies erforderlich ist, um das Recht auf Informationszugang nicht ins Leere laufen zu lassen. Auf Unionsebene hat sich die Normsetzung dabei zwingend an den **Vorgaben von Art. 52 GRCh** zu orientieren. Sie lassen sich auch auf Ebene der Normsetzung der Mitgliedstaaten entsprechend heranziehen. Dabei bleibt zwar zu bedenken, dass auf dieser Ebene das Recht auf Schutz personenbezogener Daten und das Recht auf Zugang zu amtlichen Dokumenten keine gleichwertigen Rechtspositionen darstellen, weil nur das erstgenannte Recht grundrechtlich abgesichert ist. Dass der Zugang der Öffentlichkeit zu amtlichen Dokumenten als öffentliches Interesse betrachtet werden kann,[26] legitimiert es dennoch auch auf dieser Ebene für sich allein nicht, dem Zugang zu amtlichen Dokumenten den Vorrang vor dem Recht auf Schutz personenbezogener Daten einzuräumen. Vielmehr ist zu beachten, dass sich Ausnahmen und Einschränkungen hinsichtlich des Schutzes personenbezogener Daten generell „auf das absolut Notwendige beschränken müssen".[27] Sie bedürfen einer nachvollziehbaren Begründung; ein „freier Spielraum" des Gesetzgebers besteht auch auf der Ebene der Mitgliedstaaten nicht. 13

Regelungen für den Zugang zu amtlichen Dokumenten, die personenbezogene Daten enthalten, müssen die Vorgaben von Art. 6 einhalten.[28] Art. 6 wiederum würde es den Mitgliedstaaten erlauben, Regelungen der von Art. 86 erfassten Art auf der Basis von Art. 6 Abs. 2 und Art. 6 Abs. 3 iVm Art. 6 Abs. 1 Buchst. e zu erlassen,[29] denn Erwägungsgrund 154 S. 2 führt aus: „Der Zugang der Öffentlichkeit zu amtlichen Dokumenten kann als öffentliches Interesse betrachtet werden." Dies führt dazu, dass Raum ist für im Ergebnis unterschiedliche Abwägungen zwischen den gegenläufigen Rechtspositionen in den einzelnen Mitgliedstaaten. Darauf hat der EuGH im Zusammenhang mit der Veröffentlichung von personenbezogenen Daten im Internet zum Zwecke der Korruptionsbekämpfung hingewiesen. Unter Bezug auf Art. 6 Abs. 1 UAbs. 1 Buchst. c hat er dort ausgeführt, das Ergebnis der im Zusammenhang mit dem Begriff der Erforderlichkeit iS dieser Bestimmung vorzunehmenden Abwägung sei „nicht unbedingt für alle Mitgliedstaaten gleich."[30] Es liegt nahe, diesen Gedanken auf die im Rahmen von Art. 86 erforderliche Abwägung zu übertragen. 14

---

[24] So anklingend auch in Erwägungsgrund 154 S. 5.
[25] So jedoch *Kühling/Martini* et al. S. 296; abl. hierzu auch Kühling/Buchner/*Herbst* DS-GVO Art. 86 Rn. 20 sowie *Wolff* LMuR 2020, 1 (5), ferner Kuner/Bygrave/Docksey/*Kranenborg* GDPR Art. 86, C.1(„No exemtions and derogations from the data protection rules are allowed.") sowie Gola/Heckmann/*Piltz* DS-GVO Art. 86 Rn. 1.
[26] So Erwägungsgrund 154 S. 2.
[27] So wörtlich EuGH Urt. v. 1.8.2022 – C-184/20, ECLI:EU:C:2022:601 Rn. 85 = ZD 2022, 611 = LTZ 2023, 50 mAnm *Kienle* unter Bezug auf die Auslegung von Art. 6 Abs. 1 UAbs. 1 Buchst. c.
[28] Kuner/Bygrave/Docksey/*Kranenborg* GDPR Art. 86, C.4.
[29] Gängige Meinung, siehe *Wolff* LMuR 2020, 13 mwN. *Penski* Zugang S. 96–98 gelangt zu dem Ergebnis, dass die Anwendungsbereiche von Art. 6 Abs. 2 und Art. 86 faktisch übereinstimmen.
[30] EuGH Urt. v. 1.8.2022 – C-184/20, ECLI:EU:C:2022:601 Rn. 110 = ZD 2022, 611 = LTZ 2023, 50 mAnm *Kienle*.

Art. 87 Verarbeitung der nationalen Kennziffer

¹Die Mitgliedstaaten können näher bestimmen, unter welchen spezifischen Bedingungen eine nationale Kennziffer oder andere Kennzeichen von allgemeiner Bedeutung Gegenstand einer Verarbeitung sein dürfen. ²In diesem Fall darf die nationale Kennziffer oder das andere Kennzeichen von allgemeiner Bedeutung nur unter Wahrung geeigneter Garantien für die Rechte und Freiheiten der betroffenen Person gemäß dieser Verordnung verwendet werden.

Literatur: *Aly/Roth*, Die restlose Erfassung. Volkszählen, Identifizieren, Aussondern im Nationalsozialismus, 3. Aufl. 2019; *Ehmann*, Registermodernisierung in Deutschland, ZD 2021, 509; *v. Lewinski/Gülker*, Europa-, verfassungs- und datenschutzrechtliche Grundfragen des Registermodernisierungsgesetzes, DVBl. 2021, 633; *Martini/Wagner/Wenzel*, Rechtliche Grenzen einer Personen- bzw. Unternehmenskennziffer in staatlichen Registern, Version 1.0 (Stand: 17.9.2017), 2017; *Peuker*, Registermodernisierung und Datenschutz, NVwZ 2021, 1167.

Übersicht

	Rn.
A. Allgemeines	1
I. Zweck und Bedeutung der Vorschrift	1
II. Systematik, Verhältnis zu anderen Vorschriften	6
B. Einzelerläuterungen	7
I. Kennzeichen von allgemeiner Bedeutung (S. 1)	7
II. Wahrung geeigneter Garantien (S. 2)	11

A. Allgemeines

I. Zweck und Bedeutung der Vorschrift

1 Die **Vorschrift stellt klar,** dass eine nationale Kennziffer oder ein anderes Kennzeichen von allgemeiner Bedeutung auch dann Gegenstand einer Verarbeitung sein darf, wenn es ein personenbezogenes Datum gemäß Art. 4 Nr. 1 darstellt. Sollte es am Personenbezug fehlen, wäre der sachliche Anwendungsbereich gemäß Art. 2 nicht eröffnet, so dass auch Art. 87 von vornherein nicht zur Anwendung käme. Ohne die Vorschrift könnten Zweifel darüber entstehen, ob die Verarbeitung personenbezogener nationaler Kennziffern oder anderer Kennzeichen von allgemeiner Bedeutung mit der Datenschutz-Grundverordnung zu vereinbaren ist.[1] Die Regelung hat einen Vorläufer in Art. 8 Abs. 7 DS-RL. Anders als bei Art. 8 Abs. 7 DS-RL[2] ergibt sich aber aus Art. 87 keine Pflicht der Mitgliedstaaten, für die Verwendung nationaler Kennziffern in jedem Fall spezifische Datenschutzregelungen zu schaffen. Sie könnten es auch dabei belassen, bei der Verwendung nationaler Kennziffern die allgemein für personenbezogene Daten geltenden Regelungen der DS-GVO zu beachten.[3] Sofern sie allerdings spezifische Bedingungen gemäß Art. 87 S. 1 vorsehen, müssen damit geeignete Garantien gemäß S. 2 einhergehen. Dies schließt Regelungen aus, die das Schutzniveau gegenüber der DS-GVO absenken.

2 Die Vorschrift ist unionsweit gesehen von **erheblicher Bedeutung,** da zahlreiche Mitgliedstaaten traditionell[4] Kennziffern und Kennzeichen verwenden, die von ihr erfasst werden. Oft handelt es sich dabei um **allgemeine Personenkennzeichen** und damit um „nationale Kennziffern" im engeren Sinn. Beispiele hierfür sind etwa Belgien, wo jeder Bewohner bei der Geburt

---

[1] Dem folgend Simitis/Hornung/Spiecker gen. Döhmann/*Hansen* DS-GVO Art. 87 Rn. 9; siehe auch *v. Lewinski/Gülker* DVBl. 2021, 633; in diesem Sinn wohl auch Gola/Heckmann/*Gola* DS-GVO Art. 87 Rn. 1, wonach Art. 87 „eine Rechtsgrundlage … für die … Vergabe und Verarbeitung von Daten von Bürgern unter einem staatlich zugeteilten Personenkennzeichen" schaffe. Dies darf nicht dahin (miss-)verstanden werden, dass Art. 87 eine materielle Rechtsgrundlage für die Verarbeitung von personenbezogenen Daten darstellen würde. Kühling/Buchner/*Weichert* DS-GVO Art. 87 Rn. 4: „Art. 87 erlaubt nationale Kennziffern."

[2] Siehe dazu Ehmann/*Helfrich* DS-RL Art. 8 Rn. 23; Dammann/Simitis EG-DatenschutzRL Art. 8 Rn. 32.

[3] Kuner/Bygrave/Docksey/*van Eecke/Šimkus* GDPR Art. 87 A., S. 1223.

[4] Siehe dazu die Umfrage bei *Mühlbauer*, Kontinuitäten und Brüche in der Entwicklung des deutschen Einwohnermeldewesens, 1995, S. 187–198, die auf damaligem Stand (wenn auch lückenhaft) zeigt, in welchen Ländern allg. Personenkennzeichen oder ähnliche Kennzeichen zum Einsatz kommen.

Verarbeitung der nationalen Kennziffer 3, 4 **Art. 87**

eine persönliche Identifikationsnummer erhält (französisch: numéro de registre national bzw. flämisch: Rijksregisternummer), ebenso Finnland (finnisch: Henkilötunnus bzw. schwedisch: Personbeteckning), die Niederlande (Burgerservicenummer), und Schweden (personnummer). In Spanien ist eine entsprechende Identifikationsnummer erst ab dem 14. Lebensjahr verpflichtend (Documento Nacinal de Identidad). Österreich verwendet ein besonderes System, bei der eine „Stammzahl" nur einer Stammzahlregisterbehörde bekannt ist, während in den einzelnen staatlichen Tätigkeitsbereichen dem Bürger jeweils unterschiedliche besondere Personenkennziffern zugeordnet sind. Sie werden aus der Stammzahl abgeleitet, ohne einen Rückschluss auf sie zu ermöglichen.[5]

Die generelle Ablehnung eines allgemeinen Personenkennzeichens[6] ist als deutsche Spezialität **3** anzusehen. Der oft als Erklärung hierfür angeführte Hinweis auf spezifische historische Erfahrungen mit dem Missbrauch von Personenkennzeichen zur Selektion von Personengruppen (insbesondere von Juden) in Deutschland[7] trägt für sich allein als Begründung für diese Haltung jedoch nicht. So sind eher noch schlimmere derartige Erfahrungen in den Niederlanden Bestandteil des kollektiven Gedächtnisses, ohne dass dies eine vergleichbare generelle Ablehnung von Personenkennzeichen nach sich gezogen hätte.[8] Zielführender dürfte der Hinweis auf eine in den 1970er/1980er Jahren entstandene allgemeine „Angst vor dem Computer" sein, verstanden als Sorge vor den Möglichkeiten einer EDV-Infrastruktur, die ein allgemeines Personenkennzeichen nutzt.[9]

Allen Mitgliedstaaten ist bewusst, dass die Verwendung eines solchen Kennzeichens das Recht **4** auf den Schutz personenbezogener Daten beeinträchtigen kann.[10] Dies gilt insbesondere dann, wenn es sich um ein **„sprechendes Kennzeichen"** handelt, bei dem bereits dem Kennzeichen selbst Angaben zur Person direkt zu entnehmen sind. Dies ist etwa der Fall bei der belgischen persönlichen Identifikationsnummer, aus der das Geschlecht und das Geburtsdatum unmittelbar zu entnehmen sind.[11] Der Anwendungsbereich der Vorschrift beschränkt sich jedoch nicht auf sprechende Kennzeichen, sondern erfasst alle Kennzeichen von allgemeiner Bedeutung, die einer natürlichen Person eindeutig zugeordnet sind. Denn auch sie sind personenbezogen und ihre Verwendung kann den Schutz personenbezogener Daten beeinträchtigen, mögen sie auch allein aus sich heraus keinen Bezug zu einer bestimmten oder bestimmbaren Person ermöglichen.

---

[5] Siehe dazu die Darstellung bei *Martini/Wagner/Wenzel* Rechtliche Grenzen S. 36–41. Die praktische Bildung der Stammzahl und davon abgeleiteter Personenkennzeichen ist hier erläutert https://www.bmf.gv.at/ministerium/aufgaben-und-organisation/Stammzahlenregisterbehoerde/Veroeffentlichungen.html. Die Einführung eines entsprechenden Systems in Deutschland wurde bei den Vorarbeiten für das Registermodernisierungsgesetz erwogen, aber letztlich abgelehnt, weil die Situation in Österreich mit „mehrheitlich zentral auf Bundesebene verorteten" Registern anders sei als bei der „dezentralen deutschen Registerlandschaft", die sich dafür nicht eigne, siehe Gesetzentwurf der Bundesregierung für das Registermodernisierungsgesetz, BT-Drs. 19/24226 v. 11.11.2020, S. 101/102.
[6] Siehe dazu das Volkszählungsurteil BVerfGE 65, 1 ff., wo sich das Gericht in Rn. 196 unter Hinweis auf die Gefahr der Abbildung der gesamten Persönlichkeit eines Bürgers durch die Verknüpfung verschiedener Lebensbereiche mittels eines solchen Kennzeichens erkennbar negativ zu dessen Zulässigkeit äußert. Dem Gericht ging es dabei nur um die Abwehr der Gefahr einer umfassenden Profilbildung, nicht um die Ablehnung jeglicher Art von personenbezogenen Kennziffern, die nur für bestimmte Lebensbereiche Verwendung finden, wie etwa die Steueridentifikationsnummer, so zutr. *Martini/Wagner/Wenzel* Rechtliche Grenzen S. 30 f. Weitere Einzelheiten zur Diskussion nationaler Kennziffern spezifisch in Deutschland Simitis/Hornung/Specker gen. *Döhmann/Hansen* DS-GVO Art. 87 Rn. 9.
[7] Simitis/Hornung/Spiecker gen. *Döhmann/Hansen* DS-GVO Art. 87 Rn. 3; bedrückend die Schilderung der „Sonderauszählung" der Juden im Rahmen der Volkszählung 1933 bei *Aly/Roth* S. 67–75.
[8] Siehe dazu die Darstellung bei *Aly/Roth* S. 77–81: Im Zug der Volkszählung 1930 war in den Niederlanden ein landesweit einheitliches „Personenkartensystem" eingeführt worden, das während der deutschen Besatzung zu einem wesentlichen Instrument der Organisation insbes. der Judenverfolgung wurde, wogegen Widerstandsgruppen durch Brandanschläge und Überfälle auf die registerführenden Stellen anzukämpfen versuchten. Die Bedeutung dieses Personenkartensystems für Verfolgungsmaßnahmen gegen Juden und „Zigeuner" („gypsies") hervorhebend auch Kuner/Bygrave/Docksey/*van Eecke/Šimkus* GDPR Art. 87 C.1.
[9] BeckOK DatenschutzR/*v. Lewinski* DS-GVO Art. 87 Rn. 18.
[10] Die Erleichterung der Erstellung von Persönlichkeitsprofilen, die mit der Verwendung eines allgemeinen Personenkennzeichens für ganz unterschiedliche Lebensbereiche einhergeht, ist dabei ein besonders bedeutsamer Aspekt, siehe BeckOK DatenschutzR/*v. Lewinski* DS-GVO Art. 87 Rn. 22. Ob sie angesichts der inzwischen vorhandenen Recherchemöglichkeiten mit Hilfe anderer Suchtechniken auch künftig noch diese Bedeutung hat, erscheint zweifelhaft.
[11] Umfassende Informationen enthält die Seite der Europäischen Kommission „Europäisches TIN-Portal" (mit Länderseiten). TIN seht dabei für „Tax Identification Number", doch geht der Informationsgehalt der Seite über steuerliche Aspekte hinaus.

5 Allgemeine Personenkennzeichen gehören nicht per se zu den besonderen Kategorien personenbezogener Daten gemäß Art. 9, da sie als solche dort nicht genannt sind. Es besteht auch kein Anlass, unter Bezug auf den früher maßgeblichen und insoweit unklaren Art. 8 Abs. 7 DS-RL in diffuser Weise von ihrer „generellen Nähe zu den besonderen Kategorien personenbezogener Daten" auszugehen.[12] Sie können jedoch aufgrund ihres sprechenden Inhalts oder auch aufgrund des Kontextes, in dem sie Verwendung finden, Art. 9 unterfallen.

II. Systematik, Verhältnis zu anderen Vorschriften

6 S. 1 räumt den Mitgliedstaaten die Befugnis ein, die spezifischen Bedingungen für eine Verarbeitung einer nationalen Kennziffer oder eines anderen Kennzeichens von allgemeiner Bedeutung näher zu bestimmen, **nicht etwa nach Belieben** zu regeln. S. 2 enthält die sehr allgemein gefasste materielle Vorgabe, dass durch solche Regelungen geeignete Garantien für die Rechte und Freiheiten der betroffenen Person gewahrt werden müssen. Die Vorschrift hat gewisse **Bezüge zu Art. 89,** weil Kennziffern und Kennzeichen mit Personenbezug vielfach auch dazu benutzt werden, um Statistiken zu erstellen. Zu Überschneidungen kommt es jedoch nicht.

B. Einzelerläuterungen

I. Kennzeichen von allgemeiner Bedeutung (S. 1)

7 „Kennzeichen von allgemeiner Bedeutung" ist ein **Oberbegriff,** der sowohl „nationale Kennziffern" als auch „andere Kennzeichen von allgemeiner Bedeutung" erfasst. Was eine nationale Kennziffer oder ein anderes Kennzeichen von allgemeiner Bedeutung ist, definiert die Verordnung nicht eigenständig. Unter Berücksichtigung der mitgliedstaatlichen Traditionen sind darunter alle Kennzeichen, Kennziffern und Ähnliches zu verstehen, die in bestimmten Verarbeitungszusammenhängen **an die Stelle einer Person treten** und sie in diesem Zusammenhang gewissermaßen vertreten oder repräsentieren. Das in S. 1 verwendete Begriffspaar und die allgemeine Formulierung „Kennzeichen von allgemeiner Bedeutung" zeigen, dass von einem weiten Begriffsverständnis auszugehen ist.

8 Nationale Kennziffern finden in den unterschiedlichsten Lebens- und Verwaltungsbereichen gleichermaßen Verwendung, andere Kennzeichen dagegen nur in einzelnen Zusammenhängen. **Andere Kennzeichen** erlangen vor allem dann allgemeine Bedeutung, wenn sie in mehreren Lebens- und Verwaltungsbereichen Verwendung finden. Entscheidend ist jedoch nicht die Anzahl dieser Bereiche,[13] sondern die Frage, ob die Verwendung Relevanz iSv Art. 8 Abs. 1 GRCh und Art. 16 Abs. 1 AEUV besitzt.

9 Deshalb genügt auch die Verwendung in einem einzelnen Verwaltungsbereich von nennenswerter Bedeutung, wie dies für die **deutsche Steueridentifikationsnummer**[14] im Steuerwesen zutraf, bevor sie durch das Registermodernisierungsgesetz zu einer Identifikationsnummer im Kontext zahlreicher Behördenregister ausgestaltet wurde, deren Verwendung weit über den Steuerbereich hinausgeht.[15] Ebenso erfasst sind **Sozialversicherungsnummern** oder auch „Nummern, Symbole oder Kennzeichen, die einer natürlichen Person zugeteilt wurden, um diese Person für gesundheitliche Zwecke eindeutig zu identifizieren" (so Erwägungsgrund 35 S. 2). Diese Umschreibung erfasst etwa **Krankenversicherungsnummern.** Stets muss es sich jedoch um „Kennzeichen von allgemeiner Bedeutung" handeln, also um solche von genereller Bedeutung für einen bestimmten Lebensbereich. Rein interne Vorgangsnummern, Aktenzei-

---

[12] So jedoch BeckOK DatenschutzR/*v. Lewinski* DS-GVO Art. 87 Rn. 20; zutr. Kuner/Bygrave/Docksey/*van Eecke/Simkus* Art. 87 A., S. 1224: „The GDPR has cleared up this confusion, since there are no references in Article 87 or anywhere else in the GDPR linking international ID numbers to sensitive data".

[13] So auch Simitis/Hornung/Spiecker gen. Döhmann/*Hansen* DS-GVO Art. 87 Rn. 14; zu eng von daher Kühling/Buchner/*Weichert* DS-GVO Art. 87 Rn. 11, der von einer allgemeinen Bedeutung nur ausgehen will, wenn mehrere Anwendungen einer Kennziffer „in keinem engen Zweckzusammenhang" stehen.

[14] Geregelt in § 139a AO und der Steueridentifikationsnummerverordnung, wobei § 139b Abs. 2 und Abs. 5 AO eine enge Zweckbindung im steuerlichen Kontext vorgeben.

[15] Dies wurde dadurch umgesetzt, dass die Steueridentifikationsnummer in 51 behördliche Register als zusätzliches „Ordnungsmerkmal" eingefügt wurde, wodurch sie zu einem registerübergreifenden Ordnungsmerkmal wurde; Details siehe *Ehmann* ZD 2021, 509 (511). Sedes materiae hierfür ist § 1 IDNrG mit der Anlage hierzu. Das IDNrG bildet als Ganzes Art. 1 RegMoG.

chen usw in Behörden sind auch dann nicht erfasst, wenn sie von ihrem Aufbau her einheitlich strukturiert sind.

Die beiden Formulierungen „näher bestimmen" und „unter welchen spezifischen Bedingungen" zeigen, dass S. 1 **keine Bereichsausnahme** festlegt, die den Mitgliedstaaten beliebige Regelungen erlauben würde. Vielmehr müssen sie sich an die Vorgaben der Verordnung halten. Dies ergibt sich auch aus S. 2, wo dies gewissermaßen näher ausgeführt ist. 10

II. Wahrung geeigneter Garantien (S. 2)

S. 2 enthält allgemeine Vorgaben dafür, wie die Regelungen der Mitgliedstaaten inhaltlich gestaltet sein müssen. Gefordert ist die Wahrung geeigneter Garantien für die Rechte und Freiheiten der betroffenen Person. Die ausdrückliche Bezugnahme auf die Verordnung selbst zeigt, dass deren Vorgaben eingehalten werden müssen. Punktuelle **Abweichungen** sind denkbar, soweit es erforderlich ist, um die Kennziffer oder das Kennzeichen effektiv einsetzen zu können, aber auch dann nur unter Wahrung des generellen Schutzstandards der Verordnung. Es ist einzuräumen, dass den Mitgliedstaaten angesichts dieser ausgesprochen allgemeinen Vorgaben ein sehr weiter Spielraum für nationale Regelungen verbleibt. 11

Verfehlt sind Ansätze, die darauf hinweisen, Art. 87 gebe den Mitgliedstaaten „im Duktus einer Richtlinie" ein zu erreichendes Ziel vor und überlasse ihnen wie bei einer Richtlinie die Wahl der Mittel[16] bzw. die in der DS-GVO generell einen „Handlungsformenhybrid"[17] zwischen Verordnung und Richtlinie sehen und daraus weite **nationale Regelungsspielräume** ableiten wollen. Diese Argumentationen übersehen, dass sich Verordnung und Richtlinie nicht nach ihrer inhaltlichen Regelungsdichte bzw. ihrer inhaltlichen Unbestimmtheit voneinander abgrenzen lassen.[18] Nationale Regelungen können sich nicht von den Vorgaben der Verordnung lösen, indem sie zu einer Art Richtlinie uminterpretiert wird. 12

Art. 87 enthält **keine eigenständigen Erlaubnistatbestände** für Verarbeitungen unter Verwendung einer nationalen Kennziffer oder eines anderen Kennzeichens von allgemeiner Bedeutung. Er kommt erst dann zur Anwendung, wenn eine ansonsten (insbesondere gemäß Art. 6 bzw. Art. 9) zulässige Verarbeitung unter Verwendung eines solchen Kennzeichens erfolgt. Insbesondere befreit die Regelung nicht von der Einhaltung der Vorgaben für die Zweckbindung (Art. 6 Abs. 4). 13

Art. 88 Datenverarbeitung im Beschäftigungskontext

(1) **Die Mitgliedstaaten können durch Rechtsvorschriften oder durch Kollektivvereinbarungen spezifischere Vorschriften zur Gewährleistung des Schutzes der Rechte und Freiheiten hinsichtlich der Verarbeitung personenbezogener Beschäftigtendaten im Beschäftigungskontext, insbesondere für Zwecke der Einstellung, der Erfüllung des Arbeitsvertrags einschließlich der Erfüllung von durch Rechtsvorschriften oder durch Kollektivvereinbarungen festgelegten Pflichten, des Managements, der Planung und der Organisation der Arbeit, der Gleichheit und Diversität am Arbeitsplatz, der Gesundheit und Sicherheit am Arbeitsplatz, des Schutzes des Eigentums der Arbeitgeber oder der Kunden sowie für Zwecke der Inanspruchnahme der mit der Beschäftigung zusammenhängenden individuellen oder kollektiven Rechte und Leistungen und für Zwecke der Beendigung des Beschäftigungsverhältnisses vorsehen.**

(2) Diese Vorschriften umfassen geeignete und besondere Maßnahmen zur Wahrung der menschlichen Würde, der berechtigten Interessen und der Grundrechte der betroffenen Person, insbesondere im Hinblick auf die Transparenz der Verarbeitung, die Übermittlung personenbezogener Daten innerhalb einer Unternehmensgruppe oder einer Gruppe von Unternehmen, die eine gemeinsame Wirtschaftstätigkeit ausüben, und die Überwachungssysteme am Arbeitsplatz.

(3) **Jeder Mitgliedstaat teilt der Kommission bis zum 25. Mai 2018 die Rechtsvorschriften, die er aufgrund von Absatz 1 erlässt, sowie unverzüglich alle späteren Änderungen dieser Vorschriften mit.**

---

[16] So *Martini/Wagner/Wenzel* Rechtliche Grenzen S. 7.
[17] So *Martini/Wagner/Wenzel* Rechtliche Grenzen S. 5.
[18] Oppermann/Classen/Nettesheim/*Nettesheim* EuropaR § 9 Rn. 83–86, insbes. Rn. 83; Calliess/Ruffert/*Ruffert* AEUV Art. 288 Rn. 26.

Art. 88
Kapitel IX. Vorschriften für besondere Verarbeitungssituationen

Literatur: *Artikel-29-Datenschutzgruppe* (auszugsweise mit Relevanz zum Beschäftigtendatenschutz), WP 217 (844/14/EN), Stellungnahme 6/2014 zum Begriff des berechtigten Interesses des für die Verarbeitung Verantwortlichen gemäß Art. 7 der Richtlinie 95/46/EG v. 9.4.2014 (zur Durchführung des Arbeitsvertrages, S. 17 f.; zur Erfüllung gesetzlicher Pflichten, S. 19; zum berechtigten Interesse des AG, S. 25); WP 187 (01197/11/DE), Stellungnahme 15/2011 zur Definition von Einwilligung v. 13.7.2011 (ua zur Einwilligung im Beschäftigungsverhältnis); WP 185 (881/11/DE), Stellungnahme 13/2011 zu den Geolokalisierungsdiensten von intelligenten mobilen Endgeräten v. 16.5.2011 (ua zur Ortung von Beschäftigten); WP 179, Stellungnahme 8/2010 zum anwendbaren Recht v. 16.12.2010 (ua zum anwendbaren Recht im Beschäftigungsverhältnis); WP 115 (2130/05/DE), Stellungnahme 5/2005 zur Nutzung von Standortdaten für die Bereitstellung von Diensten mit Zusatznutzen v. 25.11.2005 (ua zur Standortbestimmung von Arbeitnehmern); WP 114 (2093-01/05/DE), Arbeitspapier über eine gemeinsame Auslegung des Art. 26 Abs. 1 der Richtlinie 95/46/EG v. 24.10.1995 v. 25.11.2005 (ua zur Einwilligung im Beschäftigungsverhältnis); WP 91 (12178/03/DE), Arbeitspapier über genetische Daten v. 17.3.2004 (u.a. zur Verwendung von genetischen Daten im Beschäftigungsverhältnis); WP 89 (11750/02/DE), Stellungnahme 4/2004 zum Thema Verarbeitung personenbezogener Daten aus der Videoüberwachung v. 11.2.2004 (u.a. zur Videoüberwachung im Beschäftigungsverhältnis, ergänzend zu WP 48); (primär auf Beschäftigtendatenschutz ausgerichtet) WP 117 (00195/06/DE), Stellungnahme 1/2006 zur Anwendung der EU-Datenschutzvorschriften auf interne Verfahren zur Meldung mutmaßlicher Missstände in den Bereichen Rechnungslegung, interne Rechnungslegungskontrollen, Fragen der Wirtschaftsprüfung, Bekämpfung von Korruption, Banken- und Finanzkriminalität v. 1.2.2006 (unternehmensinterne Whistleblowing-Systeme); WP 55 (5401/01/DE/endg.), Arbeitsdokument zur Überwachung der elektronischen Kommunikation von Beschäftigten v. 29.5.2002; WP 48 (5062/01/DE/endg.), Stellungnahme 8/2001 zur Verarbeitung personenbezogener Daten von Beschäftigten v. 13.9.2001; WP 42 (5008/01/DE/endg.), Empfehlung 1/2001, Beurteilungsdaten von Beschäftigten v. 22.3.2001; *Benkert*, Neuer Anlauf des Gesetzgebers beim Beschäftigtendatenschutz, NJW-Spezial 2017, 242; *Boehm/Hey/Ortner*, How to measure IT security awareness of employees: a comparison to e-mail surveillance at the workplace, European Journal of Law and Technology 2016/7, 1; *Bundesministerium für Arbeit und Soziales*, Weißbuch Arbeiten 4.0, Diskussionsentwurf; *von dem Bussche/Zeiter/Brombach*, Die Umsetzung der Vorgaben der EU-Datenschutz-Grundverordnung durch Unternehmen, DB 2016, 1359; *Conrad/Siara*, Endlich Lösungen für die konzerninterne Drittlandübermittlung von Beschäftigtendaten?, ZD 2021, 471; *Datenschutzkonferenz*, Kurzpapier Nr. 14 – Beschäftigtendatenschutz, 11.1.2018; *Düwell/Brink*, Die EU-Datenschutz-Grundverordnung und der Beschäftigtendatenschutz, NZA 2016, 665; *Düwell/Brink*, „Beschäftigtendatenschutz nach der Umsetzung der Datenschutz-Grundverordnung: Viele Änderungen und wenig Neues", NZA 2017, 1081; *Ehmann*, BDSG-neu: Gelungener Diskussionsentwurf oder erneuter untauglicher Versuch zur „Nachbesserung" der DSGVO?, ZD-Aktuell 2016, 04216; *European Trade Union Confederation*, ETUC position on the General Data Protection Regulation – improving the protection of workers' data, v. 17./18.10.2012, abrufbar unter www.etuc.org/sites/www.etuc.org/files/EN-Data-protection_1.pdf; *Franzen*, Beschäftigtendatenschutz: Was wäre besser als der Status quo?, RDV 2014, 200 (201); *Freedland*, Data Protection and Employment, An Analytical Study of the Law and Practice of Data Protection and the Employment Relationship in the EU and its Member States, 1999, abrufbar unter http://ec.europa.eu/social/main.jsp?catId=708&langId=en; *Gola*, Beschäftigtendatenschutz und EU-Datenschutz-Grundverordnung, EuZW 2012, 332; *Gola/Pötters/Thüsing*, Art. 82 DSGVO: Spezifizierungsklausel für nationale Regelungen zum Beschäftigtendatenschutz – Warum der deutsche Gesetzgeber jetzt handeln muss, RDV 2016, 57; *Gola/Pötters*, Die Verarbeitung von Beschäftigtendaten, RDV 2017, 111; *Gola*, Der Beschäftigtendatenschutz in den novellierten Landes-Datenschutzgesetzen, ZD 2018, 448; *Gola*, Das Betriebsrätemodernisierungsgesetz und die parallele Neufassung des BPersVG, RDV 2021, 181; *Grau/Schaut*, Neue Spielregeln für die Verwendung von Bilddateien von Arbeitnehmern, NZA 2015, 981; *Hülsmann*, Beschäftigtendatenschutz nach der DSGVO und dem BDSG-neu, DANA 2017, 80; *Jerchel/Schubert*, Neustart im Datenschutz für Beschäftigte, DuD 2016, 782; *Kaufmann/Wegmann/Wieg*, Beschäftigtendatenschutz – Spielräume und Herausforderungen mitgliedstaatlicher Regelungen, NZA 2023, 740; *Klösel/Mahnhold*, Die Zukunft der datenschutzrechtlichen Betriebsvereinbarung, NZA 2017, 1428; *Körner*, Die Datenschutz-Grundverordnung und nationale Regelungsmöglichkeiten für Beschäftigtendatenschutz, NZA 2016, 1383; *Körner*, Beschäftigtendatenschutz in Betriebsvereinbarungen unter der Geltung der DS-GVO, NZA 2019, 1389; *Kort*, Arbeitnehmerdatenschutz gemäß der EU-Datenschutz-Grundverordnung, DB 2016, 711; *Kort*, Die Zukunft des deutschen Beschäftigtendatenschutzes – Erfüllung der Vorgaben der DS-GVO, ZD 2016, 555; *Kort*, Eignungsdiagnose von Bewerbern und der Datenschutz-Grundverordnung, NZA-Beil. 2016, 62; *Kort*, Der Beschäftigtendatenschutz gem. § 26 BDSG-neu, ZD 2017, 319; *Kühling/Martini* et al., Die DSGVO und das nationale Recht, 2016, abrufbar unter www.uni-regensburg.de/assets/rechtswissenschaft/oeffentliches-recht/kuehling/k__hling_martini_et_al.-die_dsgvo_und_das_nationale_recht_-_.pdf; *Kühling/Martini*, Die Datenschutz-Grundverordnung: Revolution oder Evolution im europäischen und deutschen Datenschutzrecht?, EuZW 2016, 448; *Kutzki*, Die EU-Datenschutzgrundverordnung (DSGVO) und Auswirkungen auf den öffentlichen Dienst, öAT 2016, 115; Landesbeauftragter für Datenschutz und Informationsfreiheit Baden-Württemberg Ratgeber Beschäftigtendatenschutz, April 2020; *Mester*, Beschäftigtendatenschutz – Die (un)endliche Geschichte einer gesetzlichen Regelung, DuD 2016, 815; *Mitrou/Karyda*, Employees' privacy vs. employers' security, Can they be balanced?, Telematics and Informatics 2006, 164; *Organisation for Economic Co-operation and Development (OECD)*, Privacy Framework, 2013, abrufbar unter www.oecd.org/internet/ieconomy/privacy-guidelines.htm; *Organisation for Economic Co-operation and Development (OECD)*, Recommendation on Cross-border Co-operation in the Enforcement of Laws Protecting Privacy, 2007, abrufbar unter www.oecd.org/sti/ieconomy/38770483.pdf; *Opre/Şandru,* Protection of employee's personal data in the public and private Sector, Fiat Iustitia 2016, 198; *O'Rourke/Teicher/Pyman,* Internet and Email Monitoring in the Workplace: Time for an Alternate Approach, Journal of Industrial Relations 2011, 522; *Otto,* The Right to Privacy in Employment, In Search of the European Model of Protection, European Labour Law Journal 2015/6, 343; *Piltz,* Datenübertragbarkeit im Beschäftigungsverhältnis – Arbeitgeberwechsel: Und die Daten kommen mit?, RDV 2018, 3; *Pötters/Gola,* Wer ist datenschutzrechtlich „Verantwortlicher" im Unternehmen?", RDV 2017, 279; *Reif,* Betriebsvereinbarungen zur Datenverarbeitung nach DS-GVO und BDSG 2018, RDV 2018, 89; *Rolf/Siewert,* Überlegungen zu den Rechtsgrundlagen des künftigen Beschäftigtendatenschutzes, RDV 2017, 236; *Schaar,* Die geplante EU-Datenschutz-Grundverordnung, Auch beim Beschäftigtendatenschutz ist ein Nachbessern erforderlich, CuA 3/2013, 24; *Schild,* Der Beschäftigtendatenschutz auf dem Prüfstand des EuGH, ZD-Aktuell 2022, 01178; *Schüßler/Zöll,* EU-Datenschutz-Grundverordnung und Beschäftigtendatenschutz, DuD 2013, 639; *Seifert,* Neue Regeln für die Videoüberwachung, DuD 2013, 650; *Selmayr,* Europa wagt die Selbstbehauptung, ZD 2018, 197; *Sörup,* Gestaltungsvorschläge zur Umsetzung der Informationspflichten der DS-GVO im Beschäftigungskontext, ArbRAktuell 2016, 103; *Sörup/Marquardt,* Auswirkungen der EU-Datenschutzgrundverordnung auf die Datenverarbeitung im Beschäftigungskontext, ArbRAktuell 2016, 103; *Spelge,* Der Beschäftigtendatenschutz nach Wirksamwerden der Datenschutz-Grundverordnung (DS-GVO), DuD 2016, 775; *Spindler,* Die neue EU-Datenschutz-Grundverordnung, DB 2016, 937; *Stelljes,* Stärkung des Beschäftigtendatenschutzes durch die Datenschutz-Grundverordnung?, DuD 2016, 787; *Taeger/Rose,* Zum Stand des deutschen und europäischen Beschäftigtendatenschutzes, BB 2016, 819; *Thüsing,* Umsetzung der Datenschutz-Grundverordnung im Beschäftigungsverhältnis: Mehr Mut zur Rechtssicherheit!, BB 2016, 2165; *Thüsing/Peisker,* Datenschutzrechtliches Glasperlenspiel, NZA 2023, 213; *Traut,* Maßgeschneiderte Lösungen durch Kollektivvereinbarungen? Möglichkeit und Risiken des Art. 88 Abs. 1 DS-GVO, ZD 2016, 312; *Wedde,* Neuer Datenschutz – das ist jetzt zu tun, CuA 11/2017, 30; *Weichert,* Datenschutz und Mitbestimmung in Matrixorganisationen, NZA 2023, 13; *Wünschelbaum,* Tabula rasa im Beschäftigtendatenschutz?, NZA 2023, 542; *Wurzberger,* Anforderungen an Betriebsvereinbarungen nach der DS-GVO, ZD 2017, 258; *Wybitul,* EU-Datenschutz-Grundverordnung in der Praxis – Was ändert sich durch das neue Datenschutzrecht?, BB 2016, 1077; *Wybitul,* Was ändert sich mit dem neuen EU-Datenschutzrecht für Arbeitgeber und Betriebsräte? Anpassungsbedarf bei Beschäftigtendatenschutz und Betriebsvereinbarungen, ZD 2016, 203; *Wybitul,* EU-Datenschutzgrundverordnung im Unternehmen, 2016; *Wybitul,* Der neue Beschäftigtendatenschutz nach § 26 BDSG und Art. 88 DSGVO, NZA 2017, 413; *Wybitul,* Betriebsvereinbarungen im Spannungsverhältnis von arbeitgeberseitigem Informationsbedarf und Persönlichkeitsschutz des Arbeitnehmers, NZA 2017, 1488; *Wybitul/Böhm,* Das neue EU-Datenschutzrecht – Folgen für Compliance und interne Ermittlungen, CB 2016, 101; *Wybitul/Fladung,* EU-Datenschutz-Grundverordnung – Überblick und arbeitsrechtliche Betrachtung des Entwurfs, BB 2012, 509; *Wybitul/Sörup/Pötters,* Betriebsvereinbarungen und § 32 BDSG: Wie geht es nach der DS-GVO weiter?, ZD 2015, 559; *Wybitul/Pötters,* Der neue Datenschutz am Arbeitsplatz, RDV 2016, 10.

Rechtsprechung: EuGH Urt. v. 18.2.1970 – C-40/69, ECLI:EU:C:1970:12 = Slg. 1970, 69 – Hauptzollamt Hamburg Oberelbe/Bollmann; EuGH Urt. v. 18.6.1970 – C-74/69, ECLI:EU:C:1970:58 = Slg. 1970, 451 – Hauptzollamt Bremen Freihafen/Krohn; EuGH Urt. v. 28.3.1985 – C-272/83, ECLI:EU:C:1985:147 = Slg. 1985, 1057 – Kommission/Italien; EuGH Urt. v. 9.3.1978 – C-106/77, ECLI:EU:C:1978:49 = Slg. 1978, 629 – Amministrazione delle finanze dello Stato/Simmenthal; EuGH Urt. v. 22.10.1998 – C-10/96 bis C-22/97, ECLI:EU:C:1998:498 = Slg. 1998, I-6307 – IN. CO. GE. '90 u.a.; EuGH Urt. v. 24.11.2011 – C-468/10 u. C-469/10, ECLI:EU:C:2011:777 = ZD 2012, 33 – ASNEF und FECEMD (Unmittelbare Wirkung der Richtlinie 95/46/EG); EuGH Urt. v. 27.6.2006 – C-540/03, ECLI:EU:C:2006:429 = Slg. 2006 I-5769 – Parlament/Rat (Wechselwirkung Grundrechte und gemeinschaftsrechtlicher Spezifizierungsklauseln); EuGH Urt. v. 3.7.1997 – C-269/95, ECLI:EU:C:1997:337 = Slg. 1997, I-3767 – Benincasa/Dentalkit (Europarechtliche Begrenzung nationaler Gesetzgebung bei der Definition des Verbraucherbegriffs); EuGH Urt. v. 3.2.2000 – C-207/98, ECLI:EU:C:2000:64 = Slg. 2000, I-549 – Mahlburg; EuGH Urt. v. 4.10.2001 – C-109/00, ECLI:EU:C:2001:513 = Slg. 2001, I-6993 – Tele Danmark; EuGH Urt. v. 5.5.1994 – C-421/92, ECLI:EU:C:1994:187 = Slg. 1994, I-1657 – Habermann-Beltermann/Arbeiterwohlfahrt; EuGH Urt. v. 19.4.2012 – C-415/10, ECLI:EU:C:2012:217 = ZD 2012, 325 – Meister; EGMR Urt. v. 5.10.2010 – 420/07 – Köpke v. Germany (Videoüberwachung am Arbeitsplatz); EGMR Urt. v. 3.4.2007 – 62617/00 – Copland v. The United Kingdom (Überwachung von Telefon-, E-Mail- und Internetnutzung am Arbeitsplatz); EGMR Urt. v. 12.1.2016 – 61496/08 – Bărbulescu v. Romania (Private E-Mail-/Messengernutzung); EGMR Urt. v. 25.6.1997 – 20605/92, Halford v. United Kingdom (Telefonüberwachung); EuG Beschl. v. 19.6.2014 – C-683/13, ECLI:EU:C:2014:2028 – Pharmacontinente/Saúde e Higiene u.a. (Arbeitszeitaufzeichnungen); EuG Urt. v. 30.5.2013 – C-342/12, ECLI:EU:C:2013, 355 = ZD 2013, 437 – Worten (Arbeitszeitaufzeichnungen); EuG Urt. v. 18.2.2004 – T-320/02, ECLI:EU:T:2004:45 – Esch-Leonhardt u.a./EZB (Speicherung von besonderen personenbezogenen Daten aus E-Mail-System in Personalakte); EuG Urt. v. 11.6.2015 – T-496/13, ECLI:EU:T:2015, 374 – McCullough/Cedefop (Zugang zu Dokumenten); EuG Urt. v. 5.7.2011 – F-46/09, ECLI:EU:F:2011:101 – V/Parlament (Übermittlung von Gesundheitsdaten zu Bewerbungszwecken); EuG

Urt. v. 20.5.2003 – C-465/00, C-138/01 u. C-139/01, ECLI:EU:C:2003:294 – Österreichischer Rundfunk u.a.; LAG Baden-Württemberg Urt. v. 25.2.2021 – 17 Sa 37/20 (ArbG Ulm), ZD 2021, 436; BAG Beschl. v. 7.5.2019 – 1 ABR 53/17, NZA 2019, 1218.

Übersicht

	Rn.
A. Allgemeines	1
I. Zweck und Bedeutung der Vorschrift	1
1. Überblick	1
2. Regelungskompetenz der Union für Art. 88	10
3. Geltungsbereich und Normadressaten	20
II. Systematik, Verhältnis zu anderen Vorschriften	33
B. Einzelerläuterungen	35
I. Übergreifend	35
1. Die Begriffe „Verarbeitung" und „Beschäftigungskontext"	35
2. Fakultative Spezifizierungsklausel	54
3. Wiederholungsverbot	58
4. Fortgeltung bestehender nationaler Vorschriften	66
II. Zu Abs. 1: Spezifizierungsklausel und die Beispielszwecke	69
1. Spezifischere Vorschriften in nationalen Gesetzen	69
2. Spezifischere Vorschriften in Kollektivvereinbarungen, insbesondere Betriebsvereinbarungen	91
3. Sonderfrage: Einigungsstellenspruch	106
4. Die einzelnen Beispiele in Abs. 1	110
III. Zu Abs. 2: Geeignete und besondere Maßnahmen	119
1. Allgemeine Einordnung	119
2. Der Begriff „Maßnahmen"	123
3. Geeignete und besondere Maßnahmen	132
4. Die Beispiele des Art. 88 Abs. 2	138
IV. Zu Abs. 3: Mitteilungspflicht	145
V. Sonderthemen	160
1. Praktische Gestaltung von Kollektivvereinbarungen/Anpassungsbedarf bestehender Vereinbarungen	160
2. Datentransfer im Konzern	174
3. Datenverarbeitung durch den Betriebs- oder Personalrat	189
4. Die Einwilligung im Beschäftigungsverhältnis	200
5. Daten Verstorbener	210
6. Besondere Kategorien personenbezogener Daten	213
C. Rechtsschutz	214
D. Nationale Durchführung	218

A. Allgemeines

I. Zweck und Bedeutung der Vorschrift

1 **1. Überblick.** Art. 88 ist eine der zentralen Normen in der DS-GVO, wenn es um den **Beschäftigtendatenschutz** geht. Art. 88 enthält allerdings lediglich eine **Spezifizierungsklausel** mit begleitenden Vorgaben,[1] keine inhaltlichen Regelungen zur datenschutzrechtlichen Zulässigkeit der Verarbeitung von Beschäftigtendaten selbst.

2 Art. 88 findet sich in Kapitel IX, also bei den Vorschriften für besondere Verarbeitungssituationen. Der zu Art. 88 gehörende **Erwägungsgrund** ist 155. Weitere ausdrückliche Regelungen zu Beschäftigtendaten finden sich ansonsten in der DS-GVO nur indirekt, etwa in Art. 9 Abs. 2 lit. b zu besonderen Kategorien von personenbezogenen Daten in Zusammenhang mit dem Arbeitsrecht. Da es sich um eine Spezifizierungsklausel handelt, existiert in der DS-RL

---

[1] Da gerade Art. 88 nur spezifischere Vorschriften zulässt, wird im Folgenden nicht von einer „Öffnungsklausel" gesprochen, wie in der deutschen Lit. zur DS-GVO weit verbreitet, sondern von einer „Spezifizierungsklausel". Vgl. zum Inhalt und der Bedeutung der Spezifizierungsklausel in Abgrenzung zu einer Öffnungsklausel, *Selmayr* ZD 2018, 197 f. mit den dortigen weiteren Verweisen; der EuGH spricht in seinem Urteil vom 30.3.2023 zwar von einer Öffnungsklausel, versteht diesen Begriff aber mit dem hier für die Spezifizierungsklausel verwendeten Inhalt, vgl. EuGH Urt. v. 30.3.2023 – C-34/21, ECLI:EU:C:2023:270 Rn. 52, 61, 65, 69 ff.

keine Vorgängernorm. Im Gesetzgebungsverfahren der DS-GVO fand sich eine Spezifizierungsklausel zum Beschäftigtendatenschutz schon im **Kommissionsentwurf der DS-GVO,**[2] ebenso wie im **Entwurf des Parlaments**[3] und des **Rates,**[4] dort jeweils als Art. 82.

Bei Art. 88 handelt es sich um eine **fakultative Spezifizierungsklausel,** die Mitgliedstaaten sind also in der Entscheidung, ob sie diese in Form von nationalen Regelungen nutzen, frei. Soweit von der Möglichkeit zur nationalen Spezifizierung nach Art. 88 kein Gebrauch gemacht wird, verbleibt es für den Umgang mit personenbezogenen Daten von Beschäftigten bei den europarechtlichen Regelungen der DS-GVO. 3

Aus Sicht der Mitgliedstaaten kommt Art. 88 demgemäß eine große Bedeutung zu, da ihnen hierüber die Möglichkeit gegeben wird, die von der DS-GVO vorgegebenen Regelungen zum Umgang mit Beschäftigtendaten in bestimmten Grenzen zu spezifizieren. In derselben Weise spielt Art. 88 für etwaige Regelungen zum Datenschutz in **Kollektivvereinbarungen,** insbesondere Betriebs- und Dienstvereinbarungen, eine wichtige und zentrale Rolle, da Art. 88 nicht zwischen spezifischeren Vorschriften in nationalen Normen oder in Kollektivvereinbarungen unterscheidet. 4

Formal ist die Spezifizierungsklausel des Art. 88 nötig, da die DS-GVO als Verordnung nach Art. 288 Abs. 2 S. 2 AEUV in allen ihren Teilen verbindlich ist und unmittelbar in jedem Mitgliedstaat gilt. Ein **nationaler Umsetzungsakt** ist damit nicht nur nicht erforderlich, vielmehr dürfen die Mitgliedstaaten aufgrund der unmittelbaren Geltung der DS-GVO keine eigenen Regelungen mehr erlassen, aufgrund des **unionsrechtlichen Wiederholungsverbots** nicht einmal wiederholend Regelungen einer Verordnung in nationale Gesetze übernehmen.[5] Sollen die Mitgliedstaaten dennoch die Möglichkeit zu nationalen Regelungen erhalten, muss dies in der Verordnung ausdrücklich erlaubt werden, wie vorliegend in Form der Spezifizierungsklausel des Art. 88. 5

Als nach Art. 288 Abs. 2 AEUV unmittelbar geltende Verordnung genießt die DS-GVO **Anwendungsvorrang** vor kollidierenden nationalen Regelungen: Verfügt ein Mitgliedstaat im Rahmen der Spezifizierungsmöglichkeit des Art. 88 über Regelungen zum Beschäftigtendatenschutz oder schafft solche und stehen diese im Widerspruch zur DS-GVO, sind die Regelungen der DS-GVO vorrangig anwendbar und nationale Stellen müssen die entgegenstehenden nationalen Regelungen unangewendet lassen.[6] Solche nationalen Regelungen sind aber nicht nichtig, da die Entscheidung über die Gültigkeit von nationalem Recht nicht in den Kompetenzbereich der Union fällt,[7] sie dürfen lediglich von den nationalen Stellen (wie einem Gericht) nicht angewendet werden. Grundlegend beschäftigte sich der EuGH mit dieser Frage und der Frage, welche Anforderungen nationale Normen erfüllen müssen, damit sie den Vorgaben des Art. 88 genügen, aufgrund eines Vorlagebeschlusses eines deutschen Gerichts in seinem Urteil vom 30.3.2023 und stellte dort eine Reihe von – bislang in Deutschland umstrittenen – Punkten klar und zwar zugunsten eines europarechtlichen Verständnisses.[8] 6

Soweit ein Mitgliedstaat dagegen keinen Gebrauch von der Spezifizierungsklausel macht, ist die Folge, dass für Verantwortliche in diesem Staat für deren Verarbeitung von Beschäftigtendaten nur die **Regelungen der DS-GVO** gelten, insbesondere aus den Kapiteln II–V. Aus europarechtlicher Sicht und vor allem unter dem Blick der von der DS-GVO verfolgten Vollharmonisierung ist dies allerdings der Normalzustand – und identisch, wie bei der Verarbeitung personenbezogener Daten aller anderen Betroffenenkategorien, wie etwa von Kunden. 7

Zu beachten ist, dass aber selbst dann, wenn ein Mitgliedstaat nationale Regelungen nach Art. 88 erlässt oder sich solche in Kollektivvereinbarungen finden, unverändert die DS-GVO die 8

---

[2] Vorschlag der Europäischen Kommission v. 25.1.2012, KOM(2012) 011 endgültig.
[3] Legislative Entschließung des Europäischen Parlaments v. 12.3.2014 zu dem Vorschlag für eine Verordnung des Europäischen Parlaments und des Rates zum Schutz natürlicher Personen bei der Verarbeitung personenbezogener Daten und zum freien Datenverkehr (allgemeine Datenschutzverordnung) (COM[2012] 0011 – C 7–0025/2012 – 2012/0011[COD]).
[4] Fassung des Rats der Europäischen Union v. 15.6.2015, 9565/15.
[5] → Rn. 58 ff.
[6] *Kühling/Martini* DS-GVO S. 3; vgl. auch die Ausführungen von *Selmayr* ZD 2018, 198; EuGH Urt. v. 9.3.1978 – C-106/77, ECLI:EU:C:1978:49 Rn. 17 f., 21, 23 = Slg. 1978, 629 – Amministrazione delle finanze dello Stato/Simmenthal; EuGH Urt. v. 22.10.1998 – C-10/96 bis C-22/97, ECLI:EU:C:1998:498 Rn. 20 f. = Slg. 1998, I-6307 – IN. CO. GE. '90 u.a.; → Einl. Rn. 3 und dem dortigen Verweis auf Fn. 10, worin auf die grundlegende Entscheidung des EuGH hierzu verwiesen wird.
[7] *Kühling/Martini* DS-GVO S. 3 mit Verweis auf Grabitz/Hilf/Nettesheim AEUV Art. 1 Rn. 80 und *Funke* DÖV 2007, 733 (736).
[8] EuGH Urt. v. 30.3.2023 – C-34/21, ECLI:EU:C:2023:270.

primären Vorgaben zum Umgang mit Beschäftigtendaten beinhaltet und etwaige nationale Spezifizierungen, die aufgrund von Art. 88 geschaffen wurden, DS-GVO-konform auszulegen sind: Denn die Normen der DS-GVO sind vorrangig, ein nationaler Gesetzgeber oder die Kollektivparteien dürfen diese nach Art. 88 nur spezifizieren, also für bestimmte Anwendungsfälle präzisieren und konkretisieren, aber kein neues nationales Beschäftigtendatenschutzrecht schaffen. Der Spielraum, der sich aus einer Nutzung der Spezifizierungsklausel des Art. 88 ergibt, ist klein, insbesondere dürfen – so jüngst der EuGH – keine zusätzlichen oder von Art. 6 abweichenden Rechtsgrundlagen geschaffen werden.[9] Damit richtet sich in der EU also auch der Beschäftigtendatenschutz ab 25.5.2018 primär nach der DS-GVO, wenngleich gegebenenfalls durch nationale Regelungen für bestimmte Fälle spezifiziert und ergänzt, sofern solche in den Mitgliedsländern geschaffen wurden[10] und sie den Vorgaben des Art. 88 DS-GVO genügen.

9 Hohe Relevanz für den Beschäftigtendatenschutz haben in der DS-GVO etwa die Regelungen der Art. 5, 6, 7, 9, 12, 13, 14, 15, 17, 22, 24, 25 und 32. Als allgemeine Vorschriften sind diese Normen aber naturgemäß nicht auf die speziellen Situationen im Beschäftigungsverhältnis ausgerichtet, enthalten zudem zum Teil Regelungen, die eher mit Blick in die Online-Welt geschaffen wurden, wie etwa die Datenportabilität nach Art. 20. Insofern mag es sich aus Gründen einer zusätzlichen **Rechtssicherheit** für einen Mitgliedstaat anbieten, von der Spezifizierungsklausel des Art. 88 Gebrauch zu machen und in deren Rahmen eigene spezifischere Regelungen zum Beschäftigtendatenschutz zu schaffen. Der deutsche Gesetzgeber hat die Möglichkeit zu nationalen Regelungen nach Art. 88 genutzt und in § 26 BDSG zum 25.5.2018 solche geschaffen, ebenso wie die deutschen Bundesländer auf Länderebene in Form der jeweiligen Ländern-Datenschutzgesetze. Wie schwierig es aber ist, im engen Rahmen der Vorgaben des Art. 88 nationale Normen zu schaffen, die EU-rechtlich überhaupt wirksam und anwendbar sind, zeigt das genannte EuGH-Urteil vom 30.3.2023:[11] Denn im Ergebnis ist dessen Folge die Unanwendbarkeit des § 26 Abs. 1 S. 1 BDSG, also der zentralen Norm des deutschen Beschäftigtendatenschutzes.

10 **2. Regelungskompetenz der Union für Art. 88.** Spezifizierungsklauseln in EU-Normen haben zunächst **rechtspolitische Gründe:** Denn über solche bringt die Union ihren Respekt „vor den mitgliedstaatlichen, durch den Grundsatz der begrenzten Einzelermächtigung (Art. 5 Abs. 2 AEUV) gesicherten Kompetenzen und dem mit einer Verordnung als Regelungsinstrument einhergehenden intensiven Einwirken der Union in diesem Kompetenzbereich" zum Ausdruck,[12] indem sie den Mitgliedstaaten auch bei einer Verordnung die Möglichkeit zu gewissen eigenen Regelungen gibt, um nationalen Besonderheiten gerecht werden zu können. Speziell der Beschäftigtendatenschutz ist ein solcher Bereich, der in den Mitgliedstaaten aus **historischen und kulturellen Gründen** zum Teil stark unterschiedlich geprägt ist. So gibt es etwa mit der Institution des **Betriebsrats** in Deutschland eine nationale Besonderheit, die aufgrund der Mitbestimmungsrechte des Betriebsrats in der Unternehmenspraxis hohe Relevanz für den Datenschutz von Beschäftigten haben kann. Andere Länder dagegen kennen die Institution des Betriebsrats nicht oder nur in abgeschwächter Form, ebenso wie zB die Rolle der Gewerkschaften in den verschiedenen Mitgliedstaaten unterschiedlich ist.[13] Durch die Spezifizierungsklausel des Art. 88 erhält jeder Mitgliedstaat die Möglichkeit, in den Grenzen des Art. 88 spezifischere nationale Datenschutzregelungen für den Beschäftigtenbereich zu schaffen und seine nationalen Besonderheiten und Anforderungen berücksichtigen zu können.[14]

---

[9] EuGH Urt. v. 30.3.2023 – C-34/21, ECLI:EU:C:2023:270, Rn. 70: „Hinsichtlich der Grundsätze in Bezug auf die Rechtmäßigkeit der Verarbeitung sieht Art. 6 DS-GVO eine erschöpfende und abschließende Liste der Fälle vor, in denen eine Verarbeitung personenbezogener Daten als rechtmäßig angesehen werden kann."

[10] *Ehmann* ZD-Aktuell 2016, 04216; *Rolf/Siewert* RDV 2017, 236; *Gola* spricht vom Grundgesetz des Datenschutzes, BB 2017, 1462 (1462). Klarstellend zu Art. 88 EuGH Urt. v. 30.3.2023 – C-34/21, ECLI: EU:C:2023:270 Rn. 52, 61, 65, 69 ff.

[11] EuGH Urt. v. 30.3.2023 – C-34/21, ECLI:EU:C:2023:270.

[12] So gut zusammenfassend *Kühling/Martini* DS-GVO S. 3.

[13] Frankreich, Belgien, Luxemburg: Dort verfügt der Betriebsrat lediglich über Informations- und Konsultationsrechte. In Dänemark oder in Estland zB, aber auch in Griechenland, übernehmen die Gewerkschaften weitgehend die betriebliche Arbeitnehmervertretung, siehe dazu http://de.worker-participation.eu/nationale-arbeitsbeziehungen/laender-vergleichen.

[14] Allg. zu Spezifizierungsklauseln *Kühling/Martini* DS-GVO S. 1: „Ziel der Spezifizierungsklauseln ist es, den unterschiedlichen Ausgangspositionen der Mitgliedstaaten in dem Prozess der Konvergenz unterschiedli-

Im Zusammenhang mit der Frage, wie weit die Spezifizierungsklausel in Art. 88 reicht und in welchem Umfang es danach nationale Regelungen geben darf, ist der Umfang der **Regelungskompetenz** der EU für Regelungen zum Beschäftigtendatenschutz zu klären.

Erwägungsgrund 12 nennt als Rechtssetzungskompetenz für die DS-GVO lediglich Art. 16 Abs. 2 AEUV, die DS-GVO selbst zu Beginn, noch vor den Erwägungsgründen, hingegen „insbesondere" Art. 16 AEUV, stützt sich offenbar also auch noch auf andere Kompetenznormen. Die Kommission erwähnte ergänzend in ihrem ursprünglichen Entwurf noch Art. 114 AEUV als Grundlage.[15]

Betrachtet man **Art. 16 Abs. 2 AEUV**, ist dessen erste Alternative nicht einschlägig, da diese die Datenverarbeitung durch die Organe der Union oder die Mitgliedstaaten regelt, nicht aber durch Privatrechtssubjekte wie Unternehmen. Es bleibt die zweite Alternative des Art. 16 Abs. 2 AEUV, die den „freien Datenverkehr" betrifft und damit eine ganz wesentliche Kompetenznorm der Union für die DS-GVO darstellt. Insofern ist aber zu fragen, ob diese zweite Alternative zum „freien Datenverkehr" für Regelungen zum Beschäftigtendatenschutz einschlägig ist: Daten von oder über Beschäftigte nehmen insofern eine Sonderstellung ein, als dass sie aus dem Arbeits- und damit einem ökonomischen Abhängigkeitsverhältnis heraus anfallen, wie etwa die Kommen- und Gehen-Zeiten, aber auch Krankmeldungen, Angaben über Schwerbehinderungen etc. Beschäftigtendaten sind ein Resultat aus dem Arbeitsverhältnis sowie aus arbeits- und sozialrechtlichen Verpflichtungen und dienen – unmittelbar oder mittelbar – dessen Begründung, Durchführung oder Beendigung und zwar im Verhältnis Arbeitgeber und Arbeitnehmer. Insofern ließe sich also argumentieren, dass es insofern keinen freien Datenverkehr gebe, dafür auch keine Notwendigkeit bestünde. Der Umstand, dass die Daten etwa an Sozialversicherungsträger oder Finanzbehörden weitergegeben werden müssen, stünde dem nicht entgegen, ebenso wenig, wenn innerhalb eines Konzerns Beschäftigtendaten weitergegeben werden, auch an Gesellschaften in anderen EU-Mitgliedstaaten: Denn auch dann läge nach dieser Meinung kein „freier Datenverkehr" vor, sondern ein sehr eingeschränkter und regulierter Datenverkehr. Folge man dieser Meinung, spricht einiges gegen die Anwendbarkeit der zweiten Alternative des Art. 16 Abs. 2 AEUV. Bevor dem entgegenzutreten ist (→ Rn. 19) ist zu fragen, ob sich nicht ohnehin aus anderen Normen die notwendige Gesetzgebungskompetenz ergibt.

Insofern ist an **Art. 114 AEUV** als mögliche Kompetenznorm zu denken, der aber zumindest für den Bereich der Beschäftigtendaten gerade keine Kompetenz schafft, da er nach Art. 114 Abs. 2 AEUV ausdrücklich nicht für die Rechte und Interessen der Arbeitnehmer gilt.

Denkbar ist ferner für den Beschäftigtendatenschutz die **allgemeine Kompetenznorm des Art. 153 AEUV** für arbeitsrechtliche Themen: Nach Art. 153 Abs. 2 AEUV dürfen aber nur EU-Richtlinien mit mindestharmonisierenden Inhalten erlassen werden, keine Verordnungen.[16] Die sich daraus ergebende kompetenzrechtliche Situation kann ein Grund gewesen sein, als Lösung für den Umgang mit Beschäftigtendaten im Rahmen der DS-GVO vorsorglich den Weg über eine Spezifizierungsklausel zu wählen und damit den Mitgliedstaaten die Möglichkeit einzuräumen, die Regelungen der DS-GVO zum Beschäftigtendatenschutz national spezifizieren zu dürfen. Geht man von Art. 153 Abs. 2 AEUV als Kompetenzgrundlage aus und sieht in Folge dessen in Art. 88 nur eine „mindestharmonisierende" Vorgabe,[17] steht dies aber im Gegensatz zu dem die DS-GVO tragenden Grundgedanken einer Vollharmonisierung, die u.a. in Erwägungsgrund 10 explizit betont wird. Die Verneinung einer Vollharmonisierung hätte im Rahmen der Anwendung des Art. 88 Abs. 1 und Abs. 2 und dessen Auslegung weitreichende Konsequenzen, etwa für die Frage, ob die Mitgliedstaaten in nationalen Regelungen zum Beschäftigtendatenschutz oder die Kollektivparteien strengere Vorschriften zum Umgang mit Beschäftigtendaten

---

cher Rechtsordnungen angemessen Rechnung zu tragen und alle auf dem Weg der Harmonisierung mitzunehmen."

[15] Siehe dazu und zum Folgenden *Franzen* RDV 2014, 200 (201); ausf. zur Thematik im Zusammenhang, ob national strengere Vorschriften zulässig sind Kühling/Buchner/*Maschmann* DS-GVO Art. 88 Rn. 32 ff. und Plath/*Stamer*/Kuhnke DS-GVO Art. 88 Rn. 2.

[16] Mit selbem Ergebnis, aber ohne nähere Begr. *Franzen* RDV 2014, 200 (201). So auch Plath/*Stamer*/Kuhnke DS-GVO Art. 88 Rn. 2. Vertritt man dagegen die Auffassung, dass auch Beschäftigtendaten dem freien Datenverkehr unterliegen und damit Art. 16 Abs. 2 Alt. 2 die Kompetenznorm darstellt, können sich einige andere Ergebnisse bei der Auslegung von Art. 88 ergeben.

[17] So Paal/Pauly/*Pauly* DS-GVO Art. 88 Rn. 3 f. mit Hinweis auf die Gesetzgebungshistorie zu Art. 88; Gierschmann/Schlender/Stentzel/Veil/*Nolte* DS-GVO Art. 88 Rn. 1 und 22; *Plath* DS-GVO Art. 88 Rn. 6, *Körner* NZA 2019, 1389 f.; aA Kühling/Buchner/*Maschmann* DS-GVO Art. 88 Rn. 30 ff., insbes. Rn. 40, ebenso wohl auch Gola/Heckmann/*Pötters* DS-GVO Art. 88 Nr. 2 und 23 ff., 26.

vorsehen dürfen oder nicht. Denn nach der Meinung, dass Art. 88 nur mindestharmonisierend ist, wären strengere Regelungen und damit ein uU massives Regelungsgefälle innerhalb der Union denkbar, bei einer vollharmonisierenden Wirkung dagegen gerade nicht.[18]

16　Der **EuGH** sah allerdings schon die DS-RL – obwohl nur eine Richtlinie und keine Verordnung – **ausdrücklich als vollharmonisierend** an.[19] Denn die Mitgliedstaaten seien weder befugt, neue Grundsätze einzuführen noch zusätzliche Bedingungen zu stellen, wenn dadurch die Tragweite der in Art. 7 DS-RL genannten Prinzipien verändert würde.[20] Da die DS-RL auch für den Umgang mit Beschäftigtendaten galt und davon auszugehen ist, dass dem EuGH dies in seiner Entscheidung bewusst war, spricht vieles dafür, dass er auch zu Art. 88 DS-GVO entsprechend entscheiden dürfte, also nicht Art. 153 AEUV, sondern den freien Datenverkehr über Art. 16 AEUV als Grundlage für die Kompetenz heranzieht: Denn auch in der DS-RL war der freie Datenverkehr ein wesentliches Element. Entsprechend beschäftigte sich der EuGH in der vorgenannten Entscheidung mit den Erwägungsgründen der DS-RL (Erwägungsgründe 7, 8 und 10 der DS-RL) und kam (dennoch) für die DS-RL zu dem Ergebnis der Vollharmonisierung. In derselben Weise entschied der EuGH auch schon früher zur DS-RL, dass „die Harmonisierung dieser nationalen Rechtsvorschriften nicht auf eine Mindestharmonisierung beschränkt ist, sondern zu einer grundsätzlich umfassenden Harmonisierung führt."[21] Mit seinem Urteil vom 30.3.2023 betont der EuGH nunmehr speziell auch im Kontext des Beschäftigtendatenschutzes explizit, dass die DS-GVO auch insofern vollharmonisierend ist.[22]

17　In Deutschland schloss sich das **BAG** noch zum früheren BDSG ausdrücklich betreffend der Vorgängernorm zu § 26 Abs. 1 S. 2 BDSG, § 32 Abs. 1 S. 2 BDSG aF, der Meinung des EuGH an und betonte unter Hinweis auf den früheren Art. 7 DS-RL, dass die DS-RL nicht eine Mindest-, sondern umfassende Harmonisierung vorsehe. Daher könne § 32 Abs. 1 S. 2 BDSG aF nur einheitlich richtlinienkonform ausgelegt werden.[23] Zwar erging dieses Urteil des BAG zur DS-RL als Vorgängernorm der DS-GVO, aber ausdrücklich zum Umgang mit Beschäftigtendaten. Es spricht aus den vorgenannten Gründen daher auch hier einiges dafür, dass das BAG diese Auffassung inhaltlich weiterhin vertritt, wobei es darauf aufgrund der expliziten Klarstellung des EuGH mit seinem Urteil vom 30.3.2023 auf nationale gerichtliche Einschätzungen nicht mehr ankommt.

18　Nach der Rechtsprechung des EuGH gelangt man also zu einer vollharmonisierenden Wirkung von Art. 88.[24] Art. 153 Abs. 2 AEUV wäre dann keine geeignete Kompetenznorm. Dafür spricht auch, dass durchaus fraglich ist, ob die Norm des Art. 153 Abs. 2 AEUV überhaupt auf Regelungen zum Umgang mit Beschäftigtendaten passt: Denn möglicherweise wäre Art. 153 Abs. 2 S. 1 lit. b AEUV, der auf Abs. 1 lit. a–i verweist, also die Verbesserung der Gesundheitsschutzes und der Sicherheit der Arbeitnehmer (lit. a), der Arbeitsbedingungen (lit. b), der sozialen Sicherheit und sozialer Schutz der Arbeitnehmer (lit. c), der Schutz der Arbeitnehmer bei Beendigung des Arbeitsvertrages (lit. d), der Unterrichtung und Anhörung der Arbeitnehmer (lit. e), die Vertretung und kollektive Wahrnehmung (lit. f), die Beschäftigungsbedingungen von EU-Ausländern (lit. g), der beruflichen Eingliederung (lit. h) und der Chancengleichheit von Männern und Frauen auf dem Arbeitsmarkt und der Gleichbehandlung am Arbeitsplatz (lit. i). Der Datenschutz dagegen ist nicht erwähnt, weder direkt noch indirekt. Aber auch die aufgelisteten Bereiche betreffen zumindest nicht unmittelbar den Umgang mit Beschäftigtendaten, sondern höchstens als Annex, etwa wenn es bei dem Schutz der Arbeitnehmer bei Beendigung des Arbeitsvertrages um per rechtswidrig erfolgter Videoüberwachung erlangte Beweise oÄ ginge. Zu beachten ist dabei ferner, dass Art. 153 AEUV „nur" der Umsetzung der Ziele des Art. 151 AEUV dient, der auf die in der am 18.10.1961 in Turin unterzeichneten sozialen

---

[18] Konsequenterweise bejahen daher die Möglichkeit von strengeren Regelungen Paal/Pauly/*Pauly* DS-GVO Art. 88 Rn. 4 mit Hinweis auf die Gesetzgebungshistorie zu Art. 88; Gierschmann/Schlender/Stentzel/Veil/*Nolte* DS-GVO Art. 88 Rn. 1 und 22; *Plath* DS-GVO Art. 88 Rn. 6.
[19] EuGH Urt. v. 24.11.2011 – C-468/10 u. C-469/10, ECLI:EU:C:211:777 = NZA 2011, 1409 – ASNEF u. FECEMD.
[20] EuGH Urt. v. 24.11.2011 – C-468/10 u. C-469/10, ECLI:EU:C:211:777 = NZA 2011, 1409 – ASNEF u. FECEMD.
[21] EuGH Urt. v. 6.11.2003 – C-101/01, ECLI:EU:C:2003:596 Rn. 96 – Lindqvist.
[22] EuGH Urt. v. 30.3.2023 – C-34/21, ECLI:EU:C:2023:270, Rn. 51, Rn. 72.
[23] BAG Urt. v. 29.6.2017 – 2 AZR 597/16, RDV 2017, 296 (300).
[24] Mit demselben Ergebnis Kühling/Buchner/*Maschmann* DS-GVO Art. 88 Rn. 30 ff., insbes. Rn. 40; ebenso wohl auch Gola/Heckmann/*Pötters* DS-GVO Art. 88 Rn. 2 und Rn. 23 ff., 27. Nun klarstellend zu Art. 88: EuGH Urt. v. 30.3.2023 – C-34/21, ECLI:EU:C:2023:270 Rn. 51, 72 f.

Grundrechte der Europäischen Sozialcharta und der Gemeinschaftscharta der sozialen Grundrechte der Arbeitnehmer von 1989 abstellt und die Förderung der Beschäftigung und die Verbesserung der Lebens- und Arbeitsbedingungen nennt, um u.a. deren Angleichung zu ermöglichen, einen angemessenen sozialen Schutz, den sozialen Dialog, die Entwicklung des Arbeitskräftepotenzials und die Bekämpfung von Ausgrenzungen. Ziel dieser primärrechtlichen Normen ist aber nicht der Datenschutz, sondern ausdrücklich der Sozialschutz. Eine Regelungskompetenz für den Beschäftigtendatenschutz aus Art. 153 Abs. 2 AEUV abzuleiten, ist also nicht ohne weiteres möglich, vieles spricht aus den vorgenannten Gründen dagegen.

Mangels anderer einschlägiger Kompetenznormen ist erneut ein Blick auf Art. 16 Abs. 2 AEUV iVm dem **„freien Datenverkehr"** zu werfen und zu prüfen, welche Argumente für dessen Anwendbarkeit als Kompetenznorm sprechen: Auch wenn – dazu → Rn. 13 – der Begriff des „freien Datenverkehrs" für den Umgang mit Beschäftigtendaten sprachlich nicht ohne weiteres passt, spricht auch in Anbetracht der ständigen Rechtsprechung des EuGH zur Vollharmonisierung der DS-RL und der „noch weniger" passenden Kompetenznorm des Art. 153 Abs. 2 AEUV vieles dafür, dass der „freie Datenverkehr" bei Art. 16 Abs. 2 AEUV nicht im Sinne von „freien Datenübermittlungen" zu verstehen ist, sondern im Sinne eines gleichen Datenschutzniveaus in den Mitgliedstaaten, damit die Daten zwischen den Territorien der Mitgliedstaaten insofern frei fließen können, also keine rechtlichen Hemmnisse durch nationale Sondernormen entgegenstehen. Es geht nicht um einen möglichst zwanglosen Austausch von Daten, sondern darum, dass aufgrund nationaler Regelungen innerhalb der Union keine Beschränkungen geschaffen werden und insofern „Freiheit" besteht. Für diese Betrachtung spricht auch, dass die Frage, ob überhaupt personenbezogene Daten ausgetauscht werden dürfen, durch die DS-GVO reguliert, also nie „frei" ist und nicht sein soll, alleine schon des Verbotsprinzips des Art. 6 wegen ist dies ausgeschlossen. Es kann also mit „freiem Datenverkehr" nur gemeint sein, dass aufgrund möglichst identischer gesetzlicher Vorgaben in den Mitgliedsländern deswegen keine Beschränkungen bestehen, vielmehr insofern ein grenzüberschreitender Datenverkehr – naturgemäß in den geltenden gesetzlichen Grenzen, wie hier der DS-GVO – „frei" möglich ist. Diese Auslegung des Art. 16 AEUV entspricht dem Kerngedanken der Union eines möglichst umfänglichen Binnenverkehrs und einer Vollharmonisierung und kann daher insgesamt überzeugen. Folgt man ihr, ist also primärrechtliche Kompetenznorm für Art. 88 Art. 16 Abs. 2 AEUV und der Union steht eine vollharmonisierende Regelungskompetenz auch im Rahmen des Beschäftigtendatenschutzes zu.[25] Dies ist zudem seit 30.3.2023 explizit vom EuGH so festgestellt.[26]

3. Geltungsbereich und Normadressaten. Mit dem **zeitlichen Geltungsbereich** und der Frage, ob den Mitgliedstaaten das Recht zur Nutzung der Spezifizierungsklausel nur innerhalb der in Abs. 3 genannten Frist zum 25.5.2018 zustand und es anschließend verwirkt ist oder auch noch im Anschluss nationale Regelungen geschaffen werden dürfen, beschäftigt sich Art. 88 Abs. 3 und die dortige Kommentierung.[27]

Normadressat ist nach Art. 88 Abs. 1 einerseits der Mitgliedstaat selbst. Andererseits können als weiterer Normadressat die **Parteien von Kollektivvereinbarungen** in Betracht kommen: Die Möglichkeit in Art. 88 Abs. 1, auch „durch Kollektivvereinbarungen spezifischere Vorschriften" vorzusehen, ist insofern hervorzuheben.[28] Erwägungsgrund 155 stellt dazu ergänzend ausdrücklich klar, dass auch Betriebsvereinbarungen darunter fallen.

Allerdings ist die Formulierung zu den Kollektivvereinbarungen in Art. 88 **sprachlich wenig geglückt**, wenn davon die Rede ist, dass die Mitgliedstaaten durch Kollektivvereinbarungen spezifischere Regelungen vorsehen dürfen: Denn Kollektivvereinbarungen werden nicht vom Mitgliedstaat geschaffen, sondern von den jeweiligen Vertragsparteien solcher Vereinbarungen, also den Tarif- bzw. Betriebsparteien. Nur diese haben dafür Regelungskompetenz, nicht der Mitgliedstaat. Für die Frage, wer Normadressat ist, muss Art. 88 Abs. 1 autonom im unionsrechtlichen Sinn ausgelegt werden.

Einerseits kann die Vorschrift so verstanden werden, dass nur den **Mitgliedstaaten die Möglichkeit** gegeben werden soll, Regelungen zu erlassen, u.a. auch solche Regelungen, auf

---

[25] So auch Kühling/Buchner/*Maschmann* DS-GVO Art. 88 Rn. 32 ff., insbes. Rn. 40.
[26] EuGH Urt. v. 30.3.2023 – C-34/21, ECLI:EU:C:2023:270, Rn. 51, Rn. 72; der EuGH beschäftigte sich in diesem Urteil allerdings nicht mit den Fragen der Kompetenznormen.
[27] → Rn. 145 ff.
[28] Die Fassung der Kommission enthielt diese Erweiterung auf Kollektivvereinbarungen noch nicht, die Fassung des Parlaments und des Rates dagegen schon.

deren Grundlage erst Parteien von Kollektivvereinbarungen dort spezifischere Datenschutzregelungen treffen dürfen.²⁹ Würde ein Mitgliedstaat von der Spezifizierungsklausel des Art. 88 Abs. 1 insoweit also keinen Gebrauch machen oder zwar nationale Regelungen schaffen, dort aber zu Kollektivvereinbarungen nichts regeln, dürften in der Folge Kollektivvereinbarungen keine spezifischeren Regelungen zum Beschäftigtendatenschutz beinhalten. Den Kollektivparteien wäre diese Möglichkeit durch die „Nichtnutzung" der Spezifizierungsklausel durch das jeweilige Mitgliedsland dann abgeschnitten.³⁰

24 Andererseits kann man die Formulierung auch so interpretieren, dass sie **direkt an die Parteien** von Kollektivvereinbarungen adressiert ist: Die Möglichkeit zu Regelungen zum Beschäftigtendatenschutz in (nach anderen nationalen Vorschriften zulässigen) Kollektivvereinbarungen werden damit als selbstverständlich und zulässig unterstellt (vergleichbar wie die generelle Kompetenz der Mitgliedstaaten zum Erlass eigener Gesetze), auch dann, wenn es im nationalen Recht zur Frage, ob in Kollektivvereinbarungen datenschutzrechtliche Vorschriften enthalten sein dürfen, keine eigene Regelung geben sollte. Art. 88 enthält insofern dann zusätzlich inhaltliche Vorgaben an die Vertragsparteien einer Kollektivvereinbarung, wenn diese dort spezifischere Regelungen zur Verarbeitung von Beschäftigtendaten treffen wollen. Ob Kollektivvereinbarungen überhaupt solche Regelungen enthalten dürfen, stünde aber nicht in Frage.

25 Ein Blick auf die **Genese der Norm** und verschiedene Entwürfe der DS-GVO im Gesetzgebungsverfahren hilft bei der Klärung nicht weiter, da die Kommissionsfassung dazu noch keine Regelung enthielt, die Formulierung in der Parlamentsfassung sprachlich ähnlich ungenau gefasst war wie Art. 88³¹ und die Ratsfassung dazu bereits die finale Formulierung enthält. In Deutschland ist diese Thematik soweit ersichtlich noch kaum näher diskutiert worden, vielmehr konzentriert sich die Diskussion zumeist auf die inhaltlichen Vorgaben an Kollektivvereinbarungen.³² Insofern scheint von der zweiten Interpretationsvariante ausgegangen zu werden.³³

26 Wenn man den **Wortlaut** trotz seiner Mehrdeutigkeit zu Hilfe nehmen möchte, spricht dieser eher für die erste Variante. Denn Art. 88 richtet sich sprachlich klar ausschließlich an die Mitgliedstaaten. Die Parteien einer Kollektivvereinbarung werden nicht angesprochen. Daran knüpft die folgende Überlegung: Kollektivvereinbarungen als Ort möglicher spezifischer Vorschriften nennt der Verordnungsgeber nur in Art. 88, also einer an den Mitgliedstaat gerichteten Spezifizierungsklausel. Damit muss es aber auch diesen obliegen, in ihren nationalen Regelungen zu bestimmen, ob Kollektivvereinbarungen spezifischere Vorschriften enthalten dürfen. Denn ansonsten hätte der Verordnungsgeber in Art. 6 auch Kollektivvereinbarungen als weitere Erlaubnisgrundlage nennen müssen, nicht aber in Art. 88.

27 Folge dieser Auslegungsvariante wäre, dass es der Mitgliedstaat über etwaige nationale Regelungen in der Hand hätte, spezifischere Vorschriften in Kollektivvereinbarungen zu gestatten oder nicht. Eine solche **vollständige Verlagerung** auf den Mitgliedstaat mag in vielen Bereichen gerechtfertigt sein, speziell im Bereich der Kollektivvereinbarung ist dies aber anders zu beurteilen: Denn solche Vereinbarungen basieren auf schon vorhandenem, zugrunde liegendem nationalen Recht, wie etwa Betriebsvereinbarungen auf dem BetrVG, also einem **Gesetz im formellen Sinne**. Insofern hat der jeweilige nationale Gesetzgeber bereits in der Vergangenheit entschieden, den Betriebsparteien gewisse Autonomie und Kompetenzen zu übertragen, was in Deutschland § 77 Abs. 4 BetrVG und die dort statuierte unmittelbare und zwingende Wirkung einer Betriebsvereinbarung zeigt. Wenn es aber solche Regelungen im nationalen Recht schon gibt, ist es nur folgerichtig, nicht nochmals zu fordern, speziell für datenschutzrechtliche Vorschriften in Kollektivvereinbarungen die Spezifizierungsklausel nutzen zu müssen (also das „ob" zu regeln), sondern nur noch Vorgaben zum „wie" direkt an die Kollektivparteien zu richten – was der zweiten Ansicht entspricht.³⁴

---

²⁹ So BeckOK DatenschutzR/*Riesenhuber* DS-GVO Art. 88 Rn. 49 mwN.
³⁰ In diese Richtung gehen *Düwell/Brink* NZA 2017, 1081 (1085).
³¹ „Die Mitgliedstaaten können Kollektivverträge für die weitere Konkretisierung der Vorschriften dieses Artikels vorsehen.", siehe Legislative Entschließung des Europäischen Parlaments v. 12.3.2014 zu dem Vorschlag für eine Verordnung des Europäischen Parlaments und des Rates zum Schutz natürlicher Personen bei der Verarbeitung personenbezogener Daten und zum freien Datenverkehr (allgemeine Datenschutzverordnung) (COM(2012)0011 – C7–0025/2012 – 2012/0011(COD)).
³² Vgl. *Wybitul/Pötters* RDV 2016, 10 (15); *Wybitul* ZD 2016, 203 (206 ff.); für die erste Variante, aber ohne Begr. *Jeschel/Schubert* DuD 2016, 782 (783).
³³ Paal/Pauly/*Pauly* DS-GVO Art. 88 Rn. 6; Gierschmann/Schlender/Stentzel/Veil/*Nolte* DS-GVO Art. 88 Rn. 1, aber jew. ohne Begr.
³⁴ AA *Traut* RDV 2016, 312 (313).

Die zweite Ansicht wird noch durch folgende Überlegung gestützt: Die DS-GVO gilt als **28** Verordnung unmittelbar und direkt, es bedarf keines nationalen Umsetzungsaktes. Normadressat sind damit naturgemäß auch die Parteien einer Kollektivvereinbarung als Teil des Verantwortlichen. Damit kann sich die Verordnung auch direkt an die **Betriebsparteien als Normadressaten** wenden und speziell für diese Vorgaben treffen, im hiesigen Fall also direkt eine Erlaubnis zur Spezifizierung geben. Diese direkte Wirkung ist gerade Zweck einer Verordnung: Eine Verordnung als Regelungsinstrument zeichnet aus, dass kein „Umweg" mehr über den nationalen Gesetzgeber gegangen werden muss.

Ferner hilft der **Erwägungsgrund 155,** der sprachlich treffender formuliert ist und besagt, **29** dass im „Recht der Mitgliedstaaten oder in Kollektivvereinbarungen (einschließlich ‚Betriebsvereinbarungen')" spezifische Vorschriften geschaffen werden können, also direkt auf die Kollektivvereinbarungen als möglichen Ort solcher spezifischeren Vorschriften abstellt. Hinzu kommt **Art. 28 GRCh,** der direkt den Kollektivparteien das Recht auf Kollektivverhandlungen und Kollektivmaßnahmen zugesteht, was bei der ersten Auslegungsvariante zumindest gefährdet sein könnte.

Aus den genannten Gründen ist die zweite Ansicht überzeugender, wonach die DS-GVO das **30** „ob" von Kollektivvereinbarungen als Ort spezifischerer Regelungen zum Umgang mit Beschäftigtendaten nicht in Frage stellt, vielmehr in Form des Art. 88 nur noch Vorgaben zum „wie" der Ausgestaltung von Kollektivvereinbarungen beinhaltet. **Normadressat** sind danach direkt auch die Parteien einer Kollektivvereinbarung.

In Deutschland stellt sich rein formal die Frage zumindest für Betriebsvereinbarungen durch **31** die Regelung in § 26 Abs. 4 BDSG nicht mehr, da der deutsche Gesetzgeber geregelt hat, dass die Verarbeitung von Beschäftigtendaten für Zwecke des Beschäftigungsverhältnisses auf der Grundlage von Kollektivvereinbarungen zulässig ist.[35] Damit gestattet er den Kollektivparteien ausdrücklich, solche Regelungen zu treffen. Gleiches gilt für Dienstvereinbarungen nach dem BPersVG, soweit das BDSG gilt. Dies setzt aber voraus, dass die Norm des § 26 Abs. 4 BDSG EU-konform und damit anwendbar ist.[36]

Anders dagegen kann es in Deutschland für die Länder-Datenschutzgesetze der Bundesländer **32** sein: Fehlt dort eine vergleichbare Regelung wie in § 26 Abs. 4 BDSG und folgt man oben dargestellter ersten Ansicht, würde man den jeweiligen Personalräten in diesen Bundesländern möglicherweise das Recht nehmen, in deren Dienstvereinbarungen Regelungen zum Umgang mit Beschäftigtendaten zu schaffen – was im Widerspruch zu den jeweiligen Länder-Personalgesetzen stehen kann. Zu einem anderen Ergebnis kommt man nur, wenn man der oben dargestellten zweiten Meinung folgt – was offenbar diejenigen Länder-Gesetzgeber tun, die in ihren Länder-Datenschutzgesetzen keine Umsetzungsnorm – analog zu § 26 Abs. 4 BDSG – geschaffen haben.[37] Empfehlenswert ist es daher aus Gründen einer zusätzlichen Rechtssicherheit auch für die Länder-Datenschutzgesetze, zumindest eine klarstellende Regelung aufzunehmen, dass auch Dienstvereinbarungen – freilich in den Grenzen des Art. 88 – spezifischere Vorschriften zum Umgang mit Beschäftigtendaten beinhalten dürfen.

II. Systematik, Verhältnis zu anderen Vorschriften

Art. 88 beinhaltet unterschiedliche Regelungen: **33**
1. Wesentlicher Inhalt ist die **fakultative Spezifizierungsklausel** für die Mitgliedstaaten, für den Bereich der Datenverarbeitung im Beschäftigungskontext eigene und zwar „spezifischere" Vorschriften schaffen zu dürfen (Abs. 1).
2. Die Aussage, dass auch in **Kollektivvereinbarungen** solche Vorschriften für die Verarbeitung von Beschäftigtendaten getroffen werden dürfen (Abs. 1).
3. **Inhaltliche Vorgaben** an solche spezifischeren Vorschriften in nationalen Gesetzen oder Kollektivvereinbarungen (Abs. 2).
4. Eine **formale und zeitlich mit einer Frist versehene Meldepflicht** für die Mitgliedstaaten gegenüber der Kommission (Abs. 3).

Art. 88 enthält dagegen **keine materiell-rechtlichen Regelungen** zur eigentlichen Ver- **34** arbeitung von Beschäftigtendaten, er beschränkt sich auf Vorgaben zur Ausgestaltung etwaiger nationaler spezifischer Vorschriften.

---
[35] Zur möglichen Europarechtswidrigkeit → Rn. 226 ff.
[36] Dazu → Rn. 226.
[37] Mit einem guten Überblick *Gola* ZD 2018, 448 ff.

B. Einzelerläuterungen

I. Übergreifend

35 **1. Die Begriffe „Verarbeitung" und „Beschäftigungskontext".** Die Spezifizierungsklausel des Art. 88 umfasst die Verarbeitung von Daten Beschäftigter im Beschäftigungskontext. Den Begriffen der **„Verarbeitung"** wie auch des **„Beschäftigten"** sowie des **„Beschäftigungskontexts"** kommt daher eine zentrale Rolle zu. Soweit eine Auslegung nötig ist, hat diese EU-rechtlich und autonom zu erfolgen: Keinesfalls darf insofern auf Grundsätze aus einem nationalen Recht zurückgegriffen werden, sondern es darf nur rein nach unionsrechtlichen Grundsätzen ausgelegt werden.[38]

36 Verarbeitung: Der Begriff der **„Verarbeitung"** ist in Art. 4 Nr. 2 legaldefiniert und zwar sehr weit. Umfasst ist auch die nicht-automatisierte Datenverarbeitung. Zugleich ist aber auch der generelle **sachliche Anwendungsbereich** des Art. 2 zu beachten, wonach die Verordnung und damit auch Art. 88 nur für diejenige nicht-automatisierte Verarbeitung personenbezogener Daten gilt, die in einem Dateisystem gespeichert sind oder werden sollen. Ein **„Dateisystem"** ist wiederum in Art. 4 Nr. 6 definiert als „jede strukturierte Sammlung personenbezogener Daten, die nach bestimmten Kriterien zugänglich sind, unabhängig davon, ob diese Sammlung zentral, dezentral oder nach funktionalen oder geografischen Gesichtspunkten geordnet geführt wird".[39]

37 Entgegen dem deutschen Sprachverständnis setzt ein „Dateisystem" also keine elektronische Speicherung oder Ähnliches voraus. Damit fallen neben elektronischen Datenbanken und in HR Software gespeicherten Beschäftigtendaten (wie etwa in einem sog. HRIS – HR Information System) auch rein **manuelle Aufzeichnungen in Papierform,** die personenbezogene Daten von Beschäftigten enthalten, in den Anwendungsbereich, aber nur, wenn diese etwa in einer Papier-Personalakte aufbewahrt werden oder werden sollen. Denn eine solche ist eine „strukturierte Sammlung, die nach bestimmten Kriterien" zugänglich ist und damit ein „Dateisystem".[40]

38 Bloße Notizen, etwa in einem **Bewerbungsgespräch,** die nicht Teil einer strukturierten Akte werden (sollen), fallen dagegen aus dem Anwendungsbereich der DS-GVO heraus. Dies führt zu der Rechtsfolge, dass ein Mitgliedstaat dafür auch ohne Nutzung der Spezifizierungsklausel des Art. 88 Abs. 1 eigene Regelungen erlassen darf, da sich außerhalb des Anwendungsbereichs der DS-GVO befindend. Diesen Weg ist zB Deutschland gegangen und erweiterte – wie schon im § 32 BDSG aF – den Anwendungsbereich der nationalen Beschäftigtendaten-Regelungen in § 26 BDSG über dessen Abs. 7 auch auf die Verarbeitung von Beschäftigtendaten, ohne dass diese in einem Dateisystem gespeichert sind oder werden sollen. Mit anderen Worten: Über § 26 Abs. 7 BDSG gelten (nur) die Abs. 1 bis 6 des § 26 BDSG, nicht aber das BDSG im übrigen. Zu beachten ist § 26 Abs. 5 BDSG, der eine Pflicht zu Schaffung von Maßnahmen zur Sicherstellung der „insbesondere in Art. 5" geregelten Grundsätze statuiert und damit auf Art. 5 verweist – so dass über diesen nationalen Verweis selbst für unstrukturierte Daten von Beschäftigten, die die DS-GVO aus ihren Anwendungsbereich herausnimmt, teilweise doch die DS-GVO Grundsätze gelten sollen.

39 Fehlt im nationalen Recht eine solche Regelung zum Umgang mit Beschäftigtendaten außerhalb eines Dateisystems im Sinne der DS-GVO, kann sich die in Art. 2 Abs. 1 vorhandene und in die Zukunft gerichtete Formulierung **„gespeichert werden sollen"** als möglicherweise problematisch herausstellen, da von einer inneren Absicht getragen, die im Streitfall nur schwierig nachweisbar sein wird. Um der Anwendung der DS-GVO zu entgehen, könnte ein Verantwortlicher daher behaupten, möglicherweise problematische datenschutzrechtliche Aufzeich-

---

[38] Dazu ausf. → Einl. Rn. 91 ff.

[39] AA *Spelge* DuD 2016, 775 (779), wonach sich die Formulierung „Dateisystem" nur auf elektronisch gescannte und gespeicherte Akten oder Aktensammlungen beziehe und man nur über eine Auslegung von Art. 2 zum Ergebnis gelange, dass auch geordnete (Papier-)Akten erfasst seien. Nach Auffassung des Verfassers regelt dies aber Art. 4 Nr. 6 direkt, sodass es keiner diesbezüglichen Auslegung von Art. 2 bedarf.

[40] IErg geht der § 32 BDSG aF damit in seinem Anwendungsbereich weiter als die DS-GVO: Denn § 32 Abs. 2 BDSG aF erklärt zumindest § 32 Abs. 1 BDSG aF auch für die rein manuelle und damit quasi „unstrukturierte" Verarbeitung von Personaldaten für anwendbar („ohne dass sie automatisiert verarbeitet oder in oder aus einer nicht automatisierten Datei verarbeitet, genutzt oder für die Verarbeitung oder Nutzung in einer solchen Datei erhoben werden"). Siehe auch *Gola/Pötters/Thüsing* RDV 2016, 57 (60); BAG Urt. v. 20.6.2013 – 2 AZR 546/12, NZA 2014, 143 – Spindkontrolle; aA *Thüsing* BB 2016, 819 (823).

nungen manueller Art nicht in einem Dateisystem speichern zu wollen, sondern nur als kurzzeitige Gedächtnisstütze unstrukturiert zu notieren. Ob dies allerdings bei Aufzeichnungen, die in der Praxis typischerweise Eingang in eine Personalakte finden, glaubhaft ist, ist eine im Streitfall von den Gerichten zu entscheidende Frage.

Der neue Begriff der „**Vorgangsreihen**" in Art. 4 Nr. 2 dürfte im hiesigen Kontext keine Bedeutung haben, da der Verarbeitungsbegriff der DS-GVO ohnehin schon weit und umfassend ist und letztlich jeden Umgang mit personenbezogenen Daten umfasst, unabhängig ob als Einzelschritt oder in Form einer Vorgangsreihe. 40

Beschäftigungsbegriff: In der Überschrift des Art. 88 wie auch in Abs. 1 findet sich ferner der Begriff „**Beschäftigungskontext**". Da die Spezifizierungsklausel nur nationale Regelungen im „Beschäftigungskontext" erlaubt, bestimmt dieser Begriff maßgeblich die Reichweite der Spezifizierungsklausel und damit die Möglichkeiten der Mitgliedstaaten und Kollektivparteien. 41

Die DS-GVO enthält allerdings an keiner Stelle eine Definition des „Beschäftigungskontexts", ebenso wenig eine Definition, was ein „**Beschäftigter**" oder eine „**Beschäftigung**" ist.[41] Generell findet sich weder im EU-Primär- noch Sekundärrecht eine Definition dazu. Der Frage, was genau ein **Beschäftigter** ist, kommt aber über die Formulierung des „Beschäftigungskontexts" erhebliche Bedeutung zu: Denn für „Beschäftigte" gilt die Spezifizierungsklausel und der Mitgliedstaat darf eigene spezifischere Regelungen schaffen, für „andere" Personen dagegen nicht. Diese Begriffe sind daher auszulegen und zwar autonom im unionsrechtlichen Sinne. 42

Aufgrund der in Art. 88 Abs. 1 genannten Beispiele mit ihrem sehr klaren sprachlichen Bezug zu einem Arbeitsverhältnis („Arbeitsvertrag", „Arbeitsplatz", „Arbeitgeber" etc), insbesondere der Erwähnung des „Arbeitsvertrages", sind jedenfalls **Arbeitnehmer** „Beschäftigte" iSd Art. 88. 43

Weniger klar ist dies sprachlich für **Bewerber:** Aber auch solche sind umfasst, weil in den Beispielen in Abs. 1 explizit die „Zwecke der Einstellung" genannt sind, also die Zeit noch vor Abschluss des Arbeitsvertrages.[42] 44

Ob dagegen **freie Mitarbeiter** oder **Selbstständige** oder andere nur **arbeitnehmerähnliche Personen** auch von Art. 88 umfasst sind, ist fraglich.[43] Der EuGH geht davon aus, dass es keinen unionsrechtlich einheitlichen Arbeitnehmerbegriff gibt, sondern dieser jeweils vom Anwendungsbereich der Vorschrift abhängt; er gelangt damit verschiedentlich zu einem sehr weiten Begriff, allerdings bewusst vom jeweiligen Kontext abhängig.[44] 45

Wie vorstehend gezeigt, stellen die Beispiele des Art. 88 Abs. 1 sprachlich aber allesamt sehr klar auf die Situation eines Arbeitsverhältnisses ab und greifen daher die besondere Situation der persönlichen Abhängigkeit, des Über-/Unterordnungsverhältnisses und der Weisungsgebundenheit des Arbeitnehmers vom Arbeitgeber auf, die bei freien Mitarbeitern (und Selbstständigen) gerade nicht gegeben sein darf. Dieser Abhängigkeit und des daraus resultierenden besonderen Schutzbedürfnisses wegen bedarf es aber besonderer Regelungen zum Umgang mit den Daten von beschäftigten Arbeitnehmern. Diese Notwendigkeit für besondere Schutzmaßnahmen besteht bei freien Mitarbeitern und Selbstständigen nicht in vergleichbarer Weise. Freie Mitarbeiter oder Selbstständige unterfallen damit sowohl dem Zweck der Regelung wie auch dem klaren Wortlaut nach nicht dem Beschäftigtenbegriff der DS-GVO und damit der Spezifizierungsklausel des Art. 88 Abs. 1, sonstige arbeitnehmerähnliche Personen nur, wenn sie einer vergleichbaren Abhängigkeit wie Arbeitnehmer unterliegen.[45] Ein Mitgliedstaat darf also für den Umgang mit 46

---

[41] Der Beschäftigtenbegriff wird aber in der DS-GVO noch an einigen anderen Stellen genannt: Erwägungsgründe 48 (Unternehmensgruppe), 97 (Datenschutzbeauftragter), 127 (Datenschutzbehörden), Art. 9 Abs. 2 lit. h (besondere Kategorien von Daten), 37 Abs. 6 (Datenschutzbeauftragter), 47 Abs. 1 lit. a (Unternehmensgruppe), 54 Abs. 1 lit. f (Datenschutzbehörde).
[42] So auch Gola/Heckmann/*Pötters* DS-GVO Art. 88 Rn. 12; Plath/*Stamer/Kuhnke* DS-GVO Art. 88 Rn. 15.
[43] Kühling/Buchner/*Maschmann* DS-GVO Art. 88 Rn. 13 sieht den Begriff eng und versteht darunter nur Arbeitnehmer.
[44] EuGH Urt. v. 12.5.1998 – C 85/96, ECLI:EU:C:1998:217 Rn. 31 = EuZW 1998, 372 – Martinez/Sala; EuGH Urt. v. 13.1.2004 – C-256/01, ECLI:EU:C:2004:18 Rn. 63 = NZA 2004, 201 – Allonby; siehe auch ausf. Kühling/Buchner/*Maschmann* DS-GVO Art. 88 Rn. 11.
[45] AA Simitis/*Seifert* BDSG § 32 Fn. 18 zu Rn. 3b mwN, zur insofern identischen Ratsfassung mit Verweis auf die englische Übersetzung, die von „context of employment" und „employees" spricht und den Hinweis, dass im englischen Recht mit „employees" nur Arbeitnehmer, nicht auch arbeitnehmerähnliche Personen oder Selbstständige gemeint seien. Andererseits ist es so, dass im AEUV in der englischen Fassung von „worker" die Rede ist, in der dt. Fassung von „Arbeitnehmer", also auch die englischen Formulierungen differieren (Art. 153 AEUV). Siehe zudem *Spelge* DuD 2016, 775 (777).

Daten von freien Mitarbeitern und Selbstständigen keine spezifischeren Vorschriften im Sinne von Art. 88 schaffen, für diese verbleibt es vielmehr bei den allgemeinen Regelungen der DS-GVO. Für Kollektivvereinbarungen stellt sich dagegen die Frage nicht, da vorgenannte Personengruppen der freien Mitarbeiter und Selbstständigen kollektivrechtlich nicht vertreten sind, siehe etwa § 5 BetrVG. Da Art. 88 Abs. 1 aber Kollektivvereinbarungen gleichrangig zu nationalen Gesetzen nennt und insofern von einem einheitlichen Verständnis der Beschäftigten auszugehen ist, ist dies ein weiterer Grund dafür, dass Regelungen zum Umgang mit Daten von freien Mitarbeitern und Selbstständigen nicht von der Spezifizierungsklausel des Art. 88 erfasst sein sollen.[46]

47 Freie Mitarbeiter oder Selbstständige oder andere nicht dem Beschäftigtenbegriff unterfallende Personen sind aber **nicht rechtlos** gestellt: Denn diese sind lediglich aus dem Anwendungsbereich der Möglichkeit der Schaffung von Spezifizierungsklauseln ausgenommen. Für die Verarbeitung ihrer personenbezogenen Daten durch den Verantwortlichen gelten damit direkt die Vorschriften der DS-GVO. Da nach der hier vertretenen Auffassung durch nationale spezifischere Vorschriften Abweichungen von der DS-GVO ohnehin nur in engem Rahmen möglich sind, dürften etwaige Unterschiede im Ergebnis nur gering sein.

48 Aufgrund des weiten Arbeitnehmerbegriffs des EuGH sollen nach einem Teil der deutschen Literatur zudem auch Beamte unter den Begriff der Beschäftigten fallen. Dafür spreche, dass Art. 88 nicht zwischen dem öffentlichen und nichtöffentlichen Beschäftigungsbereich unterscheide.[47] Auch Soldaten und Richter fielen in diese Kategorie als weitere „Nicht-Selbstständige", die aber keine Arbeitnehmer sind. An anderer Stelle wird vertreten, diese Personengruppe nicht als „Beschäftigte" iSv Art. 88 Abs. 1 zu verstehen, da diese Vorschrift einerseits als Ausnahme eng auszulegen ist, andererseits es nicht mit der Harmonisierungswirkung und dem Telos vereinbar sei, diese auszunehmen, um einer Zersplitterung vorzubeugen.[48] Berücksichtigt man, dass Beamte, aber auch Soldaten sehr „staatsnah" tätig sind und in einer Sonderbeziehung zu ihrem Dienstherren stehen, wäre es nicht gerechtfertigt, gerade für diese Sondergruppe einem Mitgliedstaat nicht die Möglichkeit zu geben, spezifischere Vorschriften schaffen zu dürfen. Dies spricht dafür, auch in diesen „Beschäftigte" iSd Art. 88 zu sehen. Zudem sind diese Personengruppen in vielerlei Hinsicht nicht weniger abhängig von ihren Dienstherren als ein Arbeitnehmer von seinem Arbeitgeber. Dieser Streit ist aber zwischenzeitlich geklärt, denn der EuGH entschied mit Urteil vom 30.3.2023 ausdrücklich, dass Lehrer und damit Beamte ebenfalls Beschäftigte im Sinne von Art. 88 sind:[49] Denn der Beschäftigtenbegriff beschreibe eine Person, „die ihre Arbeit im Rahmen eines Unterordnungsverhältnisses zu ihrem Arbeitgeber und daher unter dessen Kontrolle erledigt". Zudem zeichne sich der „Beschäftigungskontext" dadurch aus, dass diese Arbeit für eine bestimmte Zeit nach Weisung einer anderen Person und gegen Entgelt erfolge, ein Merkmal, das „für die Beschäftigten und für den Beschäftigungskontext sowohl im öffentlichen als auch im privaten Sektor typisch ist". Der deutsche Gesetzgeber nahm in § 26 Abs. 8 Nr. 7 BDSG ohnehin Beamte des Bundes, Richter, Soldaten und Zivildienstleistende in seine Definition der Beschäftigten auf, wobei eine solche nationale Definition nach der hier vertretenen Ansicht nicht zulässig ist, siehe im Folgenden.

49 **Eigene Definitionen durch die Mitgliedstaaten:** Insofern stellt sich die Frage, ob die Mitgliedstaaten im Rahmen der Spezifizierungsklausel des Art. 88 selbst festlegen dürfen, welche Personengruppen als „Beschäftigte" im Sinne des Datenschutzes gelten sollen, wie aktuell in Deutschland in § 26 Abs. 8 BDSG der Fall.[50] Dies ist aber zu verneinen: Denn Art. 88 Abs. 1 bezieht die Öffnung nur auf spezifischere Vorschriften „*zur Gewährleistung des Schutzes der Rechte und Freiheiten (…) im Beschäftigungskontext*". Die Frage, welche Personen-

---

[46] Siehe auch Kühling/Buchner/*Maschmann* DS-GVO Art. 88 Rn. 13 mit weiteren Argumenten.
[47] *Gola/Pötters/Thüsing* RDV 2016, 57 (58) mit Verweis auf EuGH Urt. v. 3.5.2012 – C-337/10, ECLI:EU:C:2012:263 = NVwZ 2012, 688 – Neidel; Gola/Heckmann/*Pötters* DS-GVO Art. 88 Rn. 10; BeckOK DatenschutzR/*Riesenhuber* DS-GVO Art. 88 Rn. 30, 31; siehe zudem EuGH Urt. v. 22.12.2010 – C 444/09 u. C-456/09, ECLI:EU:C:2010:819 Rn. 40 ff. – Gavieiro Gavieiro und Iglesias Torres: Dort sah der EuGH für eine Beamtin den persönlichen Anwendungsbereich einer EU-Richtlinie eröffnet, die sich ausschließlich auf Arbeitnehmer bezieht.
[48] Kühling/Buchner/*Maschmann* DS-GVO Art. 88 Rn. 13.
[49] EuGH Urt. v. 30.3.2023 – C-34/21, ECLI:EU:C:2023:270 Rn. 42.
[50] Für Kollektivvereinbarungen stellt sich die Frage nicht, da etwa für Betriebsvereinbarungen im BetrVG geregelt ist, für welche Personengruppen diese gelten, nämlich Arbeitnehmer, aber nicht freie Mitarbeiter, vgl. § 5 Abs. 1 BetrVG.

gruppen als „Beschäftigte" gelten oder nicht, hat aber nichts mit einer *„Gewährleistung des Schutzes der Rechte und Freiheiten"* zu tun, sondern mit dem generellen Anwendungsbereich der Spezifizierungsklausel.[51] Dieser Anwendungsbereich und die Reichweite der Spezifizierungsklausel sind aber nicht für nationales Recht „geöffnet", sondern im unionsrechtlichen Sinne autonom auszulegen und zwar für alle Mitgliedstaaten identisch. Nationale Definitionen können damit nicht zulässig sein.[52]

Es bleibt zu klären, was mit **„Beschäftigungskontext"** gemeint ist: Eine Definition des Begriffs „Beschäftigungskontexts" findet sich in der DS-GVO oder anderweitig ebenfalls nicht, so dass auch hier eine EU-autonome Auslegung zu erfolgen hat. Da der Verordnungsgeber an dieser Stelle nicht etwa den Begriff **„Beschäftigungszweck"** verwendet, der Zweckbegriff aber ansonsten in der DS-GVO vielfach verwendet wird, ist davon auszugehen, dass an dieser Stelle bewusst nicht die „Zwecke" als Kriterium verwendet werden, sondern der „Kontext". 50

Die Formulierung „Beschäftigungskontext" ist dabei deutlich weiter als „Beschäftigungszweck", da ein bloßer Kontext auch bei solchen Datenverarbeitungen durch den Arbeitgeber vorliegen kann, die zwar mit Beschäftigten zu tun haben, aber nicht dem Zweck des Beschäftigungsverhältnisses dienen. Ein Beispiel ist die **Videoüberwachung** des Mitarbeiterparkplatzes: Eine solche Überwachung dient nicht der Durchführung oder Erfüllung des Arbeitsverhältnisses, sondern verfolgt andere Zwecke, wie etwa den Eigentumsschutz. Ein weiteres Beispiel betrifft den Bereich der **Unternehmenstransaktionen:** Wenn ein Käufer Zugriff auf Personaldaten des Zielunternehmens nehmen möchte (und darf), hat die diesbezügliche Verarbeitung der personenbezogenen Daten durch den Arbeitgeber (etwa deren Selektion und Bereitstellung an den Käufer) nichts mit der Erfüllung des Arbeitsvertrages mit dem Mitarbeiter, um dessen Daten es geht, zu tun. In beiden Fällen aber liegt ein Zusammenhang mit dem Beschäftigungsverhältnis vor, also ein „Beschäftigungskontext", denn die Daten werden nur aufgrund der Beschäftigtenstellung offengelegt.[53] 51

Ob **jeder Kontext** zu einer Beschäftigung ausreicht oder eine gewisse Qualität oder Quantität nötig ist, bleibt zu diskutieren. Der Wortlaut von Art. 88, der den Beschäftigungskontext nicht näher beschreibt, etwa im Sinne eines „überwiegenden Beschäftigungskontexts" oÄ, spricht für eine weite Auslegung, also dafür, dass auch ein geringer Kontext schon ausreichen kann.[54] Dies entspricht auch dem generellen Gedanken der Spezifizierungsklausel, den Mitgliedstaaten umfänglich die Möglichkeit zur Regelung der Verarbeitung von Beschäftigtendaten zu eröffnen, freilich in den Grenzen des Art. 88. Der EuGH äußerst sich in seinem Urteil vom 30.3.2023 ebenfalls zum Begriff des Beschäftigungskontexts und zwar im Zusammenhang mit der Frage, ob Beamte Beschäftigte im Sinne von Art. 88 sind. Seiner Ansicht nach bestehe das wesentliche Merkmal des Beschäftigungskontexts darin, dass „eine Person während einer bestimmten Zeit für eine andere nach deren Weisung Leistungen erbringt, für die sie als Gegenleistung eine Vergütung erhält."[55] Dies ist ebenfalls eine sehr weite Sichtweise und unterstützt die hier vertretene Auffassung. 52

Aus der Verwendung des weiten Begriffs **„Kontext"** in Art. 88 Abs. 1 folgt also, dass die Mitgliedstaaten auch noch in „Randbereichen" des Beschäftigungsverhältnisses spezifizierende nationale Regelungen schaffen dürfen (wie etwa in den genannten Beispielen der Videoüberwachung von Beschäftigten oder zum Datenumgang bei Unternehmenstransaktionen), solange ein Kontext zu einer Beschäftigung besteht. 53

2. Fakultative Spezifizierungsklausel. Art. 88 Abs. 1 ist die zentrale Norm innerhalb Art. 88 und enthält in Form einer Spezifizierungsklausel die eigentliche Spezifizierungsmöglichkeit der DS-GVO durch nationales Recht. Aufgrund der Formulierung „können (…) vorsehen" darf ein Mitgliedstaat durch Rechtsvorschriften eine nationale Regelung schaffen, muss dies aber 54

---

[51] Folge ist, dass die Definition in § 26 Abs. 8 BDSG aufgrund des Anwendungsvorrangs der DS-GVO unanwendbar ist, → Rn. 222.
[52] AA *Kort* ZD 2017, 319 (323) und *Körner* NZA 2016, 1383 (1384), allerdings ohne Begr.
[53] AA Kühling/Buchner/*Maschmann* DS-GVO Art. 88 Rn. 15 ff., insbes. Rn. 21. Dort wird der Fall einer möglichen Datenverarbeitung im Rahmen einer Due Diligence als Fall ohne Beschäftigungskontext eingestuft. Es wird generell eine restriktive und enge Auslegung dieses Begriffs vertreten und nur dann ein Kontext angenommen, wenn die Datenverarbeitung im Schwerpunkt Beschäftigungszwecken dient.
[54] So auch BeckOK DatenschutzR/*Riesenhuber* DS-GVO Art 88 Rn. 54.
[55] EuGH Urt. v. 30.3.2023 – C-34/21, ECLI:EU:C:2023:270 Rn. 43, mit Verweis auf EuGH Urt. v. 15.7.2021, C-742/19, EU:C:2021:597, Rn. 49.

nicht.⁵⁶ Es ist ihm vielmehr **freigestellt,** so dass man von einer **fakultativen Spezifizierungsklausel** spricht.⁵⁷

55 Wie sich aus Erwägungsgrund 41 ergibt, sind mit der Formulierung „Rechtsvorschrift" grundsätzlich nicht nur **Gesetze im formellen Sinn** gemeint (also Parlamentsgesetze), sondern auch **Gesetze im materiellen Sinn,** etwa nationale Verordnungen.⁵⁸ Zu Recht weist Erwägungsgrund 41 aber auch darauf hin, dass etwaige Anforderungen der nationalen Verfassungsordnungen der Mitgliedstaaten unberührt bleiben. Wenn sich also aus einer nationalen Verfassungsordnung ergibt, dass der jeweilige nationale Gesetzgeber in den von einer Spezifizierungsklausel umfassten Bereichen nur über ein formelles Gesetz tätig werden darf, ist dies entsprechend zu beachten.

56 In Deutschland spielt insofern die **Wesentlichkeitstheorie des BVerfG** eine wichtige Rolle. Danach ist der deutsche Gesetzgeber verpflichtet, alle wesentlichen Entscheidungen selbst zu treffen und darf sie nicht anderen Normgebern überlassen.⁵⁹ Wann es danach einer Regelung durch den parlamentarischen Gesetzgeber bedarf, lässt sich nur mit Blick auf den jeweiligen Sachbereich und auf die Eigenart des betroffenen Regelungsgegenstands beurteilen.⁶⁰ Für den Bereich des Beschäftigtendatenschutzes ist dies offenbar der Fall, wie sich früher in § 32 BDSG aF und nunmehr in § 26 BDSG als formellem Gesetz zeigt. Die Spezifizierungsklausel des Art. 88 darf also in Deutschland (wohl) nur durch ein formelles Gesetz genutzt werden. In Form von § 26 BDSG oder den verschiedenen Regelungen in den Länder-Datenschutzgesetzen ist dies aber der Fall.

57 Für **Kollektivvereinbarungen** stellen sich diese Fragen nicht, da diese von den Parteien der Vereinbarung abgeschlossen werden und zwar in der Form, wie im jeweiligen nationalen Recht vorgesehen, etwa in Deutschland für Betriebsvereinbarungen im BetrVG oder in Dienstvereinbarungen nach dem BPersVG sowie den entsprechenden Ländergesetzen.

58 **3. Wiederholungsverbot.** Soweit ein Mitgliedstaat Gebrauch von der Spezifizierungsklausel des Art. 88 Abs. 1 macht und spezifischere Vorschriften zur Datenverarbeitung im Beschäftigungskontext erlässt, stellt sich die Frage, ob und in welchem Umfang seine nationalen Vorschriften Passagen beinhalten dürfen, die Regelungen der DS-GVO lediglich wiederholen.

59 Die Antwort gibt das **unionsrechtliche Wiederholungsverbot,** es finden sich zu dieser Fragestellung aber auch in der DS-GVO selbst Vorgaben und zwar in Erwägungsgrund 8. Danach dürfen die Mitgliedstaaten dann, wenn durch nationales Recht „Präzisierungen oder Einschränkungen" möglich sind, Teile der Verordnung in das nationale Recht übernehmen, soweit dies erforderlich ist, „um die Kohärenz zu wahren und die nationalen Rechtsvorschriften für die Personen, für die sie gelten, verständlicher zu machen." Dies ist als Ausnahme zu verstehen.

60 Hintergrund dieses Erwägungsgrundes ist das genannte Wiederholungsverbot: Dieses verbietet den Mitgliedstaaten, solche Regelungen zu erlassen, die im Wortlaut mit einer Verordnung übereinstimmen. Grund dafür ist, zu verhindern, dass „die gemäß Art. 267 AEUV alleinige Kompetenz des EuGH zur Auslegung des Unionsrechts oder zur Feststellung der Gültigkeit von Unionsrechtsakten durch den Erlass gleichlautender nationaler Bestimmungen begrenzt wird".⁶¹ Würde ein Mitgliedstaat eine Regelung aus einer Verordnung in sein nationales Recht wiederholend übernehmen, kann damit die **Zuständigkeit des EuGH** in Frage gestellt sein. Da dies dazu führen kann, dass eine einheitliche Anwendung der Vorschriften einer Verordnung innerhalb der EU nicht mehr gewährleistet ist, ist eine Wiederholung von Vorschriften einer EU-Verordnung in nationalem Recht grundsätzlich unzulässig.⁶² Zugleich erkennt der EuGH aber als Ausnahme an,⁶³ dass ein Mitgliedstaat im Rahmen der Nutzung von Spezifizierungsklauseln ausnahmsweise doch zumindest Teile eines Verordnungstexts wiederholen darf, wenn dies dazu

---

⁵⁶ Insofern ist die deutsche Übersetzung/Formulierung „können" etwas unglücklich, da „dürfen" gemeint ist.
⁵⁷ Andere solche optionalen Spezifizierungsklauseln finden sich etwa in Art. 6 Abs. 2, 8 Abs. 1, 9 Abs. 4, 49 Abs. 5, 80 Abs. 2, 83 Abs. 7, 87, 90 Abs. 1; siehe auch *Kühling/Martini* DS-GVO S. 14 ff.
⁵⁸ Vgl. auch *Kühling/Martini* DS-GVO S. 8 f.; *Spelge* DuD 2016, 775 (776).
⁵⁹ BVerfGE 98, 218 (251); bereits früher BVerfGE 40, 237 (248 ff.); 49, 89 (126 f.); 95, 267 (307 f.).
⁶⁰ BVerfGE 98, 218 (251); bereits früher BVerfGE 40, 237 (248 ff.); 49, 89 (126 f.); 95, 267 (307 f.).
⁶¹ *Kühling/Martini* DS-GVO S. 7 mwN.
⁶² *Kühling/Martini* DS-GVO S. 7 mwN.
⁶³ EuGH Urt. v. 28.3.1985 – C-272/83, ECLI:EU:C:1985:147 Rn. 25 = Slg. 1985, 1057 – Kommission/Italien; ergänzend auch *Kühling/Martini* DS-GVO S. 7 mwN.

dient, die nationale Norm klarer zu gestalten. Diese Grundsätze hat der Verordnungsgeber in Erwägungsgrund 8 (deklaratorisch) zusammengefasst.

Im Ergebnis bedeutet dies, dass spezifischere Vorschriften nach Art. 88 Abs. 1 **ausnahmsweise Wiederholungen** enthalten dürfen, aber nur wenn dies der Klarheit und Verständlichkeit der nationalen Norm dient. Dies ist für jeden Einzelfall gesondert zu prüfen und muss zudem die Ausnahme bleiben. Der EuGH entschied explizit zu der – inhaltlich weitestgehend mit § 26 Abs. 1 S. 1 BDSG identischen – Formulierung des § 23 HDSIG, dass diese Norm u.a. deswegen EU-widrig sei, da sie gegen das Wiederholungsverbot verstoße.[64] Es geht bei dem EU-rechtlichen Wiederholungsverbot nicht nur um wortgleiche Wiederholungen der DS-GVO, für einen Verstoß reicht schon die nur inhaltliche Wiederholung von Grundsätzen der DS-GVO aus. 61

Es stellt sich insofern die Folgefrage, inwieweit das Wiederholungsverbot auch für Regelungen in **Kollektivvereinbarungen** gilt. Denn bei diesen handelt es sich nicht um Akte der Legislative, die an das Primärrecht der Union gebunden sind, sondern nur um Vereinbarungen zwischen den Kollektivparteien. Soweit aber einer Kollektivvereinbarung nach nationalem Recht normative Wirkung zukommt (wie es etwa in Deutschland bei Betriebsvereinbarungen über § 77 Abs. 4 BetrVG, bei Tarifverträgen über § 4 Abs. 1 TVG und bei Dienstvereinbarungen nach den Personalvertretungsgesetzen von Bund und Ländern der Fall ist), handelt es sich rechtlich um deutlich mehr als eine bloße zweiseitige Abrede: Denn gegenüber den vertretenen Beschäftigten haben die Regelungen in einer Kollektivvereinbarung Wirkung wie ein Gesetz, sie sind für die Beschäftigten verbindlich. Zudem müsste ein nationales Gericht bei Streit über die Auslegung einer Regelung in einer Kollektivvereinbarung, die den Umgang mit Beschäftigtendaten regelt, die Frage dem EuGH vorlegen, da diese anhand der DS-GVO auszulegen sind, worüber allein der EuGH entscheiden kann. Damit spricht viel dafür, spezifischere Vorschriften in Kollektivvereinbarungen zumindest dann, wenn diesen – wie in Deutschland – normative Wirkung zukommt, in Bezug auf das Wiederholungsverbot gesetzgeberischen Regelungen gleichzustellen: Dann gilt das Wiederholungsverbot auch für Regelungen in Kollektivvereinbarungen. 62

Dies kann in Deutschland große praktische Bedeutung haben: Denn die Praxis zeigt, dass sich in vielen Betriebs- und Dienstvereinbarungen zu Beginn **Definitionen** zum Datenschutz finden, zum Teil sogar mit vom Gesetz abweichenden Formulierungen. Unabhängig von der Frage, ob dies sinnvoll dies bislang war, wird es in Zukunft so sein, dass schon des Wiederholungsverbots wegen ausschließlich die DS-GVO wiederholende Definitionen nicht mehr zulässig sind. Aber auch die bislang gelegentlich zu findende Praxis, in Betriebsvereinbarungen von den Legaldefinitionen abweichende Definitionen aufzunehmen, ist nicht zulässig, da sich spezifischere Vorschriften an die DS-GVO halten müssen und diese für die Definitionen des Art. 4 keine Abweichungen zulässt. Solche abweichenden Definitionen wären aufgrund des Anwendungsvorrangs der DS-GVO zwar nicht unwirksam, aber unanwendbar. Betreffend identisch aus der DS-GVO übernommener Definitionen stellt sich allerdings die Frage nach der Konsequenz in der Praxis: Denn unanwendbar können sie nicht sein, da sie über die DS-GVO ohnehin unmittelbar und direkt gelten würden. 63

Insofern kann bei Kollektivvereinbarungen der vom EuGH anerkannten Ausnahme vom Wiederholungsverbot eine größere Bedeutung zukommen, da dortige Regelungen nicht in ein eigenes, einen Rahmen vorgebendes komplettes Gesetz eingebettet sind, sondern oft auf nur wenigen Seiten einer Kollektivvereinbarung ein komplexer Sachverhalt zu regeln ist. Für den Leser und Adressaten einer solchen Vereinbarung kann es deutlich einfacher zu verstehen oder zum Verständnis sogar nötig sein, wenn neben den dort geschaffenen spezifischeren Vorschriften auch damit in Zusammenhang oder für das Verständnis wichtige allgemeine Regelungen der DS-GVO wiederholend wiedergegeben sind. 64

Um Diskussionen darüber zu vermeiden, bietet es sich für die **Praxis** aber an, auf die Aufnahme von Definitionen der DS-GVO in einer Kollektivvereinbarung zu verzichten, ebenso wie keinerlei von der DS-GVO abweichende Definitionen zu verwenden. Um dem Leser das Verständnis einer Kollektivvereinbarung dennoch zu erleichtern, könnte man aber etwa Art. 4 als DS-GVO-Gesetzesauszug in Form einer Anlage zur Kollektivvereinbarung nehmen und in der Kollektivvereinbarung darauf verweisen. Wichtig ist aber vor allem auch, inhaltliche Regelungen zur Datenverarbeitung nicht nur in Form von Wiederholungen der allgemeine DS-GVO Grundsätze zu gestalten, auch dies dürfte als Verstoß gegen das Wiederholungsverbot gesehen 65

---

[64] So explizit jetzt auch EuGH Urt. v. 30.3.2023 – C-34/21, ECLI:EU:C:2023:270 Rn. 81 ff.

werden, zumindest dann, wenn keine spezifizierenden Regelungen im Sinne von Art. 88 hinzukommen.

66 **4. Fortgeltung bestehender nationaler Vorschriften.** Zum Zeitpunkt des Inkrafttretens der DS-GVO stellte sich die Frage, ob in einem nationalen Recht zum Zeitpunkt des Inkrafttretens der DS-GVO schon vorhandene Normen, die als spezifischere Vorschriften iSv Art. 88 gesehen werden können, **weitergelten** oder nochmals **erneut erlassen** werden mussten: Denn Art. 88 Abs. 1 ist sprachlich mit Blick in die Zukunft formuliert, bezieht sich also auf vom Mitgliedstaat in Folge der Spezifizierungsklausel erlassene Regelungen, wie Abs. 3 zeigt.

67 Wenn aber vorhandene nationale Regelungen den Anforderungen des Art. 88 und der DS-GVO im Übrigen entsprechen, gab und gibt es keinen Grund, diese nicht **fortgelten** zu lassen.[65] Denn sie sind in dem Mitgliedstaat geltendes Recht, das den Anforderungen der DS-GVO genügt. Zudem: Wenn selbst der DS-GVO entgegenstehende nationale Regelungen nicht nichtig sind, sondern nur unangewendet bleiben müssen, heißt dies, dass der DS-GVO entsprechende nationale Normen nicht nur ohnehin wirksam bleiben, sondern auch anzuwenden sind.

68 Zum Zeitpunkt des Inkrafttretens der DS-GVO bereits bestehende nationale Normen zum Beschäftigtendatenschutz, die den Vorgaben der DS-GVO entsprechen, müssen also **nicht neu erlassen** oder **verabschiedet** werden.

II. Zu Abs. 1: Spezifizierungsklausel und die Beispielszwecke

69 **1. Spezifischere Vorschriften in nationalen Gesetzen.** Eine zentrale Rolle spielt die Formulierung „**spezifischere Vorschriften**". Da nach Art. 88 Abs. 1 national nur „spezifischere" Vorschriften geschaffen werden dürfen, hängt davon die Reichweite der Spezifizierungsklausel ab. Damit ist im Rahmen einer EU-autonomen Auslegung zu fragen, was genau unter „spezifischeren Vorschriften" zu verstehen ist. Eine ähnliche Formulierung findet sich ansonsten nur noch in Art. 6 Abs. 2, in dem allerdings etwas abweichend von „spezifischeren Bestimmungen" die Rede ist, die dort aber ebenfalls nicht näher definiert sind.

70 In der Kommissionsfassung war noch von „in den Grenzen dieser Verordnung per Gesetz" die Rede, in der Parlamentsfassung von „im Einklang mit den Regelungen dieser Verordnung". Die Ratsfassung spricht dagegen bereits von „spezifischeren Vorschriften". Allen Formulierungen ist gemeinsam, dass den Mitgliedstaaten **nicht schrankenlos** die Befugnis zu nationalen Regelungen eingeräumt werden soll, sondern stets nur soweit, dass dies im Rahmen der Vorgaben der Verordnung erfolgt. Grund ist, dass – wenn schon eine nationale Öffnung möglich ist – diese sich an bestimmte Grenzen halten muss, um darüber dem im Bereich des nichtöffentlichen Bereichs besonders wichtigen Voll-Harmonisierungsgedanken Rechnung zu tragen.

71 „**Spezifischer**" heißt damit, dass eine nationale Regelung oder auch eine Regelung in einer Kollektivvereinbarung die Regelungen der Verordnung aufgreifen muss, aber „spezifizieren", also für bestimmte Einzelfälle speziellere Regelungen vorsehen darf.[66] Zulässig sind danach also Rechtsvorschriften, „in denen die Umstände besonderer Verarbeitungssituationen festgelegt werden, einschließlich einer genaueren Bestimmung der Voraussetzungen, unter denen die Verarbeitung personenbezogener Daten rechtmäßig ist" (so ausdrücklich Erwägungsgrund 10). Insoweit müssen solche nationalen spezifischeren Vorschriften dann auch den Regelungen der DS-GVO vorgehen, ansonsten liefen sie ins Leere. Da ohnehin nur „spezifischer", kann bzw. darf es dabei nicht zu Widersprüchen mit der DS-GVO kommen.

72 Diese Auslegung ergibt sich aus dem Wortlaut von Abs. 1, der eine Auflistung von Beispielszwecken beinhaltet, zu denen ein Mitgliedstaat eigene spezifischere Vorschriften schaffen darf. Die Formulierungen der Kommission und des Parlaments bestärken diese Auslegung, wenn sie von „in den Grenzen" und „in Einklang" jeweils mit der Verordnung sprechen. Offenbar ging es allen am Gesetzgebungsverfahren Beteiligten darum, dass zwar keine von der Verordnung abweichenden, aber durchaus für den Einzelfall konkretere Vorschriften zulässig sein sollen. Die

---

[65] Kühling/Buchner/*Maschmann* DS-GVO Art. 88 Rn. 56; so auch *Wybitul/Pötters* RDV 2016, 10 (14) ohne weitere Begr. Ebenso *Gola/Thüsing/Pötters* RDV 2016, 57 (59) mit dem berechtigten Hinweis, dass alles andere eine „unnötige Förmelei" wäre; Gola/Heckmann/*Pötters* DS-GVO Art. 88 Rn. 21.

[66] Der sprachlich verunglückten Wahl des Komparativs „spezifischere" kommt dabei keine besondere Bedeutung zu. In der englischen Fassung ist von „more specific rules" die Rede, was man auch so verstehen könnte, dass es um „weitere, spezifische Regelungen" geht, nicht um die Komparativform.

Formulierung „spezifischer" wird also in Richtung von **„präzisierend"** und **„konkretisierend"** verstanden.[67]

Dieses Ergebnis stützt **Erwägungsgrund 8:** Dieser spricht in Zusammenhang mit der Schaffung von nationalen Regelungen durch Mitgliedstaaten generell von „Präzisierungen oder Einschränkungen". Ob Erwägungsgrund 8 auf Art. 88 direkt anwendbar ist, ist allerdings unklar, da der Eingangssatz von Erwägungsgrund 8 auf solche Regelungen abstellt, die „Präzisierungen oder Einschränkungen" vorsehen, Art. 88 hingegen von „spezifischeren Vorschriften" spricht. Wenn man Erwägungsgrund 8 insofern nicht direkt anwenden möchte, stellt er aber zumindest ein Indiz dar, dass der Verordnungsgeber bei einer Öffnung der DS-GVO für nationales Recht typischerweise auf Präzisierungen und Einschränkungen abstellt.[68] Auf die Spezifizierungsklausel des Art. 88 übertragen heißt dies, dass spezifischere Vorschriften „präzisieren und einschränken" dürfen, was mit vorstehender Auslegung im Einklang steht. Zudem müssen spezifischere Vorschriften auch tatsächlich „spezifischer" sein, dürfen also nicht nur die allgemeinen Regelungen der DS-GVO wiederholen.[69] Der EuGH stellte zuletzt konkrete Anforderungen an spezifischere Vorschriften im Sinne von Art. 88 Abs. 1 auf.[70] Solche Vorschriften müssen zum ersten einen zu dem geregelten Bereich passenden Regelungsgehalt haben, der sich von den allgemeinen Regelungen der DS-GVO unterscheidet. Zum zweiten muss das Ziel der spezifischeren Vorschrift darin liegen, die Rechte und Freiheiten der Beschäftigten hinsichtlich der Verarbeitung ihrer personenbezogenen Daten im Beschäftigungskontext zu schützen. Zum dritten können (und müssen) sich die spezifischeren Vorschriften auf Verarbeitungen im Beschäftigungskontext beziehen. Betrachtet man dieses Urteil ganzheitlich, lässt sich vereinfacht sagen, dass eine spezifischere Vorschrift einen über die DS-GVO hinausgehenden Inhalt für einen speziellen Fall, dafür ein „mehr" aufweisen muss, etwas, was sie von den – ohnehin geltenden – Regelungen der DS-GVO unterscheidet und abhebt – und die nationale Norm dadurch zu etwas Spezifischerem macht.

Es stellen sich verschiedene Folgefragen, nämlich, ob nationale spezifischere Vorschriften **auch strenger** oder **sogar lockerer** als die DS-GVO sein dürfen, ebenso wie, ob mit „spezifischeren Vorschriften" nur solche gemeint sind, die sich **inhaltlich** mit der Datenverarbeitung beschäftigen (wie etwa zur Frage, welche Personaldatenverarbeitungen noch erlaubt sind oder welche Begleitpflichten gelten) oder auch solche, die eher den **technischen und organisatorischen Datenschutzbereich** betreffen, wie etwa zu „privacy by design" (Art. 25) oÄ.

Keine den Mindeststandard der DS-GVO unterschreitende Regelungen: Betrachtet man die Kommissionsfassung mit der Formulierung „in den Grenzen dieser Verordnung" und die Fassung des Parlaments mit „im Einklang mit den Regelungen dieser Verordnung", ist es jedenfalls so, dass etwaige von den Mitgliedstaaten neu geschaffene oder bereits existierende Regelungen das Schutzniveau der DS-GVO keinesfalls unterschreiten dürfen.[71] Dies ergibt sich auch aus der Formulierung des Art. 88 Abs. 1 selbst, der nur spezifizierende Regelungen erlaubt, die gerade der „Gewährleistung des Schutzes der Rechte und Freiheiten hinsichtlich der Verarbeitung personenbezogener Beschäftigtendaten im Beschäftigungskontext" dienen, worunter keinesfalls die DS-GVO unterschreitende Regelungen fallen können.[72] Solche Regelungen sind aufgrund des Verordnungscharakters der DS-GVO, der damit zwingenden und unmittelbaren Geltung sowie des daraus resultierenden Anwendungsvorrangs nicht anwendbar.[73]

---

[67] Mit demselben Ergebnis *Wybitul/Pötters* RDV 2016, 10 (14) und *Spelge* DuD 2016, 775 (776); dagegen verstehen *Düwell/Brink* NZA 2016, 665 (666) den Begriff „spezifisch" unter Hinweis auf die lateinischen Wurzeln als „eigentümlich", es müsse sich also um „dem Beschäftigungskontext eigentümlichen Regelungsbedarf" handeln. Da diese Beschränkung aber bereits über den „Beschäftigungskontext" hergestellt wird, wird hier die Meinung vertreten, dass es sich um „konkretisierende" Regelungen handeln muss. Praktisch dürfte dies aber keinen Unterschied machen.

[68] Der EuGH hat dagegen keine Bedenken, Erwägungsgrund 8 auch bei der Auslegung von Art. 88 DS-GVO anzuwenden, siehe EuGH Urt. v. 30.3.2023 – C-34/21, ECLI:EU:C:2023:270 Rn. 67.

[69] Dies schon als Folge der sprachlichen Auslegung, unabhängig vom Wiederholungsverbot.

[70] EuGH Urt. v. 30.3.2023 – C-34/21, ECLI:EU:C:2023:270 Rn. 61 ff.

[71] Insoweit besteht in der deutschen Literatur Einigkeit, siehe etwa *Sörup/Marquardt* ArbRAktuell 2016, 103 (105); *Spelge* DuD 2016, 775 (778); Paal/Pauly/*Paal* DS-GVO Art. 88 Rn. 4; Gierschmann/Schlender/Stentzel/Veil/*Nolte* DS-GVO Art. 88 Rn. 20 und Gola/Heckmann/*Pötters* DS-GVO Art. 88 Rn. 26 und 27, jew. mwN.

[72] Der EuGH spricht ebenfalls nur von der „Möglichkeit, zusätzliche, strengere oder einschränkende nationale Vorschriften vorzusehen", siehe EuGH Urt. v. 30.3.2023 – C-34/21, ECLI:EU:C:2023:270 Rn. 51.

[73] → Rn. 8.

Art. 88 76–81   Kapitel IX. Vorschriften für besondere Verarbeitungssituationen

76 **Keine strengeren Regelungen:** Die schwierigere und in der Literatur umstrittene Frage ist, ob in nationalen Vorschriften strengere Regelungen zulässig sind.[74] Die Antwort hängt davon ab, welche Ansicht man im Hinblick auf die Regelungskompetenz der EU zu Art. 88 vertritt, dazu → Rn. 11 ff. Folgt man der auch hier vertretenen Meinung, dass Art. 88 vollharmonisierend ist,[75] sind strengere nationale Regelungen nicht zulässig, da diese zu einer Zersplitterung des Datenschutzniveaus in den Mitgliedsländern führen würden und gerade nicht zu einer Vollharmonisierung. Folgt man dagegen der Ansicht, dass Art. 88 nur mindestharmonisierend ist, wären auch strengere Regelungen denkbar, allerdings nicht grenzenlos, sondern nur solche, die nur spezifizierend sind.

77 Der EuGH äußerste sich zwischenzeitlich auch zu dieser Frage in seinem Urteil vom 30.3.2023, allerdings widersprüchlich:[76] So erwähnt er einerseits ganz allgemein zu Öffnungsklauseln, dass diese den Mitgliedstaaten die Möglichkeit eröffnen, „zusätzliche, strengere oder einschränkende nationale Vorschriften vorzusehen". Andererseits betont er in diesem Urteil mehrfach, dass auch im Beschäftigungskontext die DS-GVO vollharmonisierend sei. Wären strengere Vorschriften erlaubt, würde dies aber der Vollharmonisierung als übergeordnetem DS-GVO Ziel entgegenlaufen. An anderer Stelle in demselben Urteil akzeptiert der EuGH dann, dass es aufgrund der Nutzung der Spezifizierungsklausel des Art. 88 zu einem „Bruch der Harmonisierung" kommen kann, der aber nur dann zulässig sein kann, wenn die „die verbleibenden Unterschiede mit besonderen und geeigneten Garantien zum Schutz der Rechte und Freiheiten der Beschäftigten hinsichtlich der Verarbeitung ihrer personenbezogenen Daten im Beschäftigungskontext einhergehen."[77] Dies kann so verstanden werden, dass der Bruch in der Harmonisierung durch die Schaffung der genannten Maßnahmen kompensiert und aufgefangen werden muss.

78 Eine weiter zu klärende Frage ist, ob spezifischere nationale Vorschriften auch Regelungen zum **technischen und organisatorischen Datenschutz** beinhalten dürfen. Für den Bereich der Kollektivvereinbarungen spielt dies eine große Rolle, da das „ob" einer Datenverarbeitung etwa über § 87 Abs. 1 Nr. 6 BetrVG oft nicht mitbestimmt ist (auch resultierend aus Art. 14 GG, dem Eigentumsgrundrecht des Arbeitgebers), sehr wohl aber das „wie". Regelungen zum technischen und organisatorischen Datenschutz betreffen den Bereich des „wie".

79 Die Spezifizierungsklausel des Art. 88 Abs. 1 kann nur **beide Arten** von Vorschriften umfassen, also auch die Schaffung von Vorschriften zum technischen und organisatorischen Datenschutz: Denn dieser gehört zum Gesamtdatenschutzkonzept der Verordnung, dem technischen und organisatorischen Teil kommt sogar eine besondere Bedeutung zu, was etwa Art. 25 samt Erwägungsgrund 78 zeigen, ebenso wie Art. 32.

80 Unabhängig davon, ob man strengere Regelungen für zulässig erachtet oder nicht: Spezifischere Regelungen dürfen **nicht beliebig** geschaffen werden, sondern nur solche, die der „Gewährleistung des Schutzes der Rechte und Freiheiten hinsichtlich der Verarbeitung personenbezogener Beschäftigtendaten im Beschäftigungskontext" dienen. Spezifischere Regelungen müssen sich also einerseits auf die Datenverarbeitung von Beschäftigten im **Beschäftigungskontext** (→ Rn. 41 ff.) beziehen, andererseits der **Gewährleistung des Schutzes der Rechte und Freiheiten** dienen. Sie müssen sich insofern also innerhalb des Rahmens und der allgemeinen Vorgaben der Verordnung halten, insbesondere die Vorgaben aus Art. 88 Abs. 2 berücksichtigen.

81 Wenngleich sich etwa Art. 5 und die Art. 13 ff. an den Verantwortlichen einer Datenverarbeitung richten, Art. 88 dagegen an die nationalen Gesetzgeber und Kollektivparteien, beide also eine jeweils unterschiedliche Zielrichtung haben, bleibt dem nationalen Gesetzgeber und den Kollektivparteien die Aufgabe, in etwaigen spezifischeren Vorschriften auch diese Grundsätze der DS-GVO sowie deren andere Normen stets zu berücksichtigen.[78]

---

[74] Für strengere Regelungen, da nur mindestharmonisierend Gierschmann/Schlender/Stentzel/Veil/*Nolte* DS-GVO Art. 88 Rn. 22; Plath/*Stamer/Kuhnke* DS-GVO Art. 88 Rn. 6 aE; Paal/Pauly/*Paal* DS-GVO Art. 88 Rn. 4; *Körner* NZA 2016, 1383; nur unter engen Voraussetzungen im Rahmen einer umfassenden Interessenabwägung Bergmann/Möhrle/*Herb* DS-GVO Art. 88 Rn. 33, 34; Gegen strengere Regelungen, da vollharmonisierend Kühling/Buchner/*Maschmann* DS-GVO Art. 88 Rn. 40 mit ausf. Begr. und Herleitung in Rn. 30 ff.; so auch *Wybitul* NZA 2017, 413.
[75] So auch *Benkert* NJW-Spezial 2017, 242 (243).
[76] EuGH Urt. v. 30.3.2023 – C-34/21, ECLI:EU:C:2023:270 Rn. 51.
[77] EuGH Urt. v. 30.3.2023 – C-34/21, ECLI:EU:C:2023:270 Rn. 73.
[78] Gierschmann/Schlender/Stentzel/Veil/*Nolte* DS-GVO Art. 88 Rn. 5, sieht in Art. 5 eine direkte Vorgabe für den nationalen Gesetzgeber.

Nationale Begriffsdefinitionen im Beschäftigtendatenschutzbereich sind damit nicht möglich,[79] da solche nicht der Gewährleistung des Schutzes der Rechte und Freiheiten dienen, sondern deren Zweck ist, den persönlichen Anwendungsbereich der Rechtsnorm zu definieren. 82

Denkbar wären aber beispielsweise nationale Regelungen zur **Datenschutzorganisation** speziell im Beschäftigungskontext: Denn gerade Regelungen zur Datenschutzorganisation dienen der „Gewährleistung" des Schutzes der Rechte und der Freiheiten. Da die DS-GVO aber bereits zur Datenschutzorganisation (etwa in Form des Datenschutzbeauftragten, der Folgenabschätzung, der Übersicht der Verarbeitungsaktivitäten etc) umfänglich Regelungen beinhaltet, dürfte für eine spezielle Regelung zur „Beschäftigten-Datenschutzorganisation" nur in den wenigsten Fällen Raum sein. 83

Die Vorgabe, dass Inhalt etwaiger nationaler Vorschriften die Gewährleistung des Schutzes der Rechte und Freiheiten sein muss, unterstützt obige Auffassung, dass Vorschriften zum **technischen und organisatorischen Datenschutz** von der Regelungserlaubnis der Mitgliedstaaten ebenfalls umfasst sind: Denn gerade diese tragen erheblich zu diesem Schutzziel bei. Genau genommen führen technische und organisatorische Maßnahmen (wie in einer Software das dortige „**Rollen- und Berechtigungskonzept", ein „Löschkonzept"** oder eine Zutrittskarte für eine Türe) faktisch zu einem deutlich effektiveren Schutz, etwa vor unbefugtem Zugriff, als eine bloße rechtliche Regelung. Denn der technische und organisatorische Schutz betrifft das „faktische Können" und eine Person, die rein tatsächlich keine technischen Zugriffsrechte auf Personaldaten hat, kann schlicht nichts Falsches damit machen, selbst wenn sie dürfte. Rechtliche Regelungen betreffen dagegen nur das „Dürfen" in Form von Vorgaben, wogegen faktisch ohne weiteres verstoßen werden kann. 84

Eigene Erlaubnisnormen: Generell stellt sich die Frage, ob ein nationaler Gesetzgeber in etwaigen nationalen spezifischeren Vorschriften eigene, also die DS-GVO ergänzende neue Erlaubnistatbestände zur Verarbeitung von Beschäftigtendaten erlassen darf. Der deutsche Gesetzgeber scheint diese Auffassung zu vertreten, da er in § 26 Abs. 1 S. 1 und 2 BDSG solche eigenen gesetzlichen Datenverarbeitungserlaubnisse geschaffen hat. 85

Dagegen sprachen schon immer gewichtige Gründe: Soweit man eine vollharmonisierende Regelungskompetenz für Art. 88 sieht, kann ein Mitgliedstaat keine über die DS-GVO hinausgehenden, eigenen Erlaubnistatbestände schaffen, denn dann läge gerade keine Vollharmonisierung mehr vor. Zudem stellen neue Erlaubnisnormen nicht mehr nur eine Spezifizierung dar, sondern eben etwas Neues, etwas Zusätzliches, was über die in Art. 88 Abs. 1 vorgesehene Möglichkeit einer bloßen Spezifizierung deutlich hinausginge.[80] Zur Gewährleistung des Schutzes der Rechte und Freiheiten der Betroffenen tragen solche zusätzlichen „Verdatungsmöglichkeiten" gerade nicht bei, selbst wenn sich diese dann im Übrigen an die Vorgaben der DS-GVO halten: Denn es kommt dann zu einem „Mehr" an Verdatung als die DS-GVO erlaubt. 86

Aber selbst wenn man Art. 88 Abs. 1 – entgegen dem EuGH[81] – nur als mindestharmonisierend[82] versteht, spricht der Wortlaut des Art. 88 Abs. 1 gegen die Schaffung neuer Erlaubnistatbestände. Wie vorstehend gezeigt, sind solche ein „Mehr", etwas Zusätzliches und nicht mehr nur spezifizierend. Folge wäre zudem, dass die abschließenden Erlaubnistatbestände des Art. 6 ausgeweitet würden und zwar über dessen Regelungsgefüge hinaus. Dort gibt es in Art. 6 Abs. 2 und 3 verschiedene Möglichkeiten für die Mitgliedstaaten, in bestimmten Grenzen eigene Regelungen zu schaffen, wozu auch ganz spezielle Verarbeitungen von Beschäftigtendaten gehören können, wenn die Voraussetzungen von Art. 6 Abs. 1 lit. c oder e erfüllt sind. Art. 6 ist insofern in Abs. 1 abschließend formuliert und ist strukturell in Kapitel 2 der DS-GVO, also bei den „Grundsätzen" verortet. Diese sollen generell gelten, auch für die Verarbeitung von Beschäftigtendaten. Wenn also nicht in Art. 6 vorgesehen, darf es national keine eigenen (und damit 87

---

[79] Etwas zurückhaltender sind *Kühling/Martini* DS-GVO S. 310 f., die zumindest empfehlen § 3 Abs. 11 BDSG zu streichen. *Spelge* DuD 2016, 775 (778) plädiert dagegen nicht nur für eine Beibehaltung, sondern sogar Ausweitung, insbes. auf Fremdgeschäftsführer. In dieselbe Richtung *Plath/Stamer/Kuhnke* DS-GVO Art. 88 Rn. 15.

[80] Vgl. hierzu auch *Piltz* RDV 2018, 3 ff. (5), der sich im Ergebnis gegen eigene Erlaubnistatbestände im nationalen Recht mit Verweis auf den Erwägungsgrund 10 S. 6 ausspricht, der sich nur auf die „genauere Bestimmung der Voraussetzungen" der Rechtmäßigkeit bezöge, nicht jedoch von „neuen" oder „anderen" Bestimmungen spreche.

[81] EuGH Urt. v. 30.3.2023 – C-34/21, ECLI:EU:C:2023:270 Rn. 51 ff.

[82] → Rn. 15.

zusätzlichen) Erlaubnisnormen geben.[83] Art. 88 Abs. 1 gibt damit keine Möglichkeit für den nationalen Gesetzgeber, eigene und über die DS-GVO hinausgehende Erlaubnisnormen zu schaffen, sondern nur, die gemäß der DS-GVO bestehenden Erlaubnisnormen nationale zu spezifizieren, also zu präzisieren und konkretisieren.

88   Hinzu kommt, dass eigene nationale Erlaubnisnormen die Wertung des Art. 6 unterlaufen oder vorwegnehmen können. Würde man etwa national für bestimmte Fälle – zB bei Vorliegen einer Straftat im Beschäftigungskontext – Sonderregelungen schaffen, die die Datenverarbeitung an zusätzliche Voraussetzungen knüpft, wäre man strenger als die DS-GVO, die in Art. 6 solche zusätzlichen Voraussetzungen nicht kennt. Wäre für eine Datenverarbeitung zB die Interessenabwägung nach Art. 6 Abs. 1 lit. f einschlägig, würde eine nationale Erlaubnisnorm mit zusätzlichen Voraussetzungen die vom Unionsgesetzgeber in Art. 6 getroffene Wertung einschränken. Mit einer ähnlichen Argumentation sah der EuGH in seinem Breyer-Urteil eine datenschutzrechtliche Norm des früheren deutschen TMG als unionsrechtswidrig an.[84]

89   Es wird hier damit die Ansicht vertreten, dass „spezifischere Vorschriften" nach Art. 88 Abs. 1 nicht zusätzliche nationale Erlaubnisnormen zur Verarbeitung von Beschäftigtendaten meint. Die Erlaubnisnormen sind vielmehr abschließend in der DS-GVO, va in Art. 6 festgelegt und sind nicht über Art. 88 für nationale Spezifizierungen geöffnet. Dies betonte der EuGH zuletzt explizit in seinem Urteil vom 30.3.2023: „Hinsichtlich der Grundsätze in Bezug auf die Rechtmäßigkeit der Verarbeitung sieht Art. 6 DS-GVO eine erschöpfende und abschließende Liste der Fälle vor, in denen eine Verarbeitung personenbezogener Daten als rechtmäßig angesehen werden kann. Daher muss eine Verarbeitung unter einen der in Art. 6 DS-GVO vorgesehenen Fälle subsumierbar sein, um als rechtmäßig angesehen werden zu können".[85] Schafft ein Mitgliedstaat dennoch eigene Rechtsgrundlagen, wären diese unanwendbar.[86]

90   Bei etwaigen zusätzlich von einem Mitgliedstaat geschaffenen **Begleitpflichten,** die seitens der Verantwortlichen einzuhalten sind, stellt sich diese Frage dagegen nicht, denn Begleitpflichten regulieren die Datenverarbeitung des Arbeitgebers, erweitern sie aber nicht wie zusätzliche Erlaubnisnormen. Aber auch etwaige von einem Mitgliedstaat geschaffene zusätzliche Begleitpflichten müssen dem Schutzziel der Gewährleistung des Schutzes der Rechte und Freiheiten der Betroffenen dienen, ebenso wie den Vorgaben des Art. 88 Abs. 2.

91   **2. Spezifischere Vorschriften in Kollektivvereinbarungen, insbesondere Betriebsvereinbarungen.** Art. 88 Abs. 1 gestattet spezifischere Vorschriften nicht nur in nationalen Gesetzen, sondern auch in Kollektivvereinbarungen. Insofern gelten die vorstehend beschriebenen Vorgaben für spezifischere Vorschriften in nationalen Gesetzen in selber Weise für Regelungen in Kollektivvereinbarungen, da Art. 88 Abs. 1 nicht unterscheidet und sogar explizit auch die Kollektivvereinbarungen nennt. Die praktische Bedeutung ist in Anbetracht der oft in Unternehmen zu findenden hohen Anzahl von Betriebsvereinbarungen und dort enthaltenen Regelungen zum Umgang mit Beschäftigtendaten immens. Durch die DS-GVO kam es daher zu einigen Änderungen.

92   **Keine den Mindeststandard der DS-GVO unterschreitende Regelungen:** So bezog sich ein rechtlicher Streit in Deutschland zum alten BDSG auf die Frage, ob in Regelungen in Betriebsvereinbarungen zum Umgang mit Beschäftigtendaten zumindest teilweise das **Schutzniveau des BDSG aF unterschritten** werden durfte.[87] Aus der bisherigen Rechtsprechung des BAG ergibt sich, dass in Grenzen eine solche Unterschreitung zulässig war, aber nur, soweit es nicht um zwingende Rechte der Arbeitnehmer ging (vgl. § 6 BDSG aF) und zugleich durch sog. Kompensationsmaßnahmen innerhalb derselben Betriebsvereinbarung dafür gesorgt wurde, dass

---

[83] *Körner* sieht bei einer solchen Interpretation der Spezifizierungsklausel eine solche „Bereichsausnahme" als überflüssig an, so dass diese nur als mindestharmonisierend auch mit der Folge, eigenständige Erlaubnistatbestände zu schaffen, zu verstehen sei, NZA 2019, 1389.
[84] EuGH Urt. v. 19.10.2016 – C-582/14, ECLI:EU:C:2016:779 – Breyer.
[85] EuGH Urt. v. 30.3.2023 – C-34/21, ECLI:EU:C:2023:270 Rn. 70, mit Verweis auf Urt. v. 22.6.2021, C-439/19, EU:C:2021:504, Rn. 99.
[86] Zu § 26 BDSG → Rn. 218 ff.; zu § 23 Abs. 1 HDSIG und damit zum gleichlautenden § 26 Abs. 1 S. 1 BDSG: EuGH Urt. v. 30.3.2023 – C-34/21, ECLI:EU:C:2023:270.
[87] Siehe *Gola/Wronka,* Handbuch zum Arbeitnehmerdatenschutz, Rn. 332 mwN; zur DS-GVO Plath/Stamer/Kuhnke DS-GVO Art. 88 Rn. 8; *Jerchel/Schubert* DuD 2016, 782 (785).

bei einer Gesamtbetrachtung und -wertung der Betriebsvereinbarung das Schutzniveau insgesamt wieder nach oben korrigiert wurde.[88]

Dieser Streit und diese Praxis sind durch Art. 88 entfallen. Da eine Kollektiv-, insbesondere Betriebs- oder Dienstvereinbarung nur „spezifischere Vorschriften" enthalten darf, also im hier verstandenen Sinne „konkretisierende" Vorgaben, ist eine Erlaubnis zum Unterschreiten des Niveaus der Verordnung nicht mehr zu begründen. Daran könnte auch eine Gesamtbetrachtung einer Kollektivvereinbarung nichts ändern, denn es wird immer Einzelfälle geben, in denen ausgleichende Maßnahmen nicht zum gewünschten Ergebnis führen und man dann trotz Kompensationsmaßnahmen zu einem niedrigeren Schutzniveau gelangen würde. Zudem spricht der Gedanke des Erwägungsgrundes 8 klar dagegen, der lediglich von „Präzisierungen oder Einschränkungen" spricht, aber nicht von „Erweiterungen".[89] Da es – wie gezeigt (→ Rn. 75 ff.) – sogar den nationalen Gesetzgebern nicht erlaubt ist, das Schutzniveau der DS-GVO zu unterschreiten, gilt dies auch für Kollektivparteien, denn Art. 88 Abs. 1 unterscheidet nicht. Soweit ersichtlich, gibt es in Deutschland aber weder in der neuen Rechtsprechung noch der Literatur Stimmen, die die Meinung vertreten, dass in Kollektivvereinbarungen das Niveau der DS-GVO unterschritten werden dürfe. 93

Keine strengeren Regelungen: Dagegen war es in Deutschland zum BDSG aF durch das BAG anerkannt, dass in Betriebsvereinbarungen strengere Regelungen enthalten sein durften, da diese ein „Weniger" an Datenverarbeitung zu Folge hatten, was zugunsten der Beschäftigten und damit zulässig war. Ob solche strengeren Regelungen auch unter der DS-GVO und insbesondere den Vorgaben zu Art. 88 Abs. 1 noch zulässig sind, ist dagegen zu diskutieren. Insofern kann aber auf die Darstellung in → Rn. 76 f. verwiesen werden: Danach ist es nach der hier vertretenen Auffassung schon einem nationalen Gesetzgeber nicht gestattet, strengere Regelungen zum Umgang mit Beschäftigtendaten zu erlassen, was ebenso für Kollektivparteien gelten muss, denn Art. 88 Abs. 1 unterscheidet nicht.[90] Zudem gäbe es keinen Grund, Regelungen mit normativen Wirkungen in einer Kollektivvereinbarung anders zu behandeln als nationale Gesetze. In seinem Urteil vom 30.3.2023 äußerte sich der EuGH nur zu gesetzlichen Regelungen und vertritt dort die schon erwähnte, etwas widersprüchliche Ansicht,[91] dass Öffnungsklauseln wie Art. 88 durchaus auch strengere Regelungen zulassen, zugleich auch im Beschäftigungskontext die DS-GVO vollharmonisierend sei; wenn es aber einen Bruch in der Harmonisierung durch die Nutzung von Art. 88 gebe, dann sei dies nur zulässig, wenn die verbleibenden Unterschiede mit besonderen und geeigneten Garantien zum Schutz der Rechte und Freiheiten der Beschäftigten hinsichtlich der Verarbeitung ihrer personenbezogenen Daten im Beschäftigungskontext einhergehen.[92] Dies kann so verstanden werden, dass der Bruch in der Harmonisierung durch die Schaffung der genannten Maßnahmen kompensiert und aufgefangen werden müssen. 94

Folge für die Praxis: Regelungen, die das Niveau der DS-GVO unterschreiten, sind also jedenfalls unzulässig. Für die Zulässigkeit von Regelungen, die strenger als die DS-GVO sind, spricht dagegen die Meinung des EuGH, wenngleich mit der „Auflage", den damit einhergehenden Bruch in der Harmonisierung durch „geeignete und besondere Maßnahmen" nach Art. 88 Abs. 2 auffangen zu müssen. Nimmt man die Vorgaben dazu, dass Regelungen zum Umgang mit Beschäftigtendaten in Kollektivvereinbarungen nur spezifizierend, also präzisierend sein müssen, ist es eine der großen Herausforderungen für die Praxis, diese Vorgaben einhaltende und damit zulässige Formulierungen für Kollektivvereinbarungen zu schaffen. Denn die Grenze zwischen noch (nur) spezifizierenden und damit zulässigen und nicht mehr zulässigen ist oft unscharf. 95

Kollektivvereinbarungen als Rechtsgrundlage: Auch bei Kollektivvereinbarungen stellt sich die Frage, ob diese iSv Art. 88 Abs. 1 Erlaubnis-Regelungen enthalten dürfen, also solche, 96

---

[88] Ein Bsp. wäre eine Videoüberwachung von Beschäftigten mit einer Speicherdauer von vielen Wochen. Das BAG bemängelte zB eine Speicherdauer von 60 Tagen nicht (BAG Beschl. v. 26.8.2008 – 1 ABR 16/07, NZA 2008, 1187), die Datenschutzbehörden akzeptierten dagegen meist nur (sehr) wenige Tage, vgl. zB zum BDSG aF den früheren Düsseldorfer Kreis, Orientierungshilfe „Videoüberwachung durch nicht-öffentliche Stellen", Version 1.1, S. 11 f. Zur Zulässigkeit kam das BAG in dem vorgenannten Beschluss, da in dem dortigen Einigungsstellenspruch umfangreiche begleitende Maßnahmen zum Schutz der Mitarbeiter vorgesehen waren, aufgrund derer insgesamt Verhältnismäßigkeit und damit iErg Zulässigkeit bestand; siehe *Thüsing* BB 2016, 819 (821) mwN.
[89] Mit demselben Ergebnis *Spelge* DuD 2016, 775 (778); *Kort* ZD 2016, 555 (557).
[90] AA *Wedde* Computer und Arbeit, 11/2017, 30 (33).
[91] EuGH Urt. v. 30.3.2023 – C-34/21, ECLI:EU:C:2023:270 Rn. 51.
[92] EuGH Urt. v. 30.3.2023 – C-34/21, ECLI:EU:C:2023:270 Rn. 73.

Art. 88 97–99   Kapitel IX. Vorschriften für besondere Verarbeitungssituationen

die die Verarbeitung von Beschäftigtendaten im Sinne einer Erlaubnisnorm gestatten und zusätzliche Erlaubnistatbestände bzw. Rechtsgrundlagen für die Datenverarbeitung darstellen. Soweit ersichtlich, gehen die Literatur und die Aufsichtsbehörden für den Datenschutz in Deutschland auch unter Geltung der DS-GVO weitgehend einhellig davon aus,[93] beschäftigen sich aber nicht mit der Vorfrage, inwieweit über Art. 88 neue, über Art. 6 hinausgehende und damit zusätzliche datenschutzrechtliche Erlaubnisse überhaupt noch geschaffen werden dürfen. In § 26 Abs. 4 BDSG nahm der deutsche Gesetzgeber die Regelung auf, dass die Verarbeitung von Beschäftigtendaten „auf der Grundlage von Kollektivvereinbarungen zulässig" ist, vertritt also offenbar ebenfalls diese Ansicht, wenn er eine Kollektivvereinbarung sogar als „Grundlage" für eine Datenverarbeitung nennt.

97   Das BAG erkannte zum alten Recht in Deutschland Betriebsvereinbarungen als „andere Rechtsvorschriften" iSd § 4 Abs. 1 BDSG aF an, nach denen eine Verarbeitung von personenbezogenen Daten zulässig sein konnte.[94] Dies war möglich, weil § 4 BDSG aF explizit „andere Rechtsvorschriften" als mögliche Erlaubnisnorm nannte. Weder die DS-GVO noch das BDSG-neu aber kennen diese Formulierung oder Öffnung zugunsten von „anderen Rechtsvorschriften", insbesondere Art. 6 nicht. Soweit nach BDSG aF Regelungen in einer Betriebs- oder Dienstvereinbarung eine solche die Datenverarbeitung legitimierende Wirkung haben sollten, forderte das BAG konsequenterweise, dass solche Regelungen wie ein Gesetz den verfassungsrechtlichen Vorgaben des **Bestimmtheits- und Transparenzgebots** genügen müssen.[95] Soweit dies beachtet wurde, konnten Betriebsvereinbarungen also nach bisherigem deutschen Recht aufgrund der Formulierung in § 4 Abs. 1 BDSG aF datenschutzrechtliche Erlaubnistatbestände beinhalten. In einer Entscheidung aus dem Jahr 2016 ließ das BAG – bereits zur früheren Rechtslage unter dem BDSG aF – hingegen diese Frage bewusst offen.[96] Ob darin eine bewusste Abkehr von der rund 30-jährigen vorherigen Rechtsprechung lag, unter Umständen schon mit Blick auf die DS-GVO, ist unklar, die Entscheidung war jedenfalls überraschend.[97]

98   Aktuell liegt dem EuGH ein **Vorlagebeschluss des BAG** u.a. zur Frage vor, ob § 26 Abs. 4 BDSG dahingehend auszulegen sei, dass – wenn auf der Grundlage von Kollektivvereinbarungen eine Verarbeitung von Beschäftigtendaten zulässig sein soll – daneben auch die „sonstigen Vorgaben der DS-GVO – wie etwa Art. 5, Art. 6 Abs. 1 und Art. 9 Abs. 1 und Abs. 2" einzuhalten seien.[98] Soweit dies der Fall ist, ist eine weitere Frage an den EuGH, inwieweit den Kollektivparteien dabei ein Spielraum bei der Beurteilung der Erforderlichkeit zustehe, der nur eingeschränkt gerichtlich überprüfbar ist. Die erste Vorlagefrage sieht das BAG selbst skeptisch und ist der Meinung, dass stets auch die DS-GVO im Übrigen gilt.[99] Dem kann nur gefolgt werden, denn Art. 88 erlaubt nur eine Spezifizierung der DS-GVO, die daneben aber vollständig gilt und sogar die Reichweite definiert, innerhalb derer sich jegliche nationale Öffnung oder Spezifizierung bewegen muss. Keinesfalls kann eine nationale spezifischere Norm die DS-GVO verdrängen – es ist genau andersherum, jegliche nationale Spezifizierung muss verordnungskonform ausgelegt und angewendet werden. Auch zur zweiten Vorlagefrage ist das BAG der Ansicht, dass Regelungen zum Umgang mit Beschäftigtendaten in einer Kollektivvereinbarung stets der vollen gerichtlichen Überprüfbarkeit unterliegen[100] – auch dem ist zu folgen: Denn die *daten*schutzrechtliche Rechtsgrundlage für die Datenverarbeitung kann nie eine Kollektivvereinbarung sein, sondern stets nur die DS-GVO, gegebenenfalls zwar spezifiziert durch eine Kollektivvereinbarung, aber eben nicht als eigene datenschutzrechtliche Erlaubnis. Insofern ist Maßstab Art. 6 Abs. 1 und dessen verschiedene Varianten.

99   Es sprachen insofern schon immer gewichtige Gründe dafür, dass die Auffassung, dass Betriebsvereinbarungen eine eigene **datenschutzrechtliche** Erlaubnis beinhalten können, unter

---

[93] Ausdrücklich so jew., allerdings ohne nähere Begr. Plath/*Stamer/Kuhnke* DS-GVO Art. 88 Rn. 9; Gierschmann/Schlender/Stentzel/Veil/*Nolte* DS-GVO Art. 88 Rn. 13; Schaffland/Wiltfang/*Schaffland/Holthaus* DS-GVO Art. 88 Rn. 1; siehe auch Kühling/Buchner/*Maschmann* DS-GVO Art. 88 Rn. 26; Landesbeauftragter für Datenschutz und Informationsfreiheit Baden-Württemberg Ratgeber Beschäftigtendatenschutz, April 2020, S. 6, 15; Kurzpapier Nr. 14 der Datenschutzkonferenz zum Beschäftigten-Datenschutz.
[94] BAG Beschl. v. 11.3.1986 – 1 ABR 12/84, NZA 1986, 526, BAG Beschl. v. 27.5.1986 – 1 ABR 48/84, NZA 1986, 643, BAG Beschl. v. 30.8.1995 – 1 ABR 4/95, NZA 1996, 218, BAG Beschl. v. 20.12.1995 – 7 ABR 8/95, NZA 1996, 945.
[95] So zB BAG Beschl. v. 9.7.2013 – 1 ABR 2/13, AP BetrVG 1972 § 29 Nr. 7.
[96] BAG Urt. v. 17.11.2016 – 2 AZR 730/15, ZD 2017, 290.
[97] Siehe dazu ausf. die Urteilsbesprechung von *Ehmann* jurisPR-ArbR 20/2017 Anm. 2.
[98] BAG Beschl. v. 22.9.2022 – 8 AZR 209/21, NZA 2023, 363.
[99] BAG Beschl. v. 22.9.2022 – 8 AZR 209/21, Rn. 26, NZA 2023, 363.
[100] BAG Beschl. v. 22.9.2022 – 8 AZR 209/21, Rn. 30 ff., NZA 2023, 363.

der DS-GVO nicht (mehr) trägt. Zunächst gilt dieselbe Argumentation, die der Schaffung von weiteren Erlaubnisnormen durch die Mitgliedstaaten entgegensteht (→ Rn. 85 ff.). Zusätzliche Erlaubnistatbestände sind nicht mehr nur „spezifizierende" Vorschriften, die die Regelungen der DS-GVO für bestimmte Lebenssachverhalte präzisieren und konkretisieren, sondern würden eine zusätzliche Datenverarbeitung erlauben, die nach der DS-GVO mangels dortiger Erlaubnistatbestände nicht zulässig wäre (falls bereits eine Erlaubnis nach der DS-GVO bestünde, würde man ohnehin keine zusätzliche Erlaubnis in einer Kollektivvereinbarung benötigen). Sieht man in Art. 88 Abs. 1 eine vollharmonisierende Norm, ist die Schaffung von zusätzlichen Erlaubnistatbeständen ohnehin nicht möglich, aber selbst bei einer nur mindestharmonisierenden Wirkung lässt der Wortlaut des Art. 88 Abs. 1 iVm Art. 6 die Schaffung zusätzlicher Erlaubnisnormen nicht zu: Denn diese sind nicht mehr nur spezifizierend oder einschränkend, sondern sogar erweiternd und daher unzulässig.

Man kann auch nicht über **Art. 6 Abs. 1 lit. c** eine datenschutzrechtliche Erlaubnis in einer Kollektivvereinbarung sehen:[101] Denn Art. 6 Abs. 3 fordert explizit, dass die Rechtsgrundlage nach Art. 6 Abs. 1 lit. c im Unionsrecht oder dem Recht der Mitgliedstaaten festgelegt ist. Auch wenn eine Kollektivvereinbarung gemäß § 77 Abs. 4 S. 1 BetrVG normative Wirkung hat, ist sie doch noch eine privatrechtliche Vereinbarung, kein „Recht der Mitgliedstaaten". Zudem würde eine Kollektivvereinbarung zwar im Interesse der jeweiligen Belegschaft abgeschlossen sein, nicht aber im öffentlichen Interesse. Genau dies fordert aber Art. 6 Abs. 3 S. 4, so dass schon deswegen die Anforderungen des Art. 6 Abs. 3 nicht erfüllt sind, mithin auch Art. 6 Abs. 1 lit. c grundsätzlich ausscheidet.[102]

Es besteht in der Praxis auch kein Bedarf an der Möglichkeit zur Schaffung von weiteren, noch über die DS-GVO hinausgehenden und zusätzlichen datenschutzrechtlichen „Verdatungserlaubnissen": Denn in aller Regel wird eine im Beschäftigungskontext fachlich tatsächlich erforderliche Datenverarbeitung nach einem der bestehenden Erlaubnistatbestände des Art. 6 oder Art. 9 datenschutzrechtlich zulässig sein, „zur Not" über die Interessenabwägung des Art. 6 Abs. 1 lit. f, die durch zusätzlich vom Arbeitgeber geschaffene Schutzmaßnahmen in der Praxis oft zu seinen Gunsten ausgehen kann. Für Datenverarbeitungen, die zur Erfüllung des Arbeitsvertrags (Art. 6 Abs. 1 lit. b) oder einer für den Arbeitgeber oder Betriebsrat geltenden rechtlichen Verpflichtung (Art. 6 Abs. 1 lit. c) erforderlich sind, besteht ohnehin direkt aus Art. 6 eine Erlaubnis. Fälle, in denen nicht einmal nach der Interessenabwägung des Art. 6 Abs. 1 lit. f eine Verarbeitung von Beschäftigtendaten zulässig ist, dann aber eine Betriebsvereinbarung eine entsprechend weitgehende Erlaubnisnorm schaffen soll, die zugleich nur „spezifischer" iSv Art. 88 Abs. 1 ist und zudem den Anforderungen des Art. 88 Abs. 2 genügt, sind kaum denkbar.[103]

Zum anderen sind auch betriebsverfassungsrechtlich zusätzliche Erlaubnistatbestände zur Datenverarbeitung nicht nötig. Die Praxis zeigt zudem, dass kaum ein Arbeitgeber von seinem Betriebsrat die Zustimmung dafür erhalten wird, dass die Mitarbeiter nicht nur bis zu den Grenzen des Erlaubten nach der DS-GVO „verdatet" werden, sondern sogar noch eine darüberhinausgehende Verarbeitung der Daten der Beschäftigten erfolgen dürfte. Ein solches Vorgehen würde zudem – da dann ein „mehr" an Verdatung der Beschäftigten erfolgt als die DS-GVO zulässt – das Schutzniveau der DS-GVO unterschreiten und wäre schon deswegen unzulässig. Es widerspricht ferner dem Grundgedanken des BetrVG und der Rolle des Betriebsrats, wenn dieser als Interessenvertretung der Beschäftigten einer Verarbeitung zustimmen soll, für die nach der DS-GVO gerade keine Erlaubnis sich findet. Insofern ist nach der vorstehenden Argumentation die Regelung des Art. 6 Abs. 1 abschließend, weder dürfen der nationale Gesetzgeber noch die Kollektivparteien außerhalb der Möglichkeiten des Art. 6 Rechtsgrundlagen schaffen, die zusätzlich zur DS-GVO die Verarbeitung von Beschäftigtendaten erlauben. Datenschutzrechtlich kann also keine zusätzliche Erlaubnis geschaffen werden. Zudem betonte der EuGH in seinem Urteil vom 30.3.2023 explizit, dass die Rechtsgrundlagen des Art. 6 DS-GVO erschöp-

---

[101] So allerdings *Wurzberger* ZD 2017, 258; *Piltz* RDV 2018, 5.
[102] AA *Wurzberger* ZD 2017, 258, der allerdings nur S. 2 und S. 3 des Art. 6 Abs. 3 erwähnt, nicht S. 4; Plath/Stamer/Kuhnke DS-GVO Art. 88 Rn. 8, lehnen Art. 6 Abs. 1 lit. c aus anderen Gründen ab, da eine Betriebsvereinbarung nicht die rechtliche Verpflichtung beinhalte, die die Datenverarbeitung erfordert, sondern als Ermächtigungsgrundlage für die aufgrund des Entschlusses des Arbeitgebers erforderlich gewordene Datenverarbeitung fungieren soll.
[103] AA *Klösel/Mahnhold* NZA 2017, 1429, nach denen sich der Sinn und Zweck der Vorschrift nicht recht erschließt, sollte hierin kein eigenständiger Erlaubnistatbestand zu sehen sein; ebenso *Körner* NZA 2019, 1389 (1391).

fend und abschließend sind.[104] Dieses Urteil erging zwar nicht in Zusammenhang mit einer Kollektivvereinbarung, sondern gesetzlichen Regelungen. Da Art. 88 Abs. 1 aber beides gleichstellt, ist davon auszugehen, dass der EuGH seine Auffassung identisch auch zu Regelungen in Kollektivvereinbarungen beibehalten wird. Auch dort dürfen keine datenschutzrechtlichen Rechtsgrundlagen geschaffen werden, diese sind vielmehr abschließend und erschöpfend in Art. 6 (und Art. 9) enthalten.

103 Diese datenschutzrechtliche Seite ist allerdings unabhängig von der Frage zu sehen, ob der Arbeitgeber mit der Mitarbeitervertretung aus **betriebsverfassungsrechtlichen** Gründen eine Einigung über eine (betriebsverfassungsrechtliche) Erlaubnis erzielen muss, um eine bestimmte Datenverarbeitung betriebsverfassungsrechtlich durchführen zu dürfen: Insofern handelt es sich dann aber um keine Erlaubnis, die im *datenschutzrechtlichen* Sinne eine Verarbeitung von personenbezogenen Beschäftigtendaten überhaupt erst zulässig macht, sondern um ein Einvernehmen, das aus dem Miteinander zwischen den Betriebsparteien aus formalen und *kollektivrechtlichen* Gründen nötig ist, etwa in Deutschland bei der Einführung und Anwendung von technischen Einrichtungen, die leistungs- oder verhaltensrelevante Daten von Beschäftigten verarbeiten, nach § 87 Abs. 1 Nr. 6 BetrVG. Insofern kann man von einer betriebsverfassungsrechtlichen bzw. – allgemeiner gesprochen – kollektivrechtlichen Erlaubnis sprechen, die aber nichts mit der datenschutzrechtlichen Zulässigkeit und einer diesbezüglichen datenschutzrechtlichen Erlaubnis zu tun hat, eine solche vielmehr voraussetzt: Denn wenn eine vom Arbeitgeber gewünschte Datenverarbeitung schon mangels datenschutzrechtlicher Erlaubnis „illegal" und damit unzulässig ist, kann auch eine betriebsverfassungsrechtliche Erlaubnis nichts daran ändern. Zugleich erschöpft sich eine solche nur kollektivrechtliche Erlaubnis auch in dieser betriebsverfassungsrechtlichen Wirkung. Insofern kommt ihr erhebliche praktische Bedeutung zu: Denn ohne die Einigung zwischen den Betriebsparteien kommt es zu keiner Betriebsvereinbarung und dem Arbeitgeber ist der Einsatz der geplanten technischen Einrichtung dann betriebsverfassungsrechtlich nicht erlaubt, er würde ansonsten gegen § 87 Abs. 1 Nr. 6 BetrVG verstoßen und dem Betriebsrat stünde u.a. ein Unterlassungsanspruch zu. Dies ist aber Folge des Betriebsverfassungsrechts und kein datenschutzrechtliches Erfordernis.

104 **Ergebnis:** Aus den genannten Gründen wird also die Auffassung vertreten, dass in Kollektivvereinbarungen weder im Verhältnis zur DS-GVO strengere noch deren Mindeststandards unterschreitende Regelungen zum Umgang mit Beschäftigtendaten zulässig sind, ebenso wenig die Schaffung von zusätzlichen datenschutzrechtlichen Erlaubnistatbeständen, die über die DS-GVO hinausgehen. Zudem wird dafür plädiert, streng zwischen einer datenschutzrechtlichen Erlaubnis zur Datenverarbeitung (die sich rein aus der DS-GVO und damit dem Gesetz ergibt) auf der einen Seite und einer davon zu trennenden kollektivrechtlichen Erlaubnis im Sinne eines bloßen Einvernehmens zwischen den Kollektivparteien auf der anderen Seite zu unterscheiden (die Kern der Mitbestimmung ist). Wie der EuGH zur Frage, ob in einer Kollektivvereinbarung strengere Regelungen zulässig sind, urteilt, bleibt abzuwarten.

105 Um vorstehende Trennung zwischen datenschutzrechtlicher und betriebsverfassungsrechtlicher Seite klar zu stellen und nicht Gefahr zu laufen, dass eine Regelung in einer Kollektivvereinbarung, die nur spezifizierend, aber keine datenschutzrechtliche Erlaubnisnorm sein will, dennoch als solche verstanden wird, ist für die Praxis zu empfehlen, in Kollektivvereinbarungen zu betonen, dass dortige Regelungen zum Umgang mit Beschäftigtendaten keine datenschutzrechtliche Erlaubnis oder Rechtsgrundlage darstellen sollen, sondern *datenschutzrechtlich* nur spezifizierende Vorschriften iSv Art. 88 Abs. 1 enthalten, ebenso wie die dazu begleitend notwendigen angemessenen und besonderen Maßnahmen nach Art. 88 Abs. 2.[105] *Betriebsverfassungsrechtlich* dagegen stellen sie im Sinne der Mitbestimmung die „Erlaubnis" des Betriebsrats für den Arbeitgeber dar, eine bestimmte technische Einrichtung einführen zu dürfen.

106 **3. Sonderfrage: Einigungsstellenspruch.** Soweit in Deutschland ein Sachverhalt der zwingenden Mitbestimmung zB nach § 87 Abs. 1 BetrVG unterliegt, Arbeitgeber und Betriebsrat aber keine Einigung in Form einer Betriebsvereinbarung erzielen, sieht § 87 Abs. 2 BetrVG das sog. **Einigungsstellenverfahren** vor, vgl. §§ 76 ff. BetrVG.[106] Einigen sich die Parteien auch in diesem Verfahren nicht, erlässt die Einigungsstelle einen **Spruch,** der die Einigung zwischen

---

[104] EuGH Urt. v. 30.3.2023 – C-34/21, ECLI:EU:C:2023:270 Rn. 70, mit Verweis auf Urt. v. 22.6.2021, C-439/19, EU:C:2021:504, Rn. 99.
[105] AA *Wybitul/Sörup/Pötters* ZD 2015, 559 (561).
[106] Vergleichbare Regelungen zu Dienstvereinbarungen finden sich in §§ 71 ff. BPersVG. Der Übersichtlichkeit wird im Folgenden nur auf das BetrVG und die dortigen Regelungen Bezug genommen.

Arbeitgeber und Betriebsrat ersetzt, also eine Art „erlassene Betriebsvereinbarung" darstellt, § 87 Abs. 2 BetrVG. Insofern stellt sich die Frage, ob ein solcher Einigungsstellenspruch ebenfalls „spezifischere Vorschriften" iSd Art. 88 Abs. 1 enthalten darf.[107]

Dagegen steht der Wortlaut von Art. 88 Abs. 1, der von „Kollektiv*vereinbarungen*" spricht, also einvernehmlich getroffenen Regelungen. Ein Spruch dagegen ist gerade keine einvernehmlich erzielte Regelung und wird demgemäß auch nicht als Betriebsvereinbarung oÄ bezeichnet, sondern als **„Einigungsstellenspruch".** Auch Erwägungsgrund 155 spricht dagegen, da dieser zwar explizit Betriebsvereinbarungen als eine Ausprägung von Kollektivvereinbarungen nennt, also ein konsensuales Ergebnis, aber einen von einem Dritten, der Einigungsstelle, erlassenen Einigungsstellenspruch nicht. 107

Folge wäre, dass die Betriebsparteien zwar selbst in Form einer Betriebsvereinbarung spezifische Vorschriften schaffen dürften. Käme es aber zu keiner Einigung, bliebe dem Arbeitgeber bei einem Fall der zwingenden Mitbestimmung nur der Weg über die **Einigungsstelle** und deren Spruch. Ansonsten wäre eine Lösung nicht erreichbar. Wären insofern (spezifizierende) Regelungen zum Datenschutz in dem Spruch zwingend nötig, etwa im Rahmen der Mitbestimmungsrechte des § 87 Abs. 1 Nr. 6 BetrVG bei der Einführung von Software, die (auch) Leistungs- oder Verhaltensdaten speichert, deren Schaffung für die Einigungsstelle aber nicht zulässig, wäre dies ein ganz immenser und nicht zu rechtfertigender Nachteil für das Unternehmen insgesamt. Diese Folge würde zudem den gesetzlichen Vorgaben des § 87 Abs. 2 BetrVG, wonach ein Spruch eine Betriebsvereinbarung ersetzt, klar widersprechen. 108

Insofern muss Art. 88 Abs. 1 so verstanden werden, dass auch etwaige, eine Kollektivvereinbarung **ersetzende Regelungen** (wie in Deutschland der Einigungsstellenspruch nach § 87 Abs. 2 BetrVG) „spezifischere Vorschriften" iSv Art. 88 Abs. 1 enthalten dürfen. Mit anderen Worten: Auch die Einigungsstelle ist im Rahmen ihrer gestaltenden Wirkung bei der Abfassung eines Spruchs Normadressat von Art. 88: Sie darf (nur) spezifischere Vorschriften in einem Spruch vorsehen, muss sich aber zugleich an die Vorgaben des Art. 88 halten. 109

4. Die einzelnen Beispiele in Abs. 1. Der Verordnungsgeber nennt in Art. 88 Abs. 1 eine Reihe von Beispielszwecken im Beschäftigungsverhältnis, zu denen die Mitgliedstaaten oder Kollektivparteien eigene spezifischere Vorschriften schaffen dürfen. Durch die „insbesondere"-Aufzählung handelt es sich um **keine abschließende Auflistung,** so dass es möglich ist, auch nur zu einigen der genannten, aber auch zu nicht exemplarisch aufgeführten Bereichen mit Beschäftigungskontext eigene spezifischere Vorschriften zu erlassen. Bei nicht beispielhaft genannten Bereichen ist aber darauf zu achten, dass es um die Verarbeitung von Beschäftigtendaten im Beschäftigungskontext geht. Die gewählten Beispiele zeigen zugleich, was nach Vorstellung des Verordnungsgebers Szenarien sind, bei denen jedenfalls ein Beschäftigungskontext vorliegt. 110

Die **„insbesondere"-Formulierung** ist dabei nicht so zu verstehen, dass ein Mitgliedstaat oder die Kollektivparteien stets zu den genannten Bereichen spezifischere Vorschriften schaffen müssen. Dies stünde im Gegensatz dazu, dass es freigestellt ist, von der Spezifizierungsklausel überhaupt Gebrauch zu machen oder nicht. Es besteht daher aus datenschutzrechtlicher Sicht Freiheit[108], zu entscheiden, zu welchen Beispielen nationale Normen oder Regelungen in Kollektivvereinbarungen geschaffen werden sollen.[109] 111

Die erste Beispielgruppe nennt die Zwecke der **Einstellung** und betrifft damit die Bewerbungsphase. Denkbar wären insofern also etwa spezifische Regelungen rund um Fragen im Bewerbungsverfahren, aber auch Tests (etwa medizinische Tests, Drogentests etc.) oder Bewerber-/Pre-Employment-Screenings. 112

Die zweite Gruppe nennt die **Erfüllung des Arbeitsvertrags** einschließlich der **Erfüllung** von durch Rechtsvorschriften oder durch Kollektivvereinbarungen festgelegten **Pflichten.** Dabei geht es nicht nur um die Erfüllung etwaiger vertraglicher Verpflichtungen des Arbeitgebers, sondern auch um ihn treffende gesetzliche Verpflichtungen (Meldungen an das Finanzamt, die Krankenkasse etc). 113

Die dritte Beispielgruppe, die auf die Zwecke des **Managements,** der **Planung** und der **Organisation der Arbeit** abstellt, kann über diese rein vertraglichen oder gesetzlichen Pflichten der zweiten Beispielgruppe hinausgehen. Anwendungsfälle können Datenschutzthemen rund 114

---

[107] Soweit ersichtlich, hat sich bislang die datenschutzrechtliche Literatur damit noch nicht beschäftigt.
[108] Bei Kollektivparteien sind aber etwaige zwingende Mitbestimmungstatbestände zugunsten der Mitarbeitervertretung zu beachten.
[109] *Thüsing/Peisker* NZA 2023, 213 (214).

um die **Zeiterfassung**, die Abbildung der Betriebsorganisation in **Rollen- und Berechtigungskonzepten**, etwa in HR Software sein, aber auch Einsatz- und Schichtpläne, sog. **Talent Management Systeme** etc. Sieht man **Whistleblowing-Systeme** als Teil der arbeitgeberseitigen Organisation, wären diese hier ebenso anzusiedeln. Zudem bestünde darüber die Möglichkeit, zur heute üblichen **Matrix-Organisation** in einem Unternehmen spezifischere Vorschriften zu schaffen, da Teil der Betriebs- und Arbeitsorganisation. Dies ist insofern bemerkenswert, als dass damit in aller Regel eine Übermittlung von personenbezogenen Beschäftigtendaten zwischen verschiedenen Konzernunternehmen einhergeht, wozu ein Mitgliedstaat im Rahmen der Spezifizierungsklausel eine nationale Regelungsbefugnis erhält, dazu auch → Rn. 172 ff.

115 Die vierte Gruppe stellt auf weitere Rechte der Beschäftigten ab, nämlich auf **Gleichheit** und **Diversität**, sowie **Gesundheit** und **Sicherheit** am Arbeitsplatz. Dies kann für sog. EHS (Environment, Health, Safety)-Systeme relevant sein, bei denen, etwa bei Arbeitsunfällen, bestimmte Daten, auch Gesundheitsdaten, erfasst und bearbeitet werden müssen.

116 Die fünfte Gruppe beschäftigt sich mit Zwecken zum **Schutz des Eigentums** der Arbeitgeber oder der Kunden. Darunter kann man die **Videoüberwachung** zählen, deren Zweck meist zumindest auch der Eigentumsschutz ist, etwa bei einer Videoüberwachung im Kaufhaus, an Eingängen, auf dem Werkgelände etc. Da der Arbeitgeber oft auch über ihm von Kunden anvertrautes Kundeneigentum verfügt (etwa ein zur Reparatur überlassener LKW, Wertsachen in einem Schließfach, Koffer in einem „Luggage room" in einem Hotel etc), ist konsequenterweise auch das Kundeneigentum genannt. In all diesen Fällen ist es in der Regel nicht zu vermeiden, dass die in den überwachten Räumlichkeiten tätigen Beschäftigten ebenfalls überwacht werden, so dass zumindest ein Beschäftigungskontext vorliegt. Auffallend ist, dass der Schutz des **Eigentums der Beschäftigten nicht** genannt ist: Einerseits handelt es sich aber nur um eine exemplarische Auflistung, andererseits stellt schon der Einleitungssatz in Art. 88 Abs. 1 auf die „Rechte und Freiheiten" der Betroffenen ab, also auch deren Eigentumsrechte.

117 Die sechste Gruppe gehört nach der hiesigen Strukturierung zur zweiten Gruppe (→ Rn. 113). Denn eine Datenverarbeitung für Zwecke der **Inanspruchnahme** der mit der Beschäftigung zusammenhängenden individuellen oder kollektiven **Rechte und Leistungen** resultiert direkt aus dem Arbeitsvertrag, dient also dessen Erfüllung und Durchführung. Dazu kann etwa eine Software oder ein Verfahren gehören, mit denen Urlaubsanträge eingereicht werden.

118 Zuletzt sind als siebte Gruppe noch die Zwecke der **Beendigung des Beschäftigungsverhältnisses** genannt. Dazu können spezifischere Regelungen etwa rund um die Datenverarbeitung zur Aufdeckung von Vertragsverletzungen, Ordnungswidrigkeiten oder Straftaten gehören,[110] die zumindest auch den Zweck haben, disziplinarische Maßnahmen auszusprechen, die gegebenenfalls zur Kündigung und damit zur Beendigung des Beschäftigungsverhältnisses führen können.

III. Zu Abs. 2: Geeignete und besondere Maßnahmen

119 **1. Allgemeine Einordnung.** Art. 88 Abs. 1 beinhaltet die eigentliche Spezifizierungsklausel und nennt exemplarisch Zwecke, zu denen nationale Datenverarbeitungsregelungen in Form von spezifischeren Vorschriften geschaffen werden dürfen, beinhaltet aber ansonsten keine **inhaltlichen Anforderungen.** Dies übernimmt zumindest teilweise Art. 88 Abs. 2, der vorschreibt, dass solche Vorschriften „geeignete und besondere Maßnahmen zur Wahrung der menschlichen Würde, der berechtigten Interessen und der Grundrechte der betroffenen Person" umfassen. Insofern kommt Art. 88 Abs. 2 eine entscheidende Bedeutung zu: Denn wenn eine spezifischere Vorschrift nach Abs. 1 die Anforderungen des Abs. 2 nicht erfüllt, kann sie nicht auf Art. 88 gestützt werden. Wenn es keine alternative Öffnungsklausel gibt, wäre eine solche nationale Norm also unanwendbar.[111] Der EuGH misst Art. 88 Abs. 2 eine ganz erhebliche Bedeutung zu: Denn wenn ein nationaler Gesetzgeber schon die Spezifizierungsmöglichkeit nach Abs. 1 nutzt und es damit zu einem gewissen Bruch in der Harmonisierung der DS-GVO kommt, ist dies nur und deswegen überhaupt zulässig, wenn und weil – als Kompensation – besondere und geeignete Maßnahmen inhaltlicher Bestandteil der spezifischeren Vorschrift sind.[112]

---

[110] Den Fall der Aufdeckung von Straftaten regelt aktuell § 32 Abs. 1 S. 2 BDSG.
[111] So jetzt auch EuGH Urt. v. 30.3.2023 – C-34/21, ECLI:EU:C:2023:270, Rn. 76 ff.
[112] EuGH Urt. v. 30.3.2023 – C-34/21, ECLI:EU:C:2023:270, Rn. 73.

Nach der hier vertretenen Auffassung richtet sich Art. 88 Abs. 1 als **Normadressat** nicht nur 120
an die Mitgliedstaaten, sondern auch direkt an die Parteien von Kollektivvereinbarungen, was
damit auch für Abs. 2 gilt, der mit der Formulierung „Diese Vorschriften (...)" an Abs. 1
anknüpft: Sowohl die Mitgliedstaaten als auch die Parteien von Kollektivvereinbarungen müssen
also die Vorgaben aus Abs. 2 beachten.

Bei Kollektivvereinbarungen ist es so, dass Art. 88 Abs. 2 nicht nur dann gilt, wenn diese 121
Rechtsgrundlagen für die Datenverarbeitung schaffen. Nach der hier vertretenen Auffassung ist
dies wegen der vollharmonisierenden Wirkung von Art. 88 ohnehin nicht zulässig. Aber selbst
wenn man diese Auffassung nicht teilt, ist Art. 88 Abs. 2 so formuliert, dass er für *alle* geschaffenen Vorschriften iSd Art. 88 Abs. 1 gleichermaßen gilt („Diese Vorschriften umfassen (...)"),
also sowohl für solche Vorschriften zum Umgang mit Beschäftigtendaten, die nur das „wie" der
Datenverarbeitung spezifizieren als auch solche, die das „ob" im Sinne einer datenschutzrechtlichen Erlaubnis regeln.[113]

Art. 88 Abs. 2 enthält **mehrere Vorgaben,** um welche Maßnahmen es sich handeln muss. 122
Dabei ist Art. 88 Abs. 2 zweigeteilt:
1. Im ersten Satzteil geht es um „geeignete und besondere Maßnahmen", die der Wahrung
   bestimmter Rechtspositionen dienen sollen.
2. Im zweiten Satzteil werden im Rahmen einer „insbesondere"-Aufzählung drei konkrete
   Beispiele genannt, nämlich die Transparenz, die Übermittlung personenbezogener Daten
   innerhalb einer Unternehmensgruppe[114] und Überwachungssysteme.

2. Der Begriff „Maßnahmen". Zunächst stellt sich die Frage, was mit der Formulierung 123
„umfassen (...) Maßnahmen" gemeint ist.

Hierzu kann man der Meinung sein, dass etwaige nationale Regelungen für bestimmte Ver- 124
arbeitungsvorgänge **konkrete und zwar möglichst tatsächliche oder organisatorische
Maßnahmen** beschreiben müssen, die bei einer Datenverarbeitung vom Verantwortlichen dann
umgesetzt werden müssen. Ein Beispiel wäre, dass bei einer Videoüberwachung Hinweisschilder
anzubringen,[115] Daten zu pseudonymisieren sind etc. Solche Vorgaben wären konkrete Maßnahmen, die im nationalen Gesetz normiert wären und vom Verantwortlichen in der Praxis dann
konkret umgesetzt werden müssten. Ein weiteres Beispiel sind Vorgaben wie in der früheren
Anlage zu § 9 BDSG aF. Diese enthielt eine Auflistung von acht Kontrollmaßnahmen zum
technischen und organisatorischen Schutz von Daten, die zwar übergreifend formuliert waren,
aber dennoch konkrete Vorgaben zur Umsetzung für die Praxis beschrieben. Im Kern greift
Art. 32 diese Anforderungen allerdings auf, nach der DS-GVO kommt über Art. 24, 25 und 32
solchen technischen und organisatorischen Maßnahmen wesentliche Bedeutung zu.

Die Formulierung in Art. 88 Abs. 2 könnte aber auch so verstanden werden, dass bereits die 125
vom Mitgliedstaat oder den Kollektivparteien geschaffenen spezifischeren rechtlichen Vorschriften selbst die **„Maßnahmen"** sind. Allein mit der Schaffung entsprechender rechtlicher Regelungen wäre damit die Vorgabe aus Art. 88 Abs. 2 erfüllt, den Normadressaten träfe dann keine
zusätzliche Pflicht, auf praktischer Ebene noch etwas zu tun.

Zudem könnte man vertreten, dass die Vorgaben zu Maßnahmen nach Art. 88 Abs. 2 keine 126
tatsächlichen oder organisatorischen, sondern lediglich rechtliche Vorgaben meinen, die eine
nationale spezifischere Vorschrift oder Regelung in einer Kollektivvereinbarung beinhalten
muss.[116]

Der Begriff „Maßnahmen" zielt sprachlich aber – anders als der Begriff „Vorschriften" – auf 127
etwas **Tatsächliches** ab, nämlich konkrete Vorgaben an die eigentliche und tatsächliche Datenverarbeitung. Diese Auslegung stützt die englische Fassung, die von **„measures to safeguard"**
spricht, was deutlicher zeigt, dass es vor allem um die rechtlichen Vorschriften flankierende
faktische Maßnahmen geht.[117] Dies können vor allem Maßnahmen zur Datensicherheit sein, was
dem Grundgedanken der DS-GVO **„privacy by design"** oder **„Datenschutz durch Technik"** entspricht. Dieses Auslegungsergebnis wird dadurch bestätigt, dass im Unterschied zu

---

[113] Was nach der hier vertretenen Auffassung nicht zulässig ist, → Rn. 85 ff.
[114] Der Einfachheit halber wird im Folgenden von „Konzerndatenaustausch" gesprochen.
[115] Ähnlich in § 4 Abs. 2 BDSG, der aber eine allg. Hinweispflicht konstituiert, sich nicht nur auf Schilder
beschränkt.
[116] So *Körner* NZA 2016, 1383; Kühling/Buchner/*Maschmann* DS-GVO Art. 88 Rn. 41 ff.
[117] Der EuGH spricht parallel auch von „Garantien", was man etwas weiter verstehen kann, siehe EuGH
Urt. v. 30.3.2023 – C-34/21, ECLI:EU:C:2023:270, Rn. 73.

Abs. 1 in Abs. 2 gerade nicht von „Vorschriften" die Rede ist, was rechtliche Regelungen wären, sondern im Gegensatz dazu von „Maßnahmen", also etwas anderes gemeint ist. Auch Art. 25 sowie Art. 32 sprechen von „Maßnahmen", die zur Datensicherheit zu treffen sind und stellen damit auf tatsächliche Schutzmaßnahmen ab, nicht auf rechtliche Regelungen.

128 Damit ist der ersten Auslegungsvariante zu folgen, wonach nationale spezifischere Vorschriften in Gesetzen oder Kollektivvereinbarungen stets bestimmte, vom Verantwortlichen dann umzusetzende tatsächliche oder organisatorische Maßnahmen vorgeben müssen und nicht selbst schon als Maßnahmen zu sehen sind.[118] Ebenso wenig würden nur rechtliche Vorschriften „Maßnahmen" iSv Art. 88 Abs. 2 darstellen.

129 Erwähnenswert ist das – noch von der Artikel-29-Datenschutzgruppe als Vorgängerin des Europäischen Datenschutzausschusses (EDSA) veröffentlichte – Working Paper 249, welches speziell die Datenverarbeitung im Beschäftigungsverhältnis behandelt.[119] Es ist zwar noch auf die DS-RL ausgerichtet, beschäftigt sich aber inhaltlich in Ziffer 3.2.2. explizit auch mit Art. 88 DS-GVO, u.a. auch mit den „Maßnahmen" nach Art. 88 Abs. 2. Bezüglich solcher Maßnahmen verweist es auf die zahlreich in dem Working Paper zu findenden Beispiele und dort auf die von der Artikel-29-Datenschutzgruppe genannten „angemessenen und besonderen Maßnahmen". Insofern finden sich nahezu ausschließlich tatsächliche Maßnahmen, meist technischer Art, wie etwa Logfiles, Vorgaben zur Umsetzung von Transparenz etc. Offenbar wird der Begriff der Maßnahmen iSd Art. 88 Abs. 2 also von der Artikel-29-Datenschutzgruppe ebenfalls im Sinne von vor allem Maßnahmen tatsächlicher und nicht nur rechtlicher Art verstanden.

130 Es reicht also nicht, in einem nationalen Gesetz oder einer Kollektivvereinbarung „nur" spezifischere Vorschriften zu schaffen. Damit diese wirksam und überhaupt anwendbar sind, müssen diese Vorschriften nach Art. 88 Abs. 2 zwingend bestimmte Maßnahmen in möglichst tatsächlicher, zB technischer und/oder organisatorischer Hinsicht vorschreiben, die zudem den in Art. 88 Abs. 2 genannten weiteren Kriterien entsprechen.

131 Daher wird hier die in der Literatur zum Teil vertretene Auffassung, dass der materielle Gehalt von Art. 88 Abs. 2 gering[120] oder zu konturlos sei,[121] nicht geteilt.[122] Vielmehr haben die Vorgaben des Art. 88 Abs. 2 große praktische Auswirkungen auf die Gestaltung und Formulierung von Dienst- und Betriebsvereinbarungen, denn wenn die Kollektivparteien dort Vorschriften zum Umgang mit Beschäftigtendaten schaffen bzw. – wenn ein Mitbestimmungstatbestand vorliegt – schaffen müssen, sind diese Vorschriften so zu gestalten, dass sie die nach Art. 88 Abs. 2 geforderten „geeigneten und besonderen Maßnahmen" beinhalten bzw. von solchen flankiert werden, was eine sorgfältige vorherige datenschutzrechtliche Prüfung und Abwägung sowie sprachliche Ausformulierung erfordert. Entsprechend misst auch der EuGH der Norm des Art. 88 Abs. 2 ganz entscheidende Wirkung zu. Nur wenn eine geschaffene spezifische Vorschrift nach Abs. 1 auch und zugleich „geeignete und besondere Maßnahmen" im Sinne von Abs. 2 direkt als Bestandteil beinhaltet, kann sie von Art. 88 erfasst sein. Art. 88 Abs. 2 schreibt daher die zwingenden Mindestinhalte an spezifischere Vorschriften vor – die zudem dann so gut sein müssen, dass sie einen etwaigen, durch die Schaffung von nationalen spezifizierenden Normen einhergehenden Harmonisierungsbruch kompensieren.[123]

132 **3. Geeignete und besondere Maßnahmen.** Es bedarf aber nicht nur irgendwelcher Maßnahmen, vielmehr müssen nach Art. 88 Abs. 2 die Maßnahmen „geeignet und besonders" sein und zwar betreffend der Wahrung der menschlichen Würde, der berechtigten Interessen und der Grundrechte der betroffenen Person. Die Begriffe „geeignet" sowie „besonders" sind im unionsrechtlichen Sinne autonom auszulegen.[124]

133 Da der Begriff der **Geeignetheit** in Art. 88 Abs. 2 in Zusammenhang mit „Maßnahmen" verwendet wird, also nach der hier vertretenen Auffassung sich auf faktische Vorgaben bezieht, ist die „Geeignetheit" vor allem aus tatsächlicher, weniger aus (verfassungs-)rechtlicher Sicht zu sehen: Die vom nationalen Gesetzgeber in nationalen Vorschriften oder von den Kollektivpar-

---

[118] So auch *Hülsmann* DANA 2017, 80 (81).
[119] Artikel-29-Datenschutzgruppe, WP 249 v. 8.6.2017, Opinion 2/2017 on data processing at work, S. 9.
[120] Kühling/Buchner/*Maschmann* DS-GVO Art. 88 Rn. 43.
[121] *Dammann* ZD 2016, 307 (310).
[122] Gierschmann/Schlender/Stentzel/Veil/*Nolte* versteht DS-GVO Art. 88 Abs. 2 so, dass er als inhaltliche Konkretisierung der Grenzen des Spielraums nach Art. 88 Abs. 1 begriffen werden könne.
[123] EuGH Urt. v. 30.3.2023 – C-34/21, ECLI:EU:C:2023:270, Rn. 73.
[124] In seinem Urteil vom 30.3.2023 geht der EuGH auf diese Begriffe nicht näher ein, EuGH Urt. v. 30.3.2023 – C-34/21, ECLI:EU:C:2023:270, spricht aber auch von „Garantien", EuGH aaO Rn. 73.

teien in Kollektivvereinbarungen vorzusehenden Maßnahmen müssen solche sein, die der jeweiligen konkreten Verarbeitung von Beschäftigtendaten, zu der Vorschriften nach Abs. 1 geschaffen werden, gerecht werden, genau für diese passen und speziell dafür nicht über- oder unterdimensioniert sind. Es muss nicht mit „Kanonen auf Spatzen" geschossen werden.[125]

Die englische Fassung von Art. 88 Abs. 2 spricht insofern von „suitable", was sich ebenfalls in Richtung von „geeignet" und im Sinne von **„für den Einzelfall passenden"** Maßnahmen lesen lässt. In Deutschland ist aber die deutsche Sprachfassung verbindlich, dennoch wird man im Rahmen einer Auslegung weniger von Geeignetheit im verfassungsrechtlichen Sinne auszugehen haben als vielmehr von „für den Einzelfall passend" und insofern zur konkreten, in der spezifischeren Vorschrift geregelten Datenverarbeitung im „Verhältnis stehend".[126] Dafür spielt – vergleichbar wie bei Art. 25 und Art. 32 – der faktische Umsetzungs- wie auch der finanzielle Aufwand eine Rolle und muss im Verhältnis stehen. So müssen bei der Verarbeitung von Gesundheitsdaten aufwendigere Maßnahmen vorgesehen werden als bei allgemein zugänglichen Daten eines Mitarbeiters, die bereits im Internetauftritt des Unternehmens veröffentlicht werden, etwa der Name des Pressesprechers. 134

Was aber der Verordnungsgeber damit meint, dass er neben geeigneten auch noch **„besondere Maßnahmen"** fordert, ergibt sich weder aus Art. 88 selbst noch aus den Erwägungsgründen. Da der Verordnungsgeber aber sprachlich klar zwischen zwei verschiedenen Maßnahmenarten unterscheidet, nämlich „geeigneten" und „besonderen" Maßnahmen, ist beides gefordert. Auch hier kann die englische Sprachfassung bei der Auslegung helfen: Diese verwendet die Formulierung „specific" und bringt damit sprachlich deutlicher zum Ausdruck, dass es sich um Maßnahmen handelt, die spezifisch eine ganz bestimmte Datenverarbeitung absichern sollen und dafür „besonders" sind. 135

Der Begriff „besondere Maßnahmen" ist also in dem Sinne zu verstehen, dass es um für den jeweiligen, in einem nationalen Gesetz oder einer Kollektivvereinbarung geregelten Umgang mit Beschäftigtendaten geeignete („suitable") tatsächliche Vorgaben geht, die auf den besonderen Einzelfall zugeschnitten sind („specific").[127] Nur generische, pauschal formulierte oder übergreifende Maßnahmen reichen dafür gerade nicht aus. Um besonders gute Maßnahmen muss es sich hingegen nicht handeln (dies wäre eher eine Frage der Angemessenheit), sondern nur um für die jeweilige besondere Verarbeitungssituation passende Maßnahmen. 136

Die in Art. 88 Abs. 2 weiter genannte Voraussetzung, dass die (faktischen, geeigneten und besonderen) Maßnahmen der **Wahrung bestimmter Grundrechtspositionen** dienen sollen, ist dagegen deklaratorischer Natur, da es sich bei den in Art. 88 Abs. 2 genannten Rechtspositionen um allgemeine Grundrechtsvorgaben der Union sowie aus Art. 5 folgende Anforderungen handelt, die zwingend zu beachten sind. 137

4. Die Beispiele des Art. 88 Abs. 2. Schwierigkeiten bereitet aber die Frage, was mit der sich im zweiten Satzteil von Art. 88 Abs. 2 anschließenden **„insbesondere"-Aufzählung** mit ihren drei Beispielen, nämlich zur Transparenz der Verarbeitung, der Übermittlung personenbezogener Daten innerhalb einer Unternehmensgruppe/Gruppe von Unternehmen sowie Überwachungssysteme am Arbeitsplatz, gemeint ist. Sprachlich ist dies in der deutschen Fassung so formuliert, dass es sich um **zwingende Mindestinhalte** handelt, zu denen nationale Vorschriften oder Regelungen in Kollektivvereinbarungen immer „Maßnahmen" enthalten müssen. 138

Beim Begriff **Transparenz** ist dies inhaltlich noch nachvollziehbar, da es sich ohnehin um eine grundlegende Anforderung nach Art. 5 Abs. 1 lit. a, Art. 12 ff. an die Verarbeitung von personenbezogenen Daten handelt. 139

Bei den beiden weiteren Formulierungen – zu Übermittlung innerhalb einer Unternehmensgruppe bzw. Überwachungssystemen am Arbeitsplatz – ist dies dagegen anders. Denn würde man diese als für jeden Fall zwingend sehen, hieße dies, dass ein Mitgliedstaat im Falle der Nutzung der Spezifizierungsmöglichkeit des Abs. 1 in spezifischeren Vorschriften zwingend immer Vorgaben zu Maßnahmen auch betreffend des **Konzerndatenaustauschs** wie auch zu **Überwachungssystemen** aufnehmen müsste, selbst dann, wenn er bewusst dazu nichts regeln möchte. Gleiches würde für Kollektivvereinbarungen gelten. Jede Betriebsvereinbarung müsste – 140

---

[125] *Wybitul* stellt eher auf eine rechtliche Betrachtung im Sinne von „verhältnismäßigen Interessenausgleich" ab, *Wybitul* NZA 2017, 413.
[126] AA Kühling/Buchner/*Maschmann* DS-GVO Art. 88 Rn. 43.
[127] In diese Richtung auch *Wybitul* NZA 2017, 413.

selbst wenn sie zB nur Regelungen zur Personalakte treffen soll – immer auch inhaltlich nicht passende Regelungen zum Konzerndatenschutz und zu Überwachungssystemen enthalten.

141 Schon dies zeigt, dass die „insbesondere"-Formulierung so nicht gemeint sein kann. Hinzu kommt, dass der Zweck gerade von fakultativen **Spezifizierungsklauseln** wie Art. 88 ist, den Mitgliedstaaten und Kollektivparteien bewusst Freiheiten zu geben. Innerhalb solcher optionaler Klauseln dann „Muss"-Vorgaben zu bestimmten Regelungsthemen zu haben, würde die fakultative Spezifizierungsklausel konterkarieren: Denn einerseits stünde es einem Mitgliedstaat oder den Kollektivparteien frei, von der Spezifizierungsklausel überhaupt Gebrauch zu machen. Wenn aber diese Möglichkeit ergriffen wird, bestünde andererseits dann der Zwang, zu ganz bestimmten, für möglicherweise nicht nötige Spezial-Themenkomplexe Regelungen schaffen zu müssen. Dies würde dem Gedanken einer fakultativen Spezifizierungsklausel widersprechen und weder sachgerecht sein noch bestünde dafür Bedarf.[128]

142 Sinnvoller und zugleich **Ergebnis der hiesigen Auslegung** ist eine Lesart des Abs. 2 dergestalt, dass spezifischere Vorschriften in einem nationalen Gesetz oder in einer Kollektivvereinbarung immer auch „geeignete und besondere Maßnahmen" vorschreiben müssen und zwar mit besonderem Blick auf die Transparenz der Verarbeitung sowie – wenn vorliegend – bei Übermittlungen innerhalb einer Unternehmensgruppe oder dem Einsatz von Überwachungssystemen.[129] Die „insbesondere"-Aufzählung weist also – sprachlich verunglückt – auf Szenarien hin, die der Verordnungsgeber deren Bedeutung wegen besonders hervorheben möchte.

143 Auffallend bei den in Art. 88 Abs. 2 genannten Beispielen ist, dass auf die **Arbeitgeberposition nicht eingegangen** wird. Dem Arbeitgeber stehen aber Art. 14 GG wie auch Art. 16 und Art. 17 GRCh als Grundrechte zur Seite. In Deutschland wägt das BAG beispielsweise die Arbeitgeber-Grundrechte regelmäßig gegen die von einer arbeitgeberseitigen Datenverarbeitung erfassten Grundrechte der betroffenen Person ab.[130] Dabei wird es auch – wenngleich im Sinne einer europarechtlichen und nicht (mehr) nationalen Auslegung – bleiben müssen, da das Eigentumsgrundrecht des Arbeitgebers insofern nicht von der DS-GVO abbedungen werden kann. Im Ergebnis spricht aber auch der Wortlaut von Art. 88 Abs. 2 nicht dagegen, da Abs. 2 so formuliert ist, dass etwaige nationale Regelungen Maßnahmen zur Menschenwürde, den Grundrechten und berechtigten Interessen „umfassen", sich aber nicht darauf beschränken müssen.

144 Nach der hier vertretenen Ansicht gilt Art. 88 Abs. 2 direkt für **Kollektivvereinbarungen** und deren Parteien. Auch dort sind also im vorverstandenen Sinn und zwar zwingend „geeignete und besondere Maßnahmen" zur Wahrung der Grundrechtspositionen vorzusehen, insbesondere zur Transparenz. Dies kann erhebliche **Auswirkungen** auf bestehende Betriebs- oder Dienstvereinbarungen haben, die in der Praxis oft nur die mitbestimmungsrechtliche Seite oder nur die datenschutzrechtliche Seite regeln, aber keine faktischen Vorgaben im Sinne von konkreten Maßnahmen vorsehen. Sollen diese als spezifischere Vorschriften iSv Art. 88 Abs. 1 gelten, müssten sie noch entsprechend angepasst werden, ansonsten droht die „Nichtanwendung" aufgrund des Anwendungsvorrangs der DS-GVO. Mit anderen Worten: Es ist essenziell wichtig und eine Wirksamkeitsvoraussetzung, dass Regelungen in Kollektivvereinbarungen, die spezifischere Regelungen nach Art. 88 Abs. 1 sein sollen, zwingend auch „geeignete und besondere Maßnahmen" nach Abs. 2 beinhalten, ansonsten wäre sie im Ergebnis unanwendbar. Für die Praxis hat dies ganz erhebliche Bedeutung – vor allem kann es eine große Herausforderung sein, überhaupt Formulierungen zu schaffen, die den strengen Anforderungen der DS-GVO und des EuGH[131] an solche Klauseln genügen, und dies auch noch in einer oft konträren Verhandlungssituation bei Kollektivvereinbarungen.

IV. Zu Abs. 3: Mitteilungspflicht

145 Art. 88 Abs. 3 schreibt ähnlich wie andere Artikel vor,[132] dass ein Mitgliedstaat bei Nutzung der Spezifizierungsklausel die von ihm geschaffenen nationalen Regelungen der Kommission bis zum 25.5.2018, also dem Datum des Geltungsbeginns der DS-GVO, hat **melden** müssen, ebenso wie spätere Änderungen der Kommission laufend melden muss.

---

[128] Mit ähnlichem Ergebnis Paal/Pauly/*Pauly* DS-GVO Art. 88 Rn. 13. Für eine kumulative Anwendung der Voraussetzungen dagegen, aber ohne Begr. *Jerchel/Schubert* DuD 2016, 782 (783).
[129] So auch *Thüsing/Peisker* NZQ 2023, 214.
[130] Vgl. BAG Beschl. v. 15.4.2014 – 1 ABR 2/13, ZD 2014, 426; Urt. v. 21.6.2012 – 2 AZR 153/11, NJW 2012, 3594.
[131] EuGH Urt. v. 30.3.2023 – C-34/21, ECLI:EU:C:2023:270, Rn. 76 ff.
[132] Vgl. Art. 49 Abs. 5, 51 Abs. 4, 83 Abs. 9, 84 Abs. 2, 85 Abs. 3, 90 Abs. 2.

Zweck ist, dass die Kommission stets einen Überblick darüber hat, welcher Mitgliedstaat von 146 welchen Spezifizierungsklauseln überhaupt Gebrauch gemacht hat und – soweit dies der Fall ist – wie dies erfolgt ist.

Abs. 3 bezieht sich klar nur auf die **Mitgliedstaaten als Normadressaten** und die von ihnen 147 erlassenen spezifischeren Rechtsvorschriften. **Kollektivparteien** sind damit nicht angesprochen, haben also Kollektivvereinbarungen mit spezifischeren Vorschriften iSv Abs. 1 und Abs. 2 nicht zu melden.[133] Dies gilt für einen Spruch einer **Einigungsstelle** ebenso: Auch ein solcher muss nicht gemeldet werden.

Abs. 3 umfasst nur solche Vorschriften, die ein Mitgliedstaat „aufgrund von Abs. 1 erlässt". 148 Abs. 1 muss also **kausal** für die erlassenen und zu meldenden Vorschriften sein. Nach dem Wortlaut müssten damit nur „neue" Vorschriften gemeldet werden,[134] also solche, die auf Basis von Abs. 1 geschaffen wurden. „Alte", bereits vor dem Inkrafttreten der DS-GVO vorhandene Vorschriften würden damit zwangsläufig nicht unter die Meldepflicht fallen.[135]

Die englische Sprachfassung ist mit ihrer Formulierung „which it adopts" sprachlich etwas 149 weiter gefasst, da „adopt" nicht nur „erlassen", sondern auch „übernehmen" meinen kann. Dann wären auch schon bestehende Vorschriften zu melden gewesen, soweit sie vom Mitgliedstaat beibehalten, also übernommen wurden. Der Überblick der Kommission über nationale Regelungen zum Beschäftigtendatenschutz wäre dann umfangreicher.

Dafür, dass auch schon zum Zeitpunkt des Inkrafttretens der DS-GVO bestehende Normen 150 zumindest zu melden waren, spricht zudem der Umstand, dass der Mitgliedstaat diese, hat er sie behalten wollen, inhaltlich überprüfen musste, ob sie den Vorgaben des Art. 88 und der DS-GVO insgesamt entsprechen. Er entschied sich sodann bewusst dafür, eine Norm zu behalten (oder zu streichen) und dies geschah kausal aufgrund der Vorgaben des Art. 88 Abs. 1. Der Umstand, formal diese Norm nicht nochmals erlassen zu müssen, ändert an diesem kausalen Entschluss nichts.

Aus dem Kausalitätserfordernis ergibt sich zudem, dass **allgemeine Normen,** die nur einen 151 entfernten Beschäftigungskontext aufweisen, nicht zu melden sind, wie etwa Normen aus dem StGB.[136] Vielmehr muss es sich um aufgrund Art. 88 erlassene „spezifischere Vorschriften" iSv Art. 88 Abs. 1 handeln, also solche, die die Datenschutzregelungen der DS-GVO für bestimmte Beschäftigungssachverhalte konkretisieren.[137]

Für die Erstmeldung sah Art. 88 Abs. 3 eine **Frist bis zum 25.5.2018** vor. Spätere Änderun- 152 gen an etwaigen bis zu diesem Zeitpunkt erlassenen nationalen Regelungen müssen im Anschluss „unverzüglich" gemeldet werden.

Diese Formulierung wird in der deutschen Literatur zum Teil so verstanden, dass die Mitglied- 153 staaten nur bis zum 25.5.2018 überhaupt Zeit hatten, nationale Regelungen zu erlassen und später diese nur noch ändern, nicht aber erst schaffen dürfen.[138] Folge wäre, dass ein Mitgliedstaat, wenn er bis zum 25.5.2018 keine spezifischeren Vorschriften schafft und meldet, von der Spezifizierungsklausel keinen Gebrauch mehr machen dürfte. Er hätte dieses Recht quasi **„verwirkt".**

Als Argument dafür wird die Frist des Abs. 3 genannt, an deren Säumnis auch Rechtsfolgen zu 154 knüpfen seien, denn anderenfalls wäre eine Fristsetzung entbehrlich, ebenso wie der Wortlaut zur Meldepflicht über Änderungen:[139] Diese beziehe sich nur auf „diese Vorschriften", also die bis zum 25.5.2018 gemeldeten Vorschriften, was noch deutlicher in der englischen Fassung zu sehen sei.[140] Zudem wird auf die Meldepflicht im jetzigen Art. 85 Abs. 3 verwiesen, die im Unterschied zu Art. 88 Abs. 3 keine Fristsetzung enthalte, so dass in Art. 88 Abs. 3 offenbar ganz bewusst eine Frist aufgenommen wurde.

---

[133] Was einerseits wenig sinnvoll wäre und anderseits praktisch einen unnötigen Aufwand bedeuten würde; mit demselben Ergebnis Paal/Pauly/*Pauly* DS-GVO Art. 88 Rn. 19, Plath/*Stamer/Kuhnke* DS-GVO Art. 88 Rn. 11; Gola/Heckmann/*Pötters* DS-GVO Art. 88 Rn. 18 und 19; aA allerdings wohl Gierschmann/Schlender/Stentzel/Veil/*Nolte* DS-GVO Art. 88 Rn. 31.

[134] So auch Gola/Pötters/*Thüsing* RDV 2016, 57 (59).

[135] AA *Wybitul/Pötters* RDV 2016, 10 (14); *Kort* NZA-Beil. 2016, 62 (66).

[136] So auch Gola/Pötters/*Thüsing* RDV 2016, 57 (59), die als Beispiele § 203 StGB und §§ 823, 1004 BGB nennen.

[137] Vgl. Gola/Pötters/*Thüsing* RDV 2016, 57 (59), die von Vorschriften sprechen, die im Kern Datenschutzfragen und primär den Beschäftigungskontext betreffen; so auch Gola/Heckmann/*Pötters* DS-GVO Art. 88 Rn. 15.

[138] So Gola/Pötters/*Thüsing* RDV 2016, 57 (59) und *Spelge* DuD 2016, 775 (781).

[139] Vgl. Gola/Pötters/*Thüsing* RDV 2016, 57 (59).

[140] Vgl. Gola/Pötters/*Thüsing* RDV 2016, 57 (59).

155 Rein sprachlich sprechen einige Argumente für diese Auslegung. Sie stößt aber auf **kompetenzrechtliche Probleme:** Denn dann hätte die Union den Mitgliedstaaten nur zeitlich befristet die Nutzung der Spezifizierungsklausel gestattet, nach dem 25.5.2018 nicht mehr. Unterstellt, es gelang einem Mitgliedstaat bis zum 25.5.2018 nicht, nationale Regelungen zu schaffen, hätte er diese Möglichkeit für immer verloren. Kein zukünftiges Parlament in dem Mitgliedstaat hätte jemals wieder die Chance, spezifischere Regelungen zum Beschäftigtendatenschutz zu schaffen. Damit würde man den Mitgliedstaaten absprechen, in diesem wichtigen Bereich Normen setzen zu können. So kann Art. 88 Abs. 3 keinesfalls verstanden werden, diese Kompetenz steht der Union nicht zu

156 Da „spezifischere Vorschriften" zudem die Situation der Betroffenen in aller Regel verbessern und für zusätzliche Rechtssicherheit sorgen, würde eine „Verwirkung" dem Ziel der DS-GVO, einen möglichst umfassenden Datenschutz zu erreichen, widersprechen.

157 Da sich Art. 88 Abs. 3 nur an die Mitgliedstaaten richtet, nicht an die Kollektivparteien, wäre ferner Folge, dass Kollektivparteien in Kollektivvereinbarungen auch noch nach dem 25.5.2018 „spezifischere Vorschriften" schaffen dürften, dem Mitgliedstaat selbst dies aber verwehrt wäre. Wenn aber schon Einrichtungen wie Kollektivparteien oder Einigungsstellen auch nach dem 25.5.2018 spezifischere Normen erlassen dürfen, dann muss dies erst recht für die Mitgliedstaaten selbst und deren Parlamente gelten.

158 Damit dürfen Mitgliedstaaten auch noch **nach dem 25.5.2018** erstmalig von der Spezifizierungsklausel des Art. 88 Abs. 1 Gebrauch machen, sie verlieren ihr Recht zu diesem Stichtag nicht.[141]

159 Folgt man dieser Meinung dagegen nicht, hätten alle Mitgliedstaaten vorsorglich bis zum 25.5.2018 quasi auf Vorrat irgendeine, gegebenenfalls ganz rudimentäre Regelung nach Art. 88 Abs. 1 schaffen müssen, um sich die Normsetzungsbefugnis zu erhalten und in der Folge die Regelungen durch Änderungen anpassen zu können.[142] Dies geschah aber nicht, bislang ist auch nicht bekannt, dass die Kommission Einwände dagegen hatte – es kann also davon ausgegangen werden, dass auch noch nach dem 25.5.2018 neu geschaffene nationale Beschäftigungsdatenschutz-Normen der Kommission gemeldet werden können – für spätere Änderungen gilt dies ohnehin.

V. Sonderthemen

160 **1. Praktische Gestaltung von Kollektivvereinbarungen/Anpassungsbedarf bestehender Vereinbarungen.** Eine wichtige Frage war, ob zum Zeitpunkt des Geltungsbeginns der DS-GVO am 25.5.2018 bestehende Kollektivvereinbarungen, also vor allem Betriebs- und Dienstvereinbarungen, auf die DS-GVO angepasst sein müssen. Die Unternehmenspraxis zeigt, dass oft eher wenige, zumindest nicht alle Bestands-Kollektivvereinbarungen angepasst wurden, so dass sich vorstehende Frage unverändert auch heute noch stellen kann. Neuen Schwung hat diese Thematik durch den EuGH mit seinem Urteil vom 30.3.2023 erhalten, da dort strenge Anforderungen an spezifischere Vorschriften im Sinne von Art. 88 Abs. 1 gestellt wurden, vor allem auch zur Ausgestaltung nach Art. 88 Abs. 2. Diese Thematik eines Anpassungsbedarfs wird in Deutschland allerdings sehr unterschiedlich gesehen: Die Meinungen divergieren von der Ansicht, dass Anpassungen generell nicht nötig seien, bis dahin, dass alle Betriebs- und Dienstvereinbarungen grundsätzlich anzupassen seien.

161 Beidem ist nicht zu folgen. Richtig ist vielmehr, dass **jede Kollektivvereinbarung darauf zu überprüfen** ist und zwar ganz unabhängig, ob sie alt oder neu ist, ob sie den Anforderungen der DS-GVO entspricht oder nicht und gegebenenfalls anzupassen ist. Generell können ohnehin nur solche Kollektivvereinbarungen betroffen sein, die die Verarbeitung von Beschäftigtendaten regeln. Denn nur dann können dort überhaupt „spezifischere Vorschriften" iSv Art. 88 enthalten sein, die den dortigen Anforderungen genügen müssen. So gibt es in der Praxis eine Reihe von Betriebs- und Dienstvereinbarungen, die keinerlei Umgang mit Beschäftigtendaten regeln und schon deshalb keinem Anpassungsbedarf nach der DS-GVO unterliegen. In Tarifverträgen finden sich ohnehin in der Praxis keine Regelungen zum Umgang mit Beschäftigtendaten, da diese meist generellere Themen behandeln.

162 Kollektivvereinbarungen, die die Verarbeitung von Beschäftigtendaten regeln, sind – unabhängig, ob es sich noch in der Verhandlung befindliche Entwürfe oder ältere Bestandsvereinbarungen handelt – darauf zu überprüfen, ob sie einerseits den **Vorgaben des Art. 88**

---

[141] So auch *Körner* NZA 2016, 1383 (1386).
[142] So *Gola/Pötters/Thüsing* RDV 2016, 57 (59); mit demselben Ergebnis *Kort* ZD 2016, 555.

entsprechen und anderseits generell die **Anforderungen der DS-GVO** erfüllen. Auf was dabei konkret zu achten ist, hängt davon ab, welche Ansicht man bei den verschiedenen Auslegungen vertritt. Im Folgenden eine Auflistung der wichtigsten Punkte aus der Sicht des hier vertretenen Rechtsstandpunktes, jeweils mit Verweis auf die obige ausführliche Darstellung der Thematik:

1. Beinhaltet die Vereinbarung überhaupt Regelungen, die den Umgang mit Beschäftigtendaten regeln? → Rn. 35 ff. und → Rn. 41 ff.
2. Handelt es sich um Regelungen, die lediglich spezifizierend sind, also die Vorgaben der DS-GVO nur auf den in der Kollektivvereinbarung speziell geregelten Sachverhalt herunterbrechen und dafür spezifizieren? → Rn. 71.
3. Ist die DS-GVO als Mindeststandard eingehalten, wird also kein „Mehr" an Verdatung gestattet und werden die Begleitpflichten der DS-GVO nicht aufgeweicht? → Rn. 91 ff.
4. Sind die enthaltenen Regelungen nach der hier vertretenen (streitigen) Ansicht auch nicht strenger als die DS-GVO, schränken also im Verhältnis zur DS-GVO die arbeitgeberseitige Datenverarbeitung nicht übermäßig ein? → Rn. 76.
5. Beinhalten die Regelungen keine über die DS-GVO hinausgehende Erlaubnis zur Datenverarbeitung? → Rn. 96 ff.
6. Ist das Wiederholungsverbot eingehalten, werden also Regelungen der DS-GVO weder sprachlich noch inhaltlich wiederholt? → Rn. 58 ff.
7. Genauso wenig dürfen nach der hier vertretenen Ansicht Definitionen der DS-GVO abgeändert werden. → Rn. 82.
8. Beinhalten die Regelungen jeweils geeignete und besondere Maßnahmen vor allem auf tatsächlicher Ebene, um die Rechte der Betroffenen auch faktisch noch besser zu schützen (wie ein Vier-Augen-Prinzip, konkrete Vorgaben zur Information der Beschäftigten im Sinne der Transparenz oder zur technischen Sicherheit der Beschäftigtendaten etc)? → Rn. 132 ff.

Wenn bestehende Kollektivvereinbarungen alle diese Vorgaben erfüllen, besteht kein Anpassungsbedarf, anderenfalls schon. In der Praxis wird das Vorliegen von Anpassungsbedarf oft der Fall sein, da nach früherem Recht vergleichbare Anforderungen des Art. 88 DS-GVO nicht bestanden.[143] Dies gilt umso mehr durch die erstmals gerichtlich formulierten Anforderungen durch den EuGH.[144]

Eine große Herausforderung liegt darin, für den schmalen Grat zwischen der nicht erlaubten Schaffung von abweichenden materiell-rechtlichen Regelungen für die Datenverarbeitung auf der einen Seite und der von Art. 88 Abs. 2 geforderten geeigneten und besonderen Schutzmaßnahmen auf der anderen Seite eine Lösung zu finden. Denn solche Schutzmaßnahmen dürften im Ergebnis oft eine tatsächliche Beschränkung der Datenverarbeitung zur Folge haben. Wichtig ist daher, dass die Maßnahmen keine Beschränkung der eigentlichen datenschutzrechtlichen Datenverarbeitungs*erlaubnis* darstellen (da als strengere Vorschrift nach der hier vertretenen Ansicht unzulässig), sondern auf *tatsächlicher und faktischer* Ebene nur für zusätzliche Schutzvorkehrungen und Garantien sorgen. Ein Vier-Augen-Prinzip bei Zugriffen auf Beschäftigtendaten oder ein zwischen Arbeitgeber und Betriebsrat zweigeteiltes Passwort könnte eine solche nach Art. 88 Abs. 2 geforderte Maßnahme sein, die zugleich die eigentliche Erlaubnis zur Datenverarbeitung nicht einschränkt, sondern nur die begleitenden Maßnahmen für den Einzelfall spezifiziert. Es handelt sich jedenfalls um eine sehr anspruchsvolle Aufgabe, hier einen sowohl praktisch umsetzbaren als auch sinnvollen Weg zu finden.

Folge einer unterbliebenen, aber nötigen Anpassung wird in der Regel ein **Verstoß gegen die Vorgaben der DS-GVO** und daher die **Unanwendbarkeit** der entsprechenden Regelungen in der Kollektivvereinbarung sein. Denn die DS-GVO genießt insofern Anwendungsvorrang. Es gelten dann nicht die Regelungen der Kollektivvereinbarung, sondern diejenigen der DS-GVO.

Es stellen sich dann eine Reihe **betriebsverfassungsrechtlich zu klärender Folgefragen:** Wenn eine Regelung in einer Betriebsvereinbarung unanwendbar ist und sei es nur aus formalen Verstößen gegen die DS-GVO, insbesondere Art. 88 Abs. 2, ist dann im Falle einer zwingenden Mitbestimmung des Betriebsrats das Mitbestimmungsrecht des Betriebsrats ausgeübt oder nicht? Wenn nicht: Muss der Arbeitgeber die Datenverarbeitung unterlassen? Stehen dem Betriebsrat Unterlassungs- sowie Beseitigungsansprüche zu? Gilt – wenn die Regelungen der Betriebsver-

---

[143] So auch *Wedde* Computer und Arbeit 11/2017, 30 (33) mit einer Checkliste; *Benkert* NJW-Spezial 2017, 242 (243).
[144] EuGH Urt. v. 30.3.2023 – C-34/21, ECLI:EU:C:2023:270.

einbarung für den Betroffenen günstiger sein sollten als die Regelungen der DS-GVO – das arbeitsrechtliche Günstigkeitsprinzip? Stellt eine dennoch vom Arbeitgeber durchgeführte Datenverarbeitung eine Ordnungswidrigkeit dar, da auf einer unanwendbaren Regelung einer Betriebsvereinbarung gestützt und daher möglicherweise ohne Rechtsgrundlage erfolgend? Letzteres wird dann der Fall sein, wenn eine Betriebsvereinbarung (was nach altem Recht zulässig war) die eigentliche Grundlage und Erlaubnis zur Datenverarbeitung für den Arbeitgeber enthielt, nicht das BDSG aF.[145] Es ist auch deswegen daher dringend zu empfehlen, etwaige immer noch bestehende Bestands-Kollektivvereinbarungen an die Vorgaben der DS-GVO anzupassen.

167 Da nach der hier vertretenen Auffassung weder in spezifischeren Vorschriften nach nationalem Recht noch in Kollektivvereinbarungen neue datenschutzrechtliche Erlaubnistatbestände enthalten sein dürfen[146], sollte dieser Umstand vorab zB in einer Präambel, Vorbemerkung oder beim Regelungsgegenstand festgehalten und betont werden.[147] Dies kann dergestalt geschehen, dass hervorgehoben wird, dass Regelungen in der Kollektivvereinbarung, die den Umgang mit Beschäftigtendaten betreffen, nur als die DS-GVO auf den konkreten Lebenssachverhalt präzisierende und spezifizierende Vorschriften iSv Art. 88 Abs. 1 DS-GVO zu verstehen sind, die zudem ergänzend die nach Art. 88 Abs. 2 geforderten geeigneten und besonderen begleitenden Schutzmaßnahmen und keine über die DS-GVO hinausgehende datenschutzrechtliche Erlaubnis[148] beinhalten.

168 Folgt man der Ansicht, dass in Kollektivvereinbarungen der vollharmonisierenden Wirkung von Art. 88 wegen, weder die DS-GVO unterschreitende noch strengere Regelungen enthalten sein dürfen, müssen einige Formulierungen, die bislang oft in der Praxis zu finden sind und die Datenverarbeitung des Arbeitgebers einschränken oder sogar verbieten, sorgfältig überprüft werden. Eine insofern häufig zu findende Formulierung ist, dass eine Leistungs- oder Verhaltenskontrolle generell verboten sein soll. Diese wäre aus den vorgenannten Gründen allerdings unzulässig:[149] Denn damit wird dem Arbeitgeber eine Verarbeitung, die unter Umständen nach der DS-GVO noch datenschutzrechtlich zulässig ist oder in bestimmten Fällen sein kann, betriebsverfassungsrechtlich pauschal verboten und unmöglich gemacht. Dies ginge weit über die DS-GVO hinaus; im Übrigen kennt auch das deutsche Betriebsverfassungsrecht kein solches Verbot, sondern sieht nur dann, wenn der Arbeitgeber **leistungs- oder verhaltensrelevante Daten** verarbeitet, zwingend die Mitbestimmung des Betriebsrats vor, § 87 Abs. 1 Nr. 6 BetrVG. Zulässig ist aber, zu spezifizieren, also für ganz bestimmte Fälle etwa Einschränkungen vorzusehen, für andere dagegen nicht. Denn dies ist der Kern einer Spezifizierung und von Art. 88 gerade erlaubt – aber eben nicht pauschal und generell, sondern mit Blick auf den konkreten Einzelfall und dafür passenden Regelungen – ähnlich wie Art. 88 Abs. 2 für den Einzelfall „geeignete und besondere" begleitende Schutzmaßnahmen verlangt.

169 Auch mit vorstehender Formulierung in der Praxis oft einhergehende Regelungen, wonach ein – oft sogar als „absolut" bezeichnetes – **Beweisverwertungsverbot** gelten soll, stößt aus denselben Gründen auf datenschutzrechtliche Bedenken:[150] Denn auch damit wird dem Arbeitgeber sehr pauschal eine Nutzung von Beschäftigtendaten, nämlich in Form eines Beweises, unmöglich gemacht. Ein solches pauschales Beweisverwertungsverbot ohne Ausnahme kennt die DS-GVO ebenfalls nicht, so dass es sich um eine strengere Regelung als die DS-GVO und damit unzulässige Verschärfung handelt.

170 Für die Praxis gilt es damit, einen Weg zu finden, der nicht zu pauschal Verbote ausspricht, sondern im Sinne von ausdifferenzierten Regelungen nur Spezifizierungen für eine konkrete Situation enthält. Dies kann für bestimmte Fälle und Konstellationen auch zu einem (betriebsverfassungsrechtlichen) Verarbeitungsverbot führen, aber eben nicht pauschal und generell,

---

[145] Nach aktuellem Recht stellt sich diese Frage dagegen nicht, weil in einer Betriebsvereinbarung keine Datenverarbeitung erlaubt werden darf, für die es keine Rechtsgrundlage nach der DS-GVO gibt, denn Art. 6 DS-GVO beinhaltet insofern erschöpfend und abschließend die Rechtsgrundlagen, EuGH Urt. v. 30.3.2023 – C-34/21, ECLI:EU:C:2023:270, Rn. 70.

[146] So mittlerweile auch der EuGH Urt. v. 30.3.2023 – C-34/21, ECLI:EU:C:2023:270, Rn. 70.

[147] AA *Sörup/Marquart* ArbRAktuell 2016, 103 und *Wurzberger* ZD 2017, 258 (260).

[148] AA *Wybitul* NZA 2017, 1488 (1493); *Körner* NZA 2019, 1389 (1392) mit ausdrücklichem Hinweis darauf, dass es sich im Gegenteil um eine eigenständige datenschutzrechtliche Rechtfertigungsgrundlage handelt.

[149] So auch Kühling/Buchner/*Maschmann* BDSG § 26 Rn. 70 ff., 72.

[150] So auch Kühling/Buchner/*Maschmann* BDSG § 26 Rn. 70 ff., 72.

sondern ganz gezielt. Durchaus denkbar ist damit zum Beispiel, für bestimmte Fälle ein (betriebsverfassungsrechtliches) Verbot der Leistungs- und Verhaltenskontrolle vorzusehen und die damit verbundene Datenverarbeitung durch den Arbeitgeber zu reglementieren, wenn es dafür datenschutzrechtliche Gründe gibt und es sich um kein absolutes Verbot handelt, sondern bestimmte Kontrollmöglichkeiten im Rahmen des datenschutzrechtlich Zulässigen vorgesehen sind. Gleiches gilt für Regelungen zu einem Beweisverwertungsverbot.

Es treten in der Praxis immer noch Fälle auf, in denen Bedarf besteht, „Alt-Vereinbarungen" zu ändern, gegebenenfalls etwa aufgrund Neuwahlen eines Betriebsrat- oder Personalrat-Gremiums motiviert. Insofern stellt sich unverändert die Frage, wie man möglichst praktikabel eine möglichst hohe Anzahl anzupassender Betriebs- oder Dienstvereinbarungen am einfachsten ändert. Aus datenschutzrechtlicher Sicht sind verschiedene Varianten denkbar:

1. Jede Alt-Vereinbarung wird für sich genommen von den Parteien angepasst,
2. Man versucht, alle oder zumindest mehrere inhaltlich ähnliche Vereinbarungen gesamtheitlich zu ändern, etwa über eine „Rahmen-Anpassungsvereinbarung"
3. Man wählt einen Mittelweg dergestalt, die einzelnen Betriebs- oder Dienstvereinbarungen nur per möglichst kurzer und auf die DS-GVO-Themen beschränkter Nachträge anzupassen und diese Nachträge dann aus Gründen der Effizienz und Vereinfachung über eine einzige Vereinbarung, deren Zweck ausschließlich in der „Freigabe" der einzelnen Nachträge liegt, zu regeln.

Die erste Variante ist die aufwendigste Variante. Die zweite Variante scheint effizienter, wird aber nur selten in der Praxis möglich sein: Denn Art. 88 Abs. 2 fordert „besondere" Maßnahmen, also auf den jeweiligen Einzelfall einer Verarbeitung angepasste geeignete und „besondere" Maßnahmen. Wenn überhaupt machbar, dann dürfte die zweite Variante nur für die Anpassung solcher Vereinbarungen sinnvoll sein, die sehr ähnlich aufgebaut sind und vergleichbare Sachverhalte regeln. Daher kann das als dritte Variante vorgeschlagene Vorgehen ein Kompromiss sein: Die Nachträge können sich auf die DS-GVO Anpassungen beschränken, die eigentliche Kollektivvereinbarung wird zumindest äußerlich nicht geändert. Werden, nachdem die Nachträge verhandelt sind, diese sodann zusammen mit nur einer einzigen „Anpassungs-Betriebsvereinbarung" freigegeben, stellt dies regelmäßig den effizientesten Weg dar. Daneben sind weitere Gestaltungen denkbar und die Praxis wird zeigen, was sich als sinnvollster Weg etabliert.[151]

Davon zu unterscheiden sind sog. **Rahmen-Betriebsvereinbarungen** zum Datenschutz. Diese haben regelmäßig keine Anpassungen von Bestands-Betriebsvereinbarungen zum Inhalt. Sie sollen meist vielmehr generell einen datenschutzrechtlichen Rahmen im Unternehmen schaffen und die wichtigsten datenschutzrechtlichen Regelungen zum Umgang mit Beschäftigtendaten im Betrieb, auf die sich die Parteien verständigen, „vor die Klammer" ziehen. So kann in späteren Einzel-Betriebsvereinbarungen darauf Bezug genommen werden und dort sind entsprechende Regelungen nicht mehr nötig.[152] Solche Rahmen-Betriebsvereinbarungen können durchaus sinnvoll sein, einerseits aus Effizienzgesichtspunkten, andererseits um ein möglichst einheitliches (operatives) Niveau im Umgang mit Beschäftigtendaten im Unternehmen zu schaffen. Da für solche Rahmenvereinbarungen kein zwingendes Mitbestimmungsrecht nach dem BetrVG besteht, handelt es sich um freiwillige Regelungen, die nicht erzwungen werden können.[153]

2. Datentransfer im Konzern. Aufgrund der expliziten Nennung in Art. 88 Abs. 2 sowie des Umstands, dass in der Praxis die Weitergabe und der Austausch von Personaldaten innerhalb einer Unternehmensgruppe zum Tagesgeschäft gehören und damit praktisch von hoher Bedeutung sind, bedarf die Thematik der Weitergabe von personenbezogenen Daten innerhalb eines **Konzerns** (im Sprachgebrauch der Verordnung: „Unternehmensgruppen") besonderer Erwähnung. Die folgende Darstellung konzentriert sich auf die „echte" Datenweitergabe zu eigenen Zwecken des Empfängers in der Unternehmensgruppe, also etwa einer zentralen Personalabteilung in der Muttergesellschaft – Auftragsverarbeitungskonstellationen im Sinne von Art. 28 sind hier nicht Gegenstand. Art. 88 Abs. 2 bestimmt nach der hier vertretenen Auslegung, dass ein Mitgliedstaat oder die Kollektivparteien immer dann, wenn Regelungen zum Datenaustausch innerhalb einer Unternehmensgruppe geschaffen werden, zwingend begleitend geeignete und

---

[151] Siehe *Wedde* mit weiteren Hinweisen für die Praxis, Computer und Arbeit 11/2017, 30 ff.
[152] Siehe mit Beispielen und einem Gliederungsvorschlag *Körner* NZA 2019, 1389 (1392 ff.).
[153] Siehe auch *Wybitul* NZA 2017, 1488 (1490).

besondere (Schutz-)Maßnahmen zu schaffen hat → Rn. 140.[154] Deutschland hat keine Normen speziell zur Weitergabe von Beschäftigtendaten innerhalb eines Konzerns erlassen, auch § 26 BDSG enthält keine Regelungen dazu. Die Zulässigkeit von Datenübermittlungen zwischen Konzerngesellschaften beurteilt sich nach den allgemeinen Datenschutzgrundsätzen, also va Art. 6 DS-GVO.

175 Praktische Relevanz hat die Thematik der Konzerndatentransfers auch in Zusammenhang mit den häufig in der Praxis anzufindenden **Matrix-Strukturen:** Denn wenn ein bei der einen Konzerngesellschaft angestellter Matrix-Vorgesetzter auf die Personaldaten seiner in einem ganz anderen Konzernunternehmen beschäftigten Mitarbeiter zugreift oder ihm diese Daten zur Verfügung gestellt oder zugänglich gemacht werden, liegt darin eine „Verarbeitung" nach Art. 4 Nr. 2 in Form einer Übermittlung oder eines Abrufs und damit ein erlaubnispflichtiger Datenverarbeitungsvorgang. Ohne entsprechende datenschutzrechtliche Erlaubnis nach Art. 6 ist dieser Datenzugriff verboten.

176 Denn unter den Verarbeitungsbegriff des Art. 4 Nr. 2 fällt nicht nur die Weitergabe von Daten im Sinne einer Übermittlung, auch das „Auslesen" oder „Abfragen" ist ein Verarbeitungsvorgang und muss daher legitimiert sein. Auch der bloße **Abruf oder Zugriff** einer Konzerngesellschaft auf Daten einer anderen Konzerngesellschaft ist also umfasst, wie etwa bei einem Zugriff auf einen gemeinsamen Datenpool, also zB eine gemeinsame **HR-Datenbank** oder ein **konzernweites Mitarbeiterverzeichnis**.

177 In der DS-GVO findet man in Erwägungsgrund 48 einige Ausführungen zu einer Datenweitergabe im Konzern. Dort wird anerkannt, dass Verantwortliche, die Teil einer Unternehmensgruppe sind, ein **berechtigtes Interesse** haben können, personenbezogene Daten innerhalb der Unternehmensgruppe für „interne Verwaltungszwecke, einschließlich der Verarbeitung personenbezogener Daten von Kunden und Beschäftigten", zu übermitteln. Damit bringt der Verordnungsgeber allerdings nur zum Ausdruck, dass der Austausch von Beschäftigtendaten innerhalb eines Konzerns generell möglich sein kann, nicht, dass dies stets zulässig ist. Über die Zulässigkeit sagt dieser Erwägungsgrund nichts aus.

178 Einen speziellen Erlaubnistatbestand für eine Datenweitergabe innerhalb eines Konzerns (**„Konzernprivileg"**) enthält die DS-GVO damit – ebenso wie das deutsche Datenschutzrecht – nicht. Ob eine konzerninterne Übermittlung von Beschäftigtendaten zulässig ist, ist damit anhand der allgemeinen Erlaubnistatbestände des Art. 6 zu prüfen.

179 Oft wird ein Rückgriff auf die **Interessenabwägung** in Art. 6 Abs. 1 S. 1 lit. f erfolgen, auf die auch Erwägungsgrund 48 abzielt. Dort ist festgehalten, dass an der Weitergabe von personenbezogenen Daten in einer Unternehmensgruppe ein berechtigtes Interesse der jeweils beteiligten Verantwortlichen gegeben sein kann. Insofern kommt Erwägungsgrund 48 aber keine große Bedeutung zu, denn ob ein berechtigtes Interesse vorliegt oder nicht, ist stets eine Einzelfallfrage und hilft für sich genommen nicht weiter, da es entscheidend auf die Abwägung mit etwaigen Gegeninteressen ankommt. Immerhin ist aber aus Erwägungsgrund 48 ersichtlich, dass die Datenweitergabe im Konzern ganz grundsätzlich ein berechtigtes Interesse darstellen kann, mithin die Interessenabwägung dafür als Erlaubnisnorm in Betracht kommt. Dies wiederum ist von Bedeutung, da damit durch den europäischen Gesetzgeber anerkannt ist, dass die Interessenabwägung betreffend Beschäftigtendaten als mögliche Rechtsgrundlage in Betracht kommt, was zumindest in Deutschland in der arbeitsrechtlichen Praxis gelegentlich abgelehnt wird, weil § 26 BDSG insofern als lex specialis die DS-GVO und deren Regelung verdränge; dabei wird aber übersehen, dass § 26 BDSG lediglich eine Spezifizierung im Rahmen von Art. 88 ist und DS-GVO-konform auszulegen und insofern die nachrangige, nicht vorrangige Norm ist.[155]

180 Im hiesigen Kontext von Art. 88 und der dort enthaltenen Spezifizierungsmöglichkeit ist die Thematik der Konzerndatentransfers deswegen relevant, da Art. 88 Abs. 2 einem Mitgliedstaat auferlegt, für den Fall, dass er zum Konzerndatentransfer nationale Regelungen schaffen möchte, dann zwingend auch **„geeignete und besondere Maßnahmen"** vorsehen muss. Gleiches gilt für spezifischere Vorschriften dazu in Kollektivvereinbarungen. Was aber speziell in diesem

---

[154] Bei einer wortgetreuen Auslegung käme man zu dem Ergebnis, dass im Falle der Nutzung der Spezifizierungsklausel ein Mitgliedstaat stets nationale Regelungen zu diesem Themenkomplex schaffen muss, was hier nicht vertreten wird → Rn. 132 ff.

[155] Der EuGH bestätigte mit Urteil vom 30.3.2023, dass Art. 6 abschließend und erschöpfend die Rechtsgrundlagen zur Datenverarbeitung – auch für Beschäftigtendaten – beinhalte, eine Ausnahme betreffend der Interessenabwägung nach Art. 6 Abs. 1 S. 1 lit. f machte er nicht, Urt. v. 30.3.2023 – C-34/21, ECLI:EU:C:2023:270.

Kontext solche Maßnahmen sein sollen, bleibt offen, auch in den Erwägungsgründen findet sich dazu nichts.

Solchen Maßnahmen kommt zweierlei Bedeutung zu: Einerseits sollen diese bzw. deren Umsetzung durch einen Verantwortlichen dazu dienen, die Rechte der von einer Datenübermittlung betroffenen Personen auf faktischer Ebene zu schützen, also etwa durch eine verschlüsselte Datenverbindung oder eine (strenge) Zugriffssteuerung durch entsprechende Rollen- und Berechtigungskonzepte. Andererseits sind solche Maßnahmen im Rahmen der Abwägung der wechselseitigen Interessen zu berücksichtigen. Je mehr und bessere Schutzmaßnahmen der Verantwortliche vorsieht, desto eher kann man im Rahmen einer Interessenabwägung dazu gelangen, dass zwar möglicherweise schutzwürdige Gegeninteressen bestehen, diese aber aufgrund der getroffenen Schutzmaßnahmen zurückzutreten haben.[156] Da spezifischere Vorschriften zudem – um überhaupt anwendbar zu sein und nicht gegen die DS-GVO zu verstoßen – zwingend „geeignete und besondere Maßnahmen" nach Art. 88 Abs. 2 und damit im Falle einer Konzerndatenübermittlung speziell auch dazu beinhalten müssen, kommt der Aufnahme solcher Maßnahmen in die zu schaffenden Vorschriften entscheidende Bedeutung zu.

Generell gibt es allerdings mehrere denkbare Möglichkeiten einer Erlaubnis zur Weitergabe von Beschäftigtendaten in einem Konzern, nicht nur die Interessenabwägung nach Art. 6 Abs. 1 S. 1 lit. f:

– Der Weg über die Erfüllung des Arbeitsvertrags, Art. 6 Abs. 1 S. 1 lit. b: Die Weitergabe von Beschäftigtendaten ist zu bestimmten konzerninternen Zwecken zur Vertragsdurchführung erforderlich, was eine sog. **Konzerndimensionalität** des Beschäftigungsverhältnisses voraussetzt: Arbeitsvertraglich muss dazu die Tätigkeit mit klarem Bezug auf den Konzern vereinbart sein. Insofern kann dann innerhalb eines solchen vereinbarten Bezugs die Datenweitergabe „erforderlich" sein, wofür Art. 6 Abs. 1 S. 1 lit. b eine Erlaubnis zur Weitergabe gibt. Wenn es nur um eine Datenoffenlegung im Rahmen einer Matrix-Organisation geht, kann eine arbeitsrechtliche „Matrix-Klausel" schon ausreichen, da es dann nicht um regelmäßige Datenflüsse geht, sondern nur um gelegentliche Zugriffe ausschließlich durch den jeweiligen Matrixvorgesetzten.

– Der vorstehend bereits genannte Weg über die Interessenabwägung, Art. 6 Abs. 1 S. 1 lit. f: Die Datenweitergabe innerhalb des Konzerns an ein anderes Unternehmen ist insofern dann zwar nicht iSv Art. 6 Abs. 1 S. 1 lit. b zur Durchführung des Arbeitsvertrages „erforderlich", möglicherweise aber zur Wahrnehmung überwiegender berechtigter Interessen an der Datenweitergabe. Nachteil des Weges über die Interessenabwägung ist die Möglichkeit des Widerspruchs nach Art. 21, wenngleich die Möglichkeit des Widerrufs durch die Regelung des Art. 21 Abs. 1 S. 2 stark eingeschränkt ist. Der insofern sichere Weg ist der über die arbeitsvertragliche Ebene und eine Konzerndimensionalitätsklausel.

– Der Weg über eine Einwilligung iSv Art. 6 Abs. 1 S. 1 lit. a: Der Rückgriff auf die Einwilligung ist zwar denkbar, in der Praxis aber meist kein sinnvoller Weg. Denn wenn die Weitergabe innerhalb des Konzerns zwingend nötig ist, etwa weil die zentrale Personalabteilung bei der Muttergesellschaft angesiedelt ist, müssen die Personaldaten der Tochtergesellschaften dorthin übermittelt werden, es gibt keine andere Option. Damit scheidet eine Einwilligung mangels Freiwilligkeit aus. Selbst wenn ein Fall denkbar wäre, bei dem die Datenweitergabe nicht zwingend notwendig und damit eine freiwillige Einwilligungserklärung möglich wäre, wäre diese jederzeit widerrufbar, so dass sich der Arbeitgeber auf deren Vorliegen auf Dauer nicht verlassen könnte.

– Der Weg über eine Auftragsverarbeitung, Art. 28: Es erfolgt eine Datenweitergabe an ein anderes Konzernunternehmen, das lediglich im Rahmen einer **Auftragsverarbeitung** tätig ist, siehe die Kommentierung zu Art. 28. Das empfangende Unternehmen wird dann aber nur im Auftrag und nach Weisung des versendenden Unternehmens tätig, kann aber keine eigenen (Personal-)Entscheidungen treffen.

Für den Verantwortlichen der datenschutzrechtlich einfachste Weg ist der Weg über eine sog. Konzerndimensionalitätsklausel im Arbeitsvertrag, gegebenenfalls auch nur eine Matrix-Klausel. Gemeint sind damit Regelungen im Vertrag, aus denen sich die Tätigkeit in einem Konzern nicht nur klar ergibt, sondern Teil des jeweiligen Vertrags ist, inklusive der damit in einem Konzern erfolgenden Übermittlungen von personenbezogenen Beschäftigtendaten. Denn dann ist die im Konzern erfolgende Datenweitergabe Vertragsgegenstand im Sinne des Art. 6 Abs. 1

---

[156] Die Artikel-29-Datenschutzgruppe gibt in ihrem WP 217 sehr hilfreiche Empfehlungen zur Prüfung der Interessen und Durchführung der Abwägung.

S. 1 lit. b und die Übermittlung dafür erforderlich – es muss dann nicht auf die stets mit gewissen Unwägbarkeiten versehene Interessenabwägung nach Art 6 Abs. 1 S. 1 lit. f zurückgegriffen werden. Allerdings verfügen in der Praxis nur wenige Arbeitsverträge über solche Klauseln, so dass diese Variante meist nur für Neuverträge in Betracht kommt. Da Bestandsverträge grundsätzlich nur im gegenseitigen Einvernehmen geändert werden können, ist dieser Weg wegen der hohen Anzahl solcher Verträge in einem Konzern oder möglicher Vorbehalte der Mitarbeiter meist wenig praktikabel. Für Bestandsverträge bleibt in der Praxis oft nur die Möglichkeit der auf eine Interessenabwägung gestützten Erlaubnis des Art. 6 Abs. 1 S. 1 lit. f, die nach der Empfehlung der deutschen Aufsichtsbehörden zum früheren Recht explizit umsetzbar ist,[157] woran sich bis heute nichts geändert hat.

184 Eine Betriebs- oder Dienstvereinbarung kommt nach der hier vertretenen und nunmehr auch vom EuGH vertretenen[158] Auffassung nicht mehr – wie vor Inkrafttreten der DS-GVO – als eigenständige *datenschutzrechtliche* Rechtsgrundlage für eine Konzerndatenweitergabe in Frage, da in einer solchen keine neuen datenschutzrechtlichen Erlaubnistatbestände geschaffen, sondern nur die in der DS-GVO bestehenden Erlaubnisse spezifiziert werden dürfen (→ Rn. 85 ff., 91 ff.): Eine speziell darauf gerichtete – *datenschutzrechtliche* – Erlaubnis in einer Betriebsvereinbarung ginge also über die DS-GVO hinaus, käme zudem der Schaffung eines Konzernprivilegs nahe, das die DS-GVO aber gerade nicht kennt.[159] Dies gilt für jede Dienst- oder Betriebsvereinbarung, unabhängig ob lokale Betriebsvereinbarung, Gesamtbetriebsvereinbarung oder Konzernbetriebsvereinbarung – denn Art. 88 spricht allgemein von Kollektivvereinbarungen und macht keinen Unterschied. Auch in einer Konzernvereinbarung darf man – genauso wenig wie in jeder anderen Kollektivvereinbarung – nach der hier vertretenen Auffassung datenschutzrechtliche Erlaubnistatbestände zum Konzerndatenverkehr schaffen.[160] Unabhängig und unberührt bleibt dagegen nach der hier vertretenen Auffassung, in einer Betriebsvereinbarung dann, wenn und soweit über die DS-GVO oder das BDSG datenschutzrechtlich zulässig, in diesem Rahmen rein *betriebsverfassungsrechtlich* einen Konzerndatenverkehr zu gestatten oder einzuschränken. Soweit es um Konzerndatentransfers in Drittländer geht, also Länder außerhalb der EU und des EWR, gilt nichts anderes: Zulässigkeitsnormen dafür können sich nur aus der DS-GVO ergeben (nämlich den Art. 44 ff.), nicht in Betriebsvereinbarungen geschaffen werden.[161]

185 Die Schaffung von *datenschutzrechtlichen* Konzerndatentransfer-Erlaubnissen in Kollektivvereinbarungen ist aber in der Praxis auch nicht nötig, da über die Erlaubnisse des Art. 6 eine Rechtsgrundlage zur Konzerndatenübermittlung bestehen kann, → Rn. 182. Da ein Konzerndatentransfer in der Regel aber IT-gestützt, also über technische Einrichtungen läuft, hätte in Deutschland über § 87 Abs. 1 Nr. 6 BetrVG der Betriebsrat ein *kollektivrechtliches* Mitbestimmungsrecht. Dies gilt allerdings nur, soweit es um leistungs- oder verhaltensrelevante Daten geht, die übermittelt werden.

Soweit nach Art. 88 Abs. 1 ein Mitgliedstaat in seinem nationalen Recht eine spezifischere Vorschrift zum Konzerndatentransfer schaffen möchte oder die Kollektivparteien dazu Regelungen in eine Kollektivvereinbarung aufnehmen, müssen diese Vorschriften nach Art. 88 Abs. 2 jeweils zwingend geeignete und besondere Maßnahmen iSv Art. 88 Abs. 2 vorsehen, die auf die spezielle Situation im Beschäftigungsverhältnis abstellen, zugleich nach der hier vertretenen Ansicht **faktischer Art** und nicht nur rechtlicher Natur sein müssen. Es handelt sich bei der Datenweitergabe im Konzern sogar um einen der drei explizit in Art. 88 Abs. 2 genannten Fälle, so dass auf die Einhaltung der Vorgaben nach Art. 88 Abs. 2 besonderes Augenmerk zu legen ist. Fehlen solche Maßnahmen, wird dies die Unanwendbarkeit der geschaffenen spezifischeren Vorschrift zur Folge haben. Orientiert man sich an der betrieblichen Praxis und überträgt die Empfehlungen der deutschen Datenschutzaufsichtsbehörden[162] zum BDSG aF auf die neue Situation, wäre an folgende spezifischere Vorschriften und **flankierende Maßnahmen** zu

---

[157] In Deutschland veröffentlichte 2007 der Düsseldorfer Kreis einen sehr hilfreichen Arbeitsbericht der Arbeitsgruppe „Konzerninterner Datentransfer", der verschiedene Empfehlungen aus und für die Praxis beinhaltete, siehe den Arbeitsbericht der ad-hoc-Arbeitsgruppe „Konzerninterner Datentransfer", herausgegeben von Regierungspräsidium Darmstadt, August 2007.
[158] Urt. v. 30.3.2023 – C-34/21, ECLI:EU:C:2023:270, Rn. 71.
[159] Ebenso *Reif* RDV 2018, 89 (91); *Körner* NZA 2019, 1389 (1395).
[160] AA LAG Baden-Württemberg ZD 2021, 436, aber ohne Begründung.
[161] Siehe dazu auch vertiefend *Conrad/Siara* ZD 2021, 471 (474 f.).
[162] Arbeitsbericht der ad-hoc-Arbeitsgruppe „Konzerninterner Datentransfer", herausgegeben vom Regierungspräsidium Darmstadt, August 2007.

denken, die in einer Betriebsvereinbarung oder einer nationalen Norm zur Umsetzung durch den Verantwortlichen vorgesehen werden könnten:

- Schaffung ausreichender **Transparenz** für die betroffenen Mitarbeiter, etwa in Form einer speziell auf die Konzerndatentransfers ausgerichteten, die normalen Mitarbeiter-Datenschutzhinweise ergänzenden Datenschutzinformation als Teil des Arbeitsvertrages oder späteren Informationsschreibens (siehe dazu auch Art. 88 Abs. 2 und dessen erstes Beispiel).
- Gewährleistung, dass der Arbeitgeber gegenüber dem betroffenen Mitarbeiter auch nach Datenübermittlung an ein anderes Konzernunternehmen für die dortige Datenverarbeitung **datenschutzrechtlicher Ansprechpartner** sowie Anspruchsgegner und verantwortlich für alle datenschutzrechtliche Belange des Mitarbeiters bleibt. Arbeitsrechtlich könnte man dazu als Maßnahme an eine Gesamtzusage oder Regelungen im Arbeitsvertrag denken.
- **Verbindliche Regelungen** zwischen den beteiligten Konzerngesellschaften und faktische Absicherung zum Nutzungszweck und den Zugriffsberechtigten auf Empfängerseite (etwa durch Rollenkonzepte und/oder einer Inhaltsverschlüsselung) sowie zum Schutz der Übermittlung (etwa durch eine Transportverschlüsselung).
- **Verbindlichkeit dieser Maßnahmen** zugunsten der betroffenen Mitarbeiter (etwa wiederum durch eine arbeitsrechtliche Gesamtzusage oder anderweitige arbeitsrechtliche Zusagen, denkbar auch über Betriebs- oder Dienstvereinbarungen).
- Übertragung nur von genau definierten und dokumentierten Personalverwaltungs-Aufgaben und -Funktionen an das andere Unternehmen (zB die Durchführung des **Recruitments** und der **Bewerberauswahl**) und Übermittlung nur derjenigen personenbezogenen Daten, die speziell für die Durchführung der an das andere Konzernunternehmen übertragenen Funktion dort benötigt werden, zB durch selektierte und darauf begrenzte Datenbestände.
- Aufnahme von Vorgaben und Regeln in das für die betroffenen Unternehmen geltende verbindliche „**Datenschutz-Konzept**", um (auch) darüber Transparenz über den Konzerndatenaustausch und Verbindlichkeit der Regelungen und Maßnahmen zu schaffen.[163]

Solche oder ähnliche Maßnahmen könnten also in einer nationalen spezifischeren Vorschrift oder einer Regelung in einer Betriebsvereinbarung vorgegeben werden, soweit ein Verantwortlicher Beschäftigtendaten innerhalb einer Unternehmensgruppe weitergeben möchte. Damit bestehen gute Argumente, dass damit einerseits vom nationalen Gesetzgeber bzw. den Kollektivparteien die zwingende Vorgabe des Art. 88 Abs. 2 erfüllt ist, andererseits ist die spätere tatsächliche praktische Umsetzung dieser Maßnahmen durch das die Beschäftigtendaten übermittelnde Unternehmen wichtig, um – wenn die Rechtsgrundlage die Interessenabwägung nach Art. 6 Abs. 1 S. 1 lit. f sein soll – darüber überhaupt zu überwiegenden Übermittlungsinteressen kommen zu können.

Rechtlich können bei der Interessenabwägung noch folgende Themen zu berücksichtigen sein und dafür gefundene Lösungen gegebenenfalls positiv in die Abwägung eingestellt werden, um die Rechte der betroffenen Mitarbeiter zu wahren:

- Dürfte das versendende Unternehmen die Datenverarbeitung, die der Datenempfänger durchführen soll, selbst durchführen? Dazu etwa Absicherung durch die Datenschutz-Folgenabschätzung, Art. 35.
- Wird dem empfangenden Konzernunternehmen kein „Mehr" an Funktionen übertragen? Denn eine Datenverarbeitung, die der eigentliche Arbeitgeber schon nicht durchführen darf, darf ein anderes Unternehmen in aller Regel erst recht nicht durchführen.
- Sind die weitergegebenen Daten für die Durchführung der übertragenen Funktion erforderlich? Ansonsten dürften die Gegeninteressen an einem Ausschluss der Übermittlung schon deswegen klar überwiegen.
- Im Falle eines Betriebs- oder Personalrats: Abschluss einer (freiwilligen) Betriebs- oder Dienstvereinbarung als zusätzliche Absicherung über deren normative und den Arbeitgeber bindende Wirkung, die zugleich im Sinne von „spezifischeren Vorschriften" des Art. 88 Abs. 1 und Abs. 2 obige Vorgaben enthält.

Dies können nur Anhaltspunkte sein. Im Ergebnis ist aber festzuhalten, dass sich auch ohne ein gesetzliches Konzernprivileg alle üblicherweise erforderlichen Konzern-Datentransfers zumindest über die Interessenabwägung und damit die Erlaubnisnorm des Art. 6 Abs. 1 S. 1 lit. f darstellen

---

[163] Der Begriff „Datenschutzkonzept" ist beispielhaft für ein Dokument gemeint, dass verbindlich im Unternehmen die Datenschutz-Organisation und v. a. dann die getroffenen Schutzmaßnahmen festlegt; solche Dokumente werden oft auch als „Datenschutz-Handbuch" oÄ bezeichnet – wichtig ist deren Verbindlichkeit.

lassen dürften. Dies gilt aber nur, wenn im vorgenannten Sinne nach Art. 88 Abs. 2 begleitende Schutzmaßnahmen getroffen werden, nicht nur zur Erfüllung der formalen Anforderungen des Art. 88 Abs. 2, sondern vor allem auch, um über solche zusätzlichen Schutzmaßnahmen zugunsten der betroffenen Mitarbeiter die Interessenabwägung in Richtung des Arbeitgebers positiv zu beeinflussen und in Folge etwaige Gegeninteressen der Mitarbeiter soweit reduziert zu haben, dass aufgrund der geschaffenen Zusatzmaßnahmen die Arbeitgeberinteressen überwiegen. Solche zusätzlichen Schutzmaßnahmen können durchaus auch Teil einer Rahmenbetriebsvereinbarung zum Datenschutz im Konzern sein, um darüber „vor die Klammer gezogen" generell zu gelten.[164] Ansonsten bleibt die Möglichkeit, durch eine Konzerndimensionalitätsklausel eine Erlaubnis in Form der Vertragsdurchführung im Sinne von Art. 6 Abs. 1 S. 1 lit. b DS-GVO, in Deutschland spezifiziert durch § 26 Abs. 1 S. 1 BDSG, zu schaffen.

189 **3. Datenverarbeitung durch den Betriebs- oder Personalrat.** Neben dem Arbeitgeber haben auch **Betriebs- und Personalräte** im Rahmen ihrer Aufgaben personenbezogene Daten von Beschäftigten zu verarbeiten, etwa nach deutschem Recht der Betriebsrat nach § 80 Abs. 2 S. 2 BetrVG oder bei der Anhörung einer Kündigung nach § 102 BetrVG, wozu der Arbeitgeber dem Betriebsrat personenbezogene Daten des zu Kündigenden zukommen lassen muss. Für ihre Verarbeitung personenbezogener Daten benötigen Betriebs- und Personalräte also eine datenschutzrechtliche Erlaubnis.[165] Die Klärung der Frage, welche Erlaubnis hierfür in Frage kommt, ist allerdings nicht einfach. Vor Inkrafttreten der DS-GVO wurden früher teilweise direkt das **BetrVG** und dessen Normen als datenschutzrechtliche Erlaubnis gesehen[166], da vor Inkrafttreten der DS-GVO das BDSG aF nach § 1 Abs. 3 BDSG aF nur subsidiär gegolten habe und andere Rechtsvorschriften des Bundes vorrangig gewesen seien, wie etwa diejenigen des BetrVG. Eine vertiefte dogmatische Auseinandersetzung mit dieser Frage gab es damals aber, soweit noch ersichtlich, in der Literatur nicht. Das BAG betonte zum früheren Recht dagegen, nicht in den betriebsverfassungsrechtlichen Normen des BetrVG, sondern in der datenschutzrechtlichen Vorschrift des § 32 Abs. 1 BDSG aF, also der Vorgängernorm zu § 26 Abs. 1 BDSG, die Rechtsgrundlage zur Datenverarbeitung zu sehen.[167] Mit anderen Worten: Das BAG urteilte, dass für die Frage der Verarbeitungserlaubnis das BDSG aF vorrangig war.

190 Unter der DS-GVO gilt umso mehr, dass die Normen des deutschen **BetrVG** keine datenschutzrechtlichen Erlaubnisnormen enthalten: Denn dazu müssten sie **„spezifischere Vorschriften"** im Sinne des Art. 88 sein. Spezifische Regelungen zur Verarbeitung mit personenbezogenen Daten enthält das BetrVG aber nicht. Aus verschiedenen Normen des BetrVG ergibt sich zwar, dass zu deren Erfüllung der Betriebsrat auch personenbezogene Daten verarbeiten muss – Regelungen zum Umgang mit personenbezogenen Daten finden sich aber nicht im BetrVG.[168] Dies verwundert allerdings nicht, da das BetrVG eine gänzlich andere Zielrichtung hat, nämlich die Schaffung von kollektivrechtlichen Institutionen sowie die Begründung von kollektivrechtlichen Rechten wie den Mitbestimmungs- oder Mitwirkungsrechten und deren Durchsetzung. Es verfolgt also einen anderen Zweck als „spezifischere Vorschriften" zum Datenschutz zu definieren.

191 Soweit zum Teil in der Literatur in den Normen des BetrVG, die im vorgenannten Sinne zumindest indirekt bestimmte Datenkategorien und deren Verarbeitung erfassen, wie § 80 Abs. 2 S. 1 Hs. 2 BetrVG, dennoch eine datenschutzrechtliche Erlaubnis gesehen wird,[169] kann dies nicht überzeugen. Denn keine Norm im BetrVG genügt **den formalen Vorgaben des**

---

[164] Dazu auch → Rn. 172 sowie zu Rahmenbetriebsvereinbarungen zum Datenschutz mit Vorschlägen *Körner* NZA 2019, 1389 (1382).

[165] Seit 2021 so jetzt explizit vom deutschen Gesetzgeber in Form des § 79a S. 1 BetrVG klargestellt, da zuvor in der Praxis zum Teil bestritten.

[166] Auch hier gilt das Gesagte analog für das BPersVG und es wird der Übersichtlichkeit nur auf das BetrVG Bezug genommen.

[167] Siehe BAG NZA 2019, 1218 (1222) „[...] hat die höchstrichterliche Rechtsprechung in § 80 II 2 Hs. 2 BetrVG keine spezifische Erlaubnisnorm für die Datenverarbeitung gesehen; bei der Gewährung von Einblicken in die Bruttoentgeltlisten nach § 80 II 2 Hs. 2 BetrVG handelt es sich vielmehr (...) um eine nach § 32 I BDSG aF zulässige Form der Datennutzung."

[168] Dies gilt auch für die 2021 neu geschaffene Regelung des § 79a BetrVG, mit der der deutsche Gesetzgeber lediglich klarstellte, dass die DS-GVO auch für die Datenverarbeitung durch den Betriebsrat gilt und der Betriebsrat keine eigenständige verantwortliche Stelle, sondern vielmehr (unverändert) Teil des Arbeitgebers und damit nur dieser Verantwortlicher im Sinne des Art. 4 Nr. 7 ist. Regelungen zur Datenverarbeitung selbst enthält § 79a BetrVG aber nicht.

[169] Dazu *Gola/Pötters* RDV 2017, 111 (113).

Art. 88 Abs. 2: Denn dazu müssten diese Normen „geeignete und besondere Maßnahmen" beinhalten, die für die Verarbeitung von Beschäftigtendaten zur Wahrung derer Grundrechte gelten. Regelungen mit solchen Maßnahmen gibt es aber im BetrVG nicht, dieses ist dafür vom Gesetzgeber auch nicht gedacht – es ist eben gerade kein Datenschutzrecht, sondern Kollektivrecht. Das BetrVG stellt also für die Verarbeitung von Beschäftigtendaten durch den Betriebsrat auch unter der DS-GVO keine datenschutzrechtliche Rechtsgrundlage dar.[170] Dies entspricht im Ergebnis der oben genannten früheren Rechtsprechung des BAG zu § 32 Abs. 1 BDSG aF, → Rn. 188. Für die Frage, welche datenschutzrechtliche Erlaubnisnorm für die Datenverarbeitung durch einen Betriebs- oder Personalrat gilt, kommt es damit nur auf die Datenschutzgesetze an.

Insofern ist an Art. 6 zu denken, gegebenenfalls auch eine nationale, gemäß Art. 88 zu erlassende spezifizierende nationale Norm. **192**

Betrachtet man zunächst aufgrund deren Anwendungsvorrangs die unionsrechtlichen Regelungen der DS-GVO, könnte **Art. 6 Abs. 1 S. 1 lit. c** in Frage kommen, wonach eine Datenverarbeitung dann zulässig ist, wenn diese zur Erfüllung einer **rechtlichen Verpflichtung erforderlich** ist, der der Verantwortliche unterliegt. Solche rechtlichen Verpflichtungen können sich in Deutschland etwa aus dem BetrVG ergeben. Wie § 79a BetrVG klarstellt, ist der Betriebs- oder Personalrat in Deutschland Teil der verantwortlichen Stelle: Soweit also der Betriebsrat nach dem BetrVG bestimmte Aufgaben erfüllen muss, trifft ihn eine entsprechende **rechtliche Pflicht**. Dies alleine reicht aber noch nicht aus, damit Art. 6 Abs. 1 S. 1 lit. c greift. **193**

Nach Art. 6 Abs. 3 ist vielmehr weitere Voraussetzung, dass sich die rechtlichen Verpflichtungen aus Unionsrecht oder dem Recht des jeweiligen Mitgliedstaats ergeben. Dies wäre hier das BetrVG und positiv der Fall. Ferner muss nach Art. 6 Abs. 3 S. 2 der Zweck der Datenverarbeitung in dieser Rechtsgrundlage (also dem BetrVG) festgelegt sein. Eine entsprechende Regelung findet sich aber nicht im BetrVG, dieses erwähnt die Verarbeitung von personenbezogenen Daten durch den Betriebsrat nicht, legt demgemäß dazu auch keine Verarbeitungszwecke fest (nur in § 79a BetrVG die Anwendbarkeit der Datenschutzgesetze auch für die Verarbeitung durch den Betriebsrat). Ob die allgemeinen Vorgaben im BetrVG zu den Aufgaben des Betriebsrats dafür ausreichen, ist zu bezweifeln, da diese keine Zwecke zur Datenverarbeitung nennen. Daneben müsste nach Art. 6 Abs. 3 S. 4 das jeweilige nationale Recht zudem noch ein im öffentlichen Interesse liegendes Ziel verfolgen und in einem angemessenen Verhältnis zu dem verfolgten legitimen Zweck stehen. Ob das BetrVG ein solches öffentliches Interesse liegendes Ziel verfolgt, ist stark zweifelhaft, da es die Rechte des Betriebsrats als klare (einseitige) Interessenvertretung der Belegschaft – und nicht der Öffentlichkeit – konstituiert. Es spricht damit einiges dagegen, dass das BetrVG eine rechtliche Verpflichtung iSd Art. 6 Abs. 1 S. 1 lit. c darstellt, die die Anforderungen des Art. 6 Abs. 3 einhält und damit eine Erlaubnis des Betriebsrats zur Verarbeitung von Beschäftigtendaten darstellt. **194**

Denkbar wäre ferner, die Datenverarbeitung durch den Betriebsrat auf Art. 6 Abs. 1 S. 1 lit. b zu stützen (Erfüllung Arbeitsvertrag) oder auf Art. 6 Abs. 1 S. 1 lit. f (Interessenabwägung). Ersteres mag in Einzelfällen zutreffen, wird aber nicht die Regel sein. Denn typischerweise ist es nicht erforderlich, dass der Betriebsrat Daten eines Beschäftigten verarbeitet, damit der Arbeitgeber den Arbeitsvertrag erfüllen kann. Es verbleibt die Interessenabwägung als mögliche Rechtsgrundlage. Auch wenn es insofern Gegeninteressen des betroffenen Arbeitnehmers geben kann, werden diese in der Regel zurückstehen müssen, wenn der Betriebsrat nur aufgrund der Vorgaben und Pflichten des BetrVG eine Datenverarbeitung vornimmt. Die Datenverarbeitung darf dabei nur im notwendigen Umfang erfolgen ebenso wie die übrigen Vorgaben der DS-GVO eingehalten werden müssen. Gerade wenn der Betriebsrat nur in Erfüllung einer Pflicht des BetrVG Daten verarbeitet, also einen gesetzlichen Auftrag hat, stellt dies ein gewichtiges berechtigtes Interesse dar, das alleine schon dafür sorgen kann, dass etwaige Gegeninteressen zurückstehen müssen. Als praktisches Problem bleibt die Widerrufsmöglichkeit nach Art. 21, hier allerdings in Form des zu begründenden Widerspruchs nach Art. 21 Abs. 1, der gegebenenfalls also durch den Betriebsrat „entkräftet" werden kann. Dennoch ist die Situation rein nach DS-GVO unbefriedigend, was aber wenig überrascht, kennt das Unionsrecht und damit die DS-GVO im Prinzip Einrichtungen wie den deutschen Betriebsrat nicht. **195**

Diese Situation war dem deutschen Gesetzgeber aber bewusst und er hat in § 26 Abs. 1 neben den schon aus dem bisherigen § 32 Abs. 1 BDSG aF bekannten Erlaubnisvorschriften eine zusätzliche neue Variante aufgenommen, die die Datenverarbeitung durch die Interessenver- **196**

---
[170] So auch *Wybitul* ZD 2016, 203 (206).

tretungen der Beschäftigten zum Inhalt hat: „Personenbezogene Daten von Beschäftigten dürfen für Zwecke des Beschäftigungsverhältnisses verarbeitet werden, wenn dies (...) zur Ausübung oder Erfüllung der sich aus einem Gesetz oder einem Tarifvertrag, einer Betriebs- oder Dienstvereinbarung (Kollektivvereinbarung) ergebenden Rechte und Pflichten der Interessenvertretung der Beschäftigten erforderlich ist." Es stellte sich aber schon immer die Frage, ob diese Norm überhaupt den Anforderungen der DS-GVO genügt. Einerseits könnte man in ihr eine spezifischere Vorschrift nach Art. 88 Abs. 1 sehen, da sie einen speziellen nationalen Fall, nämlich die Datenverarbeitung durch die Interessenvertretung näher ausgestaltet, den die DS-GVO selbst weder kennt noch regelt, also einen Regelungsgehalt aufweist, der sich von den allgemeinen Regelungen der DS-GVO unterscheidet, was nach dem EuGH das erste Kriterium ist, um überhaupt „spezifischer" im Sinne von Art. 88 Abs. 1 sein zu können.[171] Ziel muss – dies als das zweite vom EuGH aufgestellte Kriterium – sein, die Rechte und Freiheiten der Beschäftigten hinsichtlich der Verarbeitung ihrer personenbezogenen Daten im Beschäftigungskontext zu schützen. Ob dies der Fall ist, ist zweifelhaft, da gerade eine Erlaubnis zur Datenverarbeitung erteilt wird. Das dritte Kriterium – eine Verarbeitung im Beschäftigungskontext – dagegen dürfte wieder erfüllt sein. Was aber klar dagegen spricht, ist, dass Art. 6 abschließend und erschöpfend alle Datenverarbeitungserlaubnisse nach der DS-GVO enthält und sich dort keine Regelung speziell für Interessenvertretungen findet. Zwar ist diese Teil des Arbeitsgebers – dann aber läge in der Erlaubnis nach § 26 Abs. 1 S. 1 BDSG nur eine Wiederholung der Grundsätze der DS-GVO und das Schicksal dieser nationalen Erlaubnis wäre die Unanwendbarkeit.[172] Zudem enthält diese Erlaubnis keinerlei „geeigneten oder besonderen Maßnahmen" iSv Art. 88 Abs. 2. Ergebnis ist insofern, dass die entsprechende Erlaubnis nach § 26 Abs. 1 S. 1 Var. 2 BDSG unanwendbar ist. Als Erlaubnis für die Datenverarbeitung durch den Betriebsrat bliebe dann in den meisten Fällen nur die Interessenabwägung nach Art. 6 Abs. 1 S. 1 lit. f.

197 Man könnte in dieser nationalen Erlaubnis des **§ 26 Abs. 1 S. 1 Var. 2 BDSG** betreffend der Datenverarbeitung durch Betriebs- oder Personalräte andererseits aber eine **nationale rechtliche Verpflichtung nach Art. 6 Abs. 1 S. 1 lit. c** sehen. Zumindest wäre in § 26 Abs. 1 S. 1 Var. 2 BDSG ein Verarbeitungszweck genannt, also diese Anforderung erfüllt. Es bleibt aber die Frage, ob die Erfüllung der Aufgaben des Betriebsrats ein im öffentlichen Interesse liegendes Ziel im Sinne von Art. 6 Abs. 3 darstellt. Dies ist fraglich: Denn der Betriebsrat ist zwar eine Interessenvertretung, aber eine solche, die rein die Interessen der jeweiligen Belegschaft vertritt, nicht öffentliche Interessen. Unter Umständen mögen die Interessen der Belegschaft sogar öffentlichen Interessen widersprechen, wenn man an Streiks im öffentlichen Personentransport denkt. Vor allem aber beinhaltet § 26 Abs. S. 1 Var. 2 BDSG keine Pflicht zur Datenverarbeitung durch die Interessenvertretung, sondern lediglich eine Erlaubnis – stellt also schon dem Wortlaut nach keine „rechtliche Verpflichtung" dar, wie sie Art. 6 Abs. 1 S. 1 lit. c fordert. § 26 Abs. 1 S. 1 Var. 2 BDSG erfüllt also nicht die Anforderungen des Art. 6 Abs. 3.

198 Das **Ergebnis** ist unbefriedigend: Eine Datenverarbeitung durch den Betriebsrat auf Basis von § 26 Abs. 1 S. 1 Var. 2 BDSG kommt aufgrund dessen EU-Widrigkeit und damit Unanwendbarkeit nicht in Betracht. Aber auch ein Rückgriff auf die Erlaubnis des Art. 6 Abs. 1 S. 1 lit. c scheidet mangels solcher rechtlichen Verpflichtungen, die die zusätzlichen Anforderungen des Abs. 2 und 3 erfüllen, aus. Das Vorliegen einer Erlaubnis in Form der Vertragserfüllung nach Art. 6 Abs. 1 S. 1 lit. b wird die Ausnahme sein. Es bleibt die Interessenabwägung des Art. 6 Abs. 1 S. 1 lit. f – mit dem Nachteil eines Widerspruchs und dem unguten Beigeschmack, dass wichtige und zentrale Datenverarbeitungen im Beschäftigungsumfeld durch den Betriebsrat, die aus seiner Sicht zwingend erfolgen müssen, um den Pflichten aus dem BetrVG nachzukommen, lediglich auf die stets mit Unsicherheiten behaftete Interessenabwägung gestützt werden kann. Die Lösung läge darin, dass der deutsche Gesetzgeber eine auch den Anforderungen des Art. 88 Abs. 2 genügende nationale Erlaubnis, speziell für die Datenverarbeitung durch die Interessenvertretungen, schafft, was aber derzeit in Form des § 26 Abs. 1 S. 1 Var. 2 BDSG nach der hier vertretenen Auffassung nicht der Fall ist: Denn dort unterließ es der deutsche Gesetzgeber bislang nicht nur, „geeignete und besondere Maßnahmen" im Sinne von Art. 88 Abs. 2 aufzunehmen, sondern erfüllt aufgrund der reinen Wiederholung von Grundsätzen der DS-GVO auch nicht die Anforderungen an eine spezifizierende Vorschrift im Sinne des Art. 88 Abs. 1[173] Generell zu

---

[171] EuGH Urt. v. 30.3.2023 – C-34/21, ECLI:EU:C:2023:270, Rn. 61.
[172] EuGH Urt. v. 30.3.2023 – C-34/21, ECLI:EU:C:2023:270, Rn. 89.
[173] Vgl. EuGH Urt. v. 30.3.2023 – C-34/21, ECLI:EU:C:2023:270, Rn. 89.

Problemen der DS-GVO-Konformität des § 26 Abs. 1 BDSG → Rn. 218 ff., insbesondere → Rn. 231.[174] Die Arbeitsgerichte allerdings problematisieren diese Thematik bislang nicht.

Rolle des Betriebsrats: Da zumindest in der Praxis nicht unstreitig, stellt der Gesetzgeber durch die neue Norm des § 79a BetrVG, die im Rahmen des Betriebsrätemodernisierungsgesetzes 2021 im BetrVG aufgenommen wurde, klar, dass auch der Betriebsrat bei seiner Verarbeitung personenbezogener Daten die Vorschriften über den Datenschutz einzuhalten hat. Ebenso findet sich in § 79a BetrVG die Klarstellung, dass – soweit der Betriebsrat zur Erfüllung der in seiner Zuständigkeit liegenden Aufgaben personenbezogene Daten verarbeitet – der Arbeitgeber der für die Verarbeitung Verantwortliche im Sinne der datenschutzrechtlichen Vorschriften ist, also der Betriebsrat kein eigener Verantwortlicher.[175] Aber auch schon vor der Geltung des § 79a BetrVG war es einhellige Meinung, dass die Betroffenen etwa nach Art. 13 und 14 DS-GVO über die Datenverarbeitung durch den Betriebsrat zu informieren waren. 199

4. Die Einwilligung im Beschäftigungsverhältnis. Auffallend ist in Art. 88 Abs. 1, dass dort zur Frage, ob und inwieweit ein Mitgliedstaat im Kontext des Art. 88 auch eine **Einwilligung als Legitimation** in Form von spezifischeren Vorschriften vorsehen kann, nichts zu finden ist. Insofern hilft Erwägungsgrund 155, der die Einwilligung explizit als weiteren Bereich nennt, zu dem die Mitgliedstaaten im Rahmen der Spezifizierungsklausel spezifischere Vorschriften erlassen können. 200

Daraus ergibt sich einerseits, dass eine Einwilligung als Erlaubnis für die Verarbeitung von Daten im Beschäftigungskontext dem Grunde nach in Frage kommt[176] und andererseits, dass die Spezifizierungsmöglichkeit des Art. 88 Abs. 1 nach dem Willen des Verordnungsgebers auch spezifischere Vorschriften zur Einwilligung im Beschäftigungskontext umfasst. 201

Wenn ein Mitgliedstaat zu Einwilligungen von Beschäftigten spezifischere Vorschriften erlässt oder Kollektivparteien dazu Regelungen in Kollektivvereinbarungen schaffen, müssen diese nicht nur die Vorgaben des Art. 88 Abs. 1 und Abs. 2 umsetzen, sondern – da nur eine Spezifizierung der Vorgaben der DS-GVO zulässig ist – auch an die Anforderungen von Art. 7, siehe die Kommentierung zu Art. 7. Wichtig bei der Gestaltung von Einwilligungen sind zudem die Erwägungsgründe 32 und 33 sowie 42 und 43 mit weiteren wichtigen Aussagen hierzu. 202

Nach Art. 7 gilt das **Freiwilligkeitserfordernis** als grundlegende Wirksamkeitsvoraussetzung. Im Beschäftigungskontext bleibt die Frage nach der Freiwilligkeit somit auch im Rahmen der DS-GVO-Vorschriften relevant. Aus Erwägungsgrund 42 ergibt sich dazu, dass Freiwilligkeit voraussetzt, dass der Betroffene eine **echte oder freie Wahl** hat und somit in der Lage ist, die Einwilligung auch zu verweigern oder zurückzuziehen, ohne Nachteile zu erleiden. Erwägungsgrund 43 gibt spezielle Beispiele, wann es an der nötigen Freiwilligkeit fehlt. 203

Wenngleich also aufgrund Erwägungsgrund 155 feststeht, dass auch im Beschäftigungsverhältnis eine Einwilligung eine Erlaubnis begründen kann, bleibt als **Anwendungsbereich** dafür im Ergebnis nur der Bereich der Datenverarbeitung, der nicht zur Begründung, Durchführung oder Beendigung des Beschäftigungsverhältnisses erforderlich ist. Denn bei der „erforderlichen" Datenverarbeitung hat der Beschäftigte denklogisch keine Wahl, es bestünde keine Freiwilligkeit. Mit anderen Worten: Die Legitimation einer Datenverarbeitung von Beschäftigten auf Basis einer Einwilligung kann nur in Bereichen außerhalb der zwingend notwendigen Datenverarbeitung in Betracht kommen.[177] 204

Eine Einwilligung kann zudem **jederzeit widerrufen** werden, vgl. Art. 7 Abs. 3 S. 1. Schon deswegen kann ein Arbeitgeber aus praktischen Gründen eine Datenverarbeitung, die er durch- 205

---

[174] Bislang wurde diese Thematik weder von der Rechtsprechung noch der Literatur vertieft, siehe aber zu einer aktuellen EuGH-Vorlage des VG Wiesbaden zur Frage, ob das Pendant zu § 26 Abs. 1 BDSG im hessischen Landesrecht Art. 88 Abs. 2 DS-GVO genügt, mwN → Rn. 231.
[175] Siehe mit einem Überblick zum Betriebsrätemodernisierungsgesetz Gola RDV 2021, 181 (181 ff.).
[176] So auch die Artikel-29-Datenschutzgruppe in WP 187, Stellungnahme 15/2011 zur Definition von Einwilligung, S. 16, mit dem Bsp. einer Einwilligung eines Beschäftigten zur Veröffentlichung einer Fotografie im Intranet, sowie grundlegenden Ausführungen ab S. 17; BAG Urt. v. 11.12.2014 – 8 AZR 1010/13, BAGE 150, 195.
[177] Ein Bsp. ist der vom BAG entschiedene Fall, in dem es um die werbliche Nutzung einer Filmaufnahme ging, in der Arbeitnehmer zu sehen sind, BAG Urt. v. 11.12.2014 – 8 AZR 1010/13, BAGE 150, 195. Schon lange als zulässig anerkannt ist eine Einwilligung eines Beschäftigten in angemessene und transparente Kontrollen des Arbeitgebers bei gestatteter Privatnutzung des dienstlichen E-Mail- oder Internetsystems, siehe genauer dazu Plath/*Stamer/Kuhnke* TKG § 88 Rn. 23 und Düsseldorfer Kreis, „Orientierungshilfe der Datenschutzaufsichtsbehörden zur datenschutzgerechten Nutzung von E-Mail und anderen Internetdiensten am Arbeitsplatz".

führen muss oder die ihm wichtig ist, nicht auf eine Einwilligung stützen: Denn im Fall eines Widerrufs der Einwilligung wäre ihm diese Datenverarbeitung verwehrt. Es bleibt zudem abzuwarten, wie in Zukunft die Rechtsprechung die Frage entscheidet, ob eine Datenverarbeitung, die bereits über eine gesetzliche Erlaubnis gestattet ist, zusätzlich noch über eine parallel eingeholte Einwilligung legitimiert werden kann. Daran knüpft sich die Frage, ob in einem solchen Fall bei einem Widerruf der Einwilligung dem Verantwortlichen der Rückgriff auf die gesetzliche Erlaubnis dann aufgrund von Treu und Glauben verwehrt ist oder aber möglich bleibt.

206 Allein schon aufgrund der großen Herausforderungen betreffend die Freiwilligkeit und des Widerrufs waren bislang Arbeitgeber gut beraten, auf die Einwilligung als Legitimation möglichst zu verzichten und sich vorwiegend auf **gesetzliche Erlaubnistatbestände** zu stützen. Im Ergebnis hat sich daran durch die DS-GVO nichts geändert, da der Gestaltungsspielraum eines Mitgliedstaats bei Nutzung der Spezifizierungsklausel und Schaffung von spezifischeren Regelungen zur Einwilligung zwar vorhanden, durch die Vorgaben aus Art. 88 Abs. 1 und 2 sowie Art. 7 samt seinen Erwägungsgründen aber sehr gering ist und die genannten praktischen Probleme (Freiwilligkeit, Widerruflichkeit, Nachweisbarkeit etc) bleiben. Insbesondere in Betriebsvereinbarungen sind aber spezifischere Regelungen zum Einsatz von Einwilligungen in bestimmten Situationen denkbar und können sinnvoll sein.

207 Bislang wurde die **Freiwilligkeit von Einwilligungen im Beschäftigungsverhältnis** in Deutschland sehr kritisch gesehen:[178] Denn Situationen ohne solchen Druck seien im Beschäftigungsverhältnis sehr selten oder gänzlich ausgeschlossen. Das BAG erkannte aber zuletzt die grundsätzliche Möglichkeit, dass ein Arbeitgeber auch auf Basis einer Einwilligung eines Beschäftigten dessen Daten verarbeiten dürfe, durchaus an.[179]

208 Auch der deutsche Gesetzgeber reagierte im neuen BDSG und schuf mit **§ 26 Abs. 2 BDSG** nunmehr eine eigene Regelung zur Einwilligung im Beschäftigungsverhältnis. Diese Regelung ist als spezifischere Vorschrift iSd Art. 88 Abs. 1 zu sehen. Dort finden sich zudem Beurteilungskriterien zur möglichen Freiwilligkeit im Beschäftigungsverhältnis. Bemerkenswert ist, dass – anders als die DS-GVO, die keine zwingende Schriftform für Einwilligungen kennt – der deutsche Gesetzgeber für Einwilligungen im Beschäftigungskontext grundsätzlich die Schriftform oder eine elektronische Form fordert, „soweit nicht wegen besonderer Umstände eine andere Form angemessen ist." Darin liegt eine zusätzliche Anforderung an Einwilligungen, die über die DS-GVO weit hinausgeht. Da nationale Vorschriften nach Art. 88 Abs. 1 aber nur spezifizierend, nach der hier vertretenen Auffassung jedoch nicht strenger sein dürfen, zudem die DS-GVO auch im Beschäftigungskontext vollharmonisierend ist und Art. 6 mit Ausnahme des hier nicht relevanten Abs. 2 und Abs. 3 nicht national geöffnet, vielmehr erschöpfend und abschließend ist,[180] verstößt diese Formvorgabe in § 26 Abs. 2 BDSG gegen die DS-GVO und ist unanwendbar.[181]

209 Wenngleich nicht speziell für Einwilligungen von Beschäftigten, sondern allgemein zu Einwilligungen nach der DS-GVO hat der Europäische Datenschutzausschuss („EDSA", als Nachfolgerin der früheren Artikel-29-Datenschutzgruppe) eine Reihe von sehr hilfreichen Empfehlungen u.a. auch zur Einwilligung nach der DS-GVO veröffentlicht.[182]

210 **5. Daten Verstorbener.** Bislang noch nicht in Zusammenhang mit Personaldaten diskutiert, spricht die DS-GVO noch eine weitere Spezifizierungsmöglichkeit an, die Bezug zum Personaldatenschutz haben kann, nämlich in Erwägungsgrund 27, der sich mit dem **Datenschutz Verstorbener** beschäftigt. Erwägungsgrund 27 bestimmt, dass die DS-GVO nicht für die personenbezogenen Daten Verstorbener gilt, vielmehr die Mitgliedstaaten dafür eigene Vorschriften vorsehen dürfen. Da außerhalb des Anwendungsbereichs der DS-GVO ist dies aber ein nur deklaratorischer Spezifizierungshinweis als eine Spezifizierungsklausel, sorgt aber jedenfalls für Klarheit zu dieser Frage.

211 In der Praxis ist der Fall, mit personenbezogenen Daten verstorbener Mitarbeiter umgehen zu müssen, durchaus relevant, sei es aus Sicht des Arbeitgebers oder der Angehörigen. Dazu kann

---

[178] Däubler/Klebe/Wedde/Weichert/*Däubler* BDSG § 4a Rn. 23.
[179] BAG Urt. v. 11.12.2014 – 8 AZR 1010/13, BAGE 150, 195; ausf. *Thüsing* BB 2016, 819 (822 ff.) mwN.
[180] EuGH Urt. v. 30.3.2023 – C-34/21, ECLI:EU:C:2023:270, Rn. 70.
[181] AA *Düwell/Brink* NZA 2017, 1081 (1084).
[182] Europäischer Datenschutzausschuss, WP 259, Guidelines on Consent under Regulation 2016/679 und WP 260, Guidelines on transparency under Regulation 2016/679.

zB die Frage des Zugriffs auf etwaige **Korrespondenz oder E-Mails** eines verstorbenen Mitarbeiters gehören, gerade bei einer (erlaubten) Privatnutzung des dienstlichen E-Mail-Accounts.

Aktuell gibt es im deutschen Recht generell keine expliziten Regelungen zu einem postmortalen Datenschutz, zugleich ist dieser in der Rechtsprechung umfänglich anerkannt.[183] Der Spezifizierungshinweis des Erwägungsgrundes 27 wäre daher für den deutschen Gesetzgeber eine gute Möglichkeit, zu dieser Thematik insgesamt noch Regelungen zu schaffen, speziell aber auch Regelungen zum Umgang mit Daten verstorbener Beschäftigter. Bislang verzichtete der deutsche Gesetzgebar aber darauf, im neuen BDSG dazu Regelungen aufzunehmen.

6. Besondere Kategorien personenbezogener Daten. Lediglich des Zusammenhangs zu Beschäftigten wegen ist noch auf Art. 9 Abs. 2 lit. b hinzuweisen, der eine Vorgabe enthält, wann ein Verantwortlicher im Bereich des Beschäftigtendatenschutzes besondere Kategorien von personenbezogenen Daten verarbeiten darf. Da kein Bezug zur Spezifizierungsklausel des Art. 88 besteht, wird insofern auf die Kommentierung von Art. 9 verwiesen.

C. Rechtsschutz

Nach Art. 79 hat jede betroffene Person das Recht auf einen wirksamen gerichtlichen **Rechtsbehelf**, wenn sie der Ansicht ist, dass die ihr aufgrund der DS-GVO zustehenden Rechte verletzt wurden. Insofern kann auf die dortige Kommentierung verwiesen werden, da keine Besonderheiten zum Beschäftigtendatenschutz gelten.

Im Kontext des Beschäftigtendatenschutzes ist allerdings **Art. 80** hervorzuheben. Nach dieser Vorschrift hat ein Betroffener zunächst allgemein das Recht, sich von in Art. 80 Abs. 1 genannten Einrichtungen vertreten zu lassen, deren satzungsmäßige Ziele im öffentlichen Interesse liegen und die im Bereich des Schutzes der Rechte und Freiheiten von Betroffenen in Bezug auf den Schutz ihrer personenbezogenen Daten tätig sind. Nach Art. 80 Abs. 2 geht dies sogar soweit, dass die Mitgliedstaaten vorsehen können, dass eine solche Einrichtung unabhängig von einem Auftrag der betroffenen Person das Recht hat, bei der zuständigen Aufsichtsbehörde eine Beschwerde nach Art. 77 einzureichen und die Rechte nach Art. 78 und 79 in Anspruch zu nehmen, wenn ihres Erachtens die Rechte eines Betroffenen verletzt sind.

Typischerweise dürften **Gewerkschaften** betreffend Beschäftigtendaten solche Einrichtungen sein,[184] so dass betroffene Beschäftigte sich von solchen bei Verletzungen ihrer Rechte einerseits vertreten lassen dürfen, andererseits diesen sogar das genannte **Verbandsklagerecht** zustehen kann, soweit der deutsche Gesetzgeber nach Art. 80 Abs. 2 die dortige Spezifizierungsklausel nutzt und eine Regelung schafft.

Über die Reichweite von Art. 88 als Spezifizierungsklausel entscheidet der EuGH. Dies betrifft die Wirksamkeit von spezifischeren nationalen Vorschriften und die Frage, ob sich diese noch innerhalb der Vorgaben des Art. 88 bewegen oder darüber hinausgehen.

D. Nationale Durchführung

Der deutsche Gesetzgeber nutzte die Spezifizierungsmöglichkeit des Art. 88 Abs. 1 und schuf in § 26 BDSG eine – im Verhältnis zum früheren § 32 BDSG aF – deutlich umfangreichere Spezialnorm. Wie im bisherigen Verlauf der hiesigen Kommentierung gezeigt, bestanden nach der hier vertretenen Auffassung schon immer bei einer Reihe von Regelungen des § 26 BDSG massive Bedenken betreffend derer Europarechtskonformität. Einerseits, da diese nicht mehr nur im hier verstandenen Sinne spezifizierend sind, sondern zum Teil Neues schaffen oder strenger als die DS-GVO sind, andererseits, weil fraglich ist, ob sie „geeignete und besondere Maßnahmen" im Sinne von Art. 88 Abs. 2 beinhalten.

Was § 26 Abs. 1 S. 1 BDSG und damit die zentrale Norm des deutschen Beschäftigungsdatenschutzes betrifft, ist durch den EuGH zumindest im Ergebnis entschieden, dass diese Norm aufgrund ihrer EU-Widrigkeit unanwendbar ist.[185] Zwar betraf der vom EuGH entschiedene Fall eine Norm im hessischen Datenschutzrecht, die aber inhaltsgleich ist. Der EuGH kam

---

[183] Siehe dazu mit detaillierten Ausführungen generell zu der Thematik *Kühling/Martini* DS-GVO S. 22 f.
[184] Vgl. Simitis/*Seifert* BDSG § 32 Rn. 3c; *Gola* EuZW 2012, 332 (336); *Wybitul/Fladung* BB 2012, 509 (515).
[185] EuGH Urt. v. 30.3.2023 – C-34/21, ECLI:EU:C:2023:270.

insofern zu dem Ergebnis, dass diese Norm schon nicht spezifizierend ist, weil sie nur eine Wiederholung der ohnehin nach der DS-GVO geltenden Grundsätze darstelle, also keinen zusätzlichen Regelungsgehalt beinhalte, der sie aber erst zu einer spezifizierenden Norm machen würde. Ganz abgesehen davon liegt zugleich ein Verstoß gegen das Wiederholungsverbot vor. Und zuletzt fehlen geeignete und besondere Maßnahmen im Sinne von Art. 88 Abs. 2, die aber zwingend nötig sind. Aufgrund der Inhaltsgleichheit lässt sich dies auf § 26 Abs. 1 S. 1 BDSG übertragen.

220 **§ 26 BDSG ist wie folgt aufgebaut:**
– Abs. 1 enthält – wie bislang § 32 Abs. 1 BDSG aF – spezielle Erlaubnisnormen. Neu hinzugekommen im Verhältnis zum BDSG aF ist § 26 Abs. 1 S. 1 Var. 2 BDSG, wonach eine Verarbeitung von Beschäftigtendaten zur Ausübung oder Erfüllung der sich aus einem Gesetz oder Tarifvertrag, einer Betriebs- oder Dienstvereinbarung (Kollektivvereinbarung) ergebenden Rechte und Pflichten der Interessenvertretung zulässig ist.
– Abs. 2 beinhaltet speziell für Einwilligungen im Beschäftigungskontext Vorgaben.
– Abs. 3 regelt eine Ausnahme zum Umgang mit besonderen Kategorien personenbezogener Daten für Zwecke des Beschäftigungsverhältnisses.
– Abs. 4 legt fest, dass die Verarbeitung von Beschäftigtendaten für Zwecke des Beschäftigungsverhältnisses „auf der Grundlage von Kollektivvereinbarungen" zulässig ist, zudem wird explizit darauf verwiesen, dass die Verhandlungspartner dabei die Anforderungen des Art. 88 Abs. 2 DS-GVO zu beachten haben.
– Abs. 5 schreibt vor, dass der Verantwortliche „geeignete Maßnahmen" ergreifen muss, um sicherzustellen, dass die Vorgaben des Art. 5 DS-GVO eingehalten werden.
– Abs. 6 bestimmt, dass die Beteiligungsrechte der Interessenvertretungen der Beschäftigten unberührt bleiben.
– Abs. 7 erweitert – wie bislang § 32 Abs. 2 BDSG aF – die Geltung des § 26 BDSG auch auf Sachverhalte, bei denen Beschäftigtendaten verarbeitet werden, ohne dass sie in einem Dateisystem gespeichert sind oder werden sollen.
– Abs. 8 enthält eine eigene Definition des Begriffs der Beschäftigten.

Zumindest § 26 Abs. 1 S. 1 BDSG wird infolge des EuGH-Urteils vom 30.3.2023 unanwendbar sein, da zur inhaltsgleichen Norm § 23 HDSIG der EuGH so entschied.[186] Für S. 2 und die anderen Absätze des § 26 BDSG dagegen muss dies gesondert bewertet werden.

221 Soweit im Rahmen der bisherigen Kommentierung auf die verschiedenen Differenzen zwischen DS-GVO und § 26 BDSG bereits eingegangen wurde, erfolgt zur besseren Orientierung und Übersichtlichkeit im Folgenden jeweils ein Verweis auf die Fundstelle, im Übrigen werden die Auswirkungen des Art. 88 im Hinblick auf die Regelungen in § 26 BDSG in diesem Kapitel besprochen.

222 Zunächst ist auf die Erweiterung des Anwendungsbereichs auch auf die Verarbeitung von Daten sogar außerhalb eines Dateisystems einzugehen, **§ 26 Abs. 7 BDSG:** Eine solche nationale Regelung ist zulässig, da außerhalb des Anwendungsbereichs der DS-GVO, dazu → Rn. 38. Da für diese Datenverarbeitungen die DS-GVO gemäß Art. 2 nicht gilt, steht es dem deutschen Gesetzgeber frei, dafür eigene Normen zu schaffen. Freilich bleibt er an das europäische Primärrecht und das deutsche Grundgesetz und die daraus in den letzten Jahrzehnten insbesondere vom Bundesverfassungsgericht abgeleiteten Regeln und Vorgaben zum Schutz des Persönlichkeitsrechts und des Rechts auf informationelle Selbstbestimmung gebunden. Soweit es also um die Verarbeitung von Beschäftigtendaten geht, die nicht in Dateisystemen im Sinne von Art. 2, 4 Nr. 6 gespeichert werden, ist die DS-GVO nicht der „begrenzende" Faktor für § 26 BDSG. Die Normen des § 26 BDSG sind für eine solche Datenverarbeitung auch nicht unmittelbar nach der DS-GVO auszulegen, da in diesem Fall gerade keine Spezifizierung. Der deutsche Gesetzgeber beließ es aber für die Verarbeitung personenbezogener Beschäftigtendaten bei dem Verweis auf die Abs. 1 bis 6 von § 26 BDSG – genau genommen gelten also nur diese, nicht das BDSG im Übrigen. Dogmatisch etwa schwierig ist in § 26 Abs. 5 BDSG die Regelung, wonach der Verantwortliche geeignete Maßnahmen ergreifen muss, um sicherzustellen, dass insbesondere die in Art. 5 DS-GVO dargelegten Grundsätze eingehalten werden, müssen → dazu Rn. 38.

223 Da die Reichweite der Anwendbarkeit des § 26 BDSG festlegend, kommt ferner der Definition der Beschäftigten nach **§ 26 Abs. 8 BDSG** eine zentrale Bedeutung zu. Neu ist dort im Verhältnis zu § 32 BDSG aF u.a. die Aufnahme auch von Leiharbeitnehmern, beibehalten

---

[186] EuGH Urt. v. 30.3.2023 – C-34/21, ECLI:EU:C:2023:270.

wurden die Bewerber. Nach der hier vertretenen Auffassung verstößt die Schaffung von neuen, nicht in der DS-GVO enthaltenen Definitionen gegen Art. 88 Abs. 1. Denn die Frage, wer noch Beschäftigter ist und wer nicht, ist – da diese Begriffe in Art. 88 Abs. 1 verwendet werden – autonom unionsweit identisch auszulegen und daher für den nationalen Gesetzgeber nicht geöffnet, → Rn. 49.

224 Der Hinweis in **§ 26 Abs. 6 BDSG,** dass die Rechte der Interessenvertretungen unberührt bleiben, ist nur deklaratorischer Natur. Zu beachten ist allerdings, dass etwa das BetrVG nach der hier vertretenen Auffassung zur DS-GVO keine Erlaubnis zur Datenverarbeitung enthalten kann, wenn es nicht seinerseits den Anforderungen des Art. 88 Abs. 1 und Abs. 2 genügt, was nur bei den wenigsten Normen im BetrVG der Fall ist, → Rn. 189ff. Wenn aber der Verweis in § 26 Abs. 6 BDSG so verstanden wird, dass er lediglich auf die kollektivrechtlichen, nicht etwaigen datenschutzrechtlichen Befugnisse der Interessenvertretung bezogen ist, stehen dem keine Bedenken aus Sicht der DS-GVO entgegen.

225 Betreffend der Ausnahmen zu den besonderen Kategorien besonderer Daten nach **§ 26 Abs. 3 BDSG** ist auf die Ausführungen zu Art. 9 zu verweisen.

226 Da die Regelung in **§ 26 Abs. 4 BDSG** (Datenverarbeitung auf Grundlage von Kollektivvereinbarungen) so formuliert ist, dass die Kollektivparteien in Kollektivvereinbarungen die Grundlage zur Datenverarbeitung schaffen dürfen, also einen Erlaubnistatbestand, geht diese zu weit, → Rn. 96ff. § 26 Abs. 4 BDSG ist daher verordnungskonform so auszulegen, dass der deutsche Gesetzgeber damit „nur", aber immerhin, die Spezifizierungsmöglichkeit des Art. 88 Abs. 1 nutzte und erlaubt klarstellt,[187] dass in Deutschland auch Kollektivvereinbarungen „spezifischere Vorschriften" nach Art. 88 Abs. 1 DS-GVO enthalten dürfen. Das BAG legte dem EuGH per Vorlagebeschluss u.a. die Frage vor, ob § 26 Abs. 4 BDSG dahingehend auszulegen sei, dass – wenn auf der Grundlage von Kollektivvereinbarungen eine Verarbeitung von Beschäftigtendaten zulässig sein soll – daneben auch die „sonstigen Vorgaben der DS-GVO – wie etwa Art. 5, Art. 6 Abs. 1 und Art. 9 Abs. 1 und Abs. 2" einzuhalten seien.[188] Soweit dies der Fall wäre, ist eine weitere Frage, inwieweit den Kollektivparteien dabei ein Spielraum bei der Beurteilung der Erforderlichkeit zustehe, der nur eingeschränkt gerichtlich überprüfbar wäre. Die Entscheidung des EuGH bleibt abzuwarten, das BAG selbst vertritt in seinem Vorlagebeschluss die Meinung, dass die DS-GVO auch im Übrigen anwendbar bleibe und eine volle gerichtliche Überprüfung erfolgen könne.[189] Dazu auch → Rn. 96ff.

227 Die Regelung in § 26 Abs. 5 BDSG, wonach der Verantwortliche geeignete Maßnahmen ergreifen muss, um sicherzustellen, dass insbesondere die in Art. 5 DS-GVO niedergelegten Grundsätze der Verarbeitung personenbezogener Daten eingehalten werden, ist rein deklaratorisch, zugleich aber unglücklich: Denn dem Leser stellt sich damit die Frage, warum nur auf diese eine DS-GVO-Norm verwiesen wurde, nicht auf alle übrigen DS-GVO-Vorgaben, die ebenfalls gelten. Das BAG greift auf die Regelungen des § 26 Abs. 5 BDSG als Begründung dafür zurück, dass sich daraus die nach Art. 88 Abs. 2 erforderlichen geeigneten und besonderen Maßnahmen für § 26 BDSG als nationale Spezifizierungsnorm ergeben sollen[190], übersieht aber, dass sich § 26 Abs. 5 BDSG explizit an den *Verantwortlichen* richtet, nicht aber im Sinne von Art. 88 Abs. 2 selbst Normvorgaben zur Wahrung der Grundrechte und Interessen der Beschäftigten enthält und der Verantwortliche nicht Adressat von Art. 88 Abs. 2 DS-GVO ist. Abgesehen davon kann ein Verweis auf ohnehin geltende Normen der DS-GVO nicht „geeignete und besondere Maßnahmen" darstellen – schon sprachlich nicht, erst recht nicht inhaltlich. § 26 Abs. 5 BDSG enthält damit die nach Art. 88 Abs. 2 geforderten „geeigneten und besonderen Maßnahmen" nicht. Zumindest für § 26 Abs. 1 S. 1 BDSG ist Folge des EuGH-Urteils vom 30.3.2023, dass diese Norm unanwendbar sein wird, weil nicht ausreichend spezifizierend und zudem gegen das Wiederholungsverbot verstoßend, abgesehen davon auch keine „geeigneten und besonderen Maßnahmen" im Sinne von Art. 88 Abs. 2 enthaltend, dazu → Rn. 218f.

228 **§ 26 Abs. 2 BDSG** beinhaltet spezifischere Vorschriften zur Einwilligung von Beschäftigten. Die dortigen Regelungen zur Freiwilligkeit befinden sich in S. 1 und 2. Ob diese tatsächlich spezifischer als die Regelungen dazu in der DS-GVO sind (siehe dort Art. 7 Abs. 4 sowie Erwägungsgrund 43), steht allerdings in Frage; einen gewissen inhaltlichen Mehrwert bringen sie aber, zumindest im Sinne von klarstellenden Beispielen. Insofern ließe sich argumentieren, dass

---

[187] → Rn. 31.
[188] BAG Beschl. v. 22.9.2022 – 8 AZR 209/21, NZA 2023, 363.
[189] BAG Beschl. v. 22.9.2022 – 8 AZR 209/21, Rn. 26, NZA 2023, 363.
[190] BAG Beschl. v. 7.5.2019 – 1 ABR 53/17, Rn. 47 und 48, ZD 2019, 571.

sie die Vorgaben der DS-GVO immerhin präzisieren und damit möglicherweise im geforderten, aber auch zulässigen Umfang spezifizieren. Dagegen überschreitet die in S. 3 aufgenommene grundsätzliche elektronische Form, die die DS-GVO nicht kennt, den Rahmen des nach Art. 88 Abs. 1 erlaubten Umfangs, da Art. 7 nicht für nationale Besonderheiten geöffnet ist und eine strengere Schriftform nach der hier vertretenen Ansicht deutlich über eine reine Spezifizierung hinausgeht, zudem klar dem vollharmonisierenden Ansatz widerspricht, dazu auch → Rn. 76 f.[191]

229 Die eigentliche „Hauptnorm" des § 26 BDSG findet sich in **§ 26 Abs. 1 BDSG.** Dort sind insgesamt vier gesetzliche Erlaubnistatbestände geregelt. Drei Erlaubnisse in S. 1 und eine weitere Erlaubnis in S. 2. Die Literatur war im Rahmen der Diskussionen der Schaffung des DSAnpUG-EU zum damaligen § 32 BDSG aF als Vorgängernorm des § 26 BDSG weitgehend der Ansicht, dass diese Norm die Vorgaben von Art. 88 erfüllt.[192] Auch das BAG betonte dies in seinem Beschluss vom 7.5.2019 – 1 ABR 53/17 explizit. Dagegen bestanden schon immer Bedenken. Durch das Urteil des EuGH vom 30.3.2023 ergibt sich hier aber zumindest für S. 1 und damit die dort enthaltenen drei Erlaubnisse Klarheit.

230 Generell zu § 26 Abs. 1 BDSG: § 26 Abs. 1 BDSG ist dabei – wie auch schon § 32 BDSG aF – sprachlich im Passiv und damit so formuliert („Personenbezogene Daten von Beschäftigten dürfen (…) verarbeitet werden (…)"), dass er nicht speziell an den Arbeitgeber adressiert ist, sondern an alle, die Beschäftigtendaten zu den in § 26 Abs. 1 BDSG genannten Zwecken verarbeiten. Da die „Beschäftigte" in § 26 Abs. 8 BDSG definiert sind und dort nicht darauf abgestellt wird, dass ein Beschäftigter bei der datenverarbeitenden Stellen, also dem Verantwortlichen, an den § 26 BDSG gerichtet ist, beschäftigt sein muss, lässt sich dies auch so verstehen, dass § 26 Abs. 1 BDSG auch dann gilt, wenn eine Gesellschaft im Konzern Daten von Betroffenen verarbeitet, die nicht bei ihr tätig sind, sondern einer anderen Konzerngesellschaft. Für die datenverarbeitende Konzerngesellschaft würde dann § 26 Abs. 1 BDSG gelten, egal ob es aus ihrer Sicht nicht um die eigenen Beschäftigten, sondern „fremde" Beschäftigte geht. Dies scheint allerdings wenig sinnvoll und passend, ansonsten müsste sich etwa auch das Finanzamt, wenn es von einem Unternehmen dessen Beschäftigtendaten erhalten hat, an den Beschäftigtendatenschutz halten. Eine gewisse Eingrenzung könnte man über „für Zwecke des Beschäftigungsverhältnisses" hineinlesen, es bleibt aber unklar. Hier ist der Gesetzgeber gehalten, dies klar zu stellen.

231 **§ 26 Abs. 1 S. 1 BDSG** regelt den Standardfall einer Datenverarbeitung im Beschäftigungsverhältnis und ist eine Rechtsvorschrift, die in Übereinstimmung mit der Wesentlichkeitstheorie des BVerfG vom Gesetzgeber erlassen wurde. Ob sie aber die zwingenden Vorgaben des Art. 88 Abs. 2 erfüllt, war nach der hier vertretenen Auffassung schon immer fraglich und ist aufgrund des EuGH-Urteils vom 30.3.2023 nicht mehr vertretbar: Denn § 26 Abs. 1 S. 1 Var. 1 BDSG beinhaltet keine „geeignete und besondere Maßnahmen", also Vorgaben in tatsächlicher Hinsicht, erschöpft sich vielmehr in einer ohnehin über die DS-GVO geltenden rechtlichen Regelung zur Erforderlichkeit (und ist zudem Art. 6 Abs. 1 S. 1 lit. b sehr ähnlich). Die Regelung des § 26 Abs. 5 BDSG hilft hier nicht weiter, da sie nur vorgibt, dass der Arbeitgeber „geeignete" Maßnahmen zur Erreichung der Vorgaben des Art. 5 treffen muss – aber selbst keinerlei Maßnahmen definiert oder vorgibt, also Art. 88 Abs. 2 nicht umsetzt, → Rn. 227. Zudem wird – abweichend von Art. 88 Abs. 2 – nicht von „geeigneten und besonderen" Maßnahmen gesprochen, sondern nur von „geeigneten Maßnahmen". Diese Meinung, wonach § 26 Abs. 1 S. 1 BDSG EU-widrig und unanwendbar ist, wird zwischenzeitlich durch das EuGH-Urteil vom 30.3.2023 zu einer inhaltsgleichen Vorschrift in § 23 HDSIG gestützt:[193] Denn der EuGH entschied, dass die dortigen Formulierungen einerseits nur eine Wiederholung der ohnehin nach der DS-GVO geltenden Regelungen beinhalte und damit schon gegen das Wiederholungsverbot verstoße, andererseits daher die DS-GVO auch nicht spezifizieren. Er kam daher zu dem Ergebnis, dass die – inhaltsgleiche – Regelung im HDSIG aus europarechtlichen

---

[191] In der ersten Fassung des neuen BDSG war dort sogar noch von der Schriftform die Rede, was der deutsche Gesetzgeber aber bereits kurze Zeit später in einer Anpassung des neuen BDSG auf die elektronische Form korrigierte.

[192] *Kühling/Martini* DS-GVO S. 310; *Wybitul/Sörup/Pötters* ZD 2015, 559 (561); *Gola/Pötters/Thüsing* RDV 2016, 57 (60); *Wybitul/Pötters* RDV 2016, 10 (14); *Sörup/Marquardt* ArbRAktuell 2016, 103 (105); *Düwell/Brink* NZA 2016, 665 (667); Plath/*Stamer/Kuhnke* DS-GVO Art. 88 Rn. 7; *Stelljes* DuD 2016, 787 (790); Paal/Pauly/*Pauly* DS-GVO, 1. Aufl. 2017, Art. 88 Rn. 17; aA dagegen *Thüsing* BB 2016, 819 (830) und *Körner* NZA 2016, 1383 (1384).

[193] EuGH Urt. v. 30.3.2023 – C-34/21, ECLI:EU:C:2023:270.

Gründen unanwendbar ist. Diese Aussage lässt sich 1:1 auf § 26 Abs. 1 S. 1 BDSG übertragen. Damit muss auch das BAG seine Rechtsprechung aufgeben, mit der es 2019 gegenteilig betonte, dass § 26 Abs. 1 BDSG offensichtlich EU-konform sei und es daher keiner Vorlage dieser Frage an den EuGH bedürfe.[194]

Abgesehen von den vom EuGH genannten Gründen weicht aber auch inhaltlich der Regelungsgehalt von § 26 Abs. 1 S. 1 Var. 1 BDSG unzulässig von der DS-GVO ab: Denn nach Art. 6 Abs. 1 S. 1 lit. b greift diese Erlaubnisnorm im *vorvertraglichen* Stadium nur, wenn es um vorvertragliche Maßnahmen geht, die *auf Anfrage* der betroffenen Person erfolgen. Dies ist typischerweise bei Bewerbungen der Fall. Der umgekehrte Fall, also ein aktives Zugehen eines Arbeitgebers auf einen interessanten Kandidaten, der noch anderweitig angestellt ist, fällt nicht mehr unter diese Formulierung der DS-GVO. Sie dient zwar faktisch auch der Vertragsanbahnung, aber eben nicht auf Anfrage des Betroffenen, sondern Initiative des Verantwortlichen. Für das Verarbeiten von personenbezogenen Daten zum Abwerben von anderen Mitarbeitern wäre damit nicht Art. 6 Abs. 1 S. 1 lit. b als zu prüfende Norm einschlägig, sondern Art. 6 Abs. 1 S. 1 lit. f (Interessenabwägung). Insofern könnte man § 26 Abs. 1 S. 1 Var. 1 BDSG für diesen Fall als nur spezifizierende, in einer nationalen Gesetzesregelung quasi „vorweggenommene Interessenabwägung" auslegen. Mit dieser Frage beschäftigte sich der EuGH in seinem Urteil vom 30.3.2023 allerdings nicht, so dass im Ergebnis bereits feststeht, dass § 26 Abs. 1 S. 1 BDSG insgesamt unanwendbar ist und damit die zentrale bisherige Erlaubnisnorm des deutschen Beschäftigtendatenschutzes. Aus den genannten Gründen ist dies allerdings nicht überraschend, praktische Folge auch nur – wie hier bereits in den Vorauflagen vertreten – dass die DS-GVO auch für die Verarbeitung von personenbezogenen Daten von Beschäftigten in Deutschland gilt. Dies kommt dem Vollharmonisierungsgedanken der DS-GVO entsprechend entgegen. 232

Ein großes praktisches Problem kann aber bei Unanwendbarkeit betreffend der Verarbeitung von Beschäftigtendaten durch die Interessenvertretung bestehen, also dem Betriebsrat oder Personalrat: Denn deren Datenverarbeitung stützte sich bislang auf die 2018 neu eingeführte gesetzliche Erlaubnis des § 26 S. 1 Var. 2 BDSG, ausführlich → Rn. 189 ff. Auch wenn es nach der hier vertretenen Auffassung europarechtlich und unter dem Blick der Vollharmonisierung zu begrüßen ist, dass für die Verarbeitung von Beschäftigtendaten aufgrund der aktuellen (wohl) bestehenden Unanwendbarkeit von § 26 Abs. 1 S. 1 BDSG nur die DS-GVO gilt, wird nicht übersehen, dass für die Verarbeitung von Beschäftigtendaten eine nationale Spezifizierung sinnvoll und auch nötig ist. 233

§ 26 Abs. 1 S. 2 BDSG ist konkreter formuliert als S. 1 und enthält zusätzliche Anforderungen, die bei einer Datenverarbeitung zum Zwecke der Aufdeckung von Straftaten erfüllt sein müssen. Aber auch diese zusätzlichen Anforderungen sind rein rechtlicher Natur, sie beinhalten ebenfalls keine auf tatsächlicher Ebene zu treffenden „geeigneten und besonderen Maßnahmen". Auch insofern spricht also einiges dafür, dass die Vorgaben des Art. 88 Abs. 2 an nationale spezifischere Vorschriften nicht umgesetzt werden.[195] Ferner verwendet der deutsche Gesetzgeber in § 26 Abs. 1 S. 2 BDSG die sehr restriktive Formulierung „nur". Dies stellt eine deutliche Einschränkung gegenüber der DS-GVO und den dortigen Erlaubnissen des Art. 6 Abs. 1 dar, die für den Fall der Aufklärung von Straftaten eine solche Einschränkung nicht kennen.[196] Dort gibt es keine vergleichbare restriktive Regelung bei der Verarbeitung von (Beschäftigten-)Daten zu Zwecken der Aufdeckung von Straftaten. Damit spricht einiges dafür, dass auch § 26 Abs. 1 S. 2 BDSG verordnungswidrig sein kann, da zwar spezifizierend, aber dabei zu einschränkend – vor allem, wenn man der hier vertretenen Auffassung eines vollharmonisierenden Charakters von Art. 88 folgt. 234

Fazit ist, dass aufgrund möglicher Verstöße gegen die Vorgaben der DS-GVO bei der Anwendung des § 26 BDSG insgesamt erhebliche Rechtsunsicherheit be- und entstehen kann. 235

---

[194] BAG Beschl. v. 7.5.2019 – 1 ABR 53/17, NZA 2019, 1218 (1223).
[195] AA *Kaufmann/Wegmann/Wieg* NZA 2023, 740 (742).
[196] Das BAG entschied mit Urt. v. 29.6.2017 – 2 AZR 597/165, RDV 2017, 296 ff., erst die grundlegende Frage, ob die quasi gleichlautende Vorgängervorschrift des § 32 Abs. 1 S. 2 BDSG aF insofern eine Sperrwirkung habe, als dass die dort geregelte Datenverarbeitung zur Verfolgung von „nur" schwerwiegenden Verstößen oder anderen, unterhalb der Strafrechtsschwelle liegenden Tatbeständen nicht zulässig sei (so die Vorinstanz). Das BAG lehnte dies aber deutlich ab und zwar mit dem Hinweis, dass § 32 Abs. 1 S. 2 BDSG aF nur einheitlich richtlinienkonform ausgelegt werden könne. Die Annahme, eine Datenerhebung zur Aufdeckung einer schwerwiegenden Pflichtverletzung unterhalb der Strafrechtsschwelle sei generell unzulässig, ohne dass es auf die Verhältnismäßigkeit ankomme, stehe mit Art. 7 DS-RL und den dortigen Erlaubnistatbeständen nicht im Einklang, da die DS-RL nicht nur eine Mindest-, sondern umfassende Harmonisierung vorsehe.

Zudem ist zu beachten, dass primär für die Verarbeitung von Beschäftigtendaten die DS-GVO gilt, die durch nationale Vorschriften wie § 26 BDSG lediglich spezifiziert und präzisiert, aber nicht verdrängt wird. Es bleibt aufgrund der sich aus der Rechtsanwendung ergebenden möglichen Differenzen von § 26 BDSG und der DS-GVO für Deutschland weiterhin zu hoffen, dass sowohl die Aufsichtsbehörden für den Datenschutz Empfehlungen geben als auch möglichst bald klarstellende Rechtsprechung entsteht. Denn aktuell ist es für die Praxis schwierig, einen rechtssicheren Weg zu finden, zugleich primär die Vorgaben der DS-GVO einzuhalten, sowie die hiervon zum Teil abweichenden Vorgaben des § 26 BDSG. Nach der hier vertretenen Auffassung sind letztere aber nachrangig. Für die Praxis spricht also einiges dafür, sich im Zweifel oder bei Kollisionen auch außerhalb von § 26 Abs. 1 S. 1 BDSG an die Regelungen der DS-GVO zu halten, nicht § 26 BDSG. Für § 26 Abs. 1 S. 1 BDSG steht aufgrund des EuGH-Urteils vom 30.3.2023 im Ergebnis ohnehin dessen Unanwendbarkeit fest, so dass insofern direkt auf die DS-GVO zurückzugreifen und nur deren Erlaubnistatbestände relevant sein können.

Art. 89 Garantien und Ausnahmen in Bezug auf die Verarbeitung zu im öffentlichen Interesse liegenden Archivzwecken, zu wissenschaftlichen oder historischen Forschungszwecken und zu statistischen Zwecken

(1) ¹Die Verarbeitung zu im öffentlichen Interesse liegenden Archivzwecken, zu wissenschaftlichen oder historischen Forschungszwecken oder zu statistischen Zwecken unterliegt geeigneten Garantien für die Rechte und Freiheiten der betroffenen Person gemäß dieser Verordnung. ²Mit diesen Garantien wird sichergestellt, dass technische und organisatorische Maßnahmen bestehen, mit denen insbesondere die Achtung des Grundsatzes der Datenminimierung gewährleistet wird. ³Zu diesen Maßnahmen kann die Pseudonymisierung gehören, sofern es möglich ist, diese Zwecke auf diese Weise zu erfüllen. ⁴In allen Fällen, in denen diese Zwecke durch die Weiterverarbeitung, bei der die Identifizierung von betroffenen Personen nicht oder nicht mehr möglich ist, erfüllt werden können, werden diese Zwecke auf diese Weise erfüllt.

(2) Werden personenbezogene Daten zu wissenschaftlichen oder historischen Forschungszwecken oder zu statistischen Zwecken verarbeitet, können vorbehaltlich der Bedingungen und Garantien gemäß Absatz 1 des vorliegenden Artikels im Unionsrecht oder im Recht der Mitgliedstaaten insoweit Ausnahmen von den Rechten gemäß der Artikel 15, 16, 18 und 21 vorgesehen werden, als diese Rechte voraussichtlich die Verwirklichung der spezifischen Zwecke unmöglich machen oder ernsthaft beeinträchtigen und solche Ausnahmen für die Erfüllung dieser Zwecke notwendig sind.

(3) Werden personenbezogene Daten für im öffentlichen Interesse liegende Archivzwecke verarbeitet, können vorbehaltlich der Bedingungen und Garantien gemäß Absatz 1 des vorliegenden Artikels im Unionsrecht oder im Recht der Mitgliedstaaten insoweit Ausnahmen von den Rechten gemäß der Artikel 15, 16, 18, 19, 20 und 21 vorgesehen werden, als diese Rechte voraussichtlich die Verwirklichung der spezifischen Zwecke unmöglich machen oder ernsthaft beeinträchtigen und solche Ausnahmen für die Erfüllung dieser Zwecke notwendig sind.

(4) Dient die in den Absätzen 2 und 3 genannte Verarbeitung gleichzeitig einem anderen Zweck, gelten die Ausnahmen nur für die Verarbeitung zu den in diesen Absätzen genannten Zwecken.

Literatur *Albrecht/Jotzo*, Das neue Datenschutzrecht der EU, 2017; *Antes*, Big Data und Personalisierte Medizin – Goldene Zukunft oder leere Versprechungen?, Deutsches Ärzteblatt 2016 (Heft 15), A-712; *Becker*, Die Nationale Kohorte – Deutschlands größte Gesundheitsstudie, GuP 2016, 175; *Behrang*, Rechtliche Bewertung synthetischer Daten für KI-Systeme, DuD 2021, 303; *Bender/Elias*, Forschung mit Big Data – die europäische Perspektive, Bundesgesundheitsbl 2015, 799; *Berg*, Informationelle Selbstbestimmung und Forschungsfreiheit, CR 1988, 234; *Bernhardt/Ruhmann/Weichert*, Plädoyer für ein medizinisches Forschungsgesetz (Februar 2021), www.netzwerk-datenschutzexpertise.de/sites/default/files/gut_2021_02_medforschungdatens_final.pdf; *Berry*, Vereinfachung der medizinischen Forschung durch Nutzung von Datenbeständen der elektronischen Patientenakte, GesR 2021, 553; *Bochnik*, Ein „Medizinisches Forschungsgeheimnis" könnte Forschung fördern und Persönlichkeitsrechte schützen, VersMed 1995, 151; *Bretthauer*, Herausforderungen der Digitalisierung im Gesundheitswesen – Corona-Warn-App, Forschungsdaten und Künstliche Intelligenz, Die Verwaltung 2021, 411; *Buchner*, Forschungsdaten effektiver nutzen, DuD 2022, 555; *Dammann*, Erfolge und Defizite der EU-Datenschutzgrundverordnung, ZD 2016, 307; *Deutsch,* Die internationale Dimension des Medizinrechts, VersR 2008, 993; *Deutsche Forschungsgemeinschaft (DFG),* Sicherung guter wissenschaftlicher Praxis – Empfehlungen der Kommission „Selbstkontrolle in der Wissenschaft", ergänzte Aufl. 2013; *Deutsche Forschungsgemeinschaft (DFG),* Kodex – Leitlinien zur Sicherung guter wissenschaftlicher Praxis, Stand: April 2022, 2019; *Franck,* Datensicherheit als datenschutzrechtliche Anforderung, CR 2016, 238; *Fröhlich/Spiecker gen. Döhmann,* Die breite Einwilligung (Broad Consent) in die Datenverarbeitung zu medizinischen Forschungszwecken – der aktuelle Irrweg der MII, GesR 2022, 346; *Gassner,* Forschung und Innovation im europäischen Gesundheitsdatenraum, DuD 2022, 739; *Geminn,* Wissenschaftliche Forschung und Datenschutz, DuD 2018, 640; *Gerling,* Datenschutzprobleme der Forschung, DuD 1999, 384; *Golla,* Datenschutz in Forschung und Hochschullehre, in Specht/Manz, Handbuch Europäisches und deutsches Datenschutzrecht, 2019, S. 646; *Graf von Kielmansegg,* § 27 BDSG und die medizinische Forschung, GesR 2022, 341; *Graf von Kielmansegg,* Forschungsklauseln, Register und Datenbanken, GesR 2022, 409; *Herbst,* Rechtliche und ethische Probleme des Umgangs mit Proben und Daten bei großen Biobanken, DuD 2016, 371; *Hesse,* Grundzüge des Verfassungsrechts der Bundesrepublik Deutschland, 20. Aufl. 1999; *Johannes/Richter,* Privilegierte Verarbeitung im BDSG-E, DuD 2017, 300; *Kaye/Whitley/Lund/Morrison/Teare/Melham,* Dynamic consent: a patient interface for twenty-first century research networks, European Journal of Human Genetics (2015) 23, 141–146, www.nature.com/ejhg/journal/v23/n2/full/ejhg201471a.html; *Kilian,* Medizinische Forschung und Datenschutzrecht, NJW 1998, 787; *Kratz,* Europarechtliche Pflicht zur Rechtsaufklärung von Studienteilnehmer – Der Weg zum Studienteilnehmerrechtegesetz, VersR 2015, 677; *Krupp/Preissl,* Die Neufassung des BDSG und die wissenschaftliche Forschung, CR 1989, 121; *Kühling/Martini et al.,* Die DS-GVO und das nationale Recht, 2016; *Ladeur,* „Big Data" im Gesundheitsrecht – Ende der „Datensparsamkeit"?, DuD 2016, 360; *Lorenz,* Aktuelles aus der (medizinischen) Registerlandschaft, ZD-Aktuell 2023, 01228; *Lotz/Wendler,* Datensicherheit als datenschutzrechtliche Anforderung – Zur Frage der Abdingbarkeit des § 9 BDSG, CR 2016, 31; *Michaelis,* Der „Stand der Technik" im Kontext regulatorischer Anforderungen, DuD 2016, 458; *Oldenhage,* Archive im Konflikt zwischen Forschungsfreiheit und Persönlichkeitsschutz, in Bästlein et al. (1986), Datenschutz und Forschungsfreiheit, 1986; *Partsch/Koschmieder,* Der archivrechtliche Informationszugang nach der Novelle des BArchG, NJW 2017, 3416; *Petri,* Die primäre und sekundäre Nutzung elektronischer Gesundheitsdaten, DuD 2022, 413; *Quinn,* The anonymisation of Research Data – A pyric victory for privacy that should not be pushed too hard by the EU Data Protection Framework?, European Journal of Health Law 2017, 347–367; *Raji,* Datenräume in der Europäischen Datenstrategie am Beispiel des European Health Data Space, ZD 2023, 3; *RatSWD,* Handreichung Datenschutz, 2. Aufl. 2020, https://doi.org/10.17620/02671.50; *Raum,* E-Health, Big Data, Gesundheit-Apps und Wearables – Neue Herausforderungen für den Gesundheitsdatenschutz im digitalen Zeitalter, in Stiftung Datenschutz (Hrsg.), Big Data und eHealth, 2017, S. 121; *Richter,* Big Data, Statistik und die Datenschutz-Grundverordnung, DuD 2016, 581; *RfII,* Empfehlungen „Datenschutz in der Forschungsdaten" – März 2017, https://rfii.de/download/rfii-empfehlungen-2017-datenschutz-und-forschungsdaten/; *Roßnagel,* Datenschutz in der Forschung, ZD 2019, 157; *Rüping,* Big Data in der Medizin und Gesundheitswesen, Bundesgesundheitsbl 2015, 794; *Schaar,* DS-GVO: Geänderte Vorgaben für die Wissenschaft, ZD 2016, 224; *Schaar,* Anpassung von Einwilligungserklärungen für wissenschaftliche Forschungsprojekte, ZD 2017, 213; *Schmidt am Busch/Gassner/Wollenschläger,* Der Augsburg-Münchner-Entwurf eines Biobankgesetzes, DuD 2016, 365; *Schreiber,* Ein Gesundheitsdatennutzungsgesetz: Kommt der Durchbruch für die Forschung, ZD-aktuell 2023, 01283; *Spindler,* Big Data und Forschung mit Gesundheitsdaten in der gesetzlichen Krankenversicherung, MedR 2016, 691; *Spitz/Cornelius,* Einwilligung und gesetzliche Forschungsklausel als Rechtsgrundlagen für die Sekundärnutzung klinischer Daten zur Forschungszwecken, MedR 2022, 191; *Spitz/Jungkunz/Schickhardt/Cornelius,* Rechtlicher Rahmen für eine privilegierte Nutzung klinischer Daten zu Forschungszwecken, MedR 2021, 499; *Steinrötter,* Das Konzept einer datenaltruistischen Organisation, DuD 2022, 794; *Taupitz,* Der Entwurf einer europäischen Datenschutz-Grundverordnung – Gefahren für die medizinische Forschung, MedR 2012, 423; *Vetter,* Forschungs(daten)geheimnis, DuD 1999, 389; *Wagner,* Wissenschaft schützt die Öffentlichkeit vor schlechten statistischen Ergebnissen, DuD 1999, 377; *Weichert,* Die Forschungsprivilegierung in der DS-GVO, ZD 2020, 18; *Werkmeister/Brandt,* Datenschutzrechtliche Herausforderungen für Big Data, CR 2016, 85; *Werkmeister/Schwaab,* Auswirkungen und Reichweite des datenschutzrechtlichen Forschungsprivilegs, CR 2019, 85.

Übersicht

	Rn.
A. Allgemeines	1
I. Zweck und Bedeutung der Vorschrift	1
II. Systematik	2
III. Verhältnis zu anderen Vorschriften	10
B. Einzelerläuterungen	14
I. Entwicklung der Vorschrift	14
II. Kritik an der Regelung	19
III. Ergänzung durch die nationale Gesetzgebung	22

IV. Vorgaben für die Verarbeitung bei Archiv-, Forschungs- und Statistikzwecken (Abs. 1) 24
   1. Allgemeines 24
      a) Datenverarbeitung zu Archivzwecken 25
      b) Datenverarbeitung zu Zwecken der wissenschaftlichen oder historischen Forschung 27
      c) Datenverarbeitung zu statistischen Zwecken 30
   2. Rechtmäßigkeitsvoraussetzungen für die Datenverarbeitung 33
      a) Datenverarbeitung aufgrund von Einwilligung 34
      b) Datenverarbeitung aufgrund besonderer Rechtsvorschriften 39
   3. Besondere Arten der Datenverarbeitung für Forschungszwecke 40
      a) Besonderheiten bei der Datenverarbeitung besonderer Kategorien personenbezogener Daten 40
      b) „Big Data" im Rahmen von Art. 89 44
      c) Biobanken – ein besonderes Problem 48
   4. Technische und organisatorische Maßnahmen (S. 2 und 3) 49
   5. Vorrang der Anonymisierung (S. 4) 52
V. Ausnahmen zugunsten von Forschungs- und Statistikzwecken (Abs. 2) 53
VI. Ausnahmen zugunsten von Archivzwecken (Abs. 3) 54
VII. Ausnahmen zugunsten von privilegierten Verarbeitungszwecken (Abs. 4) 55
   1. Allgemeines 55
   2. Praktische Umsetzbarkeit 56
C. Allgemeine Forschungsregelungen im nationalen Recht 57
   I. Die Forschungsklausel in § 27 BDSG 57
   II. Verarbeitung für Archivzwecke in § 28 BDSG 60
   III. Forschungsklausel im SGB X 61
D. Rechtsschutz 65

A. Allgemeines

I. Zweck und Bedeutung der Vorschrift

1   Die Vorschrift ist **kein eigener Erlaubnistatbestand** für die Verarbeitung personenbezogener Daten zu den in Abs. 1 genannten Zwecken.[1] Ihr normativer Gehalt erschöpft sich jedoch keineswegs darin, den Mitgliedstaaten bei der „Verarbeitung zu im öffentlichen Interesse liegenden Archivzwecken, zu wissenschaftlichen oder historischen Forschungszwecken oder zu statistischen Zwecken" eine Einschränkung oder Außerkraftsetzung der Rechte der Betroffenen zu erlauben.[2] Vielmehr ist sie die zentrale datenschutzrechtliche Vorschrift für den Forschungsbereich, die den Wissenschaftlern Vorgaben macht, die einzuhalten sind. Art. 89 setzt einen Erlaubnistatbestand nach Maßgabe der Art. 6 Abs. 1 und Art. 9 Abs. 2 (insbesondere lit. j)[3] voraus und stellt diesen Erlaubnistatbestand nochmals unter den Vorbehalt „geeignete[r] Garantien für die Rechte und Freiheiten der betroffenen Person". Dazu gehören u.a. das Gebot der Achtung des Grundsatzes der Datenminimierung, des Vorranges mit anonymisierten Daten zu arbeiten und die Vorgabe mit technischen und organisatorischen Maßnahmen die Rechte und Freiheiten der betroffenen Person sicherzustellen. Zudem lässt die Vorschrift zu, dass der nationale Gesetzgeber Sonderregeln für die Verarbeitung personenbezogener Daten zu den in Art. 89 Abs. 1 genannten Zwecken erlassen kann. Erlaubnistatbestände ergeben sich im nationalen Recht aus zahlreichen Bundes-[4] und Landesgesetzen.[5] In den allgemeinen Datenschutzgesetzen des Bundes und der Länder werden zudem grundsätzlich die wissenschaftliche Forschung mit besonderen Kategorien von Daten iSv Art. 9 Abs. 1 erlaubt (→ Rn. 57 ff.). Außerdem kommt als Rechtsgrundlage für Verarbeitung für in Abs. 1 genannte Zwecke weiterhin die Einwilligung in Betracht.[6]

---

[1] So auch Kühling/Buchner/*Buchner/Tinnefeld* DS-GVO Art. 89 Rn. 1; Taeger/Gabel/*Louven* DS-GVO Art. 89 Rn. 1; Paal/Pauly/*Pauly* DS-GVO Art. 89 DS-GVO Rn. 1; BeckOK DatenschutzR/*Eichler* DS-GVO Art. 89 Rn. 1; *Geminn* DuD 2018, 640 (641).
[2] So aber *Dammann* ZD 2016, 307 (310).
[3] *Albrecht/Jotzo* DatenschutzR Teil 3 Rn. 72.
[4] Vgl. u.a. § 287 SGB V, § 75 SGB X.
[5] Vgl. u.a. Art. 2 Bayerisches Universitätsklinikagesetz, § 14 Saarländischen Krankenhausgesetz.
[6] BeckOK/*Eichler* DS-GVO Art. 89 Rn. 2.

II. Systematik

Da Abs. 1 für die dort genannten Zwecke bei jeder Verarbeitung gilt, hätte zwar einiges dafür 2 gesprochen, die Regelung systematisch als besondere Verarbeitungssituation in den Art. 6 ff. zu regeln.[7] Andererseits sprechen gerade die besondere Verarbeitungssituation und die besonderen Privilegierungen dafür, die „Verarbeitung zu im öffentlichen Interesse liegenden Archivzwecken, zu wissenschaftlichen oder historischen Forschungszwecken oder zu statistischen Zwecken" in einem besonderen Kapitel zu regeln.

Art. 89 verfolgt die Verwirklichung seines Zwecks in einem **abgestuften Verhältnis**, indem 3 Abs. 1 den Grundsatz aufstellt, dass für die Verarbeitung personenbezogener Daten zu Archivzwecken, zu wissenschaftlichen oder historischen Forschungszwecken oder zu statistischen Zwecken die DS-GVO zu beachten ist. Damit sind vor allem geeignete Garantien gemeint, die die Rechte und Freiheiten der betroffenen Person sicherstellen. Von diesem Grundsatz lassen Abs. 2 (→ Rn. 52) und 3 (→ Rn. 54) Ausnahmen zu, in dem es den Mitgliedstaaten ermöglicht wird, für die Verarbeitungszwecke des Abs. 1 Einschränkungen von Betroffenenrechten vorzusehen. Abs. 4 schränkt die Ausnahmemöglichkeit wiederum dadurch ein, dass sich diese Einschränkungen der Betroffenenrechte ausschließlich auf die Verarbeitung für Archivzwecke, zu wissenschaftlichen oder historischen Forschungszwecken oder zu statistischen Zwecken beziehen dürfen (→ Rn. 55 ff.).

Entsprechend diesem abgestuften Verhältnis sind **Normadressaten** der Regelung des Abs. 1 4 der Rechtsanwender, Archivar, Wissenschaftler oder Statistiker, der personenbezogene Daten für die in Abs. 1 genannten Zwecke verarbeitet. Demgegenüber wenden sich die Abs. 2 und 3 an den Gesetzgeber der EU oder des Mitgliedstaates, welche durch gesetzliche Regelungen weitere Privilegierungen für die in Abs. 1 genannten Zwecke vorsehen können. Abs. 4 richtet sich schließlich sowohl an den Rechtsanwender als auch an den Gesetzgeber des Mitgliedstaates. Letzterem wird untersagt, die Wirkung der im Rahmen der Abs. 2 und 3 gewährten weiteren Privilegien auf weitere Zwecke zu erweitern. Der Rechtsanwender schließlich wird ermahnt, dass die nach den Abs. 2 und 3 gewährten Privilegien sich ausschließlich auf die Zwecke des Abs. 1 beziehen.

Seit der Einführung des ersten Bundesdatenschutzgesetzes im Jahr 1977 begleitete das Gesetz 5 von Teilen der Wissenschaft der Vorwurf, Datenschutz würde die europarechtlich nach Art. 13 GRCh[8] und national nach Art. 5 Abs. 3 GG grundgesetzlich garantierte wissenschaftliche Forschung (Wissenschaftsfreiheit) behindern.[9] Auch die DS-GVO sah und sieht sich diesem Vorwurf ausgesetzt.[10] Auf der anderen Seite handelt es sich beim Grundrecht auf Datenschutz (Recht auf informationelle Selbstbestimmung) ebenfalls um ein Grundrecht, das europarechtlich seine Grundlage in Art. 8 GRCh und national in Art. 2 Abs. 1 iVm Art. 1 Abs. 1 GG findet.[11] Diesen Konflikt zwischen dem Grundrecht auf Wissenschaftsfreiheit und dem Recht auf informationelle Selbstbestimmung als „Grundkonflikt" zu bezeichnen[12] geht allerdings zu weit. Dass Grundrechte die einen mit Grundrechten anderer kollidieren, ist etwas Selbstverständliches und Normales.[13] Trotz aller Kritik löst die Rechtsprechung des BVerfG und ihr folgend die übrige Rechtsprechung den Konflikt zwischen zwei Grundrechten durch die Argumentationsfigur der **„Praktischen Konkordanz"**. Danach müssen verfassungsrechtlich geschützte Rechtsgüter in der Problemlösung einander so zugeordnet werden, „daß jedes von ihnen Wirklichkeit gewinnt."[14] Umgesetzt wird die „Praktische Konkordanz" dadurch, dass beiden Grundrechten

---

[7] *Albrecht/Jotzo* DatenschutzR Teil 3 Rn. 73.
[8] Die Parallelen zwischen Art. 13 GRCh und Art. 5 GG werden darauf zurückgeführt, dass die Regelung in der Art. 13 GRCh vom Grundgesetz als „inspiriert" gilt, s. *Geminn* DuD 2018, 640 mwN.
[9] Vgl. statt vieler Bästlein et al./*Oldenhage,* 1986, S. 11 f.
[10] Vgl. statt vieler *Taupitz* MedR 2012, 423 ff.
[11] Das BVerfG spricht mal vom „Recht auf informationelle Selbstbestimmung" (BVerfG Urt. v. 15.12.1985, BVerfGE 65, 1), mal vom „Grundrecht auf Datenschutz (BVerfG Urt. v. 27.6.1991 – 2 BvR 1493/89, NJW 1991, 2129 (2132), wörtlich „in Art. 2 I i. V. mit Art. 1 I ... verbürgte(n) grundrechtlichen Datenschutz"; Urt. v. 11.3.2008 – 1 BvR 2074/05 und 1254/07 –, NJW 2008, 1505 Leitsatz 1).
[12] So *Roßnagel* ZD 2019, 157 (158).
[13] *Weichert* DuD 2020, 18 (20) spricht davon, dass „praktisch alle Grundrechte ... eine informationelle Komponente (haben), die von Forschung tangiert sein kann".
[14] *Hesse* Rn. 72; vgl. auch Auernhammer/*Greve* DS-GVO Art. 89 Rn. 1.

Art. 89 6   Kapitel IX. Vorschriften für besondere Verarbeitungssituationen

Grenzen gesetzt werden, um dann gegeneinander abgewogen zu werden. Auf diese Weise sollen beide widerstreitende Grundrechte optimale Wirksamkeit erlangen. Auch die DS-GVO geht diesen Weg und fordert die Mitgliedstaaten zu Gesetzgebungsmaßnahmen auf, die zum Zwecke der Abwägung zwischen Grundrechten notwendig sind.[15]

6   Aufgabe der Abwägung ist, zum einen den Schutz für die Rechte und Freiheiten der betroffenen Person zu gewährleisten und zum anderen die im Allgemeininteresse liegenden Fortschritts und Erkenntnismöglichkeiten durch wissenschaftliche Forschung nicht unverhältnismäßig zu behindern. Bei der Abwägung darf nicht außer Acht gelassen werden, dass die betroffene Person nicht ausschließlich Objekt der Forschung werden darf.[16] Dies wäre nicht mit der Wertung von Art. 1 GRCh und Art. 1 GG vereinbar. Dabei ist für die Auslegung des Art. 89 die generelle Haltung der EU zum Wissenschaftsbereich zu beachten. Dies führt dazu, dass bei der Interessenabwägung das Interesse des Forschenden dann als hoch zu gewichten ist, wenn es um wissenschaftliche Forschung geht, d. h. transparent und unabhängig ausgeübt wird, und auf einen Erkenntnisgewinn für die Allgemeinheit gerichtet ist.[17] So hat die EU nach Art. 179 AEUV das Ziel, nach Art. 3 Abs. 3 UAbs. 1 EUV den wissenschaftlichen Fortschritt zu fördern, und ihre wissenschaftlichen und technologischen Grundlagen dadurch zu stärken, dass mit der Entschließung des ER vom 15.6.2000 ein **Europäischer Forschungsraum** geschaffen wurde.[18] In diesem europäischen Forschungsraum soll Freizügigkeit für Forscher herrschen und wissenschaftliche Erkenntnisse und Technologien frei ausgetauscht werden. Auch die DS-GVO erkennt an, dass nach Art. 179 AEUV wissenschaftliche Forschung in der EU eine zentrale Rolle spielt und spielen soll.[19] Die Bedeutung des Europäischen Forschungsraumes hat der ER in seinen „Schlussfolgerungen zum Thema Neuer Europäischer Forschungsraum" vom 1.12.2020[20] nochmals unterstrichen und definiert den „Neuen Europäischen Forschungsraum" als einen „forschungsorientierten, wertebasierten Bereich, der auf Exzellenz und Wirkung ausgerichtet ist und in dem Forschende und Technologie unterstützt werden und frei zirkulieren können."[21] Gleichzeitig wird die besondere Bedeutung der Grundlagenforschung betont und die Mitgliedstaaten aufgefordert, Investitionen in den „Neuen Europäischen Forschungsraum" Vorrang einzuräumen. In der von allen 27 EU-Mitgliedstaaten unterzeichneten **„Bonner Erklärung zur Forschungsfreiheit"** wurde zudem eine gemeinsame Definition der Forschungsfreiheit gefunden.[22] Die an die Kommission und die Mitgliedstaaten gerichtete Forderung, europaweite Forschungsdateninfrastrukturen und -dienst zu schaffen, wurde in Deutschland durch die Schaffung des Vereins Nationale Forschungsdateninfrastruktur (NFDI), der seit dem 12.10.2020 offiziell besteht.[23] Im NFDI e.V. sind wiederum derzeit 26 Konsortien[24] und

---

[15] Erwägungsgrund 153.
[16] S. auch *Entschließung der Konferenz der unabhängigen Datenschutzaufsichtsbehörden des Bundes und der Länder* „Petersberger Erklärung zur datenschutzkonformen Verarbeitung von Gesundheitsdaten in der wissenschaftlichen Forschung" S. 2. 1. Leitsatz, www.bfdi.bund.de/SharedDocs/Downloads/DE/DSK/DSKEntschliessungen/104DSK-Petersberger-Erklaerung.pdf?__blob=publicationFile&v=2 v. 24.11.2022.
[17] *Buchner* DuD 2022, 555 (556 f.); *Weichert* DuD 2020, 18 (20) spricht gar von „höchster Relevanz".
[18] Entschließung des Rates v. 15.5.2000 zur Schaffung eines Europäischen Raums der Forschung und Innovation, ABl. C 205 v. 19.7.2000, S. 1.
[19] Plath/*Grages*, 2. Aufl., DS-GVO Art. 89 Rn. 1.
[20] „Schlussfolgerungen des Rates zum Thema neuer Europäischer Forschungsraum" v. 1.12.2020, 13567/20, abrufbar unter https://data.consilium.europa.eu/doc/document/ST-13567-2020-INIT/de/pdf.
[21] „Schlussfolgerungen des Rates zum Thema neuer Europäischer Forschungsraum" v. 1.12.2020, 13567/20 S. 5 Nr. 5, abrufbar unter https://data.consilium.europa.eu/doc/document/ST-13567-2020-INIT/de/pdf.
[22] „Bonner Erklärung zur Forschungsfreiheit" anlässlich der Ministerkonferenz zum Europäischen Forschungsraum am 20.10.2020 in Bonn, abrufbar unter www.bmbf.de/bmbf/shareddocs/downloads/files/bonner_erklaerung_deu.pdf?__blob=publicationFile&v=1.
[23] www.nfdi.de/verein/#historie.
[24] Gesteuert durch die Deutsche Forschungsgemeinschaft (DFG) haben sich die Fachkonsortien gebildet. Mit den Konsortien soll eine breite Abdeckung der Wissenschaftsdisziplinen innerhalb der NFDI gewährleistet werden: von Kultur-, über Sozial-, Geistes- und Ingenieurswissenschaften bis hin zu Lebens- und Naturwissenschaften. In jedem Fachkonsortium engagieren sich zahlreiche Einrichtungen wie Universitäten oder Forschungszentren und arbeiten gemeinsam an fachinternen- sowie übergreifenden Themen. Zu den Konsortien gehören beispielhaft KonsortSWD (Konsortium für die Sozial-, Bildungs-, Verhaltens- und Wirtschaftswissenschaften), NFDI4health (Konsortium für die Forschung mit Gesundheitsdaten), MaRDI (Mathematische Forschungsdateninitiative), NFDI4DataScience (NFDI für Datenwissenschaften und Künstliche Intelligenz), NFDI4Chem (Fachkonsortium Chemie für die NFDI) und BERD@NFDI (NFDI für Betriebswirtschaftslehre, Volkswirtschaftslehre und verwandte Daten), www.nfdi.de/konsortien/.

Verarbeitung zu Archivzwecken, Forschungszwecken **6 Art. 89**

fünf Sektionen[25] organisiert, die auch im international tätig sind. Ergänzend zu den Entscheidungen zum Neuen Europäischen Forschungsraum hat die Kommission die Einrichtung von „Datenräumen („data spaces")" vorangetrieben, die neben anderen bereichspezifischen Zielen auch die Bereitstellung von Daten im Rahmen des Neuen Europäischen Forschungsraumes zum Ziel haben.[26] Im „Arbeitsdokument der Kommissionsdienststellen über gemeinsame Europäische Datenräume" vom 23.2.2022[27] hat die Kommission zunächst zwölf Datenräume[28] benannt. Von diesen sind einige gemeinsame Datenräume,[29] da sie eine transformative Wirkung auf alle Sektoren der EU-Wirtschaft haben werden. Andere Datenräume werden derzeit für spezifische Bereiche geschaffen. Die Europäische Cloud für offene Wissenschaft (European Open Science Cloud – EOSC) zielt unmittelbar auf den Wissenschafts- und Forschungsbereich ab. In anderen Bereichen, zB beim Europäischen Gesundheitsdatenraum,[30] wird ausdrücklich das Ziel der Erleichterung des Zugangs zu und der Weiterverwendung von Gesundheitsdaten für Forschung genannt.[31] Gleiches gilt auch für die Gemeinsame europäische Datenräume für öffentliche Verwaltungen.[32] In vielen Bereichen für den Umgang mit personenbezogenen Daten im Bereich der öffentlichen Archive und der Statistik gilt das Gleiche. Unter dem 3.5.2022 hat die Kommission einen „Vorschlag für eine Verordnung des Europäischen Parlaments und des Rates über den europäischen Raum für Gesundheitsdaten" (EHDS-VO-Entwurf)[33] vorgelegt, der in seinem Art. 34 Abs. 1 lit. e Zugang zu Gesundheitsdaten insbesondere für die wissenschaftliche Forschung im Gesundheits- und Pflegesektor vorsieht. Art. 52 Abs. 4 enthält eine Regelung, wonach gesundheitliche Forschungsinfrastrukturen, deren Arbeit auf EU-Recht beruht auf EU

---

[25] Bei den Sektionen (derzeit Section Common Infrastructure [*section-infra*], Section Ethical, Legal and Social Aspects [section-ELSA], Section (Meta)Daten, Teminologie, Provinienz [*section-metadata*], Section Education & Training [*section-edutrain*]), Industry Engagement (section industry) handelt es sich um rechtlich unselbstständige Abteilungen des NFDI e.V., in denen Querschnittsthemen über die Grenzen der Konsortien hinweg bearbeitet werden.

[26] Kom., Arbeitsdokument der Kommissionsdienststellen über gemeinsame Europäische Datenräume, SWD(2022) 45 endgültig, S. 2 und 4, abrufbar unter https://data.consilium.europa.eu/doc/document/ST-6532-2022-INIT/en/pdf.

[27] Kom., Arbeitsdokument der Kommissionsdienststellen über gemeinsame Europäische Datenräume, SWD (2022) 45 endgültig, S. 2 und 4, abrufbar unter https://data.consilium.europa.eu/doc/document/ST-6532-2022-INIT/en/pdf.

[28] Gemeinsamer europäischer Mobilitätsdatenraum (Common European Mobility Data Space), Gemeinsamer Europäischer Gesundheitsdatenraum (Common European Health Data Space), Gemeinsamer Europäischer Finanzdatenraum (European Financial Data Space), Gemeinsamer europäischer Energiedatenraum (Common European energy data space), Gemeinsamer europäischer Raum für Agrardaten (Common European agriculture data space), Gemeinsame europäische Datenräume für öffentliche Verwaltungen (Common European Data Space for Public Administration – aufgeteilt in Rechtlicher Datenraum für öffentliche Verwaltungen, Datenraum für das öffentliche Auftragswesen und Sicherheitsdatenraum der öffentlichen Verwaltungen für Innovation), Gemeinsamer europäischer Datenraum für Medien (European Data Space for Media) und Gemeinsamer europäischer Datenraum für das kulturelle Erbe (European Data Space for Cultural Heritage).

[29] Gemeinsamer europäischer Datenraum für die Industrie (Fertigung) (Common European industrial (manufacturing) data space), Gemeinsamer europäischer Datenraum für den Grünen Deal (Common European Green Deal data space), Gemeinsamer europäischer Raum für Qualifikationsdaten (Common European skills data space) und Europäische Cloud für offene Wissenschaft (European Open Science Cloud – EOSC).

[30] Näher zum europäischen Gesundheitsdatenraum *Gassner* DuD 2022, 739 ff.; *Raji* ZD 2023, 3 ff. sowie sehr krit. aus datenschutzrechtlicher Sicht *Petri* DuD 2022, 413 ff.

[31] Kom., Arbeitsdokument der Kommissionsdienststellen über gemeinsame Europäische Datenräume, SWD (2022) 45 endgültig, S. 21, abrufbar unter https://data.consilium.europa.eu/doc/document/ST-6532-2022-INIT/en/pdf.

[32] Kom., Arbeitsdokument der Kommissionsdienststellen über gemeinsame Europäische Datenräume, SWD (2022) 45 endgültig, S. 28, 29 und 32, abrufbar unter https://data.consilium.europa.eu/doc/document/ST-6532-2022-INIT/en/pdf.

[33] Gemeinsamer europäischer Mobilitätsdatenraum (Common European Mobility Data Space), Gemeinsamer Europäischer Gesundheitsdatenraum (Common European Health Data Space), Gemeinsamer Europäischer Finanzdatenraum (European Financial Data Space), Gemeinsamer europäischer Energiedatenraum (Common European energy data space), Gemeinsamer europäischer Raum für Agrardaten (Common European agriculture data space), Gemeinsame europäische Datenräume für öffentliche Verwaltungen (Common European Data Space for Public Administration – aufgeteilt in Rechtlicher Datenraum für öffentliche Verwaltungen, Datenraum für das öffentliche Auftragswesen und Sicherheitsdatenraum der öffentlichen Verwaltungen für Innovation), Gemeinsamer europäischer Datenraum für Medien (European Data Space for Media) und Gemeinsamer europäischer Datenraum für das kulturelle Erbe (European Data Space for Cultural Heritage).

befugte Teilnehmer von HealthData@EU, einer grenzüberschreitenden Infrastruktur für die Sekundärnutzung elektronischer Gesundheitsdaten. Nach Vorstellung der Kommission sollen sich EHDS-VO und die DS-GVO ergänzen. Sie sollen also nicht in Konkurrenz zueinanderstehen. Die generelle Zielvorstellung des Art. 179 AEUV bedeutet jedoch nicht eine zügellose Freiheit der Forschung. Nicht nur durch nationales, sondern auch durch Europarecht wird die wissenschaftliche Forschung geregelt. So besteht nach den Art. 28 ff. VO (EU) Nr. 536/2014 die Verpflichtung, die Studienteilnehmer über deren Rechte, insbesondere über das Vertragsrecht und vor allem über das Haftungsrecht aufzuklären und die Studie nur mit der informierten Einwilligung des Studienteilnehmers durchzuführen.[34] Die VO (EU) Nr. 536/2014 geht den Regelungen der DS-GVO vor.[35]

7 Zudem ist die Wissenschaftsfreiheit durch Art. 13 GRCh ausdrücklich geschützt, wobei dieses Grundrecht nicht schrankenlos gewährleistet ist, sondern **Beschränkungen aus dem nationalen und Unionsrecht** – insbesondere dem Recht auf Schutz personenbezogener Daten nach Art. 8 GRCh – unterliegt. Art. 89 dient insoweit dem Ausgleich der gegensätzlichen Interessen der verantwortlichen Stellen und der Allgemeinheit an der Zulässigkeit von Verarbeitungen personenbezogener Daten zu den in Art. 89 Abs. 1 genannten Zwecken und dem Interesse der betroffenen Person an einem Ausschluss derartiger Datenverarbeitungen.[36]

8 Auch an anderen Stellen unterstreicht die DS-GVO die **Privilegierung** der Nutzung personenbezogener Daten zu Archiv-, Forschungs- und statistischen Zwecken.[37] So gilt die (Weiter-)Verarbeitung personenbezogener Daten zu diesen Zwecken nach Art. 5 Abs. 1 lit. b nicht als unvereinbar mit den ursprünglichen Zwecken. Hinzu kommt, dass nach Art. 5 Abs. 1 lit. e personenbezogene Daten „länger gespeichert werden" können, wenn sie ausschließlich zu den genannten Zwecken verarbeitet werden. Verfehlt ist allerdings davon zu sprechen, dass damit „zugunsten der Forschungsdatenverarbeitung zwei zentrale Grundsätze des Datenschutzes" „beiseite geräumt" worden seien.[38] Richtig ist, dass zentrale Grundsätze des Datenschutzes, nämlich der Zweckbindungsgrundsatz und der Grundsatz der Speicherbegrenzung, erheblich zugunsten der Forschung eingeschränkt wurden. Sie wurden keinesfalls „beiseite geräumt". Der Zweckbindungsgrundsatz und der Grundsatz der Speicherbegrenzung gelten für die Forschung selbstverständlich weiterhin. Sie sind nur nicht so eng gefasst und nehmen auf die Belange der Forschung Rücksicht.

9 Vom grundsätzlichen Verbot der Verarbeitung besonderer Kategorien von Daten iSd Art. 9 Abs. 1 weicht die DS-GVO nach Art. 9 Abs. 2 lit. j für diese Zwecke ab, wenn dies nach auf der Grundlage des Unions- oder des nationalen Rechts für diese Zwecke erforderlich ist. Nach Art. 14 Abs. 5 lit. b und Art. 17 Abs. 3 lit. d kann der Verantwortliche für Zwecke der wissenschaftlichen Forschung unter bestimmten Voraussetzungen von Informations- bzw. Löschpflichten abweichen. Auch Abs. 2 (→ Rn. 53) und 3 (→ Rn. 54) sehen weitere Ausnahmen von Betroffenenrechten auf Grundlage des Unions- oder des nationalen Rechts vor, jedoch unter dem Vorbehalt, dass die Ausübung dieser Rechte durch die betroffene Person „die Verwirklichung der spezifischen Zwecke unmöglich machen oder ernsthaft beeinträchtigen und solche Ausnahmen für die Erfüllung dieser Zwecke notwendig ist".

III. Verhältnis zu anderen Vorschriften

10 Die Vorschrift enthält spezifische Regelungen zu den allgemeinen Vorschriften über die Rechtmäßigkeit der Verarbeitung personenbezogener Daten aus Art. 6 und hinsichtlich von besonderen Kategorien von Daten aus Art. 9.[39] Insbesondere die Erwähnung der Archivzwecke, der statistische Zwecke, der wissenschaftlichen und historischen Forschungszwecke in Art. 9 Abs. 2 lit. j zeigt, dass die Verarbeitung besonderer Kategorien personenbezogener Daten aufgrund von Unions- oder nationalem Recht für die genannten Zwecke privilegiert werden soll. Hierfür spricht zudem, dass nach Art. 5 Abs. 1 lit. b und für die in Art. 89 Abs. 1 genannten Zwecke eine **Zweckänderung** und eine längere Speicherung personenbezogener

---

[34] VO (EU) Nr. 536/2014 über klinische Prüfungen mit Humanarzneimitteln und zur Aufhebung der Richtlinie 2001/20 EG, ABl. 2014 L 158, 1, 29 ff.
[35] Erwägungsgrund 161.
[36] Paal/Pauly/*Pauly* DS-GVO Art. 89 Rn. 1.
[37] Privilegierungen werden auch in den Erwägungsgründen 26. 33, 50, 52, 53, 62, 65, 113, 156, 157, 159, 160, 161 und 162 angesprochen.
[38] Viel zu weit gehend *Buchner* DuD 2022, 555 (556).
[39] So auch Wybitul/*Steinhaus* DS-GVO Art. 11.

Daten zulässig ist. Nach Erwägungsgrund 156 sollen die Mitgliedstaaten in nationale Regelungen geeignete Garantien für die Verarbeitung personenbezogener Daten für die in Abs. 1 genannten Zwecke erlassen. Um der wissenschaftlichen Forschung die Möglichkeit zu erhalten, mit besonderen Kategorien personenbezogener Daten, insbesondere mit genetischen und Gesundheitsdaten zu forschen, hat der deutsche nationale Gesetzgeber § 27 BDSG erlassen (→ Rn. 57 ff.).

Neben Art. 89 finden sich nur in Art. 5 Abs. 1 lit. b und in Art. 85 Abs. 1 und 2 Bezüge zu **11** wissenschaftlichen und Forschungszwecke. Eine Besonderheit stellt dabei Art. 85 dar, der den Bezug zu „wissenschaftlichen Zwecken" herstellt und damit sowohl Forschung als auch die Lehre meint. Insoweit unterscheidet sich Art. 85 von Art. 89, der sich nicht auf die wissenschaftliche Lehre bezieht.[40]

Erwägungsgrund 156 S. 7 weist darauf hin, dass neben der DS-GVO bei der Verarbeitung **12** personenbezogener Daten zu wissenschaftlichen Zwecken andere einschlägige Rechtsvorschriften, zu beachten sind. Als Beispiel wird auf die Regelungen über die klinischen Prüfungen verwiesen. Danach geht z. B. die Vorgabe über die Einholung einer die informierte Einwilligung Bereich der klinischen Studien nach Art. 29 EU-VO 536/2014,[41] die zwingend ist, möglichen Erleichterungen durch Regelungen in der DS-GVO vor (→ Rn. 36).[42] Andererseits müssen bei klinischen Prüfungen die Forscher nach Art. 54 EU-VO 536/2014 „geeignete dringende Sicherheitsmaßnahmen zum Schutz der Prüfungsteilnehmer" ergreifen, wenn „ein unerwartetes Ereignis voraussichtlich schwerwiegende Auswirkungen auf das Nutzen-Risiko-Verhältnis" hat.[43] Dies bedeutet, dass die Möglichkeit vorgesehen werden muss, dass die die Untersuchung durchführende Klinik oder sonstige Institution in der Lage ist, den Probanden, dh die an dem Forschungsvorhaben teilnehmende Person wieder zu identifizieren.[44] Werden die Daten für diese Zwecke wieder **re-pseudonymisiert,** erlischt für diese re-pseudonymisierten Daten die Privilegierung des Art. 89 und es gelten wieder die allgemeinen Vorschriften der DS-GVO für die weitere Verarbeitung.[45]

Zusätzlich zu rechtlichen Vorgaben hat sich die Verarbeitung personenbezogener Daten für **13** Zwecke des Art. 89 an ethischen Vorgaben zu orientieren. Hinsichtlich des Verhältnisses zwischen **Ethik und Recht** gilt dabei, dass sich im Rechtsstaat die Ethik am Recht zu orientieren hat.[46] Nach der **Helsinki Deklaration**[47] müssen alle medizinischen Forschungsprojekte einer Ethikkommission vorgelegt werden. Veröffentlichungen bedürfen der Zustimmung der **Ethikkommission.**[48] Der europäische Verordnungsgeber hat für klinische Forschungen die ethische Überprüfung des Forschungsvorhabens durch eine Ethik-Kommission ausdrücklich in Art. 4 VO (EU) Nr. 536/2014 angeordnet.[49] Ethikkommissionen haben sich mittlerweile auch in anderen Wissenschaftsdisziplinen, etwa in den Sozialwissenschaften, etabliert.

B. Einzelerläuterungen

I. Entwicklung der Vorschrift

Die DS-RL sah für die Forschung in Art. 6 Abs. 1 lit. b (Zweckbindung), Art. 6 Abs. 1 lit. e **14** (zulässige Speicherdauer), Art. 11 Abs. 2 (Informationspflicht bei Datenerhebung) und 13 Abs. 2 (Auskunftsrecht) Privilegien für die Forschung vor. Allerdings standen diese Privilegierungen

---

[40] Specht/Manz/Golla § 23 Rn. 77.
[41] VO (EU) Nr. 536/2014 über klinische Prüfungen mit Humanarzneimitteln und zur Aufhebung der Richtlinie 2001/20 EG, ABl. 2014 L 158, 1, 30.
[42] Siehe auch Erwägungsgrund 161.
[43] VO (EU) Nr. 536/2014 über klinische Prüfungen mit Humanarzneimitteln und zur Aufhebung der Richtlinie 2001/20 EG, ABl. 2014 L 158, 1, 30.
[44] Wybitul/Steinhaus DS-GVO Art. 89 Rn. 6.
[45] Siehe auch Erwägungsgrund 159.
[46] Kratz VersR 2015, 677 (678).
[47] Weltärztebund (WMA), Deklaration von Helsinki – Ethische Grundsätze für die medizinische Forschung am Menschen, in der Fassung der letzten Revision der 64. WMA-Generalversammlung im Oktober 2013; http://www.bundesaerztekammer.de/fileadmin/user_upload/downloads/pdf-Ordner/International/Deklaration-von-Helsiniki_2013_DE.pdf.
[48] Deutsch VersR 2016, 993 (997).
[49] VO (EU) Nr. 536/2014 über klinische Prüfungen mit Humanarzneimitteln und zur Aufhebung der Richtlinie 2001/20 EG, ABl. 2014 L 158, 1, 14.

unter dem Vorbehalt, dass der Mitgliedstaat „geeignete besondere Garantien zum Schutz der Grundrechte und der Privatsphäre von Personen" vorsah.[50]

15 Die Regelung gehört zu den im Laufe des Gesetzgebungsverfahrens am meisten geänderten Vorschriften.[51] Während die DS-RL an verschiedenen Stellen die wissenschaftliche Forschung regelte, legte die Kommission in ihrem Vorschlag der DS-GVO mit Art. 83 eine zentrale Vorschrift für die Verarbeitung personenbezogener Daten zu historischen oder statistischen Zwecken sowie zum Zwecke der wissenschaftlichen Forschung vor.[52] Nach diesem Vorschlag sollten in den Grenzen der DS-GVO personenbezogene Daten nur dann zu historischen oder statistischen Zwecken oder zum Zwecke der wissenschaftlichen Forschung verarbeitet werden dürfen, wenn

a) diese Zwecke nicht auf andere Weise durch die Verarbeitung von Daten erfüllt werden können, die eine Bestimmung der betroffenen Person nicht oder nicht mehr ermöglichen;
b) Daten, die die Zuordnung von Informationen zu einer bestimmten oder bestimmbaren betroffenen Person ermöglichen, von den übrigen Informationen getrennt aufbewahrt werden, sofern diese Zwecke in dieser Weise erfüllt werden können.

16 Waren die Wissenschaftler von diesem Vorschlag nur wenig begeistert, verstärkte sich deren Kritik durch die Fassung, die dieser Vorschlag durch den Beschluss des EP vom 12.3.2014 erhielt. Zum einen wurde die Regelung zum Archivwesen aus dem Anwendungsbereich des Art. 83 herausgenommen und in einem eigenen Art. 83a geregelt. Zum anderen wurde die Aufbewahrungsregelung dadurch verschärft, dass die identifizierenden Daten nach „den höchsten technischen Standards getrennt aufbewahrt werden und sämtliche notwendigen Maßnahmen ergriffen werden (sollten), um unbefugte Rückschlüsse auf die Identität der betroffenen Personen zu verhindern."[53] Im Vorschlag der Kommission und des EP war der Fokus darauf gerichtet, die Verarbeitung zu historischen, statistischen sowie zu wissenschaftlichen Forschungszwecken unter den Vorbehalt zu stellen, dass der verfolgte Zweck nicht auch mit anonymisierten Daten erreicht werden kann, und, dass die personenbezogenen Daten möglichst weitgehenden pseudonymisiert werden. Der Entwurf der Kommission regelte zudem in einem eigenen Absatz, unter welchen Voraussetzungen personenbezogene Daten veröffentlicht werden dürfen. Erst der Entwurf des ER legte den Fokus auf mögliche Ausnahmen von Betroffenenrechten, ergänzt um Vorgaben zur Gewährleistung von technischen und organisatorischen Schutzmaßnahmen.[54] Im Gegensatz zu den Vorschlägen des EP und des ER sah Art. 83 des Entwurfs der Kommission die Ermächtigung zu **delegierten Rechtsakten** vor.

17 Der ER veränderte in der Fassung ihres Beschlusses vom 11.6.2015[55] den Vorschlag des EP erheblich, nahm viele datenschutzfreundliche Einschränkungen des EP wieder zurück und integrierte die Datenverarbeitung für Archivzwecke wieder in den Art. 83.

18 Im Trilogverfahren wurde dann erheblicher Einfluss ausgeübt, um der DS-GVO eine erheblich wissenschaftsfreundlichere Fassung zu geben. Dazu gehören nicht nur die nun gefundene Fassung des Art. 89, sondern auch die Ausführungen zur Einwilligung, wie etwa die Einführung des „broad consent" durch Erwägungsgrund 33 (→ Rn. 35 und 37).

II. Kritik an der Regelung

19 Gegen Art. 89 wird eingewandt, die Vorschrift versäume es, die Risiken von Statistik und modernen Verfahren wie Big Data (→ Rn. 44 ff.) für die individuelle Freiheit aufzugreifen und adäquat zu regeln.[56] Zudem regele die Vorschrift für Deutschland und einige Mitgliedstaaten Überflüssiges und lasse Chancen zu sachgerechter Gestaltung von Kommunikation ungenutzt.[57]

---

[50] Erwägungsgrund 34 der DS-RL.
[51] Gola/Heckmann/*Pötters* DS-GVO Art. 89 Rn. 1 mwN.
[52] KOM(2012) 11 endgültig.
[53] Standpunkt des Europäischen Parlaments festgelegt in erster Lesung am 12.3.2014 im Hinblick auf den Erlass der Verordnung (EU) Nr. .../2014 des Europäischen Parlaments und des Rates zum Schutz natürlicher Personen bei der Verarbeitung personenbezogener Daten und zum freien Datenverkehr (Datenschutz-Grundverordnung), EP-PE_TC1-COD(2012)0011; kritisch hierzu u.a. *Bender/Elias*, Bundesgesundheitsbl 2015, 799 (802).
[54] Kühling/Buchner/*Buchner/Tinnefeld* DS-GVO Art. 89 Rn. 7.
[55] Rats-Dok 9565/15.
[56] *Richter* DuD 2016, 581 (586); aA Specht/Manz/Golla § 23 Rn. 14; Auernhammer/*Geve* BDSG § 27 Rn. 10.
[57] *Dammann* ZD 2016, 307 (310).

Aus deutscher Sicht würden die Regelungen befremden und stattdessen seien Regelungen etwa im Sinne eines **Forschungs- oder Archivgeheimnisses** vorzugswürdig gewesen. Tatsächlich wird die Einführung eines gesetzlichen **Forschungsgeheimnisses** seit nahezu drei Jahrzehnten sowohl von Wissenschaftlern[58] als auch von Datenschutzinstitutionen[59] gefordert. Die Konferenz der Datenschutzbeauftragten des Bundes und der Länder (Datenschutzkonferenz) hatte anlässlich ihrer 67. Tagung am 25./26.3.2004 in einer Entschließung die Einführung eines Forschungsgeheimnisses für medizinische Daten gefordert.[60] Die Datenschutzkonferenz hatte zwar diese Entschließung ausdrücklich nur als „ersten Schritt zu einer generellen Regelung des besonderen Schutzes personenbezogener Daten in der Forschung" bezeichnet, allerdings fehlte es in der Folgezeit an weiteren Schritten.

Die Forderungen der Datenschutzaufsichtsbehörden waren allerding sehr kurz gegriffen. Sie bezogen sich zum einen ausschließlich auf die Forschung mit medizinischen Daten und zum anderen lediglich auf eine Einführung eines strafrechtlichen Schutzes vor Offenbarung, eines Beschlagnahmeschutzes sowie eines Zeugnisverweigerungsrechts im Strafverfahren. Bei medizinischen Daten handelt es sich zwar als Gesundheitsdaten um besondere Kategorien personenbezogener Daten iSv Art. 9 Abs. 1, bei denen auch Besonderheiten zu beachten sind (→ Rn. 40 ff.). Allerdings gibt es keinen nachvollziehbaren Grund diese Daten im Grundsätzlichen anders zu behandeln als andere personenbezogene Daten, die zu Forschungszwecken verarbeitet werden sollen.[61] Zudem können personenbezogene Daten im Bereich der kriminologischen oder soziologischen Forschung genauso sensibel oder von noch größerer Brisanz sein als ein Gesundheitsdatum. Auch die Beschränkung auf den strafrechtlichen und strafprozessualen Schutz der Forschungsdaten greift viel zu kurz.[62]

Die Einführung eines Forschungsgeheimnisses würde die Forschung keineswegs behindern, sondern im Gegenteil fördern. Tatsächlich verhindern weder das Steuer-, Statistik- noch das Arztgeheimnis die Kommunikation, sondern ermöglichen diese eher.[63] Indem diese Geheimnisse die Übermittlung von den Geheimnisträgern erschweren und etwa die unzulässige Übermittlung unter Strafe stellen, erhöhen sie das Vertrauen des Betroffenen, seine zum Teil sehr sensiblen Daten dem Geheimnisträger anzuvertrauen. Der richtige Platz für die Normierung eines Forschungsgeheimnisses wäre ein Forschungsgesetz, dessen Fehlen seit Jahren beklagt wird. Im Gegensatz zum europäischen Ausland leistet es sich Deutschland **kein Forschungsgesetz** zu haben. So hat die Schweiz ein Humanforschungsgesetz erlassen.[64] Einige Staaten haben immerhin die Forschung mit besonders sensiblen Daten gesetzlich geregelt.[65]

III. Ergänzung durch die nationale Gesetzgebung

Der deutsche Gesetzgeber hat von den **Öffnungsklauseln** im Bereich des Regelungsgehalts des Art. 89 Gebrauch gemacht. Dabei eröffnet auch Art. 6 Abs. 2 und 3 iVm Art. 6 Abs. 1 lit. e soweit die Archivierung, Forschung oder Statistik im öffentlichen Interesse liegt, dem nationalen

---

[58] *Arbeitsgemeinschaft der Wissenschaftlichen Medizinischen Fachgesellschaften (AWMF)* Resolution zum „Medizinischen Forschungsgeheimnis" v. 6.5.1995, www.awmf.org/forschung-lehre/stellungnahmen/wissenschaft-forschung/medizinisches-forschungsgeheimnis.html; *Berg* CR 1988, 234; *Bochnik* VersMed 1995, 151 ff.; *Gerling* DuD 1999, 384 (388); *Krupp/Preissl* CR 1989, 121; *Wagner* DuD 1999, 377 (380 ff.); krit. ggü. der Einführung eines Forschungsgeheimnisses *Kilian* NJW 1998, 787 (791).

[59] *BfD* 16. TB 1995/96 und 20. TB Nr. 24.2 (S. 186), S. 372; *BayLfD* 16. TB Nr. 2.1.1; *Hess.DSB* 27. TB 1998, Nr. 10.1; Nds.LfD 14.TB (1998) Nr. 21.1; *SchlH ULD* 21.TB (1999), Nr. 4.9.4; zusammenfassend *Vetter* DuD 1999, 389 ff.

[60] Entschließung der 67. Konferenz der Datenschutzbeauftragten des Bundes und der Länder am 25./26.3.2004 „Einführung eines Forschungsgeheimnisses für medizinische Daten", www.bfdi.bund.de/SharedDocs/Publikationen/Entschliessungssammlung/DSBundLaender/67DSK-EinfuehrungEinesForschungsgeheimnissesFuerMedizinischeDaten.pdf?__blob=publicationFile&v=1.

[61] So auch *Gerling* DuD 1999, 384 (388).

[62] Zum strafprozessualen Schutz von Forschungsdaten vgl. BVerfG Beschl. v. 25.9.2023 – 1 BvR 2219/20, ZD 2024, 31 f.

[63] *Dammann* ZD 2016, 307 (310).

[64] ZB Schweizerisches Bundesgesetz über die Forschung am Menschen (Humanforschungsgesetz – HFG) v. 30.9.2011, www.admin.ch/opc/de/official-compilation/2013/3215.pdf.

[65] Spezialgesetze gibt es zB in Schweden (The Swedish Biobank Act 2002), Finnland (Biobank Act [688/2012]), Island (Act on a Health Sector Database 1998) und Ungarn (The Hungarian Parliamentary Act No XXI f 2008 on the protection of human genetic data and the regulation of human genetic studies, research, and biobanks).

Gesetzgeber einen weiten Regelungsspielraum.[66] Nicht zuletzt ist es die Öffnungsklausel des Art. 9 Abs. 2 lit. j, die eine Ausnahme vom grundsätzlichen Verbot der Verarbeitung besonderer Kategorien personenbezogener Daten nach Art. 9 Abs. 1 zugunsten der in Art. 89 Abs. 1 genannten Zwecke ermöglicht.

23 Diesen Regelungsspielraum hat der nationale Gesetzgeber bereits durch den Erlass des § 27 BDSG idF des Gesetzes vom 30.6.2017[67] (→ Rn. 57 ff.) und des § 75 SGB X (→ Rn. 61) genutzt. Auch die bestehenden Regelungen etwa in den Hochschulgesetzen der Länder, den Archivgesetzen oder den Statistikgesetzen des Bundes[68] und der Länder oder in den Sozialgesetzen[69] bleiben anwendbar, soweit sich diese im Einklang mit der DS-GVO befinden.

IV. Vorgaben für die Verarbeitung bei Archiv-, Forschungs- und Statistikzwecken (Abs. 1)

24 **1. Allgemeines.** Art. 89 regelt mehrere unterschiedliche Bereiche: die Datenverarbeitung in Archiven, für die wissenschaftliche und historische Forschung und für die Statistik. Das EP hatte in der mit seiner Stellungnahme vom 12.4.2014 mitverabschiedeten Fassung die Regelung zum Archivwesen aus dem Anwendungsbereich der Regelung herausgenommen und in einem eigenen Art. 83a geregelt. Diese Trennung wurde vom ER wieder rückgängig gemacht und auch das Ergebnis des Trilogs sieht wieder eine einheitliche Regelung vor. Dabei sollten allerdings die Unterschiede zwischen den Bereichen nicht aus dem Auge verloren werden.

25 **a) Datenverarbeitung zu Archivzwecken.** Soweit Art. 89 für die Datenverarbeitung zu Archivzwecken gilt, bezieht sich dies unmittelbar nur auf personenbezogene Daten lebender Personen. Ebenso wie die DS-RL und das BDSG aF gilt die DS-GVO nicht für verstorbene Personen.[70] Die Anwendbarkeit der DS-GVO auf **historische Archive** wird daher sehr begrenzt sein.[71] Die DS-GVO verweist auf die Datenverarbeitung bei den „im öffentlichen Interesse" liegenden Archivzwecken, wobei nicht definiert wird, was der Verordnungsgeber unter „im öffentlichen Interesse liegende Archivzwecke" versteht.[72] Daraus darf allerdings nicht der Schluss gezogen werden, **Unternehmensarchive** würden der DS-VGO nicht unterfallen.[73] Soweit die Führung von Unternehmensarchiven im öffentlichen Interesse liegt, ist die DS-GVO durchaus anwendbar. Dafür spricht auch, dass die DS-GVO die Mitgliedstaaten ermuntert, auch private Stellen zu verpflichten, Informationen von öffentlichem Interesse zu archivieren und den Zugang hierzu bereitzustellen.[74] Die Regelung gilt daher für Unternehmensarchive nur dann nicht, wenn für die Führung dieser Archive kein öffentliches Interesse besteht. Ausgenommen von der Anwendbarkeit der DS-GVO sind dagegen **Familienarchive**, selbst wenn diese im Rahmen von Depositalverträgen in ein staatliches Archiv übernommen wurden.[75]

26 Gleichzeitig unterstützt die DS-GVO Forderungen, wonach nach dem Unionsrecht oder dem Recht der Mitgliedstaaten Behörden sowie sonstige öffentliche oder private Stellen verpflichtet sein sollen, Aufzeichnungen von öffentlichem Interesse zu führen, zu erwerben, zu erhalten, zu bewerten, aufzubereiten, zu beschreiben, mitzuteilen, zu fördern, zu verbreiten sowie Zugang dazu bereitzustellen. Insbesondere sollen personenbezogene Daten archiviert werden „im Hinblick auf die Bereitstellung spezifischer Informationen im Zusammenhang mit dem politischen Verhalten unter ehemaligen totalitären Regimen, Völkermord, Verbrechen gegen die Menschlichkeit, insbesondere dem Holocaust, und Kriegsverbrechen."[76] Daher sieht Art. 1 Abs. 1 lit. e

---

[66] Kühling/Buchner/*Buchner*/*Tinnefeld* DS-GVO Art. 89 Rn. 1; Paal/Pauly/*Pauly* DS-GVO Art. 89 Rn. 29.

[67] In der Fassung des Art. 1 des Gesetzes zur Anpassung des Datenschutzrechts an die Verordnung (EU) 2016/679 und zur Umsetzung der Richtlinie (EU) 2016/680 (Datenschutz-Anpassungs- und -Umsetzungsgesetz EU – DSAnpUG-EU) vom 30. Juni 2017, BGBl. I S. 2097.

[68] Gesetz über die Nutzung und Sicherung von Archivgut des Bundes – Bundesarchivgesetz von idF v. 10.3.2017, BGBl. I S. 410.

[69] Vgl. zB § 287 SGB V.

[70] Erwägungsgrund 27 und 158; siehe auch Simitis/Hornung/Spiecker gen. Döhmann/*Caspar* DS-GVO Art. 89 Rn. 19.

[71] So auch Plath/*Grages*, 2. Aufl., DS-GVO Art. 89 Rn. 10.

[72] *Johannes*/*Richter* DuD 2017, 300.

[73] So aber Plath/*Grages*, 2. Aufl., DS-GVO Art. 89 Rn. 11.

[74] Erwägungsgrund 158.

[75] Vgl. zum Einsichtsrecht in bei einem Staatsarchiv gelagertes Depositalgut OVG Lüneburg Urt. v. 17.9.2002 – 11 LB 123/02, NdsVBl 2003, 105.

[76] Erwägungsgrund 158.

vor, dass entgegen des allgemeinen Grundsatzes, wonach die betroffene Person identifizierende Daten nur so lange gespeichert werden dürfen, wie es der Zweck erfordert, für die sie verarbeitet werden, für die in Abs. 1 genannten Zwecke länger gespeichert werden. Zudem gestattet es die DS-GVO den Mitgliedstaaten Regelungen zum Umgang mit personenbezogenen Daten für diese Zwecke zu erlassen, soweit diese im Einklang mit der DS-GVO stehen. In Deutschland ist dies etwa mit dem Bundesarchivgesetz und den Landesarchivgesetzen geschehen. Dabei wurden auch Regelungen erlassen, die den Schutz für personenbezogene Daten Lebender auf Verstorbene erweitern. Aber auch einzelne spezifische Datenschutzvorschriften, wie das Statistikgeheimnis nach § 16 BStatG, das Steuergeheimnis nach § 30 AO, das Sozialgeheimnis nach § 35 Abs. 5 SGB I oder die in den von den jeweiligen Ärztekammern verabschiedeten Berufsordnungen für die Ärztinnen und Ärzte verankerte ärztliche Schweigepflicht gelten über den Tod des Betroffenen hinaus.[77]

b) Datenverarbeitung zu Zwecken der wissenschaftlichen oder historischen Forschung. Was unter dem Begriff „Forschung" zu verstehen ist, wird weder im Primärrecht noch im Sekundärrecht der EU definiert. Grundsätzlich ist der Begriff weit auszulegen.[78] Dies ergibt sich auch aus Erwägungsgrund 159 S. 2. Allerdings wollte das EP in Zeiten von **Big Data** (→ Rn. 44 ff.) und **Data Mining** „wissenschaftliche Forschungszwecke" nur im engeren Sinne privilegieren.[79] Gemeint ist damit allerdings eine Abgrenzung zum weiteren Begriff der „wissenschaftlichen Zwecke". Nicht jede Analyse oder Datenaufbereitung sollte als „Wissenschaft" privilegiert werden.[80] Werden wissenschaftliche Methoden zu Aufsichts-, Kontroll-, Organisations- oder Werbezwecke angewandt, fällt dies nicht unter die Privilegierung von Forschung durch die DS-GVO.[81] Gerade bei Big-Data-Anwendungen muss genau hingesehen werden, ob diese neben der empirischen Forschung eine wissenschaftliche Methode darstellen. Der Verordnungsgeber möchte dann allerdings den Begriff der „wissenschaftlichen Forschung" weit ausgelegt wissen und „die Verarbeitung für beispielsweise die technologische Entwicklung und die Demonstration, die Grundlagenforschung, die angewandte Forschung und die privat finanzierte Forschung einschließen.[82] Nicht erfasst werden allerdings Forschungsvorhaben zur Entwicklung neuer Produkte sowie rein oder weitgehend kommerzielle Absatz-, Markt- oder Meinungsforschung, es sei denn das dies ausnahmsweise den Anforderungen unabhängiger wissenschaftlicher und erkenntnisgetriebener Forschung genügt.[83] Darüber hinaus sollte sie dem in Art. 179 Abs. 1 AEUV festgeschriebenen Ziel, einen **europäischen Forschungsraum** zu schaffen, Rechnung tragen.[84] Letztlich handelt es sich bei „wissenschaftlichen Forschungszwecken" im Sinne der Vorschrift um Forschungsvorhaben, die dem Schutzbereich des Art. 13 GRCh und des Art. 5 Abs. 3 GG unterfallen. Danach erstreckt sich die Regelung auf „jede wissenschaftliche Tätigkeit, d. h. auf alles, was nach Inhalt und Form als ernsthafter planmäßiger Versuch zur Ermittlung von Wahrheit anzusehen ist"[85] und damit auf „jede geistige Tätigkeit mit dem Ziel, in methodischer, systematischer und nachprüfbarer Weise neue Erkenntnisse zu gewinnen".[86]

---

[77] § 9 Abs. 1 (Muster-)Berufsordnung für die in Deutschland tätigen Ärztinnen und Ärzte – MBO-Ä 1997 – in der Fassung des Beschl. d. 124. Deutschen Ärztetages 2021 in Berlin, www.bundesaerztekammer.de/fileadmin/user_upload/downloads/pdf-Ordner/Recht/_Bek_BAEK_MBO-AE_Online_final.pdf.
[78] *Geminn* DuD 2018, 640 (641).
[79] *Albrecht/Jotzo* DatenschutzR Teil 3 Rn. 72; Kühling/Buchner/*Buchner/Tinnefeld* DS-GVO Art. 89 Rn. 12.
[80] *Gola/Pötters* DS-GVO Art. 89 Rn. 12, geht davon aus, dass der Unterschied zum Wortlaut des Art. 85, in dem nur von „wissenschaftlichen Zwecken" gesprochen wird, die Formulierung „zu wissenschaftlichen oder historischen Forschungszwecken" „sinnlos" sei.
[81] *Weichert* ZD 2020, 18 (20) mwN.
[82] Gegen die Einbeziehung rein privat finanzierte Forschung Simitis/Hornung/Spiecker gen. Döhmann/*Caspar* DS-GVO Art. 89 Rn. 17, der nur sog. „Drittmittelforschung" an Universitäten unter den Forschungsbegriff des Art. 89 zulassen möchte.
[83] Simitis/Hornung/Spiecker gen. Döhmann/*Caspar* DS-GVO Art. 89 Rn. 16 und 18; Specht/Mantz/*Golla* DatenschutzR-HdB § 23 Rn. 15; *Weichert* ZD 2020, 18 (20); *Werkmeister/Schwaab* CR 2019, 85 (87 – Rn. 11); aA wohl Gola/Heckmann/*Krohm* BDSG § 27 Rn. 6.
[84] Erwägungsgrund 159; siehe auch die Entwicklung zu den unterschiedlichen Datenräumen, die auch Forschung berücksichtigen (→ Rn. 6).
[85] BVerfG Urt. v. 29.5.1973 – 1 BvR 424/71, 1 BvR 325/72 –, BVerfGE 35, 79 (112); BVerfG Beschl. v. 1.3.1978 – 1 BvR 333/75, 1 BvR 174/71, 1 BvR 178/71, 1 BvR 191/71, BVerfGE 47, 327 (367), siehe auch Kühling/Buchner/*Buchner/Tinnefeld* DS-GVO Art. 89 Rn. 13.
[86] *Johannes/Richter* DuD 2017, 300 f.

28 Die Abgrenzung zwischen wissenschaftlichen und historischen Forschungszwecken ist schwierig, da es sich bei historischen Forschungszwecken um wissenschaftliche Forschungszwecke handelt, die zudem noch in einer engen Verbindung zu den Archivzwecken stehen.[87] Der Datenbedarf der **historischen Forschung** richtet sich primär auf bereits archiviertes und im Verwaltungsvollzug nicht mehr befindliche Material. Allerdings erschöpft sich die historische Forschung nicht hierin, sondern erhebt auch Daten zu Befragungen von Zeitzeugen. Beim Zugang zu historischen, insbesondere archivierten Daten können Forschungsinteressen und die Interessen betroffener Personen in vielerlei Konstellationen in Konflikt geraten, etwa wenn Ereignisse der (neueren) Zeitgeschichte im Kontext lokal- und sozialgeschichtlicher Fragestellungen untersucht werden sollen.[88] Dabei ergeben sich auch Interessenkonflikte nicht nur im Hinblick auf die Person, die unmittelbar im Interesse der historischen Forschung stehen, sondern auch im Hinblick auf diesen nahe stehenden Personen, etwa unmittelbare Verwandte. Auch die Genealogie (Ahnenforschung) gehört zu den historischen Forschungszwecken.[89]

29 Im Bereich der wissenschaftlichen und historischen Forschung ist zwischen Forschung, die aufgrund von Primärerhebungen, und Forschung, die aufgrund von Sekundärerhebungen, durchgeführt wird zu unterscheiden. Forschung mit Hilfe von Primärerhebungen (**Primärforschung**) meint dabei Forschung, bei der die Daten unmittelbar beim Betroffenen (Studienteilnehmer) für Forschungszwecke erhoben werden. Demgegenüber werden bei Forschung aufgrund von Sekundärerhebungen (**Sekundärforschung**) personenbezogene Daten aus Quellen erhoben, bei denen die Daten für andere Zwecke – in der Regel Verwaltungszwecke – erhoben wurden. Primärerhebungen im Bereich der historischen Forschung sind eher selten, wenn auch nicht ausgeschlossen, wenn etwa Zeitzeugen befragt werden oder es sich um historische Ereignisse handelt, die zeitlich noch nicht lange zurückliegen und deren Protagonisten noch leben. Insoweit sind die Regelungen der DS-GVO zu beachten. Zum größten Teil handelt es sich bei der historischen Forschung allerdings um die Auswertung von Quellen, die nicht zu Forschungszwecken angelegt wurden. In diesem Fällen ist die DS-GVO grundsätzlich nur anwendbar, wenn es sich um Forschungsdaten noch lebender Personen handelt.[90] Dies bedeutet jedoch nicht, dass personenbezogene Daten Verstorbener völlig schutzlos sind. Durch den Tod erfährt zwar das allgemeine Persönlichkeitsrecht „eine einschneidende Einschränkung", der Schutz durch Art. 1 Abs. 1 GG bleibt jedoch bestehen. So steht auch dem toten Menschen ein Anspruch auf Wahrung seiner Menschenwürde zu.[91] Dies ist – neben spezialgesetzlichen Regelungen[92] – auch bei der historischen Forschung zu beachten. Hinsichtlich der sozialwissenschaftlichen und der medizinischen Forschung ist darauf hinzuweisen, dass neben der DS-GVO auch weitere Rechtsgrundlagen im europäischen und nationalen Recht zu beachten sind.

30 **c) Datenverarbeitung zu statistischen Zwecken.** Überraschend erscheint zunächst, dass Art. 89 auch für die Verarbeitung personenbezogener Daten zu statistischen Zwecken gilt. Unter dem Begriff „statistische Zwecke" versteht die DS-GVO jeden für die Durchführung statistischer Untersuchungen und die Erstellung statistischer Ergebnisse erforderlichen Vorgang der Erhebung und Verarbeitung personenbezogener Daten.[93] Statistische Daten sind vor allem aggregierte und damit anonyme Daten, für die die DS-GVO nicht gilt.[94] Es handelt sich dabei um statistische Ergebnisse, die soweit es sich nicht um eine **„Tabelleneins"** iSd § 16 Abs. 4 ff. BStatG handelt, keinen Personenbezug mehr aufweisen. Bei einer „Tabelleneins" handelt es sich um statistische Ergebnisse, die in einem Tabellenfeld eine „Eins" ausweisen. Dies kann dazu führen, dass das statistische Ergebnis einer bestimmten Person zugeordnet werden kann. Aus diesem Grund beschränkt das BStatG die Nutzung auf die Verwendung gegenüber den gesetzgebenden Kör-

---

[87] Zur engen Verbindung der „historischen Forschung" zu den Archivzwecken siehe auch Kühling/Buchner/*Buchner/Tinnefeld* DS-GVO Art. 89 Rn. 10 und 14.
[88] Kühling/Buchner/*Buchner/Tinnefeld* DS-GVO Art. 89 Rn. 14.
[89] Erwägungsgrund 160; Specht/Manz/*Golla* § 23 Rn. 16; Paal/Pauly/*Pauly* DS-GVO Art. 89 Rn. 7.
[90] Erwägungsgrund 27 und 158.
[91] BVerfG Beschl. v. 24.2.1971 – 1 BvR 435/68, BVerfGE 30, 173 (194) – Mephisto. Auch die kommerziellen Bestandteile des Persönlichkeitsrechts bestehen nach dem Tode des Trägers des Persönlichkeitsrechts jedenfalls solange fort, solange die ideellen Interessen noch geschützt sind, BGH Urt. v. 1.12.1999 – I ZR 49/97, RDV 2000, S. 161 – Marlene Dietrich.
[92] Dazu zählen etwa die Schutzfristen der Archivgesetze des Bundes und der Ländern, zB § 11 BArchG idF des Gesetzes vom 10.3.2017, BGBl. I S. 3618.
[93] Erwägungsgrund 162 S. 3.
[94] Erwägungsgrund 26 S. 3 und 162 S. 5.

perschaften und für Zwecke der Planung (§ 16 Abs. 4 BStatG), für Zwecke der kommunalen Statistik (§ 16 Abs. 5 BStatG) sowie für die wissenschaftliche Forschung (§ 16 Abs. 6 BStatG) und gibt noch zusätzliche Beschränkungen für die Nutzung von Statistiken mit „Tabelleneins" vor (§ 16 Abs. 7–10).

Personenbezogene Daten fallen in der amtlichen Statistik im Wesentlichen bei der Erhebung 31 der Daten bei bevölkerungsbezogenen Statistiken an. Zwar dienen die personenidentifizierenden Daten lediglich der technischen Durchführung der Statistik (Hilfsmerkmale iSv § 10 Abs. 1 S. 3 BStatG), führen aber zunächst dazu, dass die Erhebungsmerkmale dem Betroffenen zugeordnet werden können. Erst mit der Trennung der Hilfsmerkmale nach der Prüfung der Daten auf Schlüssigkeit und Vollständigkeit nach § 12 BStatG und deren Löschung wird der Personenbezug beseitigt. In der Phase der Erhebung personenbezogener Daten für statistische Zwecke ist die DS-GVO daher anwendbar.

Problematisch für die individuellen Freiheiten des Betroffenen ist die im Wirtschaftsleben in 32 weiten Teilen üblich gewordene personenbezogene Anwendung (anonym errechneter) statistischer Ergebnisse in Form des **Scoring**. Dabei wird im Rahmen der Inferenzstatistik geschlossen, ob beispielsweise eine bestimmte Person nach Vertragsschluss ihre Rechnung begleichen wird oder nicht und daher ein Vertragsschluss in Frage kommt. Scoring in dieser Form war bislang unter den Voraussetzungen des § 28b BDSG aF zulässig.[95] Mit dem § 31 BDSG nF hat der nationale Gesetzgeber die Regelungen aus den bisherigen §§ 28a und 28b BDSG aF beibehalten.[96] In seinem Urteil vom 7.12.2023 hat der EuGH durchgreifende Bedenken gegen die Vereinbarkeit von § 31 BDSG mit dem Unionsrecht geäußert und dass ein Scoring-Wert nicht ausschlaggebendes Argument für eine Entscheidung sein darf.[97]

2. Rechtmäßigkeitsvoraussetzungen für die Datenverarbeitung. Art. 89 enthält keine 33 eigenständige Erlaubnis zur Verarbeitung personenbezogener Daten für die in Abs. 1 genannten Zwecke (→ Rn. 1). Abs. 1 S. 1 normiert lediglich den Grundsatz, dass für die Verarbeitung personenbezogener Daten zu den in Abs. 1 genannten Zwecken die DS-GVO zu beachten ist. Dazu gehören zunächst die Bestimmungen über die Grundsätze (Art. 5) und die Rechtmäßigkeit (Art. 6) der Datenverarbeitung. Danach gilt auch für die Verarbeitung personenbezogener Daten für die in Abs. 1 genannten Zwecke, dass diese dann rechtmäßig ist, wenn sie aufgrund der Einwilligung des Betroffenen oder aufgrund einer gesetzlichen Grundlage erfolgt. Bei der Auslegung des Art. 89 ist zu beachten, dass nach Art. 5 Abs. 1 lit. b)die Verarbeitung für im öffentlichen Interesse liegende Archivzwecke, für wissenschaftliche oder historische Forschungszwecke oder für statistische Zwecke als vereinbarer und rechtmäßiger Verarbeitungsvorgang gilt[98] und nach Art. 5 Abs. 1 lit. e die Daten für diese Zwecke länger gespeichert werden dürfen. Damit wird der Grundsatz festgestellt, dass es legitim ist, personenbezogene Daten zu den in Abs. 1 genannten Zwecken zu verarbeiten. Auch an anderer Stelle haben die Organe der EU ihre grundsätzliche Forschungsfreundlichkeit betont.[99]

a) Datenverarbeitung aufgrund von Einwilligung. Im Bereich der wissenschaftlichen 34 und historischen Forschung fehlen in der Regel gesetzliche Erlaubnisnormen für die Primärforschung.[100] Die vorhandenen Vorschriften regeln nicht die Zulässigkeit, sondern die näheren Umstände der aufgrund einer besonderen Erlaubnis durchgeführten Forschung mit personenbezogenen Daten. Mangels gesetzlicher Regelung kann sich die Erlaubnis zur Forschung mit personenbezogenen Daten daher nur aufgrund der **Einwilligung** der betroffenen Person ergeben.[101] Die Einwilligung kann unter Umständen auch für die Nutzung von diese Person betreffenden Daten aus anderen Quellen, insbesondere aus Daten der staatlichen Verwaltung, gelten. Bei Sekundärforschung[102] ist es oftmals jedoch schwer bis unmöglich die Einwilligung

---

[95] *Richter* DuD 2016, 581 (582).
[96] BT-Drs. 18/11325, S. 101; siehe hierzu auch die Forderungen nach Beibehaltung der bisherigen Rechtslage bei *Richter* DuD 2016, 581 (584); *Taeger* ZRP 2016, 72 (75).
[97] EuGH Urt. v. 7.12.2023 – C-634/21, ZD 2024, 29 (33 Rn. 71).
[98] So auch Erwägungsgrund 50 S. 4; *Buchner* DuD 2022, 555.
[99] Vgl. etwa die Schlussfolgerungen des Rates zu personalisierter Medizin für Patienten, ABl. 2015 C 421, 2 sowie die VO (EU) Nr. 536/2014. Zur Forschungsfreundlichkeit siehe auch die Entschließungen und Stellungnahmen zum (Neuen) Europäischen Forschungsdatenraum, → Rn. 6.
[100] Zum Begriff Primärforschung → Rn. 29.
[101] *Geminn* DuD 2018, 640 (641), geht davon aus, dass die Einwilligung (und die besonderen Garantien) vornehmlich den Ausgleich zwischen Art. 8 GRCh einerseits und Art. 13 GRCh andererseits bewirkt.
[102] Zum Begriff Sekundärforschung → Rn. 29.

einer Vielzahl von Personen zu erhalten, bei denen manchmal nicht feststeht, ob sie überhaupt noch leben und falls sie noch leben, stimmen häufig ihre Adressdaten nicht mehr. Diese Probleme bei der Einholung der Einwilligung darf aber nicht dazu führen, dass man ganz auf eine Rechtsgrundlage verzichtet, um Forschung zu ermöglichen.[103] Die betroffene Person darf nicht zum ausschließlichen Objekt der Forschung werden (→ Rn. 6). Gerade bei der Verarbeitung großer Datenmengen und bei der Verarbeitung von Daten vulnerabler Gruppen, etwa im Rahmen der medizinischen Forschung stellt sich allerdings die Frage, ob die Einwilligung eine brauchbare Rechtsgrundlage darstellt. In diesen Fällen bedarf es einer gesetzlichen Erlaubnisnorm. Zu Recht besteht die Kritik an der Rechtszersplitterung zum Forschungsrecht in den Krankenhausgesetzen der Länder.[104] Die Schlussfolgerung, dass die Einwilligung Probleme bereitet und auch die Bundes- und Landesgesetze wenig hilfreich sind und man deshalb ohne Rechtsgrundlage Daten für Forschungszwecke verarbeiten kann, ist allerdings rechtsstaatlich sehr bedenklich. Das Forschungsprivileg des Art. 89 heißt nicht, dass automatisch die Datenverarbeitung legitimiert ist. Wie jede Datenverarbeitung bedarf sie der Rechtsgrundlage nach Art. 6 oder 9.[105] Mögliche Erlaubnistatbestände können sich aus Art. 6 Abs. 1 lit. e und f ergeben. Zudem ist der Bundesgesetzgeber gefordert, für die Belange der Forschung verfassungsgemäße Rechtsgrundlagen zu schaffen. Einschränkungen des Grundrechts auf Datenschutz aus Art. 8 GRCh sind im überwiegenden Allgemeininteresse möglich, bedürfen aber nach Art. 52 Abs. 1 GRCh einer gesetzlichen Grundlage,[106] die den Wesensgehalt des Grundrechts wahrt. Dabei müssen die einerseits Voraussetzungen und der Umfang der Beschränkungen für den Bürger klar erkennbar sein (Gebot der Normenklarheit) und andererseits muss der Grundsatz der Verhältnismäßigkeit gewahrt werden.[107] Die Konferenz der unabhängigen Datenschutzaufsichtsbehörden des Bundes und der Länder (DSK) hat in ihrer Entschließung „Wissenschaftliche Forschung – selbstverständlich mit Datenschutz" vom 23.3.2022[108] ihre Forderung aus dem Jahr 2004[109] erneuert, in einem allgemeinen Forschungsdatengesetz ein strafbewehrtes Forschungsgeheimnis zu regeln, um damit Vertrauen in die wissenschaftliche Forschung zu schaffen, dass von einem Beschlagnahmeverbot[110] und einem Zeugnisverweigerungsrecht für Forschende flankiert werden sollte. Ein solches allgemeines Forschungsdatengesetz wurde von der Bundesregierung im Koalitionsvertrag vom 24.11.2021 ebenso vereinbart,[111] wie ein Gesundheitsdatennutzungsgesetz,[112] das die medizinische Forschung im Einklang mit der DS-GVO regeln soll. Gerade das Gesundheitsdatennutzungsgesetz wäre das Gesetz gewesen, in dem der Gesetzgeber die Probleme bei der Einwilligung in der medizinischen Forschung unter Berücksichtigung der DS-GVO hätte regeln können und sollen, dies aber leider nicht getan hat.

35 Grundsätzlich bezieht sich auch im Anwendungsbereich des Art. 89 die Voraussetzung für die Rechtmäßigkeit auf die Einwilligung des Betroffenen nach Art. 6 Abs. 1 lit. a und Art. 9 Abs. 2 lit a. Es muss sich daher grundsätzlich um eine **informierte Einwilligung** iSd Art. 4 Nr. 11 handeln. Daneben sieht Erwägungsgrund 33 vor, dass auch ein **„broad consent"** im Bereich

---

[103] In diese Richtung geht wohl *Buchner* DuD 2022, 555 (556), der es ausreichen lassen möchte, dass die Forschenden durch Garantien und Schutzmaßnahmen einen bestmöglichen Datenschutz gewährleisten. Er übersieht, dass es für jede Datenverarbeitung einer Rechtsgrundlage bedarf und die Garantien und Schutzmaßnahmen bei einer rechtmäßigen Datenverarbeitung aufgrund einer Rechtsgrundlage iSv Art. 6 (Einwilligung, Vertrag, Gesetz) die Rechte und Freiheiten der betroffenen Person schützen sollen.
[104] *Buchner* DuD 2022, 555 (557 f.).
[105] Specht/Mantz DatenschutzR-HdB/*Golla* § 23 Rn. 24 und 98; *Werkmeister/Schwaab* CR 2019, 85 (87 – Rn. 12); siehe auch → Rn. 1.
[106] Unterstrichen vom EuGH u.a. im Urt. v. 8.4.2014 – C–293/12 u. C–594/12 (Digital Rights Ireland Ltd.), ZD 2014, 296 (297) mAnm *Petri*; siehe auch bereits BVerfG Urt. v. 15.12.1983 – BVerfGE 65, 1 (44).
[107] *Weichert* ZD 2020, 18 f.
[108] *DSK*, Entschließung „Wissenschaftliche Forschung – selbstverständlich mit Datenschutz" v. 23.3.2022, https://www.bfdi.bund.de/SharedDocs/Downloads/DE/DSK/DSKEntschliessungen/103DSK-Entschliessung-wissenschaftliche-Forschung.html?nn=253022.
[109] *DSK*, Entschließung „Einführung eines Forschungsgeheimnisses für medizinische Daten" v. 25./26.3.2004, https://www.bfdi.bund.de/SharedDocs/Downloads/DE/DSK/DSKEntschliessungen/67DSK-EinfuehrungEinesForschungsgeheimnissesFuerMedizinischeDaten.pdf.
[110] Vgl. auch BVerfG Beschl. v. 25.9.2023 – 1 BvR 2219/20, ZD 2024, 31 f.
[111] Koalitionsvertrag zwischen SPD, Bündnis 90/Die Grünen und FDP „Mehr Fortschritt wagen" v. 24.11.2021, S. 21, https://www.bundesregierung.de/breg-de/service/gesetzesvorhaben/koalitionsvertrag-2021–1990800.
[112] Umgesetzt durch das Gesetz zur verbesserten Nutzung von Gesundheitsdaten – Gesundheitsdatennutzungsgesetz; zum Gesundheitsdatennutzungsgesetz *Schreiber* ZD-Aktuell 2023, 01283.

der wissenschaftlichen Forschung ausnahmsweise[113] zulässig sein kann.[114] In der Diskussion befinden sich im Wissenschaftsbereich auch weitere Formen der Einwilligung, wie etwa der **„dynamic consent"**.

aa) Informierte Einwilligung („informed consent"). Auch für Art. 89 gilt, dass es sich um eine **informierte Einwilligung** iSv Art. 4 Abs. 11 handeln muss (→ Art. 4 Rn. 50 ff.). Auch das bisherige Datenschutzrecht ging in § 4a BDSG aF von einer freiwilligen, informierten und zweckbestimmten Einwilligung der Betroffenen aus. In diesem Fall müssen die Betroffenen vor jedem Akt der Datenerhebung und der weiteren Verarbeitung der Daten, die dem ursprünglichen Zweck nicht entspricht, grundsätzlich ihre (erneute) Einwilligung in die Verarbeitung der sie betreffenden personenbezogenen Daten für Forschungszwecke erklären. Gleichzeitig darf die Einwilligungserklärung die betroffene Person auch nicht durch ein Zuviel an Information überfordern.[115] Das rechte Maß an Information vor Erlangung einer informierten Einwilligung zu finden, ist bisweilen nicht einfach. Zu beachten ist zudem, dass in bestimmten Bereichen der Forschung spezialgesetzliche Regelungen vorgehen. So wird für den Bereich der klinischen Studien nach Art. 29 EU-VO 536/2014[116] die informierte Einwilligung zwingend vorgeschrieben. 36

bb) „broad consent". Von Wissenschaftsseite wurde die Idee der Konstruktion eines **„broad consent"** als Erweiterung des ursprünglichen Einwilligungskonzeptes in den Entwurf des Rates eingebracht.[117] Dem Konzept des „broad consent" liegt der Gedanke zugrunde, dass häufig zum Zeitpunkt der Erhebung der personenbezogenen Daten für ein bestimmtes wissenschaftliches Forschungsprojekt noch nicht alle Forschungsprojekte oder alle Bereiche des Forschungsprojekts vollständig angegeben werden können. Dies ist nicht nur bei großen Datenbanken, sondern insbesondere auch bei sog. Biobanken (→ Rn. 48) der Fall.[118] Nach Erwägungsgrund 33 soll es Studienteilnehmer daher möglich sein, ihre Einwilligung für bestimmte Bereiche wissenschaftlicher Forschung oder Teile von Forschungsprojekten zu geben, wenn dies unter Einhaltung der anerkannten ethischen Standards der wissenschaftlichen Forschung geschieht. Das Konzept des „broad consent" soll insbesondere die Durchführung von Langzeitstudien erleichtern, indem personenbezogene Daten, die zB in zeitlich begrenzten medizinischen Studien erhoben worden sind, in weiteren, auf längere Zeiträume angelegten Studien verwendet werden können.[119] Datenschutzrechtlich ist von Bedeutung, dass es mit der Möglichkeit eines jederzeitigen Widerrufs der Einwilligung (Opt-out – Art. 7 Abs. 3[120]), der Begrenzung der Einwilligung auf bestimmte Forschungsbereiche oder Teile von Forschungsprojekten und dem Recht auf Löschung verbunden wird. Der Erwägungsgrund 33 bezieht sich zunächst ausschließlich auf Art. 89. Bei besonderen Arten der Datenverarbeitung gelten besondere Bedingungen. Hier ist Art. 9 Abs. 2 lit. j zu beachten. 37

---

[113] Für die Ausnahme des „broad consent" auch *Geminn* DuD 2018, 640 (641), ähnlich auch *Fröhlich/Spiecker gen. Döhmann* GesR 2022, 346 (350), die darauf verweisen, dass der „broad consent" lediglich in den Erwägungsgründen, nicht aber im Verordnungstext erwähnt werden, wobei die besondere Rolle der Erwägungsgründe bei der Auslegung des Verordnungstextes berücksichtigt wird. Kritisch zum „broad consent", Gola/Heckmann/*Pötters* DS-GVO Art. 89 Rn. 3.
[114] Ausführlich zu den Voraussetzungen des „broad consent", Krahmer/*Raum* § 75 SGB X, 5. Aufl. 2023, Rn. 49.
[115] So auch *Schaar* ZD 2017, 213 (214). Ähnlich Paal/Pauly/*Ernst* DS-GVO Art. 4 Rn. 80, der außer auf versteckte Hinweise, unbekannte technische Formate und undeutliche Schrift auch auf überlange Texte hinweist, die der Wirksamkeit einer „informierten" Einwilligung entgegenstehen. Tatsächlich dürften überlange Texte auch dazu führen, dass Informationen insgesamt gar nicht zur Kenntnis genommen werden (Abschreckungseffekt).
[116] VO (EU) Nr. 536/2014 über klinische Prüfungen mit Humanarzneimitteln und zur Aufhebung der Richtlinie 2001/20 EG, ABl. 2014 L 158, 1, 30. Die Vorschrift geht den Regelungen der DS-GVO vor, Erwägungsgrund 161.
[117] Vgl. Erwägungsgrund 25 aa) des Vorschlag des Rates, Rats-Dokument 9565/15 v. 15.5.2015.
[118] Nach *Quinn*, European Journal of Health Law 24 (2017), 347 (351) sollen Biobanken für gewöhnlich auf einem „open consent" basieren, also der Einwilligung der betroffenen Person, dass ihre Daten gespeichert und genutzt werden für unbekannte oder auch unvorhergesehene Zwecke.
[119] *Becker* GuP 2016, 175 (178).
[120] Auf die eingeschränkte Möglichkeit eines Widerspruchs im Forschungsbereich nach Art. 21 Abs. 6 ist an dieser Stelle hinzuweisen → Art. 21 Rn. 62 ff.

38 cc) „dynamic consent". Datenschutzfreundlicher ist das Konzept des „dynamic consent", bei dem die Einwilligung an eine dauerhafte Information der Studienteilnehmer hinsichtlich der Forschungstätigkeiten geknüpft ist und eine hohe Transparenz besteht.[121] Im Bereich der Gesundheitsstudie Nationale Kohorte (NAKO) ist vorgesehen, dass jeder Studienteilnehmer in einem Teilnehmerportal im Internet Auskunft über die erfolgte Nutzung der vom ihm stammenden Untersuchungsdaten und Bioproben in durchgeführten Forschungsprojekten, dh eine individuelle Auflistung der Projekte und Anzeige von zusammenfassenden, nichtpersonenbezogenen Ergebnissen erhält.[122]

39 **b) Datenverarbeitung aufgrund besonderer Rechtsvorschriften.** Sowohl aus dem Europarecht als auch aus dem nationalen Recht finden sich Rechtsgrundlagen für die Verarbeitung personenbezogener Daten für Forschungszwecke, die nicht unmittelbar vom Betroffenen erhoben werden. So sieht etwa § 75 SGB X (→ Rn. 61 ff.) vor, dass die Sozialversicherungsträger bei ihrer staatlichen Aufsichtsbehörde eine Genehmigung einholen müssen, damit sie für ein bestimmtes Forschungsprojekt Sozialdaten iSv § 67 Abs. 1 SGB X an Wissenschaftler und Forschungsinstitute übermitteln dürfen. Für den Bereich der amtlichen Statistik werden nach § 5 Abs. 1 BStatG Erhebungen für Statistikzwecke grundsätzlich aufgrund einer gesetzlichen Ermächtigung erhoben, soweit nicht die Ausnahmen des § 5 Abs. 2 BStatG greifen. Der Zugang zu Forschungszwecken zu Daten, die in staatlichen Archiven gespeichert sind, ist in den jeweiligen Archivgesetzen des Bundes und der Länder geregelt. Zudem finden sich in zahlreichen Bundes- und Landesgesetzes Regelungen zur Forschung mit personenbezogenen Daten, etwa in den Krankenhaus- und Krebsregistergesetzen der Länder. Zurzeit werden weitere staatliche Register mit sensiblen Gesundheitsdaten aufgebaut[123] oder sind in der Planung, die der wissenschaftlichen Forschung Daten zur Verfügung stellen sollen, wozu jeweils eine gesetzliche Regelung gibt oder im geplanten Registergesetz geschaffen werden muss.[124]

40 **3. Besondere Arten der Datenverarbeitung für Forschungszwecke. a) Besonderheiten bei der Datenverarbeitung besonderer Kategorien personenbezogener Daten.** Während die Vorschläge der Kommission und des EP noch eine eigenständige Vorschrift für die Verarbeitung personenbezogener Gesundheitsdaten vorsahen, die zumindest im Vorschlag des EP noch einen Verweis für die Einwilligung bei der Teilnahme an wissenschaftlichen Forschungsprojekten auf die RL 2001/20/EG enthielt,[125] fehlt in der DS-GVO eine entsprechende Regelung völlig. Die Regelungen der Verarbeitung von Gesundheitsdaten folgen daher den Bestimmungen, die für die Datenverarbeitung besonderer Kategorien personenbezogener Daten iSv Art. 9 Abs. 1 gelten. Art. 9 Abs. 2 lit. j sieht insoweit eine Ausnahme für das grundsätzliche Verbot der Datenverarbeitung besonderer Kategorien personenbezogener Daten, wenn diese Daten für die in Art. 89 genannten Zwecke verarbeitet werden sollen.[126] Auch Erwägungsgrund 52 S. 2 stellt klar, dass die Verarbeitung besonderer Kategorien personenbezogener Daten ausnahmsweise für im öffentlichen Interesse liegende Archivzwecke, wissenschaftlicher oder historischer Forschungszwecke oder zu statistischen Zwecken erlaubt sein kann.

---

[121] Zum „Dynamic Consent" → *Kaye/Whitley/Lund/Morrison/Teare/Melham,* Dynamic consent: a patient interface for twenty-first century research networks, European Journal of Human Genetics 23 (2015), 141–146, www.nature.com/ejhg/journal/v23/n2/full/ejhg201471a.html; *Haas et. al.,* Evaluation of CTRL: a web application for dynamic consent and engagement with individuals, European Journal of Human Genetics 2023, doi.org/10.1038/s41431-023-01454-1.
[122] Datenschutz- und IT-Sicherheitskonzept der Gesundheitsstudie NAKO Vers. 2.37 v. 3.12.2015, S. 75 unter 4.6.3.2, http://nako.de/wp-content/uploads/2015/09/Datenschutzkonzept-NAKO-Gesundheitsstudie-v2.37-2015-12-03.pdf.
[123] Dazu gehört zB das Transplantationsregister nach den §§ 15a ff. Transplantationsgesetz (TPG), insbesondere § 15g TPG, wonach primär der Forschung anonyme Daten, nach § 15g Abs. 2 TPG aber auch pseudonymisierte Daten zur Verfügung gestellt werden können. Siehe auch §§ 30 ff. Implantateregistergesetz und die Krebsregistergesetze der Länder.
[124] Hinzu kommen noch zahlreiche Register bei privaten Stellen, in denen ebenfalls zum Teil sensible Daten für die wissenschaftliche Forschung gespeichert werden, und die die Daten auf Einwilligungsbasis erhalten. Hierzu zählen beispielsweise das Reanimationsregister, das Deutsche Herzschrittmacher-Register oder das Traumaregister, die jeweils von medizinischen Fachgesellschaften geführt werden. Zum geplanten Registergesetz *Lorenz* ZD-Aktuell 2023, 01228.
[125] Art. 81 Abs. 1c in der Fassung des Entwurfs des EP. Die in Bezug genommene RL 2001/20/EG wurde mittlerweile durch die EU-VO Nr. 536/2014 ersetzt.
[126] Erwägungsgrund 52.

Erhöhte Anforderungen stellt die DS-GVO an die **Datenverarbeitung besonderer Kate-** 41 **gorien personenbezogener Daten** für Zwecke des Art. 89 Abs. 1 für Daten, die eines höheren Schutzes bedürfen. Dazu gehören insbesondere Daten von Kindern.[127]

Auch Daten, die ihrem Wesen nach hinsichtlich der Grundrechte und Grundfreiheiten be- 42 sonders sensibel sind, zu denen die DS-GVO auch Daten zählt, aus denen die rassische oder ethnische Herkunft hervorgeht, sowie genetische, biometrische und Gesundheitsdaten, werden von der DS-GVO als besonders schutzwürdig angesehen.[128] Eine Verarbeitung dieser Daten auch für Zwecke des Art. 89 ist nur zulässig, wenn es hierfür eine Rechtsgrundlage im EU-Recht oder des nationalen Rechts gibt.[129] Dabei können die Mitgliedstaaten nach Art. 9 Abs. 4 weitere Beschränkungen für die Verarbeitung von genetischen, biometrischen oder Gesundheitsdaten einführen oder aufrechterhalten, die allerdings den freien Datenverkehr innerhalb der EU nicht beeinträchtigen dürfen.

Besonderes Interesse bei der Forschung mit Gesundheitsdaten werden die derzeit sich noch 43 stärker etablierenden elektronischen Sammlungen mit medizinischen Daten erwecken. Dabei handelt es sich nicht nur um die schon seit mehr als zwanzig Jahren bestehenden **Krankenhausinformationssysteme,** in denen die medizinischen Daten der in einem Krankenhaus oder einer Klinik behandelten Person in einer Datenbank gespeichert werden. Hinzu gekommen sind elektronische Akten mit Gesundheitsdaten, bei denen man streng zwischen elektronischen Patientenakten und sog. elektronischen Gesundheitsakten unterscheiden muss. Bei **elektronischen Patientenakten** handelt es sich um die elektronische Form der bisher von einem Leistungserbringer (niedergelassenen Arzt, Krankenhaus etc) aufgrund der ärztlichen Dokumentationspflicht[130] auf Papier angelegten **Patientenakte.**[131] Währenddessen handelt es sich bei **elektronischen Gesundheitsakten** um von kommerziellen Unternehmen angebotenen Speicherplatz, in dem eine betroffene Person, ihre Gesundheit bzw. ihren Körper betreffende Daten speichern kann. Datenquellen können dabei insbesondere die mit Hilfe von Trackern und Gesundheits-Apps selbst erhobenen Körperdaten (Puls, Blutdruck, Blutzuckerwerte etc), aber auch aus sonstigen Quellen (Daten vom Arzt oder aufgrund eines Antrags nach § 305 SGB V erhaltenen „Patientenquittung" ihrer Krankenkasse[132]) sein. Da diese Daten elektronisch vorliegen, sind sie für eine wissenschaftliche Auswertung geradezu prädestiniert. Die Zusammenführung der Daten aus derartigen elektronischen „Akten" mit genetischen oder sozioökonomischen Daten dürfte etwa für die Erforschung von genetischen und Umwelteinflüssen auf Krankheiten und deren Behandlung von großem Interesse sein.

b) „Big Data" im Rahmen von Art. 89. Daraus, dass Erwägungsgrund 157 ausdrücklich in 44 der Verknüpfung von Informationen großen Nutzen für die Wissenschaft sieht, wird hierin eine Rechtfertigung für Big-Data-Anwendungen gesehen.[133] Die Verknüpfung von Informationen

---

[127] Erwägungsgrund 38 S. 1, 58 S. 4 und 75.
[128] Zu den Daten über die rassische oder ethnische Herkunft siehe Erwägungsgrund 51 S. 1 und 2 sowie zu den genetische, biometrische und Gesundheitsdaten Herkunft siehe Erwägungsgrund 53 S. 4.
[129] Erwägungsgrund 53 S. 1.
[130] Die ärztliche Dokumentationspflicht ergibt sich aus dem ärztlichen Standesrecht, insbesondere aus den aufgrund von § 10 der (Muster-)Berufsordnung für die in Deutschland tätigen Ärztinnen und Ärzte – MBO-Ä 1997 – idF des Beschlusses des 124. Deutschen Ärztetages 2021 ergangenen Regelungen der Ärztekammern.
[131] Deutschland ist allerdings hinsichtlich von elektronischen Patientenakten ein Entwicklungsland. Bei einer Einstufung und Vergleich deutscher Krankenhäuser im Jahr 2015 kam Deutschland sehr schlecht weg. Zugrunde gelegt wurde das Electronic Medical Record Adoption Model (EMRAM) der HIMSS Analytics Group, das 2005 in den USA und 2010 in Deutschland eingeführt wurde. Es reicht von Stufe 0 (Informationssysteme (LIS, RIS, PHIS), die für Abteilungen wie Labor, Radiologie oder der Krankenhausapotheke nicht installiert wurden bzw. Daten von externen Dienstanbietern nicht elektronisch verarbeitet werden können) bis Stufe 7 (nahezu vollständige elektronische Erfassung der medizinischen Daten). 2015 wurden hierauf basierend 51,8 % der deutschen Krankenhäuser in die Stufe 0 eigestuft. Allein das Universitätsklinikum Hamburg-Eppendorf (UKE) erreichte in Deutschland die EMRAM Stufe-7. Ein EMRAM Stufe-6-Krankenhaus gibt es in Deutschland gar nicht. Der Durchschnitt für Deutschland lag bei einem Index von 1,8! Zum Vergleich im internationalen Bereich: Der Durchschnitt in der Türkei lag bei einem Index von 2,7, in den USA bei einem Index von 4,7 und in Dänemark bei einem Index von 5,3, vgl. Günther, Elektronische Patientenakte: was bring Deutschland voran?, healthcare-in-europe.com/de/story/16460-elektronische-patientenakte-was-bringt-deutschland-wirklich-voran.html.
[132] Die nach §§ 341 ff. SGB V eingeführte „elektronische Patientenakte" ist eine elektronische Gesundheitsakte. Die Krankenkassen haben Versicherte und behandeln keine Patienten.
[133] So beispielsweise Plath/*Grages* DS-GVO Art. 89 Rn. 2 und *Schaar* ZD 2016, 224 (226).

ist jedoch kein ausschließliches Merkmal von Big-Data-Anwendungen. Auch das Vorliegen großer Datenmengen an sich führt noch nicht dazu, von einer „Big-Data-Anwendung" zu sprechen.[134] Der Begriff „Big Data" ist insoweit irreführend und schillernd. Das Vorliegen großer Datenmengen ist nur eine Voraussetzung für „Big Data". In der Regel versteht man unter „Big-Data-Anwendungen" Verfahren, um in riesigen Datenmengen (volume), die in unterschiedlichen Formaten vorliegen (variety), mit großer Geschwindigkeit (velocity) bestimmte Muster zu erkennen und die Daten dadurch gewinnbringend (value) nutzen zu können.[135] Andere Definitionen, wie die vom Branchenverband Bitkom bezeichnen „Big Data" als „wirtschaftlich sinnvolle Gewinnung und Nutzung entscheidungsrelevanter Erkenntnisse aus qualitativ vielfältigen und unterschiedlich strukturierten Informationen, die einem schnellen Wandel unterliegen und in bisher ungekanntem Umfang anfallen".[136] Grundlage von Big Data-Anwendungen sind daher große, meist unstrukturiert vorliegende Datenmengen, die aus unterschiedlichsten Quellen stammen, wie beispielsweise Sozialen Netzwerken (social media), Wearables und sonstigen über Sensoren erhobenen Daten (sensor data – quantified self), bis hin zu Verwaltungsdaten (administrative data).[137] Der technische Ansatz von Big Data besteht darin, die Analyse von Daten verteilt und parallel durchzuführen.[138] Die Anwendungsgebiete von Big Data sind zahlreich und gehen auch über den Forschungsbereich hinaus. Befürworter von Big-Data-Anwendungen verweisen auf den Nutzen von Big Data etwa bei klinischen Studien, da diese

– die Qualität von Behandlungen der Patienten steigern,
– wichtige Forschungsfragen beantworten helfen,
– dem Krankenhaus zu zusätzlichen Einnahmen verhelfen würden.

Dabei wird in der Regel auf die Grippevorhersage durch den Google Dienst „Google Flu Trends" (GFT) verwiesen, der mit Hilfe eines speziellen Algorithmus aus den bei der Suchmaschine „Google" eingegebenen Suchbegriffen versprach, vorherzusagen, ob eine Grippeepidemie gerade stattfindet. Nach anfänglichen Erfolgen gab es bei dieser Big-Data-Anwendung allerdings auch bald deutliche Fehlschläge.[139]

45 Die IT-Infrastrukturen für Big-Data-Anwendungen werden im internationalen Bereich weiter entwickelt und verfeinert. Hauptherausforderung sind aber nicht die technischen Anforderungen, sondern der richtige Umgang mit dem Datenschutz und den ethischen Richtlinien.[140] Bisweilen führen Big-Data-Verfahren dazu, dass trotz der großen Datenmengen aus den Analysen möglicherweise ein Personenbezug hergestellt werden kann.[141] Auch datenschutzrechtliche Informations- und Benachrichtigungspflichten stoßen bei Big Data-Verfahren an ihre Grenzen und der Zweck der jeweiligen Big Data Anwendung ist vorab nicht immer hinreichend bestimmt. Dabei werden unter dem Begriff Privacy-preserving Data-Mining-Techniken erforscht, um Datenschutzanforderungen direkt in die Datenanalyse zu integrieren.[142]

---

[134] So ist etwa die Gesundheitsstudie NaKo (Nationale Kohorte), bei der Gesundheitsdaten von 200.000 Teilnehmern über mehrere Jahrzehnte verarbeitet werden sollen, keine Big-Data-Anwendung, da diese Daten im Gesamten strukturiert vorliegen und nach erkenntnistheoretischen wissenschaftlichen Methoden auswertet werden sollen, Raum, in Stiftung Datenschutz, Big Data und E-Health, S. 135, aA *Ladeur* DuD 2016, 360. Siehe auch *Rüping*, Bundesgesundheitsbl 2015, 794. Auch der Verantwortliche der NaKo, der Verein Nationale Kohorte e.V., geht davon aus, dass es sich bei der NaKo nicht um eine Big-Data-Anwendung handelt.
[135] Die verbreitetste Definition des Begriffs „Big Data" stammt von Gartner (2011), Gartner says solving ‚big data' challenge involves more than just managing volumes of data, www.gartner.com/newsroom/id/1731916.
[136] BITKOM, „Leitfaden Big Data im Praxiseinsatz – Szenarien, Beispiele, Effekte" (2012), S. 7, abrufbar unter www.bitkom.org/Publikationen/2012/Leitfaden/Leitfaden-Big-Data-im-Praxiseinsatz-Szenarien-Beispiele-Effekte/BITKOM_LF_big_data_2012_online1.pdf.
[137] *Bender/Elias* Bundesgesundheitsbl 2015, 799 (804); *Rüping* Bundesgesundheitsbl 2015, 794 (795), verweist auch auf Krankenhausinformationssysteme und elektronische Patientenakte als Datenquellen für Big Data-Anwendungen. In diesem System liegen die Daten jedoch strukturiert vor, so dass dies gerade keine Quellen für Big Data-Anwendungen sind. Diese können mit „klassischen" Methoden analysiert werden.
[138] *Richter* DuD 2016, 581.
[139] 2009 unterschätzte die GFT das Ausmaß der H1N1-Schweinegrippe völlig und sah in der Grippesaison 2012/2013 eine ernsthafte Epidemie voraus, was sich tatsächlich als Fehlalarm herausstellte, www.deutschlandfunk.de/suchmaschinendaten-neueranlauf-fuer-die-grippeprognose.676.de.html?dram:article_id=337312.
[140] *Rüping* Bundesgesundheitsbl 2015, 794 (795).
[141] *Werkmeister/Brandt* CR 2016, 233 (234, 236).
[142] *Rüping* Bundesgesundheitsbl 2015, 794 (795).

Selbst in der Forschung und Medizin sind Big-Data-Anwendungen nicht unumstritten.[143] **46** Hauptkritikpunkt ist, dass empirische Forschungsmethoden durch Korrelationen von oft zweifelhaftem Wert ersetzt werden. Auch die datenschutzrechtliche Zulässigkeit von Big-Data-Anwendungen ist in der datenschutzrechtlichen Literatur stark umstritten.[144] Gleichwohl sind Big-Data-Verfahren nicht per se datenschutzrechtlich unzulässig. Es kommt hier – wie häufig – auf den Einzelfall an. Big-Data-Anwendung für die in Art. 89 Abs. 1 genannten Zwecke müssen alle datenschutzrechtlichen Anforderungen der DS-GVO erfüllen. Erwägungsgrund 91 sieht die Durchführung einer Datenschutz-Folgenabschätzung nach Art. 35 vor, falls „umfangreiche Verarbeitungsvorgänge" vorgesehen sind, „die dazu dienen, große Mengen personenbezogener Daten auf regionaler, nationaler oder supranationaler Ebene zu verarbeiten, eine große Zahl von Personen betreffen könnten und – beispielsweise aufgrund ihrer Sensibilität – wahrscheinlich ein hohes Risiko mit sich bringen und bei denen entsprechend dem jeweils aktuellen Stand der Technik in großem Umfang eine neue Technologie eingesetzt wird". Big-Data-Anwendungen sind also nicht per se unzulässig, sondern werden aufgrund der risikobasierten Sichtweise der DS-GVO einer Einzelfallprüfung unterzogen.[145] Unter Berücksichtigung von Pseudonymisierung und dem „Broad Consent", der durch Erwägungsgrund 33 DS-GVO für die Forschung als weitere Form der Einwilligung eingeführt wurde (→ Rn. 37) oder anderen Sicherungsmaßnahmen, können in Einzelfällen Big Data-Anwendungen im Forschungsbereich gerechtfertigt sein.

Die DS-GVO reicht nicht aus, um „Big Data" datenschutzrechtlich zu regulieren. Es bedarf **47** hier eines klaren datenschutzrechtlichen Rahmens, der Raum für Innovation und Entwicklung lässt, aber die Richtung vorgibt.[146] Dies hat auch die EU erkannt und mit dem AI Act (KI-Verordnung) eine Regelung geschaffen, wenn diese auch nach Art. 2 Abs. 6 und 7 AI Act-E ausdrücklich nicht für die Forschung gilt.

c) Biobanken – ein besonderes Problem. Biobanken sind Sammlungen von Proben **48** menschlicher Körpersubstanzen (zB Gewebe, Blut, Urin, Speichel), die mit personenbezogenen Daten und soziodemografischen Informationen über die spendende Personen verknüpft werden und einen Doppelcharakter als Proben- und Datensammlungen haben.[147] In Deutschland existieren gegenwärtig fast 130 Biobanken.[148] Sie werden sowohl von öffentlichen als auch von privaten Stellen betrieben.[149] Die größte Biobank entsteht derzeit für die epidemiologische Langzeitstudie „Nationale Kohorte" (NaKo), für die seit 2014 Proben und Daten von 200 000 Menschen erhoben werden. Anders als in anderen Mitgliedstaaten ist die Nutzung von Biomaterial für die Forschung derzeit nicht geregelt.[150] Vielmehr wurde etwa in § 2 Abs. 2 Nr. 1 Gendiagnostikgesetz die Untersuchung von genetischen Proben und Daten zu Forschungszwecken ausdrücklich aus dem Anwendungsbereich dieses Gesetzes herausgenommen. Lediglich in einigen Landeskrankenhausgesetzen gibt es Regelungen zur Sammlung von Bioproben und Daten.[151] Nicht nur wegen der immer größer und komplexer werdenden Datenmengen von Biobanken und den damit einhergehenden Missbrauchsmöglichkeiten reichen die allgemeinen Regelungen jedoch nicht aus.[152] Die Biobanken vernetzen sich immer stärker und dies nicht nur national. Bioproben und damit genetische Daten finden ihren Weg nicht nur innerhalb der nationalen Grenzen Deutschlands oder zwischen wissenschaftlichen Instituten der Mitgliedstaaten. Vielmehr werden diese auch außerhalb in Drittstaaten übermittelt.[153] Fraglich ist, ob Bioproben überhaupt anonymisierbar sind, da die genetische Information bei der Speicherung der

---

[143] Siehe *Antes* Deutsches Ärzteblatt 2016 (Heft 15), A-712.
[144] Nach dem BayLfD *Petri* läuft „Big Data ... (dem) Grundrecht auf informationelle Selbstbestimmung zuwider", blmplus.de/big-data-und-die-folgen/.
[145] So auch *Raum*, Stiftung Datenschutz, Big Data und E-Health, S. 136.
[146] So auch *Raum*, Stiftung Datenschutz, Big Data und E-Health, S. 136.
[147] *Deutscher Ethikrat*, Humanbiobanken für die Forschung – Stellungnahme (2010); www.ethikrat.org/dateien/pdf/stellungnahme-humanbiobanken-fuer-die-forschung.pdf; *Quinn*, European Journal of Health Law 24 2017, 347 (351).
[148] *Schmidt am Busch/Gassner/Wollenschläger* DuD 2016, 365, die Anzahl der dort genannten 100 Biobanken hat sich bereits um fast ein Drittel erhöht; einen den Überblick über Biobanken findet man im Deutschen Biobanken-Register, www.biobanken.de.
[149] *Herbst* DuD 2016, 371.
[150] *Schmidt am Busch/Gassner/Wollenschläger* DuD 2016, 365 (366).
[151] Ua § 12a Hamburgisches Krankenhausgesetz.
[152] *Schmidt am Busch/Gassner/Wollenschläger* DuD 2016, 365 (366).
[153] Näher hierzu *Herbst* DuD 2016, 371 (377).

Bioprobe erhalten bleibt.[154] Häufig ist auch eine Anonymisierung nicht mit dem Forschungszweck vereinbar, etwa dann, wenn die Möglichkeit bestehen soll, die Spender erneut zu kontaktieren. Daher ist es zwingend notwendig, dass der Gesetzgeber einen Rechtsrahmen für Biobanken schafft. Die auf internationaler Ebene vorhandenen Leitlinien und Empfehlungen zu Biobanken[155] bieten zwar Orientierung, sind jedoch unverbindlich.

49 **4. Technische und organisatorische Maßnahmen (S. 2 und 3).** Abs. 1 S. 2 sieht vor, dass die von der DS-GVO für die Freiheiten der betroffenen Person vorgesehenen Garantien durch technische und organisatorische Maßnahmen sichergestellt werden. Diese Maßnahmen sollen insbesondere den **Grundsatz der Datenminimierung** (→ Art. 25 Rn. 9) gewährleisten. Damit wird einer ungezügelten Vorratshaltung von personenbezogenen Daten zum Zwecke der Forschung ein Riegel vorgeschoben. Ziel der Maßnahmen muss es nach Abs. 1 S. 2 sein, für die in Abs. 1 S. 1 genannten Zwecke nur so viele Daten zu erheben, wie dies zur Erreichung des jeweiligen Zweckes erforderlich ist.

50 Nach Art. 32 sind die technischen und organisatorischen Maßnahmen nach dem jeweiligen Stand der Technik zu treffen.[156] Welche genauen Maßnahmen zu treffen sind, gibt Art. 89 nicht vor, sondern nennt beispielhaft die **Pseudonymisierung**.[157] Darüber hinaus sind die jeweils erforderlichen technischen und organisatorischen Maßnahmen zu treffen, die die individuellen Freiheiten der Betroffenen sicherstellen. Zudem erhält die Datensicherheit durch die in Art. 25 normierten Grundsätze des Datenschutzes durch Technik (→ Art. 25 Rn. 17 ff.) und datenschutzfreundlicher Voreinstellungen (→ Art. 25 Rn. 25 ff.) einen deutlich höheren Stellenwert.[158] Wissenschaftler, die eine Studie planen, müssen daher schon bei der Planung eines Forschungsprojekts auf ausreichende technische und organisatorische Maßnahmen achten. Diese sind in einem **Datenschutzkonzept** festzuhalten (→ Rn. 62).[159]

51 Bislang war es dadurch, dass nach § 9 S. 2 BDSG aF das Sicherheitsniveau in einem angemessen Verhältnis zum Schutzzweck stehen musste und auch das vom Betroffenen selbst angestrebte Schutzniveau zu berücksichtigen war, zumindest in der Theorie möglich, dass im Wege der Einwilligung der Betroffene auf technisch-organisatorische Maßnahmen verzichten konnte.[160] Die DS-GVO setzt gegenüber dem bisher geltenden Recht jedoch einen objektiveren Bewertungsmaßstab an und fordert nach Art. 32 Abs. 1 ein dem Risiko angemessenes Schutzniveau. Auch bei Forschungsprojekten kann daher nicht vorgesehen werden, dass sich Studienteilnehmer – auch nicht mit Einwilligung – mit einem der DS-GVO nicht angemessenen Sicherheitsniveau zufrieden geben.

52 **5. Vorrang der Anonymisierung (S. 4).** Nach S. 4 soll in allen Fällen, in denen es möglich ist, die in S. 1 genannten Zwecke vorrangig durch die Verarbeitung anonymisierter Daten erfüllt werden können. Hierzu sieht Erwägungsgrund 156 vor, dass die Verarbeitung personenbezogener Daten zu den in Art. 89 genannten Zwecken erst dann erfolgen darf, wenn der Verantwortliche geprüft hat, ob es möglich ist, diese Zwecke durch die Verarbeitung von anonymisierten oder pseudonymisierten Daten zu erfüllen. Was die DS-GVO unter anonymisierten Daten versteht, wird in Erwägungsgrund 26 S. 5 definiert. Danach liegen anonymisierte Daten vor, wenn die „Informationen, die sich nicht auf eine identifizierte oder identifizierbare natürliche Person beziehen, oder personenbezogene Daten, die in einer Weise anonymisiert worden sind, dass die betroffene Person nicht oder nicht mehr identifiziert werden kann." Zu unterscheiden ist dabei allerdings nach einer absoluten Anonymität, die vorliegt, wenn eine Identifizierung

---

[154] Siehe hierzu auch *Schaar* ZD 2016, 224 (225).
[155] ZB Empfehlung Rec(2006)4 des Europarats zur Forschung an menschlichen Körpermaterialien; Richtlinien der OECD für Biobanken und genetische Forschungsdatenbanken (2009); Lenkungsausschuss des Europarates für Bioethik, Leitfaden für Mitglieder Medizinischer Ethikkommissionen.
[156] Zum Begriff „Stand der Technik" *Michaelis* DuD 2016, 458 ff.; → Art. 25 Rn. 22 und → Art. 32 Rn. 6.
[157] Zum Begriff Pseudonymisierung Art. 4 Nr. 5 und → Art. 4 Rn. 33 ff.
[158] *Franck* CR 2016, 238 (239).
[159] Specht/Mantz DatenschutzR-HdB/*Golla* § 23 Rn. 28 spricht von einem „Forschungskonzept", in dem das konkrete Forschungsvorhaben dargestellt werden soll. Dies gehört aber in ein Datenschutzkonzept, um damit den Zweck der Datenverarbeitung darzustellen. Dorthinein gehören auch die Darstellungen der „Garantien und Maßnahmen nach Art. 32. Gesetzlich geregelt ist die Vorlagepflicht eines Datenschutzkonzeptes in § 75 Abs. 1 SGB X (→ Rn. 62).
[160] VG Berlin Urt. v. 24.5.2011 – 1 K 133.10, juris Rn. 22 = CR 2012, 191 ff.; *Franck* CR 2016, 238; *Lotz/Weber* CR 2016, 31; aA BeckOK DatenschutzR/*Karg* § 9 Rn. 59 ff.

Verarbeitung zu Archivzwecken, Forschungszwecken 53, 54 **Art. 89**

einer natürlichen Person überhaupt nicht vorgenommen werden kann. Es reicht aber auch aus, wenn lediglich eine faktische Anonymität vorliegt. Faktische Anonymität liegt vor, wenn zwar theoretisch eine Identifizierung der betroffenen natürlichen Person nicht ausgeschlossen werden kann. Faktische Anonymität liegt vor, wenn die Kosten der Identifizierung und der dafür erforderliche Zeitaufwand sowie die zum Zeitpunkt der Verarbeitung verfügbare Technologie und technologische Entwicklungen dafür spricht, dass diese Identifizierung der Person faktisch nicht durchgeführt wird.[161] Pseudonymisierte Daten sind immer noch personenbezogene Daten, lassen sich aber einer bestimmten Person nur mit zusätzlichen Informationen zuordnen.[162] Ein besonderes Anonymisierungsgebot enthält § 27 Abs. 3 BDSG.[163]

V. Ausnahmen zugunsten von Forschungs- und Statistikzwecken (Abs. 2)

Abs. 2 sieht eine Reihe von Privilegierungen der Datenverarbeitung für die wissenschaftliche 53 und historische Forschung sowie für Statistikzwecke vor. So dürfen die Mitgliedstaaten Ausnahmen von den Rechten nach Art. 15 (Auskunftsrecht der betroffenen Person), 16 (Recht auf Berichtigung), 18 (Recht auf Einschränkung der Verarbeitung) und 21 (Widerspruchsrecht) vorsehen. Dabei erschöpft sich die Regelung keineswegs darin, diese Privilegierungen vorzusehen,[164] sondern knüpft diese an hohe Anforderungen:[165] Die Wahrnehmung der Betroffenenrechte müssen die Verwirklichung der jeweiligen privilegierten Zwecke „unmöglich machen oder ernsthaft beeinträchtigen". Die Mitgliedstaaten sind dabei gehalten, entsprechende Prognoseentscheidungen zu treffen.[166] Ein gewisser administrativer, organisatorischer oder finanzieller Aufwand, der bei der Wahrung von Betroffenenrechten immer anfallen wird und der den Zweck aus Abs. 1 zwar beeinträchtigt, aber nicht unmöglich macht, reicht nicht aus. Die gewählten Ausnahmen müssen „für die Erfüllung dieser Zwecke notwendig" sein. Zudem steht die Möglichkeit der Mitgliedstaaten, Ausnahmen zugunsten der wissenschaftlichen und historischen Forschung sowie für statistische Zwecke vorzusehen, unter dem Vorbehalt der Garantien des Abs. 1. Der Mitgliedstaat hat daher zum Ausgleich für die Beschränkung der Betroffenenrechte technische und organisatorische Maßnahmen zu ergreifen, die die Rechte und Freiheiten des Betroffenen im Sinne der DS-GVO sicherstellen.[167] Abs. 2 schafft daher einerseits Privilegierungen zugunsten der wissenschaftlichen Forschung, andererseits wird dadurch deutlich, dass die Ausnahmeregelung des Abs. 2 eng auszulegen ist.[168] Es ist fraglich, ob der nationale Gesetzgeber, der durch § 27 Abs. 2 S. 1 BDSG (→ Rn. 59) von der Möglichkeit der Einschränkung der Betroffenenrechte nach Art. 89 Abs. 2 Gebrauch gemacht hat, diese hohen Hürden eingehalten hat. Die Formulierung „schränkt unter Ausnutzung der Öffnungsklausel ... die Rechte ein" in der amtlichen Begründung,[169] spricht insoweit Bände.

VI. Ausnahmen zugunsten von Archivzwecken (Abs. 3)

Zusätzlich zu den Ausnahmemöglichkeiten nach Abs. 2 sieht Abs. 3 für die Datenverarbeitung 54 für im öffentlichen Interesse liegende Archivzwecke Möglichkeiten vor, dass die Mitgliedstaaten Ausnahmen von den Rechten nach Art. 19 (Mitteilungspflicht im Zusammenhang mit der Berichtigung oder Löschung personenbezogener Daten oder der Einschränkung der Verarbeitung) und 20 (Recht auf Datenübertragbarkeit) in ihrem nationalen Recht vorsehen. Für Abs. 3 gelten die gleichen Anforderungen wie bei Abs. 2.[170]

---

[161] Siehe auch Erwägungsgrund 26 S. 4; zum Recht vor dem 25.5.2018 s. § 3 Abs. 6 BDSG aF.
[162] Erwägungsgrund 26 S. 2; Paal/Pauly/*Pauly* DS-GVO Art. 89 Rn. 12.
[163] Näher dazu Specht/Mantz DatenschutzR-HdB/*Golla* § 23 Rn. 50 ff.
[164] So aber *Dammann* ZD 2016, 307 (310).
[165] Ebenso *Kühling/Martini* DS-GVO S. 298.
[166] So auch BeckOK DatenschutzR/*Eichler* DS-GVO Art. 89 Rn. 4; Plath/*Grages*, 2. Aufl., DS-GVO Art. 89 Rn. 5; Paal/Pauly/*Pauly* DS-GVO Art. 89 Rn. 14.
[167] Zu den möglichen technischen und organisatorischen Maßnahmen → Rn. 49 ff.
[168] So auch Plath/*Grages*, 2. Aufl. 2016, DS-GVO Art. 89 Rn. 6.
[169] BT-Drs. 18/11325, S. 99.
[170] So auch Paal/Pauly/*Pauly* DS-GVO Art. 89 Rn. 17.

VII. Ausnahmen zugunsten von privilegierten Verarbeitungszwecken (Abs. 4)

55 **1. Allgemeines.** Abs. 4 begrenzt die Möglichkeiten der Mitgliedstaaten die Rechte des Betroffenen für andere Zwecke als die für Archivzwecken, zu wissenschaftlichen oder historischen Forschungszwecken oder zu statistischen Zwecken einzuschränken. Die Regelung soll eine „Flucht in die Privilegierung" verhindern und dafür sorgen, dass Verantwortliche sich nicht unter dem „Deckmantel" der Durchführung von Archiv-, Forschung- oder Statistikverarbeitungen den Pflichten der DS-GVO entziehen.[171]

56 **2. Praktische Umsetzbarkeit.** In der Praxis muss sich zeigen, ob es hier zu Abgrenzungsschwierigkeiten kommen wird. Dies gilt vor allem bei gemischt-finanzierten oder teilkommerziellen Forschungsprojekten. In diesen Fällen wird die reine Forschungstätigkeit und die Veröffentlichung der Ergebnisse im Interesse der Allgemeinheit unter den Anwendungsbereich des Art. 89 fallen, während eine anschließende Nutzung der Forschungsergebnisse für Unternehmenszwecke nicht mehr der Privilegierung der DS-GVO unterfällt und einer eigenen Rechtsgrundlage, entweder in Form der Einwilligung der Betroffenen oder durch eine spezialgesetzliche Erlaubnisnorm, bedarf.[172]

C. Allgemeine Forschungsregelungen im nationalen Recht

I. Die Forschungsklausel in § 27 BDSG

57 Der deutsche Gesetzgeber hat mit § 27 BDSG[173] eine **Rechtsgrundlage für die Verarbeitung besonderer Kategorien von Daten iSv Art. 9 Abs. 1**, insbesondere von Gesundheits- und genetischen Daten ohne Einwilligung,[174] zu den in Abs. 1 genannten Zwecken geschaffen.[175] Mit Regelung hat der Gesetzgeber die bisherigen Regelungen aus § 13 Abs. 2 Nr. 8 und § 14 Abs. 5 S. 1 Nr. 2 und § 28 Abs. 6 Nr. 4 BDSG aF zusammengeführt und gleichzeitig die Befugnisse der Forschung erweitert. So wurde in § 27 BDSG gegenüber § 14 Abs. 5 S. 1 Nr. 2 und § 28 Abs. 6 Nr. 4 BDSG aF die statistischen Zwecke mit der Folge hinzugenommen, dass die Markt- und Meinungsforschung nach § 27 Abs. 1 S. 1 BDSG auch auf besondere Kategorien personenbezogener Daten zurückgreifen kann. Bisher war dies der Markt- und Meinungsforschung nach § 30a Abs. 5 und § 28 Abs. 6 BDSG aF nur unter sehr großen Einschränkungen möglich. Der deutsche Gesetzgeber hat hier die Öffnungsklausel bis zum Äußersten ausgereizt und es ist fraglich, ob er die zulässige Grenze für eine nationale Regelung nicht insoweit überschritten hat, da die Verarbeitung zu statistischen Zwecken nur für bestimmte gemeinwohldienliche Zwecke im Rahmen des Art. 89 erfolgen sollte.[176] Das BDSG aF hatte in den genannten Vorschriften die Erhebung, Verarbeitung und Nutzung personenbezogener Daten für Forschungszwecke nur dann erlaubt, wenn dieser Forschungszweck auf andere Weise nicht oder nur mit unverhältnismäßigem Aufwand erreicht werden konnte. Diese Einschränkung fehlt in § 27 Abs. 1 S. 1 BDSG. Es reicht vielmehr, dass die besonderen Kategorien personenbezogener Daten für den Forschungs- oder Statistikzweck erforderlich sind und die Interessen des Verantwortlichen gegenüber den Interessen der betroffenen Person an der Nichtverarbeitung erheblich überwiegen. Beide Aufweichungen senken gegenüber der bisherigen Rechtslage das Datenschutzniveau deutlich.[177]

58 § 27 Abs. 1 S. 2 BDSG nF setzt die Forderung der Art. 9 Abs. 2 lit. j und 89 Abs. 1 S. 1 nach angemessenen und **spezifischen Maßnahmen** und **Garantien** für die Grundrechte und Inte-

---

[171] Paal/Pauly/*Pauly* DS-GVO Art. 89 Rn. 18.
[172] So aber Plath/*Grages*, 2. Aufl., DS-GVO Art. 89 Rn. 13.
[173] In der Fassung des Art. 1 des Gesetzes zur Anpassung des Datenschutzrechts an die Verordnung (EU) 2016/679 und zur Umsetzung der RL (EU) 2016/680 (Datenschutz-Anpassungs- und -Umsetzungsgesetz EU – DSAnpUG-EU) v. 30.6.2017, BGBl. I S. 2097.
[174] BeckOK DatenschutzR/*Eichler* DS-GVO Art. 89 Rn. 3.
[175] Die Begründung zu § 27 BDSG nF geht allerdings davon aus, dass die Regelung selbst keine Rechtsgrundlage ist, sondern setzt eine eigenständige Rechtsgrundlage nach Art. 6 Abs. 1 DS-GVO voraus, BT-Drs. 18/11325, S. 99.
[176] Ähnlich kritisch gegenüber der Regelung in § 27 BDSG *Johannes/Richter* DuD 2017, 300 (302).
[177] So auch *Johannes/Richter* DuD 2017, 300 (302).

resse der betroffenen Person durch einen Hinweis auf Maßnahmen nach § 22 Abs. 2 S. 2 BDSG nF um. Diese Maßnahmen beinhalten „insbesondere"
- technisch organisatorische Maßnahmen,
- Maßnahmen, die gewährleisten, dass nachträglich überprüft und festgestellt werden kann, ob und von wem personenbezogene Daten eingegeben, verändert oder entfernt worden sind,
- Sensibilisierung der an Verarbeitungsvorgängen Beteiligten,
- Benennung einer oder eines Datenschutzbeauftragten,
- Beschränkung des Zugangs zu den personenbezogenen Daten innerhalb der verantwortlichen Stelle und von Auftragsverarbeitern,
- Pseudonymisierung personenbezogener Daten,
- Verschlüsselung personenbezogener Daten,
- Sicherstellung der Fähigkeit, Vertraulichkeit, Integrität, Verfügbarkeit und Belastbarkeit der Systeme und Dienste im Zusammenhang mit der Verarbeitung
- zur Gewährleistung der Sicherheit der Verarbeitung die Einrichtung eines Verfahrens zur regelmäßigen Überprüfung, Bewertung und Evaluierung der Wirksamkeit der technischen und organisatorischen Maßnahmen oder
- spezifische Verfahrensregelungen, die im Fall einer Übermittlung oder Verarbeitung für andere Zwecke die Einhaltung der Vorgaben dieses Gesetzes sowie der Verordnung (EU) 2016/679 sicherstellen.

Diese Maßnahmen – etwa die Benennung eines Datenschutzbeauftragten – sind sowieso schon nach anderen Vorschriften aus der DS-GVO oder dem BDSG nF zu ergreifen. Für den Rechtsanwender ist es allerdings vorteilhaft die Maßnahmen im Gesetzestext als Aufzählung vorzufinden. Das Wort „insbesondere" macht deutlich, dass die Aufzählung nicht abschließend ist und gegebenenfalls weitere Maßnahmen zu ergreifen sind.

§ 27 Abs. 2 S. 1 BDSG schränkt „unter Ausnutzung der Öffnungsklausel" des Art. 89 Abs. 2 die **Betroffenenrechte** nach den Art. 15, 16, 18 und 21 ein, soweit „diese Rechte voraussichtlich die Verwirklichung der Forschungs- oder Statistikzwecke unmöglich machen oder ernsthaft beinträchtigen und die Beschränkung für die Erfüllung der Forschungs- oder Statistikzwecke notwendig ist." Nach der Begründung der Regelung soll die Verwirklichung des Forschungszwecks in diesem Sinn beispielsweise dann unmöglich sein, wenn die zuständige Ethikkommission zum Schutz der betroffenen Person eine Durchführung des Projekts andernfalls untersagen würde.[178] Dieses Beispiel ist bemerkenswert, da Zielrichtung des BDSG und der Ethikkommission eigentlich der Schutz der betroffenen Person sein sollte. Darüber hinaus gilt nach § 27 Abs. 2 S. 2 BDSG das Auskunftsrecht nach Art. 15 nicht, „wenn die Daten für Zwecke der wissenschaftlichen Forschung erforderlich sind und die Auskunftserteilung einen unverhältnismäßigen Aufwand erfordern würde." Die Einschränkung soll in Anlehnung an § 33 Abs. 2 S. 1 Nr. 5 iVm § 34 Abs. 7 und § 19a Abs. 2 Nr. 2 BDSG aF dann greifen, wenn die Erfüllung des Auskunftsrechts einen unverhältnismäßigen Aufwand bedeuten würde.[179] Das soll unter anderem dann der Fall sein, wenn ein Forschungsvorhaben mit besonders großen Datenmengen arbeitet. Nach der amtlichen Begründung soll die Einschränkung der Betroffenenrechte für alle Kategorien personenbezogener Daten, dh auch der besonderen Kategorien von Daten iSv Art. 9 Abs. 1 gelten.

II. Verarbeitung für Archivzwecke in § 28 BDSG

Mit § 28 BDSG hat der nationale Gesetzgeber die Möglichkeit geschaffen, Verarbeitungen für Archivzwecke ohne Einwilligung der betroffenen Person vorzunehmen.[180] Allerdings muss der Verantwortliche angemessene und spezifische Maßnahmen zum Schutz der betroffenen Person ergreifen.

III. Forschungsklausel im SGB X

Durch das Bundesversorgungsänderungsgesetz vom 17.7.2017[181] passte der nationale Gesetzgeber die grundlegenden Regelungen des **Sozialdatenschutzes** im 2. Kapitel des Zehnten

---

[178] BT-Drs. 18/11325, S. 99.
[179] BT-Drs. 18/11325, S. 99 f.
[180] BeckOK DatenschutzR/*Eichler* DS-GVO Art. 89 Rn. 4.
[181] Gesetz zur Änderung des Bundesversorgungsgesetzes und anderer Vorschriften v. 17.7.2017, BGBl. I S. 2541.

Buches Sozialgesetzbuch (SGBX) an die DS-GVO an. Dies betrifft auch § 75 SGB X, der den Zugang zu Sozialdaten für die wissenschaftliche Forschung regelt. Dabei wurde zum einen der Genehmigungsvorbehalt für die Übermittlung von Sozialdaten aus dem Bereich der Sozialleistungsträger (gesetzliche Krankenkassen, gesetzliche Pflegeversicherung, gesetzliche Rentenversicherung, gesetzliche Unfallversicherung, Bundesagentur für Arbeit und Jobcenter) an die wissenschaftliche Forschung sowie der grundsätzliche Bezug auf ein bestimmtes Forschungsvorhaben (→ Rn. 37) aus dem bisherigen Recht übernommen.

62 Neu für den Wissenschaftsbereich wurde in § 75 Abs. 1 S. 4 SGB X die gesetzliche Pflicht eingeführt, der Genehmigungsbehörde ein **Datenschutzkonzept** für das Forschungsvorhaben vorzulegen. In diesem Datenschutzkonzept sind neben dem konkreten Forschungsvorhaben insbesondere die technischen und organisatorischen Maßnahmen darzulegen, um die von den Sozialleistungsträgern der Wissenschaft zur Verfügung gestellten Sozialdaten zu schützen, die, solange sich diese beim Sozialleistungsträger befinden, dem **Sozialgeheimnis** des § 35 SGB I und den besonderen Regelungen des Sozialdatenschutzes unterliegen. Die Einführung dieser Pflicht ist umso bemerkenswerter, als dieses Datenschutzkonzept letztlich nicht vom Antragsteller des Genehmigungsantrags stammt, sondern von dessen Nutznießer. Antragsteller auf Erteilung der Genehmigung zur Übermittlung der Daten ist der Sozialleistungsträger, der nachweisen muss, dass die Übermittlung von Sozialdaten an die wissenschaftliche Forschungsstelle erforderlich und der Datenschutz dort gewährleistet ist. Das Datenschutzkonzept kann dabei notwendigerweise nur von der wissenschaftlichen Forschungsstelle erstellt werden, die Adressat der Datenübermittlung ist. Denn nur dort sind die technischen und organisatorischen Maßnahmen bekannt, mit denen die Daten geschützt werden sollen. Der Gesetzgeber sieht hier zwar einerseits die Erforderlichkeit, zu Gunsten der Allgemeinheit mit Sozialdaten wissenschaftliche Fragestellungen beantworten zu lassen, andererseits erkennt er auch die besondere Sensibilität dieser Daten an. Nicht alle Sozialdaten sind besondere Kategorien von Daten iSv Art. 9, aber in der Regel diejenigen, für die sich die wissenschaftliche Forschung interessiert. Es sind im Wesentlichen die sog. Routinedaten,[182] die für Abrechnungszwecke Gesundheitsinformationen über die Versicherten enthalten. Auch bisher war es nicht unüblich für derartig sensible Daten von Seiten der Datenschutzaufsichtsbehörden ein Datenschutzkonzept zu verlangen.

63 Äußerst forschungsfreundlich wurde in § 75 Abs. 2 SGB X eine Ausnahmeregelung zum Erfordernis geschaffen, wonach die Sozialdaten nur für ein **„bestimmtes Forschungsvorhaben"** von den Sozialleistungsträgern an ein wissenschaftliches Institut übermittelt werden dürfen. Unter der Voraussetzung, dass aus dem „bestimmtes Forschungsvorhaben", für das ursprünglich eine Genehmigung zur Datenübermittlung erteilt worden war, sich eine weitere Forschungsfrage ergibt, die in einem inhaltlichen Zusammenhang mit dem ursprünglichen Forschungsvorhaben steht, erlaubt es der Gesetzgeber dem Sozialleistungsträger einen Folgeantrag zu stellen, um eine Genehmigung zu erreichen, dass die übermittelten Sozialdaten vom wissenschaftlichen Institut länger verarbeitet und gegebenenfalls weitere Sozialdaten übermittelt werden dürfen. § 75 Abs. 4a S. 1 SGB X sieht schließlich vor, dass die von Sozialleistungsträgern übermittelten Sozialdaten auch für derzeit noch nicht bestimmte Forschungsvorhaben verwendet werden dürfen. Dies wird allerdings an die Voraussetzungen geknüpft, dass diese (noch) unbestimmten Forschungsvorhaben inhaltlich mit dem Forschungsvorhaben zusammenhängen, für das ursprünglich die Datenübermittlung genehmigt worden war, und die Voraussetzungen des § 75 Abs. 4 SGB X vorliegen. Für das nach § 75 Abs. 1 S. 4 SGB X vorzulegende Datenschutzkonzept kann die Genehmigungsbehörde schließlich nach § 75 Abs. 4a S. 3 SGB X vom „Antragsteller", dh dem Sozialleistungsträger, die Vorlage einer unabhängigen Begutachtung verlangen.

64 Aus datenschutzrechtlicher Sicht kritisch ist die Regelung in § 75 Abs. 4 S. 6 zu sehen.[183] Der Gesetzgeber hat dort zwei unterschiedliche Regelungen untergebracht, ohne diese genau voneinander abzugrenzen. Zum einen hat der Gesetzgeber die bereits seit dem Jahr 1998 bestehende Empfehlung der Deutschen Forschungsgemeinschaft umgesetzt, wonach „Primärdaten als Grundlagen für Veröffentlichungen ... auf haltbaren und gesicherten Trägern in der Institution, wo sie entstanden sind, **zehn Jahre lang aufbewahrt** werden" sollen.[184] Als Begründung hatte

---

[182] Unter Routinedaten, bisweilen auch Sekundärdaten genannt, werden im Sozialbereich standardisierte Informationen verstanden, die va zu Abrechnungszwecken von den Leistungserbringern (niedergelassene Ärzte, Krankenhäuser und Kliniken) erhoben werden.
[183] Krahmer/*Raum* § 75 SGB X Rn. 45 ff.
[184] Nunmehr geregelt in *DFG*, Kodex „Leitlinien zur Sicherung geter wissenschaftlicher Praxis: Leitlinie 17: Archivierung.

die DFG bereits 1998 angeführt, dass die Berichte über wissenschaftliches Fehlverhalten voll seien von Beschreibungen verschwundener Originaldaten und der Umstände, unter denen sie angeblich abhandengekommen waren. Vorangegangen waren Veröffentlichungen von angeblich wissenschaftlichen Ergebnissen selbst in renommierten Wissenschaftsjournalen in den 1990er Jahren. Die Datenschutzaufsichtsbehörden des Bundes und der Länder hatten sich im Dialog mit Wissenschaftlern mehrfach mit diesem Thema auseinandergesetzt und grundsätzlich die Erforderlichkeit der Aufbewahrung der ursprünglichen Rohdaten, die dem Forschungsvorhaben zugrunde lagen, anerkannt, um gegebenenfalls wissenschaftlichen Betrug aufdecken zu können. Allerdings bedingt dieser Zweck auch, dass diese Rohdaten in dieser Zeit nicht angefasst werden, da sonst die **Gefahr der Manipulation** der Daten besteht. Sie dürfen ausschließlich zu dem Zweck genutzt werden, im Zweifelsfall anhand der Rohdaten das wissenschaftliche Ergebnis zu reproduzieren. Der Wortlaut des § 75 Abs. 4 S. 6 SGB X verknüpft dies jedoch mit der neuen Möglichkeit des § 75 Abs. 2 SGB X (→ Rn. 63). Es wird der Eindruck vermittelt, mit den Daten, die zur Zwecke der Reproduzierbarkeit eines Forschungsergebnisses weiterhin gespeichert werden, könnten auch weitere, neue Forschungsvorhaben unter vereinfachten Bedingungen durchgeführt werden. Auch im Interesse der (ehrlichen) Wissenschaft ist der Gesetzgeber hier aufgerufen eine Regelung zu erlassen, die dem Grundsatz der Verhältnismäßigkeit entspricht und die zwischen den unterschiedlichen Tatbeständen des § 75 Abs. 4 S. 6 SGB X präzise unterscheidet.

D. Rechtsschutz

Verstöße gegen die unter Art. 89 erlassenen nationalen Regelungen können nach Art. 83 Abs. 5 lit. d mit einem hohen Bußgeld geahndet werden. Der Bußgeldrahmen liegt bei bis zu 20 Mio. EUR oder im Fall eines Unternehmens von bis zu 4 Prozent seines gesamten weltweit erzielten Jahresumsatzes des vorangegangenen Geschäftsjahrs. 65

Art. 90 Geheimhaltungspflichten

(1) ¹Die Mitgliedstaaten können die Befugnisse der Aufsichtsbehörden im Sinne des Artikels 58 Absatz 1 Buchstaben e und f gegenüber den Verantwortlichen oder den Auftragsverarbeitern, die nach Unionsrecht oder dem Recht der Mitgliedstaaten oder nach einer von den zuständigen nationalen Stellen erlassenen Verpflichtung dem Berufsgeheimnis oder einer gleichwertigen Geheimhaltungspflicht unterliegen, regeln, soweit dies notwendig und verhältnismäßig ist, um das Recht auf Schutz der personenbezogenen Daten mit der Pflicht zur Geheimhaltung in Einklang zu bringen. ²Diese Vorschriften gelten nur in Bezug auf personenbezogene Daten, die der Verantwortliche oder der Auftragsverarbeiter bei einer Tätigkeit erlangt oder erhoben hat, die einer solchen Geheimhaltungspflicht unterliegt.

(2) Jeder Mitgliedstaat teilt der Kommission bis zum 25. Mai 2018 die Vorschriften mit, die er aufgrund von Absatz 1 erlässt, und setzt sie unverzüglich von allen weiteren Änderungen dieser Vorschriften in Kenntnis.

Literatur: Siehe die Hinweise zu Art. 58.

Rechtsprechung: VG Mainz Urt. v. 17.12.2020 – 1 K 778/19.MZ, BeckRS 2020, 41220; siehe ferner die Hinweise zu Art. 58.

Übersicht

	Rn.
A. Allgemeines	1
I. Zweck und Bedeutung der Vorschrift	1
II. Systematik, Verhältnis zu anderen Vorschriften	6
B. Einzelerläuterungen	7
I. Abs. 1	7
1. Begriff des Berufsgeheimnisses und der gleichwertigen Geheimhaltungspflicht	7

2. Beschränkung der Regelungsbefugnis durch Notwendigkeit und Verhältnismäßigkeit 8
  II. Abs. 2 9
  C. Nationale Umsetzung 10

A. Allgemeines

I. Zweck und Bedeutung der Vorschrift

1 Die Vorschrift ergänzt die Regelungen über die Befugnisse der Aufsichtsbehörden gemäß Art. 58, um den Mitgliedstaaten die Möglichkeit zu geben, etwaige Konflikte zwischen der Pflicht zur Wahrung von Berufsgeheimnissen (etwa bei Rechtsanwälten oder Ärzten) und dem Recht auf Schutz personenbezogener Daten zu lösen.[1] Dabei bezieht sich die den Mitgliedstaaten eingeräumte **Regelungsbefugnis** nur auf die Befugnis der Aufsichtsbehörden gemäß Art. 58 Abs. 1 Buchst. e (Recht der Aufsichtsbehörde, Zugang zu allen personenbezogenen Daten und Informationen des Verantwortlichen und des Auftragsverarbeiters zu erhalten, die zur Erfüllung der Aufgaben der Aufsichtsbehörde notwendig sind) und auf ihre Befugnis gemäß Art. 58 Abs. 1 Buchst. f (Recht der Aufsichtsbehörde auf Zugang zu den Geschäftsräumen des Verantwortlichen und des Auftragsverarbeiters, einschließlich Zugang zu allen Datenverarbeitungsanlagen und -geräten).[2] Zu beachten ist, dass die Vorschrift den Mitgliedstaaten jedoch auch insoweit keine uneingeschränkte Regelungsbefugnis eröffnet, wie sich aus der „Soweit-Klausel" ergibt.[3]

2 Darüber hinaus gibt die Vorschrift den Mitgliedstaaten keine Befugnis, im Hinblick auf Berufsgeheimnisträger von den Regelungen des Art. 58[4] oder von sonstigen Bestimmungen über die unabhängigen Aufsichtsbehörden gemäß Kapitel VI abzuweichen.[5] Im Umkehrschluss lässt sich dies als **Bestätigung** dafür sehen, dass Berufsgeheimnisträger grundsätzlich der Aufsicht durch unabhängige Aufsichtsbehörden unterliegen, da Art. 90 überflüssig wäre, wenn Berufsgeheimnisträger von vornherein nicht der Aufsicht durch unabhängige Aufsichtsbehörden unterlägen. Die unter Geltung des BDSG geführte Diskussion, ob insbesondere **Rechtsanwälte** dem allgemeinen Datenschutzrecht und damit auch einer solchen Aufsicht unterworfen sind, hat sich damit erledigt.[6] Sie sind es.[7] Dies ist im Vergleich mit den Mitgliedstaaten auch nicht ungewöhnlich. So hat die französische Aufsichtsbehörde CNIL schon auf der Basis der DS-RL für sich in Anspruch genommen, allgemeine Verfügungen für die Verarbeitung im Notariatswesen zu erlassen.[8] Auch deutsche Aufsichtsbehörden sind in Bezug auf Rechtsanwälte schon in der Vergangenheit aufsichtlich aktiv geworden, auch durch die Verhängung von Bußgeldern.[9]

3 Aus Abs. 1 ist nicht abzuleiten, dass zwischen den Befugnissen der Aufsichtsbehörden und der Geheimhaltungspflicht von Berufsgeheimnisträgern notwendigerweise ein **Spannungsverhält-**

---

[1] Siehe dazu Erwägungsgrund 164.
[2] *Kühling/Martini* DS-GVO S. 299, bemerken zutr., dass die Regelungsbefugnis der Mitgliedstaaten aus diesem Grund thematisch eng begrenzt ist; ebenso *Piltz* BDSG § 29 Rn. 28.
[3] Zweifelnd insoweit Kuner/Bygrave/Docksey/*Svanberg* GDPR Art. 90 S. 1254/1255 (Anm. C 2); sich nicht eindeutig festlegend Gola/Heckmann/*Piltz* Art. 90 Rn. 11.
[4] Besonders klar dazu Gola/Heckmann/*Piltz* DS-GVO Art. 90 Rn. 4: „Eine Regelung der anderen Untersuchungsbefugnisse durch nationale Regelungen ist den Mitgliedstaaten im Rahmen von Art. 90 daher untersagt".
[5] Allg. Meinung, siehe Gola/Heckmann/*Piltz* DS-GVO Art. 90 Rn. 4; Kühling/Buchner/*Herbst* DS-GVO Art. 90 Rn. 7; Paal/Pauly/*Pauly* DS-GVO Art. 90 Rn. 8; Taeger/Gabel/*Louven* DS-GVO Art. 90 Rn. 2.
[6] Kühling/Buchner/*Herbst* DS-GVO Art. 90 Rn. 2 hält zutr. die DS-GVO grds. auch auf Berufsgeheimnisträger wie etwa Rechtsanwälte anwendbar.
[7] VG Mainz Urt. v. 17.12.2020 – 1 K 778/19.MZ, BeckRS 2020, 41220 Rn. 34.
[8] Siehe Délibération n 2014-016 du 23 janvier 2014 portant autorisation unique de traitements de données à caractère personnel aux fins d'exercice des activités notariales et de rédaction des documents des offices notariaux. S. auch – bereits auf der Basis der DS-GVO – den Bescheid der ungarischen Aufsichtsbehörde NAIH vom 3.12.2021, Az. NAIH-2868-23/2021, mit dem sie gegen einen Rechtsanwalt eine Geldbuße von 300.000 Forint (etwa 840 EUR) verhängt hat.
[9] Siehe etwa Bayerisches Landesamt für Datenschutzaufsicht, 8. TB 2015/2016, Kap. 8 („Rechtsanwälte") mit dem Bsp. der Verhängung eines Bußgeldes in Kap. 8.3 (unzulässige Kfz-Halterabfrage einer Rechtsanwältin im Rahmen einer „Beweisbeschaffung").

nis besteht.[10] Wäre ein solcher Konflikt notwendigerweise vorhanden, müsste die Vorschrift die Mitgliedstaaten zur Regelungen verpflichten, die ihn lösen. Stattdessen legt sie lediglich fest, dass die Mitgliedstaaten fakultativ Regelungen treffen können. In diesem Zusammenhang erscheint es bedeutsam, dass sich beispielsweise Österreich nicht veranlasst sah, von der Regelungsmöglichkeit, die den Mitgliedstaaten eröffnet ist, Gebrauch zu machen.[11]

Soweit ein Mitgliedstaat tatsächlich Konflikte zwischen Befugnissen der Aufsichtsbehörden 4 und der Geheimhaltungspflicht sieht, handelt es sich um ein Problem der **praktischen Konkordanz**. Dabei steht auf der einen Seite die primärrechtliche Festlegung, dass die Einhaltung des Datenschutzes von unabhängigen Behörden zu überwachen ist (Art. 16 S. 2 AEUV).[12] Dazu gehört auch die Überwachung der Einhaltung von Pflichten, die sich aus Berufsgeheimnissen ergeben, nicht zuletzt im Interesse der betroffenen Person, auf deren personenbezogene Daten sich das Berufsgeheimnis bezieht. Auf der anderen Seite steht das Recht der betroffenen Person auf den Schutz ihrer vom Berufsgeheimnis umfassten Daten als Ausprägung[13] des Grundrechts auf Datenschutz gemäß Art. 8 Abs. 1 GRCh sowie gemäß Art. 16 Abs. 1 AEUV.[14] Um das besondere Vertrauensverhältnis zu schützen, in dem Personen zu einer der von Art. 90 erfassten Berufsgruppen stehen, sollen diese Personen nicht einer Datenweitergabe an die Aufsichtsbehörden ausgesetzt sein.[15] **Ohne Bedeutung** ist dagegen der etwaige Wunsch von Berufsgeheimnisträgern, aus berufsständischen Überlegungen heraus bei seiner Tätigkeit nicht durch eine mitgliedstaatliche Aufsichtsbehörde überwacht zu werden.

Über das bisher Gesagte hinaus ist die **Regelungsbefugnis** der Mitgliedstaaten in zweifacher 5 Hinsicht **begrenzt**. Zum einen sind als personenbezogene Daten, die einem Berufsgeheimnis oder einer gleichwertigen Geheimhaltungspflicht unterliegen, nur solche personenbezogenen Daten anzusehen, die der Verantwortliche oder der Auftragsverarbeiter bei einer Tätigkeit erlangt oder erhoben hat, die einer solchen Geheimhaltungspflicht unterliegt (Abs. 1 S. 2); nur auf solche Daten darf sich eine etwaige Regelung der Mitgliedstaaten erstrecken. Zum anderen darf eine Regelung nur getroffen werden, soweit sie notwendig und verhältnismäßig ist, um das Recht auf Schutz der personenbezogenen Daten mit der Pflicht zur Geheimhaltung in Einklang zu bringen (Abs. 1 S. 1).[16]

II. Systematik, Verhältnis zu anderen Vorschriften

Die Vorschrift besteht systematisch gesehen aus **drei Teilen:** 6
– Sie räumt den Mitgliedstaaten in Abs. 1 S. 1 eine Regelungsbefugnis ein.
– Sie klärt in Abs. 1 S. 2 im Sinne einer Begriffsdefinition, welche Daten einem Berufsgeheimnis oder einer gleichwertigen Geheimhaltungspflicht unterliegen.
– Sie legt in Abs. 2 eine Mitteilungspflicht der Mitgliedstaaten gegenüber der Kommission fest.

B. Einzelerläuterungen

I. Abs. 1

1. Begriff des Berufsgeheimnisses und der gleichwertigen Geheimhaltungspflicht. 7
Den **Begriff des Berufsgeheimnisses** setzt die Vorschrift voraus, ohne ihn zu definieren. Er ist

---

[10] So auch Spiecker gen. Döhmann/Papakonstantinou/Hornung/De Hert/*Pauner* DS-GVO Art. 90 Rn. 18. Unzutr. *Kühling/Martini* DS-GVO S. 299, die ohne Begr. davon ausgehen, dass ein Konflikt zwischen dem Schutz personenbezogener Daten und der Geheimhaltungspflicht bestehe. Ähnlich unreflektiert Kühling/Buchner/*Herbst* DS-GVO Art. 90 Rn. 1.
[11] *Jahnel* DS-GVO Art. 90 Rn. 4.
[12] Calliess/Ruffert/*Kingreen* GRCh Art. 8 Rn. 19 weist zutr. darauf hin, dass Art. 8 Abs. 3 GRCh die Aufsichtsbehörden in den Mitgliedstaaten nicht erfasst, sondern nur den Europäischen Datenschutzbeauftragten.
[13] Eigenständiger Regelungsaspekt des Primärrechts ist das Berufsgeheimnis nur iRv Art. 339 AEUV (Geheimhaltungspflicht von Mitgliedern der Organe der Union, Mitgliedern der Ausschüsse und Beamten und sonstigen Bediensteten der Union).
[14] Diese Notwendigkeit einer „proper balance" betont auch Kuner/Bygrave/Docksey/*Svanberg* GDPR Art. 90 S. 1254/1255 (Anm. C 2).
[15] So zutr. Freund/Schmidt/Heep/Roschek/*Schoss* DS-GVO Art. 90 Rn. 10.
[16] Vor dem Hintergrund der insgesamt zahlreichen Einschränkungen der Regelungsbefugnis ist es nicht nachvollziehbar, warum *Kühling/Martini* DS-GVO S. 299 die Auffassung vertreten, den Mitgliedstaaten werde „eine vergleichsweise weit gehende Regelungsbefugnis an die Hand" gegeben.

aus dem Unionsrecht heraus eigenständig zu definieren, soweit das Berufsgeheimnis im Unionsrecht wurzelt. Abs. 1 S. 2 lässt den Rückschluss zu, dass der Begriff sich nur auf solche personenbezogenen Daten bezieht, die der Verantwortliche oder der Auftragsverarbeiter bei einer Tätigkeit erlangt oder erhoben hat, die dem Berufsgeheimnis unterliegt. Im Übrigen ist für die Definition des Begriffs ein Rückgriff auf die Begriffselemente möglich, die ein Berufsgeheimnis iSv **Art. 339 AEUV** prägen.[17] Demnach kommt es darauf an, dass die Daten lediglich einem begrenzten Personenkreis bekannt sind, dass ihr Bekanntwerden zu einem ernsthaften Nachteil für die betroffene Person führen kann und dass auch unter Berücksichtigung gegenläufiger Interessen die Geheimhaltung objektiv geboten, das Geheimnis also schutzwürdig ist.[18] Abs. 1 S. 1 erfasst darüber hinaus jedoch auch Berufsgeheimnisse nach dem **Recht der Mitgliedstaaten** oder nach einer von den zuständigen nationalen Stellen erlassenen Verpflichtung. In diesen Fällen ist die Begriffsdefinition/das Begriffsverständnis im Recht des jeweiligen Mitgliedstaats maßgeblich. Auf das Begriffsverständnis des Unionsrechts kommt es in diesem Zusammenhang nicht an. Zuständige nationale Stellen können beispielsweise **berufsständische Einrichtungen** wie eine Ärztekammer sein,[19] soweit ihnen nach dem nationalen Recht die Befugnis übertragen wurde, bestimmte Berufsgeheimnisse oder gleichwertige Geheimhaltungspflichten festzulegen.

8 **2. Beschränkung der Regelungsbefugnis durch Notwendigkeit und Verhältnismäßigkeit.** Da die **Regelungsbefugnis** der Mitgliedstaaten durch die Notwendigkeit einer Regelung und durch ihre Verhältnismäßigkeit **begrenzt** ist, obliegt es ihnen, beides darzulegen, wenn sie eine Regelung treffen. Dass Abs. 1 S. 1 insoweit auf konkretere Vorgaben verzichtet, erklärt sich daraus, dass Berufsgeheimnisse und gleichwertige Geheimhaltungspflichten auf der nationalen Regelungsebene unterschiedlich definiert und ausgestaltet sein können. Als **notwendig** ist eine Regelung dann anzusehen, wenn dargelegt wird, dass ein Konflikt besteht, der einer Lösung bedarf. Die allgemeine Überlegung, ein Berufsgeheimnis oder eine gleichwertige Geheimhaltungspflicht gebiete eine Regelung, würde für ihre Rechtfertigung nicht ausreichen. Vielmehr muss aus der Regelung selbst zu erkennen sein, welche Konfliktsituationen sie wie bewältigt. Wann eine Regelung **verhältnismäßig** ist, lässt sich abstrakt kaum definieren. Als unverhältnismäßig ist sie dann anzusehen, wenn sie eines der Rechte, um die es geht, in ihrem Wesensgehalt antastet.[20] Davon wäre wegen der primärrechtlichen Verankerung der Datenschutzaufsicht in Art. 16 Abs. 2 S. 2 AEUV in der Regel dann auszugehen, wenn eine nationale Regelung den unabhängigen Aufsichtsbehörden keinerlei Befugnisse iSv Art. 58 Abs. 1 Buchst. e und f DS-GVO gegenüber Berufsgeheimnisträgern oder Personen, die einer gleichwertigen Geheimhaltungspflicht unterliegen, einräumen würde.

II. Abs. 2

9 Abs. 2 verpflichtet die Mitgliedstaaten dazu, der Kommission bis zum 25.5.2018, also bis zu dem Datum, ab dem die DS-GVO gilt (siehe Art. 99 Abs. 2), alle Vorschriften mitzuteilen, die sie aufgrund von Abs. 1 erlassen haben. Alle späteren Änderungen solcher Vorschriften sind ebenfalls unverzüglich mitzuteilen. Es besteht dagegen keine Pflicht, bereits die **Entwürfe entsprechender Rechtsvorschriften** mitzuteilen, so dass es sich nicht um eine Notifizierungspflicht der Art handelt, deren Verletzung zur Unwirksamkeit erlassener Vorschriften führen kann.[21] Die Pflicht zur Mitteilung hat vielmehr keinen Einfluss auf das Inkrafttreten oder die Anwendung von Vorschriften, die der Mitteilung bedürfen.[22] Die Mitteilungspflicht hat den Zweck, der **Europäischen Kommission** als Hüterin des Unionsrechts (Art. 17 Abs. 1 S. 2

---

[17] Siehe dazu Calliess/Ruffert/*Kingreen/Wegener* AEUV Art. 339 Rn. 2; Spiecker gen. Döhmann/Papakonstantinou/Hornung/De Hert/*Pauner* DS-GVO Art. 90 Rn. 15.

[18] Spiecker gen. Döhmann/Papakonstantinou/Hornung/De Hert/*Pauner* DS-GVO Art. 90 Rn. 15.

[19] Ebenso Gola/Heckmann/*Piltz* DS-GVO Art. 90 Rn. 8; Spiecker gen. Döhmann/Papakonstantinou/Hornung/De Hert/*Pauner* DS-GVO Art. 90 Rn. 16; Kuner/Bygrave/Docksey/*Svanberg* GDPR Art. 90 S. 1256 (Anm. C 4). Nicht erfasst sind allerdings bloße berufsethische Verhaltenskodizes, die solche Stellen ohne gesetzliche Grundlagen erlassen, so zutr. Kühling/Buchner/*Herbst* DS-GVO Art. 90 Rn. 19.

[20] Siehe EuGH Urt. v. 17.10.1995 – C-44/94, Rn. 55/56– Fishermen's Organisations; allg. zur Verhältnismäßigkeitsprüfung nach der Rspr. des EuGH von der Groeben/Schwarze/Hatje/*Wollenschläger* GRCh Art. 15 Rn. 36–41.

[21] Siehe dazu aus der jüngeren Rspr. EuGH Urt. v. 4.2.2016 – C-336/14. ECLI:EU:C:2015:724 Rn. 78–84– Ince.

[22] Ebenso Spiecker gen. Döhmann/Papakonstantinou/Hornung/De Hert/*Pauner* Art. 90 Rn. 24.

C. Nationale Umsetzung

Gemäß § 29 Abs. 3 BDSG bestehen die Untersuchungsbefugnisse der Aufsichtsbehörden gemäß Art. 58 Abs. 1 Buchst. e und f nicht, soweit die Inanspruchnahme der Befugnisse zu einem Verstoß gegen die Geheimhaltungspflichten dieser Personen führen würde. Damit räumt der deutsche Gesetzgeber der Geheimhaltungspflicht einen unbedingten Vorrang vor der Regelung des Art. 58 Abs. 1 ein. Dies ist durch die Regelungsbefugnis des Art. 90 Abs. 1 S. 1 nicht gedeckt. Sie gestattet lediglich, konfligierende Rechtspositionen miteinander in Einklang zu bringen, nicht jedoch, einer Rechtsposition den unbedingten Vorrang einzuräumen. 10

Gekoppelt mit der – abzulehnenden – Auslegung, dass die von Art. 90 Abs. 1 S. 1 überhaupt nicht berührte Befugnis der Aufsichtsbehörde, Auskunft zu verlangen (siehe Art. 58 Abs. 1 Buchst. a), so auszulegen sei, dass nicht anstelle eines direkten Zugangs zu personenbezogenen Daten eine Auskunft über diese Daten verlangt werden könne,[24] würde § 29 Abs. 3 BDSG dazu führen, dass die Aufsicht gegenüber dem von § 29 Abs. 3 erfassten Personenkreis im Ergebnis ins Leere laufen würde.[25] 11

Art. 91 Bestehende Datenschutzvorschriften von Kirchen und religiösen Vereinigungen oder Gemeinschaften

(1) Wendet eine Kirche oder eine religiöse Vereinigung oder Gemeinschaft in einem Mitgliedstaat zum Zeitpunkt des Inkrafttretens dieser Verordnung umfassende Regeln zum Schutz natürlicher Personen bei der Verarbeitung an, so dürfen diese Regeln weiter angewandt werden, sofern sie mit dieser Verordnung in Einklang gebracht werden.

(2) Kirchen und religiöse Vereinigungen oder Gemeinschaften, die gemäß Absatz 1 umfassende Datenschutzregeln anwenden, unterliegen der Aufsicht durch eine unabhängige Aufsichtsbehörde, die spezifischer Art sein kann, sofern sie die in Kapitel VI niedergelegten Bedingungen erfüllt.

Literatur: *Baumann-Gretza*, Zur Datenschutzgesetzgebung in den katholischen Diözesen Deutschlands, in Pau (Hrsg.), Ein Jahr Gesetz über den Kirchlichen Datenschutz (KDG) – Rückblick und Ausblick, 2020, S. 7; *Brandner*, Datenschutzrechtliche Erwägungen zur Anwendung der DSGVO auf die Katholische Kirche in Österreich, öarr 2019, 61; *Claessen*, Datenschutz in der evangelischen Kirche, 1998; *Fachet*, Datenschutz in der katholischen Kirche, 1998; *Fessler*, Erste Erfahrungen aus dem katholischen Datenschutzgericht, KuR 2021, 234; *Filusch/Sowa*, Problemfelder des kirchlichen Datenschutzes im Internet, ZD 2023, 597; *Germann*, Das kirchliche Datenschutzrecht als Ausdruck kirchlicher Selbstbestimmung, ZevKR 2003, 446; *Golland*, Reformation 2.0 – Umsetzung der Anforderungen der Datenschutz-Grundverordnung durch die evangelische und die katholische Kirche, RDV 2018, 8; *Hermann/Ritter/Gohm* (Hrsg.), MAVO, KAGO/KDSGO: Mitarbeitervertretungsordnung, Kirchliche Arbeitsgerichtsordnung, Kirchliche Datenschutzgerichtsordnung, 2023; *Hermes*, Datenschutz der katholischen Kirche im Spannungsfeld zwischen kirchlicher Selbstbestimmung und europäischem Datenschutzrecht, 2022; *Hoeren*, Kirchen und Datenschutz, 2003; *Hoeren*, Kirchlicher Datenschutz nach der Datenschutzgrundverordnung – Eine Vergleichsstudie zum Datenschutzrecht der evangelischen und der katholischen Kirche, NVwZ 2018, 373; *Hoeren*, Datenschutzaufsicht über Kirchengemeinde. Anmerkung zum Urteil des VG Hannover vom 30.11.2022 – 10 A 1195/21, ZD 2023, 179; *Hoeren*, Kirchlicher Datenschutz nach der DS-GVO, ZD 2023, 199; *Joachimski*, Die Kirchliche Datenschutzgerichtsbarkeit, in Pau (Hrsg.), Kirchlicher Datenschutz – gewachsener Baustein kirchlicher Selbstverwaltung, 2021, S. 91; *Kandler-Mayr*, Datenschutz in Verfahren kirchlicher Gerichte im Blick auf die zivilrechtliche Situation in Österreich, DPM 29 (2022), 37; *Keller*, Betroffenenrechte nach dem KDG – Anforderungen und Umsetzung in der Praxis (Teil 1), ZAT 4/2021, 131; *Keller*, Betroffenenrechte nach dem KDG – Anforderungen und Umsetzung in der Praxis (Teil 2), ZAT 6/2021, 203; *Kita*, Datenschutz in der evangelischen Kirche, in Kämper/Schilberg (Hrsg.), Staat und Religion in Nordrhein-Westfalen, 2020, S. 230; *Kleine*, Das neue Datenschutzgesetz der Evangelischen Kirche in Deutschland – praktische Anforde-

---

[23] Zu diesem allg. üblichen Begriff Grabitz/Hilf/Nettesheim/*Martenczuk* EUV Art. 17 Rn. 15.
[24] So Kühling/Buchner/*Herbst* DS-GVO Art. 90 Rn. 7; diese Auffassung berücksichtigt nicht, dass die Eingriffsintensität eines Auskunftsrechts deutlich geringer ist als die eines Zugangsrechts.
[25] Letztlich eine Bestätigung der Befürchtung von *Dammann* ZD 2016, 307 (310) (Gefahr der Bildung von Arkanbereichen, die das Vertrauen in den Datenschutz unterminiert). Sieh nicht festlegend Kühling/Buchner/*Herbst* DS-GVO Art. 90 Rn. 27.

Art. 91 1 Kapitel IX. Vorschriften für besondere Verarbeitungssituationen

rungen und Herausforderungen für die Gliedkirchen der EKD, KuR 2018, 199; *Łukańko*, Kirchlicher Datenschutz in Deutschland und Polen, in Kugelmann/Łukańko (Hrsg.), Nationale Spielräume im Datenschutzrecht, 2022, S. 405; *Lorenz*, Kirchliche Datenverarbeitung unter staatlicher Kontrolle, ZevKR 2000, 356; *Martini/Botta*, Kirchliche Datenschutzgerichtsbarkeit zwischen Selbstbestimmungsrecht und Rechtsschutzgarantie – Eine verfassungs- und datenschutzrechtliche Untersuchung, DÖV 2020, 1045; *Muckel/Hentzschel*, Das Religionsrecht im Pluralismus des offenen Verfassungsstaates, KuR 2020, 169; *Munsonius*, Auftrag, Interessen und Aufgaben der Kirche im Datenschutzgesetz der Ev. Kirche in Deutschland, ZevKR 2023, 261; *Neumann*, Betroffenenrechte im kirchlichen Datenschutz: Kirchliches Interesse ist Trumpf, DSB 2023, 288; *Neumann*, Kirchlicher Datenschutz in Europa, PinG 2022; *Pau*, Datenschutz in der katholischen Kirche, in Kämper/Schilberg (Hrsg.), Staat und Religion in Nordrhein-Westfalen, 2020, S. 240; *Pau*, Kirchlicher Datenschutz – von den Anfängen bis zum KDG, in Pau (Hrsg.), Kirchlicher Datenschutz – gewachsener Baustein kirchlicher Selbstverwaltung, 2021, S. 51; *Pau*, Das kirchliche Datenschutzrecht, DANA 2022, 158; *Pau/Melzow*, Das Auskunftsrecht nach § 17 KDG in der aufsichtsrechtlichen Praxis, KuR 2021, 176; *Petri*, Art. 91 Datenschutz-Grundverordnung und die Zusammenarbeit zwischen kirchlichen und staatlichen Datenschutzaufsichten, in Pau/Haumer/Melzow (Hrsg.), Justiz die Pflicht, Datenschutz die Kür. Stationen eines Berufslebens für den Rechtsstaat Festschrift zum 80. Geburtstag von Jupp Joachimski, 2022; *Preuß*, Das Datenschutzrecht der Religionsgemeinschaften – eine Untersuchung de lege lata und de lege ferenda nach Inkrafttreten der DS-GVO, ZD 2015, 217; *Primas/Zimmermann*, Transfer von Meldedaten in Bezug auf Kirchen und Religionsgesellschaften, in Kämper/Schilberg (Hrsg.), Staat und Religion in Nordrhein-Westfalen, 2020, S. 250; *Ritter*, Auftragsverarbeitung unter Beteiligung kirchlicher Unternehmen, PinG 2023, 110; *Ronellenfitsch*, Bestandsschutz der Religionsgemeinschaften nach der DS-GVO, DÖV 2018, 1017; *Schilberg*, Internationale Gemeinden im deutschen Religionsverfassungsrecht, KuR 2021, 193; *Staats*, Kirchen und europäische Integration, 2019; *Sydow* (Hrsg.), Kirchliches Datenschutzrecht, 2020; *Sydow*, Perspektiven der kirchlichen Gerichtsbarkeit. Die Datenschutzgerichte der katholischen Kirche als (über-)spezialisierte kirchliche Verwaltungsgerichtsbarkeit, KuR 2019, 1; *Tollkühn*, Das Recht auf Information und den Schutz der Privatsphäre, 2020; *Tollkühn*, Kirchliches Datenschutzgericht: Die Einrichtung des kirchlichen Datenschutzgerichtshofs als Instrument zum besseren Schutz der Privatsphäre, 2021; *Ullrich*, Beschäftigtendatenschutz der katholischen Kirche, 2022; *Ullrich*, Zuständigkeit der Landesdatenschutzbeauftragten bei Mitarbeiterexzess in kirchlichen Einrichtungen, ZD-Aktuell 2022, 01102; *Ullrich*, Datenschutz in der katholischen Kirche, PinG 2022, 95; *Wagner* (Hrsg.), EKD-Datenschutzgesetz. Datenschutzbestimmungen der evangelischen Kirche, 2024; *Weller*, Kirchliches Arbeitsrecht, 2021; *Wilde*, Regelungslücken bei öffentlich-rechtlichen Religions- und Weltanschauungsgemeinschaften, ZD-Aktuell 2023, 01320; *Ziekow*, Der Schadensersatzanspruch nach § 48 DSG-EKD, PinG 2022, 115; *Ziekow*, Datenschutz-Grundverordnung und kirchenrechtliche Adaption, ZevKR 2018, 390; *Ziekow*, Datenschutz und evangelisches Kirchenrecht, 2002.

Rechtsprechung: EuGH Urt. v. 6.11.2003 – C-101/01, ECLI:EU:C:2003:596 = MMR 2004, 95 mAnm *Roßnagel* – Lindqvist; EuGH Urt. v. 17.4.2018 – C-414/16, ECLI:EU:C:2018:257 = NZA 2018, 569 mAnm *Fuhlrott* – Egenberger; EuGH Urt. v. 10.7.2018 – C-25/17, ECLI:EU:C:2018:551 = ZD 2018, 469 mAnm *Hoeren*– Jehovan todistajat; LAG RhPf Urt. v. 24.10.2019 – 5 Sa 66/19, NZA-RR 2020, 240; LAG Nürnberg Urt. v. 29.5.2020 – 8 Ta 36/20, NZA-RR 2020, 493; LAG Köln Urt. v. 2.11.2021 – 4 Sa 290/21, NZA-RR 2022, 129; VG Berlin Urt. v. 7.4.2022 – 1 K 391/20, BeckRS 2022, 9529.

Übersicht

	Rn.
A. Allgemeines	1
I. Zweck und Bedeutung der Vorschrift	1
II. Systematik, Verhältnis zu anderen Vorschriften	9
B. Einzelerläuterungen	13
I. Kriterien der Anwendung des kirchlichen Datenschutzrechts (Abs. 1)	13
II. Aufsicht über die Datenverarbeitung (Abs. 2)	20
III. Rechtsschutz im kirchlichen Datenschutzrecht	30
C. Nationale Umsetzung	31

A. Allgemeines

I. Zweck und Bedeutung der Vorschrift

1   Erwägungsgrund 165 DS-GVO sieht vor, dass die DS-GVO den Status achtet, den Kirchen und religiöse Vereinigungen oder Gemeinschaften[1] in den Mitgliedstaaten nach deren bestehenden verfassungsrechtlichen Vorschriften genießen und beeinträchtigt ihn nicht. Der europäische

---

[1] In der weiteren Kommentierung werden die Begriffe als Synonyme verwendet.

Gesetzgeber nimmt dadurch auf die Norm des **Art. 17 Abs. 1 AEUV** Bezug.[2] Es ist zu betonen, dass diese Regelung keine subjektiven Rechte verleiht, jedoch den Unionsgesetzgeber zur Berücksichtigung der besonderen Belange der Kirchen und religiöser Vereinigungen oder Gemeinschaften verpflichtet.[3] Unstreitig ist, dass die Europäische Union keine Regelungskompetenzen im Bereich des Staatskirchenrechts besitzt[4] und Art. 17 AEUV der Gewährleistung der Neutralität der Union gegenüber verschiedenen staatskirchenrechtlichen Modellen dient:[5] vom Trennungsmodell,[6] über Kooperationsmodell in ganz verschiedenen Formen,[7] bis hin zum Modell der Staatskirche.[8]

Über die Bedeutung des Art. 17 AEUV für den Datenschutz in den Kirchen und religiösen Vereinigungen oder Gemeinschaften gibt es keine einheitliche Meinung. Einige Autoren verstehen die Öffnungsklausel[9] des Art. 91 als eine Bereichsausnahme.[10] Dieser Auffassung hat der EuGH in seiner Rechtsprechung zu Art. 17 AEUV eine klare Absage erteilt. Sowohl die Generalanwälte,[11] als auch der EuGH selbst sprechen sich für eine enge Auslegung des Art. 17 AEUV aus. Sie betrifft nur diejenigen Bestimmungen, die „Gestaltung der Beziehungen zwischen einem Mitgliedstaat und den Kirchen"[12] betreffen. Der EuGH hat dies im Urteil vom 10.7.2018 – C-25/17, Jehovan Todistajat zur RL 95/46/EG bestätigt und betont, dass die Datenverarbeitung durch eine Kirche oder religiöse Vereinigung den Bestimmungen der (umgesetzten Richtlinie) unterliegt: „Diese Feststellung wird nicht durch den Grundsatz der organisatorischen Autonomie der Religionsgemeinschaften in Frage gestellt, der sich aus Art. 17 AEUV ergibt. Die für jedermann

---

[2] Zur Entstehungsgeschichte des Art. 17 AEUV vgl. Schwarze/*Schmidt* AEUV Art. 17 Rn. 3 ff.
[3] Streinz/*Streinz* AEUV Art. 17 Rn. 4.
[4] *von Campenhausen/de Wall* StaatskirchenR, 4. Aufl. 2006, S. 397 f.; *Jeand'Heur/Korioth*, Grundzüge des Staatskirchenrechts, 2000, S. 258 f. Dennoch wird im Schrifttum betr. Erklärung Nr. 11 zur Schlussakte des Vertrages von Amsterdam der Begriff eines „heimlichen Religionsverfassungsrechts in der Union" verwendet – vgl. *Naumann*, Eine religiöse Referenz in einem Europäischen Verfassungsvertrag, 2008, S. 14. Andere Autoren fragen nach „primären Schutzmechanismen zugunsten eines „europarechtsfesten" nationalen Religionsverfassungsrecht, vgl. *Geismann* Gleichgeschlechtliche Ehe und kirchliches Arbeitsverhältnis S. 235 ff.
[5] GA *M. Bobek* betonte zutr. in den SchlA v. 25.7.2018 zu der Rs. C-193/17, ECLI:EU:C:2018:614 Rn. 25/26 – Cresco Investigation GmbH: „Art. 17 Abs. 1 AEUV bestätigt die Neutralität des Unionsrechts im Hinblick auf den Status der Kirchen und verlangt, dass es diesen Status nicht beeinträchtigt. Nach meinem Verständnis erklärt sich die Europäische Union für vollkommen neutral, ja agnostisch, im Hinblick auf die Absprachen zwischen Mitgliedstaaten und Kirchen im engeren Sinne, wie z. B. im Hinblick darauf, ob sich ein Mitgliedstaat selbst als streng neutral in Bezug auf Religionen definiert oder ob ein Mitgliedstaat eine Staatskirche hat. Eine solche Neutralitätserklärung stellt eine wichtige Grundsatzaussage dar. Jenseits dieses engeren Verständnisses mag als querschnittsartig anwendbare Auslegungshilfe dienen, wie dies für andere in Titel II („Allgemein geltende Bestimmungen") des Ersten Teils des AEUV erfasste Werte und Interessen in anderen Bereichen des Unionsrechts der Fall ist: Unter ansonsten gleichen Umständen ist der Auslegung des Unionsrechts der Vorzug zu geben, die die in diesen Vorschriften genannten Werte oder Interessen zur größtmöglichen Geltung bringt. (...) Jenseits dieser zwei Dimensionen kann Art. 17 Abs. 1 AEUV jedoch (...) nicht dahin verstanden werden, dass er zur Folge hat, dass jede nationale Regelung zum Umgang des Staates mit den Kirchen oder in ihrem Status einfach außerhalb des Geltungsbereichs des Unionsrechts liegt. Ähnlich wie Steuerbefreiungen nicht schon deshalb aus dem Geltungsbereich unionsrechtlicher Vorschriften über staatliche Beihilfen herausfallen, weil sie eine Kirche betreffen, oder Wein nicht schon deshalb nicht unter die den Warenverkehr betreffenden Vorschriften des Vertrags fallen, weil es sich um Messwein handelt. Vereinfacht ausgedrückt, kann die „Achtung des Status" nicht als generelle Ausnahme für jeden Gegenstand, der eine Kirche oder eine Religionsgemeinschaft berührt, verstanden werden." Nach dieser Auff. soll Art. 17 AEUV nicht als eine generelle Ausnahme für jeden Regelungsgegenstand, die eine Kirche oder Religionsgemeinschaft berührt, verstanden werden.
[6] ZB in Frankreich, vgl. dazu Robbers Staat und Kirche in der Europäischen Union/*Basdevant-Gaudemet* S. 171 ff.
[7] ZB Deutschland, vgl. dazu Robbers Staat und Kirche in der Europäischen Union/*Robbers* S. 83 ff.; *Jeand'Heur/Korioth*, Grundzüge des Staatskirchenrechts, 2000, S. 52 f.
[8] ZB Dänemark, vgl. dazu Robbers Staat und Kirche in der Europäischen Union/*Dübeck* S. 59.
[9] Zur Dogmatik der Öffnungsklauseln der DS-GVO vgl. Kugelmann/Łukańko Nationale Spielräume im Datenschutzrecht/*Müller* S. 89 ff.; *Weiß*, Öffnungsklauseln in der DS-GVO und nationale Verwirklichung im BDSG, 2022, S. 53 ff.
[10] HK-Kirchliches DatenschutzR Einf. Rn. 18.
[11] Vgl. SchlA der GA *Kokott* v. 16.2.2017 in der Rs. C-74/16, ECLI:EU:C:2017:135, Rn. 30–33 – Congregation de Escuelas.
[12] EuGH Urt. v. 13.1.2022 – C-282/19, ECLI:EU:C:2022:3 Rn. 47–51 – YT u.a. gegen Ministero dell'Istruzione; vgl. auch EuGH Urt. v. 11.9.2018 – C-68/17, ECLI:EU:C:2018:696 – IR gegen JQ; EuGH Urt. v. 22.1.2019 – C-193/17, ECLI:EU:C:2019:43 – Cresco Investigation GmbH; EuGH Urt. v. 17.4.2018 – Rs. C-414/16, ECLI:EU:C:2018:257 Rn. 58 – Egenberger.

geltende Pflicht, die Vorschriften des Unionsrechts über den Schutz personenbezogener Daten einzuhalten, kann nämlich nicht als Eingriff in die organisatorische Autonomie der Religionsgemeinschaften angesehen werden"[13]. Diese Auffassung gilt auch auf der Grundlage der DS-GVO.[14] Art. 17 AEUV kann jedoch von Bedeutung für **das Verhältnis der staatlichen Aufsichtsbehörden zu unabhängigen Aufsichtsbehörden iSd Art. 91 Abs.** 2 sein, insbesondere bei der Frage der Möglichkeiten der Ausübung der Kompetenzen der staatlichen Aufsichtsbehörden gegenüber spezifischen Aufsichtsbehörden. Dies betrifft auch zB die Formen der Beteiligung der spezifischen Aufsichtsbehörden an nationalen Gremien, wie sie in § 18 Abs. 1 S. 4 BDSG verankert ist. Daher weckt der Beschluss der Konferenz der unabhängigen Datenschutzaufsichtsbehörden des Bundes und der Länder zu spezifischen Aufsichtsbehörden,[15] der ohne die Beteiligung der Aufsichtsbehörden iSd Art. 85 und 91 gefasst wurde, zutreffend starke Bedenken seitens eines Teils dieser besonderen Aufsichtsbehörden.[16] Denn der Beschluss, der grundlegende Fragen zu Art. 91 Abs. 1 zu definieren versucht,[17] sieht keine Form der ständigen Konsultationen für die Zukunft vor. An entsprechenden ständigen Konsultationsgremium der staatlichen Aufsicht mit Datenschutzaufsichten iSd Art. 91 Abs. 2 fehlt es auch zB im polnischen Recht.[18]

---

[13] Siehe auch die sehr ausf. Überlegungen von GA *Mengozzi* in den SchlA v. 1.2.2018 zu Rs. C-25/17, ECLI:EU:C:2018:57 Rn. 28–35 – Jehovan todistajat.

[14] Vgl. zur restriktiven Anwendung der Ausnahmen vom Anwendungsbereich der DS-GVO die SchlA von GA *Szpunar* v. 17.12.2020 in der Rs. C-439/19, ECLI:EU:C:2020:1054 Rn. 45–65 – B/Latvijas Republikas Saeima. Die Ausnahmen auf der Grundlage der DS-GVO sind nicht weiter gefasst als auf der Grundlage der RL 95/46/EG, so EuGH Urt. v. 22.6.2021 – C-439/19, ECLI:EU:C:2020:1054 Rn. 64 – B/Latvijas Republikas Saeima. Art. 17 AEUV enthält, wie das zutr. *Ziekow* PinG 2022, 116 betont, „ein Achtungsgebot und ein Beeinträchtigungs- sowie Harmonisierungsverbot".

[15] www.datenschutzkonferenz-online.de/media/dskb/20190812_dsk_spezifische.pdf.

[16] Im Tätigkeitsbericht des Rundfunkbeauftragte für den Datenschutz beim BR, HR, MDR, rbb, SR, SWR, WDR, Deutschlandradio und ZDF für das Jahr 2019 wird die mangelnde Kooperation ausdrücklich bemängelt – Rn. 135–137: „Besonders bedeutsam ist bzw. wäre ein enger Austausch naturgemäß mit den unabhängigen staatlichen Datenschutzbehörden. Dafür spricht schon die große Zahl thematischer und funktionaler Überscheidungen im jeweiligen Zuständigkeitsbereich. Das erklärte Ziel der DS-GVO ist eine einheitliche Durchsetzung der sich aus ihr ergebenden Datenschutzvorgaben durch alle Aufsichtsbehörden. Zuverlässig und umfassend zu gewährleisten wäre dies über ein gemeinsames Gremium sämtlicher unabhängiger nationaler Aufsichtsbehörden, zu denen außer den staatlichen Stellen und den Rundfunk- bzw. Mediendatenschutzbeauftragten auch die kirchlichen Datenschutzbeauftragten gehören. Dafür müsste die von Seiten der staatlichen Behörden gegründete Datenschutzkonferenz (DSK) freilich um diesen Kreis erweitert oder gegebenenfalls ein Alternativmodell entwickelt werden, in dem die jeweiligen Gruppen durch einzelne Aufsichtsbehörden vertreten sind. Vordergründig kann sich die DSK auch auf die schon oben (Rn. 21) problematisierte Vorschrift des § 18 Abs. 1 S. 4 BDSG zurückziehen, die eine Abstimmung zwischen ihren Mitgliedern und den nach Art. 85 und 91 DS-GVO eingerichteten sogenannten „spezifischen Aufsichtsbehörden" lediglich in Bezug auf „Angelegenheiten der EU mit dem Ziel einer einheitlichen Anwendung der DSGVO" und nur insoweit fordert, als diese „von der Angelegenheit betroffen sind." Nach ihrer Interpretation steht deshalb jede darüberhinausgehende Einbeziehung etwa der Rundfunkdatenschutzbeauftragten bzw. Mitglieder der RDSK in Themen zur Umsetzung der DS-GVO „Im freien Belieben der DSK bzw. ihrer Mitglieder" www.rundfunkdatenschutz.de/infothek/taetigkeitsbericht-20190.file.html/TB%202019.pdf.

[17] „Für Religionsgemeinschaften, die erst nach dem Inkrafttreten der DS-GVO umfassende Datenschutzvorschriften erlassen (haben), ist der sachliche Anwendungsbereich der DS-GVO uneingeschränkt eröffnet und es gilt die allgemeine Datenschutzaufsicht. Bei Artikel 91 handelt es sich um eine Bestandsschutzregelung für die Datenschutzvorschriften derjenigen Kirchen und religiösen Vereinigungen oder Gemeinschaften, die zum Zeitpunkt des Inkrafttretens der DS-GVO bereits ein umfassendes, in sich abgeschlossenes Datenschutzrecht etabliert hatten. Solche Religionsgemeinschaften sollen nicht gezwungen sein, ihr unter dem alten Recht bereits etabliertes Recht abschaffen zu müssen".

[18] Der Gesetzgeber hat zwar im Art. 59 des Gesetzes über den Datenschutz v. 10.5.2018 die Pflicht der staatlichen Aufsichtsbehörde zur Zusammenarbeit mit den Aufsichtsbehörden iSd Art. 91 Abs. 2 DS-GVO verankert, eine entsprechende Vereinbarung wurde bisher jedoch nur mit der Katholischen Kirche unterschrieben, was als Verletzung des verfassungsrechtlich garantierten Grundsatzes der Gleichheit der Kirchen und Religionsgemeinschaften – Art. 25 Abs. 1 der Verfassung der Republik Polen von 1997 – angesehen werden kann. Ein auf ministerieller Ebene berufener gemeinsamer Ausschuss zu Fragen des kirchlichen Datenschutzes (www.gov.pl/web/cyfryzacja/rada-do-spraw-wspolpracy-z-kosciolami-i-zwiazkami-wyznaniowymi-w-sprawach-przetwarzania-przez-nie-danych), dem die Vertreter der Kirchen angehören, hat keine gesetzliche Grundlage und befasst sich eher mit Aussagen zur künftigen nationalen Gesetzgebung mit Bezügen zum Datenschutzrecht der Kirchen, als mit Problemen der unabhängigen Aufsicht. An einem entspr. Forum fehlt es auch in Österreich; jedenfalls kann dies nicht der Datenschutzrat nach § 14 Bundesgesetzes zum Schutz natürlicher Personen bei der Verarbeitung personenbezogener Daten (Datenschutzgesetz – DSG) sein

Der Datenschutz im Bereich der Kirchen und religiösen Vereinigungen hat erhebliche **3 praktische Bedeutung.** Sie resultiert zunächst aus der Anzahl der Mitglieder der Kirchen in Deutschland[19] und Österreich,[20] die eigene Regelungen erlassen haben. Daneben gehören die Kirchen zu den größten Arbeitgebern in Deutschland.[21] Die Datenverarbeitung durch die Kirchen betrifft auch weitere Personenkategorien, wie zB Kranke in kirchlichen Krankenhäusern, Schüler in Schulen, die von kirchlichen Trägern geführt werden, Empfänger von karitativen Leistungen der Diakonie und Caritas, Personen, die im Fundraising im kirchlichen Bereich aktiv sind,[22] sowie Personen, die anderer Konfession oder konfessionsfrei sind und ein Mitglied der Kirche heiraten.[23] Kirchliche Datenschutzregelungen sind auch für staatliche Aufsichtsbehörden von Bedeutung, die zur Zusammenarbeit mit kirchlichen Aufsichtsbehörden verpflichtet sind – vgl. § 18 Abs. 1 S. 4 BDSG. Nicht auszuschließen sind auch Konfliktfelder zwischen staatlicher Aufsicht und der Kirche betreffend die Geltung der kirchlichen Datenschutzordnungen[24] oder betreffend den Rechtsweg zu staatlichen oder kirchlichen Gerichten.[25] Von Bedeutung ist der kirchliche Datenschutz auch beim Austausch der Daten der Kirchen mit dem Mitgliedstaat zum Zwecke der Erhebung der Kirchensteuer.[26] Die Bedeutung des kirchlichen Datenschutzrechts ist noch umso größer, als neben der DS-GVO, den nationalen Datenschutzgesetzen (in einigen Staaten auch auf unterschiedlichen Ebenen – der Bundesebene und der Landesebene) und neben dem besonderen Datenschutz nach Art. 85 auch mehrere unterschiedliche Datenschutzregelungen gibt, die zusätzlich anders als dies der jeweilige EU-Mitgliedstaat geregelt hat, die Öffnungsklauseln ausgefüllt haben.[27] **Das besondere kirchliche Datenschutzrecht besteht in der Praxis der deutschen Großkirchen nicht aus einem Rechtsakt, sondern aus einer Vielzahl von Rechtsakten,** die nicht nur prozessuale Aspekte regeln,[28] sondern auch verschiedene besondere materiellrechtliche Fragen[29] betreffen,[30] die teilweise über den Anwendungsbereich der DS-GVO hinausgehen[31] und in Verbindung zu landesrechtlichen Datenschutzregelungen stehen.[32]

---

und zwar wegen fehlender Beteiligung der Vertreter der Kirchen und seiner Stellung außerhalb der Datenschutzbehörde iSd § 31 ff. des Gesetzes.

[19] EKD – 19,725 Mio. – Stand 31.12.2021, Katholische Kirche in Deutschland – 21,600 Mio., www.ekd.de/statistik-kirchenmitglieder-17279.htm, https://de.statista.com/statistik/daten/studie/1226/umfrage/anzahl-der-katholiken-in-deutschland-seit-1965/.

[20] Katholische Kirche 4,83 Mio. – www.katholisch.at/statistik.

[21] Vgl. SchlA von GA *Tanchev* v. 9.11.2017 in der Rs. C-414/16, ECLI:EU:C:2017:851 Rn. 126 – Egenberger. Sie haben laut Rn. 4 der SchlA 1,3 Mio. Arbeitnehmer und sind zweitgrößter Arbeitgeber.

[22] Kämper/Schilberg Staat und Religion in Nordrhein-Westfalen S. 238.

[23] Vgl. zB Kämper/Schilberg Staat und Religion in Nordrhein-Westfalen/*Kita* S. 231–232.

[24] Zu einem praktischen Streitfall vgl. www.artikel91.eu/2021/05/27/datenschutzaufsicht-niedersachsen-vs-selbstaendige-evangelisch-lutherische-kirche/.

[25] Zu Fragen des Rechtswegs zu den Arbeitsgerichten bei einem Rechtsstreit um Datenschutz eines Angestellten der Erzdiözese vgl. LAG Nürnberg Urt. v. 29.5.2020 – 8 Ta 36/20, NZA-RR 2020, 493.

[26] Vgl. *Winter*, Staatskirchenrecht der Bundesrepublik Deutschland, 2008, S. 239 ff.; *Petri*, Art. 91 Datenschutz-Grundverordnung und die Zusammenarbeit zwischen kirchlichen und staatlichen Datenschutzaufsichten, in Pau/Haumer/Melzow (Hrsg.), Justiz die Pflicht, Datenschutz die Kür. Stationen eines Berufslebens für den Rechtsstaat Festschrift zum 80. Geburtstag von Jupp Joachimski, 2022, S. 17.

[27] Vgl. Kugelmann/Łukańko Nationale Spielräume im Datenschutzrecht/*Łukańko* S. 405 ff. Ein Bsp. einer solchen Öffnungsklausel stellt Art. 88 DS-GVO zum kirchlichen Beschäftigtendatenschutz dar, vgl. *Ullrich*, Beschäftigtendatenschutz der katholischen Kirche, 2022.

[28] Siehe zB zur Bremischen Evangelischen Kirche, Gliedkirche der EKD: Kirchengesetz zur Ausführung des EKD-Datenschutzgesetzes (Datenschutzausführungsgesetz – DSAG) vom 27. November 2019 (GVM 2019 Nr. 2 S. 32), Verordnung zur Ausführung und Ergänzung des EKD-Datenschutzgesetzes (Datenschutzausführungsverordnung – DSVO) vom 16. Dezember 2021 (GVM 2021 Nr. 2 S. 112).

[29] Siehe zB zur Bremischen Evangelischen Kirche, Gliedkirche der EKD: Verordnung zur Verarbeitung von Patientendaten in kirchlichen Krankenhäusern (Patientendatenverordnung – PatientendatenVO) vom 16. Dezember 2021 (GVM 2021 Nr. 2 S. 124), Verordnung zur Verarbeitung von personenbezogenen Daten beim Fundraising (Fundraisingdatenverordnung – FundraisingdatenVO) vom 16. Dezember 2021 (GVM 2021 Nr. 2 S. 122).

[30] Vgl. zum Regelwerk von Gliedkirchen der EKD in Nordrhein-Westfalen Kämper/Schilberg Staat und Religion in Nordrhein-Westfalen/*Kita* S. 237–238.

[31] Siehe Erwägungsgrund 27 zur DS-GVO; vgl. zur Bremischen Evangelischen Kirche, Gliedkirche der EKD: Verordnung zur Verarbeitung von personenbezogenen Daten bei kirchlichen Friedhöfen (Friedhofsdatenverordnung – FriedhofsdatenVO) vom 16. Dezember 2021 (GVM 2021 Nr. 2 S. 119).

[32] Vgl. Kämper/Schilberg Staat und Religion in Nordrhein-Westfalen/*Kita* S. 238 mit ausgewählten Beispielen.

4 **Art. 91 betrifft** nach dem Willen des europäischen Gesetzgebers **keine weltanschaulichen Gemeinschaften** iSd Art. 17 Abs. 2 AEUV. Diese Entscheidung verstößt nicht gegen Art. 17 Abs. 2 AEUV, weil diese Vorschrift keine subjektiven Rechte verleiht.[33] Zwar könnte die Vorgeschichte des Art. 91 für die Einbeziehung der weltanschaulichen Vereinigungen sprechen, weil im ursprünglichen Entwurf von 1990 der RL 95/46/EG – im Art. 3 Abs. 2 Buchst. b eine Ausnahme vom Anwendungsbereich vorgesehen worden war, dh neben religiösen auch gemeinnützige insbesondere politische, philosophische, kulturelle, gewerkschaftliche, Sport- und Freizeitvereinigungen genannt wurden.[34] Jedoch hat sich der europäische Gesetzgeber in der DS-GVO unter ausdrücklicher Bezugnahme auf das deutsche Staatskirchenrecht (Art. 140 GG iVm Art. 136 WRV) für die Regelung der Öffnungsklausel nur für Kirchen und religiöse Vereinigungen entschieden.[35] Da Ausnahmen eng auszulegen[36] sind, scheidet eine analoge Anwendung des Art. 91 auf weltanschauliche Organisationen aus.

5 **Art. 91** stellt eine **neue rechtliche Lösung** dar. Die **RL 95/46/EG** enthielt **keine mit Art. 91 vergleichbare Regelung.** Die genannte, im Entwurf der Richtlinie vorgesehene Ausnahme vom Anwendungsbereich (Art. 3 Abs. 2 Buchst. b) wurde in der endgültigen Fassung der Richtlinie vom 24.10.1995 nicht mehr vorgesehen. Die einzige Ausnahme in Bezug auf Kirchen erhielt die RL 95/46/EG in Art. 8 Abs. 2 Buchst. d, der die Zulässigkeit der Verarbeitung von sog. sensitiven Daten betraf. Der Grund für die fehlende Regelung kann darin gesehen werden, dass die Erklärung Nr. 11 zum Status der Kirchen und weltanschaulichen Gemeinschaften[37] zum Vertrag von Amsterdam von 1997 erst später verabschiedet wurde.[38]

6 Die Öffnungsklausel zum kirchlichen Datenschutzrecht in der DS-GVO ist Ergebnis der Aktivitäten der deutschen Bundesregierung im Laufe des Gesetzgebungsprozesses am Entwurf der DS-GVO.[39] Die ausdrückliche Bezugnahme auf das deutsche Staatskirchenrecht im Laufe der gesetzgeberischen Arbeiten am Art. 91[40] zeigt, dass die Verankerung der Vorschrift im Text von DS-GVO insbesondere durch Deutschland und die beiden Großkirchen in Deutschland gefördert wurde.[41]

7 Die Geschichte des kirchlichen Datenschutzrechts in Deutschland[42] ist eng mit der Entwicklung des staatlichen Rechts verbunden, was nicht nur erste Regelwerke, sondern auch Novellierungen betrifft.[43] Das erste Datenschutzgesetz wurde in Deutschland im Jahre 1970 in Hessen verabschiedet.[44] Weil Kirchen vom Staat Meldedaten ihrer Mitglieder für steuerliche Zwecke

---

[33] Streinz/*Streinz* AEUV Art. 17 Rn. 4.

[34] Mitteilung der Kommission zum Schutz von Personen bei der Verarbeitung personenbezogener Daten in der Gemeinschaft und zur Sicherheit der Informationssysteme. Vorschlag für eine Richtlinie des Rates zum Schutz von Personen bei der Verarbeitung personenbezogener Daten, KOM(90) 314 endg., 56.

[35] https://data.consilium.europa.eu/doc/document/ST%205406%202014%20REV%202/EN/pdf, S. 57.

[36] Vgl. EuGH Urt. v. 12.10.2017 – C–289/16, ECLI:EU:C:2017:758 Rn. 21 ff. – Kamin und Grill Shop GmbH; siehe auch *Herberger*, „Ausnahmen sind eng auszulegen". Die Ansichten beim Gerichtshof der Europäischen Union, 2017.

[37] Art. 17 AEUV entspricht der Erklärung Nr. 11 zum Status der Kirchen und weltanschaulichen Gemeinschaften zum Vertrag von Amsterdam von 1997, vgl. EuGH Urt. v. 17.4.2018 – C-414/16, ECLI:EU:C:2018:257 – Egenberger.

[38] So zB → 2. Aufl. 2018, Art. 91 Rn. 4 Fn. 10.

[39] Vgl. *Neumann*, Blog zu Artikel 91 DS-GVO „Lobby für den »Kirchenartikel« – so haben die Kirchen die DS-GVO beeinflusst" mit Links zu vielen instruktiven Schriften zur Entstehung des Art. 91 –, www.artikel91.eu/2021/03/02/lobby-fuer-den-kirchenartikel-so-haben-die-kirchen-die-dsgvo-beeinflusst/.

[40] Im Entwurf der DS-GVO v. 25.1.2012 – Art. 85.

[41] AA ausdrücklich *Sydow* Die Datenschutzgerichte der katholischen Kirche S. 58–59, was durch die Existenz zahlreicher kirchlichen Datenschutzregelungen in mehreren EU-Mitgliedstaaten begründet wird. Jedoch muss man betonen, dass die Bezugnahme auf deutsches Staatskirchenrecht und Förderungen seitens der Kirchen in Deutschland und der Bundesregierung durch schriftliche Aussagen im Gesetzgebungsprozess belegt ist, vgl. → *Neumann*, Blog zu Artikel 91 DS-GVO „Lobby für den »Kirchenartikel« – so haben die Kirchen die DS-GVO beeinflusst" mit Links zu vielen instruktiven Schriften zur Entstehung des Art. 91, www.artikel91.eu/2021/03/02/lobby-fuer-den-kirchenartikel-so-haben-die-kirchen-die-dsgvo-beeinflusst/.

[42] Zur Geschichte des kirchlichen Datenschutzrechts in Österreich vgl. in der Katholischen Kirche Kirchliche Datenschutzverordnung Decretum Generale über den Datenschutz in der Katholischen Kirche in Österreich und ihren Einrichtungen, Amtsblatt der Österreichischen Bischofskonferenz Nr. 52/2010, https://pgr.at/statuten/DS_5.pdf. In der Evangelischen Kirche AB und HB vgl. Art. 108 Abs. 3, Art. 123 der Verfassung der Evangelischen Kirche A. und H.B in Österreich, ABl. Nr. 295/2012, die den Datenschutz betreffen und die Datenschutzordnung v. 30.11.1994, ABl. Nr. 195/1994, www.kirchenrecht.at/document/40774.

[43] So u.a. *Ziekow* ZevKR 2018, 419.

[44] Landesdatenschutzgesetz Hessen vom 7. Oktober 1970, siehe *Tollkühn* Das Recht auf Information S. 25.

erhalten haben, war es notwendig, durch kirchliches Recht ein mit dem staatlichen Datenschutzrecht vergleichbaren Schutz zu gewährleisten. Aus diesem Grund entstand die erste normative Regelung des Kirchlichen Datenschutzrechts in der EKD – die DatSchVO Hessen-Nassau vom 2.7.1973.[45] Der nächste Schritt in der Entwicklung des kirchlichen Datenschutzrechts der EKD war das Kirchenmitgliedschaftsgesetz vom 10.11.1976, das auch datenschutzrechtliche Fragen betraf.[46] § 10 des Entwurfs des Bundesdatenschutzgesetzes sah als Voraussetzung der Datenübermittlung an Kirchen, die Schaffung ausreichender Datenschutzmaßnahmen durch die Kirchen vor. Um diesen Anforderungen zu genügen haben die beiden Großkirchen kurz nach Verabschiedung des BDSG[47] ihre Kirchengesetze erlassen. Bei der EKD war es das Kirchengesetz über den Datenschutz vom 10. November 1977,[48] bei der katholischen Kirche wurden die Rechtsakte (Anordnung über den kirchlichen Datenschutz – KDO) durch einzelne (Erz)Diözesen erlassen.[49] Die kircheninternen Datenschutzregelungen wurden in Folgejahren mehrmals novelliert um den Änderungen (und Anforderungen) des BDSG gerecht zu werden.[50] Einen Einfluss auf die Änderungen des kirchlichen Datenschutzrechts hatte auch das Inkrafttreten der Richtlinie 95/46/WE.[51]

Von der durch die Regelung des Art. 91 DS-GVO eröffneten Möglichkeit haben in Europa,[52] darunter in Deutschland[53] und Österreich[54] mehrere Kirchen und Religionsgemeinschaften Gebrauch gemacht. Ein großer Nachteil der Regelung des Art. 91 liegt in der fehlenden Notifizierungspflicht an die EU-Kommission (oder zumindest an eine mitgliedstaatliche staatliche Stelle) der Kirchen, die von Art. 91 Abs. 1 und 2 Gebrauch machen und in der fehlenden

---

[45] *Ziekow,* Datenschutz und evangelisches Kirchenrecht, 2002, S. 8.
[46] ABl. EKD 1976, S. 389.
[47] Gesetz zum Schutz vor Mißbrauch personenbezogener Daten bei der Datenverarbeitung vom 27. Januar 1977 –BGBl. 1977 I 201.
[48] ABl. EKD 1978, S. 2.
[49] Vgl. Kirchliches Amtsblatt für die Erzdiözese Paderborn 1979, Nr. 88, S. 59 ff., vgl. Kämper/Schilberg Staat und Religion in Nordrhein-Westfalen/*Pau* S. 240. Die KDO wurde durch die Kommission für Meldewesen und Datenschutz beim Verband der Diözesen Deutschlands (VDD) ausgearbeitet. Siehe zu diesem Rechtsakt auch Listl/Schmitz KatholKirchenR-HdB/*Kalde* S. 1232; *Hoeren,* Kirchen und Datenschutz, 1986, S. 31. Schon vor KDO wurden Regelungen mit datenschutzrechtlichen Bezügen in der Katholischen Kirche erlassen – u.a. die Anordnung über das kirchliche Meldewesen (Kirchenmeldewesenanordnung – KMAO) vom 12. Dezember 1978, KA 1978, Nr. 275.
[50] Vgl. dazu ausf. über Entwicklungen in der Katholischen Kirche *Tollkühn* Das Recht auf Information S. 26 ff., in EKD *Ziekow* Datenschutz und evangelisches Kirchenrecht S. 5 ff.
[51] Vgl. *Tollkühn* Das Recht auf Information S. 27 Fn. 28.
[52] Im Bereich der katholischen Kirche – Belgien, Deutschland, Italien, Luxemburg, Malta, die Niederlande, Österreich, Polen, Portugal, Slowakische Republik, Slowenien, Spanien – www.iuscangreg.it/protezione_dati.php.
[53] In den (Erz-)Diözesen Römisch-Katholischen Kirche gilt das am 20.11.2017 von der Vollversammlung des Verbandes der Diözesen Deutschlands beschlossene Gesetz über den Kirchlichen Datenschutz – KDG, das in allen (Erz-)Diözesen umgesetzt worden ist, zB www.kdsa-nord.de/Download/Hamburg/201712_KDG.pdf. Für die Orden päpstlichen Rechts besteht die Kirchliche Datenschutzregelung der Ordensgemeinschaft päpstlichen Rechts (KDR-OG), die durch Beschluss des jeweiligen Ordens für den Orden als verbindlich beschlossen wurden, zB www.malteser.de/kdrog. Für die Evangelische Kirche in Deutschland (EKD) und ihre Gliedkirchen gilt das Kirchengesetz über den Datenschutz der Evangelischen Kirche in Deutschland (DSG-EKD) vom 15.11.2017, www.kirchenrecht-ekd.de/document/41335. Eine Textsammlung der Regelungen der beiden Großkirchen enthält *Golland,* Kirchliches Datenschutzrecht, 2. Aufl. 2020. Kircheninterne Datenschutzregelungen gibt es neben den beiden großen Kirchen auch in weiteren Religionsgemeinschaften in Deutschland. *Neumann* zählt für Deutschland 16 von ihnen auf, wobei er wegen der mangelnden Notifikationspflicht auf die mögliche Unvollständigkeit der Liste hinweist: https://artikel91.eu/rechtssammlung/andere-religionsgemeinschaften/. In Wilde/Ehmann/Niese/Knoblauch Datenschutz Bayern/*Wilde* DS-GVO Art. 91 Rn. 17c ff., ist für die öffentlich-rechtlichen Religionsgesellschaften in Bayern aufgelistet (mit Internetfundstellen und Kontaktadressen), dass von den 19 Gemeinschaften zwölf eigene Vorschriften und eigene Datenschutzaufsichtsbehörden haben. Einige Kirchen unterhalten eine umfassende Internetpräsenz zu Fragen des Datenschutzrechts, zB der Bund Freikirchlicher Pfingstgemeinden, www.datenschutz.bfp.de/.
[54] In der Katholischen Kirche in Österreich gilt das Decretum Generale über den Datenschutz in der Katholischen Kirche in Österreich und ihren Einrichtungen, das aus nur zwölf Paragraphen besteht, www.bischofskonferenz.at/datenschutz/rechtsgrundlagen, in der Evangelischen Kirche AB und HB das Datenschutzgesetz von 2018, www.kirchenrecht.at/document/39798. Im Schrifttum – betr. die Katholische Kirche in Österreich betont man: „Die österreichischen Diözesen setzen kein eigenes kirchliches Datenschutzrecht in Geltung, sondern richten sich nach dem für alle im Österreich geltenden Recht, wobei für einzelne spezifisch kirchliche Fragen zusätzlich ein Decretum Generale erlassen wurde", vgl. Kandler-Mayr DPM 2022, S. 37.

Regelung eines europaweit zugänglichen Verzeichnisses dieser Kirchen nebst Kontaktadressen auch zu besonderen kirchlichen Aufsichtsorganen dar. Die Vorschrift sieht auch keine Pflicht zur Veröffentlichung der Texte der eigenen Datenschutzregelungen auf den Internetseiten der Kirchen[55] vor. „In Einklang bringen" iSd Art. 91 Abs. 1 umfasst eine Promulgation des Rechtsakts, die zumindest ähnlich der der DS-GVO sein muss,[56] wobei die Besonderheiten der Promulgationspraxis der jeweiligen Kirche berücksichtigt werden können.[57] Es ist anzunehmen, dass jedenfalls auf Verlangen des Berechtigten die Kirche die kirchliche Datenschutzordnung zur Kenntnisnahme stellen muss. Eine entsprechende Rechtsgrundlage für diese Verpflichtung liegt in der kirchlichen Regelung, die Art. 13 Abs. 2 iVm Art. 14 Abs. 2 entspricht.[58] Es bleibt zu hoffen, dass die fehlende Transparenz des kirchlichen Datenschutzrechts durch eine Novelle iSd Art. 97 Abs. 5 beseitigt werden kann und zur Stärkung der Rechte der betroffenen Personen beitragen kann.

II. Systematik, Verhältnis zu anderen Vorschriften

9   Art. 91 regelt in beiden Absätzen **eine umfassende Öffnungsklausel** zugunsten der Kirchen und religiöser Vereinigungen. Die Systematik der Vorschrift erlaubt es, **zwei unterschiedliche Regelungsbereiche** zu benennen. Abs. 1 gibt den Kirchen und religiösen Vereinigungen die Möglichkeit, eigenständigen kirchlichen Datenschutz unter bestimmten Voraussetzungen beizubehalten, auszubauen und neu zu erlassen (→ Rn. 16). Abs. 2 regelt die Frage der institutionellen Aufsicht über die Datenverarbeitung in den Kirchen in den Fällen, in denen die Kirchen von der in Abs. 1 geregelten Möglichkeit Gebrauch gemacht haben. Die Nutzung der in Abs. 2 geregelten Möglichkeit ist nur dann möglich, wenn die Kirche über eigenständigen kirchlichen Datenschutz verfügt. Wenn die Kirche diese Möglichkeit nicht nutzt und ihre Datenverarbeitung gemäß DS-GVO erfolgt, kann sie nach dem ausdrücklichen Wortlaut der Regelung keine besondere Datenschutzaufsicht einrichten. Diese gesetzliche Regelung ist nicht nachvollziehbar. Die Rechtsordnungen einiger EU-Mitgliedstaaten (insbesondere diejenigen derer Rechtsysteme keine Kirchensteuer vorsehen) können die Konfession (die an sich eine besondere Kategorie von Daten iSd Art. 9 Abs. 1 DS-GVO darstellt) als eine persönliche, vertrauliche Information betrachten. Ein Beispiel dafür stellt die polnische Rechtsordnung dar. Art. 53 Abs. 7 der Verfassung der Republik Polen von 1997 enthält nämlich dazu eine ausdrückliche Regelung: „Niemand darf durch die öffentliche Gewalt verpflichtet werden, seine Weltanschauung, seine religiösen Anschauungen oder seine Konfession zu offenbaren".[59]

10   Art. 91 regelt, im Einklang mit Art. 17 Abs. 1 AEUV und Erwägungsgrund 165, **keine Bereichsausnahme** im Sinne einer Exemtion der Religionsgemeinschaften vom Datenschutzrecht,[60] sondern dient der Berücksichtigung der „Beachtung" des Status der Religionsgemeinschaften im Rechtssystem.[61] Von der Option des Art. 91 Abs. 1 kann[62] eine Kirche, bei Erfüllung der in der Vorschrift genannten Regelungen Gebrauch machen, muss dies jedoch nicht tun. Bei fehlenden eigenen Regelungen unterliegt die Datenverarbeitung in der Kirche der

---

[55] Ähnlich wichtig ist es, dass die Daten des kirchlichen Datenschutzbeauftragten veröffentlicht werden, vgl. Art. 37 Abs. 7. Das Gleiche gilt im Falle der kirchlichen Datenschutzaufsicht mit Daten dieser Aufsicht, weil dies zur Realisierung des Rechts auf eine Beschwerde – Art. 77 Abs. 1 notwendig ist und fehlende Angaben kein „in Einklang bringen" darstellen.

[56] *Łukańko* Kościelne S. 31.

[57] Unzutr. ist die Auffa. des polnischen Hauptverwaltungsgerichts, dass das staatliche Gericht das Vorliegen der Promulgation der kirchlichen Datenschutzordnung nicht überprüft, vgl. polnisches Hauptverwaltungsgericht Urt. v. 25.5.2022 – III OSK 2273/21.

[58] *Łukańko* Kościelne S. 27.

[59] www.sejm.gov.pl/prawo/konst/niemiecki/kon1.htm – Übersetzung von *Misior/Szmyt/Maul*. Siehe auch die Übersetzung in Hufeld/Epiney/Merli Europäisches Verfassungsrecht/*de Vries* S. 567 ff. Daher kann zB ein Ablehnungsgesuch eines Richters wegen seiner Konfession (und ein vorheriger Nachforschungsantrag) nicht zulässig sein – vgl. polnisches Hauptverwaltungsgericht Urt. v. 25.5.2022 – III OSK 2273/21. Von einer „unzulässiger Ausforschung" spricht auch BGH Beschl. v. 10.5.2001 – 1 StR 410/00; siehe auch BVerfG Beschl. v. 3.7.2013 – 1 BvR 782/12, NVwZ 2013, 1335.

[60] Verwaltungsgericht Warszawa Urt. v. 16.10.2019 – II SA/Wa 907/19. Nach HK-Kirchliches Datenschutzr/*Sydow* Einf. Rn. 14, ist im Falle „des beträchtlichen Teils" des kirchlichen Handelns" der Anwendungsbereich nach Art. 16 Abs. 2 S. 1, Art. 2 Abs. 2 Buchst. a DS-GVO nicht eröffnet.

[61] HK-DS-GVO/*Hense* Art. 91 Rn. 1.

[62] Vgl. *Kleine* KuR 2018, 200; *Ziekow* ZevKR 2018, 409.

DS-GVO und somit auch zwingend der staatlichen Aufsicht.[63] Im Hinblick auf das genannte Beispiel der Regelung des Art. 53 Abs. 7 der polnischen Verfassung ist die Konstruktion des Art. 91 Abs. 2 problematisch. Eine geringfügige Abhilfe schafft hier die Einschränkung der Kompetenzen der Aufsichtsbehörde nach Art. 90 Abs. 1.

Art. 91, ähnlich wie Art. 85, führt zur **Entstehung einer neuen, zusätzlichen Ebene des Datenschutzrechts,** die den gleichwertigen Rang mit der DS-GVO hat. Die zusätzliche Besonderheit dieser Öffnungsklausel liegt darin, dass sie den Kirchen und Religionsgemeinschaften, die eigenen Datenschutz nach Art. 91 Abs. 1 anwenden, auch die normalerweise bei den Mitgliedstaaten liegende Kompetenz zur Umsetzung der an diese Mitgliedstaaten gerichteten Öffnungsklauseln[64] gibt.[65] Den Kirchen und Religionsgemeinschaften wurde aber, wie gesagt keine Notifizierungspflicht auferlegt, so dass zB eigene Regelungen betreffend Beschäftigtendatenschutz nach Art. 88 Abs. 1 und 2 nicht nach Art. 88 Abs. 3 der Kommission notifiziert werden. Dies ist die logische Konsequenz der (problematischen) Regelung über **die fehlende Notifizierungspflicht der kirchlichen Datenschutzordnungen, sowohl an die EU-Kommission als auch gegebenenfalls an die mitgliedstaatlichen Stellen.** Dies führt dazu, dass die staatlichen Aufsichtsorgane keine Kenntnis von in der jeweiligen Kirche oder Religionsgemeinschaft geltenden eigenen Datenschutzordnungen erhalten und de lege lata nur eine freiwillige Meldung[66] diesen Kenntnisstand verbessern kann. Diese Lösung kann die, oftmals notwendige, Zusammenarbeit der staatlichen Aufsicht mit der kirchlichen Aufsicht erheblich erschweren. Diese Lösung des Unionsgesetzgebers kann damit begründet werden, dass die kirchlichen Behörden „völlig unabhängig" iSd Art. 51 Abs. 1 sind und somit der staatlichen Behörde keine Aufsichts- und Kontrollfunktion gegenüber der kirchlichen Aufsicht zukommt. Die Adressaten der DS-GVO als der EU-Verordnung nach Art. 288 AEUV sind sowohl die Mitgliedstaaten, als auch die Kirchen.[67] Dies schließt selbstverständlich nicht aus, dass es zu Kompetenzkonflikten zwischen der staatlichen und kirchlichen Aufsicht kommen kann.[68] Im Schrifttum wurde vorgeschlagen, dass die **Überprüfung, ob die Vorgaben des Art. 91 Abs. 1 eingehalten wurden, durch die Europäische Kommission erfolgen sollte.**[69] Zu denken wäre an ein Vertragsverletzungsverfahren nach Art. 258 AEUV, wobei sich dieses Verfahren gegen ein EU-Mitgliedstaat und nicht gegen eine Kirche oder Religionsgemeinschaft richtet.[70] Die Frage, ob kirchliche Gerichte berechtigt sind, ein Vorabentscheidungsersuchen an den EuGH zu richten,[71] kann nicht einheitlich für alle Rechtssysteme der EU-Mitgliedstaaten beantwortet werden. Bei den orthodoxen und katholischen Kirchengerichten auf Zypern kann dies aufgrund des Art. 111 der Verfassung der Republik Zypern[72] bejaht werden, bei Kirchengerichten der EKD[73] und der Katholischen Kirche in Deutschland[74] verneint werden, denn diese Gerichte ihre Grundlagen nicht in staatlichen Gesetzen haben.[75] Eine Lösung de lege ferenda könnte hier in der Rechtshilfe staatlicher Gerichte für kirchliche Gerichte liegen.[76] Diese **Gleichwertigkeit der staatlichen und kirchlichen Aufsicht statt eines Hierarchieverhält-**

---

[63] Zur Regelung in Mecklenburg-Vorpommern siehe § 19 Abs. 4 DSG MV „Die Aufsichtsbehörde ist nicht zuständig, soweit Religionsgemeinschaften des öffentlichen Rechts, die gemäß § 2 Absatz 6 umfassende Datenschutzregeln anwenden, einer eigenen kirchlichen Aufsichtsbehörde unterliegen, die in Kapitel VI der Verordnung (EU) 2016/679 niedergelegten Bedingungen erfüllt". In allen anderen Bundesländern besteht de lege lata eine Regelungslücke bzgl. der Kompetenz der staatlichen Aufsicht, die im Wege der Analogie ausgefüllt werden muss, siehe *Wilde* ZD-Aktuell 2023, 01320.
[64] Wie Art. 88, vgl. *Ullrich,* Beschäftigtendatenschutz der katholischen Kirche, 2022.
[65] Außerdem gibt es auch kirchliche besondere Datenschutzregelungen, vgl. zB Gesetz zum Schutz von Patientendaten bei der Seelsorge in katholischen Einrichtungen des Gesundheitswesens (Seelsorge-PatDSG), www.bistum-wuerzburg.de/fileadmin/Bistum/Diözesanblatt/WDBl1-2021-01-20-S 1–48.pdf#page=17.
[66] *Łukańko* Kościelne S. 156 f.
[67] „Umfassende Verbindlichkeit": Nach Streinz/*Streinz* AEUV Art. 17 Rn. 56 bedeutet dies „die Wirkung nicht nur in der zu erreichenden Zielsetzung, sondern auch im Hinblick auf die zu ergreifenden Formen und Mitteln".
[68] Vgl. zB ein derzeit vor dem VG Hannover anhängiges Verfahren – 10 A 1195/21, www.artikel91.eu/2021/12/21/selk-will-kirchlichen-datenschutz-vom-eugh-klaeren-lassen/.
[69] → 2. Aufl. 2018, DS-GVO Art. 91 Rn. 20; vgl. auch Auernhammer/*Jacob* DS-GVO Art. 91 Rn. 20.
[70] *Łukańko* Kościelne S. 158.
[71] Siehe dazu *Golland* RDV 2018, 13.
[72] Vgl. Robbers Staat und Kirche/*Emilianides* S. 255 ff.
[73] www.ekd.de/kirchengerichtsbarkeit_kirchengerichte-34803.htm.
[74] www.dbk.de/themen/kirche-staat-und-recht/kirchliche-gerichte-in-datenschutzangelegenheiten.
[75] Vgl. die Argumentation in EuGH Urt. v. 14.6.2011 – C-196/09, ECLI:EU:C:2011:388 – Paul Milles.
[76] Vgl. *Schima* Das Vorabentscheidungsverfahren S. 37 Fn. 223–224.

Art. 91 12   Kapitel IX. Vorschriften für besondere Verarbeitungssituationen

nisses führt dazu, dass im Falle der Bildung von unabhängigen Aufsichtsbehörden nach Art. 91 Abs. 2 diese auf dergleichen Ebene wie[77] die staatlichen Behörden sind.[78] Beide Arten der Aufsichtsbehörden sind voneinander unabhängig, was schon aus Art. 52[79] folgt. Dies kann auch aus Art. 55 Abs. 1 entnommen werden, wenn man den Begriff des „Hoheitsgebiets" im Falle von kirchlichen Aufsichtsbehörden analog auslegt, dh als Zuständigkeitswahrnehmung der Aufsichtsaufgaben auf dem Gebiet der jeweiligen Kirche oder Religionsgemeinschaft.[80] Dieses Verständnis führt dazu, dass die staatlichen und kirchlichen Aufsichtsbehörden miteinander nach den Grundsätzen des Art. 60 zusammenarbeiten und der staatlichen Datenschutzaufsicht keine Kontrollkompetenz gegenüber der Datenschutzverarbeitung in denjenigen Kirchen und Religionsgemeinschaften zukommt, die von Art. 91 Gebrauch gemacht haben. Eine Erweiterung der Kompetenzen der staatlichen Datenschutzaufsicht wäre auch nicht durch Art. 58 Abs. 6 gedeckt. Dies schließt Kompetenzkonflikte nicht aus, die nach den Grundsätzen des Art. 60 ff, insbesondere des Art. 65 Abs. 1 Buchst. b oder gegebenenfalls von staatlichen Gerichten gelöst werden, wenn die mitgliedstaatliche Aufsichtsbehörde einen Verwaltungsakt gegen eine Kirche oder Religionsgemeinschaft erlassen hat, die vom Art. 91 Abs. 1 Gebrauch gemacht hat.

12   Es ist im juristischen Schrifttum umstritten, ob der **Adressat von Art. 91** die EU-Mitgliedstaaten oder direkt die Kirchen sind. Diese Frage ist von grundsätzlicher Bedeutung, weil die Antwort auf sie bestimmt, ob das jeweilige nationale Staatskirchenrecht (und somit mittelbar) der Staat, oder die Kirche selbst) darüber entscheidet, ob von Art. 91 Gebrauch gemacht wird. Nach der ersten, wohl herrschenden Auffassung, hängt die Möglichkeit der Anwendung des eigenen Datenschutzrechts von der Existenz der entsprechenden staatskirchenrechtlicher Regelungen[81] ab, wobei einige Autoren ausdrücklich darauf hinweisen, dass diese Regelung keine unmittelbare Wirkung gegenüber Kirchen hat[82] bzw. den Umfang der Regelungsfreiheit der Kirchen konditioniert.[83] Nach der zweiten Meinung, die überzeugender erscheint, resultiert aus dem Verordnungscharakter der DS-GVO im Lichte des Art. 288 Abs. 2 AEUV,[84] die Schlussfolgerung, dass **Art. 91 sich unmittelbar an Kirchen richtet und aus dieser Regelung das Recht auf Erlass des eigenen Datenschutzrechts resultiert**.[85] Für diese Lösung spricht der klare Wortlaut der Regelung, der anders als zB bei Art. 88 Abs. 1 nicht die Mitgliedstaaten nennt und der Vergleich mit EU-Rechtsakten, in denen die Verpflichtung Mitgliedstaaten und nicht Kirchen auferlegt wird.[86] Es darf auch nicht vergessen werden, dass die in Art. 91 Abs. 1 statuierte Pflicht die bisherigen Datenschutzregelungen mit der DS-GVO in Einklang zu bringen dazu führt, dass das Schutzniveau vergleichbar wird. Der europäische Gesetzgeber hat hier nur die Regelungs- und Aufsichtskompetenz auf Kirchen verlagert, die Einhaltung des hohen Niveaus des Datenschutzes bleibt bestehen.[87] Zutreffend betont man im Schrifttum, dass aus dem Urteil des EuGH vom 10.7.2018 in der Rs. C–25/17 Jehovan todistajat, die Schlussfolgerung zu ziehen ist, dass „auch im Rahmen der datenschutzrechtlichen Konstellation … dem Art. 17 abermals nur eine untergeordnete Rolle beigemessen" wird.[88] Es darf auch nicht vergessen werden, dass der europäische Gesetzgeber in Art. 91 nicht den gleichen breiten Katalog von Rechtssubjekten, wie in Art. 17 AEUV nennt, sondern nur Kirchen und religiöse Vereinigungen und Gemein-

---

[77] Dies schließt die Ernennung einer staatlichen Aufsichtsbehörde (einer der staatlichen Aufsichtsbehörden in Deutschland) als gemeinsamer Vertreter in Art. 68 Abs. 4 DS-GVO nicht aus.
[78] VG Berlin Urt. v. 7.4.2022 – 1 K 391/20, BeckRS 2022, 9529 mwN.
[79] Vgl. Verwaltungsgericht Warszawa Urt. v. 14.5.2021 – II SA/Wa 2510/20.
[80] Kugelmann/Łukańko Nationale Spielräume in Datenschutzrecht/*Łukańko*, S. 430.
[81] → 2. Aufl. 2018, DS-GVO Art. 91 Rn. 9, 10; Kühling/Buchner/*Herbst* DS-GVO Art. 91 Rn. 2; Paal/Pauly/*Pauly* DS-GVO Art. 91 Rn. 3; Wilde/Ehmann/Niese/Knoblauch Datenschutz Bayern/*Wilde* DS-GVO Art. 91 Rn. 4.
[82] Kühling/Buchner/*Herbst* DS-GVO Art. 91 Rn. 1: „Art. 91 ist eine Öffnungsklausel für nationales (staatliches) Recht"; so auch HK-DS-GVO/*Hense* Art. 91 Rn. 1.
[83] → 2. Aufl. 2018, DS-GVO Art. 91 Rn. 11, die hier als Bsp. die Regelung der Datenverarbeitung im Beschäftigtenkontext nach Art. 88 nennen.
[84] Die Verordnung ist in allen Teilen verbindlich und richtet sich nicht, wie eine EU-RL, nur an Mitgliedstaaten, sondern auch an Personen des Privatrechts und des öffentlichen Rechts.
[85] Ausf. *Łukańko* Kościelne S. 86 ff.; *Kleine* KuR 2018, 200: „Den Kirchen ist durch die Öffnungsklausel in Artikel 91 DS-GVO ein eigenes Datenschutzrecht erlaubt".
[86] ZB Art. 17 Abs. 1 lit. c RL 2003/88/EG.
[87] Vgl. auch SchlA von GA *Paolo* v. 1.2.2018 – C–25/17, ECLI:EU:C:2018:57 Rn. 34 – Jehovan todistajat.
[88] *Staats*, Kirchen und europäische Integration, 2019, S. 20.

schaften. **Es geht somit in Art. 91 um den Schutz des Status der Kirchen**[89] **vor staatlichen Eingriffen durch die DS-GVO** und die Aufsicht, wenn die Kirche sich diesen Schutz wünscht und andererseits bereit ist eigene Anstrengungen bezüglich Verabschiedung eines Rechtsakts und Aufsicht zu unternehmen.

B. Einzelerläuterungen

I. Kriterien der Anwendung des kirchlichen Datenschutzrechts (Abs. 1)

Die DS-GVO definiert **die Begriffe der Kirchen, religiösen Vereinigungen und Gemeinschaften** nicht. Auch in Art. 17 AEUV gibt es keine Definitionen dieser Begriffe, was dazu geführt hat, dass im Schrifttum verschiedene Ansätze zur Auslegung vertreten werden. Nach der ersten Auffassung verweist Art. 17 AEUV (und somit auch Art. 91 Abs. 1 DS-GVO) auf Regelungen der mitgliedstaatlichen Staatskirchenrechte,[90] nach der zweiten Meinung ist dies eine Rahmenbedingung des Europarechts, deren Auslegung nicht nur nach staatlichem Recht erfolgt.[91] Zudem muss betont werden, dass im Schrifttum streitig ist, ob Art. 17 AEUV eine materiellrechtliche, wohl grundrechtliche Freiheitsgewährleistung zugunsten der Kirchen angenommen werden kann,[92] oder ob diese Norm als besondere Ausprägung des Art. 4 Abs. 2 EUV (des Gebots der Achtung der nationalen Identität der Mitgliedstaaten)[93] anzusehen ist, und ob die Rechte der Kirchen aus dem innerstaatlichen Staatskirchenrecht resultieren,[94] so dass den Kirchen aus dieser Bestimmung keine subjektiven Rechte zustehen.[95] Überzeugender scheint die zweite Auffassung zu sein. Der Rechtsstreit braucht jedoch nicht entschieden werden, weil **Art. 91 den drei Arten der Rechtssubjekte – Kirchen, religiösen Vereinigungen und Gemeinschaften – keine unterschiedlichen (abgestuften) Rechte verleiht.**[96] Die unterschiedlichen Arten der Rechtssubjekte sind auf die Unterscheidung christlicher und nichtchristlicher Vereinigungen zurückzuführen.[97] **Es liegt an den einzelnen Mitgliedstaaten, darüber zu entscheiden, welche religiösen Subjekte als Kirchen oder religiöse Vereinigungen einzustufen sind.** Andererseits ist die Auffassung zu teilen, dass weder Art. 17 AEUV noch Art. 91 DS-GVO nach dem öffentlich-rechtlichen Status unterscheiden, so dass **frühere Diskussionen über Anwendung des kirchlichen Datenschutzrechts nur durch öffentlich-rechtliche Religionsgemeinschaften**[98] **obsolet sind.**[99] Die vereinzelt im Schrifttum vor-

---

[89] Kugelmann/Łukańko Nationale Spielräume in Datenschutzrecht/*Łukańko* S. 422.
[90] Vgl. Streinz/*Streinz* AEUV Art. 17 Rn. 6.
[91] EuGH Urt. v. 22.12.2010 – C-385/08, Rn. 61 – Kommission gegen Polen.
[92] Grabitz/Hilf/Nettesheim/*Classen* AEUV Art. 17 Rn. 2.
[93] Streinz/*Streinz* AEUV Art. 17 Rn. 5.
[94] Streinz/*Streinz* AEUV Art. 17 Rn. 4.
[95] Streinz/*Streinz* AEUV Art. 17 Rn. 4.
[96] *Łukańko* Kościelne S. 94.
[97] *Krukowski*, Polskie Prawo Wyznaniowe, 2008, S. 281.
[98] Vgl. die umfassende Darstellung des Meinungsstreits in Paal/Pauly/*Pauly* DS-GVO Art. 91 Rn. 4–15 sowie *Hoeren* ZD 2023, 199 (203).
[99] Schwartmann/Jaspers/Thüsing/*Thüsing/Rombay* DS-GVO Art. 91 Rn. 10; siehe auch *Tinnefeld* ZD 2020, 146; aA Gierschmann/Schlender/Stentzel/Veil/*Wiegand* DS-GVO Art. 91 Rn. 4; Wilde/Ehmann/Niese/Knoblauch Datenschutz Bayern/*Wilde* DS-GVO Art. 91 Rn. 4a. Die Anwendung des Art. 91 DS-GVO auf privatrechtlich organisierte Religionsgemeinschaften in Deutschland könnte dann als problematisch angesehen werden, wenn man eine eigene, kirchliche Datenschutzordnung als Form der öffentlich-rechtlichen Rechtssetzungsbefugnis sehen würde, die nur Religionsgemeinschaften mit öffentlich-rechtlichen Status zusteht. Zutr. betont man jedoch im Schrifttum, durch die „unmittelbare Wirkung der DS-GVO entfällt nach diesseitiger Ansicht auch die bisher aus dem in Art. 140 GG i. V. m. Art. 137 Abs. 3 WRV verankerten kirchlichen Selbstbestimmungsrecht abgeleitete Ermächtigung zur Schaffung eines eigenen kirchlichen Datenschutzes. Vielmehr gelten nunmehr ausschließlich und vorrangig die europarechtlichen Regelungen als speziellere Normen. Das Recht der Europäischen Union hat den Kirchen nach Art. 91 DS-GVO die Kompetenz gegeben, eigene Regeln zum Datenschutz anzuwenden, soweit diese mit der DS-GVO im Einklang stehen. Die Ermächtigungsgrundlage nach nationalem Recht gemäß Art. 140 GG iVm Art. 137 Abs. 3 WRV könnte nur dann zur Anwendung kommen, wenn die europäischen Regelungen dies erlauben. Das wäre aber nur der Fall, wenn die europarechtliche Regelung über Art. 91 DS-GVO hinaus eine Öffnungsklausel enthält oder sich aus dem Kontext ergibt, dass die Normen der DS-GVO keine abschließende Regelung darstellen" (*Wiszkocsill* ZAT 2018, 117). Ähnlich betonen dies auch *Martini/Botta* DÖV 2020, 1047, die darauf hinweisen, dass Art. 91 „nicht die nationalen Gesetzgeber, sondern explizit die Religionsgemeinschaften" adressiert. „Art. 91 Abs. 1 DSGVO erweist sich daher als Öffnungsklausel sui generis. Ob

geschlagene Anwendung des Art. 91 auf staatlich nicht anerkannte Kirchen und Religionsgemeinschaften[100] ist abzulehnen, weil es einerseits zum Missbrauch der Form der Kirche zwecks Nichtanwendung der DS-GVO inklusive Vermeidung der Gefahren von Geldbußen und Schadensersatzklagen bei unrechtmäßiger Datenverarbeitung führen könnte, andererseits im Widerspruch zum Erwägungsgrund 55 der DS-GVO steht, wo ausdrücklich „staatlich anerkannte Religionsgemeinschaften" genannt werden.[101]

14 Der **Katalog der Organisationsformen der Religionsgemeinschaften, auf die Art. 91 Abs. 1 Anwendung findet,** richtet sich nach dem jeweiligen kirchlichen Recht.[102] Die kirchlichen Datenschutzordnungen der beiden Großkirchen in Deutschland haben den Anwendungsbereich dieser Rechtsakte sehr weit geregelt. Als Beispiel kann hier § 2 Abs. 1 S. 1 DSG-EKD dienen: „Dieses Kirchengesetz gilt für die Verarbeitung personenbezogener Daten durch die Evangelische Kirche in Deutschland, die Gliedkirchen und die gliedkirchlichen Zusammenschlüsse, alle weiteren kirchlichen juristischen Personen des öffentlichen Rechts sowie die ihnen zugeordneten kirchlichen und diakonischen Dienste, Einrichtungen und Werke ohne Rücksicht auf deren Rechtsform (kirchliche Stelle)".[103] Sehr weit angelegt ist auch der Anwendungsbereich des Gesetzes über den Kirchlichen Datenschutz der Katholischen Kirche (KDG). § 3 Abs. 1 des Gesetzes sieht vor, dass „(1) Dieses Gesetz gilt für die Verarbeitung personenbezogener Daten durch folgende kirchliche Stellen: a) die Diözese, die Kirchengemeinden, die Kirchenstiftungen und die Kirchengemeindeverbände, b) den Deutschen Caritasverband, die Diözesan-Caritasverbände, ihre Untergliederungen und ihre Fachverbände ohne Rücksicht auf ihre Rechtsform, c) die kirchlichen Körperschaften, Stiftungen, Anstalten, Werke, Einrichtungen und die sonstigen kirchlichen Rechtsträger ohne Rücksicht auf ihre Rechtsform". Diese Lösungen orientieren sich an den Vorgaben des BVerfG im Beschluss vom 11.10.1977 – BvR 209/76 – Goch.[104]

15 Die Frage, wie weit **der sachliche Anwendungsbereich einer kirchlichen Datenschutzordnung** gehen darf, ist umstritten. Einerseits ist es möglich, den Anwendungsbereich einer kirchlichen Datenschutzordnung auf den Kernbereich religiöser Betätigung zu beschränken,[105] andererseits **die ganze Tätigkeit der Kirche, inklusive der Teilnahme am Wirtschaftsverkehr** den kirchlichen Regelungen des Datenschutzes zu unterziehen.[106] Für die letztgenannte Lösung spricht sowohl der Wortlaut der Regelung, der keine Einschränkung vorsieht, andererseits Gründe der Rechtssicherheit und Vermeidung von unklaren Grenzfällen.[107] **Dies schließt die Zulässigkeit einer freiwillige Selbsteinschränkung des sachlichen Bereichs** der nach der kirchlichen Datenschutzordnung verarbeiteten Daten einer Kirche **nicht aus,** Art. 91 Abs. 1 enthält **keine Pflicht einer vollständigen Unterziehung der Datenverarbeitung im Rahmen einer Kirche nur der kirchlichen Regelung.** Aufgrund der unterschiedlichen Aufsicht über die Datenverarbeitung nach der DS-GVO und nach einer kirchlichen Datenschutzordnung

---

kirchliche Datenschutzvorschriften zulässig sind, hängt deshalb nicht davon ab, dass der jeweilige mitgliedstaatliche Gesetzgeber – als im Regelfall primärer Adressat einer Öffnungsklausel – in einem ersten Schritt eine auf Art. 91 Abs. 1 DSGVO basierende Rechtsgrundlage geschaffen hat, bevor in einem zweiten Schritt die Religionsgemeinschaften Recht setzen dürfen. Die Kirchen sind vielmehr kraft unionsrechtlichen Befehls unmittelbar dazu befähigt, eigenes Datenschutzrecht zu erlassen". Daher sind sowohl öffentlich-rechtliche als auch privatrechtlich organisierte Religionsgemeinschaften befugt, von Art. 91 DS-GVO Gebrauch zu machen (BeckOK DatenschutzR/*Mundil* DS-GVO Art. 91 Rn. 14; *Sandhu* PinG 2022, 101). Auch in der Rspr. findet man ausdrücklich Hinweise auf gleiche Anwendung des Art. 91 DS-GVO auf öffentlich-rechtliche und privatrechtliche Religionsgesellschaften – vgl. LG Siegen Beschl. v. 26.11.2021 – 2 O 236/21, ZD 2022, 161 Rn. 11. Es ist nicht auszuschließen, dass mitgliedstaatliche Versuche der Einschränkung des Anwendungsbereichs des Art. 91 DS-GVO Gegenstand eines Vorabentscheidungsersuchens an den EuGH werden. Eine diesbezügliche Entsch. des EuGH würde die notwendige endgültige Klarheit mit sich bringen.

[100] Kühling/Buchner/*Herbst* DS-GVO Art. 91 Rn. 9.
[101] *Łukańko* Kościelne S. 96.
[102] Siehe OLG Hamm Beschl. v. 23.9.2022 – 26 W 6/22, ZD 2023, 464, wo die Anwendung des kirchlichen Datenschutzrechts auf ein Krankenhaus in der Rechtsform einer GmbH bejaht wurde.
[103] Umfasst davon kann somit auch ein eingetragener Verein, eine GmbH und eine BGB-Gesellschaft sein, vgl. *Łukańko* Kościelne S. 110.
[104] BVerfGE 46, 73; ähnlich im Schrifttum *Geis* KuR 1998, 24 ff.
[105] Paal/Pauly/*Pauly* DS-GVO Art. 91 Rn. 10; Däubler/Wedde/Weichert/Sommer/*Weichert* DS-GVO Art. 91 Rn. 16: „kirchliche Mission".
[106] So *Łukańko* Kościelne S. 166 ff.; → 2. Aufl. 2018, DS-GVO Art. 91 Rn. 18: „Teilnahme am Privatrechtsverkehr"; umfassend zu dieser Problematik Wilde/Ehmann/Niese/Knoblauch Datenschutz Bayern/*Wilde* DS-GVO Art. 91 Rn. 43. Siehe auch LG Siegen Beschl. v. 26.11.2021 – 2 O 236/21, ZD 2022, 161.
[107] *Łukańko* Kościelne S. 167.

und Notwendigkeit der Führung der doppelten Dokumentation zwecks Erfüllung der Rechenschaftspflicht nach Art. 5 Abs. 2 sollten derartige Lösungen vermieden werden.

Zu den häufigsten Streitpunkten in der Auslegung des Art. 91 gehört die **Frage, ob diese Regelung nur Bestandsschutz gewährleistet,** dh, ob eine Kirche, die am 24.5.2016[108] keine umfassenden Regeln angewendet hat, von Art. 91 Abs. 1 Gebrauch machen kann, oder ob ihre Datenverarbeitung zwingend nach der DS-GVO gemessen werden muss. Nach Beschluss der Konferenz der unabhängigen Datenschutzaufsichtsbehörden des Bundes und der Länder zu spezifischen Aufsichtsbehörden vom 12.8.2019 sollte Art. 91 eine reine Bestandschutzregelung sein: „Bei Artikel 91 handelt es sich um eine Bestandsschutzregelung für die Datenschutzvorschriften derjenigen Kirchen und religiösen Vereinigungen oder Gemeinschaften, die zum Zeitpunkt des Inkrafttretens der DS-GVO bereits ein umfassendes, in sich abgeschlossenes Datenschutzrecht etabliert hatten".[109] Für das Verständnis von Art. 91 Abs. 1 als Bestandsschutzregelung spricht vor allem der Wortlaut der Vorschrift,[110] sowie, nach einer Meinung im Schrifttum – das fehlende Interesse der Kirchen an abweichenden Lösungen.[111] Dennoch wird gleichzeitig die Regelung „als wenig glücklich formuliert" und als „schwer mit dem Sinn und Zweck des Abs. 1" zu vereinbaren[112] bezeichnet. **Nach der überzeugenderen, anderen Auffassung,** die sowohl mit dem Sinn des Art. 17 AEUV[113] als auch mit dem Selbstbestimmungsrecht des Art. 140 GG iVm Art. 137 Abs. 5 WRV begründet wird[114] **gilt keine Stichtagsregelung.**[115] Gegen das Verständnis der Norm als Bestandsschutzregelung spricht auch der kurze Zeitraum von 20 Tagen zwischen der Verkündung und dem Inkrafttreten der DS-GVO, in dem praktisch keine kircheninternen Rechtsakte verabschiedet werden könnten.[116] Daher **sollen auch Kirchen, die nach dem 24.5.2016 eine eigene Regelung verabschiedet haben, von der Möglichkeit des Art. 91 Abs. 1 Gebrauch machen können.**[117] Es ist die Auffassung zu teilen, dass das Verständnis des Art. 91 Abs. 1 als **Bestandsschutz eine Ungleichbehandlung bewirkt** und **in dem Datum** – dem 24.5.2016 als dem Zeitpunkt des Inkrafttretens der DS-GVO – **kein berechtigter Differenzierungsgrund vorliegt,** der neugegründete religiöse Gemeinschaften und religiöse Gemeinschaften, die an diesem Tag keine eigenen Datenschutzregelungen angewendet haben, vom Anwendungsbereich ausschließt.[118] Gegen das Verständnis der Regelung als Bestandsschutz spricht auch, dass der europäische Gesetzgeber in dem Wortlaut des Art. 91 Abs. 1 die Anpassung der Regeln zum Grundsatz gemacht hat, was den Gegensatz zum Bestand der bisherigen Regelungen bildet.[119] Entscheidend ist, ob die kirchlichen Regeln einen der DS-GVO vergleichbaren Schutz garantieren.[120]

---

[108] Auf den 25.5.2018 stellt Simitis/Hornung/Spiecker gen. Döhmann/*Seifert* DS-GVO Art. 91 Rn. 19 ab; auf dieses Datum stellt auch – ohne nähere Begr. – das Verwaltungsgericht Warschau Urt. v. 9.9.2019 – II SA/Wa 865/19 ab.

[109] www.datenschutzkonferenz-online.de/media/dskb/20190812_dsk_spezifische.pdf. Ausdrücklich für eine Bestandschutzregelung hat sich, unter Berufung auf den Wortlaut, VG Hannover Urt. v. 30.11.2022 – 10 A 1195/21, ZD 2023, 179 Rn. 36–39 ausgesprochen; krit. zu diesem bisher nicht rechtskräftigen Urt. *Hoeren* ZD 2023, 182.

[110] Vgl. zB Gola/Heckmann/*Gola* DS-GVO Art. 91 Rn. 17; Däubler/Wedde/Weichert/Sommer/*Weichert* DS-GVO Art. 91 Rn. 20; Taeger/Gabel/*Reiher/Kinast* DS-GVO Art. 91 Rn. 20; Kuner/Bygrave/Docksey/*Tosoni* GDPR Art. 91 Anm. 2, 2. Auf den Wortlaut stellt auch Simitis/Hornung/Spiecker gen. Döhmann/*Seifert* DS-GVO Art. 91 Rn. 19 ab, der die Vorschrift für „wenig glücklich formuliert" betrachtet. Siehe auch *Ronellenfitsch* DÖV 2018, 1017.

[111] So Kühling/Buchner/*Herbst* DS-GVO Art. 91 Rn. 13, der das Interesse der Kirchen nur in Art. 91 Abs. 2 sieht. Diese Auff. ist nicht überzeugend, weil sie teleologische Aspekte außer Acht lässt, die eine Kirche zur Nutzung des Art. 91 bewegen können.

[112] Simitis/Hornung/Spiecker gen. Döhmann/*Seifert* DS-GVO Art. 91 Rn. 19.

[113] Wilde/Ehmann/Niese/Knoblauch Datenschutz Bayern/*Wilde* DS-GVO Art. 91 Rn. 9; Plath/*Grages* DS-GVO Art. 91 Rn. 4; *Weller* KirchArbR S. 77; HK-DS-GVO/*Hense* Art. 91 Rn. 14: „sehr zweifelhaft".

[114] Schwartmann/Jaspers/Thüsing/*Thüsing/Rombay* DS-GVO Art. 91 Rn. 11 mit ausf. Begr.

[115] So auch Kugelmann/Łukańko Nationale Spielräume in Datenschutzrecht/*Łukańko* S. 420.

[116] → 2. Aufl. 2018, DS-GVO Art. 91 Rn. 14.

[117] → 2. Aufl. 2018, DS-GVO Art. 91 Rn. 14; *Preuß* Das Datenschutzrecht S. 224; Sydow KuR 2019, 2: „Die einschlägige Norm des Art. 91 DS-GVO kann schon aus Paritätsgründen keine reine Bestandschutzregelung sein. Sie muss allen Religionsgemeinschaften offenstehen, die ein eigenes, den Schutzstandard der DS-GVO entsprechendes Datenschutzrecht schaffen und fortentwickeln wollen".

[118] Wilde/Ehmann/Niese/Knoblauch Datenschutz Bayern/*Wilde* DS-GVO Art. 91 Rn. 14; so auch Kugelmann/Łukańko Nationale Spielräume in Datenschutzrecht/*Łukańko* S. 421.

[119] Kugelmann/Łukańko Nationale Spielräume in Datenschutzrecht/*Łukańko* S. 421.

[120] → 2. Aufl. 2018, DS-GVO Art. 91 Rn. 16.

17 Wenn man trotz der aufgezeigten Argumente der Gegenauffassung, der in → Rn. 16 dargestellten Konzeption von Art. 91 als Bestandschutz folgt, stellt sich die Frage nach dem **Umfang der „umfassenden Regeln"** des Datenschutzes, die zur Anwendung der in Art. 91 Abs. 1 genannten Regelung berechtigt. Laut dem in → Rn. 16 genannten Beschluss der Konferenz der unabhängigen Datenschutzaufsichtsbehörden des Bundes und der Länder zu spezifischen Aufsichtsbehörden vom 12.8.2019 dürfen nur diejenigen religiösen Vereinigungen von Art. 91 Gebrauch machen, die „zum Zeitpunkt des Inkrafttretens der DS-GVO bereits ein umfassendes, in sich abgeschlossenes Datenschutzrecht etabliert hatten".[121] Der Wortlaut der Vorschrift schweigt aber zum Erfordernis eines „umfassenden, in sich abgeschlossenen Datenschutzrechts".[122] Die Auslegung des Merkmals „umfassende Regeln" ist in der Rechtsliteratur alles andere als einheitlich. Ein Teil des Schrifttums verlangt „allumfassende" Regelungen, die „das Ziel der Vollständigkeit" haben.[123] Andere Autoren sehen hier „einzelne Regelungen" als nicht ausreichend und betonen die Notwendigkeit einer kohärenten Systematik der Regelung.[124] Noch andere Autoren lehnen „isoliert bestehende kirchenrechtliche Vorschriften zum Datenschutz"[125] ab, oder betonen, dass man an die kirchlichen Regelungen „keine überspannten Vollständigkeitsansprüche",[126] bzw. „keine zu hohen Anforderungen"[127] stellen sollte. Ein weiterer Teil des Schrifttums betont zutreffend, dass der europäische Gesetzgeber bewusst Begriffe, wie Kirchengesetz oder eine Kirchenordnung vermieden hat;[128] und weist darauf hin, dass die bisherigen Regelungen nicht in einem Regelwerk geregelt sein mussten[129] und dass „keine einheitliche, vollständige Regelung" verlangt werden kann.[130] Andere Autoren stellen noch geringere Erwartungen an das Erfordernis der umfassenden Regeln und sehen es für ausreichend, wenn die Regeln „in irgendeinem Umfang vor dem 25.5.2016 existiert haben".[131] Eine sehr restriktive und nicht überzeugende Auslegung des Begriffs „umfassende Regeln" erfolgte in einem nicht rechtskräftigen Urteil des VG Hannover:[132] „Unter „umfassend" ist zu verstehen, dass die Datenschutzregeln der Religionsgemeinschaft vollständig sind und nicht durch staatliche Regelungen ergänzt werden müssen. (…) Der Begriff bezieht sich demzufolge auf das Gesamtwerk im Sinne des Grundsatzes des „ganz oder gar nicht" und nicht auf Einzelnormen". Bei Akzeptanz der Befürwortung des Art. 91 Abs. 1 als Bestandsschutzregelung sollte man der zweiten Auffassung folgen. Nach der grammatischen Auslegung des Art. 91 Abs. 1 kann hier von der Kirche das Vorliegen von zwei Regeln verlangt werden,[133] die auch nicht „komplex" sein müssen.[134] Da der Wortlaut der Vorschrift von keinen „Vorschriften" spricht, **können diese Regeln sowohl kodifiziert, als auch nicht kodifiziert sein.**[135] **Die staatlichen Aufsichtsbehörden haben keine Kompetenz zur Überprüfung, ob eine Kirche umfassende Regeln des Datenschutzes am**

---

[121] www.datenschutzkonferenz-online.de/media/dskb/20190812_dsk_spezifische.pdf.
[122] Solches Erfordernis wird im Schrifttum von *Kranig* → 2. Aufl. 2018, DS-GVO Art. 91 Rn. 17 verlangt.
[123] Wilde/Ehmann/Niese/Knoblauch Datenschutz Bayern/*Wilde* DS-GVO Art. 91 Rn. 4b; so wohl auch *Hoeren* ZD 2023, 202: „Verhältnis exklusiver Alternativität (Grundsatz des „Ganz oder gar nicht")" zwischen dem kirchlichen Datenschutzrecht und der DS-GVO.
[124] Plath/*Grages* DS-GVO Art. 91 Rn. 2.
[125] Simitis/Hornung/Spiecker gen. Döhmann/*Seifert* DS-GVO Art. 91 Rn. 2; restriktiv auch Gierschmann/Schlender/Stentzel/Veil/*Wiegand* DS-GVO Art. 91 Rn. 6; Kühling/Buchner/*Herbst* DS-GVO Art. 91 Rn. 10, Simitis/Hornung/Spiecker gen. Döhmann/*Seifert* DS-GVO Art. 91 Rn. 12: „In inhaltlicher Hinsicht ist für einen umfassenden Charakter des kirchlichen Datenschutzrechts zu verlangen, dass sie neben Grundsätzen der Datenverarbeitung auch Betroffenenrechte sowie eine unabhängige Aufsicht vorsieht. Dies schließt Verweisungen auf staatliche Datenschutzregeln nicht aus".
[126] HK-DS-GVO/*Hense* Art. 91 Rn. 18.
[127] Taeger/Gabel/*Reiher/Kinast* DS-GVO Art. 91 Rn. 24. *Ziekow* PinG 2022, 118 betont, dass „nicht ausreichend wäre (…) die bloße Regelung von Abweichungen vom staatlichen Recht oder von Teilmaterien" vorzusehen, sodass als „subsidiäre Ergänzungsmodell" nicht ausreichend und „ein Modell sachlicher Rezeption", wie schon im EKD-Datenschutzrecht seit 1993 praktiziert, Anwendung finden soll.
[128] Schwartmann/Jaspers/Thüsing/*Thüsing/Rombay* DS-GVO Art. 91 Rn. 12.
[129] *Hucał*, Ochrona danych, Studia z Prawa Wyznaniowego, 2017, S. 194.
[130] *Fajgielski*, Komentarz, DS-GVO Art. 91 Rn. 5.
[131] *Litwiński*, Komentarz, 2019, DS-GVO Art. 91 Rn. 2.
[132] VG Hannover ZD 2023, 179 Rn. 33; krit. zu diesem Urt. *Hoeren* ZD 2023, 182.
[133] *Łukańko* Kościelne S. 117; Paal/Pauly/*Pauly* DS-GVO Art. 91 Rn. 13 – der letzterer verlangt nur eine einzelne Regel.
[134] Kugelmann/Łukańko Nationale Spielräume in Datenschutzrecht/*Łukańko* S. 425.
[135] Verwaltungsgericht Warszawa Urt. v. 16.10.2019 – II SA/Wa 907/19; Polnisches Hauptverwaltungsgericht Urt. v. 18.11.2022 – III OSK 2421/2; Kugelmann/Łukańko Nationale Spielräume in Datenschutzrecht/*Łukańko* S. 425.

24.5.2016 angewendet hat. Der europäische Gesetzgeber hat auch auf die im Gesetzgebungsprozess vorgesehene Vereinbarkeitsbescheinigung der angepassten Regeln verzichtet.[136] Es liegt außer Zweifel, dass unter anderem die EKD und die katholische Kirche die Anforderungen an das Erfordernis der umfassenden Regeln erfüllt haben.[137]

Art. 91 Abs. 1 verlangt, dass die bisherigen kircheninternen Regelungen mit der Verordnung in Einklang gebracht werden. Umstritten bleibt hier das **Datum bis zu dem die Anpassung erfolgen soll**. Nach einer Auffassung musste die Anpassung bis zum 25.5.2018 vorgenommen werden, sonst begann subsidiär die DS-GVO zu gelten.[138] Eine andere Ansicht betont, dass Art. 91 keine Ausschlussfrist vorsieht; nicht angepasste Regeln dürfen jedoch nicht angewendet werden.[139] Es ist zutreffend, dass die bisherigen kirchlichen Datenschutzregeln bis zum 25.5.2018 angepasst werden sollten und dass sie bei Nichtanpassung nicht angewandt werden können. **Das fehlende Erfüllen dieser Verpflichtung führt aber nicht dazu, dass spätere Anpassungen oder Änderungen unwirksam bleiben.** Der technische Fortschritt kann auch zu späteren Änderungen der DS-GVO führen – vgl. Art. 97 Abs. 5, novelliert können also auch kirchliche Regelungen werden.[140] Auch andere Öffnungsklauseln der DS-GVO sehen ausdrücklich spätere Änderungsmöglichkeit vor – vgl. zB Art. 83 Abs. 9, Art. 88 Abs. 3.

Die schwierigste Aufgabe der religiösen Vereinigungen, die bisher eigene Datenschutzregelungen angewendet haben, aber auch denjenigen religiösen Vereinigungen, die nach dem 25.5.2018 eine neue Datenschutzregelung nach Art. 91 Abs. 1 erlassen, liegt in der **Auslegung des Begriffes „in Einklang bringen"**, unter dem man eine Anpassung an Regelungen der DS-GVO versteht. Bei fehlender Anpassung kommen nämlich ergänzend die Regelungen der DS-GVO zur Anwendung.[141] Die erhebliche Schwierigkeit liegt darin, dass anders als in Art. 91 Abs. 2, wo festgelegt wird, dass die unabhängigen Aufsichtsbehörden die Bedingungen des Kapitels VI DS-GVO „erfüllen müssen", in Art. 91 Abs. 1 es hingegen an Grundsätzen und Regeln fehlt, nach welchen die Anpassung der Datenschutzregelungen zu erfolgen hat.[142] Daher scheint es angemessen, die DS-GVO (die eine EU-Verordnung ist) für Kirchen als Quasi-Richtlinie iSd Art. 288 AEUV zu betrachten.[143] Die Richtlinie ist „hinsichtlich des zu erreichenden Ziels verbindlich, überlässt jedoch den innerstaatlichen Stellen die Wahl der Form und der Mittel". Diese Lösung erlaubt es einerseits, den Datenschutz zu wahren, und andererseits die Besonderheiten der jeweiligen Kirche zu berücksichtigen.[144] Da eine EU-Richtlinie, anders als eine EU-Verordnung ein Harmonisierungs- und nicht Vereinheitlichungsinstrument darstellt, spricht für die vorgeschlagene Lösung auch der Umstand, dass durch Art. 91 (und eine Vielzahl von ähnlichen, aber nicht gleichen Regelwerken) das europäische Datenschutzrecht lediglich harmonisiert und nicht vereinheitlicht wird.[145] Der Sinn und Zweck des Art. 91 Abs. 1 spricht dagegen, dass der Wortlaut der 1:1 in der kirchlichen Datenschutzordnung übernommen wird[146] und zwar schon deshalb, weil das Ziel des kirchlichen Datenschutzes in der Regel nicht im „freiem Verkehr der Daten" iSd Art. 1 Abs. 1 liegt[147] und zB solche Institutionen wie Profiling in einer Kirche in der Regel keinen Raum haben.[148] Ähnlich sieht es mit Bußgeldern für

---

[136] Kühling/Buchner/*Herbst* DS-GVO Art. 91 Rn. 6.
[137] Vgl. Simitis/Hornung/Spiecker gen. Döhmann/*Seifert* DS-GVO Art. 91 Rn. 12; Paal/Pauly/*Pauly* DS-GVO Art. 91 Rn. 15; ausf. *Łukańko* Kościelne S. 118 ff.
[138] Däubler/Wedde/Weichert/Sommer/*Weichert* DS-GVO Art. 91 Rn. 4; ähnlich auch Auernhammer/*Jacob* DS-GVO Art. 91 Rn. 13.
[139] Gierschmann/Schlender/Stentzel/Veil/*Wiegand* DS-GVO Art. 91 Rn. 14.
[140] Kugelmann/*Łukańko* Nationale Spielräume in Datenschutzrecht/*Łukańko* S. 426; HK-DS-GVO/*Hense* Art. 91 Rn. 15.
[141] *Łukańko* Kościelne S. 152. Eine Ausdrückliche Regelungsform dieser Art hat die Katholische Kirche in Österreich gewählt.
[142] Kugelmann/*Łukańko* Nationale Spielräume in Datenschutzrecht/*Łukańko* S. 427.
[143] *Łukańko* Kościelne S. 152. Man kann von einer analogen Anwendung der der Regeln über die Umsetzung der Richtlinien, zumindest in ihren Grundsätzen sprechen – Kugelmann/*Łukańko* Nationale Spielräume in Datenschutzrecht/*Łukańko* S. 427.
[144] *Łukańko* Kościelne S. 152.
[145] Auch die Vielzahl von anderen Öffnungsklauseln führt zu diesem Ergebnis.
[146] Kämper/Schilberg Staat und Religion in Nordrhein-Westfalen/*Pau* S. 242.
[147] Anders § 2 Abs. 1 Decretum Generale über den Datenschutz in der Katholischen Kirche in Österreich und ihren Einrichtungen. Dieses Regelwerk hat aber eine zB von KDG abweichende Konstruktion – es enthält Verweise aus der DS-GVO und Ergänzungen zur Datenschutzverordnung.
[148] Vgl. aus der Praxis der Katholischen Kirche in Österreich: „Die Katholische Kirche in Österreich verwendet keine automatisierte Entscheidungsfindung einschließlich Profiling gemäß Artikel 22 Absätze 1

Datenschutzverstöße aus und mit dem Recht auf Vergessenwerden, das aus theologischen Gründen (Bedeutung der Sakramente wie zB der Taufe) ausgeschlossen oder eingeschränkt werden kann. Andere als in der DS-GVO getroffene Regelungen können zB Fragen der Videoüberwachung betreffen. Theologische Aspekte können bei vielen Fragen eine entscheidende Rolle spielen.[149] Dennoch ist zu betonen, dass eine wörtliche Übernahme der DS-GVO-Regelungen in einer kirchlichen Ordnung kein Fehler darstellt, sondern zu den Kompetenzen der Kirchen gehört[150] und in vielen Fällen (wie zB Definitionen) auch geboten erscheint.[151] Jedenfalls ist eine Kirche zu einer solchen worttreuen Übernahme nicht verpflichtet.[152] Im Schrifttum gibt es **keine Einigkeit bezüglich des Regelungsspielraums,** der einer Kirche bei der Anpassung zukommt. Nach der ersten Auffassung ist eine Kirche an die Regelungen der DS-GVO gebunden,[153] so dass weder ein höheres Schutzniveau möglich ist noch niedrigeres Schutzniveau zulässig ist.[154] Gestaltungsspielraum gibt es nur dort, wo ihn Mitgliedstaaten haben, dh bei Öffnungsklauseln.[155] Ansonsten haben die Kirchen nur Konkretisierungsbefugnisse[156] ohne Änderung des Schutzniveaus. Nach der zweiten Auffassung, haben die religiösen Vereinigungen zwar **keine volle Freiheit in Gestaltung des eigenen Datenschutzrechts** („nicht völlig ungebunden und schrankenlos"),[157] sind jedoch durch „strukturelle Leitlinien und Grundsätze der DS-GVO beschränkt".[158] Gewährleistet werden soll als Schutz der Betroffenen „der gleiche, wie bei der DS-GVO".[159] **Zulässig ist eine Abweichung nach oben, nach unten**[160] **nur mit einer ausführlichen theologischen Begründung.**[161] Sollte eine Kirche das „In-Einklang-Bringen" falsch durchzuführen, bzw. Öffnungsklauseln nicht ausfüllen, gilt in diesem Bereich die DS-GVO und Öffnungsklauseln sollen aus Gründen der Rechtssicherheit so ausgefüllt werden, wie dies der Staat gemacht hat, in dem die Kirche ihren Sitz hat.[162]

II. Aufsicht über die Datenverarbeitung (Abs. 2)

20 Art. 91 Abs. 2 regelt die Frage der **Aufsicht** betreffend Datenverarbeitung durch die Kirchen. Die Vorschrift lässt **keine Zweifel offen, dass Datenverarbeitung in Kirchen einer Aufsicht unterliegt.** Sie statuiert dabei die Institution einer sog. Aufsichtsbehörde „spezifischer Art".[163] Der europäische Gesetzgeber hat vorgesehen,[164] dass die Möglichkeit der Aufsicht durch eine besondere Aufsichtsbehörde denjenigen Kirchen und religiösen Vereinigungen offensteht, die eigene Datenschutzregeln nach Art. 91 Abs. 1 anwenden.[165] Im Umkehrschluss steht diese Möglichkeit den Kirchen und religiösen Vereinigungen beim Verzicht auf eigene Datenschutzregelungen nicht zu. Art. 91 Abs. 2 definiert zwar Anforderungen, die die besondere Aufsichts-

---

und 4 DS-GVO", https://hdb.dibk.at/content/do/en/wnload/77159/1961757. Ausnahmen können die Teilnahme am Wirtschaftsverkehr oder Anpassungsmaßnahmen in der caritativen Tätigkeit betreffen.

[149] Theologische Argumente spielen in der Auslegung kircheninterner Regelungen eine erhebliche Rolle – vgl. *Wimer*, Sentire cum ecclesia. Zur Auslegung kirchlichen Rechts, 2019, S. 41 ff.

[150] Im Schrifttum betont man den Aspekt der Rechtssicherheit und Praktikabilität einer solchen Lösung – vgl. Pau Ein Jahr Gesetz über den Kirchlichen Datenschutz/*Baumann-Gretza* S. 14.

[151] *Łukańko* Kościelne S. 155.

[152] Kühling/Buchner/*Herbst* DS-GVO Art. 91 Rn. 15; vgl. auch Schwartmann/Jaspers/Thüsing/*Thüsing*/Rombay DS-GVO Art. 91 Rn. 13.

[153] *Gola* EuZW 2012, 336; Paal/Pauly/*Pauly* DS-GVO Art. 91 Rn. 16.

[154] Simitis/Hornung/Spiecker gen. Döhmann/*Seifert* DS-GVO Art. 91 Rn. 11 betont, dass die Konzeption des Art. 91 Abs. 1 DS-GVO „auf ein einheitliches Niveau staatlichen und kirchlichen Datenschutzrechts in den Mitgliedstaaten (…)" abstellt, dem sich auch die Kirchen und Religionsgemeinschaften mit Verweis auf die verfassungsrechtliche Autonomie „nicht entziehen können".

[155] → 2. Aufl. 2018, DS-GVO Art. 91 Rn. 19; *Goland/Koglin*, Kirchliches Datenschutzrecht, 2018, S. 10.

[156] Taeger/Gabel/*Reiher/Kinast* DS-GVO Art. 91 Rn. 25.

[157] HK-DS-GVO/*Hense* Art. 91 Rn. 21.

[158] HK-DS-GVO/*Hense* Art. 91 Rn. 21.

[159] Gierschmann/Schlender/Stentzel/Veil/*Wiegand* DS-GVO Art. 91 Rn. 6.

[160] Dagegen Gola/Heckmann/*Gola* DS-GVO Art. 91 Rn. 16.

[161] *Łukańko* Kościelne S. 156. Als Bsp. kann man hier die schriftliche Form der Einwilligung nennen. Siehe auch Schwartmann/Jaspers/Thüsing/*Thüsing/Rombay* DS-GVO Art. 91 Rn. 13.

[162] Kugelmann/*Łukańko* Nationale Spielräume in Datenschutzrecht/*Łukańko* S. 427.

[163] Die man als eine besondere Aufsichtsbehörde betrachten soll. Zur Abgrenzung der Zuständigkeit staatlicher und kirchlicher Aufsicht siehe VG Berlin Urt. v. 7.4.2022 – 1 K 391/20, BeckRS 2022, 9529.

[164] Zur Geschichte der Regelung → 2. Aufl. 2018, DS-GVO Art. 91 Rn. 24.

[165] Wilde/Ehmann/Niese/Knoblauch Datenschutz Bayern/*Wilde* DS-GVO Art. 91 Rn. 7a; RODO. Ogólne rozporządzenie o ochronie danych. Komentarz/*Zawadzka*, 2018, DS-GVO Art. 91 Rn. 6.

behörde erfüllen muss, dh die Verpflichtung zur Erfüllung der in Kapitel VI niedergelegten Bedingungen, schweigt jedoch zu der Frage, von wem und in welcher Form diese Aufsicht „spezifischer Art" organisiert werden muss. Die Aufsichtsbehörde iSd Art. 91 Abs. 2 kann vom Staat organisiert werden.[166] Die Praxis zeigt jedoch, dass sie von Kirchen und religiösen Vereinigungen selbst organisiert wird.[167] Das Spektrum der in der Praxis vorkommenden Modelle ist groß. Die Aufsicht kann monokratisch[168] oder kollegial[169] aufgebaut werden. Das Spektrum der Lösungen reicht von einer Aufsicht, die im Rahmen einer Kirche organisiert wird,[170] über das Modell von mehreren Aufsichten innerhalb einer Kirche,[171] bis hin zu einer gemeinsamen Aufsicht für zwei oder mehrere Kirchen.[172] All dies bedeutet nicht, dass der von den Kirchen organisierte Aufsicht organisatorisch der staatlichen Aufsicht in dem Mitgliedstaat ähnlich sein muss. Dies wäre bei Kirchen mit wenigen Mitgliedern und in einem Staat mit föderaler Struktur gar nicht möglich, wobei jede kirchliche Aufsicht nach Art. 91 Abs. 2 iVm Art. 52 Abs. 4 über notwendige personelle, technische und finanzielle Ressourcen verfügen muss.

In der Katholischen Kirche in Deutschland wird die Datenschutzaufsicht von fünf Diözesandatenschutzbeauftragten ausgeübt, die vom Diözesanbischof – § 42 KDG bestellt wird.[173] In der EKD gibt es einerseits den Beauftragten für den Datenschutz der EKD, andererseits in einigen Gliedkirchen (in der Nordkirche, der Evangelischen Kirche der Pfalz, Evangelisch-Lutherischen Landeskirche Sachsens und Evangelischen Landeskirche Anhalts) weitere eigene Aufsichtsbehörden.[174] 21

Die Erfüllung der Kriterien des Kapitels VI führt vor allem zum Erfordernis der völligen Unabhängigkeit iSd Art. 52 Abs. 1. Das Kriterium der völligen Unabhängigkeit wurde (auf der Grundlage der RL 95/46/WE) vom EuGH in mehreren Urteilen näher definiert.[175] Diese Anforderungen können in Analogie (unter Berücksichtigung der kirchlichen Besonderheiten) auf die kirchliche Aufsicht übertragen werden.[176] 22

Eine der Besonderheiten der kirchlichen Aufsicht liegt darin, dass Zweifel diesbezüglich bestehen, ob ein Geistlicher, der in der Kirche der Dienstaufsicht und Disziplinaraufsicht unterliegt, zu einem Datenschutzbeauftragten ernannt werden kann. Diese Frage kann bejahend beantwortet werden, wenn der Datenschutzbeauftragte im Zeitraum der Ausübung seiner Funktion keine Datenverarbeitung selbst vornimmt und kirchliche Regelungen Garantien gegen einen Entzug seines Amtes im Disziplinarverfahren vorsehen.[177] Aus der Perspektive der oft ehrenamtlich ausgeübten kirchlichen Datenschutzaufsicht[178] ist es nicht möglich, einen hauptamtlichen Datenschutzbeauftragten zu bestellen. Oftmals fehlt es überhaupt an einer solchen 23

---

[166] Simitis/Hornung/Spiecker gen. Döhmann/*Seifert* DS-GVO Art. 91 Rn. 20.
[167] Schwartmann/Jaspers/Thüsing/*Thüsing*/*Rombay* DS-GVO Art. 91 Rn. 14 sehen dies als die einzige Option.
[168] ZB die jeweiligen Aufsichten iRd Katholischen Kirche in Deutschland.
[169] Eine solche Möglichkeit sehen die Datenschutzordnungen der Evangelisch-Lutherischen Kirche in Polen und der Evangelisch-Reformierten Kirche in Polen vor – vgl. zum Datenschutz in diesen Kirchen *Łukańko* ZevKR 2019, 68 ff.
[170] ZB Datenschutzaufsicht der Alt-Katholischen Kirche in Deutschland www.alt-katholisch.de/unserekirche/verbaende/recht-verordnungen/datenschutz/.
[171] ZB Datenschutzaufsicht der EKD, www.evkirchepfalz.de/sonstiges/datenschutz/; www.datenschutz.ekd.de/ https://dsbkd.de/ https://datenschutz.ekd.de/nordkirche/.
[172] ZB eine gemeinsame Dienstaufsicht, die mehrere kleinere christliche Kirchen in Polen gegründet haben, https://pliki.panoptykon.org/DIP/Cyfrowy%20Nadz%C3%B3r%20-%20EOG%20I/Przychodz%C4%85ca%20-%20odpowiedzi%20na%20wniosek/pismo%20od%20Ko%C5%9Bcio%C5%82a%20Bo%C5%BCego%20w%20Polsce%20%28RPW-%2017746201%29.pdf. Siehe dazu *Hucał*, Ekumeniczne organy ochrony danych osobowych w Polsce, Studia z Prawa Wyznaniowego 2019, S. 97 ff.
[173] Vgl. *Weller* KirchArbR S. 114. Zu weiteren Datenschutzbeauftragten im Bereich der Katholischen Kirche, vgl. HK-Kirchliches DatenschutzR/*Evers*/*Pau* § 42 Rn. 7 Fn. 9.
[174] *Weller* KirchArbR S. 115.
[175] EuGH Urt. v. 9.10.2010 – C-518/07, ECLI:EU:C:2018:757 – Europäische Kommission gegen Deutschland; EuGH Urt. v. 16.11.2012 – C-614/10, ECLI:EU:C:2012:631 – Europäische Kommission gegen Republik Österreich und EuGH Urt. v. 8.4.2014 – C-288/12, ECLI:EU:C:2014:237 = ZD 2014/301 – Europäische Kommission gegen Ungarn; siehe auch *Kiber*, Datenschutzaufsicht im europäischen Verbund.
[176] Vgl. HK-Kirchliches DatenschutzR/*Evers*/*Pau* § 42 Rn. 6.
[177] Kugelmann/Łukańko Nationale Spielräume in Datenschutzrecht/*Łukańko* S. 430 mwN.
[178] Die von Simitis/Hornung/Spiecker gen. Döhmann/*Seifert* DS-GVO Art. 91 Rn. 26 geforderte Hauptamtlichkeit lässt sich Art. 52 Abs. 3 DS-GVO nicht entnehmen. Denn die Vorschrift betrifft nur „mit dem Amt nicht zu vereinbarende Tätigkeiten".

Notwendigkeit, weil der Umfang der Aufgaben zB bei kleinen Religionsgemeinschaften gering ist.

24 Die DS-GVO regelt **Anforderungen an Mitglieder der Datenschutzaufsicht** nur kursorisch (Art. 53 Abs. 2) und überlässt ansonsten die Regelungsbefugnis den Mitgliedstaaten (Art. 54 Abs. 1 Buchst. b). Daraus folgt, dass die Regelungskompetenz (beim kirchlichen Datenschutz nach Art. 53 Abs. 2 iVm Art. 91) in diesem Bereich den Kirchen überlassen wurde. Beide Großkirchen in Deutschland – EKD in § 39 Abs. 5 DSG-EKD und die Katholische Kirche in § 42 Abs. 2 KDG haben die Anforderungen sehr hoch gesetzt; verlangt wird die Befähigung zum Richteramt nach dem Deutschen Richtergesetz (und die Zugehörigkeit zu der jeweiligen Kirche). Das Erfordernis der Befähigung zum Richteramt zeigt, dass den beiden Kirchen die Schwierigkeit der Aufgaben der kirchlichen Aufsicht von der juristischen Seite aus sehr gut bekannt ist.

25 Eine erhebliche Rolle spielt die Frage der **horizontalen Unabhängigkeit im Verhältnis zu der staatlichen Aufsicht**. Die kirchliche Aufsicht ist nicht der staatlichen Behörde unterordnet, sondern von ihr unabhängig und mit ihr gleichberechtigt. DS-GVO enthält keinen mit Art. 65 vergleichbaren Streitbeilegungsmechanismus bezüglich der Aufsicht iSd Art. 91. Kritisch soll die Auffassung der staatlichen Aufsichtsbehörden bewertet werden, die im Beschluss vom 13.5.2019 der Konferenz der unabhängigen Datenschutzbehörden des Bundes und der Länder – „Beteiligung der spezifischen Aufsichtsbehörden gem. § 18 Abs. 1 Satz 4 BDSG an der Zusammenarbeit der Aufsichtsbehörden des Bundes und der Länder in Angelegenheiten der EU"[179] – festgestellt haben, dass den staatlichen Aufsichtsbehörden das Recht zur Überprüfung zusteht, ob die spezifischen Aufsichtsbehörden die Anforderungen des Art. 91 erfüllen.[180] An einer derartigen Kompetenz fehlt es den staatlichen Aufsichtsbehörden, weil diese Kompetenz vom europäischen Gesetzgeber nicht in der DS-GVO verankert wurde und weil auch keine Öffnungsklausel den Mitgliedstaaten die Regelung einer derartigen Kompetenz überlassen hat. Da das kirchliche Datenschutzrecht eigene Angelegenheit der Kirchen nach Art. 140 GG iVm Art. 137 Abs. 3 S. 1 WRV darstellt,[181] wäre eine derartige Kompetenz sehr umstritten. Jedenfalls müsste eine solche Regelung in einem Staatskirchenvertrag[182] verankert sein. Die Praxis zeigt, dass Staatskirchenverträge Garantien des kirchlichen Datenschutzrechts enthalten können,[183] ähnlich wie Regelungen zur außergerichtlichen Streitbeilegung,[184] die auch zur Lösung eines sog. positiven Kompetenzkonflikts zwischen der staatlichen und kirchlichen Aufsicht führen können.

26 Kompetenzkonflikte sind nicht nur mit der staatlichen Aufsicht im Sitzland der Kirche möglich, sondern im Falle von Kirchen mit Auslandsgemeinden (wie EKD[185]) auch mit der staatlichen Aufsicht im EU-Mitgliedstaat, in dem die Gemeinde ihren Sitz hat, vorkommen können. Die federführende Behörde iSd Art. 56 kann auch die kirchliche Aufsicht sein.

---

[179] www.datenschutz-berlin.de/infothek-und-service/veroeffentlichungen/beschluesse-datenschutzkonferenz.

[180] www.lda.brandenburg.de/lda/de/datenschutz/institutionen-und-dokumente/entschliessungen/9798-dsk-beteiligung-der-aufsichtsbehoerden-in-angelegenheiten-der-eu/informationen-zur-pruefung-der-voraussetzungen-des-artikels-91-ds-gvo/, „Sollten Sie als Vertreter(in) einer Kirche oder einer religiösen Vereinigung oder Gemeinschaft davon ausgehen, die Voraussetzungen des Artikels 91 DS-GVO zu erfüllen, wird darum gebeten, sich unter Darlegung der entsprechenden Voraussetzungen (Bestehen der datenschutzrechtlichen Regelungen zum 25. Mai 2016, Anpassung dieser Regelungen an die DS-GVO, Anforderungen an die datenschutzrechtliche Aufsicht gemäß Kapitel VI DSGVO) an die für das Sitzland zuständige Aufsichtsbehörde zu wenden. Diese wird das Vorliegen der Voraussetzungen des Artikels 91 DSGVO prüfen und Sie sowie die übrigen Aufsichtsbehörden über das Ergebnis dieser Prüfung informieren. Sofern die Voraussetzungen erfüllt sind, werden die Datenschutzaufsichtsbehörden des Bundes und der Länder eine Beteiligung im Sinne von § 18 Abs. 1 Satz 4 BDSG sicherstellen".

[181] Anke/de Wall/Heinig Ev. KirchenR-HdB/*Ziekow* S. 970.

[182] Einführend zur Dogmatik der Staatskirchenverträge *Lutz-Bachmann*, Mater rixarum?, 2015, S. 103 ff. Zur praktischen Bedeutung der Staatskirchenverträge (Evangelischer Kirchenvertrag Berlin) für den Datenschutz vgl. VG Berlin Urt. v. 7.4.2022 – 1 K 391/20.

[183] Vertrag zwischen der Freien und Hansestadt Hamburg und der Nordelbischen Evangelischen Kirche v. 29.11.2005, GVOBl. 2006, S. 181 – Art. 15 Abs. 3 „Die Nordelbische Evangelisch-Lutherische Kirche garantiert den Datenschutz auf der Grundlage des Datenschutzgesetzes der Evangelischen Kirche in Deutschland in der jeweils geltenden Fassung".

[184] Siehe Art. 24 des og Staatskirchenvertrages „Die Vertragsparteien werden eine in Zukunft auftretende Meinungsverschiedenheit über die Auslegung oder Anwendung einer Bestimmung dieses Vertrages einvernehmlich klären".

[185] *Prill*, Deutschsprachige Evangelische Auslandsgemeinden, 2015; *Schilberg* KuR 2021, 193 ff.

27 Grundlegend für die effektive Ausübung ihrer Aufgaben durch die kirchliche Aufsicht ist das **Vorhandensein einer Verfahrensordnung.** Einige Kirchen verfügen über umfassende kirchliche Verfahrensregelungen. Ein Beispiel ist das Verwaltungsverfahrens- und Zustellungsgesetz der Evangelischen Kirche in Deutschland (VVZG-EKD) vom 28.10.2009.[186] In anderen Kirchen wurden besondere Verfahrensregelungen in Bezug auf Datenschutz verabschiedet – in der Katholischen Kirche in Deutschland – das Gesetz über das Verwaltungsverfahren im kirchlichen Datenschutz (KDS-VwVfG)[187].

28 Die **Kompetenzen der kirchlichen Aufsicht**[188] sind, wie die Praxis zeigt, im Vergleich zur staatlichen Aufsicht begrenzt.[189] Dies ist zB bei der Verhängung von Bußgeldern[190] ersichtlich, die niedriger als nach der DS-GVO sind und nicht gegen alle Verantwortlichen und Auftragsverarbeiter verhängt werden können.[191] Andererseits kann hier festgestellt werden, dass Bußgelder im innerkirchlichen Bereich wenig effektiv bleiben, weil die Finanzmittel von der eigenen kirchlichen Stelle an eine andere fließen (und nicht an den Staat) und die Kirchenautonomie der Kirche es nicht verbietet, diese Mittel der jeweiligen Einrichtung wieder auszugleichen. Somit werden diese Mittel nicht effektiv und abschreckend wirken.[192] Dennoch zeigt die Praxis, dass erste Bußgelder bereits auferlegt wurden.[193]

29 Gemäß Art. 59 ist jede Aufsichtsbehörde verpflichtet einen **Jahresbericht** vorzulegen, der u.a. der Öffentlichkeit zugänglich gemacht wird. Eine ähnliche Lösung enthält § 44 Abs. 6 KDG, im Falle der EKD ist nur ein Zwei-Jahresbericht vorgesehen (§ 41 DSG-EKD). Diese durch die EKD vorgesehene Lösung muss kritisch beurteilt werden. Eine zweijährige Periode ist bei sich rasch ändernden Umständen (wie Lösungen zur Covid-19-Pandemie) viel zu lang. Die zweijährige Berichtsperiode ist nur bei kleineren Kirchen (mit wenigen Verarbeitungsvorgängen und auch statistisch geringeren Anzahl von Datenschutzverstößen) akzeptabel.[194]

III. Rechtsschutz im kirchlichen Datenschutzrecht

30 Kirchen, religiöse Vereinigungen und Gemeinschaften, die eigene datenschutzrechtliche Regelwerke anwenden, sind nach Art. 91 Abs. 1 iVm Art. 78 verpflichtet, einen kircheninternen[195] Rechtsschutz einzuführen,[196] der dem Standard des Art. 47 GRCh und Art. 6 EMRK[197] entsprechen muss.[198] Kirchlichen Rechtsschutz gibt es bei der EKD – hier sind in Datenschutzsachen kirchliche Verwaltungsgerichte zuständig.[199] Im Rahmen der Katholischen Kirche in Deutschland sind nach § 49 Abs. 3 KDG kirchliche Gerichte in Datenschutzangelegenheiten zuständig.[200] Diese Regelung sieht die Zuständigkeit der kirchlichen Gerichte für Rechtsbehelfe gegen eine Entscheidung der Datenschutzaufsicht, gegen einen Verantwortlichen und gegen einen Auftragsverarbeiter vor.[201] Die Katholische Kirche in Deutschland hat eine

---

[186] ABl. EKD S. 334.
[187] www.katholisches-datenschutzzentrum.de/gesetz-ueber-das-verwaltungsverfahren-im-kirchlichen-datenschutz-kds-vwvfg-in-kraft/.
[188] Bzgl. Aufgaben und Befugnisse – vgl. § 43f DSG-EKD.
[189] Anders jedoch als im Falle des Art. 90 DS-GVO wurde in Art. 91 die Kompetenz zur Ausübung der in Art. 58 Abs. 1 lit. e und f geregelten Befugnisse nicht eingeschränkt – vgl. Kühling/Buchner/*Herbst* DS-GVO Art. 91 Rn. 18.
[190] In den beiden Großkirchen fehlt es an besonderen Richtlinien zur Verhängung der Geldbußen – vgl. „Guidelines 04/2022 on the calculation of administrative fines under the GDPR".
[191] Vgl. § 51 KDG, § 45 DSG-EKD. Nach HK-DS-GVO/*Hense* Art. 91 Rn. 29 soll dies „nicht apriori als Manko gewertet werden".
[192] *Łukańko* Kościelne S. 291.
[193] www.dbk.de/fileadmin/user_upload/Beschluss-IDSG-21 2020_vom_16.7.2021_anonym.Fas.pdf.
[194] https://datenschutz.bfp.de/files/download/Bericht-BFP-Datenschutzbericht-2018_2019.pdf.
[195] Siehe auch HK-DS-GVO/*Hense* Art. 91 Rn. 31 Fn. 95, der theoretisch auch den staatlichen Rechtsschutz nicht ausschließt; Pau Kirchlicher Datenschutz/*Joachimski/Malzow* S. 91.
[196] *Łukańko* Kościelne S. 262; HK-DS-GVO/*Hense* Art. 91 Rn. 31.
[197] Zu Anforderungen an den Standard des Verfahrens vgl. *Haase*, Die Anforderungen an ein faires Gerichtsverfahren auf europäischer Ebene, 2006, S. 38 ff. Siehe auch *Ritter* NZA 2020, 619.
[198] *Łukańko* Kościelne S. 262.
[199] Kugelmann/Łukańko Nationale Spielräume in Datenschutzrecht/*Łukańko* S. 437; siehe dazu auch *Filusch/Sowa* ZD 2023, 599.
[200] Ausf. *Tollkühn*, Kirchliches Datenschutzgericht, 2021; *Łukańko* Kościelne S. 281 ff.
[201] LAG Nürnberg Beschl. v. 29.5.2020 – 8 Ta 36/20, NZA-RR 2020, 493: „Die Zuständigkeit der staatlichen Arbeitsgerichte für Klagen eines Arbeitnehmers auf Schadensersatz nach § 50 KDG ergibt sich nach Ansicht des Beschwerdegerichtes jedoch insbesondere aus den Regelungen der KDSGO. So kann nach

besondere²⁰² kirchliche Gerichtsbarkeit mit zwei Instanzen (Interdiözesanes Datenschutzgericht als erste Instanz, Datenschutzgericht der Deutschen Bischofkonferenz als zweite Instanz) geschaffen, deren institutionelle und verfahrensrechtliche Gestaltung in der Kirchlichen Datenschutzgerichtsordnung²⁰³ geregelt worden sind. Die kirchliche Datenschutzgerichtsbarkeit ist eine Ausnahme im bisherigen System der Gerichtsbarkeit der katholischen Kirche.²⁰⁴ Die Rechtsprechung der Gerichte beider Instanzen²⁰⁵ gibt einen Einblick in die praktischen Probleme bei der Anwendung des kirchlichen Datenschutzrechts.²⁰⁶ Das besondere Modell der Gerichtsbarkeit garantiert dabei die Gewährleistung der Einheitlichkeit der Rechtsprechung und kann als Musterlösung für andere Kirchen und religiöse Vereinigungen und Gemeinschaften gelten.²⁰⁷

C. Nationale Umsetzung

31 Der Anwendung des Art. 91 Abs. 2 und der Umsetzung des Art. 51 Abs. 3 dient auf staatlicher Ebene § 18 Abs. 1 S. 4 BDSG, der die Beteiligung der spezifischen Aufsichtsbehörden im Verfahren der Zusammenarbeit der Aufsichtsbehörden auf staatlicher Ebene betrifft.²⁰⁸ Zutreffend weist man im Schrifttum darauf hin, dass auch die Aufsichtsbehörden iSd Art. 91 Abs. 2 durch Art. 51 Abs. 2 zur Zusammenarbeit mit anderen Aufsichtsbehörden als auch mit der EU-Kommission verpflichtet sind. Dies ist ähnlich wie die staatlichen Aufsichtsbehörden zur Zusammenarbeit mit den kirchlichen Aufsichtsbehörden verpflichtet sind, um so „einen Beitrag zur einheitlichen Anwendung dieser Verordnung in der gesamten Union" zu leisten.²⁰⁹ Im Hinblick auf diese Regelung ist die Frage zu stellen, ob der sehr restriktive „Beschluss der Konferenz der unabhängigen Datenschutzaufsichtsbehörden des Bundes und der Länder zu spezifischen Aufsichtsbehörden" vom 13.5.2019²¹⁰ nicht geändert werden sollte, und ob die spezifischen Aufsichtsbehörden nicht Mitglieder der Datenschutzkonferenz werden sollten. Die Datenschutzkonferenz²¹¹ betont selbst, dass ihre Aufgaben u.a. darin liegen „eine einheitliche Anwendung des europäischen und nationalen Datenschutzrechts zu erreichen und gemeinsam für seine Fortentwicklung einzutreten".²¹² „Dies geschieht namentlich durch Entschließungen, Beschlüsse, Orientierungshilfen, Standardisierungen, Stellungnahmen, Pressemitteilungen und Festlegun-

---

§ 14 Abs. 2 KDSGO das Interdiözesane Datenschutzgericht lediglich erkennen auf Verwerfung des Antrags als unzulässig, Zurückweisung des Antrages als unbegründet oder Feststellung des Vorliegens und Umfangs einer Datenschutzverletzung. Das Interdiözesane Datenschutzgericht kann bei Begründetheit des Antrages somit nicht über einen bezifferten Schadensersatzanspruch im Rahmen einer Leistungsklage entscheiden. Darüber hinaus unterliegen kirchengerichtliche Entscheidung im Gegensatz zu staatlichen Entscheidungen nicht der Zwangsvollstreckung. Sie stellen keine Vollstreckungstitel im Sinne der §§ 704, 794 ZPO dar. Aus alledem ergibt sich (…), dass für den vorliegenden Rechtsstreit der Rechtsweg zu den Arbeitsgerichten eröffnet ist", wobei „Zu beachten ist dabei jedoch, dass im arbeitsgerichtlichen Verfahren Bescheide der kirchlichen Datenschutzaufsicht mit Tatbestandswirkung zu berücksichtigen sind und Urteile der kirchlichen Datenschutzgerichtsbarkeit betreffend die Feststellung von Datenschutzverstößen im arbeitsgerichtlichen Verfahren Rechtskraftwirkung zukommt".

²⁰² Siehe *Ambros* DPM 2020–2021, 331 ff.
²⁰³ https://datenschutz.drs.de/fileadmin/user_files/237/Gesetze/Kirchliches_Amtsblatt_2018_Nr._04_069-096_.pdf.
²⁰⁴ Vgl. *Sydow*, Perspektiven der kirchlichen Gerichtsbarkeit, 2019, S. 1 ff.
²⁰⁵ www.dbk.de/themen/kirche-staat-und-recht/kirchliche-gerichte-in-datenschutzangelegenheiten/interdioezesanes-datenschutzgericht-1-instanz/entscheidungen; www.dbk.de/themen/kirche-staat-und-recht/kirchliche-gerichte-in-datenschutzangelegenheiten/interdioezesanes-datenschutzgericht-2-instanz/entscheidungen.
²⁰⁶ www.dbk.de/themen/kirche-staat-und-recht/kirchliche-gerichte-in-datenschutzangelegenheiten; *Joachimski/Melzow* Die Kirchliche Datenschutzgerichtsbarkeit S. 93 ff.
²⁰⁷ Kugelmann/Łukańko Nationale Spielräume in Datenschutzrecht/*Łukańko* S. 437.
²⁰⁸ Vgl. HK-DS-GVO/*Ziebarth* Art. 51 Rn. 28.
²⁰⁹ → 2. Aufl. 2018, DS-GVO Art. 51 Rn. 25; siehe auch *Tinnefeld* ZD 2020, 145 ff.
²¹⁰ www.bfdi.bund.de/SharedDocs/Downloads/DE/DSK/DSKBeschluessePositionspapiere/97DSK_spezifische-Aufsichtsbehoerden.pdf;jsessionid=A8F8B0798907C750D0BBAB1AE5C28F18.intranet231?__blob=publicationFile&v=4.
²¹¹ Die an sich ein informelles Gremium ist, siehe *Kühling/Klar/Sackmann* DatenschutzR Rn. 700–701.
²¹² www.datenschutzkonferenz-online.de/dsk.html.

gen".²¹³ Wenn die spezifischen kirchlichen Aufsichtsbehörden keine Mitglieder der Datenschutzkonferenz sind, können sie nicht²¹⁴ in gleicher Form wie die staatlichen Aufsichtsbehörden den von Art. 51 Abs. 2 DS-GVO geforderten „Beitrag zur einheitlichen Anwendung dieser Verordnung" leisten.

---

²¹³ www.datenschutzkonferenz-online.de/dsk.html.
²¹⁴ www.datenschutzkonferenz-online.de/media/dsk/Geschaeftsordnung_DSK_09-2021.pdf.

Kapitel X. Delegierte Rechtsakte und Durchführungsrechtsakte

Art. 92 Ausübung der Befugnisübertragung

(1) Die Befugnis zum Erlass delegierter Rechtsakte wird der Kommission unter den in diesem Artikel festgelegten Bedingungen übertragen.

(2) Die Befugnis zum Erlass delegierter Rechtsakte gemäß Artikel 12 Absatz 8 und Artikel 43 Absatz 8 wird der Kommission auf unbestimmte Zeit ab dem 24. Mai 2016 übertragen.

(3) ¹Die Befugnisübertragung gemäß Artikel 12 Absatz 8 und Artikel 43 Absatz 8 kann vom Europäischen Parlament oder vom Rat jederzeit widerrufen werden. ²Der Beschluss über den Widerruf beendet die Übertragung der in diesem Beschluss angegebenen Befugnis. ³Er wird am Tag nach seiner Veröffentlichung im Amtsblatt der Europäischen Union oder zu einem im Beschluss über den Widerruf angegebenen späteren Zeitpunkt wirksam. ⁴Die Gültigkeit von delegierten Rechtsakten, die bereits in Kraft sind, wird von dem Beschluss über den Widerruf nicht berührt.

(4) Sobald die Kommission einen delegierten Rechtsakt erlässt, übermittelt sie ihn gleichzeitig dem Europäischen Parlament und dem Rat.

(5) ¹Ein delegierter Rechtsakt, der gemäß Artikel 12 Absatz 8 und Artikel 43 Absatz 8 erlassen wurde, tritt nur in Kraft, wenn weder das Europäische Parlament noch der Rat innerhalb einer Frist von drei Monaten nach Übermittlung dieses Rechtsakts an das Europäische Parlament und den Rat Einwände erhoben haben oder wenn vor Ablauf dieser Frist das Europäische Parlament und der Rat beide der Kommission mitgeteilt haben, dass sie keine Einwände erheben werden. ²Auf Veranlassung des Europäischen Parlaments oder des Rates wird diese Frist um drei Monate verlängert.

Literatur: *Liebmann*, Zulässigkeit und Bedeutung von delegierten Rechtsakten und Durchführungsrechtsakten am Beispiel der Lebensmittelinformationsverordnung (EU) Nr. 1169/2011, 2015.

Übersicht

	Rn.
A. Allgemeines	1
B. Einzelerläuterungen	3
I. Abs. 1	3
II. Abs. 2	4
III. Abs. 3	5
IV. Abs. 4	6
V. Abs. 5	7

A. Allgemeines

1 Die Vorschrift überträgt der Kommission in gegenständlich sehr begrenztem Umfang die Befugnis, **delegierte Rechtsakte** gemäß Art. 290 AEUV zu erlassen. Die Befugnis beschränkt sich, wie Abs. 2 zu entnehmen ist, auf die Regelungsgegenstände, die in Art. 12 Abs. 8 und in Art. 43 Abs. 8 umschrieben sind.[1] Art. 12 Abs. 8 befasst sich mit der Bereitstellung standardisierter **Bildsymbole** im Rahmen der transparenten Information gemäß Art. 12. Art. 43 Abs. 8 betrifft die Festlegung von Anforderungen, die bei datenschutzspezifischen **Zertifizierungsverfahren** zu berücksichtigen sind.

2 Die Befugnis zum Erlass delegierter Rechtsakte in Bezug auf diese beiden Regelungsmaterien hat zur Folge, dass die Kommission die Vorschriften, die insoweit in der DS-GVO enthalten

---

[1] Angesichts dieser klaren Normierung führen rechtstheoretische Überlegungen dazu, wie sich diese delegierten Rechtsakte von den in der Verordnung vorgesehenen Durchführungsrechtsakten unterscheiden (siehe dazu Plath/*Jenny* DS-GVO Art. 92 Rn. 2) nicht weiter.

sind, **ändern oder ergänzen** kann.[2] Aus der Festlegung dieser Befugnis ergibt sich, dass der Unionsgesetzgeber beide Materien im Gesamtkontext der DS-GVO als nicht wesentlich ansieht (siehe Art. 92 Abs. 1 S. 1 iVm Art. 290 Abs. 1 UAbs. 1 S. 1 und 3 AEUV).[3]

B. Einzelerläuterungen

I. Abs. 1

Abs. 1 beschränkt sich auf die Aussage, dass der Kommission die Befugnis zum Erlass delegierter Rechtsakte übertragen wird. Er hat die Funktion eines **Einleitungssatzes** für die nachfolgenden Bestimmungen. 3

II. Abs. 2

Abs. 2 setzt die Anforderung des Art. 290 Abs. 1 UAbs. 2 S. 1 AEUV um, wonach die Dauer einer Befugnisübertragung ausdrücklich festgelegt werden muss. Vorliegend besteht die Befugnis auf **unbestimmte Zeit**.[4] Die Befugnis war ab dem 24.5.2016 übertragen und hätte somit von der Kommission sofort ab Inkrafttreten der DS-GVO am 25.5.2016 (siehe Art. 99 Abs. 1) genutzt werden können. Rat und Europäisches Parlament hatten im Rahmen des informellen Trilogs die Erwartungshaltung formuliert, dass die Kommission die entsprechenden Rechtsakte bis zur Geltung der Verordnung ab 25.5.2018 vorlegt.[5] Dessen ungeachtet hat die Kommission von ihrer Befugnis bisher noch keinen Gebrauch gemacht. Dies geschah sehr bewusst, da sie dies erst tun will, wenn ein eindeutiger Mehrwert nachgewiesen werden kann, der durch solche Regelungen entsteht.[6] 4

III. Abs. 3

Abs. 3 S. 1 setzt Art. 290 Abs. 2 S. 1 AEUV um und ermöglicht sowohl dem Europäischen Parlament als auch dem Rat, die Befugnisübertragung jederzeit zu **widerrufen**. Die weiteren Bestimmungen des Absatzes regeln die Modalitäten und die Folgen eines solchen Widerrufs. 5

IV. Abs. 4

Die Übermittlung eines von der Kommission erlassenen Rechtsaktes an das Europäische Parlament und den Rat ermöglicht beiden Institutionen, im Bedarfsfall **Einwendungen** gemäß Abs. 5 zu erheben. Ergänzend ist darauf hinzuweisen, dass dem Europäischen Datenschutzausschuss Gelegenheit zur Stellungnahme zu geben ist. Für Rechtsakte betreffend Zertifizierungsanforderungen gemäß Art. 43 Abs. 8 ergibt sich dies aus Art. 70 Abs. 1 Buchst. q, für Rechtsakte betreffend Bildsymbole gemäß Art. 12 Abs. 7 aus Art. 70 Abs. 1 Buchst. r. Sollte die Kommission Einwendungen des Europäischen Datenschutzausschusses übergehen, bliebe dies ohne rechtliche Folgen, da Abs. 5 solche nicht vorsieht. 6

---

[2] Calliess/Ruffert/*Ruffert* AEUV Art. 290 Rn. 2 und Rn. 14.
[3] Die Reduzierung der Befugnis der Kommission, nur mehr in zwei Fällen delegierte Rechtsakte erlassen zu können, ist rein äußerlich eine der gravierendsten Änderungen im Gesetzgebungsverfahren der DS-GVO gewesen; dazu → Einl. Rn. 90 sowie *Albrecht* CR 2016, 88 (97). Teils wird dies als Grundsatzproblem thematisiert, siehe dazu die Ansätze bei *Hornung* ZD 2012, 99 (105), breiter dargestellt bei Paal/Pauly/*Pauly* DS-GVO Art. 92 Rn. 5 und bei Gola/Heckmann/*Pötters* DS-GVO Art. 92/93 Rn. 3, ausgesprochen krit. bewertet von Roßnagel DS-GVO-HdB/*Roßnagel* § 1 Rn. 17. Das berücksichtigt nicht, dass die im Kommissionsentw. zunächst vorgesehene hohe Zahl von nicht weniger als 26 delegierten Rechtsakten als Ausdruck eines üblichen verhandlungstaktischen Vorgehens anzusehen ist, dazu → Einl. Rn. 58.
[4] Calliess/Ruffert/*Ruffert* AEUV Art. 290 Rn. 20 berichtet, dass eine solche Übertragung auf unbestimmte Zeit in der Praxis die Regel darstellt.
[5] *Albrecht/Jotzo* DatenschutzR Teil 10 Rn. 1.
[6] Mitteilung der Kommission v. 24.1.2018, Besserer Schutz und neue Chancen – Leitfaden der Kommission zur unmittelbaren Anwendbarkeit der Datenschutz-Grundverordnung ab 25.5.2018, COM(2018) 43 final, 4 d; dazu → Einl. Rn. 117; Kuner/Bygrave/Docksey/*Tosoni* GDPR Art. 92 C.3, S. 1275 begrüßt diese Haltung der Kommission.

V. Abs. 5

7 Abs. 5 regelt, welche Folgen etwaige Einwände von Europäischem Parlament und Rat haben und legt zugleich fest, dass ein delegierter Rechtsakt dann **in Kraft tritt,** wenn beide Institutionen innerhalb einer Frist von drei Monaten nach Übermittlung gemäß Abs. 4 keine Einwände erhoben haben. Beide Institutionen können der Kommission auch schon vor Ablauf dieser Frist mitteilen, dass sie keine Einwände erheben werden.

Art. 93 Ausschussverfahren

(1) ¹**Die Kommission wird von einem Ausschuss unterstützt.** ²**Dieser Ausschuss ist ein Ausschuss im Sinne der Verordnung (EU) Nr. 182/2011.**

(2) **Wird auf diesen Absatz Bezug genommen, so gilt Artikel 5 der Verordnung (EU) Nr. 182/2011.**

(3) **Wird auf diesen Absatz Bezug genommen, so gilt Artikel 8 der Verordnung (EU) Nr. 182/2011 in Verbindung mit deren Artikel 5.**

Literatur: *Liebmann*, Zulässigkeit und Bedeutung von delegierten Rechtsakten und Durchführungsrechtsakten am Beispiel der Lebensmittelinformationsverordnung (EU) Nr. 1169/2011, 2015; *Peers/Costa*, Accountability for Delegated and Implementing Acts after the Treaty of Lisbon, ELJ 18(2012), 427.

Übersicht

	Rn.
A. Zweck und Bedeutung der Vorschrift	1
B. Systematik, Verhältnis zu anderen Vorschriften	4
C. Einzelerläuterungen	5
I. Abs. 1	5
II. Abs. 2	6
III. Abs. 3	8

A. Zweck und Bedeutung der Vorschrift

1 Die Vorschrift wird dann bedeutsam, wenn die Kommission ihre Befugnis ausüben will, Durchführungsrechtsakte gemäß Art. 291 AEUV zu erlassen. In einem solchen Fall „wird sie von einem Ausschuss unterstützt", wie es Art. 93 Abs. 1 S. 1 euphemistisch formuliert. Deutlicher gesagt ist die Kommission in einem solchen Fall verpflichtet, einen **Ausschuss** gemäß Abs. 1 einzuschalten, der sich **aus Vertretern der Mitgliedstaaten** zusammensetzt.[1]

2 Dies gibt den Mitgliedstaaten einen erheblichen Einfluss beim Erlass von Durchführungsrechtsakten. Gegen Entwürfe der Kommission für solche Rechtsakte steht ihnen – vorbehaltlich einer entsprechenden Mehrheit im Ausschuss, nicht jedem Mitgliedstaat individuell – im Ergebnis nämlich häufig ein **Vetorecht** zu. Das ist dann der Fall, wenn die Vorschrift der Verordnung, die der Kommission eine Befugnis zum Erlass von Durchführungsrechtsakten einräumt, auf Abs. 2 verweist und somit das sog. „**Prüfverfahren**" zur Anwendung kommt. In dessen Rahmen erlässt die Kommission einen an sich beabsichtigten Durchführungsrechtsakt nicht, wenn der Ausschuss eine ablehnende Stellungnahme abgibt.[2]

3 Keine Bedeutung hat die Vorschrift, wenn es um den Erlass von **delegierten Rechtsakten** gemäß Art. 290 AEUV geht. Die Überschrift von Kapitel X („Delegierte Rechtsakte und Durchführungsrechtsakte"), das lediglich aus den beiden Art. 92 und 93 besteht, mag einen Bezug der Vorschrift auch zu delegierten Rechtsakten auf den ersten Blick möglicherweise nahelegen, führt aber insoweit in die Irre. Ob ein Durchführungsrechtsakt oder ein delegierter

---

[1] Siehe Art. 3 Abs. 2 S. 1 VO (EU) Nr. 182/2011 (Komitologieverordnung).
[2] Art. 5 Abs. 3 S. 1 VO (EU) Nr. 182/2011; siehe dazu Calliess/Ruffert/*Ruffert* AEUV Art. 291 Rn. 15 – Vetorecht des Ausschusses im Prüfverfahren; auch *Liebmann* Zulässigkeit und Bedeutung S. 70 hebt hervor, dass den Stellungnahmen des Ausschusses eine entscheidende Bedeutung zukommt.

Rechtsakt beabsichtigt ist bzw. vorliegt, ist der Bezeichnung des Rechtsakts eindeutig zu entnehmen.[3] Formale Zweifel sind insoweit also nicht möglich.[4]

B. Systematik, Verhältnis zu anderen Vorschriften

Die **spröde wirkende Systematik** der Vorschrift ist ihrem formal geprägten Inhalt geschuldet: 4

- Abs. 1 S. 1 legt fest, dass beim Erlass von Durchführungsrechtsakten ein **Ausschuss** einzubeziehen ist. Abs. 1 S. 2 stellt die Verknüpfung zur „Komitologieverordnung" VO (EU) Nr. 182/2011 her und bewirkt damit, dass die dort enthaltenen Vorschriften für die Tätigkeit des Ausschusses zur Anwendung kommen.
- Abs. 2 legt für den Fall, dass die Verordnung in der Befugnisnorm für die Kommission auf ihn verweist, die Anwendung des so genannten **„Prüfverfahrens"** gemäß Art. 5 Komitologieverordnung fest. Das gibt den Mitgliedstaaten eine stärkere Stellung als das ansonsten anzuwendende „Beratungsverfahren" gemäß Art. 4 Komitologieverordnung. Das Beratungsverfahren stellt systematisch gesehen das Regelverfahren dar.[5] Die Anwendung des Prüfverfahrens bedarf dagegen einer besonderen Rechtfertigung.[6] Daraus lässt sich mittelbar erschließen, dass Durchführungsrechtsakten auf der Basis der Datenschutz-Grundverordnung nach Einschätzung des Normgebers eine allgemeine Tragweite zukommt (Art. 2 Abs. 2 Buchst. a Komitologieverordnung).
- Nur soweit die DS-GVO ausdrücklich **auf Abs. 3 verweist**, hat die Kommission die Möglichkeit, in Fällen äußerster Dringlichkeit Durchführungsrechtsakte mit einer Geltungsdauer von maximal sechs Monaten zu erlassen, ohne dass zuvor eine Beteiligung des Ausschusses erfolgt (Art. 8 Abs. 2 Komitologieverordnung).

Der **Ausschuss gemäß dieser Vorschrift**, der sich aus Regierungsvertretern der Mitgliedstaaten zusammensetzt, ist nicht zu verwechseln mit dem Europäischen Datenschutzausschuss gemäß Art. 68. Die Tätigkeit beider Ausschüsse ist formal völlig unabhängig voneinander. Dies ändert nichts daran, dass sie sich im Einzelfall inhaltlich berühren kann.[7] So gehört es zu den Aufgaben des Europäischen Datenschutzausschusses, Leitlinien, Empfehlungen und bewährte Verfahren im Zusammenhang mit verbindlichen internen Datenschutzvorschriften gemäß Art. 47 bereitzustellen (siehe Art. 70 Abs. 1 Buchst. i). Andererseits können verbindliche interne Datenschutzvorschriften unter bestimmten Aspekten (Format und Verfahren für den Informationsaustausch) Gegenstand eines Durchführungsrechtsaktes sein (siehe Art. 47 Abs. 3 S. 2), für den die Anwendung des Prüfverfahrens vorgeschrieben ist (siehe Art. 47 Abs. 3 S. 2, der auf Art. 93 Abs. 2 verweist).

C. Einzelerläuterungen

I. Abs. 1

Maßgeblich für alle Fragen im Zusammenhang mit der Tätigkeit des Ausschusses ist die 5
Komitologieverordnung VO (EU) Nr. 182/2011 vom 16.2.2011. Sobald der Ausschuss gebildet ist, wird er in das öffentlich zugängliche Register der Kommission über Ausschussverfahren aufgenommen.[8] Zu beachten ist, dass das **Europäische Parlament** im Ausschussver-

---

[3] Siehe Art. 290 Abs. 3 AEUV, wonach in den Titel eines delegierten Rechtsakts das Wort „delegiert" eingefügt wird und Art. 291 Abs. 4 AEUV, wonach der Titel eines Durchführungsrechtsakts den Wortteil „delegiert" enthalten muss.
[4] *Liebmann* Zulässigkeit und Bedeutung S. 84 weist freilich mit Recht darauf hin, dass es sich dabei um ein rein formales Kriterium handelt, das vom formalen Ergebnis der Rechtsetzung ausgeht und materiell-inhaltlich „keineswegs ein geeignetes Abgrenzungskriterium" sei. Zu weiteren Hintergründen der Abgrenzung siehe *Liebmann* Zulässigkeit und Bedeutung S. 81–87.
[5] Abzuleiten aus Art. 2 Abs. 3 Komitologieverordnung; siehe Calliess/Ruffert/*Ruffert* AEUV Art. 291 Rn. 14.
[6] Siehe dazu Art. 2 Komitologieverordnung sowie Erwägungsgrund 11 zu dieser Verordnung.
[7] Das gilt vor allem, soweit es zu den Aufgaben des Europäischen Datenschutzausschusses gehört, Stellungnahmen zu Vorgängen abzugeben, mit denen der Ausschuss nach Art. 93 befasst ist, dazu → Rn. 5.
[8] Zu den Details siehe Art. 10 Komitologieverordnung. Startseite für das Komitologieregister: https://ec.europa.eu/transparency/comitology-register/screen/home?lang=de. Als praktisch bedeutsames Bsp. aus

fahren nur eine geringe formale Rolle spielt. Sie ist auf Informations- und Hinweisrechte reduziert (siehe Art. 10 Abs. 3 und Art. 11 Komitologieverordnung). Dem **Europäischen Datenschutzausschuss gemäß Art. 68** räumt die Komitologieverordnung keine förmlichen Rechte ein, insbesondere verfügt er in keinem Fall über ein Vetorecht. Für den praktisch sehr bedeutsamen Fall eines Angemessenheitsbeschlusses der Kommission gem. Art. 45 Abs. 1 hat er jedoch auf der Basis der DS-GVO den Anspruch, von der Kommission alle erforderlichen Unterlagen zu erhalten (Art. 70 Abs. 1 S. 2 Buchst. s S. 2) und die Aufgabe, gegenüber der Kommission eine Stellungnahme zu dem beabsichtigten Beschluss abzugeben (Art. 70 Abs. 1 S. 2 Buchst. s S. 1). Eine entsprechende Vorgehensweise ist vorgesehen für Beschlüsse der Kommission betreffend allgemein gültige Verhaltensregeln gemäß Art. 40 Abs. 9 S. 2 (s. Art. 70 Abs. 1 Buchst. x). Dem Ausschuss nach Art. 93 sind die Stellungnahmen zuzuleiten (s. Art. 70 Abs. 3). Es steht der Kommission frei, ob und wie sie auf Stellungnahmen des Europäischen Datenschutzausschusses reagiert.

II. Abs. 2

6   Die DS-GVO gibt der Kommission eine ganze Reihe von Befugnissen für den Erlass von Durchführungsrechtsakten und zwar bedeutend mehr als Befugnisse für den Erlass von delegierten Rechtsakten (siehe dazu Art. 92).[9] Dabei verweist die DS-GVO durchweg auf Abs. 2 und damit auf die Anwendung des Prüfverfahrens gemäß Art. 5 Komitologieverordnung.[10] Dadurch dokumentiert sie, dass die **Befugnisse sachlich bedeutsam** sind.[11] Dies korrespondiert mit der Überlegung, dass die an sich vorrangige (siehe dazu Art. 291 Abs. 1 AEUV sowie das Subsidiaritätsprinzip des Art. 5 EUV) Durchführung der Regelungen, auf die sich die Befugnisse beziehen, durch die Mitgliedstaaten wegen des Umfangs und der Wirkungen der zu treffenden Maßnahmen nicht ausreichen würde. Das ließ es geboten erscheinen, Maßnahmen auf Unionsebene vorzusehen.[12]

7   Die Kommission hat folgende **Befugnisse zu Durchführungsrechtsakten,** die im Weg des Prüfverfahrens zu erlassen sind (in Klammern ist jeweils der Teil der Regelung genannt, der die Anwendung des Prüfverfahrens anordnet):

– Festlegung von **Standardvertragsklauseln für Auftragsverarbeitung** (Art. 28 Abs. 7),
– allgemeine Gültigkeit von **Verhaltensregeln** in der Union (Art. 40 Abs. 9 S. 2),
– technische Standards für **Zertifizierungsverfahren** und Datenschutzsiegel (Art. 43 Abs. 9 S. 2),
– Beschluss über die **Angemessenheit des Schutzniveaus** in einem Drittland (Art. 45 Abs. 3 S. 4),
– Beschluss über Widerruf, Änderung oder Aussetzung eines Beschlusses über die **Angemessenheit des Schutzniveaus** in einem Drittland (Art. 45 Abs. 5 UAbs. 1 S. 2),
– Erlass und Genehmigung von Standarddatenschutzklauseln für die Datenübermittlung in unsichere Drittländer (Art. 46 Abs. 2 Buchst. c und d),
– Festlegung von **Format und Verfahren für den Informationsaustausch** über verbindliche interne Datenschutzvorschriften (Art. 47 Abs. 3 S. 2),
– Festlegung von **Form und Verfahren der Amtshilfe** zwischen den Aufsichtsbehörden und Ausgestaltung des elektronischen Informationsaustausches in diesem Zusammenhang (Art. 61 Abs. 9 S. 2),
– **Ausgestaltung des elektronischen Informationsaustausches** zwischen den Aufsichtsbehörden sowie den Aufsichtsbehörden und dem Europäischen Datenschutzausschuss (Art. 67 S. 2).

---

jüngster Zeit ist im Register unter „Committee Code C49000" der „Ausschuss für den Schutz natürlicher Personen bei der Verarbeitung personenbezogener Daten und zum freien Datenverkehr (2018)" zu finden, ohne dessen Zustimmung in seiner 22. Sitzung am 4.7.2022 die Kommission den Angemessenheitsbeschluss zum EU-U. S. Data Privacy Framework C (2023) 4745 final v. 10.7.2023 nicht hätte erlassen können.

[9] Das deckt sich mit dem generellen Befund, dass im Unionsrecht Durchführungsrechtsakte etwa 30 mal häufiger sind als delegierte Rechtsakte, siehe Calliess/Ruffert/*Ruffert* AEUV Art. 291 Rn. 11.

[10] Erwägungsgrund 168 zeigt, dass dies sehr bewusst geschehen ist.

[11] Zu diesem Aspekt, der die Anwendung gerade des Prüfverfahrens gebietet, siehe Erwägungsgrund 11 der Komitologieverordnung, wonach das Prüfverfahren insbes. beim Erlass von Durchführungsrechtsakten mit potentiell bedeutsamen Auswirkungen zur Anwendung kommen sollte.

[12] Siehe dazu besonders Erwägungsgrund 170 sowie ergänzend Erwägungsgrund 167.

III. Abs. 3

Nur in einem Fall verweist die DS-GVO auf Abs. 3. Dies ist der Fall bei Widerruf, Änderung **8** oder Aussetzung eines Beschlusses über die **Angemessenheit des Schutzniveaus** in einem Drittland (Art. 45 Abs. 5 UAbs. 2).

Kapitel XI. Schlussbestimmungen

Art. 94 Aufhebung der Richtlinie 95/46/EG

(1) **Die Richtlinie 95/46/EG wird mit Wirkung vom 25. Mai 2018 aufgehoben.**

(2) ¹Verweise auf die aufgehobene Richtlinie gelten als Verweise auf die vorliegende Verordnung. ²Verweise auf die durch Artikel 29 der Richtlinie 95/46/EG eingesetzte Gruppe für den Schutz von Personen bei der Verarbeitung personenbezogener Daten gelten als Verweise auf den kraft dieser Verordnung errichteten Europäischen Datenschutzausschuss.

Übersicht

	Rn.
A. Allgemeines	1
B. Einzelerläuterungen	4
I. Abs. 1	4
II. Abs. 2	5

A. Allgemeines

1 Die bisher geltende DS-RL wird durch die DS-GVO ersetzt.[1] Aus diesem Grund ist es geboten, die **DS-RL** durch die vorliegende Verordnung zu dem Zeitpunkt **aufzuheben,** ab dem die Verordnung gemäß Art. 99 Abs. 2 gilt. Dies geschieht durch Abs. 1.[2] Das Inkrafttreten und die Geltung der DS-GVO sind gesondert in Art. 99 geregelt.

2 Abs. 2 klärt die Frage, wie mit **Verweisungen in anderen Rechtsnormen** auf die DS-RL zu verfahren ist. Dabei unterscheidet Abs. 2 danach, ob ein Verweis auf eine einzelne Bestimmung der aufgehobenen Richtlinie erfolgt (Abs. 2 S. 1) oder ob ein Verweis auf die Gruppe für den Schutz von Personen bei der Verarbeitung personenbezogener Daten gemäß Art. 29 (Artikel-29-Datenschutzgruppe) der aufgehobenen DS-RL als Institution erfolgt, ohne dass dabei eine konkrete Bestimmung der aufgehobenen Richtlinie genannt wäre (Abs. 2 S. 2).

3 In Erwägungsgrund 171 S. 4 ist die Frage angesprochen, wie mit **Entscheidungen** usw zu verfahren ist, die auf der DS-RL beruhen. Erwägungsgrund 171 S. 4 lautet: „Auf der Richtlinie 95/46/EG beruhende Entscheidungen bzw. Beschlüsse der Kommission und Genehmigungen der Aufsichtsbehörden bleiben in Kraft, bis sie geändert, ersetzt oder aufgehoben werden." Die Frage ist von erheblicher praktischer Bedeutung und berührt Feststellungen der Kommission gemäß Art. 25 Abs. 6 DS-RL (Gewährleistung eines angemessenen Datenschutzniveaus durch ein Drittland), Feststellungen der Kommission gemäß Art. 26 Abs. 4 DS-RL (Feststellung ausreichender Garantien durch bestimmte Standardvertragsklauseln). sowie Genehmigungen von Mitgliedstaaten und Aufsichtsbehörden auf der Grundlage von Art. 26 Abs. 2 DS-RL. Für diese drei Konstellationen enthält die DS-GVO gesonderte Regelungen, die Art. 94 funktional gesehen ergänzen (Art. 45 Abs. 9 für Feststellungen, die die Kommission auf der Grundlage von Art. 25 Abs. 6 DS-RL erlassen hat, Art. 46 Abs. 5 S. 2 für Feststellungen der Kommission auf der Grundlage von Art. 26 Abs. 4 DS-RL und Art. 46 Abs. 5 S. 1 für Genehmigungen von Mitgliedstaaten und Aufsichtsbehörden auf der Grundlage von Art. 26 Abs. 2 DS-RL).

B. Einzelerläuterungen

I. Abs. 1

4 Die DS-RL wird **mit Wirkung vom 25.5.2018 aufgehoben** und damit mit Wirkung von dem Tag, ab dem die Verordnung gilt (siehe Art. 99 Abs. 2). Dies führt nicht dazu, dass sich die Geltung beider Vorschriften am 25.5.2018 einen Tag lang überlappen würde. Vielmehr sind

---

[1] Siehe dazu Erwägungsgrund 13 sowie die Kommentierung zu Art. 1.
[2] Siehe Erwägungsgrund 171 S. 1.

beide Maßnahmen mit Beginn der ersten Stunde des 25.5.2018 wirksam, also ab 25.5.2018 0:00 Uhr.³

II. Abs. 2

S. 1 legt fest, dass **Verweise** auf die aufgehobene DS-RL als Verweise auf die vorliegende Verordnung gelten. Es kann vorkommen, dass sich in der DS-GVO keine Regelung ermitteln lässt, die mit der Regelung der aufgehobenen Richtlinie, auf die verwiesen wird, wörtlich übereinstimmt. In diesem Fall ist eine sinngemäß passende Regelung in der DS-GVO zu ermitteln. Sollte dies im Einzelfall nicht gelingen, geht die Verweisung ins Leere und ist trotz der Regelung von S. 1 nicht wirksam.

S. 2 lässt den **Europäischen Datenschutzausschuss** (Art. 68) an die Stelle der Gruppe für den Schutz von Personen bei der Verarbeitung personenbezogener Daten gemäß Art. 29 DS-RL treten. Dies ist angesichts der unterschiedlichen Aufgaben der beiden Institutionen nicht selbstverständlich und bedurfte deshalb der ausdrücklichen Festlegung. Die Artikel-29-Datenschutzgruppe hatte lediglich beratende Funktion (siehe Art. 29 Abs. 1 S. 2 DS-RL). Demgegenüber hat der Europäische Datenschutzausschuss die einheitliche Anwendung der DS-GVO sicherzustellen und dabei auch überwachende und überprüfende Aufgaben wahrzunehmen, im Einzelfall sogar entscheidende, jedenfalls nicht nur beratende Aufgaben (siehe im Einzelnen den Aufgabenkatalog in Art. 70 Abs. 1).

Art. 95 Verhältnis zur Richtlinie 2002/58/EG

Diese Verordnung erlegt natürlichen oder juristischen Personen in Bezug auf die Verarbeitung in Verbindung mit der Bereitstellung öffentlich zugänglicher elektronischer Kommunikationsdienste in öffentlichen Kommunikationsnetzen in der Union keine zusätzlichen Pflichten auf, soweit sie besonderen in der Richtlinie 2002/58/EG festgelegten Pflichten unterliegen, die dasselbe Ziel verfolgen.

Literatur: *Böhm/Halim*, Cookies zwischen ePrivacy und DS-GVO – was gilt?, MMR 2020, 651; *Engeler/Fleber*, Entwurf der ePrivacy-VO aus Perspektive der aufsichtsbehördlichen Praxis. Reguliert der Entwurf an der technischen Realität vorbei?, ZD 2017, 251; *Gersdorf*, Telekommunikationsrechtliche Einordnung von OTT-Diensten am Beispiel von Gmail, K&R 2016, 91; *Herbrich*, Die Cookie-Richtlinie ist gekommen, um zu bleiben!, DB 2023, 317; *van Hoboken/Borgesius*, Scoping Electronic Communication Privacy Rules: Data, Services and Values, JIPITEC 6 (2015), 198; *Jandt*, Spezifischer Datenschutz für Telemedien und die DS-GVO, ZD 2018, 405; *Keppeler*, Was bleibt vom TMG-Datenschutz nach der DS-GVO? – Lösung und Abgrenzungsprobleme im Multimedia-Datenschutz, MMR 2015, 779; *Kiparski*, Die Telekommunikations-Datenschutzregelungen im neuen TTDSG, CR 2021, 48; *Klabunde*, Datenschutz bei der Erfassung und Nutzung von Standortdaten, DANA 2014, 98; *Kühling/Sauerborn*, TTDSG-Kabinettsentwurf und Art. 95 DSGVO, CR 2021, 271; *Lutz*, Das Tauziehen um die Ausgestaltung der ePrivacy-Verordnung, ZD-Aktuell 2017, 05707; *Maier/Schaller*, ePrivacy-VO – alle Risiken der elektronischen Kommunikation gebannt? Entwurf ohne datenschutzrechtliche Regelungen für P2P-Kommunikationsdienste, ZD 2017, 373; *Neuber*, Digitale Wirtschaft zwischen Datenschutz und ePrivacy, ZD 2018, 241; *Piltz*, Das neue TTDSG aus Sicht der Telemedien, CR 2021, 555; *Pohle*, EU-Datenschutz: Entwurf einer ePrivacy-VO, ZD-Aktuell 2017, 05452; *Schleipfer*, Datenschutzkonformes Webtracking nach Wegfall des TMG. Was bringen die DS-GVO und die ePrivacy-Verordnung?, ZD 2017, 460; *Schmitz*, E-Privacy-VO – unzureichende Regelungen für klassische Dienste, ZRP 2017, 172; *Sesing*, Eine Bestandsaufnahme zu bereichsspezifischem Datenschutz für Telemedien, MMR 2019, 347; *Woger*, Der Entwurf für die ePrivacy-Verordnung – neue Regeln für die elektronische Kommunikation, PinG 2017, 80.

Rechtsprechung: EuGH Urt. v. 29.1.2008 – C-275/06, ECLI:EU:C:2008:54 – Promusicae; EuGH Urt. v. 5.5.2011 – C-544/09, ECLI:EU:C:2011:279 – Deutsche Telekom; EuGH Urt. v. 8.4.2014 – C-293/12 u. C-594/12, ECLI:EU:C:2014:238 = ZD 2014, 296 mAnm *Petri* – Digital Rights Ireland und Seitlinger u.a.; EuGH Urt. v. 21.12.2016 – C-203/15 u. C-298/15, ECLI:EU:C:2016:970 = ZD 2017, 124 mAnm *Kipker/Schefferski/Stelter* – Tele2 Sverige; EuGH Urt. v. 15.3.2017 – C-543/15, ECLI:EU:C:2017:214 – Tele2 (Netherlands) u.a.; EuGH Urt. v. 13.6.2019 – C-193/18, ECLI:EU:C:2019:498 = NJW 2019, 2597 – Google LLC/Deutschland; EuGH Urt. v. 5.6.2019 – C-142/18, ECLI:EU:C:2019:460 = BeckRS 2019, 10378; EuGH Urt. v. 27.10.2022 – C-129/21, ECLI:EU:C:2022:833 – Proximus.

---

³ Dies ergibt sich aus Art. 4 Abs. 2 UAbs. 1 VO (EWG, EURATOM) Nr. 1182/71 des Rates v. 3.6.1971 zur Festlegung der Regeln für die Fristen, Daten und Termine, ABl. 1971 L 124, 1.

Art. 95 1, 2

Übersicht

	Rn.
A. Allgemeines	1
I. Zweck und Bedeutung der Vorschrift	1
II. Systematik, Verhältnis zu anderen Vorschriften	5
B. Einzelerläuterungen	9
I. Unterschiedliche Schutzziele der RL 2002/58/EG und der DS-GVO	9
II. Beschränkung zusätzlicher Pflichten durch die DS-GVO	17
III. Ausblick auf die künftige ePrivacy-VO	23
IV. Entwicklung seit Geltung der DS-GVO	24
C. Rechtsschutz	28

A. Allgemeines[*]

I. Zweck und Bedeutung der Vorschrift

1   Art. 95 regelt das Verhältnis der DS-GVO zur Datenschutz-Richtlinie für elektronische Kommunikation 2002/58/EG[1] (im Folgenden ePrivacy-RL). Eine Klarstellung hierzu ist notwendig, nachdem die ePrivacy-RL bereits mit der DS-RL in einem komplexen Zusammenhang stand. Gemäß Art. 1 Abs. 2 S. 1 ePrivacy-RL stellen deren Bestimmungen „**eine Detaillierung und Ergänzung der Richtlinie 95/46/EG**" (also der DS-RL) dar.

2   Da die DS-RL durch die DS-GVO gemäß Art. 94 Abs. 1 aufgehoben wird und Verweise auf die DS-RL gemäß Art. 94 Abs. 2 S. 1 als Verweise auf die DS-GVO gelten, muss gesetzlich geklärt werden, welche Auswirkungen die umfassende Anwendbarkeit der (jüngeren) DS-GVO auf die aufgrund der (älteren) ePrivacy-RL erlassenen nationalen Umsetzungsgesetze hat. Während der EU-Gesetzgeber in **Erwägungsgrund 173** seine Absicht erklärt, auch die ePrivacy-RL zu überprüfen, um insbesondere ihre Kohärenz mit der DS-GVO sicherzustellen (→ Einl. Rn. 129 f.), bleiben die ePrivacy-RL und die entsprechenden nationalen Umsetzungsvorschriften zunächst in Kraft. Daher ist es notwendig klarzustellen, wie zu verfahren ist, wenn nationale Umsetzungsgesetze Regelungen zu Bestimmungen der DS-RL enthalten, die jetzt durch die DS-GVO ersetzt werden. Dies ist besonders in solchen Fällen von Bedeutung, in denen die nationalen Gesetzgeber den Spielraum bei der Umsetzung der ePrivacy-RL so genutzt haben, dass die nationalen Regelungen von der Fassung der DS-GVO abweichen. Eine neue Rechtslage ergibt sich, sobald der Gesetzgebungsauftrag gemäß Erwägungsgrund 173 erfüllt ist. Am 10.1.2017 hat die Europäische Kommission demgemäß einen Vorschlag für eine Verordnung über Privatsphäre und elektronische Kommunikation[2] (im Folgenden: ePrivacy-VO-Vorschlag) vorgelegt. Die ePrivacy-VO soll die ePrivacy-RL und die zu deren Umsetzung erlassenen nationalen Rechtsvorschriften umfassend ablösen (vgl. Art. 27 Abs. 1 ePrivacy-VO-Vorschlag); auch im Bereich der elektronischen Kommunikation soll also künftig unmittelbar vollharmonisierendes europäisches Recht gelten. Erst nach erfolgreichem Abschluss des Gesetzgebungsverfahrens zur ePrivacyVO sind alle Verweise der DS-GVO auf die ePrivacy-RL als Verweise auf die neue ePrivacy-VO zu lesen (vgl. Art. 27 Abs. 2 ePrivacy-VO-Vorschlag). Wegen erheblicher Auffassungsunterschiede zwischen dem Europäischen Parlament und dem Ministerrat sowie zwischen den Mitgliedstaaten – was wohl an der erheblichen Bedeutung der ePrivacy-VO für

---

[*] Die Verfasser vertreten hier ihre persönliche Auffassung, die nicht notwendig der Auffassung des Europäischen Datenschutzbeauftragten bzw. der Europäischen Kommission entspricht.

[1] Richtlinie 2002/58/EG des Europäischen Parlaments und des Rates v. 12.7.2002 über die Verarbeitung personenbezogener Daten und den Schutz der Privatsphäre in der elektronischen Kommunikation (Datenschutzrichtlinie für elektronische Kommunikation), ABl. 2002 L 201, 37, geänd. durch Richtlinie 2006/24/EG des Europäischen Parlaments und des Rates v. 15.3.2006, ABl. 2006 L 105, 54; und durch Richtlinie 2009/136/EG des Europäischen Parlaments und des Rates v. 25.11.2009, ABl. 2009 L 337, 11, ber. ABl. 2013 L 241, 9; ber. ABl. 2017 L 162, 56.

[2] Vorschlag der Kommission v. 10.1.2017 für eine Verordnung des Europäischen Parlaments und des Rates über die Achtung des Privatlebens und den Schutz personenbezogener Daten in der elektronischen Kommunikation und zur Aufhebung der Richtlinie 2002/58/EG (Verordnung über Privatsphäre und elektronische Kommunikation), COM(2017) 10. Zum ePrivacy-VO-Vorschlag *Engeler/Fleber* ZD 2017, 251; *Lutz* ZD-Aktuell 2017, 05707; *Maier/Schaller* ZD 2017, 373; *Pohle* ZD-Aktuell 2017, 05452; *Schleipfer* ZD 2017, 460; *Schmitz* ZRP 2017, 172; *Woger* PinG 2017, 80.

Werbe- und Trackingdienste[3] liegt– verzögerte sich das Gesetzgebungsverfahren mehrfach erheblich. Das Europäische Parlament beschloss seine Position zum ePrivacy-VO-Vorschlag im Oktober 2017.[4] Doch obwohl der Europäische Datenschutzausschuss im Mai 2018 die EU-Institutionen ersucht hatte, gemeinsam an einer raschen Verabschiedung der ePrivacy-VO zu arbeiten,[5] gelangt es dem Ministerrat erst im Februar 2021, eine gemeinsame Position für die Verhandlungen mit dem Europäischen Parlament festzulegen.[6] Seither gibt es allerdings kaum Bewegung. Eine neue politische Initiative den Europäischen Kommission ist für die Zeit noch der Europawahl 2024 zu erwarten. Ein Inkrafttreten der ePrivacy-VO ist wohl erst 2026/2027 möglich.

Art. 95 stellt klar, dass durch die DS-GVO grundsätzlich natürlichen oder juristischen Personen **keine zusätzlichen Pflichten** auferlegt werden sollen, die dasselbe Ziel verfolgen, wie diejenigen spezifischen Pflichten, denen sie bereits aufgrund der ePrivacy-RL für dasselbe Ziel unterliegen. Nichtsdestoweniger müssen allerdings die grundsätzlichen Regelungen der DS-GVO auch für die Verarbeitung von personenbezogenen Daten im Regelungsbereich der ePrivacy-RL angewandt werden. Ziel dieser Regelung ist es vor allem, die für die Verarbeitung Verantwortlichen vor unnötigem Verwaltungsaufwand zu bewahren. So enthalten sowohl Art. 4 ePrivacy-RL (für Anbieter von elektronischen Kommunikationsdiensten) als auch Art. 32–34 DS-GVO (für alle Verantwortlichen) eine Meldeplicht für Verletzungen des Schutzes personenbezogener Daten. Nach beiden Regelungen müssen die Verantwortlichen die Sicherheit gewährleisten und etwaige Verletzungen des Schutzes personenbezogener Daten der für elektronische Kommunikation zuständigen nationalen Behörde bzw. der Datenschutzbehörde melden. Da eine doppelte Meldepflicht einen zusätzlichen Aufwand ohne datenschutzrechtlichen Mehrwert bedeuten würde, sind gemäß Art. 95 Anbieter von elektronischen Kommunikationsdiensten, die eine Datenschutzrechtsverletzung an die für elektronische Kommunikation zuständige nationale Behörde gemeldet haben, nicht verpflichtet, auch noch die Datenschutzbehörde über dieselbe Verletzung zu benachrichtigen.[7]

Wegen der Komplexität des Verhältnisses zwischen DS-GVO und ePrivacy-RL ergeben sich (jedenfalls bis zum Inkrafttreten der ePrivacy-VO) in der Praxis zahlreiche Anwendungsschwierigkeiten. Aus diesem Grund verabschiedete der Europäische Datenschutzausschuss (EDSA) auf Ersuchen der belgischen Datenschutzbehörde am 12.3.2019 die **Stellungnahme 5/2019 zum Zusammenspiel zwischen der e-Datenschutz-Richtlinie und der DSGVO, insbesondere in Bezug auf die Zuständigkeiten, Aufgaben und Befugnisse von Datenschutzbehörden.**[8] Der EDSA sah die Fragen der belgischen Datenschutzbehörde zu Recht als Angelegenheit von allgemeiner Geltung bzw. mit Auswirkungen in mehr als einem Mitgliedstaat iSv Art. 64 Abs. 2 an und nahm sie zum Anlass, im Interesse der Kohärenz der Anwendung der DS-GVO das Verhältnis zwischen DS-GVO und ePrivacy-RL ebenso grundlegend wie ausführlich klarzustellen.

II. Systematik, Verhältnis zu anderen Vorschriften

Die ePrivacy-RL detailliert die DS-GVO bezüglich des Grundrechts auf Datenschutz gemäß Art. 8 GRCh und ergänzt die DS-GVO durch **Regelungen zum Schutz des Grundrechts auf Privatheit nach Art. 7 GRCh**, insbesondere der **Vertraulichkeit der Kommunikation.**

---

[3] Dazu *Schleipfer* ZD 2017, 460.
[4] *Lauristin*-Bericht v. 20.10.2017, A8-0324/2017, abrufbar unter www.europarl.europa.eu/doceo/document/A-8-2017-0324_DE.html.
[5] Europäischer Datenschutzausschuss, Erklärung v. 25.5.2018 zur Überarbeitung der ePrivacy-Verordnung und zu den Auswirkungen auf den Schutz der Privatsphäre von Personen im Hinblick auf die Geheimhaltung und die Vertraulichkeit ihrer Kommunikation, abrufbar unter https://edpb.europa.eu/sites/default/files/files/file1/edpb_statement_on_eprivacy_de.pdf.
[6] Vgl. Ratsdok. ST 6087 2021 INIT v. 10.2.2021, abrufbar unter https://eur-lex.europa.eu/legal-content/EN/TXT/PDF/?uri=CONSIL:ST_6087_2021_INIT.
[7] Bsp. nach Europäischer Datenschutzausschuss, Stellungnahme 5/2019 zum Zusammenspiel zwischen der e-Datenschutz-Richtlinie und der DSGVO, insbesondere in Bezug auf die Zuständigkeiten, Aufgaben und Befugnisse von Datenschutzbehörden, angenommen am 12.3.2019, abrufbar unter https://edpb.europa.eu/sites/default/files/files/file1/201905_edpb_opinion_eprivacydir_gdpr_interplay_en_de.pdf.
[8] Europäischer Datenschutzausschuss, Stellungnahme 5/2019 zum Zusammenspiel zwischen der e-Datenschutz-Richtlinie und der DSGVO, insbesondere in Bezug auf die Zuständigkeiten, Aufgaben und Befugnisse von Datenschutzbehörden, angenommen am 12.3.2019, abrufbar unter https://edpb.europa.eu/sites/default/files/files/file1/201905_edpb_opinion_eprivacydir_gdpr_interplay_en_de.pdf.

Der angestrebte Schutzzweck bezüglich der Grundrechte natürlicher Personen ist durch Art. 7 und 8 GRCh vorgegeben und geht damit teilweise über den Schutzzweck der auf Art. 8 GRCh fokussierten DS-GVO hinaus. Zusätzlich schafft die ePrivacy-RL Regelungen zum Schutz der berechtigten Interessen von **juristischen Personen** als Teilnehmer von Diensten der elektronischen Kommunikation.

6 Soweit sie nicht durch die ePrivacy-RL detailliert werden, gelten die Bestimmungen der DS-GVO auch im Anwendungsbereich der ePrivacy-RL.[9] Soweit Bestimmungen der ePrivacy-RL Situationen außerhalb des Anwendungsbereichs der DS-GVO betreffen, kann sich durch die Anwendung von Begriffen und Verfahren der DS-GVO anstelle der DS-RL eine gewisse Änderung der Praxis ergeben.

7 Der durch Art. 95 bestimmte **Ausschluss zusätzlicher Pflichten für Verantwortliche** ist daher nur für solche Bestimmungen zu berücksichtigen, bei denen in der ePrivacy-RL spezifische Regelungen zu auch in der DS-GVO geregelten Situationen vorliegen (→ Einl. Rn. 129). Regelungen der DS-GVO, für welche die ePrivacy-RL keine Spezialregelungen enthält, werden auch im Geltungsbereich der ePrivacy-RL angewandt.

8 Eine Sonderregelung für das Verhältnis zwischen DS-GVO und ePrivacy-RL findet sich in **Art. 21 Abs. 5.** Diese Vorschrift verpflichtet Anbieter von Diensten der Informationsgesellschaft, es einem betroffenen Nutzer zu ermöglichen, sein Widerspruchsrecht gegen die Verarbeitung seiner personenbezogenen Daten gemäß Art. 21 Abs. 1 mittels automatisierter Verfahren auszuüben, bei denen technische Spezifikationen verwendet werden. Dies erlaubt es einem Nutzer zB eine „Do-Not-Track"-Software gegenüber Werbebotschaften und Analyseprogrammen auf Internetseiten einzusetzen.[10] Eine entsprechende Pflicht der Anbieter ist in der ePrivacy-RL nicht vorgesehen, so dass die Regelung des Art. 95 dazu geführt hätte, dass diese Pflicht nicht auf die der ePrivacy-RL unterliegenden natürlichen und juristischen Personen Anwendung gefunden hätte. Allerdings heißt es in Art. 21 Abs. 5 ausdrücklich, dass das darin niedergelegte Widerspruchsrecht **„ungeachtet der Richtlinie 2002/58/EG" gilt.** Damit wird der sonst gemäß Art. 95 bestehende Vorrang der ePrivacy-RL ausgehebelt, so dass die Pflicht nach dem Art. 21 Abs. 5 zum Ausdruck kommenden Willen des EU-Gesetzgebers auch die Anbieter von elektronischen Kommunikationsdiensten erfasst.[11]

B. Einzelerläuterungen

I. Unterschiedliche Schutzziele der RL 2002/58/EG und der DS-GVO

9 Die ePrivacy-RL ist **entstehungsgeschichtlich** eng mit der DS-RL verbunden. Sie ist das Nachfolgeinstrument der früheren Richtlinie 97/66/EG,[12] die sie aufhebt. Den Vorschlag, auf Grundlage dessen die Richtlinie 97/66/EG beschlossen wurde, legte die Kommission am 5.11.1990 gleichzeitig mit dem Vorschlag für die DS-RL als Bestandteil eines Pakets[13] mit mehreren Datenschutzmaßnahmen vor.[14] Der enge Zusammenhang der beiden RL blieb erhalten, als die Richtlinie 97/66/EG durch die Richtlinie 2002/58/EG ersetzt wurde; er wurde auch bei deren letzten Änderung durch die Richtlinie 2009/136/EG im Rahmen der Reform des Rechtsrahmens für elektronische Kommunikation im Jahre 2009 nicht berührt.[15]

---

[9] EuGH Urt. v. 27.10.2022 – C-129/21, ECLI:EU:C:2022:833 – Proximus, Rn. 51, 71.
[10] So *Albrecht* CR 2016, 88 (93).
[11] Vgl. Paal/Pauly/*Pauly* DS-GVO Art. 95 Rn. 2, der insofern von einem „Gleichlauf der Widerspruchsmöglichkeiten" nach der DS-GVO und der ePrivacy-RL spricht. Für Plath/*Jenny* DS-GVO Art. 95 Rn. 8, stellt Art. 21 Abs. 5 eine „Rückausnahme vom Vorrang der ePrivacy-RL" dar.
[12] RL 97/66/EG des Europäischen Parlaments und des Rates v. 15.12.1997 über die Verarbeitung personenbezogener Daten und den Schutz der Privatsphäre im Bereich der Telekommunikation, ABl. 1998 L 24, 1 (inzwischen außer Kraft).
[13] Mitteilung der Kommission v. 13.9.1990 zum Schutz von Personen bei der Verarbeitung personenbezogener Daten in der Gemeinschaft und zur Sicherheit der Informationssysteme, KOM(90) 314 – SYN 287–288.
[14] Im Laufe des Gesetzgebungsverfahrens unterbreitete die Kommission den Geänderten Vorschlag für eine Richtlinie des Europäischen Parlaments und des Rates zum Schutz personenbezogener Daten und der Privatsphäre in digitalen Telekommunikationsnetzen, insbesondere im diensteintegrierenden digitalen Telekommunikationsnetz (ISDN) und digitalen Mobilfunknetzen, KOM(94) 128 v. 13.6.1994, ABl. 1994 C 200, 4.
[15] Richtlinie 2009/136/EG des Europäischen Parlaments und des Rates v. 25.11.2009 zur Änderung der Richtlinie 2002/22/EG über den Universaldienst und Nutzerrechte bei elektronischen Kommunikationsnetzen und -diensten, der RL 2002/58/EG über die Verarbeitung personenbezogener Daten und den Schutz

Gemäß der Festlegung in Art. 1 Abs. 2 S. 1 ePrivacy-RL ist diese zum einen **lex specialis** zur 10
DS-RL („Detaillierung"),[16] zum anderen hat sie einen eigenständigen Regelungsbereich („Ergänzung").[17] Die Absicht des Gesetzgebers mit dem Regelungsbereich der ePrivacy-RL über den der DS-RL hinauszugehen, ist in Erwägungsgrund 2 ePrivacy-RL erklärt: „Insbesondere soll mit dieser Richtlinie gewährleistet werden, dass die in den Art. 7 und 8 jener Charta niedergelegten Rechte uneingeschränkt geachtet werden". Der ausdrückliche Verweis auf das **Grundrecht der Privatheit und des Kommunikationsgeheimnisses** nach **Art. 7 GRCh** geht teilweise über den Zweck der DS-RL hinaus, der sich gemäß Erwägungsgrund 1 und Art. 1 Abs. 1, Abs. 2 DS-GVO ausdrücklich auf Art. 8 GRCh konzentriert. Zudem nennt Art. 1 Abs. 2 S. 2 ePrivacy-RL einen weiteren weder von der DS-RL noch von der DS-GVO erfassten Regelungsbereich: „Darüber hinaus regeln sie den Schutz der berechtigten Interessen von Teilnehmern, bei denen es sich um **juristische Personen** handelt."

Es kann allerdings nicht angenommen werden, dass die außerhalb des Regelungsbereichs der 11
DS-GVO fallenden Bestimmungen der ePrivacy-RL vollkommen unberührt bleiben. Art. 15 ePrivacy-RL zählt Bestimmungen der DS-RL auf, die ausdrücklich auch im Anwendungsbereich der ePrivacy-RL gelten sollen, und zwar in Abs. 2 die Bestimmungen über Rechtsbehelfe, Haftung und Sanktionen, und in Abs. 3 die Aufgaben der Artikel-29-Datenschutzgruppe. Diese Verweise gelten gemäß Art. 94 Abs. 2 S. 2 als Verweise auf die entsprechenden Regelungen der DS-GVO, im Falle der Artikel-29-Datenschutzgruppe auf den Europäischen Datenschutzausschuss (Art. 68).

Darüber hinaus sind gemäß Art. 94 Abs. 2 S. 1 Bestimmungen der DS-GVO anzuwenden, 12
wenn in Bestimmungen der ePrivacy-RL auf Begriffe oder Verfahren der DS-RL Bezug genommen wird, die durch die DS-GVO neu gefasst werden. So wird etwa der **Begriff der Einwilligung** auch in **Art. 13 ePrivacy-RL** verwendet, der sich auf unerbetene Nachrichten bezieht und nicht als Detaillierung einer Regelung der DS-GVO betrachtet werden kann. Auch in diesem Zusammenhang ist der Begriff der Einwilligung somit im Sinne der DS-GVO zu verstehen, wie sich aus Art. 2 UAbs. 2 lit. f ePrivacy-RL iVm Art. 94 Abs. 2 S. 1 eindeutig ergibt.[18] Entsprechendes gilt, soweit Bestimmungen der ePrivacy-RL auf juristische Personen Anwendung finden.

Bei einer genaueren Betrachtung der Bestimmungen der ePrivacy-RL ergibt sich, welche 13
Bestimmungen Ziele verfolgen, die durch die DS-GVO nicht oder im Wesentlichen nicht abgedeckt sind. **Art. 4 Abs. 1 ePrivacy-RL** verlangt die Sicherung des Dienstes und geht damit über die Sicherung der Verarbeitung personenbezogener Daten hinaus. **Art. 4 Abs. 2 ePrivacy-RL** schafft eine Informationspflicht bezüglich Risiken, die mit der Natur der Kommunikationsdienste verbunden sind und daher nicht auf die Verarbeitung personenbezogener Daten beschränkt sind. Im Gegensatz dazu entsprechen die Abs. 1a, 3, 4 und 5 des Art. 4 ePrivacy-RL den Regelungen der DS-GVO zur Sicherheit bei der Verarbeitung personenbezogener Daten und verfolgen den gleichen Zweck wie die entsprechenden Bestimmungen der DS-GVO. Für diese Bestimmungen ist die ePrivacy-RL als **lex specialis** gegenüber der DS-GVO anzusehen.

Art. 5 ePrivacy-RL betrifft mit seinen Vorgaben zur Vertraulichkeit der Kommunikation 14
den Kern und Wesensgehalt des Grundrechts der Privatheit sowie des Kommunikationsgeheimnisses nach Art. 7 GRCh und geht damit über den Regelungsbereich der DS-GVO hinaus. Soweit die **Art. 6 (Verkehrsdaten), 7 (Einzelverbindungsnachweis) und 9 (Andere Standortdaten als Verkehrsdaten) ePrivacy-RL** Beschränkungen der Speicherung und Verarbeitung von Verkehrsdaten und Standortdaten betreffen, dienen auch sie dem Schutz des

---

der Privatsphäre in der elektronischen Kommunikation und der VO (EG) Nr. 2006/2004 über die Zusammenarbeit im Verbraucherschutz, ABl. 2009 L 337, 11.

[16] Vgl. Europäischer Datenschutzausschuss, Stellungnahme 5/2019 (Fn. 7), Rn. 38–41; ebenso Paal/Pauly/*Pauly* DS-GVO Art. 95 Rn. 1; Kühling/Buchner/*Kühling/Raab*, 4. Aufl. 2024, DS-GVO Art. 95 Rn. 1; sowie Gola/Heckmann/*Piltz* DS-GVO Art. 95 Rn. 15.

[17] Vgl. Europäischer Datenschutzausschuss, Stellungnahme 5/2019 zum Zusammenspiel zwischen der e-Datenschutz-Richtlinie und der DSGVO, insbesondere in Bezug auf die Zuständigkeiten, Aufgaben und Befugnisse von Datenschutzbehörden, angenommen am 12.3.2019, abrufbar unter https://edpb.europa.eu/sites/default/files/files/file1/201905_edpb_opinion_eprivacydir_gdpr_interplay_en_de.pdf, Rn. 42.

[18] Ebenso Europäischer Datenschutzausschuss, Stellungnahme 5/2019 zum Zusammenspiel zwischen der EG-Datenschutz-Richtlinie und der DS-GVO, insbesondere in Bezug auf die Zuständigkeiten, Aufgaben und Befugnisse von Datenschutzbehörden, angenommen am 12.3.2019, abrufbar unter https://edpb.europa.eu/sites/default/files/files/file1/201905_edpb_opinion_eprivacydir_gdpr_interplay_en_de.pdf, Rn. 14.

Grundrechtes nach Art. 7 GRCh,[19] wie der EuGH in C-293/12 (Digital Rights Ireland)[20] festgestellt hat. Das Speichern der zu den Kommunikationsakten der Individuen gehörigen Verkehrsdaten, also der Angaben zu Teilnehmern, Art, Zeitpunkt und Dauer einer Kommunikation, stellt daher bereits einen schwerwiegenden Eingriff in das Grundrecht nach Art. 7 GRCh dar.[21] Sofern auch Inhalte der Kommunikation erfasst werden, ist der Wesensgehalt des Grundrechts berührt.[22] Soweit diese Artikel der ePrivacy-RL die Verarbeitung der Daten zulassen, gelten für diese Verarbeitung personenbezogener Daten die Prinzipien aus Art. 8 GRCh.[23] Damit sind für die Verarbeitung die diesbezüglichen Regeln der DS-GVO anzuwenden, etwa über die Pflichten der Verantwortlichen und die Rechte der betroffenen Personen. Die zulässigen Arten der Verarbeitung und der verwendbaren Datenkategorien bleiben aber durch die zum Schutz des Grundrechts der Privatheit getroffenen Festlegungen begrenzt, dh zum einen für die ausdrücklich festgesetzten Zwecke der Übermittlung und Abrechnung in den bestimmten Grenzen und Fristen, zum anderen für bestimmte andere Zwecke wie Marketing eigener Dienste des Kommunikationsanbieters oder die Bereitstellung von Zusatzdiensten nur mit ausdrücklicher Einwilligung des Betroffenen. Die anderen Begründungen für die Rechtmäßigkeit einer Verarbeitung personenbezogener Daten können unter den von der ePrivacy-RL erfassten Verarbeitungsfällen nicht angewandt werden.

15 Die **Art. 8, 10 und 11 ePrivacy-RL** betreffen technische Besonderheiten bestimmter Kommunikationsdienste und gehen über die allgemeinen Ziele der DS-GVO hinaus, ebenso wie **Art. 13 ePrivacy-RL,** der die Nutzung der Kommunikationsdienste für Werbezwecke betrifft.

16 **Art. 12 (Teilnehmerverzeichnisse) ePrivacy-RL** regelt spezielle Verarbeitungsvorgänge von personenbezogenen Daten und ist daher als Detaillierung der DS-GVO anzusehen, soweit die Verarbeitung natürliche Personen betrifft. Die Bestimmungen zu Teilnehmerverzeichnissen in Art. 12 ePrivacy-RL unterscheiden sich von denen der Art. 6, 7 und 9 dieser RL, die ebenfalls bestimmte Verarbeitungsvorgänge von personenbezogenen Daten zulassen, indem Art. 12 keinerlei Verkehrsdaten (oder „Metadaten" im neueren Sprachgebrauch) betrifft, sondern lediglich die Zuordnung von Telefonnummern zu natürlichen oder juristischen Personen. Soweit natürliche Personen betroffen sind, ist Art. 12 ePrivacy-RL daher eine Spezifizierung der DS-GVO. Soweit juristische Personen betroffen sind, schafft Art. 12 ePrivacy-RL einen eigenständigen Schutz. Für natürliche Personen legt er eine spezielle Regelung für die Einwilligung zur Veröffentlichung von Daten in Teilnehmerverzeichnissen fest und spezifiziert ebenfalls die Verpflichtungen der Verantwortlichen in Bezug auf den Inhalt der Einwilligung und die Informationen, die dem Betroffenen vor seiner Einwilligung zugänglich gemacht werden müssen. Die Einwilligung des Teilnehmers bestimmt, ob seine Daten in Teilnehmerverzeichnissen veröffentlicht werden sollen, gegebenenfalls welche Daten, und – soweit vom Mitgliedstaat umgesetzt – ob die Daten auch in anderen als einfachen, nach Name und Ort durchsuchbaren Verzeichnissen enthalten sein dürfen. Die Teilnehmer können ihre Einwilligung zwar widerrufen, aber sie können nicht beeinflussen, welche Anbieter von Verzeichnissen ihre Daten erhalten dürfen. In seinen Urteilen in den Fällen C-543/09 (Deutsche Telekom)[24] und C-536/15 (Tele2 Netherlands)[25] hat der EuGH ausdrücklich festgestellt, dass die Einwilligung der Teilnehmer nicht die Weitergabe an weitere Anbieter solcher Verzeichnisse ausschließen kann, auch nicht an Anbieter in anderen Mitgliedstaaten der EU. Die Information, welche die Verantwortlichen den Teilnehmern zukommen lassen müssen, bevor diese über ihre Einwilligung zur Verwendung ihrer Angaben in Teilnehmerverzeichnissen entscheiden, muss daher darauf hinweisen, dass eine solche Weitergabe möglich ist. Diese Regelung, bei der bezüglich der Weitergabe nicht die konkreten Empfänger, sondern nur Kategorien von Empfängern genannt werden, steht in Übereinstimmung mit der DS-GVO, namentlich Art. 14 Abs. 1 lit. e. Die Interpretation der Begriffe

---

[19] Zur Bedeutung von Standortdaten für die Privatheit siehe auch *Klabunde* DANA 2014, 98.
[20] EuGH Urt. v. 8.4.2014 – C-293/12 u. C-594/12, ECLI:EU:C:2014:238 = ZD 2014, 296 mAnm *Petri* – Digital Rights Ireland und Seitlinger u.a., Rn. 34. Vgl. auch EuGH Urt. v. 21.12.2016 – C-203/15 u. C-298/15, ECLI:EU:C:2016:970 Rn. 85 ff. – Tele2 Sverige.
[21] EuGH Urt. v. 8.4.2014 – C-293/12 u. C-594/12, ECLI:EU:C:2014:238 = ZD 2014, 296 mAnm *Petri* – Digital Rights Ireland und Seitlinger u.a., Rn. 34.
[22] EuGH Urt. v. 8.4.2014 – C-293/12 u. C-594/12, ECLI:EU:C:2014:238 = ZD 2014, 296 mAnm *Petri* – Digital Rights Ireland und Seitlinger u.a., Rn. 39.
[23] EuGH Urt. v. 8.4.2014 – C-293/12 u. C-594/12, ECLI:EU:C:2014:238 = ZD 2014, 296 mAnm *Petri* – Digital Rights Ireland und Seitlinger u.a., Rn. 36.
[24] EuGH Urt. v. 5.5.2011 – C-544/09, ECLI:EU:C:2011:279 – Deutsche Telekom, Rn. 67.
[25] EuGH Urt. v. 15.3.2017 – C-543/15, ECLI:EU:C:2017:214 – Tele2 (Netherlands) u.a., Rn. 40–41.

„Einwilligung" und „Löschung" in diesen Bestimmungen der ePrivacy-RL ist durch die Bestimmungen der DS-GVO festgelegt und entsprechend anzuwenden.[26]

II. Beschränkung zusätzlicher Pflichten durch die DS-GVO

Bei der durch Art. 95 bezweckten Verhinderung zusätzlicher Pflichten für Verantwortliche sind nur solche Bestimmungen zu berücksichtigen, bei denen die ePrivacy-RL spezifische Regelungen zu auch in der DS-GVO geregelten Situationen enthält. Regelungen der DS-GVO, für welche die ePrivacy-RL keine Spezialregelungen enthält, werden auch im Geltungsbereich der ePrivacy-RL angewandt. Für Regelungen der ePrivacy-RL, die außerhalb des Anwendungsbereichs der Bestimmungen der DS-GVO liegen, können sich durch Verwendung der Begriffe und Verfahren der DS-GVO Änderungen ergeben. 17

Während Art. 95 nur auf Pflichten der Verantwortlichen eingeht, stellt Erwägungsgrund 173 klar, dass nicht nur Pflichten gemeint sind, die ausdrücklich als solche in der DS-GVO erwähnt sind, sondern auch solche, die sich aus den Rechten der betroffenen Personen ergeben. 18

Um das Ziel des Art. 95 zu erreichen, ist zu entscheiden, welche Bestimmungen der DS-GVO zusätzliche Pflichten für Verantwortliche schaffen, und für welche Situationen bereits besondere Bestimmungen der ePrivacy-RL vorliegen, aufgrund deren Vorhandensein Art. 95 weitere Verpflichtungen ausschließt. Die Bestimmungen des **Art. 4 ePrivacy-RL** zu besonderen Sicherheitsmaßnahmen bei der Verarbeitung (Abs. 1a) und zu Datenschutzverletzungen (Abs. 3, 4, und 5) sind als solche besonderen Bestimmungen zu sehen, so dass die entsprechenden Bestimmungen der **Art. 32, 33 und 34** nicht zu zusätzlichen Verpflichtungen führen dürfen (→ Einl. Rn. 129). Bestimmungen der DS-GVO zu Rechtsbehelfen, Haftung und Sanktionen gelten für den Anwendungsbereich der ePrivacy-RL. Ebenso hat der Europäische Datenschutzausschuss seine Aufgaben gemäß Art. 94 Abs. 2 S. 2 auch bezüglich der Bestimmungen der ePrivacy-RL wahrzunehmen. 19

Soweit die ePrivacy-RL die **Verarbeitung von Verkehrs- und Standortdaten** zulässt und keine besonderen Regeln erlässt, ist diese Verarbeitung gemäß den Bestimmungen der DS-GVO durchzuführen. Dies kann aber nicht zu einer Ausweitung der Gründe für rechtmäßige Verarbeitung, zur Zulassung weiterer Verarbeitungszwecke oder längeren Speicherfristen gegenüber den Bestimmungen der ePrivacy-RL führen. 20

Die durch **Art. 7 und 12 ePrivacy-RL** festgelegten besonderen Rechte der betroffenen Personen insbesondere zur Beschränkung der Verarbeitung in bestimmten Umständen bleiben von der DS-GVO unberührt. Allgemeinere Regeln der DS-GVO nach Kapitel III können für diese Umstände nicht zu zusätzlichen Pflichten führen, sind aber ansonsten zu beachten. 21

Im Anwendungsbereich der ePrivacy-RL gilt bereits **eine besondere Regel zur Portabilität,** nämlich gemäß Art. 106 des Europäischen Kodex für die elektronische Kommunikation (EKEK),[27] der den früheren Art. 30 Universaldienst-RL[28] ersetzt hat. Diese Bestimmung legt einige Modalitäten des Anbieterwechsels mit erheblichen Details fest. Sie ist aber keine klassische Datenschutzregelung, sondern eine Verbraucherschutzregelung, die zugleich einen wettbewerbspolitischen Zweck verfolgt. Da der Kodex für die elektronische Kommunikation die Regulierungsbehörden ermächtigt, ein Globalverfahren für die Übertragung von Rufnummern festzulegen, sollten diese Behörden prüfen, ob Aspekte des Rechts auf Datenportabilität gemäß Art. 20 (→ Einl. Rn. 67) berücksichtigt sind. Zu eventuellen Verhaltensregeln über die Ausübung des Rechtes nach Art. 20 kann der Europäische Datenschutzausschuss gemäß Art. 64 im Kohärenzverfahren eine Stellungnahme abgeben. 22

III. Ausblick auf die künftige ePrivacy-VO

Der EU-Gesetzgeber hat sich in Erwägungsgrund 173 verpflichtet, die ePrivacy-RL zu überprüfen, um die Kohärenz mit der DS-GVO zu gewährleisten (→ Einl. Rn. 129 f.). Zur Vorbereitung dieser Überprüfung führte die Kommission vom 12.4.2016 bis 5.7.2016 eine öffentliche Konsultation durch und veröffentlichte am 19.12.2016 einen Bericht über deren Ergeb- 23

---

[26] EuGH Urt. v. 27.10.2022 – C-129/21, ECLI:EU:C:2022:833 – Proximus, Rn. 51, 71.
[27] RL (EU) 2018/1972 des Europäischen Parlaments und des Rates v. 11.12.2018 über den europäischen Kodex für die elektronische Kommunikation, ABl. 2018 L 321, 36, ber. ABl. 2019 L 334, 164.
[28] RL 2002/22/EG des Europäischen Parlaments und des Rates v. 7.3.2002 über den Universaldienst und Nutzerrechte bei elektronischen Kommunikationsnetzen und -diensten (Universaldienstrichtlinie), ABl. 2002 L 108, 51 (nicht mehr in Kraft).

nisse,[29] der durch eine Evaluierung der ePrivacy-RL[30] ergänzt wurde. Am 10.1.2017 legte die Kommission einen Gesetzgebungsvorschlag für eine Verordnung über Privatsphäre und elektronische Kommunikation (**ePrivacy-VO-Vorschlag**)[31] vor, welche die ePrivacy-RL ersetzen und aufheben soll. Der Vorschlag, der bislang noch immer nicht vom Europäischen Parlament und dem EU-Ministerrat im ordentlichen EU-Gesetzgebungsverfahren angenommen worden ist, sah die umfassende Anwendbarkeit der neuen ePrivacy-VO ab dem 25.5.2018 vor, also gleichzeitig mit der DS-GVO. Das Gesetzgebungsverfahren dauert allerdings – auch wegen der Bedeutung der e-Privacy-VO für Werbe- und Trackingdienste[32] – erheblich länger als geplant,[33] so dass die ePrivacy-RL und die sie umsetzenden (europarechtskonformen) nationalen Regelungen[34] noch für längere Zeit als speziellere Regelungen bzw. komplementär zur DS-GVO anwendbar bleiben. Sobald die ePrivacy-Verordnung in Kraft tritt – dies ist nicht vor 2026/2027 zu erwarten –, regelt Art. 95 das Verhältnis der DS-GVO zur neuen ePrivacy-VO. Bezüglich des Verhältnisses zwischen DS-GVO und ePrivacy-VO verfolgt der Vorschlag einen ähnlichen Ansatz wie er bislang für das Verhältnis zwischen DS-RL und ePrivacy-RL gilt, dh Detaillierung und Ergänzung der DS-GVO durch die ePrivacy-VO (vgl. Art. 1 Abs. 3 ePrivacy-VO-Vorschlag). Die ePrivacy-VO soll dabei bezüglich der geschützten Grundrechte zum Teil über die DS-GVO hinausgehen, indem sie außer dem Datenschutz auch das Recht auf Privatheit berücksichtigt, und zudem – wie bereits die ePrivacy-RL – den Schutz bestimmter Rechte von juristischen Personen regelt. Regelungstechnisch weicht die vorgeschlagene ePrivacy-VO allerdings in vielen Punkten erheblich vom bisherigen Ansatz der ePrivacy-RL ab. Denn sie löst den Schutz des Privatlebens bei der elektronischen Kommunikation formal aus der Struktur des besonderen Rechtsrahmens für elektronische Kommunikation – also der sektorspezifischen, primär an den Grundsätzen des europäischen Wettbewerbsrechts orientierten Regelung der modernen Telekommunikationsmärkte – heraus. Ferner soll ihr Anwendungsbereich nicht mehr auf die bisher in diesem Rahmen regulierten Anbieter von elektronischen Kommunikationsdiensten beschränkt bleiben, sondern auch Anbieter der Übermittlung von Text-, Video- und Audioinhalten über Internetzugänge (sog. Anbieter von „over-the-top"-Diensten bzw. OTT-Anbieter wie etwa WhatsApp) erfassen (vgl. Erwägungsgrund 8 und Art. 1 Abs. 1 ePrivacy-VO-Vorschlag). Der **Übergang von einem dienstezentrierten**[35] **zu einem datenorientierten**[36] **Ansatz** wird allerdings dadurch konditioniert, dass der Vorschlag weiterhin zentrale Definitio-

---

[29] Full report on the public consultation on the ePrivacy Directive, abrufbar unter https://digital-strategy.ec.europa.eu/en/library/full-report-public-consultation-eprivacy-directive.

[30] Evaluation and review of Directive 2002/58 on privacy and the electronic communication sector, abrufbar unter https://digital-strategy.ec.europa.eu/en/library/evaluation-and-review-directive-200258-privacy-and-electronic-communication-sector.

[31] Vorschlag der Kommission v. 10.1.2017 für eine VO des Europäischen Parlaments und des Rates über die Achtung des Privatlebens und den Schutz personenbezogener Daten in der elektronischen Kommunikation und zur Aufhebung der Richtlinie 2002/58/EG (Verordnung über Privatsphäre und elektronische Kommunikation), COM(2017) 10.

[32] Dazu *Schleipfer* ZD 2017, 460. Vgl. auch *Herbrich* DB 2023, 317, der zu dem Ergebnis kommt: „Die Cookie-Richtlinie ist gekommen, um zu bleiben!"

[33] Gute Übersicht zu den wesentlichen im Gesetzgebungsverfahren zu Sprache kommenden Interessen bei *Lutz* ZD-Aktuell 2017, 05707.

[34] In Deutschland war die Debatte um den ePrivacy-VO-Vorschlag bes. kontrovers, da das dort zunächst im TMG national geltende Widerspruchsrecht („Opt-out") gegenüber sog. „Cookies" schon früher von der Kommission als Verstoß gegen die eine Einwilligungspflicht („Opt-in") vorsehende ePrivacy-RL angesehen wurde. Vgl. hierzu auch die Positionsbestimmung der Konferenz der unabhängigen Datenschutzbehörden des Bundes und der Länder v. 26.4.2018, welche sogar zu dem Erg. gelangt, dass die datenschutzrechtlichen Regelungen des TMG zur Gänze vom Anwendungsvorrang der DS-GVO verdrängt werden. Krit. *Neuber* ZD 2018, 241. Im Juni 2021 hat das neue TTDSG in seinem § 25 insofern endlich einen europarechtskonformen Zustand hergestellt, in dem es die „Cookie-Regelung" des Art. 5 Abs. 3 ePrivacy-RL umsetzt. Dies bedeutet, dass heute gem. Art. 95 die Regelung des § 25 TTDSG als Spezialregelung den Regeln der DS-GVO vorgeht, was das Speichern von Informationen in Endeinrichtungen oder den Zugriff von auf in Endeinrichtungen gespeicherten Informationen angeht. Die nachfolgende Speicherung, Analyse oder Weitergabe von personenbezogenen Daten richtet sich dagegen – da nicht von der lex specialis erfasst – nach den allg. Regeln der DS-GVO. Vgl. dazu Gola/Heckmann/*Piltz* DS-GVO Art. 95 Rn. 23. Zur Auslegung von Art. 5 Abs. 3 ePrivacy-RL vgl. Europäischer Datenschutzausschuss, Guidelines 2/2023 on Technical Scope of Act. 5 (3) of ePrivacy Directive, angenommen am 14.11.2023. Vgl. auch Öst.VGH Urt. v. 31.10.2023 – Gz. Ro 2020/04/0024, wonach eine „wirtschaftliche Notwendigkeit" nicht ausreicht, um den Einsatz von Cookies ohne Einwilligung der betroffenen Person zu rechtfertigen.

[35] Vgl. *van Hoboken/Borgesius* JIPITEC 6 (2015), 198 Rn. 29 ff.

[36] Vgl. *van Hoboken/Borgesius* JIPITEC 6 (2015), 198 Rn. 39 ff.

nen des Rechtsrahmens für elektronische Kommunikation verwendet, der inzwischen durch den Europäischen Kodex für die elektronische Kommunikation modernisiert und aktualisiert wurde.[37] Der neue Kodex beeinflusst nun auch den künftigen Inhalt der ePrivacy-VO, insbesondere deren Anwendung auf OTT-Anbieter. Inhaltlich zielt der Vorschlag grundsätzlich auf eine weitestgehende Angleichung des in der DS-GVO vorgesehenen Schutzniveaus im Bereich der elektronischen Kommunikation. Angesichts des gegenüber der ePrivacy-RL erweiterten Anwendungsbereichs der vorgeschlagenen ePrivacy-VO mussten auch die Kategorien der betrachteten Kommunikationsdaten in größerer Unabhängigkeit von den sehr diversen verwendeten Kommunikationstechnologien definiert werden. Dies ist reflektiert in den unterschiedlichen Schutzbestimmungen für Inhalte der Kommunikation und sog. Metadaten, sowie den grundsätzlich für alle Kommunikationsdaten geltenden Mindestbestimmungen. Bei der Definition der Schutzniveaus orientiert sich der Vorschlag an der Rechtsprechung des EuGH, insbesondere den Ausführungen bezüglich der Schwere des Grundrechtseingriffs im Urteil des EuGH in C-293/12 (Digital Rights Ireland). Auch wenn, wie zu erwarten war, Einzelheiten (zB die Behandlung von Metadaten oder die grundrechtlichen Grenzen für eine Vorratsdatenspeicherung, bei denen sich der Vorschlag der Kommission unmittelbar an der Rechtsprechung des EuGH – insbesondere am Tele2 Sverige-Urteil des EuGH v. 21.12.2016[38] – orientiert, im Gesetzgebungsverfahren kontrovers beraten werden, bringt der Vorschlag für die ePrivacy-VO eine bessere Strukturierung und Harmonisierung der verschiedenen Vorschriften zum Schutz der betroffenen Grundrechte und führt damit auch zu einer größeren Rechtssicherheit für Betroffene und Dienstanbieter. So unterscheidet der Vorschlag auch zwischen verschiedenen Dimensionen des Grundrechts auf Privatheit: Die Art. 5, 6 und 7 des Vorschlags betreffen daher die Vertraulichkeit der eigentlichen Kommunikationsdaten, also Inhalte und Metadaten, sowie die Zulässigkeit von deren Verarbeitung. Art. 8 des Vorschlags befasst sich mit den Endgeräten der Nutzer, die zum einen gegen Manipulationen geschützt werden müssen, um überhaupt vertrauliche Kommunikation zu ermöglichen, zum anderen aber auch selbst einen Teil des Privatlebens der Betroffenen bilden und damit auch direkt dem Schutz des Grundrechts auf Privatheit aus Art. 7 GRCh unterliegen, und legt dafür spezifische Schutzregeln fest. Damit bringt der Vorschlag keine grundsätzlich neuen Elemente, ordnet aber die bereits in der ePrivacy-RL vorhandenen Bestimmungen klarer und sollte damit auch zu einer größeren Klarheit der Gesetzgebung in diesem wichtigen Bereich führen. Der Vorschlag würde zudem in Bezug auf Organisation und Verfahren der Rechtsdurchsetzung zu einer deutlich größeren Nähe zur DS-GVO führen. So würde dem Kommissionsvorschlag zufolge die Verantwortung für die Durchsetzung der ePrivacy-Regelungen nicht mehr wie bisher den für elektronische Kommunikation zuständigen nationalen Aufsichtsbehörden, sondern den gemäß der DS-GVO tätigen Datenschutz-Aufsichtsbehörden der Mitgliedstaaten zugeordnet (vgl. Art. 18 Abs. 1 ePrivacy-VO-Vorschlag). Zudem würde der Europäische Datenschutzausschuss seine Aufgaben umfassend auch hinsichtlich der ePrivacy-VO mit dem Ziel ihrer kohärenten Anwendung wahrnehmen (vgl. Art. 19 ePrivacy-VO-Vorschlag); auch das in der DS-GVO vorgeschriebene Verfahren der Zusammenarbeit und Kohärenz käme zur Anwendung (vgl. Art. 20 ePrivacy-VO-Vorschlag), was nach aktueller Rechtslage nur dann der Fall ist, wenn eine Verarbeitung nicht den speziellen Bestimmungen der ePrivacy-RL unterliegt, sondern den allgemeinen Bestimmungen der DS-GVO.[39] Ebenso würden die Bestimmungen über Rechtsbehelfe, Haftung und Sanktionen an die DS-GVO angepasst (vgl. Art. 23 ePrivacy-VO-Vorschlag), was insbesondere wegen der Höhe der in der DS-GVO vorgegebenen Geldbußen die praktische Bedeutung des Datenschutzes für Anbieter von elektronischen Kommunikationsdiensten und OTT-Anbieter erheblich vergrößern würde. Mit Durchführungsrechtsakten der Kommission wäre allerdings nach dem ePrivacy-VO-Vorschlag weiterhin der (auch ansonsten für Fragen der elektronischen Kommunikation zuständige) Kommunikationsausschuss zu befassen (vgl. Art. 26 ePrivacy-VO-Vorschlag). Das Europäische Parlament

---

[37] Richtlinie (EU) 2018/1972 des Europäischen Parlaments und des Rates v. 11.12.2018 über den europäischen Kodex für die elektronische Kommunikation, ABl. 2018 L 321, 36, ber. ABl. 2019 L 334, 164. Dies betrifft insbes. die erweiterten Definitionen von „elektronischen Kommunikationsnetz" in Art. 2 Ziff. 1 Richtlinie (EU) 2018/1972 und von „elektronische Kommunikationsdienste" in Art. 2 Ziff. 4 Richtlinie (EU) 2018/1972.
[38] EuGH Urt. v. 21.12.2016 – C-203/15 u. C-298/15, ECLI:EU:C:2016:970 – Tele2 Sverige.
[39] Vgl. Europäischer Datenschutzausschuss, Stellungnahme 5/2019 zum Zusammenspiel zwischen der e-Datenschutz-Richtlinie und der DSGVO, insbesondere in Bezug auf die Zuständigkeiten, Aufgaben und Befugnisse von Datenschutzbehörden, angenommen am 12.3.2019, abrufbar unter https://edpb.europa.eu/sites/default/files/files/file1/201905_edpb_opinion_eprivacydir_gdpr_interplay_en_de.pdf, Rn. 79–85, 91.

und der EU-Ministerrat werden im nach wie vor laufenden Gesetzgebungsverfahren u.a. darüber zu beraten haben, ob stattdessen nicht besser der auf Fragen des Datenschutzes spezialisierte Ausschuss nach Art. 93 DS-GVO zuständig sein sollte.

IV. Entwicklung seit Geltung der DS-GVO

24 Seit die DS-GVO in allen Mitgliedstaaten unmittelbar geltendes Recht geworden ist, hat es eine wichtige Rechtsänderung gegeben, die sich materiell auf das Verhältnis zwischen der DS-GVO und der ePrivacy-RL auswirkt. Denn mit dem 2018 vom EU-Gesetzgeber mit der **Richtlinie (EU) 2018/1972** geschaffenen **Europäischen Kodex für elektronische Kommunikation** (EKEK) wird der bis dahin geltende Rechtsrahmen für elektronische Kommunikation, zu dem auch die ePrivacy-RL gehört, umfassend modernisiert. Nach dem EKEK hatten die Mitgliedstaaten bis zum 21.12.2020 Zeit, die Rechts- und Verwaltungsvorschriften zu dessen Umsetzung erlassen. Zum gleichen Datum wurden die Richtlinien 2002/19/EG[40], 2002/20/EG[41], 2002/21/EG[42] und 2002/22/EG[43] aufgehoben, dh alle Richtlinien des bisherigen Rechtsrahmens für elektronische Kommunikation – wurden durch das neue Instrument ersetzt – mit Ausnahme der ePrivacy-RL, die als solche zunächst (bis zur Verabschiedung der ePrivacy-VO) erhalten bleibt.

25 Der Text der ePrivacy-RL wird durch diese umfassende Neufassung des Rechtsrahmens nicht berührt. Allerdings ergeben sich materielle Änderungen durch die Änderung von Definitionen aus der früheren Rahmenrichtlinie, die auch für die Bestimmungen der ePrivacy-RL angewandt werden. Insbesondere definiert der EKEK in Art. 2 Ziff. 4 den Begriff „elektronische Kommunikationsdienste" erheblich umfassender als dies in Art. 2 lit. c Rahmen-RL 2002/21/EG der Fall war. Nach der neuen Definition gehören dazu jetzt auch „Internetzugangsdienste", und „interpersonelle Kommunikationsdienste". Damit fallen insbesondere Dienste wie WhatsApp, Messenger, Signal und ähnliche in den Anwendungsbereich, für die Bestimmungen der ePrivacy-RL nicht anwendbar waren. Mit der Ausweitung des Anwendungsbereichs der ePrivacy-RL durch den EKEK erhöht sich somit das Potenzial von Überschneidungen mit der DS-GVO und damit die praktische Relevanz der Kollisionsregeln des Art. 95.

26 Mit der Erstreckung des Fernmeldegeheimnisses gemäß Art. 5 ePrivacy-RL auf „nummernunabhängige interpersonelle Kommunikationsdienste" iSv Art. 2 Ziff. 7 EKEK, die ebenfalls jetzt als elektronische Kommunikationsdienste gemäß Art. 2 Ziff. 4 lit. b EKEK gelten, wurden Praktiken der systematischen Kommunikationsüberwachung, die bisher bei nicht verschlüsselten Diensten betrieben wurden, rechtlich problematisch.[44] Um weiterhin die Überwachung dieser Dienste insbesondere in Bezug auf Darstellungen von sexuellem Kindesmissbrauch zu erlauben, erließ der EU-Gesetzgeber eine bis zum 3.8.2024 gültige Verordnung,[45] die vorübergehend Ausnahmen von den Bestimmungen der Art. 5 Abs. 1 und Art. 6 Abs. 1 ePrivacy-RL erlaubt. Inzwischen liegt ein Kommissionsvorschlag[46] für eine erheblich weiterreichende Verordnung vor. Da über diesen Vorschlag bislang keine Einigung erzielt werden konnte, hat die Kommission Ende 2023 eine Verlängerung der Ausnahmeregelung vorgeschlagen.

---

[40] Richtlinie 2002/19/EG des Europäischen Parlaments und des Rates v. 7.3.2002 über den Zugang zu elektronischen Kommunikationsnetzen und zugehörigen Einrichtungen sowie deren Zusammenschaltung (Zugangsrichtlinie), ABl. 2002 L 108, 7 (nicht mehr in Kraft).

[41] RL 2002/20/EG des Europäischen Parlaments und des Rates v. 7.3.2002 über die Genehmigung elektronischer Kommunikationsnetze und -dienste (Genehmigungsrichtlinie), ABl. 2002 L 108, 21 (nicht mehr in Kraft).

[42] RL 2002/21/EG des Europäischen Parlaments und des Rates v. 7.3.2002 über einen gemeinsamen Rechtsrahmen für elektronische Kommunikationsnetze und -dienste (Rahmenrichtlinie), ABl. 2002 L 108, 33 (nicht mehr in Kraft).

[43] RL 2002/22/EG des Europäischen Parlaments und des Rates v. 7.3.2002 über den Universaldienst und Nutzerrechte bei elektronischen Kommunikationsnetzen und -diensten (Universaldienstrichtlinie), ABl. 2002 L 108, 51 (nicht mehr in Kraft).

[44] https://netzpolitik.org/2022/chatkontrolle-was-unternehmen-schon-freiwillig-tun/.

[45] VO (EU) 2021/1232 des Europäischen Parlaments und des Rates v. 14.7.2021 über eine vorübergehende Ausnahme von bestimmten Vorschriften der Richtlinie 2002/58/EG hinsichtlich der Verwendung von Technologien durch Anbieter nummernunabhängiger interpersoneller Kommunikationsdienste zur Verarbeitung personenbezogener und anderer Daten zwecks Bekämpfung des sexuellen Missbrauchs von Kindern im Internet, ABl. 2021 L 274, 41.

[46] Vorschlag der Kommission v. 11.5.2022 für eine Verordnung des Europäischen Parlaments und des Rates zur Festlegung von Vorschriften zur Prävention und Bekämpfung des sexuellen Missbrauchs von Kindern, COM(2022) 209, ABl. 2021 L 274, 41.

Wegen der neuen und weiteren Begriffsdefinitionen im EKEK mussten die Mitgliedsstaaten 27
ihre nationalen Gesetze, die sie zur Umsetzung der ePrivacy-RL erlassen hatten, anpassen. In
Deutschland erfolgte diese Anpassung für den Bereich der ePrivacy-RL durch das **TTDSG**,[47]
mit dem zugleich andere ausstehende Umsetzungen von EU-Recht vorgenommen wurden.[48]

C. Rechtsschutz

Gemäß **Art. 15 ePrivacy-RL** iVm Art. 94 Abs. 2 S. 1 DS-GVO gelten die Regelungen der 28
DS-GVO zum Rechtsschutz auch im Anwendungsbereich der ePrivacy-RL. Diese Regelung
wird durch Art. 95 nicht berührt.

Art. 96 Verhältnis zu bereits geschlossenen Übereinkünften

Internationale Übereinkünfte, die die Übermittlung personenbezogener Daten an Drittländer oder internationale Organisationen mit sich bringen, die von den Mitgliedstaaten vor dem 24. Mai 2016 abgeschlossen wurden und die im Einklang mit dem vor diesem Tag geltenden Unionsrecht stehen, bleiben in Kraft, bis sie geändert, ersetzt oder gekündigt werden.

Rechtsprechung: EuGH Urt. v. 14.10.1980 – C-812/79, ECLI:EU:C:1980:231 – Attorney General/Burgoa; EuGH Urt. v. 4.7.2000 – C-62/98, ECLI:EU:C:2000:358 – Kommission/Portugal; EuGH Urt. v. 5.11.2002 – C-466/98, ECLI:EU:C:2002:624 – Kommission/Vereinigtes Königreich; EuGH Urt. v. 15.12.2015 – C-132/14 bis C-136/14, ECLI:EU:C:2015:813 = BeckEuRS 2015, 491144 – Parlament/Rat; EuGH Gutachten v. 26.7.2017, Gutachten 1/15, ECLI:EU:C:2017:592 = ZD 2018, 23 – PNR-Abkommen EU-Kanada.

Übersicht

	Rn.
A. Allgemeines	1
I. Zweck und Bedeutung der Vorschrift	1
II. Systematik, Verhältnis zu anderen Vorschriften	2
B. Einzelerläuterungen	3
I. Anwendungsbereich	3
II. Rechtsfolgen	5

A. Allgemeines*

I. Zweck und Bedeutung der Vorschrift

Die Vorschrift sieht vor, dass völkerrechtliche Abkommen, die die Übermittlung personenbe- 1
zogener Daten an Drittländer oder internationale Organisationen mit sich bringen, die von den
Mitgliedstaaten vor dem Inkrafttreten der DS-GVO abgeschlossen wurden und die im Einklang
mit dem vor Inkrafttreten der DS-GVO geltenden Unionsrecht stehen, in Kraft bleiben, bis sie
geändert, ersetzt oder gekündigt werden. Eine **inhaltliche Anpassung** dieser Übereinkünfte an
die Vorgaben der DS-GVO soll damit ausgeschlossen werden. Ohne Abstriche am Schutz der
übermittelten personenbezogener Daten soll dies Rechtssicherheit für die Anwender dieser
Abkommen gewährleisten und unnötigen Verwaltungsaufwand für die Mitgliedstaaten verhindern. Außerdem soll dadurch berücksichtigt werden, dass die Mitgliedstaaten für die Änderung
geltender Übereinkünfte auf die Kooperationsbereitschaft der betroffenen Drittstaaten oder
internationalen Organisationen angewiesen sind.[1] Die praktische Bedeutung dieser Vorschrift
erscheint gering, da Datenübermittlungen auf Grundlage solcher Abkommen dennoch die Vor-

---

[47] Gesetz zur Regelung des Datenschutzes und des Schutzes der Privatsphäre in der Telekommunikation und bei Telemedien (TTDSG), BGBl. 2021 I 1982.
[48] Taeger/Gabel/*Ettig* TTDSG Rn. 1–4.
* Der Verfasser vertritt hier seine persönliche Auffassung, die nicht notwendig der Auffassung des Europäischen Datenschutzbeauftragten entspricht.
[1] Entw. der Begr. des Rates, Ratsdok. v. 8.4.2016, 5419/1/16 REV 1 ADD 1.

schriften der DS-GVO einzuhalten haben[2] und im Falle eines mitgliedstaatlichen Konflikts zwischen seinen völkerrechtlichen Verpflichtungen und seinen unionsrechtlichen Verpflichtungen die primärrechtliche Regelung des Art. 351 AEUV vorgeht.[3]

II. Systematik, Verhältnis zu anderen Vorschriften

2   Die nicht im Kommissionsvorschlag zur DS-GVO enthaltene Vorschrift ist inhaltsgleich mit Art. 61 RL (EU) 2016/680.[4]

B. Einzelerläuterungen

I. Anwendungsbereich

3   Art. 96 erfasst **ausschließlich völkerrechtliche Übereinkünfte der Mitgliedstaaten,** nicht dagegen solche der Union.[5] Zu beachten ist dabei, dass den Mitgliedstaaten aufgrund der ausschließlichen Kompetenz der Union im Politikbereich Datenschutz gemäß Art. 216 Abs. 1 AEUV der Abschluss von allgemeinen Datenschutzabkommen (etwa zur Festlegung datenschutzrechtlicher Standards) verwehrt ist.[6] Die Vorschrift findet auch nur Anwendung auf solche völkerrechtliche Übereinkünfte der Mitgliedstaaten, die vor dem **Stichtag 24.5.2016,** also dem Inkrafttreten der DS-GVO abgeschlossen wurden. Darüber hinaus müssen diese Abkommen die **Übermittlung personenbezogener Daten** an Drittländer oder internationale Organisationen vorsehen („mit sich bringen"). Darunter sind alle solchen Abkommen zu verstehen, auf deren Grundlage eine Übermittlung personenbezogener Daten iSd DS-GVO (→ Art. 44 Rn. 7) und im Anwendungsbereich der DS-GVO (Art. 1 und 2) stattfindet oder stattfinden könnte. Für internationale Abkommen der Mitgliedstaaten, bei denen die Übermittlung personenbezogener Daten an Drittländer oder internationale Organisationen zu Zwecken der Verhütung, Ermittlung, Aufdeckung oder Verfolgung von Straftaten oder der Strafvollstreckung erfolgt – etwa in Rechtshilfeabkommen –, gilt daher nicht Art. 96, sondern allein die entsprechende Verpflichtung des Art. 61 RL (EU) 2016/680.[7] Die berührten Abkommen haben darüber hinaus **im Einklang mit Unionsrecht** zu stehen. Das Unionsrecht besteht aus dem Primärrecht und dem ihm untergeordneten Sekundärrecht;[8] besondere Bedeutung kommt im Anwendungsbereich dieser Vorschrift der GRCh und der DS-RL sowie der diesbezüglichen Rechtsprechung des EuGH zu.

4   Damit soll auch der **Verpflichtung des Art. 351 AEUV** Rechnung getragen werden, der nach ständiger EuGH-Rechtsprechung allgemeine Geltung zukommt und unabhängig von seinem Gegenstand alle völkerrechtlichen Verträge erfasst, die sich auf die Anwendung der

---

[2] Ausdrücklich Europäischer Datenschutzausschuss, Erklärung 04/2021 zu internationalen Übereinkünften, die Datenübermittlungen einschließen v. 13.4.2021; siehe dazu auch die Entscheidung der belgischen Datenschutzbehörde 61/2023 bzgl. des US Foreign Account Tax Compliance Act (FATCA) v. 24.5.2023 Rn. 129–156, autoriteprotectiondonnees.be/publications/decision-quant-au-fond-n-61-2023.pdf.

[3] Zweifelnd Gierschmann/Schlender/Stentzel/Veil/*Gaitzsch* DS-GVO Art. 96 Rn. 6.

[4] RL (EU) 2016/680 des Europäischen Parlaments und des Rates v. 27.4.2016 zum Schutz natürlicher Personen bei der Verarbeitung personenbezogener Daten durch die zuständigen Behörden zum Zwecke der Verhütung, Ermittlung, Aufdeckung oder Verfolgung von Straftaten oder der Strafvollstreckung sowie zum freien Datenverkehr und zur Aufhebung des Rahmenbeschl. 2008/977/JI des Rates, ABl. 2016 L 119, 89.

[5] Bestimmungen einer internationalen Übereinkunft, die die Union gem. den Art. 217 und 218 AEUV geschlossen hat, sind ab dem Inkrafttreten der Übereinkunft Bestandteil der Unionsrechtsordnung und müssen darum mit den Verträgen und den Verfassungsgrundsätzen, die sich aus ihnen ableiten lassen, im Einklang stehen; s. EuGH Gutachten v. 26.7.2017 – Gutachten 1/15, ECLI:EU:C:2017:592 = ZD 2018, 23 Rn. 67 – PNR-Abkommen EU-Kanada.

[6] Da die Union das Protokoll zur Änderung des Übereinkommens zum Schutz des Menschen bei der automatischen Verarbeitung personenbezogener Daten des Europarates (SEV 223) nicht unterzeichnen oder ratifizieren kann, da im derzeitigen Übereinkommen Nr. 108 nur Staaten Vertragsparteien sind, wurden die Mitgliedstaaten daher ausdrücklich ermächtigt, das Änderungsprotokoll im Interesse der Union gemeinsam zu unterzeichnen und zu ratifizieren. S. Vorschlag für einen Beschluss des Rates zur Ermächtigung der Mitgliedstaaten, im Interesse der Europäischen Union das Protokoll zur Änderung des Übereinkommens des Europarats zum Schutz des Menschen bei der automatischen Verarbeitung personenbezogener Daten zu ratifizieren – Annahme, Ratsdok. 7772/19.

[7] So auch Gierschmann/Schlender/Stentzel/Veil/*Gaitzsch* DS-GVO Art. 96 Rn. 4; aA anscheinend Paal/Pauly/*Pauly* DS-GVO Art. 96 Rn. 8 sowie Gola/*Piltz* DS-GVO Art. 96 Rn. 6.

[8] Vgl. EuGH Urt. v. 15.12.2015 – C-132/14 bis C-136/14, ECLI:EU:C:2015:813 = BeckEuRS 2015, 491144 Rn. 72 – Parlament/Rat.

Verträge auswirken können:[9] Durch Art. 351 Abs. 1 AEUV in Übereinstimmung mit den Grundsätzen des Völkerrechts[10] soll klargestellt werden, dass die Geltung der Verträge die Verpflichtung eines Mitgliedstaats nicht berührt, Rechte dritter Länder aus einer früheren Übereinkunft zu achten und die entsprechenden Pflichten zu erfüllen.

II. Rechtsfolgen

Greift Art. 96, bleiben **internationale Übereinkünfte der Mitgliedstaaten in Kraft,** bis sie geändert, ersetzt oder gekündigt werden. Sobald ein von Art. 96 erfasstes Abkommen geändert, ersetzt oder gekündigt wird, hat der Mitgliedstaat der DS-GVO vollumfänglich Rechnung zu tragen. Bei mit Unionsrecht unvereinbaren Abkommen haben die Mitgliedstaaten nach Art. 351 Abs. 2 AEUV alle geeigneten Mittel anzuwenden, um etwaige Unvereinbarkeiten solcher Übereinkünfte mit den Verträgen zu beheben. **5**

Eine **Meldepflicht** der von Art. 96 betroffenen Abkommen an die KOM besteht nicht. Die Anwendung der Vorschrift kann jedoch von den KOM in ihren Bewertungsberichten gemäß Art. 97 überprüft werden. **6**

Art. 97 Berichte der Kommission

(1) ¹Bis zum 25. Mai 2020 und danach alle vier Jahre legt die Kommission dem Europäischen Parlament und dem Rat einen Bericht über die Bewertung und Überprüfung dieser Verordnung vor. ²Die Berichte werden öffentlich gemacht.

(2) Im Rahmen der Bewertungen und Überprüfungen nach Absatz 1 prüft die Kommission insbesondere die Anwendung und die Wirkungsweise

a) des Kapitels V über die Übermittlung personenbezogener Daten an Drittländer oder an internationale Organisationen insbesondere im Hinblick auf die gemäß Artikel 45 Absatz 3 der vorliegenden Verordnung erlassenen Beschlüsse sowie die gemäß Artikel 25 Absatz 6 der Richtlinie 95/46/EG erlassenen Feststellungen,

b) des Kapitels VII über Zusammenarbeit und Kohärenz.

(3) Für den in Absatz 1 genannten Zweck kann die Kommission Informationen von den Mitgliedstaaten und den Aufsichtsbehörden anfordern.

(4) Bei den in den Absätzen 1 und 2 genannten Bewertungen und Überprüfungen berücksichtigt die Kommission die Standpunkte und Feststellungen des Europäischen Parlaments, des Rates und anderer einschlägiger Stellen oder Quellen.

(5) Die Kommission legt erforderlichenfalls geeignete Vorschläge zur Änderung dieser Verordnung vor und berücksichtigt dabei insbesondere die Entwicklungen in der Informationstechnologie und die Fortschritte in der Informationsgesellschaft.

Literatur: *Heberlein,* Zwei Jahre Anwendung der DS-GVO, ZD 2020,487; *Roßnagel,* Die Evaluierung der Datenschutz-Grundverordnung, MMR 2020, 657.

Übersicht

	Rn.
A. Allgemeines	1
I. Zweck und Bedeutung der Vorschrift	1
II. Systematik, Verhältnis zu anderen Vorschriften	2
B. Einzelerläuterungen	5
I. Abs. 1	5
II. Abs. 2	7
III. Abs. 3	9
IV. Abs. 4	10
V. Abs. 5	11

---

[9] EuGH Urt. v. 14.10.1980 – C-812/79, ECLI:EU:C:1980:231 Rn. 6 – Attorney General/Burgoa; EuGH Urt. v. 4.7.2000 – C-62/98, ECLI:EU:C:2000:358 Rn. 43 – Kommission/Portugal; EuGH Urt. v. 5.11.2002 – C-466/98, ECLI:EU:C:2002:624 Rn. 23 – Kommission/Vereinigtes Königreich.

[10] Vgl. bspw. Art. 30 Abs. 4 Buchst. b des Wiener Übereinkommens über das Recht der Verträge v. 23.5.1969, BGBl. 1985 II 927.

A. Allgemeines

I. Zweck und Bedeutung der Vorschrift

1 Die Vorschrift verpflichtet zu einer Bewertung und Überprüfung der Auswirkungen der Verordnung durch die Kommission. Es handelt sich um eine Verpflichtung zu einer **Ex-post-Evaluierung**,[1] in anderem Zusammenhang teils auch als retrospektive Gesetzesfolgenabschätzung bezeichnet.[2] Sie spezifiziert die allgemeine Pflicht der Kommission, die Interessen der Union zu fördern und zu diesem Zweck geeignete Maßnahmen zu ergreifen (Art. 17 Abs. 1 S. 1 EUV). Ein Bericht war erstmals bis zum 25.5.2020 und damit bereits binnen zwei Jahren nach dem Zeitpunkt vorzulegen, ab dem die Verordnung gilt (§ 99 Abs. 2). Danach gilt ein Berichtsturnus von vier Jahren. Wesentlicher **Zweck der Bewertung und Überprüfung** im Rahmen der Berichte ist es, auf der Basis umfassender Informationen (siehe dazu Abs. 4), die auch von Mitgliedstaaten und Aufsichtsbehörden angefordert werden können (siehe dazu Abs. 3), die Auswirkungen der in der Verordnung getroffenen Regelungen darzustellen (mit einem Schwerpunkt auf den in Abs. 2 genannten Teilen der Verordnung) und darauf aufbauend nötigenfalls Vorschläge zur Änderung der Verordnung vorzulegen. Es ist davon auszugehen, dass die **Evaluierungsberichte der Kommission** die weitere Entwicklung des europäischen Datenschutzrechts wesentlich beeinflussen werden. Fachgesellschaften und Interessenverbände können dabei einen Beitrag leisten, indem sie dafür Sorge tragen, dass der Kommission rechtzeitig und umfassend einschlägige „Quellen" gemäß Abs. 4 zur Verfügung stehen.

II. Systematik, Verhältnis zu anderen Vorschriften

2 Abs. 1 begründet die **Berichtspflicht** der Kommission. Abs. 2 setzt Schwerpunkte für den Inhalt der Berichte. Abs. 3 gibt der Kommission ein **Informationsrecht** gegenüber den Mitgliedstaaten und den Aufsichtsbehörden der Mitgliedstaaten und begründet damit zugleich auf deren Seite eine entsprechende Informationspflicht. Abs. 4 regelt, auf welcher Informationsbasis die Berichte zu erstellen sind. Abs. 5 gibt der Kommission den Auftrag, nötigenfalls **Vorschläge zur Änderung der DS-GVO** vorzulegen.

3 Die in Abs. 1 vorgeschriebenen Berichte der Kommission stehen neben den **weiteren Berichten** der Aufsichtsbehörden (Art. 59) und den Berichten des Europäischen Datenschutzausschusses (Art. 71). Diese sind – wie auch der Bericht der Kommission (siehe Art. 97 Abs. 1 S. 2) – zu veröffentlichen (siehe Art. 59 S. 3 bzw. Art. 71 Abs. 1 S. 2), erscheinen aber als Jahresberichte. Der regelmäßige Turnus des Kommissionsberichts beträgt dagegen vier Jahre, beginnend spätestens am 25.5.2020. Zu erwähnen sind ferner die Jahresberichte des Europäischen Datenschutzbeauftragten, zu denen es gem. Art. 60 VO (EU) 2018/1725 verpflichtet ist und die ebenfalls zu veröffentlichen sind. **Berichte von Datenschutzbeauftragten** gemäß Art. 37 sind in der Verordnung nicht vorgeschrieben. Sofern vorhanden und für die Kommission zugänglich, können sie aber einschlägige Quellen iSv Abs. 4 darstellen.

4 Ergänzt wird Art. 97 durch Art. 98. Er bestimmt, dass die Kommission Gesetzgebungsvorschläge zur Änderung anderer Rechtsakte als der DS-GVO vorzulegen hat, wenn dies erforderlich ist, um einheitliche und kohärente Regelungen zum Datenschutz herzustellen.

---

[1] Siehe dazu Mitteilung der Kommission an das Europäische Parlament, den Rat, den Europäischen Wirtschafts- und Sozialausschuss und den Ausschuss der Regionen v. 19.5.2015, COM(2015) 215 final, 19; ferner Mitteilung der Kommission an das Europäische Parlament und den Rat/Vorschlag für eine interinstitutionelle Vereinbarung über bessere Rechtsetzung v. 19.5.2015, COM(2015) 216 final, 16–19.
[2] Siehe Europäisches Parlament, Arbeitsdokument Gesetzesfolgenabschätzung (GFA) – Entwicklungen und derzeitige Praktiken in den EU-Mitgliedstaaten, auf der EU-Ebene und in ausgewählten Drittländern, Luxemburg, 2002, JURI 106 DE.

B. Einzelerläuterungen

I. Abs. 1

Ihren **ersten Bericht** musste die Kommission spätestens am 25.5.2020 vorlegen (Abs. 1 S. 1).[3] Dieses Datum markierte also nicht lediglich den Stichtag für den Zeitraum ab Geltung der DS-GVO (siehe dazu Art. 99 Abs. 2), auf den sich der Bericht zu erstrecken hat. Da der Bericht bereits am 25.5.2020 hätte vorliegen müssen, hat dies von vornherein einen inhaltlichen Berichtszeitraum von de facto kürzer als zwei Jahre ergeben.[4] **Adressat der Berichte** sind das Europäische Parlament und der Rat (Abs. 1 S. 1), daneben die (interessierte) Öffentlichkeit (Abs. 1 S. 2). Für Europäisches Parlament und Rat sind die Berichte im Zusammenhang mit etwaigen Normsetzungsmaßnahmen (siehe dazu Abs. 5) von Bedeutung. Bei der (in der Regel Fach-)Öffentlichkeit ist von einem allgemeinen Informationsinteresse auszugehen.

Inhaltlich haben die Berichte sowohl eine Überprüfung als auch eine Bewertung der Verordnung zu enthalten. Mit Überprüfung ist gemeint, dass die Funktionsfähigkeit der Verordnung, aber auch ihre Auswirkungen im Lichte der Ziele zu bewerten ist, die sich insbesondere auch aus den Erwägungsgründen zur Verordnung ergeben. Genereller Maßstab ist dabei sowohl der Schutz von Grundrechten und Grundfreiheiten natürlicher Personen (siehe Art. 1 Abs. 2) als auch die Sicherung des freien Verkehrs personenbezogener Daten (Art. 1 Abs. 3). Eine Bewertung ist insbesondere unter dem Aspekt vorzunehmen, ob Vorschläge zur Änderung der Verordnung erforderlich sind (siehe dazu Abs. 5). Der erste und auch die späteren, im Turnus von vier Jahren vorzulegenden Berichte sind **öffentlich zu machen**. Dazu, wie dies zu geschehen hat, enthält die Verordnung keine Vorgaben. Bei den Berichten handelt es sich um obligatorische Veröffentlichungen, für deren Herausgabe das Amt für Veröffentlichungen der Europäischen Kommission zuständig ist.[5]

II. Abs. 2

Aus Abs. 2 ist zu erschließen, bezüglich welcher Vorschriften der DS-GVO der Verordnungsgeber von einem besonderen **Informationsbedürfnis** des Europäischen Parlaments und des Rats, aber auch der Öffentlichkeit ausgeht. Wie die Formulierung „insbesondere" zeigt, steht es der Kommission jedoch frei, nach ihrem Ermessen auch auf andere Aspekte einzugehen, die sich nicht auf die in Abs. 2 genannten Kapitel der DS-GVO beziehen. Das ist von Bedeutung für die Reichweite des Informationsrechts gemäß Abs. 3.

Abs. 2 erwähnt in diesem Zusammenhang zum einen **Kapitel V** (Übermittlungen personenbezogener Daten an Drittländer oder an internationale Organisationen), zum anderen **Kapitel VII** (Zusammenarbeit und Kohärenz). Im Rahmen von Kapitel V ist dann Art. 45 Abs. 3 nochmals besonders hervorgehoben. Er legt fest, dass die Kommission im Wege eines Durchführungsrechtsaktes beschließen kann, dass in einem Drittland usw ein angemessenes Datenschutzniveau besteht und so die Basis für die Datenübermittlung auf der Grundlage eines Angemessenheitsbeschlusses schaffen. Diese Regelung entspricht in der DS-RL, die mit Wir-

---

[3] Diese Frist hat die Kommission um einen Monat überschritten, s. ihren ersten Bericht Mitteilung der Kommission an das Europäische Parlament und den Rat v. 24.6.2020, Datenschutz als Grundpfeiler der Teilhabe der Bürgerinnen und Bürger und des Ansatzes der EU für den digitalen Wandel – zwei Jahre Anwendung der Datenschutz-Grundverordnung (COM(2020) 264 final). Ergänzend heranzuziehen ist das dem Bericht zugeordnete umfangreiche Arbeitsdokument der Kommissionsdienststellen „Commission Staff Working Document Accompanying the document Communication from the Commission to the European Parliament and the Council Data protection rules as a pillar of citizens empowerment and EUs approach to digital transition – two years of application of the General Data Protection Regulation", SWD/2020/115 final. Sehr krit. zum Inhalt des Berichts *Roßnagel* MMR 2020, 657. Mit der Vorlage des zweiten Berichts ist um die Jahresmitte 2024 zu rechnen, s. die Aufforderung der Europäischen Kommission zu Stellungnahmen vom 11.1.2024, Ref Ares (2024) 182158.

[4] *Heberlein* ZD 2020, 487 weist zurecht darauf hin, dass von den zwei Jahren auch noch die Zeitspanne abzuziehen ist, die für die Ausarbeitung des Berichts erforderlich war und dass der Berichtszeitraum von zwei Jahren unter dem Aspekt, dass die Vorarbeiten bis zum Geltungsbeginn der Verordnung etwa zehn Jahre betrugen, ohnehin relativ kurz war, weil in einer so kurzen Zeit erst wenig Praxiserfahrungen zu sammeln waren.

[5] Siehe Art. 3 Abs. 1 lit. b iVm Art. 1 Abs. 1 UAbs. 1 VO Nr. 2009/496/EG, Euratom, ABl. 2011 L 168, 41.

kung vom 25.5.2018 aufgehoben wurde (siehe Art. 94 Abs. 1), Art. 25 Abs. 6. Aus diesem Grund ist diese Vorschrift besonders genannt. Dabei ist zu beachten, dass Entscheidungen und Beschlüsse der Kommission sowie Genehmigungen der Aufsichtsbehörden auf Basis der DS-RL in Kraft bleiben, bis sie geändert, ersetzt oder aufgehoben werden.[6] Sie sind deshalb auch noch unter der Geltung der Verordnung von praktischer Relevanz. Zu erwarten ist, dass die Kommission in ihren Berichten gerade auch auf **weitere Durchführungsrechtsakte** noch besonders eingehen wird. Durchführungsrechtsakte sind neben delegierten Rechtsakten von besonderer Bedeutung.[7] Siehe dazu auch Art. 92 (Delegierte Rechtsakte) und Art. 93 (Durchführungsrechtsakte).

III. Abs. 3

9   Abs. 3 gibt der Kommission ein **Recht auf Information** gegenüber den Mitgliedstaaten und gegenüber den nationalen Aufsichtsbehörden. Gegenüber dem auf europäischer Ebene besonders bedeutsamen Europäischen Datenschutzausschuss legt Abs. 2 kein entsprechendes Recht auf Information fest. Dies ist auch nicht erforderlich, da es bereits auf der Basis von Art. 70 Abs. 1 lit. b zu den Aufgaben des Ausschusses gehört, die Kommission in allen Fragen zu beraten, die im Zusammenhang mit dem Schutz personenbezogener Daten in der Union stehen, einschließlich etwaiger Vorschläge zur Änderung der Verordnung.

IV. Abs. 4

10   Die Bedeutung von Abs. 4 liegt in erster Linie darin, dass er die Kommission dazu veranlassen will, ihre Berichte auf einer möglichst **umfassenden sachlichen Basis** zu erstellen. Insbesondere durch den Hinweis auf die Berücksichtigung „anderer einschlägiger Stellen oder Quellen" gibt die Regelung der Kommission nahezu jede Freiheit, welche Fakten und Informationen sie berücksichtigen will.

V. Abs. 5

11   **Vorschläge für Gesetzgebungsakte** gehören ohnehin zu den wesentlichen Aufgaben der Kommission (siehe Art. 17 Abs. 2 S. 1 EUV).[8] Aus diesem Grund liegt die Bedeutung von Abs. 5 nicht darin, die Kommission dazu zu ermächtigen, Änderungen der Verordnung vorzuschlagen. Seine Bedeutung ist eher darin zu sehen, dass er – wenn auch sehr allgemeine – Maßstäbe dafür vorgibt, was dabei inhaltlich zu berücksichtigen ist. Dabei gehört es zur Förderung der allgemeinen Interessen der Union (Art. 17 Abs. 1 S. 1 EUV), wenn die Kommission auf Entwicklungen in der Informationstechnologie und Fortschritte in der Informationsgesellschaft reagiert oder solche Entwicklungen und Fortschritte unterstützt. Ob es in der Praxis tatsächlich zu Gesetzgebungsvorschlägen hinsichtlich der DS-GVO kommen wird, erscheint fraglich. Die DS-RL wurde während der langen Zeit ihrer Geltung kein einziges Mal geändert. Unabhängig von Abs. 5 hat die Kommission eine zusätzliche Verordnung neben der DS-GVO vorgeschlagen, die deren Durchsetzung verbessern soll.[9] Alternativ wäre es denkbar gewesen, den Einbau entsprechender Regelungen in die DS-GVO vorzuschlagen. Dies hätte jedoch wahrscheinlich eine Diskussion über umfassende Änderungen der DS-GVO ausgelöst, was die Kommission wohl gerade vermeiden wollte.

Art. 98 Überprüfung anderer Rechtsakte der Union zum Datenschutz

[1] Die Kommission legt gegebenenfalls Gesetzgebungsvorschläge zur Änderung anderer Rechtsakte der Union zum Schutz personenbezogener Daten vor, damit ein einheitlicher und kohärenter Schutz natürlicher Personen bei der Verarbeitung sicher-

---

[6] → Art. 94 Rn. 3.
[7] Mitteilung der Kommission an das Europäische Parlament und den Rat/Vorschlag für eine interinstitutionelle Vereinbarung über bessere Rechtsetzung v. 19.5.2015, COM(2015) 216 final, 21–23.
[8] Die „äußerst wichtige Rolle" der Kommission im Gesetzgebungsverfahren aufgrund ihres Initiativrechts betont EuGH Urt. v. 4.9.2018 – C-57/16 P, ECLI:EU:C:2018:660, Rn. 87/88 – Client Earth. Er hebt dabei hervor, dass dazu auch die Befugnis der Kommission gehört, eine zunächst in Aussicht genommene Gesetzesinitiative wieder aufzugeben.
[9] Vorschlag für eine Verordnung des Europäischen Parlaments und des Rates zur Festlegung zusätzlicher Verfahrensregeln für die Durchsetzung der Verordnung (EU) 2016/679 v. 4.7.2023, COM/2023/348 final.

gestellt wird. ²Dies betrifft insbesondere die Vorschriften zum Schutz natürlicher Personen bei der Verarbeitung solcher Daten durch die Organe, Einrichtungen, Ämter und Agenturen der Union und zum freien Verkehr solcher Daten.

Literatur: *De Hert/Sajfert,* The Role of the Data Protection Authorities in Supervising Police and Criminal Justice Authorities Processing Personal Data, in Briere/Weyemberg, The Needed Balances in EU Criminal Law, 2017.

Rechtsprechung: EuGH Urt. v. 9.3.2010 – C-518/07, ECLI:EU:C:2010:125 = EuZW 2010, 296 – Kommission/Deutschland; EuGH Gutachten 1/15 v. 26.7.2017, ECLI:EU:C:2017:592 = ZD 2018, 23 – PNR-Abkommen EU-Kanada.

Übersicht

	Rn.
A. Allgemeines	1
I. Zweck und Bedeutung der Vorschrift	1
II. Systematik, Verhältnis zu anderen Vorschriften	3
B. Einzelerläuterungen	7
I. Prüfauftrag	7
II. Zweck und Vorgehensweise	9
III. Rechtsakte der Union zum Schutz personenbezogener Daten	11
1. Datenschutzrechtsakte für Organe, Einrichtungen, Ämter und Agenturen der Union	11
2. Datenschutzrichtlinie zur elektronischen Kommunikation	17
3. Andere EU-Rechtsakte mit Datenschutzbezügen	19
4. Datenschutzrechtsakte im Bereich der justiziellen Zusammenarbeit in Strafsachen und der polizeilichen Zusammenarbeit	20
5. Handeln der Mitgliedstaaten im Rahmen der Gemeinsamen Außen- und Sicherheitspolitik	22
IV. Rechtsetzungsverfahren	23

A. Allgemeines*

I. Zweck und Bedeutung der Vorschrift

Mit der Verabschiedung des aus DS-GVO und RL (EU) 2016/680[1] bestehenden Reformpakets wurde das zentrale Ziel, innerhalb der Union möglichst **einheitliche und kohärente Vorschriften** zum Datenschutz festzulegen und diese ebenso einheitlich und kohärent anzuwenden, noch nicht endgültig erreicht: Weder die Datenschutzvorschriften für Organe und Einrichtungen der EU,[2] noch die spezifischen Instrumente, die im Bereich der polizeilichen und justiziellen Zusammenarbeit im Strafrechtsbereich angenommen wurden, wie beispielsweise der Prümer Beschluss[3] und die Vorschriften über Europol[4] und Eurojust[5], wurden gleichzeitig neu gefasst. Dies wurde von den Unionsgesetzgebern und vom EDSB kritisiert und eine möglichst schnelle Anpassung gefordert.[6] Die Vorschrift des Art. 98 legt daher einen **spezifischen Prüf-** 1

---

* Der Verfasser vertritt hier seine persönliche Auffassung, die nicht notwendig der Auffassung des Europäischen Datenschutzbeauftragten entspricht.

[1] Richtlinie (EU) 2016/680 des Europäischen Parlaments und des Rates vom 27.4.2016 zum Schutz natürlicher Personen bei der Verarbeitung personenbezogener Daten durch die zuständigen Behörden zum Zwecke der Verhütung, Ermittlung, Aufdeckung oder Verfolgung von Straftaten oder der Strafvollstreckung sowie zum freien Datenverkehr und zur Aufhebung des Rahmenbeschlusses. 2008/977/JI des Rates, ABl. 2016 L 119, 89.

[2] Verordnung (EG) Nr. 45/2001 des Europäischen Parlaments und des Rates vom 18.12.2000 zum Schutz natürlicher Personen bei der Verarbeitung personenbezogener Daten durch die Organe und Einrichtungen der Gemeinschaft und zum freien Datenverkehr, ABl. 2001 L 8, 1.

[3] Beschl. 2008/615/JI des Rates v. 23.6.2008 („Prümer Beschluss"), ABl. 2008 L 210, 12.

[4] Verordnung (EU) 2016/794 des Europäischen Parlaments und des Rates vom 11.5.2016 über die Agentur der Europäischen Union für die Zusammenarbeit auf dem Gebiet der Strafverfolgung (Europol) und zur Ersetzung und Aufhebung der Beschluss 2009/371/JI, 2009/934/JI, 2009/935/JI, 2009/936/JI und 2009/968/JI des Rates, ABl. 2016 L 135, 53.

[5] Beschl. 2009/426/JI des Rates v. 16.12.2008, ABl. 2009 L 138, 14.

[6] Siehe zB Zusammenfassung der Stellungnahme des Europäischen Datenschutzbeauftragten v. 7.3.2012 zum Datenschutzreformpaket, ABl. 2012 C 192, 7.

auftrag an die Kommission fest, diese **anderen Unionsrechtakte** zum Schutz personenbezogener Daten auf die tatsächliche Kohärenz und Übereinstimmung mit der DS-GVO zu prüfen und gegebenenfalls diesbezüglich Vorschläge zu deren Abänderung vorzulegen. Der Vorschrift kommt auch deswegen große Bedeutung zu, da sie den gesetzgeberischen Willen dokumentiert, dass nunmehr die DS-GVO das **neue Richtmaß** zum Schutz personenbezogener Daten ist, an den andere Unionsvorschriften zum Datenschutz auszurichten und gegebenenfalls anzupassen sind.

2 Auch wenn die Kommission ihrem Prüfauftrag inzwischen weitestgehend nachgekommen ist (→ Rn. 11 ff.), verbleibt Art. 98 als wichtige Aufforderung an die Kommission, möglichst **einheitliche und kohärente Vorschriften** zum Datenschutz vorzuschlagen und bestehende Rechtsakte mit Datenschutzbezug anzupassen.

II. Systematik, Verhältnis zu anderen Vorschriften

3 Bereits zur Zeit der Annahme der DS-RL im Jahr 1995 gaben die Kommission und der Rat eine Protokollerklärung ab, in der bekräftigt wurde, dass für die EU-Institutionen und Organe **dieselben Schutzprinzipien** gelten sollen, wie für die von der DS-RL erfassten Verarbeitungen.[7] Die Union ist verpflichtet, über den Anwendungsbereich der DS-GVO hinaus eine umfassende Regelung zum Schutz personenbezogener Daten zu schaffen, die für sämtliche Zuständigkeitsbereiche der Union gleichermaßen gilt und hat für eine konsequente Anwendung des Grundrechts auf Datenschutz zu sorgen. Dieses Erfordernis von einheitlichen und kohärenten Datenschutzregelungen – und ihrer gleichartigen Anwendung – in der EU, nicht nur in den Mitgliedstaaten, sondern auch auf Seiten der EU-Organe, ergibt sich bereits aus der Notwendigkeit der **Gewährleistung eines in allen Bereichen der EU gleichwertigen Schutzes des Grundrechts auf Datenschutz,** zu dem die Union mit Annahme der gemäß Art. 6 EUV rechtlich verbindlichen GRCh verpflichtet ist.[8] Auch das **Kohärenzgebot** des Art. 7 AEUV verpflichtet die EU, in einem einheitlichen institutionellen Rahmen zu handeln und Widersprüche ihrer Maßnahmen in den verschiedenen Politikbereichen zu vermeiden.[9] Schon der EuGH verweist darauf, dass Bestimmungen in verschiedenen datenschutzrechtlichen Rechtsakten, denen das dasselbe allgemeine Konzept zugrunde liegt, „homogen" auszulegen sind.[10] Erwägungsgrund Nr. 7 verweist daher auf die Notwendigkeit eines soliden, kohärenten und klar durchsetzbaren Rechtsrahmens im Bereich des Datenschutzes in der Union.

4 Viele noch **derzeitig bestehenden EU-Rechtsvorschriften zum Datenschutz und mit Datenschutzbezug** – insbesondere im Bereich der Vorschriften über die polizeiliche und justizielle Zusammenarbeit in Strafsachen – wiesen und weisen weiterhin zum Teil noch beträchtliche Unterschiede in Bezug auf Anwendungsbereich, inhaltliche Ausgestaltung und Regelungsdichte auf.[11] Dies ist vornehmlich bedingt durch die ehemalige Säulenstruktur der europäischen Verträge und die damit einhergehenden unterschiedlichen Rechtsgrundlagen zum Erlass datenschutzrechtlicher Rechtsvorschriften auf EU-Ebene. Dies ist aus Betroffenen- und Anwendersicht problematisch und unbefriedigend, da es sich in der Praxis direkt auf die Möglichkeiten auswirkt, die Einzelpersonen zur Wahrnehmung ihrer Datenschutzrechte haben.[12]

5 Erst seit der **Einführung des Art. 16 AEUV** bestand die Rechtsgrundlage dafür, die Datenschutzrechtsakte innerhalb der EU auf einem hohen Schutzniveau umfassend zu vereinheitlichen und zu konsolidieren und in allen Bereichen der EU-Politik für eine konsequente Anwendung des sowohl durch Art. 7 und 8 GRCh als auch Art. 16 AEUV statuierten Grundrechts auf

---

[7] Siehe iE Grabitz/Hilf/*Brühann* RL 95/46/EG Vorb. Rn. 67 ff.
[8] Vgl. bereits Lenz/Borchardt/*Zerdick*, EU-Verträge, Kommentar Online, Stand 1.10.2015, AEUV Art. 16 Rn. 6.
[9] Siehe Lenz/Borchardt/*Lenz*, Stand 1.9.2012, AEUV Art. 7 Rn. 2.
[10] EuGH Urt. v. 9.3.2010 – C-518/07, ECLI:EU:C:2010:125 = EuZW 2010, 296 Rn. 26, 28 – Kommission/Deutschland.
[11] Siehe bereits Briere/Weyemberg/*De Hert/Sajfert*, The Needed Balances in EU Criminal Law, 2017, S. 243 (245).
[12] Mitteilung der Kommission v. 4.11.2010, Gesamtkonzept für den Datenschutz in der EU, KOM(2010) 609 endgültig, 16.

Datenschutz zu sorgen.[13] Die Kommission hatte daher bereits 2010[14] und 2012[15] angekündigt, zu einem späteren Zeitpunkt sowohl RL 2002/58/EG und VO (EG) Nr. 45/2001 als auch die spezifischen sektorenbezogene Instrumente im Lichte der Ergebnisse der Verhandlungen mit dem Europäischen Parlament und dem Rat abzuändern. Die Möglichkeit der Kommission, andere Rechtsvorschriften an die DS-GVO anzupassen, bestand folglich bereits in Art. 90 des Kommissionsvorschlags zur DS-GVO.[16] Auf Art. 98 verweist ausdrücklich Art. 2 Abs. 3 S. 2 DS-GVO hinsichtlich der Anpassung der VO (EG) Nr. 45/2001.

Eine dem Art. 98 DS-GVO entsprechende Vorschrift findet sich aus den gleichen Überlegungen in Art. 62 Abs. 6 RL (EU) 2016/680, speziell für den Bereich der Verarbeitung personenbezogener Daten durch **Polizei- und Strafjustizbehörden** der Mitgliedstaaten (→ Rn. 20). 6

B. Einzelerläuterungen

I. Prüfauftrag

Der durch Art. 98 beschriebenen Prüfauftrag an die Kommission beinhaltet grundsätzlich **keine rechtliche Verpflichtung,** Gesetzgebungsvorschläge vorzulegen. Dies ergibt sich bereits aus dem Wortlaut in S. 1 („gegebenenfalls") und unterstreicht damit das allgemeine Initiativmonopol der Kommission in den Rechtsetzungsverfahren gemäß Art. 293 AEUV.[17] Andererseits verlangt jedoch die Kompetenzzuweisungsnorm des Art. 16 AEUV ein Tätigwerden der EU bzw. der Kommission auf diesem Gebiet immer dann, wenn der Schutz personenbezogener Daten durch die Organe, Einrichtungen und sonstige Stellen der EU oder durch die Mitgliedstaaten nicht oder nicht ausreichend gewährleistet ist. 7

Für den Bereich der **justiziellen Zusammenarbeit in Strafsachen und der polizeilichen Zusammenarbeit** gilt allerdings gemäß des diesbezüglich vorgehenden Art. 62 Abs. 6 RL (EU) 2016/680 eine ausdrückliche Verpflichtung der Kommission, diese Überprüfung bis zum 6.5.2019 vorzunehmen. 8

II. Zweck und Vorgehensweise

Zweck der Überprüfung und gegebenenfalls Vorlegung von Vorschlägen ist die Sicherstellung in der Union eines **einheitlichen und kohärenten Schutzes** natürlicher Personen bei der Verarbeitung ihrer personenbezogenen Daten (Art. 98 S. 1). Dies soll gemäß S. 2 insbesondere für die Vorschriften zum Datenschutz für die **Organe, Einrichtungen, Ämter und Agenturen der Union** gelten. Diese bestehenden Rechtsakte der Union iSd Art. 288 AEUV sind **an die Grundsätze und Vorschriften der DS-GVO anzupassen** und im Lichte der DS-GVO anzuwenden.[18] Weitere Vorgaben, etwa zur Auswahl der Rechtsinstrumente (VO oder RL), macht die Vorschrift nicht. Eine Begrenzung auf den Anwendungsbereich der DS-GVO findet gerade nicht statt, wäre im Übrigen auch kontraproduktiv. Insbesondere ist nicht ausgeschlossen, dass das Ziel mit Hilfe mehrerer Rechtsakte erreicht werden kann. Eine Anpassung kann auch in einer (teilweisen oder gänzlichen) Aufhebung eines Rechtsakts bestehen. 9

Eine umfassende und auf die allgemeinen Regelungen von DS-GVO und RL (EU) 2016/680 gestützte Datenschutzregelung schließt besondere Bestimmungen für die **Bereiche Polizei und** 10

---

[13] Vgl. die diesbzgl. Kommissionsäußerungen in den Mitteilungen zum Stockholmer Programm (KOM (2009) 262 endgültig), zum Aktionsplan zur Umsetzung des Stockholmer Programms (KOM(2010) 171 endgültig), zum „Gesamtkonzept für den Datenschutz in der EU" (KOM(2010) 609 endgültig) und zum Datenschutzreformpaket (KOM(2012) 11 endgültig). Zu Art. 16 AEUV als geeigneter Rechtsgrundlage, siehe EuGH Gutachten 1/15 v. 26.7.2017, ECLI:EU:C:2017:592 = BeckEuRS 2017, 513522 Rn. 96 – PNR-Abkommen EU-Kanada.

[14] Mitteilung der Kommission v. 4.11.2010, Gesamtkonzept für den Datenschutz in der EU, KOM(2010) 609 endgültig.

[15] Mitteilung der Kommission v. 25.1.2012, Der Schutz der Privatsphäre in einer vernetzten Welt – Ein europäischer Datenschutzrahmen für das 21. Jahrhundert, KOM(2012) 9 endgültig.

[16] KOM(2012) 11 endgültig.

[17] Da die Kommission gem. Art. 17 Abs. 2 S. 1 EUV grds. das alleinige Initiativrecht für EU-Gesetzgebungsakte hat, ist Art. 98 S. 1 als Einladung an die Kommission und nicht als Pflicht zur Vorlage eines Gesetzgebungsvorschlags anzusehen. IdS auch Paal/Pauly/*Pauly* DS-GVO Art. 98 Rn. 3; sowie Gola/Heckmann/*Piltz* DS-GVO Art. 98 Rn. 5.

[18] Erwägungsgrund 17 S. 2.

Strafjustiz nicht aus.[19] Damit könnte, soweit erforderlich, dem spezifischen Charakter dieser Bereiche Rechnung getragen werden, wie in Erklärung Nr. 21 „zum Schutz personenbezogener Daten im Bereich der justiziellen Zusammenarbeit in Strafsachen und der polizeilichen Zusammenarbeit" im Anhang zum Vertrag von Lissabon zum Ausdruck gebracht wurde.[20]

III. Rechtsakte der Union zum Schutz personenbezogener Daten

11 **1. Datenschutzrechtsakte für Organe, Einrichtungen, Ämter und Agenturen der Union.** Zu den von Art. 98 iVm Art. 2 Abs. 3 erfassten Rechtsakten der Union, die die Verarbeitung personenbezogener Daten durch die Organe, Einrichtungen, Ämter und Agenturen der Union regeln, gehörte insbesondere die allgemeine **VO (EG) Nr. 45/2001**.[21] Gestützt auf ex-Art. 286 Abs. 2 EG als Rechtsgrundlage regelte diese seit dem Jahr 2001 den Schutz natürlicher Personen bei der Verarbeitung personenbezogener Daten durch die Organe und Einrichtungen der EU und deren freien Datenverkehr. Bereits VO (EG) Nr. 45/2001 unterstrich ausdrücklich die Notwendigkeit einer kohärenten und homogenen Anwendung der Bestimmungen für den Schutz der Grundrechte und Grundfreiheiten von Personen bei der Verarbeitung personenbezogener Daten in der gesamten (damaligen) EG.[22] Die Begriffsbestimmungen und der Inhalt der VO (EG) Nr. 45/2001 waren eng an die DS-RL angelehnt, waren aber teilweise präziser und detaillierter als diese. Zusätzlich wurde der EDSB als unabhängige Datenschutzaufsichtsbehörde mit Sitz in Brüssel eingesetzt. VO (EG) Nr. 45/2001 fand Anwendung auf die Verarbeitung personenbezogener Daten „durch alle Organe und Einrichtungen der Gemeinschaft", und war dem Wortlaut nach begrenzt auf Verarbeitungen im Rahmen der Tätigkeiten, die „ganz oder teilweise in den Anwendungsbereich des Gemeinschaftsrechts" fielen (Art. 3 Abs. 1 VO (EG) Nr. 45/2001). Bereits nach Inkrafttreten des Lissabon-Vertrags fand VO (EG) Nr. 45/2001 Anwendung auf alle Verarbeitungen personenbezogener Daten von Organen, Einrichtungen und sonstigen Stellen der EU, die ganz oder teilweise in den Anwendungsbereich des EU-Rechts fielen.[23] Die Kommission wandte bereits vorher die VO (EG) Nr. 45/2001 an in allen Fällen, in denen sie selbst tätig wurde.[24] Die Formulierung einiger Bestimmungen der VO (EG) Nr. 45/2001 fand Eingang in den Kommissionsvorschlag zur DS-GVO.[25]

12 Eine förmliche Anpassung der VO (EG) Nr. 45/2001 im Lichte des Vertrags von Lissabon war von der Kommission grundsätzlich bereits 2010 in Aussicht gestellt worden,[26] ohne jedoch einen entsprechenden Verordnungsvorschlag schon Teil des 2012 vorgestellten Gesetzgebungspakets zur EU-Datenschutzreform werden zu lassen.[27] Aufgrund der Kritik des Europäischen Parlaments als auch der Mitgliedstaaten, die eine Verordnung für alle Datenschutzregeln der Union bevorzugten,[28] erklärte die Kommission im Laufe der Verhandlungen, dass sie beabsichtige, die erforderlichen Vorschläge zur Anpassung von VO (EG) Nr. 45/2001 an die DS-GVO innerhalb des zweijährigen Übergangszeitraums zwischen Annahme und Inkrafttreten der DS-

---

[19] Siehe Mitteilung der Kommission v. 4.11.2010, Gesamtkonzept für den Datenschutz in der EU, KOM (2010) 609 endgültig, 16.
[20] Erklärung Nr. 21 „zum Schutz personenbezogener Daten im Bereich der justiziellen Zusammenarbeit in Strafsachen und der polizeilichen Zusammenarbeit" zur Schlussakte der Regierungskonferenz, die den am 13.12.2007 unterzeichneten Vertrag von Lissabon angenommen hat: „Die Konferenz erkennt an, dass es sich aufgrund des spezifischen Charakters der Bereiche justizielle Zusammenarbeit in Strafsachen und polizeiliche Zusammenarbeit als erforderlich erweisen könnte, in diesen Bereichen spezifische, auf Artikel 16 des Vertrags über die Arbeitsweise der Europäischen Union gestützte Vorschriften über den Schutz personenbezogener Daten und den freien Datenverkehr zu erlassen.", ABl. 2016 C 202, 345.
[21] Verordnung (EG) Nr. 45/2001 des Europäischen Parlaments und des Rates vom 18.12.2000 zum Schutz natürlicher Personen bei der Verarbeitung personenbezogener Daten durch die Organe und Einrichtungen der Gemeinschaft und zum freien Datenverkehr, ABl. 2001 L 8, 1.
[22] Erwägungsgrund 12 VO (EG) Nr. 45/2001.
[23] Vgl. bereits Lenz/Borchardt/*Zerdick*, Stand 1.10.2015, AEUV Art. 16 Rn. 6; *Reding* International Data Privacy Law 2012, 119 (124).
[24] Im Einklang mit Erklärung der Kommission 120/00 zu Art. 3 Abs. 1, Ratsdok. 14547/00 Anh. II v. 13.12.2000.
[25] Vgl. bspw. Art. 44 und Art. 42 Abs. 2–6 VO (EG) Nr. 45/2001 mit Art. 47 und Art. 48 KOM(2012) 11 endgültig.
[26] Mitteilung der Kommission v. 4.11.2010, Gesamtkonzept für den Datenschutz in der Europäischen Union, KOM(2010) 609 endgültig, 21.
[27] Mitteilung der Kommission v. 25.1.2012, Der Schutz der Privatsphäre in einer vernetzten Welt – Ein europäischer Datenschutzrahmen für das 21. Jahrhundert, KOM(2012) 9 endgültig, Fn. 14.
[28] *Albrecht/Jotzo* DatenschutzR Teil 3 Rn. 20.

GVO vorzulegen.²⁹ Diese politische Selbstbindung fand Eingang in Art. 2 Abs. 3 iVm Art. 98 sowie Erwägungsgrund 17 gefunden, wonach die erforderlichen **Anpassungen der VO (EG) Nr. 45/2001 im Anschluss an den Erlass der DS-GVO** vorzunehmen waren, damit sie gleichzeitig mit der DS-GVO angewandt werden könnten.

Wie angekündigt³⁰ legte die Kommission einen diesbezüglichen Vorschlag im Januar 2017 vor.³¹ Nach kurzen Verhandlungen zwischen Europäischem Parlament und Rat wurde die **neue VO (EU) 2018/1725**³² verabschiedet und trat mit Wirkung zum 11.12.2018 in Kraft. Inhaltlich entspricht VO (EU) 2018/1725 größtenteils der DS-GVO, übernimmt darüber hinaus auch einzelne Vorschriften der e-Privacy-RL und der RL (EU) 2016/680 (→ Art. 2 Rn. 18). Art. 98 VO (EU) 2018/1725 sieht darüber hinaus nunmehr eine eigenständige Verpflichtung der Kommission vor, zum 30.4.2022 solche Rechtsakte auf Kohärenz mit Kapitel IX VO (EU) 2018/1725 und der RL (EU) 2016/680 zu überprüfen, die die Verarbeitung operativer personenbezogener Daten regeln durch Einrichtungen und sonstige Stellen der Union bei der Ausübung von Tätigkeiten, die in den Anwendungsbereich des Dritten Teils Titel V Kapitel 4 oder Kapitel 5 AEUV fallen. 13

Die Anpassung der 2016 verabschiedeten Rechtsinstrumente bezüglich der **Europäischen Agentur für die Zusammenarbeit auf dem Gebiet der Strafverfolgung (Europol)**³³ wurden erst mit dem Kommissionsvorschlag 2020 angegangen.³⁴ Eine politische vorläufige Einigung zwischen Ratsvorsitz und Europäischem Parlament wurde im Februar 2022 erzielt³⁵ und die **neue Europol-VO** endgültig im Juni 2022 verabschiedet. Danach sind auf Europol die Datenschutzvorschriften der abgeänderten Europol-VO, sowie Art. 3 über Begriffsbestimmungen und Kapitel IX von VO (EU) 2018/1725 anwendbar, während in Bezug auf verwaltungstechnische personenbezogene Daten auch die übrigen Kapitel der VO (EU) 2018/1725 für Europol gelten.³⁶ Aufsichtsbehörde ist der Europäische Datenschutzbeauftragte.³⁷ 14

Die seit 2013 vorgeschlagene³⁸ Überarbeitung des Rechtsrahmens für die **Agentur der Europäischen Union für justizielle Zusammenarbeit in Strafsachen (Eurojust)** fand mit Verabschiedung von VO (EU) 2018/1727³⁹ ihren Abschluss. Danach wendet Eurojust nunmehr auf die Verarbeitung operativer personenbezogener Daten die Bestimmungen von VO (EU) 2018/1727 sowie Art. 3 und Kapitel IX der VO (EU) 2018/1725 an, während VO (EU) 2018/ 15

---

²⁹ Siehe den Anh. zu Ratsdok. 10227/13 v. 31.5.2013.

³⁰ Vgl. die diesbzgl. Absichtserklärung (sog. „Letter of intent") des damaligen Kommissionspräsidenten *Juncker* und des damaligen Ersten Vizepräsidenten *Timmermans* v. 14.9.2016 an den Präsidenten des Europäischen Parlaments und die Präsidentschaft des Rates.

³¹ COM(2017) 8 final. Vgl. Stellungnahme des Europäischen Datenschutzbeauftragten zu dem Vorschlag für eine VO über den Schutz natürlicher Personen bei der Verarbeitung personenbezogener Daten durch die Organe, Einrichtungen und sonstigen Stellen der Union, zum freien Datenverkehr und zur Aufhebung der VO (EG) Nr. 45/2001 und des Beschlusses Nr. 1247/2002/EG (Zusammenfassung), ABl. 2017 C 164, 2.

³² Verordnung (EU) 2018/1725 des Europäischen Parlaments und des Rates vom 23.10.2018 zum Schutz natürlicher Personen bei der Verarbeitung personenbezogener Daten durch die Organe, Einrichtungen und sonstigen Stellen der Union, zum freien Datenverkehr und zur Aufhebung der Verordnung (EG) Nr. 45/2001 und des Beschlusses Nr. 1247/2002/EG, ABl. 2018 L 295, 39.

³³ Verordnung (EU) 2016/794 des Europäischen Parlaments und des Rates vom 11.5.2016 über die Agentur der Europäischen Union für die Zusammenarbeit auf dem Gebiet der Strafverfolgung (Europol) und zur Ersetzung und Aufhebung der Beschlüsse 2009/371/JI, 2009/934/JI, 2009/935/JI, 2009/936/JI und 2009/968/JI des Rates, ABl. 2016 L 135, 53.

³⁴ Vorschlag für eine VO des Europäischen Parlaments und des Rates zur Änderung der VO (EU) 2016/794 in Bezug auf die Zusammenarbeit von Europol mit privaten Parteien, die Verarbeitung personenbezogener Daten durch Europol zur Unterstützung strafrechtlicher Ermittlungen und die Rolle von Europol in Forschung und Innovation, COM(2020) 796 final; krit. dazu Europäischer Datenschutzbeauftragter, Stellungnahme 4/2021 zum Vorschlag zur Änderung der Europol-Verordnung, edps.europa.eu/system/files/2021-04/21-03-08_opinion_europol_reform_de.pdf.

³⁵ Pressemitteilung des Rates, 1.2.2022, www.consilium.europa.eu/de/press/press-releases/2022/02/01/europol-provisional-agreement-between-council-presidency-and-european-parliament/.

³⁶ Gem. Art. 27a Abs. 1 Verordnung (EU) 2022/991 des Europäischen Parlaments und des Rates vom 8.6.2022 zur Änderung der Verordnung (EU) 2016/794 in Bezug auf die Zusammenarbeit von Europol mit privaten Parteien, die Verarbeitung personenbezogener Daten durch Europol zur Unterstützung strafrechtlicher Ermittlungen und die Rolle von Europol in Forschung und Innovation, ABl. 2022 L 169, 1.

³⁷ Art. 43 Europol-VO.

³⁸ KOM(2013) 535 endgültig.

³⁹ Verordnung (EU) 2018/1727 des Europäischen Parlaments und des Rates vom 14.11.2018 betreffend die Agentur der Europäischen Union für justizielle Zusammenarbeit in Strafsachen (Eurojust) und zur Ersetzung und Aufhebung des Beschlusses 2002/187/JI des Rates, ABl. 2018 L 295, 138.

Art. 98 16, 17   Kapitel XI. Schlussbestimmungen

1725 mit Ausnahme ihres Kapitels IX auf die Verarbeitung verwaltungstechnischer personenbezogener Daten durch Eurojust Anwendung findet.[40] Aufsichtsbehörde ist der Europäische Datenschutzbeauftragte.[41] Aufgrund der von VO (EU) 2018/1725 abweichenden Aufsichtsbefugnisse des Europäischen Datenschutzbeauftragten hat die Kommission eine Prüfung der Änderung der Eurojust-VO angekündigt.[42]

16 Die nach Art. 86 AEUV eingerichtete **Europäische Staatsanwaltschaft (EUStA)** als unabhängige Einrichtung der EU zur Bekämpfung von Straftaten zum Nachteil der finanziellen Interessen der Union hat ihre Arbeit 2021 aufgenommen. Art. 118 EUStA-VO[43] nimmt ausdrücklich Bezug auf Art. 98 DS-GVO und verpflichtet die Kommission im Rahmen der Anpassung der VO (EG) Nr. 45/2001 zu einer Überprüfung der in der EUStA-VO festgelegten Datenschutzbestimmungen sowie gegebenenfalls zum Erlassen eines Gesetzgebungsvorschlags zur Änderung oder Aufhebung dieser Bestimmungen. Nach Aufhebung von VO (EG) 45/2001 findet sich eine entsprechende Verpflichtung nunmehr in Art. 98 VO (EU) 2018/1725. Die EUStA-VO sieht eigenständige Regelungen für die Verarbeitung operativer Daten vor. Aufsichtsbehörde ist der Europäische Datenschutzbeauftragte.[44] Wie die Kommission feststellte, hat dies zwei Konsequenzen: Erstens unterscheiden sich einige Bestimmungen in der EUStA-Verordnung grundsätzlich vom Kapitel IX über Strafverfolgung der VO (EU) 2018/1725. Zweitens sind manche Bestimmungen der EUStA-VO zwar grundsätzlich ähnlich wie die Bestimmungen im Kapitel über Strafverfolgung der VO (EU) 2018/1725, aber anders formuliert, was unterschiedliche Auslegungen zur Folge haben könnte.[45] Die Kommission hat daher eine Prüfung der Änderung der EUStA-VO angekündigt.[46]

17 **2. Datenschutzrichtlinie zur elektronischen Kommunikation.** Die Grundsätze der DS-RL wurden in **speziellen Vorschriften für den Fernmeldebereich** umgesetzt: zuerst durch die RL 97/66/EG des Europäischen Parlaments und des Rates über die Verarbeitung personenbezogener Daten und den Schutz der Privatsphäre im Bereich der Telekommunikation,[47] die dann durch die Richtlinie 2002/58/EG zum Datenschutz in der elektronischen Kommunikation[48] ersetzt wurde. Die Bestimmungen dieser Richtlinie stellen gemäß Art. 1 Abs. 2 RL 2002/58/EG eine Detaillierung und Ergänzung der DS-RL in Bezug auf die Verarbeitung personenbezogener Daten im Bereich der **elektronischen Kommunikation** sowie den freien Verkehr dieser Daten und von elektronischen Kommunikationsgeräten und -diensten dar. Darüber hinaus regeln sie ausnahmsweise den Schutz von juristischen Personen. Änderungen erfolgten durch RL 2009/136/EG[49] des Europäischen Parlaments und des Rates zur Änderung der RL 2002/22/EG über den Universaldienst und Nutzerrechte bei elektronischen Kommunikationsnetzen und -diensten, der RL 2002/58/EG über die Verarbeitung personenbezogener Daten und den Schutz der Privatsphäre in der elektronischen Kommunikation und der VO (EG) Nr. 2006/2004

---

[40] Art. 26 Abs. 1 VO (EU) Nr. 1727/2018.
[41] Art. 40 VO (EU) Nr. 1727/2018.
[42] Mitteilung der Kommission v. 14.10.2022, Erster Bericht über die Anwendung der Datenschutz-Grundverordnung durch die Organe, Einrichtungen und sonstigen Stellen der Europäischen Union (Verordnung (EU) Nr. 1725/2018), COM(2022) 530 final, 22.
[43] Verordnung (EU) 2017/1939 des Rates vom 12.10.2017 zur Durchführung einer Verstärkten Zusammenarbeit zur Errichtung der Europäischen Staatsanwaltschaft (EUStA), ABl. 2017 L 283, 1. Vgl. auch das deutsche Gesetz zur Ausführung der EU-Verordnung zur Errichtung der Europäischen Staatsanwaltschaft (Europäische-Staatsanwaltschaft-Gesetz – EUStAG), BGBl. 2020 I 1648.
[44] Art. 85 EUStA-VO.
[45] Mitteilung der Kommission v. 14.10.2022, Erster Bericht über die Anwendung der Datenschutz-Grundverordnung durch die Organe, Einrichtungen und sonstigen Stellen der Europäischen Union (VO (EU) Nr. 1725/2018), COM(2022) 530 final, 18.
[46] Mitteilung der Kommission v. 14.10.2022, Erster Bericht über die Anwendung der Datenschutz-Grundverordnung durch die Organe, Einrichtungen und sonstigen Stellen der Europäischen Union (VO (EU) Nr. 1725/2018), COM(2022) 530 final, 22.
[47] ABl. 1997 L 24, 1.
[48] Richtlinie 2002/58/EG des Europäischen Parlaments und des Rates vom 12.7.2002 über die Verarbeitung personenbezogener Daten und den Schutz der Privatsphäre in der elektronischen Kommunikation (Datenschutzrichtlinie für elektronische Kommunikation), ABl. 2002 L 201, 37.
[49] Richtlinie 2009/136/EG des Europäischen Parlaments und des Rates vom 25.11.2009 zur Änderung der RL 2002/22/EG über den Universaldienst und Nutzerrechte bei elektronischen Kommunikationsnetzen und -diensten, der RL 2002/58/EG über die Verarbeitung personenbezogener Daten und den Schutz der Privatsphäre in der elektronischen Kommunikation und der VO (EG) Nr. 2006/2004 über die Zusammenarbeit im Verbraucherschutz, ABl. 2009 L 337, 11.

über die Zusammenarbeit im Verbraucherschutz: Wesentliche Neuerungen waren die Einführung einer Meldepflicht für Datenpannen sowie ein Zustimmungserfordernis des Internetnutzers vor der Installation von Datenkrümeln (sog. „Cookies") und Schadprogrammen auf dessen Rechner. Mit VO (EU) Nr. 611/2013[50] hat die Kommission technische Durchführungsmaßnahmen in Bezug auf die Umstände, Form und Verfahren der Meldepflicht für Datenpannen erlassen. Die DS-GVO enthält nunmehr in Art. 95 eine Bestimmung zur Klarstellung des Verhältnisses zur Datenschutzrichtlinie zur elektronischen Kommunikation.

Insbesondere aufgrund zahlreicher Überschneidungen mit den Bestimmungen der DS-GVO, **18** beispielsweise zu den nun allgemein geltenden Meldepflichten bei Verletzungen des Schutzes personenbezogener Daten (Art. 33, 34), hatte die Kommission die Überprüfung der Datenschutzrichtlinie zur elektronischen Kommunikation im Lichte der DS-GVO bereits im Jahr 2015 angekündigt.[51] Die DS-GVO verlangt nun darüber hinaus unmissverständlich, die **Richtlinie entsprechend abzuändern,** um das Verhältnis zwischen der DS-GVO und der RL 2002/58/EG klarzustellen und um insbesondere deren Kohärenz mit der DS-GVO zu gewährleisten.[52]

Die Kommission legte einen diesbezüglichen Vorschlag für eine „VO über Privatsphäre und elektronische Kommunikation" im Januar 2017 vor.[53] Der Vorschlag befindet sich noch immer im Gesetzgebungsprozess (→ Art. 95 Rn. 23 ff.).

3. Andere EU-Rechtsakte mit Datenschutzbezügen. Zahlreiche andere EU-Rechtsakte **19** verweisen immer noch auf die DS-RL und legen teilweise bereichsspezifische Regelungen in verschiedenen Politikbereichen fest, beispielsweise Binnenmarkt,[54] Asyl,[55] Gesundheit,[56] Zoll[57] und Grenzschutz[58]. Zwar gelten solche Verweise auf die aufgehobene DS-RL als Verweise auf

---

[50] Verordnung (EU) Nr. 611/2013 der Kommission vom 24.6.2013 über die Maßnahmen für die Benachrichtigung von Verletzungen des Schutzes personenbezogener Daten gemäß der Richtlinie 2002/58/EG des Europäischen Parlaments und des Rates (Datenschutzrichtlinie für elektronische Kommunikation), ABl. 2013 L 173, 2.
[51] Siehe Kommissionsmitteilung, Strategie für einen digitalen Binnenmarkt für Europa, COM(2015) 192 final, 13.
[52] Erwägungsgrund 173. Zum Verhältnis zwischen DS-GVO und der RL 2002/58/EG, siehe Europäischer Datenschutzausschuss, Stellungnahme 5/2019 zum Zusammenspiel zwischen der e-Datenschutz-Richtlinie und der DSGVO, insbesondere in Bezug auf die Zuständigkeiten, Aufgaben und Befugnisse von Datenschutzbehörden, v. 12.3.2019, edpb.europa.eu/sites/default/files/files/file1/201905_edpb_opinion_eprivacy-dir_gdpr_interplay_en_de.pdf.
[53] Vorschlag für eine VO des Europäischen Parlaments und des Rates über die Achtung des Privatlebens und den Schutz personenbezogener Daten in der elektronischen Kommunikation und zur Aufhebung der Richtlinie 2002/58/EG (Verordnung über Privatsphäre und elektronische Kommunikation), COM(2017) 10 final.
[54] Verordnung (EU) Nr. 1024/2012 des Europäischen Parlaments und des Rates über die Verwaltungszusammenarbeit mit Hilfe des Binnenmarkt-Informationssystems und zur Aufhebung der Entscheidung 2008/49/EG der KOM, ABl. 2012 L 316, 1.
[55] Verordnung (EU) Nr. 603/2013 des Europäischen Parlaments und des Rates vom 26.6.2013 über die Einrichtung von Eurodac für den Abgleich von Fingerabdruckdaten zum Zwecke der effektiven Anwendung der Verordnung (EU) Nr. 604/2013 zur Festlegung der Kriterien und Verfahren zur Bestimmung des Mitgliedstaats, der für die Prüfung eines von einem Drittstaatsangehörigen oder Staatenlosen in einem Mitgliedstaat gestellten Antrags auf internationalen Schutz zuständig ist und über die Gefahrenabwehr und Strafverfolgung dienende Anträge der Gefahrenabwehr- und Strafverfolgungsbehörden der Mitgliedstaaten und Europols auf den Abgleich mit Eurodac-Daten sowie zur Änderung der Verordnung (EU) Nr. 1077/2011 zur Errichtung einer Europäischen Agentur für das Betriebsmanagement von IT-Großsystemen im Raum der Freiheit, der Sicherheit und des Rechts, ABl. 2013 L 180, 1.
[56] Richtlinie 2011/24/EU des Europäischen Parlaments und des Rates v. 9.3.2011 über die Ausübung der Patientenrechte in der grenzüberschreitenden Gesundheitsversorgung, ABl. 2011 L 88, 45; Empfehlung der Kommission 2008/594/EG zur grenzübergreifenden Interoperabilität elektronischer Patientendatensysteme, ABl. 2008 L 190, 37.
[57] Verordnung (EG) Nr. 766/2008 des Europäischen Parlaments und des Rates zur Änderung der VO (EG) Nr. 515/97 des Rates über die gegenseitige Amtshilfe zwischen Verwaltungsbehörden der Mitgliedstaaten und die Zusammenarbeit dieser Behörden mit der Kommission im Hinblick auf die ordnungsgemäße Anwendung der Zoll- und der Agrarregelung, ABl. 2008 L 218, 48.
[58] Verordnung (EG) Nr. 1987/2006 des Europäischen Parlaments und des Rates vom 20.12.2006 über die Einrichtung, den Betrieb und die Nutzung des Schengener Informationssystems der zweiten Generation (SIS II), ABl. 2006 L 381, 4; VO (EG) Nr. 767/2008 des Europäischen Parlaments und des Rates vom 9.7.2008 über das Visa-Informationssystem (VIS) und den Datenaustausch zwischen den Mitgliedstaaten über Visa für einen kurzfristigen Aufenthalt (VIS-Verordnung), ABl. 2008 L 218, 60.

die DS-GVO (→ Art. 94), jedoch sind auch diese Rechtsakte auf die Kohärenz mit der DS-GVO zu überprüfen und gegebenenfalls an sie anzupassen.

20 **4. Datenschutzrechtsakte im Bereich der justiziellen Zusammenarbeit in Strafsachen und der polizeilichen Zusammenarbeit.** Gerade im Bereich der justiziellen Zusammenarbeit in Strafsachen und der polizeilichen Zusammenarbeit bestehen eine Vielzahl von auf EU-Ebene erlassenen Vorschriften, die entweder allgemeine oder spezielle Datenschutzvorschriften enthalten und/oder auf das Datenschutzübereinkommen des Europarates Nr. 108 nebst Zusatzprotokoll Nr. 181[59] verweisen. Obwohl die Kommission auf diese trotz Bestehens des Rahmenbeschlusses 2008/977/JI[60] bestehende Fragmentierung nachdrücklich aufmerksam machte,[61] entschieden sie und die Unionsgesetzgeber, diese Bestimmungen nicht bereits zusammen mit dem Datenschutzpaket zu reformieren und weiter in Kraft zu belassen.[62] Als **Ausgleich** dafür hat der Gesetzgeber der Kommission in Art. 62 Abs. 6 RL (EU) 2016/680 verpflichtend aufgetragen, das Verhältnis zwischen RL (EU) 2016/680 und diesen Rechtsakten zu prüfen, insbesondere inwieweit die besonderen Bestimmungen dieser Rechtsakte an diese Richtlinie angepasst werden müssen.[63] Von den in Frage kommenden über 20 Rechtsakten[64] erwähnt Erwägungsgrund 94 RL (EU) 2016/680 ausdrücklich beispielhaft den „Prümer Beschluss" 2008/615/JI des Rates[65] oder Art. 23 des Übereinkommens über die Rechtshilfe in Strafsachen zwischen den Mitgliedstaaten der Europäischen Union.[66]

21 Die Kommission ist dieser speziellen **Prüfverpflichtung inzwischen nachgekommen**.[67] Von dieser Prüfung betroffen waren bestehende Rechtsakte, die vor dem Erlass der RL (EU) 2016/680 auf EU-Ebene angenommen wurden, und die im Bereich der justiziellen Zusammenarbeit in Strafsachen und der polizeilichen Zusammenarbeit die Verarbeitung personenbezogener Daten im Verkehr der Mitgliedstaaten untereinander oder den Zugang der von den Mitgliedstaaten bestimmten Behörden zu gemäß den Verträgen errichteten Informationssystemen regeln. Die Kommission kam zu dem Schluss, dass von 26 überprüften Rechtsakten 16 keiner Angleichung bedurften, aber zehn nicht vollständig im Einklang mit der RL (EU) 2016/680 stehen und daher geändert werden sollten. Die Kommission hat bereits diesbezügliche Änderungsvorschläge vorgelegt.[68]

---

[59] Datenschutz-Übereinkommen des Europarats zum Schutz des Menschen bei der automatischen Verarbeitung personenbezogener Daten (SEV 108; vgl. BGBl. 1985 II 539) nebst Zusatzprotokoll über Kontrollstellen und grenzüberschreitenden Datenverkehr (SEV 181).

[60] Rahmenbeschluss 2008/977/JI des Rates vom 27.11.2008 über den Schutz personenbezogener Daten, die im Rahmen der polizeilichen und justiziellen Zusammenarbeit in Strafsachen verarbeitet werden, ABl. 2008 L 350, 60.

[61] Commission Staff Working Paper, Impact Assessment (SEC(2012) 72, 34); siehe bereits Mitteilung der Kommission v. 4.11.2010, Gesamtkonzept für den Datenschutz in der EU, KOM(2010) 609 endgültig, 16.

[62] Art. 60 RL 2016/680/EU bestimmt: „Die besonderen Bestimmungen zum Schutz personenbezogener Daten in Unionsrechtsakten, die am oder vor dem 6. Mai 2016 im Bereich der justiziellen Zusammenarbeit in Strafsachen und der polizeilichen Zusammenarbeit erlassenen Rechtsakten der Union enthalten sind, die die Verarbeitung im Verkehr der Mitgliedstaaten untereinander sowie den Zugang der von den Mitgliedstaaten bestimmten Behörden zu den gemäß den Verträgen errichteten Informationssystemen im Anwendungsbereich dieser Richtlinie regeln bleiben unberührt". Zu den Gründen vgl. Briere/Weyemberg/De Hert/Sajfert, The Needed Balances in EU Criminal Law, 2017, S. 234, 246.

[63] Erwägungsgrund 94 RL 2016/680/EU.

[64] Siehe bereits die Liste der Rechtsakte in Anh. 3 zur Folgenabschätzung (Commission Staff Working Paper, Impact Assessment, Annex 3: Data protection in the areas of police and judicial co-operation in criminal matters, „List of EU instruments in the field of police and judicial cooperation in criminal matters containing specific data protection provisions", SEC(2012) 72, 64) sowie die Überblicke in den Mitteilungen der Kommission v. 6.4.2016, Solidere und intelligentere Informationssysteme für das Grenzmanagement und mehr Sicherheit, COM(2016) 205 final und v. 20.7.2010, Überblick über das Informationsmanagement im Bereich Freiheit, Sicherheit und Recht, KOM(2010) 385 endg.

[65] Rahmenbeschl. 2008/615/JI des Rates v. 23.6.2008 zur Vertiefung der grenzüberschreitenden Zusammenarbeit, insbesondere zur Bekämpfung des Terrorismus und der grenzüberschreitenden Kriminalität, ABl. 2008 L 210, 1.

[66] Rechtsakt des Rates v. 29.5.2000 über die Erstellung – gem. Artikel 34 des Vertrags über die Europäische Union – des Übereinkommens über die Rechtshilfe in Strafsachen zwischen den Mitgliedstaaten der Europäischen Union, ABl. 2000 C 197, 1.

[67] Mitteilung der Kommission v. 24.6.2020, Weiteres Vorgehen hinsichtlich der Angleichung des früheren Besitzstands des dritten Pfeilers an die Datenschutzvorschriften, COM(2020) 262 final.

[68] Vgl. zB Kommission, Vorschlag für eine VO über den automatisierten Datenaustausch für die polizeiliche Zusammenarbeit („Prüm II") und zur Änderung der Beschl. 2008/615/JI und 2008/616/JI des Rates

5. Handeln der Mitgliedstaaten im Rahmen der Gemeinsamen Außen- und Sicherheitspolitik. Das in Art. 7 und 8 GRCh sowie Art. 16 Abs. 1 AEUV verbürgte Grundrecht jeder Person auf den Schutz ihrer personenbezogenen Daten gilt auch für das **auswärtige Handeln** der EU und der Mitgliedstaaten im Rahmen der Gemeinsamen Außen- und Sicherheitspolitik (Art. 21 iVm Art. 2 EUV). Daher gilt auch für den noch zu erlassenden Ratsbeschluss in Anwendung von Art. 39 EUV zur Sicherstellung eines einheitlichen und kohärenten Schutzes die Notwendigkeit, im Einklang insbesondere mit der DS-GVO zu stehen (→ Art. 2 Rn. 10).

IV. Rechtsetzungsverfahren

Vorschriften (VO oder RL) zum Schutz personenbezogener Daten nach Art. 16 AEUV werden im ordentlichen Gesetzgebungsverfahren nach Art. 294 AEUV durch das Europäische Parlament und den Rat angenommen. Das Vorschlagsrecht liegt bei der Kommission, unter Konsultation des Europäischen Datenschutzbeauftragten gemäß Art. 41 Abs. 1 VO (EU) 2018/1725.

Art. 99 Inkrafttreten und Anwendung

(1) Diese Verordnung tritt am zwanzigsten Tag nach ihrer Veröffentlichung im Amtsblatt der Europäischen Union in Kraft.

(2) Sie gilt ab dem 25. Mai 2018.

Literatur: *Hofmann*, Der Tag, der fast nichts veränderte: Wissen Sie eigentlich, wann die DS-GVO in Kraft getreten ist?, ZD-Aktuell 2017, 05853.

Übersicht

	Rn.
A. Allgemeines	1
I. Zweck und Bedeutung der Vorschrift	1
II. Systematik, Verhältnis zu anderen Vorschriften	2
B. Einzelerläuterungen	3
I. Abs. 1	3
II. Abs. 2	4

A. Allgemeines

I. Zweck und Bedeutung der Vorschrift

Die Vorschrift regelt in Abs. 1, wann die Verordnung in Kraft tritt. Abs. 2 bestimmt, ab wann sie gültig ist. Ihre Formulierung orientiert sich an dem Gemeinsamen Leitfaden für die Abfassung von Rechtstexten der Europäischen Union.[1] Diese äußerlich rein rechtstechnischen Bestimmungen sind von **großer praktischer Bedeutung,** weil sie in der Gesamtschau die Übergangsfrist von zwei Jahren markieren, die in Erwägungsgrund 171 angesprochen ist.[2] Eine Regelung, in der eine solche Übergangsfrist gesondert förmlich festgelegt wäre, existiert nicht. Ebenso gibt es keine irgendwie geartete Übergangsfrist ab oder nach dem 25.5.2018. Vielmehr sind seit dem 25.5.2018 die Bestimmungen der Verordnung ausnahmslos gültig und anwendbar.

---

sowie der VO (EU) 2018/1726, 2019/817 und 2019/818 des Europäischen Parlaments und des Rates, COM (2021) 784 final, ber. durch COM(2021) final/2. Für den Text der am 20.11.2023 erzielten politischen Einigung, siehe Ratsdok. 16314/23 v. 4.12.2023.
[1] Gemeinsamer Leitfaden des Europäischen Parlaments, des Rates und der Kommission für Personen, die an der Abfassung von Rechtstexten der Europäischen Union mitwirken (Stand: 12/2014), Nr. 20.12.
[2] Siehe Erwägungsgrund 171 S. 4: „Verarbeitungen, die zum Zeitpunkt der Anwendung dieser Verordnung bereits begonnen haben, sollten innerhalb von zwei Jahren nach dem Inkrafttreten dieser Verordnung mit ihr in Einklang gebracht werden."

II. Systematik, Verhältnis zu anderen Vorschriften

2   Abs. 2 steht in engem Bezug zu Art. 94 Abs. 1, der die Aufhebung der Richtlinie 95/46/EG mit Wirkung vom 25.5.2018 anordnet. Das Zusammenspiel beider Vorschriften stellt sicher, dass **keine zeitliche Lücke** zwischen dem Zeitpunkt der Aufhebung der Richtlinie 95/46/EG und dem Zeitpunkt der Geltung der Verordnung entsteht.

B. Einzelerläuterungen

I. Abs. 1

3   Dieser Absatz hat einen **rein deklaratorischen Inhalt.** Dass Gesetzgebungsakte und damit auch die Verordnung am 20. Tag nach ihrer Veröffentlichung im Amtsblatt in Kraft treten, ergibt sich für den Fall, dass im Gesetzgebungsakt selbst kein Zeitpunkt ausdrücklich festgelegt ist, bereits unmittelbar aus Art. 297 Abs. 1 UAbs. 3 S. 2 AEUV. Die **Veröffentlichung der DS-GVO** erfolgte im Amtsblatt der Europäischen Union 2016 L 119, 1. Damit trat sie am 24.5.2016 in Kraft, nicht erst am 25.5.2016.[3] **Rechtsverbindlich** ist allein die elektronische Fassung der Veröffentlichung,[4] wobei wie bei Rechtsakten der EU generell alle Sprachfassungen rechtlich gleichwertig sind.[5]

II. Abs. 2

4   Um im Ergebnis eine **Übergangsfrist** von zwei Jahren sicherzustellen, lässt Abs. 2 die Verordnung ab einem Zeitpunkt gelten, der genau zwei Jahre nach ihrem Inkrafttreten liegt, nämlich ab dem 25.5.2018 0:00 Uhr. Dies harmoniert mit der Aufhebung der DS-RL durch Art. 94 genau zu diesem Zeitpunkt.

5   Der EuGH hatte die Frage zu entscheiden, ob in Anbetracht von Abs. 2 ein nach Geltung der DS-GVO erhobenes Auskunftsersuchen auch dann auf Art. 15 gestützt werden kann, wenn der **Verarbeitungsvorgang**, auf den sich das Auskunftsersuchen bezieht, bereits **vor dem Datum der Anwendung der DS-GVO abgeschlossen** wurde. Die Frage kann sich bei der Geltendmachung aller Rechte stellen, die einer betroffenen Person auf der Basis der DS-GVO zustehen. Der EuGH differenziert wie folgt:[6]

– **Materiell-rechtliche Vorschriften** finden auf Rechtspositionen, die vor dem Inkrafttreten der Vorschriften entstanden sind und endgültig erworben wurden, grundsätzlich keine Anwendung. Etwas anderes gilt nur, wenn ausnahmsweise aus ihrem Wortlaut, ihrer Zielsetzung oder ihrem Aufbau eindeutig hervorgeht, dass ihnen eine Wirkung auch auf solche Rechtspositionen beizumessen ist.

– Anders sieht es bei **verfahrensmäßigen Rechten** aus, zu denen der EuGH auch das Auskunftsrecht gem. Art. 15 Abs. 1 zählt. Sie betreffen nicht die Rechtmäßigkeit einer Verarbeitung und sind deshalb ab ihrem Inkrafttreten[7] anzuwenden.[8]

---

[3] Eine Berechnung nur gem. Art. 3 Abs. 1 UAbs. 2 iVm Art. 3 Abs. 2 lit. b VO (EWG, EURATOM) Nr. 1182/71 des Rates v. 3.6.1971 zur Festlegung der Regeln für die Fristen, Daten und Termine, ABl. 1971 L 124, 1 würde zum Termin 25.5.2016 führen. *Hofmann* ZD-Aktuell 2017, 05853 weist jedoch mit Recht darauf hin, dass noch Art. 4 Abs. 2 VO (EWG, EURATOM) Nr. 1182/71 berücksichtigt werden muss. Er führt dazu aus, dass die DS-GVO mit Beginn der ersten Stunde des 20. Tags nach ihrer Veröffentlichung in Kraft tritt, also am 24.5.2016.

[4] Siehe VO (EU) des Rates v. 7.3.2013 über die elektronische Veröffentlichung des Amtsblatts der Europäischen Union, ABl. 2013 L 69, 1.

[5] Siehe dazu Calliess/Ruffert/*Wichard* AEUV Art. 342 Rn. 17.

[6] EuGH Urt. v. 22.6.2023 – C – 579/21, ECLI:EU:C:2023:501, Rn. 29–36 – JM/Pankki. In Rn. 32 nimmt er ausdrücklich Bezug auf seine im wesentlichen Kern identische Differenzierung in EuGH Urt. v. 15.6.2021 – C-645/19, ECLI:EU:C:2021:432 = ZD 2021, 570 mAnm *Blasek*, Rn. 100 – Facebook Ireland.

[7] Der EuGH bezieht sich in seiner Argumentation durchgängig auf das „Inkrafttreten" einer Vorschrift, was an sich einen Bezug zu Abs. 1 nahelegt, betont aber sowohl bei der Auslegung der Vorlagefrage (Rn. 29 des Urteils) wie auch bei seiner Antwort auf die Auslegungsfrage (Rn. 36 des Urteils), es gehe ihm um die Auslegung von „Art. 15 DS-GVO im Licht von Art. 99 Abs. 2 dieser Verordnung".

[8] So im Ergebnis bereits BGH Urt. v. 15.6.2021 – VI ZR 576/79, Rn. 17 = NJW 2021, 2726 unter Hinweis auf BGH Urt. v. 27.7.2020 – VI ZR 405/18, Rn. 12 = NJW 2020, 3436; der BGH problematisiert die Frage in beiden Entscheidungen nicht weiter, sondern verweist als Begründung jeweils schlicht auf Art. 99 Abs. 2.

Anhang: Nationale Durchführungsgesetze
I. Deutschland: Bundesdatenschutzgesetz (BDSG)

Vom 30. Juni 2017
(BGBl. I S. 2097)
FNA 204-4
Zuletzt geändert durch Art. 9, 10 Gesetz zur Anpassung der Bundesbesoldung und -versorgung für die Jahre 2023 und 2024 sowie zur Änderung weiterer dienstrechtlicher Vorschriften vom 22.12.2023
(BGBl. 2023 I Nr. 414)

Inhaltsübersicht

	§§
Teil 1. Gemeinsame Bestimmungen	
Kapitel 1. Anwendungsbereich und Begriffsbestimmungen	
Anwendungsbereich des Gesetzes	1
Begriffsbestimmungen	2
Kapitel 2. Rechtsgrundlagen der Verarbeitung personenbezogener Daten	
Verarbeitung personenbezogener Daten durch öffentliche Stellen	3
Videoüberwachung öffentlich zugänglicher Räume	4
Kapitel 3. Datenschutzbeauftragte öffentlicher Stellen	
Benennung	5
Stellung	6
Aufgaben	7
Kapitel 4. Die oder der Bundesbeauftragte für den Datenschutz und die Informationsfreiheit	
Errichtung	8
Zuständigkeit	9
Unabhängigkeit	10
Ernennung und Amtszeit	11
Amtsverhältnis	12
Rechte und Pflichten	13
Aufgaben	14
Tätigkeitsbericht	15
Befugnisse	16
Kapitel 5. Vertretung im Europäischen Datenschutzausschuss, zentrale Anlaufstelle, Zusammenarbeit der Aufsichtsbehörden des Bundes und der Länder in Angelegenheiten der Europäischen Union	
Vertretung im Europäischen Datenschutzausschuss, zentrale Anlaufstelle	17
Verfahren der Zusammenarbeit der Aufsichtsbehörden des Bundes und der Länder	18
Zuständigkeiten	19
Kapitel 6. Rechtsbehelfe	
Gerichtlicher Rechtsschutz	20
Antrag der Aufsichtsbehörde auf gerichtliche Entscheidung bei angenommener Rechtswidrigkeit eines Beschlusses der Europäischen Kommission	21
Teil 2. Durchführungsbestimmungen für Verarbeitungen zu Zwecken gemäß Artikel 2 der Verordnung (EU) 2016/679	
Kapitel 1. Rechtsgrundlagen der Verarbeitung personenbezogener Daten	
Abschnitt 1. Verarbeitung besonderer Kategorien personenbezogener Daten und Verarbeitung zu anderen Zwecken	
Verarbeitung besonderer Kategorien personenbezogener Daten	22
Verarbeitung zu anderen Zwecken durch öffentliche Stellen	23

Anh. I. Deutschland: Bundesdatenschutzgesetz (BDSG)

Verarbeitung zu anderen Zwecken durch nichtöffentliche Stellen 24
Datenübermittlungen durch öffentliche Stellen 25

Abschnitt 2. Besondere Verarbeitungssituationen

Datenverarbeitung für Zwecke des Beschäftigungsverhältnisses 26
Datenverarbeitung zu wissenschaftlichen oder historischen Forschungszwecken und zu statistischen Zwecken 27
Datenverarbeitung zu im öffentlichen Interesse liegenden Archivzwecken 28
Rechte der betroffenen Person und aufsichtsbehördliche Befugnisse im Fall von Geheimhaltungspflichten 29
Verbraucherkredite 30
Schutz des Wirtschaftsverkehrs bei Scoring und Bonitätsauskünften 31

Kapitel 2. Rechte der betroffenen Person

Informationspflicht bei Erhebung von personenbezogenen Daten bei der betroffenen Person 32
Informationspflicht, wenn die personenbezogenen Daten nicht bei der betroffenen Person erhoben wurden 33
Auskunftsrecht der betroffenen Person 34
Recht auf Löschung 35
Widerspruchsrecht 36
Automatisierte Entscheidungen im Einzelfall einschließlich Profiling 37

Kapitel 3. Pflichten der Verantwortlichen und Auftragsverarbeiter

Datenschutzbeauftragte nichtöffentlicher Stellen 38
Akkreditierung 39

Kapitel 4. Aufsichtsbehörde für die Datenverarbeitung durch nichtöffentliche Stellen

Aufsichtsbehörden der Länder 40

Kapitel 5. Sanktionen

Anwendung der Vorschriften über das Bußgeld- und Strafverfahren 41
Strafvorschriften 42
Bußgeldvorschriften 43

Kapitel 6. Rechtsbehelfe

Klagen gegen den Verantwortlichen oder Auftragsverarbeiter 44

Teil 3. Bestimmungen für Verarbeitungen zu Zwecken gemäß Artikel 1 Absatz 1 der Richtlinie (EU) 2016/680

Kapitel 1. Anwendungsbereich, Begriffsbestimmungen und allgemeine Grundsätze für die Verarbeitung personenbezogener Daten

Anwendungsbereich 45
Begriffsbestimmungen 46
Allgemeine Grundsätze für die Verarbeitung personenbezogener Daten 47

Kapitel 2. Rechtsgrundlagen der Verarbeitung personenbezogener Daten

Verarbeitung besonderer Kategorien personenbezogener Daten 48
Verarbeitung zu anderen Zwecken 49
Verarbeitung zu archivarischen, wissenschaftlichen und statistischen Zwecken 50
Einwilligung 51
Verarbeitung auf Weisung des Verantwortlichen 52
Datengeheimnis 53
Automatisierte Einzelentscheidung 54

Kapitel 3. Rechte der betroffenen Person

Allgemeine Informationen zu Datenverarbeitungen 55
Benachrichtigung betroffener Personen 56
Auskunftsrecht 57
Rechte auf Berichtigung und Löschung sowie Einschränkung der Verarbeitung 58
Verfahren für die Ausübung der Rechte der betroffenen Person 59
Anrufung der oder des Bundesbeauftragten 60
Rechtsschutz gegen Entscheidungen der oder des Bundesbeauftragten oder bei deren oder dessen Untätigkeit 61

Kapitel 4. Pflichten der Verantwortlichen und Auftragsverarbeiter

Auftragsverarbeitung 62
Gemeinsam Verantwortliche 63
Anforderungen an die Sicherheit der Datenverarbeitung 64

I. Deutschland: Bundesdatenschutzgesetz (BDSG) **Anh.**

Meldung von Verletzungen des Schutzes personenbezogener Daten an die oder den Bundesbeauftragten 65
Benachrichtigung betroffener Personen bei Verletzungen des Schutzes personenbezogener Daten 66
Durchführung einer Datenschutz-Folgenabschätzung 67
Zusammenarbeit mit der oder dem Bundesbeauftragten 68
Anhörung der oder des Bundesbeauftragten 69
Verzeichnis von Verarbeitungstätigkeiten 70
Datenschutz durch Technikgestaltung und datenschutzfreundliche Voreinstellungen ... 71
Unterscheidung zwischen verschiedenen Kategorien betroffener Personen 72
Unterscheidung zwischen Tatsachen und persönlichen Einschätzungen 73
Verfahren bei Übermittlungen 74
Berichtigung und Löschung personenbezogener Daten sowie Einschränkung der Verarbeitung 75
Protokollierung 76
Vertrauliche Meldung von Verstößen 77

Kapitel 5. Datenübermittlungen an Drittstaaten und an internationale Organisationen

Allgemeine Voraussetzungen 78
Datenübermittlung bei geeigneten Garantien 79
Datenübermittlung ohne geeignete Garantien 80
Sonstige Datenübermittlung an Empfänger in Drittstaaten 81

Kapitel 6. Zusammenarbeit der Aufsichtsbehörden

Gegenseitige Amtshilfe 82

Kapitel 7. Haftung und Sanktionen

Schadensersatz und Entschädigung 83
Strafvorschriften 84

Teil 4. Besondere Bestimmungen für Verarbeitungen im Rahmen von nicht in die Anwendungsbereiche der Verordnung (EU) 2016/679 und der Richtlinie (EU) 2016/680 fallenden Tätigkeiten

Verarbeitung personenbezogener Daten im Rahmen von nicht in die Anwendungsbereiche der Verordnung (EU) 2016/679 und der Richtlinie (EU) 2016/680 fallenden Tätigkeiten 85
Verarbeitung personenbezogener Daten für Zwecke staatlicher Auszeichnungen und Ehrungen 86

Teil 1. Gemeinsame Bestimmungen

Kapitel 1. Anwendungsbereich und Begriffsbestimmungen

§ 1 Anwendungsbereich des Gesetzes. (1) ¹Dieses Gesetz gilt für die Verarbeitung personenbezogener Daten durch
1. öffentliche Stellen des Bundes,
2. öffentliche Stellen der Länder, soweit der Datenschutz nicht durch Landesgesetz geregelt ist und soweit sie
   a) Bundesrecht ausführen oder
   b) als Organe der Rechtspflege tätig werden und es sich nicht um Verwaltungsangelegenheiten handelt.

²Für nichtöffentliche Stellen gilt dieses Gesetz für die ganz oder teilweise automatisierte Verarbeitung personenbezogener Daten sowie die nicht automatisierte Verarbeitung personenbezogener Daten, die in einem Dateisystem gespeichert sind oder gespeichert werden sollen, es sei denn, die Verarbeitung durch natürliche Personen erfolgt zur Ausübung ausschließlich persönlicher oder familiärer Tätigkeiten.

(2) ¹Andere Rechtsvorschriften des Bundes über den Datenschutz gehen den Vorschriften dieses Gesetzes vor. ²Regeln sie einen Sachverhalt, für den dieses Gesetz gilt, nicht oder nicht abschließend, finden die Vorschriften dieses Gesetzes Anwendung. ³Die Verpflichtung zur Wahrung gesetzlicher Geheimhaltungspflichten oder von Berufs- oder besonderen Amtsgeheimnissen, die nicht auf gesetzlichen Vorschriften beruhen, bleibt unberührt.

(3) Die Vorschriften dieses Gesetzes gehen denen des Verwaltungsverfahrensgesetzes vor, soweit bei der Ermittlung des Sachverhalts personenbezogene Daten verarbeitet werden.

(4) ¹Dieses Gesetz findet Anwendung auf öffentliche Stellen. ²Auf nichtöffentliche Stellen findet es Anwendung, sofern
1. der Verantwortliche oder Auftragsverarbeiter personenbezogene Daten im Inland verarbeitet,
2. die Verarbeitung personenbezogener Daten im Rahmen der Tätigkeiten einer inländischen Niederlassung des Verantwortlichen oder Auftragsverarbeiters erfolgt oder
3. der Verantwortliche oder Auftragsverarbeiter zwar keine Niederlassung in einem Mitgliedstaat der Europäischen Union oder in einem anderen Vertragsstaat des Abkommens über den Europäischen Wirtschaftsraum hat, er aber in den Anwendungsbereich der Verordnung (EU) 2016/679 des Europäischen Parlaments und des Rates vom 27. April 2016 zum Schutz natürlicher Personen bei der Verarbeitung personenbezogener Daten, zum freien Datenverkehr und zur Aufhebung der Richtlinie 95/46/EG (Datenschutz-Grundverordnung) (ABl. L 119 vom 4.5.2016, S. 1; L 314 vom 22.11.2016, S. 72; L 127 vom 23.5.2018, S. 2) in der jeweils geltenden Fassung fällt.

³Sofern dieses Gesetz nicht gemäß Satz 2 Anwendung findet, gelten für den Verantwortlichen oder Auftragsverarbeiter nur die §§ 8 bis 21, 39 bis 44.

(5) Die Vorschriften dieses Gesetzes finden keine Anwendung, soweit das Recht der Europäischen Union, im Besonderen die Verordnung (EU) 2016/679 in der jeweils geltenden Fassung, unmittelbar gilt.

(6) ¹Bei Verarbeitungen zu Zwecken gemäß Artikel 2 der Verordnung (EU) 2016/679 stehen die Vertragsstaaten des Abkommens über den Europäischen Wirtschaftsraum den Mitgliedstaaten der Europäischen Union gleich. ²Andere Staaten gelten insoweit als Drittstaaten.

(7) ¹Bei Verarbeitungen zu Zwecken gemäß Artikel 1 Absatz 1 der Richtlinie (EU) 2016/680 des Europäischen Parlaments und des Rates vom 27. April 2016 zum Schutz natürlicher Personen bei der Verarbeitung personenbezogener Daten durch die zuständigen Behörden zum Zwecke der Verhütung, Ermittlung, Aufdeckung oder Verfolgung von Straftaten oder der Strafvollstreckung sowie zum freien Datenverkehr und zur Aufhebung des Rahmenbeschlusses 2008/977/JI des Rates (ABl. L 119 vom 4.5.2016, S. 89) stehen die bei der Umsetzung, Anwendung und Entwicklung des Schengen-Besitzstands assoziierten Staaten den Mitgliedstaaten der Europäischen Union gleich. ²Andere Staaten gelten insoweit als Drittstaaten.

(8) Für Verarbeitungen personenbezogener Daten durch öffentliche Stellen im Rahmen von nicht in die Anwendungsbereiche der Verordnung (EU) 2016/679 und der Richtlinie (EU) 2016/680 fallenden Tätigkeiten finden die Verordnung (EU) 2016/679 und die Teile 1 und 2 dieses Gesetzes entsprechend Anwendung, soweit nicht in diesem Gesetz oder einem anderen Gesetz Abweichendes geregelt ist.

§ 2 Begriffsbestimmungen. (1) Öffentliche Stellen des Bundes sind die Behörden, die Organe der Rechtspflege und andere öffentlich-rechtlich organisierte Einrichtungen des Bundes, der bundesunmittelbaren Körperschaften, der Anstalten und Stiftungen des öffentlichen Rechts sowie deren Vereinigungen ungeachtet ihrer Rechtsform.

(2) Öffentliche Stellen der Länder sind die Behörden, die Organe der Rechtspflege und andere öffentlich-rechtlich organisierte Einrichtungen eines Landes, einer Gemeinde, eines Gemeindeverbandes oder sonstiger der Aufsicht des Landes unterstehender juristischer Personen des öffentlichen Rechts sowie deren Vereinigungen ungeachtet ihrer Rechtsform.

(3) ¹Vereinigungen des privaten Rechts von öffentlichen Stellen des Bundes und der Länder, die Aufgaben der öffentlichen Verwaltung wahrnehmen, gelten ungeachtet der Beteiligung nichtöffentlicher Stellen als öffentliche Stellen des Bundes, wenn
1. sie über den Bereich eines Landes hinaus tätig werden oder
2. dem Bund die absolute Mehrheit der Anteile gehört oder die absolute Mehrheit der Stimmen zusteht.

²Andernfalls gelten sie als öffentliche Stellen der Länder.

(4) ¹Nichtöffentliche Stellen sind natürliche und juristische Personen, Gesellschaften und andere Personenvereinigungen des privaten Rechts, soweit sie nicht unter die Absätze 1 bis 3 fallen. ²Nimmt eine nichtöffentliche Stelle hoheitliche Aufgaben der öffentlichen Verwaltung wahr, ist sie insoweit öffentliche Stelle im Sinne dieses Gesetzes.

(5) ¹Öffentliche Stellen des Bundes gelten als nichtöffentliche Stellen im Sinne dieses Gesetzes, soweit sie als öffentlich-rechtliche Unternehmen am Wettbewerb teilnehmen. ²Als nichtöffentliche Stellen im Sinne dieses Gesetzes gelten auch öffentliche Stellen der Länder, soweit sie als

I. Deutschland: Bundesdatenschutzgesetz (BDSG) **Anh.**

öffentlich-rechtliche Unternehmen am Wettbewerb teilnehmen, Bundesrecht ausführen und der Datenschutz nicht durch Landesgesetz geregelt ist.

Kapitel 2. Rechtsgrundlagen der Verarbeitung personenbezogener Daten

§ 3 Verarbeitung personenbezogener Daten durch öffentliche Stellen. Die Verarbeitung personenbezogener Daten durch eine öffentliche Stelle ist zulässig, wenn sie zur Erfüllung der in der Zuständigkeit des Verantwortlichen liegenden Aufgabe oder in Ausübung öffentlicher Gewalt, die dem Verantwortlichen übertragen wurde, erforderlich ist.

§ 4 Videoüberwachung öffentlich zugänglicher Räume. (1) [1]Die Beobachtung öffentlich zugänglicher Räume mit optisch-elektronischen Einrichtungen (Videoüberwachung) ist nur zulässig, soweit sie
1. zur Aufgabenerfüllung öffentlicher Stellen,
2. zur Wahrnehmung des Hausrechts oder
3. zur Wahrnehmung berechtigter Interessen für konkret festgelegte Zwecke

erforderlich ist und keine Anhaltspunkte bestehen, dass schutzwürdige Interessen der betroffenen Personen überwiegen. [2]Bei der Videoüberwachung von
1. öffentlich zugänglichen großflächigen Anlagen, wie insbesondere Sport-, Versammlungs- und Vergnügungsstätten, Einkaufszentren oder Parkplätzen, oder
2. Fahrzeugen und öffentlich zugänglichen großflächigen Einrichtungen des öffentlichen Schienen-, Schiffs- und Busverkehrs

gilt der Schutz von Leben, Gesundheit oder Freiheit von dort aufhältigen Personen als ein besonders wichtiges Interesse.

(2) Der Umstand der Beobachtung und der Name und die Kontaktdaten des Verantwortlichen sind durch geeignete Maßnahmen zum frühestmöglichen Zeitpunkt erkennbar zu machen.

(3) [1]Die Speicherung oder Verwendung von nach Absatz 1 erhobenen Daten ist zulässig, wenn sie zum Erreichen des verfolgten Zwecks erforderlich ist und keine Anhaltspunkte bestehen, dass schutzwürdige Interessen der betroffenen Personen überwiegen. [2]Absatz 1 Satz 2 gilt entsprechend. [3]Für einen anderen Zweck dürfen sie nur weiterverarbeitet werden, soweit dies zur Abwehr von Gefahren für die staatliche und öffentliche Sicherheit sowie zur Verfolgung von Straftaten erforderlich ist.

(4) [1]Werden durch Videoüberwachung erhobene Daten einer bestimmten Person zugeordnet, so besteht die Pflicht zur Information der betroffenen Person über die Verarbeitung gemäß den Artikeln 13 und 14 der Verordnung (EU) 2016/679. [2]§ 32 gilt entsprechend.

(5) Die Daten sind unverzüglich zu löschen, wenn sie zur Erreichung des Zwecks nicht mehr erforderlich sind oder schutzwürdige Interessen der betroffenen Personen einer weiteren Speicherung entgegenstehen.

Kapitel 3. Datenschutzbeauftragte öffentlicher Stellen

§ 5 Benennung. (1) [1]Öffentliche Stellen benennen eine Datenschutzbeauftragte oder einen Datenschutzbeauftragten. [2]Dies gilt auch für öffentliche Stellen nach § 2 Absatz 5, die am Wettbewerb teilnehmen.

(2) Für mehrere öffentliche Stellen kann unter Berücksichtigung ihrer Organisationsstruktur und ihrer Größe eine gemeinsame Datenschutzbeauftragte oder ein gemeinsamer Datenschutzbeauftragter benannt werden.

(3) Die oder der Datenschutzbeauftragte wird auf der Grundlage ihrer oder seiner beruflichen Qualifikation und insbesondere ihres oder seines Fachwissens benannt, das sie oder er auf dem Gebiet des Datenschutzrechts und der Datenschutzpraxis besitzt, sowie auf der Grundlage ihrer oder seiner Fähigkeit zur Erfüllung der in § 7 genannten Aufgaben.

(4) Die oder der Datenschutzbeauftragte kann Beschäftigte oder Beschäftigter der öffentlichen Stelle sein oder ihre oder seine Aufgaben auf der Grundlage eines Dienstleistungsvertrags erfüllen.

(5) Die öffentliche Stelle veröffentlicht die Kontaktdaten der oder des Datenschutzbeauftragten und teilt diese Daten der oder dem Bundesbeauftragten für den Datenschutz und die Informationsfreiheit mit.

§ 6 Stellung. (1) Die öffentliche Stelle stellt sicher, dass die oder der Datenschutzbeauftragte ordnungsgemäß und frühzeitig in alle mit dem Schutz personenbezogener Daten zusammenhängenden Fragen eingebunden wird.

(2) Die öffentliche Stelle unterstützt die Datenschutzbeauftragte oder den Datenschutzbeauftragten bei der Erfüllung ihrer oder seiner Aufgaben gemäß § 7, indem sie die für die Erfüllung dieser Aufgaben erforderlichen Ressourcen und den Zugang zu personenbezogenen Daten und Verarbeitungsvorgängen sowie die zur Erhaltung ihres oder seines Fachwissens erforderlichen Ressourcen zur Verfügung stellt.

(3) [1]Die öffentliche Stelle stellt sicher, dass die oder der Datenschutzbeauftragte bei der Erfüllung ihrer oder seiner Aufgaben keine Anweisungen bezüglich der Ausübung dieser Aufgaben erhält. [2]Die oder der Datenschutzbeauftragte berichtet unmittelbar der höchsten Leitungsebene der öffentlichen Stelle. [3]Die oder der Datenschutzbeauftragte darf von der öffentlichen Stelle wegen der Erfüllung ihrer oder seiner Aufgaben nicht abberufen oder benachteiligt werden.

(4) [1]Die Abberufung der oder des Datenschutzbeauftragten ist nur in entsprechender Anwendung des § 626 des Bürgerlichen Gesetzbuchs zulässig. [2]Die Kündigung des Arbeitsverhältnisses ist unzulässig, es sei denn, dass Tatsachen vorliegen, welche die öffentliche Stelle zur Kündigung aus wichtigem Grund ohne Einhaltung einer Kündigungsfrist berechtigen. [3]Nach dem Ende der Tätigkeit als Datenschutzbeauftragte oder als Datenschutzbeauftragter ist die Kündigung des Arbeitsverhältnisses innerhalb eines Jahres unzulässig, es sei denn, dass die öffentliche Stelle zur Kündigung aus wichtigem Grund ohne Einhaltung einer Kündigungsfrist berechtigt ist.

(5) [1]Betroffene Personen können die Datenschutzbeauftragte oder den Datenschutzbeauftragten zu allen mit der Verarbeitung ihrer personenbezogenen Daten und mit der Wahrnehmung ihrer Rechte gemäß der Verordnung (EU) 2016/679, diesem Gesetz sowie anderen Rechtsvorschriften über den Datenschutz im Zusammenhang stehenden Fragen zu Rate ziehen. [2]Die oder der Datenschutzbeauftragte ist zur Verschwiegenheit über die Identität der betroffenen Person sowie über Umstände, die Rückschlüsse auf die betroffene Person zulassen, verpflichtet, soweit sie oder er nicht davon durch die betroffene Person befreit wird.

(6) [1]Wenn die oder der Datenschutzbeauftragte bei ihrer oder seiner Tätigkeit Kenntnis von Daten erhält, für die der Leitung oder einer bei der öffentlichen Stelle beschäftigten Person aus beruflichen Gründen ein Zeugnisverweigerungsrecht zusteht, steht dieses Recht auch der oder dem Datenschutzbeauftragten und den ihr oder ihm unterstellten Beschäftigten zu. [2]Über die Ausübung dieses Rechts entscheidet die Person, der das Zeugnisverweigerungsrecht aus beruflichen Gründen zusteht, es sei denn, dass diese Entscheidung in absehbarer Zeit nicht herbeigeführt werden kann. [3]Soweit das Zeugnisverweigerungsrecht der oder des Datenschutzbeauftragten reicht, unterliegen ihre oder seine Akten und andere Dokumente einem Beschlagnahmeverbot.

§ 7 Aufgaben. (1) [1]Der oder dem Datenschutzbeauftragten obliegen neben den in der Verordnung (EU) 2016/679 genannten Aufgaben zumindest folgende Aufgaben:
1. Unterrichtung und Beratung der öffentlichen Stelle und der Beschäftigten, die Verarbeitungen durchführen, hinsichtlich ihrer Pflichten nach diesem Gesetz und sonstigen Vorschriften über den Datenschutz, einschließlich der zur Umsetzung der Richtlinie (EU) 2016/680 erlassenen Rechtsvorschriften;
2. Überwachung der Einhaltung dieses Gesetzes und sonstiger Vorschriften über den Datenschutz, einschließlich der zur Umsetzung der Richtlinie (EU) 2016/680 erlassenen Rechtsvorschriften, sowie der Strategien der öffentlichen Stelle für den Schutz personenbezogener Daten, einschließlich der Zuweisung von Zuständigkeiten, der Sensibilisierung und der Schulung der an den Verarbeitungsvorgängen beteiligten Beschäftigten und der diesbezüglichen Überprüfungen;
3. Beratung im Zusammenhang mit der Datenschutz-Folgenabschätzung und Überwachung ihrer Durchführung gemäß § 67 dieses Gesetzes;
4. Zusammenarbeit mit der Aufsichtsbehörde;
5. Tätigkeit als Anlaufstelle für die Aufsichtsbehörde in mit der Verarbeitung zusammenhängenden Fragen, einschließlich der vorherigen Konsultation gemäß § 69 dieses Gesetzes, und gegebenenfalls Beratung zu allen sonstigen Fragen.

[2]Im Fall einer oder eines bei einem Gericht bestellten Datenschutzbeauftragten beziehen sich diese Aufgaben nicht auf das Handeln des Gerichts im Rahmen seiner justiziellen Tätigkeit.

(2) ¹Die oder der Datenschutzbeauftragte kann andere Aufgaben und Pflichten wahrnehmen. ²Die öffentliche Stelle stellt sicher, dass derartige Aufgaben und Pflichten nicht zu einem Interessenkonflikt führen.

(3) Die oder der Datenschutzbeauftragte trägt bei der Erfüllung ihrer oder seiner Aufgaben dem mit den Verarbeitungsvorgängen verbundenen Risiko gebührend Rechnung, wobei sie oder er die Art, den Umfang, die Umstände und die Zwecke der Verarbeitung berücksichtigt.

Kapitel 4. Die oder der Bundesbeauftragte für den Datenschutz und die Informationsfreiheit

§ 8 Errichtung. (1) ¹Die oder der Bundesbeauftragte für den Datenschutz und die Informationsfreiheit (Bundesbeauftragte) ist eine oberste Bundesbehörde. ²Der Dienstsitz ist Bonn.

(2) Die Beamtinnen und Beamten der oder des Bundesbeauftragten sind Beamtinnen und Beamte des Bundes.

(3) ¹Die oder der Bundesbeauftragte kann Aufgaben der Personalverwaltung und Personalwirtschaft auf andere Stellen des Bundes übertragen, soweit hierdurch die Unabhängigkeit der oder des Bundesbeauftragten nicht beeinträchtigt wird. ²Diesen Stellen dürfen personenbezogene Daten der Beschäftigten übermittelt werden, soweit deren Kenntnis zur Erfüllung der übertragenen Aufgaben erforderlich ist.

§ 9 Zuständigkeit. (1) ¹Die oder der Bundesbeauftragte ist zuständig für die Aufsicht über die öffentlichen Stellen des Bundes, auch soweit sie als öffentlich-rechtliche Unternehmen am Wettbewerb teilnehmen, sowie über Unternehmen, soweit diese für die geschäftsmäßige Erbringung von Telekommunikationsdienstleistungen Daten von natürlichen oder juristischen Personen verarbeiten und sich die Zuständigkeit nicht bereits aus § 29 des Telekommunikation-Telemedien-Datenschutz-Gesetzes ergibt. ²Die Vorschriften dieses Kapitels gelten auch für Auftragsverarbeiter, soweit sie nichtöffentliche Stellen sind, bei denen dem Bund die Mehrheit der Anteile gehört oder die Mehrheit der Stimmen zusteht und der Auftraggeber eine öffentliche Stelle des Bundes ist.

(2) Die oder der Bundesbeauftragte ist nicht zuständig für die Aufsicht über die von den Bundesgerichten im Rahmen ihrer justiziellen Tätigkeit vorgenommenen Verarbeitungen.

§ 10 Unabhängigkeit. (1) ¹Die oder der Bundesbeauftragte handelt bei der Erfüllung ihrer oder seiner Aufgaben und bei der Ausübung ihrer oder seiner Befugnisse völlig unabhängig. ²Sie oder er unterliegt weder direkter noch indirekter Beeinflussung von außen und ersucht weder um Weisung noch nimmt sie oder er Weisungen entgegen.

(2) Die oder der Bundesbeauftragte unterliegt der Rechnungsprüfung durch den Bundesrechnungshof, soweit hierdurch ihre oder seine Unabhängigkeit nicht beeinträchtigt wird.

§ 11 Ernennung und Amtszeit. (1) ¹Der Deutsche Bundestag wählt ohne Aussprache auf Vorschlag der Bundesregierung die Bundesbeauftragte oder den Bundesbeauftragten mit mehr als der Hälfte der gesetzlichen Zahl seiner Mitglieder. ²Die oder der Gewählte ist von der Bundespräsidentin oder dem Bundespräsidenten zu ernennen. ³Die oder der Bundesbeauftragte muss bei ihrer oder seiner Wahl das 35. Lebensjahr vollendet haben. ⁴Sie oder er muss über die für die Erfüllung ihrer oder seiner Aufgaben und Ausübung ihrer oder seiner Befugnisse erforderliche Qualifikation, Erfahrung und Sachkunde insbesondere im Bereich des Schutzes personenbezogener Daten verfügen. ⁵Insbesondere muss die oder der Bundesbeauftragte über durch einschlägige Berufserfahrung erworbene Kenntnisse des Datenschutzrechts verfügen und die Befähigung zum Richteramt oder höheren Verwaltungsdienst haben.

(2) ¹Die oder der Bundesbeauftragte leistet vor der Bundespräsidentin oder dem Bundespräsidenten folgenden Eid: „Ich schwöre, dass ich meine Kraft dem Wohle des deutschen Volkes widmen, seinen Nutzen mehren, Schaden von ihm wenden, das Grundgesetz und die Gesetze des Bundes wahren und verteidigen, meine Pflichten gewissenhaft erfüllen und Gerechtigkeit gegen jedermann üben werde. So wahr mir Gott helfe." ²Der Eid kann auch ohne religiöse Beteuerung geleistet werden.

(3) ¹Die Amtszeit der oder des Bundesbeauftragten beträgt fünf Jahre. ²Einmalige Wiederwahl ist zulässig.

§ 12 Amtsverhältnis. (1) Die oder der Bundesbeauftragte steht nach Maßgabe dieses Gesetzes zum Bund in einem öffentlich-rechtlichen Amtsverhältnis.

(2) ¹Das Amtsverhältnis beginnt mit der Aushändigung der Ernennungsurkunde. ²Es endet mit dem Ablauf der Amtszeit oder mit dem Rücktritt. ³Die Bundespräsidentin oder der Bundespräsident enthebt auf Vorschlag der Präsidentin oder des Präsidenten des Bundestages die Bundesbeauftragte ihres oder den Bundesbeauftragten seines Amtes, wenn die oder der Bundesbeauftragte eine schwere Verfehlung begangen hat oder die Voraussetzungen für die Wahrnehmung ihrer oder seiner Aufgaben nicht mehr erfüllt. ⁴Im Fall der Beendigung des Amtsverhältnisses oder der Amtsenthebung erhält die oder der Bundesbeauftragte eine von der Bundespräsidentin oder dem Bundespräsidenten vollzogene Urkunde. ⁵Eine Amtsenthebung wird mit der Aushändigung der Urkunde wirksam. ⁶Endet das Amtsverhältnis mit Ablauf der Amtszeit, ist die oder der Bundesbeauftragte verpflichtet, auf Ersuchen der Präsidentin oder des Präsidenten des Bundestages die Geschäfte bis zur Ernennung einer Nachfolgerin oder eines Nachfolgers für die Dauer von höchstens sechs Monaten weiterzuführen.

(3) ¹Die Leitende Beamtin oder der Leitende Beamte nimmt die Rechte der oder des Bundesbeauftragten wahr, wenn die oder der Bundesbeauftragte an der Ausübung ihres oder seines Amtes verhindert ist oder wenn ihr oder sein Amtsverhältnis endet und sie oder er nicht zur Weiterführung der Geschäfte verpflichtet ist. ²§ 10 Absatz 1 ist entsprechend anzuwenden.

(4) ¹Die oder der Bundesbeauftragte erhält vom Beginn des Kalendermonats an, in dem das Amtsverhältnis beginnt, bis zum Schluss des Kalendermonats, in dem das Amtsverhältnis endet, im Fall des Absatzes 2 Satz 6 bis zum Ende des Monats, in dem die Geschäftsführung endet, Amtsbezüge in Höhe der Besoldungsgruppe B 11 sowie den Familienzuschlag entsprechend Anlage V des Bundesbesoldungsgesetzes. ²Das Bundesreisekostengesetz und das Bundesumzugskostengesetz sind entsprechend anzuwenden. ³Im Übrigen sind § 12 Absatz 6 sowie die §§ 13 bis 20 und 21a Absatz 5 des Bundesministergesetzes mit den Maßgaben anzuwenden, dass an die Stelle der vierjährigen Amtszeit in § 15 Absatz 1 des Bundesministergesetzes eine Amtszeit von fünf Jahren tritt. ⁴Abweichend von Satz 3 in Verbindung mit den §§ 15 bis 17 und 21a Absatz 5 des Bundesministergesetzes berechnet sich das Ruhegehalt der oder des Bundesbeauftragten unter Hinzurechnung der Amtszeit als ruhegehaltsfähige Dienstzeit in entsprechender Anwendung des Beamtenversorgungsgesetzes, wenn dies günstiger ist und die oder der Bundesbeauftragte sich unmittelbar vor ihrer oder seiner Wahl zur oder zum Bundesbeauftragten als Beamtin oder Beamter oder als Richterin oder Richter mindestens in dem letzten gewöhnlich vor Erreichen der Besoldungsgruppe B 11 zu durchlaufenden Amt befunden hat.

(5) Zur Abmilderung der Folgen der gestiegenen Verbraucherpreise werden der oder dem Bundesbeauftragten in entsprechender Anwendung des § 14 Absatz 4 bis 8 des Bundesbesoldungsgesetzes die folgenden Sonderzahlungen gewährt:
1. für den Monat Juni 2023 eine einmalige Sonderzahlung in Höhe von 1 240 Euro sowie
2. für die Monate Juli 2023 bis Februar 2024 eine monatliche Sonderzahlung in Höhe von jeweils 220 Euro.

§ 13 Rechte und Pflichten. (1) ¹Die oder der Bundesbeauftragte sieht von allen mit den Aufgaben ihres oder seines Amtes nicht zu vereinbarenden Handlungen ab und übt während ihrer oder seiner Amtszeit keine andere mit ihrem oder seinem Amt nicht zu vereinbarende entgeltliche oder unentgeltliche Tätigkeit aus. ²Insbesondere darf die oder der Bundesbeauftragte neben ihrem oder seinem Amt kein anderes besoldetes Amt, kein Gewerbe und keinen Beruf ausüben und weder der Leitung oder dem Aufsichtsrat oder Verwaltungsrat eines auf Erwerb gerichteten Unternehmens noch einer Regierung oder einer gesetzgebenden Körperschaft des Bundes oder eines Landes angehören. ³Sie oder er darf nicht gegen Entgelt außergerichtliche Gutachten abgeben.

(2) ¹Die oder der Bundesbeauftragte hat der Präsidentin oder dem Präsidenten des Bundestages Mitteilung über Geschenke zu machen, die sie oder er in Bezug auf das Amt erhält. ²Die Präsidentin oder der Präsident des Bundestages entscheidet über die Verwendung der Geschenke. ³Sie oder er kann Verfahrensvorschriften erlassen.

(3) ¹Die oder der Bundesbeauftragte ist berechtigt, über Personen, die ihr oder ihm in ihrer oder seiner Eigenschaft als Bundesbeauftragte oder Bundesbeauftragter Tatsachen anvertraut haben, sowie über diese Tatsachen selbst das Zeugnis zu verweigern. ²Dies gilt auch für die Mitarbeiterinnen und Mitarbeiter der oder des Bundesbeauftragten mit der Maßgabe, dass über die Ausübung dieses Rechts die oder der Bundesbeauftragte entscheidet. ³Soweit das Zeugnisverweigerungsrecht der oder des Bundesbeauftragten reicht, darf die Vorlegung oder Auslieferung von Akten oder anderen Dokumenten von ihr oder ihm nicht gefordert werden.

I. Deutschland: Bundesdatenschutzgesetz (BDSG) **Anh.**

(4) ¹Die oder der Bundesbeauftragte ist, auch nach Beendigung ihres oder seines Amtsverhältnisses, verpflichtet, über die ihr oder ihm amtlich bekanntgewordenen Angelegenheiten Verschwiegenheit zu bewahren. ²Dies gilt nicht für Mitteilungen im dienstlichen Verkehr oder über Tatsachen, die offenkundig sind oder ihrer Bedeutung nach keiner Geheimhaltung bedürfen. ³Die oder der Bundesbeauftragte entscheidet nach pflichtgemäßem Ermessen, ob und inwieweit sie oder er über solche Angelegenheiten vor Gericht oder außergerichtlich aussagt oder Erklärungen abgibt; wenn sie oder er nicht mehr im Amt ist, ist die Genehmigung der oder des amtierenden Bundesbeauftragten erforderlich. ⁴Unberührt bleibt die gesetzlich begründete Pflicht, Straftaten anzuzeigen und bei einer Gefährdung der freiheitlichen demokratischen Grundordnung für deren Erhaltung einzutreten. ⁵Für die Bundesbeauftragte oder den Bundesbeauftragten und ihre oder seine Mitarbeiterinnen und Mitarbeiter gelten die §§ 93, 97 und 105 Absatz 1, § 111 Absatz 5 in Verbindung mit § 105 Absatz 1 sowie § 116 Absatz 1 der Abgabenordnung nicht. ⁶Satz 5 findet keine Anwendung, soweit die Finanzbehörden die Kenntnis für die Durchführung eines Verfahrens wegen einer Steuerstraftat sowie eines damit zusammenhängenden Steuerverfahrens benötigen, an deren Verfolgung ein zwingendes öffentliches Interesse besteht, oder soweit es sich um vorsätzlich falsche Angaben der oder des Auskunftspflichtigen oder der für sie oder ihn tätigen Personen handelt. ⁷Stellt die oder der Bundesbeauftragte einen Datenschutzverstoß fest, ist sie oder er befugt, diesen anzuzeigen und die betroffene Person hierüber zu informieren.

(5) ¹Die oder der Bundesbeauftragte darf als Zeugin oder Zeuge aussagen, es sei denn, die Aussage würde
1. dem Wohl des Bundes oder eines Landes Nachteile bereiten, insbesondere Nachteile für die Sicherheit der Bundesrepublik Deutschland oder ihre Beziehungen zu anderen Staaten, oder
2. Grundrechte verletzen.

²Betrifft die Aussage laufende oder abgeschlossene Vorgänge, die dem Kernbereich exekutiver Eigenverantwortung der Bundesregierung zuzurechnen sind oder sein könnten, darf die oder der Bundesbeauftragte nur im Benehmen mit der Bundesregierung aussagen. ³§ 28 des Bundesverfassungsgerichtsgesetzes bleibt unberührt.

(6) Die Absätze 3 und 4 Satz 5 bis 7 gelten entsprechend für die öffentlichen Stellen, die für die Kontrolle der Einhaltung der Vorschriften über den Datenschutz in den Ländern zuständig sind.

§ 14 Aufgaben. (1) ¹Die oder der Bundesbeauftragte hat neben den in der Verordnung (EU) 2016/679 genannten Aufgaben die Aufgaben,
1. die Anwendung dieses Gesetzes und sonstiger Vorschriften über den Datenschutz, einschließlich der zur Umsetzung der Richtlinie (EU) 2016/680 erlassenen Rechtsvorschriften, zu überwachen und durchzusetzen,
2. die Öffentlichkeit für die Risiken, Vorschriften, Garantien und Rechte im Zusammenhang mit der Verarbeitung personenbezogener Daten zu sensibilisieren und sie darüber aufzuklären, wobei spezifische Maßnahmen für Kinder besondere Beachtung finden,
3. den Deutschen Bundestag und den Bundesrat, die Bundesregierung und andere Einrichtungen und Gremien über legislative und administrative Maßnahmen zum Schutz der Rechte und Freiheiten natürlicher Personen in Bezug auf die Verarbeitung personenbezogener Daten zu beraten,
4. die Verantwortlichen und die Auftragsverarbeiter für die ihnen aus diesem Gesetz und sonstigen Vorschriften über den Datenschutz, einschließlich den zur Umsetzung der Richtlinie (EU) 2016/680 erlassenen Rechtsvorschriften, entstehenden Pflichten zu sensibilisieren,
5. auf Anfrage jeder betroffenen Person Informationen über die Ausübung ihrer Rechte aufgrund dieses Gesetzes und sonstiger Vorschriften über den Datenschutz, einschließlich der zur Umsetzung der Richtlinie (EU) 2016/680 erlassenen Rechtsvorschriften, zur Verfügung zu stellen und gegebenenfalls zu diesem Zweck mit den Aufsichtsbehörden in anderen Mitgliedstaaten zusammenzuarbeiten,
6. sich mit Beschwerden einer betroffenen Person oder Beschwerden einer Stelle, einer Organisation oder eines Verbandes gemäß Artikel 55 der Richtlinie (EU) 2016/680 zu befassen, den Gegenstand der Beschwerde in angemessenem Umfang zu untersuchen und den Beschwerdeführer innerhalb einer angemessenen Frist über den Fortgang und das Ergebnis der Untersuchung zu unterrichten, insbesondere, wenn eine weitere Untersuchung oder Koordinierung mit einer anderen Aufsichtsbehörde notwendig ist,

7. mit anderen Aufsichtsbehörden zusammenzuarbeiten, auch durch Informationsaustausch, und ihnen Amtshilfe zu leisten, um die einheitliche Anwendung und Durchsetzung dieses Gesetzes und sonstiger Vorschriften über den Datenschutz, einschließlich der zur Umsetzung der Richtlinie (EU) 2016/680 erlassenen Rechtsvorschriften, zu gewährleisten,
8. Untersuchungen über die Anwendung dieses Gesetzes und sonstiger Vorschriften über den Datenschutz, einschließlich der zur Umsetzung der Richtlinie (EU) 2016/680 erlassenen Rechtsvorschriften, durchzuführen, auch auf der Grundlage von Informationen einer anderen Aufsichtsbehörde oder einer anderen Behörde,
9. maßgebliche Entwicklungen zu verfolgen, soweit sie sich auf den Schutz personenbezogener Daten auswirken, insbesondere die Entwicklung der Informations- und Kommunikationstechnologie und der Geschäftspraktiken,
10. Beratung in Bezug auf die in § 69 genannten Verarbeitungsvorgänge zu leisten und
11. Beiträge zur Tätigkeit des Europäischen Datenschutzausschusses zu leisten.
²Im Anwendungsbereich der Richtlinie (EU) 2016/680 nimmt die oder der Bundesbeauftragte zudem die Aufgabe nach § 60 wahr.

(2) ¹Zur Erfüllung der in Absatz 1 Satz 1 Nummer 3 genannten Aufgabe kann die oder der Bundesbeauftragte zu allen Fragen, die im Zusammenhang mit dem Schutz personenbezogener Daten stehen, von sich aus oder auf Anfrage Stellungnahmen an den Deutschen Bundestag oder einen seiner Ausschüsse, den Bundesrat, die Bundesregierung, sonstige Einrichtungen und Stellen sowie an die Öffentlichkeit richten. ²Auf Ersuchen des Deutschen Bundestages, eines seiner Ausschüsse oder der Bundesregierung geht die oder der Bundesbeauftragte ferner Hinweisen auf Angelegenheiten und Vorgänge des Datenschutzes bei den öffentlichen Stellen des Bundes nach.

(3) Die oder der Bundesbeauftragte erleichtert das Einreichen der in Absatz 1 Satz 1 Nummer 6 genannten Beschwerden durch Maßnahmen wie etwa die Bereitstellung eines Beschwerdeformulars, das auch elektronisch ausgefüllt werden kann, ohne dass andere Kommunikationsmittel ausgeschlossen werden.

(4) ¹Die Erfüllung der Aufgaben der oder des Bundesbeauftragten ist für die betroffene Person unentgeltlich. ²Bei offenkundig unbegründeten oder, insbesondere im Fall von häufiger Wiederholung, exzessiven Anfragen kann die oder der Bundesbeauftragte eine angemessene Gebühr auf der Grundlage der Verwaltungskosten verlangen oder sich weigern, aufgrund der Anfrage tätig zu werden. ³In diesem Fall trägt die oder der Bundesbeauftragte die Beweislast für den offenkundig unbegründeten oder exzessiven Charakter der Anfrage.

§ 15 Tätigkeitsbericht. ¹Die oder der Bundesbeauftragte erstellt einen Jahresbericht über ihre oder seine Tätigkeit, der eine Liste der Arten der gemeldeten Verstöße und der Arten der getroffenen Maßnahmen, einschließlich der verhängten Sanktionen und der Maßnahmen nach Artikel 58 Absatz 2 der Verordnung (EU) 2016/679, enthalten kann. ²Die oder der Bundesbeauftragte übermittelt den Bericht dem Deutschen Bundestag, dem Bundesrat und der Bundesregierung und macht ihn der Öffentlichkeit, der Europäischen Kommission und dem Europäischen Datenschutzausschuss zugänglich.

§ 16 Befugnisse. (1) ¹Die oder der Bundesbeauftragte nimmt im Anwendungsbereich der Verordnung (EU) 2016/679 die Befugnisse gemäß Artikel 58 der Verordnung (EU) 2016/679 wahr. ²Kommt die oder der Bundesbeauftragte zu dem Ergebnis, dass Verstöße gegen die Vorschriften über den Datenschutz oder sonstige Mängel bei der Verarbeitung personenbezogener Daten vorliegen, teilt sie oder er dies der zuständigen Rechts- oder Fachaufsichtsbehörde mit und gibt dieser vor der Ausübung der Befugnisse des Artikels 58 Absatz 2 Buchstabe b bis g, i und j der Verordnung (EU) 2016/679 gegenüber dem Verantwortlichen Gelegenheit zur Stellungnahme innerhalb einer angemessenen Frist. ³Von der Einräumung der Gelegenheit zur Stellungnahme kann abgesehen werden, wenn eine sofortige Entscheidung wegen Gefahr im Verzug oder im öffentlichen Interesse notwendig erscheint oder ihr ein zwingendes öffentliches Interesse entgegensteht. ⁴Die Stellungnahme soll auch eine Darstellung der Maßnahmen enthalten, die aufgrund der Mitteilung der oder des Bundesbeauftragten getroffen worden sind.

(2) ¹Stellt die oder der Bundesbeauftragte bei Datenverarbeitungen durch öffentliche Stellen des Bundes zu Zwecken außerhalb des Anwendungsbereichs der Verordnung (EU) 2016/679 Verstöße gegen die Vorschriften dieses Gesetzes oder gegen andere Vorschriften über den Datenschutz oder sonstige Mängel bei der Verarbeitung oder Nutzung personenbezogener

I. Deutschland: Bundesdatenschutzgesetz (BDSG) **Anh.**

Daten fest, so beanstandet sie oder er dies gegenüber der zuständigen obersten Bundesbehörde und fordert diese zur Stellungnahme innerhalb einer von ihr oder ihm zu bestimmenden Frist auf. ²Die oder der Bundesbeauftragte kann von einer Beanstandung absehen oder auf eine Stellungnahme verzichten, insbesondere wenn es sich um unerhebliche oder inzwischen beseitigte Mängel handelt. ³Die Stellungnahme soll auch eine Darstellung der Maßnahmen enthalten, die aufgrund der Beanstandung der oder des Bundesbeauftragten getroffen worden sind. ⁴Die oder der Bundesbeauftragte kann den Verantwortlichen auch davor warnen, dass beabsichtigte Verarbeitungsvorgänge voraussichtlich gegen in diesem Gesetz enthaltene und andere auf die jeweilige Datenverarbeitung anzuwendende Vorschriften über den Datenschutz verstoßen.

(3) ¹Die Befugnisse der oder des Bundesbeauftragten erstrecken sich auch auf
1. von ihrer oder seiner Aufsicht unterliegenden Stellen erlangte personenbezogene Daten über den Inhalt und die näheren Umstände des Brief-, Post- und Fernmeldeverkehrs und
2. personenbezogene Daten, die einem besonderen Amtsgeheimnis, insbesondere dem Steuergeheimnis nach § 30 der Abgabenordnung, unterliegen.

²Das Grundrecht des Brief-, Post- und Fernmeldegeheimnisses des Artikels 10 des Grundgesetzes wird insoweit eingeschränkt.

(4) ¹Die öffentlichen Stellen des Bundes sind verpflichtet, der oder dem Bundesbeauftragten und ihren oder seinen Beauftragten
1. jederzeit Zugang zu den Grundstücken und Diensträumen, einschließlich aller Datenverarbeitungsanlagen und –geräte, sowie zu allen personenbezogenen Daten und Informationen, die zur Erfüllung ihrer oder seiner Aufgaben notwendig sind, zu gewähren und
2. alle Informationen, die für die Erfüllung ihrer oder seiner Aufgaben erforderlich sind, bereitzustellen.

²Für nichtöffentliche Stellen besteht die Verpflichtung des Satzes 1 Nummer 1 nur während der üblichen Betriebs- und Geschäftszeiten.

(5) ¹Die oder der Bundesbeauftragte wirkt auf die Zusammenarbeit mit den öffentlichen Stellen, die für die Kontrolle der Einhaltung der Vorschriften über den Datenschutz in den Ländern zuständig sind, sowie mit den Aufsichtsbehörden nach § 40 hin. ²§ 40 Absatz 3 Satz 1 zweiter Halbsatz gilt entsprechend.

Kapitel 5. Vertretung im Europäischen Datenschutzausschuss, zentrale Anlaufstelle, Zusammenarbeit der Aufsichtsbehörden des Bundes und der Länder in Angelegenheiten der Europäischen Union

§ 17 Vertretung im Europäischen Datenschutzausschuss, zentrale Anlaufstelle. (1) ¹Gemeinsamer Vertreter im Europäischen Datenschutzausschuss und zentrale Anlaufstelle ist die oder der Bundesbeauftragte (gemeinsamer Vertreter). ²Als Stellvertreterin oder Stellvertreter des gemeinsamen Vertreters wählt der Bundesrat eine Leiterin oder einen Leiter der Aufsichtsbehörde eines Landes (Stellvertreter). ³Die Wahl erfolgt für fünf Jahre. ⁴Mit dem Ausscheiden aus dem Amt als Leiterin oder Leiter der Aufsichtsbehörde eines Landes endet zugleich die Funktion als Stellvertreter. ⁵Wiederwahl ist zulässig.

(2) Der gemeinsame Vertreter überträgt in Angelegenheiten, die die Wahrnehmung einer Aufgabe betreffen, für welche die Länder allein das Recht zur Gesetzgebung haben, oder welche die Einrichtung oder das Verfahren von Landesbehörden betreffen, dem Stellvertreter auf dessen Verlangen die Verhandlungsführung und das Stimmrecht im Europäischen Datenschutzausschuss.

§ 18 Verfahren der Zusammenarbeit der Aufsichtsbehörden des Bundes und der Länder. (1) ¹Die oder der Bundesbeauftragte und die Aufsichtsbehörden der Länder (Aufsichtsbehörden des Bundes und der Länder) arbeiten in Angelegenheiten der Europäischen Union mit dem Ziel einer einheitlichen Anwendung der Verordnung (EU) 2016/679 und der Richtlinie (EU) 2016/680 zusammen. ²Vor der Übermittlung eines gemeinsamen Standpunktes an die Aufsichtsbehörden der anderen Mitgliedstaaten, die Europäische Kommission oder den Europäischen Datenschutzausschuss geben sich die Aufsichtsbehörden des Bundes und der Länder frühzeitig Gelegenheit zur Stellungnahme. ³Zu diesem Zweck tauschen sie untereinander alle zweckdienlichen Informationen aus. ⁴Die Aufsichtsbehörden des Bundes und der Länder beteiligen die nach den Artikeln 85 und 91 der Verordnung (EU) 2016/679 eingerichteten spezifischen Aufsichtsbehörden, sofern diese von der Angelegenheit betroffen sind.

(2) [1] Soweit die Aufsichtsbehörden des Bundes und der Länder kein Einvernehmen über den gemeinsamen Standpunkt erzielen, legen die federführende Behörde oder in Ermangelung einer solchen der gemeinsame Vertreter und sein Stellvertreter einen Vorschlag für einen gemeinsamen Standpunkt vor. [2] Einigen sich der gemeinsame Vertreter und sein Stellvertreter nicht auf einen Vorschlag für einen gemeinsamen Standpunkt, legt in Angelegenheiten, die die Wahrnehmung von Aufgaben betreffen, für welche die Länder allein das Recht der Gesetzgebung haben, oder welche die Einrichtung oder das Verfahren von Landesbehörden betreffen, der Stellvertreter den Vorschlag für einen gemeinsamen Standpunkt fest. [3] In den übrigen Fällen fehlenden Einvernehmens nach Satz 2 legt der gemeinsame Vertreter den Standpunkt fest. [4] Der nach den Sätzen 1 bis 3 vorgeschlagene Standpunkt ist den Verhandlungen zu Grunde zu legen, wenn nicht die Aufsichtsbehörden von Bund und Ländern einen anderen Standpunkt mit einfacher Mehrheit beschließen. [5] Der Bund und jedes Land haben jeweils eine Stimme. [6] Enthaltungen werden nicht gezählt.

(3) [1] Der gemeinsame Vertreter und dessen Stellvertreter sind an den gemeinsamen Standpunkt nach den Absätzen 1 und 2 gebunden und legen unter Beachtung dieses Standpunktes einvernehmlich die jeweilige Verhandlungsführung fest. [2] Sollte ein Einvernehmen nicht erreicht werden, entscheidet in den in § 18 Absatz 2 Satz 2 genannten Angelegenheiten der Stellvertreter über die weitere Verhandlungsführung. [3] In den übrigen Fällen gibt die Stimme des gemeinsamen Vertreters den Ausschlag.

§ 19 Zuständigkeiten. (1) [1] Federführende Aufsichtsbehörde eines Landes im Verfahren der Zusammenarbeit und Kohärenz nach Kapitel VII der Verordnung (EU) 2016/679 ist die Aufsichtsbehörde des Landes, in dem der Verantwortliche oder der Auftragsverarbeiter seine Hauptniederlassung im Sinne des Artikels 4 Nummer 16 der Verordnung (EU) 2016/679 oder seine einzige Niederlassung in der Europäischen Union im Sinne des Artikels 56 Absatz 1 der Verordnung (EU) 2016/679 hat. [2] Im Zuständigkeitsbereich der oder des Bundesbeauftragten gilt Artikel 56 Absatz 1 in Verbindung mit Artikel 4 Nummer 16 der Verordnung (EU) 2016/679 entsprechend. [3] Besteht über die Federführung kein Einvernehmen, findet für die Festlegung der federführenden Aufsichtsbehörde das Verfahren des § 18 Absatz 2 entsprechende Anwendung.

(2) [1] Die Aufsichtsbehörde, bei der eine betroffene Person Beschwerde eingereicht hat, gibt die Beschwerde an die federführende Aufsichtsbehörde nach Absatz 1, in Ermangelung einer solchen an die Aufsichtsbehörde eines Landes ab, in dem der Verantwortliche oder der Auftragsverarbeiter eine Niederlassung hat. [2] Wird eine Beschwerde bei einer sachlich unzuständigen Aufsichtsbehörde eingereicht, gibt diese, sofern eine Abgabe nach Satz 1 nicht in Betracht kommt, die Beschwerde an die Aufsichtsbehörde am Wohnsitz des Beschwerdeführers ab. [3] Die empfangende Aufsichtsbehörde gilt als die Aufsichtsbehörde nach Maßgabe des Kapitels VII der Verordnung (EU) 2016/679, bei der die Beschwerde eingereicht worden ist, und kommt den Verpflichtungen aus Artikel 60 Absatz 7 bis 9 und Artikel 65 Absatz 6 der Verordnung (EU) 2016/679 nach. [4] Im Zuständigkeitsbereich der oder des Bundesbeauftragten gibt die Aufsichtsbehörde, bei der eine Beschwerde eingereicht wurde, diese, sofern eine Abgabe nach Absatz 1 nicht in Betracht kommt, an den Bundesbeauftragten oder die Bundesbeauftragte ab.

Kapitel 6. Rechtsbehelfe

§ 20 Gerichtlicher Rechtsschutz. (1) [1] Für Streitigkeiten zwischen einer natürlichen oder einer juristischen Person und einer Aufsichtsbehörde des Bundes oder eines Landes über Rechte gemäß Artikel 78 Absatz 1 und 2 der Verordnung (EU) 2016/679 sowie § 61 ist der Verwaltungsrechtsweg gegeben. [2] Satz 1 gilt nicht für Bußgeldverfahren.

(2) Die Verwaltungsgerichtsordnung ist nach Maßgabe der Absätze 3 bis 7 anzuwenden.

(3) Für Verfahren nach Absatz 1 Satz 1 ist das Verwaltungsgericht örtlich zuständig, in dessen Bezirk die Aufsichtsbehörde ihren Sitz hat.

(4) In Verfahren nach Absatz 1 Satz 1 ist die Aufsichtsbehörde beteiligungsfähig.

(5) [1] Beteiligte eines Verfahrens nach Absatz 1 Satz 1 sind
1. die natürliche oder juristische Person als Klägerin oder Antragstellerin und
2. die Aufsichtsbehörde als Beklagte oder Antragsgegnerin.

[2] § 63 Nummer 3 und 4 der Verwaltungsgerichtsordnung bleibt unberührt.

I. Deutschland: Bundesdatenschutzgesetz (BDSG) Anh.

(6) Ein Vorverfahren findet nicht statt.

(7) Die Aufsichtsbehörde darf gegenüber einer Behörde oder deren Rechtsträger nicht die sofortige Vollziehung gemäß § 80 Absatz 2 Satz 1 Nummer 4 der Verwaltungsgerichtsordnung anordnen.

§ 21 Antrag der Aufsichtsbehörde auf gerichtliche Entscheidung bei angenommener Rechtswidrigkeit eines Beschlusses der Europäischen Kommission. (1) Hält eine Aufsichtsbehörde einen Angemessenheitsbeschluss der Europäischen Kommission, einen Beschluss über die Anerkennung von Standardschutzklauseln oder über die Allgemeingültigkeit von genehmigten Verhaltensregeln, auf dessen Gültigkeit es für eine Entscheidung der Aufsichtsbehörde ankommt, für rechtswidrig, so hat die Aufsichtsbehörde ihr Verfahren auszusetzen und einen Antrag auf gerichtliche Entscheidung zu stellen.

(2) ¹Für Verfahren nach Absatz 1 ist der Verwaltungsrechtsweg gegeben. ²Die Verwaltungsgerichtsordnung ist nach Maßgabe der Absätze 3 bis 6 anzuwenden.

(3) Über einen Antrag der Aufsichtsbehörde nach Absatz 1 entscheidet im ersten und letzten Rechtszug das Bundesverwaltungsgericht.

(4) ¹In Verfahren nach Absatz 1 ist die Aufsichtsbehörde beteiligungsfähig. ²An einem Verfahren nach Absatz 1 ist die Aufsichtsbehörde als Antragstellerin beteiligt; § 63 Nummer 3 und 4 der Verwaltungsgerichtsordnung bleibt unberührt. ³Das Bundesverwaltungsgericht kann der Europäischen Kommission Gelegenheit zur Äußerung binnen einer zu bestimmenden Frist geben.

(5) Ist ein Verfahren zur Überprüfung der Gültigkeit eines Beschlusses der Europäischen Kommission nach Absatz 1 bei dem Gerichtshof der Europäischen Union anhängig, so kann das Bundesverwaltungsgericht anordnen, dass die Verhandlung bis zur Erledigung des Verfahrens vor dem Gerichtshof der Europäischen Union auszusetzen sei.

(6) ¹In Verfahren nach Absatz 1 ist § 47 Absatz 5 Satz 1 und Absatz 6 der Verwaltungsgerichtsordnung entsprechend anzuwenden. ²Kommt das Bundesverwaltungsgericht zu der Überzeugung, dass der Beschluss der Europäischen Kommission nach Absatz 1 gültig ist, so stellt es dies in seiner Entscheidung fest. ³Andernfalls legt es die Frage nach der Gültigkeit des Beschlusses gemäß Artikel 267 des Vertrags über die Arbeitsweise der Europäischen Union dem Gerichtshof der Europäischen Union zur Entscheidung vor.

Teil 2. Durchführungsbestimmungen für Verarbeitungen zu Zwecken gemäß Artikel 2 der Verordnung (EU) 2016/679

Kapitel 1. Rechtsgrundlagen der Verarbeitung personenbezogener Daten

Abschnitt 1. Verarbeitung besonderer Kategorien personenbezogener Daten und Verarbeitung zu anderen Zwecken

§ 22 Verarbeitung besonderer Kategorien personenbezogener Daten. (1) Abweichend von Artikel 9 Absatz 1 der Verordnung (EU) 2016/679 ist die Verarbeitung besonderer Kategorien personenbezogener Daten im Sinne des Artikels 9 Absatz 1 der Verordnung (EU) 2016/679 zulässig
1. durch öffentliche und nichtöffentliche Stellen, wenn sie
   a) erforderlich ist, um die aus dem Recht der sozialen Sicherheit und des Sozialschutzes erwachsenden Rechte auszuüben und den diesbezüglichen Pflichten nachzukommen,
   b) zum Zweck der Gesundheitsvorsorge, für die Beurteilung der Arbeitsfähigkeit des Beschäftigten, für die medizinische Diagnostik, die Versorgung oder Behandlung im Gesundheits- oder Sozialbereich oder für die Verwaltung von Systemen und Diensten im Gesundheits- und Sozialbereich oder aufgrund eines Vertrags der betroffenen Person mit einem Angehörigen eines Gesundheitsberufs erforderlich ist und diese Daten von ärztlichem Personal oder durch sonstige Personen, die einer entsprechenden Geheimhaltungspflicht unterliegen, oder unter deren Verantwortung verarbeitet werden,
   c) aus Gründen des öffentlichen Interesses im Bereich der öffentlichen Gesundheit, wie des Schutzes vor schwerwiegenden grenzüberschreitenden Gesundheitsgefahren oder zur Gewährleistung hoher Qualitäts- und Sicherheitsstandards bei der Gesundheitsversorgung und bei Arzneimitteln und Medizinprodukten erforderlich ist; ergänzend zu den in Absatz 2

genannten Maßnahmen sind insbesondere die berufsrechtlichen und strafrechtlichen Vorgaben zur Wahrung des Berufsgeheimnisses einzuhalten, oder
  d) aus Gründen eines erheblichen öffentlichen Interesses zwingend erforderlich ist,
2. durch öffentliche Stellen, wenn sie
  a) zur Abwehr einer erheblichen Gefahr für die öffentliche Sicherheit erforderlich ist,
  b) zur Abwehr erheblicher Nachteile für das Gemeinwohl oder zur Wahrung erheblicher Belange des Gemeinwohls zwingend erforderlich ist oder
  c) aus zwingenden Gründen der Verteidigung oder der Erfüllung über- oder zwischenstaatlicher Verpflichtungen einer öffentlichen Stelle des Bundes auf dem Gebiet der Krisenbewältigung oder Konfliktverhinderung oder für humanitäre Maßnahmen erforderlich ist

und soweit die Interessen des Verantwortlichen an der Datenverarbeitung in den Fällen der Nummer 1 Buchstabe d und der Nummer 2 die Interessen der betroffenen Person überwiegen.

(2) ¹In den Fällen des Absatzes 1 sind angemessene und spezifische Maßnahmen zur Wahrung der Interessen der betroffenen Person vorzusehen. ²Unter Berücksichtigung des Stands der Technik, der Implementierungskosten und der Art, des Umfangs, der Umstände und der Zwecke der Verarbeitung sowie der unterschiedlichen Eintrittswahrscheinlichkeit und Schwere der mit der Verarbeitung verbundenen Risiken für die Rechte und Freiheiten natürlicher Personen können dazu insbesondere gehören:

1. technisch organisatorische Maßnahmen, um sicherzustellen, dass die Verarbeitung gemäß der Verordnung (EU) 2016/679 erfolgt,
2. Maßnahmen, die gewährleisten, dass nachträglich überprüft und festgestellt werden kann, ob und von wem personenbezogene Daten eingegeben, verändert oder entfernt worden sind,
3. Sensibilisierung der an Verarbeitungsvorgängen Beteiligten,
4. Benennung einer oder eines Datenschutzbeauftragten,
5. Beschränkung des Zugangs zu den personenbezogenen Daten innerhalb der verantwortlichen Stelle und von Auftragsverarbeitern,
6. Pseudonymisierung personenbezogener Daten,
7. Verschlüsselung personenbezogener Daten,
8. Sicherstellung der Fähigkeit, Vertraulichkeit, Integrität, Verfügbarkeit und Belastbarkeit der Systeme und Dienste im Zusammenhang mit der Verarbeitung personenbezogener Daten, einschließlich der Fähigkeit, die Verfügbarkeit und den Zugang bei einem physischen oder technischen Zwischenfall rasch wiederherzustellen,
9. zur Gewährleistung der Sicherheit der Verarbeitung die Einrichtung eines Verfahrens zur regelmäßigen Überprüfung, Bewertung und Evaluierung der Wirksamkeit der technischen und organisatorischen Maßnahmen oder
10. spezifische Verfahrensregelungen, die im Fall einer Übermittlung oder Verarbeitung für andere Zwecke die Einhaltung der Vorgaben dieses Gesetzes sowie der Verordnung (EU) 2016/679 sicherstellen.

§ 23 Verarbeitung zu anderen Zwecken durch öffentliche Stellen. (1) Die Verarbeitung personenbezogener Daten zu einem anderen Zweck als zu demjenigen, zu dem die Daten erhoben wurden, durch öffentliche Stellen im Rahmen ihrer Aufgabenerfüllung ist zulässig, wenn

1. offensichtlich ist, dass sie im Interesse der betroffenen Person liegt und kein Grund zu der Annahme besteht, dass sie in Kenntnis des anderen Zwecks ihre Einwilligung verweigern würde,
2. Angaben der betroffenen Person überprüft werden müssen, weil tatsächliche Anhaltspunkte für deren Unrichtigkeit bestehen,
3. sie zur Abwehr erheblicher Nachteile für das Gemeinwohl oder einer Gefahr für die öffentliche Sicherheit, die Verteidigung oder die nationale Sicherheit, zur Wahrung erheblicher Belange des Gemeinwohls oder zur Sicherung des Steuer- und Zollaufkommens erforderlich ist,
4. sie zur Verfolgung von Straftaten oder Ordnungswidrigkeiten, zur Vollstreckung oder zum Vollzug von Strafen oder Maßnahmen im Sinne des § 11 Absatz 1 Nummer 8 des Strafgesetzbuchs oder von Erziehungsmaßregeln oder Zuchtmitteln im Sinne des Jugendgerichtsgesetzes oder zur Vollstreckung von Geldbußen erforderlich ist,
5. sie zur Abwehr einer schwerwiegenden Beeinträchtigung der Rechte einer anderen Person erforderlich ist oder

I. Deutschland: Bundesdatenschutzgesetz (BDSG) Anh.

6. sie der Wahrnehmung von Aufsichts- und Kontrollbefugnissen, der Rechnungsprüfung oder der Durchführung von Organisationsuntersuchungen des Verantwortlichen dient; dies gilt auch für die Verarbeitung zu Ausbildungs- und Prüfungszwecken durch den Verantwortlichen, soweit schutzwürdige Interessen der betroffenen Person dem nicht entgegenstehen.

(2) Die Verarbeitung besonderer Kategorien personenbezogener Daten im Sinne des Artikels 9 Absatz 1 der Verordnung (EU) 2016/679 zu einem anderen Zweck als zu demjenigen, zu dem die Daten erhoben wurden, ist zulässig, wenn die Voraussetzungen des Absatzes 1 und ein Ausnahmetatbestand nach Artikel 9 Absatz 2 der Verordnung (EU) 2016/679 oder nach § 22 vorliegen.

§ 24 Verarbeitung zu anderen Zwecken durch nichtöffentliche Stellen. (1) Die Verarbeitung personenbezogener Daten zu einem anderen Zweck als zu demjenigen, zu dem die Daten erhoben wurden, durch nichtöffentliche Stellen ist zulässig, wenn
1. sie zur Abwehr von Gefahren für die staatliche oder öffentliche Sicherheit oder zur Verfolgung von Straftaten erforderlich ist oder
2. sie zur Geltendmachung, Ausübung oder Verteidigung zivilrechtlicher Ansprüche erforderlich ist,

sofern nicht die Interessen der betroffenen Person an dem Ausschluss der Verarbeitung überwiegen.

(2) Die Verarbeitung besonderer Kategorien personenbezogener Daten im Sinne des Artikels 9 Absatz 1 der Verordnung (EU) 2016/679 zu einem anderen Zweck als zu demjenigen, zu dem die Daten erhoben wurden, ist zulässig, wenn die Voraussetzungen des Absatzes 1 und ein Ausnahmetatbestand nach Artikel 9 Absatz 2 der Verordnung (EU) 2016/679 oder nach § 22 vorliegen.

§ 25 Datenübermittlungen durch öffentliche Stellen. (1) [1]Die Übermittlung personenbezogener Daten durch öffentliche Stellen an öffentliche Stellen ist zulässig, wenn sie zur Erfüllung der in der Zuständigkeit der übermittelnden Stelle oder des Dritten, an den die Daten übermittelt werden, liegenden Aufgaben erforderlich ist und die Voraussetzungen vorliegen, die eine Verarbeitung nach § 23 zulassen würden. [2]Der Dritte, an den die Daten übermittelt werden, darf diese nur für den Zweck verarbeiten, zu dessen Erfüllung sie ihm übermittelt werden. [3]Eine Verarbeitung für andere Zwecke ist unter den Voraussetzungen des § 23 zulässig.

(2) [1]Die Übermittlung personenbezogener Daten durch öffentliche Stellen an nichtöffentliche Stellen ist zulässig, wenn
1. sie zur Erfüllung der in der Zuständigkeit der übermittelnden Stelle liegenden Aufgaben erforderlich ist und die Voraussetzungen vorliegen, die eine Verarbeitung nach § 23 zulassen würden,
2. der Dritte, an den die Daten übermittelt werden, ein berechtigtes Interesse an der Kenntnis der zu übermittelnden Daten glaubhaft darlegt und die betroffene Person kein schutzwürdiges Interesse an dem Ausschluss der Übermittlung hat oder
3. es zur Geltendmachung, Ausübung oder Verteidigung rechtlicher Ansprüche erforderlich ist

und der Dritte sich gegenüber der übermittelnden öffentlichen Stelle verpflichtet hat, die Daten nur für den Zweck zu verarbeiten, zu dessen Erfüllung sie ihm übermittelt werden. [2]Eine Verarbeitung für andere Zwecke ist zulässig, wenn eine Übermittlung nach Satz 1 zulässig wäre und die übermittelnde Stelle zugestimmt hat.

(3) Die Übermittlung besonderer Kategorien personenbezogener Daten im Sinne des Artikels 9 Absatz 1 der Verordnung (EU) 2016/679 ist zulässig, wenn die Voraussetzungen des Absatzes 1 oder 2 und ein Ausnahmetatbestand nach Artikel 9 Absatz 2 der Verordnung (EU) 2016/679 oder nach § 22 vorliegen.

Abschnitt 2. Besondere Verarbeitungssituationen

§ 26 Datenverarbeitung für Zwecke des Beschäftigungsverhältnisses. (1) [1]Personenbezogene Daten von Beschäftigten dürfen für Zwecke des Beschäftigungsverhältnisses verarbeitet werden, wenn dies für die Entscheidung über die Begründung eines Beschäftigungsverhältnisses oder nach Begründung des Beschäftigungsverhältnisses für dessen Durchführung oder Beendigung oder zur Ausübung oder Erfüllung der sich aus einem Gesetz oder einem Tarifvertrag, einer Betriebs- oder Dienstvereinbarung (Kollektivvereinbarung) ergebenden Rechte und Pflichten

1405

der Interessenvertretung der Beschäftigten erforderlich ist. ²Zur Aufdeckung von Straftaten dürfen personenbezogene Daten von Beschäftigten nur dann verarbeitet werden, wenn zu dokumentierende tatsächliche Anhaltspunkte den Verdacht begründen, dass die betroffene Person im Beschäftigungsverhältnis eine Straftat begangen hat, die Verarbeitung zur Aufdeckung erforderlich ist und das schutzwürdige Interesse der oder des Beschäftigten an dem Ausschluss der Verarbeitung nicht überwiegt, insbesondere Art und Ausmaß im Hinblick auf den Anlass nicht unverhältnismäßig sind.

(2) ¹Erfolgt die Verarbeitung personenbezogener Daten von Beschäftigten auf der Grundlage einer Einwilligung, so sind für die Beurteilung der Freiwilligkeit der Einwilligung insbesondere die im Beschäftigungsverhältnis bestehende Abhängigkeit der beschäftigten Person sowie die Umstände, unter denen die Einwilligung erteilt worden ist, zu berücksichtigen. ²Freiwilligkeit kann insbesondere vorliegen, wenn für die beschäftigte Person ein rechtlicher oder wirtschaftlicher Vorteil erreicht wird oder Arbeitgeber und beschäftigte Person gleichgelagerte Interessen verfolgen. ³Die Einwilligung hat schriftlich oder elektronisch zu erfolgen, soweit nicht wegen besonderer Umstände eine andere Form angemessen ist. ⁴Der Arbeitgeber hat die beschäftigte Person über den Zweck der Datenverarbeitung und über ihr Widerrufsrecht nach Artikel 7 Absatz 3 der Verordnung (EU) 2016/679 in Textform aufzuklären.

(3) ¹Abweichend von Artikel 9 Absatz 1 der Verordnung (EU) 2016/679 ist die Verarbeitung besonderer Kategorien personenbezogener Daten im Sinne des Artikels 9 Absatz 1 der Verordnung (EU) 2016/679 für Zwecke des Beschäftigungsverhältnisses zulässig, wenn sie zur Ausübung von Rechten oder zur Erfüllung rechtlicher Pflichten aus dem Arbeitsrecht, dem Recht der sozialen Sicherheit und des Sozialschutzes erforderlich ist und kein Grund zu der Annahme besteht, dass das schutzwürdige Interesse der betroffenen Person an dem Ausschluss der Verarbeitung überwiegt. ²Absatz 2 gilt auch für die Einwilligung in die Verarbeitung besonderer Kategorien personenbezogener Daten; die Einwilligung muss sich dabei ausdrücklich auf diese Daten beziehen. ³§ 22 Absatz 2 gilt entsprechend.

(4) ¹Die Verarbeitung personenbezogener Daten, einschließlich besonderer Kategorien personenbezogener Daten von Beschäftigten für Zwecke des Beschäftigungsverhältnisses, ist auf der Grundlage von Kollektivvereinbarungen zulässig. ²Dabei haben die Verhandlungspartner Artikel 88 Absatz 2 der Verordnung (EU) 2016/679 zu beachten.

(5) Der Verantwortliche muss geeignete Maßnahmen ergreifen, um sicherzustellen, dass insbesondere die in Artikel 5 der Verordnung (EU) 2016/679 dargelegten Grundsätze für die Verarbeitung personenbezogener Daten eingehalten werden.

(6) Die Beteiligungsrechte der Interessenvertretungen der Beschäftigten bleiben unberührt.

(7) Die Absätze 1 bis 6 sind auch anzuwenden, wenn personenbezogene Daten, einschließlich besonderer Kategorien personenbezogener Daten, von Beschäftigten verarbeitet werden, ohne dass sie in einem Dateisystem gespeichert sind oder gespeichert werden sollen.

(8) ¹Beschäftigte im Sinne dieses Gesetzes sind:
1. Arbeitnehmerinnen und Arbeitnehmer, einschließlich der Leiharbeitnehmerinnen und Leiharbeitnehmer im Verhältnis zum Entleiher,
2. zu ihrer Berufsbildung Beschäftigte,
3. Teilnehmerinnen und Teilnehmer an Leistungen zur Teilhabe am Arbeitsleben sowie an Abklärungen der beruflichen Eignung oder Arbeitserprobung (Rehabilitandinnen und Rehabilitanden),
4. in anerkannten Werkstätten für behinderte Menschen Beschäftigte,
5. Freiwillige, die einen Dienst nach dem Jugendfreiwilligendienstegesetz oder dem Bundesfreiwilligendienstgesetz leisten,
6. Personen, die wegen ihrer wirtschaftlichen Unselbständigkeit als arbeitnehmerähnliche Personen anzusehen sind; zu diesen gehören auch die in Heimarbeit Beschäftigten und die ihnen Gleichgestellten,
7. Beamtinnen und Beamte des Bundes, Richterinnen und Richter des Bundes, Soldatinnen und Soldaten sowie Zivildienstleistende.

²Bewerberinnen und Bewerber für ein Beschäftigungsverhältnis sowie Personen, deren Beschäftigungsverhältnis beendet ist, gelten als Beschäftigte.

§ 27 Datenverarbeitung zu wissenschaftlichen oder historischen Forschungszwecken und zu statistischen Zwecken. (1) ¹Abweichend von Artikel 9 Absatz 1 der Verordnung

(EU) 2016/679 ist die Verarbeitung besonderer Kategorien personenbezogener Daten im Sinne des Artikels 9 Absatz 1 der Verordnung (EU) 2016/679 auch ohne Einwilligung für wissenschaftliche oder historische Forschungszwecke oder für statistische Zwecke zulässig, wenn die Verarbeitung zu diesen Zwecken erforderlich ist und die Interessen des Verantwortlichen an der Verarbeitung die Interessen der betroffenen Person an einem Ausschluss der Verarbeitung erheblich überwiegen. ²Der Verantwortliche sieht angemessene und spezifische Maßnahmen zur Wahrung der Interessen der betroffenen Person gemäß § 22 Absatz 2 Satz 2 vor.

(2) ¹Die in den Artikeln 15, 16, 18 und 21 der Verordnung (EU) 2016/679 vorgesehenen Rechte der betroffenen Person sind insoweit beschränkt, als diese Rechte voraussichtlich die Verwirklichung der Forschungs- oder Statistikzwecke unmöglich machen oder ernsthaft *beinträchtige* und die Beschränkung für die Erfüllung der Forschungs- oder Statistikzwecke notwendig ist. ²Das Recht auf Auskunft gemäß Artikel 15 der Verordnung (EU) 2016/679 besteht darüber hinaus nicht, wenn die Daten für Zwecke der wissenschaftlichen Forschung erforderlich sind und die Auskunftserteilung einen unverhältnismäßigen Aufwand erfordern würde.

(3) ¹Ergänzend zu den in § 22 Absatz 2 genannten Maßnahmen sind zu wissenschaftlichen oder historischen Forschungszwecken oder zu statistischen Zwecken verarbeitete besondere Kategorien personenbezogener Daten im Sinne des Artikels 9 Absatz 1 der Verordnung (EU) 2016/679 zu anonymisieren, sobald dies nach dem Forschungs- oder Statistikzweck möglich ist, es sei denn, berechtigte Interessen der betroffenen Person stehen dem entgegen. ²Bis dahin sind die Merkmale gesondert zu speichern, mit denen Einzelangaben über persönliche oder sachliche Verhältnisse einer bestimmten oder bestimmbaren Person zugeordnet werden können. ³Sie dürfen mit den Einzelangaben nur zusammengeführt werden, soweit der Forschungs- oder Statistikzweck dies erfordert.

(4) Der Verantwortliche darf personenbezogene Daten nur veröffentlichen, wenn die betroffene Person eingewilligt hat oder dies für die Darstellung von Forschungsergebnissen über Ereignisse der Zeitgeschichte unerlässlich ist.

§ 28 Datenverarbeitung zu im öffentlichen Interesse liegenden Archivzwecken.
(1) ¹Abweichend von Artikel 9 Absatz 1 der Verordnung (EU) 2016/679 ist die Verarbeitung besonderer Kategorien personenbezogener Daten im Sinne des Artikels 9 Absatz 1 der Verordnung (EU) 2016/679 zulässig, wenn sie für im öffentlichen Interesse liegende Archivzwecke erforderlich ist. ²Der Verantwortliche sieht angemessene und spezifische Maßnahmen zur Wahrung der Interessen der betroffenen Person gemäß § 22 Absatz 2 Satz 2 vor.

(2) Das Recht auf Auskunft der betroffenen Person gemäß Artikel 15 der Verordnung (EU) 2016/679 besteht nicht, wenn das Archivgut nicht durch den Namen der Person erschlossen ist oder keine Angaben gemacht werden, die das Auffinden des betreffenden Archivguts mit vertretbarem Verwaltungsaufwand ermöglichen.

(3) ¹Das Recht auf Berichtigung der betroffenen Person gemäß Artikel 16 der Verordnung (EU) 2016/679 besteht nicht, wenn die personenbezogenen Daten zu Archivzwecken im öffentlichen Interesse verarbeitet werden. ²Bestreitet die betroffene Person die Richtigkeit der personenbezogenen Daten, ist ihr die Möglichkeit einer Gegendarstellung einzuräumen. ³Das zuständige Archiv ist verpflichtet, die Gegendarstellung den Unterlagen hinzuzufügen.

(4) Die in Artikel 18 Absatz 1 Buchstabe a, b und d, den Artikeln 20 und 21 der Verordnung (EU) 2016/679 vorgesehenen Rechte bestehen nicht, soweit diese Rechte voraussichtlich die Verwirklichung der im öffentlichen Interesse liegenden Archivzwecke unmöglich machen oder ernsthaft beeinträchtigen und die Ausnahmen für die Erfüllung dieser Zwecke erforderlich sind.

§ 29 Rechte der betroffenen Person und aufsichtsbehördliche Befugnisse im Fall von Geheimhaltungspflichten. (1) ¹Die Pflicht zur Information der betroffenen Person gemäß Artikel 14 Absatz 1 bis 4 der Verordnung (EU) 2016/679 besteht ergänzend zu den in Artikel 14 Absatz 5 der Verordnung (EU) 2016/679 genannten Ausnahmen nicht, soweit durch ihre Erfüllung Informationen offenbart würden, die ihrem Wesen nach, insbesondere wegen der überwiegenden berechtigten Interessen eines Dritten, geheim gehalten werden müssen. ²Das Recht auf Auskunft der betroffenen Person gemäß Artikel 15 der Verordnung (EU) 2016/679 besteht nicht, soweit durch die Auskunft Informationen offenbart würden, die nach einer Rechtsvorschrift oder ihrem Wesen nach, insbesondere wegen der überwiegenden berechtigten Interessen eines Dritten, geheim gehalten werden müssen. ³Die Pflicht zur Benachrichtigung gemäß Artikel 34 der Verordnung (EU) 2016/679 besteht ergänzend zu der in Artikel 34

Absatz 3 der Verordnung (EU) 2016/679 genannten Ausnahme nicht, soweit durch die Benachrichtigung Informationen offenbart würden, die nach einer Rechtsvorschrift oder ihrem Wesen nach, insbesondere wegen der überwiegenden berechtigten Interessen eines Dritten, geheim gehalten werden müssen. [4] Abweichend von der Ausnahme nach Satz 3 ist die betroffene Person nach Artikel 34 der Verordnung (EU) 2016/679 zu benachrichtigen, wenn die Interessen der betroffenen Person, insbesondere unter Berücksichtigung drohender Schäden, gegenüber dem Geheimhaltungsinteresse überwiegen.

(2) Werden Daten Dritter im Zuge der Aufnahme oder im Rahmen eines Mandatsverhältnisses an einen Berufsgeheimnisträger übermittelt, so besteht die Pflicht der übermittelnden Stelle zur Information der betroffenen Person gemäß Artikel 13 Absatz 3 der Verordnung (EU) 2016/679 nicht, sofern nicht das Interesse der betroffenen Person an der Informationserteilung überwiegt.

(3) [1] Gegenüber den in § 203 Absatz 1, 2a und 3 des Strafgesetzbuchs genannten Personen oder deren Auftragsverarbeitern bestehen die Untersuchungsbefugnisse der Aufsichtsbehörden gemäß Artikel 58 Absatz 1 Buchstabe e und f der Verordnung (EU) 2016/679 nicht, soweit die Inanspruchnahme der Befugnisse zu einem Verstoß gegen die Geheimhaltungspflichten dieser Personen führen würde. [2] Erlangt eine Aufsichtsbehörde im Rahmen einer Untersuchung Kenntnis von Daten, die einer Geheimhaltungspflicht im Sinne des Satzes 1 unterliegen, gilt die Geheimhaltungspflicht auch für die Aufsichtsbehörde.

§ 30 Verbraucherkredite. (1) Eine Stelle, die geschäftsmäßig personenbezogene Daten, die zur Bewertung der Kreditwürdigkeit von Verbrauchern genutzt werden dürfen, zum Zweck der Übermittlung erhebt, speichert oder verändert, hat Auskunftsverlangen von Darlehensgebern aus anderen Mitgliedstaaten der Europäischen Union genauso zu behandeln wie Auskunftsverlangen inländischer Darlehensgeber.

(2) [1] Wer den Abschluss eines Verbraucherdarlehensvertrags oder eines Vertrags über eine entgeltliche Finanzierungshilfe mit einem Verbraucher infolge einer Auskunft einer Stelle im Sinne des Absatzes 1 ablehnt, hat den Verbraucher unverzüglich hierüber sowie über die erhaltene Auskunft zu unterrichten. [2] Die Unterrichtung unterbleibt, soweit hierdurch die öffentliche Sicherheit oder Ordnung gefährdet würde. [3] § 37 bleibt unberührt.

§ 31 Schutz des Wirtschaftsverkehrs bei Scoring und Bonitätsauskünften. (1) Die Verwendung eines Wahrscheinlichkeitswerts über ein bestimmtes zukünftiges Verhalten einer natürlichen Person zum Zweck der Entscheidung über die Begründung, Durchführung oder Beendigung eines Vertragsverhältnisses mit dieser Person (Scoring) ist nur zulässig, wenn
1. die Vorschriften des Datenschutzrechts eingehalten wurden,
2. die zur Berechnung des Wahrscheinlichkeitswerts genutzten Daten unter Zugrundelegung eines wissenschaftlich anerkannten mathematisch-statistischen Verfahrens nachweisbar für die Berechnung der Wahrscheinlichkeit des bestimmten Verhaltens erheblich sind,
3. für die Berechnung des Wahrscheinlichkeitswerts nicht ausschließlich Anschriftendaten genutzt wurden und
4. im Fall der Nutzung von Anschriftendaten die betroffene Person vor Berechnung des Wahrscheinlichkeitswerts über die vorgesehene Nutzung dieser Daten unterrichtet worden ist; die Unterrichtung ist zu dokumentieren.

(2) [1] Die Verwendung eines von Auskunfteien ermittelten Wahrscheinlichkeitswerts über die Zahlungsfähig- und Zahlungswilligkeit einer natürlichen Person ist im Fall der Einbeziehung von Informationen über Forderungen nur zulässig, soweit die Voraussetzungen nach Absatz 1 vorliegen und nur solche Forderungen über eine geschuldete Leistung, die trotz Fälligkeit nicht erbracht worden ist, berücksichtigt werden,
1. die durch ein rechtskräftiges oder für vorläufig vollstreckbar erklärtes Urteil festgestellt worden sind oder für die ein Schuldtitel nach § 794 der Zivilprozessordnung vorliegt,
2. die nach § 178 der Insolvenzordnung festgestellt und nicht vom Schuldner im Prüfungstermin bestritten worden sind,
3. die der Schuldner ausdrücklich anerkannt hat,
4. bei denen
   a) der Schuldner nach Eintritt der Fälligkeit der Forderung mindestens zweimal schriftlich gemahnt worden ist,
   b) die erste Mahnung mindestens vier Wochen zurückliegt,

I. Deutschland: Bundesdatenschutzgesetz (BDSG)   **Anh.**

  c) der Schuldner zuvor, jedoch frühestens bei der ersten Mahnung, über eine mögliche Berücksichtigung durch eine Auskunftei unterrichtet worden ist und
  d) der Schuldner die Forderung nicht bestritten hat oder
5. deren zugrunde liegendes Vertragsverhältnis aufgrund von Zahlungsrückständen fristlos gekündigt werden kann und bei denen der Schuldner zuvor über eine mögliche Berücksichtigung durch eine Auskunftei unterrichtet worden ist.

²Die Zulässigkeit der Verarbeitung, einschließlich der Ermittlung von Wahrscheinlichkeitswerten, von anderen bonitätsrelevanten Daten nach allgemeinem Datenschutzrecht bleibt unberührt.

Kapitel 2. Rechte der betroffenen Person

§ 32 Informationspflicht bei Erhebung von personenbezogenen Daten bei der betroffenen Person. (1) Die Pflicht zur Information der betroffenen Person gemäß Artikel 13 Absatz 3 der Verordnung (EU) 2016/679 besteht ergänzend zu der in Artikel 13 Absatz 4 der Verordnung (EU) 2016/679 genannten Ausnahme dann nicht, wenn die Erteilung der Information über die beabsichtigte Weiterverarbeitung

1. eine Weiterverarbeitung analog gespeicherter Daten betrifft, bei der sich der Verantwortliche durch die Weiterverarbeitung unmittelbar an die betroffene Person wendet, der Zweck mit dem ursprünglichen Erhebungszweck gemäß der Verordnung (EU) 2016/679 vereinbar ist, die Kommunikation mit der betroffenen Person nicht in digitaler Form erfolgt und das Interesse der betroffenen Person an der Informationserteilung nach den Umständen des Einzelfalls, insbesondere mit Blick auf den Zusammenhang, in dem die Daten erhoben wurden, als gering anzusehen ist,
2. im Fall einer öffentlichen Stelle die ordnungsgemäße Erfüllung der in der Zuständigkeit des Verantwortlichen liegenden Aufgaben im Sinne des Artikels 23 Absatz 1 Buchstabe a bis e der Verordnung (EU) 2016/679 gefährden würde und die Interessen des Verantwortlichen an der Nichterteilung der Information die Interessen der betroffenen Person überwiegen,
3. die öffentliche Sicherheit oder Ordnung gefährden oder sonst dem Wohl des Bundes oder eines Landes Nachteile bereiten würde und die Interessen des Verantwortlichen an der Nichterteilung der Information die Interessen der betroffenen Person überwiegen,
4. die Geltendmachung, Ausübung oder Verteidigung rechtlicher Ansprüche beeinträchtigen würde und die Interessen des Verantwortlichen an der Nichterteilung der Information die Interessen der betroffenen Person überwiegen oder
5. eine vertrauliche Übermittlung von Daten an öffentliche Stellen gefährden würde.

(2) ¹Unterbleibt eine Information der betroffenen Person nach Maßgabe des Absatzes 1, ergreift der Verantwortliche geeignete Maßnahmen zum Schutz der berechtigten Interessen der betroffenen Person, einschließlich der Bereitstellung der in Artikel 13 Absatz 1 und 2 der Verordnung (EU) 2016/679 genannten Informationen für die Öffentlichkeit in präziser, transparenter, verständlicher und leicht zugänglicher Form in einer klaren und einfachen Sprache. ²Der Verantwortliche hält schriftlich fest, aus welchen Gründen er von einer Information abgesehen hat. ³Die Sätze 1 und 2 finden in den Fällen des Absatzes 1 Nummer 4 und 5 keine Anwendung.

(3) Unterbleibt die Benachrichtigung in den Fällen des Absatzes 1 wegen eines vorübergehenden Hinderungsgrundes, kommt der Verantwortliche der Informationspflicht unter Berücksichtigung der spezifischen Umstände der Verarbeitung innerhalb einer angemessenen Frist nach Fortfall des Hinderungsgrundes, spätestens jedoch innerhalb von zwei Wochen, nach.

§ 33 Informationspflicht, wenn die personenbezogenen Daten nicht bei der betroffenen Person erhoben wurden. (1) Die Pflicht zur Information der betroffenen Person gemäß Artikel 14 Absatz 1, 2 und 4 der Verordnung (EU) 2016/679 besteht ergänzend zu den in Artikel 14 Absatz 5 der Verordnung (EU) 2016/679 und der in § 29 Absatz 1 Satz 1 genannten Ausnahme nicht, wenn die Erteilung der Information

1. im Fall einer öffentlichen Stelle
  a) die ordnungsgemäße Erfüllung der in der Zuständigkeit des Verantwortlichen liegenden Aufgaben im Sinne des Artikels 23 Absatz 1 Buchstabe a bis e der Verordnung (EU) 2016/679 gefährden würde oder

b) die öffentliche Sicherheit oder Ordnung gefährden oder sonst dem Wohl des Bundes oder eines Landes Nachteile bereiten würde

und deswegen das Interesse der betroffenen Person an der Informationserteilung zurücktreten muss,

2. im Fall einer nichtöffentlichen Stelle

   a) die Geltendmachung, Ausübung oder Verteidigung zivilrechtlicher Ansprüche beeinträchtigen würde oder die Verarbeitung Daten aus zivilrechtlichen Verträgen beinhaltet und der Verhütung von Schäden durch Straftaten dient, sofern nicht das berechtigte Interesse der betroffenen Person an der Informationserteilung überwiegt, oder

   b) die zuständige öffentliche Stelle gegenüber dem Verantwortlichen festgestellt hat, dass das Bekanntwerden der Daten die öffentliche Sicherheit oder Ordnung gefährden oder sonst dem Wohl des Bundes oder eines Landes Nachteile bereiten würde; im Fall der Datenverarbeitung für Zwecke der Strafverfolgung bedarf es keiner Feststellung nach dem ersten Halbsatz.

(2) [1]Unterbleibt eine Information der betroffenen Person nach Maßgabe des Absatzes 1, ergreift der Verantwortliche geeignete Maßnahmen zum Schutz der berechtigten Interessen der betroffenen Person, einschließlich der Bereitstellung der in Artikel 14 Absatz 1 und 2 der Verordnung (EU) 2016/679 genannten Informationen für die Öffentlichkeit in präziser, transparenter, verständlicher und leicht zugänglicher Form in einer klaren und einfachen Sprache. [2]Der Verantwortliche hält schriftlich fest, aus welchen Gründen er von einer Information abgesehen hat.

(3) Bezieht sich die Informationserteilung auf die Übermittlung personenbezogener Daten durch öffentliche Stellen an Verfassungsschutzbehörden, den Bundesnachrichtendienst, den Militärischen Abschirmdienst und, soweit die Sicherheit des Bundes berührt wird, andere Behörden des Bundesministeriums der Verteidigung, ist sie nur mit Zustimmung dieser Stellen zulässig.

§ 34 Auskunftsrecht der betroffenen Person. (1) Das Recht auf Auskunft der betroffenen Person gemäß Artikel 15 der Verordnung (EU) 2016/679 besteht ergänzend zu den in § 27 Absatz 2, § 28 Absatz 2 und § 29 Absatz 1 Satz 2 genannten Ausnahmen nicht, wenn

1. die betroffene Person nach § 33 Absatz 1 Nummer 1, 2 Buchstabe b oder Absatz 3 nicht zu informieren ist, oder

2. die Daten

   a) nur deshalb gespeichert sind, weil sie aufgrund gesetzlicher oder satzungsmäßiger Aufbewahrungsvorschriften nicht gelöscht werden dürfen, oder

   b) ausschließlich Zwecken der Datensicherung oder der Datenschutzkontrolle dienen

und die Auskunftserteilung einen unverhältnismäßigen Aufwand erfordern würde sowie eine Verarbeitung zu anderen Zwecken durch geeignete technische und organisatorische Maßnahmen ausgeschlossen ist.

(2) [1]Die Gründe der Auskunftsverweigerung sind zu dokumentieren. [2]Die Ablehnung der Auskunftserteilung ist gegenüber der betroffenen Person zu begründen, soweit nicht durch die Mitteilung der tatsächlichen und rechtlichen Gründe, auf die die Entscheidung gestützt wird, der mit der Auskunftsverweigerung verfolgte Zweck gefährdet würde. [3]Die zum Zweck der Auskunftserteilung an die betroffene Person und zu deren Vorbereitung gespeicherten Daten dürfen nur für diesen Zweck sowie für Zwecke der Datenschutzkontrolle verarbeitet werden; für andere Zwecke ist die Verarbeitung nach Maßgabe des Artikels 18 der Verordnung (EU) 2016/679 einzuschränken.

(3) [1]Wird der betroffenen Person durch eine öffentliche Stelle des Bundes keine Auskunft erteilt, so ist sie auf ihr Verlangen der oder dem Bundesbeauftragten zu erteilen, soweit nicht die jeweils zuständige oberste Bundesbehörde im Einzelfall feststellt, dass dadurch die Sicherheit des Bundes oder eines Landes gefährdet würde. [2]Die Mitteilung der oder des Bundesbeauftragten an die betroffene Person über das Ergebnis der datenschutzrechtlichen Prüfung darf keine Rückschlüsse auf den Erkenntnisstand des Verantwortlichen zulassen, sofern dieser nicht einer weitergehenden Auskunft zustimmt.

(4) Das Recht der betroffenen Person auf Auskunft über personenbezogene Daten, die durch eine öffentliche Stelle weder automatisiert verarbeitet noch nicht automatisiert verarbeitet und in einem Dateisystem gespeichert werden, besteht nur, soweit die betroffene Person Angaben

macht, die das Auffinden der Daten ermöglichen, und der für die Erteilung der Auskunft erforderliche Aufwand nicht außer Verhältnis zu dem von der betroffenen Person geltend gemachten Informationsinteresse steht.

§ 35 Recht auf Löschung. (1) [1] Ist eine Löschung im Fall nicht automatisierter Datenverarbeitung wegen der besonderen Art der Speicherung nicht oder nur mit unverhältnismäßig hohem Aufwand möglich und ist das Interesse der betroffenen Person an der Löschung als gering anzusehen, besteht das Recht der betroffenen Person auf und die Pflicht des Verantwortlichen zur Löschung personenbezogener Daten gemäß Artikel 17 Absatz 1 der Verordnung (EU) 2016/679 ergänzend zu den in Artikel 17 Absatz 3 der Verordnung (EU) 2016/679 genannten Ausnahmen nicht. [2] In diesem Fall tritt an die Stelle einer Löschung die Einschränkung der Verarbeitung gemäß Artikel 18 der Verordnung (EU) 2016/679. [3] Die Sätze 1 und 2 finden keine Anwendung, wenn die personenbezogenen Daten unrechtmäßig verarbeitet wurden.

(2) [1] Ergänzend zu Artikel 18 Absatz 1 Buchstabe b und c der Verordnung (EU) 2016/679 gilt Absatz 1 Satz 1 und 2 entsprechend im Fall des Artikels 17 Absatz 1 Buchstabe a und d der Verordnung (EU) 2016/679, solange und soweit der Verantwortliche Grund zu der Annahme hat, dass durch eine Löschung schutzwürdige Interessen der betroffenen Person beeinträchtigt würden. [2] Der Verantwortliche unterrichtet die betroffene Person über die Einschränkung der Verarbeitung, sofern sich die Unterrichtung nicht als unmöglich erweist oder einen unverhältnismäßigen Aufwand erfordern würde.

(3) Ergänzend zu Artikel 17 Absatz 3 Buchstabe b der Verordnung (EU) 2016/679 gilt Absatz 1 entsprechend im Fall des Artikels 17 Absatz 1 Buchstabe a der Verordnung (EU) 2016/679, wenn einer Löschung satzungsgemäße oder vertragliche Aufbewahrungsfristen entgegenstehen.

§ 36 Widerspruchsrecht. Das Recht auf Widerspruch gemäß Artikel 21 Absatz 1 der Verordnung (EU) 2016/679 gegenüber einer öffentlichen Stelle besteht nicht, soweit an der Verarbeitung ein zwingendes öffentliches Interesse besteht, das die Interessen der betroffenen Person überwiegt, oder eine Rechtsvorschrift zur Verarbeitung verpflichtet.

§ 37 Automatisierte Entscheidungen im Einzelfall einschließlich Profiling. (1) Das Recht gemäß Artikel 22 Absatz 1 der Verordnung (EU) 2016/679, keiner ausschließlich auf einer automatisierten Verarbeitung beruhenden Entscheidung unterworfen zu werden, besteht über die in Artikel 22 Absatz 2 Buchstabe a und c der Verordnung (EU) 2016/679 genannten Ausnahmen hinaus nicht, wenn die Entscheidung im Rahmen der Leistungserbringung nach einem Versicherungsvertrag ergeht und

1. dem Begehren der betroffenen Person stattgegeben wurde oder
2. die Entscheidung auf der Anwendung verbindlicher Entgeltregelungen für Heilbehandlungen beruht und der Verantwortliche für den Fall, dass dem Antrag nicht vollumfänglich stattgegeben wird, angemessene Maßnahmen zur Wahrung der berechtigten Interessen der betroffenen Person trifft, wozu mindestens das Recht auf Erwirkung des Eingreifens einer Person seitens des Verantwortlichen, auf Darlegung des eigenen Standpunktes und auf Anfechtung der Entscheidung zählt; der Verantwortliche informiert die betroffene Person über diese Rechte spätestens zum Zeitpunkt der Mitteilung, aus der sich ergibt, dass dem Antrag der betroffenen Person nicht vollumfänglich stattgegeben wird.

(2) [1] Entscheidungen nach Absatz 1 dürfen auf der Verarbeitung von Gesundheitsdaten im Sinne des Artikels 4 Nummer 15 der Verordnung (EU) 2016/679 beruhen. [2] Der Verantwortliche sieht angemessene und spezifische Maßnahmen zur Wahrung der Interessen der betroffenen Person gemäß § 22 Absatz 2 Satz 2 vor.

Kapitel 3. Pflichten der Verantwortlichen und Auftragsverarbeiter

§ 38 Datenschutzbeauftragte nichtöffentlicher Stellen. (1) [1] Ergänzend zu Artikel 37 Absatz 1 Buchstabe b und c der Verordnung (EU) 2016/679 benennen der Verantwortliche und der Auftragsverarbeiter eine Datenschutzbeauftragte oder einen Datenschutzbeauftragten, soweit sie in der Regel mindestens 20 Personen ständig mit der automatisierten Verarbeitung personenbezogener Daten beschäftigen. [2] Nehmen der Verantwortliche oder der Auftragsverarbeiter Verarbeitungen vor, die einer Datenschutz-Folgenabschätzung nach Artikel 35 der Verordnung (EU) 2016/679 unterliegen, oder verarbeiten sie personenbezogene Daten geschäftsmäßig zum Zweck der Übermittlung, der anonymisierten Übermittlung oder für Zwecke der Markt- oder

Meinungsforschung, haben sie unabhängig von der Anzahl der mit der Verarbeitung beschäftigten Personen eine Datenschutzbeauftragte oder einen Datenschutzbeauftragten zu benennen.

(2) § 6 Absatz 4, 5 Satz 2 und Absatz 6 finden Anwendung, § 6 Absatz 4 jedoch nur, wenn die Benennung einer oder eines Datenschutzbeauftragten verpflichtend ist.

§ 39 Akkreditierung. [1] Die Erteilung der Befugnis, als Zertifizierungsstelle gemäß Artikel 43 Absatz 1 Satz 1 der Verordnung (EU) 2016/679 tätig zu werden, erfolgt durch die für die datenschutzrechtliche Aufsicht über die Zertifizierungsstelle zuständige Aufsichtsbehörde des Bundes oder der Länder auf der Grundlage einer Akkreditierung durch die Deutsche Akkreditierungsstelle. [2] § 2 Absatz 3 Satz 2, § 4 Absatz 3 und § 10 Absatz 1 Satz 1 Nummer 3 des Akkreditierungsstellengesetzes finden mit der Maßgabe Anwendung, dass der Datenschutz als ein dem Anwendungsbereich des § 1 Absatz 2 Satz 2 unterfallender Bereich gilt.

Kapitel 4. Aufsichtsbehörde für die Datenverarbeitung durch nichtöffentliche Stellen

§ 40 Aufsichtsbehörden der Länder. (1) Die nach Landesrecht zuständigen Behörden überwachen im Anwendungsbereich der Verordnung (EU) 2016/679 bei den nichtöffentlichen Stellen die Anwendung der Vorschriften über den Datenschutz.

(2) [1] Hat der Verantwortliche oder Auftragsverarbeiter mehrere inländische Niederlassungen, findet für die Bestimmung der zuständigen Aufsichtsbehörde Artikel 4 Nummer 16 der Verordnung (EU) 2016/679 entsprechende Anwendung. [2] Wenn sich mehrere Behörden für zuständig oder für unzuständig halten oder wenn die Zuständigkeit aus anderen Gründen zweifelhaft ist, treffen die Aufsichtsbehörden die Entscheidung gemeinsam nach Maßgabe des § 18 Absatz 2. [3] § 3 Absatz 3 und 4 des Verwaltungsverfahrensgesetzes findet entsprechende Anwendung.

(3) [1] Die Aufsichtsbehörde darf die von ihr gespeicherten Daten nur für Zwecke der Aufsicht verarbeiten; hierbei darf sie Daten an andere Aufsichtsbehörden übermitteln. [2] Eine Verarbeitung zu einem anderen Zweck ist über Artikel 6 Absatz 4 der Verordnung (EU) 2016/679 hinaus zulässig, wenn

1. offensichtlich ist, dass sie im Interesse der betroffenen Person liegt und kein Grund zu der Annahme besteht, dass sie in Kenntnis des anderen Zwecks ihre Einwilligung verweigern würde,
2. sie zur Abwehr erheblicher Nachteile für das Gemeinwohl oder einer Gefahr für die öffentliche Sicherheit oder zur Wahrung erheblicher Belange des Gemeinwohls erforderlich ist oder
3. sie zur Verfolgung von Straftaten oder Ordnungswidrigkeiten, zur Vollstreckung oder zum Vollzug von Strafen oder Maßnahmen im Sinne des § 11 Absatz 1 Nummer 8 des Strafgesetzbuchs oder von Erziehungsmaßregeln oder Zuchtmitteln im Sinne des Jugendgerichtsgesetzes oder zur Vollstreckung von Geldbußen erforderlich ist.

[3] Stellt die Aufsichtsbehörde einen Verstoß gegen die Vorschriften über den Datenschutz fest, so ist sie befugt, die betroffenen Personen hierüber zu unterrichten, den Verstoß anderen für die Verfolgung oder Ahndung zuständigen Stellen anzuzeigen sowie bei schwerwiegenden Verstößen die Gewerbeaufsichtsbehörde zur Durchführung gewerberechtlicher Maßnahmen zu unterrichten. [4] § 13 Absatz 4 Satz 4 bis 7 gilt entsprechend.

(4) [1] Die der Aufsicht unterliegenden Stellen sowie die mit deren Leitung beauftragten Personen haben einer Aufsichtsbehörde auf Verlangen die für die Erfüllung ihrer Aufgaben erforderlichen Auskünfte zu erteilen. [2] Der Auskunftspflichtige kann die Auskunft auf solche Fragen verweigern, deren Beantwortung ihn selbst oder einen der in § 383 Absatz 1 Nummer 1 bis 3 der Zivilprozessordnung bezeichneten Angehörigen der Gefahr strafgerichtlicher Verfolgung oder eines Verfahrens nach dem Gesetz über Ordnungswidrigkeiten aussetzen würde. [3] Der Auskunftspflichtige ist darauf hinzuweisen.

(5) [1] Die von einer Aufsichtsbehörde mit der Überwachung der Einhaltung der Vorschriften über den Datenschutz beauftragten Personen sind befugt, zur Erfüllung ihrer Aufgaben Grundstücke und Geschäftsräume der Stelle zu betreten und Zugang zu allen Datenverarbeitungsanlagen und –geräten zu erhalten. [2] Die Stelle ist insoweit zur Duldung verpflichtet. [3] § 16 Absatz 4 gilt entsprechend.

(6) [1] Die Aufsichtsbehörden beraten und unterstützen die Datenschutzbeauftragten mit Rücksicht auf deren typische Bedürfnisse. [2] Sie können die Abberufung der oder des Datenschutz-

beauftragten verlangen, wenn sie oder er die zur Erfüllung ihrer oder seiner Aufgaben erforderliche Fachkunde nicht besitzt oder im Fall des Artikels 38 Absatz 6 der Verordnung (EU) 2016/679 ein schwerwiegender Interessenkonflikt vorliegt.

(7) Die Anwendung der Gewerbeordnung bleibt unberührt.

Kapitel 5. Sanktionen

§ 41 Anwendung der Vorschriften über das Bußgeld- und Strafverfahren. (1) ¹Für Verstöße nach Artikel 83 Absatz 4 bis 6 der Verordnung (EU) 2016/679 gelten, soweit dieses Gesetz nichts anderes bestimmt, die Vorschriften des Gesetzes über Ordnungswidrigkeiten sinngemäß. ²Die §§ 17, 35 und 36 des Gesetzes über Ordnungswidrigkeiten finden keine Anwendung. ³§ 68 des Gesetzes über Ordnungswidrigkeiten findet mit der Maßgabe Anwendung, dass das Landgericht entscheidet, wenn die festgesetzte Geldbuße den Betrag von einhunderttausend Euro übersteigt.

(2) ¹Für Verfahren wegen eines Verstoßes nach Artikel 83 Absatz 4 bis 6 der Verordnung (EU) 2016/679 gelten, soweit dieses Gesetz nichts anderes bestimmt, die Vorschriften des Gesetzes über Ordnungswidrigkeiten und der allgemeinen Gesetze über das Strafverfahren, namentlich der Strafprozessordnung und des Gerichtsverfassungsgesetzes, entsprechend. ²Die §§ 56 bis 58, 87, 88, 99 und 100 des Gesetzes über Ordnungswidrigkeiten finden keine Anwendung. ³§ 69 Absatz 4 Satz 2 des Gesetzes über Ordnungswidrigkeiten findet mit der Maßgabe Anwendung, dass die Staatsanwaltschaft das Verfahren nur mit Zustimmung der Aufsichtsbehörde, die den Bußgeldbescheid erlassen hat, einstellen kann.

§ 42 Strafvorschriften. (1) Mit Freiheitsstrafe bis zu drei Jahren oder mit Geldstrafe wird bestraft, wer wissentlich nicht allgemein zugängliche personenbezogene Daten einer großen Zahl von Personen, ohne hierzu berechtigt zu sein,
1. einem Dritten übermittelt oder
2. auf andere Art und Weise zugänglich macht

und hierbei gewerbsmäßig handelt.

(2) Mit Freiheitsstrafe bis zu zwei Jahren oder mit Geldstrafe wird bestraft, wer personenbezogene Daten, die nicht allgemein zugänglich sind,
1. ohne hierzu berechtigt zu sein, verarbeitet oder
2. durch unrichtige Angaben erschleicht

und hierbei gegen Entgelt oder in der Absicht handelt, sich oder einen anderen zu bereichern oder einen anderen zu schädigen.

(3) ¹Die Tat wird nur auf Antrag verfolgt. ²Antragsberechtigt sind die betroffene Person, der Verantwortliche, die oder der Bundesbeauftragte und die Aufsichtsbehörde.

(4) Eine Meldung nach Artikel 33 der Verordnung (EU) 2016/679 oder eine Benachrichtigung nach Artikel 34 Absatz 1 der Verordnung (EU) 2016/679 darf in einem Strafverfahren gegen den Meldepflichtigen oder Benachrichtigenden oder seine in § 52 Absatz 1 der Strafprozessordnung bezeichneten Angehörigen nur mit Zustimmung des Meldepflichtigen oder Benachrichtigenden verwendet werden.

§ 43 Bußgeldvorschriften. (1) Ordnungswidrig handelt, wer vorsätzlich oder fahrlässig
1. entgegen § 30 Absatz 1 ein Auskunftsverlangen nicht richtig behandelt oder
2. entgegen § 30 Absatz 2 Satz 1 einen Verbraucher nicht, nicht richtig, nicht vollständig oder nicht rechtzeitig unterrichtet.

(2) Die Ordnungswidrigkeit kann mit einer Geldbuße bis zu fünfzigtausend Euro geahndet werden.

(3) Gegen Behörden und sonstige öffentliche Stellen im Sinne des § 2 Absatz 1 werden keine Geldbußen verhängt.

(4) Eine Meldung nach Artikel 33 der Verordnung (EU) 2016/679 oder eine Benachrichtigung nach Artikel 34 Absatz 1 der Verordnung (EU) 2016/679 darf in einem Verfahren nach dem Gesetz über Ordnungswidrigkeiten gegen den Meldepflichtigen oder Benachrichtigenden oder seine in § 52 Absatz 1 der Strafprozessordnung bezeichneten Angehörigen nur mit Zustimmung des Meldepflichtigen oder Benachrichtigenden verwendet werden.

Kapitel 6. Rechtsbehelfe

§ 44 Klagen gegen den Verantwortlichen oder Auftragsverarbeiter. (1) ¹Klagen der betroffenen Person gegen einen Verantwortlichen oder einen Auftragsverarbeiter wegen eines Verstoßes gegen datenschutzrechtliche Bestimmungen im Anwendungsbereich der Verordnung (EU) 2016/679 oder der darin enthaltenen Rechte der betroffenen Person können bei dem Gericht des Ortes erhoben werden, an dem sich eine Niederlassung des Verantwortlichen oder Auftragsverarbeiters befindet. ²Klagen nach Satz 1 können auch bei dem Gericht des Ortes erhoben werden, an dem die betroffene Person ihren gewöhnlichen Aufenthaltsort hat.

(2) Absatz 1 gilt nicht für Klagen gegen Behörden, die in Ausübung ihrer hoheitlichen Befugnisse tätig geworden sind.

(3) ¹Hat der Verantwortliche oder Auftragsverarbeiter einen Vertreter nach Artikel 27 Absatz 1 der Verordnung (EU) 2016/679 benannt, gilt dieser auch als bevollmächtigt, Zustellungen in zivilgerichtlichen Verfahren nach Absatz 1 entgegenzunehmen. ²§ 184 der Zivilprozessordnung bleibt unberührt.

Teil 3. Bestimmungen für Verarbeitungen zu Zwecken gemäß Artikel 1 Absatz 1 der Richtlinie (EU) 2016/680

Kapitel 1. Anwendungsbereich, Begriffsbestimmungen und allgemeine Grundsätze für die Verarbeitung personenbezogener Daten

§ 45 Anwendungsbereich. ¹Die Vorschriften dieses Teils gelten für die Verarbeitung personenbezogener Daten durch die für die Verhütung, Ermittlung, Aufdeckung, Verfolgung oder Ahndung von Straftaten oder Ordnungswidrigkeiten zuständigen öffentlichen Stellen, soweit sie Daten zum Zweck der Erfüllung dieser Aufgaben verarbeiten. ²Die öffentlichen Stellen gelten dabei als Verantwortliche. ³Die Verhütung von Straftaten im Sinne des Satzes 1 umfasst den Schutz vor und die Abwehr von Gefahren für die öffentliche Sicherheit. ⁴Die Sätze 1 und 2 finden zudem Anwendung auf diejenigen öffentlichen Stellen, die für die Vollstreckung von Strafen, von Maßnahmen im Sinne des § 11 Absatz 1 Nummer 8 des Strafgesetzbuchs, von Erziehungsmaßregeln oder Zuchtmitteln im Sinne des Jugendgerichtsgesetzes und von Geldbußen zuständig sind. ⁵Soweit dieser Teil Vorschriften für Auftragsverarbeiter enthält, gilt er auch für diese.

§ 46 Begriffsbestimmungen. Es bezeichnen die Begriffe:
1. „personenbezogene Daten" alle Informationen, die sich auf eine identifizierte oder identifizierbare natürliche Person (betroffene Person) beziehen; als identifizierbar wird eine natürliche Person angesehen, die direkt oder indirekt, insbesondere mittels Zuordnung zu einer Kennung wie einem Namen, zu einer Kennnummer, zu Standortdaten, zu einer Online-Kennung oder zu einem oder mehreren besonderen Merkmalen, die Ausdruck der physischen, physiologischen, genetischen, psychischen, wirtschaftlichen, kulturellen oder sozialen Identität dieser Person sind, identifiziert werden kann;
2. „Verarbeitung" jeden mit oder ohne Hilfe automatisierter Verfahren ausgeführten Vorgang oder jede solche Vorgangsreihe im Zusammenhang mit personenbezogenen Daten wie das Erheben, das Erfassen, die Organisation, das Ordnen, die Speicherung, die Anpassung, die Veränderung, das Auslesen, das Abfragen, die Verwendung, die Offenlegung durch Übermittlung, Verbreitung oder eine andere Form der Bereitstellung, den Abgleich, die Verknüpfung, die Einschränkung, das Löschen oder die Vernichtung;
3. „Einschränkung der Verarbeitung" die Markierung gespeicherter personenbezogener Daten mit dem Ziel, ihre künftige Verarbeitung einzuschränken;
4. „Profiling" jede Art der automatisierten Verarbeitung personenbezogener Daten, bei der diese Daten verwendet werden, um bestimmte persönliche Aspekte, die sich auf eine natürliche Person beziehen, zu bewerten, insbesondere um Aspekte der Arbeitsleistung, der wirtschaftlichen Lage, der Gesundheit, der persönlichen Vorlieben, der Interessen, der Zuverlässigkeit, des Verhaltens, der Aufenthaltsorte oder der Ortswechsel dieser natürlichen Person zu analysieren oder vorherzusagen;

I. Deutschland: Bundesdatenschutzgesetz (BDSG) **Anh.**

5. „Pseudonymisierung" die Verarbeitung personenbezogener Daten in einer Weise, in der die Daten ohne Hinzuziehung zusätzlicher Informationen nicht mehr einer spezifischen betroffenen Person zugeordnet werden können, sofern diese zusätzlichen Informationen gesondert aufbewahrt werden und technischen und organisatorischen Maßnahmen unterliegen, die gewährleisten, dass die Daten keiner betroffenen Person zugewiesen werden können;
6. „Dateisystem" jede strukturierte Sammlung personenbezogener Daten, die nach bestimmten Kriterien zugänglich sind, unabhängig davon, ob diese Sammlung zentral, dezentral oder nach funktionalen oder geografischen Gesichtspunkten geordnet geführt wird;
7. „Verantwortlicher" die natürliche oder juristische Person, Behörde, Einrichtung oder andere Stelle, die allein oder gemeinsam mit anderen über die Zwecke und Mittel der Verarbeitung von personenbezogenen Daten entscheidet;
8. „Auftragsverarbeiter" eine natürliche oder juristische Person, Behörde, Einrichtung oder andere Stelle, die personenbezogene Daten im Auftrag des Verantwortlichen verarbeitet;
9. „Empfänger" eine natürliche oder juristische Person, Behörde, Einrichtung oder andere Stelle, der personenbezogene Daten offengelegt werden, unabhängig davon, ob es sich bei ihr um einen Dritten handelt oder nicht; Behörden, die im Rahmen eines bestimmten Untersuchungsauftrags nach dem Unionsrecht oder anderen Rechtsvorschriften personenbezogene Daten erhalten, gelten jedoch nicht als Empfänger; die Verarbeitung dieser Daten durch die genannten Behörden erfolgt im Einklang mit den geltenden Datenschutzvorschriften gemäß den Zwecken der Verarbeitung;
10. „Verletzung des Schutzes personenbezogener Daten" eine Verletzung der Sicherheit, die zur unbeabsichtigten oder unrechtmäßigen Vernichtung, zum Verlust, zur Veränderung oder zur unbefugten Offenlegung von oder zum unbefugten Zugang zu personenbezogenen Daten geführt hat, die verarbeitet wurden;
11. „genetische Daten" personenbezogene Daten zu den ererbten oder erworbenen genetischen Eigenschaften einer natürlichen Person, die eindeutige Informationen über die Physiologie oder die Gesundheit dieser Person liefern, insbesondere solche, die aus der Analyse einer biologischen Probe der Person gewonnen wurden;
12. „biometrische Daten" mit speziellen technischen Verfahren gewonnene personenbezogene Daten zu den physischen, physiologischen oder verhaltenstypischen Merkmalen einer natürlichen Person, die die eindeutige Identifizierung dieser natürlichen Person ermöglichen oder bestätigen, insbesondere Gesichtsbilder oder daktyloskopische Daten;
13. „Gesundheitsdaten" personenbezogene Daten, die sich auf die körperliche oder geistige Gesundheit einer natürlichen Person, einschließlich der Erbringung von Gesundheitsdienstleistungen, beziehen und aus denen Informationen über deren Gesundheitszustand hervorgehen;
14. „besondere Kategorien personenbezogener Daten"
    a) Daten, aus denen die rassische oder ethnische Herkunft, politische Meinungen, religiöse oder weltanschauliche Überzeugungen oder die Gewerkschaftszugehörigkeit hervorgehen,
    b) genetische Daten,
    c) biometrische Daten zur eindeutigen Identifizierung einer natürlichen Person,
    d) Gesundheitsdaten und
    e) Daten zum Sexualleben oder zur sexuellen Orientierung;
15. „Aufsichtsbehörde" eine von einem Mitgliedstaat gemäß Artikel 41 der Richtlinie (EU) 2016/680 eingerichtete unabhängige staatliche Stelle;
16. „internationale Organisation" eine völkerrechtliche Organisation und ihre nachgeordneten Stellen sowie jede sonstige Einrichtung, die durch eine von zwei oder mehr Staaten geschlossene Übereinkunft oder auf der Grundlage einer solchen Übereinkunft geschaffen wurde;
17. „Einwilligung" jede freiwillig für den bestimmten Fall, in informierter Weise und unmissverständlich abgegebene Willensbekundung in Form einer Erklärung oder einer sonstigen eindeutigen bestätigenden Handlung, mit der die betroffene Person zu verstehen gibt, dass sie mit der Verarbeitung der sie betreffenden personenbezogenen Daten einverstanden ist.

§ 47 Allgemeine Grundsätze für die Verarbeitung personenbezogener Daten. Personenbezogene Daten müssen
1. auf rechtmäßige Weise und nach Treu und Glauben verarbeitet werden,

2. für festgelegte, eindeutige und rechtmäßige Zwecke erhoben und nicht in einer mit diesen Zwecken nicht zu vereinbarenden Weise verarbeitet werden,
3. dem Verarbeitungszweck entsprechen, für das Erreichen des Verarbeitungszwecks erforderlich sein und ihre Verarbeitung nicht außer Verhältnis zu diesem Zweck stehen,
4. sachlich richtig und erforderlichenfalls auf dem neuesten Stand sein; dabei sind alle angemessenen Maßnahmen zu treffen, damit personenbezogene Daten, die im Hinblick auf die Zwecke ihrer Verarbeitung unrichtig sind, unverzüglich gelöscht oder berichtigt werden,
5. nicht länger als es für die Zwecke, für die sie verarbeitet werden, erforderlich ist, in einer Form gespeichert werden, die die Identifizierung der betroffenen Personen ermöglicht, und
6. in einer Weise verarbeitet werden, die eine angemessene Sicherheit der personenbezogenen Daten gewährleistet; hierzu gehört auch ein durch geeignete technische und organisatorische Maßnahmen zu gewährleistender Schutz vor unbefugter oder unrechtmäßiger Verarbeitung, unbeabsichtigtem Verlust, unbeabsichtigter Zerstörung oder unbeabsichtigter Schädigung.

Kapitel 2. Rechtsgrundlagen der Verarbeitung personenbezogener Daten

§ 48 Verarbeitung besonderer Kategorien personenbezogener Daten. (1) Die Verarbeitung besonderer Kategorien personenbezogener Daten ist nur zulässig, wenn sie zur Aufgabenerfüllung unbedingt erforderlich ist.

(2) ¹Werden besondere Kategorien personenbezogener Daten verarbeitet, sind geeignete Garantien für die Rechtsgüter der betroffenen Personen vorzusehen. ²Geeignete Garantien können insbesondere sein

1. spezifische Anforderungen an die Datensicherheit oder die Datenschutzkontrolle,
2. die Festlegung von besonderen Aussonderungsprüffristen,
3. die Sensibilisierung der an Verarbeitungsvorgängen Beteiligten,
4. die Beschränkung des Zugangs zu den personenbezogenen Daten innerhalb der verantwortlichen Stelle,
5. die von anderen Daten getrennte Verarbeitung,
6. die Pseudonymisierung personenbezogener Daten,
7. die Verschlüsselung personenbezogener Daten oder
8. spezifische Verfahrensregelungen, die im Fall einer Übermittlung oder Verarbeitung für andere Zwecke die Rechtmäßigkeit der Verarbeitung sicherstellen.

§ 49 Verarbeitung zu anderen Zwecken. ¹Eine Verarbeitung personenbezogener Daten zu einem anderen Zweck als zu demjenigen, zu dem sie erhoben wurden, ist zulässig, wenn es sich bei dem anderen Zweck um einen der in § 45 genannten Zwecke handelt, der Verantwortliche befugt ist, Daten zu diesem Zweck zu verarbeiten, und die Verarbeitung zu diesem Zweck erforderlich und verhältnismäßig ist. ²Die Verarbeitung personenbezogener Daten zu einem anderen, in § 45 nicht genannten Zweck ist zulässig, wenn sie in einer Rechtsvorschrift vorgesehen ist.

§ 50 Verarbeitung zu archivarischen, wissenschaftlichen und statistischen Zwecken. ¹Personenbezogene Daten dürfen im Rahmen der in § 45 genannten Zwecke in archivarischer, wissenschaftlicher oder statistischer Form verarbeitet werden, wenn hieran ein öffentliches Interesse besteht und geeignete Garantien für die Rechtsgüter der betroffenen Personen vorgesehen werden. ²Solche Garantien können in einer so zeitnah wie möglich erfolgenden Anonymisierung der personenbezogenen Daten, in Vorkehrungen gegen ihre unbefugte Kenntnisnahme durch Dritte oder in ihrer räumlich und organisatorisch von den sonstigen Fachaufgaben getrennten Verarbeitung bestehen.

§ 51 Einwilligung. (1) Soweit die Verarbeitung personenbezogener Daten nach einer Rechtsvorschrift auf der Grundlage einer Einwilligung erfolgen kann, muss der Verantwortliche die Einwilligung der betroffenen Person nachweisen können.

(2) Erfolgt die Einwilligung der betroffenen Person durch eine schriftliche Erklärung, die noch andere Sachverhalte betrifft, muss das Ersuchen um Einwilligung in verständlicher und leicht zugänglicher Form in einer klaren und einfachen Sprache so erfolgen, dass es von den anderen Sachverhalten klar zu unterscheiden ist.

(3) ¹Die betroffene Person hat das Recht, ihre Einwilligung jederzeit zu widerrufen. ²Durch den Widerruf der Einwilligung wird die Rechtmäßigkeit der aufgrund der Einwilligung bis zum

I. Deutschland: Bundesdatenschutzgesetz (BDSG) **Anh.**

Widerruf erfolgten Verarbeitung nicht berührt. ³Die betroffene Person ist vor Abgabe der Einwilligung hiervon in Kenntnis zu setzen.

(4) ¹Die Einwilligung ist nur wirksam, wenn sie auf der freien Entscheidung der betroffenen Person beruht. ²Bei der Beurteilung, ob die Einwilligung freiwillig erteilt wurde, müssen die Umstände der Erteilung berücksichtigt werden. ³Die betroffene Person ist auf den vorgesehenen Zweck der Verarbeitung hinzuweisen. ⁴Ist dies nach den Umständen des Einzelfalles erforderlich oder verlangt die betroffene Person dies, ist sie auch über die Folgen der Verweigerung der Einwilligung zu belehren.

(5) Soweit besondere Kategorien personenbezogener Daten verarbeitet werden, muss sich die Einwilligung ausdrücklich auf diese Daten beziehen.

§ 52 Verarbeitung auf Weisung des Verantwortlichen. Jede einem Verantwortlichen oder einem Auftragsverarbeiter unterstellte Person, die Zugang zu personenbezogenen Daten hat, darf diese Daten ausschließlich auf Weisung des Verantwortlichen verarbeiten, es sei denn, dass sie nach einer Rechtsvorschrift zur Verarbeitung verpflichtet ist.

§ 53 Datengeheimnis. ¹Mit Datenverarbeitung befasste Personen dürfen personenbezogene Daten nicht unbefugt verarbeiten (Datengeheimnis). ²Sie sind bei der Aufnahme ihrer Tätigkeit auf das Datengeheimnis zu verpflichten. ³Das Datengeheimnis besteht auch nach der Beendigung ihrer Tätigkeit fort.

§ 54 Automatisierte Einzelentscheidung. (1) Eine ausschließlich auf einer automatischen Verarbeitung beruhende Entscheidung, die mit einer nachteiligen Rechtsfolge für die betroffene Person verbunden ist oder sie erheblich beeinträchtigt, ist nur zulässig, wenn sie in einer Rechtsvorschrift vorgesehen ist.

(2) Entscheidungen nach Absatz 1 dürfen nicht auf besonderen Kategorien personenbezogener Daten beruhen, sofern nicht geeignete Maßnahmen zum Schutz der Rechtsgüter sowie der berechtigten Interessen der betroffenen Personen getroffen wurden.

(3) Profiling, das zur Folge hat, dass betroffene Personen auf der Grundlage von besonderen Kategorien personenbezogener Daten diskriminiert werden, ist verboten.

Kapitel 3. Rechte der betroffenen Person

§ 55 Allgemeine Informationen zu Datenverarbeitungen. Der Verantwortliche hat in allgemeiner Form und für jedermann zugänglich Informationen zur Verfügung zu stellen über

1. die Zwecke der von ihm vorgenommenen Verarbeitungen,
2. die im Hinblick auf die Verarbeitung ihrer personenbezogenen Daten bestehenden Rechte der betroffenen Personen auf Auskunft, Berichtigung, Löschung und Einschränkung der Verarbeitung,
3. den Namen und die Kontaktdaten des Verantwortlichen und der oder des Datenschutzbeauftragten,
4. das Recht, die Bundesbeauftragte oder den Bundesbeauftragten anzurufen, und
5. die Erreichbarkeit der oder des Bundesbeauftragten.

§ 56 Benachrichtigung betroffener Personen. (1) Ist die Benachrichtigung betroffener Personen über die Verarbeitung sie betreffender personenbezogener Daten in speziellen Rechtsvorschriften, insbesondere bei verdeckten Maßnahmen, vorgesehen oder angeordnet, so hat diese Benachrichtigung zumindest die folgenden Angaben zu enthalten:

1. die in § 55 genannten Angaben,
2. die Rechtsgrundlage der Verarbeitung,
3. die für die Daten geltende Speicherdauer oder, falls dies nicht möglich ist, die Kriterien für die Festlegung dieser Dauer,
4. gegebenenfalls die Kategorien von Empfängern der personenbezogenen Daten sowie
5. erforderlichenfalls weitere Informationen, insbesondere, wenn die personenbezogenen Daten ohne Wissen der betroffenen Person erhoben wurden.

(2) In den Fällen des Absatzes 1 kann der Verantwortliche die Benachrichtigung insoweit und solange aufschieben, einschränken oder unterlassen, wie andernfalls

1. die Erfüllung der in § 45 genannten Aufgaben,

2. die öffentliche Sicherheit oder
3. Rechtsgüter Dritter

gefährdet würden, wenn das Interesse an der Vermeidung dieser Gefahren das Informationsinteresse der betroffenen Person überwiegt.

(3) Bezieht sich die Benachrichtigung auf die Übermittlung personenbezogener Daten an Verfassungsschutzbehörden, den Bundesnachrichtendienst, den Militärischen Abschirmdienst und, soweit die Sicherheit des Bundes berührt wird, andere Behörden des Bundesministeriums der Verteidigung, ist sie nur mit Zustimmung dieser Stellen zulässig.

(4) Im Fall der Einschränkung nach Absatz 2 gilt § 57 Absatz 7 entsprechend.

§ 57 Auskunftsrecht. (1) ¹Der Verantwortliche hat betroffenen Personen auf Antrag Auskunft darüber zu erteilen, ob er sie betreffende Daten verarbeitet. ²Betroffene Personen haben darüber hinaus das Recht, Informationen zu erhalten über

1. die personenbezogenen Daten, die Gegenstand der Verarbeitung sind, und die Kategorie, zu der sie gehören,
2. die verfügbaren Informationen über die Herkunft der Daten,
3. die Zwecke der Verarbeitung und deren Rechtsgrundlage,
4. die Empfänger oder die Kategorien von Empfängern, gegenüber denen die Daten offengelegt worden sind, insbesondere bei Empfängern in Drittstaaten oder bei internationalen Organisationen,
5. die für die Daten geltende Speicherdauer oder, falls dies nicht möglich ist, die Kriterien für die Festlegung dieser Dauer,
6. das Bestehen eines Rechts auf Berichtigung, Löschung oder Einschränkung der Verarbeitung der Daten durch den Verantwortlichen,
7. das Recht nach § 60, die Bundesbeauftragte oder den Bundesbeauftragten anzurufen, sowie
8. Angaben zur Erreichbarkeit der oder des Bundesbeauftragten.

(2) Absatz 1 gilt nicht für personenbezogene Daten, die nur deshalb verarbeitet werden, weil sie aufgrund gesetzlicher Aufbewahrungsvorschriften nicht gelöscht werden dürfen oder die ausschließlich Zwecken der Datensicherung oder der Datenschutzkontrolle dienen, wenn die Auskunftserteilung einen unverhältnismäßigen Aufwand erfordern würde und eine Verarbeitung zu anderen Zwecken durch geeignete technische und organisatorische Maßnahmen ausgeschlossen ist.

(3) Von der Auskunftserteilung ist abzusehen, wenn die betroffene Person keine Angaben macht, die das Auffinden der Daten ermöglichen, und deshalb der für die Erteilung der Auskunft erforderliche Aufwand außer Verhältnis zu dem von der betroffenen Person geltend gemachten Informationsinteresse steht.

(4) Der Verantwortliche kann unter den Voraussetzungen des § 56 Absatz 2 von der Auskunft nach Absatz 1 Satz 1 absehen oder die Auskunftserteilung nach Absatz 1 Satz 2 teilweise oder vollständig einschränken.

(5) Bezieht sich die Auskunftserteilung auf die Übermittlung personenbezogener Daten an Verfassungsschutzbehörden, den Bundesnachrichtendienst, den Militärischen Abschirmdienst und, soweit die Sicherheit des Bundes berührt wird, andere Behörden des Bundesministeriums der Verteidigung, ist sie nur mit Zustimmung dieser Stellen zulässig.

(6) ¹Der Verantwortliche hat die betroffene Person über das Absehen von oder die Einschränkung einer Auskunft unverzüglich schriftlich zu unterrichten. ²Dies gilt nicht, wenn bereits die Erteilung dieser Informationen eine Gefährdung im Sinne des § 56 Absatz 2 mit sich bringen würde. ³Die Unterrichtung nach Satz 1 ist zu begründen, es sei denn, dass die Mitteilung der Gründe den mit dem Absehen von oder der Einschränkung der Auskunft verfolgten Zweck gefährden würde.

(7) ¹Wird die betroffene Person nach Absatz 6 über das Absehen von oder die Einschränkung der Auskunft unterrichtet, kann sie ihr Auskunftsrecht auch über die Bundesbeauftragte oder den Bundesbeauftragten ausüben. ²Der Verantwortliche hat die betroffene Person über diese Möglichkeit sowie darüber zu unterrichten, dass sie gemäß § 60 die Bundesbeauftragte oder den Bundesbeauftragten anrufen oder gerichtlichen Rechtsschutz suchen kann. ³Macht die betroffene Person von ihrem Recht nach Satz 1 Gebrauch, ist die Auskunft auf ihr Verlangen der oder dem Bundesbeauftragten zu erteilen, soweit nicht die zuständige oberste Bundesbehörde im Einzelfall feststellt, dass dadurch die Sicherheit des Bundes oder eines Landes gefährdet würde.

I. Deutschland: Bundesdatenschutzgesetz (BDSG)

⁴Die oder der Bundesbeauftragte hat die betroffene Person zumindest darüber zu unterrichten, dass alle erforderlichen Prüfungen erfolgt sind oder eine Überprüfung durch sie stattgefunden hat. ⁵Diese Mitteilung kann die Information enthalten, ob datenschutzrechtliche Verstöße festgestellt wurden. ⁶Die Mitteilung der oder des Bundesbeauftragten an die betroffene Person darf keine Rückschlüsse auf den Erkenntnisstand des Verantwortlichen zulassen, sofern dieser keiner weitergehenden Auskunft zustimmt. ⁷Der Verantwortliche darf die Zustimmung nur insoweit und solange verweigern, wie er nach Absatz 4 von einer Auskunft absehen oder sie einschränken könnte. ⁸Die oder der Bundesbeauftragte hat zudem die betroffene Person über ihr Recht auf gerichtlichen Rechtsschutz zu unterrichten.

(8) Der Verantwortliche hat die sachlichen oder rechtlichen Gründe für die Entscheidung zu dokumentieren.

§ 58 Rechte auf Berichtigung und Löschung sowie Einschränkung der Verarbeitung.
(1) ¹Die betroffene Person hat das Recht, von dem Verantwortlichen unverzüglich die Berichtigung sie betreffender unrichtiger Daten zu verlangen. ²Insbesondere im Fall von Aussagen oder Beurteilungen betrifft die Frage der Richtigkeit nicht den Inhalt der Aussage oder Beurteilung. ³Wenn die Richtigkeit oder Unrichtigkeit der Daten nicht festgestellt werden kann, tritt an die Stelle der Berichtigung eine Einschränkung der Verarbeitung. ⁴In diesem Fall hat der Verantwortliche die betroffene Person zu unterrichten, bevor er die Einschränkung wieder aufhebt. ⁵Die betroffene Person kann zudem die Vervollständigung unvollständiger personenbezogener Daten verlangen, wenn dies unter Berücksichtigung der Verarbeitungszwecke angemessen ist.

(2) Die betroffene Person hat das Recht, von dem Verantwortlichen unverzüglich die Löschung sie betreffender Daten zu verlangen, wenn deren Verarbeitung unzulässig ist, deren Kenntnis für die Aufgabenerfüllung nicht mehr erforderlich ist oder diese zur Erfüllung einer rechtlichen Verpflichtung gelöscht werden müssen.

(3) ¹Anstatt die personenbezogenen Daten zu löschen, kann der Verantwortliche deren Verarbeitung einschränken, wenn
1. Grund zu der Annahme besteht, dass eine Löschung schutzwürdige Interessen einer betroffenen Person beeinträchtigen würde,
2. die Daten zu Beweiszwecken in Verfahren, die Zwecken des § 45 dienen, weiter aufbewahrt werden müssen oder
3. eine Löschung wegen der besonderen Art der Speicherung nicht oder nur mit unverhältnismäßigem Aufwand möglich ist.

²In ihrer Verarbeitung nach Satz 1 eingeschränkte Daten dürfen nur zu dem Zweck verarbeitet werden, der ihrer Löschung entgegenstand.

(4) Bei automatisierten Dateisystemen ist technisch sicherzustellen, dass eine Einschränkung der Verarbeitung eindeutig erkennbar ist und eine Verarbeitung für andere Zwecke nicht ohne weitere Prüfung möglich ist.

(5) ¹Hat der Verantwortliche eine Berichtigung vorgenommen, hat er einer Stelle, die ihm die personenbezogenen Daten zuvor übermittelt hat, die Berichtigung mitzuteilen. ²In Fällen der Berichtigung, Löschung oder Einschränkung der Verarbeitung nach den Absätzen 1 bis 3 hat der Verantwortliche Empfängern, denen die Daten übermittelt wurden, diese Maßnahmen mitzuteilen. ³Der Empfänger hat die Daten zu berichtigen, zu löschen oder ihre Verarbeitung einzuschränken.

(6) ¹Der Verantwortliche hat die betroffene Person über ein Absehen von der Berichtigung oder Löschung personenbezogener Daten oder über die an deren Stelle tretende Einschränkung der Verarbeitung schriftlich zu unterrichten. ²Dies gilt nicht, wenn bereits die Erteilung dieser Informationen eine Gefährdung im Sinne des § 56 Absatz 2 mit sich bringen würde. ³Die Unterrichtung nach Satz 1 ist zu begründen, es sei denn, dass die Mitteilung der Gründe den mit dem Absehen von der Unterrichtung verfolgten Zweck gefährden würde.

(7) § 57 Absatz 7 und 8 findet entsprechende Anwendung.

§ 59 Verfahren für die Ausübung der Rechte der betroffenen Person. (1) ¹Der Verantwortliche hat mit betroffenen Personen unter Verwendung einer klaren und einfachen Sprache in präziser, verständlicher und leicht zugänglicher Form zu kommunizieren. ²Unbeschadet besonderer Formvorschriften soll er bei der Beantwortung von Anträgen grundsätzlich die für den Antrag gewählte Form verwenden.

(2) Bei Anträgen hat der Verantwortliche die betroffene Person unbeschadet des § 57 Absatz 6 und des § 58 Absatz 6 unverzüglich schriftlich darüber in Kenntnis zu setzen, wie verfahren wurde.

(3) ¹Die Erteilung von Informationen nach § 55, die Benachrichtigungen nach den §§ 56 und 66 und die Bearbeitung von Anträgen nach den §§ 57 und 58 erfolgen unentgeltlich. ²Bei offenkundig unbegründeten oder exzessiven Anträgen nach den §§ 57 und 58 kann der Verantwortliche entweder eine angemessene Gebühr auf der Grundlage der Verwaltungskosten verlangen oder sich weigern, aufgrund des Antrags tätig zu werden. ³In diesem Fall muss der Verantwortliche den offenkundig unbegründeten oder exzessiven Charakter des Antrags belegen können.

(4) Hat der Verantwortliche begründete Zweifel an der Identität einer betroffenen Person, die einen Antrag nach den §§ 57 oder 58 gestellt hat, kann er von ihr zusätzliche Informationen anfordern, die zur Bestätigung ihrer Identität erforderlich sind.

§ 60 Anrufung der oder des Bundesbeauftragten. (1) ¹Jede betroffene Person kann sich unbeschadet anderweitiger Rechtsbehelfe mit einer Beschwerde an die Bundesbeauftragte oder den Bundesbeauftragten wenden, wenn sie der Auffassung ist, bei der Verarbeitung ihrer personenbezogenen Daten durch öffentliche Stellen zu den in § 45 genannten Zwecken in ihren Rechten verletzt worden zu sein. ²Dies gilt nicht für die Verarbeitung von personenbezogenen Daten durch Gerichte, soweit diese die Daten im Rahmen ihrer justiziellen Tätigkeit verarbeitet haben. ³Die oder der Bundesbeauftragte hat die betroffene Person über den Stand und das Ergebnis der Beschwerde zu unterrichten und sie hierbei auf die Möglichkeit gerichtlichen Rechtsschutzes nach § 61 hinzuweisen.

(2) ¹Die oder der Bundesbeauftragte hat eine bei ihr oder ihm eingelegte Beschwerde über eine Verarbeitung, die in die Zuständigkeit einer Aufsichtsbehörde in einem anderen Mitgliedstaat der Europäischen Union fällt, unverzüglich an die zuständige Aufsichtsbehörde des anderen Staates weiterzuleiten. ²Sie oder er hat in diesem Fall die betroffene Person über die Weiterleitung zu unterrichten und ihr auf deren Ersuchen weitere Unterstützung zu leisten.

§ 61 Rechtsschutz gegen Entscheidungen der oder des Bundesbeauftragten oder bei deren oder dessen Untätigkeit. (1) Jede natürliche oder juristische Person kann unbeschadet anderer Rechtsbehelfe gerichtlich gegen eine verbindliche Entscheidung der oder des Bundesbeauftragten vorgehen.

(2) Absatz 1 gilt entsprechend zugunsten betroffener Personen, wenn sich die oder der Bundesbeauftragte mit einer Beschwerde nach § 60 nicht befasst oder die betroffene Person nicht innerhalb von drei Monaten nach Einlegung der Beschwerde über den Stand oder das Ergebnis der Beschwerde in Kenntnis gesetzt hat.

Kapitel 4. Pflichten der Verantwortlichen und Auftragsverarbeiter

§ 62 Auftragsverarbeitung. (1) ¹Werden personenbezogene Daten im Auftrag eines Verantwortlichen durch andere Personen oder Stellen verarbeitet, hat der Verantwortliche für die Einhaltung der Vorschriften dieses Gesetzes und anderer Vorschriften über den Datenschutz zu sorgen. ²Die Rechte der betroffenen Personen auf Auskunft, Berichtigung, Löschung, Einschränkung der Verarbeitung und Schadensersatz sind in diesem Fall gegenüber dem Verantwortlichen geltend zu machen.

(2) Ein Verantwortlicher darf nur solche Auftragsverarbeiter mit der Verarbeitung personenbezogener Daten beauftragen, die mit geeigneten technischen und organisatorischen Maßnahmen sicherstellen, dass die Verarbeitung im Einklang mit den gesetzlichen Anforderungen erfolgt und der Schutz der Rechte der betroffenen Personen gewährleistet wird.

(3) ¹Auftragsverarbeiter dürfen ohne vorherige schriftliche Genehmigung des Verantwortlichen keine weiteren Auftragsverarbeiter hinzuziehen. ²Hat der Verantwortliche dem Auftragsverarbeiter eine allgemeine Genehmigung zur Hinzuziehung weiterer Auftragsverarbeiter erteilt, hat der Auftragsverarbeiter den Verantwortlichen über jede beabsichtigte Hinzuziehung oder Ersetzung zu informieren. ³Der Verantwortliche kann in diesem Fall die Hinzuziehung oder Ersetzung untersagen.

(4) ¹Zieht ein Auftragsverarbeiter einen weiteren Auftragsverarbeiter hinzu, so hat er diesem dieselben Verpflichtungen aus seinem Vertrag mit dem Verantwortlichen nach Absatz 5 aufzuerlegen, die auch für ihn gelten, soweit diese Pflichten für den weiteren Auftragsverarbeiter

I. Deutschland: Bundesdatenschutzgesetz (BDSG) **Anh.**

nicht schon aufgrund anderer Vorschriften verbindlich sind. ²Erfüllt ein weiterer Auftragsverarbeiter diese Verpflichtungen nicht, so haftet der ihn beauftragende Auftragsverarbeiter gegenüber dem Verantwortlichen für die Einhaltung der Pflichten des weiteren Auftragsverarbeiters.

(5) ¹Die Verarbeitung durch einen Auftragsverarbeiter hat auf der Grundlage eines Vertrags oder eines anderen Rechtsinstruments zu erfolgen, der oder das den Auftragsverarbeiter an den Verantwortlichen bindet und der oder das den Gegenstand, die Dauer, die Art und den Zweck der Verarbeitung, die Art der personenbezogenen Daten, die Kategorien betroffener Personen und die Rechte und Pflichten des Verantwortlichen festlegt. ²Der Vertrag oder das andere Rechtsinstrument haben insbesondere vorzusehen, dass der Auftragsverarbeiter

1. nur auf dokumentierte Weisung des Verantwortlichen handelt; ist der Auftragsverarbeiter der Auffassung, dass eine Weisung rechtswidrig ist, hat er den Verantwortlichen unverzüglich zu informieren;
2. gewährleistet, dass die zur Verarbeitung der personenbezogenen Daten befugten Personen zur Vertraulichkeit verpflichtet werden, soweit sie keiner angemessenen gesetzlichen Verschwiegenheitspflicht unterliegen;
3. den Verantwortlichen mit geeigneten Mitteln dabei unterstützt, die Einhaltung der Bestimmungen über die Rechte der betroffenen Person zu gewährleisten;
4. alle personenbezogenen Daten nach Abschluss der Erbringung der Verarbeitungsleistungen nach Wahl des Verantwortlichen zurückgibt oder löscht und bestehende Kopien vernichtet, wenn nicht nach einer Rechtsvorschrift eine Verpflichtung zur Speicherung der Daten besteht;
5. dem Verantwortlichen alle erforderlichen Informationen, insbesondere die gemäß § 76 erstellten Protokolle, zum Nachweis der Einhaltung seiner Pflichten zur Verfügung stellt;
6. Überprüfungen, die von dem Verantwortlichen oder einem von diesem beauftragten Prüfer durchgeführt werden, ermöglicht und dazu beiträgt;
7. die in den Absätzen 3 und 4 aufgeführten Bedingungen für die Inanspruchnahme der Dienste eines weiteren Auftragsverarbeiters einhält;
8. alle gemäß § 64 erforderlichen Maßnahmen ergreift und
9. unter Berücksichtigung der Art der Verarbeitung und der ihm zur Verfügung stehenden Informationen den Verantwortlichen bei der Einhaltung der in den §§ 64 bis 67 und § 69 genannten Pflichten unterstützt.

(6) Der Vertrag im Sinne des Absatzes 5 ist schriftlich oder elektronisch abzufassen.

(7) Ein Auftragsverarbeiter, der die Zwecke und Mittel der Verarbeitung unter Verstoß gegen diese Vorschrift bestimmt, gilt in Bezug auf diese Verarbeitung als Verantwortlicher.

§ 63 Gemeinsam Verantwortliche. ¹Legen zwei oder mehr Verantwortliche gemeinsam die Zwecke und die Mittel der Verarbeitung fest, gelten sie als gemeinsam Verantwortliche. ²Gemeinsam Verantwortliche haben ihre jeweiligen Aufgaben und datenschutzrechtlichen Verantwortlichkeiten in transparenter Form in einer Vereinbarung festzulegen, soweit diese nicht bereits in Rechtsvorschriften festgelegt sind. ³Aus der Vereinbarung muss insbesondere hervorgehen, wer welchen Informationspflichten nachzukommen hat und wie und gegenüber wem betroffene Personen ihre Rechte wahrnehmen können. ⁴Eine entsprechende Vereinbarung hindert die betroffene Person nicht, ihre Rechte gegenüber jedem der gemeinsam Verantwortlichen geltend zu machen.

§ 64 Anforderungen an die Sicherheit der Datenverarbeitung. (1) ¹Der Verantwortliche und der Auftragsverarbeiter haben unter Berücksichtigung des Stands der Technik, der Implementierungskosten, der Art, des Umfangs, der Umstände und der Zwecke der Verarbeitung sowie der Eintrittswahrscheinlichkeit und der Schwere der mit der Verarbeitung verbundenen Gefahren für die Rechtsgüter der betroffenen Personen die erforderlichen technischen und organisatorischen Maßnahmen zu treffen, um bei der Verarbeitung personenbezogener Daten ein dem Risiko angemessenes Schutzniveau zu gewährleisten, insbesondere im Hinblick auf die Verarbeitung besonderer Kategorien personenbezogener Daten. ²Der Verantwortliche hat hierbei die einschlägigen Technischen Richtlinien und Empfehlungen des Bundesamtes für Sicherheit in der Informationstechnik zu berücksichtigen.

(2) ¹Die in Absatz 1 genannten Maßnahmen können unter anderem die Pseudonymisierung und Verschlüsselung personenbezogener Daten umfassen, soweit solche Mittel in Anbetracht der Verarbeitungszwecke möglich sind. ²Die Maßnahmen nach Absatz 1 sollen dazu führen, dass

1. die Vertraulichkeit, Integrität, Verfügbarkeit und Belastbarkeit der Systeme und Dienste im Zusammenhang mit der Verarbeitung auf Dauer sichergestellt werden und
2. die Verfügbarkeit der personenbezogenen Daten und der Zugang zu ihnen bei einem physischen oder technischen Zwischenfall rasch wiederhergestellt werden können.

(3) ¹Im Fall einer automatisierten Verarbeitung haben der Verantwortliche und der Auftragsverarbeiter nach einer Risikobewertung Maßnahmen zu ergreifen, die Folgendes bezwecken:
1. Verwehrung des Zugangs zu Verarbeitungsanlagen, mit denen die Verarbeitung durchgeführt wird, für Unbefugte (Zugangskontrolle),
2. Verhinderung des unbefugten Lesens, Kopierens, Veränderns oder Löschens von Datenträgern (Datenträgerkontrolle),
3. Verhinderung der unbefugten Eingabe von personenbezogenen Daten sowie der unbefugten Kenntnisnahme, Veränderung und Löschung von gespeicherten personenbezogenen Daten (Speicherkontrolle),
4. Verhinderung der Nutzung automatisierter Verarbeitungssysteme mit Hilfe von Einrichtungen zur Datenübertragung durch Unbefugte (Benutzerkontrolle),
5. Gewährleistung, dass die zur Benutzung eines automatisierten Verarbeitungssystems Berechtigten ausschließlich zu den von ihrer Zugangsberechtigung umfassten personenbezogenen Daten Zugang haben (Zugriffskontrolle),
6. Gewährleistung, dass überprüft und festgestellt werden kann, an welche Stellen personenbezogene Daten mit Hilfe von Einrichtungen zur Datenübertragung übermittelt oder zur Verfügung gestellt wurden oder werden können (Übertragungskontrolle),
7. Gewährleistung, dass nachträglich überprüft und festgestellt werden kann, welche personenbezogenen Daten zu welcher Zeit und von wem in automatisierte Verarbeitungssysteme eingegeben oder verändert worden sind (Eingabekontrolle),
8. Gewährleistung, dass bei der Übermittlung personenbezogener Daten sowie beim Transport von Datenträgern die Vertraulichkeit und Integrität der Daten geschützt werden (Transportkontrolle),
9. Gewährleistung, dass eingesetzte Systeme im Störungsfall wiederhergestellt werden können (Wiederherstellbarkeit),
10. Gewährleistung, dass alle Funktionen des Systems zur Verfügung stehen und auftretende Fehlfunktionen gemeldet werden (Zuverlässigkeit),
11. Gewährleistung, dass gespeicherte personenbezogene Daten nicht durch Fehlfunktionen des Systems beschädigt werden können (Datenintegrität),
12. Gewährleistung, dass personenbezogene Daten, die im Auftrag verarbeitet werden, nur entsprechend den Weisungen des Auftraggebers verarbeitet werden können (Auftragskontrolle),
13. Gewährleistung, dass personenbezogene Daten gegen Zerstörung oder Verlust geschützt sind (Verfügbarkeitskontrolle),
14. Gewährleistung, dass zu unterschiedlichen Zwecken erhobene personenbezogene Daten getrennt verarbeitet werden können (Trennbarkeit).

²Ein Zweck nach Satz 1 Nummer 2 bis 5 kann insbesondere durch die Verwendung von dem Stand der Technik entsprechenden Verschlüsselungsverfahren erreicht werden.

§ 65 Meldung von Verletzungen des Schutzes personenbezogener Daten an die oder den Bundesbeauftragten. (1) ¹Der Verantwortliche hat eine Verletzung des Schutzes personenbezogener Daten unverzüglich und möglichst innerhalb von 72 Stunden, nachdem sie ihm bekannt geworden ist, der oder dem Bundesbeauftragten zu melden, es sei denn, dass die Verletzung voraussichtlich keine Gefahr für die Rechtsgüter natürlicher Personen mit sich gebracht hat. ²Erfolgt die Meldung an die Bundesbeauftragte oder den Bundesbeauftragten nicht innerhalb von 72 Stunden, so ist die Verzögerung zu begründen.

(2) Ein Auftragsverarbeiter hat eine Verletzung des Schutzes personenbezogener Daten unverzüglich dem Verantwortlichen zu melden.

(3) Die Meldung nach Absatz 1 hat zumindest folgende Informationen zu enthalten:
1. eine Beschreibung der Art der Verletzung des Schutzes personenbezogener Daten, die, soweit möglich, Angaben zu den Kategorien und der ungefähren Anzahl der betroffenen Personen, zu den betroffenen Kategorien personenbezogener Daten und zu der ungefähren Anzahl der betroffenen personenbezogenen Datensätze zu enthalten hat,
2. den Namen und die Kontaktdaten der oder des Datenschutzbeauftragten oder einer sonstigen Person oder Stelle, die weitere Informationen erteilen kann,

I. Deutschland: Bundesdatenschutzgesetz (BDSG)

3. eine Beschreibung der wahrscheinlichen Folgen der Verletzung und
4. eine Beschreibung der von dem Verantwortlichen ergriffenen oder vorgeschlagenen Maßnahmen zur Behandlung der Verletzung und der getroffenen Maßnahmen zur Abmilderung ihrer möglichen nachteiligen Auswirkungen.

(4) Wenn die Informationen nach Absatz 3 nicht zusammen mit der Meldung übermittelt werden können, hat der Verantwortliche sie unverzüglich nachzureichen, sobald sie ihm vorliegen.

(5) ¹Der Verantwortliche hat Verletzungen des Schutzes personenbezogener Daten zu dokumentieren. ²Die Dokumentation hat alle mit den Vorfällen zusammenhängenden Tatsachen, deren Auswirkungen und die ergriffenen Abhilfemaßnahmen zu umfassen.

(6) Soweit von einer Verletzung des Schutzes personenbezogener Daten personenbezogene Daten betroffen sind, die von einem oder an einen Verantwortlichen in einem anderen Mitgliedstaat der Europäischen Union übermittelt wurden, sind die in Absatz 3 genannten Informationen dem dortigen Verantwortlichen unverzüglich zu übermitteln.

(7) § 42 Absatz 4 findet entsprechende Anwendung.

(8) Weitere Pflichten des Verantwortlichen zu Benachrichtigungen über Verletzungen des Schutzes personenbezogener Daten bleiben unberührt.

§ 66 Benachrichtigung betroffener Personen bei Verletzungen des Schutzes personenbezogener Daten. (1) Hat eine Verletzung des Schutzes personenbezogener Daten voraussichtlich eine erhebliche Gefahr für Rechtsgüter betroffener Personen zur Folge, so hat der Verantwortliche die betroffenen Personen unverzüglich über den Vorfall zu benachrichtigen.

(2) Die Benachrichtigung nach Absatz 1 hat in klarer und einfacher Sprache die Art der Verletzung des Schutzes personenbezogener Daten zu beschreiben und zumindest die in § 65 Absatz 3 Nummer 2 bis 4 genannten Informationen und Maßnahmen zu enthalten.

(3) Von der Benachrichtigung nach Absatz 1 kann abgesehen werden, wenn
1. der Verantwortliche geeignete technische und organisatorische Sicherheitsvorkehrungen getroffen hat und diese Vorkehrungen auf die von der Verletzung des Schutzes personenbezogener Daten betroffenen Daten angewandt wurden; dies gilt insbesondere für Vorkehrungen wie Verschlüsselungen, durch die die Daten für unbefugte Personen unzugänglich gemacht wurden;
2. der Verantwortliche durch im Anschluss an die Verletzung getroffene Maßnahmen sichergestellt hat, dass aller Wahrscheinlichkeit nach keine erhebliche Gefahr im Sinne des Absatzes 1 mehr besteht, oder
3. dies mit einem unverhältnismäßigen Aufwand verbunden wäre; in diesem Fall hat stattdessen eine öffentliche Bekanntmachung oder eine ähnliche Maßnahme zu erfolgen, durch die die betroffenen Personen vergleichbar wirksam informiert werden.

(4) ¹Wenn der Verantwortliche die betroffenen Personen über eine Verletzung des Schutzes personenbezogener Daten nicht benachrichtigt hat, kann die oder der Bundesbeauftragte förmlich feststellen, dass ihrer oder seiner Auffassung nach die in Absatz 3 genannten Voraussetzungen nicht erfüllt sind. ²Hierbei hat sie oder er die Wahrscheinlichkeit zu berücksichtigen, dass die Verletzung eine erhebliche Gefahr im Sinne des Absatzes 1 zur Folge hat.

(5) Die Benachrichtigung der betroffenen Personen nach Absatz 1 kann unter den in § 56 Absatz 2 genannten Voraussetzungen aufgeschoben, eingeschränkt oder unterlassen werden, soweit nicht die Interessen der betroffenen Person aufgrund der von der Verletzung ausgehenden erheblichen Gefahr im Sinne des Absatzes 1 überwiegen.

(6) § 42 Absatz 4 findet entsprechende Anwendung.

§ 67 Durchführung einer Datenschutz-Folgenabschätzung. (1) Hat eine Form der Verarbeitung, insbesondere bei Verwendung neuer Technologien, aufgrund der Art, des Umfangs, der Umstände und der Zwecke der Verarbeitung voraussichtlich eine erhebliche Gefahr für die Rechtsgüter betroffener Personen zur Folge, so hat der Verantwortliche vorab eine Abschätzung der Folgen der vorgesehenen Verarbeitungsvorgänge für die betroffenen Personen durchzuführen.

(2) Für die Untersuchung mehrerer ähnlicher Verarbeitungsvorgänge mit ähnlich hohem Gefahrenpotential kann eine gemeinsame Datenschutz-Folgenabschätzung vorgenommen werden.

(3) Der Verantwortliche hat die Datenschutzbeauftragte oder den Datenschutzbeauftragten an der Durchführung der Folgenabschätzung zu beteiligen.

(4) Die Folgenabschätzung hat den Rechten der von der Verarbeitung betroffenen Personen Rechnung zu tragen und zumindest Folgendes zu enthalten:
1. eine systematische Beschreibung der geplanten Verarbeitungsvorgänge und der Zwecke der Verarbeitung,
2. eine Bewertung der Notwendigkeit und Verhältnismäßigkeit der Verarbeitungsvorgänge in Bezug auf deren Zweck,
3. eine Bewertung der Gefahren für die Rechtsgüter der betroffenen Personen und
4. die Maßnahmen, mit denen bestehenden Gefahren abgeholfen werden soll, einschließlich der Garantien, der Sicherheitsvorkehrungen und der Verfahren, durch die der Schutz personenbezogener Daten sichergestellt und die Einhaltung der gesetzlichen Vorgaben nachgewiesen werden sollen.

(5) Soweit erforderlich, hat der Verantwortliche eine Überprüfung durchzuführen, ob die Verarbeitung den Maßgaben folgt, die sich aus der Folgenabschätzung ergeben haben.

§ 68 Zusammenarbeit mit der oder dem Bundesbeauftragten. Der Verantwortliche hat mit der oder dem Bundesbeauftragten bei der Erfüllung ihrer oder seiner Aufgaben zusammenzuarbeiten.

§ 69 Anhörung der oder des Bundesbeauftragten. (1) [1] Der Verantwortliche hat vor der Inbetriebnahme von neu anzulegenden Dateisystemen die Bundesbeauftragte oder den Bundesbeauftragten anzuhören, wenn
1. aus einer Datenschutz-Folgenabschätzung nach § 67 hervorgeht, dass die Verarbeitung eine erhebliche Gefahr für die Rechtsgüter der betroffenen Personen zur Folge hätte, wenn der Verantwortliche keine Abhilfemaßnahmen treffen würde, oder
2. die Form der Verarbeitung, insbesondere bei der Verwendung neuer Technologien, Mechanismen oder Verfahren, eine erhebliche Gefahr für die Rechtsgüter der betroffenen Personen zur Folge hat.

[2] Die oder der Bundesbeauftragte kann eine Liste der Verarbeitungsvorgänge erstellen, die der Pflicht zur Anhörung nach Satz 1 unterliegen.

(2) [1] Der oder dem Bundesbeauftragten sind im Fall des Absatzes 1 vorzulegen:
1. die nach § 67 durchgeführte Datenschutz-Folgenabschätzung,
2. gegebenenfalls Angaben zu den jeweiligen Zuständigkeiten des Verantwortlichen, der gemeinsam Verantwortlichen und der an der Verarbeitung beteiligten Auftragsverarbeiter,
3. Angaben zu den Zwecken und Mitteln der beabsichtigten Verarbeitung,
4. Angaben zu den zum Schutz der Rechtsgüter der betroffenen Personen vorgesehenen Maßnahmen und Garantien und
5. Name und Kontaktdaten der oder des Datenschutzbeauftragten.

[2] Auf Anforderung sind ihr oder ihm zudem alle sonstigen Informationen zu übermitteln, die sie oder er benötigt, um die Rechtmäßigkeit der Verarbeitung sowie insbesondere die in Bezug auf den Schutz der personenbezogenen Daten der betroffenen Personen bestehenden Gefahren und die diesbezüglichen Garantien bewerten zu können.

(3) [1] Falls die oder der Bundesbeauftragte der Auffassung ist, dass die geplante Verarbeitung gegen gesetzliche Vorgaben verstoßen würde, insbesondere weil der Verantwortliche das Risiko nicht ausreichend ermittelt oder keine ausreichenden Abhilfemaßnahmen getroffen hat, kann sie oder er dem Verantwortlichen und gegebenenfalls dem Auftragsverarbeiter innerhalb eines Zeitraums von sechs Wochen nach Einleitung der Anhörung schriftliche Empfehlungen unterbreiten, welche Maßnahmen noch ergriffen werden sollten. [2] Die oder der Bundesbeauftragte kann diese Frist um einen Monat verlängern, wenn die geplante Verarbeitung besonders komplex ist. [3] Sie oder er hat in diesem Fall innerhalb eines Monats nach Einleitung der Anhörung den Verantwortlichen und gegebenenfalls den Auftragsverarbeiter über die Fristverlängerung zu informieren.

(4) [1] Hat die beabsichtigte Verarbeitung erhebliche Bedeutung für die Aufgabenerfüllung des Verantwortlichen und ist sie daher besonders dringlich, kann er mit der Verarbeitung nach Beginn der Anhörung, aber vor Ablauf der in Absatz 3 Satz 1 genannten Frist beginnen. [2] In diesem Fall sind die Empfehlungen der oder des Bundesbeauftragten im Nachhinein zu

I. Deutschland: Bundesdatenschutzgesetz (BDSG) **Anh.**

berücksichtigen und sind die Art und Weise der Verarbeitung daraufhin gegebenenfalls anzupassen.

§ 70 Verzeichnis von Verarbeitungstätigkeiten. (1) [1]Der Verantwortliche hat ein Verzeichnis aller Kategorien von Verarbeitungstätigkeiten zu führen, die in seine Zuständigkeit fallen. [2]Dieses Verzeichnis hat die folgenden Angaben zu enthalten:
1. den Namen und die Kontaktdaten des Verantwortlichen und gegebenenfalls des gemeinsam mit ihm Verantwortlichen sowie den Namen und die Kontaktdaten der oder des Datenschutzbeauftragten,
2. die Zwecke der Verarbeitung,
3. die Kategorien von Empfängern, gegenüber denen die personenbezogenen Daten offengelegt worden sind oder noch offengelegt werden sollen,
4. eine Beschreibung der Kategorien betroffener Personen und der Kategorien personenbezogener Daten,
5. gegebenenfalls die Verwendung von Profiling,
6. gegebenenfalls die Kategorien von Übermittlungen personenbezogener Daten an Stellen in einem Drittstaat oder an eine internationale Organisation,
7. Angaben über die Rechtsgrundlage der Verarbeitung,
8. die vorgesehenen Fristen für die Löschung oder die Überprüfung der Erforderlichkeit der Speicherung der verschiedenen Kategorien personenbezogener Daten und
9. eine allgemeine Beschreibung der technischen und organisatorischen Maßnahmen gemäß § 64.

(2) Der Auftragsverarbeiter hat ein Verzeichnis aller Kategorien von Verarbeitungen zu führen, die er im Auftrag eines Verantwortlichen durchführt, das Folgendes zu enthalten hat:
1. den Namen und die Kontaktdaten des Auftragsverarbeiters, jedes Verantwortlichen, in dessen Auftrag der Auftragsverarbeiter tätig ist, sowie gegebenenfalls der oder des Datenschutzbeauftragten,
2. gegebenenfalls Übermittlungen von personenbezogenen Daten an Stellen in einem Drittstaat oder an eine internationale Organisation unter Angabe des Staates oder der Organisation und
3. eine allgemeine Beschreibung der technischen und organisatorischen Maßnahmen gemäß § 64.

(3) Die in den Absätzen 1 und 2 genannten Verzeichnisse sind schriftlich oder elektronisch zu führen.

(4) Verantwortliche und Auftragsverarbeiter haben auf Anforderung ihre Verzeichnisse der oder dem Bundesbeauftragten zur Verfügung zu stellen.

§ 71 Datenschutz durch Technikgestaltung und datenschutzfreundliche Voreinstellungen. (1) [1]Der Verantwortliche hat sowohl zum Zeitpunkt der Festlegung der Mittel für die Verarbeitung als auch zum Zeitpunkt der Verarbeitung selbst angemessene Vorkehrungen zu treffen, die geeignet sind, die Datenschutzgrundsätze wie etwa die Datensparsamkeit wirksam umzusetzen, und die sicherstellen, dass die gesetzlichen Anforderungen eingehalten und die Rechte der betroffenen Personen geschützt werden. [2]Er hat hierbei den Stand der Technik, die Implementierungskosten und die Art, den Umfang, die Umstände und die Zwecke der Verarbeitung sowie die unterschiedliche Eintrittswahrscheinlichkeit und Schwere der mit der Verarbeitung verbundenen Gefahren für die Rechtsgüter der betroffenen Personen zu berücksichtigen. [3]Insbesondere sind die Verarbeitung personenbezogener Daten und die Auswahl und Gestaltung von Datenverarbeitungssystemen an dem Ziel auszurichten, so wenig personenbezogene Daten wie möglich zu verarbeiten. [4]Personenbezogene Daten sind zum frühestmöglichen Zeitpunkt zu anonymisieren oder zu pseudonymisieren, soweit dies nach dem Verarbeitungszweck möglich ist.

(2) [1]Der Verantwortliche hat geeignete technische und organisatorische Maßnahmen zu treffen, die sicherstellen, dass durch Voreinstellungen grundsätzlich nur solche personenbezogenen Daten verarbeitet werden können, deren Verarbeitung für den jeweiligen bestimmten Verarbeitungszweck erforderlich ist. [2]Dies betrifft die Menge der erhobenen Daten, den Umfang ihrer Verarbeitung, ihre Speicherfrist und ihre Zugänglichkeit. [3]Die Maßnahmen müssen insbesondere gewährleisten, dass die Daten durch Voreinstellungen nicht automatisiert einer unbestimmten Anzahl von Personen zugänglich gemacht werden können.

§ 72 Unterscheidung zwischen verschiedenen Kategorien betroffener Personen. ¹Der Verantwortliche hat bei der Verarbeitung personenbezogener Daten so weit wie möglich zwischen den verschiedenen Kategorien betroffener Personen zu unterscheiden. ²Dies betrifft insbesondere folgende Kategorien:

1. Personen, gegen die ein begründeter Verdacht besteht, dass sie eine Straftat begangen haben,
2. Personen, gegen die ein begründeter Verdacht besteht, dass sie in naher Zukunft eine Straftat begehen werden,
3. verurteilte Straftäter,
4. Opfer einer Straftat oder Personen, bei denen bestimmte Tatsachen darauf hindeuten, dass sie Opfer einer Straftat sein könnten, und
5. andere Personen wie insbesondere Zeugen, Hinweisgeber oder Personen, die mit den in den Nummern 1 bis 4 genannten Personen in Kontakt oder Verbindung stehen.

§ 73 Unterscheidung zwischen Tatsachen und persönlichen Einschätzungen. ¹Der Verantwortliche hat bei der Verarbeitung so weit wie möglich danach zu unterscheiden, ob personenbezogene Daten auf Tatsachen oder auf persönlichen Einschätzungen beruhen. ²Zu diesem Zweck soll er, soweit dies im Rahmen der jeweiligen Verarbeitung möglich und angemessen ist, Beurteilungen, die auf persönlichen Einschätzungen beruhen, als solche kenntlich machen. ³Es muss außerdem feststellbar sein, welche Stelle die Unterlagen führt, die der auf einer persönlichen Einschätzung beruhenden Beurteilung zugrunde liegen.

§ 74 Verfahren bei Übermittlungen. (1) ¹Der Verantwortliche hat angemessene Maßnahmen zu ergreifen, um zu gewährleisten, dass personenbezogene Daten, die unrichtig oder nicht mehr aktuell sind, nicht übermittelt oder sonst zur Verfügung gestellt werden. ²Zu diesem Zweck hat er, soweit dies mit angemessenem Aufwand möglich ist, die Qualität der Daten vor ihrer Übermittlung oder Bereitstellung zu überprüfen. ³Bei jeder Übermittlung personenbezogener Daten hat er zudem, soweit dies möglich und angemessen ist, Informationen beizufügen, die es dem Empfänger gestatten, die Richtigkeit, die Vollständigkeit und die Zuverlässigkeit der Daten sowie deren Aktualität zu beurteilen.

(2) ¹Gelten für die Verarbeitung von personenbezogenen Daten besondere Bedingungen, so hat bei Datenübermittlungen die übermittelnde Stelle den Empfänger auf diese Bedingungen und die Pflicht zu ihrer Beachtung hinzuweisen. ²Die Hinweispflicht kann dadurch erfüllt werden, dass die Daten entsprechend markiert werden.

(3) Die übermittelnde Stelle darf auf Empfänger in anderen Mitgliedstaaten der Europäischen Union und auf Einrichtungen und sonstige Stellen, die nach den Kapiteln 4 und 5 des Titels V des Dritten Teils des Vertrags über die Arbeitsweise der Europäischen Union errichtet wurden, keine Bedingungen anwenden, die nicht auch für entsprechende innerstaatliche Datenübermittlungen gelten.

§ 75 Berichtigung und Löschung personenbezogener Daten sowie Einschränkung der Verarbeitung. (1) Der Verantwortliche hat personenbezogene Daten zu berichtigen, wenn sie unrichtig sind.

(2) Der Verantwortliche hat personenbezogene Daten unverzüglich zu löschen, wenn ihre Verarbeitung unzulässig ist, sie zur Erfüllung einer rechtlichen Verpflichtung gelöscht werden müssen oder ihre Kenntnis für seine Aufgabenerfüllung nicht mehr erforderlich ist.

(3) ¹§ 58 Absatz 3 bis 5 ist entsprechend anzuwenden. ²Sind unrichtige personenbezogene Daten oder personenbezogene Daten unrechtmäßig übermittelt worden, ist auch dies dem Empfänger mitzuteilen.

(4) Unbeschadet in Rechtsvorschriften festgesetzter Höchstspeicher- oder Löschfristen hat der Verantwortliche für die Löschung von personenbezogenen Daten oder eine regelmäßige Überprüfung der Notwendigkeit ihrer Speicherung angemessene Fristen vorzusehen und durch verfahrensrechtliche Vorkehrungen sicherzustellen, dass diese Fristen eingehalten werden.

§ 76 Protokollierung. (1) In automatisierten Verarbeitungssystemen haben Verantwortliche und Auftragsverarbeiter mindestens die folgenden Verarbeitungsvorgänge zu protokollieren:

1. Erhebung,
2. Veränderung,
3. Abfrage,
4. Offenlegung einschließlich Übermittlung,

I. Deutschland: Bundesdatenschutzgesetz (BDSG) **Anh.**

5. Kombination und
6. Löschung.

(2) Die Protokolle über Abfragen und Offenlegungen müssen es ermöglichen, die Begründung, das Datum und die Uhrzeit dieser Vorgänge und so weit wie möglich die Identität der Person, die die personenbezogenen Daten abgefragt oder offengelegt hat, und die Identität des Empfängers der Daten festzustellen.

(3) Die Protokolle dürfen ausschließlich für die Überprüfung der Rechtmäßigkeit der Datenverarbeitung durch die Datenschutzbeauftragte oder den Datenschutzbeauftragten, die Bundesbeauftragte oder den Bundesbeauftragten und die betroffene Person sowie für die Eigenüberwachung, für die Gewährleistung der Integrität und Sicherheit der personenbezogenen Daten und für Strafverfahren verwendet werden.

(4) Die Protokolldaten sind am Ende des auf deren Generierung folgenden Jahres zu löschen.

(5) Der Verantwortliche und der Auftragsverarbeiter haben die Protokolle der oder dem Bundesbeauftragten auf Anforderung zur Verfügung zu stellen.

§ 77 Vertrauliche Meldung von Verstößen. Der Verantwortliche hat zu ermöglichen, dass ihm vertrauliche Meldungen über in seinem Verantwortungsbereich erfolgende Verstöße gegen Datenschutzvorschriften zugeleitet werden können.

Kapitel 5. Datenübermittlungen an Drittstaaten und an internationale Organisationen

§ 78 Allgemeine Voraussetzungen. (1) Die Übermittlung personenbezogener Daten an Stellen in Drittstaaten oder an internationale Organisationen ist bei Vorliegen der übrigen für Datenübermittlungen geltenden Voraussetzungen zulässig, wenn

1. die Stelle oder internationale Organisation für die in § 45 genannten Zwecke zuständig ist und
2. die Europäische Kommission gemäß Artikel 36 Absatz 3 der Richtlinie (EU) 2016/680 einen Angemessenheitsbeschluss gefasst hat.

(2) ¹Die Übermittlung personenbezogener Daten hat trotz des Vorliegens eines Angemessenheitsbeschlusses im Sinne des Absatzes 1 Nummer 2 und des zu berücksichtigenden öffentlichen Interesses an der Datenübermittlung zu unterbleiben, wenn im Einzelfall ein datenschutzrechtlich angemessener und die elementaren Menschenrechte wahrender Umgang mit den Daten beim Empfänger nicht hinreichend gesichert ist oder sonst überwiegende schutzwürdige Interessen einer betroffenen Person entgegenstehen. ²Bei seiner Beurteilung hat der Verantwortliche maßgeblich zu berücksichtigen, ob der Empfänger im Einzelfall einen angemessenen Schutz der übermittelten Daten garantiert.

(3) ¹Wenn personenbezogene Daten, die aus einem anderen Mitgliedstaat der Europäischen Union übermittelt oder zur Verfügung gestellt wurden, nach Absatz 1 übermittelt werden sollen, muss diese zuvor von der zuständigen Stelle des anderen Mitgliedstaats genehmigt werden. ²Übermittlungen ohne vorherige Genehmigung sind nur dann zulässig, wenn die Übermittlung erforderlich ist, um eine unmittelbare und ernsthafte Gefahr für die öffentliche Sicherheit eines Staates oder für die wesentlichen Interessen eines Mitgliedstaats abzuwehren, und die vorherige Genehmigung nicht rechtzeitig eingeholt werden kann. ³Im Fall des Satzes 2 ist die Stelle des anderen Mitgliedstaats, die für die Erteilung der Genehmigung zuständig gewesen wäre, unverzüglich über die Übermittlung zu unterrichten.

(4) ¹Der Verantwortliche, der Daten nach Absatz 1 übermittelt, hat durch geeignete Maßnahmen sicherzustellen, dass der Empfänger die übermittelten Daten nur dann an andere Drittstaaten oder andere internationale Organisationen weiterübermittelt, wenn der Verantwortliche diese Übermittlung zuvor genehmigt hat. ²Bei der Entscheidung über die Erteilung der Genehmigung hat der Verantwortliche alle maßgeblichen Faktoren zu berücksichtigen, insbesondere die Schwere der Straftat, den Zweck der ursprünglichen Übermittlung und das in dem Drittstaat oder der internationalen Organisation, an das oder an die die Daten weiterübermittelt werden sollen, bestehende Schutzniveau für personenbezogene Daten. ³Eine Genehmigung darf nur dann erfolgen, wenn auch eine direkte Übermittlung an den anderen Drittstaat oder die andere internationale Organisation zulässig wäre. ⁴Die Zuständigkeit für die Erteilung der Genehmigung kann auch abweichend geregelt werden.

§ 79 Datenübermittlung bei geeigneten Garantien. (1) Liegt entgegen § 78 Absatz 1 Nummer 2 kein Beschluss nach Artikel 36 Absatz 3 der Richtlinie (EU) 2016/680 vor, ist eine Übermittlung bei Vorliegen der übrigen Voraussetzungen des § 78 auch dann zulässig, wenn

1. in einem rechtsverbindlichen Instrument geeignete Garantien für den Schutz personenbezogener Daten vorgesehen sind oder
2. der Verantwortliche nach Beurteilung aller Umstände, die bei der Übermittlung eine Rolle spielen, zu der Auffassung gelangt ist, dass geeignete Garantien für den Schutz personenbezogener Daten bestehen.

(2) [1]Der Verantwortliche hat Übermittlungen nach Absatz 1 Nummer 2 zu dokumentieren. [2]Die Dokumentation hat den Zeitpunkt der Übermittlung, die Identität des Empfängers, den Grund der Übermittlung und die übermittelten personenbezogenen Daten zu enthalten. [3]Sie ist der oder dem Bundesbeauftragten auf Anforderung zur Verfügung zu stellen.

(3) [1]Der Verantwortliche hat die Bundesbeauftragte oder den Bundesbeauftragten zumindest jährlich über Übermittlungen zu unterrichten, die aufgrund einer Beurteilung nach Absatz 1 Nummer 2 erfolgt sind. [2]In der Unterrichtung kann er die Empfänger und die Übermittlungszwecke angemessen kategorisieren.

§ 80 Datenübermittlung ohne geeignete Garantien. (1) Liegt entgegen § 78 Absatz 1 Nummer 2 kein Beschluss nach Artikel 36 Absatz 3 der Richtlinie (EU) 2016/680 vor und liegen auch keine geeigneten Garantien im Sinne des § 79 Absatz 1 vor, ist eine Übermittlung bei Vorliegen der übrigen Voraussetzungen des § 78 auch dann zulässig, wenn die Übermittlung erforderlich ist

1. zum Schutz lebenswichtiger Interessen einer natürlichen Person,
2. zur Wahrung berechtigter Interessen der betroffenen Person,
3. zur Abwehr einer gegenwärtigen und erheblichen Gefahr für die öffentliche Sicherheit eines Staates,
4. im Einzelfall für die in § 45 genannten Zwecke oder
5. im Einzelfall zur Geltendmachung, Ausübung oder Verteidigung von Rechtsansprüchen im Zusammenhang mit den in § 45 genannten Zwecken.

(2) Der Verantwortliche hat von einer Übermittlung nach Absatz 1 abzusehen, wenn die Grundrechte der betroffenen Person das öffentliche Interesse an der Übermittlung überwiegen.

(3) Für Übermittlungen nach Absatz 1 gilt § 79 Absatz 2 entsprechend.

§ 81 Sonstige Datenübermittlung an Empfänger in Drittstaaten. (1) Verantwortliche können bei Vorliegen der übrigen für die Datenübermittlung in Drittstaaten geltenden Voraussetzungen im besonderen Einzelfall personenbezogene Daten unmittelbar an nicht in § 78 Absatz 1 Nummer 1 genannte Stellen in Drittstaaten übermitteln, wenn die Übermittlung für die Erfüllung ihrer Aufgaben unbedingt erforderlich ist und

1. im konkreten Fall keine Grundrechte der betroffenen Person das öffentliche Interesse an einer Übermittlung überwiegen,
2. die Übermittlung an die in § 78 Absatz 1 Nummer 1 genannten Stellen wirkungslos oder ungeeignet wäre, insbesondere weil sie nicht rechtzeitig durchgeführt werden kann, und
3. der Verantwortliche dem Empfänger die Zwecke der Verarbeitung mitteilt und ihn darauf hinweist, dass die übermittelten Daten nur in dem Umfang verarbeitet werden dürfen, in dem ihre Verarbeitung für diese Zwecke erforderlich ist.

(2) Im Fall des Absatzes 1 hat der Verantwortliche die in § 78 Absatz 1 Nummer 1 genannten Stellen unverzüglich über die Übermittlung zu unterrichten, sofern dies nicht wirkungslos oder ungeeignet ist.

(3) Für Übermittlungen nach Absatz 1 gilt § 79 Absatz 2 und 3 entsprechend.

(4) Bei Übermittlungen nach Absatz 1 hat der Verantwortliche den Empfänger zu verpflichten, die übermittelten personenbezogenen Daten ohne seine Zustimmung nur für den Zweck zu verarbeiten, für den sie übermittelt worden sind.

(5) Abkommen im Bereich der justiziellen Zusammenarbeit in Strafsachen und der polizeilichen Zusammenarbeit bleiben unberührt.

Kapitel 6. Zusammenarbeit der Aufsichtsbehörden

§ 82 Gegenseitige Amtshilfe. (1) ¹Die oder der Bundesbeauftragte hat den Datenschutzaufsichtsbehörden in anderen Mitgliedstaaten der Europäischen Union Informationen zu übermitteln und Amtshilfe zu leisten, soweit dies für eine einheitliche Umsetzung und Anwendung der Richtlinie (EU) 2016/680 erforderlich ist. ²Die Amtshilfe betrifft insbesondere Auskunftsersuchen und aufsichtsbezogene Maßnahmen, beispielsweise Ersuchen um Konsultation oder um Vornahme von Nachprüfungen und Untersuchungen.

(2) Die oder der Bundesbeauftragte hat alle geeigneten Maßnahmen zu ergreifen, um Amtshilfeersuchen unverzüglich und spätestens innerhalb eines Monats nach deren Eingang nachzukommen.

(3) Die oder der Bundesbeauftragte darf Amtshilfeersuchen nur ablehnen, wenn
1. sie oder er für den Gegenstand des Ersuchens oder für die Maßnahmen, die sie oder er durchführen soll, nicht zuständig ist oder
2. ein Eingehen auf das Ersuchen gegen Rechtsvorschriften verstoßen würde.

(4) ¹Die oder der Bundesbeauftragte hat die ersuchende Aufsichtsbehörde des anderen Staates über die Ergebnisse oder gegebenenfalls über den Fortgang der Maßnahmen zu informieren, die getroffen wurden, um dem Amtshilfeersuchen nachzukommen. ²Sie oder er hat im Fall des Absatzes 3 die Gründe für die Ablehnung des Ersuchens zu erläutern.

(5) Die oder der Bundesbeauftragte hat die Informationen, um die sie oder er von der Aufsichtsbehörde des anderen Staates ersucht wurde, in der Regel elektronisch und in einem standardisierten Format zu übermitteln.

(6) Die oder der Bundesbeauftragte hat Amtshilfeersuchen kostenfrei zu erledigen, soweit sie oder er nicht im Einzelfall mit der Aufsichtsbehörde des anderen Staates die Erstattung entstandener Ausgaben vereinbart hat.

(7) ¹Ein Amtshilfeersuchen der oder des Bundesbeauftragten hat alle erforderlichen Informationen zu enthalten; hierzu gehören insbesondere der Zweck und die Begründung des Ersuchens. ²Die auf das Ersuchen übermittelten Informationen dürfen ausschließlich zu dem Zweck verwendet werden, zu dem sie angefordert wurden.

Kapitel 7. Haftung und Sanktionen

§ 83 Schadensersatz und Entschädigung. (1) ¹Hat ein Verantwortlicher einer betroffenen Person durch eine Verarbeitung personenbezogener Daten, die nach diesem Gesetz oder nach anderen auf ihre Verarbeitung anwendbaren Vorschriften rechtswidrig war, einen Schaden zugefügt, ist er oder sein Rechtsträger der betroffenen Person zum Schadensersatz verpflichtet. ²Die Ersatzpflicht entfällt, soweit bei einer nicht automatisierten Verarbeitung der Schaden nicht auf ein Verschulden des Verantwortlichen zurückzuführen ist.

(2) Wegen eines Schadens, der nicht Vermögensschaden ist, kann die betroffene Person eine angemessene Entschädigung in Geld verlangen.

(3) Lässt sich bei einer automatisierten Verarbeitung personenbezogener Daten nicht ermitteln, welche von mehreren beteiligten Verantwortlichen den Schaden verursacht hat, so haftet jeder Verantwortliche beziehungsweise sein Rechtsträger.

(4) Hat bei der Entstehung des Schadens ein Verschulden der betroffenen Person mitgewirkt, ist § 254 des Bürgerlichen Gesetzbuchs entsprechend anzuwenden.

(5) Auf die Verjährung finden die für unerlaubte Handlungen geltenden Verjährungsvorschriften des Bürgerlichen Gesetzbuchs entsprechende Anwendung.

§ 84 Strafvorschriften. Für Verarbeitungen personenbezogener Daten durch öffentliche Stellen im Rahmen von Tätigkeiten nach § 45 Satz 1, 3 oder 4 findet § 42 entsprechende Anwendung.

Teil 4. Besondere Bestimmungen für Verarbeitungen im Rahmen von nicht in die Anwendungsbereiche der Verordnung (EU) 2016/679 und der Richtlinie (EU) 2016/680 fallenden Tätigkeiten

§ 85 Verarbeitung personenbezogener Daten im Rahmen von nicht in die Anwendungsbereiche der Verordnung (EU) 2016/679 und der Richtlinie (EU) 2016/680 fallenden Tätigkeiten. (1) ¹Die Übermittlung personenbezogener Daten an einen Drittstaat oder an über- oder zwischenstaatliche Stellen oder internationale Organisationen im Rahmen von nicht in die Anwendungsbereiche der Verordnung (EU) 2016/679 und der Richtlinie (EU) 2016/680 fallenden Tätigkeiten ist über die bereits gemäß der Verordnung (EU) 2016/679 zulässigen Fälle hinaus auch dann zulässig, wenn sie zur Erfüllung eigener Aufgaben aus zwingenden Gründen der Verteidigung oder zur Erfüllung über- oder zwischenstaatlicher Verpflichtungen einer öffentlichen Stelle des Bundes auf dem Gebiet der Krisenbewältigung oder Konfliktverhinderung oder für humanitäre Maßnahmen erforderlich ist. ²Der Empfänger ist darauf hinzuweisen, dass die übermittelten Daten nur zu dem Zweck verwendet werden dürfen, zu dem sie übermittelt wurden.

(2) Für Verarbeitungen im Rahmen von nicht in die Anwendungsbereiche der Verordnung (EU) 2016/679 und der Richtlinie (EU) 2016/680 fallenden Tätigkeiten durch Dienststellen im Geschäftsbereich des Bundesministeriums der Verteidigung gilt § 16 Absatz 4 nicht, soweit das Bundesministerium der Verteidigung im Einzelfall feststellt, dass die Erfüllung der dort genannten Pflichten die Sicherheit des Bundes gefährden würde.

(3) ¹Für Verarbeitungen im Rahmen von nicht in die Anwendungsbereiche der Verordnung (EU) 2016/679 und der Richtlinie (EU) 2016/680 fallenden Tätigkeiten durch öffentliche Stellen des Bundes besteht keine Informationspflicht gemäß Artikel 13 Absatz 1 und 2 der Verordnung (EU) 2016/679, wenn

1. es sich um Fälle des § 32 Absatz 1 Nummer 1 bis 3 handelt oder
2. durch ihre Erfüllung Informationen offenbart würden, die nach einer Rechtsvorschrift oder ihrem Wesen nach, insbesondere wegen der überwiegenden berechtigten Interessen eines Dritten, geheim gehalten werden müssen, und deswegen das Interesse der betroffenen Person an der Erteilung der Information zurücktreten muss.

²Ist die betroffene Person in den Fällen des Satzes 1 nicht zu informieren, besteht auch kein Recht auf Auskunft. ³§ 32 Absatz 2 und § 33 Absatz 2 finden keine Anwendung.

§ 86 Verarbeitung personenbezogener Daten für Zwecke staatlicher Auszeichnungen und Ehrungen. (1) ¹Zur Vorbereitung und Durchführung staatlicher Verfahren bei Auszeichnungen und Ehrungen dürfen sowohl die zuständigen als auch andere öffentliche und nichtöffentliche Stellen die dazu erforderlichen personenbezogenen Daten, einschließlich besonderer Kategorien personenbezogener Daten im Sinne des Artikels 9 Absatz 1 der Verordnung (EU) 2016/679, auch ohne Kenntnis der betroffenen Person verarbeiten. ²Für nichtöffentliche Stellen gilt insoweit § 1 Absatz 8 entsprechend. ³Eine Verarbeitung der personenbezogenen Daten nach Satz 1 für andere Zwecke ist nur mit Einwilligung der betroffenen Person zulässig.

(2) Soweit eine Verarbeitung ausschließlich für die in Absatz 1 Satz 1 genannten Zwecke erfolgt, sind die Artikel 13 bis 16, 19 und 21 der Verordnung (EU) 2016/679 nicht anzuwenden.

(3) Bei der Verarbeitung besonderer Kategorien personenbezogener Daten im Sinne des Artikels 9 Absatz 1 der Verordnung (EU) 2016/679 sieht der Verantwortliche angemessene und spezifische Maßnahmen zur Wahrung der Rechte der betroffenen Person gemäß § 22 Absatz 2 vor.

II. Österreich: Bundesgesetz zum Schutz natürlicher Personen bei der Verarbeitung personenbezogener Daten (Datenschutzgesetz – DSG)

BGBl. I Nr. 165/1999, NR: GP XX RV 1613 AB 2028 S. 179. BR: 5992 AB 6034 S. 657.)
[CELEX-Nr.: 395L0046]
in der Fassung des Datenschutz-Deregulierungsgesetzes 2018
Zuletzt geändert durch BGBl. I Nr. 2/2023 (VfGH) vom 20.1.2023

Inhaltsverzeichnis

§§

Artikel 1. (Verfassungsbestimmung)

Grundrecht auf Datenschutz	1

(Anm.: §§ 2 und 3 aufgehoben durch BGBl. I Nr. 14/2019)

Artikel 2.

1. Hauptstück. Durchführung der Datenschutz-Grundverordnung und ergänzende Regelungen

1. Abschnitt. Allgemeine Bestimmungen

Anwendungsbereich und Durchführungsbestimmung	4
Datenschutzbeauftragter	5
Datengeheimnis	6

2. Abschnitt. Datenverarbeitungen zu spezifischen Zwecken

Verarbeitung für im öffentlichen Interesse liegende Archivzwecke, wissenschaftliche oder historische Forschungszwecke oder statistische Zwecke	7
Zurverfügungstellung von Adressen zur Benachrichtigung und Befragung von betroffenen Personen	8
Freiheit der Meinungsäußerung und Informationsfreiheit	9
Verarbeitung personenbezogener Daten im Katastrophenfall	10
Verwarnung durch die Datenschutzbehörde	11

3. Abschnitt. Bildverarbeitung

Zulässigkeit der Bildaufnahme	12
Besondere Datensicherheitsmaßnahmen und Kennzeichnung	13

2. Hauptstück. Organe

1. Abschnitt. Datenschutzrat

Einrichtung und Aufgaben	14
Zusammensetzung	15
Vorsitz und Geschäftsführung	16
Sitzungen und Beschlussfassung	17

2. Abschnitt. Datenschutzbehörde

Einrichtung	18
Unabhängigkeit	19
Leiter der Datenschutzbehörde	20
Aufgaben	21
Befugnisse	22
Tätigkeitsbericht und Veröffentlichung von Entscheidungen	23

3. Abschnitt. Rechtsbehelfe, Haftung und Sanktionen

Beschwerde an die Datenschutzbehörde	24
Begleitende Maßnahmen im Beschwerdeverfahren	25
Verantwortliche des öffentlichen und des privaten Bereichs	26
Beschwerde an das Bundesverwaltungsgericht	27
Vertretung von betroffenen Personen	28

Haftung und Recht auf Schadenersatz 29
Allgemeine Bedingungen für die Verhängung von Geldbußen 30

4. Abschnitt. Aufsichtsbehörde nach der Richtlinie (EU) 2016/680

Datenschutzbehörde 31
Aufgaben der Datenschutzbehörde 32
Befugnisse der Datenschutzbehörde 33
Allgemeine Bestimmungen 34

5. Abschnitt. Besondere Befugnisse der Datenschutzbehörde

§ 35 35

3. Hauptstück. Verarbeitung personenbezogener Daten für Zwecke der Sicherheitspolizei einschließlich des Verfassungsschutzes, des militärischen Eigenschutzes, der Aufklärung und Verfolgung von Straftaten, der Strafvollstreckung und des Maßnahmenvollzugs

1. Abschnitt. Allgemeine Bestimmungen

Anwendungsbereich und Begriffsbestimmungen 36
Grundsätze für die Datenverarbeitung, Kategorisierung und Datenqualität 37
Rechtmäßigkeit der Verarbeitung 38
Verarbeitung besonderer Kategorien personenbezogener Daten 39
Verarbeitung für andere Zwecke und Übermittlung 40
Automatisierte Entscheidungsfindung im Einzelfall 41

2. Abschnitt. Rechte der betroffenen Person

Grundsätze 42
Information der betroffenen Person 43
Auskunftsrecht der betroffenen Person 44
Recht auf Berichtigung oder Löschung personenbezogener Daten und auf Einschränkung der Verarbeitung 45

3. Abschnitt. Verantwortlicher und Auftragsverarbeiter

Pflichten des Verantwortlichen 46
Gemeinsam Verantwortliche 47
Auftragsverarbeiter und Aufsicht über die Verarbeitung 48
Verzeichnis von Verarbeitungstätigkeiten 49
Protokollierung 50
Zusammenarbeit mit der Datenschutzbehörde 51
Datenschutz-Folgenabschätzung 52
Vorherige Konsultation der Datenschutzbehörde 53
Datensicherheitsmaßnahmen 54
Meldung von Verletzungen an die Datenschutzbehörde 55
Benachrichtigung der betroffenen Person von Verletzungen 56
Benennung, Stellung und Aufgaben des Datenschutzbeauftragten 57

4. Abschnitt. Übermittlung personenbezogener Daten an Drittländer oder internationale Organisationen

Allgemeine Grundsätze für die Übermittlung personenbezogener Daten 58
Datenübermittlung an Drittländer oder internationale Organisationen 59
(Anm.: § 60. mit Ablauf des 15.1.2019 außer Kraft getreten, vgl. BGBl. I Nr. 14/2019)
§ 61 aufgehoben durch BGBl. I Nr. 14/2019)

4. Hauptstück. Besondere Strafbestimmungen

Verwaltungsstrafbestimmung 62
Datenverarbeitung in Gewinn- oder Schädigungsabsicht 63

5. Hauptstück. Schlussbestimmungen

Durchführung und Umsetzung von Rechtsakten der EU 64
Sprachliche Gleichbehandlung 65
Erlassung von Verordnungen 66
Verweisungen 67
Vollziehung 68
Übergangsbestimmungen 69
Inkrafttreten 70

II. Österreichisches Datenschutzgesetz (DSG)

Artikel 1. (Verfassungsbestimmung)

§ 1 Grundrecht auf Datenschutz. (1) ¹Jedermann hat, insbesondere auch im Hinblick auf die Achtung seines Privat- und Familienlebens, Anspruch auf Geheimhaltung der ihn betreffenden personenbezogenen Daten, soweit ein schutzwürdiges Interesse daran besteht. ²Das Bestehen eines solchen Interesses ist ausgeschlossen, wenn Daten infolge ihrer allgemeinen Verfügbarkeit oder wegen ihrer mangelnden Rückführbarkeit auf den Betroffenen einem Geheimhaltungsanspruch nicht zugänglich sind.

(2) ¹Soweit die Verwendung von personenbezogenen Daten nicht im lebenswichtigen Interesse des Betroffenen oder mit seiner Zustimmung erfolgt, sind Beschränkungen des Anspruchs auf Geheimhaltung nur zur Wahrung überwiegender berechtigter Interessen eines anderen zulässig, und zwar bei Eingriffen einer staatlichen Behörde nur auf Grund von Gesetzen, die aus den in Art. 8 Abs. 2 der Europäischen Konvention zum Schutze der Menschenrechte und Grundfreiheiten (EMRK), BGBl. Nr. 210/1958, genannten Gründen notwendig sind. ²Derartige Gesetze dürfen die Verwendung von Daten, die ihrer Art nach besonders schutzwürdig sind, nur zur Wahrung wichtiger öffentlicher Interessen vorsehen und müssen gleichzeitig angemessene Garantien für den Schutz der Geheimhaltungsinteressen der Betroffenen festlegen. ³Auch im Falle zulässiger Beschränkungen darf der Eingriff in das Grundrecht jeweils nur in der gelindesten, zum Ziel führenden Art vorgenommen werden.

(3) Jedermann hat, soweit ihn betreffende personenbezogene Daten zur automationsunterstützten Verarbeitung oder zur Verarbeitung in manuell, dh. ohne Automationsunterstützung geführten Dateien bestimmt sind, nach Maßgabe gesetzlicher Bestimmungen
1. das Recht auf Auskunft darüber, wer welche Daten über ihn verarbeitet, woher die Daten stammen, und wozu sie verwendet werden, insbesondere auch, an wen sie übermittelt werden;
2. das Recht auf Richtigstellung unrichtiger Daten und das Recht auf Löschung unzulässigerweise verarbeiteter Daten.

(4) Beschränkungen der Rechte nach Abs. 3 sind nur unter den in Abs. 2 genannten Voraussetzungen zulässig.

(Anm.: Abs. 5 aufgehoben durch BGBl. I Nr. 51/2012)

Artikel 2.

1. Hauptstück. Durchführung der Datenschutz-Grundverordnung und ergänzende Regelungen

1. Abschnitt. Allgemeine Bestimmungen

§ 4 Anwendungsbereich und Durchführungsbestimmung. (1) Die Bestimmungen der Verordnung (EU) 2016/679 zum Schutz natürlicher Personen bei der Verarbeitung personenbezogener Daten, zum freien Datenverkehr und zur Aufhebung der Richtlinie 95/46/EG (Datenschutz-Grundverordnung), ABl. Nr. L 119 vom 4.5.2016 S. 1, (im Folgenden: DSGVO) und dieses Bundesgesetzes gelten für die ganz oder teilweise automatisierte Verarbeitung personenbezogener Daten natürlicher Personen sowie für die nichtautomatisierte Verarbeitung personenbezogener Daten natürlicher Personen, die in einem Dateisystem gespeichert sind oder gespeichert werden sollen, soweit nicht die spezifischeren Bestimmungen des 3. Hauptstücks dieses Bundesgesetzes vorgehen.

(2) Kann die Berichtigung oder Löschung von automationsunterstützt verarbeiteten personenbezogenen Daten nicht unverzüglich erfolgen, weil diese aus wirtschaftlichen oder technischen Gründen nur zu bestimmten Zeitpunkten vorgenommen werden kann, so ist die Verarbeitung der betreffenden personenbezogenen Daten mit der Wirkung nach Art. 18 Abs. 2 DSGVO bis zu diesem Zeitpunkt einzuschränken.

(3) Die Verarbeitung von personenbezogenen Daten über gerichtlich oder verwaltungsbehördlich strafbare Handlungen oder Unterlassungen, insbesondere auch über den Verdacht der Begehung von Straftaten, sowie über strafrechtliche Verurteilungen oder vorbeugende Maßnahmen ist unter Einhaltung der Vorgaben der DSGVO zulässig, wenn

1. eine ausdrückliche gesetzliche Ermächtigung oder Verpflichtung zur Verarbeitung solcher Daten besteht oder
2. sich sonst die Zulässigkeit der Verarbeitung dieser Daten aus gesetzlichen Sorgfaltspflichten ergibt oder die Verarbeitung zur Wahrung der berechtigten Interessen des Verantwortlichen oder eines Dritten gemäß Art. 6 Abs. 1 lit. f DSGVO erforderlich ist, und die Art und Weise, in der die Datenverarbeitung vorgenommen wird, die Wahrung der Interessen der betroffenen Person nach der DSGVO und diesem Bundesgesetz gewährleistet.

(4) Bei einem Angebot von Diensten der Informationsgesellschaft, das einem Kind direkt gemacht wird, ist die Einwilligung gemäß Art. 6 Abs. 1 lit. a DSGVO zur Verarbeitung der personenbezogenen Daten des Kindes rechtmäßig, wenn das Kind das vierzehnte Lebensjahr vollendet hat.

(5) Das Recht auf Auskunft der betroffenen Person gemäß Art. 15 DSGVO besteht gegenüber einem hoheitlich tätigen Verantwortlichen unbeschadet anderer gesetzlicher Beschränkungen dann nicht, wenn durch die Erteilung dieser Auskunft die Erfüllung einer dem Verantwortlichen gesetzlich übertragenen Aufgabe gefährdet wird.

(6) Das Recht auf Auskunft der betroffenen Person gemäß Art. 15 DSGVO besteht gegenüber einem Verantwortlichen unbeschadet anderer gesetzlicher Beschränkungen in der Regel dann nicht, wenn durch die Erteilung dieser Auskunft ein Geschäfts- oder Betriebsgeheimnis des Verantwortlichen bzw. Dritter gefährdet würde.

(Anm.: Abs. 7 aufgehoben durch Art. 5 Z 3, BGBl. I Nr. 14/2019)

§ 5 Datenschutzbeauftragter. (1) ¹Der Datenschutzbeauftragte und die für ihn tätigen Personen sind unbeschadet sonstiger Verschwiegenheitspflichten bei der Erfüllung der Aufgaben zur Geheimhaltung verpflichtet. ²Dies gilt insbesondere in Bezug auf die Identität betroffener Personen, die sich an den Datenschutzbeauftragten gewandt haben, sowie über Umstände, die Rückschlüsse auf diese Personen zulassen, es sei denn, es erfolgte eine ausdrückliche Entbindung von der Verschwiegenheit durch die betroffene Person. ³Der Datenschutzbeauftragte und die für ihn tätigen Personen dürfen die zugänglich gemachten Informationen ausschließlich für die Erfüllung der Aufgaben verwenden und sind auch nach Ende ihrer Tätigkeit zur Geheimhaltung verpflichtet.

(2) ¹Erhält ein Datenschutzbeauftragter bei seiner Tätigkeit Kenntnis von Daten, für die einer der Kontrolle des Datenschutzbeauftragten unterliegenden Stelle beschäftigten Person ein gesetzliches Aussageverweigerungsrecht zusteht, steht dieses Recht auch dem Datenschutzbeauftragten und den für ihn tätigen Personen insoweit zu, als die Person, der das gesetzliche Aussageverweigerungsrecht zusteht, davon Gebrauch gemacht hat. ²Im Umfang des Aussageverweigerungsrechts des Datenschutzbeauftragten unterliegen seine Akten und andere Schriftstücke einem Sicherstellungs- und Beschlagnahmeverbot.

(3) ¹Der Datenschutzbeauftragte im öffentlichen Bereich (in Formen des öffentlichen Rechts eingerichtet, insbesondere auch als Organ einer Gebietskörperschaft) ist bezüglich der Ausübung seiner Aufgaben weisungsfrei. ²Das oberste Organ hat das Recht, sich über die Gegenstände der Geschäftsführung beim Datenschutzbeauftragten im öffentlichen Bereich zu unterrichten. ³Dem ist vom Datenschutzbeauftragten nur insoweit zu entsprechen, als dies nicht der Unabhängigkeit des Datenschutzbeauftragten im Sinne von Art. 38 Abs. 3 DSGVO widerspricht.

(4) ¹Im Wirkungsbereich jedes Bundesministeriums sind unter Bedachtnahme auf Art und Umfang der Datenverarbeitungen sowie je nach Einrichtung des Bundesministeriums ein oder mehrere Datenschutzbeauftragte vorzusehen. ²Diese müssen dem jeweiligen Bundesministerium oder der jeweiligen nachgeordneten Dienststelle oder sonstigen Einrichtung angehören.

(5) Die Datenschutzbeauftragten im öffentlichen Bereich gemäß Abs. 4 pflegen einen regelmäßigen Erfahrungsaustausch, insbesondere im Hinblick auf die Gewährleistung eines einheitlichen Datenschutzstandards.

§ 6 Datengeheimnis. (1) Der Verantwortliche, der Auftragsverarbeiter und ihre Mitarbeiter – das sind Arbeitnehmer (Dienstnehmer) und Personen in einem arbeitnehmerähnlichen (dienstnehmerähnlichen) Verhältnis – haben personenbezogene Daten aus Datenverarbeitungen, die ihnen ausschließlich auf Grund ihrer berufsmäßigen Beschäftigung anvertraut wurden oder zugänglich geworden sind, unbeschadet sonstiger gesetzlicher Verschwiegenheitspflichten, geheim zu halten, soweit kein rechtlich zulässiger Grund für eine Übermittlung der anvertrauten oder zugänglich gewordenen personenbezogenen Daten besteht (Datengeheimnis).

II. Österreichisches Datenschutzgesetz (DSG) **Anh.**

(2) ¹Mitarbeiter dürfen personenbezogene Daten nur auf Grund einer ausdrücklichen Anordnung ihres Arbeitgebers (Dienstgebers) übermitteln. ²Der Verantwortliche und der Auftragsverarbeiter haben, sofern eine solche Verpflichtung ihrer Mitarbeiter nicht schon kraft Gesetzes besteht, diese vertraglich zu verpflichten, personenbezogene Daten aus Datenverarbeitungen nur aufgrund von Anordnungen zu übermitteln und das Datengeheimnis auch nach Beendigung des Arbeitsverhältnisses (Dienstverhältnisses) zum Verantwortlichen oder Auftragsverarbeiter einzuhalten.

(3) Der Verantwortliche und der Auftragsverarbeiter haben die von der Anordnung betroffenen Mitarbeiter über die für sie geltenden Übermittlungsanordnungen und über die Folgen einer Verletzung des Datengeheimnisses zu belehren.

(4) Unbeschadet des verfassungsrechtlichen Weisungsrechts darf einem Mitarbeiter aus der Verweigerung der Befolgung einer Anordnung zur unzulässigen Datenübermittlung kein Nachteil erwachsen.

(5) Ein zugunsten eines Verantwortlichen bestehendes gesetzliches Aussageverweigerungsrecht darf nicht durch die Inanspruchnahme eines für diesen tätigen Auftragsverarbeiters, insbesondere nicht durch die Sicherstellung oder Beschlagnahme von automationsunterstützt verarbeiteten Dokumenten, umgangen werden.

2. Abschnitt. Datenverarbeitungen zu spezifischen Zwecken

§ 7 Verarbeitung für im öffentlichen Interesse liegende Archivzwecke, wissenschaftliche oder historische Forschungszwecke oder statistische Zwecke. (1) Für im öffentlichen Interesse liegende Archivzwecke, wissenschaftliche oder historische Forschungszwecke oder statistische Zwecke, die keine personenbezogenen Ergebnisse zum Ziel haben, darf der Verantwortliche alle personenbezogenen Daten verarbeiten, die
1. öffentlich zugänglich sind,
2. er für andere Untersuchungen oder auch andere Zwecke zulässigerweise ermittelt hat oder
3. für ihn pseudonymisierte personenbezogene Daten sind und der Verantwortliche die Identität der betroffenen Person mit rechtlich zulässigen Mitteln nicht bestimmen kann.

(2) Bei Datenverarbeitungen für im öffentlichen Interesse liegende Archivzwecke, wissenschaftliche oder historische Forschungszwecke oder statistische Zwecke, die nicht unter Abs. 1 fallen, dürfen personenbezogene Daten nur
1. gemäß besonderen gesetzlichen Vorschriften,
2. mit Einwilligung der betroffenen Person oder
3. mit Genehmigung der Datenschutzbehörde gemäß Abs. 3
verarbeitet werden.

(3) ¹Eine Genehmigung der Datenschutzbehörde für die Verarbeitung von personenbezogenen Daten für im öffentlichen Interesse liegende Archivzwecke, wissenschaftliche oder historische Forschungszwecke oder statistische Zwecke ist auf Antrag des Verantwortlichen der Untersuchung zu erteilen, wenn
1. die Einholung der Einwilligung der betroffenen Person mangels ihrer Erreichbarkeit unmöglich ist oder sonst einen unverhältnismäßigen Aufwand bedeutet,
2. ein öffentliches Interesse an der beantragten Verarbeitung besteht und
3. die fachliche Eignung des Verantwortlichen glaubhaft gemacht wird.
²Sollen besondere Kategorien personenbezogener Daten (Art. 9 DSGVO) ermittelt werden, muss ein wichtiges öffentliches Interesse an der Untersuchung vorliegen; weiters muss gewährleistet sein, dass die personenbezogenen Daten beim Verantwortlichen der Untersuchung nur von Personen verarbeitet werden, die hinsichtlich des Gegenstandes der Untersuchung einer gesetzlichen Verschwiegenheitspflicht unterliegen oder deren diesbezügliche Verlässlichkeit sonst glaubhaft ist. ³Die Datenschutzbehörde hat die Genehmigung an die Erfüllung von Bedingungen und Auflagen zu knüpfen, soweit dies zur Wahrung der schutzwürdigen Interessen der betroffenen Person notwendig ist.

(4) ¹Einem Antrag nach Abs. 3 ist jedenfalls eine vom Verfügungsbefugten über die Datenbestände, aus denen die personenbezogenen Daten ermittelt werden sollen, unterfertigte Erklärung anzuschließen, dass er dem Verantwortlichen die Datenbestände für die Untersuchung zur Verfügung stellt. ²Anstelle dieser Erklärung kann auch ein diese Erklärung ersetzender Exekutionstitel (§ 367 Abs. 1 der Exekutionsordnung – EO, RGBl. Nr. 79/1896) vorgelegt werden.

(5) ¹Auch in jenen Fällen, in welchen die Verarbeitung von personenbezogenen Daten für Zwecke der wissenschaftlichen Forschung oder Statistik in personenbezogener Form zulässig ist, ist der Personenbezug unverzüglich zu verschlüsseln, wenn in einzelnen Phasen der wissenschaftlichen oder statistischen Arbeit mit personenbezogenen Daten gemäß Abs. 1 Z 3 das Auslangen gefunden werden kann. ²Sofern gesetzlich nicht ausdrücklich anderes vorgesehen ist, ist der Personenbezug der Daten gänzlich zu beseitigen, sobald er für die wissenschaftliche oder statistische Arbeit nicht mehr notwendig ist.

(6) Rechtliche Beschränkungen der Zulässigkeit der Benützung von personenbezogenen Daten aus anderen, insbesondere urheberrechtlichen Gründen, bleiben unberührt.

§ 8 Zurverfügungstellung von Adressen zur Benachrichtigung und Befragung von betroffenen Personen. (1) Soweit gesetzlich nicht ausdrücklich anderes bestimmt ist, bedarf die Übermittlung von Adressdaten eines bestimmten Kreises von betroffenen Personen zum Zweck ihrer Benachrichtigung oder Befragung der Einwilligung der betroffenen Personen.

(2) Wenn allerdings eine Beeinträchtigung der Geheimhaltungsinteressen der betroffenen Personen angesichts der Auswahlkriterien für den Betroffenenkreis und des Gegenstands der Benachrichtigung oder Befragung unwahrscheinlich ist, bedarf es keiner Einwilligung, wenn
1. Daten desselben Verantwortlichen verarbeitet werden oder
2. bei einer beabsichtigten Übermittlung der Adressdaten an Dritte
   a) an der Benachrichtigung oder Befragung auch ein öffentliches Interesse besteht oder
   b) keiner der betroffenen Personen nach entsprechender Information über Anlass und Inhalt der Übermittlung innerhalb angemessener Frist Widerspruch gegen die Übermittlung erhoben hat.

(3) Liegen die Voraussetzungen des Abs. 2 nicht vor und würde die Einholung der Einwilligung der betroffenen Personen gemäß Abs. 1 einen unverhältnismäßigen Aufwand erfordern, ist die Übermittlung der Adressdaten mit Genehmigung der Datenschutzbehörde gemäß Abs. 4 zulässig, falls die Übermittlung an Dritte
1. zum Zweck der Benachrichtigung oder Befragung aus einem wichtigen Interesse des Betroffenen selbst,
2. aus einem wichtigen öffentlichen Benachrichtigungs- oder Befragungsinteresse oder
3. zur Befragung der betroffenen Personen für wissenschaftliche oder statistische Zwecke
erfolgen soll.

(4) ¹Die Datenschutzbehörde hat auf Antrag eines Verantwortlichen, der Adressdaten verarbeitet, die Genehmigung zur Übermittlung zu erteilen, wenn der Antragsteller das Vorliegen der in Abs. 3 genannten Voraussetzungen glaubhaft macht und überwiegende schutzwürdige Geheimhaltungsinteressen der betroffenen Personen der Übermittlung nicht entgegenstehen. ²Die Datenschutzbehörde hat die Genehmigung an die Erfüllung von Bedingungen und Auflagen zu knüpfen, soweit dies zur Wahrung der schutzwürdigen Interessen der betroffenen Personen notwendig ist.

(5) Die übermittelten Adressdaten dürfen ausschließlich für den genehmigten Zweck verarbeitet werden und sind zu löschen, sobald sie für die Benachrichtigung oder Befragung nicht mehr benötigt werden.

(6) Sofern es gemäß den vorstehenden Bestimmungen zulässig ist, Namen und Adresse von Personen, die einem bestimmten Betroffenenkreis angehören, zu übermitteln, dürfen auch die zum Zweck der Auswahl der zu übermittelnden Adressdaten notwendigen Verarbeitungen vorgenommen werden.

§ 9 Freiheit der Meinungsäußerung und Informationsfreiheit. (1) ¹Auf die Verarbeitung von personenbezogenen Daten durch Medieninhaber, Herausgeber, Medienmitarbeiter und Arbeitnehmer eines Medienunternehmens oder Mediendienstes im Sinne des Mediengesetzes – MedienG, BGBl. Nr. 314/1981, zu journalistischen Zwecken des Medienunternehmens oder Mediendienstes finden die Bestimmungen dieses Bundesgesetzes sowie von der DSGVO die Kapitel II (Grundsätze), III (Rechte der betroffenen Person), IV (Verantwortlicher und Auftragsverarbeiter), V (Übermittlung personenbezogener Daten an Drittländer oder an internationale Organisationen), VI (Unabhängige Aufsichtsbehörden), VII (Zusammenarbeit und Kohärenz) und IX (Vorschriften für besondere Verarbeitungssituationen) keine Anwendung. ²Die Datenschutzbehörde hat bei Ausübung ihrer Befugnisse gegenüber den im ersten Satz genannten Personen den Schutz des Redaktionsgeheimnisses (§ 31 MedienG) zu beachten.

II. Österreichisches Datenschutzgesetz (DSG)   **Anh.**

(2) ¹Soweit dies erforderlich ist, um das Recht auf Schutz der personenbezogenen Daten mit der Freiheit der Meinungsäußerung und der Informationsfreiheit in Einklang zu bringen, finden von der DSGVO die Kapitel II (Grundsätze), mit Ausnahme des Art. 5, Kapitel III (Rechte der betroffenen Person), Kapitel IV (Verantwortlicher und Auftragsverarbeiter), mit Ausnahme der Art. 28, 29 und 32, Kapitel V (Übermittlung personenbezogener Daten an Drittländer oder an internationale Organisationen), Kapitel VI (Unabhängige Aufsichtsbehörden), Kapitel VII (Zusammenarbeit und Kohärenz) und Kapitel IX (Vorschriften für besondere Verarbeitungssituationen) auf die Verarbeitung, die zu wissenschaftlichen, künstlerischen oder literarischen Zwecken erfolgt, keine Anwendung. ²Von den Bestimmungen dieses Bundesgesetzes ist in solchen Fällen § 6 (Datengeheimnis) anzuwenden.

§ 10 Verarbeitung personenbezogener Daten im Katastrophenfall. (1) Verantwortliche des öffentlichen Bereichs und Hilfsorganisationen sind im Katastrophenfall ermächtigt, personenbezogene Daten gemeinsam zu verarbeiten, soweit dies zur Hilfeleistung für die von der Katastrophe unmittelbar betroffenen Personen, zur Auffindung und Identifizierung von Abgängigen und Verstorbenen und zur Information von Angehörigen notwendig ist.

(2) Wer rechtmäßig über personenbezogene Daten verfügt, darf diese an Verantwortliche des öffentlichen Bereichs und Hilfsorganisationen übermitteln, sofern diese die personenbezogenen Daten zur Bewältigung der Katastrophe für die in Abs. 1 genannten Zwecke benötigen.

(3) ¹Eine Übermittlung von personenbezogenen Daten in das Ausland ist zulässig, soweit dies für die Erfüllung der in Abs. 1 genannten Zwecke unbedingt notwendig ist. ²Daten, die für sich allein die betroffene Person strafrechtlich belasten, dürfen nicht übermittelt werden, es sei denn, dass diese zur Identifizierung im Einzelfall unbedingt notwendig sind. ³Die Datenschutzbehörde ist von den veranlassten Übermittlungen und den näheren Umständen des Anlass gebenden Sachverhaltes unverzüglich zu verständigen. ⁴Die Datenschutzbehörde hat zum Schutz der Betroffenenrechte weitere Datenübermittlungen zu untersagen, wenn der durch die Datenweitergabe bewirkte Eingriff in das Grundrecht auf Datenschutz durch die besonderen Umstände der Katastrophensituation nicht gerechtfertigt ist.

(4) ¹Auf Grund einer konkreten Anfrage eines nahen Angehörigen einer tatsächlich oder vermutlich von der Katastrophe unmittelbar betroffenen Person sind Verantwortliche ermächtigt, dem Anfragenden personenbezogene Daten zum Aufenthalt der betroffenen Person und dem Stand der Ausforschung zu übermitteln, wenn der Angehörige seine Identität und das Naheverhältnis glaubhaft darlegt. ²Besondere Kategorien personenbezogener Daten (Art. 9 DSGVO) dürfen an nahe Angehörige nur übermittelt werden, wenn sie ihre Identität und ihre Angehörigeneigenschaft nachweisen und die Übermittlung zur Wahrung ihrer Rechte oder jener der betroffenen Person erforderlich ist. ³Die Sozialversicherungsträger und Behörden sind verpflichtet, die Verantwortlichen des öffentlichen Bereichs und Hilfsorganisationen zu unterstützen, soweit dies zur Überprüfung der Angaben des Anfragenden erforderlich ist.

(5) ¹Als nahe Angehörige im Sinne dieser Bestimmung sind Eltern, Kinder, Ehegatten, eingetragene Partner und Lebensgefährten der betroffenen Personen zu verstehen. ²Andere Angehörige dürfen die erwähnten Auskünfte unter denselben Voraussetzungen wie nahe Angehörige dann erhalten, wenn sie eine besondere Nahebeziehung zu der von der Katastrophe tatsächlich oder vermutlich unmittelbar betroffenen Person glaubhaft machen.

(6) Die zu Zwecken der Bewältigung des Katastrophenfalles verarbeiteten personenbezogenen Daten sind unverzüglich zu löschen, wenn sie für die Erfüllung des konkreten Zwecks nicht mehr benötigt werden.

§ 11 Verwarnung durch die Datenschutzbehörde. ¹Die Datenschutzbehörde wird den Katalog des Art. 83 Abs. 2 bis 6 DSGVO so zur Anwendung bringen, dass die Verhältnismäßigkeit gewahrt wird. ²Insbesondere bei erstmaligen Verstößen wird die Datenschutzbehörde im Einklang mit Art. 58 DSGVO von ihren Abhilfebefugnissen insbesondere durch Verwarnen Gebrauch machen.

3. Abschnitt. Bildverarbeitung

§ 12 Zulässigkeit der Bildaufnahme. (1) ¹Eine Bildaufnahme im Sinne dieses Abschnittes bezeichnet die durch Verwendung technischer Einrichtungen zur Bildverarbeitung vorgenommene Feststellung von Ereignissen im öffentlichen oder nicht-öffentlichen Raum zu privaten Zwecken. ²Zur Bildaufnahme gehören auch dabei mitverarbeitete akustische Informationen.

³ Für eine derartige Bildaufnahme gilt dieser Abschnitt, soweit nicht durch andere Gesetze Besonderes bestimmt ist.

(2) Eine Bildaufnahme ist unter Berücksichtigung der Vorgaben gemäß § 13 zulässig, wenn
1. sie im lebenswichtigen Interesse einer Person erforderlich ist,
2. die betroffene Person zur Verarbeitung ihrer personenbezogenen Daten eingewilligt hat,
3. sie durch besondere gesetzliche Bestimmungen angeordnet oder erlaubt ist, oder
4. im Einzelfall überwiegende berechtigte Interessen des Verantwortlichen oder eines Dritten bestehen und die Verhältnismäßigkeit gegeben ist.

(3) Eine Bildaufnahme ist gemäß Abs. 2 Z 4 insbesondere dann zulässig, wenn
1. sie dem vorbeugenden Schutz von Personen oder Sachen auf privaten Liegenschaften, die ausschließlich vom Verantwortlichen genutzt werden, dient, und räumlich nicht über die Liegenschaft hinausreicht, mit Ausnahme einer zur Zweckerreichung allenfalls unvermeidbaren Einbeziehung öffentlicher Verkehrsflächen,
2. sie für den vorbeugenden Schutz von Personen oder Sachen an öffentlich zugänglichen Orten, die dem Hausrecht des Verantwortlichen unterliegen, aufgrund bereits erfolgter Rechtsverletzungen oder eines in der Natur des Ortes liegenden besonderen Gefährdungspotenzials erforderlich ist, oder
3. sie ein privates Dokumentationsinteresse verfolgt, das nicht auf die identifizierende Erfassung unbeteiligter Personen oder die gezielte Erfassung von Objekten, die sich zur mittelbaren Identifizierung solcher Personen eignen, gerichtet ist.

(4) Unzulässig ist
1. eine Bildaufnahme ohne ausdrückliche Einwilligung der betroffenen Person in deren höchstpersönlichen Lebensbereich,
2. eine Bildaufnahme zum Zweck der Kontrolle von Arbeitnehmern,
3. der automationsunterstützte Abgleich von mittels Bildaufnahmen gewonnenen personenbezogenen Daten ohne ausdrückliche Einwilligung und für das Erstellen von Persönlichkeitsprofilen mit anderen personenbezogenen Daten oder
4. die Auswertung von mittels Bildaufnahmen gewonnenen personenbezogenen Daten anhand von besonderen Kategorien personenbezogener Daten (Art. 9 DSGVO) als Auswahlkriterium.

(5) ¹ Im Wege einer zulässigen Bildaufnahme ermittelte personenbezogene Daten dürfen im erforderlichen Ausmaß übermittelt werden, wenn für die Übermittlung eine der Voraussetzungen des Abs. 2 Z 1 bis 4 gegeben ist. ² Abs. 4 gilt sinngemäß.

§ 13 Besondere Datensicherheitsmaßnahmen und Kennzeichnung. (1) Der Verantwortliche hat dem Risiko des Eingriffs angepasste geeignete Datensicherheitsmaßnahmen zu ergreifen und dafür zu sorgen, dass der Zugang zur Bildaufnahme und eine nachträgliche Veränderung derselben durch Unbefugte ausgeschlossen ist.

(2) Der Verantwortliche hat – außer in den Fällen einer Echtzeitüberwachung – jeden Verarbeitungsvorgang zu protokollieren.

(3) ¹ Aufgenommene personenbezogene Daten sind vom Verantwortlichen zu löschen, wenn sie für den Zweck, für den sie ermittelt wurden, nicht mehr benötigt werden und keine andere gesetzlich vorgesehene Aufbewahrungspflicht besteht. ² Eine länger als 72 Stunden andauernde Aufbewahrung muss verhältnismäßig sein und ist gesondert zu protokollieren und zu begründen.

(4) Die Abs. 1 bis 3 finden keine Anwendung auf Bildaufnahmen nach § 12 Abs. 3 Z 3.

(5) ¹ Der Verantwortliche einer Bildaufnahme hat diese geeignet zu kennzeichnen. ² Aus der Kennzeichnung hat jedenfalls der Verantwortliche eindeutig hervorzugehen, es sei denn, dieser ist den betroffenen Personen nach den Umständen des Falles bereits bekannt.

(6) Die Kennzeichnungspflicht gilt nicht in den Fällen des § 12 Abs. 3 Z 3 und für zeitlich strikt zu begrenzende Verarbeitungen im Einzelfall, deren Zweck ausschließlich mittels einer verdeckten Ermittlung erreicht werden kann, unter der Bedingung, dass der Verantwortliche ausreichende Garantien zur Wahrung der Betroffeneninteressen vorsieht, insbesondere durch eine nachträgliche Information der betroffenen Personen.

(7) ¹ Werden entgegen Abs. 5 keine ausreichenden Informationen bereitgestellt, kann jeder von einer Verarbeitung potenziell Betroffene vom Eigentümer oder Nutzungsberechtigten einer Liegenschaft oder eines Gebäudes oder sonstigen Objekts, von dem aus eine solche Verarbeitung

II. Österreichisches Datenschutzgesetz (DSG) **Anh.**

augenscheinlich ausgeht, Auskunft über die Identität des Verantwortlichen begehren. ²Die unbegründete Nichterteilung einer derartigen Auskunft ist einer Verweigerung der Auskunft nach Art. 15 DSGVO gleichzuhalten.

2. Hauptstück. Organe
1. Abschnitt. Datenschutzrat

§ 14 Einrichtung und Aufgaben. (1) ¹Beim Bundesministerium für Verfassung, Reformen, Deregulierung und Justiz ist ein Datenschutzrat eingerichtet. ²Dieser nimmt zu Fragen von grundsätzlicher Bedeutung für den Datenschutz Stellung, fördert die einheitliche Fortentwicklung des Datenschutzes und berät die Bundesregierung in rechtspolitischer Hinsicht bei datenschutzrechtlich relevanten Vorhaben.

(2) Zur Erfüllung seiner Aufgaben nach Abs. 1
1. kann der Datenschutzrat Empfehlungen in datenschutzrechtlicher Hinsicht an die Bundesregierung und die Bundesminister richten;
2. kann der Datenschutzrat Gutachten erstellen oder in Auftrag geben;
3. ist dem Datenschutzrat Gelegenheit zur Stellungnahme zu Gesetzesentwürfen der Bundesministerien, soweit diese datenschutzrechtlich von Bedeutung sind, sowie zu Verordnungen im Vollzugsbereich des Bundes, die wesentliche Fragen des Datenschutzes betreffen, zu geben;
4. hat der Datenschutzrat das Recht, von Verantwortlichen des öffentlichen Bereichs Auskünfte und Berichte zu verlangen, soweit dies zur datenschutzrechtlichen Beurteilung von Vorhaben mit wesentlichen Auswirkungen auf den Datenschutz in Österreich notwendig ist;
5. kann der Datenschutzrat seine Beobachtungen, Bedenken und Anregungen veröffentlichen und den Verantwortlichen des öffentlichen Bereichs zur Kenntnis bringen.

(3) Abs. 2 Z 3 und 4 gilt nicht, soweit innere Angelegenheiten der anerkannten Kirchen und Religionsgesellschaften betroffen sind.

§ 15 Zusammensetzung. (1) Dem Datenschutzrat gehören an:
1. Vertreter der politischen Parteien: Zwölf Mitglieder entsenden die politischen Parteien nach dem System von d'Hondt im Verhältnis ihrer Mandatsstärke im Hauptausschuss des Nationalrates. Jede im Hauptausschuss des Nationalrates vertretene politische Partei hat Anspruch, im Datenschutzrat vertreten zu sein. Eine im Hauptausschuss des Nationalrates vertretene Partei, der nach der obigen Berechnung kein Mitglied zukommt, kann ein Mitglied namhaft machen;
2. je ein Vertreter der Bundeskammer für Arbeiter und Angestellte und der Wirtschaftskammer Österreich;
3. zwei Vertreter der Länder;
4. je ein Vertreter des Gemeindebundes und des Städtebundes;
5. ein vom Bundesminister für Verfassung, Reformen, Deregulierung und Justiz zu entsendender Vertreter des Bundes;
6. ein von der Bundesregierung zu entsendender Vertreter aus dem Kreis der Datenschutzbeauftragten der Bundesministerien;
7. zwei vom Datenschutzrat nach seiner Konstituierung zu benennende nationale oder internationale Experten aus dem Bereich des Datenschutzes.

(2) Die in Abs. 1 genannten Vertreter sollen Kenntnisse sowie Erfahrungen auf den Gebieten des Datenschutzrechtes, des Unionsrechtes und der Grundrechte haben.

(3) ¹Für jedes Mitglied gemäß Abs. 1 Z 1 bis 6 ist ein Ersatzmitglied zu entsenden, welches bei Verhinderung des Mitgliedes an dessen Stelle tritt. ²Die Entsendung der Mitglieder und Ersatzmitglieder ist dem Bundesministerium für Verfassung, Reformen, Deregulierung und Justiz schriftlich mitzuteilen.

(4) Nicht angehören können dem Datenschutzrat Mitglieder der Bundesregierung oder einer Landesregierung sowie Staatssekretäre und weiters Personen, die zum Nationalrat nicht wählbar sind.

(5) Die Funktionsperiode der Mitglieder und Ersatzmitglieder gemäß Abs. 1 Z 1 bis 6 beginnt mit deren Entsendung in den Datenschutzrat und endet

1. mit der Abberufung durch die entsendende Stelle (Abs. 1) im Wege einer schriftlichen Mitteilung an das Bundesministerium für Verfassung, Reformen, Deregulierung und Justiz unter gleichzeitiger Namhaftmachung eines neuen Mitgliedes oder Ersatzmitgliedes,
2. mit der Bekanntgabe des Ausscheidens durch das Mitglied oder Ersatzmitglied im Wege einer schriftliche Mitteilung an das Bundesministerium für Verfassung, Reformen, Deregulierung und Justiz oder
3. spätestens mit der Neuwahl des Hauptausschusses des Nationalrates nach den §§ 29 und 30 des Geschäftsordnungsgesetzes 1975, BGBl. Nr. 410/1975.

Auf gemäß Abs. 1 Z 7 benannte Mitglieder des Datenschutzrates findet Z 3 Anwendung.

(6) ¹Nach Neuwahl des Hauptausschusses des Nationalrates (Abs. 5 Z 3) führt das bisherige Präsidium gemäß § 17 Abs. 4 die Geschäfte bis zur konstituierenden Sitzung der neubestellten Mitglieder und Ersatzmitglieder fort. ²Binnen eines Zeitraumes von zwei Wochen ab der Neuwahl des Hauptausschusses des Nationalrates haben die entsendenden Stellen eine dem Abs. 1 entsprechende Anzahl von Mitgliedern und Ersatzmitgliedern dem Bundesministerium für Verfassung, Reformen, Deregulierung und Justiz schriftlich bekannt zu geben. ³Die Wiederbestellung von Mitgliedern und Ersatzmitgliedern ist zulässig.

(7) Die konstituierende Sitzung des Datenschutzrates hat spätestens sechs Wochen nach der Wahl des Hauptausschusses des Nationalrates stattzufinden und ist vom Bundesministerium für Verfassung, Reformen, Deregulierung und Justiz einzuberufen.

(8) ¹Die Tätigkeit der Mitglieder und Ersatzmitglieder des Datenschutzrates ist ehrenamtlich. ²Mitglieder und Ersatzmitglieder des Datenschutzrates, die außerhalb von Wien wohnen, haben im Fall der Teilnahme an Sitzungen des Datenschutzrates Anspruch auf Ersatz der angemessenen Reisekosten nach Maßgabe der Reisegebührenvorschriften des Bundes. ³Die Vergütungen und Erstattungen sind im Nachhinein quartalsweise vom Bundesministerium für Verfassung, Reformen, Deregulierung und Justiz anzuweisen.

§ 16 Vorsitz und Geschäftsführung. (1) Der Datenschutzrat gibt sich mit Beschluss eine Geschäftsordnung.

(2) ¹Der Datenschutzrat hat in der konstituierenden Sitzung aus den vorliegenden Wahlvorschlägen mit einfacher Mehrheit aus seiner Mitte einen Vorsitzenden und zwei stellvertretende Vorsitzende zu wählen. ²Stichwahlen sind zulässig. ³Die Wahlvorschläge sind den Mitgliedern und Ersatzmitgliedern gleichzeitig mit der Einladung zur konstituierenden Sitzung bekannt zu geben. ⁴Die Wiederwahl ist zulässig.

(3) ¹Die Funktionsperiode des Vorsitzenden und der stellvertretenden Vorsitzenden endet
1. mit Eintritt einer der Voraussetzungen des § 15 Abs. 5 Z 1 bis 3,
2. mit Bekanntgabe der Zurücklegung der Funktion durch den Vorsitzenden oder einen der stellvertretenden Vorsitzenden im Wege einer Erklärung in der Sitzung des Datenschutzrates oder einer schriftlichen Mitteilung an das Bundesministerium für Verfassung, Reformen, Deregulierung und Justiz oder
3. nach Abwahl durch den Datenschutzrat mit einfacher Mehrheit der abgegebenen Stimmen und Anwesenheit von mehr als zwei Drittel seiner Mitglieder oder Ersatzmitglieder.

²Nach dem Ende der Funktionsperiode des Vorsitzenden oder eines stellvertretenden Vorsitzenden ist umgehend ein neuer Vorsitzender oder ein neuer stellvertretender Vorsitzender zu wählen.

(4) Der gemäß Abs. 2 gewählte Vorsitzende vertritt den Datenschutzrat nach außen.

(5) ¹Die Geschäftsführung des Datenschutzrates obliegt dem Bundesministerium für Verfassung, Reformen, Deregulierung und Justiz. ²Der Bundesminister für Verfassung, Reformen, Deregulierung und Justiz hat das hierfür notwendige Personal zur Verfügung zu stellen. ³Bei ihrer Tätigkeit für den Datenschutzrat sind die Bediensteten des Bundesministeriums für Verfassung, Reformen, Deregulierung und Justiz fachlich an die Weisungen des Vorsitzenden des Datenschutzrates gebunden.

§ 17 Sitzungen und Beschlussfassung. (1) ¹Die Sitzungen des Datenschutzrates werden vom Vorsitzenden nach Bedarf einberufen. ²Jedes Mitglied des Datenschutzrates kann schriftlich die Einberufung des Datenschutzrates unter Angabe des gewünschten Verhandlungsgegenstandes begehren. ³Liegt ein solches Begehren vor, so hat der Vorsitzende die Sitzung so anzuberaumen, dass sie spätestens vier Wochen nach Einlangen des Begehrens stattfindet.

II. Österreichisches Datenschutzgesetz (DSG) **Anh.**

(2) ¹Jedes Mitglied des Datenschutzrates ist – außer im Fall der gerechtfertigten Verhinderung – verpflichtet, an den Sitzungen des Datenschutzrates teilzunehmen. ²Nur bei Verhinderung des Mitglieds nimmt das Ersatzmitglied an der Sitzung teil.

(3) ¹Für Beratungen und Beschlussfassung im Datenschutzrat ist die Anwesenheit von mehr als der Hälfte seiner Mitglieder oder Ersatzmitglieder erforderlich. ²Zur Beschlussfassung genügt die einfache Mehrheit der abgegebenen Stimmen. ³Bei Stimmengleichheit gibt die Stimme des Vorsitzenden den Ausschlag. ⁴Stimmenthaltung ist unzulässig. ⁵Minderheitenvoten sind zulässig.

(4) Bei dringlichen Angelegenheiten kann der Vorsitzende die stellvertretenden Vorsitzenden und je einen Vertreter der politischen Parteien (§ 15 Abs. 1 Z 1) zu einer außerordentlichen Sitzung (Präsidium) einladen.

(5) ¹Der Datenschutzrat kann aus seiner Mitte ständige oder nichtständige Arbeitsausschüsse bilden, denen er die Vorbereitung, Begutachtung und Bearbeitung einzelner Angelegenheiten übertragen kann. ²Er ist auch berechtigt, die Geschäftsführung, Vorbegutachtung und die Bearbeitung einzelner Angelegenheiten einem einzelnen Mitglied (Berichterstatter) zu übertragen.

(6) ¹Der Leiter der Datenschutzbehörde ist berechtigt, an den Sitzungen des Datenschutzrates oder seiner Arbeitsausschüsse teilzunehmen. ²Ein Stimmrecht steht ihm nicht zu.

(7) ¹Der Vorsitzende kann bei Bedarf Sachverständige zu den Sitzungen des Datenschutzrates oder zu Arbeitsausschüssen beiziehen. ²Auch zur Vorbereitung von Sitzungen des Datenschutzrates und Arbeitsausschüssen kann der Vorsitzende des Datenschutzrates Experten des jeweiligen Fachgebietes beiziehen, soweit dies zur Klärung von Fragen von besonderer Bedeutung für den Datenschutz erforderlich ist.

(8) ¹Die Beratungen in den Sitzungen des Datenschutzrates sind, soweit er nicht selbst anderes beschließt, nicht öffentlich. ²Die Mitglieder und Ersatzmitglieder des Datenschutzrates, der Leiter der Datenschutzbehörde sowie sein Stellvertreter und die zur Sitzung zugezogenen Sachverständigen sind zur Verschwiegenheit über alle ihnen ausschließlich aus ihrer Tätigkeit im Datenschutzrat bekanntgewordenen Tatsachen verpflichtet.

2. Abschnitt. Datenschutzbehörde

§ 18 Einrichtung. (1) Die Datenschutzbehörde wird als nationale Aufsichtsbehörde gemäß Art. 51 DSGVO eingerichtet.

(2) ¹Der Datenschutzbehörde steht ein Leiter vor. ²In seiner Abwesenheit leitet sein Stellvertreter die Datenschutzbehörde. ³Auf ihn finden die Regelungen hinsichtlich des Leiters der Datenschutzbehörde Anwendung.

§ 19 Unabhängigkeit. (1) Die Datenschutzbehörde ist eine Dienstbehörde und Personalstelle.

(2) Der Leiter darf für die Dauer seines Amtes keine Tätigkeit ausüben, die
1. Zweifel an der unabhängigen Ausübung seines Amtes oder seiner Unbefangenheit hervorrufen könnte,
2. ihn bei der Erfüllung seiner dienstlichen Aufgaben behindert oder
3. wesentliche dienstliche Interessen gefährdet.

Er ist verpflichtet, Tätigkeiten, die er neben seiner Tätigkeit als Leiter der Datenschutzbehörde ausübt, unverzüglich dem Bundesminister für Verfassung, Reformen, Deregulierung und Justiz zur Kenntnis zu bringen.

(3) ¹Der Bundesminister für Verfassung, Reformen, Deregulierung und Justiz kann sich beim Leiter der Datenschutzbehörde über die Gegenstände der Geschäftsführung unterrichten. ²Dem ist vom Leiter der Datenschutzbehörde nur insoweit zu entsprechen, als dies nicht der völligen Unabhängigkeit der Aufsichtsbehörde im Sinne von Art. 52 DSGVO widerspricht.

§ 20 Leiter der Datenschutzbehörde. (1) ¹Der Leiter der Datenschutzbehörde wird vom Bundespräsidenten auf Vorschlag der Bundesregierung für eine Dauer von fünf Jahren bestellt; die Wiederbestellung ist zulässig. ²Dem Vorschlag hat eine Ausschreibung zur allgemeinen Bewerbung voranzugehen.

(2) Der Leiter der Datenschutzbehörde hat
1. das Studium der Rechtswissenschaften abgeschlossen zu haben,

2. die persönliche und fachliche Eignung durch eine entsprechende Vorbildung und einschlägige Berufserfahrung in den von der Datenschutzbehörde zu besorgenden Angelegenheiten aufzuweisen,
3. über ausgezeichnete Kenntnisse des österreichischen Datenschutzrechtes, des Unionsrechtes und der Grundrechte zu verfügen und
4. über eine mindestens fünfjährige juristische Berufserfahrung zu verfügen.

(3) Zum Leiter der Datenschutzbehörde dürfen nicht bestellt werden:
1. Mitglieder der Bundesregierung, Staatssekretäre, Mitglieder einer Landesregierung, Mitglieder des Nationalrates, des Bundesrates oder sonst eines allgemeinen Vertretungskörpers oder des Europäischen Parlaments, ferner Volksanwälte und der Präsident des Rechnungshofes,
2. Personen, die eine in Z 1 genannte Funktion innerhalb der letzten zwei Jahre ausgeübt haben, und
3. Personen, die von der Wählbarkeit in den Nationalrat ausgeschlossen sind.

(4) Die Enthebung des Leiters ist auf Vorschlag der Bundesregierung durch den Bundespräsidenten vorzunehmen.

(5) [1] Der Stellvertreter des Leiters der Datenschutzbehörde wird vom Bundespräsidenten auf Vorschlag der Bundesregierung nach Maßgabe der Abs. 1 bis 3 bestellt. [2] Auf die Enthebung des Stellvertreters findet Abs. 4 Anwendung.

§ 21 **Aufgaben.** (1) [1] Die Datenschutzbehörde berät die Ausschüsse des Nationalrates und des Bundesrates, die Bundesregierung und die Landesregierungen auf deren Ersuchen über legislative und administrative Maßnahmen. [2] Die Datenschutzbehörde ist vor Erlassung von Bundesgesetzen sowie von Verordnungen im Vollzugsbereich des Bundes, die Fragen des Datenschutzes unmittelbar betreffen, anzuhören.

(2) Die Datenschutzbehörde hat die Listen nach Art. 35 Abs. 4 und 5 DSGVO im Wege einer Verordnung im Bundesgesetzblatt kundzumachen.

(3) [1] Die Datenschutzbehörde hat die nach Art. 57 Abs. 1 lit. p DSGVO festzulegenden Kriterien im Wege einer Verordnung kundzumachen. [2] Sie fungiert zugleich als einzige nationale Akkreditierungsstelle gemäß Art. 43 Abs. 1 lit. a DSGVO.

§ 22 **Befugnisse.** (1) [1] Die Datenschutzbehörde kann vom Verantwortlichen oder Auftragsverarbeiter der überprüften Datenverarbeitung insbesondere alle notwendigen Aufklärungen verlangen und Einschau in Datenverarbeitungen und diesbezügliche Unterlagen begehren. [2] Der Verantwortliche oder Auftragsverarbeiter hat die notwendige Unterstützung zu leisten. [3] Die Kontrolltätigkeit ist unter möglichster Schonung der Rechte des Verantwortlichen oder des Auftragsverarbeiters und Dritter auszuüben.

(2) Zum Zweck der Einschau ist die Datenschutzbehörde nach Verständigung des Inhabers der Räumlichkeiten und des Verantwortlichen oder des Auftragsverarbeiters berechtigt, Räume, in welchen Datenverarbeitungen vorgenommen werden, zu betreten, Datenverarbeitungsanlagen in Betrieb zu setzen, die zu überprüfenden Verarbeitungen durchzuführen sowie Kopien von Datenträgern in dem für die Ausübung der Kontrollbefugnisse unbedingt erforderlichen Ausmaß herzustellen.

(3) [1] Informationen, die der Datenschutzbehörde oder den von ihr Beauftragten bei der Kontrolltätigkeit zukommen, dürfen ausschließlich für die Kontrolle im Rahmen der Vollziehung datenschutzrechtlicher Vorschriften verwendet werden. [2] Im Übrigen besteht die Pflicht zur Verschwiegenheit auch gegenüber Gerichten und Verwaltungsbehörden, insbesondere Abgabenbehörden; dies allerdings mit der Maßgabe, dass dann, wenn die Einschau den Verdacht einer strafbaren Handlung nach § 63 dieses Bundesgesetzes oder nach §§ 118a, 119, 119a, 126a bis 126c, 148a oder § 278a des Strafgesetzbuches – StGB, BGBl. Nr. 60/1974, oder eines Verbrechens mit einer Freiheitsstrafe, deren Höchstmaß fünf Jahre übersteigt, ergibt, Anzeige zu erstatten ist und hinsichtlich solcher Verbrechen und Vergehen auch Ersuchen nach § 76 der Strafprozeßordnung – StPO, BGBl. Nr. 631/1975, zu entsprechen ist.

(4) [1] Liegt durch den Betrieb einer Datenverarbeitung eine wesentliche unmittelbare Gefährdung schutzwürdiger Geheimhaltungsinteressen der betroffenen Personen (Gefahr im Verzug) vor, so kann die Datenschutzbehörde die Weiterführung der Datenverarbeitung mit Bescheid gemäß § 57 Abs. 1 des Allgemeinen Verwaltungsverfahrensgesetzes 1991 – AVG, BGBl. Nr. 51/1991, untersagen. [2] Wenn dies technisch möglich, im Hinblick auf den Zweck der Datenverarbeitung sinnvoll und zur Beseitigung der Gefährdung ausreichend scheint, kann

II. Österreichisches Datenschutzgesetz (DSG) **Anh.**

die Weiterführung auch nur teilweise untersagt werden. ³ Ebenso kann die Datenschutzbehörde auf Antrag einer betroffenen Person eine Einschränkung der Verarbeitung nach Art. 18 DSGVO mit Bescheid gemäß § 57 Abs. 1 AVG anordnen, wenn der Verantwortliche einer diesbezüglichen Verpflichtung nicht fristgerecht nachkommt. ⁴ Wird einer Untersagung nicht unverzüglich Folge geleistet, hat die Datenschutzbehörde nach Art. 83 Abs. 5 DSGVO vorzugehen.

(5) Der Datenschutzbehörde obliegt im Rahmen ihrer Zuständigkeit die Verhängung von Geldbußen gegenüber natürlichen und juristischen Personen.

(6) ¹ Bestehen im Zuge einer auf § 29 gestützten Klage einer betroffenen Person, die sich von einer Einrichtung, Organisation oder Vereinigung im Sinne des Art. 80 Abs. 1 DSGVO vertreten lässt, Zweifel am Vorliegen der diesbezüglichen Kriterien, trifft die Datenschutzbehörde auf Antrag des Einbringungsgerichtes entsprechende Feststellungen mit Bescheid. ² Diese Einrichtung, Organisation oder Vereinigung hat im Verfahren Parteistellung. ³ Gegen einen negativen Feststellungsbescheid steht ihr die Beschwerde an das Bundesverwaltungsgericht offen.

§ 23 Tätigkeitsbericht und Veröffentlichung von Entscheidungen. (1) ¹ Die Datenschutzbehörde hat bis zum 31. März eines jeden Jahres einen dem Art. 59 DSGVO entsprechenden Tätigkeitsbericht zu erstellen und dem Bundesminister für Verfassung, Reformen, Deregulierung und Justiz vorzulegen. ² Der Bericht ist vom Bundesminister für Verfassung, Reformen, Deregulierung und Justiz der Bundesregierung, dem Nationalrat und dem Bundesrat vorzulegen. ³ Die Datenschutzbehörde hat den Bericht der Öffentlichkeit, der Europäischen Kommission, dem Europäischen Datenschutzausschuss (Art. 68 DSGVO) und dem Datenschutzrat zugänglich zu machen.

(2) Entscheidungen der Datenschutzbehörde von grundsätzlicher Bedeutung für die Allgemeinheit sind von der Datenschutzbehörde unter Beachtung der Erfordernisse der Amtsverschwiegenheit in geeigneter Weise zu veröffentlichen.

3. Abschnitt. Rechtsbehelfe, Haftung und Sanktionen

§ 24 Beschwerde an die Datenschutzbehörde. (1) Jede betroffene Person hat das Recht auf Beschwerde bei der Datenschutzbehörde, wenn sie der Ansicht ist, dass die Verarbeitung der sie betreffenden personenbezogenen Daten gegen die DSGVO oder gegen § 1 oder Artikel 2 1. Hauptstück verstößt.

(2) Die Beschwerde hat zu enthalten:
1. die Bezeichnung des als verletzt erachteten Rechts,
2. soweit dies zumutbar ist, die Bezeichnung des Rechtsträgers oder Organs, dem die behauptete Rechtsverletzung zugerechnet wird (Beschwerdegegner),
3. den Sachverhalt, aus dem die Rechtsverletzung abgeleitet wird,
4. die Gründe, auf die sich die Behauptung der Rechtswidrigkeit stützt,
5. das Begehren, die behauptete Rechtsverletzung festzustellen und
6. die Angaben, die erforderlich sind, um zu beurteilen, ob die Beschwerde rechtzeitig eingebracht ist.

(3) ¹ Einer Beschwerde sind gegebenenfalls der zu Grunde liegende Antrag und eine allfällige Antwort des Beschwerdegegners anzuschließen. ² Die Datenschutzbehörde hat im Falle einer Beschwerde auf Ersuchen der betroffenen Person weitere Unterstützung zu leisten.

(4) Der Anspruch auf Behandlung einer Beschwerde erlischt, wenn der Einschreiter sie nicht binnen eines Jahres, nachdem er Kenntnis von dem beschwerenden Ereignis erlangt hat, längstens aber binnen drei Jahren, nachdem das Ereignis behaupteter Maßen stattgefunden hat, einbringt. ³ Verspätete Beschwerden sind zurückzuweisen.

(5) ¹ Soweit sich eine Beschwerde als berechtigt erweist, ist ihr Folge zu geben. ² Ist eine Verletzung einem Verantwortlichen des privaten Bereichs zuzurechnen, so ist diesem aufzutragen, den Anträgen des Beschwerdeführers auf Auskunft, Berichtigung, Löschung, Einschränkung oder Datenübertragung in jenem Umfang zu entsprechen, der erforderlich ist, um die festgestellte Rechtsverletzung zu beseitigen. ³ Soweit sich die Beschwerde als nicht berechtigt erweist, ist sie abzuweisen.

(6) ¹ Ein Beschwerdegegner kann bis zum Abschluss des Verfahrens vor der Datenschutzbehörde die behauptete Rechtsverletzung nachträglich beseitigen, indem er den Anträgen des Beschwerdeführers entspricht. ² Erscheint der Datenschutzbehörde die Beschwerde insofern als gegenstandslos, so hat sie den Beschwerdeführer dazu zu hören. ³ Gleichzeitig ist er darauf

aufmerksam zu machen, dass die Datenschutzbehörde das Verfahren formlos einstellen wird, wenn er nicht innerhalb einer angemessenen Frist begründet, warum er die ursprünglich behauptete Rechtsverletzung zumindest teilweise nach wie vor als nicht beseitigt erachtet. ⁴Wird durch eine derartige Äußerung des Beschwerdeführers die Sache ihrem Wesen nach geändert (§ 13 Abs. 8 AVG), so ist von der Zurückziehung der ursprünglichen Beschwerde und der gleichzeitigen Einbringung einer neuen Beschwerde auszugehen. ⁵Auch diesfalls ist das ursprüngliche Beschwerdeverfahren formlos einzustellen und der Beschwerdeführer davon zu verständigen. ⁶Verspätete Äußerungen sind nicht zu berücksichtigen.

(7) Der Beschwerdeführer wird von der Datenschutzbehörde innerhalb von drei Monaten ab Einbringung der Beschwerde über den Stand und das Ergebnis der Ermittlung unterrichtet.

(8) Jede betroffene Person kann das Bundesverwaltungsgericht befassen, wenn die Datenschutzbehörde sich nicht mit der Beschwerde befasst oder die betroffene Person nicht innerhalb von drei Monaten über den Stand oder das Ergebnis der erhobenen Beschwerde in Kenntnis gesetzt hat.

(9) Die Datenschutzbehörde kann – soweit erforderlich – Amtssachverständige im Verfahren beiziehen.

(10) In die Entscheidungsfrist gemäß § 73 AVG werden nicht eingerechnet:
1. die Zeit, während deren das Verfahren bis zur rechtskräftigen Entscheidung einer Vorfrage ausgesetzt ist;
2. die Zeit während eines Verfahrens nach Art. 56, 60 und 63 DSGVO.

§ 25 Begleitende Maßnahmen im Beschwerdeverfahren. (1) Macht der Beschwerdeführer im Rahmen einer Beschwerde eine wesentliche Beeinträchtigung seiner schutzwürdigen Geheimhaltungsinteressen durch die Verarbeitung seiner personenbezogenen Daten glaubhaft, kann die Datenschutzbehörde nach § 22 Abs. 4 vorgehen.

(2) ¹Ist in einem Verfahren die Richtigkeit von personenbezogenen Daten strittig, so ist vom Beschwerdegegner bis zum Abschluss des Verfahrens ein Bestreitungsvermerk anzubringen. ²Erforderlichenfalls hat dies die Datenschutzbehörde auf Antrag des Beschwerdeführers mit Bescheid gemäß § 57 Abs. 1 AVG anzuordnen.

(3) ¹Beruft sich ein Verantwortlicher gegenüber der Datenschutzbehörde auf eine Beschränkung im Sinne des Art. 23 DSGVO, so hat diese die Rechtmäßigkeit der Anwendung der Beschränkungen zu überprüfen. ²Kommt sie zur Auffassung, dass die Geheimhaltung von verarbeiteten personenbezogenen Daten gegenüber der betroffenen Person nicht gerechtfertigt war, ist die Offenlegung der personenbezogenen Daten mit Bescheid aufzutragen. ³Wird dem Bescheid der Datenschutzbehörde binnen acht Wochen nicht entsprochen, so hat die Datenschutzbehörde die Offenlegung der personenbezogenen Daten gegenüber der betroffenen Person selbst vorzunehmen und ihr die verlangte Auskunft zu erteilen oder ihr mitzuteilen, welche personenbezogenen Daten bereits berichtigt oder gelöscht wurden.

(4) Bescheide, mit denen Übermittlungen von personenbezogenen Daten ins Ausland genehmigt wurden, sind zu widerrufen, wenn die rechtlichen oder tatsächlichen Voraussetzungen für die Erteilung der Genehmigung nicht mehr bestehen.

§ 26 Verantwortliche des öffentlichen und des privaten Bereichs. (1) Unbeschadet des § 5 Abs. 3 sind Verantwortliche des öffentlichen Bereichs alle Verantwortlichen,
1. die in Formen des öffentlichen Rechts eingerichtet sind, insbesondere auch als Organ einer Gebietskörperschaft, oder
2. soweit sie trotz ihrer Einrichtung in Formen des Privatrechts in Vollziehung der Gesetze tätig sind.

(2) Verantwortliche des öffentlichen Bereichs sind Partei in Verfahren vor der Datenschutzbehörde.

(3) Verantwortliche des öffentlichen Bereichs können Beschwerde an das Bundesverwaltungsgericht und Revision beim Verwaltungsgerichtshof erheben.

(4) Die dem Abs. 1 nicht unterliegenden Verantwortlichen gelten als Verantwortliche des privaten Bereichs im Sinne dieses Bundesgesetzes.

II. Österreichisches Datenschutzgesetz (DSG) **Anh.**

§ 27 Beschwerde an das Bundesverwaltungsgericht. (1) Das Bundesverwaltungsgericht entscheidet durch Senat über Beschwerden gegen Bescheide, wegen der Verletzung der Unterrichtungspflicht gemäß § 24 Abs. 7 und der Entscheidungspflicht der Datenschutzbehörde.

(2) ¹Der Senat besteht aus einem Vorsitzenden und je einem fachkundigen Laienrichter aus dem Kreis der Arbeitgeber und aus dem Kreis der Arbeitnehmer. ²Die fachkundigen Laienrichter werden auf Vorschlag der Wirtschaftskammer Österreich und der Bundeskammer für Arbeiter und Angestellte bestellt. ³Es sind entsprechende Vorkehrungen zu treffen, dass zeitgerecht eine hinreichende Anzahl von fachkundigen Laienrichtern zur Verfügung steht.

(3) Die fachkundigen Laienrichter müssen eine mindestens fünfjährige einschlägige Berufserfahrung und besondere Kenntnisse des Datenschutzrechtes besitzen.

(4) Der Vorsitzende hat den fachkundigen Laienrichtern alle entscheidungsrelevanten Dokumente unverzüglich zu übermitteln oder, wenn dies untunlich oder zur Wahrung der Vertraulichkeit von Dokumenten unbedingt erforderlich ist, zur Verfügung zu stellen.

(5) Kommt es zu einem Verfahren gegen den Bescheid der Datenschutzbehörde, der eine Stellungnahme oder ein Beschluss des Europäischen Ausschusses im Rahmen des Kohärenzverfahrens vorangegangen ist, so leitet die Datenschutzbehörde diese Stellungnahme oder diesen Beschluss dem Bundesverwaltungsgericht zu.

§ 28 Vertretung von betroffenen Personen. Die betroffene Person hat das Recht, eine Einrichtung, Organisationen oder Vereinigung ohne Gewinnerzielungsabsicht, die ordnungsgemäß gegründet ist, deren satzungsmäßige Ziele im öffentlichem Interesse liegen und die im Bereich des Schutzes der Rechte und Freiheiten von betroffenen Personen in Bezug auf den Schutz ihrer personenbezogenen Daten tätig ist, zu beauftragen, in ihrem Namen eine Beschwerde einzureichen und in ihrem Namen die in den §§ 24 bis 27 genannten Rechte wahrzunehmen.

§ 29 Haftung und Recht auf Schadenersatz. (1) ¹Jede Person, der wegen eines Verstoßes gegen die DSGVO oder gegen § 1 oder Artikel 2 1. Hauptstück ein materieller oder immaterieller Schaden entstanden ist, hat Anspruch auf Schadenersatz gegen den Verantwortlichen oder gegen den Auftragsverarbeiter nach Art. 82 DSGVO. ²Im Einzelnen gelten für diesen Schadenersatzanspruch die allgemeinen Bestimmungen des bürgerlichen Rechts.

(2) ¹Für Klagen auf Schadenersatz ist in erster Instanz das mit der Ausübung der Gerichtsbarkeit in bürgerlichen Rechtssachen betraute Landesgericht zuständig, in dessen Sprengel der Kläger (Antragsteller) seinen gewöhnlichen Aufenthalt oder Sitz hat. ²Klagen (Anträge) können aber auch bei dem Landesgericht erhoben werden, in dessen Sprengel der Beklagte seinen gewöhnlichen Aufenthalt oder Sitz oder eine Niederlassung hat.

§ 30 Allgemeine Bedingungen für die Verhängung von Geldbußen. (1) Die Datenschutzbehörde kann Geldbußen gegen eine juristische Person verhängen, wenn Verstöße gegen Bestimmungen der DSGVO und des § 1 oder Artikel 2 1. Hauptstück durch Personen begangen wurden, die entweder allein oder als Teil eines Organs der juristischen Person gehandelt haben und eine Führungsposition innerhalb der juristischen Person aufgrund

1. der Befugnis zur Vertretung der juristischen Person,
2. der Befugnis, Entscheidungen im Namen der juristischen Person zu treffen, oder
3. einer Kontrollbefugnis innerhalb der juristischen Person

innehaben.

(2) Juristische Personen können wegen Verstößen gegen Bestimmungen der DSGVO und des § 1 oder Artikel 2 1. Hauptstück auch verantwortlich gemacht werden, wenn mangelnde Überwachung oder Kontrolle durch eine in Abs. 1 genannte Person die Begehung dieser Verstöße durch eine für die juristische Person tätige Person ermöglicht hat, sofern die Tat nicht den Tatbestand einer in die Zuständigkeit der Gerichte fallenden strafbaren Handlung bildet.

(3) Die Datenschutzbehörde hat von der Bestrafung eines Verantwortlichen gemäß § 9 des Verwaltungsstrafgesetzes 1991 – VStG, BGBl. Nr. 52/1991, abzusehen, wenn für denselben Verstoß bereits eine Verwaltungsstrafe gegen die juristische Person verhängt wird.

(4) ¹Die gemäß § 22 Abs. 5 verhängten Geldbußen fließen dem Bund zu und sind nach den Bestimmungen über die Eintreibung von gerichtlichen Geldstrafen einzubringen. ²Rechtskräftige Bescheide der Datenschutzbehörde sind Exekutionstitel. ³Die Bewilligung und der Vollzug der Exekution ist auf Grund des Exekutionstitels der Datenschutzbehörde bei dem Bezirks-

gericht, in dessen Sprengel der Verpflichtete seinen allgemeinen Gerichtsstand in Streitsachen hat (§§ 66, 75 der Jurisdiktionsnorm – JN, RGBl. Nr. 111/1895), oder bei dem in den §§ 18 und 19 EO bezeichneten Exekutionsgericht zu beantragen.

(5) Gegen Behörden und öffentliche Stellen, wie insbesondere in Formen des öffentlichen Rechts sowie des Privatrechts eingerichtete Stellen, die im gesetzlichen Auftrag handeln, und gegen Körperschaften des öffentlichen Rechts können keine Geldbußen verhängt werden.

4. Abschnitt. Aufsichtsbehörde nach der Richtlinie (EU) 2016/680

§ 31 Datenschutzbehörde. (1) [1] Die Datenschutzbehörde wird als nationale Aufsichtsbehörde für den in § 36 Abs. 1 genannten Anwendungsbereich eingerichtet. [2] Die Datenschutzbehörde ist nicht zuständig für die Aufsicht über die von Gerichten im Rahmen ihrer justiziellen Tätigkeit vorgenommenen Verarbeitungen.

(2) Hinsichtlich der Unabhängigkeit, der allgemeinen Bedingungen und der Errichtung der Aufsichtsbehörde finden die Art. 52, 53 und 54 DSGVO sowie der § 18 Abs. 2, §§ 19 und 20 sinngemäß Anwendung.

§ 32 Aufgaben der Datenschutzbehörde. (1) Die Datenschutzbehörde hat im Anwendungsbereich des § 36 Abs. 1

1. die Anwendung des § 1 und der im 3. Hauptstück erlassenen Vorschriften sowie der Durchführungsvorschriften zur Richtlinie (EU) 2016/680 zum Schutz natürlicher Personen bei der Verarbeitung personenbezogener Daten durch die zuständigen Behörden zum Zwecke der Verhütung, Ermittlung, Aufdeckung oder Verfolgung von Straftaten oder der Strafvollstreckung sowie zum freien Datenverkehr und zur Aufhebung des Rahmenbeschlusses 2008/977/JI des Rates, ABl. Nr. L 119 vom 4.5.2016 S. 89, zu überwachen und durchzusetzen;
2. die Öffentlichkeit für die Risiken, Vorschriften, Garantien und Rechte im Zusammenhang mit der Verarbeitung zu sensibilisieren sowie sie darüber aufzuklären;
3. die in Art. 57 Abs. 1 lit. c bis e, g, h und t DSGVO festgelegten Aufgaben im Hinblick auf das 3. Hauptstück zu erfüllen;
4. sich mit Beschwerden einer betroffenen Person oder einer Stelle, einer Organisation oder einer Vereinigung gemäß § 28 zu befassen, den Gegenstand der Beschwerde in angemessenem Umfang zu untersuchen und den Beschwerdeführer innerhalb einer Frist von drei Monaten über den Fortgang und das Ergebnis der Untersuchung zu unterrichten, insbesondere, wenn eine weitere Untersuchung oder Koordinierung mit einer anderen Aufsichtsbehörde notwendig ist;
5. die Rechtmäßigkeit der Verarbeitung gemäß § 42 Abs. 8 zu überprüfen und die betroffene Person innerhalb einer angemessenen Frist über das Ergebnis der Überprüfung gemäß § 42 Abs. 9 zu unterrichten oder ihr die Gründe mitzuteilen, aus denen die Überprüfung nicht vorgenommen wurde;
6. maßgebliche Entwicklungen zu verfolgen, soweit sie sich auf den Schutz personenbezogener Daten auswirken, insbesondere die Entwicklung der Informations- und Kommunikationstechnologie,
7. Beratung in Bezug auf die in § 53 genannten Verarbeitungsvorgänge zu leisten, und
8. die Rechte der betroffenen Person in den Fällen der §§ 43 Abs. 4, 44 Abs. 3 und 45 Abs. 4 auszuüben.

(2) Die Datenschutzbehörde erleichtert das Einreichen von in Abs. 1 Z 4 genannten Beschwerden durch Maßnahmen wie etwa die Bereitstellung eines Beschwerdeformulars, das auch elektronisch ausgefüllt werden kann, ohne dass andere Kommunikationsmittel ausgeschlossen werden.

(3) Art. 57 Abs. 3 und 4 DSGVO finden sinngemäß Anwendung.

§ 33 Befugnisse der Datenschutzbehörde. (1) [1] Die Datenschutzbehörde verfügt im Anwendungsbereich des § 36 Abs. 1 über die zur Vollziehung ihres Aufgabenbereichs erforderlichen wirksamen Untersuchungsbefugnisse. [2] Diese umfassen insbesondere die in § 22 Abs. 2 genannten Befugnisse.

(2) [1] Die Datenschutzbehörde verfügt im Anwendungsbereich des § 36 Abs. 1 über die zur Vollziehung ihres Aufgabenbereichs erforderlichen wirksamen Abhilfebefugnisse. [2] Dazu zählen jedenfalls die Befugnisse, die es ihr gestatten

II. Österreichisches Datenschutzgesetz (DSG)

1. einen Verantwortlichen oder einen Auftragsverarbeiter zu warnen, dass beabsichtigte Verarbeitungsvorgänge voraussichtlich gegen die im Anwendungsbereich der Richtlinie (EU) 2016/680 erlassenen Vorschriften verstoßen;
2. den Verantwortlichen oder den Auftragsverarbeiter anzuweisen, Verarbeitungsvorgänge, auf bestimmte Weise und innerhalb eines bestimmten Zeitraums, mit den im Anwendungsbereich der Richtlinie (EU) 2016/680 erlassenen Vorschriften in Einklang zu bringen, insbesondere durch die Anordnung der Berichtigung oder Löschung personenbezogener Daten oder Einschränkung der Verarbeitung gemäß § 45;
3. eine vorübergehende oder endgültige Beschränkung der Verarbeitung, einschließlich eines Verbots, zu verhängen.

(3) Die Datenschutzbehörde verfügt im Anwendungsbereich des § 36 Abs. 1 über die zur Vollziehung erforderlichen wirksamen Beratungsbefugnisse, die es ihr gestatten, gemäß dem Verfahren der vorherigen Konsultation nach § 53 den Verantwortlichen zu beraten und zu allen Fragen, die im Zusammenhang mit dem Schutz personenbezogener Daten stehen, von sich aus oder auf Antrag Stellungnahmen an den Nationalrat oder den Bundesrat, die Bundes- oder Landesregierung oder an sonstige Einrichtungen und Stellen sowie an die Öffentlichkeit zu richten.

(4) Die Ausübung der der Aufsichtsbehörde übertragenen Befugnisse richtet sich im Anwendungsbereich § 36 Abs. 1 sinngemäß nach Art. 58 Abs. 4 DSGVO.

(5) § 22 Abs. 3 2. Satz gilt sinngemäß für Verstöße im Anwendungsbereich des § 36 Abs. 1.

§ 34 Allgemeine Bestimmungen. (1) ¹Verantwortliche haben im Anwendungsbereich des § 36 Abs. 1 wirksame Vorkehrungen zu treffen, um vertrauliche Meldungen über Verstöße zu fördern. ²In diesem Sinne haben Verantwortliche insbesondere angemessene Verfahren einzurichten, die es ermöglichen, Verstöße gegen die Bestimmungen des 3. Hauptstücks an eine geeignete Stelle zu melden.

(2) Die in Abs. 1 angeführten Vorkehrungen umfassen zumindest
1. spezielle Verfahren für den Empfang der Meldungen über Verstöße und deren Weiterverfolgung;
2. den Schutz personenbezogener Daten sowohl für die Person, die die Verstöße anzeigt, als auch für die natürliche Person, die mutmaßlich für einen Verstoß verantwortlich ist;
3. klare Regeln, welche die Geheimhaltung der Identität der Person, die die Verstöße anzeigt, gewährleisten, soweit nicht die Offenlegung der Identität im Rahmen eines staatsanwaltschaftlichen, gerichtlichen oder verwaltungsrechtlichen Verfahrens zwingend zu erfolgen hat.

(3) ¹Die Datenschutzbehörde hat im Rahmen des Tätigkeitsberichtes nach § 23 über die Tätigkeiten nach dem 4. und 5. Abschnitt zu berichten. ²Die Vorgaben des Art. 59 DSGVO und § 23 für den Tätigkeitsbericht und die Veröffentlichung von Entscheidungen finden sinngemäß Anwendung.

(4) Auf die gegenseitige Amtshilfe im Anwendungsbereich des § 36 Abs. 1 findet Art. 61 Abs. 1 bis 7 DSGVO sinngemäß Anwendung.

(5) Im Anwendungsbereich des § 36 Abs. 1 finden die Regelungen des 3. Abschnitts des 2. Hauptstücks – mit Ausnahme des § 30 – sinngemäß Anwendung.

5. Abschnitt. Besondere Befugnisse der Datenschutzbehörde

§ 35. (1) Die Datenschutzbehörde ist nach den näheren Bestimmungen der DSGVO und dieses Bundesgesetzes zur Wahrung des Datenschutzes berufen.

(2) (Verfassungsbestimmung) Die Datenschutzbehörde übt ihre Befugnisse auch gegenüber den in Art. 19 B–VG bezeichneten obersten Organen der Vollziehung sowie gegenüber den obersten Organen gemäß Art. 30 Abs. 3 bis 6, 125, 134 Abs. 8 und 148h Abs. 1 und 2 B-VG im Bereich der diesen zustehenden Verwaltungsangelegenheiten aus.

3. Hauptstück. Verarbeitung personenbezogener Daten für Zwecke der Sicherheitspolizei einschließlich des Verfassungsschutzes, des militärischen Eigenschutzes, der Aufklärung und Verfolgung von Straftaten, der Strafvollstreckung und des Maßnahmenvollzugs

1. Abschnitt. Allgemeine Bestimmungen

§ 36 Anwendungsbereich und Begriffsbestimmungen. (1) Die Bestimmungen dieses Hauptstücks gelten für die Verarbeitung personenbezogener Daten durch zuständige Behörden zum Zweck der Verhütung, Ermittlung, Aufdeckung oder Verfolgung von Straftaten oder der Strafvollstreckung, einschließlich des Schutzes vor und der Abwehr von Gefahren für die öffentliche Sicherheit, sowie zum Zweck der nationalen Sicherheit, des Nachrichtendienstes und der militärischen Eigensicherung.

(2) Im Sinne dieses Hauptstücks bezeichnet der Ausdruck:

1. „personenbezogene Daten" alle Informationen, die sich auf eine identifizierte oder identifizierbare natürliche Person (im Folgenden „betroffene Person") beziehen; als identifizierbar wird eine natürliche Person angesehen, die direkt oder indirekt, insbesondere mittels Zuordnung zu einer Kennung wie einem Namen, zu einer Kennnummer, zu Standortdaten, zu einer Online-Kennung oder zu einem oder mehreren besonderen Merkmalen, die Ausdruck der physischen, physiologischen, genetischen, psychischen, wirtschaftlichen, kulturellen oder sozialen Identität dieser natürlichen Person sind, identifiziert werden kann;
2. „Verarbeitung" jeden mit oder ohne Hilfe automatisierter Verfahren ausgeführten Vorgang oder jede solche Vorgangsreihe im Zusammenhang mit personenbezogenen Daten wie das Erheben, das Erfassen, die Organisation, das Ordnen, die Speicherung, die Anpassung oder Veränderung, das Auslesen, das Abfragen, die Verwendung, die Offenlegung durch Übermittlung, Verbreitung oder eine andere Form der Bereitstellung, den Abgleich oder die Verknüpfung, die Einschränkung, das Löschen oder die Vernichtung;
3. „Einschränkung der Verarbeitung" die Markierung gespeicherter personenbezogener Daten mit dem Ziel, ihre künftige Verarbeitung einzuschränken;
4. „Profiling" jede Art der automatisierten Verarbeitung personenbezogener Daten, die darin besteht, dass diese personenbezogenen Daten verwendet werden, um bestimmte persönliche Aspekte, die sich auf eine natürliche Person beziehen, zu bewerten, insbesondere um Aspekte bezüglich Arbeitsleistung, wirtschaftliche Lage, Gesundheit, persönliche Vorlieben, Interessen, Zuverlässigkeit, Verhalten, Aufenthaltsort oder Ortswechsel dieser natürlichen Person zu analysieren oder vorherzusagen;
5. „Pseudonymisierung" die Verarbeitung personenbezogener Daten in einer Weise, dass die personenbezogenen Daten ohne Hinzuziehung zusätzlicher Informationen nicht mehr einer spezifischen betroffenen Person zugeordnet werden können, sofern diese zusätzlichen Informationen gesondert aufbewahrt werden und technischen und organisatorischen Maßnahmen unterliegen, die gewährleisten, dass die personenbezogenen Daten nicht einer identifizierten oder identifizierbaren natürlichen Person zugewiesen werden;
6. „Dateisystem" jede strukturierte Sammlung personenbezogener Daten, die nach bestimmten Kriterien zugänglich sind, unabhängig davon, ob diese Sammlung zentral, dezentral oder nach funktionalen oder geografischen Gesichtspunkten geordnet geführt wird;
7. „zuständige Behörde"
   a) eine staatliche Stelle, die für die Verhütung, Ermittlung, Aufdeckung oder Verfolgung von Straftaten oder die Strafvollstreckung, einschließlich des Schutzes vor und der Abwehr von Gefahren für die öffentliche Sicherheit, die nationale Sicherheit, den Nachrichtendienst oder die militärische Eigensicherung zuständig ist, oder
   b) eine andere Stelle oder Einrichtung, der durch das Recht der Mitgliedstaaten die Ausübung öffentlicher Gewalt und hoheitlicher Befugnisse zur Verhütung, Ermittlung, Aufdeckung oder Verfolgung von Straftaten oder zur Strafvollstreckung, einschließlich des Schutzes vor und der Abwehr von Gefahren für die öffentliche Sicherheit, zum Zweck der nationalen Sicherheit, des Nachrichtendienstes oder der militärischen Eigensicherung übertragen wurde;
8. „Verantwortlicher" die zuständige Behörde, die allein oder gemeinsam mit anderen über die Zwecke und Mittel der Verarbeitung von personenbezogenen Daten entscheidet;

II. Österreichisches Datenschutzgesetz (DSG) **Anh.**

9. „Auftragsverarbeiter" eine natürliche oder juristische Person, Behörde, Einrichtung oder andere Stelle, die personenbezogene Daten im Auftrag des Verantwortlichen verarbeitet;
10. „Empfänger" eine natürliche oder juristische Person, Behörde, Einrichtung oder andere Stelle, denen personenbezogene Daten offengelegt werden, unabhängig davon, ob es sich bei ihr um einen Dritten handelt oder nicht. Behörden, die im Rahmen eines bestimmten Untersuchungsauftrags aufgrund von Gesetzen möglicherweise personenbezogene Daten erhalten, gelten jedoch nicht als Empfänger; die Verarbeitung dieser Daten durch die genannten Behörden erfolgt im Einklang mit den geltenden Datenschutzvorschriften gemäß den Zwecken der Verarbeitung;
11. „Verletzung des Schutzes personenbezogener Daten" eine Verletzung der Sicherheit, die zur Vernichtung, zum Verlust oder zur Veränderung, ob unbeabsichtigt oder unrechtmäßig, oder zur unbefugten Offenlegung von beziehungsweise zum unbefugten Zugang zu personenbezogenen Daten führt, die übermittelt, gespeichert oder auf sonstige Weise verarbeitet wurden;
12. „genetische Daten" personenbezogene Daten zu den ererbten oder erworbenen genetischen Eigenschaften einer natürlichen Person, die eindeutige Informationen über die Physiologie oder die Gesundheit dieser natürlichen Person liefern und insbesondere aus der Analyse einer biologischen Probe der betreffenden natürlichen Person gewonnen wurden;
13. „biometrische Daten" mit speziellen technischen Verfahren gewonnene personenbezogene Daten zu den physischen, physiologischen oder verhaltenstypischen Merkmalen einer natürlichen Person, die die eindeutige Identifizierung dieser natürlichen Person ermöglichen oder bestätigen, wie Gesichtsbilder oder daktyloskopische Daten;
14. „Gesundheitsdaten" personenbezogene Daten, die sich auf die körperliche oder geistige Gesundheit einer natürlichen Person, einschließlich der Erbringung von Gesundheitsdienstleistungen, beziehen und aus denen Informationen über deren Gesundheitszustand hervorgehen;
15. „Aufsichtsbehörde" ist die Datenschutzbehörde;
16. „internationale Organisation" eine völkerrechtliche Organisation und ihre nachgeordneten Stellen oder jede sonstige Einrichtung, die durch eine zwischen zwei oder mehr Staaten geschlossene Übereinkunft oder auf der Grundlage einer solchen Übereinkunft geschaffen wurde.

§ 37 Grundsätze für die Datenverarbeitung, Kategorisierung und Datenqualität.
(1) Personenbezogene Daten
1. müssen auf rechtmäßige Weise und nach Treu und Glauben verarbeitet werden,
2. müssen für festgelegte, eindeutige und rechtmäßige Zwecke erhoben und nicht in einer mit diesen Zwecken nicht zu vereinbarenden Weise verarbeitet werden,
3. müssen dem Verarbeitungszweck entsprechen und müssen maßgeblich sein und dürfen in Bezug auf die Zwecke, für die sie verarbeitet werden, nicht übermäßig sein,
4. müssen sachlich richtig und erforderlichenfalls auf dem neuesten Stand sein; dabei sind alle angemessenen Maßnahmen zu treffen, damit personenbezogene Daten, die im Hinblick auf die Zwecke ihrer Verarbeitung unrichtig sind, unverzüglich gelöscht oder berichtigt werden,
5. dürfen nicht länger, als es für die Zwecke, für die sie verarbeitet werden, erforderlich ist, in einer Form gespeichert werden, die die Identifizierung der betroffenen Personen ermöglicht,
6. müssen in einer Weise verarbeitet werden, die eine angemessene Sicherheit der personenbezogenen Daten gewährleistet, einschließlich des Schutzes vor unbefugter oder unrechtmäßiger Verarbeitung und vor unbeabsichtigtem Verlust, unbeabsichtigter Zerstörung oder unbeabsichtigter Schädigung durch geeignete technische und organisatorische Maßnahmen.

(2) Für die Verarbeitung für im öffentlichen Interesse liegende Archivzwecke, für wissenschaftliche oder historische Forschungszwecke oder für statistische Zwecke im Anwendungsbereich des § 36 Abs. 1 gilt § 38.

(3) Der Verantwortliche ist für die Einhaltung der Abs. 1 und 2 verantwortlich und muss deren Einhaltung nachweisen können.

(4) Soweit möglich und zumutbar, ist zwischen den personenbezogenen Daten insbesondere folgender Kategorien betroffener Personen zu unterscheiden:
1. Personen, die aufgrund bestimmter Tatsachen konkret verdächtig sind, eine strafbare Handlung begangen zu haben,

2. Personen, gegen die aufgrund bestimmter Tatsachen der begründete Verdacht besteht, dass sie in naher Zukunft eine strafbare Handlung begehen werden,
3. verurteilte Straftäter,
4. Opfer einer Straftat oder Personen, bei denen bestimmte Tatsachen die Annahme rechtfertigen, dass sie Opfer einer Straftat sind, und
5. sonstige Personen, die im Zusammenhang mit einer Straftat stehen, insbesondere Personen, die als Zeugen in Betracht kommen, Personen, die Hinweise zur Straftat geben können, oder Personen, die mit den in Z 1 bis 3 genannten Personen in Kontakt oder in Verbindung stehen.

(5) ¹Soweit möglich ist zwischen faktenbasierten und auf persönlichen Einschätzungen beruhenden personenbezogenen Daten zu unterscheiden. ²Auf persönlichen Einschätzungen beruhende personenbezogene Daten sind entsprechend zu kennzeichnen und können mit einer Begründung versehen werden, welche die Nachvollziehbarkeit der Einschätzung ermöglicht.

(6) ¹Unrichtige, unvollständige, nicht mehr aktuelle oder zu löschende personenbezogene Daten dürfen weder übermittelt noch zum automatisierten Abruf aus Dateisystemen bereitgestellt werden. ²Die Behörde hat zu diesem Zweck vor einer Übermittlung die Datenqualität soweit möglich entsprechend zu überprüfen. ³Zum automatisierten Abruf bereit gehaltene personenbezogene Daten sind entsprechend laufend vollständig und aktuell zu halten.

(7) Bei jeder Übermittlung personenbezogener Daten sind soweit möglich die zur Beurteilung der Aktualität, Richtigkeit, Vollständigkeit und Zuverlässigkeit der personenbezogenen Daten durch den Empfänger erforderlichen Informationen beizufügen.

(8) ¹Wird von Amts wegen oder infolge einer Mitteilung eines Betroffenen festgestellt, dass personenbezogene Daten übermittelt worden sind, die nicht den Anforderungen nach Abs. 6 entsprechen, teilt die übermittelnde bzw. dateisystemführende Dienststelle und Behörde dies der empfangenden Stelle oder Behörde unverzüglich mit. ²Letztere hat unverzüglich die Löschung unrechtmäßig übermittelter Daten, die Berichtigung unrichtiger Daten, die Ergänzung unvollständiger Daten oder eine Einschränkung der Verarbeitung vorzunehmen.

(9) ¹Hat die empfangende Dienststelle oder Behörde Grund zur Annahme, dass übermittelte personenbezogene Daten unrichtig oder nicht aktuell sind oder zu löschen oder in der Verarbeitung einzuschränken wären, so unterrichtet sie die übermittelnde Dienststelle oder Behörde unverzüglich hierüber. ²Letztere ergreift unverzüglich die erforderlichen Maßnahmen.

§ 38 Rechtmäßigkeit der Verarbeitung. Die Verarbeitung personenbezogener Daten ist, soweit sie nicht zur Wahrung lebenswichtiger Interessen einer Person erforderlich ist, nur rechtmäßig, soweit sie gesetzlich oder in unmittelbar anwendbaren Rechtsvorschriften, die innerstaatlich den Rang eines Gesetzes haben, vorgesehen und für die Erfüllung einer Aufgabe erforderlich und verhältnismäßig ist, die von der zuständigen Behörde zu den in § 36 Abs. 1 genannten Zwecken wahrgenommen wird.

§ 39 Verarbeitung besonderer Kategorien personenbezogener Daten. Die Verarbeitung personenbezogener Daten, aus denen die rassische oder ethnische Herkunft, politische Meinungen, religiöse oder weltanschauliche Überzeugungen oder die Gewerkschaftszugehörigkeit hervorgehen, sowie die Verarbeitung von genetischen Daten, biometrischen Daten zur eindeutigen Identifizierung einer natürlichen Person, Gesundheitsdaten oder Daten zum Sexualleben oder der sexuellen Orientierung einer natürlichen Person für die in § 36 Abs. 1 genannten Zwecke ist nur zulässig, wenn die Verarbeitung unbedingt erforderlich ist und wirksame Maßnahmen zum Schutz der Rechte und Freiheiten der betroffenen Personen getroffen werden und
1. die Verarbeitung gemäß § 38 zulässig ist oder
2. sie sich auf Daten bezieht, die die betroffene Person offensichtlich selbst öffentlich gemacht hat.

§ 40 Verarbeitung für andere Zwecke und Übermittlung. (1) Eine Verarbeitung von personenbezogenen Daten nach den Bestimmungen dieses Hauptstücks durch denselben oder einen anderen Verantwortlichen für einen anderen Verarbeitungszweck, als jenen, für den sie erhoben wurden, ist nur zulässig, wenn dieser andere Zweck vom Anwendungsbereich des § 36 Abs. 1 umfasst ist und die Voraussetzungen der §§ 38 und 39 erfüllt sind.

(2) Die Übermittlung von nach den Bestimmungen dieses Hauptstücks verarbeiteten personenbezogenen Daten für einen nicht in § 36 Abs. 1 genannten Zweck ist nur zulässig, wenn

II. Österreichisches Datenschutzgesetz (DSG) **Anh.**

dies gesetzlich oder in unmittelbar anwendbaren Rechtsvorschriften, die innerstaatlich den Rang eines Gesetzes haben, ausdrücklich vorgesehen ist und der Empfänger zur Verarbeitung dieser personenbezogenen Daten für diesen anderen Zweck befugt ist.

(3) ¹Unterliegt die Verarbeitung von personenbezogenen Daten besonderen Bedingungen, so hat die übermittelnde zuständige Behörde den Empfänger der personenbezogenen Daten darauf hinzuweisen, dass diese Bedingungen gelten und einzuhalten sind. ²Die Übermittlung an Empfänger in anderen Mitgliedstaaten oder nach Titel V Kapitel 4 und 5 AEUV errichtete Einrichtungen und sonstige Stellen darf keinen Bedingungen unterworfen werden, die nicht auch für entsprechende Datenübermittlungen im Inland gelten.

§ 41 Automatisierte Entscheidungsfindung im Einzelfall. (1) Ausschließlich auf einer automatischen Verarbeitung beruhende Entscheidungen einschließlich Profiling, die für die betroffene Person nachteilige Rechtsfolgen haben oder sie erheblich beeinträchtigen können, sind nur zulässig, soweit sie gesetzlich oder in unmittelbar anwendbaren Rechtsvorschriften, die innerstaatlich den Rang eines Gesetzes haben, ausdrücklich vorgesehen sind.

(2) Entscheidungen nach Abs. 1 dürfen nur auf besonderen Kategorien personenbezogener Daten nach § 39 beruhen, wenn und soweit wirksame Maßnahmen zum Schutz der Rechte und Freiheiten sowie der berechtigten Interessen der betroffenen Person getroffen wurden.

(3) Entscheidungen nach Abs. 1, die zur Folge haben, dass natürliche Personen auf Grundlage von personenbezogenen Daten, aus denen die rassische oder ethnische Herkunft, politische Meinungen, religiöse oder weltanschauliche Überzeugungen oder die Gewerkschaftszugehörigkeit hervorgehen, genetischen Daten, biometrischen Daten zur eindeutigen Identifizierung, Gesundheitsdaten oder Daten zum Sexualleben oder der sexuellen Orientierung diskriminiert werden, sind verboten.

2. Abschnitt. Rechte der betroffenen Person

§ 42 Grundsätze. (1) ¹Der Verantwortliche hat der betroffenen Person alle Informationen und Mitteilungen gemäß §§ 43 bis 45, die sich auf die Verarbeitung beziehen, in möglichst präziser, verständlicher und leicht zugänglicher Form in einer klaren und einfachen Sprache zu übermitteln. ²Die Informationen sind in geeigneter Form, im Falle eines Antrags nach Möglichkeit in der gleichen Form wie der Antrag, zu übermitteln.

(2) Der Verantwortliche hat den betroffenen Personen die Ausübung der ihnen gemäß §§ 43 bis 45 zustehenden Rechte zu erleichtern.

(3) Der Verantwortliche hat die betroffene Person unverzüglich schriftlich darüber in Kenntnis zu setzen, wie mit ihrem Antrag verfahren wurde.

(4) ¹Der Verantwortliche stellt der betroffenen Person Informationen über die aufgrund eines Antrags gemäß §§ 44 bis 45 ergriffenen Maßnahmen unverzüglich, in jedem Fall aber innerhalb eines Monats nach Eingang des Antrags zur Verfügung. ²Diese Frist kann um weitere zwei Monate verlängert werden, wenn dies unter Berücksichtigung der Komplexität und der Anzahl von Anträgen erforderlich ist. ³Der Verantwortliche unterrichtet die betroffene Person innerhalb eines Monats nach Eingang des Antrags über eine Fristverlängerung, zusammen mit den Gründen für die Verzögerung. ⁴Stellt die betroffene Person den Antrag elektronisch, so ist sie nach Möglichkeit auf elektronischem Weg zu unterrichten, sofern sie nichts anderes angibt.

(5) Wird der Verantwortliche auf den Antrag der betroffenen Person hin nicht tätig, so unterrichtet er die betroffene Person ohne Verzögerung, spätestens aber innerhalb eines Monats nach Eingang des Antrags über die Gründe hierfür und über die Möglichkeit, bei einer Aufsichtsbehörde Beschwerde einzulegen oder einen gerichtlichen Rechtsbehelf einzulegen.

(6) ¹Informationen gemäß § 43 sowie alle Mitteilungen und Maßnahmen gemäß den §§ 44 und 45 werden unentgeltlich zur Verfügung gestellt. ²Bei offenkundig unbegründeten oder – insbesondere im Fall von häufiger Wiederholung – exzessiven Anträgen einer betroffenen Person kann der Verantwortliche entweder

1. ein angemessenes Entgelt verlangen, bei dem die Verwaltungskosten für die Unterrichtung oder die Mitteilung oder die Durchführung der beantragten Maßnahme berücksichtigt werden, oder
2. sich weigern, aufgrund des Antrags tätig zu werden.

Der Verantwortliche hat den Nachweis für den offenkundig unbegründeten oder exzessiven Charakter des Antrags zu erbringen.

(7) Der Verantwortliche kann zur Bestätigung der Identität der Person, die einen Antrag gemäß §§ 44 oder 45 gestellt hat, erforderliche zusätzliche Informationen verlangen.

(8) ¹In den Fällen der §§ 43 Abs. 4, 44 Abs. 3 und 45 Abs. 4 ist die betroffene Person berechtigt, eine Überprüfung der Rechtmäßigkeit der bezüglichen Einschränkung ihrer Rechte durch die Datenschutzbehörde zu verlangen. ²Der Verantwortliche hat die betroffene Person über dieses Recht zu unterrichten.

(9) ¹Wird das in Abs. 8 genannte Recht ausgeübt, hat die Datenschutzbehörde die betroffene Person zumindest darüber zu unterrichten, dass alle erforderlichen Prüfungen oder eine Überprüfung durch die Datenschutzbehörde erfolgt sind. ²Die Datenschutzbehörde hat zudem die betroffene Person über ihr Recht zu unterrichten, Beschwerde an das Bundesverwaltungsgericht zu erheben.

§ 43 Information der betroffenen Person. (1) Der Verantwortliche hat der betroffenen Person zumindest die folgenden Informationen zur Verfügung zu stellen:
1. den Namen und die Kontaktdaten des Verantwortlichen,
2. gegebenenfalls die Kontaktdaten des Datenschutzbeauftragten,
3. die Zwecke, für die die personenbezogenen Daten verarbeitet werden,
4. das Bestehen eines Beschwerderechts bei der Aufsichtsbehörde sowie deren Kontaktdaten,
5. das Bestehen eines Rechts auf Auskunft und Berichtigung oder Löschung personenbezogener Daten und Einschränkung der Verarbeitung der personenbezogenen Daten der betroffenen Person durch den Verantwortlichen.

(2) Zusätzlich zu den in Abs. 1 genannten Informationen hat der Verantwortliche der betroffenen Person in besonderen Fällen die folgenden zusätzlichen Informationen zu erteilen, um die Ausübung der Rechte der betroffenen Person zu ermöglichen:
1. die Rechtsgrundlage der Verarbeitung,
2. die Dauer, für die die personenbezogenen Daten gespeichert werden oder, falls dies nicht möglich ist, die Kriterien für die Festlegung dieser Dauer,
3. gegebenenfalls die Kategorien von Empfängern der personenbezogenen Daten, auch der Empfänger in Drittländern oder in internationalen Organisationen,
4. erforderlichenfalls weitere Informationen, insbesondere wenn die personenbezogenen Daten ohne Wissen der betroffenen Person erhoben werden.

(3) ¹Im Fall der Erhebung der personenbezogenen Daten bei der betroffenen Person müssen der betroffenen Person die Informationen nach den Vorgaben des Abs. 1 und 2 zum Zeitpunkt der Erhebung vorliegen. ²In allen übrigen Fällen findet Art. 14 Abs. 3 DSGVO Anwendung. ³Die Information gemäß Abs. 1 und 2 kann entfallen, wenn die Daten nicht durch Befragung des Betroffenen, sondern durch Übermittlung von Daten aus anderen Aufgabengebieten desselben Verantwortlichen oder aus Anwendungen anderer Verantwortlicher ermittelt und die Datenverarbeitung durch Gesetz vorgesehen ist.

(4) Die Unterrichtung der betroffenen Person gemäß Abs. 2 kann soweit und solange aufgeschoben, eingeschränkt oder unterlassen werden, wie dies im Einzelfall unbedingt erforderlich und verhältnismäßig ist
1. zur Gewährleistung, dass die Verhütung, Aufdeckung, Ermittlung oder Verfolgung von Straftaten oder die Strafvollstreckung nicht beeinträchtigt werden, insbesondere durch die Behinderung behördlicher oder gerichtlicher Untersuchungen, Ermittlungen oder Verfahren,
2. zum Schutz der öffentlichen Sicherheit,
3. zum Schutz der nationalen Sicherheit,
4. zum Schutz der verfassungsmäßigen Einrichtungen der Republik Österreich,
5. zum Schutz der militärischen Eigensicherung oder
6. zum Schutz der Rechte und Freiheiten anderer.

§ 44 Auskunftsrecht der betroffenen Person. (1) Jede betroffene Person hat das Recht, vom Verantwortlichen eine Bestätigung darüber zu erhalten, ob sie betreffende personenbezogene Daten verarbeitet werden; ist dies der Fall, so hat sie das Recht, Auskunft über personenbezogene Daten und zu folgenden Informationen zu erhalten:
1. die Zwecke der Verarbeitung und deren Rechtsgrundlage,

II. Österreichisches Datenschutzgesetz (DSG) **Anh.**

2. die Kategorien personenbezogener Daten, die verarbeitet werden,
3. die Empfänger oder Kategorien von Empfängern, gegenüber denen die personenbezogenen Daten offengelegt worden sind, insbesondere bei Empfängern in Drittländern oder bei internationalen Organisationen,
4. falls möglich die geplante Dauer, für die die personenbezogenen Daten gespeichert werden oder, falls dies nicht möglich ist, die Kriterien für die Festlegung dieser Dauer,
5. das Bestehen eines Rechts auf Berichtigung oder Löschung personenbezogener Daten oder Einschränkung der Verarbeitung personenbezogener Daten der betroffenen Person durch den Verantwortlichen,
6. das Bestehen eines Beschwerderechts bei der Datenschutzbehörde sowie deren Kontaktdaten und
7. Mitteilung zu den personenbezogenen Daten, die Gegenstand der Verarbeitung sind, sowie alle verfügbaren Informationen über die Herkunft der Daten.

(2) Einschränkungen des Auskunftsrechts sind nur unter den in § 43 Abs. 4 angeführten Voraussetzungen zulässig.

(3) [1]Im Falle einer Nichterteilung der Auskunft gemäß Abs. 2 hat der Verantwortliche die betroffene Person unverzüglich schriftlich über die Verweigerung oder die Einschränkung der Auskunft und die Gründe hierfür zu unterrichten. [2]Dies gilt nicht, wenn die Erteilung dieser Informationen einem der in § 43 Abs. 4 genannten Zwecke zuwiderliefe. [3]Der Verantwortliche hat die betroffene Person über die Möglichkeit zu unterrichten, Beschwerde bei der Datenschutzbehörde einzulegen.

(4) [1]Der Verantwortliche hat die Gründe für die Entscheidung über die Nichterteilung der Auskunft gemäß Abs. 2 zu dokumentieren. [2]Diese Angaben sind der Datenschutzbehörde zur Verfügung zu stellen.

(5) [1]In dem Umfang, in dem eine Datenverarbeitung für eine betroffene Person hinsichtlich der zu ihr verarbeiteten Daten von Gesetzes wegen einsehbar ist, hat diese das Recht auf Auskunft nach Maßgabe der das Einsichtsrecht vorsehenden Bestimmungen. [2]Für das Verfahren der Einsichtnahme (einschließlich deren Verweigerung) gelten die näheren Regelungen des Gesetzes, das das Einsichtsrecht vorsieht. [3]In Abs. 1 genannte Bestandteile einer Auskunft, die vom Einsichtsrecht nicht umfasst sind, können dennoch nach diesem Bundesgesetz geltend gemacht werden.

§ 45 Recht auf Berichtigung oder Löschung personenbezogener Daten und auf Einschränkung der Verarbeitung. (1) [1]Jede betroffene Person hat das Recht, vom Verantwortlichen unverzüglich die Berichtigung sie betreffender unrichtiger personenbezogener Daten sowie die Vervollständigung unvollständiger personenbezogener Daten zu verlangen. [2]Die Berichtigung oder Vervollständigung kann erforderlichenfalls mittels einer ergänzenden Erklärung erfolgen, soweit eine nachträgliche Änderung mit dem Dokumentationszweck unvereinbar ist. [3]Der Beweis der Richtigkeit der Daten obliegt dem Verantwortlichen, soweit die personenbezogenen Daten nicht ausschließlich aufgrund von Angaben der betroffenen Person ermittelt wurden.

(2) Der Verantwortliche hat personenbezogene Daten aus eigenem oder über Antrag der betroffenen Person unverzüglich zu löschen, wenn

1. die personenbezogenen Daten für die Zwecke, für die sie erhoben oder auf sonstige Weise verarbeitet wurden, nicht mehr notwendig sind,
2. die personenbezogenen Daten unrechtmäßig verarbeitet wurden oder
3. die Löschung der personenbezogenen Daten zur Erfüllung einer rechtlichen Verpflichtung erforderlich ist.

(3) Anstatt die personenbezogenen Daten zu löschen, kann der Verantwortliche deren Verarbeitung einschränken, wenn

1. die betroffene Person die Richtigkeit der personenbezogenen Daten bestreitet und die Richtigkeit oder Unrichtigkeit nicht festgestellt werden kann, oder
2. die personenbezogenen Daten für Beweiszwecke im Rahmen der Wahrnehmung einer ihm gesetzlich übertragenen Aufgabe weiter aufbewahrt werden müssen.

Im Falle einer Einschränkung gemäß Z 1 hat der Verantwortliche die betroffene Person vor einer Aufhebung der Einschränkung zu unterrichten.

(4) ¹Der Verantwortliche hat die betroffene Person schriftlich über eine Verweigerung der Berichtigung oder Löschung personenbezogener Daten oder eine Einschränkung der Verarbeitung und über die Gründe für die Verweigerung zu unterrichten. ²Der Verantwortliche hat die betroffene Person über die Möglichkeit zu unterrichten, bei der Datenschutzbehörde Beschwerde einzulegen.

(5) Der Verantwortliche hat die Berichtigung von unrichtigen personenbezogenen Daten der zuständigen Behörde, von der die unrichtigen personenbezogenen Daten stammen, mitzuteilen.

(6) ¹In Fällen der Berichtigung, Löschung oder Einschränkung der Verarbeitung gemäß Abs. 1 bis 3 hat der Verantwortliche alle Empfänger der betroffenen personenbezogenen Daten in Kenntnis zu setzen. ²Die Empfänger sind verpflichtet, die ihrer Verantwortung unterliegenden personenbezogenen Daten unverzüglich zu berichtigen, löschen oder deren Verarbeitung einschränken.

(Anm.: Abs. 7 aufgehoben durch Z 22, BGBl. I Nr. 24/2018)

3. Abschnitt. Verantwortlicher und Auftragsverarbeiter

§ 46 Pflichten des Verantwortlichen. Der Verantwortliche hat die in Art. 24 Abs. 1 und 2 sowie Art. 25 Abs. 1 und 2 DSGVO angeführten Verpflichtungen in Bezug auf die Übereinstimmung der Verarbeitung mit den Bestimmungen dieses Hauptstücks einzuhalten.

§ 47 Gemeinsam Verantwortliche. ¹Zwei oder mehr Verantwortliche, die gemeinsam die Zwecke und die Mittel zur Verarbeitung festlegen, sind gemeinsam Verantwortliche. ²Sie haben in einer Vereinbarung in transparenter Form ihre jeweiligen Aufgaben nach diesem Bundesgesetz festzulegen, insbesondere was die Wahrnehmung der Rechte der betroffenen Person angeht, und wer welchen Informationspflichten gemäß § 43 nachkommt, sofern und soweit die jeweiligen Aufgaben der Verantwortlichen nicht gesetzlich festgelegt sind. ³In der Vereinbarung ist eine Anlaufstelle für die betroffenen Personen anzugeben.

§ 48 Auftragsverarbeiter und Aufsicht über die Verarbeitung. (1) Erfolgt eine Verarbeitung im Auftrag eines Verantwortlichen, so arbeitet dieser nur mit Auftragsverarbeitern, die hinreichend Garantien dafür bieten, dass geeignete technische und organisatorische Maßnahmen so durchgeführt werden, dass die Verarbeitung im Einklang mit den Anforderungen dieses Bundesgesetzes erfolgt und den Schutz der Rechte der betroffenen Person gewährleistet.

(2) Der Auftragsverarbeiter nimmt keinen weiteren Auftragsverarbeiter ohne vorherige gesonderte schriftliche Genehmigung des Verantwortlichen in Anspruch.

(3) ¹Die Verarbeitung durch einen Auftragsverarbeiter erfolgt auf der Grundlage eines Vertrags oder eines anderen Rechtsinstruments nach dem Unionsrecht oder aufgrund ausdrücklicher gesetzlicher Ermächtigung, der oder das den Auftragsverarbeiter in Bezug auf den Verantwortlichen bindet und in dem Gegenstand und Dauer der Verarbeitung, Art und Zweck der Verarbeitung, die Art der personenbezogenen Daten, die Kategorien betroffener Personen und die Pflichten und Rechte des Verantwortlichen festgelegt sind. ²Dieser Vertrag oder dieses andere Rechtsinstrument sieht insbesondere vor, dass der Auftragsverarbeiter

1. die personenbezogenen Daten nur auf dokumentierte Weisung des Verantwortlichen – auch in Bezug auf die Übermittlung personenbezogener Daten an ein Drittland oder eine internationale Organisation – verarbeitet, sofern er nicht durch das Unionsrecht oder durch Gesetze, dem der Auftragsverarbeiter unterliegt, hierzu verpflichtet ist; in einem solchen Fall teilt der Auftragsverarbeiter dem Verantwortlichen diese rechtlichen Anforderungen vor der Verarbeitung mit, sofern das betreffende Recht eine solche Mitteilung nicht wegen eines wichtigen öffentlichen Interesses verbietet;
2. gewährleistet, dass sich die zur Verarbeitung der personenbezogenen Daten befugten Personen zur Vertraulichkeit verpflichtet haben oder einer angemessenen gesetzlichen Verschwiegenheitspflicht unterliegen;
3. alle gemäß § 54 erforderlichen Maßnahmen ergreift;
4. die in den Abs. 2 und 4 genannten Bedingungen für die Inanspruchnahme der Dienste eines weiteren Auftragsverarbeiters einhält;
5. angesichts der Art der Verarbeitung den Verantwortlichen nach Möglichkeit mit geeigneten technischen und organisatorischen Maßnahmen dabei unterstützt, seiner Pflicht zur Beantwortung von Anträgen auf Wahrnehmung der in diesem Hauptstück genannten Rechte der betroffenen Person nachzukommen;

II. Österreichisches Datenschutzgesetz (DSG) **Anh.**

6. unter Berücksichtigung der Art der Verarbeitung und der ihm zur Verfügung stehenden Informationen den Verantwortlichen bei der Einhaltung der in den §§ 52 bis 56 genannten Pflichten unterstützt;
7. nach Abschluss der Erbringung der Verarbeitungsleistungen alle personenbezogenen Daten nach Wahl des Verantwortlichen entweder löscht oder zurückgibt, sofern nicht nach dem Unionsrecht oder aufgrund von Gesetzen eine Verpflichtung zur Speicherung der personenbezogenen Daten besteht;
8. dem Verantwortlichen alle erforderlichen Informationen zum Nachweis der Einhaltung der in Abs. 1 bis 6 niedergelegten Pflichten zur Verfügung stellt und Überprüfungen – einschließlich Inspektionen –, die vom Verantwortlichen oder einem anderen von diesem beauftragten Prüfer durchgeführt werden, ermöglicht und dazu beiträgt.

Im Hinblick auf Z 8 informiert der Auftragsverarbeiter den Verantwortlichen unverzüglich, falls er der Auffassung ist, dass eine Weisung gegen dieses Hauptstücks oder gegen andere Datenschutzbestimmungen der Union oder gesetzliche Datenschutzbestimmungen verstößt.

(4) ¹Nimmt der Auftragsverarbeiter die Dienste eines weiteren Auftragsverarbeiters in Anspruch, um bestimmte Verarbeitungstätigkeiten im Namen des Verantwortlichen auszuführen, so werden diesem weiteren Auftragsverarbeiter im Wege eines Vertrags oder eines anderen Rechtsinstruments nach dem Unionsrecht oder aufgrund von Gesetzen dieselben Datenschutzpflichten auferlegt, die in dem Vertrag oder anderen Rechtsinstrument zwischen dem Verantwortlichen und dem Auftragsverarbeiter gemäß Abs. 3 festgelegt sind, wobei insbesondere hinreichende Garantien dafür geboten werden müssen, dass die geeigneten technischen und organisatorischen Maßnahmen so durchgeführt werden, dass die Verarbeitung entsprechend den Anforderungen dieses Hauptstücks erfolgt. ²Kommt der weitere Auftragsverarbeiter seinen Datenschutzpflichten nicht nach, so haftet der erste Auftragsverarbeiter gegenüber dem Verantwortlichen für die Einhaltung der Pflichten jenes anderen Auftragsverarbeiters.

(5) Der Vertrag oder das andere Rechtsinstrument im Sinne der Abs. 3 und 4 ist schriftlich abzufassen, was auch in einem elektronischen Format erfolgen kann.

(6) Der Auftragsverarbeiter und jede dem Verantwortlichen oder dem Auftragsverarbeiter unterstellte Person, die Zugang zu personenbezogenen Daten hat, dürfen diese Daten ausschließlich auf Weisung des Verantwortlichen verarbeiten, es sei denn, dass sie nach dem Unionsrecht oder aufgrund von Gesetzen zur Verarbeitung verpflichtet sind.

(7) Ein Auftragsverarbeiter, der unter Verstoß gegen dieses Hauptstück die Zwecke und Mittel der Verarbeitung bestimmt, gilt in Bezug auf diese Verarbeitung als Verantwortlicher.

§ 49 Verzeichnis von Verarbeitungstätigkeiten. (1) Jeder Verantwortliche hat sinngemäß nach Maßgabe des Art. 30 Abs. 1 bis 4 DSGVO ein Verzeichnis von Verarbeitungstätigkeiten zu führen, wobei sich die Verweise in Art. 30 Abs. 1 lit. g und Abs. 2 lit. d DSGVO auf § 54 beziehen und die Bezugnahme auf einen Vertreter des Verantwortlichen oder des Auftragsverarbeiters gegenstandslos ist.

(2) Das Verzeichnis gemäß Abs. 1 hat auch Angaben zu enthalten über
1. die Verwendung von Profiling, wenn eine solche Verwendung vorgenommen wird, und
2. die Rechtsgrundlage der Verarbeitung, einschließlich der Übermittlungen, für die die personenbezogenen Daten bestimmt sind.

(3) Jeder Auftragsverarbeiter hat ein Verzeichnis zu allen Kategorien von im Auftrag eines Verantwortlichen durchgeführten Verarbeitungstätigkeiten zu führen, das Folgendes enthält:
1. Name und Kontaktdaten des Auftragsverarbeiters oder der Auftragsverarbeiter, jedes Verantwortlichen, in dessen Auftrag der Auftragsverarbeiter tätig ist, sowie eines etwaigen Datenschutzbeauftragten,
2. die Kategorien von Verarbeitungen, die im Auftrag jedes Verantwortlichen durchgeführt werden,
3. gegebenenfalls Übermittlungen von personenbezogenen Daten an ein Drittland oder an eine internationale Organisation, wenn vom Verantwortlichen entsprechend angewiesen, einschließlich der Identifizierung des Drittlandes oder der internationalen Organisation,
4. wenn möglich, eine allgemeine Beschreibung der technischen und organisatorischen Maßnahmen gemäß § 54 Abs. 1.

§ 50 Protokollierung. (1) Jeder Verarbeitungsvorgang ist in geeigneter Weise so zu protokollieren, dass die Zulässigkeit der Verarbeitung nachvollzogen und überprüft werden kann.

(2) ¹In automatisierten Verarbeitungssystemen sind alle Verarbeitungsvorgänge in automatisierter Form zu protokollieren. ²Aus diesen Protokolldaten müssen zumindest der Zweck, die verarbeiteten Daten, das Datum und die Uhrzeit der Verarbeitung, die Identifizierung der Person, die die personenbezogenen Daten verarbeitet hat, sowie die Identität eines allfälligen Empfängers solcher personenbezogenen Daten hervorgehen.

(3) ¹In nicht automatisierten Verarbeitungssystemen sind zumindest Abfragen und Offenlegungen einschließlich Übermittlungen, Veränderungen sowie Löschungen zu protokollieren. ²Für diese Protokolldaten gilt Abs. 2 zweiter Satz.

(4) Die Protokolle dürfen ausschließlich zur Überprüfung der Rechtmäßigkeit der Datenverarbeitung einschließlich der Eigenüberwachung, der Gewährleistung von Integrität und Sicherheit der personenbezogenen Daten sowie in gerichtlichen Strafverfahren verwendet werden.

(5) Der Verantwortliche und der Auftragsverarbeiter haben der Datenschutzbehörde auf deren Verlangen die Protokolle zur Verfügung zu stellen.

§ 51 Zusammenarbeit mit der Datenschutzbehörde. Der Verantwortliche und der Auftragsverarbeiter sind verpflichtet, über Aufforderung mit der Datenschutzbehörde bei der Erfüllung ihrer Aufgaben zusammenzuarbeiten.

§ 52 Datenschutz-Folgenabschätzung. Der Verantwortliche hat zum Schutz der Rechte und berechtigten Interessen der von der Datenverarbeitung betroffenen Personen und sonstiger Betroffener eine Datenschutz-Folgenabschätzung gemäß Art. 35 Abs. 1, 2, 3, 7 und 11 DSGVO durchzuführen, wobei sich der Nachweis gemäß Art. 35 Abs. 7 lit. d DSGVO auf die Einhaltung der Vorgaben dieses Hauptstücks bezieht.

§ 53 Vorherige Konsultation der Datenschutzbehörde. Der Verantwortliche hat nach Maßgabe des Art. 36 DSGVO vor der Verarbeitung personenbezogener Daten in neu anzulegenden Dateisystemen die Datenschutzbehörde zu konsultieren, wobei sich die Verweise in Art. 36 Abs. 1 und Abs. 3 lit. e DSGVO auf § 52 und der Verweis auf die Bestimmungen hinsichtlich der Befugnisse der Datenschutzbehörde in Art. 36 Abs. 2 DSGVO auf § 33 beziehen und die in Art. 36 Abs. 2 DSGVO angeführten Maßnahmen innerhalb von sechs Wochen mit der Möglichkeit einer Verlängerung um einen weiteren Monat zu treffen sind.

§ 54 Datensicherheitsmaßnahmen. (1) Der Verantwortliche und der Auftragsverarbeiter haben unter Berücksichtigung des Stands der Technik, der Implementierungskosten und der Art, des Umfangs, der Umstände und der Zwecke der Verarbeitung sowie der unterschiedlichen Eintrittswahrscheinlichkeit und Schwere des Risikos für die Rechte und Freiheiten natürlicher Personen, unter Berücksichtigung der unterschiedlichen Kategorien gemäß § 37, geeignete technische und organisatorische Maßnahmen zu treffen, um ein dem Risiko angemessenes Schutzniveau zu gewährleisten, insbesondere im Hinblick auf die Verarbeitung besonderer Kategorien personenbezogener Daten gemäß § 39.

(2) Der Verantwortliche und der Auftragsverarbeiter haben im Hinblick auf die automatisierte Verarbeitung nach einer Risikobewertung Maßnahmen zu ergreifen, um folgende Zwecke zu erreichen:

1. Verwehrung des Zugangs zu Verarbeitungsanlagen, mit denen die Verarbeitung durchgeführt wird, für Unbefugte (Zugangskontrolle);
2. Verhinderung des unbefugten Lesens, Kopierens, Veränderns oder Entfernens von Datenträgern (Datenträgerkontrolle);
3. Verhinderung der unbefugten Eingabe von personenbezogenen Daten sowie der unbefugten Kenntnisnahme, Veränderung und Löschung von gespeicherten personenbezogenen Daten (Speicherkontrolle);
4. Verhinderung der Nutzung automatisierter Verarbeitungssysteme mit Hilfe von Einrichtungen zur Datenübertragung durch Unbefugte (Benutzerkontrolle);
5. Gewährleistung, dass die zur Benutzung eines automatisierten Verarbeitungssystems Berechtigten ausschließlich zu den ihrer Zugangsberechtigung unterliegenden personenbezogenen Daten Zugang haben (Zugriffskontrolle);
6. Gewährleistung, dass überprüft und festgestellt werden kann, an welche Stellen personenbezogene Daten mit Hilfe von Einrichtungen zur Datenübertragung übermittelt oder zur Verfügung gestellt wurden oder werden können (Übertragungskontrolle);

II. Österreichisches Datenschutzgesetz (DSG) **Anh.**

7. Gewährleistung, dass nachträglich überprüft und festgestellt werden kann, welche personenbezogenen Daten zu welcher Zeit und von wem in automatisierte Verarbeitungssysteme eingegeben worden sind (Eingabekontrolle);
8. Verhinderung, dass bei der Übermittlung personenbezogener Daten sowie beim Transport von Datenträgern die Daten unbefugt gelesen, kopiert, verändert oder gelöscht werden können (Transportkontrolle);
9. Gewährleistung, dass eingesetzte Systeme im Störungsfall wiederhergestellt werden können (Wiederherstellung);
10. Gewährleistung, dass alle Funktionen des Systems zur Verfügung stehen, auftretende Fehlfunktionen gemeldet werden (Zuverlässigkeit) und gespeicherte personenbezogene Daten nicht durch Fehlfunktionen des Systems beschädigt werden können (Datenintegrität).

§ 55 Meldung von Verletzungen an die Datenschutzbehörde. (1) Der Verantwortliche hat nach Maßgabe des Art. 33 DSGVO Verletzungen des Schutzes personenbezogener Daten der Datenschutzbehörde zu melden.

(2) Soweit von der Verletzung des Schutzes personenbezogene Daten betroffen sind, die von dem oder an den Verantwortlichen eines anderen Mitgliedstaates der Europäischen Union übermittelt wurden, sind die in Art. 33 Abs. 3 DSGVO genannten Informationen dem Verantwortlichen jenes Mitgliedstaates der Europäischen Union unverzüglich zu übermitteln.

§ 56 Benachrichtigung der betroffenen Person von Verletzungen. (1) Der Verantwortliche hat nach Maßgabe des Art. 34 DSGVO betroffene Personen von Verletzungen des Schutzes ihrer personenbezogenen Daten zu benachrichtigen.

(2) Die Benachrichtigung gemäß Abs. 1 kann unter den in § 43 Abs. 4 genannten Voraussetzungen aufgeschoben, eingeschränkt oder unterlassen werden.

§ 57 Benennung, Stellung und Aufgaben des Datenschutzbeauftragten. (1) ¹Jeder Verantwortliche hat nach Maßgabe des Art. 37 Abs. 5 und 7 DSGVO einen Datenschutzbeauftragten zu benennen. ²Gerichte sind im Rahmen ihrer justiziellen Tätigkeit von der Verpflichtung zur Benennung eines Datenschutzbeauftragten ausgenommen. § 5 gilt im Hinblick auf die Bestimmungen dieses Hauptstücks sinngemäß.

(2) Für die Stellung des Datenschutzbeauftragten gilt Art. 38 DSGVO.

(3) Dem Datenschutzbeauftragten obliegen die in Art. 39 DSGVO genannten Aufgaben in Bezug auf die Einhaltung der Bestimmungen dieses Hauptstücks.

(4) Der Verantwortliche hat die Kontaktdaten des Datenschutzbeauftragten zu veröffentlichen und der Datenschutzbehörde mitzuteilen.

4. Abschnitt. Übermittlung personenbezogener Daten an Drittländer oder internationale Organisationen

§ 58 Allgemeine Grundsätze für die Übermittlung personenbezogener Daten. (1) Eine Übermittlung von personenbezogenen Daten, die bereits verarbeitet werden oder nach ihrer Übermittlung an ein Drittland oder eine internationale Organisation verarbeitet werden sollen, durch zuständige Behörden ist nur zulässig, wenn die Bestimmungen dieses Hauptstücks eingehalten werden und
1. die Übermittlung für die in § 36 Abs. 1 genannten Zwecke erforderlich ist,
2. die personenbezogenen Daten an einen Verantwortlichen in einem Drittland oder einer internationalen Organisation, die eine für die in § 36 Abs. 1 genannten Zwecke zuständige Behörde ist, übermittelt werden,
3. in Fällen, in denen personenbezogene Daten aus einem anderen Mitgliedstaat der EU übermittelt oder zur Verfügung gestellt werden, dieser Mitgliedstaat die Übermittlung zuvor genehmigt hat,
4. die Europäische Kommission gemäß § 59 Abs. 1 und 2 einen Angemessenheitsbeschluss gefasst hat oder, wenn kein solcher Beschluss vorliegt, geeignete Garantien im Sinne des § 59 Abs. 3 bis 5 erbracht wurden oder bestehen oder, wenn kein Angemessenheitsbeschluss gemäß § 59 Abs. 1 und 2 vorliegt und keine geeigneten Garantien im Sinne des § 59 Abs. 3 bis 5 vorhanden sind, Ausnahmen für bestimmte Fälle gemäß § 59 Abs. 6 und 7 anwendbar sind und

5. sichergestellt ist, dass eine Weiterübermittlung an ein anderes Drittland oder eine andere internationale Organisation nur aufgrund einer vorherigen Genehmigung der zuständigen Behörde, die die ursprüngliche Übermittlung durchgeführt hat, und unter gebührender Berücksichtigung sämtlicher maßgeblicher Faktoren, einschließlich der Schwere der Straftat, des Zwecks der ursprünglichen Übermittlung personenbezogener Daten und des Schutzniveaus für personenbezogene Daten in dem Drittland oder der internationalen Organisation, an das bzw. die personenbezogene Daten weiterübermittelt werden, zulässig ist.

(2) ¹Eine Übermittlung ohne vorherige Genehmigung gemäß Abs. 1 Z 3 ist nur zulässig, wenn die Übermittlung erforderlich ist, um eine unmittelbare und ernsthafte Gefahr für die öffentliche Sicherheit eines Mitgliedstaats oder eines Drittlandes oder für die wesentlichen Interessen eines Mitgliedstaats abzuwehren, und die vorherige Genehmigung nicht rechtzeitig eingeholt werden kann. ²Die für die Erteilung der vorherigen Genehmigung zuständige Behörde ist unverzüglich zu unterrichten.

(3) Ersucht eine zuständige Behörde eines anderen Mitgliedstaates der EU um Genehmigung zur Übermittlung von personenbezogenen Daten, die ursprünglich aus dem Inland übermittelt wurden, an ein Drittland oder eine internationale Organisation gemäß Abs. 1 Z 3, so ist zur Erteilung dieser Genehmigung jene zuständige Behörde zuständig, die die personenbezogenen Daten ursprünglich übermittelt hat, soweit nicht gesetzlich anderes angeordnet ist.

§ 59 Datenübermittlung an Drittländer oder internationale Organisationen. (1) ¹Die Übermittlung personenbezogener Daten an ein Drittland oder eine internationale Organisation ist zulässig, wenn die Europäische Kommission gemäß Art. 36 Abs. 3 der Richtlinie (EU) 2016/680 im Wege eines Durchführungsaktes beschlossen hat, dass das betreffende Drittland, ein Gebiet oder ein oder mehrere spezifische Sektoren in diesem Drittland oder die betreffende internationale Organisation ein angemessenes Schutzniveau bietet. ²Eine solche Datenübermittlung bedarf keiner besonderen Genehmigung. ³Die Genehmigungspflicht gemäß § 58 Abs. 1 Z 3 bleibt davon unberührt.

(2) Übermittlungen personenbezogener Daten an ein Drittland, an ein Gebiet oder einen oder mehrere spezifischen Sektoren in einem Drittland oder an eine internationale Organisation gemäß den Abs. 3 bis 8 werden durch einen gemäß Art. 36 Abs. 5 der Richtlinie (EU) 2016/680 gefassten Beschluss der Europäischen Kommission zum Widerruf, zur Änderung oder zur Aussetzung eines Beschlusses nach Art. 36 Abs. 3 der Richtlinie (EU) 2016/680 nicht berührt.

(3) Liegt kein Beschluss nach Abs. 1 vor, so ist die Übermittlung personenbezogener Daten an ein Drittland oder eine internationale Organisation zulässig, wenn

1. in einem rechtsverbindlichen Instrument geeignete Garantien für den Schutz personenbezogener Daten vorgesehen sind oder
2. der Verantwortliche auf Grund einer Beurteilung der für die Übermittlung personenbezogener Daten maßgeblichen Umstände zu der Auffassung gelangt ist, dass geeignete Garantien zum Schutz personenbezogener Daten bestehen.

(4) Bestehen geeignete Garantien gemäß Abs. 3 Z 2 für Kategorien von Übermittlungen, so hat der Verantwortliche die Datenschutzbehörde über diese Kategorien zu unterrichten.

(5) Übermittlungen gemäß Abs. 3 Z 2 sind zu dokumentieren und die Dokumentation einschließlich Datum und Zeitpunkt der Übermittlung, Informationen über die empfangende zuständige Behörde, Begründung der Übermittlung und übermittelte personenbezogenen Daten, der Datenschutzbehörde auf Anforderung zur Verfügung zu stellen.

(6) Wenn weder ein Angemessenheitsbeschluss gemäß Abs. 1 bis 2 vorliegt noch geeignete Garantien gemäß Abs. 3 bis 5 vorhanden sind, so ist nach Maßgabe des Abs. 5 eine Übermittlung personenbezogener Daten an ein Drittland oder an eine internationale Organisation nur zulässig, wenn die Übermittlung erforderlich ist

1. zum Schutz lebenswichtiger Interessen einer Person,
2. wenn dies zur Wahrung berechtigter Interessen der betroffenen Person gesetzlich vorgesehen ist,
3. zur Abwehr einer unmittelbaren und ernsthaften Gefahr für die öffentliche Sicherheit eines Mitgliedstaates der EU oder eines Drittlandes,
4. im Einzelfall für die in § 36 Abs. 1 genannten Zwecke, oder
5. im Einzelfall zur Geltendmachung, Ausübung oder Verteidigung von Rechtsansprüchen im Zusammenhang mit den in § 36 Abs. 1 genannten Zwecken.

II. Österreichisches Datenschutzgesetz (DSG)

(7) In den Fällen des Abs. 6 Z 4 und 5 ist die Übermittlung nur zulässig, wenn keine das öffentliche Interesse an der Übermittlung überwiegenden Grundrechte und Grundfreiheiten der betroffenen Person der Übermittlung entgegenstehen.

4. Hauptstück. Besondere Strafbestimmungen

§ 62 Verwaltungsstrafbestimmung. (1) Sofern die Tat nicht einen Tatbestand nach Art. 83 DSGVO verwirklicht oder nach anderen Verwaltungsstrafbestimmungen mit strengerer Strafe bedroht ist, begeht eine Verwaltungsübertretung, die mit Geldstrafe bis zu 50 000 Euro zu ahnden ist, wer
1. sich vorsätzlich widerrechtlichen Zugang zu einer Datenverarbeitung verschafft oder einen erkennbar widerrechtlichen Zugang vorsätzlich aufrechterhält,
2. Daten vorsätzlich in Verletzung des Datengeheimnisses (§ 6) übermittelt, insbesondere Daten, die ihm gemäß §§ 7 oder 8 anvertraut wurden, vorsätzlich für andere unzulässige Zwecke verarbeitet,
3. sich unter Vortäuschung falscher Tatsachen vorsätzlich personenbezogene Daten gemäß § 10 verschafft,
4. eine Bildverarbeitung entgegen den Bestimmungen des 3. Abschnittes des 1. Hauptstücks betreibt oder
5. die Einschau gemäß § 22 Abs. 2 verweigert.

(2) Der Versuch ist strafbar.

(3) Gegen juristische Personen können bei Verwaltungsübertretung nach Abs. 1 und 2 Geldbußen nach Maßgabe des § 30 verhängt werden.

(4) Die Strafe des Verfalls von Datenträgern und Programmen sowie Bildübertragungs- und Bildaufzeichnungsgeräten kann ausgesprochen werden (§§ 10, 17 und 18 VStG), wenn diese Gegenstände mit einer Verwaltungsübertretung nach Abs. 1 in Zusammenhang stehen.

(5) Die Datenschutzbehörde ist zuständig für Entscheidungen nach Abs. 1 bis 4.

§ 63 Datenverarbeitung in Gewinn- oder Schädigungsabsicht. Wer mit dem Vorsatz, sich oder einen Dritten dadurch unrechtmäßig zu bereichern, oder mit der Absicht, einen anderen dadurch in seinem von § 1 Abs. 1 gewährleisteten Anspruch zu schädigen, personenbezogene Daten, die ihm ausschließlich auf Grund seiner berufsmäßigen Beschäftigung anvertraut oder zugänglich geworden sind oder die er sich widerrechtlich verschafft hat, selbst benützt, einem anderen zugänglich macht oder veröffentlicht, obwohl der Betroffene an diesen Daten ein schutzwürdiges Geheimhaltungsinteresse hat, ist, wenn die Tat nicht nach einer anderen Bestimmung mit strengerer Strafe bedroht ist, vom Gericht mit Freiheitsstrafe bis zu einem Jahr oder mit Geldstrafe bis zu 720 Tagessätzen zu bestrafen.

5. Hauptstück. Schlussbestimmungen

§ 64 Durchführung und Umsetzung von Rechtsakten der EU. (1) Dieses Bundesgesetz dient der Durchführung der Verordnung (EU) 2016/679 zum Schutz natürlicher Personen bei der Verarbeitung personenbezogener Daten, zum freien Datenverkehr und zur Aufhebung der Richtlinie 95/46/EG (Datenschutz-Grundverordnung), ABl. Nr. L 119 vom 4.5.2016 S. 1.

(2) Dieses Bundesgesetz dient weiters der Umsetzung der Richtlinie (EU) 2016/680 zum Schutz natürlicher Personen bei der Verarbeitung personenbezogener Daten durch die zuständigen Behörden zum Zwecke der Verhütung, Ermittlung, Aufdeckung oder Verfolgung von Straftaten oder der Strafvollstreckung sowie zum freien Datenverkehr und zur Aufhebung des Rahmenbeschlusses 2008/977/JI des Rates, ABl. Nr. L 119 vom 4.5.2016 S. 89.

§ 65 Sprachliche Gleichbehandlung. [1] Soweit in diesem Bundesgesetz auf natürliche Personen bezogene Bezeichnungen nur in männlicher Form angeführt sind, beziehen sie sich auf Frauen und Männer in gleicher Weise. [2] Bei der Anwendung der Bezeichnungen auf bestimmte natürliche Personen ist die jeweils geschlechtsspezifische Form zu verwenden.

§ 66 Erlassung von Verordnungen. Verordnungen auf Grund dieses Bundesgesetzes in seiner jeweiligen Fassung dürfen bereits von dem Tag an erlassen werden, der der Kundmachung der durchzuführenden Gesetzesbestimmungen folgt; sie dürfen jedoch nicht vor den durchzuführenden Gesetzesbestimmungen in Kraft treten.

§ 67 Verweisungen. Soweit in diesem Bundesgesetz auf Bestimmungen anderer Bundesgesetze verwiesen wird, sind diese in ihrer jeweils geltenden Fassung anzuwenden.

§ 68 Vollziehung. Mit der Vollziehung dieses Bundesgesetzes sind, soweit sie nicht der Bundesregierung obliegt, der Bundesminister für Verfassung, Reformen, Deregulierung und Justiz sowie der Bundeskanzler und die anderen Bundesminister im Rahmen ihres Wirkungsbereichs betraut.

§ 69 Übergangsbestimmungen. (1) [1]Die zum Zeitpunkt des Inkrafttretens dieses Bundesgesetzes laufende Funktionsperiode des Leiters der Datenschutzbehörde wird bis zu deren Ablauf fortgesetzt. [2]Dies gilt auch für dessen Stellvertreter.

(2) [1]Das von der Datenschutzbehörde geführte Datenverarbeitungsregister ist von der Datenschutzbehörde bis zum 31. Dezember 2019 zu Archivzwecken fortzuführen. [2]Es dürfen keine Eintragungen und inhaltliche Änderungen im Datenverarbeitungsregister vorgenommen werden. [3]Registrierungen im Datenverarbeitungsregister werden gegenstandslos. [4]Jedermann kann in das Register Einsicht nehmen. [5]In den Registrierungsakt einschließlich darin allenfalls enthaltener Genehmigungsbescheide ist Einsicht zu gewähren, wenn der Einsichtswerber glaubhaft macht, dass er eine betroffene Person ist, und soweit nicht überwiegende schutzwürdige Geheimhaltungsinteressen des Verantwortlichen (Auftraggebers) oder anderer Personen entgegenstehen.

(3) [1]Gemäß den §§ 17 und 18 Abs. 2 DSG 2000 im Zeitpunkt des Inkrafttretens dieses Bundesgesetzes anhängige Registrierungsverfahren gelten als eingestellt. [2]Im Zeitpunkt des Inkrafttretens dieses Bundesgesetzes anhängige Verfahren nach den §§ 13, 46 und 47 DSG 2000 sind fortzuführen, sofern die Genehmigung nach diesem Bundesgesetz oder der DSGVO erforderlich ist. [3]Anderenfalls gelten sie als eingestellt.

(4) Zum Zeitpunkt des Inkrafttretens dieses Bundesgesetzes bei der Datenschutzbehörde oder bei den ordentlichen Gerichten zum Datenschutzgesetz 2000 anhängige Verfahren sind nach den Bestimmungen dieses Bundesgesetzes und der DSGVO fortzuführen, mit der Maßgabe, dass die Zuständigkeit der ordentlichen Gerichte aufrecht bleibt.

(5) [1]Verletzungen des Datenschutzgesetzes 2000, die zum Zeitpunkt des Inkrafttretens dieses Bundesgesetzes noch nicht anhängig gemacht wurden, sind nach der Rechtslage nach Inkrafttreten dieses Bundesgesetzes zu beurteilen. [2]Ein strafbarer Tatbestand, der vor dem Inkrafttreten dieses Bundesgesetzes verwirklicht wurde, ist nach jener Rechtslage zu beurteilen, die für den Täter in ihrer Gesamtauswirkung günstiger ist; dies gilt auch für das Rechtsmittelverfahren.

(6) Die Eingaben der betroffenen Personen nach § 24 sind von den Verwaltungsabgaben des Bundes befreit.

(7) [1]Die entsendenden Stellen haben eine dem § 15 Abs. 1 Z 1 bis 6 entsprechende Anzahl von Mitgliedern und Ersatzmitgliedern des Datenschutzrates dem Bundesministerium für Verfassung, Reformen, Deregulierung und Justiz innerhalb von zwei Wochen ab dem 25. Mai 2018 schriftlich bekannt zu geben. [2]Die konstituierende Sitzung des Datenschutzrates hat innerhalb von sechs Wochen ab dem 25. Mai 2018 zu erfolgen. [3]Bis zur Wahl des neuen Vorsitzenden und der beiden stellvertretenden Vorsitzenden bleiben der bisherige Vorsitzende sowie die beiden bisherigen stellvertretenden Vorsitzenden in ihrer Funktion.

(8) Besondere Bestimmungen über die Verarbeitung von personenbezogenen Daten in anderen Bundes- oder Landesgesetzen bleiben unberührt.

(9) [1]Vor Inkrafttreten dieses Bundesgesetzes nach §§ 13, 46 und 47 DSG 2000 rechtskräftig erteilte Genehmigungen der Datenschutzbehörde bleiben unberührt. [2]Nach dem Datenschutzgesetz 2000 erteilte Zustimmungen bleiben aufrecht, sofern sie den Vorgaben der DSGVO entsprechen.

§ 70 Inkrafttreten. (1) Die übrigen Bestimmungen dieses Bundesgesetzes treten ebenfalls mit 1. Jänner 2000 in Kraft.

(2) §§ 26 Abs. 6 und 52 Abs. 1 und 2 in der Fassung des Bundesgesetzes BGBl. I Nr. 136/2001 treten mit 1. Jänner 2002 in Kraft.

(3) § 48a Abs. 5 in der Fassung des Bundesgesetzes BGBl. I Nr. 135/2009 tritt mit 1. Jänner 2010 in Kraft.

(4) [1]Das Inhaltsverzeichnis, § 4 Abs. 1 Z 4, 5, 7 bis 9, 11 und 12, § 8 Abs. 1, 2 und 4, § 12 Abs. 1, die Umnummerierung der Absätze in § 13, § 16 Abs. 1 und 3, § 17 Abs. 1, 1a und 4, § 19 Abs. 1 Z 3a und Abs. 2, die Umnummerierung der Absätze in § 19, die §§ 20 bis 22a samt

II. Österreichisches Datenschutzgesetz (DSG)

Überschriften, § 24 Abs. 2a, § 24 Abs. 4, § 26 Abs. 1 bis 8 und 10, § 28 Abs. 3, § 30 Abs. 2a, 5 bis 6a, die §§ 31 und 31a samt Überschriften, § 32 Abs. 1, 4, 6 und 7, § 34 Abs. 1, 3 und 4, § 36 Abs. 3, 3a und 9, § 39 Abs. 5, § 40 Abs. 1 und 2, § 41 Abs. 2 Z 4a, § 42 Abs. 1 Z 1, § 42 Abs. 5, § 46 Abs. 1 Z 2 und 3, Abs. 2 bis 3a, § 47 Abs. 4, § 49 Abs. 3, § 50 Abs. 1 bis 2a, der 9a. Abschnitt, § 51, § 52 Abs. 2 und 4, § 55, § 61 Abs. 6 bis 9 sowie § 64 in der Fassung des Bundesgesetzes BGBl. I Nr. 133/2009 treten mit 1. Jänner 2010 in Kraft. [2] Gleichzeitig treten § 4 Abs. 1 Z 10, § 13 Abs. 3 sowie § 51 Abs. 2 außer Kraft.

(5) § 36 Abs. 6 in der Fassung des Bundesgesetzes BGBl. I Nr. 133/2009 tritt am 1. Juli 2010 in Kraft.

(6) § 37 Abs. 2, § 38 Abs. 2 und § 61 Abs. 9 in der Fassung des Bundesgesetzes BGBl. I Nr. 57/2013 treten mit 1. Mai 2013 in Kraft.

(7) [1] Das Inhaltverzeichnis, § 5 Abs. 4, § 10 Abs. 2, § 12 Abs. 4, § 13 Abs. 1, 2 Z 2, Abs. 3, 4 und 6, § 16 Abs. 1, § 17 Abs. 1, § 18 Abs. 2, § 19 Abs. 1 Z 6 und Abs. 2, § 20 Abs. 2 und 5 Z 2, § 21 Abs. 1 Z 3, § 22 Abs. 2 bis 4, § 22a Abs. 1, 3 bis 5, § 23 Abs. 2, § 26 Abs. 2, 5 und 7, § 27 Abs. 5 und 7, die Überschrift zu § 30, § 30 Abs. 1, 2, 2a, 4 bis 6a, die Überschrift zu § 31, § 31 Abs. 1, 2, 5 und 6 und 8, § 31a, § 32 Abs. 5 bis 7, § 34 Abs. 3 und 4, die Überschrift zu § 35, § 35 Abs. 1, §§ 36 bis 40 samt Überschriften, § 41 Abs. 2 Z 1, § 44 Abs. 6 und 8, § 46 Abs. 2 Z 3 und Abs. 3, § 47 Abs. 3 und 4, § 48a Abs. 2, § 50 Abs. 1 und 2, § 50b Abs. 2, § 50c Abs. 1, § 52 Abs. 2 Z 2 und 3 sowie Abs. 5, § 54 Abs. 2 und § 61 Abs. 8 bis 10 in der Fassung des Bundesgesetzes BGBl. I Nr. 83/2013 treten mit 1. Jänner 2014 in Kraft. [2] Gleichzeitig treten § 41 Abs. 2 Z 4a und die DSK-Vergütungsverordnung, BGBl. II Nr. 145/2006, außer Kraft. [3] Die für die Bestellung des Leiters der Datenschutzbehörde und seines Stellvertreters notwendigen organisatorischen und personellen Maßnahmen können bereits vor Inkrafttreten des Bundesgesetzes BGBl. I Nr. 83/2013 getroffen werden.

(8) (Verfassungsbestimmung) § 2 Abs. 2 und § 35 Abs. 2 in der Fassung des Bundesgesetzes BGBl. I Nr. 83/2013 treten mit 1. Jänner 2014 in Kraft.

(9) [1] Der Titel, das Inhaltsverzeichnis, das 1. Hauptstück, die Bezeichnung und Überschrift des 2. Hauptstücks, der 1., 2., 3. und 4. Abschnitt, die Überschrift und Bezeichnung des 5. Abschnittes, § 35 Abs. 1, die Bezeichnung und Überschrift des 3. Hauptstücks, der 1., 2. und 3. Abschnitt, die Überschrift und Bezeichnung des 4. Abschnittes, die §§ 58 und 59 samt Überschriften sowie die 4. und 5. Hauptstück in der Fassung des Bundesgesetzes BGBl. I Nr. 120/2017 treten mit 25. Mai 2018 in Kraft. [2] Im Art. 2 treten der 1., 2., 3., 4., 5 und 6. Abschnitt, die Bezeichnung und die Überschrift des 7. Abschnittes, die Überschrift zu § 35, die §§ 36 bis 44 samt Überschriften, der 8., 9., 9a. und 10. Abschnitt, die Bezeichnung und die Überschrift des 11. Abschnittes, die §§ 53 bis 59 samt Überschriften, § 61 Abs. 1 bis 3 und 5 bis 10 sowie die §§ 62 bis 64 samt Überschriften in der Fassung vor der Novelle BGBl. I Nr. 120/2017 mit Ablauf des 24. Mai 2018 außer Kraft.

(10) Die Standard- und Muster-Verordnung 2004 – StMV 2004, BGBl. II Nr. 312/2004, die Datenverarbeitungsregister-Verordnung 2012 – DVRV 2012, BGBl. II Nr. 257/2012, und die Datenschutzangemessenheits-Verordnung – DSAV, BGBl. II Nr. 521/1999, treten mit Ablauf des 24. Mai 2018 außer Kraft.

(11) (Verfassungsbestimmung) § 35 Abs. 2 in der Fassung des Bundesgesetzes BGBl. I Nr. 23/2018 tritt mit 25. Mai 2018 in Kraft.

(12) [1] Das Inhaltsverzeichnis, § 4 Abs. 1, 5 bis 7, § 5 Abs. 3 erster Satz und Abs. 5, § 9 samt Überschrift, § 11 samt Überschrift, § 12 Abs. 3 Z 2 und Abs. 4 Z 3, § 14 Abs. 1, § 15 Abs. 1 Z 5, Abs. 3, Abs. 5 Z 1 und 2, Abs. 6, 7 und 8, § 16 Abs. 3 Z 2 und Abs. 5, § 19 Abs. 2 und 3, § 23 Abs. 1, § 26 Abs. 1, § 28, § 30 Abs. 3 und 5, § 32 Abs. 1 Z 1, § 36 Abs. 1 und 2 Z 7, § 44 Abs. 2, § 49 Abs. 1 und 3, § 56 Abs. 1, § 64 Abs. 2, § 68 sowie § 69 Abs. 5 und 7 in der Fassung des Bundesgesetzes BGBl. I Nr. 24/2018 treten mit 25. Mai 2018 in Kraft. [2] Gleichzeitig tritt § 45 Abs. 7 in der Fassung vor der Novelle BGBl. I Nr. 24/2018 außer Kraft. § 70 Abs. 1 bis 8 in der Fassung des Bundesgesetzes BGBl. I Nr. 24/2018 tritt mit dem auf die Kundmachung folgenden Tag in Kraft. [3] Soweit sich die im Bundesgesetz BGBl. I Nr. 24/2018 getroffenen Anordnungen auf durch das Datenschutz-Anpassungsgesetz 2018, BGBl. I Nr. 120/2017, geschaffene Vorschriften beziehen, gehen die Regelungen des Bundesgesetzes BGBl. I Nr. 24/2018 jenen des Datenschutz-Anpassungsgesetzes 2018, BGBl. I Nr. 120/2017, vor.

(13) ¹§ 16 Abs. 5 und § 70 Abs. 6, 7, 9, 10 und 12 in der Fassung des Bundesgesetzes BGBl. I Nr. 14/2019 treten mit Ablauf des Tages der Kundmachung dieses Bundesgesetzes in Kraft; gleichzeitig treten die Einträge zu den §§ 60 und 61 im Inhaltsverzeichnis außer Kraft. ²Die Einträge zu den §§ 2 und 3 im Inhaltsverzeichnis und § 4 Abs. 7 treten mit 1. Jänner 2020 außer Kraft.

(14) (Verfassungsbestimmung) Die §§ 2 und 3 samt Überschriften treten mit Ablauf des 31. Dezember 2019 außer Kraft. § 70 Abs. 8 und 11 in der Fassung des Bundesgesetzes BGBl. I Nr. 14/2019 tritt mit Ablauf des Tages der Kundmachung dieses Bundesgesetzes in Kraft; gleichzeitig tritt § 61 samt Überschrift außer Kraft.

Stichwortverzeichnis

Fettgedruckte Zahlen = Artikel, magere Zahlen = Randnummern

Abhilfemaßnahmen 33 22, **57** 8, 11, **59** 7
– Datenschutz-Folgenabschätzung **35** 68, **36** 8
Abkommen über Auslieferung 48 12
Abkommen über den grenzüberschreitenden Zugang zu elektronischen Beweismitteln für die justizielle Zusammenarbeit in Strafsachen 48 12
Ablagesystem 27 2
Abwägung 19 15
Accountability Einl. 69, **5** 3, 39
– siehe auch Rechenschaftspflicht
Administration des Gesundheitswesens 4 66
AEUV
– Art. 16 **16** 2, **17** 8, **18** 2, **19** 2, **20** 4, **21** 2
– Art. 56 **17** 9
Akkreditierung 57 19
– Befristung **43** 11
– Kriterien **64** 3
– Rechtsstreit **41** 36
– Überwachungsstelle **41** 32 f.
– Widerruf **40** 24
Akkreditierungsstelle 57 29
– Beurteilungsspielraum **43** 6
– nationale **43** 3 f.
Akte 2 3
akzessorische Pflicht 19 2
Albanien 3 30
Albrecht, Jan Philipp Einl. 60
Allgemeingültigkeitserklärung 46 33
Altersgrenze 8 35
Amselfeld 3 30
– siehe Kosovo
Amtshilfe 57 12, **60** 2, 5, 9, **62** 14, **63** 5, **66** 7, **93** 7
– internationale **50** 2
– Zulässigkeit **61** 7
Amtshilfeersuchen 61 4 f., 7 ff., 11
Andorra
– Angemessenheitsbeschluss der Kommission **45** 28
angemessene Maßnahmen 17 10, 52
Angemessenheit 17 51
Angemessenheit des Schutzniveaus 45 2, **52** 6, 14
– der Sache nach gleichwertig **45** 6
– Recht auf gerichtlichen Rechtsbehelf **45** 19
Angemessenheitsbeschluss der Kommission Einl. 146, **45** 1, **58** 28, **97** 8
– auf Grundlage der Art. 25 Abs. 6 DS-RL **45** 27
– Aufsichtsbehörde **45** 15
– EU-US-Datenschutzschild **46** 2
– Justiziabilität **45** 9
– materieller Maßstab **45** 5
– nach Art. 36 RL (EU) 2016/680 **45** 3
– Überprüfungsmechanismen **45** 14
– Überwachungspflicht **45** 23
Anlaufstelle 27 14
– einzige **3** 7
Anonymisierung 4 20, **11** 13, **89** 1, 16, 30, 48, 52
Anonymisierungstechnik 32 9

Anspruch
– unmittelbare Geltung
– auf Berichtigung **16** 1, 30
– auf Datenübertragbarkeit **20** 22
– auf Einschränkung der Verarbeitung **18** 25
– auf Folgenbeseitigung/Löschung **17** 34
– auf Information **17** 48
– auf Mitteilung **19** 1, 17, 28
– auf Vervollständigung **16** 1
– auf Widerspruch **21** 39
Anspruch auf Anhörung 58 6
Anti-Doping-Regeln 6 15
Antrag
– auf Akkreditierung **41** 16
– auf Auskunftserteilung **15** 68
– auf Datenübertragung
  – Rechtsschutz bei Datenübertragung **20** 47
– auf Einschränkung der Verarbeitung **18** 15
– auf Genehmigung von Verhaltensregeln **40** 27
– auf Löschung **17** 47
– auf Papier **15** 68
Anweisungen
– an Auftragsverarbeiter **4** 43
– der Aufsichtsbehörde **62** 18
– Verstoß **83** 64
– des Verantwortlichen **4** 43, 60, **19** 31, **29** 7, **32** 16, **82** 57
Anwendbarkeit
– der DS-GVO **25** 13
– siehe Verordnung
– der Öffnungsklausel **36** 19
Anwendungsbereich
– des Art. 17 **17** 7
– eines Angemessenheitsbeschlusses **45** 2, 13
– räumlicher **3** 1, **44** 4, 9
– BDSG § 1 Abs. 4 **3** 31
– DSG § 32
Anwendungsvorrang 6 86, 93, **88** 6
APEC 50 8
Apple Einl. 61
Äquivalenzgrundsatz Einl. 88, **58** 5, 33
Arbeitnehmer 88 43
– Begriff Einl. 102
– siehe Beschäftigter
arbeitnehmerähnliche Person 88 45
Arbeitnehmerdaten 27 2, **35** 69
Arbeitsorganisation 88 114
Arbeitsrecht
– Verarbeitung sensibler Daten **9** 39
Arbeitsvertrag 88 113
Arbeitszeiterfassung 88 114
Archive
– historische **89** 25
– private **89** 25
Archivzwecke 5 5 f., 24, 35, **6** 74, 81, **15** 83, **17** 66, **18** 35, **19** 7
Argentinien
– Angemessenheitsbeschluss der Kommission **45** 29
Art. 7 GRCh 95 5, 10, 14

1463

Stichwortverzeichnis

Fette Zahlen = Art.

Art. 8 GRCh Einl. 96, 103, **4** 2, **45** 1 f., **51** 13, **53** 3, **95** 5, 10
Art. 16 AEUV Einl. 43, **51** 13, **98** 5
Art. 39 EUV 98 22
Art. 41 GRCh 60 9
Art. 56 AEUV 4 101
Art. 91 DS-GVO
– Adressat **91** 12
– Bestandsschutz **91** 16
– „in Einklang bringen" **91** 19
– weltanschauliche Gemeinschaften **91** 4
Art. 101 AEUV 4 83
Art. 102 AEUV 4 83
Art. 216 Abs. 1 AEUV 96 3
Art. 259 AEUV 62 30
Art. 263 AEUV 60 23, **64** 22, **65** 27, **66** 20, **67** 21
Art. 267 AEUV 64 22, **65** 27, **66** 20
Art. 339 AEUV 54 4, 12
Art. 351 AEUV 96 1, 4
Artikel-29-Datenschutzgruppe Einl. 76, **3** 17, **4** 8, **17** 38, **49** 15, **68** 1, **94** 2, **95** 11
– Kohärenzverfahren **95** 22
– Konsultation vor Reformvorschlag **Einl.** 45
– Stellungnahme zu Reformvorschlägen **Einl.** 46
Arzt 35 25
Aufbewahrungsfrist 15 84
Aufbewahrungspflicht 17 62
Aufenthaltsort 24 9
Aufsichtsbehörde 4 27, 88, **11** 15, **27** 15, **36** 1, **46** 9, **63** 5, **68** 1, **69** 1, **74** 3, **90** 1
– Abhilfebefugnisse **61** 8, **62** 2, 7, 17
– Amtszeit der Mitglieder **Einl.** 93
– Anordnung von Abhilfemaßnahmen **42** 26
– BDSG **90** 10
– Begriff **4** 88
– Berichtspflicht **97** 3
– Datenschutz-Folgenabschätzung **35** 24
– exterritoriale Tätigkeit **62** 23
– federführende **4** 75
– Fortgeltung von Genehmigungen **97** 8
– gemeinsame Maßnahmen **60** 5, 9, **62** 6, **63** 5
– Genehmigung **94** 3
– Haftung **62** 4, 25
– hoheitliche Befugnisse **60** 19
– Konsultation **35** 1, 12, 51, **36** 2, 9
– Rundfunk-Datenschutzbeauftragter **51** 17
– Unabhängigkeit **69** 3
– Untätigkeit **36** 21
– Untersuchungsbefugnisse **62** 2, 7
– Verhängung von Geldbußen **83** 18
  – siehe Geldbußen
– Verpflichtung zur Zusammenarbeit **63** 6
– zentrale Anlaufstelle **51** 18
Auftragsverarbeiter 4 74, **5** 47, **17** 71, **19** 4, **21** 32, **25** 11, **35** 8, **36** 3
– Abgrenzung **28** 21
– Abgrenzung zum Verantwortlichen **26** 6
– außerhalb der EU **27** 1
– Begriff **4** 42, **28** 3
– Datenrückgabe **28** 31
– Datenschutzbeauftragter **37** 21
– Haftung **28** 11, **82** 57
  – siehe auch Schadensersatz
– Haftungsrisiko **28** 8
– im Drittland **44** 5
– Kontrolle **28** 32

– Pflichten **28** 1
– Selbstregulierung **40** 1
– Übermittlung an **13** 54
– Unterauftrag **28** 15
– Verantwortung **24** 3
– Verschwiegenheitspflicht **28** 27
– Weisungsgebundenheit **28** 8
– weitere **28** 29
  – Massengeschäft **28** 15
Auftragsverarbeitung
– außerhalb der Union **28** 9
– Datenlöschung **28** 20
– Dauer **28** 20
– Drittland **28** 9
– Privilegierung **28** 4, 8
– Schriftformerfordernis **28** 18
Aufwand 19 1, 13
– unverhältnismäßiger **19** 1, 15
ausdrückliche Einwilligung 49 6
außergerichtliche Verfahren 49 15
Auskunft 11 14
– Anspruch **15** 13
– Erteilung
  – Modalitäten **15** 15
  – Formulierung **15** 47
Auskunftsrecht 15 1, **18** 5, **44** 5, **46** 8, **89** 14, 59
– Ausnahmen **15** 4
– Einschränkung **15** 4, 82
Auskunftssystem 15 31
Auskunftsverweigerungsrecht 58 12
Auslegung
– grundrechtskonforme **Einl.** 106
– siehe Unionsrecht, Auslegung
Ausnahmevorbehalt 18 7
– Art. 89 Abs. 2 **19** 7
– Art. 89 Abs. 3 **19** 7
Ausnahmevorschrift 49 3
Aussagegehalt
– objektiver **16** 14
Ausschreibung
– öffentliche **25** 12
Ausschuss
– Durchführungsrechtsakt **93** 1
Aussetzung des Verfahrens 81 1
Ausübung der Befugnisübertragung 92 1
– Dauer **92** 4
– Einwand **92** 7
– Einwendungen **92** 6
– Widerruf **92** 5
Auswahlermessen 17 40
Ausweisdokument 86 8
automatisierte Entscheidung 9 10, **11** 10, **22** 1
automatisierte Entscheidungen im Einzelfall einschließlich Profiling 4 94
automatisierte Verfahren 4 23

Bagatellfehler 16 16
Banküberweisung 49 9, 12
BDSG Einl. 52
– Evaluierung **37** 74
Beendigung
– Beschäftigungsverhältnis **88** 118
Begriffsbestimmungen 4 1, 3 f., 7
Begründetheit des Widerspruchs 21 64
Behörde 2 15
– Begriff **6** 39, **37** 25

1464

magere Zahlen = Rn.

Stichwortverzeichnis

– berechtigte Interessen **6** 38
– in Ausübung ihrer hoheitlichen Befugnisse **49** 8, 11, 13
Behördenvereinbarung 46 20
Bekämpfung des sexuellen Missbrauchs von Kindern
– Ausnahme-VO zur ePrivacy-RL **2** 24
– Chatkontrolle **2** 24
– Entwurf einer VO **2** 24
Belastbarkeit 32 11
Beleihung 2 15
Benachrichtigung 34 3
– Bedingung **34** 5
– Inhalt **34** 7
– kostenfreie **12** 42
– nach der Richtlinie 2002/58/EG **33** 2
– über Datenschutzverstoß **12** 11
– unverzügliche **34** 4
Benachrichtigungspflicht 32 3, **34** 3
– Ausnahmen **34** 8
berechtigte Interessen 6 40, **13** 49, **14** 33, **21** 12
– Allgemeininteressen **6** 43
– Ausübung von Grundrechten **6** 41, 47
– des Verantwortlichen oder des Auftragsverarbeiters im Einzelfall **49** 18
– eines Dritten **6** 42, 51
– Erforderlichkeit **6** 7, 45
– Interessenabwägung **6** 46
– Konkretisierung **6** 41
– Schutzbedürfnis **6** 49
Bereich
– öffentlich zugänglicher **35** 38
bereichsspezifische Datenschutzvorschriften 6 56, 93
Bereitstellung 20 22
Bericht
– Veröffentlichung **97** 6
Berichtigung 11 14, **15** 1
– als Voraussetzung einer Einschränkung der Verarbeitung **18** 9
Berichtigungsanspruch 5 33, **15** 13, **16** 30
Berichtigungsantrag 16 24
– Form **16** 26
– Frist **16** 28
– Inhalt **16** 27
Berichtigungsbegehren 16 31
Berichtigungsgegenstand 16 22
Berichtigungsinteresse 16 18
Berichtigungsrecht 16 1, 7
– Adressat **16** 25
– allgemeiner Beschränkungsvorbehalt **16** 11
– Alternativrecht zum Löschungsrecht **16** 7
– Ausnahmevorbehalte **16** 11, **17** 18, **18** 7, **19** 7, **20** 10, **21** 9
– Ausübung **16** 10
– Berichtigungsanspruch
– unverzüglicher **16** 33
– Berichtigungsentscheidung **16** 33, **17** 42
– Darlegungs- und Beweislast **16** 22
– Form **16** 26
– grundrechtlicher Charakter **16** 2
– kostenfrei **16** 29
– mehrstufiges Vorgehen **16** 6
– Modalitäten **16** 24
– objektives Schutzziel **16** 3
– Rechtsschutz

– Beschwerde **16** 45
– Geldbuße **16** 45
– Leistungsklage **16** 45
– Schadensersatz **16** 45
– Verpflichtungsklage **16** 45
– Schaden **16** 18
– subjektives Recht **16** 2
– Unabdingbarkeit **16** 2
– Verhältnis zu anderen Vorschriften **16** 5
– Voraussetzungen **16** 12
– vorläufige Absicherung **18** 11
– zeitliches Ausschließlichkeitsverhältnis **16** 8
Berichtspflicht 97 1 f.
Berufsgeheimnis 14 47, **24** 9, **29** 2, **33** 13, **90** 5
– Begriff **90** 7
Berufsgeheimnisträger 28 27, **90** 2 f.
Beschäftigtendatenschutz Einl. **91**, **95**, **1** 21, **88** 1
– BDSG **2** 25
– Geltungsbereich **88** 20
– Normadressat **88** 120
– Rechtsbehelf **88** 214
– Rechtsvorschrift **88** 55
– Transparenz **88** 139
– Widerruf der Einwilligung **88** 205
Beschäftigter 88 42
– Begriff **88** 35
– Beschäftigtendaten **37** 35, **88** 2
– Definition **88** 42
Beschäftigungskontext 88 35, 41, 50
– Videoüberwachung **88** 116
Beschlussentwurf
– der federführenden Behörde **60** 11, **65** 7
– der zuständigen Aufsichtsbehörde **64** 11
– des Europäischen Datenschutzausschusses **65** 15
– Zusammenarbeitsverfahren **60** 9
Beschränkung der Datenschutzgrundsätze 5 7
Beschränkungen
– der Datenübermittlung an begrenzten Personenkreis **49** 17
– der Datenübermittlung an Drittländer oder internationale Organisationen **49** 19
– des Widerspruchsrechts **21** 30
– Rechte Betroffener **23** 1
– berufsständische Regeln **23** 9
– Gerichtsverfahren **23** 8
– Gründe für **23** 2
– Landesverteidigung **23** 4
– Möglichkeiten **23** 2
– nationale Sicherheit **23** 3
– öffentliche Sicherheit **23** 5 f.
– öffentliches Interesse **23** 7
– richterliche Unabhängigkeit **23** 8
– Straftaten **23** 6
– Strafvollstreckung **23** 6
Beschränkungsvorbehalt 18 7, **19** 7
Beschwerde 4 90, **11** 29, **54** 12, 19, **55** 2 f., 6, **56** 2, 4, 6, 20, 24, **57** 9, 22, 25, **58** 11, **59** 7, **60** 13, **62** 12, 15
Beschwerdeformular 57 22
Beschwerderecht 13 71
Beschwerdeverfahren
– Entscheidungsmaßstab **77** 38
– Ermittlungspflichten der Behörde **77** 19
– Substantiierungspflicht der betroffenen Person **77** 14

1465

Stichwortverzeichnis

Fette Zahlen = Art.

– Verfahren **77** 16
– zuständige Behörde **77** 10
– Zweck der Regelung **77** 1
Besitzstand 3 30
besondere Kategorien personenbezogener Daten 9 1
– siehe auch sensible Daten
Best-efforts-Verpflichtung 17 52
Bestätigung
– über Verarbeitung **15** 10, 25
Bestätigungsanspruch 15 28
Bestellung
– Vertreter in der Union **27** 11
Betriebsparteien
– Beschäftigtendatenschutz **88** 28
Betriebsrat 30 10, **35** 69, **37** 19 f., **38** 28, 36, **39** 7, 34, **88** 4, 10
– siehe auch „Mitbestimmungsrecht"
Betriebsvereinbarungen 88 21, 90
betroffene Aufsichtsbehörde 56 5, **60** 3, **61** 4, **62** 11
– Begriff **4** 89
– Federführung **56** 7
– siehe Verfahren der Zusammenarbeit und Kohärenz
betroffene Person
– Begriff **4** 12
– Rechte **28** 30
Betroffenenrechte 12 8, **13** 65, **14** 6, **18** 29
– Beschränkung **18** 34
– Durchsetzung **19** 2
– Ergänzung **19** 2
– Erleichterung der Geltendmachung **12** 24
– Informationspflichten **12** 9
– offenkundig unbegründeter Antrag **12** 46
Betrug 22 19
BetrVG 37 75, **39** 7, **88** 190
Beweislast 5 24, 43, **6** 21
– bei Schadensersatzansprüchen **82** 52
– siehe auch Schadensersatz
Beweislastregel 12 26
Beweisverwertungsverbot 88 169
Bewerber 22 7, **88** 44
Bewerbungsgespräch 88 38
Bewerbungsverfahren 88 112
Big Data 4 17, **5** 24, **17** 41, **37** 32, **89** 19, 27, 44
– Verarbeitung sensibler Daten **9** 66 f., 69
Bildaufnahmen 6 98
Bildsymbole 12 52, **13** 18, **14** 12
Binding Corporate Rules 4 88, **13** 60, **46** 22, **47** 1
– Controller **47** 11
– Processor **47** 11
Binnenmarkt Einl. 45, 73, 80, **1** 2, **2** 19, **55** 1 f., **56** 2, 7
– digitaler **Einl.** 62, 130, **1** 3, 23
– einheitliche Anwendung der DS-GVO **Einl.** 59
Biobanken 89 37, 48
biometrische Daten 9 28
– Begriff **4** 64
Blog 25 28
Bonitätsauskunft 6 27, 41
Bosnien und Herzegowina 3 30
Brexit 48 17
Briefkastenfirma 56 8
Bring Your Own Device 35 21

Brüssel I-Verordnung 3 23
Bundesbeauftragte(r) für den Datenschutz und die Informationsfreiheit 51 12, 23 ff., **52** 33, **53** 20 f., **54** 21 ff., **55** 20 f., **57** 28, **58** 39, **59** 14
Bußgeld 89 65

Caching 2 19
Caroline-Urteil 85 13
Charaktereigenschaften 22 7
Charta der Grundrechte der Europäischen Union Einl. 44, 62, 88, 106, **5** 2, **6** 1, 5, 83
Checkbox 8 22
Cloud 17 37
– Diensteanbieter **1** 14
CLOUD Act 48 2
Cloud Computing Einl. 52, **2** 12, **3** 4, **15**, **4** 45, 44 1, 11, **48** 2
Cloud-Dienst 25 11
– souveräner **44** 23
Cloud-Service 28 18, 34, **30** 19, **35** 9
CNIL 51 12
Code of Conduct 40 25, **41** 14
Compliance 35 1
Connected Home Devices 35 24
Cookies 3 4, 26, **98** 17
– Einwilligung **7** 40
Coordinated Enforcement Framework (CEF) 37 10, 51, 81, **38** 2, 8, 13, 19, 42
COVID-19 1 8, **5** 21, 34, **6** 29, 94, **49** 14
Cross-Border Privacy Rules
– APEC **50** 8
Cybercrime 4 17

Darlegungs- und Beweislast 5 24, 43
Data Act 1 14
– siehe Datengesetz
„data breach" **58** 23
Data Breach Notification Einl. 129
Data Governance Act 1 10
Data Protection by Default Einl. 69, **25** 1, 16, 25
Data Protection by Design Einl. 69, **25** 1, 16
– siehe Privacy by Design
– siehe auch Datenschutz durch Technikgestaltung
Dateisystem 2 3
– Begriff **4** 35
Daten 15 36
– gesundheitsbezogene **15** 36
– Herkunft **15** 33, 46, **19** 2
– Kategorien **15** 41
– sensible **35** 36
– Verbleib **19** 2
– siehe personenbezogene Daten
Daten über strafrechtliche Verurteilungen und Straftaten
– Begriffe **10** 4
– Regelungsbefugnis der Mitgliedstaaten **10** 8
– Register **10** 9
– Zweck der Regelung **10** 1
Daten-Governance-Rechtsakt 1 10, **6** 15
Datenaltruismus 6 15
Datenbestand
– nicht strukturierter **4** 36
Datendiebstahl 33 5
Datenerhalt 18 9

Stichwortverzeichnis

magere Zahlen = Rn.

Datenethikkommission 5 15
Datengeheimnis 29 1, 10
– siehe auch Verarbeitung, Vertraulichkeit
Datengesetz 1 14
Dateninhaltsklarheit 16 3
Dateninhaltswahrheit 16 3
Datenkrümel 3 4
– siehe auch Cookies
Datenleck 33 5
Datenminimierung 6 7, 31, 45, 65, 71, 73, 80, 8 20, 11 9, 16 37, 17 21, 25 9, 19, 25, 28, 35 50, 49 17
– Bezug zum Verarbeitungszweck 5 30
– Grundsatz 5 29
Datenmobilität 20 4
Datenpanne 17 46, 19 12, 33 5
Datenportabilität Einl. 67, 88 9
– siehe Recht auf Datenportabilität
Datenrichtigkeit 16 3, 6, 8, 30, 17 12
– allgemeine Anforderungen 5 32
– Einschränkung der Verarbeitung 18 11
– objektive 16 3
– Pflicht der Verarbeitung sachlich richtiger Daten 16 22
– Recht auf Berichtigung 16 30
– Verpflichtung zur Aktualität 5 33
Datenschutz durch Technikgestaltung 5 31, 47 15, 57 20
– siehe auch Privacy by Design
Datenschutz-Aufsichtsbehörde 1 5
– Abhilfebefugnisse 58 3, 18
  – Aussetzung der Datenübermittlung in ein Drittland 58 28
  – Bußgeldbewehrung 58 21 ff.
  – Löschung von Daten 58 25
  – Suspendierungsrecht 58 28
  – Verbot der Datenverarbeitung 58 24
  – Verhängung einer Geldbuße 58 27
  – Verwarnung 58 20
  – Warnung 58 19
– Amtsbeendigungsgründe
  – Auflösung 53 13
  – außerordentliche 53 14, 22, 54 11
  – Berufsunfähigkeit 53 16
  – ordentliche 53 12, 22
  – schwere Verfehlung 53 15
  – Verlust der Ruhegehaltsansprüche 53 17
– Amtshilfe 55 3
– Amtszeit 53 13, 54 9, 21
  – Mindestamtszeit von vier Jahren 54 9
  – Staffelungsmöglichkeit 54 9
  – Wiederernennung 54 10, 22
  – Wiederernennungsverbot 54 10
– angemessene Ressourcen-Ausstattung 59 3, 9 ff.
– Aufgaben
  – Beratung der nationalen Legislative und Exekutive 57 17, 28
  – Generalklausel des Art. 57 Abs. 1 lit. v 57 6
  – Sensibilisierungsfunktion 57 13
– Aufgaben und Befugnisse 44 5
  – Unionsunmittelbarkeit 57 1, 58 1
  – Unterscheidung 57 2
– Auskunftsanspruch 58 12, 16
– ausschließliche Zuständigkeit
  – öffentlicher Bereich 55 10, 56 4
– Beendigung des Beschäftigungsverhältnisses 54 11
– Befugnisse
  – Ausübung im öffentlichen Bereich 58 4
  – unmittelbare Anwendbarkeit 58 1
– begrenzte Zuständigkeit für die Justiz 55 13, 21
  – Verwaltungsangelegenheiten 55 16
– Begriff der Aufsichtsbehörde 51 9
– betroffene Aufsichtsbehörde 4 89
– demokratische Rechenschafts- und Transparenzpflichten 59 1
– dezentrale Unionsbehörden 51 6, 52 11, 23, 53 11, 21, 54 4, 57 1, 58 1, 59 6, 14
– Durchsetzungsbefugnisse 57 8
– Effektivität und Reaktivität 59 7
– einziger Ansprechpartner 56 1, 6
– Ernennungsorgan 53 6, 20
– Ernennungsverfahren 53 5, 20, 54 8
  – Grundsatz der Transparenz 54 8
  – optionale Pluralität 53 7
– Ernennungsvoraussetzungen 53 5, 8, 21, 54 7
  – allgemeine Voraussetzungen für die Einstellung in den öffentlichen Dienst 53 11
  – Berufspraxis 53 8, 54 7
  – Führungszeugnis 53 11, 54 7
  – Staatsangehörigkeit der EU-Mitgliedstaaten 53 11, 54 7
– Errichtung 54 1, 6
– europäischer Verwaltungsverbund 52 14
– federführende Aufsichtsbehörde 55 3
  – siehe auch federführende Aufsichtsbehörde
– finanzielle Unabhängigkeit 59 7
– Finanzkontrolle 59 3, 9 f.
– föderale Differenzierung 51 17, 19
– gemeinsame Maßnahmen 55 3
– genehmigungs- und beratende Befugnisse 58 3, 29
– Grundsatz der Nähe zum Grundrechtsträger 55 4, 56 16
– Grundsatz der Unentgeltlichkeit 57 24, 28
  – Ausnahme 57 26
– Hauptaufgabe
  – Überwachung der Anwendung und Durchsetzung der DS-GVO 57 6
– Hinweisbefugnis 58 15
– „Hüter des Rechts auf Privatsphäre" 51 3, 52 9, 57 7, 22, 24, 59 6
– Informationsaustausch 54 16
– Inkompatibilitäten 54 11
– „Integritätsgebot" 52 19, 21, 32 f., 53 15
– Jahresbericht 52 10, 57 11
  – Adressaten 59 10
  – Berichtsrhythmus 59 9
  – fakultativer Inhalt 59 7
  – Pflichtinhalt 59 6
  – Sensibilisierungsfunktion gegenüber der Öffentlichkeit 59 2
  – Übersetzung in EU-Amtssprachen 59 8, 12
  – verständliche Sprache 59 8
– Klagerecht 58 2, 34
– kollegiale Verfassung 51 12, 54 6
– Kollegialorgan 51 12
– monokratische Verfassung 51 12, 54 6
– nichtöffentlicher Bereich 52 7
– öffentliche Warn-, Mahn- und Beanstandungsbefugnis 58 32
– Gebot der Sachlichkeit 58 32
– „Ombudsman-Modell" 51 11

Stichwortverzeichnis

Fette Zahlen = Art.

- optionale Pluralität **51** 17, 19, 24, **54** 6, **55** 9, 20, **56** 25, **59** 4, 10
  - föderale Differenzierung **55** 9, **59** 4
  - sektorale Differenzierung **55** 9, **59** 4
  - zentrale Anlaufstelle **55** 9
- örtliche Aufsichtsbehörde **56** 16, 22, 24
  - Bechlussentwurf **56** 21
- örtliche Fälle **56** 19
  - Abgabe an die örtliche Aufsichtsbehörde **56** 20
  - besonderes Abstimmungsverfahren **56** 18 f.
  - Selbsteintrittsrecht der federführenden Aufsichtsbehörde **56** 20 f.
  - Zuständigkeit der örtlichen Aufsichtsbehörde **56** 17 ff.
- persönliche Unabhängigkeit **53** 1
- Pflicht zur horizontalen Verwaltungskooperation **57** 12
- Pflicht zur Integrität und Zurückhaltung nach Ende der Amtstätigkeit **54** 11
- Pflicht zur vertikalen Verwaltungskooperation **57** 12
- Pflichten der Mitglieder und Bediensteten **54** 11
- „proximité" **55** 4, **56** 16, 18
- räumliche Zuständigkeit **55** 1, 4 ff.
- „Regulierungsbehörden-Modell" **51** 11, **57** 6
- Ressourcen **Einl.** 45, 74
- Sanktionsbefugnisse **58** 3
  - kein strafrechtlicher Charakter **58** 6
- sektorale Differenzierung **51** 17, 19
- staatliche **51** 10
- Streitschlichtungsverfahren **55** 3
- Territorialitätsgrundsatz **55** 5
- Unabhängigkeit **Einl.** 74, **51** 3, 13, 19, **52** 29, **54** 1, 7, 11, **59** 6, 8, 11
  - Demokratieprinzip **53** 6
  - dienende Funktion **52** 12
  - Dienstaufsicht **52** 7, 9, 17, 26, 33
  - direkte Beeinflussungen **52** 16
  - eigenständige Personalauswahl **52** 25
  - Einflussnahme **52** 8
  - Fachaufsicht **52** 7, 9, 16
  - finanzielle Unabhängigkeit **52** 27
  - Finanzkontrolle **52** 28
  - Gebot der Ausgliederung aus der allgemeinen Staatsverwaltung **52** 9 ff.
  - Gefahr der politischen Einflussnahme **52** 9
  - Grenze in anderen demokratischen Grundrechten **52** 18
  - indirekte Beeinflussungen **52** 17
  - Interessenkonflikte **52** 19
  - keine strikte Pflicht zur Hauptamtlichkeit **52** 20
  - „Ministerialfreiheit" **52** 7
  - organisatorisch-institutionelle Unabhängigkeit **52** 3, 7 f., 11
  - persönliche Unabhängigkeit **52** 4
  - primärrechtliche Verankerung **52** 13
  - Räumlichkeiten und Infrastrukturen **52** 24
  - Rechtsaufsicht **52** 7, 9, 16
  - Rechtsschutz für die Datenschutz-Aufsichtsbehörde **52** 29
  - Rechtsschutz für Grundrechtsträger **52** 30
  - Rechtsschutz für Wirtschaftsteilnehmer **52** 30
  - relativ-funktionale Unabhängigkeit **52** 7
  - Sachmittel und Finanzressourcen **52** 23
  - umfassendes Weisungs- und Beeinflussungsverbot **52** 15, 32

- Verdacht der Parteilichkeit **52** 9
- völlige Unabhängigkeit **51** 2, 13, **52** 1, 7 ff., 13 f., 26 f.
- vorauseilender Gehorsam **52** 9, 17
- Weisungen **52** 8, **53** 15
- unionsrechtliches Mandat **51** 15 f., **59** 6, 8
- Untersuchungsbefugnisse **54** 12, **55** 8, **58** 3, 11 f.
  - anlasslose Untersuchungen **58** 11
  - Bußgeldbewehrung **58** 16
  - richterliche Genehmigung **58** 17
  - Zugang zu Geschäftsräumen **58** 17
  - Zugangsrecht zu personenbezogenen Daten und Informationen **58** 16
- völlige Unabhängigkeit **52** 32 f., **53** 3, 11, **57** 3
  - Jahresbericht als Pendant **59** 1
- Vorschlag zur Ernennung **53** 6, **54** 8
- Weisungs- und Beeinflussungsverbot **57** 3
- Zusammenarbeit **55** 1, 3, 7, 9 ff.
- zusätzliche Befugnisse **58** 3, 35
- Zuständigkeit **57** 3
- zwischenbehördliche Zusammenarbeit **57** 12
- siehe auch Aufsichtsbehörde

Datenschutz-Folgenabschätzung Einl. 69, **9** 10, **24** 11, **25** 10, **35** 1, 4, **57** 19, **64** 3
- Ausnahmen **35** 71
- Datenschutzbeauftragter **39** 16 ff., 24
- Erforderlichkeit **35** 17
- Mindestinhalt **35** 46
- nationale Rechtsvorschrift **35** 72
- Sanktion **35** 76
- Überprüfung **35** 74
- Verhaltensregeln **40** 5
- Zertifizierung **42** 7

Datenschutzauditgesetz 40 25

Datenschutzausschuss 45 10, 25
- siehe auch Europäischer Datenschutzausschuss

Datenschutzbeauftragter Einl. 93, **4** 86, **5** 48, **37** 1, **53** 8, 10, **57** 25
- Abberufungsschutz **38** 17, 34
- Abberufungsverlangen **37** 61, 77
- Anlaufstelle für Aufsichtsbehörde **38** 4, **39** 20
- Ansprechpartner für Betroffene **38** 21
- Aufgaben **39** 23
- Ausnahme für Gerichte **37** 28 f., **39** 33
- Belgien **37** 80
- Benachteiligungsverbot **38** 16
- Benennung **37** 17, 19, 22 f., **89** 58
- Beratung **39** 9
- Bericht **97** 3
- berufliche Qualifikation **37** 49, 65
- Beschäftigungsverhältnis **37** 18
- Beteiligung **35** 30, **36** 3
- Betriebsrat **37** 19, **38** 28, **39** 7, 34
- Beurteilung **38** 15 f.
- CEF 2023 **37** 10, 51, 81, **38** 2, 8, 13, 19, 42
- Dänemark **38** 41
- Definition **37** 11
- Einbindung **38** 7
- externer **38** 30
- fakultative Benennung **37** 46
- Folgenabschätzung **39** 16 ff., 24
- Fortbildung **38** 13
- Garantenstellung **37** 15
- Grundverhältnis **37** 17
- Interessenkonflikt **27** 17, **38** 24
- interner **37** 53

1468

magere Zahlen = Rn.

Stichwortverzeichnis

– Irland **37** 80
– juristische Person **37** 56
– keine anwaltliche Tätigkeit **37** 50
– Kontaktdaten **14** 25, **37** 58
– Kündigungsschutz **37** 18, **38** 18, 34
– Loyalitätspflicht **39** 22
– Luxemburg **37** 80
– Mindestdauer der Benennung **37** 24
– Mitgliedstaaten **37** 3, 80
– nationale Parlamente **37** 26
– Niederlande **38** 41
– öffentlicher Bereich **37** 25
– Personalrat **37** 19 f., 71, **38** 28, **39** 7
– Pflicht zur Benennung **Einl.** 70
– privater Sektor **37** 31
– Rechtsdienstleistung **37** 76
– Ressourcen **38** 9
– risikobasierter Ansatz **37** 13, 43, 73, **39** 4, 27
– Risikomanagement **39** 29
– Rumänien **37** 80
– Schulung **39** 14, 26
– Selbstkontrolle **37** 12
– soziale Kompetenz **37** 52
– Spanien **37** 80, **38** 41
– Überwachungsaufgaben **39** 12
– Unabhängigkeit **38** 14
– Verarbeitungsverzeichnis **39** 24
– Verbände und Vereinigungen **37** 47
– Verschwiegenheitspflicht **38** 22, 36, 38
– vorherige Konsultation **39** 21
– Weisungsfreiheit **38** 4 f., 15
– Zeugnisverweigerungsrecht **38** 22, 37, 39
– Zugang zum Management **38** 19, **39** 10
– Zusammenarbeit mit Aufsichtsbehörde **39** 19
– Zuständigkeit **37** 20, **39** 6
– Zypern **37** 80
Datenschutzbehörde (Österreich) 51 22, **52** 34 f., **53** 20 ff., **54** 21 ff., **57** 29, **58** 40 ff., **59** 16
Datenschutzerklärung 13 26, **14** 14
Datenschutzgesetz 2018 37 78, **38** 6, 38 ff., **39** 26
Datenschutzgrundrecht Einl. 44, 84, 96, **54** 11, **55** 1, **56** 2, **57** 7, **58** 20, 25, **59** 7
– institutionelle Absicherung **51** 21, **52** 1
– Zuständigkeit **Einl.** 54
Datenschutzkontrolle 15 84
Datenschutzkonzept 88 185, **89** 50, **62** f.
Datenschutzmanagement 5 42
Datenschutzrecht
– Regelungskompetenz der EU **Einl.** 38
– Vollzugsdefizite **42** 1
– wirksames und durchsetzbares **45** 2
Datenschutzrichtlinie zur elektronischen Kommunikation 98 18
Datenschutzsiegel 40 19
– Begriff **42** 16, 18
– europäisches **Vorb. 40–43** 1, **42** 34
– Register **42** 43
Datenschutzüberprüfungen 58 13, **62** 18, 24
Datenschutzverletzungen 4 17
– Begriff **4** 59
Datenschutzzertifizierungen 57 19
Datenschutzzertifizierungsmechanismen 57 19
Datensicherung 15 84
Datensparsamkeit 5 29
Datenträger 17 37

Datentransfer 4 88
Datenübermittlung 6 51, 92, 99, **20** 21
– direkte **20** 1
– indirekte **20** 1
– Erwirkung **20** 21
– siehe auch Übermittlung
Datenübertragbarkeit 15 49, **20** 1 f., 4
– Annahme **20** 28
– Anspruch
  – auf Bereitstellung **20** 22
  – auf Übermittlung **20** 22
  – Umfang **20** 22
  – unmittelbare Geltung **20** 22
– Antrag
  – Beweislast **20** 44
  – Inhalt **20** 42
– Auftragsverarbeitung **20** 11
– Ausnahmen **20** 33
– Ausnahmevorbehalt **20** 10
– Beschränkungsvorbehalt **20** 10
– Betroffenheitserfordernis **20** 18
– Darlegungs- und Beweislast **20** 13
– den Antragsteller betreffende Daten **20** 15
– direkte **20** 32
– Einschränkung **20** 34
– technisch machbare **20** 30
– Format **20** 23
– Gesetzgebungsverfahren **20** 5
– Modalitäten **20** 9, 40
– objektiver Standard **20** 31
– ohne Behinderung **20** 27
– personenbezogene Daten Dritter **20** 15
– Rechtsschutz
  – Beschwerde **20** 47
  – Geldbuße **20** 47
  – gerichtlicher Rechtsbehelf **20** 47
  – Leistungsklage **20** 47
  – Primärrechtsschutz **20** 47
  – Schadensersatz **20** 47
  – Unterlassungsklage **20** 47
  – Verpflichtungsklage **20** 47
– subjektive Machbarkeitsfaktoren **20** 31
– Übermittlung
  – direkte **20** 29
– Übertragungsgegenstand **20** 16
– Verarbeitungsform
  – automatisierte Verarbeitung **20** 20
– Verarbeitungsgrundlage **20** 19
  – Einwilligung **20** 19
  – Vertrag **20** 19
– Verhältnis zu anderen Vorschriften **20** 7
– Voraussetzung **20** 13
  – bereitgestellte Daten **20** 14
– Zielrichtung **20** 8
Datenübertragung in Drittstaaten 64 3, 8
Datenverarbeitungssystem 20 30
Datenverkehr 18 3
– freier **1** 59
– EWR **3** 28
Datenvermeidung 5 29
delegierte Rechtsakte Einl. 90, **13** 20, **51** 7, **93** 3
– Vorschlag zur DS-GVO **Einl.** 58
– Zertifizierung **43** 15
– Verfahren **42** 18
Demokratieprinzip 2 7, 10, **53** 6, **59** 1
Diagnose 15 36

1469

Stichwortverzeichnis

Fette Zahlen = Art.

Dienst der Informationsgesellschaft 8 17, **11** 20, 20 22, **21** 61
– Begriff **4** 97, **8** 18
– kinderbezogener Dienst **8** 22
– Verarbeitung
  – als Voraussetzung einer Löschung **17** 10
Dienstleistung 4 100 f.
– Angebot **3** 22
– Begriff **3** 22
Dienstleistungsfreiheit 1 23, **17** 9, **55** 1, **56** 7
Dienstleistungsverkehr 18 3
Digital Markets Act 1 12
Digital Services Act 1 11, **2** 19, **3** 17
Digitale-Inhalte-Richtlinie (EU) Nr. 2019/770 7 32, 100, **8** 18, 39
Direkterhebung 13 3, **14** 2
Direktwerbung 18 21, **21** 45, 47, 49, **22** 11
– Widerspruchsrecht **21** 1
Diskriminierung 33 13
Diversität 88 115
Do-Not-Track-Software 95 8
Dokumentation 50 9
– Abhilfemaßnahmen **35** 55
– Datenschutz-Folgenabschätzung **35** 5, 47
– Datenschutzbeauftragter **38** 8, 20
– Risikoanalyse **35** 14
Dokumentationspflicht 33 22, **49** 18
Dokumentationszentrum
– Datenschutzvorschriften **45** 23
Dokumente
– amtliche **86** 1
  – Begriff **86** 8
– Recht auf Zugang **86** 2
Doping 49 14
doppelte Anhängigkeit 81 1
– siehe Aussetzung des Verfahrens
Double-Opt-in-Verfahren 7 75, **8** 29, 31, 37
dringender Handlungsbedarf 62 8
Dringlichkeitsmaßnahmen 60 17, **66** 3 f., 10 f.
Dringlichkeitsverfahren 55 3, **60** 7, 17, **61** 5, 12, **62** 5, 8, 20, **64** 7, **65** 5, **66** 3, 7 f., 13
Drittanbieter 25 30
Dritter
– Begriff **4** 47
– sonstiger **17** 56
Drittersteller 25 30
Drittinteressen 16 32
Drittland 3 29, **4** 88, **6** 61, **45** 1
– Begriff **44** 14
– Bericht der Kommission **97** 8
– Übermittlung
  – Information **13** 58
Drittrechte 16 32, **18** 33
Drohne 35 38
DS-GVO
– Anwendungsbereich
  – räumlicher **3** 9, 16
  – sachlicher **2** 1
– Auslegung Einl. 99
  – teleologischer Einl. 100
– bereichsspezifische Regelungen Einl. 52
– dezentraler Rechtsschutz Einl. 54
– doppelte Zielsetzung **1** 2, **55** 1
– Einbeziehung des öffentlichen Sektors Einl. 53, 57
– einheitliche Anwendung Einl. 59

– Erfolgsfaktoren Einl. 60
– Extraterritorialität **3** 17, **17** 38
– Geltung
  – unmittelbare **4** 3, **51** 20
– Gesetzgebungsverfahren Einl. 47
– Haltung des Bundesinnenministeriums Einl. 51, 55
– Haltung Österreichs Einl. 55
– inhaltliche Neuerungen Einl. 63
– Kommissionsvorschlag **55** 2
– künftige Änderung **57** 18
– nationales Ausführungsgesetz Einl. 98
– öffentlicher Bereich Einl. 52
– „Paket" mit Polizei-RL Einl. 60
– Schutzniveau **1** 20
– Skepsis in Deutschland Einl. 50
– Spezifizierungsklausel **1** 21
– Sprachfassungen Einl. 101
– umfassende Harmonisierung Einl. 85
– unmittelbare Anwendbarkeit **52** 29, **54** 2, 18
– unmittelbare Geltung **57** 1, **58** 1, 9
– US-Lobbying Einl. 49
– Verhältnis zur DS-RL Einl. 64
DS-RL 95 1
– Anwendungsbereich **2** 15
– Art. 12 **16** 4, **17** 4 ff., **18** 4, **19** 4
– Art. 14 **17** 6, **21** 3
– Aufhebung **94** 1, 4
– Entscheidungen **94** 3
– Gesetzgebungsverfahren Einl. 47
– Verweisung auf **94** 2, 5
– Vollharmonisierung **1** 3
DSAnpUG-EU 4 5
DSG 2018 (Österreich)
– österreichisches Datenschutzanpassungsgesetz **4** 6
– siehe Datenschutzgesetz 2018
DSG-neu 4 5
Dual Use 8 21 f.
Durchführungsbestimmungen Einl. 88, 92
Durchführungsrechtsakt Einl. 88, **51** 7, **64** 17, **93** 2, **97** 8
– Bericht der Kommission **97** 8
– der Kommission **47** 19
– mit allgemeiner Bedeutung **67** 4 ff., 11
– Prüfverfahren **93** 2, 4
– Verhaltensregeln **40** 64

E-Commerce-RL 2 19
EDSA 88 129
Effektivitätsgrundsatz 58 33
Effizienzgrundsatz Einl. 88, **58** 5, 33
EFTA 4 103
EHS-System 88 115
Eigentum 16 21
Eigenverantwortung Einl. 69
– der Unternehmen **35** 1
– des Auftragsverarbeiters **38** 1, **39** 1
– des Verantwortlichen **5** 39, **6** 52, **35** 5, **37** 12, 46, **38** 1, **39** 1
– siehe Grundsatz der Eigenverantwortung
Eingangsnorm
– internationale Datenübermittlungen **44** 4
einheitliche und kohärente Vorschriften 98 1 f.
Einigungsstelle 88 106, 108
Einigungsstellenspruch 88 106 f.
Einigungsstellenverfahren 88 106

magere Zahlen = Rn.

Stichwortverzeichnis

Einschränkung der Verarbeitung 11 14, **18** 1
– Anspruch
  – unmittelbare Geltung **18** 25
– Begriff **4** 26
– Vorgang **18** 26
Einschränkungsrecht 18 1 f.
– Ausnahmen **18** 30
– Darlegungs- und Substantiierungslast **18** 10, 15
– Dauer **18** 13
– Modalitäten **18** 6, 24
– Prüfung
  – Höchstdauer **18** 13
– Rechtsschutz
  – Beschwerde **18** 37
  – einstweiliger **18** 37
  – Geldbuße **18** 37
  – gerichtlicher Rechtsbehelf **18** 37
  – Leistungsklage **18** 37
  – Schadensersatz **18** 37
  – Staatshaftung **18** 37
  – Unterlassungsklage **18** 37
  – Voraussetzungen **18** 8
– Wahlrecht **18** 14, 16
– Zeitraum **18** 17, 23
Einschränkungsvermerk 18 27
Einspruch 60 12
– maßgeblicher und begründeter **65** 7
– Begriff **4** 94
Einstellung
– Beschäftigtendatenschutz **88** 112
Einstellungsverfahren 22 10
Eintrittswahrscheinlichkeit 32 4
Einwilligung 4 54, **6** 6, **13** ff., 72, **7** 1, 6, 22, **18** 31, **22** 20
– Abgrenzung zur Zustimmung als Bedingung **6** 22
– als AGB **7** 87
– als Voraussetzung in Vertrag **4** 54
– Arbeitsverhältnis **7** 58, 115
– Art. 13 ePrivacy-RL **95** 12
– ausdrückliche **4** 58, **6** 21
– Bedingungen **7** 1, 22
– Begriff **4** 49
– bei der Verarbeitung sensibler Daten **9** 34
– Beschäftigtendatenschutz **88** 200
– Beweislast **7** 73
– Big-Data-Analysen **7** 69
– broad consent **89** 18, 35, 37
– Cookies **7** 41
– Dark Patterns **7** 60
– dynamic consent **89** 35, 37 f.
– Einsichtsfähigkeit **8** 4
– Einwilligungsfähigkeit **7** 34, **8** 16
– EMRK **7** 15
– explizite **6** 19
– Formen **7** 74
– Freiwilligkeit **4** 53, **6** 13, **7** 2, 51 f.
– Gamification **7** 45
– Geschäftsfähigkeit **7** 34, **8** 9
– GRCh **7** 1, 22
– Hervorhebungspflicht **7** 80
– Höchstpersönlichkeit **7** 36, **8** 10
– informierte **6** 16, **89** 12, 35 f.
– Informiertheit **7** 63
– Kenntnis der Sachlage **7** 86
– Kind **8** 1
  – Allgemeine Geschäftsbedingungen **8** 37

– Altersgrenze **8** 4
– Unwirksamkeit **8** 33
– Koppelungsverbot **7** 61, 99
– KUG **7** 117
– Legaldefinition **7** 12
– Menschen mit Beeinträchtigungen oder Behinderungen **7** 37
– mutmaßliche **49** 16
– nach altem Recht **7** 107
– Nachweis **7** 79
– Nudging **7** 60
– Opt-in **7** 74
– Opt-out **7** 41, 74, 89
– RL 95/46/EG **7** 6
– Schriftform **7** 38, 82
– Schweigen **7** 40
– Transparenz **6** 16, **7** 83
– TTDSG **7** 116
– Ungleichgewicht **6** 14, **7** 8, 56
– unmissverständlich **4** 57 f.
– Unwirksamkeit **7** 88
– Vertragserfüllung **7** 104
– Vertragsrecht **8** 40
– von Kindern **4** 59
– vorsorgliche **6** 23
– Wahlfreiheit **7** 57
– Warnfunktion **7** 39
– Widerruf **Einl.** 66, **7** 91, 96, **13** 67
– Widerrufsrecht **7** 93
– Willensbekundung **6** 20
– Zustimmung Eltern **8** 11, 15
– Zwang **7** 62
– Zweckbindung **6** 18
Einzelfallabwägung 18 3
Einzelfallumstände 17 54
elektronische Gesundheitsakte 49 22
elektronische Kommunikation 33 1
elektronische Post 2 19
elektronische Zugangseröffnung 12 35
elektronischer Informationsaustausch 60 8, 18, **61** 6, **64** 16, **65** 21, **67** 1 f., 8, 11
– Regeln **67** 3
Elementekatalog
– Angemessenheitsbeschluss der Kommission **45** 2, 7
elterliche Sorge 8 28
Empfänger 13 50, **15** 42
– Begriff **4** 46, **13** 51
– Kategorien **13** 50, **15** 42, **30** 14
Empfängerinteresse 19 3
Empfängerschutz 19 3
EMRK
– Art. 8 **15** 6
– Art. 10 **16** 19
– Sicherheit
  – nationale **2** 8
Entscheidung
– automatisierte **35** 33
– siehe auch automatisierte Entscheidung
Entscheidungsfindung, automatisierte 13 73
Entscheidungsgewalt 4 37, 39
Entwicklung der Informations- und Kommunikationstechnologie 4 15
ePrivacy-RL Einl. 129, **2** 21, **57** 6
– Anpassung an DS-GVO **2** 22
– Art. 4 **95** 13, 19

Stichwortverzeichnis

Fette Zahlen = Art.

- Art. 5 **95** 14
- Art. 6 **95** 14
- Art. 7 **95** 14
- Art. 8 **95** 15
- Art. 9 **95** 14
- Art. 10 **95** 15
- Art. 11 **95** 15
- Art. 12 **95** 16
- Art. 13 **95** 12, 15
- Art. 15 **95** 28
- Informationspflicht **95** 13
- juristische Personen **95** 5, 10, 12
- lex specialis zur DS-GVO **95** 13
- lex specialis zur DS-RL **95** 10
- Portabilität **95** 22
- Sicherung des Dienstes **95** 13
- Überprüfung **95** 2

ePrivacy-VO 7 24
Erfassen 4 23
Erforderlichkeit 6 7, 31, 37, 45
Erhebung 4 23
- bei Dritten **14** 2
- beim Betroffenen **14** 2

Erklärung Nr. 21 98 10
Erleichterungspflicht 18 24
Erwägungsgründe 18 27
- rechtliche Bedeutung **Einl.** 105

Ethik 89 13
Ethikkommission 89 13
EU-Binnenmarkt 51 15
EU-Datenschutzrecht
- dezentrale Durchführung **51** 4 f.
- Einheitlichkeit auf der Ebene der Normanwendung **51** 1
- Harmonisierung **51** 1, 4

EU-Grundrecht auf Datenschutz 51 2
- siehe auch Datenschutzgrundrecht

EU-Grundrechte-Agentur 52 2, 5
EU-Grundrechte-Charta 52 6
EU-Organe
- VO (EU) 2018/1725 **2** 17

EU-US-Datenschutzschild 28 9
- Angemessenheitsbeschluss der Kommission **45** 2

EuGH Einl. 86, 99 f., **52** 30, **54** 9, **58** 5 f., 28, 33, **59** 11
- Auslegung des Datenschutzrechts **Einl.** 54
- Fall CILFIT **Einl.** 100
- Fall Variola **Einl.** 86

EuGH-Urteil „Schrems II" 46 2
Euratom 2 6
Eurodac 49 21
Eurojust 98 15
Europäische Atomgemeinschaft 2 6
- siehe auch Euratom

Europäische Kommission Einl. 62, 104, 130, 150, **51** 7, 13, 18, **52** 5, 14, 23, 31, **53** 5, 14, 19, **54** 12, **55** 2 f., **56** 1, 4, **57** 5, 18, **58** 1, 3, 6, 9, 28, 35, **59** 1, 6, 11 f.
- Amtsenthebung des Europäischen Datenschutzbeauftragten **53** 18
- Angemessenheitsbeschluss **52** 14
- „Hüterin der Verträge" **51** 7, **59** 11
- Notifizierungspflicht **51** 20
- Teilnahme am Gesetzgebungsverfahren zur DS-GVO **Einl.** 57

Europäische Staatsanwaltschaft 98 16

Europäische Zentralbank 51 6, **52** 5, 12, **53** 4, 14, 18 f., **54** 9 f., 12, **58** 6, **59** 1
- nationale Zentralbanken **52** 5

Europäischer Bürgerbeauftragter 51 13, **52** 5, **53** 14, **59** 1

Europäischer Datenschutzausschuss 51 25
- Anwendung des Unionsrechts **68** 5
- Artikel-29-Datenschutzgruppe **94** 6
- Aufgaben **40** 21, 26, **42** 11, **57** 5, 18, **70** 1, **95** 19
- Befugnisse **56** 5
- Beratung der Kommission **70** 4
- Berichtspflichten **71** 1, **97** 3
- Beschluss **56** 6, **63** 3, **65** 11, 21, **66** 1, 9, 14, **72** 3
- Empfehlungen **59** 8, **70** 6
- Jahresbericht **59** 5, 12
- Kohärenzverfahren **55** 3, **56** 2, **63** 4, **64** 1, **68** 1, 7, **70** 3, **72** 3, **74** 3, **95** 22
- Konsultation **70** 9
- Leitlinien **56** 5, 12, 20, **59** 8, **70** 6
- Mitglieder **68** 6
- Nachfolge der Artikel-29-Datenschutzgruppe **Einl.** 59, **68** 1, **95** 11
- Prüfungskompetenz **43** 8
- Rechtsform **68** 1
- Rechtspersönlichkeit **Einl.** 76
- Sekretariat **75** 1
- Stellungnahme **55** 2, **60** 15, **61** 5, **62** 16, **63** 3, **64** 1, **65** 6, 13, **66** 1, 9, **67** 7, 15, **70** 5
- Stimmrecht **68** 7
- Streitbeilegungsverfahren **51** 7, **56** 15, 21, 24, **65** 1
- Teilnahme der Kommission **51** 7, **60** 16
- Überwachungsstelle **41** 10
- Unabhängigkeit **Einl.** 76, **52** 5, **69** 3
- verbindliche Beschlüsse **51** 8, 18, **68** 3
- Verfahren **43** 16
- Verfahrensweise **72** 1, **76** 1
- Verhaltensregeln **40** 59, **70** 8
- Vertretung **51** 18
- Vertretung bei mehreren nationalen Datenschutz-Aufsichtsbehörden **51** 24
- Vorsitz **51** 7, **58** 28, **64** 1, **65** 18, **73** 1, **74** 1
- Website **64** 6, 16, **65** 21
- Zertifizierung **70** 8
- Zusammenarbeit **52** 23

Europäischer Datenschutzbeauftragter 57 12, 18, **58** 10
- als Vorbild für Datenschutz-Aufsichtsbehörden **51** 14
- Amtsbeendigungsgründe **53** 14, 17 f.
- Einsetzung **98** 11
- Ernennung
 - Vorbild für Ernennung der Mitglieder der Datenschutz-Aufsichtsbehörde **53** 6
- homogene Auslegung **52** 5
- Konsultation zur Beurteilung der Angemessenheit des Schutzniveaus **45** 10
- Sekretariat **75** 3
- Sitz **98** 11
- Stimmberechtigung in Kohärenzverfahren **68** 7
- Tätigkeitsbericht **59** 1
- unabhängige Kontrollstelle **Einl.** 45
- Unabhängigkeit **52** 5, **53** 4, 10
- Verschwiegenheit **54** 4
- VO (EU) 2018/1725 **2** 18

Europäischer Datenschutztag 57 14

magere Zahlen = Rn.

Stichwortverzeichnis

Europäischer Rat
– Entwurf DS-GVO **35** 23
Europäischer Raum für Gesundheitsdaten 1 15
Europäischer Rechnungshof 51 13, **59** 1
Europäischer Verwaltungsverbund 51 6 f.,
 53 21, **55** 19, **57** 12, **58** 3, 35, **59** 6, 12
Europäischer Wirtschaftsraum 4 103
Europäisches Parlament 58 1, **59** 1
– Antrag auf Amtsenthebung des Europäischen Datenschutzbeauftragten **53** 18
– Bericht der Kommission **97** 5
– Billigung der DS-GVO **Einl.** 6
– Entstehung der DS-GVO **Einl.** 104, **37** 6
– Ernennung des Europäischen Datenschutzbeauftragten **53** 6
– Rolle im Ausschussverfahren **93** 5
– Teilnahme am Gesetzgebungsverfahren zur DS-GVO **Einl.** 57
Europarat
– Konvention Nr. 108 **Einl.** 52
Europarats-Übereinkommen über Computerkriminalität 48 12
European Health Data Space 1 15
European Open Science Cloud – EOSC 89 6
Europol 98 14
Evaluierung 97 1
– Risiko **35** 64
EWR-Abkommen 1 20, **45** 34
EWR-Staaten 44 14
externer Datenschutzbeauftragter 37 54
– siehe auch Datenschutzbeauftragter, externer
Extraterritorialität 48 1, 4
exzessive Antragstellung 12 48

Facebook Einl. 70, **8** 22
faire Verarbeitung 5 13
Familienarchive 89 25
Färöer
– Angemessenheitsbeschluss der Kommission **45** 28
federführende Aufsichtsbehörde 55 3
– als betroffene **56** 5
– Beschlussentwurf **56** 21, **65** 7, 9
– Bestimmung **56** 1, 7, **60** 3
– Bindungswirkung der Entscheidung **56** 2
– Differenzierung Verantwortlicher/Auftragsverarbeiter **56** 10
– Durchführung des Zusammenarbeitsverfahrens **4** 75
– Einleitung gemeinsamer Maßnahmen **62** 6
– Einleitung Kohärenzverfahren **65** 7
– einziger Ansprechpartner **56** 6
– gemeinsame Maßnahmen **62** 16, 19
– Hauptniederlassung **56** 15, **65** 20
– Instrumente **61** 3
– Koordination Zusammenarbeitsverfahren **65** 7
– örtliche Fälle **56** 16 ff.
– Parallelzuständigkeit **56** 18
– Sonderzuständigkeit **56** 4
– Vervielfältigung **56** 9
– Zusammenwirken mit betroffener Aufsichtsbehörde **55** 7
Fernwartungszugriff 28 17
Fernzugriff 15 69
Fingerabdruck 4 65
Fluggastdaten 2 15
Folgebetroffenenrecht 19 5

Folgeinformationspflicht
– an Empfänger **19** 5
Folgemitteilung 19 3
– Rechtsschutz **19** 32
– Schadensersatz **19** 32
Folgemitteilungspflicht 18 29, **19** 2, 4
Folgenbeseitigung 17 34, **19** 2
Folgenbeseitigungsanspruch 21 40
Folgerecht 19 5
Folgeunterrichtungspflicht 19 2, 4
Foreign Intelligence Surveillance Act (FISA) 48 2
Format 20 23
Forschung 5 24, **6** 18
– empirische **89** 27
– historische **89** 28
– wissenschaftliche **89** 28
Forschungsfreiheit 89 6
– Bonner Erklärung zur Forschungsfreiheit **89** 6
Forschungsgeheimnis 89 19, 21
Forschungsgesetz 89 21
Forschungsraum
– Datenraum **89** 6
– europäischer **89** 6, 27
– Gesundheitsdatenraum **89** 6
– neuer europäischer **89** 6
Forschungszwecke 5 5 f., 24, 35, **6** 74, 81, **14** 44,
 15 83, **17** 10, 66, **18** 21, 35, **21** 67
Fotografie 4 9
Freelancer 29 6
freie Mitarbeiter 88 45
freier Verkehr personenbezogener Daten
 Einl. 53, 81 f., 84, 96, 103, **51** 3, 10, 15, **52** 8,
 12, **54** 11, **55** 1, **57** 7
Freiheiten Dritter 16 21
Freiwilligkeit 88 203
für Dienste der Informationsgesellschaft 11 20
– siehe Dienst der Informationsgesellschaft

Gamification 7 37, **12** 20
Garantien
– geeignete und angemessene
 – Drittlandsübermittlung **46** 1
– Nachweis **40** 5
GATS 3 1
Gebot der homogenen Auslegung 51 14, **53** 4,
 10, **54** 4, **58** 10
Gebot rechtsstaatlichen Handelns 57 2, **58** 7
Geburtsdatum 87 4
Gefahrenabwehr 2 13, **9** 55
Gefahrenhinweis 49 6
Geheimdienst
– Ausland **2** 8
– Inland **2** 8
Geheimhaltungspflichten 14 47, **15** 83, **58** 9,
 16 f.
geistiges Eigentum 16 32, **17** 9, **18** 3, **20** 18, 35
Geldbußen Einl. 77, **58** 4, 19, 27
– Bedeutung des Wettbewerbsrechts **83** 10
– bei Datenübermittlungen **44** 5
– Berücksichtigung von Verhaltensregeln **40** 7
– formelle Anforderungen **83** 18
– Grundprinzipien **83** 15
– Haftung öffentlicher Stellen **83** 76
– Kriterien der Bußgeldhöhe **83** 21
– Tatmehrheit **83** 46

1473

Stichwortverzeichnis

Fette Zahlen = Art.

– Unternehmensbegriff **83** 68
– Zweck der Regelung **83** 1
Geltungsbereich
– der DS-GVO **4** 3
– der E-Commerce-RL **2** 19
– der ePrivacy-RL **95** 7
– des EU-Rechts
– territorales **3** 17
gemeinsam Verantwortliche(r) 4 70
gemeinsame Außen- und Sicherheitspolitik
2 7, 10
– spezielle Beschlussvorschrift **2** 10
gemeinsame Maßnahmen 66 7
gemeinsame Verantwortlichkeit 4 93, **5** 45
gemeinsamer Datenschutzbeauftragter 37 40, 47
gemeinsamer Vertreter 51 24, **55** 20
Gemeinschaftsrecht
– Anwendungsbereich **2** 5
Genealogie 89 28
Genehmigung durch eine Aufsichtsbehörde
46 36 f.
Genehmigungsvorbehalt
– faktischer **36** 1
Generaldirektion für Justiz Einl. 43
genetische Daten 9 28, **21** 17, 63, **89** 57
– Begriff **4** 63
Genfer Konventionen 4 104
Gentechnik 4 15
Geoblocking 1 23
Georgien 3 30
Gerichte
– Anwendung der DS-GVO **2** 9
– Datenschutzbeauftragter **37** 28
– datenschutzrechtliche Selbstkontrolle **55** 15
gerichtlicher Rechtsbehelf
– bei Verstoß gegen garantierte Pflichten **47** 14
– gegen den Verantwortlichen oder Auftragsverarbeiter **16** 45, **78** 4, **79** 1
– Entscheidungsmöglichkeiten des Gerichts **79** 14
– Gefahr sich widersprechender Entscheidungen **79** 16
– Zulässigkeit **79** 12
– Zweck der Regelung **79** 1
– gegen die Aufsichtsbehörde **56** 2, **77** 19, 44, **78** 4
– Beschwerde **77** 1
– Besonderheiten des Kohärenzverfahrens **78** 15
– Verfahren **78** 7
– weitere **77** 2
– Zulässigkeit **78** 6
– Zweck **78** 1
„German vote" 51 25
Gesamtkonzept für den Datenschutz Einl. 44
gesamtschuldnerische Haftung 82 58
– siehe auch Schadensersatz
Geschäftsgeheimnis 15 38, 73
Geschäftsmodelle 4 29
Geschlecht 87 4
gesellschaftliche Erwartungshaltung 6 15
Gesetz über digitale Dienste 1 11, **2** 20, **3** 17
Gesetz über digitale Märkte 1 12
Gesetzesfolgenabschätzung 97 1
Gesetzgebungsakt
– DS-GVO **52** 10
– Inkrafttreten **99** 3
– Vorschlag durch Kommission **97** 11

Gesichtserkennung 4 65
Gesichtserkennungsprogramm 9 28
Gesundheit 24 9, **88** 115
Gesundheits-Apps 89 43
Gesundheitsakte
– elektronische **89** 43
Gesundheitsdaten Einl. 91, **1** 21, **9** 30, 63, **16** 20, **89** 43, 57
– Begriff **4** 65
– Sekundärnutzung **1** 15
Gesundheitsdatenraum 89 6
Gesundheitsgefahr 17 65
Gesundheitsversorgung 9 60, **17** 65
Gesundheitszustand 4 66
Gewerkschaften 24 9, **88** 216
Gewerkschaftszugehörigkeit 9 27
gezielte Werbung 11 10
Global Privacy Enforcement Network 50 7
Gmail 8 22
Google 17 6, 28
Google Spain 17 6, 8, 28
Google Street View Einl. 45, **6** 41
GRCh
– Art. 7 **1** 17, **16** 2, **17** 6, 8, **18** 2, **19** 2, **20** 4, **21** 2
– Art. 8 **1** 17, **3** 21, **5** 2, **6** 1, 6, **16** 2, **17** 6, 8, **18** 2, **19** 2, **20** 4, **21** 2
– Art. 11 **16** 23, 32, **17** 9 f., 33, 59, **18** 3, **20** 18, 35
– Art. 16 **17** 9, **18** 3
– Art. 17 **16** 21, 32, **18** 3, **20** 18, 35
grenzüberschreitende Verarbeitung 4 67, 90, **55** 1, **56** 1, 5, 10, 18, **60** 3, **62** 9, 11, **63** 2
– Begriff **4** 91
– Fall der Verarbeitung im EU-Ausland **55** 1, **56** 7, 13
– Fall multipler Niederlassungen **55** 1, **56** 7
Grundrecht auf Datenschutz 1 2, **4** 2, **7** 18, **18** 3, **89** 5
– siehe auch Datenschutzgrundrecht
Grundrecht auf Privatheit
– Art. 7 GRCh **95** 5, 14
Grundrecht auf Privatsphäre 1 5
Grundrechtekonvent 51 2
Grundrechtsblockade Einl. 96
Grundrechtsschutz
– im Internetzeitalter **3** 1
Grundsatz „ne bis in idem" 58 6
Grundsatz „nemo tenetur se ipsum accusare"
58 6, 12
Grundsatz „ubi ius, ibi remedium" 58 21
Grundsatz der Amtsverschwiegenheit 54 12
Grundsatz der begrenzten Einzelermächtigung
57 2
Grundsatz der Datenminimierung 5 29, **89** 1, 49
– siehe auch Datenminimierung
Grundsatz der Eigenverantwortung Einl. 69 f., **51** 9, **57** 15, 25
Grundsatz der geeigneten Garantien
– wirksame Rechtsbehelfe **46** 12
Grundsatz der Integrität und Vertraulichkeit
5 37
Grundsatz der loyalen Zusammenarbeit 51 5, 16, **52** 22, **56** 19
Grundsatz der Nichtdiskriminierung 22 4
Grundsatz der Rechenschaftspflicht 5 39
– siehe auch Rechenschaftspflicht

1474

magere Zahlen = Rn.

Stichwortverzeichnis

Grundsatz der Rechtmäßigkeit 5 11
- siehe auch Rechtmäßigkeitsgrundsatz
Grundsatz der Richtigkeit 5 32
- siehe auch Datenrichtigkeit
Grundsatz der Speicherbegrenzung 5 34
- siehe auch Speicherbegrenzung
Grundsatz der Transparenz 5 17, **12** 4, **53** 5
- im Ernennungsverfahren der Mitglieder der Aufsichtsbehörden **53** 7
- im Zertifizierungsverfahren **43** 9
- Kommunikation mit Betroffenen **12** 9
Grundsatz der Verhältnismäßigkeit 58 6, 18, 40
Grundsatz der Zweckbindung 5 20
- siehe auch Zweckbindungsgrundsatz
Grundsatz von Treu und Glauben 5 13
- siehe auch Treu und Glauben
Grundsätze für die Verarbeitung 5 1, **6** 69, **46** 13
- Abweichungen oder Ausnahmen **5** 7 f.
- Konkretisierung **5** 6
- Nachweis der **4** 41
- subjektive Rechtsposition **5** 6, 49
Grundverordnung Einl. 89
- Begriff **Einl.** 89
- siehe DS-GVO
Gruppe von Unternehmen, die eine gemeinsame Wirtschaftstätigkeit ausüben 47 10
Guernsey
- Angemessenheitsbeschluss der Kommission **45** 28
Gütesiegel 42 31

Haager Übereinkommen 48 12
Hacking 33 5
Haftung 82 1
- gesamtschuldnerische **26** 29, **28** 11, **82** 58
- siehe auch Schadensersatz
Harmonisierung Einl. 45
- unzureichende
  - bei Datenschutzvorschriften der Mitgliedstaaten **Einl.** 45
- siehe auch Vollharmonisierung
Hash-Funktion 34 10
Hash-Wert 34 10
Hauptniederlassung 56 2, 4 f., 8 f., 15, 17 ff., 23, 60 3, 19, **62** 14, **65** 10 f., 20
- Begriff **4** 66
Hauptverwaltung 4 74, **56** 8
- in einem Drittstaat **56** 12
Haushaltsausnahme 2 11, 25
Helsinki Deklaration 89 13
Herkunft
- ethnische **9** 18, **24** 9
- rassische **9** 16, **24** 9
herrschendes Unternehmen 56 11
Hilfsunternehmen
- der Presse **85** 23
hinkende Verordnung 6 55, **54** 2
Hinweispflicht 21 7
hoch riskante Datenverarbeitungen 57 19
hohes Risiko 34 11, 16
Hosting 2 19
Hosting-Anbieter 30 19
Hotelreservierung 49 9
HR-Datenbank 88 176

iberoamerikanisches Datenschutznetzwerk 50 5
Identifikationsmerkmale 4 15, **11** 20
Identifikationsnummer 4 15, **87** 4
Identifizierbarkeit 4 8, 15, 17, **11** 1, 4
Identifizierung 4 8, 15, 17, **11** 2, 4, **12** 27
Identität
- genetische **4** 15
- kulturelle **4** 15
- physiologische **4** 15
- physische **4** 15
- psychische **4** 15
- soziale **4** 15
- wirtschaftliche **4** 15
Identitätsdiebstahl 24 9, **33** 13
IKRK 4 104
immaterieller Schaden 33 3
Implementierungskosten 17 53, **32** 4
Information 4 8 f.
- des Betroffenen **44** 5, **46** 8
- Form **13** 15
- Kategorien **13** 38, 61
- über Rechte **15** 48, 70
- über Verarbeitung **15** 10
- Zeitpunkt **13** 10
informationelle Selbstbestimmung
- bei Beschränkungen **23** 14
Informationen des öffentlichen Bereichs 49 17
Informations- und Auskunftsrecht 19 5
Informationsaustausch 93 7
Informationsfreiheit 17 10, 59, **85** 1
Informationspflichten 12 1, **13** 7, **14** 6, **17** 44, 48, **26** 26, **27** 12, **30** 22
- Ausnahmen **13** 78
- barrierefreie Verwendung **12** 20
- Belehrung **12** 1
- Bildsymbole **12** 52
- einfache Sprache **12** 17
- Fristverlängerung **12** 33
- Geldbußen **12** 59
- kindgerechte Sprache **12** 21
- klare Sprache **12** 17
- leicht zugängliche Form **12** 14
- präzise Erklärung **12** 12
- Rechtsschutz **12** 59
- Sprache **12** 17
- Transparenz **12** 12
- über Empfänger **19** 5
- Unentgeltlichkeit **12** 41
- Verständlichkeit **12** 13
- Verstoß **12** 59
Informationsrecht 18 5
- der Kommission **97** 2, 9
Informationsverlangen 17 47
Informationsverwendungsrichtlinie 86 4, 11
Informationszugang 16 32, **20** 35, **86** 13
Inhaltswahrheit 16 42
Inkrafttreten 99
Inländerdiskriminierung Einl. 96
Insel Man
- Angemessenheitsbeschluss der Kommission **45** 28
Instrumentarium wesentlicher Datenschutzgarantien 50 7
Integrität und Vertraulichkeit 5 37, **32** 11
Integritätsgebot 52 34

1475

Stichwortverzeichnis

Fette Zahlen = Art.

Interesse
– an der Datenverarbeitung **18** 9
– der Allgemeinheit **18** 3
– der Öffentlichkeit **17** 6
– der Union oder eines Mitgliedstaats **18** 34
– Dritter **16** 21
Interessen
– berechtigte **6** 40
– siehe auch berechtigte Interessen
Interessenabwägung 6 46, **17** 33, 52, **18** 21, 23, 33, 35, **21** 10, 13, 19, 23, 25, 39, 65
– ex ante **21** 10
Interessenausgleich 17 6, 9, **18** 3
Interessenlage
– betroffene Person **18** 9
– Verantwortlicher **18** 9
internationale Datenflüsse 44 1
Internationale Datenschutzkonferenz 50 5
internationale Datenübermittlungen 44 3
internationale Organisation 6 61, **45** 1
– Begriff **4** 101, **44** 15
internationale Zusammenarbeit 50 1
Internationales Komitee vom Roten Kreuz 4 104
interne Datenschutzvorschriften 58 30
Internet 2 12, 19, **3** 1, 22, 25, **8** 12, **26** 21
– Kind **8** 1
– vermeintlich kostenfreie Angebote **8** 27
Internet der Dinge 11 8, **22** 2
Internet-Suchmaschine 3 14, **44** 8
Internetforum 85 18
IP-Adresse 4 18
Island 45 34
Israel
– Angemessenheitsbeschluss der Kommission **45** 31
IT-Grundschutzkatalog 25 21, **32** 12

Japan
– Angemessenheitsbeschluss der Kommission **45** 31
Jersey
– Angemessenheitsbeschluss der Kommission **45** 28
journalistische Zwecke 17 60
Jourová, Vera Einl. 62
Juncker, Jean-Claude Einl. 62
– politische Leitlinien **Einl.** 62
– Rede zur Lage der Union 2016 **Einl.** 62
– Spitzenkandidat **Einl.** 62
juristische Person 4 14
– Datenschutzbeauftragter **37** 56
– Schutz **1** 18, 24
– Österreich **1** 26
justizielle Tätigkeit 37 28
justizielle Zusammenarbeit in Strafsachen und der polizeilichen Zusammenarbeit 2 6, **98** 8

Kanada
– Angemessenheitsbeschluss der Kommission **45** 29
Kapitalgesellschaften 4 14
Kartellrecht 3 17
Katastrophenfall 6 97
Kategorie 14 29
– von Informationen **14** 32
kein angemessenes Schutzniveau 45 2
Kennung 4 15, **11** 11
– Begriff **4** 15
– siehe Online-Kennung

Kennziffer
– nationale **87** 1, 7 f.
– Statistik **87** 6
Kerntätigkeit Einl. 70, **37** 33, 35, **39** 5
Kind Einl. 66, 94, **8** 1, **17** 30, **22** 8, **24** 9, **27** 2, 35 36, **57** 14
– Begriff **8** 16
– Einwilligung
– Schutz **6** 50
– Zustimmung Eltern **8** 2
– Erstellung von Persönlichkeitsprofilen **8** 24
Kirche 91 20
– Datenschutzverordnungen **91** 1
– Definition **91** 13
– fehlende Notifizierungspflicht **91** 8
– horizontale Unabhängigkeit **91** 25
– siehe kirchliche Datenschutzverordnung
– Jahresbericht **91** 29
– Öffnungsklausel **91** 9
– spezifische Datenschutzaufsicht **51** 23
– siehe kirchliche Datenschutzverordnung
Kirchendatenschutzbeauftragter 51 25
kirchliche Aufsicht 91 23
– Kompetenzen **91** 28
– siehe kirchliche Datenschutzverordnung
– Vorhandensein einer Verfahrensordnung **91** 27
– siehe kirchliche Datenschutzverordnung
kirchliche Datenschutzverordnung 91 30
– Aufsicht über Datenverarbeitung **91** 20
– sachlicher Anwendungsbereich **91** 15
Klage auf Nichtigerklärung
– Beschluss des Datenschutzausschusses **47** 20
KMU 30 3, **37** 5, **40** 31, **42** 17
Kodex für die elektronische Kommunikation 2 23
Kohärenzgebot 98 3
Kohärenzverfahren Einl. 75, **1** 5, 4 88, 95, **35** 45, **46** 36, **47** 17, 20, **51** 5, 7, 16, 18, 24, **54** 6, **55** 2 f., 7, 9 ff., 20, **56** 2, 5 f., 20 f., 23 f., **57** 12, 19, **58** 3, 28, 30, 35, **60** 6, 12, **61** 3, **63** 1, **64** 1, 7, **68** 3, **95** 22
– Besonderheiten beim gerichtlichen Rechtsbehelf gegen die Aufsichtsbehörde **78** 15
– innerstaatliches **51** 25, **55** 20
– Suspensivwirkung **43** 9
– Wartepflicht **55** 3
Kollektivvereinbarungen 9 39, **88** 4, 21 f., 57, 62, 90, 144
Komitologieverfahren 45 17
– Dringlichkeitsverfahren **45** 25
Komitologieverordnung 93 4 f.
Kommentarfunktion 25 28
Kommunikation
– elektronische **2** 21
Kompatibilitätsprüfung 6 71
Kontaktdaten
– des Datenschutzbeauftragten **13** 46, **37** 58
– des Verantwortlichen **13** 44
Kontinuität des Schutzes
– bei internationalen Übermittlungen **44** 4
Kontrolle
– durch betroffene Person **16** 1
Kontrollstellen 51 2
Konvention Nr. 108 Einl. 52, **1** 6, **51** 2, **52** 1, 7, **57** 14
– Art. 8 **16** 4, **17** 4 f.
– Zusatzprotokoll Nr. 181 **51** 2

1476

magere Zahlen = Rn.

Stichwortverzeichnis

Konzern **88** 174
Konzern-Datenschutzbeauftragter **37** 37
– Erreichbarkeit **37** 38
Konzerndatenübermittlung
– Beschäftigtendatenschutz **88** 122
Konzerndimensionalität **88** 182
Konzernprivileg **47** 5
– Beschäftigtendatenschutz **88** 178
Konzernstruktur **24** 13
Kopie **20** 22
– Entgelt **15** 62, 66
– Form **15** 68
– Recht auf **15** 4
– weitere **15** 59, 63
Koppelungsverbot Einl. 68, **7** 61, 99
– Digitale-Inhalte-Richtlinie (EU) Nr. 2019/770 **7** 102
Korrektur **16** 1
Korrekturrecht **18** 5
Kosovo **3** 30
Kostenerstattung **61** 2
Kostenfreiheit **18** 6, 24, **19** 6
– Widerspruchsmodalitäten **21** 37
Krankenhausinformationssystem **89** 43
Kredit-Scoring **22** 7
– siehe auch Scoring
Kreditauskunftei Einl. 70
Kundendaten **35** 69
Kündigung **88** 118
künstliche Intelligenz **5** 9, 18, 30, 46, 53, **6** 22, 73, 79
– AI Act **1** 13
– Gesetz über **1** 13
– KI-VO **1** 13

Landesamt für Datenschutzaufsicht **51** 23
Landesbeauftragte(r) für den Datenschutz **51** 12, 23
Landesdatenschutzgesetze **6** 95, **37** 70
lebenswichtige Interessen **6** 32, **49** 16
legitime Zwecke **5** 22
leistungs- oder verhaltensrelevante Daten **88** 168
Leitlinien
– der Aufsichtsbehörde **35** 43
– für die Abwägung **6** 53
Liechtenstein **45** 34
Liste
– der Verantwortlichen **30** 19
Lock-in-Effekt **20** 3
Löschkonzept **88** 84
Löschung **11** 14, **15** 1, 14, **17** 35
– Frist **30** 16
– Handlungserfolg oder Löschungserfolg **17** 34
– veröffentlichter Daten **17** 5
– Zeitpunkt **17** 42
Löschungsanspruch
– Kind Einl. 66
Löschungserfolg **17** 36, 49
Löschungsgegenstand **17** 31, 33
Löschungsgründe **17** 34
Löschungsmaßnahmen **17** 36
Löschungspflicht **17** 38
Löschungsrecht **5** 36, **17** 1, 3, 8 ff., 28
– Antrag **17** 70
– Adressat **17** 71

– Form **17** 72
– Frist **17** 73
– Inhalt **17** 74
– Kosten **17** 76
– Reichweite **17** 75
– Ausnahmen **17** 10, 58
– Beschränkungsvorbehalt **17** 18
– Darlegungs- und Substantiierungslast **17** 20
– Einschränkungsmöglichkeit **17** 68
– geographische Reichweite **17** 38
– Informationspflicht **17** 43
– Mittel und Verfahren **17** 40
– Modalitäten **17** 17, 70
– Praxisrelevanz **17** 7
– Rechtsmissbrauch **17** 69
– Rechtsschutz
 – Beschwerde **17** 77
 – Geldbuße **17** 77
 – gerichtlicher Rechtsbehelf **17** 77
 – Leistungsklage **17** 77
 – Schadensersatz **17** 77
 – Unterlassungsklage **17** 77
 – Verpflichtungsklage **17** 77
– Unabdingbarkeit **17** 8
– Verhältnis zu anderen Vorschriften **17** 10, 12
– Voraussetzungen **17** 20, 45
– Wahlrecht **17** 13 f.
Löschungsrecht und Recht auf Vergessenwerden **17** 2
– Verhältnis **17** 2
– siehe auch Recht auf Vergessenwerden
Luftfahrt **3** 17

Marktortprinzip Einl. 61, 73, **3** 2, **4** 76, **27** 1, 56 12, **60** 2
Marktsegmentierung **22** 4
maßgeblicher und begründeter Einspruch **4** 94
Masing, Johannes Einl. 54
Maßnahmen
– Angemessenheit **17** 1
– technische und organisatorische Einl. 69, **5** 47, **22** 8, **25** 10, 29, **28** 22, **29** 11, **32** 3, 8, **35** 19, **37** 13, **39** 27, **88** 84
– bei Pseudonymisierung **4** 33
Maßnahmenkatalog **32** 12
materieller Schaden **33** 3
Materiegesetze, österreichische **6** 100
Matrix-Organisation **88** 114
Matrix-Struktur **88** 175
Medien Einl. 92
Medienkompetenz **8** 1
Medienprivileg **85** 3, 20
medizinische Notfälle **21** 14
Meinung
– politische **9** 20, **16** 20
Meinungsäußerung **85** 1
Meinungsfreiheit **5** 8, **6** 8, 48, **16** 21, 32, **17** 9 f., 33, 59, **18** 3, **20** 18, 35, **44** 5
Melde- und Vorabkontrollpflichten Einl. 69
Meldeamt
– Datenlieferant Einl. 57
Meldepflicht **33** 4, **37** 1, 4 f., **51** 9, **96** 6
– Beschäftigtendatenschutz **88** 33
Meldewesen Einl. 91

1477

Stichwortverzeichnis

Fette Zahlen = Art.

Memorandum of Understanding
– als geeignete Garantie zur Datenübermittlung 46 37
Merkel, Angela Einl. 61
Metadaten 15 31, 33, 39, 48
Metatags 17 55
Minderjährige 8 2
– siehe auch Kind
Minderjährigenschutz 8 6
– siehe auch Schutz eines Kindes
Mitarbeiterverzeichnis 88 176
Mitbestimmungsrecht
– Betriebsrat **88** 10
Mitteilung 12 19
– angemessenes Entgelt **12** 44
– Identifizierung **12** 27
– Mitteilungspflicht **12** 11
– offenkundig unbegründeter Antrag **12** 43, 46
– ohne Verzögerung **12** 32, 39
– Rechtsbehelfsbelehrung **12** 40
– Sprache **12** 19
– Unentgeltlichkeit **12** 41
– Untätigbleiben **12** 36
– unverzügliche **12** 32
– Weigerung **12** 25, 45
Mitteilungspflicht 11 14, **19** 1, **88** 144
– Adressatenkreis **19** 5
– an die Europäische Kommission **85** 1
– Antrag **19** 29
  – Form **19** 29
  – Zeitpunkt **19** 29
– Ausnahmen **19** 13
– Beweislast **19** 16
– Form **19** 22
– Frist **19** 21
– Modalitäten **19** 6, 29 f.
– Normadressat **19** 8
– Rechtsschutz
  – Beschwerde **19** 31
  – Geldbuße **19** 31
  – Leistungsklage **19** 31
  – Schadensersatz **19** 31
  – Verpflichtungsklage **19** 31
– Voraussetzungen **19** 8
Mitwirkungsobliegenheit 15 51
Moldau 3 30
Montenegro 3 30
mutmaßliche Einwilligung 49 16
– siehe auch Einwilligung, mutmaßliche

Name 4 15
National Security Agency (NSA) Einl. 61
nationale Sicherheit 57 6
nationale Spielräume 51 1
nationales Recht 6 55 ff., 62, 66
NATO 4 103
natürliche Person 4 8
– Schutz **1** 18
– Schutz Verstorbener **1** 18, 24
ne bis in idem 84 4
– siehe Sanktionen
Negativattest 15 10, 29
Negativliste 35 17, 42
– Festlegung **35** 45
Neuseeland
– Angemessenheitsbeschluss der Kommission **45** 32

Newsletter 8 20
nicht-öffentliche Stelle 37 72
nicht-öffentlicher Bereich 37 79
Nicht-Verfolgen-Funktionen 21 61
Nichtabhilfe 21 43
nichtautomatisiertes Verfahren 18 27
Nichtigkeitsklage 51 8, **52** 14
Nichtregierungsorganisationen 4 105
Niederlassung 3 12, **4** 68, **56** 8, **60** 2, **62** 3, 10, 14
– einzige Niederlassung **56** 13, 18 f.
– in mehreren Mitgliedstaaten **56** 17
Niederlassungsfreiheit 55 1, **56** 7
non-liquet-Situation 16 22, **18** 15
Nordmazedonien 3 30
Normadressat 89 4
Normwiederholungsverbot Einl. 86, 98, **52** 32 f., **53** 22, **55** 21, **57** 1, 27, **58** 1, 38, **59** 13
Norwegen 45 34
Notariat 90 2
Notfallplanung 32 12
Notifizierungspflicht 85 2
Nutzerschutzrecht 20 4
Nutzungseinschränkung 18 16

objektiver Maßstab 17 53
OECD 4 103, **50** 4, 8
– Datenschutz-Leitlinien **5** 2
Offenlegung 19 11
öffentliche Aufgabe
– Übertragung **6** 35
öffentliche Bekanntmachung 34 12
öffentliche Gesundheit 9 63, **17** 65
öffentliche Gewalt 6 36, 57, **17** 10, 61, 64, **20** 33, **21** 12
öffentliche Stelle 6 88, **37** 26, 69
öffentlicher Bereich 6 2, **37** 25, 78, **55** 10
öffentliches Archivinteresse 17 10
öffentliches Gesundheitsinteresse 17 10
öffentliches Interesse 6 29, 34, 57, 64, **9** 53 f., **17** 10, 61, 63, **18** 35, **20** 33, **21** 12, 65, 67
Öffentlichmachen 17 46, **19** 11
Öffnungsklausel Einl. 97, **6** 10, 59, **14** 47, **36** 19, **89** 22
– siehe auch Spezifizierungsklausel
One-Stop-Shop 42 25, **55** 2 ff., 10, **56** 1 f., 6, 8, 11 f., **60** 19
One-Stop-Shop mechanism 4 81
One-Stop-Shop-Prinzip Einl. 75, **62** 3
Online-Kennung 4 15, 18, **11** 20
Online-Plattform 25 28
Online-Portale 17 60
Online-Werbung 35 34
ordentliches Gesetzgebungsverfahren 52 10, **98** 23
Ordnung
– öffentliche **2** 14
Ordnungswidrigkeit 2 13
Organe, Einrichtungen, Ämter und Agenturen der EU 44 16
Orientierungshilfe
– Abwägung **6** 52
– Datenschutz-Folgenabschätzung **35** 57
– der Artikel-29-Datenschutzgruppe **49** 5
Ortswechsel 24 9

magere Zahlen = Rn.

Stichwortverzeichnis

österreichisches Datenschutzgesetz 37 78, 38 6, 38 ff., 39 36
OTT-Dienste 8 19

Parlamente
– nationale
– Anwendung der DS-GVO 2 9, 37 26
Parlamentsgesetz 6 60
Patient
– Auskunftsrecht 15 36
Patientenakte
– elektronische 89 43
– papierne 89 43
Patriot Act 48 2
Penetrationstest 32 13
Person
– der Zeitgeschichte 85 13
– des öffentlichen Lebens 17 6
Personalrat 37 19 f., 71, 38 28, 39 7, 34, 88 4
personenbezogene Daten 16 1, 18 1, 19 1
– Begriff 4 6, 16 20
– unvollständige 16 1
Personenbezug 4 8, 10
– bei Kennziffern 87 1, 6
– bei Metadaten 15 31
– bei Pseudonymisierung 4 19, 33
– indirekter 17 32, 21 17
– im Forschungsbereich 21 63
Personenkennzeichen 87 3
Personenprofil 17 6
– siehe auch Profiling
Piktogramm 13 19, 63
PIMS (Personal Information Management Systems) 7 26
Planet49 (EuGH) 7 41
politische Meinung 9 20
– siehe auch Meinung
Polizei-RL Einl. 43, 46, 60, 62, 2 13, 15, 52 33, 57 6, 17, 28
polizeiliche Zusammenarbeit 2 6
– siehe auch justizielle Zusammenarbeit in Strafsachen und der polizeilichen Zusammenarbeit
Positivliste 35 41, 57 29
– Festlegung 35 45
postmortaler Datenschutz 88 212
praktische Konkordanz 5 8, 89 5
Präzisierung der Anwendung 6 11
Presse Einl. 92
Presseunternehmen 85 23
Primärrecht 68 4
– siehe auch Unionsrecht, Primärrecht
PRISM-Programm Einl. 61
Privacy by Design
– Beschäftigtendatenschutz 88 74
Privacy Guidelines
– OECD 50 8
Privatleben 16 2, 17 6, 8, 18 2, 19 2, 20 4, 21 2
Privatsphäre 21 14
– Abwägung mit lebenswichtigen Interessen 21 14
– siehe auch Recht auf Privatsphäre
Profil 3 25
– siehe auch Personenprofil
Profiling 11 8, 10, 13 73 f., 14 39, 15 33, 37, 21 11, 44, 22 1, 35 34
– Begriff 4 28
Protokollierungsfunktion 4 23

Prüfauftrag 98 7
Prüfverfahren 67 4 f., 12
– Verhaltensregeln 40 64
Prümer Beschluss 98 1, 20
Pseudonymisierung 4 19, 6 80, 11 12, 24 9, 25 18, 32 9, 42 7, 58 22, 89 12, 16, 46, 50, 58
– Begriff 4 32
Pseudonymisierungstechnik 32 9

qualifizierte Mehrheit 65 3
Quelle
– von Daten 14 38

Rahmenbeschluss Einl. 46
Rahmenbetriebsvereinbarung
– RahmenBV 88 173
Rat Einl. 104, 37 7, 59 1
– Amtsenthebung des Europäischen Datenschutzbeauftragten 53 18
– Billigung der DS-GVO Einl. 6
– Ernennung des Europäischen Datenschutzbeauftragten 53 6
– Teilnahme am Gesetzgebungsverfahren zur DS-GVO Einl. 57
Reaktions- und Mitteilungspflicht 18 24
Rechenschaftspflicht Einl. 69, 4 41, 5 39, 6 46, 35 12, 37 15, 42 2
– bei Übermittlungen in Drittstaaten und internationale Organisationen 46 6
Rechnungshof 52 5
Recht auf Auskunft 11 14
– siehe Auskunftsrecht
Recht auf Berichtigung 16 1
– siehe auch Berichtigung
Recht auf Datenportabilität 95 22
– siehe auch Datenportabilität
Recht auf Datenübertragbarkeit Einl. 67, 20 1 ff.
– Ausnahme des Rechts auf Datenübertragbarkeit 20 39
– siehe auch Datenübertragbarkeit
Recht auf eine Begründung 58 6
Recht auf freie Meinungsäußerung und Informationsfreiheit 5 8, 6 8, 48
– siehe auch Meinungsfreiheit
Recht auf informationelle Selbstbestimmung 89 5
Recht auf Informationszugang 17 9
– siehe auch Information
Recht auf Löschung 17 1
– siehe auch Löschungsrecht
Recht auf Privatsphäre Einl. 64, 22 3
Recht auf Vergessenwerden Einl. 66, 13 63, 17 1, 3, 5, 8, 10 f., 57 16, 58 21
– historischer Hintergrund 17 5
– Kind 8 14
Recht auf Vervollständigung 16 1
– siehe auch Vervollständigung
Recht auf Widerruf 7 90
– siehe auch Widerrufsrecht
Recht auf Widerspruch 15 1
– siehe auch Widerspruchsrecht
Rechte Dritter 16 21
rechtliche Verpflichtung 6 29, 17 10, 29, 61
Rechtmäßigkeit der Verarbeitung 4 23, 5 11

1479

Stichwortverzeichnis

Fette Zahlen = Art.

Rechtmäßigkeitsgrundsatz
- Art und Weise der Verarbeitung **5** 11 f.

Rechtsanspruch 17 10, **18** 32, **21** 28
- siehe auch Anspruch

Rechtsanwalt 35 25, **37** 50, 76, **90** 1

Rechtsbehelf 77 14
- Anforderungen **77** 14
- siehe auch Rechtsbehelf

Rechtsbehelfsbelehrung 13 69, **16** 33, **18** 13

Rechtsdurchsetzung 18 19, **21** 29

Rechtsfortbildung 2 11

Rechtsgrundverweis 17 45

Rechtshilfeabkommen 6 61, **48** 12
- in Strafsachen **48** 12

Rechtspflicht 17 62
- des Verantwortlichen **25** 31
- auf Vervollständigung **16** 37
- Erfüllung
 - als Voraussetzung einer Löschung **17** 10
- zur Benennung eines DSB **37** 13

Rechtsschutz 51 8

Rechtsschutzinteresse 18 5

Rechtsstaatlichkeit 45 2

Rechtsstaatlichkeitsklausel
- Art. 58 Abs. 4 DS-GVO **58** 6, 17, 33

Rechtsverfolgung 17 67, **18** 20, **21** 27

Rechtsverstöße 82 1, **83** 1
- Sanktionsbefugnisse der Mitgliedstaaten **84** 1
 - siehe Sanktionen
- siehe Geldbußen und Schadensersatz
- siehe auch Geldbußen und Schadensersatz

Rechtsweg 68 1, 5

Recruitment 88 185

Reding, Viviane Einl. 44, 47, 57 f., 60, 62

Regelungsauftrag 6 60

Register 49 17

Register über strafrechtliche Verurteilungen und Straftaten 10 9
- siehe auch Daten über strafrechtliche Verurteilungen und Straftaten

regulatorische Arbitrage 57 1, **58** 1

Regulierungsbehörden 49 15

Religionsgemeinschaften
- Anwendung der DS-GVO **2** 9

religiöse Überzeugungen 9 24

Richtigkeit der Daten 16 3
- siehe auch Datenrichtigkeit

Richtlinie Einl. 48, 80, 82, 86
- Gefahr der uneinheitlichen Umsetzung **Einl.** 83
- Mindestharmonisierung **Einl.** 80
- Vollharmonisierung **Einl.** 80

Richtlinie (EU) 2016/680 4 4, **5** 10, **37** 9, 25, 30, 41, 55, 68, **38** 33, **39** 3
- Grundsätze **5** 10
- Transparenzgrundsatz **5** 19

Risiko 24 1, 7, **35** 17
- Analyse **24** 5, **30** 23
- Begriff **35** 19
- besonderes **24** 9
- der Verarbeitung **32** 4
- Eindämmung **36** 15
- Eintrittswahrscheinlichkeit **24** 6, 9
- fehlendes **27** 1, 7
- hohes **35** 20 f., 61, **36** 6
- Risikofaktoren **24** 7

Risikoanalyse 35 1
- Dokumentation **35** 14

risikobasierter Ansatz 5 40, **6** 79, **37** 43, 46, **39** 4, 27

Risikobewertung 35 5, 19

Risikomanagement 39 29

Risikominimierung 35 3

RL 2002/58/EG 4 4, 16

Robinsonliste 21 53

Rollen- und Berechtigungskonzept 88 84, 114, 181

Rückgabeanspruch 20 11

Rufschädigung 24 9, **33** 13

Rundfunkdatenschutzbeauftragter 51 23, 25

Safe Harbor
- Angemessenheitsbeschluss der Kommission **45** 2

Sanktionen Einl. 77
- Datenschutz-Folgenabschätzung **35** 76
- ne bis in idem **84** 4
- Zweck der Regelung **84** 1

Schadenseintritt 32 4

Schadensersatz Einl. 77
- Berechnung der Anspruchshöhe **82** 29
- Bestimmung des Schadens **82** 15
- Beweislast **82** 52
- Haftung des Auftragsverarbeiters **82** 57
- Haftung des Verantwortlichen **82** 56
- Maßstab der Verantwortlichkeit **82** 23
- Schuldnermehrheiten **82** 58
- Zweck der Regelung **82** 1

Schadensersatzanspruch 16 34, **21** 43

Schadensszenarien 32 14

Schengen
- Relevanz **3** 29

Schriftlichkeit 17 72

Schulunterricht
- Anwendung der DS-GVO **2** 9

Schutz eines Kindes 6 50, **8** 3, **5** f.
- Schutzregel zugunsten Minderjähriger **17** 29
- siehe auch Minderjährigenschutz

Schutz personenbezogener Daten 16 2, **17** 6, **18** 2, **19** 2, **20** 4, **21** 2

Schutz- und Sicherungsrecht 18 2

Schutzbedarfskategorie 32 14

Schutzmaßnahmen 22 21, **34** 10

Schutzniveau Einl. 96
- Angemessenheit **93** 7 f.
- Drittland **28** 9
- gleichmäßiges **Einl.** 84
- gleichwertiges **Einl.** 81, 84

Schutzrecht 18 5

Schutzzustand
- vorübergehender **18** 2

Schweigepflicht
- ärztliche **89** 26

Schweiz 3 29
- Angemessenheitsbeschluss der Kommission **3** 29, **45** 28

Schwere des Risikos 32 4

Scoreformel 15 38

Scorewertberechnung 15 38

Scoring 5 24, **35** 34, **89** 32

Screening 88 112

Sedlmayr-Urteil 85 21

magere Zahlen = Rn.

Stichwortverzeichnis

Selbstbehauptung
- digitale **44** 23

Selbstregulierung Vorb. 40–43 1, 5, **40** 1, 20
- Auftragsverarbeiter **Vorb. 40–43** 2

Selbstständige 88 45

sensible Daten
- Ausnahmen zum Verarbeitungsverbot **9** 33
- automatisierte Entscheidungsfindung und Profling **22** 26
- Big Data-Anwendungen **9** 66
  - siehe auch Big Data
- Datenschutzbeauftragter **37** 34
- Einwilligung in die Verarbeitung **9** 34
  - siehe auch Einwilligung
- Generalklausel zur Verarbeitung **9** 52
- Hervorgehen aus personenbezogenen Daten **9** 14
- mitgliedstaatliche Bedingungen und Beschränkungen **9** 65
- Verarbeitung bei fehlender Einwilligungsfähigkeit **9** 42
- Verarbeitung durch Organisationen ohne Gewinnerzielungsabsicht **9** 44
- Verarbeitung im arbeits- oder sozialrechtlichen Kontext **9** 39
  - siehe auch Arbeitsrecht
- Verarbeitung im Gesundheitswesen **9** 60, 63
- Verarbeitung veröffentlichter Daten **9** 46
- Verarbeitung zu Archiv-, Forschungs- oder statistischen Zwecken **9** 64
- Verarbeitung zur Verfolgung oder Verteidigung von Ansprüchen **9** 48
- Vereinbarkeitsprüfung **6** 78
- Zweck der Regelung **9** 1

Serbien 3 30

Sexualleben 9 31, **24** 9

sexuelle Orientierung 9 31

Sharenting 8 26

sicherer Hafen
- Angemessenheitsbeschluss der Kommission **45** 2

Sicherheit
- der Datenverarbeitung **32** 1
- des Staates **2** 8
- nationale **2** 8
  - BDSG **2** 26
  - DSG **2** 27
  - von Drittstaaten **2** 8

Sicherheitsbehörden 4 17

Sicherheitsziel 32 11

SIS II 49 21

Skalierbarkeit 32 13

Snowden, Edward Einl. 61, 44 2

Software-as-a-Service 28 34, **30** 19

Souveränität
- digitale **44** 23

Sozialdatenschutz 89 61

soziale Netzwerke 2 11 f., **17** 55, **20** 18, **25** 25, 28

Sozialgeheimnis 89 26

Sozialverwaltung Einl. 91

Speicherbegrenzung 5 34, **11** 9, **13** 62, **17** 21

Speicherdauer 13 62, **15** 45

Speicherung
- fortgesetzte **18** 19

Sperren 4 27

Sperrung 15 1, **18** 4, 26

Sperrvermerk 18 27

spezifischere Bestimmungen 6 58, **88** 69

Spezifizierungsklausel Einl. 52, 4 3, **6** 2, 10, 56, 102, **53** 2 f., **88** 141
- Abschwächungsklausel **Einl.** 94, 96
- anwendbares Recht **3** 9
- Beschäftigtendatenschutz **88** 1
- fakultative **Einl.** 92, **55** 15, **57** 17, 28 f., **58** 3 f., 9, 27, 30, 35, 39, 42, **59** 10, **88** 3
- obligatorische **Einl.** 92, **51** 17, **52** 4, 32, **53** 8, 18, 20, **54** 5, 20, **58** 2, 34, 41
- Verstärkungsklausel **Einl.** 93, 96
- siehe auch Öffnungsklausel

Staatsangehörigkeit Einl. 85

Stammzahlregisterbehörde (Österreich) 87 2

Stand der Technik 20 24, **25** 22, **32** 4

standard contractual clauses 46 27

Standard-Datenschutzmodell 25 21, **35** 59

Standardalgorithmus 34 10

Standarddatenschutzklauseln 46 7, **64** 3
- aufsichtsbehördliche **46** 32
- der Kommission **46** 23, 27
- Kopplungsklausel **46** 29

Standardvertragsklauseln 46 24, **57** 19, **58** 30, **94** 3
- Auftragsverarbeitung **28** 34

Standortdaten Einl. 129, **4** 15 f., **27** 2, **95** 14, 20

Statistik 87 6

Statistikgeheimnis 89 26

statistische Zwecke 5 5 f., **.** 24, 35, **6** 74, 81, **14** 44, **17** 10, 66, **18** 21, 35
- Widerspruchsmöglichkeit **21** 67

Staubsaugerroboter 3 26

Stellungnahme des Ausschusses 67 7

Steuerbehörden
- Anwendung der DS-GVO **2** 9

Steuergeheimnis 89 26

Steuerhinterziehung 22 19

Steueridentifikationsnummer 87 9

strafrechtliche Haftung für Rechtsverstöße 84 5
- siehe auch Sanktionen

Strafsachen
- polizeiliche und justizielle Zusammenarbeit **Einl.** 43, 50
- siehe auch Polizei-RL

Straftat
- Verarbeitung von Daten über strafrechtliche Verurteilungen und Straftaten **10** 1
- siehe auch Daten über strafrechtliche Verurteilungen und Straftaten
- Verhütung, Ermittlung, Aufdeckung oder Verfolgung **2** 13

Straftäter 17 60

Strafvollstreckung 2 13

Straßenverkehrssicherheitsbehörde
- Anwendung der DS-GVO **2** 9

Strategic Lawsuits Against Public Participation, SLAPP 6 49

Strategien des Verantwortlichen 39 13, 25

Streitbeilegung 63 3, **65** 4
- durch den Datenschutzausschuss **65** 1

Streitbeilegungsverfahren 56 15, **57** 5, **60** 14, **64** 5, 7

Streitgegenstand
- Gefahr sich widersprechender gerichtlicher Entscheidungen **79** 16
- Verfahren bei doppelter Anhängigkeit **81** 3
- siehe Aussetzung des Verfahrens

1481

Stichwortverzeichnis

Fette Zahlen = Art.

Streitschlichtungsverfahren 55 3
– als effiziente und kohärente Rechtsanwendung Einl. 59
Strukturprinzipien des Datenschutzes 5 2, 53
subjektiver Maßstab 17 53
subjektives Recht 16 2
Subsidiaritätsprinzip 93 6
Subsidiaritätsrüge
– Deutscher Bundestag Einl. 53
Suchmaschine 17 40, 55
Suchmaschinenbetreiber 17 6, 85 7
Südkorea
– Angemessenheitsbeschluss der Kommission 45 31
systematische Überwachung 37 31

Talent Management Systeme 88 114
Tatsachenbehauptung 16 19
Technikgestaltung 35 2, 11
– siehe auch Datenschutz durch Technikgestaltung
technisch-organisatorische Methoden 18 27
technische und organisatorische Maßnahmen 25 17
– siehe auch Maßnahmen, technische und organisatorische
Technologie 17 53
technologische Entwicklung 4 17, 57 20
Teilnehmerverzeichnis Einl. 129
Tendenzbetrieb 9 44
Timmermans, Frans Einl. 62
transfer impact assessment 46 29
Transparenz 12 12
– Beschäftigtendatenschutz 88 122
– Einwilligung 6 16
– Zweckänderung 6 82
Transparenzgebot 5 17, 35 12
– siehe auch Grundsatz der Transparenz
Transparenzgrundsatz
– Informationspflichten 12 1
Treu und Glauben 5 13 ff., 28, 6 23, 46, 58, 76
Trilogergebnis 18 4
Trilogverfahren 89 18
TTDSG 7 26
Türkei 3 30
Twitter 8 22

Übergangsfrist 99 4
Übermittlung 44 7
– an internationale Organisationen 4 102
– Anspruch
  – unmittelbare Geltung 20 22
– Begriff 44 7
– interne 13 53
– konzerninterne 88 178
– siehe auch Datenübermittlung
Übermittlungs-Folgenabschätzung 46 29
Übermittlungs-Prüfkaskade 44 18, 49 3
Übermittlungsaussetzung 45 19, 58 28
Übertragbarkeit 20 1
– siehe auch Datenübertragbarkeit
Überwachung 3 25
– Verhaltensregeln 40 1
Überwachungskamera 2 12
Überwachungskapitalismus 3 1, 26
Überwachungsstelle
– Akkreditierung 41 16, 18

– Akkreditierungskriterien 41 23
– Akkreditierungsverfahren 41 24
– Akkreditierungsvoraussetzungen 41 21
– Anforderungen 41 8
– Organisation 41 5
– Überwachungsaufgabe 41 28
– Verhaltensregeln 41 4
Überwachungssysteme
– Beschäftigtendatenschutz 88 122
Überzeugung
– religiöse 16 20
– weltanschauliche 16 20
Ukraine 3 30
Umwelt-Auditverordnung 42 4
Unabhängigkeit der Datenschutz-Aufsichtsbehörden 51 2
unentgeltlicher Widerspruch 21 52
Ungarn
– Angemessenheitsbeschluss der Kommission 45 28
Unionsgesetzgeber 19 4
Unionsrecht
– Anwendungsbereich 2 5
– Auslegung
  – Bedeutung der Erwägungsgründe Einl. 105
  – historische Auslegung Einl. 104
  – objektiver Telos Einl. 104
  – Primat der teleologischen Auslegung Einl. 99
  – spezifische Terminologie Einl. 102
  – systematischer Kontext Einl. 103
– autonome Auslegungsmethode Einl. 99
– „dritte Säule" Einl. 43
– Mehrsprachigkeit Einl. 101
– Primärrecht
– Sprachfassungen Einl. 101
– Sekundärrecht Einl. 101, 106
Unkenntlichmachung 17 35
Unmöglichkeit 19 14
– tatächliche 19 14
Unrechtmäßigkeit der Verarbeitung 17 27 f., 18 14 f.
– als Voraussetzung einer Löschung 17 10
unrichtige Informationen 4 9
unrichtige personenbezogene Daten 16 1
– siehe auch Datenrichtigkeit
Unrichtigkeit 16 1, 13
– Zeitpunkt 16 17
Untätigkeitsklage 47 21
Untergrabungsverbot 44 10, 20, 46 2
Unterlassungs- und Folgenbeseitigungspflichten 21 41
Unterlassungsanspruch 21 39
– Widerspruchsrecht Direktwerbung 21 55
Unternehmen 47 6, 9
– Begriff Einl. 103, 4 81
– Eigenverantwortung 35 1
Unternehmensarchive 89 25
– siehe Archive, private
Unternehmensgruppe 4 85, 88, 47 6, 10, 56 11, 88 174
– Begriff 4 83
unternehmensinterne Ermittlung 17 26
Unternehmenstransaktionen
– Beschäftigtendatenschutz 88 51
unternehmerische Freiheit 17 9, 18 3
Unterrichtungspflicht 12 33, 18 36, 19 1, 26
– Voraussetzungen 19 26

1482

magere Zahlen = Rn.

Stichwortverzeichnis

Unterstützungs- und Erleichterungspflicht
 19 6
unverzügliche Benachrichtigung 20 43
Unverzüglichkeit 17 57
Unvollständigkeit 16 36
Urheberrecht 15 73, **16** 21, 32, **17** 9, **18** 3, **20** 18, 35
Uruguay
– Angemessenheitsbeschluss der Kommission **45** 29
USA
– Angemessenheitsbeschluss der Kommission
 – Data Privacy Framework **45** 30
 – Datenschutzrahmen **45** 30
 – Datenschutzschild **45** 30
 – Sicherer Hafen **45** 30

Verantwortliche(r) 4 41, 70, **24** 1, **31** 2
– Begriff **4** 36
– berechtigte Interessen **28** 6
– Definition **26** 5
– gesamtschuldnerische Haftung **26** 3
– Haftung **82** 56
– siehe auch Schadensersatz
– Informationspflicht **15** 12
– Kontaktdaten **30** 11
– mehrere **26** 1, 24
– Rechenschaftspflicht **25** 1, **35** 55
– Weisung **28** 27, **29** 1
– unterstellte Person **29** 5
– Weisungsrecht **28** 15, 24
Verarbeitung
– automatisierte **2** 3
 – BDSG **2** 25
– Begriff **4** 21
– Beschäftigtendaten **88** 36
– Definition **28** 7
– gemeinsame
 – Rechtsgrundlage **26** 23
– journalistische Zwecke **85** 2
– Kategorien **30** 20
– manuelle **2** 3
 – BDSG **2** 25
– Meldepflicht **30** 1
– Rechtmäßigkeit **24** 1
– rechtswidrige **16** 7, **19** 2
– Sicherheit **24** 13
– Vertraulichkeit **29** 1
– wissenschaftliche Zwecke **85** 2
– Zweck und Mittel **4** 37, 39, 43
Verarbeitungssystem 18 27
Verarbeitungstätigkeiten
– Verzeichnis **15** 31, **26** 27, **30** 1
Verarbeitungsverbot 18 19, 25, 32
Verarbeitungsvorgang
– Risiko **35** 15
Verarbeitungszweck 13 47, **15** 40, **25** 26
Verbände und andere Vereinigungen 37 47
Verbandsklage 80 14
– datenschutzrechtliche **Einl.** 77
Verbandsklagerecht 88 216
verbindliche interne Datenschutzvorschriften
 4 87, **46** 22, **47** 1, 6, 8, **57** 19, **64** 3, **67** 7, 9
– Begriff **4** 87
verbindlicher Beschluss 65 15
Verbot mit Erlaubnisvorbehalt 6 1, 5, 101

Verbotsgesetz 48 3
Verbraucherschutzzentrale 80 5
Verbraucherverträge 3 17
Vereinigtes Königreich
– Angemessenheitsbeschluss der Kommission **45** 28
– RL (EU) 2016/680 **45** 3
Vereinigtes Königreich von Großbritannien und Nordirland
– Erklärung zu Art. 48 DS-GVO **48** 17
Vereinte Nationen 50 6
Verfahren der Zusammenarbeit 58 3, 35
– betroffene Aufsichtsbehörde **4** 90
Verfahren der Zusammenarbeit und Kohärenz 56 5, 20 f., 23 f., **66** 5, **67** 1
– Dringlichkeitsverfahren **66** 2
Verfügbarkeit 32 11
Vergessenwerden 11 14
– siehe auch Recht auf Vergessenwerden
Verhaltensbeobachtung 3 25 f.
– durch Drohne **3** 26
Verhaltensregeln 32 15, **33** 23, **34** 15, **35** 6, **57** 19, 25, **58** 30, **93** 7
– Allgemeingültigkeit **40** 65
– als geeignete Garantien zur Datenübermittlung **46** 33
– Anwendungsbereich **Vorb. 40–43** 6, **40** 13
– Beendigung des Beitritts **40** 73
– Bindungswirkungen **40** 10
– Drittländer **40** 47
– Europäischer Datenschutzausschuss **40** 59
– Förderungsauftrag **40** 29
– freiwillige **Vorb. 40–43** 12
– genehmigte **25** 11, **35** 67, **40** 1
– Genehmigungsverfahren **40** 54
– Inhalt **40** 41
– Kohärenzverfahren **40** 59
– räumlicher Anwendungsbereich **40** 38
– räumlicher Geltungsbereich **40** 15
– Rechtmäßigkeitsvermutung **40** 5
– Register **40** 68
– Überwachung **40** 17, 24, 53, 72
– Überwachungsstelle **41** 1
– Unternehmensgruppen **40** 35
– Unterwerfung **40** 71
– Verfahrensablauf **Vorb. 40–43** 4
– Veröffentlichung **40** 58, 67
– von Verbänden **40** 32
– Vorlageberechtigung **40** 33
– Ziel **Vorb. 40–43** 7
Verhältnismäßigkeit
– Begrenzung der Regelungsbefugnis der Mitgliedstaaten **90** 8
– bei Beschränkungen **23** 3
– bei Datenschutz-Folgenabschätzung **35** 49
– bei Einschränkung der Verarbeitung **18** 3
– bei Informationen **17** 52, **36** 16
– bei Sanktionen **84** 7
– bei technischen und organisatorischen Maßnahmen **25** 27
– bei Verarbeitung sensibler Daten **9** 57
– bei Verhängung von Geldbußen **83** 15, 23
– bei Widerspruch **21** 65
Verhältnismäßigkeitsprinzip
– allgemeine Voraussetzungen **25** 22
– bei Geldbußen **83** 16
Verkehrsdaten Einl. 129, **95** 14, 20

1483

Stichwortverzeichnis

Fette Zahlen = Art.

Verletzung des Schutzes personenbezogener Daten 4 59
– Begriff **4** 59
Vernichtung 17 35
vernünftige Erwartungen 5 14, **6** 23, 46, 76 f.
Verordnung Einl. 48, 79 f., 84, 86
– hinkende **Einl.** 95
– Normwiederholungsverbot **Einl.** 86, **6** 66, **52** 32 f., **53** 22, **55** 21, **57** 1, 27, **58** 1, 38, **59** 13
– Rechtssicherheit und Transparenz **Einl.** 87
– unmittelbare Geltung **Einl.** 86, 95
– Vollharmonisierung **Einl.** 95
Verordnung (EG) Nr. 45/2001 Einl. 39, 125, **4** 4, **51** 14, **52** 5, 13, 20, **53** 4 f., 10, 14, 17 f., **54** 9, **57** 2, 10, 18, **58** 10, **98** 5, 11
– Anpassung an die DS-GVO **98** 12
Verordnung (EU) 2018/1725 37 9, 41, **39** 3, **59** 1, 11
Verordnung (EU) Nr. 182/2011 67 5, 12, 14
Verordnung (EU) Nr. 2018/1725
– Grundsätze **5** 10
Verschlüsselung 32 9, **34** 10
– Beschäftigtendaten **88** 181
Verschwiegenheitspflicht 35 25, **48** 9, **54** 1, **58** 32, **59** 7
– Amtsgeheimnis **54** 13, 15, 17
– Berufsgeheimnis **54** 13
– Datenschutzbeauftragter **38** 22
– einfach vertrauliche Informationen **54** 14
– Geschäftsgeheimnisse **54** 13
– individueller Rechtsanspruch **54** 12
– qualifiziert vertrauliche Informationen **54** 14
– Schadensersatz wegen Amtspflichtverletzung **54** 19
– vertrauliche Informationen **54** 13
– Verwertungsverbot **54** 19
– zeitliche Geltung **54** 17
Verständlichkeit 12 13
Verstärkungsklausel Einl. 93, **37** 42, **54** 9
Verstorbene 4 13, **88** 210
Verstöße gegen die DS-GVO
– interne Verzeichnisse **57** 11
Verteidigung 2 8
Vertrag
– als Ausnahme bei automatisierter Entscheidung **22** 18
– als Grundlage der Auftragsverarbeitung **4** 43, **28** 1, 18, **35** 8
– als Grundlage für Datenübertragung **20** 1
– als Rechtsgrund für Verarbeitung **6** 24
– Erforderlichkeit **6** 24
– Verknüpfung mit Einwilligung **7** 69, 99
Vertrag von Lissabon Einl. 44, **51** 2, **52** 1
– Abschaffung der Säulenstruktur **2** 2, 5
Vertragserfüllung 49 9
Vertragsklauseln 55 3, **57** 19, 25, **58** 30
– individuelle **46** 36
Vertragsverletzungsverfahren 6 85, **51** 7, 21, **52** 31, **53** 19, **54** 18, **59** 11, **64** 23, **65** 28
Vertragszweck 6 25
Vertraulichkeit 32 11
– der Kommunikation **95** 5, 14
– Verpflichtungserklärung **29** 11
Vertreter 3 6 f.
– Begriff **4** 75
Vertreter in der Union
– externer Datenschutzbeauftragter **27** 17

Vertretung betroffener Personen 80 7
Verurteilung
– strafrechtliche **24** 9
Vervollständigung 16 34
Vervollständigungsanspruch 16 40
Vervollständigungsgegenstand 16 37
Vervollständigungsrecht 16 1
– Haftung **16** 44
– Modalitäten **16** 39
Verwaltungsautonomie der Mitgliedstaaten 51 6
Verwaltungsvereinbarungen 58 30
– als geeignete Garantien zur Datenübermittlung **46** 37
Verwendungseinschränkung 18 16
Verzeichnis
– der Verarbeitungstätigkeiten **26** 27, **30** 4, **35** 49
Video-Überwachung 5 16, **6** 41, 45, 89, 98, **58** 24
– Beschäftigtendatenschutz **88** 51, 53, 124
– Beweismittel **6** 49
– Datenschutz-Folgenabschätzung **35** 39
Videoaufzeichnungen
– als personenbezogene Daten **4** 9
Völkerrecht 3 17, 27
völkerrechtliche Abkommen 96 1, 5
Vollharmonisierung Einl. 79, 82, 95, 97, **1** 22
Volljährigkeit 8 16, **17** 30
Vorabentscheidung gemäß Art. 267 AEUV 45 20
Vorabentscheidungsersuchen 46 31, **56** 23 f., **58** 36
Vorabentscheidungsverfahren Einl. 54, **51** 8, **52** 29 f., **53** 19
Vorabkontrolle 36 5
Voreinstellung, datenschutzfreundliche 25 9
– siehe auch Data Protection by Default
Vorratsdatenspeicherung Einl. 38, **89** 49
Vorrichtung
– optoelektronische **35** 38
vorvertragliche Maßnahmen 6 27
Voss-Bericht Einl. 44

Wahl des Rechtsgrunds 6 12
Wahlen
– Anwendung der DS-GVO **2** 9
Ware
– Angebot **3** 22
Wartung 28 17
Wartungsdienstleister 28 17
Web-Crawler 17 55
Web-Server 4 23
Webtracking 3 26
Wegfall des Erhebungs- bzw. Verarbeitungszwecks 17 20
Weisung
– gegenüber Vertreter **27** 14
Weiterübermittlung 44 4, 19
– Begriff **44** 13
Weiterverarbeitung 5 23, **6** 68 ff., 91
weltanschauliche Überzeugungen 9 24
– siehe auch religiöse Überzeugungen
Werbe-E-Mail 28 33
Werbung 3 22, **5** 21, **21** 46
– als berechtigtes Interesse **7** 106

magere Zahlen = Rn.

Stichwortverzeichnis

– gezielte **4** 30
– siehe auch Direktwerbung
Werturteil 16 19
Wesensgehalt 9 56, **23** 3, **45** 8
Wesentlichkeitstheorie 88 56, 231
Wettbewerbsbedingungen
– gleiche **3** 2
Wettbewerbsrecht
– Anknüpfung an **83** 10
– siehe Geldbußen
– Erfahrungen aus **82** 4
– Parallelen zum Datenschutzrecht **20** 3, **51** 6
– Unternehmensbegriff **83** 69
WhatsApp 8 19
Whistleblower 38 22, 27
Whistleblowing 88 114
Widerruf
– der Einwilligung **17** 24
– als Voraussetzung einer Löschung **17** 10
Widerrufsrecht 7 90
– Belehrung **7** 93
– Information über **13** 68
– Voraussetzungen **7** 96
Widerspruch
– als Voraussetzung einer Einschränkung der Verarbeitung **18** 9, 21
– als Voraussetzung einer Löschung **17** 10, 27
– Direktwerbung **18** 21
Widerspruchsentscheidung 21 54
– unverzügliche **21** 38
Widerspruchsgegenstand 21 15 f., 18, 50, 63
Widerspruchsinteresse 21 19, 63
– besondere Situation **21** 20
Widerspruchsmodalitäten 21 68
Widerspruchsrecht 6 37, 54, **15** 1
– Abwägung **21** 24
– Adressat **21** 32
– Adressatenkreis **21** 53
– allgemeines **18** 21, **21** 3
– Anspruch
– unmittelbare Geltung **21** 39
– Anwendungsbereich **21** 11
– Ausnahmen **21** 27
– Ausnahmevorbehalt **21** 9
– Begründetheit **21** 22
– Begründung **21** 35
– Beschränkungen **21** 13, 30, 42
– Beschränkungsvorbehalt **21** 9
– Beweislast **21** 26, 66
– Beweislastumkehr **21** 3
– Darlegungslast **21** 21
– Dienste der Informationsgesellschaft **21** 61
– Direktwerbung **21** 1, 3, 6, 44
– als Voraussetzung einer Löschung **17** 27
– Hinweispflicht **21** 56, 58
– Modalitäten **21** 51
– Rechtsfolgen **21** 55
– Einschränkung **21** 67
– Form **21** 33, 52
– Frist **21** 34
– Hinweispflicht **6** 54, **21** 7
– Inhalt **21** 59
– Kosten **21** 37
– Modalitäten **21** 8, 31
– Nichtabhilfe **21** 43

– Rechtschutz
– gerichtlicher Rechtsbehelf **21** 69
– Rechtsfolgen **21** 39
– Rechtsschutz
– Anfechtungsklage **21** 69
– Beschwerde **21** 69
– Geldbuße **21** 69
– Leistungsklage **21** 69
– Schadensersatz **21** 69
– Unterlassungsklage **21** 69
– Verpflichtungsklage **21** 69
– Reichweite **21** 36
– Systematik **21** 4
– Unterlassungsanspruch **21** 5
– Verhältnis zu anderen Vorschriften **21** 4, 9
– Zweck und Bedeutung **21** 1
Wiederanlaufzeiten 32 12
Wiederholungsverbot 6 66, 86, **37** 67, **39** 33, **88** 5, 59 f.
Willensbekundung 4 51
wirtschaftliches Interesse 17 6
Wirtschaftsstandort 45 1
wissenschaftliche Zwecke
– Ausnahme
– Zweckbindung **5** 24, **9** 35
– Einklang mit Datenschutzrecht **Einl.** 92, **85** 2
Wissenschaftsfreiheit 89 5 ff.
Wissenschaftsprivileg 85 20
Wohnsitz 3 21

X-Robottags 17 55

zentrale Anlaufstelle 51 24, **55** 20
Zertifikat 28 13
Zertifizierung 25 29, **Vorb. 40–43** 1, **40** 3, 23, **58** 14, 30
– Ablauf **Vorb. 40–43** 4
– andere **24** 18
– Duldungspflichten **42** 40
– einer Organisation **Vorb. 40–43** 9
– eines Verarbeitungsvorgangs **Vorb. 40–43** 9
– Grunddefinition **42** 13
– Grundelemente **42** 3
– Höchstdauer **42** 42
– Kriterien **42** 33
– Veröffentlichung **43** 14
– Mitwirkungspflichten **42** 41
– Obliegenheiten **42** 39
– Verlängerung **42** 42
– Widerruf **42** 42, **43** 12, **58** 26
Zertifizierungsmechanismus
– als geeignete Garantie zur Datenübermittlung **46** 34
Zertifizierungsstelle 41 12, **57** 19, **64** 3
– Akkreditierung **43** 3, **55** 3
– Anforderungen **43** 5
– Kriterien **43** 8
– Kontrollverantwortlichkeit **43** 10
– Prüfkompetenz **42** 40
– Prüfpflicht **43** 10
– Qualifikationsanforderungen **43** 2
– Unabhängigkeit **43** 7
– Verantwortlichkeit **42** 40
Zertifizierungsverfahren 24 1, 15, 17, **32** 15, **93** 7
– Gegenstand **42** 15
– Grundsatz der Transparenz **43** 9

Stichwortverzeichnis

Fette Zahlen = Art.

– Kriterien für **Einl.** 90
– präventive Funktion **42** 2
– Prüfungsmaßstab **42** 14
– Register **42** 43
Zielsetzungen der internationalen Zusammenarbeit 50 4
Zugang zu den Geschäftsräumen 62 7, 18, 21, 24
Zugang zu Informationen 17 6
Zugangsbefugnis 34 10
Zusammenarbeit 4 92
– der Aufsichtsbehörden **4** 92
Zusammenarbeitsverfahren 4 75, 95, **65** 7
– Einleitung **60** 9
Zustellungsbevollmächtigter
– des Verantwortlichen **27** 14
Zwangsmaßnahmen 57 8
Zweckänderung 5 25, **6** 68 ff., **13** 53, 75, **89** 10
– bei sensiblen Daten **9** 11 f.

– Rechtsgrundlage **5** 26 f.
– Rechtsvorschrift **6** 73
Zweckbestimmung 16 14
Zweckbindung 89 14
– als Anforderung an verbindliche interne Datenschutzvorschriften **47** 15
Zweckbindungsgrundsatz 5 20, 23, **6** 63, 68
– Kompatibilitätsprüfung **5** 23
Zweckbindungsprinzip
– bei Löschung **17** 21
– bei Vervollständigung **16** 37
Zwecke der Verarbeitung
– eindeutige Festlegung **5** 21
Zweckerreichung
– Wegfall
  – als Voraussetzung einer Löschung **17** 10
Zwei-Stufen-Prüfung 44 17, **45** 18, **47** 5